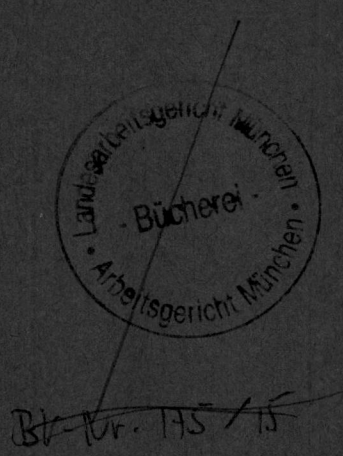

Ausgesondert siehe
Beleg-Nr. 1/23

Tschöpe (Hrsg.) **Arbeitsrecht Handbuch**

Arbeitsrecht Handbuch

herausgegeben von

Dr. Ulrich Tschöpe

9. überarbeitete Auflage

2015

ottoschmidt

Bearbeitet von

Dr. Alexander Bissels
Fachanwalt für Arbeitsrecht, Köln

Dr. Christoph Fleddermann
Fachanwalt für Arbeitsrecht, Osnabrück

Prof. Dr. Michael Fuhlrott
Fachanwalt für Arbeitsrecht, Hamburg

Dr. Detlef Grimm
Fachanwalt für Arbeitsrecht, Köln

Dr. Ralph Heiden,
Richter am ArbG Köln

Dr. Hans-Jürgen Hiekel
Fachanwalt für Arbeitsrecht, Bielefeld

Dr. Henning Hülbach
Fachanwalt für Arbeitsrecht, Köln

Dr. Alexius Leuchten
Fachanwalt für Arbeitsrecht, München

Dr. Cornelia Marquardt
Fachanwältin für Arbeitsrecht, München

Dr. Nathalie Oberthür
Fachanwältin für Arbeitsrecht und Sozialrecht, Köln

Dr. Klaus Rinck
Direktor des ArbG Nienburg

Barbara Rolfs
Direktorin des ArbG Oberhausen

Dr. Roger Schaack
Fachanwalt für Handels- und Gesellschaftsrecht, Düsseldorf

Dr. Werner Schmalenberg
Fachanwalt für Arbeitsrecht, Bremen

Dr. Peter Schrader
Fachanwalt für Arbeitsrecht, Hannover

Dr. Wienhold Schulte
Fachanwalt für Arbeitsrecht, Münster

Dr. Stefan Seitz
Fachanwalt für Arbeitsrecht, Köln

Prof. Dr.
Robert von Steinau-Steinrück
Fachanwalt für Arbeitsrecht, Berlin

Dr. Gunnar Straube
Fachanwalt für Arbeitsrecht, Hannover

Dr. Christina Suberg
Fachanwältin für Arbeitsrecht, München

Dr. Ulrich Tschöpe
Fachanwalt für Arbeitsrecht, Gütersloh

Dr. Klaus Wessel
Vors. Richter am LAG Hamm

Dr. Peter Wieland
Fachanwalt für Arbeitsrecht, München

Dr. Gerlind Wisskirchen
Fachanwältin für Arbeitsrecht, Köln

Dr. Florian Wortmann
Fachanwalt für Arbeitsrecht, Gütersloh

Dr. Götz Zerbe
Fachanwalt für Arbeitsrecht, Bielefeld

Zitierempfehlung:
Verfasser in Tschöpe, Arbeitsrecht, Teil ...
Rz. ...

*Bibliografische Information
der Deutschen Nationalbibliothek*

Die Deutsche Nationalbibliothek verzeichnet diese Publikation in der Deutschen Nationalbibliografie; detaillierte bibliografische Daten sind im Internet über http://dnb.d-nb.de abrufbar.

Verlag Dr. Otto Schmidt KG
Gustav-Heinemann-Ufer 58, 50968 Köln
Tel. 02 21/9 37 38-01, Fax 02 21/9 37 38-943
info@otto-schmidt.de
www.otto-schmidt.de

ISBN 978-3-504-42043-7

© 2015 by Verlag Dr. Otto Schmidt KG, Köln

Das Werk einschließlich aller seiner Teile ist urheberrechtlich geschützt. Jede Verwertung, die nicht ausdrücklich vom Urheberrechtsgesetz zugelassen ist, bedarf der vorherigen Zustimmung des Verlages. Das gilt insbesondere für Vervielfältigungen, Bearbeitungen, Übersetzungen, Mikroverfilmungen und die Einspeicherung und Verarbeitung in elektronischen Systemen.

Das verwendete Papier ist aus chlorfrei gebleichten Rohstoffen hergestellt, holz- und säurefrei, alterungsbeständig und umweltfreundlich.

Einbandgestaltung: Jan P. Lichtenford, Mettmann
Satz: Schäper, Bonn
Druck und Verarbeitung: Kösel, Krugzell
Printed in Germany

Vorwort

Vor nun gut zwei Jahrzehnten war ich vom Verlag Dr. Otto Schmidt gebeten worden, die Herausgeberschaft für ein zu entwickelndes Anwaltshandbuch Arbeitsrecht zu übernehmen. Ich tat es und vier Jahre später war die Erstauflage gedruckt. Als potentielle Nutzer hatten wir im Wesentlichen die arbeitsrechtlich interessierte Anwaltschaft im Fokus, der wir mit unserem Werk für die tägliche Praxis eine pragmatische Hilfestellung bieten wollten.

Im Laufe der Jahre und Auflagen aber machte sich eine zunehmend erkennbare Erweiterung desjenigen Kreises bemerkbar, der in dem Handbuch offenbar ebenfalls eine nutzbringende Unterstützung einer professionellen Arbeit sah: Neben Rechtsanwältinnen und Rechtsanwälten griffen nun auch Arbeitsrichter/-innen, Personalverantwortliche sowie Verbandsvertreter zum „Tschöpe".

Daraus erwuchs der vielfache Wunsch, den als hinsichtlich des Adressatenkreises zu einengend empfundenen Titel zu ändern. Dem haben wir mit der hier vorliegenden 9. Auflage Rechnung getragen: Aus dem Anwaltshandbuch Arbeitsrecht ist das Arbeitsrecht Handbuch geworden.

Trotz der Titeländerung und des damit verbundenen neuen „Outfits" ist die bewährte Grundkonzeption des Werkes natürlich erhalten geblieben. Wir haben auch diese Auflage wieder dazu genutzt, an einigen Stellen strukturelle Verbesserungen vorzunehmen, die der weiteren Effektivität und Übersichtlichkeit geschuldet sind. So wurden Kapiteländerungen und -umbenennungen vorgenommen. Der bisherige Abschnitt zur Anwerbung/Einstellung ist jetzt ein eigenes Kapitel (1 H Arbeitserlaubnisse), das Internationale Arbeitsrecht heißt jetzt „IPR des Arbeitsrechts" und das Kapitel 1 F firmiert nicht mehr unter „Allgemeines Gleichbehandlungsgesetz", sondern findet im Begriff „Diskriminierungsrecht" einen prägnanteren Ausdruck. Der neue Exkurs zur Rechtsschutzversicherung im Kapitel 5 J mag in manchen Fällen hilfreich sein. Der Teil 6 F wurde aufgrund der Ausweitung des Themas Social Media umbenannt in „Beschäftigtendatenschutz/Social Media".

Die neue Auflage des nunmehrigen Arbeitsrecht Handbuchs brachte auch eine neue Autorenkonstellation mit sich. Einige langjährige Autorinnen und Autoren sind ausgeschieden, Frau Dr. Marquardt, Frau Dr. Suberg und Herr Dr. Wortmann sind neu hinzugekommen.

Selbstverständlich ist das Handbuch im Hinblick auf Gesetzgebung und Rechtsprechung auf neuestem Stand. Aus der Gesetzgebung seien das Tarifautonomiestärkungsgesetz mit MiLoG und das Gesetz zur Einführung des Elterngeld Plus mit Partnerschaftsbonus und einer flexibleren Elternzeit hier nur beispielhaft genannt – ergänzt um Ausblicke auf das Gesetz zur Tarifeinheit und den Streitwertkatalog der Arbeitsgerichtsbarkeit. Die aktuelle Rechtsprechung des BAG zu Vertragsstrafenabreden in Formularverträgen, zur Rückzahlung von Fortbildungskosten oder Altersgrenzen in Betriebsvereinbarungen und bei der betrieblichen Altersversorgung findet sich ebenso wieder wie die zum Kündigungsschutz oder Betriebsverfassungsrecht.

Mein uneingeschränkter Dank als Herausgeber gilt allen Autorinnen und Autoren, die erneut oder erstmals mit großem Engagement, hervorragendem Teamgeist und präziser Zuverlässigkeit an dieser Neuauflage gearbeitet haben. Auch die nun ausgeschiedenen Mitautoren/-innen, die das Werk von Anfang an begleitet haben, schließe ich ausdrücklich in diesen Dank ein.

Vorwort

Nicht zuletzt den Damen des Verlags, die mich als Herausgeber und auch Mitautor jederzeit so freundlich und hilfreich unterstützt und entlastet haben, sei an dieser Stelle herzlich gedankt.

Wir hoffen und wünschen uns, dass wir mit dieser neuen Auflage in neuem Kleid den bisherigen Erfolg des Handbuchs fortsetzen und ausbauen können.

Gütersloh, im März 2015   Ulrich Tschöpe

Inhaltsübersicht*

	Seite
Vorwort	VII
Inhaltsverzeichnis	XIII
Abkürzungsverzeichnis	LI
Allgemeines Literaturverzeichnis	LXV

1. Teil
Begründung von Arbeitsverhältnissen und ihre vertragliche Gestaltung

A. Grundlagen *(Leuchten)*	1
B. Vertragstypisierung *(Leuchten)*	53
C. Anbahnung und Begründung eines Arbeitsverhältnisses *(Wisskirchen/Bissels)*	85
D. Arbeitsvertrag und AGB-Kontrolle *(Wisskirchen)*	192
E. Befristete Arbeitsverhältnisse *(Schmalenberg)*	271
F. Diskriminierungsrecht *(Straube)*	367
G. IPR des Arbeitsrechts *(Straube)*	415
H. Arbeitserlaubnisse *(Suberg)*	425

2. Teil
Regelungen im Rahmen eines bestehenden Arbeitsverhältnisses

A. Gegenseitige Grundpflichten *(Heiden/Rinck)*	443
B. Entgeltfortzahlung *(Grimm)*	682
C. Urlaub *(Zerbe)*	740
D. Elterngeld, Elternzeit, Betreuungsgeld und Pflegezeit *(Leuchten/Grimm)*	810
E. Betriebliche Altersversorgung *(Wortmann)*	838
F. Nachvertragliches Wettbewerbsverbot *(Hiekel)*	1012
G. Betriebsübergang *(Fuhlrott)*	1058
H. Recht am Arbeitsergebnis *(von Steinau-Steinrück)*	1177
I. Arbeitnehmerhaftung *(von Steinau-Steinrück)*	1199
J. Vertragsstrafe und verwandte Regelungen *(Hülbach)*	1230

---

* Ausführliche Inhaltsübersichten zu Beginn der einzelnen Kapitel.

3. Teil
Änderung und Beendigung des Arbeitsverhältnisses

		Seite
A.	Änderung der Arbeitsbedingungen *(Schulte)*	1251
B.	Teilzeit *(Leuchten)*	1307
C.	Arbeitsrechtlicher Aufhebungsvertrag *(Schulte)*	1341
D.	Arbeitgeberkündigung, Formen und Fristen *(Schulte)*	1402
E.	Kündigungsschutz nach dem KSchG *(Rinck)*	1466
F.	Außerordentliche Kündigung *(Rinck)*	1556
G.	Kündigungen von A–Z *(Rinck)*	1603
H.	Sonderkündigungsschutz *(Rinck)*	1654
I.	Kündigungsschutz in der Insolvenz *(Schulte)*	1709
J.	Betriebsratsanhörung *(Seitz)*	1728
K.	Arbeitszeugnis *(Wessel)*	1783

4. Teil
Kollektives Arbeitsrecht

A.	Betriebsverfassungsrecht *(Marquardt/Zerbe)*	1809
B.	Unternehmensmitbestimmung *(Schaack)*	2097
C.	Koalitions- und Tarifrecht *(Wieland)*	2148

5. Teil
Arbeitsgerichtsverfahren

A.	Typische Klageziele *(Rolfs)*	2241
B.	Allgemeine Verfahrensfragen *(Rolfs)*	2313
C.	Urteilsverfahren erster Instanz *(Rolfs)*	2360
D.	Berufungsverfahren *(Tschöpe)*	2377
E.	Revisionsverfahren *(Tschöpe)*	2399
F.	Nichtzulassungsbeschwerde und sofortige Beschwerde bei verspäteter Urteilsabsetzung *(Tschöpe)*	2412
G.	Anhörungsrüge *(Tschöpe)*	2423
H.	Beschlussverfahren *(Wessel)*	2429
I.	Zwangsvollstreckung *(Wessel)*	2510
J.	Streitwert und Kosten *(Fleddermann)*	2537

6. Teil
Arbeitnehmerschutz

	Seite
A. Arbeitszeitrecht *(Zerbe)*	2611
B. Arbeitssicherheit/Technischer Arbeitnehmerschutz *(Leuchten)*	2661
C. Personenbezogener Arbeitnehmerschutz *(Leuchten)*	2672
D. Arbeitnehmerüberlassungsrecht *(Bissels)*	2692
E. Regelungen zu Mindestarbeitsbedingungen *(Grimm)*	2781
F. Beschäftigtendatenschutz und Social Media *(Grimm)*	2809

7. Teil
Arbeitsförderung und Rentenrecht

A. Arbeitslosengeld I und SGB III im Überblick *(Oberthür)*	2861
B. Altersteilzeit *(Schulte)*	2907
C. Rentenrecht *(Schrader)*	2929
Stichwortverzeichnis	3001

Inhaltsverzeichnis*

	Seite
Vorwort	VII
Inhaltsübersicht	IX
Abkürzungsverzeichnis	LI
Allgemeines Literaturverzeichnis	LXV

1. Teil
Begründung von Arbeitsverhältnissen und ihre vertragliche Gestaltung

A. Grundlagen *(Leuchten)*

	Rz.	Seite
I. Rechtsquellen, Europäisches Arbeitsrecht	1	3
1. Kodifikationsbestrebungen	1	3
2. Rechtsquellen des Arbeitsrechts	7	4
3. Tarifvertrag	12	5
4. Recht der Europäischen Union	13	5
5. Supranationales Recht	17a	7
II. Arbeitnehmer	18	7
1. Arbeitnehmerbegriff	18	7
2. Abgrenzung	58	22
3. Leitende Angestellte	88	32
4. Kirchliche Mitarbeiter	125	45
5. Beamte und Arbeitnehmer im öffentlichen Dienst	126	46
6. Gesellschafter und Organmitglieder juristischer Personen	129	47
7. Sonstige Gruppen	131a	48
III. Arbeitgeber	136	49
1. Unternehmer – Arbeitgeber	136	49
2. Träger der Arbeitgeberfunktion im Einzelnen	137	50

B. Vertragstypisierung *(Leuchten)*

I. Arten des Arbeitsvertrages	1	53
1. Dauerarbeitsverhältnis	1	53
2. Probearbeitsverhältnis	58	55
3. Aushilfsarbeitsverhältnis	68	56
4. Leiharbeitsverhältnis	77	58
5. Gruppenarbeitsverhältnis	87	58
6. Job-Sharing, Job-Pairing	91	59
7. Teilzeitarbeit	92	60
8. Mittelbares Arbeitsverhältnis	102	63
II. Abgrenzung zu verwandten Verträgen	103	64
1. Dienstvertrag	104	64
2. Werkvertrag	105	64
3. Gesellschaftsvertrag	106	65

---

* Ausführliche Inhaltsübersichten zu Beginn der einzelnen Kapitel.

	Rz.	Seite
4. Entgeltliche Geschäftsbesorgung und Auftrag	107	65
5. Franchisevertrag	108	65
6. Familienrechtliche Mitarbeit	111	67
III. Berufsbildungsrecht	112	67
1. Geltungsbereich des Berufsbildungsgesetzes	112	67
2. Berufsausbildungsvertrag	118	71
3. Beendigung des Berufsausbildungsvertrages	134	76

C. Anbahnung und Begründung eines Arbeitsverhältnisses
(Wisskirchen/Bissels)

	Rz.	Seite
I. Einleitung	1	88
II. Anwerbung von Arbeitnehmern durch den zukünftigen Arbeitgeber	2	89
1. Stellenausschreibungen	2	89
2. Gesetzliche Einschränkungen bei der Erstellung von Stellenausschreibungen	7	90
3. Besonderheiten bei schwerbehinderten Bewerbern	30a	104
4. Anspruch des Arbeitnehmers auf Freistellung zur Stellensuche nach Kündigung	31	106
III. Abwerbung von Arbeitnehmern	41	109
1. Abwerbung durch den künftigen Arbeitgeber	42	109
2. Abwerbung durch Mitarbeiter	43	110
3. Rechtliche Grenzen der Abwerbung	44	110
4. Rechtsfolgen einer rechtswidrigen Abwerbung	50	113
5. Rückwerben von abgeworbenen Arbeitnehmern	62	115
IV. Erkenntnismittel des Arbeitgebers	64	116
1. Allgemeines	64	116
2. Fragerecht des Arbeitgebers	66	116
3. Fragenkatalog für ein Bewerbungsgespräch	118	137
4. Bewerbungsformular für Bewerbungsgespräche	120	138
5. Einstellungsfrage- bzw. Personalbogen	122	138
6. Zulässigkeit von „Background Checks"	128	141
7. Einstellungsuntersuchungen und Tests	132	144
8. Auskünfte des vorherigen Arbeitgebers	143	148
9. Offenbarungspflichten des Arbeitnehmers	145	149
10. Rechtsfolgen bei Falschbeantwortung	154	151
11. Bewerbungs-/Vorstellungskosten	163	154
12. Aufklärungs- und Offenbarungspflichten des Arbeitgebers	168	156
13. Fragerecht des Arbeitnehmers	175	157
V. Vorvertragliches Schuldverhältnis und Pflichtverletzungen	192	157
1. Abbruch von Vertragsverhandlungen	193	157
2. Verletzung von Aufklärungs- und Offenbarungspflichten	196	158
3. Verletzung von Obhutspflichten	198	158
4. Verletzung von Geheimhaltungspflichten	199	159
5. Verletzung von Schutzpflichten	200	159
6. Rechtsfolgen	201	159
7. Beweislast	204	160
VI. Begründung des Arbeitsverhältnisses	206	161
1. Grundsatz der Abschlussfreiheit	206	161
2. Ausnahmen von der Abschlussfreiheit	209	162

	Rz.	Seite
3. Geschäftsfähigkeit	222	167
4. Form des Arbeitsvertrages	232	169
5. Rechtsmängel bei Arbeitsverträgen	252	176
6. Rechtsfolgen bei Nichtigkeit des Arbeitsvertrages	270	185
VII. Melde- und Vorlagepflichten	280	189
1. Pflichten des Arbeitgebers	280	189
2. Rechtsfolgen bei Unterlassen	285	190
3. Pflichten des Arbeitnehmers	286	190
VIII. Diskriminierungsverbote bei der Einstellung von Arbeitnehmern	289	191

D. Arbeitsvertrag und AGB-Kontrolle *(Wisskirchen)*

	Rz.	Seite
I. Allgemeines	1	195
II. Gesetzliche Einschränkungen einer AGB-Kontrolle im Arbeitsrecht	4	197
1. Besonderheiten des Arbeitsrechts	4	197
2. Einbeziehung in den Vertrag	6	198
3. Einbeziehung im Voraus	9	198
4. Überprüfung von Tarifverträgen, Betriebs- und Dienstvereinbarungen	10	199
III. Allgemeine Vorschriften	17	201
1. Vorrang der Individualabrede	17	201
2. Abweichung oder Ergänzung von Rechtsvorschriften	21	203
3. Überraschende Klauseln	24	203
4. Mehrdeutige Klauseln	33	206
5. Umgehungsverbot	34	207
IV. Verbrauchereigenschaft	35	207
1. Arbeitnehmer	35	207
2. Geschäftsführer	38	208
V. Inhaltskontrolle der Allgemeinen Geschäftsbedingungen	39	208
1. Allgemeines	39	208
2. Klauselverbote ohne Wertungsmöglichkeit gem. § 309 BGB	40	209
3. Klauselverbote mit Wertungsmöglichkeit gem. § 308 BGB	72	214
4. Inhaltskontrolle nach der Generalklausel gem. § 307 BGB	101	232
VI. Rechtsfolgen der Nichteinbeziehung oder Unwirksamkeit von Allgemeinen Geschäftsbedingungen nach § 306 BGB	156	264
VII. Möglichkeiten der Vertragsanpassung	162	265
1. Salvatorische Klauseln	162	265
2. Anpassungs- und Änderungsklauseln	163	265
3. Einschränkung des Verbots der geltungserhaltenden Reduktion	164	266
4. Ergänzende Vertragsauslegung	166	267
5. Änderungsmöglichkeiten des Arbeitgebers	168	268
VIII. Revisionsrechtliche Überprüfung	176	270

E. Befristete Arbeitsverhältnisse *(Schmalenberg)*

	Rz.	Seite
I. Allgemeines	1	273
1. Gesetzliche Grundlagen	1	273
2. Betroffene Arbeitnehmer	6	274

	Rz.	Seite
3. Zeitlicher Geltungsbereich	10	276
4. Betrieblicher Geltungsbereich	11	277
5. Beurteilungszeitpunkt	12	277
6. Kurzübersicht	13	278
II. Befristung ohne das Erfordernis eines sachlichen Grundes	14	279
1. Zeitlich begrenzte Befristung ohne Sachgrund (§ 14 Abs. 2 TzBfG)	14	279
2. Zeitlich begrenzte Befristung ohne Sachgrund bei Neugründungen (§ 14 Abs. 2a TzBfG)	29	286
3. Altersbefristung (§ 14 Abs. 3 TzBfG)	35	287
III. Befristung mit Sachgrund (§ 14 Abs. 1 TzBfG)	38	289
1. Befristung mit sachlichem Grund	38	289
2. Sachgründe gem. § 14 Abs. 1 Satz 2 Nr. 1–8 TzBfG	38a	290
3. Weitere Sachgründe	79	308
4. Nachträgliche Befristung	107	320
5. Dauer der Befristung und ihr sachlicher Grund	108	321
6. Mehrfache Befristung	112	322
7. Befristung einzelner Arbeitsvertragsbedingungen	115	325
IV. Vertragliche Regelungen	119	327
1. Schriftform und Grund der Befristung	119	327
2. Abweichende Vereinbarungen	130	333
3. Tarifvertragliche Befristungsvoraussetzungen	133	334
V. Auflösende Bedingungen	134	334
1. Begriff	134	334
2. Gesetzliche Regelung	135	335
3. Sachlicher Grund	136	335
4. Klagefrist	137	336
VI. Rechtsfolgen bei wirksamer und unwirksamer Befristung	138	336
1. Wirksame Befristung	138	336
2. Unwirksame Befristung/unwirksame auflösende Bedingung	145	340
VII. Kündigungsmöglichkeit während des befristeten Arbeitsverhältnisses	148	341
1. Voraussetzungen	148	341
2. Sonderfälle	155	343
3. Folgen	158	343
VIII. Beteiligung des Betriebsrats/Personalrats	159	344
1. Vor einer Einstellung oder Entlassung	159	344
2. Informationserteilung	162	346
3. Verweigerungsgrund gem. § 99 Abs. 2 Nr. 3 BetrVG	163	346
IX. Gesetzliche Verpflichtungen des Arbeitgebers gegenüber befristet beschäftigten Arbeitnehmern	164	347
1. Informationspflicht über unbefristete Arbeitsplätze	164	347
2. Weiterbeschäftigungsanspruch, Wiedereinstellungspflicht	165	347
3. Aus- und Weiterbildungspflicht	167	348
4. Benachteiligungs- und Diskriminierungsverbot	168	348
X. Prozessuale Geltendmachung	174	351
1. Klage und Klagefrist	174	351
2. Darlegungs- und Beweislast	184	355
3. Vorläufige Weiterbeschäftigung	190	356

	Rz.	Seite
XI. Sonderfälle	191	356
1. Vertretung für die Dauer der Beschäftigungsverbote nach dem Mutterschutzgesetz oder für die Dauer der Elternzeit	192	357
2. Vertretung für die Dauer der Pflege eines nahen Angehörigen	199	358
3. Befristungen im Hochschulbereich	200	359
4. Ärzte in der Weiterbildung	217	365

F. Diskriminierungsrecht *(Straube)*

	Rz.	Seite
I. Ziel und (europäische) Grundlagen	1	368
1. Zielsetzung	1	368
2. Europäische Vorgaben	2	368
3. Europarechtskonformität	4	368
4. Verhältnis zum früheren Recht	9	370
5. Überblick zum AGG	15	370
II. Persönlicher Anwendungsbereich	16	371
1. Beschäftigte	17	371
2. Selbständige und Organmitglieder	21	372
3. Arbeitgeber	25	372
III. Differenzierungsmerkmale	26	373
1. Rasse oder ethnische Herkunft	28	373
2. Geschlecht	32	374
3. Religion oder Weltanschauung	33	374
4. Behinderung	37	375
5. Alter	43	378
6. Sexuelle Identität	44	378
IV. Benachteiligungsformen	45	378
1. Unmittelbare Benachteiligung	47	379
2. Mittelbare Benachteiligung	56	381
3. Belästigung	71	384
4. Sexuelle Belästigung	74	385
5. Anweisung zur Benachteiligung	75	385
V. Rechtfertigung unterschiedlicher Behandlung	79	386
1. Systematik	79	386
2. Unterschiedliche Behandlung wegen beruflicher Anforderungen	84	387
3. Unterschiedliche Behandlung wegen der Religion oder Weltanschauung	94	389
4. Unterschiedliche Behandlung wegen des Alters	98	391
5. Positive Maßnahmen	116	395
VI. Rechtsfolgen	117	395
1. Überblick	117	395
2. Unwirksamkeit der benachteiligenden Rechtshandlung	118	396
3. Beschwerderecht	123	397
4. Leistungsverweigerungsrecht	127	398
5. Schadensersatz und Entschädigung	129	398
6. Maßregelungsverbot	143	403
VII. Organisationspflichten	145	403
1. Stellenausschreibung	146	403
2. Maßnahmen und Pflichten	151	405
VIII. Prozessuales	165	408
1. Ausschlussfristen	165	408

	Rz.	Seite
2. Darlegungs- und Beweislast	169	409
3. Geltendmachung durch Dritte	174	412
IX. Internationale Sachverhalte	175	412

G. IPR des Arbeitsrechts *(Straube)*

	Rz.	Seite
I. Gegenstand des Internationalen Arbeitsrechts	1	415
II. Aufgabe der Kollisionsnormen	6	416
III. Die arbeitsrechtlichen Kollisionsnormen	11	417
1. EGBGB	12	417
2. Rom-I-VO	13	417
3. Anknüpfungsgegenstand	14	417
4. Anknüpfungsgrundsätze	17	417
IV. Praktische Problemfelder	32	420
1. Betriebsbedingte Kündigung	32	420
2. Betriebsübergang	36	422
3. Entsendung	41	423
4. Betriebsverfassungsrecht	46	424

H. Arbeitserlaubnisse *(Suberg)*

	Rz.	Seite
I. Anwerbung ausländischer Arbeitnehmer	1	425
II. Geltendes Zuwanderungsrecht und Novellierungen	4	426
III. Staatsangehörige der EU-/EWR-Mitgliedstaaten	9	427
IV. Sonderregelungen für Staatsangehörige des EU-Staates Kroatien	13	427
V. Schweizer Staatsangehörige	19	429
VI. Staatsangehörige aus Drittstaaten	20	429
1. Allgemeine Erteilungsvoraussetzungen für Aufenthaltstitel	23	430
2. Visum	26	430
3. Aufenthaltserlaubnis	30	432
4. Blaue Karte EU (§ 19a AufenthG)	45	437
5. Niederlassungserlaubnis	49	438
6. Erlaubnis zum Daueraufenthalt-EU (§ 9a AufenthG)	54	439
7. Sonderregelungen für Asylbewerber	55	439
VII. Sonderregelungen für türkische Staatsangehörige	56	440
VIII. Pflichten des Arbeitgebers und Rechtsfolgen bei illegaler Beschäftigung	62	441

2. Teil
Regelungen im Rahmen eines bestehenden Arbeitsverhältnisses

A. Gegenseitige Grundpflichten *(Heiden/Rinck)*

	Rz.	Seite
I. Der Rechtscharakter des Arbeitsverhältnisses mit seinen Leistungs- und Nebenpflichten *(Heiden)*	1	448
II. Verpflichtungen des Arbeitnehmers *(Rinck)*	5	450

C. Urlaub *(Zerbe)*

	Rz.	Seite
I. Begriff und Rechtsgrundlage des Urlaubs	1	742
1. Erholungsurlaub	1	742
2. Sonderurlaub	6	743
3. Bildungsurlaub	18	746
4. Rechtsgrundlagen des Urlaubsanspruchs	31	751
II. Erfüllung des Urlaubsanspruchs	47	755
1. Fälligkeit des Anspruchs	47	755
2. Freizeitgewährung	68	759
3. Urlaubsentgelt	100	767
4. Urlaubsgeld	123	773
5. Urlaubsanspruch bei Arbeitsplatzwechsel	132	775
6. Erwerbstätigkeit während des Urlaubs	138	777
7. Urlaubsabgeltung	143	778
III. Geltendmachung des Urlaubsanspruchs	161	784
1. Streit über den Umfang des Urlaubsanspruchs	162	784
2. Streit über die Festlegung der Urlaubszeit	169	786
3. Selbsthilfe des Arbeitnehmers	171	786
4. Einstweilige Verfügung	177	788
5. Verfügung über den Urlaubsanspruch	181	789
6. Urlaubsanspruch bei Insolvenz des Arbeitgebers	186	790
IV. Mitbestimmung der Betriebsverfassungsorgane	190	791
1. Aufstellung allgemeiner Urlaubsgrundsätze	192	791
2. Aufstellung des Urlaubsplanes	195	792
3. Urlaubsfestsetzung für einzelne Arbeitnehmer	199	793
4. Grenzen der Mitbestimmung	201	793
V. Urlaubsanspruch besonderer Beschäftigungsgruppen	204	793
1. Urlaub der Jugendlichen	204	793
2. Urlaub im Bereich der Heimarbeit	208	794
3. Urlaub für nicht vollbeschäftigte Arbeitnehmer	212	795
4. Urlaub der arbeitnehmerähnlichen Personen	217	796
5. Urlaub der schwerbehinderten Menschen	221	797
6. Urlaub im Baugewerbe	229	798
7. Urlaub in Mutterschutz und Elternzeit	233	799
8. Urlaub für Ein-Euro-Jobber	234	799
9. Zusatzurlaub für Wechselschichtarbeit	236	799
10. Urlaub und Pflegezeit	237	799
VI. Krankheit und Urlaub	238	799
1. Erkrankung während des Urlaubs	238	799
2. Auswirkungen auf das Urlaubsentgelt	243	800
3. Maßnahmen der medizinischen Vorsorge oder Rehabilitation	245	800
4. Erkrankung während eines unbezahlten Urlaubs	246	800
VII. Erlöschen des Urlaubsanspruchs	251	801
1. Erfüllung	251	801
2. Ablauf des Urlaubsjahres und Übertragung in das nächste Urlaubsjahr	254	802
3. Verjährung	261	803
4. Ausschlussfristen	263	804
5. Verzicht und Vergleich	274	806
6. Verwirkung	279	807
7. Tod des Arbeitnehmers	280	807

	Rz.	Seite
8. Rückforderung zu viel gewährten Urlaubs	283	808
VIII. Steuerpflicht	286	808
1. Urlaubsentgelt	286	808
2. Urlaubsgeld	287	808
3. Urlaubsabgeltung	288	808
IX. Sozialversicherungspflicht	289	809
1. Urlaubsentgelt	289	809
2. Urlaubsgeld	290	809
3. Urlaubsabgeltung	291	809

D. Elterngeld, Elternzeit, Betreuungsgeld und Pflegezeit
(Leuchten/Grimm)

	Rz.	Seite
I. Elterngeld und Elternzeit *(Leuchten)*	1	811
1. Elterngeld	1	811
2. Elternzeit	8	813
3. Sonderkündigungsschutz	26	817
4. Teilzeitanspruch und Elternzeit	27	817
II. Betreuungsgeld *(Grimm)*	37	820
1. Allgemeines	38	820
2. Verfahren	41	821
III. Pflegezeit *(Grimm)*	45	822
1. Einführung	45	822
2. Allgemeine Voraussetzungen	47	823
3. Kurzzeitige Arbeitsverhinderung	51	824
4. Pflegezeit	61	826
5. Sonderkündigungsschutz	80	832
6. Befristete Verträge	81	832
IV. Familienpflegezeit *(Grimm)*	86	833
1. Einführung	86	833
2. Elemente der Familienpflegezeit	89	833
3. Inanspruchnahme der Familienpflegezeit	92	834
4. Gesetzliche Vorgaben für die Inanspruchnahme	94	834
5. Staatliche Förderung	99	835
6. Sonderkündigungsschutz des Beschäftigten	105	836
7. Ende der Familienpflegezeit	106	836

E. Betriebliche Altersversorgung *(Wortmann)*

	Rz.	Seite
I. Allgemeine Rechtsgrundlagen betrieblicher Versorgungsverpflichtungen	1	843
1. Kennzeichen der Versorgungszusage	3	844
2. Leistungsarten	52	855
3. Versorgungsstrukturen	69	860
4. Durchführungswege	87	865
5. Entstehung von Versorgungszusagen	146	879
6. Mitbestimmung des Betriebsrats	230	902
7. Inhaltskontrolle von Versorgungszusagen	250	909
8. Informations- und Auskunftspflichten	268	913
9. Schutz der Versorgung bei Betriebsübergang, Umwandlung und Aufrechnung/Pfändung	284	918

	Rz.	Seite
10. Verjährung und Verwirkung von Versorgungsansprüchen	296	922
II. Die betriebliche Altersversorgung nach den Bestimmungen des BetrAVG	300	923
1. Zusage des Arbeitgebers auf betriebliche Altersversorgung im Sinne des BetrAVG	300	923
2. Anspruch auf Entgeltumwandlung (§ 1a BetrAVG)	304	924
3. Unverfallbarkeit (§ 1b BetrAVG)	311	926
4. Berechnung unverfallbarer Versorgungsanwartschaften (§ 2 BetrAVG)	340	933
5. Abfindung von Versorgungsrechten (§ 3 BetrAVG)	383	946
6. Übertragung von Versorgungsverpflichtungen (§ 4 BetrAVG)	398	949
7. Auskunftsanspruch (§ 4a BetrAVG)	415	954
8. Auszehrungs- und Anrechnungsverbot (§ 5 BetrAVG)	416	954
9. Vorzeitige Altersleistungen (§ 6 BetrAVG)	425	957
10. Insolvenzsicherung (§§ 7–14 BetrAVG)	450	964
11. Anpassung laufender Leistungen (§ 16 BetrAVG)	543	983
12. Persönlicher Geltungsbereich des BetrAVG (§ 17 BetrAVG)	578	992
III. Abänderung von Versorgungszusagen	598	996
1. Abänderung aus wirtschaftlichen Gründen	599	997
2. Änderung aus nicht wirtschaftlichen Gründen	642	1009
3. Widerruf wegen Treuebruch	644	1010

F. Nachvertragliches Wettbewerbsverbot *(Hiekel)*

	Rz.	Seite
I. Rechtsgrundlage	1	1014
II. Persönlicher Geltungsbereich	2	1014
III. Gegenstand der Wettbewerbsabrede; Abgrenzungen	7	1017
IV. Rechtsnatur der Wettbewerbsabrede	14	1021
V. Formelle Wirksamkeitsvoraussetzungen	15	1021
VI. Zeitlicher Geltungsbereich der Schutzvorschriften	18	1023
VII. Inhaltliche Anforderungen	21	1025
1. Verbotsumfang	21	1025
2. Entschädigungszusage	30	1031
3. Bedingte Wettbewerbsverbote	33	1033
VIII. Wegfall des Wettbewerbsverbots	36	1035
1. Verzicht des Arbeitgebers	36	1035
2. Außerordentliche Kündigung des Arbeitnehmers	39	1036
3. Außerordentliche Kündigung des Arbeitgebers	41	1037
4. Ordentliche Kündigung des Arbeitgebers	42	1038
5. Beendigung durch Urteil nach § 9 KSchG	43	1038
6. Aufhebungsvertrag	44	1039
7. Ausgleichsklausel	45	1039
8. Rücktritt	46	1040
9. Insolvenz des Arbeitgebers	47	1040
10. Auflösende Bedingung	49	1040
11. Unmöglichkeit der Konkurrenztätigkeit	50	1041
12. Nichtantritt des Arbeitsverhältnisses	51	1041
13. Anfechtung des Arbeitsvertrages	51a	1042
IX. Betriebsübergang	52	1042

		Rz.	Seite
X.	Pflichten des Arbeitnehmers aus der Wettbewerbsabrede	54	1044
1.	Wettbewerbsenthaltungspflicht	54	1044
2.	Auskunftsverpflichtung	56	1045
XI.	Pflichten des Arbeitgebers aus der Wettbewerbsabrede	58	1046
1.	Karenzentschädigung	58	1046
2.	Keine Erstattung von Leistungen an die Bundesagentur für Arbeit	71	1053
XII.	Rechtsfolgen bei Vertragsverletzungen	72	1053
1.	Rechte des ehemaligen Arbeitgebers	72	1053
2.	Rechte des ehemaligen Arbeitnehmers	78	1057

G. Betriebsübergang *(Fuhlrott)*

		Rz.	Seite
I.	Normzweck und Entstehungsgeschichte	1	1061
II.	Tatbestandliche Voraussetzungen	4	1062
1.	Betrieb oder Betriebsteil	4	1062
2.	Übergang des Betriebes bzw. Betriebsteils auf einen anderen Rechtsträger	19	1067
3.	Übergang durch Rechtsgeschäft	97	1091
4.	Exkurs: Umwandlungsgesetz und Betriebsübergang	109	1094
5.	Zeitpunkt des Übergangs	112	1095
III.	Rechtsfolgen des Betriebsübergangs	114	1095
1.	Individualrechtliche Folgen	114	1095
2.	Kollektivrechtliche Folgen	165	1106
IV.	Kontinuität des Betriebsrats und Überblick über sonstige betriebsverfassungsrechtliche Fragen	304	1140
1.	Fortbestand von Arbeitnehmervertretungen	304	1140
2.	Betriebsübergang als Betriebsänderung?	311	1141
3.	Informations-/Unterrichtungspflichten	314	1142
V.	Das Haftungsregime beim Betriebsübergang	315	1142
1.	Rechtliche Einordnung	315	1142
2.	Haftung des Betriebserwerbers	317	1143
3.	Haftung des Betriebsveräußerers	318	1143
4.	Dispositivität der Regelung	320	1144
VI.	Vereinbarungen und Kündigungen im Zusammenhang mit dem Betriebsübergang	322	1144
1.	Vereinbarungen im Zusammenhang mit dem Betriebsübergang	322	1144
2.	Kündigungen im Zusammenhang mit dem Betriebsübergang	336	1148
3.	Betriebsübergänge vermeidende Rechtsgestaltung?	366	1157
VII.	Unterrichtung und Widerspruch	371	1159
1.	Unterrichtungspflicht gem. § 613a Abs. 5 BGB	371	1159
2.	Widerspruchsrecht gem. § 613a Abs. 6 BGB	400	1166

H. Recht am Arbeitsergebnis *(von Steinau-Steinrück)*

		Rz.	Seite
I.	Überblick	1	1178
1.	Sacheigentum, Besitz	1	1178
2.	Immaterialgüterrechte	5	1178
II.	Arbeitnehmererfindungen und Verbesserungsvorschläge	12	1179
1.	Geltungsbereich des ArbNErfG	13	1179

	Rz.	Seite
2. Diensterfindungen	19	1181
3. Freie Erfindungen, Erfindungen im Hochschulbereich	55	1189
4. Verbesserungsvorschläge	61	1191
III. Urheberrecht	65	1192
1. Nutzungsrechte	66	1193
2. Persönlichkeitsrechte	75	1197
IV. Streitigkeiten	77	1198

I. Arbeitnehmerhaftung *(von Steinau-Steinrück)*

	Rz.	Seite
I. Haftung für Sach- und Vermögensschäden beim Arbeitgeber	1	1200
1. Anspruchsvoraussetzungen	1	1200
2. Haftungsbeschränkung	18	1204
3. Mitverschulden	38	1210
4. Beweislast	45	1212
5. Beteiligung Dritter	48	1212
II. Mankohaftung	49	1213
1. Haftung aus Mankovereinbarung	50	1213
2. Haftung ohne Mankovereinbarung	56	1215
III. Haftung für Sach- und Vermögensschäden bei Arbeitskollegen und Dritten	64	1216
1. Außenhaftung	64	1216
2. Erstattungs- und Freistellungspflichten des Arbeitgebers	68	1218
3. Gesamtschuldnerschaft	71	1219
4. Pfändung	73	1219
IV. Haftung für Personenschäden	74	1220
1. Voraussetzungen des Haftungsausschlusses	77	1221
2. Vorsatztaten, Wegeunfälle	101	1226
3. Bindung der Zivilgerichte	106	1227
4. Regressansprüche der Sozialversicherung	108	1228
5. Verhältnis mehrerer Schädiger	112	1229

J. Vertragsstrafe und verwandte Regelungen *(Hülbach)*

	Rz.	Seite
I. Vertragsstrafe	1	1230
1. Allgemeines	1	1230
2. Vertragsstrafen im Arbeitsrecht	11	1232
3. Billigkeitskontrolle	20	1234
4. Formulierungsbeispiele	48	1244
II. Pauschalierter Schadensersatz	52	1246
III. Verfallregelungen	55	1247
IV. Betriebsbußen	62	1249

3. Teil
Änderung und Beendigung des Arbeitsverhältnisses

A. Änderung der Arbeitsbedingungen *(Schulte)*

	Rz.	Seite
I. Überblick	1	1253
II. Einvernehmliche Änderung	4	1254
1. Grundsatz	5	1254
2. Grenzen der einvernehmlichen Änderung der Arbeitsbedingungen	9	1255
III. Direktionsrecht	14	1256
1. Rechtsgrundlagen	16	1256
2. Ausübung des Direktionsrechts	18	1257
3. Grenzen des Direktionsrechts	25	1258
IV. Teilkündigung	44	1266
V. Änderungskündigung	49	1268
1. Begriff und Inhalt	50	1268
2. Inhaltliche Voraussetzungen	68b	1273
3. Abgrenzungsfragen	69	1274
4. Voraussetzungen der Änderungskündigung	75	1276
5. Beteiligung und Mitbestimmung des Betriebsrats	115	1290
6. Annahme unter Vorbehalt	126	1293
7. Annahme ohne Vorbehalt	147a	1300
8. Prozessuale Besonderheiten der Änderungskündigungsschutzklage	148	1302

B. Teilzeit *(Leuchten)*

	Rz.	Seite
I. Grundlagen	1	1308
1. Anwendungsbereich	2	1308
2. Diskriminierungsverbot	5	1309
3. Benachteiligungsverbot	13	1314
4. Ausschreibung	14	1314
5. Informationspflichten	16	1315
6. Aus- und Weiterbildung	19	1316
7. Kündigungsverbot	20	1316
8. Arbeit auf Abruf	21	1316
9. Arbeitsplatzteilung (Job-Sharing)	24	1318
10. Sonstige Bestimmungen	26	1319
11. Abweichende Vereinbarungen	39	1321
II. Teilzeitanspruch	40	1321
1. Allgemeine Voraussetzungen	41	1321
2. Antragstellung	46	1322
3. Verhandlungsphase	53	1326
4. Verhandlungsergebnis	54	1326
5. Betriebliche Gründe	58	1328
6. Änderungsverlangen des Arbeitgebers	62	1332
7. Erneuter Verringerungsantrag des Arbeitnehmers	65	1333
III. Verlängerung der Arbeitszeit	66	1333
IV. Mitbestimmungsrechte des Betriebsrats	72	1335

	Rz.	Seite
V. Prozessuales	75	1336
1. Klageart	75	1336
2. Einstweilige Verfügung	80	1338
3. Darlegungs- und Beweislast	85	1339
4. Streitwert	86	1340

C. Arbeitsrechtlicher Aufhebungsvertrag *(Schulte)*

	Rz.	Seite
I. Allgemeines	1	1343
1. Rechtsgrundlage und Rechtsnatur arbeitsrechtlicher Beendigungsvereinbarungen	1	1343
2. Außergerichtliche und gerichtliche Beendigungsvereinbarungen (Prozessvergleiche)	15	1352
3. Abgrenzung zu anderen Beendigungsgründen und -vereinbarungen	17	1355
II. Zustandekommen der Beendigungsvereinbarung	24	1358
1. Vertragsschluss gem. §§ 145 ff. BGB	24	1358
2. Gesetzliche Schriftform für den Auflösungsvertrag, § 623 BGB	25	1359
III. Inhalt von Beendigungsvereinbarungen	30	1362
1. Zeitpunkt der Beendigung	31	1362
2. Abfindungen	32	1363
3. Freistellung von der Arbeit	35	1364
4. Urlaub und Urlaubsabgeltung	36	1367
5. Wettbewerbsverbot	39	1368
6. Zeugnis	42	1370
7. Betriebliche Altersversorgung	45	1371
8. Dienstwagen	46	1372
9. Outplacement-Beratung	46a	1373
10. Rückführung von Darlehen	46b	1373
11. Ausgleichszahlungen gem. § 187a SGB VI	46c	1374
12. Geheimhaltung	46d	1374
13. Wiedereinstellungszusage (Rückkehrzusage)	46e	1374
14. Rechtsanwaltskosten	46f	1375
15. Allgemeine Ausgleichsklausel/Verzichtserklärungen	47	1375
16. Beendigungsvereinbarungen und Allgemeine Geschäftsbedingungen	47a	1376
17. Musterformulierung	47b	1377
IV. Aufklärungs- und Hinweispflichten des Arbeitgebers	49	1379
V. Beseitigung von Beendigungsverträgen	52	1382
1. Rücktritt	52	1382
2. Kein Widerrufsrecht gem. §§ 312, 355 BGB	52a	1383
3. Tarifliches Widerrufsrecht	53	1384
4. Anfechtung von Beendigungsvereinbarungen	57	1385
VI. Prozessuales	62	1388
VII. Rechtsfolgen	66	1390
1. Arbeitsrechtliche Folgen	66	1390
2. Steuerrechtliche Folgen	67	1390
3. Sozialversicherungsrechtliche Folgen	69b	1391
VIII. Besondere betriebliche Situationen	86	1399
1. Betriebsänderung und Aufhebungsvertrag	86	1399
2. Betriebsübergang	88	1400

D. Arbeitgeberkündigung, Formen und Fristen *(Schulte)*

	Rz.	Seite
I. Kündigungserklärung	1	1403
1. Allgemeines	1	1403
2. Abgrenzung zu anderen Maßnahmen und Beendigungsgründen	7	1405
3. Inhalt der Kündigungserklärung	20	1410
4. Zeit und Ort der Kündigung, Kündigung zur Unzeit und vor Dienstantritt	28	1414
5. Form der Kündigungserklärung	38	1417
6. Vertretung und Kündigungserklärung	51	1419
7. Zugang der Kündigungserklärung	79	1429
8. Umdeutung der Kündigungserklärung	107	1441
9. Anfechtung und Rücknahme der Kündigungserklärung	127	1449
II. Kündigungsarten	132	1451
1. Beendigungs- und Änderungskündigung	133	1452
2. Ordentliche und außerordentliche Kündigung	135a	1452
3. Vorsorgliche Kündigung	136	1453
4. Bedingte Kündigung	138	1453
5. Teilkündigung	142	1454
6. Druck- und Verdachtskündigung	143	1454
III. Kündigungsfristen und -termine	144	1455
1. Allgemeines	144	1455
2. Sonderregelungen	150	1456
3. Berechnung der Kündigungsfrist	151	1457
4. Mindestkündigungsfristen	157	1457
5. Vertragliche Verlängerung und Verkürzung der Kündigungsfristen	160	1459
6. Tarifvertragliche Bestimmungen	178	1462

E. Kündigungsschutz nach dem KSchG *(Rinck)*

I. Einführung	1	1469
1. Zweck und Systematik des KSchG	1	1469
2. Einseitig zwingender Charakter	3	1470
3. Räumlicher Anwendungsbereich des KSchG	6a	1471
4. Kündigungsschutz und AGG	6b	1471
II. Anwendungsvoraussetzungen	7	1471
1. Geschützter Personenkreis	7	1471
2. Betrieblicher Geltungsbereich	37	1477
3. Wartezeit	65	1483
III. Personenbedingte Kündigung	78	1486
1. Begriff	78	1486
2. Krankheit	80	1486
3. Sonstige Fälle personenbedingter Kündigung	130	1499
IV. Verhaltensbedingte Kündigung	146	1503
1. Begriff	146	1503
2. Prüfungsaufbau	148	1503
3. Kündigungsgrund an sich	152	1504
4. Abmahnung	160	1505
5. Interessenabwägung	187	1511
6. Kündigungsgründe von A–Z	191	1511

	Rz.	Seite
V. Betriebsbedingte Kündigung	192	1512
1. Begriff	192	1512
2. Prüfungsaufbau	193	1512
3. Dringende betriebliche Erfordernisse (1. Stufe)	195	1512
4. Fehlen eines gleichwertigen, freien Arbeitsplatzes (2. Stufe)	235	1521
5. Fehlen eines geringerwertigen, freien Arbeitsplatzes (3. Stufe)	246	1524
6. Sozialauswahl (4. Stufe)	256	1526
7. Darlegungs- und Beweislast	315	1541
8. Wiedereinstellungsanspruch	322	1543
9. Betriebsbedingte Änderungskündigung	337a	1547
VI. Abfindungsoption nach § 1a KSchG	344	1551
1. Voraussetzungen im Einzelnen	345	1551
2. Entstehung und Fälligkeit	351	1553
3. Wegfall des Abfindungsanspruchs	353	1553
4. Höhe des Abfindungsanspruchs	356	1554
5. Durchsetzung des Abfindungsanspruchs/Insolvenz	359	1554
6. Folgewirkungen	361	1555

F. Außerordentliche Kündigung *(Rinck)*

	Rz.	Seite
I. Grundlagen	1	1557
II. Arten der außerordentlichen Kündigung	3	1558
1. Außerordentliche Kündigung mit Auslauffrist	3	1558
2. Außerordentliche Kündigung bei ordentlich unkündbaren Arbeitnehmern	4	1558
III. Abgrenzung der außerordentlichen Kündigung von anderen Beendigungstatbeständen	5	1558
1. Anfechtung	5	1558
2. Rücktritt	7	1559
3. Störung der Geschäftsgrundlage	8	1559
4. Aufhebungsvertrag	9	1559
5. Suspendierung	10	1559
6. Nichtfortsetzungserklärung gem. § 12 KSchG	11	1560
IV. Allgemeine Grundsätze zur außerordentlichen Kündigung	12	1560
1. Anhörung des Arbeitnehmers/Aufklärung	12	1560
2. Beurteilungszeitpunkt	13	1560
3. Nachschieben von Kündigungsgründen	14	1561
4. Verzicht auf die außerordentliche Kündigung	16	1561
5. Nachträglicher Wegfall des Kündigungsgrundes	17	1562
6. Darlegungs- und Beweislast	17a	1562
V. Außerordentliche Kündigung durch den Arbeitgeber/Merkmale des wichtigen Grundes	18	1563
1. Grundsätze	18	1563
2. Kündigungsgründe an sich	22	1564
3. Konkrete Beeinträchtigung des Arbeitsverhältnisses	23	1564
4. Interessenabwägung	24	1565
5. Prognoseprinzip	25	1566
6. Verhältnismäßigkeit (Ultima-ratio-Prinzip)	27	1567
7. Verschulden	28	1567
8. Verhältnis zur ordentlichen Kündigung	29	1568
9. Beteiligung von Betriebs- und Personalrat	30a	1568

	Rz.	Seite
VI. Besondere Arten der außerordentlichen Kündigung	31	1569
1. Verdachtskündigung	31	1569
2. Druckkündigung	43	1577
3. Außerordentliche Änderungskündigung	48	1580
4. Außerordentliche Kündigung von ordentlich unkündbaren Arbeitnehmern	57	1582
VII. Außerordentliche Kündigung durch den Arbeitnehmer	65	1589
1. Grundsätze	65	1589
2. Einzelfälle	67	1590
VIII. Ausschlussfrist des § 626 Abs. 2 BGB	71	1590
1. Allgemeines	71	1590
2. Beginn der Ausschlussfrist	74	1591
3. Hemmung der Ausschlussfrist	80	1594
4. Besonderheiten bei der Verdachtskündigung	82	1595
5. Besonderheiten bei der Kündigung wegen einer Straftat	83	1595
6. Besonderheiten bei der außerordentlichen Kündigung von Betriebs- und Personalräten	84	1596
7. Besonderheiten bei der außerordentlichen Kündigung schwerbehinderter Menschen	91a	1598
IX. Mitteilung der Kündigungsgründe	92	1599
X. Umdeutung einer unwirksamen außerordentlichen Kündigung	93	1599
XI. Minderung der Vergütung und Schadensersatz nach § 628 BGB	94	1599
1. Minderung der Vergütung nach § 628 Abs. 1 Satz 2 BGB	94	1599
2. Schadensersatz nach § 628 Abs. 2 BGB	99	1600

G. Kündigungen von A–Z *(Rinck)*

	Rz.	Seite
Abkehrwille	1	1603
Abwerbung	2	1604
Alkohol- und Drogenmissbrauch	3	1604
Alkohol- und Drogensucht	7	1605
Alter	8	1606
Anzeige gegen Arbeitgeber („Whistleblowing")	9	1607
Arbeitskampf	11	1608
Arbeitsschutz	12	1609
Arbeitsversäumnis	13	1609
Arbeitsverweigerung	14	1609
Außerdienstliches Verhalten	18	1612
Austauschkündigung	19	1613
Beschäftigungsverbot	19a	1614
Betriebsfrieden/betriebliche Ordnung	20	1614
Betriebsgeheimnisse	20a	1615
Betriebsstilllegung	21	1616
Betriebsveräußerung	22	1617
Diebstahl	23	1618
Druckkündigung	25	1619
Ehe, Zerrüttung	26	1619

	Rz.	Seite
Ehrenämter	27	1619
Eignungs-/Leistungsmangel	28	1620
Elternzeit	28a	1621
Fahrerlaubnis, Entzug	29	1621
Freiheitsstrafe/Haft	30	1622
Insolvenz	31	1623
Internet-, E-Mail-, Telefonnutzung	31a	1624
Kirche	32	1625
Krankheit	33	1627
Lohnpfändungen	42	1633
Massenentlassung	42a	1634
Meinungsäußerung	43	1636
Mobbing	43b	1638
Nachweis- und Mitteilungspflichten	44	1638
Nebenpflichtverletzung	44a	1639
Nebentätigkeit	45	1640
Politische Betätigung	46	1641
Rauchverbot	47	1641
Religiöse Betätigung	47a	1642
Schlecht- und Minderleistung	48	1643
Schmiergelder	49	1644
Scientology-Mitgliedschaft	49a	1644
Sexuelle Belästigung	50	1645
Sicherheitsbereich	51	1645
Spesenbetrug	52	1646
Stalking	52a	1646
Stempeluhren	53	1646
Strafbare Handlung	54	1647
Tätlichkeiten	55	1649
Urlaub	56	1650
Verdachtskündigung	57	1650
Verschwiegenheitspflicht	58	1651
Wehrdienstableistung	58a	1651
Wettbewerbsverbot	59	1652
Witterungsbedingte Kündigung	60	1653
Zeugenaussage gegen Arbeitgeber	60a	1653
Zuspätkommen	61	1653

H. Sonderkündigungsschutz *(Rinck)*

I. Sonderkündigungsschutz nach MuSchG	1	1656
1. Kündigungsverbot des § 9 MuSchG	1	1656

	Rz.	Seite
2. Zulässige Kündigung in besonderen Fällen	9	1660
3. Eigenkündigung der Arbeitnehmerin	17	1663
4. Aufhebungsvertrag	21	1664
5. Befristung	22	1664
6. Annahmeverzug	23	1664
II. Sonderkündigungsschutz in der Elternzeit	24	1665
1. Kündigungsverbot	24	1665
2. Zulässige Kündigung in besonderen Fällen	27	1666
3. Eigenkündigung des Elternzeitlers	32	1668
III. Kündigungsschutz für schwerbehinderte Menschen	33	1668
1. Geltungsbereich des Zustimmungserfordernisses gem. SGB IX	34	1668
2. Nachweis-/Antragserfordernis	41a	1671
3. Verwirkung des Sonderkündigungsschutzes	42	1674
4. Entscheidung des Integrationsamts bei ordentlicher Kündigung	46a	1675
5. Ausspruch der ordentlichen Kündigung	50	1677
6. Entscheidung des Integrationsamts bei außerordentlicher Kündigung	54	1677
7. Ausspruch der außerordentlichen Kündigung	59	1679
8. Betriebsratsanhörung	61	1680
9. Erweiterter Bestandsschutz	63	1681
10. Prozessuale Besonderheiten	63a	1681
IV. Sonderkündigungsschutz für betriebliche Funktionsträger	64	1682
1. Geltungsbereich	65	1682
2. Umfang des Kündigungsschutzes	67	1683
3. Inhalt des Kündigungsschutzes	68	1683
4. Zulässigkeit der außerordentlichen Kündigung	82	1688
5. Zustimmung des Betriebsrats	88	1690
6. Zustimmungsersetzung durch das Arbeitsgericht	91	1691
7. Sonderfall: Kündigung bei Betriebsstilllegung und -einschränkung	95	1693
8. Versetzungsschutz	101a	1695
V. Kündigungsschutz für Mitglieder kirchlicher Mitarbeitervertretungen	101b	1696
VI. Sonderkündigungsschutz für Betriebsbeauftragte	102	1696
1. Immissionsschutzbeauftragte	103	1697
2. Störfallbeauftragte	107	1698
3. Gewässerschutzbeauftragte	108	1698
4. Abfallbeauftragte	110	1698
5. Strahlenschutzbeauftragte	110a	1699
6. Beauftragte für biologische Sicherheit	110b	1699
7. Betriebsärzte	110c	1699
8. Sicherheitsbeauftragte und Fachkraft für Arbeitssicherheit	110d	1699
9. Tierschutzbeauftragte	110f	1700
10. Betriebliche Datenschutzbeauftragte	110g	1700
11. Frauen- und Gleichstellungsbeauftragte	110h	1700
VII. Arbeitsplatzschutz für Wehrdienstleistende	111	1700
1. Geltungsbereich des ArbPlSchG	112	1701
2. Ordentliche Kündigung	114	1701
3. Außerordentliche Kündigung	115	1701
4. Klagefrist	117	1702

		Rz.	Seite

	Rz.	Seite
1. Verpflichtung zur Arbeitsleistung und Leistungsstörungen	5	450
2. Rücksichtnahme-/Treuepflicht – Allgemeine Interessenwahrnehmungs- und Unterlassungspflichten	179	492
III. Verpflichtungen des Arbeitgebers *(Heiden)*	304	526
1. Grundlagen zum Arbeitsentgelt	304	526
2. Durchsetzung und Sicherung des Arbeitsentgelts	661	627
3. Beschäftigungpflicht und Beschäftigungsanspruch	741	639
4. Nebenpflichten des Arbeitgebers	771	648
5. Haftung des Arbeitgebers und Aufwendungsersatz/Spesen	821	660
6. Weiterbildungsmöglichkeit	871	670
7. Pflichten infolge betrieblicher Übung	881	673

B. Entgeltfortzahlung *(Grimm)*

	Rz.	Seite
I. Annahmeverzug des Arbeitgebers	1	684
1. Gesetzliche Grundlagen	1	684
2. Voraussetzungen des Annahmeverzuges	4	685
3. Beendigung des Annahmeverzuges	31	692
4. Rechtsfolgen des Annahmeverzuges	37	694
5. Anrechnung anderweitigen Verdienstes	46	696
6. Sonderfälle	62	703
II. Vergütungspflicht bei vorübergehender Verhinderung des Arbeitnehmers	81	706
1. Grundlagen	81	706
2. Voraussetzungen der gesetzlichen Entgeltfortzahlungspflicht gem. § 616 BGB	82	706
3. Anmeldung/Unterrichtungspflicht	92	709
4. Wirkung: Fortzahlung des Arbeitsentgelts	93	709
5. Anrechnung anderweitigen Erwerbs	94	710
6. Abdingbarkeit	95	710
7. Sonderfall: § 45 SGB V	98	710
III. Entgeltfortzahlung im Krankheitsfall	102	711
1. Grundlagen	102	711
2. Voraussetzungen der Entgeltfortzahlung	105	711
3. Dauer der Entgeltfortzahlung	121	715
4. Höhe der Entgeltfortzahlung	138	720
5. Kürzungsmöglichkeit bei Sondervergütungen	150	723
6. Anzeige- und Nachweispflichten	156	724
7. Zweifel des Arbeitgebers an der Arbeitsunfähigkeit	172	728
8. Beendigung des Arbeitsverhältnisses	188	732
9. Anspruchsübergang bei Dritthaftung	192	733
10. Kostenausgleich in Kleinbetrieben	197	734
IV. Entgeltfortzahlung an Feiertagen	202	735
1. Grundlagen	202	735
2. Anspruchsvoraussetzungen	205	736
3. Höhe des Feiertagsentgelts	211	737
4. Kurzarbeit, Feiertagsentgelt und Krankheit	215	738
5. Ausschluss des Anspruchs	217	738

	Rz.	Seite
VIII. Kündigungsschutz im Berufsausbildungsverhältnis	119	1702
1. Kündigung während der Probezeit	120	1702
2. Kündigung nach Ablauf der Probezeit	121	1703
3. Schriftform	123	1703
4. Schlichtungsausschuss	124	1704
IX. Sonderkündigungsschutz nach Teilzeit- und Befristungsgesetz	126	1705
X. Sonderkündigungsschutz für Bergmannversorgungsscheininhaber	129	1705
XI. Sonderkündigungsschutz nach Pflegezeitgesetz	131	1706
1. Anwendungsbereich	132	1706
2. Sonderkündigungsschutz bei kurzzeitiger Arbeitsverhinderung nach § 2 PflegeZG	133	1706
3. Sonderkündigungsschutz bei Pflegezeit nach § 3 PflegeZG	135	1707
4. Zulässige Kündigung in besonderen Fällen	138	1707
XII. Sonderkündigungsschutz nach Familienpflegezeitgesetz	141	1708
1. Besonderer Kündigungsschutz	142	1708
2. Dauer und Ende des Kündigungsschutzes	143	1708
3. Zulässige Kündigung in besonderen Fällen	144	1708

I. Kündigungsschutz in der Insolvenz *(Schulte)*

	Rz.	Seite
I. Allgemeines	1	1710
II. Besonderheiten des Kündigungsrechts in der Insolvenz	2	1710
1. Formelle Voraussetzungen	4	1710
2. Materielle Voraussetzungen	34	1716
3. Abfindungsanspruch bei betriebsbedingter Kündigung gem. § 1a KSchG	57	1721
4. Ausschluss der ordentlichen Kündigung und Sonderkündigungsschutz	59	1721
5. Änderungskündigung in der Insolvenz	72	1723
III. Kündigungsschutzverfahren in der Insolvenz	76	1724
1. Klagefrist	76	1724
2. Richtiger Klagegegner	79	1724
3. Sonderprobleme in der Insolvenz	84a	1725
IV. Betriebsübergang: Kündigung durch Insolvenzverwalter oder Erwerber	85	1726
V. Schadensersatz gem. § 113 Satz 3 InsO	88	1727

J. Betriebsratsanhörung *(Seitz)*

	Rz.	Seite
I. Vorbemerkung	1	1729
II. Anwendungsvoraussetzungen	2	1730
1. Geltungsbereich	2	1730
2. Beendigungsarten	10	1733
3. Persönlicher Anwendungsbereich	19	1736
III. Einleitung des Verfahrens	24	1737
1. Erklärungsempfänger	24	1737
2. Zeitpunkt der Einleitung des Verfahrens	25	1738
3. Form der Unterrichtung	28	1738
4. Inhalt und Umfang der Unterrichtung	29	1739

	Rz.	Seite
5. Formulierungsbeispiel für die Anhörung vor Kündigung	77	1752
IV. Abschluss des Verfahrens	78	1753
1. Beschluss des Betriebsrates	78	1753
2. Reaktionsmöglichkeiten des Betriebsrates	83	1754
3. Kündigungsausspruch	124	1762
V. Mängel des Anhörungsverfahrens und deren Rechtsfolgen	127	1763
1. Allgemeine Grundsätze	127	1763
2. Mängel außerhalb der Sphäre des Arbeitgebers	131	1764
3. Bewusste Fehlinformation	133	1765
4. Nachschieben von Kündigungsgründen	135	1766
VI. Vorläufige Weiterbeschäftigung	138	1767
1. Allgemeine Grundsätze	138	1767
2. Voraussetzungen des Weiterbeschäftigungsanspruchs	141	1768
3. Beendigung der Weiterbeschäftigungspflicht	148	1769
VII. Erweiterung der Mitbestimmungsrechte	149	1769
VIII. Weitere Mitwirkungserfordernisse	154	1771
IX. Zustimmungserfordernis nach § 103 BetrVG	164	1772
1. Allgemeine Grundsätze	164	1772
2. Geschützter Personenkreis	166	1773
3. Dauer des Kündigungsschutzes	170	1774
4. Kündigung und andere Beendigung des Arbeitsverhältnisses	175	1775
5. Zustimmung durch den Betriebsrat	183	1776
6. Ersetzung der Zustimmung durch das Arbeitsgericht	190	1778
7. Kündigungsschutzverfahren	199	1780
X. Checkliste für die Anhörung des Betriebsrats nach § 102 BetrVG	202	1780

K. Arbeitszeugnis *(Wessel)*

	Rz.	Seite
I. Rechtsgrundlagen und Bedeutung des Arbeitszeugnisses	1	1783
1. Rechtsgrundlagen	1	1783
2. Bedeutung für Arbeitnehmer und Arbeitgeber	4	1784
3. Wahrheitspflicht und Wohlwollen	7	1785
II. Anspruchsberechtigte und -verpflichtete Personen	9	1786
1. Berechtigte Personen	9	1786
2. Verpflichtete Personen	18	1787
III. Zeugnisarten	22	1788
1. Einfaches Zeugnis	23	1788
2. Qualifiziertes Zeugnis	25	1789
3. Zwischenzeugnis	27	1790
IV. Form	32	1791
V. Inhalt	37	1793
1. Einfaches Zeugnis	37	1793
2. Qualifiziertes Zeugnis	40	1795
3. Zeugnissprache	46	1797
VI. Aushändigung, Zurückbehaltungsrecht, Ersatzausstellung	48	1799
VII. Gerichtliche Durchsetzung des Zeugnisanspruchs	51	1800
1. Klage auf Ausstellung	51	1800
2. Klage auf Berichtigung	53	1800

	Rz.	Seite
3. Darlegungs- und Beweislast	57	1801
4. Einstweilige Verfügung	59	1802
5. Streitwert	60	1802
6. Zwangsvollstreckung	61	1803
VIII. Widerruf des Zeugnisses	63	1805
IX. Erlöschen des Zeugnisanspruchs	66	1805
1. Verjährung, Verwirkung	66	1805
2. Verzicht, Ausgleichsquittung	69	1806
3. Ausschlussklauseln	71	1806
X. Haftung des Ausstellers	75	1807
1. Gegenüber dem Arbeitnehmer	75	1807
2. Gegenüber dem neuen Arbeitgeber	77	1808

4. Teil
Kollektives Arbeitsrecht

A. Betriebsverfassungsrecht *(Marquardt/Zerbe)*

I. Grundlagen *(Zerbe)*	1	1817
1. Sachlicher Geltungsbereich	1	1817
2. Räumlicher Geltungsbereich	36	1825
3. Persönlicher Geltungsbereich	51	1829
II. Beteiligte und Organe der Betriebsverfassung *(Zerbe)*	69	1834
1. Die Verbände	69	1834
2. Der Betriebsrat	82	1839
3. Der Gesamtbetriebsrat	250	1885
4. Der Konzernbetriebsrat	267	1889
5. Die (Konzern-/Gesamt-)Jugend- und Auszubildendenvertretung	281	1891
6. Informationsforen	312	1897
III. Grundprinzipien der betriebsverfassungsrechtlichen Zusammenarbeit *(Zerbe)*	352	1903
1. Das Gebot der vertrauensvollen Zusammenarbeit (§§ 2 Abs. 1, 74 Abs. 1 BetrVG)	352	1903
2. Das Arbeitskampfverbot (§ 74 Abs. 2 Satz 1 BetrVG)	360	1905
3. Die Friedenspflicht (§ 74 Abs. 2 Satz 2 BetrVG)	364	1906
4. Das Verbot der parteipolitischen Betätigung (§ 74 Abs. 2 Satz 3 BetrVG)	367	1906
5. Grundsätze für die Behandlung der Betriebsangehörigen (§ 75 BetrVG)	377	1908
IV. Allgemeine Mitbestimmungsrechte/-pflichten *(Zerbe)*	397	1913
1. Mitwirkungs- und Beschwerderecht des Arbeitnehmers	397	1913
2. Allgemeine Aufgaben des Betriebsrats (§ 80 Abs. 1 BetrVG)	438	1921
3. Auskunfts-/Unterrichtungsanspruch (§ 80 Abs. 2 BetrVG)	456	1926
4. Hinzuziehung von Sachverständigen (§ 80 Abs. 3 BetrVG)	473	1931
5. Geheimhaltungspflichten (§ 79 BetrVG)	481	1932
6. Gestaltung von Arbeitsplatz und -umgebung	488	1934

	Rz.	Seite
V. Mitbestimmung in sozialen Angelegenheiten *(Zerbe)*	508	1938
1. Voraussetzungen	508	1938
2. Ausübung des Mitbestimmungsrechts	524	1942
3. Auswirkungen der Nichtbeachtung des Mitbestimmungsrechtes	557	1950
4. Durchsetzung der Mitbestimmungsrechte	562	1952
5. Die Mitbestimmungstatbestände des § 87 Abs. 1 BetrVG *(Marquardt)*	571	1954
6. Streitigkeiten über Mitbestimmungsrechte nach § 87 Abs. 1 BetrVG *(Marquardt)*	671	1982
VI. Mitbestimmung in personellen Angelegenheiten *(Marquardt)*	672	1982
1. Allgemeine personelle Angelegenheiten	672	1982
2. Mitbestimmung im Bereich der Berufsbildung	712	1991
3. Mitbestimmungsrecht des Betriebsrats bei personellen Einzelmaßnahmen	739	1996
4. Vorläufige personelle Maßnahme (§ 100 BetrVG)	831	2016
5. Aufhebung personeller Maßnahmen wegen Nichtbeachtung des Mitbestimmungsrechtes (§ 101 BetrVG)	843	2020
6. Checkliste und Formulierungsvorschläge	851	2022
VII. Mitbestimmung bei Betriebsänderungen *(Marquardt)*	856	2025
1. Allgemeine Voraussetzungen	858	2025
2. Mitbestimmungspflichtige Sachverhalte	865	2027
3. Einzelfälle der Betriebsänderung	872	2028
4. Beteiligung des Betriebsrats	902	2035
5. Nachteilsausgleich	976	2053
VIII. Die Einigungsstelle *(Marquardt)*	993	2057
1. Die Einigungsstelle als Konfliktlösungsinstrument der Betriebsverfassung	993	2057
2. Bildung der Einigungsstelle	994	2058
3. Zuständigkeit der Einigungsstelle	1004	2060
4. Verfahren vor der Einigungsstelle	1014	2063
5. Gerichtliche Überprüfung des Einigungsstellenspruchs	1028	2068
6. Kosten der Einigungsstelle	1039	2071
IX. Tendenzbetriebe und andere Sonderformen des Betriebs *(Marquardt)*	1051	2073
1. Grundsätze	1051	2073
2. Tendenzunternehmen und -betriebe	1055	2074
3. Geistig-ideelle Bestimmungen (§ 118 Abs. 1 Nr. 1 BetrVG)	1061	2075
4. Berichterstattung und Meinungsäußerung (§ 118 Abs. 1 Nr. 2 BetrVG)	1078	2079
5. Tendenzträger	1081	2079
6. Einschränkungen der Beteiligungsrechte des Betriebsrats	1084	2080
7. Religionsgemeinschaften	1101	2084
8. Streitigkeiten	1107	2086
X. Sprecherausschuss *(Marquardt)*	1108	2086
1. Geltungsbereich des Sprecherausschussgesetzes	1108	2086
2. Grundsätze der Zusammenarbeit	1112	2086
3. Behinderungs-, Benachteiligungs- und Begünstigungsverbot sowie betriebliche Friedenspflicht	1114	2087
4. Wahl des Sprecherausschusses	1117	2087
5. Stellung des Sprecherausschusses und seiner Mitglieder	1128	2089

	Rz.	Seite
6. Mitwirkungsrechte des Sprecherausschusses	1133	2090
7. Gesamt- und Konzernsprecherausschuss	1164	2096

B. Unternehmensmitbestimmung *(Schaack)*

	Rz.	Seite
I. Die Mitbestimmungsgesetze	1	2098
1. Übersicht	4	2101
2. Überleitungsverfahren	10	2102
3. Das System der gesetzlichen Regelungen	14	2103
II. Geltungsbereiche des MitbestG, Montan-MitbestG und DrittelbG	15	2103
1. MitbestG	15	2103
2. Montan-MitbestG	17	2104
3. DrittelbG	19	2105
4. Sicherung der Mitbestimmung	20	2105
5. Berechnung der Arbeitnehmerzahlen	25	2106
6. Übersicht zum Geltungsbereich des MitbestG, Montan-MitbestG und DrittelbG	34	2109
III. Bildung des Aufsichtsrats	35	2110
1. Zahl der Mitglieder	35	2110
2. Persönliche Voraussetzungen für die Mitgliedschaft	39	2111
3. Wahlverfahren	41	2112
4. Ersatzmitglieder im Aufsichtsrat	54	2115
5. Wahlschutz, Wahlkosten	55	2115
6. Streitigkeiten	57	2115
7. Übersicht zur Wahl des Aufsichtsrats	64	2117
8. Gerichtliche Bestellung von Aufsichtsratsmitgliedern	65	2118
9. Amtsdauer, Amtsende	66	2118
10. Übersicht zur Abberufung	68	2119
IV. Rechte und Pflichten des Aufsichtsrats	69	2120
1. Bestellung, Abberufung und Anstellung der gesetzlichen Vertreter	69	2120
2. Vertretung des Unternehmens gegenüber seinen gesetzlichen Vertretern	78	2122
3. Überwachung und Beratung der gesetzlichen Vertreter	80	2122
4. Übersicht zu den Aufgaben des Aufsichtsrats	96	2127
V. Die innere Ordnung des Aufsichtsrats	97	2128
1. Wahl des Vorsitzenden und seines Stellvertreters	98	2128
2. Aufgaben des Vorsitzenden und seines Stellvertreters	100	2129
3. Beschlüsse des Aufsichtsrats	102	2129
4. Ausschüsse	114	2131
VI. Rechte und Pflichten der Mitglieder des Aufsichtsrats	117	2133
1. Rechte	118	2133
2. Pflichten und Haftung	121	2134
3. Schutz der Arbeitnehmervertreter	127	2136
4. Streitigkeiten	129	2137
VII. Bekanntmachungen	130	2137
VIII. Mitbestimmung im europäischen Rahmen	131	2137
1. Europäische Gesellschaft – SE	135	2139
2. Europäische Genossenschaft – SCE	156	2145
3. Grenzüberschreitende Verschmelzungen	163	2146

C. Koalitions- und Tarifrecht *(Wieland)*

	Rz.	Seite
I. Koalitionsrecht	1	2151
1. Begriff	1	2151
2. Koalitionsfreiheit	10	2155
3. Aufbau und Organisation der Koalitionen	23	2159
4. Arbeitskampfrecht	33	2161
II. Tarifrecht	72	2174
1. Bedeutung und Rechtsnatur des Tarifvertrages	72	2174
2. Abschluss, Beginn und Ende eines Tarifvertrages	85	2178
3. Inhalt	118	2189
4. Objektive und subjektive Bestimmungen	150	2198
5. Tarifbindung	206	2213
6. Ausschlussfristen	218	2217
7. Allgemeinverbindlicherklärung (AVE)	236	2223
8. Bezugnahmeregelungen im Arbeitsvertrag auf Tarifverträge	250	2228
9. Tarifkonkurrenz	276	2236
10. Prüfungsschema für Ansprüche aus Tarifvertrag	285	2239

5. Teil
Arbeitsgerichtsverfahren

A. Typische Klageziele *(Rolfs)*

	Rz.	Seite
I. Allgemeines	1	2243
II. Kündigungsschutzklage bei Beendigungskündigung	3	2244
1. Klageantrag	3	2244
2. Klagefrist	17	2248
3. Parteibezeichnung	44	2256
4. Zuständiges Gericht	53	2258
5. Nachträgliche Klagezulassung	57	2259
6. Darlegungs- und Beweislast	85	2266
7. Restitutionsklage	107	2271
III. Befristungskontrollklage	110	2272
1. Allgemeines, Klagefrist	110	2272
2. Einzelheiten zur Befristungskontrollklage	113	2273
3. Darlegungs- und Beweislast	118	2275
IV. Allgemeine Feststellungsklage	122	2276
1. Anwendungsfälle	126	2277
2. Voraussetzungen des § 256 ZPO	132	2279
3. Darlegungs- und Beweislast	137	2280
V. Änderungsschutzklage	138	2281
1. Allgemeines	138	2281
2. Begriffsbestimmung	143	2282
3. Reaktionen des Arbeitnehmers	150	2284
4. Klagefrist, Streitgegenstand und Klageantrag	156	2286
5. Rechtslage nach Ende des Änderungsschutzprozesses	160	2287
VI. Weiterbeschäftigungsantrag	162	2288
1. Materiell-rechtliche Grundlagen	164	2288
2. Klageverfahren	181	2292

	Rz.	Seite
3. Vorläufiger Rechtsschutz	193	2294
4. Darlegungs- und Beweislast	202	2296
VII. Auflösungsantrag	206	2297
1. Auflösungsantrag des Arbeitnehmers	209	2297
2. Auflösungsantrag des Arbeitgebers	224	2301
3. Beiderseitiger Auflösungsantrag	234	2304
VIII. Wiedereinstellungsanspruch	235	2304
IX. Entgeltklagen	242	2306
1. Bruttolohnklage	243	2306
2. Überstundenvergütung	256	2308
3. Nettolohnklage	258	2309
4. Klage auf zukünftige Leistung	260	2310
5. Urlaubsentgelt und -abgeltung	264	2311

B. Allgemeine Verfahrensfragen *(Rolfs)*

	Rz.	Seite
I. Einführung	1	2314
II. Voraussetzungen in Bezug auf die Parteien	3	2315
1. Parteifähigkeit im Urteilsverfahren	3	2315
2. Beteiligtenfähigkeit im Beschlussverfahren	21	2318
3. Prozessfähigkeit	24	2319
4. Postulationsfähigkeit und Prozesskostenhilfe	29	2321
III. Voraussetzungen in Bezug auf das Gericht	49	2322
1. Rechtsweg im Urteilsverfahren	51	2323
2. Rechtsweg im Beschlussverfahren	103	2338
3. Rechtswegzuständigkeit und Verweisung	118	2343
4. Funktionelle Zuständigkeit	140	2349
5. Örtliche Zuständigkeit	144	2350
6. Internationale Zuständigkeit	167	2356

C. Urteilsverfahren erster Instanz *(Rolfs)*

	Rz.	Seite
I. Überblick	1	2360
II. Verfahrensmaßnahmen des Gerichts	2	2360
1. Allgemeines	2	2360
2. Besonderheiten im Hinblick auf das Verfahrensrecht	6	2362
3. Anordnung des persönlichen Erscheinens der Parteien	15	2363
III. Güteverhandlung	24	2365
1. Allgemeines	24	2365
2. Das Verfahren in der Güteverhandlung	27	2365
3. Die Verweisung der Parteien auf ein Mediationsverfahren	31	2366
4. Das Ergebnis der Güteverhandlung	32	2366
5. Die weitere Verhandlung	36	2367
IV. Verhandlung vor der Kammer	40	2368
1. Allgemeines	40	2368
2. Gerichtlicher Vorschlag eines Mediationsverfahrens	43	2368
3. Beweisaufnahme	46	2369
4. Vertagung	50	2371
5. Urteil	51	2371
V. Aussetzung des Verfahrens	56	2372

	Rz.	Seite
VI. Besonderheiten bei Berufsausbildungsverhältnissen	64	2374
1. Prozessvoraussetzung	66	2374
2. Verfahren vor dem Ausschuss	69	2375
3. Verfahren vor dem Arbeitsgericht	74	2376

D. Berufungsverfahren *(Tschöpe)*

	Rz.	Seite
I. Vorbemerkung	1	2378
II. Statthaftigkeit der Berufung	2	2378
1. Grundsatz	2	2378
2. Zulassung der Berufung	3	2378
3. Wert des Beschwerdegegenstandes	11	2380
4. Bestandsschutzstreitigkeiten	18	2381
5. Zweites Versäumnisurteil	19	2381
6. Weitere allgemeine Zulässigkeitsvoraussetzungen	20	2381
III. Berufungsfrist	22	2382
1. Fristbeginn	23	2382
2. Fristablauf	26	2383
3. Urteilsberichtigungen	30	2383
IV. Formerfordernisse	32	2384
1. Zuständiges Gericht	32	2384
2. Bezeichnung des anzufechtenden Urteils, Parteibezeichnung	33	2384
3. Adressierung	35	2384
4. Unterzeichnung	37	2385
V. Anträge	43	2386
1. Antragspflicht	43	2386
2. Antragsformulierung	44	2387
VI. Berufungsbegründung	46	2387
1. Frist	46	2387
2. Inhalt der Berufungsbegründung	66	2392
VII. Berufungsbeantwortung	78	2394
VIII. Zulassung neuer Angriffs- und Verteidigungsmittel	82	2394
1. Grundsatz	82	2394
2. Zeitpunkt des Vorbringens	84	2395
IX. Neuerliche Beweisaufnahme	87	2395
X. Verwerfung der Berufung	90	2396
1. Grundsatz	90	2396
2. Rechtsmittel	92	2396
XI. Rücknahme der Berufung	94	2396
XII. Anschlussberufung	96	2397
1. Grundsatz	96	2397
2. Statthaftigkeit	97	2397
3. Frist	98	2397
4. Begründung	99	2397
5. Wirkungslosigkeit der Anschlussberufung	100	2397
XIII. Urteil des Landesarbeitsgerichts	101	2397

E. Revisionsverfahren *(Tschöpe)*

	Rz.	Seite
I. Überblick	1	2399
II. Zulässigkeit	2	2400
1. Zulassung der Revision	3	2400
2. Zulassungsgründe	4	2400
3. Zulassung im Urteil	19	2402
III. Fristen	25	2403
1. Grundsatz	25	2403
2. Streithelfer	27	2404
3. Revision nach Nichtzulassungsbeschwerde	29	2404
4. Feiertage	30	2404
IV. Postulationsfähigkeit	32	2404
V. Revisionsbegründung	35	2405
1. Begründungszwang	35	2405
2. Inhaltliche Begrenzung der Begründung	39	2406
VI. Revisionsbeantwortung	48	2408
VII. Revisionsanträge	50	2408
1. Antrag des Revisionsklägers	50	2408
2. Antrag des Revisionsbeklagten	53	2408
VIII. Revisionsentscheidung des BAG	54	2409
1. Zurückverweisung und Bindungswirkung	54	2409
2. Abschließende Entscheidung	57	2409
IX. Sprungrevision	60	2410
1. Formelle Voraussetzungen	61	2410
2. Zustimmungserklärung	62	2410
3. Materiell-rechtliche Voraussetzungen	65	2410
4. Berufungs- und Revisionsfrist	67	2411
5. Bindung des Revisionsgerichts	69	2411

F. Nichtzulassungsbeschwerde und sofortige Beschwerde bei verspäteter Urteilsabsetzung *(Tschöpe)*

	Rz.	Seite
I. Nichtzulassungsbeschwerde	1	2412
1. Arten der Nichtzulassungsbeschwerde	1	2412
2. Formelle Voraussetzungen	26	2418
3. Aufschiebende Wirkung	35	2420
4. Anträge	37	2420
5. Entscheidung des BAG	39	2420
II. Sofortige Beschwerde bei verspäteter Urteilsabsetzung	45	2421
1. Grundsatz	45	2421
2. Einlegungsfrist/Begründung	47	2422
3. Entscheidung des BAG	48	2422

G. Anhörungsrüge *(Tschöpe)*

	Rz.	Seite
I. Vorbemerkung	1	2423
II. Zulässigkeitsvoraussetzungen	2	2424
1. Durch Entscheidung beschwerte Partei	2	2424
2. Subsidiarität der Anhörungsrüge	4	2424

	Rz.	Seite
3. Frist	7	2425
4. Form, Einlegung	12	2425
5. Ordnungsgemäße Darlegung	13	2426
III. Anträge	21	2427
1. Antragsteller	22	2427
2. Antragsgegner	23	2427
IV. Entscheidung des Gerichts	24	2427
1. Besetzung des Spruchkörpers	24	2427
2. Verwerfung als unzulässig	25	2428
3. Zurückweisung der Rüge	26	2428
4. Abhilfe bei Begründetheit	27	2428
V. Zwangsvollstreckung	28	2428

H. Beschlussverfahren *(Wessel)*

	Rz.	Seite
I. Grundsätzliches zum Urteils- und Beschlussverfahren	1	2431
II. Anwendungsfälle des Beschlussverfahrens	5	2433
1. Angelegenheiten aus dem Betriebsverfassungsgesetz, § 2a Abs. 1 Nr. 1 ArbGG	8	2434
2. Angelegenheiten aus dem Sprecherausschussgesetz, § 2a Abs. 1 Nr. 2 ArbGG	21	2442
3. Angelegenheiten aus den Mitbestimmungsgesetzen, § 2a Abs. 1 Nr. 3 ArbGG	23	2442
4. Angelegenheiten aus den §§ 94, 95, 139 SGB IX und aus dem EBRG, § 2a Abs. 1 Nr. 3a, b ArbGG	30a	2443
5. Angelegenheiten aus dem BBiG, § 2a Abs. 1 Nr. 3c ArbGG	30d	2444
6. Angelegenheiten aus dem BFDG, § 2a Abs. 1 Nr. 3d ArbGG	30e	2444
7. Angelegenheiten aus dem SE-Beteiligungsgesetz (SEBG), § 2a Abs. 1 Nr. 3e ArbGG	30f	2444
8. Angelegenheiten aus dem SCE-Beteiligungsgesetz (SCEBG), § 2a Abs. 1 Nr. 3f ArbGG	30g	2445
9. Angelegenheiten aus dem MgVG, § 2a Abs. 1 Nr. 3g ArbGG	30h	2445
10. Entscheidungen über Tariffähigkeit und Tarifzuständigkeit, § 2a Abs. 1 Nr. 4 ArbGG	31	2445
11. Entscheidungen über die Wirksamkeit einer Allgemeinverbindlicherklärung nach § 5 TVG, einer Rechtsverordnung nach § 7 oder § 7a AEntG und einer Rechtsverordnung nach § 3a AÜG, § 2a Abs. 1 Nr. 5 ArbGG	35a	2447
12. Bestellung der Einigungsstelle und Vorabentscheidung	36	2447
13. Beschlussverfahren nach der Insolvenzordnung	50	2452
III. Beschlussverfahren vor dem Arbeitsgericht	54	2454
1. Örtliche Zuständigkeit	54	2454
2. Beteiligte	62	2456
3. Vertretung im Beschlussverfahren	99	2464
4. Antrag	108	2466
5. Verfahren	139	2474
6. Beendigung des Verfahrens	165	2479
IV. Einstweilige Verfügung, § 85 Abs. 2 ArbGG	195	2485
1. Anwendungsfälle	197	2485
2. Ausschluss einstweiliger Verfügungen	201	2487
3. Anhörung und Beschluss	206	2489

	Rz.	Seite
4. Rechtsmittel	210	2489
V. Beschwerde an das LAG	211	2490
1. Verweisung auf das Berufungsverfahren	214	2490
2. Einlegung und Begründung	216	2490
3. Anschlussbeschwerde	229	2494
4. Beendigung des Beschwerdeverfahrens	230	2495
VI. Rechtsbeschwerde an das BAG	246	2498
1. Zulassung der Rechtsbeschwerde	250	2499
2. Zulassung nach Nichtzulassungsbeschwerde	254	2500
3. Rechtsbeschwerdeverfahren	260	2501
4. Beendigung des Rechtsbeschwerdeverfahrens	277	2505
VII. Sprungrechtsbeschwerde, § 96a ArbGG	288	2507
1. Zulassung auf Antrag	290	2508
2. Zustimmung der Beteiligten	292	2508

I. Zwangsvollstreckung *(Wessel)*

	Rz.	Seite
I. Grundsatz der vorläufigen Vollstreckbarkeit	1	2511
1. Vollstreckungstitel	3	2511
2. Ausschluss der vorläufigen Vollstreckbarkeit	8	2513
3. Einstellung der Zwangsvollstreckung	19	2515
II. Verfahren der Zwangsvollstreckung	28	2517
1. Vollstreckungsorgane und -titel	28	2517
2. Vollstreckung in Forderungen	32	2518
3. Zwangsvollstreckung wegen Geldforderungen	38	2520
4. Zwangsvollstreckung zwecks Herausgabe von Sachen	40	2520
5. Zwangsvollstreckung zur Erwirkung von Handlungen	41	2521
6. Rechtsbehelfe	55	2524
III. Besonderheiten der Zwangsvollstreckung im Beschlussverfahren	57	2524
1. Anwendungsbereich und vorläufige Vollstreckbarkeit	57	2524
2. Stellen der Betriebsverfassung	63	2526
3. Verfahren	65	2526
IV. Arrest und einstweilige Verfügung	67	2527
1. Arrest	68	2527
2. Einstweilige Verfügung	74	2529

J. Streitwert und Kosten *(Fleddermann)*

	Rz.	Seite
I. Grundsatz	1	2539
II. Der Streitwertkatalog für die Arbeitsgerichtsbarkeit als Versuch zur Vereinheitlichung der uneinheitlichen Rechtsprechung	2	2540
III. Streitwerte in arbeitsgerichtlichen Urteilsverfahren	3	2542
1. Kündigungsschutzklage gegen Beendigungskündigung	3	2542
2. Kündigungsschutzklage gegen Änderungskündigung	51	2562
3. Bestandsschutzklage des organschaftlichen Vertreters und Klage gegen Abberufung	61	2565
4. Klage gegen Versetzung und Streit über den Umfang des Direktionsrechts	63	2565
5. Klage auf Verringerung der Arbeitszeit	64	2566

	Rz.	Seite
6. Klage auf wiederkehrende Leistungen und Eingruppierung	66	2567
7. Feststellungsklage	72	2568
8. Zeugnisklage	74	2569
9. Klage gegen Abmahnung	78	2571
10. Klage auf Ausstellung/Ausfüllung bzw. Herausgabe von Arbeitspapieren und Erteilung von Abrechnungen	79	2573
11. Klage auf Überlassung oder Herausgabe eines Dienstwagens und einer Dienstwohnung	81	2574
12. Vergleichsinhalte	82	2574
13. Nachvertragliches Wettbewerbsverbot	91	2578
14. Streitwert der Nebenintervention	91a	2578
III. Streitwerte in arbeitsgerichtlichen Beschlussverfahren	92	2579
1. Kostenentscheidung und Gerichtsgebühren	92	2579
2. Anwaltsgebühren	93	2579
IV. Einstweilige Verfügungen	123	2594
V. Streitwertbeschwerde	124	2596
1. Streitwertbeschwerde nach § 33 Abs. 3 RVG	124	2596
2. Streitwertbeschwerde nach § 68 GKG	129	2598
VI. Kosten und Kostenerstattung im arbeitsgerichtlichen Urteilsverfahren	134	2599
1. Gerichtskosten	134	2599
2. Anwaltskosten	137	2599
VII. Beschlussverfahren	160	2605
VIII. Exkurs – Probleme mit Rechtsschutzversicherungen	161	2606
1. Der Eintritt des Versicherungsfalls bei der Kündigung und beim Aufhebungsvertrag	161	2606
2. Besonderheiten bei Kündigungen	162	2607
3. Kündigungsschutzprozess mit Vergütungsansprüchen	163	2607
4. Besonderheiten beim Weiterbeschäftigungsantrag	164	2608
5. Außergerichtliche Tätigkeit	165	2608
6. Streitwertbeschwerde	166	2609
7. Vergleichsmehrwerte	167	2609

6. Teil
Arbeitnehmerschutz

A. Arbeitszeitrecht *(Zerbe)*

I. Rechtsgrundlage	1	2612
II. Gesetzeszweck	3	2614
III. Öffentlich-rechtliches Arbeitszeitrecht	4	2614
IV. Geltungsbereich	7	2617
1. Persönlicher Geltungsbereich	7	2617
2. Räumlicher und sachlicher Geltungsbereich	17	2619
V. Arbeitszeitbegriff	20	2621
VI. Einzelregelungen	26	2627
1. Begrenzungen der werktäglichen Arbeitszeit	26	2627
2. Ruhepausen	37	2631

	Rz.	Seite
3. Ruhezeit	45	2633
4. Nacht- und Schichtarbeit	53	2634
5. Abweichungsbefugnisse der Tarifvertragsparteien	69	2641
6. Gefährliche Arbeiten	81	2646
7. Überstunden und Mehrarbeit	82	2646
8. Sonn- und Feiertagsarbeit	83	2648
9. Frauenbeschäftigungsverbote	111	2656
VII. Aushangpflichten und Arbeitszeitnachweise	112	2656
VIII. Durchführung des Arbeitszeitgesetzes	117	2658
1. Bußgeldtatbestände	118	2658
2. Straftatbestände	121	2659
3. Übergangsvorschrift für Tarifverträge und Betriebsvereinbarungen	126	2660

B. Arbeitssicherheit/Technischer Arbeitnehmerschutz *(Leuchten)*

	Rz.	Seite
I. Einleitung	1	2661
II. Gesetzlicher Arbeitsschutz	9	2664
1. Geltungsbereich des Arbeitsschutzgesetzes	9	2664
2. Zielsetzung	10	2664
3. Aufgaben der Arbeitgeber	11	2664
4. Aufgaben der Beschäftigten	12	2664
5. Aufgaben der öffentlichen Behörden	13	2665
6. Arbeitsstättenverordnung	14	2665
III. Betrieblicher Arbeitsschutz	16	2666
1. Unfallverhütungsbestimmungen	16	2666
2. Privatrechtlicher Arbeitnehmerschutz	17	2666
3. Geräte- und Produktsicherheit	18	2667
IV. Organisation und Unfallverhütung	24	2668
1. Sicherheitsbeauftragte	24	2668
2. Betriebsärzte und Fachkräfte für Arbeitssicherheit	25	2668
3. Überwachung und Kontrolle durch den Staat und die Unfallversicherungsträger	35	2670
V. Betriebliche Mitbestimmung	36	2670

C. Personenbezogener Arbeitnehmerschutz *(Leuchten)*

	Rz.	Seite
I. Jugendarbeitsschutz	1	2672
1. Allgemeines	1	2672
2. Kinderarbeit	2	2673
3. Arbeit Jugendlicher	5	2674
4. Aufsicht und Interessenvertretung	14	2675
II. Frauenarbeitsschutz/Mutterschutz	16	2676
1. Frauenarbeitsschutz	16	2676
2. Mutterschutz	24	2678
III. Schwerbehinderte Menschen	39	2683
1. Gesetzliche Grundlage	39	2683
2. Begriffe	40	2684
3. Feststellung der Behinderung	43	2685
4. Beschäftigungspflicht	46	2686

	Rz.	Seite
5. Einstellung eines schwerbehinderten Menschen	50	2687
6. Arbeitsvertragliche Pflichten	52	2687
7. Allgemeine Förderung	57	2688
8. Schwerbehindertenvertretung	61	2689
9. Beendigung des Arbeitsverhältnisses	73	2691

D. Arbeitnehmerüberlassungsrecht *(Bissels)*

	Rz.	Seite
I. Abgrenzungen	1	2695
1. Begriff der Arbeitnehmerüberlassung	1	2695
2. Sonstige Vertragsformen	18	2702
3. Arbeitsvermittlung	19	2703
II. Rechtsquellen	20	2703
1. Gesetzliche Vorschriften außerhalb des AÜG	21	2703
2. Rechtsakte der Europäischen Union	22	2704
III. Regelungsgegenstand und Regelungsinhalt des AÜG	24	2705
1. Arbeitnehmerüberlassung im Rahmen der wirtschaftlichen Tätigkeit	24	2705
2. Leiharbeitsverträge und Leiharbeitnehmerschutz im Verhältnis zwischen Verleiher und Leiharbeitnehmer	46	2712
3. Rechtsbeziehungen zwischen Entleiher und Leiharbeitnehmer	145	2751
4. Rechtsfolgen bei Arbeitnehmerüberlassung nach § 1 AÜG ohne Erlaubnis	157	2755
5. Vermutung der Arbeitsvermittlung	163	2757
6. Betriebsübergang	170	2760
IV. Ordnungswidrigkeiten, Straftaten	172	2761
V. Sozialversicherungsrecht, Steuerrecht	174	2761
VI. Abgrenzung zwischen Arbeitnehmerüberlassung und sonstigen Einsatzarten in Fremdbetrieben	178	2763
1. Abgrenzung der Arbeitnehmerüberlassung gegenüber dienst- und werkvertraglichen Einsätzen in Fremdbetrieben	178	2763
2. Abgrenzung der Arbeitnehmerüberlassung gegenüber der Überlassung von Maschinen mit Bedienungspersonal	198	2769
VII. Betriebsverfassungsrechtliche Besonderheiten beim Einsatz von Leiharbeitnehmern	199	2770
1. Zuordnung der Leiharbeitnehmer	199	2770
2. Beteiligungsrechte vor dem Einsatz von Leiharbeitnehmern	205	2772
3. Beteiligungsrechte während des Einsatzes von Leiharbeitnehmern	221	2778
4. Arbeitnehmerüberlassung außerhalb wirtschaftlicher Tätigkeit	224	2780
5. Illegale Arbeitnehmerüberlassung	225	2780

E. Regelungen zu Mindestarbeitsbedingungen *(Grimm)*

	Rz.	Seite
I. Einführung	1	2782
II. Arbeitnehmer-Entsendegesetz	3	2782
1. Überblick	3	2782
2. Allgemeinverbindlicher oder durch Rechtsverordnung anwendbarer Tarifvertrag	5	2783
3. Regelung bestimmter Mindestarbeitsbedingungen	13	2785
4. Einbezogene Branchen	14	2785

	Rz.	Seite
5. Zwingende Anwendung des Tarifvertrages	18	2786
6. Zusätzliche Sicherungen	30	2788
7. Aktuelle Tarifverträge	31	2789
8. Auftraggeberhaftung	35	2789
9. Melde-, Mitteilungs- und Aufzeichnungspflichten	38	2790
10. Kontrollen und Sanktionen	40	2790
11. Sonderregelungen für die Pflegebranche	47	2792
12. Regelungen für alle Wirtschaftszweige	51	2792
13. Zuständigkeit deutscher Arbeitsgerichte	53	2793
III. Mindestlohngesetz	56	2793
1. Ziel und Grundlagen	57	2793
2. Anwendungsbereich	62	2794
3. Berechnung des Mindestlohns	86	2799
4. Fälligkeit und Arbeitszeitkonten	99	2802
5. Unabdingbarkeit des Mindestlohnanspruchs	105	2803
6. Sonderproblem: Ausschlussfristen	112	2804
7. Durchsetzung des Mindestlohns	115	2805
8. Aufzeichnungspflichten	117	2805
9. Haftung des Auftraggebers (Generalunternehmerhaftung)	126	2806
10. Rechtsfolgen und Sanktionen bei Verstößen	131	2808

F. Beschäftigtendatenschutz und Social Media *(Grimm)*

	Rz.	Seite
I. Normative Grundlagen und Grundbegriffe	1	2811
1. Zweck und Subsidiarität des BDSG	1	2811
2. Begriffe	5	2811
3. Datenschutzrechtliche Grundsätze	9	2812
4. Auftragsdatenverarbeitung und Funktionsübertragung	13	2812
II. Anwendungsbereich des BDSG	15	2813
1. Persönlicher Anwendungsbereich	15	2813
2. Erweiterung des Anwendungsbereiches auf alle personenbezogenen Daten	16	2813
3. Räumlicher Geltungsbereich	18	2814
III. Regelungen zur Organisation und Kontrolle	19	2814
1. Betrieblicher Datenschutzbeauftragter (§§ 4f, 4g BDSG)	19	2814
2. Meldepflicht und Vorabkontrolle (§§ 4d, 4e BDSG)	23	2815
3. Maßnahmen nach § 9 BDSG	26	2816
IV. Erlaubnistatbestände für die Datenerhebung, -verarbeitung und -nutzung	27	2816
1. Präventives Verbot mit Erlaubnisvorbehalt (§ 4 Abs. 1 BDSG)	27	2816
2. Grundregelung in § 32 Abs. 1 Satz 1 BDSG	30	2817
3. Sonderregelung zur Aufdeckung von Straftaten (§ 32 Abs. 1 Satz 2 BDSG)	36	2818
4. Einwilligung nach § 4a BDSG	44	2820
5. Tarifverträge und Betriebsvereinbarungen als Zulässigkeitsnorm nach § 4 Abs. 1 BDSG	52	2822
V. Besondere Formen der Datenverarbeitung und -übermittlung	55	2823
1. Grenzüberschreitender Datentransfer	55	2823
2. Datenübermittlung im Konzern	63	2825
3. Beschäftigtendaten in der Cloud	67	2825
4. Whistleblowing-Hotlines	73	2827

	Rz.	Seite
VI. Sonderfälle der Datenübermittlung und -nutzung	77	2827
1. Gesundheitsmanagement/BEM	77	2827
2. Due Diligence	81	2828
3. Bewerberdaten	85	2829
4. Kündigungsvorbereitung	86	2829
5. Abwicklung	87	2830
VII. Datenerhebungen von A–Z	89	2830
1. Biometrische Verfahren	89	2830
2. Ortung von Arbeitnehmern	90	2830
3. Screening (Elektronischer Datenabgleich)	93	2831
4. Terrorismuslistenscreening und IT-Sicherheitsmaßnahmen	96	2832
5. Unternehmensinterne Ermittlungen und Mitarbeiterbefragung	98	2832
6. Videoüberwachung	104	2834
VIII. Datenschutz und Telekommunikationsmittel	115	2837
1. Dienstliche Nutzung	116	2837
2. Gestattete private Nutzung	121	2838
3. Argumentationsansatz: Abgeschlossene Telekommunikation	133	2840
4. Empfehlung	135	2840
5. Überwachung der Internet-Nutzung	136	2840
6. Kontrolle eines E-Mail-Accounts	138	2840
IX. Social Media und Web 2.0	140	2841
1. Social Media	141	2841
2. Social Media Guidelines	149	2843
3. Bring Your Own Device (BYOD)	155	2845
4. Umgang mit dienstlichen Daten nach Beendigung des Arbeitsverhältnisses	163	2847
5. Fotos und Inhalte auf Homepage des Arbeitgebers	169	2848
X. Mitbestimmungsrechte von Betriebsrat und Mitarbeitervertretung	173	2849
1. Datenschutzkontrolle (§ 80 Abs. 1 Nr. 1 BetrVG)	174	2849
2. Datenschutzrechtlich relevante Mitbestimmungsrechte	176	2849
3. Datenverwendung durch den Betriebsrat	183	2851
XI. Individualrechte der Beschäftigten	187	2852
1. Informationsrechte	188	2852
2. Berichtigungsanspruch	193	2853
3. Löschungsanspruch	195	2854
4. Sperrungsanspruch	197	2854
5. Widerspruchsrecht	198	2854
6. Gegendarstellungsrecht	199	2855
7. Schadensersatzansprüche	200	2855
8. Unterlassungsansprüche	207	2857
9. Zurückbehaltungsrecht	209	2857
XII. Beweis- und Sachverwertungsverbote	210	2858
XIII. Ordnungswidrigkeiten- und Straftatbestände	220	2860
1. Ordnungswidrigkeiten	220	2860
2. Straftatbestände	221	2860

7. Teil
Arbeitsförderung und Rentenrecht

A. Arbeitslosengeld I und SGB III im Überblick *(Oberthür)*

	Rz.	Seite
I. Vorbemerkung	1	2863
II. Arbeitslosengeld I	3	2864
1. Anwendungsbereich	3	2864
2. Anspruchsvoraussetzungen	5	2864
3. Dauer des Leistungsbezuges	24	2870
4. Höhe des Leistungsanspruchs	31	2871
5. Sozialversicherungsrechtliche Stellung des Arbeitslosen	39	2873
6. Ruhen des Leistungsanspruchs gem. §§ 156, 157 SGB III	44	2874
7. Sperrzeit wegen Arbeitsaufgabe	73	2882
8. Sperrzeit wegen Verletzung der Meldepflicht	115	2893
9. Arbeitsbescheinigung gem. § 312 SGB III	119	2894
III. Teil-Arbeitslosengeld	122	2895
IV. Erstattung des ALG I bei älteren Arbeitslosen (§ 147a SGB III aF)	126	2895
V. Kurzarbeitergeld	127	2896
1. Konjunkturelles Kurzarbeitergeld	129	2896
2. Transfer-Kurzarbeitergeld	148	2899
3. Saisonkurzarbeitergeld	157	2902
VI. Insolvenzgeld	158	2902

B. Altersteilzeit *(Schulte)*

	Rz.	Seite
I. Grundlagen und Zweck des Altersteilzeitgesetzes	1	2908
1. Altersteilzeit bis zum 31.12.2009	1	2908
2. Altersteilzeit seit dem 1.1.2010	3a	2908
II. Altersteilzeit nach dem Altersteilzeitgesetz	4	2909
1. Allgemeine Voraussetzungen	4	2909
2. Leistungen der Bundesagentur	35	2917
3. Ausschlussgründe für die Förderleistung	38	2918
III. Schutz der Altersteilzeitarbeitnehmer	43	2919
1. Sozialrechtliche Sicherung	43	2919
2. Arbeitsrechtliche Sicherung	48	2920
3. Probleme der Altersteilzeit im Blockmodell	64	2924
IV. Verfahrensfragen	75	2927
V. Steuerrechtliche Aspekte	78	2928

C. Rentenrecht *(Schrader)*

	Rz.	Seite
I. Wechsel und Wandel im Rentenrecht	1	2931
1. Regelaltersrente	2	2931
2. Altersrente für besonders langjährig Versicherte mit 45 Pflichtbeitragsjahren	3	2931
3. Altersrente für langjährig Versicherte mit 35 Versicherungsjahren	4	2932
4. Altersrente für schwerbehinderte Menschen mit 35 Versicherungsjahren	5	2932

	Rz.	Seite
5. Altersrente für langjährig unter Tage beschäftigte Bergleute	6	2932
6. Altersrente für Frauen	7	2932
7. Altersrente wegen Arbeitslosigkeit oder nach Altersteilzeitarbeit	8	2933
8. Rente wegen verminderter Erwerbsfähigkeit	9	2933
9. Vertrauensschutz	10	2933
10. Übertragung auf die Alterssicherung der Landwirte	11	2933
11. Tabellarische Gegenüberstellung der Änderungen durch das RV-Altersgrenzenanpassungsgesetz und RV-Leistungsverbesserungsgesetz	12	2934
12. Folgeänderungen	13	2935
13. Ausblick	14	2935
II. Überblick	15	2936
III. Rentenauskünfte	17	2937
1. Renteninformation und Rentenauskunft	18	2937
2. Zuständiger Rentenversicherungsträger	32	2941
IV. Renten wegen Alters	37	2942
1. Regelaltersrente	39	2943
2. Altersrente für langjährig Versicherte	65	2949
3. Altersrente für besonders langjährig Versicherte	91	2960
4. Altersrente für schwerbehinderte Menschen	102	2964
5. Altersrente wegen Arbeitslosigkeit oder nach Altersteilzeitarbeit	120	2971
6. Altersrente für Frauen	148	2972
7. Ausgleichszahlungen	158	2972
V. Renten wegen verminderter Erwerbsfähigkeit	193	2982
1. Rente wegen Erwerbsminderung	195	2982
2. Rente wegen Berufs- oder Erwerbsunfähigkeit	233	2992
VI. Sonderfälle	234	2992
VII. Teilrente	235	2992
1. Rechtsgrundlage	236	2992
2. Voraussetzungen	237	2992
3. Sinn und Zweck der Teilrente	239	2993
4. Arbeitsrechtliche Verknüpfung	241	2993
VIII. Hinzuverdienstgrenzen	244	2993
1. Regelaltersrente	245	2994
2. Altersrente für langjährig Versicherte	246	2994
3. Übrige Altersrenten	252	2995
4. Rente wegen Erwerbsminderung	253	2995
5. Altersrente als Teilrente	263	2997
Stichwortverzeichnis		3001

Abkürzungsverzeichnis

AA	Arbeitsrecht aktiv
aA	anderer Ansicht
AAG	Aufwendungsausgleichsgesetz
ÄArbVtrG	Gesetz über befristete Arbeitsverträge mit Ärzten in der Weiterbildung
ABA	Arbeitsgemeinschaft für betriebliche Altersversorgung e.V.
AbgG	Abgeordnetengesetz
ABl.	Amtsblatt
abl.	ablehnend
ABM	Arbeitsbeschaffungsmaßnahme
Abs.	Absatz
ADHGB	Allgemeines Deutsches Handelsgesetzbuch
ADO	Allgemeine Dienstordnung
ADSp	Allgemeine Deutsche Spediteur-Bedingungen
AE	Arbeitsrechtliche Entscheidungen
aE	am Ende
AEntG	Arbeitnehmer-Entsendegesetz
AETR	Europäisches Übereinkommen über die Arbeit des im internationalen Straßenverkehr beschäftigten Fahrpersonals
AEUV	Vertrag über die Arbeitsweise der Europäischen Union
aF	alte Fassung
AFG	Arbeitsförderungsgesetz
AFRG	Arbeitsförderungs-Reformgesetz
AG	Aktiengesellschaft; Amtsgericht
AGB	Allgemeine Geschäftsbedingungen
AGG	Allgemeines Gleichbehandlungsgesetz
AGH	Anwaltsgerichtshof
AGS	Anwaltsgebühren Spezial
AHK-Gesetz	Gesetz der Alliierten Hohen Kommission
AiB	Arbeitsrecht im Betrieb (Zeitschrift)
AktG	Aktiengesetz
ALG	Arbeitslosengeld
aM	anderer Meinung
AMBl.	Amtsblatt des Bayerischen Staatsministeriums für Arbeit und Sozialordnung
Anh.	Anhang
Anm.	Anmerkung
AnwBl.	Anwaltsblatt
AO	Abgabenordnung; Anordnung
AOG	Gesetz zur Ordnung der nationalen Arbeit
AP	Arbeitsrechtliche Praxis

APlFG	Ausbildungsplatzförderungsgesetz
ARB	Assoziierungsratsbeschluss
ArbG	Arbeitsgericht
ArbGG	Arbeitsgerichtsgesetz
ArbKrankhG	Gesetz zur Verbesserung der wirtschaftlichen Sicherung der Arbeiter im Krankheitsfall
AR-Blattei	Arbeitsrechtsblattei
ArbNErfG	Gesetz über Arbeitnehmererfindungen
ArbPlSchG	Arbeitsplatzschutzgesetz
ArbR	Arbeitsrecht Aktuell (Zeitschrift)
ArbRB	Der Arbeitsrechtsberater (Zeitschrift)
ArbRGegw.	Arbeitsrecht der Gegenwart
ArbSchG	Arbeitsschutzgesetz
ArbStättVO	Verordnung über Arbeitsstätten
ArbuR	Arbeit und Recht (Zeitschrift)
ArbVG 92	Arbeitsvertragsgesetz (Entwurf 1992)
ArbVG-E	Entwurf eines Arbeitsvertragsgesetzbuches (Henssler/Preis)
ArbZG	Arbeitszeitgesetz
ArbZRG	Arbeitszeitrechtsgesetz
ArEV	Arbeitsentgeltverordnung
ArGV	Arbeitsgenehmigungsverordnung
ARS	Arbeitsrechtssammlung, Entscheidungen des Reichsarbeitsgerichts und der Landesarbeitsgerichte
ARST	Arbeitsrecht in Stichworten
Art.	Artikel
ASAV	Anwerbestoppausnahmeverordnung
ASiG	Arbeitssicherheitsgesetz
AsylVfG	Asylverfahrensgesetz
ATZG	Altersteilzeitgesetz
AuA	Arbeit und Arbeitsrecht (Zeitschrift)
AuB	Arbeit und Beruf (Zeitschrift)
AufenthG	Gesetz über den Aufenthalt, die Erwerbstätigkeit und die Integration von Ausländern im Bundesgebiet
Aufl.	Auflage
AÜG	Gesetz zur Regelung der gewerbsmäßigen Arbeitnehmerüberlassung
AuR	Arbeit und Recht (Zeitschrift)
AVmG	Altersvermögensgesetz
AVR	Arbeitsvertragsrichtlinien
AZO	Arbeitszeitordnung
BA	Bundesagentur für Arbeit
BaFin	Bundesanstalt für Finanzdienstleistungsaufsicht

BAG	Bundesarbeitsgericht
BAGE	Amtliche Sammlung der Entscheidungen des Bundesarbeitsgerichts
BAnz.	Bundesanzeiger
BArbBl.	Bundesarbeitsblatt
BAT	Bundesangestelltentarifvertrag
BayObLG	Bayerisches Oberstes Landesgericht
BB	Der Betriebs-Berater (Zeitschrift)
BBesG	Bundesbesoldungsgesetz
BBG	Bundesbeamtengesetz
BBiG	Berufsbildungsgesetz
Bd.	Band
BDSG	Bundesdatenschutzgesetz
BDSG-E	Bundesdatenschutzgesetz in der Fassung des Regierungsentwurfs des Gesetzes zur Regelung des Beschäftigtendatenschutzes vom 15.12.2010, BT-Drucks. 17/4230
BeamtVG	Beamtenversorgungsgesetz
BEEG	Bundeselterngeld- und Elternzeitgesetz
bej.	bejahend
BEM	Betriebliches Eingliederungsmanagement
BErzGG	Bundeserziehungsgeldgesetz
BeschFG	Gesetz zur Förderung der Beschäftigung
BeSchuG	Gesetz zum Schutz der Beschäftigten vor sexueller Belästigung am Arbeitsplatz
BeschV	Beschäftigungsverordnung
BeschVerfV	Verordnung über das Verfahren und die Zulassung von im Inland lebenden Ausländern zur Ausübung einer Beschäftigung
BesG	Besoldungsgesetz
betr.	betreffend
BetrAV	Betriebliche Altersversorgung (Zeitschrift)
BetrAVG	Gesetz zur Verbesserung der betrieblichen Altersversorgung (Betriebsrentengesetz)
BetrR	Der Betriebsrat (Zeitschrift)
BetrSichV	Betriebssicherheitsverordnung
BetrVG	Betriebsverfassungsgesetz
BfA	Bundesversicherungsanstalt für Angestellte
BFDG	Bundesfreiwilligendienstgesetz
BFH	Bundesfinanzhof
BGB	Bürgerliches Gesetzbuch
BGBl.	Bundesgesetzblatt
BGG	Gesetz zur Gleichstellung behinderter Menschen
BGH	Bundesgerichtshof
BGHZ	Entscheidungen des Bundesgerichtshofs in Zivilsachen

BGleiG	Bundesgleichstellungsgesetz
BGR	Berufsgenossenschaftliche Regeln
BGSG	Bundesgrenzschutzgesetz
BGV	Berufsgenossenschaftliche Vorschriften
BImSchG	Bundesimmissionsschutzgesetz
BinSchG	Binnenschifffahrtsgesetz
BKGG	Bundeskindergeldgesetz
Bln.-Bbg.	Berlin-Brandenburg
BlStSozArbR	Blätter für Steuerrecht, Sozialversicherung und Arbeitsrecht
BMAS	Bundesministerium für Arbeit und Soziales
BNotO	Bundesnotarordnung
BPatG	Bundespatentgericht
BPersVG	Bundespersonalvertretungsgesetz
BORA	Berufsordnung für Rechtsanwälte
BR	Bundesrat
BRAGO	Bundesgebührenordnung für Rechtsanwälte
BRAO	Bundesrechtsanwaltsordnung
BR-Drucks.	Bundesrats-Drucksache
BReg.	Bundesregierung
BRG	Betriebsrätegesetz
BRRG	Beamtenrechtsrahmengesetz
BRTV-Bau	Bundesrahmentarifvertrag für das Baugewerbe
BSG	Bundessozialgericht
BSHG	Bundessozialhilfegesetz
bspw.	beispielsweise
BT	Bundestag
BT-Drucks.	Bundestags-Drucksache
BUrlG	Bundesurlaubsgesetz
BuW	Betrieb und Wirtschaft (Zeitschrift)
BVerfG	Bundesverfassungsgericht
BVerfGE	Entscheidungen des Bundesverfassungsgerichts
BVerfGG	Bundesverfassungsgerichtsgesetz
BVerfSchG	Bundesverfassungsschutzgesetz
BVerwG	Bundesverwaltungsgericht
BVG	Bundesversorgungsgesetz
BW	Baden-Württemberg
BYOD	Bring Your Own Device
bzgl.	bezüglich
bzw.	beziehungsweise
c. i. c.	culpa in contrahendo

DA	Durchführungsanweisung
DB	Der Betrieb (Zeitschrift)
DEVO	Datenerfassungsverordnung
DGB	Deutscher Gewerkschaftsbund
d.Gr.	der Entscheidungsgründe
dh.	das heißt
Diss.	Dissertation
DrittelbG	Gesetz über die Drittelbeteiligung der Arbeitnehmer im Aufsichtsrat
DRK	Deutsches Rotes Kreuz
Drucks.	Drucksache
DVO	Durchführungsverordnung
EAO	Erreichbarkeits-Anordnung
EBRG	Gesetz über Europäische Betriebsräte
EFZG	Entgeltfortzahlungsgesetz
EG	Europäische Gemeinschaft
EGAktG	Einführungsgesetz zum Aktiengesetz
EGBGB	Einführungsgesetz zum Bürgerlichen Gesetzbuch
EGMR	Europäischer Gerichtshof für Menschenrechte
EGV	Vertrag zur Gründung der Europäischen Gemeinschaft
EhfG	Entwicklungshelfergesetz
Einf.	Einführung
Einl.	Einleitung
EMRK	Europäische Menschenrechtskonvention
EPÜ	Europäisches Patentübereinkommen
Erg.-Bd.	Ergänzungsband
ESC	Europäische Sozialcharta
EStG	Einkommensteuergesetz
etc.	et cetera
EU	Europäische Union
EuGH	Europäischer Gerichtshof
EuGRZ	Europäische Grundrechte-Zeitschrift
EuGVÜ	Europäisches Übereinkommen über die gerichtliche Zuständigkeit und die Vollstreckung gerichtlicher Entscheidungen in Zivil- und Handelssachen
Euro-AS	Informationsdienst europäisches Arbeits- und Sozialrecht
EUV	Vertrag über die Europäische Union
EuZW	Europäische Zeitschrift für Wirtschaftsrecht
EV	Einigungsvertrag
EWR	Europäischer Wirtschaftsraum
EzA	Entscheidungssammlung zum Arbeitsrecht
EzAÜG	Entscheidungssammlung zum Arbeitnehmerüberlassungsgesetz

f., ff.	folgende(r); fortfolgende
FA	Fachanwalt Arbeitsrecht (Zeitschrift)
FamFG	Gesetz über das Verfahren in Familiensachen und in den Angelegenheiten der freiwilligen Gerichtsbarkeit
FamRZ	Zeitschrift für das gesamte Familienrecht
FEVS	Fürsorgerechtliche Entscheidungen der Verwaltungs- und Sozialgerichte
FFG	Frauenförderungsgesetz
FGG	Gesetz über die freiwillige Gerichtsbarkeit
FlRG	Flaggenrechtsgesetz
Fn.	Fußnote
FoVo	Forderung und Vollstreckung (Zeitschrift)
FPfZG	Familienpflegezeitgesetz
FrAbk	Freizügigkeitsabkommen EU/Schweiz
FreizügG/EU	Gesetz über die allgemeine Freizügigkeit von Unionsbürgern
FS	Festschrift
GBl.	Gesetzblatt
GebrMG	Gebrauchsmustergesetz
GefStoffV	Gefahrstoffverordnung
gem.	gemäß
GemSOGB	Gemeinsamer Senat der obersten Gerichtshöfe des Bundes
GenDG	Gendiagnostikgesetz
GenG	Genossenschaftsgesetz
GenTSV	Verordnung über die Sicherheitsstufen und Sicherheitsmaßnahmen bei gentechnischen Arbeiten in gentechnischen Anlagen
GeschmMG	Geschmacksmustergesetz
GewArch	Gewerbearchiv (Zeitschrift)
GewO	Gewerbeordnung
GG	Grundgesetz
ggf.	gegebenenfalls
GK	Gemeinschaftskommentar
GKG	Gerichtskostengesetz
GmbH	Gesellschaft mit beschränkter Haftung
GmbHG	GmbH-Gesetz
GrCh	Europäische Grundrechte-Charta
GRUR	Gewerblicher Rechtsschutz und Urheberrecht (Zeitschrift)
GS	Großer Senat
GVBl.	Gesetz- und Verordnungsblatt
GVG	Gerichtsverfassungsgesetz
GVollzO	Gerichtsvollzieherordnung

GWR	Gesellschafts- und Wirtschaftsrecht (Zeitschrift)
HAG	Heimarbeitsgesetz
Halbs.	Halbsatz
HATG	Hausarbeitstagsgesetz (Ländergesetze)
HeimG	Heimgesetz
HGB	Handelsgesetzbuch
hM	herrschende Meinung
HRG	Hochschulrahmengesetz
HRGÄndG	Gesetz zur Änderung des Hochschulrahmengesetzes
HwB-AR	Handwörterbuch zum Arbeitsrecht
HwO	Handwerksordnung
HzA	Handbuch zum Arbeitsrecht
idR	in der Regel
iE	im Einzelnen
ieS	im engeren Sinne
IfSG	Infektionsschutzgesetz
ILO	International Labour Organisation
InfAuslR	Informationsbrief Ausländerrecht
InsO	Insolvenzordnung
InstGE	Entscheidungen der Instanzgerichte zum Recht des geistigen Eigentums
InstitutsVergV	Instituts-Vergütungsverordnung
IRWAZ	Individuelle regelmäßige wöchentliche Arbeitszeit
iS	im Sinne
iSd.	im Sinne des/der
iSv.	im Sinne von
iVm.	in Verbindung mit
JArbSchG	Jugendarbeitsschutzgesetz
JFDG	Jugendfreiwilligendienstegesetz
jM	juris – Die Monatszeitschrift
JurBüro	Das juristische Büro (Zeitschrift)
JZ	Juristenzeitung
Kap.	Kapitel
KAPOVAZ	Kapazitätsorientierte variable Arbeitszeit
KG	Kammergericht; Kommanditgesellschaft
KgaG	Kindergartengesetz
KGH.EKD	Kirchengerichtshof der Evangelischen Kirche in Deutschland
KirchE	Entscheidungen in Kirchensachen
KO	Konkursordnung

Abkürzungsverzeichnis

KomBG	Kommunalbeamtengesetz
KostO	Kostenordnung
KrPflG	Gesetz über die Berufe in der Krankenpflege
KrWG	Gesetz zur Förderung der Kreislaufwirtschaft und Sicherung der umweltverträglichen Bewirtschaftung von Abfällen
KSchG	Kündigungsschutzgesetz
KSzW	Kölner Schrift zum Wirtschaftsrecht
KUG	Kunsturheberrechtsgesetz
KWG	Kreditwesengesetz
LAG	Landesarbeitsgericht
LAGE	Entscheidungen der Landesarbeitsgerichte
LFZG	Lohnfortzahlungsgesetz
LG	Landgericht
LohnFG	Lohnfortzahlungsgesetz
LohnUGAÜV	Erste Verordnung über eine Lohnuntergrenze in der Arbeitnehmerüberlassung
LPartG	Lebenspartnerschaftsgesetz
LPVG	Landespersonalvertretungsgesetz
Ls.	Leitsatz
LSG	Landessozialgericht
LStR	Lohnsteuerrichtlinien
lt.	laut
LuftBO	Betriebsordnung für Luftfahrtgerät
LZG NRW	Landeszustellungsgesetz Nordrhein-Westfalen
MAVO	Mitarbeitervertretungsordnung der katholischen Kirche
MDR	Monatsschrift für Deutsches Recht (Zeitschrift)
mE	meines Erachtens
MgVG	Gesetz über die Mitbestimmung der Arbeitnehmer bei einer grenzüberschreitenden Verschmelzung
MiArbG	Gesetz über die Festsetzung von Mindestarbeitsbedingungen
MiLoAufzV	Mindestlohnaufzeichnungsverordnung
MiLoDokV	Mindestlohndokumentations-Verordnung
MiLoMeldV	Mindestlohnmeldeverordnung
MiLoG	Gesetz zur Regelung eines allgemeinen Mindestlohns
MitbestErgG	Mitbestimmungsergänzungsgesetz
MitbestG	Gesetz über die Mitbestimmung der Arbeitnehmer
Montan-MitbestG	Gesetz über die Mitbestimmung der Arbeitnehmer in den Aufsichtsräten und Vorständen der Unternehmen des Bergbaus und der Eisen und Stahl erzeugenden Industrie
MTV	Manteltarifvertrag
MünchArbR	Münchener Handbuch zum Arbeitsrecht

MuSchG	Mutterschutzgesetz
MV	Mecklenburg-Vorpommern
MVG	Kirchengesetz über Mitarbeitervertretungen in der evangelischen Kirche in Deutschland
mwN	mit weiteren Nachweisen
NachwG	Nachweisgesetz
NdsRpfl	Niedersächsische Rechtspflege (Zeitschrift)
nF	neue Fassung
NJOZ	Neue juristische Online-Zeitschrift
NJW	Neue Juristische Wochenschrift (Zeitschrift)
NJW-CoR	Computerreport der Neuen Juristischen Wochenschrift (Zeitschrift)
NJW-RR	NJW-Rechtsprechungsreport (Zeitschrift)
Nr.	Nummer
n.rkr.	nicht rechtskräftig
NRW	Nordrhein-Westfalen
nv.	nicht veröffentlicht
NVwZ	Neue Zeitschrift für Verwaltungsrecht
NZA	Neue Zeitschrift für Arbeitsrecht
NZA-RR	NZA-Rechtsprechungsreport (Zeitschrift)
NZG	Neue Zeitschrift für Gesellschaftsrecht
NZS	Neue Zeitschrift für Sozialrecht
OHG	Offene Handelsgesellschaft
OLG	Oberlandesgericht
OLGR	OLG-Report
OLGZ	Entscheidungen der Oberlandesgerichte in Zivilsachen einschließlich der freiwilligen Gerichtsbarkeit
Os.	Orientierungssatz
OVG	Oberverwaltungsgericht
OWiG	Gesetz über Ordnungswidrigkeiten
ParlKSch	Kündigungsschutz für Parlamentarier
PatG	Patentgesetz
PersR	Der Personalrat (Zeitschrift)
PersV	Die Personalvertretung (Zeitschrift)
PersVG	Personalvertretungsgesetz
PflegeVG	Pflegeversicherungsgesetz = SGB XI
PflegeZG	Pflegezeitgesetz
PflR	PflegeRecht (Zeitschrift)
PflVG	Pflichtversicherungsgesetz
PrKG	Preisklauselgesetz

ProdSG	Produktsicherheitsgesetz
ProstG	Prostitutionsgesetz
PStG	Personenstandsgesetz
PStG-AusführungsVO	Verordnung zur Ausführung des Personenstandsgesetzes
PSVaG	Pensions-Sicherungs-Verein auf Gegenseitigkeit
PuR	Personal und Recht (Zeitschrift)
r+s	recht und schaden (Zeitschrift)
RABl.	Reichsarbeitsblatt
RAG	Reichsarbeitsgericht
RdA	Recht der Arbeit (Zeitschrift)
RdErl.	Runderlass
RDG	Rechtsdepesche für das Gesundheitswesen
Rdschr.	Rundschreiben
RDV	Recht der Datenverarbeitung (Zeitschrift)
RefE	Referentenentwurf
RegE	Regierungsentwurf
Rev.	Revision
RG	Reichsgericht
RGBl.	Reichsgesetzblatt
RGRK	Reichsgerichtsräte-Kommentar
Rh.-Pf.	Rheinland-Pfalz
RiA	Das Recht im Amt (Zeitschrift)
RIW	Recht der internationalen Wirtschaft (Zeitschrift)
rkr.	rechtskräftig
RL	Richtlinie
Rpfleger	Der Deutsche Rechtspfleger (Zeitschrift)
RPflG	Rechtspflegergesetz
Rspr.	Rechtsprechung
RVG	Rechtsanwaltsvergütungsgesetz
RVO	Reichsversicherungsordnung
Rz.	Randzahl
RzK	Rechtsprechung zum Kündigungsrecht
S./s.	Seite/siehe
s.a.	siehe auch
Sa.-Anh.	Sachsen-Anhalt
SAE	Sammlung arbeitsrechtlicher Entscheidungen (Zeitschrift)
SCE	Europäische Genossenschaft
SCEAG	Gesetz zur Ausführung der Verordnung des Rates über das Statut der Europäischen Genossenschaft

SCEBG	Gesetz über die Beteiligung der Arbeitnehmer und Arbeitnehmerinnen in einer Europäischen Genossenschaft
SCE-VO	Verordnung des Rates über das Statut der Europäischen Genossenschaft (SCE)
Schl.-Holst.	Schleswig-Holstein
SchwarzArbG	Gesetz zur Bekämpfung der Schwarzarbeit und illegalen Beschäftigung
SchwbG	Schwerbehindertengesetz
SE	Europäische Aktiengesellschaft
SEAG	Gesetz zur Ausführung der Verordnung des Rates über das Statut der Europäischen Gesellschaft
SEBG	Gesetz über die Beteiligung der Arbeitnehmer in einer Europäischen Gesellschaft
SeeArbG	Seearbeitsgesetz
SeeBG	See-Berufsgenossenschaft
SeemG	Seemannsgesetz
SE-VO	Verordnung des Rates über das Statut der Europäischen Gesellschaft
SG	Sozialgericht
SGB	Sozialgesetzbuch
SGb	Die Sozialgerichtsbarkeit (Zeitschrift)
SGG	Sozialgerichtsgesetz
SigG	Signaturgesetz
SigV	Signaturverordnung
s.o.	siehe oben
sog.	so genannte/r
SoldG	Soldatengesetz
SOX	Sarbanes-Oxley-Act
SozPlG; SozplKonkG	Gesetz über den Sozialplan im Konkurs- und Vergleichsverfahren
SozVers	Die Sozialversicherung (Zeitschrift)
SPE	Europäische Privatgesellschaft
SprAuG	Sprecherausschussgesetz
SR (BAT)	Sonderregelungen Bundesangestelltentarifvertrag
StGB	Strafgesetzbuch
st. Rspr.	ständige Rechtsprechung
StVO	Straßenverkehrsordnung
StVZO	Straßenverkehrs-Zulassungs-Ordnung
SuP	Sozialrecht + Praxis (Zeitschrift)
s.u.	siehe unten
SVG	Soldatenversorgungsgesetz
TKG	Telekommunikationsgesetz
TMG	Telemediengesetz

TOA	Tarifordnung für Angestellte
TSG	Transsexuellengesetz
TVG	Tarifvertragsgesetz
TV-L	Tarifvertrag für den öffentlichen Dienst der Länder
TVöD	Tarifvertrag öffentlicher Dienst
TzBfG	Teilzeit- und Befristungsgesetz
u.a.	und andere; unter anderem
Uabs.	Unterabsatz
uam.	und andere mehr
UFITA	Archiv für Urheber-, Film-, Funk- und Theaterrecht (Zeitschrift)
UKlaG	Unterlassungsklagengesetz
UmwG	Umwandlungsgesetz
UrhG	Urheberrechtsgesetz
Urt.	Urteil
uU	unter Umständen
UVEG	Unfallversicherungs-Einordnungsgesetz
UVV	Unfallverhütungsvorschriften
UWG	Gesetz gegen den unlauteren Wettbewerb
VAG	Versicherungsaufsichtsgesetz
VBG	Unfallverhütungsvorschriften der Verwaltungsberufsgenossenschaften
VBL	Versorgungsanstalt des Bundes und der Länder
VereinsG	Vereinsgesetz
VerglO	Vergleichsordnung
VermBG	Gesetz zur Förderung der Vermögensbildung der Arbeitnehmer
VersAusglG	Versorgungsausgleichsgesetz
VersR	Versicherungsrecht (Zeitschrift)
VersVergV	Versicherungs-Vergütungsverordnung
vgl.	vergleiche
VO	Verordnung
VOBl.	Verordnungsblatt
VorstAG	Gesetz zur Angemessenheit der Vorstandsvergütung
VVaG	Versicherungsverein auf Gegenseitigkeit
VVG	Gesetz über den Versicherungsvertrag
VV RVG	Vergütungsverzeichnis zum Rechtsanwaltsvergütungsgesetz
VwGO	Verwaltungsgerichtsordnung
VwVfG	Verwaltungsverfahrensgesetz
WahlO	Wahlordnung

wg.	wegen
WHG	Wasserhaushaltsgesetz
WissZeitVG	Gesetz über befristete Arbeitsverträge in der Wissenschaft
WM	Wertpapier-Mitteilungen (Zeitschrift)
WO	Wahlordnung
WpHG	Wertpapierhandelsgesetz
WPO	Gesetz über eine Berufsordnung der Wirtschaftsprüfer
WRV	Weimarer Reichsverfassung
WZS	Wege zur Sozialversicherung (Zeitschrift)
ZA-NTS	Zusatzabkommen zum Nato-Truppenstatut
ZAR	Zeitschrift für Ausländerrecht und Ausländerpolitik
zB	zum Beispiel
ZD	Zeitschrift für Datenschutz
ZDG	Zivildienstgesetz
ZfA	Zeitschrift für Arbeitsrecht
ZfPR	Zeitschrift für Personalvertretungsrecht
ZfS	Zentralblatt für Sozialversicherung, Sozialhilfe und Versorgung (Zeitschrift)
ZfSch	Zeitschrift für Schadensrecht
ZFSH/SGB	Zeitschrift für die sozialrechtliche Praxis
ZGR	Zeitschrift für Unternehmens- und Gesellschaftsrecht
ZHR	Zeitschrift für das gesamte Handelsrecht und Wirtschaftsrecht
ZInsO	Zeitschrift für das gesamte Insolvenzrecht
ZIP	Zeitschrift für Wirtschaftsrecht
ZMV	Die Mitarbeitervertretung (Zeitschrift); Zugänglichmachungsverordnung
ZPO	Zivilprozessordnung
ZRP	Zeitschrift für Rechtspolitik
zT	zum Teil
ZTR	Zeitschrift für Tarifrecht
ZUM	Zeitschrift für Urheber- und Medienrecht
ZuwG	Zuwanderungsgesetz
zust.	zustimmend
ZWH	Zeitschrift für Wirtschaftsstrafrecht und Haftung im Unternehmen
ZZP	Zeitschrift für Zivilprozess

Allgemeines Literaturverzeichnis

Literaturhinweise zu Einzelproblemen finden sich jeweils am Anfang der mit Großbuchstaben bezeichneten Teile.

Ambs/Feckler/Götze/Hess/Lampe/Marschner/Müller-Kohlenberg/Rademacher/Schweitzer/Wagner/Wurtmann, Gemeinschaftskommentar zum Arbeitsförderungsrecht (GK-SGB III), Loseblatt (zit. GK-SGB III)
Annuß/Thüsing, Kommentar zum Teilzeit- und Befristungsgesetz, 3. Aufl. 2012
APS siehe *Ascheid/Preis/Schmidt*
ArbGV siehe *Düwell/Lipke*
Ascheid, Kündigungsschutzrecht, 2000
Ascheid, Urteils- und Beschlussverfahren im Arbeitsrecht, 2. Aufl. 1998
Ascheid/Preis/Schmidt, Kündigungsrecht, 4. Aufl. 2012 (zit. APS/*Bearbeiter*)

Bader/Creutzfeldt/Friedrich, Kommentar zum Arbeitsgerichtsgesetz, 5. Aufl. 2008
Bader/Dörner/Mikosch/Schleusener/Schütz/Vossen, Gemeinschaftskommentar zum Arbeitsgerichtsgesetz, Loseblatt (zit. GK-ArbGG/*Bearbeiter*)
Bartenbach/Volz, Arbeitnehmererfindungsgesetz, 5. Aufl. 2013
Bartenbach/Volz, Arbeitnehmererfindervergütung, 3. Aufl. 2009
Bauer/Krieger/Arnold, Arbeitsrechtliche Aufhebungsverträge, 9. Aufl. 2014
Bauer/Lingemann/Diller/Haußmann, Anwalts-Formularbuch Arbeitsrecht, 5. Aufl. 2014
Baumbach/Hopt, Handelsgesetzbuch, 36. Aufl. 2014
Baumbach/Hueck, GmbH-Gesetz, 20. Aufl. 2013
Baumbach/Lauterbach/Albers/Hartmann, Zivilprozessordnung, 72. Aufl. 2014
BeckOKArbR siehe Beck'scher Online-Kommentar Arbeitsrecht
Beck'scher Online-Kommentar Arbeitsrecht, hrsg. von *Rolfs/Giesen/Kreikebohm/Udsching* (zit. BeckOKArbR/*Bearbeiter*)
Boewer, Teilzeit- und Befristungsgesetz, Kommentar für die Praxis, 3. Aufl. 2008
Brackmann, Handbuch der Sozialversicherung, Band 3, Gesetzliche Unfallversicherung, Loseblatt
Brand, SGB III, Kommentar, 6. Aufl. 2012
Buchner/Becker, Mutterschutzgesetz und Bundeselterngeld- und Elternzeitgesetz, 8. Aufl. 2008

Das Bürgerliche Gesetzbuch mit besonderer Berücksichtigung der Rechtsprechung des Reichsgerichts und des Bundesgerichtshofes (RGRK), 12. Aufl. 1974–1999
Däubler, Das Arbeitsrecht 1, 16. Aufl. 2006
Däubler, Das Arbeitsrecht 2, 12. Aufl. 2009
Däubler, Tarifvertragsrecht: ein Handbuch, 3. Aufl. 1993
Däubler/Bonin/Deinert, AGB-Kontrolle im Arbeitsrecht, 3. Aufl. 2010
Däubler/Kittner/Klebe/Wedde (Hrsg.), BetrVG – Betriebsverfassungsgesetz mit Wahlordnung und EBR-Gesetz, 14. Aufl. 2014 (zit. DKKW/*Bearbeiter*)
Dersch/Volkmar, Arbeitsgerichtsgesetz, 6. Aufl. 1955
Dietz/Nikisch, Arbeitsgerichtsgesetz, 1954
DKKW siehe *Däubler/Kittner/Klebe/Wedde*
Dörner/Luczak/Wildschütz/Baeck/Hoß, Handbuch des Fachanwalts Arbeitsrecht, 11. Aufl. 2014
Dorndorf/Weller/Hauck/Kriebel/Höland/Neef, Heidelberger Kommentar zum Kündigungsschutzgesetz, 4. Aufl. 2001
Dreier/Schulze, Urheberrechtsgesetz, 4. Aufl. 2013

Düwell/Lipke, ArbGG, 3. Aufl. 2012 (zit. ArbGV/*Bearbeiter*)

Ebenroth/Boujong/Joost/Strohn, Handelsgesetzbuch, Kommentar, 3. Aufl. 2013
Eichmann/von Falckenstein, Geschmacksmustergesetz, 4. Aufl. 2010
Eisenbeis/Mues, Arbeitsrecht in der Insolvenz, 2000
ErfK siehe *Müller-Glöge/Preis/Schmidt*
Erman, Handkommentar zum Bürgerlichen Gesetzbuch, 14. Aufl. 2014
Etzel, Betriebsverfassungsrecht, 8. Aufl. 2002
Etzel/Bader/Fischermeier u.a., KR – Gemeinschaftskommentar zum Kündigungsschutzgesetz und zu sonstigen kündigungsschutzrechtlichen Vorschriften, 10. Aufl. 2013 (zit. KR/*Bearbeiter*)

Fabricius (Hrsg.), Gemeinschaftskommentar zum Mitbestimmungsgesetz, Loseblatt
Fiebig/Gallner/Mestwerdt/Nägele, Kündigungsschutzgesetz, Handkommentar, 4. Aufl. 2012 (zit. HaKo/*Bearbeiter*)
Fitting/Engels/Schmidt/Trebinger/Linsenmaier, Betriebsverfassungsgesetz, 27. Aufl. 2014 (zit. Fitting)
FK-InsO siehe *Wimmer*
Freis/Kleinefeld/Kleinsorge/Vogt, Drittelbeteiligungsgesetz, 2004
Fromm/Nordemann, Urheberrecht, 11. Aufl. 2014

Gagel (Hrsg.), SGB II/SGB III – Grundsicherung und Arbeitsförderung, Loseblatt
Galperin/Löwisch, Betriebsverfassungsgesetz, 6. Aufl. 1982 mit Nachtrag 1985
Gaul, B., Aktuelles Arbeitsrecht, Band 1/2000ff.
Gaul, B., Das Arbeitsrecht der Betriebs- und Unternehmensspaltung, 2002
Geigel, Der Haftpflichtprozess, 26. Aufl. 2011
Germelmann/Matthes/Prütting, Arbeitsgerichtsgesetz, 8. Aufl. 2013 (zit. GMP/*Bearbeiter*)
Geßler/Hefermehl/Eckardt/Kropff, Aktiengesetz, 1974ff.
Gitter/Schmitt, Sozialrecht, 5. Aufl. 2001
GK-ArbGG siehe *Bader/Dörner* u.a.
GK-BetrVG siehe *Wiese/Kreutz* u.a.
GK-SGB III siehe *Ambs/Feckler* u.a.
GMP siehe Germelmann/Matthes/Prütting
Gottwald (Hrsg.), Insolvenzrechts-Handbuch, 4. Aufl. 2010
Grabitz/Hilf/Nettesheim, Das Recht der Europäischen Union: EUV/AEUV, Loseblatt
Großmann/Schneider, Arbeitsrecht, 9. Aufl. 1995
Grunsky/Waas/Benecke/Greiner, Arbeitsgerichtsgesetz, 8. Aufl. 2014 (zit. GWBG/*Bearbeiter*)
GWBG siehe *Grunsky/Waas/Benecke/Greiner*

Hachenburg, GmbHG, Großkommentar, 8. Aufl. 1992ff.
HaKo siehe *Fiebig* u.a.
Hanau/Adomeit, Arbeitsrecht, 14. Aufl. 2007
Hanau/Arteaga/Rieble/Veit, Entgeltumwandlung, 3. Aufl. 2014
Hauck/Helml/Biebl, Arbeitsgerichtsgesetz, 4. Aufl. 2011
Hauck/Noftz, SGB VI – Gesetzliche Rentenversicherung, Loseblatt
Hauck/Noftz/Voelzke, SGB III – Arbeitsförderung, Loseblatt
Heither, Arbeitsgerichtsgesetz, Kommentar aufgrund der Rechtsprechung des Bundesarbeitsgerichts, Loseblatt
Hennig/Henke/Schlegel/Teuerkauf/Estemann, SGB III – Arbeitsförderung, Kommentar mit Nebenrecht, Loseblatt
Henssler/Willemsen/Kalb, Arbeitsrecht Kommentar, 6. Aufl. 2014 (zit. HWK/*Bearbeiter*)

Herschel/Löwisch, Kommentar zum Kündigungsschutzgesetz, 6. Aufl. 1984
Hess/Worzalla/Glock/Nicolai/Rose/Huke, Kommentar zum Betriebsverfassungsgesetz, 9. Aufl. 2014 (zit. HWGNRH/*Bearbeiter*)
Heymann, Handelsgesetzbuch, Kommentar, 2. Aufl. 1995 ff.
Hoeren/Sieber/Holznagel, Handbuch Multimediarecht, Loseblatt
von Hoyningen-Huene/Linck, Kündigungsschutzgesetz, 15. Aufl. 2013
HWGNRH siehe *Hess/Worzalla* u.a.
Hueck/Nipperdey, Lehrbuch des Arbeitsrechts, Band I, 7. Aufl. 1963
Hüffer, Aktiengesetz, 11. Aufl. 2014
Hümmerich/Lücke/Mauer, Arbeitsrecht, 8. Aufl. 2014
HWK siehe *Henssler/Willemsen/Kalb*
HzA siehe *Leinemann*

Jannott/Frodermann (Hrsg.), Handbuch der Europäischen Aktiengesellschaft – Societas Europaea, 2005

Kaiser/Dunkl/Hold/Kleinsorge, Entgeltfortzahlungsgesetz, 5. Aufl. 2000
Kasseler Kommentar Sozialversicherungsrecht, Loseblatt
Kater/Leube, Gesetzliche Unfallversicherung SGB VII, 1997
Kempen/Zachert, Tarifvertragsgesetz, 5. Aufl. 2014
Kittner/Däubler/Zwanziger, Kündigungsschutzrecht, 9. Aufl. 2014
Kittner/Zwanziger (Hrsg.), Arbeitsrecht, Handbuch für die Praxis, 7. Aufl. 2013
Klebe/Ratayczak/Heilmann/Spoo, Betriebsverfassungsgesetz, 18. Aufl. 2014
Köhler/Bornkamm, Gesetz gegen den unlauteren Wettbewerb, 32. Aufl. 2014
Kölner Kommentar zum Aktiengesetz siehe *Zöllner/Noack*
Korinth, Einstweiliger Rechtsschutz im Arbeitsgerichtsverfahren, 2. Aufl. 2007
KR siehe *Etzel/Bader/Fischermeier* u.a.
KuR10 siehe *Rieder*
Küttner (Hrsg.), Personalbuch 2014, 21. Aufl. 2014

Larenz, Lehrbuch des Schuldrechts, Band 1, 14. Aufl. 1987
Leinemann (Hrsg.), Handbuch zum Arbeitsrecht, Loseblatt (zit. HzA)
Leinemann, Kasseler Handbuch zum Arbeitsrecht, 2. Aufl. 2000
Lieb/Jacobs, Arbeitsrecht, 9. Aufl. 2006
Löwisch/Kaiser, Betriebsverfassungsgesetz, 6. Aufl. 2010
Löwisch/Rieble, Tarifvertragsgesetz, 3. Aufl. 2012
Löwisch/Spinner/Wertheimer, Kommentar zum Kündigungsschutzgesetz, 10. Aufl. 2013
Lutter/Hommelhoff (Hrsg.), Die Europäische Gesellschaft, 2005
Lutter/Hommelhoff (Hrsg.), GmbH-Gesetz, 18. Aufl. 2012
Lutter/Hommelhoff (Hrsg.), SE-Kommentar, 2008

Meinel/Heyn/Herms, Teilzeit- und Befristungsgesetz, Kommentar, 4. Aufl. 2012
Meisel/Sowka, Mutterschutz und Erziehungsurlaub, 5. Aufl. 1999
Mues/Eisenbeis/ Laber, Handbuch zum Kündigungsrecht, 2. Aufl. 2010
Müller-Glöge/Preis/Schmidt (Hrsg.), Erfurter Kommentar zum Arbeitsrecht, 15. Aufl. 2015 (zit. ErfK/*Bearbeiter*)
Münchener Handbuch zum Arbeitsrecht, hrsg. von *Richardi/Wlotzke/Wißmann/Oetker*, Band 1: Individualarbeitsrecht; Band 2: Kollektivarbeitsrecht/Sonderformen, 3. Aufl. 2009 (zit. MünchArbR/*Bearbeiter*)
Münchener Kommentar zum Aktiengesetz (zit. MünchKommAktG)
Münchener Kommentar zum Bürgerlichen Gesetzbuch, hrsg. von *Rebmann/Rixecker/Säcker* (zit. MünchKommBGB)

Münchener Kommentar zum Handelsgesetzbuch, hrsg. von *K. Schmidt*, Band 1: Erstes Buch. Handelsstand §§ 1–104a, 3. Aufl. 2010 (zit. MünchKommHGB)
Musielak, Zivilprozessordnung, Kommentar, 11. Aufl. 2014

Nikisch, Lehrbuch zum Arbeitsrecht, Band 1, Allgemeine Darlehen und Arbeitsvertragsrecht, 3. Aufl. 1961

Oetker/Preis (Hrsg.), Europäisches Arbeits- und Sozialrecht – EAS, Loseblatt
Otto/Schwarze/Krause, Die Haftung des Arbeitnehmers, 4. Aufl. 2014

Palandt, Bürgerliches Gesetzbuch, 74. Aufl. 2015
Pauly/Osnabrügge, Teilzeitarbeit und geringfügige Beschäftigung, 2. Aufl. 2007
Preis, Arbeitsrecht, Lehrbuch zum Individualarbeitsrecht, 4. Aufl. 2012
Preis, Arbeitsrecht, Lehrbuch zum Kollektivarbeitsrecht, 3. Aufl. 2012
Preis, Der Arbeitsvertrag, 4. Aufl. 2011
Preis, Prinzipien des Kündigungsrechts bei Arbeitsverhältnissen, 1987
Prütting/Wegen/Weinreich, BGB, Kommentar, 9. Aufl. 2014

Raiser/Veil, Mitbestimmungsgesetz und Drittelbeteiligungsgesetz, 5. Aufl. 2009
Rehbinder, Urheberrecht, 16. Aufl. 2010
Reimer/Schade/Schippel, Das Recht der Arbeitnehmererfindungen, 8. Aufl. 2007
RGRK siehe Das Bürgerliche Gesetzbuch
Richardi, Betriebsverfassungsgesetz, 14. Aufl. 2014
Richardi/Wlotzke siehe Münchener Handbuch
Rieder (Hrsg.), Betriebsänderung und Personalreduzierung, 1993 (zit. KuR10/Bearbeiter)
Röhricht/Graf von Westphalen/Haas (Hrsg.), HGB, 4. Aufl. 2014

Schack, Urheber- und Urhebervertragsrecht, 6. Aufl. 2013
Schaub, Arbeitsrechts-Handbuch, 15. Aufl. 2013 (zit. *Schaub*)
Schaub, Arbeitsrechtliches Formular- und Verfahrenshandbuch, 10. Aufl. 2013 (zit. Schaub/*Bearbeiter*)
Schaub, Arbeitsgerichtsverfahren, 7. Aufl. 2001
Schmidt, Einkommensteuergesetz, 33. Aufl. 2014
Schmidt/Lutter (Hrsg.), Aktiengesetz, 2. Aufl. 2010
Schmitt, Entgeltfortzahlungsgesetz, 7. Aufl. 2012
Scholz, GmbH-Gesetz, Band 1, 11. Aufl. 2014; Band 2, 11. Aufl. 2014, Band 3, 10. Aufl. 2010
Schrader, Rechtsfallen in Arbeitsverträgen, 2001
Schricker/Loewenheim (Hrsg.), Urheberrecht, 4. Aufl. 2010
Schüren, Arbeitnehmerüberlassungsgesetz, 4. Aufl. 2010
Schwab, Arbeitnehmererfindungsrecht, 3. Aufl. 2014
Schwab/Weth, ArbGG, Kommentar zum Arbeitsgerichtsgesetz, 4. Aufl. 2015
Sievers, TzBfG, Kommentar, 4. Aufl. 2012
Soergel, Bürgerliches Gesetzbuch, 13. Aufl. 1999 ff.
Sowka (Hrsg.), Kündigungsschutzrecht, Kölner Praxiskommentar, 3. Aufl. 2004
Spiegelhalter, Beck'sches Personalhandbuch, Band I: Arbeitsrechtslexikon, Loseblatt
Stahlhacke/Preis/Vossen, Kündigung und Kündigungsschutz im Arbeitsverhältnis, 10. Aufl. 2010
Stege/Weinspach/Schiefer, Betriebsverfassungsgesetz, 9. Aufl. 2002
Stein/Jonas, Kommentar zur Zivilprozessordnung, 22. Aufl. 2003 ff.

Theisen/Wenz, Die Europäische Aktiengesellschaft, 2. Aufl. 2005
Thomas/Putzo, ZPO, 35. Aufl. 2014

Ulber, AÜG – Arbeitnehmerüberlassungsgesetz, 4. Aufl. 2011
Ulmer/Brandner/Hensen, AGB-Recht, 11. Aufl. 2011
Ulmer/Habersack/Henssler, Mitbestimmungsrecht, 3. Aufl. 2013

Volmer/Gaul, Arbeitnehmererfindergesetz, 2. Aufl. 1983

Waltermann, Arbeitsrecht, 16. Aufl. 2012
Weber/Ehrich/Burmester/Fröhlich, Handbuch der arbeitsrechtlichen Aufhebungsverträge, 5. Aufl. 2009
Weber/Ehrich/Hörchens/Oberthür, Handbuch zum Betriebsverfassungsrecht, 2. Aufl. 2003
Weiss/Weyand, Betriebsverfassungsgesetz, 3. Aufl. 1994
Wiedemann (Hrsg.), Tarifvertragsgesetz, 7. Aufl. 2007
Wieland, Recht der Firmentarifverträge, 1998
Wiese/Kreutz/Oetker/Raab/Weber/Franzen/Gutzeit/Jacobs, Gemeinschaftskommentar zum Betriebsverfassungsgesetz, 10. Aufl. 2014 (zit. GK-BetrVG/*Bearbeiter*)
Wimmer (Hrsg.), Frankfurter Kommentar zur Insolvenzordnung, 7. Aufl. 2013
Wlotzke/Preis/Kreft, Betriebsverfassungsgesetz, 4. Aufl. 2009
Wlotzke/Wißmann/Koberski/Kleinsorge, Mitbestimmungsrecht, 4. Aufl. 2011 (zit. WWKK/*Bearbeiter*)
Wurm/Wagner/Zartmann, Das Rechtsformularbuch, 16. Aufl. 2011
Wussow, Unfallhaftpflichtrecht, 16. Aufl. 2014
WWKK siehe *Wlotzke/Wißmann/Koberski/Kleinsorge*

Zöller, Zivilprozessordnung, 30. Aufl. 2014
Zöllner/Loritz/Hergenröder, Arbeitsrecht, 6. Aufl. 2007
Zöllner/Noack (Hrsg.), Kölner Kommentar zum Aktiengesetz, 3. Aufl. 2004 ff.
Zwanziger, Kommentar zum Arbeitsrecht der Insolvenzordnung, 4. Aufl. 2010

1. Teil
Begründung von Arbeitsverhältnissen und ihre vertragliche Gestaltung

A. Grundlagen

	Rz.
I. Rechtsquellen, Europäisches Arbeitsrecht	
1. Kodifikationsbestrebungen	1
2. Rechtsquellen des Arbeitsrechts	7
a) Schutzgesetzgebung	8
b) Kollektivrechtliche Regelungen	9
3. Tarifvertrag	12
4. Recht der Europäischen Union	13
a) Primäres Gemeinschaftsrecht	14
b) EU-Verordnungen	15
c) EU-Richtlinien	16
d) Rechtsprechung des Europäischen Gerichtshofs	17
5. Supranationales Recht	17a
II. Arbeitnehmer	
1. Arbeitnehmerbegriff	18
a) Einleitung	19
b) Fehlende gesetzliche Definition	20
c) Parteiwille	23
d) Hauptkriterien des Arbeitnehmerbegriffs	30
aa) Leistung von Arbeit	31
bb) Privatrechtlicher Vertrag	33
cc) Persönliche Abhängigkeit	34
(1) Freie Gestaltung der Arbeitszeit und § 84 Abs. 1 Satz 2 HGB	35
(2) Weitere Kriterien in Grenzfällen	38
e) Grad der persönlichen Abhängigkeit anhand ausgewählter Bereiche	39
aa) Medien	41
bb) Forschung und Lehre	46
cc) Freie Berufe	49
dd) Gesellschaftsorgane	51
f) Der Beschäftigtenbegriff im Sozialversicherungsrecht	52
2. Abgrenzung	58
a) Freie Mitarbeiter	59
b) Arbeitnehmerähnliche Person	60
c) Heimarbeiter	66
d) Telearbeitnehmer	71
e) Handelsvertreter	74
f) Auszubildende	79
g) Approbierter Arzt	85
h) Ein-Euro-Jobber	87
3. Leitende Angestellte	88
a) Legaldefinition	91
b) Die Regelung des § 5 Abs. 3 BetrVG	92
aa) § 5 Abs. 3 Satz 2 Halbs. 1 BetrVG	93
bb) § 5 Abs. 3 Satz 2 Nr. 1 BetrVG	97
cc) § 5 Abs. 3 Satz 2 Nr. 2 BetrVG	102
dd) § 5 Abs. 3 Satz 2 Nr. 3 BetrVG	107
(1) Für den Bestand oder die Entwicklung eines Unternehmens oder eines Betriebes bedeutsame Aufgaben	108
(2) Besondere Erfahrungen und Kenntnisse	110
(3) Treffen von Entscheidungen frei von Weisungen Dritter oder maßgebliche Beeinflussung von Entscheidungen	111
ee) § 5 Abs. 4 BetrVG	114
ff) Prüfungsschema für die Bestimmung des Status eines leitenden Angestellten	119
c) Leitende Angestellte gem. § 14 Abs. 2 KSchG	120
4. Kirchliche Mitarbeiter	125
5. Beamte und Arbeitnehmer im öffentlichen Dienst	126
6. Gesellschafter und Organmitglieder juristischer Personen	129
7. Sonstige Gruppen	131a
III. Arbeitgeber	
1. Unternehmer – Arbeitgeber	136
2. Träger der Arbeitgeberfunktion im Einzelnen	
a) Societas Europaea (SE)	137
b) AG	138
c) KGaA	139
d) GmbH	140
e) KG	141
f) OHG	142
g) Genossenschaft	143
h) Eingetragener Verein	144
i) BGB-Gesellschaft	145

Schrifttum:

Allgemein: *Balders/Strybny*, Reform für mehr Beschäftigung: Ein Arbeitsvertragsgesetz, ZRP 2005, 249; *Dieterich*, Die Arbeitsgerichte zwischen BVerfG und Europäischem Gerichtshof, NZA 1996, 673; *Franzen*, Rechtsangleichung der Europäischen Union im Arbeitsrecht, ZEuP 1995, 796; *Geiger/Khan/Kotzur*, EUV/AEUV, 5. Aufl. 2010; *Heither*, Arbeitsrechtsordnung in der Europäischen Gemeinschaft, EWS 1993, 168; *Neumann*, Die Geschichte des Arbeitsvertragsrechts, DB 2008, 60; *Richardi*, Bemühungen um ein Arbeitsvertragsgesetz nach der Wiedervereinigung Deutschlands, in: Gedächtnisschrift für Heinze, 2005, S. 661; *Richardi*, Arbeitnehmerbegriff in einem Arbeitsvertragsgesetz, in: Festschrift für Hromadka, 2008, S. 309.

Zum Arbeitnehmerbegriff: *Bezani*, Der arbeitsrechtliche Status von Rundfunk- und Fernsehmitarbeitern, NZA 1997, 856; *Brammsen*, Der Arbeitnehmerbegriff, RdA 2010, 267; *Greiner*, Die Ich-AG als Arbeitnehmer, DB 2003, 1058; *Hopt*, Die Selbständigkeit vom Handelsvertreter und anderen Vertriebspersonen, Handels- und arbeitsrechtliche Dogmatik der Vertragsgestaltung, DB 1998, 863; *Hromadka*, Arbeitnehmerähnliche Personen, NZA 1997, 1249; *Hromadka*, Zukunft des Arbeitsrechts, NZA 1998, 1; *Huber*, Arbeitsrechtliche Aspekte der Telearbeit, FA 1999, 109; *Kunz/Kunz*, Scheinselbständigkeit oder (arbeitnehmerähnlich) – selbständig?, DB 1999, 846; *Leuchten/Zimmer*, Das neue Gesetz zur „Scheinselbständigkeit" – Probleme in der Praxis, DB 1999, 381; *Linnenkohl*, Selbständigen-Kultur und Arbeitsmarkt, BB 1999, 48; *Linnenkohl*, Der „Kurierdienstfahrer" als selbständiger Gewerbetreibender, BB 2002, 622; *Löwisch*, Der arbeitsrechtliche Teil des so genannten Korrekturgesetzes, BB 1999, 102; *Mestwerdt*, Arbeit in persönlicher Abhängigkeit im Rahmen vereinsrechtlicher Strukturen, NZA 2014, 281; *Peter*, Kernfragen der Telearbeit, DB 1998, 573; *Preis*, Die Definition des Arbeitnehmers und der arbeitnehmerähnlichen Person in einer Kodifikation des Arbeitsvertragsrechts, in: Festschrift für Hromadka, 2008, S. 275; *Rebhahn*, Die Arbeitnehmerbegriffe des Unionsrechts in der neuen Judikatur des EuGH, EuZA 2012, 3; *Reinecke*, Der Kampf um den Arbeitnehmerbegriff – prozessuale, notarielle und taktische Probleme, NZA 1999, 729; *Reiserer*, Schluss mit dem Missbrauch der Scheinselbständigkeit, BB 1999, 366; *Richardi*, „Scheinselbständigkeit" und arbeitsrechtlicher Arbeitnehmerbegriff, DB 1999, 958; *Rohlfing*, Zum arbeitsrechtlichen Status von (Honorar-)Lehrkräften, NZA 1999, 1027; *Wank*, Arbeitnehmer und Selbständige, 1988; *Wank*, Die Gesetzesänderung zum Arbeitnehmerbegriff, RdA 1999, 297; *Wank*, Abschied vom Normalarbeitsverhältnis, RdA 2010, 193; *Weimar/Goebel*, Neue Grundsatzfragen um Scheinselbständigkeit und arbeitselbständige Selbständige, ZIP 1999, 217; *Wrede*, Bestand und Bestandsschutz von Arbeitsverhältnissen in Rundfunk, Fernsehen und Presse, NZA 1999, 1019.

Zum leitenden Angestellten: *Bauer*, Sprecherausschussgesetz mit Wahlordnung und Erläuterungen, 2. Aufl. 1990; *Buchner*, Das Gesetz zur Änderung des Betriebsverfassungsgesetzes, über Sprecherausschüsse der leitenden Angestellten und zur Sicherung der Montanmitbestimmung, NZA Beilage 1/1989, 2; *Dänzer-Vanotti*, Leitende Angestellte nach § 5 III, IV BetrVG nF, NZA Beilage 1/1989, 30; *Engels/Natter*, Die geänderte Betriebsverfassung, BB Beilage 8/1989, 1; *Hromadka*, Der Begriff des leitenden Angestellten, BB 1990, 57; *Hromadka*, Kommentar zum Sprecherausschussgesetz, 1991; *Schipp*, Die Stellung des leitenden Angestellten im Kündigungsschutzprozess, 1992.

Zum Arbeitgeberbegriff: *von Alvensleben*, Der Fremdgeschäftsführer im Spannungsfeld zwischen Arbeitgeberposition und Arbeitnehmereigenschaft, BB 2012, 774; *Diller*, Gesellschafter und Gesellschaftsorgane als Arbeitnehmer, 1994; *Fischer*, Die Fremdgeschäftsführerin und andere Organvertreter auf dem Weg zur Arbeitnehmereigenschaft, NJW 2011, 2329; *Henssler*, Das Anstellungsverhältnis der Organmitglieder, RdA 1992, 289; *Kaufmann/Kleemann*, Keine Befreiung des Minderheitsgesellschafter-Geschäftsführers von der Sozialversicherungspflicht mehr?, BB 2014, 821; *Lunk/Rodenbusch*, Der unionsrechtliche Arbeitnehmerbegriff und seine Auswirkungen auf das deutsche Recht, GmbHR 2012, 188; *Oberthür*, Unionsrechtliche Impulse für den Kündigungsschutz von Organvertretern und Arbeitnehmerbegriff, NZA 2011, 253; *Reiserer*, Arbeitnehmerschutz für Geschäftsführer, DB 2011, 2262; *Stagat*, Risiken und Nebenwirkungen von Geschäftsführer-Anstellungsverträgen, NZA-RR 2011, 617; *Wank*, Anmerkung zur Entscheidung des EuGH v. 11.11.2010 – C 232/09, ZIP 2010, 2414 – zur Arbeitnehmereigenschaft des GmbH-Fremdgeschäftsführers, EWiR 2011, 27; *Ziegler*, Arbeitnehmerbegriffe im Europäischen Arbeitsrecht, Diss. Bochum 2011.

I. Rechtsquellen, Europäisches Arbeitsrecht

1. Kodifikationsbestrebungen

Die Schwierigkeit, die Rechtsquellen des Arbeitsrechts in wenigen Worten zu benennen, lässt sich am ehesten darstellen an dem bis zum heutigen Tag erfolglosen Prozess, das Arbeitsvertragsrecht **einheitlich zu kodifizieren**.   1

Der erste Versuch, das Arbeitsrecht einheitlich zusammenzufassen, stammt aus dem Jahre 1896. Am 11.12.1896 hatte der deutsche Reichstag die gesetzliche Neuregelung des Individualarbeitsrechts gefordert[1]. Diese Forderung wurde in der **Weimarer Reichsverfassung** wieder aufgenommen. So heißt es in Art. 157 Abs. 2 WRV: 2

„Das Reich schafft ein einheitliches Arbeitsrecht."

Der aktuelle **Kodifizierungsauftrag** entspringt einer Verpflichtung der beiden deutschen Staaten im Rahmen des Einigungsvertrages vom 31.8.1990. In **Art. 30 des Einigungsvertrages**[2] heißt es: 3

„Es ist Aufgabe des gesamtdeutschen Gesetzgebers, ... das Arbeitsvertragsrecht sowie das öffentlich-rechtliche Arbeitszeitrecht einschließlich der Zulässigkeit von Sonn- und Feiertagsarbeit und den besonderen Frauenarbeitsschutz möglichst bald einheitlich neu zu kodifizieren ..."

Vor der deutschen Wiedervereinigung hatte sich bereits ein „**Arbeitskreis deutsche Rechtseinheit im Arbeitsrecht**" gebildet, der überwiegend aus Hochschullehrern bestand und sich die Kodifizierung des Arbeitsrechts zum Ziel gesetzt hatte. Dieser Arbeitskreis übernahm den in Art. 30 des Einigungsvertrages gestellten Auftrag und legte in einem Gutachten für den 59. Deutschen Juristentag im Jahre 1992 den **Entwurf eines Arbeitsvertragsgesetzes** (ArbVG 92) der Öffentlichkeit vor[3].   4

In dem Dritten Gesetz zur Änderung der Gewerbeordnung und sonstiger gewerberechtlicher Vorschriften vom 24.8.2002[4] wird von Teilen der Literatur „das Samenkorn eines Arbeitsgesetzbuches" gesehen[5]. Ob sich diese Vermutung als Spekulation erweist oder ob der nächste Schritt tatsächlich heißen kann „Abnabelung vom BGB durch Schaffung des im Einigungsvertrag von 1990 versprochenen eigenständigen Arbeitsvertragsgesetzes"[6], werden die nächsten Jahre zeigen; Skepsis ist angebracht[7].   5

Im Jahre 2007 wurde die überarbeitete Fassung des **Diskussionsentwurfes eines Arbeitsvertragsgesetzes von den Professoren** *Henssler* **und** *Preis* vorgelegt[8]. In diesem neuen Entwurf eines Arbeitsvertragsgesetzes werden nahezu alle Bereiche des Arbeitsvertragsrechts einer in sich geschlossenen Regelung zugeführt. Dies sind vor allem die Fragen der Begründung des Arbeitsverhältnisses, Regelungen zum Arbeitsentgelt, zur Entgeltfortzahlung, zum Arbeitsausfall bei Krankheit, zur Arbeitnehmerüberlassung sowie Regelungen zur Beendigung und zum Übergang der Arbeitsverhältnisse. Der Entwurf wurde seit seiner Vorlage intensiv in allen Fachzeitschriften diskutiert. Er wurde in der Wissenschaft und in der arbeitgebernahen Literatur freund-   6

---

1 Vgl. DJT-Gutachten, D 13.
2 Vertrag zwischen der Bundesrepublik Deutschland und der Deutschen Demokratischen Republik über die Herstellung der Einheit Deutschlands – Einigungsvertrag, BGBl. II 1990, 889; dazu *Neumann*, DB 1995, 2013.
3 Gutachten D zum 59. Deutschen Juristentag in Hannover 1992, Band I, Gutachtenteil D (DJT-Gutachten).
4 BGBl. I 2002, 3412.
5 So *Perreng*, AIB 2002, 521.
6 So *Düwell*, FA 2003, 2.
7 S. dazu auch *Neumann*, DB 2008, 60 (61).
8 Abgedruckt in NZA Beilage 1/2007.

lich und zustimmend aufgenommen[1]. Die gewerkschaftsnahe Literatur hat den Entwurf jedoch nahezu einhellig und heftig abgelehnt[2]. In einem Beitrag in der AiB wurde der Entwurf pauschal als „Angriff auf den Arbeitnehmerschutz" abqualifiziert[3]. Diese Haltung der gewerkschaftsnahen Literatur lässt Schlimmes befürchten. Es hat den Anschein, dass ein „großer Wurf" erst möglich wird, wenn sich die Sozialpartner auf einen Text geeinigt haben.

2. Rechtsquellen des Arbeitsrechts

7 Maßgebliche Rechtsquelle des Individualarbeitsrechts ist bis heute das **Bürgerliche Gesetzbuch**. Diesem liegt unverändert das Prinzip der Privatautonomie zugrunde. Der Dienstvertrag (§§ 611 ff. BGB) bildet den Grundtypus der Vertragsbeziehungen zwischen den Arbeitsvertragsparteien. Neben das BGB sind die „allgemeinen arbeitsrechtlichen Grundsätze" aus den §§ 105 ff. GewO getreten[4]. Damit bleibt das Arbeitsrecht auch weiterhin in die Zivilrechtsdogmatik eingebunden[5]. Diese Feststellung klingt theoretisch, hat jedoch erhebliche praktische Auswirkungen. Durch die Einbindung in die Zivilrechtsdogmatik gilt zB der gesamte Allgemeine Teil des BGB, so die Bestimmungen zur Auslegung und zum Zugang von Willenserklärungen, die Regelungen zur Geschäftsfähigkeit sowie zur Anfechtung von Willenserklärungen und die Grundsätze über das Zustandekommen eines (Arbeits-)Vertrages[6].

a) Schutzgesetzgebung

8 Bereits Ende des 19. Jahrhunderts wurden die individualrechtlichen Bestimmungen um Sonderbestimmungen aus anderen Gesetzen erweitert, die den Zweck verfolgten, den Arbeitnehmern in bestimmten Bereichen **gesetzlichen Schutz** zukommen zu lassen. Das Allgemeine Deutsche Handelsgesetzbuch hatte dem Handlungsgehilfen besonderen gesetzlichen Schutz zugebilligt (Art. 57 ff. ADHGB)[7]. In der Folgezeit kamen zu den ersten Arbeitnehmerschutzgesetzen gesetzliche Regelungen in den Bereichen Gesundheitsschutz, Arbeitszeitschutz, Frauenarbeits- und Mutterschutz, Jugendarbeitsschutz, Schwerbehindertenschutz und Heimarbeitsschutz.

b) Kollektivrechtliche Regelungen

9 Neben den gesetzlichen Regelungen und den Arbeitsschutzgesetzen, die auf die individualvertraglichen Beziehungen der Arbeitsvertragsparteien einwirken, entwickelte sich ein Rechtsbereich, der sich mit der Existenz, Organisation und Funktion arbeitsrechtlicher Kollektive befasst[8]. Dieser Bereich wird gleichfalls von einer Vielzahl von Gesetzen beeinflusst, denen allesamt eigen ist, dass sie sich auf die kollektive Vertretung und Durchsetzung der Arbeitnehmer- bzw. der Arbeitgeberinteressen beziehen. Es handelt sich dabei um das **Tarifrecht**, das **Betriebsverfassungsrecht** und die ver-

---

1 Vgl. *Sittard/Lampe*, RdA 2008, 249; *Richardi*, FS Hromadka, S. 309.
2 Vgl. *Wroblewski*, NZA 2008, 622; *Buschmann*, ArbuR 2008, 203; *Müller*, ArbuR 2008, 206; *Schubert*, ArbuR 2008, 212.
3 *Kahl/Fricke*, AiB 2008, 265.
4 Vgl. *Düwell*, FA 2003, 2.
5 Gutachten D zum 59. Deutschen Juristentag in Hannover 1992, Band I, D 13; Staudinger/*Richardi/Fischinger*, Vorbem. zu §§ 611 ff. BGB Rz. 207.
6 Vgl. ErfK/*Preis*, § 611 BGB Rz. 3 ff. Die zum 1.1.2002 in Kraft getretene Schuldrechtsreform vertiefte die Beziehungen des Arbeitsrechts zum allgemeinen Zivilrecht, beispielhaft zeigt sich dies an § 310 Abs. 4 BGB.
7 Vgl. MünchArbR/*Richardi*, § 2 Rz. 10.
8 Vgl. Staudinger/*Richardi/Fischinger*, Vorbem. zu §§ 611 ff. BGB Rz. 613 ff.

schiedenen Gesetze über die **Mitbestimmung der Arbeitnehmer im Unternehmen** (sog. Unternehmensmitbestimmung)[1].

Kernbestimmung des kollektiven Arbeitsrechts ist **Art. 9 Abs. 3 GG**; dieser Artikel bedeutet die grundgesetzliche Gewährleistung des Streik- und Aussperrungsrechts[2] (s. Teil 4 C Rz. 39). 10

Das **Arbeitsgerichtsgesetz** enthält Bestimmungen, nach denen die selbständige Arbeitsgerichtsbarkeit den von ihr Betroffenen (Arbeitnehmern, Betriebsräten, Gewerkschaften und Arbeitgebern) Rechtsschutz gewährt. 11

3. Tarifvertrag

Die im Rahmen des kollektiven Arbeitsrechts agierenden Gruppen (Gewerkschaften auf der Arbeitnehmerseite sowie Arbeitgeber und Arbeitgeberverbände auf Arbeitgeberseite) haben ihrerseits wiederum die Befugnis verliehen bekommen, autonom Recht zu setzen. Die dadurch gesetzlich sanktionierten **Tarifverträge** besitzen in ihrem normativen Teil gesetzesgleiche Verbindlichkeit. Durch sog. Allgemeinverbindlichkeitserklärung kann die Verbindlichkeit über den Kreis der Tarifpartner hinaus auf alle Arbeitnehmer innerhalb des Geltungsbereichs erstreckt werden[3]. 12

4. Recht der Europäischen Union

Das Recht der Europäischen Union als Rechtsquelle des Arbeitsrechts wird immer bedeutender. Im europäischen Recht wird unterschieden zwischen dem primären Gemeinschaftsrecht (dem Vertrag über die Arbeitsweise der Europäischen Union [früher EGV] und den Assoziierungsabkommen) auf der einen Seite und dem sekundären, abgeleiteten Gemeinschaftsrecht (Verordnungen und Richtlinien) auf der anderen Seite[4]. 13

a) Primäres Gemeinschaftsrecht

Zentrale Bestimmungen des primären Gemeinschaftsrechts sind Art. 157 AEUV (gleiches Entgelt für Männer und Frauen) sowie Art. 45 AEUV über die Gewährung der Freizügigkeit. Der EuGH vertritt die Auffassung, dass Art. 157 AEUV zwingend nicht nur für Rechtsvorschriften, sondern auch für Tarifverträge und Arbeitsverträge gilt[5]. Diese europarechtlichen Vorschriften entfalten unmittelbare Wirkung und stehen damit über dem nationalen Bundesrecht[6]. 14

b) EU-Verordnungen

EU-Verordnungen stellen internationales Gesetzesrecht dar, das unmittelbar und ohne Transformation in jedem Mitgliedstaat gilt (Art. 288 AEUV)[7]. Im Arbeitsrecht besitzt die EU-Verordnung jedoch nur **geringe Bedeutung**, da die Zuständigkeit der Union zum Erlass von Verordnungen begrenzt ist[8]. 15

---

1 Vor allem das MitbestG v. 4.5.1976 und das DrittelbG v. 18.5.2004.
2 ErfK/*Dieterich/Linsenmaier*, Art. 9 GG Rz. 2.
3 S. dazu ErfK/*Preis*, § 611 BGB Rz. 211.
4 S. *Geiger*, Art. 288 AEUV Rz. 4.
5 EuGH 15.12.1994 – Rs. C-399/92 u.a., NZA 1995, 218 (219).
6 Vgl. ErfK/*Preis*, § 611 BGB Rz. 202.
7 Vgl. ErfK/*Wißmann*, AEUV, Vorbem. Rz. 17; *Geiger*, Art. 288 AEUV Rz. 8.
8 Vgl. MünchArbR/*Oetker*, § 10 Rz. 15; HWK/*Thüsing*, vor § 611 BGB Rz. 136.

c) EU-Richtlinien

16 Dagegen kommt der EU-Richtlinie im Arbeitsrecht **zentrale Bedeutung** zu[1]. EU-Richtlinien sind gem. Art. 288 AEUV Rechtsakte der Gemeinschaft, die den Mitgliedstaaten die **Verpflichtung** auferlegen, den **Inhalt dieser Rechtsakte in nationales Recht umzusetzen**. Sie gelten sekundär, da primär das nationale Recht für das jeweilige Arbeitsverhältnis maßgeblich ist. Der EuGH kann lediglich die Übereinstimmung des nationalen Rechts mit der Richtlinie überprüfen, eine direkte Ableitung rechtlicher Ansprüche aus der Richtlinie ist nur dann möglich, wenn der Mitgliedstaat sein nationales Recht nicht fristgemäß angepasst hat[2]. Außerdem können aus einer Richtlinie dann direkte Ansprüche abgeleitet werden, wenn die Richtlinie dem nationalen Gesetzgeber in dem konkreten Streitfall kaum Gestaltungsmöglichkeiten einräumt, wenn sie also dem einzelnen Betroffenen rechtliche Ansprüche direkt aus der Richtlinie gewähren soll[3]. Die bedeutendsten sind die Richtlinien zur Wahrung der Ansprüche von Arbeitnehmern beim Übergang von Unternehmen, Betrieben oder Betriebsteilen[4], die Richtlinie über die Harmonisierung der Gesetze der Mitgliedstaaten betreffend Massenentlassungen[5], die Richtlinie zum Schutz der Arbeitnehmer im Falle einer Insolvenz ihres Arbeitgebers[6], die Richtlinie über die Einführung eines Europäischen Betriebsrates[7], die Richtlinien über Teilzeitarbeit[8] und über befristete Arbeitsverträge[9] sowie die sog. Diskriminierungsrichtlinien[10].

d) Rechtsprechung des Europäischen Gerichtshofs

17 Das Unionsrecht hat Vorrang vor dem Recht der Mitgliedstaaten. Diesen Vorrang haben die deutschen Gerichte stets anerkannt[11]. Damit sich dieser Vorrang des Unionsrechts in allen Mitgliedstaaten durchsetzt und das Unionsrecht auch von allen Mitgliedstaaten in gleicher Weise interpretiert wird, hat der Lissabonner Vertrag in Art. 267 AEUV dem EuGH ein Auslegungsmonopol gewährt. Dieses sieht vor, dass der Gerichtshof im Wege der **Vorabentscheidung** über die Auslegung des Vertrages und der übrigen Rechtsnormen der Union einheitlich und verbindlich entscheiden

---

1 Vgl. MünchArbR/*Oetker*, § 10 Rz. 16.
2 *Geiger*, Art. 288 AEUV Rz. 17. Allerdings hat der EuGH in Sachen *Mangold/Helm* (EuGH 22.11.2005 – Rs. C-144/04, NZA 2005, 1345) in Zusammenhang mit der RL 2000/78/EG (Verbot der Behinderung u.a. wegen des Alters) entschieden, dass dieses Verbot als allgemeiner Grundsatz des Gemeinschaftsrechts anzusehen ist, der dann, wenn er verletzt wird, das vorlegende Gericht berechtigt, nationales Recht unanwendbar zu lassen. Diese Rechtsprechung hat der EuGH fortgesetzt. So hat er zu § 622 Abs. 2 Satz 2 BGB festgestellt, dass er innerstaatliches Recht verwerfen kann, ohne dafür das gesonderte Verfahren nach Art. 267 Abs. 2 AEUV einzuleiten (s. ErfK/*Wißmann*, AEUV Vorbem. Rz. 23.
3 Vgl. *Geiger*, Art. 288 AEUV Rz. 17.
4 Richtlinie Nr. 2001/23/EG v. 12.3.2001, ABl. EG Nr. L 82 v. 22.3.2001, umgesetzt in deutsches Recht durch § 613a BGB; vgl. MünchArbR/*Oetker*, § 10 Rz. 38 ff.
5 Richtlinie Nr. 75/129/EG v. 17.2.1975, ABl. EG Nr. L 48/29 v. 22.2.1975, umgesetzt durch das Ergänzungsgesetz zum KSchG v. 27.4.1978, BGBl. I 1978, 555; vgl. MünchArbR/*Oetker*, § 10 Rz. 44.
6 Richtlinie Nr. 80/987 v. 20.10.1980, ABl. EG Nr. L 283/23; eine Umsetzung war aufgrund der bereits bestehenden Bestimmungen des Arbeitsförderungsgesetzes sowie des Art. 7 Betriebsrentengesetz nicht erforderlich.
7 Richtlinie Nr. 94/45/EG v. 22.9.1994, ABl. EG Nr. L 254/64; vgl. MünchArbR/*Oetker*, § 10 Rz. 47.
8 Richtlinie Nr. 97/81/EG v. 15.12.1997, ABl. EG Nr. L 14/9.
9 Richtlinie Nr. 1999/70/EG v. 28.6.1999, ABl. EG Nr. L 175/43.
10 Richtlinie Nr. 2000/43/EG v. 29.6.2000 und Richtlinie Nr. 2000/78/EG v. 27.11.2000, umgesetzt in Form des Allgemeinen Gleichbehandlungsgesetzes v. 14.8.2006, BGBl. I, 1897; s. dazu *Leuchten*, NZA 2002, 1254; vgl. MünchArbR/*Oetker*, § 10 Rz. 27.
11 Vgl. BVerfG 22.10.1986 – 2 BvR 197/83, BVerfGE 73, 339 ff.; *Dieterich*, NZA 1996, 673; ErfK/*Wißmann*, AEUV, Vorbem. Rz. 32 ff.

kann. Die nationalen Gerichte sind zuvor grundsätzlich nicht zur Vorlage verpflichtet. Eine Verpflichtung besteht jedoch für letztinstanzliche Gerichte (gem. Art. 267 Abs. 3 AEUV), damit gewährleistet ist, dass das europäische Recht in allen Mitgliedstaaten einheitlich interpretiert wird[1]. Nach Auffassung des BVerfG stellt die **willkürliche Nichtvorlage** eine Verletzung des Rechts auf den gesetzlichen Richter gem. Art. 101 Abs. 1 Satz 2 GG dar[2]. Ein Kläger kann die Vorlage der nationalen Gerichte an den EuGH nicht erzwingen. Hat jedoch der EuGH entschieden, ist das vorlegende Gericht an die Entscheidung gebunden.

5. Supranationales Recht

Eine ganze neue Bedeutung gewinnt das supranationale Recht mittlerweile auch im Arbeitsrecht. Durch den bekannten Fall „Heinisch[3]" ist in der arbeitsrechtlichen Fachpresse plötzlich die arbeitsrechtliche Relevanz der Europäischen Menschenrechtskonvention (EMRK) ins Gedächtnis gerufen worden. In dem Fall Heinisch ging es um eine Krankenpflegerin, die als „Whistleblowerin" von ihrem Arbeitgeber gekündigt worden war. Sie ging durch alle deutschen Instanzen einschließlich des Bundesverfassungsgerichts. Letztendlich verlor sie jedoch die Gerichtsverfahren vor den deutschen Gerichten. Sie wandte sich sodann an den Europäischen Gerichtshof für Menschenrechte, der in der Kündigung von Frau Heinisch einen Eingriff in das nach Art. 10 Abs. 1 EMRK garantierte Recht auf Meinungsfreiheit sah[4]. Der EGMR sprach der Klägerin (Frau Heinisch) eine finanzielle Entschädigung zu, die jedoch nicht die eigentliche Konsequenz dieser Entscheidung war. Denn Frau Heinisch konnte Wiederaufnahme des Kündigungsschutzprozesses verlangen (gem. § 580 Nr. 8 ZPO) und damit letztendlich durch das Restitutionsverfahren die Feststellung der Unwirksamkeit der Kündigung erreichen[5].

17a

II. Arbeitnehmer

1. Arbeitnehmerbegriff

Die Definition des Arbeitnehmerbegriffs oder die Abgrenzung der Tätigkeit eines Arbeitnehmers von der Erbringung von Dienstleistungen in anderen Formen gehört zu den Grundfragen des Arbeitsrechts[6]. Die Beantwortung der Frage, ob eine Person Arbeitnehmer ist, ist entscheidend für das Eingreifen des „Rechtsregimes des Arbeitsrechts"[7]. Arbeitsrechtliche Bestimmungen kommen regelmäßig nur dann zum Tragen, wenn an der Vertragsbeziehung Arbeitnehmer (in gewissen Grenzen gilt dies auch für arbeitnehmerähnliche Personen) beteiligt sind. Daraus folgt, dass die Ar-

18

---

1 Vgl. *Heither*, EWS 1993, 168 (170); vgl. auch *Blomeyer*, NZA 1994, 633 (635); *Geiger*, Art. 267 AEUV Rz. 17.
2 BVerfG 8.4.1987 – 2 BvR 687/85, BVerfGE 75, 223 ff.; 22.10.1986 – 2 BvR 197/83, BVerfGE 73, 339 (367 f.). Das BVerfG hat mit Beschluss v. 25.2.2010 – 1 BvR 230/09, NZA 2010, 439, das BAG mit dem Hinweis gerügt, es verletzte Art. 101 Abs. 1 Satz 2 GG, indem es bzgl. bestimmter Rechtsfragen (iVm. einer Massenentlassungsanzeige) von einer Vorlage an den EuGH abgesehen habe.
3 EGMR 21.7.2011 – 28274/08, NZA 2011, 1269.
4 Zur Kritik an dieser Entscheidung s. *Bauer*, AuA 2014, 158; *Scheurer*, NZA 2011, 1269; *Schlachter*, RdA 2012, 109; *Schwarz-Seeberger*, ZMV 2012, 122; *Windel*, Anm. zu AP Nr. 235 zu § 626 BGB; *Seel*, MdR 2011, 35; *Hochhauser*, ZESAR 2012, 278; *Seiffert*, EuZA 2012, 411; s. dazu auch Teil 3 G Rz. 9 f.
5 Gem. § 35 EGZPO ist der Restitutionsgrund anwendbar auf Urteile, die nach dem 31.12.2006 rechtskräftig geworden sind; s. dazu *Bauer*, AnwBl. 2014, 406 (408).
6 *Mestwerdt*, NZA 2014, 281; vgl. zum Arbeitnehmerbegriff im Arbeitsvertragsgesetzentwurf *Hromadka*, NZA 2007, 838; *Preis*, FS Hromadka, 2008, S. 275.
7 Vgl. ErfK/*Preis*, § 611 BGB Rz. 34.

beitsgerichte für Streitigkeiten zwischen Arbeitnehmern und Arbeitgebern zuständig sind (§ 2 Abs. 1 Nr. 3 ArbGG), nicht für Streitigkeiten aus freien Mitarbeiterverhältnissen oder sonstigen Dienstverhältnissen. Der Arbeitnehmer und mit ihm das Arbeitsverhältnis stehen unter besonderem Schutz des Gesetzes; dieser Schutz soll einerseits nicht willkürlich auf andere Bereiche der Volkswirtschaft (insbesondere nicht auf Selbständige) ausgeweitet werden, andererseits soll verhindert werden, dass eine ebenso willkürliche Einengung schutzbedürftigen Gruppen der Bevölkerung den besonderen gesetzlichen Schutz entzieht.

a) Einleitung

19 Es geht beim Arbeitnehmerbegriff um die **Abgrenzung zu anderen Formen der Ausübung bestimmter auf Gewinnerzielung gerichteter Tätigkeiten**. Die meisten arbeitsrechtlichen Gesetze sind lediglich auf Arbeitnehmer anwendbar, nicht auf freie Mitarbeiter. Dies gilt zB für das Kündigungsschutzgesetz (§ 23 KSchG). Das Bundesurlaubsgesetz ist ausschließlich anwendbar auf Arbeitnehmer (§ 2 BUrlG), ebenso das Arbeitszeitgesetz (§§ 2 Abs. 2, 3 ArbZG). Die Beispiele ließen sich beliebig erweitern. Sie zeigen die große praktische Bedeutung der Abgrenzung.

b) Fehlende gesetzliche Definition

20 Manche Überschriften von gesetzlichen Bestimmungen selbst geben zwar vor, eine Begriffsbestimmung vorzunehmen, tatsächlich wird jedoch lediglich auf andere unbestimmte Begriffe verwiesen, die das Problem der Definition wieder aufwerfen. Ein gutes Beispiel dafür ist das Arbeitszeitgesetz[1], das in der Überschrift des § 2 zwar Begriffsbestimmungen treffen will, in § 2 Abs. 2 jedoch lediglich ausführt, dass Arbeitnehmer im Sinne dieses Gesetzes Arbeiter und Angestellte sowie die zu ihrer Berufsbildung Beschäftigten sind. In gleicher Weise führt auch das Arbeitsgerichtsgesetz nicht weiter. Auch dieses gibt in § 5 vor, den Arbeitnehmerbegriff zu definieren. Auch dort wird die gleiche „**Scheindefinition**"[2] gegeben wie im Arbeitszeitgesetz (§ 5 Abs. 1 Satz 1 ArbGG). Die Verweisung „auf Arbeiter und Angestellte" hilft deshalb nicht weiter, weil diese Begriffe gesetzlich nirgendwo definiert sind. Die „Definitionslücke" im deutschen Recht wird inzwischen mehr und mehr von europäischem Recht gefüllt[3].

21 Der Entwurf eines Arbeitsvertragsgesetzes von *Henssler/Preis*[4] definiert den Arbeitnehmerbegriff wie folgt:

„Arbeitnehmer im Sinne dieses Gesetzes ist eine natürliche Person, die aus einem Arbeitsvertrag nach Maßgabe des § 1 Abs. 2 verpflichtet ist." (§ 2 Abs. 1 ArbVG-E)

„Durch den Arbeitsvertrag wird der Arbeitnehmer zu Diensten nach Weisung des Arbeitgebers (Arbeitsleistung) verpflichtet, der Arbeitgeber zur Zahlung des vereinbarten Entgelts." (§ 1 Abs. 2 ArbVG-E)

Damit verweist der Gesetzentwurf von *Henssler/Preis* lediglich auf den Arbeitsvertrag als Definitionsvehikel für den Arbeitnehmerbegriff. Der Arbeitsvertrag selbst wird nach diesem Entwurf vor allem durch die Weisungsunterworfenheit des Arbeitnehmers bestimmt, der als Gegenleistung die Verpflichtung zur Zahlung des Entgeltes gegenübersteht[5].

---

1 BGBl. I 1994, 1170.
2 Den Begriff verwendet *Preis* (in FS Hromadka, 2008, S. 275).
3 Vgl. *Rebhahn*, EuZA 2012, 3 ff.
4 NZA Beilage 1/2007.
5 S. dazu ausführlich *Preis*, FS Hromadka, 2008, S. 275, 276; kritisch dazu MünchArbR/*Richardi*, § 16 Rz. 11.

Gegenpol zum Arbeitnehmer ist der Selbständige. In § 84 Abs. 1 Satz 2 HGB wird der **22**
Begriff der **Selbständigkeit** dahingehend definiert, dass selbständig ist, wer im Wesentlichen frei seine Tätigkeit gestalten und seine Arbeitszeit bestimmen kann. Daraus kann geschlossen werden, dass nicht selbständig derjenige ist, der dies gerade nicht kann. Tatsächlich ist in der Rechtsprechung diese Definition der Selbständigkeit in § 84 Abs. 1 Satz 2 HGB ein wichtiges negatives Kriterium für die Bestimmung der Arbeitnehmereigenschaft (s. Rz. 35)[1].

c) Parteiwille

Ein näheres Eingehen auf den Arbeitnehmerbegriff wäre praktisch irrelevant, wenn es **23**
den Parteien eines Arbeitsvertrages möglich wäre, die Behandlung einer Person als Arbeitnehmer oder freier Mitarbeiter **vertraglich zu bestimmen**. Denn das Zivilrecht wird beherrscht von dem Grundsatz der Privatautonomie[2]. Daraus könnte geschlossen werden, dass eine Person immer dann als Arbeitnehmer zu behandeln ist, wenn mit einem Dritten (Arbeitgeber) ein Arbeitsvertrag besteht, und dass sie andererseits immer dann als Selbständiger (zB freier Mitarbeiter) zu behandeln ist, wenn es heißt, zwischen beiden Vertragsparteien werde ein „freier Mitarbeitervertrag" geschlossen. Dieser Schluss ist jedoch nur in eine Richtung erlaubt.

Haben die Parteien ausdrücklich ein Arbeitsverhältnis vereinbart, so ist es in aller **24**
Regel auch als solches einzuordnen[3]. Eine korrigierende Überprüfung, ob das Vertragsverhältnis auch als freies Dienstverhältnis verstanden werden könnte, erfolgt dann nicht mehr[4]. Ob dies auch dann gilt, wenn die Dienstleistung *nicht* im Rahmen einer fremdbestimmten Arbeitsorganisation erbracht wird, hat das BAG offen gelassen[5].

Vereinbaren die Parteien nicht ausdrücklich ein Arbeitsverhältnis, sondern einen **25**
freien Mitarbeitervertrag oder schließen einen allgemein als „Vereinbarung" bezeichneten Vertrag, ist maßgeblich, wie die **Vertragsbeziehung nach ihrem Geschäftsinhalt objektiv einzuordnen** ist. Denn durch Parteivereinbarung kann die Bewertung einer Rechtsbeziehung als Arbeitsverhältnis nicht abbedungen und der Geltungsbereich des Arbeitnehmerschutzrechts nicht eingeschränkt werden[6]. Der wirkliche Geschäftsinhalt ist im Rahmen einer Gesamtschau sowohl den ausdrücklich getroffenen Vereinbarungen als auch der praktischen Durchführung des Vertrages zu entnehmen. Wenn der Vertrag abweichend von den ausdrücklichen Vereinbarungen vollzogen wird, ist die **tatsächliche Durchführung** maßgebend[7]. Denn die praktische Handhabung lässt Rückschlüsse darauf zu, von welchen Rechten und Pflichten die Parteien in Wirklichkeit ausgegangen sind[8].

---

1 St. Rspr., so BAG 9.10.2002 – 5 AZR 405/01, AP Nr. 114 zu § 611 BGB – Abhängigkeit; vgl. auch Staudinger/*Richardi*/*Fischinger*, Vorbem. zu §§ 611 ff. BGB Rz. 503.
2 Dies bestätigt auch § 105 GewO.
3 So BAG 21.4.2005 – 2 AZR 125/04, AP Nr. 134 zu § 1 KSchG 1969 – Betriebsbedingte Kündigung.
4 Erfk/*Preis*, § 611 BGB Rz. 36.
5 So BAG 21.4.2005 – 2 AZR 125/04, AP Nr. 134 zu § 1 KSchG 1969 – Betriebsbedingte Kündigung.
6 St. Rspr., BAG 25.9.2013 – 19 AZR 282/12, NZA 2013, 1348, Rz. 16; 15.2.2012 – 10 AZR 111/11, NZA 2012, 733 (735); 14.3.2007 – 5 AZR 499/06, NZR-RR 2007, 424 (425); vgl. Küttner/*Röller*, Arbeitnehmer (Begriff) Rz. 3.
7 BAG 14.3.2007 – 5 AZR 499/06, NZR-RR 2007, 424 (425).
8 BAG 21.4.2005 – 2 AZR 125/04, AP Nr. 134 zu § 1 KSchG – Betriebsbedingte Kündigung; 16.3. 1994 – 5 AZR 447/92, AP Nr. 68 unter III 1 zu § 611 BGB – Abhängigkeit; LAG Rh.-Pf. 15.5. 2007 – 2 Ta 110/07; Erman/*Edenfeld*, § 611 BGB Rz. 10.

26 ⮕ **Hinweis:** Manche Tätigkeiten können sowohl im Rahmen eines Arbeitsverhältnisses als auch im Rahmen eines freien Mitarbeiterverhältnisses erbracht werden (zB die Tätigkeit eines Zeitungszustellers)[1]. Umgekehrt gibt es Tätigkeiten, die regelmäßig nur im Rahmen eines Arbeitsverhältnisses ausgeübt werden können (zB die Tätigkeit eines Co-Piloten[2]). Bei der ersten Gruppe ist die Wahl der Vertragsform ein Indiz für die rechtliche Beurteilung. Bei der zweiten Gruppe ist sie irrelevant.

27 Wenn **beide Formen (Arbeitsvertrag oder freies Mitarbeiterverhältnis) möglich** sind, und wenn der Vertrag nicht als Arbeitsvertrag bezeichnet ist, kommt der Bezeichnung des Vertragsverhältnisses durch die Parteien eine Indizwirkung zu[3]. Diese Rechtsfolge kann aber nur dann eintreten, wenn die vertraglich geschuldete Tätigkeit objektiv sowohl arbeitsvertraglich als auch (frei) dienstvertraglich erbracht werden kann[4]. Lediglich in besonderen Ausnahmefällen, in denen Tätigkeiten in einer eigenbestimmten Arbeitsorganisation erbracht werden, ist die Bezeichnung als „Arbeitsvertrag" irrelevant (zB dann, wenn der Vertrag mit einem Geschäftsführer einer GmbH oder mit einem Vorstand einer AG mehr oder weniger irrtümlich als Arbeitsvertrag und/oder das entsprechende Organmitglied als „Arbeitnehmer" bezeichnet wird). Selbst in diesen Fällen bleibt es bei der gesetzlichen Vorgabe, dass es sich bei diesen Anstellungsverhältnissen um Dienstverträge handelt.

28 **Prüfungsschema**

– Wird eine Tätigkeit im Wirtschaftsleben nahezu ausschließlich in Form eines Arbeitsverhältnisses ausgeübt, so handelt es sich unabhängig von der Vertragswahl um einen Arbeitsvertrag.

– Wird eine Tätigkeit üblicherweise sowohl auf der Basis eines Arbeitsvertrages als auch auf der Grundlage eines freien Dienstvertrages geleistet, so kommt der Vertragswahl Indizwirkung zu; die Wirkung kann durch weitere Indizien wie Form der Vergütungszahlung, sozialversicherungsrechtliche Behandlung usw. widerlegt werden.

– Wird eine Tätigkeit üblicherweise sowohl in Form eines Arbeitsverhältnisses als auch in Form eines freien Dienstvertrages geleistet, so wird sie als Arbeitsverhältnis behandelt, wenn sie vertraglich als solches bezeichnet ist (zB Verwendung der Begriffe „Arbeitsvertrag" oder „Arbeitnehmer" und „Arbeitgeber"), unabhängig davon, ob das Vertragsverhältnis tatsächlich wie ein freies Mitarbeiterverhältnis gelebt wird.

– Wird eine Tätigkeit nicht im Rahmen einer fremdbestimmten, sondern in einer eigenbestimmten Arbeitsorganisation erbracht (zB AG-Vorstand) und ist als „Arbeitsvertrag" bezeichnet, so ist sie dennoch ein Dienstverhältnis.

---

1 S. dazu BAG 16.7.1997 – 5 AZR 312/96, DB 1997, 2437: Im konkreten Fall nahm das BAG an, dass der Zeitungszusteller selbständig tätig war; s.a. ArbG Oldenburg 7.6.1996 – 3 Ca 819/95, NZA-RR 1997, 162.
2 Vgl. BAG 16.3.1994 – 5 AZR 447/92, DB 1994, 2504.
3 BAG 9.6.2010 – 5 AZR 322/09, NJW 2010, 2455: „Kann die vertraglich vereinbarte Tätigkeit typologisch sowohl in einem Arbeitsverhältnis als auch selbständig erbracht werden, ist die Entscheidung der Vertragsparteien für einen bestimmten Vertragstypus im Rahmen der bei jeder Statusbeurteilung erforderlichen Gesamtabwägung aller Umstände des Einzelfalls zu berücksichtigen."; 14.2.1974 – 5 AZR 298/73, AP Nr. 12 zu § 611 BGB – Abhängigkeit; BSG 13.7.1978 – 12 RK 14/78, AP Nr. 29 zu § 611 BGB – Abhängigkeit; LAG Rh.-Pf. 6.5.2013 – 5 Sa 339/12, juris.
4 Vgl. BAG 6.5.1998 – 5 AZR 612/97, NZA 1998, 939.

Übersicht

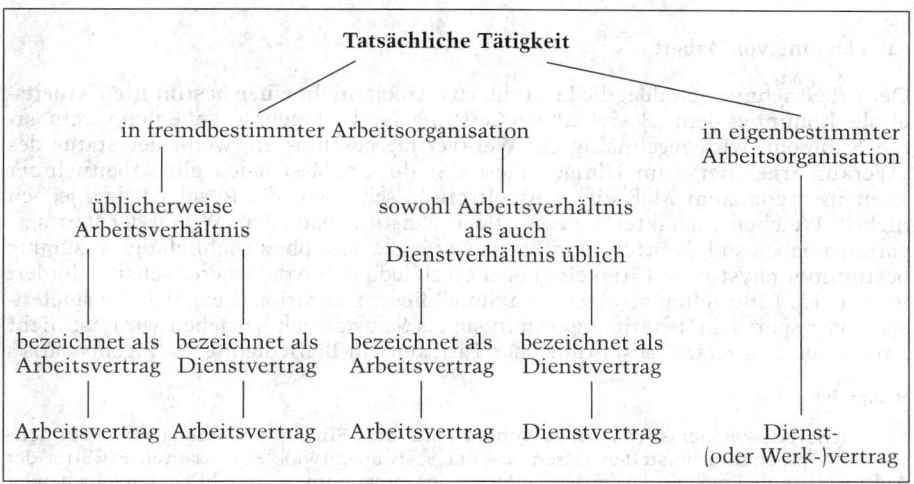

d) Hauptkriterien des Arbeitnehmerbegriffs

Da der Arbeitnehmerbegriff gesetzlich nicht definiert ist, andererseits aber eine Abgrenzung des Arbeitnehmers von anderen Tätigkeiten und damit auch eine **Definition unverzichtbar** ist, um grundlegende Dinge wie die Anwendbarkeit von Gesetzen erst festzustellen, muss dieser Begriff typologisch bestimmt werden. Nach ständiger Rechtsprechung des BAG ist Arbeitnehmer, wer aufgrund eines privatrechtlichen Vertrags im Dienste eines anderen zur Leistung weisungsgebundener fremdbestimmter Arbeit in persönlicher Abhängigkeit verpflichtet ist[1]. Das Arbeitsverhältnis ist ein auf den Austausch von Arbeitsleistung und Vergütung gerichtetes Dauerschuldverhältnis. Die vertraglich geschuldete Leistung ist im Rahmen einer von Dritten bestimmten Arbeitsorganisation zu erbringen. Die Eingliederung in die fremde Arbeitsorganisation zeigt sich insbesondere daran, dass der Beschäftigte einem **Weisungsrecht** seines Vertragspartners (Arbeitgebers) unterliegt. Das Weisungsrecht kann Inhalt, Durchführung, Zeit, Dauer und Ort der Tätigkeit betreffen. Arbeitnehmer ist derjenige Mitarbeiter, der nicht im Wesentlichen frei seine Tätigkeit gestalten und seine Arbeitszeit bestimmen kann. Für die Abgrenzung von Bedeutung sind in erster Linie die tatsächlichen Umstände, unter denen die Dienstleistung zu erbringen ist[2]. Nach der Rechtsprechung des EuGH ist der Begriff des Arbeitnehmers in Art. 48 AEUV weit auszulegen und nach objektiven Kriterien zu bestimmen, die das Arbeitsverhältnis in Ansehung der Rechte und Pflichten der betreffenden Personen charakterisieren. Das wesentliche Merkmal des Arbeitsverhältnisses besteht darin, dass jemand während einer bestimmten Zeit für einen anderen nach dessen Weisung Leistungen erbringt, für die er als Gegenleistung eine Vergütung erhält[3].

---

1 BAG 25.9.2013 – 10 AZR 282/12, NZA 2013, 1348 Rz. 16; 13.2.2012 – 10 AZR 111/11, NZA 2012, 733 (735); 13.3.2008 – 2 AZR 1037/06, NZA 2008, 878 (879); 7.2.2007 – 5 AZR 270/06, AP Nr. 118 zu § 611 BGB – Abhängigkeit, Rz. 13; 21.4.2005 – 2 AZR 125/04, AP Nr. 134 zu § 1 KSchG – Betriebsbedingte Kündigung.
2 So st. Rspr. des BAG, BAG 9.3.2005 – 5 AZR 493/04, AP Nr. 167 zu § 611 BGB – Lehrer, Dozenten; 9.7.2003 – 5 AZR 595/02, NZA-RR 2004, 9; s.a. *Hochrathner*, NZA-RR 2001, 561.
3 EuGH 4.2.2010 – Rs. C-14/09 – Hava Genc, NZA 2010, 214; 6.11.2003 – Rs. C-413/01 – Franca Ninni-Orasche, NZA 2004, 87.

Nach der Rechtsprechung des BAG sind folgende drei Kriterien maßgeblich:

aa) Leistung von Arbeit

31 Der Arbeitnehmer schuldet die Leistung von Arbeit, **nicht einen bestimmten Arbeitserfolg**. Kommt es dem „Besteller" der Leistung auf das Ergebnis, auf einen vereinbarten Erfolg an, wird regelmäßig ein **Werkvertrag** geschlossen, wenn der Status des „Werkunternehmers" im Übrigen diesen Schluss zulässt (auch ein Arbeitnehmer kann in begrenztem Maß einen Arbeitserfolg schulden, die Regel ist dies jedoch nicht)[1]. Welchen Charakter die geschuldete Leistung nach dem Willen der Vertragsparteien haben soll, ist irrelevant. Ebenso ist irrelevant, ob tatsächlich die Ausübung bestimmter physischer Tätigkeiten oder ob zB lediglich Arbeitsbereitschaft gefordert wird. Beide Fälle gelten als Arbeit im Sinne dieser Definition. Lediglich die spielerische oder sportliche Betätigung, sofern sie als Selbstzweck betrieben wird, ist nicht Arbeit, sondern Freizeitgestaltung oder Tätigkeit zur Befriedigung des Eigenbedarfs[2].

32 **Beispiele:**

Ein Softwareentwickler ist von seiner Wohnung aus tätig. Ein Unternehmen möchte ein Zeiterfassungsprogramm herstellen lassen, das der Softwareentwickler erarbeitet. Erwartet der Auftraggeber als Ergebnis das fertige Zeiterfassungsprogramm, so spricht bei entsprechender Vereinbarung eine Vermutung für einen Werkvertrag.

Eine wissenschaftliche Hilfskraft beim Bayerischen Landesamt für Denkmalpflege wird mit der kartographischen Darstellung von Bau- und Bodendenkmälern in Bayern sowie mit der Aktualisierung der bayerischen Denkmalliste betraut und hat die Leistung in den Dienststellen des Landesamtes zu erbringen[3]: Arbeitsvertrag statt Werkvertrag.

bb) Privatrechtlicher Vertrag

33 Ein Arbeitnehmer erbringt Leistungen aufgrund eines privatrechtlichen Vertrages, **nicht** zB aufgrund eines **öffentlich-rechtlichen Dienstverhältnisses**. Die Arbeitsleistung muss dabei nicht von vornherein schon festgelegt sein. Sie kann auch darin bestehen, dass der Arbeitgeber die Verpflichtungen erst durch einseitige Weisung auslöst (gem. § 106 Satz 1 GewO) oder dass der Arbeitnehmer seine Leistung entsprechend dem Arbeitsanfall zu erbringen hat (gem. § 12 Abs. 1 Satz 1 TzBfG). Eine Rahmenvereinbarung, die nur die Bedingungen der erst noch abzuschließenden Arbeitsverträge wiedergibt, begründet selbst noch keine Verpflichtung zur Arbeitsleistung und ist damit auch kein Arbeitsvertrag[4]. Dabei ist nicht entscheidend, ob der privatrechtliche Vertrag rechtswirksam zustande gekommen ist, solange sich der Arbeitnehmer in dem Willen verpflichtet hat, freiwillig in den Dienst eines anderen zu treten. Leistungen im Rahmen einer **Geschäftsführung ohne Auftrag** gem. §§ 677 ff. BGB oder **Leistungen aus Gefälligkeit** machen die Leistungserbringer nicht zu Arbeitnehmern. Auch Strafgefangene, die aufgrund eines öffentlich-rechtlichen Verhältnisses in der Strafanstalt arbeiten, sind nicht als Arbeitnehmer anzusehen. Es fehlt bei ihnen an der Freiwilligkeit der Erbringung von Leistungen[5].

---

1 BAG 25.9.2013 – 10 AZR 282/12, NZA 2013, 1348 Rz. 16, zur Abgrenzung vom Werkvertrag; 7.2.2007 – 5 AZR 270/06, AP Nr. 118 zu § 611 BGB – Abhängigkeit, Rz. 11.
2 Vgl. *Mankowski*, BB 1997, 465 (469).
3 Verkürzter Fall, dem die Entscheidung des BAG vom 25.9.2013 – 10 AZR 282/12, NZA 2013, 1348 zugrunde liegt.
4 BAG 15.2.2012 – 10 AZR 111/11, NZA 2012, 733 (735).
5 BAG 3.10.1978 – 6 ABR 46/76, AP Nr. 18 zu § 5 BetrVG 1972; s.a. HWK/*Thüsing*, vor § 611 BGB Rz. 30.

cc) Persönliche Abhängigkeit

Die Tätigkeit als Arbeitnehmer setzt weiter voraus, dass die dienstleistende Person persönlich von dem Dienstgeber, dem Arbeitgeber, abhängig ist. Der Grad der persönlichen Abhängigkeit ist das **entscheidende Kriterium** für die Frage, ob jemand als Arbeitnehmer oder in anderer Weise (zB als freier Mitarbeiter) tätig ist[1].

(1) Freie Gestaltung der Arbeitszeit und § 84 Abs. 1 Satz 2 HGB

Für die Bestimmung des Grades der persönlichen Abhängigkeit wird von der Rechtsprechung auf einen Umkehrschluss aus der gesetzlichen Definition der Selbständigkeit in § 84 Abs. 1 Satz 2 HGB zurückgegriffen[2]. Zwar gilt diese Regelung unmittelbar nur für die Abgrenzung des selbständigen Handelsvertreters vom abhängig beschäftigten kaufmännischen Angestellten; über ihren unmittelbaren Anwendungsbereich hinaus enthält diese Bestimmung jedoch eine allgemeine gesetzliche Wertung, die bei der Abgrenzung des Dienstvertrages vom Arbeitsvertrag zu beachten ist. Die Eingliederung in die fremde Arbeitsorganisation zeigt sich insbesondere daran, dass der Beschäftigte einem **Weisungsrecht des Arbeitgebers** unterliegt. Das Weisungsrecht kann Inhalt, Durchführung, Zeit, Dauer und Ort der Tätigkeit betreffen[3]. Kein Arbeitnehmer ist insbesondere der Mitarbeiter, der im Wesentlichen frei seine Tätigkeit gestalten und seine Arbeitszeit bestimmen kann[4]. So hat das BAG trotz früherer Rechtsprechung, wonach Zeitungszusteller grundsätzlich als Arbeitnehmer angesehen werden[5], einen Zeitungszusteller als freien Mitarbeiter behandelt, weil er die Zustellungen nicht allein bewerkstelligen konnte und auf Hilfskräfte zurückgreifen musste. Er hatte damit einen größeren Gestaltungsspielraum bei der Organisation seines Zustelldienstes[6]. Dem Dirigenten eines Kurorchesters, der tatsächlich nicht in der Lage war, seine gesamten vertraglichen Leistungspflichten allein zu erfüllen, sondern auf weitere Kräfte angewiesen war, die er selbst anstellte, verweigerte das BAG den Status des Arbeitnehmers gegenüber dem Auftraggeber[7]. Es können auch Personen im Wesentlichen frei ihre Tätigkeit gestalten, obwohl sie Arbeitnehmer sind. So sind zB Pharmaberater im Außendienst, die inhaltlich eine große Gestaltungsfreiheit in der Ausfüllung ihrer Tätigkeit haben, grundsätzlich Arbeitnehmer[8].

Eine größere Souveränität in der Gestaltung der Arbeitszeit gewähren **flexible Arbeitszeitregelungen** wie zB Vertrauensarbeit. Diese sagen aber über die Arbeitnehmereigenschaft noch nichts aus. Erst dann, wenn durch flexible Arbeitsbedingungen der „Auftragnehmer" in der Lage ist, über die eigene Arbeitskraft zu disponieren, spricht dies als ein Indiz gegen die Arbeitnehmereigenschaft.

Schließlich gibt es eine ganze Reihe von **höheren Tätigkeiten**, zB die Tätigkeit eines angestellten Rechtsanwalts in einer Anwaltskanzlei oder die Tätigkeit eines angestellten Arztes in einer Klinik, bei denen der Inhalt der Tätigkeiten im Wesentlichen

---

1 St. Rspr. des 5. Senats des BAG, so BAG 26.5.1999 – 5 AZR 664/98, NZA 1999, 987; vgl. auch *Griebeling*, NZA 1998, 1137 (1140).
2 Vgl. nur BAG 25.5.2005 – 5 AZR 347/04, AP Nr. 117 zu § 611 BGB – Abhängigkeit.
3 BAG 9.10.2002 – 5 AZR 405/01, AP Nr. 114 zu § 611 BGB – Abhängigkeit.
4 BAG 22.8.2001 – 5 AZR 502/99, NZA 2003, 662; so inhaltlich auch EuGH 6.11.2003 – Rs. C-413/01 – Franca Ninni-Orasche, NZA 2004, 87.
5 BAG 29.1.1992 – 7 ABR 27/91, NZA 1992, 894.
6 BAG 16.7.1997 – 5 AZR 312/96, NZA 1998, 368; bestätigt wird diese Argumentation in der „Moskito-Anschläger"-Entscheidung des BAG 13.3.2008 – 2 AZR 1037/06, NZA 2008, 878.
7 BAG 20.1.2010 – 5 AZR 99/09, AP Nr. 119 zu § 611 BGB Abhängigkeit.
8 Das ArbG München (ArbG München 29.5.1990 – 14 Ca 11935/89, EzA § 611 BGB – Arbeitnehmerbegriff Nr. 33) hat jedoch entschieden, dass Pharmaberater im Außendienst nicht Arbeitnehmer sind, wenn sie selbständig entscheiden können, welche Ärzte sie wann im vorgegebenen Gebiet aufsuchen; dies selbst dann, wenn sie einer Berichtspflicht unterliegen.

frei gestaltet werden kann. Dennoch bestehen in Rechtsprechung und Literatur kaum Zweifel daran, dass auch diese Personen grundsätzlich (ohne Hinzutreten weiterer Umstände) Arbeitnehmer sind[1]. Die Rechtsprechung hat stets anerkannt, dass die fachliche Weisungsgebundenheit für Dienste höherer Art nicht immer typisch ist[2]. Die Art der Tätigkeit kann es mit sich bringen, dass ein hohes Maß an Gestaltungsfreiheit, Eigeninitiative und fachlicher Selbständigkeit verbleibt – dennoch kann der Dienstverpflichtete als Arbeitnehmer anzusehen sein. Die Diskussion um die sog. Scheinselbständigkeit wurde durch die Entscheidungen des 5. Senats des BAG zu den Fällen im Speditionsrecht bereichert[3]. So hat das BAG vor allem in der Entscheidung vom 16.7.1997[4] im sog. Eismann-Fall Punkt für Punkt die Indizien abgearbeitet, die von der Rechtsprechung zur Abgrenzung von freien Mitarbeitern aufgestellt worden sind.

(2) Weitere Kriterien in Grenzfällen

38 Da § 84 Abs. 1 Satz 2 HGB zwar eine über den konkreten Anwendungsbereich hinausgehende gesetzliche Wertung enthält, diese Bestimmung aber nur Indizwirkung besitzt, muss nach weiteren Kriterien gerade in Grenzfällen gesucht werden. Es wird auch in der (kritischen) Literatur anerkannt, dass die Rechtsprechung in der Vergangenheit regelmäßig zu den „richtigen Ergebnissen"[5] gelangt ist, wenn weitere Kriterien verlangt wurden, um eine abschließende Einordnung der Tätigkeit einer Person vorzunehmen. Dabei hat sich die Rechtsprechung auf die drei Gruppen **Medien, Forschung/Lehre und freie Berufe** konzentriert. In diesen Bereichen kommen in der Praxis Gestaltungen vor, die die Frage der Definition des Arbeitnehmerbegriffes immer wieder aufwerfen und die Rechtsprechung dazu zwingen, die einmal gefundenen Abgrenzungskriterien zu überdenken. Neue Entwicklungen gibt es schließlich bei der arbeitsrechtlichen Beurteilung von Gesellschaftsorganen.

e) Grad der persönlichen Abhängigkeit anhand ausgewählter Bereiche

39 Vor dem Hintergrund der Tatsache, dass die Ableitung der Bestimmungskriterien aus § 84 Abs. 1 Satz 2 HGB nicht in allen Fällen zu zufriedenstellenden Lösungen führt, hat die Rechtsprechung als entscheidendes Kriterium für einen Arbeitnehmer dessen **persönliche Abhängigkeit** angesehen[6]. Unter diesem Oberbegriff ist die örtliche, zeitliche und inhaltliche Weisungsgebundenheit lediglich ein Ausfluss der persönlichen Abhängigkeit. Gleiches gilt für die Einbindung des Arbeitnehmers in die Organisation des Auftraggebers. Bezogen auf die vorgenannten drei Hauptbereiche (Medien, Forschung/Lehre und freie Berufe) und angereichert um einige Entscheidungen in Randbereichen (Bestimmung eines Co-Piloten von Verkehrsflugzeugen[7], einer Hebamme mit Belegvertrag[8] sowie der Versuch der Finanzgerichtsbarkeit, in Anlehnung an die Rechtsprechung des BAG gleichfalls eine Abgrenzung vorzunehmen[9]) ist darzulegen, wie im Einzelnen anhand konkreter Fälle das Hauptkriterium „persönliche Abhängigkeit" definiert wird.

---

1 Vgl. LAG Düsseldorf 23.7.2002 – 16 Sa 162/02, NZA-RR 2002, 567.
2 BAG 13.1.1983 – 5 AZR 149/82, AP Nr. 42 zu § 611 BGB – Abhängigkeit unter B 2, 1; vgl. auch BAG 13.11.1991 – 7 AZR 31/91, NZA 1992, 1125 (1128).
3 Vgl. BAG 27.6.2001 – 5 AZR 561/99, NZA 2002, 742.
4 BAG 16.7.1997 – 5 AZB 29/96, AP Nr. 37 zu § 5 ArbGG 1979.
5 *Hilger*, RdA 1989, 1.
6 Vgl. BAG 22.8.2001 – 5 AZR 502/99, NZA 2003, 662.
7 BAG 16.3.1994 – 5 AZR 447/92, AP Nr. 68 zu § 611 BGB – Abhängigkeit.
8 BAG 26.6.1991 – 5 AZR 453/90, nv.
9 BFH 9.9.2003 – VI B 53/03, BFH/NV 2004, 42.

Checkliste zur Abgrenzung Arbeitnehmer/freier Mitarbeiter 40

Bezeichnung	kein relevantes Unterscheidungsmerkmal	Indiz für selbständige Tätigkeit	Indiz für Arbeitnehmerstatus
Rechnungsstellung mit Mehrwertsteuer	*		
Steuerliche Behandlung der Vergütung	*		
Teilzeit/Vollzeit[1]	*		
Nebenberuflich/auf Dauer	*		
Tätigkeit wird regelmäßig nur im Rahmen eines Arbeitsverhältnisses ausgeübt			*
Tätigkeit wird regelmäßig von Selbständigen ausgeübt		*	
Im gleichen Unternehmen werden andere Mitarbeiter mit den gleichen Aufgaben als Arbeitnehmer beschäftigt			*
Wirtschaftliche Abhängigkeit des Dienstleistenden/Arbeitnehmers[2]	*		
Auftraggeber kann innerhalb eines zeitlich bestimmten Rahmens über die Arbeitsleistung verfügen			*
Teilweise ständige Dienstbereitschaft erforderlich			*
„Zuweisung" von Arbeit			*
Aufnahme in einen Dienstplan[3]			*
Genehmigungspflicht des Urlaubs[4]			*
Recht zum Einsatz eigener Mitarbeiter[5]		*	
Nur geringes Maß an Gestaltungsfreiheit und Eigeninitiative			*
Aufnahme in das Telefonverzeichnis			*
Eigener Arbeitsplatz im Unternehmen			*
Vereinbartes vertragliches Wettbewerbsverbot[6]	*		
Angewiesensein auf Hilfskräfte[7]		*	

---

1 S. explizit BAG 9.10.2002 – 5 AZR 405/01, AP Nr. 114 zu § 611 BGB – Abhängigkeit.
2 Vgl. BAG 20.9.2000 – 5 AZR 61/99, BB 2001, 888.
3 Vgl. BAG 19.1.2000 – 5 AZR 644/98, NZA 2000, 1102; 20.7.2000 – 6 AZR 347/99, NZA 2001, 559; s. aber BAG 26.8.2009 – 5 AZN 503/09, AP Nr. 65 zu § 72a ArbGG 1979.
4 Vgl. BAG 27.6.2001 – 5 AZR 561/99, BB 2001, 2220 (2221); 20.8.2003 – 5 AZR 610/02, NZA 2004, 39.
5 Vgl. BAG 20.8.2003 – 5 AZR 610/02, NZA 2004, 39.
6 Vgl. auch BAG 15.12.1999 – 5 AZR 3/99, NZA 2000, 534 und 15.12.1999 – 5 AZR 566/98, BB 2000, 826.
7 Vgl. Fall des BAG 12.12.2001 – 5 AZR 253/00, DB 2002, 1610.

aa) Medien

41 Im Medienbereich ist der arbeitsrechtliche **Status von Rundfunk- oder Fernsehmitarbeitern** besonders umstritten[1]. Maßgeblich sind die Umstände, unter denen die Dienstleistung zu erbringen ist, nicht die Modalitäten der Bezahlung oder die steuer- und sozialversicherungsrechtliche Behandlung. Maßgeblich ist nicht, ob über die betreffende Person eine Personalakte geführt wird. Schließlich kann die Arbeitnehmereigenschaft nicht mit der Begründung verneint werden, es handle sich um eine nebenberufliche Tätigkeit[2]. Andererseits spricht aber nicht schon für ein Arbeitsverhältnis, dass eine auf Dauer angelegte rechtliche Beziehung besteht[3].

42 Der Grad der persönlichen Abhängigkeit hängt von der Eigenart der jeweiligen Tätigkeit ab. Es gibt gerade im Medienbereich Tätigkeiten, die sowohl im Rahmen eines freien Dienstverhältnisses (freien Mitarbeiterverhältnisses) als auch im Rahmen eines Arbeitsverhältnisses erbracht werden können. Das BAG unterscheidet zwischen **programmgestaltenden Tätigkeiten** und solchen, bei denen der Zusammenhang zur Programmgestaltung fehlt (lediglich ausführende Tätigkeiten wie die eines Nachrichtensprechers)[4]. Während Letztere regelmäßig im Rahmen eines Arbeitsverhältnisses geleistet werden, kann programmgestaltende Mitarbeit sowohl im Rahmen eines Arbeitsverhältnisses als auch im Rahmen eines freien Mitarbeiterverhältnisses erbracht werden[5]. Bei programmgestaltenden Tätigkeiten wird ein Arbeitsverhältnis vom BAG dann bejaht, wenn der Sender innerhalb eines bestimmten zeitlichen Rahmens über die Arbeitsleistung verfügen kann. Das ist etwa der Fall, wenn der Mitarbeiter in nicht unerheblichem Umfang ohne Abschluss dahingehender Vereinbarungen zur Arbeit herangezogen wird, ihm also die Arbeiten letztlich „zugewiesen" werden[6]. Auch bei nicht programmgestaltender Tätigkeit ist nach neuer Rechtsprechung die Prüfung nach den üblichen Kriterien nicht entbehrlich[7]. Wird **ständige Dienstbereitschaft** erwartet, so spricht dies für das Bestehen eines Arbeitsverhältnisses, da in diesen Fällen regelmäßig der Mitarbeiter auch weitgehenden inhaltlichen Weisungen unterliegt; ihm verbleibt nur ein geringes Maß an Gestaltungsfreiheit, Eigeninitiative und Selbständigkeit, da der Sender innerhalb des vorgegebenen zeitlichen Rahmens über seine Arbeitsleistung verfügen kann[8]. Allerdings erkennt die Rechtsprechung auch an, dass eine Einbindung in ein festes Programmschema und die Vorgabe eines Programmverlaufs auch bei programmgestaltenden Mitarbeitern dazu führen kann, dass sich zeitliche Verpflichtungen aus der Tätigkeit ergeben (Anwesenheit zu feststehenden Zeiten und Teilnahme an Redaktionskonferenzen). Daher sind die vorgenannten Kriterien nicht statusbegründend[9]. Ob ein Mitarbeiter einen eigenen Schreibtisch oder ein Arbeitszimmer benutzen kann, zu dem er einen Schlüssel besitzt, und ob er in einem internen Telefonverzeichnis aufgeführt ist, hat für sich genommen keine entscheidende Bedeutung. Dagegen ist es bedeutsam, wenn der Mitarbeiter in **Dienstplä-**

---

1 BAG 20.5.2009 – 5 AZR 31/08, NZA-RR 2010, 172; 14.3.2007 – 5 AZR 499/06, NZA-RR 2007, 424; 30.11.1994 – 5 AZR 704/93, AP Nr. 74 zu § 611 BGB – Abhängigkeit; 20.7.1994 – 5 AZR 627/93, AP Nr. 73 zu § 611 BGB – Abhängigkeit; 16.2.1994 – 5 AZR 402/93, AP Nr. 15 zu § 611 BGB – Rundfunk; 9.6.1993 – 5 AZR 123/92, NZA 1994, 169; 13.1.1983 – 5 AZR 149/82, AP Nr. 42 zu § 611 BGB – Abhängigkeit; vgl. auch *Bezani*, NZA 1997, 856; *Wrede*, NZA 1999, 1019; ErfK/*Preis*, § 611 BGB Rz. 90ff.
2 BAG 30.11.1994 – 5 AZR 704/93, AP Nr. 74 zu § 611 BGB – Abhängigkeit.
3 BAG 27.3.1991 – 5 AZR 194/90, AP Nr. 53 zu § 611 BGB – Abhängigkeit.
4 LAG Hamburg 1.4.2009 – 3 Sa 58/08; LAG Rh.-Pf. 27.5.2011 – 9 Sa 14/11, LAGE § 14 TzBfG Nr. 64.
5 BAG 22.4.1998 – 5 AZR 191/97, NZA 1998, 1275 und 22.4.1998 – 5 AZR 342/97, NZA 1998, 1336; 16.2.1994 – 5 AZR 402/93, AP Nr. 15 zu § 611 BGB – Rundfunk.
6 BAG 14.3.2007 – 5 AZR 499/06, NZA-RR 2007, 424 (426 Rz. 20).
7 So BAG 17.4.2013 – 10 AZR 272/12, Anm. v. *Scheid/Wirtz*, ArbR Aktuell 2013, 391.
8 BAG 20.5.2009 – 5 AZR 31/08, NZA-RR 2010, 172 (174 Rz. 22).
9 BAG 20.5.2009 – 5 AZR 31/08, NZA-RR 2010, 172 (174 Rz. 25).

nen aufgeführt ist. Dies ist ein starkes Indiz für abhängige Tätigkeit[1]. Wenn ein Mitarbeiter seinen Urlaub nicht nur „anzuzeigen" hat, sondern ihn jeweils genehmigen lassen muss, spricht dies ebenfalls für ein Arbeitsverhältnis. Ein Arbeitsverhältnis kann auch dann vorliegen, wenn der Mitarbeiter zwar das Programm mitgestaltet, jedoch weitgehenden inhaltlichen Weisungen unterliegt, ihm also bei seiner Arbeit nur ein geringeres Maß an Gestaltungsfreiheit, Eigeninitiative und Selbständigkeit bleibt[2].

⊃ **Hinweis:** Bei der Bestimmung des Status einer Person als Arbeitnehmer oder freier Mitarbeiter ist die Frage der zeitlichen Inanspruchnahme irrelevant. Auch eine nebenberufliche Tätigkeit bei einem anderen „Arbeitgeber" als dem „Hauptarbeitgeber" kann ein Arbeitsverhältnis begründen (entweder als Zweitarbeitsverhältnis oder als einziges Arbeitsverhältnis)[3]. 43

Nachdem das **BVerfG**[4] dem BAG aufgegeben hatte, bei Anwendung der vorgenannten Grundsätze im Bereich der Medien das Grundrecht des Art. 5 GG stärker zu beachten, um dem Bedürfnis der Medien nach der Beschäftigung freier Mitarbeiter verstärkt nachzukommen, änderte das BAG zunächst seine Rechtsprechung grundlegend[5]. Dann aber relativierte es diese Rechtsprechung immer mehr und läuft damit Gefahr, mit den Grundsätzen des BVerfG zu kollidieren[6]. Hatte das BVerfG dem BAG noch ins Stammbuch geschrieben, die verfassungsrechtliche Gewährleistung der Rundfunkfreiheit umfasse auch das Recht der Anstalten, über die Auswahl, Einstellung und Beschäftigung der Rundfunkmitarbeiter zu bestimmen, so hat der 5. Senat nach und nach die Auffassung vertreten, dass er durch die Rechtsprechung des BVerfG nicht gehindert sei, der (befristeten oder unbefristeten) Mitarbeit von freien Mitarbeitern Grenzen zu setzen. Dies zeigen die Urteile, in denen der 5. Senat die Tätigkeit eines Funk- und Fernsehmitarbeiters **„aufspaltet" in Arbeitnehmeraufgaben und Aufgaben als freier Mitarbeiter**. Diese Personen sind somit Arbeitnehmer, soweit es um den technischen Teil der Ausführung geht. Andere Tätigkeiten im programmgestaltenden Bereich könnten jedoch in freier Mitarbeit erbracht werden, so zB die selbständige Herstellung von Sendungen und Magazinbeiträgen[7]. Eine Person kann in diesem Fall durchaus sowohl als Arbeitnehmer als auch (für andere Aufgaben) als freier Mitarbeiter in Teilzeit für eine Rundfunkanstalt tätig werden. Dies gilt jedenfalls dann, wenn beide Tätigkeiten klar voneinander abgegrenzt werden können. Ist dies nicht möglich, dann bestimmt sich das Vertragsverhältnis zu dem Sender nach dem Bereich, der der gesamten Tätigkeit das Gepräge gibt. Wird die Gesamttätigkeit eher bestimmt von programmgestaltenden Aufgaben, handelt es sich (bei Vorliegen der sons- 44

---

1 BAG 8.11.2006 – 5 AZR 706/05, BB 2007, 836 (Ls.); 20.9.2000 – 5 AZR 61/99, BB 2001, 888; 22.4.1998 – 5 AZR 191/97, NZA 1998, 1276; 22.4.1998 – 5 AZR 92/97, BB 1998, 2211; 16.2.1994 – 5 AZR 402/93, AP Nr. 15 zu § 611 BGB – Rundfunk; LAG Köln 30.1.1997 – 5 Sa 1233/96, NZA-RR 1997, 283. Das BVerwG spricht wegen der Betonung der Einbeziehung in Dienstpläne von der „Dienstplanrechtsprechung des BAG", BVerwG 22.4.1998 – 6 C 4/98, NZA-RR 1999, 63.
2 BAG 22.4.1998 – 5 AZR 191/97, NZA 1998, 1275; 16.2.1994 – 5 AZR 402/93, AP Nr. 15 zu § 611 BGB – Rundfunk.
3 Der EuGH hat in der Entscheidung v. 6.11.2003 – Rs. C-413/01 – Franca Ninni-Orasche, NZA 2004, 87, eine Einschränkung lediglich für völlig untergeordnete und unwesentliche Tätigkeiten vorgenommen, im Übrigen aber ausdrücklich bekräftigt, dass es auch nach der Rechtsprechung des EuGH auf den Umfang der Tätigkeit nicht ankommt.
4 BVerfG 13.1.1982 – 1 BvR 848/77 u.a., BVerfGE 59, 231; s.a. BVerfG 18.2.2000 – 1 BvR 491, 562/93 u. 18.2.2000 – 1 BvR 624/98, NZA 2000, 653.
5 Ein Beispiel dafür sind die Darlegungen im Urteil des BAG 13.1.1983 – 5 AZR 149/82, AP Nr. 42 zu § 611 BGB – Abhängigkeit.
6 S. dazu das ausführlich begründete Urteil des LAG Sachs. 19.12.2007 – 8 Sa 39/06.
7 Vgl. zu Letzterem BAG 9.6.1993 – 5 AZR 123/92, NZA 1994, 169.

tigen Indizien) um ein echtes freies Mitarbeiterverhältnis, andernfalls um ein Arbeitsverhältnis[1].

Prüfungsschema zur Statusfeststellung im Medienbereich[2]

45 **1. Geschlossener Vertrag**

Wenn ausdrücklich ein Arbeitsvertrag geschlossen wurde, ist ein Arbeitsverhältnis festgestellt und das Statusverfahren beendet; bei Dienstvertrag wird weitergeprüft[3].

2. Programmgestaltende Mitarbeit

Wenn nein: regelmäßig Arbeitnehmerstatus, aber Prüfung nach üblichen Kriterien

Wenn ja: Unterscheidung Arbeitnehmer/freier Mitarbeiter erfolgt nach weiteren Indizien:

- Angewiesensein auf Apparat des Senders sowie Mitarbeiterteam: kein relevantes Kriterium;
- ständige Dienstbereitschaft, insbesondere Aufnahme in Dienstpläne: starkes Indiz für Arbeitnehmereigenschaft;
- Mitarbeiter unterliegt Weisungen, daher nur geringes Maß an Gestaltungsfreiheit: ebenfalls Indiz für Arbeitnehmereigenschaft.

3. Ausführende (technisch-mechanische) Tätigkeit:

regelmäßig Arbeitsverhältnis, aber Prüfung nach üblichen Kriterien

4. Wenn sowohl programmgestaltende Mitarbeit als auch ausführende Tätigkeit:

evtl. Aufspaltung in Arbeitsverhältnis und freie Mitarbeit (Teilzeit)

bb) Forschung und Lehre

46 Im Bereich Forschung/Lehre geht es vor allem um die **Einordnung von Volkshochschuldozenten und Musikschullehrern**. Nach der Rechtsprechung kommt es entscheidend darauf an, ob und wie intensiv der Dozent in den Lehrbetrieb der Volkshochschule eingegliedert ist und in welchem Umfang er den Inhalt seiner Tätigkeit, die Art und Weise der Unterrichtserteilung, die Arbeitszeit und die sonstigen Umstände der Dienstleistung mitgestalten und inwieweit er zu Nebentätigkeiten herangezogen werden kann. Auf ein Arbeitsverhältnis deutet es hin, wenn der Schulträger außerhalb der Unterrichtszeit über die Arbeitskraft des Dienstverpflichteten verfügen kann, entweder weil die Lehrkraft an Fortbildungsveranstaltungen und Dienstbesprechungen teilnehmen muss oder weil sie verpflichtet ist, zusätzliche Aufgaben zu übernehmen (etwa Betriebspraktika, oder sie wirkt bei der Vergabe von Lehrmitteln mit oder führt Pausenaufsicht). Bei der Erstellung der Prüfungsvorschläge und bei Korrekturarbeiten ist der Dozent jedoch in seiner Arbeitszeitgestaltung frei. Die Verpflichtung, das örtliche Schulrecht zu beachten, ist kein Hinweis auf typische Weisungsgebundenheit, und auch die umfassende Fachaufsicht deutet nicht darauf hin, dass die Tätigkeit als Arbeitnehmer geleistet wird[4]. Typisch für ein Arbeitsverhältnis ist es, wenn der Arbeitgeber innerhalb eines bestimmten zeitlichen Rahmens nach seinen Bedürfnissen über die Arbeitsleistung verfügen kann. Wenn ein Volkshochschuldozent sich an einen festen Stundenplan halten muss, kommt es darauf an,

---

1 BAG 8.11.2006 – 5 AZR 706/05, AP Nr. 118 zu § 611 BGB – Abhängigkeit.
2 S. *Boss*, NZS 2010, 483.
3 Vgl. dazu *Wrede*, NZA 1999, 1019.
4 Dies gilt auch für die Pflicht, öffentlichen Anordnungen der Aufsichtsbehörde im Jugendhilferecht nachzukommen, eine derartige Pflicht ist kein Merkmal arbeitsvertraglicher Weisungsgebundenheit; so BAG 25.5.2005 – 5 AZR 347/04, AP Nr. 117 zu § 611 BGB – Abhängigkeit, in deutlicher Abgrenzung zur Entscheidung des BAG 6.5.1998 – 5 AZR 347/97, AP Nr. 94 zu § 611 BGB – Abhängigkeit.

wann der Stundenplan vorlag und ob der Dozent den Stundenplan entsprechend seinen Bedürfnissen noch ändern konnte.

Der 5. Senat des BAG nimmt eine **typisierende Unterscheidung** zwischen Lehrern an allgemeinbildenden Schulen (auch bei nebenberuflicher Tätigkeit) einerseits und solchen Lehrern vor, die außerhalb schulischer Lehrgänge an Volkshochschulen oder in Musikschulen unterrichten. Erstere unterliegen einem dichten Regelwerk von Gesetzen, Verordnungen, Verwaltungsvorschriften und Einzelweisungen. Diese betreffen auch Inhalt, Art und Weise des Unterrichts. Die Lehrer an allgemeinbildenden Schulen unterlägen einer verstärkten Aufsicht und Kontrolle, außerdem fielen mehr Nebenarbeiten an als bei der Abhaltung von Volkshochschulkursen und von Musikschulunterricht[1]. Diese starke Reglementierung gebe es bei Volkshochschullehrern und Musikschullehrern nicht. Die Verbindung zwischen Schüler und Lehrer sei lockerer, es bestehe weder Schulzwang noch die Verpflichtung zur Ablegung förmlicher Abschlüsse. Der Unterricht sei meist nur fachbezogen, die Kurse würden zudem nicht zur Berufsvorbereitung dienen. Die Organisation und Koordination sowie die inhaltlichen Vorgaben ließen den Lehrkräften mehr Spielraum als in allgemeinbildenden Schulen. 47

⊃ **Hinweis:** Regelmäßig Arbeitnehmer sind (unabhängig von der Vertragsgestaltung): 48
– Lehrer an allgemeinbildenden Schulen (auch nebenberuflich)
– Lehrer an Abendgymnasien (auch nebenberuflich).
Bei entsprechender vertraglicher Gestaltung (freier Mitarbeitervertrag!) sind auch rechtlich freie Mitarbeiter:
– Volkshochschuldozenten, die außerhalb schulischer Lehrgänge unterrichten
– Lehrkräfte, die nur Zusatzunterricht erteilen.

cc) Freie Berufe

Im Bereich der freien Berufe streiten vor allem **(angestellte) Rechtsanwälte** um ihren Status[2]. Im Sinne der Rechtsprechung des BAG haben die Obergerichte geprüft, ob der betroffene Rechtsanwalt seine gesamte Arbeitskraft der Kanzlei zur Verfügung stellen muss, selbst keine Mandanten haben darf, ein vertraglich fixiertes Arbeitsgebiet hat, auf die Zuweisung und den Entzug von Mandanten keinen Einfluss nehmen kann, Bürostunden einzuhalten hat, weder am Gewinn noch am Verlust der Anwaltskanzlei beteiligt ist, persönlichen und fachlichen Weisungen unterworfen ist und darauf verzichtet hat, Inhalt und Ziel der eigenen Tätigkeit wie ein selbständiger Anwalt zu bestimmen[3]. Kritische Punkte sind dabei vor allem die (standesrechtlich nicht durchsetzbare) inhaltliche Weisungsunterworfenheit des Rechtsanwalts sowie die Problematik der Gewinn- und Verlustbeteiligung. 49

Ebenso wie bei anderen freien Berufen (zB Ärzten, Architekten, Steuerberatern) tritt die meist fehlende inhaltliche Weisungsunterworfenheit zurück gegenüber einer größeren Bedeutung der organisatorischen Eingliederung in die Abläufe eines bestimmten Organisationszusammenhangs (wie zB eines Architekturbüros)[4]. Bei der Prüfung der Frage der **organisatorischen Eingliederung** kommt es nach der Rechtsprechung dann wiederum auf die Frage an, ob die jeweilige Person in der Arbeitszeitgestaltung 50

---

1 BAG 12.9.1996 – 5 AZR 104/95, NZA 1997, 600; 12.9.1996 – 5 AZR 1066/94, NZA 1997, 194; 19.11.1997 – 5 AZR 21/97, NZA 1998, 595; so auch der 10. Senat: BAG 15.2.2012 – 10 AZR 301/10, NZA 2012, 731 für eine nicht hauptsächliche Lehrkraft für die Unterrichtungstätigkeit an einer JVA.
2 BAG 3.6.1998 – 5 AZR 656/97, NZA 1998, 1165; LAG Thür. 22.9.1998 – 5 Sa 78/97, BB 1999, 322; OLG Köln 15.9.1993 – 2 W 149/93, BB 1994, 145; LAG Hess. 1.6.1995 – 12 Ta 447/94, NZA-RR 1996, 64; LAG Düsseldorf 23.7.2002 – 16 Sa 162/02, NZA-RR 2002, 567; allg. dazu *Lingemann/Winkel*, NJW 2010, 38.
3 LAG Hess. 16.3.1990 – 13 Sa 151/89, BB 1990, 2492.
4 Vgl. HWK/*Thüsing*, vor § 611 BGB Rz. 71.

im Wesentlichen frei war (gem. § 84 Abs. 1 Satz 2 HGB). Eine zeitliche Weisungsgebundenheit wäre dann zu bejahen, wenn ein „Arbeitgeber" von dem Rechtsanwalt festgelegte Tätigkeit ausdrücklich verlangt hätte und der Rechtsanwalt verpflichtet gewesen wäre, diesen Anweisungen Folge zu leisten. Dabei ist es für den Status des freien Mitarbeiters nicht schädlich, wenn der Rechtsanwalt Termine einhalten muss und auch an Besprechungen teilzunehmen hat. Dies führt noch nicht zu einer zeitlichen Weisungsgebundenheit. Der freie Mitarbeiter kann auch ebenso wie der Angestellte zur Erbringung der Dienste auf eine fremde Organisation angewiesen sein. Deshalb können sich auch aus Sachzwängen gewisse Arbeitszeiten ergeben, ohne dass deshalb bereits ein Arbeitsverhältnis begründet wird. Solange der „Arbeitgeber" über den Arbeitseinsatz des Rechtsanwalts innerhalb einer festgelegten Arbeitszeit nicht nach seinem Belieben verfügen kann, genügen zeitliche Vorgaben zur Begründung einer zeitlichen Weisungsgebundenheit nicht[1].

dd) Gesellschaftsorgane[2]

51 Für Vorstandsmitglieder von Aktiengesellschaften stellt sich die Problematik der Arbeitnehmereigenschaft nicht, da für deren Dienststellung die Führung der Gesellschaft unter eigener Verantwortung prägend ist; sie sind nie „Arbeitnehmer"[3]. Dass an dieser Stelle überhaupt der GmbH-Geschäftsführer erwähnt wird, ist einer Entscheidung des BAG vom 26.5.1999[4] geschuldet. Bis zu dieser Entscheidung ging die Rechtsprechung davon aus, dass GmbH-Geschäftsführer (und mit ihnen alle übrigen Gesellschaftsorgane) generell keine Arbeitnehmer sind. Dies war zurückzuführen auf eine gesetzliche Fiktion, die in § 5 Abs. 1 Satz 3 ArbGG und in § 5 Abs. 2 Nr. 1 BetrVG enthalten ist: Gesellschaftsorgane gelten nicht als Arbeitnehmer, auch wenn sie im Einzelfall in gleicher Weise persönlich abhängig sind wie Arbeitnehmer. Dass sie abhängig wie Arbeitnehmer sein können, war stets unbestritten, hat jedoch die Rechtsprechung nie dazu bewogen, in Fällen besonders gravierender persönlicher Weisungsunterworfenheit dem Gesellschaftsorgan Arbeitnehmerstatus zuzubilligen[5]. In ausdrücklicher Abweichung von der Rechtsprechung des BGH[6] führt das BAG aus, die Auffassung, das Anstellungsverhältnis des GmbH-Geschäftsführers sei notwendig ein freies Dienstverhältnis, da die Organstellung mit der Arbeitnehmereigenschaft von vornherein unvereinbar sei, überzeuge nicht. Sie übersehe, dass sich Geschäftsführerstatus und Arbeitnehmereigenschaft in einem Fall besonderer Abhängigkeit nicht ausschlössen[7]. Wenn arbeitsrechtliche Schutzbestimmungen objektiv umgangen würden, sei das Rechtsverhältnis, das der Anstellung des Geschäftsführers zugrunde liege, als Arbeitsverhältnis zu qualifizieren[8].

---

1 Vgl. LAG München 16.12.2009 – 10 Sa 370/09, nv.
2 S. dazu Rz. 136ff.
3 Vgl. § 76 Abs. 1 AktG; HWK/*Thüsing*, vor § 611 BGB Rz. 96. In der „Danosa"-Entscheidung vom 11.11.2010 (EuGH 11.11.2010 – C-232/09 – Danosa, NZA 2011, 143) hat der EuGH jedoch eine schwangere GmbH-Geschäftsführerin als Arbeitnehmerin behandelt, weil sie nach der Mutterschutzrichtlinie 92/85/EWG als solche einzustufen sei. Ihre Selbständigkeit sei nur fiktiv und verschleiere damit ein Arbeitsverhältnis im Sinne dieser Richtlinie. Aus dieser Entscheidung ist zu folgern, dass künftig differenziert werden muss zwischen der Anwendung nationalen Rechts, soweit dieses auf EU-Recht fußt, und der Behandlung der GmbH-Geschäftsführer im Übrigen (als solche können sie weiterhin selbständig sein), vgl. dazu *Oberthür*, NZA 2011, 253.
4 BAG 26.5.1999 – 5 AZR 664/98, NZA 1999, 987; vgl. auch Staudinger/*Richardi/Fischinger*, Vorbem. zu §§ 611ff. BGB Rz. 330ff.
5 Vgl. *Bauer/Arnold*, DB 2007, 350 (351).
6 BGH 9.2.1978 – II ZR 189/76, NJW 1978, 1435; 29.1.1981 – II ZR 92/80, BGHZ 79, 291; 8.1.2007 – II ZR 267/05, NZA 2007, 1174.
7 Vgl. BAG 24.11.2005 – 2 AZR 614/04, NZA 2006, 366.
8 BAG 22.3.1995 – 5 AZB 21/94, NZA 1995, 823; in diesem Sinne auch *Schrader/Schubert*, DB 2005, 1457 (1459f.).

II. Arbeitnehmer

In den nachfolgend genannten Fällen hat die **Rechtsprechung** die Möglichkeit bejaht, dass GmbH-Geschäftsführer auch Arbeitnehmer sein können:
- Bei einem sog. Konzernarbeitsverhältnis wird ein bei der Konzernobergesellschaft beschäftigter Arbeitnehmer zum **Geschäftsführer einer konzernabhängigen Gesellschaft** bestellt; der mit der Konzernobergesellschaft abgeschlossene Arbeitsvertrag kann während der Bestellung zum Geschäftsführer bei der Tochtergesellschaft ruhend fortbestehen[1]. Im Zweifel gilt dies jedoch nicht mehr, wenn ein neuer Vertrag mit der Tochtergesellschaft abgeschlossen wird, ohne dass ausdrücklich ein ruhendes Arbeitsverhältnis mit der Konzernobergesellschaft fortbestehen soll. Auch bei keiner oder einer nur geringen Anhebung der Geschäftsführerbezüge gegenüber dem früheren Gehalt spricht eine Vermutung dafür, dass nach dem Willen der Parteien nicht neben dem Geschäftsführerdienstvertrag noch ein Arbeitsverhältnis mit dem bisherigen Arbeitgeber ruhend fortbestehen soll[2].
- Der **Geschäftsführer der persönlich haftenden Gesellschafterin einer GmbH & Co. KG** schließt ausdrücklich einen Arbeitsvertrag mit der KG und nicht mit der persönlich haftenden GmbH ab; auch in diesem Fall kann ein ruhendes Arbeitsverhältnis zur KG bestehen[3].

f) Der Beschäftigtenbegriff im Sozialversicherungsrecht

Während das Arbeitsrecht (mit allen seinen Schutzgesetzen) erst eingreift, wenn ein Arbeitsverhältnis vorliegt, macht das Sozialversicherungsrecht die Einforderung von Sozialversicherungsbeiträgen abhängig von dem **Vorliegen einer Beschäftigung**. Nach der Legaldefinition in § 7 Abs. 1 Satz 1 SGB IV ist Beschäftigung die nichtselbständige Arbeit, insbesondere in einem Arbeitsverhältnis. Anhaltspunkte dafür sind eine Tätigkeit nach Weisungen und eine Eingliederung in die Arbeitsorganisation des Weisungsgebers. Grundsätzlich verlangt das Beschäftigungsverhältnis eine Tätigkeit gegen Arbeitsentgelt, daher wird in § 7 Abs. 2 SGB IV festgestellt, dass als Beschäftigung auch der Erwerb beruflicher Erfahrungen im Rahmen einer betrieblichen Berufsbildung gilt; eine Beschäftigung wird als fortbestehend fingiert, solange das Beschäftigungsverhältnis ohne Anspruch auf Arbeitsentgelt fortdauert, jedoch nicht länger als einen Monat (§ 7 Abs. 3 Satz 1 SGB IV). Dies weist bereits einen wesentlichen Unterschied zwischen dem Arbeitsverhältnis und dem sozialversicherungsrechtlichen Beschäftigungsverhältnis auf.

52

Einstweilen frei.

53–55

Selbständige, die im Zusammenhang mit ihrer selbständigen Tätigkeit regelmäßig keinen versicherungspflichtigen Arbeitnehmer beschäftigen und die auf Dauer und im Wesentlichen nur für einen Auftraggeber tätig sind, unterliegen der gesetzlichen Rentenversicherungspflicht[4].

56

Um die Sozialversicherungspflicht zu vermeiden, sind „Scheinselbständige" vermehrt dazu übergegangen, eine GmbH zu gründen und sich als Geschäftsführer zu be-

57

---

1 BAG 25.10.2007 – 6 AZR 1045/06, NZA 2008, 168; 25.6.1997 – 5 AZB 41/96, AP Nr. 36 zu § 5 ArbGG 1979; vgl. dazu allg. *Leuchten*, FS Jobst-Hubertus Bauer, 2010, S. 635 ff.
2 BAG 8.6.2000 – 2 AZR 207/99, NZA 2000, 1013; s. dazu auch Baumbach/Hueck/*Zöllner/Noack*, § 35 GmbHG Rz. 175.
3 So BAG 9.5.1985 – 2 AZR 330/84, DB 1986, 1474. Zur Frage des Rechtsweges zu den Arbeitsgerichten oder Zivilgerichten hat das BAG entschieden, dass die Fiktion des § 5 Abs. 1 Satz 3 ArbGG (und damit die Zuständigkeit der Zivilgerichte) unabhängig davon gilt, ob das der Organstellung zugrunde liegende Rechtsverhältnis materiell-rechtlich ein freies Dienstverhältnis oder ein Arbeitsverhältnis ist, BAG 20.8.2003 – 5 AZB 79/02, NZA 2003, 1108.
4 Zum Anfrageverfahren nach § 7a SGB IV s. *Reiserer/Freckmann*, Freie Mitarbeiter und Mini-Jobs nach der Hartz-Reform, 2003, S. 53 ff.; zu den Folgen der aufgedeckten Scheinselbständigkeit s. *Lampe*, RdA 2002, 18.

stellen. Denn sie wären als herrschende Gesellschafter nicht sozialversicherungspflichtig gewesen[1]. Dem hat das BSG mit Urteil v. 24.11.2005[2] einen Riegel vorgeschoben. Das BSG hat festgestellt, dass ein derartiger GmbH-Geschäftsführer als arbeitnehmerähnlicher Selbständiger gem. § 2 Satz 1 Nr. 9 SGB VI rentenversicherungspflichtig ist, wenn er als natürliche Person (also der Geschäftsführer selbst, nicht die GmbH) in Zusammenhang mit dieser Tätigkeit keinen versicherungspflichtigen Arbeitnehmer beschäftigt, der über 450 Euro verdient, und auf Dauer und im Wesentlichen nur für diese eine GmbH tätig ist. Ausdrücklich kommt es nach dieser Entscheidung nicht darauf an, wie viele Arbeitnehmer die GmbH beschäftigt oder welche regelmäßigen Auftraggeber die GmbH hat[3].

2. Abgrenzung

58 Die **praktische Relevanz** des Arbeitnehmerbegriffs zeigt sich bei der Abgrenzung von verwandten Tätigkeiten. Die Konsequenzen der Einordnung einer Person als Arbeitnehmer oder Selbständiger liegen auf der Hand. Die Arbeitsgesetze sind grundsätzlich nicht auf freie Mitarbeiter anwendbar, auch die Befristungsrechtsprechung des BAG gilt ausschließlich für Arbeitnehmer und nicht für freie Mitarbeiter[4].

a) Freie Mitarbeiter

59 Die Abgrenzungskriterien zwischen Arbeitnehmertätigkeit und der Tätigkeit eines freien Mitarbeiters ergeben sich aus der vorstehenden Auseinandersetzung mit dem Arbeitnehmerbegriff (Rz. 18 ff.). Freie Dienstverträge oder freie Mitarbeiterverträge sind solche, bei denen kein Arbeitsverhältnis vorliegt. Sie sind damit negativ in Abgrenzung vom Arbeitsverhältnis definiert[5]. Ein unabhängiges Dienstverhältnis ist damit gegeben, wenn die vertraglich geschuldete Leistung im Rahmen einer selbstbestimmten Arbeitsorganisation erbracht wird und der Dienstleistende nicht in die fremde Arbeitsorganisation eingegliedert ist. Insbesondere unterliegt der Dienstleistende nicht dem Weisungsrecht seines Vertragspartners, er kann regelmäßig seine Tätigkeit frei gestalten und seine Arbeitszeit bestimmen[6]. Freie Dienste sind insbesondere gegeben, wenn der Dienstverpflichtete selbst unternehmerisch mit Risiken und Chancen am Markt tätig ist oder einen klassischen freien Beruf ausübt[7].

b) Arbeitnehmerähnliche Person[8]

60 Der „Arbeitnehmerähnliche" ist selbst kein Arbeitnehmer, sei es, weil er nicht in eine fremde betriebliche Organisation eingegliedert ist, sei es, weil er nicht hinsicht-

---

1 S. zum Status von Minderheits-Gesellschafter-Geschäftsführern *Kaufmann/Kleemann*, BB 2014, 821.
2 BSG 24.11.2005 – B 12 RA 1/04 R, NZA 2006, 396.
3 Ablehnend zu dieser Rechtsprechung *Gach/Kock*, NJW 2006, 1089; *Schrader/Straube*, NZA 2006, 257. In der Tat soll durch gesetzliche Maßnahmen der frühere Rechtszustand wiedergestellt werden; dies ergibt sich aus der Antwort des Bundesministeriums für Arbeit und Soziales auf die Eingabe der Centrale für GmbH Dr. Otto Schmidt, abgedr. in GmbHR 2006, 592.
4 Diese Konsequenzen zeigt das BAG lapidar in der Entscheidung v. 13.11.1991 – 7 AZR 31/91, AP Nr. 60 zu § 611 BGB – Abhängigkeit auf, wenn es ausführt, dass sich freie Mitarbeiter weder auf den Kündigungsschutz noch auf die angeblich unwirksame Befristung ihres Rechtsverhältnisses berufen können.
5 ErfK/*Preis*, § 611 BGB Rz. 8; MünchArbR/*Richardi*, § 17 Rz. 61.
6 Damit wird § 84 Abs. 1 Satz 2 HGB direkt aufgegriffen, vgl. dazu BAG 9.10.2002 – 5 AZR 405/01, AP Nr. 114 zu § 611 BGB – Abhängigkeit.
7 Vgl. ErfK/*Preis*, § 611 BGB Rz. 8; zur rechtlichen Einordnung des sog. Interim-Managers s. *Dahl*, DB 2005, 1738; *Buschbaum/Kösel*, NJW 2012, 1482.
8 S. allgemein *Willemsen/Müntefering*, NZA 2008, 193; *Naumann*, Die arbeitnehmerähnliche Person in Fernsehunternehmen, Diss. Mainz, 2007.

lich der Bestimmung des Ortes und der Zeit seiner Tätigkeit fremdbestimmt ist, sei es aus anderen Gründen. Arbeitnehmerähnliche Personen sind Selbständige[1]. Sie unterscheiden sich von Arbeitnehmern durch den Grad ihrer persönlichen Abhängigkeit. Sie sind als besondere Gruppe innerhalb der „Familie" der Selbständigen einzuordnen. Arbeitnehmerähnliche Personen sind – idR wegen ihrer fehlenden oder gegenüber Arbeitnehmern geringeren Weisungsgebundenheit, oft auch wegen fehlender oder geringerer Eingliederung in eine betriebliche Organisation – in wesentlich geringerem Maße persönlich abhängig als Arbeitnehmer. An die Stelle der persönlichen Abhängigkeit tritt das Merkmal der **wirtschaftlichen Abhängigkeit**. Eine arbeitnehmerähnliche Person kann für mehrere Auftraggeber tätig sein, solange die Beschäftigung für einen von ihnen überwiegt und die daraus fließende Vergütung die entscheidende Existenzgrundlage darstellt. Der wirtschaftlich Abhängige muss außerdem seiner gesamten sozialen Stellung nach **einem Arbeitnehmer vergleichbar sozial schutzbedürftig** sein[2]. Das Merkmal der wirtschaftlichen Unselbständigkeit ist bei der Definition des Arbeitnehmers irrelevant. Weitere Voraussetzungen sind, dass arbeitnehmerähnliche Personen aufgrund von Dienst- oder Werkverträgen für andere Personen tätig sind, die geschuldeten Leistungen persönlich und im Wesentlichen ohne Mitarbeit von Arbeitnehmern erbringen und entweder überwiegend für eine Person tätig sind oder einen gesetzlich näher bestimmten Anteil ihres Einkommens von einer Person beziehen[3]. Ausdrücklich wird die arbeitnehmerähnliche Person, abgesehen von § 12a TVG, nur noch in § 2 BUrlG, in § 6 Abs. 1 Nr. 3 AGG und in § 5 Abs. 1 Satz 2 ArbGG erwähnt.

⊃ **Hinweis:** Folgende Berufsgruppen wurden von der Rechtsprechung als arbeitnehmerähnliche Personen angesehen:
  – Künstler und Schriftsteller,
  – Dozenten an gewerblichen Weiterbildungsinstituten[4],
  – Volkshochschuldozenten[5],
  – Fernsehjournalisten[6],
  – Rechtsanwälte[7],
  – EDV-Fachkräfte[8],
  – Franchisenehmer[9],
  – Rundfunkgebührenbeauftragte[10],
  – mitarbeitender Gesellschafter einer GbR[11].

61

§ 12a Satz 1 Nr. 1 TVG ermöglicht den **Abschluss von Tarifverträgen** auch für arbeitnehmerähnliche Personen, die trotz persönlicher Unabhängigkeit wirtschaftlich abhängig und vergleichbar einem Arbeitnehmer sozial schutzbedürftig sind. Es ist aber nicht Sinn dieser Bestimmung, das eigentliche Arbeitsrecht zugunsten des Rechts der arbeitnehmerähnlichen Personen und der freien Mitarbeiter zurück-

62

---

1 LAG Rh.-Pf. 14.11.2011 – 10 Ta 203/11.
2 BAG in st. Rspr., so BAG 21.12.2010 – 10 AZB 14/10; 21.2.2007 – 5 AZB 52/06, AP Nr. 64 zu § 5 ArbGG 1979; 17.6.1999 – 5 AZB 23/98, BB 1999, 1822; *von Hoyningen-Huene/Linck*, § 1 KSchG Rz. 46; *Hromadka*, NZA 1997, 1249; *Rost*, NZA 1999, 113 (114); MünchArbR/*Richardi*, § 20.
3 BAG 19.10.2004 – 9 AZR 411/03, NJW 2005, 1741.
4 BAG 11.4.1997 – 5 AZB 33/96, AP Nr. 30 zu § 5 ArbGG 1979.
5 BAG 17.1.2006 – 9 AZR 61/05, DB 2006, 1502.
6 BAG 19.10.2004 – 9 AZR 411/03, NZA 2005, 529.
7 So zB LAG Köln 6.5.2005 – 4 Ta 40/04, BRAK Mitt. 2005, 288; aA aber LAG Köln 3.2.2011 – 6 Ta 409/10, NZA-RR 2011, 211; vgl. auch LAG Hess. 20.2.2012 – 13 Ta 468/11.
8 OLG Karlsruhe 24.10.2001 – 9 W 91/01, DB 2002, 379.
9 BAG 16.7.1997 – 5 AZB 29/96, AP Nr. 37 zu § 5 ArbGG 1979; BGH 4.11.1998 – VIII ZB 12/98, BGHZ 140, 11; so auch BSG 4.11.2009 – B 12 R3/08 R, NJW 2010, 2539.
10 BAG 15.2.2005 – 9 AZR 51/04, NZA 2006, 224.
11 LAG Rh.-Pf. 7.7.2008 – 6 Ta 95/08.

zudrängen. Die Bestimmung setzt die Unterscheidung zwischen Arbeitnehmer und arbeitnehmerähnlichen Personen voraus, sie liefert keine Kriterien für die Abgrenzung selbst[1].

63 Daraus folgt, dass die Tarifvertragsparteien es nicht in der Hand haben, zu bestimmen, ob eine bestimmte Person als arbeitnehmerähnliche Person oder als Arbeitnehmer einzustufen ist. Denn wer **tatsächlich Arbeitnehmer** ist, muss auch in dieser Weise behandelt werden, eine tarifvertragliche Regelung, die unter Berufung auf § 12a TVG dem Arbeitnehmer den Schutz entzöge, wäre unwirksam[2].

64 Diese tarifrechtliche Regelung hat aber über das Tarifrecht hinaus allgemeine Bedeutung, da der Begriff der arbeitnehmerähnlichen Person in anderen Rechtsbereichen, insbesondere im Arbeitsgerichtsgesetz, von größerer praktischer Bedeutung ist als im Bereich des Tarifvertragsgesetzes. Nach § 5 Abs. 1 Satz 2 ArbGG ist das **Arbeitsgericht** auch für Rechtsstreitigkeiten zwischen Arbeitgebern und arbeitnehmerähnlichen Personen zuständig. Wann jedoch Personen einem Arbeitnehmer vergleichbar sozial schutzbedürftig sind, kann nur unter Berücksichtigung der Verkehrsanschauung nach den gesamten Umständen des Einzelfalles entschieden werden[3]. Eine Person, die, obwohl sie nicht Arbeitnehmer ist, wirtschaftlich unselbständig ist, dürfte idR auch von ihrer sozialen Stellung her einem Arbeitnehmer vergleichbar schutzbedürftig sein. Zwingend ist dieser Schluss aber nicht. So ist zB ein (nicht angestellter) Rechtsanwalt in einer Großkanzlei wirtschaftlich von dieser abhängig, wenn er ihr seine gesamte Arbeitskraft zur Verfügung stellt. Eine soziale Schutzbedürftigkeit dürfte aber bei der üblicherweise hohen Vergütung fehlen. Ist der Dienstnehmer auf seine Einkünfte aus dem in Frage stehenden Rechtsverhältnis angewiesen, weil ansonsten seine Existenzgrundlage gefährdet ist, dann dürfte es sich bei diesem Dienstnehmer regelmäßig um eine arbeitnehmerähnliche Person handeln[4]. Das BAG hat einen angestellten Rechtsanwalt zwar als wirtschaftlich von der Sozietät abhängig angesehen, er war jedoch nicht als seiner gesamten Stellung nach einem Arbeitnehmer vergleichbar sozial schutzbedürftig. Rechtsgrundlage war in dem entschiedenen Fall ein Gesellschaftsvertrag, der auf Gleichrangigkeit, Gegenseitigkeit und Zusammenarbeit ausgerichtet war, der Rechtsanwalt war frei und unabhängig geblieben[5]. Eine wirtschaftliche Abhängigkeit liegt nicht bereits dann vor, wenn die Person auf den Abschluss des Vertrages für ihre Existenzsicherung angewiesen ist, sondern erst dann, wenn darüber hinaus auch eine besondere Schutzbedürftigkeit gegeben ist. Diese kann sich aus der Höhe der vertraglich eingeräumten Vergütung ergeben, die ihrerseits wiederum Leistungen für den Vertragspartner voraussetzt. Diese Leistungen können auch in einer Beteiligung an Umsätzen und Gewinnen bestehen, nicht hierunter fällt jedoch die bloße Gewährung einer Verdienstmöglichkeit nach einer für den selbständig Tätigen geltenden Gebührenordnung[6]. Das Rechtsverhältnis mit einer arbeitnehmerähnlichen Person kann auch jederzeit ohne Grund gekündigt werden. Es gelten dabei die dienstvertraglichen Kündigungsfristen des § 621 BGB (mangels anderweitiger vertraglicher Regelung). Eine analoge Anwendung der Kündigungs-

---

1 BAG 15.2.2005 – 9 AZR 51/04, NZA 2006, 224; 15.3.1978 – 5 AZR 819/76, AP Nr. 26 zu § 611 BGB – Abhängigkeit.
2 BAG 15.3.1978 – 5 AZR 819/76, AP Nr. 26 zu § 611 BGB – Abhängigkeit; LAG Hess. 1.6.1995 – 12 Ta 447/94, NZA-RR 1996, 64 (66); die Literatur sieht jedoch in der Regelung des § 12a TVG eine Legaldefinition der arbeitnehmerähnlichen Person, so MünchArbR/*Richardi*, § 20 Rz. 4; Schaub/*Vogelsang*, § 10 Rz. 2.
3 BAG 15.4.1993 – 2 AZB 32/92, AP Nr. 12 zu § 5 ArbGG 1979.
4 Vgl. Düwell/Lipke/*Krasshöfer*, § 5 ArbGG Rz. 4; OLG Köln 13.8.1993 – 11 W 38/93, AP Nr. 5 zu § 12a TVG; s. aber auch LAG Köln 3.2.2011 – 6 Ta 409/10, NZA-RR 2011, 211.
5 BAG 15.4.1993 – 2 AZB 32/92, AP Nr. 12 zu § 5 ArbGG 1979; vgl. LAG Hess. 1.6.1995 – 12 Ta 447/94, NZA-RR 1996, 64; vgl. dazu auch Schaub/*Vogelsang*, § 10 Rz. 4.
6 BAG 21.2.2007 – 5 AZB 52/06, AP Nr. 64 zu § 5 ArbGG 1979.

fristen des § 29 Abs. 4 HAG oder gar des § 622 Abs. 1 und Abs. 2 BGB kommt nicht in Betracht[1].

Arbeitnehmerähnliche Personen sind keine Arbeitnehmer, sondern **Selbständige**. Sie werden sowohl versicherungsrechtlich als auch steuerrechtlich als solche behandelt. Sie unterliegen nicht der Lohnsteuerabzugspflicht und auch nicht der gesetzlichen Krankenversicherungspflicht[2]. Allerdings geht die Tendenz des Gesetzgebers in jüngster Zeit dahin, arbeitnehmerähnliche Personen vermehrt **in den Schutzbereich des Arbeitsrechts einzubeziehen**. Das jüngste Beispiel dafür ist das Allgemeine Gleichbehandlungsgesetz, das gem. § 6 Abs. 1 Nr. 3 AGG ausdrücklich auch für Personen gilt, die wegen ihrer wirtschaftlichen Unselbständigkeit als arbeitnehmerähnliche Personen anzusehen sind[3] Eine arbeitnehmerähnliche Person kann, muss aber nicht arbeitnehmerähnlicher Selbständiger iSd. § 2 Satz 1 Nr. 9 SGB VI (Rentenversicherungspflicht) sein. Ebenso kann eine arbeitnehmerähnliche Person auch als „Scheinselbständiger" in vollem Umfang sozialversicherungspflichtig sein. Die Figur des arbeitnehmerähnlichen Selbständigen gehört in das Sozialrecht, der arbeitnehmerähnliche Selbständige im Arbeitsrecht besteht unabhängig davon[4]. 65

c) Heimarbeiter[5]

Ein in Heimarbeit Beschäftigter gilt als **arbeitnehmerähnliche Person**[6]. Daher ist ein Heimarbeiter kein Arbeitnehmer, die arbeitsrechtlichen Schutzvorschriften (wie zB § 613a BGB) sind auf Heimarbeiter nicht anwendbar[7]. Das Betriebsverfassungsgesetz enthält die gesetzliche Fiktion, dass Heimarbeiter als Arbeitnehmer des Betriebes gelten, für den sie in der Hauptsache arbeiten (§ 5 Abs. 1 Satz 2 BetrVG). Damit soll nur die betriebsverfassungsrechtliche Zuordnung nur zu einem Betrieb erreicht werden. Häufig nennt das Gesetz Heimarbeiter in einem Atemzug mit arbeitnehmerähnlichen Personen[8]. In § 13 SGB III werden die Regelungen des SGB III auch auf Heimarbeiter angewandt. Da sich die Frage der analogen oder direkten Anwendung von arbeitsrechtlichen Bestimmungen in gleicher Weise wie für Heimarbeiter auch für arbeitnehmerähnliche Personen stellt, führt der Streit um die Frage, ob es sich bei dem Heimarbeitsverhältnis um ein Dauerrechtsverhältnis eigener Art oder um das Rechtsverhältnis mit einer arbeitnehmerähnlichen Person handelt, nicht weiter. Die damit verbundenen Probleme werden durch eine Sonderbehandlung des Heimarbeitsverhältnisses nicht gelöst. Umgekehrt sind die Bestimmungen des HAG auch nicht 66

---

1 So BAG 8.5.2007 – 9 AZR 777/06, BB 2007, 2298.
2 Vgl. Schaub/*Vogelsang*, § 10 Rz. 12.
3 Den Anspruch auf den gesetzlichen Mindesturlaub nach § 2 Satz 2 BUrlG hat das BAG in den Entscheidungen v. 17.1.2006 – 9 AZR 61/05, DB 2006, 1502 (Ls.) und v. 15.11.2005 – 9 AZR 626/04, DB 2006, 1165 (Ls.) ausdrücklich bekräftigt.
4 Zur Stellung Arbeitnehmerähnlicher in der Betriebsverfassung s. *Plander*, DB 1999, 330.
5 Vgl. *Otten*, Heimarbeitsrecht, Kommentar, 2012; MünchArbR/*Heenen*, § 315.
6 So BAG 20.1.2004 – 9 AZR 291/02, AP Nr. 1 zu § 112 LPVG Rh.-Pf.; *Hueck/Nipperdey*, Bd. I, § 10 I; *Hromadka*, NZA 1997, 1249; eine Mindermeinung hält das Heimarbeitsverhältnis jedoch für ein Dauerrechtsverhältnis eigener Art; *Otten*, NZA 1995, 289; der Heimarbeiter gilt für den Bereich des Sozialrechts als Arbeitnehmer, so *Erbs/Kohlhaas/Ambs*, Strafrechtliche Nebengesetze, H 57 § 1 Rz. 3; die noch von *Dietz/Richardi*, BetrVG, 6. Aufl. 1982, § 5 BetrVG Rz. 34 vertretene Auffassung, das Heimarbeitsverhältnis sei ein Arbeitsverhältnis, wird heute vereinzelt vertreten, so ErfK/*Koch*, § 5 BetrVG Rz. 8; aA Staudinger/*Richardi/Fischinger*, Vorbem. zu §§ 611ff. BGB Rz. 348ff. Der Streit ist jedoch eher ein Streit um Begriffe; auch *Otten* räumt ein, dass die Zuordnung der Heimarbeiter zur Großgruppe der arbeitnehmerähnlichen Personen nicht schädlich sei, wenn ihre Sonderstellung darin beachtet werde, so *Otten*, NZA 1995, 292.
7 Dies hat das BAG mit Urt. v. 20.1.2004 – 9 AZR 291/02, AP Nr. 1 zu § 112 LPVG Rh.-Pf. entschieden.
8 So in der Auflistung der Beschäftigten in § 6 Abs. 1 Nr. 3 AGG.

auf andere Vertragsverhältnisse von Personen, die nicht in Heimarbeit beschäftigt werden, anwendbar[1].

67 Heimarbeiter sind ebenso wie arbeitnehmerähnliche Personen lediglich wirtschaftlich und nicht persönlich vom Unternehmer abhängig. Das Heimarbeitsgesetz enthält in § 2 die Legaldefinition, dass derjenige **Heimarbeiter** ist, der in selbst gewählter Arbeitsstätte (zB in eigener Wohnung oder selbst gewählter Betriebsstätte) allein oder mit seinen Familienangehörigen im Auftrag von Gewerbetreibenden oder Zwischenmeistern erwerbsmäßig arbeitet, jedoch die Verwertung der Arbeitsergebnisse dem unmittelbar oder mittelbar auftraggebenden Gewerbetreibenden überlässt. Unter das Heimarbeitsgesetz fällt auch der sog. **Hausgewerbetreibende**, den das Gesetz in § 2 Abs. 2 definiert. Im Unterschied zum Heimarbeiter beschäftigt der Hausgewerbetreibende in seiner eigenen Arbeitsstätte fremde Hilfskräfte oder Heimarbeiter. Eine Stufe höher sind die sog. **Zwischenmeister** nach dem Heimarbeitsgesetz eingeordnet. Zwischenmeister ist derjenige, der die von Gewerbetreibenden ihm übertragene Arbeit an Heimarbeiter oder Hausgewerbetreibende weitergibt (§ 2 Abs. 3 HAG).

68 Ähnlich wie bei der Abgrenzung zwischen Arbeitnehmer und freiem Mitarbeiter kommt es auch bei der Abgrenzung zwischen Heimarbeiter (und Hausgewerbetreibendem) einerseits und Arbeitnehmer andererseits nicht auf die Bezeichnung oder auf die von den Parteien gewünschte Rechtsfolge an. Widersprechen sich schriftliche Vereinbarung und tatsächliche Durchführung des Vertrages, ist die **praktische Durchführung maßgebend**[2]. Die Abgrenzung ist nicht einfach dadurch vorzunehmen, dass regelmäßig derjenige, der zu Hause oder in einer selbst gewählten Betriebsstätte außerhalb des Betriebes des auftraggebenden Unternehmens arbeitet, Heimarbeiter oder Hausgewerbetreibender ist. Es gibt durchaus auch Fälle, in denen Arbeitnehmer, die persönlich abhängig sind, zu Hause tätig sind. Bei diesen sog. „Außenarbeitnehmern"[3] gelten im Grundsatz die gleichen Abgrenzungskriterien wie bei der Abgrenzung von Arbeitnehmern zu freien Mitarbeitern.

Beispiele:

69 – Eine Anwaltsgehilfin, die ausschließlich zu Hause Schriftsätze schreibt, weil sie daneben ein Kind zu versorgen hat und zeitlich unabhängig sein will, kann echte Arbeitnehmerin sein[4].
– Muss eine zu Hause tätige Näherin fürchten, künftig Aufträge zu verlieren, weil sie Aufträge des Auftraggebers ablehnt oder weil sie es ablehnt, vorgegebene Preise zu akzeptieren, dann ist dies ein starkes Indiz für eine abhängige Lohnarbeit. Ist eine Näherin überwiegend nur für **einen** Gewerbetreibenden tätig, spricht dies gleichfalls für wirtschaftliche Abhängigkeit von diesem Gewerbetreibenden und damit für Lohnarbeit. Ist die Näherin jedoch für eine Vielzahl von Gewerbetreibenden tätig, spricht dies für selbständige Tätigkeit und damit für Heimarbeit[5].

70 Mit der ausdrücklichen Erwähnung der Heimarbeit stellt der Gesetzgeber klar, dass Heimarbeiter eine Sonderrolle einnehmen und dass in den Fällen, in denen das Gesetz nicht ausdrücklich Heimarbeit anspricht, eine analoge Anwendung ausgeschlossen sein soll. So regelt das Entgeltfortzahlungsgesetz für Heimarbeiter den Anspruch auf einen Zuschlag zum Arbeitsentgelt[6]. § 11 EFZG beschäftigt sich mit der Feiertagsbezahlung von Heimarbeitern. Das Bundesurlaubsgesetz macht in § 12 deutlich, dass die übrigen Bestimmungen dieses Gesetzes für Heimarbeiter gerade nicht analog

---

1 BAG 8.5.2007 – 9 AZR 777/06, BB 2007, 2298.
2 St. Rspr. des BAG, so BAG 3.4.1990 – 3 AZR 258/88, EzA § 2 HAG Nr. 1.
3 Vgl. Staudinger/*Richardi/Fischinger*, Vorbem. zu §§ 611 ff. BGB Rz. 349.
4 Vgl. BSG 22.10.1971 – 7 RAr 61/69, AP Nr. 7 zu § 2 HAG; weitere Beispiele bei Schaub/*Vogelsang*, § 10 Rz. 4.
5 Vgl. BAG 3.4.1990 – 3 AZR 258/88, EzA § 2 HAG Nr. 1.
6 § 10 EFZG.

gelten, da das Gesetz ausdrücklich Sonderregelungen enthält. Der Selbständigkeit des Heimarbeiters wird dadurch Rechnung getragen, dass Heimarbeiter auch weiterhin die Rentenversicherungsbeiträge selbst abführen können[1]. Die Erwähnung der Heimarbeit in § 8 Abs. 5 MuSchG unterstreicht die Selbständigkeit des Heimarbeiters[2].

d) Telearbeitnehmer[3]

In einer Gemengelage aller denkbaren Formen der Arbeitsleistung findet sich die Telearbeit. Bei Telearbeit handelt es sich um eine Arbeitsform, bei der die **Tätigkeit außerhalb des Betriebes an einem privaten Arbeitsplatz geleistet** wird. IdR erfolgt die Arbeitsleistung in der Wohnung des Telearbeitnehmers. Für Telearbeit werden auch die Begriffe Computerheimarbeit, Teleheimarbeit oder Fernarbeit benutzt[4]. Telearbeit ist in verschiedener Art möglich, als Arbeitnehmer, Heimarbeiter oder Selbständiger[5] oder auch als „Scheinselbständiger"[6]. Telearbeit ist des Weiteren auch in verschiedenen Formen möglich. Allgemein wird unterschieden zwischen ausschließlich externer Telearbeit (Telearbeit zu Hause), alternierender Telearbeit, Tätigkeit in Nachbarschafts- und Satellitenbüros sowie mobiler Telearbeit[7]. Ausschließlich **externe Telearbeit** leistet der Beschäftigte in seiner Wohnung oder an einem anderen Ort. Bei **alternierender Telearbeit** besteht daneben noch ein Arbeitsplatz im Betrieb. Sind mehrere Arbeitsplätze für Telearbeitnehmer aus einem Unternehmen ausgegliedert und zusammengefasst (meist an kostengünstig oder räumlich günstig gelegenen Orten), so spricht man von **Satellitenbüros**. **Nachbarschaftsbüros** werden dagegen von mehreren Unternehmern gemeinsam getragen (zB in Telecentern oder Teleservicecentern). Besteht keine feste Anwesenheit an einem festen Arbeitsplatz, so handelt es sich um sog. **mobile Telearbeit**[8].

71

Ausgehend von dem maßgeblichen Kriterium der Arbeitnehmereigenschaft, der persönlichen Abhängigkeit, ist der Telearbeitnehmer regelmäßig echter Arbeitnehmer (und nicht selbständiger Dienstnehmer oder Heimarbeiter), wenn sein Arbeitsplatz **online mit dem Betrieb verbunden** ist. In diesem Fall besteht eine ständige Kontroll- und Kontaktmöglichkeit zwischen dem Betrieb und dem Telearbeitnehmer. Die Betriebsleitung kann daher stets feststellen und demgemäß auch vorgeben, wann der Telearbeitnehmer arbeitet. Alle Daten können zeitbezogen gespeichert werden, indem der Rechner gleichzeitig die Uhrzeit festhält. Durch die entsprechende Auswertung der aufgezeichneten Bedienerdaten kann ein lückenloses Bild der Tätigkeit am Bild-

72

---

1 § 28m Abs. 2 SGB IV.
2 Vgl. zum Ganzen ausführlich *Otten*, NZA 1995, 289 (293); vgl. auch BAG 25.3.1992 – 7 ABR 52/91, NZA 1992, 899.
3 S. allgemein Schaub/*Vogelsang*, § 164; MünchArbR/*Heenen*, § 316; *Lammeyer*, Telearbeit, Diss. Saarbrücken, 2007; *Brandl*, AiB 2004, 349; *Wedde*, Telearbeit, 2002; *Danko/Plesterwinks*, Telearbeitsverträge, 2002; *Hoeren/Sieber/Holznagel*, Multimediarecht, Rechtsfragen der Telearbeit (2014), bearb. von *Preis*; *Rieble/Picker*, Arbeitsschutz und Mitbestimmung bei häuslicher Telearbeit, ZfA 2013, 383; zu den daten- und arbeitsschutzrechtlichen Anforderungen vgl. *Bonanni/Kamps*, ArbRB 2014, 83.
4 Vgl. dazu insbesondere *Wiese*, RdA 2009, 344 ff.; *Wedde*, Telearbeit, 2002; *Boemke*, BB 2000, 147; *Kappus*, Rechtsfragen der Telearbeit, 1986, S. 68 ff.; *Körner*, NZA 1999, 1190; *Fitting*, § 5 BetrVG Rz. 193 ff.; Staudinger/*Richardi/Fischinger*, Vorbem. zu §§ 611 ff. BGB Rz. 303 ff.; *Peter*, DB 1998, 573; *Wank*, NZA 1999, 225; *Haupt/Wollenschläger*, NZA 2001, 289; *Kramer*, DB 2000, 1329; *Boemke/Ankersen*, BB 2000, 1570 u. 2254.
5 *Kappus*, Rechtsfragen der Telearbeit, 1986, S. 55; § 5 Abs. 1 Satz 1 BetrVG erwähnt ausdrücklich Telearbeitsverhältnisse.
6 Vgl. *Huber*, FA 1999, 109 (110).
7 Vgl. *Wedde*, Telearbeit, 2002, Rz. 5 ff.
8 *Wank*, NZA 1999, 225 (230); *Hohmeister/Küper*, NZA 1998, 1206; *Huber*, FA 1999, 109.

schirm gewonnen werden[1]. Damit werden gleichzeitig umfassende Mitbestimmungsrechte des Betriebsrats ausgelöst[2].

73 Beim **Offline-Betrieb** dagegen ist eine technisierte Überwachung der Arbeitsausführung grundsätzlich ausgeschlossen, da das Arbeitsergebnis technisch vollkommen abgekoppelt erstellt wird, bevor es komplett an den Zentralrechner übermittelt wird[3]. Daher spricht die Offline-Anbindung gegen Arbeitnehmereigenschaft, wenn auch die Fragen der technischen Anbindung lediglich ein wichtiges Kriterium unter mehreren möglichen Kriterien bei der Prüfung der Frage sind, ob der Telearbeitnehmer seine Tätigkeit als Arbeitnehmer oder als arbeitnehmerähnliche Person (oder Selbständiger) erbringt[4]. Neben diesem Kriterium kommt es darauf an, ob andauernde Rufbereitschaft des Telearbeitnehmers besteht, ob bestimmte Zeitvorgaben vereinbart worden sind, ob eine ständige Kontrollmöglichkeit (bei Offline-Anbindung auch durch andere technische Mittel möglich) besteht, ob etwa der Urlaub genehmigt werden muss, ob ein betrieblicher Urlaubsplan beachtet werden muss und ob der Telearbeitnehmer lediglich einem oder mehreren Arbeitgebern zuarbeitet[5]. Erfüllt der Telearbeiter nicht die allgemeinen und generell geforderten Voraussetzungen eines Arbeitnehmerverhältnisses, kann die Telearbeit auch in Heimarbeit geleistet werden. Dafür müssen allerdings die übrigen Voraussetzungen der Heimarbeit erfüllt sein[6]. Aufgrund des § 5 Abs. 1 Satz 1 BetrVG ist der Telearbeitnehmer betriebsverfassungsrechtlich wie jeder andere Arbeitnehmer des Betriebes zu behandeln[7].

e) Handelsvertreter

74 Ein Handelsvertreter ist per definitionem Selbständiger und damit kein Arbeitnehmer[8]. Nach § 84 Abs. 1 HGB ist Handelsvertreter, wer als **selbständiger Gewerbetreibender** ständig damit betraut ist, für einen anderen Unternehmer Geschäfte zu vermitteln oder in dessen Namen abzuschließen. Ein Handelsvertreter ist dann selbständig, wenn er im Wesentlichen frei seine Tätigkeit gestalten und seine Arbeitszeit bestimmen kann. Ist er dazu nicht in der Lage, kann er zB als Außendienstmitarbeiter im Vertriebsbereich seine Tätigkeit im Wesentlichen nicht frei gestalten und seine Arbeitszeit nicht frei bestimmen, dann gilt er als Arbeitnehmer (§ 84 Abs. 2 HGB)[9]. Dies gilt auch für Versicherungsvertreter (§ 92 HGB). Diese gesetzliche Definition mündet in den Grundsatz der persönlichen Freiheit oder Abhängigkeit bei der ausgeübten Tätigkeit. Dabei kommt es vor allem darauf an, ob Ort und Zeit der Tätigkeit des Handelsvertreters vorgegeben oder frei wählbar sind, wie die Werbemöglichkeiten des Handelsvertreters gestaltet sind, ob der Handelsvertreter im Einzelnen über seine Besuche Rechenschaft ablegen muss, ob er sich der Vertriebspolitik des Unternehmers unterwerfen muss und wie weit er in die Organisation des Unternehmers eingegliedert ist[10]. Diese herkömmliche Abgrenzung des selbständigen Handelsvertreters von der Tätigkeit des abhängigen angestellten Außendienstmitarbeiters wird zuneh-

---

1 Vgl. *Kappus*, Rechtsfragen der Telearbeit, 1986, S. 111; *Wedde*, Telearbeit, 2002, Rz. 130.
2 *Rieble/Picker*, ZfA 2013, 383; *Wiese*, RdA 2009, 344 ff.
3 Vgl. *Kappus*, Rechtsfragen der Telearbeit, 1986, S. 112.
4 Vgl. *Kappus*, Rechtsfragen der Telearbeit, 1986, S. 130 f.; *Fitting*, § 5 BetrVG Rz. 182.
5 Vgl. *Fitting*, § 5 BetrVG Rz. 203; *Kappus*, NJW 1984, 2384 (2385).
6 Vgl. *Peter*, DB 1998, 573 (575); *Wank*, NZA 1999, 225 (234).
7 *Boemke/Ankersen*, BB 2000, 2254 (2255); zum Datenschutz und Sozialversicherungsrecht s. *Boemke/Ankersen*, BB 2000, 1570.
8 Zur Abgrenzung s. OLG München 20.3.2014 – 7 W 315/14 und Anm. *Hilgard*, BB 2014, 1044.
9 BAG 9.6.2010 – 5 AZR 332/09, NJW 2010, 2455; 15.12.1999 – 5 AZR 3/99, AP Nr. 5 zu § 92 HGB; für Bausparkassenvertreter s. BAG 15.12.1999 – 5 AZR 770/98, NZA 2000, 481; s.a. *Staudinger/Richardi/Fischinger*, Vorbem. zu §§ 611 ff. BGB Rz. 350 ff.; *Schaub/Vogelsang*, § 11.
10 BAG 20.8.2003 – 5 AZR 610/02, NZA 2004, 461.

II. Arbeitnehmer

mend in Frage gestellt[1]. Es kommt danach darauf an, ob der Handelsvertreter Risiken und Chancen des Marktes wahrnehmen kann. Kann der Handelsvertreter dies nicht, kann er als unselbständiger Angestellter angesehen werden.

⊃ **Hinweis:** Ist ein als Handelsvertretervertrag bezeichnetes Vertragsverhältnis tatsächlich ein Arbeitsverhältnis, dann steht dem Arbeitnehmer-Handelsvertreter nicht der Ausgleichsanspruch nach § 89b HGB zu; für die Abrechnung der Provision des Handelsvertreter-Arbeitnehmers gelten allerdings die §§ 87 ff. HGB analog (über § 65 HGB).

Im Sinne der gesetzlichen Bestimmung des Handelsvertreters als selbständigem Gewerbetreibenden ist auch die entsprechende Anwendung des Tarifvertragsgesetzes (anders als bei arbeitnehmerähnlichen Personen) ausdrücklich ausgeschlossen (s. § 12a Abs. 4 TVG). Das Arbeitsgerichtsgesetz behandelt lediglich eine bestimmte Gruppe von Handelsvertretern wie Arbeitnehmer, indem es die Zuständigkeit des Arbeitsgerichts auch für diese bejaht. Sie **gelten** bei Vorliegen der nachfolgenden Voraussetzungen **als Arbeitnehmer**, so dass damit auch die Zuständigkeit der Arbeitsgerichte für Streitigkeiten dieser besonderen Gruppe von Handelsvertretern gegeben ist:

Es muss sich um sog. **„Einfirmenvertreter"** handeln, die nicht für weitere Unternehmer tätig werden dürfen, oder um solche Vertreter, denen die Tätigkeit für weitere Unternehmer nach Art und Umfang der von ihnen verlangten Tätigkeit nicht möglich ist[2].

Ob **Handelsvertreter iSd. § 92a HGB** (der Einfachheit halber „Einfirmenvertreter" genannt) eine Sondergruppe darstellen oder ob sie auch darüber hinaus als arbeitnehmerähnliche Personen anzusehen sind, ist nicht eindeutig. Das Tarifvertragsgesetz (§ 12a Abs. 4 TVG) lässt den Schluss zu, dass Handelsvertreter auch als Einfirmenvertreter gerade nicht zu den arbeitnehmerähnlichen Personen gehören. Auch § 5 ArbGG unterscheidet zwischen arbeitnehmerähnlichen Personen und Einfirmenvertretern (in § 5 Abs. 3 ArbGG). Dennoch werden allgemein ohne nähere Begründung Einfirmenvertreter als arbeitnehmerähnliche Personen behandelt. So wird ihnen ein Zeugniserteilungsanspruch zugebilligt, und sie sollen den gesetzlichen Mindesturlaubsanspruch nach § 2 BUrlG haben[3]. In der Literatur und Rechtsprechung zum Arbeitsgerichtsgesetz hat sich als herrschende Meinung durchgesetzt, dass immer dann die ordentlichen Gerichte zuständig sind, wenn die Voraussetzungen des § 92a HGB nicht mehr erfüllt sind (wenn zB die Vergütungsgrenze überschritten ist)[4].

f) Auszubildende

Im Bereich der Berufsausbildung ist von dem klassischen Typus des **Auszubildenden nach dem Berufsbildungsgesetz** auszugehen. Dieses Gesetz findet direkt nur auf diejenigen Auszubildenden Anwendung, die zu einem **anerkannten Ausbildungsberuf** ausgebildet werden (gem. § 4 BBiG). Das Berufsbildungsgesetz kann lediglich über § 26 BBiG auf Auszubildende in einem nicht anerkannten Ausbildungsberuf angewandt werden. Der in § 5 Abs. 1 BetrVG verwendete Begriff der Berufsausbildung deckt sich nicht mit dem Begriff in § 1 Abs. 2 BBiG. Unter § 5 Abs. 1 BetrVG fallen

---

1 Vor allem zurückzuführen auf *Wank*, Arbeitnehmer und Selbständige, 1988, 45 ff.; *Wank*, DB 1992, 90; s.a. OLG Düsseldorf 5.12.1997 – 16 V 220/96, NZA-RR 1998, 145; im Sinne der traditionellen Definition vgl. LG Osnabrück 14.6.1999 – 1 AR 3/99, BB 1999, 1926.
2 § 5 Abs. 3 Satz 1 ArbGG iVm. § 92a Abs. 1 HGB; s.a. BAG 15.12.1999 – 5 AZR 3/99, AP Nr. 5 zu § 92 HGB.
3 S. BGH 28.6.2011 – VIII ZB 91/10, DB 2011, 2212; vgl. Küttner/*Kania*, Handelsvertreter, Rz. 6; *Schaub*, § 11 Rz. 5.
4 So BAG 15.7.1961 – 5 AZR 472/60, AP Nr. 1 zu § 92a HGB; GMP/*Müller-Glöge*, § 5 ArbGG Rz. 44; GWBG/*Waas*, § 5 ArbGG Rz. 32.

grundsätzlich alle Maßnahmen, die innerhalb eines Betriebes berufliche Kenntnisse und Fertigkeiten vermitteln[1]. Voraussetzung ist bei § 5 Abs. 1 BetrVG jedoch, dass der Ausbildende einen auf die Ausbildung gerichteten privatrechtlichen Vertrag geschlossen hat. Nach der gesetzlichen Definition des SGB III sind Auszubildende zur Berufsausbildung Beschäftigte und Teilnehmer an nach dem SGB III förderungsfähigen berufsvorbereitenden Bildungsmaßnahmen sowie Teilnehmende an einer Einstiegsqualifizierung (§ 14 SGB III).

80 Von Auszubildenden wird nicht die Leistung von Arbeit gefordert (vgl. § 9 BBiG). Dementsprechend sind Auszubildende auch nicht Arbeitnehmer im allgemeinen Sinne, sie werden lediglich gem. § 5 Abs. 1 Satz 1 BetrVG als Arbeitnehmer im Rahmen des Betriebsverfassungsrechts behandelt[2]. Das BAG verlangt für die Wahlberechtigung von zur Berufsausbildung Beschäftigten iSd. § 5 Abs. 1 bzw. § 60 Abs. 1 BetrVG, dass es sich bei der Ausbildung um eine **betriebliche** und nicht um eine außerbetriebliche **Ausbildung** handelt (zB in außerbetrieblichen Ausbildungswerken, Berufsbildungswerken, Berufsförderungswerken und Rehabilitationszentren). Auszubildende in derartigen außerbetrieblichen Berufsbildungseinrichtungen sind nach Auffassung des BAG keine Arbeitnehmer iSd. § 5 Abs. 1 BetrVG, da sie den Zweck dieser Einrichtung bestimmen und nicht in vergleichbarer Weise wie ein Arbeiter oder Angestellter in den Betrieb eingegliedert sind[3]. Ähnlich wie bei einer Privatschule gehören zu den Arbeitnehmern dieser Schule lediglich die Lehrer und die Verwaltungsangestellten, nicht jedoch die Schüler selbst. Dies gilt auch dann, wenn ein Teil der Auszubildenden im Betrieb des Arbeitgebers zumindest gelegentlich mit anderen Arbeitnehmern mit praktischen Tätigkeiten beschäftigt werden[4]. Berufsausbildung iSd. § 5 Abs. 1 Satz 1 BetrVG setzt voraus, dass die betrieblich-praktische Ausbildung der schulischen Ausbildung zumindest gleichwertig ist[5]. Wollen die Parteien ein Berufsausbildungsverhältnis ausdrücklich nicht begründen, weil sie zB in einem „Anlernverhältnis" einem „Auszubildenden" die Grundlagen für einen Ausbildungsberuf beibringen wollen, dann wird dadurch weder ein Berufsausbildungsverhältnis noch ein Arbeitsverhältnis begründet. Das sich daraus ergebende Vertragsverhältnis kann als sog. faktisches Arbeitsverhältnis jederzeit beendet werden. Der (fälschlich so behandelte) „Auszubildende" kann die Vergütung fordern, die einem „normalen" Arbeitnehmer zustünde[6].

81 ᗀ **Hinweis:** Der Begriff „Ausbildungsverhältnis" kann irreführend sein; es ist stets zu unterscheiden zwischen der Ausbildung zu einem anerkannten Ausbildungsberuf und sonstigen Ausbildungsverhältnissen.

82 **Helfer im freiwilligen sozialen Jahr** sind weder Arbeitnehmer noch zu ihrer Berufsausbildung Beschäftigte iSd. § 5 Abs. 1 BetrVG. Ziel dieser Tätigkeit ist die Vermittlung sozialer Erfahrungen und die Stärkung des Verantwortungsbewusstseins für das Gemeinwohl[7]. Die fremdbestimmte Tätigkeit für den Arbeitgeber steht bei diesen nicht im Vordergrund. Helfer im freiwilligen sozialen Jahr sind nicht zu ihrer Berufsausbildung beschäftigt, da es bei dieser Tätigkeit nicht darum geht, auf bestimmte Berufe

---

1 St. Rspr. des BAG, zB BAG 25.10.1989 – 7 ABR 1/88, AP Nr. 40 zu § 5 BetrVG 1972; 26.1.1994 – 7 ABR 13/92, NZA 1995, 120; *Fitting*, § 5 BetrVG Rz. 283.
2 Schaub/*Vogelsang*, § 15 Rz. 5 „... ist kein AN"; *Fitting*, § 5 BetrVG Rz. 289: „ist AN im Sinne des BetrVG"; s.a. BAG 6.11.2013 – 7 ABR 76/11, Beck RS 2014, 66200.
3 BAG 26.1.1994 – 7 ABR 13/92, AP Nr. 54 zu § 5 BetrVG 1972; vgl. auch *Fitting*, § 5 BetrVG Rz. 289.
4 BAG 6.11.2013 – 7 ABR 76/11, Beck RS 2014, 66200; 12.9.1996 – 7 ABR 61/95, BB 1997, 318; vgl. dazu *Rohlfing*, NZA 1997, 65.
5 BAG 6.11.2013 – 7 ABR 76/11, Beck RS 2014, 66200.
6 So BAG 27.7.2010 – 3 AZR 317/08.
7 Gem. § 1 Abs. 1 Nr. 2 des Gesetzes zur Förderung des freiwilligen sozialen Jahres; vgl. MünchArbR/*Richardi*, § 17 Rz. 49.

hinzuführen. Damit handelt es sich bei dem Verhältnis der Helfer im freiwilligen sozialen Jahr zu dem Veranstalter um ein Rechtsverhältnis eigener Art, auf das nicht alle arbeitsrechtlichen Bestimmungen, sondern nur diejenigen, auf die das Gesetz verweist, anzuwenden sind[1].

Dagegen sind Personen, die im Rahmen von **Maßnahmen** nach SGB II und SGB III beschäftigt sind, als Arbeitnehmer anzusehen[2]. Denn diese leisten fremdbestimmte Arbeit und sind in den Arbeitsprozess des Arbeitgebers weisungsunterworfen eingegliedert[3]. Auch ein Wiedereingliederungsverhältnis iSd. § 74 SGB V ist zwar ein (beitragsrechtliches) Beschäftigungsverhältnis, aber kein Arbeitsverhältnis[4]. 83

Ein **Praktikantenverhältnis** kann je nach Ausgestaltung Arbeitsverhältnis oder Berufsausbildungsverhältnis sein[5]. Ist das Praktikantenverhältnis im Rahmen eines Studiums oder einer sonstigen Hochschulausbildung erforderlich, damit die Prüfungsvoraussetzungen erreicht werden können, ist es Teil dieses Studiums, und Arbeitsrecht findet keine Anwendung[6]. Leistet der Praktikant jedoch neben einer Hochschul- oder sonstigen Schulausbildung Arbeit in einem Unternehmen (zB zur Finanzierung des Studiums), handelt es sich um ein normales, meist befristetes Arbeitsverhältnis[7]. 84

g) Approbierter Arzt

Nach dem ärztlichen Berufsrecht sind approbierte Ärzte idR im Rahmen von **Arbeitsverhältnissen in Krankenhäusern** tätig. Für die Tätigkeit als **Assistenzarzt** im Krankenhaus ist das Gesetz über befristete Arbeitsverträge mit Ärzten in der Weiterbildung maßgeblich[8]. **Chefärzte** sind Arbeitnehmer, deren Arbeitsverträge häufig auf Dauer oder auf Lebenszeit geschlossen werden[9]. 85

⊃ **Hinweis:** Das ärztliche Berufsrecht wird weitgehend von den ärztlichen Standesorganisationen in eigener Verantwortung festgelegt. Diese Standesorganisationen üben auch die standesrechtliche Aufsicht aus. 86

h) Ein-Euro-Jobber

Arbeitsgelegenheiten mit Mehraufwandsentschädigung nach § 16d SGB II (sog. „Ein-Euro-Jobs") begründen kein Arbeitsverhältnis[10]. Sie sind stattdessen von den Rechtssätzen des öffentlichen Rechts geprägt. Wenn als Maßnahmeträger ein privater Dritter eingeschaltet wird, sind diese Rechtsverhältnisse ausnahmsweise dem öffentlichen Recht zuzuordnen. Schließlich gilt dies auch dann, wenn bei der Verschaffung der Arbeitsgelegenheit nach § 16d SGB II die gesetzlichen Zulässigkeitsschranken für Arbeitsgelegenheiten mit Mehraufwandsentschädigung nicht eingehalten worden sein sollten[11]. Eine Missachtung der gesetzlichen Grenzen (insbesondere fehlende Zu- 87

---

1 Das Gesetz verweist auf die Anwendbarkeit der Arbeitsschutzbestimmungen und auf das Bundesurlaubsgesetz, § 15 des Gesetzes zur Förderung des freiwilligen sozialen Jahres v. 17.8.1964; in diesem Sinne BAG 12.2.1992 – 7 ABR 42/91, AP Nr. 52 zu § 5 BetrVG 1972.
2 Mit Wirkung zum 1.4.2012 wurden die Regelungen zur Arbeitsförderung neu gefasst (Gesetz zur Verbesserung der Eingliederungschancen am Arbeitsmarkt, BGBl. I 2011, 2854).
3 Vgl. auch MünchArbR/*Richardi*, § 17 Rz. 46.
4 ErfK/*Rolfs*, § 7 SGB IV Rz. 4.
5 Vgl. Schaub/*Vogelsang*, § 15 Rz. 9 ff.; *Scherer*, NZA 1986, 280.
6 Vgl. Schaub/*Vogelsang*, § 15 Rz. 10.
7 Vgl. Schaub/*Vogelsang*, § 15 Rz. 10.
8 Vgl. *Weth/Thomae/Reichold*, Arbeitsrecht im Krankenhaus, 2. Aufl. 2011, Teil 5 D Rz. 7 f.
9 Vgl. *Weth/Thomae/Reichold*, Arbeitsrecht im Krankenhaus, 2. Aufl. 2011, Teil 3 F Rz. 53 ff.
10 Schaub/*Vogelsang*, § 8 Rz. 15; Staudinger/*Richardi/Fischinger*, Vorbem. zu §§ 611 ff. BGB Rz. 318 ff.
11 BSG 13.4.2011 – B 14 AS 98/10, DB 2012, 468.

sätzlichkeit der Arbeit und fehlendes öffentliches Interesse) führt allenfalls zur Rechtswidrigkeit der Durchführung der Maßnahme, nicht aber zu einem privatrechtlichem Arbeitsverhältnis zwischen den Parteien[1]. § 16d SGB II ordnet daher ausdrücklich die entsprechende Anwendung der Vorschriften über den Arbeitsschutz und das Bundesurlaubsgesetz (mit Ausnahme der Regelungen über das Urlaubsentgelt) an. Außerdem sieht das Gesetz vor, dass „Ein-Euro-Jobber" für Schäden bei der Ausübung ihrer Tätigkeit wie Arbeitnehmer haften[2].

3. Leitende Angestellte

88 Bei der Definition des Begriffs des „leitenden Angestellten" geht es nicht um die Frage, ob ein leitender Angestellter etwa nicht **Arbeitnehmer** wäre. An der Arbeitnehmereigenschaft eines leitenden Arbeitnehmers besteht kein Zweifel[3]. Die Abgrenzung des leitenden Angestellten von den „übrigen" Arbeitnehmern ist deshalb von besonderer Bedeutung, weil eine ganze Reihe von Gesetzen für leitende Angestellte nicht oder nur eingeschränkt gelten. Die wichtigsten gesetzlichen Regelungen sind dabei der grundsätzliche Ausschluss der Anwendbarkeit des Betriebsverfassungsrechts auf leitende Angestellte (gem. § 5 Abs. 3 BetrVG) sowie die eingeschränkte Geltung des Kündigungsschutzgesetzes (§ 14 Abs. 2 KSchG) für einen bestimmten Teil der „Leitenden"[4]. Aus den erwähnten Bestimmungen ist der zweite Grundsatz neben der Feststellung, dass leitende Angestellte grundsätzlich Arbeitnehmer sind, abzuleiten: Alle arbeitsrechtlichen Gesetze gelten uneingeschränkt auch für leitende Angestellte, es sei denn, die jeweiligen gesetzlichen Bestimmungen sehen für diesen Personenkreis **Sonderregelungen** vor.

89 Die Sonderstellung der leitenden Angestellten hat durch das Gesetz über Sprecherausschüsse der leitenden Angestellten[5] (**Sprecherausschussgesetz**) eine besondere Anerkennung gefunden. Dieses Gesetz schafft für leitende Angestellte eine Sondervertretung (den Sprecherausschuss) innerhalb der Betriebsverfassung.

90 ⊃ **Hinweis:** Leitende Angestellte zeichnen sich dadurch aus, dass sie als Arbeitnehmer unternehmerische Teilfunktionen ausüben. Im Tarifbereich sind leitende Angestellte regelmäßig außertarifliche Angestellte; allerdings ist nicht jeder außertarifliche Angestellte gleichzeitig leitender Angestellter.

a) Legaldefinition

91 § 5 Abs. 3 Satz 2 BetrVG enthält die Legaldefinition des leitenden Angestellten iSd. Betriebsverfassungsrechts. Da nur dieser Satz die maßgeblichen Voraussetzungen enthält, verweisen das Betriebsverfassungsgesetz und auch das Sprecherausschussgesetz nur auf die Definition in Abs. 3. Die gesetzliche Definition in § 5 Abs. 3 Satz 2 BetrVG gilt grundsätzlich nur für dieses Gesetz. Soweit der Begriff des leitenden Angestellten in anderen Gesetzen verwandt oder inhaltlich umschrieben wird (zB §§ 14 Abs. 2, 17 Abs. 5 Nr. 3 KSchG, § 22 Abs. 2 Nr. 2 ArbGG), stimmt die Definition zwar weitgehend, aber nicht vollständig überein; die unterschiedlichen Abgrenzungen beruhen auf dem jeweiligen Gesetzeszweck[6].

---

1 BAG 26.9.2007 – 5 AZR 857/06, AP Nr. 3 zu § 16 SGB II.
2 S. dazu auch *Engels*, NZA 2007, 8.
3 Vgl. dazu *Hromadka*, Das Recht des leitenden Angestellten, 1979, S. 114 ff., 289 ff.
4 Daneben sind die Regelungen im Arbeitsgerichtsgesetz und im Sozialgerichtsgesetz, wonach auf Arbeitgeberseite als ehrenamtliche Richter bei den Arbeits- und Sozialgerichten nur leitende Angestellte tätig sein dürfen, erwähnenswert, § 22 Abs. 2 Nr. 2, 37 Abs. 2, 43 Abs. 3 ArbGG, § 16 Abs. 4 Nr. 4 SGG.
5 BGBl. I 1988, 2312.
6 *Fitting*, § 5 BetrVG Rz. 349; Schaub/*Vogelsang*, § 13 Rz. 4.

b) Die Regelung des § 5 Abs. 3 BetrVG

Nach § 4 Abs. 2c BetrVG 1952, der Vorgängerbestimmung des § 5 Abs. 3 BetrVG 1972, galten leitende Angestellte nicht als Arbeitnehmer im Sinne des Gesetzes. Die Herausnahme der leitenden Angestellten aus der Betriebsverfassung wurde durch das BetrVG 1972 aufgehoben. Die Fassung des § 5 Abs. 3 BetrVG aus dem Jahre 1972 nahm eine funktionsbezogene Umschreibung des Begriffs des leitenden Angestellten vor, mit der die Rechtsprechung jedoch erhebliche Schwierigkeiten hatte. Die erste Entscheidung des BAG, die sich mit dieser Regelung auseinandersetzte, kam zu dem Ergebnis, dass es sich bei der Fallgruppe des § 5 Abs. 3 Nr. 3 BetrVG um keine justitiable Regelung[1] handle. Der Einleitungssatz des § 5 Abs. 3 BetrVG beziehe sich auf einen Oberbegriff des leitenden Angestellten, der ein hohes Maß an Unbestimmtheit aufweise, die Tatbestandsmerkmale des dritten Absatzes seien so allgemein gefasst, dass die Rechtsprechung mit diesen Tatbestandsmerkmalen nicht umgehen könne. Daher müsse eine Gesamtwürdigung unter Berücksichtigung der einzelnen Kriterien vorgenommen werden. Bildeten die unternehmerischen Teilaufgaben den Schwerpunkt der Tätigkeit und gäben dieser Tätigkeit ihr Gepräge, könne das Zurücktreten einzelner anderer Merkmale dadurch ausgeglichen werden, dass andere Merkmale wiederum stärker ausgeprägt seien[2]. Die durch diese Entscheidungen ausgelöste Kritik versuchte das BAG in der Entscheidung vom 29.1.1980[3] dadurch aufzufangen, dass es die sehr weit gehende Behauptung, die Bestimmung sei „unjustitiabel", teilweise wieder zurücknahm. Die Abgrenzung des leitenden Angestellten erfordere nicht die Annahme eines Oberbegriffs, der diesen Begriff praktisch voraussetze. Die Abgrenzungsmerkmale des leitenden Angestellten von den übrigen Angestellten kämen im Wortlaut des § 5 Abs. 3 Nr. 3 BetrVG hinreichend klar zum Ausdruck[4]. Im Zuge dieser Diskussion um die Frage der „Justitiabilität" dieser Bestimmung stellte das **Bundesverfassungsgericht** am 24.11.1981 fest, dass die Umschreibung des Personenkreises des leitenden Angestellten in § 5 Abs. 3 Nr. 3 BetrVG dem rechtsstaatlichen Bestimmtheitsgebot genüge[5]. Obwohl damit rechtsstaatliche Bedenken gegen § 5 Abs. 3 BetrVG ausgeräumt waren, sah sich der Gesetzgeber im Jahre 1988 im Zusammenhang mit der Etablierung der Sprecherausschüsse für leitende Angestellte veranlasst, den Begriff des leitenden Angestellten zu präzisieren[6]. Dabei blieb der Gesetzgeber dem Grundkonzept der alten Regelung treu. Dieses bestand darin, funktionale Abgrenzungskriterien aufzustellen, die ihrerseits jedoch wieder das Problem der Definition der in diesen Beschreibungen enthaltenen unbestimmten Rechtsbegriffe aufwarfen. Während die Nummern 1 und 2 des § 5 Abs. 3 BetrVG im Wesentlichen unverändert blieben, wurde Nr. 3 neu formuliert. Danach ist leitender Angestellter, wer nach Arbeitsvertrag und Stellung im Unternehmen oder im Betrieb regelmäßig Aufgaben wahrnimmt, die für den Bestand und die Entwicklung des Unternehmens oder eines Betriebs von Bedeutung sind und deren Erfüllung besondere Erfahrungen und Kenntnisse voraussetzt, wenn der leitende Angestellte dazu die Entscheidungen entweder im Wesentlichen frei von Weisungen trifft oder sie maßgeblich beeinflusst. Ausgangspunkt des Gesetzgebers war es dabei, den Begriff des leitenden Angestellten „präziser zu fassen"[7]. Der neu eingefügte Absatz 4 von § 5 BetrVG sollte eine Ergän-

---

1 BAG 5.3.1974 – 1 ABR 19/73, AP Nr. 1 zu § 5 BetrVG 1972.
2 BAG 5.3.1974 – 1 ABR 19/73, AP Nr. 1 zu § 5 BetrVG 1972, bestätigt auch durch BAG 8.2.1977 – 1 ABR 22/76, AP Nr. 16 zu § 5 BetrVG 1972.
3 BAG 29.1.1980 – 1 ABR 45/79, AP Nr. 22 zu § 5 BetrVG 1972.
4 Auch einige Autoren und Landesarbeitsgerichte hielten diese Bestimmung für unjustitiabel und damit für verfassungswidrig, so *Küttner/Zietsch/Gravenhorst*, DB 1979, 546 ff.; LAG Düsseldorf 9.11.1978 – 22 TaBV 23/78, AP Nr. 20 zu § 5 BetrVG 1972.
5 BVerfG 24.11.1981 – 2 BvL 4/80, AP Nr. 27 zu § 5 BetrVG 1972.
6 Gesetz zur Änderung des Betriebsverfassungsgesetzes, über Sprecherausschüsse der leitenden Angestellten und zur Sicherung der Montan-Mitbestimmung v. 20.12.1988, BGBl. I, 2312.
7 BT-Drucks. 11/2503, 24.

zung zu den genauer gefassten funktionalen Abgrenzungsmerkmalen bieten, um die Auslegung zu erleichtern. Zuletzt wurde § 5 BetrVG durch Art. 9 des Gesetzes zur Errichtung eines Bundesaufsichtsamtes für Flugsicherung vom 29.7.2009 dahingehend geändert, dass in Absatz 1 ein neuer Satz 3 eingefügt wurde. Dieser sieht vor, dass Beamte, Soldaten sowie Arbeitnehmer des öffentlichen Dienstes einschließlich der zu ihrer Berufsausbildung Beschäftigten als Arbeitnehmer gelten, solange sie in privatrechtlich organisierten Unternehmen tätig sind[1].

aa) § 5 Abs. 3 Satz 2 Halbs. 1 BetrVG

93 Der Einleitungssatz von § 5 Abs. 3 BetrVG stellt fest, dass das Betriebsverfassungsgesetz keine Anwendung auf leitende Angestellte findet, soweit in ihm nicht ausdrücklich etwas anderes bestimmt ist. Danach wird die beschriebene **funktionsbezogene Definition** versucht, wobei zunächst im ersten Halbsatz von Satz 2 des § 5 Abs. 3 BetrVG ein Kriterium festgeschrieben wird, das für alle drei folgenden alternativ beschriebenen funktionalen Merkmale gilt. Erfüllt ein Mitarbeiter eines der drei funktionalen Merkmale der Nummern 1 bis 3, dann qualifiziert ihn dies allein noch nicht zum leitenden Angestellten. Mindestens eine der in Nr. 1 bis 3 beschriebenen Funktionen muss sowohl nach Arbeitsvertrag als auch nach Stellung im Unternehmen oder im Betrieb erfüllt sein[2].

94 ⮕ **Hinweis:** Ist ein Arbeitnehmer zwar zur selbständigen Einstellung und Entlassung von im Betrieb beschäftigten Arbeitnehmern berechtigt (gem. § 5 Abs. 3 Satz 2 Nr. 1 BetrVG), fehlt dieser Berechtigung jedoch die arbeitsvertragliche Grundlage oder befindet sich dieser Arbeitnehmer nach seiner Stellung im Unternehmen trotz der arbeitsvertraglichen Zuweisung dieser Befugnisse in einer untergeordneten Position, dann handelt es sich bei diesem Arbeitnehmer noch nicht um einen leitenden Angestellten iSd. § 5 Abs. 3 BetrVG.

95 Nach bislang hM ist es grundsätzlich möglich, eine arbeitsvertragliche Absprache über die Zuweisung bestimmter Funktionen an einen Mitarbeiter auch mündlich zu treffen[3], jedoch dürfte es regelmäßig schwierig sein, eine derartige **mündliche Absprache** zu beweisen. Daher ist zu empfehlen, eine schriftliche Vereinbarung abzuschließen oder eine entsprechende Stellenbeschreibung zu hinterlegen, die Beweisprobleme beseitigt. Nachdem die EG-Nachweisrichtlinie[4] umgesetzt worden ist[5], ist zudem zweifelhaft, ob mündliche Ergänzungen zum Arbeitsvertrag überhaupt noch Beweiskraft haben. Eine Ausnahme von dem Schriftlichkeitsgebot dürfte nur dann zu machen sein, wenn ein Mitarbeiter über einen längeren Zeitraum hinweg in leitende Positionen aufrückt, ohne dass sein früherer Arbeitsvertrag geändert wird. Wenn der Mitarbeiter in dieser leitenden Funktion von den Kompetenzen eines leitenden Angestellten nachweisbar Gebrauch gemacht hat, kann von einer konkludenten arbeitsvertraglichen Zuweisung derartiger leitender Funktionen ausgegangen werden, auch wenn eine ausdrückliche schriftliche Ergänzung des Arbeitsvertrages fehlt[6].

96 Allein die arbeitsvertragliche Übertragung leitender Funktionen an einen Mitarbeiter sagt jedoch noch nichts über die **tatsächliche Stellung dieses Mitarbeiters in der Organisation des Unternehmens** aus. Aus diesem Grunde verlangt das Gesetz zusätzlich

---

1 S. dazu *Heise/Fedder*, NZA 2009, 1069.
2 MünchArbR/*Richardi*, § 19 Rz. 26 f.
3 BAG 5.3.1974 – 1 ABR 19/73, AP Nr. 1 zu § 5 BetrVG 1972 und 23.6.1976 – 1 AZR 314/75, AP Nr. 14 zu § 5 BetrVG 1972.
4 Richtlinie v. 14.10.1991, 91/533/EWG.
5 Durch das Gesetz über den Nachweis der für ein Arbeitsverhältnis wesentlichen Bedingungen v. 20.7.1995 (Nachweisgesetz) BGBl. I 1995, 946.
6 Vgl. *Hromadka*, BB 1990, 57.

zu der arbeitsvertraglichen Übertragung von leitenden Funktionen auch eine diesen Funktionen angepasste Stellung im Unternehmen oder im Betrieb. Nach der alten Fassung des § 5 Abs. 3 BetrVG wurde es als ausreichend angesehen, wenn der Arbeitnehmer die entsprechende Funktion in **einem** Betrieb eines Unternehmens besaß. Dies war missverständlich, weil ein leitender Angestellter durchaus leitende Funktionen im Gesamtunternehmen innehaben kann, ohne diese Funktionen in einzelnen Betrieben des Unternehmens ausüben zu können. Andererseits darf aber auch die neue Gesetzesfassung, die Unternehmen und Betriebe gleichrangig nebeneinanderstellt, nicht dazu führen, dass generell unternehmerische Funktionen auch von solchen leitenden Angestellten verlangt werden, die eine leitende Funktion lediglich in einem Betrieb ausüben[1]. Denn die besonderen Aufgaben, die den leitenden Angestellten qualifizieren, können sich auch auf die Leitung eines Betriebes konzentrieren. Nur dann, wenn der leitende Angestellte mehreren Betrieben angehört, muss seine Position im Unternehmen qualifiziert sein[2].

bb) § 5 Abs. 3 Satz 2 Nr. 1 BetrVG

Die erste Fallgruppe in § 5 Abs. 3 Satz 2 Nr. 1 BetrVG verlangt, dass der leitende Angestellte zur **selbständigen Einstellung und Entlassung** von im Betrieb oder in der Betriebsabteilung beschäftigten Arbeitnehmern berechtigt ist[3]. Wie bereits im Einleitungssatz angesprochen, muss die Berechtigung zur selbständigen Einstellung und Entlassung sowohl im Innenverhältnis als auch im Außenverhältnis gegeben sein. Nach dem heutigen Verständnis dieser Bestimmung ist zunächst an dieses formale Kriterium der Nr. 1 anzuknüpfen. Ist dieses erfüllt, ist in einem zweiten Schritt zu prüfen, ob es sich bei der Person desjenigen, der diese Kompetenz besitzt, um einen Angestellten handelt, der für den Bestand und die Entwicklung des Unternehmens oder des Betriebs bedeutsame Aufgaben wahrnimmt (iSd. § 5 Abs. 3 Satz 2 Nr. 3 BetrVG)[4]. Das BAG kommt zum gleichen Ergebnis, jedoch mit einer etwas anderen Argumentation[5]. Die Bedeutung der jeweiligen Aufgabe wird dogmatisch über eine teleologische Reduktion des § 5 Abs. 3 Satz 2 Nr. 1 BetrVG relevant. Da auch eine betriebsbezogene Aufgabe oder Funktion den Status eines leitenden Angestellten begründen kann, kann auch bei Zuweisung der formalen Vollmachten nach Nr. 1 für sehr wenig Personal diese Voraussetzung erfüllt sein. Das BAG erkennt an, dass ein derart weitgehender Anwendungsbereich weder aus der Systematik des Gesetzes noch aus dem Zweck der Vorschrift gerechtfertigt wäre. Die formale Einstellungs- und Entlassungsbefugnis kann den Status als leitender Angestellter nur begründen, wenn ihr auch ein entsprechend bedeutsames Aufgabengebiet zugrunde liegt[6]. Zur Erfüllung des formalen Merkmals ist zunächst die Befugnis notwendig, im Außenverhältnis wirksam einstellen und entlassen zu können. Darüber hinaus ist auch im Innenverhältnis erforderlich, dass der Angestellte dem Arbeitgeber gegenüber selbständig über Einstellung und Entlassung entscheiden darf[7]. Aus dem Einleitungssatz von § 5 Abs. 3 Satz 2 Nr. 1 BetrVG ergibt sich bereits, dass zwischen dem nach außen gerichteten „Können" und dem nach innen gerichteten „Dürfen" ein Deckungsverhältnis bestehen muss. Bei der modernen Betriebsorganisation vor allem in größeren Un-

97

---

1 So offenbar DKKW/*Trümner*, § 5 BetrVG Rz. 241.
2 Denn eine unterschiedliche Beurteilung je nach betroffenen Betrieb wird allgemein abgelehnt; so *Fitting*, § 5 BetrVG Rz. 370.
3 Im Gegensatz dazu steht die Einstellungs- und Entlassungsbefugnis bei § 14 Abs. 2 KSchG in einem Alternativverhältnis.
4 Vgl. MünchArbR/*Richardi*, § 19 Rz. 28; LAG Hamm 27.9.2013 – 7 TaBV 71/13, juris.
5 BAG 16.4.2002 – 1 ABR 23/01, NZA 2003, 56.
6 BAG 10.10.2007 – 7 ABR 61/06, DB 2008, 590; 16.4.2002 – 1 ABR 23/01, NZA 2003, 56.
7 Vgl. BAG 25.3.2009 – 7 ABR 2/08, AP Nr. 73 zu § 5 BetrVG 1972; 11.3.1982 – 6 AZR 136/79, AP Nr. 28 zu § 5 BetrVG 1972; Richardi/*Richardi*, § 5 BetrVG Rz. 201; GK-BetrVG/*Raab*, § 5 Rz. 110.

ternehmen wird regelmäßig die Zustimmung eines zweiten Mitarbeiters auf leitender Ebene erforderlich sein (meist des Personalleiters, Stichwort „Vier-Augen-Prinzip"). In diesen Fällen kommt es darauf an, wer **bei Personalentscheidungen das letzte Wort** hat. Ist die Unterschrift des Personalleiters lediglich erforderlich, um die Einhaltung innerbetrieblicher Formalien sicherzustellen („Richtigkeitskontrolle") und um eine einheitliche Personalpolitik zu gewährleisten, hat der handelnde Bereichsleiter jedoch das letzte Wort über Einstellungen und Entlassungen von Mitarbeitern seines Bereiches, dann übt nicht der Personalleiter, sondern der Bereichsleiter die Funktionen der Nr. 1 aus[1]. Entscheidend ist jedoch – um in dem vorgenannten Beispiel zu bleiben –, dass der Bereichsleiter letztverantwortlich über Einstellungen und Entlassungen seines Bereiches entscheidet, mit anderen Worten, dass er auch die Geschäftsführung mit seinen Entscheidungen binden kann[2].

98 Das Recht des Angestellten zur selbständigen Einstellung und Entlassung muss sich nicht notwendigerweise auf den gesamten Betrieb oder das gesamte Unternehmen beziehen. Es müssen jedoch **bedeutende Bereiche des Betriebes oder des Unternehmens** betroffen sein (iSd. § 5 Abs. 3 Satz 2 Nr. 3 BetrVG)[3].

99 Beispiele:
– In einer Genossenschaftsbank mit 440 Mitarbeitern unterstehen dem Leiter der Revision 6,5 Stellen, arbeitsvertraglich ist diesem die Berechtigung übertragen, die ihm unterstellten Mitarbeiter einzustellen und zu entlassen: Personalkompetenz ist nur von untergeordneter Bedeutung für den Betrieb und damit auch für das Unternehmen, dies ergibt sich schon aus der geringen Anzahl der unterstellten Arbeitnehmer[4].
– Der Fastfood-Restaurantleiter mit Kompetenz zur Einstellung und Entlassung gewerblicher Arbeitnehmer besitzt nicht die erforderliche Personalkompetenz gegenüber einem bedeutenden Personenkreis[5].
– Der Maurer-Polier mit Personalvollmacht zur Einstellung und Entlassung von Hilfsarbeitern auf der Baustelle ist gleichfalls nicht leitender Angestellter[6].

100 Die Personalführungsbefugnis muss von hinreichender unternehmerischer Relevanz sein, um die Voraussetzung des § 5 Abs. 3 Satz 2 Nr. 1 BetrVG zu erfüllen. Die unternehmerische Bedeutung der Personalverantwortung kann sich einmal aus der Anzahl der Arbeitnehmer ergeben, auf die sich die Einstellungs- und Entlassungsbefugnis bezieht. Bei 6,5 Arbeitnehmern in einem Betrieb mit 440 Arbeitnehmern ist dieses Kriterium nicht erfüllt. Damit muss sich die unternehmerische Relevanz dieser Kompetenz aus anderen Umständen ergeben. Entscheidend ist, welche Bedeutung der Tätigkeit der betreffenden Mitarbeiter für das Unternehmen zukommt. Im vorliegenden Beispielsfall wäre der Leiter Revisionsabteilung dann leitender Angestellter iSd. § 5 Abs. 3 Satz 2 Nr. 1 BetrVG, wenn die Entscheidungskompetenz sich auf eine Gruppe erstrecken würde, die ein für das Unternehmen bedeutsames Aufgabengebiet bearbeitet[7] oder wenn (in diesem Beispiel) die 6,5 unterstellten Mitarbeiter ihrerseits Personalverantwortung für einen größeren Kreis von Mitarbeitern hätten[8].

---

1 Dies schließt allerdings nicht aus, dass der Personalleiter in seinem eigenen Bereich, dem Personalbereich, die Funktionen der Nr. 1 besitzt. Vgl. dazu *Fitting*, § 5 BetrVG Rz. 378; vgl. auch LAG Rh.-Pf. 4.4.2011 – 5 TaBV 36/10.
2 *Fitting*, § 5 BetrVG Rz. 378; *Hromadka*, BB 1990, 59.
3 *Fitting*, § 5 BetrVG Rz. 377; BAG 10.10.2007 – 7 ABR 61/06, DB 2008, 590 (591).
4 Fall des BAG 25.3.2009 – 7 ABR 2/08, AP Nr. 73 zu § 5 BetrVG 1972.
5 Fall des LAG Hess. 7.9.2000 – 12 TaBV 64/98, NZA-RR 2001, 426.
6 Vgl. DKKW/*Trümner*, § 5 BetrVG Rz. 203.
7 Vgl. BAG 16.4.2002 – 1 ABR 23/01, NZA 2003, 56 (58).
8 Sog. „Mittelbare Personalkompetenz", BAG 27.9.2001 – 2 AZR 176/00, NZA 2002, 1277 zu § 14 KSchG.

Checkliste:

Inhaltliche Anforderungen:

☐ Personalkompetenz im Innen- *und* Außenverhältnis (Beachtung von Richtlinien, Budgets und Zweitunterschrift nicht bedeutsam)[1].

☐ Personalkompetenz kann sich auf Teil der Belegschaft beschränken – der Personenkreis muss aber qualitativ bedeutsame Aufgaben wahrnehmen[2].

Formale Anforderungen:

☐ Klare schriftliche arbeitsvertragliche Regelung.

☐ Klare Definition der Stellung des Arbeitnehmers im Betrieb.

☐ Nachweisbare faktische Durchführung der vertraglich definierten Funktionen (zB Dokumentation über den Entscheidungsprozess von Einstellungen und Entlassungen).

cc) § 5 Abs. 3 Satz 2 Nr. 2 BetrVG

Leitend können auch solche Angestellte sein, die nach Arbeitsvertrag und Stellung im Unternehmen oder im Betrieb **Generalvollmacht oder Prokura** haben, sofern die Prokura auch im Verhältnis zum Arbeitgeber nicht unbedeutend ist, und wenn der Leitende – wie mit Blick auf § 5 Abs. 3 Satz 2 Nr. 3 BetrVG hinzufügen ist – diese in Bereichen einsetzen darf, die für die Entwicklung des Unternehmens oder des Betriebs von Bedeutung sind. Die in § 5 Abs. 3 Satz 2 Nr. 2 BetrVG vorgenommene Einschränkung (die Prokura darf im Verhältnis zum Arbeitgeber nicht unbedeutend sein) wurde erst im Verlaufe der Gesetzgebungsarbeiten eingefügt, um der Tatsache Rechnung zu tragen, dass eine Prokura regelmäßig vertraglich beschränkt ist, ohne dass der Status als leitender Angestellter davon berührt wäre[3]. Sinn und Zweck der Herausnahme der leitenden Angestellten aus dem Kreis der Arbeitnehmer iSd. § 5 Abs. 3 BetrVG ist, dass diese leitenden Angestellten als Repräsentanten des Arbeitgebers insbesondere gegenüber dem Betriebsrat gesehen werden müssen. Fehlt es an diesem Interessengegensatz, weil die betreffenden Personen von ihrer objektiven Interessenlage her diese Rolle nicht ausfüllen können, dann verdienen sie es auch nicht, zum Kreis der leitenden Angestellten nach § 5 Abs. 3 BetrVG zu zählen[4]. Ein Prokurist kann aber leitender Angestellter iSv. § 5 Abs. 3 Satz 2 Nr. 2 BetrVG auch dann sein, wenn seine Vertretungsbefugnis im Verhältnis zum Arbeitgeber Beschränkungen unterliegt[5].

Auch eine **Gesamt- oder Niederlassungsprokura** (gem. § 48 Abs. 2 HGB bzw. § 50 Abs. 3 HGB) kann ausreichend sein, um die Voraussetzungen von § 5 Abs. 3 Satz 2 Nr. 2 BetrVG zu erfüllen[6]. Von dem Anwendungsbereich der Nr. 2 sind nur solche Prokuristen ausgeschlossen, die lediglich aufgrund ausdrücklicher Vereinbarung oder Weisung des Arbeitgebers von der Prokura Gebrauch machen dürfen. Eine der-

---

1 S. BAG 10.10.2007 – 7 ABR 61/06, AP Nr. 72 zu 5 BetrVG 1972; dem BAG folgend auch BVerwG 22.3.2006 – 6 P 10/05, NZA-RR 2006, 552.
2 S. BAG 10.10.2007 – 7 ABR 61/06, AP Nr. 72 zu 5 BetrVG 1972; dem BAG folgend auch BVerwG 22.3.2006 – 6 P 10/05, NZA-RR 2006, 552.
3 Das BAG hatte in einer Entscheidung v. 27.4.1988 – 7 ABR 5/87, AP Nr. 37 zu § 5 BetrVG 1972 die Auffassung vertreten, der Prokurist müsse nach Dienststellung und Dienstvertrag dazu befugt sein, die mit der Prokura im Außenverhältnis verbundene Vertretungsmacht im Innenverhältnis uneingeschränkt auszuüben; diese Entscheidung wurde durch die Einfügung des Zusatzes im Gesetzestext obsolet.
4 Vgl. BAG 25.3.2009 – 7 ABR 2/08, AP Nr. 73 zu § 5 BetrVG 1972.
5 BAG 11.1.1995 – 7 ABR 33/94, NZA 1995, 747.
6 BAG 11.1.1995 – 7 ABR 33/94, NZA 1995, 747.

artige **Titularprokura** kann einen Prokuristen nicht in den Kreis der leitenden Angestellten nach Nr. 2 heben[1].

104 Auch ein Prokurist muss als leitender Angestellter **unternehmerische Führungsaufgaben** ausüben. Diese dürfen sich nicht in der Wahrnehmung sog. Stabsfunktionen erschöpfen. Denn eine **Stabsfunktion** ist auf das Innenverhältnis zum Unternehmer beschränkt. Der in einer Stabsfunktion tätige Prokurist übt keine Aufgaben aus, die regelmäßig einem Prokuristen kraft gesetzlicher Vertretungsmacht vorbehalten sind. Für die Aufgaben von Prokuristen in Stabsfunktionen hat die Prokura keine sachliche Bedeutung. Derartige Prokuristen sind in der Regel nicht leitende Angestellte iSd. § 5 Abs. 3 Satz 2 Nr. 2 BetrVG[2]. Selbst wenn einem Prokuristen in einer Linienfunktion (also mit unmittelbarer Außenwirkung und Verantwortung für einen bedeutsamen Bereich des Unternehmens oder des Betriebes) Prokura erteilt wird, kommt es darauf an, ob der Prokurist eine bedeutsame unternehmerische Führungsaufgabe wahrnimmt. Dies bestimmt sich nach den zu § 5 Abs. 3 Satz 2 Nr. 3 BetrVG entwickelten Grundsätzen[3]. Die einzelnen Tatbestandsgruppen des § 5 Abs. 3 BetrVG sind untereinander gleichwertig und es ist nicht vertretbar, einen Prokuristen als leitenden Angestellten nach Nr. 2 anzuerkennen, obwohl dieser Teilaufgaben wahrnimmt, die für den Betrieb oder das Unternehmen nicht iSv. Nr. 3 bedeutsam sind. Eine Differenzierung nach einem unscharf bleibenden Grad unternehmerischer Aufgabengewichtung lässt eine zuverlässige Abgrenzung der Tatbestandsgruppen der Nummern 2 und 3 des § 5 Abs. 3 Satz 2 BetrVG nicht zu[4].

105 Damit ist die Frage nach der Bedeutung der einzelnen Fallgruppen gestellt. Wenn in jede dieser drei Fallgruppen die Tatbestandsmerkmale des § 5 Abs. 3 Satz 2 Nr. 3 BetrVG hineingelesen werden, sind die Fallgruppen Nr. 1 und Nr. 2 überflüssig. Das BAG beantwortet diese Frage mit Hinweis auf die **unterschiedliche Verteilung der Darlegungslast**. Hat ein Angestellter Prokura erhalten, dann muss derjenige dies darlegen, der aus der Behauptung, die Prokura sei im Verhältnis zum Arbeitgeber unbedeutend, Rechte ableiten will. Bei § 5 Abs. 3 Satz 2 Nr. 3 BetrVG muss derjenige, der sich auf die Eigenschaft einer Person als leitender Angestellter berufen will, sämtliche Voraussetzungen darlegen. Für die Behauptung einer positiven Statusfeststellung genügt bereits der Nachweis der Prokura[5]. Insofern sind die Nrn. 1 und 2 nicht überflüssig. Ob diese vom BAG vorgenommene **Angleichung der Voraussetzungen** der Nrn. 1 und 2 von § 5 Abs. 3 BetrVG an die Nr. 3 wünschenswert ist oder ob damit der Wortlaut und die Entstehungsgeschichte dieser Bestimmung überstrapaziert werden, mag dahinstehen. Die Tendenz der Rechtsprechung zeigt jedoch den Weg zu einer nicht nur in Bezug auf andere Gesetze, sondern auch innerhalb des Betriebsverfassungsgesetzes einheitlichen Definition des leitenden Angestellten im Sinne der Vorgaben des § 5 Abs. 3 Satz 2 Nr. 3 BetrVG.

106 ➲ **Hinweis:** Der angestellte Wirtschaftsprüfer in einer Wirtschaftsprüfungsgesellschaft gilt aufgrund gesetzlicher Regelung (§ 45 WPO) als leitender Angestellter iSd. § 5 Abs. 3 BetrVG, sofern er mit Prokura ausgestattet ist. Bei dieser gesetzlichen Regelung handelt es sich um eine unwiderleglich angeordnete Geltung der Bereichsausnahme des § 5 Abs. 3 Satz 1 BetrVG, die von den engeren Voraussetzungen des § 5 Abs. 3 Satz 2 BetrVG gelöst ist. Nach einer Entscheidung des BAG ist diese Bestimmung verfassungskonform ein-

---

1 So bereits BAG 27.4.1988 – 7 ABR 5/87, AP Nr. 37 zu § 5 BetrVG 1972 und 11.1.1995 – 7 ABR 33/94, NZA 1995, 747.
2 BAG 29.6.2011 – 7 ABR 5/10, NZA-RR 2011, 647 Rz. 20; 11.1.1995 – 7 ABR 33/94, NZA 1995, 747 (748); *Fitting*, § 5 BetrVG Rz. 389 – was jedoch nicht ausschließt, dass Mitarbeiter in Stabsfunktionen leitend gem. § 5 Abs. 3 Satz 2 Nr. 3 BetrVG sind, vgl. GK-BetrVG/*Raab*, § 5 Rz. 117.
3 So BAG 11.1.1995 – 7 ABR 33/94, NZA 1995, 748 (749).
4 BAG 11.1.1995 – 7 ABR 33/94, NZA 1995, 749; *Stege/Weinspach*, § 5 BetrVG Rz. 11b.
5 BAG 11.1.1995 – 7 ABR 33/94, NZA 1995, 747 (749).

II. Arbeitnehmer

schränkend so zu verstehen, dass sie nur angestellte Wirtschaftsprüfer erfasst, denen Prokura erteilt ist[1].

dd) § 5 Abs. 3 Satz 2 Nr. 3 BetrVG

Die dritte Tatbestandsgruppe von § 5 Abs. 3 BetrVG baut auf einem Grundtatbestand für die Abgrenzung der leitenden Angestellten auf, der zunehmend Bedeutung auch bei den beiden anderen Fallgruppen gewinnt[2]. **107**

(1) Für den Bestand oder die Entwicklung eines Unternehmens oder eines Betriebes bedeutsame Aufgaben

Zunächst wird vorausgesetzt, dass der leitende Angestellte Aufgaben wahrnimmt, die für den **Bestand und die Entwicklung des Unternehmens oder eines Betriebes** von Bedeutung sind und deren Erfüllung besondere Erfahrungen und Kenntnisse voraussetzt, wenn er dabei die Entscheidungen im Wesentlichen frei von Weisungen trifft oder sie maßgeblich beeinflusst. Die vom Angestellten wahrgenommenen Aufgaben für die Verwirklichung der unternehmerischen Zielsetzung müssen bedeutsam sein. Unerheblich ist, in welchem Bereich des Unternehmens der Angestellte eingesetzt ist. Unterhalb der Ebene der Geschäftsführer oder des Vorstandes gibt es zumindest bei größeren Unternehmen eine Ebene, auf der Personen tätig sind, die für den Bestand und die Entwicklung des Unternehmens bedeutsame Aufgaben wahrnehmen. Für den Betrieb liegt dies nicht in gleicher Weise auf der Hand, es soll jedoch durch die Erwähnung auch des Betriebes in diesem Zusammenhang klargestellt werden, dass auch in einem Betrieb zumindest eine Person (zB der Betriebsleiter) vorhanden ist, die als verlängerter Arm des Unternehmers handelt (s. Rz. 88)[3]. **108**

Der Wortlaut des Gesetzes lässt offen, ob die Frage der Wahrnehmung bedeutender Aufgaben aus der Sicht des Betriebes oder ausschließlich aus der Sicht des Unternehmens beantwortet werden kann. Die herrschende Meinung geht jedoch dahin, anhand einer teleologischen Interpretation des Betriebsbegriffs die Frage vor dem Hintergrund zu beantworten, ob die Funktion (zB Betriebsleiter eines Zweigwerks eines Unternehmens mit mehreren Betrieben) für den Bestand und die Entwicklung des gesamten Unternehmens bedeutsam ist[4]. **109**

(2) Besondere Erfahrungen und Kenntnisse

Die Erfüllung dieser Aufgaben muss besondere Erfahrungen und Kenntnisse des Angestellten voraussetzen. Dieses Merkmal hängt sachlich eng mit dem ersten Merkmal zusammen. Wenn ein Angestellter für den Bestand und die Entwicklung des Unternehmens oder eines Betriebes bedeutsame Aufgaben übernimmt, wird er dies nur dann tun können, wenn er über besondere Erfahrungen und Kenntnisse verfügt. Wollte man diesem Merkmal einen eigenständigen Charakter zubilligen, wäre regelmäßig ein Hochschulabgänger, der ohne besondere Berufserfahrung in leitende Positionen eines Unternehmens oder eines Betriebes einrückt, als leitender Angestellter ausgeschlossen, da er nicht über besondere Erfahrungen (wenn auch uU über besondere Kenntnisse) verfügt. Daher werden **keine spezifischen Bildungsvoraussetzungen** **110**

---

1 BAG 29.6.2011 – 7 ABR 15/10, NZA 2012, 408.
2 MünchArbR/*Richardi*, § 19 Rz. 33.
3 *Fitting*, § 5 BetrVG Rz. 394 verlangt dagegen, dass sich unternehmerische Aufgaben auch auf den Bestand und die Entwicklung eines Betriebes auswirken müssen. Derartige Aufgaben sind unternehmerische Leitungsaufgaben.
4 So Richardi/*Richardi*, § 5 BetrVG Rz. 209 f.; *Fitting*, § 5 BetrVG Rz. 385; GK-BetrVG/*Raab*, § 5 Rz. 126.

aufgestellt. Besondere Kenntnisse können auch im Selbststudium oder in der längeren Ausübung einer leitenden Position gewonnen werden[1].

(3) Treffen von Entscheidungen frei von Weisungen Dritter oder maßgebliche Beeinflussung von Entscheidungen

111 Eigenständige Bedeutung hat das dritte Merkmal von § 5 Abs. 3 Satz 2 Nr. 3 BetrVG, wonach ein Angestellter nur dann als leitender Angestellter anzusehen ist, wenn er entweder die **Entscheidungen im Wesentlichen frei von Weisungen trifft oder sie maßgeblich beeinflusst**. Die im Gesetzestext vorgenommene Einschränkung (Möglichkeit der Vorgaben in Form von Rechtsvorschriften, Plänen oder Richtlinien oder im Rahmen der Zusammenarbeit mit anderen leitenden Angestellten) drückt lediglich soziologisch das aus, was in größeren Unternehmen gang und gäbe ist. Diese Einschränkung wäre ohnehin selbstverständlich, da sich ansonsten die widersinnige Konsequenz ergäbe, dass ein Unternehmen, je größer es ist, umso weniger leitende Angestellte hätte.

112 Der erste Halbsatz dieser dritten Gruppe spricht die Entscheidungsträger selbst an. Die Entscheidungen müssen weitgehend frei von Weisungen Dritter getroffen werden können, allerdings ist es unschädlich, wenn der Entscheidungsbereich durch organisatorisch bedingte Vorgaben des Unternehmens eingeschränkt ist[2]. Eine völlige Weisungsunabhängigkeit ist daher nicht erforderlich, sie entspräche auch nicht der Unternehmenswirklichkeit. Ein unternehmerischer Handlungsspielraum kann auch dann angenommen werden, wenn die Entscheidung an Vorgaben insbesondere aufgrund von Rechtsvorschriften oder Richtlinien gebunden ist[3]. Dabei muss allerdings ein Handlungsspielraum gegeben sein, der noch unternehmerische Entscheidungen zulässt. Der zweite Halbsatz spricht den in der Realität vor allem bei Großunternehmen häufigen Fall an, dass Entscheidungen nicht selbst getroffen, sondern lediglich maßgeblich beeinflusst werden. Hat die selbst zu treffende oder zu beeinflussende Entscheidung keine Auswirkung auf bedeutsame Entwicklungen des Unternehmens, handelt es sich bei den jeweiligen Entscheidungsträgern oder den Arbeitnehmern, die diese Entscheidung beeinflussen, nicht um leitende Angestellte. Insofern greifen die einzelnen Bestandteile der Nr. 3 ineinander[4]. Dabei ist nicht erforderlich, dass der Betroffene ausschließlich unternehmerische Leitungsaufgaben wahrnimmt. Es genügt, wenn neben anderen auch unternehmerische Leitungsaufgaben wahrgenommen werden[5]. Ein Arbeitnehmer ist dann im Sinne dieser Bestimmung leitender Angestellter, wenn er eine **Schlüsselposition** wahrnimmt, in der Aufgaben entweder selbst entschieden oder doch so vorbereitet werden, dass der Unternehmer an den Überlegungen des Angestellten nicht vorbeigehen kann[6].

113 **Beispiele aus der Rechtsprechung:**
– Ein EDV-Spezialist, der die Datenverarbeitung im Unternehmen aufbauen und vorantreiben soll, ist kein leitender Angestellter (§ 5 Abs. 3 BetrVG), da er lediglich die unternehme-

---

1 BAG 9.12.1975 – 1 ABR 80/73, AP Nr. 11 zu § 5 BetrVG 1972; *Fitting*, § 5 BetrVG Rz. 401.
2 BAG 29.6.2011 – 7 ABR 5/10, NZA-RR 2011, 647 Rz. 27; 23.1.1986 – 6 ABR 51/81, AP Nr. 32 zu § 5 BetrVG 1972.
3 BAG 29.6.2011 – 7 ABR 5/10, NZA-RR 2011, 647 Rz. 27; GK-BetrVG/*Raab*, § 5 Rz. 136.
4 Vgl. MünchArbR/*Richardi*, § 19 Rz. 41.
5 So BAG 11.1.1995 – 7 ABR 33/94, NZA 1995, 747 (750); MünchArbR/*Richardi*, § 19 Rz. 41.
6 Vgl. BAG 11.1.1995 – 7 ABR 33/94, NZA 1995, 747 (751); bei dieser Entscheidung ging es um einen Leiter der Hauptabteilung Rechnungswesen, dem im Bereich der Bilanzierung Aufgaben übertragen waren, die u.a. die selbständige Erstellung der Bilanzen beinhalteten. Bei diesen Aufgaben war der Angestellte weitgehend frei, abgesehen von vorgegebenen unternehmensweiten Richtlinien, die seinen Verantwortungsbereich aber nicht einschränkten. Damit nahm der Angestellte nicht nur gelegentlich unternehmerische Aufgaben wahr, an denen der Geschäftsführer nicht vorbeigehen konnte; *Fitting*, § 5 BetrVG Rz. 397.

rischen Entscheidungen arbeitstechnisch durchführt oder Tätigkeiten ausübt, die sich darin erschöpfen, vorgegebene Ziele zu erarbeiten[1].

- Ein Restaurantleiter in einem Fast-Food-Restaurant ist regelmäßig kein leitender Angestellter, da es an erheblichem Entscheidungsspielraum fehlt; es darf nicht nur um den Vollzug unternehmerischer Entscheidungen gehen, sondern der Angestellte muss auch im Innenverhältnis gegenüber dem Arbeitgeber selbständig entscheiden können[2].
- Der Leiter der Personalabteilung eines größeren Unternehmens mit 1 000 Mitarbeitern, dem selbst nur zwei Mitarbeiter unterstehen, der aber bei allen personellen Maßnahmen mit dem jeweiligen Leiter der Fachabteilung gemeinsam verantwortlich ist, besitzt maßgeblichen Einfluss auf das Unternehmen und ist damit leitender Angestellter[3].
- Der Geschäftsführer einer ausländischen Tochtergesellschaft ist nicht zwingend leitender Angestellter nach § 5 Abs. 3 Satz 2 Nr. 3 BetrVG, es sei denn, dieser trifft bei der Wahrnehmung seiner Aufgaben die maßgeblichen Entscheidungen der Unternehmenspolitik im Wesentlichen frei von Weisungen oder beeinflusst die entsprechenden Entscheidungen des Arbeitgebers maßgeblich; die schlichte Repräsentation des Arbeitgebers im Ausland kann das Fehlen entsprechender Kompetenzen nicht ersetzen[4].
- Angestellte Rechtsanwälte oder Steuerberater einer Beratungsgesellschaft sind nicht schon deshalb leitend nach § 5 Abs. 3 Satz 2 Nr. 3 BetrVG, weil sie in der Mandatsbearbeitung und Prüfungstätigkeit eigenverantwortlich handeln, maßgeblich ist vielmehr, ob sie der Leitungs- und Führungsebene zuzurechnen sind und unternehmens- oder betriebsleitende Entscheidungen entweder selbst treffen oder maßgeblich vorbereiten. Letzteres ist zB möglich bei der selbständigen Verwaltung eines nicht unerheblichen Budgets oder bei der zwingenden Mitsprache bei strategischen Entscheidungen[5].
- Der Chefarzt einer Krankenhausabteilung ist regelmäßig nicht leitender Angestellter, da in dieser Position regelmäßig keine Aufgaben wahrgenommen werden, die den Bereich der wirtschaftlichen, technischen, kaufmännischen, organisatorischen, personellen oder wissenschaftlichen Leitung des Unternehmens berühren. Dem Chefarzt steht kein eigener erheblicher Entscheidungsspielraum in diesen Bereichen zu, er kann in dieser Funktion auch keinen maßgeblichen Einfluss auf die Unternehmensführung ausüben[6].
- Bei einem Chefarzt kommt es nicht darauf an, dass er regelmäßig frei und eigenverantwortlich Entscheidungen etwa über die Einführung spezieller Untersuchungsmethoden fällen kann. Zwar obliegt dem Chefarzt die Verantwortung im ärztlichen Bereich, wenn er eigenverantwortlich handelt und an Weisungen nicht gebunden ist. Dieser Kompetenz fehlt die unternehmerische Dimension. Leitender Angestellter ist der Chefarzt nur dann, wenn er maßgeblichen Einfluss auf die Unternehmensführung ausüben kann. Dazu muss er nicht Mitglied der Krankenhausverwaltung sein, er muss aber der Leitungs- und Führungsebene zuzurechnen sein und unternehmens- oder betriebsleitende Entscheidungen entweder selbst treffen oder maßgeblich vorbereiten[7].

ee) § 5 Abs. 4 BetrVG

Ist schließlich nach Ausschöpfung aller Erkenntnismittel bei der Bestimmung des leitenden Angestellten (insbesondere nach § 5 Abs. 3 Satz 2 Nr. 3 BetrVG) noch keine

---

1 Fall des LAG Köln 20.4.2001 – 11 Sa 1396/00, DB 2001, 1512.
2 Fall des LAG Hess. 7.9.2000 – 12 TaBV 64/98, NZA-RR 2001, 426.
3 So auch GK-BetrVG/*Raab*, § 5 Rz. 139.
4 Fall des LAG München 13.4.2000 – 2 Sa 886/99, NZA-RR 2000, 425; vgl. auch BAG 20.4.2005 – 7 ABR 20/04, NZA 2005, 1006: „Die Stellung als leitender Angestellter in einem anderen Unternehmen des Konzerns ist nicht maßgeblich."
5 BAG 29.6.2011 – 7 ABR 5/10, NZA-RR 2011, 647 Rz. 28.
6 Fall des LAG Hamm 10.10.2008 – 10 TaBV 24/08; s.a. mit gleicher Argumentation den Fall einer Chefärztin und Leiterin einer Fachklinik eines Krankenhauses mit elf Mitarbeitern, LAG Hess. 31.7.2008 – 9 TaBV 267/07.
7 So BAG 5.5.2010 – 7 ABR 97/08, NZA 2010, 955. Beispielhaft weist das BAG darauf hin, dass der Chefarzt dann als leitender Angestellter angesehen werden kann, wenn er ein nicht ganz unerhebliches Budget selbständig verwaltet oder bei Investitionsentscheidungen zwingende Mitspracherechte besitzt.

Entscheidung möglich, greift die sog. **Zweifelsregel** des § 5 Abs. 4 BetrVG ein. Diese Bestimmung, die lediglich als Unklarheitenregel verstanden wird, soll bei Bestehen eines Bewertungsspielraums eine eindeutige Abgrenzung ermöglichen[1]. Fraglich ist, worauf sich die Zweifel beziehen müssen. Denn die materiellen Kriterien für die Zuordnung eines Arbeitnehmers zu den leitenden Angestellten dürfen ausschließlich § 5 Abs. 3 BetrVG entnommen werden. Durch die Neufassung sollten gerade die früheren Auslegungsschwierigkeiten beseitigt werden. Nur soweit bei der Anwendung auf den konkreten Sachverhalt noch Zweifel bestehen, gibt Abs. 4 eine Entscheidungshilfe[2].

115 Dementsprechend ist auch streitig, ob sich die Zweifel iSd. § 5 Abs. 4 BetrVG auf die materielle Aufklärung des Sachverhalts beziehen oder ob sie lediglich Hilfestellung („Orientierungshilfe in Grenzfällen") bei der **rechtlichen Würdigung** geben dürfen[3]. Richtigerweise kann die Zweifelsregel nicht den Ausschlag bei der rechtlichen Einordnung eines Angestellten geben, wenn zB offen geblieben ist, ob ein leitender Angestellter Entscheidungen im Unternehmen maßgeblich beeinflusst. Die Erfüllung irgendeines der formellen Merkmale des § 5 Abs. 4 BetrVG sagt nichts über die Frage aus, ob ein Angestellter die Entscheidungen in seinem Unternehmen maßgeblich beeinflusst. Nur auf Letzteres kommt es an. Lediglich dann, wenn trotz der vollständigen Aufklärung des Sachverhaltes bei der rechtlichen Einordnung des Angestellten noch Zweifel verbleiben, sind die formalen Merkmale des § 5 Abs. 4 BetrVG ergänzend heranzuziehen.

116 Ist zB ein Bereichsleiter Rechnungswesen auf einer Ebene tätig, auf der im Unternehmen **überwiegend leitende Angestellte** vertreten sind, so ist dies ein zusätzlicher Hinweis darauf, dass es sich tatsächlich um einen leitenden Angestellten handelt. Ein bestimmter Arbeitnehmer ist nicht deshalb leitender Angestellter, weil auf seiner Ebene überwiegend leitende Angestellte vertreten sind. Mit diesem Verständnis verliert Abs. 4 von § 5 BetrVG weitgehend seine Bedeutung. Sind die Voraussetzungen von § 5 Abs. 3 Satz 2 Nr. 3 BetrVG bereits erfüllt, verbietet sich ein weiteres Eingehen auf § 5 Abs. 4 BetrVG, wie auch umgekehrt auf Abs. 4 nicht zurückgegriffen werden darf, um einen Arbeitnehmer wegen Fehlens einzelner Voraussetzungen von Nr. 3 doch noch leitend zu machen[4]. Bei den einzelnen Merkmalen des § 5 Abs. 4 BetrVG handelt es sich um **formale Gesichtspunkte**. Im Falle einer Einordnung des Angestellten als leitend im Rahmen eines Beschlussverfahrens (sog. Statusverfahren) sind alle Beteiligten (insbesondere Arbeitgeber und Wahlvorstände) an die Entscheidung der Gerichte gebunden[5]. Die Bedeutung der ersten Gruppe (Nr. 1) liegt vor allem darin, dass sich nach einem Statusverfahren die Verhältnisse uU geändert haben. Denn ansonsten gäbe es bereits eine bindende Einordnung, so dass die Zweifelsregel überflüssig wäre[6]. Richtlinie für die mit dem betreffenden Angestellten vergleichbare Leitungsebene[7] ist idR das Organigramm des Unternehmens. Sind auf der gleichen hierarchischen Ebene wie der betroffene Angestellte mehr als 50 % der Arbeitnehmer anerkanntermaßen leitende Angestellte, so spricht dies im Zweifel dafür, dass auch der betroffene Angestellte als leitend anzusehen ist.

---

1 So MünchArbR/*Richardi*, § 19 Rz. 43; *Fitting*, § 5 BetrVG Rz. 414.
2 Vgl. MünchArbR/*Richardi*, § 19 Rz. 44.
3 In ersterem Sinne *H.-P. Müller*, DB 1988, 1697 (1699); *Stege/Weinspach*, § 5 BetrVG Rz. 24; in letzterem Sinne BAG 22.2.1994 – 7 ABR 32/93, nv.; *Fitting*, § 5 BetrVG Rz. 416; DKKW/*Trümner*, § 5 BetrVG Rz. 237; *Wlotzke*, DB 1989, 111 (122); *Buchner*, NZA Beilage 1/1989, 2 (9); *Engels/Natter*, BB Beilage 8/1989, 10.
4 Vgl. MünchArbR/*Richardi*, § 19 Rz. 48.
5 Vgl. *Fitting*, § 5 BetrVG Rz. 423; aA GK-BetrVG/*Raab*, § 5 Rz. 168.
6 Vgl. *Fitting*, § 5 BetrVG Rz. 425.
7 MünchArbR/*Richardi*, § 19 Rz. 47; aA *Fitting*, § 5 BetrVG Rz. 420: Tatsachen müssen zweifelsfrei ermittelt werden.

Die Definition des **regelmäßigen Jahresarbeitsentgelts** (gem. § 5 Abs. 4 Nr. 3 BetrVG) wird allgemein § 14 SGB IV entnommen[1]. Dazu gehören neben dem Festgehalt auch variable Vergütungsbestandteile (wie Tantiemen und Provisionen), wobei als Referenzzeitraum das vergangene Kalenderjahr oder, bei stark schwankender Vergütung (zB durch Provisionen), auch ein kürzerer Zeitraum heranzuziehen ist. Dabei können nur solche leitende Angestellte vergleichbar herangezogen werden, deren Status zweifelsfrei feststeht[2]. Hegt der Wahlausschuss im Rahmen der Vorbereitung einer Betriebsratswahl Zweifel an der rechtlichen Einordnung bestimmter Personen als leitende Angestellte, dann kann er vom Arbeitgeber unter Berufung auf § 5 Abs. 4 Nr. 3 BetrVG die Vorlage der vergleichbaren Gehälter bei leitenden Angestellten im Unternehmen verlangen. Dieses Verlangen ist jedoch nicht erzwingbar. Kommt der Arbeitgeber dem Verlangen nicht nach, kann er sich in einem späteren Wahlanfechtungsverfahren nicht unter Berufung auf die Auslegungsregel der Nr. 4 damit verteidigen, dass der betroffene leitende Angestellte regelmäßig ein für leitende Angestellte des Unternehmens übliches Jahresarbeitsentgelt erhält[3].

117

§ 5 Abs. 4 Nr. 4 BetrVG enthält **kein selbständiges Kriterium**; diese Bestimmung greift nur dann ein, wenn Zweifel über die Üblichkeit der Jahresarbeitsentgelte in dem Unternehmen bestehen. Nur dann kann auf Nr. 4 zurückgegriffen werden, nicht bereits dann, wenn feststeht, dass leitende Angestellte weniger verdienen, als üblicherweise auf der Ebene der leitenden Angestellten im Unternehmen verdient wird. Ist Letzteres der Fall, bleibt es bei dem nach Anwendung der Regel Nr. 3 ermittelten Ergebnis, wonach der betreffende Angestellte gerade nicht als leitend anzusehen ist. Die Regelung in Nr. 4 von § 5 Abs. 4 BetrVG ist damit praktisch bedeutungslos[4]. Die Bezugsgröße wird jährlich neu festgesetzt (§ 18 SGB IV).

118

ff) Prüfungsschema für die Bestimmung des Status eines leitenden Angestellten

– Übt der Arbeitnehmer nach Arbeitsvertrag und Stellung im Unternehmen oder im Betrieb Funktionen aus, die **im Wesentlichen** in § 5 Abs. 3 Satz 2 Nr. 3 BetrVG beschrieben sind (funktioneller Grundtatbestand; Nr. 3 „Grobprüfung")?

119

– Wird die Frage **verneint**, ist die Prüfung abgeschlossen: Der Arbeitnehmer ist kein leitender Angestellter.

– Wird die Frage **bejaht**, werden die beiden formalen Kriterien in § 5 Abs. 3 Satz 2 Nr. 1 und Nr. 2 BetrVG geprüft.

– Trifft eines dieser beiden formalen Kriterien zu, ist die Prüfung erledigt: Der Arbeitnehmer ist leitender Angestellter.

– Trifft keine der formalen Voraussetzungen von Nr. 1 oder Nr. 2 zu, erfolgt eine **detaillierte Prüfung** der Voraussetzungen des § 5 Abs. 3 Satz 2 Nr. 3 BetrVG (Nr. 3 „Feinprüfung").

– Sind die Voraussetzungen der Nr. 3 erfüllt, ist die Frage beantwortet: Der Arbeitnehmer ist leitender Angestellter.

– Sind die Voraussetzungen nicht vollständig erfüllt, ist in einzelnen offen gebliebenen Punkten der Katalog von § 5 Abs. 4 BetrVG heranzuziehen; dabei ist zu beachten, dass die Erfüllung aller oder einzelner Merkmale von § 5 Abs. 4 BetrVG für die Bestimmung des Status nichts aussagt.

---

1 *Fitting*, § 5 BetrVG Rz. 435.
2 DKKW/*Trümner*, § 5 BetrVG Rz. 243; MünchArbR/*Richardi*, § 19 Rz. 57.
3 MünchArbR/*Richardi*, § 19 Rz. 57.
4 So auch *Fitting*, § 5 BetrVG Rz. 442; *Buchner*, NZA Beilage 1/1989, 2 (10); *Bauer*, Sprecherausschussgesetz, § 5 BetrVG Anm. VII 5; aA *Hromadka*, Sprecherausschussgesetz, § 5 BetrVG Rz. 43.

– Kann die Bestimmung des Status des Arbeitnehmers unter hilfsweiser Heranziehung der Kriterien von § 5 Abs. 4 BetrVG beantwortet werden, so ist die Statusbestimmung beendet.

c) Leitende Angestellte gem. § 14 Abs. 2 KSchG

120 Die Bestimmung des § 14 Abs. 2 KSchG ist lediglich auf Geschäftsführer, Betriebsleiter und ähnliche leitende Angestellte anwendbar. Die Begriffe „Geschäftsführer" und „Betriebsleiter" sind **nicht im technischen Sinn** zu verstehen. Der Geschäftsführer ist daher nicht der GmbH-Geschäftsführer (dieser ist von § 14 Abs. 1 Nr. 1 KSchG erfasst), sondern jede Person, der allein oder mit anderen die Führung des Unternehmens obliegt, die also unternehmerische (Teil-)Aufgaben ausübt[1]. § 14 Abs. 2 KSchG ist deshalb von großer praktischer Relevanz, weil es danach keines Auflösungsgrundes nach § 9 Abs. 1 Satz 2 KSchG bedarf, wenn Geschäftsführer, Betriebsleiter und ähnlich leitende Angestellte von einer ordentlichen Kündigung betroffen sind.

121 Betriebsleiter ist regelmäßig der Vorgesetzte aller Arbeitnehmer in einem Betrieb eines Unternehmens. Es reicht aus, dass der Betriebsleiter eine Betriebsabteilung führt[2]. Die im untechnischen Sinn zu verstehenden Geschäftsführer und Betriebsleiter müssen ein **gewisses Maß an Selbständigkeit** aufweisen und Aufgaben mit besonderer Bedeutung und mit Entscheidungsspielraum übernehmen[3]. Der Angestellte entspricht dann dem gesetzlichen Leitbild eines „Geschäftsführers" oder „Betriebsleiters", wenn er kraft seiner leitenden Funktion maßgeblichen Einfluss auf die wirtschaftliche, technische, kaufmännische, organisatorische, personelle oder wissenschaftliche Führung des Unternehmens oder eines Betriebes ausübt[4]. Die sog. **ähnlichen leitenden Angestellten** üben nach ihrer Stellung und nach ihren Aufgaben eine mit den Geschäftsführern oder Betriebsleitern vergleichbare Position aus. Auch bei diesen wird Vorgesetztenstellung gegenüber Mitarbeitern verlangt und gefordert, dass Arbeitgeberfunktionen ausgeübt werden. Als „ähnliche leitende Angestellte" werden Leiter von Rechtsabteilungen, Filialleiter, nicht dagegen Werkmeister, Poliere oder Lagerverwalter behandelt[5]. Es gibt damit einen zweiten Begriff des „leitenden Angestellten" neben dem des § 5 Abs. 3 BetrVG im Kündigungsschutzgesetz. Dieser **zweite Begriff des leitenden Angestellten im Kündigungsschutzrecht** wird auch anders definiert als der entsprechende Begriff im Betriebsverfassungsgesetz. So gibt es Arbeitnehmer, die zwar nach § 5 Abs. 3 BetrVG leitende Angestellte sind, nicht jedoch nach § 14 Abs. 2 KSchG und umgekehrt, wenngleich Letzteres seltener vorkommt[6].

122 Der Angestellte muss über die Einstellung oder Entlassung einer bedeutenden Anzahl von Arbeitnehmern[7] oder über eine gewisse Anzahl bedeutender Arbeitnehmer entscheiden können. Die Befugnis muss nicht nur das Innenverhältnis, sondern auch das Außenverhältnis umfassen[8]. Ein nur eng begrenzter Personenkreis genügt nicht. Es reicht auch nicht aus, wenn sich die Befugnis darauf beschränkt, nur Vorschläge zu unterbreiten. Zum anderen muss die selbständige Wahrnehmung von Einstellungs- oder Entlassungsfunktionen einen wesentlichen Teil der Tätigkeit des Angestellten

---

1 Vgl. KR/*Rost*, § 14 KSchG Rz. 27; *Herschel/Löwisch*, § 14 KSchG Rz. 11; *von Hoyningen-Huene/von Hoyningen-Huene*, § 14 KSchG Rz. 22; ErfK/*Kiel*, § 14 KSchG Rz. 11.
2 BAG 27.9.2001 – 2 AZR 176/00, BB 2002, 2131; ErfK/*Kiel*, § 14 KSchG Rz. 12.
3 BAG 27.9.2001 – 2 AZR 176/00, BB 2002, 2131; ErfK/*Kiel*, § 14 KSchG Rz. 11.
4 Vgl. BAG 25.11.1993 – 2 AZR 517/93, NZA 1994, 837.
5 Vgl. ErfK/*Kiel*, § 14 KSchG Rz. 16, 17.
6 *von Hoyningen-Huene/Linck*, § 14 KSchG Rz. 18.
7 BAG 24.3.2011 – 2 AZR 674/09, AP Nr. 67 zu § 9 KSchG 1969.
8 BAG 19.4.2012 – 2 AZR 186/11, juris (Ls. 2+3); 14.4.2011 – 2 AZR 167/10, AP Nr. 14 KSchG 1969; 18.11.1999 – 2 AZR 903/98, AP Nr. 5 zu § 14 KSchG 1969; im Fall eines Chefarztes, der nur intern, nicht aber auch im Außenverhältnis die selbständige Einstellungsbefugnis besaß.

ausmachen[1], seine Tätigkeit muss durch diese Funktion schwerpunktmäßig bestimmt werden[2]. Dabei ist das Gewicht der zu tragenden personellen Verantwortung und, ob dies die Tätigkeit qualitativ prägt, maßgeblich. Die Personalverantwortung darf nicht nur allein „auf dem Papier stehen, sie muss tatsächlich ausgeübt werden"[3]. Dem steht nicht entgegen, dass der Angestellte unternehmensinterne Vorgaben wie etwa einen Stellenplan beachten muss[4].

Beispiele: 123

– In einer WP-Gesellschaft mit insgesamt 120 Beschäftigten hat der Angestellte Personalhoheit über sieben Mitarbeiter: Keine bedeutende Zahl von Mitarbeitern, außerdem ist die Einstellungs- oder Entlassungsbefugnis des Angestellten nicht prägend für seine Tätigkeit, da wesentliche Aufgabe die Leitung der Steuerabteilung in fachlicher Hinsicht ist, also eine fachspezifische, planerische und akquirierende Stabsaufgabe, die von Personalaufgaben allenfalls am Rande tangiert wird[5].

– Der Personalleiter eines Unternehmens mit etwa 1 000 Mitarbeitern muss Personalmaßnahmen jeweils mit dem Fachvorgesetzten oder anderen Mitgliedern des Management-Teams oder der Geschäftsführung abstimmen: Fehlende Berechtigung zur Einstellung oder Entlassung im Innenverhältnis[6].

Prüfungsschema zu § 14 Abs. 2 KSchG 124

1. Geschäftsführer/Betriebsleiter/ähnlicher leitender Angestellter: im Zweifel § 5 Abs. 3 BetrVG heranziehen (als Oberbegriff)
2. Berechtigung zur selbständigen Einstellung oder Entlassung:
   – auch für Teilbereiche möglich
   – eigenverantwortlich (Können und Dürfen)
   – macht wesentlichen Teil der gesamten Kompetenz aus.

4. Kirchliche Mitarbeiter[7]

Art. 137 Abs. 3 WRV, ins Grundgesetz übernommen durch Art. 140 GG, hat den Kirchen das Selbstbestimmungsrecht belassen. Dieses Selbstbestimmungsrecht umfasst auch die Festlegung der Arbeitsvertragsbedingungen für kirchliche Mitarbeiter. Die Kirchen haben die Befugnis, den ihr angehörenden Arbeitnehmern die Beachtung jedenfalls der tragenden Grundsätze der kirchlichen Glaubens- und Sittenlehre aufzuerlegen und zu verlangen, dass sie nicht gegen die fundamentalen Verpflichtungen verstoßen, die sich aus der Zugehörigkeit zur Kirche ergeben und die jedem Kirchenmitglied obliegen[8]. Die Kirchen haben auf Basis dieser grundrechtlichen Garantie zur Ordnung ihrer Arbeitsverhältnisse den sog. **„Dritten Weg"** entwickelt[9]. Der Dritte Weg sieht vor, dass die Kirchen durch ihre unabhängigen und paritätischen Kommissionen Regelwerke aufstellen können, die faktisch wie Tarifverträge wirken. Daneben existiert im Bereich der Kirchen ein besonderes Mitarbeitervertretungsrecht, mit dem eine betriebsverfassungsrechtliche Mitbestimmungsordnung für die kirchlichen Mitarbeiter geschaffen worden ist[10]. Das kirchliche Arbeitsrecht gilt auch für die 125

---

1 BAG 24.3.2011 – 2 AZR 674/09, AP Nr. 67 zu § 9 KSchG 1969.
2 BAG 18.10.2000 – 2 AZR 465/99, AP Nr. 39 zu § 9 KSchG 1969.
3 BAG 14.4.2011 – 2 AZR 167/10, AP Nr. 12 zu § 14 KSchG Rz. 15.
4 BAG 19.4.2012 – 2 AZR 186/11, juris.
5 LAG Köln 3.6.2003 – 13 (3) Sa 1283/02, NZA-RR 2004, 578.
6 Fall des LAG Nds. 8.1.2004 – 7 Sa 219/03, NZA-RR 2004, 524.
7 Ausführlich zum Status *Mestwerdt*, NZA 2014, 281.
8 BVerfG 4.6.1985 – 2 BvR 1703/83 u.a., AP Nr. 24 zu Art. 140 GG.
9 Vgl. MünchArbR/*Richardi*, § 327.
10 HWK/*Thüsing*, vor § 611 BGB Rz. 130; MünchArbR/*Richardi*, § 329.

Mitarbeiter der privatrechtlich verselbständigten Einrichtungen wie Caritas und Diakonie[1]. Denn die Regelungs- und Verwaltungsbefugnis der Kirchen gilt für alle Institutionen, die nach kirchlichem Selbstverständnis ihrem Zweck oder ihrer Aufgabe entsprechend berufen sind, ein Stück Auftrag der Kirche wahrzunehmen und zu erfüllen[2]. Das Individualarbeitsrecht ist in Arbeitsvertragsordnungen niedergelegt, so zB in den AVR des Caritas-Verbandes und der Diakonie. Nur soweit diese Arbeitsvertragsrichtlinien Tarifvertragsregelungen ganz oder mit im Wesentlichen gleichen Inhalten übernehmen, sind für die Inhaltskontrolle die für Tarifverträge geltenden Maßstäbe heranzuziehen[3].

5. Beamte und Arbeitnehmer im öffentlichen Dienst

126 Im öffentlichen Dienst ist zu unterscheiden zwischen Beamten und sonstigen Arbeitnehmern. **Beamte** sind grundsätzlich keine Arbeitnehmer, da sie in einem Dienst- und Treueverhältnis zu der sie beschäftigenden Körperschaft stehen. Für sie gelten die hergebrachten Grundsätze des Berufsbeamtentums[4]. Werden jedoch Beamte im Betrieb eines privatrechtlichen Unternehmens aufgrund eines Arbeitsvertrages tätig, sind sie Arbeitnehmer[5]. Die Übernahme derartiger Tätigkeiten kann durch Beurlaubung, Ausscheiden aus dem Beamtenverhältnis, Ruhestand oder erlaubte Nebentätigkeit erfolgen. Werden Beamte im Rahmen ihres öffentlich-rechtlichen Dienstverhältnisses zu ihrem Dienstherrn abgeordnet, überlassen oder zugewiesen, so gelten sie als Arbeitnehmer des zugewiesenen Betriebes[6]. Bei den umfassenden Privatisierungsmaßnahmen im öffentlichen Dienst ist diese Einordnung des Beamten als Arbeitnehmer des neuen Betriebes von großer praktischer Bedeutung[7].

127 Die **Arbeitnehmer des öffentlichen Dienstes** unterliegen nicht dem Beamtenrecht[8]. Sie sind daher Arbeitnehmer, die sich noch in klassischer Weise aufgliedern in Arbeiter und Angestellte. Die Abgrenzung zwischen Arbeitnehmern des öffentlichen Dienstes und sonstigen Arbeitnehmern erfolgt nach der Verfassung des Arbeitgebers. Handelt es sich um eine öffentlich-rechtliche Institution, so sind die darin tätigen Arbeitnehmer solche des öffentlichen Dienstes, handelt es sich um eine juristische Person des privaten Rechts, so werden privatrechtlich tätige Arbeitnehmer beschäftigt. Dies gilt selbst dann, wenn die Anteile dieser juristischen Person des Privatrechts sich ausschließlich in öffentlicher Hand befinden. Daher sind auch die Mitarbeiter einer Stadtwerke-GmbH nicht als Arbeitnehmer im öffentlichen Dienst anzusehen. Sie fallen nicht unter das Personalvertretungsrecht, sondern unter das Betriebsverfassungsgesetz, vgl. § 130 BetrVG.

128 Arbeitnehmer im öffentlichen Dienst unterscheiden sich grundsätzlich nicht von sonstigen Arbeitnehmern. Die Besonderheiten des öffentlichen Dienstes treten lediglich dann zutage, wenn es um tarifvertragliche Fragen geht. Denn für die Arbeitnehmer des öffentlichen Dienstes gelten ausführliche **Tarifverträge**, so vor allem der TVöD und entsprechende Tarifverträge für Beschäftigte des Bundes, der Länder und der Gemeinden. Des Weiteren besteht ein erheblicher Unterschied im Bereich der **Unternehmensverfassung**. Wegen der Regelung in § 130 BetrVG gilt nicht das Betriebsverfassungsgesetz, sondern es gelten die jeweiligen Personalvertretungsgesetze im

---

1 BAG 28.6.2012 – 6 AZR 217/11, Rz. 23.
2 BVerfG 4.6.1985 – 2 BvR 1703/83 u.a., AP Nr. 24 zu Art. 140 GG.
3 BAG 6.11.1996 – 5 AZR 334/95, AP Nr. 1 zu § 10a AVR Caritas-Verband; vgl. auch HWK/*Thüsing*, vor § 611 BGB Rz. 130.
4 Gem. Art. 33 Abs. 5 GG; MünchArbR/*Richardi*, § 17 Rz. 41.
5 HWK/*Gaul*, § 5 BetrVG Rz. 17.
6 Zumindest iSd. BetrVG; vgl. *Fitting*, § 5 BetrVG Rz. 317.
7 Vgl. zu den damit zusammenhängenden Problemen *Engels/Müller/Mauß*, DB 1994, 473.
8 Vgl. HWK/*Thüsing*, vor § 611 BGB Rz. 30.

II. Arbeitnehmer

Bund und in den Ländern. Bei Streitigkeiten aus dem Arbeitsverhältnis entscheiden gem. § 2 Abs. 1 Nr. 3, Abs. 5 iVm. §§ 46 ff. ArbGG auch für Arbeitnehmer im öffentlichen Dienst die Arbeitsgerichte im Urteilsverfahren, bei Streitigkeiten aus dem Personalvertretungsrecht sind dagegen gem. § 83 BPersVG die Verwaltungsgerichte zuständig.

6. Gesellschafter und Organmitglieder juristischer Personen

Ein **Gesellschafter** kann wie jeder Dritte Arbeitnehmer der Gesellschaft sein. Eine Tätigkeit allein aufgrund gesellschaftsvertraglicher Verpflichtung ist idR keine Tätigkeit als Arbeitnehmer[1]. Selbst dann, wenn ein Arbeitsvertrag geschlossen worden ist, soll nach der Rechtsprechung des BAG ein Gesellschafter nicht Arbeitnehmer der Gesellschaft sein können, wenn er nicht dem Weisungsrecht der Geschäftsführung dieser Gesellschaft unterliegt. Ein Gesellschafter unterliegt dann nicht als Arbeitnehmer dem Weisungsrecht der Geschäftsführung, wenn er so großen Einfluss auf die Führung der Gesellschaft hat, dass er über seine Gesellschafterstellung letztlich auch die Leitungsmacht besitzt. Ob ein solcher Einfluss besteht, richtet sich nach den Stimmrechtsverhältnissen. IdR kann derjenige, dem mehr als 50 % der Stimmrechte zustehen, nicht zugleich Arbeitnehmer dieser Gesellschaft sein. Gleiches gilt für den Minderheitsgesellschafter bei Bestehen einer Sperrminorität. Ob die Leitungsmacht tatsächlich ausgeübt wird, ist unerheblich[2].

Organmitglieder, insbesondere Vorstände von Aktiengesellschaften, stehen grundsätzlich in einem freien Dienstverhältnis und nicht in einem Arbeitsvertragsverhältnis zur Gesellschaft. Vor allem Fremdgeschäftsführer von GmbHs oder Minderheitsgesellschafter-Geschäftsführer können jedoch vergleichbar schutzbedürftig sein wie leitende Angestellte[3]. Die Rechtsprechung hat dieser Tatsache dadurch Rechnung getragen, dass einzelne arbeitsrechtliche Bestimmungen auf Dienstverträge mit Fremdgeschäftsführern angewandt werden[4].

Zu der Frage, ob ein **GmbH-Geschäftsführer** auch Arbeitnehmer der Gesellschaft sein kann, gibt es seit vielen Jahren eine lebhafte Auseinandersetzung. Diese Auseinandersetzung ist weitgehend überholt worden durch die Fiktion des § 5 Abs. 1 Satz 3 ArbGG. Danach gelten in Betrieben einer juristischen Person nicht als Arbeitnehmer, die kraft Gesetzes, Satzung oder Gesellschaftsvertrag allein oder als Mitglieder des Vertretungsorgans zur Vertretung der Gesellschaft berufen sind. Diese Fiktion des § 5 Abs. 1 Satz 3 ArbGG gilt unabhängig davon, ob das der Organstellung zugrunde liegende Rechtsverhältnis materiell-rechtlich ein freies Dienstverhältnis oder ein Arbeitsverhältnis ist[5]. Daher scheidet regelmäßig für die Klage eines GmbH-Geschäftsführers gegen die Kündigung seines Anstellungsvertrages der Rechtsweg zu den Arbeitsgerichten aus[6]. Nur wenn der Streit zwischen dem Geschäftsführer und der Gesellschaft nicht das der Organstellung zugrunde liegende Rechtsverhältnis, sondern eine weitere Rechtsbeziehung zwischen diesen betrifft, greift die Fiktion des § 5 Abs. 1 Satz 3 ArbGG nicht ein[7]. Die Zuständigkeit des Arbeitsgerichts kann außerdem dann gegeben sein, wenn Ansprüche aus einem während der Zeit als Ge-

---

1 Vgl. HWK/*Thüsing*, vor § 611 BGB Rz. 36.
2 BAG 6.5.1998 – 5 AZR 612/97, NZA 1998, 939; HWK/*Thüsing*, vor § 611 BGB Rz. 36.
3 Vgl. *Bauer/Gragert*, ZIP 1997, 2177.
4 So zB § 622 BGB; vgl. BGH 29.1.1981 – II ZR 92/80, AP Nr. 14 zu § 622 BGB; *Reiserer*, DB 1994, 1822 (1824).
5 BAG 15.3.2011 – 10 AZB 32/10, AP Nr. 95 zu § 2 ArbGG 1979 Rz. 11.
6 BAG 15.11.2013 – 10 AZB 28/13, juris, Rz. 16; 6.5.1999 – 5 AZB 22/98, AP Nr. 46 zu § 5 ArbGG; 20.8.2003 – 5 AZB 79/02, BAGE 107, 165.
7 BAG 15.11.2013 – 10 AZB 28/13, juris, Rz. 17; 3.2.2009 – 5 AZB 100/08, AP Nr. 66 zu § 5 ArbGG 1979.

schäftsführer nicht aufgehobenen Arbeitsverhältnis erst nach der Abberufung als Organmitglied geltend gemacht werden. Dies wird insbesondere dann praktisch, wenn die Bestimmung zum Geschäftsführer aufgrund formloser Abrede erfolgt (somit unter Verstoß gegen § 623 BGB der alte Arbeitsvertrag nicht wirksam aufgehoben wird)[1]. Nach der Bestellung eines Arbeitnehmers zum Geschäftsführer einer GmbH wird eine weitere Rechtsbeziehung nicht mehr begründet. Mit dem Abschluss des Geschäftsführerdienstvertrages wird vielmehr das bisherige Arbeitsverhältnis des ehemals angestellten Mitarbeiters im Zweifel aufgehoben[2]. Eine andere Auslegung kann nur dann in Betracht gezogen werden, wenn dafür deutliche Anhaltspunkte bestehen, insbesondere im Hinblick auf eine mögliche Fortführung des Arbeitsverhältnisses. Dazu müssen aber weitere besondere Umstände existieren[3].

Bedeutsam ist in diesem Zusammenhang lediglich, dass das **Schriftformerfordernis** nach § 623 BGB eingehalten wird. Nach inzwischen herrschender Rechtsprechung wird dieses regelmäßig durch den Abschluss eines schriftlichen Geschäftsführerdienstvertrages gewahrt. Aus dieser schriftlichen Vereinbarung ergibt sich die gleichzeitige Beendigung des ursprünglichen Arbeitsverhältnisses[4].

7. Sonstige Gruppen

131a **Praktikanten** sind grundsätzlich keine Arbeitnehmer, sie können dies jedoch je nach Ausgestaltung des Praktikantenvertrages durchaus sein. So kann als Faustregel der Grundsatz gelten, dass die Arbeitnehmereigenschaft dann zurücktritt, wenn der Ausbildungszweck der Praktikantentätigkeit im Vordergrund steht. Ist dagegen primär die Arbeitsleistung des Praktikanten gefordert, wird fremdbestimmte Arbeit geleistet[5]. Grundsätzlich werden Praktikantenverhältnisse als „andere Vertragsverhältnisse" gem. § 26 BBiG behandelt. Auf dieses Verhältnis ist damit das BBiG teilweise anwendbar. Wie der jeweilige Praktikantenvertrag bezeichnet wird, ist irrelevant, häufig sind daher auch Bezeichnungen wie Volontariat, Anlernvertrag, Umschulungsvertrag, Werkstudentenvertrag geläufig.

132 Neben den Beamten gehören auch **Soldaten** nicht zum Kreis der Arbeitnehmer. Dies gilt auch für die Beschäftigten im **Bundesfreiwilligendienst**. Diese stehen wie zuvor die Zivildienstleistenden in einem öffentlich-rechtlichen Dienstverhältnis und die Eingliederung in den Betrieb beruht auf einem Verwaltungsakt des Bundesamtes[6]. Das Arbeitsgerichtsgesetz hat lediglich in § 2 Abs. 1 Nr. 8a die bürgerlichen Rechtsstreitigkeiten zwischen dem Bund und den Freiwilligen nach dem Bundesfreiwilligengesetz der Zuständigkeit der Arbeitsgerichte unterstellt[7].

133 Auch **Strafgefangene** gelten nicht als Arbeitnehmer[8]. Auch wenn Strafgefangene außerhalb der Anstalt in einem privaten Betrieb beschäftigt werden, sind sie nicht Arbeitnehmer dieses privaten Betriebes. Sie können lediglich mit dem Dritten im Rahmen der in § 39 Strafvollzugsgesetz eröffneten Möglichkeit ein Arbeitsverhältnis begründen[9].

---

1 BAG 15.11.2013 – 10 AZB 28/13, juris, Rz. 18.
2 BAG 15.3.2011 – 10 AZB 32/10, AP Nr. 95 zu § 5 ArbGG 1979, Rz. 11; 19. 7.2007 – 6 AZR 774/06, AP Nr. 18 zu § 35 GmbHG, Rz. 10; 5.6.2008 – 2 AZR 754/06, AP Nr. 211 zu § 626 BGB Rz. 23.
3 Vgl. BAG 14.6.2006 – 5 AZR 592/05, BAGE 118, 278, Rz. 18.
4 So BAG 15.3.2011 – 10 AZB 32/10, AP Nr. 95 zu § 5 ArbGG 1979, Rz. 12.
5 *Krimphove*, BB 2014, 564; *Grimm/Linden*, ArbRB 2014, 51.
6 ArbG Ulm 18.7.2012 – 7 BV 10/11.
7 S. dazu auch *Klenter*, Das Bundesfreiwilligendienstgesetz, AiB 2011, 656 ff.
8 BAG 3.10.1978 – 6 ABR 46/76, AP Nr. 18 zu § 5 BetrVG 1972; 24.4.1969 – 5 AZR 438/68, AP Nr. 18 zu § 5 ArbGG 1953.
9 LAG BW 15.9.1988 – 4b Sa 41/88, NZA 1989, 886; ErfK/*Preis*, § 611 BGB Rz. 132.

Empfänger von Arbeitslosengeld II, die gem. § 16d SGB II gemeinnützige und zusätzliche Arbeit leisten, sind nicht Arbeitnehmer[1]. Helfer im Rahmen des **freiwilligen sozialen Jahres** sind gleichfalls keine Arbeitnehmer[2]. Auch **Entwicklungshelfer** sind nicht Arbeitnehmer; das Entwicklungshilfegesetz gibt ihnen einen Sonderstatus[3].

134

Weder Arbeitnehmer noch arbeitnehmerähnliche Personen sind **Rote-Kreuz-Schwestern**[4], da ihnen Mitgliedschaftsrechte zustehen, mit denen sie die Geschicke der Schwesternschaft und zugleich die Arbeitsorganisation beeinflussen können. Sie stehen damit nicht in persönlicher Abhängigkeit. Sie sind darüber hinaus nicht wirtschaftlich abhängig, da sie in ihrer sozialen Stellung nicht wie ein Arbeitnehmer sozial schutzbedürftig sind[5]. Gleiches gilt allgemein für Ordensmitglieder der Katholischen Kirche oder Diakonissen in evangelischen Einrichtungen, die aufgrund ihrer mitgliedschaftsrechtlichen Bindung tätig werden[6], sowie für selbständige Beleghebammen[7].

135

III. Arbeitgeber

1. Unternehmer – Arbeitgeber

Arbeitgeber iSd. Arbeitsrechts ist jeder, der (mindestens) einen Arbeitnehmer beschäftigt und von diesem die Erbringung von **Dienstleistungen kraft des Arbeitsvertrages fordern** kann und damit die wirtschaftliche und organisatorische Dispositionsbefugnis über die Arbeitsleistung des Arbeitnehmers und den Nutzen an ihr hat[8]. Der Begriff des Arbeitgebers ist nicht identisch mit dem Begriff des Unternehmers. Dem Unternehmer gehört wirtschaftlich das Unternehmen, in dem er uU nicht tätig ist. Der Unternehmer kann aber auch Arbeitgeber sein. Die rechtliche Form, in der sich der Arbeitgeber organisiert, ist für den Arbeitgeberbegriff irrelevant[9]. Arbeitgeber kann jede natürliche oder juristische Person des privaten oder des öffentlichen Rechts sein. Im Arbeitnehmerüberlassungsrecht wird die Arbeitgeberstellung gesetzlich fingiert (zB in § 10 AÜG). Auf Arbeitgeberseite können sich auch mehrere natürliche oder juristische Personen zusammentun, die die Arbeitgeberfunktion als Gesamtschuldner ausüben. Voraussetzung ist aber dafür ein rechtlicher Zusammenhang zwischen den jeweiligen Vertragsbeziehungen des Arbeitnehmers zu mehreren Arbeitgebern. Dieser Zusammenhang muss es verbieten, die Beziehungen rechtlich getrennt zu behandeln. Ob dies gewollt ist, ist in der Regel durch Auslegung des Vertragswerkes zu ermitteln. Dabei ist zu prüfen, ob die einzelnen Vereinbarungen nur gemeinsam gelten und zusammen durchgeführt werden sollten oder ob sie getrennt und separat gelebt werden sollten[10]. Daneben gibt es nacheinander geschaltete Arbeitsverträge mit verschiedenen Arbeitgebern. Bei Auslandsentsendungsfällen kann die Feststellung des

136

---

1 Dies ergibt sich aus der gesetzlichen Regelung in § 16d SGB II.
2 So BAG 12.2.1992 – 7 ABR 42/91, AP Nr. 52 zu § 5 BetrVG 1972.
3 Vgl. BAG 27.4.1977 – 5 AZR 129/76, AP Nr. 1 zu § 611 BGB – Entwicklungshelfer; HWK/ Ziemann, § 2 ArbGG Rz. 108.
4 S. dazu *Mestwerdt*, NZA 2014, 281.
5 Rote-Kreuz-Schwestern wählen wie Arbeitnehmer eine Vertretung, den Schwesternbeirat. Sie haben das Recht, die Oberin zu wählen und abzuwählen und über die Wirtschaftsplanung mitzuentscheiden. Aus diesen Gründen hat das BAG entschieden, dass Rote-Kreuz-Schwestern weder Arbeitnehmerinnen noch arbeitnehmerähnliche Personen sind, so BAG 6.7.1995 – 5 AZB 9/93, NZA 1996, 33.
6 BAG 7.2.1990 – 5 AZR 84/89, AP Nr. 37 zu Art. 140 GG.
7 BAG 21.2.2007 – 5 AZB 52/06, AP Nr. 64 zu § 5 ArbGG 1979.
8 BAG 27.12.2012 – 2 AZR 838/11, DB 2013, 1364 (1365); Schaub/*Linck*, § 16 Rz. 1; BAG 9.9.1982 – 2 AZR 253/80, EzA § 611 BGB – Arbeitgeberbegriff Nr. 1.
9 Schaub/*Linck*, § 16 Rz. 6.
10 BAG 19.4.2012 – 2 AZR 186/11, NZA 2013, 27 (28) Rz. 16.

jeweiligen Arbeitgebers Schwierigkeiten bereiten. Vertraglich sind alle Gestaltungsformen denkbar; praktisch wird dies vor allem bei Konzernfällen der Fall sein: Üblicherweise wird das Arbeitsverhältnis mit der entsendenden Konzernmuttergesellschaft zum Ruhen gebracht, wenn ein Entsendungsvertrag mit der Tochtergesellschaft abgeschlossen wird. Bei Übernahme von Organfunktionen bei einer Tochtergesellschaft ist jedoch idR von einem Fortbestehen des Arbeitsvertrages mit der Muttergesellschaft auszugehen[1].

2. Träger der Arbeitgeberfunktion im Einzelnen

a) Societas Europaea (SE)

137 Bei der dualistisch organisierten SE mit Sitz und Hauptverwaltung in Deutschland übt der Vorstand als gesetzlicher Vertreter die Arbeitgeberfunktionen aus (gem. § 78 Abs. 1 AktG iVm. Art. 9 Abs. 1c ii SE-VO)[2]. Die monistische SE wird gem. § 41 SEAG von den geschäftsführenden Direktoren vertreten, diese üben dementsprechend auch die Arbeitgeberfunktionen für diese Form der SE aus. Daraus folgt, dass der Verwaltungsrat der monistischen SE nicht vertretungsbefugt ist. Dies ergibt sich aus § 41 Abs. 1 SEAG im Umkehrschluss, da die SE-VO die Frage der Vertretung nicht und das SEAG nur die Vertretung durch die geschäftsführenden Direktoren regelt[3].

b) AG

138 Bei der Aktiengesellschaft üben die **Mitglieder des Vorstandes** als gesetzliche Vertreter gem. § 78 Abs. 1 AktG die Arbeitgeberfunktionen aus. Ein Vorstandsmitglied einer AG ist bereits dann Arbeitgeber, wenn der Anstellungsvertrag mit ihm abgeschlossen ist, auf den evtl. nachfolgenden Bestellungsakt kommt es nicht an (s. Rz. 131)[4]. Der Aufsichtsrat ist kein Vertretungsorgan, die Mitglieder des Aufsichtsrates gelten nicht als Arbeitgeber. Dies gilt auch für die Arbeitnehmervertreter im Aufsichtsrat[5].

c) KGaA

139 Die Kommanditgesellschaft auf Aktien wird durch die **persönlich haftenden Gesellschafter** gesetzlich vertreten (§ 279 Abs. 2 AktG iVm. §§ 161 Abs. 2, 125 HGB). Nur diese gelten als Arbeitgeber. Die Kommanditaktionäre sind von der gesetzlichen Vertretung ausgeschlossen und können, sofern sie sich in einem Arbeitsverhältnis zur KGaA befinden, normale Arbeitnehmer der Gesellschaft sein[6].

d) GmbH

140 Bei der GmbH gelten grundsätzlich **alle Geschäftsführer** als Arbeitgeber, selbst wenn sie in ihrer Vertretung beschränkt sind und unabhängig davon, ob ihnen Geschäfts-

---

1 Vgl. dazu *Windbichler*, Arbeitsrecht im Konzern, 1989, S. 72 ff. Die Rechtsprobleme in Konzerngesellschaften, die eine konzerneigene Arbeitnehmerüberlassungsgesellschaft aufgebaut haben, schildert *Willemsen* (NJW 2011, 1546) in der Besprechung der „Albron"-Entscheidung des EuGH 21.10.2010 – Rs. C-242/09, NJW 2011, 439. Im Ergebnis handelt es sich aber um einen Sonderfall, sog. „gespaltene Arbeitgeberfunktion"; s. auch *Rid*, NZA 2011, 1121.
2 *Manz/Mayer/Schröder*, Europäische Aktiengesellschaft SE, 2. Aufl. 2010, Art. 39 SE-VO Rz. 60.
3 S. *Manz/Mayer/Schröder*, Europäische Aktiengesellschaft SE, 2. Aufl. 2010, Art. 43 SE-VO Rz. 158.
4 Gem. § 84 Abs. 2 AktG; s.a. BAG 25.6.1997 – 5 AZB 41/96, NZA 1997, 1363.
5 KR/*Rost*, § 14 KSchG Rz. 8.
6 KR/*Rost*, § 14 KSchG Rz. 9.

anteile an der Gesellschaft gehören oder ob sie Fremdgeschäftsführer sind[1]. Dies gilt auch für stellvertretende Geschäftsführer, wenn sie im Handelsregister als Geschäftsführer eingetragen sind. Prokuristen sind dagegen Arbeitnehmer, die in einem Arbeitsverhältnis zur Gesellschaft stehen (s. Rz. 102)[2]. Selbst wenn ein früherer Arbeitnehmer zum Geschäftsführer bestellt wird, ohne dass ein neuer Dienstvertrag ausdrücklich abgeschlossen wird, ist im Zweifel davon auszugehen, dass das alte Arbeitsverhältnis erlischt und ein neues Dienstverhältnis begründet wird[3]. Andererseits kann auch ausdrücklich ein Arbeitnehmer einer GmbH zu deren Geschäftsführer bestellt werden, ohne dass ein eigenes Dienstverhältnis begründet wird. Dies bedarf aber der klaren Absprache; in diesem Fall übernimmt der Arbeitnehmer die Organstellung als Geschäftsführer zusätzlich zu seinem (ausdrücklich vereinbarten) fortbestehenden Arbeitsverhältnis. Ist eine Gesellschaft noch nicht gem. § 11 Abs. 1 GmbHG im Handelsregister eingetragen, jedoch bereits entsprechend dem Gesellschaftsvertrag ein Geschäftsführer dieser Vor-GmbH bestellt, so ist der Geschäftsführer bereits Arbeitgeber; auf die Eintragung der GmbH kommt es für die Arbeitgebereigenschaft des bestellten Geschäftsführers nicht an[4].

e) KG

Bei der Kommanditgesellschaft üben die **persönlich haftenden Gesellschafter** die Arbeitgeberfunktionen aus, da die Kommanditisten von der Vertretung der Kommanditgesellschaft ausgeschlossen sind. Lediglich bei der **GmbH & Co. KG** gibt es die Möglichkeit, dass zwischen der KG und dem Geschäftsführer der persönlich haftenden Gesellschafterin ein eigenes Arbeitsverhältnis besteht (wenn zB der Geschäftsführer der persönlich haftenden Gesellschafterin gleichzeitig Prokurist der KG ist). In diesem Fall ist der Geschäftsführer der persönlich haftenden Gesellschafterin neben seiner Position als Arbeitgeber gleichzeitig auch Arbeitnehmer der KG. Soll diese Konsequenz vermieden werden, so muss ein etwa vor Geschäftsführerbestellung bestehendes Arbeitsverhältnis zwischen dem Geschäftsführer und der KG beendet werden. Das einzige rechtliche Band darf dann nur noch das Dienstverhältnis zwischen der persönlich haftenden Gesellschaft und dem Geschäftsführer sein[5]. Prozessual ist im Fall einer Kündigung die GmbH & Co. KG vom Arbeitnehmer zu verklagen. Haftungsansprüche (zB auf Vergütung) können jedoch sowohl gegen die KG als auch gegen die persönlich haftende Gesellschafterin (die GmbH) geltend gemacht werden (zB im Wege der Klageerweiterung). Eine Klage allein gegen die GmbH als persönlich haftende Gesellschafterin ist nicht geeignet, eine Kündigung wirksam anzugreifen[6].

141

f) OHG

Die Arbeitgeberfunktion in der offenen Handelsgesellschaft üben **alle Gesellschafter** aus, und zwar jeder von ihnen einzeln, da jeder Gesellschafter nach der gesetzlichen

142

---

1 S. aber die Auswirkungen der Danosa-Entscheidung des EuGH 11.11.2010 – Rs. C-232/09, NZA 2011, 143, in der der EuGH einer Fremdgeschäftsführerin einer lettischen Kapitalgesellschaft den Mutterschutz (und damit den Arbeitnehmerstatus) zugebilligt hat; s. dazu auch *U. Fischer*, NJW 2011, 2329; *Shagat*, NZA-RR 2011, 667; *Reiserer*, DB 2011, 2262; *von Alvensleben/Haug/Schnabel*, BB 2012, 774.
2 Dies ergibt sich bereits § 5 Abs. 3 Satz 2 Nr. 2 BetrVG; s. dazu auch BAG 13.7.1995 – 5 AZB 37/94, AP Nr. 23 zu § 5 ArbGG 1979.
3 So BAG 7.10.1993 – 2 AZR 260/93, AP Nr. 16 zu § 5 ArbGG 1979; s. dazu auch BAG 28.9.1995 – 5 AZB 4/95, AP Nr. 24 zu § 5 ArbGG 1979, unter Aufgabe der früheren Rechtsprechung des 2. Senats, insbesondere BAG 9.5.1985 – 2 AZR 330/84, AP Nr. 3 zu § 5 ArbGG 1979 und 12.3.1987 – 2 AZR 336/86, AP Nr. 6 zu § 5 ArbGG 1979; s. dazu *Henssler*, RdA 1992, 289 und *Bauer/Krieger/Arnold*, Arbeitsrechtliche Aufhebungsverträge, D Rz. 160.
4 BAG 13.5.1996 – 5 AZB 27/95, AP Nr. 27 zu § 5 ArbGG 1979.
5 In diesem Sinne ausdrücklich BAG 13.7.1995 – 5 AZB 37/94, AP Nr. 23 zu § 5 ArbGG 1979.
6 LAG Berlin 18.1.1982 – 9 Sa 98/81, BB 1982, 679.

Regelung auch zur Vertretung der Gesellschaft berechtigt ist[1]. Die OHG kann ebenso wie die KG unter ihrer Firma verklagt werden (§§ 124 Abs. 1, 161 Abs. 2 HGB). Im Falle einer Kündigung durch die Gesellschaft ist diese zu verklagen; die Gesellschafter können daneben auf finanzielle Ersatzansprüche mitverklagt werden (wie vorstehend zur KG, s. Rz. 141).

g) Genossenschaft

143 In der Genossenschaft ist gem. § 24 Abs. 1 GenG der **Vorstand** das zur Vertretung berechtigte Organ und damit Arbeitgeber. Dies hindert jedoch Mitglieder und Aufsichtsratsmitglieder nicht daran, selbst ein Arbeitsverhältnis mit der Genossenschaft einzugehen.

h) Eingetragener Verein[2]

144 Im rechtsfähigen Verein ist gem. § 26 Abs. 2 BGB der **Vorstand** Träger der Arbeitgeberfunktionen. Dabei ist irrelevant, ob es sich um einen nicht wirtschaftlichen oder um einen wirtschaftlichen Verein handelt (§ 21 bzw. § 22 BGB). Arbeitgeber sind neben den Vorstandsmitgliedern auch die sog. **besonderen Vertreter** nach § 30 BGB[3]. Zwischen diesen und dem Verein besteht gleichfalls lediglich ein Dienstverhältnis und kein Arbeitsverhältnis. Analog der Rechtsprechung zur Bestellung von Arbeitnehmern einer GmbH zu Geschäftsführern ist im Zweifel davon auszugehen, dass auch ein Vorstandsmitglied eines Vereins einen etwa bestehenden Arbeitsvertrag mit der Bestellung zum Vorstandsmitglied beendet. Dies gilt jedenfalls dann, wenn ein neuer Dienstvertrag mit höheren Bezügen abgeschlossen wird[4].

i) BGB-Gesellschaft[5]

145 Die Frage der Arbeitgeberfähigkeit ist vom BAG endgültig positiv festgestellt[6]. Betreiben mehrere Personen zB eine Anwaltskanzlei als Gesellschaft bürgerlichen Rechts, so ist regelmäßig diese Gesellschaft und nicht jeder einzelne Gesellschafter Arbeitgeber der in der Kanzlei beschäftigten Arbeitnehmer[7].

---

1 § 125 HGB, wenn sie nicht durch Gesellschaftsvertrag von der Vertretung ausgeschlossen sind.
2 Vgl. *Wank/Maties*, NZA 2007, 353.
3 Einschränkend – nur wenn die Satzung ihre Bestellung ausdrücklich zulässt – BAG 5.5.1997 – 5 AZB 35/96, NZA 1997, 959.
4 BAG 28.9.1995 – 5 AZB 4/95, AP Nr. 24 zu § 5 ArbGG 1979.
5 S. allgemein *Lessner/Klebeck*, Zur Arbeitgeberfähigkeit der GbR, ZIP 2002, 1385; *Diller*, Der Arbeitnehmer der GbR!?, NZA 2003, 401.
6 BAG 1.12.2004 – 5 AZR 597/03, AP Nr. 14 zu § 50 ZPO.
7 So ausdrücklich BAG 30.10.2008 – 8 AZR 397/07, NZA 2009, 485.

B. Vertragstypisierung

	Rz.		Rz.
I. Arten des Arbeitsvertrages		6. Familienrechtliche Mitarbeit	111
1. Dauerarbeitsverhältnis	1	**III. Berufsbildungsrecht**	
a) Unbefristetes Arbeitsverhältnis	2	1. Geltungsbereich des Berufsbildungsgesetzes	112
b) Arbeitsvertrag auf Lebenszeit	3	2. Berufsausbildungsvertrag	118
c) Arbeitsvertrag auf mehr als fünf Jahre	6	a) Abschluss und Vertragsinhalt	119
2. Probearbeitsverhältnis	58	b) Nichtige Vereinbarungen	127
3. Aushilfsarbeitsverhältnis	68	c) Pflichten des Ausbildenden	129
a) Wesen	69	d) Pflichten des Auszubildenden	131
b) Dauer	70	e) Ausbildungsvergütung	132
c) Beendigung	73	3. Beendigung des Berufsausbildungsvertrages	134
4. Leiharbeitsverhältnis	77	a) Befristung	135
5. Gruppenarbeitsverhältnis	87	b) Aufhebungsvertrag	136
6. Job-Sharing, Job-Pairing	91	c) Kündigung	137
7. Teilzeitarbeit		aa) Kündigung während der Probezeit	138
a) Grundlagen	92	bb) Kündigung nach Ablauf der Probezeit	140
b) Formen der Teilzeitarbeit	94	cc) Ausschlussfrist für außerordentliche Kündigung	145
c) Geringfügige Beschäftigung	95	dd) Kündigung und Minderjährigkeit	146
8. Mittelbares Arbeitsverhältnis	102	ee) Rechtsfolgen einer außerordentlichen Kündigung	147
II. Abgrenzung zu verwandten Verträgen	103	d) Güteverfahren nach § 111 Abs. 2 ArbGG	148
1. Dienstvertrag	104		
2. Werkvertrag	105		
3. Gesellschaftsvertrag	106		
4. Entgeltliche Geschäftsbesorgung und Auftrag	107		
5. Franchisevertrag	108		

I. Arten des Arbeitsvertrages

1. Dauerarbeitsverhältnis

Das Dauerarbeitsverhältnis ist ein Arbeitsverhältnis auf unbestimmte Dauer. Ein **auf unbestimmte Zeit abgeschlossener Arbeitsvertrag** darf nicht mit einem dauernden Arbeitsverhältnis verwechselt werden. Das Gesetz spricht das dauernde Dienstverhältnis in den §§ 617, 627, 629 und 630 BGB an. Diese Bestimmungen gelten auch für befristete Arbeitsverträge, da ein dauerndes Dienstverhältnis auch durch einen zeitlich befristet abgeschlossenen Dienstvertrag begründet wird. Maßgeblich ist, dass beide Vertragsparteien sich für ständige und langfristige Aufgaben verpflichten wollen und von der Möglichkeit und der Zweckmäßigkeit einer Verlängerung ausgehen[1]. 1

Formulierungsbeispiel:

Der Arbeitsvertrag läuft auf unbestimmte Zeit.

---

[1] BGH 31.3.1967 – VI ZR 288/64, BGHZ 47, 303 (307); vgl. MünchArbR/*Richardi/Buchner*, § 33 Rz. 46; Schaub/*Linck*, § 29 Rz. 7.

a) Unbefristetes Arbeitsverhältnis

2 Wenn auch das Gesetz in § 620 BGB davon ausgeht, dass Arbeitsverträge regelmäßig nur für eine bestimmte Zeit abgeschlossen werden, ist die unbefristete Dauer eines Arbeitsverhältnisses doch der **Regelfall**. So heißt es in der Präambel der Rahmenvereinbarung über befristete Arbeitsverhältnisse, die vom Europäischen Rat als Richtlinie 1999/70/EG übernommen worden ist: „Die Unterzeichnerparteien dieser Vereinbarung erkennen an, dass unbefristete Verträge die übliche Form des Beschäftigungsverhältnisses zwischen Arbeitgebern und Arbeitnehmern darstellen und weiter darstellen werden."[1]. Kerngedanken der Richtlinie sind dabei der Grundsatz der Nichtdiskriminierung (Art. 4 der Richtlinie) sowie die Forderung an die Mitgliedstaaten, Maßnahmen zur Vermeidung von Missbrauch durch Kettenbefristungen zu unternehmen (Art. 5 der Richtlinie). Diese Gedanken der Richtlinie nimmt das Teilzeitbefristungsgesetz in § 1 als Zielsetzung des Gesetzes auf.

b) Arbeitsvertrag auf Lebenszeit

3 Neben den auf unbestimmte Zeit abgeschlossenen Arbeitsverträgen und den befristeten Arbeitsverträgen gibt es noch eine dritte Gruppe: **auf Lebenszeit** eingegangene Arbeitsverhältnisse. Grundsätzlich kann ein Arbeitsverhältnis zulässigerweise auf Lebenszeit des Arbeitnehmers, des Arbeitgebers oder einer dritten Person eingegangen werden[2].

Formulierungsbeispiel:

Der Arbeitsvertrag wird auf die Lebenszeit des Arbeitnehmers abgeschlossen und endet demnach erst mit dem Ableben des Arbeitnehmers.

---

4 Während Arbeitsverträge auf Lebenszeit des Arbeitgebers die Ausnahme sind, werden Arbeitsverhältnisse gelegentlich auf die **Lebenszeit des Arbeitnehmers** abgeschlossen. In diesem Falle endet das Arbeitsverhältnis im Zweifel erst mit dem Tod des Arbeitnehmers. An eine lebenslange Bindung werden jedoch strenge Anforderungen gestellt, eine derartige Vereinbarung muss ausdrücklich getroffen werden[3]. Aus diesem Grund enthält der obige Formulierungsvorschlag bewusst einen Pleonasmus. Die ausdrückliche Vereinbarung eines Arbeitsverhältnisses auf Lebenszeit ist zu trennen von der Zusage einer Lebens- oder Dauerstellung, die im Zweifel nicht als Zusage einer lebenslangen Bindung zu verstehen ist[4]. Die Zusage einer Lebens- oder Dauerstellung ist eine auslegungsbedürftige Erklärung; sie kann je nach den Umständen den Ausschluss der ordentlichen Kündigung für einen angemessenen Zeitraum oder die Beschränkung der Kündigung auf wichtige Gründe bedeuten[5].

5 Das Gesetz räumt dem Arbeitnehmer für den Fall eines echten auf Lebenszeit geschlossenen Vertrages **nach Ablauf von fünf Jahren ein außerordentliches Kündigungsrecht** ein. Damit bezwecken § 624 BGB und § 15 Abs. 4 TzBfG, den Dienstverpflichteten vor einer zu starken Einschränkung seiner Vertragsfreiheit zu schützen. Die Regelung ist zwingend und vertraglich nicht abdingbar. Der Dienstberechtigte

---

1 Dieser Gedanke findet sich auch in den Allgemeinen Erwägungen Nr. 6, danach sind unbefristete Arbeitsverträge „die übliche Form des Beschäftigungsverhältnisses. Sie tragen zur Lebensqualität der betreffenden Arbeitnehmer und zur Verbesserung ihrer Leistungsfähigkeit bei."
2 MünchArbR/*Richardi/Buchner*, § 33 Rz. 46f.; Schaub/*Koch*, § 37 Rz. 9.
3 Staudinger/*Preis*, § 624 BGB Rz. 11; ErfK/*Müller-Glöge*, § 15 TzBfG Rz. 21 und § 624 BGB Rz. 1.
4 Vgl. MünchArbR/*Richardi/Buchner*, § 33 Rz. 48.
5 Vgl. dazu KR/*Fischermeier*, § 624 BGB Rz. 15.

(Arbeitgeber) dagegen ist an einen möglichen Kündigungsausschluss gebunden, er kann bei Bindung auf Lebenszeit des Arbeitnehmers ohne wichtigen Grund das Arbeitsverhältnis nicht kündigen[1]. Nach Ablauf der Fünf-Jahres-Frist kann der Arbeitnehmer die vorzeitige Kündigung mit einer Frist von sechs Monaten zu jedem beliebigen Termin aussprechen[2].

c) Arbeitsvertrag auf mehr als fünf Jahre

In gleicher Weise wie bei auf Lebenszeit abgeschlossenen Arbeitsverträgen gewährt das Gesetz dem Arbeitnehmer eine Sonderkündigungsmöglichkeit bei allen Arbeitsverträgen, die für eine längere Zeit als fünf Jahre abgeschlossen sind (§ 15 Abs. 4 TzBfG[3]). Grund und Gestaltung des Arbeitsvertrages für einen Zeitraum von mehr als fünf Jahren sind irrelevant, solange das Arbeitsverhältnis von vornherein auf mehr als fünf Jahre eingegangen ist. Das Sonderkündigungsrecht besteht somit nicht, wenn mehrere befristete Arbeitsverhältnisse hintereinander geschaltet werden, die insgesamt einen Zeitraum von mehr als fünf Jahren ergeben[4]. Anders ist es jedoch, wenn während der Laufzeit der fest vereinbarten befristeten Arbeitsverträge für den Arbeitnehmer keine Möglichkeit besteht, innerhalb von fünf Jahren aus dem Vertragsverhältnis auszusteigen. Nach dem Normzweck des § 15 Abs. 4 TzBfG, der eine übermäßige Einschränkung der persönlichen Freiheit des Arbeitnehmers verhindern soll, darf eine Vertragskonstruktion nicht dazu führen, dass der Arbeitnehmer mehr als fünf Jahre gebunden ist, ohne die Möglichkeit zu haben, das Arbeitsverhältnis zu beenden[5]. Daher bedeutet es keine Umgehung des § 15 Abs. 4 TzBfG, wenn ein Arbeitsverhältnis zunächst für fünf Jahre eingegangen wird und sich dann um weitere fünf Jahre verlängert, wenn es nicht zuvor von dem Arbeitgeber mit einer angemessenen Kündigungsfrist gekündigt wird[6]. Eine angemessene Kündigungsfrist wäre zB eine Frist von einem Jahr. Eine derartige Vertragsgestaltung verstößt auch nicht gegen Art. 12 GG[7]. Eine vorzeitige Verlängerung eines auf fünf Jahre befristet abgeschlossenen Vertrages um weitere fünf Jahre bedeutet eine Umgehung des § 15 Abs. 4 TzBfG, wenn die Verlängerung kurz nach Abschluss des ersten Vertrages vereinbart wird; im entgegengesetzten Fall (Verlängerung kurz vor Auslaufen der ersten fünf Jahre) ist das Gesetz nicht berührt[8].

6

Einstweilen frei. 7–57

2. Probearbeitsverhältnis[9]

Das Probearbeitsverhältnis soll sowohl dem **Arbeitgeber** als auch dem **Arbeitnehmer** die Möglichkeit geben zu prüfen, ob eine vernünftige Grundlage für die dauerhafte Fortführung des Arbeitsvertrages besteht. Bei der Festlegung der Probezeit steht das Interesse des Arbeitgebers an der Erprobung des Arbeitnehmers im Vordergrund.

58

---

1 KR/*Fischermeier*, § 624 BGB Rz. 25.
2 KR/*Fischermeier*, § 624 BGB Rz. 29.
3 Die früher auch für Arbeitsverhältnisse geltende Parallelbestimmung des § 624 BGB gilt seit Inkrafttreten des TzBfG nur noch für sonstige Dienstverhältnisse wie zB Handelsvertreterverträge, so ErfK/*Müller-Glöge*, § 624 BGB Rz. 1 und § 15 TzBfG Rz. 20; KR/*Fischermeier*, § 624 BGB Rz. 5.
4 Vgl. ErfK/*Müller-Glöge*, § 15 TzBfG Rz. 25.
5 Vgl. MünchKommBGB/*Hesse*, § 15 TzBfG Rz. 37.
6 BAG 19.12.1991 – 2 AZR 363/91, AP Nr. 2 zu § 624 BGB; MünchKommBGB/*Hesse*, § 15 TzBfG Rz. 37.
7 BAG 19.12.1991 – 2 AZR 363/91, AP Nr. 2 zu § 624 BGB.
8 So MünchKommBGB/*Hesse*, § 15 TzBfG Rz. 38; differenzierend ErfK/*Müller-Glöge*, § 15 TzBfG Rz. 25.
9 *Blomeyer*, Aktuelle Rechtsprobleme der Probezeit, NJW 2008, 2812.

Zwar ist grundsätzlich das Probearbeitsverhältnis von der Wartezeit des § 1 KSchG zu unterscheiden, dennoch spielt in der Praxis das Probearbeitsverhältnis nahezu ausschließlich eine Rolle als „Vorschaltzeit" eines unbefristeten Arbeitsverhältnisses. Das isolierte Probearbeitsverhältnis mit dem Anspruch des Arbeitnehmers, bei Bewährung die Fortsetzung des Arbeitsverhältnisses zu verlangen, ist die Ausnahme[1] (s. im Einzelnen Teil 1 E Rz. 58 ff. und Teil 3 E Rz. 65 ff.).

59–67 Einstweilen frei.

3. Aushilfsarbeitsverhältnis[2]

68 Das Wesen eines Aushilfsarbeitsverhältnisses besteht darin, dass der Arbeitgeber dieses von vornherein nicht auf Dauer eingehen will, sondern nur, um einen **vorübergehenden Bedarf an Arbeitskräften** zu decken, der nicht durch den normalen Betriebsablauf, sondern durch den Ausfall von Stammkräften oder durch einen zeitlich begrenzten zusätzlichen Arbeitsanfall entstanden ist[3].

a) Wesen

69 Das Aushilfsarbeitsverhältnis ist grundsätzlich ein Arbeitsverhältnis wie jedes andere. Es ist regelmäßig (jedoch nicht notwendig) **zweckbefristet**[4]. Häufig tritt das Aushilfsarbeitsverhältnis in der Form geringfügiger Beschäftigung auf. Ein **geringfügiges Beschäftigungsverhältnis** als Aushilfsarbeitsverhältnis hat jedoch ausschließlich sozialversicherungsrechtliche und steuerrechtliche Besonderheiten. Arbeitsrechtlich ist ein geringfügiges Beschäftigungsverhältnis ebenso zu beurteilen wie jedes andere (Zeit-)Arbeitsverhältnis (vgl. dazu im Einzelnen Teil 1 E).

b) Dauer

70 Ein Aushilfsarbeitsverhältnis ist **nicht auf drei Monate beschränkt**, obwohl diese Frist in § 622 Abs. 5 Satz 1 Nr. 1 BGB angesprochen ist. Danach kann von den normalen Kündigungsfristen abgewichen werden, wenn ein Arbeitnehmer zur vorübergehenden Aushilfe für einen Zeitraum von bis zu drei Monaten eingestellt wird. Dabei ist aber die Schriftform (§ 14 Abs. 4 TzBfG) zu beachten.

71 ⊃ **Hinweis:** Aushilfsarbeitskräfte werden häufig bei der Feststellung der Betriebsgröße vergessen. Es sollte in jedem Einzelfall geprüft werden, ob Aushilfsarbeitskräfte mitzählen (zB bei § 23 KSchG oder § 111 BetrVG)[5]. Nach § 622 Abs. 5 Satz 1 Nr. 1 BGB kann für Aushilfsarbeitsverhältnisse eine kürzere Kündigungsfrist als die gesetzliche Mindestfrist vereinbart werden. Dies kann auch zur Vereinbarung einer fristlosen ordentlichen Kündigung führen[6].

---

1 MünchKommBGB/*Müller-Glöge*, § 611 Rz. 1275.
2 S. allgemein *Preis/Kliemt/Ulrich*, Das Aushilfsarbeitsverhältnis, AR-Blattei SD 310, 2. Aufl. 2003.
3 BAG 22.5.1986 – 2 AZR 392/85, AP Nr. 23 zu § 622 BGB.
4 ZB für die Dauer einer Saison, des Schlussverkaufs, des Weihnachtsverkaufs oder der Erkrankung eines Arbeitnehmers.
5 Aushilfsarbeitnehmer sind sowohl im Rahmen des § 23 KSchG als auch im Rahmen des § 111 BetrVG nicht mitzuzählen, wenn sie nur vorübergehend aus Anlass eines konkret auftretenden vermehrten Arbeitsanfalls eingestellt wurden, zB Ausverkauf, Weihnachtsgeschäft, oder wenn sie zur Vertretung von Stammpersonal (Krankheit, Schwangerschaft, Kur) in einem Kleinbetrieb arbeiten. Sie sind aber dann zu berücksichtigen, wenn sie regelmäßig über einen Zeitraum von mehr als sechs Monaten pro Jahr beschäftigt werden und wenn auch zukünftig mit der Beschäftigung gerechnet werden kann, vgl. KR/*Weigand*, § 23 KSchG Rz. 39; *Fitting*, § 1 BetrVG Rz. 272.
6 So BAG 22.5.1986 – 2 AZR 392/85, DB 1986, 2548; KR/*Spilger*, § 622 BGB Rz. 162.

I. Arten des Arbeitsvertrages

Noch nicht vollständig geklärt ist die Frage, ob die **ausdrückliche Nennung eines Aushilfsarbeitsverhältnisses** im Arbeitsvertrag für sich schon bedeutet, dass die Kündigungsfrist auf die gesetzlichen Mindestfristen reduziert wird[1]. Nach richtiger Ansicht kann bei einem Aushilfsarbeitsverhältnis im Zweifel nicht die entfristete Kündigung unterstellt werden, nur weil es als solches im Arbeitsvertrag bezeichnet ist. Die Sachlage ist hier anders als bei einem Probearbeitsverhältnis. Fehlt eine ausdrückliche Regelung über eine Abkürzung der Kündigungsfrist, verbleibt es bei den gesetzlichen Regelfristen[2]. Vorausgesetzt ist das objektive Vorliegen eines Aushilfszwecks; fehlt dieser, liegt kein Aushilfsarbeitsverhältnis, sondern ein den allgemeinen Regeln unterliegendes Arbeitsverhältnis vor[3].

c) Beendigung

Ein befristetes Aushilfsarbeitsverhältnis endet mit Ablauf der vereinbarten Frist bzw. mit der Zweckerreichung (§ 15 Abs. 3 TzBfG). Häufig wird ein zunächst befristet eingegangenes Aushilfsarbeitsverhältnis über den Wegfall der Befristung hinaus **fortgesetzt**, insbesondere dann, wenn der Befristungsgrund nicht klar umrissen ist.

Beispiele:

Ein Aushilfsarbeitsvertrag mit einer Verkäuferin ist zunächst in Verbindung mit der Vorbereitung und Nacharbeitung eines „Markenschlussverkaufs" auf acht Wochen befristet. Da der Einzelhändler die Verkäuferin noch brauchen kann, wird sie ohne gesonderte Vereinbarung für fünf Monate weiterbeschäftigt.

In einem Direktvertriebsunternehmen ist eine Arbeitnehmerin über ein Jahr regelmäßig lediglich in den letzten zehn Tagen eines jeden Kalendermonats beschäftigt. Die Beschäftigung erfolgt jeweils durch neu abgeschlossene schriftliche Aushilfsarbeitsverträge.

In beiden Fällen wird aus dem zunächst befristet abgeschlossenen Aushilfsarbeitsvertrag ein **Dauerarbeitsverhältnis**, das rechtlich jeden Aushilfscharakter verliert. Es gelten dann ausschließlich die gesetzlichen Bestimmungen über Regelarbeitsverhältnisse[4]. Wird ein Aushilfsarbeitsverhältnis jedoch nach Erreichung des der Befristung zugrunde gelegten Zwecks zunächst beendet und bald darauf neu begründet, stellt sich wie bei jedem Regelarbeitsverhältnis die Frage nach einer Fortsetzung des alten Arbeitsverhältnisses (dann meist auf unbestimmte Zeit) oder der Begründung eines neuen Arbeitsverhältnisses. Ist der Zweck und dessen Erreichung aufgrund der Parteivereinbarung eindeutig feststellbar, dann kann auch eine **kurzzeitige Unterbrechung** dazu führen, dass ein Aushilfsarbeitsverhältnis neu begründet wird. Die Dauer des Aushilfsarbeitsverhältnisses muss im Verhältnis zu der Unterbrechungszeit gesehen werden. Ist das Aushilfsarbeitsverhältnis nur für wenige Tage begründet, bedarf es auch nur einer Unterbrechung von wenigen Tagen, um ein neues Aushilfsarbeitsverhältnis zu begründen. Wird jedoch ein Arbeitnehmer während eines über sechs Monate hinausgehenden Zeitraums regelmäßig wiederkehrend immer wieder in der gleichen Zeitperiode beschäftigt, liegt tatsächlich ein einheitliches Teilzeitarbeitsverhältnis vor, das nach sechs Monaten zu einem **unbefristeten Dauerarbeitsverhältnis** wird. Auf die Dauer der Unterbrechung sowie auf die Dauer der jeweiligen (Aushilfs-)Tätigkeit kommt es nicht an (ein Dauerarbeitsverhältnis wäre auch dann begründet, wenn ein Arbeitnehmer jeweils im letzten Monat eines Kalenderquartals über einen Zeitraum von etwa einem Jahr tätig ist). Entscheidend ist, ob die Aushilfs-

---

[1] Vgl. zu diesem Streit die Ausführungen bei KR/*Spilger*, § 622 BGB Rz. 164 f. sowie bei Staudinger/*Preis*, § 622 BGB Rz. 33.
[2] So auch KR/*Spilger*, § 622 BGB Rz. 165; Staudinger/*Preis*, § 622 BGB Rz. 33; *Ascheid/Preis/Schmidt*, § 622 BGB Rz. 155.
[3] So ErfK/*Preis*, § 611 BGB Rz. 160; Staudinger/*Preis*, § 622 BGB Rz. 32.
[4] Vgl. KR/*Spilger*, § 622 BGB Rz. 168.

tätigkeit als **immer wiederkehrende Tätigkeit** vorhersehbar und gewollt ist (dann liegt ein einheitliches Arbeitsverhältnis vor) oder ob die Entscheidung über den Abschluss eines neuen Aushilfsarbeitsvertrages nicht nur formal, sondern auch tatsächlich jeweils neu fällt. Im letzteren Fall werden immer wieder neue befristete Aushilfsarbeitsverhältnisse begründet, die idR kürzer als sechs Monate sein werden und daher keinen Kündigungsschutz entstehen lassen.

4. Leiharbeitsverhältnis

77 Der Leiharbeitsvertrag zeichnet sich durch ein **Dreiecksverhältnis** aus, in dem rechtliche Beziehungen zwischen dem Verleiher, dem Entleiher und dem Leiharbeitnehmer bestehen. Fehlt es an diesem Moment des drittbezogenen Personaleinsatzes durch einen Arbeitnehmerüberlassungsvertrag (durch den ein Leiharbeitnehmer im Betrieb eines anderen für diesen tätig wird), dann liegt auch regelmäßig kein Leiharbeitsverhältnis vor, sondern der Arbeitnehmer steht ausschließlich in einem Arbeitsverhältnis zu dem Betrieb, in dem er tatsächlich eingesetzt ist[1]. Für die Annahme von Arbeitnehmerüberlassung und damit eines Leiharbeitsverhältnisses ist es erforderlich, dass der Arbeitnehmer aufgrund einer vertraglichen Verpflichtung seines Arbeitgebers gegenüber dem Dritten zur Förderung von dessen Betriebszwecken tätig wird[2]. Nicht um Leiharbeit handelt es sich dann, wenn von einem Unternehmen Arbeitnehmer zur Leistung bestimmter Dienste (zB Montagearbeiten) in ein anderes Unternehmen (vorübergehend) entsandt werden. In diesem Falle bleiben die Arbeitnehmer weiterhin ausschließlich Arbeitnehmer des Entsenders. Eine für das Leiharbeitsverhältnis typische Dreiecksbeziehung wird nicht begründet. S. ausführlich zum Leiharbeitsverhältnis unten Teil 6 D.

78–86 Einstweilen frei.

5. Gruppenarbeitsverhältnis[3]

87 Bei einem Gruppenarbeitsverhältnis sind die Arbeitsverträge mit den einzelnen Arbeitnehmern, die sich zu gemeinsamer Dienstleistung verpflichtet haben, in ihrem Bestand idR **voneinander abhängig**[4]. Gruppenarbeitsverhältnisse werden angetroffen, wenn das Zusammenspiel von mindestens zwei Personen auf Arbeitnehmerseite für die Ausführung des Arbeitsverhältnisses von derart großer Bedeutung ist, dass das Arbeitsverhältnis mit dem einen Arbeitnehmer nicht ohne das Arbeitsverhältnis mit dem zweiten Arbeitnehmer (oder weiteren Arbeitnehmern) zustande gekommen wäre.

88 **Beispiele:**

– Vertrag einer Trägerorganisation mit einem Heimleiterehepaar[5]
– Arbeitsvertrag einer Wohnungseigentümergemeinschaft mit einem Hausmeisterehepaar
– Vertrag eines Ballveranstalters mit einer Musikkapelle[6]
– Vertrag eines Zirkusunternehmens mit einer Artistengruppe[7].

---

1 BAG 26.4.1995 – 7 AZR 850/94, AP Nr. 19 zu § 1 AÜG.
2 BAG 22.6.1994 – 7 AZR 286/93, AP Nr. 16 zu § 1 AÜG.
3 Vgl. *Elert*, Gruppenarbeit, Diss. 2001; Schaub/*Koch*, § 181.
4 BAG 21.10.1971 – 2 AZR 17/71, AP Nr. 1 zu § 611 BGB – Gruppenarbeitsverhältnis.
5 So der Fall des BAG 21.10.1971 – 2 AZR 17/71, AP Nr. 1 zu § 611 BGB – Gruppenarbeitsverhältnis.
6 BAG 9.2.1960 – 2 AZR 585/57, AR-Blattei (D) Gruppenarbeit Entscheidung 1.
7 KR/*Etzel*, § 1 KSchG Rz. 50.

I. Arten des Arbeitsvertrages

Die Besonderheit des Gruppenarbeitsvertrages besteht darin, dass alle Ansprüche aus dem Arbeitsverhältnis einschließlich des Lohnanspruches den Gruppenmitgliedern **gemeinschaftlich** zustehen. Dementsprechend kann auch die Gruppe selbst nur in Gesamtheit kündigen und ihr kann nur insgesamt gekündigt werden[1]. Dies gilt im Übrigen entsprechend auch bei der sog. Arbeitgebergruppe[2]. 89

Ein **echtes Gruppenarbeitsverhältnis** besteht nur mit einer sog. **Eigengruppe**, die sich selbst vor Abschluss des Arbeitsvertrages als Gruppe zusammengeschlossen hat. Verschiedentlich wird auch die **Betriebsgruppe** als Vertragspartner eines Gruppenarbeitsverhältnisses bezeichnet[3]. Bei dieser handelt es sich jedoch um eine vom Arbeitgeber aufgrund seines Direktionsrechts zusammengestellte Gruppe, bei der jedes Arbeitsverhältnis weiterhin seine Selbständigkeit gegenüber dem Arbeitgeber behält. Bei einer Betriebsgruppe kann der Arbeitgeber diese Gruppe aufgrund des Direktionsrechts wieder auflösen[4]. Grundsätze über die Durchführung der Gruppenarbeit unterliegen der Mitbestimmung des Betriebsrats (§ 87 Abs. 1 Nr. 13 BetrVG). 90

6. Job-Sharing, Job-Pairing

Eine besondere Form der gesetzlich nicht geregelten „Betriebsgruppe" ist das sog. Job-Sharing (gem. § 13 TzBfG). Dabei vereinbaren zwei oder mehr Arbeitnehmer, sich einen **Arbeitsplatz zu teilen**[5]. Anders als bei der Eigengruppe sind die Arbeitsverhältnisse der Arbeitnehmer, die zusammen ein Job-Sharing eingegangen sind, rechtlich voneinander unabhängig. Dies führt dazu, dass zwischen den einzelnen Partnern des Job-Sharing keine unmittelbaren Rechtsbeziehungen bestehen (müssen)[6]. Jedes Arbeitsverhältnis genießt gesondert Bestandsschutz. Das Arbeitsverhältnis eines Job-Sharers wird grundsätzlich von dem Ausscheiden eines anderen Job-Sharers nicht berührt. Nach § 13 Abs. 2 Satz 1 TzBfG ist dem Arbeitgeber sogar untersagt, ein Arbeitsverhältnis mit einem Job-Sharer deshalb zu kündigen, weil der andere Job-Sharer ausgeschieden ist. Für die Geltendmachung der Unwirksamkeit ist nach § 4 KSchG die dreiwöchige Klagefrist zu beachten. Als Umgehung der gesetzlichen Bestimmung ist es auch anzusehen, wenn eine Vereinbarung mit einem Job-Sharer unter der auflösenden Bedingung der Bestandskraft des Vertrages mit dem zweiten Job-Sharer geschlossen wird[7]. Dagegen kann ein als Eigengruppe begründetes einheitliches Arbeitsverhältnis (auch Job-Pairing genannt) entsprechend den Grundsätzen der Eigengruppe nur gemeinschaftlich gekündigt werden. Auch die übrigen Rechte können nur gemeinschaftlich von der Eigengruppe ausgeübt werden. § 13 Abs. 3 TzBfG sieht ein sog. **„Turnus-Arbeitsverhältnis"** vor, das vorliegt, wenn sich Gruppen von Arbeitnehmern auf mehreren bestimmten Arbeitsplätzen in festgelegten Zeitabschnitten abwechseln, ohne dass der Arbeitgeber mit ihnen eine Arbeitsplatzteilung vereinbart hat[8]. 91

---

1 BAG 21.10.1971 – 2 AZR 17/71, AP Nr. 1 zu § 611 BGB – Gruppenarbeitsverhältnis; ErfK/*Preis*, § 611 BGB Rz. 171.
2 BAG 19.4.2012 – 2 AZR 186/11, NZA 2013, 27 (28) Rz. 16.
3 MünchKommBGB/*Müller-Glöge*, § 611 Rz. 1283 ff. Zur Haftung der Mitglieder einer Betriebsgruppe s. *Häuser*, FS Beuthien, 2009, S. 411–427.
4 Schaub/*Koch*, § 181 Rz. 3; zum Charakter der Betriebsgruppe als uneigentliches Gruppenarbeitsverhältnis KR/*Etzel*, § 1 KSchG Rz. 52 f.
5 MünchKommBGB/*Müller-Glöge*, § 13 TzBfG Rz. 1.
6 Schaub/*Linck*, § 43 Rz. 23.
7 So ErfK/*Preis*, § 13 TzBfG Rz. 11.
8 Schaub/*Linck*, § 43 Rz. 26.

7. Teilzeitarbeit

a) Grundlagen

92 Nach der Definition der Richtlinie[1], die das Teilzeit- und Befristungsgesetz in § 2 übernommen hat, ist Teilzeitbeschäftigter ein Arbeitnehmer, dessen normale auf Wochenbasis oder im Durchschnitt eines bis zu einem Jahr reichenden Beschäftigungszeitraums berechnete Arbeitszeit unter der eines vergleichbaren Vollzeitbeschäftigten liegt (s. dazu ausführlich Teil 3 B). Vergleichbar ist ein vollzeitbeschäftigter Arbeitnehmer des Betriebes mit derselben Art des Arbeitsverhältnisses und der gleichen oder einer ähnlichen Tätigkeit. Gibt es keine solchen vollzeitbeschäftigten Arbeitnehmer im Betrieb, wird darauf abgestellt, welche Arbeitszeit der anwendbare Tarifvertrag (sofern ein solcher besteht) für vergleichbare Vollzeitbeschäftigte vorsieht. Gibt es auch einen solchen Tarifvertrag nicht, wird auf das im jeweiligen Wirtschaftszweig Übliche abgestellt[2].

93 § 2 Abs. 2 TzBfG enthält eine Selbstverständlichkeit: Auch geringfügig Beschäftigte sind teilzeitbeschäftigte Arbeitnehmer iSd. Gesetzes. Dies gilt aber auch bei den Arbeitnehmern nach § 8 Abs. 1 Nr. 2 SGB IV[3]. Damit können nicht nur Beamte, Richter und Soldaten keine Rechte aus dem Gesetz ableiten, es gilt auch für Auszubildende nur eingeschränkt[4]. Ebenso wenig ist maßgeblich, ob der Teilzeitbeschäftigte nebenberuflich tätig ist und damit mehrere Teilzeitarbeitsverhältnisse ausübt[5]. Daraus folgt, dass Teilzeitbeschäftigte die Kündigungsschutzfristen jedes Teilzeitarbeitsverhältnisses einzeln erwerben können, sofern ihr Arbeitsverhältnis im Übrigen unter das Kündigungsschutzgesetz fällt[6]. Denn das Kündigungsschutzgesetz ist auf das Arbeitsverhältnis von Teilzeitbeschäftigten unabhängig von dem Umfang ihrer Arbeitszeit anwendbar[7].

Das im Teilzeit- und Befristungsgesetz niedergelegte Verbot der Diskriminierung teilzeitbeschäftigter Arbeitnehmer ist vor allem relevant in den Fällen mittelbarer Diskriminierung. Da in vielen Bereichen prozentual erheblich mehr Frauen als Männer teilzeitbeschäftigt sind, ist jeweils bei Regelungen, die Teilzeitbeschäftigte von bestimmten Leistungen ausnehmen, zu prüfen, ob es sich dabei um eine mittelbare Diskriminierung iSv. § 4 TzBfG bzw. Art. 157 AEUV handelt.

b) Formen der Teilzeitarbeit[8]

94 Die gängigen Formen von Teilzeitarbeit lassen sich wie folgt zusammenfassen:
- Starr festgelegte reduzierte tägliche Arbeitszeit,
- Gleitzeitregelungen,
- Arbeit auf Abruf,
- Anpassung der Arbeitszeit an den Arbeitsanfall gem. § 12 TzBfG,

---

1 Richtlinie 97/81/EG zu der von UNICE, CEEP und EGB beschlossenen Rahmenvereinbarung über Teilzeitarbeit, ABl. EG Nr. L 14 v. 20.1.1998.
2 Bei flexiblen Arbeitszeitmodellen ist auf größere Zeiträume abzustellen (zB Jahresarbeitszeiten), vgl. Schaub/*Linck*, § 43 Rz. 4.
3 Nach herrschender Auffassung soll vor allem das Diskriminierungsverbot des § 4 Abs. 2 TzBfG auch für diese Teilzeitkräfte gelten, so *Sievers*, § 2 TzBfG Rz. 18.
4 Annuß/Thüsing/*Annuß*, § 1 TzBfG Rz. 2: Die Normen des TzBfG sind auf Berufsausbildungsverhältnisse nur anzuwenden, soweit ihre jeweilige Regelungswirkung nicht mit der Natur des Berufsausbildungsverhältnisses unvereinbar ist (vgl. § 10 Abs. 2 BBiG).
5 Sog. Doppelarbeitsverhältnisse, vgl. ErfK/*Preis*, § 611 BGB Rz. 150; BAG 24.6.1992 – 5 AZR 384/91, AP Nr. 61 zu § 611 BGB – Abhängigkeit.
6 KR/*Etzel*, § 1 KSchG Rz. 65.
7 BAG 13.3.1987 – 7 AZR 724/85, AP Nr. 37 zu § 1 KSchG 1969 – Betriebsbedingte Kündigung.
8 Vgl. Schaub/*Linck*, § 43 Rz. 7 ff.

I. Arten des Arbeitsvertrages

- Arbeitsplatzteilung (Job-Sharing), § 13 TzBfG,
- Monats- oder Jahresarbeitszeitkonten,
- Vertrauensarbeitszeit.

c) Geringfügige Beschäftigung[1]

Arbeitsrechtlich sind geringfügige Beschäftigungsverhältnisse nicht anders zu behandeln als sonstige Teil- oder Vollzeitarbeitsverhältnisse. Die (teilweise) Versicherungsfreiheit in der Sozialversicherung stellt keinen Grund für eine Ungleichbehandlung dieser Beschäftigungsverhältnisse gegenüber anderen Arbeitsverhältnissen dar[2]. Daher stellt auch der Tatbestand der Geringfügigkeit eines Beschäftigungsverhältnisses keinen Grund für eine Kündigung eines derartigen Teilzeitverhältnisses dar, wenn im Übrigen die Voraussetzungen für den Kündigungsschutz erfüllt sind. 95

Geringfügige Beschäftigungen sind im Gesetz (§§ 8, 8a SGB IV) in **zwei Formen** geregelt: 96
- Die regelmäßige Tätigkeit gegen geringes Entgelt (sog. Entgeltgeringfügigkeit, § 8 Abs. 1 Nr. 1 SGB IV);
- Die geringfügige Tätigkeit in Form einer kurzfristigen Tätigkeit (sog. Zeitgeringfügigkeit, § 8 Abs. 1 Nr. 2 SGB IV).

Geringfügige Tätigkeiten in Privathaushalten (§ 8a SGB IV) sind in beiden Formen möglich[3].

Die geringfügige Tätigkeit in Form einer **Entgeltgeringfügigkeit** setzt voraus, dass der Arbeitnehmer einer berufsmäßigen und damit regelmäßigen Tätigkeit nachgeht[4]. Dabei kommt es nicht auf ein Dauerarbeitsverhältnis an, sondern auf eine ständige Wiederholung der Tätigkeit, die das Ziel dieses Beschäftigungsverhältnisses ist. Das regelmäßige Arbeitsentgelt darf dabei 450 Euro nicht übersteigen[5]. Zum regelmäßigen Arbeitsentgelt zählen alle laufenden und einmaligen Einnahmen, gleichgültig ob auf sie ein Rechtsanspruch besteht, unter welcher Bezeichnung oder in welcher Form sie geleistet werden oder ob sie unmittelbar aus der Beschäftigung oder im Zusammenhang mit ihr erzielt werden (§ 14 Abs. 1 SGB IV). Einmalzahlungen wie Weihnachts- und Urlaubsgeld sind auf den gesamten Zeitraum, für den sie gewährt werden, umzulegen[6].

Unabhängig vom Einkommen ist eine **Zeitgeringfügigkeit** iSd. § 8 Abs. 1 Nr. 2 SGB IV gegeben, wenn innerhalb eines Kalenderjahres die Tätigkeit auf längstens zwei Monate oder 50 Arbeitstage begrenzt ist. Außerdem verlangt die Rechtsprechung, dass die Beschäftigung nur unregelmäßig (gelegentlich) ausgeübt wird[7]. Dabei muss sich die Begrenzung auf zwei Monate oder auf 50 Tage entweder aus der Eigenart der Beschäftigung oder aus einer entsprechenden Vereinbarung ergeben. Schließlich ist auf den Schriftformzwang beim Abschluss einer etwaigen Vereinbarung (§ 14 Abs. 4 TzBfG) zu achten, andernfalls liegt ein unbefristetes Arbeitsverhältnis vor. Beschäftigungsverhältnisse, die nicht schriftlich vereinbart worden sind, können dementsprechend auch nicht geringfügig iSd. § 8 Abs. 1 Nr. 2 SGB IV sein[8].

---

1 Zur Rentenversicherung s. Teil 7 C Rz. 48 ff.
2 Schaub/*Linck*, § 44 Rz. 1, 1a.
3 ErfK/*Rolfs*, §§ 8, 8a SGB IV Rz. 2.
4 Schaub/*Linck*, § 44 Rz. 6 f.
5 Gelegentliche Überschreitungen sind unschädlich, s. *Lembke*, NJW 1999, 1825 (1826); LSG BW 23.5.2012 – L 4 R 3335/11.
6 Schaub/*Linck*, § 44 Rz. 10.
7 BSG 11.5.1993 – 12 RK 23/91, NZS 1993, 550.
8 So ErfK/*Rolfs*, §§ 8, 8a SGB IV Rz. 15.

Eine zeitgeringfügige Beschäftigung nach § 8 Abs. 1 Nr. 2 SGB IV liegt nicht vor, wenn die Beschäftigung berufsmäßig ausgeübt wird und ihr Entgelt 450 Euro übersteigt. Eine **berufsmäßige Ausübung** liegt dann vor, wenn die Tätigkeit (auch mit Unterbrechungen) nur mit einer gewissen Regelmäßigkeit, also häufig und voraussehbar ausgeübt wird[1].

97 Seit dem 1.4.2003 muss der Arbeitgeber an die Zentrale Einzugsstelle, die Knappschaft Bahn-See (Minijob-Zentrale), für geringfügig Beschäftigte **Pauschalabgaben** entrichten. Sie sind durch das Haushaltsbegleitgesetz 2006 von 25 % auf 30 % erhöht worden und gliedern sich wie folgt auf:
– 15 % entfallen auf die Rentenversicherung,
– 13 % entfallen auf die Krankenversicherung und
– 2 % entfallen auf die Lohnsteuer (einschließlich Solidaritätszuschlag und Kirchensteuer, sog. einheitliche Pauschalsteuer).

Der Pauschbeitrag zur Krankenversicherung entfällt dann, wenn die geringfügig beschäftigte Person nicht gesetzlich krankenversichert ist (§ 249b SGB V).

98 Die Vergütung von bis zu 450 Euro unterliegt einer **Pauschalbesteuerung** in Höhe von 2 % (§ 40a Abs. 2 EStG). Die früher geltende Arbeitslohngrenze von 12 Euro pro Stunde gilt nicht mehr. Für die gesetzliche Unfallversicherung gilt das Gleiche wie auch für Vollzeitbeschäftigte, etwaige Beiträge zu dieser Pflichtversicherung werden vom Arbeitgeber bezahlt. Das BAG hat festgestellt, dass der Arbeitnehmer die anfallende Lohnsteuer im Verhältnis zum Arbeitgeber trägt[2]. Der Arbeitgeber kann die abzuführende Lohnsteuer von dem vereinbarten Lohn abziehen. Nur bei einer Nettolohnabrede, die hinreichend deutlich zum Ausdruck kommen muss, hat der Arbeitgeber die Lohnsteuer selbst zu tragen.

99 Praktisch bedeutend ist das **Zusammentreffen** mehrerer geringfügiger Beschäftigungsverhältnisse oder eines/oder mehrerer geringfügigen/r Beschäftigungsverhältnisse/s mit einer nicht geringfügig entlohnten Beschäftigung. Als Faustregel kann Folgendes gelten: Gleichartige geringfügige Beschäftigungen werden zusammengerechnet (also dauerhaft geringfügige mit anderen dauerhaft geringfügigen, kurzfristige mit anderen kurzfristigen), ungleichartige dagegen nicht. Daher gibt es drei Fallgruppen, in denen mehrere Beschäftigungsverhältnisse addiert werden mit der Folge, dass insgesamt Versicherungspflicht eintritt, wenn durch die Zusammenrechnung die Grenzen des § 8 Abs. 1 SGB IV überschritten werden:
– Neben einer versicherungspflichtigen Hauptbeschäftigung werden mehr als eine geringfügige Nebenbeschäftigung iSd. § 8 Abs. 1 Nr. 1 SGB IV ausgeübt: Die zeitlich zuerst aufgenommene Nebentätigkeit bleibt versicherungsfrei, wenn nur die zweite und jede weitere geringfügige Beschäftigung der Hauptbeschäftigung hinzuaddiert werden,
– der Beschäftigte übt mehrere geringfügige Beschäftigungen iSd. § 8 Abs. 1 Nr. 1 SGB IV nebeneinander aus und
– der Beschäftigte übt mehrere kurzfristige Beschäftigungen iSd. § 8 Abs. 1 Nr. 2 SGB IV gleichzeitig oder nebeneinander innerhalb eines Kalenderjahres aus[3].

Daher sind nach § 8 Abs. 2 SGB IV **nicht zusammenzurechnen:**
– eine versicherungspflichtige Hauptbeschäftigung mit der ersten iSv. § 8 Abs. 1 Nr. 1 dauerhaft geringfügigen Nebenbeschäftigung,
– eine geringfügige Beschäftigung mit einer nicht versicherungspflichtigen oder versicherungsfreien Hauptbeschäftigung (zB als Selbständiger oder Beamter),

---

1 ErfK/*Rolfs*, §§ 8, 8a SGB IV Rz. 17.
2 BAG 1.2.2006 – 5 AZR 628/04, NZA 2006, 682.
3 Die Beschäftigung in Privathaushalten gem. § 8a SGB IV bleibt vorliegend außer Betracht.

I. Arten des Arbeitsvertrages

- eine kurzfristige Beschäftigung iSd. § 8 Abs. 1 Nr. 2 SGB IV mit einer versicherungspflichtigen Hauptbeschäftigung und
- eine geringfügige Dauerbeschäftigung iSd. § 8 Abs. 1 Nr. 1 SGB IV mit einer geringfügigen Kurzfristbeschäftigung iSd. § 8 Abs. 1 Nr. 2 SGB IV[1].

Seit dem 1.1.2013 gibt es für Arbeitsentgelte zwischen 450,01 und 850 Euro monatlich eine sog. **Gleitzone** (§ 20 Abs. 2 SGB IV)[2]. Diese Gleitzone ist steuerlich ohne Bedeutung. Für diese sog. **Midijobs** innerhalb der Gleitzone besteht grundsätzlich Sozialversicherungspflicht, jedoch zu einem geringeren Arbeitgeberanteil, der nach einer speziellen Formel berechnet wird[3]. Werden neben einer Beschäftigung innerhalb der Gleitzone andere Beschäftigungsverhältnisse ausgeübt (zB eine versicherungspflichtige Hauptbeschäftigung von mehr als 850 Euro), so gelten die Regelungen für die Gleitzone nicht. Arbeitgeber- und Arbeitnehmerbeiträge werden auf das zusammengerechnete Entgelt erhoben. 100

Für die geringfügige Beschäftigung in **Privathaushalten** (§ 8a SGB IV) beträgt der Pauschalbeitrag zur Kranken- und Rentenversicherung nur jeweils 5 % des Arbeitsentgelts (§ 249b Satz 2 SGB V, § 172 Abs. 3a SGB VI). Das Arbeitsentgelt kann auch hier mit 2 % pauschal versteuert werden. Es gilt statt umfassender Meldepflicht ein vereinfachtes Verfahren, das sog. **Haushaltsscheckverfahren** (§ 28a Abs. 7 SGB IV). Bezieher von vorgezogenen Altersrenten bzw. von voller Erwerbsminderungsrente dürfen im Rahmen eines Minijobs im Umfang von 450 Euro hinzuverdienen, ohne dass die Rente gekürzt wird oder gar wegfällt. 101

In der **Arbeitslosenversicherung** sind geringfügig Beschäftigte versicherungsfrei und können dementsprechend auch keinen Anspruch auf Arbeitslosengeld erwerben. In der Gleitzone erwerben jedoch Arbeitnehmer nach einer 12-monatigen Beschäftigung den vollen Anspruch auf Arbeitslosengeld. 101a

8. Mittelbares Arbeitsverhältnis[4]

Ist ein Arbeitnehmer bei einem Arbeitgeber beschäftigt, der seinerseits Arbeitnehmer in einem anderen Arbeitsverhältnis zu einem Arbeitgeber höherer Stufe ist, dann handelt es sich um ein sog. mittelbares Arbeitsverhältnis[5]. Bei einem mittelbaren Arbeitsverhältnis bestehen **zwei getrennte Arbeitsverhältnisse**. Dies gilt für Fragen der Vergütung, des Kündigungsschutzes und Fragen der Beendigung des jeweiligen Arbeitsverhältnisses. Kündigungsberechtigter ist der jeweilige Arbeitgeber aus dem jeweiligen Arbeitsverhältnis gegenüber dem Arbeitnehmer des jeweils betroffenen Arbeitsverhältnisses. Auch die Kündigungsschutzklage ist gegen den jeweiligen Vertragspartner zu richten[6]. Mittelbare Arbeitsverhältnisse kommen vor allem im künstlerischen Bereich vor[7]. Der Arbeitnehmer kann den Arbeitgeber zweiter Stufe nur dann ausnahmsweise in Anspruch nehmen, wenn er selbst gegenüber seinem Arbeit- 102

---

1 Es sei denn, im letzteren Fall erfüllt die kurzfristige Beschäftigung zugleich die Voraussetzung des § 8 Abs. 1 Nr. 1 SGB IV.
2 § 344 Abs. 4 SGB III, § 226 Abs. 4 SGB V, § 163 Abs. 10 SGB VI.
3 Die Formel lautet: $F \times 450 + (2 - F) \times (AE - 450)$; AE ist dabei das Arbeitsentgelt, F ist der Faktor, der sich ergibt, wenn der Wert 25 % durch den durchschnittlichen Gesamtsozialversicherungsbeitragssatz des Kalenderjahres, in dem der Anspruch auf das Arbeitsentgelt entstanden ist, geteilt wird. Für Ausbildungsverhältnisse gilt die Sonderregelung in § 20 Abs. 3 SGB IV.
4 Vgl. Schaub/*Koch*, § 182.
5 BAG 9.4.1957 – 3 AZR 435/54, AP Nr. 2 zu § 611 BGB – Mittelbares Arbeitsverhältnis; LAG Rh.-Pf. 12.1.2012 – 8 Sa 491/11, Rz. 35.
6 BAG 9.4.1957 – 3 AZR 435/54, AP Nr. 2 zu § 611 BGB – Mittelbares Arbeitsverhältnis.
7 ZB der Veranstalter, der einen Konzertmeister engagiert, zu dem seinerseits dessen Musiker in einem Arbeitsverhältnis stehen; s. dazu den Fall LAG Bremen 15.12.1954 – Sa 60/54, AP Nr. 1 zu § 611 BGB – Mittelbares Arbeitsverhältnis.

geber (Mittelsmann) nicht zu seinem Recht kommt. Dazu bedarf es aber eines besonderen Verpflichtungsgrundes. So muss der Arbeitgeber der zweiten Stufe dem Arbeitnehmer gegenüber erklärt haben, dass er für die Lohnzahlung einstehen wolle[1]. Das Rechtsinstitut des mittelbaren Arbeitsverhältnisses wird **missbraucht**, wenn ein Arbeitgeber (zweiter Stufe) einen Dritten anweist, im eigenen Namen als mittelbarer Arbeitgeber Arbeitnehmer für bestimmte Aufgaben anzustellen, sofern dieser Mittelsmann unternehmerische Entscheidungen nicht treffen und auch keinen Gewinn aus dieser Tätigkeit erzielen kann[2]. Bei einem derartigen Gestaltungsmissbrauch bestehen direkte Arbeitsverhältnisse zwischen dem Arbeitgeber (zweiter Stufe) einerseits und den Arbeitnehmern (der mittleren und der unteren Stufe) andererseits.

II. Abgrenzung zu verwandten Verträgen

103 Das Bürgerliche Gesetzbuch kannte ursprünglich lediglich die Form des Dienstvertrages. Auf dieser Rechtsform basiert der Arbeitsvertrag.

1. Dienstvertrag

104 Der Dienstvertrag ist gem. § 611 BGB ein auf den Austausch von Dienstleistung und einer grundsätzlich in Geld zu leistenden Vergütung gerichteter schuldrechtlicher Vertrag. Wird der Dienstvertrag mit einem **Selbständigen**, zB einem Arzt oder einem Rechtsanwalt, abgeschlossen, steht dieser mit seinem Auftraggeber oder Mandanten nicht in einem Arbeitsverhältnis[3]. Dienstverträge werden auch mit **„echten" freien Mitarbeitern** abgeschlossen. Gemeinsam ist dem Dienstvertrag wie dem Arbeitsvertrag die Betonung des Zeitmoments. Der Vertrag wird nicht zu einem bestimmten Zeitpunkt, sondern im Verlauf einer Zeitspanne erfüllt[4]. Dienstverträge sind auch stets die Anstellungsverträge mit Vorstandsmitgliedern von Aktiengesellschaften und regelmäßig diejenigen mit GmbH-Geschäftsführern.

2. Werkvertrag

105 Das Zeitmoment des Dienstvertrages unterscheidet ihn vom Werkvertrag. Der Werkvertrag zielt auf ein bestimmtes Ergebnis, auf einen definierten **Erfolg der Tätigkeit** ab. Dem Werkbesteller ist es gleichgültig, wie lange der Werkunternehmer zur Erstellung seines Werkes braucht. Ihm kommt es auf den Erfolg der Tätigkeit an[5]. Daher trägt der Werkunternehmer auch die Gefahr des Untergangs des Werks vor Abnahme[6]. Besondere Bedeutung gewinnt die Abgrenzung des Dienstvertrages zum Werkvertrag im Arbeitnehmerüberlassungsrecht (s. Rz. 77)[7]. Genehmigungspflichtige Arbeiternehmerüberlassung im Sinne des Gesetzes liegt nur vor, wenn Arbeitnehmer verliehen werden. Dies ist nicht der Fall, wenn ein Werkunternehmer mit seinen Arbeitnehmern in einer dritten Firma tätig wird, um ein bestimmtes Werk herzustellen[8].

---

1 BAG 8.8.1958 – 4 AZR 173/55, AP Nr. 3 zu § 611 BGB – Mittelbares Arbeitsverhältnis; dazu auch MünchKommBGB/*Müller-Glöge*, § 611 Rz. 1282; KR/*Etzel*, § 1 KSchG Rz. 62.
2 BAG 20.7.1982 – 3 AZR 446/80, AP Nr. 5 zu § 611 BGB – Mittelbares Arbeitsverhältnis.
3 ErfK/*Preis*, § 116 BGB Rz. 10.
4 MünchKommBGB/*Müller-Glöge*, § 611 Rz. 17.
5 BAG 25.9.2013 – 10 AZR 282/12, NZA 2013, 1348; MünchKommBGB/*Busche*, § 631 Rz. 14; ErfK/*Preis*, § 611 BGB Rz. 12.
6 *Kittner/Däubler/Zwanziger*, KSchR, Einl. Rz. 54.
7 *Schüren/Hamann*, § 1 AÜG Rz. 113 ff.
8 Vgl. dazu allg. *Maschmann*, NZA 2013, 1305; *Werths*, BB 2014, 697.

3. Gesellschaftsvertrag

Gesellschafter einer BGB-Gesellschaft, einer OHG oder Komplementäre einer Kommanditgesellschaft stehen idR **zu der Gesellschaft selbst nicht in einem Arbeitsverhältnis**. Denn sie leisten häufig ihre Tätigkeit für die Gesellschaft aufgrund der verbandsrechtlichen Beziehung zu dieser Gesellschaft[1]. Enthält jedoch der Gesellschaftsvertrag keine Verpflichtung zur Dienst- oder Arbeitsleistung, kann zwischen der Gesellschaft und einem Gesellschafter ein gesondertes Arbeitsverhältnis begründet werden. Derartige **Sonderarbeitsverhältnisse** sind jedoch eher die Ausnahme. Häufig anzutreffen sind dagegen Arbeitsverhältnisse zwischen der KG und ihren Kommanditisten[2]. 106

4. Entgeltliche Geschäftsbesorgung und Auftrag

Der entgeltliche Geschäftsbesorgungsvertrag gem. § 675 BGB kann dem **Dienst- oder Werkvertragsrecht** unterliegen. Die in § 675 BGB genannten Auftragsvorschriften sind im Arbeitsrecht analog anwendbar[3]. Beispielhaft ist die Bestimmung des § 670 BGB zu erwähnen, die dem Arbeitnehmer einen Anspruch auf Erstattung der Auslagen (zB bei vom Arbeitgeber gewünschter Dienstreise) gibt. Anders als beim Auftrag ist die Tätigkeit des Geschäftsbesorgers selbständig, sie lässt Raum für eigenverantwortliche Überlegung und Willensbildung des Geschäftsbesorgers[4]. Der **Auftrag** ist begrifflich unentgeltlich und unterscheidet sich dadurch allein schon vom Dienst- und Arbeitsvertrag[5]. Unklarheit besteht lediglich darüber, ob einzelne Bestimmungen des Auftragsrechts mittelbar über den Geschäftsbesorgungsvertrag (§ 675 BGB) auf das Arbeitsverhältnis anwendbar sind oder ob die Bestimmungen des Auftragsrechts auch ohne ausdrückliche Statuierung der entsprechenden Anwendbarkeit analog im Arbeitsrecht gelten[6]. 107

5. Franchisevertrag

In einem Franchisevertrag wird dem Franchisenehmer von dem Franchisegeber gegen direktes oder indirektes Entgelt das Recht eingeräumt, im Rahmen eines Dauerschuldverhältnisses bestimmte Waren und/oder Dienstleistungen zu vertreiben. Der Vertrieb erfolgt unter Benutzung von Image, Namen, Zeichenrechten, Ausstattung, Kennzeichnungen, Symbolen oder sonstigen Nutzrechten des Franchisegebers sowie unter Benutzung von dessen gewerblichen und/oder technischen Erfahrungen und unter Beachtung des vom Franchisegeber entwickelten Organisations- und Marketingsystems, dessen ständige Weiterentwicklung ihm obliegt[7]. Dabei ist der Franchisenehmer zwar grundsätzlich selbständiger Händler und Unternehmer[8]. Dies kann 108

---

1 ErfK/*Preis*, § 611 BGB Rz. 17; Schaub/*Vogelsang*, § 9 Rz. 24.
2 Der Kommanditist ist gem. § 164 HGB von der Geschäftsführung ausgeschlossen, vgl. MünchKommBGB/*Müller-Glöge*, § 611 Rz. 28; Schaub/*Vogelsang*, § 9 Rz. 24.
3 So insbesondere §§ 666, 667 sowie §§ 669, 670 BGB, MünchKommBGB/*Müller-Glöge*, § 611 Rz. 33; BAG (GS) 10.11.1961 – GS 1/60, AP Nr. 2 zu § 611 BGB – Gefährdungshaftung des Arbeitgebers.
4 Palandt/*Sprau*, § 675 BGB Rz. 3.
5 BAG (GS) 10.11.1961 – GS 1/60, AP Nr. 2 zu § 611 BGB – Gefährdungshaftung des Arbeitgebers.
6 Für Ersteres BAG (GS) 10.11.1961 – GS 1/60, AP Nr. 2 zu § 611 BGB – Gefährdungshaftung des Arbeitgebers, für analoge Anwendung Palandt/*Sprau*, § 675 BGB Rz. 5, der Geschäftsbesorgungsrecht nur bei selbständiger Geschäftsbesorgung anwendet; s.a. MünchKommBGB/*Müller-Glöge*, § 611 Rz. 33 f.; für die Praxis hat dieser Streit jedoch keine Bedeutung.
7 Definition von *Skaupy*, DB 1982, 2446 (2447); s.a. LAG Düsseldorf 27.8.2010 – 10 Sa 90/10 Rz. 77, juris.
8 *Skaupy*, DB 1982, 2446 (2447); *Weltrich*, DB 1988, 806; *Ekkenga*, Die Inhaltskontrolle von Franchiseverträgen, 1990, S. 36 ff.; *Kittner/Däubler/Zwanziger*, KSchR, Einl. Rz. 45.

jedoch nicht aus dem Wesen des Franchisevertrages geschlossen werden[1]. Nach der sog. „Eismann-Entscheidung" des BAG[2] kommt es – wie auch in anderen Rechtsverhältnissen – beim Franchisevertrag nicht darauf an, wie das Rechtsverhältnis bezeichnet wird, sondern was der Geschäftsinhalt ist. Ob der Franchisevertrag als Arbeitsvertrag anzusehen ist, richtet sich danach, ob der Franchisenehmer weisungsgebunden und abhängig ist oder ob er seine Chancen auf dem Markt selbständig und im Wesentlichen weisungsfrei sucht[3]. Der BGH[4] betont in Übereinstimmung mit der Rechtsprechung des BAG, dass sich der Unterschied zwischen Arbeitsverhältnis und sonstigem Dienstverhältnis an dem Grad der persönlichen Abhängigkeit bei der Erbringung der Werk- oder Dienstleistung manifestiere. So begründe insbesondere die Verpflichtung des Franchisenehmers, ein bestimmtes Warensortiment zum Zwecke der Vermarktung über den Franchisegeber zu beziehen, noch keine persönliche Abhängigkeit im Sinne eines Arbeitsverhältnisses. Dies gilt insbesondere dann, wenn der Franchisenehmer berechtigt ist, weitere Waren von Dritten zu beziehen, die über das angebotene Programm hinausgehen, auch wenn dazu die Genehmigung der Franchisegeberin erforderlich ist[5]. Der BGH prüft folgende **Kriterien**:

– Die Möglichkeit, die Dienstleistung nicht im vollen Umfang persönlich zu erbringen und selbst Arbeitnehmer einzustellen, spricht für Selbständigkeit[6].
– Die Verpflichtung, das Ladengeschäft im Rahmen der gesetzlichen Ladenschlusszeiten möglichst lange offen zu halten, wird nicht als Hinweis auf Arbeitnehmereigenschaft gesehen.
– Die Freiheit in der Gestaltung der Preise ist wichtig für ein selbständiges Franchiseverhältnis.
– Die fehlende Einbindung in das Abrechnungssystem der Franchisegeberin spricht für Selbständigkeit.
– Abschließend ist eine Gesamtabwägung vorzunehmen[7].

109 **Beispiel:**

Im Transportgewerbe schließt ein Franchisegeber mit selbständigen Transportunternehmern (Franchisenehmern) einen Vertrag, der in vollem Umfang vom Franchisegeber ausgearbeitet wurde und dem sich der Franchisenehmer ohne eigenen Gestaltungsspielraum unterwerfen musste. Der Franchisenehmer verpflichtet sich, Transportleistungen ausschließlich für den Franchisegeber und in dessen Namen und für dessen Rechnung auszuführen; dem Franchisenehmer ist jegliche Kundenakquisition auf eigene Rechnung untersagt; dem Franchisenehmer ist bis ins letzte Detail vorgeschrieben, nach welchen Grundsätzen er Transporte übernehmen muss, und er ist zudem verpflichtet, die Leistungen persönlich auszuführen. Die Lkw werden von den Franchisenehmern selbst geleast[8].

110 Nach dem Franchisevertrag ist es Aufgabe des Franchisenehmers, einen eigenen Geschäftsbetrieb mit Unterstützung und unter Verwendung von Namen, Warenzeichen, Ausstattung oder sonstigen Schutzrechten des Franchisegebers zu führen. Es gibt jedoch beim Franchisevertrag ebenso wie beim Handelsvertretervertrag oder beim Werkvertrag Fälle, in denen eine bestimmte Rechtsform missbräuchlich benutzt

---

1 BAG 16.7.1997 – 5 AZB 29/96, NZA 1997, 1126; BGH 16.10.2002 – VIII ZB 27/02, BGHZ 152, 213; ErfK/*Preis*, § 611 BGB Rz 30.
2 BAG 16.7.1997 – 5 AZB 29/96, NZA 1997, 1126.
3 So BAG 16.7.1997 – 5 AZB 29/96, NZA 1997, 1126; aA OLG Schleswig 27.8.1986 – 4 U 27/85, NJW-RR 1987, 220; *Ekkenga*, Die Inhaltskontrolle von Franchiseverträgen, 1990, S. 40; *Weltrich*, DB 1988, 806; vgl. auch BGH 4.8.1998 – VIII ZB 12/98, RdA 1999, 268.
4 BGH 16.10.2002 – VIII ZB 27/02, BGHZ 152, 213.
5 BGH 16.10.2002 – VIII ZB 27/02, BGHZ 152, 213.
6 Aber nur als Indiz, s. dazu LAG Bremen 21.2.2007 – 2 Sa 206/05 u. LAG Düsseldorf 27.8.2010 – 10 Sa 90/10 Rz. 106.
7 BGH 16.10.2002 – VIII ZB 27/02, BGHZ 152, 213.
8 Fall des LSG Berlin 27.10.1993 – L 9 Kr 35/92, NZA 1995, 139; s.a. LAG Hamm 9.9.1999 – 4 Sa 714/99, NZA-RR 2000, 575.

wird. Derartige Formen des **Rechtsformmissbrauches** führen (gem. § 242 BGB) zur Anwendung derjenigen Vorschriften, die durch die rechtsmissbräuchliche Verwendung gerade ausgeschlossen werden sollten. Wenn einem Franchisenehmer jegliche Selbständigkeit untersagt wird, wenn er tatsächlich wie ein Arbeitnehmer in die Organisation des Arbeitgebers eingegliedert ist und weder ein wirtschaftliches Risiko trägt noch wirtschaftliche Chancen auf dem Markt wahrnehmen kann (zB durch Führung von Konkurrenzprodukten), liegt tatsächlich ein Arbeitsverhältnis vor[1].

6. Familienrechtliche Mitarbeit[2]

Ein Arbeitsverhältnis kann auch mit Familienangehörigen bestehen. Dabei kommt es vor dem Hintergrund des Gestaltungsmissbrauchs vor allem darauf an, ob der mitarbeitende Familienangehörige in allen Punkten des Arbeitsverhältnisses ebenso behandelt wird wie ein familienfremder Dritter. Dies gilt sowohl hinsichtlich der Art der Dienstleistung und der Vergütung als auch hinsichtlich der Versteuerung dieser Vergütung[3]. Stets ist eine Einzelfallbetrachtung vorzunehmen. Die Tätigkeit eines Familienangehörigen als Arbeitnehmer ist abzugrenzen von der Mithilfe aufgrund der Familienzugehörigkeit[4]. Beschäftigt zB ein niedergelassener Arzt seine Ehefrau in der Buchhaltung seiner Praxis, werden die Einkünfte versteuert und zur Sozialversicherung angemeldet und lässt sich die Tätigkeit auch praktisch nachweisen, dann dürfte es bei der Qualifikation dieser Tätigkeit als Arbeitsverhältnis keine Probleme geben. Die Ehefrau ersetzt eine Arbeitskraft, die andernfalls eingestellt werden müsste[5]. Entspricht das Vertragsverhältnis nicht den vorgenannten Voraussetzungen, erschöpft sich die Mitarbeit in der üblichen Hilfe auf familienrechtlicher Basis, sind Rechtsgrund für die Dienstleistung von Familienmitgliedern lediglich die familienrechtlichen Vorschriften der §§ 1353, 1619 BGB[6].

III. Berufsbildungsrecht

Schrifttum:

Benecke/Hergenröder, Kommentar zum Berufsbildungsgesetz, 2009; *Braun/Mühlhausen/Munk/Stück*, Berufsbildungsgesetz, 2004; *Herkert/Töltl*, Berufsbildungsgesetz – Kommentar mit Nebenbestimmungen, Loseblatt, Stand 3/2014; *Knopp/Kraegeloh*, Kommentar zum Berufsbildungsgesetz, 5. Aufl. 2005; *Lakies/Malotte*, Berufsbildungsgesetz, 4. Aufl. 2011; *Leinemann/Taubert*, Berufsbildungsgesetz, 2. Aufl. 2008; *Opolony*, Taschenbuch Berufsausbildungsrecht, 2001; *Wohlgemuth* (Hrsg.), BBiG – Berufsbildungsgesetz Kommentar, 2011.

1. Geltungsbereich des Berufsbildungsgesetzes

Durch ein Artikelgesetz, das sog. Berufsbildungsreformgesetz vom 23.3.2005[7], wurde (in Art. 1) die Berufsbildung neu geregelt. Das Gesetz hat eine neue Systematik erhal-

---

1 Das LSG Berlin 27.10.1993 – L 9 Kr 35/92, NZA 1995, 139, hat sog. „Franchisenehmern" im Transportgewerbe die Selbständigkeit versagt; s.a. BAG 19.11.1997 – 5 AZR 653/96, NZA 1998, 364 zum Status des abhängigen Frachtführers; das BSG hat mit Urteil v. 4.11.2009 – B 12 R 3/08 R, NJW 2010, 2539, eine Franchisenehmerin als arbeitnehmerähnliche Selbständige der Rentenversicherungspflicht unterworfen (gem. § 2 Satz 1 Nr. 9 SGB VI).
2 Vgl. Schaub/*Vogelsang*, § 9 Rz. 32 ff.
3 BFH 6.3.1995 – VI R 86/94, BB 1995, 966.
4 BSG 5.4.1956 – 3 RK 65/55, AP Nr. 2 zu § 611 BGB – Arbeitsverhältnis zwischen Eltern und Kindern; MünchKommBGB/*von Sachsen Gressaphe*, § 1619 Rz. 32.
5 OLG Frankfurt 11.1.1996 – 20 W 55/95, NZA-RR 1996, 229; KR/*Etzel*, § 1 KSchG Rz. 48.
6 Vgl. ErfK/*Preis*, § 611 BGB Rz. 133.
7 BGBl. I 2005, 931.

ten[1]. Das Grundkonzept des aus dem Jahr 1969 stammenden ursprünglichen Gesetzestextes wurde jedoch nicht angerührt. So bleibt es insbesondere bei dem bewährten dualen System der Berufsbildung[2]. Das Kapitel 1 beschäftigt sich ausschließlich mit der Berufsausbildung (§§ 4–52 BBiG), im Kapitel 2 (§§ 53–57 BBiG) behandelt das Gesetz die berufliche Fortbildung und in den §§ 58–63 BBiG die berufliche Umschulung[3]. Das Berufsbildungsgesetz (BBiG) verwendet also auch weiterhin den Begriff der Berufsbildung als Oberbegriff für **Berufsausbildungsvorbereitung**[4], **Berufsausbildung, berufliche Fortbildung und berufliche Umschulung** (§ 1 Abs. 1 BBiG). Ziel der Umschulung iSv. § 62 BBiG ist es, den Übergang in eine andere geeignete berufliche Tätigkeit zu ermöglichen. Der Gesetzgeber hat anders als noch in der alten Fassung des Gesetzes die berufliche Umschulung näher geregelt und insbesondere vorgesehen, dass auch Prüfungsregelungen für Umschulungsmaßnahmen erlassen werden können (§ 59 BBiG). Außerdem werden bei den Umschulungsmaßnahmen für einen anerkannten Ausbildungsberuf bestimmte Vorschriften für die Berufsbildung in Bezug genommen (§ 60 BBiG), so dass nunmehr eine durchstrukturierte Neuregelung der beruflichen Umschulung vorliegt. Dennoch sind die Vorschriften des BBiG über das Berufungsausbildungsverhältnis auf Umschulungsverhältnisse nicht anwendbar. Eine Umschulung soll den Übergang in eine andere geeignete berufliche Tätigkeit ermöglichen, daher hat der Gesetzgeber darauf verzichtet, Umschulungsverhältnisse ebenso eingehend und zwingend zu regeln wie Berufsausbildungsverhältnisse[5]. Auch die berufliche Fortbildung wird in einem eigenen Kapitel neu geregelt (§§ 53–57 BBiG), ohne dass inhaltlich die frühere Rechtslage grundlegend geändert worden wäre. Die Vorschriften in diesem Kapitel zur beruflichen Fortbildung beschränken sich im Wesentlichen auf eine Neuregelung des Prüfungswesens. Dabei kann die berufliche Fortbildung entweder im Rahmen eines Arbeitsvertrages (einschließlich einer möglichen Ergänzung) oder in einem eigenständigen Fortbildungsvertrag erfolgen[6].

113 Das Berufsbildungsgesetz geht auch weiterhin von dem **dualen System der Berufsbildung** aus[7]. Dabei wird die Berufsbildung in den Betrieben der Wirtschaft, in vergleichbaren Einrichtungen außerhalb der Wirtschaft, insbesondere des öffentlichen Dienstes, der freien Berufe und der Haushalte einerseits (betrieblicher Teil der Berufsbildung, § 2 Abs. 1 Nr. 1 BBiG) sowie gleichzeitig in berufsbildenden Schulen und sonstigen Berufsbildungseinrichtungen außerhalb der schulischen und betrieblichen Berufsbildung durchgeführt (§ 2 Abs. 1 Nr. 2, 3 BBiG). Dieser schulische Bereich der Berufsbildung ist vom Berufsbildungsgesetz nicht erfasst, da die schulische Ausbildung Länderangelegenheit ist[8]. Darüber hinaus gilt das Berufsbildungsgesetz nicht für die Berufsbildung in einem öffentlich-rechtlichen Dienstverhältnis, für die Berufsbildung auf Kauffahrteischiffen und für die Berufsbildung, die in berufsqualifizierenden oder vergleichbaren Studiengängen an Hochschulen auf der Grundlage des Hochschulrahmengesetzes und der Hochschulgesetze der Länder durchgeführt wird (gem. § 3 Abs. 2 BBiG)[9]. Die letztgenannte Gruppe wurde aus dem Anwendungsbereich des BBiG durch die Neufassung des Gesetzes herausgenommen, da von der umfassenden

---

1 Vgl. *Natzel*, DB 2005, 610.
2 Vgl. *Taubert*, NZA 2005, 503; in Art. 2 des Berufsbildungsreformgesetzes finden sich die Änderungen der Handwerksordnung, in Art. 3 Änderungen des Bundesbesoldungsgesetzes und in Art. 4 Änderungen sonstiger Gesetze wie des SGB III.
3 BGBl. I, 1112.
4 Neu eingefügt durch Art. 9 des Zweiten Gesetzes für moderne Dienstleistungen am Arbeitsmarkt, BGBl. I 2003, 4621; vgl. *Natzel*, DB 2003, 719.
5 BAG 12.2.2013 – 3 AZR 120/11, NZA 2014, 31.
6 So *Natzel*, DB 2005, 610 (612); *Taubert*, NZA 2005, 503 (504).
7 *Taubert*, NZA 2005, 503.
8 § 3 Abs. 1 BBiG; vgl. *Benecke/Hergenröder*, § 3 BBiG Rz. 3; *Lakies/Malottke*, § 3 Rz. 14.
9 S. BAG 18.11.2008 – 3 AZR 192/07, NZA 2009, 435 (437); *Lakies/Malottke*, § 3 Rz. 12.

Definition der Berufsbildung in § 1 BBiG auch Studiengänge an Hochschulen hätten erfasst werden können. Insofern dient die Neuregelung der Rechtsklarheit[1].

Unter Berufsausbildung in einem **öffentlich-rechtlichen Dienstverhältnis** wird diejenige Berufsausbildung verstanden, in der kraft Verwaltungsakt ein Dienstverhältnis begründet wird[2]. Öffentlich-rechtliche Dienstverhältnisse sind durch eine besondere Beziehung zum Dienstherrn in Verbindung mit der Wahrnehmung hoheitlicher Aufgaben geprägt. Daher sind vom Geltungsbereich des BBiG gem. § 3 Abs. 2 Nr. 2 Berufsbildungsmaßnahmen durch den Bund, die Länder, die Kreise oder Kommunen, bei Körperschaften, Anstalten oder Stiftungen des öffentlichen Rechts ausgenommen[3]. Aber nicht alle Formen der Berufsausbildung im öffentlichen Dienst sind vom Geltungsbereich des BBiG ausgeschlossen. Ausgeschlossen sind lediglich die Berufsbildung im öffentlich-rechtlichen Dienstverhältnis, also für werdende Beamte, Richter, Soldaten. Die Berufsausbildung im privatrechtlichen Dienstverhältnis bei einem öffentlichen Dienstherrn unterliegt jedoch dem BBiG. Diese erfolgt entweder in verwaltungseigenen Berufsbildungsgängen, wobei die Anforderungen der §§ 4–8 BBiG erfüllt werden müssen, oder in einem anderen Ausbildungsberuf[4].

114

In Handwerksberufen gilt der Grundsatz der Spezialität im Sinne eines Vorrangs der Handwerksordnung vor dem BBiG. § 3 Abs. 3 BBiG hat daher lediglich klarstellenden Charakter. Abschließend sind noch Ausbildungsberufe im Gesundheits- und Sozialwesen zu erwähnen, die nur teilweise schulisch erfolgen. Das BBiG gilt in den Bereichen nicht, wo eine spezialgesetzliche Regelung mit anderem Inhalt als das BBiG für den jeweiligen Ausbildungsberuf gilt[5].

Der Schlüssel für den späteren beruflichen Erfolg des Auszubildenden ist die Anerkennung der Berufsausbildung. Für Jugendliche unter 18 Jahren sieht das Gesetz sogar vor, dass sie nicht in anderen als den anerkannten Ausbildungsberufen ausgebildet werden dürfen (soweit die Berufungsbildung nicht auf den Besuch weiterführender Bildungsgänge vorbereitet)[6]. Vor dem Hintergrund dieser Bestimmung kann wohl davon ausgegangen werden, dass eine Pflicht zum Erlass entsprechender Rechtsverordnungen über die Anerkennung der Ausbildungsberufe besteht, damit auch minderjährige Auszubildende eine Ausbildung mit einem entsprechenden Abschluss erhalten können[7]. Lediglich § 26 BBiG sieht die eingeschränkte Geltung der §§ 10–23 und des § 25 BBiG für Personen vor, die eingestellt werden, um berufliche Kenntnisse, Fertigkeiten oder Erfahrungen zu erwerben, ohne dass es sich um eine Berufsausbildung im Sinne des Gesetzes handelt. Es kommt nicht darauf an, ob bestimmte Vertragsverhältnisse einvernehmlich als Ausbildungsverhältnisse oder in ähnlicher Weise bezeichnet werden. Derartige Vereinbarungen ermöglichen es nicht, zu einem anerkannten Beruf auszubilden (oder fortzubilden oder umzuschulen). Umgekehrt kann auch nicht durch die anders lautende Benennung von Ausbildungsverträgen das Berufsbildungsgesetz ausgeschaltet werden. Fällt ein Vertragsverhältnis materiell unter das Berufsbildungsgesetz, dann gelten zwingend die Bestimmungen dieses Gesetzes[8].

115

---

1 *Herkert/Töltl*, § 3 BBiG Rz. 6.
2 ZB Beamtenverhältnis, Soldatendienstverhältnis; dagegen gilt das BBiG für sonstige Personen im öffentlichen Dienst uneingeschränkt, soweit sie nicht als Beamte, Richter oder Soldaten ausgebildet werden, *Benecke/Hergenröder*, § 3 BBiG Rz. 6.
3 *Lakies/Malottke*, § 3 Rz. 18.
4 *Lakies/Malottke*, § 3 Rz. 20.
5 *Lakies/Malottke*, § 3 Rz. 9, dies gilt insbesondere für die Berufe Altenpfleger, Diätassistentin, Ergotherapeut, Entbindungspfleger/Hebamme, Logopäde, Masseur und medizinischer Bademeister, Orthoptist, Podologe und weitere.
6 § 4 Abs. 3 BBiG.
7 So *Benecke/Hergenröder*, § 4 BBiG Rz. 1; HWK/*Hergenröder*, § 4 BBiG Rz. 1.
8 Vgl. BAG 18.11.2008 – 3 AZR 192/07, NZA 2009, 435.

Die Bestimmungen des zweiten Teils des Berufsbildungsgesetzes sind **zwingend** und nicht zu Lasten des Auszubildenden abdingbar (§ 25 BBiG).

116 Das Berufsausbildungsverhältnis kann nicht generell dem **Arbeitsverhältnis** gleichgesetzt oder als spezieller Fall eines Arbeitsverhältnisses angesehen werden. Dies ergibt sich aus der unterschiedlichen Pflichtenbindung der Vertragspartner im Ausbildungsverhältnis einerseits und im Arbeitsverhältnis andererseits[1]. Dementsprechend unterscheidet das Berufsbildungsgesetz deutlich zwischen Arbeitsverhältnissen und Berufsausbildungsverhältnissen (zB in §§ 12, 24, 26 BBiG). Im Berufsausbildungsverhältnis kommt es nicht entscheidend auf die Erbringung abhängiger Arbeit gegen Vergütung an. Das Berufsausbildungsverhältnis ist ein eigenständiges Vertragsverhältnis, das nur dann als Arbeitsverhältnis anzusehen ist, wenn sich dies ausdrücklich aus den jeweils in Betracht kommenden Gesetzen ergibt[2]. Für den Berufsausbildungsvertrag sieht § 10 Abs. 2 BBiG ausdrücklich vor, dass alle für den Arbeitsvertrag geltenden Rechtsvorschriften (wie Zustandekommen und Geschäftsfähigkeit usw.) auch für den Berufsausbildungsvertrag anzuwenden sind, soweit sich aus seinem Wesen und Zweck und aus dem Gesetz nichts anderes ergibt. Auszubildende in reinen Ausbildungsbetrieben gelten dagegen regelmäßig nicht als Arbeitnehmer iSd. § 5 BetrVG[3]. Allerdings kann die Ausbildung sowohl in einem Berufsausbildungsverhältnis als auch in einem Arbeitsverhältnis erfolgen. Es ist lediglich unzulässig, die Ausbildung in einem „anderen Vertragsverhältnis" iSd. § 26 BBiG durchzuführen. Derartige Verträge, wie zB sog. „Anlernverträge" sind gem. § 4 Abs. 2 BBiG iVm. § 134 BGB insgesamt nichtig[4].

117 Wird ein Auszubildender in einem anerkannten Ausbildungsberuf ausgebildet, ist eine **Abweichung von der jeweiligen Ausbildungsordnung unzulässig**. Verträge mit Jugendlichen unter 18 Jahren über nicht anerkannte Ausbildungsziele sind nichtig (§ 4 Abs. 3 BBiG). Etwas anderes gilt für Umschulungsverhältnisse, in denen gem. § 60 BBiG andere Ausbildungsziele verfolgt werden können. Von besonderer Bedeutung ist die individuelle Förderung der beruflichen Bildung, die in verschiedenen Gesetzen, wie zB dem Sozialgesetzbuch III, enthalten ist[5].

117a Die §§ 4–9 BBiG regeln die **Ordnung der Berufsausbildung** sowie die **Anerkennung von Ausbildungsberufen**. § 4 BBiG erleichtert die Anerkennung neuer Ausbildungsberufe. Wie bereits in der früheren Regelung wird im Gesetz der verpflichtende Inhalt von Ausbildungsordnungen festgelegt[6]. Auch das neue Recht lässt sog. Stufenausbildungen zu. Der Berufsausbildungsvertrag muss sich aber auf alle Stufen beziehen. Das Berufsausbildungsverhältnis endet in diesem Fall mit Ablauf der letzten Stufe. Jede Stufe soll mit einem Abschluss enden, der zu einer qualifizierten beruflichen Tätigkeit befähigt[7]. Für die Anrechnung beruflicher Vorbildungszeiten tragen nach der Neuregelung statt des Bundes nunmehr die Länder die Verantwortung (§ 7 BBiG). Diese ziemlich komplizierte Abwicklung eines Anerkennungsantrages erfolgt auf gemeinsamen Antrag von Auszubildendem und Ausbilder hin. Neu in das Gesetz eingefügt wurde die Teilzeitberufsausbildung (§ 8 Abs. 1 Satz 2 BBiG). Danach kann auf

---

1 *Lakies/Malottke*, § 10 Rz. 4: „Kein Arbeitsverhältnis", *Wohlgemuth/Banke*, § 10 Rz. 18: „Vertragsverhältnis mit Mischcharakter".
2 So BAG 20.8.2003 – 5 AZR 436/02, NZA 2004, 206 mwN; ein Berufsausbildungsverhältnis ist auch nicht als Arbeitsverhältnis iSd. § 14 Abs. 2 Satz 2 TzBfG anzusehen und unterliegt damit der erleichterte Befristung nach § 14 Abs. 2 Satz 1 TzBfG, BAG 21.9.2011 – 7 AZR 375/10, NZA 2012, 255.
3 So BAG 16.11.2011 – 7 ABR 48/10, juris.
4 BAG 27.7.2010 – 3 AZR 317/08, AP Nr. 3 zu § 4 BBiG.
5 §§ 59 ff. SGB III.
6 § 5 Abs. 1 Nr. 1–5 BBiG nF entspricht § 25 Abs. 2 BBiG aF.
7 Vgl. *Taubert*, NZA 2005, 503 (504); *Nehls*, AiB 2005, 332 (333).

Antrag die tägliche oder wöchentliche Ausbildungszeit verkürzt werden, sofern hieran ein berechtigtes Interesse besteht[1].

2. Berufsausbildungsvertrag

Maßgeblich für den Inhalt des Berufsausbildungsverhältnisses ist der Berufsausbildungsvertrag (gem. § 10 BBiG). Die §§ 10 ff. BBiG gelten zwingend nur für die Berufsausbildung, nicht für die berufliche Umschulung und die Fortbildung. Es handelt sich dabei um die privatschriftliche Vereinbarung zwischen dem Ausbildenden und dem Auszubildenden. Der **Mindestinhalt** des Ausbildungsvertrages wird in § 11 Abs. 1 Satz 2 BBiG vorgegeben. 118

a) Abschluss und Vertragsinhalt

Das Zustandekommen des Berufsausbildungsvertrages erfordert wie jeder Arbeitsvertrag die Willenseinigung zwischen dem Ausbildenden und dem Auszubildenden. Das Gesetz verweist ausdrücklich auf die **Geltung aller für den Arbeitsvertrag geltenden Rechtsvorschriften und Rechtsgrundsätze** (§ 10 Abs. 2 BBiG)[2]. Damit gelten die gesetzlichen Bestimmungen über Willensmängel und Anfechtung für den Berufsausbildungsvertrag ebenso, wie sie auch auf den Arbeitsvertrag Anwendung finden. Ist der Auszubildende zum Zeitpunkt des Vertragsabschlusses minderjährig, bedarf er der Zustimmung seiner Personensorgeberechtigten; dies ergibt sich mittelbar aus § 10 Abs. 3 BBiG, der darauf hinweist, dass im Falle des Abschlusses des Berufsausbildungsvertrages zwischen den Eltern und ihrem Kind Erstere von dem Verbot des Selbstkontrahierens (§ 181 BGB) befreit sind[3]. § 113 BGB berechtigt den Minderjährigen nicht zum Abschluss des Ausbildungsvertrages im eigenen Namen, weil das Berufsausbildungsverhältnis gem. § 14 Abs. 1 Nr. 5 BBiG Erziehungselemente beinhaltet und kein reines Dienst- oder Arbeitsverhältnis iSd. § 113 BGB ist[4]. Der Berufsausbildungsvertrag ist selbst dann wirksam, wenn der Ausbildende nicht berechtigt ist, Auszubildende einzustellen. Noch ungeklärt ist die Frage, ob das Ausbildungsverhältnis als Arbeits- oder als „Erziehungs-"Verhältnis anzusehen ist[5]. Mit der herrschenden Meinung ist davon auszugehen, dass der Ausbildungszweck im Vordergrund steht und dass die Arbeitsleistung dahinter zurücktritt. Daher sind zwar regelmäßig die arbeitsrechtlichen Bestimmungen zugunsten des Auszubildenden heranzuziehen, ihn treffen aber nicht alle Pflichten; sonst wäre er ein Arbeitnehmer[6]. 119

Der Ausbildende ist verpflichtet, unverzüglich nach Abschluss des Berufsausbildungsvertrages, spätestens vor Beginn der Berufsausbildung, den wesentlichen Inhalt des Vertrages **schriftlich niederzulegen** (§ 11 Abs. 1 Satz 1 BBiG). Der Berufsausbildungsvertrag kann wirksam auch formlos abgeschlossen werden[7]. Eine nachträgliche 120

---

1 Dies dürfte zB bei der Versorgung eines eigenen Kindes oder eines pflegebedürftigen nahen Verwandten der Fall sein, vgl. *Taubert*, NZA 2005, 503 (505).
2 Schaub/*Vogelsang*, § 174 Rz. 5.
3 *Benecke/Hergenröder*, § 10 BBiG Rz. 14; Schaub/*Vogelsang*, § 174 Rz. 6.
4 So *Knopp/Kraegeloh*, § 10 BBiG Rz. 6; ErfK/*Schlachter*, § 10 BBiG Rz. 3; aA *Natzel*, Berufsbildungsrecht, S. 101 f.
5 BAG 25.10.1989 – ABR 1/88, AP Nr. 40 zu § 5 BetrVG 1972; 10.7.2003 – 6 AZR 348/02, AP Nr. 1 zu MTA-O § 1; 20.8.2003 – 5 AZR 436/02, AP Nr. 20 zu § 3 EFZG; ErfK/*Schlachter*, § 10 BBiG Rz. 3; *Benecke/Hergenröder*, § 10 BBiG Rz. 2.
6 Tatsächlich dürfte das Berufsausbildungsverhältnis ein Vertragsverhältnis besonderer Art sein. Das Gesetz selbst versteht darunter nicht ausdrücklich ein Arbeitsverhältnis, weil es den Begriff Arbeitsverhältnis neben dem Begriff Berufsausbildungsverhältnis verwendet, so in §§ 12 und 24; so auch *Herkert/Töltl*, § 10 BBiG Rz. 39; *Benecke/Hergenröder*, § 10 BBiG Rz. 2.
7 BAG 22.2.1972 – 2 AZR 205/71, AP Nr. 1 zu § 15 BBiG; s.a. BAG 21.8.1997 – 5 AZR 713/96, NZA 1998, 37; s.a. *Opolony*, Rz. 187; Schaub/*Vogelsang*, § 174 Rz. 9.

Nichtigkeit des nur mündlich abgeschlossenen Berufsausbildungsvertrages infolge Nichteinhaltung der Frist des § 11 Abs. 1 Satz 1 BBiG liefe dem Schutzzweck des Gesetzes zuwider, da dann jeder Ausbildende es in der Hand hätte, durch Nichterfüllung der Formvorschrift von einem formlos wirksam abgeschlossenen Vertrag abzurücken[1]. An dieser Rechtsfolge ändert auch die Neuregelung in § 14 Abs. 4 TzBfG nichts, da diese Bestimmung nur rechtsgeschäftliche Beendigungsgründe erfassen soll[2]. Es wird nach allgemeiner Meinung nicht für erforderlich angesehen, gesetzliche Beendigungsgründe in diese Formvorschrift einzubeziehen, da die Befristung des Ausbildungsvertrages auf gesetzlicher Anordnung beruht. Eine Regelung der Parteien ist dazu nicht erforderlich. Sowohl § 623 BGB als auch § 14 Abs. 4 TzBfG wollten daran augenscheinlich nichts ändern[3]. Die Nichteinhaltung der Schriftform hat aber zur Folge, dass der Ausbildende wegen einer Ordnungswidrigkeit zur Verantwortung gezogen werden kann (§ 102 Abs. 1 Nr. 1 BBiG), zudem kann sich der Ausbildende schadensersatzpflichtig machen, soweit der Auszubildende durch die Nichteinhaltung der nachträglichen schriftlichen Mitteilung Schaden erleidet (gem. § 823 Abs. 2 BGB iVm. § 11 Abs. 1 Satz 1 BBiG)[4].

121 Die in § 11 Abs. 1 Nr. 2 BBiG angesprochene **Dauer der Berufsausbildung** folgt aus den jeweiligen Ausbildungsordnungen. Die Berufsausbildung soll nicht mehr als drei und nicht weniger als zwei Jahre dauern (§ 5 Abs. 1 Nr. 2 BBiG). Nr. 9 von § 11 Abs. 1 wurde durch das Nachweisgesetz neu hinzugefügt, der Wortlaut entspricht der Nr. 10 von § 2 Abs. 1 NachwG.

122 Die zulässige **Dauer der Probezeit** des Berufsausbildungsvertrages ergibt sich aus § 20 BBiG. Danach muss die Probezeit mindestens einen Monat und darf höchstens vier Monate betragen. Sowohl eine kürzere als auch eine längere Probezeitvereinbarung sind nichtig[5]. Eine dem Ausbildungsverhältnis vorgeschaltete Probezeit ist unzulässig; die generelle Verlängerung über vier Monate hinaus ist wegen § 25 BBiG unwirksam[6]. Die Verlängerung der Probezeit von drei auf vier Monate im neuen Gesetz soll berücksichtigen, dass zu Beginn der Ausbildung Zeiten überbetrieblicher Ausbildung oder Berufsschulblockunterricht liegen können. Dies kann dazu führen, dass der Ausbildende die Eignung des Auszubildenden für den konkreten Ausbildungsberuf nicht ausreichend lang prüfen kann[7].

123 Der in § 11 Abs. 1 Nr. 9 BBiG enthaltene **Hinweis auf Tarifverträge, Betriebs- oder Dienstvereinbarungen** wird nur dann relevant, wenn es Tarifverträge, Betriebs- oder Dienstvereinbarungen gibt, die anwendbar sein können. Können Kollektivvereinbarungen nicht anwendbar sein, ist ein Negativhinweis nicht erforderlich. Einvernehmliche **Änderungen** des Berufsausbildungsvertrages bedürfen gleichfalls der Schriftform (gem. § 11 Abs. 4 BBiG).

124 Da das Allgemeine Gleichbehandlungsgesetz (AGG) vom 7.7.2006 ausdrücklich auch für die zur Berufsbildung Beschäftigten gilt (also unter Einschluss der beruflichen Umschulung und der beruflichen Fortbildung), ist bei Abschluss und Durchführung des Berufsausbildungsvertrages und auch bei der Auswahl der für einen Berufsausbildungsvertrag anstehenden Personen auf die Einhaltung der Bestimmungen des AGG in vollem Umfang zu achten (der Geltungsbereich ergibt sich aus § 6 Abs. 1

---

1 BAG 21.8.1997 – 5 AZR 713/96, NZA 1998, 37 (38).
2 So auch ErfK/*Schlachter*, § 10 BBiG Rz. 6.
3 *Opolony*, Rz. 189.
4 BAG 24.10.2002 – 6 AZR 743/00, NZA 2004, 105; 21.8.1997 – 5 AZR 713/96, NZA 1998, 37 (38); ErfK/*Schlachter*, § 11 BBiG Rz. 5; Schaub/*Vogelsang*, § 174 Rz. 10.
5 MünchArbR/*Natzel*, § 322 Rz. 42.
6 ErfK/*Schlachter*, § 20 BBiG Rz. 1.
7 S. dazu *Taubert*, NZA 2005, 503 (506); gegen die Verlängerung hat sich der DGB gewandt: so *Nehls*, AiB 2005, 332 (334).

Nr. 2 AGG). Gerade der Auswahl der Auszubildenden wird zukünftig auf Seiten der Ausbildenden erhöhte Aufmerksamkeit zu widmen sein. Beispielhaft sei im Rahmen der Altersdiskriminierung vor unterschiedlicher Behandlung von besonders jungen oder besonders alten Auszubildenden gewarnt. Eine Rechtfertigung unterschiedlicher Behandlung kann sich nur im Rahmen des § 10 AGG ergeben (zur Auswirkung des AGG auf das Arbeitsrecht s.a. Teil 1 F).

Üblicherweise wird der Berufsausbildungsvertrag unter Verwendung von **Musterausbildungsverträgen** abgeschlossen, die bei den zuständigen Behörden angefordert werden können[1].   125

Der Ausbildende ist verpflichtet, den Abschluss eines Berufsausbildungsvertrages bei den zuständigen Stellen (Handwerkskammern, Industrie- und Handelskammern) anzumelden (§§ 34, 35 BBiG). Wird die **Anmeldung vom Ausbildenden** in schuldhafter Weise unterlassen, kann der Auszubildende trotzdem zur Abschlussprüfung zugelassen werden, wenn er die Unterlassung der Anmeldung nicht zu vertreten hat (§ 43 Abs. 1 Nr. 3 BBiG).   126

b) Nichtige Vereinbarungen

Eine **nachvertragliche Wettbewerbsbeschränkung** des Auszubildenden ist nichtig (§ 12 Abs. 1 Satz 1 BBiG). Unter bestimmten Bedingungen kann der Ausbildende mit dem Auszubildenden vor Abschluss des Berufsausbildungsverhältnisses vereinbaren, dass der Auszubildende nach der Abschlussprüfung im Betrieb des Ausbildenden verbleibt. Derartige **Weiterarbeitsklauseln**[2] sind nur dann wirksam, wenn sie innerhalb der letzten sechs[3] Monate des Berufsausbildungsverhältnisses vereinbart wurden (also nicht bereits Inhalt des Ausbildungsvertrages waren). Innerhalb der letzten sechs Monate des Berufsausbildungsverhältnisses kann jede Art von Anschlussarbeitsvertrag mit dem Ausbilder geschlossen werden (§ 12 Abs. 1 Satz 2 BBiG). Der jeweilige Anschlussarbeitsvertrag (zB als befristeter Arbeitsvertrag nach dem Teilzeit- und Befristungsgesetz) wird nicht vor dem Hintergrund des BBiG, sondern auf der Grundlage allgemeiner Bestimmungen geprüft (zB § 14 TzBfG)[4]. Vereinbarungen außerhalb der Grenzen des § 12 Abs. 1 BBiG sind nichtig. Rechtsansprüche auf Einstellung nach Abschluss der Ausbildung finden sich gelegentlich in Tarifverträgen[5].   127

Nichtig sind auch Vereinbarungen, die vorsehen, dass der Auszubildende für die Berufsausbildung eine **Entschädigung bezahlt**. Der Ausbildende muss dem Auszubildenden kostenlos auch die zur Ausbildung und zur Ablegung der Prüfung notwendigen Gerätschaften zur Verfügung stellen (§ 14 Abs. 1 Nr. 3 BBiG). Zu den Kosten der Ausbildung gehören auch Kosten für Verpflegung und Unterkunft des Auszubildenden, wenn der Auszubildende nicht im Ausbildungsbetrieb, sondern an einem anderen Ort praktisch ausgebildet wird (weil das ausbildende Unternehmen zB eine zentrale Ausbildungswerkstatt unterhält)[6]. Versucht der Ausbildende, die Eltern an den Kosten der Berufsausbildung ihres Kindes zu beteiligen[7], wird dieses Verbot in rechtswidriger Weise umgangen. Daraus folgt der allgemeine Grundsatz, dass dem Auszubildenden keine Kosten auferlegt werden dürfen, die dem Ausbildenden bei der Ausbil-   128

---

1 So zB Handwerkskammer, IHK.
2 BAG 13.3.1975 – 5 AZR 199/74, AP Nr. 2 zu § 5 BBiG.
3 Durch das BeschFG v. 25.9.1996 wurde die Frist von drei auf sechs Monate verlängert.
4 Vgl. *Rolfs*, NZA 1996, 1134 (1136).
5 ZB im BeschäftigungssicherungsTV v. 25.5.2002 in der Bayerischen Metall- und Elektroindustrie.
6 BAG 21.9.1995 – 5 AZR 994/94, AP Nr. 6 zu § 5 BBiG.
7 BAG 28.7.1982 – 5 AZR 46/81, AP Nr. 3 zu § 5 BBiG.

dung entstehen[1]. Dies schließt aber nicht aus, dass der Auszubildende seine durch den Besuch der Berufsschule entstehenden zusätzlichen Kosten selbst tragen muss. Dies gilt zB für die Teilnahme am auswärtigen Berufsschulblockunterricht, die nicht auf Veranlassung des Ausbildenden erfolgt[2]. Die **Vereinbarung von Vertragsstrafen** im Rahmen des Ausbildungsvertrages ist nichtig. Nicht betroffen von dieser Rechtsfolge ist die Vereinbarung einer Vertragsstrafe, wenn zulässigerweise innerhalb der letzten sechs Monate des Ausbildungsverhältnisses ein Arbeitsvertrag abgeschlossen worden ist, der im Falle des Nichtantritts mit einer Vertragsstrafe gesichert wurde[3]. Unwirksam sind schließlich auch Vereinbarungen über den Ausschluss oder die Beschränkung von Schadensersatzansprüchen. Gemeint sind damit lediglich Schadensersatzansprüche des Auszubildenden, wirksam sind dagegen Vereinbarungen über Schadensersatzansprüche des Ausbildenden[4]. Unwirksam sind auch Vereinbarungen über pauschale Entschädigungen gem. § 12 Abs. 2 Nr. 4 BBiG.

c) Pflichten des Ausbildenden

129   Hauptpflicht des Ausbildenden aus dem Ausbildungsvertrag ist die in § 14 Abs. 1 Nr. 1 BBiG niedergelegte Verpflichtung, dafür zu sorgen, dass das Ausbildungsziel erreicht werden kann. Daraus ergibt sich ein **materieller Beschäftigungsanspruch des Auszubildenden**. Der Auszubildende darf zB nicht von der tatsächlichen Tätigkeit freigestellt werden[5]. Eine wesentliche Nebenpflicht des Ausbildenden ist die Verpflichtung, dem Auszubildenden die Ausbildung kostenlos zu gewähren (§ 14 Abs. 1 Nr. 3 BBiG).

Nach § 15 Satz 1 BBiG ist der Auszubildende für die **Teilnahme am Berufsschulunterricht** und an Prüfungen bei Fortzahlung der Vergütung (gem. § 19 Abs. 1 Nr. 1 BBiG) freizustellen. Überschneiden sich Zeiten des Besuchs der Berufsschule mit Zeiten betrieblicher Ausbildung, geht der Berufsschulunterricht der betrieblichen Ausbildung vor. Durch diese wird die Ausbildungspflicht im Betrieb ersetzt, so dass eine Nachholung der ausgefallenen betrieblichen Ausbildungszeiten von Gesetzes wegen ausgeschlossen ist. Als Berufsschulzeiten gelten auch solche notwendigen Verbleibs an der Berufsschule während der unterrichtsfreien Zeit und die notwendigen Wegezeiten. Damit kann im Ergebnis die Summe der Berufsschulzeiten und der betrieblichen Ausbildungszeiten kalenderwöchentlich größer als die regelmäßige tarifliche wöchentliche Ausbildungszeit sein[6].

Der Ausbildende muss grundsätzlich persönlich und fachlich für seine Aufgabe geeignet sein. Er darf jedoch ausdrücklich einen Erfüllungsgehilfen als Ausbilder mit der Ausbildung beauftragen; dieser muss seinerseits gleichfalls die Voraussetzungen des § 28 BBiG erfüllen[7]. Schließlich muss der Ausbildende den Auszubildenden anhalten, die **Berufsschule** regelmäßig zu besuchen und **Berichtshefte** zu führen (§ 14 Abs. 1 Nr. 4 BBiG). Ein ordnungsgemäß geführtes Berichtsheft ist Voraussetzung für die Zulassung zur Abschlussprüfung (§ 43 Abs. 1 Nr. 2 BBiG). Die Verpflichtung des Ausbildenden in § 14 Abs. 1 Nr. 5 BBiG tritt selbständig neben das Erziehungsrecht und die

---

1 S. BAG 18.11.2009 – 3 AZR 192/07, NZA 2009, 435 und dazu *Koch-Rust/Rosentreter*, NJW 2009, 3005; *Schönhöft*, NZA-RR 2009, 625.
2 ZB Übernachtungskosten für auswärtige Unterbringung am Ort der Berufsschule, so BAG 26.9.2002 – 6 AZR 486/00, NZA 2003, 1403.
3 BAG 23.6.1982 – 5 AZR 168/80, AP Nr. 4 zu § 5 BBiG; S.a. *Natzel*, DB 2005, 610 (611); eine Vertragsstrafe von einem Monatsverdienst dürfte bei Nichtantritt der Arbeit bei vorformulierten Klauseln regelmäßig zu hoch sein (vgl. dazu ErfK/*Preis*, §§ 305–310 BGB Rz. 97 mwN).
4 *Opolony*, Rz. 356; aA Braun/Mühlhausen/Munk/Stück/*Munk*, § 5 BBiG Rz. 25.
5 *Natzel*, RdA 1981, 158 ff.; der Auszubildende kann den Beschäftigungsanspruch im Wege der einstweiligen Verfügung durchsetzen.
6 BAG 13.2.2003 – 6 AZR 537/01, NZA 2003, 984; 26.3.2001 – 5 AZR 413/99, NZA 2001, 892.
7 MünchArbR/*Natzel*, § 322 Rz. 54.

III. Berufsbildungsrecht Rz. 132 Teil 1 B

Erziehungspflicht der Eltern[1]. Nach heutigem Verständnis beschränkt sich diese Verpflichtung des Ausbildenden eher darauf, charakterliche Fehlentwicklungen oder Gefahrenmomente zu erkennen und gegenzusteuern, notfalls auch durch Einschaltung der Eltern oder sonstiger Stellen. Für diese Verpflichtung ist es irrelevant, ob der Auszubildende minderjährig ist.

Beispiel:

Wird der Auszubildende drogenabhängig, dann hat der Ausbildende die Pflicht, davor nicht die Augen zu schließen, sondern sich aktiv für eine Therapie einzusetzen.

Bei Beendigung des Ausbildungsverhältnisses ist der Ausbildende verpflichtet, dem Auszubildenden ein **Zeugnis** auszustellen (§ 16 Abs. 1 BBiG). Ein Endzeugnis muss wie jedes Zeugnis eines Arbeitnehmers einerseits wahr, andererseits aber auch wohlwollend sein. Wenn die Auszubildenden ihre Zwischenprüfung abgelegt haben (§ 48 BBiG) oder im Falle der Kündigung besteht Anspruch auf Erteilung eines Zwischenzeugnisses, da in der Regel ein derartiges Zwischenzeugnis für Bewerbungen benötigt wird[2]. 130

d) Pflichten des Auszubildenden

Der Auszubildende hat sich zu bemühen, die **berufliche Handlungsfähigkeit zu erwerben**, die erforderlich ist, um das Ausbildungsziel zu erreichen (§ 13 BBiG). Dabei wird vom Auszubildenden erwartet, dass er diese Bemühungen auch außerhalb der Arbeitszeit entfaltet[3]. Der Auszubildende ist verpflichtet, die **Berufsschule** regelmäßig zu besuchen (§ 13 Nr. 2 iVm. § 15 BBiG). Unterlässt er dies schuldhaft, kann seine Vergütung für jeden Fehltag um 1/30 gekürzt werden[4]. Schließlich kann darauf auch eine fristlose Kündigung (nach vorheriger Abmahnung) gestützt werden[5]. Verletzt der Auszubildende die Verpflichtung zur **Geheimhaltung** von Betriebs- und Geschäftsgeheimnissen (gem. § 13 Nr. 6 BBiG), kann er wie jeder andere Arbeitnehmer zur Rechenschaft gezogen werden[6]. Umstritten ist, ob Auszubildende streiken dürfen[7]. 131

e) Ausbildungsvergütung[8]

Die Festlegung der Ausbildungsvergütung ist gem. § 11 Abs. 1 Satz 2 Nr. 6 BBiG notwendiger Bestandteil des Ausbildungsvertrages, ein Verzicht wäre wegen § 17 Abs. 1 iVm. § 25 BBiG unwirksam[9]. Zu zahlen ist eine **angemessene Vergütung** (§ 17 Abs. 1 Satz 1 BBiG); wie hoch diese ist, sagt das Gesetz nicht. Auch eine geringere als die angemessene Vergütung kann schon wegen § 25 BBiG nicht vereinbart werden. Die Ausbildungsvergütung hat regelmäßig drei Funktionen. Sie soll zum einen dem Auszubildenden bzw. seinen Eltern durch Durchführung der Berufsausbildung eine finanzielle Hilfe sein, zum anderen die Heranbildung eines ausreichenden Nachwuchses an qualifizierten Fachkräften gewährleisten und schließlich eine Entlohnung sein[10]. 132

---

1 MünchArbR/*Natzel*, § 322 Rz. 70, 71.
2 So *Benecke/Hergenröder*, § 16 BBiG Rz. 14.
3 BAG 11.1.1973 – 5 AZR 467/72, AP Nr. 1 zu § 6 BBiG.
4 MünchArbR/*Natzel*, § 322 Rz. 119.
5 ArbG Magdeburg 7.9.2011 – 3 Ca 1640/11, LAGE § 22 BBiG Nr. 11.
6 *Leinemann/Taubert*, § 13 BBiG Rz. 26 f.
7 Zum Meinungsstand s. ErfK/*Schlachter*, § 10 BBiG Rz. 11.
8 Allgemein dazu s. *Litterscheid*, NZA 2006, 639.
9 Ohne Abzug von 20 % von der angemessenen Vergütung; s. BAG 16.7.2013 – 9 AZR 784/11, NZA 2013, 2012.
10 St. Rspr., zuletzt BAG 16.7.2013 – 9 AZR 784/11, NZA 2013, 1202; 25.7.2002 – 6 AZR 311/00, DB 2003, 1744 (Ls.); 30.9.1998 – 5 AZR 690/97, NZA 1999, 265; 22.1.2008 – 9 AZR 999/06, DB 2008, 1326.

Angemessen ist eine Vergütung, wenn sie für den Lebensunterhalt des Auszubildenden eine fühlbare Unterstützung bildet und zugleich eine Mindestentlohnung für die in dem jeweiligen Gewerbezweig bestimmbare Leistung eines Auszubildenden darstellt[1]. Bestehen im Bereich des Ausbildungsbetriebes **Tarifverträge** (die für das konkrete Ausbildungsverhältnis allerdings nicht anwendbar sind, in diesem Fall gelten die tariflichen Bestimmungen direkt), dann sind diese Vergütungen jedenfalls als angemessen anzusehen[2]. Die maßgebliche tarifliche Vergütung bestimmt sich danach, für welchen Ausbildungsberuf die Ausbildung erfolgt, entscheidend ist dabei die fachliche Zuordnung des Ausbildungsbetriebes[3]. Fehlt eine tarifliche Regelung und existieren im Bereich des Ausbildungsbetriebes keine Tarifverträge, kann auf branchenübliche Sätze zurückgegriffen oder eine der Verkehrsauffassung des betreffenden Industriezweigs entsprechende Vergütung zugrunde gelegt werden[4]. Weiter kann auf die von den Berufsverbänden herausgegebenen Empfehlungen zurückgegriffen werden (so zB Handwerkskammern, Rechtsanwaltskammern)[5]. Eine Vergütung ist dann nicht mehr angemessen, wenn sie mehr als 20 % unter den als angemessen anzusehenden tariflichen Vergütungen bleibt. Dann kann nicht mehr davon gesprochen werden, die vereinbarten Beträge stellten sich als gewichtiger fühlbarer Beitrag zum Lebensunterhalt des Auszubildenden dar[6]. Eine unwirksame Vergütungsabrede hat zur Folge, dass die angemessene Vergütung geschuldet ist[7]. Wird die **Ausbildung von der Bundesagentur für Arbeit finanziert** und bringt sie dem Ausbildenden selbst (zB einem gemeinnützigen Verein) keine Vorteile, dann können ausnahmsweise auch Vergütungen, die erheblich unter den für den Betrieb geltenden tariflichen Ausbildungsvergütungen liegen, noch angemessen sein[8].

133 Die Vergütung muss **jährlich angehoben** werden (gem. § 17 Abs. 1 Satz 2 BBiG), maßgeblich ist dabei das Ausbildungsjahr, nicht das Kalenderjahr[9]. Die Fortzahlung der Vergütung im Verhinderungsfall ist im Gesetz analog § 616 BGB geregelt (§ 19 Abs. 1 Nr. 2 BBiG). Im Falle der Erkrankung verweist das Gesetz auf die Anwendbarkeit des Entgeltfortzahlungsgesetzes.

3. Beendigung des Berufsausbildungsvertrages

134 Das Berufsausbildungsverhältnis ist auf den Zeitraum der Berufsausbildung befristet und endet dementsprechend mit dem **Ablauf der Ausbildungszeit** (§ 21 Abs. 1 BBiG)[10], bei einer Stufenausbildung mit der letzten Stufe.

---

1 BAG 16.7.2013 – 9 AZR 874/11, NZA 2013, 1202; 26.3.2013 – 3 AZR 89/11, juris; 30.9.1998 – 5 AZR 690/97, NZA 1999, 265; 10.4.1991 – 5 AZR 226/90, AP Nr. 3 zu § 10 BBiG.
2 So BAG 8.5.2003 – 6 AZR 191/02, NZA 2003, 1343; 24.10.2002 – 6 AZR 626/00, NZA 2003, 1203.
3 BAG 26.3.2013 – 3 AZR 89/11, juris.
4 BAG 30.9.1998 – 5 AZR 690/97, NZA 1999, 265 (266). Nach Auffassung des LAG BW (Urt. v. 14.2.2005 – 15 Sa 93/04, LAGE § 10 BBiG Nr. 3) ist auf die tariflichen Vergütungssätze des Gewerbezweiges abzustellen, dem das ausbildende Unternehmen zuzuordnen ist.
5 Vgl. BAG 30.9.1998 – 5 AZR 690/97, NZA 1999, 265 (266); *Knopp/Kraegeloh*, § 17 BBiG Rz. 5.
6 BAG 8.5.2003 – 6 AZR 191/02, NZA 2003, 1343; 30.9.1998 – 5 AZR 690/97, NZA 1999, 265 (266); s.a. *Opolony*, BB 2000, 510; *Litterscheid*, NZA 2006, 639 (640).
7 *Litterscheid*, NZA 2006, 639 (642).
8 BAG 11.10.1995 – 5 AZR 258/94, AP Nr. 6 zu § 10 BBiG, s.a. *Litterscheid*, NZA 2006, 639 (640). Das BAG hat in einer Entscheidung v. 22.1.2008 in diesem letzten Fall der Unterstützung durch die Bundesagentur eine Ausbildungsvergütung noch als angemessen angesehen, die 48 % (im ersten Jahr) bzw. 45 % (im zweiten Jahr) unter dem tariflichen Satz lag; BAG 22.1.2008 – 9 AZR 999/06, AP Nr. 7 zu § 17 BBiG.
9 *Litterscheid*, NZA 2006, 639 (640).
10 Vgl. dazu allgemein *Opolony*, BB 1999, 1706; *MünchArbR/Natzel*, § 322 Rz. 135.

III. Berufsbildungsrecht

a) Befristung

Besteht der Auszubildende bereits vor Ablauf der Ausbildungszeit die **Abschlussprüfung**, so endet das Ausbildungsverhältnis zu diesem Zeitpunkt[1]. Die Abschlussprüfung ist erst dann bestanden, wenn das Prüfungsverfahren abgeschlossen und das Ergebnis der Prüfung mitgeteilt worden ist. Diese Voraussetzung ist idR dann erfüllt, wenn der Prüfungsausschuss über das Ergebnis der Prüfung einen Beschluss gefasst und diesen bekannt gegeben hat[2]. Besteht der Auszubildende die Abschlussprüfung nicht, kann er verlangen, dass sich das Ausbildungsverhältnis bis zur nächstmöglichen **Wiederholungsprüfung** verlängert, höchstens jedoch um ein Jahr (§ 21 Abs. 3 BBiG). Dies gilt auch unter Berücksichtigung der Tatsache, dass die Prüfung insgesamt zweimal wiederholt werden darf (gem. § 37 Abs. 1 BBiG). Der Auszubildende kann die Verlängerung der Ausbildungszeit nur um ein Jahr verlangen, unter Umständen kann er in diesem Jahr die Prüfung zweimal wiederholen. Gelingt ihm dies nicht, ist die Fortsetzung des Ausbildungsverhältnisses über dieses eine Verlängerungsjahr hinaus abhängig von der Zustimmung des Ausbildenden[3]. Die Verlängerung selbst kann zwar mündlich verlangt werden, die Vereinbarung über die Verlängerung ist jedoch schriftlich gem. § 11 BBiG niederzulegen und nach § 35 BBiG der zuständigen Stelle vorzulegen. § 21 Abs. 3 BBiG ist bei krankheitsbedingter Arbeitsunfähigkeit bei der Abschlussprüfung analog anzuwenden[4]. Wird der Auszubildende im Anschluss an das beendete Berufsausbildungsverhältnis beschäftigt, ohne dass darüber etwas Ausdrückliches vereinbart wird, gilt gem. § 24 BBiG ein Arbeitsverhältnis auf unbestimmte Zeit als begründet; der ehemalige Auszubildende hat in diesem Falle grundsätzlich Anspruch auf den üblichen Facharbeiterlohn[5]. Eine Verlängerung durch Fortsetzung des Berufsausbildungsverhältnisses setzt aber voraus, dass der Ausbilder den Auszubildenden nach Ablauf der Ausbildungszeit tatsächlich „beschäftigt" oder das Berufsausbildungsverhältnis „fortgesetzt" hätte. Eine solche „Weiterbeschäftigung" oder „Fortsetzung" bedeutet, dass der Auszubildende weiterhin an seiner betrieblichen Ausbildungsstelle erscheint und dort auch tätig wird. Diesem Erfordernis genügt der weitere Besuch der Berufsschule nach dem vereinbarten Ablauf der Ausbildungszeit nicht[6]. Steht nicht fest, ob der Auszubildende die Prüfung bestanden hat und muss mit einer Wiederholung der Prüfung gerechnet werden, so verlängert sich das Berufsausbildungsverhältnis ohne Weiteres bis zur Bekanntgabe des Prüfungsergebnisses[7].

b) Aufhebungsvertrag

Außer durch Fristablauf kann das Berufsausbildungsverhältnis auch durch eine Aufhebungsvereinbarung beendet werden, die in **gegenseitigem Einvernehmen** jederzeit geschlossen werden kann[8]. Dies folgt aus dem §§ 241, 311 BGB entnommenen

---

1 Genauer Zeitpunkt des Bestehens der Abschlussprüfung, vgl. BAG 16.2.1994 – 5 AZR 251/93, AP Nr. 6 zu § 14 BBiG, ist die Mitteilung des Prüfungsergebnisses; s.a. BAG 16.2.1994 – 5 AZR 303/93, AP Nr. 7 zu § 14 BBiG und 16.2.1994 – 5 AZR 434/93, AP Nr. 8 zu § 14 BBiG sowie die kritische Auseinandersetzung mit dieser Rechtsprechung von *Weber*, Anm. zu AP Nr. 6, 7 und 8 zu § 14 BBiG sowie *Wohlgemuth*, AiB 1995, 14.
2 BAG 16.6.2005 – 6 AZR 411/04, DB 2005, 2585 (Ls.).
3 BAG 15.3.2000 – 5 AZR 622/98, NZA 2001, 214; MünchArbR/*Natzel*, § 171 Rz. 252; *Natzel*, Berufsbildungsrecht, S. 268; *Opolony*, BB 1999, 1706 (1709).
4 BAG 30.9.1998 – 5 AZR 58/98, BB 1999, 214; s.a. BAG 14.1.2009 – 3 AZR 427/07, NZA 2009, 738, 740.
5 BAG 16.6.2005 – 6 AZR 611/04, DB 2005, 2585 (Ls.).
6 BAG 13.3.2007 – 9 AZR 494/06, AP Nr. 13 zu § 14 BBiG.
7 Das BAG neigt in der Entscheidung v. 14.1.2009 – 3 AZR 427/07, DB 2009, 2722 in diesem Fall dazu, dass der Auszubildende eine Verlängerung der Ausbildung bis zur Bekanntgabe des Prüfungsergebnisses verlangen kann, obwohl es vor dem Hintergrund des Sachverhaltes diese Frage offen lässt.
8 *Große*, BB 1993, 2081; *Opolony*, BB 1999, 1706 (1708).

Grundsatz der Vertragsfreiheit[1]. Der Aufhebungsvertrag bedarf zwingend der Schriftform (wegen § 623 BGB). Bei minderjährigen Auszubildenden bedarf der Abschluss eines Aufhebungsvertrages der Zustimmung des gesetzlichen Vertreters, weil § 113 BBiG in diesem Rechtsverhältnis nicht gilt[2]. Durch einen Aufhebungsvertrag dürfen nicht zwingende Schutzvorschriften des Berufsbildungsgesetzes umgangen werden. So wurde vom BAG ein Aufhebungsvertrag für unwirksam erklärt, der vorsah, dass das Ausbildungsverhältnis automatisch enden sollte, wenn der Auszubildende im nächsten Berufsschulzeugnis in bestimmten Fächern die Note „mangelhaft" erhielt. Das BAG hat diese Vereinbarung für nichtig erachtet, da mit ihr § 22 Abs. 2 Nr. 1 BBiG umgangen wurde[3].

c) Kündigung[4]

137 Als dritter Weg für die Beendigung des Berufsausbildungsverhältnisses kommt die Kündigung in Betracht. Dabei ist zu unterscheiden zwischen
– der Kündigung während der Probezeit und
– der Kündigung nach Ablauf der Probezeit.

Denkbar und auch praktisch relevant ist als dritter Fall die Kündigung vor Beginn der Probezeit. Für diese Kündigung gelten aber keine Besonderheiten, es sei denn, es wäre ausdrücklich ein Kündigungsausschluss vor Beginn der Probezeit vereinbart. Ansonsten besteht kein Schutzbedürfnis des Auszubildenden, eine Kündigung vor Ausbildungsbeginn etwa auszuschließen[5].

aa) Kündigung während der Probezeit[6]

138 Während der Probezeit kann das Berufsausbildungsverhältnis beiderseits **jederzeit ohne Einhaltung einer Kündigungsfrist** gekündigt werden (§ 22 Abs. 1 BBiG). Diese Bestimmung ist auf die Kündigung des Berufsbildungsvertrages zwischen dem Abschluss des Vertrages und dem Antritt des Berufsbildungsverhältnisses entsprechend anzuwenden, es sei denn, die Parteien hätten eine abweichende Regelung vereinbart[7]. Die Möglichkeit der ordentlichen Kündigung ohne Einhaltung einer Kündigungsfrist in der Probezeit soll es beiden Vertragspartnern erlauben, sich kurzfristig voneinander zu lösen, wenn entweder festgestellt wird, dass der gewählte Ausbildungsgang für den Auszubildenden nicht der Richtige ist, oder der Ausbildende zu der Auffassung gelangt, der Auszubildende eigne sich für den eingeschlagenen Berufsweg nicht[8]. Da während der Probezeit eine entfristete Kündigung mit sofortiger Wirkung ausgesprochen werden kann, erübrigt sich für diesen Zeitraum die außerordentliche Kündigung aus wichtigem Grund[9]. Die Kündigung ist aber an §§ 138, 242, 612a BGB und am AGG zu messen[10]. Im Kündigungsschreiben muss der Kündigungsgrund nicht angegeben werden (dies ergibt sich aus dem Umkehrschluss aus § 22 Abs. 3 BBiG). Besteht

---

1 *Bauer/Krieger/Arnold*, Arbeitsrechtliche Aufhebungsverträge, A Rz. 3 und B Rz. 273; KR/*Weigand*, §§ 14, 15 BBiG Rz. 37.
2 *Bauer/Krieger/Arnold*, Arbeitsrechtliche Aufhebungsverträge, B Rz. 273; *Opolony*, BB 1999, 1706 (1708); darauf wurde bereits im Zusammenhang mit § 113 BGB hingewiesen, s.o. Rz. 119.
3 BAG 5.12.1985 – 2 AZR 61/85, BB 1986, 2128.
4 S. dazu allgemein *Fuhlrott/Gömöry*, FA 2012, 133–136; *Hansen*, AA 2014, 51 ff.
5 So LAG Düsseldorf 16.9.2011 – 6 Sa 909/11, NZA-RR 2012, 127.
6 S. dazu *Hirdina*, NZA-RR 2010, 65.
7 BAG 17.9.1987 – 2 AZR 654/86, AP Nr. 7 zu § 15 BBiG; *Große*, BB 1993, 2081 (2082); KR/*Weigand*, §§ 21–23 BBiG Rz. 42.
8 KR/*Weigand*, §§ 21–23 BBiG Rz. 42; ErfK/*Schlachter*, § 22 BBiG Rz. 2.
9 *Kittner/Däubler/Zwanziger*, KSchR, § 22 BBiG Rz. 6.
10 Die Ausnahmeregelung in § 2 Abs. 4 AGG gilt vorliegend gerade nicht, da die Kündigung nicht dem KSchG unterfällt; s. dazu auch *Hirdina*, NZA-RR 2010, 65.

ein Betriebsrat, so sind diesem die Gründe für die Kündigung während der Probezeit gem. § 102 Abs. 1 BetrVG mitzuteilen[1]. Diese Regelung des Gesetzes verstößt auch nicht gegen den Gleichheitssatz des Art. 3 Abs. 1 GG. Eine unterschiedliche Behandlung von Auszubildenden und Arbeitnehmern (bei denen eine Mindestkündigungsfrist von zwei Wochen in der Probezeit nach § 622 Abs. 3 BGB gilt) ist angemessen, da ein zeitlich begrenzter Kündigungsschutz nach der Kündigung während der Probezeit weder im Interesse des Ausbildenden noch im Interesse des Auszubildenden liegt. Es besteht damit eine nicht vergleichbare Pflichtenbindung und es bestehen unterschiedliche Schutzbedürfnisse in beiden Kündigungsfällen[2].

Die „entfristete" ordentliche Kündigung während der Probezeit kann auch mit einer **Auslauffrist** versehen werden. Die Auslauffrist muss jedoch so bemessen sein, dass sie nicht zu einer unangemessen langen Fortsetzung des Berufsausbildungsvertrages führt, der nach dem endgültigen Entschluss des Kündigenden nicht bis zur Beendigung der Ausbildung fortgeführt werden soll[3]. Daneben sind bei einer Kündigung in der Probezeit besondere Kündigungsschutzbestimmungen, zB aus dem Mutterschutzgesetz (§ 9 MuSchG) und aus dem Schwerbehindertenrecht (§§ 85 ff. SGB IX) zu beachten[4]. 139

bb) Kündigung nach Ablauf der Probezeit

Nach Ablauf der Probezeit kann das Berufsausbildungsverhältnis vom Ausbildenden nur **aus wichtigem Grund** ohne Einhalten einer Kündigungsfrist gekündigt werden. Der Auszubildende kann, neben der Möglichkeit, seinerseits aus wichtigem Grund zu kündigen, mit einer Frist von vier Wochen kündigen, wenn er die **Berufsausbildung aufgeben** oder sich für eine andere Berufstätigkeit ausbilden lassen will (§ 22 Abs. 2 Nrn. 1 und 2 BBiG). 140

Eine ordentliche Kündigung nach Ablauf der Probezeit ist damit ausgeschlossen. Eine Vereinbarung, die eine ordentliche Kündigung erlaubt, wäre wegen § 25 BBiG nichtig. Die **außerordentliche Kündigung** nach § 22 Abs. 2 BBiG bedarf zwingend der Schriftform. Darüber hinaus muss im Kündigungsschreiben der **Kündigungsgrund** angegeben werden. Eine Kündigung ohne schriftliche Angabe des Kündigungsgrundes wäre gem. § 125 Satz 1 BGB nichtig[5]. Es ist auch nicht möglich, eine Kündigung nachträglich zu heilen, wenn die Kündigungsgründe nicht oder nicht hinreichend angegeben worden sind. Die Kündigungsgründe können auch nicht schriftlich nachgeschoben werden[6]. In dem Kündigungsschreiben müssen die Tatsachen mitgeteilt werden, die für die Kündigung maßgebend sind. Werturteile wie „mangelhaftes Benehmen" oder „Störung des Betriebsfriedens" genügen nicht. Eine pauschale Umschreibung 141

---

1 Da für das Ausbildungsverhältnis in der Probezeit kein Kündigungsschutz besteht, ist die Substantiierungspflicht des Ausbilders nicht an den objektiven Merkmalen der noch nicht erforderlichen Kündigungsgründe sondern daran zu messen, welche konkreten Umstände oder subjektiven Vorstellungen zum Kündigungsentschluss geführt haben. Hat der Ausbilder keine Gründe oder wird sein Kündigungsentschluss allein von subjektiven, durch Tatsachen nicht belegbaren Vorstellungen bestimmt, reicht die Unterrichtung über diese Vorstellungen aus, so LAG Rh.-Pf. 30.11.2011 – 8 Sa 408/11.
2 BAG 16.12.2004 – 6 AZR 127/04, NZA 2005, 578.
3 BAG 10.11.1988 – 2 AZR 26/88, AP Nr. 8 zu § 15 BBiG; *Opolony*, BB 1999, 1706; KR/*Weigand*, §§ 21–23 BBiG Rz. 42a.
4 Allerdings dürfte bei der praktisch wohl allein vorkommenden Neueinstellung eines Schwerbehinderten dieser während der Probezeit noch keinen Kündigungsschutz erlangt haben (wegen § 90 Abs. 1 Nr. 1 SGB IX).
5 BAG 10.2.1999 – 2 AZR 176/98, BB 1999, 1710; 25.11.1976 – 2 AZR 751/75, AP Nr. 4 zu § 15 BBiG; MünchArbR/*Natzel*, § 178 Rz. 281; *Kittner/Däubler/Zwanziger*, KSchR, § 22 BBiG Rz. 45; *Große*, BB 1993, 2081 (2083); KR/*Weigand*, §§ 2123 BBiG Rz. 92 ff.
6 MünchArbR/*Natzel*, § 322 Rz. 161; BAG 22.2.1972 – 2 AZR 205/71, AP Nr. 1 zu § 15 BBiG.

der Kündigungsgründe ist gleichfalls nicht ausreichend[1]. Die Kündigungsgründe müssen so eindeutig geschildert werden, dass der Kündigungsempfänger sich darüber schlüssig werden kann, ob er die Kündigung anerkennen will oder nicht[2]. Es reicht nicht aus, wenn im Schreiben auf Erklärungen des Kündigenden gegenüber Dritten lediglich Bezug genommen wird[3].

142 Bei der **Beurteilung des wichtigen Grundes** der außerordentlichen Kündigung im Bereich des Berufsausbildungsverhältnisses ist auszugehen von den zu § 626 Abs. 1 BGB entwickelten Grundsätzen[4]. Zunächst müssen Tatsachen vorliegen, aufgrund deren dem Kündigenden unter Berücksichtigung aller Umstände des Einzelfalles und unter Abwägung der Interessen beider Vertragsteile die Fortsetzung des Berufsausbildungsverhältnisses bis zum Ablauf der Ausbildungszeit nicht mehr zugemutet werden kann. Zusätzlich müssen jedoch die spezifischen Besonderheiten des Berufsausbildungsverhältnisses beachtet werden. Eine außerordentliche Kündigung lässt sich nur dann rechtfertigen, wenn der die Kündigung begründende Umstand sich konkret auf das Berufsausbildungsverhältnis auswirkt[5]. Die Fortsetzung des Ausbildungsverhältnisses muss durch objektive Umstände, die Einstellung oder das Verhalten des Gekündigten im Leistungsbereich, im Bereich der betrieblichen Verbundenheit, im Vertrauensbereich der Vertragsparteien oder im Unternehmensbereich unzumutbar sein[6]. Dabei kommt es auf die Auswirkungen für die Zukunft an. Kündigt ein Ausbildender ein Berufsausbildungsverhältnis fristlos aus wichtigem Grund, so ist bei der Prüfung des wichtigen Grundes nicht nur die Zweckbindung des Vertrages, nämlich zu einem Berufsabschluss für den Auszubildenden zu führen, sondern auch die im Zeitpunkt der Kündigung bereits zurückgelegte Ausbildungszeit im Verhältnis zur Gesamtdauer der Ausbildung zu sehen[7].

143 **Beispielsfälle:**

Außerordentliche Kündigung durch den Ausbildenden:

– Verstoß gegen die Mitteilungspflicht im Krankheitsfall und falsches Ausfüllen der Wochenzettel: nein[8]

– Ausländerfeindliche Äußerungen und Anbringen des Schildes mit der Äußerung an der Werkbank des türkischen Auszubildenden: ja[9]

– Wiederholt verspätetes Abliefern des Berichtsheftes trotz Abmahnung: ja[10]

– Ungenügende Berufsschulleistungen: nein[11]

– 11 Tage unentschuldigte Abwesenheit vom Berufsschulunterricht: ja[12]

– Andauerndes Führen von Privattelefonaten vom Diensttelefon des Ausbildenden im dritten Ausbildungsjahr (trotz mehrfacher Abmahnung): nein[13]

---

1 BAG 25.11.1976 – 2 AZR 751/75, AP Nr. 4 zu § 15 BBiG; *Kittner/Däubler/Zwanziger*, KSchR, § 22 BBiG Rz. 45, 46.
2 BAG 22.2.1972 – 2 AZR 205/71, AP Nr. 1 zu § 15 BBiG.
3 LAG Nürnberg 21.6.1994 – 2 (4) Sa 510/91, LAGE § 15 Abs. 3 BBiG Nr. 8.
4 ErfK/*Schlachter*, § 22 BBiG Rz. 3.
5 MünchArbR/*Natzel*, § 322 Rz. 166 ff.
6 ArbG Essen 27.9.2005 – 2 Ca 2427/05, NZA-RR 2006, 246.
7 LAG Berlin 22.10.1997 – 13 Sa 110/97, NZA-RR 1998, 442 (443); KR/*Weigand*, §§ 21–23 BBiG Rz. 45.
8 Vgl. den Fall, der dem BAG im Beschluss v. 26.1.1999 – 2 AZR 134/98, NZA 1999, 934 zugrunde lag.
9 BAG 1.7.1999 – 2 AZR 676/98, NZA 1999, 1270.
10 Fall des ArbG Wesel 14.11.1996 – 6 Ca 3726/96, NZA-RR 1997, 291; so auch LAG Hess. 3.11.1997 – 16 Sa 657/97, BB 1998, 2268 nach Abmahnung.
11 KR/*Weigand*, §§ 21–23 BBiG Rz. 64; *Kittner/Däubler/Zwanziger*, KSchR, § 15 BBiG Rz. 21.
12 ArbG Magdeburg 7.9.2011 – 3 Ca 1640/11, LAGE, § 22 BBiG Nr. 3.
13 Fall des LAG BW 31.10.1996 – 6 Sa 10/96, NZA 1997, 288.

- Grobe Beleidigungen und Missachtung des Ausbildenden: ja[1]
- Strafbare Handlungen: je nach Schwere der strafbaren Handlung[2].

Außerordentliche Kündigung durch den Auszubildenden:
- Schwerer Verstoß gegen die Bestimmungen des Jugendarbeitsschutzgesetzes: ja[3]
- Dauernde Beschäftigung mit ausbildungsfremden Tätigkeiten: ja[4]

Die individuellen Umstände beim Auszubildenden (Stichwort „Jugendstreiche") einerseits und die objektiven Gegebenheiten andererseits sind **abzuwägen**. Es ist gerade die Pflicht des Ausbildenden, den Auszubildenden vor sittlicher und körperlicher Gefährdung zu schützen (§ 14 Abs. 1 Nr. 5 BBiG). Vor diesem Hintergrund erscheint ein Fehlverhalten eines jugendlichen Auszubildenden in einem milderen Licht als ein gleich gelagertes Verhalten eines erwachsenen Arbeitnehmers. Stets sind die Folgen einer fristlosen Kündigung für den Auszubildenden zu sehen. Unter Umständen ist jede Form der Ausbildung nach einer fristlosen Kündigung gescheitert, der Auszubildende hätte in diesem Fall keine abgeschlossene Berufsausbildung. Daher ist im Regelfall der Auszubildende zunächst abzumahnen[5]. Insbesondere gegen Ende des Berufsausbildungsverhältnisses gewinnen die Interessen des Auszubildenden eine derart große Bedeutung, dass praktisch eine fristlose Kündigung kurz vor Abschluss der Ausbildung nicht mehr in Betracht kommt[6].

144

cc) Ausschlussfrist für außerordentliche Kündigung

Die außerordentliche Kündigung muss innerhalb einer Ausschlussfrist von **zwei Wochen** ausgesprochen werden (§ 22 Abs. 4 BBiG). Die zu § 626 Abs. 2 BGB entwickelten Grundsätze gelten entsprechend (zum Zusammenspiel mit den Güteverfahren s. Rz. 148)[7]. Auch im Rahmen des § 22 BBiG ist eine Verdachtskündigung nur wirksam, wenn der Auszubildende vorher angehört wurde[8].

145

dd) Kündigung und Minderjährigkeit

Die Kündigung gegenüber einem minderjährigen Auszubildenden muss an den **gesetzlichen Vertreter** gerichtet werden. Der minderjährige Auszubildende ist gemäß § 106 BGB nur beschränkt geschäftsfähig. Daher wird die Kündigung durch den Ausbilder erst dann wirksam, wenn sie nach § 131 Abs. 2 BGB seinem gesetzlichen Vertreter zugeht. Ist eine Kündigungserklärung mit dem erkennbaren Willen abgegeben worden, dass sie den gesetzlichen Vertreter erreicht, und gelangt sie – etwa durch Einwurf des Kündigungsschreibens in den Hausbriefkasten – tatsächlich in dessen Herr-

146

---

1 Vgl. LAG Hamm 10.10.2012 – 3 Sa 644/12 zu beleidigendem Eintrag auf der Facebook-Seite; s.a. KR/*Weigand*, §§ 21–23 BBiG Rz. 62; s. aber *Kittner/Däubler/Zwanziger*, KSchR, § 15 BBiG Rz. 24.
2 *Kittner/Däubler/Zwanziger*, KSchR, § 22 BBiG Rz. 24.
3 BAG 28.10.1971 – 2 AZR 32/71, AP Nr. 1 zu § 626 BGB.
4 LAG Schl.-Holst. 5.8.1969 – 1 Sa 149/69, DB 1969, 2188.
5 LAG Rh.-Pf. 25.4.2013 – 10 SA 518/12, NZA-RR 2013, 406: auch bei außerordentlicher Kündigung erforderlich; ErfK/*Schlachter*, § 22 BBiG Rz. 4.
6 BAG 10.5.1973 – 2 AZR 328/72, AP Nr. 3 zu § 15 BBiG; ErfK/*Schlachter*, § 22 BBiG Rz. 3; KR/*Weigand*, §§ 21, 22 BBiG Rz. 45; LAG BW 31.10.1996 – 6 Sa 10/96, NZA-RR 1997, 288 (289).
7 *Kittner/Däubler/Zwanziger*, KSchR, § 22 BBiG Rz. 48.
8 St. Rspr. des BAG, vgl. beispielhaft BAG 30.4.1987 – 2 AZR 283/86, AP Nr. 19 zu § 626 BGB – Verdacht strafbarer Handlungen. Etwas missverständlich heißt es bei MünchArbR/*Natzel*, § 322 Rz. 162, es müsse eine Anhörung des Auszubildenden generell erfolgen; in diese Richtung geht auch KR/*Weigand*, §§ 2123 BBiG Rz. 100, der dem zu Kündigenden Gelegenheit zur Stellungnahme geben will. Nach richtiger Ansicht kann dies aber nur für die Verdachtskündigung gelten, eine allgemeine Anhörungspflicht bei außerordentlichen Kündigungen von Berufsausbildungsverhältnissen ergibt sich weder aus dem Gesetz, noch ist sie erforderlich.

schaftsbereich, ist der Zugang bewirkt[1]. Dabei sollte an jeden der gesetzlichen Vertreter ein gesondertes Kündigungsschreiben zugestellt werden. Eine von einem minderjährigen Auszubildenden abgegebene schriftliche Kündigungserklärung bedarf der Unterschrift beider gesetzlicher Vertreter[2].

ee) Rechtsfolgen einer außerordentlichen Kündigung

147 Kündigt eine Vertragspartei das Ausbildungsverhältnis rechtsgrundlos, so macht sie sich gegenüber der anderen Vertragspartei schadensersatzpflichtig (§ 23 BBiG). Ein etwaiger **Schadensersatzanspruch** muss innerhalb von drei Monaten nach Beendigung des Berufsausbildungsverhältnisses geltend gemacht werden (§ 23 Abs. 2 BBiG)[3]. Der Entgang der von dem Auszubildenden gem. § 13 BBiG zu erbringenden Leistungen stellt jedoch nicht ohne Weiteres einen zu ersetzenden Schaden dar, denn der Auszubildende schuldet anders als der Arbeitnehmer nur die Verrichtungen im Rahmen des Ausbildungszwecks. Die Einstellung einer ausgebildeten Ersatzkraft stellt damit keinen wesensgleichen Schaden dar, der ersetzbar wäre[4]. Der Auszubildende kann nach § 23 Abs. 1 BBiG den Ausgleich des gesamten Schadens verlangen, der durch das vorzeitige Lösen des Ausbildungsverhältnisses verursacht worden ist. Dabei ist das nicht ordnungsgemäß erfüllte Berufsausbildungsverhältnis mit einem ordnungsgemäßen zu vergleichen, die Differenz stellt den ersatzfähigen Schaden dar. Allerdings umfasst dieser Schadensersatzanspruch nicht die Abfindung entsprechend §§ 9, 10, 13 KSchG[5]. Er umfasst zB den Verdienstausfall des Auszubildenden, wenn sich durch die Auflösung des Ausbildungsvertrages eine Verschiebung des Ausbildungsabschlusses ergibt[6].

d) Güteverfahren nach § 111 Abs. 2 ArbGG[7]

148 Die Vorschriften des Kündigungsschutzgesetzes über die fristgebundene Klageerhebung (§§ 4, 13 Abs. 1 Satz 2 KSchG) sind auch auf außerordentliche Kündigungen von Berufsausbildungsverhältnissen anzuwenden, sofern nicht nach § 111 Abs. 2 Satz 5 ArbGG eine Verhandlung vor einem zur Beilegung von Streitigkeiten aus einem Berufsausbildungsverhältnis gebildeten Ausschuss stattfinden muss[8]. Haben die zuständigen Stellen im Sinne des Berufsbildungsgesetzes Ausschüsse gebildet, denen Arbeitnehmer und Arbeitgeber in gleicher Zahl angehören, dann muss nach § 111 Abs. 2 ArbGG zunächst dieser **Ausschuss zur Vermittlung** angerufen werden (§ 102 ArbGG)[9]. Diese Vermittlung ist Prozessvoraussetzung und ersetzt das arbeitsgerichtliche Güteverfahren[10]. Wird der von dem Ausschuss gefällte Spruch nicht innerhalb

---

1 BAG 8.12.2011 – 6 AZR 354/10, NZA 2012, 495.
2 Der Zugang gegenüber nur einem gesetzlichen Vertreter wird als ausreichend angesehen von *Natzel* in Anm. zu AP Nr. 4 zu § 15 BBiG; aA KR/*Weigand*, §§ 21–23 BBiG Rz. 106 unter Berufung auf arbeitsgerichtliche Rechtsprechung; KR/*Weigand* weist aber darauf hin, dass gem. § 167 Abs. 1 BGB ein Elternteil den anderen bevollmächtigen kann, auch in seinem Namen zu handeln, wobei aber in diesem Falle im Hinblick auf § 174 BGB die schriftliche Vollmacht der Kündigungserklärung beizufügen ist; bei Entgegennahme einer Kündigung dürfte jedoch die Zustellung an einen Elternteil ausreichen, ansonsten müssten zwei getrennte Kündigungsschreiben zugestellt werden; so auch BGH 9.2.1977 – IV ZR 25/75, DB 1977, 819.
3 BAG 17.7.2007 – 9 AZR 103/07, DB 2008, 709.
4 BAG 17.8.2000 – 8 AZR 578/99, NZA 2001, 150.
5 BAG 16.7.2013 – 9 AZR 784/11.
6 LAG Frankfurt 2.3.2011 – 18 Sa 1203/10, juris.
7 S. allgemein *Opolony*, FA 2003, 133.
8 BAG 26.1.1999 – 2 AZR 134/98, NZA 1999, 934 (935) mit ausführlicher Auseinandersetzung mit der Gegenmeinung, die diese Prozessvoraussetzung für verzichtbar hält (wie dies *Leinemann/Taubert*, § 22 BBiG Rz. 140 tun).
9 BAG 18.9.1975 – 2 AZR 602/74, AP Nr. 2 zu § 111 ArbGG 1953 und 9.10.1979 – 6 AZR 776/77, AP Nr. 3 zu § 111 ArbGG 1953.
10 KR/*Weigand*, §§ 2123 BBiG Rz. 111; *Benecke/Hergenröder*, § 22 BBiG Rz. 102.

III. Berufsbildungsrecht

von einer Woche von beiden Parteien anerkannt, kann binnen zwei Wochen nach ergangenem Spruch Klage beim zuständigen Arbeitsgericht erhoben werden. Wird nicht rechtzeitig Klage erhoben, hat dies zur Folge, dass der von dem Ausschuss verhandelte Streitgegenstand von keiner Partei mehr vor die Arbeitsgerichte gebracht werden kann[1]. Die Anrufung des Schlichtungsausschusses ist als Prozessvoraussetzung der Klage vor dem Arbeitsgericht von Amts wegen zu prüfen. Auf die Durchführung des Schlichtungsverfahrens kann nicht verzichtet werden[2]. Eine Frist zur Anrufung des Schlichtungsausschusses sieht das Gesetz nicht vor, die Anrufung ist daher bis zur Grenze der Verwirkung zulässig[3]. Auch § 4 KSchG gilt nicht[4]. Besteht **kein Schlichtungsausschuss** oder ist er nicht zuständig, ist das Arbeitsgericht direkt für Ansprüche aus dem Berufsausbildungsverhältnis anzurufen[5]. In diesem Falle ist für die Erhebung der Kündigungsschutzklage die Klagefrist der §§ 4, 13 Abs. 1 Satz 2 KSchG zu beachten[6]. Die zunächst ohne Anrufung des Schlichtungsausschusses eingereichte Klage wird nachträglich zulässig, wenn das nach Klageerhebung eingeleitete Schlichtungsverfahren beendet und der Spruch nicht anerkannt wurde[7]. Erhebt ein ehemaliger Auszubildender erst nach Abschluss des Ausbildungsverhältnisses Klage, dann hat die Zuständigkeit des Schlichtungsausschusses bereits geendet, da zu diesem Zeitpunkt kein Ausbildungsverhältnis besteht. Dies hat zur Folge, dass der unmittelbare Zugang zu den Arbeitsgerichten eröffnet ist. § 111 Abs. 2 Satz 1 ArbGG ermöglicht die Bildung eines Schlichtungsausschusses nur zur Beilegung von Streitigkeiten aus einem bestehenden Berufsausbildungsverhältnis[8].

Prüfungsschema: Kündigung von Berufsausbildungsverträgen

1. Ordentliche Kündigung

149

Entfristet während (und vor) der Probezeit von einem bis zu vier Monaten mit oder ohne soziale Auslauffrist jederzeit möglich.

Beachte: Schriftformerfordernis (§ 22 Abs. 3 BBiG)

Anhörungsfrist für Betriebsrat (§ 102 BetrVG): eine Woche

2. Außerordentliche Kündigung

Während der Probezeit überflüssig.

Nach der Probezeit:

– aus wichtigem Grund beiderseits jederzeit möglich
– vom Auszubildenden: bei Aufgabe der Berufsausbildung oder Ausbildung für andere Berufstätigkeit durch Auszubildenden mit einer Frist von vier Wochen jederzeit

Bei der Interessenabwägung ist der besondere Zweck des Berufsausbildungsverhältnisses zu berücksichtigen und die zurückgelegte Ausbildungszeit ins Verhältnis zur Gesamtdauer der Ausbildung zu setzen.

---

1 BAG 9.10.1979 – 6 AZR 776/77, AP Nr. 3 zu § 111 ArbGG 1953.
2 KR/*Weigand*, §§ 21–23 BBiG Rz. 111; GMP/*Prütting*, § 111 ArbGG Rz. 19 f.
3 LAG MV 30.8.2011 – 5 Sa 3/11; *Opolony*, BB 1999, 1706 (1708); *Kittner/Däubler/Zwanziger*, KSchR, § 15 BBiG Rz. 50.
4 ErfK/*Schlachter*, § 22 BBiG Rz. 9.
5 GMP/*Prütting*, § 111 ArbGG Rz. 21.
6 Dies hat das BAG im Urteil v. 26.1.1999 – 2 AZR 134/98, NZA 1999, 934 ausdrücklich mit ausführlicher Ablehnung der Gegenmeinung (zB ErfK/*Schlachter*, § 22 BBiG Rz. 9) bekräftigt.
7 BAG 25.11.1976 – 2 AZR 751/75, AP Nr. 4 zu § 15 BBiG; LAG BW 31.10.1996 – 6 Sa 10/96, NZA-RR 1997, 288 (290); GMP/*Prütting*, § 111 ArbGG Rz. 19.
8 BAG 22.1.2008 – 9 AZR 999/06, DB 2008, 1326.

○ **Hinweis:** Neben der Schriftform der Kündigung ist auch die ausführliche Angabe der Kündigungsgründe im Kündigungsschreiben Wirksamkeitserfordernis für die Kündigung (§ 22 Abs. 3 BBiG).

Vorgehen gegen die Kündigung:

- Schlichtungsausschuss gem. § 111 ArbGG vorhanden: ausschließlich nicht fristgebundenes Verfahren vor dem Schlichtungsausschuss einleiten, nach Entscheidung des Schlichtungsausschusses: entweder Anerkennung des Spruches innerhalb einer Woche von beiden Parteien oder Klage zum Arbeitsgericht innerhalb von zwei Wochen nach Spruch; schon vorher erhobene Klage ist unzulässig, das Prozesshindernis wird jedoch vom Zeitpunkt des Spruches des Ausschusses an beseitigt.
- Schlichtungsausschuss nicht vorhanden: Kündigungsschutzklage zum Arbeitsgericht innerhalb der Drei-Wochen-Frist (gem. §§ 4, 13 Abs. 1 Satz 2 KSchG); Hinweis: bei Fristproblemen: laut BAG großzügige Anwendung der Möglichkeit der nachträglichen Klagezulassung nach § 5 KSchG[1].

---

1 BAG 26.1.1999 – 2 AZR 134/98, NZA 1999, 934.

C. Anbahnung und Begründung eines Arbeitsverhältnisses

	Rz.
I. Einleitung	1
II. Anwerbung von Arbeitnehmern durch den zukünftigen Arbeitgeber	
1. Stellenausschreibungen	2
2. Gesetzliche Einschränkungen bei der Erstellung von Stellenausschreibungen	7
a) Allgemeines	8
b) Rechtsfolge bei diskriminierender Ausschreibung	10d
c) Ausschreibung als Teilzeitarbeitsplatz	13
d) Betriebliche Mitbestimmungsrechte bei der Stellenausschreibung	
aa) Innerbetriebliche Ausschreibung auf Verlangen des Betriebsrats	14
bb) Inhalt des Mitbestimmungsrechts	16
cc) Rechtsfolgen einer Verletzung des Mitbestimmungsrechts	
(1) Allgemeines	18
(2) Zustimmungsverweigerungsrecht bei einem Verstoß gegen § 11 AGG	21
(3) Kein Zustimmungsverweigerungsrecht bei einem Verstoß gegen § 7 Abs. 1 TzBfG	23
dd) Vorläufige Maßnahmen	24
e) Betriebliche Mitbestimmungsrechte bei der Personalplanung	28
3. Besonderheiten bei schwerbehinderten Bewerbern	30a
4. Anspruch des Arbeitnehmers auf Freistellung zur Stellensuche nach Kündigung	
a) Allgemeines	31
b) Anspruchsvoraussetzungen	32
c) Rechtsfolgen	35
III. Abwerbung von Arbeitnehmern	41
1. Abwerbung durch den künftigen Arbeitgeber	42
2. Abwerbung durch Mitarbeiter	43
3. Rechtliche Grenzen der Abwerbung	
a) Wettbewerbswidrigkeit der Abwerbung	44
b) Abwerbung als unerlaubte Handlung, §§ 823 Abs. 1, 826 BGB	49
4. Rechtsfolgen einer rechtswidrigen Abwerbung	
a) Sanktionen gegen den Abwerbenden	
aa) Schadensersatzansprüche	50
bb) Unterlassung	54
cc) Arbeitsrechtliche Maßnahmen	55
b) Sanktionen gegen den abgeworbenen Arbeitnehmer	56
5. Rückwerben von abgeworbenen Arbeitnehmern	62
IV. Erkenntnismittel des Arbeitgebers	
1. Allgemeines	64
2. Fragerecht des Arbeitgebers	66
a) Einzelfälle	68
b) Übersicht zur Zulässigkeit des Fragerechts	117
3. Fragenkatalog für ein Bewerbungsgespräch	118
4. Bewertungsformular für Bewerbungsgespräche	120
5. Einstellungsfrage- bzw. Personalbogen	122
6. Zulässigkeit von „Background Checks"	128
a) Financial Background	129
b) Criminal Background	130
c) Internetrecherche	131
7. Einstellungsuntersuchungen und Tests	
a) Physische/psychische Untersuchungen	
aa) Zulässigkeit	132
bb) Besonderheiten nach Inkrafttreten des AGG	134a
b) Eignungstests	135
c) Graphologische Gutachten	137
d) Genomanalyse	139
8. Auskünfte des vorherigen Arbeitgebers	143
9. Offenbarungspflichten des Arbeitnehmers	145
10. Rechtsfolgen bei Falschbeantwortung	154
a) Falschbeantwortung zulässiger Fragen	155
aa) Anfechtung wegen arglistiger Täuschung nach § 123 Abs. 1 BGB	156
bb) Anfechtung wegen Irrtums gem. § 119 Abs. 2 BGB	160
b) Falschbeantwortung unzulässiger Fragen	162
11. Bewerbungs-/Vorstellungskosten	163
12. Aufklärungs- und Offenbarungspflichten des Arbeitgebers	168
13. Fragerecht des Arbeitnehmers	175
V. Vorvertragliches Schuldverhältnis und Pflichtverletzungen	192

	Rz.
1. Abbruch von Vertragsverhandlungen	193
2. Verletzung von Aufklärungs- und Offenbarungspflichten	196
3. Verletzung von Obhutspflichten	198
4. Verletzung von Geheimhaltungspflichten	199
5. Verletzung von Schutzpflichten	200
6. Rechtsfolgen	201
7. Beweislast	204

VI. Begründung des Arbeitsverhältnisses
1. Grundsatz der Abschlussfreiheit . . 206
2. Ausnahmen von der Abschlussfreiheit
   a) Begründung eines Arbeitsverhältnisses durch Gesetz 209
   b) Abschluss- und Beschäftigungsverbote 211
      aa) Abschlussverbote
         (1) Gesetzliche Regelungen 212
         (2) Tarifvertragliche Regelungen 213
         (3) Betriebliche Auswahlrichtlinien nach § 95 BetrVG 214
         (4) Arbeitsvertragliche Verbote 215
      bb) Beschäftigungsverbote . . . 217
   c) Abschlussgebote 219
3. Geschäftsfähigkeit
   a) Grundsatz 222
   b) Ausnahme: Ermächtigung zum selbständigen Betrieb eines Geschäftes 224
   c) Ausnahme: Ermächtigung zum Abschluss eines Arbeitsvertrages
      aa) Inhalt und Rechtsfolgen von § 113 BGB 226
      bb) Fallbeispiele 229
      cc) Prozessuale Durchsetzbarkeit von Rechtsgeschäften nach § 113 BGB 231
4. Form des Arbeitsvertrages
   a) Grundsatz 232
   b) Dokumentationspflicht durch das Nachweisgesetz 233
   c) Schriftformerfordernis
      aa) Allgemeines 240
      bb) Deklaratorische Schriftformerfordernisse 241
      cc) Konstitutive Schriftformerfordernisse 243
      dd) Einhaltung der Schriftform durch Telefax oder E-Mail? 248
      ee) Arglisteinrede 250
5. Rechtsmängel bei Arbeitsverträgen
   a) Verstoß gegen ein gesetzliches Verbot, § 134 BGB
      aa) Allgemeines 252
      bb) Rechtsfolge 256
      cc) § 134 BGB und die Schuldrechtsreform 257
      dd) § 134 BGB und AGG 259
   b) Verstoß gegen die guten Sitten, § 138 BGB
      aa) Begriff der guten Sitten . . 260
      bb) Rechtsfolgen bei einem Verstoß gegen § 138 BGB . 261
      cc) Fallgruppen der Sittenwidrigkeit
         (1) Allgemeine Sittenwidrigkeit nach § 138 Abs. 1 BGB 262
         (2) Wuchertatbestand nach § 138 Abs. 2 BGB . . . 263
   c) Scheingeschäft nach § 117 Satz 1 BGB 266
   d) Anfängliche Unmöglichkeit nach § 311a BGB 269
6. Rechtsfolgen bei Nichtigkeit des Arbeitsvertrages
   a) Grundsatz 270
   b) Faktisches Arbeitsverhältnis
      aa) Allgemeines 271
      bb) Anfechtung des Arbeitsverhältnisses 272
      cc) Einschränkung des Anfechtungsrechts nach Treu und Glauben, § 242 BGB . . . 274
      dd) Anfechtung und Kündigung 276
      ee) Abgrenzungen zu anderen Fallgruppen 277

VII. Melde- und Vorlagepflichten
1. Pflichten des Arbeitgebers 280
2. Rechtsfolgen bei Unterlassen . . . 285
3. Pflichten des Arbeitnehmers . . . 286

VIII. Diskriminierungsverbote bei der Einstellung von Arbeitnehmern 289

Schrifttum:

Anton-Dyck/Böhm, Nachteilige Referenzauskünfte, ArbRB 2014, 55; *Bayreuther*, Der gesetzliche Mindestlohn, NZA 2014, 866; *Bayreuther*, Einstellungsuntersuchungen, Fragerecht und geplantes Beschäftigtendatenschutzgesetz, NZA 2010, 679; *Beckschulze/Natzel*, Das neue Beschäftigtendatenschutzgesetz, BB 2010, 2368; *Behrens*, Eignungsuntersuchung und Datenschutz, NZA 2014, 401; *Benecke/Pils,* Arbeitsplatzwechsel nach Abwerbung – Rechtsprobleme des „Headhunting", NZA-RR 2005, 561; *Bengelsdorf,* Illegale Drogen im Betrieb, NZA-RR 2004, 113; *Bissels,* Indiz für eine Benachteiligung durch die Stellenausschreibung, jurisPR-ArbR 4/2010 Anm. 4; *Bissels,* Altersdiskriminierung und Stellenausschreibung, jurisPR-ArbR 7/2009 Anm. 1; *Bissels,* Entschädigungsanspruch bei AGG-Hopping, ArbRB 2008, 363; *Bissels,* Das Fragerecht des Arbeitgebers bei der Einstellung im Lichte des AGG, juris AnwaltZertifikatOnline 11/2008 Anm. 1; *Bissels,* Entschädigungsanspruch bei diskriminierender Nichteinstellung, jurisPR-ArbR 16/2008 Anm. 3; *Bissels,* Entschädigungszahlung aufgrund Altersdiskriminierung bei der Einstellung, jurisPR-ArbR 7/2009 Anm. 1; *Bissels,* AGG und ethnische Herkunft – (k)eine große Unbekannte!?, PuR 7–8/2010, 9; *Bissels/Lützeler,* Background Checks aus arbeitsrechtlicher Sicht, PuR 5/2009, 6; *Bissels/Lützeler,* BB-Rechtsprechungsreport 2010/2011 – Allgemeines Gleichbehandlungsgesetz, Teil 1, BB 2012, 701, Teil 2, BB 2012, 833; *Bissels/Lützeler,* BB-Rechtsprechungsreport zum Allgemeinen Gleichbehandlungsgesetz 2009/2010, Teil 1, BB 2010, 1661, Teil 2, BB 2010, 1729; *Bissels/Lützeler,* Aktuelle Entwicklung der Rechtsprechung zum AGG, Teil 1, BB 2009, 774, Teil 2, BB 2009, 883; *Bissels/Lützeler,* Rechtsprechungsüberblick zum AGG, BB 2008, 666; *Bissels/Lützeler,* „Know-how-Transfer" durch Abwerbung von Arbeitnehmern, PuR 3/2008, 3; *Bissels/Lützeler/Haag,* Achtung AGG! Fallstricke bei der Einstellung, PuR 10/2010, 6; *Bissels/Lützeler/Wisskirchen,* Facebook, Twitter & Co.: Das Web 2.0 als arbeitsrechtliches Problem, BB 2010, 2433; *Böhm,* 60 Jahre Betriebsverfassungsgesetz, RdA 2013, 193; *Boemke,* Fragerecht des Arbeitnehmers nach Mitgliedschaft im Arbeitgeberverband, NZA 2004, 144; *Boemke,* Die Zulässigkeit der Frage nach Grundwehrdienst und Zivildienst, RdA 2008, 129; *Boudon,* Arbeitsvertragsschluss und Arbeitsvertrag, ArbRB 2006, 155; *Bradaric,* Zulässigkeit von Background Checks, HR Services 2009, 36; *Busch/Dendorfer,* Abwerbung von Mitarbeitern, BB 2002, 301; *Diller,* AGG-Hopping durch Schwerbehinderte, NZA 2007, 1321; *Düwell,* Neue Regeln für Praktikanten: Qualitätsrahmen der EU, Mindestlohngesetz und Änderung des Nachweisgesetzes, DB 2014, 2047; *Düwell,* Die Neuregelung des Verbots der Benachteiligung wegen Behinderung im AGG, BB 2006, 1741; *Ernst,* Headhunting per E-Mail, GRUR 2010, 963; *Fischinger,* Die arbeitsrechtlichen Regelungen des Gendiagnostikgesetzes, NZA 2010, 65; *Forst,* Der Regierungsentwurf zur Regelung des Beschäftigtendatenschutzes, NZA 2010, 1045; *Franzen,* Rechtliche Rahmenbedingungen psychologischer Eignungstests, NZA 2013, 1; *Franzen,* Arbeitnehmerdatenschutz – rechtspolitische Perspektiven, RdA 2010, 257; *Fromferek,* Minderjährige „Superstars" – Die Probleme des § 1822 Nr. 5 BGB, NJW 2004, 410; *Fuhlrott/Hoppe,* Einstellungsuntersuchungen und Gentests von Bewerbern, ArbR 2010, 183; *Gaumann,* „Verspätete" Wahrung des Schriftformerfordernisses nach § 14 Abs. 4 TzBfG, FA 2002, 40; *Genenger,* Das neue Gendiagnostikgesetz, NJW 2010, 113; *Giesen,* Frage nach der Schwerbehinderung im Arbeitsverhältnis, RdA 2013, 48; *Golücke,* Das neue Gendiagnostikgesetz, AuA 2010, 82; *Hanau,* Offene Fragen zum Teilzeitgesetz, NZA 2001, 1169; *Helml,* Sittenwidrige Lohnvereinbarungen, AuA 2010, 298; *Hohenstatt/Stamer/Hinrichs,* Background Checks von Bewerbern in Deutschland: Was ist erlaubt?, NZA 2006, 1069; *Hromadka,* Das neue Teilzeit- und Befristungsgesetz, NJW 2001, 400; *Huber,* Das Zuwanderungsgesetz, NVwZ 2005, 1; *Iraschko-Luscher/Kiekenbeck,* Welche Krankheitsdaten darf der Arbeitgeber von seinem Mitarbeiter abfragen?, NZA 2009, 1239; *Jenak,* Beschäftigung ausländischer Arbeitnehmer, AuA 2008, 482; *Joussen,* Das erweiterte Führungszeugnis im Arbeitsverhältnis, NZA 2012, 776; *Joussen,* Si tacuisses – Der aktuelle Stand zum Fragerecht des Arbeitgebers nach einer Schwerbehinderung, NJW 2003, 2860; *Kaehler,* Individualrechtliche Zulässigkeit des Einsatzes psychologischer Testverfahren zu Zwecken der betrieblichen Bewerberauswahl, DB 2006, 277; *Kania/Sansone,* Möglichkeiten und Grenzen des Pre-Employment-Screenings, NZA 2012, 360; *Krügermeyer-Kalthoff/Reutershan,* Telefonische Abwerbung am Arbeitsplatz – Jagdverbot für Headhunter?, MDR 2002, 139; *Künzl,* Das Fragerecht des Arbeitgebers bei der Einstellung, ArbRAktuell 2012, 235; *Laber/Schmidt,* Die innerbetriebliche Stellenausschreibung, ArbRB 2012, 276; *Langer,* Erstattung von Vorstellungskosten – Was muss gezahlt werden?, AuA 2006, 524; *Lelley,* Fragen darf man immer – aber nicht jeder darf fragen, FA 2010, 300; *Löw,* Die gewillkürte Form im Arbeitsvertrag, MDR 2006, 12; *Löwisch/Mysliwiec,* Datenschutz bei Anforderung und Nutzung erweiterter Führungszeugnisse, NJW 2012, 2389; *Messingschlager,* „Sind Sie schwerbehindert?" – Das Ende einer (un)beliebten Frage, NZA 2003, 301; *Papenheim,* Schwangerschaft als Einstellungshindernis und Fragerecht des Arbeitgebers, ZMV 2000, 88; *Perreng,* Lohnwucher – Rechtslage und notwendige Weiterentwicklung, FA 2010, 258; *Pöttering,* Neues Gendiagnostikgesetz – Achtung, betriebliche Praxis!, PuR 2010, 10; *Rautenberg,* Prostitution: Das Ende der Heuchelei ist gekommen!, NJW 2002, 650; *Riesenhuber,* Ein Betrag zum System des Datenschutzes und zur Systematik des BDSG, NZA 2012, 771; *Rolfs/Paschke*, Die Pflichten des Arbeitgebers und die Rechte schwerbehinderter Arbeitnehmer nach § 81 SGB IX, BB 2002, 1260; *Schaub*, Ist die Frage nach der Schwerbehinderung zulässig?, NZA 2003, 299; *Schiefer/Ettwig/ Krych*, Das Allgemeine Gleichbehandlungsgesetz, 2006; *Schloßer*, Stellenausschreibung auch als Teilzeitarbeitsplatz – ein Gebot ohne Sanktionen, BB 2001, 411; *Schmiedl*, Mitarbeiterabwerbung durch Kollegen während des laufenden Arbeitsverhältnisses, BB 2003, 1120; *Sommer*, Gesetz muss Arbeitnehmerdaten schützen!, AiB 2010, 421; *Stenslik*, Der scheinbare Arbeitnehmer, FA 2009, 294; *Strick*, Die Anfechtung von Arbeitsverträgen durch den Arbeitgeber, NZA 2000, 695; *Stück*, Die Stellenausschreibung in Recht und Praxis, ArbRAktuell 2012, 365; *Stück*, Stellen richtig ausschreiben, AuA 2014, 648; *Thum/Szczesny*, Background Checks im Einstellungsverfahren: Zulässigkeit und Risiken für Arbeitgeber, BB 2007, 2405; *Thüsing/Lambrich*, Das Fragerecht des Arbeitgebers – aktuelle Probleme zu einem klassischen Thema, BB 2002, 1146; *Thüsing/Wege*, Das Verbot der Diskriminierung wegen einer Behinderung nach § 81 Abs. 2 Satz 2 Nr. 1 SGB IX, FA 2003, 296; *Trümmer*, Das Fragerecht des Arbeitgebers, FA 2003, 34; *Walker*, Der einstweilige Rechtsschutz im Zivilprozess und im arbeitsgerichtlichen Verfahren, 1993; *Wiedemann/Thüsing*, Fragen zum Entwurf eines zivilrechtlichen Anti-Diskriminierungsgesetzes, DB 2002, 463; *Wiese*, Gendiagnostikgesetz und Arbeitsleben, BB 2009, 2198; *Wisskirchen*, AGG – Allgemeines Gleichbehandlungsgesetz, 3. Aufl. 2007; *Wisskirchen*, Der Umgang mit dem Allgemeinen Gleichbehandlungsgesetz – Ein „Kochrezept" für Arbeitgeber, DB 2006, 1491; *Wisskirchen*, Mittelbare Diskriminierung von Frauen im Erwerbsleben, 1994; *Wisskirchen/Bissels*, Das Fragerecht des Arbeitgebers bei Einstellung unter Berücksichtigung des AGG, NZA 2007, 169; *Wolf*, Welche Fragen sind erlaubt?, AuA 2001, 260; *Wolf*, Allgemeines Gleichbehandlungsgesetz (AGG) – Herausforderung für die Betriebspraxis, AuA 2006, 513; *Zimmer/Volk*, Allgemeines Gleichbehandlungsgesetz – die Diskriminierungsmerkmale, FA 2006, 258.

I. Einleitung

1   Bereits vor dem Abschluss eines Arbeitsvertrages – schon bei der Ausschreibung von Arbeitsplätzen und Anwerbung von Arbeitskräften – sind sowohl vom Arbeitnehmer als auch vom Arbeitgeber eine Vielzahl von Rechtspflichten zu beachten. Ihre Missachtung kann neben Schadensersatzansprüchen möglicherweise auch die Unwirksamkeit des Arbeitsvertrages nach sich ziehen. Um diese für beide beteiligten Parteien unangenehmen und kostspieligen Folgen zu vermeiden, ist es notwendig, sich schon im Vorfeld des Abschlusses eines Arbeitsvertrages über einschlägige Vorschriften und sonstige Pflichten der Arbeitsvertragsparteien zu informieren.

Dies gilt insbesondere seit dem Inkrafttreten des **Allgemeinen Gleichbehandlungsgesetzes** (AGG; dazu Teil 1 F)[1]. Das AGG soll Benachteiligungen aus Gründen der „Rasse", wegen der „ethnischen Herkunft", des „Geschlechts", der „Religion" oder „Weltanschauung", einer „Behinderung", des „Alters" oder der „sexuellen Identität" verhindern oder beseitigen. Der Gesetzgeber hat sich für den Begriff „Benachteiligung" statt „Diskriminierung" entschieden, um zu verdeutlichen, dass nicht jede unterschiedliche Behandlung, die mit Zufügung eines Nachteils verbunden ist, einen diskriminierenden Charakter hat.

Dem Anwendungsbereich des AGG unterfallen alle Beschäftigungs- und Arbeitsbedingungen einschließlich des Arbeitsentgelts und der Entlassungsbedingungen, insbesondere aber Vereinbarungen und Maßnahmen für die Begründung, Durchführung und die Beendigung eines Beschäftigungsverhältnisses oder des beruflichen Aufstiegs. Aufgrund des weiten Anwendungsbereiches des AGG ist auch der in diesem Kapitel bearbeitete Bereich der Begründung des Arbeitsverhältnisses betroffen, worauf an entsprechender Stelle hingewiesen wird.

---

1   Art. 1 des Gesetzes zur Umsetzung europäischer Richtlinien zur Verwirklichung des Grundsatzes der Gleichbehandlung, BGBl. I, 1897f., in Kraft getreten am 18.8.2006.

II. Anwerbung von Arbeitnehmern durch den zukünftigen Arbeitgeber

1. Stellenausschreibungen

Dem Arbeitgeber stehen bei der Arbeitskräftesuche verschiedene Mittel und Wege zur Verfügung: neben der Agentur für Arbeit[1] kann sich der Arbeitgeber privater Arbeitsvermittlungsagenturen[2] sowie öffentlicher oder betrieblicher Stellenausschreibungen bedienen[3].

Eine Ausschreibung ist die allgemeine Aufforderung an alle oder an bestimmte Arbeitnehmer, Bewerbungen für den betreffenden Arbeitsplatz abzugeben[4]. Die **Ausschreibung** sollte folgende Angaben **beinhalten**:
- die erwartete Qualifikation des Bewerbers,
- eine Beschreibung der auszuübenden Tätigkeit und des Arbeitsplatzes,
- den Einstellungstermin,
- Art und Form der Bewerbungspapiere,
- den zuständigen Ansprechpartner innerhalb des Betriebs und
- das Ende der Bewerbungsfrist.

Durch Zeitungsanzeigen gibt der Arbeitgeber noch kein bindendes Angebot zum Abschluss eines entsprechenden Arbeitsvertrages ab; vielmehr werden Interessenten aufgefordert, selbst Angebote an den Arbeitgeber zu richten. Es finden die zivilrechtlichen Grundsätze der sog. „invitatio ad offerendum" Anwendung[5], da der Arbeitgeber nicht den rechtsverbindlichen Willen hat, jedem Bewerber auch einen Arbeitsplatz bereitzustellen.

Bei der Erstellung eines Inserates ist allerdings Vorsicht geboten: Der Arbeitgeber kann vom Arbeitnehmer an den in der Anzeige beschriebenen Arbeitsbedingungen festgehalten werden. Ihn trifft eine **Vertrauenshaftung** für die Einhaltung der in der Stellenanzeige veröffentlichten Angaben. Der Stellenbewerber darf in der Regel auf die in der Anzeige gemachten Angaben vertrauen. Schließlich fehlt ihm die Sachkenntnis und Sachkunde, die Richtigkeit der Aussagen zu überprüfen; das Mindesteinkommen muss daher mit der geschuldeten durchschnittlichen Leistung erreicht werden können[6]. Dies gilt auch für versprochene Provisionszahlungen[7] und andere arbeitgeberseitige zugesagte Leistungen in Zeitungsinseraten, wie zB für Urlaubsansprüche, Bereitstellung eines Dienstfahrzeuges, Versorgungszusagen in der betrieblichen Altersversorgung etc.[8]

Beispiel:

Wenn der Arbeitgeber in einer Stellenanzeige ein gewisses Mindestjahreseinkommen zusichert und ein Arbeitsvertrag aufgrund dieser Annonce zustande kommt, kann der Arbeitnehmer einen Anspruch auf Zahlung des angegebenen Entgelts haben. Dies gilt insbesondere dann, wenn der Arbeitgeber den Interessenten in dem anschließenden Vorstellungsgespräch bspw. nicht darauf hinweist, dass das avisierte Mindestjahreseinkommen bisher nur von we-

---

1 Diese war ursprünglich allein für die Arbeitsvermittlung zuständig, vgl. ausführlich dazu MünchArbR/*Buchner*, § 28 Rz. 4 ff.
2 Es besteht ein freier Marktzugang nach Aufhebung der Erlaubnispflicht für private Vermittler, die erfolgsorientierte Honorare von den zu vermittelnden Arbeitnehmern verlangen können, § 296 SGB III.
3 Dazu instruktiv: *Stück*, AuA 2014, 648.
4 Vgl. BAG 23.2.1988 – 1 ABR 82/86, AP Nr. 2 zu § 93 BetrVG 1972.
5 Vgl. *Slupnik/Holpner*, RdA 1990, 25.
6 Vgl. LAG Hess. 13.1.1994 – 2 Sa 522/92, NZA 1994, 886.
7 Vgl. LAG Düsseldorf 8.2.1957 – 4 Sa 566/56, BB 1957, 711.
8 So auch Schaub/*Linck*, § 25 Rz. 4.

nigen Mitarbeitern durch Provisionen erzielt werden konnte und es einen erheblichen Mehreinsatz an Arbeit und Zeit erfordert[1].

2. Gesetzliche Einschränkungen bei der Erstellung von Stellenausschreibungen

7 Bei einer Stellenausschreibung hat der Arbeitgeber folgende gesetzliche Vorgaben zu beachten[2]:

a) Allgemeines

8 Das **AGG** findet auch auf das Vertragsanbahnungsverhältnis Anwendung, so dass Stellenausschreibung und Bewerberauswahl frei von Diskriminierungen im Hinblick auf die Merkmale Rasse, ethnische Herkunft, Geschlecht, Religion, Weltanschauung, Behinderung, Alter und sexuelle Identität sein müssen. Dementsprechend verpflichtet § 11 AGG den Arbeitgeber, Arbeitsplätze neutral auszuschreiben[3]. Die Vorschrift betrifft dabei alle Ausschreibungen, unabhängig davon, ob diese öffentlich oder innerbetrieblich erfolgen. Dies gilt auch im Bereich der beruflichen Aus- und Weiterbildung[4]. Die Form ist dabei ebenfalls irrelevant. Sie kann zB durch ein Zeitungsinserat oder am Schwarzen Brett erfolgen.

Die Pflicht zu neutralen Formulierungen ist nicht neu. So musste der Arbeitgeber bereits vor Inkrafttreten des AGG gem. § 611b BGB aF[5] eine Ausschreibung geschlechtsneutral formulieren[6]. Diese Verpflichtung ist durch das AGG lediglich auf die anderen Diskriminierungsmerkmale ausgeweitet worden.

9 So hat das **BAG**[7] noch zur alten Rechtslage entschieden, dass sich ein Arbeitgeber gegenüber einem abgelehnten männlichen Bewerber, der sich auf eine geschlechtsspezifisch ausgestaltete Stellenanzeige einer Rechtsanwaltskanzlei beworben hatte, die wörtlich für eine „Volljuristin" und „Wiedereinsteigerin in Teilzeit"[8] ausgeschrieben war, schadensersatz- und/oder entschädigungspflichtig macht. Die Besonderheit des Falles lag indes darin, dass die Anzeige von der Bundesagentur für Arbeit geschaltet worden **war**. Das BAG[9] entschied jedoch, dass sich der Arbeitgeber die geschlechtsspezifische **Ausschreibung Dritter**, derer er sich bei Abfassung der Stellenanzeige bedient, zurechnen lassen muss, selbst wenn der Dritte selbständig die geschlechtsdiskriminierende Formulierung gewählt hat. Diese Grundsätze sind auch nach Inkrafttreten des AGG – und zwar für alle vom AGG erfassten Merkmale – anwendbar[10].

---

1 Vgl. LAG Hess. 13.1.1993 – 2 Sa 522/92, NZA 1994, 884: Der Arbeitnehmer konnte schließlich nach Beendigung des Arbeitsverhältnisses den Mehrbetrag aus der Gehaltszusage in der Zeitungsanzeige nach den Grundsätzen des Verschuldens bei Vertragsschluss ersetzt verlangen.
2 Ausführlich zu den Auswirkungen des AGG auf das Einstellungsverfahren: *Bissels/Lützeler/Haag*, PuR 10/2010, 6 ff.
3 Vgl. dazu auch: *Wisskirchen*, AGG, S. 32 ff.
4 S. BT-Drucks. 16/1780, 36.
5 § 611b BGB wurde ebenso wie §§ 611a und 612 Abs. 3 BGB durch die umfassende Neuregelung im AGG entbehrlich und deshalb aufgehoben.
6 Vgl. OLG Karlsruhe 13.9.2011 – 17 U 99/10, DB 2011, 2256: Ausschreibung einer Stelle zum „Geschäftsführer" als Verletzung von § 11 AGG.
7 Vgl. BAG 5.2.2004 – 8 AZR 112/03, AuA 2004, 41.
8 Vgl. ArbG Stuttgart 5.9.2007 – 29 Ca 2793/07, RDV 2008, 162: „erfolgsorientierter, branchenkundiger Außendienstverkäufer".
9 Vgl. BAG 5.2.2004 – 8 AZR 112/03, NZA 2004, 540: Das BAG ließ in der Entscheidung aber ausdrücklich offen, auf welcher rechtlichen Grundlage die Zurechnung erfolgte. Zustimmend *Schiefer/Ettwig/Krych*, Rz. 479.
10 Vgl. BAG 18.3.2010 – 8 AZR 1044/08, NJW 2010, 2973; 17.12.2009 – 8 AZR 670/08, NZA 2010, 383 ff.; LAG Hamm 24.4.2008 – 11 Sa 95/08, RDV 2008, 161; ArbG Stuttgart 5.9.2007 – 29 Ca 2793/07, RDV 2008, 162; *Wisskirchen*, AGG, S. 33; *Schiefer/Ettwig/Krych*, Rz. 483.

II. Anwerbung von Arbeitnehmern durch den zukünftigen Arbeitgeber Rz. 10 Teil 1 C

➲ **Hinweis: Formulierungen** wie: „erfahrener alter Hase", „junge(r) engagierte(r) Volljurist(in)"[1], „junge dynamische Führungskraft"[2], „junges Team"[3] oder „Mindest-Körpergröße"[4] sind doppeldeutige, zu vermeidende Formulierungen, die ein Indiz für eine Diskriminierung darstellen können[5]. Ein frauenfördernder Hinweis in einer Ausschreibung im öffentlichen Dienst ist hingegen nicht geeignet, ein Indiz für eine geschlechtsspezifische Benachteiligung zu begründen[6]. Die Nennung eines gewissen „**Wunschalters**"[7] sollte in einer Stellenausschreibung nicht erfolgen, es sei denn, gesetzliche/tarifvertragliche Vorschriften[8] sehen zB ein gewisses Mindest-/Höchstalter[9] vor. Auch die Anknüpfung an eine gewisse Berufserfahrung[10], die an sich ein objektivneutrales Merkmal darstellt[11], oder das Kriterium „Berufsanfänger"[12] wird von den Gerichten inzwischen kritisch gesehen; vor diesem Hintergrund sollte die Anzeige auch in diesem Zusammenhang „neutral" formuliert sein. Die Merkmale „flexibel und belastbar" in einer Stellenausschreibung indizieren keine Diskriminierung wegen einer Behinderung[13].

10

---

1 Vgl. BAG 19.8.2010 – 8 AZR 530/09, AuA 2010, 544.
2 Vgl. LAG Schl.-Holst. 9.12.2008 – 5 Sa 286/08, AuA 2009, 619: „jüngere/r Buchhalter/in"; dazu *Bissels*, jurisPR-ArbR 7/2009 Anm. 1; VG Mainz 21.1.2009 – 7 K 484/08. MZ, NVwZ-RR 2009, 570: „junger Beamter".
3 LAG Hamburg 23.6.2010 – 5 Sa 14/10, NZA-RR 2010, 629; aA LAG Nürnberg 16.5.2012 – 2 Sa 574/11: „Wir bieten junges motiviertes Team"; LAG Schl.-Holst. 13.11.2012 – 2 Sa 217/12: „dynamisches Team" ohne weitere Zusätze; LAG Hamm 4.2.2014 – 7 Sa 1026/12: „dynamisches Team".
4 Vgl. LAG Köln 25.6.2014 – 5 Sa 75/14: zur mittelbaren Diskriminierung wegen des Geschlechts bei einer tarifvertraglich vorgesehenen Mindestgröße von 165 cm für den Zugang zur Pilotenausbildung.
5 Zulässig: Stellenausschreibung mit der Berufsbezeichnung „Junior Personalreferent Recruiting", LAG Bln.-Bbg. 21.7.2011 – 5 Sa 847/11, DB 2011, 2326; Berufsbezeichnung „Junior Consultant", LAG Rh.-Pf. 10.2.2014 – 3 Sa 27/13, ArbR 2014, 330; unzulässig: „Trainee-Programm" für Hochschulabsolventen/Young Professionals, das sich ausdrücklich an Berufsanfänger richtet, BAG 24.1.2013 – 8 AZR 429/11, NZA 2013, 498; a.A. noch: LAG Bln.-Bbg. 14.1.2011 – 9 Sa 1771/10, AE 2011, 231; LAG Nürnberg 11.7.2012 – 4 Sa 596/11; dazu *Bissels/Lützeler*, BB 2012, 704.
6 Vgl. LAG Bln.-Bbg. 14.1.2011 – 9 Sa 1771/10, DB 2011, 2040; LAG Düsseldorf 12.11.2008 – 12 Sa 1102/08, DVP 2010, 349; dazu *Bissels/Lützeler*, BB 2009, 776; s.a. LAG Köln 26.11.2009 – 13 Sa 794/09.
7 Vgl. LAG 18.8.2009 – 1 ABR 47/08, BB 2010, 235: „im ersten Berufsjahr"; 23.8.2012 – 8 AZR 285/11: „Suchen Mitarbeiter zwischen 25 und 35 Jahren"; ArbG Dortmund 19.10.2007 – 1 Ca 1941/07, ArbuR 2008, 360: „bis 35 Jahre"; LAG Hamm 7.8.2008 – 11 Sa 284/08, ArbuR 2009, 280: „20–25 Jahre".
8 Die gesetzliche/tarifvertragliche Regelung darf aber ihrerseits nicht gegen das AGG verstoßen, vgl. LAG Hamm 7.8.2008 – 11 Sa 284/08, ArbuR 2009, 280; in diesem Sinne auch LAG Hamm 26.2.2009 – 17 Sa 923/08; dazu *Bissels/Lützeler*, BB 2010, 1661.
9 Vgl. BAG 23.6.2010 – 7 AZR 1021/08: Unwirksamkeit einer tariflichen Altersgrenze von 60 Jahren für Kabinenmitarbeiter im Luftverkehr; BAG 17.6.2009 – 7 AZR 112/08 (A), BB 2009, 1469; 18.1.2012 – 7 AZR 112/08, NZA 2012, 575: Unwirksamkeit einer tariflichen Altersgrenze von 60 Jahren für Piloten; 8.12.2010 – 7 ABR 98/09, NZA 2011, 751: Unwirksamkeit eines tariflichen Höchsteinstellungsalters von 33 Jahren für Piloten; *Bissels/Lützeler*, BB 2009, 774 mit weiteren Beispielen; *Bissels/Lützeler*, BB 2010, 1664; *Bissels/Lützeler*, BB 2008, 666; zu gesetzlichen Höchstaltersgrenzen für die Übernahme in ein Beamtenverhältnis VGH Hessen 28.9.2009 – 1 B 2487/09, NVwZ 2010, 140 ff.; BVerwG 19.2.2009 – 2 C 18/07, NVwZ 2010, 840 ff.
10 Vgl. LAG Köln 20.11.2013 – 5 Sa 317/13; LAG Hamm 25.7.2014 – 10 Sa 503/14 „kürzere Berufserfahrung"; LAG Bln.-Bbg 31.10.2013 – 21 Sa 1380/13, AE 2014, 221 „null bis zwei Jahre Berufserfahrung"; offen lassend: LAG Düsseldorf 13.8.2014 – 4 Sa 402/14; vgl. LAG Schl.-Hol. 19.9.2014 – 1 Sa 215/14: "mehrjährige Berufserfahrung", ohne aber überhaupt eine mittelbare Benachteiligung wegen des Alters zu problematisieren.
11 So *Schiefer/Ettwig/Krych*, Rz. 132.
12 BAG 24.1.2013 – 8 AZR 429/11, NZA 2013, 498; LAG Hamm 25.7.2014 – 10 Sa 503/14; offen lassend: LAG Düsseldorf 13.8.2014 – 4 Sa 402/14.
13 LAG Nürnberg 19.2.2008 – 6 Sa 675/07, DB 2008, 2708.

Ein Indiz für eine vorliegende Benachteiligung kann über ein sog. Testing-Verfahren dargelegt werden, bei denen zB eine (fiktive) Vergleichsperson eingesetzt wird, um zu überprüfen, ob ein Verhalten gegenüber einer Person, bei der eines der nach § 1 AGG verpönten Merkmale vorliegt, gleichermaßen auch gegenüber der Vergleichsperson, bei der dies nicht der Fall ist, erfolgt[1]. Tritt dies ein, spricht das für das Vorliegen eines Diskriminierungstatbestandes. Es erfolgt dabei eine Inszenierung, bei der die zu testende Person mit einem/einer oder mehreren fiktiven Kandidatinnen konfrontiert wird, um ihr Verhalten beobachten und vergleichen zu können. Dabei muss aber neben der objektiv größtmöglichen Vergleichbarkeit der Testpersonen auch die zugrundeliegende Situation mit dem Ausgangsfall vergleichbar sein und die Wahrscheinlichkeit bestehen, dass die Auswahlentscheidung nicht von zwischenmenschlichen Aspekten oder vom Zufall abhängt. Die objektive Vergleichbarkeit richtet sich nach den Üblichkeiten des Arbeitslebens oder der Verkehrsauffassung[2].

§ 8 AGG gestattet eine **Ungleichbehandlung wegen der beruflichen Anforderungen** nur, wenn die Differenzierung wegen der Art der auszuübenden Tätigkeit oder der Bedingungen ihrer Ausübung eine wesentliche und entscheidende berufliche Anforderung darstellt, sofern der Zweck rechtmäßig und die Anforderung angemessen ist. Gem. § 8 Abs. 1 AGG kann eine Ungleichbehandlung jedoch nicht durch bloße Zweckmäßigkeitserwägungen als zulässig angesehen werden. Vielmehr muss die an den Beschäftigten gestellte Anforderung erforderlich und nach dem Grundsatz der Verhältnismäßigkeit unter Berücksichtigung des beruflichen Zweckes und des Schutzes vor Benachteiligungen angemessen sein. Unzureichend ist es, wenn bei der Ausschreibung allein auf die Präferenz des Kunden (sog. customer preference) abgestellt wird[3].

10a Exemplarisch seien hier **zulässige Differenzierungen** genannt, die überwiegend im Zusammenhang mit dem inzwischen aufgehobenen § 611b BGB zur Benachteiligung wegen des Geschlechts entwickelt wurden. Allerdings gilt im Zusammenhang mit den Nachfolgevorschriften §§ 8, 11 AGG nichts anderes, da sich die Anforderungen an die Rechtfertigung der Diskriminierung bei der Ausschreibung nicht wesentlich verändert haben[4].

– Berufliche Tätigkeiten, bei denen die authentische Erfüllung einer Rolle oder einer Aufgabe von einem bestimmten Merkmal, u.a. Geschlecht oder Alter, abhängig ist, zB
  – Schauspieler/in, Sänger/in, Tänzer/in und sonstige Künstler, die eine männliche bzw. weibliche Rolle darstellen sollen;
  – Modelle für Maler, Bildhauer, Photographen etc.;
  – Mannequin und Dressman;
  – „Playboy-Bunny".
– Berufliche Tätigkeiten im kirchlichen Bereich, soweit der Verkündigungsauftrag der Kirche berührt ist, zB
  – Pfarrer in der katholischen Kirche;
  – Lehrpersonal an theologischen Fakultäten.

---

1 BT-Drucks. 16/1780, 47.
2 Dazu LAG Schl.-Holst. 9.4.2014 – 3 Sa 401/13.
3 ZB wenn für eine Stelle im Vertrieb mit Einsatzgebiet Naher Osten nur männliche Bewerber gesucht werden, da weibliche Personen als Geschäftspartner dort nicht hinreichend akzeptiert werden; vgl. MünchKommBGB/*Thüsing*, § 8 AGG Rz. 7: Rechtfertigung lediglich in seltenen Ausnahmefällen möglich; dazu auch *Bissels/Lützeler*, BB 2009, 834.
4 § 611b iVm. § 611a Abs. 1 Satz 2 BGB aF stellte insoweit darauf ab, dass das Geschlecht *unverzichtbare* Voraussetzung für die Tätigkeit ist, während § 8 Abs. 1 AGG verlangt, dass die Anknüpfung an das Merkmal eine *wesentliche und entscheidende* berufliche Anforderung darstellt.

- Berufliche Tätigkeiten als kommunale Gleichstellungsbeauftragte, wenn der Schwerpunkt der Tätigkeit in der Verbesserung der Vereinbarung von Beruf und Familie sowie in der Integrationsarbeit mit zugewanderten muslimischen Frauen liegt[1].
- Berufliche Tätigkeiten als Betreuerin in einem Mädcheninternat, wenn diese auch Nachtdienste inkludieren[2].
- Berufliche Tätigkeiten in einer Beratungsstelle für Migrantinnen und Flüchtlingsfrauen zur Durchführung eines Projektes „Recht auf Selbstbestimmung – gegen Zwangsverheiratung"[3].
- Berufliche Tätigkeiten in einer Organisation, die sich mit der Betreuung aufgrund einer Vergewaltigung traumatisierter Frauen befasst[4].
- Berufliche Tätigkeiten im Justizvollzugsdienst:
  - Untersuchungshaft von Frauen darf grundsätzlich nur unter weiblicher Aufsicht durchgeführt werden.
  - Im Vollzug des Jugendarrestes werden männliche Jugendliche von Männern, weibliche Jugendliche von Frauen beaufsichtigt. Hiervon kann abgewichen werden, wenn Unzuträglichkeiten zu befürchten sind.
- „Trainee-Programm" für Hochschulabsolventen/Young Professionals, das sich ausdrücklich an Berufsanfänger richtet[5].

Der Arbeitgeber entspricht insbesondere dem **geschlechtsneutralen Ausschreibungsgebot**, indem er möglichst keine geschlechtsspezifischen Bezeichnungen bei der Tätigkeitsbeschreibung oder Berufsbezeichnung verwendet, zB „Bürokraft"[6], „Reinigungshilfe", „Heimleitung" oder „Schreibkraft". Ausreichend sind ebenfalls Formulierungen, die sich an beide Geschlechter wenden, wobei dies bei grundsätzlich maskulinen Bezeichnungen unter Beifügung einer femininen Endung „Mitarbeiter(in)" geschehen kann.

10b

Nach herrschender Meinung[7] dürfte zB bei einer Stellenausschreibung für Kraftfahrer die Anforderung „ausgezeichnete Kenntnisse der deutschen Sprache" unzulässig sein, da dieser Zusatz ausländische Bewerber diskriminieren könnte[8]. Ungeklärt ist die Rechtslage, ob eine Stelle als Koch oder Kellner zB in einem chinesischen Spezialitätenrestaurant ausschließlich nach der ethnischen Herkunft der Bewerber besetzt werden kann. Für eine Tätigkeit unabdingbare Eigenschaften können jedoch im ausreichenden Maße an den Bewerberkreis gerichtet werden.

⊃ **Hinweis:** In einer Stellenausschreibung sollte die Anforderung „akzentfreies Deutsch" oder „deutscher Muttersprachler"[9] vermieden werden[10]. Auf Grundlage der bisherige Rechtsprechung besteht die hohe Wahrscheinlichkeit, dass darin nach einer nachfolgenden Ablehnung eines ausländischen Bewerbers ein Indiz für eine Diskriminierung wegen der Ethnie zu sehen ist[11]. Allenfalls sollte in der Stellenausschreibung darauf hingewiesen werden, dass Deutschkenntnisse erwartet werden, wenn diese tatsächlich für die Erbrin-

---

1 BAG 18.3.2010 – 8 AZR 78/09, NZA 2010, 872 ff.
2 BAG 28.5.2009 – 8 AZR 536/08, NZA 2009, 592 ff.
3 ArbG Köln 6.8.2008 – 9 Ca 7687/07; *Bissels*, jurisPR-ArbR 7/2009 Anm. 1; *Bissels/Lützeler*, BB 2009, 777.
4 ArbG Köln 12.1.2010 – 8 Ca 9872/09, AE 2010, 233.
5 LAG Bln.-Bbg. 14.1.2011 – 9 Sa 1771/10, DB 2011, 2040.
6 Vgl. Küttner/*Kreitner*, Kap. 83 Rz. 2.
7 Vgl. ArbG Hamburg 26.1.2010 – 25 Ca 282/09, ArbuR 2010, 223; ArbG Berlin 11.2.2009 – 55 Ca 16952/08, NZA-RR 2010, 61 f.
8 Dazu auch *Bissels/Lützeler*, PuR 7–8/2010, 9 ff.
9 Vgl. ArbG Berlin 11.2.2009 – 55 Ca 16952/08, NZA-RR 2010, 16 ff.; s.a. ArbG Hamburg 26.1.2010 – 25 Ca 282/09, ArbuR 2010, 223; dazu *Bissels/Lützeler*, BB 2010, 1729 f.
10 Ausführlich zur Benachteiligung wegen der ethnischen Herkunft: *Bissels/Lützeler*, PuR 7–8/2010, 9 ff.
11 Vgl. LAG Hamm 4.2.2014 – 7 Sa 1026/14 zur Rechtfertigung von „sehr guten Deutschkenntnissen" bei einem „Java Developer".

gung der Arbeitsleistung erforderlich sind[1]. Ein Arbeitgeber kann zB „hervorragende Deutschkenntnisse" verlangen, wenn er einen Dozenten für Deutsch einstellen will[2].

Der Hinweis in einer Stellenanzeige, dass **Raucher** sich nicht zu bewerben brauchen, ist hingegen zulässig. Der Hinweis fällt unter keinen der im AGG genannten Diskriminierungstatbestände.

10c ⊃ **Hinweis:** Um die Zahl der Bewerber und damit der im Falle der Ablehnung potentiell diskriminierten Anspruchsteller zu reduzieren, sollte die Ausschreibung im Hinblick auf die fachlichen Anforderung möglichst spezifisch und konkret ausgestaltet sein. Darüber hinaus sollten nur Medien benutzt werden, die geeignet sind, den vom Arbeitgeber gewünschten Adressatenkreis anzusprechen[3].

In der Stellenausschreibung sollte nicht explizit ein **Bewerbungsfoto** angefordert werden[4]. Darüber hinausgehend wird vertreten, in der Ausschreibung sogar ausdrücklich auf ein Bewerbungsfoto zu verzichten[5], da auf diesem verschiedene Diskriminierungsmerkmale erkennbar werden können. Allerdings ist diese Ansicht zu weitgehend. Vielmehr kann der Arbeitgeber den Vorteil nutzen, den er durch die ohne Aufforderung zugesendeten Angaben erlangen kann[6].

⊃ **Hinweis:** Auch die einer Stellenausschreibung vom Arbeitgeber gegenüber einem Bewerber eingeleiteten nachfolgenden Schritte im Recruitmentprozess müssen den Anforderungen des AGG entsprechen. In diesem Zusammenhang sollten insbesondere das Ablehnungsschreiben und die an den Kandidaten zurückgeschickten Bewerbungsunterlagen keinen Hinweis auf einen ggf. diskriminatorischen Hintergrund enthalten.

Beispiel:

Auf dem Lebenslauf der Bewerberin war der Angabe zum Familienstand hinzugefügt „7 Jahre alt!". Dies und die von der Kandidatin stammende Angabe „ein Kind" war unterstrichen[7]. Der zurückgereichte Lebenslauf enthielt die Vermerke „(–) Ossi" und an zwei Stellen „DDR"[8].

b) Rechtsfolge bei diskriminierender Ausschreibung

10d Die Benachteiligung durch den Arbeitgeber bei der Begründung eines Arbeitsverhältnisses und damit bereits bei der Ausschreibung der Stelle stellt eine **Verletzung (vor-)vertraglicher Pflichten** dar (vgl. § 7 Abs. 3 AGG). Die Pflicht zur diskriminierungsfreien Stellenausschreibung sollte, insbesondere angesichts der Beweiserleichterung in § 22 AGG, ernst genommen werden. Ausweislich der Gesetzesbegründung kann nämlich eine nicht neutral formulierte Stellenausschreibung ein Indiz für eine Diskriminierung darstellen[9].

---

1 Vgl. LAG Nürnberg 5.10.2011 – 2 Sa 171/11, ArbRAktuell 2011, 644; dazu *Bissels/Lützeler*, BB 2012, 838; keine mittelbare Benachteiligung durch Aufforderung zur Teilnahme an einem Deutschkurs: BAG 22.6.2011 – 8 AZR 48/10, DB 2011, 2438; vgl. auch BAG 28.1.2010 – 2 AZR 764/08, NZA 2010, 625.
2 Vgl. *Herbert/Oberrath*, DB 2009, 2434.
3 Vgl. dazu *Wisskirchen*, DB 2006, 1493.
4 Vgl. *Wisskirchen*, DB 2006, 1494.
5 Vgl. *Schiefer/Ettwig/Krych*, Rz. 135.
6 Vgl. *Wisskirchen*, DB 2006, 1494.
7 Vgl. den Sachverhalt bei BAG 18.9.2014 – 8 AZR 753/13, PM Nr. 46/14: ggf. unmittelbare Benachteiligung wegen des Geschlechts.
8 ArbG Stuttgart 15.4.2010 – 17 Ca 8907/09, NZA-RR 2010, 344: im Ergebnis keine Benachteiligung wegen der ethnischen Herkunft.
9 Vgl. BT-Drucks. 16/1780, 47; vgl. BAG 19.8.2010 – 8 AZR 530/09, AuA 2010, 544; LAG BW 20.3.2009 – 9 Sa 5/09; dazu *Bissels*, jurisPR-ArbR 4/2010 Anm. 4; LAG Schl.-Holst. 9.12.2008 – 5 Sa 286/08, AuA 2009, 619; LAG Hamburg 23.6.2010 – 5 Sa 14/10, NZA-RR 2010, 629.

Gem. § 15 Abs. 6 AGG ist nach einer nicht gerechtfertigten Benachteiligung nach § 7 Abs. 1 AGG zwar der Anspruch auf die Begründung eines Arbeitsverhältnisses ausdrücklich ausgeschlossen, jedoch hat ein betroffener Bewerber bei einem Verstoß des Arbeitgebers gegen das Benachteiligungsverbot gem. § 15 Abs. 2 AGG einen Anspruch auf eine **angemessene Entschädigung** in Geld für den entstandenen Nichtvermögensschaden. Selbst wenn sich der Arbeitgeber entscheiden sollte, die Stelle nicht zu besetzen, schließt dies nach Ansicht des BAG[1] einen Anspruch nach § 15 Abs. 2 AGG des im Rahmen des Besetzungsverfahrens benachteiligten Bewerbers nicht aus; da die ungünstigere Behandlung bereits in der Versagung einer Chance liegt, ist es irrelevant, ob es später tatsächlich zu einer Einstellung oder Beschäftigung eines anderen Bewerbers kommt[2].

Das Gesetz sieht zumindest teilweise eine **Obergrenze** vor. Wie schon § 611a BGB aF bestimmt § 15 Abs. 2 Satz 2 AGG, dass die Entschädigung bei Einstellung drei Monatsgehälter nicht übersteigen darf, wenn der Bewerber auch bei benachteiligungsfreier Auswahl nicht eingestellt worden wäre. Diese Regelung zeigt, dass nicht nur der bestplatzierte Bewerber, der die Stelle bei diskriminierungsfreier Auswahl erhalten hätte, benachteiligt werden kann. Für die anderen Fälle wurde jedoch keine Höchstgrenze festgelegt. 10e

Laut **Gesetzesbegründung** soll die Entscheidung, in welcher Höhe eine „angemessene" Entschädigung gezahlt werden muss, allein den Arbeitsgerichten obliegen[3]. Richtschnur für die Bemessung der Entschädigungszahlung soll die Rechtsprechung des EuGH sein, nach der diese geeignet sein muss, eine abschreckende Wirkung auf den Arbeitgeber zu haben; diese muss in einem angemessenen Verhältnis zum erlittenen Schaden stehen[4]. Die **Kriterien**, die die Höhe der Entschädigung bestimmen sollen, ähneln denen, die bei § 253 Abs. 2 BGB Anwendung finden: Grad des Verschuldens (zB Interessenkonflikt des Arbeitgebers), Schwere und Art der Beeinträchtigung, Nachhaltigkeit und Fortdauer der Interessenschädigung des Bewerbers, etwaig geleistete Wiedergutmachung oder erhaltene Genugtuung sowie Anlass und Beweggründe des Handelns des Arbeitgebers[5]. Vergleichbar mit dem Schmerzensgeld für Persönlichkeitsverletzungen wird auch hier die wirtschaftliche Lage des Schädigers und des Geschädigten zugrunde zu legen sein[6]. Bei der Bemessung der Entschädigungshöhe ist ferner zu berücksichtigen, ob es sich um eine unmittelbare oder „nur" um eine mittelbare Diskriminierung handelt. Weiter wird es darauf ankommen, ob es sich um einen Wiederholungsfall handelt. 11

⊃ **Hinweis:** Für die Geltendmachung eines Anspruchs auf Entschädigung ist der potentielle Arbeitgeber nach § 6 Abs. 2 Satz 1 AGG, der die Stelle ausgeschrieben und Bewerbungen dafür erbeten hat, der richtige Anspruchsgegner, nicht hingegen ein von diesem eingeschaltetes Personalvermittlungsunternehmen[7]. Darüber hinaus sieht § 15 Abs. 1 AGG einen **Schadensersatzanspruch** des diskriminierten Bewerbers gegen den Arbeitgeber vor, der den Vermögensschaden ersetzt.

---

1 Vgl. BAG 23.8.2012 – 8 AZR 285/11, NJW 2012, 3805.
2 BAG 23.8.2012 – 8 AZR 285/11, NJW 2012, 3805.
3 Vgl. BAG 17.8.2010 – 9 AZR 839/08, NJW 2011, 550; BT-Drucks. 16/1780, 38.
4 Vgl. EuGH 22.4.1997 – Rs. C-180/95 – Draehmpaehl, DB 1997, 983.
5 Nach Inkrafttreten des AGG BAG 17.8.2010 – 9 AZR 839/08, NJW 2011, 550; 18.3.2010 – 8 AZR 1044/08, NJW 2010, 2973; 22.1.2009 – 8 AZR 906/07, NZA 2009, 945 ff.; 17.12.2009 – 8 AZR 670/08, NZA 2010, 383; LAG Bremen 29.6.2010 – 1 Sa 29/10, BB 2010, 1916; zur alten Rechtslage vgl. LAG Hamm 22.11.1996 – 10 Sa 1069/96, NZA-RR 1997, 203; ArbG Düsseldorf 7.10.1999 – 9 Ca 4209/99, DB 2000, 381; ArbG Hannover 25.6.1999 – 11 Ca 518/98, FA 1999, 325.
6 Vgl. HWK/*Thüsing*, § 611a BGB Rz. 68.
7 Vgl. BAG 23.1.2014 – 8 AZR 118/13, BB 2014, 307.

Personalberater können von dem Arbeitgeber wegen einer Verletzung der Verschwiegenheitspflicht auf Schadensersatz in Anspruch genommen werden, wenn sie gegen das AGG verstoßende Ablehnungsgründe an Bewerber weitergeben und der Arbeitgeber deshalb eine Entschädigung nach § 15 Abs. 2 AGG zahlen muss. Dabei muss sich der Arbeitgeber aber ein etwaiges Mitverschulden anrechnen lassen[1].

12 ⇨ **Hinweis:** Machte ein Bewerber nach alter Rechtslage eine Entschädigung wegen einer geschlechtsbezogenen Diskriminierung gem. §§ 611a, 611b BGB aF bei der Einstellung geltend, setzte dies voraus, dass er sich subjektiv ernsthaft beworben hatte und objektiv für die zu besetzende Stelle in Betracht gekommen war[2]. Aus Indizien konnte geschlussfolgert werden, ob eine ernsthafte Bewerbung überhaupt gewollt war[3]. Dies war abzulehnen, wenn der Bewerber keine angemessene und erforderliche Ausbildung und Qualifikation für die Stelle besaß. Diese Grundsätze haben auch nach Inkrafttreten des AGG weiterhin Gültigkeit[4].

Für eine rechtsmissbräuchliche Inanspruchnahme des Arbeitgebers, die einem Entschädigungsanspruch nach § 15 Abs. 2 AGG entgegensteht (sog. „AGG-Hopping"), kann sprechen, dass der Bewerber

– überzogene Vergütungsforderungen stellt,
– sich unter Berücksichtigung seiner Qualifikation auf eine offensichtlich geringwertigere Stelle bewirbt,
– in den Bewerbungsunterlagen augenfällig und ungefragt auf das Vorhandensein eines Benachteiligungsmerkmals hinweist, zB durch die Übersendung der Ablichtung eines Schwerbehindertenausweises,
– keine Bewerbungen üblicherweise beigefügten Unterlagen übermittelt, zB Arbeitszeugnisse,
– keinen sonstigen Beleg für die fachliche Qualifikation und Eignung erbringt,
– sich auf räumlich weit auseinander liegende und inhaltlich nicht vergleichbare Stellen bewirbt,
– die sonstigen berechtigterweise erwarteten Mindeststandards einer Bewerbung nicht beachtet, zB durch eine Vielzahl von Rechtschreibfehlern,
– sich in einem unhöflichen Unterton, zB durch offene Kritik am Arbeitgeber, äußert,
– sonstige Anhaltspunkte setzt, die darauf hindeuten, dass der Bewerber von vornherein eine Ablehnung provozieren will, zB Berufserfahrung als „Pizzafabrikarbeiter" bei der Bewerbung als Führungskraft,
– sich in einer Vielzahl von Fällen auf benachteiligend ausgeschriebene Stellen im gesamten Bundesgebiet bewirbt[5],
– eine erneute Einladung zu einem Vorstellungsgespräch nach vorheriger Ablehnung zurückweist[6],

---

1 OLG Frankfurt a.M. 8.5.2014 – 16 U 175/13, NZA-RR 2014, 437.
2 Vgl. BAG 12.11.1998 – 8 AZR 365/97, NZA 1999, 371.
3 Vgl. LAG Berlin 30.3.2006 – 10 Sa 2395/05, NZA-RR 2006, 513.
4 So ausdrücklich BAG 13.10.2011 – 8 AZR 608/10, BB 2012, 1024; in diese Richtung bereits BAG 17.8.2010 – 9 AZR 839/08, NJW 2011, 550; 17.12.2009 – 8 AZR 670/08, NZA 2010, 383 ff.; 21.7.2009 – 9 AZR 431/08, NZA 2009, 1087 ff.; 7.4.2011 – 8 AZR 679/09, NZA-RR 2011, 494; 18.3.2010 – 8 AZR 1044/08, NZA 2010, 1129; 18.3.2010 – 8 AZR 77/09, NZA 2010, 872; 19.8.2010 – 8 AZR 466/09, DB 2011, 359; LAG Hamm 19.5.2011 – 14 Ta 519/10, NZA-RR 2011, 399; LAG Hamburg 23.6.2010 – 5 Sa 14/10, NZA-RR 2010, 629; LAG Schl.-Holst. 29.1.2009 – 4 Sa 346/08; 9.12.2008 – 5 Sa 286/06; 19.9.2011 – 3 Sa 182/11; LAG BW 20.3.2009 – 9 Sa 5/09; dazu *Bissels*, jurisPR-ArbR 4/2010 Anm. 4; LAG Hamm 26.6.2008 – 15 Sa 63/08, ArbRB 2008, 363; dazu *Bissels*, ArbRB 2008, 363; 26.5.2011 – 8 Sa 2293/10; 26.8.2010 – 15 Sa 356/10; dazu *Bissels*, jurisPR-ArbR 48/2010 Anm. 4; LAG Rh.-Pf. 11.1.2008 – 6 Sa 522/07, NZA-RR 2008, 343 f.; dazu *Bissels*, jurisPR-ArbR 16/2008 Anm. 3; LAG BW 13.8.2007 – 3 Ta 119/07, FA 2007, 313; LAG Köln 6.10.2010 – 6 Sa 1055/10; dazu *Bissels*, jurisPR-ArbR 2/2011 Anm. 2; LAG Hamm vgl. auch: LAG Rh.-Pf. 24.11.2011 – 7 Sa 461/10.
5 Instruktiv dazu LAG Hamm 25.7.2014 – 10 Sa 503/14; LAG Düsseldorf 13.8.2014 – 4 Sa 402/14.
6 Vgl. LAG Hamburg 19.11.2008 – 3 Ta 19/08; aA LAG Hamm 19.5.2011 – 14 Ta 519/10, NZA-RR 2011, 399.

- sich mit einem nichtssagenden Schreiben auf eine Stelle bewirbt, deren Anforderungen er nicht erfüllt und die nicht zu ihm passt[1],
- nach entsprechenden Absagen bereits zahlreiche Entschädigungsklagen anhängig gemacht hat und/oder
- nach einer gerichtlichen Anfrage Auskünfte über sein sonstiges Bewerbungsverhalten verweigert[2].

Ein abgelehnter Bewerber hat jedoch **keinen Anspruch auf Erteilung von Auskunft** darüber, ob ein anderer Kandidat eingestellt wurde und welche Kriterien in diesem Zusammenhang ausschlaggebend waren[3]. Erst recht sind deren Bewerbungsunterlagen nicht offenzulegen. Die schlichte Verweigerung einer Auskunft kann nach den Vorgaben des EuGH[4] grundsätzlich keine Benachteiligung indizieren. Es kommt vielmehr auf die sonstigen Begleitumstände an, die eine Beweiserleichterung im Einzelfall begründen können. Die Rechtsprechung wird diese in Zukunft für die arbeitsrechtliche Praxis zu definieren haben. In Betracht kommen dabei insbesondere: 12a

- der Bewerber entspricht offensichtlich dem Anforderungsprofil für die zu besetzende Stelle,
- der Arbeitgeber lädt den Kandidaten trotz entsprechender Qualifikation nicht zu einem Vorstellungsgespräch oder im Rahmen einer zweiten „Bewerberrunde" ein,
- Berücksichtigung der Frage, ob die Stelle vom Arbeitgeber ausgeschrieben wurde oder ob sich der vermeintlich Benachteiligte initiativ beworben hat[5].

⊃ **Hinweis:** Grundsätzlich sollte – auch unter Beachtung der Entscheidung des EuGH[6] – die zukünftige „Informationspolitik" des Arbeitgebers weiterhin äußerst sparsam sein. Kontraproduktiv und sogar riskant wäre es, künftig auf Nachfragen von abgelehnten Bewerbern ausführlich und detailliert Stellung zu nehmen. Dies führt nicht nur zu einem erheblichen Arbeitsaufwand, sondern kann ggf. für den Bewerber erst die Grundlage für eine Klage auf Schadensersatz und/oder eine Entschädigung nach § 15 AGG liefern. Zunächst sollte (nur) auf Nachfrage eines Bewerbers lediglich die Auskunft erteilt werden, dass der Konkurrent für die ausgeschriebene Stelle besser geeignet war; dies dürfte den Anforderungen des EuGH zunächst genügen. Daneben sollte zukünftig im Rahmen des Einstellungsprozesses genau dokumentiert werden, welchen Bewerber der Arbeitgeber aus welchen Gründen eingestellt hat. Bei der Auskunftserteilung ist zudem zu beachten, dass diese zutreffend sein muss. Ist sie nachweislich falsch oder steht sie im Widerspruch zum Verhalten des Arbeitgebers, kann dies wiederum ein Indiz für eine Diskriminierung darstellen[7].

c) Ausschreibung als Teilzeitarbeitsplatz

Der Arbeitgeber muss einen Arbeitsplatz als Teilzeitarbeitsplatz ausschreiben, wenn sich dieser dafür eignet, § 7 Abs. 1 TzBfG[8]. Dies gilt sowohl bei internen als auch bei öffentlichen Ausschreibungen. Die gesetzliche Regelung lässt allerdings Auslegungsspielraum, wann ein Arbeitsplatz tatsächlich für eine Teilzeitarbeitskraft **geeignet** ist. Nach dem Wortlaut ist offen, ob es auf die allgemeine Ungeeignetheit des Arbeitsplatzes für Teilzeitarbeit oder auf betrieblich-organisatorische Schwierigkeiten bei der Einrichtung eines Teilzeitarbeitsplatzes für die konkret zu besetzende Stelle ankommt. Hierzu haben sich verschiedene Auffassungen in der Literatur gebildet: *Kreit-* 13

---

1 LAG Bln.-Bbg. 31.10.2013 – 21 Sa 1380/13, WM 2014, 912.
2 Vgl. *Bissels/Lützeler*, BB 2010, 1731; *Bissels/Lützeler*, BB 2008, 670.
3 Vgl. EuGH 19.4.2012 – Rs. C-415/10, BB 2012, 1224; 21.7.2011 – Rs. C-104/10, RDV 2011, 291; s. Vorlagebeschluss des BAG 20.5.2010 – 8 AZR 287/08 (A), NZA 2010, 1006.
4 EuGH 19.4.2012 – Rs. C-415/10, BB 2012, 1224.
5 So *Huke/Löw*, AuA 2012, 141.
6 EuGH 19.4.2012 – Rs. C-415/10, BB 2012, 1224.
7 Vgl. BAG 21.6.2012 – 8 AZR 364/11, NZA 2012, 1345.
8 Gesetz über Teilzeitarbeit und befristete Arbeitsverträge v. 21.12.2000, BGBl. I, 1966; allgemein zur Ausschreibung nach § 7 Abs. 1 TzBfG: *Ehler*, BB 2001, 1146 ff.

ner[1] leitet aus der Absicht des Gesetzgebers, Teilzeitarbeit zu fördern, eine weite Auffassung ab. Danach muss die Ausschreibung nur dann nicht als Teilzeitstelle erfolgen, wenn der Arbeitsplatz allgemein ungeeignet ist, diesen mit einer Teilzeitkraft zu besetzen. *Kliemt*[2] vertritt dagegen die Ansicht, dass eine Ausschreibungspflicht als Teilzeitarbeitsplatz nur im Rahmen der unternehmerischen Organisationsfreiheit besteht. Die Ausschreibung als Teilzeitstelle habe nur dann zu erfolgen, wenn dies nicht offensichtlich den arbeitgeberseitigen Stellenplanungen widerspreche. Eine solche könne insbesondere mit entgegenstehenden personalplanerischen Erwägungen des Arbeitgebers verweigert werden. Nach *Zwanziger*[3] ist der Arbeitgeber schon nicht mehr verpflichtet, den Arbeitsplatz als Teilzeitstelle auszuschreiben, wenn der Ausschreibung betriebliche Gründe[4] entgegenstehen, zB wenn der Arbeitgeber größere betriebliche Umorganisationen zur Errichtung eines Teilzeitarbeitsplatzes vornehmen müsste.

13a Die weite Auffassung ist abzulehnen: Nachdem noch im Gesetzesentwurf des TzBfG vorgesehen war, dass die Ausschreibung als Teilzeitstelle nur bei entgegenstehenden dringenden betrieblichen Gründen unterbleiben dürfe[5], ist der Gesetzeswortlaut in der verabschiedeten Form deutlich entschärft worden. Die Gesetzesbegründung stellt dabei klar, dass der Arbeitgeber Arbeitsplätze nur im Rahmen seiner **betrieblichen Möglichkeiten** als Teilzeitarbeitsstelle ausschreiben muss[6]. Damit soll dem Arbeitgeber ein Beurteilungsspielraum zugebilligt werden, wann eine Ausschreibung als Teilzeitarbeitsplatz unter Berücksichtigung der unternehmerischen und betrieblichen Planungen erfolgen soll. In diese Richtung geht auch eine Entscheidung des ArbG Hannover[7]. Es ist der Ansicht, dass die Frage, ob ein Arbeitsplatz teilzeitgeeignet und entsprechend auszuschreiben ist, der alleinigen Beurteilung durch den Arbeitgeber unterliegt. Die Arbeitsgerichte können eine solche Prüfung und Entscheidung des Arbeitgebers als Unternehmer nicht auf Zweckmäßigkeit, sondern lediglich auf Rechtsmissbrauch/Willkür überprüfen.

d) Betriebliche Mitbestimmungsrechte bei der Stellenausschreibung[8]

aa) Innerbetriebliche Ausschreibung auf Verlangen des Betriebsrats

14 Bei der Stellenausschreibung muss der Arbeitgeber betriebliche Mitbestimmungsrechte beachten. Der Betriebsrat kann verlangen, dass zu besetzende Arbeitsplätze allgemein oder für bestimmte Arten von Tätigkeiten innerhalb des Betriebs ausgeschrie-

---

[1] So Küttner/*Kreitner*, Kap. 83 Rz. 5; vgl. ebenso MünchArbR/*Schüren*, § 46 Rz. 35, der allein auf die objektive Eignung des Arbeitsplatzes für eine Teilzeitarbeitsstelle abstellt.
[2] *Kliemt*, NZA 2001, 68; vgl. auch *Preis/Gotthardt*, DB 2001, 150.
[3] Vgl. *Lindemann/Simon*, BB 2001, 147; *Viethen*, NZA 2001, Sonderbeil. Heft 24, 6 f.
[4] Vgl. die beispielhafte Aufzählung in § 8 Abs. 4 Satz 2 TzBfG: Ein betrieblicher Grund liegt insbesondere vor, wenn die Verringerung der Arbeitszeit die Organisation, den Arbeitsablauf oder die Sicherheit im Betrieb wesentlich beeinträchtigt oder unverhältnismäßige Kosten verursacht.
[5] Vgl. BT-Drucks. 14/4374, 8.
[6] Vgl. BT-Drucks. 14/4625, 20.
[7] Vgl. ArbG Hannover 13.1.2004 – 10 BV 7/04, DB 2005, 896; so auch *Laber/Schmidt*, ArbRB 2012, 278.
[8] Mitbestimmungsrechte des Betriebsrats im Rahmen des Einstellung des Arbeitnehmers nach § 99 BetrVG werden nicht behandelt. Der Arbeitgeber hat den Betriebsrat nach dieser Regelung vor jeder Einstellung zu unterrichten, ihm die erforderlichen Bewerbungsunterlagen vorzulegen und Auskunft über die Person der Beteiligten zu geben; er hat dem Betriebsrat Auskunft über die Auswirkungen der geplanten Maßnahmen zu geben und dessen Zustimmung zu der geplanten Maßnahme einzuholen. Bei Einstellungen und Versetzungen hat der Arbeitgeber insbesondere den in Aussicht genommenen Arbeitsplatz und die vorgesehene Eingruppierung mitzuteilen. Vgl. dazu Teil 4 A.

ben werden, § 93 BetrVG. Dies gilt auch, wenn mit internen Bewerbungen höchstwahrscheinlich nicht zu rechnen ist[1] oder der Arbeitgeber beabsichtigt, diese dauerhaft[2] oder zumindest für eine Einsatzzeit von zumindest vier Wochen[3] mit Zeitarbeitnehmern zu besetzen[4].

⊃ **Hinweis:** In § 13a AÜG ist vorgesehen, dass das Kundenunternehmen die eingesetzten Zeitarbeitnehmer über Arbeitsplätze, die besetzt werden sollen, zu informieren hat. Im Ergebnis läuft diese Verpflichtung de facto auf eine allgemeine Pflicht zur Stellenausschreibung hinaus[5], zumindest wenn und soweit das Unternehmen auf Zeitarbeitnehmer zurückgreift.

Eine Stellenausschreibung soll das Potential des internen Arbeitsmarktes ausschöpfen und Verärgerung unter den Mitarbeitern darüber verhindern, dass externe Arbeitnehmer angeworben werden, obwohl qualifizierte Arbeitskräfte im Betrieb vorhanden sind[6]. Trotz der innerbetrieblichen Ausschreibungspflicht bleibt es dem Arbeitgeber unbenommen, parallel externe Anstrengungen zu unternehmen, so zB den Arbeitsplatz gleichzeitig extern auszuschreiben und/oder bei der Agentur für Arbeit als neu zu besetzende Stelle zu melden[7]. Dies gilt nur vorbehaltlich anders lautender Betriebsvereinbarungen, die zT vorsehen, dass ein Arbeitsplatz zunächst für mehrere Wochen ausschließlich intern ausgeschrieben wird, bevor ein Rückgriff auf den externen Arbeitsmarkt erfolgen darf. Weiterhin besteht keine Verpflichtung des Arbeitgebers, einen bereits beschäftigten Arbeitnehmer tatsächlich auf einer anderen Stelle „einzustellen"[8]; er muss diesem lediglich die Möglichkeit einräumen, sich neben externen Arbeitnehmern zu bewerben. Dem Arbeitgeber ist es nur verwehrt, einen Neubewerber einzustellen, bevor der Arbeitsplatz – wie vom Betriebsrat verlangt – auch betriebsintern ausgeschrieben worden ist und Reaktionen der Arbeitnehmer darauf erfolgen konnten. Wird die Einstellung dagegen bereits wenige Tage nach der Ausschreibung vorgenommen, muss sich der Arbeitgeber so behandeln lassen, als wäre überhaupt keine Ausschreibung erfolgt.

---

1 Vgl. LAG Köln 14.9.2012 – 5 TaBV 18/12, AE 2013, 177; LAG Bln.-Bbg. 14.1.2010 – 26 TaBV 1954/09, AuA 2010, 370; 5.9.2013 – 21 TaBV 843/13, BB 2014, 819 mit der Maßgabe, dass sich der Betriebsrat nicht auf eine unterbliebene Ausschreibung berufen kann, wenn mit Sicherheit feststeht, dass kein Belegschaftsmitglied über die erforderliche Qualifikation verfügt oder Interesse an der Stelle hat und dies dem Betriebsrat bekannt ist.
2 Seit dem 1.12.2011 sieht § 1 Abs. 1 Satz 2 AÜG vor, dass die Arbeitnehmerüberlassung „vorübergehend" zu erfolgen hat, so dass zweifelhaft ist, ob die Besetzung eines Dauerarbeitsplatzes mit einem Zeitarbeitnehmer überhaupt noch möglich ist, vgl. dazu LAG Bln.-Bbg. 19.12.2012 – 4 TaBV 1163/12: Zustimmungsverweigerungsrecht des Betriebsrates nach § 99 Abs. 2 Nr. 1 BetrVG; aA LAG Düsseldorf 2.10.2012 – 17 TaBV 38/12. Das BAG hat inzwischen bestätigt, dass der Betriebsrat des Kundenbetriebs dem Einsatz eines Zeitarbeitnehmers, der anstelle eines Stammmitarbeiters eingesetzt werden soll, widersprechen kann, wenn dieser ohne jegliche zeitliche Begrenzung erfolgen soll; dies soll zumindest nicht mehr vorübergehend iSv. § 1 Abs. 1 Satz 2 AÜG sein, vgl. BAG 10.7.2013 – 7 ABR 91/11, NZA 2013, 1296. Eine darüber hinaus gehende Abgrenzung, wann eine Überlassung noch vorübergehend ist, musste das BAG dagegen nicht vornehmen.
3 BAG 15.10.2013 – 1 ABR 25/12, NZA 2014, 214. Ob dies auch für Einsätze von Zeitarbeitnehmern von unter vier Wochen gilt, ist nach wie vor höchstrichterlich ungeklärt.
4 Vgl. BAG 1.2.2011 – 1 ABR 79/09, DB 2011, 1282; 1.6.2011 – 7 ABR 18/10, NZA 2012, 472; bejahend auch bei einer nur vorübergehenden Besetzung der Stelle mit einem Zeitarbeitnehmer: LAG Schl.-Holst. 29.2.2012 – 6 TaBV 43/11, ArbRB 2012, 237; ArbG Berlin 18.8.2011 – 33 BV 5005/11, AE 2012, 110.
5 *Böhm*, RdA 2013, 207.
6 Vgl. BAG 23.2.1988 – 1 ABR 82/86, AP Nr. 2 zu § 93 BetrVG 1972; 27.7.1993 – 1 ABR 7/93, AP Nr. 3 zu § 93 BetrVG 1972.
7 S. auch Richardi/*Thüsing*, § 93 BetrVG Rz. 24 mwN.
8 Vgl. BAG 18.11.1980 – 1 ABR 63/78, AP Nr. 1 zu § 93 BetrVG 1972; 7.11.1977 – 1 ABR 55/75, AP Nr. 1 zu § 100 BetrVG 1972.

15 ⊃ **Hinweis:** Zwischen der betriebsinternen Ausschreibung und der Einstellung eines externen Bewerbers muss mindestens eine Woche liegen, ansonsten kann der Betriebsrat dieser gem. § 99 Abs. 2 Nr. 5 BetrVG widersprechen[1]. Das BAG hat zumindest einen Zeitraum von zwei Wochen als ausreichend anerkannt[2]. Ist in einer vom Betriebsrat verlangten Ausschreibung ein Datum für eine Stellenbesetzung angegeben, ist regelmäßig keine erneute Ausschreibung erforderlich, wenn zwischen diesem Datum und dem tatsächlichen Besetzungszeitpunkt nicht mehr als sechs Monate vergangen sind[3].

bb) Inhalt des Mitbestimmungsrechts

16 Das Mitbestimmungsrecht des Betriebsrats erstreckt sich nur auf die Ausschreibung an sich; über deren Art und Inhalt entscheidet grundsätzlich der Arbeitgeber[4]. Die Angabe, ob die Stelle befristet oder unbefristet besetzt werden soll, ist dabei kein notwendiger Bestandteil[5]; gleiches gilt für die Höhe der Vergütung oder die vorgesehene Tarifgruppe[6]. Allerdings kann der Betriebsrat verlangen, dass er die Ausschreibung so formuliert, dass der potentielle Bewerber über die Art der Tätigkeit und die erwartete Qualifikation informiert wird[7].

17 Der Betriebsrat kann aufgrund des regelmäßig kollektiven Charakters der betrieblichen Mitbestimmung Ausschreibungen des Arbeitgebers **nur generell** für sämtliche freien Arbeitsstellen **oder auch gruppenbezogen** definiert nach Art der Tätigkeit durchsetzen, zB die Neubesetzung von Sekretärinnenstellen. Er kann sein Verlangen nicht auf einen konkreten Einzelfall beziehen[8]. Sollte der Arbeitsplatz im Betrieb jedoch tatsächlich nur einmal vorhanden und so nur einmal an einen Bewerber zu vergeben sein, kann der Betriebsrat über § 93 BetrVG fordern, dass eine allgemein-generelle Ausschreibung des spezifischen Arbeitsplatzes erfolgen soll[9].

cc) Rechtsfolgen einer Verletzung des Mitbestimmungsrechts

(1) Allgemeines

18 Bei einem **Verstoß gegen die innerbetriebliche Ausschreibungspflicht** kann der Betriebsrat in Unternehmen, die in der Regel mehr als zwanzig wahlberechtigte Arbeitnehmer beschäftigen, gem. § 99 Abs. 2 Nr. 5 BetrVG bei einer Neueinstellung seine Zustimmung mit der Folge verweigern, dass der Arbeitgeber die personelle Maßnahme vorerst nicht durchführen kann. Der Arbeitgeber kann daraufhin gem. § 99 Abs. 4 BetrVG einen Antrag auf Ersetzung der Zustimmung beim zuständigen Arbeitsgericht stellen. Gleiches gilt, wenn sich der Arbeitgeber bei der Ausschreibung nicht an die mit dem Betriebsrat ausgehandelten Mindestanforderungen hält.

19 Bei **fehlender Zustimmung des Betriebsrats** zu der Einstellung darf der Arbeitgeber einen Arbeitnehmer nicht im Betrieb beschäftigen; der Arbeitsvertrag ist in seiner

---

1 Vgl. ArbG Reutlingen 9.9.1993 – 1 BV 20/93, AiB 1994, 122.
2 Vgl. BAG 17.6.2008 – 1 ARB 20/07, NZA 2008, 1139 ff.; LAG München 18.12.2008 – 4 TaBV 70/08.
3 BAG 30.4.2014 – 7 ABR 51/12, DB 2014, 2236.
4 Vgl. BAG 23.2.1988 – 1 ABR 82/86, AP Nr. 2 zu § 93 BetrVG 1972; 27.10.1992 – 1 ABR 4/92, AP Nr. 29 zu § 95 BetrVG 1972.
5 Vgl. LAG Schl.-Holst. 6.3.2012 – 2 TaBV 37/11, AuA 2012, 484.
6 *Stück*, ArbRAktuell 2012, 364.
7 Vgl. BAG 23.2.1988 – 1 ABR 82/86, AP Nr. 2 zu § 93 BetrVG 1972.
8 HM: BAG 27.5.1982 – 6 ABR 105/79, SAE 1983, 21; LAG Köln 1.4.1993 – 10 TaBV 97/92, LAGE § 93 BetrVG 1972 Nr. 2; aA DKKW/*Buschmann*, § 93 BetrVG Rz. 9.
9 Vgl. HWGNRH/*Rose*, § 93 BetrVG Rz. 33.

Wirksamkeit allerdings nicht tangiert[1]. Der Arbeitgeber ist jedoch berechtigt, das Arbeitsverhältnis aus betriebsbedingten Gründen zu kündigen, wenn der Betriebsrat seine Zustimmung zur Einstellung endgültig versagt. Sollte der Arbeitgeber den Arbeitnehmer bei Abschluss des Vertrages über die fehlende Zustimmung unterrichtet haben, kann sogar eine fristlose Kündigung gerechtfertigt sein[2].

⊃ **Hinweis:** Wenn der Arbeitgeber eine Einstellung ohne die notwendige Zustimmung des Betriebsrats vornimmt, sollte er arbeitsvertraglich eine auflösende Bedingung für den Fall der endgültigen Verweigerung der Zustimmung oder der gerichtlichen Ablehnung der Zustimmungsersetzung vereinbaren. Der Arbeitsvertrag endet in diesem Fall ohne eine weitere Gestaltungserklärung des Arbeitgebers, also ohne Kündigung und ohne Aufhebungsvertrag[3].   20

(2) Zustimmungsverweigerungsrecht bei einem Verstoß gegen § 11 AGG

Ob die **Missachtung einer diskriminierungsfreien externen Ausschreibung** und damit ein Verstoß gegen § 11 AGG ein Zustimmungsverweigerungsrecht des Betriebsrates nach § 99 BetrVG begründen kann, ist umstritten. Richtigerweise kann der Betriebsrat die Zustimmung zu einer personellen Einzelmaßnahme verweigern, wenn diese gegen ein Gesetz verstößt, § 99 Abs. 2 Nr. 1 BetrVG. Die Verletzung von § 11 AGG bei der Ausschreibung betrifft jedoch das Vorfeld der personellen Maßnahme und nicht die Einstellung eines anderen Arbeitnehmers, so dass kein Zustimmungsverweigerungsrecht des Betriebsrates begründet wird[4]. Zudem gebietet § 11 AGG die Einstellung gerade nicht, sondern löst im Zweifel nur eine Schadensersatz- bzw. Entschädigungspflicht nach § 15 AGG aus[5].   21

Der Betriebsrat konnte allerdings nach der wohl überwiegenden, aber abzulehnenden Ansicht[6] vor Inkrafttreten des AGG seine Zustimmung zur Einstellung nach § 99 Abs. 2 Nr. 5 BetrVG bei einer **innerbetrieblichen Ausschreibung** verweigern, die nicht geschlechtsneutral war. Es fehle an einer ordnungsgemäßen Ausschreibung nach § 93 BetrVG, wenn der Bewerberkreis durch eine geschlechtsspezifische Diskriminierung im Vorfeld der Einstellung verkleinert werde[7], weil einige Interessenten aufgrund der Formulierung der Ausschreibung von einer Bewerbung absähen. Damit werde aber der Sinn und Zweck des Rechts auf Ausschreibung nach § 93 BetrVG – die Aktivierung des betriebsinternen Arbeitskräftepotentials – durchkreuzt. Auch nach Inkrafttreten des AGG soll nach herrschender Meinung[8] nichts anderes gelten. An der Rechtslage   22

---

1 Vgl. BAG 2.7.1980 – 5 AZR 1241/79, EzA § 99 BetrVG 1972 Nr. 28; 17.2.1983 – 2 AZR 208/81, AP Nr. 74 zu § 620 BGB – Befristeter Arbeitsvertrag; 28.4.1992 – 1 ABR 73/91, EzA § 99 BetrVG 1972 Nr. 106; ErfK/*Kania*, § 99 BetrVG Rz. 45; Richardi/*Thüsing*, § 99 BetrVG Rz. 293 f.
2 Vgl. HWGNRH/*Huke*, § 100 BetrVG Rz. 42.
3 Vgl. BAG 17.2.1983 – 2 AZR 208/81, AP Nr. 74 zu § 620 BGB – Befristeter Arbeitsvertrag.
4 So auch MünchKommBGB/*Thüsing*, § 11 AGG Rz. 11; Besgen, BB 2007, 217.
5 So bereits zu § 611b BGB MünchKommBGB/*Müller-Glöge*, § 611b Rz. 7.
6 Vgl. LAG Hess. 13.7.1999 – 4 Ta BV 192/97, NZA-RR 1999, 641; LAG Berlin 25.4.1983 – 4 BV 14/82, DB 1983, 2633; ArbG Essen 8.11.1983 – 1 BV 67/90, BetrR 1991, 280; aA HWGNRH/*Huke*, § 99 BetrVG Rz. 185, die ihre Auffassung damit begründen, dass § 93 BetrVG erst dann verletzt sei, wenn zwischen Betriebsrat und Arbeitgeber über die Form und den Inhalt eine Vereinbarung getroffen worden sei, die sich auch auf die Geschlechtsneutralität beziehe, und der Arbeitgeber diese Vereinbarung bei der Ausschreibung nicht beachte. Dagegen spricht aber, dass es keiner Abrede zwischen Betriebsrat und Arbeitgeber hinsichtlich einer geschlechtsneutralen Ausschreibung bedarf, da diese zwingend von Gesetzes wegen vorgeschrieben ist; offengelassen: LAG München 18.12.2008 – 4 TaBV 70/08, nv.
7 So insb. MünchKommBGB/*Müller-Glöge*, § 611b Rz. 6.
8 Vgl. *Fitting*, § 99 BetrVG Rz. 250; ErfK/*Kania*, § 99 BetrVG Rz. 34; *Stück*, ArbRAktuell 2012, 365; aA MünchKommBGB/*Thüsing*, § 11 AGG Rz. 11; MünchArbR/*Matthes*, § 263 Rz. 65; Richardi/*Thüsing*, § 99 BetrVG Rz. 235; Besgen, BB 2007, 217.

habe sich grundsätzlich nichts geändert. Vielmehr werde das Zustimmungsverweigerungsrecht des Betriebsrats unter Berücksichtigung von Sinn und Zweck von § 93 BetrVG auf sämtliche vom AGG über das Geschlecht hinausgehend erfasste Merkmale erweitert.

⊃ **Hinweis:** Der Betriebsrat kann bei groben Verstößen vom Arbeitgeber die Unterlassung von AGG-widrigen Handlungen verlangen (vgl. § 17 Abs. 2 Satz 1 AGG). Das BAG[1] hat einen derartigen Anspruch zuerkannt, wenn der Arbeitgeber wiederholt gegen das AGG verstoßende Stellenausschreibungen veröffentlicht und er trotz mehrfacher Aufforderung durch den Betriebsrat an dieser Praxis festhält (hier: Ausschreibung bezog sich ausschließlich auf Arbeitnehmer im ersten Berufsjahr)[2].

(3) Kein Zustimmungsverweigerungsrecht bei einem Verstoß gegen § 7 Abs. 1 TzBfG

23 Unklar ist, ob ein Verstoß gegen das TzBfG, eine Stelle bei Eignung als Teilzeitarbeitsplatz auszuschreiben, mitbestimmungsrechtliche Sanktionen nach sich zieht. Das TzBfG selbst nennt für diesen Fall keine Rechtsfolge. Es wird deshalb vertreten, dass die Missachtung der gesetzlichen Vorschrift keine Konsequenzen hat[3]. Der Arbeitgeber kann vielmehr seine organisatorischen Vorstellungen im Rahmen seiner Personal- und Stellenplanung unter Berücksichtigung der Mitbestimmungsrechte des Betriebsrats nach § 92 BetrVG (vgl. Rz. 28 f.) durchsetzen. Nach einer anderen Auffassung[4] kann der Betriebsrat einer Einstellung gem. § 99 Abs. 2 Nr. 5 BetrVG widersprechen, wenn er eine innerbetriebliche Ausschreibung nach § 93 BetrVG verlangt und der Arbeitgeber diese nicht den gesetzlichen Vorschriften entsprechend, dh. gem. § 7 Abs. 1 TzBfG auch als Teilzeitstelle, ausschreibt. Diese Ansicht ist abzulehnen. Der Gesetzgeber hat die früheren § 93 Satz 2 und 3 BetrVG nach Inkrafttreten des TzBfG zum 1.1.2001 gestrichen[5]. Es sollte eine einheitliche und abschließende Regelung der Teilzeitarbeit im TzBfG erfolgen. Eine Anregung durch den Betriebsrat zur Einrichtung von Teilzeitarbeitsplätzen, wie sie § 93 Satz 2 und 3 BetrVG aF vorsah, ist damit nicht mehr erforderlich. Ein Widerspruchsrecht des Betriebsrates nach § 99 Abs. 2 Nr. 5 BetrVG kommt nicht mehr in Betracht, da sich dieses ausschließlich auf eine unterbliebene Ausschreibung im Betrieb nach § 93 BetrVG bezieht. Die Regelung zur Ausschreibung von Teilzeitarbeitsplätzen ist aber durch die Streichung von § 93 Satz 2 und 3 BetrVG aF und die Neufassung des TzBfG der Disposition des Betriebsrates entzogen und kann dementsprechend auch kein Zustimmungsverweigerungsrecht begründen[6]. Auch der Sinn und Zweck von § 93 BetrVG sprechen gegen ein Zustimmungsverweigerungsrecht. Danach soll eine interne Ausschreibung die Verstimmung der Belegschaft vermeiden, die sich ergibt, wenn trotz ausreichender Bewerber innerhalb des Betriebes neue externe Arbeitnehmer eingestellt würden[7]. Bei der Frage, ob ein Arbeitsplatz als Teilzeitarbeits-

---

1 BAG 18.8.2009 – 1 ABR 47/08, NZA 2010, 222.
2 So auch: LAG Saarl. 11.2.2009 – 1 TaBV 73/08; LAG Hess. 6.3.2008 – 9 TaBV 251/07, AuR 2008, 315; dazu *Bissels/Lützeler*, BB 2010, 1661.
3 So insbesondere ArbG Hannover 13.1.2005 – 10 BV 7/04, DB 2005, 896; ErfK/*Kania*, § 99 BetrVG Rz. 34; *Beckschulze*, DB 2000, 2605 f.; *Ehler*, BB 2001, 1148 ff.; *Schloßer*, BB 2001, 411 f.
4 Vgl. DKKW/*Bachner*, § 99 BetrVG Rz. 197; *Fitting*, § 99 BetrVG Rz. 249; s.a. *Däubler*, ZIP 2000, 1962 und ZIP 2001, 218 mit einem Hinweis auf die gleiche Rechtsfolge bei einem Verstoß gegen § 611b BGB aF; in diese Richtung auch *Hanau*, NZA 2001, 1168; *Hromadka*, NJW 2001, 401.
5 § 93 BetrVG lautete bis zum 30.12.2000: „Der Betriebsrat kann verlangen, dass Arbeitsplätze, die besetzt werden sollen, allgemein oder für bestimmte Arten von Tätigkeiten vor ihrer Besetzung innerhalb des Betriebs ausgeschrieben werden. Er kann anregen, dass sie auch als Teilzeitarbeitsplätze ausgeschrieben werden. Ist der Arbeitgeber bereit, Arbeitsplätze auch mit Teilzeitbeschäftigten zu besetzen, ist hierauf in der Ausschreibung hinzuweisen."
6 Vgl. *Ehler*, BB 2001, 1147.
7 Vgl. BAG 23.2.1988 – 1 ABR 82/86, AP Nr. 2 zu § 93 BetrVG 1972; 27.7.1993 – 1 ABR 7/93, AP Nr. 3 zu § 93 BetrVG 1972.

stelle ausgeschrieben wird oder nicht, ist ein solches Konkurrenzverhältnis zwischen Belegschaft und neu angeworbenen Arbeitskräften aber gerade nicht zu befürchten; vielmehr geht es hierbei um die grundsätzliche Eignung des Arbeitsplatzes für Teilzeitbeschäftigte.

dd) Vorläufige Maßnahmen

Darüber hinaus kann der Arbeitgeber ohne die Zustimmung des Betriebsrats vorläufige personelle Maßnahmen durchführen, wenn dies aus sachlichen Gründen dringend geboten ist, § 100 Abs. 1 BetrVG. 24

Beispiel:

Eine besonders qualifizierte Arbeitskraft droht bei einer sich verzögernden Einstellung, eine andere Arbeitsstelle bei einem anderen Arbeitgeber anzunehmen[1]. 25

Bestreitet der Betriebsrat das Vorliegen eines sachlichen Grundes, kann der Arbeitgeber die vorläufige Maßnahme nur aufrechterhalten, wenn er innerhalb von drei Tagen die gerichtliche Ersetzung der Zustimmung und die Feststellung beantragt, dass die Maßnahme aus sachlichen Gründen dringend geboten war, § 100 Abs. 2 BetrVG. Wird die Ersetzung der Zustimmung oder das Vorliegen eines sachlichen Grundes durch eine rechtskräftige gerichtliche Entscheidung abgelehnt, endet die personelle Maßnahme von Gesetzes wegen nach dem Ablauf von zwei Wochen und darf danach nicht mehr aufrechterhalten werden, § 100 Abs. 3 BetrVG. 26

Dennoch folgt aus der Entscheidung des Gerichts nicht, dass der Arbeitsvertrag automatisch aufgehoben wäre. Erforderlich ist grundsätzlich noch eine rechtsgestaltende Erklärung des Arbeitgebers in Form einer Kündigung oder eines Aufhebungsvertrages, da die betriebsverfassungsrechtliche Unzulässigkeit der Einstellung die Wirksamkeit des Arbeitsvertrages unberührt lässt[2]. Etwas anderes gilt lediglich, wenn der Arbeitgeber den Arbeitsvertrag und damit die vorläufige Einstellung auflösend bedingt auf die Nichtersetzung der Zustimmung durch das Gericht geschlossen hat (s. dazu bereits Rz. 18 ff.)[3]. 27

e) Betriebliche Mitbestimmungsrechte bei der Personalplanung[4]

Unabhängig von einem möglichen Mitbestimmungsrecht nach § 99 BetrVG stehen dem Betriebsrat Mitwirkungsrechte bereits im Vorfeld von Stellenausschreibungen zu; nach § 92 Abs. 1 BetrVG hat der Arbeitgeber den Betriebsrat über die Personalplanung, insbesondere über den gegenwärtigen und künftigen Personalbedarf, anhand von Unterlagen zu unterrichten und sich mit diesem über Art und Umfang der erforderlichen Maßnahmen zu beraten. Die Missachtung des umfassenden Unterrichtungs- und Beratungsrechts durch den Arbeitgeber berührt die Wirksamkeit einer später möglicherweise durchzuführenden Neueinstellung jedoch nicht[5]. 28

⊃ **Hinweis:** Empfehlenswert kann der Abschluss einer freiwilligen Betriebsvereinbarung zwischen den Betriebsparteien sein, in der zB die Ausschreibungsverpflichtung des Arbeitgebers und die Anforderungen an eine innerbetriebliche Ausschreibung festgelegt werden. Sollen in der Betriebsvereinbarung auch die Qualifikation und die fachlichen Anforderungen an einen Bewerber für einen Arbeitsplatz bestimmt werden, handelt es sich um **Auswahlrichtlinien**, 29

---

1 Vgl. LAG Berlin 27.9.1982 – 9 Ta BV 3/82, BB 1983, 574.
2 HM, MünchArbR/*Matthes*, § 265 Rz. 34; aA *Fitting*, § 100 BetrVG Rz. 18.
3 Vgl. BAG 17.2.1983 – 2 AZR 208/81, AP Nr. 74 zu § 620 BGB – Befristeter Arbeitsvertrag.
4 Mitbestimmungsrechte des Betriebsrats vor der Einstellung des Arbeitnehmers nach § 99 BetrVG werden nicht behandelt; vgl. dazu Teil 4 A.
5 Vgl. *Fitting*, § 92 BetrVG Rz. 45.

bei denen ein zwingendes Mitbestimmungsrecht des Betriebsrats besteht, § 95 Abs. 1 BetrVG[1]. Ein Initiativrecht steht dem Betriebsrat erst bei Betrieben mit mehr als 500 Arbeitnehmern zu. In solchen Betrieben kann der Betriebsrat diese letztlich durch eine verbindliche Entscheidung der Einigungsstelle erzwingen. Ansonsten beschränkt sich die Mitbestimmung auf ein Zustimmungsrecht, sobald der Arbeitgeber Auswahlrichtlinien einführt.

30 Übersicht über die Mitwirkung des Betriebsrats in der Anwerbephase vor der Einstellung:

- Unterrichtungs- und Beratungsrecht bei der Personalplanung, § 92 BetrVG.
- Rechtsfolge bei Verstoß: Ordnungswidrigkeit nach § 121 BetrVG (bis zu 10 000 Euro Geldbuße).
- Forderung einer innerbetrieblichen Ausschreibung eines freien Arbeitsplatzes, § 93 BetrVG.
- Rechtsfolge bei Verstoß: Zustimmungsverweigerungsrecht nach § 99 Abs. 2 Nr. 5 BetrVG.
- Unterrichtungsrecht des Betriebsrats bei vorläufiger Durchführung einer personellen Maßnahme durch den Arbeitgeber, § 100 Abs. 1 und 2 Satz 1 BetrVG.
- Ersetzung der fehlenden oder verweigerten Zustimmung des Betriebsrats bei vorläufigen personellen Maßnahmen durch ein Arbeitsgericht, § 100 Abs. 2 Satz 3 BetrVG.
- Bei Ablehnung der gerichtlichen Zustimmung endet die personelle Maßnahme zwei Wochen nach Rechtskraft der gerichtlichen Entscheidung, § 100 Abs. 3 BetrVG.

3. Besonderheiten bei schwerbehinderten Bewerbern

30a Neben der Verpflichtung des Arbeitgebers, eine Stellenausschreibung gem. § 11 AGG mit Blick auf die in § 1 AGG genannten verpönten Merkmale, zu denen auch eine Behinderung zählt, neutral auszuschreiben, ergeben sich aus §§ 81, 82 SGB IX zahlreiche weitere Pflichten, die dieser im Rahmen des Einstellungsprozesses bei schwerbehinderten Bewerbern beachten muss. Kritisch ist deren Verletzung insbesondere wegen der damit verbundenen Indizwirkung nach § 22 AGG, dass der Kandidat wegen seiner (Schwer-)Behinderung benachteiligt worden sein soll. In der Praxis werden die gesetzlichen Vorgaben oft nicht beachtet; insoweit dient die Missachtung der Pflichten nach §§ 81, 82 SGB IX häufig als Einfallstor für die Geltendmachung von Schadensersatz- und/oder Entschädigungsansprüchen nach § 15 AGG.

30b Nach Ansicht das BAG ist § 22 AGG (Vermutungswirkung)[2] nach allen Pflichtverletzungen einschlägig, die der Arbeitgeber begeht, indem er Vorschriften nicht befolgt, die zur Förderung der Chancen der schwerbehinderten Menschen geschaffen wurden[3]. Dazu zählen im Einzelnen:
- Prüfung, ob freie Arbeitsplätze mit schwerbehinderten Menschen, insbesondere solchen, die arbeitslos oder -suchend gemeldet sind, besetzt werden können (§ 81 Abs. 1 Satz 1 SGB IX)[4], und Aufnahme der frühzeitigen Verbindung mit der Agentur für Arbeit (§ 81 Abs. 1 Satz 2 SGB IX)[5];

---

1 Vgl. Richardi/*Thüsing*, § 93 BetrVG Rz. 23 mwN.
2 Vgl. *Diller*, NZA 2007, 1323.
3 Vgl. BAG 21.2.2013 – 8 AZR 180/12, NZA 2013, 840; 17.10.2010 – 9 AZR 839/08, NZA 2011, 153.
4 Vgl. BAG 17.10.2010 – 9 AZR 839/08, NZA 2011, 153; 13.10.2011 – 8 AZR 608/10, BB 2011, 2675; aA ArbG Berlin 16.4.2008 – 48 Ca 1210/08, AE 2008, 173.
5 BAG 13.10.2011 – 8 AZR 608/10, BB 2011, 2675; ArbG Düsseldorf 18.9.2007 – 7 Ca 1969/09: Vermutung ist widerlegbar, wenn der Arbeitgeber darlegt, dass er seine Pflicht nach § 71 SGB IX („Schwerbehindertenquote") erfüllt.

- Unterrichtung der Schwerbehindertenvertretung und des Betriebs-/Personalrates über Vermittlungsvorschläge und vorliegende Bewerbungen von schwerbehinderten Menschen unmittelbar nach Eingang (§ 81 Abs. 1 Satz 4 SGB IX)[1];
- Beteiligung der Schwerbehindertenvertretung bei der Prüfung nach § 81 Abs. 1 Satz 1 SGB IX (§ 81 Abs. 1 Satz 6 SGB IX)[2];
- unverzügliche Unterrichtung aller Beteiligten über die vom Arbeitgeber getroffene Entscheidung unter Darlegung der Gründe (§ 81 Abs. 1 Satz 9 SGB IX); diese Regelung bezieht sich aber auf den Tatbestand des § 81 Abs. 1 Satz 7 SGB IX und betrifft damit nur Fälle, in denen der Arbeitgeber seine Beschäftigungspflicht nach § 71 SGB IX nicht erfüllt[3]. Gleiches gilt für die Erörterungspflicht nach § 81 Abs. 1 Satz 8 SGB IX[4];
- frühzeitige Meldung von frei werdenden und neu zu besetzenden sowie neuen Arbeitsplätzen durch den öffentlichen Arbeitgeber bei der Agentur für Arbeit (§ 82 Satz 1 SGB IX)[5];
- Einladung eines schwerbehinderten Bewerbers durch einen öffentlichen Arbeitgeber zu einem Vorstellungsgespräch[6], sofern diesem die fachliche Eignung nicht offensichtlich fehlt (§ 82 Sätze 2 und 3 SGB IX)[7]. Selbst wenn eine Einladung durch den Arbeitgeber erfolgt, kann ein Anspruch nach dem AGG begründet sein, wenn ein schwerbehinderter Bewerber in dieser bereits auf die geringen Erfolgsaussichten seiner Bewerbung hingewiesen wird[8].

Nach Ansicht des BAG[9] sind bei der Klärung der Frage, ob (genügend) Indizien vorliegen, um eine Benachteiligung iSd. AGG vermuten zu lassen, alle und nicht nur einzelne Umstände zu berücksichtigen. Für eine Verletzung von Verfahrens- und Förderpflichten des SGB IX gelte diesbezüglich keine Ausnahme im Sinne eines „Automatismus". Das schließe nicht aus, dass bei anders gelagerten Gesamtumständen deren Würdigung dazu führen könne, dass allein eine solche Verletzung der Verfahrens- und Förderpflichten zugunsten schwerbehinderter Menschen des SGB IX zu einem Entschädigungsanspruch iSv. § 15 Abs. 2 AGG führen könne. Das BAG[10] hat dabei anerkannt, dass aus dem Text der Stellenanzeigen, der Einladung des nach den eingereichten Bewerbungsunterlagen offensichtlich behinderten Kandidaten für beide Bewerbungsrunden und der Einbindung der Schluss gezo-

---

1 Vgl. zu § 81 SGB IX aF: BAG 16.9.2008 – 9 AZR 791/07, NZA 2009, 79.
2 Vgl. BAG 17.10.2010 – 9 AZR 839/08, NZA 2011, 153; LAG München 19.11.2008 – 5 Sa 556/08.
3 Vgl. zu § 81 SGB IX aF: BAG 15.2.2005 – 9 AZR 635/03, NZA 2005, 870; noch offen lassend, ob an dieser Rspr. festgehalten wird: BAG 18.11.2008 – 9 AZR 643/07, BB 2010, 185; zu § 81 SGB IX nF inzwischen: BAG 21.2.2013 – 8 AZR 180/12, NZA 2013, 840; LAG Hess. 28.8. 2009 – 19/3 Sa 340/08, DöD 2010, 79; vgl. auch LAG Bln.-Bbg. 20.12.2011 – 3 Sa 1505/11, BB 2012, 1088.
4 LAG Hess. 28.8.2009 – 19/3 Sa 1742/08, DöD 2010, 79.
5 Vgl. BAG 13.10.2011 – 8 AZR 608/10, BB 2011, 2675; LAG BW 6.9.2010 – 4 Sa 18/10, BB 2010, 2956.
6 Dabei dürfte durch den Verstoß nicht nur eine Vermutungswirkung für eine Benachteiligung begründet werden; der Verstoß stellt bereits unmittelbar die Benachteiligung dar, vgl. *Diller*, NZA 2007, 1323.
7 Vgl. BAG 22.8.2013 – 8 AZR 563/12, NZA 2014, 82; 16.2.2012 – 8 AZR 697/10, NZA 2012, 667; 21.7.2009 – 9 AZR 431/08, NZA 2009, 1087; LAG Saarl. 8.1.2014 – 1 Sa 61/12; BVerwG 3.3.2012 – 5 C 16/10, NJW 2011, 2452; für eine Heilung des Verstoßes durch eine nachträgliche Einladung: ArbG Hamburg 1.2.2011 – 25 Ca 493/10, NZA-RR 2011, 444; LAG Rh.-Pf. 5.3.2012 – 5 Sa 597/11; LAG Köln 29.1.2009 – 7 Sa 980/08, AE 2009, 326; *Bissels*, juris-PR ArbR 41/2009 Anm. 3; ablehnend inzwischen: BAG 22.8.2013 – 8 AZR 563/12, NZA 2014, 82: Der Verfahrensfehler kann nicht nachträglich „geheilt", der Verstoß gegen § 82 Satz 2 SGB IX nicht „rückgängig" und quasi „ungeschehen" gemacht werden.
8 Vgl. LAG BW 3.11.2014 – 1 Sa 13/14.
9 BAG 26.6.2014 – 8 ARZ 547/13.
10 Vgl. BAG 26.6.2014 – 8 ARZ 547/13.

gen werden kann, dass eine Benachteiligung wegen der Behinderung nicht ausreichend dargelegt worden ist.

30c ⊃ **Hinweis:** Auf Indiztatsachen nach § 22 AGG wegen des Verstoßes gegen den besonderen Schwerbehindertenschutz kann sich ein Bewerber grundsätzlich nur dann berufen, wenn dem Arbeitgeber die Schwerbehinderteneigenschaft bekannt gewesen ist[1] oder er sich aufgrund der Bewerbungsunterlagen diese Kenntnis hätte verschaffen können; dafür trägt der Bewerber die Darlegungs- und Beweislast. Andernfalls kann der Pflichtenverstoß dem Arbeitgeber nicht zugerechnet werden. Das BAG[2] scheint in diesem Zusammenhang allerdings zu differenzieren, ob der Arbeitgeber allgemeine Förderungspflichten oder solche verletzt hat, die gerade gegenüber dem Arbeitnehmer als schwerbehindertem Bewerber bestanden. Zumindest im letztgenannten Fall wird die entsprechende Vermutungswirkung erst ausgelöst, wenn der Bewerber den Arbeitgeber über seine Schwerbehinderteneigenschaft informiert, soweit die Schwerbehinderteneigenschaft dem Arbeitgeber nicht nachweislich schon bekannt ist oder, etwa bei einem Vorstellungsgespräch, eine körperliche Behinderung offensichtlich bekannt wird, zB im Falle fehlender Gliedmaßen oder der Notwendigkeit, einen Rollstuhl zu benutzen. Die Information über die Behinderung hat regelmäßig im Bewerbungsschreiben selbst unter Angabe des Grades der Behinderung, ggf. einer Gleichstellung zu geschehen, da der Arbeitgeber jedenfalls gehalten ist, bei jeder Bewerbung das eigentliche Bewerbungsschreiben zur Kenntnis zu nehmen[3]. Wird die Information im Lebenslauf gegeben, muss dies an hervorgehobener Stelle und deutlich, etwa durch eine besondere Überschrift hervorgehoben, geschehen. „Eingestreute" oder unauffällige Informationen, indirekte Hinweise in beigefügten amtlichen Dokumenten, eine in den weiteren Bewerbungsunterlagen befindliche Kopie des Schwerbehindertenausweises etc. stellen dabei keine ordnungsgemäße Information des angestrebten Vertragspartners dar[4]. Eine entsprechende Mitteilung muss nach Ansicht des BAG[5] bei jeder Bewerbung erfolgen; auf Erklärungen bei früheren Bewerbungen kommt es nicht an.

Um jegliche Risiken zu vermeiden, sollte die Praxis hier Automatismen einrichten, die gewährleisten, dass die insoweit umfänglichen Pflichten aus den §§ 81, 82 SGB IX tatsächlich erfüllt werden..

4. Anspruch des Arbeitnehmers auf Freistellung zur Stellensuche nach Kündigung

a) Allgemeines

31 Im gekündigten Arbeitsverhältnis hat der Arbeitnehmer einen Anspruch auf Gewährung von Freizeit, um noch während des bestehenden Arbeitsverhältnisses einen neuen Arbeitgeber zu suchen, der ihn nach Beendigung des Arbeitsvertrages beschäftigt, § 629 BGB. Auf diese Weise hat der Arbeitnehmer die Chance, nach der Beendigung des alten Arbeitsverhältnisses unmittelbar in eine neue Beschäftigung überzuwechseln; andernfalls könnte sich der Arbeitnehmer erst nach Auflösung des Arbeitsvertrages auf die Stellensuche begeben und wäre ggf. auf den Bezug von Arbeitslosengeld angewiesen.

b) Anspruchsvoraussetzungen

32 § 629 BGB setzt ein **dauerndes Dienstverhältnis** voraus. Ein solches liegt vor, wenn sich der Dienstvertrag nicht in der Erbringung einer einmaligen oder sich wiederholender Einzelleistungen erschöpft[6]. Es muss sich vielmehr auf einen längeren Zeit-

---

1 Vgl. LAG Rh.-Pf. 9.4.2014 – 7 Sa 501/13: Eine Benachteiligung kann nicht wegen der Transsexualität eines Bewerbers/einer Bewerberin erfolgen, wenn diese dem Arbeitgeber nicht bekannt ist.
2 BAG 26.9.2013 – 8 AZR 650/12, NZA 2014, 258.
3 BAG 18.9.2014 – 8 AZR 759/13, PM Nr. 45/14.
4 BAG 26.9.2013 – 8 AZR 650/12, NZA 2014, 258.
5 BAG 18.9.2014 – 8 AZR 759/13, PM Nr. 45/14.
6 Vgl. ErfK/*Müller-Glöge*, § 629 BGB Rz. 2.

II. Anwerbung von Arbeitnehmern durch den zukünftigen Arbeitgeber

raum beziehen oder auf unbestimmte Zeit eingegangen worden sein[1]. Nicht ausreichend ist ein Probe-[2] oder Aushilfsarbeitsverhältnis[3]. Auf Teilzeitbeschäftigte[4] findet § 629 BGB dagegen ebenso Anwendung wie über die Verweisung des § 10 Abs. 2 BBiG auf Auszubildende[5].

Der Freistellungsanspruch des Arbeitnehmers entsteht erst, wenn das dauernde Dienstverhältnis von einer Vertragspartei **gekündigt** worden ist[6]. Eine andere Beurteilung kann sich möglicherweise ergeben, wenn der Arbeitgeber bereits dazu auffordert, sich anderweitig um einen Arbeitsplatz zu bemühen[7], oder ankündigt, dass aufgrund bevorstehender Rationalisierungsmaßnahmen bestimmte Arbeitsplätze in Zukunft wegfallen werden[8]. Irrelevant ist die Art der Kündigung: erfasst sind sowohl die ordentliche als auch die außerordentliche Kündigung und die Änderungskündigung; belanglos ist ebenso die Partei, die die Kündigung ausspricht. Einer Kündigung gleichzustellen sind der Aufhebungsvertrag[9] und befristete oder auflösend bedingte Arbeitsverhältnisse[10]. In diesen Fällen kann der Anspruch auf Freizeitgewährung mangels Kündigungsfrist ab dem Zeitpunkt geltend gemacht werden, der bei einer fiktiven Kündigung zum Vertragsende den Beginn der Kündigungsfrist bedeuten würde[11].

Der Arbeitnehmer muss dem Arbeitgeber sein Begehren auf Freistellung zur Arbeitsplatzsuche so **rechtzeitig mitteilen**, dass dieser sich auf das Fehlen der Arbeitskraft einstellen und durch Ausgleichsmaßnahmen Beeinträchtigungen des Produktionsablaufes innerhalb des Betriebes vermeiden kann, zB durch die Anordnung von Mehrarbeit[12]. Dem Arbeitnehmer ist es grundsätzlich verwehrt, sich die Freizeit zur Arbeitsplatzsuche eigenmächtig zu gewähren[13]. Eine Freizeitnahme ohne rechtzeitige Mitteilung an den Arbeitgeber durch den Arbeitnehmer rechtfertigt nach der Rechtsprechung von Landesarbeitsgerichten keine fristlose Kündigung; dies gilt zumindest dann, wenn die Voraussetzungen des § 629 BGB im Übrigen vorgelegen haben[14]. Der Arbeitgeber darf eine Freistellung nicht mit dem Hinweis auf noch verbleibende Urlaubstage ablehnen, da § 629 BGB einen selbständigen Anspruch auf Freizeit gewährt, der neben einen etwaigen Urlaubsanspruch aus dem Arbeitsvertrag tritt. Ist der Arbeitnehmer dagegen bis zur Beendigung des Arbeitsverhältnisses unter Anrechnung von Urlaubstagen freigestellt worden, kann er nicht nachträglich die Abgeltung von Urlaubsansprüchen mit der Begründung verlangen, dass er zusätzlich einen Anspruch

---

1 Vgl. Schaub/*Linck*, § 25 Rz. 15; Küttner/*Kania*, Kap. 390 Rz. 2.
2 Vgl. *Vogt*, DB 1968, 264; aA ErfK/*Müller-Glöge*, § 629 BGB Rz. 2, 3.
3 Vgl. ErfK/*Müller-Glöge*, § 629 BGB Rz. 2; differenzierend Küttner/*Kania*, Kap. 390 Rz. 2, soweit sich nicht aus der konkreten Vereinbarung des Aushilfs- oder Probearbeitsverhältnisses eine ungewöhnlich lange Dauer ergibt, die eine anderweitige rechtliche Einordnung ermöglicht; aA *Vogt*, DB 1968, 264, wenn das Dienstverhältnis nicht von vornherein auf eine kurze Dauer – als Richtwert wird ein Zeitraum von ca. sechs Wochen angegeben – angelegt ist; ebenso *Brill*, AuR 1970, 10.
4 Vgl. ErfK/*Müller-Glöge*, § 629 BGB Rz. 2.
5 Vgl. ErfK/*Müller-Glöge*, § 629 BGB Rz. 2; aA *Brill*, AuR 1970, 8 f.
6 Vgl. *Steinwedel*, DB 1964, 1484.
7 Vgl. Schaub/*Linck*, § 25 Rz. 18.
8 Vgl. *Hoppe*, BB 1970, 401.
9 Vgl. Küttner/*Kania*, Kap. 390 Rz. 3.
10 Vgl. ErfK/*Müller-Glöge*, § 629 BGB Rz. 3.
11 Allgemeine Meinung: Schaub/*Linck*, § 25 Rz. 18; ErfK/*Müller-Glöge*, § 629 BGB Rz. 3; *Steinwedel*, DB 1964, 1484; *Vogt*, DB 1968, 264.
12 Vgl. ArbG Düsseldorf 9.4.1959 – 3 Ca 204/59, BB 1959, 777; *Brill*, AuR 1970, 11.
13 Vgl. LAG Düsseldorf 15.3.1967 – 3 Sa 40/67, DB 1967, 1227; 11.1.1973 – 3 Sa 521/73, DB 1973, 676; 4.12.1964 – 1 Sa 547/64, DB 1965, 372; *Steinwedel*, DB 1964, 1484; *Dütz*, DB 1976, 1428 und 1481.
14 Vgl. LAG Düsseldorf 23.4.1963 – 8 Sa 71/63, DB 1964, 338; LAG BW 11.4.1967 – 7 Sa 15/67, DB 1967, 1048; aA *Vogt*, DB 1968, 265 f., der die fristlose Kündigung als Reaktion des Arbeitgebers auf ein unerlaubtes Fernbleiben als adäquate Reaktion ansieht.

auf Freistellung nach § 629 BGB hätte geltend machen können[1]. Eine Veränderung der Zweckbestimmung von Freizeitgewährung – von Erholungsurlaub in Freizeit zur Stellensuche nach § 629 BGB – muss der Arbeitnehmer im Vorhinein rechtzeitig und nicht erst nach Beendigung des Arbeitsverhältnisses beanspruchen[2]. Hat der Arbeitnehmer bereits vor der Auflösung des Arbeitsverhältnisses Urlaub beantragt, ist dagegen der Anspruch auf Freizeitgewährung aus § 629 BGB vorrangig, soweit der Arbeitnehmer diesen geltend macht und die übrigen Anspruchsvoraussetzungen vorliegen[3]. Sollte auf diese Weise zum Ende des Arbeitsverhältnisses noch Erholungsurlaub zur Verfügung stehen, der nicht mehr genommen werden kann, kann der Arbeitnehmer grundsätzlich eine Abgeltung verlangen.

c) Rechtsfolgen

35 Der Arbeitgeber hat dem Arbeitnehmer angemessene **Freizeit** zu gewähren, die er gem. § 315 BGB nach billigem Ermessen festlegt. Dabei sind neben dem Interesse des Arbeitgebers an einem reibungslosen Arbeitsablauf und dem Interesse des Arbeitnehmers an einer beruflichen Neuorientierung[4] auch Ort, Dauer, Anzahl und Zeitpunkt der für eine erfolgreiche Stellensuche erforderlichen Maßnahmen zu berücksichtigen[5].

36 Während der Freizeitgewährung kann der Arbeitnehmer unter den Voraussetzungen des § 616 BGB vom Arbeitgeber die **Fortzahlung der Vergütung** verlangen[6], soweit es sich bei der Freistellung um „eine verhältnismäßig nicht erhebliche Zeit" handelt. Eine Vergütungspflicht des Arbeitgebers ist dagegen zu verneinen, wenn die Freistellung nach § 629 BGB einen erheblichen Zeitraum in Anspruch nimmt, der nicht mehr von den Grenzen des § 616 BGB gedeckt ist[7]. In einer Entscheidung des BAG ging es um die Lohnfortzahlung für 13,75 Stunden; das LAG billigte der Arbeitnehmerin eine Erstattung zu, während das BAG wegen weiteren Feststellungsbedarfs die Sache an das LAG zurückverwies[8]. Das ArbG Essen[9] hat im Rahmen einer Angemessenheitsprüfung entschieden, dass ein Arbeitnehmer nach § 616 BGB seinen Lohn vom Arbeitgeber verlangen kann, wenn er sich für fünf Stunden bei einer ärztlichen Tauglichkeitsprüfung aufgehalten hat. Dies muss auch im Rahmen der Freistellung nach § 629 BGB gelten.

37 Zu beachten ist, dass die Gehaltsfortzahlungsverpflichtung des § 616 BGB durch Einzelarbeitsvertrag oder kollektive Vereinbarungen abdingbar ist[10], mit der Folge, dass nur tatsächlich geleistete Arbeit zu vergüten ist. Im Gegensatz dazu ist der Anspruch des Arbeitnehmers auf Freizeit aus § 629 BGB zwingend und damit unabdingbar[11].

38 ➲ **Hinweis:** Aus Arbeitgebersicht empfiehlt sich die Aufnahme einer Klausel in den Arbeitsvertrag, nach der eine Vergütung nach § 616 BGB im Rahmen von § 629 BGB nicht zu zahlen ist, sofern nicht eine entsprechende Regelung in einem Tarifvertrag oder einer Betriebsvereinbarung besteht.

---

1 Vgl. LAG Düsseldorf 11.1.1973 – 3 Sa 521/72, DB 1973, 676.
2 Vgl. BAG 26.10.1956 – 1 AZR 248/55, AP Nr. 14 zu § 611 BGB – Urlaubsrecht.
3 Vgl. MünchKommBGB/*Henssler*, § 629 Rz. 18.
4 Vgl. LAG Düsseldorf 4.12.1964 – 1 Sa 547/64, BB 1965, 372; ArbG Marburg 13.8.1964 – Ca 307/64, DB 1964, 1523.
5 Vgl. Schaub/*Linck*, § 25 Rz. 22; Küttner/*Kania*, Kap. 389 Rz. 5.
6 Vgl. BAG 11.6.1957 – 2 AZR 15/57, NJW 1957, 1292; 13.11.1969 – 4 AZR 35/69, DB 1970, 211.
7 Vgl. BAG 13.11.1969 – 4 AZR 35/69, AP Nr. 41 zu § 616 BGB.
8 Vgl. BAG 13.11.1969 – 4 AZR 35/69, AP Nr. 41 zu § 616 BGB.
9 Vgl. ArbG Essen 31.8.1961 – 4 Ca 1516/61, BB 1962, 560.
10 Vgl. BAG 11.6.1957 – 2 AZR 15/57, NJW 1957, 1292; 6.12.1956 – 2 AZR 192/56, AP Nr. 8 zu § 616 BGB; 13.11.1969 – 4 AZR 35/69, AP Nr. 41 zu § 616 BGB.
11 Allg. Ansicht: MünchKommBGB/*Henssler*, § 629 Rz. 2.

Der Arbeitnehmer kann bei Abbedingung des § 616 BGB die entgangene Vergütung möglicherweise als **Vorstellungskosten** von seinem zukünftigen Arbeitgeber beanspruchen[1]. Dies gilt allerdings nur, wenn dieser den Arbeitnehmer zu dem Vorstellungsgespräch aufgefordert hat und im Übrigen weitere Umstände hinzutreten, die auf eine Erstattungsverpflichtung des Arbeitgebers schließen lassen, so zB wenn er dies ausdrücklich zusagt. Ansonsten darf der potentielle neue Arbeitgeber davon ausgehen, dass der Arbeitnehmer einen Lohnfortzahlungsanspruch gegen den alten Arbeitgeber nach § 616 BGB besitzt[2].

39

Verweigert der Arbeitgeber das berechtigte Ersuchen des Arbeitnehmers nach Freizeit gem. § 629 BGB, kann dieser seinen Anspruch im Wege einer **einstweiligen Verfügung** durchsetzen[3]. Unbenommen bleibt ihm ferner die Möglichkeit, fristlos zu kündigen und nach § 628 Abs. 2 BGB Schadensersatz[4] zu verlangen. Der Arbeitnehmer kann schließlich ein Zurückbehaltungsrecht an seiner Arbeitsleistung nach § 320 BGB geltend machen, was einer Selbstbeurlaubung gleichkommt. Dies gilt allerdings nur, wenn der Arbeitnehmer dem Arbeitgeber seine Absicht zur Stellensuche pflichtgemäß und vor allem rechtzeitig übermittelt hat und dieser dann pflichtwidrig diesem Ersuchen nicht entspricht, obwohl sämtliche Anspruchsvoraussetzungen erfüllt sind[5].

40

III. Abwerbung von Arbeitnehmern

Abwerbung ist jedes unmittelbare sowie mittelbare ernsthafte Beeinflussen eines durch einen Arbeitsvertrag gebundenen Arbeitnehmers mit der Intention, diesen zur Kündigung des bestehenden Arbeitsverhältnisses zu motivieren und gleichzeitig den Abschluss eines Arbeitsvertrages bei dem Abwerbenden oder einem sonstigen Dritten zu erreichen[6].

41

1. Abwerbung durch den künftigen Arbeitgeber

Grundsätzlich kann ein Arbeitgeber einen in einem fremden Beschäftigungsverhältnis stehenden Arbeitnehmer durch die Gewährung von besseren Arbeitsbedingungen dazu bewegen, den bestehenden Arbeitsvertrag mit seinem bisherigen Arbeitgeber ordentlich zu kündigen oder durch einvernehmlichen Abschluss eines Aufhebungsvertrages zu beenden[7]. Jedem Arbeitnehmer ist es gestattet, seine wirtschaftliche Lage und sein berufliches Fortkommen durch einen Wechsel des Arbeitsplatzes zu verbessern. Ebenso schützenswert ist auch das Interesse von Unternehmen, durch die Anwerbung von qualifizierten Arbeitskräften ihre Marktposition zu stabilisieren und auszubauen[8]. Dabei spielt es grundsätzlich keine Rolle, ob der bisherige Arbeitgeber

42

---

1 So ErfK/*Müller-Glöge*, § 629 BGB Rz. 13; *Müller*, ZTR 1990, 241; aA ArbG Marburg/Lahn 22.7.1969 – Ca 280/69, DB 1969, 2041 f.; *Rothe*, DB 1968, 1907; Schaub/*Linck*, § 25 Rz. 28.
2 Vgl. MünchKommBGB/*Henssler*, § 629 Rz. 35.
3 Vgl. Staudinger/*Preis*, § 629 BGB Rz. 19.
4 Dieser Anspruch erfasst neben einer entgangenen Arbeitsvergütung auch den Ersatz von Aufwendungen, die der Arbeitnehmer erbringen muss, um einen neuen Arbeitsplatz zu erlangen, BAG 20.11.1996 – 5 AZR 518/95, NZA 1997, 649.
5 Vgl. LAG Düsseldorf 15.3.1967 – 3 Sa 217/67, DB 1967, 1227; *Brill*, AuR 1970, 14; *Hoppe*, BB 1970, 400; aA *Dütz*, DB 1976, 1481; *Vogt*, DB 1968, 266.
6 Vgl. LAG Rh.-Pf. 7.2.1992 – 6 Sa 52/91, NZA 1993, 265 mwN; LAG BW 30.9.1970 – 4 Sa 21/70, DB 1970, 2325; LAG Düsseldorf 15.10.1969 – 6 Sa 117/69, BB 1969, 1542; *Busch/Dendorfer*, BB 2002, 301; Küttner/*Röller*, Kap. 3 Rz. 1.
7 Vgl. BAG 22.11.1965 – 3 AZR 130/65, AP Nr. 1 zu § 611 BGB – Abwerbung; 19.10.1962 – 1 AZR 487/61, NJW 1963, 124 f.; OLG München 24.5.1966 – 6 U 1169/64, AP Nr. 2 zu § 611 BGB – Abwerbung; BGH 17.3.1961 – I ZR 26/60, NJW 1961, 1308 f.
8 S. dazu OLG Stuttgart 17.12.1999 – 2 U 133/99, WRP 2000, 320.

durch den Fortgang von Führungskräften oder besonders qualifizierten Arbeitskräften wirtschaftliche Schäden erleidet, die durch Abwerbemaßnahmen konkurrierender Unternehmen entstehen, zB dass es bis zur Neueinstellung evtl. gleichwertiger Beschäftigter zu Produktionsrückgängen oder wirtschaftlichen Entwicklungshemmnissen kommt (zu den rechtlichen Grenzen der Abwerbung durch den Arbeitgeber sogleich unter Rz. 44 ff.).

2. Abwerbung durch Mitarbeiter

43 Arbeitnehmer dürfen wegen ihrer aus dem Arbeitsverhältnis erwachsenden Treueverpflichtung gegenüber ihrem Arbeitgeber Arbeitskollegen nicht für einen Dritten, eine eigene bevorstehende Selbständigkeit oder einen sonstigen Arbeitsplatzwechsel abwerben. Dies gilt sowohl für eine ordnungsgemäße Beendigung des Arbeitsvertrags[1] durch eine Kündigung oder den Abschluss eines Aufhebungsvertrages als auch für die Verleitung zum Vertragsbruch[2]. Auf eine möglicherweise (sittenwidrige) Missbilligung kommt es während eines bestehenden Arbeitsverhältnisses nicht an; die Abwerbung von Kollegen ist per se als nicht statthaft anzusehen[3]. Zulässig sind dagegen Maßnahmen, die lediglich auf die Schaffung der formalen und organisatorischen Voraussetzung für die geplante Gründung eines eigenen Unternehmens gerichtet sind[4], zB Gespräche oder Fragen über einen bevorstehenden Arbeitsplatzwechsel oder eine Selbständigkeit[5], wenn damit keine Abwerbung bezweckt werden soll, sondern dies der bloßen Information dient. Dies gilt auch, wenn sich mehrere Arbeitnehmer aufgrund eigenständiger Entschlüsse darauf einigen, den Arbeitgeber zu wechseln, einem anderen Unternehmen beizutreten oder sich beruflich selbständig zu machen[6].

3. Rechtliche Grenzen der Abwerbung

a) Wettbewerbswidrigkeit der Abwerbung

44 Die rechtliche Zulässigkeit einer Abwerbung beurteilt sich nach den wettbewerbsrechtlichen Grundsätzen des UWG[7]. Die Generalklausel des § 3 UWG knüpft hierbei an geschäftliche Handlungen[8] an, die geeignet sind, den Wettbewerb zum Nachteil des Mitbewerbers nicht nur unerheblich zu beeinträchtigen. So sieht der Gesetzgeber zB in § 4 Nr. 10 UWG ausdrücklich die gezielte Behinderung eines Mitbewerbers vor, so dass Vorgehensweisen oder Ziele, die auf Grundlage von § 1 UWG aF als unzulässig anzusehen waren, auch künftig als unlauter zu qualifizieren sind.

---

1 Vgl. dazu LAG Bremen 6.7.1955 – Sa 62/55, AP Nr. 10 zu § 626 BGB.
2 Vgl. LAG Schl.-Holst. 26.6.2011 – 1 Sa 443/11; LAG Düsseldorf 15.10.1969 – 6 Sa 117/69, BB 1969, 1542.
3 Vgl. BAG 28.1.2010 – 2 AZR 1008/09; 26.6.2008 – 2 AZR 190/07, NZA 2008, 1415; 11.11.1980 – 6 AZR 292/78.; *Schmiedl*, BB 2003, 1121 f. Fn. 22 mwN; aA LAG Rh.-Pf. 7.2.1992 – 6 Sa 528/91, NZA 1993, 265 f.; LAG Hamburg 21.12.1999 – 2 Sa 62/99, die erst bei zusätzlichen Umständen, die die konkrete Abwerbung des Arbeitskollegen als verwerflich erscheinen lassen, eine Unzulässigkeit annehmen; zulässig sei die Förderung der Wechselbereitschaft durch Gehaltszusagen des Abwerbenden.
4 Vgl. BAG 11.11.1980 – 6 AZR 292/78; LAG Bln.-Bbg. 30.8.2012 – 10 Sa 1198/12.
5 Vgl. LAG Bremen 6.7.1955 – Sa 62/55, AP Nr. 10 zu § 626 BGB; LAG Schl.-Holst. 6.7.1989 – 4 Sa 601/88; LAG Düsseldorf 15.10.1969 – 6 Sa 117/69, BB 1969, 1542; vgl. Küttner/*Röller*, Kap. 3 Rz. 3.
6 Vgl. LAG Rh.-Pf. 7.2.1992 – 6 Sa 528/91, DB 1992, 789.
7 Gesetz gegen den unlauteren Wettbewerb 3.7.2004, BGBl. I, 1414.
8 Im Zuge der UWG-Novelle 2008 wurde der Begriff der „Wettbewerbshandlung" durch den der „geschäftlichen Handlung" iSv. § 2 Abs. 1 Nr. 1 UWG ersetzt. Damit wird der Anwendungsbereich des Lauterkeitsrechts von dem des allgemeinen Deliktsrechts abgegrenzt, vgl. BT-Drucks. 15/1487, 16.

III. Abwerbung von Arbeitnehmern

Voraussetzung für die Anwendbarkeit des UWG ist allerdings, dass zwischen dem abwerbenden Arbeitgeber und dem Unternehmen, dessen Arbeitnehmer abgeworben wird, ein **Wettbewerbsverhältnis** besteht[1]. Dabei ist weder eine gleiche oder ähnliche Branchentätigkeit noch ein sonstiges geschäftliches Konkurrenzverhältnis zu fordern; vielmehr geht es um den Abzug qualifizierter Arbeitskräfte an sich[2].

44a

Nach der alten Rechtslage wurde die Verleitung zum Bruch des Arbeitsvertrages durch den Abwerbenden, zB die Beendigung des alten Arbeitsvertrages durch Einstellen der Arbeitstätigkeit unter Missachtung der vereinbarten ordentlichen Kündigungsfrist, als sitten- und damit als wettbewerbswidrig eingestuft[3]. Dabei waren die Anforderungen der Rechtsprechung an eine Verleitung zum Vertragsbruch sehr niedrig; es sollte jedes berechnende Hinwirken, bezogen auf den Vertragsbruch durch den Abwerbenden, ausreichen, unabhängig davon, ob der Abzuwerbende selbst schon zum Vertragsbruch entschlossen war[4]. Nach der neuen Rechtslage wird die Verleitung zum Vertragsbruch als **unangemessener unsachlicher Einfluss** iSd. § 4 Nr. 1 UWG anzusehen sein. Nicht zu beanstanden ist dagegen grundsätzlich das bloße Ausnutzen eines vom zukünftigen Arbeitgeber unbeeinflussten Vertragsbruchs des Arbeitnehmers[5].

45

Auch wenn der Arbeitnehmer sein Arbeitsverhältnis ordnungsgemäß beendete, konnte eine Abwerbung sittenwidrig sein, wenn der abwerbende Arbeitgeber planmäßig vorging, um den anderen Arbeitgeber durch den Abzug des Mitarbeiters zu **schädigen**[6]; dies war insbesondere anzunehmen, wenn der abgeworbene Arbeitnehmer Spezialkenntnisse besaß, die für das neue Unternehmen nicht nutzbar waren, jedoch bei dem alten Arbeitgeber durch den Weggang des Arbeitnehmers eine erhebliche Störung des betrieblichen Ablaufs verursachten[7]. Nach der neuen Rechtslage wird eine gezielte Abwerbung mehrerer Arbeitnehmer eines Unternehmens, die in der Absicht vorgenommen wird, den Arbeitgeber zu schädigen, nach § 4 Nr. 10 UWG als gezielte Behinderung eines Mitbewerbers und somit als unlauter angesehen. Dies gilt zumindest für den Fall, dass der Wettbewerber für eine große Zahl von qualifizierten Arbeitnehmern des Unternehmens ein Bewerbungsprozedere eröffnet hat, das ihm über schriftliche „Einstellungszusagen" ermöglicht, den Abwerbevorgang in kürzester Zeit abzuschließen, ohne die vorher an sich üblichen Vorstellungs- und Vertragsverhandlungen zu führen, und dabei technische sowie personelle Ressourcen des von der Abwerbung betroffenen Unternehmens genutzt hat[8].

46

Ein Verstoß gegen § 3, 7 UWG liegt ferner vor:

47

– wenn der abzuwerbende Arbeitnehmer durch irreführende oder täuschende Angaben zur Aufgabe seines Arbeitsverhältnisses bewegt wurde,
– wenn unsachliche Abwerbungspraktiken angewendet wurden, wie das Aufsuchen des Arbeitnehmers in seinen Privaträumen[9] oder das Betreten eines fremden Betriebsgeländes[10],

---

1 So *Köhler/Bornkamm*, § 4 UWG Rz. 10104; *Klaas*, NZA 1984, 313.
2 Vgl. LG Heilbronn 21.5.1999 – 1 KfH O 152/99, BB 1999, 1841; vgl. dazu auch *Schaub/Linck*, § 51 Rz. 24.
3 Vgl. BAG 22.11.1965 – 3 AZR 130/65, AP Nr. 1 zu § 611 BGB – Abwerbung; BGH 23.5.1975 – I ZR 39/74, DB 1975, 1595; *Bissels/Lützeler*, PuR 8/2008, 3 ff.; *Köhler/Bornkamm*, § 4 UWG Rz. 10108a; *Klaas*, NZA 1984, 313; *Braun*, DB 2002, 2327.
4 Vgl. BGH 28.3.1969 – I ZR 33/67, GRUR 1969, 474; *Klaas*, NZA 1984, 313.
5 Vgl. BGH 17.2.1956 – I ZR 57/54, GRUR 1956, 275; so auch Schaub/*Linck*, § 51 Rz. 24; *Klaas*, NZA 1984, 313; *von Maltzahn*, GRUR 1981, 790.
6 Vgl. OLG Oldenburg 26.10.1995 – 1 U 103/95, EWiR 1995, 1223 f.
7 Vgl. *Köhler/Bornkamm*, § 4 UWG Rz. 10106.
8 Vgl. LAG Düsseldorf 23.2.2010 – 17 Sa 1133/08.
9 Vgl. BGH 19.11.1965 – Ib ZR 122/63, GRUR 1966, 264.
10 Vgl. *Köhler/Bornkamm*, § 4 UWG Rz. 10112.

- wenn die Abwerbung über herabsetzende Äußerungen über den derzeitigen Arbeitgeber erreicht wurde[1],
- wenn planmäßig gesteuert besonders wertvolle Arbeitnehmer abgeworben wurden[2] oder
- wenn ein Headhunter gegenüber der Telefonzentrale des kontaktierten Arbeitgebers über seine Identität täuscht, um zu dem gewünschten Mitarbeiter durchgestellt zu werden[3].

48 Die in der Instanzrechtsprechung vertretene, aber nicht unumstrittene Auffassung, dass selbst bei nachhaltigen und wiederholten telefonischen **Kontaktaufnahmen am Arbeitsplatz** zwecks Abwerbung eine Wettbewerbswidrigkeit nicht gegeben war[4], ist abzulehnen.

48a Der BGH[5] hat diese Frage zumindest für die Praxis geklärt: Ein Telefonanruf am Arbeitsplatz zum Zwecke der Abwerbung ist erst als wettbewerbswidrig zu beurteilen, wenn der Anruf über eine erste Kontaktaufnahme hinausgeht. Diese muss sich vielmehr darauf beschränken, das Interesse des Angerufenen am Gespräch als solches festzustellen, um bejahendenfalls die offerierte Arbeitsstelle kurz zu umschreiben und ggf. eine Fortsetzung des Gespräches an anderer Stelle zu vereinbaren[6]. Eine Differenzierung danach, ob die Kontaktaufnahme über die dienstliche Mobiltelefonnummer oder den betrieblichen Festnetzanschluss erfolgt, findet dabei nicht statt[7].

Eine gerichtliche Entscheidung über die **Zusendung von E-Mails** zum Zwecke der Abwerbung unter der Firmenadresse des Arbeitnehmers steht noch aus. Unter Zugrundelegung der gefestigten Rechtsprechung und der hL[8], die die unaufgeforderte Zusendung von E-Mails als unzulässig ansehen, liegt es nahe, gleichfalls von einer Wettbewerbswidrigkeit[9] auszugehen[10].

b) Abwerbung als unerlaubte Handlung, §§ 823 Abs. 1, 826 BGB

49 Eine weitere Zulässigkeitsgrenze der Abwerbung durch den zukünftigen Arbeitgeber stellt die vorsätzliche sittenwidrige Schädigung gem. § 826 BGB dar. Sie erfordert eine

---

1 Dies ist an § 4 Nr. 7, 8 UWG zu messen; vgl. dazu: LG Heidelberg 23.5.2012 – 1 S 58/11, AuA 2012, 434: Versendung von Nachrichten über das soziale Netzwerk Xing zwecks der Abwerbung von Mitarbeitern eines Konkurrenzunternehmens.
2 Vgl. Schaub/*Linck*, § 51 Rz. 30.
3 LG Bonn 3.1.2013 – 14 O 165/12, BB 2013, 2900; dazu: *Menebröcker*, GRURPrax 2013, 98.
4 Vgl. LAG Düsseldorf 23.2.2010 – 17 Sa 1133/08; OLG Karlsruhe 25.7.2001 – 6 U 145/00, MDR 2002, 165; OLG Jena 23.10.2002 – 2 U 182/02, NJW-RR 2003, 1125 f.; zust. *Hertzberg*, FA 2001, 331 f.; aA LG Heilbronn 21.5.1999 – 1 KfH O 152/99, BB 1999, 1840: Sittenwidrigkeit von Anrufen sog. „Headhunter" über Kundentelefonnummern, um Mitarbeitern ein Abwerbungsangebot zu unterbreiten; als ebenfalls sittenwidrig sah es das OLG Stuttgart 17.12.1999 – 2 U 133/99, BB 2000, 633 an, dass sich der „Headhunter" über die Telefonzentrale des Unternehmens mit dem Arbeitnehmer verbinden ließ und ihn anschließend abzuwerben versuchte; zust. *Krügermeyer-Kalthoff/Reutershan*, MDR 2002, 140 f.
5 Vgl. BGH 9.2.2006 – I ZR 73/02, NZA 2006, 500; 4.3.2004 – I ZR 221/01, AuR 2004, 239; erneut bestätigt durch BGH 22.11.2007 – I ZR 183/04, BB 2008, 452; dazu auch *Bissels/Lützeler*, PuR 3/2008, 3 ff.
6 Vgl. BGH 9.2.2006 – I ZR 73/02, NZA 2006, 500; in diesem Sinne auch LAG Düsseldorf 23.2.2010 – 17 Sa 1133/08.
7 Vgl. BGH 9.2.2006 – I ZR 73/02, NZA 2006, 500.
8 Vgl. nur BGH 11.3.2004 – I ZR 81/01, BB 2004, 964 ff.; 20.5.2009 – I ZR 218/07, GRUR 2009, 980; LG Kleve 9.3.2010 – 7 O 38/08, WRP 2010, 674 ff.; LG Dresden 30.10.2009 – 42 HKO 36/09, WM 2010, 304 ff.; OLG Hamm 19.3.2009 – 4 U 179/08; LG Berlin 16.5.2002 – 16 O 4/02, MMR 2002, 609; *Hoffmann*, NJW 2002, 2609 mwN; *Hoffmann*, NJW 2003, 2578 mwN.
9 Vgl. LG Dortmund 30.8.2005 – 19 O 20/05, WRP 2005, 1575 f., das die Wettbewerbswidrigkeit auf § 7 Abs. 2 Nr. 3 UWG stützt; s.a. LG Hamburg 23.2.2005 – 312 T 1/05, MMR 2005, 782 f.
10 Vgl. *Ernst*, GRUR 2010, 964; *Braun*, DB 2002, 2338.

bewusste Schadenszufügung bei dem Unternehmen, bei dem Arbeitskräfte abgeworben werden sollen. Darüber hinaus ist ein Eingriff in den eingerichteten und ausgeübten Gewerbebetrieb gem. § 823 Abs. 1 BGB geschützt[1].

4. Rechtsfolgen einer rechtswidrigen Abwerbung

a) Sanktionen gegen den Abwerbenden

aa) Schadensersatzansprüche

Gegen den Abwerbenden können im Falle der wettbewerbswidrigen Abwerbung Schadensersatzansprüche aus § 9 UWG, §§ 823 Abs. 1, 826 BGB geltend gemacht werden[2]. Als mögliche erstattungsfähige Schäden kommen beim ehemaligen Arbeitgeber u.a. in Betracht: 50

- die Gehaltsdifferenz des als Ersatz eingestellten Arbeitnehmers,
- Überstundenzuschläge für die verbliebenen Arbeitnehmer, die das Arbeitspensum des Abgeworbenen mitverrichten müssen, oder
- Verzugsschäden und Vertragsstrafen, die der Arbeitgeber an Kunden leisten muss, weil er einen Auftrag aufgrund des Verlustes des abgeworbenen Arbeitnehmers nicht rechtzeitig erfüllen kann.

Oftmals ist jedoch der Schaden, der dem Arbeitgeber durch die Abwerbung entstanden ist, schwer nachweisbar. Nach § 287 Abs. 1 ZPO entscheidet das Gericht unter Würdigung aller Umstände nach freier Überzeugung, ob ein Schaden eingetreten und wie hoch dieser ist. Die Entscheidung obliegt in erster Linie den Tatsachengerichten und kann revisionsrechtlich nur eingeschränkt überprüft werden. Für die Schätzung eines Schadens benötigt der Richter greifbare Anhaltspunkte; eine völlig abstrakte Berechnung lässt § 287 Abs. 1 ZPO grundsätzlich nicht zu. Eine Schätzung darf dabei nicht vollkommen „in der Luft hängen"[3]. 51

Da sowohl ein Verstoß gegen §§ 823 Abs. 1, 826 BGB als auch gegen § 9 UWG als unerlaubte Handlung zu qualifizieren ist[4], gilt gem. § 249 BGB der Grundsatz der **Naturalrestitution**, dh. der geschädigte Arbeitgeber kann verlangen, so gestellt zu werden, wie er ohne das rechtswidrige Abwerbungsverhalten stehen würde[5]. Der Arbeitgeber kann daher durchsetzen, dass der abwerbende Arbeitgeber die Beschäftigung des Abgeworbenen unterlässt, bis ein aus der Abwerbung resultierender Wettbewerbsvorteil beseitigt ist[6]. Ob dieser Anspruch im Rahmen einer **einstweiligen Verfügung** geltend gemacht werden kann, ist in der Rechtsprechung umstritten[7]. 52

---

1 Vgl. dazu MünchKommBGB/*Wagner*, § 823 Rz. 187 ff.
2 LAG Düsseldorf 23.2.2010 – 17 Sa 1133/08.
3 Vgl. BAG 26.9.2012 – 10 AZR 370/10, NJW 2013, 331.
4 Für wettbewerbswidrige Handlungen: st. Rspr., vgl. nur BGH 30.6.1961 – I ZR 39/60, BGHZ 35, 333; 22.12.1961 – I ZR 39/60, BGHZ 36, 254.
5 Vgl. MünchKommBGB/*Oetker*, § 249 Rz. 1 ff.
6 Vgl. BGH 17.3.1961 – I ZR 26/60, GRUR 1961, 482 f.; 21.12.1966 – Ib ZR 146/64, GRUR 1967, 429; 19.2.1971 – I ZR 97/69, DB 1971, 826 f.
7 Bejahend OLG Oldenburg 26.10.1995 – 1 U 103/95, EWiR 1995, 1223 f.; OLG Frankfurt 16.12.1993 – 6 U 190/93, NJW-RR 1994, 627 f.; LG Saarbrücken 27.10.1972 – 7 O 145/72 III, NJW 1973, 373; *Köhler/Bornkamm*, § 4 UWG Rz. 10113; offen gelassen von OLG Celle 17.2.1960 – 3 W 112/59, DB 1960, 295; ablehnend LAG Bremen 9.11.1955 – Ta 15/55, DB 1955, 1144; *Baur*, BB 1964, 613; *Walker*, Einstweiliger Rechtsschutz, 1993, Rz. 697; differenzierend MünchKommZPO/*Drescher*, § 935 Rz. 114, der die Möglichkeit des Erlasses einer einstweiligen Verfügung ausnahmsweise bejaht, wenn die Beschäftigung eine eigenständige, sittenwidrige Wettbewerbshandlung gegenüber dem alten Arbeitgeber darstellt.

53 Im Regelfall wird die Abwerbung schon abgeschlossen sein, so dass der ehemalige Arbeitgeber nur noch Schadensersatzansprüche im Hauptsacheverfahren geltend machen kann[1]. Eine einstweilige Verfügung auf Schadensersatz ist grundsätzlich unzulässig, da kein für den einstweiligen Rechtsschutz typisches Sicherungsinteresse vorhanden ist, sondern reine Rechtsdurchsetzung begehrt wird[2]. Ausnahmsweise ist der Weg der einstweiligen Verfügung eröffnet, wenn das Begehren des Antragstellers gefährdet wäre, würde er auf das Hauptverfahren verwiesen[3]. Dies ist bei wettbewerbswidrigen Abwerbungen anzunehmen, wenn eine Naturalrestitution aufgrund der geänderten Sachlage, etwa durch eine Verfestigung der wettbewerbswidrigen Umstände oder eine unternehmerische Veränderung des geschädigten Arbeitgebers, später nicht mehr durchführbar ist[4].

bb) Unterlassung

54 Dem Abwerbenden kann des Weiteren unter Androhung eines Ordnungsgeldes[5] die Unterlassung künftiger wettbewerbswidriger Abwerbungen untersagt werden[6]. Ferner kann der geschädigte Arbeitgeber Auskunft über die Art und Weise sowie den Umfang der eingeleiteten Abwerbungsversuche verlangen[7].

cc) Arbeitsrechtliche Maßnahmen

55 Sollte es sich bei dem Abwerbenden um einen Arbeitnehmer handeln, ist zunächst an eine verhaltensbedingte Kündigung wegen Verletzung arbeitsvertraglicher Pflichten zu denken[8]; bei Abwerbung für Konkurrenzunternehmen oder sonstigen erschwerenden Umständen kann außerdem eine fristlose Kündigung gerechtfertigt sein[9]. Des Weiteren kann der Arbeitgeber aufgrund der arbeitsvertraglichen Pflichtverletzungen aus dem Arbeitsvertrag Schadensersatz verlangen.

b) Sanktionen gegen den abgeworbenen Arbeitnehmer

56 Der bisherige Arbeitgeber kann gegen den abgeworbenen Arbeitnehmer ebenfalls **Schadensersatz- und Unterlassungsansprüche**[10] wegen Verletzung seiner arbeitsvertraglichen Treuepflicht geltend machen[11]. Der Arbeitnehmer darf sein Arbeitsverhältnis nicht beenden, ohne die vereinbarte Kündigungsfrist einzuhalten. Weitere Schadensersatzansprüche können entstehen, wenn dem abgeworbenen Arbeitnehmer

---

1 Vgl. OLG Oldenburg 26.10.1995 – 1 U 103/95, EWiR 1995, 1224.
2 Vgl. OLG Frankfurt 16.12.1993 – 6 U 190/93, NJW-RR 1994, 628; MünchKommZPO/*Drescher*, § 935 Rz. 114.
3 Vgl. *Klaka*, EWiR 1995, 1224.
4 Vgl. OLG Frankfurt 16.12.1993 – 6 U 190/93, NJW-RR 1994, 628; vgl. OLG Oldenburg 26.10.1995 – 1 U 103/95, EWiR 1995, 1223; *Klaka*, EWiR 1995, 1224.
5 Dieses kann nach § 890 Abs. 1 Satz 2 ZPO für jeden Fall der Zuwiderhandlung bis zu 250 000 Euro betragen.
6 Vgl. *Klaas*, NZA 1984, 315.
7 Vgl. *Busch/Dendorfer*, BB 2002, 303.
8 Vgl. *Schmiedl*, BB 2003, 1122 f.
9 Vgl. LAG Bln.-Bbg. 30.8.2012 – 10 Sa 1198/12; LAG Rh.-Pf. 6.3.2012 – 3 Sa 612/11; LAG Schl.-Holst. 26.6.2011 – 1 Sa 443/11; LAG Saarbrücken 20.1.1965 – Sa 143/63, BB 1965, 457; LAG Düsseldorf 9.12.1964 – 3 Sa 422/64, BB 1965, 336; 15.10.1969 – 6 Sa 117/69, BB 1969, 1542 f.; LAG Rh.-Pf. 7.2.1992 – 6 Sa 528/91, DB 1992, 789; *Schmiedl*, BB 2003, 1123.
10 Ausführlich zu dieser Thematik: *Benecke/Pils*, NZA-RR 2005, 561 ff.
11 Ausführlich zur Herleitung und Ausformung der arbeitsvertraglichen Treuepflicht Schaub/*Linck*, § 53.

III. Abwerbung von Arbeitnehmern

weitere arbeitsvertragliche Pflichtverstöße nachgewiesen werden können, etwa ein Verstoß gegen ein Wettbewerbsverbot oder die Verletzung der Verschwiegenheitsverpflichtung.

⇨ **Hinweis:** Der Arbeitgeber kann grundsätzlich zur angemessenen Sanktionierung des abgeworbenen Arbeitnehmers bereits im Arbeitsvertrag Vertragsstrafen für den Verstoß gegen ein Wettbewerbsverbot, für die Verletzung der Verschwiegenheitsverpflichtung oder für eine vertragswidrige Beendigung des Vertrages vorsehen[1]. 57

Der unter wettbewerbswidrigen Umständen mit dem abwerbenden Arbeitgeber zustande gekommene **Arbeitsvertrag** ist **sittenwidrig**, wenn dem abgeworbenen Arbeitnehmer eine Beteiligung an der Wettbewerbswidrigkeit vorgeworfen werden kann, zB durch eine Verleitung zum Vertragsbruch. Daher kann der Arbeitnehmer keine Beschäftigung in dem neu eingegangenen Arbeitsverhältnis verlangen[2]. Für bereits erbrachte Arbeitsleistungen gelten im Falle der Nichtigkeit des Arbeitsvertrages die Grundsätze des faktischen Arbeitsverhältnisses (vgl. Rz. 271 ff.). 58

Der Arbeitgeber kann dem Arbeitnehmer, der ihm gegenüber seinen Abkehrwillen deutlich erklärt hat, **betriebsbedingt kündigen**, wenn zwischen dem Beginn der Arbeit bei dem neuen Arbeitgeber und der Aufgabe der alten Tätigkeit noch ein längerer Zeitraum liegt. Dies ist zumindest bei einer objektiv nur schwer wiederzubesetzenden Stelle dann möglich, wenn der Arbeitgeber aktuell die Möglichkeit hat, diesen Arbeitsplatz mit einer entsprechend qualifizierten Arbeitskraft neu zu besetzen[3]. Bei einem ernsthaften Abkehrwillen des Arbeitnehmers ist dann eine ansonsten bei betriebsbedingten Kündigungen durchzuführende Sozialauswahl nicht erforderlich[4]. 59

Der Arbeitgeber kann dem pflichtwidrig handelnden Arbeitnehmer ebenfalls aus **verhaltensbedingten Gründen** kündigen, da der Kündigungsgrund durch sein vertragswidriges Verhalten vom ihm verursacht wurde und somit aus seiner Sphäre stammt. Allerdings ist grundsätzlich eine vorherige **Abmahnung** durch den Arbeitgeber erforderlich[5]. 60

In Betracht kommen kann eine **außerordentliche Kündigung** des Arbeitsverhältnisses[6], wenn die Abwerbung unter sitten- bzw. wettbewerbswidrigen Umständen, wie durch die Verleitung zum Vertragsbruch, erfolgte[7]. 61

5. Rückwerben von abgeworbenen Arbeitnehmern

Grundsätzlich darf der „düpierte" Arbeitgeber nicht in rechtswidriger Weise den **rechtmäßig abgeworbenen Arbeitnehmer** rückwerben[8]. 62

---

1 Vgl. zu Vertragsstrafen in Formulararbeitsverträgen Teil 2 J Rz. 38 ff.; *Benecke/Pils*, NZA-RR 2005, 561 ff.
2 Vgl. *Köhler/Bornkamm*, § 4 UWG Rz. 10115; *Klaas*, NZA 1984, 313.
3 Vgl. BAG 22.10.1964 – 2 AZR 515/63, DB 1965, 38 f.; LAG Hess. 11.4.1985 – 3 Sa 119/84, BB 1986, 65.
4 Vgl. BAG 22.10.1964 – 2 AZR 515/63, DB 1965, 38 f.; LAG Freiburg 10.11.1955 – 1 Sa 79/55, AP Nr. 16 zu § 1 KSchG 1951; KR/*Etzel*, § 1 KSchG Rz. 564.
5 Vgl. Küttner/*Eisemann*, Kap. 260 Rz. 7.
6 Vgl. LAG BW 2.6.1954 – II Sa 68/54, AP Nr. 2 zu § 626 BGB; LAG Bremen 6.7.1955 – Sa 62/55, AP Nr. 10 zu § 626 BGB.
7 Vgl. LAG Rh.-Pf. 7.2.1992 – 6 Sa 528/91, DB 1992, 789; LAG Schl.-Holst. 6.7.1989 – 4 Sa 601/88, DB 1989, 1880: sogar noch weitergehend, dass die außerordentliche Kündigung ohne Verstoß gegen die guten Sitten gerechtfertigt sein kann.
8 Unter Beachtung der Diktion in den §§ 3 ff. UWG ist es dem rückwerbenden Arbeitgeber verwehrt, den Wettbewerb zum Nachteil des Mitbewerbers in erheblicher Weise zu beeinträchtigen.

63 Die **Wettbewerbswidrigkeit einer Abwerbung**[1] darf der Arbeitgeber bei der Rückwerbung des abgeworbenen Arbeitnehmers allerdings berücksichtigen. Der Widerstand gegen eine wettbewerbswidrige Handlung kann grundsätzlich mit ähnlicher Schärfe ausgeübt werden[2]. Eine ansonsten als wettbewerbswidrig einzustufende Reaktion des Arbeitgebers auf eine Abwerbung kann, gemessen an dem Vorverhalten des Abwerbenden, nach den Umständen des Einzelfalls noch hinzunehmen sein[3]. So wurde zB die Tätigkeit eines Rechtsanwaltes für Unternehmen, die darin bestand, die Rückkehr von vorher abgeworbenen Handelsvertretern zu ihrem früheren Arbeitgeber zu bewirken, nicht beanstandet. Nach der Begründung des BGH drängte sich der Verdacht auf, dass sich die vorherigen gezielten Abwerbungen der Handelsvertreter existenzgefährdend für die Unternehmen ausgewirkt hätten[4]. Unter Beachtung dieser Umstände war die Betätigung des Rechtsanwaltes bei der Rückwerbung der Handelsvertreter nicht sittenwidrig.

IV. Erkenntnismittel des Arbeitgebers

1. Allgemeines

64 Die Anbahnung eines Arbeitsverhältnisses ist regelmäßig von zwei unterschiedlichen Interessen gekennzeichnet. Der Arbeitgeber möchte in der Regel für den zu besetzenden Arbeitsplatz den bestgeeigneten Bewerber einstellen. Seinerseits besteht daher ein großes Interesse daran, so viele Informationen wie möglich über den Bewerber zu sammeln. Der Arbeitnehmer möchte hingegen seine Privatsphäre wahren und verhindern, dass der Arbeitgeber Informationen abfragt, die vor allem diese und gerade nicht seine Qualifikation, Eignung und Leistungsfähigkeit hinsichtlich des zu besetzenden Arbeitsplatzes betreffen. Das aus Art. 2 iVm. Art. 1 GG abgeleitete **Persönlichkeitsrecht**[5] des Arbeitnehmers auf der einen Seite und das **Informationsrecht** des Arbeitgebers als Ausfluss seiner Handlungsfreiheit[6] auf der anderen Seite müssen also gegeneinander abgewogen werden.

65 Dem Arbeitgeber wird generell dann ein Recht auf Informationen zugebilligt werden müssen, wenn es sich um Tatsachen handelt, die Aufschluss über die berufliche Qualifikation des Bewerbers liefern. Da verschiedene Arbeitsplätze unterschiedliche Anforderungen an die Qualifikation des Arbeitnehmers stellen, ist der Umfang des Informationsrechtes vom jeweils zu besetzenden Arbeitsplatz abhängig.

2. Fragerecht des Arbeitgebers

66 Den größten Teil der Informationen erhält der Arbeitgeber in aller Regel beim Vorstellungsgespräch. Sein Fragerecht ist zum Schutze des Persönlichkeitsrechtes des Arbeitnehmers aber beschränkt.

> ⮕ **Hinweis:** Das AGG lässt das Fragerecht des Arbeitgebers an sich unberührt, denn eine Diskriminierung kommt erst bei der konkreten Einzelfallentscheidung, zB bei der Einstellung, in Betracht. Unabhängig davon, ob Fragen nach den unter Geltung des AGG verpönten Merkmalen überhaupt zulässig sind, ist es nicht empfehlenswert, solche im Einstellungsgespräch zu stellen, da sie ein Indiz für eine Benachteiligung darstellen und die Be-

---

1 Ausführlich hierzu: *Benecke/Pils*, NZA-RR 2005, 561 ff.
2 Vgl. Küttner/*Röller*, Kap. 3 Rz. 10.
3 Vgl. *Piper*, GRUR 1990, 648.
4 Vgl. BGH 21.12.1966 – Ib ZR 146/64, GRUR 1967, 428 f.
5 Außerdem ist die Verletzung des Glaubens- bzw. Religionsfreiheit, Koalitionsfreiheit und allgemeinen Handlungsfreiheit sowie des BDSG möglich; zu dem jeweils betroffenen Recht sogleich.
6 Vgl. MünchArbR/*Buchner*, § 30 Rz. 237 f.

weiserleichterung des § 22 AGG auslösen können; Entschädigungs- und Schadensersatzanspruch des betroffenen Bewerbers nach § 15 AGG kann die Folge sein[1].

Das BAG hat einem Arbeitgeber dann ein Recht zur Beantwortung seiner Fragen gewährt, wenn er ein **berechtigtes, billigenswertes, schutzwürdiges Interesse** an der Beantwortung der Frage hat[2]. Die Antwort muss folglich für die Eingehung des Arbeitsverhältnisses von Bedeutung sein, also einen unmittelbaren Sachzusammenhang dazu aufweisen[3]. Betrifft eine Frage lediglich die Privat- oder die Intimsphäre eines Bewerbers und liefert ihre Beantwortung keine Informationen, die für die Eingehung des Arbeitsverhältnisses von Bedeutung sind, ist sie unzulässig. Unzulässige Fragen müssen vom Bewerber nicht wahrheitsgemäß beantwortet werden. Ein Fragerecht bzw. eine Pflicht zur wahrheitsgemäßen Antwort besteht somit nur für den Fall, dass das Interesse des Bewerbers auf Wahrung seines Persönlichkeitsrechtes gegenüber dem Informationsinteresse des Arbeitgebers zurücktreten muss. 67

a) Einzelfälle

Welche Fragen – unter Beachtung von § 32 Abs. 1–3 BDSG-E[4] – zulässigerweise in Zusammenhang mit einem Bewerbungsgespräch gestellt werden dürfen, soll nachfolgend dargestellt werden[5]: 68

- **Alkohol- und Drogenkonsum oder -abhängigkeit**

Die Erkundigung nach den **bloßen Alkoholgewohnheiten** des Bewerbers ist unzulässig. Soweit keine Abhängigkeit und keine negativen Folgen für die physische oder psychische Leistungsfähigkeit vorliegen, ist der Alkoholgenuss grundsätzlich der Privatsphäre des Bewerbers zuzurechnen[6]. Gleiches gilt für **gelegentlichen Drogenkonsum**, solange sich dieser im Arbeitsverhältnis nicht negativ auswirkt[7]. Unzulässig sind somit auch Drogen- und Alkoholtests. Eine Ausnahme kann bestehen, wenn der Arbeitgeber Kenntnis von einer vergangenen Sucht des Bewerbers hat. 69

Die Frage nach einer **Alkohol- und/oder Drogenabhängigkeit** ist grundsätzlich zulässig[8]. Medizinisch betrachtet liegt eine Krankheit vor. Es ist mit negativen Auswirkungen auf die psychische und physische Leistungsfähigkeit zu rechnen. Die Kenntnis einer Drogenabhängigkeit liefert dem Arbeitgeber daher wichtige Informationen über die Eignung des Bewerbers. In der Regel wird man davon ausgehen können, dass diese für anspruchsvolle Aufgaben dann nicht vorliegt. Für den Einsatz gefährlicher oder sicherheitsempfindlicher Aufgaben ist ein Drogenabhängiger ebenfalls ungeeignet. Hier trifft den Arbeitgeber eine Fürsorgepflicht gegenüber dem Bewerber und 70

---

1 Vgl. LAG Hess. 24.3.2010 – 6/7 Sa 1373/09: unzulässige Frage nach der Schwerbehinderung.
2 Vgl. BAG 7.6.1984 – 2 AZR 270/83, AP Nr. 26 zu § 123 BGB; aA *Riesenhuber*, NZA 2012, 771 ff., der nicht von einem grundsätzlichen Fragerecht des Arbeitgebers, sondern von einem in § 4 Abs. 1 BDSG normierten Informationserhebungsverbot ausgeht, das durch die Erlaubnisnorm des § 32 BDSG durchbrochen werden muss.
3 Vgl. BAG 5.12.1957 – 1 AZR 594/56, AP Nr. 2 zu § 123 BGB.
4 Alle Paragraphen mit der Gesetzesbezeichnung BDSG-E beziehen sich auf den Gesetzesentwurf zur Regelung des Beschäftigtendatenschutzes, BT-Drucks. 17/4230; ob und ggf. wie das BDSG in diesem Zusammenhang unter der nunmehr regierenden Großen Koalition angepasst wird, ist allerdings offen. Zum Beschäftigtendatenschutz unten Teil 6 F. Ferner: *Franzen*, RdA 2010, 257 ff.; *Beckschulze/Natzel*, BB 2010, 2368 ff.; zu den vorherigen Referentenentwürfen: *Düwell*, FA 2010, 234 ff.; *Düwell*, FA 2009, 168 ff.; *Sommer*, AiB 2010, 421; s.a. *Lelley*, FA 2010, 300 zu dem Gesetzesentwurf des DGB.
5 Dazu auch *Bissels*, juris AnwaltZertifikatOnline 11/2008 Anm. 1.
6 Vgl. MünchArbR/*Buchner*, § 30 Rz. 314.
7 Vgl. *Fitting*, § 94 BetrVG Rz. 25.
8 Vgl. nur *Bengelsdorf*, NZA-RR 2004, 118.

den anderen Angestellten. In einigen Berufen kann sogar eine Offenbarungspflicht für den Bewerber bestehen[1], so zB einem Kraftfahrer, Kapitän, Gerüstbauer, Maschinenführer, Piloten, Betreuer im Therapiezentrum oder im Erziehungswesen. Diese Grundsätze dürften auch nach Inkrafttreten von § 32 Abs. 2 Satz 1 BDSG-E nach wie vor gelten.

70a Wegen der erhöhten Rückfallwahrscheinlichkeit darf der Arbeitgeber den Bewerber ebenfalls danach fragen, ob bei ihm in den letzten zwölf Monaten eine Drogenabhängigkeit bestanden oder ob er an einer Entziehungsmaßnahme/Drogentherapie teilgenommen hat[2].

70b Eine andere Beurteilung im Hinblick auf eine Drogen- und/oder Alkoholsucht ist auf Grundlage des **AGG** allenfalls möglich, wenn die Abhängigkeit als Krankheit und diese wiederum als „Behinderung" iSv. §§ 1 Abs. 1, 7 Abs. 1 AGG[3] angesehen werden kann[4]; bei einer solchen Auslegung kann eine derartige Frage als Indiz für eine unzulässige Benachteiligung qualifiziert werden[5]. Dass in dieser Hinsicht die Gefahr einer Diskriminierung wegen der Behinderung besteht, wird hinreichend deutlich, wenn berücksichtigt wird, dass das BAG in der Vergangenheit eine Drogensucht bereits als Behinderung qualifiziert hat[6]. Diese Frage sollte bis zu einer abschließenden Klärung durch die Rechtsprechung nur mit Bedacht gestellt werden[7].

• **Aufenthalts- und Arbeitserlaubnis**

71 Der Arbeitgeber durfte sich nach früherer Rechtsprechung nach dem Bestehen einer Arbeits- und Aufenthaltserlaubnis erkundigen[8]. War der Bewerber nicht im Besitz der für die Arbeitsaufnahme erforderlichen Papiere, traf ihn, ohne vorangegangene Frage des Arbeitgebers, eine Offenbarungspflicht.

71a Nach dem Inkrafttreten des **AGG** ist eine solche Frage durchaus problematisch, da diese als ein Indiz für eine Benachteiligung aufgrund der „ethnischen Herkunft" und/oder „Rasse" gewertet werden könnte. Allerdings muss es dem Arbeitgeber möglich sein, auch in Zukunft zu klären, ob eine ggf. erforderliche Aufenthalts- oder Arbeitserlaubnis vorliegt. Daher ist es in Zukunft zumindest zulässig zu erfragen, ob der Bewerber aus

– den „Alt"-EU-Staaten[9]/EWR-Staaten/Schweiz,
– Kroatien[10] oder
– dem sonstigen Ausland

---

1 Vgl. ArbG Kiel 21.1.1982 – 2c Ca 2062/81, BB 1982, 804; ebenso MünchArbR/*Buchner*, § 30 Rz. 314.
2 Vgl. *Bengelsdorf*, NZA-RR 2004, 118.
3 Diese Gefahr sieht auch *Biester*, jurisPR-ArbR – Sonderausgabe zum AGG, S. 6.
4 Vgl. zur Abgrenzung von Krankheit und Behinderung: EuGH 11.7.2006 – Rs. C-13/05, DB 2006, 1617.
5 Vgl. *Wisskirchen/Bissels*, NZA 2007, 170.
6 Vgl. BAG 14.1.2004 – 10 AZR 188/03, NZA 2005, 839.
7 Vgl. *Wisskirchen/Bissels*, NZA 2007, 170.
8 Vgl. LAG Nürnberg 21.9.1994 – 3 Sa 1176/93, NZA 1995, 228: Das Verschweigen einer fehlenden Arbeitserlaubnis stellt einen wichtigen Kündigungsgrund dar.
9 Einschließlich der zum 1.4.2004 und 1.7.2007 der EU beigetretenen Staaten: Bulgarien, Estland, Lettland, Litauen, Malta, Polen, Rumänien, Slowakische Republik, Slowenien, Tschechische Republik und Zypern.
10 Beschränkung der Freizügigkeit für Kroatien zunächst bis zum 31.6.2015 (Verlängerung möglich), das zum 1.7.2013 der EU beigetreten ist; danach dürfte auch eine entsprechende Frage unzulässig sein.

• Berufliche Fähigkeiten und Kenntnisse

Fragen bzgl. beruflicher Fähigkeiten und Kenntnisse sind grundsätzlich zulässig. Durch diese gewinnt der Arbeitgeber wichtige Informationen über die Einsetzbarkeit des Bewerbers[2]. Dies wird nunmehr ausdrücklich in § 32 Abs. 1 Satz 3 BDSG-E klargestellt, nach dem der Arbeitgeber Daten über die fachlichen und persönlichen Fähigkeiten ausdrücklich erheben darf. Dies betrifft auch sog. soft skills, zB Teamfähigkeit, Belastbarkeit und Zuverlässigkeit[3]. Nach der Gesetzesbegründung hat sich die Datenerhebung aber an objektiven beruflichen Kriterien und dem vom Arbeitgeber festgelegten Anforderungsprofil zu orientieren[4]. 72

• Beruflicher Werdegang und bisherige Beschäftigungsverhältnisse

Fragen nach dem **beruflichen Werdegang und der Ausbildung** dienen der Ermittlung der fachlichen Qualifikation und sind zulässig[5]. Dies ergibt sich explizit aus § 32 Abs. 1 Satz 3 BDSG-E. Der Bewerber hat daher auch Fragen zu einem Zeugnis und Prüfungsnoten wahrheitsgemäß zu beantworten. Auf die Frage nach der Dauer[6] der jeweiligen Beschäftigungsverhältnisse muss der Bewerber ebenfalls wahrheitsgemäß antworten[7]. Ausnahmen gelten, soweit die Fragen die Teilnahme am Wehr- oder Zivildienst betreffen (s. Rz. 113f.: Fragerecht zum Wehrdienst). In der Regel ergibt sich der berufliche Werdegang aber bereits aus den vorgelegten Zeugnissen und dem Lebenslauf. 73

⮕ **Hinweis:** Vor Abschluss eines nach § 14 Abs. 2 TzBfG **befristeten Arbeitsverhältnisses** empfiehlt es sich, den Bewerber ausdrücklich nach früheren Beschäftigungen im Unternehmen oder bei Tochtergesellschaften[8] zu fragen. War der Bewerber bereits innerhalb der letzten drei Jahre[9] für den Arbeitgeber tätig, wäre eine sich anschließende sachgrundlose Befristung unwirksam. Der Arbeitsvertrag gilt dann gem. § 16 TzBfG auf unbestimmte Zeit geschlossen. Das Unternehmen darf ebenfalls erfragen, ob der Arbeitnehmer vor Beginn des Arbeitsverhältnisses vier Monate beschäftigungslos gewesen ist, Transferkurzarbeitergeld bezogen oder an einer öffentlich geförderten Beschäftigungsmaßnahme nach dem SGB II oder III teilgenommen hat, um entscheiden zu können, ob eine Befristung nach § 14 Abs. 3 Satz 1 TzBfG möglich ist[10]. Bei fehlerhafter Beantwortung kommt eine Anfechtung nach § 123 BGB (Anfechtbarkeit wegen Täuschung oder Drohung) in Betracht[11]. 74

Gleichwohl trifft den Arbeitgeber trotz der grundsätzlich bestehenden Anfechtungsmöglichkeit bei einer bewussten Täuschung ein erhebliches rechtliches Risiko. Eine Anfechtung ist ausgeschlossen, wenn der Arbeitnehmer sich lediglich in einem Irrtum darüber befindet, dass bereits ein Beschäftigungsverhältnis mit dem jeweiligen Arbeitgeber be-

---

1 Vgl. *Künzl*, ArbRAktuell 2012, 235; *Schiefer/Ettwig/Krych*, Rz. 98; *Wisskirchen/Bissels*, NZA 2007, 171.
2 Vgl. Kasseler Handbuch/*Künzel*, 2.1. Rz. 95.
3 *Beckschulze/Natzel*, BB 2010, 2369.
4 BR-Drucks. 535/10, 9.
5 Vgl. BAG 12.2.1970 – 2 AZR 184/69, AP Nr. 17 zu § 123 BGB.
6 BAG 12.2.1970 – 2 AZR 184/69, NJW 1970, 1565.
7 Vgl. LAG Hamm 8.2.1995 – 18 Sa 2136/93, LAGE § 123 BGB Nr. 21.
8 Bei Tochterunternehmen ist ebenfalls Vorsicht geboten: Die Rechtsprechung geht bei bestimmten Konzernarbeitsverhältnissen von einem einheitlichen Arbeitsverhältnis iSd. § 14 Abs. 2 TzBfG aus; vgl. *Bauer*, BB 2001, 2375f.
9 Vgl. BAG 6.4.2011 – 7 AZR 716/09, NZA 2011, 905; abweichend noch BAG 6.11.2003 – 2 AZR 690/02, NZA 2005, 218: Anschlussverbot unterliegt keiner zeitlichen Beschränkung.
10 Vgl. AnwK/*Studt*, § 14 TzBfG Rz. 4 mwN.
11 Vgl. *Bauer*, BB 2001, 2376; *Braun*, MDR 2004, 67.

stand. Dies gilt insbesondere bei komplexen Unternehmensstrukturen, Umfirmierungen etc. Ein lediglich auf Fahrlässigkeit begründeter Irrtum des Arbeitnehmers führt in solchen Fällen zum Ausschluss des Anfechtungsrechtes nach § 123 BGB. In Betracht kommt allenfalls eine Anfechtung über § 119 Abs. 2 BGB wegen eines Eigenschaftsirrtums[1]. Eine Beendigung des Arbeitsverhältnisses nach den Grundsätzen über den Wegfall der Geschäftsgrundlage ist ausgeschlossen, da allein der Arbeitgeber die Risiken trägt, die mit Firmenänderungen bzw. Umstrukturierungen verbunden sind[2].

- **Berufliche Verfügbarkeit des Arbeitnehmers (Versetzungsbereitschaft, Schichtdienst)**

75 Zur Ermittlung der für die zu besetzende Stelle erforderlichen Eignung darf der Arbeitgeber Fragen zur beruflichen Verfügbarkeit stellen. Verlangt der zu besetzende Arbeitsplatz eine gewisse Mobilität, kann er auch nach der **Versetzungsbereitschaft** des Bewerbers fragen.

76 Fragen, die zur Ermittlung der **Bereitschaft zum Schichtdienst** dienen, sind ebenfalls zulässig, wobei sich Schichtarbeit bereits aus der Stellenbeschreibung ergeben sollte. Die Erklärung des Arbeitnehmers im Einstellungsgespräch, auch im Schichtdienst arbeiten zu wollen, entfaltet in der Regel noch keine Bindungswirkung, so dass der Arbeitnehmer dazu nicht verpflichtet wäre[3]. Bei der Aufnahme einer entsprechenden Klausel im Arbeitsvertrag kann der Arbeitnehmer hingegen im Schichtdienst eingesetzt werden.

- **Gesundheitszustand und Krankheiten**

77 Der Arbeitgeber darf sich aufgrund des damit verbundenen erheblichen Eingriffs in die Intimsphäre des Bewerbers nur sehr begrenzt nach Krankheiten erkundigen[4]. In § 32 Abs. 2 Satz 1 BDSG-E ist festgelegt, dass die Erhebung von Daten über die Gesundheit nur unter den Voraussetzungen des § 8 Abs. 1 AGG zulässig ist. Dies bedeutet, dass das Fehlen der Krankheit aus objektiver Sicht wegen der Art der auszuübenden Tätigkeit oder der Bedingungen ihrer Ausübung eine wesentliche und entscheidende berufliche Anforderung darstellen muss. Diese kann sich auch aus einem unternehmerischen Konzept ergeben. Mit dieser Vorschrift dürfte der Gesetzgeber den Maßstab für die Zulässigkeit entsprechender Fragen nach dem Gesundheitszustand des Arbeitnehmers weiter verschärft haben.

Nach bisheriger Rechtslage sind Fragen über den Gesundheitszustand nur dann erlaubt, wenn die Beantwortung für den Betrieb oder die übrigen Arbeitnehmer von besonderem Interesse ist; der Arbeitgeber muss ein berechtigtes, billigenswertes und schutzwürdiges Interesse an der Beantwortung der Frage für das Arbeitsverhältnis haben[5]. Das Interesse an der Erhebung der Bewerberdaten muss aus objektiver Sicht für die Einstellungsentscheidung so gravierend sein, dass eventuelle Interessen des Bewerbers an der Unverletzlichkeit seiner Individualsphäre zurücktreten müssen[6]. Die Frage nach einer Krankheit ist dann zulässig, wenn sie erheblichen Einfluss auf die Eignung des Bewerbers zur Erbringung der Arbeitsleistung hat. Insbesondere darf der Arbeitnehmer sich nach Krankheiten erkundigen, die Ausfallerscheinungen zur Folge haben und aufgrund des zu besetzenden Arbeitsplatzes Gefahren für andere Mit-

---

1 Vgl. *Straub*, NZA 2001, 926.
2 Vgl. *Braun*, MDR 2004, 67; aA *Straub*, NZA 2001, 926; *Bauer*, BB 2001, 2477.
3 Vgl. MünchArbR/*Buchner*, § 30 Rz. 309 ff.
4 Vgl. BAG 7.6.1984 – 2 AZR 270/83, AP Nr. 26 zu § 123 BGB.
5 Vgl. BAG 7.6.1984 – 2 AZR 270/83, AP Nr. 26 zu § 123 BGB.
6 Vgl. *Iraschko-Luscher/Kiekenbeck*, NZA 2009, 1239 ff.

arbeiter verursachen könnten. In diesen Fällen darf der Arbeitgeber die Einstellung eines Bewerbers vom Vorhandensein bestimmter körperlicher und geistiger Eigenschaften abhängig machen[1].

Beispiel:

Der Arbeitgeber darf sich – auch unter Berücksichtigung von § 32 Abs. 2 Satz 1 BDSG-E – bei einer zu besetzenden Stelle als Pilot nach einer Epilepsie-Erkrankung erkundigen. Soll der Bewerber als Grafikdesigner eingestellt werden, darf der Arbeitgeber nach Farbenblindheit fragen.

Bei einer **ansteckenden Krankheit** hat der Arbeitgeber ein berechtigtes Interesse daran, Kunden und Mitarbeiter zu schützen. Eine entsprechende Frage ist daher (noch) zulässig und muss vom Bewerber wahrheitsgemäß beantwortet werden. Ein berechtigtes Interesse an **früheren Erkrankungen** besteht nur dann, wenn sie jetzt noch **Einfluss auf die Leistungsfähigkeit** des Bewerbers haben. Offenbaren muss der Arbeitnehmer daher **chronische Krankheiten**, die ihn im Zeitpunkt der Einstellung an der Ausführung seiner beruflichen Tätigkeiten dauerhaft oder in regelmäßigen Abständen behindert.

Die Frage nach einer **HIV-Infektion** muss nur wahrheitsgemäß beantwortet werden, wenn ihre Beantwortung Einfluss auf die Eignung des Bewerbers haben könnte[2]. Davon ist regelmäßig nur in Berufen mit erhöhter Infektionsgefahr für Dritte (zB im Gesundheitswesen, bei der Herstellung von Lebensmitteln und intravenösen Medikamenten) auszugehen. In allen anderen Berufen muss sich der Arbeitgeber mit dem durchschnittlich eher geringen Ansteckungsrisiko abfinden. Die Frage nach einer Infizierung ist daher in der Regel unzulässig[3]. Somit muss der Arbeitgeber das Risiko eines späteren Ausbruchs der Krankheit hinnehmen[4]. Als Begründung wird von der Rechtsprechung[5] angeführt, dass es sich bei einer HIV-Infektion, wie bei jeder anderen Infektion, (noch) nicht um eine Krankheit handelt. Dagegen hat eine **Aidserkrankung** dauerhaft einen negativen Einfluss auf die Leistungsfähigkeit und damit auf die Eignung des Bewerbers. Hiernach zu fragen, ist daher zulässig[6]. Die Frage nach künftigen oder bereits feststehenden **Krankenhausaufenthalten** und **Kurmaßnahmen**, zB wegen einer Aidserkrankung, betrifft die berufliche Verfügbarkeit des Arbeitnehmers. Der Arbeitgeber hat daher ein berechtigtes Interesse an der Beantwortung dieser Frage[7].

Durch das **AGG** hat sich an dem Fragerecht bzgl. des Gesundheitszustandes und Krankheiten grundsätzlich nichts geändert, da das Gesetz ausschließlich das Merkmal „Behinderung" als diskriminierungsrelevant qualifiziert. Eine Befragung kann unter Beachtung des AGG dennoch problematisch sein, wenn es sich um eine chronische Erkrankung handelt, die die körperliche Belastbarkeit des Bewerbers dauerhaft oder über einen nicht abzusehenden Zeitraum einschränkt. Zwar hat der EuGH[8] eine Abgrenzung zwischen Krankheit und Behinderung vorgenommen und festgestellt, dass nur behinderte Menschen den Benachteiligungsschutz nach den europarecht-

---

1 Vgl. LAG Hamm 12.9.2006 – 9 Sa 2313/05, PflR 2007, 81.
2 HL, Kasseler Handbuch/*Künzel*, 2.1. Rz. 78 ff.; ausführlich *Löwisch*, DB 1987, 936 ff.; *Richardi*, NZA 1988, 73 ff.; MünchArbR/*Buchner*, § 30 Rz. 288; aA *Klak*, BB 1987, 1382; *Zeller*, BB 1987, 1523.
3 Vgl. *Richardi*, NZA 1988, 73 mwN.
4 Vgl. LAG Berlin 6.7.1973 – 3 Sa 48/73, DB 1974, 99: Die Entscheidung betrifft auch das Risiko anderer Krankheiten.
5 Vgl. LAG Berlin 6.7.1973 – 3 Sa 48/73, DB 1974, 99.
6 Vgl. BAG 7.6.1984 – 2 AZR 270/83, EzA § 123 BGB Nr. 24; ausführlich dazu *Bruns*, MDR 1988, 95 ff.; *Pflüger*, Personalführung 2010, 85.
7 Vgl. Kasseler Handbuch/*Künzel*, 2.1. Rz. 84 f.
8 Vgl. EuGH 11.7.2006 – Rs. C-13/05, NZA 2006, 839; 11.4.2013 – Rs. C-335/11, 337/11, NZA 2013, 553.

lichen Gleichbehandlungsrichtlinien genießen. Unter Behinderung versteht der EuGH dabei physische, geistige oder psychische Beeinträchtigungen, die ein Hindernis für die Teilhabe am Berufsleben bilden und wahrscheinlich von langer Dauer sind[1]. Allerdings kann man aus dem Urteil auch entnehmen, dass es in Einzelfällen möglich ist, eine Erkrankung, sofern sie von langer Dauer oder besonders schwerwiegend ist, als eine Behinderung zu qualifizieren[2]. Aus diesem Grunde sollte der Arbeitgeber von einem weiten Begriff ausgehen. Dennoch kann aus Fragen nach einer Erkrankung selbst dann nicht ohne Weiteres geschlossen werden, dass der Arbeitgeber von einer Behinderung ausgeht, wenn die Erkrankung potenziell zu einer Behinderung führen kann[3]. Nach körperlichen Beeinträchtigungen und/oder Krankheiten sollte der Arbeitgeber demnach nur fragen, wenn dies zwingend zur Ausübung der Tätigkeit erforderlich ist[4]. Dies ergibt sich deutlich auch aus den Wertungen des § 32 Abs. 2 Satz 1 BDSG-E.

80b Dass Fragen nach Krankheiten aufgrund der schwierigen Abgrenzung zu einer Behinderung für den Arbeitgeber nicht ohne Risiko sind, wird anhand eines Falls des BAG[5] deutlich, in dem der 8. Senat über die Gewährung einer Entschädigung gem. § 15 Abs. 2 AGG zu entscheiden hatte, nachdem dem Kläger im Rahmen eines Bewerbungsgesprächs vom Arbeitgeber die Frage gestellt wurde, ob er psychiatrisch oder psychotherapeutisch behandelt werde. Der Kläger wurde zusätzlich aufgefordert zu unterschreiben, dass dies nicht der Fall sei. Außerdem äußerte der Arbeitgeber, dass bestimmte Anzeichen beim Kläger auf Morbus Bechterew – eine chronisch verlaufende entzündlich rheumatische Erkrankung – hindeuteten. Anders als das Berufungsgericht[6] qualifizierte das BAG die von dem Arbeitgeber gestellten Fragen nach den näher bezeichneten gesundheitlichen Beeinträchtigungen als hinreichende Indizien gem. § 22 AGG, die auf eine unzulässige Benachteiligung wegen der Behinderung schließen ließen. Es formulierte ausdrücklich, dass aus Fragen nach bestimmten Erkrankungen über Leiden je nach den Einzelfallumständen auf eine Erkundigung nach einer Behinderung geschlossen werden könne. Dies gelte auch, wenn die Person, die die Benachteiligung begehe, das Vorliegen eines Diskriminierungsmerkmals nur annehme (§ 7 Abs. 1 Halbs. 2 AGG). Der Versuch am untauglichen Objekt stelle grundsätzlich ebenfalls eine unzulässige Diskriminierung dar[7].

Die zusehends fortschreitende „Vermengung" der Begrifflichkeiten von Krankheit und Behinderung wird auch deutlich, wenn sich vor Augen geführt wird, dass nach Ansicht des BAG[8] auch eine symptomlose HIV-Infektion bereits eine Behinderung iSd. AGG zur Folge haben soll. Das gilt – so das BAG – zumindest so lange, wie das gegenwärtig auf eine solche Infektion zurückzuführende soziale Vermeidungsverhalten sowie die darauf beruhenden Stigmatisierungen andauert[9].

80c ⟹ **Hinweis:** Die Entscheidungen des BAG verdeutlichen, dass der Übergang von einer Krankheit zu einer Behinderung fließend ist. Zwar stellt eine Erkrankung an sich keine Behinderung dar, sie kann jedoch als eine solche zu qualifizieren sein, wenn der Betroffene „lang andauernd"[10] aufgrund seines Zustandes im Hinblick an der Teilhabe am Leben der Ge-

---

1 Vgl. EuGH 11.7.2006 – Rs. C-13/05, NZA 2006, 839.
2 In diese Richtung auch: *Schiefer/Ettwig/Krych*, Rz. 251; *Biester*, jurisPR-ArbR – Sonderausgabe zum AGG, S. 6; vgl. auch LAG Düsseldorf 14.5.2008 – 12 Sa 256/08.
3 Vgl. LAG München 8.7.2008 – 8 Sa 112/08, AuA 2008, 624.
4 Vgl. *Wisskirchen/Bissels*, NZA 2007, 173.
5 BAG 17.12.2009 – 8 AZR 670/08, AuA 2010, 114; dazu *Bissels/Lützeler*, BB 2010, 1725.
6 LAG München 8.7.2008 – 8 Sa 112/08, AuA 2008, 624.
7 BAG 17.12.2009 – 8 AZR 670/08, AuA 2010, 114; *Adomeit/Mohr*, AGG, 2007, § 7 Rz. 2: „Putativbenachteiligung".
8 BAG 19.12.2013 – 6 AZR 190/12, NZA 2014, 372.
9 Vgl. BAG 19.12.2013 – 6 AZR 190/12, NZA 2014, 372.
10 Vgl. EuGH 11.7.2006 – Rs. C-13/05 – Chacon Navas, NZA 2006, 839; BAG 22.10.2009 – 8 AZR 642/09, DB 2010, 507 ff.

sellschaft beeinträchtigt ist[1]. Es bedarf folglich einer Würdigung der Umstände des Einzelfalls. Nach hM[2] stellt zumindest eine Adipositas des Arbeitnehmers keine Behinderung dar. Die Urteile des BAG zeigen allerdings, wie riskant es für den Arbeitgeber sein kann, insbesondere nach chronischen Krankheiten zu fragen. Diese können insoweit im Hinblick auf das Vorliegen einer Behinderung diskriminierungsrelevant sein[3].

Auch steht dem Arbeitgeber kein allgemeiner Anspruch auf Durchführung medizinischer Tests vor der Einstellung eines Bewerbers zu. Lediglich für einige Berufsgruppen, wie Piloten, Berufskraftfahrern, oder im Bergbau sind Einstellungsuntersuchungen oder amtsärztliche Untersuchungen vorgesehen. Nunmehr soll durch § 32a Abs. 1 BDSG-E die Zulässigkeit der Durchführung einer ärztlichen Untersuchung ausdrücklich geregelt werden (dazu Rz. 132). 80d

• **Geschlecht**

Die Frage nach dem wahren Geschlecht[4] des Bewerbers muss nur dann wahrheitsgemäß beantwortet werden, wenn dieses für die zu besetzende Stelle von grundlegender Bedeutung ist. Transsexuelle müssen ihr wahres Geschlecht daher nur dann angeben, wenn dieses den Arbeitgeber zu einer Anfechtung nach § 119 Abs. 2 BGB (Irrtum über eine verkehrswesentliche Eigenschaft) berechtigt. Hat das Geschlecht des Bewerbers für den zu besetzenden Arbeitsplatz dagegen keine Bedeutung, besteht aufgrund des Schutzzweckes des Transsexuellengesetzes keine Pflicht zur Offenbarung des Geschlechtes[5]. 81

Das **AGG** verbietet eine Diskriminierung wegen des Geschlechts. Allerdings ist es durchaus möglich, dass ein Rechtfertigungsgrund besteht, der (ausnahmsweise) eine unterschiedliche Behandlung wegen der beruflichen Anforderungen zulässig macht. Im Übrigen wird sich das Geschlecht in der Mehrzahl der Fälle allein aus dem äußeren Erscheinungsbild des Bewerbers ergeben, ohne dass eine arbeitgeberseitige Nachfrage notwendig wäre. Sollte die Frage dennoch gestellt werden, muss der Arbeitgeber damit rechnen, dass der abgelehnte Bewerber Ansprüche nach § 15 AGG geltend macht. 81a

• **Gewerkschaftszugehörigkeit**

Die Frage nach einer Gewerkschaftszugehörigkeit musste der Bewerber in der Regel nicht beantworten[6]. Der Grund für die Unzulässigkeit der Frage besteht in der Gefahr, dass der Arbeitgeber gewerkschaftsfeindlich eingestellt ist oder eine eventuelle Tarifbindung vermeiden möchte. Der Bewerber wäre dann aufgrund seiner Koalitionszugehörigkeit benachteiligt und in seiner aus Art. 9 Abs. 3 GG verfassungsrechtlich garantierten Koalitionsfreiheit verletzt. Ausnahmsweise ist die Frage zulässig, wenn Stellen in einem Arbeitgeberverband oder einer Gewerkschaft zu besetzen sind. Handelt es sich bei dem Arbeitsplatz um den eines leitenden Angestellten, der den Arbeit- 82

---

1 Vgl. die Legaldefinition in § 2 Abs. 1 SGB IX: „länger als sechs Monate".
2 Vgl. VG Hannover 19.11.2009 – 13 A 6085/08, ZBR 2010, 391; bestätigt durch OVG Lüneburg 31.7.2012 – 5 LB 33/11; VG Gelsenkirchen 25.6.2008 – 1 K 3143/06, NVwZ-RR 2009, 252 ff.; ArbG Darmstadt 12.6.2014 – 6 Ca 22/13; *Däubler/Bertzbach*, AGG, 2. Aufl. 2008 mwN: zumindest für den Fall, dass die Teilhabe am Berufsleben nicht beeinträchtigt wird.
3 Vgl. dazu *Wisskirchen/Bissels*, NZA 2007, 172.
4 Vgl. BAG 21.2.1991 – 2 AZR 449/90, EzA § 123 BGB Nr. 35: In der Entscheidung ging es um die Einstellung einer transsexuellen Arzthelferin vor der Geschlechtsumwandlung bei einem Frauenarzt.
5 Vgl. BAG 21.2.1991 – 2 AZR 449/90, EzA § 123 BGB Nr. 35.
6 Vgl. BAG 28.3.2000 – 1 ABR 16/99, NZA 2000, 1294 ff.; *Braun*, MDR 2004, 66; aA *Schaub/Linck*, § 26 Rz. 24; grundsätzlich ablehnend zum Fragerecht nach der Gewerkschaftszugehörigkeit im laufenden Arbeitsverhältnis: BAG 18.11.2014 – 1 AZR 257/12; Hess. LAG 7.11.2012 – 12 Sa 654/11, ZTR 2013, 665.

82a geber vor der Belegschaft vertreten muss, ist die Frage nach der Gewerkschaftszugehörigkeit ebenfalls zulässig.

82a Diese Grundsätze sollen § 32 Abs. 5 BDSG-E konkretisieren, indem Arbeitgebern, deren Tätigkeit unmittelbar und überwiegend politisch oder koalitionspolitisch ausgerichtet ist, oder die Zwecke der Berichterstattung oder Meinungsäußerung verfolgen, und auf die Art. 5 Abs. 1 Satz 2 GG anzuwenden ist, die Erhebung von Daten über die politische Meinung und die Gewerkschaftszugehörigkeit ermöglicht wird, soweit dies im Hinblick auf die Ausrichtung des Arbeitgebers und die Art der Tätigkeit eine gerechtfertigte berufliche Anforderung darstellt. Um die Verwirklichung dieser Ausrichtung zu erreichen und zu erhalten, muss der Arbeitgeber die Möglichkeit haben, durch Befragung des Bewerbers festzustellen, ob seine persönliche Einstellung dieser Ausrichtung entspricht. Dies gilt allerdings nur bei Bewerbern, bei denen diese Merkmale für die Tätigkeit von Bedeutung sind. Während die Frage nach der Gewerkschaftszugehörigkeit bei einem Bewerber in der Tarifabteilung eines Arbeitgeberverbandes zulässig ist, ist dieses Merkmal bei einem Pförtner oder Hausmeister nicht wesentlich[1].

82b Allerdings muss der Arbeitnehmer nach Abschluss des Arbeitsvertrages seine Gewerkschaftsmitgliedschaft anzeigen, wenn er die Tarifbedingung in Anspruch nehmen möchte. Zudem werden Mitgliedsbeiträge an die Gewerkschaft gelegentlich direkt vom Lohn abgeführt.

• **Homosexualität/sexuelle Neigungen**

83 Die Frage nach Homosexualität oder sonstigen sexuellen Neigungen stellt einen erheblichen Eingriff in die Intimsphäre dar. Da die Beantwortung der Frage keinen Aufschluss über die berufliche Qualifikation des Bewerbers liefern kann, fehlt ein berechtigtes Interesse des Arbeitgebers. Dies muss erst recht nach Inkrafttreten des **AGG** gelten, da die Anknüpfung an das Merkmal der sexuellen Identität unzulässig ist[2]. Die Frage nach den sexuellen Neigungen des Bewerbers stellt insoweit regelmäßig ein Indiz für eine diskriminierende Handlung des Arbeitgebers dar.

83a Aus § 32 Abs. 2 BDSG-E ergibt sich hingegen, dass eine entsprechende Frage zulässig sein kann, soweit mit dieser Frage Erkenntnisse verbunden sind, die sich als wesentliche und entscheidende berufliche Anforderungen iSd. § 8 AGG darstellen. Die Zulässigkeit der Frage nach der Homosexualität dürfte jedoch nach wie vor nur in engen, sehr seltenen Ausnahmefällen in Betracht kommen.

• **Lebensalter**

83b Die Frage nach dem Lebensalter des Bewerbers wurde vor dem Inkrafttreten des AGG allgemein als zulässig angesehen[3]. Das **AGG** sieht nunmehr ausdrücklich vor, dass eine Benachteiligung wegen des Alters erfolgen kann, so dass eine im Einstellungsgespräch darauf gerichtete Frage im Hinblick auf eine Benachteiligung Indizwirkung haben kann. Von einer solchen Frage sollte demgemäß abgesehen werden, da sich das Alter regelmäßig aus den vorgelegten Unterlagen, zB Zeugnissen, ergeben wird[4].

---

1 So ausdrücklich: Begr. RefE, S. 11.
2 Vgl. *Wisskirchen/Bissels*, NZA 2007, 172.
3 Vgl. *Schrader/Schubert*, Das neue AGG, 2006, Rz. 230.
4 Vgl. *Wisskirchen*, AGG, S. 35; dazu auch: *Schiefer/Ettwig/Krych*, Rz. 77.

- **Name und sonstige Grunddaten**

Die Kenntnis **personenbezogener Daten** wie Vor- und Nachname(n), Geburtsdatum und Anschrift ist schon allein für das Ausfüllen des Lohnkontenblattes erforderlich; nach ihnen darf daher gefragt werden[1]. Durch § 32 Abs. 1 Satz 1 BDSG-E wird klargestellt, dass der Arbeitgeber den Namen, die Anschrift, die Telefonnummer und die E-Mail-Adresse des Bewerbers (sog. Grunddaten) vor Begründung des Arbeitsverhältnisses erheben darf. 84

- **Nebentätigkeit**

Die Frage nach Nebentätigkeiten ist zulässig, wenn sie Einfluss auf die pflichtgemäße Erfüllung der arbeitsvertraglichen Pflichten haben. Nach Nebentätigkeiten bei Konkurrenzunternehmen, Nachtarbeit oder sonstigen Tätigkeiten, die zur Überarbeitung des Bewerbers führen können, darf daher uneingeschränkt gefragt werden[2]. Bei Vollzeitbeschäftigungsverhältnissen ist der Arbeitnehmer regelmäßig zeitlich und physisch ausgelastet, so dass sich eine Nebentätigkeit negativ auf die Arbeitsleistung des Bewerbers auswirken kann. Der Arbeitgeber hat daher ein berechtigtes Interesse zu erfahren, ob der Arbeitnehmer seine Energie lediglich für seinen Arbeitsplatz einzusetzen beabsichtigt. Für den Arbeitgeber empfiehlt sich in jedem Fall die Aufnahme einer entsprechenden Klausel in den Arbeitsvertrag, die die Anzeige- und Zustimmungspflicht von Nebentätigkeiten vorsieht. Der Arbeitgeber darf seine Zustimmung aber nur aus gewichtigen Gründen versagen; ein generelles Verbot würde einen Verstoß gegen Art. 12 GG darstellen[3]. 85

- **Nichtrauchereigenschaft**

Der Arbeitgeber darf sich nicht nach der (Nicht-)Rauchereigenschaft des Bewerbers erkundigen[4]. Als Argument wird angeführt, dass das Rauchen, solange die Erbringung der Arbeitsleistung und die Betriebsgemeinschaft bzw. die Arbeitskollegen nicht gestört werden, zulässig ist[5]. Rauchen gehört damit zur **Handlungsfreiheit** des Arbeitnehmers. Selbst bei einem produktions- oder sicherheitsbedingten betrieblichen Rauchverbot kann Rauchern dessen Missachtung nicht unterstellt werden. Es ist daher grundsätzlich nicht zulässig, die Einstellung von der Beantwortung der Frage der Raucher- bzw. Nichtrauchereigenschaft abhängig zu machen. Bei arbeitstechnischen Produktionsabläufen zur Herstellung von Erzeugnissen, die empfindlich auf Tabakrauch reagieren, ist dagegen die Frage nach der Raucher- bzw. Nichtrauchereigenschaft zulässig, zB bei der Fabrikation von Mikrochips, bei der der Rauch in der Atemluft, auch noch Stunden nach dem Konsum von Tabak, die einwandfreie Produktion beeinträchtigt. 86

Der Hinweis in einer Stellenanzeige, dass Raucher sich nicht zu bewerben brauchen, soll hingegen zulässig sein[6]. Der Hinweis fällt unter keinen der im **AGG** genannten Diskriminierungstatbestände. Allerdings hat es der Arbeitgeber in der Hand, durch die Ausübung seines Direktionsrechtes oder den Abschluss einer Betriebsvereinbarung das Rauchverhalten seiner Mitarbeiter zu steuern. Allein die bloße Möglich- 87

---

1 Vgl. MünchArbR/*Buchner*, § 30 Rz. 320.
2 Vgl. MünchArbR/*Buchner*, § 30 Rz. 318 f.; vgl. auch *Wisskirchen/Bissels*, NZA 2007, 172.
3 Vgl. OLG Naumburg 9.10.2006 – 4 UF 22/06, NZA-RR 2007, 521.
4 Vgl. Richardi/*Thüsing*, § 94 BetrVG Rz. 19; MünchArbR/*Buchner*, § 30 Rz. 313.
5 So auch BVerwG 13.9.1984 – 2 C 33/82, NJW 1985, 876 f.; MünchArbR/*Buchner*, § 30 Rz. 313.
6 Diese Anfrage stellte die britische Europaabgeordnete *Catherine Stihler* im Sommer 2006 dem Europaparlament. Der damalige EU-Sozialkommissar *Vladimir Spidla* antwortete darauf, dass er eine auf die Nichtrauchereigenschaft abstellende Stellenanzeige des irischen Call-Center-Betreibers Dotcom Directories als legal ansehe.

keit, dass ein Raucher gegen ein im Betrieb geltendes Rauchverbot verstoßen könnte, rechtfertigt es nicht, dass generell die gesamte Gruppe der Raucher bereits bei der Einstellung gegenüber den Nichtrauchern benachteiligt wird[1].

- **Parteizugehörigkeit**

87a Die Frage nach der Parteizugehörigkeit betrifft die politische und weltanschauliche Einstellung des Bewerbers. Deren Beantwortung gibt dem Arbeitgeber daher keinen Aufschluss über die berufliche Qualifikation des Bewerbers. Die Erkundigung nach einer Parteizugehörigkeit ist folglich grundsätzlich unzulässig. Ausnahmen sind lediglich dann denkbar, wenn es sich um einen Tendenzbetrieb handelt und eine parteipolitische Vorgabe besteht (Beispiel: Parteien, Verlage). Bei einer Einstellung in den öffentlichen Dienst ist die Frage nach der Mitgliedschaft in einer verfassungsfeindlichen Partei ebenfalls zulässig[2].

87b Eine Befragung zur Parteizugehörigkeit ist unter Berücksichtigung der Diskriminierungsverbote des **AGG** problematisch, da durch die offenbarte Zugehörigkeit oder Sympathie des Bewerbers zu einer kleinen Splitterpartei (zB „Rosa Liste") gewisse Rückschlüsse auf die im AGG aufgezählten Merkmale gezogen werden könnten (zB seine sexuelle Identität). Insoweit ist bei einer solchen Frage im Hinblick auf eine Diskriminierung Vorsicht geboten.

87c § 32 Abs. 5 BDSG-E soll ausdrücklich Arbeitgebern, deren Tätigkeit unmittelbar und überwiegend politisch oder koalitionspolitisch ausgerichtet ist oder die Zwecke der Berichterstattung oder Meinungsäußerung verfolgen, und auf die Art. 5 Abs. 1 Satz 2 GG anzuwenden ist, u.a. auch die Erhebung von Daten über die politische Meinung ermöglichen, soweit diese im Hinblick auf die Ausrichtung des Arbeitgebers und die Art der Tätigkeit eine gerechtfertigte berufliche Anforderung darstellt. Durch die Novellierung des BDSG soll folglich die Frage nach der Parteizugehörigkeit nur in Ausnahmefällen bei Tendenzbetrieben zulässig sein.

- **Persönliche Lebensverhältnisse**

88 Die Frage nach dem **Familienstand** ist grundsätzlich zulässig. Es liegt hier lediglich eine geringe Beeinträchtigung des Gefragten vor. Die Frage nach **Heiratsabsichten** ist hingegen unzulässig, da der Bewerber hierdurch in seiner Intimsphäre verletzt wäre und die Beantwortung dieser Frage keinen Aufschluss über die berufliche Eignung des Bewerbers liefert[3]. Fragen nach dem **Kinderwunsch** des Bewerbers sind ebenfalls unzulässig. Auch diese verletzen die Intimsphäre des Bewerbers und liefern keine Informationen über seine berufliche Qualifikation.

88a Die Frage nach den persönlichen Lebensverhältnissen ist aber unter dem Gesichtspunkt des **AGG** problematisch, wenn durch die Fragen des Arbeitgebers Auskünfte über das Benachteiligungsmerkmal der sexuellen Orientierung eingeholt werden sollen. Auch Umgehungsfragen sind demnach unzulässig. Dies gilt auch unter Berücksichtigung von § 32 Abs. 2 Satz 1 BDSG-E, nach dem Fragen nach der sexuellen Identität nur im Falle der Rechtfertigung nach § 8 AGG gestellt werden dürfen.

- **Religionszugehörigkeit**

89 Art. 3 Abs. 3 GG verbietet eine Benachteiligung aufgrund des persönlichen Glaubens. Zur Prävention vor einer eventuellen Benachteiligung sind Fragen nach der Religions-

---

1 Vgl. HWK/*Thüsing*, § 123 BGB Rz. 21.
2 Vgl. OVG NRW 26.9.1983 – CL 22/82, BB 1984, 1490.
3 Vgl. *Ehrich*, DB 2000, 426 mwN.

zugehörigkeit unzulässig[1]. Eine **Ausnahme** gilt lediglich bei konfessionsgebundenen Trägern des zu besetzenden Arbeitsplatzes (zB Krankenhaus, Kindergarten, Schule)[2]. Allerdings steht auch einem **kirchlichen Arbeitgeber** nur ein begrenztes Fragerecht zu. Dieser hat zwar ein berechtigtes Interesse daran zu erfahren, ob der Bewerber eine der Kirche entsprechende Lebensführung verfolgt und eine loyale Einstellung zu den von ihr verfolgten Zielen und Grundsätzen hat. Hierbei muss jedoch eine Abwägung zwischen der Beeinträchtigung (der Verletzung) der Rechte des Arbeitnehmers und dem Interesse des Arbeitgebers vorgenommen werden. **Ausnahmen** gelten auch, wenn es dem Arbeitnehmer aufgrund seiner Religionszugehörigkeit nicht bzw. nur sehr eingeschränkt möglich ist, seine Arbeitsleistung zu erbringen, ohne in Gewissenkonflikte zu gelangen. So wäre ein Leistungsverweigerungsrecht eines muslimischen **Testessers** aufgrund der Verletzung seiner Religions- und Gewissensfreiheit begründet. Gleiches gilt für einen muslimischen **Metzger**, dem es nach seinen religiösen Regeln nicht gestattet ist, Schweinefleisch zu berühren. In derartigen Fällen ist vielmehr eine Offenbarungspflicht des Arbeitnehmers anzunehmen.

Durch die im **AGG** genannten Diskriminierungsmerkmale „Religion" und „Weltanschauung" ändert sich nichts an der grundsätzlichen bereits nach alter Rechtslage bestehenden Unzulässigkeit der Frage nach der Religionszugehörigkeit im Rahmen eines Vorstellungsgesprächs. Dies wird nunmehr ausdrücklich in § 32 Abs. 2 Satz 1 BDSG-E bestätigt. Danach ist sind Fragen nach der Religion nur unter den Voraussetzungen des § 8 Abs. 1 AGG zulässig. Die Religionszugehörigkeit muss eine wesentliche und entscheidende berufliche Anforderung darstellen. 89a

Ein weitergehendes Fragerecht soll hingegen Arbeitgebern gem. § 32 Abs. 4 BDSG-E zustehen, wenn die **Beschäftigung bei einer Religionsgemeinschaft**, einer ihr zugeordneten Einrichtung oder bei einer Vereinigung, die sich die gemeinschaftliche Pflege einer Religion zur Aufgabe gemacht hat, erfolgen soll. Eine Frage ist dann zulässig, wenn die religiöse Überzeugung oder die Religionszugehörigkeit unter Beachtung des Selbstverständnisses der jeweiligen Religionsgemeinschaft oder Vereinigung im Hinblick auf ihr Selbstbestimmungsrecht oder nach der Art der Tätigkeit eine gerechtfertigte berufliche Anforderung darstellt. § 32 Abs. 4 BDSG-E trägt damit dem verfassungsrechtlich garantierten Selbstbestimmungsrecht der Religionsgemeinschaften Rechnung. Als Konsequenz aus der Zulässigkeit der unterschiedlichen Behandlung wegen der Religion nach § 9 Abs. 1 AGG ergibt sich bei diesen Arbeitgeber auch ein privilegiertes Fragerecht. 89b

Pressebetriebe sowie Rundfunk- und Fernsehanstalten können Fragen nach der Religion nach § 32 Abs. 5 BDSG-E stellen, wenn diese unter den Voraussetzungen des § 8 AGG gerechtfertigt ist. 89c

• **Scientology**

Ob die Frage nach der Mitgliedschaft in der Scientology-Organisation zulässig ist, ist bislang noch nicht abschließend entschieden. In einer früheren Entscheidung hat das BAG die Auffassung vertreten, dass Scientology keine Religions- oder Weltanschauungsgemeinschaft ist, da das primäre Ziel des Vereins auf wirtschaftlichen Erfolg zielt[3]. In einer jüngeren Entscheidung hat das BAG[4] die Frage, ob es sich bei Scientology um eine **Religionsgemeinschaft oder einen wirtschaftlichen Verein** handelt, nunmehr offen gelassen. Mitglieder der Scientology-Kirche Deutschland sollen sich nach 90

---

1 Vgl. MünchArbR/*Buchner*, § 30 Rz. 13, 325.
2 Vgl. *Wisskirchen/Bissels*, NZA 2007, 173.
3 Vgl. BAG 22.3.1995 – 5 AZB 21/94, DB 1995, 1714.
4 Vgl. BAG 26.9.2002 – 5 AZB 19/01, AP Nr. 83 zu § 2 ArbGG 1979; ebenso OVG Münster 12.2. 2008 – 5 A 130/05.

Auffassung des BVerwG sogar als Anhänger und Vertreter dieser Organisation auf das Grundrecht des Art. 4 Abs. 1 GG berufen können[1].

91 Bis die Rechtsprechung über die Reichweite des Merkmals „Weltanschauung" oder „Religion" iSd. **AGG** und damit über die Einordnung der Scientology-Ideologie entschieden hat, besteht eine gewisse Rechtsunsicherheit[2], ob ggf. die Frage ein Indiz für eine unzulässige Diskriminierung darstellen kann. Dies gilt insbesondere vor dem Hintergrund, dass Gerichte in Frankreich, Spanien und den USA[3] bereits anerkannt haben, dass es sich bei der Scientology-Organisation um eine Religionsgemeinschaft handelt[4]. Auf die Frage sollte der Arbeitgeber demgemäß grundsätzlich verzichten. Kirchen und die dort sonstigen aufgeführten weltanschaulichen Vereinigungen dürften sich regelmäßig aber auf die sog. „Kirchenklausel" gem. § 9 AGG bzw. § 32 Abs. 4 BDSG-E berufen können.

92 Zulässig dürfte die Frage zudem sein, wenn es um die Besetzung besonderer **Vertrauens- oder Führungspositionen** oder Stellen geht, die mit **Erziehung oder Bildung** betraut sind[5]. Denn die Zielrichtung der Scientology Organisation und ihre unbedingte Loyalitätserwartungen vertragen sich regelmäßig nicht mit denjenigen des Arbeitgebers, wenn es um die genannten Funktionen geht.

93 Bei einer im **öffentlichen Dienst** zu besetzenden Stelle hat der Arbeitgeber ebenfalls ein gesteigertes Interesse an der Ermittlung der Verfassungstreue des Bewerbers. Die Frage nach der Mitgliedschaft in einer verfassungsfeindlichen Organisation ist daher zulässig[6]. Dieses gilt selbst dann, wenn die Verfassungswidrigkeit der Vereinigung noch nicht bewiesen ist[7]. Zulässig ist daher die Frage nach der Mitgliedschaft in der NPD. Ebenso ist die Zugehörigkeit zur Scientology-Organisation mit den arbeitsplatzbezogenen Anforderungen im öffentlichen Dienst in aller Regel nicht zu vereinbaren; der Arbeitgeber hat daher ein berechtigtes Interesse an der Beantwortung der Frage nach einer entsprechenden Mitgliedschaft. Eine neue Bewertung wird indes erforderlich, wenn die Verfassungsmäßigkeit der Organisation festgestellt werden sollte.

94 ⊃ **Hinweis:** Bei der Frage nach der Mitgliedschaft in der Scientology-Organisation ist auf die **Formulierung der Frage** zu achten. Wahrheitsgemäß müssen Mitglieder nur folgende Fragen beantworten: „Sind Sie Mitglied der IAS (International Association of Scientologists)?" oder „Wenden Sie die Technologien oder Lehren von L. Ron Hubbart an?" Wird lediglich gefragt, ob der Bewerber Scientologe ist, ist der Bewerber nach den Lehren von Scientology nicht zur wahrheitsgemäßen Antwort verpflichtet[8].

95 Sollte die Scientology-Organisation als Weltanschauungsgemeinschaft qualifiziert werden müssen, wird das Fragerecht des Arbeitgebers nunmehr ausdrücklich in § 32 Abs. 2, 4, 5 BDSG-E beschränkt und kommt nur noch in Ausnahmefällen in Betracht.

---

1 Vgl. BVerwG 15.12.2005 – 7 C 20/04, NJW 2006, 1303.
2 Darauf weisen auch *Zimmer/Volk*, FA 2006, 259 hin.
3 Vgl. *Wiedemann/Thüsing*, DB 2002, 466, mit entsprechenden Nachweisen auf die Gerichtsentscheidungen.
4 Vgl. *Wisskirchen/Bissels*, NZA 2007, 173.
5 Vgl. *Bauer/Baeck/Merten*, DB 1997, 2535; *Ehrich*, DB 2000, 426 mwN.
6 Vgl. BAG 1.10.1986 – 7 AZR 383/85, AP Nr. 26 zu Art. 33 Abs. 2 GG; 12.3.1986 – 7 AZR 20/83, AP Nr. 23 zu Art. 33 Abs. 2 GG.
7 Vgl. BVerfG 22.5.1975 – 2 BvL 13/73, AP Nr. 2 zu Art. 33 Abs. 5 GG (Ls. 8).
8 Vgl. Warnung der Bundesvereinigung der deutschen Arbeitgeberverbände, Rundschreiben 18.9.1997: „Arbeitsrechtliche Fragestellung zum Thema Scientology"; *Klein-Jahns*, Arbeitgeber 1997, 751 mwN.

• Schwangerschaft

Die Frage nach der Schwangerschaft ist aus Gründen der Geschlechtsdiskriminierung **unzulässig**[1]. Eine Offenbarungspflicht von Seiten der Bewerberin besteht ebenfalls nicht.

96

Früher war die Frage nach einer Schwangerschaft grundsätzlich zulässig[2]. Nach Inkrafttreten des § 611a BGB aF erklärte das BAG, dass dies nur gilt, wenn sich lediglich Frauen auf einen Arbeitsplatz bewarben[3]. Der EuGH sah die Frage nach der Schwangerschaft jedoch grundsätzlich als frauendiskriminierend an. Das BAG folgte dem EuGH dahin gehend, dass eine Frage nach der Schwangerschaft nur noch zum Schutz des ungeborenen Kindes zulässig ist[4]. So räumte das BAG einem Facharzt für Mikrobiologie und Infektionsepidemiologie ein Fragerecht ein, da Gesundheitsrisiken für ein ungeborenes Kind der Mitarbeiterin nicht auszuschließen waren[5]. Ausnahmen gelten auch dann, wenn die Tätigkeit nicht schwanger ausgeführt werden kann (zB Model, Sportlehrerin oder Nachtwächterin wegen § 8 MuSchG). Der **EuGH** erkennt das Argument der Nichtrealisierbarkeit des Arbeitsverhältnisses zumindest in unbefristeten Arbeitsverhältnissen nicht an. Er vertritt die Auffassung, dass einem Arbeitnehmer aufgrund von Schutzrechten für Schwangere[6] (zB §§ 3ff. MuSchG[7]), die den Umgang mit gesundheitsgefährdenden Stoffen verbieten, keine Nachteile entstehen dürfen[8]. Hohe finanzielle Belastungen, auch und insbesondere bei kleinen und mittleren Betrieben, die aus solchen Schutzrechten resultieren, bleiben nach Ansicht des Gerichts außer Betracht. Die Frage nach einer Schwangerschaft sei daher grundsätzlich unzulässig. Das gelte selbst dann, wenn die auf dieser Stelle benötigte Arbeitsleistung für den ordnungsgemäßen Betriebsablauf unverzichtbar sei[9]. Die Ansicht des EuGH betraf jedoch lediglich **unbefristete Arbeitsverhältnisse**. Verhinderte eine Schwangerschaft hingegen die Arbeitsaufnahme für die gesamte Vertragsdauer eines **befristeten Arbeitsvertrages**, so war die Frage nach einer Schwangerschaft bislang zulässig. Ob auch zukünftig noch von der Statthaftigkeit der Frage nach der Schwangerschaft bei befristeten Arbeitsverhältnissen ausgegangen werden kann, muss hingegen nach einer weiteren Entscheidung des EuGH[10] bezweifelt werden. Dieser hat entschieden, dass die Kündigung einer für sechs Monate befristet angestellten Aushilfskraft unwirksam ist, wenn diese dem Arbeitgeber im dritten Beschäftigungsmonat die Schwangerschaft offenbart und mitteilt, dass sie voraussichtlich vor Ablauf der Befristung entbinden werde. Der EuGH folgte der Argumentation des Arbeitgebers nicht, wonach das Verschweigen der Schwangerschaft vor Abschluss des Vertrages eine Verletzung der Treuepflicht darstellt. Obwohl sich die Entscheidung des EuGH nur auf die Kündigung des Arbeitsvertrages bezog, ist davon auszugehen, dass nichts anderes für eine mögliche Anfechtung wegen arglistiger Täuschung gelten kann. Die Beendigung des befristeten Arbeitsverhältnisses beruht nach Auffassung des EuGH[11] auf der Schwangerschaft und damit auf einer unzulässigen unmittelbaren Diskriminierung aufgrund des Geschlechts, so dass die Art und Weise bzw. die Form der Beendigung des Arbeitsvertrages durch eine Kündigung oder Anfechtung keine Rolle spielen dürf-

97

---

1 Vgl. BAG 6.2.2003 – 2 AZR 621/01, NZA 2003, 848.
2 Vgl. Schaub/*Linck*, § 26 Rz. 32 mwN; *Schulte-Westenberg*, NJW 1994, 1573; *Walker*, DB 1987, 273.
3 Vgl. BAG 20.2.1986 – 2 AZR 244/85, DB 1986, 2287.
4 Vgl. BAG 15.10.1992 – 2 AZR 227/92, DB 1993, 431.
5 Vgl. BAG 1.7.1993 – 2 AZR 25/93, NZA 1993, 933.
6 Vgl. EuGH 14.7.1994 – Rs. C-32/93, AP Nr. 21 zu § 9 MuSchG 1968.
7 Vgl. EuGH 14.7.1994 – Rs. C 32/93, AP Nr. 21 zu § 9 MuSchG 1968.
8 Vgl. *Papenheim*, ZMV 2000, 88; *Kasper*, FA 2000, 243.
9 Diese Ansicht vertreten bereits *Schrader*, Rechtsfallen in Arbeitsverträgen, B II 1. a. Rz. 26ff.; *Kasper*, FA 2000, 243ff.; BAG 6.2.2003 – 2 AZR 621/01, NZA 2003, 848f.
10 EuGH 4.10.2001 – Rs. C-109/00, EzA § 611a BGB Nr. 16.
11 EuGH 4.10.2001 – Rs. C-109/00, EzA § 611a BGB Nr. 16.

te. Diese Judikatur hat zur Folge, dass in Zukunft die Frage nach der Schwangerschaft vor dem Abschluss befristeter Arbeitsverträge als unzulässig zu qualifizieren ist. Dies gilt selbst für den Fall, dass die Arbeitnehmerin aufgrund der Schutzvorschriften des MuSchG ihre Tätigkeit gar nicht aufnehmen oder nur teilweise ausüben kann.

97a Ob unbilligen Härten mit dem Rechtsinstitut des **Rechtsmissbrauchs** entgegengewirkt werden kann, wenn zB eine Arbeitnehmerin ihre Schwangerschaft gegenüber einem Arbeitgeber nicht offenbart, der gerade eine Mitarbeiterin als Schwangerschaftsvertretung sucht, ist zweifelhaft[1]. Wird gesamtbetrachtend die Rechtsprechung des EuGH zu der Frage nach einer Schwangerschaft mit einer nahezu umfänglichen Schutzwirkung zugunsten der schwangeren Bewerberin zugrunde gelegt, muss davon ausgegangen werden, dass der Arbeitgeber über das Institut des Rechtsmissbrauchs keine Einwendungen gegen die Wirksamkeit des Arbeitsvertrages erheben kann.

97b Das **AGG** ordnet nunmehr in § 3 Abs. 1 Satz 2 für den Bereich von Beschäftigung und Beruf an, dass eine unmittelbare Benachteiligung wegen des Geschlechts auch im Fall einer ungünstigeren Behandlung einer Frau wegen Schwangerschaft vorliegt.

97c Besonders kritisch ist es, wenn der Arbeitgeber einen **Personalfragebogen**, in dem nach Schwangerschaft gefragt wird, verwendet. Bejaht eine Bewerberin diese Frage wahrheitsgemäß und wird ihr eine Absage auch ohne Hinweis auf die Schwangerschaft erteilt, besteht die Gefahr, dass dieser Fragebogen ein Indiz für eine Benachteiligung aufgrund der Schwangerschaft und somit des Geschlechts darstellt[2]. Die Folge wäre die gesetzlich angeordnete Beweiserleichterung gem. § 22 AGG für die Klägerin.

98 Die Vorlage einer **Nichtschwangerschaftsbescheinigung** kann nicht verlangt werden. Der künftige Arbeitgeber darf sich ebenso wenig nach der Einnahme von **empfängnisverhütenden Mitteln** wie nach der **letzten Menstruation** erkundigen. Gleiches gilt für sonstige Umgehungsfragen, zB ob die Bewerberin beabsichtigt, in naher Zukunft Elternzeit in Anspruch zu nehmen.

- **Schwerbehinderteneigenschaft**

99 Die Frage nach einer **Schwerbehinderung oder Gleichstellung** (§ 2 Abs. 2, 3 SGB IX) war nach der Rechtsprechung grundsätzlich zulässig. Das BAG[3] hat das Fragerecht mit den großen rechtlichen, wirtschaftlichen und betrieblichen Auswirkungen einer Einstellung eines schwerbehinderten Arbeitnehmers begründet.

Ist der Bewerber **behindert, ohne schwerbehindert zu sein**, musste er dies nur dann angeben, wenn diese Behinderung ihn in seiner Arbeitsfähigkeit und Belastbarkeit beeinträchtigte. Die Behinderung musste daher für die auszuführende Arbeit von Bedeutung sein[4]. Die Frage nach einer Behinderung, die den Arbeitnehmer in seiner beruflichen Leistungsfähigkeit negativ beeinflusst, war folglich zulässig.

99a Diese Rechtsprechung kann nach der Einführung von § 81 Abs. 2 Satz 1 SGB IX, der iVm. dem AGG[5] eine Benachteiligung schwerbehinderter Beschäftigter, insbesondere bei der Begründung des Arbeitsverhältnisses, grundsätzlich verbietet, in dieser Weise

---

1 So: *Thüsing/Lambrich*, BB 2002, 1147; gegen eine Offenbarungspflicht in diesem Fall: LAG Köln 11.10.2012 – 6 Sa 641/12.
2 Vgl. dazu auch: *Schiefer/Ettwig/Krych*, Rz. 228, die nach dem Inkrafttreten des AGG davon ausgehen, dass die Frage „erst recht" unzulässig ist.
3 St. Rspr., BAG 5.10.1995 – 2 AZR 923/94, AP Nr. 40 zu § 123 BGB; 3.12.1998 – 2 AZR 754/97, AP Nr. 49 zu § 123 BGB.
4 Vgl. BAG 7.6.1984 – 2 AZR 270/83, AP Nr. 26 zu § 123 BGB.
5 Vgl. die Verweisung in § 81 Abs. 2 Satz 2 SGB IX.

nicht mehr aufrechterhalten werden[1]. Dies gilt insbesondere vor dem Hintergrund, dass § 1 Abs. 1 AGG nunmehr ausdrücklich die „normale" Behinderung erfasst.

Durch das umfassende Diskriminierungsverbot kommt erkennbar zum Ausdruck, dass die Frage nach dem Vorliegen der Schwerbehinderteneigenschaft, nach einer Gleichstellung bzw. nach einer Antragstellung auf Gleichstellung nach § 2 Abs. 3 SGB IX grundsätzlich als unzulässig angesehen werden muss[2]. § 81 Abs. 2 SGB IX soll eine Benachteiligung von schwerbehinderten Bewerbern durch ein Anknüpfen an das Kriterium der Behinderung verhindern. Wirtschaftliche Belastungen und organisatorische Probleme des Arbeitgebers sind nach der gesetzgeberischen Wertung unbeachtlich und damit hinzunehmen. Die Unzulässigkeit einer derartigen Frage lässt sich damit begründen, dass die Behinderung nur Relevanz hat, sofern ihr Fehlen wesentliche und entscheidende Voraussetzung für die Ausübung der Tätigkeit ist. Die rechtliche Anerkennung als Schwerbehinderter ist jedoch unter keinen Umständen ausschlaggebend für eine derartige erhebliche Beeinträchtigung der Tätigkeitsausübung, sondern lediglich die Behinderung an sich. Die Schwerbehinderung ist in diesem Zusammenhang unbeachtlich[3]. Gleiches muss nach der Erweiterung des Diskriminierungsschutzes auch für die Behinderung gelten, die nicht die Voraussetzungen für eine Schwerbehinderung iSv. § 2 Abs. 2 SGB IX erfüllt.

In § 32 Abs. 3 BDSG-E sollen die vorstehende Grundsätze nunmehr ausdrücklich kodifiziert werden: der Arbeitgeber darf von dem Bewerber keinerlei Auskunft darüber verlangen, ob eine Schwerbehinderung oder Gleichstellung mit einer Schwerbehinderung nach § 68 SGB IX vorliegt[4]. Die Einstellung darf nicht wegen der Schwerbehinderten- oder Gleichstellungseigenschaft verweigert werden, wenn die zu Grunde liegende Behinderung der Eignung nicht entgegensteht[5]. **99b**

Die Frage nach der (Schwer-)Behinderteneigenschaft begründet somit das Risiko, dass sich der Bewerber im Falle der Ablehnung auf eine Diskriminierung gem. § 7 Abs. 1 AGG beruft[6].

⊃ **Hinweis:** In der Praxis kann dem Problem der Frage nach der (Schwer-)Behinderteneigenschaft entgegengetreten werden, indem der Arbeitgeber in der Stellenausschreibung und in einem Einstellungsgespräch ausdrücklich auf die geistigen und körperlichen Anforderungen, die an die Tätigkeit gestellt werden, hinweist. Fragen des Arbeitgebers, die ihm Informationen darüber beschaffen können, ob der Bewerber dem gewünschten arbeitsplatzbezogenen Anforderungsprofil entspricht, sind uneingeschränkt zulässig und werden von § 81 SGB IX und § 7 AGG sowie § 32 Abs. 3 BDSG-E nicht erfasst, da diese Fragen ausschließlich an die Beschaffenheit des zukünftigen Arbeitsplatzes und gerade nicht an die (Schwer-)Behinderung anknüpfen. Der Arbeitnehmer muss derartige arbeitsplatzbezogene **100**

---

1 Vgl. zur alten Rechtslage: *Joussen*, NJW 2003, 2860; aA *Messingschlager*, NZA 2003, 303 ff., der die Frage in allen Fällen für unzulässig hält; offengelassen BAG 7.7.2011 – 2 AZR 396/10, NZA 2012, 34; zur Unzulässigkeit nach Inkrafttreten des AGG LAG Hess. 24.3.2010 – 6/7 Sa 1373/09, AE 2011, 39; ArbG Berlin 7.10.2008 – 8 Ca 12611/08, AE 2009, 47 f.; *Bayreuther*, NZA 2010, 679; *Schiefer/Ettwig/Krych*, Rz. 228; *Düwell*, BB 2006, 1743; *Wisskirchen/Bissels*, NZA 2007, 173; kritisch zur bisherigen Rspr.: *Wolf*, AuA 2006, 513; vgl. LAG Hamm 30.6.2010 – 2 Sa 49/10; BAG 16.2.2012 – AZR 553/10, NZA 2012, 555: Die Frage des Arbeitgebers nach der Schwerbehinderung bzw. einem diesbezüglich gestellten Antrag ist im bestehenden Arbeitsverhältnis jedenfalls nach sechs Monaten, dh. ggf. nach Erwerb des Schutzes gem. §§ 85 ff. SGB IX, zulässig. Das gilt insbesondere zur Vorbereitung von beabsichtigten Kündigungen; ausführlich dazu: *Giesen*, RdA 2013, 48 ff.
2 Vgl. *Braun*, MDR 2004, 69; *Joussen*, NJW 2003, 2860; *Trümmer*, FA 2003, 35; *Thüsing/Lambrich*, BB 2002, 1149; *Rolfs/Paschke*, BB 2002, 1261; aA *Schaub*, NZA 2003, 300, der keine Auswirkungen auf die bisherige Rechtslage durch § 81 Abs. 2 SGB IX erkennt; zweifelnd: ErfK/*Rolfs*, § 81 SGB IX Rz. 6; offen gelassen: LAG Hamm 6.11.2003 – 8 (16) Sa 1072/03, FA 2004, 154.
3 Vgl. *Thüsing/Wege*, FA 2003, 299; *Brors*, DB 2003, 1735.
4 Vgl. hierzu auch *Düwell*, FA 2010, 234 ff.
5 Begr. RefE S. 10.
6 Vgl. LAG Hess. 24.3.2010 – 6/7 Sa 1373/09.

Fragen, wie auch die Frage, ob er sich für den Arbeitsplatz für geeignet hält, wahrheitsgemäß beantworten. Der Arbeitgeber kann somit die ausdrückliche Erkundigung nach einer (Schwer-)Behinderung vermeiden. Sein Interesse ist unter Zugrundelegung der Befragung primär darauf ausgerichtet, einen Bewerber einzustellen, dem es aufgrund seines gesundheitlichen Zustandes möglich ist, seine arbeitsvertraglichen Pflichten ordnungsgemäß zu erfüllen, ohne dass an das Kriterium der (Schwer-)Behinderung angeknüpft werden muss.

- **Verfassungstreue (Tätigkeiten im Ministerium für Staatssicherheit)**

101 Bei der Frage nach einer ehemaligen **Mitarbeit im Ministerium für Staatssicherheit**[1] ist zwischen einer Anstellung im öffentlichen Dienst und einer Anstellung in der Privatwirtschaft zu differenzieren.

102 Ein **privater Arbeitgeber** darf sich dann nach einer Tätigkeit im Ministerium für Staatssicherheit erkundigen, wenn der zu besetzende Arbeitsplatz ein **besonderes Sicherheitsbedürfnis** verlangt. Dies ist lediglich in so genannten sicherheitsrechtlichen **Tendenzbetrieben** denkbar. Es besteht daher regelmäßig nur dann die Pflicht zur wahrheitsgemäßen Antwort, wenn die Mitarbeit im Ministerium für Staatssicherheit einen **Bezug** zu dem zu besetzenden Arbeitsplatz aufweist. Die Frage nach einer „Stasimitarbeit" wird hingegen bei einem im **öffentlichen Dienst** zu besetzenden Arbeitsplatz im Allgemeinen als zulässig anerkannt[2]. Liegt die „Stasimitarbeit" jedoch zeitlich schon sehr weit zurück[3], dürfte die Beantwortung der Frage keinen Aufschluss über die Eignung und Qualifikation des Bewerbers liefern; diese ist damit unzulässig. Dies nimmt das BVerfG[4] zumindest für die Fragen nach Vorgängen, die vor 1970 abgeschlossen waren, an. Das BAG hat entschieden, dass zumindest ein Zeitraum von zehn Jahren zwischen der Arbeit für die Staatssicherheit und dem Zeitpunkt der Fragestellung zu kurz sei, um die Annahme zu rechtfertigen, dass die MfS-Tätigkeit so lange zurückliegt, dass allein der Ablauf der Zeit die Wunden geheilt hat[5].

103 Fragen nach der **Mitgliedschaft in Parteien der ehemaligen DDR** sind, weil sie keine Auskunft über die Pflichtentreue des Bewerbers zum Arbeitsverhältnis geben, unzulässig[6]. Der Bewerber ist durch eine solche Frage in seinem Persönlichkeitsrecht (Art. 2 Abs. 1 GG) verletzt[7].

- **Vermögen und Pfändung von Lohnansprüchen**

104 Der Arbeitgeber hat bei Stellen, die eine besondere Zuverlässigkeit des Bewerbers beim Umgang mit Geld erfordern (zB Bankier, Kassierer, Filialleiter, Finanzbuchhalter, leitender Angestellter mit weit reichenden Befugnissen und hoher wirtschaftli-

---

1 Vgl. ArbG Berlin 30.7.2009 – 33 Ca 5772/09, NZA-RR 2010, 70: unterschiedliche Behandlung wegen der früheren Tätigkeit für die Staatssicherheit stellt keine unzulässige Benachteiligung wegen der Weltanschauung dar.
2 Vgl. BAG 13.6.1996 – 2 AZR 483/95, BAGE 83, 181; ausführlich *Strehle*, RiA 1994, 128; MünchArbR/*Buchner*, § 30 Rz. 332a f.
3 Vgl. BVerfG 8.7.1997 – 1 BvR 2111/94, 1 BvR 195/95, 1 BvR 2189/95, BVerfGE 96, 171 ff.
4 Vgl. BVerfG 8.7.1997 – 1 BvR 2111/94, 1 BvR 195/95, 1 BvR 2189/95, BVerfGE 96, 171 ff.
5 Vgl. BAG 16.12.2004 – 2 AZR 148/04, AP Nr. 64 zu § 123 BGB.
6 Vgl. aber den Ausnahmetatbestand in § 32 Abs. 5 BDSG-E: Ein Arbeitgeber, dessen Tätigkeit unmittelbar und überwiegend politisch oder koalitionspolitisch ausgerichtet ist oder der Zwecke der Berichterstattung oder Meinungsäußerung verfolgt, auf die Art. 5 Abs. 1 Satz 2 GG anzuwenden ist, darf auch Daten über die politische Meinung der Beschäftigten erheben, soweit diese im Hinblick auf die Ausrichtung des Arbeitgebers und die Art der Tätigkeit eine gerechtfertigte berufliche Anforderung darstellt.
7 Vgl. LAG Sachs. 6.7.1993 – 5 Sa 141/92, LAGE § 611 BGB – Persönlichkeitsrecht Nr. 4.

cher Verantwortung), ein **besonderes und berechtigtes Interesse** an der Beantwortung der Frage, ob Lohnansprüche in der Vergangenheit gepfändet werden[1].

Ansonsten sind die privaten Vermögensverhältnisse des Bewerbers und das Bestehen eventueller Lohnpfändungen dessen Privatsphäre zuzuordnen, da das Arbeitsverhältnis in der Regel hierdurch nicht berührt wird. Ein Fragerecht besteht daher insoweit nicht[2]. 105

Eine Datenerhebung hinsichtlich der Vermögensverhältnisse durch den Arbeitgeber vor Begründung eines Beschäftigungsverhältnisses soll nach § 32 Abs. 2 Satz 1 BDSG-E zukünftig nur noch unter Berücksichtigung der Grundsätze aus § 8 Abs. 1 AGG zulässig sein. Danach muss die Beantwortung der Frage nach den Vermögensverhältnissen wesentliche und entscheidende berufliche Anforderung sein. Dies wird bei einem Kassierer usw. nach wie vor anzunehmen sein, so dass sich durch die Novellierung des BDSG keine Änderungen im Hinblick auf die bisherige Rechtsprechung ergeben dürften. 105a

- **Vorheriges Arbeitseinkommen**

Der Arbeitnehmer muss nur Angaben zu seinem **vorherigem Gehalt** machen, wenn damit Informationen über die Qualifikation des Bewerbers geliefert werden. Wurde dem Bewerber in seinem vorherigen Anstellungsverhältnis überwiegend ein leistungsbezogenes Entgelt gezahlt, kann der neue Arbeitgeber daraus in aller Regel Rückschlüsse auf die Einsatz- und Leistungsbereitschaft, also die Eignung des Bewerbers ziehen[3]. Ein Fragerecht besteht auch dann, wenn der Bewerber verlangt, nicht weniger zu verdienen als bei seinem vorherigen Arbeitgeber. In diesem Fall ist der Bewerber zur wahrheitsgemäßen Beantwortung einer entsprechenden Frage verpflichtet[4]. Ansonsten wird die Frage nach dem vorherigen Gehalt als unzulässig angesehen[5]. 106

- **Vorstrafen, Strafverfahren, Antritt einer Haftstrafe**

Vorstrafen berühren ein künftiges Arbeitsverhältnis regelmäßig nicht. Dennoch ist der Arbeitgeber daran interessiert, möglichst viel über die Zuverlässigkeit und Vertrauenswürdigkeit des Arbeitnehmers zu erfahren. Verfehlungen in der Vergangenheit können dem Arbeitgeber Hinweise auf die für die Position erforderliche Eignung, zu der grundsätzlich Zuverlässigkeit, Pflichterfüllung und Ehrlichkeit zählen, liefern. Um die Resozialisierung des Vorbestraften nicht zu erschweren, darf bei Eingehung eines Arbeitsverhältnisses jedoch nicht ausnahmslos nach Vorstrafen gefragt werden. Solche Fragen können den sich redlich um einen Arbeitsplatz Bemühenden in Gewissenskonflikte bringen. Sie sind lediglich zulässig, wenn gerade die **Art des zu besetzenden Arbeitsplatzes** die Frage erfordert[6]. Das BAG differenziert hierbei zwischen **verkehrsrechtlichen, politischen, sittlichen, körperlichen und vermögensrechtlichen Delikten**. Der Arbeitgeber darf den Arbeitnehmer nach Vorstrafen aufgrund solcher Delikte fragen, deren Schutzgüter den Arbeitsplatz betreffen. 107

---

1 Ungeordnete wirtschaftliche Verhältnisse des Bewerbers stellen eine potentielle Gefahr für die Vermögensbelange des Arbeitgebers dar; ebenso *Zeller*, BB 1987, 1523.
2 Vgl. ArbG Berlin 16.7.1986 – 8 Ca 141/86, BB 1986, 1853; aA *Moritz*, NZA 1987, 333.
3 Vgl. BAG 19.5.1983 – 2 AZR 171/81, AP Nr. 25 zu § 123 BGB; *Ehrich*, DB 2000, 422.
4 Vgl. BAG 19.5.1983 – 2 AZR 171/81, AP Nr. 25 zu § 123 BGB.
5 Vgl. *Kittner/Zwanziger/Becker*, § 19 Rz. 37.
6 St. Rspr., BAG 6.9.2012 – 2 AZR 270/11, NZA 2013, 1087; 20.5.1999 – 2 AZR 320/98, DB 1999, 1859; LAG Hess. 5.12.2011 – 7 Sa 524/11, BB 2012, 2048: Ermittlungsverfahren gegen Chefarzt wegen fahrlässiger Tötung.

108 Beispiel:

Es ist zulässig, sich bei einem Berufskraftfahrer nach Verkehrsdelikten, bei einem Lagerverwalter nach Diebstahl- oder Hehlereidelikten, bei einem Bankangestellten nach vermögensrechtlichen Delikten, bei einem Erzieher nach Sittlichkeits- oder Körperverletzungsdelikten zu erkundigen[1]. Während ein Sicherheitsbeauftragter nach vermögensrechtlichen Delikten gefragt werden darf, ist dies bei einem Übersetzer, Gärtner oder Metzger unzulässig, da die Beantwortung keinen Aufschluss über die Eignung des Bewerbers liefert.

109 Je weit reichender die Handlungsbefugnisse auf dem zu besetzenden Arbeitsplatz sind und je höher die **Führungsposition** ist, desto größer ist die Bedeutung der Vertrauenswürdigkeit des Bewerbers als Eignungsmerkmal für den Arbeitsplatz[2], desto umfänglicher ist das Fragerecht des Arbeitgebers.

110 Eine Vorstrafe muss der Bewerber nach § 53 Abs. 1 Nr. 1 BZRG hingegen nicht offenbaren, wenn sie nicht gem. § 32 Abs. 2 BZRG in ein polizeiliches Führungszeugnis einzutragen ist[3]. Dementsprechend muss eine Frage nach einer derartigen Vorstrafe nicht richtig beantwortet werden. Dies ergibt sich ausdrücklich aus der Gesetzesbegründung zur Novellierung des BDSG[4]. In § 32 Abs. 2 Satz 1 BDSG-E ist demgemäß vorgesehen, dass eine Frage nach den Vorstrafen nur noch unter den Voraussetzungen des § 8 AGG zulässig ist, dh. die Information muss für die Beschäftigung eine wesentliche und entscheidende berufliche Anforderung sein.

111 Auch die Erkundigung nach **laufenden Ermittlungs- oder Strafverfahren** ist nur dann zulässig, wenn eine Antwort Anhaltspunkte über die persönliche Eignung des Bewerbers liefern könnte[5], also gerade den Bereich berührt, in dem eine besondere Vertrauenswürdigkeit erforderlich ist. Bei der Prüfung der Eignung für die geschuldete Tätigkeit (im Fall: Einstellung in den Polizeivollzugsdienst) kann es je nach den Umständen zulässig sein, dass der Arbeitgeber den Bewerber verpflichtet, während eines längeren Bewerbungsverfahrens anhängig werdende einschlägige Ermittlungsverfahren nachträglich mitzuteilen[6]. Wenn es dem Arbeitgeber offensichtlich auf die **absolute Integrität** des Arbeitnehmers ankommt, überwiegt das Interesse des Arbeitgebers gegenüber dem Geheimhaltungsinteresse des Arbeitnehmers[7]. Nach herrschender Ansicht liegt hierin kein Verstoß gegen Art. 6 EMRK (Unschuldsvermutung)[8]. In § 32 Abs. 2 Satz 1 BDSG-E knüpft die Zulässigkeit der Frage nach laufenden Ermittlungsverfahren – wie auch bei Vorstrafen – an die Voraussetzungen des § 8 AGG an.

Der Arbeitgeber darf den Stellenbewerber grundsätzlich nicht nach bereits eingestellten strafrechtlichen Ermittlungsverfahren fragen. Eine solche unspezifizierte Frage verstößt nach Ansicht des BAG[9] gegen das Datenschutzrecht und die Wertentscheidungen des § 53 BZRG.

112 Weiterhin hat der Arbeitgeber ein berechtigtes Interesse daran zu erfahren, inwiefern der Bewerber infolge von **Gerichtsterminen** oder uU sogar wegen einer **Untersuchungshaft** oder anstehenden Haftstrafe nicht verfügbar ist. Dieses liegt darin, zu ermitteln, ob der Arbeitnehmer seine Arbeit zum vorgesehenen Zeitpunkt ausführen

---

1 Weitere Bsp.: MünchArbR/*Buchner*, § 30 Rz. 342 ff.
2 MünchArbR/*Buchner*, § 30 Rz. 343.
3 Vgl. LAG Düsseldorf 24.4.2008 – 11 Sa 2101/07, AE 2009, 151; ebenso: BAG 6.9.2012 – 2 AZR 270/11, NZA 2013, 1087; 15.11.2012 – 6 AZR 339/11, NZA 2013, 429, das auf die Werteentscheidung des § 53 BZRG abstellt; LAG Köln 10.10.2012 – 5 Sa 389/12, AE 2013, 158.
4 Vgl. Begr. RefE, S. 10.
5 Vgl. BAG 6.9.2012 – 2 AZR 270/11, NZA 2013, 1087.
6 Vgl. BAG 20.5.1999 – 2 AZR 320/98, DB 1999, 1859.
7 Vgl. BAG 27.7.2005 – 7 AZR 508/04, NZA 2005, 1243.
8 Vgl. ErfK/*Preis*, § 611 BGB Rz. 281.
9 BAG 15.11.2012 – 6 AZR 339/11, NZA 2013, 429; 6.9.2012 – 2 AZR 270/11, NZA 2013, 1087.

IV. Erkenntnismittel des Arbeitgebers

kann. Es geht also nicht darum, vorherige Verfehlungen des Arbeitnehmers zu erfahren[1]. Diese Frage ist daher von der Frage über die Vorstrafen zu trennen.

- **Wehr- bzw. Zivildienst**

Die Frage, ob der Bewerber in der Vergangenheit Zivil- oder Grundwehrdienst geleistet hat, ist für ein Arbeitsverhältnis grundsätzlich ohne Bedeutung und daher unzulässig[2]. Nach Maßgabe von § 32 Abs. 3, 4, 5 BDSG-E kann diese ausnahmsweise gerechtfertigt sein. 113

Die Frage, ob in der Zukunft noch Wehr- oder Zivildienst geleistet werden muss, ist nicht unkritisch. S. dazu die Vorauflage, Teil 1 C Rz. 114. 114

Der Bewerber kann selbstverständlich von sich aus auf bei der Bundeswehr oder im Zivildienst erworbenen Fähigkeiten und Qualifikation hinweisen.

- **Wettbewerbsverbote**

Der Arbeitgeber darf nach aus früheren Anstellungen stammenden Wettbewerbsverboten fragen[3]. Verletzt der Bewerber ein solches, so ändert dies nichts an der Wirksamkeit des geschlossenen Arbeitsvertrages. Durch das mit dem vorherigen Arbeitgeber vereinbarte Wettbewerbsverbot ist der Arbeitnehmer lediglich schuldrechtlich verpflichtet worden. 115

Es besteht in der Regel keine Offenbarungspflicht, dass sich der Arbeitnehmer in einem **ungekündigten Arbeitsverhältnis** befindet und er dieses bis zum Beginn des neuen Arbeitsverhältnisses unter Beachtung der geltenden Kündigungsfristen nicht mehr beenden kann[4]. 116

b) Übersicht zur Zulässigkeit des Fragerechts

Frage nach:	frühere Rechtslage	AGG	BDSG-E
Aidserkrankung	zulässig	problematisch wegen des Merkmals Behinderung	nur nach Maßgabe von § 8 AGG
ansteckenden Krankheiten	zulässig	problematisch wegen des Merkmals Behinderung	nur nach Maßgabe von § 8 AGG
Antritt einer Haftstrafe	zulässig	keine Relevanz	zulässig
Arbeits- und Aufenthaltserlaubnis	zulässig	problematisch wegen des Merkmals Rasse und ethnische Herkunft	zulässig
Konkreter Behinderung (**nicht**: Schwerbehinderung/allgemeine Frage nach einer Behinderung)	nur bei Bezug zum Arbeitsplatz und bei wesentlicher und entscheidender Beeinträchtigung der Tätigkeit zulässig	problematisch wegen des Merkmals Behinderung	nur nach Maßgabe von § 8 AGG

117

---

1 Vgl. MünchArbR/*Buchner*, § 30 Rz. 350.
2 Statt aller ErfK/*Preis*, § 611 BGB Rz. 273; MünchArbR/*Buchner*, § 30 Rz. 315 mwN.
3 Vgl. *Ehrich*, DB 2000, 422.
4 Vgl. LAG München 3.2.2005 – 8 Sa 852/04, AuA 2005, 494.

Frage nach:	frühere Rechtslage	AGG	BDSG-E
beruflichen Fähigkeiten und Kenntnissen	zulässig	keine Relevanz	zulässig
beruflicher Verfügbarkeit	zulässig	keine Relevanz	zulässig
beruflichem Werdegang	zulässig	keine Relevanz	zulässig
bisherigen Beschäftigungsverhältnissen	zulässig	keine Relevanz	zulässig
Drogen- oder Alkoholabhängigkeit	zulässig	problematisch wegen des Merkmals Behinderung	nur nach Maßgabe von § 8 AGG
Drogen- oder Alkoholgewohnheiten	unzulässig	keine Relevanz	unzulässig
Gesundheitszustand	nur bei Beeinträchtigung der Arbeitsleistung (chronischen Krankheiten) zulässig	problematisch wegen des Merkmals Behinderung	nur nach Maßgabe von § 8 AGG
Gewerkschaftszugehörigkeit	idR unzulässig	keine Relevanz	idR unzulässig
Homosexualität/sexueller Neigung	idR unzulässig	idR unzulässig	idR unzulässig
HIV-Infizierung	nur in Ausnahmefällen zulässig	problematisch wegen des Merkmals Behinderung	nur nach Maßgabe von § 8 AGG
Kurmaßnahmen	zulässig	problematisch wegen des Merkmals Behinderung	zulässig
laufende Ermittlungsverfahren	nur bei Bezug zum Arbeitsplatz zulässig	keine Relevanz	nur nach Maßgabe von § 8 AGG
Lebensalter	zulässig	problematisch wegen des Merkmals Alter	zulässig
Lohnpfändungen	nur bei Beruf mit vermögensrechtlichem Einschlag zulässig	keine Relevanz	nur nach Maßgabe von § 8 AGG
Nebentätigkeit	idR zulässig	keine Relevanz	idR zulässig
Nichtrauchereigenschaft	unzulässig	keine Relevanz	unzulässig
Parteizugehörigkeit	nur bei parteipolitischem Tendenzbetrieb zulässig	problematisch wegen des Merkmals der sexuellen Identität und Weltanschauung	nur bei parteipolitischem Tendenzbetrieb zulässig
Religionszugehörigkeit	nur ausnahmsweise bei Bezug zum zu besetzenden Arbeitsplatz zulässig	problematisch wegen des Merkmals Religion	nur ausnahmsweise bei Bezug zum zu besetzenden Arbeitsplatz und nur nach Maßgabe von § 8 AGG

IV. Erkenntnismittel des Arbeitgebers

Frage nach:	frühere Rechtslage	AGG	BDSG-E
Schwangerschaft	unzulässig	unzulässig	unzulässig
Schwerbehinderteneigenschaft	unzulässig	problematisch wegen des Merkmals Behinderung	unzulässig
Scientology	grundsätzlich zulässig	problematisch wegen des Merkmals Religion/Weltanschauung; wohl nur noch in Ausnahmefällen, zB bei Führungspositionen zulässig	grundsätzlich zulässig
Stasi-Mitarbeit	bei entsprechendem Bezug zum Arbeitsplatz zulässig	keine Relevanz	bei entsprechendem Bezug zum Arbeitsplatz zulässig
Vorstrafen	nur bei Bezug zum Arbeitsplatz zulässig	keine Relevanz	nur nach Maßgabe von § 8 AGG
Versetzungsbereitschaft	zulässig	keine Relevanz	zulässig
vorherigem Arbeitseinkommen	idR zulässig	keine Relevanz	idR zulässig
Wehr- oder Zivildienst	unzulässig	unzulässig	unzulässig
Wettbewerbsverbote	zulässig	keine Relevanz	zulässig

3. Fragenkatalog für ein Bewerbungsgespräch

Im Vorfeld eines Vorstellungsgespräches bietet es sich an, einen Fragenkatalog vom Bewerber ausfüllen zu lassen. Bei den nachfolgend dargestellten Fragen und Beurteilungskriterien handelt es sich lediglich um Beispiele, deren Zulässigkeit nach der Art des zu besetzenden Arbeitsplatzes unterschiedlich zu bewerten ist. 118

Ein Fragenkatalog für ein Bewerbungsgespräch kann wie folgt aussehen: 119

Formulierungsbeispiel:

Vor- und Nachname(n): ...

Bewerbung für Position: ...

(Weitere Daten des Bewerbers sollten sich aus dem Lebenslauf, Zeugnissen evtl. Personalfragebogen ergeben.)

Wodurch sind Sie auf unser Unternehmen aufmerksam geworden?

Was interessiert Sie gerade an unserem Unternehmen?

Schildern Sie uns bitte kurz Ihren beruflichen Werdegang:

Waren Sie zwischenzeitlich ohne Beschäftigung?

Waren Sie zwischenzeitlich in einer anderen Branche beschäftigt?

Warum interessieren Sie sich für die zu besetzende Stelle?

Können Sie Ihre derzeitige Stelle umschreiben?

Warum möchten Sie Ihren Arbeitsplatz wechseln?

Welches Karriereziel haben Sie? Umschreiben Sie diesen Arbeitsplatz:

Welchen Zeitrahmen haben Sie sich hierfür gesteckt?

Was haben Sie zur Erreichung der von Ihnen angestrebten Ziele unternommen?

Nennen Sie Ihre größten Erfolge und Misserfolge:

Welche Stärken haben Sie?

Was sind Ihre Schwächen?

Welchen Einkommenswunsch haben Sie?

Unterliegen Sie einem Wettbewerbsverbot?

Ab wann wären Sie verfügbar?

Üben Sie eine Nebentätigkeit aus?

4. Bewertungsformular für Bewerbungsgespräche

120 Stehen dem Arbeitgeber viele Bewerber zur Auswahl, bietet sich zur besseren Übersichtlichkeit die Anfertigung von standardisierten Bewertungsformularen für Vorstellungsgespräche an. Hierdurch wird bewusster auf die Eignung und Qualifikationen des Bewerbers geachtet.

121 Zur **Bewertung eines Bewerbungsgesprächs** kann folgendes Beispiel dienen:

Formulierungsbeispiel:

Kleidung: (geschmackvoll, elegant, unangemessen, unsauber)

Sonstiges Äußeres: (gepflegt, ungepflegt, unvorteilhaft)

Typeneignung: (geeignet, ungeeignet, bedingt geeignet, durchschnittlich)

Auftreten: (souverän, selbstbewusst, aufgeregt, unsicher, unauffällig)

Kontaktfreudigkeit: (kontaktfreudig, redselig, schweigsam, zuvorkommende Art)

Sprechweise: (langsam, schnell, deutlich, undeutlich, interessant)

Auffassungsgabe: (gut, weniger gut, schlecht)

Sympathie/Erscheinen/Eindruck: (sympathisch, unsympathisch, unangenehm)

Glaubwürdigkeit: (glaubwürdig, unglaubwürdig, aufgesetztes Verhalten)

Gesamteindruck: …

Eignung …

Sonstiges: …

Absprachen mit dem Bewerber: … (zB Bedenkzeit des Bewerbers, vertragliche Absprachen)

5. Einstellungsfrage- bzw. Personalbogen

122 Wenn die Auswahl der Bewerber groß ist und eine Vorauswahl getroffen werden soll, bietet sich die Übersendung eines Einstellungsfragebogens an. Des Weiteren kann sich der Arbeitgeber durch die Informationen über die Bewerber besser auf ein Vorstellungsgespräch vorbereiten.

123 Bei der Benutzung von Personalfragebögen muss der Arbeitgeber größte Sorgfalt walten lassen, da dieser dem Arbeitnehmer schriftlich vorgelegt wird und insofern als **Indiz für eine etwaige Benachteiligung** gem. § 7 Abs. 1 AGG dienen kann.

IV. Erkenntnismittel des Arbeitgebers

Bei dem Einstellungsfragebogen handelt es sich um eine formularartige Zusammenfassung von Fragen über die persönlichen Fähigkeiten, Verhältnisse und Kenntnisse einer Person[1]. Dieser beinhaltet meist den Hinweis, alle für die Bewerbung notwendigen Unterlagen, Zeugnisse und ggf. einen handgeschriebenen Lebenslauf (s. unter Rz. 137 f. Graphologisches Gutachten) beizufügen. Der Fragebogen liefert dem Arbeitgeber so in aller Regel wichtige Informationen über die Eignung des Bewerbers für den zu besetzenden Arbeitsplatz, die nicht aus den üblichen Bewerbungsunterlagen hervorgehen. Für den Umfang des Fragerechtes gelten die vom BAG entwickelten und oben bereits dargestellten Grenzen (s. Rz. 66 ff.).

124

Die Erstellung eines Personal- bzw. Einstellungsfragebogens ist gem. § 94 BetrVG, soweit im Betrieb ein Betriebsrat existiert, **mitbestimmungspflichtig**. Gleiches gilt bei einer Änderung. Fehlt die Zustimmung des Betriebsrates zu einem inhaltlich zulässigen Fragebogen, hat dies keinerlei Einfluss auf das Verhältnis zwischen Arbeitgeber und Arbeitnehmer. Die fehlende Zustimmung entbindet den Arbeitnehmer nicht von seiner Pflicht, grundsätzlich zulässige Fragen des Arbeitgebers wahrheitsgemäß zu beantworten[2].

125

Ein abgelehnter Bewerber hat aufgrund der persönlichen Angaben im Einstellungsfragebogen, u.a. wegen der **Schutzvorschriften des BDSG**, grundsätzlich einen Anspruch[3] auf Vernichtung der Daten[4]. Dies ergibt sich nunmehr ausdrücklich aus § 32b Abs. 3 BDSG-E, wenn feststeht, dass ein Arbeitsverhältnis nicht begründet wird; eine Ausnahme gilt, wenn der Bewerber in eine weitere Speicherung einwilligt, zB im Hinblick auf eine spätere Beschäftigung.

126

Wird der Bewerber eingestellt, empfiehlt es sich, um zB im Falle einer späteren Kündigung die richtige Sozialauswahl treffen zu können oder um den Vertrag aufgrund verschwiegener Tatsachen im Rahmen der Einstellung erleichtert anfechten zu können, den Einstellungsfragebogen als Personalbogen aufzubewahren.

Folgendes Muster kann als **Einstellungsfragebogen** verwendet werden:

127

Muster Personal-/Einstellungsfragebogen:[5]

Zu besetzender Arbeitsplatz:

1. Persönliche Daten

Familienname:

Vorname(n):

Anschrift: (Straße/Ort):

E-Mail:

Telefon:

Fax:

---

1 Vgl. BAG 21.9.1993 – 1 ABR 28/93, AP Nr. 4 zu § 94 BetrVG 1972.
2 Vgl. BAG 2.12.1999 – 2 AZR 724/98, AP Nr. 16 zu § 79 BPersVG.
3 Aufgrund der Beweislastregelung in § 22 AGG in einem etwaigen Diskriminierungsprozess darf der Arbeitgeber die Daten der abgelehnten Bewerber zur Erbringung des Entlastungsbeweises zumindest bis zum Ablauf der einschlägigen Ausschlussfristen speichern.
4 Vgl. BAG 6.6.1984 – 5 AZR 286/81, AP Nr. 7 zu § 611 BGB – Persönlichkeitsrecht.
5 Weitere Muster in *Zeller*, BB 1987, 1522 ff.; nach Inkrafttreten des AGG: *Schrader/Schubert*, Das neue AGG, 2006, Rz. 570; *Schiefer/Ettwig/Krych*, Rz. 228.

Stammen Sie aus:
- den „Alt"-EU-Staaten sowie den zum 1.4.2004 oder 1.1.2007 der EU beigetretenen Staaten/EWR-Staaten[1]/Schweiz,
- Kroatien oder
- dem sonstigen Ausland?

Ist Ihre Frau/Ihr Mann/Lebenspartner/Kind in einem Konkurrenzunternehmen tätig?

2. Schulische/berufliche Qualifikation

Schulabschluss:

Berufsschule/Studium:

Berufsabschluss:

Zusätzliche Abschlüsse/Titel:

Haben Sie an Fortbildungsveranstaltungen teilgenommen?

Welche Fremdsprachenkenntnisse haben Sie?

Schriftlich? Bewertung: keine Kenntnisse bis fließend

Mündlich? Bewertung: keine Kenntnisse bis fließend

Haben Sie eine Fahrerlaubnis? (Pkw, Lkw, Gabelstapler)

Haben Sie sonstige Fähigkeiten und Kenntnisse:

Derzeitige Beschäftigung:

Ich war vorher beschäftigt bei:

Ich habe bereits bei (Name des Unternehmens) gearbeitet als[2] ...

Ab welchem Zeitpunkt könnten Sie die Arbeit aufnehmen?

Unterliegen Sie einem Wettbewerbsverbot (evtl. Umfang)?

Waren Sie schon einmal in unserem Unternehmen beschäftigt (befristetes Arbeitsverhältnis)?

3. Gesundheitszustand[3]

(Frage nach konkreten Behinderungen und dem Gesundheitszustand, sofern das Fehlen einer Behinderung oder Krankheit wesentliche und entscheidende berufliche Anforderung für die Ausübung der Tätigkeit ist.)

Sind Sie arbeitsunfähig erkrankt?

Ist das letzte Arbeitsverhältnis aufgrund einer Krankheit beendet worden?

Haben Sie eine ansteckende Krankheit, die Ihre Arbeitsleistung mindert?

Haben Sie sonst eine Krankheit, die Sie an der Ausführung der Arbeit hindert?

Wären Sie bereit, sich auf Kosten von (Name des Unternehmens) untersuchen zu lassen?

Sind Sie dazu bereit, Ihren Arzt von der ärztlichen Schweigepflicht zu entbinden?

Haben Sie einen Kurantrag bereits gestellt? Liegt eine Bewilligung vor?

4. Vermögensverhältnisse

(Die folgenden Fragen müssen nur dann beantwortet werden, wenn die zu besetzende Stelle ein besonderes Vertrauensbedürfnis in Bezug auf Vermögenswerte und Betriebsgeheimnisse

---

1 Belgien, Bulgarien, Dänemark, Deutschland, Estland, Finnland, Frankreich, Griechenland, Großbritannien, Irland, Island, Italien, Lettland, Liechtenstein, Litauen, Luxemburg, Malta, Niederlande, Norwegen, Österreich, Polen, Portugal, Rumänien, Schweden, Schweiz, Slowakische Republik, Slowenien, Spanien, Tschechische Republik, Ungarn und Zypern.
2 Diese Frage sollte bei Abschluss eines befristeten Arbeitsvertrages nach § 14 Abs. 2, 3 TzBfG gestellt werden.
3 Die gesamten Fragen über den Gesundheitszustand sind gem. § 32 Abs. 2 Satz 1 BDSG-E und im Hinblick auf das Diskriminierungsmerkmal „Behinderung" zumindest als kritisch zu bezeichnen.

IV. Erkenntnismittel des Arbeitgebers   Rz. 129   Teil 1 C

erfordert und die Beantwortung Auskunft über eine wesentliche und entscheidende berufliche Anforderung für die Ausübung der Tätigkeit gibt.)

Haben Sie Ihren künftigen Arbeitslohn abgetreten, oder liegen Lohnpfändungen vor?

Haben Sie eine eidesstattliche Versicherung (§§ 899 ff. ZPO) abgeleistet?

5. Vorstrafen/Strafverfahren

(Die folgenden Fragen müssen nur dann beantwortet werden, wenn die Beantwortung Auskunft über eine wesentliche und entscheidende berufliche Anforderung für die Ausübung der Tätigkeit gibt.)

Haben Sie Vorstrafen, die für die zu vergebende Position von Bedeutung sind?

Muss infolge laufender Ermittlungsverfahren mit Ihrer Abwesenheit gerechnet werden?

Droht eine Haftstrafe?

Hiermit versichere ich die Richtigkeit meiner Angaben. Ich habe nichts, was für die Eingehung des Arbeitsverhältnisses von Bedeutung ist, verschwiegen. Dass bewusst falsche und unvollständige Angaben zur Anfechtung des Arbeitsvertrages wegen arglistiger Täuschung und zum Schadensersatz berechtigen, ist mir bekannt.

_____   _____
Ort, Datum   Unterschrift des Bewerbers

6. Zulässigkeit von „Background Checks"

Unter einem sog. „Background Check" werden sämtliche Maßnahmen zusammengefasst, die der Arbeitgeber im Vorfeld der Begründung eines Arbeitsverhältnisses – über das klassische Bewerbungsgespräch hinaus – durchführt, um sich durch **zusätzliche Informationen** ein genaues Bild über die Person des Bewerbers, dessen Fähigkeiten, Zuverlässigkeit und Integrität zu verschaffen. Vielfach dienen Background Checks dazu, um im Rahmen des Vorstellungsgespräches mitgeteilte Angaben zu verifizieren. Auch in diesem Zusammenhang muss der Arbeitgeber das Persönlichkeitsrecht des Bewerbers und die Konkretisierungen im BDSG beachten[1]. 128

a) Financial Background

Einen Einblick in die privaten wirtschaftlichen und finanziellen Verhältnisse des Bewerbers kann sich der Arbeitgeber durch die Vorlage einer **Eigenauskunft der SCHUFA**[2] verschaffen. Darin sind sämtliche Geld- und Warenkreditverträge des Bewerbers mit den Vertragspartnern der SCHUFA aufgeführt. Das BAG[3] lässt allerdings die Frage nach den Vermögensverhältnissen nur ausnahmsweise zu. Daran anknüpfend konnte der Arbeitgeber zumindest nicht uneingeschränkt die Vorlage der Selbstauskunft der SCHUFA verlangen. Voraussetzung ist, dass im Einzelfall ein Vertrauensverhältnis zwischen den Arbeitsvertragsparteien begründet werden soll. Daran sind unter Beachtung der konkreten Tätigkeit oftmals keine hohen Anforderungen zu stellen, so dass nicht nur leitende Positionen in einem Unternehmen erfasst werden[4]. Auch ein Call-Center-Agent kann diese Voraussetzungen erfüllen, wenn er zB mit sensiblen Kreditkartendaten von Kunden umgehen muss, durch deren Missbrauch ein erheblicher Schaden angerichtet werden kann[5]. Nach der geplanten Novellierung der BDSG ist die Vorlage einer Selbstauskunft der SCHUFA nur noch zulässig, wenn die Informa- 129

---

1 *Bissels/Lützeler*, PuR 5/2009, 6 ff.
2 Schutzgemeinschaft für die allgemeine Kreditsicherung.
3 BAG 29.8.1980 – 7 AZR 726/77, AuR 1981, 60.
4 Vgl. *Hohenstatt/Stamer/Hinrichs*, NZA 2006, 1068; *Bissels/Lützeler*, PuR 5/2009, 6 ff.; kritisch dazu *Thum/Szczesny*, BB 2007, 2407.
5 *Hohenstatt/Stamer/Hinrichs*, NZA 2006, 1068.

tion eine für die konkrete Tätigkeit wesentliche und bedeutsame Anforderung darstellt (vgl. § 32 Abs. 2 Satz 1 BDSG-E). Dies ist auf Grundlage des BDSG-E, zB bei einem Kassierer, Filialleiter, Finanzbuchhalter, leitenden Angestellten mit weit reichenden Befugnissen und hoher wirtschaftlicher Verantwortung der Fall.

129a Diese Grundsätze gelten entsprechend für die Einsichtnahme des Arbeitgebers in den von dem Betroffenen angeforderten **Auszug aus dem Gewerbezentralregister**, durch den die gewerberechtliche Unzuverlässigkeit oder Ungeeignetheit des Bewerbers festgestellt werden kann (§ 149 Abs. 2 GewO)[1].

b) Criminal Background

130 Ob der Bewerber bereits strafrechtlich in Erscheinung getreten ist, kann der Arbeitgeber durch die Vorlage eines **polizeilichen Führungszeugnisses** überprüfen, das der Betroffene selbst beantragen muss. Bei einer uneingeschränkten Übertragung der an sich restriktiven Rechtsprechung des BAG zur Zulässigkeit nach der Frage zu Vorstrafen[2] auf die Beibringung eines Führungszeugnisses wird das Informationsbedürfnis des Arbeitgebers nicht hinreichend berücksichtigt. Für die grundsätzliche Zulässigkeit der Vorlageverpflichtung spricht vielmehr, dass das Persönlichkeitsrecht des Bewerbers durch die Gesetzessystematik der §§ 30 ff. BZRG[3] bereits ausreichend geschützt ist[4]. Auch die Gesetzeshistorie kann in diesem Zusammenhang herangezogen werden, da der Gesetzgeber im Rahmen der Festlegung der Voraussetzungen für die Erteilung und den Inhalts des Führungszeugnisses die Frage der Anforderung durch den Arbeitgeber berücksichtigt hat[5].

130a Durch die geplanten Gesetzesänderungen im Arbeitnehmerdatenschutz ist die Vorlage des Führungszeugnisses zukünftig nur noch ausnahmsweise möglich, wenn die erhobenen Daten eine wesentliche und entscheidende berufliche Anforderung für die auszuübende Tätigkeit darstellen (vgl. § 32 Abs. 2 Satz 1 BDSG-E) oder wenn gesetzlich die Vorlage eines (erweiterten) Führungszeugnisses bei der Einstellung verlangt werden soll[6].

c) Internetrecherche

131 Eine die Datenerhebung im Internet legitimierende Vorschrift stellt insbesondere § 28 Abs. 1 Satz 1 Nr. 3 BDSG dar. Danach ist die Erhebung der Daten zulässig, wenn diese allgemein zugänglich sind, es sei denn, dass die schutzwürdigen Interessen des Bewerbers überwiegen. Die Anwendung der Vorschrift ist nicht durch § 32 Abs. 1 Satz 1 BDSG eingeschränkt[7]. Sofern der Bewerber Daten in das Internet eingestellt hat, sind diese folglich **öffentlich zugänglich** und können vom Arbeitgeber im Rahmen des Einstellungsverfahrens grundsätzlich berücksichtigt werden[8]. Gleiches gilt für **Daten in sozialen Netzwerken**, die über eine Suchmaschinenanfrage erhoben

---

1 Dazu *Thum/Szczesny*, BB 2007, 2407.
2 Vgl. BAG 20.5.1999 – 2 AZR 320/98, DB 1999, 1859.
3 § 32 BZRG: Beschränkung der Eintragungsfähigkeit von Straftaten; §§ 45 ff. BZRG: Tilgungsbestimmungen.
4 Vgl. OLG Hamm 9.8.1985 – 1 VAs 64/85 – NStZ 1985, 559; *Bissels/Lützeler*, PuR 5/2009, 6 ff.; aA LAG Hamm 4.7.2014 – 10 Sa 171/14; Joussen, NZA 2012, 778; *Kania/Sansone*, NZA 2012, 362; *Thum/Szczesny*, BB 2007, 2406; unklar *Bradaric*, HR-Services 1–2/2009, 37.
5 BT-Drucks. VI/477, 20; *Bissels/Lützeler*, PuR 5/2009, 6 ff.; *Hohenstatt/Stamer/Hinrichs*, NZA 2006, 1067.
6 Vorlage eines sog. erweiterten Führungszeugnisses bei kinder- oder jugendnahen Tätigkeiten gem. § 30a BZRG iVm. § 72a Abs. 1 SGB VIII; dazu LAG Hamm 4.7.2014 – 10 Sa 171/14; *Joussen*, NZA 2012, 776; *Löwisch/Mysliwiec*, NJW 2012, 2389.
7 BT-Drucks. 16/13657, 36.
8 Ausführlich dazu: *Bissels/Lützeler/Wisskirchen*, BB 2010, 2436 f.; *Kania/Sansone*, NZA 2012, 363.

IV. Erkenntnismittel des Arbeitgebers

werden können, ohne dass eine gesonderte Anmeldung oder Bestätigung für die Freigabe der Daten durch den Bewerber notwendig ist[1]. Auch bei **berufsorientierten Netzwerken**, wie XING oder LinkedIn, sind die dort vom Bewerber eingestellten Daten allgemein zugänglich, selbst wenn eine Anmeldung erforderlich ist; diese ist regelmäßig durch einige wenige Angaben des Nutzers und damit ohne erheblichen zeitlichen und/oder administrativen Aufwand – anders als in Vereinen oder Verbänden – möglich. Die Freischaltung erfolgt wenige Augenblicke später und ermöglicht dem Arbeitgeber Zugriff auf die dort vom Bewerber hinterlegten Daten, so dass es gerechtfertigt ist, trotz der Beschränkungen eine öffentliche Zugänglichkeit anzunehmen[2]. Eine abweichende Bewertung ist ausnahmsweise möglich, wenn Dritte Informationen über den Bewerber im Internet platziert haben und sich dem Arbeitgeber eine Persönlichkeitsrechtsverletzung geradezu aufdrängen muss, zB bei Schmähkritik, sozialer Ausgrenzung, bezweckter Stigmatisierung oder sonstigen Angriffen auf die Menschenwürde[3]. Nicht allgemein zugänglich sind dagegen Daten, die in **freizeitorientierten Netzwerken**, zB Facebook oder StudiVZ, von dem Bewerber eingestellt werden[4].

In der geplanten Novellierung des BDSG hat der Gesetzgeber das „Googeln" von Bewerbern nunmehr ausdrücklich geregelt. Danach darf der Arbeitgeber ausnahmsweise **allgemein zugängliche Daten** ohne Mitwirkung des Beschäftigten erheben, wenn er diesen darauf hingewiesen hat und dessen schutzwürdige Interessen dem nicht entgegenstehen (§ 32 Abs. 6 Satz 2 BDSG-E). Bei Daten aus sozialen Netzwerken, die vorrangig der elektronischen Kommunikation dienen, überwiegt das schutzwürdige Interesse des Bewerbers; dies gilt allerdings nicht für Netzwerke, die zur Darstellung der beruflichen Qualifikation ihrer Mitglieder bestimmt sind[5]. In der Gesetzesbegründung wird ausgeführt, dass der Hinweis über eine Datenerhebung aus allgemein zugänglichen Quellen bereits in der Stellenausschreibung erfolgen kann[6].

131a

Im Internet, zB über eine Suchmaschine, abrufbare Daten sind grundsätzlich allgemein zugänglich[7]. Dies bedeutet, dass – vorbehaltlich eines entsprechenden Hinweises an den Bewerber und der Interessenabwägung – eine „Google-Recherche" auf Grundlage des BDSG-E regelmäßig zulässig ist[8]. Dabei ist bei der vorzunehmenden Interessenabwägung zu berücksichtigen, wie alt die Veröffentlichung im Internet ist, in welchem Kontext sie erfolgte und ob der Beschäftigte noch die Herrschaft über die Veröffentlichung hat[9]. Zudem steht das überwiegende Interesse des Bewerbers der Datenerhebung entgegen, wenn die Daten in freizeitorientierten Netzwerken eingestellt sind; bei berufsorientierten Netzwerken soll dies wiederum nicht gelten[10]. Sollte der Arbeitgeber bei der Datenerhebung gegen die Allgemeinen Nutzungsbedingungen des jeweiligen Betreibers der aufgesuchten Plattform verstoßen, begründet dies nach der Gesetzesbegründung ein überwiegendes Interesse des Bewerbers gegen die Erhebung seiner personenbezogenen Daten[11].

131b

---

1 Vgl. HWK/*Lembke*, § 32 BDSG Rz. 4; *Rolf/Rötting*, RDV 2009, 266.
2 So auch *Oberwetter*, BB 2008, 1564; *Rolf/Rötting*, RDV 2009, 266; *Wellhörner/Byers*, BB 2009, 2315; aA *Forst*, NZA 2010, 431.
3 Vgl. *Rolf/Rötting*, RDV 2009, 265 f. unter Verweis auf LG Köln 30.1.2008 – 28 O 319/07.
4 Im Ergebnis auch *Forst*, NZA 2010, 432; *Rolf/Rötting*, RDV 2009, 266 f.
5 § 32 Abs. 6 Satz 3 BDSG-E; insoweit gilt das oben zu Netzwerken wie Xing oder LinkedIn Gesagte entsprechend.
6 Begr. RefE S. 12.
7 Begr. RefE S. 12.
8 Vgl. *Bissels/Lützeler/Wisskirchen*, BB 2010, 2436 f.
9 Begr. RefE S. 12; dazu auch *Beckschulze/Natzel*, BB 2010, 2370; *Forst*, NZA 2010, 1045.
10 Begr. RefE S. 12.
11 Begr. RefE S. 12; *Bissels/Lützeler/Wisskirchen*, BB 2010, 2437 f.

7. Einstellungsuntersuchungen und Tests

a) Physische/psychische Untersuchungen

aa) Zulässigkeit

132 Der Arbeitgeber hat grundsätzlich ein berechtigtes Interesse daran, dass der Bewerber die für den zu besetzenden Arbeitsplatz erforderliche körperliche Eignung mitbringt. Die körperliche Leistungsfähigkeit muss den Anforderungen an die Stelle entsprechen[1]. Eine Untersuchung kann aber einen Eingriff in das Persönlichkeitsrecht des Bewerbers darstellen[2]. Dieser tritt jedoch hinter die Interessen des Arbeitgebers zurück, wenn die ärztliche Untersuchung lediglich den Umfang hat, der für die Ermittlung der beruflichen Eignung des zu besetzenden Arbeitsplatzes erforderlich ist[3]. Art und Umfang der ärztlichen Untersuchung müssen sich an dem zu besetzenden Arbeitsplatz orientieren[4]. In § 32a Abs. 1 Satz 1 BDSG-E soll nunmehr die Durchführung von ärztlichen Einstellungsuntersuchungen einer ausdrücklichen gesetzlichen Regelung zugeführt werden: Der Arbeitgeber darf danach die Begründung eines Arbeitsverhältnisses von einer ärztlichen Untersuchung abhängig machen, wenn und soweit die Erfüllung bestimmter gesundheitlicher Voraussetzungen im Hinblick auf die auszuübende Tätigkeit eine wesentliche und entscheidende berufliche Anforderung darstellt. Dies ist u.a. der Fall, wenn die Untersuchung den Beschäftigten vor gesundheitlichen Gefahren an seinem Arbeitsplatz schützen soll, zB wenn er im Rahmen der Tätigkeiten mit allergenen Stoffen umgehen muss; zulässig dürfte auch eine Untersuchung eines Chirurgen im Hinblick auf eine HIV-Infizierung sein[5]. Nach der Gesetzesbegründung können auch zukünftige Tätigkeiten einzubeziehen sein, wenn diese zum Zeitpunkt der Untersuchung bereits vorgesehen sind, zB die Tropentauglichkeit eines Bewerbers, wenn dessen späterer Einsatz in den Tropen geplant ist[6]. Der untersuchende Arzt teilt dem Arbeitgeber zum Schutz des Persönlichkeitsrechtes des Bewerbers lediglich das Gesamtergebnis im Hinblick auf die Eignung für die vorgesehene Tätigkeit und nicht die einzelnen Ergebnisse der Untersuchung mit (vgl. § 32a Abs. 1 Satz 4 BDSG-E). Er entscheidet, ob der Bewerber für die Stelle körperlich tauglich ist[7] und für die Stelle in Betracht kommt. Der Arzt unterliegt der Schweigepflicht (vgl. § 8 Abs. 1 ASiG, § 203 StGB). Der Bewerber ist hingegen über das vollständige Untersuchungsergebnis zu unterrichten (vgl. § 32a Abs. 1 Satz 3 BDSG-E).

132a Eine Untersuchungspflicht des Bewerbers besteht grundsätzlich nicht, sie wird auf **freiwilliger Basis** durchgeführt. Allerdings muss der eine Untersuchung ablehnende Bewerber dann mit seiner Ablehnung rechnen. § 32a Abs. 1 Satz 2 BDSG-E sieht in diesem Sinne vor, dass der Bewerber in die Untersuchung nach einer Aufklärung über deren Art und Umfang sowie in die Weitergabe des Untersuchungsergebnisses eingewilligt haben muss.

132b **Ausnahmen vom Freiwilligkeitsgrundsatz** existieren nach der geplanten Änderung des BDSG nicht mehr. Dies gilt auch für ärztliche Gesundheitsuntersuchungen, die gesetzlich vorgesehen sind[8], zB zum Schutz von jugendlichen Arbeitnehmern[9] (§ 32 JArbSchG) oder zum Schutz der Allgemeinheit (§ 43 IfSG für im Lebensmittelbereich beschäftigte Personen: Nachweis durch eine vom Gesundheitsamt oder einen vom

---

1 Vgl. MünchArbR/*Buchner*, § 30 Rz. 272 ff.; *Zeller*, BB 1987, 2439.
2 Vgl. ErfK/*Preis*, § 611 BGB Rz. 292 mwN.
3 Dazu ausführlich: *Behrens*, NZA 2014, 401 ff.
4 Vgl. BAG 23.2.1967 – 2 AZR 124/66, AP Nr. 1 zu § 7 BAT.
5 Vgl. *Beckschulze/Natzel*, BB 2010, 2370.
6 Vgl. Begr. RefE S. 13.
7 Vgl. *Keller*, NZA 1988, 562.
8 Vgl. *Beckschulze/Natzel*, BB 2010, 2370; im Einzelnen auch *Forst*, NZA 2010, 1046.
9 Ausführlich hierzu Kasseler Handbuch/*Striegan*, 2.10. Rz. 181; ErfK/*Preis*, § 611 BGB Rz. 295.

IV. Erkenntnismittel des Arbeitgebers

Gesundheitsamt beauftragten Arzt erstellte Bescheinigung, die nicht älter als drei Monate ist[1]. Für gendiagnostische Untersuchungen bleiben die speziellen Vorschriften des GenDG anwendbar[2].

Diese Anmerkungen gelten grundsätzlich entsprechend für die Durchführung **psychologischer Untersuchungen**[3]. Diese dürfen ausschließlich diplomierte Psychologen und Ärzte, die der Schweigepflicht unterliegen, vornehmen[4]. Auch hier gilt, dass sich die Einwilligung lediglich auf die Weitergabe des Gesamtergebnisses des Tests im Hinblick auf die Eignung des Bewerbers für die vorgesehene Tätigkeit an den Arbeitgeber bezieht. Einzelne Befunde aus der Untersuchung darf der Arzt oder Psychologe dem Arbeitgeber nicht mitteilen. 132c

> **Hinweis:** Die Einstellung sollte unter der auflösenden Bedingung eines positiven Ergebnisses der Einstellungsuntersuchung erfolgen[5]. Diese Möglichkeit, eine derartige Regelung in den Arbeitsvertrag aufzunehmen, ist auch durch die geplante Änderung des BDSG nicht ausgeschlossen. 133

Ein Drogen- oder Alkoholtest vor der Einstellung setzt grundsätzlich eine Arbeitsplatzrelevanz voraus, die darin bestehen kann, dass der Bewerber durch eine Schlechtleistung sich, das Leben bzw. die Gesundheit seiner zukünftigen Arbeitskollegen oder das Eigentum Dritter durch drogenbedingtes Fehlverhalten gefährden[6] und ein erhöhtes Risiko für einen Schadenseintritt setzen kann, zB bei Chirurgen, Piloten, Rennfahrern, Bedienungsmannschaften von teuren Spezialmaschinen, Waffenträgern und sonstigen sicherheitsrelevanten Arbeitsplätze etc. In diesen Fällen ist eine fehlende Alkohol- und/oder Drogenabhängigkeit essentielle Voraussetzung für die Ausübung der vorgesehenen Tätigkeit iSv. § 32a Abs. 1 Satz 1 BDSG-E[7]. 134

bb) Besonderheiten nach Inkrafttreten des AGG

Nach dem Inkrafttreten des AGG kann die Durchführung von physischen oder psychischen Untersuchungen durchaus problematisch sein, da die Abgrenzung zwischen der diskriminierungsrelevanten Behinderung nach §§ 1 Abs. 1, 7 Abs. 1 AGG und einer „bloß" chronischen Erkrankung fließend ist. Sollte sich im Rahmen einer Einstellungsuntersuchung herausstellen, dass der Bewerber an einer schwerwiegenden Krankheit leidet, und wird er daraufhin vom Arbeitgeber abgelehnt, sieht dieser sich ggf. dem Vorwurf der Benachteiligung wegen einer Behinderung ausgesetzt. 134a

Aufgrund dieses Gefahrenpotentials sollten medizinische Untersuchungen nur in Ausnahmefällen durchgeführt werden, in denen das Vorhandensein eines bestimmten Merkmals (zB Fahrtauglichkeit eines Busfahrers; Flugtauglichkeit eines Piloten oder einer Flugbegleiterin) unerlässliche Voraussetzung für die Ausübung der Tätigkeit ist. Dabei dürften zumindest auch die Anforderungen an eine Rechtfertigung nach § 8 AGG erfüllt sein. Damit wird gleichzeitig dem Erfordernis nach § 32a Abs. 1 Satz 1 BDSG-E Rechnung getragen.

---

1 Die Bescheinigung weist nach, dass eine Belehrung über die in § 42 IfSG genannten Tätigkeitsverbote und Verpflichtungen erfolgt ist und keine Tatsachen für ein Tätigkeitsverbot bekannt sind.
2 Vgl. Begr. RefE S. 13.
3 Dazu ausführlich: *Franzen*, NZA 2013, 2 ff.
4 Vgl. *Fitting*, § 94 BetrVG Rz. 25.
5 S. § 158 Abs. 2 BGB, vgl. ErfK/*Preis*, § 611 BGB Rz. 299; *Zeller*, BB 1987, 2441.
6 Vgl. *Bengelsdorf*, NZA-RR 2004, 118; *Diller/Powietzka*, NZA 2001, 1228; aA *Künzl*, BB 1993, 1583.
7 Vgl. auch *Beckschulze/Natzel*, BB 2010, 2370.

b) Eignungstests

135 Durch § 32a Abs. 2 Satz 1 BDSG-E werden Eignungstests einer ausdrücklichen gesetzlichen Regelung zugeführt. Danach darf der Arbeitgeber die Begründung eines Arbeitsverhältnisses von einer sonstigen Untersuchung oder Prüfung[1] abhängig machen, wenn diese aufgrund der auszuübenden Tätigkeit erforderlich ist, um festzustellen, ob der Beschäftigte zum Zeitpunkt der Arbeitsaufnahme für die vorgesehene Tätigkeit geeignet ist[2]. Dabei muss der Bewerber in den Eignungstest nach Aufklärung über dessen Art und Umfang sowie die Weitergabe des Ergebnisses an den Arbeitgeber eingewilligt haben (vgl. § 32a Abs. 2 Satz 2 BDSG-E). Der Eignungstest muss nach wissenschaftlich anerkannten Methoden durchgeführt werden, sofern diese bestehen (vgl. § 32a Abs. 2 Satz 3 BDSG-E). Dem Bewerber ist das Ergebnis des Eignungstests mitzuteilen; sind diese von Personen vorzunehmen, die einer beruflichen Schweigepflicht unterliegen (zB Berufspsychologen), darf der Arbeitsgeber nur darüber unterrichtet werden, ob der Bewerber für die vorgesehene Tätigkeit geeignet ist (vgl. § 32a Abs. 2 Satz 4, 5 BDSG-E).

136 **Assessment-Center** werden – auch auf Grundlage von § 32a Abs. 2 BDSG-E – zukünftig zulässigerweise durchgeführt werden können[3]. Bei einem Assessment-Center handelt es sich um ein systematisches Verfahren zur qualifizierten **Festlegung von Verhaltensleistungen und Verhaltensdefiziten**, das von mehreren Beobachtern gleichzeitig für mehrere Teilnehmer durchgeführt wird[4]. Inhalte können Diskussionen, Fallstudien, Vorträge, Tests, Interviews sowie Rollen-, Plan-, Entscheidungs- und Konfliktspiele sein, wobei diese vom vorgesehenen Anforderungsprofil des zu besetzenden Arbeitsplatzes abhängig sind. Der Bewerber muss der Durchführung eines Assessment-Centers zustimmen. Das Einverständnis bezieht sich dabei lediglich auf die Ermittlung der persönlichen Eigenschaften und Fähigkeiten, die für die betreffende Position von Bedeutung sind.

Sollte der Bewerber an dem Eignungstest und/oder dem Assessment-Center nicht teilnehmen und keine entsprechende Einwilligung erklären, kann der Arbeitgeber diesen von dem weiteren Verfahren ausschließen[5]. Die im Rahmen des Eignungstests und Trainings durchgeführten Maßnahmen müssen unter Berücksichtigung des AGG diskriminierungsfrei durchgeführt werden. Der Arbeitgeber kann sich in diesem Zusammenhang nicht damit exkulpieren, dass eine etwaige Benachteiligung gem. §§ 1 Abs. 1, 7 Abs. 1 AGG durch einen Dritten, zB einen externen Dienstleister, erfolgte[6].

c) Graphologische Gutachten

137 Graphologische Gutachten sind nur mit der **Zustimmung** des Bewerbers zulässig[7]. Das Selbstbestimmungsrecht des Bewerbers ist verletzt, wenn seine Persönlichkeit ohne seine Einwilligung mit Erkenntnismitteln ausgeleuchtet wird, die über jedermann zur Verfügung stehende Erkenntnismöglichkeiten hinausgehen[8]. Die Durchführung eines graphologischen Gutachtens ohne die vorherige Zustimmung des Be-

---

1 In Abgrenzung zur ärztlichen Untersuchung nach § 32a Abs. 1 BDSG-E.
2 Dazu *Franzen*, NZA 2013, 4f.
3 Vgl. *Beckschulze/Natzel*, BB 2010, 2370f.; im Einzelnen *Forst*, NZA 2010, 1046.
4 Vgl. *Schönfeld/Gennen*, NZA 1989, 543; ErfK/*Preis*, § 611 BGB Rz. 308.
5 *Beckschulze/Natzel*, BB 2010, 2371.
6 Darauf weist zu Recht *Gaul*, AktuellAR 2006, S. 15, hin.
7 Vgl. ArbG München 14.4.1975 – 26 Ca 1674/75, BB 1975, 1205; DKKW/*Klebe*, § 94 BetrVG Rz. 39; *Grunewald*, NZA 1996, 15; *Schierbaum*, AiB 1995, 591; *Michel/Wiese*, NZA 1986, 505; MünchArbR/*Buchner*, § 30 Rz. 412ff.; *Kaehler*, DB 2006, 280.
8 Vgl. BAG 16.9.1982 – 2 AZR 228/80, NJW 1976, 310; *Bepler*, NJW 1976, 1874.

werbers verpflichtet den Arbeitgeber ggf. zu Schadensersatz[1]. Des Weiteren hat der Bewerber in diesem Fall einen Anspruch auf Vernichtung des Gutachtens[2].

Eine Einverständniserklärung zur ärztlichen (physischen), psychologischen oder graphologischen Untersuchung kann wie folgt formuliert werden: 138

Name des Arbeitnehmers: vorgesehene Tätigkeit:

Ich bin mit einer vertrauens- oder werksärztlichen Untersuchung/einem graphologischen Gutachten/einer psychologischen Eignungsuntersuchung einverstanden. Den untersuchenden Arzt/Psychologen entbinde ich, soweit der Befund zur Beurteilung meiner Eignung für den zu besetzenden Arbeitsplatz erforderlich ist, von seiner Schweigepflicht. Über die Art und den Umfang der Untersuchung bin ich im Vorfeld der Durchführung aufgeklärt worden.

Ort, Datum   Unterschrift des Arbeitnehmers

---

d) Genomanalyse

Unter einer Genomanalyse versteht man die Untersuchung des genetischen Erbmaterials zur Aufdeckung genetisch veranlagter Krankheiten und Stoffempfindlichkeiten[3]. 139

Einstweilen frei. 140

Seit dem 1.2.2010 führt das sog. **Gendiagnostikgesetz (GenDG)**[4] die Frage der Zulässigkeit einer Genomanalyse – gem. § 3 Nr. 12 GenDG auch bei Bewerbern – einer ausdrücklich kodifizierten Regelung zu[5]. Nach § 1 GenDG sollen einerseits die Voraussetzungen für genetische Untersuchungen, für die dabei durchgeführten genetischen Analysen sowie für die Verwendung genetischer Proben und Daten bestimmt werden. Andererseits sollen Benachteiligungen auf Grund genetischer Eigenschaften verhindert werden. Den arbeitsrechtlichen Regelungen liegt die Befürchtung des Gesetzgebers zugrunde, dass die Ergebnisse entsprechender Untersuchungen dazu führen könnten, dass Arbeitgeber Bewerber „aussortieren", bei denen aufgrund einer genetischen Erkrankung bspw. ein erhöhtes Risiko einer langen Arbeitsunfähigkeit oder erforderlicher intensiver Arbeitsschutzmaßnahmen besteht[6]. 141

§ 19 Nr. 1 GenDG normiert ein **grundsätzliches Verbot genetischer Untersuchungen im Arbeitsleben**. Darüber hinaus ist es dem Arbeitgeber nach § 19 Nr. 2 GenDG nicht erlaubt, die Mitteilung von Ergebnissen bereits vorgenommener genetischer Untersuchungen oder Analysen zu verlangen, solche Ergebnisse entgegenzunehmen oder zu verwenden. Nach § 20 Abs. 2 GenDG können genetische Untersuchungen im Rahmen von arbeitsmedizinischen Vorsorgeuntersuchungen ausnahmsweise zulässig sein, soweit sie zur Feststellung genetischer Eigenschaften erforderlich sind, die für schwerwiegende Erkrankungen oder gesundheitliche Störungen, die an einem bestimmten Arbeitsplatz entstehen können, (mit-)ursächlich sind. 141a

In § 4 GenDG statuiert der Gesetzgeber ein allgemeines und in § 21 GenDG ein spezifisch arbeitsrechtliches **Benachteiligungsverbot** wegen genetischer Eigenschaften, die 142

---

1 §§ 823, 847 BGB; vgl. BAG 16.9.1982 – 2 AZR 228/80, AP Nr. 24 zu § 123 BGB.
2 §§ 823, 1004 BGB; vgl. *Bepler*, NJW 1976, 1874.
3 Vgl. Kasseler Handbuch/*Striegan*, 2.10. Rz. 179; *Simon*, MDR 1991, 5f.; *Menzel*, NJW 1989, 2041; ErfK/*Preis*, § 611 BGB Rz. 300.
4 Vgl. dazu *Golücke*, AuA 2010, 82ff.; *Fischinger*, NZA 2010, 65ff.; *Fuhlrott/Hoppe*, ArbR 2010, 181ff.; *Wiese*, BB 2009, 2198ff.; *Genenger*, NJW 2010, 113ff.
5 Vgl. die Vorauf., Teil 1 C Rz. 141.
6 *Pöttering*, PuR 2010, 10.

in der Person des Bewerbers oder in mit diesem leiblich verwandten Personen[1] begründet sind. Auch darf ein Beschäftigter nicht wegen der Verweigerung genetische Untersuchungen oder Analysen benachteiligt werden. Dieses Verbot gilt ausdrücklich für alle Vereinbarungen[2] oder Maßnahmen, insbesondere bei der Begründung des Beschäftigungsverhältnisses. Für Verstöße gegen das arbeitsrechtliche Benachteiligungsverbot ordnet § 21 Abs. 2 GenDG die entsprechende Geltung der §§ 15–22 AGG an, dh. der Bewerber kann gegen den Arbeitgeber Schadensersatz- und Entschädigungsansprüche geltend machen. Ausgeschlossen ist dagegen ein Anspruch auf Einstellung (§ 21 Abs. 2 GenDG iVm. § 15 Abs. 6 AGG). Zugunsten des Bewerbers statuiert § 21 Abs. 2 GenDG iVm. § 22 AGG eine Beweiserleichterung. Im Streitfall reicht die Darlegung von Indizien, die eine Benachteiligung vermuten lassen, zunächst aus. Der Arbeitgeber muss dann seinerseits nachweisen, dass eine Schlechterstellung nicht auf einer genetischen Eigenschaft beruht.

8. Auskünfte des vorherigen Arbeitgebers

143 Zeugnisse haben insbesondere vor dem Hintergrund der durch die Rechtsprechung sehr formalisierten Zeugnissprache eine begrenzte Aussagekraft. Der Arbeitgeber hat daher ein Interesse daran, weitere Informationen über den Bewerber zu sammeln, damit der bestgeeignete Kandidat den zu besetzenden Arbeitsplatz erhält. Nach Rechtsprechung und Literatur darf der künftige Arbeitgeber hierzu beim vorherigen Arbeitgeber Informationen nur mit Bezug zum Arbeitsplatz, dh. grundsätzlich über die Person, die berufliche Leistung und das Verhalten des Bewerbers einholen[3]. Diese Auskünfte dürfen dabei **ohne und sogar gegen den Willen des Arbeitnehmers** abgefragt werden[4]. Nach Ansicht des BAG[5] sind Arbeitgeber unter dem Gesichtspunkt der „Sozialpartnerschaft" berechtigt, andere Arbeitgeber bei der Wahrung ihrer Belange zu unterstützen[6]. Wenn der ehemalige Arbeitgeber jedoch ohne Wissen des Arbeitnehmers den Inhalt der Personalakten gegenüber einem Dritten, vorliegend dem nachfragenden möglicherweise zukünftigen Arbeitgeber, bekanntgibt, macht sich der die Personalakten herausgebende Arbeitgeber nach Auffassung des BAG[7] gegenüber dem Arbeitnehmer aufgrund der Verletzung des allgemeinen Persönlichkeitsrechts schadensersatzpflichtig.

144 Der **Umfang des Fragerechts** gegenüber dem alten Arbeitgeber richtet sich nach den für Vorstellungsgespräche entwickelten Grundsätzen. Der bisherige Arbeitgeber muss daher bei der Beantwortung der Fragen auf die Wahrung der Privat- und Intimsphäre seines (ehemaligen) Mitarbeiters achten. Die mitgeteilten Informationen müssen **vollständig und einheitlich sein und der Wahrheit entsprechen**. Sie unterliegen damit den gleichen Anforderungen wie das Zeugnis selbst[8].

144a In § 32 Abs. 6 Satz 1 BDSG-E soll nunmehr ausdrücklich geregelt werden, dass entsprechende personenbezogene Daten unmittelbar beim Bewerber zu erheben sind.

---

1 *Golücke*, AuA 2010, 82.
2 „Vereinbarungen" umfassen auch kollektivrechtliche Verträge wie Tarifverträge und Betriebsvereinbarungen.
3 Vgl. BAG 5.8.1976 – 3 AZR 491/75, EzA § 630 BGB – Heimarbeiter Nr. 8; Kasseler Handbuch/*Künzel*, 2.1. Rz. 65; MünchArbR/*Richardi*/*Buchner*, § 31 Rz. 33 ff.
4 Vgl. BAG 18.12.1984 – 3 AZR 389/83, NZA 1985, 811 f.
5 Vgl. BAG 5.8.1976 – 3 AZR 491/75, EzA § 630 BGB – Heimarbeiter Nr. 8; Kasseler Handbuch/*Künzel*, 2.1. Rz. 65; MünchArbR/*Richardi*/*Buchner*, § 31 Rz. 34.
6 Vgl. ArbG Herford 1.4.2009 – 2 Ca 1502/08, ArbRB 2009, 190: Unwirksamkeit einer Passage in einem Arbeitszeugnis, in der der bisherige dem zukünftigen Arbeitgeber anbietet, ihm jederzeit für telefonische Fragen über die Arbeitsqualität des Bewerbers zur Verfügung zu stehen.
7 Vgl. BAG 18.12.1984 – 3 AZR 389/83, NZA 1985, 811 f.; aA ArbG Stuttgart 1.2.2001 – 28 Ca 8988/00, NZA-RR 2002, 153 f.
8 Vgl. BAG 25.10.1957 – 1 AZR 434/55, AP Nr. 1 zu § 630 BGB.

IV. Erkenntnismittel des Arbeitgebers

Eine Ausnahme von diesem **Direkterhebungsverbot** besteht gem. § 32 Abs. 6 Satz 4 BDSG-E dann, wenn der Bewerber in die Datenerhebung bei einem Dritten, zB dem früheren Arbeitgeber[1], einwilligt. Dies bedeutet, dass eine Datenerhebung ohne oder sogar gegen den Willen des Bewerbers zukünftig nicht mehr zulässig ist. In der Nennung von Referenzen in einem Bewerbungsschreiben ist nach hM[2] allerdings bereits eine Einwilligung zu sehen. Inhaltlich darf sich das Auskunftsverlangen nur auf solche Daten beziehen, die auf Grundlage von §§ 32 Abs. 1–5, 32a BDSG-E zulässigerweise erhoben werden dürfen; § 32 Abs. 6 Satz 4 BDSG-E stellt insoweit klar, dass die Daten zwar ausnahmsweise bei einem Dritten erhoben werden können, § 32 Abs. 6 BDSG-E regelt jedoch nicht Inhalt und Umfang der Datenerhebung[3], die sich vielmehr nach den allgemeinen Bestimmungen richten.

Gibt der vorherige Arbeitgeber bewusst falsche und unvollständige bzw. absprachewidrig Informationen weiter, ist er dem Arbeitnehmer zum Schadensersatz ggf. in Höhe des beim neuen Arbeitgeber entgangenen Verdienstes unter dem Gesichtspunkt der Verletzung einer nachvertraglichen Nebenpflicht bzw. einer unerlaubten Handlung verpflichtet[4]. Gegenüber dem neuen Arbeitgeber kommt eine Haftung wegen vorsätzlicher sittenwidriger Schädigung gem. § 826 BGB in Betracht[5]. Nach Auffassung des ArbG Stuttgart hat der Bewerber darüber hinaus gegenüber seinem potentiellen zukünftigen Arbeitgeber, der ohne sein Wissen Auskünfte bei dem ehemaligen Arbeitgeber des Bewerbers eingeholt hat, zur Vorbereitung von Schadensersatzansprüchen gegen die Personen, die Auskunft über ihn erteilt haben, einen Anspruch auf deren Benennung[6]; ob der Bewerber ebenfalls einen Anspruch auf den Inhalt der erteilten Auskünfte geltend machen kann, war vom ArbG Stuttgart dagegen nicht zu entscheiden. § 32a Abs. 6 Satz 5 aE BDSG-E soll dem Bewerber nunmehr einen allgemeinen Anspruch darauf gewähren, dass ihm – auf dessen Verlangen – Auskunft über den Inhalt der erhobenen Daten erteilt wird.

144b

9. Offenbarungspflichten des Arbeitnehmers

In der Regel erlangt der Arbeitgeber durch Fragen, Durchführung von Tests und Untersuchungen Informationen über die berufliche Eignung des Bewerbers[7]. Eine selbständige Offenbarungspflicht besteht nur in Ausnahmefällen. Rechtsprechung und Literatur knüpfen hieran hohe Anforderungen. Nach Ansicht des BAG[8] ist von einer Offenbarungspflicht des Bewerbers auszugehen, wenn es sich um Tatsachen handelt, die dazu geeignet sind, die arbeitsvertragliche Leistungspflicht zu vereiteln, oder für die Eignung für den in Betracht kommenden Arbeitsplatz von ausschlaggebender Bedeutung sind. Mit anderen Worten: Eine Offenbarungspflicht besteht, wenn es dem Bewerber bei einem Verschweigen nicht möglich ist, die **elementarsten Anforderungen** des zu besetzenden Arbeitsplatzes zu erfüllen[9].

145

---

1 Vgl. Begr. RefE S. 12.
2 Vgl. *Beckschulze/Natzel*, BB 2010, 2370.
3 Vgl. Begr. RefE S. 12f.
4 Vgl. LAG Nds. 29.5.2007 – 9 Sa 1641/06, LAGE § 280 BGB 2002 Nr. 4; *Anton-Dyck/Böhm*, ArbRB 2014, 55; dazu auch Kasseler Handbuch/*Künzel*, 2.1. Rz. 67; ErfK/*Preis*, § 611 BGB Rz. 365.
5 Vgl. BGH 15.5.1979 – VI ZR 230/76, EzA § 630 BGB Nr. 10.
6 Vgl. ArbG Stuttgart 1.2.2001 – 28 Ca 8988/00, NZA-RR 2002, 153f.
7 Vgl. ErfK/*Schmidt*, Art. 2 GG Rz. 96.
8 Vgl. BAG 6.9.2012 – 2 AZR 270/11, NZA 2013, 1087; 1.8.1985 – 2 AZR 101/83, AP Nr. 30 zu § 123 BGB.
9 Vgl. *Hofmann*, ZfA 1975, 47; MünchArbR/*Buchner*, § 30 Rz. 356.

146 **Beispiel:**
Busfahrer hat keine Fahrerlaubnis; Bademeister kann nicht schwimmen; Grafikdesigner ist fast blind; Bergmann hat Klaustrophobie; Dachdecker hat Höhenangst; Fernfahrer ist Alkoholiker.

147 Eine **Alkohol- oder Drogenabhängigkeit** muss der Bewerber dem Arbeitgeber bekannt geben, wenn diese mit der Ausübung des Berufes unvereinbar ist[1], zB bei einem Piloten, Kraftfahrer und Betreuer im Therapiezentrum (s. unter Rz. 69ff. Fragerecht des Arbeitgebers zur Alkohol- und Drogenabhängigkeit). Obwohl § 32 Abs. 2 Satz 1 BDSG-E die Erhebung von Daten über die Gesundheit nur noch sehr eingeschränkt zulassen soll, dürfte wie vor eine Offenbarungspflicht bestehen, wenn der Bewerber eine **ansteckende Krankheit** hat, die eine Gefahr für Dritte oder Mitarbeiter begründet[2]. Verfügt der Arbeitnehmer nicht über die erforderliche **Arbeits- oder Aufenthaltserlaubnis**, muss er dem Arbeitgeber dieses ebenfalls ohne Aufforderung oder Nachfrage offenbaren[3].

148 Verletzt der Arbeitnehmer seine Offenbarungspflicht, kann der Arbeitgeber den Arbeitsvertrag wegen arglistiger Täuschung gem. § 123 BGB anfechten. Diese Grundsätze dürften auch nach dem Inkrafttreten des AGG gelten, wenn die betroffenen Kriterien unverzichtbare Voraussetzung für die ordnungsgemäße Ausübung der arbeitsvertraglichen Tätigkeit sind, da insoweit eine Rechtfertigung gem. § 8 AGG vorliegen dürfte.

149 **Mängel in der Eignung und/oder der Qualifikation** muss der Arbeitnehmer grundsätzlich nicht darlegen. Es ist Sache des Arbeitgebers, das Risiko der Einstellung eines nicht geeigneten und/oder schlecht qualifizierten Arbeitnehmers durch Ausübung seines Frage- und Informationsrechtes zu minimieren. Er muss dem Bewerber mitteilen, welche Anforderungen er an dessen Eignung und/oder fachliche Qualifikation stellt. Erkennt der Arbeitnehmer hingegen offensichtliche Mängel, so dass er nicht in der Lage ist, die elementarsten Anforderungen des Arbeitsplatzes zu erfüllen, muss er diese dem Arbeitgeber von sich aus mitteilen[4].

150 Eine Offenbarungspflicht trifft den Bewerber ebenfalls dann, wenn es ihm infolge seines **schlechten Gesundheitszustandes** und einer daraus resultierenden **Beeinträchtigung der Leistungsfähigkeit dauerhaft** nicht möglich ist, die vertraglich vereinbarten Tätigkeiten auszuführen. Das BAG hat in derartigen Fällen neben dem Anfechtungsgrund der arglistigen Täuschung (§ 123 BGB) den des Irrtums über eine verkehrswesentliche Eigenschaft (§ 119 Abs. 2 BGB) angenommen[5]. Der Bewerber konnte in dem entschiedenen Fall infolge einer Epilepsie-Erkrankung dauerhaft die für die Stelle vorgesehenen Tätigkeiten nicht ausführen[6]. Gleiches gilt für andere krankheitsbedingte Ausfallerscheinungen, insbesondere bei gefährlichen oder verantwortungsvollen Tätigkeiten, weil hier die Möglichkeit der Gefährdung Dritter besteht. Diese Offenbarungspflichten dürften auch nach Maßgabe von § 8 AGG und § 32 Abs. 2 Satz 1 BDSG-E gerechtfertigt sein. Kann der Bewerber aufgrund einer noch nicht ausgeheilten Krankheit das Arbeitsverhältnis nicht zum vereinbarten Zeitpunkt aufnehmen, besteht ebenfalls eine Offenbarungspflicht[7].

---

1 Vgl. ArbG Kiel 21.1.1982 – 2c Ca 2062/82, BB 1982, 804; *Fitting*, § 94 BetrVG Rz. 25.
2 Vgl. MünchArbR/*Buchner*, § 30 Rz. 359.
3 Vgl. LAG Nürnberg 21.9.1994 – 3 Sa 1176/93, NZA 1995, 228: wichtiger Kündigungsgrund.
4 Ebenfalls MünchArbR/*Buchner*, § 30 Rz. 355; LAG Rh.-Pf. 6.7.1984 – 6 Sa 179/84, NJW 1985, 510: bei einer Einstellung in den öffentlichen Dienst besteht keine Pflicht zur Offenbarung einer Mitgliedschaft in der DKP.
5 Vgl. BAG 28.3.1974 – 2 AZR 92/73, DB 1974, 1531.
6 Vgl. *Wolf*, AuA 2001, 260 f.
7 Vgl. BAG 7.2.1964 – 1 AZR 251/63, AP Nr. 6 zu § 276 BGB – Verschulden bei Vertragsschluss; 1.8.1985 – 2 AZR 101/83, AP Nr. 30 zu § 123 BGB.

In der Literatur[1] wird wegen der Unzulässigkeit der Frage nach der **Schwerbehinder-** 150a
teneigenschaft bei Einstellungsgesprächen vertreten, dass den Bewerber nach seiner
Einstellung eine Offenbarungspflicht trifft, damit sich der Arbeitgeber Kenntnis darüber verschaffen kann, ob er seiner Beschäftigungsverpflichtung gem. § 71 SGB IX genügt oder ob er zur Zahlung der Ausgleichsabgabe nach § 77 SGB IX verpflichtet ist[2].
Dieser Ansicht ist zu folgen.

Bei Abschluss eines unbefristeten Arbeitsvertrages muss die Bewerberin eine 151
Schwangerschaft nicht offenlegen[3]. Ist die Durchführung eines befristeten Arbeitsvertrages infolge einer Schwangerschaft hingegen nicht möglich, zB wegen eines Beschäftigungsverbotes, hat die Bewerberin bisher die Pflicht, dies dem Arbeitgeber selbständig mitzuteilen[4]. Nach Ansicht des LAG Köln[5] muss eine Frau, die befristet zur Vertretung einer schwangeren Mitarbeiterin eingestellt wird, den Arbeitgeber vor Abschluss des Arbeitsvertrages nicht darüber aufklären, dass sie ebenfalls schwanger ist.

Der Antritt einer kurz **bevorstehenden längeren Haftstrafe** muss dem Arbeitgeber of- 152
fenbart werden, da dem Arbeitnehmer die Erfüllung seiner Arbeitsaufgabe über längere Zeit nicht möglich ist.

Die Tatsache eines bestehenden **Wettbewerbsverbotes** wegen eines **anderen ungekün-** 153
digten Arbeitsverhältnisses muss der Arbeitnehmer nicht von sich aus offenbaren[6].
Beabsichtigt der Bewerber, die Arbeit aufgrund des bestehenden Wettbewerbsverbotes nicht vertragsgemäß aufzunehmen, muss er dem Arbeitgeber dieses jedoch in den Vertragsverhandlungen anzeigen.

10. Rechtsfolgen bei Falschbeantwortung

Antwortet der Bewerber nicht wahrheitsgemäß auf eine vom Arbeitgeber gestellte 154
Frage, sind die Rechtsfolgen von deren Zulässigkeit abhängig.

a) Falschbeantwortung zulässiger Fragen

Beantwortet der Bewerber eine zulässige Frage nicht wahrheitsgemäß, ist der Arbeit- 155
geber zur Anfechtung und evtl. Kündigung aus wichtigem Grund berechtigt[7]. Anfechtung und Kündigung stehen hierbei selbständig nebeneinander, da es sich um **wesensverschiedene Rechtsinstitute**[8] handelt. Bei Vorliegen der jeweiligen Voraussetzungen können daher Anfechtung und außerordentliche Kündigung parallel ausgesprochen werden[9].

---

1 Vgl. *Thüsing/Lambrich*, BB 2002, 1149.
2 Vgl. LAG Hamm 30.6.2010 – 2 Sa 49/10: Zulässigkeit der Frage des Arbeitgebers nach Schwerbehinderung im bestehenden Arbeitsverhältnis.
3 Vgl. MünchArbR/*Buchner*, § 30 Rz. 360.
4 Vgl. BAG 15.10.1992 – 2 AZR 227/92, AP Nr. 8 zu § 611a BGB; s. dazu aber die neue Rspr. des EuGH zum Fragerecht zur Schwangerschaft, die möglicherweise auch eine Offenbarungspflicht der Arbeitnehmerin ausschließt, dazu oben Rz. 96 ff.
5 LAG Köln 11.10.2012 – 6 Sa 641/12.
6 Für generelle Anzeigepflicht: MünchArbR/*Buchner*, § 30 Rz. 360.
7 LAG Hess. 5.12.2011 – 7 Sa 524/11.
8 Vgl. BAG 21.2.1991 – 2 AZR 449/90, DB 1991, 1934; ebenso Küttner/*Röller*, Kap. 58 Rz. 65 f.; aA *Schwerdtner*, Arbeitsrecht I, 1976, S. 21 ff.: Kündigungsrecht verdrängt Anfechtungsrecht; ausführlich dazu *Hönn*, ZfA 1987, 61 ff.
9 Vgl. ErfK/*Preis*, § 611 BGB Rz. 345: Es besteht ein Wahlrecht.

aa) Anfechtung wegen arglistiger Täuschung nach § 123 Abs. 1 BGB

156 Für das Bestehen eines Anfechtungsrechtes nach § 123 Abs. 1 BGB müssen folgende Voraussetzungen erfüllt sein[1]:
- Der Arbeitgeber stellt eine **zulässige Frage**.
- Der Arbeitnehmer beantwortet diese **nicht wahrheitsgemäß**.
- Die Täuschung muss für das Eingehen des Arbeitsverhältnisses **ursächlich** sein[2].
- Der Bewerber hätte **wissen oder erkennen müssen**, dass die von ihm vorgetäuschte Tatsache für die Entscheidung zur Begründung des Arbeitsverhältnisses von wesentlicher Bedeutung oder dafür ursächlich war.

157 Des Weiteren besteht ein Anfechtungsrecht nach § 123 Abs. 1 BGB, wenn der Arbeitnehmer auch ohne vorangegangene Frage des Arbeitgebers die **Pflicht zur Offenbarung** der verschwiegenen Tatsache hatte[3].

158 Die Anfechtung muss ab Kenntnis des Anfechtungsgrundes **binnen Jahresfrist** erfolgen, § 124 Abs. 1 BGB[4]. Ausgeschlossen ist eine Anfechtung nach Treu und Glauben, wenn der Anfechtungsgrund für die Fortsetzung des Arbeitsverhältnisses keine Bedeutung mehr hat[5].

---

159 Muster zur Anfechtung des Arbeitsvertrages wegen verschwiegener Scientology-Mitgliedschaft in Vertrauensposition:[6]

Sehr geehrte(r) Frau/Herr ...,   Ort, Datum ...

Sie sind seit dem ... (Datum des im Arbeitsvertrag vorgesehenen Beschäftigungsbeginns) in unserem Unternehmen als ... beschäftigt. Im Einstellungsfragebogen/Vorstellungsgespräch haben Sie trotz einer entsprechenden Frage nicht angegeben, dass Sie Mitglied der IAS (International Association of Scientologists) sind. Tatsächlich sind Sie Mitglied der IAS. Sie haben uns beim Abschluss des Arbeitsvertrages getäuscht. Wir fechten aus diesem Grund die Willenserklärung, die zum Abschluss des Arbeitsvertrages geführt hat, gem. § 123 Abs. 1 BGB an.

Die von Ihnen vorgenommene Täuschung war für den Abschluss des Arbeitsvertrages ursächlich. Bei Kenntnis der Sachlage wären Sie von uns nicht eingestellt worden.

Aus Gründen der Vorsicht kündigen wir Ihr Arbeitsverhältnis mit Ihnen zusätzlich fristlos, hilfsweise ordentlich zum nächstmöglichen Termin.

Der Betriebsrat wurde hierzu angehört.

Mit freundlichen Grüßen

---

bb) Anfechtung wegen Irrtums gem. § 119 Abs. 2 BGB

160 Bei einer Anfechtung nach § 119 Abs. 2 BGB irrt sich der Arbeitgeber über eine Eigenschaft in der Person des Bewerbers. Diese muss im Geschäftsverkehr als wesentlich

---

1 Vgl. BAG 7.7.2011 – 2 AZR 396/10, NZA 2012, 34; LAG Hess. 24.3.2010 – 6/7 Sa 1373/09.
2 Vgl. BAG 10.5.1995 – 2 AZR 923/94, AP Nr. 40 zu § 123 BGB.
3 Statt aller Schaub/*Linck*, § 26 Rz. 16.
4 Keine Eingrenzung der Anfechtungsfrist entsprechend des § 626 Abs. 2 BGB; vgl. LAG Köln 13.11.1995 – 3 Sa 832/95, LAGE § 123 BGB Nr. 23.
5 Vgl. BAG 6.7.2000 – 2 AZR 543/99, EzA § 123 BGB Nr. 5; 18.9.1987 – 7 AZR 507/86, AP Nr. 32 zu § 123 BGB.
6 Ob die Anfechtung auch nach Inkrafttreten des AGG wirksam ist, muss abgewartet werden, bis die Rechtsprechung entschieden hat, ob die Frage nach der Mitgliedschaft in der IAS im Hinblick auf die Kriterien „Religion" oder „Weltanschauung" als Indiz für eine unzulässige Benachteiligung qualifiziert werden kann.

angesehen werden[1]. Dies ist der Fall bei Tatsachen, die die arbeitsvertraglich vereinbarten Tätigkeiten auf längere Zeit wesentlich oder ganz verhindern[2]. Ob eine verkehrswesentliche Eigenschaft betroffen ist, ist nach Maßgabe des zu besetzenden Arbeitsplatzes zu beurteilen. Umstände, nach denen der Bewerber nicht gefragt werden durfte, berechtigen grundsätzlich nicht zur Anfechtung. Ausnahmen gelten dann, wenn der Bewerber eine selbständige Offenbarungspflicht hatte und die verschwiegenen Umstände die Ausführung der Arbeit wesentlich beeinträchtigen oder verhindern[3]. Die Anfechtung muss nach Kenntnis des Anfechtungsgrundes ohne schuldhaftes Zögern erfolgen, § 121 Abs. 1 BGB[4]. Von der Rechtsprechung sind hier die Grundsätze des § 626 Abs. 2 BGB herangezogen worden, dh. die Anfechtung kann nur innerhalb von zwei Wochen seit Kenntnis der maßgeblichen Tatsachen erklärt werden[5]. Diese Auffassung ist allerdings mit den unterschiedlichen Charakteren der beiden Rechtsinstitute Anfechtung und Kündigung nicht vereinbar. Die Anfechtung hindert die Entstehung eines Rechtes, die Kündigung dient der Beendigung eines bereits bestehenden Vertrages. Es sind daher die jeweils für die Kündigung und Anfechtung geltenden Regeln anzuwenden[6]. Die Kündigung bedarf der Schriftform, § 623 BGB. Für die Anfechtung empfiehlt sich aus Beweisgründen ebenfalls deren Beachtung.

Die Folgen der Anfechtung sind davon abhängig, ob das Arbeitsverhältnis bereits vollzogen wurde oder ob der Vollzug des abgeschlossenen Arbeitsvertrages noch bevorsteht. Wird die Anfechtung vor Vollzug des Arbeitsverhältnisses erklärt, ist der Arbeitsvertrag von Anfang an nichtig, § 142 Abs. 1 BGB. Ist der Arbeitsvertrag schon vollzogen, wirkt die Anfechtung wie eine Kündigung lediglich für die Zukunft[7]. **161**

⊃ **Hinweis:** Der Arbeitgeber kann im Falle der Anfechtung jedoch das bereits gezahlte Entgelt nicht zurückfordern, selbst wenn der Arbeitnehmer Leistungen erbringt, für die er die notwendigen Qualifikationen nicht besitzt. Dies gilt nach einer Entscheidung des LAG Nürnberg[8] jedenfalls dann, wenn die vertraglich geschuldeten Leistungen voll erbracht wurden[9].

b) Falschbeantwortung unzulässiger Fragen

Unzulässige Fragen muss der Arbeitnehmer nicht beantworten. Da der Arbeitgeber aber durch das Schweigen negative Schlüsse zu Lasten des Bewerbers ziehen kann, **162**

---

1 ZB Mitarbeit beim Ministerium für Staatssicherheit bei der Bewerbung im öffentlichen Dienst oder Berufsgenossenschaft: BAG 6.7.2000 – 2 AZR 543/99, EzA § 123 BGB Nr. 55; 2.12.1999 – 2 AZR 724/98, EzA § 94 BetrVG 1972 Nr. 4; bei für die Tätigkeit belastenden Vorstrafen bzw. Ermittlungsverfahren: BAG 20.5.1999 – 2 AZR 320/98, EzA § 123 BGB Nr. 52; Fragen nach der fachlichen Qualifikation: vgl. LAG Hamm 8.2.1995 – 18 Sa 2136/93, LAGE § 123 BGB Nr. 21; Geschlecht des Arbeitnehmers (transsexuelle Sprechstundenhilfe beim Frauenarzt); dazu auch: LAG Düsseldorf 8.3.2013 – 5 Sa 684/11; vgl. Schaub/*Linck*, § 26 Rz. 16.
2 Vgl. BAG 28.3.1974 – 2 AZR 92/73, AP Nr. 3 zu § 119 BGB mit Anm. *Küchenhoff*; Schaub/*Linck*, § 26 Rz. 8.
3 Vgl. ErfK/*Preis*, § 611 BGB Rz. 350; Schaub/*Linck*, § 26 Rz. 16.
4 Es gilt gem. § 121 Abs. 2 BGB eine dreißigjährige Verjährungsfrist.
5 Vgl. BAG 14.12.1979 – 7 AZR 38/78, AP Nr. 4 zu § 119 BGB.
6 HL, MünchArbR/*Richardi*/*Buchner*, § 34 Rz. 19 ff. mwN; *Picker*, ZfA 1981, 15 ff.; Staudinger/*Richardi*, § 611 BGB Rz. 205.
7 Ausführlich zu den Wirkungen der Anfechtung des Arbeitsvertrages sogleich unter Rz. 272 ff.
8 Vgl. LAG Nürnberg 28.8.2003 – 8 Sa 142/03, AuA 2004, 57: Einstellung als Kraftfahrer unter Vorlage eines gefälschten Führerscheins.
9 Vgl. zu lediglich ausnahmsweise in Betracht kommenden Ansprüchen aus Bereicherungsrecht und auf Schadensersatz bei einer Täuschung über die Qualifikation: LAG Bln.-Bbg. 24.8.2011 – 15 Sa 980/11, RDV 2012, 36.

wird diesem ein Recht zur Lüge zugebilligt[1]. Gestaltungsrechte wie Anfechtung oder Kündigung hat der Arbeitgeber dann nicht. Die bewusste Falschbeantwortung unzulässiger Fragen stellt auch keine arglistige Täuschung iSd. § 123 Abs. 1 BGB dar[2].

11. Bewerbungs-/Vorstellungskosten

163 Die Kosten der Beschaffung und Erstellung von Bewerbungsunterlagen (Kopien, Lichtbilder, evtl. Führungszeugnis) einschließlich Übermittlung trägt grundsätzlich der Bewerber[3]. Ausnahmen gelten lediglich für außergewöhnlich hohe Kosten wie zB bei medizinisch-psychologische Eignungsgutachten[4], wenn sie auf ausdrücklichen Wunsch des Arbeitgebers gefertigt werden.

164 Stellt sich der Bewerber ohne vorherige Aufforderung oder lediglich nach Zustimmung des Arbeitgebers bei diesem vor, so trägt Erstgenannter die durch die Vorstellung entstandenen Kosten[5]. Hat der Arbeitgeber den Bewerber dagegen zu einem persönlichen Vorstellungsgespräch eingeladen, so ist er zur Erstattung der **notwendigen Kosten**[6] gem. § 670 BGB verpflichtet[7]. Dieses gilt unabhängig davon, ob später ein Arbeitsverhältnis zustande kommt oder nicht[8]. Erstattungspflichtige Kosten sind u.a. Fahrtkosten, Übernachtungs-[9] und Verpflegungs-Mehrkosten[10]. Ein Anspruch besteht jedoch nicht, wenn das vereinbarte Vorstellungsgespräch vom Arbeitgeber abgesagt wird, nachdem der Arbeitnehmer angekündigt hat, verspätet zu erscheinen[11]. Kraftfahrzeugkosten sind lediglich dann vom Arbeitgeber zu ersetzen, wenn der Bewerber nach verständigem Ermessen auf die Ersetzung dieser Kosten vertrauen durfte[12]. Konnte der Arbeitnehmer dies nicht, muss der Arbeitgeber lediglich die Kosten ersetzen, die bei Nutzung öffentlicher Verkehrsmittel entstanden wären. Flugkosten müssen nur nach vorheriger Zusage des Arbeitgebers erstattet zu werden[13]. Etwas anderes dürfte dann gelten, wenn die Kosten eines Fluges geringer sind als die einer Bahnfahrt zweiter Klasse[14]. Das ArbG Köln hat sich mit der Frage beschäftigt, ob Taxikosten zu erstatten sind[15]. Schreibt der Arbeitgeber in seiner Wegbeschreibung zum Ort des Vorstellungsgespräches eine Taxifahrt aus, hat der Arbeitnehmer grundsätzlich einen Anspruch gem. §§ 280 Abs. 1 Satz 1, 311 Abs. 2 Nr. 1 BGB[16]. Einen Ver-

---

1 Vgl. BAG 22.9.1961 – 1 AZR 241/60, AP Nr. 15 zu § 123 BGB; *Däubler*, CR 1994, 104; *Wohlgemuth*, AuR 1992, 49; MünchArbR/*Richardi/Buchner*, § 38 Rz. 27; ErfK/*Schmidt*, Art. 2 GG Rz. 95; ErfK/*Preis*, § 611 BGB Rz. 286; aA *Moritz*, NZA 1987, 336; kritisch *Linnenkohl*, AuR 1983, 133.
2 Vgl. BAG 25.5.1970 – 3 AZR 384/69, EzA § 60 HGB Nr. 4; *Linnenkohl*, AuR 1983, 133.
3 Vgl. Küttner/*Poeche*, Kap. 131 Rz. 2.
4 Vgl. Küttner/*Poeche*, Kap. 131 Rz. 2.
5 Vgl. *Rothe*, DB 1968, 1906 mwN: Bewerber stellt sich selbständig, durch Zeitungsanzeige motiviert, vor.
6 Zu den Auswirkungen des AGG auf die Erstattung von Vorstellungskosten: *Langer*, AuA 2006, 525.
7 Vgl. BAG 29.6.1988 – 5 AZR 433/87, NZA 1989, 468; 14.2.1977 – 5 AZR 171/76, AP Nr. 8 zu § 196 BGB; LAG Rh.-Pf. 7.2.2012 – 3 Sa 540/11, AA 2012, 128.
8 Vgl. BAG 29.6.1988 – 5 AZR 433/87, NZA 1989, 468; ArbG Berlin 25.6.1975 – 10 Ca 681/74, DB 1975, 1609; Schaub/*Linck*, § 25 Rz. 25.
9 Nur wenn eine Abreise am selben Tag unzumutbar ist.
10 Vgl. Staudinger/*Richardi*, § 611 BGB Rz. 180; Küttner/*Poeche*, Kap. 131 Rz. 5.
11 Vgl. LAG Rh.-Pf. 7.2.2012 – 3 Sa 540/11, AA 2012, 128.
12 Vgl. ArbG Berlin 25.6.1975 – 10 Ca 681/74, DB 1975, 1609; LAG Hess. 6.8.1980 – 10 Sa 849/79, DB 1981, 1000.
13 Vgl. ArbG Hamburg 2.11.1994 – 13 Ca 24/94, NZA 1995, 428; offen lassend: ArbG Düsseldorf 15.5.2012 – 2 Ca 2404/12.
14 Ebenso ErfK/*Preis*, § 629 BGB Rz. 14; *Langer*, AuA 2006, 524 f.
15 Vgl. ArbG Köln 20.5.2005 – 2 Ca 10220/04, AuA 2006, 56.
16 Vgl. ArbG Köln 20.5.2005 – 2 Ca 10220/04, AuA 2006, 56.

IV. Erkenntnismittel des Arbeitgebers

dienstausfall muss der Arbeitgeber grundsätzlich nicht ausgleichen[1], da der Bewerber von seinem vorherigen Arbeitgeber nach der Kündigung bezahlte Freizeit zur Stellensuche gem. § 629 BGB beanspruchen kann (dazu Rz. 31 ff.). Der Arbeitgeber kann eine Erstattungspflicht zudem im Voraus ausschließen[2].

Muster für Einladung zum Vorstellungsgespräch: 165

Sehr geehrte(r) Frau/Herr ...,

vielen Dank für Ihre Bewerbung vom ... Wir möchten Sie gerne kennen lernen und Sie daher zu einem ersten Gespräch in unserem Hause einladen. Finden Sie sich hierzu bitte am ... bei Frau/Herrn ... (Ort) ein. Sollte Ihnen der Termin nicht zusagen, bitten wir Sie, mit Frau/Herrn ... einen anderen Termin zu vereinbaren.

Die Ihnen entstehenden Reisekosten erstatten wir mit ... Cent[3] pro Kilometer oder nach Maßgabe der Kosten eines 1. (2.) Klasse-Tickets der Deutschen Bahn.

[alternativ: Die Ihnen entstehenden Reisekosten können wir leider nicht tragen.][4]

Auf Ihren Besuch freuen wir uns bereits.

Mit freundlichen Grüßen

Muster einer Absage: 166

Sehr geehrte(r) Frau/Herr ...,

herzlichen Dank für Ihre interessante Bewerbung. Leider müssen wir Ihnen mitteilen, dass wir Ihre Bewerbung nicht berücksichtigen konnten, da Ihre fachlichen Voraussetzungen nicht den von uns an die Ausübung der Tätigkeit gestellten Anforderungen entsprechen[5].

Wir wünschen Ihnen für die Zukunft alles Gute.

Mit freundlichen Grüßen

Muster einer Zusage: 167

Sehr geehrte(r) Frau/Herr ...,

wir freuen uns, Ihnen mitteilen zu können, dass wir uns bei dem im Bereich ... zu besetzenden Arbeitsplatz für Sie entschieden haben.

Einzelheiten sollten wir in einem weiteren gemeinsamen Gespräch klären, damit wir den Arbeitsvertrag alsbald aufsetzen können. Bitte setzen Sie sich mit Frau/Herrn ... in Verbindung.

Mit freundlichen Grüßen

---

1 Ebenso Küttner/*Poeche*, Kap. 131 Rz. 5; aA Schaub/*Linck*, § 25 Rz. 28.
2 Vgl. ArbG Kempten 12.4.1994 – 4 Ca 720/94, BB 1994, 1504; Küttner/*Poeche*, Kap. 131 Rz. 4; Schaub/*Linck*, § 25 Rz. 26.
3 Zurzeit sind 30 Cent pro Kilometer in der Regel als ausreichend anzusehen.
4 Will der Arbeitgeber die Kosten nicht zahlen, muss er ausdrücklich darauf hinweisen.
5 Die Absage sollte dabei möglichst „floskelhaft" erfolgen, um dem abgelehnten Bewerber keine Anknüpfungspunkte für einen möglicherweise diskriminierungsanfälligen Hintergrund zu liefern. Ausnahme: bei der Ablehnung eines schwerbehinderten Bewerbers muss der Arbeitgeber u.a. diesen gem. § 81 Abs. 1 Satz 9 SGB IX über die getroffene Entscheidung unter Darlegung der Gründe unterrichten.

12. Aufklärungs- und Offenbarungspflichten des Arbeitgebers

168 Vor und bei Zustandekommen des Arbeitsvertrages entstehen, wie bei jedem schuldrechtlichen Vertrag, vorvertragliche Rücksichtnahme- und Aufklärungspflichten (s. ausführlich Rz. 192 ff.). Der Arbeitgeber muss daher den Bewerber aus Gründen der Rücksichtnahme schon vor Abschluss des Arbeitsvertrages auf für die Eingehung des Arbeitsverhältnisses erhebliche Tatsachen hinweisen[1]. Er muss Umstände, die zu einer vorzeitigen Beendigung des Arbeitsverhältnisses führen können, bekannt geben[2]. Hierzu sind **Gesundheitsgefahren**, die vom Arbeitsplatz ausgehen, zu rechnen[3]. Ebenfalls muss der Arbeitgeber dem Bewerber **geplante Betriebsübergänge** und **örtliche Versetzungen** mitteilen[4]. Bei der Einstellung **ausländischer Arbeitnehmer** hat der Arbeitgeber den Bewerber über die für sie geltenden ausländerrechtlichen Einstellungsvoraussetzungen zu unterrichten. Ausländische Arbeitnehmer bedürfen grundsätzlich eines Aufenthaltstitels zum Zwecke der Erwerbstätigkeit (§§ 18 ff. AufenthG, vgl. Teil 1 H Rz. 30 ff.).

169 Befindet sich der Arbeitgeber in **finanziellen Problemen**, muss er dem Bewerber dies dann mitteilen, wenn er Anlass zu Zweifeln hat, dass der Lohn rechtzeitig gezahlt werden kann[5]. Gleiches gilt, wenn der Arbeitgeber aufgrund wirtschaftlicher Schwierigkeiten des Unternehmens in absehbarer Zeit mit einer Betriebsschließung rechnet. Kann der Arbeitgeber die finanziellen Probleme als bekannt voraussetzen, muss er diese dem Bewerber dagegen nicht anzeigen[6]. Das Informationsbedürfnis des Arbeitnehmers liegt daher in der Gefährdung seines Gehaltsanspruches und der Aufgabe eines bestehenden Arbeitsplatzes[7]. Es besteht hingegen keine allgemeine Pflicht des Arbeitgebers, dem Arbeitnehmer bei Vertragsverhandlungen eine wirtschaftliche Bedrängnis zu offenbaren, wenn die wirtschaftliche Lage des Unternehmens die Durchführung des Arbeitsverhältnisses nicht gefährdet[8].

170 Aufklären muss der Arbeitgeber den Arbeitnehmer auch über die **Höhe der Vergütung**. Diese richtet sich, soweit keine tarifvertraglichen Vorgaben bestehen, nach den getroffenen Vereinbarungen. Da sich Unklarheiten zu Lasten des Arbeitgebers auswirken können, sollte er diese im Vorfeld ausräumen[9].

171 Ist aufgrund der Entfernung zwischen dem Arbeitsplatz und dem Wohnort des Arbeitnehmers ein Wechsel des Wohnorts erforderlich, muss der Arbeitgeber die Kosten des Umzugs nicht zahlen. Diese hat der Arbeitgeber lediglich nach Vereinbarung mit dem Arbeitnehmer[10] zu tragen.

172 Stehen wichtige Umstände dem Abschluss eines Arbeitsvertrages entgegen (zB **die fehlende Zustimmung des Betriebsrates** nach § 99 BetrVG), muss der Arbeitgeber dies dem Bewerber mitteilen.

173 Über **innerbetriebliche Regeln** muss der Arbeitnehmer nicht aufgeklärt werden. Dieser muss damit rechnen, dass bei seinem neuen Arbeitgeber, wie in jedem anderen Unternehmen auch, feste Regeln bestehen, die – ab dem Zeitpunkt der Arbeitsauf-

---

1 Vgl. ErfK/*Preis*, § 611 BGB Rz. 260 f.
2 Vgl. BAG 2.12.1976 – 3 AZR 401/75, AP Nr. 10 zu § 276 BGB.
3 Vgl. *Kursawe*, NZA 1997, 248; *Zöllner/Loritz*, ArbR, § 11 I 5a.
4 Vgl. ErfK/*Preis*, § 611 BGB Rz. 261.
5 Vgl. BAG 24.2.2011 – 6 AZR 626/09, NZA-RR 2012, 148.
6 Vgl. BAG 24.9.1974 – 3 AZR 589/73, NJW 1975, 708.
7 Vgl. *Kursawe*, NZA 1997, 248.
8 LAG Rh.-Pf. 9.10.2012 – 3 Sa 247/11.
9 Vgl. ErfK/*Preis*, § 611 BGB Rz. 261 ff.
10 Vgl. ArbG Ulm 15.10.1968 – 1 Ca 248/68, BB 1969, 956; ErfK/*Preis*, § 611 BGB Rz. 428.

nahme – auch für ihn Geltung haben. Unübliche Regelungen, mit denen der Arbeitnehmer nicht rechnen muss, sollte der Arbeitgeber dem Bewerber dagegen mitteilen; er muss dies jedoch nicht.

Kommt der Arbeitgeber den vorgenannten Aufklärungspflichten nicht nach, kann dies zu **Schadensersatzansprüchen** des Arbeitnehmers wegen vorvertraglicher Pflichtverletzung (§ 280 Abs. 1 BGB) führen, vgl. Rz. 201 f. Ein etwaiges Recht auf Anfechtung des Rechtsgeschäftes wegen arglistiger Täuschung nach § 123 BGB verdrängt diese nicht; Schadensersatzansprüche können also statt der Anfechtung und insbesondere auch nach Ablauf der Frist des § 124 BGB geltend gemacht werden[1]. 174

13. Fragerecht des Arbeitnehmers

Das Fragerecht des Arbeitgebers ist gegenüber dem Bewerber unter Berücksichtigung des Persönlichkeitsrechtes bzw. der (un)mittelbaren gesetzlichen Wertungen[2] eingeschränkt (s. Rz. 66 ff.). Ob im umgekehrten Verhältnis (Bewerber – Arbeitgeber) gleichfalls derartige Begrenzungen in Betracht kommen, ist bislang nur am Rande erörtert worden. Aufmerksamkeit verdient daher eine jüngere Entscheidung des BAG[3]. Danach ist es dem Arbeitnehmer ohne Einschränkung gestattet, den Arbeitgeber nach der **Tarifbindung** zu fragen. Eine Begründung, warum dem Arbeitgeber die Frage nach der Gewerkschaftszugehörigkeit grundsätzlich verwehrt ist (s. Rz. 82), während dem Bewerber eine Frage nach der Mitgliedschaft in einem Arbeitgeberverband gestattet ist, liefert das BAG hingegen nicht. In Anbetracht der Tatsache, dass sich auch der Arbeitgeber auf den Grundrechtsschutz aus Art. 9 Abs. 3 GG berufen kann, muss ein solches Fragerecht des Bewerbers analog zum Fragerecht des Arbeitgebers grundsätzlich abgelehnt werden[4]. 175

Einstweilen frei. 176–191

V. Vorvertragliches Schuldverhältnis und Pflichtverletzungen

Ein Schadensersatzanspruch nach § 280 Abs. 1 BGB setzt im Anbahnungsverhältnis eine Pflichtverletzung einer der beteiligten Parteien voraus. Es ist zwischen folgenden Fallgruppen von Verstößen im vorvertraglichen Bereich zu differenzieren: 192

1. Abbruch von Vertragsverhandlungen

Grundsätzlich steht es jeder Partei frei, während der Verhandlung über einen Vertragsschluss das Gespräch abzubrechen und vom Vertrag Abstand zu nehmen. Es besteht aufgrund der Privatautonomie, die die Abschlussfreiheit beinhaltet[5], kein Kontrahierungszwang nach einer ersten Kontaktaufnahme. Das Recht, die Vertragsverhandlungen aus sachlichen Gründen abzubrechen, etwa wegen der besonderen Qualifikation eines anderen Bewerbers, bleibt jeder Partei unbenommen. Vorverhandlungen sind damit grundsätzlich nicht bindend. Der Abbruch der Verhandlungen ist selbst dann nicht zu beanstanden, wenn der Verhandlungspartner in Erwartung der Einigung bereits erhebliche Aufwendungen gemacht hat[6]. 193

---

1 Vgl. BAG 24.2.2011 – 6 AZR 626/09, NZA-RR 2012, 148.
2 Vgl. §§ 32, 32a BDSG-E, § 81 Abs. 2 SGB IX, Art. 9 Abs. 3 GG, §§ 1, 7 AGG.
3 Vgl. BAG 19.3.2003 – 4 AZR 331/02, NZA 2003, 1207 ff.
4 Ausführlich dazu: *Boemke*, NZA 2004, 142 ff.
5 Vgl. BVerfG 8.4.1997 – 1 BvR 48/94, BVerfGE 95, 267 (303 f.); 23.6.1993 – 1 BvR 133/89, BVerfGE 89, 46 (61); 25.5.1993 – 1 BvR 1509, 1648/91, BVerfGE 88, 384 (403).
6 Vgl. BGH 14.7.1967 – V ZR 120/64, NJW 1967, 2199; 18.10.1974 – V ZR 17/73, NJW 1975, 43.

194 Eine vorvertragliche Pflichtverletzung ist allerdings anzunehmen, wenn eine Partei aus unsachlichen oder willkürlichen Motiven die Verhandlungen abbricht, nachdem sie einen Vertrauenstatbestand geschaffen hat[1].

195 **Beispiel:**

Der Arbeitnehmer hat in dem vom Arbeitgeber verursachten berechtigten Vertrauen auf das Zustandekommen des Arbeitsvertrages ein bisher bestehendes Arbeitsverhältnis bereits gekündigt[2]. Ein vergleichbarer Fall liegt vor, wenn zwar der Arbeitgeber mit dem Bewerber, der sich aus einer ungekündigten, langjährigen Stellung bewirbt, einen Arbeitsvertrag abschließt, diesen aber nach ca. 2,5 Monaten mit der Begründung kündigt, dass sich die Auftragslage erheblich verschlechtert habe[3].

2. Verletzung von Aufklärungs- und Offenbarungspflichten

196 Im Rahmen eines vorvertraglichen Schuldverhältnisses hat jede Partei über Umstände aufzuklären, die für die Gegenpartei für den Abschluss des Vertrages erkennbar von Bedeutung sind[4] und möglicherweise den Vertragsschluss gefährden könnten, aber die Partei nicht aufgrund eigener Bemühungen und Sachkunde in Erfahrung bringen kann.

197 **Beispiel:**

Der Arbeitgeber muss den Bewerber über geplante Betriebsübergänge oder über Gesundheitsgefahren, die speziell von einem Arbeitsplatz ausgehen und die dieser nicht schon aufgrund der auszuübenden Tätigkeit erkennen kann, informieren[5].

Gibt der Arbeitgeber im Rahmen des Angebots auf Abschluss eines Arbeitsvertrages gegenüber dem Bewerber **unwahre Tatsachen an**, aufgrund derer sich der Bewerber zum Abschluss des Arbeitsvertrages entschließt, haftet der Arbeitgeber aus §§ 280, 311 BGB auf Schadensersatz[6]. Dies ist zB der Fall, wenn der Arbeitgeber ein prosperierendes Arbeitsverhältnis verspricht, woraufhin der Arbeitnehmer den Arbeitsvertrag mit ihm schloss und sein bisheriges Arbeitsverhältnis kündigte, und der Arbeitgeber dieses Arbeitsverhältnis noch vor Arbeitsbeginn „wegen schlechter wirtschaftlicher Lage" wieder aufkündigt[7].

3. Verletzung von Obhutspflichten

198 Dem Arbeitgeber obliegen hinsichtlich der vom Bewerber zugesandten Unterlagen Obhutspflichten. Insbesondere ist der Arbeitgeber zum sorgsamen Umgang und zur sicheren Lagerung verpflichtet. Die Verletzung dieser Pflicht, etwa durch eine Beschädigung oder Vernichtung von Zeugnissen oder amtlicher Beglaubigungen, kann Schadensersatzansprüche auslösen. Dies gilt nicht, wenn der Bewerber dem Unternehmen

---

1 Vgl. BAG 10.11.1955 – 2 AZR 282/54, AP Nr. 1 zu § 276 BGB – Verschulden bei Vertragsabschluss; 7.6.1963 – 1 AZR 276/62, AP Nr. 4 zu § 276 BGB – Verschulden bei Vertragsschluss; 15.5.1974 – 5 AZR 393/73, AP Nr. 9 zu § 276 BGB – Verschulden bei Vertragsschluss; LAG Köln 28.7.1993 – 2 Sa 199/93, LAGE § 276 BGB – Verschulden bei Vertragsschluss Nr. 2.
2 BAG 7.6.1963 – 1 AZR 276/62, AP Nr. 4 zu § 276 BGB – Verschulden bei Vertragsschluss; 15.5.1974 – 5 AZR 393/73, AP Nr. 9 zu § 276 BGB – Verschulden bei Vertragsabschluss.
3 Vgl. LAG Düsseldorf 11.12.2001 – 4 Sa 1345/01, LAGE § 276 BGB – Verschulden bei Vertragsschluss Nr. 4.
4 Vgl. LAG München 8.4.2008 – 6 Sa 678/07; LAG Hamm 14.1.2005 – 10 Sa 1278/04, AuA 2005, 305; BGH 23.3.1990 – V ZR 16/89, BB 1990, 1223 f.; 3.4.1990 – XI ZR 206/88, NJW 1990, 1907 f.
5 Vgl. ErfK/*Preis*, § 611 BGB Rz. 261.
6 Vgl. ArbG Wiesbaden 12.6.2001 – 8 Ca 3193/00, NZA-RR 2002, 349.
7 ArbG Berlin 29.5.2013 – 55 Ca 18019/12, BB 2013, 2355.

die Unterlagen als „Blindbewerbung", also ohne eine entsprechende Anforderung des Arbeitgebers, übermittelt[1]. Eine Rücksendungspflicht besteht dann ebenfalls nicht.

4. Verletzung von Geheimhaltungspflichten

Sowohl der Arbeitgeber als auch der Bewerber haben für in einem Vorstellungsgespräch offenbarte Geheimnisse, an deren vertraulicher Behandlung eine Partei ein berechtigtes Interesse hat, Verschwiegenheitspflichten zu berücksichtigen. Diese können zB Produktionsmethoden oder -vorgänge und die sonstigen Geschäftsgeheimnisse und -beziehungen des Arbeitgebers betreffen. Der Bewerber hat insbesondere ein Interesse daran, dass seine persönlichen Daten sowie sonstige Angaben, die zB seinen gesundheitlichen Zustand oder Krankheiten betreffen, unter Verschluss gehalten werden. 199

5. Verletzung von Schutzpflichten

Den Verhandlungsparteien obliegt jeweils die Verpflichtung, die Rechtsgüter der anderen Partei, insbesondere deren körperliche Integrität oder Eigentum, nicht zu verletzen. Dies gilt in erster Linie für den Arbeitgeber, der einen Stellenbewerber einlädt, um in seinem Büro auf dem Firmengelände Bewerbungsgespräche zu führen. Der Arbeitgeber muss seinerseits entsprechende Verkehrssicherungspflichten beachten[2], damit der Bewerber nicht geschädigt wird. 200

6. Rechtsfolgen

Der Schadensanspruch gem. § 280 Abs. 1 iVm. §§ 311 Abs. 2, 241 Abs. 2 BGB auf das sog. negative Interesse, den Vertrauensschaden[3], gerichtet[4]. Der Geschädigte ist so zu stellen, wie er ohne den Eintritt des schädigenden Ereignisses stehen würde. Der Anspruch ist grundsätzlich nicht durch das positive Erfüllungsinteresse begrenzt, sondern kann es übersteigen; der Schadensersatzanspruch wird damit nicht beschränkt[5]. So kann der Bewerber verlangen, dass ihm Aufwendungen, die er im Vertrauen auf den Vertragsschluss gemacht hat, erstattet werden[6], zB für die Anschaffung von Dienstkleidung, soweit diese nicht vom Arbeitgeber gestellt wird, oder für den Druck von Visitenkarten. Führt eine vorvertragliche Pflichtverletzung des Arbeitgebers zum Abschluss des Arbeitsvertrages, bei dessen Vollzug der Arbeitnehmer geschädigt wird, kann dieser die Vertragsaufhebung verlangen[7], zB wenn der Arbeitgeber dem Arbeitnehmer ein attraktives Angebot zum Abschluss eines Arbeitsvertrages macht, ihn aber ansonsten nicht über den ständigen Umgang mit Chemikalien oder sonstigen Werkstoffen am Arbeitsplatz informiert, obwohl er weiß, dass der Arbeitnehmer an einer starken Allergie gegen diese Substanzen leidet. 201

---

1 Vgl. ErfK/*Preis*, § 611 BGB Rz. 265.
2 Vgl. ErfK/*Preis*, § 611 BGB Rz. 251.
3 Vgl. BAG 10.11.1955 – 2 AZR 282/54, AP Nr. 1 zu § 276 BGB – Verschulden bei Vertragsabschluss; 7.6.1963 – 1 AZR 276/62, AP Nr. 4 zu § 276 BGB – Verschulden bei Vertragsabschluss.
4 Das positive Interesse bezeichnet § 281 Abs. 1 BGB als „Schadensersatz statt der Leistung". Dieser Schadensersatz kann jedoch nur unter der zusätzlichen Bedingungen verlangt werden, wenn der Gläubiger dem Schuldner eine angemessene Frist zur Leistung oder Nacherfüllung bestimmt; vgl. *Zimmer*, NJW 2002, 7.
5 Vgl. ArbG Berlin 29.5.2013 – 55 Ca 18019/12, BB 2013, 2355; LAG München 8.4.2008 – 6 Sa 678/07; BAG 15.5.1974 – 5 AZR 393/73, AP Nr. 9 zu § 276 BGB – Verschulden bei Vertragsabschluss; BGH 9.10.1989 – II ZR 257/88, NJW-RR 1990, 230; ErfK/*Preis*, § 611 BGB Rz. 267.
6 Vgl. Schaub/*Linck*, § 25 Rz. 27.
7 Vgl. BGH 12.10.1993 – X ZR 65/92, DB 1994, 422.

202 Sollte der Arbeitgeber aus unsachlichen Gründen die Vertragsverhandlungen abgebrochen haben, kann der Bewerber nach der Rechtsprechung des BAG[1] grundsätzlich nicht die Einstellung und den Abschluss eines Arbeitsvertrages verlangen, auch wenn dieser Zustand den Bewerber so stellen würde, wie er ohne den Abbruch der Gespräche gestanden hätte. Ausnahmsweise kann sich dagegen ein **Kontrahierungszwang** ergeben, wenn der Arbeitgeber dem Kandidaten beim Abschluss eines befristeten Arbeitsvertrages anbietet, ihn bei Vorliegen bestimmter Voraussetzungen, zB der Einhaltung bestimmter Umsatzvorgaben, unbefristet zu beschäftigen, und er dies trotz Erfüllung der entsprechenden Voraussetzungen unterlässt. In einem solchen Fall kann sich ein Anspruch des Arbeitnehmers auf den Abschluss eines unbefristeten Arbeitsvertrages ergeben[2]. Ein „nur" diskriminierendes Verhalten des Arbeitgebers in der vorvertraglichen Anbahnungsphase kann dagegen gem. § 15 Abs. 6 AGG keinen Anspruch auf Einstellung begründen.

203 Im Übrigen ist der Arbeitgeber, soweit er sich bei den Vertragsverhandlungen **Erfüllungsgehilfen** bedient, für deren Verschulden nach § 278 BGB verantwortlich[3]. Dies gilt zB für den Mitarbeiter des Arbeitgebers, der mit dessen Wissen und Wollen mit dem Bewerber den Abschluss eines Arbeitsvertrages erörtert und dabei eine vorvertragliche Pflicht verletzt. Der Erfüllungsgehilfe haftet nur, wenn er selbst eine unerlaubte Handlung begeht[4]. Vertragliche Ansprüche gegen ihn scheiden dagegen in der Regel aus[5].

7. Beweislast

204 Eine Schadensersatzpflicht bei einer vorvertraglichen Pflichtverletzung tritt nach § 280 Abs. 1 Satz 2 BGB nicht ein, wenn der Schuldner die Pflichtverletzung nicht zu vertreten hat. Mit dieser Formulierung wird dem Schuldner die Beweislast dafür auferlegt, dass ihn an der Pflichtverletzung kein Verschulden trifft. Solange der Schuldner diese gesetzliche Vermutung nicht widerlegt, wird ein Verschulden unterstellt. Dies ist grundsätzlich auch folgerichtig, da die Pflichtverletzung aus dessen Sphäre stammt. Er ist beweisnäher und kann über sein Verschulden eher eine Auskunft geben als der Gläubiger des Schadensersatzanspruchs[6]. Der Arbeitgeber muss also bei Ansprüchen des Arbeitnehmers wegen einer vorvertraglichen Pflichtverletzung beweisen, dass er diese nicht verschuldet hat.

205 Bei Schadensersatzansprüchen des Arbeitgebers gegen den Arbeitnehmer wegen vorvertraglicher Pflichtverletzungen, zB wegen Verletzung von Verschwiegenheitspflichten, ist § 619a BGB zu beachten[7]. Danach hat der Arbeitnehmer abweichend von § 280 Abs. 1 Satz 2 BGB Schadensersatz nur zu leisten, wenn er die Pflichtverletzung zu vertreten hat. Die allgemeine Regelung des § 280 Abs. 1 BGB wird zugunsten des Arbeitnehmers umgekehrt. Obwohl dieser Schuldner des Anspruchs ist, muss er

---

1 Vgl. BAG 10.11.1955 – 2 AZR 282/54, AP Nr. 1 zu § 276 BGB – Verschulden bei Vertragsabschluss; 7.6.1963 – 1 AZR 276/62, AP Nr. 4 zu § 276 BGB – Verschulden bei Vertragsabschluss.
2 Vgl. BAG 16.3.1989 – 2 AZR 325/88, AP Nr. 8 zu § 1 BeschFG 1985; 26.4.1995 – 7 AZR 936/94, DB 1995, 2374.
3 Vgl. BAG 15.5.1974 – 5 AZR 393/73, AP Nr. 9 zu § 276 BGB – Verschulden bei Vertragsabschluss; ArbG Berlin 29.5.2013 – 55 Ca 18019/12, BB 2013, 2355.
4 Vgl. BGH 4.7.1983 – II ZR 220/82, AP Nr. 11 zu § 276 BGB – Verschulden bei Vertragsabschluss.
5 Anders dagegen bei den Grundsätzen der Sachwalterhaftung, wenn dem bei den Verhandlungen eingeschalteten Vertreter des Arbeitgebers ein besonderes Vertrauen entgegengebracht wird; vgl. BGH 3.4.1990 – XI ZR 206/88, ZIP 1990, 959; 11.10.1988 – X ZR 57/87, ZIP 1988, 1576.
6 BAG 17.9.1998 – 8 AZR 175/97, NZA 1999, 143.
7 Vgl. *Gotthardt*, Arbeitsrecht nach der Schuldrechtsreform, 2003, Rz. 157.

entgegen § 280 Abs. 1 BGB das Nichtvorliegen seines Verschuldens nicht beweisen.

Die Beweislastregelung des § 619a BGB ist jedoch dispositiv und kann demgemäß von den Parteien des Arbeitsvertrages abbedungen werden[1]. Zu beachten ist, dass § 619a BGB ausweislich des Wortlautes der Vorschrift nicht bei Schadensersatzansprüchen des Arbeitgebers gegen den Arbeitnehmer anwendbar ist.

VI. Begründung des Arbeitsverhältnisses

1. Grundsatz der Abschlussfreiheit

Für das Zustandekommen eines Arbeitsvertrages[2] bedarf es zwei übereinstimmender Willenserklärungen, die sich als Angebot und Annahme entsprechen, verbunden mit der Einigung über die wesentlichen Vertragsbestandteile (essentialia negotii). Zu diesen zählt neben der zu verrichtenden Tätigkeit grundsätzlich die vom Arbeitgeber zu gewährende Vergütung. Wird über diese Punkte im Rahmen der Vertragsverhandlungen keine Verständigung erzielt, kommt ein Arbeitsvertrag nicht zustande (Ausnahme: § 612 Abs. 1 BGB). Haben sich die Verhandlungspartner zwar über die wesentlichen Bedingungen eines abzuschließenden Arbeitsvertrages geeinigt, sich jedoch die schriftliche Fixierung der Vertragsbedingungen in einem Unterzeichnungstermin vorbehalten, ist gem. § 154 BGB ein Arbeitsvertrag im Zweifel noch nicht zustande gekommen[3]. Darlegungs- und beweisbelastet für die Tatsache, dass ein Arbeitsverhältnis vereinbart wurde, ist der Bewerber[4].

> **Hinweis:** Der Arbeitgeber darf die Unterzeichnung eines in deutscher Sprache abgefassten schriftlichen Arbeitsvertrags auch dann als Annahmeerklärung verstehen, wenn der Arbeitnehmer der deutschen Sprache nicht oder nicht ausreichend mächtig ist. Niemand ist verpflichtet, einen Arbeitsvertrag in einer ihm fremden Sprache zu unterschreiben. Der Bewerber kann sich im Vorfeld Bedenkzeit erbeten, um eine Übersetzung des Vertrags bitten oder selbst für eine solche sorgen, bevor er über die Annahme des Vertragsangebots entscheidet. Nutzt er derartige zumutbare Möglichkeiten, sich Kenntnis vom Inhalt des Vertragsangebots zu verschaffen, nicht und schließt stattdessen ohne Zwang einen Arbeitsvertrag in einer Sprache, die er nicht versteht, darf der Erklärungsempfänger nach Treu und Glauben davon ausgehen, dass der Arbeitnehmer trotz seiner Sprachunkundigkeit eine Erklärung mit dem aus der Vertragsurkunde ersichtlichen Inhalt abgeben wollte. Der sprachunkundige Arbeitnehmer steht insoweit demjenigen gleich, der eine Urkunde ungelesen unterschreibt[5].

Nach § 612 Abs. 2 BGB hat der Arbeitgeber für die Arbeitsleistung eine übliche **Vergütung** zu zahlen, wenn die Höhe der Vergütung nicht vereinbart ist. Zusätzlich fingiert § 612 Abs. 1 BGB das Bestehen einer Vergütungsabrede[6], wenn die vertraglich vereinbarte Dienstleistung in der Regel nur gegen ein Entgelt zu erwarten ist. § 612 BGB kommt nach hM[7] auch zur Anwendung, wenn zwar zwischen den Parteien eine Lohnabrede getroffen wurde, diese aber wegen Lohnwuchers unwirksam ist.

---

1 HM: *Herbert/Oberrath*, NJW 2005, 3748 mwN; aA *Däubler*, NZA 2001, 1333.
2 Zur Abgrenzung zu einem unentgeltlichen Einfühlungsverhältnis: ArbG Weiden 7.5.2008 – 1 Ca 64/08, ArbuR 2008, 455; LAG Rh.-Pf. 24.5.2007 – 2 Sa 87/07.
3 Vgl. LAG München 26.6.2009 – 3 Sa 280/09.
4 Vgl. LAG Rh.-Pf. 24.5.2007 – 2 Sa 87/07.
5 BAG 19.3.2014 – 5 AZR 252/13 (B), DB 2014, 1623 mwN.
6 Vgl. BAG 15.3.1960 – 5 AZR 409/58, AP Nr. 13 zu § 612 BGB; ErfK/*Preis*, § 612 Rz. 1.
7 Vgl. BAG 28.9.1994 – 4 AZR 619/93, AP Nr. 38 zu § 2 BeschFG 1985; 16.6.1993 – 4 AZR 317/92, AP Nr. 26 zu § 2 BeschFG 1985; 24.11.1993 – 5 AZR 153/93, AP Nr. 11 zu § 611 BGB – Mehrvergütung; ErfK/*Preis*, § 612 BGB Rz. 2 mwN; aA *Beuthien*, RdA 1969, 166, der annimmt, dass bei einer unwirksamen Vergütungsabrede der gesamte Vertrag unwirksam ist. Begründet wird dies mit der synallagmatischen Verknüpfung von Arbeits- und Lohnzahlungspflicht.

208 Nach dem Grundsatz der Vertragsfreiheit kann der Arbeitgeber nicht zum Abschluss eines Arbeitsvertrages gezwungen werden. Ebenso wenig sind geführte Vorverhandlungen für den Abschluss und Inhalt eines Arbeitsvertrages bindend. Auch nach Inkrafttreten des AGG hat sich an diesem Grundsatz nichts geändert. § 15 Abs. 6 AGG stellt klar, dass die Begründung eines Beschäftigungs- oder Ausbildungsverhältnisses im Wege der Naturalrestitution nicht verlangt werden kann. Der Abschluss eines Arbeitsvertrags ist also nicht erzwingbar. Es entsteht kein Kontrahierungszwang für den Arbeitgeber. Das Prinzip der Abschlussfreiheit gem. § 105 GewO bleibt somit erhalten.

208a Der Arbeitgeber kann im Rahmen der gesetzlichen Bestimmungen entscheiden, mit wem, wann und zu welchen Bedingungen er einen Arbeitsvertrag schließen möchte[1]. Gleiches gilt für den Arbeitnehmer: Auch er kann entscheiden, mit wem er ein Arbeitsverhältnis begründen möchte[2]. Ein Kontrahierungszwang widerspricht dabei der im BGB verankerten Abschlussfreiheit als Teil der verfassungsrechtlich gewährleisteten Privatautonomie und Vertragsfreiheit.

2. Ausnahmen von der Abschlussfreiheit

a) Begründung eines Arbeitsverhältnisses durch Gesetz

209 Dennoch ist in Ausnahmefällen die Fortsetzung eines Arbeitsverhältnisses durch die einseitige Erklärung einer Partei möglich, wenn ein Gestaltungsrecht durch den Arbeitnehmer ausgeübt wird. Nach § 102 Abs. 5 Satz 1 BetrVG hat der Arbeitgeber einen Arbeitnehmer, wenn der Betriebsrat einer ordentlichen Kündigung widersprochen und der Arbeitnehmer in erster Instanz mit einer Kündigungsschutzklage durchgedrungen ist, auf dessen Verlangen nach Ablauf der Kündigungsfrist bis zum rechtskräftigen Abschluss des Kündigungsschutzprozesses zu unveränderten Bedingungen **weiterzubeschäftigen**. Allein durch eine einseitige Erklärung des Arbeitnehmers wird das Beschäftigungsverhältnis mit den bisherigen Rechten und Pflichten fortgesetzt.

210 Ein weiterer Sonderfall ist das Zustandekommen eines Arbeitsvertrages nicht durch eine Einigung der Parteien, sondern **kraft Gesetzes**:

- Nach § 613a BGB wird bei einem **Betriebsübergang** zwar kein neuer Arbeitsvertrag geschlossen, aber es vollzieht sich ein Wechsel des Arbeitgebers als Vertragspartner[3], der in die Rechte und Pflichten des bisherigen Arbeitgebers eintritt.
- Im Wege der Universalsukzession geht das Arbeitsverhältnis beim **Tode des Arbeitgebers**, soweit es sich um eine natürliche Person handelt, nach § 1922 BGB auf den Erben über, ohne dass es entsprechender Willenserklärungen der beteiligten Parteien bedarf[4].
- Nach § 10 Abs. 1 AÜG wird ein Arbeitsverhältnis zwischen dem **Leiharbeitnehmer** und dem Entleiher kraft der faktischen Arbeitsaufnahme begründet, wenn der Verleiher nicht die erforderliche gesetzliche Erlaubnis zur Arbeitsüberlassung besitzt.

---

1 Vgl. BVerfG 8.4.1997 – 1 BvR 48/94, BVerfGE 95, 267 (303 f.).
2 Vgl. BAG 10.10.1974 – 5 AZR 504/73, EzA § 613a BGB Nr. 1.
3 Vgl. BAG 22.2.1978 – 5 AZR 800/76, AP Nr. 11 zu § 613a BGB; 22.6.1978 – 3 AZR 823/76, AP Nr. 12 zu § 613a BGB.
4 Vererbbar sind neben allen persönlichen und dinglichen Vermögensrechten nach hM auch Verbindlichkeiten des Arbeitgebers/Erblassers gegenüber seinen Arbeitnehmern, zB Lohn- und Urlaubsansprüche, vgl. BGH 9.6.1960 – VII ZR 229/58, BGHZ 32, 367 (369); Soergel/*Stein*, § 1922 BGB Rz. 13; MünchKommBGB/*Leipold*, § 1922 Rz. 19. Die Haftung des Erben für Nachlassverbindlichkeiten regeln die §§ 1967 ff. BGB. Eine Beschränkung der Haftung auf den Nachlass ist grundsätzlich gem. § 1975 BGB möglich.

VI. Begründung des Arbeitsverhältnisses

b) Abschluss- und Beschäftigungsverbote

Der Grundsatz der Abschlussfreiheit wird in bestimmten Fällen durch Abschluss- und Beschäftigungsverbote durchbrochen. Regelungen in Gesetz, Tarifvertrag oder Betriebsvereinbarung können untersagen, mit gewissen Personengruppen einen Arbeitsvertrag zu schließen. **Abschlussverbote** dienen vornehmlich dazu, die betreffenden Arbeitnehmer vor den Gefahren zu schützen, die sich aus dem Abschluss des Arbeitsvertrages als solchem ergeben. Der Schutzzweck von **Beschäftigungsverboten** zielt darauf ab, nur die Beschäftigung des Arbeitnehmers auf einer bestimmten Arbeitsstelle oder mit einer gewissen Tätigkeit zu untersagen. Ob ein Abschluss- oder Beschäftigungsverbot vorliegt, ist nach dem Sinn und Zweck der Vorschrift zu entscheiden.

211

aa) Abschlussverbote

(1) Gesetzliche Regelungen

Abschlussverbote führen in der Regel gem. § 134 BGB zur **Nichtigkeit** des Arbeitsvertrages[1]. Mangels wirksamen Vertragsschlusses entsteht weder eine Beschäftigungspflicht des Arbeitnehmers noch eine Lohnzahlungspflicht des Arbeitgebers. Sollte es aufgrund des vermeintlich wirksamen Arbeitsvertrages tatsächlich zu einer Tätigkeitsaufnahme gekommen sein, gelten die Grundsätze des faktischen Arbeitsverhältnisses (s. näher Rz. 271 ff.). Die wesentlichen gesetzlichen Abschlussverbote sind:

212

– § 5 Abs. 1 JArbSchG: Verbot der Beschäftigung von Kindern,
– §§ 4, 8 MuSchG: Danach dürfen Schwangere nicht zu bestimmten Tätigkeiten oder nicht während bestimmter Arbeitszeiten zu Tätigkeiten herangezogen werden, soweit nicht bei Vertragsschluss mit einer Ausnahmegenehmigung nach §§ 4 Abs. 3 Satz 2, 8 Abs. 6 MuSchG zu rechnen ist[2].

(2) Tarifvertragliche Regelungen

Einige Tarifverträge[3] sehen ebenfalls Abschlussverbote vor. So bestimmt der Manteltarifvertrag der Druckindustrie, dass bestimmte Arbeitsplätze nur mit Arbeitnehmern besetzt werden dürfen, die eine besondere auf die Tätigkeit zugeschnittene **Qualifikation** bzw. Ausbildung aufweisen. Damit dürfen Arbeitnehmer, die die verlangten fachlichen Anforderungen nicht erfüllen, in diesen Tätigkeitsbereichen nicht eingesetzt werden. Das BAG hat diese Regelung in Tarifverträgen gebilligt und einen Verstoß gegen nach Art. 12 GG verneint[4]. Nach Ansicht des BAG wird die Berufsfreiheit der Bewerber, die nicht das geforderte Qualifikationsprofil aufweisen, nicht unverhältnismäßig eingeschränkt, da ihnen der Zugang zu gewissen Facharbeitsplätzen nicht generell verwehrt ist, sondern nur ein Vorrang für Facharbeiter begründet wird.

213

---

1 Vgl. Schaub/*Linck*, § 34 Rz. 17.
2 Vgl. BAG 27.11.1956 – 1 AZR 540/55, BAGE 3, 309 (311); 6.10.1962 – 2 AZR 360/61, AP Nr. 24 zu § 9 MuSchG; offengelassen: BAG 8.9.1988 – 2 AZR 102/88, AP Nr. 1 zu § 8 MuSchG 1968; kritisch zur Rechtsfolge nach § 134 BGB: Kittner/Zwanziger/*Becker*, § 20 Rz. 58, der aufgrund der EuGH-Rspr. lediglich für ein Beschäftigungsverbot plädiert, das den Arbeitsvertrag in seiner Wirksamkeit unangetastet lasse; die beabsichtigte Tätigkeit könne dann nach Ablauf der Mutterschutzfristen aufgenommen werden.
3 Dazu ausführlich *Buchner*, RdA 1966, 208; *Schoner*, DB 1968, 483.
4 Vgl. BAG 26.4.1990 – 1 ABR 84/87, NZA 1990, 850.

(3) Betriebliche Auswahlrichtlinien nach § 95 BetrVG

214 Ein Abschlussverbot kann nicht über betriebliche Einstellungsrichtlinien mit der Rechtsfolge der Nichtigkeit des Arbeitsvertrages gem. § 134 Abs. 1 BGB begründet werden[1]. Die Verletzung und Missachtung solcher Einstellungsrichtlinien hat lediglich ein **Zustimmungsverweigerungsrecht** des Betriebsrates nach § 99 Abs. 2 Nr. 3 BetrVG zur Folge.

(4) Arbeitsvertragliche Verbote

215 Arbeitsvertragliche Abschlussverbote können zwar zwischen den Arbeitsvertragsparteien vereinbart werden[2]. Allein die Begründung eines Arbeitsverhältnisses berührt grundsätzlich jedoch nicht die Befugnis des Arbeitnehmers, ein weiteres Arbeitsverhältnis einzugehen. Auf Arbeitgeberseite besteht häufig ein berechtigtes Interesse an der Unterlassung einer anderweitigen Tätigkeit[3], insbesondere bei einer erheblichen Beeinträchtigung der Arbeitskraft oder bei entgegenstehenden Wettbewerbsinteressen. Der Arbeitgeber möchte dann arbeitsvertraglich durch **Wettbewerbsverbote oder Genehmigungsvorbehalte** sicherstellen, dass keine weiteren Arbeitsverträge abgeschlossen werden. Diese schuldrechtliche Verpflichtung zwischen den Arbeitsvertragsparteien beeinträchtigt allerdings nicht die Wirksamkeit von unter Verletzung der arbeitsvertraglichen Pflichten eingegangenen weiteren Arbeitsverträgen. Ob der Arbeitgeber bei einer anderweitigen Beschäftigung die Unterlassung der Tätigkeit verlangen kann, ist umstritten, wird aber von der herrschenden Meinung[4] grundsätzlich abgelehnt, solange die betrieblichen Interessen des Arbeitgebers nicht beeinträchtigt werden. Bei der arbeitsvertraglichen Verpflichtung, anderweitige Tätigkeiten zu unterlassen, handelt es sich um eine Nebenverpflichtung, deren gerichtliche Durchsetzung ausgeschlossen ist[5]. Unbenommen bleibt dem Arbeitgeber, Erfüllung der Arbeitsleistung[6] und weitergehend Schadensersatz zu verlangen bzw. eine Kündigung auszusprechen.

216 Ausnahmsweise besteht ein **Unterlassungsanspruch**, wenn damit darüber hinausgehende Belange betroffen sind, etwa bei entgegengesetzten Wettbewerbsinteressen des Arbeitgebers[7]. Dafür reicht es nicht aus, dass der Arbeitnehmer überhaupt in einer wettbewerbsrechtlich relevanten Tätigkeit agiert. Der Arbeitgeber muss vielmehr darlegen, dass durch die Verwertung der Arbeitskraft und der Kenntnisse des Arbeitnehmers in einem konkurrierenden Unternehmen seine Interessen an der Unterlassung dieser Tätigkeit unmittelbar betroffen sind[8]. Nicht ausreichend ist es, wenn mit dem Unterlassungsanspruch lediglich der Vertragsbruch unterbunden werden soll.

---

1 Vgl. GK-BetrVG/*Kreutz*, § 77 Rz. 205; aA Kittner/Zwanziger/*Becker*, § 20 Rz. 61.
2 Vgl. Schaub/*Linck*, § 45 Rz. 67; aA Kittner/Zwanziger/*Becker*, § 20 Rz. 60.
3 Vgl. Schaub/*Linck*, § 45 Rz. 68.
4 Vgl. LAG Berlin 23.9.1965 – 6 Ta 5/65, DB 1966, 827; LAG Hamburg 24.9.1955 – 1 Ta 18/55, AP Nr. 1 zu § 611 BGB – Anspruch auf Arbeitsleistung; LAG Hannover 12.12.1955 – 1 Ta 142/55, DB 1955, 1227. Ablehnend dagegen noch ArbG Hamburg 14.7.1955 – 1 Ca 418/55, AP Nr. 2 zu § 611 BGB – Anspruch auf Arbeitsleistung; ArbG Wetzlar 28.10.1955 – AG 345/55, AP Nr. 4 zu § 611 BGB – Anspruch auf Arbeitsleistung.
5 Vgl. Stein/Jonas/*Grunsky*, vor § 935 ZPO Rz. 68.
6 Vgl. ArbG Frankfurt 22.8.1994 – 8 Ga 193/94, NZA 1995, 552; ErfK/*Preis*, § 611 BGB Rz. 695; Küttner/*Kreitner*, Kap. 48 Rz. 20.
7 Vgl. BAG 17.10.1969 – 3 AZR 442/68, AP Nr. 7 zu § 611 BGB – Treuepflicht; LAG Düsseldorf 1.3.1972 – 2 Sa 520/71, DB 1972, 878; LAG Hamm 25.4.1972 – 3 Sa 163/72, DB 1972, 1074; ArbG Düsseldorf 6.9.1994 – 5 Ga 96/94, NZA 1995, 552.
8 Vgl. *Lufft*, RdA 1962, 266 ff.; MünchArbR/*Reichold*, § 38 Rz. 7.

bb) Beschäftigungsverbote

Als Beschäftigungsverbote sind vor allem zu nennen: 217
- § 284 SGB III: Verbot der Beschäftigung von Staatsangehörigen aus Kroatien ohne die erforderliche behördliche Erlaubnis,
- § 3 ArbZG: Überschreitung der zulässigen Arbeitszeit von acht Stunden täglich,
- § 43 IfSG: Erbringung einer Bescheinigung bei bestimmten Tätigkeiten innerhalb eines gewissen Zeitraumes und
- § 99 BetrVG: Einstellung von Arbeitnehmern ohne die erforderliche Zustimmung des Betriebsrates.

Die **Rechtsfolge** bei einem Verstoß gegen ein Beschäftigungsverbot richtet sich nach dem allgemeinen Leistungsstörungsrecht. Fällt das Leistungshindernis zur Erbringung der Arbeitsleistung in die Sphäre und den Verantwortungsbereich des Arbeitgebers, gerät er in Annahmeverzug und der Arbeitnehmer kann gem. § 615 Abs. 1 Satz 1 BGB von seinem Arbeitgeber die Vergütung verlangen. Bei einer Unmöglichkeit der Arbeitsleistung und einem Vertretenmüssen des Arbeitnehmers macht sich dieser über § 280 Abs. 1 BGB gegenüber dem Arbeitgeber schadensersatzpflichtig. 218

c) Abschlussgebote

Aus Schutzerwägungen kann ausnahmsweise durch gesetzliche oder tarifliche Regelungen[1] in die Abschlussfreiheit eingegriffen wird. Jedoch sind echte Kontrahierungszwänge selten. 219

- Aus Art. 9 Abs. 3 GG kann sich im Einzelfall ein Einstellungsanspruch ergeben, wenn der Arbeitgeber in die **Koalitionsfreiheit des Arbeitnehmers** eingreift. Dieser kann dann einen Schadensersatzanspruch in Form der Naturalherstellung auf Einstellung haben, § 823 Abs. 2 BGB iVm. Art. 9 Abs. 3 GG[2]. Dies gilt jedoch nicht, wenn der Arbeitgeber die Einstellung auch bei einem rechtmäßigen Alternativverhalten nicht vorgenommen hätte, weil andere Bewerber zB eine bessere Qualifikation aufwiesen.

Beispiel:
Der Arbeitgeber macht die Einstellung des Arbeitnehmers von seinem Austritt aus der Gewerkschaft abhängig[3].

- Auch das **Recht der freien Meinungsäußerung** nach Art. 5 Abs. 1 GG kann zu einer Einschränkung der Abschlussfreiheit führen. 220

Beispiel:
Ein Arbeitgeber verweigert einem Lehrling den Abschluss eines Arbeitsvertrages nach Beendigung der Ausbildung. Die Ablehnung war auf einen Artikel gegen den Bau des Kernkraftwerks Brokdorf zurückzuführen, den der Schüler in der Schülerzeitung veröffentlichte[4].

- Auch aus Art. 33 Abs. 2 GG kann ein Einstellungsanspruch erwachsen. Nach dieser Regelung hat jeder Deutsche nach seiner Eignung, Befähigung und fachlichen Leistung gleichen Zugang zu **öffentlichen Ämtern**[5]. Ein Bewerber kann die Einstellung verlangen, wenn jede andere Entscheidung, dh. die Einstellung eines Konkurrenten, als ermessensfehlerhaft und damit als rechtswidrig zu qualifizieren ist. Die Einstellung des Betroffenen muss sich vielmehr als einzig rechtmäßige Entscheidung darstellen.

---

1 Diese müssen allerdings die Diskriminierungsverbote des AGG beachten.
2 Vgl. Kittner/Zwanziger/*Becker*, § 20 Rz. 45.
3 Vgl. BAG 2.6.1987 – 1 AZR 651/85, NZA 1988, 64 f.; 28.3.2000 – 1 ABR 16/99, NZA 2000, 1294 ff.
4 Kritisch dazu: *Herrmann*, ZfA 1996, 57.
5 Dazu: LAG Hamm 25.11.2003 – 5 Sa 950/03, FA 2004, 155.

- Das **Schwerbehindertenrecht** gebietet zwar, dass ab zwanzig verfügbaren Arbeitsplätzen mindestens 5 % mit Schwerbehinderten zu besetzen sind, § 71 Abs. 1 SGB IX. Der Arbeitgeber hat allerdings bei Unterschreiten der Quote nur eine Ausgleichsabgabe zu leisten, ohne dass schwerbehinderte Arbeitnehmer einen Einstellungsanspruch haben.
- **Tarifliche Einstellungsgebote**, die sich auf die Anstellung von Frauen, Schwerbehinderten, älteren Arbeitnehmern oder Schwangeren beziehen, begründen keinen individuellen Anspruch auf Einstellung[1]. Es liegt im Ermessen des jeweiligen Arbeitgebers, wie und mit welchen Arbeitnehmern er die ihm auferlegten Pflichten erfüllt. Häufiger finden sich in Tarifverträgen Wiedereinstellungsklauseln, die zB nach längeren Betriebsstörungen[2] oder Arbeitskämpfen nach dem Verlust des Arbeitsplatzes die Wiedereinstellung vorsehen.
- **Betriebsvereinbarungen** können dagegen keine verbindlichen Abschlussgebote enthalten[3]. Dies ergibt sich schon aus dem Geltungsbereich einer Betriebsvereinbarung, die sich allenfalls auf den Arbeitgeber und Betriebsangehörige erstrecken kann, nicht dagegen auf noch anzuwerbende Arbeitnehmer[4]. **Auswahlrichtlinien** nach § 95 Abs. 1 Satz 1 BetrVG können die fachlichen Voraussetzungen für die Einstellung neuer Arbeitskräfte vorschreiben, zB eine besondere Ausbildung oder Qualifikation[5]. Sollten die Auswahlrichtlinien in Form einer Betriebsvereinbarung[6] zwischen Arbeitgeber und Betriebsrat festgelegt worden sein, ist dennoch eine normative Wirkung für einen Bewerber und folglich ein Einstellungsanspruch ausgeschlossen, auch wenn dieser die Kriterien der Auswahlrichtlinie erfüllt. Eine Betriebsvereinbarung kann lediglich das Arbeitsverhältnis der bereits betriebsangehörigen Bewerber gestalten, nicht aber das Anbahnungsverhältnis mit dem externen Kandidaten. Dieser ist allenfalls mittelbar von dem Regelungsbereich der Auswahlrichtlinien begünstigt, wenn der Betriebsrat einer dieser widersprechenden Einstellung nicht zustimmt und der Arbeitgeber dann eine neue richtlinienkonforme Einstellung vornehmen muss, bei der der Bewerber möglicherweise berücksichtigt werden kann[7].
- **Vertragliche Einstellungsgebote** können aufgrund einer **vorvertraglichen Regelung** entstehen, wenn dort hinreichend konkret der Abschluss eines Arbeitsvertrages und die entsprechenden Modalitäten hinsichtlich der zu verrichtenden Tätigkeit und der Vergütung mit einem zu erkennenden späteren Bindungswillen vereinbart worden sind. Der Anspruch des Bewerbers zielt dann auf die Abgabe eines Angebotes zum Vertragsabschluss oder zur Annahme eines derartigen Angebotes durch den Arbeitgeber[8] ab. Diesen Anforderungen entspricht nicht die Vereinbarung eines Fußballvereins mit einem Lizenzspieler, durch die diesem zugesichert wird, nach Abschluss seiner aktiven Fußball-Laufbahn in das Management des Vereins zu wechseln, wenn über Art und Umfang der Beschäftigung sowie über die Vergütung keine Abreden getroffen worden sind[9].

221 – Vertragliche Abschlussgebote können sich aus einem **Wiedereinstellungsanspruch** des Arbeitnehmers ergeben.

---

1 Vgl. Kittner/Zwanziger/*Becker*, § 20 Rz. 50.
2 Vgl. BAG 16.6.1987 – 1 AZR 528/85, AP Nr. 20 zu § 111 BetrVG 1972.
3 Vgl. LAG Saarbrücken 2.2.1966 – 1 Sa 60/65, NJW 1966, 2136f.; GK-BetrVG/*Kreutz*, § 77 Rz. 205 mwN; aA *Hueck/Nipperdey*, II/2 S. 1269.
4 Vgl. MünchArbR/*Buchner*, § 30 Rz. 228 mwN.
5 Vgl. Richardi/*Thüsing*, § 95 BetrVG Rz. 23.
6 Vgl. dazu GK-BetrVG/*Raab*, § 95 Rz. 4.
7 Vgl. MünchArbR/*Buchner*, § 30 Rz. 229.
8 Dazu ErfK/*Preis*, § 611 BGB Rz. 322.
9 Vgl. LAG Sachs. 24.8.1999 – 9 Sa 131/99, NZA-RR 2000, 410.

Beispiel:

Der nach einer Verdachtskündigung entlassene Arbeitnehmer, dessen Unschuld sich im Laufe des Verfahrens herausstellt, kann einen Wiedereinstellungsanspruch haben[1]. Ein solcher kommt auch in Betracht, wenn nach einer wirksamen betriebsbedingten Kündigung wegen einer zunächst geplanten Betriebsstilllegung während der Kündigungsfrist der Betrieb durch Rechtsgeschäft auf einen anderen Inhaber übergeht (§ 613a BGB)[2].

3. Geschäftsfähigkeit

a) Grundsatz

Die Einigung über den Abschluss eines Arbeitsvertrages zwischen Arbeitnehmer und Arbeitgeber erfordert für die Wirksamkeit der abzugebenden Willenserklärungen die Geschäftsfähigkeit der beteiligten Parteien. Gem. §§ 104, 105 BGB sind die Willenserklärungen von Geschäftsunfähigen nichtig. Bei beschränkt Geschäftsfähigen ab dem 7. Lebensjahr ist eine Willenserklärung nur wirksam, wenn der Minderjährige gem. § 107 BGB einen rechtlichen Vorteil erlangt oder die Einwilligung oder Genehmigung seines gesetzlichen Vertreters hat. Dies sind in der Regel die Eltern nach §§ 1626, 1629 BGB oder der Vormund nach § 1793 BGB. Da der Abschluss eines Arbeitsvertrages für den Minderjährigen als Arbeitnehmer oder als Arbeitgeber besondere Pflichten begründet, ist dieser niemals nur rechtlich vorteilhaft. Der beschränkt Geschäftsfähige kann daher grundsätzlich ohne die Mitwirkung des gesetzlichen Vertreters weder auf Arbeitnehmer- noch auf Arbeitgeberseite einen wirksamen Arbeitsvertrag abschließen.

222

Darüber hinaus ist eine **Genehmigung des Familiengerichts** erforderlich, wenn der Vormund einen Arbeitsvertrag abschließt, der den Minderjährigen als Arbeitnehmer länger als ein Jahr verpflichtet (§ 1822 Nr. 7 BGB). Diese Frage hat in jüngster Zeit Relevanz wegen der umfassenden und langfristigen Künstlerverträge mit minderjährigen Teilnehmern an sog. **Casting-Shows** („Popstars"; „Deutschland sucht den Superstar") erlangt, die weitreichende Verpflichtungen zu Auftritten etc. vorsehen. § 1643 BGB verweist für die Eltern des minderjährigen Arbeitnehmers gerade nicht auf § 1822 Nr. 7 BGB, sondern ausschließlich auf § 1822 Nr. 5 BGB, der das Genehmigungserfordernis durch das Familiengericht lediglich für Verträge vorsieht, durch die der Minderjährige zu wiederkehrenden Leistungen verpflichtet wird, wenn das Vertragsverhältnis länger als ein Jahr nach dem Eintritt der Volljährigkeit fortdauern soll. Daher ist umstritten, ob § 1822 Nr. 5 BGB Arbeitsverträge unter den im Gesetz benannten Voraussetzungen trotz der ausdrücklichen Erwähnung in § 1822 Nr. 7 BGB erfassen soll[3]. Eine Genehmigungspflichtigkeit von Arbeitsverträgen über § 1822 Nr. 5 BGB für die Eltern wird von der Rechtsprechung jedoch mit der Begründung abgelehnt, dass § 1822 Nr. 7 BGB als lex specialis § 1822 Nr. 5 BGB vorgeht und § 1822 Nr. 7 BGB für Eltern gerade nicht anwendbar ist[4].

222a

> ⊃ **Hinweis:** Bei Zweifeln an der Geschäftsfähigkeit des Vertragspartners sollte sich der andere Teil den Personalausweis vorzeigen lassen, um eine mögliche Rechtsunsicherheit an der Wirksamkeit des Vertrages von vornherein ausschließen zu können.

223

---

1 Vgl. BGH 13.7.1956 – VI ZR 88/55, AP Nr. 2 zu § 242 BGB – Wiedereinstellung; s.a. BAG 14.12.1956 – 1 AZR 29/55, AP Nr. 3 zu § 611 BGB – Fürsorgepflicht; 25.2.1960 – 3 AZR 446/57, AP Nr. 50 zu § 611 BGB – Fürsorgepflicht; 4.6.1964 – 2 AZR 310/63, AP Nr. 13 zu § 626 BGB – Verdacht strafbarer Handlung.
2 Vgl. BAG 13.11.1997 – 8 AZR 295/95, AP Nr. 169 zu § 613a BGB.
3 Bejahend: *Fromferek*, NJW 2004, 412 unter Berufung auf einen Beschluss des BVerfG 13.5.1986 – 1 BvR 1542/84, BB 1986, 1248 mwN; ablehnend: Palandt/*Götz*, § 1822 BGB Rz. 14.
4 Vgl. OLG Köln 22.9.2000 – 6 U 19/96, ZUM 2001, 171: für eine Gruppe mit teilweisen minderjährigen Musikern; LG Essen 18.3.1965 – 11 T 633/64, NJW 1965, 2303.

b) Ausnahme: Ermächtigung zum selbständigen Betrieb eines Geschäftes

224 Ausnahmsweise ist ein Minderjähriger, der von seinem gesetzlichen Vertreter mit Zustimmung des Familiengerichtes zum selbständigen Betrieb eines Erwerbsgeschäftes ermächtigt ist, grundsätzlich für alle Rechtsgeschäfte unbeschränkt geschäftsfähig, die der herkömmliche Geschäftsbetrieb mit sich bringt. Im Rahmen dieser Geschäftstätigkeit ist es dem Minderjährigen als Arbeitgeber möglich, Arbeitsverträge abzuschließen. Ob Arbeitsverträge, die den minderjährigen Arbeitgeber über einen Zeitraum von einem Jahr nach Eintritt in die Volljährigkeit hinaus verpflichten, dennoch der Genehmigung durch das Familiengericht nach §§ 1643, 1822 Nr. 5 BGB bedürfen, ist streitig[1]. Dies muss aber angesichts des Wortlautes der Vorschrift bejaht werden, da sich dieser ausdrücklich auf vom Minderjährigen zu leistende, wiederkehrende Leistungen im Rahmen eines Vertrages bezieht, wie zB die Gewährung einer Vergütung an Arbeitnehmer.

225 Im Übrigen erfasst die Ermächtigung den Eintritt in einen Arbeitgeberverband genauso wie die Kündigung von Arbeitnehmern als auch die Entgegennahme von Kündigungserklärungen von Mitarbeitern.

c) Ausnahme: Ermächtigung zum Abschluss eines Arbeitsvertrages

aa) Inhalt und Rechtsfolgen von § 113 BGB

226 Der gesetzliche Vertreter kann den Minderjährigen ermächtigen, in ein Arbeitsverhältnis einzutreten, § 113 BGB. Er ist dann unbeschränkt geschäftsfähig für alle Rechtsgeschäfte, die die Eingehung oder Aufhebung des Arbeitsvertrages oder die Erfüllung der sich daraus ergebenden Verpflichtungen betreffen.

227 Diese Ermächtigung erfasst alle Rechtsgeschäfte, die üblicherweise in Arbeitsverhältnissen vorgenommen werden und die nicht als außergewöhnlich anzusehen sind[2]. Der Minderjährige ist für den betreffenden Bereich teilrechtsfähig (Arbeitsrechtsmündigkeit). Eine Vertretung ist nun nicht mehr erforderlich; dies gilt jedenfalls so lange, wie die Ermächtigung nicht zurückgenommen oder eingeschränkt wird.

228 Auf Berufsbildungsverhältnisse sowie auf Praktikanten- und Volontariatsverträge findet dagegen § 113 BGB keine Anwendung[3]: Bei diesen Vertragstypen liegt der Schwerpunkt auf der Berufsbildung und nicht auf einer Arbeits- oder Dienstaufnahme. Nach § 113 Abs. 1 Satz 2 BGB kann die Ermächtigung keine Rechtsgeschäfte einschließen, die der Genehmigung des Familiengerichtes unterfallen (§§ 1643, 1822 f. BGB).

bb) Fallbeispiele

229 **Erfasst** werden von § 113 BGB:
– der Eintritt in eine Gewerkschaft, auch wenn dies kein Rechtsgeschäft mit dem Arbeitgeber, sondern mit einer dritten Partei betrifft, da der Minderjährige auf diese Art und Weise jedoch unmittelbar auf die geltenden Arbeitsbedingungen bei einem tarifgebundenen Arbeitgeber einwirken kann[4].

---

1 Bejahend Küttner/*Röller*, Kap. 306 Rz. 22; MünchKommBGB/*Wagenitz*, § 1822 Rz. 40; aA für eine teleologische Reduktion des Anwendungsbereichs der Vorschrift MünchArbR/*Richardi*, 2. Aufl., Erg.-Bd., § 43 Rz. 60.
2 Vgl. BAG 8.6.1999 – 3 AZR 71/98, AP Nr. 7 zu § 113 BGB; LAG Berlin 28.3.1963 – 4 Sa 51/62, AP Nr. 1 zu § 113 BGB; *Brill*, BB 1975, 286; Schaub/*Linck*, § 32 Rz. 31.
3 Vgl. LAG Düsseldorf 27.1.1955 – 2a Sa 310/54, AP Nr. 1 zu § 21 HandwO; MünchArbR/*Richardi*/*Buchner*, § 32 Rz. 22; *Scheerer*, BB 1971, 982.
4 Vgl. LG Düsseldorf 10.3.1966 – 15 T 24/66, DB 1966, 387; LG Frankenthal 14.3.1966 – 1 T 56/66, DB 1966, 386 f.; Schaub/*Treber*, § 191 Rz. 39.

- In gewissem Umfang sind auch Rechtsgeschäfte, die mit der Tätigkeit nur mittelbar in Zusammenhang stehen, von der Ermächtigung des § 113 BGB gedeckt, so zB Beförderungsverträge, um den Arbeitsplatz zu erreichen[1], die Anschaffung von zur Arbeitsaufnahme erforderlichen Gegenständen, wie zB Arbeitskleidung oder die Einrichtung eines Girokontos bei einer Bank sowie Barabhebungen vom Konto, dagegen nicht Überweisungen[2] oder Verfügungen mittels Scheck[3].
- die Abgabe von Kündigungserklärungen[4].

Nicht erfasst werden: 230
- die Kreditaufnahme bei einer Gewerkschaft[5],
- Vertragsstrafen, es sein denn, dass sie regelmäßig und verkehrsüblich vereinbart werden[6],
- die Erteilung von Ausgleichsquittungen, die auf die Anerkennung zielen, dass der Minderjährige keinerlei Ansprüche mehr gegen den Arbeitgeber herleiten kann[7],
- die Ausübung eines tarifvertraglich garantierten Wahlrechtes zur Festlegung einer Zusatzversorgung im Alter[8],
- der Abschluss eines Aufhebungsvertrages mit einer schwangeren minderjährigen Arbeitnehmerin[9],
- ein Wettbewerbsverbot für Handlungsgehilfen, das schon aufgrund der gesetzlichen Regelung nach § 74a Abs. 2 Satz 1 HGB im Falle der Minderjährigkeit unwirksam ist, während die Rechtsprechung bei einem minderjährigen Handelsvertreter ein nachvertragliches Wettbewerbsverbot als von § 113 BGB gedeckt ansieht[10].

cc) Prozessuale Durchsetzbarkeit von Rechtsgeschäften nach § 113 BGB

Soweit die Geschäftsfähigkeit des Minderjährigen nach § 113 BGB gegeben ist, ist dieser als prozessfähig nach § 52 ZPO zu qualifizieren, dh. er kann selbst Klage erheben und auch selbst verklagt werden[11]. Im Sozialversicherungsrecht kann der Minderjährige nach § 36 Abs. 1 SGB I Anträge auf Sozialleistungen stellen, diese empfangen und verwerten, sofern er das fünfzehnte Lebensjahr vollendet hat; dem Minderjährigen wird in diesem Bereich ebenfalls eine Prozessfähigkeit zuerkannt, § 71 Abs. 1 SGG. 231

4. Form des Arbeitsvertrages

a) Grundsatz

Grundsätzlich bedarf ein Arbeitsvertrag zu seiner Wirksamkeit keiner bestimmten Form[12]. Ein Arbeitsvertrag kann folglich mündlich, schriftlich, ausdrücklich oder konkludent durch eine entsprechende Arbeitsaufnahme abgeschlossen werden. Eine wichtige Ausnahme besteht für Befristungsabreden in Arbeitsverträgen, die gem. § 14 Abs. 4 TzBfG der Schriftform bedürfen (s. Rz. 243 ff.). 232

---

1 Vgl. OLG Schleswig 21.10.1949 – 5 U 149/49, NJW 1950, 226.
2 Vgl. *Scheerer*, BB 1971, 981.
3 Vgl. *Scheerer*, BB 1971, 981.
4 Vgl. ArbG Wilhelmshaven 3.5.1965 – Ca 85/65, DB 1965, 1864.
5 Vgl. LG Münster 10.10.1967 – 5 T 500/67, MDR 1968, 146.
6 Vgl. für Anstellungsverträge mit kaufmännlichen Angestellten LAG Düsseldorf 13.4.1960 – 6 Sa 38/60, BB 1960, 905.
7 Vgl. LAG Nds. 9.9.1963 – 5 Sa 397/63, DB 1964, 115; LAG Hamm 8.9.1970 – 3 Sa 481/70, DB 1971, 779; *Brill*, BB 1975, 287.
8 Vgl. BAG 8.6.1999 – 3 AZR 71/98, NZA 2000, 345 f.
9 Vgl. LAG Bremen 15.10.1971 – 1 Sa 90/71, DB 1971, 2318.
10 Vgl. BAG 20.4.1964 – 5 AZR 278/63, NJW 1964, 1642 f.
11 Vgl. Schaub/*Linck*, § 34 Rz. 33.
12 Zur Schriftform im Arbeitsvertrag generell: *Löw*, MDR 2006, 12.

b) Dokumentationspflicht durch das Nachweisgesetz[1]

233 Das Nachweisgesetz[2] verpflichtet die Arbeitsvertragsparteien zwar nicht zum Abschluss eines schriftlichen Arbeitsvertrages. Der Arbeitgeber hat aber spätestens einen Monat nach Beginn des Arbeitsverhältnisses die wesentlichen Arbeitsbedingungen schriftlich niederzulegen und dem Arbeitnehmer auszuhändigen. § 2 Abs. 1 Satz 2 NachwG enthält die in diesen Nachweis aufzunehmenden **Mindestanforderungen** an die Niederschrift. Dazu zählen:
- der Name und die Anschrift der Vertragsparteien,
- der Beginn des Arbeitsverhältnisses,
- bei befristeten Arbeitsverhältnissen: die vorhersehbare Dauer des Arbeitsverhältnisses,
- der Arbeitsort,
- die Tätigkeitsbeschreibung,
- die Höhe und Zusammensetzung des Arbeitsentgeltes,
- die Arbeitszeit,
- die Dauer des Erholungsurlaubs,
- die Kündigungsfristen und
- die einschlägigen Betriebsvereinbarungen und Tarifverträge[3].

234 Diese Aufzählung ist keinesfalls abschließend; eine Erweiterung der nachzuweisenden Arbeitsbedingungen tritt ein, wenn dies zur Beschreibung der Rechte und Pflichten des spezifischen Arbeitsverhältnisses notwendig erscheint. Insbesondere sollten zusätzlich Allgemeine Geschäftsbedingungen, die für den Arbeitsvertrag gelten sollen, in den Nachweis aufgenommen werden (s. zu Allgemeinen Geschäftsbedingungen Teil 1 D).

> **Hinweis:** Im Rahmen der Einführung eines gesetzlichen Mindestlohnes[4] ist mit Wirkung zum 16.8.2014 auch das NachwG angepasst worden. Dessen Anwendungsbereich wird ausdrücklich auf Praktika erweitert[5]. Wer einen Praktikanten[6] einstellt, ist nunmehr verpflichtet unverzüglich nach Abschluss des Praktikumsvertrages, spätestens vor Aufnahme der Praktikantentätigkeit, die wesentlichen Vertragsbedingungen schriftlich niederzulegen, die Niederschrift zu unterzeichnen und dem Praktikanten auszuhändigen (§ 2 Abs. 1a Satz 1 NachwG). In dieser sind nach der Aufzählung in § 2 Abs. 1a Satz 2 NachwG insbesondere die mit dem Praktikum verfolgten Lern- und Ausbildungsziele, die Dauer der regelmäßigen täglichen Praktikumszeit, die Zahlung und Höhe der Vergütung sowie die Dauer des Urlaubs aufzuführen.

235 Verändern sich die wesentlichen Vertragsbedingungen, ist dies dem Arbeitnehmer nach § 3 NachwG spätestens einen Monat danach **schriftlich** mitzuteilen, soweit diese Änderung nicht auf der Modifikation von gesetzlichen Vorschriften, Tarifverträgen[7], Betriebsvereinbarungen oder ähnlichen Regelungen beruht. Von den Vorschriften des NachwG kann des Weiteren nicht zuungunsten des Arbeitnehmers abgewichen werden, § 5 NachwG. Es ist zB nicht möglich, dass der Nachweiskatalog nach § 2 NachwG von den Arbeitsvertragsparteien beschränkt wird. Keine Anwen-

---

1 Dazu ausführlich: *Boudon*, ArbRB 2006, 155.
2 BGBl. I, 1348.
3 Die Hinweispflicht gem. § 2 Abs. 1 Satz 2 Nr. 10 NachwG betrifft auch die Anwendung eines Tarifvertrages kraft betrieblicher Übung, vgl. BAG 17.4.2002 – 5 AZR 89/01, AuR 2002, 185.
4 Gesetz zur Stärkung der Tarifautonomie v. 11.8.2014, BGBl. I, 1355.
5 Dazu: *Düwell*, DB 2014, 2049 f.
6 S. § 22 Abs. 1 MiLoG.
7 Bei erstmaliger Anwendung eines Haustarifvertrages ist der Arbeitnehmer über die Änderung der Vertragsbedingungen zu informieren: vgl. BAG 5.11.2003 – 5 AZR 469/02, NZA 2004, 102.

VI. Begründung des Arbeitsverhältnisses

dung findet das Gesetz auf Arbeitnehmer, die als vorübergehende Aushilfen für einen Zeitraum von höchstens einem Monat eingestellt werden, § 1 NachwG.

Sollte der Arbeitgeber diesen Verpflichtungen nicht entsprechen, ist das Arbeitsverhältnis gleichwohl wirksam zustande gekommen und wird in seiner Wirksamkeit auch nachträglich nicht tangiert. Der Arbeitnehmer kann jedoch auf die Erfüllung der arbeitgeberseitigen Niederlegungs- und Aushändigungspflicht nach §§ 2 f. NachwG bestehen und diese gerichtlich durchsetzen. Bei Streitigkeiten über das Bestehen bzw. Nichtbestehen bestimmter Arbeitsbedingungen kann bei einer Verletzung des NachwG nach der Rechtsprechung[1] eine **Beweislastumkehr** zu Lasten des Arbeitgebers eintreten. Aus anderen Gerichtsentscheidungen ergibt sich zumindest, dass jedenfalls eine erhebliche Erleichterung der Beweisführungslast zugunsten des Arbeitnehmers anzunehmen ist[2]. Unter diesen Umständen kann der Beweis für eine streitige Lohnvereinbarung als geführt angesehen werden, wenn sie aufgrund von Indizien plausibel erscheint – etwa durch eine dem Arbeitnehmer ausgestellte Lohnbescheinigung zur Vorlage bei Kreditgebern[3].

236

Das NachwG enthält selbst keine weiteren Sanktionen im Falle der Nichterfüllung der dem Arbeitgeber obliegenden gesetzlichen Verpflichtungen. Das BAG[4] hat einem Arbeitnehmer dennoch einen **Schadensersatzanspruch** gegen seinen Arbeitgeber zugebilligt, der auf den Ausgleich des Verzugsschadens[5] gerichtet ist. Dieser soll die Nachteile ausgleichen, die dem Arbeitnehmer durch die fehlende Aushändigung einer Niederschrift der vertraglichen Bedingungen entstanden sind. Der Arbeitnehmer forderte in dem entschiedenen Fall die Zahlung der Differenz zwischen der vom Arbeitgeber geleisteten Stundenvergütung und der in einem Firmentarifvertrag, der durch eine konkludente Bezugnahme ebenfalls auf das betreffende Arbeitsverhältnis anzuwenden war, vorgesehenen Entlohnung. Der Arbeitgeber verweigerte die Zahlung des Differenzbetrages mit der Begründung, dass die Ansprüche des Arbeitnehmers nach der im Haustarifvertrag vorgesehenen Ausschlussfrist verfallen waren. Das BAG gab der Klage gleichwohl statt. Der Arbeitgeber hat es nach Ansicht des Gerichts durch Verletzung der Aushändigungsverpflichtung gem. § 2 Abs. 1 NachwG versäumt, den Arbeitnehmer auf die kraft betrieblicher Übung bestehende Geltung des Haustarifvertrages[6] und damit auf die tarifvertragliche Ausschlussfrist hinzuweisen. Aufgrund dieser Pflichtverletzung muss dieser dem Arbeitnehmer den Verzugsschaden in Höhe des Differenzbetrages zwischen der tariflichen Vergütung und der tatsächlichen Entlohnung ausgleichen.

237

---

1 Vgl. LAG Berlin 6.12.2002 – 2 Sa 941/02; ArbG Celle 9.12.1999 – 1 Ca 426/99, LAGE § 2 NachwG Nr. 7a; LAG Köln 18.1.2010 – 5 SaGa 23/09, AuA 2010, 370; ErfK/*Preis*, Einf. NachwG Rz. 16 ff.

2 Vgl. LAG Rh.-Pf. 1.6.2012 – 9 Sa 279/11; LAG Nds. 21.2.2003 – 10 Sa 1683/02, NZA-RR 2003, 520; LAG Köln 9.11.1998 – 11 Sa 155/97, BB 1998, 1643; 31.7.1998 – 11 Sa 1484/97, NZA 1999, 545.

3 Vgl. LAG Köln 9.11.1998 – 11 Sa 155/97, BB 1998, 1643; 31.7.1998 – 11 Sa 1484/97, NZA 1999, 545; LAG Hamm 14.8.1998 – 10 Sa 777/97, NZA-RR 1999, 210 ff.; in diese Richtung auch Schaub/*Linck*, § 32 Rz. 39; MünchArbR/*Richardi/Buchner*, § 32 Rz. 31: die Nichterfüllung der gesetzlichen Pflichten des NachwG durch den Arbeitgeber hat das Gericht in einer Gesamtbeweiswürdigung zu beachten; s. dazu auch *Franke*, DB 2000, 274 ff.; *Krabbenhöft*, DB 2000, 1562 ff. Der EuGH 8.2.2001 – Rs. C-350/99, NJW 2001, 956 f. und 4.12.1997 – Rs. C-253/96 – Kampelmann, BB 1998, 273, hat entschieden, dass europarechtliche Vorschriften nationale Beweislastregeln nicht berühren, sondern deren Anwendung unter Berücksichtigung des Zwecks der einschlägigen Richtlinien grundsätzlich den Gerichten überlassen wird; zustimmend *Hohmeister*, BB 1998, 587 f.

4 Vgl. BAG 17.4.2002 – 5 AZR 89/01, BB 2002, 2022 ff.

5 Das BAG leitete den Anspruch noch aus §§ 286 Abs. 1, 284 Abs. 2 BGB aF ab. Dieser Anspruchsgrundlage entsprechen nach der Schuldrechtsreform die §§ 280 Abs. 2, 286, 611 BGB iVm. § 2 Abs. 1 NachwG.

6 Vgl. dazu: BAG 5.11.2003 – 5 AZR 469/02, NZA 2004, 102.

238 ○ **Hinweis:** Da die Nichtbeachtung des NachwG zu Beweisnachteilen zu Lasten des Arbeitgebers im späteren Gerichtsverfahren über Arbeitsbedingungen und Schadensersatzansprüche des Arbeitnehmers führen kann, ist diesem ein schriftlicher Nachweis gem. § 2 NachwG nach dem unten folgenden Muster auszuhändigen. Dies gilt jedoch nur, wenn nicht ein schriftlicher Arbeitsvertrag geschlossen worden ist, der den Anforderungen von § 2 NachwG genügt.

239 Muster für Einladung zum Vorstellungsgespräch:

1. Vertragsparteien

Zwischen *(Name und Anschrift des Arbeitgebers)* und *(Name und Anschrift des Arbeitnehmers)* besteht ein Arbeitsverhältnis.

2. Beginn des Arbeitsverhältnisses

Das Arbeitsverhältnis besteht seit dem *(Datum des Beginns des Arbeitsverhältnisses)* und ist auf unbefristete Zeit geschlossen worden.

Bei Befristung/auflösender Bedingung des Arbeitsverhältnisses:

Das Arbeitsverhältnis besteht seit dem *(Datum des Beginns des Arbeitsverhältnisses)* und endet aufgrund einer Befristung/auflösenden Bedingung (Datum der voraussichtlichen Beendigung des Arbeitsverhältnisses).

3. Arbeitsort

Der Arbeitnehmer wird beschäftigt in *(Ort, an dem die Beschäftigung ausgeübt wird)*.

4. Bezeichnung und Beschreibung der Tätigkeit

Der Arbeitnehmer ist als *(Berufsbezeichnung)* beschäftigt. Dabei hat er folgende Tätigkeiten zu verrichten: *(kurze Beschreibung der Tätigkeitsfelder)*.

5. Arbeitsentgelt

Der Arbeitnehmer erhält für seine Tätigkeit vom Arbeitgeber ein Bruttoentgelt von *(Betrag)* Euro im Monat als Grundverdienst.

Darüber hinaus bezieht der Arbeitnehmer *(Zulagen, Zuschläge, Prämien, sonstige Sonderzahlungen)*.

Das Entgelt ist am *(Datum)* fällig und wird vom Arbeitgeber am *(Datum)* auf ein vom Arbeitnehmer zu benennendes Konto bargeldlos überwiesen.

6. Arbeitszeit

Die durchschnittlich zu leistende Arbeitszeit beläuft sich auf *(Stunden)*/Tag bzw. Woche.

7. Erholungsurlaub

Der Arbeitnehmer hat einen Gesamtjahresurlaub von *(Anzahl der Urlaubstage)*.

8. Kündigung

Bei einer ordentlichen Beendigung gelten die gesetzlichen Kündigungsfristen nach § 622 BGB.

Bei abweichender Vereinbarung:

Der Arbeitnehmer/der Arbeitgeber ist berechtigt, das Arbeitsverhältnis unter Berücksichtigung folgender Kündigungsfristen zu beenden: *(Kündigungsfristen)*.

9. Tarifverträge, Betriebs- bzw. Dienstvereinbarungen

Folgende Tarifverträge und Betriebs- bzw. Dienstvereinbarungen sind auf das Arbeitsverhältnis anwendbar: *(Bezeichnung der Tarifverträge, Betriebs- bzw. Dienstvereinbarungen)*.

10. Auslandstätigkeit

Der Arbeitnehmer ist verpflichtet, seine Arbeitsleistung für *(Anzahl der Arbeitstage)* Arbeitstage im Jahr im Ausland zu erbringen. Dafür werden ihm folgende finanzielle und sonstige Zusatzleistungen gewährt: *(Lohnzuschläge, Trennungsgeld etc.)*. Nach Beendigung der Auslandstätigkeit gelten folgende Bedingungen: *(geänderte Arbeitsbedingungen)*.

(Ort, Datum und Unterschrift des Arbeitgebers)

Hiermit bestätige ich, dass ich die Niederschrift erhalten habe. Die vorstehend dargelegten Bedingungen entsprechen denen des Arbeitsvertrages/entsprechen nicht den Bedingungen des Arbeitsvertrages, da *(Abweichungen zwischen Niederschrift und Arbeitsvertrag)*.

c) Schriftformerfordernis

aa) Allgemeines

Die Formfreiheit bei Abschluss eines Arbeitsvertrages kann eingeschränkt werden, wenn Gesetz, Tarifvertrag, Betriebsvereinbarung oder eine einzelvertragliche Abrede das Schriftformerfordernis festlegt. Nach § 126 Abs. 1 BGB bedeutet Schriftform, dass beide Vertragsparteien die Vertragsurkunde durch eine eigenhändige Namensunterschrift oder mittels notariell beglaubigtem Handzeichen unterzeichnen müssen, und zwar in der Weise, dass der gesamte Inhalt des Vertrages durch die Unterschrift erfasst wird. Bei einem Arbeitsvertrag ist erforderlich, dass sämtliche Arbeitsbedingungen in einem Schriftstück vereinigt werden, wobei bei mehreren Seiten oder Dokumenten eine Zusammenfassung durch eine Nummerierung oder ein Zusammenheften erfolgen muss[1]. Dabei müssen die Parteien auf derselben Urkunde unterzeichnen; ausreichend ist allerdings, dass jede Partei das für die Gegenpartei bestimmte Schriftstück unterschreibt, § 126 Abs. 2 BGB.

⇨ **Hinweis:** Sofern der Arbeitsvertrag – wie in der Praxis üblich – schriftlich vereinbart wird, kann ein der deutschen Sprache nicht mächtiger Arbeitnehmer grundsätzlich nicht verlangen, dass dieser vor Unterzeichnung übersetzt wird[2]. Selbst wenn er den Inhalt des Vertrags mangels entsprechender Sprachkenntnisse nicht verstehen kann, ist er an diesen gebunden. Dies gilt auch in dem Fall, dass der Arbeitnehmer nach den Vertragsverhandlungen in seiner Muttersprache einen deutschsprachigen Arbeitsvertrag unterzeichnet, ohne auf dessen Übersetzung zu bestehen; er muss dabei die nicht zur Kenntnis genommene Ausschlussfrist des Arbeitsvertrags gegen sich gelten lassen und steht damit einem Vertragspartner gleich, der eine Vereinbarung ungelesen unterschreibt[3].

bb) Deklaratorische Schriftformerfordernisse

Die Rechtsfolge bei einer Nichtbeachtung von Formerfordernissen ist differenziert zu betrachten; zunächst ist zu entscheiden, ob die Schriftform einen konstitutiven oder deklaratorischen Charakter aufweist. Im ersten Fall ist die Einhaltung der Schriftform für die Rechtswirksamkeit des Vertrages elementar; bei Nichteinhaltung ist der Vertrag nach § 125 BGB unwirksam. Bei der deklaratorischen Schriftform dienen die erhöhten Anforderungen an die Form lediglich der **Beweissicherung und -erleichterung**, ohne dass die Schriftform aber die Wirksamkeit des Vertrages in seiner Gesamtheit betrifft. Eine deklaratorische Wirkung der Schriftform wird zB angenommen nach § 11 Abs. 1 Satz 1 BBiG für Auszubildende[4], nach § 11 Abs. 1 AÜG für Leiharbeitnehmer und nach § 28 Abs. 1 Satz 3 SeeArbG für Seeleute.

Einstweilen frei.

---

1 Vgl. BAG 30.10.1984 – 3 AZR 213/82, AP Nr. 46 zu § 74 HGB; BGH 13.11.1963 – V ZR 8/62, NJW 1964, 395; LAG Hess. 20.6.1989 – 5 Sa 12/89, NZA 1990, 117.
2 Vgl. LAG Hess. 11.9.1986 – 9 Sa 421/86; für eine Ausgleichsquittung: LAG Hess. 1.4.2003 – 13 Sa 1240/02.
3 LAG Rh.-Pf. 2.2.2012 – 11 Sa 569/11, AuA 2012, 368.
4 Trotz des Verstoßes gegen das Formerfordernis des § 11 Abs. 1 BBiG keine Nichtigkeit des Ausbildungsvertrages, vgl. BAG 21.8.1997 – 5 AZR 713/96, DB 1997, 2619; 24.10.2002 – 6 AZR 743/00, NZA 2004, 105.

cc) Konstitutive Schriftformerfordernisse

243 Eine **gesetzliche Formvorschrift** mit konstitutivem Charakter ist § 14 Abs. 4 TzBfG, nach der die Befristungsabrede in einem Arbeitsverhältnis zur ihrer Wirksamkeit der Schriftform bedarf; bei Nichtbeachtung ist aber nicht der gesamte Vertrag unwirksam, sondern nur die Befristung. Das Arbeitsverhältnis kann dann gem. § 16 Satz 2 TzBfG schon vor dem vereinbarten Ende des Arbeitsverhältnisses ordentlich gekündigt werden.

244 ⇨ **Hinweis:** Nimmt ein Arbeitnehmer bereits seine Arbeit auf, ohne dass der ganze Arbeitsvertrag oder wenigstens die Befristung schriftlich fixiert wurden, kommt regelmäßig ein unbefristetes Arbeitsverhältnis zustande[1]. Daher muss die Schriftlichkeit der Befristung grundsätzlich gewahrt werden, **bevor** der Arbeitnehmer die Stelle antritt. Hat der Arbeitgeber durch sein vor dem Tätigkeitsbeginn liegendes Verhalten allerdings verdeutlicht, dass er den Abschluss des befristeten Arbeitsvertrages von der Einhaltung des Schriftformgebots des § 14 Abs. 4 TzBfG abhängig machen will, liegt in der Entgegennahme der Arbeitsleistung regelmäßig keine Annahme eines vermeintlichen Vertragsangebots des Arbeitnehmers. Dieser kann das schriftliche Angebot des Arbeitgebers dann noch nach der Arbeitsaufnahme durch die Unterzeichnung des Arbeitsvertrags annehmen[2].

245 Bei **tarifvertraglichen Formerfordernissen** erfolgt die Abgrenzung zwischen konstitutiver und deklaratorischer Schriftform durch Auslegung des Tarifvertrages; es ist zu fragen, ob die Tarifvertragsparteien die Schriftform als Wirksamkeitsvoraussetzung für die Begründung eines Arbeitsverhältnisses angesehen haben. In der Regel ist von einem deklaratorischen Formerfordernis auszugehen, das lediglich der Beweiserleichterung dient[3]; da anderenfalls die konstitutive Schriftform wegen der Unwirksamkeit des Arbeitsvertrags zu einem Nachteil des einzelnen Arbeitnehmers führen würde.

246 In **Betriebsvereinbarungen** können ebenfalls Formerfordernisse festgelegt werden. In der Regel ist die Schriftform nur für besondere Arbeitsverhältnisse wie befristete Arbeitsverhältnisse oder Aushilfen vorgesehen. Zwar sind diese Arbeitnehmergruppen in der Regel schutzbedürftig, so dass teilweise vertreten wird, dass derartigen Schriftformerfordernissen eine konstitutive Bedeutung zukommt[4]. Da es sich bei einem neu angeworbenen Arbeitnehmer bis zum Abschluss des Arbeitsvertrages nicht um ein Mitglied des Betriebes handelt, ist eine Regelungszuständigkeit des Betriebsrats jedoch für konstitutive Schriftformerfordernisse bei Neueinstellungen abzulehnen[5].

247 Bei **einzelvertraglichen Schriftformerfordernissen** ist ebenfalls im Wege der Auslegung der konstitutive oder deklaratorische Charakter der Klausel zu bestimmen. Sollte die Schriftform zum Abschluss des Arbeitsvertrages mündlich zwischen den Parteien vereinbart worden sein, ist durch einen Arbeitsantritt, ohne dass vorher eine schriftliche Fixierung vorgenommen worden ist, im Zweifel von einem deklaratorischen Formerfordernis auszugehen. Auch für künftige Vertragsänderungen kann

---

1 Vgl. BAG 16.3.2005 – 7 AZR 289/04, NZA 2005, 923 ff.; aA *Gaumann*, FA 2002, 44, der bei einer Einigung der Parteien, das Schriftformerfordernis zu einem späteren Zeitpunkt nachzuholen, und einer tatsächlichen Arbeitsaufnahme vor Wahrung der Schriftform von einem offenen Dissens nach § 154 Abs. 2 BGB analog ausgeht. Ein Vertrag gilt dann als nicht zustande gekommen mit der Folge, dass für bereits erbrachte Leistungen die Grundsätze des faktischen Arbeitsverhältnisses anwendbar sind. Für die Zukunft kann der Arbeitnehmer den Abschluss einer formgerechten Befristungsabrede und damit eines wirksam befristeten Arbeitsvertrages verlangen.
2 Vgl. BAG 16.4.2008 – 7 AZR 1048/06, BB 2008, 1959 ff.; LAG Düsseldorf 30.6.2010 – 12 Sa 415/10, AuA 2010, 611; *Kossens*, jurisPR-ArbR 38/2010 Anm. 1.
3 Vgl. BAG 10.6.1988 – 2 AZR 7/88, AP Nr. 5 zu § 1 BeschFG 1985.
4 In diese Richtung Schaub/*Linck*, § 32 Rz. 47.
5 So auch *Eckert/Scalia*, DStR 1996, 1610; MünchArbR/*Richardi/Buchner*, § 32 Rz. 40.

VI. Begründung des Arbeitsverhältnisses

die Einhaltung einer deklaratorischen oder konstitutiven Schriftform notwendig sein. Den Parteien ist es aber unbenommen, das Formerfordernis, soweit keine abweichende Regelung getroffen ist, formlos für die Zukunft aufzuheben[1].

dd) Einhaltung der Schriftform durch Telefax oder E-Mail?

Noch nicht abschließend geklärt ist, ob der Schriftform entsprochen wird, wenn ein Arbeitsvertrag unterschrieben per **Telefax** übermittelt wird[2]. Besteht die konstitutive Eigenschaft der Schriftform bei Begründung des Arbeitsvertrages, ist – unter Berücksichtigung der Rechtsprechung – bei einem durch ein Telefax gesendeten Arbeitsvertrag ein wirksamer Abschluss abzulehnen[3]: Höchstrichterlich ist bereits entschieden, dass ein per Telefax[4] übermitteltes Schriftstück dem Schriftformerfordernis nach §§ 126 f. BGB grundsätzlich nicht genügt. Für die Kündigung eines Arbeitsvertrages ergibt sich dies aus § 623 BGB, der deren Schriftlichkeit vorschreibt. Nach einem Urteil des LAG Köln[5] reicht eine **eingescannte Unterschrift** auf einem Kündigungsschreiben ebenfalls nicht aus. Jedoch entschied das BAG, dass für den Fall, dass ein Arbeitnehmer mit seinem Arbeitgeber einen schriftlichen Geschäftsführerdienstvertrag schließt, vermutet wird, dass das bis dahin bestehende Arbeitsverhältnis einvernehmlich beendet wird. Das Schriftformerfordernis des § 623 BGB wird in diesen Fällen für den Auflösungsvertrag gewahrt[6]. Eine eigenhändige Unterschrift iSv. §§ 127, 126 Abs. 1 BGB bedeutet aber, dass der Aussteller bzw. Urheber der Erklärung selbst mit der Hand die Namensunterschrift leisten muss. Dieses Erfordernis kann nicht durch mechanische Vervielfältigung ersetzt werden[7]. Daher ist bei einem entsprechend vereinbarten konstitutiven Formerfordernis das wirksame Zustandekommen eines Arbeitsvertrags bei einer Telefaxübermittlung zu verneinen.

Der konstitutiven Schriftform kann durch die **elektronische Form** (§§ 126 Abs. 3, 126a BGB) entsprochen werden, wenn sich nicht aus dem Gesetz ein anderes ergibt. Ein Arbeitsvertrag ist bei einer entsprechenden elektronischen Übertragungsform wirksam[8]. Erforderlich ist nach § 126a Abs. 2 BGB aber, dass beide Parteien ein gleich lautendes elektronisches Dokument mit ihrem Namen und einer qualifizierten elektronischen Signatur[9] versehen müssen. Ein per **E-Mail** diesen Anforderungen entsprechend übermittelter Arbeitsvertrag ist damit rechtswirksam geschlossen worden. Allerdings ist das Verfahren nach dem Gesetz zur Zertifizierung der elektronischen Signatur so kompliziert ausgestaltet, dass es praktisch nicht relevant werden dürfte.

ee) Arglisteinrede

Soweit sich eine Partei auf die Unwirksamkeit des Vertrages wegen des Formmangels beruft, kann der Vertragspartner in Ausnahmefällen eine Arglisteinrede geltend machen.

---

1 Vgl. BAG 4.6.1963 – 5 AZR 16/63, AP Nr. 1 zu § 127 BGB; MünchArbR/*Richardi/Buchner*, § 32 Rz. 43.
2 Bejahend insoweit Schaub/*Linck*, § 32 Rz. 48.
3 Vgl. *Eckert/Scalia*, DStR 1996, 1610.
4 Vgl. BGH 28.1.1993 – IX ZR 259/91, NJW 1993, 1126; 30.7.1997 – VIII ZR 244/96, NJW 1997, 3169.
5 Vgl. LAG Köln 19.6.2001 – 13 Sa 1571/00, NZA-RR 2002, 163.
6 Vgl. BAG 19.7.2007 – 6 AZR 774/06, AP Nr. 18 zu § 35 GmbHG.
7 Vgl. LAG Köln 19.6.2001 – 13 Sa 1571/00, NZA-RR 2002, 165.
8 Vgl. *Beckschulze/Henkel*, DB 2001, 1491.
9 Diese muss den Anforderungen des Gesetzes über Rahmenbedingungen für elektronische Signaturen und zur Änderung weiterer Vorschriften v. 16.5.2001 (SigG), BGBl. I, 876 und der Verordnung zur elektronischen Signatur v. 16.11.2001 (SigV), BGBl. I, 3074 entsprechen; vgl. dazu *Roos*, AiB 2002, 133 f.; zu europarechtlichen Vorgaben *Kilian*, BB 2000, 733 f.

251 **Beispiel:**

Der Arbeitgeber sieht in Kenntnis der Formbedürftigkeit von der Einhaltung der Form ab, um sich zu seinen Gunsten künftig auf diese Formnichtigkeit zu berufen[1]. Ein Schauspieler stellt seine Arbeitsleistung dem Arbeitgeber für die Vertragsdauer zur Verfügung, diese wird aber nicht abgerufen, und der Schauspieler erhält keine Freigabe für andere Tätigkeiten. In diesem Fall kann sich der Arbeitgeber nicht auf die Nichtigkeit des Arbeitsvertrages wegen einer tariflich vorgesehenen, aber nicht beachteten Schriftform berufen.

5. Rechtsmängel bei Arbeitsverträgen

a) Verstoß gegen ein gesetzliches Verbot, § 134 BGB

aa) Allgemeines

252 Ein Arbeitsvertrag kann in Teilen oder in seiner Gesamtheit gegen gesetzliche Verbotsvorschriften verstoßen und damit teil- oder gesamtnichtig sein. Zu diesen zählen insbesondere die oben erwähnten gesetzlichen Abschlussverbote (s. Rz. 212) oder Verstöße gegen Straftatbestände[2].

253 **Beispiel:**

Die Bürokraft eines Rechtsanwaltes wird auch dazu angestellt, um an der Veruntreuung von Mandantengeldern nach § 266 StGB mitzuwirken[3].

254 **Nichtig** sind ebenso Klauseln eines Arbeitsvertrages, die den gesetzlichen Kündigungsschutz umgehen sollen, zB in Form von bedingt abgeschlossenen Arbeitsverträgen, die eine Beendigung des Arbeitsverhältnisses vorsehen, wenn der Arbeitnehmer am Ende seines Urlaubes die Arbeit am vereinbarten Tag nicht wieder aufnimmt[4].

255 Nichtig sind ebenfalls Arbeitsverträge, die gegen
- § 5 Abs. 1 JArbSchG: Verbot der Beschäftigung von Kindern oder
- §§ 4, 8 MuSchG: Schwangere dürfen nicht zu bestimmten Tätigkeiten oder zu bestimmten Arbeitszeiten herangezogen werden, soweit nicht bei Vertragsschluss mit einer Ausnahmegenehmigung nach §§ 4 Abs. 3 Satz 2, 8 Abs. 6 MuSchG zu rechnen ist[5],

verstoßen.

Die Nichtigkeit nach § 134 BGB kann aber auch vorliegen, wenn das Rechtsgeschäft zwar nicht selbst gegen ein gesetzliches Verbot verstößt, es sich also scheinbar um ein erlaubtes Rechtsgeschäft handelt[6]. In diesen Fällen kann ein **Verstoß gegen das Umgehungsverbot** mit einer entsprechenden Nichtigkeitsfolge vorliegen. Soll bspw. der angestellte Meister (Konzessionsträger) nach einem Vertrag die Betriebsleitung nicht ausüben und keine Arbeit als Meister erbringen, sondern nur die Eintragung in die Handwerksrolle gewährleisten und die Beschäftigung von Auszubildenden ermöglichen, wird der Gesetzeszweck der Handwerksordnung umgangen. Derartige **Konzessionsträgerverträge im Handwerk** sind nichtig[7].

---

[1] Vgl. BAG 15.11.1957 – 1 AZR 189/57, AP Nr. 2 zu § 125 BGB.
[2] Eine ausführliche Zusammenstellung von Verbotsgesetzen findet sich bei Staudinger/*Sack*, § 134 BGB Rz. 194 ff.
[3] Vgl. BAG 25.4.1963 – 5 AZR 398/62, AP Nr. 2 zu § 611 BGB – Faktisches Arbeitsverhältnis.
[4] Vgl. BAG 19.12.1974 – 2 AZR 565/73, AuR 1975, 221.
[5] Vgl. BAG 27.11.1956 – 1 AZR 540/55, BAGE 3, 309 (311); 6.10.1962 – 2 AZR 360/61, AP Nr. 24 zu § 9 MuSchG; offen gelassen: BAG 8.9.1988 – 2 AZR 102/88, AP Nr. 1 zu § 8 MuSchG 1968.
[6] Vgl. LAG Nds. 23.10.2001 – 13 Sa 553/01, LAGE § 134 BGB Nr. 8.
[7] Vgl. BAG 18.3.2009 – 5 AZR 355/08, NZA 2009, 663; LAG Nds. 23.10.2001 – 13 Sa 553/01, LAGE § 134 BGB Nr. 8.

Sog. **Anlernverträge** sind wegen des Verstoßes gegen § 4 Abs. 2 BBiG gem. § 134 BGB ebenfalls unwirksam, sofern diese ausdrücklich darauf gerichtet sind, Grundkenntnisse und Fertigkeiten für einen Ausbildungsberuf (hier: Maler und Lackierer) zu vermitteln[1]. Sieht der Anstellungsvertrag des Vorstands einer Aktiengesellschaft für den Fall der Beendigung der Organstellung die unveränderte Weiterführung des Anstellungsverhältnisses als Arbeitsverhältnis über die Fristen des § 84 Abs. 1 AktG hinaus vor, liegt eine objektive Gesetzesumgehung vor. Insoweit kommt ein Arbeitsverhältnis gem. § 134 BGB wegen des Umgehungscharakters des Rechtsgeschäftes nicht wirksam zustande[2].

255a

Das BAG[3] vertritt zudem die Auffassung, dass lediglich die Abrede in einem bestehenden Arbeitsverhältnis, die Vergütung teilweise ohne Berücksichtigung von Steuern und Sozialversicherungsbeiträgen auszuzahlen („Schwarzgeldabreden"), wegen eines Verstoßes gegen § 134 BGB nichtig ist[4]. Der Arbeitsvertrag im Übrigen ist dagegen wirksam.

255b

bb) Rechtsfolge

Normalerweise ist von der Nichtigkeit des gesamten Rechtsgeschäftes auszugehen, auch wenn nur ein Teil des Rechtsgeschäftes nichtig ist, § 139 BGB. Diese Vorschrift gilt indes nicht für Arbeitsverträge, wenn die Unwirksamkeit durch eine den Arbeitnehmer schützende Vorschrift (mit)verursacht worden ist[5]. Es erfolgt vielmehr eine Umkehrung der vorgesehenen Rechtsfolge: Im Zweifel ist trotz Nichtigkeit eines Vertragsbestandteiles von der **Restwirksamkeit der Vereinbarung im Übrigen** auszugehen, ohne dass ein entsprechender tatsächlicher oder mutmaßlicher Parteiwille besonders festzustellen ist. Nur in Ausnahmefällen ist eine **Gesamtnichtigkeit des Arbeitsvertrages** anzunehmen. Dies waren zumeist Fälle bei Verstößen gegen öffentlich-rechtliche Verbotsvorschriften mit Schutzcharakter, zB die Einstellung einer Schwangeren unter Missachtung des § 4 MuSchG, wenn die Arbeitnehmerin nur mit Tätigkeiten beschäftigt werden kann, die nach dem MuSchG verboten sind[6], oder das Überschreiten der zulässigen Arbeitszeithöchstgrenzen nach dem ArbZG. Dies gilt auch, wenn ein zweites Arbeitsverhältnis mit einem anderen Arbeitgeber begründet wird und die zulässige Höchstarbeitsdauer nach dem ArbZG – unter Berücksichtigung der Arbeitszeit des ersten Arbeitsverhältnisses – erheblich überschritten wird[7]. Dies ist nach dem LAG Nürnberg[8] bei 10 Arbeitsstunden/Woche über dem gesetzlich zulässigen Maß anzunehmen. Der zweite Arbeitsvertrag ist dann in vollem Umfang nichtig.

256

---

1 Vgl. BAG 27.7.2010 – 3 AZR 317/08, DB 2011, 943; LAG Nds. 21.2.2008 – 7 Sa 659/07.
2 BAG 26.8.2009 – 5 AZR 522/08, NZA 2009, 1205 ff.
3 Vgl. BAG 17.3.2010 – 5 AZR 301/09, NZA 2010, 881; 26.2.2003 – 5 AZR 690/01, DB 2003, 1581 ff.; 24.3.2004 – 5 AZR 233/03, ZTR 2004, 547; LAG Düsseldorf 24.10.2001 – 12 Sa 958/01, DB 2002, 1056; *Boemke*, jurisPR-ArbR 29/2010 Anm. 4; aA LAG Berlin 15.10.1990 – 9 Sa 62/90, DB 1991, 605.
4 Vgl. BGH 1.8.2013 – VII ZR 6/13, NJW 2013, 3167: Unwirksamkeit eines Werkvertrags gem. § 134 BGB mit der Folge, dass der Unternehmer für die seinerseits erbrachte Werkleistung nicht den an sich vereinbarten Werklohn verlangen kann.
5 Vgl. BAG 4.10.1978 – 5 AZR 886/77, AP Nr. 11 zu § 611 BGB – Anwesenheitsprämie; 9.9.1981 – 5 AZR 1182/79, AP Nr. 117 zu Art. 3 GG.
6 Vgl. BAG 27.11.1956 – 1 AZR 540/55, AP Nr. 2 zu § 4 MuSchG; 8.9.1988 – 2 AZR 102/88, AP Nr. 2 zu § 4 MuSchG 1968.
7 Vgl. BAG 19.6.1959 – 1 AZR 565/57, AP Nr. 1 zu § 611 BGB – Doppelarbeitsverhältnis; LAG Nürnberg 29.8.1995 – 2 Sa 429/94, AP Nr. 9 zu § 134 BGB.
8 Vgl. LAG Nürnberg 29.8.1995 – 2 Sa 429/94, AP Nr. 9 zu § 134 BGB.

cc) § 134 BGB und die Schuldrechtsreform

257 Zu den Auswirkungen der Schuldrechtsreform auf die durch den Verstoß gegen ein gesetzliches Verbot begründete anfängliche Unmöglichkeit vgl. 6. Auflage Rz. 257 ff.

258 Einstweilen frei.

dd) § 134 BGB und AGG

259 Da eine Übergangsregelung fehlt, werden sowohl individual- als auch kollektivrechtliche Regelungen mit Inkrafttreten des AGG diesem Gesetz unterworfen. Die Rechtsfolgen eines Verstoßes gegen das Verbot der Benachteiligung sind u.a. in § 7 Abs. 2 AGG geregelt. Danach sind entsprechend diskriminierende Bestimmungen in Vereinbarungen unwirksam. Dies ergibt sich zwar bereits aus § 134 BGB, wird aber durch § 7 Abs. 2 AGG nochmals ausdrücklich klargestellt. Die Vorschrift des § 7 Abs. 2 AGG hat insoweit lediglich deklaratorischen Charakter.

Im Hinblick auf die Begründung eines Arbeitsverhältnisses hat § 7 Abs. 2 AGG jedoch **keine Bedeutung** (vgl. § 15 Abs. 6 AGG).

b) Verstoß gegen die guten Sitten, § 138 BGB

aa) Begriff der guten Sitten

260 Ein Arbeitsvertrag kann gegen die guten Sitten[1] nach § 138 Abs. 1 BGB verstoßen und damit nichtig sein. Voraussetzung ist, dass der Arbeitsvertrag nach seinem Inhalt (Inhaltssittenwidrigkeit) oder seinem Gesamtcharakter nach Inhalt, Begründung und Zweck (Umstandssittenwidrigkeit) „gegen das Anstandsgefühl aller billig und gerecht Denkenden verstößt"[2]. Abzustellen ist bei der Bestimmung der guten Sitten auf die herrschende Anschauung der Gesellschaft in Fragen der Rechts- und Sozialmoral[3], wobei ein durchschnittlicher Maßstab anzulegen ist[4]. Unberücksichtigt bleiben dabei sehr konservative als auch besonders „unmoralische" Ansichten. Ein Wandel der sittlichen Anschauungen kann bei der Ausfüllung des unbestimmten Rechtsbegriffs der guten Sitten beachtet werden. Als subjektive Voraussetzung wird verlangt, dass den Betroffenen die Sittenwidrigkeit zum Vorwurf gemacht werden kann, dh. jedoch nicht, dass sie positive Kenntnis haben müssen oder dass ihnen der Verstoß gegen die guten Sitten bewusst sein müsste[5].

bb) Rechtsfolgen bei einem Verstoß gegen § 138 BGB

261 Auch im Rahmen von § 138 BGB ist – entgegen der in § 139 BGB im Zweifel angeordneten Gesamtnichtigkeit – aus Schutzerwägungen im Regelfall nur von einer Teilnichtigkeit des Arbeitsvertrages auszugehen. Die Unwirksamkeit einzelner Vertragsbestandteile berührt grundsätzlich nicht die Wirksamkeit der Restvereinbarung, wenn die Sittenwidrigkeit ihren Grund im Verstoß gegen arbeitnehmerschützende Belange hat.

---

1 Zum Begriff der guten Sitten vgl. *Sack*, NJW 1985, 761 ff.
2 St. Rspr., vgl. nur BGH 9.7.1953 – IV ZR 242/52, BGHZ 10, 228 (232); 15.2.1956 – IV ZR 294/55, BGHZ 20, 71 (74); BAG 1.4.1976 – 4 AZR 96/75, NJW 1976, 1958 ff.
3 Vgl. *Larenz/Wolf*, AT, § 41 Rz. 14; Palandt/*Ellenberger*, § 138 BGB Rz. 2.
4 Vgl. Palandt/*Ellenberger*, § 138 BGB Rz. 2.
5 Vgl. BGH 8.5.1985 – IV a ZR 138/83, NJW 1985, 2406; Schaub/*Linck*, § 34 Rz. 3.

VI. Begründung des Arbeitsverhältnisses

cc) Fallgruppen der Sittenwidrigkeit

(1) Allgemeine Sittenwidrigkeit nach § 138 Abs. 1 BGB

– Die Rechtsprechung hat die Vorführung von Geschlechtsverkehr durch ein Paar auf einer Bühne ebenso für sittenwidrig erklärt[1] wie die Verpflichtung einer Arbeitnehmerin zur Einnahme empfängnisverhütender Mittel[2]. Ausdrücklich offengelassen hat das BAG[3], ob das Arbeitsverhältnis einer Striptease-Tänzerin gegen die guten Sitten verstößt. Die vertragliche Verpflichtung zur Ausübung von Geschlechtsverkehr ist nach einem älteren Urteil des BGH[4] als sittenwidrig zu qualifizieren. Nach Inkrafttreten des Gesetzes zur Regelung der Rechtsverhältnisse von Prostituierten[5] am 1.1.2002 ist die Sittenwidrigkeit des der Prostitution zugrunde liegenden Vertrages allerdings zweifelhaft[6].

262

– Das LAG Nürnberg[7] entschied, dass ein Arbeitsvertrag, durch den der Geschäftsführer und Mehrheitsgesellschafter einer GmbH seine Geliebte als Reisesekretärin anstellt, selbst dann nicht nach § 138 BGB sittenwidrig und nichtig ist, wenn diese für den Betrieb keine Dienstleistung erbringt, sofern der Vertrag nicht ausschließlich die geschlechtliche Hingabe entlohnen soll. Insoweit gelten die gleichen Grundsätze wie beim Geliebtentestament. Die Sittenwidrigkeit wegen Machtmissbrauchs und die dadurch bedingte Benachteiligung der Minderheitsgesellschafter müssen diese im Wege der kassatorischen Klage geltend machen, weil die Nichtigkeit auf den Fall des drittschädigenden Missbrauchs beschränkt ist[8]. Es liegt kein Scheinvertrag vor, selbst wenn eine unmittelbare Tätigkeit der Geliebten für die Gesellschaft nicht beabsichtigt war[9].

– Das LAG Schleswig-Holstein[10] hat einen Arbeitsvertrag mit einer zum Führen von Telefonsexgesprächen beauftragten Telefonistin als sittenwidrig angesehen. Ein Anspruch auf die vertragliche vereinbarte Vergütung besteht auch unter Berücksichtigung der Wertung von § 1 ProstG nicht; die Regelung durch Gesetz belegt, dass Prostitution sittenwidrig ist. Ansonsten hätte es keiner Vorschrift bedurft, die für die sittenwidrige, entgeltliche Inanspruchnahme für sexuelle Handlungen ausdrücklich die Begründung einer wirksamen Vereinbarung fingiert.

– Sittenwidrig sind sog. „Zölibatsklauseln", bei denen das Arbeitsverhältnis auflösend bedingt auf eine Eheschließung geschlossen ist[11].

---

1 Vgl. BAG 1.4.1976 – 4 AZR 96/75, NJW 1976, 1958 ff.
2 Vgl. LAG Hamm 14.10.1969 – 3 Sa 265/65, DB 1969, 2353 f.
3 Vgl. BAG. 7.6.1972 – 5 AZR 512/71, AP Nr. 18 zu § 611 BGB – Faktisches Arbeitsverhältnis.
4 Vgl. BGH 6.7.1976 – VI ZR 122/75, BGHZ 67, 119 (122); LG Mannheim 18.5.1995 – (12) 3 Ns 21/95, NJW 1995, 3398.
5 BGBl. I, 3983; vgl. BT-Drucks. 14/5958, 3.
6 Vgl. BT-Drucks. 14/5958, 4 und 6: einseitig verpflichtender Vertrag; *Rautenberg*, NJW 2002, 651, der eine Sittenwidrigkeit des Vertrages ablehnt; ebenso: *Armbrüster*, NJW 2002, 2764; offen gelassen: BSG 6.5.2009 – B 11 AL 11/08 R, NJW 2010, 1627 ff.; vgl. dazu auch VG Berlin 1.12.2000 – 35 A 570/99, NJW 2001, 983 ff., das Prostitution aus ordnungsrechtlicher Sicht nicht (mehr) als sittenwidrig einstuft. S. auch: BGH 13.7.2006 – I ZR 231/03, DVP 2007, 214: Kontaktanzeigen von Prostituierten, durch die sexuelle Kontakte ermöglicht werden sollen, sind danach nicht mehr schlechthin sittenwidrig; BGH 8.11.2007 – III ZR 102/07, NJW 2008, 140: Entgeltforderungen für die Erbringung, Vermittlung und Vermarktung von sog. Telefonsexdienstleistungen kann nicht mehr mit Erfolg der Einwand der Sittenwidrigkeit entgegengehalten werden.
7 Vgl. LAG Nürnberg 4.7.1994 – 7 Sa 876/93, DB 1994, 2453.
8 Vgl. LAG Nürnberg 4.7.1994 – 7 Sa 876/93, DB 1994, 2453.
9 Vgl. LAG Nürnberg 4.7.1994 – 7 Sa 876/93, DB 1994, 2453.
10 Vgl. LAG Schl.-Holst. 14.10.2002 – 4 Sa 31/02.
11 Vgl. BAG 10.5.1957 – 1 AZR 249/56, AP Nr. 1 zu Art. 6 GG – Ehe und Familie.

- Das BSG[1] hat offen gelassen, ob ein Arbeitsvertrag gegen die guten Sitten verstößt, wenn dieser vorsieht, dass ein Mitarbeiter Btx-Texte mit Kunden gegen Bezahlung austauschen soll, deren Inhalt sich mit sexuellen Praktiken beschäftigt.
- Eine weitere Fallgruppe von sittenwidrigen Arbeitsverträgen stellt die unangemessene Beeinträchtigung der wirtschaftlichen Bewegungsfreiheit des Arbeitnehmers dar, soweit dies nicht durch gesetzliche Regelungen erlaubt ist, wie zB in §§ 74ff. HGB bei Wettbewerbsverboten oder § 624 BGB bei Dienstleistungen auf Lebenszeit. Weitere Beispiele sind Fälle, in denen dem Arbeitnehmer das Betriebs- und Wirtschaftsrisiko des Arbeitgebers durch eine Verlustbeteiligung ohne entsprechenden Ausgleich aufgebürdet wird[2] oder bei unangemessen hohen Transferzahlungen zur Ablösung jugendlicher Amateurspieler[3].
- Zur Sittenwidrigkeit führen des Weiteren Arbeitsvertragsklauseln, die den Arbeitnehmer durch ein auffälliges Missverhältnis von Leistung und Gegenleistung unbillig benachteiligen. So ist die Vereinbarung überhöhter Vertragsstrafen unter besonderen Umständen ebenso sittenwidrig[4] wie die Übernahme einer arbeitnehmerseitigen, verschuldensunabhängigen Mankohaftung, ohne dass ein Ausgleich wirtschaftlicher Art durch den Arbeitgeber erfolgt[5]. Diese Fallgestaltungen werden nach heutiger Rechtslage bereits von § 307 BGB erfasst. Ein Rückgriff auf die Generalklausel des § 138 BGB dürfte nicht mehr erforderlich sein.

(2) Wuchertatbestand nach § 138 Abs. 2 BGB

263 Der Tatbestand des Wuchers nach § 138 Abs. 2 BGB stellt einen Sonderfall der Sittenwidrigkeit dar[6]. Nach dieser Vorschrift ist insbesondere ein Rechtsgeschäft nichtig, durch das jemand unter Ausnutzung einer Zwangslage, der Unerfahrenheit, des Mangels an Urteilsvermögen oder der erheblichen Willensschwäche eines anderen sich oder einem Dritten für eine Leistung Vermögensvorteile versprechen oder gewähren lässt, die in einem **auffälligen Missverhältnis** zur zugesagten Leistung stehen. Objektive Voraussetzung von § 138 Abs. 2 BGB ist das auffällige Missverhältnis, das sich nach dem Wert der Leistung, nach geistiger bzw. körperlicher Beanspruchung, Dauer, Schwierigkeit der Arbeit und den sonstigen Arbeitsbedingungen, zB Hitze, Kälte oder Lärm, im Vergleich zu dem gezahlten Entgelt bemisst[7]. Subjektiv muss erschwerend hinzukommen, dass eine Partei die Schwächesituation der Gegenpartei bewusst und vorsätzlich zu ihren Gunsten **ausgenutzt** hat. Es muss dabei eine sorgfältige Abwägung aller relevanten Umstände des Einzelfalls stattfinden, um die Voraussetzungen des Wuchertatbestandes schließlich bejahen zu können.

264 Der objektive Teil des Wuchertatbestand ist erfüllt, wenn der Arbeitnehmer eine **unangemessen niedrige und unbillige Entlohnung** erhält, so zB wenn die Vergütung weit unter dem Tariflohn liegt[8] oder der Arbeitnehmer bei normaler Entlohnung mit un-

---

1 Vgl. BSG 10.8.2000 – B 12 KR 21/98 R, BSGE 87, 58f.
2 Vgl. BAG 10.10.1990 – 5 AZR 404/98, NJW 1991, 860f.
3 Vgl. LAG Rh.-Pf. 16.12.1987 – 2 Sa 286/87, LAGE § 138 BGB Nr. 2.
4 Vgl. RG 7.4.1908 – Rep. III 315/07, RGZ 68, 229 (230f.); 27.4.1917 – Rep. III 442/16, RGZ 90, 181f.
5 Vgl. BAG 9.4.1957 – 2 AZR 532/54, AP Nr. 4 zu § 611 BGB – Haftung des Arbeitnehmers; 27.2.1970 – 1 AZR 150/69, AP Nr. 54 zu § 611 BGB – Haftung des Arbeitnehmers.
6 Dazu allgemein *Perreng*, FA 2010, 258ff.
7 Vgl. BAG 16.5.2012 – 5 AZR 268/11, NZA 2012, 974; 18.4.2012 – 5 AZR 630/10, DB 2012, 1879; 22.4.2009 – 5 AZR 436/08, NZA 2009, 837; 11.1.1973 – 5 AZR 322/72, AP Nr. 30 zu § 138 BGB; LAG Schl.-Holst. 5.11.2002 – 5 Sa 147/02, NZA-RR 2003, 242: kein auffälliges Missverhältnis bei einer einzelvertraglichen Pauschalabgeltung von Überstunden, wenn diese mehr als 70 % des üblichen Vergleichslohns ausmacht.
8 Vgl. BAG 11.1.1973 – 5 AZR 322/72, AP Nr. 30 zu § 138 BGB; 24.3.2004 – 5 AZR 303/03, AuR 2004, 189: Nicht sittenwidrig sei der Stundenlohn iHv. 11,99 DM bzw. 12,38 DM für einen bei einem Zeitarbeitsunternehmen als Lagerarbeiter beschäftigen Arbeitnehmer; maßgebliche

VI. Begründung des Arbeitsverhältnisses

angemessenen vertraglichen Nebenpflichten überfrachtet wird[1]. Gleiches gilt, wenn bei einem als Praktikum bezeichneten Vertragsverhältnis nicht die Erlangung von praktischen Kenntnissen und Erfahrungen, sondern die Erbringung einer Arbeitsleistung im Vordergrund steht und diese gänzlich oder überwiegend unentgeltlich erbracht werden soll[2]. Eine auf der subjektiven Seite erforderliche Zwangslage wird zB anerkannt, wenn durch aktuelle wirtschaftliche Umstände bei einem Arbeitsuchenden das zwingende Bedürfnis besteht, eine Arbeit aufzunehmen, weil Arbeitslosengeld nicht geleistet wird[3].

Lohnwucherisch ist auch die **Überbürdung des wirtschaftlichen Risikos** der Arbeit ohne Ausgleich, wie zB eine Provisionsvereinbarung im Arbeitsverhältnis ohne Festgehalt[4]. Gleiches gilt für eine Abrede über eine Vermittlungsprovision, wenn es dem Arbeitnehmer im Einzelfall nicht möglich ist, durch den vollen Einsatz seiner Arbeitskraft ein ausreichendes Einkommen bzw. die geforderten Umsätze zu erzielen[5]. Die Zahlung von 70 % der üblichen Vergütung führt noch nicht zu einem auffälligen Missverhältnis im Sinne einer Sittenwidrigkeit[6]. Nach Ansicht des BAG[7] ist ausnahmsweise eine Ausbildungsvergütung nicht tarifgebundener Parteien, die das Tarifniveau um mehr als 20 % unterschreitet, angemessen, wenn Ausbildungsplätze für Personen geschaffen werden, die sonst nur unter erheblichen Schwierigkeiten einen Ausbildungsplatz finden und die Ausbildung teilweise oder vollständig durch öffentliche Gelder finanziert wird.

264a

Ein **sittenwidriges Missverhältnis** wird angenommen, wenn die gezahlte Vergütung **weniger als ⅔ der Tariflöhne** des jeweiligen Wirtschaftszweigs beträgt, sofern in dem Wirtschaftsgebiet üblicherweise der Tariflohn gezahlt wird[8]. Ist dies der Fall, ist dieser die Richtgröße zur objektiven Wertbestimmung der Arbeitsleistung. Die Zuordnung eines Unternehmens zu einem bestimmten Wirtschaftszweig richtet sich dabei nach deren Klassifikation durch das Statistische Bundesamt, die wiederum

264b

Bezugsgröße sei dabei nicht der ortsübliche Lohn iHv. 25,38 DM für ungelernte Arbeiter im produzierenden Gewerbe, sondern der im Zeitarbeitsgewerbe geltende Tariflohn, der seinerseits nicht als sittenwidrig zu qualifizieren und auch dem Kläger gezahlt worden sei. Als rechtlich unerheblich sah es das BAG an, dass die Lohnhöhe unter dem Sozialhilfesatz liegt.

1 Vgl. Dörner/Luczak/Wildschütz/*Dörner*, Teil B Rz. 399.
2 Vgl. LAG BW 8.2.2008 – 5 Sa 45/07, NZA 2008, 768 ff.; LAG Rh.-Pf. 18.6.2009 – 10 Sa 137/09, ArbuR 2010, 130; LAG Berlin 4.3.2003 – 3 Sa 2286/02, MDR 2003, 999; ArbG Kiel 19.11.2008 – 4 Ca 1187d/08, ArbuR 2009, 104; ArbG Hamburg 16.10.2012 – 21 Ca 43/12; *Dahl*, jurisPR-ArbR 45/2009 Anm. 3.
3 Vgl. MünchArbR/*Richardi/Buchner*, § 34 Rz. 15.
4 Vgl. BAG 10.10.1990 – 5 AZR 404/98, AP Nr. 47 zu § 138 BGB.
5 Vgl. BAG 16.2.2012 – 8 AZR 242/11, DB 2012, 1877; LAG Hess. 12.12.2012 – 12 Sa 234/12; LAG Hamm 27.9.2012 – 15 Sa 938/12.
6 Vgl. BAG 26.4.2006 – 5 AZR 549/05, FA 2006, 186: Ein Lehrer einer privaten Ersatzschule erhielt 70 % des Gehaltes einer vergleichbaren im öffentlichen Dienst stehenden Lehrkraft.
7 Vgl. BAG 19.2.2008 – 9 AZR 1091/06, NZA 2008, 828 f.; s.a. LAG MV 29.4.2009 – 2 Sa 302/08.
8 Vgl. BAG 16.2.2012 – 8 AZR 242/11, DB 2012, 1877; 18.4.2012 – 5 AZR 630/11, DB 2012, 1879; 16.5.2012 – 5 AZR 268/11, NJW-Spezial 2012, 532; 16.5.2012 – 5 AZR 331/11, NJW 2012, 2684; 22.4.2009 – 5 AZR 436/08, NZA 2009, 837; LAG MV 2.11.2010 – 5 Sa 91/10, AE 2011, 232; 28.1.2014 – 5 Sa 178/13; LAG Nds. 13.9.2010 – 12 Sa 1451/09; LAG Schl.-Holst. 31.8.2010 – 5 Sa 121/10; LAG Rh.-Pf. 19.5.2008 – 5 Sa 6/08; LAG München 2.12.2009 – 4 Sa 602/09, PflR 2010, 137 ff.; LAG Bremen 17.6.2008 – 1 Sa 29/08, ArbuR 2008, 357; 28.8.2008 – 3 Sa 69/08, ArbuR 2008, 455; LAG BW 8.2.2008 – 5 Sa 45/07, NZA 2008, 768; LAG Hess. 7.8.2008 – 9/12 Sa 1118/07; ArbG Iserlohn 1.9.2009 – 5 Ca 2545/08; ArbG Stralsund 26.1.2010 – 4 Ca 166/09, ArbuR 2010, 163; ArbG Dortmund 29.5.2008 – 4 Ca 274/08; ArbG Leipzig 25.11. 2008 – 1 Ca 2449/08, DB 2009, 1880; ArbG Wuppertal 24.7.2008 – 7 Ca 1177/08; ArbG Berlin 10.8.2007 – 28 Ca 6934/07, ArbuR 2007, 445; *Ziemann*, jurisPR-ArbR 46/2009 Anm. 1; *Helml*, AuA 2010, 298 ff.; zur Beweislast: ArbG Neuruppin 15.4.2010 – 3 Ca 1764/09, AE 2010, 152; vgl. zum sittenwidrigen Entgelt eines Lehrers an einer Privatschule: LAG Sa.-Anh. 4.10.2011 – 6 Sa 464/10; LAG Sachs. 4.7.2014 – 5 Sa 218/13.

im Wesentlichen auf der EU-Verordnung Nr. 1893/2006 vom 20.12.2006 beruht[1]. Von der Üblichkeit der Tarifvergütung kann dabei ohne Weiteres ausgegangen werden, wenn mehr als 50 % der Arbeitgeber eines Wirtschaftsgebiets tarifgebunden sind oder wenn die organisierten Arbeitgeber mehr als 50 % der Arbeitnehmer eines Wirtschaftsgebiets beschäftigen[2].

Demgegenüber ist vom allgemeinen Lohnniveau auszugehen, wenn der Tariflohn nicht der üblichen Vergütung entspricht[3]. Fehlt ein branchenüblicher Tarifvertrag, muss der Arbeitnehmer nach Ansicht des LAG Schleswig-Holstein[4] zumindest Anhaltspunkte dafür vortragen, dass das allgemeine Lohnniveau für die von ihm ausgeübte Tätigkeit im Wirtschaftsgebiet mindestens ein Drittel höher ist als dessen Vergütung; eine Behauptung „ins Blaue" hinein unter Berufung auf ein Sachverständigengutachten stellt einen unzulässigen Ausforschungsbeweis dar. Nach abweichender Auffassung des LAG Mecklenburg-Vorpommern[5] muss das Gericht die übliche Vergütung unter Verwertung aller geeigneter Erkenntnisquellen abschätzen, zB die vom statistischen Landesamt veröffentlichten Vergleichsentgelte; verbleibende Unsicherheiten sind ggf. durch einen Schätzabschlag (ca. 10 %) zu Gunsten des Arbeitgebers zu berücksichtigen.

Kann ein besonders grobes Missverhältnis zwischen Leistung und Gegenleistung festgestellt werden, weil der Wert der Leistung (mindestens) doppelt so hoch ist wie der Wert der Gegenleistung, gestattet dies den tatsächlichen Schluss auf eine verwerfliche Gesinnung des Begünstigten. Es bedarf zwar noch der Behauptung einer solchen, jedoch sind an diesen Vortrag keine hohen Anforderungen zu stellen. Es genügt, dass die benachteiligte Vertragspartei sich auf die tatsächliche Vermutung einer verwerflichen Gesinnung der anderen Vertragspartei beruft. Diese kann nur im Einzelfall durch besondere Umstände erschüttert werden. Insoweit trägt jedoch die begünstigte Vertragspartei die Darlegungs- und Beweislast. Liegt dagegen ein auffälliges Missverhältnis iSd. § 138 Abs. 1 BGB vor, weil der Wert der Arbeitsleistung den Wert der Gegenleistung um mehr als 50 %, aber weniger als 100 % übersteigt, bedarf es zur Annahme der Nichtigkeit der Vergütungsabrede zusätzlicher Umstände, aus denen geschlossen werden kann, der Arbeitgeber habe die Not oder einen anderen den Arbeitnehmer hemmenden Umstand in verwerflicher Weise zu seinem Vorteil ausgenutzt. Dafür ist der Arbeitnehmer darlegungs- und beweispflichtig[6].

264c **Beispiele:**

- Das ArbG Wuppertal entschied, dass die Vergütung eines ausgebildeten Kfz-Mechatronikers mit rund 1 000 Euro brutto monatlich sittenwidrig ist[7].
- Ein Einstiegsgehalt iHv. 1 000 Euro monatlich für Rechtsanwälte ist sittenwidrig und verstößt gegen § 26 Abs. 1 BORA[8].

---

1 Vgl. BAG 18.4.2012 – 5 AZR 630/11, DB 2012, 1879; 16.5.2012 – 5 AZR 331/11, NJW 2012, 2684.
2 BAG 16.5.2012 – 5 AZR 268/11, NZA 2012, 974; 22.4.2009 – 5 AZR 436/08, NZA 2009, 837; LAG MV 2.11.2010 – 5 Sa 91/10, ArbRB 2011, 111; LAG Hamm 30.8.2012 – 15 Sa 1350/11; LAG Hess. 12.12.2012 – 12 Sa 234/12.
3 Vgl. BAG 23.5.2001 – 5 AZR 527/99, EzA § 138 BGB Nr. 29; 24.3.2004 – 5 AZR 303/03, NZA 2004, 971.
4 Vgl. LAG Schl.-Holst. 31.8.2010 – 5 Sa 121/10, ZTR 2011, 122.
5 Vgl. LAG MV 17.4.2012 – 5 Sa 194/11, NZS 2012, 833 (Ls.); LAG MV 14.5.2013 – 5 Sa 283/12; so auch: LAG Hamm 30.8.2012 – 15 Sa 1350/11.
6 BAG 27.6.2012 – 5 AZR 496/11; 16.5.2012 – 5 AZR 268/11, NZA 2012, 974; LAG Hamm 20.3.2013 – 2 Sa 1443/12.
7 Vgl. ArbG Wuppertal 24.7.2008 – 7 Ca 1177/08.
8 Vgl. AGH NRW 2.11.2007 – 2 ZU 7/07, NJW 2008, 668 f.; bestätigt durch BGH 30.11.2009 – AnwZ (B) 11/08, NZA 2010, 595 ff.

VI. Begründung des Arbeitsverhältnisses

- Sittenwidrig ist die Vereinbarung über eine Sondervergütung von 5,20 Euro für die Tätigkeit einer Verkäuferin oder Packerin im Einzelhandel Nordrhein-Westfalens für eine Tätigkeit in der Zeit von 2004 bis 2008[1].
- Eine Vergütungsvereinbarung iHv. 5 Euro je Stunde mit einem geringfügig beschäftigten Arbeitnehmer, der als Auspackhilfe im Einzelhandel in Bremen tätig ist, verstößt gegen die guten Sitten und ist nach § 138 BGB nichtig[2].
- Ein Stundenlohn von 6 Euro brutto für eine Fachverkäuferin/Alleinverkäuferin im Einzelhandel, die mit allen anfallenden Aufgaben, die gewöhnlich zum Betrieb einer „Filiale" gehören, beschäftigt wird, ist sittenwidrig[3].
- Sittenwidrig ist nach Ansicht des LAG München[4] eine arbeitsvertragliche Vergütungsvereinbarung einer mit einer Monatsgrundvergütung von 750 Euro brutto bei einer Wochenarbeitszeit von 42 Stunden eingestellten Altenpflegerin mit staatlicher Anerkennung bei einer üblichen tariflichen bzw. entsprechenden Vergütung bei Trägern der Freien Wohlfahrtspflege von, hochgerechnet auf eine solche Wochenarbeitszeit, etwa 2 100 Euro brutto.
- Ein Bruttostundenlohn von 3,46 Euro für eine Schulbusfahrerin in Nordrhein-Westfalen verstößt gegen die guten Sitten nach § 138 BGB[5].
- Beträgt nach dem einschlägigen Lohn- und Gehaltstarifvertrag zwischen dem Bäckerinnungsverband Südwest und der Gewerkschaft NGG vom 1.8.2006 die tarifliche Vergütung für ungelernte Arbeitskräfte über 18 Jahre 9 Euro, folgt daraus, dass eine Lohnvereinbarung unter 6,06 Euro als sittenwidrig iSd. § 138 BGB anzusehen ist[6].
- Der Träger der Ausbildung hat Schülern in der Krankenpflege nach § 12 Abs. 1 KrPflG eine angemessene Ausbildungsvergütung zu gewähren. Wird der einschlägige Tarifvertrag um mehr als 20 % unterschritten, ist die Ausbildungsvergütung nicht mehr angemessen und der Tariflohn zu zahlen[7].
- Steht der Ausbildungszweck in einem sechsmonatigen sog. Praktikantenverhältnis nicht im Vordergrund, dh. überwiegt der Ausbildungszweck nicht deutlich die für den Betrieb erbrachten Leistungen und Arbeitsergebnisse, ist eine Vergütung von 375 Euro monatlich sittenwidrig[8].
- Bei einem einjährigen Praktikum, das mit einer völligen Eingliederung in die Arbeitsorganisation verbunden ist, verstößt eine Vergütung iHv. 200 Euro für eine Vollzeittätigkeit gegen die guten Sitten und stellt einen Fall unzulässigen Lohnwuchers dar[9].
- Bei einer gezahlten Vergütung von 300 Euro netto für 240 Arbeitsstunden handelt es sich um Lohnwucher iSd. § 138 Abs. 2 BGB[10].
- Ein Bruttomonatslohn iHv. 100 Euro bei einer Verpflichtung, 14,9 Stunden in der Woche als Servicekraft in einem Schönheitssalon tätig zu werden, ist sittenwidrig[11].
- Zahlt ein Arbeitgeber einem im Hotel- und Gaststättenbereich eingesetzten Arbeitnehmer eine Stundenvergütung iHv. 1,59 bis 3,56 Euro brutto sind die Voraussetzungen der Sittenwidrigkeit erfüllt[12].

---

1 Vgl. ArbG Dortmund 14.5.2008 – 2 Ca 282/08; bestätigt durch LAG Hamm 18.3.2009 – 6 Sa 1372/08, BB 2009, 893.
2 Vgl. ArbG Bremen-Bremerhaven 12.12.2007 – 9 Ca 9331/07, ArbuR 2008, 275.
3 Vgl. ArbG Leipzig 11.3.2010 – 2 Ca 2788/09.
4 Vgl. LAG München 3.12.2009 – 4 Sa 602/09, PflR 2010, 137 ff.; *Kohte/Willig*, jurisPR-ArbR 34/2010 Anm. 1.
5 ArbG Iserlohn 1.9.2009 – 5 Ca 2545/08.
6 Vgl. LAG Rh.-Pf. 19.5.2008 – 5 Sa 6/08.
7 Vgl. LAG MV 29.4.2009 – 2 Sa 301/08.
8 Vgl. LAG BW 8.2.2008 – 5 Sa 45/07, NZA 2008, 768 ff.
9 ArbG Kiel 19.11.2008 – 4 Ca 1187d/08, ArbuR 2009, 104.
10 Vgl. LAG Rh.-Pf. 18.6.2009 – 10 Sa 137/09, ArbuR 2010, 130.
11 Vgl. LAG MV 17.4.2012 – 5 Sa 194/11, NZS 2012, 833 (Ls.).
12 ArbG Eberswalde 10.9.2013 – 2 Ca 428/13.

– Eine Vergütung iHv. 2 Euro brutto für die Tätigkeit als Bürohilfe in einer Rechtsanwaltskanzlei soll nicht sittenwidrig sein, wenn diese auf Wunsch des Arbeitnehmers nur um des „Beschäftigtseins willen" ermöglicht wird[1].

– Eine von den Arbeitsvertragsparteien für Taxifahrer getroffene Vergütungsabrede, nach der der „Monatslohn/Wochenlohn/Stundenlohn" 45 % der Bareinnahmen inkl. 7 % Mehrwertsteuer beträgt, ist nicht sittenwidrig[2].

265 Die Teilnichtigkeit der Vergütungsvereinbarung berührt regelmäßig nicht die Wirksamkeit des Restvertrages, da ansonsten der Arbeitnehmer gegen eine wucherische Praxis des Arbeitgebers schutzlos ausgeliefert wäre. Die durch die Nichtigkeit der Lohnabrede verursachte Vertragslücke wird durch die übliche Tarifvergütung nach der gesetzlichen Zweifelsregelung des § 612 Abs. 2 BGB ausgeglichen[3], die dann eine „angemessene Vergütung" vorsieht[4].

↻ **Hinweis:** Die st. Rspr. des BAG zur Sittenwidrigkeit der Vergütung gilt trotz des gesetzlichen Mindestlohns iHv. 8,50 Euro brutto je Zeitstunde[5] grundsätzlich weiter fort. Ein Entgelt kann zwar den gesetzlichen Vorgaben entsprechen, sich aber dennoch als sittenwidrig herausstellen, wenn dieses in einem groben Missverhältnis zu den relevanten, üblicherweise gezahlten Löhnen steht. In diesem Fall erfolgt eine Anpassung gem. § 612 Abs. 2 BGB nach oben, die nicht durch den gesetzlichen Mindestlohn „gedeckelt" wird, diesen aber mindestens erreichen muss[6].

c) Scheingeschäft nach § 117 Satz 1 BGB

266 Scheingeschäfte sind **nichtig**, § 117 Satz 1 BGB[7]. Hierunter versteht man ein Rechtsgeschäft, bei dem die Parteien durch einvernehmliches Zusammenwirken nur den äußeren Anschein eines Vertragsschlusses setzen wollen, ohne aber tatsächlich die mit diesem Rechtsgeschäft verbundenen Rechtsfolgen zu beachten und einzuhalten[8].

267 **Beispiel:**

Die Arbeitsleistung wird nicht von dem beteiligten Vertragspartner, sondern – wie von den Vertragsparteien vorgesehen – von einer dritten Person erbracht[9].

---

1 ArbG Cottbus 9.4.2014 – 13 Ca 10477/13; inzwischen aufgehoben durch LAG Bln.-Bdg. 7.11.2014 – 6 Sa 1148/14: Die Arbeitsleistungen seien für den Arbeitgeber von wirtschaftlichem Wert gewesen. Sie hätten ansonsten von ihm selbst oder seinen festangestellten Mitarbeitern ausgeführt werden müssen. Auch entlaste es den Arbeitgeber nicht, dass er den Leistungsempfängern eine Hinzuverdienstmöglichkeit habe einräumen wollen, denn dies berechtige ihn nicht, Arbeitsleistungen in einem Umfang abzufordern, der zu dem geringen Stundenlohn führe.
2 LAG Bln.-Bbg. 7.2.2014 – 2 Sa 25/14, AE 2014, 222.
3 Vgl. LAG Thür. 4.10.2011 – 6 Sa 464/10; LAG München 3.12.2009 – 4 Sa 602/09, PflR 2010, 137 ff.; BAG 4.10.1978 – 5 AZR 886/77, AP Nr. 11 zu § 611 BGB – Anwesenheitsprämie.
4 Vgl. BAG 10.3.1960 – 5 AZR 426/58, AP Nr. 2 zu § 138 BGB.
5 § 2 Abs. 2 MiLoG.
6 Dazu: *Bayreuther*, NZA 2014, 866.
7 Zum Rechtsweg: LAG Hamm 24.7.2013 – 2 Ta 81/13; ArbG Dortmund 23.1.2104 – 6 Ca 4716/13.
8 Vgl. BGH 24.1.1980 – III ZR 169/78, NJW 1980, 1572 f.; 22.10.1981 – III ZR 149/80, NJW 1982, 569; LAG Berlin 2.12.1998 – 13 Sa 106/98, NZA-RR 2000, 69 f.; *Stenslik*, FA 2009, 294; zur Abgrenzung zu einem „Strohmanngeschäft": LAG Schl.-Holst. 17.12.2013 – 1 Sa 190/13; 19.11.2013 – 1 Sa 50/13, AA 2014, 1.
9 Vgl. BAG 18.3.2009 – 5 AZR 355/08, NZA 2009, 663; 22.9.1992 – 9 AZR 385/91, AP Nr. 2 zu § 117 BGB: Der Scheinarbeitsvertrag wurde mit der Tochter des ursprünglich vorgesehenen Arbeitnehmers geschlossen, da ein Arbeitsvertrag mit Letzterem aufgrund dessen schlechten Leumunds nicht geschlossen werden konnte.

VI. Begründung des Arbeitsverhältnisses

Rechtsfolge: Zwischen den Vertragsparteien besteht kein Vertrag, in der Regel aber ein Arbeitsverhältnis zwischen dem leistungsberechtigten Arbeitgeber und dem Dritten, der die Arbeitsleistung erbringt.

Die Nichtigkeit kann sich nicht nur auf den Gesamtvertrag erstrecken, sondern auch nur einzelne Scheinarbeitsbedingungen erfassen[1]. 268

d) Anfängliche Unmöglichkeit nach § 311a BGB

Nach früherer Rechtslage war ein Arbeitsvertrag, der auf eine von Anfang an bestehende, von niemandem zu erbringende Arbeitsleistung gerichtet war, nach § 306 BGB aF nichtig. Die Rechtslage nach der Schuldrechtsreform schließt eine Unwirksamkeit eines Arbeitsvertrages bei einer anfänglichen Unmöglichkeit ausdrücklich nunmehr aus. Durch § 311a BGB hat der Gläubiger grundsätzlich einen Schadensersatzanspruch auf das positive Interesse. 269

6. Rechtsfolgen bei Nichtigkeit des Arbeitsvertrages

a) Grundsatz

Unabhängig von dem Grund der Nichtigkeit des Arbeitsvertrages entfaltet das Rechtsgeschäft grundsätzlich keine Rechtswirkungen zwischen den Parteien oder gegenüber Dritten. Wenn Arbeitgeber und Arbeitnehmer noch keine Schritte zum Vollzug des Arbeitsverhältnisses eingeleitet haben, gelten die allgemeinen bürgerlich-rechtlichen Vorschriften, insbesondere das Bereicherungsrecht der §§ 812 ff. BGB. Mitunter kann jedoch das Arbeitsverhältnis bereits vor Aufnahme der Tätigkeit in Funktion gesetzt worden sein. So hat die Rechtsprechung entschieden, dass dies anzunehmen ist, wenn der Arbeitnehmer an seinem künftigen Arbeitsplatz erscheint und Informationsmaterial über seine zu verrichtenden Aufgaben abholt[2]. Ein Vollzug des Arbeitsverhältnisses liegt auch vor, wenn der Mitarbeiter krankheitsbedingt an der Aufnahme der Tätigkeit gehindert war[3]. Gleichzustellen sind dem Fälle, in denen der Arbeitnehmer seine Arbeitsleistung berechtigterweise nicht erbringen konnte bzw. musste, wie bei einem Annahmeverzug des Arbeitgebers nach § 615 BGB oder vorübergehender Arbeitsverhinderung nach § 616 BGB. 270

b) Faktisches Arbeitsverhältnis

aa) Allgemeines

Ist das Arbeitsverhältnis trotz fehlerhaften oder nichtigen Arbeitsvertrages von den Arbeitsvertragsparteien in Funktion gesetzt worden, entsteht ein sog. **faktisches Arbeitsverhältnis**[4]. Ein solches bezeichnet einen nichtigen, aber übereinstimmend[5] voll- 271

---

1 Vgl. BAG 28.9.1982 – 3 AZR 188/80, AP Nr. 1 zu § 117 BGB: Gewährung eines übertariflichen Entgeltes bei einvernehmlich nicht zu leistender Arbeitszeit durch den Arbeitnehmer.
2 Vgl. BAG 18.4.1968 – 2 AZR 145/67, AP Nr. 32 zu § 63 HGB; aA MünchArbR/*Richardi/Buchner*, § 34 Rz. 40, der eine tatsächliche Arbeitsaufnahme durch den Arbeitnehmer voraussetzt.
3 Vgl. Schaub/*Linck*, § 34 Rz. 50.
4 Vgl. BAG 5.12.1957 – 1 AZR 594/56, AP Nr. 2 zu § 123 BGB; 6.7.1972 – 5 AZR 512/71, AP Nr. 18 zu § 611 BGB – Faktisches Arbeitsverhältnis; 14.1.1987 – 5 AZR 166/85, EzA § 611 BGB – Faktisches Arbeitsverhältnis Nr. 1; 30.4.1997 – 7 AZR 122/96, AP Nr. 20 zu § 812 BGB; vgl. ErfK/*Preis*, § 611 BGB Rz. 145; *Küchenhoff*, RdA 1958, 121 ff.; *Lehmann*, NJW 1958, 1 ff.; einschr. *Walker*, JA 1985, 138 ff.; aA *Beuthien*, RdA 1969, 161 ff.; *Käßer*, Der fehlerhafte Arbeitsvertrag, 1976, S. 170 ff.
5 Vgl. BAG 30.4.1997 – 7 AZR 122/96, AP Nr. 20 zu § 812 BGB.

zogenen Arbeitsvertrag[1]. Für den Zeitraum, in dem das Arbeitsverhältnis faktisch durch die Arbeitsaufnahme durchgeführt wurde, ist es so zu behandeln, als wenn der Vertrag rechtsfehlerfrei zustande gekommen ist[2]. Den Parteien werden jeweils quasi-vertragliche Ansprüche für die in der Vergangenheit erbrachten Leistungen gewährt. Der Arbeitnehmer kann also vom Arbeitgeber den vereinbarten Lohn verlangen; dies gilt auch, wenn er krankheitsbedingt seine Arbeitsleistung nicht erbringen konnte[3]. Ebenso können Urlaubsansprüche geltend gemacht werden[4]. Für die Vergangenheit kann sich keine der Parteien von dem faktischen Arbeitsverhältnis lösen[5], insbesondere kann sich der Arbeitgeber nicht auf die Nichtigkeit des Arbeitsvertrages berufen, um seiner Entlohnungsverpflichtung zu entgehen. Für die Zukunft kann jede Partei sofort, ohne die Einhaltung einer Kündigungsfrist oder Beachtung sonstiger kündigungsrechtlich relevanter Vorschriften, etwa Anhörung des Betriebsrates vor der Kündigung, durch eine einseitige Erklärung das faktische Arbeitsverhältnis beenden[6].

271a Die Nichtigkeit eines Arbeitsvertrages hat jedoch dann rückwirkende Kraft, wenn dieser einen besonders schweren Mangel aufweist[7]. Hier ist die Nichtigkeit des Arbeitsverhältnisses in vollem Umfang zu beachten; die erbrachten Leistungen werden nach Bereicherungsrecht rückabgewickelt[8]. Bei einem Verstoß gegen ein gesetzliches Verbot ergibt sich die Rechtsfolge aus Sinn und Zweck des Verbotsgesetzes[9], zB bei der Anstellung eines Arztes ohne eine entsprechende Approbation.

bb) Anfechtung des Arbeitsverhältnisses

272 Wie jedes andere Rechtsgeschäft können Arbeitsverträge nach §§ 119, 120, 123 BGB angefochten werden[10]. Eine Anfechtung wird nicht durch ein mögliches Kündigungsrecht verdrängt. Ein und derselbe Sachverhalt kann daher zur ordentlichen, zur außerordentlichen Kündigung und auch zur Anfechtung berechtigen. Dem Anfechtungsberechtigten steht dabei ein Wahlrecht zu[11].

Wird der Arbeitsvertrag von einer Partei wirksam angefochten, ist an sich die Vereinbarung nach § 142 BGB von Anfang an als nichtig anzusehen[12]. Wurde der Arbeitsvertrag allerdings in Vollzug gesetzt, wirkt die Anfechtung nur ex nunc, dh. nur für die Zukunft[13]. Für die Vergangenheit gelten die Regeln des faktischen Arbeitsverhältnis-

---

1 Vgl. BAG 16.4.2008 – 7 AZR 1048/06, BB 2008, 1959 ff.; LAG Düsseldorf 30.6.2010 – 12 Sa 415/10, AuA 2010, 611: Entstehung eines faktischen Arbeitsverhältnisses durch die einverständliche Arbeitsaufnahme, wenn die Parteien die Verbindlichkeit ihrer Einigung, ein befristetes Arbeitsverhältnis einzugehen, vom Abschluss eines schriftlichen Vertrages abhängig gemacht haben; vgl. LAG Hess. 24.1.2012 – 19 Sa 480/11.
2 Vgl. BAG 6.7.1972 – 5 AZR 512/71, AP Nr. 18 zu § 611 BGB – Faktisches Arbeitsverhältnis; ErfK/*Preis*, § 611 BGB Rz. 145.
3 Vgl. BAG 18.4.1968 – 2 AZR 145/67, AP Nr. 32 zu § 63 HGB.
4 Vgl. BAG 19.6.1959 – 1 AZR 565/57, AP Nr. 1 zu § 611 BGB – Doppelarbeitsverhältnis.
5 Vgl. BAG 15.11.1957 – 1 AZR 189/57, AP Nr. 2 zu § 125 BGB; 19.6.1959 – 1 AZR 565/57, AP Nr. 1 zu § 611 BGB – Doppelarbeitsverhältnis; Schaub/*Linck*, § 34 Rz. 51.
6 Vgl. LAG Berlin 17.4.1978 – 9 Sa 130/77, EzA § 397 BGB Nr. 3.
7 Vgl. BAG 3.11.2004 – 5 AZR 592/03, NZA 2005, 1409.
8 Vgl. BAG 3.11.2004 – 5 AZR 592/03, NZA 2005, 1409; 7.6.1972 – 5 AZR 512/71, AP Nr. 18 zu § 611 BGB – Faktisches Arbeitsverhältnis.
9 Vgl. BAG 3.11.2004 – 5 AZR 592/03, NZA 2005, 1409; LAG Bln.-Bbg. 24.8.2011 – 15 Sa 980/11, RDV 2012, 36.
10 Zur Möglichkeit einer Teilanfechtung eines Arbeitsverhältnisses: LAG Hess. 28.11.2012 – 18 Sa 594/12.
11 Vgl. BAG 16.12.2004 – 2 AZR 148/04, ZTR 2005, 379.
12 Vgl. zur Anfechtung von Arbeitsverträgen *Picker*, ZfA 1981, 1 ff.
13 Vgl. BAG 5.12.1957 – 1 AZR 594/56, AP Nr. 2 zu § 123 BGB; 16.9.1982 – 2 AZR 228/80, AP Nr. 24 zu § 123 BGB; 29.8.1984 – 7 AZR 34/83, AP Nr. 27 zu § 123 BGB; Schaub/*Linck*, § 34 Rz. 49; ErfK/*Preis*, § 611 BGB Rz. 367.

ses. Ist ein Arbeitsverhältnis dagegen erst vollzogen, dann aber zu einem späteren Zeitpunkt außer Funktion gesetzt worden, so dass der Arbeitnehmer keine Arbeitsleistung mehr erbringen muss, wirkt die Anfechtung auf den Aussetzungstermin zurück[1]. Gleiches hat das BAG unter Aufgabe seiner früheren Rechtsprechung[2] für den Fall entschieden, dass die Anfechtung während einer Erkrankung des Arbeitnehmers erfolgt[3]: die Anfechtung wirkt dann ex tunc auf den ersten Tag der Erkrankung zurück. Dem Arbeitnehmer soll durch das zufällige Ereignis der Krankheit kein Vorteil entstehen, indem das Arbeitsverhältnis erst ex nunc aufgelöst wird, obwohl er die Anfechtung des Arbeitsvertrages durch die Schaffung eines Anfechtungsgrundes bedingt hat.

Ficht der Arbeitgeber den Arbeitsvertrag nach § 123 BGB wegen einer widerrechtlichen Drohung an, bleibt es mangels Schutzbedürftigkeit des Arbeitnehmers bei einer rückwirkenden Nichtigkeit[4]. Bei einer Anfechtung wegen arglistiger Täuschung gilt grundsätzlich die Ex-nunc-Nichtigkeit des Arbeitsvertrages bei einem Vollzug des Arbeitsverhältnisses[5]. Einschränkend geht das BAG von einer Ex-tunc-Wirkung seit dem Zeitpunkt der Aussetzung der Vollziehung aus, wenn das Arbeitsverhältnis nach der Täuschung inzwischen wieder außer Vollzug gesetzt worden ist[6]. 273

cc) Einschränkung des Anfechtungsrechts nach Treu und Glauben, § 242 BGB

Die Ausübung des Anfechtungsrechtes durch den Arbeitgeber kann nach Treu und Glauben (§ 242 BGB) eingeschränkt sein, mit der Folge, dass die Anfechtungserklärung unwirksam ist. 274

Beispiel: 275
Der Arbeitgeber kann den Arbeitsvertrag nicht wirksam anfechten, wenn der Anfechtungsgrund im Zeitpunkt der Ausübung des Anfechtungsrechtes seine Relevanz für das Arbeitsverhältnis verloren hat[7]. Dies gilt zB, wenn der Arbeitnehmer zwar bei der Einstellung über seine früheren kurzfristigen Beschäftigungszeiten getäuscht hatte, aber das gegenwärtige Arbeitsverhältnis schon drei Jahre bestand, als der Arbeitgeber die Täuschung bemerkte[8]. Hingegen berechtigt eine Täuschung des Arbeitnehmers durch ein gefälschtes Ausbildungszeugnis auch

---

1 Vgl. BAG 16.9.1982 – 2 AZR 228/80, AP Nr. 24 zu § 123 BGB; 29.8.1984 – 7 AZR 34/83, AP Nr. 27 zu § 123 BGB; 3.12.1998 – 2 AZR 754/97, AP Nr. 49 zu § 123 BGB.
2 S. noch BAG 16.9.1982 – 2 AZR 228/80, AP Nr. 24 zu § 123 BGB; 20.2.1986 – 2 AZR 244/85, AP Nr. 31 zu § 123 BGB: Beide Entscheidungen sahen noch eine Ex-nunc-Wirkung der Anfechtung nach der Anfechtungserklärung vor.
3 Vgl. BAG 3.12.1998 – 2 AZR 754/97, NZA 1999, 585f.
4 Ausdrücklich offen gelassen: BAG 29.8.1984 – 7 AZR 34/83, AP Nr. 27 zu § 123 BGB; *Strick*, NZA 2000, 698, die allerdings die praktische Relevanz derartiger Fälle bezweifelt.
5 Vgl. BAG 18.4.1968 – 2 AZR 145/67, AP Nr. 32 zu § 63 HGB; aA *Ramm*, AuR 1963, 106f.; *Mayer-Maly*, Anm. AP Nr. 32 zu § 63 HGB; *Mankowski*, Anm. EzA § 123 BGB Nr. 51, die aufgrund mangelnder Schutzwürdigkeit des Arbeitnehmers von einer Ex-tunc-Nichtigkeit vom Vertragsschluss ausgehen. Differenzierend Staudinger/*Richardi*, § 611 BGB Rz. 233; MünchArbR/*Richardi*, § 34 Rz. 43, der die Beschränkung der Rechtsfolge des § 142 BGB auf eine Ex-nunc-Nichtigkeit unter der Prämisse ablehnt, dass „die Arbeitsleistung des Arbeitnehmers wegen Erlangung der Stellung aufgrund der Täuschung oder Drohung für den Arbeitgeber ohne jedes Interesse ist".
6 Vgl. BAG 3.12.1998 – 2 AZR 754/97, NZA 1999, 585f.; zust. *Hromadka*, EWiR 1999, 440. Noch nicht entschieden hat das BAG den Fall, dass der Arbeitnehmer den Arbeitgeber täuscht, das Arbeitsverhältnis außer Funktion gesetzt und die Anfechtung erst dann erklärt wird, nachdem der Arbeitnehmer seine Tätigkeit wieder aufgenommen hat, vgl. *Hromadka*, EWiR 1999, 440 geht mangels Schutzwürdigkeit des Täuschenden trotz des Vollzugs des Arbeitsverhältnisses von einer Ex-tunc-Wirkung aus; dazu auch *Mankowski*, Anm. EzA § 123 BGB Nr. 51.
7 Vgl. BAG 12.2.1970 – 2 AZR 184/69, BB 1970, 883; 18.9.1987 – 7 AZR 507/86, AP Nr. 32 zu § 123 BGB; 11.11.1993 – 2 AZR 467/93, AP Nr. 38 zu § 123 BGB; 28.5.1998 – 2 AZR 549/97, AP Nr. 46 zu § 123 BGB.
8 Vgl. BAG 12.2.1970 – 2 AZR 184/69, BB 1970, 883.

Jahre später noch zur Anfechtung des Arbeitsvertrages[1]. Die gefälschte Angabe muss jedoch von erheblicher Bedeutung für die Einstellungsentscheidung gewesen sein.

dd) Anfechtung und Kündigung

276 Das Recht zur fristlosen Kündigung kann neben dem Anfechtungsrecht des Arbeitgebers geltend gemacht werden[2]. In dem Anfechtungsgrund muss dann zugleich ein wichtiger Grund nach § 626 Abs. 2 BGB zu sehen sein. Zulässig ist die Umdeutung einer außerordentlichen Kündigung in eine Anfechtung, wenn das Arbeitsverhältnis nach den Umständen des Falls wegen einer arglistigen Täuschung oder einer widerrechtlichen Drohung aufgelöst werden soll. Eine Umdeutung einer ordentlichen Kündigung in eine Anfechtung des Arbeitsverhältnisses ist, aufgrund der weiter greifenden Rechtsfolgen der Anfechtung, zB die sofortige Beendigung des Arbeitsvertrages ohne Einhaltung einer Kündigungsfrist und der Verlust von Abfindungsansprüchen nach §§ 9 f. KSchG, hingegen nicht möglich[3].

ee) Abgrenzungen zu anderen Fallgruppen

277 Ein faktisches Arbeitsverhältnis entsteht nach Ansicht der Rechtsprechung[4] auch nach einer Vereinbarung zwischen Arbeitgeber und dem gekündigten Arbeitnehmer, diesen bis zum rechtskräftigen Abschluss des Kündigungsschutzprozesses weiter auf seinem alten Arbeitsplatz zu beschäftigen, wenn sich später herausstellt, dass die Kündigung wirksam war. Ein faktisches Arbeitsverhältnis liegt jedoch nicht vor, wenn die Weiterbeschäftigung des Arbeitnehmers während eines Kündigungsschutzprozesses auf dem gesetzlichen Weiterbeschäftigungsanspruch nach § 102 Abs. 5 BetrVG beruht[5]. Diese Vorschrift begründet ein gesetzliches Beschäftigungsverhältnis. Über das Bereicherungsrecht und nicht über das faktische Arbeitsverhältnis sind die Fälle rückabzuwickeln, bei denen der Arbeitnehmer, zB bei Überschreiten der Altersgrenze für die gesetzliche Rente, weiterhin arbeitet, ohne den Arbeitgeber über die Zustellung des Rentenbescheides zu informieren[6].

278 Kein faktisches Arbeitsverhältnis liegt vor, wenn der Arbeitsvertrag mit schwerwiegenden Rechtsmängeln belastet ist, die gegen elementare Grundsätze der geltenden Rechtsordnung verstoßen, zB bei einem vorsätzlichen Verstoß der Arbeitsvertragsparteien gegen Strafgesetze[7] oder bei einer Gesamtnichtigkeit des Vertrages bei Sitten-

---

1 Vgl. LAG BW 13.10.2006 – 5 Sa 25/06, DB 2007, 1197; LAG München 28.6.2007 – 4 Sa 159/07, PflR 2008, 22.
2 Vgl. BAG 28.3.1974 – 2 AZR 92/73, AP Nr. 3 zu § 119 BGB m. Anm. *Küchenhoff*.
3 Vgl. BAG 14.10.1975 – 2 AZR 365/74, AP Nr. 4 zu § 9 MuSchG 1968; 3.11.1982 – 7 AZR 5/81, Nr. 12 zu § 15 KSchG 1969 für die Umdeutung einer ordentlichen in eine außerordentliche Kündigung; *Schmidt*, AuR 1960, 49.
4 Vgl. BAG 15.1.1986 – 5 AZR 23/784, DB 1986, 1393.
5 Vgl. BAG 10.3.1987 – 8 AZR 146/84, AP Nr. 1 zu § 611 BGB – Weiterbeschäftigung; 12.9.1985 – 2 AZR 324/84, NZA 1986, 424; 12.2.1992 – 5 AZR 297/90, AP Nr. 9 zu § 611 BGB – Weiterbeschäftigung; *Otto*, RdA 1975, 68 f.; ausführlich *Hanau/Rolfs*, JZ 1993, 321 ff.
6 Vgl. BAG 30.4.1997 – 7 AZR 122/96, AP Nr. 20 zu § 812 BGB: „Nach dem auf das betreffende Arbeitsverhältnis anwendbaren § 59 Abs. 1 BAT endet das Arbeitsverhältnis eines Angestellten, dessen Erwerbsunfähigkeit durch Bescheid eines Rentenversicherungsträgers festgestellt wird, mit Ablauf des Monats, in dem die Zustellung des Rentenbescheides erfolgt, sofern der Angestellte eine Zusatzversorgung im Sinne der Tarifnorm erhält. Aufgrund dieser auflösenden Bedingung hat das Arbeitsverhältnis der Parteien am 31. März 1993 geendet, weil dem Beklagten mit dem am 1. März 1993 zugestellten Bescheid ab dem 1. Februar 1993 eine Versichertenrente wegen Erwerbsunfähigkeit auf Dauer gewährt worden ist. (...). Hat das Arbeitsverhältnis kraft normativer Wirkung am 31. März 1993 geendet, fehlt es für den nachfolgenden Zeitraum an einer Rechtsgrundlage für die Beschäftigung des Beklagten."
7 Vgl. BAG 25.4.1963 – 5 AZR 398/62, AP Nr. 2 zu § 611 BGB – Faktisches Arbeitsverhältnis; 1.4.1976 – 4 AZR 96/75, NJW 1976, 1958.

widrigkeit[1]. Sollte eine Partei die Nichtigkeit des Arbeitsvertrages gekannt haben, ist es ihr nach dem Grundsatz von Treu und Glauben verwehrt, ihr zustehende Ansprüche geltend zu machen.

Einstweilen frei. 279

VII. Melde- und Vorlagepflichten

1. Pflichten des Arbeitgebers

Mit der Einstellung eines Arbeitnehmers treffen den Arbeitgeber zahlreiche öffentlich-rechtliche Meldepflichten, vor allem im Bereich des Sozialversicherungsrechts. Der Arbeitgeber hat jeden in der Kranken-, Pflege-, Renten- oder Arbeitslosenversicherung versicherten Arbeitnehmer bei der Einzugsstelle der zuständigen Krankenkasse unter Angabe der persönlichen Daten zu melden[2]. § 28a Abs. 4 SGB IV ergänzt diese Regelung dahingehend, dass in den dort aufgeführten schwarzarbeitsgefährdeten Wirtschaftsbereichen, u.a. im Bau- und Gaststättengewerbe, die Anmeldung spätestens bei Beschäftigungsaufnahme zu erfolgen hat. Dabei müssen mindestens Name, Versicherungsnummer, soweit bekannt, Betriebsnummer des Arbeitgebers und der Tag des Beschäftigungsbeginns angegeben werden. Die **Sofortmeldung** erfolgt bei der Deutschen Rentenversicherung und kann elektronisch abgegeben werden. Nicht zu verwechseln ist diese mit der „normalen" Anmeldung des Beschäftigten gem. § 28a Abs. 1 SGB IV, die weitere Angaben enthält und über die Sofortmeldung hinaus weiterhin zu erfolgen hat. Ferner müssen die Mitarbeiter der entsprechenden Wirtschaftszweige bei der Erbringung von Dienst- oder Werkleistungen permanent offizielle Ausweisdokumente mit sich führen und bei Kontrollen vorzeigen (vgl. § 2a Abs. 1 SchwarzArbG). Der Arbeitgeber ist nach § 2a Abs. 2 SchwarzArbG verpflichtet, jeden seiner Arbeitnehmer nachweislich und schriftlich auf diese Pflicht hinzuweisen, diesen Hinweis für die Dauer der Erbringung der Dienst- oder Werkleistungen aufzubewahren und auf Verlangen bei Prüfungen vorzulegen. **Geringfügig Beschäftigte** sind dabei in das allgemeine Meldeverfahren einbezogen (§ 28a Abs. 9 SGB IV). 280

Einstweilen frei. 281, 282

Aus Arbeitnehmerschutzgründen hat der Arbeitgeber die Einstellung einer **Schwangeren** gegenüber der zuständigen Aufsichtsbehörde und den Namen und die Anschrift eines **Heimarbeiters** gegenüber dem Gewerbeaufsichtsamt und der Polizeibehörde anzuzeigen[3]. 283

Während der Dauer des Arbeitsverhältnisses hat der Arbeitgeber die ihm vom Arbeitnehmer ausgehändigten Arbeitspapiere sorgfältig aufzubewahren und nach Beendigung des Arbeitsvertrages an diesen herauszugeben. Bei einer Beschädigung oder Zerstörung der Dokumente haftet der Arbeitgeber nach allgemeinen Vorschriften auf Schadensersatz, der neben den Kosten der Neuerstellung der Arbeitspapiere eine Mitwirkungspflicht bei der Wiederbeschaffung wie auch einen möglichen Verdienstaus- 284

---

1 Vgl. BAG 1.4.1976 – 4 AZR 96/75, NJW 1976, 1958: Geschlechtsverkehr auf offener Bühne.
2 Vgl. §§ 28a Abs. 1, 28a Abs. 3, 28i SGB IV; ausführlich dazu Küttner/*Schlegel*, Personalbuch 2012, Kap. 304 Rz. 23 ff.; MünchArbR/*Buchner*, § 35 Rz. 7 ff.
3 Vgl. § 5 Abs. 1 Satz 3 MuSchG, § 15 HAG; allgemein zu Meldepflichten *Schneider*, BB 1989, 1974 ff.; *Wilmerstadt/Schattschneider*, BB Beilage 18/1989, 1 ff.; *Kilian*, BB 1977, 1153 ff.; *Kilian/Taeger*, BB Beilage 12/1984, 1 ff.

fall des Arbeitnehmers umfasst, der ihm durch die Unmöglichkeit der Vorlage der Arbeitspapiere bei einem neuen Arbeitgeber entsteht[1].

2. Rechtsfolgen bei Unterlassen

285 Die Missachtung von öffentlich-rechtlichen Meldepflichten durch den Arbeitgeber tangiert nicht die Wirksamkeit des Arbeitsvertrages[2]. Der Arbeitgeber kann jedoch verpflichtet sein, dem Arbeitnehmer **Schadensersatz** zu leisten, falls diesem aus der arbeitgeberseitigen Meldepflichtverletzung Schäden entstehen[3]. Außerdem kann er sich gegenüber dem jeweiligen Sozialversicherungsträger schadensersatzpflichtig machen, wenn dem Arbeitnehmer wegen einer unterlassenen Meldung ihm nicht zustehende Sozialversicherungsleistungen ausgezahlt worden sind[4]. Verstöße gegen die Pflicht aus § 2a Abs. 1 SchwarzArbG, den Ausweis mitzuführen und vorzulegen, sowie gegen die Hinweis- und Aufbewahrungspflicht nach § 2a Abs. 2 SchwarzArbG sind bußgeldbewehrt (vgl. § 8 Abs. 2 Nr. 1 und 2 SchwarzArbG)[5].

3. Pflichten des Arbeitnehmers

286 Ein Arbeitnehmer hat bei Beginn des Arbeitsverhältnisses die Pflicht, dem Arbeitgeber vor der Tätigkeitsaufnahme bestimmte Arbeitspapiere zu übergeben. Dazu zählen die Bescheinigung über im Kalenderjahr gewährten oder abgegoltenen Erholungsurlaub, tarifliche Lohn- und Urlaubskarten sowie Unterlagen über vermögenswirksame Leistungen[6]. Der Beschäftigte hat dem Arbeitgeber zudem seinen Sozialversicherungsausweis vorzulegen (vgl. § 18h Abs. 3 Satz 1 SGB IV). Für Personen, die im Bau-, Gaststätten-, Beherbergungs-, Personenbeförderungs-, Speditions-, Transport-, Logistik-, Schausteller-, Forstwirtschafts- und Gebäudereinigungsgewerbes, bei Unternehmen, die sich am Auf- und Abbau von Messen und Ausstellungen beteiligen, und in der Fleischwirtschaft Dienst- oder Werkleistungen erbringen, gilt seit dem 1.1.2009 die Pflicht zur Mitführung von Personaldokumenten und zu deren Vorlage (vgl. § 2a Abs. 1 SchwarzArbG). Als solche gelten der Personalausweis, Pass, Pass- oder Ausweisersatz. Abgelöst wird dadurch die vorher geltende Pflicht, den Sozialversicherungsausweis bei Ausübung der Tätigkeit mit sich zu führen (vgl. § 18h Abs. 2 Nr. 4 SGB IV aF). In bestimmten Berufszweigen bestehen für die Arbeitnehmer weitere Vorlagepflichten von Dokumenten, zB nach

- § 43 IfSG: Bescheinigung im Einzelhandel,
- § 32 JArbSchG: Gesundheitsbescheinigung bei Jugendlichen oder
- § 2 BRTV-Bau: Lohnnachweiskarte.

287 Über die Vorlage und Aushändigung der Arbeitspapiere kann der Arbeitnehmer vom Arbeitgeber eine **Quittung** verlangen[7].

---

1 Vgl. LAG Düsseldorf 18.4.1966 – 10 Sa 83/66, BB 1967, 1207 f.; aus der Literatur s. nur Küttner/*Poeche*, Kap. 47 Rz. 5; MünchArbR/*Buchner*, § 35 Rz. 45.
2 Vgl. LAG Berlin 15.10.1990 – 9 Sa 62/90, LAGE § 134 BGB Nr. 4.
3 Vgl. für vernachlässigte Beitragszahlungen zur Sozialversicherung durch den Arbeitgeber: BAG 14.7.1960 – 2 AZR 485/59, AP Nr. 1 zu § 823 BGB – Schutzgesetz; 12.7.1963 – 1 AZR 514/61, AP Nr. 4 zu § 823 BGB – Schutzgesetz.
4 Vgl. OLG Düsseldorf 7.2.1992 – 22 U 195/91, NJW-RR 1992, 1507; auch *Plagemann*, BB 1994, 137: Gesetzliche Meldepflichten stellen Schutzgesetze iSv. § 823 Abs. 2 BGB zugunsten der Leistungsträger dar.
5 Dazu auch: *Kossens*, AuA 2009, 12.
6 Vgl. Küttner/*Poeche*, Kap. 47 Rz. 2.
7 Vgl. Schaub/*Linck*, § 33 Rz. 1.

Die Verletzung der Vorlagepflicht berührt nicht die Rechtswirksamkeit des abgeschlossenen Arbeitsvertrages[1]. Es kommt neben einer Abmahnung auch eine ordentliche[2] bzw. eine außerordentliche[3] Kündigung[4] in Betracht. Welche Reaktion auf einen Pflichtenverstoß des Arbeitnehmers gerechtfertigt ist, ist im Einzelfall danach zu beurteilen, welches Dokument nicht vorgelegt wird und welche Bedeutung der Pflichtverstoß für den Vollzug des Arbeitsverhältnisses und die weiteren Interessen des Arbeitgebers hat[5]. 288

VIII. Diskriminierungsverbote bei der Einstellung von Arbeitnehmern

Vgl. dazu die Ausführungen zum AGG in Teil 1 F. 289

---

1 Küttner/*Poeche*, Kap. 4 Rz. 4.
2 Vgl. KR/*Etzel*, § 1 KSchG Rz. 431.
3 Vgl. für Handelsgehilfen LAG Düsseldorf 23.2.1961 – 2 Sa 3/61, DB 1961, 677; KR/*Fischmeier*, § 626 BGB Rz. 411.
4 BAG 7.9.1983 – 7 AZR 433/82, DB 1984, 132; kritisch zur Kündigungsmöglichkeit Schaub/*Linck*, § 33 Rz. 1, da Interessen des Arbeitgebers durch die Nichtvorlage nicht direkt berührt werden.
5 Vgl. MünchArbR/*Buchner*, § 35 Rz. 44.

D. Arbeitsvertrag und AGB-Kontrolle

	Rz.
I. Allgemeines	1
II. Gesetzliche Einschränkungen einer AGB-Kontrolle im Arbeitsrecht	
1. Besonderheiten des Arbeitsrechts	4
2. Einbeziehung in den Vertrag	6
3. Einbeziehung im Voraus	9
4. Überprüfung von Tarifverträgen, Betriebs- und Dienstvereinbarungen	10
a) Tarifverträge	11
b) Betriebsvereinbarungen	12
c) Dienstvereinbarungen	14
d) Kirchliche Arbeitsvertragsregelungen	16
III. Allgemeine Vorschriften	
1. Vorrang der Individualabrede	17
2. Abweichung oder Ergänzung von Rechtsvorschriften	21
3. Überraschende Klauseln	24
a) Nachvertragliches Wettbewerbsverbot	25
b) Altersgrenzen	29
c) Verweisungsklauseln	30
d) Doppelbefristung	32
e) Verlängerung der Kündigungsfristen	32a
f) Dienstwagen	32b
4. Mehrdeutige Klauseln	33
5. Umgehungsverbot	34
IV. Verbrauchereigenschaft	
1. Arbeitnehmer	35
2. Geschäftsführer	38
V. Inhaltskontrolle der Allgemeinen Geschäftsbedingungen	
1. Allgemeines	39
2. Klauselverbote ohne Wertungsmöglichkeit gem. § 309 BGB	40
a) Leistungsverweigerungs-/Zurückbehaltungsrecht	41
b) Aufrechnungsverbot	46
c) Mahnung und Fristsetzung	49
d) Schadenspauschalisierungen	50
e) Vertragsstrafe	55
f) Haftungsausschlüsse	61
g) Laufzeit bei Dauerschuldverhältnissen	65
h) Wechsel des Vertragspartners	66
i) Beweislaständerungen	67
j) Form von Anzeigen und Erklärungen	70
3. Klauselverbote mit Wertungsmöglichkeit gem. § 308 BGB	72
a) Rücktrittsvorbehalt	73
b) Änderungsvorbehalt	75
aa) Widerrufsvorbehalt	
(1) Allgemeines	76
(2) Formelle Anforderungen	77
(3) Materielle Anforderungen	79
bb) Jeweiligkeitsklausel	79c
cc) Versetzungsklausel	80
(1) Arbeitsort	80a
(2) Anderweitige Tätigkeit	81
dd) Anrechnungsklauseln	85
ee) Freiwilligkeitsvorbehalt	
(1) Allgemeines	88
(2) Formelle Anforderungen	88a
(3) Materielle Anforderungen	90b
ff) Änderung der Arbeitszeit	92
c) Fingierte Erklärungen	97
d) Fiktion des Zugangs	100
4. Inhaltskontrolle nach der Generalklausel gem. § 307 BGB	101
a) Transparenzkontrolle	102
b) Allgemeine Inhaltskontrolle	106
aa) Freistellungsklauseln	107
bb) Rückzahlungsklauseln	
(1) Fortbildung	111
(2) Sonderzahlungen	119
cc) Stichtagsregelungen	119f
(1) Gratifikation	119g
(2) Entgelt im engeren Sinne und Sonderzahlungen mit Mischcharakter	119j
dd) Ausgleichsquittung/Klageverzichtserklärung	120
ee) Befristung einzelner Arbeitsbedingungen	122
ff) Abstrakte Schuldversprechen	127
gg) Bezugnahme auf Tarifverträge, Betriebs- und Dienstvereinbarungen	128
hh) Beschränkung von Nebentätigkeiten	136
ii) Verkürzung von Verjährungsfristen	144
jj) Verfallklauseln/Ausschlussfristen	146
kk) Abgeltung von Überstunden	151f
ll) Ablösungsvorbehalt	151n
mm) Verschwiegenheit	151o
nn) Kurzarbeit	152
c) Inhaltskontrolle anhand von Tarifverträgen, Betriebs- oder Dienstvereinbarungen	153
VI. Rechtsfolgen der Nichteinbeziehung oder Unwirksamkeit von Allgemeinen Geschäftsbedingungen nach § 306 BGB	156

	Rz.		Rz.
VII. Möglichkeiten der Vertragsanpassung		4. Ergänzende Vertragsauslegung	166
		5. Änderungsmöglichkeiten des Arbeitgebers	168
1. Salvatorische Klauseln	162		
2. Anpassungs- und Änderungsklauseln	163	VIII. Revisionsrechtliche Überprüfung	176
3. Einschränkung des Verbots der geltungserhaltenden Reduktion	164		

Schrifttum:

Albicker/Wiesenecker, Sonderzahlungen und Stichtagsklauseln in Betriebsvereinbarungen, BB 2008, 2631; *Annuß*, Grundstrukturen der AGB-Kontrolle von Arbeitsverträgen, BB 2006, 1333; *Arnold*, Einseitiges Leistungsbestimmungsrecht des Arbeitgebers bei Weihnachtsgratifikation hält AGB-Kontrolle stand, ArbR 2013, 180; *Arnold*, Festsetzung des Bonus-Budgets durch den Arbeitgeber, ArbR 2014, 286; *Bachner*, Die Mitbestimmung des Betriebsrats nach § 87 BetrVG bei der Gestaltung von Formulararbeitsverträgen, NZA 2007, 536; *Baeck/Winzer*, Neuere Entwicklungen im Arbeitsrecht, Stichtagsklauseln – was geht noch?, NZG 2012, 657; *Bahnsen*, Altersgrenzen im Arbeitsrecht, NJW 2008, 407; *Bauer*, Doppelt hält nicht besser, BB 2009, 1588; *Bauer/Arnold*, AGB-Kontrolle von Vorstandsverträgen, ZIP 2006, 2337; *Bauer/Arnold/Willemsen*, Überstunden und ihre Tücken, DB 2012, 1986; *Bauer/Chwalisz*, Instrumente zur Entgeltflexibilisierung, ZfA 2007, 352; *Bauer/von Medem*, Altersgrenzen zur Beendigung von Arbeitsverhältnissen – Was geht, was geht nicht?, NZA 2012, 945; *Bauer/von Medem*, Rettet den Freiwilligkeitsvorbehalt – oder schafft eine Alternative, NZA 2012, 894; *Bayreuther*, Altersgrenzen, Kündigungsschutz nach Erreichen der Altersgrenze und die Befristung von „Altersrentnern", NJW 2012, 2758; *Bayreuther*, Widerrufs-, Freiwilligkeits- und Anrechnungsvorbehalte – geklärte und ungeklärte Fragen der aktuellen Rechtsprechung des BAG zu arbeitsvertraglichen Vorbehalten, ZIP 2007, 2009; *Bayreuther*, Die AGB-Kontrolle der Tarifwechselklausel, in: Festschrift für Peter Kreutz, 2010, S. 29; *Bieder*, Arbeitsvertragliche Gestaltungsspielräume für die Entgeltflexibilisierung, NZA 2007, 1135; *Bissels*, Rückwirkende Tarifunfähigkeit der CGZP: Arbeitsrechtliche Konsequenzen der aktuellen BAG-Rechtsprechung für die Zeitarbeitsbranche, ArbRB 2012, 212; *Bissels*, Rückwirkende Tarifunfähigkeit der CGZP: Sozialversicherungsrechtliche Konsequenzen der aktuellen BAG-Rechtsprechung für die Zeitarbeitsbranche, ArbRB 2012, 244; *Bissels*, Zulässigkeit von Ausschlussfristen in Formulararbeitsverträgen, juris AnwaltZertifikatOnline 3/2008 Anm. 1; *Bissels*, AGB-rechtliche Unwirksamkeit einer Verschwiegenheitsklausel zur Vergütung, InfoA 2010, 59; *Bissels*, AGB-rechtliche Zulässigkeit der Anwendung der Kündigungsfristen nach § 622 Abs. 2 BGB auf Arbeitnehmer, jurisPR-ArbR 47/2009 Anm. 6; *Bissels*, AGB-Kontrolle einer Versetzungsklausel, jurisPR-ArbR 30/2008 Anm. 3; *Bissels/Dietrich*, Auswirkungen der Erhöhung des gesetzlichen Regelrentenalters – Altersgrenzenklauseln in Arbeitsverträgen, AuA Sonderheft 2008, Personalplanung, 74; *Bissels/Haag*, Rückzahlung von Fortbildungskosten und pauschale Abgeltung von Überstunden – Aktuelle Rechtsprechung, ArbR 2011, 83; *Bissels/Lützeler*, Verfallfristen in Formulararbeitsverträgen, PuR 5/2008, 7; *Bittmann/Mujan*, Variable Vergütung, AuA 2010, 366; *Bonanni/Niklas*, Aktuelle Rechtsprechung zum Direktionsrecht, ArbRB 2008, 347; *Borchard*, Dienstwagenüberlassung im Arbeitsverhältnis, PuR 2011, 6; *Borchard*, Fortbildungsinvestitionen – Rückzahlungsklauseln sicher gestalten, PuR 2010, 3; *Brachmann/Diepold*, Welche Rechte hat der Betriebsrat – Entwurf und Abschluss von Arbeitsverträgen, AuA 2010, 151; *Chwalisz*, Dienstwagen-Übernahmeklauseln bei Beendigung des Arbeitsverhältnisses, ArbR 2011, 627; *Diepold*, Freiwilligkeit und Widerruf Sonderzahlungen wirksam regeln, AuA 2013, 85; *Diringer*, Was gilt im Arbeitsverhältnis?, AuA 2010, 277; *Dorth*, Gestaltungsgrenzen bei Aus- und Fortbildungskosten betreffenden Rückzahlungsklauseln, RdA 2013, 287; *Düwell/Ebeling*, Rückzahlung von verauslagten Bildungsinvestitionen, DB 2008, 406; *Dzida*, Die Befristung einzelner Arbeitsbedingungen, ArbRB 2012, 286; *Dzida/Klopp*, Betriebstreue belohnen mit Retention Boni – Verbleibende Handlungsspielräume nach der Rechtsprechung des BAG, ArbRB 2013, 49; *Feddersen*, Möglichkeiten zur Entgeltflexibilisierung, NWB 2010, 1348; *Fliss*, Die örtliche Versetzung, NZA-RR 2008, 225; *Franke*, Anrechnung von Tariflohnerhöhungen auf übertarifliche Zulagen, NZA 2009, 245; *Franzen*, Entkoppelung der Arbeitszeit vom Arbeitsentgelt, RdA 2014, 1; *Fuhlrott*, Unklarheitenregel bei Freiwilligkeitsvorbehalt für eine Jahressonderzahlung, ArbR 2013, 327; *Gaul/Kaul*, Verschärfung der Rechtsprechung zum Widerrufsvorbehalt, BB 2011, 181; *Gaul/Mückl*, 5 Jahre AGB-Kontrolle von Altarbeitsverträgen – Abschied vom Vertrauensschutz?, NZA 2009, 1233; *Gehlhaar*, Sozialauswahl: Vergleichbarkeit von Arbeitnehmern bei unwirksamer Versetzungsklausel?, NJW 2010, 2550; *Gerstner*, Arbeitsvertragsschluss in deutscher Sprache mit einem ausländischen Arbeitnehmer, ArbR 2014, 360; *Ginal*, Die arbeitsrechtliche Stellung des Fremd-Geschäftsführers, GWR 2014, 408; *Greßlin*, Freiwilligkeitsvorbehalt bei Sonderzahlungen – Vertrauensschutz für Altverträge, BB 2010, 1136; *Günther*, Rückzahlungsklauseln in Arbeitsverträgen, öAT 2014, 137; *Günther/Günther*, Widerrufsvorbehalt bei privater Dienstwagennutzung, ArbR 2011, 106; *Gwose*, Rückforderung von Fort- und Weiterbildungskosten, PuR 9/2012, 188; *Haas/Fabritius*, Auslegung von unwirksamen Formularklauseln, FA 2009, 130; *Hauck*, Die Vertragsstrafe im Arbeitsrecht im Lichte der Schuldrechtsreform, NZA 2006, 816; *Hauck-Scholz*, Rechtskontrolle von Dienstvereinbarungen, öAT 2014, 68; *Hohenstatt/Schramm*, Neue Gestaltungsmöglichkeiten zur Flexibilisierung der Arbeitszeit, NZA 2007, 242; *Hromadka*, Neues zur überflüssigen Änderungskündigung, NZA 2012, 896; *Hümmerich*, Anwendbarkeit des § 308 Nr. 4 BGB auch bei freiwilligen Leistungen?, BB 2007, 1498; *Hümmerich*, Der Verbraucher-Geschäftsführer – Das unbekannte Wesen, NZA 2006, 709; *Hunold*, Vertragsänderung durch bloßen Zeitablauf, DB 2012, 1096; *Hunold*, Die Rechtsprechung des BAG zur AGB-Kontrolle arbeitsvertraglicher Versetzungsklauseln, BB 2011, 693; *Hunold*, Neues zur Versetzungsklausel, AuA 2009, 337; *Hunold*, AGB-Kontrolle einer Versetzungsklausel, NZA 2007, 19; *Hunold*, Die aktuelle Rechtsprechung zur Inhaltskontrolle arbeitsrechtlicher Absprachen – AGB-Kontrolle, NZA-RR 2008, 450; *Hunold*, Kontrolle arbeitsrechtlicher Absprachen nach der Schuldrechtsreform, NZA-RR 2006, 113; *Hunold*, Versetzungsklauseln und AGB, AuA 2007, 32; *Hunold*, Was ist noch möglich? Entgeltflexibilisierung, AuA 2008, 283; *Hunold*, AGB-Kontrolle: Widerruf der Bestellung des Dienstwagens, NZA 2010, 1276; *Hunold*, Rechtsprechung zur Nebentätigkeit des Arbeitnehmers, NZA-RR 2002, 505; *Jensen*, Arbeitsvertragsklauseln gegen betriebliche Übung – was geht noch?, NZA-RR 2012, 225; *Jesgarzewski*, Rückzahlungsvereinbarungen für Fortbildungskosten, BB 2011, 1594; *Jordan/Bissels*, Gilt „der jeweils anwendbare Tarifvertrag in der jeweils gültigen Fassung" noch? Wirksamkeit von großen dynamischen Bezugnahmeklauseln, NZA 2010, 71; *Karlsfeld*, Doppelte Schriftformklausel im AGB – seit dem 20.5.2008 nicht mehr möglich?, ArbRB 2008, 222; *Kleinsorge*, Vertragsstrafenvereinbarung im Arbeitsrecht, NWB 2009, 3508; *Kern*, Versetzungsklausel verhindert regelmäßig vertragliche Festlegung des Arbeitsortes, ArbR 2013, 15; *Klocke*, Neue Entwicklungen im Überstundenprozess, RdA 2014, 908; *Koch*, Das nachvertragliche Wettbewerbsverbot im einseitig vorformulierten Arbeitsvertrag, RdA 2006, 28; *Kock*, Pauschalabgeltung von Überstunden, DB 2012, 1328; *König*, Bonusanspruch in der Krise – Aktuelle Rechtsprechung zu Zielvereinbarung und Zielbonus im Jahr 2011, NZA-RR 2012, 451; *Lakies*, AGB-Kontrolle von Ausschlussfristen, ArbR 2013, 318; *Lakies*, Das Weisungsrecht des Arbeitgebers und Vertragsgestaltungsoptionen (Versetzungsklauseln), ArbR 2013, 1; *Lakies*, Neue Rechtsprechung zu Flexibilisierungsvarianten bei Sonderzuwendungen, ArbR 2013, 251; *Leder*, Aktuelles zur Flexibilisierung von Arbeitsbedingungen, RdA 2010, 93; *Leder*, AGB-Kontrolle – Freiwilligkeitsvorbehalt bei Jahressonderzahlungen, BB 2009, 1366; *Lelley/Kaufmann*, AGB-Kontrolle von Arbeitsverträgen, FA 2006, 7; *Lembke*, Die Gestaltung von Vergütungsvereinbarungen, NJW 2010, 257, 321; *Lingemann/Gotham*, Freiwilligkeits-, Stichtags-, und Rückzahlungsregelungen bei Bonusvereinbarungen – was geht noch?, NZA 2008, 509; *Lingemann/Gotham*, Freiwillige Leistungen des Arbeitgebers – es gibt sie noch!, DB 2008, 2307; *Lingemann/Otte*, Bonuszahlungen und Freiwilligkeitsvorbehalt – Die Gewichte verschieben sich, NJW 2014, 2400; *Löwisch*, Rückzahlungs- und Bestandsklauseln in Betriebsvereinbarungen, NZA 2013, 549; *Lützeler/Bissels*, Neue Arbeitsverträge – aber wie?, PuR 10/2007, 3; *Lützeler/Bissels*, Arbeitsverträge auf dem Prüfstand, PuR 9/2007, 3; *Mävers*, Unklarheitenregel bei zeitdynamischer Bezugnahmeklausel, ArbR 2013, 497; *von Medem*, Kehrtwende des BAG bei zweistufigen tariflichen Ausschlussfristen, NZA 2013, 345; *Müller*, AGB-Kontrolle einer Arbeitgeberdarlehensvereinbarung, ArbR 2014, 182; *Natzel*, Schutz des Arbeitnehmers als Verbraucher?, NZA 2002, 595; *Natzel*, Vorbehaltsklauseln – unter Vorbehalt zulässig, FA 2006, 365; *Oberthür*, Vertragliche Mankohaftung – nichts geht mehr?, ArbRB 2007, 369; *Otto/Walk*, Entgeltflexibilisierung als Weg aus der Krise, BB 2010, 373; *Preis/Bleser/Rauf*, Die Inhaltskontrolle von Ausgleichsquittungen und Verzichtserklärungen, DB 2006, 2813; *Preis/Genenger*, Die unechte Direktionsrechtserweiterung, NZA 2008, 969; *Preis/Lindemann*, Änderungsvorbehalte – Das BAG durchschlägt den gordischen Knoten, NZA 2006, 632; *Preis/Sagan*, Der Freiwilligkeitsvorbehalt im Fadenkreuz der Rechtsgeschäftslehre, NZA 2012, 697; *Preis/Ulber*, Die Rechtskontrolle von Betriebsvereinbarungen, RdA 2013, 211; *Reinecke*, Zur AGB-Kontrolle von Arbeitsentgeltvereinbarungen, BB 2008, 554; *Reinecke*, Weisungsrecht, Arbeitsvertrag und Arbeitsvertragskontrolle – Rechtsprechung des BAG nach der Schuldrechtsreform, NZA-RR

2013, 393; *Reinfelder*, Leistungsgerechtes Entgelt – Gestaltung und Umgestaltung, NZA-Beilage 2014, 10; *Reiserer*, Flexible Vergütungsmodelle, NZA 2007, 1249; *Roeder*, Zweierlei Maß oder das Ende der gegenläufigen betrieblichen Übung, NZA 2009, 883; *Richardi*, Rechtsprechung des Kirchlichen Arbeitsgerichtshofs der katholischen Kirche zu ausgewählten Praxisproblemen, NZA 2012, 1393; *Richter*, Arbeitsvertragliche Standardregelungen auf dem Prüfstand (Teil 1), ArbR 2014, 141; *Roggel/Neumann*, Sonderzahlungen mit Stichtagsklauseln – Grenzen der Rechtsprechung und Gestaltungsmöglichkeiten, BB 2014, 1909; *Salamon*, Auswirkungen der AGB-Kontrolle auf die Sozialauswahl bei betriebsbedingten Kündigungen, RdA 2011, 266; *Salamon*, Mitarbeitersteuerung durch erfolgs- und bestandsabhängige Gestaltung von Vergütungsbestandteilen, NZA 2010, 314; *Schäfer*, Neues zu Möglichkeiten und Grenzen des Freiwilligkeitsvorbehalts, öAT 2013, 243; *Schindele/Söhl*, Bezugnahmeklauseln auf die Tarifverträge der DGB-Tarifgemeinschaft Zeitarbeit, NZA 2014, 1049; *Schlewing*, Vertragsgestaltung, NZA Beilage 2/2012, 33; *Schlewing*, Geltungserhaltende Reduktion und/oder ergänzende Vertragsauslegung im Rahmen der AGB-Kontrolle arbeitsvertraglicher Abreden?, RdA 2011, 92; *Schmiedl*, Freiwilligkeits- und Widerrufsvorbehalt – überkommene Rechtsinstitute?, NZA 2006, 1195; *Schmitt-Rolfes*, Ende der gegenläufigen betrieblichen Übung, AuA 2009, 567; *Schmitt-Rolfes*, Anwendbarkeit von AGB-Recht auf Verträge mit Organmitgliedern, in: Festschrift für W. Hromadka 2008, S. 393–407; *Schönhöft*, Rückzahlungsverpflichtungen in Fortbildungsvereinbarungen, NZA-RR 2009, 625; *Schrader/Schubert*, AGB-Kontrolle von Arbeitsverträgen – Grundsätze der Inhaltskontrolle arbeitsvertraglicher Vereinbarungen Teil 2, NZA-RR 2005, 225; *Schramm*, Die Zulässigkeit von Freiwilligkeitsvorbehalten in Arbeitsverträgen, NZA 2007, 1325; *Schramm/Kröpelin*, Neue Anforderungen an die arbeitsvertragliche Gestaltung von Schriftformklauseln, DB 2008, 2362; *Schramm/Kuhnke*, Neue Grundsätze des BAG zur Überstundenvergütung, NZA 2012, 127; *Schwarz*, Widerrufsklauseln in der Praxis – Welche Bedeutung hat das aktuelle Dienstwagen-Urteil des BAG, GWR 2010, 469; *Singer*, Arbeitsvertragsgestaltung nach der Reform des BGB, RdA 2003, 194; *Söhl*, Anfechtung und Abänderung von Arbeitsverträgen, ArbR 2014, 166; *Straube*, AGB-Kontrolle von nachvertraglichen Wettbewerbsverboten, BB 2013, 117; *Straube*, Inhaltskontrolle von Rückzahlungsklauseln bei Ausbildungskosten, NZA-RR 2012, 505; *Strecker*, Pauschale Überstundenabgeltung und Vergütungserwartung bei Überstunden, BB 2013, 949; *Stück*, Rückzahlungsvereinbarungen für Fortbildungskosten – Was ist noch zulässig?, DStR 2008, 2020; *Sutschet*, Doppelte Schriftformklausel – AGB-Kontrolle, RdA 2009, 386; *Timner/Rajczak*, Mehrarbeit, Überstunden & Co., AuA 2011, 206; *Uffmann*, BAG: Parteiwechsel in der Revisionsinstanz – Umfang der monatlichen Arbeitszeit – unangemessene Benachteiligung des Arbeitnehmers durch Vereinbarung einer Durchschnittsarbeitszeit – Besprechung des Urteils BAG v. 21.6.2011 – 9 AZR 236/10, RdA 2012, 113; *Wank*, Änderung von Arbeitsbedingungen, NZA Beilage 2/2012, 41; *Wiedemann*, Freiwillige Leistungen – Enttäuschte Erwartungen, RdA 2009, 186; *Willemsen/Grau*, Alternative Instrumente zur Entgeltflexibilisierung im Standardarbeitsvertrag, NZA 2005, 1137; *Willemsen/Jansen*, Die Befristung von Entgeltbestandteilen als Alternative zu Widerrufs- und Freiwilligkeitsvorbehalten, RdA 2010, 1; *Wisskirchen/Bissels*, Arbeitsverträge erfolgreich gestalten, 2007; *Wisskirchen/Bissels*, „Arbeiten, wenn Arbeit da ist" – Möglichkeiten und Grenzen der Vereinbarungsbefugnis zur Lage der Arbeitszeit, NZA Beilage 1/2006, 24; *Wisskirchen/Lützeler*, Nach der Rechtsprechungsänderung: Bezugnahmeklauseln, AuA 2006, 528; *Wisskirchen/Stühm*, Schuldrechtsreform und Arbeitsrecht, 2003; *Wisskirchen/Stühm*, Anspruch des Arbeitgebers auf Änderung von unwirksamen Klauseln in alten Arbeitsverträgen, DB 2003, 2225; *Woerz/Klinkhammer*, Arbeitsrechtliche Regelungen zur Beschränkung von Nebentätigkeiten, ArbR 2012, 183; *Zahn*, Zweistufige Ausschlussfristen in Arbeitsverträgen, AE 2008, 169; *Zimmermann*, Rechtsfolgen unwirksamer Allgemeiner Geschäftsbedingungen in Arbeitsverträgen, ArbR 2012, 105; *Zirnbauer*, Das BAG und das neue Schuldrecht, FA 2006, 34; *Zundel*, Wirksamkeit arbeitsvertraglicher Klauseln insbesondere unter dem Aspekt der AGB-Kontrolle, NJW 2006,1237; *Zundel*, Die Entwicklung des Arbeitsrechts im Jahr 2012, NJW 2013, 352.

I. Allgemeines

Die Schuldrechtsreform hat mit Wirkung zum 1.1.2002 die früheren Regelungen des Gesetzes zur Regelung der Allgemeinen Geschäftsbedingungen[1] in das BGB integriert. Die Vorschriften über die Allgemeinen Geschäftsbedingungen sind seitdem

---

1 AGB-Gesetz v. 9.12.1976, BGBl. I, 3317.

auch auf Arbeitsverträge anwendbar[1], während die alte Rechtslage dies nicht vorsah[2]. Gleichwohl hatte das BAG[3] arbeitsvertragliche Klauseln schon zuvor einer Billigkeitskontrolle unterworfen. Diese erfolgte zwar nicht an den Normen des AGBG, aber nach den allgemeinen Rechtsgedanken dieser Vorschriften[4].

2 **Allgemeine Geschäftsbedingungen (AGB)**
– sind für eine Vielzahl von Verträgen vorformulierte Vertragsbedingungen, die eine Vertragspartei (Verwender) der anderen Vertragspartei bei Abschluss eines Vertrages stellt.
– **Vorformuliert** sind die Vertragsbedingungen, wenn diese für eine mehrfache Verwendung schriftlich oder in sonstiger Weise, zB auf Tonband oder einem Datenträger, fixiert sind[5]. Ausreichend ist bereits, dass die jeweilige Klausel etwa in einem PC oder „im Kopf" des Verwenders oder eines seiner Gehilfen gespeichert ist[6]. Dabei kann auch eine mündliche oder durch betriebliche Übung begründete Vertragsbedingung, die der Arbeitgeber für eine Vielzahl von Arbeitsverhältnissen verwendet, eine AGB darstellen[7]. Unerheblich ist schließlich, ob der Arbeitgeber eigene oder von Dritten erstellte Formulare verwendet[8].Vorformuliert sind die Vertragsbedingungen nicht nur bei Verwendung eines vollständigen Arbeitsvertragsmusters, sondern auch wenn der Arbeitsvertrag aus Textbausteinen zusammengesetzt ist[9].
– Für eine **Vielzahl von Verträgen** sind Vertragsbedingungen grundsätzlich dann aufgestellt, wenn diese für mindestens drei Verträge genutzt werden sollen[10], wobei in einem solchen Fall allerdings schon bei der ersten Nutzung in einem Vertrag der Anwendungsbereich der AGB-Vorschriften im BGB eröffnet ist[11]. Da das BAG[12] jedoch den Arbeitnehmer als Verbraucher iSv. § 13 BGB qualifiziert hat[13], handelt es sich bei dem Arbeitsvertrag um einen Verbrauchervertrag gem. § 310 Abs. 3 BGB mit der Folge, dass eine AGB-Kontrolle bereits dann stattfindet, wenn der Arbeitsvertrag auch nur zur einmaligen Verwendung bestimmt ist und der Arbeitnehmer aufgrund der Vorformulierung auf den Inhalt keinen Einfluss nehmen konnte[14].

---

1 So nach § 310 Abs. 4 BGB.
2 S. § 23 Abs. 1 AGBG aF; das BAG hat sich ausdrücklich gegen eine analoge Anwendung des AGBG im Arbeitsrecht ausgesprochen, vgl. BAG 13.12.2000 – 10 AZR 168/00, NZA 2001, 723; zu der Problematik, wie mit Arbeitsverträgen umzugehen ist, die vor dem 1.1.2002 geschlossen wurden: vgl. BAG 20.4.2011 – 5 AZR 191/10; *Richter*, ArbR 2014, 141; aA BAG 19.12.2006 – 9 AZR 294/06.
3 Vgl. BAG 16.3.1994 – 5 AZR 339/92, NZA 1994, 937; 13.12.2000 – 10 AZR 168/00, RdA 2002, 39.
4 Als Rechtsgrundlage dienten die §§ 134, 138, 242, 315 BGB; vgl. dazu auch *Ziemann*, ArbRB 2001, 46 ff.
5 Vgl. Palandt/*Grüneberg*, § 305 BGB Rz. 8; aus dem Inhalt und der äußeren Gestaltung der in einem Vertrag verwendeten Bedingungen kann sich ein vom Verwender zu widerlegender Anschein dafür ergeben, dass sie zur Mehrfachverwendung formuliert worden sind. Das kann zB der Fall sein, wenn der Vertrag zahlreiche formelhafte Klauseln enthält, die nicht auf die individuelle Vertragssituation abgestimmt sind, vgl. ArbG Limburg 31.3.2008 – 1 Ca 853/06 mit Bezug auf BAG 1.3.2006 – 5 AZR 363/05, NZA 2006, 746 unter Hinweis auf die Rspr. des BGH.
6 Vgl. LAG München 26.10.2010 – 6 Sa 595/10, AE 2011, 231; bestätigt durch BAG 16.5.2012 – 5 AZR 331/11, NZA 2012, 908.
7 Vgl. BAG 16.5.2012 – 5 AZR 331/11, NZA 2012, 908; LAG Nds. 20.12.2013 – 6 Sa 392/13.
8 BAG 15.9.2009 – 3 AZR 173/08, NZA 2010, 342.
9 Vgl. LAG Rh.-Pf. 22.1.2014 – 7 Sa 334/13.
10 Vgl. BGH 15.4.1998 – VIII ZR 377/96, NJW 1998, 2287; BAG 23.1.2007 – 9 AZR 482/06, NZA 2007, 748.
11 Vgl. Palandt/*Grüneberg*, § 305 BGB Rz. 9.
12 Vgl. BAG 25.5.2005 – 5 AZR 572/04, NZA 2005, 1111.
13 Zu den daraus resultierenden ungeklärten Rechtsfragen vgl. *Diringer*, AuA 2010, 277.
14 Vgl. BVerfG 23.11.2006 – BvR 1909/06, NZA 2007, 85 sowie § 310 Abs. 3 Nr. 2 BGB; BAG 21.8.2012 – 3 AZR 698/10, NZA 2012, 1428; 18.3.2008 – 9 AZR 186/07, DB 2008, 1805. Das

AGB sind nach ihrem objektiven Inhalt und typischen Sinn einheitlich so **auszulegen**, 3
wie sie von verständigen und redlichen Vertragspartnern unter Abwägung der Interessen der normalerweise beteiligten Verkehrskreise verstanden werden. Es sind die Erkenntnismöglichkeiten eines durchschnittlichen Vertragspartners des Verwenders, also eines Arbeitnehmers, zu Grunde zu legen[1]. Hierbei muss der Vertragswille beachtet werden. Soweit auch der mit dem Vertrag verfolgte Zweck einzubeziehen ist, kann dies nur im Bezug auf typische und von redlichen Geschäftspartnern verfolgte Ziele gelten[2]. Anhaltspunkt für die Auslegung Allgemeiner Geschäftsbedingungen ist in erster Linie der Wortlaut[3].

Die gleichen Maßstäbe gelten für Klauseln in arbeitsrechtlichen Vereinbarungen, die auf kollektiv-rechtlich ausgehandelte Vertragsbedingungen Bezug nehmen oder inhaltlich mit ihnen übereinstimmen, da die Arbeitnehmer an der Aushandlung der kollektiven Bedingungen nicht beteiligt waren[4].

II. Gesetzliche Einschränkungen einer AGB-Kontrolle im Arbeitsrecht

1. Besonderheiten des Arbeitsrechts

Trotz der Anwendung der AGB-Vorschriften[5] auf Arbeitsverträge sind bei der Klauselkontrolle „die im Arbeitsrecht geltenden Besonderheiten angemessen zu berücksichtigen"[6]. Der Gesetzgeber hat allerdings weder im BGB noch in der Gesetzesbegründung dargelegt, was zu den „Besonderheiten des Arbeitsrechts" zählt und wann eine Berücksichtigung noch „angemessen" ist. Der Begründung ist einzig zu entnehmen, dass die besonderen Klauselverbote ohne Wertungsmöglichkeit (vgl. § 309 BGB) im Arbeitsrecht nicht zwingend und einschränkungslos zur Anwendung kommen sollen, sondern dass den besonderen Bedürfnissen des Arbeitsverhältnisses Rechnung getragen werden soll[7]. 4

Die Instanzrechtsprechung[8] bestimmte die Reichweite der Besonderheiten des Arbeitsrechts ausschließlich nach arbeitsrechtlichen Vorschriften und deren rechtlicher Wertung Das BAG hat weitergehend entschieden, dass zu den im Arbeitsrecht geltenden Besonderheiten nicht nur die speziell für Arbeitsverträge geltenden Normen zu 5

Vorliegen von AGB kann auch bei Vertragsbedingungen in Vorstandsverträgen angenommen werden. Dem steht nicht entgegen, dass der Verwender seinem Vertragspartner freistellt, einzelne Vertragsklauseln auszuschließen unter dem ausdrücklichen Hinweis, ausnahmslos jede Vertragsklausel stehe zur Diskussion. Nach Auffassung des BGH liegt darin kein individuelles Aushandeln von Vertragsbedingungen, da dem Vertragspartner der Kerninhalt der Vertragsbedingungen nicht zur Disposition gestellt wird und die Bereitschaft, belastende Vertragsklauseln auf Wunsch des Vertragspartners abzuändern, nicht genügt, vgl. BGH 19.5.2005 – III ZR 437/05, NJW 2005, 2543; *Bauer/Arnold*, ZIP 2006, 2337; BAG 12.12.1013 – 8 AZR 829/12.

1 Vgl. BAG 20.4.2012 – 9 AZR 504/10, NZA 2012, 982; 4.8.2011 – 6 AZR 436/10; 27.7.2010 – 3 AZR 777/08; 19.5.2010 – 5 AZR 253/09, BB 2010, 2441 mwN; 18.11.2009 – 4 AZR 514/08, NZA 2010, 170; 24.10.2007 – 10 AZR 825/06, BB 2008, 166; 31.8.2005 – 5 AZR 545/04, NZA 2006, 324; dazu auch BAG 18.5.2010 – 3 AZR 372/08.
2 Vgl. BAG 18.3.2008 – 9 AZR 186/07, NZA 2008, 1004.
3 BAG 24.1.2013 – 8 AZR 965/11.
4 BAG 9.2.2011 – 7 AZR 91/10.
5 Also §§ 305 ff. BGB.
6 Vgl. § 310 Abs. 4 Satz 2 Halbs. 1 BGB; dazu ausführlich *Thüsing*, NZA 2002, 591 ff.; für die Berücksichtigung auch bei kirchlich-diakonischen Arbeitsvertragsregelungen (sog. „Dritter Weg"): BAG 28.6.2012 – 6 AZR 217/11.
7 Vgl. BT-Drucks. 14/6857, 54.
8 ArbG Bochum 8.7.2002 – 3 Ca 1287/02, NZA 2002, 979; LAG Hamm 24.1.2003 – 10 Sa 1158/02, NZA 2003, 499; aA *Wisskirchen/Stühm*, S. 33.

zählen sind[1], sondern auch solche, die sich im Arbeitsrecht besonders auswirken. Den Streit darüber, ob nur die rein rechtlichen oder ebenfalls die tatsächlichen[2] Spezifika[3] zu berücksichtigen sind, hat das BAG zwischenzeitlich ebenfalls dahingehend entschieden, dass bloße tatsächliche Besonderheiten ausreichen[4].

2. Einbeziehung in den Vertrag

6 Hinsichtlich der Einbeziehung der AGB in den Vertrag gelten für das Arbeitsrecht nicht die allgemeinen Regelungen der AGB-Vorschriften[5]. Nach dem Nachweisgesetz[6] hat der Arbeitgeber dem Arbeitnehmer eine Niederschrift über die wesentlichen Vertragsbedingungen spätestens einen Monat nach dem vereinbarten Beginn des Arbeitsverhältnisses auszuhändigen, § 2 Abs. 1 Satz 1 NachwG. Das NachwG geht insoweit den Regelungen der AGB-Vorschriften vor.

7 ⊃ **Hinweis:** Die Geltung der AGB für einen bestimmten Arbeitsvertrag sollte daher in die Niederschrift über die wesentlichen Vertragsbedingungen aufgenommen werden, will der Arbeitgeber nicht Beweisnachteile über die Einbeziehung der AGB in Kauf nehmen.

8 Für das Zustandekommen des Arbeitsvertrages und die Einbeziehung der AGB gelten im Übrigen die allgemeinen Vorschriften über den Vertragsschluss (§§ 145 ff. BGB), ohne dass die Besonderheiten des § 305 Abs. 2 BGB zu beachten wären[7]. Auch eine analoge Anwendung des § 305 Abs. 2 BGB scheidet aus[8].

3. Einbeziehung im Voraus

9 Eine Vereinbarung, die die Geltung einzelner AGB für bestimmte Rechtsgeschäfte im Voraus vorsieht, kann im Rahmen eines Arbeitsvertrages nicht geschlossen werden, vgl. § 310 Abs. 2 Satz 2 Halbs. 2 BGB[9].

---

1 Vgl. BAG 1.3.2006 – 5 AZR 363/05, NZA 2006, 746; 18.8.2005 – 8 AZR 65/05, NZA 2006, 34; 28.9.2005 – 5 AZR 52/05, BB 2006, 327.
2 ZB Üblichkeit einer Vertragsgestaltung, besondere Situation der Vertragsparteien, Bestehen von Tarifverträgen oder Betriebsvereinbarungen.
3 Vgl. *Leder/Morgenroth*, NZA 2002, 956; *Singer*, RdA 2003, 199.
4 Vgl. BAG 25.5.2005 – 5 AZR 572/04, BB 2005, 2131; *Herbert/Oberrath*, NJW 2005, 3746; *Richter*, ArbR 2014, 141; kritisch zur Rspr. des BAG: *Annuß*, BB 2006, 1334.
5 Danach muss der Verwender ausdrücklich oder durch einen deutlich sichtbaren Aushang auf die Einbeziehung der AGB hinweisen und der anderen Partei die Möglichkeit verschaffen, von deren Inhalt Kenntnis zu nehmen, § 305 Abs. 2 BGB.
6 Vgl. § 1 NachwG.
7 Vgl. *Annuß*, BB 2002, 460; allgemein dazu *von Westphalen*, NJW 2002, 14 f.; beachtet werden muss ein evtl. bestehendes Mitbestimmungsrecht des Betriebsrats, wenn in Formulararbeitsverträgen Bestimmungen enthalten sind, die sich auf Lebenssachverhalte beziehen, deren Nähe zu Mitbestimmungsrechten des Betriebsrats auf der Hand liegt. Handelt es sich bei getroffenen Regelungen zugleich um mitbestimmungspflichtige Tatbestände iSv. § 87 Abs. 1 BetrVG, muss der Betriebsrat beteiligt werden. Dieses Recht greift jedoch erst dann ein, wenn ein Lebenssachverhalt abschließend geregelt wird und kein sog. „mitbestimmungsoffener" Formulararbeitsvertrag vorliegt, vgl. BAG 16.11.2005 – 7 ABR 12/05, NZA 2006, 553; *Bachner*, NZA 2007, 536; dazu auch *Brachmann/Diepold*, AuA 2010, 151.
8 BAG 19.3.2014 – 5 AZR 252/12 (B).
9 Dies erklärt sich daraus, dass der Arbeitsvertrag in der Regel nicht den Abschluss weiterer Rechtsgeschäfte beinhaltet, sondern dass die Einbeziehung von AGB einmalig bei Vertragsschluss erfolgt.

4. Überprüfung von Tarifverträgen, Betriebs- und Dienstvereinbarungen

Eine Überprüfung von Tarifverträgen, Betriebs- oder Dienstvereinbarungen anhand der AGB-Vorschriften ist gem. § 310 Abs. 4 Satz 1 BGB ausgeschlossen[1].

a) Tarifverträge

Eine Inhaltskontrolle von Tarifverträgen findet wegen der ausdrücklichen Anordnung der Bereichsausnahme in § 310 Abs. 4 BGB nicht statt[2]. Werden daher Bedingungen für ein Arbeitsverhältnis in einem Tarifvertrag geregelt, kann die Unwirksamkeit einzelner tariflicher Regelungen nicht mit einer Verletzung der §§ 305 ff. BGB begründet werden[3]. Vielmehr kann ein Tarifvertrag nur im Hinblick auf einen Verstoß gegen das Grundgesetz, höherrangiges Recht oder die guten Sitten geprüft werden[4].

Für den Arbeitgeber besteht daher grundsätzlich zunächst die Möglichkeit, den Ausschluss der AGB-Kontrolle zu erreichen, indem er mit einer Gewerkschaft einen sog. Haus- oder Firmentarifvertrag über Arbeitsvertragsbedingungen abschließt, wodurch jedoch gleichzeitig die gewerkschaftliche Einflussnahme im Unternehmen verstärkt wird. Zudem werden die Gewerkschaften bestrebt sein, Regelungsgegenstände in den Tarifvertrag aufzunehmen, die den Interessen des Arbeitgebers entgegenlaufen. Insbesondere vor dem Hintergrund, dass Vertragsklauseln zu Lasten von Arbeitnehmern gegenüber einer Gewerkschaft ohnehin kaum durchsetzbar sind, müssten an anderer Stelle Zugeständnisse gemacht werden, die von den Arbeitgebern weder bedacht noch gewünscht wurden.

b) Betriebsvereinbarungen

Vor der Schuldrechtsreform hatte das BAG[5] Betriebsvereinbarungen neben einer allgemeinen Rechts- auch einer Billigkeitskontrolle unterzogen, was von großen Teilen der Literatur kritisierte wurde[6].

Zwar hat das BAG[7] mittlerweile entschieden, dass ein Widerrufsvorbehalt in einer Betriebsvereinbarung nicht der Inhaltskontrolle gem. §§ 307 ff. BGB unterliegt. Das BAG stellte jedoch klar, dass die Betriebsvereinbarung nach wie vor einer **Überprüfung nach § 75 BetrVG** unterzogen werden kann[8].

Für Rückzahlungsklauseln in Betriebsvereinbarungen hat das BAG noch nicht entschieden, welchem Prüfungsumfang diese unterliegen. Aufgrund der in § 310 Abs. 4 Satz 1 BGB erfolgten Gleichstellung von Betriebsvereinbarungen mit Tarifverträgen können die strengen Regeln bei der Inhaltskontrolle von arbeitsrechtlichen Rückzah-

---

1 Vgl. auch LAG Nds. 16.6.2014 – 13 Sa 1327/13 für den Fall des Vorliegens einer Verweisungsklausel auf eine bestehende Betriebsvereinbarung, wonach zwar die Verweisungsklausel selbst, allerdings das in Bezug genommene Regelwerk aufgrund des § 310 Abs. 4 Satz 1 BGB nicht der Vertragskontrolle unterliegt; vgl. auch BAG 23.7.2014 – 7 AZR 771/12 bezüglich dynamischer Bezugnahmeklauseln auf einschlägige Tarifverträge.
2 Vgl. *Günther*, öAT 2014, 137.
3 Vgl. zur Abgrenzung von Tarifvertrag und AGB: BAG 19.5.2010 – 4 AZR 903/08; ebenso BAG 9.2.2011 – 7 AZR 91/10.
4 Vgl. BAG 6.9.1995 – 5 AZR 174/94, NZA 1996, 437; offen gelassen für § 138 BGB: BAG 24.3.2004 – 5 AZR 303/03, BB 2004, 1909.
5 Vgl. BAG 11.6.1975 – 5 AZR 217/74, BB 1975, 1252.
6 Vgl. *Leinemann*, BB 1989, 1905 ff.; *Blomeyer*, DB 1984, 926; *Fitting*, § 77 BetrVG Rz. 233. In der Praxis prüfte das BAG meist die Beachtung des Gleichbehandlungsgrundsatzes, vgl. hierzu BAG 11.6.1975 – 5 AZR 217/74, BB 1975, 1252; 12.11.2002 – 1 AZR 58/02, NZA 2003, 1287; *Fitting*, § 77 BetrVG Rz. 233 mwN.
7 Vgl. BAG 1.2.2006 – 5 AZR 187/05, NZA 2006, 563; LAG Düsseldorf 17.11.2009 – 17 Sa 97/09.
8 Vgl. BAG 1.2.2006 – 5 AZR 187/05, NZA 2006, 563; LAG Düsseldorf 25.8.2009 – 17 Sa 618/09.

lungsklauseln bei Betriebsvereinbarungen jedoch keine Anwendung finden, sondern den Betriebsparteien muss vielmehr der weitaus größere Spielraum, der auch Tarifvertragsparteien zusteht, gewährt werden. Danach kann nur ein klarer Verstoß gegen die freie Wahl des Arbeitsplatzes (also Art. 12 GG) als Verstoß gegen § 75 BetrVG und somit als rechtswidrig gewertet werden[1].

Um das gesetzgeberische Ziel, Betriebsvereinbarungen gerade nicht den strengen Vorschriften der §§ 305 ff. BGB zu unterwerfen, nicht zu konterkarieren, kann eine Inhalts- oder Billigkeitskontrolle, die sich an den AGB-Vorschriften orientiert, zumindest nicht durch die „Hintertür" des § 75 BetrVG eingeführt werden[2]. Unzweifelhaft ist eine Rechtskontrolle dagegen weiterhin möglich. In welchem Umfang eine Betriebsvereinbarung nunmehr auf Grundlage des § 75 BetrVG einer „Quasi-Inhaltskontrolle" zugeführt wird, muss abgewartet werden[3]. Aufgrund der Tatsache, dass die Rechtsprechung bislang Betriebsvereinbarungen auch nach § 75 BetrVG nur einer **„erweiterten" Rechtskontrolle** unterzogen hat, dürften allerdings keine bedeutenden Änderungen bzgl. des bereits bisher angewendeten Prüfungsmaßstabs zu erwarten sein[4].

c) Dienstvereinbarungen

14 Der Betriebsvereinbarung entspricht im öffentlichen Dienst die Dienstvereinbarung[5]. Ähnlich wie bei Betriebsvereinbarungen kann eine Billigkeitskontrolle von Dienstvereinbarungen neben § 242 BGB auf § 67 BPersVG gestützt werden, der § 75 BetrVG[6] und damit der nach der Rechtsprechung des BAG[7] als Rechtsgrundlage für die Billigkeitskontrolle von Betriebsvereinbarungen dienenden Vorschrift entspricht. Bzgl. des dabei anzuwendenden Maßstabes gelten die Ausführungen zur Betriebsvereinbarung entsprechend[8].

15 ➲ **Hinweis:** Aufgrund der oben (Rz. 11) genannten mit einem **Firmentarifvertrag** verbundenen erheblichen Nachteile ist aus Arbeitgebersicht vor einem solchen Abschluss zu warnen. Haus- oder Firmentarifverträge sind kein geeignetes Instrument zur Vermeidung einer Inhaltskontrolle von Arbeitsvertragsbedingungen. Weitere praktische Argumente gegen einen Abschluss von Haus- oder Firmentarifverträgen sind das Streikrecht und die Nachwirkung des Tarifvertrages bis zum Abschluss eines neuen Firmentarifvertrages[9].

Auch **Betriebsvereinbarungen**[10] sind aus Arbeitgebersicht kein geeignetes Mittel, um Arbeitsvertragsbedingungen der richterlichen Inhaltskontrolle zu entziehen. Eine auf einer

---

1 Ausführlicher hierzu *Löwisch*, NZA 2013, 549.
2 In diesem Sinne LAG Düsseldorf 17.11.2009 – 17 Sa 97/09; zur AGB-rechtlichen (Un-)Zulässigkeit einer Stichtagsregelung in einer Betriebsvereinbarung LAG Hess. 20.8.2009 – 14/18 Sa 612/09, AA 2010, 72; bestätigt durch BAG 5.7.2011 – 1 AZR 94/10, ArbR 2011, 642; dazu auch *Albicker/Wiesenecker*, BB 2008, 2631 ff.
3 Für die Rückführung auf eine reine Rechtskontrolle: *Fitting*, § 77 BetrVG Rz. 233 mwN; HWK/*Gotthardt*, § 310 BGB Rz. 23; in diese Richtung auch: Richardi/*Richardi*, § 77 BetrVG Rz. 117 ff.; für eine uneingeschränkte Kontrolle der Betriebsvereinbarung am Maßstab von § 75 BetrVG: DKKW/*Berg*, § 75 BetrVG Rz. 82 mwN.
4 Vgl. ErfK/*Müller-Glöge*, §§ 305–310 BGB Rz. 12; ausführlich zur Deckung des Prüfungsmaßstabs von Betriebsvereinbarung und Arbeitsvertrag *Preis*, RdA 2013, 211.
5 Ausführlich dazu: *Wisskirchen/Stühm*, S. 14 ff., 24 f.
6 Vgl. BAG 1.2.2006 – 5 AZR 187/05, NZA 2006, 563.
7 Vgl. BAG 1.2.2006 – 5 AZR 187/05, NZA 2006, 563; 21.1.1997 – 1 AZR 572/96, NZA 1997, 1009; 26.10.1994 – 10 AZR 482/93, NZA 1995, 266.
8 Vgl. auch zur Unwirksamkeit einer Dienstvereinbarung aufgrund des inhaltlichen Verstoßes gegen höherrangiges nicht dispositives Recht: *Hauck-Scholz*, öAT 2014, 68 f.
9 Ausführlich dazu: *Wisskirchen/Stühm*, S. 14 f.
10 Gleiches gilt selbstverständlich auch für Dienstvereinbarungen.

Betriebsvereinbarung gestützte Regelung ist äußerst unflexibel, da Betriebsvereinbarungen häufig einer längeren Kündigungsfrist unterliegen. Als Nachteil gilt auch die Nachwirkung von Betriebsvereinbarungen[1].

d) Kirchliche Arbeitsvertragsregelungen

Kirchliche Arbeitsvertragsregelungen hat der Gesetzgeber nicht in § 310 Abs. 4 Satz 1 BGB integriert[2], so dass es bei der Überprüfung anhand der §§ 305–310 BGB bleibt. Werden allerdings durch eine Klausel kirchlich-diakonische Arbeitsvertragsregelungen dynamisch in Bezug genommen, die von einer paritätisch mit weisungsunabhängigen Mitgliedern besetzten Arbeits- und Dienstrechtlichen Kommission ordnungsgemäß beschlossen wurden (sog. **„Dritter Weg"**), unterliegen sie wie Tarifverträge einer eingeschränkten gerichtlichen Kontrolle und sind nur dahingehend zu überprüfen, ob sie gegen die Verfassung, anderes höherrangiges zwingendes Recht oder die guten Sitten verstoßen, denn durch das Verfahren des Dritten Weges ist gewährleistet, dass die Arbeitgeberseite ihre Interessen nicht einseitig durchsetzen kann[3].

III. Allgemeine Vorschriften

1. Vorrang der Individualabrede

Nach § 305b BGB besteht ein Vorrang der Individualabrede. AGB liegen damit nicht vor, soweit die Vertragsbedingungen zwischen den Vertragsparteien im Einzelnen ausgehandelt sind (vgl. § 305 Abs. 1 Satz 3 BGB)[4]. Für die Annahme einer individuell ausgehandelten Vertragsbedingung ist es erforderlich, dass der Verwender seine AGB **inhaltlich zur Disposition stellt** und dem Vertragspartner die Möglichkeit einräumt, die Vertragsgestaltung zu beeinflussen[5]. Insbesondere ist dem Verwendungsgegner Gestaltungsfreiheit zur Wahrung seiner Interessen einzuräumen[6]. Bleibt es nach gründlicher Erörterung bei dem vorformulierten Text, weil der Betroffene von der sachlichen Notwendigkeit überzeugt ist, kann der Vertrag als das Ergebnis eines Aushandelns gewertet werden. Voraussetzung dafür ist aber, dass sich der Verwender deutlich und ernsthaft zu gewünschten Änderungen der zu treffenden Vereinbarung bereit erklärt und dass dies dem Verwendungsgegner bei Abschluss des Vertrages bewusst war[7]. Im Streitfall muss der Verwender nach den Grundsätzen der abgestuften Darlegungslast den Vortrag des Arbeitnehmers, er habe keine Einflussmöglichkeit ge-

---

1 Ausführlich dazu: *Wisskirchen/Stühm*, S. 15 f., 19.
2 Vgl. BAG 17.11.2005 – 6 AZR 160/05, NZA 2006, 872; 26.1.2005 – 4 AZR 171/03, NZA 2005, 432; 8.6.2006 – 4 AZR 412/04, ZMV 2006, 96.
3 Dies gilt unabhängig davon, ob kirchlich-diakonische Arbeitsvertragsregelungen einschlägige tarifvertragliche Regelungen ganz oder mit im Wesentlichen gleichen Inhalten übernehmen; vgl. BAG 28.6.2012 – 6 AZR 217/11; 12.12.2012 – 4 AZR 65/11; 19.4.2012 – 6 AZR 677/10, ZTR 2012, 468; 25.11.2009 – 10 AZR 779/08, NZA 2010, 283; 10.12.2008 – 4 AZR 801/07, NZA-RR 2010, 7; 22.7.2010 – 6 AZR 847/07; *Mohme*, InfoA 2009, 317; *Richardi*, NZA 2012, 1393.
4 Vgl. auch BGH 19.5.2005 – III ZR 437/04: Ist der Text nicht leicht verständlich, so muss der Sinn der Regelung bei einem „Aushandeln" wirklich vom Arbeitnehmer erfasst werden.
5 Vgl. BGH 27.4.1988 – VIII ZR 84/87, DB 1988, 1540; 10.10.1991 – VII ZR 289/90, NJW 1992, 1107 f.; 25.6.1992 – VII ZR 128/91, NJW 1992, 2760; 3.11.1999 – VIII ZR 269/98, NJW 2000, 1111.
6 BAG 12.12.2013 – 8 AZR 829/12; vgl. auch *Müller*, ArbR 2014, 182; nicht ausreichend nach LAG Hamm 13.12.2012 – 11 Sa 1206/12 ist das Vorlesen des Vertragstextes durch den Arbeitgeber und das „Abnicken" durch den Arbeitnehmer; aus der bloßen Überschrift „Sonstige Vereinbarungen" kann nicht geschlossen werden, dass sie individuell ausgehandelt ist, LAG Rh.-Pf. 22.1.2014 – 7 Sa 334/13.
7 Vgl. BAG 25.5.2005 – 5 AZR 572/04, NZA 2005, 1111; BGH 3.4.1998 – V ZR 6/97, NJW 1998, 2600; 3.11.1999 – VIII ZR 269/98, BB 2000, 323; vgl. auch LAG Rh.-Pf. 26.8.2014 – 6 Sa 84/14.

habt, qualifiziert bestreiten, indem er konkret darlegt, wie er Klauseln zur Disposition gestellt hat und aus welchen Umständen darauf geschlossen werden kann, der Verwendungsgegner habe die Klausel freiwillig akzeptiert[1].

Nach Ansicht des BAG können auch schon vor Abschluss eines Formulararbeitsvertrags getroffene mündliche Abreden Vorrang vor den sodann vorformulierten Vertragsbedingungen haben[2].

18 ◯ **Hinweis:** Es steht dem Arbeitgeber frei, mit jedem Mitarbeiter individuelle Vereinbarungen zu treffen und diese als Anlage zu dem Arbeitsvertrag zu nehmen. Damit könnten bestimmte Vertragsbestandteile oder Arbeitsvertragsbedingungen gesondert geregelt werden, deren Wirksamkeit im Hinblick auf die Anwendbarkeit der AGB-Vorschriften in Zweifel steht. Allerdings entfällt der individuelle Charakter einer solchen Abrede, sobald sie mit gleichem Wortlaut mit der Mehrzahl der Arbeitnehmer vereinbart werden. Als Möglichkeit bietet sich daher allenfalls an, ohne Verwendung vorformulierter Erklärungen Vertragsbestandteile in einer Sondervereinbarung zu regeln, wobei diese sich von den vorformulierten Arbeitsvertragsbedingungen unterscheiden muss und sprachlich so gestaltet werden sollte, dass sie dem Charakter einer Individualvereinbarung unter Berücksichtigung der Wünsche des Arbeitnehmers Rechnung trägt.

19 In Arbeitsverträgen finden sich vielfach **Schriftformklauseln**, um zu verhindern, dass die Vertragsbedingungen durch mündliche Individualabreden zwischen den Parteien geändert werden können. Änderungen und Ergänzungen des Vertrages bedürfen danach der Schriftform. Bei solchen Klauseln handelt es sich regelmäßig um AGB, weil sie vorformuliert in einer Vielzahl von Verträgen verwendet werden. Bereits in der Vergangenheit hatte das BAG jedoch den Grundsatz des Vorrangs der Individualabrede als allgemeinen Rechtsgrundsatz anerkannt[3]. Mit der Anwendbarkeit der AGB-Vorschriften auf das Arbeitsrecht ergibt sich dies nunmehr unmittelbar aus dem Gesetz (vgl. § 305b BGB).

20 ◯ **Hinweis:** Schriftformklauseln, wonach Änderungen oder Ergänzungen des Arbeitsvertrages der Schriftform bedürfen, sind in AGB ohne rechtliche Wirkung. Stets zu beachten ist, dass sich der Verwender einer unwirksamen Schriftformklausel gegenüber dem Vertragspartner nicht auf die Unwirksamkeit der Klausel berufen kann, da die Inhaltskontrolle einen Ausgleich für die einseitige Inanspruchnahme der Vertragsfreiheit durch den Klauselverwender schafft[4].

Dies gilt auch für solche Schriftformklauseln, die für die Abänderung oder Aufhebung der Schriftform selbst eine Schriftform erfordern, da eine sog. **doppelte Schriftformklausel** es dem Vertragspartner erschwert, sich auf mündliche Vereinbarungen zu berufen[5]. Eine nach dem Gesetzeszweck vorrangige Individualabrede kann einerseits nicht durch derartige Formularklauseln in AGB außer Kraft gesetzt werden[6]. Allenfalls besteht die Möglichkeit der Vereinbarung der Schriftform in einer Individualabrede. Andererseits stellte das BAG klar, dass es den Anwendungsbereich der doppelten Schriftformklausel für einen möglichen Ausschluss einer betrieblichen Übung oder einer Konkretisierung des Arbeitsvertrages erhalten will[7].

---

1 Vgl. BAG 25.5.2005 – 5 AZR 572/04, NZA 2005, 1111; 19.5.2010 – 5 AZR 253/09; 12.12.2013 – 8 AZR 829/12; LAG Rh.-Pf. 22.1.2014 – 7 Sa 334/13.
2 Vgl. BAG 23.5.2007 – 10 AZR 295/06, NZA 2007, 940.
3 Vgl. BAG 30.11.1994 – 5 AZR 702/93, AP Nr. 16 zu § 4 TVG; 14.9.2011 – 10 AZR 526/10, NZA 2012, 81; 20.5.2008 – 9 AZR 382/07, NZA 2008, 1233.
4 BAG 27.10.2005 – 8 AZR 3/05; LAG Köln 21.8.2013 – 11 Sa 171/13; 29.2.2012 – 9 Sa 1464/11.
5 Vgl. BAG 20.5.2008 – 9 AZR 382/07, BB 2008, 2242 ff.; LAG Köln 21.8.2013 – 11 Sa 171/13; LAG Düsseldorf 13.4.2007 – 9 Sa 143/07, NZA-RR 2007, 455; dazu: *Karlsfeld*, ArbRB 2008, 222 f.; *Sutschet*, RdA 2009, 386 ff.
6 So auch *Salamon*, RdA 2011, 266 f.; *Söhl*, ArbR 2014, 166.
7 Vgl. BAG 20.5.2008 – 9 AZR 382/07, BB 2008, 2242 ff.; so auch schon LAG Düsseldorf 13.4.2007 – 9 Sa 143/07, NZA-RR 2007, 455; LAG Schl.-Holst. 23.5.2013 – 5 Sa 375/12; vgl. auch

2. Abweichung oder Ergänzung von Rechtsvorschriften

Eine gerichtliche Inhaltskontrolle der AGB in Arbeitsverträgen kann nur erfolgen, soweit diese von Rechtsvorschriften abweichende oder ergänzende Regelungen enthalten (vgl. § 307 Abs. 3 BGB). Der Begriff „Rechtsvorschriften" ist materiell-rechtlich zu verstehen, dh. neben dem geschriebenen Recht in formellen Gesetzen und Rechtsverordnungen werden insbesondere anerkannte Rechtsgrundsätze der Rechtsprechung erfasst[1]. Tarifverträge und Betriebs- bzw. Dienstvereinbarungen werden diesen Rechtsvorschriften gleichgesetzt (vgl. § 310 Abs. 4 Satz 3 BGB).

21

⊃ **Hinweis:** Soweit die AGB eine Wiedergabe von Gesetzen und Rechtsvorschriften enthalten, findet hinsichtlich dieser keine Inhaltskontrolle statt, da an die Stelle solcher deklaratorischen Inhalte ohnehin die gesetzlichen Regelungen treten würden, die aber der Kontrolle und Verwerfung durch die Gerichte entzogen sind.

22

Das Risiko der Feststellung der Unwirksamkeit von AGB in Arbeitsverträgen im Rahmen einer Inhaltskontrolle lässt sich unter Berücksichtigung von § 307 Abs. 3 BGB verringern, wenn die Vertragsklauseln lediglich **anerkannte Rechtsgrundsätze der Rechtsprechung** wiederholen. Beabsichtigt der Arbeitgeber dagegen, von den gesetzlichen Regelungen abzuweichen, kann er diese Regelungen in Betriebsvereinbarungen treffen oder aber ausdrücklich auf Tarifverträge verweisen, da diese dann nicht der Inhaltskontrolle der AGB nach den §§ 305 ff. BGB unterliegen.

23

3. Überraschende Klauseln

AGB werden nicht Vertragsbestandteil, wenn diese nach den Umständen so ungewöhnlich sind, dass der Vertragspartner des Verwenders nicht damit zu rechnen braucht (vgl. § 305c Abs. 1 BGB). Ihnen muss ein „**Überrumpelungs- oder Übertölpelungseffekt**" zukommen[2]. Zwischen den durch die Umstände beim Vertragsschluss begründeten Erwartungen und dem tatsächlichen Vertragsinhalt muss ein deutlicher Widerspruch bestehen[3]. Dies beurteilt sich nach den durchschnittlichen Erkenntnismöglichkeiten eines Arbeitnehmers[4]. Daneben ist es erforderlich, dass die Vertragsklausel nach den Gesamtumständen objektiv als außergewöhnlich zu qualifizieren ist. Dies kann sich zB aus der äußeren Vertragsgestaltung[5], einer Unvereinbarkeit mit dem gesetzlichen Leitbild des Vertrages[6], der Positionierung der Klausel[7] oder einer erheblichen Abweichung vom dispositiven Recht[8] ergeben. Bereits vor Inkraft-

24

LAG Nds. 20.12.2013 – 6 Sa 392/13, wonach die nur einfache Schriftformklausel im hiesigen Fall das Entstehen einer betrieblichen Übung nicht verhindern konnte; vgl. auch *Schramm/Kröpelin*, DB 2008, 2362; *Bauer*, BB 2009, 1588 ff. Nach LAG Hess. 10.4.2008 – 14 Sa 1580/07, AE 2009, 194 und LAG Rh.-Pf. 17.11.2010 – 8 Sa 346/10 kann sich der Arbeitnehmer trotz deren Unwirksamkeit auf die Schriftformklausel berufen, da die Kontrolle nicht dem Schutz des Arbeitgebers dient; vgl. zu den Auswirkungen von (unwirksamen) Schriftformklauseln auf die Sozialauswahl: *Salamon*, RdA 2011, 266.

1 Vgl. BAG 21.6.2011 – 9 AZR 203/10; LAG Hamburg 28.1.2009 – 5 Sa 69/08; LAG Hamm 3.3.2009 – 14 Sa 445/08; LAG Bln.-Bbg. 15.4.2010 – 25 Sa 2735/09; BGH 6.2.1985 – VIII ZR 61/84, BB 1985, 1153.
2 Vgl. BAG 29.11.1995 – 5 AZR 447/94, NZA 1996, 703; LAG Berlin 18.1.1993 – 12 Sa 120/92, AiB 1993, 572.
3 BAG 21.6.2011 – 9 AZR 203/10.
4 Vgl. Palandt/*Grüneberg*, § 305c BGB Rz. 4; nach BAG 19.3.2014 – 5 AZR 252/12 ist eine Regelung nicht deshalb überraschend, weil der Arbeitnehmer der deutschen Sprache nicht (ausreichend) mächtig ist; Das Sprachrisiko liegt beim Arbeitnehmer: *Gerstner*, ArbR 2014, 360.
5 BAG 29.8.2012 – 10 AZR 385/11.
6 Vgl. BGH 22.12.1992 – VI ZR 341/91, NJW 1993, 779.
7 LAG Bln.-Bbg. 15.1.2013 – 16 Sa 1829/12.
8 Vgl. BGH 8.5.1987 – V ZR 89/86, NJW 1987, 2228.

treten der §§ 305 ff. BGB untersuchte das BAG Arbeitsverträge auf überraschende Klauseln[1].

a) Nachvertragliches Wettbewerbsverbot

25 Auch nach der Schuldrechtsreform stellt ein vertraglich vereinbartes nachvertragliches Wettbewerbsverbot, insbesondere bei **Führungskräften** oder **Organmitgliedern**, keine überraschende Klausel dar[2]. Dies gilt nach Auffassung des BAG selbst dann, wenn das nachvertragliche Wettbewerbsverbot so ausgestaltet ist, dass es im Hinblick auf dessen Inkrafttreten aufschiebend bedingt wurde und erst nach einer zweijährigen Laufzeit des Vertrages verbindlich werden sollte.

26 Ob dies ebenfalls für **„normale" Arbeitnehmer** gilt, muss bezweifelt werden, da die Vereinbarung eines nachvertraglichen Wettbewerbsverbots bei diesen Beschäftigten unüblich ist und demnach für den einzelnen Arbeitnehmer ohne drucktechnische Hervorhebung durchaus überraschend sein kann[3].

27 Dennoch ist selbst bei der Annahme des überraschenden Charakters eines Wettbewerbsverbotes nicht automatisch davon auszugehen, dass die Klausel nicht Bestandteil des Arbeitsvertrages wird. Der Arbeitgeber kann sich als Verwender nicht auf die Unwirksamkeit seiner eigenen AGB berufen[4]. Dies bedeutet bei einem nachvertraglichen Wettbewerbsverbot, dass dem Arbeitnehmer ein **Wahlrecht** einzuräumen ist, ob er nach der Kündigung des Arbeitsvertrages die Zahlung der Karenzentschädigung für seine Untätigkeit infolge des nachvertraglichen Wettbewerbsverbotes in Anspruch nimmt oder sich beruflich bei einem anderen Arbeitgeber erneut betätigt, ohne dass er durch das Wettbewerbsverbot daran gehindert wäre[5]. Zum nachvertraglichen Wettbewerbsverbot im Einzelnen s. Teil 2 F.

28 ⇨ **Hinweis:** Ein arbeitsvertragliches Wettbewerbsverbot sollte im Arbeitsvertrag **drucktechnisch besonders hervorgehoben** werden[6]. Die Vereinbarung eines Wettbewerbsverbotes unter einer aufschiebenden Bedingung[7], wie bspw.: „Das Wettbewerbsverbot tritt erst nach einem Jahr der Betriebszugehörigkeit in Kraft" dürfte in der Praxis oft zweckmäßig sein, da der Arbeitnehmer innerhalb einer kurzen Zeitspanne noch wenig Know-how erworben hat und der Arbeitgeber bis zu diesem Zeitpunkt kein Interesse an der Durchsetzung eines Wettbewerbsverbotes hat[8].

b) Altersgrenzen

29 Die Vereinbarung über die Beendigung des Arbeitsverhältnisses durch eine Altersgrenze stellt zumindest **keine überraschende Regelung** iSv. § 305c BGB dar[9]. Die Gel-

---

1 Vgl. BAG 29.11.1995 – 5 AZR 447/94, NZA 1996, 703; vgl. BAG 23.10.2013 – 5 AZR 556/12 für eine Ausschlussklausel, die drucktechnisch nicht hervorgehoben war; 31.8.2005 – 5 AZR 545/04 für einen Arbeitsvertrag, der aus 19 Paragraphen bestand und in dem die Ausschlussklausel sich unter den „Schlussbestimmungen" befand; 29.11.1995 – 5 AZR 447/94, NZA 1996, 702 f.; vgl. auch *Lakies*, ArbR 2013, 318.
2 Vgl. BAG 13.7.2005 – 10 AZR 532/04, DB 2005, 2415 für einen technischen Leiter; vgl. *Koch*, RdA 2006, 28; LAG Köln 28.5.2010 – 10 Sa 162/10.
3 Vgl. *Bauer/Diller*, NJW 2002, 1614.
4 Vgl. BGH 4.12.1986 – VII ZR 354/85, NJW 1987, 838.
5 Vgl. *Bauer/Diller*, NJW 2002, 1614; zu einer mehrdeutigen Bestimmung der Karenzentschädigung LAG Hamm 23.3.2010 – 14 SaGa 68/09, ArbR 2010, 352.
6 So auch *Straube*, BB 2013, 117.
7 Vgl. BAG 13.7.2005 – 10 AZR 532/04, DB 2005, 2415.
8 Vgl. *Hunold*, NZA-RR 2006, 113; *Schrader/Schubert*, NZA-RR 2005, 229.
9 Vgl. BAG 27.7.2005 – 7 AZR 443/04, NZA 2006, 37.

tung einer einheitlichen Altersgrenze innerhalb eines Unternehmens ist nicht unüblich, so dass der Arbeitnehmer damit rechnen muss[1].

Ob eine solche Klausel im Arbeitsvertrag ausdrücklich hervorgehoben werden muss, hat das BAG offen gelassen[2]. Ausreichend ist aber die Erwähnung in dem Abschnitt des Arbeitsvertrages „Beendigung des Arbeitsverhältnisses"; der Arbeitnehmer muss an dieser Stelle mit einer solchen Klausel rechnen[3].

In Tarifverträgen und Betriebsvereinbarungen[4] sind Altersgrenzenregelungen in aller Regel wirksam.

c) Verweisungsklauseln

Eine überraschende Klausel kann in einer arbeitsvertraglichen Verweisung auf einen Tarifvertrag liegen. Dies muss jedenfalls dann gelten, wenn dieser sachlich für das Unternehmen nicht einschlägig ist und der Arbeitnehmer nicht mit einer Verweisung auf diesen Tarifvertrag rechnen musste[5]. Eine überraschende Klausel kann jedoch auch dann vorliegen, wenn die Anwendbarkeit einzelner Tarifverträge ausgeschlossen wird[6]. Bei einer dynamischen Verweisung auf einschlägige Tarifverträge ist aufgrund der Üblich- und Häufigkeit ein Überraschungseffekt in der Regel ausgeschlossen[7]. 30

Die konkreten Umstände bei Abschluss des Arbeitsvertrages können dabei für die Beurteilung der Frage, ob eine überraschende Klausel iSv. § 305c Abs. 1 BGB vorliegt, stets von Bedeutung sein. Ein deutlicher Hinweis durch **drucktechnische Hervorhebung** dürfte allerdings ausreichend sein, um den notwendigen Überraschungseffekt auszuschließen, da den Vertragspartnern die Anwendung eines sachfremden oder nachwirkenden Tarifvertrages ansonsten unangemessen erschwert werden würde. Gleiches muss auch für den Ausschluss einzelner Tarifverträge gelten. 31

d) Doppelbefristung

Das BAG[8] hat eine überraschende Klausel angenommen, wenn eine Vertragsbestimmung neben einer durch Fettdruck und vergrößerte Schrift optisch hervorgehobenen Befristung für die Dauer eines Jahres im folgenden Text ohne besondere Hervorhebung eine weitere Befristung zum Ablauf der sechsmonatigen Probezeit vorsieht. Auf eine derartige Doppelbefristung muss wegen ihres ungewöhnlichen Charakters regelmäßig bereits besonders hingewiesen werden[9]. Die Befristung zum Ablauf der 32

---

1 Vgl. BAG 27.7.2005 – 7 AZR 443/04, NZA 2006, 37; LAG Nds. 20.6.2007 – 15 Sa 1257/06, AE 2009, 196.
2 Nicht abschließend geklärt ist im Übrigen, ob derartige Klauseln in Arbeitsverträgen wegen der damit verbundenen Altersdiskriminierung überhaupt noch zulässig sind, vgl. dazu *Bahnsen*, NJW 2008, 407 ff.; dies bejahen *Bauer/von Medem*, NZA 2012, 947 f.; *Bayreuther*, NJW 2012, 2761; *Bissels/Dietrich*, AuA Sonderheft 2008 „Personalplanung", 74 ff.; ebenso *Wisskirchen/Bissels*, S. 176 f.; s.a. BAG 16.10.2008 – 7 AZR 253/07, DB 2009, 850. Der EuGH hat diese Wertung in einem schwedischen Fall bestätigt: Wirksamkeit eines Kündigungsrechts des Arbeitgebers bei Erreichen der Regelaltersgrenze von 67 Jahren, EuGH 5.7.2012 – Rs. C-141/11, NZA 2012, 785.
3 Vgl. BAG 27.7.2005 – 7 AZR 443/04, NZA 2006, 37.
4 BAG 5.3.2013 – 1 AZR 417/12, NZA 2013, 916.
5 Vgl. *Gotthardt*, ZIP 2002, 280 f.
6 Vgl. BAG 9.5.2007 – 4 AZR 319/06, DB 2008, 874.
7 BAG 23.7.2014 – 7 AZR 771/12; LAG Hamm 11.10.2013 – 1 Sa 1006/13.
8 Vgl. BAG 16.4.2008 – 7 AZR 132/07, NZA 2008, 876; vgl. auch LAG Rh.-Pf. 1.12.2011 – 2 Sa 478/11, AE 2012, 108: intransparente Gestaltung einer Doppelbefristung; dazu auch LAG Hess. 13.12.2012 – 11 Sa 1206/12.
9 BAG 16.4.2008 – 7 AZR 132/07, NZA 2008, 876; dazu auch LAG Rh.-Pf. 19.2.2009 – 10 Sa 705/08; *Ulrici*, jurisPR-ArbR 24/2009 Anm. 4.

Probezeit wurde daher nicht Vertragsbestandteil und führte nicht zur Beendigung des Arbeitsverhältnisses.

e) Verlängerung der Kündigungsfristen

32a Nach Ansicht des BAG[1] ist eine in einem Formulararbeitsvertrag vereinbarte Verlängerung der Kündigungsfristen für den Arbeitnehmer, nach der nach Ablauf der Probezeit das Arbeitsverhältnis beiderseits unter Einhaltung der Fristen von § 622 Abs. 2 BGB gekündigt werden kann, nicht überraschend; eine derartige Vertragsgestaltung ist im Arbeitsleben üblich. Das Gesetz (§ 622 Abs. 5 Satz 3 BGB) sieht diese darüber hinaus ausdrücklich vor[2].

f) Dienstwagen

32b Eine Klausel, nach der der Arbeitnehmer bei der Beendigung des Arbeitsverhältnisses auf seine Veranlassung verpflichtet ist, den Leasingvertrag über das von ihm genutzte Firmenfahrzeug bei seinem neuen Arbeitgeber einzubringen, bei dem bisherigen Arbeitgeber einen Mitarbeiter zu finden, der firmenwagenberechtigt ist und sein Fahrzeug übernehmen möchte, oder den Leasingvertrag auf eigene Kosten aufzulösen[3], benachteiligt nach Ansicht des LAG Köln[4] den Beschäftigten unangemessen[5] und stellt eine überraschende Bestimmung iSv. § 305c Abs. 1 BGB dar. Eine derartige Regelung, die dem Arbeitnehmer Pflichten auferlegt, die er allein gar nicht erfüllen kann, sondern für die er stets auf die freiwillige Mitwirkung eines Dritten angewiesen ist und die ihm letztlich allein die Lasten der Beendigung des Anstellungsverhältnisses in Bezug auf den Firmenwagen auferlegt, ist eine so ungewöhnliche und gravierende Bestimmung, dass sie nicht ohne Hervorhebung im Arbeitsvertrag „versteckt" werden darf.

32c ⇨ **Hinweis:** Um eine Unwirksamkeit von Klauseln aufgrund ihres Überraschungscharakters zu vermeiden, empfiehlt es sich, die vertraglichen Bestimmungen klar zu gliedern und diese durch Überschriften genau zu bezeichnen. Außergewöhnliche Abweichungen von dispositiven Gesetzesvorschriften sind besonders kenntlich zu machen und sollten bei umfangreicheren Vertragswerken möglicherweise schon zu Beginn des Vertragstextes Erwähnung finden. Weiterhin sollten diese Abweichungen klar und eindeutig formuliert sein. Es ist anzuraten, diese **drucktechnisch besonders kenntlich** zu machen, um dem Eindruck entgegenzuwirken, dass der Arbeitgeber die betreffenden Klauseln durch eine einheitliche äußere Gestaltung im Vertrag „verbergen" möchte.

4. Mehrdeutige Klauseln

33 Unwirksam sind mehrdeutige Klauseln, § 305c Abs. 2 BGB. Zweifel bei der Auslegung von AGB gehen zu Lasten des Verwenders, der allein dafür Sorge zu tragen hat, dass die AGB unmissverständlich und eindeutig abgefasst sind. Die **Unklarhei-**

---

1 BAG 28.5.2009 – 8 AZR 896/07, ZMV 2010, 51; dazu *Bissels*, jurisPR-ArbR 47/2009 Anm. 6.
2 Vgl. auch BAG 25.9.2008 – 8 AZR 717/07 zu abweichend von der gesetzlichen Reglung festgelegten Kündigungsterminen; Vereinbarung einer Kündigungsfrist von 18 Monaten zum Monatsende bei einem Leiter Einkauf International einer Supermarktkette zulässig, vgl. ArbG Heilbronn 8.5.2012 – 5 Ca 307/11.
3 Dazu *Chwalisz*, ArbR 2011, 627.
4 Vgl. LAG Köln 19.6.2009 – 4 Sa 901/08, AuA 2009, 611; dazu auch *Chwalisz*, ArbR 2011, 627f.
5 So auch ArbG Chemnitz 2.2.2006 – 11 Ca 4455/05; LAG Köln 10.3.2008 – 14 Sa 1331/07; LAG Düsseldorf 8.7.2011 – 10 Sa 108/11; LAG Bln.-Bbg. 5.12.2007 – 21 Sa 1770/07; aA ArbG München 10.5.2007 – 30 Ca 16717/06; LAG Hess. 14.10.2005 – 12 Sa 2008/04, wenn das Dienstfahrzeug auf Wunsch des Arbeitnehmers angeschafft wurde, obwohl es als Betriebsmittel nicht erforderlich war; zur Unwirksamkeit einer entsprechenden Betriebsvereinbarung: ArbG Darmstadt 29.10.2008 – 1 Ca 189/08.

tenregel des § 305c Abs. 2 BGB greift nach Auffassung des BAG[1] bei der Auslegung von AGB ein, wenn nach Ausschöpfung der anerkannten Auslegungsmethoden nicht behebbare Zweifel bleiben und keine der Auslegungen den Vorzug verdient[2]. Allein eine notwendige Subsumtion oder Auslegung bedingt allerdings keine derartige Unklarheit[3]. **Verweist** ein Arbeitsvertrag für den Urlaub auf die Geltung **tariflicher Regelungen**, ist das regelmäßig als Bezug auf den gesamten tariflichen Regelungskomplex „Urlaub" zu verstehen[4].

5. Umgehungsverbot

Durch eine anderweitige Vertragsgestaltung dürfen die Vorschriften des BGB über AGB nicht umgangen werden (vgl. § 306a BGB). Die §§ 305 ff. BGB stellen **zwingendes Recht** dar, dessen Beachtung eine Partei nicht dadurch ausschalten kann, dass sie eine von Gesetzes wegen verbotene Regelung durch eine andere rechtliche Gestaltung zu erreichen versucht, die nur den Sinn hat, das gesetzliche Verbot zu umgehen[5]. 34

IV. Verbrauchereigenschaft

1. Arbeitnehmer

Die früher in der Literatur und der Instanzrechtsprechung umstrittene Frage, ob der Arbeitnehmer die Verbrauchereigenschaft iSv. § 13 BGB erfüllt und damit der Arbeitsvertrag einen Verbrauchervertrag (vgl. § 310 Abs. 3 BGB) darstellt, haben das BAG[6] und das BVerfG[7] inzwischen bejaht[8]; danach steht für die Praxis fest, dass der Arbeitnehmer jedenfalls beim **Abschluss eines Arbeitsvertrages** als Verbraucher iSv. § 13 BGB anzusehen ist. Dies hat zur Folge, dass AGB als vom Unternehmer gestellt gelten, wenn sie nicht durch den Verbraucher in den Vertrag eingeführt worden sind (vgl. § 310 Abs. 3 Nr. 1 BGB). Es findet eine Inhaltskontrolle schon bei nur einmaliger Verwendung der AGB statt, soweit der Verbraucher aufgrund der Vorformulierung auf ihren Inhalt keinen Einfluss nehmen konnte (vgl. § 310 Abs. 3 Nr. 2 BGB). Bei der Beurteilung der unangemessenen Benachteiligung sind im Rahmen von Verbraucherverträgen auch die den Vertragsschluss begleitenden Umstände zu berücksichtigen (vgl. § 310 Abs. 3 Nr. 3 BGB). 35

Das Gesetz (vgl. § 312 BGB) räumt einem Verbraucher ein Widerrufsrecht bei Haustürgeschäften ein und könnte vom Wortlaut einen **Aufhebungsvertrag**, der **am Arbeitsplatz** abgeschlossen worden ist, erfassen. Dies hat das BAG jedoch trotz der fest- 36

---

1 Vgl. BAG 20.1.2010 – 10 AZR 914/08, NZA 2010, 445; 10.12.2008 – 10 AZR 1/08, DB 2009, 684; 9.11.2005 – 5 AZR 128/05, NZA 2006, 202.
2 Vgl. LAG Bln.-Bbg. 24.4.2014 – 10 Sa 1966/13; dazu allgemeiner: LAG Hess. 14.5.2012 – 17 Sa 15/12.
3 Vgl. BAG 18.8.2009 – 9 AZR 482/08, NZA 2010, 503; dazu *Ebeling*, jurisPR-ArbR 19/2010 Anm. 5.
4 Vgl. BAG 17.1.2006 – 9 AZR 41/05, NZA 2006, 923; hierzu gehört auch zusätzliches tarifliches Urlaubsgeld; vgl. auch BAG unter Verneinung der Unklarheitenregel bei Verwendung zeitdynamischer Bezugnahmeklauseln: 10.7.2013 – 10 AZR 898/11; *Mävers*, ArbR 2013, 497.
5 Vgl. Palandt/*Grüneberg*, § 306a BGB Rz. 2, der als Beispiel den Fall anführt, dass der Verwender von AGB seinen Vertragspartner dazu veranlasst, die vom Verwender entworfenen Vertragsbedingungen ihm selbst zu stellen.
6 Vgl. BAG 12.12.2013 – 8 AZR 829/12; 11.12.2013 – 10 AZR 286/13; 28.5.2009 – 8 AZR 896/07 mwN; 25.5.2005 – 5 AZR 572/02, NZA 2005, 1111; 25.9.2008 – 8 AZR 717/07, NZA 2009, 370; 14.8.2007 – 8 AZR 973/06, NZA 2008, 170; zur Darlegungs- und Beweislast LAG Köln 12.6.2009 – 4 Sa 1169/08.
7 BVerfG 23.11.2006 – 1 BvR 1909/06, NZA 2007, 85.
8 Vgl. zum früheren Meinungsstreit *Tschöpe*, 8. Aufl., Teil 1 D Rz 3.

gestellten Verbrauchereigenschaft von Arbeitnehmern verneint[1]. Der Gesetzgeber hält nur in den Fällen einer atypischen situativen Vertragsanbahnung einen besonderen Schutz des Verbrauchers für erforderlich[2]. Der Abschluss einer arbeitsvertraglichen Beendigungsvereinbarung im Betrieb erfolgt aber für den Arbeitnehmer nicht an einem fremden Ort[3]. Es fehlt an dem situationstypischen Überraschungsmoment.

37 Eine den Anforderungen von § 355 Abs. 2 BGB entsprechende Belehrung über ein möglicherweise bestehendes Widerrufsrecht ist damit in den Aufhebungsvertrag nicht aufzunehmen. Gleiches gilt, wenn der Aufhebungsvertrag an einem anderen Ort als dem Arbeitsplatz geschlossen wurde, zB in einem Hotel.

Praktische Relevanz hat die Qualifizierung eines Arbeitnehmers als Verbraucher iSv. § 13 BGB zudem bei den **Verzugszinsen**. Der Zinssatz für Ansprüche aus dem Arbeitsverhältnis beträgt gem. § 288 Abs. 1 BGB fünf Prozentpunkte über dem jeweiligen Basiszinssatz[4].

2. Geschäftsführer

38 Diskutiert wurde auch über die Anwendung der AGB-Vorschriften auf den Geschäftsführerdienstvertrag. Das BAG[5] hat sich inzwischen der Rechtsprechung des BGH[6] angeschlossen und die Verbrauchereigenschaft des **Fremdgeschäftsführers** bestätigt. Weder der Abschluss des Anstellungsvertrages noch die Geschäftsführung einer Gesellschaft stellen eine gewerbliche oder selbständige Tätigkeit dar. Die Geschäftsführung einer Gesellschaft ist vielmehr als eine angestellte berufliche Tätigkeit anzusehen, wenn der Geschäftsführer mangels Weisungsfreiheit, der Ausübung der Tätigkeit im eigenen Namen, auf eigene Rechnung und im eigenen Verantwortungsbereich das wirtschaftliche Risiko der Tätigkeit nicht unmittelbar selbst trägt[7]. Hingegen ist dem **Gesellschaftergeschäftsführer** die Verbrauchereigenschaft abzusprechen, wenn er mehrheitlich oder zumindest mit einer Sperrminorität an der Gesellschaft beteiligt ist. Insoweit übt der Gesellschaftergeschäftsführer eine selbständige Tätigkeit aus[8].

V. Inhaltskontrolle der Allgemeinen Geschäftsbedingungen

1. Allgemeines

39 Gem. §§ 307–309 BGB ist eine dreistufige Inhaltskontrolle bei AGB vorzunehmen. Dabei bedingen **Klauselverbote ohne Wertungsmöglichkeit** an sich von vornherein die Unwirksamkeit der betreffenden vertraglichen Regelung (vgl. § 309 BGB). Dieser Grundsatz muss für Arbeitsverträge modifiziert (§ 310 Abs. 4 Satz 2 BGB). Die Gesetzesbegründung weist ausdrücklich darauf hin, dass die Klauselverbote ohne Wertungsmöglichkeit nach § 309 BGB bei Arbeitsverträgen nicht uneingeschränkt zur Anwendung kommen, sondern den Bedürfnissen eines Arbeitsverhältnisses Rech-

---

1 Vgl. BAG 25.5.2005 – 5 AZR 572/04, NJW 2005, 3305; vgl. auch BAG 27.11.2003 – 2 AZR 135/03, NZA 2004, 597 ff.; LAG Rh.-Pf. 23.7.2003 – 9 Sa 444/03; LAG MV 29.1.2003 – 2 Sa 492/02, EzA-SD Nr. 9/2003, S. 8; LAG Hamm 9.10.2003 – 11 Sa 515/03, NZA-RR 2004, 242; LAG Köln 18.12.2002 – 8 Sa 979/02, DB 2003, 1467; *Pfaff*, FA 2004, 10f.; *Diringer*, AuA 2010, 277 f.; aA ArbG Berlin 2.4.2003 – 31 Ca 33694/02, ZInsO 2003, 820.
2 Vgl. BAG 27.11.2003 – 2 AZR 135/03, NZA 2004, 597 ff.; LAG Hamm 1.4.2003 – 19 Sa 1901/02, NZA-RR 2003, 401.
3 Vgl. BAG 27.11.2003 – 2 AZR 135/03, NZA 2004, 597 ff.; LAG Hamm 1.4.2003 – 19 Sa 1901/02, NZA-RR 2003, 401.
4 Vgl. BAG 23.2.2005 – 10 AZR 602/03, FA 2005, 215.
5 Vgl. BAG 19.5.2010 – 5 AZR 253/09, NZA 2010, 939; LAG Schl.-Holst. 21.12.2009 – 3 Sa 255/09; *Ley*, BB 2010, 2441 ff.; *Arnold*, ArbR 2010, 423; *Ginal*, GWR 2014, 408.
6 Vgl. BGH 24.7.2007 – XI ZR 208/06, BB 2007, 2141.
7 So ausdrücklich BAG 19.5.2010 – 5 AZR 253/09, NZA 2010, 939.
8 Vgl. *Hümmerich*, NZA 2006, 712; *Schmitt-Rolfes*, FS Hromadka, 2008, S. 396.

nung tragen sollen[1]. Bei **Klauselverboten mit Wertungsmöglichkeit** nach § 308 BGB erfordert die Feststellung der Unwirksamkeit von Vertragsbedingungen eine vorherige Wertung durch das entscheidende Gericht[2]. Die **Angemessenheitskontrolle** nach § 307 BGB stellt schließlich einen Auffangtatbestand dar, der in Form einer Generalklausel diejenigen Vertragsbedingungen als unwirksam qualifiziert, die den Vertragspartner unangemessen benachteiligen.

2. Klauselverbote ohne Wertungsmöglichkeit gem. § 309 BGB

Für die Gestaltung von Arbeitsverträgen durch AGB sind besonders folgende Vorschriften im Rahmen der Aufzählung von § 309 BGB beachtlich: 40

a) Leistungsverweigerungs-/Zurückbehaltungsrecht

Ein **Leistungsverweigerungsrecht** des Arbeitnehmers kann bei unzumutbaren Arbeitsbedingungen, zB bei Verstößen des Arbeitgebers gegen arbeitsschutzrechtliche Bestimmungen[3] oder die Fürsorgepflicht, bestehen. Eine Bestimmung, die das Leistungsverweigerungsrecht des Arbeitnehmers nach § 320 BGB beschränkt oder ausschließt, ist nach § 309 Nr. 2 lit. a BGB unzulässig. 41

Nach § 309 Nr. 2 lit. b BGB sind AGB unwirksam, soweit durch eine Vertragsbedingung ein **Zurückbehaltungsrecht** des Vertragspartners, das gegenüber dem Verwender besteht und auf demselben Vertragsverhältnis beruht, ausgeschlossen oder eingeschränkt wird. In der arbeitsvertraglichen Praxis fanden sich bisher Klauseln, nach denen der Arbeitnehmer bei Beendigung des Arbeitsverhältnisses keine Zurückbehaltungsrechte gegenüber dem Arbeitgeber geltend machen kann, selbst wenn der Arbeitgeber arbeitsvertragliche Ansprüche des Arbeitnehmers noch nicht erfüllt hat. Aufgrund der Regelung in § 309 Nr. 2 lit. b BGB dürften derartige Vertragsklauseln in dieser umfassenden Form grundsätzlich nicht zulässig sein[4]. Wenn ein Interesse an einem wirksamen Ausschluss der Zurückbehaltungsrechte gegeben ist, muss dies durch Individualabrede geschehen. Ob die Rechtsprechung aufgrund der Besonderheiten des Arbeitsrechts Ausnahmen zulässt, wenn der Arbeitgeber ein auf den arbeitsvertraglichen Bindungen beruhendes besonderes Interesse an einem Ausschluss eines Zurückbehaltungsrechts geltend machen kann, ist derzeit noch nicht abzusehen[5]. 42

In vielen Fällen ist der Ausschluss von Zurückbehaltungsrechten wegen der Gegenstände und Unterlagen des Arbeitgebers aber rein deklaratorischer Natur und hat keine rechtlichen Konsequenzen, da der Arbeitnehmer bereits **kraft Gesetzes zur Rückgabe verpflichtet** ist. An **Warenbeständen, Arbeitsgeräten und Unterlagen** hat der Mitarbeiter keinen rechtlichen Eigenbesitz nach § 872 BGB, sondern ist regelmäßig nur Besitzdiener des Arbeitgebers gem. § 855 BGB. Gibt der Arbeitnehmer die Gegenstände nicht heraus, verschafft er sich den Eigenbesitz durch verbotene Eigenmacht mit der Folge, dass ein Zurückbehaltungsrecht von vornherein ausscheidet und der Mitarbeiter darüber hinaus zu Nutzungs- und Schadensersatz sowie zur Herausgabe verpflichtet ist (vgl. § 861 Abs. 1 BGB). 43

---

1 Vgl. BT-Drucks. 14/6857, 54; der Gesetzgeber räumt damit den Arbeitsgerichten auch im Rahmen von § 309 BGB einen „Ermessensspielraum" ein.
2 Vgl. Palandt/*Grüneberg*, § 308 BGB Rz. 1.
3 Vgl. ArbG Wiesbaden 1.6.1989 – 5 Ca 426/89, NZA 1990, 275.
4 So auch *Gotthardt*, ZIP 2002, 283; ErfK/*Preis*, §§ 305–310 BGB Rz. 102.
5 Zulässig dürfte ein Ausschluss sein, wenn der Arbeitnehmer Betriebsgeheimnisse besitzt und die Gefahr des Missbrauchs besteht, vgl. *Annuß*, BB 2002, 463, oder wenn der Arbeitgeber auf einen Dienstwagen zwingend angewiesen ist.

44 Dies gilt jedoch nicht, wenn der Arbeitnehmer einen **Dienstwagen auch zur Privatnutzung** erhalten hat[1]. Zwar wäre ganz besonders hier der Ausschluss des Zurückbehaltungsrechts für den Arbeitgeber von großem Interesse, doch steht dem § 309 Nr. 2 lit. b BGB entgegen. Wurde dem Arbeitnehmer eine Privatnutzung gewährt, hat er einen Anspruch darauf, den Dienstwagen bis zum Beendigungszeitpunkt des Arbeitsverhältnisses zu nutzen[2]. Bedeutung hat dies insbesondere, wenn der Arbeitgeber eine fristgerechte Kündigung ausspricht und den Arbeitnehmer in der Kündigungsfrist von der Arbeitsverpflichtung freistellt. Dem Arbeitnehmer kann in diesem Fall ein Zurückbehaltungsrecht aufgrund bestehender Gegenansprüche zustehen. Zwar kann der Arbeitgeber eine einstweilige Verfügung auf Herausgabe beantragen, er muss dann aber darlegen, dass die Verweigerung zu einer Rechtsvereitelung oder -erschwerung führen könnte oder aus sonstigen Gründen dringend erforderlich ist (§§ 935, 940 ZPO)[3]. Entzieht der Arbeitgeber dem Arbeitnehmer rechtswidrig den Dienstwagen, ist er zum Schadensersatz verpflichtet[4].

45 Sofern die Privatnutzung des Dienstwagens nicht vereinbart ist, kann der Arbeitgeber diesen hingegen jederzeit herausverlangen. Es handelt sich dann um ein Arbeitsmittel, an dem der Arbeitnehmer kein Recht zum Besitz hat; er ist vielmehr nach § 855 BGB als Besitzdiener zu qualifizieren.

b) Aufrechnungsverbot

46 Die in den §§ 387 ff. BGB geregelte Aufrechnung ist grundsätzlich auch mit und gegenüber Ansprüchen aus dem Arbeitsvertrag zulässig. S. hierzu im Einzelnen Teil 2 A Rz. 588.

47 Ein klauselmäßiges **Aufrechnungsverbot** zu Lasten des Arbeitnehmers kann sinnvoll sein, um eine etwaige Verschleppung der Zahlung durch die Geltendmachung zweifelhafter Gegenansprüche zu unterbinden. Der von einem Aufrechnungsverbot betroffene Arbeitnehmer wird auf eine Klage des Arbeitgebers zur Zahlung ohne Rücksicht auf seine Gegenforderung verurteilt und muss ggf. einen zweiten Prozess anstrengen, um seine etwaigen Ansprüche durchzusetzen.

Das in § 309 Nr. 3 BGB geregelte Verbot einer Bestimmung, durch die dem Vertragspartner die Befugnis genommen wird, mit einer unbestrittenen, rechtskräftig festgestellten oder entscheidungsreifen Gegenforderung aufzurechnen, gilt jedoch auch im Arbeitsrecht. Besonderheiten, die dem entgegenstehen könnten, sind nicht ersichtlich. Formularmäßige Aufrechnungsverbote sind damit, sofern sie nicht den Voraussetzungen des § 309 Nr. 3 BGB entsprechen, unzulässig und unwirksam[5].

48 ⊃ **Hinweis:** Der Arbeitnehmer kann aber, trotz des formularmäßig in den Grenzen des § 309 Nr. 3 BGB vereinbarten Aufrechnungsausschlusses, ausnahmsweise aufrechnen, wenn seine Ansprüche aus einer vorsätzlichen unerlaubten Handlung oder einer Vertragsverletzung des Arbeitgebers resultieren[6].

---

1 Vgl. LAG Hamm 16.1.2009 – 10 Sa 1023/08, AuA 2009, 369: Arbeitnehmer ist im Hinblick auf die eingeräumte Privatnutzung zumindest auch mittelbarer Besitzer iSv. § 868 BGB.
2 Vgl. LAG Köln 5.11.2002 – 2 Ta 330/02, NZA-RR 2003, 300.
3 Vgl. LAG Köln 5.11.2002 – 2 Ta 330/02, NZA-RR 2003, 300: jedoch im Ergebnis kein Anspruch auf Herausgabe des Firmenfahrzeuges, da der Arbeitgeber selbst für Ersatz sorgen könnte; zur einstweiligen Verfügung auf Herausgabe auch LAG Köln 12.6.2007 – 9 SaGa 6/07, ArbuR 2008, 160; 21.3.2007 – 7 SaGa 3/07.
4 Der Arbeitgeber kann sich allerdings vorbehalten, die Nutzung des Dienstwagens zu widerrufen; Wirksamkeitsvoraussetzung für einen solchen Widerruf ist allerdings, dass die Klausel Sachgründe dafür benennt, vgl. BAG 19.12.2006 – 9 AZR 294/06, BB 2007, 1624 ff.; dazu auch mit Formulierungsvorschlag *Wisskirchen/Bissels*, S. 107 ff. und unten Rz. 76 ff.
5 Vgl. ErfK/*Preis*, §§ 305–310 BGB Rz. 79.
6 Vgl. Preis/*Stoffels*, Der Arbeitsvertrag, II A 110 Rz. 14.

c) Mahnung und Fristsetzung

Durch § 309 Nr. 4 BGB wird der Grundsatz, dass Verzug erst nach Mahnung eintritt, einer Änderung durch AGB entzogen. Die Norm findet zwar auch im Arbeitsrecht Anwendung, dürfte in ihrer praktischen Bedeutung aber gering sein, weil Verzug mit der Entgeltforderung ohnehin ohne Mahnung eintritt (§ 286 Abs. 2 Nr. 2 BGB). Im Übrigen kann im Arbeitsvertrag nicht auf das gesetzliche Erfordernis einer Mahnung oder einer Fristsetzung verzichtet werden. 49

d) Schadenspauschalisierungen

Siehe dazu Teil 2 J Rz. 52 ff. 50

Einstweilen frei. 51–54

e) Vertragsstrafe

Siehe dazu Teil 2 J Rz. 1 ff. 55

Einstweilen frei. 56–60

f) Haftungsausschlüsse

Bei der Haftung des Arbeitgebers ist zwischen Personen- (§ 309 Nr. 7 lit. a BGB) und Sachschäden (§ 309 Nr. 7 lit. b BGB) zu differenzieren. **Personenschäden** in diesem Sinne sind Schäden, die aus der Verletzung oder Tötung eines Arbeitnehmers resultieren. Entgegen den Bestimmungen des BGB kann die Haftung des Arbeitgebers ausgeschlossen sein. Diese wird auf die Unfallversicherung verlagert, es sei denn, der Arbeitgeber handelte vorsätzlich (§ 104 SGB VII). Bei grober Fahrlässigkeit besteht die Gefahr der **Regresspflicht** gegenüber der gesetzlichen Unfallversicherung (§§ 110, 111 SGB VII). Diese kann auch durch Vertragsgestaltung mit dem Arbeitnehmer nicht ausgeschlossen werden. In § 309 Nr. 7 BGB ist das ohnehin für unzulässig erklärte Verbot[1] des Haftungsausschlusses für Vorsatz und grobe Fahrlässigkeit nunmehr gesetzlich normiert[2]. 61

Auch ein Haftungsausschluss des Arbeitgebers für **einfache Fahrlässigkeit** bei **Sachschäden** ist nicht uneingeschränkt zulässig. Ein solcher ist an der allgemeinen Inhaltskontrolle nach § 307 BGB zu messen. In dem Haftungsausschluss für einfache Fahrlässigkeit kann eine unangemessene Benachteiligung des Arbeitnehmers liegen, die zur Unwirksamkeit der Klausel führt. Für den Haftungsausschluss müssen gewichtige Gründe vorliegen. Zudem ist der Arbeitgeber gehalten, zumutbare Versicherungen abzuschließen. Besteht daher die Möglichkeit, die eingebrachten Sachen der Arbeitnehmer umfassend zu versichern, kann der Arbeitgeber das Risiko der leichten Fahrlässigkeit nicht auf den Arbeitnehmer abwälzen. 62

Ausschlussfristen für beiderseitige Ansprüche aus dem Arbeitsverhältnis in Formulararbeitsverträgen verstoßen nicht gegen § 309 Nr. 7 BGB. Eine Auslegung ergibt, dass die in § 309 Nr. 7 BGB bezeichneten Ansprüche von solch einer Ausschlussklausel nicht erfasst sind. Da diese Auslegung eindeutig ist, greift auch nicht die Unklarheitenregel[3].

---

[1] Vgl. BAG 5.3.1959 – 2 AZR 268/58, DB 1959, 833.
[2] Vgl. *Wisskirchen/Stühm*, S. 71.
[3] BAG 20.6.2013 – 8 AZR 280/12; aA LAG Hamm 1.8.2014 – 14 Ta 344/14; LAG Hamm 25.9.2012 – 14 Sa 280/12.

⊃ **Hinweis:** Der Arbeitnehmer sollte durch Vertragsklauseln dazu angehalten werden, die vorhandenen Sicherheitsvorkehrungen (zB abschließbare Kleiderschränke) zu nutzen. Zudem sollte er auf die Konsequenzen mangelnder Sorgfalt in eigenen Angelegenheiten hingewiesen werden.

63 Soweit sich ein besonderes vom Arbeitgeber zu tragendes und nicht abgegoltenes Risiko verwirklicht hat, haftet dieser für Sach- und Vermögensschäden auch ohne Verschulden. Praktische Bedeutung gewinnt die Regelung des Aufwendungsersatzes nach § 670 BGB bei der **Nutzung des privaten Pkw** durch den Arbeitnehmer im Rahmen seiner Tätigkeit für den Arbeitgeber[1]. Zahlt der Arbeitgeber bei betrieblich bedingten Fahrten mit einem privaten Pkw lediglich eine Auslagenpauschale, die nur die Kosten des Betriebs und des Unterhalts des Fahrzeugs, nicht aber die Heraufstufung in eine andere Vollkaskoversicherungsklasse umfasst, dürfte eine Klausel zum Haftungsausschluss unwirksam sein, da sie den Arbeitnehmer unangemessen benachteiligt.

⊃ **Hinweis:** Damit eine Haftungsfreizeichnung des Arbeitgebers Bestand hat, muss der Arbeitgeber ein im Vergleich zu den steuerlichen Kilometerpauschalen deutlich höheres Kilometergeld zahlen und die Vollkaskoversicherung übernehmen.

64 Besondere Sorgfaltspflichten treffen den Beschäftigten bei der sog. **Mankohaftung**, nach der der Arbeitnehmer Schadensersatz für Fehlbestände leisten soll, die in einem ihm anvertrauten Kassen-, Geld- oder Warenbestand eingetreten sind. Ein Verstoß gegen das Transparenzgebot liegt dann vor, wenn die Vertragsgestaltung eine verschärfte Haftung des Arbeitnehmers für den Fall vorsieht, dass er den Fehlbetrag nicht zu vertreten hat, ohne dass dies klar und ausdrücklich dargestellt wird. Die Erweiterung des Haftungsmaßstabs kann darüber hinaus ohnehin nur dann zulässig sein, wenn der Nachteil der verschärften Haftung zumindest durch einen finanziellen Vorteil aufgewogen wird, gleichzeitig die Haftungsmasse begrenzt und die Haftung ausdrücklich auf das Mankogeld beschränkt wird[2].

g) Laufzeit bei Dauerschuldverhältnissen

65 Bei einem Vertragsverhältnis, das die regelmäßige Lieferung von Waren oder die regelmäßige Erbringung von Dienst- oder Werkleistungen durch den Verwender zum Gegenstand hat, sind AGB unwirksam, die eine den anderen Vertragsteil länger als zwei Jahre bindende Laufzeit des Vertrages vorsehen, § 309 Nr. 9 lit. a BGB. Zwar erfasst die Vorschrift auch Dienstverträge, doch muss hier der Verwender die Dienstleistung erbringen; im Arbeitsrecht ist es jedoch genau umgekehrt. Verwender ist in aller Regel der Arbeitgeber. Folglich findet die Vorschrift im Arbeitsrecht keine Anwendung. Zudem ist mit dem Teilzeit- und Befristungsgesetz eine speziellere Regelung für das Arbeitsrecht getroffen worden, die nach §§ 14 ff. TzBfG unter den dort genannten Voraussetzungen eine Befristung für einen über zwei Jahre hinausgehenden Zeitraum ermöglicht[3]. § 309 Nr. 9 BGB hat daher **keine Auswirkungen** auf das Arbeitsrecht.

---

[1] Fahrten zur Arbeit und zurück sind dem allgemeinen Lebensrisiko des Arbeitnehmers zuzuordnen, vgl. BAG 25.5.2000 – 8 AZR 518/99, NZA 2000, 1052.

[2] *Oberthür*, ArbRB 2007, 369; dazu auch mit Formulierungsvorschlag: *Wisskirchen/Bissels*, S. 121 ff.

[3] Eine Regelung, nach der sich ein Arbeitsvertrag bei einer vierjährigen Laufzeit automatisch um weitere vier Jahre verlängert, wenn er nicht innerhalb einer bestimmten Frist vor Ablauf der Vertragsdauer von einer der Parteien gekündigt wird, ist unwirksam, vgl. LAG München 22.8.2007 – 11 Sa 1277/06.

h) Wechsel des Vertragspartners

Nach § 309 Nr. 10 BGB wird ein vertraglich vereinbarter Eintritt eines Dritten in die Rechte und Pflichten des Dienstvertrages ausgeschlossen, es sei denn, der Dritte wird namentlich bezeichnet oder dem anderen Vertragsteil wird das Recht eingeräumt, sich von dem Vertrag zu lösen. Betroffen könnten insbesondere Vertragsübernahmeklauseln innerhalb des Konzerns sein, die einen dauerhaften Wechsel des Arbeitgebers bewirken. 66

Gerade die persönliche Abhängigkeit des Arbeitnehmers und die Personenbezogenheit des Arbeitsverhältnisses werden vom Gesetzgeber (vgl. § 613a BGB) und von der Rechtsprechung als wesentliche Grundlage für die Funktionsfähigkeit der arbeitsvertraglichen Beziehung angesehen und deshalb als schutzwürdig erachtet. Dies spricht dafür, dass die Rechtsprechung § 309 Nr. 10 BGB auf Arbeitsverhältnisse anwenden wird[1]. Formularmäßig verwendete Vertragsübernahmeklauseln im Konzern würden demnach nur noch unter konkreter Nennung des eintrittsberechtigten Unternehmens zulässig sein.

i) Beweislaständerungen

§ 309 Nr. 12 lit. a BGB sieht vor, dass Vertragsklauseln unwirksam sind, die eine Beweislastverschiebung zu Lasten des Vertragspartners vorsehen. Das BAG hatte bisher schon entschieden, dass arbeitsvertragliche Eingriffe in diesem Zusammenhang nicht zulässig sind[2]. Es hat sich dabei ausdrücklich auf den alten § 11 Nr. 15 lit. b AGBG berufen, dessen Regelungsgehalt sich nun in § 309 Nr. 12 lit. a BGB wiederfindet. Aus diesem Grund ist anzunehmen, dass derartige Beweislastverschiebungen in Formulararbeitsverträgen auch im Rahmen des § 309 Nr. 12 lit. a BGB unwirksam sind[3]. 67

§ 309 Nr. 12 lit. b BGB hat daneben Auswirkungen auf **Empfangsbekenntnisse**. Diese sind nur dann wirksam, wenn sie gesondert unterschrieben oder mit einer gesonderten qualifizierten elektronischen Signatur versehen sind. Enthält ein vorformulierter Vertrag gleichzeitig eine Empfangsbestätigung, so ist deren Wirksamkeit an der Einhaltung des § 309 Nr. 12 lit. b BGB zu messen. 68

> ⊃ **Hinweis:** Für die arbeitsvertragliche Praxis empfiehlt es sich daher, darauf zu achten, dass Empfangsbekenntnisse vom übrigen Vertragstext deutlich abgesetzt werden. Gleichzeitig muss darauf geachtet werden, dass der Empfänger das Empfangsbekenntnis gesondert – etwa auf einer eigenständigen Seite – unterschreibt. 69

j) Form von Anzeigen und Erklärungen

Nach § 309 Nr. 13 BGB sind vertragliche Bestimmungen unwirksam, die für Anzeigen oder Erklärungen, die gegenüber dem Verwender oder einer dritten Person abzugeben sind, eine strengere Form als die Schriftform oder besondere Zugangserfordernisse vorsehen. Die Begriffe „Anzeigen und Erklärungen" erfassen alle rechtsgeschäftlichen, rechtsgeschäftsähnlichen oder tatsächlichen Handlungen, die für die Begründung von Rechten und die Rechtsausübung relevant sein können[4], zB Kündigungen, Mahnungen oder Fristsetzungen[5]. Unzulässig sind nach § 309 Nr. 13 BGB schon Vertragsklauseln, die zwar grundsätzlich die Schriftform anordnen, zusätzlich aber die 70

---

1 Gegen eine Anwendbarkeit des § 309 Nr. 10 BGB im Arbeitsrecht: vgl. *Gotthardt*, Schuldrechtsreform, Rz. 285; *Gotthardt*, ZIP 2002, 284.
2 Vgl. BAG 16.3.1994 – 5 AZR 339/92, NZA 1994, 943 zur Darlegungslast des Arbeitgebers bei Rückzahlungsforderung bzgl. Fortbildungskosten.
3 Vgl. ErfK/*Preis*, §§ 305–310 BGB Rz. 80; *Gotthardt*, Schuldrechtsreform, Rz. 286.
4 Vgl. *Annuß*, BB 2002, 463.
5 Vgl. *Reinecke*, DB 2002, 586.

Beachtung einer besonderen Art der Schriftform vorsehen, zB die Zusendung einer Erklärung per Einschreiben. Besonderheiten des Arbeitsrechts, die diese Vorschrift in ihrer Anwendung auf Arbeitsverträge einschränken, sind nicht erkennbar, so dass vertragliche Bestimmungen, die zur Wirksamkeit der schriftlichen Kündigungserklärung einen eingeschriebenen Brief an den Arbeitgeber verlangen, unwirksam sind[1].

⊃ **Hinweis:** Im Rahmen von Formulararbeitsverträgen darf für die Wirksamkeit der Kündigung keine strengere Form als die Schriftform und kein besonderes Zugangserfordernis verlangt werden.

71 **Zweistufige Ausschlussklauseln** sind von § 309 Nr. 13 BGB nicht erfasst. Diese bewirken den Untergang eines Anspruches des Arbeitnehmers, wenn dieser nicht innerhalb einer bestimmten Frist eingeklagt wird[2]. Damit wird keine besondere Form oder eine Zugangserschwerung begründet; vielmehr wird hiermit lediglich eine Frist für die gerichtliche Geltendmachung bestimmt[3].

3. Klauselverbote mit Wertungsmöglichkeit gem. § 308 BGB

72 Im Rahmen einer Inhaltskontrolle von AGB in Arbeitsverträgen sind besonders folgende Klauselverbote mit Wertungsmöglichkeit nach § 308 BGB praktisch relevant:

a) Rücktrittsvorbehalt

73 Teilweise behält sich der Arbeitgeber die endgültige Entscheidung über die Einstellung sowie die Einstufung in eine Besoldungs-/Vergütungsgruppe bis zu einer abschließenden Prüfung der angegebenen Qualifikationen und/oder der sonstigen vorgelegten Nachweise vor. So wird das Angebot zum Abschluss eines Arbeitsvertrages zB von der Zustimmung des Personal-/Betriebsrates, der Feststellung der gesundheitlichen Eignung oder von der Vorlage eines polizeilichen Führungszeugnisses abhängig gemacht. Solche Vorverträge sind ebenfalls an den §§ 305–310 BGB zu messen[4]. Vereinbarungen über die Einstellung des Arbeitnehmers unter dem Vorbehalt der Prüfung seiner Nachweise und Qualifikationen stellen einen **Rücktrittsvorbehalt** zu Gunsten des Arbeitgebers iSv. § 308 Nr. 3 BGB dar.

74 Für die Frage, ob eine solche Klausel wirksam ist, kommt es entscheidend darauf an, ob der sachliche Grund für die Lösung vom Vertrag mit hinreichender Deutlichkeit angegeben ist. Dies ist dann der Fall, wenn der Arbeitgeber im Vertrag die sachlichen Gründe für den Rücktritt ausdrücklich aufzählt und deren Bedeutung für den Arbeitgeber aufzeigt. Die sachliche Rechtfertigung liegt nur bei überwiegendem oder jedenfalls anerkennenswertem Interesse des Arbeitgebers vor. Liegen diese Voraussetzungen vor, ist ein Rücktrittsvorbehalt und dessen Ausübung zulässig[5].

b) Änderungsvorbehalt

75 § 308 Nr. 4 BGB sieht vor, dass die Vereinbarung eines Rechts des Verwenders unwirksam ist, die versprochene Leistung zu ändern oder von ihr abzuweichen, wenn nicht die Vereinbarung der Änderung oder Abweichung unter Berücksichtigung der Interessen des Verwenders für den anderen Vertragsteil zumutbar ist.

---

1 Vgl. *Annuß*, BB 2002, 463; *Reinecke*, DB 2002, 586.
2 Vgl. *Annuß*, BB 2002, 463; *Däubler*, NZA 2001, 1336.
3 Vgl. *Gotthardt*, Schuldrechtsreform, Rz. 289.
4 Vgl. BAG 27.7.2005 – 7 AZR 488/04, DB 2005, 2823.
5 Vgl. BAG 27.7.2005 – 7 AZR 488/04, DB 2005, 2823.

V. Inhaltskontrolle der Allgemeinen Geschäftsbedingungen

Von der Rechtsprechung überprüfbar sind seit der Schuldrechtsreform daher Vertragsklauseln, die es dem Arbeitgeber ermöglichen, von seinen Leistungsversprechen abzurücken, zB durch die Reduzierung oder Streichung von Lohnbestandteilen.

aa) Widerrufsvorbehalt

(1) Allgemeines

Ein arbeitsvertraglicher Widerrufsvorbehalt berechtigt den Arbeitgeber, einen bereits entstandenen Anspruch des Arbeitnehmers durch die Ausübung des Widerrufrechts für die Zukunft auszuschließen[1]. Der Arbeitgeber wird dadurch in die Lage versetzt, Leistungen für die Zukunft wieder einzustellen[2].

Bereits **vor der Schuldrechtsreform** hat das BAG Widerrufsklauseln anhand von §§ 134, 138 BGB überprüft[3]. Die Verletzung eines gesetzlichen Verbotes nach § 134 BGB bejahte die Rechtsprechung[4], wenn der Arbeitgeber einseitig durch den Widerruf oder eine Änderung der Leistung kündigungsschutzrechtliche Vorschriften umging[5]. Ein derartiger Eingriff ist nach Entscheidungen des BAG abzulehnen, wenn Provisionen widerrufen werden, die 15 % des Tarifgehaltes[6] bzw. des Gesamtverdienstes[7] ausmachen. Gleiches kann bei dem Widerruf einer übertariflichen Zulage in Höhe von bis zu 31 % des Tariflohns gelten[8]. Die Ausübung des Widerrufs musste jedoch gem. § 315 BGB nach billigem Ermessen erfolgen.

76

(2) Formelle Anforderungen

Im Grundsatz sieht das BAG Widerrufsklauseln auch **nach dem Inkrafttreten der Schuldrechtsreform** als zulässig an. Sie sind „wegen der unsicheren Entwicklung der Verhältnisse als Anpassungsinstrument notwendig"[9]. Der Widerruf darf aber nicht willkürlich erfolgen[10]. Besteht ein **sachlicher Grund**, ist dieser zulässig[11]. Das BAG verlangt allerdings, dass die Vertragsklausel transparent und ausdrücklich zu-

77

---

1 LAG Mainz 11.3.2013 – 5 Sa 11/13; Die Zustimmung eines nicht am Vertragsschluss beteiligten Dritten kann als aufschiebende Bedingung vereinbart werden. Sie ist nicht einem Widerrufsvorbehalt gleichzusetzen, vgl. LAG Köln 3.4.2006 – 2 Sa 1466/05, ZTR 2007, 96.
2 Vgl. *Wisskirchen/Bissels*, S. 188; *Natzel*, FA 2006, 366.
3 Vgl. BAG 7.10.1982 – 2 AZR 455/80, DB 1983, 1368.
4 Vgl. nur BAG 31.1.1985 – 2 AZR 393/83; LAG Köln 30.5.1983 – 5 Sa 279/83.
5 Umgehung bei eigentlich erforderlicher Änderungskündigung: vgl. BAG 7.10.1982 – 2 AZR 455/80, BB 1983, 1791; 13.5.1987 – 5 AZR 125/86, NZA 1988, 95; 28.5.1997 – 5 AZR 125/96, NZA 1997, 1160; 21.4.1993 – 7 AZR 297/92, NZA 1994, 476; 15.11.1995 – 2 AZR 521/95, NZA 1996, 603 (606); Umgehung bei erheblichem Ungleichgewicht zwischen Leistung und Gegenleistung: BAG 15.11.1995 – 2 AZR 521/95, NZA 1996, 605; dazu: *Schmiedl*, NZA 2006, 1195
6 BAG 15.11.1995 – 2 AZR 521/95, NZA 1996, 606.
7 Vgl. BAG 7.10.1982 – 2 AZR 455/80, BB 1983, 1791; 21.4.1993 – 7 AZR 297/92, NZA 1994, 476: Die widerrufene Provisionszusage betrug hier 15 % der Gesamtvergütung; vgl. auch LAG Kiel 16.4.2013 – 1 Sa 290/12: Die Provision, die 80% des Gehalts ausmachte, wurde erst mit Zahlung durch den Kunden an den Arbeitgeber fällig.
8 BAG 13.5.1987 – 5 AZR 125/86, NZA 1988, 95.
9 Vgl. BAG 12.1.2005 – 5 AZR 364/04, NZA 2005, 465.
10 Vgl. LAG Hess. 29.9.2009 – 19/3/13 Sa 1340/08: Übertragung eines Teil- oder Funktionsbereiches „unter jederzeitigem Widerrufsvorbehalt"; s.a. LAG München 17.12.2009 – 3 Sa 644/09, AA 2010, 82 zu einem in einem Änderungsvertrag vereinbarten Vorbehalt, die Beförderung innerhalb einer Probezeit rückgängig machen zu können.
11 Vgl. BAG 19.12.2006 – 9 AZR 294/06, NZA 2007, 809 zur Widerrufsmöglichkeit der Privatnutzung eines Dienstwagens nach einer arbeitgeberseitigen Kündigung; LAG Köln 16.10. 2006 – 14 Sa 9/06, NZA-RR 2007, 120; *Bayreuther*, ZIP 2007, 2009, wonach ein Sachgrund weder triftig noch wichtig sein muss.

mindest in die Richtung weisen muss, aus welchem Grund der Widerruf letztlich erfolgen kann (zB hinreichend konkretisierte wirtschaftliche Gründe, Leistung oder Verhalten des Arbeitnehmers)[1]. Die schlichte Formulierung, dass der Widerruf „aus sachlichem Grund" vorgenommen werden kann, reicht nicht aus[2]. Nach Ansicht des 9. Senats des BAG ist eine Klausel, nach der eine Leistung (hier: Überlassung eines Dienstwagens) bereits aus **wirtschaftlichen Gründen** arbeitgeberseits widerrufen werden kann, gem. § 308 Nr. 4 BGB iVm. § 307 Abs. 1 BGB unwirksam, weil der Arbeitnehmer nicht hinreichend genau erkennen kann, wann solche wirtschaftlichen Gründe vorliegen[3]. Insoweit ist in diesem Zusammenhang eine weitere Spezifizierung erforderlich, wann der Arbeitgeber zu einem Widerruf der Leistung berechtigt sein soll. Dabei dürfte es zulässig sein, zB an einen zu quantifizierenden Umsatz- oder Gewinnrückgang des Unternehmens o.Ä. anzuknüpfen.

Eine Ankündigungsfrist, nach deren Ablauf der Widerruf ex nunc wirksam wird, ist entgegen der Auffassung des LAG Niedersachsen[4] auch bei dem Entzug des Dienstwagens keine AGB-rechtliche Wirksamkeitsvoraussetzung. Dies hat das BAG[5] ausdrücklich bestätigt, zugleich aber betont, dass eine Ankündigungs- und Auslauffrist im Rahmen der Ausübungskontrolle nach § 315 BGB zu berücksichtigen sein kann. Entscheidend sind die Umstände des Einzelfalls.

77a ◯ **Hinweis:** Den sofortigen Entzug der Privatnutzung eines Dienstfahrzeugs nach einer mit der Kündigung des Arbeitsverhältnisses verbundenen Freistellung hat das BAG[6] nach § 315 BGB als unbillig qualifiziert, wenn der Arbeitnehmer die private Nutzung für den gesamten Monat zu versteuern hat, obwohl dieser über das Fahrzeug bis zu dessen Ablauf nicht mehr verfügen kann. Der Entzug des Dienstwagens führt damit nicht nur zu einem Nutzungsausfall, sondern zu einer spürbaren Minderung des Nettoeinkommens. Das Interesse des Arbeitnehmers, den versteuerten Vorteil real nutzen zu können, überwiegt dabei das Interesse des Arbeitgebers am sofortigen Entzug des Dienstwagens[7]. Zumindest mit Blick auf den Widerruf der Privatnutzungsmöglichkeit des Firmenfahrzeuges ist nach Ansicht des BAG der Entzug innerhalb des Monats unbillig, wenn der Arbeitnehmer durch die entsprechende Versteuerung einen monetären Nachteil erleidet. Vor diesem Hintergrund sollte das Widerrufsrecht mit einer entsprechenden Ankündigungsfrist zum Monatsende ausgeübt werden.

77b Für „**Altverträge**", die vor dem 1.1.2002 geschlossen wurden, kommt – zumindest nach Ansicht des 5. Senats des BAG[8] – eine ergänzende Vertragsauslegung in Betracht, wenn die Widerrufsklausel allein aufgrund der geänderten Rechtslage unwirksam ist. Eine Bindung des Arbeitgebers an die vereinbarte Leistung ohne Widerrufsmöglichkeit würde unverhältnismäßig in die Privatautonomie eingreifen. Mit einer solchen Rechtsfolge konnte, musste und durfte zum Zeitpunkt des Vertragsschlusses niemand rechnen. Sie würde keine angemessene, den typischen Interessen der Vertragspartner Rechnung tragende Lösung bieten. Es gelten dann die Widerrufsgründe, die die

---

1 Vgl. BAG 20.4.2011 – 5 AZR 191/10, NZA 2011, 796; 12.1.2005 – 5 AZR 364/04, NZA 2005, 465; 11.10.2006 – 5 AZR 721/05, BB 2007, 109; *Reiserer*, NZA 2007, 1249; *Lembke*, NJW 2010, 321; *Lakies*, ArbR 2013, 251 f.
2 So auch *Hunold*, NZA-RR 2006, 120.
3 Vgl. BAG 13.4.2010 – 9 AZR 113/09, DB 2010, 1943 abweichend wohl BAG 21.3.2012 – 5 AZR 651/10, ArbR 2012, 278; kritisch *Hunold*, NZA 2010, 1277 ff.; *Schmitt-Rolfes*, AuA 2010, 327; *Gaul/Kaul*, BB 2011, 181; Formulierungsvorschlag bei *Schwarz*, GWR 2010, 470 f.; *Günther/Günther*, ArbR 2011, 109.
4 Vgl. LAG Nds. 14.9.2010 – 13 Sa 462/10, ArbR 2010, 661; ablehnend *Bissels*, jurisPR-ArbR 13/2011 Anm. 2.
5 Vgl. BAG 12.1.2005 – 5 AZR 364/04, NZA 2005, 465; 11.10.2006 – 5 AZR 721/05, BB 2007, 109.
6 BAG 21.3.2012 – 5 AZR 651/10, ArbRB 2012, 199.
7 BAG 21.3.2012 – 5 AZR 651/10, ArbRB 2012, 199.
8 Vgl. BAG 12.1.2005 – 5 AZR 364/04, NZA 2005, 465; 20.4.2011 – 5 AZR 191/10, NZA 2011, 796.

Vertragsparteien zugrunde gelegt hätten, wenn ihnen die gesetzlich angeordnete Unwirksamkeit der Widerrufsklausel bekannt gewesen wäre[1].

⊃ **Hinweis:** Der Widerrufsvorbehalt muss den strengen formellen Anforderungen des BAG genügen, dh. die Klausel muss **eindeutig und klar formuliert** sein[2]. Die Widerrufsgründe sind aufzuzählen. Klauseln, die häufig in der Vergangenheit benutzt wurden und zB die „freie", „unbeschränkte" oder „jederzeitige" Widerrufbarkeit einer Leistung vorsahen, sind nicht bestimmt genug und sollten demgemäß nicht mehr verwendet werden[3]. Allenfalls über eine ergänzende Vertragsauslegung ist in diesen Fällen eine „Rettung" derartiger Regelungen in „Altverträgen" möglich. Allerdings hat das LAG München[4] in Anlehnung an eine Entscheidung des 9. Senats des BAG[5] einschränkend entschieden, dass eine ergänzende Vertragsauslegung dann nicht in Betracht kommt, wenn der Arbeitgeber in der Übergangszeit nach Art. 229 § 5 Satz 2 EGBGB bis zum 1.1.2003 nicht versucht hat, die Klausel **der neuen Rechtslage anzupassen.** Es bleibt insoweit abzuwarten, wie das BAG diese Frage abschließend entscheiden wird. Der 5. Senat[6] hat zuletzt von einer Vorlage an den Großen Senat des BAG nach § 45 ArbGG abgesehen, da der 9. und 10. Senat nicht entscheidungserheblich von der vom 5. Senat vertretenen Rechtsauffassung abgewichen sind.

78

(3) Materielle Anforderungen

Der widerrufliche Teil der arbeitgeberseitigen Leistung darf der Höhe nach nicht in den geschützten **Kernbereich des Arbeitsverhältnisses** eingreifen[7]; nach dem BAG ist ein Widerruf zulässig, wenn der widerrufliche Teil nicht mehr als 25 % der Gesamtvergütung beträgt und zudem der Tariflohn nicht unterschritten wird[8]. Sind Zahlungen des Arbeitgebers widerruflich, die keine unmittelbare Gegenleistung für die Arbeitsleistung, sondern Ersatz für Aufwendungen darstellen, die an sich der Arbeitnehmer selbst tragen muss (zB Fahrtkostenersatz), erhöht sich der widerrufliche Teil der Arbeitsvergütung auf bis zu 30 % des Gesamtverdienstes[9]. Genügen Widerrufsvorbehalte den dargestellten Grenzen nicht, liegt ein Verstoß gegen das spezielle Klauselverbot des § 308 Nr. 4 BGB und das Transparenzgebot vor[10].

79

---

1 Vgl. BAG 12.1.2005 – 5 AZR 364/04, NZA 2005, 465; 20.4.2011 – 5 AZR 191/10, NZA 2011, 796; *Hümmerich*, BB 2007, 1498.
2 Beachte LAG Nürnberg 24.1.2013 – 6 Sa 331/12, nach hiesiger Auffassung ist bei der Formulierung „kann entfallen" denkbar, das Vorliegen einer Widerrufsklausel in Erwägung zu ziehen.
3 Formulierungsvorschlag bei *Wisskirchen/Bissels*, S. 193 f.
4 LAG München 8.12.2009 – 7 Sa 584/09, AuA 2010, 435; 26.1.2010 – 7 Sa 354/09; aufgehoben und zurückverwiesen durch BAG 20.4.2011 – 5 AZR 191/10, NZA 2011, 796; 20.4.2011 – 5 AZR 196/10.
5 BAG 19.12.2006 – 9 AZR 294/06, NZA 2007, 809; 11.4.2006 – 9 AZR 610/05, BB 2006, 2134; in diesem Sinne auch der 10. Senat: vgl. BAG 11.2.2009 – 10 AZR 222/08, NZA 2009, 428 mwN.
6 BAG 20.4.2011 – 5 AZR 191/10, NZA 2011, 796.
7 Vgl. auch *Mahr*, Beck'sche Online-Formulare Vertrag, 2.1.18.2 Rz. 7.
8 Vgl. BAG 20.5.2014 – 3 AZR 209/12; 11.10.2006 – 5 AZR 721/05, NZA 2007, 87; LAG München 22.8.2007 – 11 Sa 1168/06, AuA 2007, 751; LAG Hamm 11.10.2011 – 14 Sa 543/11, BB 2011, 2676: Wegfall von Punktprämien eines Cheftrainers eines Profifußballvereins bei Freistellung; zuvor schon grundlegend: BAG 12.1.2005 – 5 AZR 364/04, NZA 2005, 465, welches mit dieser Entscheidung klarstellt, dass sich ein Widerrufsvorbehalt ohne Weiteres auf synallagmatische Vergütungsbestandteile beziehen kann; für noch weitergehende Spielräume: *Bayreuther*, ZIP 2007, 2009; *Reinecke*, BB 2008, 554, der sich für die Möglichkeit eines Widerrufs von mehr als 25 % des Arbeitsverdienstes ausspricht, wenn es sich um sog. herausgehobene „Spitzenkräfte" handelt, die des Schutzes durch die Rechtsordnung nicht bedürfen.
9 Vgl. BAG 11.10.2006 – 5 AZR 721/05, AuA 2007, 180; *Hunold*, AuA 2008, 283; dagegen unterliegt der in einer Betriebsvereinbarung geregelte Widerrufsvorbehalt keiner AGB-Kontrolle nach §§ 305 ff. BGB, so dass hier die Rspr. zur Anwendung des § 308 Nr. 4 BGB bei Widerrufsvorbehalten nicht einschlägig ist, vgl. BAG 1.2.2006 – 5 AZR 187/05, NZA 2006, 563; *Junker*, NZA 2006, 147; *Otto/Walk*, BB 2010, 373 ff; *Lakies*, ArbR 2013, 251 f.
10 *Bieder*, NZA 2007, 1135.

79a ⊃ **Hinweis:** Ungewiss ist in diesem Zusammenhang, ob 25 % des laufenden Arbeitsentgelts widerruflich ausgestaltet werden dürfen, wenn eine Sonderleistung bereits unter einen Freiwilligkeitsvorbehalt gestellt wird, die ihrerseits 35 % der Gesamtvergütung ausmacht[1]. Wie sich die Rechtsprechung hierzu positionieren wird, bleibt abzuwarten. Die unterschiedliche Behandlung beider Instrumentarien durch das BAG lässt die Zulässigkeit dieser Flexibilisierungsmöglichkeit jedenfalls als nicht ausgeschlossen erscheinen.

79b Ein **Widerrufsvorbehalt** könnte wie folgt formuliert werden:

Formulierungsbeispiel:

Bei dieser Leistung handelt es sich um eine widerrufliche Leistung. Der Arbeitgeber ist berechtigt, diese aus sachlichem Grund, insbesondere bei Vorliegen wirtschaftlicher Gründe, wie einem negativen wirtschaftlichen Ergebnis des Unternehmens, einem Gewinn- und/oder Umsatzrückgang, bei einem Unterschreiten bzw. Nichterreichen der prognostizierten wirtschaftlichen Entwicklung des Unternehmens *[ggf. weitere Varianten einfügen, auch aus dem leistungs-/verhaltensbezogenen Bereich]*, mit Wirkung für die Zukunft ganz oder teilweise zu widerrufen.

---

bb) Jeweiligkeitsklausel

79c Der flexiblen Ausgestaltung von individualvertraglichen Arbeitsbedingungen dient in der Praxis häufig die Bezugnahme auf ein vom Arbeitgeber einseitig aufgestelltes Regelungswerk, zB einen Bonusplan „in der jeweils gültigen Fassung". Das BAG[2] hat allerdings eine dynamische Jeweiligkeitsbestimmung für unzulässig erklärt und diese wie eine statische Bezugnahme behandelt[3]. Der 10. Senat ist zwar der Ansicht, dass die Verweisung auf Kollektivvereinbarungen aufgrund der vermuteten Parität der Vertragspartner grundsätzlich nicht der Inhaltskontrolle unterliegt; dies gilt jedoch nicht für die dynamische Bezugnahme auf Regelungswerke, die **einseitig vom Arbeitgeber aufgestellt** werden, da eine derartige Verweisung inhaltlich ein Vertragsänderungsrecht darstellt, das das gleiche Ziel wie andere Bestimmungsrechte verfolgt, insbesondere wie die Befristung einzelner Arbeitsbedingungen und der Widerrufsvorbehalt[4]. Somit sind bei der dynamischen Bezugnahme auf ein einseitiges Regelungswerk des Arbeitgebers dieselben Voraussetzungen wie beim Widerrufsvorbehalt einzuhalten; anderenfalls ist die vertragliche Änderungsvorbehalt – vermittelt durch die Jeweiligkeitsklausel – gem. § 308 Nr. 4 BGB unwirksam[5].

Eine Bezugnahme auf eine Regelung, die der Arbeitgeber nicht einseitig ändern könnte, stellt nach der Rechtsprechung des BAG keinen Verstoß gegen § 308 Nr. 4 BGB dar. In einem vom BAG zu entscheidenden Fall konnte die in Bezug genommene Regelung nur mit Zustimmung des Gesamtbetriebsrats geändert werden. Dies schließe die einseitige von § 308 Nr. 4 BGB vorausgesetzte Änderungsmöglichkeit des Arbeitgebers aus[6].

---

1 Wohl bejahend *Leder*, RdA 2010, 93 (97).
2 Vgl. BAG 11.2.2009 – 10 AZR 222/08, NZA 2009, 428; *Bittmann/Mujan*, AuA 2010, 366 f.
3 Eine abweichende Beurteilung ist dagegen erforderlich, wenn im Wesentlichen der verfahrenstechnische Prozess der jährlichen Bestimmung der Höhe des Bonusanspruchs festgelegt wird, LAG München 7.10.2010 – 4 Sa 397/10.
4 Vgl. BAG 11.2.2009 – 10 AZR 222/08, NZA 2009, 428.
5 *Lembke*, NJW 2010, 322; so auch schon *Thüsing*, AGB-Kontrolle im Arbeitsrecht, 2007, Rz. 225, 272 ff.
6 BAG 17.7.2012 – 1 AZR 476/11, NZA 2013, 338; „Einseitig" bedeutet in diesem Zusammenhang nicht nur „ohne Zustimmung des Arbeitnehmers", sondern bezieht sich vor allem darauf, ob die Änderung der in Bezug genommenen Regelungen von der Willkür des Arbeitgebers

Zu beachten ist, dass die Unwirksamkeit der Jeweiligkeitsklausel nicht in jedem Fall zur Unwirksamkeit der gesamten Klausel führt, sondern mittels des Blue-Pencil-Tests als statische Bezugnahme bestehen bleibt[1].

⮑ **Hinweis:** Die der Jeweiligkeitsklausel unterliegenden Arbeitsbedingungen sollten konkret bezeichnet werden, der angegebene Grund für die Anpassung der Arbeitsbedingungen muss sachlich berechtigt und für den Arbeitnehmer zumutbar sein. Ebenso sind die von der Rechtsprechung hinsichtlich Widerrufsvorbehalten aufgestellten Höchstgrenzen (vgl. Rz. 79) zu beachten[2].

79d

cc) Versetzungsklausel

Die Versetzungsklausel gibt dem Arbeitgeber das Recht, den Arbeitnehmer auf eine andere Position oder an einen anderen Ort zu versetzen[3].

80

(1) Arbeitsort

Nach allgemeiner Auffassung in Rechtsprechung und Literatur kann sich bei fehlender ausdrücklicher Bestimmung eine **Festlegung des Arbeitsortes** aus der Auslegung des Arbeitsvertrages ergeben[4]. Dabei verhindert die Bestimmung eines Ortes der Arbeitsleistung in Kombination mit einer im Arbeitsvertrag durch Versetzungsvorbehalt geregelten Einsatzmöglichkeit im gesamten Unternehmen nach Ansicht des BAG[5] regelmäßig die vertragliche Beschränkung auf den im Vertrag genannten Ort.

80a

Hinsichtlich der **örtlichen Versetzbarkeit** sah das BAG eine Klausel als wirksam an, nach der der Arbeitgeber den Arbeitnehmer jederzeit an einen anderen Arbeitsort innerhalb Deutschlands versetzen kann[6]. In einem anderen Urteil billigte das BAG auch die Versetzung zwischen Dienstorten zweier Amtsgerichtsbezirke[7]. Nach Auffassung des BAG[8] unterliegt eine vorformulierte arbeitsvertragliche Versetzungsklausel zur örtlichen Einsetzbarkeit, die nach einer Auslegung materiell der Regelung in § 106 Satz 1 GewO entspricht, nicht der Angemessenheitskontrolle nach § 307 Abs. 1 Satz 1 und Abs. 2, §§ 308 und 309 BGB, da sie keine von Rechtsvorschriften abweichende oder diese ergänzende Regelung iSv. § 307 Abs. 3 Satz 1 BGB darstellt. Gleiches gilt, wenn der Arbeitgeber das Direktionsrecht in der Klausel zunächst einschränkt (zB Zuweisung eines bestimmten „grundsätzlichen" Arbeitsortes) und

80b

---

abhängen oder ob es dafür einer Vereinbarung bedarf; aA. LAG Köln 10.4.2013 – 5 Sa 1393/11, wonach auch solche Bezugnahmeklauseln, die auf Kollektivvereinbarungen verweisen, unwirksam sind, da das Merkmal „einseitig" „ohne Zustimmung des Arbeitnehmers" bedeute.

1 BAG 24.2.2011 – 6 AZR 634/09; 11.2.2009 – 10 AZR 222/08, NZA 2009, 428.
2 Vgl. *Lembke*, NJW 2010, 321.
3 Dazu ausführlich *Wisskirchen/Bissels*, S. 163 ff.; s.a. *Bonanni/Niklas*, ArbRB 2008, 347 ff.; *Preis/Genenger*, NZA 2008, 969 ff.; *Küpper*, ZBVR online 2008, 26 ff.; *Reinecke*, NZA-RR 2013, 393 ff.
4 Vgl. LAG Hess. 14.6.2007 – 11 Sa 296/06; LAG Rh.-Pf. 18.1.2007 – 6 Sa 702/06; *Fliss*, NZA-RR 2008, 225.
5 BAG 28.8.2013 – 10 AZR 569/12; 13.6.2012 – 10 AZR 296/11; 26.9.2012 – 10 AZR 311/11; 19.1.2011 – 10 AZR 738/09, DB 2011, 1056; 13.4.2010 – 9 AZR 36/09, BB 2010, 2432.
6 Vgl. BAG 13.3.2007 – 9 AZR 433/06, AuA 2008, 120 f.; dazu auch *Hunold*, BB 2011, 693; vgl. auch BAG 26.9.2012 – 10 AZR 412/11.
7 Vgl. BAG 24.5.2006 – 7 AZR 640/05; so auch LAG Nds. 21.8.2009 – 10 TaBV 121/08, AA 2009, 216, wonach das Direktionsrecht bzgl. des Arbeitsortes nicht per se auf die politische Gemeinde beschränkt ist, in der der Arbeitgeber bei Vertragsschluss eine betriebliche Organisation unterhält.
8 Vgl. BAG 13.4.2010 – 9 AZR 36/09, BB 2010, 2432; 26.1.2012 – 2 AZR 102/11, BB 2012, 1728; 25.8.2010 – 10 AZR 275/09, NZA 2010, 1355; 19.1.2011 – 10 AZR 738/09, DB 2011, 1056; LAG Rh.-Pf. 13.10.2010 – 7 Sa 286/10; LAG BW 15.4.2009 – 16 Sa 102/08; LAG Nürnberg 13.1.2009 – 6 Sa 712/07, AA 2009, 124; LAG Nds. 21.8.2009 – 10 TaBV 121/08, AA 2009, 216; *Salamon*, ArbR 2010, 500.

sich gleichzeitig vorbehält, den Arbeitnehmer an einen anderen Ort zu versetzen. Hierbei ist die Bestimmung des Arbeitsortes die erstmalige Ausübung des Weisungsrechts[1]. Behält sich der Arbeitgeber hingegen mit dem Versetzungsvorbehalt über § 106 GewO hinaus das Recht vor, vom ursprünglich vereinbarten Arbeitsvertragsinhalt abzuweichen, unterliegt diese Regelung einer Angemessenheitskontrolle nach § 307 Abs. 1 Satz 1 BGB[2].

Festlegungen durch Vorgaben hinsichtlich der Regionen, des Entfernungsradius und der Mindestkündigungsfristen, um dem Arbeitnehmer Klarheit zu verschaffen, innerhalb welcher Grenzen und Fristen der Arbeitgeber von seiner örtlichen Versetzungsbefugnis Gebrauch machen will[3], sind wünschenswert, jedoch nicht zwingend zur Vermeidung einer unangemessenen Benachteiligung iSv. § 307 Abs. 1 Satz 2 BGB erforderlich[4]. Der Arbeitnehmer wird durch die vom Gericht nach § 106 GewO, § 315 BGB durchzuführende Ausübungskontrolle vor einer unbilligen Überforderung geschützt[5]. Das betrifft sowohl die Frage der zulässigen Entfernung als auch die Beachtung von Ankündigungsfristen. Die Leistungsbestimmung nach billigem Ermessen verlangt dabei eine Berücksichtigung und Bewertung der betroffenen Interessen unter Abwägung aller Umstände des Einzelfalls. Hierzu gehören die Vorteile aus einer Regelung, die Risikoverteilung zwischen den Vertragsparteien, die beiderseitigen Bedürfnisse, außervertragliche Vor- und Nachteile, Vermögens- und Einkommensverhältnisse sowie soziale Lebensverhältnisse wie familiäre Pflichten und Unterhaltsverpflichtungen[6]. Das BAG[7] weist auch darauf hin, dass die Gründe für die Änderung des Arbeitsortes im Versetzungsvorbehalt nicht aufgeführt werden müssen. Es ließ jedoch offen, ob es bei schwerwiegenden Versetzungen möglicherweise zu einem anderen Ergebnis gelangen könnte[8].

Führt die Kontrolle zur Unwirksamkeit des Versetzungsvorbehaltes, richtet sich der Inhalt des Vertrages nach den gesetzlichen Regelungen (§ 106 GewO); eine geltungserhaltende Reduktion findet nicht statt[9]. Eine Zuweisung des Arbeitsortes ist auf Grundlage von § 106 GewO aber nur möglich, wenn der Leistungsinhalt nicht bereits durch den Arbeitsvertrag festgelegt wurde. Ist dies der Fall, ist der Arbeitgeber an diese Regelung gebunden[10].

80c Eine **örtliche Versetzungsklausel** kann wie folgt formuliert werden:

Formulierungsbeispiel:

Der Arbeitgeber behält sich vor, den Arbeitnehmer unter Wahrung von dessen Interessen zeitweise, zB zu Vertretungszwecken, oder dauerhaft auch in anderen Betrieben des Unternehmens oder an einem anderen Ort innerhalb des Landkreises/Bundeslandes/der Bundesrepublik Deutschland einzusetzen, wenn dies betrieblich erforderlich ist.

---

1 BAG 13.6.2012 – 10 AZR 296/11; 26.9.2012 – 10 AZR 311/11; 28.8.2013 – 10 AZR 569/12; *Kern*, ArbR 2013, 15; s.a. Urteilsanmerkung *Hromadka*, AP GewO § 106 Nr. 26.
2 Vgl. BAG 9.5.2006 – 9 AZR 424/05; *Richter*, ArbR 2014, 141 f.; *Lakies*, ArbR 2013, 3 (5).
3 Vgl. BAG 13.4.2010 – 9 AZR 36/09; aA LAG Hamm 11.12.2008 – 11 Sa 817/08 (Vorinstanz).
4 Vgl. BAG 13.4.2010 – 9 AZR 36/09, BB 2010, 2432; dazu *Ebeling*, jurisPR-ArbR 45/2010 Anm. 2; LAG Rh.-Pf. 13.10.2010 – 7 Sa 286/10.
5 BAG 13.4.2010 – 9 AZR 36/09, BB 2010, 2432; 25.8.2010 – 10 AZR 275/09, NZA 2010, 1355.
6 Vgl. BAG 13.4.2010 – 9 AZR 36/09, BB 2010, 2432; 13.6.2012 – 10 AZR 296/11.
7 Vgl. BAG 13.3.2007 – 9 AZR 433/06, AuA 2008, 120 f.
8 S. den Formulierungsvorschlag bei *Wisskirchen/Bissels*, S. 174.
9 Vgl. BAG 25.8.2010 – 10 AZR 275/09, NZA 2010, 1355.
10 BAG 26.1.2012 – 2 AZR 102/11, BB 2012, 1728; 25.8.2010 – 10 AZR 275/09, NZA 2010, 1355.

(2) Anderweitige Tätigkeit

Im Gegensatz zum allgemeinen Direktionsrecht des Arbeitgebers verleiht ihm die Versetzungsklausel die Befugnis, dem Arbeitnehmer eine anderweitige Tätigkeit zuzuweisen, als durch den Arbeitsvertrag vereinbart wurde[1]. Das BAG misst solche Klauseln an § 307 BGB[2]. Ausgeschlossen ist dagegen die Anwendbarkeit von § 308 Nr. 4 BGB auf die Ausübung des arbeitgeberseitigen Direktionsrechts, durch das der Arbeitgeber die vom Arbeitnehmer zu erbringende Arbeitsleistung hinsichtlich des Ortes, der Zeit und der zu verrichtenden Tätigkeit konkretisieren kann[3], da die Vorschrift nur bei einseitigen Leistungsbestimmungsrechten bzgl. der Leistung des Verwenders, also in der Regel des Arbeitgebers, anwendbar ist[4]. Die Rechtsprechung[5] hat in diesem Zusammenhang eine Versetzungsklausel als zulässig angesehen, nach der sich der Arbeitgeber „unter Wahrung der Interessen des Redakteurs" die Zuweisung eines anderen Arbeitsgebietes vorbehält; dies berechtigt den Arbeitgeber nach dieser Entscheidung zur Übertragung eines anderen Ressorts. Dies kann den Wechsel von einer Haupt- zu einer Lokalredaktion umfassen. Das BAG[6] geht davon aus, dass die Nennung der konkreten Versetzungsgründe im Arbeitsvertrag nicht erforderlich ist[7]. Ein Verstoß gegen das Transparenzgebot nach § 307 Abs. 1 Satz 2 BGB liegt nicht vor. Das Gericht begründet seine Auffassung mit Hinweis auf § 106 Satz 1 GewO, der zum Ausdruck bringt, dass in Arbeitsverträgen regelmäßig nur eine rahmenmäßig umschriebene Leistungspflicht festgelegt werden kann. Das ist eine Besonderheit des Arbeitsrechts, die nach § 310 Abs. 4 Satz 2 BGB zu berücksichtigen ist[8]. Jedoch muss der Arbeitgeber einen angemessenen Ausgleich der beiderseitigen Interessen vornehmen; es muss bereits in der Klausel zum Ausdruck kommen, dass die Versetzungsentscheidung entsprechend § 106 Satz 1 GewO nach billigem Ermessen zu treffen ist[9]. 81

⊃ **Hinweis:** Im Rahmen der Transparenzkontrolle gilt, dass der Arbeitgeber Inhalt und Grenzen seiner Versetzungsbefugnis möglichst präzise definieren sollte. Zu beachten ist, dass eine Versetzungsklausel auch deswegen unwirksam sein kann, weil das Vertragswerk in drucktechnischer Ausgestaltung nicht zwischen wesentlichen und unwesentlichen Klauseln unterscheidet. Dies ist insbesondere bei umfangreichen und unübersichtlichen Vertragstexten der Fall, die keine Überschriften enthalten[10]. Zudem ist der Überraschungseffekt umso größer, je belastender die Bestimmung ist. Im Einzelfall muss der Verwender dann darauf durch besondere drucktechnische Hervorhebung hinweisen[11]. 82

---

1 Formulierungsvorschlag bei *Wisskirchen/Bissels*, S. 174.
2 So ausdrücklich: BAG 11.4.2006 – 9 AZR 557/05, DB 2007, 289; 3.12.2008 – 5 AZR 62/08, NZA-RR 2009, 527; *Schnitker/Grau*, BB 2002, 2124; *Hunold*, NZA 2007, 19; *Grobys/von Steinau-Steinrück*, NJW-Spezial 2006, 514; *Hunold*, AuA 2009, 337 ff.
3 Vgl. *Annuß*, BB 2002, 462.
4 Vgl. BAG 11.4.2006 – 9 AZR 557/05, DB 2007, 289; *Schnitker/Grau*, BB 2002, 2124; *Hunold*, NZA 2007, 19; *Grobys/von Steinau-Steinrück*, NJW-Spezial 2006, 514; BAG 5.8.2010 – 10 AZR 275/09, NZA 2010, 1355; *Reinecke*, NZA-RR 2013, 393.
5 Vgl. BAG 11.4.2006 – 9 AZR 557/05, DB 2007, 289; *Hunold*, NZA 2007, 19; *Grobys/von Steinau-Steinrück*, NJW-Spezial 2006, 514.
6 Vgl. BAG 11.4.2006 – 9 AZR 557/05, DB 2007, 289; *Hunold*, NZA 2007, 19; *Grobys/von Steinau-Steinrück*, NJW-Spezial 2006, 514; erneut bestätigt durch BAG 13.6.2007 – 5 AZR 564/06, NZA 2007, 974, so auch Preis/*Wagner*, Der Arbeitsvertrag, II D 30 Rz. 109 und 205: „unechte Direktionsrechtserweiterung".
7 So auch LAG Nürnberg 13.1.2009 – 6 Sa 712/07, ArbuR 2009, 226; *Reinecke*, NZA-RR 2013, 393.
8 Vgl. BAG 11.4.2006 – 9 AZR 557/05, DB 2007, 289; *Hunold*, NZA 2007, 19; *Grobys/von Steinau-Steinrück*, NJW-Spezial 2006, 514.
9 LAG BW 15.4.2009 – 16 Sa 102/08; ArbG Hamburg 27.8.2009 – 5 Ca 67/09, ArbuR 2010, 42.
10 Vgl. LAG Bbg. 26.10.2005 – 7 Sa 123/05.
11 Jeweils zur Rechtslage vor der Schuldrechtsreform: BAG 29.11.1995 – 5 AZR 747/94, NZA 1996, 702; 6.8.2003 – 7 AZR 9/03, NZA 2004, 96.

83 In diesem Zusammenhang ist aber einschränkend zu beachten, dass eine Versetzungsklausel hinsichtlich der Art der zu erbringenden Tätigkeit einen Vorbehalt enthält, der es dem Arbeitgeber ermöglicht, die Erbringung anderweitiger Tätigkeiten durch den Arbeitnehmer anzuordnen. Damit korrespondiert, dass der Arbeitgeber durch eine solche Weisung in das Verhältnis zwischen Leistung (Arbeit) und Gegenleistung (Vergütung) eingreifen und dieses ändern kann.

84 Folgende Konstellationen der Versetzung sind vorstellbar:
   – Die Zuweisung einer **höherwertigen Tätigkeit** ist regelmäßig unproblematisch, da dies für den Arbeitnehmer eine Beförderung darstellt[1].
   – Die Zuweisung einer **geringwertigeren Tätigkeit** gibt es in den Alternativen mit und ohne Entgeltminderung. Das BAG sah eine vorformulierte Klausel, nach der ein Arbeitgeber einem Arbeitnehmer **bei gleicher Vergütung** eine andere als die vertraglich vereinbarte Tätigkeit, „falls erforderlich" und nach „Abstimmung der beiderseitigen Interessen" einseitig zuweisen kann, jedenfalls dann als unangemessene Benachteiligung iSv. § 307 BGB an, wenn nicht gewährleistet ist, dass die Anweisung eine mindestens gleichwertige Tätigkeit zum Gegenstand hat[2]. Hierin kann nach Ansicht des Gerichts durch die Möglichkeit der willkürlichen, einseitigen Änderung der vertraglich vereinbarten Tätigkeit ein schwerwiegender Eingriff in den Inhaltsschutz gesehen werden[3]. Die Versetzungsklausel sollte sich demgemäß ausdrücklich nur auf „gleichwertige" Tätigkeiten beziehen[4]. Auch eine Vereinbarung, die dem Arbeitgeber das Recht einräumt, die vertraglich vereinbarten Arbeitsaufgaben des Arbeitnehmers allein nach Maßgabe „betriebsorganisatorischer Erfordernisse" zu ändern oder zu erweitern, ist unwirksam[5].
   – Daher wird die noch verbleibende Alternative, dass mit der Versetzung eine **Entgeltminderung** bei gleichwertiger Tätigkeit einhergeht, ebenfalls als unzulässig anzusehen sein. Nach überwiegender Auffassung[6] ist eine Klausel, durch die der Arbeitgeber dem Arbeitnehmer eine geringwertigere Tätigkeit mit einer verminderten Vergütung zuweisen kann, wegen des damit verbundenen Eingriffs in den Kernbereich der Entgeltzahlungspflicht allenfalls unter den Voraussetzungen, die das BAG für Änderungs- und Widerrufsvorbehalte aufgestellt hat, zulässig.

84a Eine mögliche **Versetzungsklausel** lautet:

---

1 Vgl. *Däubler/Bonin/Deinert*, § 307 BGB Rz. 191.
2 Vgl. BAG 9.5.2006 – 9 AZR 424/05, NZA 2007, 145; 25.8.2010 – 10 AZR 275/09, NZA 2010, 1355; *Bissels*, jurisPR-ArbR 30/2008 Anm. 3; *Hunold*, AuA 2007, 32; so jetzt auch: LAG Rh.-Pf. 11.10.2012 – 10 Sa 250/12; 4.3.2009 – 8 Sa 410/08; LAG Köln 9.1.2007 – 9 Sa 1099/06, NZA-RR 2007, 343; LAG Sachs. 25.10.2011 – 7 Sa 248/10; ArbG Hamburg 27.8.2009 – 5 Ca 67/09, ArbuR 2010, 42; *Küpper*, ZBVR online 2008, 26.
3 Vgl. BAG 9.5.2006 – 9 AZR 424/05, NZA 2007, 145; *Oelkers/Vernunft*, NJW-Spezial 2008, 530; *Reinecke*, NZA-RR 2013, 393.
4 Vgl. aber LAG Rh.-Pf. 1.9.2008 – 5 Sa 261/08: durch den Zusatz „zumutbare Tätigkeit" kommt eine Zuweisung geringwertiger Tätigkeiten bereits nicht in Betracht; in diese Richtung auch: BAG 3.12.2008 – 5 AZR 62/08, DB 2009, 850; LAG Hamm 6.11.2007 – 14 SaGa 39/07: „Übertragung einer der Vorbildung und den Fähigkeiten des Arbeitgebers entsprechende Aufgabe"; ArbG Herne 10.2.2010 – 6 Ga 6/10, AE 2010, 149; LAG Rh.-Pf. 4.12.2013 – 8 Sa 260/13; vgl. auch *Lakies*, ArbR 2013, 3.
5 Vgl. LAG Thür. 22.7.2010 – 3 Sa 287/09.
6 So LAG Sachs. 25.10.2011 – 7 Sa 248/10; *Preis/Lindemann*, NZA 2006, 637.

V. Inhaltskontrolle der Allgemeinen Geschäftsbedingungen

Formulierungsbeispiel:

Der Arbeitgeber ist berechtigt, die Aufgaben des Arbeitnehmers zu ändern und ihm andere, nach seinen Kenntnissen und Fähigkeiten zumutbare und mindestens gleichwertige Aufgaben zu übertragen. Dieses Recht wird auch durch eine lang währende Betrauung mit denselben Aufgaben nicht eingeschränkt.

Eine Versetzungsklausel kann sich für den Arbeitgeber beim geplanten Ausspruch betriebsbedingter Kündigungen regelmäßig nachteilig auswirken; sie kann im Rahmen der durchzuführenden Sozialauswahl zu einer Erweiterung der zu berücksichtigenden vergleichbaren Arbeitnehmer führen. Ist die Versetzungsklausel unwirksam, kann sich der Arbeitgeber allerdings gegenüber dem von der Kündigung betroffenen Arbeitnehmer – in Abweichung von dem AGB-rechtlichen Grundsatz, dass der Verwender das Risiko der zulässigen Klauselgestaltung trägt – ausnahmsweise auf deren Nichtbeachtung mit der Folge berufen, dass sich der Kreis der in die Sozialauswahl einzubeziehenden vergleichbaren Arbeitnehmer nicht erweitert[1]. Die Anwendung der (unwirksamen) Versetzungsklausel würde sich ansonsten für die dann im Rahmen der Sozialauswahl zu berücksichtigenden übrigen Arbeitnehmer wie ein unzulässiger Vertrag zu Lasten Dritter auswirken.

dd) Anrechnungsklauseln

Oftmals wird in Arbeitsverträgen eine Anrechnungsklausel vereinbart[2]. Durch diese kann der Arbeitgeber erreichen, dass eine Tariflohnerhöhung mit einer übertariflichen Zulage verrechnet wird[3]. Die Rechtsprechung hat in der Vergangenheit allein aus der Vertragsbezeichnung einer Zulage als „übertariflich" großzügig eine Anrechnungsmöglichkeit des Arbeitgebers abgeleitet, obwohl die Klausel eine solche Befugnis nicht ausdrücklich vorsah.

Im Hinblick auf die Wirksamkeit derartiger Regelungen nach der Schuldrechtsreform hat das BAG entschieden, dass Anrechnungsklauseln nach anderen Maßstäben zu beurteilen sind als Widerrufsvorbehalte[4]. Denn anders als bei einem Widerruf, der eine Kürzung des Gesamtbruttoverdienstes zur Folge hat, bleibt bei der „schlichten" Anrechnung das Entgelt des Arbeitnehmers nominal unverändert. Das BAG führte dazu aus, dass es bei dem Anrechnungsvorbehalt keinerlei näher bestimmter Anrechnungsgründe bedarf. Einschränkend erwähnt werden muss aber, dass es sich um eine über- bzw. außertariflich gezahlte Zulage des Arbeitgebers handelte.

So hält die im Arbeitsvertrag durch eine separat ausgewiesene „freiwillige, jederzeit widerrufliche und anrechenbare betriebliche **Ausgleichszulage**" begründete Anrechnungsbefugnis des Arbeitgebers einer Inhaltskontrolle nach § 307 BGB stand[5]. In dem vom BAG[6] entschiedenen Fall ging es darum, dass der Arbeitgeber die Erhöhung der Tarifentgelte voll auf die übertariflich gezahlte Zulage anrechnete. Der vereinbarte Anrechnungsvorbehalt benachteiligt den Arbeitnehmer nicht unangemessen nach § 307 Abs. 1 BGB. Es verschiebt sich lediglich das Verhältnis der tariflichen

---

1 Vgl. LAG Hess. 31.10.2008 – 10 Sa 2096/06, BB 2009, 1242; *Gehlhaar*, NJW 2010, 2550 ff.; *Salamon*, RdA 2011, 269 f.; aA *Repey*, BB 2009, 1245 ff.
2 Dazu *Franke*, NZA 2009, 245 ff.
3 Ebenso kann eine Anrechnung einer tariflichen Einmalzahlung auf die übertarifliche Vergütung vereinbart werden. Das gilt auch dann, wenn die tarifliche Einmalzahlung den Tariflohn rückwirkend erhöht, vgl. BAG 1.3.2006 – 5 AZR 540/05, NZA 2006, 746; 27.8.2008 – 5 AZR 820/07, DB 2008, 2766 ff.; LAG Bln.-Bbg. 14.1.2010 – 26 Sa 2202/09.
4 Vgl. BAG 1.3.2006 – 5 AZR 363/05, NZA 2006, 746; *Reiserer*, NZA 2007, 1249.
5 Vgl. BAG 1.3.2006 – 5 AZR 363/05, NZA 2006, 746.
6 Vgl. BAG 1.3.2006 – 5 AZR 363/05, NZA 2006, 746.

Wisskirchen

zu den übertariflichen Entgeltbestandteilen. Für einen durchschnittlichen Arbeitnehmer ist der Vorbehalt, die Zulage werde nicht ohne Kürzungsmöglichkeit gewährt, hinreichend klar und transparent. Solche Anrechnungsvorbehalte sind in arbeitsvertraglichen Vergütungsabreden seit Jahrzehnten üblich. Sie stellen eine Besonderheit des Arbeitsrechts dar, die gem. § 310 Abs. 4 Satz 2 BGB angemessen zu berücksichtigen ist[1].

In dem o.g. Verfahren[2] stand lediglich die Wirksamkeit der von Seiten des Arbeitgebers vorgenommenen Anrechnung der Tariferhöhung auf das Entgelt in Streit. Die Wirksamkeit der Klausel im Übrigen, insbesondere die sich aus der kumulativen Erwähnung „freiwillig" und „widerruflich" ergebende Unklarheit sowie Widersprüchlichkeit[3], wurde dagegen nicht erörtert.

87 Das BAG[4] hat zudem entschieden, dass auch **ohne** eine ausdrückliche Klausel im Arbeitsvertrag eine Anrechnung möglich ist. Der Vorbehalt ist bereits mit der Vereinbarung einer übertariflichen Vergütung oder Zulage hinreichend klar ersichtlich. Das Transparenzgebot verlangt von dem Verwender nicht, alle gesetzlichen Folgen einer Vereinbarung ausdrücklich zu regeln. Ein verständiger Arbeitnehmer kann nicht annehmen, dass eine übertarifliche Zulage einem besonderen Zweck dient und von der jeweiligen Höhe des Tariflohns unabhängig ist. Dem durchschnittlichen Arbeitnehmer ist hinreichend klar, dass die Anrechnung gerade bei allgemeinen Tariflohnerhöhungen möglich sein soll. Das ist nicht nur Vertragsinhalt, sondern geradezu der Sinn einer allgemeinen übertariflichen Zulage.

87a ⊃ **Hinweis:** Aus Gründen der Transparenz sollte die Anrechnungsklausel – selbst wenn dies auf Grundlage der Rechtsprechung des BAG AGB-rechtlich nicht erforderlich ist – in den Arbeitsvertrag aufgenommen werden und bereits in der Überschrift als solche erkennbar sein. Zudem kann als Anrechnungsgrund insbesondere eine Tariflohnerhöhung vereinbart werden.

ee) Freiwilligkeitsvorbehalt

(1) Allgemeines

88 Grundsätzlich sind Freiwilligkeitsvorbehalte in Arbeitsverträgen zulässig[5]. Dieses Flexibilisierungsinstrument bietet dem Arbeitgeber die Möglichkeit, die Entstehung eines Anspruchs auf eine Sonderleistung – anders als bei einem Widerrufsvorbehalt, bei dem eine Leistung zunächst verbindlich zugesagt und nachträglich aufgehoben wird – von vorneherein zu verhindern. Eine über die jeweilige Zahlung hinausgehende Bindung für die Zukunft entsteht nicht[6]. Das BAG erkennt Freiwilligkeitsvorbehalte auch nach der Schuldrechtsreform nach wie vor an[7]. Die Rechtsprechung stellt an die

---

1 Vgl. BAG 1.3.2006 – 5 AZR 363/05, NZA 2006, 746; *Hümmerich*, BB 2007, 1498.
2 So BAG 14.9.2012 – 10 AZR 526/10, DB 2012, 179.
3 Vgl. BAG 1.3.2006 – 5 AZR 363/05, NZA 2006, 746.
4 BAG 19.4.2012 – 6 AZR 691/10, NZA-RR 2012, 529; 27.8.2008 – 5 AZR 820/07, DB 2008, 2766 ff.; LAG Hess. 26.4.2012 – 5 Sa 924/11; LAG Düsseldorf 29.11.2013 – 10 Sa 696/13.
5 Vgl. BAG 14.9.2011 – 10 AZR 526/10, DB 2012, 179; 20.1.2010 – 10 AZR 914/08, NZA 2010, 445; 18.3.2009 – 10 AZR 289/08, NZA 2009, 535; 21.1.2009 – 10 AZR 219/08, NZA 2009, 310; 10.12.2008 – 10 AZR 2/08; 25.4.2007 – 5 AZR 627/06, NZA 2007, 853; LAG Hamm 9.6.2005 – 8 Sa 2403/04, NZA-RR 2005, 624; *Lingemann/Gotham*, NZA 2008, 509; *Hunold*, NZA-RR 2006, 118; *Jensen*, NZA-RR, 2011, 225 f.; allgemein zur Kontrolle von Entgeltgestaltung in Arbeitsverträgen: *Reinfelder*, NZA-Beilage 2014, 10.
6 Vgl. BAG 21.1.2009 – 10 AZR 219/08, NZA 2009, 310; *Baeck/Winzer*, NZG 2009, 579; *Leder*, RdA 2010, 93.
7 Vgl. nur BAG 25.4.2007 – 5 AZR 627/06, NZA 2007, 853; LAG Hamm 15.4.2010 – 15 Sa 1611/09; *Lingemann/Gotham*, NZA 2008, 509.

formellen und materiellen Anforderungen allerdings strenge Anforderungen, so dass bei der Vertragsgestaltung besondere Sorgfalt geboten ist.

(2) Formelle Anforderungen

Neben dem Hinweis auf die Freiwilligkeit der Leistung ist gesondert anzuführen, dass zukünftige Rechtsansprüche ausgeschlossen sind[1]. Die Bezeichnung der Zahlung als „freiwillige Leistung" genügt für sich genommen nicht, um einen Anspruch auf die Leistung auszuschließen. Diese kann auch zum Ausdruck bringen, dass der Arbeitgeber nicht durch Tarifvertrag, Betriebsvereinbarung oder Gesetz zu dieser Leistung verpflichtet ist, so dass gem. § 305c Abs. 2 BGB einer arbeitnehmerfreundlichen Auslegung der Vorzug zu geben ist[2]. 88a

Ein Freiwilligkeitsvorbehalt muss klar und verständlich formuliert sein. Der Verwender hat das **Transparenzgebot** zu beachten; die Klausel muss sich in diesem Zusammenhang an den sonstigen Regelungen im Arbeitsvertrag messen lassen[3]. Sie ist nur wirksam, wenn sie nicht im Widerspruch zu den **übrigen Bestimmungen** steht. Nach Ansicht des BAG[4] soll eine intransparente Vertragsgestaltung bereits vorliegen, wenn dem Arbeitnehmer zugleich ein „Anspruch" auf die Sonderleistung zugesagt wird oder es im Vertrag ausdrücklich heißt, er „erhält" den Bonus bzw. dieser werde „gezahlt" oder „gewährt".

Hingegen verstößt eine Klausel nicht gegen das Transparenzgebot, nach der der Arbeitnehmer einen Bonus oä. „erhält" und lediglich bestimmt ist, dass nach billigem Ermessen über die Höhe des Bonus bestimmt werde. Die Klausel wird nicht dadurch unklar, dass sich der Arbeitgeber die genaue Bestimmung der Leistung vorbehalten hat[5]. In diesem Fall handelt es sich bei der Klausel um keinen Freiwilligkeitsvorbehalt, sondern um ein einseitiges Leistungsbestimmungsrecht iSv. § 315 Abs. 1 BGB.

Die Unwirksamkeit des Freiwilligkeitsvorbehaltes wegen einer intransparenten Vertragsgestaltung ergibt sich zudem daraus, dass die Klausel die Höhe der Sonderleistung konkret bestimmt (zB „Weihnachtsgratifikation in Höhe eines Bruttomonatsgehalts" oder „Zahlung eines 13. Gehalts") oder die Voraussetzung für die Zahlung präzise formuliert[6].

Auch die beispielhafte Aufzählung derjenigen Sonderzahlungen in einem Klammerzusatz, die unter dem Freiwilligkeitsvorbehalt stehen sollen, unter gleichzeitiger Bezugnahme auf einen Tarifvertrag in diesem Klammerzusatz, wurde vom BAG[7] als unwirksam qualifiziert. Darüber hinaus stellt ein Freiwilligkeitsvorbehalt eine unangemessene Benachteiligung des Arbeitnehmers dar, der alle zukünftigen arbeitgeberseitigen Leistungen – unabhängig von ihrer Art und ihrem Entstehungsgrund – erfasst[8].

---

1 Vgl. BAG 14.9.2011 – 10 AZR 526/10, NZA 2012, 81; LAG Hamm 24.2.2011 – 8 Sa 1649/10; *Zundel*, NJW 2006, 1240; *Willemsen/Grau*, NZA 2005, 1140.
2 BAG 20.2.2013 – 10 AZR 177/12; 17.4.2013 – 10 AZR 281/12; *Fuhlrott*, ArbR 2013, 327.
3 BAG 30.7.2008 – 10 AZR 606/07, NZA 2008, 1173; 24.10.2007 – 10 AZR 825/06, NZA 2008, 40; 6.5.2009 – 10 AZR 443/08, NZA 2009, 783.
4 Vgl. BAG 20.2.2013 – 10 AZR 177/12; 24.10.2007 – 10 AZR 825/06, NZA 2008, 40; LAG BW 1.12.2011 – 9 Sa 146/11, AA 2012, 90; LAG Hamm 1.12.2011 – 8 Sa 1245/11; 11.11.2010 – 8 Sa 643/10; LAG Rh.-Pf. 8.2.2012 – 8 Sa 591/11; *Urban*, ArbR 2010, 7.
5 BAG 20.3.2013 – 10 AZR 8/12.
6 Vgl. BAG 20.2.2013 – 10 AZR 177/12; 17.4.2013 – 10 AZR 281/12; 30.7.2008 – 10 AZR 606/07, NZA 2008, 1173; LAG Hamm 15.4.2010 – 15 Sa 1611/09; s.a. ArbG Mönchengladbach 6.5.2009 – 6 Ca 545/09; 2.4.2009 – 3 Ca 186/09; so bereits *Thüsing*, AGB-Kontrolle im Arbeitsrecht, 2007, Rz. 270; *Schäfer*; öAT 2013, 243 f.
7 Vgl. BAG 20.1.2010 – 10 AZR 914/08, NZA 2010, 445.
8 Vgl. BAG 13.11.2013 – 10 AZR 848/12; 14.9.2011 – 10 AZR 526/10, DB 2012, 179; dazu auch *Bauer/von Medem*, NZA 2012, 894 f.

Die Unwirksamkeit eines formularmäßig vereinbarten Freiwilligkeitsvorbehaltes folgt nach Ansicht des BAG[1] auch daraus, wenn dieser spätere Individualabreden nach § 305b BGB erfasst. Eine betriebliche Übung stellt nach bisheriger Ansicht des BAG[2] keine entsprechende Individualabrede dar, so dass der Freiwilligkeitsvorbehalt allerdings nach wie vor geeignet ist, die Entstehung einer solchen zu verhindern[3].

Das BAG[4] hat weiterhin Bedenken geäußert, ob – entgegen der bisherigen Rechtsprechung[5] – ein Freiwilligkeitsvorbehalt dauerhaft den Erklärungswert einer ohne jeden weiteren Vorbehalt und ohne den Hinweis auf die vertragliche Regelung erfolgten Zahlung so erschüttern kann, dass der Arbeitnehmer das spätere konkludente Verhalten des Arbeitgebers entgegen seinem gewöhnlichen Erklärungswert nicht als Angebot zur dauerhaften Leistungserbringung verstehen kann. Dies ist wenig nachvollziehbar, da eine vertragliche Regelung nicht ohne Weiteres „verwelken" kann[6]. Im Zweifel sollte der Arbeitgeber aber auf Grundlage dieser Rechtsprechung vor jeder Zahlung auf diesen Freiwilligkeitsvorbehalt hinweisen und diesen „erneuern", um eine Bindung für die Zukunft zu vermeiden.

89 ⊃ **Hinweis:** Der Arbeitgeber muss bei der Gestaltung des Arbeitsvertrages insbesondere beachten, dass Widerrufs- und Freiwilligkeitsvorbehalt inhaltlich zu trennen sind. Während mit dem Widerruf eine zunächst bestehende rechtliche Verpflichtung im Nachhinein beseitigt wird, wird mit dem Freiwilligkeitsvorbehalt von vornherein die Entstehung einer rechtlichen Verpflichtung ausgeschlossen[7]. Da beides sachlogisch nicht miteinander zu vereinbaren ist, ist die Klausel letztlich widersprüchlich, wenn beide Elemente in der Klausel verknüpft werden; dies ist mit § 305c Abs. 2 BGB nicht zu vereinbaren[8]. Die Rechtsprechung war zu dieser Frage uneinheitlich[9]. Sie neigte in der Vergangenheit dazu, diese Bestimmung als Widerrufsvorbehalt auszulegen[10]. Nun hat das BAG[11] entschieden, dass eine Klausel, nach der die Leistung „freiwillig unter dem Vorbehalt des jederzeitigen Widerrufs" erbracht wird, gegen das Transparenzgebot verstößt und daher unwirksam ist; eine Umdeutung kommt nicht in Betracht[12].

---

1 BAG 14.9.2011 – 10 AZR 526/10, DB 2012, 179.
2 Vgl. BAG 20.5.2008 – 9 AZR 382/07, BB 2008, 2242.
3 Vgl. *Hromadka*, DB 2012, 1039; zur Abgrenzung der betrieblichen Übung von einer konkludenten Zusage: *Preis/Sagan*, NZA 2012, 702.
4 BAG 14.9.2011 – 10 AZR 526/10, DB 2012, 179.
5 BAG 21.1.2009 – 10 AZR 219/08, NZA 2009, 310; 30.7.2008 – 10 AZR 606/07, NZA 2008, 1173; LAG Hamm 1.12.2011 – 8 Sa 1245/11.
6 So *Hromadka*, DB 2012, 1041; kritisch auch *Bauer/von Medem*, NZA 2012, 894; *Hunold*, DB 2012, 1096; zustimmend hingegen *Preis/Sagan*, NZA 2012, 697.
7 Wirtschaftlich bezwecken zwar beide Änderungsvorbehalte das Gleiche: Der Arbeitgeber möchte einem Arbeitnehmer eine Leistung gewähren, sich an diese aber nicht bis in alle Ewigkeit binden, sondern sie vielmehr zukünftig einseitig wieder einstellen können, vgl. *Leder*, RdA 2010, 93.
8 Vgl. hierzu auch *Diepold*, AuA 2013, 85.
9 Die Unwirksamkeit der Klausel aufgrund der Widersprüchlichkeit bejaht das LAG Hamm 27.7.2005 – 6 Sa 29/05, NZA-RR 2006, 125; LAG Bbg. 13.10.2005 – 9 Sa 141/05, DB 2006, 160 ff.; aA LAG Berlin 13.5.2005 – 13 Sa 213/05, BB 2006, 1455; LAG Rh.-Pf. 26.3.2010 – 6 Sa 723/09, StBW 2010, 518; LAG Düsseldorf 30.11.2005 – 12 Sa 1210/05: allerdings zu einer Klausel, die vor dem 1.1.2002 vereinbart wurde; dazu auch: *Annuß*, BB 2006, 1336.
10 Vgl. BAG 22.8.1979 – 5 AZR 769/77, DB 1980, 406; 1.3.2006 – 5 AZR 363/05, NZA 2006, 746; so auch LAG Berlin 19.8.2005 – 6 Sa 1106/05, NZA-RR 2006, 68; verneinend, wenn die Klausel nicht so gestaltet ist, dass sie den Anforderungen an einen Widerrufsvorbehalt entspricht, vgl. BAG 25.4.2007 – 5 AZR 627/06, NZA 2007, 853; *Schramm*, NZA 2007, 1325.
11 BAG 14.9.2011 – 10 AZR 526/10, DB 2012, 179; 8.12.2010 – 10 AZR 671/09, NZA 2011, 628; 18.3.2009 – 10 AZR 289/08, NZA 2009, 535; 30.7.2008 – 10 AZR 606/07, NZA 2008, 1173; LAG Hess. 26.6.2010 – 7 Sa 1881/09; abweichend LAG Düsseldorf 29.7.2009 – 2 Sa 470/09, BB 2009, 2477; *Leder*, BB 2009, 1366 ff.; s.a. BAG 24.10.2007 – 10 AZR 825/06, DB 2008, 40.
12 *Otto/Walk*, BB 2010, 37; vgl. auch LAG Rh.-Pf. 11.3.2013 – 5 Sa 11/13; LAG Mainz 7.9.2012 – 6 Sa 709/11.

◯ **Hinweis:** Der Begriff „Widerruf" ist bei einem Freiwilligkeitsvorbehalt zu vermeiden. Darüber hinaus sollte dieser zusätzlich den Hinweis auf den Ausschluss zukünftiger Rechtsansprüche auf die Leistung enthalten. Zudem sind Individualabreden gem. § 305b BGB ausdrücklich von dessen Anwendungsbereich auszunehmen.

Der Arbeitgeber muss etwaige Gründe, bei deren Vorliegen die Sonderleistung eingestellt werden kann, nicht in der Klausel präzisieren. Für die Wirksamkeit eines Freiwilligkeitsvorbehaltes ist es auch nicht erforderlich, dass eine Ankündigungspflicht für die Nichterbringung der Leistung vorgesehen ist[1].

Bei der Ablösung einer zwischen den Parteien bereits bestehenden Vereinbarung durch den Abschluss eines neuen Arbeitsvertrages wird nach dem LAG Hamm allerdings ein Freiwilligkeitsvorbehalt für die Zahlung von Weihnachts- und Urlaubsgeld, der im ursprünglichen Arbeitsvertrag vereinbart worden ist, nicht zugleich Inhalt eines später abgeschlossenen Arbeitsvertrages, wenn dieser in unbestimmter Weise lediglich die Übernahme „sonstiger Vereinbarungen" vorsieht[2].

Im Zusammenhang mit sog. **Altverträgen** lehnt das BAG[3] die Gewährung von Vertrauensschutz zugunsten des Arbeitgebers aufgrund der inhaltlichen Widersprüchlichkeit der Kombination von Widerrufs- und Freiwilligkeitsvorbehalt ab. Ist ein auf eine Sonderzahlung bezogener Freiwilligkeitsvorbehalt unwirksam, ist der ersatzlose Wegfall interessengerecht. Einer Aufrechterhaltung der unwirksamen Klausel mit anderem Inhalt steht die Unklarheitenregel entgegen. Diese in § 305c Abs. 2 BGB normierte Regel war schon vor dem Inkrafttreten des AGBG allgemein anerkannt und galt auch für Formulararbeitsverträge. Nach Ansicht des BAG[4] spricht die einjährige Übergangsfrist für die Einführung der AGB-Kontrolle auf Arbeitsverträge bis zum 1.1.2003 dafür, dass kein Vertrauensschutz in Betracht kommt, wenn der Arbeitgeber während dieser Übergangsfrist keinen Versuch zur Vertragsanpassung unternommen hat.

(3) Materielle Anforderungen

Grundsätzlich gilt nach Auffassung des BAG[5], dass es für die Wirksamkeit eines Freiwilligkeitsvorbehaltes nicht auf die Höhe der Leistung ankommt. Die Klausel ist allerdings dann unwirksam, wenn sie sich auf „laufendes Entgelt", zB eine monatliche Leistungszulage und monatliche Prämien[6], und nicht auf davon zu trennende Sonderzahlungen bezieht[7], zB Weihnachts- und/oder Urlaubsgeld[8], da sie

---

1 BAG 21.1.2009 – 10 AZR 221/08, NZA 2009, 310.
2 Vgl. LAG Hamm 29.10.2009 – 15 Sa 834/09.
3 Vgl. BAG 10.12.2008 – 10 AZR 1/08, DB 2009, 684; LAG Hamm 8.11.2011 – 15 Sa 1038/11; 20.10.2011 – 8 Sa 463/11; *Greßlin*, BB 2009, 1136.
4 Vgl. BAG 10.12.2008 – 10 AZR 1/08, DB 2009, 684.
5 BAG 30.7.2008 – 10 AZR 606/07, NZA 2008, 1173; 18.3.2009 – 10 AZR 289/08, NZA 2009, 535; *Willemsen/Jansen*, RdA 2010, 4f.; dazu *Leder*, RdA 2010, 93; aA: lediglich 25–30 % des Gesamtverdienstes dürfen mit einem Freiwilligenvorbehalt verknüpft werden: LAG Düsseldorf 11.4.2008 – 9 Sa 115/08, BB 2009, 335; so auch LAG Hess. 4.5.2009 – 7 Sa 1607/08; *Zundel*, NJW 2006, 1240; *Willemsen/Grau*, NZA 2005, 1141 *Lingemann/Gotham*, DB 2008, 2307.
6 BAG 25.4.2007 – 5 AZR 627/06, BB 2007, 1900; LAG Hamm 8.11.2011 – 15 Sa 1038/11; 20.10.2011 – 8 Sa 463/11 zu „Prämien"; hierzu auch: *Willemsen/Jansen*, RdA 2010, 1 ff.; *Feddersen*, NWB 2010, 1348 ff; *Schäfer*, öAT 2013, 243; *Diepold*, AuA 2013, 85 f.
7 Vgl. BAG 10.12.2008 – 10 AZR 1/08, DB 2009, 684f.; 24.10.2007 – 10 AZR 825/06, BB 2008, 166; *Lingemann/Gotham*, DB 2008, 2307; *Otto/Walk*, BB 2010, 373 ff.; *Wiedemann*, RdA 2009, 186 ff.; *Willemsen/Jansen*, RdA 2010, 3.
8 Vgl. BAG 30.7.2008 – 10 AZR 606/07, NZA 2008, 1173f.; *Lingemann/Gotham*, DB 2008, 2307; ablehnend *Lembke*, NJW 2010, 261, der eine Abgrenzung zwischen laufendem Arbeitsentgelt und Sonderzahlungen für praktisch unmöglich hält.

die synallagmatische Verknüpfung der Leistungen beider Vertragsparteien nicht berücksichtigt[1].

90c Entscheidend für die Wirksamkeit des Freiwilligkeitsvorbehalts ist nach Ansicht des 10. Senats[2] im Hinblick auf die **Abgrenzung von laufendem Entgelt und Sonderzahlung** bislang der Auszahlungszeitpunkt. Lediglich Leistungen, die gleichzeitig oder im engen Zusammenhang mit der Grundvergütung gewährt werden, sollte der Arbeitgeber nicht wirksam mit einem Freiwilligkeitsvorbehalt erfassen können[3]. Der 5. Senat[4] vertritt hingegen die Ansicht, dass sämtliche Leistungen als laufendes Entgelt anzusehen sind, die in einem unmittelbaren Gegenseitigkeitsverhältnis zur Arbeitsleistung stehen; auf den Auszahlungszeitpunkt soll es dabei nicht ankommen. Die genauen Kriterien für die Abgrenzung von laufendem Entgelt und Sonderzahlungen haben die verschiedenen Senate des BAG bislang noch nicht abschließend festgelegt, so dass eine entsprechende Rechtsunsicherheit besteht, bei welchen Leistungen tatsächlich ein Freiwilligkeitsvorbehalt noch wirksam vereinbart werden kann.

90d ⮞ **Hinweis:** Grundsätzlich lässt sich im Lichte der Rechtsprechungsentwicklung feststellen, dass Freiwilligkeitsvorbehalte zwar nicht per se unzulässig, jedoch **wenig praktikabel** sind. Ein Arbeitgeber darf zur widerspruchsfreien Gestaltung von Freiwilligkeitsvorbehalten weder die Höhe noch die Voraussetzungen der Sonderzahlung in der Klausel präzisieren. Dieser Aspekt ist gerade zur Leistungssteuerung der Arbeitnehmer höchst nachteilig, da Anreize nur geschaffen werden können, wenn die Voraussetzungen für einen etwaigen Leistungsbezug gleichzeitig konkretisiert werden können.

Jüngst hat das BAG entschieden, dass ein leistungs- und erfolgsabhängiger Bonus, der auf der Leistung des Arbeitnehmers beruht, nicht wirksam unter einen Freiwilligkeitsvorbehalt gestellt werden kann. Die in Aussicht gestellte erfolgsabhängige Vergütung steht somit im Gegenleistungsverhältnis und ist daher Teil der Gegenleistung für die erbrachte Arbeitsleistung des Arbeitnehmers. Ein entsprechender Freiwilligkeitsvorbehalt stellt eine unangemessene Benachteiligung iSv. § 307 Abs. 1 Satz 1, Abs. 2 Nr. 1 und 2 BGB dar[5].

Die Anforderungen an die AGB-rechtliche Wirksamkeit der Klausel wurden vom BAG zudem weiter verschärft, indem Individualvereinbarungen ausdrücklich vom Freiwilligkeitsvorbehalt ausgenommen sein müssen und auch nicht mehr sämtliche zusätzlich gewährten Leistungen, unabhängig von ihrem Entstehungsgrund, eingeschlossen werden dürfen[6].

Um eine Bindung für die Zukunft zu vermeiden, ist es daher grundsätzlich ratsam, auf andere Flexibilisierungsinstrumente als den Freiwilligkeitsvorbehalt zurückzugreifen – zB die Vereinbarung eines Leistungsanspruchs, dessen Höhe der Arbeitgeber nach billigem Ermessen bestimmen kann[7] – oder gar ganz darauf zu verzichten, Sonderzahlungen vertraglich zu regeln, sondern vielmehr einzelfallbezogen jeweils neu zu entscheiden, ob diese gewährt werden[8].

Auf Grundlage der nicht eindeutigen Rechtsprechung zur Abgrenzung von laufendem Entgelt und Sonderzahlung sollte allenfalls bei jährlich gewährten Leistungen außerhalb des Synallagmas auf einen Freiwilligkeitsvorbehalt zurückgegriffen werden, zB bei einem Weihnachtsgeld oder einer jährlichen Treueprämie.

---

1 *Schäfer*, öAT 2013, 243.
2 BAG 30.7.2008 – 10 AZR 606/07, NZA 2008, 1173f.
3 Vgl. *Leder*, RdA 2010, 95; zur Abgrenzung *Lembke*, NJW 2010, 262.
4 BAG 25.4.2007 – 5 AZR 627/06, BB 2007, 1900; in diese Richtung wohl auch jetzt der 10. Senat, ohne die streitige Rechtsfrage aber zu diskutieren: BAG 14.9.2011 – 10 AZR 526/10, DB 2012, 179; dazu *Preis/Sagan*, NZA 2012, 704.
5 BAG 19.3.2014 – 10 AZR 622/13; ebenso LAG München 7.5.2013 – 6 Sa 731/12; *Arnold*, ArbR 2014, 286; *Lingemann/Otte*, NJW 2014, 2400f.
6 BAG 14.9.2011 – 10 AZR 526/10, DB 2012, 179.
7 *Schäfer*, öAT 2013, 243 (245); BAG 16.1.2013 – 10 AZR 26/12; *Arnold*, ArbR 2013, 180.
8 *Urban*, ArbR 2010, 6f.

Ein **Freiwilligkeitsvorbehalt** kann wie folgt formuliert werden: 91

Formulierungsbeispiel:

Soweit Sonderleistungen, insbesondere eine Gratifikation, über die in Ziff. *[XX]* dieses Vertrages geregelte Vergütung hinaus gewährt werden können[1], geschieht dies, wenn nicht ausdrücklich und schriftlich etwas anderes erklärt wird, freiwillig. Auch im Falle einer mehrmaligen Gewährung entsteht kein Rechtsanspruch des Arbeitnehmers auf derartige Sonderleistungen für die Zukunft. Der Arbeitgeber entscheidet vielmehr für das jeweilige Jahr neu, ob und in welcher Höhe etwaige Sonderleistungen gewährt werden. Die Sätze 1–3 gelten nicht für Sonderleistungen auf Grundlage einer mit dem Arbeitnehmer abgeschlossenen Individualabrede gem. § 305b BGB[2].

Negativbeispiel:

Über das Fixgehalt hinaus gewährt der Arbeitgeber dem Mitarbeiter eine jährliche Sonderzahlung. Die Gewährung begründet keinen Rechtsanspruch für die Zukunft.

ff) Änderung der Arbeitszeit

Die **Dauer der geschuldeten regelmäßigen Arbeitszeit** wird meist durch Arbeits- oder Tarifvertrag bestimmt. Sie steht damit nicht zur Disposition des Arbeitgebers, da ansonsten der gesetzliche Schutz für Änderungskündigungen umgangen würde[3]. Sie betrifft unmittelbar die Hauptpflicht des Arbeitnehmers aus dem Arbeitsvertrag und unterliegt nicht dem Weisungsrecht des Arbeitgebers. Die Arbeitszeit ist nach § 2 Abs. 1 Nr. 7 NachwG im Arbeitsvertrag schriftlich niederzulegen. S. zum Arbeitszeitrecht im Einzelnen Teil 2 A Rz. 81 ff. und Teil 6 A. 92

Dagegen unterliegt die Bestimmung der zeitlichen **Lage und Verteilung der Arbeitszeit** – in Betrieben ohne Betriebsrat – dem Direktionsrecht des Arbeitgebers, sofern keine vertraglichen oder tariflichen Festlegungen getroffen sind und die gesetzlichen Bestimmungen eingehalten werden[4]. 93

⮕ **Hinweis:** Eine genaue Regelung der Lage der Arbeitszeit im Arbeitsvertrag ist aus Sicht des Arbeitgebers nicht sinnvoll. Deren Festlegung gehört zum Kernbereich des Direktionsrechts, so dass eine vertragliche Festlegung dieses beschränken würde. Auch eine langjährig unveränderte Arbeitszeit führt nicht zu einer Konkretisierung und damit Limitierung des Weisungsrechts für die Zukunft. Hierzu ist das Vorliegen besonderer Anhaltspunkte erforderlich[5]. Das BAG hat in diesem Zusammenhang entschieden, dass der Arbeitgeber Sonn- und Feiertagsarbeit anordnen kann, ohne dass hierzu eine ausdrückliche Bestimmung im Arbeitsvertrag erforderlich ist[6]. 94

Formulierungsbeispiele:

Die wöchentliche Arbeitszeit beträgt ausschließlich der Pausen 40 Stunden. Ihre Lage richtet sich nach der betrieblichen Einteilung.

---

1 Formulierungsvorschlag von *Schäfer*, öAT 2013, 243.
2 S.a. den Formulierungsvorschlag bei *Preis/Sagan*, NZA 2012, 704.
3 BAG 12.12.1984 – 7 AZR 509/83, NZA 1985, 321; ArbG Hamburg 2.5.1984 – 6 Ca 691/83, AiB 1984, 138; *Hanau*, NZA 1984, 347.
4 Vgl. dazu ausführlich *Wisskirchen/Bissels*, NZA Beilage 1/2006, 24 ff.; daher erklärte das BAG eine Klausel im Arbeitsvertrag einer Reinigungskraft einer Schule für wirksam, nach der das Arbeitsverhältnis während der Schulferien ruht und Ansprüche auf Vergütung entfallen, vgl. BAG 10.1.2007 – 5 AZR 84/06, ArbRB 2007, 133.
5 Vgl. BAG 13.6.2012 – 10 AZR 296/11; 11.10.1995 – 5 AZR 802/94, DB 1996, 834; vgl. auch *Reinecke*, NZA-RR 2013, 393 ff.
6 Vgl. BAG 15.9.2009 – 9 AZR 757/08, DB 2009, 2551.

oder

Die regelmäßige Arbeitszeit beträgt ausschließlich der Pausen 40 Stunden/Woche. Sie kann aus betrieblichen Gründen auf mehrere Wochen ungleichmäßig verteilt werden, jedoch nur so, dass in *[Anzahl]* zusammenhängenden Wochen der Ausgleich erreicht sein muss.

95 Beachtet der Arbeitgeber die gesetzlichen Regelungen des ArbZG, kann er sich in sog. **Arbeitsabruf-Klauseln** vorbehalten, unter Angabe des Umfangs die wöchentliche Arbeitszeit bedarfsgemäß zu erhöhen oder zu reduzieren, ohne den Arbeitnehmer dadurch iSv. § 307 Abs. 1 BGB unangemessen zu benachteiligen. Das BAG[1] hielt dies zumindest für zulässig, wenn die vom Arbeitgeber zusätzlich abrufbare Arbeit bis zu 25 % der vereinbarten wöchentlichen Mindestarbeitszeit beträgt. Zugleich hat es auch eine Regelung als wirksam qualifiziert, mit der sich der Arbeitgeber das Recht vorbehält, die vereinbarte Arbeitszeit um bis zu 20 % zu reduzieren. Die Arbeitsabruf-Klausel ist dabei eindeutig von der Anordnung von Überstunden abzugrenzen. Während es dabei um die Verpflichtung zur Leistung aufgrund eines besonderen, unvorhergesehenen Umstandes geht, liegt der Sinn der Arbeit auf Abruf gerade darin, einen plan- und vorhersehbaren, jedoch uU schwankenden Personalbedarf abzudecken.

95a ⮕ **Hinweis:** Es sollte neben der Festlegung des Umfangs der abrufbaren Arbeitszeit eine angemessene Ankündigungsfrist festgelegt werden, die zumindest vier Tage betragen sollte (vgl. § 12 Abs. 2 TzBfG). Darüber hinaus ist empfehlenswert, insbesondere für den Fall der Verringerung der regelmäßigen Arbeitszeit aus Gründen der Transparenz in der Vergütungsregelung klarstellend darauf hinzuweisen, dass sich die Höhe der monatlichen Vergütung im Falle einer Arbeitszeitverringerung entsprechend reduziert. Ebenfalls erforderlich ist, dass die Klausel für den Arbeitnehmer ohne Weiteres durch drucktechnische Hervorhebung erkennbar ist. Im Gegensatz zur Zulässigkeit von Widerrufsvorbehalten verlangt das BAG im Hinblick auf Arbeitsabruf-Klauseln keine weiteren formellen Wirksamkeitsvoraussetzungen. Aus diesem Grund ist auch die Angabe eines entsprechenden Abrufgrundes nicht notwendig[2].

96 Wie das BAG ausdrücklich festgestellt hat, kann der Arbeitgeber über die abrufbare Arbeitszeit hinaus weiterhin **Überstunden** anordnen, soweit die Voraussetzungen hierfür erfüllt sind[3]. Empfohlen wird daher, neben einer Arbeitsabruf-Klausel eine Verpflichtung zur Leistung von Überstunden in den Arbeitsvertrag aufzunehmen.

c) Fingierte Erklärungen

97 Nach § 308 Nr. 5 BGB sind Klauseln unwirksam, die bestimmen, dass eine Erklärung des Arbeitnehmers bei der Vornahme oder Unterlassung einer bestimmten Handlung als von ihm abgegeben gilt.

Möchte der Arbeitgeber bspw. eine Vertragsänderung herbeiführen und teilt er hierzu dem Arbeitnehmer die geänderten Vertragsbedingungen mit, stellt sich die Frage, ob dessen Schweigen als Zustimmung gilt mit der Folge, dass die geänderten Vertragsbedingungen als vereinbart gelten. Die Regelung über eine derartige Fiktion in AGB ist nur wirksam, wenn dem Arbeitnehmer eine angemessene Frist zur Abgabe einer ausdrücklichen Erklärung eingeräumt wird oder der Arbeitgeber sich verpflichtet, den Mitarbeiter bei Beginn der Frist auf die vorgesehene Bedeutung seines Verhaltens hinzuweisen. Bietet der Arbeitgeber nachträglich ändernde oder verschlechternde Arbeitsbedingungen an, kann in dem Schweigen des Arbeitnehmers und dem wider-

---

1 Vgl. BAG 7.12.2005 – 5 AZR 535/04, NZA 2006, 423; LAG MV 6.4.2006 – 1 Sa 37/06; LAG Bln.-Bbg. 12.5.2009 – 7 Sa 201/09; LAG Sachs. 16.7.2009 – 5 Sa 407/08; LAG Düsseldorf 17.4.2012 – 8 Sa 1334/11; *Bauer/Chwalisz*, ZfA 2007, 352; *Franzen*, RdA 2014, 1.
2 Vgl. *Hohenstatt/Schramm*, NZA 2007, 242.
3 Vgl. BAG 7.12.2005 – 5 AZR 535/04, NZA 2006, 423; *Hohenstatt/Schramm*, NZA 2007, 242.

spruchslosen Weiterarbeiten allein grundsätzlich keine stillschweigende Annahmeerklärung gesehen werden.

Das BAG[1] hat dazu den Auslegungsgrundsatz entwickelt, dass in solchen Fällen eine Zustimmung des Arbeitnehmers im Zweifel nur anzunehmen ist, wenn sich die Vertragsänderung unmittelbar im Arbeitsverhältnis auswirkt und der Arbeitnehmer deshalb umgehend feststellen kann, welchen Einfluss die Änderung auf seine Rechte und Pflichten hat. Dagegen wird eine stillschweigende Annahmeerklärung meist fehlen, solange die Folgen der Änderung noch gar nicht hervortreten[2]. 98

Dabei bleibt jedoch stets zu prüfen, ob hierin nicht bereits eine **unangemessene Benachteiligung** zu sehen ist. Die Änderung von Arbeitsvertragsbedingungen ist außerhalb der Grenzen des Direktionsrechts nur durch eine einvernehmliche Vertragsänderung oder durch eine Änderungskündigung möglich. In der Möglichkeit der Anpassung von Vertragsbedingungen durch Erklärungsfiktionen ist dann eine unangemessene Benachteiligung des Arbeitnehmers zu sehen, wenn ihm die Tragweite einer solchen Vertragsklausel nicht bewusst ist und der Arbeitgeber hierdurch die Möglichkeit hätte, einseitig in die Hauptleistungspflichten einzugreifen.

Unwirksam ist nach diesen Grundsätzen der arbeitgeberseitige Hinweis im Zusammenhang mit der **Unterrichtungspflicht bei einem Betriebsübergang** nach § 613a Abs. 5 BGB an den einzelnen Arbeitnehmer, dass der Arbeitgeber dessen Zustimmung zum Übergang des Arbeitsverhältnisses unterstellt, wenn dieser nicht innerhalb einer bestimmten Zeitspanne widerspricht. 99

Nach Ansicht des BAG[3] konnte der Arbeitgeber eine entstandene betriebliche Übung durch eine sog. **gegenläufige betriebliche Übung** beenden, indem er nachträglich einen Freiwilligkeitsvorbehalt erklärte. Hatten die begünstigten Arbeitnehmer die Einstellung der Leistung dreimal in Folge nicht widersprochen, sollten die Leistungsansprüche wieder entfallen[4]. Diese ständige Rechtsprechung[5] hat das BAG[6] aufgegeben. Dem Schweigen kann grundsätzlich keine Erklärung des Inhalts entnommen werden, dass der Arbeitnehmer auf einen entstandenen Anspruch verzichtet. Eine derartige Auslegung verstößt gegen § 308 Nr. 5 BGB, da eine entsprechende Erklärung gerade fingiert wird. Eine Ausnahme gilt nur dann, wenn die Wirkung des Schweigens dem Vertragspartner hinreichend deutlich gemacht und ihm eine angemessene Frist zur Abgabe der Erklärung eingeräumt wird. Ein **nachträglicher Freiwilligkeitsvorbehalt** genügt diesen Anforderungen aber gerade nicht[7]. 99a

d) Fiktion des Zugangs

§ 308 Nr. 6 BGB bestimmt die Unwirksamkeit von Vertragsklauseln, die vorsehen, dass eine Erklärung des Arbeitgebers dem Arbeitnehmer als zugegangen gilt, sofern sie für den Mitarbeiter eine besondere Bedeutung hat. Davon erfasst sind alle Erklärungen, die für den Arbeitnehmer als Empfänger **nachteilige Auswirkungen** haben, zB Kündigungen und Abmahnungen. Da teilweise in Arbeits- bzw. Aufhebungsverträgen 100

---

1 Vgl. BAG 30.7.1985 – 3 AZR 405/83, DB 1986, 647.
2 Vgl. BAG 30.7.1985 – 3 AZR 405/83, DB 1986, 647.
3 Vgl. BAG 24.11.2004 – 10 AZR 202/04, NZA 2005, 349; 4.5.1999 – 10 AZR 290/98, NZA 1999, 1162; 26.3.1997 – 10 AZR 612/96, NZA 1997, 1007.
4 Vgl. *Bachner*, ArbR 2010, 201 ff.; *Schmitt-Rolfes*, AuA 2010, 567.
5 Vgl. BAG 26.3.1997 – 10 AZR 612/96, NZA 1997, 1007.
6 BAG 18.3.2009 – 10 AZR 281/08, NZA 2009, 601; bestätigt durch BAG 16.2.2010 – 3 AZR 118/08, DB 2010, 1947 f.; *Zühlke*, InfoA 2009, 181; *Ulrici*, jurisPR-ArbR 26/2009 Anm. 3; *Schmitt-Rolfes*, AuA 2009, 567; *Roeder*, NZA 2009, 883 ff.
7 Vgl. BAG 18.3.2009 – 10 AZR 281/08, NZA 2009, 601; einschränkend LAG Bln.-Bbg. 9.9.2009 – Sa 797/09, DB 2009, 2661; *Paul*, ArbR 2010, 20; *Bachner*, ArbR 2010, 201 ff.

oder Ausgleichsquittungen Zugangsfiktionen, zB bei Nichtmitteilung einer Adressenänderung, vorgesehen sind, müssen sich diese an diesem Klauselverbot messen lassen[1]. Insbesondere wird man nach § 308 Nr. 6 BGB Vertragsklauseln als unwirksam qualifizieren müssen, die auf das Zugangserfordernis gänzlich verzichten und die bloße Abgabe einer Willenserklärung[2] genügen lassen sollen.

4. Inhaltskontrolle nach der Generalklausel gem. § 307 BGB

101 Nach der Generalklausel sind Bestimmungen in AGB unwirksam, die den Vertragspartner des Verwenders **entgegen den Geboten von Treu und Glauben unangemessen benachteiligen**, § 307 Abs. 1 und 2 BGB. Dabei beinhaltet § 307 BGB eine Transparenz- und eine Inhaltskontrolle von Vertragsklauseln.

a) Transparenzkontrolle

102 Eine unangemessene Benachteiligung kann vorliegen, wenn eine Bestimmung **nicht klar und verständlich formuliert** ist, § 307 Abs. 1 Satz 2 BGB. Das mit der Rechtsklarheit verbundene Transparenzgebot soll es dem Vertragspartner ermöglichen, sich aus den AGB zuverlässig über seine Rechte und Pflichten bei der Vertragsabwicklung zu informieren, damit er nicht von der Durchsetzung seiner Rechte abgehalten werden kann und ihm nicht unberechtigte Pflichten abverlangt werden. Die Rechtsprechung hat das Transparenzgebot auch ohne ausdrückliche Verankerung im AGBG entwickelt[3] und gefordert, dass es dem rechtsunkundigen Durchschnittsvertragspartner des Verwenders ohne Einholung eines Rechtsrats möglich sein muss, die benachteiligende Wirkung der Vertragsklausel zu erkennen[4]. Allein die Notwendigkeit der Auslegung der Bestimmung führt allerdings nicht zu deren Unwirksamkeit[5].

103 **Bedeutung** kann das Transparenzgebot vor allem erlangen, wenn

– der Inhalt einer Vertragsklausel von einem durchschnittlich verständigen Arbeitnehmer wegen seiner sprachlichen Umständlichkeit nicht erfasst werden kann oder

– der Arbeitsvertrag auf kollektivvertragliche Bestimmungen verweist, deren Inhalt sich dem Mitarbeiter erst durch deren Lektüre erschließt.

104 Dies gilt auch, wenn durch die AGB nicht von einer Rechtsvorschrift abgewichen bzw. diese ergänzt wird.

105 ⮕ **Hinweis:** Um einem Verstoß gegen das Transparenzgebot zu vermeiden, sollten die Vertragsbedingungen so formuliert werden, dass sie einem durchschnittlichen Arbeitnehmer, bezogen auf den jeweiligen Arbeitsplatz, verständlich und nachvollziehbar sind. Verweist der Arbeitsvertrag auf einen Tarifvertrag oder eine Betriebsvereinbarung, empfiehlt es sich, diese dem Arbeitnehmer zur Verfügung zu stellen. Auch hier ist darauf zu achten, dass die entsprechenden Abschnitte des Arbeitsvertrages mit erklärenden und verständlichen Überschriften gekennzeichnet werden.

---

1 Vgl. *Ziemann*, ArbRB 2001, 48.
2 Bspw. den Aushang am schwarzen Brett.
3 Eine ausdrückliche Kodifizierung des Transparenzgebotes war nach EuGH 10.5.2001 – Rs. C-144/99, NJW 2001, 2243 f., erforderlich, da das Gericht annahm, dass das europarechtliche Transparenzgebot nach Art. 5 Abs. 1 der Missbräuchliche-Klauseln-Richtlinie 93/13/EG ohne gesetzliche Verankerung nicht hinreichend umgesetzt worden ist.
4 Vgl. BGH 10.7.1990 – XI ZR 275/89, NJW 1990, 2383 f.; 19.10.1999 – XI ZR 8/99, NJW 2000, 652; 27.9.2000 – VIII ZR 155/99, NJW 2001, 296.
5 BAG 19.3.2014 – 10 AZR 622/13; 24.9.2008 – 6 AZR 76/07, NZA 2009, 154; LAG Hamm 5.2.2009 – 8 Sa 1665/08, AA 2010, 18; *Ebeling*, jurisPR-ArbR 26/2009 Anm. 5.

b) Allgemeine Inhaltskontrolle

Ferner ist eine Vertragsklausel unwirksam, die den Vertragspartner des Verwenders **unangemessen benachteiligt**, § 307 Abs. 1 Satz 1 BGB. Der Gesetzgeber hat **Regelbeispiele** geschaffen, bei deren Vorliegen eine unangemessene Benachteiligung im Zweifel vorliegen soll, § 307 Abs. 2 BGB. Dies ist dann anzunehmen, wenn eine Bestimmung

- mit wesentlichen Grundgedanken der gesetzlichen Regelung, von der durch die AGB abgewichen wird, nicht zu vereinbaren ist oder
- **wesentliche Rechte oder Pflichten**, die sich aus der Natur des Vertrages ergeben, so **einschränkt**, dass die Erreichung des Vertragszwecks gefährdet ist.

106

aa) Freistellungsklauseln

Freistellungsklauseln[1] berechtigen den Arbeitgeber, den Arbeitnehmer bei Vorliegen bestimmter Umstände – insbesondere nach einer Kündigung – **einseitig** unter Fortzahlung der Vergütung von der Arbeitsleistung zu befreien[2]. In der Fachliteratur[3] werden diese kritisch betrachtet. Eine Freistellungsklausel sei demnach nur dann zulässig, wenn hierfür ein besonderes schutzwürdiges und überwiegendes Interesse des Arbeitgebers besteht. Dies sei bspw. bei einer Konkurrenztätigkeit oder einem Vertraulichkeitsbruch der Fall. Das BAG hat sich mit dieser Problematik bisher noch nicht befassen müssen[4]; es liegen in diesem Zusammenhang jedoch instanzgerichtliche Entscheidungen vor:

107

Das LAG Hamburg[5] ist der Auffassung, eine Freistellungsklausel verstoße gegen § 307 Abs. 1, Abs. 2 Nr. 1 BGB, wenn sie ohne Nennung von Gründen und ohne weitere Vorbedingungen den Arbeitgeber für die Kündigungsfrist zur Freistellung des Arbeitnehmers berechtigt, ungeachtet einer in jedem Einzelfall vorzunehmenden Kontrolle, ob die Grenzen des billigen Ermessens überschritten wurden[6].

Das ArbG Stuttgart[7] ist der Auffassung, Freistellungsklauseln verstoßen gegen § 307 Abs. 1 Satz 1 BGB, wenn der Arbeitsvertrag besonders lange Kündigungsfristen (im entschiedenen Fall zwölf Monate) vorsieht und eine Billigkeitskontrolle in die vertragliche Regelung nicht aufgenommen wird. Die Unwirksamkeit wird mit dem Verstoß gegen das Leitbild des aus den Grundrechten abgeleiteten Anspruchs des Arbeitnehmers auf Beschäftigung begründet[8]. Der Arbeitgeber benötigt nach Maßgabe des ArbG Stuttgart insofern ein überwiegendes schutzwürdiges Interesse.

108

Das ArbG Frankfurt/M.sieht eine Freistellungsklausel zumindest dann als unwirksam an, wenn der Arbeitnehmer nicht nur während einer kurzen Kündigungsfrist frei-

109

---

1 Dazu auch *Wisskirchen/Bissels*, S. 112 ff.
2 Nach LAG Bln.-Bbg. 24.8.2012 – 13 Sa 499/12 liegt in einer solchen Freistellungsklausel das Angebot zum Abschluss eines Erlassvertrages iSv. § 397 BGB.
3 Vgl. *Däubler/Bonin/Deinert*, Anhang zu § 307 BGB Rz. 45; *Preis/Preis*, Der Arbeitsvertrag, II F 10 Rz. 9; *Hunold*, NZA-RR 2006, 117 f.; ausführlich zum Meinungsstand: *Lelley/Kaufmann*, FA 2006, 7.
4 Offengelassen hat das LAG Hamm in seiner Entscheidung 3.2.2004 – 19 Sa 120/04, NZA-RR 2005, 358, ob eine Freistellungsklausel eine unangemessene Benachteiligung gem. § 307 BGB darstellt.
5 LAG Hamburg 24.7.2013 – 5 SaGa 1/13; so auch LAG Frankfurt 20.3.2013 – 18 SaGa 175/13: Klausel berechtigte den Arbeitgeber jederzeit zur Freistellung des Arbeitnehmers, wobei dies insbesondere für den Fall der Kündigung gelten sollte. Auch nach Anwendung des Blue-Pencil-Test unwirksam, da keine konkreten Gründe für die Freistellung genannt.
6 Abkehr von LAG Hamburg 4.8.2010 – 5 SaGa 1/10, wonach erfolgte Kündigung als Voraussetzung ausreichend war.
7 Vgl. ArbG Stuttgart 18.3.2005 – 26 Ga 4/05.
8 Vgl. BAG 15.5.1991 – 5 AZR 271/90, NZA 1991, 979.

gestellt wird[1]. Das Suspendierungsinteresse des Arbeitgebers muss das Beschäftigungsinteresse des Arbeitnehmers in solchen Fällen überwiegen.

Das ArbG Stralsund[2] entschied dagegen, dass ein Arbeitgeber bei Wegfall einer Abteilung und fehlender Notlage des Arbeitnehmers im Hinblick auf die sofortige Erfüllung des Beschäftigungsanspruches ein berechtigtes Interesse an der Freistellung des Mitarbeiters hat.

Nach überwiegender Auffassung in der Rechtsprechung[3] ist eine einschränkungslose Freistellungsklausel stets gem. § 307 Abs. 1 Satz 1 BGB unwirksam. Darüber hinaus erfasst eine solche Bestimmung lediglich den Beschäftigungs-, nicht jedoch den gesetzlichen Weiterbeschäftigungsanspruch gem. § 102 Abs. 5 Satz 1 BetrVG. Ein Verzicht im Voraus sowohl auf den allgemeinen als auch auf den kollektiv-rechtlichen Weiterbeschäftigungsanspruch ist demnach nicht möglich. Betrifft die Klausel diesen dennoch, ist sie unwirksam, weil sie insoweit mit wesentlichen Grundgedanken der gesetzlichen Regelung des § 102 Abs. 5 BetrVG nicht vereinbar ist.

110 ⊃ **Hinweis:** In der Beratungspraxis muss aufgrund der herrschenden Instanzrechtsprechung damit gerechnet werden, dass – trotz ihrer bisherigen Üblichkeit – Freistellungsklauseln nur noch dann wirksam sind, wenn ein überwiegendes Interesse des Arbeitgebers an der Freistellung des Arbeitnehmers, zB bei drohendem Verrat von Betriebsgeheimnissen, befürchteter Konkurrenztätigkeit oder Mitnahme von Kunden[4] vorliegt. Zudem sollte dieses ausdrücklich im Arbeitsvertrag benannt werden[5]. Eine Entscheidung durch das BAG bleibt zunächst abzuwarten. Entschärft wird das Problem in der Praxis allerdings oftmals dadurch, dass sich Arbeitnehmer regelmäßig gegen eine Freistellung bei Fortzahlung der Vergütung nicht zur Wehr setzen werden.

110a Eine **Freistellungsklausel** kann folgendermaßen formuliert werden:

Formulierungsbeispiel:

Der Arbeitgeber ist berechtigt, den Arbeitnehmer im Zusammenhang mit einer Beendigung des Arbeitsverhältnisses, insbesondere nach einer Kündigung oder im Zusammenhang mit dem Abschluss eines Aufhebungsvertrages, ganz oder teilweise von seiner Pflicht zur Arbeitsleistung unter Fortzahlung der Vergütung sowie unter Anrechnung auf etwaige Freizeitausgleichsansprüche (zB Ausgleich für Plusstunden auf dem Arbeitszeitkonto) widerruflich oder unwiderruflich freizustellen. Das gleiche gilt, wenn unter Berücksichtigung des Beschäftigungsinteresses des Arbeitnehmers ein schutzwürdiges Interesse des Arbeitgebers an einer Freistellung vorliegt, insbesondere wegen eines groben Vertragsverstoßes, der die Vertrauensgrundlage beeinträchtigt (zB Geheimnisverrat oder Konkurrenztätigkeit).

Soweit der Arbeitgeber keine näheren Festlegungen bei der Freistellung trifft, erfolgt die Freistellung zunächst unwiderruflich für die Dauer ggf. noch offener Urlaubsansprüche und sonstiger Freizeitausgleichsansprüche, die damit erledigt sind. Im Anschluss daran bleibt sie widerruflich aufrecht erhalten, falls im Zusammenhang mit der Abwicklung des Vertragsverhältnisses Fragen bestehen oder eine vorübergehende Tätigkeit aus betrieblichen Gründen notwendig wird.

---

1 ArbG Frankfurt/M. 19.11.2003 – 2 Ga 251/03, NZA-RR 2004, 409: sechs Monate zu lang; bestätigt durch ArbG Frankfurt/M. 26.6.2007 – 8 Ga 99/07; aA, wenn vereinbart wird, dass die Zeit der Freistellung auf den Resturlaub angerechnet wird, LAG Köln 20.2.2006 – 14 Sa 1394/05, NZA-RR 2006, 342.
2 Vgl. ArbG Stralsund 11.8.2004 – 3 Ga 7/04, NZA-RR 2005, 23.
3 Vgl. LAG BW 5.1.2007 – 7 Sa 93/06, NZA-RR 2007, 406; in diese Richtung auch: ArbG Berlin 4.2.2005 – 9 Ga 1155/05, BB 2006, 559; LAG Hess. 14.3.2011 – 16 Sa 1677/10, NZA-RR 2011, 419; LAG Rh.-Pf. 30.6.2005 – 12 Sa 99/05; LAG München 7.5.2003 – 5 Sa 297/03; LAG Köln 20.2.2006 – 14 (10) Sa 1394/05, NZA-RR 2006, 342 f.; ArbG München 10.12.2008 – 29 Ca 245/08, AE 2009, 49.
4 LAG Hamburg 24.7.2013 – 5 SaGa 1/13.
5 S. Formulierungsvorschlag bei *Wisskirchen/Bissels*, S. 115.

Der Vertrag im Übrigen wird hiervon nicht berührt. Insoweit bestehen insbesondere die Verschwiegenheitspflicht und das vertragliche Wettbewerbsverbot fort. Anderweitiger Verdienst während der Freistellungszeit wird gem. § 615 Satz 2 BGB angerechnet.

bb) Rückzahlungsklauseln

(1) Fortbildung

Vor Inkrafttreten der Schuldrechtsreform hat die Rechtsprechung Rückzahlungsklauseln, durch die der Arbeitnehmer zB verpflichtet wird, Fortbildungskosten an den Arbeitgeber zu erstatten, wenn er vor Ablauf einer bestimmten Frist aus dem Arbeitsverhältnis ausscheidet, grundsätzlich anerkannt. 111

Das BAG hat derartige Klauseln inhaltlich überprüft und dabei an § 242 BGB als Ausfluss des Grundrechtes der freien Wahl des Arbeitsplatzes gem. Art. 12 Abs. 1 GG gemessen[1]. 112

Zwar sind durch die Schuldrechtsreform derartige Rückzahlungsklauseln[2] einer Inhaltskontrolle nach §§ 307ff. BGB zu unterziehen[3]. In diesem Zusammenhang kann aber nach herrschender Meinung weitgehend auf die schon zur alten Rechtslage entwickelten Grundsätze zurückgegriffen werden[4]; dabei ist zwischen dem „Ob" und dem „Wie" der Zulässigkeit einer Rückzahlungsverpflichtung zu differenzieren. 113

Dabei ist ein berechtigtes Interesse des Arbeitgebers anzuerkennen, den Arbeitnehmer unter bestimmten Umständen an den Fortbildungskosten zu beteiligen[5]. Kein zu berücksichtigendes Interesse des Arbeitgebers liegt vor, wenn er an der weiteren Qualifikation des Arbeitnehmers selbst kein Interesse hatte[6]. In diesem Zusammenhang ist zu berücksichtigen, dass dem Arbeitnehmer eine Rückzahlung auch zuzumuten ist, wenn ihm durch die Fortbildung ein „geldwerter Vorteil" zufließt, der sich u.a. im Hinblick auf seine Chancen auf dem Arbeitsmarkt[7] oder dessen interne Aufstiegsmöglichkeiten[8] manifestieren kann. Entscheidendes Kriterium ist dabei, dass der Arbeitnehmer sich Kenntnisse und Fähigkeiten aneignet, die er bei seinem oder einem dritten Arbeitgeber einsetzen oder zum beruflichen Aufstieg für sich nutzbar machen kann[9]. Gegen Treu und Glauben verstößt das Rückzahlungsverlangen des Arbeitgebers, wenn zwar die Rückzahlungsklausel an sich wirksam ist, der Arbeit-

---

1 Vgl. BAG 16.3.1994 – 5 AZR 339/92, NZA 1994, 937; Angemessenheit einer Rückzahlungsverpflichtung bei beruflichem Vorteil des Arbeitnehmers, vgl. auch BAG 25.4.2001 – 5 AZR 509/99, NZA 2002, 1396; 5.12.2002 – 6 AZR 216/01, DB 2004, 141 f.
2 Für einen Überblick über Rückzahlungsvereinbarungen vgl. *Schönhöft*, NZA-RR 2009, 625 ff.; *Borchard*, PuR 2010, 3 ff.; *Lingemann/Kiecza*, ArbR 2009, 156 ff.; *Stück*, DStR 2008, 2020 mit Formulierungsvorschlag; *Jesgarzewski*, BB 2011, 1594 f.; *Bissels/Haag*, ArbR 2011, 83 f.
3 Vgl. BAG 5.6.2007 – 9 AZR 604/06, NZA-RR 2008, 107; 14.1.2009 – 3 AZR 900/07, NZA 2009, 666; zu einer Individualvereinbarung in diesem Zusammenhang, vgl. LAG Köln 8.5.2006 – 4 Sa 48/06, NZA-RR 2006, 570; ArbG Leipzig 24.9.2008 – 2 Ca 4200/07, AE 2008, 265 ff.
4 Vgl. LAG Hamm 7.3.2006 – 19 Sa 1958/05; LAG Köln 6.3.2006 – 14 (11) Sa 1327/05, NZA-RR 2006, 404; *Wisskirchen/Bissels*, S. 144 ff.; *Schmidt*, NZA 2004, 1011.
5 Vgl. BAG 18.3.2014 – 9 AZR 545/12; die Investition in den Mitarbeiter soll sich für den Arbeitgeber lohnen.
6 Vgl. BAG 18.3.2014 – 9 AZR 545/12.
7 Vgl. BAG 11.4.1990 – 5 AZR 308/89, DB 1990, 2222; ausführlich *Düwell/Ebeling*, DB 2008, 406.
8 Vgl. BAG 18.8.1976 – 5 AZR 399/75, NJW 1977, 973.
9 Vgl. BAG 30.11.1994 – 5 AZR 715/93, DB 1995, 1283, LAG Hess. 7.11.1988 – 2 Sa 359/88, NZA 1989, 392: nicht ausreichend, wenn Fortbildung keinen nutzbringenden Effekt am Arbeitsmarkt hat.

nehmer aber kündigt, weil der Arbeitgeber ihm nicht die der Qualifizierung entsprechende höhere Tätigkeit anbietet[1].

114 Im Hinblick auf die **zulässige Bindungsdauer** ist in erster Linie die Dauer der Fortbildungsmaßnahme[2] ausschlaggebend (s. dazu die tabellarische Übersicht in Rz. 115)[3]. Die Rechtsprechung sieht eine Bindung von sechs Monaten bei einer Lehrgangsdauer von bis zu einem Monat[4], von einem Jahr bei einer Fortbildungsmaßnahme bis zwei Monaten[5], von zwei Jahren bei einer Schulung von drei bis vier Monaten[6] und von drei Jahren bei einer Fortbildung von sechs bis zwölf Monaten[7] regelmäßig als zulässig an[8]. Bei einer Fortbildung von 18 Monaten wurde eine Bindungsdauer von vier Jahren zugelassen, da der durch die Fortbildung erzielte geldwerte Vorteil sowie die durch die Fortbildung erzielten Chancen auf dem Arbeitsmarkt für den Arbeitnehmer extrem hoch waren[9]. Nur bei Bildungsmaßnahmen von über zwei Jahren kann eine Bindung von über fünf Jahren gerechtfertigt sein. Die Ausschöpfung dieser Höchstdauer wird allerdings nur in Ausnahmefällen zulässig sein, nämlich wenn der Mitarbeiter bei bezahlter Freistellung und völliger Kostenübernahme durch den Arbeitgeber eine besonders hohe Qualifikation erwirbt, die mit hohen Investitionskosten verbunden ist[10]. Eine Rückzahlungsverpflichtung kann grundsätzlich auch vereinbart werden, wenn die Aus- oder Weiterbildung nicht in einem „Block", sondern in mehreren zeitlich voneinander getrennten Abschnitten erfolgt, sofern nach der Vereinbarung die zeitliche Lage der einzelnen Aus- oder Fortbildungsabschnitte den Vorgaben der Aus- oder Fortbildungseinrichtung entspricht und die vertragliche Regelung dem Arbeitgeber nicht die Möglichkeit einräumt, allein nach seinen Interessen die Teilnahme an den jeweiligen Aus- oder Fortbildungsabschnitten oder deren zeitliche Lage festzulegen[11].

Die konkret zulässige Bindungsdauer bestimmt das BAG anhand der **Einzelfallumstände**, so dass es sich vorstehend allenfalls um Richtlinien handeln kann. Die Rechtsprechung hat in der Vergangenheit Abweichungen anerkannt, wenn die Maßnahme dem Arbeitnehmer ungewöhnliche Vorteile verschafft hat oder die Durchführung mit hohen Investitionskosten des Arbeitgebers verbunden war[12]. Umgekehrt ist eine Verkürzung der Bindungsdauer vorzunehmen, wenn die Fortbildung verhältnismäßig kostengünstig war und die Teilnahme dem Arbeitnehmer nur geringfügige Vorteile bringt[13].

---

1 LAG Köln 7.3.2014 – 10 Sa 395/13.
2 Die Dauer der Fortbildung kann auch berechnet werden, indem die geleisteten Unterrichtsstunden in das Verhältnis zur geschuldeten Arbeitszeit gesetzt werden, vgl. dazu *Gwose*, PuR 9/2012, 188.
3 Vgl. BAG 14.1.2009 – 3 AZR 900/07, BB 2009, 213; 15.9.2009 – 3 AZR 173/08, NZA 2010, 342.
4 Vgl. BAG 15.9.2009 – 3 AZR 173/08, NZA 2010, 342; 5.12.2002 – 6 AZR 539/01, NZA 2003, 559.
5 Vgl. BAG 15.12.1993 – 5 AZR 279/93, NZA 1994, 835.
6 Vgl. BAG 6.9.1995 – 5 AZR 241/94, NZA 1996, 321.
7 Vgl. BAG 15.12.1993 – 5 AZR 279/93, NZA 1994, 835; 5.6.2007 – 9 AZR 604/06, NZA-RR 2008, 107.
8 Vgl. BAG 17.11.2005 – 6 AZR 160/05, NZA 2006, 872.
9 Vgl. LAG Düsseldorf 27.5.2013 – 9 Sa 108/13.
10 Vgl. BAG 12.12.1979 – 5 AZR 1056/77, DB 1980, 1704.
11 BAG 19.1.2011 – 3 AZR 621/08, NZA 2012, 85 – Studiengang Sparkassenbetriebswirt/-in.
12 Vgl. BAG 14.1.2009 – 3 AZR 900/07, BB 2009, 213; LAG Düsseldorf 21.6.2013 – 10 Sa 206/13.
13 Vgl. BAG 6.9.1995 – 5 AZR 241/94, NZA 1996, 314; LAG Rh.-Pf. 22.3.2012 – 2 Sa 1/12.

Dauer der Qualifizierungsmaßnahme	Zulässige Bindungsdauer
bis zwei Monate	12 Monate[1]
drei bis vier Monate	24 Monate[2]
bis sechs Monate	36 Monate[3]
bis zwölf Monate	36 Monate[4]
bis 16 Monate	36 Monate[5]
18 Monate	48 Monate[6]
länger als 24 Monate	60 Monate[7]
30 Monate	48 Monate[8]
48 Monate	60 Monate[9]

Die Bindungsintensität kann neben der zeitlichen Komponente dadurch abgemildert und auf diese Weise im Rahmen der Interessenabwägung berücksichtigt werden, wenn die Vereinbarung eine **ratierliche (monatliche) Kürzung** des zu erstattenden Betrages vorsieht[10]. Unwirksam ist dabei eine Klausel, wenn sie bei einer Rückforderungssumme, die das Bruttomonatseinkommen des Arbeitnehmers um ein Vielfaches übersteigt, bei einer dreijährigen Bindungsdauer nur eine grobe, jährlich gestaffelte Minderung der Rückzahlungsverpflichtung vorsieht, ohne auf eine ausdifferenzierte, etwa monatliche Staffelung abzustellen[11].

⊃ **Hinweis:** Gerade bei einer Bindungsdauer von über einem Jahr kann das Fehlen einer Kürzung des zurückzuzahlenden Betrags zu einer unangemessenen Benachteiligung des Arbeitnehmers führen, da dieser trotz seiner langjährigen Betriebszugehörigkeit keine Möglichkeit hat, seine etwaige finanzielle Belastung bei einem vorzeitigen Ausscheiden zu reduzieren. Zwar ist eine Verringerung der zu erstattenden Summe unter Berücksichtigung der Beschäftigungsdauer nach Jahren, Quartalen etc. denkbar. Als sachgerecht stellt sich dabei aber regelmäßig eine ratierliche Kürzung nach Monaten dar[12].

Ein Rückzahlung ist nur zulässig, wenn der **Arbeitnehmer selbst das Arbeitsverhältnis beendet**, es auf seine Veranlassung beendet wird – dies gilt auch für einen Aufhebungsvertrag, wenn dieser im Interesse des Arbeitnehmers geschlossen wird[13] – oder er diese Beendigung zu vertreten hat[14]. Eine Erstattungsverpflichtung nach einer

---

1 Vgl. BAG 15.12.1993 – 5 AZR 279/93, NZA 1994, 835.
2 Vgl. BAG 6.9.1995 – 5 AZR 591/94, NZA 1996, 314.
3 Vgl. BAG 23.2.1983 – 5 AZR 531/80, NJW 1983, 1781.
4 Vgl. BAG 23.2.1983 – 5 AZR 531/80, NJW 1983, 1781; 11.4.1984 – 5 AZR 430/82, NZA 1984, 288.
5 Vgl. BAG 15.5.1985 – 5 AZR 161/84, NZA 1986, 741.
6 Vgl. LAG Düsseldorf 27.5.2013 – 9 Sa 108/13, BeckRS 2013, 70042.
7 Vgl. BAG 19.6.1974 – 5 AZR 299/73, NJW 1974, 2151; 12.12.1979 – 5 AZR 1056/77, AP Nr. 4 zu § 611 BGB – Ausbildungsbeihilfe.
8 Vgl. LAG MV 14.11.2011 – 3 Sa 263/11, ArbR 2012, 204.
9 Vgl. BAG 12.12.1979 – 5 AZR 1056/77, DB 1980, 1704.
10 Vgl. BAG 23.4.1986 – 5 AZR 159/85, NZA 1986, 741; allerdings hat das BAG 23.4.1986 – 5 AZR 159/85, NZA 1986, 741, eine Kürzung um ⅓ pro Jahr nicht beanstandet.
11 LAG Hamm 9.12.2012 – 7 Sa 1500/11, PflR 2012, 355.
12 Vgl. LAG Hamm 9.12.2012 – 7 Sa 1500/11, PflR 2012, 355; so auch *Schönhöft*, NZA-RR 2009, 631; *Straube*, NZA-RR 2012, 506.
13 Vgl. BAG 5.7.2000 – 5 AZR 983/98, NZA 2001, 394.
14 Vgl. BAG 18.3.2014 – 9 AZR 545/12; 28.5.2013 – 3 AZR 103/12, NZA 2013, 1419; BAG 13.12.2011 – AZR 791/09, NZA 2012, 738; 19.1.2011 – 3 AZR 621/08, NZA 2012, 85; in diesem Sinne auch LAG Schl.-Holst. 7.7.2011 – 5 Sa 53/11; LAG Hamm 23.8.2005 – 19 Sa 286/05;

betriebsbedingten oder sonstigen arbeitgeberseitigen Kündigung, für die der Arbeitnehmer nicht verantwortlich ist, benachteiligt den Beschäftigten ebenfalls unangemessen und ist folglich unwirksam[1]. Gleiches gilt für eine Kündigung aus personenbedingten Gründen, wenn der Arbeitnehmer trotz der erworbenen Kenntnisse und Fähigkeiten für die Stelle ungeeignet ist. Auch eine Arbeitgeberkündigung während der Probezeit wegen Abkehrwillens, weil sich der Mitarbeiter auf eine andere Stellenanzeige bewirbt, oder die Insolvenz des Arbeitgebers kann keine wirksame Rückzahlungspflicht begründen[2].

117a Unwirksam ist gem. § 307 Abs. 1 iVm. § 310 Abs. 3 Nr. 2 BGB auch eine Klausel, die einen Ausschluss der Rückerstattungspflicht von Fortbildungskosten des Arbeitgebers an den Arbeitnehmer (**„umgekehrte Rückzahlungsklausel"**) für den Fall einer betriebsbedingten Kündigung vorsieht[3]. Nicht abschließend geklärt ist die Rechtslage dagegen, wenn die Fortbildungsmaßnahme nicht erfolgreich vom Mitarbeiter abgeschlossen oder eine abgebrochen wird, soweit das Arbeitsverhältnis fortbesteht[4].

118 Im Hinblick auf die **Höhe der zurückzuzahlenden Fortbildungskosten** gilt einschränkend, dass der Arbeitgeber maximal den Betrag verlangen kann, den er tatsächlich aufgewendet hat[5]. Der Arbeitgeber muss dabei dem Arbeitnehmer die entsprechenden Zahlen offenlegen[6], wobei die Angabe der Größenordnung ausreichend ist[7]. Dabei sind zumindest Art und Berechnungsgrundlagen anzugeben; zB muss die Klausel erkennen lassen, ob sich die Rückzahlungsverpflichtung auf die Netto- oder Bruttosumme richtet, ansonsten ist die Klausel intransparent[8]. Wenn die tatsächlichen Kosten nach Abschluss der Fortbildung höher sind als von der vereinbarten Rückzahlungsverpflichtung erfasst, kann der Arbeitgeber allerdings nicht verlangen, dass der Arbeitnehmer die über den vereinbarten Betrag hinausgehenden Kosten trägt[9].

118a Ferner sieht die Rechtsprechung Vertragskonstruktionen, die die Grundsätze zur Zulässigkeit von Rückzahlungsklauseln **umgehen**, zB durch die Gewährung eines arbeitgeberseitigen Darlehens gem. § 488 BGB, als unangemessene Benachteiligung des Arbeitnehmers an, wenn die zu den Rückzahlungsklauseln entwickelten Einschränkun-

---

LAG Köln 2.9.2009 – 3 Sa 255/09, ArbuR 2010, 130; LAG Rh.-Pf. 5.7.2012 – 2 Sa 91/12; abweichend bei einer Individualabrede: LAG Rh.-Pf. 20.12.2011 – 3 Sa 207/11; vgl. auch LAG Rh.-Pf. 22.3.2012 – 2 Sa 1/12; es muss klargestellt sein, dass die Gründe für eine Eigenkündigung aus der Sphäre des Mitarbeiters stammen, vgl. BAG 18.3.2014 – 9 AZR 545/12; 28.5.2013 – 3 AZR 103/12, NZA 2013, 1419; 13.12.2011 – AZR 791/09, NZA 2012, 738; LAG Nürnberg 2.11.2011 – 7 Sa 138/11.

1 Vgl. BGH 17.9.2010 – III ZR 207/08, NZA 2010, 37; BAG 11.4.2006 – 9 AZR 610/05, NJW 2006, 3083; 23.1.2007 – 9 AZR 482/06, NJW 2007, 3018; 5.7.2000 – 5 AZR 983/98, NZA 2001, 394; 6.5.1998 – 5 AZR 535/97, NZA 1999, 79; LAG Hess. 20.10.2009 – 13 Sa 1235/09; ebenso LAG BW 17.2.2006 – 7 Sa 100/05; so auch LAG Hamm 5.2.2009 – 8 Sa 1665/08, AA 2010, 18; LAG Hess. 20.10.2009 – 13 Sa 1235/09; LAG München 26.5.2009 – 6 Sa 1135/08, AA 2009, 144; *Lakies*, BB 2004, 1908; *Ebeling*, jurisPR-ArbR 26/2009 Anm. 5.
2 Vgl. *Stück*, DStR 2008, 2020.
3 Vgl. ArbG Karlsruhe 25.4.2006 – 6 Ca 19/06, NZA-RR 2006, 516; nicht beanstandet von LAG Düsseldorf 27.5.2013 – 9 Sa 108/13; differenzierend: *Straube*, NZA-RR 2012, 507.
4 Vgl. dazu *Schönhöft*, NZA-RR 2009, 628; das LAG Düsseldorf hat eine Klausel im Rahmen der Inhaltskontrolle als wirksam erachtet, nach der die Rückzahlungspflicht besteht, wenn der Arbeitnehmer (im zu entscheidenden Fall Auszubildender) die Ausbildung aus von ihm nicht zu vertretenen Gründen nicht besteht, LAG Düsseldorf 27.5.2013 – 9 Sa 108/13.
5 Vgl. *Lakies*, BB 2004, 1908; keine Pauschalvereinbarung: LAG Hamm 10.9.2010 – 7 Sa 633/10: Unwirksamkeit der Rückzahlungsklausel, nach der die Höhe der angefallenen Kosten „nach billigem Ermessen" ermittelt wurde.
6 Vgl. BAG 16.3.1994 – 5 AZR 339/92, NZA 1994, 937.
7 Vgl. BAG 21.8.2012 – 3 AZR 698/10; LAG Hess. 29.10.2010 – 19 Sa 329/10.
8 BAG 6.8.2013 – 9 AZR 442/12, NZA 2013, 1361; 21.8.2012 – 3 AZR 698/10, NZA 2012, 1428; LAG Düsseldorf 7.3.2014 – 10 Sa 395/13.
9 Vgl. *Küttner/Reinecke*, Kap. 361 Rz. 16.

gen nicht beachtet werden[1]. Auch wenn der Arbeitnehmer selbst den Fortbildungsvertrag abschließt und der Arbeitgeber ihm zur Erfüllung der Pflichten hieraus einen Kredit gewährt, werden die Grundsätze zur Zulässigkeit von Rückzahlungsklauseln herangezogen[2].

Das BAG[3] sah vor der Schuldrechtsreform eine **geltungserhaltende Reduktion** von Rückzahlungsbestimmungen bei Fortbildungskosten als zulässig an. Vor dem Hintergrund der neuen Rechtsprechung des BAG kommt eine geltungserhaltende Reduktion allerdings nicht mehr in Betracht[4]. Eine den Arbeitnehmer unangemessen benachteiligende Klausel ist folglich in Gänze unwirksam; ein Rückgriff auf die Grundsätze der ungerechtfertigten Bereicherung nach §§ 812 ff. BGB ist in diesem Fall regelmäßig ausgeschlossen[5]. Ob dies in dieser Ausschließlichkeit ebenfalls für „Altverträge" gilt, muss abgewartet werden. Ggf. kommt aus Vertrauensschutzgründen zumindest eine ergänzende Vertragsauslegung in Betracht[6]. Dies kann nach Ansicht des BAG[7] der Fall sein, wenn die Bestimmung der objektiv-rechtlich zulässigen Höchstdauer schwierig zu bestimmen ist und die vereinbarte Bindungsdauer diese nicht wesentlich überschreitet.

118b

⊃ **Hinweis:** Es empfiehlt sich, vor Beginn der Fortbildung[8] eine separate, differenzierte, klare und verständliche Vereinbarung über die Rückzahlungsverpflichtung zu treffen, die die Voraussetzungen und Rechtsfolgen hinreichend deutlich beschreibt, um das Risiko von Fehlinvestitionen zu vermeiden. Die Klausel muss für den Arbeitnehmer erkennen lassen, welche konkreten Vor- und Nachteile, insbesondere in Bezug auf die Rückzahlungstatbestände, mit dieser verbunden sind[9].

118c

Rückzahlungsklauseln können auch Bestandteil eines **Studien- oder Ausbildungsvertrages** sein und beinhalten häufig eine **nachvertragliche Bleibefrist**. Sie benachteiligen den Auszubildenden gem. § 307 Abs. 1 Satz 1 BGB unangemessen, wenn der Arbeitgeber seinerseits keinerlei Verpflichtung eingeht, dem Mitarbeiter die Eingehung eines Arbeitsverhältnisses nach erfolgreichem Abschluss der Ausbildung zu ermöglichen[10]. Ein Verstoß gegen das Transparenzgebot des § 307 Abs. 1 Satz 2 BGB liegt immer dann vor, wenn die Rückzahlungsklausel keinerlei Angaben über den Inhalt, den Ort, den zeitlichen Umfang und die Vergütung der nach der Ausbildung geschuldeten

118d

---

1 Vgl. LAG Hamm 23.8.2005 – 19 Sa 286/05; 7.3.2006 – 19 Sa 1958/05, EzA-SD 2006, Nr. 10, 6; LAG Schl.-Holst. 25.5.2005 – 3 Sa 84/05, BB 2006, 560; noch zur alten Rechtslage BAG 11.4.1990 – 5 AZR 308/89, DB 1990, 2222; vgl. auch *Stück*, DStR 2008, 2020.
2 BAG 18.3.2014 – 9 AZR 545/12.
3 Vgl. BAG 11.4.1984 – 5 AZR 430/82, NZA 1984, 288.
4 So ausdrücklich nun BAG 18.3.2014 – 9 AZR 545/12; 28.5.2013 – 3 AZR 103/12, NZA 2013, 1419; 13.12.2011 – AZR 791/09, NZA 2012, 738; vgl. BAG 14.1.2009 – 3 AZR 900/07, BB 2009, 213; LAG Köln 2.9.2009 – 3 Sa 255/09, ArbuR 2010, 130; LAG Hamm 7.3.2006 – 19 Sa 1958/05; so auch LAG München 20.6.2007 – 7 Sa 1188/06; ArbG Leipzig 24.9.2008 – 2 Ca 4200/07, AE 2009, 265 ff.; *Ebeling*, jurisPR-ArbR 51/2009 Anm. 2; *Lakies*, BB 2004, 1909; *Stück*, DStR 2008, 2020; HWK/*Thüsing*, § 611 BGB Rz. 473; *Schmidt*, NZA 2004, 1011: mit dem Hinweis auf eine ergänzende Vertragsauslegung zur Lückenfüllung; so auch Küttner/*Reinecke*, Kap. 361 Rz. 13.
5 BAG 28.5.2013 – 3 AZR 103/12, NZA 2013, 1419; 21.8.2012 – 3 AZR 698/10; LAG Nürnberg 2.11.2011 – 7 Sa 138/11.
6 Vgl. BAG 14.1.2009 – 3 AZR 900/07, NZA 2009, 666.
7 Vgl. BAG 14.1.2009 – 3 AZR 900/07, NZA 2009, 666.
8 Eine nach Beginn der Fortbildung abgeschlossene Rückzahlungsvereinbarung über die Fortbildungskosten soll eine wirksame Verpflichtung nicht begründen können, vgl. *Stück*, DStR 2008, 2020.
9 *Dorth*, RdA 2013, 287.
10 Vgl. LAG Schl.-Holst. 23.5.2007 – 3 Sa 28/07, NZA-RR 2007, 514; in diesem Sinne auch LAG Köln 27.5.2010 – 7 Sa 23/10; ebenso LAG Sa.-Anh. 7.12.2006 – 9 Sa 304/06, *Beckmann*, jurisPR-ArbR 32/2007 Anm. 4; vgl. *Düwell/Ebeling*, DB 2008, 406.

arbeitsvertraglichen Tätigkeit und zudem keine Informationen zur etwaigen Größenordnung der anfallenden Kosten enthält[1].

(2) Sonderzahlungen

119 In der Praxis sind Rückzahlungsklauseln nicht nur bei Fortbildungen, sondern auch bei vom Arbeitgeber gewährten **Sonderzahlungen** üblich. Die bereits erhaltene Leistung muss vom Arbeitnehmer zurückgezahlt werden, wenn dieser nach einem festgelegten Stichtag, der in der Regel nach dem Bezugszeitraum liegt, aus dem Arbeitsverhältnis ausscheidet[2]. Derartige Klauseln werden von der Rechtsprechung ebenfalls einer AGB-Kontrolle zugeführt und sind nur eingeschränkt zulässig.

119a ⊃ **Hinweis:** Die Dauer der Bindung ist abhängig von der Höhe der Zuwendung. Nach Auffassung des BAG[3] kann der Arbeitgeber bei einer Kleinstgratifikation von unter 100 Euro keine AGB-rechtliche wirksame Verpflichtung zur Rückzahlung begründen; bei einer Sonderzahlung von mehr als 100 Euro bis zu einem Monatsgehalt ist eine Bindung bis zu drei Monaten (in der Regel: 31.3. des nachfolgenden Jahres), bei einer Zuwendung von bis zu zwei Monatsgehältern bis zu sechs Monaten möglich. Ausschlaggebend ist dabei die Fälligkeit der Leistung[4].

119b In Anknüpfung an die bisherige Rechtsprechung des BAG[5] zur Zulässigkeit einer Rückzahlungsklausel in Abhängigkeit von der Höhe der Sonderzahlung und dem Zeitpunkt des Ausscheidens aus dem Arbeitsverhältnis hat das LAG Rheinland-Pfalz[6] eine Bestimmung in einem Arbeitsvertrag als unwirksam angesehen, die bei einer Sonderzahlung von mehr als 100 Euro, aber weniger als einem Monatsgehalt eine Bindung über den 31.3. des Folgejahres (hier: 1.4. des Folgejahres) vorsieht.

119c ⊃ **Hinweis:** Unter Berücksichtigung der Rechtsprechung des BAG[7] zu Stichtagsklauseln (s. dazu Rz. 119f.) ist davon auszugehen, dass eine Rückzahlungsverpflichtung bei Sonderleistungen mit Mischcharakter oder bei Entgelt im engeren Sinn zukünftig nicht mehr wirksam begründet werden kann[8]. In konsequenter Anwendung der Grundsätze des BAG kann es mit Blick auf die AGB-rechtliche Zulässigkeit nicht darauf ankommen, ob die Bindung des Arbeitnehmers durch einen Stichtag oder eine Rückzahlung herbeigeführt wird. Wenn schon Stichtagsregelungen außerhalb des Bezugszeitraumes unwirksam sind, muss dies erst recht für die noch eingriffsintensiveren Klauseln zur Rückzahlung gelten. Bei Sonderleistungen, die lediglich die Betriebstreue des Arbeitnehmers honorieren sollen, bleiben diese auf Grundlage der bisherigen Rechtsprechung aber nach wie vor – nach Maßgabe der o.g. Einschränkungen – zulässig.

119d Nach Ansicht des LAG Düsseldorf[9] ist eine Klausel unwirksam, die regelt, dass ein 13. Monatsgehalt zurückzuzahlen ist, wenn das Arbeitsverhältnis aus vom Arbeitnehmer zu vertretenen Gründen innerhalb von drei Monaten nach der Auszahlung

---

1 Vgl. LAG Schl.-Holst. 23.5.2007 – 3 SA 28/07, NZA-RR 2007, 514; ebenso beim sog. „Volontariatsvertrag", bei dem sich der „Volontär" gegen Gewährung der Ausbildungskosten als Darlehen gegenüber dem Darlehensgeber verpflichtet, die Kosten durch „Berufstätigkeit" bei ihm abzubauen, vgl. BAG 18.3.2008 – 9 AZR 186/07, DB 2008, 1805.
2 Dazu *Salamon*, NZA 2010, 316 zur bisherigen Rspr.
3 BAG 21.5.2003 – 10 AZR 390/02, NZA 2003, 1032.
4 Unschädlich ist dabei, wenn die Gratifikation schon im November des Vorjahres ausgezahlt wird.
5 Vgl. BAG 25.4.2007 – 10 AZR 634/06, NZA 2007, 875 ff.; 24.10.2007 – 10 AZR 825/06, NZA 2008, 40 ff.
6 LAG Rh.-Pf. 10.2.2009 – 3 Sa 537/08.
7 BAG 13.11.2013 – 10 AZR 848/12, NZA 2014, 368; 18.1.2012 – 10 AZR 612/10, NZA 2012, 561.
8 In diesem Sinne auch *König*, NZA-RR 2012, 452.
9 Vgl. LAG Düsseldorf 22.4.2009 – 7 Sa 1628/08, AuA 2009, 544.

aufgelöst wird, da nicht hinreichend deutlich wird, ob die Formulierung „zu vertreten haben" einerseits als schuldhaftes Handeln im Sinne von Vorsatz und Fahrlässigkeit auszulegen ist oder als ein verschuldensunabhängiges lediglich in der Sphäre des Arbeitnehmers liegendes und zur Beendigung des Arbeitsverhältnisses führendes Verhalten[1]. Zugunsten des Arbeitnehmers muss gem. § 305c Abs. 2 BGB davon ausgegangen werden, dass die von diesem ausgesprochene Eigenkündigung von der Rückzahlungspflicht nicht erfasst wird[2].

Das LAG München[3] hat entschieden, dass eine formularmäßige Verpflichtung des Arbeitnehmers, eine Gratifikation dann zurückzahlen zu müssen, wenn er vor dem 31.3. des Folgejahres durch eine betriebsbedingte Kündigung des Arbeitgebers aus dem Arbeitsverhältnis ausscheidet, gem. § 307 Abs. 1 Satz 1 BGB eine unangemessene Benachteiligung darstellt. Dabei überträgt das LAG München die vom BAG[4] zu Rückzahlungsklauseln bei Fortbildungen entwickelte Rechtsprechung (s. dazu Rz. 117) auf die Rückzahlungsverpflichtung bei Gratifikationen.

Das LAG Hamburg[5] hat sich in einer jüngeren Entscheidung ausdrücklich von der Rechtsprechung des BAG vom Januar 2012[6] distanziert. Es ging hier um eine Klausel, nach der ein Arbeitnehmer eine freiwillige (umsatz- und leistungsabhängige) Sonderzahlung in voller Höhe zurückzahlen muss, sollte er vor Ablauf von sechs Monaten nach dem Abrechnungstag (15.4. eines Jahres) aus dem Arbeitsverhältnis ausscheiden. Das LAG Hamburg entschied, dass der Arbeitnehmer durch diese Regelung nicht unangemessen benachteiligt werde und die Klausel somit wirksam sei. Da der Arbeitnehmer bei einer freiwilligen Sonderzahlung nicht erwarten könne, die Zahlung tatsächlich zu erhalten, verstoße die Klausel nicht gegen § 611 BGB. Das Gericht sieht demnach nur Entgelt als von § 611 BGB erfasst an, auf das der Arbeitnehmer Anspruch als Gegenleistung für seine Arbeitsleistung hat – was bei freiwilligen Sonderzahlungen nicht der Fall sei.

➲ **Hinweis:** Höchstrichterlich ist bislang ungeklärt[7], ob die Wirksamkeit einer entsprechenden Klausel – wie bei Fortbildungskosten – davon abhängig ist, aus wessen Sphäre der Grund für die Beendigung des Arbeitsverhältnisses stammt. 119e

cc) Stichtagsregelungen

Ein Anspruch auf die Leistung entsteht nach Maßgabe von Stichtagsregelungen nur, wenn das Arbeitsverhältnis zu einem bestimmten Zeitpunkt, der oftmals, aber nicht zwingend im unmittelbaren Zusammenhang mit der Auszahlung steht, noch – ggf. ungekündigt – fortbesteht[8]. 119f

---

1 S. zur Anwendung von § 305c Abs. 2 BGB auch LAG Bln.-Bbg. 25.2.2009 – 23 Sa 1922/08: Mehrdeutigkeit der Formulierung „Ausscheiden auf eigenen Wunsch".
2 LAG Düsseldorf 22.4.2009 – 7 Sa 1628/08, AuA 2009, 544; aA LAG Hamm 5.2.2009 – 8 Sa 1665/08, AA 2010, 18.
3 LAG München 26.5.2009 – 6 Sa 1135/08, AE 2009, 186 ff.; in diesem Sinne auch: LAG Düsseldorf 19.7.2011 – 16 Sa 607/11, NZA-RR 2011, 630.
4 Vgl. BAG 11.4.2006 – 9 AZR 610/05, NJW 2006, 3083; 23.1.2007 – 9 AZR 482/06, NJW 2007, 3018.
5 LAG Hamburg 6.3.2013 – 14 Ca 51/12.
6 BAG 18.1.2012 – 10 AZR 612/10, NZA 2012, 561; 18.1.2012 – 10 AZR 667/10.
7 Offen gelassen: BAG 24.10.2007 – 10 AZR 825/10, NZA 2008, 40.
8 Vgl. *Roggel/Neumann*, BB 2014, 1909 mit Überblick über die Entwicklung der Rspr.; s.a. *Salamon*, NZA 2010, 316 f. zur bisherigen Rspr.; zu den Möglichkeiten, Betriebstreue zu belohnen vgl. *Dzida/Klopp*, ArbRB 2013, 49.

(1) Gratifikation

119g Der Arbeitgeber darf den Anspruch auf eine Sonderzuwendung grundsätzlich vom Bestand des (ungekündigten) Arbeitsverhältnisses zum Zeitpunkt der vorgesehenen Auszahlung abhängig machen[1]. Dies gilt auch für einen Stichtag, der außerhalb des jeweiligen Bemessungszeitraumes liegt[2]. Voraussetzung ist aber, dass **nicht die Vergütung der Arbeitsleistung bezweckt wird**[3]. Ob der Arbeitgeber diesen oder einen sonstigen Zweck verfolgt, ist durch Auslegung der vertraglichen Bestimmungen zu ermitteln. Macht die Sonderzuwendung einen wesentlichen Anteil der Gesamtvergütung des Arbeitnehmers aus, handelt es sich regelmäßig um Arbeitsentgelt, das als Gegenleistung für die erbrachte Arbeitsleistung geschuldet wird. Der Vergütungscharakter ist darüber hinaus eindeutig, wenn die Sonderzahlung an das Erreichen quantitativer oder qualitativer Ziele geknüpft ist. Will der Arbeitgeber andere Zwecke verfolgen, muss sich dies deutlich aus der zugrunde liegenden Vereinbarung ergeben. Gratifikationscharakter können im Ergebnis nur die Sonderzuwendungen haben, die sich im üblichen Rahmen reiner Treue- und Weihnachtsgratifikationen bewegen und keinen wesentlichen Anteil an der Gesamtvergütung ausmachen[4].

119h ⊃ **Hinweis:** Es empfiehlt sich, bei einer Gratifikation, deren Zahlung an einen Stichtag anknüpft, ausdrücklich zu vereinbaren, dass die Leistung ausschließlich die bereits erwiesene und/oder zukünftige Betriebstreue honorieren soll. Bei der Formulierung ist größtmögliche Sorgfalt geboten. Das BAG[5] hat eine Regelung, nach der die als „Weihnachtsgratifikation" bezeichnete Sonderzahlung „als Dank für Ihren bisherigen persönlichen Einsatz in diesem Jahr und zugleich als ein Stück Motivation für eine weiterhin loyale und wirkungsvolle Zusammenarbeit" gezahlt wurde, dahingehend ausgelegt, dass sie einen Mischcharakter besitze. Die Formulierung „als Dank für ihren bisherigen Einsatz" habe Entgeltcharakter.

Die Höhe der Leistung sollte das übliche Maß nicht überschreiten (ein bis zwei Bruttomonatsgehälter).

119i Eine Stichtagsregelung ist auch dann zulässig, wenn der Grund für die Beendigung des Arbeitsverhältnisses nicht in der Sphäre des Arbeitnehmers liegt, sondern auf einer betriebsbedingten Kündigung des Arbeitgebers beruht. Es kommt folglich nicht darauf an, wer aus welchem Grund das Arbeitsverhältnis aufgelöst hat. Eine anteilige Zahlung der Gratifikation bei einem vorzeitigen Ausscheiden kommt nur in Betracht, wenn dies ausdrücklich vereinbart ist.

(2) Entgelt im engeren Sinne und Sonderzahlungen mit Mischcharakter

119j Mit Blick auf arbeitgeberseitige Leistungen, die ausschließlich die Arbeitsleistung vergüten sollen, sowie Sonderzahlungen mit Mischcharakter[6] stellt die Rechtsprechung inzwischen strengere Anforderungen an die AGB-rechtliche Wirksamkeit von Stichtagsregelungen. Das BAG[7] ist der Auffassung, dass eine Klausel, die den Ar-

---

1 BAG 18.1.2012 – 10 AZR 667/10, NZA 2012, 620 mwN: für den November des betreffenden Jahres; LAG Hamm 11.11.2010 – 8 Sa 643/10, GWR 2011, 147; vgl. aber LAG Düsseldorf 10.5.2010 – 16 Sa 235/10, AuA 2010, 547: Unwirksamkeit einer Klausel, die die Zahlung einer Anwesenheitsprämie vom ungekündigten Fortbestand des Arbeitsverhältnisses in einem Kleinbetrieb im November des Auszahlungsjahres abhängig macht.
2 Vgl. *Baeck/Winzer*, NZG 2012, 659: Bindefrist darf einen Zeitraum von sechs Monaten nicht überschreiten.
3 Zu einem Weihnachtsgeld: BAG 18.1.2012 – 10 AZR 667/10, NZA 2012, 620; zustimmend auch für ein Weihnachtsgeld: LAG Düsseldorf 28.8.2012 – 17 Sa 542/12.
4 Vgl. BAG 18.1.2012 – 10 AZR 667/10, NZA 2012, 620.
5 BAG 13.11.2013 – 10 AZR 848/12, NZA 2014, 368.
6 Neben der Arbeitsleistung wird auch die Betriebstreue honoriert.
7 Vgl. BAG 24.10.2007 – 10 AZR 825/06, NZA 2008, 40; LAG Nds. 1.4.2008 – 1 Sa 1023/07, AE 2008, 209.

beitnehmer bei einem Bonus – unabhängig von der Höhe der Leistung – bis zum 30.9. des Folgejahres bindet, den Mitarbeiter unangemessen iSv. § 307 BGB benachteiligt und folglich unwirksam ist. Der Arbeitnehmer wird durch eine entsprechende Vertragsgestaltung in unzulässiger Weise in seiner durch Art. 12 Abs. 1 GG garantierten Berufsfreiheit behindert. Das BAG[1] konnte dabei ausdrücklich offen lassen, ob bei der Inhaltskontrolle von Bindungsklauseln noch zwischen Stichtags- und Rückzahlungsklauseln zu differenzieren ist, ob eine unangemessene Benachteiligung vorliegt, wenn Bindungsklauseln bei Sonderzahlungen nicht zwischen Kündigungen differenzieren, die in den Verantwortungsbereich des Arbeitnehmers oder des Arbeitgebers fallen, und ob bei Sonderzahlungen, die mindestens 25 % der Gesamtvergütung des Arbeitnehmers ausmachen[2], Stichtags- oder Rückzahlungsklauseln überhaupt noch zulässig sind.

Das BAG[3] hat Anfang 2012 ausdrücklich festgestellt, dass eine Sonderzahlung, die einen reinen Entgelt- oder einen Mischcharakter aufweist, zulässigerweise nicht mehr an das ungekündigten Bestand des Arbeitsverhältnisses **zu einem Zeitpunkt außerhalb des Bezugszeitraumes** anknüpfen kann. Eine solche Regelung steht nach Ansicht des BAG[4] im Widerspruch zum Grundgedanken des § 611 Abs. 1 BGB, indem sie dem Arbeitnehmer bereits erarbeiteten Lohn entzieht. Sie verkürzt außerdem in nicht zu rechtfertigender Weise die nach Art. 12 Abs. 1 GG geschützte Berufsfreiheit, weil sie die Ausübung seines Kündigungsrechts unzulässig erschwert. 119k

⊃ **Hinweis:** Diese Rechtsprechung hat das BAG[5] mittlerweile erweitert. Das BAG wendet die genannte Rechtsprechung (Rz. 119k) nunmehr auch auf solche Stichtagsklauseln an, die eine anteilige Zahlung von Sonderleistungen mit Mischcharakter und Entgelt im engeren Sinne – **ausgehend von einem Zeitpunkt innerhalb des Bemessungszeitraums** – ausschließen. Eine solche Regelung benachteilige den Arbeitnehmer unangemessen. Für die Praxis bedeutet dies zwar eine weitere Einschränkung, das Urteil bringt aber auch mehr Sicherheit für die Beurteilung der Frage, ob bestimmte Stichtagsklauseln zulässig sind und gibt eine relativ klare Anleitung, wie Stichtagsklauseln noch zulässig formuliert werden können. 119l

Das LAG Düsseldorf[6] hatte bereits entschieden, dass eine Klausel, nach der der Anspruch auf eine zeitanteilig verdiente, variable Jahressondervergütung bei einem Ausscheiden im Laufe des Geschäftsjahres entfällt, unwirksam ist. Dies dürfte nun auch das BAG so sehen, obwohl es[7] im Jahr 2009 noch erklärt hat, dass bei einem Bonus eine Bestandsklausel wirksam ist, soweit der Anspruch auf die Zahlung an das Bestehen eines Arbeitsverhältnisses im Geschäftsjahr anknüpft[8]. Diese Rechtsprechung dürfte nach dem neuen Urteil des BAG[9] keinen Bestand mehr haben. 119m

dd) Ausgleichsquittung/Klageverzichtserklärung

Durch eine Ausgleichsquittung bestätigt der Arbeitnehmer den Empfang der in dem Dokument aufgeführten Leistungen und verzichtet auf darüber hinausgehende An- 120

---

1 BAG 24.10.2007 – 10 AZR 825/06, NZA 2008, 40; dazu auch *Beckmann*, jurisPR-ArbR 32/2009.
2 Zur Inhaltskontrolle auch bei Leistungen unter 25 % der Gesamtvergütung vgl. LAG Düsseldorf 19.6.2012 – 5 Sa 324/12.
3 BAG 14.11.2012 – 10 AZR 783/11; 18.1.2012 – 10 AZR 612/10, NZA 2012, 561; für die Unwirksamkeit einer Stichtagsregelung in einer Betriebsvereinbarung: BAG 12.4.2011 – 1 AZR 412/09, NZA 2011, 989; 5.7.2011 – 1 AZR 94/10, ArbR 2011, 642; 6.7.2011 – 1 AZR 807/09, NZA 2011, 1234.
4 Vgl. BAG 18.1.2012 – 10 AZR 612/10, NZA 2012, 561.
5 BAG 13.11.2013 – 10 AZR 848/12, NZA 2014, 368.
6 Vgl. LAG Düsseldorf 3.2.2012 – 6 Sa 1081/11; zu einer Tantieme: LAG Düsseldorf 19.6.2012 – 5 Sa 324/12.
7 BAG 6.5.2009 – 10 AZR 443/08, DB 2009, 1601.
8 Skeptisch auch *König*, NZA-RR 2012, 451.
9 BAG 13.11.2013 – 10 AZR 848/12, NZA 2014, 368.

sprüche. Damit beinhaltet die Ausgleichsquittung eine **Empfangsbestätigung und eine Ausgleichsklausel**. Häufig sollen durch sie sämtliche Ansprüche aus dem Arbeitsverhältnis und anlässlich seiner Beendigung abgegolten werden.

Die instanzgerichtliche Rechtsprechung sieht die Zulässigkeit von vorformulierten Ausgleichsquittungen unter Berücksichtigung des Maßstabes der **unangemessenen Benachteiligung** iSv. § 307 Abs. 1 BGB kritisch[1]. In Aufhebungsverträgen kann eine Ausgleichsklausel auch ein nachvertragliches Wettbewerbsverbot und eine Karenzentschädigung umfassen, auch ohne ausdrücklichen Hinweis hierauf[2]. Das BAG[3] hat darüber hinaus entschieden, dass eine Ausgleichsklausel in einem gerichtlichen Vergleich, der nach Beendigung des Arbeitsverhältnisses geschlossen wird, regelmäßig ein konstitutives negatives Schuldanerkenntnis iSv. § 397 Abs. 2 BGB darstellt. Eine solche Klausel kann wirksam den Urlaubsabgeltungsanspruch umfassen, wenn der Arbeitnehmer die Möglichkeit hatte, die Abgeltung des Urlaubanspruches in Anspruch zu nehmen.

Ist ein vom Arbeitgeber vorformulierter Verzicht auf alle bestehenden Ansprüche als Hauptabrede der Vereinbarung erkennbar selbständig und isoliert von der Empfangsbestätigung unterzeichnet und nicht mit anderen Regelungen verbunden, unterliegt dieser nach einer Entscheidung des LAG Berlin-Brandenburg[4] keiner Inhaltskontrolle[5]. Lässt ein solcher Verzicht nicht ausreichend klar erkennen, welche Ansprüche von ihm erfasst sein sollen, liegt dennoch stets ein Verstoß gegen das Transparenzgebot vor. Das LAG Hamburg sah in einer Ausgleichsquittung eine unangemessene Benachteiligung, die vorsah, dass der Arbeitnehmer **ohne Gegenleistung** auf die Möglichkeit verzichtet, gegen eine Kündigung des Arbeitgebers zu klagen[6]. Als ausreichende Gegenleistung sah das LAG Niedersachsen[7] kürzlich die Verpflichtung des Arbeitgebers, ein qualifiziertes Zeugnis mit der Endnote „gut" auszustellen. Nunmehr hat auch das BAG[8] entschieden, dass der Verzicht des Arbeitnehmers auf eine Klageerhebung nach einer Kündigung unwirksam ist, sofern der Arbeitgeber keine **ausgleichende Gegenleistung** gewährt.

121 ⮕ **Hinweis:** Eine andere Beurteilung ist jedoch dann angezeigt, wenn der Arbeitgeber ein Kompensat[9] erbringt. Ob diese bereits darin gesehen werden kann, dass die Ausgleichsquittung einen gegenseitigen Verzicht der Arbeitsvertragsparteien auf die Geltendmachung entsprechender Ansprüche enthält, ist zweifelhaft. Nach dem LAG Kiel[10] ist die Gegenseitigkeit des Verzichts kein ausreichendes Kompensat, da ein Arbeitgeber in der Regel nach Beendigung des Arbeitsverhältnisses keine Ansprüche mehr gegen einen Arbeitneh-

---

1 Vgl. LAG Rh.-Pf. 7.5.2010 – 9 Sa 711/09: Unwirksamkeit des Verzichts auf eine betriebliche Altersversorgung; LAG Schl.-Holst. 24.9.2003 – 3 Sa 6/03, NZA-RR 2004, 74; LAG Düsseldorf 13.4.2005 – 12 Sa 154/05, DB 2005, 1463; dazu auch: *Hunold*, NZA-RR 2006, 115.
2 BAG 19.11.2008 – 10 AZR 671/07, NZA 2009, 318; 22.10.2008 – 10 AZR 617/07, NZA 2009, 139.
3 BAG 14.5.2013 – 9 AZR 844/11, NZA 2013, 1098.
4 Vgl. LAG Bln.-Bbg. 5.6.2007 – 12 Sa 524/07, FA 2008, 22; so auch *Preis/Bleser/Rauf*, DB 2006, 2813.
5 AA BAG 21.6.2011 – 9 AZR 203/10, NZA 2011, 1338 für eine vertragliche Ausgleichsklausel im Zusammenhang mit der Beendigung des Arbeitsverhältnisses.
6 Vgl. LAG Hamburg 29.4.2004 – 1 Sa 47/03, NZA-RR 2005, 151; für die Wirksamkeit von Ausgleichsquittungen *Herbert/Oberrath*, NJW 2005, 3750, da eine Inhaltskontrolle des Verhältnisses von Leistung und Gegenleistung wegen des Vorbehaltes des § 307 Abs. 3 Satz 1 BGB ausscheide. Vgl. auch LAG BW 19.7.2006 – 2 Sa 123/05, AuA 2006, 614; *Preis/Bleser/Rauf*, DB 2006, 2813.
7 LAG Nds. 27.3.2014 – 5 Sa 1099/13.
8 Vgl. BAG 21.6.2011 – 9 AZR 203/10, NZA 2011, 1338; 6.9.2007 – 2 AZR 722/06, NZA 2008, 219; vorgehend bereits ebenso: LAG BW 19.7.2006 – 2 Sa 123/05, AuA 2006, 614.
9 Vgl. BAG 6.9.2007 – 2 AZR 722/06, NZA 2008, 219.
10 LAG Kiel 24.9.2013 – 1 Sa 61/13.

mer hätte und somit der Verzicht für den Arbeitnehmer in der Regel einschneidender sei. Eine höchstrichterliche Klärung dieser Frage bleibt abzuwarten.

ee) Befristung einzelner Arbeitsbedingungen

Einzelne Arbeitsbedingungen stehen unter einer Befristung, wenn deutlich wird, dass sie nicht dauerhaft, sondern nur vorübergehend gelten sollen. In der Praxis gebräuchlich sind Zeit- und Zweckbefristungen. Nach allgemeiner Ansicht sind diese im Grundsatz zulässig[1]. Da es bereits legitim ist, den gesamten Arbeitsvertrag zu befristen, muss dies erst recht bei einzelnen Vertragsbestandteilen gelten[2]. Problematisch sind die Grenzen der Zulässigkeit im Arbeitsvertragsrecht. 122

In der Literatur werden nach der Schuldrechtsreform verschiedene Kontrollmechanismen in Betracht gezogen. So wird eine Anwendung des TzBfG, der alten BAG-Rechtsprechung, die eine Prüfung im Hinblick auf die Umgehung des § 2 KSchG vornahm, bis hin zu den Vorschriften der §§ 307 ff. BGB[3] erwogen. 123

Mit einem Urteil aus dem Jahr 2005 hat das BAG sich dahingehend festgelegt, dass eine formularmäßige Befristungsabrede zur regelmäßigen Arbeitszeit einer Überprüfung anhand von § 307 Abs. 1 Satz 1 BGB zugeführt wird[4]. Eine Kontrolle, nach der die Befristung einer Arbeitsbedingung eines sachlichen Grundes bedurfte, um nicht den Inhaltsschutz des § 2 KSchG zu umgehen, findet nicht statt. Inwieweit andere Änderungen von Arbeitsbedingungen allgemein einer solchen Inhaltskontrolle unterliegen, hat das BAG in diesem Urteil offen gelassen.

In der zitierten Entscheidung wurde nur die Befristungsabrede geprüft und nicht der Umfang der Hauptleistungspflicht. Das BAG nahm eine umfassende Abwägung der Interessen beider Vertragsparteien vor. Entscheidungsrelevant waren in diesem speziellen Fall Besonderheiten aus dem Schulbereich, der ausnahmsweise rechtfertigende Gründe lieferte. Denn grundsätzlich reicht die Ungewissheit über den künftigen Arbeitskräftebedarf allein nicht aus, die Befristung von Arbeitszeiterhöhungen zu rechtfertigen, da das unternehmerische Risiko nicht auf den Arbeitnehmer verlagert werden darf[5]. 124

Eine **Konkretisierung des Prüfungsmaßstabs** hat das BAG in einer Entscheidung im Jahre 2007 vorgenommen[6]. Danach ist das TzBfG nicht anwendbar[7]. Befristungen von Arbeitsbedingungen müssen vielmehr einer AGB-Kontrolle unterzogen werden[8]. Lediglich im Rahmen der vorzunehmenden **Interessenabwägung** ist das TzBfG sodann zu beachten[9]. Eine befristete Erhöhung der Arbeitszeit bedarf demnach eines Sachgrundes, den der Arbeitgeber darzulegen hat. Maßgeblicher Zeitpunkt für die Be- 124a

---

1 Vgl. nur *Maschmann*, RdA 2005, 214.
2 Vgl. allgemeinen Hinweis auf die Vertragsfreiheit in BAG 19.2.2014 – 7 AZR 260/12.
3 Vgl. *Preis/Bender*, NZA-RR 2005, 337; *Maschmann*, RdA 2005, 214.
4 Vgl. BAG 27.7.2005 – 7 AZR 486/04, NZA 2006, 40.
5 Vgl. BAG 27.7.2005 – 7 AZR 486/04, NZA 2006, 40; erneut bestätigt durch BAG 8.8.2007 – 7 AZR 855/06, DB 2008, 471; s. aber auch die Rspr. zu der Rechtslage vor der Schuldrechtsreform, die eine solche Risikoverlagerung bereits als unzulässig ansah, BAG 14.1.2004 – 7 AZR 213/03, AP Nr. 10 zu § 14 TzBfG.
6 BAG 8.8.2007 – 7 AZR 855/06, DB 2008, 471; 16.8.2008 – 7 AZR 245/07; *Lunk/Leder*, NZA 2008, 504.
7 Vgl. auch BAG 15.12.2011 – 7 AZR 394/10, NZA 2012, 674; 8.6.2009 – 7 AZR 245/07; 2.9.2009 – 7 AZR 233/08, NZA 2009, 1253; LAG Rh.-Pf. 17.12.2009 – 11 Sa 426/09, AE 2010, 83; 18.2.2009 – 8 Sa 533/08; *Ebeling*, jurisPR-ArbR 33/2010 Anm. 2.
8 LAG Frankfurt 12.11.2012 – 21 Sa 100/12; LAG Hess. 14.7.2009 – 13 Sa 2145/08, NZA-RR 2010, 128; LAG Rh.-Pf. 18.2.2009 – 8 Sa 533/08; LAG Köln 5.2.2009 – 7 Sa 1088/08, AE 2009, 327; *Ebeling*, jurisPR-ArbR 33/2009 Anm. 2.
9 Vgl. BAG 8.8.2007 – 7 AZR 855/06, DB 2008, 471.

urteilung des Vorliegens eines Sachgrundes ist ausschließlich der Zeitpunkt des Abschlusses der befristeten Arbeitsbedingung[1]. Ist eine Befristung des Vertrags insgesamt nach § 14 Abs. 1 TzBfG sachlich gerechtfertigt, so ist auch eine Teilbefristung nur bei Vorliegen „außergewöhnlicher Umstände" unangemessen[2]. Die Hinwendung zur Angemessenheitskontrolle bei Teilbefristungen bedeutet somit zugleich eine Abkehr von der Kernbereichslehre. Dabei hat das BAG zunächst noch offen gelassen, in welchem Maße das TzBfG bei der Angemessenheitskontrolle zu berücksichtigen ist. Diesen Aspekt hat das Gericht allerdings nunmehr weiter ausgearbeitet: zwar hält das BAG[3] formal daran fest, dass die Kontrolle der Befristung einzelner Arbeitsbedingungen nach §§ 305 ff. BGB erfolgt; bei einer befristeten Erhöhung der Arbeitszeit in einem erheblichen Umfang[4] bedarf es aber zum Ausschluss einer unangemessenen Benachteiligung solcher Umstände, die auch bei einem gesonderten Vertrag über die Arbeitszeitaufstockung dessen Befristung nach § 14 Abs. 1 TzBfG zulassen würden.

124b ⊃ **Hinweis:** Durch die „Hintertür" führt das BAG trotz der erneut statuierten Unanwendbarkeit des TzBfG im Rahmen der AGB-rechtlichen Angemessenheitskontrolle eine Prüfung nach dem Befristungsrecht ein, so dass zumindest bei eingriffsintensiven Änderungen bei der Arbeitszeit nunmehr wohl von einem strengeren Maßstab auszugesehen sein wird[5]. Die Instanzgerichte scheinen dieser Rechtsprechung Folge zu leisten und prüfen ebenfalls im Rahmen einer Inhaltskontrolle nach § 307 Abs. 1 Satz 1 BGB die Grundsätze des TzBfG[6].

124c In einem weiteren Urteil aus dem Lehrkräftebereich entschied das BAG, dass die vertragliche Einräumung eines Rechts des Arbeitgebers zur befristeten Erhöhung der Wochenarbeitszeit grundsätzlich möglich ist. In diesem Fall handelte es sich unter Bezugnahme auf eine tarifliche Bemessensvorschrift für die durchschnittliche Wochenarbeitszeit in einem Altersteilzeitarbeitsvertrag um keine konstitutive Regelung. Die Vereinbarung wurde in Umsetzung eines kollektiven Interessenausgleichs geschlossen und im Ergebnis den Interessen beider Vertragsparteien gerecht. Gleichzeitig erkannte das BAG die Notwendigkeit an, in diesem Fall auch das Vorliegen einer unangemessenen Benachteiligung durch die Einräumung des Bestimmungsrechts des Arbeitgebers sowie die Billigkeit der Art und Weise der Gebrauchmachung der eingeräumten Ermächtigung zu überprüfen[7].

125 Für **Befristungen von Zulagen und anderen Entgeltbestandteilen** ist bislang höchstrichterlich ungeklärt, unter welchen Voraussetzungen eine solche Klausel zulässig ist[8], so

---

1 LAG Schl.-Holst. 23.5.2013 – 5 Sa 375/12; LAG Kiel 10.4.2013 – 3 Sa 316/12; 23.5.2013 – 5 Sa 375/12.
2 BAG 2.9.2009 – 7 AZR 233/08, NZA 2009, 1253; LAG Rh.-Pf. 17.12.2009 – 11 Sa 504/09, ArbR 2010, 177; ArbG Hamburg 10.12.2009 – 7 Ca 52/09, ArbuR 2010, 81; LAG Stuttgart 17.6.2013 – 1 Sa 2/13.
3 BAG 15.12.2011 – 7 AZR 394/10, NJW 2012, 2296.
4 Erhöhung um die Hälfte für einen Zeitraum von drei Monaten; LAG Frankfurt 12.11.2012 – 21 Sa 100/12: Erhöhung von 40 Std. im Monat auf 152 bzw. 162 Std. im Monat; vgl. LAG Köln 9.5. 2012 – 3 Sa 1179/11: gleicher Prüfungsmaßstab, wenn Umfang der befristeten Arbeitszeiterhöhung gering ist, sich aber eine entsprechende Belastung des Arbeitnehmers aus der Vielzahl der Befristungen und der Gesamtdauer der Vertragspraxis ergibt; ebenso LAG Stuttgart 17.6. 2013 – 1 Sa 2/13, wonach die Befristungen an sich ausreichend begründet waren, die Unwirksamkeit sich aber aus der Anzahl der Befristungen (19) und der Gesamtdauer der Befristungen (11 Jahre) ergab.
5 Dazu *Dzida*, NJW 2012, 2302.
6 LAG Schl.-Holst. 23.5.2013 – 5 Sa 375/12; LAG Kiel 10.4.2013 – 3 Sa 316/12; 23.5.2013 – 5 Sa 375/12; s. dazu auch die Urteilsanmerkung zu LAG Kiel 10.4.2013 – 3 Sa 316/12 von *Kossens*, jurisPR-ArbR 26/2013 Nr. 3.
7 Vgl. BAG 14.8.2007 – 9 AZR 58/07, NZA-RR 2008, 129; s.a. ArbG Nürnberg 24.11.2009 – 3 Ca 3915/09, AE 2010, 83: zur AGB-Kontrolle der sukzessiven Absenkung der Arbeitszeit nach einer Änderungskündigung.
8 Offen gelassen bei einer befristet gewährten Provision: LAG Hess. 1.6.2012 – 14 Sa 553/11.

dass diese Form der Entgeltflexibilisierung nach wie vor erhebliche Unsicherheiten birgt[1]. Nach bisheriger Rechtsprechung war eine Befristungsklausel, die in den Kernbereich des Arbeitsverhältnisses eingriff, nur zulässig, sofern diese durch einen sachlichen Grund gerechtfertigt wurde[2]. Allerdings ist diese Rechtsprechung von der Literatur kritisiert worden, da Widerrufsvorbehalte, die den Kernbereich des Arbeitsvertrages betreffen, unwirksam sind, während Befristungsklauseln, sofern ein sachlicher Grund besteht, zulässig sein sollen[3]. Die Literatur[4] schlägt insofern eine Dreiteilung vor: Greift eine Befristungsklausel in den Kernbereich des Arbeitsverhältnisses ein, so ist diese immer unangemessen und folglich unwirksam. Berühren die Befristungsklauseln synallagmatische Leistungen im engeren Sinne, so können diese nur zulässig sein, wenn schwerwiegende Gründe für die Befristung vorliegen. Betrifft die Klausel nicht im engeren Sinne synallagmatische Leistungen, sind diese Befristungen wirksam, sofern ihre Anordnung willkürfrei ist.

Ebenso wie bei Entgeltbestandteilen hatte die Rechtsprechung in der Vergangenheit bei Befristungen von **Änderungen im Tätigkeitsbereich** die Wirksamkeit davon abhängig gemacht, ob ein Eingriff in den Kernbereich des Arbeitsverhältnisses vorliegt. Auch hier wird noch zu klären sein, nach welchen Maßstäben die Rechtsprechung künftig prüfen wird.

Das LAG München hat entschieden, dass eine Klausel, nach der eine Arbeitnehmerin zum Zwecke der Probe befristet eine andere Tätigkeit ausübte, der Inhaltskontrolle nach § 307 Abs. 1 Satz 1 BGB standhält[5].

ff) Abstrakte Schuldversprechen

Abstrakte Schuldversprechen iSv. §§ 780 f. BGB begründen zwischen den Vertragspartnern eine vom zugrunde liegenden Rechtsverhältnis unabhängige Verpflichtung, zB im Hinblick auf die Zahlung eines näher bestimmten Geldbetrages.

Das BAG[6] hat entschieden, dass eine unangemessene Benachteiligung des Arbeitnehmers vorliegt, wenn die Möglichkeit ausgeschlossen wird, geltend zu machen, dass der zugrunde liegende Anspruch nicht besteht; das Gericht sah in diesem Einwendungsausschluss eine nach § 307 Abs. 1 BGB unzulässige Abweichung von bereicherungsrechtlichen Bestimmungen (§§ 812 Abs. 2, 821 BGB) und stellte die Unzulässigkeit dieser Klausel fest.

gg) Bezugnahme auf Tarifverträge, Betriebs- und Dienstvereinbarungen

Tarifverträge, Betriebs- und Dienstvereinbarungen stehen Rechtsvorschriften gleich (vgl. § 310 Abs. 4 Satz 3 BGB). Dies bedeutet, dass eine Inhaltskontrolle von AGB nicht stattfindet, wenn im Einzelarbeitsvertrag – wie in der Praxis häufig – auf einen Tarifvertrag[7] Bezug genommen wird[8], ohne dass eine beiderseitige Tarifbindung der

---

1 Vgl. *Dzida*, ArbRB 2012, 286 ff.; *Feddersen*, NWB 2010, 1348 ff.
2 Vgl. BAG 21.4.1993 – 7 AZR 297/92, NZA 1994, 476.
3 Vgl. *Däubler/Bonin/Deinert*, § 307 BGB Rz. 202.
4 Vgl. *Däubler/Bonin/Deinert*, § 307 BGB Rz. 205.
5 LAG München 13.3.2014 – 2 Sa 807/13.
6 Vgl. BAG 15.3.2005 – 9 AZR 502/03, NZA 2005, 918.
7 Dies gilt auch, wenn der in Bezug genommene Tarifvertrag von einer Tarifpartei gekündigt und noch kein neuer Tarifvertrag abgeschlossen worden ist; das folgt schon daraus, dass das Gesetz bei tarifgebundenen Arbeitsvertragsparteien gem. § 4 Abs. 5 TVG die Nachwirkung des gekündigten Tarifvertrags anordnet, BAG 18.9.2012 – 9 AZR 1/11.
8 Vgl. BAG 9.2.2011 – 7 AZR 91/10, NZA-RR 2012, 232; 19.10.2011 – 7 AZR 743/10, GWR 2012, 162; LAG Düsseldorf 25.8.2009 – 17 Sa 618/09 zur Bezugnahme auf eine Betriebsvereinbarung; s.a. *Günther*, öAT 2014, 137.

Parteien besteht, oder sie in dem Arbeitsvertrag inhaltsgleiche Regelungen unter bloßer Wiedergabe tarifvertraglicher Bestimmungen treffen[1]. Gleiches gilt für eine Verweisung auf die bei dem Arbeitgeber geltenden Betriebs- oder Dienstvereinbarungen[2].

Eine Inhaltskontrolle nach den §§ 305 ff. BGB findet hingegen statt, wenn es sich bei der Bezugnahme[3] um einen anderen als den potentiell sachlich einschlägigen Tarifvertrag handelt[4] oder, falls der Tarifvertrag zwar sachlich einschlägig ist, die Bezugnahme aber nicht auf normativ wirkende Bestimmungen des Tarifvertrages erfolgt[5]. Eine Inhaltskontrolle ist auch vorzunehmen, wenn auf Grundlage einer Öffnungsklausel im Tarifvertrag eine abweichende arbeitsvertragliche Regelung vereinbart wird. Da der Tarifvertrag insoweit dispositiv ist, ist § 307 Abs. 3 Satz 1 BGB mit der Folge anzuwenden[6], dass eine Inhaltskontrolle stattfindet (s.a. Rz. 153).

129 Nicht geregelt ist der Fall, dass lediglich **Teile einer kollektivrechtlichen Regelung** in den Formulararbeitsvertrag aufgenommen werden[7]. Einerseits wird bei einer nur bruchstückhaften Übernahme kollektivvertraglicher Bestimmungen in der Regel die einerseits erzielte inhaltliche Ausgewogenheit des Gesamtwerks nicht erreicht. Andererseits wird man nicht verlangen können, sämtliche tarifvertraglichen Bestimmungen in den Einzelarbeitsvertrag zu transformieren, um eine inhaltliche Ausgewogenheit herzustellen[8]. Nunmehr hat das BAG[9] entschieden, dass durch die Inbezugnahme eines **in sich abgeschlossenen Teils** des einschlägigen Tarifvertrags in einem Formulararbeitsvertrag dieser – ebenso wie bei der Verweisung auf den ganzen Tarifvertrag – einer Inhaltskontrolle nach § 307 BGB entzogen wird[10].

130 Darüber hinaus unterfällt die **Bezugnahmeklausel** in dem Arbeitsvertrag selbst der AGB-Kontrolle. Sie muss daher dem Transparenzgebot des § 307 Abs. 1 Satz 2 BGB entsprechen und wegen der Unklarheitsregel des § 305c Abs. 2 BGB hinreichend bestimmt sein. Eine Bezugnahme auf zB eine Konzernvereinbarung ist dann nicht intransparent, wenn die in Bezug genommenen Regelungen bestimmbar sind[11].

Intransparent und somit unwirksam ist eine Bezugnahmeklausel, mit der mehrere eigenständige tarifliche Regelwerke gleichzeitig auf das Arbeitsverhältnis zur Anwendung gebracht werden sollen und die keine Kollisionsregel erhält[12]. Denn in diesem Fall besteht die Gefahr, dass der Arbeitnehmer wegen dieser Unklarheit seine Rechte nicht wahrnimmt.

---

1 Vgl. BT-Drucks. 14/6857, 54; Palandt/*Grüneberg*, § 310 BGB Rz. 51; *Herbert/Oberrath*, NJW 2005, 3749; vgl. auch: BAG 25.4.2007 – 6 AZR 622/06, DB 2007, 2263; im Anschluss daran entschied das BAG, dass auch dann keine Transparenzkontrolle nach § 307 Abs. 1 Satz 2 BGB vorzunehmen ist, wenn auf einen Tarifvertrag Bezug genommen wird, der kraft Tarifbindung für den Arbeitgeber gilt, der Arbeitnehmer aber nicht Mitglied der tarifschließenden Gewerkschaft ist, vgl. BAG 28.6.2007 – 6 AZR 750/06, NZA 2007, 1049.
2 Vgl. BAG 19.3.2014 – 10 AZR 622/13.
3 Ausführlich zu Bezugnahmeklauseln und entsprechenden Formulierungsvorschlägen *Wisskirchen/Bissels*, S. 69 ff.
4 Vgl. *Gotthardt*, ZIP 2002, 281; *Witt*, NZA 2004, 137.
5 Vgl. *Annuß*, BB 2002, 460; dazu ausführlich *Schlewing*, NZA Beilage 2/2012, 40.
6 Vgl. *Herbert/Oberrath*, NJW 2005, 3749 mwN.
7 Hinsichtlich Transparenzgebot offen gelassen von BAG 21.8.2013 – 5 AZR 581/11 für partielle Bezugnahme auf Tarifvertrag.
8 S. ausführlich zu Einzel- und Teilverweisungen *Wisskirchen/Stühm*, S. 26 ff.
9 Vgl. BAG 6.5.2009 – 10 AZR 390/08, NZA-RR 2009, 593.
10 Vgl. LAG Nds. 19.8.2010 – 5 Sa 628/10: Abgrenzung zwischen (kontrollfreier) Global- und (nicht privilegierter) Teilverweisung.
11 LAG Hamburg 12.3.2014 – 5 Sa 48/13; BAG 14.11.2012 – 5 AZR 107/11: Dies gilt auch dann, wenn im Arbeitsvertrag auf die beim Arbeitgeber geltenden Tarifverträge Bezug genommen wird – der Arbeitnehmer kann sich kundig machen, welche dies sind.
12 BAG 13.3.2013 – 5 AZR 954/11, NZA 2013, 680 zu einer Bezugnahmeklausel betreffend die Tarifverträge der christlichen Gewerkschaften über Leiharbeit.

Dabei sind zwei Grundformen von Verweisungen zu unterscheiden. Mit einer **statischen Bezugnahmeklausel** wird dabei in der Praxis oftmals die Geltung eines bestimmten Tarifvertrages in einer bestimmten Fassung vereinbart. So finden sich in Arbeitsverträgen bspw. Formulierungen wie: 131

Formulierungsbeispiel:

Der Manteltarifvertrag für die Arbeitnehmer des Groß- und Außenhandels in Nordrhein-Westfalen in der Fassung vom 21.7.2005 findet auf das Arbeitsverhältnis Anwendung.

Zukünftige Anpassungen des Tarifvertrages haben keinerlei Auswirkungen auf das Arbeitsverhältnis[1]. Die Verwendung von statischen Bezugnahmeklauseln ist im Hinblick auf eine Kontrolle nach §§ 307 ff. BGB grundsätzlich unproblematisch, da die Arbeitsvertragsparteien auf einen zum Zeitpunkt des Vertragsschlusses hinreichend bestimmten und transparenten tarifrechtlichen Zustand verweisen, der die geltenden Arbeitsbedingungen wiedergibt.

Regelmäßig werden in Arbeitsverträgen jedoch **dynamische Bezugnahmeklauseln** verwendet[2]. Der Arbeitnehmer partizipiert an einer (zukünftigen) Tarifvertragsänderung. Eine solche liegt auch vor, wenn der Arbeitsvertrag auf die für eine Branche jeweils geltenden Tarifverträge bestimmter Tarifvertragsparteien verweist[3]. Derartige Klauseln sind uneingeschränkt zulässig, soweit sie global auf einen einschlägigen Tarifvertrag verweisen. Sie benachteiligen einen Arbeitnehmer nicht unangemessen iSv. § 307 BGB, da eine Änderung der Arbeitsbedingungen nicht einseitig durch den Arbeitgeber, sondern im Konsens der Tarifvertragsparteien erfolgt[4]. Eine unangemessene Benachteiligung kommt dagegen in Betracht, wenn sich der Arbeitgeber durch die Klausel ein Leistungsbestimmungsrecht hinsichtlich wesentlicher Vertragsbestandteile vorbehält, ohne dass der einzelne Arbeitnehmer hierauf Einfluss nehmen kann[5]. 132

Nach ständiger Rechtsprechung des BAG sind Verweisungen auf die für die betriebliche Altersversorgung beim Arbeitgeber geltenden Bestimmungen im Regelfall dynamisch. Sie verweisen, soweit keine gegenteiligen Anhaltspunkte bestehen, auf die *jeweils* beim Arbeitgeber geltenden Regelungen[6].

Bei der dynamischen Bezugnahmeklausel wird zwischen der „kleinen" und „großen" differenziert. Erstgenannte Verweisungen nehmen einen Tarifvertrag/mehrere Tarifverträge (einer bestimmten Branche) in der jeweils gültigen Fassung in Bezug.

Über die zeitliche Komponente hinaus wird bei der **„großen" dynamischen Bezugnahmeklausel** auf alle für den Betrieb des Unternehmens jeweils geltenden Tarifverträge verwiesen (sog. Tarifwechselklausel). Diese verletzt das Transparenzgebot nach § 307 Abs. 1 Satz 2 BGB nicht, weil die jeweils geltenden, in Bezug genommenen Regelungen für den Arbeitnehmer zumindest bestimmbar sind[7]. Zudem ist eine große dyna- 132a

---

1 Vgl. *von Vogel/Oelkers*, NJW-Spezial 2006, 369.
2 Vgl. ArbG Leipzig 5.9.2008 – 16 Ca 2651/08, AE 2008, 327: im Zweifel dynamische Verweisung, wenn auf eine bestimmte Tarifgruppe im Arbeitsvertrag Bezug genommen wird.
3 Vgl. BAG 26.9.2007 – 5 AZR 808/06, NZA 2008, 219; *Hunold*, NZA-RR 2008, 450.
4 Vgl. *Oelkers/Vernunft*, NJW-Spezial 2008, 530; gegen diese Argumentation LAG Köln 10.4.2013 – 5 Sa 1393/11: Es könne nicht darauf ankommen, ob der Arbeitgeber befugt ist, die in Bezug genommene Regelung einseitig zu ändern, es komme lediglich auf die Bezugnahmeklausel selbst an. Anderenfalls wären ggf. Bezugnahmeklauseln zeitweise wirksam oder unwirksam, je nachdem, ob der Arbeitgeber die betreffenden Regelungen ändern könne.
5 Vgl. *Oelkers/Vernunft*, NJW-Spezial 2008, 530.
6 BAG 17.6.2014 – 3 AZR 676/12; 23.4.2013 – 3 AZR 23/11, NZA-RR 2013, 542; 18.9.2012 – 3 AZR 415/10, NZA 2013, 210.
7 Vgl. BAG 24.9.2008 – 6 AZR 76/07, NZA 2009, 154; dazu ausführlich: *Jordan/Bissels*, NZA 2010, 71 ff.; *Bayreuther*, FS Peter Kreutz, S. 29 ff.

mische Bezugnahmeklausel im Arbeitsrecht weit verbreitet und wird von dem Arbeitnehmer erwartet[1].

132b Bei einem **Verbandswechsel** oder einem **Betriebsübergang** werden auf diese Weise die für den neuen Arbeitgeber geltenden Tarifverträge in das Arbeitsverhältnis einbezogen[2]. Handelt es sich bei dem Arbeitsvertrag um einen Altvertrag (Vertragsschluss bis 31.12.2001), gilt der in Bezug genommene Tarifvertrag auch beim neuen Arbeitgeber statisch weiter, die Bezugnahme ist auch nach zweimaligem Betriebsübergang und späterem Verbandsaustritt des neuen Arbeitgebers als Gleichstellungsabrede zu verstehen (vgl. zur Rechtsprechung bei Altverträgen Rz. 133)[3]. Wird in einem Arbeitsvertrag auf einen Tarifvertrag Bezug genommen, werden damit auch Umstrukturierungstarifverträge erfasst, durch die wegen einer wirtschaftlichen Notlage tarifliche Leistungen abgesenkt werden[4]. Da Zweifel bei der Auslegung von AGB zu Lasten des Verwenders gehen (vgl. § 305c Abs. 2 BGB), der allein dafür Sorge zu tragen hat, dass diese unmissverständlich und eindeutig abgefasst sind, wird bei Unklarheiten über die Reichweite der Anwendbarkeit des Tarifvertrages die für den Arbeitnehmer günstigste Auslegung angenommen[5]. Das BAG[6] legt dabei die Bezugnahme auf einen Tarifvertrag bezogen auf die Vergütung regelmäßig als dynamischen Verweis aus, so dass der Arbeitnehmer an Lohnerhöhungen teilnehmen kann.

133 Hinsichtlich der Auslegung von dynamischen Bezugnahmeklauseln ist zwischen „Alt-" und „Neuverträgen" zu differenzieren. „**Altverträge**" sind solche, die bis zum 31.12.2001 geschlossen wurden. Für diese gilt die Auslegungsregel, dass die Bezugnahme in einem von einem tarifgebundenen Arbeitgeber vorformulierten Arbeitsvertrag auf die für das Arbeitsverhältnis geltenden Tarifverträge regelmäßig als **Gleichstellungsabrede** zu verstehen ist, also nur die Gleichstellung nicht tarifgebundener Arbeitnehmer mit Gewerkschaftsmitgliedern bezweckt[7]; insoweit soll die Bezugnahmeklausel die fehlende Gewerkschaftszugehörigkeit ersetzen. Die damit verbundene vertragliche Anbindung an eine dynamische Entwicklung des Tarifvertrages endete aufgrund des Charakters der Verweisungsregelung als Gleichstellungsabrede, wenn sie für den tarifgebundenen Arbeitnehmer ebenfalls enden würde[8].

Diese Rechtsprechung gilt auch, wenn die Tarifgebundenheit des Arbeitgebers nicht auf Verbandmitgliedschaft, sondern auf einen zum Zeitpunkt des Arbeitsvertragsschlusses geltenden Anerkennungstarifvertrag zurückgeht. Dasselbe gilt, wenn nur ein einzelner Tarifvertrag oder Teile hiervon in Bezug genommen sind[9].

134 Für **Arbeitsverträge, die nach dem 31.12.2001** geschlossen wurden, hat das BAG[10] entschieden, dass künftig etwas anderes gelten soll. Entscheidend für den Umfang der Verweisung ist nicht der der Klausel innewohnende Zweck, sondern primär deren Wortlaut und die Umstände des Vertragsschlusses. Begründet wird dies damit, dass sich die alte Rechtsprechung zur Auslegung als Gleichstellungsabrede gerade im Hin-

---

1 Vgl. *Jordan/Bissels*, NZA 2010, 71 ff.
2 Vgl. *von Vogel/Oelkers*, NJW-Spezial 2006, 369.
3 LAG Saarl. 9.4.2014 – 2 Sa 143/13.
4 Vgl. BAG 14.12.2005 – 10 AZR 296/05, NZA 2006, 744 ff.
5 Vgl. BAG 9.11.2005 – 5 AZR 128/05, NZA 2006, 202.
6 Vgl. BAG 21.8.2013 – 5 AZR 581/11, NZA 2014, 271; 13.2.2013 – 5 AZR 2/12, NZA 2013, 1024; 9.11.2005 – 5 AZR 128/05, NZA 2006, 202.
7 Vgl. BAG 11.12.2013 – 4 AZR 473/12; 14.12.2011 – 4 AZR 79/10; 17.11.2010 – 4 AZR 127/09, NZA 2011, 457; BAG 14.12.2005 – 4 AZR 536/04, NZA 2006, 607; LAG Hess. 18.2.2014 – 13 Sa 963/13.
8 Vgl. BAG 14.12.2011 – 4 AZR 79/10; 17.11.2010 – 4 AZR 127/09, NZA 2011, 457; 14.12.2005 – 4 AZR 536/04, NZA 2006, 607.
9 BAG 11.12.2013 – 4 AZR 473/12.
10 Vgl. BAG 22.10.2008 – 4 AZR 793/07, NZA 2009, 323; 18.4.2007 – 4 AZR 652/05, NZA 2007, 965; 14.12.2005 – 4 AZR 536/04, NZA 2006, 607.

blick auf die Unklarheitsregelung des § 305c Abs. 2 BGB sowie wegen des Transparenzgebotes aus § 307 Abs. 1 Satz 2 BGB nicht mehr aufrechterhalten lässt. Eine etwaig gewollte Gleichstellung und die Beendigung der tariflichen Dynamik (etwa im Falle des Austritts aus dem Arbeitgeberverband oder eines Betriebsübergangs) muss der Arbeitgeber in der getroffenen Vereinbarung ausreichend deutlich zum Ausdruck bringen[1]. Die Rechtsprechungsänderung hat damit zur Folge, dass bei „Neuverträgen" aufgrund der dynamischen Bezugnahmeklausel in einem Arbeitsvertrag eine „Quasi-Tarifbindung" des Arbeitgebers über die Beendigung der normativen Wirkung des Tarifvertrages hinaus bestehen würde. Es entsteht damit eine sog. **„Ewigkeitsbindung"**.

Mit Urteil vom 21.11.2012 hat das BAG[2] für Neuverträge folgende Bezugnahmeklausel geprüft und gebilligt: „Auf das Arbeitsverhältnis finden die für den Betrieb oder Betriebsteil, in dem der Arbeitnehmer beschäftigt ist, betrieblich/fachlich jeweils einschlägigen Tarifverträge in ihrer jeweils gültigen Fassung Anwendung, soweit sich nicht aus den nachfolgenden Regelungen etwas anderes ergibt." Die Klausel sei weder überraschend noch intransparent, eine Inhaltskontrolle findet nicht statt.

Der nach der Rechtsprechungsänderung des BAG gewährte Vertrauensschutz in die frühere Auslegung als Gleichstellungsabrede für Altverträge unterliegt keiner zeitlichen Beschränkung[3]. 134a

○ **Hinweis:** Aufgrund der Rechtsprechungsänderung durch das BAG sollte der Arbeitgeber im Arbeitsvertrag ausdrücklich auf den Gleichstellungszweck hinweisen und exemplarisch die Umstände aufzählen, bei denen die Bindung an einen Tarifvertrag und der damit grundsätzlich dynamische Verweis in dem Arbeitsvertrag darauf endet[4]. Im Hinblick auf das Transparenzgebot des § 307 Abs. 1 Satz 2 sowie der Unklarheitsregel nach § 305c Abs. 2 BGB dürften dann keine Bedenken mehr bestehen. 135

Gegen das Transparenzgebot nach § 307 Abs. 1 Satz 2 BGB verstößt eine formularmäßige Bezugnahme auf die von mehreren CGB-Gewerkschaften und der tarifunfähigen CGZP in der Zeitarbeitsbranche mit dem Arbeitgeberverband AMP am 15.3.2010 abgeschlossenen, inhaltlich gleichlautenden mehrgliedrigen Tarifverträge, um den sog. Equal-pay-Grundsatz nach §§ 10 Abs. 4, 9 Nr. 2 AÜG auszuschließen[5]. Da die Bezugnahmeklausel keine Kollisionsregel enthalte (s. Rz. 130), wisse der Arbeitnehmer nicht, welche Regelung wann im Falle von widersprüchlichen Regelungen Anwendung finde. Dies berge die Gefahr, dass der Arbeitnehmer wegen dieser Unklarheit seine Rechte nicht wahrnimmt. Unerheblich soll sein, dass bei der Vereinbarung der Klausel die tariflichen Regelwerke noch inhaltsgleich waren[6]. Der Arbeitnehmer müsse bereits bei Vertragsschluss für die Dauer des Arbeitsverhältnisses erkennen können, was ggf. „auf ihn zukommt". 135a

Diese Rechtsprechung ist auch auf Bezugnahmen auf mehrgliedrige Tarifverträge der DGB-Gewerkschaften zur Zeitarbeit anwendbar[7].

---

1 Vgl. BAG 22.10.2008 – 4 AZR 793/07, NZA 2009, 323; 18.4.2007 – 4 AZR 652/05, NZA 2007, 965; 14.12.2005 – 4 AZR 536/04, NZA 2006, 607.
2 BAG 21.11.2012 – 4 AZR 85/11, DB 2013, 999.
3 BAG 11.12.2013 – 4 AZR 473/12; 14.12.2011 – 4 AZR 79/10; LAG Hess. 18.2.2014 – 13 Sa 963/13.
4 Vgl. dazu im Einzelnen *Wisskirchen/Lützeler*, AuA 2006, 528 ff.
5 BAG 13.3.2013 – 5 AZR 954/11, NZA 2013, 680; LAG Rh.-Pf. 1.6.2012 – 9 Sa 24/12, AE 2012, 228; aA LAG Hamm 29.2.2012 – 3 Sa 889/11.
6 BAG 13.3.2013 – 5 AZR 954/11, NZA 2013, 680; anders noch LAG Rh.-Pf. 1.6.2012 – 9 Sa 24/12, AE 2012, 228.
7 So auch *Schindele/Söhl*, NZA 2014, 1049.

hh) Beschränkung von Nebentätigkeiten

136 Aus Arbeitgebersicht ist eine Vereinbarung zur Einschränkung von Nebentätigkeiten unentbehrlich[1]. S. im Einzelnen Teil 2 A Rz. 222 ff.

137 Regelmäßig stellt das uneingeschränkte Verbot jeglicher Nebentätigkeit eine **unangemessene, unzulässige Einschränkung der Berufsfreiheit** des Arbeitnehmers dar[2]. Zu diesem Schluss kam das BAG[3] bereits vor der Schuldrechtsreform. Nunmehr kann die allgemeine Zulässigkeit von Nebenbeschäftigungen auch aus § 307 BGB abgeleitet werden. Wegen des Verbotes der geltungserhaltenden Reduktion im AGB-Recht sind Klauseln, die eine unzulässige Einschränkung von Nebenbeschäftigungen vorsehen, insgesamt unwirksam[4].

138 Eine Limitierung von Nebentätigkeiten kann sich u.a. aus den **gesetzlichen Grenzen** ergeben (vgl. § 3 ArbZG, § 8 BUrlG). Beschränkt sich ein Verbot inhaltlich auf eine **bestimmte Berufssparte** und sind die Interessen des Arbeitgebers, deren Wahrnehmung auch im Interesse des Gemeinwohls geboten ist, betroffen, ist ein auf diese Berufssparte beschränktes Nebentätigkeitsverbot zulässig[5]. Eine Klausel, die ein absolutes Nebentätigkeitsverbot des Arbeitnehmers für das Führen von Fahrzeugen vorsieht, dürfte zumindest dann zulässig sein, wenn es sich um einen **Berufskraftfahrer** handelt, dieses Verbot unter dem Hinweis der Lenkzeitkontrolle ausgesprochen wurde und der Einhaltung von Lenk- und Ruhezeiten dient[6]. Der Arbeitgeber kann die Nebentätigkeit ebenfalls verbieten, wenn diese mit der Arbeitspflicht des Arbeitnehmers kollidiert[7].

139 **Verbote mit Erlaubnisvorbehalt**[8] sind auch unter dem Aspekt des Art. 12 GG und dem AGB-Recht grundsätzlich unproblematisch. Ist keine Beeinträchtigung betrieblicher Interessen zu befürchten, hat der Arbeitnehmer einen Anspruch auf Erteilung der Genehmigung der Nebentätigkeit[9]. Dem Arbeitgeber wird dadurch die Gelegenheit eingeräumt, die Möglichkeit der Beeinträchtigung betrieblicher Interessen vorab zu überprüfen. Bei verständiger Würdigung unter Berücksichtigung der erfahrungsgemäß zu erwartenden Entwicklung muss eine Kollision mit den berechtigten Arbeitgeberinteressen wahrscheinlich sein, damit das Unternehmen die Erlaubnis der Ausübung einer Nebentätigkeit untersagen kann[10]. Allerdings besteht in der Literatur bezüglich der Wirksamkeit eines Verbotes mit Erlaubnisvorbehalt Uneinigkeit, wenn in der Klausel der Anspruch des Arbeitnehmers auf Erteilung der Zustimmung und dessen Voraussetzungen nicht geregelt sind; in Betracht kommt insofern ein Verstoß gegen das Transparenzgebot des § 307 Abs. 1 Satz 2 BGB[11].

---

1 Dazu *Wisskirchen/Bissels*, S. 131 ff.
2 Vgl. BAG 3.12.1970 – 2 AZR 110/70, BB 1971, 397; LAG Rh.-Pf. 29.4.2005 – 8 Sa 69/05; vgl. *Richter*, ArbR 2014, 141.
3 Vgl. BAG 3.12.1970 – 2 AZR 110/70, BB 1971, 397.
4 Vgl. BAG 3.4.2004 – 8 AZR 196/03, NZA 2004, 727.
5 Vgl. BAG 26.6.2001 – 9 AZR 343/00, DB 2001, 2657.
6 Vgl. BAG 26.6.2001 – 9 AZR 343/00, DB 2001, 2657.
7 Vgl. *Hunold*, NZA-RR 2002, 505; ausführlich hierzu *Gaul/Khanian*, MDR 2006, 68; *Woerz/Klinkhammer*, ArbR 2012, 183.
8 Ausführlich hierzu *Gaul/Khanian*, MDR 2006, 68 f.
9 Vgl. BAG 26.6.2001 – 9 AZR 343/00, DB 2001, 2657; 11.12.2001 – 9 AZR 464/00, DB 2002, 1507; LAG Köln 22.3.2013 – 4 Sa 1062/12; LAG Rh.-Pf. 20.3.2014 – 2 TaBV 18/13.
10 Vgl. zum Verbot der Ausübung einer Nebentätigkeit als Bestatter bei hauptberuflicher Tätigkeit als Krankenpfleger im Funktionsbereich der Anästhesie, BAG 28.2.2002 – 6 AZR 357/01, DB 2002, 1560.
11 Für eine Wirksamkeit derartiger Regelungen: Schaub/*Linck*, § 42 Rz. 11; für eine entsprechende Klarstellung des Anspruchs auf Genehmigung im Hinblick auf § 307 Abs. 1 Satz 2 BGB: *Gaul/Kahanian*, MDR 2006, 68 f.; *Richter*, ArbR 2014, 141.

"Berechtigte Interessen" sind im weitesten Sinne zu verstehen. Davon werden alle Umstände erfasst, die für den Bestand und die Verwirklichung der Ziele des Arbeitgebers von Bedeutung sein können[1]. Hierzu gehören nicht nur die dienstlichen Belange, die innerbetrieblich für einen störungsfreien Ablauf der zu erledigenden Arbeitsaufgaben erforderlich sind[2]. Berechtigte Interessen sind auch beeinträchtigt, wenn sich Nebentätigkeiten der Mitarbeiter negativ auf die Wahrnehmung des Arbeitgebers in der Öffentlichkeit auswirken[3]. Ob das betriebliche Interesse gegenüber dem Interesse des Arbeitnehmers an der Ausübung der Nebentätigkeit Vorrang genießt, ist nach den Umständen des Einzelfalles unter Berücksichtigung des Grundrechts der Berufsfreiheit zu entscheiden[4]. Keiner Zustimmung des Arbeitgebers bedarf es grundsätzlich bei politischen, karitativen oder konfessionellen Tätigkeiten, sofern nicht berechtigte Interessen des Arbeitgebers gefährdet werden. 140

Wegen der Gefahr der Unwirksamkeit genereller Nebentätigkeitsverbote sollte im Arbeitsvertrag grundsätzlich eine **Klausel mit Genehmigungsvorbehalt** verwendet werden. 141

Formulierungsbeispiel:

Der Arbeitnehmer verpflichtet sich, seine Kenntnisse und Fähigkeiten während der Arbeitszeit ausschließlich dem Arbeitgeber zu widmen.

Eine anderweitige entgeltliche Tätigkeit ist dem Arbeitnehmer nur nach vorheriger schriftlicher Zustimmung des Arbeitgebers gestattet. Die Zustimmung ist unverzüglich zu erteilen, wenn der Arbeitnehmer dem Arbeitgeber schriftlich die beabsichtige Tätigkeit anzeigt (Art, Ort und Dauer) und betrieblich-sachliche Gründe ihrer Aufnahme nicht entgegenstehen. Sie kann jederzeit aus sachlichem Grund widerrufen werden. Ausgenommen hiervon sind karitative, konfessionelle und politische Tätigkeiten, die die Tätigkeit nach Maßgabe dieses Vertrags nicht beeinträchtigen. Insoweit besteht nur eine Pflicht des Arbeitnehmers zur vorherigen Anzeige[5].

Bei Nichtanzeige einer Nebentätigkeit ist der Arbeitgeber zu arbeitsrechtlichen **Sanktionen** berechtigt. Eine Abmahnung ist bei Verstößen mit geringer Beeinträchtigung von Arbeitgeberinteressen denkbar[6]. Bei einem erheblichen Eingriff in die Arbeitgeberinteressen und einem bereits früheren vertragswidrigen Verhalten dürfte eine verhaltensbedingte Kündigung zulässig sein[7]. Eine außerordentliche Kündigung nach § 626 BGB kommt bei einer Konkurrenztätigkeit des Arbeitnehmers in Betracht[8], ebenso bei fortgesetzter und vorsätzlicher Ausübung offensichtlich nicht genehmigungsfähiger Nebentätigkeiten in Unkenntnis des Arbeitgebers[9]. 142

Wird vom Arbeitgeber die Genehmigung einer Nebentätigkeit ohne sachlichen Grund **verweigert**, darf der Mitarbeiter trotz vertraglichen Verbotes die Nebentätigkeit aufnehmen. Ggf. kommt auch ein Anspruch auf Schadensersatz wegen des infolge der 143

---

1 Vgl. BAG 28.2.2002 – 6 AZR 357/01, DB 2002, 1560.
2 Vgl. BAG 28.2.2002 – 6 AZR 357/01, DB 2002, 1560.
3 Vgl. BVerwG 30.6.1983 – 2 C 57.82, BVerwGE 67, 287.
4 Vgl. BAG 24.6.1999 – 6 AZR 605/97, DB 2000, 1336.
5 LAG Düsseldorf 18.12.2012 – 8 Sa 1296/12, NZA-RR 2009, 393.
6 Vgl. BAG 11.12.2001 – 9 AZR 464/00, NZA 2002, 966.
7 Vgl. *Gaul/Khanian*, MDR 2006, 70.
8 Vgl. *Gaul/Khanian*, MDR 2006, 70.
9 BAG 18.9.2008 – 2 AZR 827/06, NZA-RR 2009, 393: Ob dies auch für unentgeltliche Nebentätigkeiten gilt, ließ das Gericht offen. Im vorliegenden Fall waren nach dem Arbeitsvertrag bestimmte entgeltliche Nebentätigkeiten genehmigungsbedürftig, so dass nur über eine entgeltliche Nebentätigkeit zu entscheiden war. Da aber eine Beeinträchtigung der Interessen eines Unternehmens auch durch unentgeltliche Nebentätigkeiten möglich ist, ist eine Anwendbarkeit der Rspr. auf unentgeltliche Nebentätigkeiten denkbar.

Versagung entstandenen Verdienstausfalls in Betracht[1]. Die Zulässigkeit der Nebentätigkeit kann der Arbeitnehmer im Wege der Feststellungsklage (§ 256 ZPO) gerichtlich überprüfen lassen.

ii) Verkürzung von Verjährungsfristen

144 Das Verjährungsrecht ist Ausdruck des vom Gesetzgeber verfolgten Ziels, Rechtsfrieden herzustellen. Bezweckt wird ein angemessener Ausgleich zwischen dem Interesse des Schuldners an der Herstellung des Rechtsfriedens und dem Interesse des Gläubigers, die Sach- und Rechtslage abschließend prüfen zu können und nicht zu voreiliger (förmlicher) Geltendmachung der Ansprüche gezwungen zu sein[2]. Grundsätzlich ist eine Verkürzung von Verjährungsfristen durch AGB nicht als eine unangemessene Benachteiligung zu beanstanden, wenn damit die Rechtsposition des Arbeitnehmers bei der Geltendmachung und Durchsetzung seines Rechtsanspruchs nicht unzumutbar beeinträchtigt wird[3].

145 Unter Berücksichtigung des Gesetzeszwecks dürfte die Halbierung der kenntnisunabhängigen Verjährungsfrist von zehn Jahren für Schadensersatzansprüche nach § 199 Abs. 3 Nr. 1 BGB möglich sein, ohne dass eine unangemessene Benachteiligung nach § 307 Abs. 2 Nr. 1 BGB indiziert wird, da der Gläubiger einerseits immer noch die faire Chance der Rechtsdurchsetzung besitzt, andererseits schuldnerschützende Aspekte und die Rechtssicherheit durch eine kenntnisunabhängige Verjährung Berücksichtigung finden[4].

jj) Verfallklauseln/Ausschlussfristen

146 Arbeitsvertragliche Ausschlussfristen begrenzen die Möglichkeit, einen Anspruch durchzusetzen, indem sie ein zeitnahes Tätigwerden des Anspruchsinhabers verlangen. Im Gegensatz zur Verjährung hat der Ablauf der Ausschlussfrist rechtsvernichtende Wirkung und ist von Amts wegen zu berücksichtigen. Die Ausschlussfrist besitzt daher eine stärkere, für den Betroffenen nachteiligere Wirkung. Verfallklauseln haben im Arbeitsrecht vor allem deshalb eine besondere Bedeutung, weil häufig Ansprüche aus dem Arbeitsverhältnis erst mit/aufgrund der Beendigung des Arbeitsverhältnisses von dem Arbeitnehmer geltend gemacht werden[5].

Es wird dabei zwischen ein- und zweistufigen Ausschlussfristen differenziert. Die **einstufige Ausschlussfrist** sieht die Geltendmachung eines Anspruchs innerhalb einer Frist vor. Bei der **zweistufigen Ausschlussfrist**[6] müssen der Vertragsparteien den Anspruch beim Arbeitgeber bzw. beim Arbeitnehmer innerhalb einer „ersten Frist" geltend machen. Danach muss die fordernde Partei den Anspruch innerhalb einer „zweiten Frist" gerichtlich anhängig machen[7]. Dabei hat das BAG[8] ausdrücklich bestimmt, dass eine Ausschlussfrist, deren Lauf mit der Beendigung des Arbeitsverhältnisses beginnt, nicht auf Ansprüche angewendet werden kann, die erst nach Beendigung entstehen. Rechnet der Schuldner schriftlich mit einer Gegenforderung auf, so liegt darin eine Verweigerung der Leistung im Sinne der vereinbarten Verfallklausel[9].

---

1 Vgl. *Gaul/Khanian*, MDR 2006, 70.
2 Vgl. BAG 28.9.2005 – 5 AZR 52/05, BB 2006, 327.
3 Vgl. BGH 21.12.1987 – II ZR 177/87, NJW-RR 1988, 561; 6.12.1990 – I ZR 138/89, WM 1991, 462.
4 Vgl. Palandt/*Ellenberger*, § 202 BGB Rz. 13.
5 Vgl. *Wisskirchen/Bissels*, S. 59 ff.; *Lützeler/Bissels*, PuR 9/2007, 4.
6 *Zahn*, AE 2008, 169 ff.
7 Dazu auch *Bissels*, juris AnwaltZertifikatOnline 3/2008 Anm. 1; *Bissels/Lützeler*, PuR 5/2008, 7 ff.
8 Vgl. BAG 19.12.2006 – 9 AZR 343/06, NZA 2007, 759; 16.1.2013 – 10 AZR 863/11.
9 Der Gläubiger muss seine Forderung dann gerichtlich geltend machen, damit sie nicht verfällt: LAG Düsseldorf 15.8.2014 – 10 Sa 430/14.

V. Inhaltskontrolle der Allgemeinen Geschäftsbedingungen

Obwohl in der Fachliteratur[1] heftig umstritten, hat sich das BAG[2] nach der Schuldrechtsreform grundlegend für die **Zulässigkeit von Ausschlussfristen** entschieden. Angesichts der Üblichkeit von ein- und zweistufigen Ausschlussklauseln im Arbeitsleben könne von einer überraschenden oder ungewöhnlichen Klausel iSv. § 305c BGB keine Rede sein. Ein Verstoß gegen das Transparenzgebot des § 307 Abs. 1 Satz 2 BGB liege ebenfalls nicht vor. Auch **zweistufige Ausschlussklauseln** sind für durchschnittliche Arbeitnehmer durchaus verständlich. Nach Auffassung des BAG[3] ist hierin kein Verstoß gegen § 309 Nr. 13 BGB oder auch § 309 Nr. 7 BGB zu sehen.

Das BAG[4] hat festgestellt, dass eine einzelvertraglich vereinbarte **einstufige** Ausschlussfrist, die die schriftliche Geltendmachung aller Ansprüche aus dem Arbeitsverhältnis innerhalb von einer Frist von unter **drei Monaten** ab Fälligkeit verlangt, den Arbeitnehmer unangemessen benachteiligt. Sie ist mit den wesentlichen Grundgedanken des gesetzlichen Verjährungsrechts nicht vereinbar (§ 307 Abs. 2 Nr. 1 BGB) und schränkt wesentliche Rechte, die sich aus der Natur des Arbeitsvertrages ergeben ein. § 167 ZPO ist auf die erste Stufe einer arbeitsvertraglichen Verfallklausel nicht anwendbar; diese wird folglich nicht gewahrt, wenn die innerhalb der Frist erfolgte Einreichung der Klage (Anhängigkeit) erst nach Fristablauf zugestellt wird (Rechtshängigkeit)[5]. Die Mindestfrist von **drei Monaten** gilt auch für die zweite Stufe der Ausschlussfrist[6]. Das BAG entspricht damit der Rechtsprechung des BGH zur Verkürzung von Verjährungsfristen. Die Unwirksamkeit der Ausschlussklausel führt zu ihrem ersatzlosen Wegfall bei Aufrechterhaltung des Arbeitsvertrages im Übrigen[7]. Nimmt der Arbeitgeber seinen Mitarbeiter in Anspruch, kann dieser sich im Gegensatz zur umgekehrten Konstellation[8] auf die an sich AGB-rechtlich unwirksamen Ausschlussfristen berufen[9].

147

Die neuere Rechtsprechung hat eine zweistufige Verfallklausel, die auf der ersten Stufe eine dreimonatige und auf der zweiten Stufe eine nur einmonatige und damit zu kurze Verfallfrist vorsah, als teilbar angesehen[10] mit der Folge, dass die erste (wirksame) Stufe unter Anwendung des sog. Blue-Pencil-Tests regelmäßig bestehen bleiben

148

---

1 Zum Meinungsstand *Zundel*, NJW 2006, 1237 mwN.
2 Vgl. BAG 25.9.2013 – 5 AZR 939/12; 25.5.2005 – 5 AZR 572/04, NJW 2005, 3305; s.a. LG Düsseldorf 5.2.2014 – 12 O 336/12 U12; LAG Düsseldorf 12.9.2014 – 10 Sa 1329/13; LAG Bln.-Bbg. 17.4.2013 – 15 Sa 1/13.
3 Vgl. BAG 25.5.2005 – 5 AZR 572/04, NJW 2005, 3305; LAG Rh.-Pf. 20.2.2014 – 5 Sa 255/13; aA LAG Hamm 11.10.2011 – 14 Sa 543/11, BB 2011, 2676.
4 Vgl. BAG 19.2.2014 – 5 AZR 920/12; 19.2.2014 – 5 AZR 1048/12; 28.9.2005 – 5 AZR 52/05, BB 2006, 327; 28.11.2007 – 5 AZR 992/06, NZA 2008, 293; 12.3.2008 – 10 AZR 152/07, NZA 2008, 699; LAG Köln 2.11.2011 – 9 Sa 1581/10; LAG Hess. 2.3.2012 – 3 Sa 509/11; LAG Rh.-Pf. 2.2.2012 – 11 Sa 569/11, AuA 2012, 368; LAG München 19.10.2010 – 4 Sa 311/10; LAG Hamm 16.1.2009 – 10 Sa 1023/08, AuA 2009, 369; ArbG Marburg 14.5.2010 – 2 Ca 693/09, ArbuR 2010, 391; LAG Bln.-Bbg. 14.12.2012 – 8 Sa 1226/12; LAG Rh.-Pf. 20.2.2014 – 5 Sa 255/13. Die Auffassung des BAG entspricht nunmehr der herrschenden Auffassung des Schrifttums, das eine Ausschlussfrist von unter drei Monaten als unwirksam ansieht, zB *Henssler*, RdA 2002, 138; *Singer*, RdA 2003, 194 mwN.
5 Vgl. LAG Köln 31.1.2012 – 5 Sa 1560/10, ArbR 2012, 295 mwN; *Gehlhaar*, NZA-RR 2011, 169; abweichend BGH 17.7.2008 – I ZR 109/05, BGHZ 177, 319; zu einer tarifvertraglichen Ausschlussfrist: BAG 22.5.2014 – 8 AZR 662/13; 23.8.2012 – 8 AZR 394/11; LAG Düsseldorf 12.9.2014 – 10 Sa 1329/13; BAG 19.6.2007 – 1 AZR 541/06.
6 Vgl. BAG 25.5.2005 – 5 AZR 572/04, NJW 2005, 3305; 28.11.2007 – 5 AZR 992/06, NZA 2008, 293.
7 Vgl. BAG 28.9.2005 – 5 AZR 52/05, BB 2006, 327; 12.3.2008 – 10 AZR 152/07, NZA 2008, 699; *Boemke*, jurisPR-ArbR 34/2010 Anm. 4.
8 Vgl. LAG Rh.-Pf. 28.6.2012 – 2 Sa 107/12; LAG Hess. 2.3.2012 – 3 Sa 509/11; LAG Köln 16.12.2011 – 4 Sa 952/11, NZA-RR 2012, 178; 29.2.2012 – 9 Sa 1464/11, ArbR 2012, 292.
9 Vgl. LAG Rh.-Pf. 28.6.2012 – 2 Sa 107/12.
10 Vgl. BAG 25.9.2013 – 5 AZR 778/12; 16.5.2012 – 5 AZR 251/11, NZA 2012, 971; 12.3.2008 – 10 AZR 152/07, NZA 2008, 699; *Zundel*, NJW 2013, 355.

kann[1]. Umgekehrt kann die zweite Stufe der Ausschlussfrist jedoch dann nicht bestehen bleiben, wenn es wegen der Unwirksamkeit der ersten Stufe keinen Zeitpunkt mehr gibt, an den der Fristbeginn der zweiten Stufe anknüpfen könnte[2].

148a ⊃ **Hinweis:** Die Ausschlussfrist sollte in dem Formulararbeitsvertrag in einem eigenen Abschnitt mit einer gesonderten Bezeichnung vereinbart werden. Wird diese ohne einen besonderen Hinweis in eine andere vertragliche Regelung eingebettet und dabei unter einer falschen Überschrift „versteckt", handelt es sich um eine überraschende Klausel nach § 305c Abs. 1 BGB, die nicht Vertragsbestandteil wird[3].

149 Die Unwirksamkeit der Verfallklausel ist zudem dann anzunehmen, wenn Ansprüche unabhängig von der **Kenntnis des Arbeitnehmers** von seiner Berechtigung ausgeschlossen wurden. Unter Zugrundelegung der §§ 195, 199 BGB, die im Verjährungsrecht den Beginn der Verjährungsfrist von der Kenntnis des Anspruchsgrundes und des Anspruchsgegners abhängig machen, würde diesem gesetzlichen Leitbild, das wegen der vergleichbaren Funktion von Verjährungs- bzw. Verfallsfristen gleichfalls bei der Beurteilung der Wirksamkeit von Verfallsklauseln Geltung beansprucht, bei einer kenntnisunabhängigen kurzen Verfallfrist nicht entsprochen und über § 307 BGB zur Unwirksamkeit führen[4]. Eine Klausel, die für den Beginn der Ausschlussfrist nicht auf die Fälligkeit, sondern allein auf die Beendigung des Arbeitsverhältnisses abstellt, benachteiligt den Arbeitnehmer unangemessen und ist deshalb gem. § 307 Abs. 1 Satz 1 BGB unwirksam[5]. Sie ist mit dem in § 199 Abs. 1 Nr. 2 BGB zum Ausdruck kommenden Grundgedanken unvereinbar, nach dem für den Beginn der Verjährungsfrist Voraussetzung ist, dass der Gläubiger von den den Anspruch begründenden Umständen Kenntnis erlangt oder ohne grobe Fahrlässigkeit erlangen müsste. Der Wertung des § 199 Abs. 1 Nr. 2 BGB ist in Ausschlussfristen dadurch Rechnung zu tragen, dass für den Fristbeginn die „Fälligkeit" der Ansprüche maßgebend ist[6]. Der Begriff der **Fälligkeit** ist dabei unter Einbeziehung des Kenntnisstandes des Gläubigers und subjektiver Zurechnungsgesichtspunkte interessengerecht auszulegen[7]. Ein Anspruch ist regelmäßig erst dann im Sinne der Ausschlussfrist fällig, wenn der Gläubiger diesen annähernd beziffern kann. Wenn es diesem praktisch unmöglich ist, den Anspruch mit seinem Entstehen geltend zu machen, ist eine Fälligkeit noch nicht eingetreten[8]. Liegen die rechtsbegründenden Tatsachen in der Sphäre des Schuldners (idR des Arbeitgebers) und hat der Gläubiger (idR der Arbeitnehmer) es nicht durch schuldhaftes Zögern versäumt, sich Kenntnis von den Voraussetzungen zu verschaffen, die er für die Geltendmachung benötigt, liegt ebenfalls keine Fälligkeit vor[9].

Eine Ausschlussfristenregelung, die den Beginn der ersten Stufe sowohl an die „Fälligkeit" als auch die „Entstehung" des Anspruchs knüpft, ohne klarzustellen, wann die Frist frühestens zu laufen beginnt, ist intransparent iSv. § 307 Abs. 1 Satz 2 BGB[10].

---

1 So auch LAG Köln 2.11.2011 – 9 Sa 1581/10; LAG Rh.-Pf. 2.2.2012 – 11 Sa 569/11, AuA 2012, 368; LAG München 19.10.2010 – 4 Sa 311/10; LAG Köln 13.6.2013 – 7 Sa 101/13.
2 Vgl. BAG 16.5.2012 – 5 AZR 251/11, NZA 2012, 971.
3 BAG 31.8.2005 – 5 AZR 545/04, BB 2006, 443; LAG Köln 22.7.2012 – 10 Sa 88/12; vgl. LAG Bln.-Bbg. 17.4.2013 – 15 Sa 1/13.
4 Vgl. BAG 28.9.2005 – 5 AZR 52/05, BB 2006, 327.
5 Vgl. BAG 1.3.2006 – 5 AZR 511/05, NZA 2006, 783; LAG Rh.-Pf. 6.3.2009 – 9 Sa 277/08; LAG Hamm 1.6.2012 – 13 Sa 1873/11; 1.6.2012 – 13 Sa 1850/11: Verstoß gegen § 307 Abs. 1 Satz 2 BGB, wenn in der Ausschlussfrist deren Beginn nicht ausdrücklich festgelegt wird; LAG Köln 13.6.2013 – 7 Sa 101/13.
6 Vgl. BAG 18.11.2004 – 6 AZR 651/03, NZA 2005, 516; LAG Köln 2.11.2011 – 9 Sa 1581/10.
7 Vgl. BAG 1.3.2006 – 5 AZR 511/05, NZA 2006, 783.
8 Vgl. BAG 1.3.2006 – 5 AZR 511/05, NZA 2006, 783; LAG Rh.-Pf. 6.3.2009 – 9 Sa 277/08.
9 Vgl. BAG 1.3.2006 – 5 AZR 511/05, NZA 2006, 783.
10 BAG 19.2.2014 – 5 AZR 700/12.

V. Inhaltskontrolle der Allgemeinen Geschäftsbedingungen

Ausschlussklauseln, die **nur** für den **Arbeitnehmer** zum **Anspruchsverlust** führen, widersprechen einer ausgewogenen Vertragsgestaltung. Sie sind daher nach § 307 Abs. 1 Satz 1 BGB unwirksam[1]. 150

⮑ **Hinweis:** Damit die Ausschlussklausel nicht aufgrund einer unangemessen kurzen Frist wegen des Verbotes der geltungserhaltenden Reduktion unwirksam ist und damit bei Aufrechterhaltung des Arbeitsvertrages im Übrigen gem. § 306 Abs. 1 und Abs. 2 BGB ersatzlos wegfällt, ist dringend anzuraten, die vertragliche Ausschlussfrist auf drei Monate zu erhöhen (zu den Änderungsmöglichkeiten des Arbeitgebers s. Rz. 168 ff.). Darüber hinaus sollte die Frist an die Fälligkeit der Ansprüche und nicht an das Ende des Arbeitsverhältnisses anknüpfen[2]. 151

Wegen Verstoßes gegen § 307 Abs. 1 Satz 2 Nr. 1, § 202 BGB kann eine Ausschlussklausel unwirksam sein, die keine Ausnahme für Ansprüche aus **Vorsatzhaftung** macht, da das Verbot einer Verjährungserleichterung für Ansprüche gem. § 202 Abs. 1 BGB auch auf Ausschlussfristen anwendbar ist[3]. Eine geltungserhaltende Reduktion ist insoweit nach § 306 Abs. 2 BGB ausgeschlossen. Soweit § 139 BGB – wie regelmäßig – eingreift, ist jedoch anzunehmen, die Parteien hätten die Ausschlussfrist ohne den nichtigen Teil vereinbart[4]; diese ist daher ohne den unwirksamen Teil weiter anzuwenden. Jedoch ist eine solche Klausel nach Sinn und Zweck so auszulegen, dass sie Fälle der Vorsatzhaftung und des § 309 Nr. 7 BGB nicht umfasst und bereits deshalb nicht unwirksam ist[5]. 151a

⮑ **Hinweis:** Um Missverständnisse zu vermeiden, ist es ratsam, Ansprüche aus Vorsatzhaftung vom Geltungsbereich aller Ansprüche aus dem Arbeitsverhältnis erfassender Ausschlussfristen auszunehmen. 151b

⮑ **Hinweis:** Das BAG[6] hat entschieden, dass die Erhebung einer Klage auf „Feststellung der Unwirksamkeit einer Kündigung" ausreichend ist, um dem in der konkreten arbeitsvertraglich vereinbarten Ausschlussklausel niedergelegten Erfordernis der sowohl „schriftlichen" auf der ersten Stufe, als auch auf der zweiten Stufe „gerichtlichen Geltendmachung" zu genügen, um den Verfall von Ansprüchen zu vermeiden. Dies gilt nach Ansicht des BAG[7] auch für die Wahrung einer tariflichen Ausschlussfrist (zweite Stufe). 151c

Die Verfallklausel kann grundsätzlich so ausgestaltet werden, dass eine Kündigungsschutzklage nicht ausreichend ist, um die zweite Stufe für aus dem Arbeitsverhältnis erwachsende Ansprüche zu wahren. Ob diese Klauselgestaltung einer AGB-Kontrolle Stand halten wird, ist von der Rechtsprechung noch nicht entschieden worden. 151d

Eine **Verfallklausel** kann dementsprechend wie folgt formuliert werden: 151e

---

1 Vgl. BAG 31.8.2005 – 5 AZR 545/04, BB 2006, 443; so bereits BAG 25.5.2005 – 5 AZR 572/04, NJW 2005, 3305.
2 S. den Formulierungsvorschlag bei *Wisskirchen/Bissels*, S. 64 f.
3 BAG 25.5.2005 – 5 AZR 572/04, NZA 2005, 1111; aA LAG Hamm 11.10.2011 – 14 Sa 543/11, BB 2011, 2676; zur Zulässigkeit des Haftungsausschlusses für vorsätzliches Handeln von Erfüllungs- und Verrichtungsgehilfen: LAG Köln 31.1.2012 – 5 Sa 1560/10, ArbR 2012, 295; *Matthiessen/Shea*, DB 2004, 1366.
4 BAG 25.5.2005 – 5 AZR 572/04, NZA 2005, 1111; in diesem Sinne auch LAG Köln 31.1.2012 – 5 Sa 1560/10, ArbR 2012, 295.
5 BAG 20.6.2013 – 8 AZR 280/12; LAG Rh.-Pf. 20.2.2014 – 5 Sa 255/13; a.A. LAG Hamm 25.9.2012 – 14 Sa 280/12; 1.8.2014 – 14 Ta 344/14.
6 Vgl. BAG 19.5.2010 – 5 AZR 253/09, NZA 2010, 939; *Arnold*, ArbR 2010, 423; BAG 19.9.2012 – 5 AZR 627/11, NZA 2013, 101; 19.9.2012 – 5 AZR 628/1, NZA 2013, 330; 19.9.2012 – 5 AZR 924/11, NZA 2013, 156; LAG Köln 27.9.2012 – 6 Sa 449/12; LAG Nds. 13.8.2013 – 9 Sa 138/13; Zur ersten Stufe LAG Rh.-Pf. 20.2.2014 – 5 Sa 255/13; s. zu der Rspr. des BAG auch *von Medem*, NZA 2013, 345; LAG Düsseldorf 12.9.2014 – 10 Sa 1329/13.
7 BAG 19.9.2012 – 5 AZR 627/11 unter Verweis auf BVerfG 1.12.2010 – 1 BvR 1682/07, NZA 2011, 354; aA noch BAG 17.11.2009 – 9 AZR 745/08; *Zahn*, AE 2008, 170.

Formulierungsbeispiel:

Soweit nicht durch zwingende gesetzliche, tarifliche oder betriebsverfassungsrechtliche Regelungen etwas anderes bestimmt ist[1], verfallen Ansprüche aus dem Arbeitsverhältnis, wenn sie nicht innerhalb einer Ausschlussfrist von drei Monaten gegenüber der anderen Partei schriftlich geltend gemacht werden. Die Versäumung der Ausschlussfrist führt zum Verlust des Anspruchs. Die Ausschlussfrist beginnt, wenn der Anspruch fällig ist und der Anspruchsteller von den anspruchsbegründenden Umständen Kenntnis erlangt oder ohne grobe Fahrlässigkeit erlangen müsste. Diese Ausschlussfrist betrifft nicht Ansprüche aus vorsätzlichen Pflichtverletzungen des Arbeitgebers.

Lehnt die Gegenpartei den Anspruch schriftlich ab oder erklärt sich nicht innerhalb von einem Monat nach Geltendmachung des Anspruchs, so verfällt dieser, wenn er nicht innerhalb von drei Monaten nach der Ablehnung oder nach Fristablauf gerichtlich geltend gemacht wird. Die Erhebung einer Kündigungsschutzklage wahrt den Anspruch nicht.

kk) Abgeltung von Überstunden

151f   Der Arbeitgeber wird regelmäßig ein Interesse daran haben, dass Überstunden mit dem vereinbarten Gehalt abgegolten sind[2]. Das BAG[3] hatte zunächst offen gelassen, ob Überstunden bis zur gesetzlichen Höchstgrenze des § 3 ArbZG[4] und somit durchschnittlich 48 Stunden wöchentlich wirksam abgegolten werden können und wann durch eine vertragliche Abgeltungsklausel eine unangemessene Benachteiligung gem. § 307 BGB vorliegt. Klargestellt hatte das BAG, dass eine Abgeltungsklausel jedenfalls nicht die das zulässige Maß des § 3 ArbZG überschreitende Arbeit erfasst[5]. Bei darüber hinausgehenden Arbeitsstunden handelt es sich um unzulässige Mehrarbeit, die nach § 612 Abs. 1 BGB zu vergüten ist. Inzwischen hat das BAG[6] entschieden, dass zumindest Regelungen den Arbeitnehmer unangemessen benachteiligen und folglich unwirksam sind, wenn sich der Umfang der danach ohne zusätzliche Vergütung zu leistenden Überstunden nicht hinreichend aus dem Arbeitsvertrag ergibt; eine entsprechende Regelung ist gem. § 307 Abs. 1 Satz 2 BGB intransparent. Der Arbeitnehmer muss bereits bei Vertragsschluss wissen, was auf ihn zukommt und welche maximale Arbeitsleistung der Arbeitgeber unter Berücksichtigung des vereinbarten Entgelts abrufen kann[7]. Dabei kann sich die Pflicht des Arbeitgebers, Überstunden zu vergüten, auch daraus ergeben, dass die Regelung zur Arbeitszeit unwirksam ist[8].

---

1 Da nach dem am 1.1.2015 in Kraft getretenen Mindestlohngesetz (MiLoG) der Anspruch auf Mindestlohn von den Arbeitsvertragsparteien nicht ausgeschlossen werden kann, sollte die Ausschlussklausel entsprechend eine Einschränkung enthalten.
2 Dazu *Wisskirchen/Bissels*, 134 ff.
3 BAG 28.9.2005 – 5 AZR 52/05, NZA 2006, 149.
4 *Bauer/Chwalisz*, ZfA 2007, 352.
5 Vgl. BAG 28.9.2005 – 5 AZR 52/05, NZA 2006, 149.
6 Vgl. BAG 1.9.2010 – 5 AZR 517/09; 27.6.2012 – 5 AZR 530/11; 17.8.2011 – 5 AZR 406/10, RdA 2012, 178; 22.2.2012 – 5 AZR 765/10, ArbRB 2012, 232; 16.5.2012 – 5 AZR 331/11, NZA 2012, 908; 16.5.2012 – 5 AZR 347/11, DB 2012, 1752; in diesem Sinne auch LAG Sa.-Anh. 9.6.2011 – 3 Sa 126/11; LAG Düsseldorf 11.7.2008 – 9 Sa 1958/07, AuA 2009, 442; LAG Bln.-Bbg. 3.6.2010 – 15 Sa 166/10; LAG Hamm 11.7.2007 – 6 Sa 410/07, AE 2007, 312; 18.3.2009 – 2 Sa 1108/08, AA 2009, 198; 1.6.2012 – 13 Sa 1873/11; ArbG Limburg 31.3.2008 – 1 Ca 853/06, ArbuR 2008, 361; aA LAG München 1.8.2007 – 10 Sa 93/07; zur Unzulässigkeit der pauschalen Abgeltung von Bereitschaftsdiensten: LAG Düsseldorf 6.5.2010 – 13 Sa 1129/09, MedR 2010, 882; vgl. BAG 20.4.2011 – 5 AZR 200/10, DB 2011, 1639: Unzulässigkeit einer pauschalen Abgeltung von Reisezeiten.
7 BAG 16.5.2012 – 5 AZR 331/11, NZA 2012, 908; s.a. allgemein zu Entwicklungen in der Rspr. im Überstundenprozess: *Klocke*, RdA 2014, 223; ebenso *Strecker*, BB 2013, 949.
8 LAG Hamm 18.4.2013 – 8 Sa 1649/12: Unwirksamkeit einer Klausel, wonach Arbeitszeit Arbeitnehmer bekannt sei.

V. Inhaltskontrolle der Allgemeinen Geschäftsbedingungen

Eine entsprechend unwirksame Klausel fällt dabei ersatzlos weg; auch eine ergänzende Vertragsauslegung scheidet aus: § 612 BGB regelt bereits die Rechtsfolgen für den Fall, dass eine Vereinbarung zur Vergütung nicht oder nicht wirksam zu Stande gekommen ist. Dies gilt nach Ansicht des BAG[1] auch mit Blick auf die Entlohnung von Überstunden, jedoch existiert ein allgemeiner Rechtsgrundsatz, dass jede Art von Mehrarbeit zu vergüten ist, nicht. Ob tatsächlich ein Anspruch auf eine Vergütung der Überstunden nach §§ 611, 612 BGB besteht, ist vielmehr im konkreten Einzelfall anhand eines objektiven Maßstabs. Eine Vergütungserwartung iSv. § 612 Abs. 1 BGB kann sich dabei aus einer entsprechenden Überstundenregelung eines Tarifvertrages ergeben, die im betreffenden Wirtschaftsbereich für vergleichbare Arbeiten gilt. Insbesondere bei höheren Diensten besteht eine entsprechende Vergütungserwartung hingegen nicht[2]; dies ist zB bei **leitenden Angestellten** der Fall[3]. Gleiches gilt, wenn insgesamt eine deutlich herausgehobene Vergütung gezahlt wird, so zB bei Überschreiten der Beitragsbemessungsgrenze[4]. Wer mit seinem aus abhängiger Beschäftigung erzielten Entgelt die Beitragsbemessungsgrenze der gesetzlichen Rentenversicherung überschreitet, gehört zu den Besserverdienern, die aus der Sicht der beteiligten Kreise nach der Erfüllung ihrer Arbeitsaufgaben und nicht eines Stundensolls beurteilt werden. Ihnen und ihren Arbeitgebern fehlt regelmäßig die objektive Vergütungserwartung für ein besonderes Entgelt als Gegenleistung für die über die regelmäßige Arbeitszeit hinaus geleistete Arbeit[5]. Erhält der Arbeitnehmer eine arbeitszeitbezogene Vergütung und zusätzlich für einen Teil seiner Arbeitsaufgaben in nicht unerheblichem Maße Provisionen, lässt sich nach Ansicht des BAG[6] das Bestehen einer objektiven Vergütungserwartung für Überstunden nicht ohne Hinzutreten besonderer Umstände oder einer entsprechenden Verkehrssitte begründen.

151g

⊃ **Hinweis:** Die durch die AGB-rechtliche Intransparenz vermittelte Unwirksamkeit einer Abgeltungsklausel für Überstunden vermittelt dem betreffenden Arbeitnehmer damit nicht zwingend einen Anspruch auf deren Vergütung. Gerade bei leitenden Angestellten und Mitarbeitern, deren Vergütung über der Beitragsbemessungsgrenze in der gesetzlichen Rentenversicherung liegt, ist dieser vielmehr ausgeschlossen.

151h

Zudem hat das BAG[7] festgestellt, dass eine Klausel, die eine Abgeltung der Überstunden vorsieht, lediglich einer Transparenz-, als Hauptleistungsabrede gem. § 307 Abs. 3 Satz 1 BGB jedoch nicht einer Inhaltskontrolle unterliegt. Offengelassen hat der 5. Senat[8] dabei ausdrücklich, ob eine abweichende Bewertung erfolgen muss, wenn in der Vereinbarung die Pauschalvergütung von Überstunden mit der Abrede über die Befugnis des Arbeitgebers zur Anordnung selbiger kombiniert wird (**kontrollfähige Preisnebenabrede**)[9]. Diese Frage ist nicht nur akademischer Natur: sollte die vertragliche Regelung nur einer Transparenzkontrolle unterliegen, ist zwar eine

151i

---

1 Vgl. nur BAG 27.6.2012 – 5 AZR 530/11; 22.2.2012 – 5 AZR 765/10, ArbRB 2012, 232.
2 BAG 27.6.2012 – 5 AZR 530/11; 17.8.2011 – 5 AZR 406/10, RdA 2012, 178.
3 Vgl. BAG 17.11.1966 – 5 AZR 225/66, NJW 1967, 413; zu Chefärzten: BAG 17.3.1982 – 5 AZR 1047/79, BAGE 38, 194; LAG Hamm 15.3.2013 – 18 Sa 1802/12; zu Rechtsanwälten: BAG 17.8.2011 – 5 AZR 406/10.
4 Vgl. BAG 22.2.2012 – 5 AZR 765/10, ArbRB 2012, 232; bei Übersteigen der Beitragsbemessungsgrenze: BAG 27.6.2012 – 5 AZR 530/11. Die Beitragsbemessungsgrenze für das Jahr 2013 beträgt 72.600 Euro (West) und 62.400 Euro (Ost).
5 BAG 22.2.2012 – 5 AZR 765/10, ArbRB 2012, 232.
6 BAG 27.6.2012 – 5 AZR 530/11; 21.9.2011 – 5 AZR 629/10.
7 Vgl. BAG 17.10.2012 – 5 AZR 792/11; 16.5.2012 – 5 AZR 331/11, NZA 2012, 908; aA *Schramm/Kuhnke*, NZA 2012, 128.
8 BAG 16.5.2012 – 5 AZR 331/11, NZA 2012, 908; für eine Inhaltskontrolle: LAG Hamm 11.7.2007 – 6 Sa 410/07, AE 2007, 312 mwN; aA *Bauer/Arnold/Willemsen*, DB 2012, 1989.
9 Offen ist dabei auch, ob die Anordnungsbefugnis selbst einer Inhaltskontrolle zu unterziehen ist; bejahend *Schramm/Kuhnke*, NZA 2012, 128, die vertreten, dass die Voraussetzungen bestimmt werden müssen, unter denen Überstunden angeordnet werden können.

Höchstgrenze der abzugeltenden Überstunden in den Vertrag aufzunehmen. Deren äußerste Grenze bilden § 3 ArbZG und die Sittenwidrigkeit nach § 138 BGB; die Vergütung für die gesamte geleistete Arbeitszeit einschließlich der Überstunden darf dabei nicht weniger als zwei Drittel des üblichen Tariflohnes betragen[1]. In diesem Sinne hat der 5. Senat[2] eine (mündliche) Vereinbarung, nach der bei einer 40-Wochen-Stunde die ersten 20 Überstunden im Monat „mit drin" sind, als wirksam anerkannt[3].

151j Sollte hingegen – aufgrund der formularmäßig vereinbarten Anordnungsbefugnis – eine strenge Inhaltskontrolle durchzuführen sein, ist höchstrichterlich nicht geklärt, welche Höchstgrenze das BAG zur Abgeltung von Überstunden anerkennt. Im Hinblick darauf, dass nach der Rechtsprechung ca. 25 % des Entgelts „flexibilisierbar" sind, dürfte eine Abgeltung von Überstunden bis zu diesem Grenzwert zulässig sein[4]. Nach abweichender Ansicht sollen hingegen lediglich 10 % der Arbeitszeit als Überstunden mit der Vergütung wirksam abgegolten werden können[5]. Nach einer weiteren Ansicht[6] sollen 12,5 % der Arbeitszeit als Überstunden mit der Vergütung abgegolten werden können. Danach spreche gegen 25 %, dass im Falle eines 8-Stunden-Tages für die 9. und 10. Stunde Unentgeltlichkeit vereinbart werden könne und somit der Rahmen des § 3 ArbZG komplett ausgeschöpft wäre und der Arbeitnehmer im Rahmen des § 3 ArbZG überhaupt keine Chance auf Überstundenentgelt hätte.

151k ⊃ **Hinweis:** Pauschale Abgeltungsklauseln für „normale" Arbeitnehmer sind folglich unwirksam, wenn diese keine hinreichend bestimmbare und angemessene Höchstgrenze enthalten. Aus Gründen der Transparenz ist die Höchstzahl der erfassten Überstunden innerhalb eines festgelegten Zeitraums ausdrücklich zu regeln. Das Spektrum kann sich dabei unter Berücksichtigung der „Risikobereitschaft" des Arbeitgebers zwischen 10 % und der Grenze zur Sittenwidrigkeit bewegen. Leitenden Angestellten und Mitarbeitern, deren Vergütung über der Beitragsbemessungsgrenze in der gesetzlichen Rentenversicherung liegt, billigt die Rechtsprechung dagegen selbst bei Fehlen einer entsprechenden Höchstgrenze und der dadurch bedingten Unwirksamkeit der Regelung keinen Vergütungsanspruch für die geleisteten Überstunden zu.

Sollte der Arbeitgeber auf die Aufnahme einer Klausel zur Anordnung von Überstunden verzichten, dürfte zwar das Risiko verringert werden, dass die Rechtsprechung ggf. eine umfängliche Inhaltskontrolle – auch mit Blick auf die Abgeltungsregelung – vornimmt, zugleich besteht jedoch die Gefahr, dass der Arbeitnehmer mangels Rechtsgrundlage[7] die Ableistung von Überstunden berechtigterweise verweigert.

151l In der Praxis dürfte allerdings nicht zu erwarten sein, dass in Arbeitsverträgen nunmehr keine unbegrenzten Pauschalierungsabreden verwendet werden. Zum einen dürfte die Mehrzahl von Arbeitnehmern nicht aus dem bestehenden Arbeitsverhältnis auf die Überstundenvergütung klagen. Zum anderen können Ausschlussfristen der Überstundenvergütung entgegenstehen.

151m Eine mögliche Formulierung lautet:

---

1 *Bauer/Arnold/Willemsen*, DB 2012, 1988.
2 Vgl. BAG 16.5.2012 – 5 AZR 331/11, NZA 2012, 908; LAG München 26.10.2010 – 6 Sa 595/10, AE 2011, 231 (Vorinstanz).
3 Entspricht bei monatlich durchschnittlich 172 Arbeitsstunden ca. 11,5 %.
4 *Bauer/Arnold/Willemsen*, DB 2012, 1989; vgl. LAG Hamm 22.5.2012 – 19 Sa 1720/11: Abgeltung von zehn Überstunden bei einer 40-Stunden-Woche.
5 *Schramm/Kuhnke*, NZA 2012, 128; ErfK/*Preis*, §§ 305–310 BGB Rz. 91 f.; differenzierend *Kock*, DB 2012, 1328.
6 *Klocke*, RdA 2014, 223.
7 Dazu *Bauer/Arnold/Willemsen*, DB 2012, 1988.

V. Inhaltskontrolle der Allgemeinen Geschäftsbedingungen

Formulierungsbeispiel:

Mit der Vergütung gem. § *[XX]* sind bis zu *[Anzahl]* Überstunden wöchentlich im Jahresdurchschnitt abgegolten. Darüber hinausgehende Überstunden werden durch Freizeitgewähr oder jeweils anteilige Vergütung abgegolten.

ll) Ablösungsvorbehalt

Nach Ansicht des BAG[1] musste ein Arbeitgeber bisher eine Sonderzahlung unter dem **Vorbehalt einer ablösenden Betriebsvereinbarung** leisten, wenn er im Spannungsfeld zwischen Betriebsvereinbarung und Individualvertrag verhindern will, dass im Verhältnis zu einer (ablösenden) Betriebsvereinbarung das Günstigkeitsprinzip gilt und günstigere einzelvertragliche Abreden über eine Sonderzahlung Vorrang haben. Dieser Vorbehalt musste ebenso wie ein Widerrufs- oder Freiwilligkeitsvorbehalt dem Transparenzgebot des § 307 Abs. 1 Satz 2 BGB genügen. Mit der verwendeten Klausel musste der Arbeitgeber daher hinreichend klar und verständlich zum Ausdruck bringen, dass er die Sonderzahlung lediglich „betriebsvereinbarungsoffen" leisten will.

151n

In einer späteren Entscheidung hat das BAG[2] entschieden, dass eine Klausel in einem Arbeitsvertrag, wonach Bestimmungen der Tarifregelung für die Beschäftigten der Deutschen Postgewerkschaft in ihrer jeweils geltenden Fassung anwendbar seien, durch Betriebsvereinbarung abgelöst werden können. Da ein Betriebsrat an der Erarbeitung der Tarifregelungen beteiligt war, seien die Regelungen auch offen für Änderungen durch die Betriebsparteien.

Mit Urteil vom 5.3.2013 hat der 1. Senat des BAG[3] nunmehr in Abkehr der Rechtsprechung des 10. Senats[4] die Voraussetzungen an eine ablösende Betriebsvereinbarung erheblich gelockert. So hat das BAG entschieden, dass regelmäßig von einer Vereinbarung der Betriebsvereinbarungsoffenheit auszugehen ist, wenn der Vertragsgegenstand in Allgemeinen Geschäftsbedingungen enthalten ist und einen kollektiven Bezug hat. Mit der Verwendung von Allgemeinen Geschäftsbedingungen mache der Arbeitgeber für den Arbeitnehmer erkennbar deutlich, dass im Betrieb einheitliche Vertragsbedingungen gelten sollen. Eine betriebsvereinbarungsfeste Gestaltung der Arbeitsbedingungen stünde dem entgegen.

In der Literatur[5] wird das Urteil heftig diskutiert und kritisiert. Die Reichweite des Urteils ist unklar. In dem dem Urteil zugrunde liegenden Sachverhalt ging es um eine durch Betriebsvereinbarung eingeführte Befristung bei Erreichen der Regelaltersgrenze.

Hromadka[6] versteht das BAG so, dass in Zukunft sämtliche vorformulierten Regelungen in einem Arbeitsvertrag – also die meisten – durch Betriebsvereinbarung zum Nachteil des Arbeitnehmers abänderbar sind. Gleiches würde dann für jegliche Betriebliche Übungen gelten. *Preis/Ulber*[7] bezweifeln eine so weitreichende Auswirkung des Urteils. Sie vermuten unglückliche Formulierungen in dem Urteil, deren Konsequenzen das BAG so nicht bezweckt hatte und *Säcker*[8] kritisiert die Entscheidung methodisch hart, begrüßt aber die Rückkehr zum Ablösungsprinzip.

---

1 Vgl. BAG 5.8.2009 – 10 AZR 483/08, NZA 2009, 1105.
2 BAG 17.7.2012 – 1 AZR 476/11, NZA 2013, 338; aA LAG Köln 10.4.2013 – 5 Sa 1393/11.
3 BAG 5.3.2013 – 1 AZR 417/12, NZA 2013, 916.
4 BAG 5.8.2009 – 10 AZR 483/08, NZA 2009, 1105.
5 *Hromadka*, NZA 2013, 1061; *Preis/Ulber*, NZA 2014,6; *Säcker*, BB 2013, 2677; befürwortend *Meinel/Kiehn*, NZA 2014, 509.
6 *Hromadka*, NZA 2013, 1061.
7 *Preis/Ulber*, NZA 2014, 6.
8 *Säcker*, BB 2013, 2677.

Formulierungsbeispiel:

Die Parteien sind sich darin einig, dass die mit dem Betriebsrat bereits abgeschlossenen oder noch abzuschließenden Betriebsvereinbarungen den Regelungen in diesem Vertrag oder anderen einzelvertraglichen Absprachen auch dann vorgehen, wenn die vertragliche Regelung im Einzelfall günstiger ist.

⊃ **Hinweis:** Es ist empfehlenswert, diese Formulierung weiterhin zu verwenden und die Betriebsvereinbarungsoffenheit ausdrücklich zu vereinbaren. Dies scheint zwar nach dem Urteil des 1. Senats auf den ersten Blick nicht mehr nötig zu sein. Ob das BAG jedoch wirklich eine uneingeschränkte Betriebsvereinbarungsoffenheit für sämtliche vorformulierten Arbeitsverträge schaffen wollte, so dass sich ein Arbeitnehmer jederzeit dem Risiko der Verschlechterung sämtlicher seiner Arbeitsbedingungen ausgesetzt sieht, ist noch nicht klar. Es bleibt abzuwarten, wie sich die Rechtsprechung weiter entwickelt und ob das BAG die beabsichtigte Reichweite seiner Entscheidung bald klarstellt.

mm) Verschwiegenheit

151o Nach Auffassung des LAG Mecklenburg-Vorpommern[1] ist eine formularmäßig vereinbarte Klausel, die den Arbeitnehmer verpflichtet, über seine Vergütung gegenüber seinen Arbeitskollegen Stillschweigen zu bewahren, wegen einer unangemessenen Benachteiligung gem. § 307 BGB unwirksam, da sie den Arbeitnehmer daran hindert, Verstöße gegen den Gleichbehandlungsgrundsatz im Rahmen der Lohngestaltung gegenüber dem Arbeitgeber erfolgreich geltend zu machen. Darüber hinaus verstößt eine solche Bestimmung gegen Art. 9 Abs. 3 GG.

nn) Kurzarbeit

152 Kurzarbeit kann der Arbeitgeber nicht einseitig anordnen. Deren Einführung erfolgt – sofern ein Betriebsrat besteht – regelmäßig durch den Abschluss einer entsprechenden Betriebsvereinbarung, die unmittelbar und zwingend auf die Arbeitsverhältnisse einwirkt (§ 77 Abs. 4 Satz 1 BetrVG). Bei der Anordnung von Kurzarbeit auf individualvertraglicher Grundlage, zB wenn kein Betriebsrat gewählt wurde, gelten AGB-rechtliche Besonderheiten: Nach Auffassung des LAG Berlin-Brandenburg[2] verstößt eine vom Arbeitgeber vorformulierte Vereinbarung über die Einführung von Kurzarbeit gegen § 307 BGB, wenn diese ohne Ankündigungsfrist angeordnet werden kann. Eine Unwirksamkeit kann sich auch aus dem Umstand ergeben, dass die Abrede keine Regelungen über Umfang und Ausmaß der Kurzarbeit, Festlegung des betroffenen Personenkreises, Art und Weise der Einbeziehung des Personenkreises u.ä. enthält[3].

152a ⊃ **Hinweis:** Unter Beachtung der Rechtsprechung ist empfehlenswert, in entsprechenden individualvertraglichen Vereinbarungen möglichst umfänglich und konkret die Anordnungsbefugnis und Umstände der Kurzarbeit festzulegen[4]. Dies dürfte insbesondere in Formulararbeitsverträgen abstrakt kaum möglich sein, so dass insoweit das latente Risiko besteht, dass die Klausel AGB-rechtlich unwirksam ist. Zu empfehlen ist eine auf den konkreten Einzelfall zugeschnittene Zusatzvereinbarung, zu deren Abschluss der Arbeitnehmer indes nicht verpflichtet ist bzw. wirksam verpflichtet werden kann.

---

1 Vgl. LAG MV 21.10.2009 – 2 Sa 183/09, ArbuR 2010, 343; dazu *Bissels*, InfoA 2010, 59; *Ebeling*, jurisPR-ArbR 28/2010 Anm. 2.
2 LAG Bln.-Bbg. 19.1.2011 – 17 Sa 2153/10, BB 2011, 1140; 7.10.2010 – 2 Sa 1230/10, NZA-RR 2011, 65.
3 LAG Bln.-Bbg. 7.10.2010 – 2 Sa 1230/10, NZA-RR 2011, 65.
4 Vgl. *Müller/Deeg*, ArbR 2010, 209.

c) Inhaltskontrolle anhand von Tarifverträgen, Betriebs- oder Dienstvereinbarungen

Der gerichtlichen Kontrolle zugänglich sind AGB in Formulararbeitsverträgen, soweit sie von Tarifverträgen und Betriebs- bzw. Dienstvereinbarungen abweichen oder diese ergänzen (nach §§ 310 Abs. 4 Satz 3, 307 Abs. 3 BGB). Bei beiderseitiger Tarifbindung ist eine Abweichung von tarifvertraglichen Regelungen in AGB zu Lasten des Arbeitnehmers schon gem. § 4 Abs. 3 TVG unwirksam. Auch von Betriebsvereinbarungen darf nach § 77 Abs. 5 BetrVG nicht ohne Zustimmung des Betriebsrates zu Lasten der Arbeitnehmer abgewichen werden.

153

Problematisch sind die Fälle, in denen die Arbeitsvertragsparteien weder tarifgebunden sind noch in dem Arbeitsvertrag auf einen Tarifvertrag verweisen, aber von tarifvertraglichen Regelungen abweichen, die bei einer bestehenden Tarifbindung theoretisch sachlich einschlägig wären[1]. Tarifungebundene Arbeitgeber könnten durch eine Inhaltskontrolle, die sich an diesen tarifrechtlichen Regelungen orientiert, möglicherweise mittelbar an Tarifverträge gebunden werden, wenn diese als Maßstab für die Bewertung einer unangemessenen Benachteiligung einer Klausel in einem Formulierungsvorschlag herangezogen werden könnten. Diese Ansicht vertritt *Däubler*[2]: Er befürwortet zB bei Entgelten, die sachlich einschlägigen Tarifverträge als Grundlage für die Bewertung einer unangemessenen Benachteiligung heranzuziehen. Eine solche sei anzunehmen, wenn das vom Arbeitgeber zu zahlende Entgelt an den Arbeitnehmer den Tariflohn um 20 % unterschreite.

154

Diese Auffassung ist jedoch abzulehnen: § 310 Abs. 4 Satz 3 BGB stellt klar, dass Tarifverträge und Betriebsvereinbarungen den Rechtsvorschriften iSv. § 307 Abs. 3 BGB gleichgestellt sind. Diese Verweisung bewirkt jedoch nur, dass eine Inhaltskontrolle vorgenommen werden kann, wenn durch AGB von Tarifverträgen oder Betriebsvereinbarungen abgewichen wird. Sie sagt dagegen nichts darüber aus, welcher Maßstab bei der Inhaltskontrolle hinsichtlich der von Tarifverträgen oder Betriebsvereinbarungen abweichenden Regelung gelten soll, zumal § 310 Abs. 4 Satz 3 BGB gerade nicht auf § 307 Abs. 2 Nr. 1 BGB verweist, der den Maßstab für die Inhaltskontrolle festsetzt[3]. Die Verweisung bewirkt gerade nicht, dass die Tarifverträge und Betriebsvereinbarungen als Bewertungskriterien einer unangemessenen Benachteiligung herangezogen werden dürfen.

154a

Des Weiteren sind die wesentlichen Grundgedanken eines Tarifvertrages oder einer Betriebsvereinbarung, von denen durch AGB abgewichen werden kann, nicht wie bei einem Gesetz durch Auslegung zu ergründen, da diese Verträge das Ergebnis von Verhandlungen zweier gleichberechtigter und gleich starker Parteien sind. Deren Verhandlungsergebnisse können nicht als Grundlage für Regelungen anderer Vertragsverhältnisse dienen, zumal sich der Verwender durch eine Abweichung ausdrücklich von der durch die Sozialpartner bzw. Betriebsparteien erzielten Einigung distanziert[4]. Die befürwortende Ansicht berücksichtigt schließlich nicht ausreichend die negative Koalitionsfreiheit[5].

155

---

1 ZB von den Vergütungen eines Branchentarifvertrages.
2 *Däubler*, NZA 2001, 1334 f.; ähnlich *Reinecke*, DB 2002, 585; dagegen zu Recht *Annuß*, BB 2002, 460; *Gotthardt*, ZIP 2002, 282.
3 Vgl. *Gotthardt*, ZIP 2002, 282; *Lingemann*, NZA 2002, 188.
4 Vgl. *Hadeler*, FA 2002, 68; *Lingemann*, NZA 2002, 189.
5 So auch *Hadeler*, FA 2002, 68; *Lingemann*, NZA 2002, 189; ähnlich auch *Annuß*, BB 2002, 460.

VI. Rechtsfolgen der Nichteinbeziehung oder Unwirksamkeit von Allgemeinen Geschäftsbedingungen nach § 306 BGB

156 Sind AGB ganz oder teilweise nicht in den Vertrag miteinbezogen oder unwirksam, bleibt der Vertrag in Abweichung von § 139 BGB im Übrigen wirksam, § 306 Abs. 1 BGB. Hingegen ist gem. § 306 Abs. 3 BGB der gesamte Vertrag unwirksam, wenn das Festhalten an ihm für eine Vertragspartei eine unzumutbare Härte darstellen würde. Dies entspricht der bisherigen Rechtsprechung des BAG[1].

157 Der Inhalt des Vertrages richtet sich nach den gesetzlichen Vorschriften, soweit Bestimmungen nicht Vertragsbestandteil geworden oder unwirksam sind, § 306 Abs. 2 BGB. Verstoßen AGB gegen zwingende Vorschriften, wird die nun entstehende Vertragslücke mit den gesetzlichen Regelungen ausgefüllt[2].

158 Problematisch sind die Fälle, in denen der Vertragspartner durch eine Vertragsklausel **unangemessen benachteiligt** wird. Das BAG griff vor der Schuldrechtsreform[3] teilweise nicht auf die gesetzlichen Regelungen, sondern auf eine geltungserhaltende Reduktion zurück[4]. Die an sich unwirksame vertragliche Bestimmung wurde damit bis auf ein rechtlich zulässiges Maß zurückgeführt.

159 Demgegenüber lehnte der BGH eine geltungserhaltende Reduktion ab[5]. Die Verwender sollen nicht sorglos unwirksame Klauseln verwenden können, die von der Rechtsprechung dann auf ein zulässiges Maß reduziert werden. Dies kann nach Ansicht des BGH zu einem verbreiteten Gebrauch von unangemessenen Klauseln führen, da der Vertragspartner möglicherweise aus Unkenntnis von einer Klage absieht oder wegen des zu hohen Prozessrisikos eine gerichtliche Auseinandersetzung meidet. Sind dagegen keine dispositiven Gesetzesvorschriften zur Lückenfüllung des Vertrages bei einer Unwirksamkeit vorhanden oder bietet die ersatzlose Streichung der Vertragsklausel keine angemessene und interessengerechte Lösung, lässt der BGH allerdings eine ergänzende Vertragsauslegung zu, die in der Regel ebenfalls zur Aufrechterhaltung der unwirksamen Klausel führt[6].

160 Das BAG[7] hat sich nunmehr der Auffassung des BGH angeschlossen und der Möglichkeit einer geltungserhaltenden Reduktion im Arbeitsrecht eine deutliche Absage erteilt[8]. Die Rechtsprechung[9] weist im Gleichklang mit der Argumentation des BGH darauf hin, dass durch deren Anerkennung für den Verwender kein Risiko besteht,

---

1 Vgl. BAG 5.9.1995 – 9 AZR 718/93, NZA 1996, 701.
2 Vgl. *Ziemann*, ArbRB 2001, 49.
3 Gegen eine geltungserhaltende Reduktion bei Vertragsstrafen nach § 343 BGB nach der Schuldrechtsreform: LAG Hamm 24.1.2003 – 10 Sa 1158/02, NZA 2003, 499; LAG BW 10.4.2003 – 11 Sa 17/03, DB 2003, 2551; in diese Richtung auch BAG 4.3.2004 – 8 AZR 196/03, FA 2004, 154; aA LAG Düsseldorf 8.1.2003 – 12 Sa 1301/02, NZA 2003, 382; ArbG Freiburg 16.1.2003 – 13 Ca 302/02.
4 Vgl. BAG 11.4.1984 – 5 AZR 430/82, NZA 1984, 288; 15.12.1993 – 5 AZR 279/93, NZA 1994, 835; 16.3.1994 – 5 AZR 339/92, NZA 1994, 937.
5 Vgl. st. Rspr., BGH 30.9.1998 – IV ZR 262/97, ZIP 1999, 82.
6 Vgl. BGH 3.11.1999 – VIII ZR 269/98, NJW 2000, 1110 und 1114.
7 St. Rspr. BAG 19.2.2014 – 5 AZR 920/12; 12.12.2013 – 8 AZR 829/12, NZA 2014, 905; 28.5.2013 – 3 AZR 103/12, NZA 2013, 1419; 21.8.2012 – 3 AZR 698/10; 13.12.2011 – 3 AZR 791/09; 27.7.2010 – 3 AZR 777/08; 28.9.2005 – 5 AZR 52/05, BB 2006, 327; 4.3.2004 – 8 AZR 196/03, BB 2004, 1740; zustimmend: *Herbert/Oberrath*, NJW 2005, 3746; LAG Hamm 24.1.2003 – 10 Sa 1158/02, NZA 2003, 499; LAG BW 10.4.2003 – 11 Sa 17/03, DB 2003, 2551; aA LAG Düsseldorf 8.1.2003 – 12 Sa 1301/02, NZA 2003, 382; ArbG Freiburg 16.1.2003 – 13 Ca 302/02; LAG Rh.-Pf. 26.8.2014 – 6 Sa 84/14; *Zimmermann*, ArbR 2012, 105 ff.; kritisch: *Uffmann*, RdA 2012, 113 (119 f.).
8 Vgl. BAG 28.9.2005 – 5 AZR 52/05, BB 2006, 327; 25.5.2005 – 5 AZR 572/04, BB 2005, 2131.
9 Vgl. BAG 28.9.2005 – 5 AZR 52/05, BB 2006, 327; 25.5.2005 – 5 AZR 572/04, BB 2005, 2131; s.a. ausführlich: *Schlewing*, RdA 2011, 92.

Klauseln, die bewusst über ihr Ziel zu Lasten des Arbeitnehmers hinausgehen, zu verwenden; damit kann der Zweck der AGB-Kontrolle, nämlich den Rechtsverkehr gerade vor dem Gebrauch von unwirksamen Klausel zu schützen, nicht realisiert werden. Auch über die Besonderheiten des Arbeitsrechts leitet das BAG kein anderes Ergebnis her; es weist vielmehr darauf hin, dass langfristig angelegte Formularverträge im gesamten Vertragsrecht typisch sind[1] (s. aber zu den Ausnahmen Rz. 165 f.).

Nur wenn das Festhalten an dem Vertrag bei Unwirksamkeit einzelner Klauseln auch unter Berücksichtigung der ergänzenden Lückenfüllung eine **unzumutbare Härte** für eine Vertragspartei darstellen würde, ist der gesamte Vertrag unwirksam (§ 306 Abs. 3 BGB). Die praktische Relevanz der Vorschrift ist jedoch äußerst gering, da im Rahmen der Vertragslückenfüllung mit gesetzlichen Vorschriften ebenfalls die ungeschriebenen Rechtsgrundsätze, die vor allem im Arbeitsrecht durch Richterrecht entwickelt wurden, heranzuziehen sind.

VII. Möglichkeiten der Vertragsanpassung

1. Salvatorische Klauseln

In Arbeitsverträgen finden sich häufig sog. „salvatorische Klauseln"[2]. Insbesondere Regelungen, in denen angeordnet wird, dass anstelle der unwirksamen Klausel und zur Ausfüllung von Lücken eine Vertragsbestimmung im noch rechtlich zulässigen Rahmen treten soll, sind äußerst problematisch, da sich der Arbeitgeber als Verwender so des Risikos der Unwirksamkeit durch die mit der Ersetzungsklausel bezweckte Anpassung der Vertragsklausel auf ein noch rechtlich zulässiges Maß entziehen kann. Damit würde dem Arbeitgeber die Gefahr der Unwirksamkeit seiner vorformulierten Bestimmungen genommen und ihm eine geltungserhaltende Reduktion eingeräumt. Das BAG[3] hat allerdings eine Abkehr von seiner früheren Rechtsprechung (s. Rz. 160) zur geltungserhaltenden Reduktion unwirksamer Vertragsklauseln mit der Folge vollzogen, dass salvatorische Klauseln mit Ersetzungsregelung gem. § 307 Abs. 1 Satz 1, Abs. 2 Nr. 1 BGB unwirksam sind[4].

Besonders schwerwiegend sind die Folgen einer unwirksamen salvatorischen Klausel nach einem Urteil des LAG Hamm[5]. Danach kann eine unwirksame salvatorische Klausel neben einem unwirksamen nachvertraglichen Wettbewerbsverbot ohne Karenzentschädigung zu einem wirksamen nachvertraglichen Wettbewerbsverbot mit der Zusage einer Karenzentschädigung führen.

2. Anpassungs- und Änderungsklauseln

Gleiches dürfte daher auch für sog. Anpassungs- oder Änderungsklauseln gelten[6]. Solche Bestimmungen werden von vielen Versicherungsunternehmen, Banken oder auch Telekommunikationsunternehmen regelmäßig in die AGB aufgenommen. Meist sind darin Regelungen enthalten, die dem Anbieter erlauben, „die Preise anzupassen". Dabei ist hingegen § 308 Abs. 1 Nr. 4 BGB zu beachten, der vorsieht, dass einseitige Vertragsänderungen nur dann zulässig sind, wenn diese für die andere Partei zumutbar sind. Da es sich bei Versicherungs- oder auch Telekommunikationsleistungen „lediglich" um Dienstleistungen handelt, die in der Regel von vielen anderen Unternehmen

---

1 Vgl. BAG 28.9.2005 – 5 AZR 52/05, BB 2006, 327; 25.5.2005 – 5 AZR 572/04, BB 2005, 2131.
2 Dazu auch: *Wisskirchen/Stühm*, DB 2003, 2227; *Wisskirchen/Stühm*, S. 136.
3 Vgl. BAG 27.7.2010 – 3 AZR 777/08.
4 Vgl. BAG 28.5.2013 – 3 AZR 102/12, NZA 2013, 1419; 13.12.2011 – 3 AZR 791/09; LAG Hamm 18.2.2014 – 14 Sa 806/13; LAG Düsseldorf 10.9.2014 – 12 Sa 505/14.
5 LAG Hamm 18.2.2014 – 14 Sa 806/13.
6 Vgl. *Wisskirchen/Stühm*, DB 2003, 2228.

zu ähnlichen Konditionen angeboten werden, ist die Schutzbedürftigkeit des Verbrauchers aufgrund eines mit Vertragsänderungen verbundenen außerordentlichen Kündigungsrechtes nicht mit der Schutzbedürftigkeit des Arbeitnehmers vergleichbar. Dieser hat primär ein Interesse daran, seinen Arbeitsplatz als Existenzgrundlage zu unveränderten Konditionen zu behalten. Ihm ist daher in aller Regel nicht mit einem außerordentlichen Kündigungsrecht geholfen.

3. Einschränkung des Verbots der geltungserhaltenden Reduktion

164 Hinsichtlich der Unzulässigkeit einer geltungserhaltenden Reduktion im Arbeitsrecht (s. Rz. 160) stellt sich die Frage, ob dieser Grundsatz uneingeschränkt gilt. Insbesondere in Fällen, in denen sich der Arbeitgeber um die Anpassung des Arbeitsvertrages an die §§ 305 ff. BGB ernsthaft bemüht hat, zB durch die Aufnahme von Verhandlungen über dessen Neugestaltung, und der Arbeitnehmer grundlos seine Zusammenarbeit und letztlich seine Zustimmung zur Vertragsänderung verweigert, kann dies unbillig sein. Es erscheint fragwürdig, denjenigen Arbeitnehmer, der ohne sachlichen Grund eine Modifizierung des Arbeitsvertrages an die geltenden rechtlichen Rahmenbedingungen ablehnt, durch die Unwirksamkeit der für ihn nachteiligen Klausel gegenüber einem kooperationsbereiten Arbeitgeber, der sich zu einer Vertragsanpassung unter Aufrechterhaltung der nunmehr den gesetzlichen Vorschriften entsprechenden Klausel entschließt, zu bevorteilen. Aus Verhältnismäßigkeitserwägungen könnte in diesen Fällen eine Lockerung des Verbotes der geltungserhaltenden Reduktion in Betracht kommen, so dass die vertragliche Bestimmung auf ihr rechtlich zulässiges Maß zurückgeführt wird[1]. Dies muss insbesondere dann gelten, wenn sich ein Arbeitgeber bei Altverträgen in der Überleitungsphase vom 1.1.2002 bis zum 31.12.2002 um eine Vertragsanpassung bemüht hat. Gleichwohl hat das BAG[2] in einer Entscheidung über die Zulässigkeit von Ausschlussfristen betont, dass § 306 BGB die Rechtsfolge der geltungserhaltenden Reduktion nicht vorsieht.

165 Der BGH[3] lässt bei bestimmten Sachverhaltsgestaltungen die Aufrechterhaltung einer unwirksamen Klausel zu; dies ist im Ergebnis gleichbedeutend mit einer geltungserhaltenden Reduktion. Denkbar wären Konstellationen, in denen der Arbeitnehmer ohne sachlichen Grund eine Vertragsanpassung verweigert und sich auf diese Weise zu Lasten des Arbeitgebers einen Vorteil verschafft. Bei Abschluss des Arbeitsvertrages hat sich der Mitarbeiter auf die vereinbarten Vertragsbedingungen eingelassen, so dass er redlicherweise keinen Nutzen aus einer Gesetzesnovellierung und der damit verbundenen Unwirksamkeit der Klausel schöpfen soll, zumal sich durch die Vertragsanpassung im Vergleich zu den ursprünglichen vertraglichen Abreden eine für den Arbeitnehmer günstigere Situation ergeben hätte[4].

---

1 So auch: *Armbrüster/Wiese*, DStR 2003, 339; in diese Richtung auch: *Preis*, NZA Sonderbeilage zu Heft 16/2003, 19 ff.; aA *Heinrichs*, NZM 2003, 9, der davon ausgeht, dass die vom Gesetzgeber getroffene Wertung in Art. 229 § 5 Satz 2 EGBGB (Anwendbarkeit der §§ 305 ff. BGB auf Arbeitsverträge ab dem 1.1.2003) nicht durch die Rspr. entwertet werden kann.
2 Vgl. BAG 28.11.2007 – 5 AZR 992/06, NJW 2008, 1468; 28.9.2005 – 5 AZR 52/05, NZA 2006, 149; dazu auch *Schlewing*, NZA Beilage 2/2012, 33.
3 Vgl. zum Bürgschaftsrecht BGH 13.11.1997 – IX ZR 289/96, NJW 1998, 450; s.a. BGH 18.5.1995 – IX ZR 108/94, NJW 1995, 2553.
4 Für eine geltungserhaltende Reduktion, wenn der Arbeitsvertrag der vor der Schuldrechtsreform geltenden Gesetzes- und Rechtsprechungslage entsprach: *Stoffels*, NZA 2005, 728; ähnlich: *Lindemann*, S. 245 f., zumindest dann, wenn der Arbeitgeber ernsthaft versucht hat, die unwirksame Regelung durch eine wirksame Abrede zu ersetzen und dies allein am Verhalten des Arbeitnehmers gescheitert ist.

4. Ergänzende Vertragsauslegung

Der 5. Senat des BAG hat allerdings für **Altverträge**, die vor dem 1.1.2002 geschlossen wurden, im Zusammenhang mit Widerrufsvorbehalten bei Vergütungsbestandteilen entschieden, dass eine ergänzende Vertragsauslegung zur Ausfüllung der sich aus der Unwirksamkeit einer gegen §§ 307 ff. BGB verstoßenden arbeitsvertraglichen Klausel ergebenden Lücke in Betracht kommt[1]. Das BAG argumentiert, dass es einen unverhältnismäßigen Eingriff in die Privatautonomie darstellt, wenn die rückwirkende Anwendung von förmlichen Anforderungen – zB die nach der neueren Rechtsprechung erforderliche ausdrückliche Nennung von sachlichen Gründen bei Widerrufsvorbehalten[2] – auf einen abgeschlossenen Sachverhalt (hier: Abschluss des Arbeitsvertrages) die Unwirksamkeit der Klausel bedingt, da mit der jetzt aus der Geltung der §§ 307 ff. BGB resultierenden Rechtsfolge „niemand rechnen konnte, musste oder durfte"[3]. Das BAG fragt vielmehr, was die Parteien vereinbart hätten, wenn ihnen die gesetzlich angeordnete Unwirksamkeit der Klausel bekannt gewesen wäre, denn nur auf diese Art und Weise wird die unverhältnismäßige Rückwirkung von § 306 Abs. 2 BGB verfassungskonform abgemildert sowie dem Willen der Parteien angemessen Rechnung getragen[4]. Das BAG erzielt damit über verfassungsrechtliche Erwägungen einen der geltungserhaltenden Reduktion entsprechenden Effekt für Altverträge.

Dieser Rechtsgedanke dürfte auf andere Klauseln in Altarbeitsverträgen übertragbar sein, wenn diese allein aufgrund der geänderten Rechtslage nach der Schuldrechtsreform unwirksam sind.

> **Hinweis:** Das BAG schränkt den „Vertrauensschutz" – erzielt durch eine ergänzende Vertragsauslegung – allerdings weiter ein[5]. Danach scheidet diese bereits aus, wenn der Arbeitsvertrag nach dem 1.1.2002 geändert wurde und in diesem Zusammenhang die Anpassung des Vertrages an die neue Rechtslage unterblieben ist. Dies ist auch der Fall, wenn die Parteien lediglich eine Gehaltsanpassung vornehmen und im Übrigen feststellen, dass alle anderen Vereinbarungen unberührt bleiben[6]. Nach Ansicht des 9. und 10. Senats des BAG[7] spricht zudem viel dafür, dass durch die Einräumung der einjährigen Übergangsfrist in Art. 229 § 5 Satz 2 EGBGB dem Vertrauensschutz genügt ist und eine ergänzende Vertragsauslegung nicht in Betracht kommt, wenn der Arbeitgeber nicht versucht hat, die einer AGB-Kontrolle nicht standhaltenden Klauseln der neuen Gesetzeslage anzupassen. Der 5. Senat[8] vertritt insoweit eine abweichende Auffassung: ein entsprechender Versuch des Arbeitgebers innerhalb der einjährigen Übergangszeit ist nicht erforderlich, um die Klausel ergänzend auszulegen. Eine Anrufung des Großen Senats konnte nach Ansicht des 5. Senats[9] aber bislang unterbleiben, da diese Rechtsfrage in den Judikaten des 9.

---

1 Vgl. BAG 12.1.2005 – 5 AZR 364/04, NZA 2005, 456; 20.4.2011 – 5 AZR 191/10, NZA 2011, 796.
2 Vgl. BAG 12.1.2005 – 5 AZR 364/04, NZA 2005, 456; 20.4.2011 – 5 AZR 191/10, NZA 2011, 796.
3 Vgl. BAG 12.1.2005 – 5 AZR 364/04, NZA 2005, 456; 20.4.2011 – 5 AZR 191/10, NZA 2011, 796.
4 Vgl. BAG 11.10.2006 – 5 AZR 721/05, DB 2007, 170; 12.1.2005 – 5 AZR 364/04, NZA 2005, 456; 20.4.2011 – 5 AZR 191/10, NZA 2011, 796; ablehnend LAG Düsseldorf 12.10.2009 – 16 Sa 501/09; dazu auch *Zirnbauer*, FA 2006, 36; *Schimmelpfennig*, NZA 2005, 607 ff.
5 Vgl. BAG 10.12.2008 – 10 AZR 2/08; 30.7.2008 – 10 AZR 606/07, DB 2008, 2194; *Haas/Fabritius*, FA 2009, 130 ff.; *Gaul/Mückl*, NZA 2009, 1233.
6 Vgl. BAG 30.7.2008 – 10 AZR 606/07, DB 2008, 2194.
7 Vgl. BAG 19.12.2006 – 9 AZR 294/06, NZA 2007, 809; 11.4.2006 – 9 AZR 610/05, BB 2006, 2134; 11.2.2009 – 10 AZR 222/08, NZA 2009, 428; 10.12.2008 – 10 AZR 1/08, NZA-RR 2009, 576; 16.2.2010 – 3 AZR 118/08, DB 2010, 1947 f.; LAG Bln.-Bbg. 9.9.2009 – 15 Sa 797/09, AuA 2010, 116; 19.2.2009 – 20 Sa 2078/08, ArbR 2010, 48; LAG München 8.12.2009 – 7 Sa 584/09; LAG BW 15.4.2009 – 16 Sa 102/08; *Greßlin*, BB 2009, 1136.
8 BAG 11.10.2006 – 5 AZR 721/05, DB 2007, 170; 12.1.2005 – 5 AZR 364/04, NZA 2005, 456; 20.4.2011 – 5 AZR 191/10, NZA 2011, 796; LAG Düsseldorf 17.4.2012 – 8 Sa 1334/11; *Schlewing*, NZA Beilage 2/2012, 37.
9 BAG 20.4.2011 – 5 AZR 191/10, NZA 2011, 796.

und 10. Senats nicht entscheidungserheblich gewesen ist. Offen ist folglich, ob und bejahendenfalls unter welchen Voraussetzungen eine ergänzende Auslegung von Altverträgen zukünftig noch möglich ist.

5. Änderungsmöglichkeiten des Arbeitgebers

168 Grundsätzlich besteht die Möglichkeit der einvernehmlichen Vertragsänderung mittels eines **Änderungsvertrages**. Hierbei sind wiederum die Bestimmungen der §§ 305 ff. BGB zu beachten, soweit die Klauseln formularmäßig verwendet werden. Allerdings ist zu bezweifeln, dass sich der Großteil der Arbeitnehmer auf eine Vertragsänderung zu ihren Ungunsten einlassen wird, sofern diesen die Unwirksamkeit der betroffenen Klauseln als mögliche Rechtsfolge bekannt ist.

Der Gesetzgeber hat zwar in der Überleitungsvorschrift des Art. 229 § 5 EGBGB eine Rückwirkung der Anwendbarkeit der AGB-Vorschriften auf Altverträge angeordnet. Einen gesetzlichen Anspruch des Arbeitgebers auf Vertragsänderung der Altverträge sieht Art. 229 § 5 EGBGB aber gerade nicht vor.

169 Eine Vertragsanpassung durch **Leistungsbestimmungsrechte** kommt nicht in Betracht, da vertragliche Vereinbarungen nicht einseitig durch den Arbeitgeber nachträglich geändert werden können.

Auch die Möglichkeit einer Änderung der Arbeitsbedingungen durch **Betriebsvereinbarung** wird in der großen Mehrzahl der Fälle ausscheiden. Soweit in einem Arbeitsvertrag auf eine konkret bestimmte Betriebsvereinbarung Bezug genommen wird, ist eine Abänderung der Betriebsvereinbarungen mit Auswirkungen auf den individualrechtlichen Charakter des Arbeitsvertrages nur beschränkt möglich[1]. Ablösende Betriebsvereinbarungen sind grundsätzlich nur zulässig, wenn sie in ihrer Gesamtbetrachtung den Arbeitnehmer begünstigen. Verschlechternde Bedingungen in einer ablösenden Betriebsvereinbarung können nur dann auf den individuellen Arbeitsvertrag einwirken, wenn der Arbeitsvertrag ausdrücklich einen solchen Vorbehalt zwischen den Parteien vorsieht. Auch in diesem Fall müssen aber die Grundsätze des Vertrauensschutzes und der Verhältnismäßigkeit beachtet werden. Die Anpassung der Arbeitsverträge durch Betriebsvereinbarung stellt daher zumindest für die ganz überwiegende Zahl der Fälle kein taugliches Mittel zur Vertragsanpassung dar.

170 Als Möglichkeit zur Erzwingung einer Arbeitsvertragsänderung ist das Instrument der **Änderungskündigung** genannt worden[2]. Als Kündigungsgrund kommen insoweit nur dringende betriebliche Erfordernisse in Betracht. Das BAG hat entschieden, dass eine solche im Falle grundlegender Gesetzesänderungen statthaft sein kann[3]. Hierbei ist jedoch zu beachten, dass die frühere Rechtsprechung Fälle betraf, in denen eine Hauptleistungspflicht des Vertrages von der Gesetzesänderung betroffen war (Vergütungsregelungen bei Chefarztverträgen). Durch die Schuldrechtsreform werden diese jedoch in aller Regel nicht tangiert, so dass sich hieraus ein dringendes betriebliches Bedürfnis für eine Vertragsanpassung nicht ergibt. Dies verkennt *Wiesinger*[4], der ein dringendes betriebliches Bedürfnis allein aus der Tatsache herleitet, dass aus der Schuldrechtsreform ein Bestreben des Arbeitgebers nach Vereinheitlichung und Anpassung der Arbeitsverträge abgeleitet werden kann[5].

171 Der Arbeitgeber kann sich zum Zweck der Vertragsanpassung nicht auf den in § 313 BGB kodifizierten **Wegfall der Geschäftsgrundlage** berufen. Nach der Rechtsprechung

---

1 Vgl. BAG 7.11.1989 – GS 3/85, NZA 1990, 816.
2 Vgl. *Wiesinger*, AuA 2002, 358.
3 Vgl. BAG 21.6.1978 – 4 AZR 787/76, NJW 1979, 1948 ff.; 25.2.1988 – 2 AZR 611/87, DB 1988, 1504.
4 Vgl. *Wiesinger*, AuA 2002, 358.
5 Im Ergebnis auch BAG 20.4.2011 – 5 AZR 191/10, NZA 2011, 796.

VII. Möglichkeiten der Vertragsanpassung

kann der Grund für eine Vertragsanpassung zwar auch in einer Gesetzesänderung liegen[1]. Damit die Grundsätze des Wegfalls der Geschäftsgrundlage Anwendung finden, müsste sich die Gesetzesänderung in für eine Vertragspartei nicht hinnehmbarer Weise auf das vereinbarte Verhältnis von Leistung und Gegenleistung auswirken. Die lediglich partielle Unwirksamkeit von vorformulierten Arbeitsvertragsklauseln lässt sich allerdings nicht als grobe Störung des Leistungs-Gegenleistungs-Verhältnisses qualifizieren, sondern berührt regelmäßig ausschließlich Randbereiche der Vertragsdurchführung bzw. -abwicklung. Eine Änderung der vorformulierten Arbeitsverträge über den Wegfall der Geschäftsgrundlage gem. § 313 BGB scheidet daher aus[2].

Im Übrigen ist es ebenfalls nicht möglich, nach den Grundsätzen von **Treu und Glauben gem. § 242 BGB** einen Anspruch des Arbeitgebers gegen den Arbeitnehmer auf Zustimmung zu einem Vertragsänderungsangebot herzuleiten[3]. Wie § 313 BGB deutlich macht, kann eine Vertragsanpassung nur unter den dort genannten engen Voraussetzungen erfolgen. Dieser gesetzgeberischen Wertung würde es zuwiderlaufen, wollte man zusätzlich eine Vertragsänderungsmöglichkeit aus § 242 BGB begründen. 172

⊃ **Hinweis:** Der Arbeitgeber ist für die Arbeitsvertragsanpassung grundsätzlich auf die Kooperationsbereitschaft der Arbeitnehmer angewiesen, einvernehmlich eine den nunmehr gültigen Rechtsvorschriften entsprechende Vertragsänderung vorzunehmen[4]. 172a

Arbeitgeber sollten mit den Mitarbeitern über eine Änderung des Arbeitsvertrages verhandeln und dies schriftlich dokumentieren, um bei einer möglichen gerichtlichen Auseinandersetzung auf eine geltungserhaltende Reduktion der Klausel bzw. auf die Anwendung der Grundsätze einer ergänzenden Vertragsauslegung hinzuwirken[5]. Der Arbeitgeber sollte ferner in Kooperation mit dem Betriebsrat – sofern dieser sich verhandlungsbereit zeigt – einen Musterarbeitsvertrag erarbeiten, der den Arbeitnehmern – unter Berücksichtigung der jeweiligen individuellen Besonderheiten des Arbeitsverhältnisses – vorgelegt werden kann. Auf diese Weise lässt sich die Bereitschaft der Mitarbeiter steigern, ein Änderungsangebot anzunehmen, da sie ihre Interessen durch die Einbeziehung des Betriebsrates als hinreichend gewahrt ansehen werden. 173

Daneben besteht die Möglichkeit, den betreffenden Beschäftigten einen an die Schuldrechtsreform angepassten Arbeitsvertrag zu übersenden. Es ist nicht auszuschließen, dass das Schweigen des Arbeitnehmers und die widerspruchslose Fortsetzung des Arbeitsverhältnisses als konkludente Annahmeerklärung gewertet werden kann[6]. Der Arbeitgeber muss jedoch sicherstellen, dass die Mitarbeiter die vorgesehenen Änderungen klar erkennen und somit Gelegenheit erhalten, sich der Möglichkeit der Annahme oder Ablehnung dieses Angebotes bewusst zu werden. Dies kann durch deutliche Hinweise und umfassende Erklärungen im Anschreiben oder im Vertragstext, zB durch drucktechnische Hervorhebung, geschehen. Allein die 174

---

1 Vgl. BAG 4.4.1990 – 5 AZR 99/88.
2 Mangels Unzumutbarkeit: vgl. *Bamberger/Roth*, § 313 BGB Rz. 56, 57; aA *Armbrüster/Wiese*, DStR 2003, 341, die allerdings nur von der grundsätzlichen Anwendbarkeit des § 313 BGB ausgehen, ohne das Unzumutbarkeitserfordernis bei Arbeitsverträgen zu konkretisieren; für die Anwendbarkeit von § 313 BGB bei Dauerschuldverhältnissen, die keine Arbeitsverträge sind: *Wiesinger*, AuA 2002, 358.
3 So auch *Armbrüster/Wiese*, DStR 2003, 334 Fn. 9, die eine Obliegenheit des Arbeitnehmers annehmen; abweichend *Dauner-Lieb*, DStR 2001, 1573 Fn. 12, die eine Verpflichtung des Arbeitnehmers nicht ausschließt.
4 Dazu auch: *Lützeler/Bissels*, PuR 10/2007, 3 ff.
5 Vgl. BAG 30.7.2008 – 10 AZR 606/07, DB 2008, 2194; *Lindemann*, S. 245; gegen das Erfordernis, dem Arbeitnehmer die Änderung des Arbeitsvertrages anzubieten: *Stoffels*, NZA 2005, 730.
6 Vgl. BAG 1.8.2001 – 4 AZR 129/00, NZA 2003, 924; so auch *Lindemann*, S. 245 mwN.

bloße Übersendung des Arbeitsvertrages oder beiläufige Hinweise in einem umfangreichen Begleitschreiben genügen diesen Anforderungen hingegen nicht[1].

175 Darüber hinaus kann in neu abgeschlossenen Arbeitsverträgen eine Klausel aufgenommen werden, nach der die Genehmigung des Arbeitnehmers von geänderten Arbeitsbedingungen auf das Angebot des Arbeitgebers fingiert wird. Durch die Fiktionswirkung gelten die dem Mitarbeiter mitgeteilten Änderungen der Arbeitsbedingungen bei fehlendem Widerspruch als Vertragsbestandteil. Eine solche Klausel ist unter Beachtung von § 308 Nr. 5 BGB allerdings nur zulässig, wenn dem Arbeitnehmer eine angemessene Frist zur Abgabe einer ausdrücklichen Erklärung eingeräumt wird und der Arbeitgeber sich verpflichtet, diesen bei Fristbeginn auf die Bedeutung seines Verhaltens hinzuweisen.

VIII. Revisionsrechtliche Überprüfung

176 Im Gegensatz zum Verfahren der ordentlichen Gerichtsbarkeit gilt im arbeitsgerichtlichen Verfahren § 545 Abs. 1 ZPO, wonach die Revision lediglich auf eine Verletzung eines Bundesgesetzes oder einer Rechtsnorm, deren Geltungsbereich über den Bezirk eines Oberlandesgerichtes hinausgeht, gestützt werden kann, nicht[2]. Eine Beschränkung der Revisionsgründe findet daher nicht statt. Die Auslegung der AGB unterliegt daher der vollen revisionsrechtlichen Nachprüfung[3].

---

1 Vgl. *Wisskirchen/Stühm*, S. 145 f.
2 Vgl. § 73 ArbGG: entscheidend ist die Verletzung einer Rechtsnorm.
3 Vgl. BAG 10.12.2013 – 3 AZR 726/11; 25.6.2013 – 3 AZR 219/11, NZA 2013, 1421; 31.8.2005 – 5 AZR 545/05, NZA 2006, 324.

E. Befristete Arbeitsverhältnisse

	Rz.
I. Allgemeines	
1. Gesetzliche Grundlagen	1
2. Betroffene Arbeitnehmer	6
3. Zeitlicher Geltungsbereich	10
4. Betrieblicher Geltungsbereich	11
5. Beurteilungszeitpunkt	12
6. Kurzübersicht	13
II. Befristung ohne das Erfordernis eines sachlichen Grundes	
1. Zeitlich begrenzte Befristung ohne Sachgrund (§ 14 Abs. 2 TzBfG)	
a) Gesetzliche Voraussetzungen	
aa) Dauer und Anzahl der Befristungen	14
bb) Neueinstellung	15
cc) Verlängerung	20
dd) Persönliche Voraussetzung	22
ee) Informationspflicht	23
ff) Kündigungsschutz	24
b) Tarifvertragliche Abweichungen	26
2. Zeitlich begrenzte Befristung ohne Sachgrund bei Neugründungen (§ 14 Abs. 2a TzBfG)	29
3. Altersbefristung (§ 14 Abs. 3 TzBfG)	35
III. Befristung mit Sachgrund (§ 14 Abs. 1 TzBfG)	
1. Befristung mit sachlichem Grund	38
2. Sachgründe gem. § 14 Abs. 1 Satz 2 Nr. 1–8 TzBfG	38a
a) Vorübergehender Bedarf (§ 14 Abs. 1 Satz 2 Nr. 1 TzBfG)	39
b) Tätigkeit im Anschluss an eine Ausbildung oder an ein Studium (§ 14 Abs. 1 Satz 2 Nr. 2 TzBfG)	42
c) Vertretung (§ 14 Abs. 1 Satz 2 Nr. 3 TzBfG)	48
d) Eigenart der Arbeitsleistung (§ 14 Abs. 1 Satz 2 Nr. 4 TzBfG)	55
e) Erprobung (§ 14 Abs. 1 Satz 2 Nr. 5 TzBfG)	58
f) Gründe in der Person des Arbeitnehmers (§ 14 Abs. 1 Satz 2 Nr. 6 TzBfG)	68
g) Vergütung aus Haushaltsmitteln (§ 14 Abs. 1 Satz 2 Nr. 7 TzBfG)	73
h) Gerichtlicher Vergleich (§ 14 Abs. 1 Satz 2 Nr. 8 TzBfG)	77
3. Weitere Sachgründe	79
a) Altersgrenzen	80
b) Altersteilzeit	92
c) Erwerbsminderung/Erwerbsunfähigkeit	96
d) Drittmittelbewilligung	98
e) Übergangsweise Beschäftigung	101
f) Aus- und Weiterbildung	101a
g) Sicherung der personellen Kontinuität der Betriebsratsarbeit	102
h) Verschleiß	103
i) Weiterbeschäftigung nach einer Kündigung	103a
j) Öffentlicher Dienst	104
4. Nachträgliche Befristung	107
5. Dauer der Befristung und ihr sachlicher Grund	
a) Dauer	108
b) Sachlicher Grund für die Befristungsdauer	111
6. Mehrfache Befristung	112
7. Befristung einzelner Arbeitsvertragsbedingungen	115
IV. Vertragliche Regelungen	
1. Schriftform und Grund der Befristung	
a) Schriftform	119
b) Angabe des Grundes	124
c) Fehlende Schriftform	127
2. Abweichende Vereinbarungen	130
3. Tarifvertragliche Befristungsvoraussetzungen	133
V. Auflösende Bedingungen	
1. Begriff	134
2. Gesetzliche Regelung	135
3. Sachlicher Grund	136
4. Klagefrist	137
VI. Rechtsfolgen bei wirksamer und unwirksamer Befristung	
1. Wirksame Befristung	
a) Beendigung	138
b) Verlängerung/Fortsetzung des Arbeitsverhältnisses	141
2. Unwirksame Befristung/unwirksame auflösende Bedingung	145
VII. Kündigungsmöglichkeit während des befristeten Arbeitsverhältnisses	
1. Voraussetzungen	
a) Vereinbarung der Kündigungsmöglichkeit	148
b) Kündigung wegen fehlender Schriftform oder Rechtsunwirksamkeit	150
c) Nichteintritt der Bedingung oder Nichterreichen des Zwecks	152
d) Insolvenzverfahren	153
e) Außerordentliche Kündigung	154
2. Sonderfälle	155
3. Folgen	158

	Rz.
VIII. Beteiligung des Betriebsrats/Personalrats	
1. Vor einer Einstellung oder Entlassung	159
2. Informationserteilung	162
3. Verweigerungsgrund gem. § 99 Abs. 2 Nr. 3 BetrVG	163
IX. Gesetzliche Verpflichtungen des Arbeitgebers gegenüber befristet beschäftigten Arbeitnehmern	
1. Informationspflicht über unbefristete Arbeitsplätze	164
2. Weiterbeschäftigungsanspruch, Wiedereinstellungspflicht	165
3. Aus- und Weiterbildungspflicht	167
4. Benachteiligungs- und Diskriminierungsverbot	
a) Benachteiligungsverbot	168
b) Diskriminierungsverbot	169
X. Prozessuale Geltendmachung	
1. Klage und Klagefrist	174
2. Darlegungs- und Beweislast	184
3. Vorläufige Weiterbeschäftigung	190
XI. Sonderfälle	191
1. Vertretung für die Dauer der Beschäftigungsverbote nach dem Mutterschutzgesetz oder für die Dauer der Elternzeit	192
2. Vertretung für die Dauer der Pflege eines nahen Angehörigen	199
3. Befristungen im Hochschulbereich	200
a) Rechtliche Situation	201
b) Geltungsbereich	202
c) Betroffene Mitarbeiter	203
d) Befristungsdauer	204
e) Anrechnung von Arbeitsverhältnissen	207
f) Verlängerungen	208
g) Drittmittelfinanzierung	211
h) Tarifvertragliche Abweichung	212
i) Vertragliche Regelung/Angabe des Befristungsgrundes	213
j) Kündigungsmöglichkeit	216
4. Ärzte in der Weiterbildung	217

Schrifttum:

Backhaus, Das neue Befristungsrecht, NZA 2001, Sonderbeil. zu Heft 24, 8; *Bader*, Arbeitsrechtliche Altersgrenzen weiter flexibilisiert, NZA 2014, 749; *Bauer*, Befristete Arbeitsverträge unter neuen Vorzeichen, BB 2001, 2473 und BB 2001, 2526; *Bauer*, Arbeitsrechtliche Baustellen des Gesetzgebers – insbesondere im Befristungsrecht, NZA 2014, 889; *Bayreuther*, Die Neufassung des § 14 Abs. 3 TzBfG – diesmal europarechtskonform?, BB 2007, 1113; *Bayreuther*, Altersgrenzen, Kündigungsschutz nach Erreichen der Altersgrenze und die Befristung von „Altersrentnern". Eine Skizze im Lichte der Hörnfeldt-Entscheidung des EuGH, NJW 2012, 2758; *Bayreuther*, Kettenbefristung zur Vertretung von Arbeitnehmern, NZA 2013, 23; *Birk*, Die Befristung von Altersteilzeitverträgen auf einen vorgezogenen Renteneintritt, NZA 2007, 244; *Blanke*, Der Gesetzentwurf der Bundesregierung über Teilzeitarbeit und befristete Arbeitsverträge, AiB 2000, 729; *Böhm*, Rahmenvereinbarung für befristete Arbeitsverhältnisse, ArbRB 2011, 123; *Böhm*, Das Prozessarbeitsverhältnis – Ein Fluch oder Segen?, ArbRB 2012, 382; *Däubler*, Das geplante Teilzeit- und Befristungsgesetz, ZIP 2000, 1961; *Däubler*, Das neue Teilzeit- und Befristungsgesetz, ZIP 2001, 217; *Dieterich*, Die Befristung von Trainerverträgen im Spitzensport, NZA 2000, 857; *Dörner*, Der befristete Arbeitsvertrag, 2. Aufl. 2011; *Eisemann*, Befristung und virtuelle Dauervertretung, NZA 2009, 1113; *Fiebig*, Die gerichtliche Überprüfung des Sachgrundes der vorletzten Befristung, NZA 1999, 1086; *Francken*, Die Schranken der sachgrundlosen Befristung auf Grund Tarifvertrags nach § 14 II 3 TzBfG, NZA 2013, 122; *Greiner*, Zwischen Kücük, Albron Catering, Della Rocca und Cartesio, NZA 2014, 284; *Haratsch/Holljesiefken*, Studentische Hilfskraft auf Lebenszeit?, NZA 2008, 207; *Höpfner*, Die Reform der sachgrundlosen Befristung durch das BAG – Arbeitsmarktpolitische Vernunft contra Gesetzestreue, NZA 2011, 893; *Hromadka*, Pensionsalter und Pensionierungsmöglichkeiten, DB Beilage 11/1985; *Hromadka*, Befristete und bedingte Arbeitsverhältnisse neu geregelt, BB 2001, 621 und 674; *Kleinebrink*, Altersbefristung nach neuem Recht, DB 2014, 1490; *Kliemt*, Das neue Befristungsrecht, NZA 2001, 296; *Kortstock*, Befristung von Arbeitsverhältnissen im Hochschulbereich – Wissenschaftszeitvertragsgesetz in Kraft getreten, ZTR 2007, 350; *Leuchten*, Widerrufsvorbehalt und Befristung von Arbeitsvertragsbedingungen, insbesondere Provisionsordnungen, NZA 1994, 721; *Löwisch*, Das Arbeitsrechtliche Beschäftigungsförderungsgesetz, NZA 1996, 1009; *Löwisch*, Vereinbarkeit der Haushaltsmittelbefristung nach § 14 I Nr. 7 TzBfG mit europäischer Befristungsrichtlinie und grundgesetzlicher Bestandsschutzpflicht, NZA 2006, 457; *Löwisch*, Die Ablösung der Befristungsbestimmungen des Hochschulrahmengesetzes durch das Wissenschaftszeitvertragsgesetz, NZA

2007, 479; *Melms/Schwarz*, Die verpasste Rente nach Altersteilzeit, DB 2006, 2010; *Opolony*, Die Nichtverlängerungsmitteilung bei befristeten Bühnenarbeitsverhältnissen, NZA 2001, 1351; *Pöltl*, Befristete Arbeitsverträge nach dem Gesetz über Teilzeitarbeit und befristete Arbeitsverträge im Geltungsbereich des BAT, NZA 2001, 582; *Preis/Gotthardt*, Schriftformerfordernis für Kündigungen, Aufhebungsverträge und Befristungen nach § 623 BGB, NZA 2000, 348; *Preis/Gotthardt*, Neuregelung der Teilzeitarbeit und befristeten Arbeitsverhältnisse, DB 2000, 2065; *Preis/Gotthardt*, Das Teilzeit- und Befristungsgesetz, DB 2001, 145; *Preis/Temming*, Der EuGH, das BVerfG und der Gesetzgeber – Lehren aus Mangold II, NZA 2010, 185; *Preis/Ulber*, Die Wiederbelebung des Ablösungs- und Ordnungsprinzips?, NZA 2014, 6; *Reuter*, Arbeitsrechtliche Zeitbomben bei Anschlussbefristungen?, NZA 1998, 1321; *Richardi/Annuß*, Gesetzliche Neuregelung von Teilzeitarbeit und Befristung, BB 2000, 2201; *Schlachter*, Befristete Einstellung nach Abschluss der Ausbildung – Sachgrund erforderlich?, NZA 2003, 1180; *Schmidt*, Neues zur Teilbefristung – Das TzBfG im Gewand der AGB-Kontolle, NZA 2014, 760; *Schwedes*, Das Arbeitsrechtliche Beschäftigungsförderungsgesetz, BB Beilage 17/1996, 2; *Straub*, Erste Erfahrungen mit dem Teilzeit- und Befristungsgesetz, NZA 2001, 919; *Thüsing/Lambrich*, Umsetzungsdefizite in § 14 TzBfG?, BB 2002, 829; *Thüsing/Stelljes*, Fragen zum Entwurf eines Gesetzes zu Reformen am Arbeitsmarkt, DB 2003, 1673; *Wank*, Sachgrundlose Befristung – „Zuvor-Beschäftigung", RdA 2012, 361.

I. Allgemeines

1. Gesetzliche Grundlagen

Nach § 620 Abs. 1 BGB endet ein Dienstverhältnis **mit Ablauf der Zeit**, für die es eingegangen ist. Bis zum 31.12.2000 war § 620 Abs. 1 BGB die Grundnorm für befristete Arbeitsverhältnisse. Infolge der Begründung eines Kündigungsschutzes mit dem Kündigungsschutzgesetz aus dem Jahre 1951 und der Ausbildung des Bestandsschutzes von Arbeitsverhältnissen ergab sich ein Widerspruch zu der auf dem Prinzip der Vertragsfreiheit beruhenden generellen Zulässigkeit befristeter Arbeitsverträge. Das Kündigungsschutzgesetz und die besonderen Kündigungsschutz vermittelnden Regelungen, wie zB das damalige Mutterschutzgesetz, bildeten nach der Rechtsprechung eine institutionelle Schranke für den Abschluss befristeter Arbeitsverträge. Seit dem grundlegenden Beschluss des Großen Senats des BAG vom 12.10.1960[1] hält deshalb das BAG befristete Arbeitsverträge für unzulässig, wenn objektiv eine **Umgehung zwingender Bestimmungen des Kündigungsrechts** vorliegt. Das ist dann anzunehmen, wenn dem Arbeitnehmer der durch die Kündigungsschutzbestimmungen gewährleistete Bestandsschutz ohne sachlichen Grund entzogen wird. Befristete Arbeitsverträge durften daher nur dann abgeschlossen werden, wenn bei Vertragsschluss sachliche Gründe für die Befristung vorliegen. Die sachlich gerechtfertigten Gründe für die Befristung mussten nach dieser Rechtsprechung derart sein, dass die Grundprinzipien des Kündigungsschutzes nicht beeinträchtigt werden. Die wirksame Befristung war somit davon abhängig, ob durch das befristete Arbeitsverhältnis der gesetzliche Kündigungsschutz überhaupt umgangen wurde, und für den Fall, dass ein Kündigungsschutz bestand, ob die Befristung sachlich begründet ist.

Durch das am 1.1.2001 in Kraft getretene **„Gesetz über Teilzeitarbeit und befristete Arbeitsverträge" (TzBfG)** sind neben der Einführung eines Anspruchs auf Teilzeitarbeit allgemein die gesetzlichen Voraussetzungen für befristete (auch sachgrundlos befristete) und auflösend bedingte Arbeitsverträge normiert worden. Mit diesem Gesetz sind die RL 1999/70/EG und die ihr zugrundeliegende Rahmenvereinbarung der Sozialpartner EGB, UNICE und CEEP über befristete Arbeitsverträge umgesetzt worden. In deutlicher Abgrenzung zu sonstigen Dienstverträgen erhielt § 620 BGB mit Wirkung ab 1.1.2001 einen dritten Absatz, der ausdrücklich hervorhebt, dass **für Arbeitsverträge**, die auf bestimmte Zeit abgeschlossen werden, das Teilzeit- und Befris-

---

1 BAG 12.10.1960 – 3 AZR 65/59, AP Nr. 16 zu § 620 BGB – Befristeter Arbeitsvertrag.

tungsgesetz gilt. Infolgedessen beschränkt sich der Anwendungsbereich des § 620 Abs. 1 BGB jetzt auf den sog. selbständigen oder freien Dienstvertrag.

3 Gem. § 1 TzBfG ist neben der Förderung der Teilzeitarbeit **Ziel des Gesetzes**, die Zulässigkeit befristeter Arbeitsverträge zu regeln und die Diskriminierung befristet beschäftigter Arbeitnehmer zu verhindern. Darüber hinaus sollen die Chancen der Arbeitnehmer auf einen Dauerarbeitsplatz erhöht und Mehrfachbefristungen (sog. Kettenbefristungen) eingeschränkt werden[1].

4 Mit dem seit dem 1.1.2001 geltenden Teilzeit- und Befristungsgesetz wird der befristete Arbeitsvertrag gesetzlich **definiert**. Gem. § 3 Abs. 1 Satz 2 TzBfG liegt ein auf **bestimmte Zeit** geschlossener Arbeitsvertrag (befristeter Arbeitsvertrag) vor, wenn seine Dauer kalendermäßig bestimmt ist (kalendermäßig befristeter Arbeitsvertrag) oder sich aus Art, Zweck oder Beschaffenheit der Arbeitsleistung ergibt (zweckbefristeter Arbeitsvertrag). Im Wesentlichen sind ihm gem. § 21 TzBfG gleichgestellt auflösend bedingte Arbeitsverträge. Eine Definition des **auflösend bedingten** Arbeitsvertrages enthält das Gesetz nicht (s. § 158 Abs. 2 BGB). Ein **zweckbefristeter** Arbeitsvertrag iSd. § 15 Abs. 2 TzBfG liegt nach § 3 Abs. 1 Satz 2 TzBfG vor, wenn sich die Dauer des befristeten Arbeitsverhältnisses aus Art, Zweck oder Beschaffenheit der Arbeitsleistung entnehmen lässt (zB Einstellung für eine Saison oder Krankheitsvertretung). Zweckbefristungen sind daher nur bei Verträgen mit Sachgrund möglich. Bei einer Zweckbefristung muss der **Zeitpunkt der Zweckerfüllung** für den Arbeitnehmer **voraussehbar** sein und **in überschaubarer Zeit** liegen. Die Zweckerreichung muss **objektiv und zweifelsfrei bestimmbar** sein[2]. Ist die Zweckerreichung nur von dem Arbeitgeber erkennbar, so muss er den Arbeitnehmer darauf rechtzeitig hinweisen (s. dazu Rz. 110 und 141). Gem. § 15 Abs. 2 TzBfG endet ein zweckbefristeter Arbeitsvertrag mit dem Erreichen des Zwecks. Jedoch setzt die Beendigung voraus, dass der Arbeitgeber den Arbeitnehmer zwei Wochen zuvor schriftlich (§ 623 BGB iVm. § 126 BGB) über den Zeitpunkt der Zweckerreichung unterrichtet hat. Auch wenn der Zweck bereits erreicht ist, endet das Arbeitsverhältnis also erst zwei Wochen nach Zugang dieser schriftlichen Information.

5 Wegen der bereichsspezifischen Ausgestaltung sind in die Gesamtregelung des Teilzeit- und Befristungsgesetzes nicht die **besonderen gesetzlichen Bestimmungen** über die Befristung von Arbeitsverträgen im Bundeselterngeld- und Elternzeitgesetz – BEEG –, Pflegezeitgesetz, Wissenschaftszeitvertragsgesetz – WissZeitVG – und im Gesetz über befristete Arbeitsverträge mit Ärzten in der Weiterbildung einbezogen worden. Für die von den vorbenannten speziellen Regelungen erfassten Arbeitnehmer gelten gem. § 23 TzBfG weiterhin abweichende Regelungen. Bzgl. der Befristung von Arbeitsverträgen gem. Bundeselterngeld- und Elternzeitgesetz wird auf die Ausführungen unter Rz. 192 ff., bzgl. des Pflegezeitgesetzes auf die Ausführungen unter Rz. 199 ff., bzgl. der Regelungen im Wissenschaftszeitvertragsgesetz auf die Ausführungen unter Rz. 200 f. und bzgl. der Befristungen nach dem Gesetz über befristete Arbeitsverträge mit Ärzten in der Weiterbildung auf die Ausführungen unter Rz. 217 verwiesen.

2. Betroffene Arbeitnehmer

6 Das Teilzeit- und Befristungsgesetz enthält keine Einschränkung seines **persönlichen Geltungsbereiches**. Es gilt daher für alle Arbeitnehmer. Sie gilt auch für Rentner[3]. Der Befristungskontrolle unterliegen Teilzeit- ebenso wie Vollzeitarbeitsverhältnisse. Bei

---

1 Begr. RegE, BT-Drucks. 14/4374, 12 f.
2 BAG 26.3.1986 – 7 AZR 599/84, AP Nr. 103 zu § 620 BGB – Befristeter Arbeitsvertrag; 15.5.2012 – 7 AZR 35/11, DB 2012, 2638.
3 *Bayreuther*, NJW 2012, 2758.

I. Allgemeines

schwerbehinderten Menschen ist aber der erweiterte Beendigungsschutz nach § 92 SGB IX zu berücksichtigen. Entgegen der bis zum 31.12.2000 bestehenden rechtlichen Situation werden **leitende Angestellte** gem. § 14 Abs. 2 KSchG, die die Befugnis haben, Arbeitnehmer einzustellen oder zu entlassen, nicht ausgenommen, auch wenn mit ihnen im Anstellungsvertrag von vornherein eine finanzielle Entschädigung für die Beendigung des Arbeitsverhältnisses vereinbart wird (zB ein Übergangsgeld oder eine bei Ablauf der Befristung fällig werdende Abfindung)[1]. Da **Organe** und **gesetzliche Vertreter juristischer Personen** keine Arbeitnehmer sind (vgl. § 5 BetrVG und § 5 ArbGG), unterliegen die Verträge mit diesen Mitarbeitern keiner Befristungskontrolle.

Wegen des das Recht der **Arbeitnehmerüberlassung** beherrschenden **Synchronisationsverbots** bestanden besondere Einschränkungen der Befristung von Arbeitsverhältnissen zwischen Leiharbeitnehmern und Verleihern. Durch Art. 6 des Ersten Gesetzes für moderne Dienstleistungen am Arbeitsmarkt vom 23.12.2002[2] sind diese Befristungsregeln entfallen. Mit der Aufhebung der besonderen Befristungsverbote sind auf **Leiharbeitsverhältnisse** die allgemeinen Vorschriften des § 14 TzBfG anzuwenden. Anders als nach italienischem Recht sind in Deutschland befristete Arbeitsverträge des Leiharbeitnehmers mit dem Leiharbeitsunternehmen nicht vom Geltungsbereich des Teilzeit- und Befristungsgesetzes ausgenommen[3]. Nach Auffassung des EuGH sind weder die Richtlinie 1999/70/EG noch die ihr zugrundeliegende Rahmenvereinbarung auf befristete Leiharbeitsverhältnisse mit dem Leiharbeitsunternehmen anwendbar[4]. Jedoch hat Deutschland von der gem. § 8 Nr. 1 der mit der Richtlinie 1999/70/EG umgesetzten EGB-UNICE-CEEP Rahmenvereinbarung über befristete Arbeitsverträge eingeräumten Möglichkeit Gebrauch gemacht, günstigere Bestimmungen für Arbeitnehmer beizubehalten oder einzuführen, als sie in der Richtlinie 1999/70/EG bzw. der Rahmenvereinbarung vorgesehen sind. Deren Schutzstandard darf aber nach § 8 Nr. 3 Rahmenvereinbarung, Art. 9 Abs. 2 Leiharbeitsrichtlinie nicht im Hinblick auf die Entscheidung des EuGH abgesenkt werden.

Dem früheren **Synchronisationsverbot** wird insofern weiterhin Bedeutung zukommen, als der Verleiher das Risiko der zukünftig fehlenden Beschäftigungsmöglichkeit nicht ohne Weiteres auf den Arbeitnehmer abwälzen kann. Grundsätzlich kann daher der Verleiher (der Arbeitgeber des Leiharbeitnehmers) die Befristung nicht mit der begrenzten Dauer seines Vertrages mit dem Entleiher und dessen Beschäftigungsbedarfs begründen. Allerdings besteht auch die Möglichkeit, gem. § 14 Abs. 2, Abs. 2a und Abs. 3 TzBfG unter den dort genannten Voraussetzungen ein befristetes Arbeitsverhältnis ohne Sachgrund abzuschließen und zu verlängern.

Der **Koalitionsvertrag** vom 27.11.2013 sieht vor, dass für Leiharbeit eine Überlassungshöchstdauer von grundsätzlich 18 Monaten festgelegt wird[5]. Dies wird aber eine Befristung des mit einem Leiharbeitnehmer bestehenden Arbeitsverhältnisses nicht ohne Weiteres rechtfertigen.

Auszubildende können unmittelbar nach Beendigung der Ausbildung als Arbeitnehmer in ein befristetes Arbeitsverhältnis übernommen werden, ebenfalls in ein sachgrundlos befristetes Arbeitsverhältnis nach § 14 Abs. 2 TzBfG, auch ohne dass der Nachweis erbracht werden muss, dass kein unbefristeter Arbeitsplatz zur Verfügung steht.

---

1 Ohne eine solche Entschädigungsvereinbarung war ein Sachgrund erforderlich: BAG 26.4.1979 – 2 AZR 431/77, AP Nr. 47 zu § 620 BGB – Befristeter Arbeitsvertrag.
2 BGBl. I, 4607.
3 BAG 15.5.2013 – 7 AZR 525/11, NZA 2013, 1214.
4 EuGH 11.4.2013 – Rs. C-290/12 – Della Rocca, NZA 2013, 495 (Rz. 45).
5 Koalitionsvertrag zu 2.2, NZA 2013, Heft 23, IX.

Um die Auswirkungen des § 24 BBiG (Arbeitsverhältnis auf unbestimmte Zeit infolge der Weiterbeschäftigung) zu vermeiden, muss die befristete Einstellung im Anschluss an die Berufsausbildung unmittelbar danach erfolgen, darf also **keine Unterbrechung** aufweisen. Wenn dies in der Praxis sichergestellt werden soll, bedarf es einer arbeitsvertraglichen Regelung schon **vor Abschluss der Ausbildung**. Gem. § 12 Abs. 1 Satz 2 BBiG können in den letzten sechs Monaten des Berufsausbildungsverhältnisses zwischen Auszubildenden und Ausbildenden (Arbeitgeber) für die Zeit nach Beendigung des Berufsausbildungsverhältnisses sowohl unbefristete Arbeitsverhältnisse als auch befristete Arbeitsverhältnisse einschließlich solcher nach § 14 Abs. 2 TzBfG (ein Ausbildungsverhältnis stellt keine Vorbeschäftigung im Sinne dieser Vorschrift dar) abgeschlossen werden.

9 Das Mandat und die Tätigkeit als **Betriebrats-Mitglied** stehen der Zulässigkeit der Befristung des Arbeitsverhältnisses nicht entgegen[1]. Wenn sich aber der Arbeitgeber **wegen der Betriebsratstätigkeit** weigert, mit dem Betriebsratsmitglied nach Ablauf der Befristung einen Anschlussvertrag abzuschließen, so stellt dies eine unzulässige Benachteiligung iSv. § 78 Satz 2 BetrVG dar. Das Betriebsratsmitglied hat in einem solchen Fall einen Anspruch auf Abschluss eines Folgevertrages[2]. Wenn es einem Arbeitgeber nicht möglich ist, ein **Mitglied der Jugend- und Auszubildendenvertretung** nach Beendigung der Berufsausbildung in ein unbefristetes Arbeitsverhältnis zu übernehmen, sondern er ihm nur ein befristetes Arbeitsverhältnis anbieten kann, so muss er dies gem. § 78a Abs. 1 BetrVG dem Auszubildenden drei Monate vor Beendigung des Ausbildungsverhältnisses schriftlich mitteilen[3]. Macht der Auszubildende den Anspruch auf Weiterbeschäftigung in einem unbefristeten Arbeitsverhältnis geltend, so muss der Arbeitgeber auch in diesem Fall gem. § 78a Abs. 4 BetrVG durch Antragstellung beim Arbeitsgericht die Beendigung des Arbeitsverhältnisses herbeiführen.

3. Zeitlicher Geltungsbereich

10 Das Teilzeit- und Befristungsgesetz gilt vom **ersten Tag des Arbeitsverhältnisses** an. Die Befristungskontrolle unterliegt deshalb entgegen der früheren rechtlichen Situation keiner dem § 1 Abs. 1 KSchG entsprechenden Wartezeit[4]. Demzufolge bedarf auch die Vereinbarung der Befristung eines Arbeitsverhältnisses für die Dauer von sechs Monaten grundsätzlich eines Sachgrundes, sofern nicht von der Möglichkeit der sachgrundlosen Befristung des § 14 Abs. 2 TzBfG Gebrauch gemacht wird. Dies entspricht der Vorgabe durch die Richtlinie 1999/70/EG und findet seine Bestätigung in der ausdrücklich in § 14 Abs. 1 Nr. 5 TzBfG als Sachgrund genannten Erprobung.

> **Hinweis:** Da aber weiterhin für unbefristete Arbeitsverhältnisse die Wartezeit des § 1 Abs. 1 KSchG gilt, kann insbesondere in Erprobungsfällen durch den Abschluss eines unbefristeten Arbeitsverhältnisses die wegen einer Vorbeschäftigung iSd. § 14 Abs. 2 Satz 2 TzBfG bestehende Notwendigkeit eines vom ersten Tage des Arbeitsverhältnisses nachzuweisenden Sachgrundes vermieden werden. Wird gem. § 15 Abs. 3 TzBfG auch während der Befristung eine Kündigungsmöglichkeit vereinbart, so gilt für eine in den ersten sechs Monaten des befristeten Arbeitsverhältnisses ausgesprochene Kündigung ebenfalls die Wartefrist des § 1 Abs. 1 KSchG.

---

1 BAG 5.12.2012 – 7 AZR 698/11, NZA 2013, 515.
2 BAG 25.6.2014 – 7 AZR 847/12, NZA 2014, 1209.
3 BAG 6.11.1996 – 7 ABR 54/95, AP Nr. 26 zu § 78a BetrVG.
4 BAG 6.11.2003 – 2 AZR 21/03, AP Nr. 9 zu § 14 TzBfG; *Däubler*, ZIP 2001, 217 (222); *Hromadka*, BB 2001, 621.

Eines Sachgrundes bedarf auch die Vereinbarung von Ein-Tages-Arbeitsverträgen, auch auf der Grundlage einer Rahmenvereinbarung[1].   **10a**

4. Betrieblicher Geltungsbereich

Entgegen der bis zum 31.12.2000 geltenden rechtlichen Situation findet das Teilzeit- und Befristungsgesetz auch auf sog. **Kleinbetriebe** gem. § 23 Abs. 1 Satz 2 KSchG Anwendung[2]. Sofern nicht eine sachgrundlose Befristung gem. § 14 Abs. 2, Abs. 2a oder Abs. 3 TzBfG vereinbart werden kann, bedarf deshalb auch die wirksame Befristung eines in einem sog. Kleinbetrieb gem. § 23 Abs. 1 Satz 2 KSchG beschäftigten Arbeitnehmers eines **Sachgrundes**. Die entgegenstehende Auffassung des Gesetzgebers, dass in Betrieben mit nicht mehr als zehn Arbeitnehmern weiterhin erleichterte Befristungen deshalb vereinbart werden können, weil eine Umgehung des Kündigungsschutzgesetzes nicht möglich sei[3], findet weder im Teilzeit- und Befristungsgesetz noch in der diesem Gesetz zugrunde liegenden Richtlinie 1999/70/EG eine Bestätigung[4]. Im Gegensatz zu der Regelung der Teilzeitarbeit (s. hierzu § 8 Abs. 7 TzBfG) enthält der die befristeten Arbeitsverträge regelnde dritte Abschnitt des Teilzeit- und Befristungsgesetzes keine an eine bestimmte Anzahl von beschäftigten Arbeitnehmern geknüpfte Ausnahme.   **11**

> **Hinweis:** Die Ausdehnung der gesetzlichen Befristungsregelungen auf Kleinbetriebe gem. § 23 Abs. 1 Satz 2 KSchG ist dann ohne Relevanz, wenn von der gem. § 15 Abs. 3 TzBfG gesetzlich vorgesehenen Möglichkeit Gebrauch gemacht wird, auch während der Befristung kündigen zu können. Die auf der Grundlage einer solchen vereinbarten Kündigungsmöglichkeit ausgesprochene Kündigung unterliegt gem. § 23 Abs. 1 Satz 2 KSchG nicht den Vorschriften des ersten Abschnitts des Kündigungsschutzgesetzes.

5. Beurteilungszeitpunkt

Die Rechtswirksamkeit einer Befristung richtet sich nach den **bei Vertragsabschluss** vorliegenden Umständen. Später eintretende Ereignisse sind ohne Einfluss auf die Wirksamkeit der Befristung[5]. Etwas anderes kann jedoch dann gelten, wenn bestimmte Umstände, von denen die Übernahme in ein unbefristetes Arbeitsverhältnis abhängig gemacht wurde, inzwischen eingetreten sind, der Arbeitgeber sich gleichwohl auf die Befristungsabrede beruft, obwohl der oder die Arbeitnehmer/in inzwischen, zB infolge Schwangerschaft, einen erhöhten Kündigungsschutz genießt. Es kann sich deshalb als rechtsmissbräuchlich darstellen, sich gegenüber einer inzwischen schwangeren Arbeitnehmerin auf die Befristung zu berufen, wenn man dieser Arbeitnehmerin zuvor schon bestätigt hat, dass sie sich bewährt habe, und ihr einen Dauerarbeitsplatz in Aussicht gestellt hat[6].   **12**

---

1 S. dazu *Böhm*, ArbRB 2011, 123.
2 BAG 6.11.2003 – 2 AZR 21/03, AP Nr. 9 zu § 14 TzBfG.
3 BT-Drucks. 14/4374, 18, zu § 14 Abs. 1 TzBfG.
4 *Däubler*, ZIP 2001, 217 (222); *Preis/Gotthardt*, DB 2000, 2065 (2066); *Richardi/Annuß*, BB 2000, 2201 (2204).
5 BAG 17.2.1983 – 2 AZR 481/81, AP Nr. 14 zu § 15 KSchG 1969.
6 S.a. BAG 26.4.1995 – 7 AZR 936/94, NZA 1996, 87; zu einem Anspruch aus § 15 AGG in einem derartigen Fall s. LAG Köln 6.4.2009 – 5 Ta 89/09, NZA-RR 2009, 526.

6. Kurzübersicht

13

```
                    ┌─────────────────────────────────────┐
                    │  Befristungen/Auflösende Bedingungen │
                    │      Wirksamkeitsvoraussetzungen     │
                    └─────────────────────────────────────┘
                                     │
                    ┌────────────────┴────────────────┐
                    │                                 │
        ┌───────────────────────┐         ┌───────────────────────┐
        │ Schriftform (§ 14 Abs.│         │   ohne Sachgrund      │
        │ 4 TzBfG) Angabe des   │         │ (gilt daher nicht bei │
        │ Grundes: § 2 Abs. 4   │         │ Zweckbefr. und aufl.  │
        │ Satz 1 WissZeitVG;    │         │ Bed.)                 │
        │ Zweckbefristung;      │         └───────────────────────┘
        │ auflösende Bedingung  │
        └───────────────────────┘
```

Linker Zweig (mit Sachgrund):

- mit Sachgrund (u.a. § 14 Abs. 1 TzBfG, BEEG, § 6 Abs. 1 PflegeZG, ÄArbVtrG)
  - § 1 Abs. 3 ÄrzteBefrG: Anzahl und Dauer begrenzt
  - § 43 S. 3 SGB VI Anzahl u. Dauer nicht begrenzt
  - Anzahl der Befristungen ist unbegrenzt. Dauer: je nach Sachgrund. Bei Zweckbefr. und aufl. Bed.: Beendigungsmitteilung gem. (§ 21 iVm.) § 15 Abs. 2 TzBfG
    - Dauer der einzelnen Befristung weniger als 5 Jahre
      - Beendigung gem. § 15 Abs. 1–3 TzBfG
    - Dauer der Befristung länger als 5 Jahre
      - Kündigung gem. § 15 Abs. 4 TzBfG (gilt nicht für aufl. Bed. – § 21 TzBfG) Ansonsten Beendigung gem. § 15 Abs. 1–3 TzBfG

Rechter Zweig (ohne Sachgrund):

- war AN in den letzten 3 Jahren beim selben AG beschäftigt? (ausgenommen Berufsausbildung)
  - **ja**
    - AN ist mindestens 52 Jahre alt. Unter den in § 14 Abs. 3 TzBfG genannten Voraussetzungen (insbes. vorangegangene Beschäftigungslosigkeit von mindestens vier Monaten)
      - Anzahl unbegrenzt
      - Dauer: max. 5 Jahre
    - WissZeitVG Dauer: max. 6 Jahre bzw. 9 Jahre
    - AN ist jünger als 52
      - eine Befristung ist unzulässig (§ 14 Abs. 2 Satz 2 TzBfG)
  - **nein**
    - § 14 Abs. 2 Satz 1 TzBfG
      - Anzahl: max. 4 ×
      - Dauer: max. 2 Jahre
    - § 14 Abs. 2a TzBfG
      - Anzahl: unbegr.
      - Dauer: max. 4 Jahre

II. Befristung ohne das Erfordernis eines sachlichen Grundes

1. Zeitlich begrenzte Befristung ohne Sachgrund (§ 14 Abs. 2 TzBfG)

a) Gesetzliche Voraussetzungen

aa) Dauer und Anzahl der Befristungen

In § 14 Abs. 2, Abs. 2a und Abs. 3 TzBfG wird die Möglichkeit eingeräumt, Arbeitsverhältnisse **ohne sachlichen Grund** zu befristen. Hiervon wird heute bei Neueinstellungen regelmäßig Gebrauch gemacht. Nach § 14 Abs. 2 Satz 1 TzBfG ist die kalendermäßige Befristung eines Arbeitsvertrages ohne sachlichen Grund bis zur Dauer von **zwei Jahren** zulässig, nach § 14 Abs. 2a TzBfG bei **Neugründungen** bis zur Dauer von vier Jahren (zur sachgrundlosen **Altersbefristung** gem. § 14 Abs. 3 TzBfG s. Rz. 35). Kalendermäßig ist eine Befristung, wenn sie kalendermäßig bestimmt (zB vom 1.4.2015 bis 31.3.2016) bzw. durch Angabe eines Beendigungstermins bestimmbar (ab 1.4.2015 für ein Jahr) ist. Die Dauer bestimmt sich nach dem vertraglich vorgesehenen Beginn[1] und Ende des Arbeitsverhältnisses, also nach der Vertragsdauer[2] (auch wenn das Gesetz von der Befristung eines „Arbeitsvertrages" spricht). Diese Frist muss auf den Tag genau eingehalten werden[3]. **Zweckbefristungen** oder Arbeitsverträge mit **auflösender Bedingung** iSd. § 21 TzBfG können nicht nach § 14 Abs. 2 und Abs. 2a TzBfG abgeschlossen werden, da in diesen Fällen durch den Zweck oder die auflösende Bedingung der Beendigungstatbestand selbst gekennzeichnet wird.

14

Bis zur Gesamtdauer von zwei Jahren ist eine **dreimalige Verlängerung** (s. Rz. 20) des kalendermäßig befristeten Arbeitsvertrages zulässig. Ohne dass ein die Befristung rechtfertigender Grund vorzuliegen braucht, kann also zB viermal hintereinander ein Arbeitsvertrag mit jeweils einer Dauer von sechs Monaten abgeschlossen werden. Im Falle von **Neugründungen** (s. Rz. 29) können ohne zahlenmäßige Beschränkung der Verlängerungsmöglichkeiten bis zur Gesamtdauer von vier Jahren sachgrundlose Befristungen vereinbart werden.

bb) Neueinstellung

Eine Befristung ohne Sachgrund kann gem. § 14 Abs. 2 Satz 2 TzBfG und auch im Falle der sachgrundlosen Befristung in einem neu gegründeten Unternehmen nach § 14 Abs. 2a TzBfG nur bei **Neueinstellungen** vereinbart werden. Dahingehend ist der Gesetzeswortlaut zu verstehen, wie er der Begründung zum Gesetzentwurf der Bundesregierung vom 24.10.2000 zu entnehmen ist[4] und sodann von der Rechtsprechung bestätigt wurde[5]. Demgegenüber schränkt das BAG mit der **Entscheidung vom 6.4.2011** die gesetzliche Voraussetzung, dass zuvor mit demselben Arbeitgeber kein Arbeitsverhältnis bestanden haben darf, dahingehend ein, dass hiervon kein Arbeitsverhältnis erfasst werde, das **mehr als drei Jahre** zurückliegt[6]. Nach der Auffassung des BAG bestehe der Zweck des Vorbeschäftigungsverbots in § 14 Abs. 2 Satz 2 TzBfG darin zu verhindern, dass die in § 14 Abs. 2 Satz 1 TzBfG eröffnete Möglichkeit der sachgrundlosen Befristung zu so genannten Befristungsketten oder Kettenbefristungen missbraucht werden kann, nicht aber darin, befristete Arbeitsverträge oder sachgrundlos befristet Arbeitsverträge zu verhindern. Die Gefahr missbräuchlicher Befristungsketten bestehe nach diesem Zeitraum **regelmäßig** nicht mehr. Der Zeit-

15

---

1 S. hierzu BAG 24.10.2013 – 2 AZR 1057/12, NZA 2014, 725.
2 BAG 19.3.2014 – 7 AZR 828/12, NZA-RR 2014, 462.
3 LAG MV 17.4.2013 – 2 Sa 237/12, ArbRB 2013, 235.
4 Begr. RegE, BT-Drucks. 14/4374, 19.
5 BAG 6.11.2003 – 2 AZR 690/02, ZIP 2004, 1428.
6 BAG 6.4.2011 – 7 AZR 716/09, NZA 2011, 905.

raum ist an der zivilrechtlichen Verjährungsfrist orientiert. Ob diese, sich vom Wortlaut des Gesetzes und auch von der Begründung zum Gesetzentwurf der Bundesregierung vom 24.10.2000[1], also vom Willen des Gesetzgebers lösende Entscheidung einer Überprüfung durch das BVerfG standhält[2], erscheint fraglich[3]. Schließlich hat der Gesetzgeber selbst bereits Handlungsbedarf gesehen. Die Koalitionsvereinbarung v. 27.10.2009 sah in Rz. 682 ff. eine Aufhebung des generellen Vorbeschäftigungsverbots vor. Es ist dort eine Warte- bzw. Sperrzeit von einem Jahr vorgesehen.

Sofern man der Entscheidung des BAG v. 6.4.2011 folgt, sind sachgrundlose befristete Arbeitsverhältnisse mit Arbeitnehmern ausgeschlossen, die in den letzten drei Jahren mit **demselben Arbeitgeber** ein Arbeitsverhältnis unterhielten.

Nach der bisherigen gesetzlichen Regelung sind alle Arbeitnehmer, die irgendwann (nach Auffassung des BAG nur innerhalb der vorangegangenen drei Jahre) einmal zu demselben Arbeitgeber in einem Arbeitsverhältnis standen, ausgeschlossen. Vorausgehen dürfen nur Ausbildungsverhältnisse[4] einschließlich berufsbezogener Praktika[5], wenn eine etwaige Vergütung in keinem Verhältnis zur Arbeitsleistung steht[6], wirksame Leiharbeitsverhältnisse, eine Beschäftigung im Rahmen eines freiwilligen sozialen Jahres und wegen Fehlens eines Arbeitsverhältnisses der Einsatz als Zivildienstleistender (s. § 15a ZDG) sowie als sog. Ein-Euro-Jobber (§ 16d Satz 2 SGB II). Im Unterschied zum früheren § 1 Abs. 3 BeschFG ist eine sachgrundlose Befristung im Anschluss an eine Befristung mit sachlichem Grund bei demselben Arbeitgeber ausgeschlossen. Ebenso ist eine erneute sachgrundlose Befristung auch ohne engen sachlichen Zusammenhang nach der augenblicklichen gesetzlichen Situation unzulässig, wenn mit demselben Arbeitgeber zuvor/nach BAG: in den letzten drei Jahren ein unbefristetes Arbeitsverhältnis oder eine nach § 14 Abs. 2 Satz 1 bzw. Abs. 2a TzBfG erleichterte Befristung bestand. Demzufolge ist bei einem bestehenden Arbeitsverhältnis keine sachgrundlose Befristung **einzelner Arbeitsbedingungen** möglich (s.a. Rz. 118). Das Anschlussverbot gilt auch für Befristungen bis zu sechs Monaten[7], also für die Dauer der derzeitigen Wartezeit des § 1 Abs. 1 KSchG. Auch ein Vertragsabschluss erst **nach Vertragsbeginn und Arbeitsaufnahme** gilt nicht mehr als Neueinstellung (s. dazu im Einzelnen Rz. 119).

16 Bei der Beurteilung, ob es sich um einen Arbeitsvertrag mit demselben Arbeitgeber handelt, kommt es auf den **Arbeitgeber im arbeitsvertraglichen Sinne** an[8]. Maßgeblich ist also nicht die tatsächliche Eingliederung in einen Betrieb oder Weiterbeschäftigung an einem Arbeitsplatz, sondern die individualrechtliche Bindung[9]. Die vorangegangene Tätigkeit in einem **gemeinsamen Betrieb** (§ 1 Abs. 2 BetrVG) schließt die Vereinbarung einer sachgrundlosen Befristung mit dem anderen, an dem gemeinsamen Betrieb beteiligten Unternehmen daher nicht aus. Auch ist die sachgrundlose Befristung eines Arbeitsvertrages mit einem **Verleiher** zulässig, wenn der Arbeitneh-

---

1 Begr. RegE, BT-Drucks. 14/4374, 19.
2 S. dazu BVerfG 25.1.2011 – BvR 918/10, NJW 2011, 836; 26.9.2011 – 2 BvR 2216/06 u.a., NJW 2012, 669; 11.7.2013 – 2 BvR 2302/11, 2 BvR 1279/12, NJW 2013, 3151 zu B III 2 b aa der Gründe = Rz.77.
3 LAG BW 26.9.2013 – 6 Sa 28/13, ArbRB 2013, 365; 21.2.2014 – 7 Sa 64/13, AE 2014, 233, Revision unter 7 AZR 196/14 beim BAG anhängig; *Höpfner*, NZA 2011, 893; aA *Wank*, RdA 2012, 361.
4 Begr. RegE, BT-Drucks. 14/4374, 20; BAG 21.9.2011 – 7 AZR 375/10, NZA 2012, 255; aA *Däubler*, ZIP 2001, 217 (223); *Schlachter*, NZA 2003, 1180.
5 LAG Hess. 12.9.2005 – 10 Sa 1843/04, AE 2006, Nr. 171.
6 BAG 19.10.2005 – 7 AZR 31/05, NZA 2006, 154; ArbG Marburg 27.8.2004 – 2 Ca 572/03, DB 2004, 2375: auch wenn es sich um ein für die Ausbildung gesetzlich vorgesehenes berufsvorbereitendes Praktikum handelt.
7 BAG 6.11.2003 – 2 AZR 690/02, NZA 2005, 218.
8 BAG 25.4.2001 – 7 AZR 376/00, ZIP 2001, 1511; 16.7.2008 – 7 AZR 278/07, NZA 2008, 1347.
9 BAG 4.12.2013 – 7 AZR 290/12, NZA 2014, 426; 19.3.2014 – 7 AZR 527/12, NZA 2014, 840.

mer an seinen vormaligen Vertragsarbeitgeber überlassen wird[1]. Dieser zulässige, das Anschlussverbot des § 14 Abs. 2 Satz 2 TzBfG vermeidende Wechsel der Vertragsarbeitgeber darf jedoch nicht rechtsmissbräuchlich ausgenutzt werden. Ob eine solche Vertragsgestaltung rechtsmissbräuchlich ist, ist unter Einbeziehung aller Umstände des Einzelfalls zu prüfen[2]. Insbesondere liegt ein **rechtsmissbräuchlicher Umgehungstatbestand** vor, wenn mehrere Vertragsarbeitgeber in erkennbar systematischem – bewusstem und gewolltem – Zusammenwirken[3] **abwechselnd** mit einem Arbeitnehmer befristete Arbeitsverträge schließen, und der Wechsel ausschließlich deshalb erfolgt, um auf diese Weise über die zulässigen Befristungsmöglichkeiten hinaus sachgrundlose Befristungen aneinanderreihen zu können, sich also an der konkreten Beschäftigung nichts ändert, der Arbeitnehmer auch auf demselben Arbeitsplatz oder in demselben Arbeitsbereich beschäftigt wird und auch dem Weisungsrecht des vormaligen Vertragsarbeitgebers oder einem gemeinsam ausgeübten Weisungsrecht des vormaligen und des letzten Arbeitgebers unterliegt[4]. Der letzte Vertrags-Arbeitgeber kann sich dann nicht auf die sachgrundlose Befristung berufen[5]. Mit ihm besteht ein unbefristetes Arbeitsverhältnis, nicht mit dem vorangehenden Arbeitgeber, auch wenn dieser als Entleiher der jetzige Beschäftigungs-Arbeitgeber ist[6].

Schließt der bisherige Entleiher mit dem bisher bei ihm als Leiharbeitnehmer eingesetzten Arbeitnehmer einen sachgrundlos befristeten Arbeitsvertrag, ist das **Risiko des § 10 Abs. 1 Satz 1 AÜG** zu beachten. Bei Unwirksamkeit des vorangegangenen Arbeitsvertrages mit dem Verleiher aufgrund von § 9 Nr. 1 AÜG gilt ein Arbeitsvertrag mit dem Entleiher als zustande gekommen. Dies stellt sich als ein einer sachgrundlosen Befristung entgegenstehendes vorausgegangenes Arbeitsverhältnis dar[7].

Geht ein Arbeitsverhältnis gem. § 613a BGB auf einen **neuen Betriebsinhaber** über und soll es nach seiner Beendigung durch den neuen Arbeitgeber nach § 14 Abs. 2 TzBfG befristet fortgesetzt werden, so liegt kein Arbeitgeberwechsel iSd. § 14 Abs. 2 Satz 2 TzBfG vor, da durch den Betriebsinhaberwechsel das Arbeitsverhältnis gem. § 613a BGB bereits auf den neuen Arbeitgeber übergegangen war. § 613a BGB regelt die Folgen eines Arbeitgeberwechsels bei einem noch bestehenden Arbeitsverhältnis. Ein bei dem Betriebsveräußerer bereits wirksam[8] beendetes Arbeitsverhältnis darf daher vorausgehen, da nur ein vorangegangenes Arbeitsverhältnis mit demselben Arbeitgeber eine Befristung nach § 14 Abs. 2 Satz 1 bzw. Abs. 2a TzBfG ausschließt. Ist der Arbeitnehmer früher/nach BAG: in den letzten drei Jahren bei einem durch Verschmelzung von Rechtsträgern unter Auflösung ohne Abwicklung im Wege der Aufnahme (§ 2 Nr. 1 UmwG) gem. § 20 Abs. 1 Nr. 2 Satz 1 UmwG erloschenen Unternehmen beschäftigt gewesen, so steht § 14 Abs. 2 oder 2a TzBfG einer Einstellung durch einen übernehmenden oder neu gebildeten Rechtsträger nicht entgegen[9]. Bei einem Wechsel von einem Konzernunternehmen zu einem anderen liegt ebenfalls keine Identität des Arbeitgebers vor. Auch ist von keiner Identität auszugehen, wenn der Arbeitnehmer von einer Gesellschaft bürgerlichen Rechts eingestellt wird, nachdem bereits ein Arbeitsverhältnis zu einem Gesellschafter dieser GbR bestand[10].

---

1 BAG 9.3.2011 – 7 AZR 657/09, NZA 2011, 1147.
2 BAG 15.5.2013 – 7 AZR 525/11, NZA 2013, 1214.
3 BAG 15.5.2013 – 7 AZR 525/11, NZA 2013, 1214; 19.3.2014 – 7 AZR 527/12, NZA 2014, 840.
4 BAG 15.5.2013 – 7 AZR 525/11, NZA 2013, 1214; 19.3.2014 – 7 AZR 527/12, NZA 2014, 840.
5 BAG 15.5.2013 – 7 AZR 525/11, NZA 2013, 1214; 22.1.2014 – 7 AZR 243/12, NZA 2014, 483.
6 BAG 15.5.2013 – 7 AZR 525/11, NZA 2013, 1214; mit der Interessenlage begründend aA *Greiner*, NZA 2014, 284.
7 BAG 18.7.2012 – 7 AZR 451/11, NZA 2012, 1369.
8 Zum unwirksamen Aufhebungsvertrag im Rahmen eines unter Beteiligung des Betriebserwerbers abgeschlossenen dreiseitigen Vertrages s. BAG 25.10.2012 – 8 AZR 575/11, NZA 2013, 203.
9 BAG 10.11.2004 – 7 AZR 101/04, NZA 2005, 514.
10 ErfK/*Müller-Glöge*, § 14 TzBfG Rz. 93.

17 Ist die Befristung nach § 14 Abs. 2 Satz 2 TzBfG bzw. § 14 Abs. 2a TzBfG **unzulässig**, gilt der Arbeitsvertrag gem. § 16 TzBfG als auf unbestimmte Zeit geschlossen. **Kettenbefristungen** (auch: „Befristungsketten"), insbesondere der Wechsel zwischen Befristungen ohne und mit sachlichem Grund, sollen dadurch erheblich erschwert werden. Zulässig bleiben aber Befristungen aus sachlichem Grund nach § 14 Abs. 1 TzBfG oder spezialgesetzlichen Regelungen – zB §§ 2 ff. WissZeitG – im Anschluss an eine sachgrundlose Befristung gem. § 14 Abs. 2 und Abs. 2a TzBfG. Allerdings gilt das Arbeitsverhältnis trotz der in § 16 Satz 1 TzBfG normierten Rechtsfolge als durch wirksame Befristung zu dem vertraglich vorgesehenen Zeitpunkt beendet, wenn der Arbeitnehmer die Klagefrist des § 17 Satz 1 KSchG verstreichen lässt (§ 17 Satz 2 iVm. § 7 KSchG).

18 Die **Darlegungs- und Beweislast** für den Verstoß gegen das Anschlussverbot des § 14 Abs. 2 Satz 2 TzBfG liegt bei dem Arbeitnehmer, der sich auf diesen Ausnahmetatbestand beruft[1]. Wegen der Schwierigkeiten, die sich aus den fehlenden Kenntnismöglichkeiten des Arbeitnehmers ergeben, gelten aber die Grundsätze der abgestuften Darlegungs- und Beweislast[2].

19 ○ **Hinweis:** Es empfiehlt sich, dem Risiko einer unzulässigen sachgrundlosen Befristung dadurch zu entgehen, dass im Personalfragebogen ausdrücklich nach einer Vorbeschäftigung in dem Unternehmen oder einem Betrieb des Unternehmens gefragt wird.

Ist die Erklärung des Arbeitnehmers **falsch**, so kann der Arbeitsvertrag wegen arglistiger Täuschung gem. § 123 BGB **angefochten** werden. Fehlt es an der hierfür erforderlichen „Arglist", so stellt sich die Frage, ob auch der Gesichtspunkt des **Wegfalls der Geschäftsgrundlage** (§ 313 Abs. 2 BGB) zu einer sofortigen Beendigung des Arbeitsverhältnisses führt[3]. – Das vorstehende Formulierungsbeispiel enthält eine auflösende Bedingung, die als Rechtsbedingung nicht dem § 21 TzBfG unterfällt.

In dem Arbeitsvertrag kann die Bestätigung aufgenommen werden:

Formulierungsbeispiel:

Der Arbeitnehmer erklärt ausdrücklich, noch nie/(wenn man sich auf die Entscheidung des BAG vom 6.4.2011 verlässt:) nicht in letzten drei Jahren in einem Betrieb dieses Unternehmens oder einer Rechtsvorgängerin gearbeitet zu haben. Ist diese Erklärung falsch, so endet das Arbeitsverhältnis spätestens zwei Wochen nach Zugang der schriftlichen Feststellung der Unrichtigkeit dieser Erklärung.

---

cc) Verlängerung

20 Eine **Verlängerung** iSd. § 14 Abs. 2 Satz 1 und Abs. 2a Satz 1 TzBfG setzt eine nahtlose Weiterbeschäftigung voraus. Das bisherige befristete Arbeitsverhältnis wird über den zunächst vereinbarten Endtermin bis zu dem neu vereinbarten Endtermin fortgesetzt. Es darf zu keiner – auch zu keiner nur kurzfristigen – Unterbrechung kommen. Ansonsten ist die Verlängerung mit der Folge unwirksam, dass wegen der – gewollten – Fortsetzung über das zuvor vereinbarte Befristungsende hinaus nach § 15 Abs. 5 TzBfG ein unbefristetes Arbeitsverhältnis besteht.

Die Verlängerung muss **vor dem Ablauf** des zu verlängernden Vertrages **schriftlich vereinbart** werden[4], also bis 24:00 Uhr des letzten Tages, bis zu dem der zu verlängernde Vertrag gilt. Wird die Verlängerung erst nach dem Befristungsende/Vertrags-

---

1 LAG Nds. 26.7.2004 – 5 Sa 234/04, NZA-RR 2005, 410.
2 BAG 4.12.2013 – 7 AZR 290/12, NZA 2014, 426; 19.3.2014 – 7 AZR 527/12, NZA 2014, 840.
3 So *Straub*, NZA 2001, 919.
4 BAG 4.12.2013 – 7 AZR 468/12, NZA 2014, 623.

ablauf vereinbart, handelt es sich um einen neuen befristeten Arbeitsvertrag, dessen Wirksamkeit einen Sachgrund voraussetzt. Nach § 126 Abs. 2 Satz 1 BGB muss die Befristungsabrede von beiden Parteien auf derselben Vertragsurkunde unterzeichnet sein[1]. Es dürfen dabei **nur die Vertragslaufzeit**, nicht aber die übrigen Arbeitsbedingungen geändert werden[2]. Es sind danach nicht nur die wesentlichen arbeitsvertraglichen Bedingungen beizubehalten, sondern es muss der im Zeitpunkt des Abschlusses der Verlängerungsvereinbarung bestehende **Vertragsinhalt unverändert** bleiben[3]. Dies gilt auch, wenn die geänderten Arbeitsbedingungen für den Arbeitnehmer günstiger sind, wie zB die unterlassene Vereinbarung einer Kündigungsmöglichkeit[4]. Dies folgt aus dem Begriff der Verlängerung und dem Umstand, dass das Gesetz eine Verlängerung des Arbeitsvertrages und nicht lediglich des Arbeitsverhältnisses voraussetzt. Durch die Beschränkung mehrfacher sachgrundloser Befristungen auf bloße Vertragsverlängerungen soll der Arbeitnehmer davor geschützt werden, dass der Arbeitgeber die zeitlich begrenzte Fortsetzung des Arbeitsverhältnisses nach § 14 Abs. 2 Satz 1 TzBfG davon abhängig macht, dass der Arbeitnehmer geänderte Arbeitsbedingungen akzeptiert oder dass der Arbeitnehmer durch das Angebot anderer – ggf. für ihn günstigerer – Arbeitsbedingungen zum Abschluss eines weiteren sachgrundlos befristeten Arbeitsvertrags veranlasst wird[5]. Diese Einschränkung kann nicht dadurch umgangen werden, dass unmittelbar vor Ablauf der Befristung einvernehmlich der Vertragsinhalt geändert und sodann das zuvor geänderte befristete Arbeitsverhältnis verlängert wird, sofern die Verlängerung von der Änderung abhängig ist. Zulässig ist aber im Zusammenhang mit der Vertragsverlängerung eine bloße arbeitsvertragliche **Umsetzung von Ansprüchen**, auf die ein vertraglicher oder gesetzlicher Anspruch besteht (so zB auf eine von der Dauer der Beschäftigungszeit abhängige Gehaltserhöhung oder auf Verringerung/Verlängerung der Arbeitszeit)[6]. Auch ist eine Änderung der Arbeitsbedingungen ohne Bedeutung, die **nicht im Zusammenhang** mit der Vertragsverlängerung erfolgt[7]. Werden diese Voraussetzungen nicht beachtet, handelt es sich um den Neuabschluss eines befristeten Arbeitsvertrages, dessen Befristung wegen des bereits bestehenden Arbeitsverhältnisses nach § 14 Abs. 2 Satz 2 TzBfG ohne Sachgrund nicht zulässig ist[8]. Unschädlich sind Vereinbarungen über die Änderung von Vertragsbedingungen **während der Laufzeit** eines sachgrundlos befristeten Arbeitsvertrags[9]. Dadurch werden die Vertragsbedingungen nur für die restliche Laufzeit des Vertrags und nicht in Verbindung mit einem weiteren befristeten Anschlussvertrag geändert. Allein die möglicherweise bei dem Arbeitnehmer bestehende Erwartung, dass das Arbeitsverhältnis evtl. später verlängert werden könnte, wenn er sich mit der vom Arbeitgeber erstrebten Änderung der Arbeitsbedingungen einverstanden erklärt, wird durch die Befristungskontrolle nicht geschützt[10]. Eine derartige Vereinbarung unterliegt auch nicht als solche der Befristungskontrolle[11].

Entsprechende Klauseln könnten wie folgt formuliert werden: 21

---

1 BAG 26.7.2006 – 7 AZR 514/05, NZA 2006, 1402.
2 BAG 4.12.2013 – 7 AZR 468/12, NZA 2014, 623.
3 BAG 18.1.2006 – 7 AZR 178/05, NZA 2006, 605.
4 BAG 20.2.2008 – 7 AZR 786/06, NZA 2008, 883.
5 BAG 18.1.2006 – 7 AZR 178/05, NZA 2006, 605.
6 BAG 23.8.2006 – 7 AZR 12/06, NZA 2007, 204; 16.1.2008 – 7 AZR 603/06, NZA 2008, 701; 19.3.2014 – 7 AZR 828/12, NZA-RR 2014, 462.
7 BAG 26.7.2006 – 7 AZR 514/05, NZA 2006, 1402.
8 BAG 23.8.2006 – 7 AZR 12/06, NZA 2007, 204.
9 BAG 19.10.2005 – 7 AZR 31/05, NZA 2006, 154; 18.1.2006 – 7 AZR 178/05, NZA 2006, 605.
10 BAG 18.1.2006 – 7 AZR 178/05, NZA 2006, 605.
11 BAG 19.10.2005 – 7 AZR 31/05, NZA 2006, 154; 18.1.2006 – 7 AZR 178/05, NZA 2006, 605.

Formulierungsbeispiel:

Unter der Voraussetzung, dass dieser Vertrag vom Arbeitnehmer unterzeichnet zurückgegeben wird, wird nachfolgender befristeter Arbeitsvertrag nach § 14 Abs. 2/§ 14 Abs. 2a/§ 14 Abs. 3 TzBfG geschlossen:

Der Arbeitnehmer wird für die Zeit vom ... bis ... als ... nach § 14 Abs. 2/§ 14 Abs. 2a/§ 14 Abs. 3 TzBfG eingestellt.

Bei Befristungen nach § 14 Abs. 2 und Abs. 2a TzBfG:

Der Arbeitnehmer versichert, noch nie in einem Betrieb dieses Arbeitgebers oder eines Rechtsvorgängers des Arbeitgebers gearbeitet zu haben. Ist diese Erklärung falsch, so endet das Arbeitsverhältnis spätestens zwei Wochen nach Zugang der schriftlichen Feststellung der Unrichtigkeit dieser Erklärung.

Das Arbeitsverhältnis endet mit Ablauf des ..., ohne dass es einer vorherigen Kündigung bedarf.

Die ersten ... Monate des Arbeitsverhältnisses gelten als Probezeit.

Der Arbeitsvertrag kann unabhängig von der Befristung während der Dauer des Arbeitsverhältnisses von beiden Seiten mit der gesetzlichen Kündigungsfrist gekündigt werden.

Verlängerungsklausel:

Das mit dem Arbeitnehmer seit dem ... gem. § 14 Abs. 2/§ 14 Abs. 2a/§ 14 Abs. 3 TzBfG bestehende befristete Arbeitsverhältnis wird unter Beibehaltung der übrigen Vertragsvereinbarungen nach § 14 Abs. 2 Satz 1/§ 14 Abs. 2a Satz 1/§ 14 Abs. 3 Satz 2 TzBfG über das zunächst vorgesehene Vertragsende am ... hinaus bis ... verlängert.

dd) Persönliche Voraussetzung

22 Der Arbeitsplatz muss **nicht mit einem Arbeitslosen** besetzt werden. Auch muss für die Befristung ohne sachlichen Grund nach § 14 Abs. 2 TzBfG **kein neuer Arbeitsplatz** hierfür geschaffen werden, auch nicht bei neu gegründeten Unternehmen, wenn das Arbeitsverhältnis nicht ohnehin gleich zu Beginn begründet wurde.

ee) Informationspflicht

23 Die Wirksamkeit der Befristung nach § 14 Abs. 2, Abs. 2a und Abs. 3 TzBfG ist nicht davon abhängig, dass der Arbeitgeber bei Vertragsabschluss ausdrücklich darauf **hinweist**, dass eine Befristung nach § 14 Abs. 2, Abs. 2a oder Abs. 3 TzBfG erfolgt[1] (s. Rz. 124 ff.); anders jedoch bisher im Geltungsbereich des BAT, s. Rz. 27, nicht jedoch gem. § 30 TVöD-AT. Der Arbeitgeber kann sich jedoch nicht auf die erleichterte Befristungsmöglichkeit des § 14 Abs. 2 bzw. Abs. 2a TzBfG berufen, wenn er entweder auf die Erleichterungen des § 14 Abs. 2 bzw. Abs. 2a TzBfG verzichtet oder die Parteien in dem befristeten Arbeitsvertrag **ausdrücklich** einen anerkannten Sachgrund zugrunde gelegt haben[2]. Die schriftliche Angabe der Dauer oder des Beendigungstermins setzt schon die Befristung an sich voraus und ist überdies nach § 14 Abs. 4 TzBfG geboten.

---

1 BAG 26.7.2000 – 7 AZR 546/99, BB 2000, 2418.
2 LAG Sachs. 17.6.1998 – 2 Sa 1376/97, NZA-RR 1999, 16.

ff) Kündigungsschutz

Sofern während der Befristung eine Kündigung möglich ist, also vorbehalten worden ist (§ 15 Abs. 3 TzBfG), wird der **Kündigungsschutz** des Arbeitnehmers während eines laufenden Befristungszeitraums nicht geschmälert. Es gelten dann die allgemeinen kündigungsrechtlichen Regelungen. Davon bleibt aber die Beendigung aufgrund des vereinbarten Fristablaufs unberührt (§ 15 Abs. 1 TzBfG). – Wegen des Ausschlusses des Rechts zur ordentlichen Kündigung ohne Kündigungsvorbehalt s. Rz. 148. 24

Zur **Klage** gegen die Unwirksamkeit einer Befristungsabrede wird auf die nachstehenden Ausführungen unter Rz. 174 ff. verwiesen. 25

b) Tarifvertragliche Abweichungen

Gem. § 14 Abs. 2 Satz 3 TzBfG kann durch Tarifvertrag die **Anzahl der Verlängerungen** oder die **Höchstdauer der Befristung** ohne Sachgrund abweichend festgelegt werden. Dies kann nach § 22 Abs. 1 TzBfG auch zuungunsten der Arbeitnehmer geschehen. Entgegen dem Gesetzeswortlaut („oder") sind die in Tarifverträgen gem. § 14 Abs. 2 Satz 3 TzBfG eingeräumten Abweichungsmöglichkeiten nicht nur alternativ möglich. Die Gesetzesbegründung lässt vielmehr eine andere Anzahl von Verlängerungen „sowie" eine andere Höchstbefristungsdauer zu[1]. In Tarifverträgen sind danach beide Veränderungen zusammen oder nur eine von beiden möglich. Bezogen auf die Wertungsmaßstäbe des § 14 Abs. 1 TzBfG gilt dies jedoch nicht unbegrenzt[2]. Eine konkrete Beschränkung lässt sich aber der Rechtsprechung nicht entnehmen. Ob eine tarifvertraglich vereinbarte sachgrundlose Befristung an § 14 Abs. 2a TzBfG anknüpfend nur für einen Zeitraum von höchstens vier Jahren und im Rahmen dieser Gesamtdauer nur eine sechsmalige Verlängerung des befristeten Arbeitsvertrages zulässig sein soll, erscheint fraglich[3]. Anknüpfungspunkt für die tarifvertragliche Begrenzung der maximalen Gesamtdauer können schließlich auch die fünfjährige Gesamtdauer nach § 14 Abs. 3 TzBfG und die Fünfjahresfrist des § 624 BGB und § 15 Abs. 4 TzBfG sein. Soweit § 14 Abs. 2 Satz 3 TzBfG tarifliche Regelungen zulässt, ist auch eine Reduzierung auf null möglich, so dass eine Befristung ohne Sachgrund tarifvertraglich ausgeschlossen werden kann[4] und auch die Festlegung einer Mindestdauer für eine sachgrundlose Befristung[5]. 26

Trotz des durch Art. 140 GG iVm. Art. 137 Abs. 3 WRV den Kirchen garantierten Selbstordnungs- und Selbstbestimmungsrechts kann durch **kirchliche Arbeitsrechtsregelungen** nicht von den Vorgaben in § 14 Abs. 2 Satz 1 TzBfG zu Ungunsten von Arbeitnehmern abgewichen werden. Die kirchlichen Arbeitsrechtsregelungen stehen Tarifverträgen iSd. § 14 Abs. 2 Satz 3 TzBfG nicht gleich[6]. 26a

Auch auf der Grundlage bzw. im Geltungsbereich des **TVöD** können befristete Arbeitsverhältnisse ohne Sachgrund gem. § 14 Abs. 2 und Abs. 3 TzBfG vereinbart werden (§ 30 Abs. 1 und 3 TVöD-AT). Anders als nach dem BAT ist gemäß TVöD im Arbeitsvertrag **nicht ausdrücklich anzugeben**, dass es sich um ein Arbeitsverhältnis nach § 14 Abs. 2 oder Abs. 3 TzBfG handelt. Die Dauer des Arbeitsverhältnisses 27

---

1 BT-Drucks. 14/4374, 20; LAG Hess. 3.12.2010 – 10 Sa 659/10, NZA-RR 2011, 240.
2 BAG 15.8.2012 – 7 AZR 184/11, NZA 2013, 45; 5.12.2012 – 7 AZR 698/11, NZA 2013, 515, danach nicht zu beanstanden: Bis zur Höchstdauer von 42 Monaten bei einer höchstens viermaligen Verlängerung gemäß § 2 Nr. 6 Sätze 1 und 2 des Manteltarifvertrags für das Wach- und Sicherheitsgewerbe vom 1.12.2006 (MRTV 2005).
3 *Francken*, NZA 2013, 122.
4 *Däubler*, ZIP 2001, 217 (225); *Backhaus*, NZA 2001, Sonderbeil. zu Heft 24, 8; aA *Pöltl*, NZA 2001, 582.
5 BAG 4.12.2013 – 7 AZR 468/12, NZA 2014, 623.
6 BAG 25.3.2009 – 7 AZR 710/07, NZA 2009, 1407.

soll in der Regel zwölf Monate nicht unterschreiten, muss aber mindestens sechs Monate betragen. Nach § 30 Abs. 3 TVöD-AT gilt dies nur für sachgrundlose Befristungen. Der TVöD räumt die Möglichkeit einer Kündigung während der Befristung ein. Die Kündigungsmöglichkeit unterliegt aber Einschränkungen und besonderen Fristen.

27a Als sachgrundlose Befristung stellt sich die in § 32 TVöD-AT eingeräumte Möglichkeit der Befristung eines Arbeitsverhältnisses in einer **Führungsposition** dar. Führungspositionen können danach als befristete Arbeitsverhältnisse bis zur Dauer von vier Jahren vereinbart werden. Sie können in den Entgeltgruppen 10 bis 12 zweimal bis zu einer Gesamtdauer von acht Jahren, in der Entgeltgruppe 13 dreimal bis zu einer Gesamtdauer von zwölf Jahren verlängert werden.

28 Der tariflichen Regelung können sich nach § 14 Abs. 2 Satz 4 TzBfG im Geltungsbereich eines solchen Tarifvertrages nicht tarifgebundene Arbeitgeber und Arbeitnehmer durch eine Vereinbarung **anschließen** (Bezugnahmeklausel). Hierzu ist es nicht erforderlich, dass der gesamte Tarifvertrag vertraglich in Bezug genommen wird. Mit dieser **Tariföffnungsklausel** sollen branchenspezifische Lösungen erleichtert werden.

2. Zeitlich begrenzte Befristung ohne Sachgrund bei Neugründungen (§ 14 Abs. 2a TzBfG)

29 Für neu gegründete Unternehmen besteht gem. § 14 Abs. 2a TzBfG die Möglichkeit der sachgrundlosen Befristung für die Gesamtdauer von vier Jahren. Ziel ist es, Unternehmen in der schwierigen Aufbauphase den Abschluss befristeter Arbeitsverträge besonders zu erleichtern[1]. Hinsichtlich des **Begriffs des neu zu gründenden Unternehmens** knüpft die Bestimmung an die Regelung in § 112a Abs. 2 BetrVG an. Als Zeitpunkt der Gründung gilt die Aufnahme einer nach § 138 AO mitteilungspflichtigen Erwerbstätigkeit. Maßgeblich ist die **Aufnahme der Erwerbstätigkeit**, nicht der Zeitpunkt der Mitteilung an das Finanzamt. Ausgenommen von der Neugründung iS dieser Vorschrift sind Neugründungen im Zusammenhang mit Umstrukturierungen von Unternehmen. Um einer Missbrauchsmöglichkeit entgegenzuwirken, wird also eine maßgebliche gesellschaftsrechtliche Beteiligung an dem neuen Unternehmen den Begriff einer Neugründung in Frage stellen. Dies betrifft in erster Linie die Gesamtrechtsnachfolge nach dem UmwG. Dagegen wird eine Neugründung infolge eines sog. Management-buy-out als Existenzgründung gelten. Ein **unternehmerischer Neuanfang** iS dieser Vorschrift kann auch in der Übernahme eines Betriebes gem. § 613a BGB liegen[2], sofern es sich nicht um eine bloße Umgehungsmaßnahme handelt. Die Befristungsmöglichkeit des § 14 Abs. 2a TzBfG besteht daher für ein neu gegründetes Unternehmen, das den Betrieb oder Betriebsteil eines anderen, länger als vier Jahre bestehenden Unternehmens übernimmt. Auf die Rechtsform des neu gegründeten Unternehmens kommt es nicht an.

30 Die sachgrundlose Befristung für die Dauer von insgesamt vier Jahren besteht **innerhalb der ersten vier Jahre** nach Aufnahme der Erwerbstätigkeit. Demgemäß ist die sachgrundlose und mehrfache Befristung bis zur Dauer von insgesamt vier Jahren nicht nur im Zeitpunkt der Existenzgründung oder unmittelbar danach möglich, sondern **bis** zu dem Zeitpunkt, in welchem das Unternehmen vier Jahre alt wird, so dass sie bis in das achte Jahr des Unternehmensbestands hineinreichen kann.

Nach der Gesetzesbegründung kommt es für den **Beginn des Vier-Jahres-Befristungszeitraumes** nicht auf den Abschluss des Arbeitsvertrages, sondern auf den Zeitpunkt

---

1 BT-Drucks. 15/1204, 10.
2 *Thüsing/Stelljes*, BB 2003, 1673.

der vereinbarten Arbeitsaufnahme an. Dem steht allerdings der Wortlaut der Vorschrift entgegen, indem dort von der Befristung des Arbeitsvertrages selbst gesprochen wird.

Ebenso wie bei einer sachgrundlosen Befristung nach § 14 Abs. 2 TzBfG können Zweckbefristungen oder Arbeitsverträge mit auflösender Bedingung iSd. § 21 TzBfG nicht unter den Voraussetzungen des § 14 Abs. 2a TzBfG abgeschlossen werden. Die Möglichkeit der im Falle einer Neugründung abzuschließenden sachgrundlosen Befristungen beschränkt sich auf **nur kalendermäßig befristete** Arbeitsverträge. 31

Nicht die Gesamtbefristungsdauer von vier Jahren ausschöpfende befristete Arbeitsverträge können bis zur Gesamtdauer von vier Jahren verlängert werden. Die Anzahl der **Verlängerungsmöglichkeiten** ist jedoch anders als in § 14 Abs. 2 TzBfG **nicht begrenzt**. Zur Verlängerung und den dabei zu beachtenden Voraussetzungen s. Rz. 20. 32

Im Übrigen finden auf die sachgrundlosen Befristungen in neu gegründeten Unternehmen § 14 Abs. 2 Sätze 2–4 TzBfG entsprechende Anwendung. Bei einem neu gegründeten Unternehmen kann einer **Neueinstellung** entgegenstehen, dass ein Arbeitnehmer innerhalb der ersten vier Jahre nach Aufnahme der Erwerbstätigkeit sachgrundlos befristet eingestellt werden soll, der unmittelbar nach Aufnahme der Erwerbstätigkeit schon einmal in dem Unternehmen tätig war. Wegen des Problems der Neueinstellung s. im Übrigen Rz. 15 ff. 33

Entsprechend § 14 Abs. 2 Satz 3 TzBfG kann auch hinsichtlich der sachgrundlosen Befristungen in neu gegründeten Unternehmen durch Tarifverträge die **Anzahl der Verlängerungen** oder die **Höchstdauer der Befristung** anders festgelegt werden. Durch Tarifverträge kann daher entgegen der gesetzlichen Regelung die Anzahl der möglichen Verlängerungen begrenzt werden. Auch kann von der vierjährigen Höchstbefristungsdauer abgewichen werden. S. im Übrigen hierzu wie zur Anwendung der tariflichen Regelung durch nicht tarifgebundene Arbeitgeber und Arbeitnehmer Rz. 26 ff.

⊃ **Hinweis:** Will man nicht von der Möglichkeit Gebrauch machen, durch „Minibefristungen" und die uneingeschränkten Verlängerungsmöglichkeiten den Zeitrahmen von vier Jahren auszuschöpfen, sondern von vornherein eine längere Befristung vereinbaren, so ist die Vereinbarung einer **Kündigungsmöglichkeit** nach § 15 Abs. 3 TzBfG zweckmäßig. Ist die Kündigung vorbehalten worden, so gelten für eine Kündigung während der Befristungsdauer die allgemeinen kündigungsrechtlichen Regelungen, also auch der Beginn des Kündigungsschutzes nach der Wartefrist von sechs Monaten nach § 1 KSchG. 34

3. Altersbefristung (§ 14 Abs. 3 TzBfG)

Mit dem Gesetz zur Verbesserung der Beschäftigungschancen älterer Menschen vom 19.4.2007[1] ist der der Richtlinie 1999/70/EG widersprechende § 14 Abs. 3 TzBfG aF mit Wirkung ab 1.5.2007 geändert worden [2]. 35

Vorausgegangen war das Urteil des EuGH vom 22.11.2005[3]. Dieses hat die zwar schon allgemein in der Literatur geäußerte Kritik bestätigt und festgestellt, dass die bisherige „Altersbefristung" in § 14 Abs. 3 TzBfG mit der Richtlinie 1999/70/EG **nicht vereinbar** sei. Diesem Unanwendbarkeitsausspruch des EuGH bzgl. einer altersdiskriminierenden Befristung für die nationalen Gerichte folgte das BAG[4]. Ergänzend wird

---

1 BGBl. I, 538.
2 BAG 28.5.2014 – 7AZR 360/12, ArbRAktuell 2014, 567: Soweit es um die erstmalige Anwendung zwischen denselben Arbeitsvertragsparteien geht, ist die Neuregelung mit Unionsrecht und nationalem Verfassungsrecht vereinbar.
3 EuGH 22.11.2005 – Rs. C-144/04 – Mangold/Helm, NZA 2005, 1345.
4 BAG 26.4.2006 – 7 AZR 500/04, NZA 2006, 1162, bestätigt durch das BVerfG 6.7.2010 – 2 BvR 2661/06, ZIP 2010, 1711.

dort herausgestellt, dass die im bisherigen § 14 Abs. 3 TzBfG eingeräumte Altersbefristung **keinen Vertrauensschutz** genießt, also auch nicht auf eine vor dem 22.11.2005 (Entscheidung des EuGH) getroffene Befristungsabrede anzuwenden ist.

§ 14 Abs. 3 TzBfG lässt eine **sachgrundlose Befristung** für die Dauer von **maximal fünf Jahren** (dies entspricht der Höchstdauer des § 625 BGB) zu. Während dieser Dauer und unter Berücksichtigung dieser Maximaldauer kann der Vertrag **beliebig häufig verlängert** werden. Für die Verlängerungen gelten dieselben Voraussetzungen wie für die Verlängerung einer sachgrundlosen Befristung gem. § 14 Abs. 2 TzBfG. Sie müssen **schriftlich** und **vor Ablauf** der vorangegangenen Befristung erfolgen. Im Zusammenhang mit der Verlängerung dürfen die **Arbeitsbedingungen nicht verändert** werden, auch nicht zugunsten des Arbeitnehmers.

Die wirksame Altersbefristung nach § 14 Abs. 3 TzBfG setzt voraus, dass der Arbeitnehmer bei Beginn der befristeten Beschäftigung das **52. Lebensjahr** vollendet hat. Diese Altersvoraussetzung muss nicht bei Vertragsabschluss, sondern erst **bei Beginn** des Arbeitsverhältnisses vorliegen.

36 § 14 Abs. 3 TzBfG verbietet im Gegensatz zu § 14 Abs. 2 TzBfG keine **Vorbeschäftigung** mit demselben Arbeitnehmer. Der Arbeitnehmer muss aber vor Beginn des befristeten Arbeitsverhältnisses **mindestens vier Monate beschäftigungslos** gewesen sein, Transferkurzarbeitergeld bezogen oder an einer öffentlich geförderten Beschäftigungsmaßnahme nach dem SGB II bzw. SGB III teilgenommen haben. Das befristete Arbeitsverhältnis muss sich **unmittelbar** an diese viermonatige Beschäftigungslosigkeit anschließen. Dies muss keine Arbeitslosigkeit sein.

Beschäftigungslos ist ein Arbeitnehmer, der gem. § 138 Abs. 1 Nr. 1 SGB III nicht in einem Beschäftigungsverhältnis steht. Hierdurch soll einem größeren Personenkreis arbeitsuchender Menschen eine Chance auf eine befristete Beschäftigung gegeben werden[1]. Dies gilt also auch für Arbeitnehmer, die sich zuvor **nicht arbeitslos gemeldet** haben, weil sie zB bis zum Ende der Kündigungsfrist freigestellt wurden[2]. § 14 Abs. 3 TzBfG schließt schließlich eine Vorbeschäftigung bei demselben Arbeitgeber nicht aus. Der Beschäftigungslosigkeit stehen Zeiten des **Transferkurzarbeitergeldes** (§ 111 SGB III) gleich. Zeiten der Teilnahme an einer **öffentlich geförderten Beschäftigungsmaßnahme** nach dem SGB II oder SGB III (Arbeitsbeschaffungsmaßnahme oder Arbeitsgelegenheiten) gelten ebenfalls als Beschäftigungslosigkeit. Die Teilnahme an der Maßnahme muss ebenfalls in einem Zeitraum von mindestens vier Monaten **unmittelbar vor** dem Beschäftigungsbeginn liegen. Zu diesen Maßnahmen der aktiven Arbeitsförderung gehören Fördermaßnahmen zur Eignungsfeststellung des Arbeitnehmers oder Maßnahmen zur Aktivierung und beruflichen Eingliederung nach § 45 SGB III sowie arbeitsförderungsrechtliche Einzelmaßnahmen, wie Eingliederungsleistungen für Arbeitsuchende (§ 37 SGB III).

Da der Arbeitgeber zum Nachweis der Wirksamkeit der Befristung darlegungs- und beweispflichtig ist, hat er das Vorliegen der vorangegangenen Beschäftigungslosigkeit zu überprüfen. In der Gesetzesbegründung ist ihm ausdrücklich ein **Fragerecht** zugestanden worden[3].

Wie bei der sachgrundlosen Befristung nach § 14 Abs. 2 und Abs. 2a TzBfG hängt die Wirksamkeit der Befristung nicht davon ab, dass die Anwendung dieser Bestimmung vertraglich **vereinbart** ist oder darauf hingewiesen wurde. Da bei einer Zweckbefristung und einer auflösenden Bedingung der Beendigungstatbestand durch den Zweck oder die auflösende Bedingung selbst gekennzeichnet wird, scheidet schon begrifflich für derartige Arbeitsverhältnisse eine sachgrundlose Vereinbarung aus. In § 21 TzBfG

---

1 Gesetzentwurf BT-Drucks. 16/3793, 7.
2 *Dörner*, Rz. 518; Annuß/Thüsing/*Maschmann*, § 14 TzBfG Rz. 82a.
3 BT-Drucks. 14/4374, 19 zu § 14 Abs. 2 TzBfG.

(auflösend bedingter Arbeitsvertrag) wird auch die sog. Altersbefristung gem. § 14 Abs. 3 TzBfG nicht zitiert.

⮞ **Hinweis:** Sofern eine derartige „Altersbefristung" als **Beendigungsdatum** nicht die Regelaltersgrenze (67. Lebensjahr), sondern den **Bezug der Altersrente** anführt, ist die Bestimmung des § 41 Satz 2 SGB VI zu beachten, wonach eine auf den Bezug der Altersrente bezogene Beendigungsklausel nur wirksam ist, wenn sie in den letzten drei Jahren vor diesem Zeitpunkt abgeschlossen oder von dem Arbeitnehmer bestätigt worden ist.

III. Befristung mit Sachgrund (§ 14 Abs. 1 TzBfG)

1. Befristung mit sachlichem Grund

Während die Befristung ohne das Erfordernis eines sachlichen Grundes gem. § 14 Abs. 2 und Abs. 2a TzBfG schon aufgrund der gesetzlich beschränkten Dauer und der Anzahl der Befristungen eine Ausnahme bilden soll, stellt die **Befristung** (kalendermäßig befristet und zweckbefristet) **oder auflösende Bedingung mit sachlichem Grund** gem. § 14 Abs. 1 bzw. § 21 TzBfG die Regel dar. Wie vorstehend unter Rz. 6–12 dargestellt, gilt dies in allen Betrieben und für alle Arbeitnehmer, also nicht nur dort, wo das Erfordernis eines Sachgrundes nach der Rechtsprechung des BAG zur Vermeidung einer Umgehung des Kündigungsschutzgesetzes verlangt wurde. Für Arbeitnehmer mit besonderem Kündigungsschutz gelten aber keine höheren Anforderungen an den Sachgrund der Befristung.

Formulierungsbeispiele:

Kalendermäßige Befristung (Zeitbefristung)

Der Arbeitnehmer wird für die Zeit vom ... bis ... als ... eingestellt. Das Arbeitsverhältnis endet mit Ablauf des ..., ohne dass es einer Kündigung bedarf.

Zweckbefristung

Der Arbeitnehmer wird als Verkäufer für den Räumungsverkauf des gesamten Warensortiments eingestellt. Das Arbeitsverhältnis endet mit Erreichen des vorgenannten Befristungszwecks, frühestens jedoch zwei Wochen nach Zugang des schriftlichen Hinweises über den Zeitpunkt der Beendigung des Räumungsverkaufs. Einer Kündigung bedarf es zuvor nicht.

Auflösende Bedingung

Der Arbeitnehmer wird als Pförtner des Verwaltungsgebäudes bis zur Wiederherstellung der automatischen Türöffnungsanlage eingestellt. Das Arbeitsverhältnis endet mit der Funktionsfähigkeit der Türöffnungsanlage, frühestens jedoch zwei Wochen nach Zugang der schriftlichen Information über den Eintritt der vorgenannten Bedingung. Einer Kündigung bedarf es zuvor nicht.

⮞ **Hinweis:** Aufgrund der Entscheidung des BAG vom 16.4.2008[1] bietet es sich an, vorsichtshalber in jedem Angebot auf Abschluss eines befristeten Arbeitsvertrages darauf hinzuweisen, dass das Angebot auf Abschluss eines befristeten Arbeitsvertrages von der **Rückgabe des unterzeichneten Arbeitsvertrages abhängig** gemacht wird.

Aus dem Gesetz ergibt sich nicht, worin ein eine Befristung rechtfertigender **sachlicher Grund** iSd. § 14 Abs. 1 Satz 1 TzBfG zu sehen ist. Das Gesetz konkretisiert diesen unbestimmten Rechtsbegriff vielmehr durch acht Beispielsfälle, in denen immer ein Sachgrund vorliegt. Es sind also auch über diese acht Beispielsfälle hinaus andere Sachgründe geeignet, ein Arbeitsverhältnis iSd. § 14 Abs. 1 Satz 1 TzBfG wirksam be-

---

1 BAG 16.4.2008 – 7 AZR 1048/06, NZA 2008, 1184.

fristen zu können, wie zum Beispiel die sog. Altersgrenze, s. Rz. 80ff. In den in § 14 Abs. 1 Satz 2 TzBfG zu Nr. 1–8 angeführten sachlichen Gründen sind Regelbeispiele zu sehen, in denen sich im Wesentlichen die von der Rechtsprechung erarbeiteten Grundsätze und entwickelte Typisierung wieder finden. Die acht genannten Sachgründe schließen einander nicht aus. Sie können auch nebeneinander bestehen. Da der Befristungsgrund nicht schriftlich vereinbart und auch nicht mitgeteilt werden muss, kann einer der Gründe im Falle einer späteren gerichtlichen Auseinandersetzung über die Wirksamkeit der Befristung nachgeschoben werden.

2. Sachgründe gem. § 14 Abs. 1 Satz 2 Nr. 1–8 TzBfG

38a In § 14 Abs. 1 Satz 2 TzBfG werden folgende **sachliche Gründe** genannt:

a) Vorübergehender Bedarf (§ 14 Abs. 1 Satz 2 Nr. 1 TzBfG)

39 Dieser Sachgrund liegt vor, wenn der betriebliche Bedarf an der Arbeitsleistung des eingestellten Arbeitnehmers **nur vorübergehend besteht** (**„Aushilfsarbeitsverhältnis"**), also zum Zeitpunkt des Vertragsschlusses mit hinreichender Sicherheit zu erwarten ist, dass nach dem vorgesehenen Vertragsende für die Beschäftigung des befristet eingestellten Arbeitnehmers kein dauerhafter betrieblicher Bedarf mehr besteht[1]. In Abgrenzung zu der in § 14 Abs. 1 Satz 2 Nr. 3 TzBfG angeführten Vertretung setzt der Sachgrund des vorübergehenden betrieblichen Bedarfs einen Zusatzbedarf/Mehrbedarf voraus. Die Wirksamkeit der Befristung ist von dem im Zeitpunkt des Vertragsschlusses prognostizierten vorübergehenden erhöhten Arbeitsanfall abhängig[2]. Die Beurteilung dieser künftigen Entwicklung obliegt dem Arbeitgeber. Der befristeten Einstellung muss aber eine tatsächlich fundierte Prognose zugrunde liegen[3]. Es kann sich dabei um einen vorübergehend erhöhten Arbeitskräftebedarf zur Bewältigung zusätzlicher Arbeitsaufgaben oder eines periodisch wiederkehrenden Arbeitsanfalls handeln[4] (zB in **Saison- oder Kampagnebetrieben**). Der vorübergehende Bedarf kann sich aber auch daraus ergeben, dass der Arbeitskräftebedarf zukünftig wegfällt. Dies kann darauf beruhen, dass in Fällen von Rationalisierungsmaßnahmen Arbeitnehmer nur noch für eine Übergangszeit bis zur vollständigen Verwirklichung des Vorhabens benötigt werden, oder wenn sich der Arbeitgeber bereits bei Vertragsabschluss zur Schließung des Betriebes bzw. der Dienststelle entschlossen hat und davon ausgehen muss, dass eine Weiterbeschäftigung des Arbeitnehmers in einem anderen Betrieb bzw. in einer anderen Dienststelle nicht möglich sein wird (**Abwicklungsarbeiten**)[5]. Voraussetzung ist aber, dass der Arbeitnehmer von vornherein zu dem Zweck eingestellt ist, einen vorübergehenden Bedarf an Arbeitskräften abzudecken, der nicht durch den normalen Betriebsablauf, sondern einen zeitlich begrenzten zusätzlichen Arbeitsanfall oder später wegfallenden Arbeitskräftebedarf begründet wird. Es muss daher im Zeitpunkt des Vertragsabschlusses aufgrund konkreter Tatsachen zu erwarten sein, dass die Arbeit demnächst wieder mit der normalen Belegschaftsstärke bewältigt werden kann bzw. der befristet eingestellte Arbeitnehmer in absehbarer Zeit nicht mehr benötigt wird[6]. Der betriebliche Bedarf an der – zusätzlichen – Arbeitsleistung darf nach dem vorgesehenen Befristungsende nicht mehr bestehen[7]. Da-

---
1 BAG 4.12.2013 – 7 AZR 277/12, NZA 2014, 480.
2 BAG 10.7.2013 – 7 AZR 761/11, NZA 2014, 26.
3 BAG 20.2.2008 – 7 AZR 950/06, BB 2008, 2131 (Ls.).
4 BAG 8.5.1985 – 7 AZR 191/84, NZA 1986, 569; s.a. BAG 11.2.2004 – 7 AZR 362/03, NZA 2004, 978.
5 BAG 3.12.1997 – 7 AZR 651/96, NZA 1998, 1000; LAG Nds. 13.9.2007 – 4 Sa 1850/06, NZA-RR 2008, 235.
6 BAG 20.2.2008 – 7 AZR 950/06, BB 2008, 2131 (Ls.).
7 BAG 17.1.2007 – 7 AZR 20/06, NZA 2007, 566.

III. Befristung mit Sachgrund (§ 14 Abs. 1 TzBfG)

von ist nicht auszugehen, wenn die Laufzeit des öffentlich-rechtlichen Vertrages zwar befristet ist, jedoch der Vertrag bereits ausdrücklich die Möglichkeit einer einvernehmlichen Vertragsverlängerung vorsieht[1]. Die allgemeine Unsicherheit über die zukünftig bestehende Beschäftigungsmöglichkeit rechtfertigt die Befristung nicht[2]. Von einem Wegfall des betrieblichen Bedarfs ist nicht auszugehen, wenn der Arbeitgeber die Arbeiten sodann durch **Leiharbeitnehmer** verrichten lässt[3]. Obwohl es aus betriebswirtschaftlichen Gründen notwendig sein kann, sich zur Fremdvergabe der Arbeitsleistungen zu entscheiden, ggf. auch im Rahmen einer Arbeitnehmerüberlassung durch einen Verleiher, stellt daher die Überbrückung eines bis dahin noch mit eigenen Arbeitnehmern zu deckenden Arbeitskräftebedarfs keinen nach § 14 Abs. 1 Satz 2 Nr. 1 TzBfG gerechtfertigten Sachgrund dar. Eine derartige Überbrückung des Arbeitskräftebedarfs kann somit entgegen der zu beachtenden unternehmerischen Freiheit nicht umgesetzt werden. Eine Ausnahme lässt die Rechtsprechung nur zu, wenn der Arbeitgeber bei Vertragsschluss mit dem befristet eingestellten Arbeitnehmer bereits mit dem anderen, als Dauerbesetzung vorgesehenen Arbeitnehmer vertraglich gebunden ist[4] (inzwischen sieht das BAG in der Wiedereinstellungszusage gegenüber einem anderen Arbeitnehmer einen sonstigen, in § 14 Abs. 1 Satz 2 Nr. 1–8 TzBfG nicht genannten Sachgrund iSv. § 14 Abs. 1 Satz 1 TzBfG)[5].

Dem Sachgrund des § 14 Abs. 1 Satz 2 Nr. 1 TzBfG ist auch die befristete Einstellung im Rahmen eines zeitlich begrenzten **Projektes** zuzuordnen[6]. Die projektbezogene Befristung setzt voraus, dass die Aufgabe tatsächlich nur von begrenzter Dauer ist[7]. Im Zeitpunkt des Abschlusses des befristeten Arbeitsvertrages müssen konkrete Anhaltspunkte dafür bestehen, dass nach dem Ende der Vertragslaufzeit keine weiteren Projekte mehr durchzuführen sind, bei denen der Arbeitnehmer eingesetzt werden könnte[8]. Es reicht nicht aus, dass eine Aufgabe beim Arbeitgeber möglicherweise entfällt[9]. Die Prognose des Arbeitgebers darf sich nur auf das konkrete Projekt beziehen[10] und auf die Übereinstimmung der Projektdauer mit der Dauer der Drittmittelbewilligung[11]. Wenn die Änderung der für die Befristung ursächlichen Umstände bei Vertragsbeginn nicht absehbar war, stellt die überwiegende **Beschäftigung mit projektfremden** Tätigkeiten den sachlichen Befristungsgrund nicht in Frage[12]. Die **Finanzierung eines Projektes** mit Drittmitteln rechtfertigt die Befristung des Arbeitsvertrags eines projektbezogen beschäftigten Arbeitnehmern nur, wenn zur Verwendung der befristet zugewiesenen Mittel konkrete Stellen vorgegeben sind[13], die drittmittelfinanzierte Arbeitsstelle nur für eine bestimmte Zeitdauer bewilligt ist und sie anschließend wegfallen soll. Ein sachlicher Grund liegt deshalb nicht vor, wenn Lehrer für bestimmte Volkshochschulkurse eingestellt werden, deren Fortführung möglich ist, wenn eine entsprechende Nachfrage besteht und die erforderlichen Haushaltsmittel bewilligt werden[14]. Dies gilt auch bei sog. Drittmittelfinanzierungen im Hochschulbereich. Die bloße Ungewissheit über den weiteren Drittmittelzufluss reicht als Befristungsgrund nicht aus[15]. Bei **wiederholten** projektbezogenen Befristungen

---

1 BAG 4.12.2013 – 7 AZR 277/12, NZA 2014, 480.
2 BAG 4.12.2013 – 7 AZR 277/12, NZA 2014, 480.
3 BAG 17.1.2007 – 7 AZR 20/06, NZA 2007, 566.
4 BAG 17.1.2007 – 7 AZR 20/06, NZA 2007, 566.
5 BAG 2.6.2010 – 7 AZR 136/09, NZA 2010, 1172.
6 BAG 25.8.2004 – 7 AZR 7/04, NZA 2005, 357.
7 BAG 7.11.2007 – 7 AZR 484/06, NZA 2008, 467.
8 BAG 7.11.2007 – 7 AZR 484/06, NZA 2008, 467.
9 BAG 11.9.2013 – 7 AZR 107/12, NZA 2014, 150.
10 BAG 25.8.2004 – 7 AZR 7/04, NZA 2005, 357.
11 BAG 7.5.2008 – 7 AZR 146/07, NJW-Spezial 2008, 595.
12 BAG 7.5.2008 – 7 AZR 146/07, NJW-Spezial 2008, 595.
13 LAG Bln.-Bbg. 23.11.2012 – 17 Sa 1315/12, NZA-RR 2013, 191.
14 BAG 8.4.1992 – 7 AZR 135/91, NZA 1993, 694.
15 BAG 13.2.2013 – 7 AZR 284/11, NZA 2013, 1271.

kann sich das Risiko einer über die Sachgrundprüfung hinausgehenden **Missbrauchskontrolle** ergeben, wie sie vom BAG bei Kettenbefristungen zur Vertretung von Arbeitnehmern erfolgt (s. dazu Rz. 113)[1].

40 Der Sachgrund des § 14 Abs. 1 Satz 2 Nr. 1 TzBfG setzt **nicht** voraus, dass der befristet eingestellte Arbeitnehmer **mit den Aufgaben** betraut wird, die den vorübergehenden Arbeitskräftebedarf begründen. Diese können neu verteilt und auf andere Arbeitnehmer übertragen werden. Auch stellt die überwiegende **Beschäftigung mit projektfremden** Tätigkeiten den sachlichen Befristungsgrund nicht in Frage, wenn die Änderung der für die Befristung ursächlichen Umstände bei Vertragsbeginn nicht absehbar war[2]. Entscheidend ist, dass nicht mehr Arbeitnehmer eingestellt und beschäftigt werden, als insgesamt zur Deckung des Mehrbedarfs erforderlich sind.

Eine Befristung des Arbeitsvertrages „auf Vorrat", um sich künftige Umsetzungsmöglichkeiten offen zu halten, ist sachlich nicht gerechtfertigt[3]. Die **Unsicherheit in der Einschätzung** des zukünftigen Arbeitskräftebedarfs rechtfertigt keine Befristung[4], da diese jeder unternehmerischen Tätigkeit innewohnende Unsicherheit über die künftige Entwicklung und der dadurch hervorgerufene wechselnde Bedarf an Arbeitskräften nicht zu Lasten des Arbeitnehmers gehen können. Auch der **Verleiher** kann entsprechend dem früher für die Arbeitnehmerüberlassung geltenden **Synchronisationsverbot** das Risiko der zukünftig fehlenden Beschäftigungsmöglichkeit nicht auf den Arbeitnehmer abwälzen[5].

Allein eine geplante **Betriebsveräußerung** rechtfertigt keine Befristung des Arbeitsvertrages wegen eines für diesen bisherigen Arbeitgeber bestehenden vorübergehenden Bedarfs, da damit der Kündigungsschutz nach § 613a Abs. 4 Satz 1 BGB umgangen wird[6].

41 Der vorübergehende Bedarf kann entweder **kalendermäßig** bestimmt sein oder aber sich auch aus dem **Zweck** ergeben (zB Erntearbeiten). Die Wirksamkeit der Befristung wegen eines vorübergehenden Bedarfs setzt nicht voraus, dass der Arbeitnehmer für die gesamte Dauer dieses erhöhten Bedarfs eingestellt wird[7].

b) Tätigkeit im Anschluss an eine Ausbildung oder an ein Studium (§ 14 Abs. 1 Satz 2 Nr. 2 TzBfG)

42 Ohne dass ein in der Person des Arbeitnehmers liegender Grund iSd. § 14 Abs. 1 Satz 2 Nr. 6 TzBfG vorliegen muss, soll der in § 14 Abs. 1 Satz 2 Nr. 2 TzBfG angeführte sachliche Grund den **Berufsstart erleichtern** (sog. Absolventenbefristung). Ein die Befristung rechtfertigender Grund besteht daher nach dieser Regelung dann, wenn ein Arbeitnehmer im Anschluss an eine Ausbildung oder ein Studium befristet beschäftigt wird, um ihm den Übergang in eine Anschlussbeschäftigung zu erleichtern. Die Gesetzesbegründung verweist auf entsprechende tarifliche Regelungen in vielen Wirtschaftsbereichen[8]. Soweit der gesetzlich genannte Sachgrund auch die An-

---

1 *Bayreuther*, NZA 2013, 23 ff. (26).
2 BAG 7.5.2008 – 7 AZR 146/07, NJW-Spezial 2008, 595.
3 LAG Köln 14.1.1999 – Sa 1165/98, LAGE § 21 BErzGG Nr. 3.
4 BAG 22.3.2000 – 7 AZR 758/98, NZA 2000, 881; 4.12.2013 – 7 AZR 277/12, NZA 2014, 480; aA Boemke/Lembke/*Lembke*, § 9 AÜG Rz. 561.
5 Zur Inanspruchnahme des Entleihers innerhalb der Frist des § 17 Satz 1 TzBfG, wenn der schon bisher im Rahmen eines befristeten Arbeitsverhältnisses beschäftigt gewesene Leiharbeitnehmer auf demselben Dauerarbeitsplatz beschäftigt wird, s. LAG Berlin 7.1.2005 – 6 Sa 2008/04, LAGReport 2005, 137.
6 BAG 30.10.2008 – 8 AZR 855/07, NZA 2009, 723.
7 *Hromadka*, BB 2001, 621.
8 Begründung in BT-Drucks. 14/4374, 19; s. dazu auch BAG 14.10.1997 – 7 AZR 811/96, DB 1998, 1468.

III. Befristung mit Sachgrund (§ 14 Abs. 1 TzBfG)

schlussbeschäftigung im Anschluss an ein Studium nennt, so wird in der Gesetzesbegründung als Beispiel der Werksstudent angeführt, dem nach dem Studium bei seinem bisherigen Arbeitgeber eine befristete Beschäftigung geboten werden kann[1].

Sieht man einmal davon ab, dass mit dieser gesetzlichen Regelung tarifliche Übernahmeregelungen im Anschluss an die Ausbildung eine gesetzliche Rechtfertigung erfahren, besteht allenfalls bei **Werksstudenten** wegen des in § 14 Abs. 2 Satz 2 TzBfG genannten Erfordernisses der erstmaligen Beschäftigung ein praktisches Bedürfnis, von dem in § 14 Abs. 1 Satz 2 Nr. 2 TzBfG genannten Befristungsgrund Gebrauch zu machen. Schließlich können nach § 14 Abs. 2 Satz 1 und 2 TzBfG im Anschluss an eine Berufsausbildung ohne Vorliegen eines sachlichen Grundes bis zur Dauer von zwei Jahren befristete Arbeitsverträge abgeschlossen werden, deren Verlängerungen, sofern sie nur den Zwei-Jahres-Zeitraum einhalten, keiner Begründung bedürfen. 43

Im Gegensatz zu § 14 Abs. 2 Satz 1 und Abs. 2a TzBfG ist **keine zeitliche Höchstgrenze** zu beachten. Berücksichtigt man den gesetzlich formulierten Befristungszweck der Erleichterung des Übergangs in eine Anschlussbeschäftigung, so können jedoch längere Befristungen rechtlich zweifelhaft sein. Maßstab für die Dauer der Befristungen des auf diesen sachlichen Grund gestützten Arbeitsverhältnisses werden die in Übernahmeklauseln von Tarifverträgen genannten Zeiträume von einem halben Jahr bis zu zwei Jahren sein. Wenn der tatsächliche Sachgrund es rechtfertigt, können auch mehr als zwei Jahre zulässig sein[2]. Eine **wiederholte Befristung** kann **nicht** auf den Sachgrund des § 14 Abs. 1 Satz 2 Nr. 2 TzBfG gestützt werden, da hier eine Erstanstellung im Anschluss an die Ausbildung vorausgesetzt wird[3]. 44

Nicht gesetzlich geregelt ist, ob der Umstand, dass die Befristung „im Anschluss" an eine Ausbildung oder ein Studium erfolgen muss, eine **Unterbrechung** zwischen der Ausbildung oder dem Studium zulässt und mit welcher Dauer. Hier, wie auch hinsichtlich des Befristungsgrundes selbst, muss ein Kausalzusammenhang zu dem verfolgten Zweck der Befristung bestehen. Eine nahtlose Verlängerung der Ausbildung durch ein befristetes Arbeitsverhältnis ist deshalb nicht erforderlich[4]. Eine längere Unterbrechung stellt jedoch den verfolgten Zweck der Befristung in Frage. Ein **zwischenzeitliches Arbeitsverhältnis** schließt aber diesen Befristungsgrund aus[5]. Ausgenommen kann allenfalls eine kurzfristige, wenige Wochen dauernde „Gelegenheitstätigkeit" sein. 45

Der als Sachgrund genannte Zweck der Erleichterung des Übergangs in eine Anschlussbeschäftigung liegt nicht nur dann vor, wenn es um eine Überbrückung im Hinblick auf einen konkret zugedachten festen unbefristeten Arbeitsplatz geht, sondern auch schon dann, wenn der Arbeitnehmer durch seine berufliche Tätigkeit **berufliche Erfahrungen** erwirbt[6]. Die Aussicht auf eine Anschlussbeschäftigung muss noch nicht konkret bestehen. – Zur Befristung wegen einer **Aus- oder Weiterbildung** s. Rz. 101a. 46

Der in der Gesetzesbegründung angeführte Beispielfall des Werksstudenten lässt den Schluss zu, dass eine Anschlussbeschäftigung iSd. § 14 Abs. 1 Satz 2 Nr. 2 TzBfG nur **bei demselben Arbeitgeber** in Betracht kommen kann. Hierfür spricht, dass eine Befristung zu dem Zweck, die Zeit bis zum Beginn einer bereits feststehenden anderen Beschäftigung zu überbrücken, durch den in § 14 Abs. 1 Satz 2 Nr. 6 TzBfG genannten Sachgrund erfasst wird[7]. Andererseits setzt der in § 14 Abs. 1 Satz 2 Nr. 2 TzBfG 47

---

1 BT-Drucks. 14/4374, 19.
2 *Dörner*, Rz. 247.
3 BAG 10.10.2007 – 7 AZR 795/06, BB 2007, 2814.
4 *Däubler*, ZIP 2001, 217.
5 BAG 24.8.2011 – 7 AZR 368/10, DB 2012, 292.
6 BAG 22.4.2009 – 7 AZR 96/08, NZA 2009, 1099; *Hromadka*, DB 2001, 621.
7 *Kliemt*, NZA 2001, 296.

genannte Sachgrund nicht ausdrücklich voraus, dass die Anschlussbeschäftigung bei demselben Arbeitgeber bezweckt ist. Diesem wäre schließlich auch schon durch eine Probezeitbefristung gem. § 14 Abs. 1 Satz 2 Nr. 5 TzBfG oder, wie bereits vorstehend herausgestellt wurde, durch eine sachgrundlose Befristung gem. § 14 Abs. 2 Satz 1 TzBfG geholfen[1]. Da der in § 14 Abs. 1 Satz 2 Nr. 2 TzBfG angeführte Sachgrund nicht ohne Weiteres eine verbindliche Konkretisierung zulässt[2], sollte, sofern eine Festlegung des Sachgrundes von vornherein notwendig ist, von der Möglichkeit der sachgrundlosen Befristung des § 14 Abs. 2 Satz 1 TzBfG Gebrauch gemacht werden, wenn keine Vorbeschäftigung iSv. § 14 Abs. 2 Satz 2 TzBfG vorliegt.

c) Vertretung (§ 14 Abs. 1 Satz 2 Nr. 3 TzBfG)

48 Anders als in dem in § 14 Abs. 1 Nr. 1 TzBfG genannten Sachgrund geht es bei dem Sachgrund der **Vertretung** nicht um die Bewältigung eines vorübergehenden höheren Arbeitsanfalls. Der sachliche Rechtfertigungsgrund für diese Befristung liegt darin, dass der zu vertretende Arbeitnehmer **vorübergehend** an der Erbringung der eigentlich von ihm aufgrund des bestehenden Arbeitsverhältnisses geschuldeten Arbeitsleistung verhindert ist[3]. Infolgedessen besteht wegen der **Abwesenheit** des zu vertretenden Arbeitnehmers von vornherein nur ein vorübergehender, zeitlich durch die Rückkehr des Vertretenen begrenzter Bedarf an einem Einsatz einer Vertretungskraft. Sofern dies notwendig ist, trägt dieser Befristungsgrund aber auch die Zeit der Einarbeitung des Vertreters. Der eine Befristung rechtfertigende Vertretungsbedarf setzt nicht voraus, dass der zu vertretende Arbeitnehmer während der Vertretung nicht im Unternehmen anwesend ist. Der Vertretungsbedarf kann sich auch daraus ergeben, dass der zu vertretende Arbeitnehmer **vorübergehend** an einem anderen Arbeitsplatz **im Unternehmen** eingesetzt bzw. **abgeordnet** wird, zB zur Erprobung. Sachlich begründet ist die befristete Einstellung einer Ersatzkraft in diesem Fall aber nur, wenn eine unmittelbare oder mittelbare Vertretung der Stammkraft erfolgt (s. im Einzelnen Rz. 53 ff.)[4].

Der Sachgrund der vorübergehenden Vertretung für den Fall eines Beschäftigungsverbotes nach dem Mutterschutzgesetz, für die Elternzeit oder eine Arbeitsfreistellung zur Betreuung eines Kindes ist in **§ 21 BEEG** geregelt, die Vertretung eines wegen der Pflege eines nahen Angehörigen von der Arbeitsleistung befreiten Arbeitnehmers ist nach **§§ 2 oder 3 PflegeZG** möglich. S. hierzu im Einzelnen Rz. 192 ff.

48a Nach der geänderten Rechtsprechung des 7. Senats des BAG dürfen sich die Gerichte bei der Befristungskontrolle nach § 14 Abs. 1 Satz 2 Nr. 3 TzBfG nicht auf die Prüfung des geltend gemachten Sachgrunds der Vertretung beschränken. Sie sind vielmehr aus unionsrechtlichen Gründen verpflichtet, **alle Umstände des Einzelfalls** und dabei namentlich die Gesamtdauer und die Zahl der mit derselben Person zur Verrichtung der gleichen Arbeit geschlossenen aufeinanderfolgenden befristeten Verträge zu berücksichtigen, um auszuschließen, dass Arbeitgeber missbräuchlich auf befristete Arbeitsverträge zurückgreifen[5]. Diese zusätzliche Prüfung ist nach den Grundsätzen des institutionellen Rechtsmissbrauchs (§ 242 BGB) vorzunehmen (s.a. Rz. 113)[6].

49 Auch im Falle der Vertretung eines Arbeitnehmers muss im **Zeitpunkt des Vertragsabschlusses** entweder zeitlich bestimmbar oder zumindest absehbar sein, dass der Vertretungsbedarf durch die zu erwartende Rückkehr des zu vertretenden Arbeitneh-

---

1 Die Möglichkeit, die Anschlussbeschäftigung auch bei einem anderen Arbeitgeber anzutreten, bejaht *Hromadka*, BB 2001, 621.
2 *Däubler*, ZIP 2001, 217.
3 BAG 16.1.2013 – 7 AZR 662/11, NZA 2013, 611.
4 BAG 16.1.2013 – 7 AZR 662/11, NZA 2013, 611; 10.7.2013 – 7 AZR 833/11, NZA 2013, 1292.
5 BAG 19.2.2014 – 7 AZR 260/12, NZA-RR 2014, 408.
6 BAG 18.7.2012 – 7 AZR 443/09, NZA 2012, 1351; BAG 19.2.2014 – 7 AZR 260/12, NZA-RR 2014, 408.

mers wegfällt[1]. Der genaue Zeitpunkt der Rückkehr des zu vertretenden Arbeitnehmers und damit die Dauer des Vertretungsbedarfs brauchen nicht festzustehen, auch nicht, ob der zu Vertretende die Arbeit wieder in vollem Umfange aufnehmen wird[2]. Der Arbeitgeber muss daher vor Abschluss des befristeten Arbeitsvertrages nicht von sich aus Erkundigungen über die gesundheitliche Entwicklung des erkrankten oder über die Planung des beurlaubten Arbeitnehmers einholen[3]. Muss der Arbeitgeber aufgrund der ihm vorliegenden Informationen aber erhebliche Zweifel daran haben, ob die zu vertretende Stammkraft überhaupt wieder zurückkehren wird, kann dies dafür sprechen, dass der Sachgrund der Vertretung nur vorgeschoben ist[4]. Teil des Sachgrunds der Vertretung ist die Prognose über den voraussichtlichen Wegfall des Vertretungsbedarfs durch die Rückkehr des Vertretenen[5]. Die bloße Unsicherheit der künftigen Entwicklung des Arbeitskräftebedarfs rechtfertigt nicht die Befristung eines Arbeitsverhältnisses[6]. Mit zunehmender Dauer der Beschäftigung sind an die Prognose des Vertretungsbedarfs höhere Anforderungen zu stellen; eine Befristung aus Vertretungsgründen kann daher nur sachlich gerechtfertigt sein, wenn bei Abschluss des befristeten Vertrages hinreichend sichere konkrete Anhaltspunkte für den endgültigen Wegfall des Vertretungsbedarfs vorliegen[7]. Dies ist nicht der Fall, wenn der zu vertretende Arbeitnehmer gegenüber dem Arbeitgeber bereits vor dem Abschluss des Arbeitsvertrages mit der Vertretungskraft verbindlich erklärt hat, dass er die Arbeit nicht wieder aufnehmen werde[8]. Auf den zu erwartenden Zeitpunkt der Rückkehr des zu Vertretenden kommt es jedoch nicht an[9].

Anders als bei einem fremdbestimmten Ausfall der Stammkraft erfordert die **Rückkehrprognose** bei einer „**Abordnungsvertretung**" (s. Rz. 48) die Würdigung sämtlicher Umstände des Einzelfalls, wozu auch die Planungs- und Organisationsentscheidungen des Arbeitgebers zählen[10]. – Zur Wirksamkeit einer befristeten, **übergangsweisen Beschäftigung**, die sich nicht als konkrete Vertretung darstellt, s. Rz. 101.

Scheidet der zu vertretende Arbeitnehmer vor Wiederaufnahme seiner Tätigkeit **aus** dem Arbeitsverhältnis **aus**, kann auch im Wege einer ergänzenden Vertragsauslegung der Befristungsregelung nicht entnommen werden, dass das Vertretungsarbeitsverhältnis dann endet[11]. Durch das endgültige Ausscheiden des zu vertretenden Mitarbeiters aus dem Arbeitsverhältnis entfällt schließlich nicht der Bedarf an der Arbeitsleistung der Ersatzkraft. Deshalb rechtfertigt der Sachgrund der Vertretung für sich allein nicht die Befristung des Arbeitsvertrages mit dem Vertreter bis zum Ausscheiden des zu Vertretenden aus seinem Beschäftigungsverhältnis[12]. Dieser Vertretungsbedarf setzt voraus, dass der Arbeitgeber mit der Rückkehr des zu vertretenden Arbeitnehmers rechnet. Auch wenn gem. § 15 Abs. 3 TzBfG eine Kündigungsmöglichkeit vereinbart ist, rechtfertigt das Ausscheiden des zu vertretenden Arbeitnehmers keine dementsprechende vorzeitige Beendigung des Arbeitsverhältnisses im Wege einer betriebsbedingten Kündigung.

50

---

1 BAG 23.1.2002 – 7 AZR 440/00, NZA 2002, 665; 13.10.2004 – 7 AZR 654/03, NZA 2005, 469; 25.3.2009 – 7 AZR 34/08, NZA 2010, 34.
2 BAG 6.12.2000 – 7 AZR 262/99, BB 2001, 833; LAG Rh.-Pf. 5.7.2012 – 11 Sa 26/12, NZA-RR 2013, 16.
3 BAG 4.6.2003 – 7 AZR 523/02, NZA-RR 2003, 621.
4 BAG 25.3.2009 – 7 AZR 34/08, NZA 2010, 34.
5 BAG 13.10.2004 – 7 AZR 659/03, NZA 2005, 469.
6 BAG 22.3.2000 – 7 AZR 758/98, NZA 2000, 881.
7 BAG 12.9.1996 – 7 AZR 790/95, NZA 1997, 313.
8 BAG 2.7.2003 – 7 AZR 529/02, NZA 2004, 1055.
9 BAG 22.11.1995 – 7 AZR 252/95, BB 1996, 1615.
10 BAG 16.1.2013 – 7 AZR 661/11, NZA 2013, 614.
11 BAG 26.6.1996 – 7 AZR 674/95, DB 1996, 2289.
12 BAG 8.7.1998 – 7 AZR 382/97, NZA 1998, 1279; 5.6.2002 – 7 AZR 201/01, ZIP 2002, 1738.

51 Um sich vor einem solchen Ergebnis des gewissermaßen durch Zweckverfehlung entstehenden unbefristeten Arbeitsverhältnisses zu schützen, ist entweder nur eine Befristung **für die Dauer des Vertretungsbedarfs** selbst zu vereinbaren, so dass gem. § 15 Abs. 1 TzBfG das Arbeitsverhältnis mit Ablauf der vereinbarten Zeit endet. Ist die Dauer des Vertretungsbedarfs, wie zB in Krankheitsfällen, nicht ohne Weiteres bei Vertragsabschluss exakt bestimmbar, so sollte man sich wegen der genannten Risiken nicht auf die Benennung einer auflösenden Bedingung (§ 21 TzBfG) oder einer Zweckbefristung iSd. § 15 Abs. 2 TzBfG beschränken. Vielmehr ist eine – eindeutige und transparente[1] – **Kombination von Zeit- und Zweckbefristung** bzw. auflösender Bedingung („**Doppelbefristung**", s. dazu Rz. 144) – angeraten[2], etwa wie folgt:

Formulierungsbeispiel (wegen der einzuhaltenden Schriftform beachte Rz. 119 ff.):

Der Arbeitnehmer wird wegen Vertretung des erkrankten Arbeitnehmers ... befristet eingestellt. Das Arbeitsverhältnis endet mit Ablauf des ... *(Datum)*; bei früherer Wiederaufnahme der Tätigkeit durch den Arbeitnehmer ... an diesem Tag, frühestens jedoch zwei Wochen nach Zugang der schriftlichen Unterrichtung des Arbeitnehmers durch den Arbeitgeber über den Zeitpunkt der Zweckerreichung.

---

52 ⮕ **Hinweis:** Auch kann eine Höchstdauer vereinbart werden, um damit dem Nichteintritt der auflösenden Bedingung bzw. dem fehlgeschlagenen Zweck zu begegnen („... längstens jedoch bis zum ..."). Obwohl dies wegen der in § 22 Abs. 1 TzBfG normierten Unabdingbarkeit des § 15 Abs. 5 TzBfG problematisch ist, bestehen von Seiten der Rechtsprechung keine Bedenken[3]. – S.a. Rz. 144.

53 Inzwischen werden in der Rechtsprechung drei Formen der Vertretung iSv. § 14 Abs. 1 Satz 2 Nr. 3 TzBfG unterschieden, nämlich
– der Vertreter übernimmt die Aufgaben des Vertretenen (**unmittelbare Vertretung**),
– die Aufgaben des vorübergehend abwesenden Arbeitnehmers werden ganz oder teilweise anderen Arbeitnehmern übertragen, deren Aufgaben vom Vertreter erledigt werden (**mittelbare Vertretung**),
– der Vertreter nimmt Aufgaben wahr, die der Arbeitgeber einem vorübergehend abwesenden Arbeitnehmer bei dessen unveränderter Weiterarbeit oder nach seiner Rückkehr tatsächlich und rechtlich **übertragen könnte**[4] („Zuordnungsvertretung", aber auch „Organisationsvertretung"[5]).

53a Bei der **unmittelbaren Vertretung** hat der Arbeitgeber darzulegen, dass der Vertreter nach dem Arbeitsvertrag mit Aufgaben betraut wird, die zuvor dem vorübergehend abwesenden Arbeitnehmer übertragen waren[6].

53b Im Falle der **mittelbaren Vertretung** wird die Tätigkeit des zeitweise ausfallenden Arbeitnehmers nicht von dem Vertreter, sondern von einem anderen Arbeitnehmer oder mehreren anderen Arbeitnehmern ausgeübt. Der Wortlaut des § 14 Abs. 1 Satz 2 Nr. 3 TzBfG, wonach der Arbeitnehmer zur Vertretung „eines anderen Arbeitnehmers" beschäftigt werden muss, steht einer mittelbaren Vertretung nicht ent-

---

1 BAG 8.8.2007 – 7 AZR 605/06, DB 2008, 133.
2 BAG 15.8.2001 – 7 AZR 263/00, DB 2002, 52: Eine etwaige Unwirksamkeit der Zweckbefristung hat keine Auswirkungen auf die zugleich vereinbarte Zeitbefristung; auch für diese Befristung muss dann aber ein sachlicher Grund gegeben sein. S.a. BAG 4.12.2002 – 7 AZR 492/01, NZA 2003, 611.
3 BAG 29.6.2011 – 7 AZR 6/10, NZA 2011, 1346; KR/*Bader*, § 3 TzBfG Rz. 48; *Dörner*, Rz. 54 ff; aA *Hromadka*, BB 2001, 621.
4 BAG 15.2.2006 – 7 AZR 232/05, NZA 2006, 781; 14.4.2010 – 7 AZR 121/09, NZA 2010, 942.
5 *Eisemann*, NZA 2009, 1113.
6 BAG 19.2.2014 – 7 AZR 260/12, NZA-RR 2014, 408.

gegen[1]. Notwendig ist nur, dass zwischen dem zeitweiligen Ausfall eines Arbeitnehmers und der befristeten Beschäftigung einer Vertretungskraft ein **ursächlicher Zusammenhang** besteht[2]. Beim Abschluss des befristeten Vertrages muss feststehen, dass der Arbeitnehmer, der den abwesenden Arbeitnehmer unmittelbar vertritt und der seinerseits von dem befristet eingestellten Arbeitnehmer ersetzt wird, nicht auf seinen Arbeitsplatz zurückkehren wird[3]. Der Arbeitgeber hat eine geschlossene **Vertretungskette** zwischen dem Vertretenen und dem Vertreter darzulegen. Voraussetzung ist, dass Umsetzungs- oder Versetzungsbefugnisse eine Einzelvertretung des ausgefallenen Mitarbeiters ermöglichen würden[4]. Der Arbeitgeber muss rechtlich und tatsächlich die Möglichkeit haben, dem Vertretenen die Aufgaben des Vertreters zuzuweisen[5] oder den vertretenen Arbeitnehmer im Wege des Direktionsrechts in den Arbeitsbereich des Vertreters umzusetzen[6]. Die Vertretungskraft darf also keine Tätigkeiten verrichten, die der ausgefallene Arbeitnehmer wegen der abweichenden Arbeitsanforderungen nicht ausführen kann. Die befristete Aufstockung eines Teilzeit- auf ein Vollzeitarbeitsverhältnis ist daher auch nicht durch den Sachgrund der Vertretung gerechtfertigt, wenn der vertretene Arbeitnehmer **höher eingruppiert** ist als die Vertretungskraft. Der Kausalzusammenhang muss auch erkennbar sein, indem eine entsprechende Angabe im Arbeitsvertrag erfolgt oder der Name des Vertretenen in der Betriebsratsanhörung zur Einstellung des befristet beschäftigten Arbeitnehmers angegeben wird[7].

Die vom BAG als **dritte Möglichkeit** angeführte Vertretung der **gedanklichen Zuordnung** setzt voraus, dass der Arbeitgeber rechtlich und tatsächlich in der Lage wäre, dem vorübergehend abwesenden Mitarbeiter im Fall seiner Anwesenheit die dem Vertreter zugewiesenen Aufgaben zu übertragen[8]. Demzufolge ist seitens des Arbeitgebers neben dem durch die vorübergehende Abwesenheit des vertretenen Arbeitnehmers bestehenden Arbeitskräftebedarf nachzuweisen, dass ein Einsatz des Vertretenen dort möglich ist, wo der Vertreter eingesetzt wird. Der vertretene Arbeitnehmer und der Vertreter müssen von den Fähigkeiten und den vertraglichen Voraussetzungen sowie den arbeitsplatzbezogenen Anforderungen her austauschbar sein, so dass der Arbeitgeber also in der Lage wäre, der Stammkraft im Falle ihrer Weiterarbeit anstelle ihrer bisherigen Tätigkeit den Aufgabenbereich des Vertreters zu übertragen. Dem steht nicht entgegen, dass die Stammkraft bei ihrer Rückkehr eine Einarbeitungszeit benötigt[9]. 53c

Es braucht also keine direkte **Beziehung** zu den zuvor vom Vertretenen wahrgenommenen Aufgaben zu bestehen. Es reicht zur wirksamen Befristung aus, dass durch den zeitlichen Ausfall eines Mitarbeiters ein als vorübergehend anzusehender Bedarf an der zusätzlichen Beschäftigung des Arbeitnehmers entsteht („**Gesamtvertretungsbedarf**"), und dieser Arbeitnehmer gerade wegen dieses Bedarfs eingestellt wird. Ein konkreter sachlicher Zusammenhang zwischen den Arbeitsaufgaben des Vertretenen und des Vertreters ist danach nicht nötig[10]. Der Vertreter muss nicht auf dem Arbeitsplatz des Vertretenen eingesetzt werden, also nicht dessen Aufgaben übernehmen. Für die Wirksamkeit der Befristung ist es unerheblich, ob und wie der Arbeitgeber mit der befristeten Einstellung eines Vertreters die Arbeitsaufgaben umverteilt. Zur **Darle-**

---

1 *Hromadka*, BB 2001, 621.
2 BAG 10.3.2004 – 7 AZR 397/03, ArbRB 2004, 207; 25.8.2004 – 7 AZR 32/04, NZA 2005, 472.
3 BAG 6.11.2013 – 7 AZR 96/12, NZA 2014, 430.
4 BAG 20.1.1999 – 7 AZR 640/97, NZA 1999, 928; 10.3.2004 – 7 AZR 402/03, NZA 2004, 925; 12.1.2011 – 7 AZR 194/09, NZA 2011, 507.
5 BAG 20.1.2010 – 7 AZR 542/08, DB 2010, 1186.
6 LAG Köln 7.5.2007 – 14 Sa 1379/06, NZA-RR 2007, 517.
7 BAG 8.8.2007 – 7 AZR 855/06, NZA 2008, 229; 20.1.2010 – 7 AZR 542/08, DB 2010, 1186.
8 BAG 10.10.2012 – 7 AZR 462/11, NZA-RR 2013, 185.
9 BAG 14.4.2010 – 7 AZR 121/09, NZA 2010, 942.
10 BAG 20.1.1999 – 7 AZR 640/97, NZA 1999, 928.

gung des Kausalzusammenhangs zwischen der zeitweiligen Arbeitsverhinderung der Stammkraft und der Einstellung der Vertretungskraft ist es jedoch erforderlich, dass der Arbeitgeber bei Vertragsschluss mit dem Vertreter dessen Aufgaben einem oder mehreren vorübergehend abwesenden Arbeitnehmern **nach außen erkennbar gedanklich zuordnet**, insbesondere durch eine entsprechende Angabe im Arbeitsvertrag oder in der Betriebsratsanhörung[1]. Damit kann dem Missbrauchsvorwurf hinsichtlich dieser Rechtsfigur der „gedanklichen Zuordnung" entgegengewirkt werden.

Die Vertretung in Form der „gedanklichen Zuordnung" ist aber für Vertretungsfälle ausgeschlossen, die durch die vorübergehende Abwesenheit der Stammkraft aufgrund eines **anderweitigen Einsatzes im Unternehmen** ausgelöst werden[2]. Die **Abordnung** einer Stammkraft kann die befristete Einstellung eines Arbeitnehmers nach § 14 Abs. 1 Satz 2 Nr. 3 TzBfG nur rechtfertigen, wenn dieser die Stammkraft unmittelbar oder mittelbar vertritt[3]. Ansonsten würde dem Arbeitgeber die Möglichkeit eröffnet, sich ohne sachliche Rechtfertigung Befristungsmöglichkeiten selbst zu schaffen[4]. Überdies gelten für die vom Arbeitgeber anzustellende Rückkehrprognose weitergehende Anforderungen. Da im Falle der Abordnung die Rückkehr der Stammkraft maßgeblich von Umständen und Entscheidungen abhängt, die in der Sphäre des Arbeitgeber liegen, muss der Arbeitgeber bei der Prognose über die voraussichtliche Rückkehr der abgeordneten Stammkraft sämtliche Umstände des Einzelfalls würdigen. Dazu gehören nicht nur etwaige Erklärungen der abgeordneten Stammkraft über ihre Rückkehrabsichten, sondern insbesondere auch die Planungs- und Organisationsentscheidungen des Arbeitgebers[5].

Ist die befristete Einstellung eines Arbeitnehmers nur möglich, weil die für den Stelleninhaber vorgesehenen Haushaltsmittel durch dessen **zeitweise Beurlaubung oder Teilzeitbeschäftigung** vorübergehend frei werden, so kann der Sachgrund der zeitlich begrenzten Verfügbarkeit der Haushaltsmittel im Vordergrund stehen und die Befristung rechtfertigen[6].

54 Die auf den Befristungsgrund des Vertretungsbedarfs gestützte Befristung muss zeitlich und von der Dauer her nicht dem tatsächlich bestehenden Vertretungsbedarf übereinstimmen. Für die Vertretung während der Elternzeit ergibt sich dies aus § 21 Abs. 1 BEEG. Danach kann die Befristung auch „für Teile" der Vertretungszeit erfolgen. Die vertraglich vereinbarte Befristungsdauer bedarf keiner eigenen sachlichen Rechtfertigung. Ein Zurückbleiben der Befristungsdauer hinter dem voraussichtlichen Bestand des Befristungsgrundes stellt daher auch den Befristungsgrund der Vertretung nach § 14 Abs. 1 Satz 2 Nr. 3 TzBfG selbst nicht infrage[7]. Da es dem Arbeitgeber frei steht, den Arbeitsausfall überhaupt durch eine Vertretungskraft zu überbrücken, verbleibt ihm auch die Entscheidung, die Vertretung nur für eine kürzere Zeit zu regeln. Dass stets ein bestimmter, messbarer Vertretungsbedarf zB im gesamten Schuldienst eines Landes besteht, der nicht oder nicht vollständig durch eine Personalreserve abgedeckt wird, steht einer wirksamen Befristung einer zur Vertretung einer bestimmten Kollegin eingestellten Lehrerin nicht entgegen[8]. Die Vorher-

---

1 BAG 20.1.2010 – 7 AZR 542/08, DB 2010,1186; 10.10.2012 – 7 AZR 462/11, NZA-RR 2013, 185.
2 BAG 16.1.2013 – 7 AZR 662/11, NZA 2013, 611, 10.7.2013 – 7 AZR 833/11, NZA 2013, 1292; 10.7.2013 – 7 AZR 761/11, NZA 2014, 26.
3 BAG 16.1.2013 – 7 AZR 662/11, NZA 2013, 611; 10.7.2013 – 7 AZR 833/11, NZA 2013, 1292.
4 BAG 16.1.2013 – 7 AZR 662/11, NZA 2013, 611; 10.7.2013 – 7 AZR 833/11, NZA 2013, 1292.
5 BAG 16.1.2013 – 7 AZR 661/11, NZA 2013, 614.
6 BAG 15.8.2001 – 7 AZR 263/00, DB 2002, 52.
7 BAG 13.10.2004 – 7 AZR 654/03, NZA 2005, 469.
8 BAG 3.12.1986 – 7 AZR 354/85, AP Nr. 110 zu § 620 BGB – Befristeter Arbeitsvertrag; nicht übertragbar auf die Befristungspraxis in der Finanzverwaltung: LAG Hess. 16.9.1999 – 12 Sa 2034/98, NZA-RR 2000, 293.

sehbarkeit weiteren Vertretungsbedarfs schließt eine wirksame Befristung nicht aus[1]. Der Vertretungsbedarf muss aber auf einer zeitlich entsprechenden Abwesenheit planmäßig eingesetzter Arbeitnehmer beruhen[2]. Ist bereits bei Vertragsabschluss absehbar, dass der Vertreter an einem anderen Arbeitsplatz derselben oder einer anderen Dienststelle desselben Verwaltungszweiges am selben Dienstort **weiterbeschäftigt** werden könnte, und war die Einstellung eines Vertreters insoweit auch bereits geplant, liegt kein sachlicher Grund für die befristete Einstellung zur Vertretung vor. Der Sachgrund der Vertretung berechtigt nicht zur Einstellung einer sog. **Daueraushilfe/Dauervertretung**[3]. Für die Abgrenzung zwischen einer zulässigen Befristung zur Abdeckung eines vorübergehenden Vertretungsbedarfs von einer **unzulässigen Dauervertretung** ist darauf abzustellen, ob ein zeitlich begrenzter Beschäftigungsbedarf besteht oder ob ein mit vorhandenen Dauerarbeitskräften nicht abzutragender zusätzlicher Arbeitsanfall von ungewisser Dauer zu bewältigen ist. Zu **Kettenbefristungen** und einer insoweit „nachgeschobenen" **Missbrauchskontrolle** s. im Einzelnen Rz. 113.

Ist der vertretene Arbeitnehmer **teilzeitbeschäftigt**, rechtfertigt der Sachgrund der Vertretung nicht die Befristung des Arbeitsvertrags einer vollzeitbeschäftigten Vertretungskraft[4].

Obwohl dem Gesetzeswortlaut nur die Vertretung eines Arbeitnehmers zu entnehmen ist, liegt nach dem Willen des Gesetzgebers ein Vertretungsfall iSd. § 14 Abs. 1 Satz 2 Nr. 3 TzBfG auch vor, wenn ein Arbeitnehmer einen **Beamten** zu vertreten hat[5].

d) Eigenart der Arbeitsleistung (§ 14 Abs. 1 Satz 2 Nr. 4 TzBfG)

Der unter § 14 Abs. 1 Satz 2 Nr. 4 TzBfG angeführte Befristungsgrund „Eigenart der Arbeitsleistung" bezieht sich insbesondere auf das von der Rechtsprechung aus der Rundfunkfreiheit[6] abgeleitete Recht der Rundfunkanstalten, programmgestaltende Mitarbeiter aus Gründen der Programmplanung lediglich für eine bestimmte Zeit zu beschäftigen[7]. Dies gilt auch für öffentlich-rechtliche Rundfunkanstalten[8]. Entscheidend für diesen Befristungsgrund ist die zur Erfüllung des Programmauftrages notwendige **Freiheit und Flexibilität sowie das Innovationsbedürfnis der Rundfunkanstalten**[9]. Diese Gesichtspunkte sind gegen das Bestandsschutzinteresse des Arbeitnehmers abzuwägen[10]. Wenn die Redakteure im Regelfall unbefristet beschäftigt werden, kann der Sachgrund der Rundfunkfreiheit nicht eine Befristung des Arbeitsvertrages eines Redakteurs stützen[11].

55

Der Gesichtspunkt der **journalistischen Freiheit** gilt auch für andere Medien.

Zur „Eigenart der Arbeitsleistung" iSd. § 14 Abs. 1 Satz 2 Nr. 4 TzBfG gehört auch die Wahrung der **freien Entfaltung der Kunst** (Art. 5 Abs. 3 GG). Sie begründet das

56

---

1 BAG 3.10.1984 – 7 AZR 192/83, AP Nr. 87 zu § 620 BGB – Befristeter Arbeitsvertrag.
2 BAG 20.1.1999 – 7 AZR 640/97, NZA 1999, 928.
3 LAG MV 14.6.2007 – Sa 357/06, NZA-RR 2008, 177.
4 BAG 4.6.2003 – 7 AZR 532/02, DB 2003, 2340.
5 BT-Drucks. 14/4374, 19.
6 Art. 5 Abs. 1 GG.
7 BT-Drucks. 14/4347, 19; die zugrunde liegende Rspr.: BAG 11.12.1991 – 7 AZR 128/91, AP Nr. 144 zu § 620 BGB – Befristeter Arbeitsvertrag; 24.4.1996 – 7 AZR 719/95, NZA 1997, 196; 22.4.1998 – 5 AZR 342/97, NZA 1998, 1336; 4.12.2013 – 7 AZR 457/12, NZA 2014, 1018; zum Aktualitätsbezug als Befristungsgrund: LAG Köln 4.11.2004 – 5 Sa 962/04, NZA-RR 2005, 411.
8 BAG 4.12.2013 – 7 AZR 457/12, NZA 2014, 1018.
9 BAG 26.7.2006 – 7 AZR 495/05, NZA 2007, 147; 4.12.2013 – 7 AZR 457/12, NZA 2014, 1018.
10 BAG 26.7.2006 – 7 AZR 495/05, NZA 2007, 147; 4.12.2013 – 7 AZR 457/12, NZA 2014, 1018.
11 LAG Köln 1.9.2000 – 4 Sa 401/00, NZA-RR 2001, 234.

Recht der Bühnen, entsprechend dem vom Intendanten verfolgten künstlerischen Konzept Arbeitsverträge mit künstlerisch tätigen Arbeitnehmern wie Theaterschauspielern, Solosängern, Tänzern, Kapellmeistern, Choreographen oder Dramaturgen jeweils befristetet abzuschließen[1]. Auch wenn wegen des normativen Vorrangs des unbefristeten Arbeitsverhältnisses der Befristungsgrund der „Eigenart der Arbeitsleistung" restriktiv ausgelegt werden muss, so sind die in Art. 5 GG geschützten Rechte insgesamt geeignet, eine Befristung zu rechtfertigen. Demgemäß sind in den Tarifverträgen „Normalvertrag Bühne" und „Normalvertrag Chor/Tanz" entsprechend einem langen Bühnengebrauch befristete Arbeitsverträge vorgesehen. Für den Bereich der Wissenschaft und Lehre wird dem Gesichtspunkt der **Wissenschaftsfreiheit** im Wissenschaftszeitvertragsgesetz – WissZeitVG – Rechnung getragen (s. Rz. 200ff.). Dagegen stellt der Aktualitätsbezug des Sprachunterrichts keinen Sachgrund zur Rechtfertigung der Befristung des Arbeitsvertrages mit einem **Lektor** nach § 14 Abs. 1 Satz 2 Nr. 4 TzBfG dar[2].

57 Zur Sicherung der verfassungsrechtlich geschützten Unabhängigkeit der freien Mandatsausübung sind auch die Befristungen der Arbeitsverhältnisse von **wissenschaftlichen Mitarbeitern einer Parlamentsfraktion** sachlich gerechtfertigt. Eine Befristung des Arbeitsverhältnisses nur für die Dauer einer Legislaturperiode ist aber nur bei den Mitarbeitern sachlich begründet, deren Aufgabe darin besteht, die Fraktion durch sachliche Beratung und politische Bewertung zu unterstützen[3].

57a Der Befristungsgrund der „Eigenart der Arbeitsleistung" gilt darüber hinaus auch für **Berufssportler** wie zB Profifußballer. Die besondere Erfolgsorientierung und Branchenüblichkeit begründen hier den Sachgrund der Eigenart der Arbeitsleistung[4]. Obwohl weniger von der Tätigkeit selbst geprägt wird deshalb auch der Befristungsgrund des **„Verschleißes"**, der fehlenden Motivationskraft des Grund der „Eigenart der Arbeitsleistung" zuzuordnen sein (so zB bei Verträgen mit Sporttrainern; s. Rz. 103). Die „Eigenart der Beschäftigung" und die zeitliche Begrenzung der Entsendung eines Arbeitnehmers sind nach § 4 Abs. 1 SGB IV für die inländische **Sozialversicherungsberechtigung** bedeutsam. Die inländische Sozialversicherungsberechtigung berechtigt daher eine Befristungsvereinbarung[5].

e) Erprobung (§ 14 Abs. 1 Satz 2 Nr. 5 TzBfG)

58 Um vor einer längeren arbeitsvertraglichen Bindung die fachliche und persönliche **Eignung für die vorgesehene Tätigkeit** festzustellen, ist in ständiger Rechtsprechung des BAG die Beschäftigung des Arbeitnehmers zur Probe als sachlicher Befristungsgrund anerkannt[6]. Dies gilt nicht, wenn dem Arbeitgeber die Eignung des auf Dauer einzustellenden Arbeitnehmers bereits aus einer vorhergehenden Beschäftigung bekannt ist. Wenn eine Leitungsaufgabe oder andere höherwertige Tätigkeit übertragen wird, rechtfertigt die Erprobung aber eine Befristung[7] (so in § 31 TVöD-AT).

Während in der Regel die Vereinbarung eines befristeten Probearbeitsverhältnisses gem. § 14 Abs. 1 Satz 2 Nr. 5 TzBfG dazu dient, dem Arbeitnehmer bei Bewährung ein Dauerarbeitsverhältnis anzubieten, kann der Befristungsgrund der Erprobung

---

1 BT-Drucks. 14/4374, 19; BAG 2.7.2003 – 7 AZR 612/02, NZA 2004, 311; LAG Köln 11.9.2013 – 5 Sa 93/13, NZA-RR 2014, 124.
2 BAG 16.4.2008 – 7 AZR 85/07, NJW 2009, 795.
3 BAG 26.8.1998 – 7 AZR 450/97, NZA 1999, 149; LAG MV 9.11.2012 – 5 Sa 344/11 (Revision zugelassen), ZTR 2013, 155: dies folgt bereits aus dem in diesem Bereich geltenden Grundsatz der Diskontinuität.
4 OLG Hamm 29.5.2000 – 12 W 11/00, NZA-RR 2000, 461.
5 BAG 14.7.2005 – 8 AZR 392/02, NZA 2005, 1411.
6 BAG 30.9.1981 – 7 AZR 789/78, AP Nr. 61 zu § 620 BGB – Befristeter Arbeitsvertrag.
7 BAG 23.6.2004 – 7 AZR 636/03, NZA 2004, 1333.

III. Befristung mit Sachgrund (§ 14 Abs. 1 TzBfG)

auch vorliegen, wenn nach einer abgeschlossenen Entziehungskur die Rückfallgefahr erprobt werden soll[1].

Regelmäßig orientiert sich die **zulässige Dauer** des befristeten Probearbeitsverhältnisses an der Wartezeit des § 1 Abs. 1 KSchG, wird also in der Regel die Dauer von sechs Monaten nicht überschreiten können[2]. Nur bei Vorliegen besonderer, eine längere Erprobungsdauer rechtfertigender Umstände, wie zB spezieller Anforderungen an die spätere Tätigkeit, kann eine die Dauer von sechs Monaten überschreitende Befristungsdauer für die Erprobung gerechtfertigt sein. Für Führungspositionen kann eine **längere Erprobungszeit** in Betracht kommen. So sieht § 31 TVöD-AT hierfür Befristungen bis zu zwei Jahren vor. Da die vereinbarte Befristungsdauer dem Sachgrund entsprechen muss, kann aber auch eine Probezeit von sechs Monaten uU **zu lang** bemessen sein und deshalb deren Wirksamkeit in Frage gestellt werden (zB wenn die Eignung schon aus einer vorangegangenen Tätigkeit bekannt ist).

59

Der Sachgrund der Erprobung kann auch eine **nochmalige Befristung** rechtfertigen. Dies wird dann der Fall sein, wenn das erste zur Erprobung befristet abgeschlossene Arbeitsverhältnis nicht ausreichte, um sich von der Eignung des Arbeitnehmers für die spätere Tätigkeit überzeugen zu können. Ein solcher Grund kann neben den besonderen Anforderungen an die spätere Tätigkeit auf einer längeren Krankheit des Arbeitnehmers während des zunächst vereinbarten Probearbeitsverhältnisses beruhen.

59a

Der in § 14 Abs. 1 Satz 2 Nr. 5 TzBfG genannte Erprobungszweck stellt auch einen sachlichen Grund für eine **auflösende Bedingung** dar (§ 21 TzBfG). Bei einer Einstellung zur Probe kann eine auflösende Bedingung bspw. in der Nichtvorlage eines Gesundheitsattestes[3] oder in der fehlenden Eignung für den Schuldienst[4] liegen. Wenn die Bedingung von einer Prüfungsleistung abhängig gemacht wird, so muss diese objektivierbar sein oder die Prüfung muss von einer neutralen Stelle abgenommen werden. Die Bedingung darf nicht willkürlich von der subjektiven Beurteilung des Arbeitgebers abhängig sein[5].

60

In den Arbeitsvertrag könnte folgende Klausel aufgenommen werden:

61

Formulierungsbeispiel:

Probezeit auf der Grundlage eines befristeten Arbeitsverhältnisses[6].

Der Vertrag wird für die Dauer von sechs Monaten zur Probe abgeschlossen. Er endet mit Ablauf dieser Probezeit, sofern er nicht zuvor durch schriftliche Vereinbarung verlängert wird.

Wenn das Arbeitsverhältnis über das Ende der Probezeit hinaus fortgesetzt wird, gilt der Inhalt dieses Vertrages, sofern nicht Abweichendes vereinbart ist.

Während der vereinbarten Probezeit kann das Arbeitsverhältnis mit einer Frist von zwei Wochen gekündigt werden.

---

1 LAG Köln 24.8.2007 – 11 Sa 250/07, ZTR 2008, 110 (Ls.).
2 BAG 2.6.2010 – 7 AZR 85/09, NZA 2010, 1293. Unabhängig vom Datum des Vertragsabschlusses ist der erste Arbeitstag in die Zeitberechnung einzubeziehen: BAG 27.6.2002 – 2 AZR 382/01, BB 2003, 312.
3 LAG Hess. 8.12.1994 – 12 Sa 1103/94, LAGE § 620 BGB – Bedingung.
4 BAG 31.8.1994 – 7 AZR 983/93, NZA 1995, 1212.
5 *Hromadka*, BB 2001, 621.
6 Diese Klausel ist im Arbeitsvertrag der Beendigung eines Arbeitsverhältnis zuzuordnen und nicht der „Entstehung", LAG Bln.-Bbg. 15.1.2013 – 16 Sa 1829/12, NZA-RR 2013, 459.

Formulierungsbeispiel:

Auflösende Bedingung

Der Vertrag wird vorbehaltlich der noch festzustellenden gesundheitlichen Eignung des Arbeitnehmers abgeschlossen. Er endet daher, ohne dass es einer Kündigung bedarf, wenn aufgrund der gesundheitlichen Begutachtung feststeht, dass der Arbeitnehmer für die vertraglich vorgesehene Tätigkeit nicht geeignet ist, frühestens jedoch zwei Wochen nach Zugang der schriftlichen Mitteilung des Arbeitgebers über die Feststellung der fehlenden gesundheitlichen Eignung. Während der hier vereinbarten Vertragslaufzeit kann das Arbeitsverhältnis mit den gesetzlichen Kündigungsfristen gekündigt werden.

62 Auch wenn sich der Arbeitnehmer während des befristeten Probearbeitsverhältnisses als für die spätere Tätigkeit geeignet erweist, hat der Arbeitnehmer **keinen Anspruch auf Übernahme** in ein unbefristetes Arbeitsverhältnis nach Beendigung des auf den Sachgrund der Erprobung gestützten Arbeitsverhältnisses[1]. Es kann sich aber als **rechtsmissbräuchlich** darstellen, wenn sich der Arbeitgeber auf die Befristung beruft, nachdem ihm zB die Schwangerschaft der befristet eingestellten Arbeitnehmerin bekannt geworden ist, sofern er während des bisherigen befristeten Arbeitsverhältnisses den Eindruck erweckt hat, einer Fortsetzung des Arbeitsverhältnisses über den zunächst vorgesehenen Beendigungstermin stehe nichts mehr entgegen[2]. Dahingehend wird man auch den EuGH verstehen müssen, wenn er nur „unter bestimmten Umständen" in der Nichterneuerung eines befristeten Vertrages eine sich als unmittelbare Diskriminierung darstellende Einstellungsverweigerung sieht[3].

63 Wegen des nach § 14 Abs. 2 Satz 2 TzBfG bestehenden sog. Vorbeschäftigungsverbotes kann an das zur Erprobung befristete Arbeitsverhältnis **kein Arbeitsverhältnis ohne Sachgrund** gem. § 14 Abs. 2 und 2a TzBfG angeschlossen werden. Wenn nur ein weiteres befristetes Arbeitsverhältnis in Betracht gezogen werden soll, und kein anderer geeigneter Sachgrund vorhanden oder aber zweifelhaft ist (zB die Erprobung des Arbeitnehmers in einer anderen Position), so empfiehlt es sich von vornherein, eine sachgrundlose Befristung gem. § 14 Abs. 2 oder ggf. nach Abs. 2a TzBfG in Erwägung zu ziehen, sofern der Arbeitnehmer nicht schon einmal zuvor in dem Unternehmen beschäftigt war. Der Vorteil besteht darin, dass die Eignung nicht unbedingt innerhalb der vereinbarten Befristungsdauer abschließend festgestellt werden muss. § 14 Abs. 2 Satz 1 TzBfG gibt schließlich die Möglichkeit, innerhalb der Gesamtdauer von zwei Jahren dreimal das ohne Sachgrund befristete Arbeitsverhältnis zu verlängern (im Falle des § 14 Abs. 2a TzBfG sogar ohne Beschränkung der Verlängerungsmöglichkeiten). Fraglich erscheint, ob es sich nicht als Verstoß gegen das Vorbeschäftigungsverbot nach § 14 Abs. 2 Satz 2 TzBfG darstellt, wenn eine zweijährige Befristung mit einem integrierten befristeten Probearbeitsverhältnis vereinbart wird, ohne dass für die Befristung nach Ablauf des integrierten befristeten Probearbeitsverhältnisses ein Sachgrund vorliegt. Weniger riskant ist es sicherlich, von einer Begründung des ersten befristeten Arbeitsverhältnisses ganz abzusehen.

64 Von dem gem. § 14 Abs. 1 Nr. 5 TzBfG befristeten Probearbeitsverhältnis ist die Vereinbarung einer lediglich **„vorgeschalteten" Probezeit** zu unterscheiden. Allein die Vereinbarung einer „Probezeit" im Arbeitsvertrag beinhaltet keine Befristung. Nur dann, wenn eindeutig das Probearbeitsverhältnis mit Ablauf einer bestimmten Dauer oder zu einem bestimmten Zeitpunkt bzw. mit Eintritt einer auflösenden Bedingung enden soll, besteht ein befristetes Probearbeitsverhältnis. Ist nur eine Probezeit vereinbart, handelt es sich um ein unbefristetes Arbeitsverhältnis, dessen einzige Bedeu-

---

1 BAG 24.4.1996 – 7 AZR 719/95, NZA 1997, 196.
2 BAG 16.3.1989 – 2 AZR 325/88, AP Nr. 8 zu § 1 BeschFG.
3 EuGH 4.10.2001 – Rs. C-438/99 – Maria Luisa Jiménez Melgar, NZA 2001, 1243.

III. Befristung mit Sachgrund (§ 14 Abs. 1 TzBfG)

tung wegen der Wartefrist des § 1 Abs. 1 KSchG nur noch darin besteht, dass mit der tariflichen oder gesetzlichen Mindestkündigungsfrist während der Probezeit gekündigt werden kann (gem. § 622 Abs. 3 BGB: zwei Wochen). Diese verkürzte gesetzliche oder tarifliche Kündigungsfrist gilt längstens für die Dauer von sechs Monaten (§ 622 Abs. 3 BGB).

Formulierungsbeispiel:

Vorgeschaltete Probezeit

Die ersten sechs Monate gelten als Probezeit.

⮕ **Hinweis:** Wenn es sich bereits mit Vertragsbeginn um ein unbefristetes Arbeitsverhältnis handelt, ist die Vereinbarung einer Kündigungsfrist wegen der Regelung des § 622 Abs. 3 BGB überflüssig, sofern für die Probezeit keine abweichende Kündigungsfrist vereinbart werden soll. **65**

Ist die einem unbefristeten Arbeitsverhältnis vorgeschaltete Probezeit innerhalb der vorgesehenen Dauer „**nicht bestanden**", so kann dem Arbeitnehmer eine **zusätzliche Bewährungschance** eingeräumt werden, indem das Arbeitsverhältnis innerhalb der Probezeit mit einer überschaubaren **längeren Kündigungsfrist gekündigt** und dem Arbeitnehmer für den Fall seiner Bewährung die Wiedereinstellung zugesagt wird. Diese Grundsätze gelten auch für einen entsprechenden **Aufhebungsvertrag** für die Dauer, die der verlängerten tariflichen oder vertraglichen Kündigungsfrist entspricht[1] (im vom BAG entschiedenen Fall wurde dadurch eine Verlängerung um vier Monate erreicht).

Auch bei einem aus – anderem – **Sachgrund** befristeten Arbeitsverhältnis kann eine Probezeit „vorgeschaltet" werden[2]. Dies wäre aber auch nur wegen der kurzen Kündigungsfrist des § 622 Abs. 3 BGB von Bedeutung. Ob die bloße Vereinbarung einer Probezeit gem. § 622 Abs. 3 BGB auch iSd. § 15 Abs. 3 TzBfG als ausreichend anzusehen ist, um während dieser mit der in § 622 Abs. 3 BGB genannten Frist kündigen zu können, erscheint gem. § 305c und § 307 Abs. 1 Satz 2 BGB zweifelhaft, insbesondere wenn nach Ablauf der Probezeit die Möglichkeit zur ordentlichen Kündigung nicht vorbehalten ist[3]. Die **zusätzliche Befristung** zum Ablauf einer sechsmonatigen Probezeit in einem **ohnehin** (zu einem späteren Zeitpunkt) befristeten Arbeitsvertrag widerspricht ebenfalls dem Transparenzgebot des § 307 Abs. 1 Satz 2 BGB und kann sich überdies als überraschend iSv. § 305c Abs. 1 BGB darstellen[4]. **66**

Werden ansonsten in dem Betrieb Arbeitnehmer mit einer lediglich vorgeschalteten Probezeit befristet eingestellt, jedoch mit Frauen stets befristete Arbeitsverhältnisse abgeschlossen, so kann diese Vereinbarung als **Benachteiligung wegen des Geschlechts** nach §§ 1, 2 Abs. 1 Nr. 2, 7 AGG unwirksam sein, wenn zu vermuten ist, dass damit die Unzulässigkeit der Frage nach einer Schwangerschaft kompensiert wird[5]. Eine Pflicht zur Mitteilung einer bestehenden Schwangerschaft besteht auch dann nicht, wenn die Arbeitnehmerin während des befristeten Arbeitsverhältnisses einen wesentlichen Teil der Vertragszeit nicht wird arbeiten können[6]. **67**

---

1 BAG 7.3.2002 – 2 AZR 93/01, DB 2002, 1997.
2 BAG 24.1.2008 – 6 AZR 519/07, ArbRB 2008, 201.
3 AA LAG Köln 21.7.2004 – 3 Sa 411/04, BB 2005, 896.
4 BAG 16.4.2008 – 7 AZR 132/07, NZA 2008, 876.
5 LAG Köln 26.5.1994 – 10 Sa 244/94, LAGE § 620 Nr. 37.
6 EuGH 4.10.2001 – Rs. C-109/00 – M. Brandt-Nielsen, DB 2001, 2451.

f) Gründe in der Person des Arbeitnehmers (§ 14 Abs. 1 Satz 2 Nr. 6 TzBfG)

68 Ein in der Person des Arbeitnehmers liegender sachlicher Befristungsgrund iSd. § 14 Abs. 1 Satz 2 Nr. 6 TzBfG liegt nach der Gesetzesbegründung unter Bezugnahme auf die Rechtsprechung dann vor, wenn ein Arbeitnehmer aus sozialen Gründen vorübergehend beschäftigt wird, um zB die Zeit bis zum Beginn einer bereits feststehenden anderen Beschäftigung oder eines Studiums **überbrücken** zu können. Darüber hinaus kann die Befristung eines Arbeitsvertrages personenbedingt gerechtfertigt sein, wenn der Arbeitsvertrag für die Dauer einer befristeten **Aufenthaltserlaubnis** des Arbeitnehmers geschlossen wird und zum Zeitpunkt des Vertragsschlusses hinreichend gewiss ist, dass die Aufenthaltserlaubnis nicht verlängert wird[1].

Wenn überwiegend aus **sozialen Erwägungen** ein befristeter Arbeitsvertrag abgeschlossen wird, stellt dies einen in der Person des Arbeitnehmers liegenden rechtfertigenden Grund dar. Voraussetzung ist, dass es ohne den in der Person des Arbeitnehmers begründeten sozialen Zweck ansonsten überhaupt nicht zum Abschluss eines Arbeitsvertrags, auch nicht eines befristeten Arbeitsvertrags gekommen wäre[2]. Die sozialen Erwägungen müssen das überwiegende Motiv des Arbeitgebers sein[3]. Wird ein Arbeitsverhältnis befristet, um dem Arbeitnehmer aus sozialen Gründen eine **Übergangsregelung** zur Suche eines anderen Arbeitsplatzes[4] oder zur Überwindung von **Übergangsschwierigkeiten** nach Abschluss der Ausbildung[5] zu schaffen, so handelt es sich eher um den in § 14 Abs. 1 Satz 2 Nr. 2 TzBfG angeführten Befristungsgrund. Der Gesetzesbegründung ist zu entnehmen, dass der Befristungsgrund des § 14 Abs. 1 Satz 2 Nr. 6 TzBfG eine befristete Übergangsregelung nur zulässt, wenn bereits feststeht, dass der Arbeitnehmer über eine andere Beschäftigung verfügt oder aus anderen Gründen **gehindert ist, ein unbefristetes Arbeitsverhältnis** zu übernehmen.

69 Zu den personenbedingten Gründen iSd. § 14 Abs. 1 Satz 2 Nr. 6 TzBfG ist auch die in § 8 Abs. 3 ATZG bis zum 31.12.2009 zugelassene Befristung des Arbeitsverhältnisses bis zum **Bezug einer Rente nach Altersteilzeitarbeit** zu zählen (zu Altersteilzeitverträgen s. im Einzelnen Teil 7 B). Danach können Arbeitnehmer und Arbeitgeber in der Vereinbarung über die Altersteilzeitarbeit die Beendigung des Arbeitsverhältnisses ohne Kündigung zu einem Zeitpunkt vorsehen, in dem der Arbeitnehmer Anspruch auf eine Rente nach Altersteilzeitarbeit hat. – Ob nach dem Gesetzeswortlaut auch die Altersgrenze zu dem in § 14 Abs. 1 Nr. 6 TzBfG benannten Befristungsgrund zu zählen ist, ist aber zweifelhaft (s. zur Altersgrenze im Einzelnen Rz. 80 ff.).

70 Dagegen bringt der Gesichtspunkt einer bloßen **Nebenbeschäftigung** keine in der Person des Arbeitnehmers liegende geringere Schutzbedürftigkeit mit sich. Auch liegt bei der Befristung von Arbeitsverträgen mit **Studenten** der sachliche Grund nicht schon darin, dass diese neben ihrer Tätigkeit einem Studium nachgehen und mit der Nebentätigkeit nicht ihren vollen Lebensunterhalt verdienen[6]. Die Befristung kann auch nicht auf den Gesichtspunkt der Anpassung der Erwerbstätigkeit an die Erfordernisse des Studiums gestützt werden[7]. Dazu bieten eine flexible Ausgestaltung des Arbeitsverhältnisses und § 12 TzBfG geeignete Möglichkeiten.

---

1 BAG 12.1.2000 – 7 AZR 863/98, BB 2000, 933; BT-Drucks. 14/4374, 19.
2 BAG 21.1.2009 – 7 AZR 630/07, NZA 2009, 727.
3 BAG 24.8.2011 – 7 AZR 368/10, DB 2012, 293.
4 BAG 3.10.1984 – 7 AZR 132/83, BB 1985, 2045; 12.12.1985 – 2 AZR 9/85, AP Nr. 96 zu § 620 BGB – Befristeter Arbeitsvertrag.
5 BAG 7.7.1999 – 7 AZR 232/98, NZA 1999, 1335.
6 BAG 10.8.1994 – 7 AZR 695/93, NZA 1995, 30.
7 BAG 29.10.1998 – 7 AZR 561/97, BB 1999, 962; LAG Berlin 12.1.1999 – 12 Sa 113/98, FA 1999, 375.

III. Befristung mit Sachgrund (§ 14 Abs. 1 TzBfG)

Nach §§ 1, 7 AGG ist das **Geschlecht** kein in der Person des Arbeitnehmers liegender Grund für die Befristung eines Arbeitsvertrages[1]. 71

Der Wunsch des Arbeitnehmers, einen befristeten Arbeitsvertrag abzuschließen, kann ein in der Person des Arbeitnehmers liegender Grund sein und deshalb die Befristung sachlich rechtfertigen. Da im Zeitpunkt des Vertragsabschlusses beiderseits Einigkeit über die Befristung unterstellt werden kann, reicht allerdings das bloße Einverständnis des Arbeitnehmers zu einer Befristung nicht aus, um von einem die sachliche Befristung tatsächlich rechtfertigenden Wunsch sprechen zu können. Auch die ausdrückliche Fixierung im Arbeitsvertrag, dass die Befristung auf Wunsch des Arbeitnehmers erfolgt, genügt für sich genommen nicht. Es müssen vielmehr objektive Anhaltspunkte dafür vorliegen, dass der Arbeitnehmer gerade an einer befristeten Beschäftigung Interesse hat[2] und deshalb auch bei einem Angebot einer unbefristeten Einstellung nur einen befristeten Vertrag vereinbart hätte[3]. Das Interesse an der Befristung darf also nicht mit dem Interesse an der Beschäftigung als solcher verwechselt werden. Sofern auch eine unbefristete Einstellung möglich ist, sollte daher dem Arbeitnehmer diese Möglichkeit zuvor aufgezeigt und dieses Angebot dokumentiert werden. 72

⊃ **Hinweis:** Sofern die Befristung allein auf den von dem Arbeitnehmer geäußerten Wunsch gestützt werden soll, empfiehlt es sich, in den Vertrag ausdrücklich aufzunehmen, dass der Arbeitnehmer die Wahlmöglichkeit zwischen einem unbefristeten und einem befristeten Arbeitsvertrag hatte und sich für Letzteren entschieden hat. Diese Wahlmöglichkeit braucht jedoch dann nicht aufgezeigt zu werden, wenn vom Arbeitnehmer ein von ihm genannter, ggf. auch nachweisbarer Befristungsgrund gegeben werden kann (zB ein beabsichtigter längerer Auslandsaufenthalt).

g) Vergütung aus Haushaltsmitteln (§ 14 Abs. 1 Satz 2 Nr. 7 TzBfG)

Nach § 14 Abs. 1 Satz 2 Nr. 7 TzBfG ist die Befristung eines Arbeitsvertrages zulässig, wenn die für die befristete Beschäftigung bereitgestellten Haushaltsmittel, aus denen der Arbeitnehmer vergütet wird, für eine Aufgabe von vorübergehender Dauer vorgesehen sind und sich dies aus der haushaltsrechtlichen Vorschrift, mit der die Haushaltsmittel ausgebracht sind, selbst ergibt[4]. Diese Regelung stellt einen Sonderbefristungstatbestand für den **öffentlichen Dienst** dar, der zu einer fragwürdigen Privilegierung des öffentlichen Dienstes gegenüber der Privatwirtschaft führt[5]. Dass der Befristungstatbestand des § 14 Abs. 1 Satz 2 Nr. 7 TzBfG es zulässt, dass pauschal bestimmte Haushaltsmittel ohne zeitliche Begrenzung für bestimmte Arten von Tätigkeiten nur zur befristeten Beschäftigung vorgesehen werden[6], reicht nach der Rechtsprechung nicht mehr aus[7]. Wegen der gemeinschaftsrechtlichen Vorgaben (Richtlinie 1999/70/EG) lässt danach eine haushaltsrechtliche Zweckbestimmung eine befristete Beschäftigung nur zu, wenn ihr deutlich zu entnehmen ist, auf welchen objektiv vorliegenden nachprüfbaren Umständen die Erwartung beruht, dass die Haushaltsmittel nur für die Beschäftigung in einer **Aufgabe von vorübergehender Dauer** bereitgestellt wurden[8]. Der bloße kw (künftig wegfallend)-Vermerk im Haushaltsplan des öffentlichen Arbeitgebers ist nicht ausreichend[9]. 73

---

1 BT-Drucks. 14/4374, 19.
2 BAG 12.12.1985 – 2 AZR 9/85, AP Nr. 96 zu § 620 BGB – Befristeter Arbeitsvertrag.
3 BAG 4.12.2002 – 7 AZR 492/01, DB 2003, 2016; 4.6.2003 – 7 AZR 406/02, BB 2003, 1683; 19.1.2005 – 7 AZR 115/04, ArbRB 2005, 196.
4 BAG 17.3.2010 – 7 AZR 640/08, NZA 2010, 633.
5 BAG 15.12.2011 – 7 AZR 394/10, NZA 2012, 674.
6 BAG 17.3.2010 – 7 AZR 843/08, NJW 2010, 2536.
7 BAG 17.3.2010 – 7 AZR 843/08, NJW 2010, 2536.
8 BAG 17.3.2010 – 7 AZR 843/08, NJW 2010, 2536.
9 BAG 2.9.2009 – 7 AZR 162/08, NZA 2009, 1257.

Trotz dieser vorgenommenen Einschränkung hat der Siebte Senat des BAG in einem – inzwischen ohne Entscheidung erledigten – Vorabentscheidungsersuchen nach Art. 267 AEUV vom 27.10.2010 den EuGH um Klärung ersucht, ob die Privilegierung durch § 14 Abs. 1 Satz 2 Nr. 7 TzBfG unter Berücksichtigung des allgemeinen Gleichheitssatzes mit § 5 Nr. 1 der EGB-UNICE-CEEP-Rahmenvereinbarung über befristete Arbeitsverträge im Anhang der Richtlinie 1999/70/EG vereinbar ist[1].

74 Nach der Rechtsprechung setzt § 14 Abs. 1 Satz 2 Nr. 7 TzBfG eine **zweckgebundene Zuweisung** der Haushaltsmittel für die Erledigung von **zeitlich begrenzten** Tätigkeiten sowie die Beschäftigung des Arbeitnehmers zu Lasten und entsprechend der Mittelzuweisung voraus. Der Sachgrund erfordert daher die Vergütung des befristet beschäftigten Arbeitnehmers aus Haushaltsmitteln, die im Haushaltsplan mit einer konkreten Sachregelung auf der Grundlage einer nachvollziehbaren Zwecksetzung für eine nur **vorübergehende Beschäftigung** vorgesehen sind. Der Arbeitnehmer muss zudem überwiegend entsprechend der haushaltsrechtlichen Zwecksetzung beschäftigt werden[2]. Der Sachgrund des § 14 Abs. 1 Satz 2 Nr. 7 TzBfG muss nicht den Anforderungen an die Sachgründe in § 14 Abs. 1 Satz 2 Nrn. 1 und 3 TzBfG genügen. Ausreichend ist, wenn der befristet Beschäftigte Aufgaben wahrnimmt, die sonst einem oder mehreren anderen Arbeitnehmern der Dienststelle übertragen worden wären[3].

75 Eine „**finanzielle Kongruenz**" zwischen dem Zeitraum der vorübergehend frei gewordenen Mitteln und der Befristungsdauer ist zur sachlichen Rechtfertigung der Befristung grundsätzlich nicht erforderlich[4]. Vorausgesetzt wird auch nicht, dass bereits **bei Abschluss** des befristeten Arbeitsvertrags Haushaltsmittel in einem **Haushaltsgesetz** ausgebracht sind, aus denen die Vergütung des befristet beschäftigten Arbeitnehmers während der gesamten Laufzeit des befristeten Arbeitsvertrags bestritten werden kann. Es genügt vielmehr, wenn bei Vertragsschluss aufgrund konkreter Umstände eine dahingehende **Prognose** gerechtfertigt ist[5].

Das BAG lässt offen, ob das Merkmal der Haushaltsmittel nur dann erfüllt ist, wenn die Haushaltsmittel **durch ein Gesetz** ausgebracht sind[6]. Für diese Einschränkung spricht die Entstehungsgeschichte der Norm im Hinblick auf den gleichlautenden Wortlaut des § 57b Abs. 2 Nr. 2 HRG in der bis zum 22.2.2002 geltenden Fassung und die Rechtsprechung hierzu. Da nur auf eine Vergütung aus „Haushaltsmitteln", die „haushaltsrechtlich" für eine befristete Beschäftigung „bestimmt" sind, abgestellt wird, sind aber nicht nur der Bundeshaushalt und die Haushalte der Länder, sondern alle nach dem öffentlichen Haushaltsrecht aufgestellten Haushaltspläne vom Geltungsbereich umfasst. Hierzu gehören auch die Haushalte der Gebietskörperschaften und anderer juristischer Personen des öffentlichen Rechts[7], nicht aber der Kirchen[8]. Das den Haushaltsplan aufstellende Organ und der Arbeitgeber dürfen jedoch wegen einer sonst mit dem Bestandsschutz des Arbeitnehmers nicht zu vereinbarenden Ungleichbehandlung **nicht identisch** sein. Auch muss der **Haushaltsplangeber** demokratisch legitimiert sein[9].

---

1 BAG 27.10.2010 – 7 AZR 485/09, NZA-RR 2011, 272.
2 BAG 16.10.2008 – 7 AZR 360/07, NZA 2009, 676; 2.9.2009 – 7 AZR 162/08, NZA 2009, 1257; 15.12.2011 – 7 AZR 394/10, NZA 2012, 674.
3 BAG 15.12.2011 – 7 AZR 394/10, NZA 2012, 674.
4 BAG 14.2.2007 – 7 AZR 193/06, NZA 2007, 871; LAG Düsseldorf 20.2.2007 – 3 Sa 1180/06, NZA-RR 2008, 96.
5 BAG 22.4.2009 – 7 AZR 743/07, DB 2009, 2275.
6 BAG 16.10.2008 – 7 AZR 360/07, NZA 2009, 676.
7 AA LAG Bln.-Bbg. 16.3.2007 – 6 Sa 2102/06, ZTR 2007, 462.
8 ErfK/*Müller-Glöge*, § 14 TzBfG Rz. 71.
9 BAG 9.3.2011 – 7 AZR 728/09, NZA 2011, 911.

Der Befristungstatbestand des § 14 Abs. 1 Satz 2 Nr. 7 TzBfG findet keine Anwendung auf **privatrechtlich organisierte Arbeitgeber**. Eine bloße Mittelzuweisung/Drittmittelbewilligung aus Haushaltsmitteln an private Arbeitgeber ist keine haushaltsrechtliche Bestimmung iSd. § 14 Abs. 1 Satz 2 Nr. 7 TzBfG. – Zur Befristung bei Arbeitsbeschaffungsmaßnahmen und **Drittmittelbewilligung** s. Rz. 94 und 98.

76

h) Gerichtlicher Vergleich (§ 14 Abs. 1 Satz 2 Nr. 8 TzBfG)

Die Vereinbarung der Befristung eines Arbeitsvertrages im Rahmen eines gerichtlichen Vergleichs ist gem. § 14 Abs. 1 Satz 2 Nr. 8 TzBfG ein sachlich rechtfertigender Befristungsgrund. Damit wird klargestellt, dass **nur der gerichtliche Vergleich** ein eigenständiger Sachgrund ist. Dies wird damit begründet, dass die Mitwirkung des Gerichts an dem Vergleich eine hinreichende Gewähr für die Wahrung der Schutzinteressen des Arbeitnehmers bietet[1]. Der **außergerichtliche Vergleich** kommt somit als selbständiger Befristungsgrund nicht in Betracht[2]. Mit dem gerichtlichen Vergleich iS dieser Vorschrift ist der **Prozessvergleich** nach § 794 Abs. 1 Nr. 1 ZPO gemeint, der zwischen den Parteien eines Rechtsstreits zur Beilegung des Verfahrens vor einem deutschen Gericht abgeschlossen wird. Ihm gleichgestellt ist gem. § 278 Abs. 6 Satz 1 Alt. 2 ZPO ein **Beschluss** des Gerichts, mit welchem das Zustandekommen eines Vergleichs festgestellt wird, dem ein von den Parteien durch Schriftsatz gegenüber dem Gericht akzeptierter **schriftlicher Vergleichsvorschlag des Gerichts** zugrunde liegt[3]. Infolgedessen ist ein auf dem schriftlichen Vergleichsvorschlag der Parteien beruhender Vergleich (§ 278 Abs. 6 Satz 1 Alt. 1 ZPO) unzureichend[4], auch wenn der Wortlaut der Bestimmung einen solchen Vergleich nicht ausschließt. Dies wird damit begründet, dass das Gericht die Möglichkeit und die Obliegenheit hat, beim Abschluss des Vergleichs darauf hinzuwirken, dass bei dessen Inhalt – auch unter Berücksichtigung der Prozessaussichten in dem beigelegten Rechtsstreit – die Schutzinteressen des Arbeitnehmers berücksichtigt werden[5]. Dem **Schriftformerfordernis** des § 14 Abs. 4 TzBfG wird durch analoge Anwendung des § 127a BGB entsprochen. Dies setzt aber die Mitwirkung des Gerichts voraus, um dem gesetzgeberischen Zweck der Formvorschrift, nämlich vor Übereilung zu schützen und den Vertragsinhalt urkundlich sicherzustellen, zu entsprechen. Es muss ein schriftlicher Vergleichsvorschlag des Gerichts vorangehen.

77

Ein eine Befristung rechtfertigender Vergleich ist aber nicht nur dem formalen Erfordernis des gerichtlichen Vergleichs unterworfen, sondern auch einem **qualitativen**. Er setzt das Bestehen eines offenen Streits der Parteien über die Rechtslage hinsichtlich des zwischen ihnen bestehenden Rechtsverhältnisses zum Zeitpunkt des Vergleichsabschlusses voraus. Der gerichtliche Vergleich muss zur Beendigung eines Kündigungsschutzverfahrens oder eines sonstigen Feststellungsstreits über den Fortbestand des Arbeitsverhältnisses führen[6].

In dem Vergleichsabschluss liegt nicht zugleich der Verzicht des Arbeitnehmers, sich in einem nachfolgenden Gerichtsverfahren auf die **Unwirksamkeit** dieser vereinbarten Befristung zu berufen[7].

78

Wenn zu einer wirksamen Befristung der Personalrat **zustimmen muss** (so nach § 63 Abs. 1 Nr. 4 LPVG Bbg., § 75 Abs. 1 Nr. 2 LPVG/BW), gilt diese Voraussetzung auch für den gerichtlichen Vergleich[8].

---

1 BT-Drucks. 14/4374, 19.
2 *Däubler*, ZIP 2001, 217; *Hromadka*, BB 2001, 621; aA *Bauer*, BB 2001, 2526.
3 BAG 15.2.2012 – 7 AZR 734/10, NZA 2012, 919.
4 AA LAG Nds. 5.11.2013 – 1 Sa 489/13, ArbRB 2014, 39.
5 BT-Drucks.14/4374, S. 19; BAG 15.2.2012 – 7 AZR 734/10, NZA 2012, 919.
6 BAG 23.11.2006 – 6 AZR 394/06, NZA 2007, 466.
7 BAG 13.6.2007 – 7 AZR 287/06, ZTR 2007, 694.
8 BAG 13.6.2007 – 7 AZR 287/06, ZTR 2007, 694.

3. Weitere Sachgründe

79 Die Gesetzesbegründung hebt ausdrücklich hervor, dass die **Aufzählung** in § 14 Abs. 1 Satz 2 TzBfG **nur beispielhaft** ist und weder andere von der Rechtsprechung bisher akzeptierte noch weitere Gründe ausschließen soll[1]. Die Begründung selbst nennt als weitere Beispiele Arbeitsbeschaffungs- und Strukturanpassungsmaßnahmen nach SGB III sowie die übergangsweise Beschäftigung eines Arbeitnehmers auf einem Arbeitsplatz, dessen endgültige Besetzung durch einen Mitarbeiter – zB nach abgeschlossener Ausbildung – vorgesehen ist[2].

Dass das Gesetz und die hier zugrunde liegende Begründung nicht von einer abschließenden Aufzählung der Sachgründe ausgehen, widerspricht zwar der **europarechtlichen Vorgabe** in § 5 Abs. 1a der Richtlinie 1999/70/EG[3]. Es ist jedoch von keinem Umsetzungsdefizit auszugehen[4]. Die Richtlinie schließt die Anerkennung weiterer, in § 14 Abs. 1 TzBfG nicht erwähnter Sachgründe nicht aus[5]. In Einzelfällen bleibt ohnehin die Möglichkeit, mit den üblichen Auslegungsinstrumentarien Befristungssachverhalte den gesetzlich genannten Sachgründen zuzuordnen. Daher ist die Wirksamkeit der Befristung unter Berücksichtigung aller von den Vertragsparteien vorgetragenen tatsächlichen Umstände zu prüfen[6]. Außerdem bleiben gem. § 23 TzBfG Befristungen von Arbeitsverträgen nach anderen gesetzlichen Vorschriften möglich (s. hierzu die Ausführungen zur Vertretung für die Dauer der Beschäftigungsverbote nach dem Mutterschutzgesetz oder für die Dauer der Elternzeit in Rz. 192 ff., zum Pflegezeitgesetz in Rz. 199, die Befristung nach dem Wissenschaftszeitvertragsgesetz in Rz. 200 ff. und die Befristung der Arbeitsverhältnisse von Ärzten in der Weiterbildung in Rz. 217 f.

Die Rechtsprechung des BAG hat sich bisher dadurch ausgezeichnet, dass sie eine „Typologie sachlicher Gründe" entwickelt hat, ohne dass dies weitere Rechtfertigungsgründe ausschließt[7]. Die ausdrücklich in § 14 Abs. 1 Satz 2 TzBfG normierten Regelbeispiele können aber eine **Rückwirkung auf die bisherige Arbeitsgerichts-Rechtsprechung** haben, weil in ihnen eine normative Bewertung des jeweiligen Befristungsgrundes liegt[8]. Sonstige, in § 14 Abs. 1 Satz 2 Nr. 1–8 TzBfG nicht genannte Sachgründe können die Befristung eines Arbeitsvertrags daher nur rechtfertigen, wenn sie den **Wertungsmaßstäben** des § 14 Abs. 1 TzBfG entsprechen und den in § 14 Abs. 1 Satz 2 Nr. 1–8 TzBfG genannten Sachgründen von ihrem Gewicht her gleichwertig sind[9]. Dies gilt auch für **tariflich geregelte Sachgründe**[10], wie zB eine tarifliche Altersgrenzenregelung. Der bisherigen Rechtsprechung sind im Wesentlichen folgende, diesen Wertungsmaßstäben entsprechende Sachgründe zu entnehmen:

---

1 BAG 13.10.2004 – 7 AZR 218/04, NZA 2005, 401; 16.3.2005 – 7 AZR 289/04, NZA 2005, 923.
2 BT-Drucks. 14/4374, 18.
3 KR/*Lipke*, § 14 TzBfG Rz. 73e, 348 ff.
4 S. dazu *Thüsing/Lambrich*, BB 2002, 829.
5 BAG 13.10.2004 – 7 AZR 218/04, NZA 2005, 401; 16.3.2005 – 7 AZR 289/04, NZA 2005, 923; so auch nach § 4 Abs. 3 Postpersonalrechtsgesetz, s. dazu BAG 25.5.2005 – 7 AZR 402/04, NZA 2006, 858.
6 BAG 16.3.2005 – 7 AZR 289/04, NZA 2005, 923.
7 BAG 13.4.1983 – 7 AZR 51/81, AP Nr. 76 zu § 620 BGB – Befristeter Arbeitsvertrag; einschr.: BAG 15.3.1995 – 7 AZR 659/93, NZA 1995, 1038 (1039).
8 BAG 16.3.2005 – 7 AZR 289/04, NZA 2005, 923; *Preis/Gotthardt*, DB 2000, 2065.
9 BAG 22.4.2009 – 7 AZR 96/08, NZA 2009, 1099; 2.6.2010 – 7 AZR 136/09, NZA 2010, 1172; 11.9.2013 – 7 AZR 107/12, NZA 2014, 150.
10 BAG 9.12.2009 – 7 AZR 399/08, NZA 2010, 495.

a) Altersgrenzen

Bei Erreichen einer bestimmten Altersgrenze sehen die meisten **Einzelverträge** und **Tarifverträge**, aber auch **Betriebsvereinbarungen**[1] eine **Beendigung des Arbeitsverhältnisses** vor. In den meisten Fällen endet das Arbeitsverhältnis mit oder nach Vollendung des 65. Lebensjahres (bzw. 67. Lebensjahr, § 35 SGB VI)[2], also mit Erreichen der **Regelaltersgrenze** in der gesetzlichen Rentenversicherung (§ 35 SGB VI). Altersgrenzen sind geeignet, eine verlässliche Personalplanung und die Nachwuchsförderung zu ermöglichen. Demgemäß kann eine Befristung mit Erreichen einer Altersgrenze auch mit dem Sachgrund der Eigenart der Arbeitsleistung iSd. § 14 Abs. 1 Nr. 4 TzBfG begründet werden. 80

Während das BAG bislang in einer derartigen Abrede die Vereinbarung einer **auflösenden Bedingung** gesehen hat[3], geht der für das Befristungsrecht zuständige Siebte Senat des BAG zu Recht von einer **Befristung** aus[4]. Die Beendigung des Arbeitsverhältnisses ist nach den vertraglichen Regelungen zu einem bestimmten Zeitpunkt vorgesehen und nicht von einem unsicheren Ereignis iS einer auflösenden Bedingung abhängig. 81

⊃ Hinweis: Auch wenn man im Wege einer teleologischen Reduktion des § 15 Abs. 3 TzBfG die **Anwendbarkeit von § 15 Abs. 3 TzBfG auf Altersgrenzen** als ausgeschlossen betrachten kann, empfiehlt es sich auch wegen der Beschränkung des Kündigungsrechts zu Gunsten der Arbeitnehmer in § 15 Abs. 4 TzBfG, die Möglichkeit der **ordentlichen Kündigung** des Arbeitsverhältnisses durch eine entsprechende Klausel im Arbeitsvertrag zu sichern. 82

Legt man die von der Rechtsprechung entwickelten Grundsätze zur **Befristungskontrolle** zugrunde, so erscheint zweifelhaft, ob die Vereinbarung einer Altersgrenze keine unzulässige Umgehung des Kündigungsschutzgesetzes ist. Die Erreichung eines bestimmten Lebensalters ist kein in der Person des Arbeitnehmers liegender Grund zur ordentlichen Kündigung gem. § 1 Abs. 2 KSchG. Als Sachgrund für die Beendigung des Arbeitsverhältnisses sieht die Rechtsprechung aber eine **ausgewogene Altersstruktur**[5] und die **finanzielle Absicherung** des Arbeitnehmers durch den Bezug der gesetzlichen Altersrente (ggf. Absicherung in einem berufsständischem Versorgungswerk) nach Vollendung des 65. (ggf. 63.) Lebensjahres (bzw. 67. Lebensjahr, § 35 SGB VI)[6] an. – Unter dieser Voraussetzung eines Altersrentenanspruchs lässt § 10 Satz 3 Nr. 5 AGG eine unterschiedliche Behandlung wegen des Alters zu. – Das BAG lässt es aber ausreichen, wenn der Arbeitnehmer nach dem Vertragsinhalt und der Vertragsdauer eine **Altersversorgung** in der gesetzlichen Rentenversicherung erwerben kann oder bei Vertragsschluss bereits die für den Bezug einer Altersrente erforderliche rentenrechtliche Wartezeit erfüllt hat. Die Wirksamkeit der Befristung ist nicht von der – bei Vertragsabschluss ohnehin regelmäßig nicht zu beurteilenden – **konkreten wirtschaftlichen Absicherung** des Arbeitnehmers bei Erreichen der Altersgrenze abhängig[7]. Entgegen der Entscheidung vom 16.7.2007[8] betont jetzt auch der EuGH, dass die zu erwartende Höhe der Altersrente nicht die Wirksamkeit der Altersgrenze in Frage stellt[9]. Schließlich resultiere daraus nicht die automatische Wirkung, dass die Betroffenen gezwungen werden, endgültig aus dem Arbeitsmarkt auszuschei- 83

---

1 BAG 5.3.2013 – 1 AZR 417/12, NZA 2013, 916.
2 Zum maßgebenden Geburtsdatum s. BAG 14.8.2002 – 7 AZR 469/01, DB 2003, 394.
3 BAG 20.12.1984 – 2 AZR 3/84, AP Nr. 9 zu § 620 BGB – Bedingung; s.a. für den Fall der Fluguntauglichkeit: BAG 11.10.1995 – 7 AZR 119/95, DB 1996, 891.
4 BAG 14.8.2002 – 7 AZR 469/01, DB 2003, 394; 27.7.2005 – 7 AZR 443/04, NZA 2006, 37.
5 EuGH 21.7.2011 – Rs. C-159/10 – Fuchs/Köhler, C-160/10, ArbRB 2011, 327.
6 BAG 18.6.2008 – 7 AZR 116/07, NZA 2008, 1302; 12.6.2013 – 7 AZR917/11, NZA 2013, 1428.
7 BAG 21.9.2011 – 7 AZR 134/10, NZA 2012, 271; 5.3.2013 – 1 AZR 417/12, NZA 2013, 916.
8 EuGH 16.10.2007 – Rs. C-411/05 – Palacios de la Villa, NZA 2007, 1219.
9 EuGH 12.10.2010 – Rs. C-45/09 – Rosenbladt, NZA 2010, 1167; 5.7.2012 – Rs. C-141/11 – Torsten Hörnfeldt, NZA 2012, 785.

84 Eine vertraglich vorgesehene **frühere Beendigung wegen Altersrentenbezuges** gilt nach § 41 Satz 2 SGB VI nur, wenn die abweichende Regelung innerhalb der letzten drei Jahre vor dem Zeitpunkt abgeschlossen oder bestätigt wurde, in dem der Arbeitnehmer vor Vollendung der Regelaltersgrenze (67. Lebensjahr, zuvor 65. Lebensjahr bzw. für nach dem 31.12.1947 Geborene das in § 41 Abs. 2 SGB XII angeführte Lebensalter) eine Rente wegen Alters beantragen kann (s. §§ 36, 37, 40 SGB VI). Diese Einschränkung des § 41 Satz 2 SGB VI gilt auch hinsichtlich des Bezugs der Altersrente für besonders langjährig Versicherte mit Vollendung des 63. Lebensjahres gem. § 236b SGB VI, da durch § 236b SGB VI nicht die Regelaltersgrenze des § 35 Satz 2 SGB VI (67. Lebensjahr) verändert wird. Maßgeblich für die Berechnung der Drei-Jahres-Frist des § 41 Satz 2 SGB VI ist nicht die Vollendung der Regelaltersgrenze, sondern der mit dem Arbeitnehmer vereinbarte Zeitpunkt des Ausscheidens[2]. Derartige, drei Jahre vor dem möglichen Altersrentenbezugszeitpunkt und Beendigungszeitpunkt abgeschlossene Befristungsvereinbarungen bedürfen keines (zusätzlichen) sachlichen Grundes. § 41 Satz 2 SGB VI erfasst aber nicht Vereinbarungen, in denen der für die Beendigung des Arbeitsverhältnisses vorgesehene Zeitpunkt nichts mit dem Entstehen eines Anspruchs auf eine Sozialversicherungsrente zu tun hat.

Mit Art. 1a des am 1.7.2014 in Kraft getretenen RV-Leistungsverbesserungsgesetz wird den Arbeitsvertragspartnern durch eine Ergänzung des § 41 SGB VI ab dem 1.7.2014 aber auch die Möglichkeit gegeben, die **vertraglich/tarifvertraglich** vorgesehene **Beendigung** des Arbeitsverhältnisses mit dem Erreichen der Regelaltersgrenze „**hinauszuschieben**", also auf einen späteren Zeitpunkt zu befristen. Die gesetzliche Regelung in § 41 Satz 3 SGB VI ist aber aufgrund der ohnehin bestehenden Befristungsmöglichkeiten mit dem jetzigen Inhalt überflüssig, zumindest aber mit erheblichen Risiken behaftet. Die gesetzliche Regelung des § 41 Satz 3 SGB VI enthält keinen eigenständigen gesetzlichen Befristungsgrund. An den Wortlaut anknüpfend könnte der Sachgrund in dem eigentlich zum Beginn schon erreichten, aber wohl mit dem neuen Vertrag als hinausgeschoben geltenden Zeitpunkt des Erreichens der Regelaltersgrenze liegen. Dem steht aber entgegen, dass § 41 Satz 3 SGB VI ohne eine Höchstdauer beliebig viele Verlängerungen bzw. befristete Beschäftigung jenseits der Regelaltersgrenze zulässt. Ohnehin widerspricht diese unbegrenzte Verlängerungsmöglichkeit § 5 der Rahmenvereinbarung im Anhang der RL 1999/70/EG[3]. Empfehlenswerter ist es, das sich an das Erreichen der Regelaltersgrenze anschließende befristete Arbeitsverhältnis mit **einem in der Person liegenden Grund** (§ 14 Abs. 1 Satz 2 Nr. 6 TzBfG) zu begründen[4]. Vielfach besteht in einem solchen Fall der ausdrücklich vom Arbeitnehmer formulierte **Wunsch**, nur noch **übergangsweise** weiter tätig bleiben zu wollen (s.a. Rz. 72).

§ 41 Satz 3 SGB VI nF setzt voraus, dass **während** des Arbeitsverhältnisses durch eine **Vereinbarung** der vertragliche Beendigungszeitpunkt hinausgeschoben wird. Dies kann auch mehrfach geschehen. Entsprechend der Verlängerung des nach § 14 Abs. 2 TzBfG sachgrundlos befristeten Vertrages muss das „Hinausschieben" durch die Verlängerung des Arbeitsvertrages „**nahtlos**" und **ohne Veränderung**[5] des bisherigen Vertragsinhalts erfolgen. Für diese Vereinbarung erfordert § 41 Satz 3 SGB VI keine **Schriftform**. Tatsächlich handelt es sich dabei aber auch bei einem „Hinausschieben" des Beendigungszeitpunktes um eine – nachträgliche – Befristungsabrede, so dass

---

1 EuGH 12.10.2010 – Rs. C-45/09 – Rosenbladt, NZA 2010, 1167.
2 BAG 17.4.2002 – 7 AZR 40/01, BB 2002, 1865.
3 *Bader*, NZA 2014, 749.
4 LAG Bln.-Bbg. 20.11.2012 – 12 Sa 1303/12, AE 2013, 60.
5 So die amtliche Begründung, BT-Drucks. 18/1489, 25; *Bader*, NZA 2014, 749; *Kleinebrink*, DB 2014, 1490; aA *Bauer*, NZA 2014, 889.

III. Befristung mit Sachgrund (§ 14 Abs. 1 TzBfG)

hierfür auch die Schriftform gem. § 14 Abs. 4 TzBfG einzuhalten ist (s.a. Rz. 107). Demgemäß handelt es sich auch um eine der Mitbestimmung des Betriebsrats unterliegende Einstellung iSv. § 99 Abs. 1 Satz 1 BetrVG.

Da durch das RV-Altersgrenzenanpassungsgesetz vom 20.4.2007[1] das gesetzliche Renteneintrittsalter ab 2012 zwölf Jahre lang jährlich um einen Monat, ab 2024 bis einschließlich 2029 um zwei Monate pro Jahr von heute 65 auf dann **67 erhöht** wird, kann die Wirksamkeit von auf das 65. Lebensjahr bezogenen Altersbefristungen fraglich sein. Ähnlich wie nach der ab 15.10.1993 erfolgten Änderung des § 622 BGB ist der Begriff der Altersgrenze dahingehend auszulegen, dass das jeweilige gesetzlich vorgesehene Renteneintrittsalter bzw. der Zeitpunkt des Anspruchs auf die gesetzliche Altersrente (wirtschaftliche Absicherung) als gewollter Beendigungszeitpunkt gilt[2]. Die Verweisung ist somit nur deklaratorisch, wenn die vereinbarte Regelung lediglich die geltende Rechtslage wiedergeben soll. 85

Da sowohl eine Befristung (§ 14 Abs. 4 TzBfG) als auch eine auflösende Bedingung (§ 21 iVm. § 14 Abs. 4 TzBfG) im Arbeitsvertrag schriftlich vereinbart werden müssen, bedarf auch die Altersbegrenzung der **schriftlichen Fixierung**, soweit sie im Zeitpunkt ihrer Vereinbarung der Schriftform bedurfte (also erst ab 1.5.2000)[3]. Wegen der mit dem Schriftformerfordernis verfolgten Warnfunktion und § 307 Abs. 1 Satz 2 BGB ist es angebracht, sich hinsichtlich dieser Regelung nicht mit einer bloßen Verweisung auf einen einschlägigen Tarifvertrag zu begnügen, sofern dieser nicht allgemein verbindlich ist oder beide Vertragspartner tarifgebunden sind. Empfehlenswert ist es deshalb, ausdrücklich den Text der tariflichen Altersgrenze[4] oder zumindest eine knappe Altersbegrenzung wie folgt in den schriftlichen Einzelarbeitsvertrag aufzunehmen: 86

Formulierungsbeispiel:

Das Arbeitsverhältnis endet mit Ablauf des Monats, in welchem der Arbeitnehmer das für den Bezug seiner Altersrente maßgebliche Lebensjahr (Regelaltersgrenze) vollendet, es sei denn, der Arbeitnehmer kann schon vor Vollendung der Regelaltersgrenze eine Altersrente beantragen, und die Beendigung des Arbeitsverhältnisses mit Bezug der vorzeitigen Altersrente wird innerhalb der letzten drei Jahre vor diesem Bezugszeitpunkt von dem Arbeitnehmer bestätigt.

Unabhängig von dieser Beendigungsregelung kann das Arbeitsverhältnis beiderseits mit den gesetzlichen Kündigungsfristen schriftlich gekündigt werden.

Bei Berufsgruppen, bei denen die Tätigkeit nicht nur eine unverminderte körperliche und geistige **Leistungsfähigkeit** erfordert, sondern darüber hinaus mit besonderer Schwierigkeit und Verantwortung verbunden ist, waren bis zu der Entscheidung des EuGH vom 13.9.2011 grundsätzlich Höchstaltersgrenzen anerkannt, die bereits vor Vollendung des 65. Lebensjahres liegen. Die Höchstbegrenzung der Arbeitsverhältnisse von Cockpit-Personal auf 60 Jahre wurde pauschal mit dem besonderen Interesse an der Gewährleistung der Sicherheit des Flugverkehrs begründet[5]. Diese für Piloten in § 19 Abs. 1 Satz 1 MTV Nr. 5a für das Cockpitpersonal bei der Lufthansa festgelegte Altersgrenze steht aber in Widerspruch zu dem internationalen Regelungswerk für Flugzeugführer Joint Aviation Requirements-Flight Crew Licensing 1 87

---

1 BGBl. I 2007, 554.
2 LAG Bln.-Bbg. 20.8.2013 – 7 Sa 83/13, ArbRAktuell 2014, 57; im Hinblick auf eine Versorgungsordnung: BAG 15.5.2012 – 3 AZR 11/10, NZA-RR 2012, 433.
3 BAG 12.6.2013 – 7 AZR 917/11, NZA 2013, 1428.
4 *Preis/Gotthardt*, NZA 2000, 348.
5 BAG 20.2.2002 – 7 AZR 748/00, NZA 2002, 789; 21.7.2004 – 7 AZR 589/03, NZA 2004, 1352 (Os.).

(JAR-FCL 1)[1]. Danach ist unter der Einschränkung, dass die Besatzung aus mehreren Piloten besteht und die anderen Piloten das 60. Lebensjahr noch nicht vollendet haben, ein Einsatz als Pilot bei der gewerbsmäßigen Beförderung nach Vollendung des 60. Lebensjahres zulässig. Auch gestattet § 4 der 1. DV zur VO über Luftfahrtpersonal v. 15.4.2003[2] (LuftPersV) beschränkt auf das Hoheitsgebiet der Bundesrepublik Deutschland den Einsatz als Pilot bei der gewerbsmäßigen Beförderung von Fluggästen, Post und/oder Fracht bis zur Vollendung des 65. Lebensjahres. Daraus folgert der EuGH, dass eine Altersgrenze von 60 Jahren bei Piloten keine Maßnahme ist, die für die **öffentliche Sicherheit und den Schutz der Gesundheit** notwendig ist. Sie ist auch nicht erforderlich, das Ziel der Flugsicherheit zu erreichen[3]. Ohnehin ist die Flugsicherheit kein legitimes Ziel iSv. § 10 Satz 1 AGG[4]. Die vorgenannte tarifliche Altersgrenze für Piloten ist daher wegen der unmittelbaren Benachteiligung wegen des Alters unwirksam. Dasselbe gilt u.a. auch für die bislang für Fluglotsen der Deutschen Flugsicherung tariflich geregelte Altersgrenze von 55 Jahren[5]. Im Ergebnis sind Altersgrenzen nur noch aus sozialpolitischen Zielen wie solche aus den Bereichen Beschäftigungspolitik, Arbeitsmarkt oder berufliche Bildung zu rechtfertigen.

88 Soweit keine günstigeren vertraglichen Vereinbarungen bestehen und ein Tarifvertrag anwendbar bzw. eine Betriebsvereinbarung vertraglich einbezogen ist, kann eine Altersgrenze auch durch einen **Tarifvertrag** und eine **Betriebsvereinbarung** festgelegt sein[6]. Altersgrenzenregelungen in Betriebsvereinbarungen können aber selbst bei „betriebsvereinbarungsoffenen" Arbeitsverträgen das Transparenzgebot und das Günstigkeitsprinzip entgegenstehen[7]. Wirksam ist eine Altersgrenze mit Vollendung des 65. Lebensjahres bzw. der Regelaltersgrenze in **Betriebsvereinbarungen und Tarifverträgen**, wenn sie vom Bezug der sozialversicherungsrechtlichen Altersrente abhängig gemacht wird[8]. Ob diese eine ausreichende Altersversorgung gewährleistet, ist unerheblich[9].

89 Wenn Betriebsvereinbarungen oder Tarifverträge **unterschiedliche Altersgrenzen** vorsehen, gilt das Günstigkeitsprinzip. Als günstig wird bei der Vereinbarung von Altersgrenzen die Regelung angesehen, die dem Arbeitnehmer das Wahlrecht einräumt, ob er arbeiten oder Altersrente beziehen will. Daher ist eine nachfolgende Betriebsvereinbarung ungünstiger, wenn sie ein derartiges Wahlrecht beseitigt und eine feste, frühere Altersgrenze vorsieht[10]. Dies gilt auch gegenüber Einzelverträgen. Enthalten diese keine Altersgrenze, so kommt auch kein Vergleich zustande, vielmehr gilt dann die Altersgrenze gem. der Betriebsvereinbarung oder dem Tarifvertrag.

90 Tarifverträge oder Betriebsvereinbarungen, die für **Männer und Frauen** unterschiedliche Altersgrenzen vorsehen (zB für Männer das 65. Lebensjahr und für Frauen das 60. Lebensjahr), verstoßen mit diesen Regelungen wegen ihres Diskriminierungscha-

---

1 BAnz. Nr. 80a v. 29.4.2003.
2 BAnz. Nr. 82b v. 3.5.2003.
3 EuGH 13.9.2011 – Rs. C-447/09 – Prigge/Fromm/Lambach./.Deutsche Lufthansa, NZA 2011, 1039; bestätigend: BAG 18.1.2012 – 7 AZR 112/08, ZIP 2012, 840; entsprechend: 18.1.2012 – 7 AZR 211/09, NZA 2012, 691; 15.2.2012 – 7 AZR 946/07, DB 2012, 1276.
4 BAG 18.1.2012 – 7 AZR 112/08, ZIP 2012, 840.
5 LAG Düsseldorf 9.3.2011 – 12 TaBv 81/10, NZA-RR 2011, 474.
6 BAG 5.3.2013 – 1 AZR 417/12, NZA 2013, 916.
7 *Preis/Ulber*, NZA 2014, 6.
8 BAG 21.9.2011 – 7 AZR 134/10, NZA 2012, 271.
9 EuGH 12.10.2010 – Rs. C-45/09 – Rosenbladt, NZA 2010, 1167; 5.7.2012 – Rs. C-141/11 – Torsten Hörnfeldt, NZA 2012, 785; aA im Anschluss an die Entscheidung des EuGH 12.10.2010 – Rs. C-45/09 – Rosenbladt, ArbG Hamburg 25.1.2011 – 21 Ca 235/08, DB 2012, 524.
10 BAG 7.11.1989 – GS 3/85, AP Nr. 46 zu § 77 BetrVG.

rakters gegen Art. 157 AEUV, Art. 21 Abs. 1 GrCh und Art. 3 Abs. 2 GG[1] sowie gegen § 7 iVm. § 1 AGG.

Das **Allgemeine Gleichbehandlungsgesetz (AGG)** steht grundsätzlich Altersgrenzen 91 nicht entgegen, wenn sie an den Zeitpunkt anknüpfen, zu dem der Arbeitnehmer zum **Bezug einer gesetzlichen Altersrente berechtigt** ist. Zwar stellen Altersgrenzen eine unmittelbare Ungleichbehandlung wegen des Alters dar (Art. 21 Abs. 1 GrCh, Art. 2 Abs. 2 lit. a Richtlinie 2000/78/EG, § 3 Abs. 1 Satz 1 AGG)[2]. Aus dem § 10 Satz 1 AGG zugrunde liegenden Art. 6 Abs. 1 Unterabs. 1 Richtlinie 2000/78/EG ergibt sich jedoch, dass eine Ungleichbehandlung wegen des Alters keine nach Art. 2 Abs. 1 Richtlinie 2000/78/EG bzw. §§ 1, 7 AGG verbotene Diskriminierung darstellt, sofern sie objektiv und angemessen ist und im Rahmen des nationalen Rechts durch ein legitimes Ziel, worunter insbesondere rechtmäßige Ziele aus den Bereichen Beschäftigungspolitik, Arbeitsmarkt und berufliche Bildung zu verstehen sind, gerechtfertigt ist[3]. Die Mittel zur Erreichung dieses Ziels müssen zudem angemessen und erforderlich sein. Das Ziel muss sich aber nicht aus der Regelung selbst ergeben, sofern es aus dem Zusammenhang konkret festzustellen ist[4]. Ein **rechtfertigendes Ziel** ist die Eindämmung der Arbeitslosigkeit, indem Altersgrenzen jüngeren Personen, die eine Beschäftigung suchen, neue Beschäftigungsmöglichkeiten eröffnen. Bei der Festlegung der Maßnahmen zur Erreichung des Ziels der Förderung von Vollbeschäftigung kommt den Mitgliedstaaten und ggf. Sozialpartnern auf nationaler Ebene ein weiter Ermessensspielraum zu. Die **finanzielle Absicherung** durch eine Altersrente steht überdies einer übermäßigen Beeinträchtigung der betroffenen Arbeitnehmer entgegen (§ 10 Satz 3 Nr. 5 AGG). Entgegen der noch in der Entscheidung vom 16.10.2007[5] geäußerten Ansicht ist die Wirksamkeit der Altersgrenzen nach Auffassung des EuGH nicht von der zu erwartenden **Höhe der Altersrente** des jeweils Betroffenen abhängig[6]. Aber auch der Bezug einer Altersrente selbst kann nicht Wirksamkeitserfordernis sein. Die Möglichkeit, mit der Regelaltersgrenze eine Altersversorgung zu erhalten, sei es auf gesetzlicher Grundlage oder mit Hilfe einer anderen Versorgungsform, muss ausreichen. Dies gilt nicht nur für **tarifvertragliche Regelungen** und **Betriebsvereinbarungen**[7], sondern auch für – vorformulierte – **Einzelarbeitsverträge**. Nach der EuGH-Rechtsprechung bedeutet die Beendigung des Arbeitsverhältnisses infolge des Erreichens der tariflichen Altersgrenze ohnehin nicht, dass der betroffene Arbeitnehmer gezwungen sei, endgültig aus dem Arbeitsmarkt auszuscheiden. Vielmehr behalte er den Schutz gegen Ungleichbehandlung wegen des Alters, wenn er erwerbstätig bleiben wolle und eine neue Beschäftigung suche[8]. – Letzteres wird dann aber auch gegenüber dem bisherigen Arbeitgeber gelten müssen.

b) Altersteilzeit

Eine Befristung des Arbeitsverhältnisses bis zum Bezug einer **Rente nach Altersteil-** 92 **zeitarbeit** gem. § 237 SGB VI lässt § 8 Abs. 3 ATZG zu. Danach können Arbeitnehmer und Arbeitgeber in der Vereinbarung über die Altersteilzeitarbeit die Beendigung des Arbeitsverhältnisses ohne Kündigung zu einem Zeitpunkt vorsehen, in dem der

---

1 EuGH 17.5.1990 – Rs. C-262/88 – Barber, NZA 1990, 775; 14.12.1993 – Rs. C-110/91 – Moroni, NZA 1994, 165.
2 EuGH 16.10.2007 – Rs. C-411/05 – Palacios de la Villa, NZA 2007, 1219.
3 BAG 18.6.2008 – 7 AZR 116/07, NZA 2008, 1302; EuGH 5.7.2012 – Rs. C-141/11 – Torsten Hörnfeldt, NZA 2012, 785.
4 EuGH 5.7.2012 – Rs. C-141/11 – Torsten Hörnfeldt, NZA 2012, 785.
5 EuGH 16.7.2010 – Rs. C-411/09 – Palacios de la Villa, NZA 2007, 1219.
6 EuGH 12.10.2010 – Rs. C-45/09 – Gisela Rosenbladt, NZA 2010, 1167; 5.7.2012 – Rs. C-141/11 – Torsten Hörnfeldt, NZA 2012, 785.
7 BAG 5.3.2013 – 1 AZR 417/12, NZA 2013, 916.
8 EuGH 12.10.2010 – Rs. C-45/09 – Rosenbladt, NZA 2010, 1167.

Arbeitnehmer Anspruch auf eine Rente wegen Alters nach Maßgabe der §§ 35 ff. SGB VI (und für Versicherte der Jahrgänge bis Ende 1951 nach dem ATZG gem. § 237 SGB VI) hat. Ob dies auch gilt, wenn die **Rente vorzeitig** in Anspruch genommen wird und es deshalb zu Abschlägen von der gesetzlichen Rente kommt, ist nach dem Gesetzeswortlaut fraglich. Eine analoge Anwendung des § 8 Abs. 3 ATZG bezogen auf den vorgezogenen Renteneintritt lässt die sachliche Rechtfertigung der Befristung zweifelhaft erscheinen, wenn der Arbeitnehmer bei Bezug der vorgezogenen Rente wirtschaftlich schlechter gestellt ist als bei Bezug der Rente mit Erreichen der Regelaltersgrenze[1]. Es ist daher eine Befristung bis zu dem vorgezogenen Renteneintritt vorzuziehen, die sich auf den Sachgrund des ausdrücklich in dem Vertrag herauszustellenden **Wunsches der Befristung** auf den vorgezogenen Renteneintritt stützt. Dies ist aber nur innerhalb des Drei-Jahres-Zeitraums des § 41 Satz 2 SGB VI möglich. – Besteht gem. § 236b SGB VI ein Anspruch auf eine Rente für besonders **langjährig Versicherte** erlischt nach § 15h ATZG der Anspruch auf Aufstockungsleistungen nach § 4 ATZG nicht, wenn mit der Altersteilzeit vor dem 1.1.2010 begonnen worden ist.

Das in Tarifverträgen zur Regelung von Altersteilzeitarbeit vorgesehene Ausscheiden vor Vollendung des 65. Lebensjahres bei Altersrente wegen Schwerbehinderung ist zulässig. Es handelt sich dabei um keine unzulässige Benachteiligung gem. § 8 Abs. 1 AGG, sondern die Befristung ist durch ein rechtmäßiges Ziel sachlich gerechtfertigt[2].

93 Wenn man der **Anhebung der Altersgrenzen** ab 2012 gemäß dem RV-Altersgrenzenanpassungsgesetz nicht bereits in dem Altersteilzeitvertrag Rechnung getragen hat, kann die Anhebung der Altersgrenze durch das Rechtsinstitut der Störung der Geschäftsgrundlage gelöst werden. Während man im eigentlichen Teilzeitmodell eine entsprechende Verlängerung vorsehen kann, kann bei dem sog. Blockmodell nach Beginn der Arbeitsphase eine Kündigung des Altersteilzeitvertrages in Betracht kommen. Nach Beginn der Freistellungsphase bleibt ebenfalls nur die Möglichkeit, das Altersteilzeitverhältnis trotz bereits begonnener Freistellungsphase zu kündigen und den Arbeitnehmer aus der Freistellung zurückzuholen. Da das im Blockmodell geführte Altersteilzeitverhältnis dann vor Ablauf der vertraglich vereinbarten Zeit endet, ist die vom Arbeitnehmer erbrachte Vorleistung auszugleichen. Der während der Freistellungsphase bereits erfolgte Freizeitausgleich ist bei der Errechnung der Differenzzahlung entsprechend zu berücksichtigen[3].

94, 95 Einstweilen frei.

c) Erwerbsminderung/Erwerbsunfähigkeit

96 Verschiedene Tarifverträge, so zB § 33 Abs. 2 TVöD-AT, § 36 Abs. 2 TV-Bundesagentur f. Arbeit, und Arbeitsverträge sehen eine Beendigung des Arbeitsverhältnisses nicht erst mit einer Erwerbsunfähigkeit, sondern auch schon wegen Erwerbsminderung vor, dh. also mit Eintritt einer **auflösenden Bedingung**. Gem. § 21 iVm. § 14 Abs. 1 TzBfG bedarf es daher eines Sachgrundes. Dieser ist einerseits darin zu sehen, den Arbeitnehmer vor einer gesundheitlichen Überforderung zu schützen. Andererseits trägt eine derartige Regelung dem Interesse des Arbeitgebers Rechnung, sich von einem Arbeitnehmer zu trennen, der gesundheitsbedingt nicht mehr in der Lage ist, seine nach dem Arbeitsvertrag geschuldete Leistung zu erbringen[4]. Diese berechtigten Interessen beider Arbeitsvertragsparteien sind grundsätzlich geeignet, einen sachlichen Grund für die Beendigung des Arbeitsverhältnisses ohne Kündigung

---

1 *Birk*, NZA 2007, 244.
2 BAG 27.4.2004 – 9 AZR 18/03, NZA 2005, 821.
3 *Melms/Schwarz*, DB 2006, 2010.
4 BAG 6.12.2000 – 7 AZR 302/99, NZA 2001, 792.

abzugeben[1]. Die verminderte Erwerbsfähigkeit stellt allein allerdings keinen ausreichenden Sachgrund für die auflösende Bedingung dar. Erst die Absicherung der Interessen des Arbeitnehmers durch die Anbindung an die rentenrechtliche Versorgung rechtfertigt die Beendigung des Arbeitsverhältnisses ohne Kündigung[2]. So setzt § 33 Abs. 2 TVöD-AT deshalb voraus, dass das Arbeitsverhältnis nur bei einem voraussichtlich dauerhaften Rentenbezug ab dem Rentenbeginn enden soll. Ein vom Arbeitgeber veranlasstes ärztliches Gutachten, das eine Erwerbsminderung feststellt, ersetzt daher keinen Rentenbescheid und führt nicht als auflösende Bedingung zur Beendigung des Arbeitsverhältnisses [3].

Die Beendigung des Arbeitsverhältnisses tritt auch dann ein, wenn der **Anspruch auf unbefristete Rente** wegen Erwerbsminderung nach Eintritt der formellen Bestandskraft des Rentenbescheides **entfällt**, weil der Rentenversicherungs-Träger dem Antrag des Arbeitnehmers auf Abänderung des Bescheides entsprochen hat und dem Arbeitnehmer nunmehr nur eine befristete Rente gewährt wird. Die rückwirkende Aufhebung der unbefristeten Rente wegen verminderter Erwerbsfähigkeit führt nicht dazu, dass die auflösende Bedingung nicht mehr fortwirkt[4]. Allerdings wird das Arbeitsverhältnis trotz Zustellung des Rentenbescheids dann **nicht beendet**, wenn der Arbeitnehmer von seiner sozialrechtlichen Dispositionsbefugnis Gebrauch macht und seinen Rentenantrag vor Ablauf der Widerspruchsfrist des § 84 Abs. 1 SGG zurücknimmt oder einschränkt und der Arbeitgeber davon alsbald unterrichtet wird. Nach Ablauf der Widerspruchsfrist und ggf. einer zusätzlichen Frist von wenigen Tagen für die Übermittlung der arbeitnehmerseitigen Mitteilung über die Änderung des Rentenantrags darf der Arbeitgeber auf die Bestandskraft des Bescheides vertrauen[5].

Eine in einem Tarifvertrag enthaltene auflösende Bedingung ist bei der Gewährung einer **Zeitrente** nur dann zulässig, wenn vorgesehen ist, dass bei Wiederherstellung der Erwerbsfähigkeit ein Anspruch auf Wiedereinstellung besteht[6].

Ist der Arbeitnehmer **teilweise erwerbsgemindert**, so tritt die Beendigung gem. § 33 Abs. 3 TVöD-AT nur ein, wenn dem Arbeitnehmer auf seinen Weiterbeschäftigungsantrag hin kein geeigneter freier Arbeitsplatz angeboten werden kann und dringende dienstliche bzw. betriebliche Gründe einer Weiterbeschäftigung entgegenstehen. Der Arbeitnehmer, der durch seinen Rentenantrag eine Voraussetzung für den Eintritt der auflösenden Bedingung selbst geschaffen hat, musste nach der bisherigen Rechtsprechung innerhalb von zwei Wochen nach Zugang des Rentenbescheides gegenüber dem Arbeitgeber seine **Weiterbeschäftigung schriftlich** beantragen[7]. Nach der Entscheidung des BAG vom 23.7.2014 beginnt jedoch die Zwei-Wochen-Frist entsprechend § 15 Abs. 2 TzBfG erst mit der Beendigungsmitteilung des Arbeitgebers, da der Rentenbescheid dem Arbeitnehmer nur die sozialrechtlichen Folgen aufzeigt [8]. Demzufolge endet das Arbeitsverhältnis danach entgegen dem Wortlaut des § 33 Abs. 2 TVöD-AT nicht stets mit Ablauf des Monats, in dem der Rentenbescheid zugestellt wird, sondern frühestens zwei Wochen nach Zugang der schriftlichen Unterrichtung durch den Arbeitgeber über den Zeitpunkt des Eintritts der auflösenden Bedingung [9]. Der Arbeitgeber ist aber nicht verpflichtet, den Arbeitnehmer von sich aus auf die in einer tariflichen Regelung vorgeschriebene Form und Frist für den Weiter-

---

1 BAG 6.12.2000 – 7 AZR 302/99, NZA 2001, 792.
2 BAG 1.12.2004 – 7 AZR 135/04, BAGReport 2005, 201.
3 BAG 23.7.2014 – 7 AZR 771/12, NZA 2014, 1341.
4 BAG 23.6.2004 – 7 AZR 440/03, NZA 2005, 520.
5 BAG 23.6.2004 – 7 AZR 440/03, NZA 2005, 520.
6 LAG Nds. 11.12.2013 – 2 Sa 206/13, AE 2014, 75.
7 BAG 1.12.2004 – 7 AZR 135/04, BAGReport 2005, 201; 15.3.2006 – 7 AZR 332/05, ZTR 2006, 548.
8 BAG 23.7.2014 – 7 AZR 771/12, NZA 2014, 1341.
9 BAG 23.7.2014 – 7 AZR 771/12, NZA 2014, 1341.

beschäftigungsantrag **hinzuweisen**[1]. Der Arbeitgeber muss auch nicht von sich aus prüfen, ob und welche Weiterbeschäftigungsmöglichkeiten bestehen[2]. Grundsätzlich ist erst die mit dem Bezug dauerhafter Rentenleistungen verbundene wirtschaftliche Absicherung des Arbeitnehmers geeignet, die Beendigung des Arbeitsverhältnisses aufgrund **auflösender Bedingung** zu rechtfertigen[3].

Darüber hinaus ist das **Diskriminierungsverbot** des § 7 iVm. § 1 AGG im Hinblick auf die Beendigung des Arbeitsverhältnisses wegen der Erwerbsminderung zu beachten. Die im Falle einer vollen Erwerbsminderung eine Beendigung vorsehenden tariflichen Regelungen sind aber durch ein rechtmäßiges Ziel iSd. § 3 Abs. 2 AGG sachlich gerechtfertigt, da der Rentenbezug voraussetzt, dass der Beschäftigte seine Arbeitsleistung nicht oder zumindest zu großen Teilen nicht mehr erbringen kann.[4]

96b Eine weitere Einschränkung ergibt sich aus § 81 Abs. 5 Satz 3 SGB IX. Danach haben schwerbehinderte Menschen einen Anspruch auf **Teilzeitbeschäftigung**, wenn die kürzere Arbeitszeit wegen Art und Schwere der Behinderung notwendig ist. Der Anspruch kann von dem schwerbehinderten Arbeitnehmer jederzeit, auch wiederholt, geltend gemacht werden. Ein Anspruch besteht nach § 81 Abs. 5 Satz 3 iVm. Abs. 4 Satz 3 SGB IX nicht, soweit die Erfüllung des Teilzeitwunsches für den Arbeitgeber nicht zumutbar oder mit unverhältnismäßigen Aufwendungen verbunden wäre oder soweit staatliche oder berufsgenossenschaftliche Arbeitsschutzvorschriften entgegenstehen.

97 Die Beendigung des Arbeitsverhältnisses eines **schwerbehinderten Menschen** ist gem. § 92 SGB IX von der **vorherigen Zustimmung des Integrationsamtes** abhängig, wenn sie im Falle des Eintritts einer teilweisen Erwerbsunfähigkeit, der Erwerbsminderung auf Zeit, der Berufsunfähigkeit oder der Erwerbsunfähigkeit ohne Kündigung, also aufgrund einer hierfür vorgesehenen Befristung (auflösenden Bedingung) erfolgt. Es gelten dann die den Kündigungsschutz schwerbehinderter Menschen betreffenden §§ 85 ff. SGB IX entsprechend. Diesem Erfordernis trägt § 33 Abs. 2 Satz 4 TVöD-AT Rechnung. Die Klagefrist des § 17 TzBfG beginnt dann nicht vor der Bekanntgabe der Zustimmung des Integrationsamtes (§ 4 Satz 4 KSchG)[5]. **Keine vorherige Zustimmung** des Integrationsamtes gem. § 92 SGB IX ist erforderlich, wenn im Arbeitsvertrag/Tarifvertrag wegen dauernder voller Erwerbsminderung bzw. wegen dauernder Erwerbsunfähigkeit eine Beendigung vorgesehen ist. § 92 Satz 1 SGB IX erfasst aber nicht die Versetzung eines Dienstordnungsangestellten in den **Ruhestand wegen Dienstunfähigkeit**[6].

d) Drittmittelbewilligung

98 Werden bestimmte Maßnahmen, Forschungsaufgaben, aber auch Stellen **aus Mitteln Dritter** finanziert (zur Befristung wegen der Vergütung aus Haushaltsmitteln s. § 14 Abs. 1 Satz 2 Nr. 7 TzBfG und dazu die vorstehenden Ausführungen zu Rz. 73 ff.)[7], so ist bei einem Bezug auf die Besetzung der Stelle die Drittmittelbewilligung ein zulässiger Befristungsgrund. Es müssen jedoch konkrete Anhaltspunkte dafür vorhanden sein, dass der zur Verfügung gestellte Arbeitsplatz zum vorgesehenen Zeitpunkt tat-

---

1 BAG 15.3.2006 – 7 AZR 332/05, ZTR 2006, 548.
2 BAG 6.12.2000 – 7 AZR 302/99, NZA 2001, 792.
3 BAG 6.12.2000 – 7 AZR 302/99, NZA 2001, 792; s. aber BAG 3.9.2003 – 7 AZR 661/02, NZA 2004, 328.
4 LAG Bln.-Bbg. 26.10.2011 – 4 Sa 1720/11, ZTR 2012, 455.
5 BAG 9.2.2011 – 7 AZR 221/10, NZA 2011, 854.
6 BAG 24.5.2012 – 6 AZR 679/10, NZA 2012, 1158.
7 BAG 13.4.1983 – 7 AZR 51/81, AP Nr. 76 zu § 620 BGB – Befristeter Arbeitsvertrag; einschr. BAG 15.3.1995 – 7 AZR 659/93, NZA 1995, 1038 (1039).

III. Befristung mit Sachgrund (§ 14 Abs. 1 TzBfG)   Rz. 105   Teil **1 E**

i) Weiterbeschäftigung nach einer Kündigung

Um das Risiko des Verzugslohns (§ 615 BGB) zu reduzieren, bietet es sich an, dem gekündigten Arbeitnehmer für die Dauer des laufenden Kündigungsrechtsstreits eine **vorläufige** Weiterbeschäftigung anzubieten – die sog. **Prozessbeschäftigung**. Eine dahingehende vertragliche Vereinbarung zwischen dem Arbeitgeber und dem Arbeitnehmer stellt eine Befristung dar. Sieht die Vereinbarung vor, dass die Weiterbeschäftigung bis zur rechtskräftigen Abweisung der Kündigungsschutzklage befristet ist, so handelt es sich um eine **auflösende Bedingung** iSd. § 21 TzBfG. Hat die Vereinbarung dagegen die Beschäftigung des Arbeitnehmers bis zum erstinstanzlichen oder rechtskräftigen Abschluss des Kündigungsschutzprozesses zum Gegenstand, handelt es sich um eine **Zweckbefristung**[1]. In diesem Fall ist bei Abschluss der Weiterbeschäftigungsvereinbarung aus Sicht der Parteien die rechtskräftige Entscheidung über die Kündigungsschutzklage ein zukünftiges Ereignis, dessen Eintritt feststeht, lediglich der Zeitpunkt des Eintritts ist ungewiss. **103a**

Der **Sachgrund** einer derartigen Vereinbarung über eine vorläufige Weiterbeschäftigung ist nicht die vom Arbeitgeber bezweckte Minimierung seines Verzugslohnrisikos, sondern die **Beseitigung der Ungewissheit**, ob in dieser Zeit bis zur rechtskräftigen Entscheidung über die Kündigungsschutzklage noch ein Arbeitsverhältnis mit daraus resultierenden Arbeits- und Beschäftigungspflichten besteht[2]. Zur Beseitigung dieser Ungewissheit schaffen die Arbeitsvertragsparteien durch die Weiterbeschäftigungsvereinbarung für die Beschäftigung des Arbeitnehmers nach Ablauf der Kündigungsfrist bis zur Entscheidung über die Kündigungsschutzklage eine arbeitsvertragliche Grundlage.

Die Vereinbarung über eine befristete Weiterbeschäftigung während des Kündigungsschutzprozesses bedarf nach § 14 Abs. 5 TzBfG der **Schriftform**[3]. Auch hier gilt es, durch die schriftliche Vereinbarung der Befristung Streitigkeiten der Parteien über die Dauer des Arbeitsverhältnisses und den Zeitpunkt seiner Beendigung zu vermeiden. Anders verhält es sich bei einer Beschäftigung bis zum rechtskräftigen Abschluss des Bestandsschutzverfahrens, wenn der Arbeitgeber damit ersichtlich nur den von der Rechtsprechung entwickelten allgemeinen Weiterbeschäftigungsanspruch erfüllen will. Es muss **kein titulierter Anspruch** zugrunde liegen[4]. Die Weiterbeschäftigung muss also nicht allein der Abwendung der Zwangsvollstreckung dienen. **103b**

j) Öffentlicher Dienst

Während früher für Befristungen im öffentlichen Dienst – Tarifgebiet West – die **Sonderregelungen** für Zeitangestellte, Angestellte für Aufgaben von begrenzter Dauer und für Aushilfsangestellte (SR 2y BAT) galten, sind jetzt der TVöD und der TV-L maßgeblich. Dort wird weitgehend auf das Teilzeit- und Befristungsgesetz verwiesen (§ 30 Abs. 1 Satz 1 TVöD-AT). **104**

Allerdings schließt § 30 Abs. 2 TVöD-AT ausdrücklich den Abschluss eines Zeitvertrages für die Dauer von mehr als **fünf Jahren** aus. **104a**

Nach § 31 TVöD-AT kann eine Leitungsaufgabe oder andere höherwertige Tätigkeit befristet zur **Erprobung** übertragen werden. § 31 TVöD-AT räumt hierfür Befristungen bis zur Gesamtdauer von zwei Jahren ein. **105**

---

1 BAG 19.1.2005 – 7 AZR 113/04, BAGReport 2005, 253.
2 BAG 22.10.2003 – 7 AZR 113/03, NZA 2004, 1275.
3 BAG 22.7.2014 – 9 AZR 1066/12, NZA 2014, 1330; *Böhm*, ArbRB 2012, 382 mit Musterformulierungen.
4 BAG 22.7.2014 – 9 AZR 1066/12, NZA 2014, 1330.

106 In **§ 32 TVöD-AT** wird die Möglichkeit eingeräumt, eine **Führungsposition** sachgrundlos befristet zu übertragen. Führungspositionen können danach als befristete Arbeitsverhältnisse bis zur Dauer von vier Jahren vereinbart werden. Sie können in den Entgeltgruppen zehn bis zwölf zweimal bis zu einer Gesamtdauer von acht Jahren, in der Entgeltgruppe 13 dreimal bis zu einer Gesamtdauer von zwölf Jahren verlängert werden.

4. Nachträgliche Befristung

107 Zur wirksamen **nachträglichen Befristung** eines unbefristeten und unter Kündigungsschutz stehenden Arbeitsverhältnisses ist ebenfalls gem. § 14 Abs. 1 TzBfG ein **sachlicher Grund** nötig[1]. Dies gilt auch, wenn im Zeitpunkt der Befristungsvereinbarung noch kein Bestandsschutz nach dem KSchG besteht. Die **freie Wahlmöglichkeit** des Arbeitnehmers, ein für ihn günstiges Vertragsänderungsangebot anzunehmen oder abzulehnen, ist für sich gesehen kein Sachgrund dafür, das geänderte Arbeitsverhältnis zu befristen[2].

Die nachträgliche Befristung eines zunächst auf unbestimmte Zeit eingegangenen Arbeitsverhältnisses kann auch im Wege der **Änderungskündigung** erfolgen. Die Änderung der Arbeitsbedingungen ist aber u.a. dann unwirksam, wenn die Befristung nicht aus sachlichem Grund gerechtfertigt ist[3]. Wegen der Notwendigkeit des Vorliegens eines sachlichen Grundes für die Befristung können mit den geringeren Anforderungen an eine Änderungskündigung (§ 2 KSchG) nicht die Voraussetzungen einer wirksamen Beendigungskündigung (§ 1 KSchG) umgangen werden[4].

Auch wenn der Arbeitsvertrag als ein Verbrauchervertrag zu qualifizieren und der Arbeitnehmer als ein Verbraucher iSd. § 13 BGB zu definieren ist[5], steht ihm **kein Widerrufsrecht** nach §§ 355, 312 BGB zu, selbst wenn der Aufhebungsvertrag am Arbeitsplatz oder im Bereich seiner Privatwohnung verhandelt worden sein sollte[6]. Dies gilt auch für die **vertraglich vereinbarte nachträgliche Befristung**. Es darf also nachweisbar zu keiner „Überrumpelung" kommen. Bei einem Wechsel aus einem unbefristeten in ein befristetes Arbeitsverhältnis kann bei späterer Arbeitslosigkeit eine **Sperrfrist** nach § 159 Abs. 1 SGB III drohen, wenn für den Arbeitnehmer kein wichtiger Grund für diesen Wechsel besteht, insbesondere er keine konkrete Aussicht auf eine unbefristete Tätigkeit hat[7].

107a Wenn mit einem **Aufhebungsvertrag/Auflösungsvertrag** das Arbeitsverhältnis zu einem späteren Zeitpunkt beendet werden soll, ist dies keine nachträgliche Befristung, wenn die ansonsten **geltende Kündigungsfrist** eingehalten wird, jedenfalls die Auslauffrist nicht um ein Vielfaches länger ist als die jeweilige Kündigungsfrist. Der Aufhebungsvertrag bezweckt eine Beendigung des Arbeitsverhältnisses und keine Fortsetzung. Er ist seinem Regelungsgehalt nach auf eine alsbaldige Beendigung der arbeitsvertraglichen Beziehungen gerichtet. Dies kommt durch die Vereinbarung einer zeitnahen Beendigung, die sich idR an der jeweiligen Kündigungsfrist orientiert, und Regelungen zum Ausdruck, die mit der **Abwicklung** eines beendeten Arbeitsverhältnisses im Zusammenhang stehen, wie zB eine Abfindung, die Erteilung eines Zeugnisses, eine Freistellung und die Gewährung von Resturlaub[8]. Ein derartiger Aufhebungsvertrag bedarf **keines Sachgrundes**. Es ist aber die Schriftform des § 623

---

1 BAG 8.7.1998 – 7 AZR 245/97, NZA 1999, 81; 26.8.1998 – 7 AZR 349/97, BB 1999, 424.
2 BAG 26.8.1998 – 7 AZR 349/97, BB 1999, 424.
3 BAG 25.4.1996 – 2 AZR 609/95, DB 1996, 1780; 8.7.1998 – 7 AZR 245/97, NZA 1999, 81.
4 AA *Hromadka*, BB 2001, 674.
5 BAG 25.5.2005 – 5 AZR 572/04, NZA 2005, 1111; aA *Tschöpe/Pirscher*, RdA 2004, 385.
6 BAG 27.11.2003 – 2 AZR 135/03, NZA 2004, 597.
7 BSG 21.7.2009 – B 7 AL 6/08 R, NZA-RR 2010, 323.
8 BAG 12.1.2000 – 7 AZR 48/99, NZA 2000, 718.

III. Befristung mit Sachgrund (§ 14 Abs. 1 TzBfG)

BGB einzuhalten. Ein Aufhebungsvertrag, dessen Regelungsgehalt aber nicht auf die Beendigung, sondern auf eine **befristete Fortsetzung** eines Dauerarbeitsverhältnisses gerichtet ist, was sich insbesondere aus einem die jeweilige Kündigungsfrist um ein Vielfaches überschreitenden Beendigungszeitpunkt ergibt, bedarf zu seiner Wirksamkeit eines **sachlichen Grundes**. Er unterliegt wie die nachträgliche Befristung eines unbefristeten Arbeitsvertrags der arbeitsgerichtlichen Befristungskontrolle, um eine funktionswidrige Verwendung des Rechtsinstituts des befristeten Arbeitsvertrags in der Form eines Aufhebungsvertrags auszuschließen[1]. Die von den Parteien gewählte Vertragsbezeichnung ist nicht entscheidend, sondern der Regelungsgehalt der getroffenen Vereinbarung. Auch in diesem Fall gilt das Schriftformerfordernis des § 623 BGB. Im Gegensatz zur Befristung genügt nicht die elektronische Form (§ 14 Abs. 4 TzBfG iVm. § 126a BGB; s. Rz. 119).

5. Dauer der Befristung und ihr sachlicher Grund

a) Dauer

Ein **zeitbefristeter** Arbeitsvertrag kann für eine **bestimmte zeitliche Dauer** oder bis zu einem **bestimmten Zeitpunkt** vereinbart werden. Die zeitliche Bestimmung muss nur eindeutig sein. Gem. § 15 Abs. 1 TzBfG muss die Dauer der Befristung kalendermäßig bestimmt oder in der Weise bestimmbar sein, dass sich bei Abschluss des Arbeitsvertrages der Zeitpunkt der Beendigung des Arbeitsverhältnisses allein nach dem Kalender errechnen lässt (so ausdrücklich: § 21 Abs. 3 BEEG sowie das bislang nach BAT geltende tarifliche Erfordernis Nr. 2 zu SR y BAT). Als kalendermäßig befristet, nämlich bestimmbar, wird man auch noch zB die Einstellung für eine bestimmte Saison oder für den Sommerschlussverkauf ansehen können, da die dafür maßgeblichen Zeiträume allgemein feststehen. Ist die zeitliche Dauer nicht ausreichend bestimmt oder bestimmbar, gilt das Arbeitsverhältnis als für unbestimmte Zeit abgeschlossen. 108

Ist das Arbeitsverhältnis für die **Lebenszeit** des Arbeitnehmers oder für längere Zeit als **fünf Jahre** vereinbart worden, kann der Arbeitnehmer nach Ablauf von fünf Jahren dieses Arbeitsverhältnis mit einer Kündigungsfrist von sechs Monaten kündigen (§ 15 Abs. 4 TzBfG). Die sechsmonatige Kündigungsfrist gem. § 15 Abs. 4 Satz 2 TzBfG gilt anstelle der allgemeinen Kündigungsfristen nach § 622 BGB. Sie kann daher auch zu jedem Termin und nicht zum 15. oder zum Monatsende ausgesprochen werden. Gem. § 22 Abs. 1 TzBfG können die Bestimmungen des § 15 Abs. 4 TzBfG nicht zu ungunsten des Arbeitnehmers abbedungen werden. 109

Zweckbefristete Arbeitsverträge enden mit Erreichen des Zwecks, **auflösend bedingte** Arbeitsverträge mit Eintritt der auflösenden Bedingung. Sowohl der zweckbefristete als auch der auflösend bedingte Arbeitsvertrag enden jedoch frühestens zwei Wochen nach Zugang der **schriftlichen Unterrichtung** des Arbeitnehmers durch den Arbeitgeber über den Zeitpunkt der Zweckerreichung bzw. des Eintritts der auflösenden Bedingung (§ 15 Abs. 2 TzBfG bzw. § 21 iVm. § 15 Abs. 2 TzBfG), wenn der Zweck vor Ablauf der Zwei-Wochen-Frist erreicht bzw. die Bedingung vor Ablauf dieser Frist eingetreten ist[2]. – Zur sog. Doppelbefristung s. Rz. 144. – In der Unterrichtung ist der Zeitpunkt der Zweckerreichung bzw. des Bedingungseintritts genau mitzuteilen. Diese Angabe muss richtig sein. Erfolgt keine Unterrichtung, wird die Form nicht eingehalten oder ist die Mitteilung hinsichtlich des Zeitpunktes der Zweckerreichung bzw. des Bedingungseintritts unzutreffend, so wird die Zwei-Wochen-Frist nicht in Lauf gesetzt, auch wenn der Zweck objektiv erreicht oder die Bedingung eingetreten ist. Die Mitteilung kann aber nach Kenntnisnahme der Zweckerreichung bzw. des 110

---

1 BAG 12.1.2000 – 7 AZR 48/99, NZA 2000, 718.
2 BAG 15.8.2012 – 7 AZN 956/12, NZA 2012, 1116.

Eintritts der auflösenden Bedingung unverzüglich nachgeholt werden, so dass damit die Verlängerung gem. § 15 Abs. 5 TzBfG vermieden wird[1]. Bei mangelhafter oder fehlender Unterrichtung kann sich aber der Arbeitnehmer auf das objektive Erreichen des Befristungszwecks berufen und mit diesem Zeitpunkt seine Arbeit einstellen[2].

Für die Berechnung dieser Frist gelten die §§ 187, 188 Abs. 2 BGB.

110a Sofern das Arbeitsverhältnis mit Wissen des Arbeitgebers **tatsächlich fortgesetzt** wird, verlängert es sich im direkten Anschluss an die Zweckerreichung bzw. den Bedingungseintritt nach § 15 Abs. 5 TzBfG auf unbestimmte Zeit, wenn es nicht zu der erforderlichen – in diesem Fall aber auch unverzüglichen – schriftlichen Unterrichtung kommt oder der Arbeitgeber nicht unverzüglich der Fortsetzung des Arbeitsverhältnisses widerspricht. Mit dieser gesetzlich vorgesehenen „stillschweigenden" Verlängerung wird sichergestellt, dass der Arbeitgeber trotz objektiver Zweckerreichung bzw. Bedingungseintritts das Ende des befristeten Arbeitsverhältnisses nicht beliebig hinausschieben kann[3].

Bei der Zweckerreichung bzw. dem Bedingungseintritt handelt es sich um eine rechtsvernichtende Einwendung, so dass den Arbeitgeber insoweit die **Darlegungs- und Beweislast** obliegt. Die Darlegungs- und Beweislast erstreckt sich nicht nur auf die fiktive Zweckerreichung bzw. den Bedingungseintritt, sondern betrifft auch die wirksame schriftliche Unterrichtung über die Zweckerreichung bzw. den Bedingungseintritt und den Zeitpunkt des Zugangs dieser Information beim Arbeitnehmer.

b) Sachlicher Grund für die Befristungsdauer

111 Bei der **Zeitbefristung** gem. § 15 Abs. 1 TzBfG bedarf die **Dauer** keiner eigenständigen sachlichen Rechtfertigung[4]. Die gewählte Vertragsdauer muss nicht stets mit der Dauer des Sachgrundes für die Befristung voll übereinstimmen[5]. Eine Kongruenz von Vertragsdauer und Befristungsgrund ist nicht erforderlich. Die Befristungsdauer muss sich jedoch am Befristungsgrund orientieren und mit ihm derart in Einklang stehen, dass sie nicht gegen das Vorliegen eines sachlichen Grundes spricht[6]. Mit zunehmender Dauer der Beschäftigung bei demselben Arbeitgeber steigen die Anforderungen an den Sachgrund der Befristung[7]. Die Dauer des befristeten Arbeitsvertrages wird bei der Zweckbefristung und der Vereinbarung einer auflösenden Bedingung durch die **Zweckerreichung** bzw. den **Eintritt der Bedingung** selbst bestimmt, so dass der Zweck bzw. die auflösende Bedingung zugleich auch die Dauer rechtfertigen müssen.

6. Mehrfache Befristung

112 Abgesehen von den Regelungen in § 624 BGB und § 15 Abs. 4 TzBfG gibt es **keine gesetzliche Befristungshöchstgrenze**. Auf einen Sachgrund gestützte befristete Arbeitsverträge können daher grundsätzlich ohne gesetzliche Einschränkung wiederholt abgeschlossen werden. Dabei kann ein unterschiedlicher Sachgrund zugrunde gelegt werden. Dies gilt auch für Ein-Tages-Arbeitsverträge. Die auf den jeweiligen Einsatz bezogenen **Ein-Tages-Arbeitsverhältnisse** stellen nach ihrem objektiven Geschäfts-

---

1 KR/*Lipke*, § 15 TzBfG Rz. 12; Annuß/Thüsing/*Maschmann*, § 15 TzBfG Rz. 5.
2 Annuß/Thüsing/*Maschmann*, § 15 TzBfG Rz. 5; aA ErfK/*Müller-Glöge*, § 15 TzBfG Rz. 6: Der Arbeitnehmer kann nur außerordentlich kündigen, wenn er nicht mehr vertragsgerecht beschäftigt werden kann und wird.
3 BT-Drucks. 14/4374, 21.
4 BAG 21.1.2009 – 7 AZR 630/07, NZA 2009, 727.
5 BAG 11.11.1998 – 7 AZR 328/97, BB 1999, 423.
6 BAG 21.1.2009 – 7 AZR 630/07, NZA 2009, 727.
7 BAG 11.12.1991 – 7 AZR 431/90, NZA 1992, 883 (886); 11.11.1998 – 7 AZR 328/97, BB 1999, 423.

inhalt keine unzulässige, zu einem Dauerarbeitsverhältnis führende Vertragsgestaltung dar. Sie sind nicht durch die Möglichkeit der Vereinbarung eines Abrufarbeitsverhältnisses nach § 12 TzBfG ausgeschlossen[1]. Auch kann im Anschluss an ein ohne Sachgrund befristetes Arbeitsverhältnis ohne jede Einschränkung ein mit Sachgrund befristetes Arbeitsverhältnis angeschlossen werden. Bei mehreren aufeinander folgenden befristeten Arbeitsverhältnissen (sog. **Kettenbefristungen**) ist im Rahmen der arbeitsgerichtlichen Befristungskontrolle grundsätzlich nur die **Befristung des letzten Arbeitsvertrages** auf ihre sachliche Rechtfertigung zu prüfen[2]. Ob die Befristung des vorangegangenen Arbeitsverhältnisses sachlich gerechtfertigt war, ist daher unbeachtlich, sofern Kettenbefristungen nicht missbräuchlich dazu genutzt werden, einen **ständigen Vertretungsbedarf** zu decken. Insoweit wird auf die nachstehenden Ausführungen zu Rz. 113 verwiesen.

In dem Abschluss eines – neuen – befristeten Arbeitsvertrages liegt zugleich konkludent die vertragliche Aufhebung eines – etwaigen – unbefristeten früheren Arbeitsvertrages[3]. Jedoch wird durch den vorbehaltlos geschlossenen Folgevertrag nicht darauf verzichtet, die Unwirksamkeit der Befristung des vorangegangenen Vertrages innerhalb der Frist des § 17 TzBfG geltend zu machen. Soll gleichwohl bereits vor Ablauf der Klagefrist des § 17 TzBfG vertraglich auf die Geltendmachung der Unwirksamkeit der Befristung verzichtet werden, so muss dies in der vertraglichen Vereinbarung unmissverständlich zum Ausdruck kommen[4]. Etwas anderes gilt dann, wenn der Arbeitnehmer in den neuen Vertrag den **Vorbehalt** aufgenommen hat, dass der neue befristete Arbeitsvertrag nur gelten soll, wenn die Parteien nicht schon aufgrund des vorangegangenen Vertrages in einem unbefristeten Arbeitsverhältnis stehen[5]. Ein einseitiger vom Arbeitnehmer erklärter Vorbehalt reicht nicht aus[6]. Der Vorbehalt muss **vertraglich** vereinbart sein[7]. Die Vertragsparteien müssen in einem nachfolgenden befristeten Arbeitsvertrag dem Arbeitnehmer das Recht vorbehalten, die Wirksamkeit der vorangegangenen Befristung prüfen zu lassen[8]. Ob ein Vorbehalt vereinbart ist, ist durch Auslegung der von den Parteien bei Vertragsschluss ausdrücklich und konkludent abgegebenen Erklärungen zu ermitteln[9]. Die gegenüber dem Arbeitnehmer erklärte Ablehnung, einen derartigen Vorbehalt vertraglich zu vereinbaren, ist **keine Maßregelung** iSd. § 612a BGB. Sofern der Arbeitgeber dem Arbeitnehmer von vornherein ausschließlich den vorbehaltlosen Abschluss eines weiteren befristeten Arbeitsvertrags angeboten hatte, liegt in dem Aufrechterhalten dieses Angebots keine Sanktionierung der Rechtsausübung des Arbeitnehmers[10] oder Drohung[11]. Wegen der nach § 17 TzBfG zu beachtenden Klagefrist ist aber auch die **rechtzeitige Klageerhebung** erforderlich. Wird **nach Rechtshängigkeit** einer „Entfristungsklage" gem. § 17 TzBfG eine weitere Befristung vereinbart, so hat dies aber auch ohne Aufnahme eines ausdrücklichen Vorbehalts nicht zur Folge, dass der vorangehende Vertrag aufgehoben ist. Vielmehr enthalten Folgeverträge in diesem Fall den **konkludent vereinbarten Vorbehalt**, der nachfolgende Vertrag solle nur dann maßgeblich sein, wenn nicht bereits aufgrund einer vorherigen unwirksamen Befristung ein Arbeitsverhältnis auf un-

---

1 BAG 16.5.2012 – 5 AZR 268/11, NZA 2012, 974.
2 BAG 18.7.2012 – 7 AZR 443/09, NZA 2012, 1351; *Bayreuther*, NZA 2013, 23.
3 BAG 24.8.2011 – 7 AZR 228/10, NZA 2012, 385.
4 BAG 26.7.2000 – 7 AZR 43/99, NZA 2001, 264.
5 BAG 12.6.1987 – 7 AZR 389/86, AP Nr. 114 zu § 620 BGB – Befristeter Arbeitsvertrag; 26.7.2000 – 7 AZR 43/99, NZA 2001, 264.
6 BAG 4.6.2003 – 7 AZR 523/02, NZA-RR 2003, 621; 16.11.2005 – 7 AZR 81/05, NZA 2006, 784.
7 BAG 14.2.2007 – 7 AZR 95/06, NZA 2007, 803.
8 BAG 13.10.2004 – 7 AZR 218/04, NZA 2005, 401; 16.11.2005 – 7 AZR 81/05, NZA 2006, 784.
9 BAG 16.11.2005 – 7 AZR 81/05, NZA 2006, 784.
10 BAG 14.2.2007 – 7 AZR 95/06, NZA 2007, 803.
11 BAG 13.12.2007 – 6 AZR 200/07, NZA-RR 2008, 341.

bestimmte Zeit besteht[1]. Da der Arbeitgeber aufgrund der ihm durch Zustellung zur Kenntnis gelangten Befristungskontrollklage damit rechnen muss, dass er mit dem Arbeitnehmer möglicherweise bereits in einem unbefristeten Arbeitsverhältnis steht, darf der Arbeitnehmer als Empfänger des Angebots des Arbeitgebers, einen weiteren befristeten Arbeitsvertrag abzuschließen, der ausdrücklichen Erklärung den zusätzlichen Inhalt entnehmen, dieser Vertrag solle nur dann das Arbeitsverhältnis der Parteien regeln, wenn nicht bereits der der gerichtlichen Kontrolle übergebene Arbeitsvertrag für das Arbeitsverhältnis maßgeblich ist[2]. Dies muss auch gelten, wenn der Arbeitnehmer einen Folgevertrag ohne ausdrücklichen Vorbehalt während eines noch anhängigen Rechtsstreits abschließt, nachdem er erstinstanzlich mit der Befristungskontrollklage obsiegt hat[3]. Anders verhält es sich, wenn der Arbeitgeber in dem Angebot auf Abschluss des neuen befristeten Arbeitsvertrages darauf hinweist, dass mit dem Abschluss des neuen Vertrages der vorangegangene Vertrag aufgehoben ist.

Auch kann es auf die sachliche Rechtfertigung des vorangegangenen Vertrages ankommen, wenn es sich bei dem letzten Vertrag nur um einen **unselbständigen Annex** zum vorhergehenden Vertrag handelt. Dies ist der Fall, wenn nur die Laufzeit des alten Vertrages verhältnismäßig geringfügig korrigiert mit dem Sachgrund der Befristung in Einklang gebracht wird, dieser aber ansonsten derselbe bleibt[4]. Auch kann der vorletzte Vertrag maßgeblich sein, wenn sich aus ausdrücklichen oder konkludenten Vereinbarungen ergibt, dass die Vertragsschließenden ihr Arbeitsverhältnis nicht auf eine neue Grundlage stellen wollten[5].

113 Auch ein **ständiger Vertretungsbedarf** kann eine wiederholte Befristung eines Arbeitsverhältnisses rechtfertigen[6]. Es ist deshalb keine Personalreserve aus unbefristet beschäftigten Arbeitnehmern vorzuhalten[7]. Ist aus Vertretungsgründen bereits mehrfach das Arbeitsverhältnis befristet abgeschlossen worden, steht dies der Prognose des künftigen Wegfalls des Vertretungsbedarfs und damit der Annahme eines sachlichen Grundes für die Befristung nicht entgegen[8]. Aus einer durch den Sachgrund der Vertretung gerechtfertigten **Kettenbefristung** folgt für sich genommen nicht das Vorliegen eines **Missbrauchs** iSd. § 5 Nr. 1 EGB-UNICE-CEEP-Rahmenvereinbarung über befristete Arbeitsverträge im Anhang der RL 1999/70/EG[9]. Nach der geänderten Rechtsprechung des 7. Senats des BAG dürfen sich die Gerichte bei der Befristungskontrolle nach § 14 Abs. 1 Satz 2 Nr. 3 TzBfG dennoch nicht auf die Prüfung des geltend gemachten Sachgrunds der Vertretung beschränken. Vielmehr ist eine **Missbrauchskontrolle** unter Berücksichtigung aller in der Vergangenheit mit demselben Arbeitgeber geschlossenen befristeten Verträge geboten[10]. Wenn der Arbeitgeber aufgrund ihm vorliegender Informationen erhebliche Zweifel daran haben muss, dass die zu vertretende Stammkraft überhaupt wieder an ihren Arbeitsplatz zurückkehren wird, kann dies dafür sprechen, dass der Sachgrund der Vertretung nur vorgeschoben ist. Auch liegt kein sachlicher Grund vor, wenn eine Kettenbefristung dazu dient, einen **ständigen Arbeitskräftebedarf** zu decken. Aus den **Umständen des Einzelfalls**,

---

1 BAG 13.10.2004 – 7 AZR 654/03, NZA 2005, 469; 18.6.2008 – 7 AZR 214/07, NZA 2009, 35.
2 BAG 13.10.2004 – 7 AZR 218/04, NZA 2005, 401.
3 AA LAG Nds. 12.1.2004 – 5 Sa 1130/03 E, NZA-RR 2004, 555.
4 BAG 7.11.2007 – 7 AZR 484/06, NZA 2008, 467.
5 BAG 15.8.2001 – 7AZR 144/00, NZA 2002, 696 (Os.).
6 EuGH 26.1.2012 – Rs. C-586/10 – Kücük, NZA 2012, 135; BAG 18.7.2012 – 7 AZR 443/09, NZA 2012, 1351 und 7 AZR 783/10, NZA 2012, 1359.
7 BAG 18.7.2012 – 7 AZR 443/09, NZA 2012, 1351.
8 BAG 18.7.2012 – 7 AZR 443/09, NZA 2012, 1351 und 7 AZR 783/10, NZA 2012, 1359.
9 EuGH 26.1.2012 – C-586/10, NZA 2012, 135 – Kücük.
10 EuGH 26.1.2012 – C-586/10, DB 2012, 290 – Kücük; BAG 19.2.2014 – 7 AZR 260/12, NZA-RR 2014, 408; nicht aber bei unterschiedlichem Anforderungsprofil, BAG 6.10.2010 – 7 AZR 397/09, ArbRB 2011, 102.

insbesondere aus der **Anzahl und der Dauer** der ohne erhebliche Unterbrechungszeiten[1] vorangegangenen Befristungen bei demselben Arbeitgeber für dieselbe Arbeit eine **rechtsmissbräuchliche Ausnutzung** der an sich eröffneten rechtlichen Gestaltungsmöglichkeit ergeben[2]. Bedeutsam ist auch, ob der Arbeitnehmer stets auf **demselben Arbeitsplatz mit denselben Aufgaben** beschäftigt wird[3]. Eine dahingehende Prüfung ist im deutschen Recht nach den Grundsätzen des institutionellen Rechtsmissbrauchs (§ 242 BGB) vorzunehmen[4]. Ob die Befristung gerechtfertigt ist, ist deshalb in **zwei Stufen zu prüfen**: Zum einen das Vorliegen eines Sachgrunds, zum anderen ein Rechtsmissbrauch iSd. § 242 BGB. Als Kriterien für eine **Missbrauchskontrolle** werden vom BAG die gesetzlichen Wertungen in § 14 Abs. 2 Satz 1 TzBfG hinsichtlich der Dauer und Verlängerungsmöglichkeiten herangezogen[5]. Daraus ist zu schließen, dass mit dem Vorwurf des institutionellen Rechtsmissbrauchs zu rechnen ist, wenn die in § 14 Abs. 2 Satz 1 TzBfG genannten **Grenzen** alternativ oder insbesondere kumulativ **mehrfach überschritten** werden (vom BAG als **missbräuchlich** bezeichnet: 13 Befristungen für eine Gesamtdauer von mehr als 11 Jahren[6]; **nicht missbräuchlich**: 4 Befristungen für eine Gesamtdauer von 7 Jahren und 9 Monaten[7]). Für die Praxis wünschenswerte deutlichere Konturen sind der höchstrichterlichen Rechtsprechung im Augenblick nicht zu entnehmen[8].

Mehrfache Befristungen von Zeitarbeitsverträgen, sofern der Einzelne nicht die Dauer von fünf Jahren überschreitet, sind auch im **öffentlichen Dienst** nach der Sonderregelung § 30 TVöD-AT zulässig. 114

7. Befristung einzelner Arbeitsvertragsbedingungen

Auch einzelne Arbeitsvertragsbedingungen können befristet werden, wie zB die vorübergehende Erhöhung der Arbeitszeit. Auf sie sind die Vorschriften des **TzBfG nicht anwendbar**[9], also auch nicht die der sachgrundlosen Befristung (§ 14 Abs. 2 und Abs. 2a TzBfG). 115

Seit dem Inkrafttreten des Schuldrechtsmodernisierungsgesetzes am 1.1.2002 ist die Befristung von Arbeitsvertragsbedingungen der **Inhaltskontrolle nach §§ 307 ff. BGB** unterworfen, soweit es sich um vorformulierte Arbeitsvertragsbedingungen iSd. § 305 BGB handelt[10] oder der Arbeitsvertrag als ein **Verbrauchervertrag** iSv. § 310 Abs. 3 BGB zu qualifizieren und der Arbeitnehmer als Verbraucher iSd. § 13 BGB zu definieren ist[11]. Mit der Anwendung der §§ 307 ff. BGB auf die Vereinbarung befristeter Arbeitsvertragsbedingungen kommt es daher zu keiner eigentlichen Sachgrundprüfung mehr, wie dies bei befristeten Arbeitsverträgen gem. § 14 Abs. 1 TzBfG vorgesehen ist. Grundlage für die Prüfung der Wirksamkeit der befristeten Arbeitsbedingungen ist eine Inhaltskontrolle nach § 307 BGB[12]. Mithin ist eine vorformulierte Befristung der Arbeitsbedingungen unwirksam, wenn sie den Arbeitnehmer iSv. § 307 Abs. 1 Satz 1 BGB **unangemessen benachteiligt**.

---

1 BAG 10.7.2013 – 7 AZR 761/11 NZA 2014, 26.
2 BAG 18.7.2012 – 7 AZR 443/09, NZA 2012, 1351 und 7 AZR 783/10, NZA 2012, 1359.
3 BAG 19.2.2014 – 7 AZR 260/12, NZA-RR 2014, 408.
4 BAG 18.7.2012 – 7 AZR 443/09, NZA 2012, 1351.
5 BAG 18.7.2012 – 7 AZR 783/10, NZA 2012, 1359.
6 BAG 18.7.2012 – 7 AZR 443/09, NZA 2012, 1351.
7 BAG 18.7.2012 – 7 AZR 783/10, NZA 2012, 1359; einschränkend BAG 15.5.2013 – 7 AZR 525/11, NZA 2013, 1214.
8 BAG 19.2.2014 – 7 AZR 260/12, NZA-RR 2014, 408; *Bayreuther*, NZA 2013, 23.
9 BAG 15.12.2011 – 7 AZR 394/10, NZA 2012, 674.
10 BAG 27.7.2005 – 7 AZR 486/04, NZA 2006, 40.
11 BAG 25.5.2005 – 5 AZR 572/04, NZA 2005, 1111; aA *Tschöpe/Pirscher*, RdA 2004, 385.
12 BAG 27.7.2005 – 7 AZR 486/04, NZA 2006, 40.

Eine **unangemessene Benachteiligung** liegt im Zweifel vor, wenn die Bestimmung im Formulararbeitsvertrag mit wesentlichen Grundgedanken der gesetzlichen Regelung, von der abgewichen wird, nicht zu vereinbaren ist. Bedeutsam ist, dass dabei nicht die individuellen Interessen des Arbeitnehmers, sondern die typischen Arbeitnehmerinteressen berücksichtigt werden. Individuelle Interessen werden nur insoweit in die Interessenabwägung eingebunden, als bei der Beurteilung der unangemessenen Benachteiligung nach § 307 Abs. 1 und 2 BGB auch die den Vertragsabschluss begleitenden Umstände zu berücksichtigen sind (§ 310 Abs. 3 Nr. 3 BGB)[1]. Auch wenn die Inhaltskontrolle des § 307 Abs. 1 BGB begrifflich die der BAG-Rechtsprechung zugrunde liegende Frage der Umgehung des gesetzlichen Änderungskündigungsschutzes ausschließt, so legt doch das unbestimmte Rechtsbegriffspaar der unangemessenen Benachteiligung nahe, diese unter Berücksichtigung des arbeitsrechtlichen Richterrechts im Hinblick auf § 310 Abs. 4 Satz 2 BGB auf der Grundlage der von der bisherigen Rechtsprechung des BAG vorgenommenen Bewertung zu messen[2]. Die Inhaltskontrolle korrespondiert damit im Ergebnis mit dem materiellen Änderungsschutz des § 2 KSchG. Die Übernahme des bisherigen Prüfungssystems und -maßstabs schließt eine Benachteiligung iSv. § 307 Abs. 1 BGB aus, wenn ein **sachlicher Grund für die Befristung** vorliegt. Die Befristung des gesamten Arbeitsvertrages kann nicht unter leichteren Voraussetzungen möglich sein als diejenige einzelner Teile. Im Ergebnis kann der Inhaltsschutz des § 307 BGB nicht über denjenigen des Kündigungsschutzes hinausgehen[3]. Auch wenn es nur um die Befristung einzelner Vertragsbedingungen geht, sind somit die Sachgründe zur wirksamen Befristung geeignet, die ein Arbeitsverhältnis insgesamt wirksam befristen können, also insbesondere die in § 14 Abs. 1 TzBfG genannten Gründe[4]. Die Grundsätze, die das BAG zum institutionellen **Rechtsmissbrauch** im Hinblick auf die Befristungskontrolle bei Kettenbefristungen entwickelt hat (s. dazu Rz. 113), finden auch bei der Inhaltskontrolle der Befristung von einzelnen Arbeitsbedingungen nach § 307 BGB Anwendung, falls eine wertungsmäßige Vergleichbarkeit der Fallgestaltung besteht[5].

Das **Transparenzgebot** des § 307 Abs. 1 Satz 2 BGB erfordert, dass die Befristung der Arbeitsbedingungen in der vertraglichen Regelung hinreichend deutlich ist. Dazu bedarf es der Bestimmung der Leistung, die der Befristung unterliegt, sowie der Angabe des Beendigungszeitpunktes bzw. der Dauer oder des Zweckes der Befristung oder der auflösenden Bedingung, die zur Beendigung des Vertrags führt. Ebenso wenig wie bei der Befristung eines Vertrages insgesamt besteht auch **kein Zitiergebot** für den die Befristung maßgeblichen Grund[6]. Anders verhält es sich bei der Zweckbefristung und auflösenden Bedingung, da die vorgesehene Beendigung aus dem Sachgrund selbst folgt, also durch den Zweck oder die auflösende Bedingung der Beendigungstatbestand erst gekennzeichnet wird (vgl. hierzu Rz. 124 ff.).

116 Handelt es sich bei der nachträglichen Befristung von einzelnen Arbeitsbedingungen um eine **Individualvereinbarung**, so unterliegt sie nach § 305 Abs. 3 BGB keiner Inhaltskontrolle[7]. Im Hinblick auf die bisherige Rechtsprechung des BAG erscheint es fraglich, ob sich die Rechtsprechung bei individuell ausgehandelten befristeten Einzelarbeitsbedingungen jeglicher Kontrolle enthalten wird. Der durch die änderungsschutzrechtliche Bestimmung des § 2 KSchG bestehende Inhaltsschutz gilt für jedes Arbeitsverhältnis. Es ist zu erwarten, dass die Rechtsprechung den § 2 KSchG entnommenen Inhaltsschutz mit der bisherigen Begründung auf individuell ausgehan-

---

1 BAG 18.1.2006 – 7 AZR 191/05, DB 2006, 1326.
2 BAG 15.12.2011 – 7 AZR 394/10, NZA 2012, 674.
3 *Preis/Bender*, NZA-RR 2005, 337.
4 BAG 15.12.2011 – 7 AZR 394/10, NZA 2012, 674; *Schmidt*, NZA 2014, 760.
5 LAG BW 17.6.2013 – 1 Sa 2/13, BeckRS 2013, 71890.
6 BAG 15.12.2011 – 7 AZR 394/10, NZA 2012, 674.
7 *Dörner*, Rz. 137.

delte befristete Arbeitsbedingungen anwenden, in Einzelfällen möglicherweise auf der Grundlage der §§ 138, 134 BGB zu einer Unwirksamkeit gelangen wird, wenn die Befristung von Teilen des Arbeitsvertrages zu einer unangemessenen Benachteiligung des Arbeitnehmers führt.

Da ansonsten ein Wertungswiderspruch besteht, wenn die Befristung einzelner Arbeitsbedingungen einer Bewertung nach §§ 307ff. BGB unterzogen wird, obwohl noch **nicht der materielle Änderungsschutz** nach § 2 KSchG besteht, wird das Sachgrunderfordernis für die Befristung von Teilen eines Arbeitsvertrages nicht gelten, wenn auch ein unbefristetes Arbeitsverhältnis noch nicht dem Änderungskündigungsschutz des § 2 KSchG unterliegt oder es sich um einen **Kleinbetrieb** iSd. § 23 KSchG handelt. 117

Die Befristung einzelner Vertragsbedingungen bedarf zu ihrer Wirksamkeit **nicht der Schriftform** gem. § 14 Abs. 4 TzBfG. Auf die Kontrolle der Befristung einzelner Vertragsbedingungen ist § 17 TzBfG **nicht anwendbar**. Beide Bestimmungen betreffen nur die Befristung eines Arbeitsvertrages insgesamt und gelten daher nicht für die Befristung von Teilen eines Arbeitsvertrages. Das Klagebegehren ist demgemäß als allgemeine Feststellungsklage gem. § 256 Abs. 1 ZPO geltend zu machen. 118

IV. Vertragliche Regelungen

1. Schriftform und Grund der Befristung

a) Schriftform

Wegen der gesetzlichen Regelung, dass die Befristung eines Arbeitsvertrages der Schriftform bedarf (§ 14 Abs. 4 TzBfG), ist eine eindeutige **schriftliche Regelung der Befristung vor dem Vertragsbeginn** notwendig, nicht aber deren Begründung (s. Rz. 124). Die Einhaltung der Schriftform ist eine **konstitutive Wirksamkeitsvoraussetzung** für die Befristung. Ihre Verletzung führt nach § 16 TzBfG zu einem unbefristeten Arbeitsverhältnis[1]. Aus der schriftlichen Regelung muss hervorgehen, 119
– dass es sich um einen befristeten Arbeitsvertrag handelt,
– wann der Arbeitsvertrag endet – Dauer oder Zeitpunkt – (Zeitbefristung),
– bzw. für welchen Zweck die Befristung erfolgt (Zweckbefristung),
– durch welches zukünftige Ereignis der Vertrag beendet wird (auflösende Bedingung).

Diesem Erfordernis widerspricht es nicht, wenn ein Arbeitnehmer auf „unbestimmte Zeit" oder „unbefristet" eingestellt wird und zugleich eine Altersgrenzenregelung vereinbart wird[2]. Mit einer unbefristeten Einstellung wird auch aus der Sicht des Arbeitnehmers eine Altersgrenzenregelung nicht ausgeschlossen. Vielfach sind aber Altersgrenzenregelungen (s. Rz. 80ff.) nicht schriftlich fixiert. Dies steht einer Wirksamkeit dann nicht entgegen, wenn im **Zeitpunkt ihrer Vereinbarung** kein gesetzliches oder ein verbindliches tarifvertragliches Formerfordernis bestand[3].

Die bei Arbeitsantritt erfolgte schriftliche Bestätigung durch den Arbeitnehmer, dass er sich in einem befristeten Arbeitsverhältnis befinde und er einen entsprechenden Arbeitsvertrag demnächst ausgestellt erhalten werde, kann wegen der fehlenden Aussage zum Befristungsende nicht als eigenständige Befristungsregelung gewertet werden[4]. Die Schriftform gem. § 126 Abs. 1 und Abs. 2 BGB kann nach § 126 Abs. 3 BGB

---
1 BAG 1.12.2004 – 7 AZR 198/04, NZA 2005, 575.
2 BAG 8.12.2010 – 7 AZR 438/09, NZA 2011, 586 bzgl. tarifvertragl. Regelung.
3 BAG 22.7.2005 – 7 AZR 443/04, NZA 2006, 37; 12.6.2013 – 7 AZR 917/11, NZA 2013, 1428.
4 ArbG Berlin 2.11.2005 – 30 Ca 12599/05, NZA-RR 2006, 464.

durch die **elektronische Form** gem. § 126a BGB ersetzt werden, da § 14 Abs. 4 TzBfG anders als § 623 BGB, der früher hierfür galt, die elektronische Form nicht ausschließt. Allerdings spricht hiergegen das nach § 2 Abs. 1 Satz 2 Nr. 3 NachwG für die Angabe der vorhersehbaren Dauer des Arbeitsverhältnisses einzuhaltende **Schriftformerfordernis** des § 126 BGB, so dass in der Praxis zur Vermeidung eines Risikos die Einhaltung der Form des § 126 BGB empfehlenswert ist. Gem. § 126 Abs. 2 BGB muss die Unterzeichnung der Vertragsparteien auf **derselben Urkunde** erfolgen. Das gesetzliche Schriftformerfordernis gilt **nur für vertragliche** Befristungsvereinbarungen (nicht für den gesamten Arbeitsvertrag). Zur Wahrung der nach § 14 Abs. 4 TzBfG erforderlichen Schriftform genügt es, wenn die eine Vertragspartei in einem von ihr unterzeichneten, an die andere Vertragspartei gerichteten Schreiben den Abschluss eines befristeten Arbeitsvertrages anbietet und die andere Partei dieses Angebot annimmt, indem sie das Schriftstück ebenfalls unterzeichnet[1]. Die Annahmeerklärung der anderen Vertragspartei muss dem Vertragspartner grundsätzlich vor der Arbeitsaufnahme zugehen. Hat aber der Arbeitgeber das Angebot auf Abschluss eines befristeten Arbeitsvertrages **von der Rückgabe** des unterzeichneten Arbeitsvertrages **abhängig** gemacht, so wird durch die Arbeitsaufnahme kein unbefristetes Arbeitsverhältnis begründet[2]. Die vorbezeichnete Abhängigkeit wird von der Rechtsprechung schon daraus geschlossen, dass der Arbeitgeber dem Arbeitnehmer – ohne vorangegangene Absprache – ein von ihm bereits unterschriebenes Vertragsexemplar mit der Bitte um Unterzeichnung übersendet[3]. Das gleiche muss gelten, wenn beide Vertragspartner davon ausgehen, dass trotz vorheriger Arbeitsaufnahme erst der unmittelbar danach von beiden unterzeichnete Arbeitsvertrag die verbindliche Vertragsgrundlage und Wirksamkeitsvoraussetzung für das Arbeitsverhältnis ist.

119a ⊃ **Hinweis:** Aufgrund der Entscheidung des BAG vom 16.4.2008[4] bietet es sich aber an, vorsichtshalber in jedem Angebot auf Abschluss eines befristeten Arbeitsvertrages hinzuzusetzen, dass das Angebot auf Abschluss eines befristeten Arbeitsvertrages von der Rückgabe des unterzeichneten Arbeitsvertrages abhängig gemacht wird.

119b Für den gerichtlich **protokollierten Vergleich** folgt die Einhaltung der Schriftform aus § 127a iVm. § 126 Abs. 4 BGB. Es ist **nicht anwendbar** auf Rechtsverhältnisse, die wie Berufsausbildungsverhältnisse kraft Gesetzes bedingt oder befristet sind. Dem Schriftformerfordernis unterliegen weiterhin nicht die Weiterbeschäftigung aufgrund von Vollstreckungsmaßnahmen bzw. aufgrund eines vollstreckbaren Urteils festgestellten Weiterbeschäftigungsanspruchs sowie die Weiterbeschäftigung nach § 102 Abs. 5 BetrVG[5].

120 Die **Befristungsabrede** selbst bedarf gem. § 14 Abs. 4 TzBfG zu ihrer **Wirksamkeit** der Schriftform. Dieses Formerfordernis gilt deshalb für die kalendermäßig bestimmte Befristung (auch bei der Vereinbarung einer **Altersgrenze**) und die Zweckbefristung sowie für atypische befristete Verträge, wie solche mit Höchstdauer und gleichzeitigem Recht zur ordentlichen Kündigung oder Zweckbefristungen verbunden mit einer Höchstdauer. Für auflösend bedingte Arbeitsverhältnisse gilt das Schriftformerfordernis ebenfalls (§ 21 iVm. § 14 Abs. 4 TzBfG). Schriftlich abgeschlossen werden müssen auch Vereinbarungen über die **befristete Weiterbeschäftigung während des Kündigungsschutzprozesses** unter der auflösenden Bedingung des Obsiegens des Arbeit-

---

1 BAG 26.7.2006 – 7 AZR 514/05, NZA 2006, 1402.
2 BAG 16.4.2008 – 7 AZR 1048/06, NZA 2008, 1184; s.a. LAG Rh.-Pf. 14.8.2012 – 3 Sa 38/12, ZTR 2013, 158.
3 BAG 16.4.2008 – 7 AZR 1048/06, NZA 2008, 1184.
4 BAG 16.4.2008 – 7 AZR 1048/06, NZA 2008, 1184.
5 *Bengelsdorf*, NZA 2005, 277.

gebers oder der Zweckbefristung der rechtskräftigen Entscheidung über die Kündigungsschutzklage (Prozessarbeitsverhältnis)[1].

Formulierungsbeispiel:

Die Vertragsschließenden sind sich darüber einig, dass Frau/Herr ... zu unveränderten Vertragsbedingungen als ... bis zum rechtskräftigen Abschluss des Kündigungsschutzverfahrens wegen der Kündigung vom ... weiterbeschäftigt wird. Das Arbeitsverhältnis ist auflösend bedingt durch den rechtskräftigen Abschluss des Kündigungsschutzverfahrens zu dem Aktenzeichen ... und endet, ohne dass es einer Kündigung bedarf mit dem Ablauf des Tages, an welchem der rechtskräftige Abschluss des Kündigungsschutzverfahrens dem Arbeitnehmer bzw. seinem Prozessbevollmächtigten bekannt wird.

In Ermangelung einer Absprache gilt das Schriftformerfordernis nicht bei der Beschäftigung bis zum rechtskräftigen Abschluss des Bestandschutzverfahrens, wenn dies allein der **Abwendung der Zwangsvollstreckung** dient[2].

Die Schriftform ist auch für befristete Arbeitsverhältnisse einzuhalten, die auf **gesetzlichen Sonderregelungen** beruhen (§ 21 BEEG, WissZeitVG, ÄrzteBefrG). Etwas anderes gilt jedoch für Berufsausbildungsverhältnisse sowie für Volontäre und Praktikanten iSv. § 26 BBiG, da diese Verträge gem. § 21 BBiG bereits kraft Gesetzes bedingt und befristet sind.

Auch jede befristete **Verlängerung** eines befristeten Arbeitsvertrags bedarf der Schriftform. Dies gilt auch dann, wenn nur der Endtermin abgeändert wird und für eine Verlängerungsabrede, die ohne eine **Nichtverlängerungsmitteilung/Nichtverlängerungsanzeige** (im Bühnenbereich)[3] eine befristete Fortsetzung beinhaltet. **121**

Das Schriftformerfordernis des § 14 Abs. 4 TzBfG gilt nicht für die Befristung **einzelner Arbeitsbedingungen**[4].

Die Befristung kann auch in einem gerichtlichem **Vergleich** (Aufhebungsvertrag) vereinbart werden. – S. Rz. 77 ff.

Eine Befristung in einem **Tarifvertrag** (zB eine Altersgrenze) ist **ohne einzelvertragliche Schriftform** wirksam, wenn beide Vertragspartner tarifgebunden sind bzw. der Tarifvertrag allgemeinverbindlich ist. Fraglich ist, ob eine bloße Bezugnahme auf einen eine Befristung enthaltenden Tarifvertrag ausreicht, wenn nicht beide Vertragspartner tarifgebunden sind. Wird ein einschlägiger Tarifvertrag, der eine Befristung oder eine auflösende Bedingung vorsieht, nur durch Inbezugnahme im Arbeitsvertrag für die Arbeitsvertragsparteien verbindlich, so findet nach neuerer Rechtsprechung das Schriftformerfordernis des § 14 Abs. 4 TzBfG keine Anwendung, wenn der Tarifvertrag insgesamt auf das Arbeitsverhältnis Anwendung findet und nicht nur einzelne, den Arbeitnehmer belastende Regelungen in Bezug genommen sind. Andernfalls empfiehlt es sich, die tarifliche Befristungsregel als Textpassage in den schriftlichen Arbeitsvertrag aufzunehmen[5], um der Warnfunktion des § 14 Abs. 4 TzBfG gerecht zu werden[6]. Die **Bezugnahme** muss ohnehin schriftlich erfolgen. **122**

---

1 BAG 22.10.2003 – 7 AZR 113/03, NZA 2004, 1275; LAG Hamm 16.1.2003 – 16 Sa 1126/02, DB 2003, 1739 (rkr.); zu den Folgen der Unterschriftsverweigerung durch den Arbeitnehmer bzgl. § 615 BGB s. LAG Nds. 30.9.2003 – 13 Sa 570/03, NZA-RR 2004, 194.
2 LAG Hamm 31.10.2003 – 5 Sa 1396/03, nv.
3 Zu den Voraussetzungen einer Nichtverlängerungsmitteilung s. BAG 15.5.2013 – 7 AZR 665/11, NZA 2014, 990; *Opolony*, NZA 2001, 1351.
4 BAG 3.9.2003 – 7 AZR 106/03, DB 2004, 490; *Preis/Gotthardt*, DB 2001, 145 (150); *Däubler*, ZIP 2001, 217 (224).
5 BAG 23.7.2014 – 7 AZR 771/12, NZA 2014, 1341.
6 *Preis/Gotthardt*, NZA 2000, 348 (358).

123 Das Schriftformerfordernis gilt nur für die Befristung selbst, **nicht für den befristeten Arbeitsvertrag generell**. – Es bleibt aber die Nachweispflicht gem. § 2 NachwG zu beachten.

123a Die **schriftliche** Fixierung muss **vor dem Vertragsbeginn**, also spätestens vor der Arbeitsaufnahme[1] erfolgen, es sei denn, das Angebot eines befristeten Arbeitsvertrages ist von der **Rückgabe** des unterzeichneten Arbeitsvertrages **abhängig** gemacht worden. Die **Verlängerung** muss **vor Ablauf** des zu verlängernden Zeitvertrags (also bis 24:00 Uhr des letzten Tages) schriftlich vereinbart sein. Ebenso verhält es sich bei der Vereinbarung eines sog. unselbständigen Annex-Vertrags (s. Rz. 188), da mit diesem ungeachtet der sich auf den verlängerten Vertrag beziehenden Befristungskontrolle ein neuer Beendigungstermin vereinbart wird[2].

Eine erst **nach mündlicher Vereinbarung** eines befristeten Arbeitsvertrages **und nach Arbeitsaufnahme** von beiden Vertragsparteien unterzeichnete Befristungsabrede führt nicht rückwirkend zu einer wirksamen Befristung, auch wenn eine rückwirkende Geltung vereinbart ist. Es liegt dann ein unbefristetes Arbeitsverhältnis vor[3]. Die Möglichkeit der Befristung ohne Sachgrund ist damit gem. § 14 Abs. 2 Satz 2 bzw. Abs. 2a TzBfG erschöpft[4]. Die Bestätigung eines nichtigen Vertrages ist nach § 141 Abs. 1 BGB als erneute Vornahme zu beurteilen. Die Bestätigung hat keine rückwirkende Kraft. Das Rechtsgeschäft gilt erst vom Zeitpunkt der Bestätigung an[5]. § 141 Abs. 2 BGB ist nicht auf die nach Vertragsbeginn erfolgte schriftliche Niederlegung einer mündlich und damit formnichtig getroffenen Befristungsabrede anwendbar. § 141 Abs. 2 BGB hat nur die Leistungsverpflichtung zur Folge. Aus der Befristung als solcher ergeben sich aber keine Ansprüche, die schon für die Zeit vor der schriftlichen Bestätigung erfüllt werden könnten[6]. § 141 Abs. 2 BGB kann auf die nachgeholte Befristungsabrede wegen der mit dem Schriftformerfordernis bezweckten Rechtssicherheit auch **nicht analog** angewandt werden[7]. Die nachträgliche schriftliche Befristungsvereinbarung/Bestätigung kann nur für die Zukunft Wirkung entfalten, nämlich als **nachträgliche Befristung**. Voraussetzung dafür ist, dass die Vertragsschließenden die auf die Herbeiführung dieser Rechtsfolge gerichteten Willenserklärungen abgegeben und nicht nur die zuvor mündlich vereinbarte Befristung schriftlich festgehalten haben. Die Wiedergabe des bereits mündlich Vereinbarten ist nach Auffassung des BAG befristungsrechtlich bedeutungslos[8], obwohl ein bereits entstandenes unbefristetes Arbeitsverhältnis wirksam nachträglich befristet werden kann, wenn dafür ein Sachgrund vorliegt. Haben die Vertragsparteien jedoch vor der Unterzeichnung des schriftlichen Arbeitsvertrages mündlich keine Befristung vereinbart oder eine Befristungsabrede getroffen, die inhaltlich mit der in dem schriftlichen Vertrag enthaltenen Befristung nicht übereinstimmt, enthält der schriftliche Arbeitsvertrag ohnehin eine eigenständige, dem Schriftformgebot genügende Befristung[9]. Diese bedarf aber eines Sachgrundes. – Zur nachträglichen Befristung s. Rz. 107.

---

1 LAG Schl.-Holst. 25.7.2006 – 5 Sa 98/06, ZTR 2007, 156: vor der Arbeitsaufnahme auch rückwirkend möglich.
2 BAG 16.3.2005 – 7 AZR 289/04, BB 2005, 1856.
3 BAG 1.12.2004 – 7 AZR 198/04, DB 2005, 1172.
4 AA *Nadler/von Medem*, NZA 2005, 1214: aufgrund einer teleologischen Reduktion des § 14 Abs. 2 Satz 2 TzBfG.
5 BAG 16.3.2005 – 7 AZR 289/04, BB 2005, 1856.
6 BAG 16.3.2005 – 7 AZR 289/04, BB 2005, 1856.
7 BAG 16.3.2005 – 7 AZR 289/04, BB 2005, 1856; *Dörner*, Rz. 71.
8 BAG 13.6.2007 – 7 AZR 700/06, NZA 2008, 108.
9 BAG 13.6.2007 – 7 AZR 700/06, NZA 2008, 108.

IV. Vertragliche Regelungen

b) Angabe des Grundes

Sofern nicht eine sachgrundlose Befristung gem. § 14 Abs. 2 oder Abs. 2a TzBfG vereinbart wird, ist es für eine wirksame Befristung des Arbeitsvertrages erforderlich, dass der **Befristungsgrund** materieller Inhalt der Vereinbarung ist. Für eine rechtswirksame Zeitbefristung müssen die Vertragsparteien den Befristungsgrund aber **nicht benennen und vereinbaren**[1]. Der Befristungsgrund muss in den Vertragsverhandlungen auch nicht erörtert oder dem Arbeitnehmer bei Vertragsabschluss mitgeteilt werden. Das Schriftformerfordernis gilt somit nicht für den der Zeitbefristung zugrunde liegenden sachlichen Grund[2]. Es besteht **kein gesetzliches Zitiergebot**. Das Vorliegen eines Sachgrundes ist **keine formale, sondern eine materielle** Wirksamkeitsvoraussetzung. In Einzelfällen bleibt somit die Möglichkeit, mit den üblichen Auslegungsinstrumentarien Befristungssachverhalte den gesetzlich genannten Sachgründen zuzuordnen. Daher ist die Wirksamkeit der Befristung unter Berücksichtigung aller von den Parteien vorgetragenen tatsächlichen Umstände zu prüfen[3]. Im Arbeitsvertrag ist auch nicht anzugeben, dass die Befristung ohne Sachgrund nach § 14 Abs. 2 TzBfG erfolgt. 124

Allerdings ist bei **Zweckbefristungen** und **auflösenden Bedingungen** der Sachgrund schriftlich anzugeben, da die vorgesehene Beendigung aus dem Sachgrund folgt, also durch den Zweck oder die auflösende Bedingung der Beendigungstatbestand erst gekennzeichnet wird (dies ergibt sich auch aus § 2 Nr. 3 NachwG)[4]. Für den Arbeitnehmer muss der Zeitpunkt der Zweckerfüllung und damit das Ende des Arbeitsverhältnisses zweifelsfrei feststellbar sein. Hier ist daher das vertragsbeendende Ereignis schriftlich zu vereinbaren[5]. – Zur zusätzlichen Mitteilungspflicht, um ein zweckbefristetes oder auflösend bedingtes Arbeitsverhältnis wirksam zu beenden, s. § 15 Abs. 2 TzBfG und Rz. 110.

Ein etwaiger **Erprobungszweck** ist anzugeben, wenn die verkürzte Kündigungsfrist gem. § 622 Abs. 3 BGB gelten soll. Nach der Rechtsprechung muss der Erprobungszweck des befristeten Arbeitsverhältnisses gem. § 14 Abs. 1 Satz 2 Nr. 5 TzBfG nicht Vertragsinhalt sein. Es bedarf also keiner Einigung der Vertragsparteien darüber, dass der Erprobungszweck maßgeblich sein soll[6]. Er ist aber zweckmäßigerweise deshalb mitzuteilen, um diesen Zweck dem Arbeitnehmer zu verdeutlichen[7].

Auch kann es im Interesse der **Beweissicherung** zweckmäßig sein, den **Befristungsgrund** oder bei der **mittelbaren Vertretung** und der „Zuordnungs"- oder „Organisationsvertretung" zum Nachweis des Kausalzusammenhangs den **Namen des Vertretenen** schriftlich anzuführen. Dies ist insbesondere dann empfehlenswert, wenn die Befristung aus in der Person des Arbeitnehmers liegenden Gründen, etwa auf Wunsch des Arbeitnehmers (§ 14 Abs. 1 Nr. 6 TzBfG), erfolgt.

Außer bei Zweckbefristungen und bei auflösend bedingten Arbeitsverträgen (s. auch § 2 Abs. 1 Nr. 3 NachwG) setzt die rechtswirksame Befristung eines Arbeitsverhältnisses auch nicht voraus, dass der Befristungsgrund dem Arbeitnehmer bei Vertragsabschluss **mitgeteilt** wird.

Wenn der im Vertrag angegebene Sachgrund die Befristung nicht rechtfertigt, kann idR **ein anderer Grund** „nachgeschoben" werden, sofern der Sachgrund nicht aus zwingenden Gründen vertraglich aufzunehmen ist. Wenn die gesetzlichen Vorausset- 125

---

1 BAG 23.6.2004 – 7 AZR 636/03, NZA 2004, 1333; 26.7.2006 – 7 AZR 515/05, NZA 2007, 34.
2 BAG 15.8.2001 – 7 AZR 263/00, DB 2002, 52; 23.6.2004 – 7 AZR 636/03, NZA 2004, 1333.
3 BAG 16.3.2005 – 7 AZR 289/04, NZA 2005, 923.
4 BAG 15.5.2012 – 7 AZR 35/11, NZA 2012, 1366.
5 *Preis/Gotthardt*, NZA 2000, 348 (359).
6 BAG 23.6.2004 – 7 AZR 636/03, NZA 2004, 1333.
7 BAG 31.8.1994 – 7 AZR 983/93, AP Nr. 163 zu § 620 BGB – Befristeter Arbeitsvertrag.

zungen für eine sachgrundlose Befristung bei Vertragsschluss vorlagen[1], besteht auch die Möglichkeit, sich **auf eine sachgrundlose Befristung gem. § 14 Abs. 2 oder Abs. 2a TzBfG zu berufen**, wenn entgegen dem gesetzlichen oder tariflichen Erfordernis ein Befristungsgrund im Arbeitsvertrag angegeben ist[2]. Grundsätzlich steht es den Vertragsparteien frei, sich bei einer kalendermäßigen Befristung auf die Rechtsgrundlage zu stützen, die die Befristung rechtfertigt[3]. Wird der Befristungsgrund in der Vereinbarung genannt, so ist daher zu prüfen, ob die Angaben nur iS einer Tätigkeitsbeschreibung gemeint sind, oder ob andere Rechtsgrundlagen ausgeschlossen werden sollen. Da dazu im Allgemeinen kein Anlass besteht, ist im Zweifel das erste anzunehmen[4]. Anders verhält es sich, wenn nicht nur ein einfacher Hinweis auf den Sachgrund erfolgt, sondern im Arbeitsvertrag eine sachliche Begründung für die Befristung enthalten ist, die eine sachgrundlose Befristung als ausgeschlossen erscheinen lässt. In diesem Fall gilt eine sachgrundlose Befristung als abbedungen[5].

Teilweise sehen **Tarifverträge** eine ausdrückliche schriftliche Angabe des Grundes vor. Auch nach den Arbeitsvertragsrichtlinien (**AVR**) für Einrichtungen, die dem Diakonischen Werk der Evangelischen Kirche in Deutschland angeschlossen sind, ist der Grund der Befristung im Arbeitsvertrag anzugeben (§ 5 Abs. 5 Satz 2 AVR), nicht aber nach den AVR Caritasverband. Nach den nur noch in Berlin oder aufgrund statischer Verweisung im Arbeitsvertrag geltenden Sonderregelungen für Zeitangestellte, Angestellte für Aufgaben von begrenzter Dauer und für Aushilfsangestellte zum BAT (SR 2y BAT) ist anzugeben, ob der Angestellte als Zeitangestellter, als Angestellter für Aufgaben von begrenzter Dauer oder als Aushilfsangestellter eingestellt worden ist[6]. Liegen mehrere sachliche Gründe vor, so müssen alle benannt sein, wenn sie bei der gerichtlichen Befristungskontrolle Berücksichtigung finden sollen[7]. Stimmt der tatsächliche Sachgrund der Befristung nicht mit der vereinbarten Befristungsgrundform iSd. SR 2y BAT überein, ist die Befristung unwirksam[8]. Bei sachgrundlosen Befristungen ist ausdrücklich anzugeben, dass es sich um ein Arbeitsverhältnis nach § 14 Abs. 2 oder 3 TzBfG handelt (Protokollnotiz Nr. 6a zu Nr. 1 SR 2y BAT). Diese vorbeschriebenen Erfordernisse sieht der **TVöD** nicht vor (§ 30 TVöD-AT).

126 Wenn befristete Arbeitsverträge mit **wissenschaftlichem und künstlerischem Personal** im Hochschulbereich auf die Befristungsgründe des WissZeitVG gestützt werden, so ist nach § 2 Abs. 4 Satz 1 WissZeitVG in der schriftlichen Vereinbarung nur festzuhalten, dass der Vertrag auf der Befristungsregelung des WissZeitVG beruht; s. im Einzelnen Rz. 200 ff., 213.

c) **Fehlende Schriftform**

127 Die Nichteinhaltung der Schriftform hat die **Unwirksamkeit der Befristung**, nicht aber gem. §§ 125, 139 BGB des Arbeitsverhältnisses insgesamt zur Folge. Unwirksam ist nur die Befristungsabrede. Der Arbeitsvertrag gilt gem. § 16 TzBfG mit seinem übrigen Inhalt zwischen den Arbeitsvertragsparteien auf unbestimmte Zeit, also als ein unbefristetes Arbeitsverhältnis, fort. Dies kann allerdings bereits vor dem vereinbarten Ende gem. § 16 Satz 2 TzBfG ordentlich **gekündigt** werden, und zwar sowohl von

---

1 BAG 4.12.2002 – 7 AZR 545/01, NZA 2003, 916.
2 BAG 12.8.2009 – 7 AZR 270/08, ArbRB 2009, 359.
3 BAG 24.4.1996 – 7 AZR 719/95, NZA 1997, 196.
4 BAG 26.6.2002 – 7 AZR 92/01, ArbRB 2002, 359; 4.12.2002 – 7 AZR 545/01, NZA 2003, 916; *Hromadka*, BB 2001, 674.
5 BAG 5.6.2002 – 7 AZR 241/01, AP Nr. 13 zu § 1 BeschFG 1996.
6 BAG 20.2.1991 – 7 AZR 81/90, AP Nr. 137 zu § 620 BGB – Befristeter Arbeitsvertrag; s.a. BAG 28.3.2001 – 7 AZR 701/99, NZA 2002, 667.
7 BAG 20.2.1991 – 7 AZR 81/90, AP Nr. 137 zu § 620 BGB – Befristeter Arbeitsvertrag.
8 BAG 31.7.2002 – 7 AZR 72/01, ArbRB 2003, 42.

dem Arbeitnehmer wie auch von dem Arbeitgeber. Nur mit insoweit bestehenden Beweisproblemen ist es zu erklären, weshalb § 16 Satz 2 TzBfG bei einer formunwirksamen Befristungsabrede im Gegensatz zu einer wegen fehlenden Sachgrundes unwirksamen Befristung (§ 16 Satz 1 TzBfG) für beide Vertragspartner eine Kündigung vor Ablauf der – formunwirksam – vereinbarten Frist zulässt.

Es widerspricht nicht **Treu und Glauben** (§ 242 BGB), sich auf die Unwirksamkeit der Befristung zu berufen[1]. Ebenso wenig wie es treuwidrig ist, vertragliche Befristungsabreden auf ihre Zulässigkeit bzw. Wirksamkeit überprüfen zu lassen, ist es dem Arbeitnehmer versagt, sich auf den Mangel der Schriftform zu berufen[2]. Ist die Klagefrist des § 17 TzBfG noch nicht abgelaufen, kann der Arbeitgeber nicht darauf vertrauen, der Arbeitnehmer werde die Unwirksamkeit der Befristung nicht mehr geltend machen, so dass bis dahin auch keine Verwirkung eintreten kann. Es kann allenfalls treuwidrig sein, sich im Falle einer erst nachträglich erfolgten Unterzeichnung einer Befristungsabrede auf die vorangegangene Beschäftigung zu berufen. Nach der schriftlichen Fixierung der Befristung scheidet die erleichterte Kündigungsmöglichkeit des § 16 Satz 2 TzBfG aus.

Wird dagegen eine **formwirksam** vereinbarte Befristung nachträglich ohne Einhaltung der Form geändert (zB indem die Laufzeit verkürzt wird), so bleibt die ursprüngliche Vereinbarung in Kraft.

Auch wenn die Befristung wegen Nichtbeachtung der Schriftform rechtsunwirksam ist, kann dies gem. § 17 TzBfG nur innerhalb der **Klagefrist** von drei Wochen geltend gemacht werden. Ansonsten wird der Formmangel entsprechend § 7 KSchG geheilt; s. Rz. 174 ff.

2. Abweichende Vereinbarungen

Gem. § 22 Abs. 1 TzBfG darf von den Bestimmungen des Teilzeit- und Befristungsgesetzes grundsätzlich **nicht zuungunsten** des Arbeitnehmers abgewichen werden. Da der Bestandsschutz immer als günstiger angesehen wird, können durch Tarifvertrag oder Einzelvertrag die Befristungsmöglichkeiten eingeengt werden[3]. So kann zB aufgrund einer tariflichen Regelung für auf einen Sachgrund gestützte Arbeitsverhältnisse eine Höchstdauer (so in § 30 Abs. 2 TVöD-AT) festgelegt oder generell für befristete Arbeitsverhältnisse ein Sachgrund vorausgesetzt werden.

Nur in den in § 22 Abs. 1 TzBfG genannten **drei Fällen** sind in Tarifverträgen Regelungen **zuungunsten** von Arbeitnehmern zulässig. **Hinsichtlich der befristeten Arbeitsverhältnisse** gilt dies für die Abweichung von der Anzahl der Verlängerungen und der Höchstbefristungsdauer bei befristeten Arbeitsverträgen ohne Sachgrund gem. § 14 Abs. 2 Satz 3 und 4 TzBfG. Bzgl. der tarifvertraglich möglichen Regelung der Anzahl der Verlängerungen und der Festlegung einer Höchstdauer der Befristungen bei sachgrundlos befristeten Arbeitsverhältnissen wird auf die obigen Ausführungen zu Rz. 26 ff. verwiesen. Durch Betriebsvereinbarung, aber auch durch Einzelarbeitsvertrag, obwohl dieser in der Gesetzesbegründung angeführt wird[4], kann überhaupt nicht von den gesetzlichen Bestimmungen zuungunsten des Arbeitnehmers abgewichen werden.

Diese Einschränkung gilt auch für bereits bestehende Tarifverträge[5].

---

1 BAG 1.12.2004 – 7 AZR 198/04, NZA 2005, 575.
2 BAG 16.3.2005 – 7 AZR 289/04, NZA 2005, 923.
3 *Däubler*, ZIP 2001, 217.
4 BT-Drucks. 14/4374, 22.
5 KR/*Bader*, § 22 TzBfG Rz. 2.

131a Das Teilzeit- und Befristungsgesetz weist **keine „Kirchenklausel"** auf – auch nicht für den Bereich der Teilzeitarbeit –, so dass kirchlichen Arbeitgebern über den sog. Dritten Weg keine abweichende Regelung möglich ist[1]. Die kirchlichen Arbeitsvertragsrichtlinien sind „Kollektivvereinbarungen besonderer Art"[2]. Sie sind jedoch mit Tarifrecht nicht vergleichbar. Ihnen kommt keine normative Wirkung zu[3]. Sie finden kraft einzelvertraglicher Vereinbarung auf das Arbeitsverhältnis Anwendung. Die zu Gunsten von Tarifverträgen im TzBfG bestehenden Regelungen gelten daher nicht für die kirchlichen Arbeitsvertragsrichtlinien.

131b Wegen der Ergänzungsfunktion zu § 4 KSchG ist auch § 17 TzBfG **zwingend**, so dass weder zugunsten noch zuungunsten des Arbeitnehmers davon abgewichen werden kann[4]. Auch die **Fiktion der Begründung** eines unbefristeten Arbeitsverhältnisses nach § 15 Abs. 5 TzBfG ist nicht abdingbar[5].

132 § 22 Abs. 2 TzBfG enthält für die Anwendbarkeit abweichender **tariflicher Regelungen des öffentlichen Dienstes** eine besondere Bestimmung. Danach können die für den öffentlichen Dienst geltenden Tarifregelungen auch zwischen nicht tarifgebundenen Arbeitsvertragsparteien außerhalb des öffentlichen Dienstes gelten, wenn deren Anwendung einzelvertraglich vereinbart worden ist und die Arbeitgeber die Kosten des Betriebes überwiegend mit Zuwendungen iSd. Haushaltsrechts decken. Die Gesetzesbegründung verweist insoweit darauf, dass dies insbesondere die in Form einer GmbH organisierten nicht tarifgebundenen Forschungseinrichtungen wie die Fraunhofer-Gesellschaft und die Max-Planck-Gesellschaft betrifft[6].

3. Tarifvertragliche Befristungsvoraussetzungen

133 Grundsätzlich können auch durch Tarifverträge **Beendigungsnormen** getroffen werden. Sie müssen sich ebenfalls an die gesetzliche Zulässigkeitsvoraussetzung des Vorliegens eines sachlichen Grundes iSd. § 14 Abs. 1 TzBfG halten, bedürfen also eines sachlichen Grundes (§ 22 TzBfG)[7]. Das BAG unterstellt aber, dass Tarifvertragsparteien den sachlichen Grund zutreffend überprüft haben[8]. – Zur Möglichkeit der tarifvertraglichen Abweichung von § 14 Abs. 2 Satz 1 TzBfG s. Rz. 26 ff.

V. Auflösende Bedingungen

1. Begriff

134 Der in § 21 TzBfG erfasste **auflösend bedingte Arbeitsvertrag** unterscheidet sich von dem zeitbefristeten Arbeitsvertrag dadurch, dass sein Ende von dem ungewissen Eintritt eines zukünftigen Ereignisses abhängt. Der Unterschied zu einem zweckbefristeten Arbeitsvertrag besteht darin, dass bei letzterem nur der Zeitpunkt des Eintritts der Zweckerreichung und damit der Zeitpunkt des Endes des Arbeitsverhältnisses ungewiss ist.

---

1 AA Annuß/Thüsing/*Thüsing*, § 22 TzBfG Rz. 6.
2 BAG 25.3.2009 – 7 AZR 710/07, NZA 2009, 1417 (es wurde hiergegen Verfassungsbeschwerde erhoben).
3 BAG 28.1.1998 – 4 AZR 491/96, AP Nr. 11 zu § 12 AVR Caritasverband.
4 KR/*Bader*, § 22 TzBfG Rz. 2.
5 BAG 11.7.2007 – 7 AZR 501/06, DB 2007, 2777.
6 BT-Drucks. 14/4374, 22.
7 BAG 11.10.1995 – 7 AZR 119/95, DB 1996, 891.
8 BAG 4.12.1969 – 5 AZR 84/69, AP Nr. 32 zu § 620 BGB – Befristeter Arbeitsvertrag; 12.2.1992 – 7 AZR 100/91, AP Nr. 5 zu § 620 BGB – Altersgrenze.

2. Gesetzliche Regelung

Die auflösende Bedingung wird im Wesentlichen dem mit Sachgrund befristeten Arbeitsverhältnis **gleichgestellt**. Gem. § 21 TzBfG finden daher die Vorschriften über das Diskriminierungsverbot (§ 4 Abs. 2 TzBfG), das Benachteiligungsverbot (§ 5 TzBfG), die Zulässigkeit der Befristung (§ 14 Abs. 1 TzBfG), die Schriftform (§ 14 Abs. 4 TzBfG), die Auslauffrist (§ 15 Abs. 2 TzBfG), die Möglichkeit der ordentlichen Kündigung (§ 15 Abs. 3 TzBfG) und die Folgen der Fortsetzung des Arbeitsverhältnisses nach dessen Beendigung (§ 15 Abs. 5 TzBfG) entsprechende Anwendung. Außerdem gelten entsprechend die Vorschriften über die Folgen unwirksamer Befristungen (§ 16 TzBfG), die Anrufung des Arbeitsgerichts (§ 17 TzBfG), die Information über unbefristete Arbeitsplätze (§ 18 TzBfG), die Aus- und Weiterbildung (§ 19 TzBfG) und die Information der Arbeitnehmervertretung (§ 20 TzBfG).

135

3. Sachlicher Grund

Die amtliche Begründung des Regierungsentwurfs zum Teilzeit- und Befristungsgesetz macht deutlich, dass für auflösend bedingte Arbeitsverträge die **frühere Rechtsprechung** weitergilt[1]. Die Wirksamkeit einer auflösenden Bedingung hängt daher davon ab, dass sich eine derartige auflösende Bedingung nicht als Umgehung des Kündigungsschutzrechtes darstellt. Da auch nach altem Recht die auflösende Bedingung das Arbeitsverhältnis wie eine außerordentliche Kündigung sofort, also fristlos beendete, bedurfte es eines besonderen **sachlichen Grundes** für die Beendigung durch eine auflösende Bedingung[2]. Dies wird auch trotz der arbeitgeberseitig zu beachtenden zweiwöchigen Auslauffrist gem. § 21 iVm. § 15 Abs. 2 TzBfG gelten müssen. Anders als bei einer Zweckerreichung, für die ebenfalls die zweiwöchige Auslauffrist des § 15 Abs. 2 TzBfG gilt, ist dem Arbeitnehmer entsprechend dem Wesen einer auflösenden Bedingung der Eintritt des zukünftigen Ereignisses selbst ungewiss[3]. Dennoch wird man sich auch bei der auflösenden Bedingung grundsätzlich an den in § 14 Abs. 1 TzBfG genannten acht Sachgründen orientieren können.

136

Da sich die vereinbarte auflösende Bedingung als Beendigungstatbestand für das Arbeitsverhältnis darstellt, bedarf sie bereits in der Vereinbarung des Arbeitsverhältnisses einer **abschließenden Beschreibung**, so dass eine objektive Nachprüfung des Bedingungseintritts und der rechtlichen Relevanz der zugrunde gelegten Bedingung möglich ist[4].

Bedeutsam ist die auflösende Bedingung besonders bei der Vereinbarung einer **Krankheitsvertretung**. Dabei erfolgt die befristete Einstellung einer Vertretungskraft unter der auflösenden Bedingung der **Wiedergenesung** des vertretenen Arbeitnehmers. Wenn der vertretene Arbeitnehmer aus dem Beschäftigungsverhältnis **ganz ausscheidet**, führt die Vereinbarung einer auflösend bedingten Krankheitsvertretung aber nicht zu einer Beendigung des Vertretungsarbeitsverhältnisses[5]. Ist diese Folge nicht gewollt, so wäre eine **Kombination** von auflösender Bedingung und Zweckbefristung hilfreich (s. dazu Rz. 144).

Weiterhin werden **Prozessbeschäftigungen** als auflösend bedingte Arbeitsverhältnisse vereinbart, indem die Arbeitsvertragsparteien während eines Kündigungsrechtsstreits

---
1 BT-Drucks. 14/4374, 21.
2 BAG 4.12.1991 – 7 AZR 344/90, AP Nr. 17 zu § 620 BGB – Bedingung; 25.8.1999 – 7 AZR 75/98, DB 2000, 1470; zu der Kasuistik zulässiger Gründe für die Vereinbarung auflösender Bedingungen s. auch die Übersicht bei *Moll*, Anm. zu BAG 27.10.1988 – 2 AZR 109/88, EzA § 620 BGB – Bedingung Nr. 9.
3 AA *Hromadka*, BB 2001, 621.
4 Dass die abstrakt angeführte Bedingung sodann einseitig herbeigeführt wird, steht dem nicht entgegen, wenn hierfür sachliche Gründe vorliegen; s. dazu BAG 2.7.2003 – 7 AZR 612/02, nv.
5 BAG 26.6.1996 – 7 AZR 674/95, DB 1996, 2289.

die vorläufige Weiterbeschäftigung bis zur rechtskräftigen Abweisung der Kündigungsschutzklage vereinbaren (s. dazu Rz. 103 f.).

In der früheren Rechtsprechung ist eine auflösende Bedingung im Zusammenhang mit **Einstellungshindernissen** als zulässig betrachtet worden. So wird die Vereinbarung, dass die Einstellung eines Arbeitnehmers unter dem Vorbehalt seiner gesundheitlichen Eignung erfolgt, für zulässig erachtet[1]. Dasselbe gilt für die Beendigung des Arbeitsverhältnisses bei festgestellter **Fluguntauglichkeit** nach § 20 Abs. 1a MTV Nr. 3b für das Bordpersonal der Deutschen Lufthansa AG, sofern keine zumutbare Beschäftigungsmöglichkeit auf einem freien Arbeitsplatz besteht[2], oder eine „**Abstiegsklausel**" in einem Vertrag mit einem Eishockeyspieler[3]. Verschiedene TV, so zB § 33 II TVöD-AT, und Arbeitsverträge sehen eine Beendigung des Arbeitsverhältnis mit der **Erwerbsunfähigkeit** und auch schon mit der **Erwerbsminderung**[4] vor (s.a. Rz. 96 ff.). Die Tatsache einer **Erwerbsminderung** stellt jedoch für sich genommen keinen eine auflösende Bedingung rechtfertigenden Grund dar. Erst die Einbindung der Interessen der betroffenen Arbeitnehmer durch die Absicherung an die rentenrechtliche Versorgung rechtfertigt den Auflösungstatbestand ohne Kündigung[5] (s. Rz. 80 ff. und Rz. 96 ff.). Demgemäß ließ § 8 Abs. 3 ATZG in Altersteilzeitverträgen die auflösende Bedingung zu, dass das Arbeitsverhältnis ohne Kündigung mit dem **Rentenbezugszeitpunkt** endet.

Eine **Umgehung kündigungsrechtlicher Vorschriften** ist dagegen anzunehmen, wenn das Arbeitsverhältnis unter die auflösende Bedingung der Nichtrückkehr aus dem Urlaub[6], des Entfallens staatlicher Förderung[7], des Trinkens von Alkohol oder des Konsums von Drogen gestellt wird. Hierdurch wird im Ergebnis die – unzulässige – Vereinbarung absoluter Kündigungsgründe eröffnet.

4. Klagefrist

137 Auch bei auflösenden Bedingungen gilt im Gegensatz zu einer Entscheidung des BAG vom 23.2.2000[8] aufgrund der seit dem 1.1.2001 geltenden gesetzlichen Regelung (§ 21 iVm. § 17 TzBfG) eine **dreiwöchige Klagefrist**. – S.a. Rz. 174 ff.

VI. Rechtsfolgen bei wirksamer und unwirksamer Befristung

1. Wirksame Befristung

a) Beendigung

138 Gem. § 15 Abs. 1 TzBfG endet ein wirksam kalendermäßig befristeter Arbeitsvertrag mit **Ablauf der vereinbarten Zeit**, ohne dass es einer Kündigung bedarf. Dies gilt auch für Arbeitnehmer, die einem besonderen Kündigungsschutz unterliegen (zB dem Mutterschutzgesetz oder der Regelung des § 85 SGB IX). Bei einer wirksamen Zweckbefristung oder einem auflösend bedingten Arbeitsvertrag endet das Arbeitsverhältnis gem. § 21 TzBfG mit der **Zweckerreichung** bzw. mit **Eintritt der auflösenden Bedingung**, frühestens jedoch zwei Wochen **nach Zugang einer schriftlichen Mitteilung** des

---

1 LAG Berlin 6.7.1990 – 9 Sa 43/90, LAGE § 620 BGB – Bedingung Nr. 2; LAG Hess. 8.12.1994 – 12 Sa 1103/94, LAGE § 620 BGB – Bedingung Nr. 4.
2 BAG 11.10.1995 – 7 AZR 119/95, BB 1996, 1441.
3 LAG Düsseldorf 26.5.1995 – 10 (15) Sa 1886/94, LAGE § 620 BGB – Bedingung Nr. 5.
4 Mit dem RRG 1999 entfiel die frühere Rente wegen Berufsunfähigkeit.
5 BAG 11.3.1998 – 7 AZR 101/97, NZA 1998, 1180.
6 BAG 19.12.1974 – 2 AZR 565/73, BB 1975, 651.
7 S. jedoch zum Entzug der Einsatzgenehmigung BAG 19.3.2008 – 7 AZR 1033/06, NZA-RR 2008, 570.
8 BAG 23.2.2000 – 7 AZR 906/98, NZA 2000, 821.

Arbeitgebers über den Zeitpunkt der Zweckerreichung oder des Bedingungseintritts. Daraus folgt, dass es bei dem vereinbarten Arbeitsvertragsende bleibt, wenn der Arbeitgeber spätestens zwei Wochen vor dem betreffenden Zeitpunkt den Arbeitnehmer schriftlich unterrichtet. Bei späterer Information verlängert sich das Arbeitsverhältnis um eine entsprechende Auslauffrist. Mit § 15 Abs. 2 TzBfG ist die frühere Rechtsprechung aufgegriffen worden, die allerdings die jeweils einschlägige Mindestkündigungsfrist als Auslauffrist zugrunde legte[1]. Jetzt entspricht die Frist während der ersten sechs Monate eines Arbeitsverhältnisses in einer Probezeit der gesetzlich vorgesehenen Kündigungsfrist des § 622 Abs. 3 BGB. Die Zwei-Wochen-Frist muss vollständig gewahrt werden. Für die Berechnung dieser Frist gelten die §§ 187, 188 Abs. 2 BGB. § 193 BGB findet keine Anwendung. Der Tag, an welchem dem Arbeitnehmer die Unterrichtung zugeht, zählt daher nicht mit, und der 14. Tag endet um 24 Uhr.

Wird der vereinbarte **Zweck nicht erreicht** oder fällt er fort oder **tritt die Bedingung nicht ein**, so ist durch Auslegung der Zweck- bzw. Bedingungsabrede festzustellen, ob das Arbeitsverhältnis gleichwohl beendet wird. Ansonsten kommt eine Kündigung ab dem Zeitpunkt in Betracht, in dem der **Nichteintritt der Bedingung** bzw. das **Nichterreichen des Zwecks** feststeht. Ob die Kündigungsmöglichkeit dann nicht von einer Vereinbarung nach § 15 Abs. 3 TzBfG abhängig ist, erscheint wegen der für eine unwirksame Befristung in § 16 Satz 1 Halbs.1 TzBfG geltenden Einschränkung zweifelhaft. Es empfiehlt sich daher auf jeden Fall, bei Zweckbefristungen oder der Vereinbarung einer auflösenden Bedingung die **Kündigungsmöglichkeit** gem. § 15 Abs. 3 TzBfG vertraglich zu vereinbaren.

Fraglich ist, ob die von einer Mitteilung des Arbeitgebers abhängige **zweiwöchige Auslauffrist** des § 15 Abs. 2 TzBfG auch in den Fällen gilt, in denen die Zweckbefristung oder die auflösende Bedingung auf Gründen in der Person des Arbeitnehmers beruht. In derartigen Fällen ist eine zusätzliche Information durch den Arbeitgeber überflüssig, so dass aufgrund teleologischer Reduktion in diesen Fällen von einer Beendigung des Arbeitsvertrages mit der Zweckerreichung bzw. mit Eintritt der auflösenden Bedingung selbst auszugehen ist[2]. 139

Auch wenn wegen Fehlens einer anders lautenden Regelung die schriftliche Unterrichtung auch in elektronischer Form erfolgen kann (§ 126 Abs. 3 BGB), so ist wegen der rechtlichen Auswirkungen der Mitteilung des Arbeitgebers an den Arbeitnehmer die **gesetzliche Schriftform** des § 623 BGB iVm. § 126 BGB einzuhalten. In der Unterrichtung ist der Zeitpunkt der Zweckerreichung bzw. des Bedingungseintritts **genau mitzuteilen**. Diese Angabe muss richtig sein. Erfolgt keine Unterrichtung, wird die Form nicht eingehalten oder ist die Mitteilung hinsichtlich des Zeitpunktes der Zweckerreichung bzw. des Bedingungseintritts **unzutreffend**, so wird die Zwei-Wochen-Frist nicht in Lauf gesetzt, auch wenn der Zweck objektiv erreicht oder die Bedingung eingetreten ist[3]. Die Mitteilung kann aber nach Kenntnisnahme der Zweckerreichung bzw. des Eintritts der auflösenden Bedingung unverzüglich nachgeholt werden, so dass damit die Verlängerung gem. § 15 Abs. 5 TzBfG vermieden wird[4]. Bei mangelhafter oder fehlender Unterrichtung kann sich der Arbeitnehmer auf das objektive Erreichen des Befristungszwecks berufen und mit diesem Zeitpunkt seine Arbeit einstellen[5].

---

1 BAG 26.3.1986 – 7 AZR 599/84, AP Nr. 103 zu § 620 BGB – Befristeter Arbeitsvertrag.
2 *Hromadka*, BB 2001, 674 (676); aA ArbG Berlin 23.2.2006 – 2 Ca 23480/05, AE 2007, Nr. 10.
3 KR/*Lipke*, § 15 TzBfG Rz. 12.
4 KR/*Lipke*, § 15 TZBFG Rz. 12; Annuß/Thüsing/*Maschmann*, § 15 TZBFG Rz. 5.
5 Annuß/Thüsing/*Maschmann*, § 15 TzBfG Rz. 5; aA ErfK/*Müller-Glöge*, § 15 TzBfG Rz. 6: Der Arbeitnehmer kann nur außerordentlich kündigen, wenn er nicht mehr vertragsgerecht beschäftigt werden kann und wird.

Die Auslauffrist des § 15 Abs. 2 TzBfG kann durch Tarifvertrag oder einzelvertraglich verlängert, wegen § 22 Abs. 1 TzBfG aber nicht verkürzt werden (s. zB auch die bislang in SR 2y BAT geregelte Mitteilungspflicht).

140 Die schriftliche Mitteilung des Arbeitgebers gem. § 15 Abs. 2 TzBfG ist auch für die **Klagefrist** des § 17 TzBfG bedeutsam, wenn das Arbeitsverhältnis nach dem vereinbarten Ende fortgesetzt wird. In diesem Fall beginnt gem. § 17 Satz 3 TzBfG die Klagefrist mit dem Zugang der schriftlichen Erklärung des Arbeitgebers, dass das Arbeitsverhältnis aufgrund der Zweckerreichung oder des Eintritts der auflösenden Bedingung beendet ist.

Bei der Zweckerreichung bzw. dem Bedingungseintritt handelt es sich um eine rechtsvernichtende Einwendung, so dass dem Arbeitgeber insoweit die **Darlegungs- und Beweislast** obliegt. Die Darlegungs- und Beweislast erstreckt sich nicht nur auf die fiktive Zweckerreichung bzw. den Bedingungseintritt, sondern betrifft auch die wirksame schriftliche Unterrichtung über die Zweckerreichung bzw. den Bedingungseintritt und den Zeitpunkt des Zugangs dieser Information beim Arbeitnehmer.

140a Wenn ein Arbeitnehmer von der Beendigung seines Arbeits- oder Ausbildungsverhältnisses erfährt, ist er gem. § 38 SGB III **verpflichtet**, sich spätestens drei Monate vor dessen Beendigung persönlich bei der Agentur für Arbeit **arbeitsuchend zu melden**. Beträgt die Befristungsdauer oder die Kündigungsfrist weniger als drei Monate, muss die Meldung innerhalb von drei Tagen nach Kenntnis des Beendigungszeitpunktes erfolgen. Diese Pflicht zur Meldung besteht also auch bei einem auf **weniger als drei Monate** befristeten Arbeitsvertrag. In diesem Fall muss sich der Arbeitnehmer bereits innerhalb von drei Tagen nach Abschluss eines solchen befristeten Arbeitsvertrages arbeitsuchend melden. Diese Meldepflicht besteht unabhängig davon, ob eine Fortsetzung des Arbeitsverhältnisses über den vertraglich vereinbarten Beendigungszeitpunkt schon in Aussicht gestellt wurde oder der Fortbestand des Vertragsverhältnisses gerichtlich geltend gemacht wird. Bei **Nichtbeachtung** dieser Pflicht drohen hinsichtlich des Arbeitslosengeldes eine Sperrzeit von einer Woche (§ 159 Abs. 6 SGB III) sowie eine dem entsprechende Minderung der Anspruchsdauer (§ 148 Abs. 1 Nr. 3 SGB III). Der Arbeitgeber wird durch § 2 Abs. 2 Satz 2 Nr. 3 SGB III verpflichtet, frühzeitig vor Beendigung des Arbeitsverhältnisses den Arbeitnehmer über die Pflicht zu Eigenbemühungen für einen neuen Arbeitsplatz sowie zur unverzüglichen Meldung bei der Agentur für Arbeit **zu informieren**. Eine Verletzung der Informationspflicht führt aber zu keiner Schadensersatzpflicht des Arbeitgebers. Die Informationspflicht des Arbeitgebers dient nicht dem Schutz des Vermögens des Arbeitnehmers. Der Arbeitgeber wird zur Mitwirkung veranlasst, um den Eintritt der Arbeitslosigkeit im Interesse der Solidargemeinschaft möglichst zu vermeiden bzw. die Dauer eingetretener Arbeitslosigkeit einzugrenzen[1]. Zur Information des Arbeitnehmers sind folgende Formulierungen geeignet:

Formulierungsbeispiele:

Im Vertrag bei zeitlich befristetem Arbeitsverhältnis

Zur Aufrechterhaltung ungekürzter Ansprüche auf Arbeitslosengeld ist der Arbeitnehmer verpflichtet, sich spätestens drei Monate vor Ablauf des Vertragsverhältnisses persönlich bei der Agentur für Arbeit arbeitsuchend zu melden. Sofern dieses Arbeitsverhältnis für eine kürzere Dauer als drei Monate befristet ist, besteht diese Verpflichtung innerhalb von drei Tagen ab Abschluss dieses Vertrages. Weiterhin wird auf die Pflicht zur eigenen aktiven Beschäftigungssuche hingewiesen.

---

1 BAG 29.9.2005 – 8 AZR 571/04, NZA 2005, 1406.

In schriftlicher Mitteilung über die Zweckerreichung bzw. den Eintritt der auflösenden Bedingung

Zur Aufrechterhaltung ungekürzter Ansprüche auf Arbeitslosengeld sind Sie verpflichtet, sich innerhalb von drei Tagen nach Kenntnis dieses Schreibens persönlich bei der Agentur für Arbeit arbeitsuchend zu melden. Weiterhin wird auf die Pflicht zur eigenen aktiven Beschäftigungssuche hingewiesen.

b) Verlängerung/Fortsetzung des Arbeitsverhältnisses

Wird das Arbeitsverhältnis trotz Ablauf der Zeit, für die es eingegangen ist, oder trotz Zweckerreichung oder Eintritt der Bedingung mit Wissen des Arbeitgebers fortgesetzt, so gilt es als **auf unbestimmte Zeit verlängert**, wenn der Arbeitgeber der Fortsetzung nicht **unverzüglich widerspricht** oder dem Arbeitnehmer die Zweckerreichung bzw. den Eintritt der auflösenden Bedingung nicht **unverzüglich mitteilt** (§ 15 Abs. 5 TzBfG) und damit die Zwei-Wochen-Frist des § 15 Abs. 2 TzBfG in Gang setzt. Sofern die Arbeitsschicht des letzten Arbeitstags in den Folgetag hineinreicht, ist dies für die Wirksamkeit der kalendermäßigen Befristung und das Ende des Arbeitsverhältnisses ohne Bedeutung. Etwas anderes kann jedoch gelten, wenn die Arbeitsschicht zwar am letzten Tag der Befristung beginnt, der überwiegende Teil der Arbeitszeit jedoch am Folgetag abzuleisten ist. Es ist auf den betrieblichen Schichtplan und die dort erfolgte Zuordnung zu dem jeweiligen Kalendertag abzustellen. Die Fiktion der Begründung eines unbefristeten Arbeitsverhältnisses nach § 15 Abs. 5 TzBfG ist gem. § 22 Abs. 1 TzBfG **nicht abdingbar**[1].

141

Der Widerspruch ist eine rechtsgeschäftliche empfangsbedürftige Willenserklärung. Er kann auch kurz vor der Zweckerreichung oder dem Bedingungseintritt ausdrücklich oder durch schlüssiges Verhalten erhoben werden[2], zB durch Aushändigung der Arbeitspapiere. Der unbefristeten Fortsetzung des Arbeitsverhältnisses kann auch dadurch widersprochen werden, dass der Arbeitgeber dem Arbeitnehmer **vor dem Ende** der Vertragslaufzeit den Abschluss eines weiteren unbefristeten Arbeitsverhältnisses anbietet, indem er den Entwurf eines sich anschließenden befristeten Arbeitsvertrags übergibt[3] oder den Wunsch des Arbeitnehmers auf Fortsetzung des Arbeitsverhältnisses ablehnt[4]. Da jede schuldhafte falsche Unterrichtung über die Zweckerreichung oder den Eintritt der auflösenden Bedingung sowie auch jede dem Arbeitgeber zuzurechnende Verzögerung zu der nicht mehr zu beseitigenden Folge eines unbefristeten Arbeitsverhältnisses führt, können sich im Ergebnis die **Vereinbarung einer Zweckbefristung oder einer auflösenden Bedingung** als **riskant** erweisen.

Mit der in § 15 Abs. 5 TzBfG für den Fall der Zweckerreichung oder des Eintritts der auflösenden Bedingung zusätzlich zu § 15 Abs. 2 TzBfG aufgestellten Notwendigkeit der **unverzüglichen Unterrichtung** des Arbeitnehmers soll sichergestellt werden, dass der Arbeitgeber trotz objektiver Zweckerreichung oder Eintritts der auflösenden Bedingung das Ende des befristeten Arbeitsverhältnisses nicht beliebig hinausschieben kann[5]. Da § 15 Abs. 5 TzBfG im Gegensatz zu § 15 Abs. 2 TzBfG keine schriftliche Unterrichtung, sondern nur eine Mitteilung erfordert, reicht ein bloßer mündlicher Hinweis des Arbeitgebers. Schon aus Beweisgründen und zur Ermittlung des Ablaufs der Zwei-Wochen-Frist des § 15 Abs. 2 TzBfG empfiehlt es sich für die Praxis, auch die Mitteilung gem. § 15 Abs. 5 TzBfG schriftlich dem Arbeitnehmer zukommen zu lassen.

142

---

1 BAG 11.7.2007 – 7 AZR 501/06, DB 2007, 2777.
2 BAG 22.7.2014 – 9 AZR1066/12, NZA 2014, 1330.
3 BAG 5.5.2004 – 7 AZR 629/03, NZA 2004, 1346.
4 BAG 11.7.2007 – 7 AZR 501/06, DB 2007, 2777.
5 BT-Drucks. 14/4374, 21.

Eine unbefristete Verlängerung des Arbeitsverhältnisses tritt gem. § 15 Abs. 5 TzBfG aber nur dann ein, wenn ein zur Einstellung[1] oder Entlassung befugter Mitarbeiter des Arbeitgebers von der Weiterarbeit des Arbeitnehmers **Kenntnis** hat.

Wird bereits während des Laufes des Arbeitsverhältnisses ein Prozess über die angeblich rechtswidrige Befristung geführt und das Arbeitsverhältnis über das Fristende bzw. die Zweckerreichung oder den Eintritt der auflösenden Bedingung hinaus fortgesetzt, so ist in dem vom Arbeitgeber im Entfristungsprozess gestellten Klagabweisungsantrag der **Widerspruch** gegen die Fortsetzung eines Arbeitsverhältnisses iSd. § 15 Abs. 5 TzBfG zu sehen[2].

143 In dem Unterlassen eines Widerspruchs durch den Arbeitgeber liegt eine **mitbestimmungspflichtige Einstellung** gem. § 99 BetrVG.

144 Aufgrund der Bestimmung des § 22 Abs. 1 TzBfG kann die sich aus § 15 Abs. 5 TzBfG ergebende Rechtsfolge eines Arbeitsverhältnisses von unbestimmter Dauer bei befristeten Arbeitsverträgen iSd. §§ 14, 15 TzBfG **nicht wirksam vertraglich ausgeschlossen** werden. Die Wirksamkeit einer eine Zweck- mit einer Zeitbefristung kombinierenden Vereinbarung, eine „**Doppelbefristung**" (bzw. in Kombination mit einer auflösenden Bedingung) wird daher in Frage gestellt[3]. Die Rechtsprechung hält dagegen eine **Kombination** von auflösender Bedingung (bzw. einer Zweckbefristung) und Zeitbefristung grundsätzlich für **zulässig**[4]. Der Vereinbarung einer Zeitbefristung neben der Zweckbefristung oder der auflösenden Bedingung ist kein vorweggenommener, ein nach § 22 Abs. 1 TzBfG unzulässiger Widerspruch zu entnehmen. Vielmehr gilt die Fiktion des § 15 Abs. 5 TzBfG, wenn der Arbeitgeber den Arbeitnehmer widerspruchslos über die zeitlich früher eintretende Zweckerreichung oder den Eintritt der auflösenden Bedingung hinaus weiterbeschäftigt. Bei der Kombination mit einer Zeitbefristung beschränkt sich aber entsprechend dem mit der Doppelbefristung zum Ausdruck gekommenen Willen der Arbeitsvertragsparteien die Verlängerung auf die Dauer der Kalenderbefristung. Der Kombination der Zweckbefristung oder auflösender Bedingung mit einer Zeitbefristung kommt somit eine **Auffangwirkung** zu[5].

2. Unwirksame Befristung/unwirksame auflösende Bedingung

145 Ist die Befristung oder auflösende Bedingung rechtsunwirksam, so gilt das Arbeitsverhältnis gem. § 16 TzBfG als **auf unbestimmte Zeit geschlossen**. Unwirksam ist nur die **Befristungsabrede**. Der Arbeitsvertrag gilt also mit seinem übrigen Inhalt auf unbestimmte Zeit fort. Da nur die Vereinbarung der Befristungshöchstdauer, nicht aber die einer Mindestdauer des Arbeitsverhältnisses unzulässig ist, geht § 16 TzBfG davon aus, dass das Arbeitsverhältnis nicht von Anfang an, sondern mit dem vereinbarten Ende des befristeten Vertrages als auf unbestimmte Zeit geschlossen gilt. Entgegen dem Regierungsentwurf ist § 16 TzBfG hinsichtlich der Kündigungsmöglichkeit der Auffassung gefolgt, dass durch die Entfristung nur der Arbeitnehmerschutz verwirklicht werden soll, so dass der Arbeitgeber im Falle einer unwirksamen Befristung den Arbeitsvertrag frühestens zum vereinbarten Ende ordentlich kündigen kann, es sei denn, dass entsprechend § 15 Abs. 3 TzBfG eine ordentliche Kündigung während der Befristung vereinbart worden ist. Dagegen kann der Arbeitnehmer auch ohne die Vereinbarung einer Kündigungsmöglichkeit während der Befristung im Falle einer unwirksamen Befristung von Anfang an das Arbeitsverhältnis ordentlich kündigen.

---

1 BAG 20.2.2002 – 7 AZR 662/00, NZA 2002, 1000 (Ls.).
2 LAG Köln 10.3.1995 – 13 Sa 842/94, nv. (zu § 625 BGB).
3 *Hromadka*, BB 2001, 621 Fn. 32; aA KR/*Bader*, § 3 TzBfG Rz. 48; *Dörner*, Rz. 54 ff.
4 BAG 29.6.2011 – 7 AZR 6/10, NZA 2011, 1346; 19.2.2014 – 7 AZR 260/12, NZA-RR 2014, 408.
5 BAG 29.6.2011 – 7 AZR 6/10, NZA 2011, 1346.

Ist eine **auflösende Bedingung** unwirksam, so gilt in entsprechender Anwendung des § 16 Satz 1 Halbs. 1 TzBfG der Arbeitsvertrag als auf unbestimmte Zeit geschlossen. Da bei einer auflösenden Bedingung der Eintritt des zukünftigen Ereignisses ungewiss ist, steht nicht fest, wann von der dem Arbeitgeber nach § 16 Satz 1 Halbs. 2 TzBfG eingeräumten Kündigungsmöglichkeit Gebrauch gemacht werden kann. Aus diesem Grund, aber insbesondere für den Fall, dass die auflösende Bedingung überhaupt nicht eintritt, ist es wichtig, die **Kündigungsmöglichkeit** gem. § 15 Abs. 3 TzBfG im Vertrag zu vereinbaren.

Ist die Befristung bzw. die auflösende Bedingung dagegen nur als Folge des **Verstoßes gegen die Schriftform** des § 14 Abs. 4 TzBfG unwirksam, kann der Arbeitsvertrag von jeder Vertragspartei auch vor dem vereinbarten Ende ordentlich gekündigt werden (vgl. Rz. 150)[1]. 146

Sofern gem. § 16 TzBfG eine ordentliche **Kündigung** durch den Arbeitgeber möglich ist, sind die Kündigungsfristen zu beachten. Bei Anwendbarkeit des Kündigungsschutzgesetzes muss die Kündigung zudem iSd. § 1 KSchG sozial gerechtfertigt sein. § 16 TzBfG lässt nur die Kündigungen zu einem bestimmten Zeitpunkt zu, begründet aber kein besonderes Kündigungsrecht[2]. 147

VII. Kündigungsmöglichkeit während des befristeten Arbeitsverhältnisses

1. Voraussetzungen

a) Vereinbarung der Kündigungsmöglichkeit

Wird ein befristeter oder auflösend bedingter Arbeitsvertrag abgeschlossen, so soll er idR erst mit dem Ende der Befristungsdauer, dem vereinbarten Zeitpunkt, der Zweckerreichung oder dem Eintritt der Bedingung enden. Während des Laufes der Befristung ist deshalb das Recht zur **ordentlichen Kündigung** grundsätzlich ausgeschlossen. Eine ordentliche Kündigung des befristeten oder auflösend bedingten Arbeitsverhältnisses ist daher gem. § 15 Abs. 3 TzBfG bzw. § 21 iVm. § 15 Abs. 3 TzBfG nur möglich, wenn dies einzelvertraglich oder durch Tarifvertrag ausdrücklich vereinbart ist. Die einzelvertragliche Inbezugnahme auf einen Tarifvertrag, der eine derartige Kündigungsmöglichkeit einräumt, reicht aus. Die in der Rechtsprechung anerkannte Möglichkeit einer außerordentlichen Kündigung bei tariflichem Ausschluss der ordentlichen Kündigung ist grundsätzlich nicht auf eine für einen überschaubaren Zeitraum (zB ein Jahr) erfolgte Befristung übertragbar[3]. Es ist deshalb besonders zu vereinbaren, dass das Arbeitsverhältnis nur bis zu einem bestimmten Zeitpunkt andauern soll, dass aber eine vorzeitige ordentliche Kündigung möglich ist (sog. Höchstbefristung). Die Kündigungsmöglichkeit während der Befristung kann auch auf einer **formlosen**, auch konkludenten Vereinbarung beruhen[4]. Sie besteht auch, wenn dem angekreuzten Text im Formulararbeitsvertrag eigentlich nur die Kündigungsfrist zu entnehmen ist[5]. Bedeutsam ist, dass die **Klagefrist** des § 4 KSchG auch dann einzuhalten ist, wenn eine ordentliche Kündigung erfolgt, obwohl das Kündigungsrecht nicht vertraglich oder tarifvertraglich vorbehalten ist[6]. 148

Im Vertrag kann wie folgt formuliert werden: 149

---
1 Zur Abdingbarkeit s. BAG 23.4.2009 – 6 AZR 533/08, NZA 2009, 1260.
2 *Preis/Gotthardt*, DB 2001, 145.
3 BAG 7.3.2002 – 2 AZR 173/01, NZA 2002, 963.
4 *Hromadka*, BB 2001, 674 (676).
5 BAG 4.8.2011 – 6 AZR 436/10, ArbRB 2011, 366.
6 BAG 22.7.2010 – 6 AZR 480/09, NZA 2010, 1142.

Formulierungsbeispiel:

Das Arbeitsverhältnis wird befristet bis zum ..., weil ...

Das Arbeitsverhältnis endet am ..., ohne dass es einer Kündigung bedarf.

Die ersten drei Monate gelten als Probezeit. Während der Dauer des Arbeitsverhältnisses kann beiderseits mit einer Frist von .../nach Maßgabe der gesetzlichen Kündigungsfristen gekündigt werden.

b) Kündigung wegen fehlender Schriftform oder Rechtsunwirksamkeit

150 Wie vorstehend zu Rz. 127 ausgeführt wurde, kann auch ohne einen Kündigungsvorbehalt gem. § 15 Abs. 3 TzBfG ein befristeter oder bedingter Arbeitsvertrag beiderseits gem. § 16 Satz 2 TzBfG ordentlich vor dem vereinbarten Ende gekündigt werden, wenn die Befristung oder die Bedingung wegen **mangelnder Schriftform** unwirksam ist.

151 Ist die Befristung oder die Bedingung **aus anderem Grund rechtsunwirksam**, so kann der gem. § 16 Satz 1 TzBfG als auf unbestimmte Zeit geschlossene Arbeitsvertrag auch ohne Kündigungsvereinbarung gem. § 15 Abs. 3 TzBfG von Seiten des Arbeitnehmers von Anfang an, von Seiten des Arbeitgebers frühestens zum vereinbarten Ende gekündigt werden (§ 16 Satz 1 TzBfG). An diese Kündigungsbeschränkung des § 16 Satz 1 TzBfG ist jedoch der Arbeitgeber nicht gebunden, wenn von vornherein gem. § 15 Abs. 3 TzBfG die Möglichkeit der Kündigung während des befristeten Arbeitsverhältnisses vereinbart worden war.

Im Falle der **Rechtsunwirksamkeit** der Befristung bzw. Bedingung kann sich die Kündigung **nicht auf die Gründe** stützen, die die Befristung bzw. Bedingung rechtfertigen.

c) Nichteintritt der Bedingung oder Nichterreichen des Zwecks

152 Tritt die **auflösende Bedingung** nicht ein oder wird der vereinbarte Zweck nicht erreicht, so ist durch Auslegung der Zweck- oder Bedingungsabrede festzustellen, ob das Arbeitsverhältnis gleichwohl beendet wird. Ansonsten ist das Arbeitsverhältnis ab dem Zeitpunkt ordentlich kündbar, in dem der Nichteintritt der Bedingung bzw. das Nichterreichen des Zwecks feststeht. Die Kündigungsmöglichkeit ist dann nicht von einer Vereinbarung nach § 15 Abs. 3 TzBfG abhängig.

d) Insolvenzverfahren

153 Auch ohne Kündigungsvorbehalt und ohne Rücksicht auf eine vereinbarte Vertragsdauer kann im Insolvenzverfahren der Insolvenzverwalter gem. § 113 Satz 1 InsO auflösend bedingte und befristete Arbeitsverhältnisse mit einer **Kündigungsfrist von drei Monaten zum Monatsende** kündigen[1]. Wenn keine Kündigungsmöglichkeit während der Befristung eingeräumt ist, so wird die Kündigungsfrist des § 113 InsO nicht durch eine kürzere Kündigungsfrist verdrängt[2].

e) Außerordentliche Kündigung

154 Sofern ein **wichtiger Grund** iSd. § 626 Abs. 1 BGB vorliegt, kann vor Ablauf der vorgesehenen Zeit bzw. Zweckerreichung oder Einritt der auflösenden Bedingung ein befristetes Arbeitsverhältnis außerordentlich gekündigt werden. Für diesen Fall bedarf

---

1 BAG 6.7.2000 – 2 AZR 695/99, NZA 2001, 23.
2 BAG 6.7.2000 – 2 AZR 695/99, NZA 2001, 23.

es keines ausdrücklichen Kündigungsvorbehalts. Die in der Rechtsprechung anerkannte Möglichkeit einer außerordentlichen Kündigung bei tariflichem Ausschluss der ordentlichen Kündigung ist aber grundsätzlich nicht auf eine für einen überschaubaren Zeitraum (zB ein Jahr) erfolgte Befristung übertragbar[1].

2. Sonderfälle

In **verschiedenen Tarifverträgen** sind von vornherein ordentliche Kündigungen auch während des befristeten Arbeitsverhältnisses vorgesehen, so zB in § 30 Abs. 5 TVöD-AT und früher in Nr. 7 Abs. 3 SR 2y BAT. 155

Ist das Arbeitsverhältnis für die **Lebenszeit** einer der Arbeitsvertragsparteien oder für eine längere Zeit als fünf Jahre vereinbart, kann der Arbeitsvertrag gem. § 15 Abs. 4 TzBfG nach Ablauf von fünf Jahren mit einer Kündigungsfrist von sechs Monaten gekündigt werden, jedoch **nur seitens des Arbeitnehmers**. Die besondere Kündigungsfrist von sechs Monaten gem. § 15 Abs. 4 Satz 2 TzBfG gilt anstelle der allgemeinen Kündigungsfrist nach § 622 BGB. Die Kündigung kann daher zu jedem Termin und nicht nur zum 15. oder zum Monatsende ausgesprochen werden. Gem. § 22 TzBfG können die Bestimmungen des § 15 Abs. 4 TzBfG nicht zuungunsten des Arbeitnehmers abgedungen werden. 156

Ohnehin nur noch wegen der kurzen Kündigungsfrist des § 622 Abs. 3 BGB von zwei Wochen ist eine sog. **vorgeschaltete Probezeit** von bis zu sechs Monaten bedeutsam, da gem. § 1 Abs. 1 KSchG die Klage gegen eine sozial ungerechtfertigte Kündigung einen sechsmonatigen Bestand des Arbeitsverhältnisses voraussetzt. Im Gegensatz zu einem auf eine bestimmte Dauer abgeschlossenen Probearbeitsverhältnis handelt es sich bei der Vereinbarung, dass zB die ersten drei oder sechs Monate als Probezeit gelten, um ein unbefristetes Probearbeitsverhältnis; die Probezeit ist lediglich vorgeschaltet, nicht Beendigungsgrund (s.a. Rz. 58 ff.). 157

⊃ **Hinweis:** Zu beachten ist, dass ein **Probearbeitsverhältnis** noch am letzten Tag der Probezeit mit der vereinbarten oder der nach § 622 Abs. 3 BGB vorgesehenen Kündigungsfrist gekündigt werden kann[2]. Anders verhält es sich, wenn die Vereinbarung dahingehend lautet, dass „innerhalb" der Probezeit das Arbeitsverhältnis mit der vereinbarten oder der gesetzlichen (§ 622 Abs. 2 BGB) Frist gekündigt werden kann. In diesem Fall muss die Kündigungsfrist spätestens mit der vereinbarten Probezeit ablaufen[3], es sei denn, die Kürze der Probezeit oder die Länge der vereinbarten Kündigungsfrist sprechen gegen die sich aus dem Wort „innerhalb" ergebende Absicht der Vertragsparteien.

3. Folgen

Im Falle einer Kündigung genießt der Arbeitnehmer **Kündigungsschutz** im Rahmen der gesetzlichen Bestimmungen. Dieser Kündigungsschutz betrifft aber nicht die ursprünglich vereinbarte Beendigung des Arbeitsverhältnisses durch Zeitablauf, Zweckerreichung oder Eintritt der Bedingung, sondern nur eine etwaige vor diesem vereinbarten Beendigungszeitpunkt ausgesprochene Kündigung, so dass auch bei besonderem Kündigungsschutz, wie zB gem. § 9 MuSchG, § 18 BEEG, § 15 KSchG und § 85 SGB IX, das Arbeitsverhältnis mit Fristablauf bzw. Zweckerreichung oder Eintritt der Bedingung endet. 158

---

1 BAG 7.3.2002 – 2 AZR 173/01, NZA 2002, 963.
2 BAG 21.4.1966 – 2 AZR 264/65, AP Nr. 1 zu § 53 BAT.
3 *Farthmann*, Anm. zu BAG 21.4.1966 – 2 AZR 264/65, AP Nr. 1 zu § 53 BAT.

VIII. Beteiligung des Betriebsrats/Personalrats

1. Vor einer Einstellung oder Entlassung

159 In Unternehmen mit idR mehr als 20 wahlberechtigten Arbeitnehmern hat der Arbeitgeber auch vor der befristeten Einstellung eines Arbeitnehmers das **Mitbestimmungsrecht** des **Betriebsrats** nach § 99 Abs. 1 BetrVG zu beachten. Dieses Mitbestimmungsrecht besteht ebenfalls bei der Verlängerung eines befristeten Arbeitsverhältnisses über das ursprüngliche Befristungsende hinaus[1]. Ein Mitbestimmungsrecht besteht auch, wenn die Befristung auf einem gerichtlichen Vergleich beruht[2]. Auch im Falle des § 15 Abs. 5 TzBfG besteht das Mitbestimmungsrecht, wenn der Arbeitgeber der Fortsetzung des Arbeitsverhältnisses nicht widerspricht.

Ebenso kann ein Mitbestimmungsrecht des Betriebsrats gem. § 99 BetrVG in Betracht kommen, wenn es zu einer **befristeten Aufstockung** der Arbeitszeit kommt. Von einer Einstellung iSv. § 99 Abs.1 BetrVG ist regelmäßig auszugehen, wenn die Verlängerung die Dauer von einem Monat überschreitet (insoweit in Anlehnung an die in § 95 Abs. 3 Satz 1 BetrVG zum Ausdruck kommende Wertung) und mindestens zehn Stunden pro Woche beträgt (in Rückgriff auf § 12 Abs. 1 Satz 3 TzBfG)[3]. Auch ist dies anzunehmen, wenn der Arbeitgeber wegen des zusätzlich benötigten Arbeitszeitvolumens einen Arbeitsplatz ausgeschrieben hat oder ihn wegen eines berechtigten Antrags des Betriebsrats nach § 93 BetrVG hätte ausschreiben müssen. Damit kommt zum Ausdruck, dass das im Betrieb benötigte zusätzliche Arbeitszeitvolumen den zeitlichen Anforderungen an einen „Arbeitsplatz" genügt[4]. Unabhängig von den Merkmalen, die einer Einstellung iSv. § 99 BetrVG gleichgestellt werden, unterliegt die befristete Verlängerung der Arbeitszeit auch der Mitbestimmung des Betriebsrats nach § 87 Abs. 1 Nr. 3 BetrVG selbst dann, wenn sie nur einen Arbeitnehmer betrifft[5].

Im Rahmen der gem. § 99 Abs. 1 BetrVG erforderlichen **Unterrichtung** ist dem Betriebsrat im Falle einer beabsichtigten Befristung mitzuteilen, dass die beabsichtigte Einstellung befristet erfolgen soll. **Nicht mitzuteilen** ist dem Betriebsrat, ob die Befristung mit oder ohne Sachgrund sowie ggf. mit welchem Grund sie erfolgen soll[6].

Der Betriebsrat kann seine Zustimmung bei Vorliegen eines der in § 99 Abs. 2 BetrVG genannten **Gründe** verweigern. Dabei kann er sich nur darauf stützen, dass die geplante Einstellung ganz unterbleiben muss[7]. Der Betriebsrat kann seine Ablehnung also nicht damit begründen, dass die **Befristung unwirksam** sei[8], zB wegen Fehlen eines sachlichen Grundes. Das Mitbestimmungsrecht gem. § 99 BetrVG gibt dem Betriebsrat bei Einstellungen kein Instrument einer umfassenden Vertragsinhaltskontrolle[9]. Nichts anderes gilt selbst dann, wenn die tarifliche Regelung befristete Arbeitsverträge nur bei Vorliegen eines sachlichen oder in der Person des Arbeitnehmers liegenden Grundes zulässt. In der Regel handelt es sich dabei nicht um eine Norm, deren Verletzung ein Zustimmungsverweigerungsrecht nach § 99 Abs. 2 Nr. 1 BetrVG begründen kann[10].

Eine gleichwohl gem. § 99 Abs. 3 BetrVG erfolgte **Ablehnung des Betriebsrats** kann jedoch nicht ohne Weiteres als unbeachtlich übergangen werden. Sofern die Verwei-

---

1 BAG 23.6.2009 – 1 ABR 30/08, NZA 2009, 1162.
2 BAG 18.6.2008 – 7 AZR 214/07, ArbRB 2009, 134.
3 BAG 9.12.2008 – 1 ABR 74/07, NZA-RR 2009, 260.
4 BAG 25.1.2005 – 1 ABR 59/03, DB 2005, 1630.
5 BAG 24.4.2007 – 1 ABR 47/06, NZA 2006, 818.
6 BAG 27.10.2010 – 7 ABR 86/09, NZA 2011, 418.
7 BAG 28.6.1994 – 1 ABR 59/93, NZA 1995, 387.
8 BAG 16.7.1985 – 1 ABR 35/83, NZA 1986, 163.
9 BAG 28.6.1994 – 1 ABR 59/93, NZA 1995, 387.
10 BAG 28.6.1994 – 1 ABR 59/93, NZA 1995, 387.

gerung der Zustimmung sich nicht von vornherein als offensichtlich unsinnig und daher als rechtsmissbräuchlich darstellt, kann der Arbeitgeber auch dann zur Einleitung des **Zustimmungsersetzungsverfahrens** nach § 99 Abs. 4 BetrVG gezwungen sein, wenn der Betriebsrat seine Zustimmungsverweigerung meint, auf das Fehlen eines sachlichen Grundes oder die Nichtzulässigkeit einer Befristung gem. § 14 Abs. 2 oder Abs. 2a TzBfG stützen zu können.

Zu den Folgen einer befristeten Einstellung ohne Zustimmung des Betriebsrats s. Teil 4 A Rz. 739 ff. und Rz. 745 ff.

Ein **besonderes Mitbestimmungsrecht** auch bei der Befristung von Arbeitsverhältnissen kann sich aus dem **Personalvertretungsrecht** ergeben (so zB § 63 Abs. 1 Nr. 4 LPVG Bbg., § 75 Abs. 1 Nr. 2 LPVG/BW). Das Mitbestimmungsrecht erstreckt sich in diesen Fällen auf die inhaltliche Ausgestaltung der Arbeitsverhältnisse. Dem Personalrat sind deshalb vor dem Abschluss der Befristungsvereinbarung auch der jeweilige Befristungsgrund[1] und die beabsichtigte Befristungsdauer mitzuteilen. Dies gilt auch bei Verlängerung eines befristeten Arbeitsverhältnisses. Die Zustimmung des Personalrats muss vor Abschluss der Befristungs-/ bzw. Verlängerungsvereinbarung vorliegen[2]. Eine Verletzung dieses Mitbestimmungsrechts führt zur Unwirksamkeit der Befristungsabrede, ohne dass das Vertragsverhältnis im Übrigen berührt wird[3]. Es besteht daher als unbefristetes Arbeitsverhältnis fort[4]. Die Befristung des Arbeitsverhältnisses ist wegen Verletzung des Mitbestimmungsrechts auch unwirksam, wenn der Personalrat seine Zustimmung für ein ein Jahr dauerndes Arbeitsverhältnis erteilt hat, jedoch danach die Vertragsparteien einen Zeitvertrag von kürzerer Vertragsdauer schließen[5]. Es besteht dann ein Arbeitsverhältnis auf Dauer und nicht nur für den zunächst geplanten Zeitraum. Unerheblich ist dagegen, wenn ein falsches Eintrittsdatum genannt wurde[6]. Hat der Arbeitgeber dem Personalrat einen bestimmten Sachgrund mitgeteilt, dann kann er sich später nicht auf eine sachgrundlose Befristung berufen[7]. Diese Grundsätze sind aber auf die betriebsverfassungsrechtliche Regelung nicht übertragbar, da sich die Mitbestimmung nach § 99 Abs. 1 BetrVG nur auf die Einstellung selbst erstreckt.

160

Die **Beendigung des Arbeitsvertrages** aufgrund der vereinbarten Befristung, Zweckerreichung oder des Eintritts der auflösenden Bedingung gibt keinen Anlass zur vorherigen Anhörung des Betriebsrates gem. § 102 BetrVG, da das Vertragsverhältnis nicht aufgrund einer Kündigung beendet wird. Dies gilt auch dann, wenn der Arbeitnehmer gem. § 15 Abs. 2 bzw. § 21 iVm. § 15 Abs. 2 TzBfG durch den Arbeitgeber über den Zeitpunkt der Zweckerreichung oder des Bedingungseintritts schriftlich unterrichtet wird oder eine allgemeine Beendigungsmitteilung erhält. Weder die Information gem. § 15 Abs. 2 TzBfG noch die Beendigungsmitteilung stellen eine Kündigung iSd. § 102 BetrVG dar.

161

Wird jedoch das befristete Arbeitsverhältnis **vorzeitig gekündigt** (zB fristlos oder aufgrund einer Kündigungsvereinbarung gem. § 15 Abs. 3 TzBfG), ist der Betriebsrat nach § 102 BetrVG zur beabsichtigten Kündigung vorher anzuhören.

---

1 S. hierzu BAG 27.9.2000 – 7 AZR 412/99, BB 2001, 412; 10.3.2004 – 7 AZR 397/03, NZA 2005, 320.
2 LAG Köln 1.8.2000 – 13 (10) Sa 637/00, FA 2001, 217.
3 BAG 20.2.2002 – 7 AZR 707/00, NZA 2002, 811; 18.6.2007 – 7 AZR 214/07, NZA 2009, 35.
4 Das gilt auch bei einer Verlängerung eines befristeten Arbeitsverhältnisses ohne Zustimmung des Personalrats: LAG Rh.-Pf. 28.2.2001 – 9 Sa 1451/00, NZA-RR 2002, 166.
5 BAG 8.7.1998 – 7 AZR 308/97, DB 1998, 2121.
6 LAG Düsseldorf 1.2.2002 – 10 Sa 1628/01, NZA-RR 2003, 111.
7 LAG Bln.-Bbg. 1.10.2008 – 15 Sa 1036/08, NZA-RR 2009, 287.

2. Informationserteilung

162 Gem. § 20 TzBfG ist der Arbeitgeber verpflichtet, die Arbeitnehmervertretung (insbesondere Betriebsrat, Personalrat oder Mitarbeitervertretung im kirchlichen Bereich) **über die Anzahl befristet beschäftigter Arbeitnehmer** im Betrieb und im Unternehmen oder in den entsprechenden Strukturen der öffentlichen Verwaltung sowie **über den Anteil befristet beschäftigter Arbeitnehmer** an der Gesamtbelegschaft des Betriebes und des Unternehmens zu informieren. Damit soll es der Arbeitnehmervertretung besser ermöglicht werden, Einfluss auf die betriebliche Einstellungspraxis zu nehmen und die Einhaltung der gesetzlichen Vorschriften über befristete Arbeitsverhältnisse zu überwachen[1]. Diese Informationspflicht nach § 20 TzBfG ist nicht von der Anzahl der im Unternehmen beschäftigten Arbeitnehmer abhängig. Sie ist an keine Formvorschrift gebunden.

Da ein Mitbestimmungsrecht des Betriebsrats gem. § 99 Abs. 1 BetrVG nur gegeben ist, wenn im Betrieb idR mehr als 20 Arbeitnehmer beschäftigt werden und sich ohnehin das Mitbestimmungsrecht nach § 99 BetrVG **nicht auf eine Inhaltskontrolle** erstreckt, kann diese Informationspflicht des § 20 TzBfG nicht zu einer Prüfung der Wirksamkeitsvoraussetzungen für den Abschluss von befristeten Arbeitsverhältnissen führen. Die gem. § 20 TzBfG bestehende Informationspflicht bezweckt vorrangig die Einhaltung der Diskriminierungs- und Benachteiligungsverbote gem. § 4 Abs. 2 Satz 1 TzBfG und § 5 TzBfG, die Beteiligung von befristet beschäftigten Arbeitnehmern an angemessenen Aus- und Weiterbildungsmaßnahmen (§ 19 TzBfG) sowie die Einhaltung der Informationspflicht des Arbeitgebers über zu besetzende unbefristete Arbeitsplätze (§ 18 TzBfG).

3. Verweigerungsgrund gem. § 99 Abs. 2 Nr. 3 BetrVG

163 Der seitens des Betriebsrats gem. § 20 TzBfG bestehende Informationsanspruch korrespondiert mit dem in § 99 Abs. 2 Nr. 3 BetrVG aufgenommenen Verweigerungsgrund, dass ein gleich geeignet befristet Beschäftigter bei einer **unbefristeten Neueinstellung** übergangen wird. Dieses Zustimmungsverweigerungsrecht erweitert die nach § 18 TzBfG gegenüber befristet beschäftigten Arbeitnehmern bestehende Informationspflicht über zu besetzende unbefristete Arbeitsplätze. Der Betriebsrat erhält dadurch die Aufgabe, im Rahmen der Personalpolitik des Arbeitgebers darauf hinzuwirken, dass im Betrieb befristet beschäftigte Arbeitnehmer bei entsprechender Eignung die Chance erhalten, in ein Dauerarbeitsverhältnis zu wechseln. Der Verweigerungsgrund besteht aber nicht, wenn die Nichtberücksichtigung durch betriebliche oder persönliche Gründe gerechtfertigt ist (§ 99 Abs. 2 Nr. 3 Halbs. 1 BetrVG). Der Arbeitgeber ist in der Entscheidung frei, welchen von mehreren gleich geeigneten befristeten Arbeitnehmern er auf den unbefristeten Arbeitsplatz übernimmt. Im Gegensatz zu Teilzeitbeschäftigten (§ 9 TzBfG) besteht zugunsten von befristet beschäftigten Arbeitnehmern **kein individualrechtlicher Anspruch** auf bevorzugte Berücksichtigung bei der Neubesetzung eines unbefristeten Arbeitsplatzes. Gem. § 18 TzBfG besteht nur eine Pflicht des Arbeitgebers, befristet beschäftigte Arbeitnehmer über zu besetzende unbefristete Arbeitsplätze zu informieren.

---

[1] BT-Drucks. 14/4374, 21.

IX. Gesetzliche Verpflichtungen des Arbeitgebers gegenüber befristet beschäftigten Arbeitnehmern

1. Informationspflicht über unbefristete Arbeitsplätze

Nach § 18 TzBfG ist der Arbeitgeber verpflichtet, befristet beschäftigte Arbeitnehmer über zu besetzende, **entsprechende unbefristete Arbeitsplätze** zu informieren. Die Informationspflicht besteht gegenüber jedem befristet beschäftigten Arbeitnehmer, also nicht nur denjenigen gegenüber, die konkret den Wunsch auf Übernahme in ein unbefristetes Arbeitsverhältnis geäußert haben. Hinzuweisen ist auf freie und frei werdende unbefristete Arbeitsplätze, und zwar so rechtzeitig, dass sich der befristet beschäftigte Arbeitnehmer noch für den zu besetzenden Arbeitsplatz bewerben kann.

164

Der Bekanntmachungsregelung des § 18 Satz 2 TzBfG ist zu entnehmen, dass auch bei einer individuellen Information einzelner Arbeitnehmer auf Dauerarbeitsplätze im **gesamten Unternehmen**, also auch in anderen Betrieben desselben Unternehmens, hinzuweisen ist[1].

Ein entsprechender unbefristeter Arbeitsplatz iSd. § 18 Satz 1 TzBfG ist ein solcher, der für den betreffenden befristet beschäftigten Arbeitnehmer geeignet ist bzw. den der Arbeitnehmer aufgrund seiner Fähigkeiten zu übernehmen in der Lage ist (s. zur Vergleichbarkeit § 3 Abs. 2 TzBfG).

Die Information über unbefristete Arbeitsplätze kann gem. § 18 Satz 2 TzBfG durch allgemeine Bekanntgabe an geeigneter, den Arbeitnehmern zugänglicher Stelle im Betrieb oder Unternehmen erfolgen, etwa am schwarzen Brett oder in der Werkszeitung.

2. Weiterbeschäftigungsanspruch, Wiedereinstellungspflicht

Eine unmittelbare Sanktion bei einem Verstoß gegen die Informationspflicht gem. § 18 TzBfG sieht das Teilzeit- und Befristungsgesetz nicht vor. Insbesondere hat der nicht informierte befristet beschäfige Arbeitnehmer **keinen Anspruch auf Weiterbeschäftigung** über das Beendigungsdatum hinaus, sofern eine unbefristete Einstellung möglich ist. Dies gilt auch bei einer sich altersdiskriminierend darstellenden Ablehnung auf Übernahme in ein unbefristetes Arbeitsverhältnis (§ 15 Abs. 6 AGG)[2], der Wahl in den Betriebsrat während des befristeten Arbeitsverhältnisses[3] oder der sich als Verletzung des Maßregelungsverbots des § 612a BGB darstellenden Weigerung, einem befristet beschäftigten Arbeitnehmer einen Folgevertrag anzubieten[4]. Ein Anspruch des Arbeitnehmers auf Wiedereinstellung bzw. Fortbeschäftigung besteht nach Ablauf eines wirksam befristeten Arbeitsverhältnisses grundsätzlich auch dann nicht, wenn sich entgegen der ursprünglichen Prognose aufgrund neuer Umstände eine Möglichkeit zur Weiterbeschäftigung ergibt[5]. Ein solcher Anspruch besteht nur in Ausnahmefällen, also zB dann, wenn dem betroffenen Arbeitnehmer, insbesondere im Falle der Befristung wegen der Erprobung schon Zusagen hinsichtlich einer Übernahme in ein unbefristetes Arbeitsverhältnis gemacht worden sind, oder sich der Arbeitgeber **wegen der Betriebsratstätigkeit** weigert, mit dem Betriebsratsmitglied nach Ablauf der Befristung einen Anschlussvertrag abzuschließen. In diesem Fall handelt es sich um eine unzulässige Benachteiligung iSv. § 78 Satz 2 BetrVG. Das Betriebsratsmitglied hat dann einen Anspruch auf Abschluss eines Folgevertrages[6]. Der Arbeitgeber ist bei der Übernahme in ein unbefristetes Arbeitsverhältnis nicht

165

---

1 KR/*Bader*, § 18 TzBfG Rz. 3.
2 Ablehnung eines befristeten Folgevertrages für einen Geschäftsführer: BGH 23.4.2012 – II ZR 163/10, NZA 2012, 797.
3 BAG 25.6.2014 – 7 AZR 847/12, NZA 2014, 1209.
4 BAG 21.9.2011 – 7 AZR 150/10, NZA 2012, 317.
5 BAG 20.2.2002 – 7 AZR 600/00, ZIP 2002, 1162.
6 BAG 25.6.2014 – 7 AZR 847/12, NZA 2014, 1209.

verpflichtet, die wesentlichen Bestimmungen des vorherigen Vertrages unverändert in den unbefristeten Arbeitsvertrag zu übernehmen[1]. Eine **mittelbare Sanktion** bei einem Verstoß gegen die Informationspflicht des § 18 TzBfG kann sich aber daraus ergeben, dass der Betriebsrat gem. § 99 Abs. 2 Nr. 3 BetrVG einen Grund zur Zustimmungsverweigerung geltend machen kann, weil bei Nichtbeachtung der Informationspflicht davon ausgegangen werden kann, dass von vornherein ein gleich geeigneter befristet beschäftigter Arbeitnehmer nicht berücksichtigt wurde.

166 Ein Weiterbeschäftigungsanspruch bzw. Anspruch auf Abschluss eines weiteren befristeten Arbeitsvertrags besteht aufgrund der in § 15 Abs. 6 AGG zum Ausdruck kommenden gesetzgeberischen Wertung nur, wenn hierfür ein besonderer Rechtsgrund besteht. Ansonsten ergibt sich auch aus dem **Verstoß gegen ein Diskriminierungsverbot** kein Kontrahierungszwang (§ 15 Abs. 6 AGG), sondern gem. § 15 Abs. 1 und Abs. 2 AGG nur ein Anspruch auf eine Entschädigung oder ein Schadensersatzanspruch. Dementsprechend besteht auch nur ein Anspruch auf Geldersatz, wenn der Arbeitgeber gegen das **Maßregelungsverbot** des § 612a BGB verstößt.

3. Aus- und Weiterbildungspflicht

167 Gem. § 19 TzBfG hat der Arbeitgeber dafür zu sorgen, dass an **Aus- und Weiterbildungsmaßnahmen**, die für Arbeitnehmer des Unternehmens vorgesehen sind, auch befristet beschäftigte Arbeitnehmer teilnehmen können. Damit sollen die Chancen befristet beschäftigter Arbeitnehmer auf einen Dauerarbeitsplatz verbessert und die berufliche Entwicklung sowie Mobilität des befristet Beschäftigten gefördert werden. Die Aus- und Weiterbildungsverpflichtung des Arbeitgebers bezieht sich nicht nur auf die aktuelle Tätigkeit des befristet Beschäftigten, sondern auch auf die Verbesserung der beruflichen Qualifikation als Voraussetzung für die Übernahme einer qualifizierteren Tätigkeit[2]. Jedoch muss die Aus- und Weiterbildungsmaßnahme insbesondere im Hinblick auf die Art der Tätigkeit des Arbeitnehmers, die vorgesehene Dauer der befristeten Beschäftigung, die Dauer der Aus- und Weiterbildungsmaßnahme und den für den Arbeitgeber entstehenden Kostenaufwand angemessen sein. Wenn ein vergleichbarer Dauerarbeitsplatz die durch die Aus- und Weiterbildung vermittelte Qualifizierung erfordert, so ist die Maßnahme angemessen, so dass der Gesichtspunkt der über die Beschäftigungszeit hinausgehenden Qualifikation dem nicht entgegensteht. Der Arbeitgeber kann gegenüber dem Qualifizierungswunsch eines befristet beschäftigten Arbeitnehmers geltend machen, dass diesem dringende betriebliche Gründe oder die Aus- und Weiterbildung anderer Arbeitnehmer, die unter beruflichen oder sozialen Gesichtspunkten vorrangig zu berücksichtigen sind, entgegenstehen[3]. Die Verpflichtung des Arbeitgebers gegenüber einem befristet beschäftigten Arbeitnehmer geht jedoch nicht weiter als gegenüber einem unbefristet beschäftigten Arbeitnehmer. Ein individueller Rechtsanspruch auf Teilnahme einer Aus- und Weiterbildungsmaßnahme besteht also allenfalls dann, wenn die Nichtberücksichtigung den Gleichbehandlungsgrundsatz verletzen würde[4].

4. Benachteiligungs- und Diskriminierungsverbot

a) Benachteiligungsverbot

168 Gem. § 5 TzBfG darf ein Arbeitgeber einen Arbeitnehmer nicht wegen der Inanspruchnahme von Rechten nach dem Teilzeit- und Befristungsgesetz benachteiligen.

---

1 EuGH 8.3.2012 – Rs. C-251/11 – Martial Huet, NZA 2012, 441.
2 BT-Drucks. 14/4374, 21.
3 BT-Drucks. 14/4374, 21.
4 *Hromadka*, BB 2001, 674 (675).

Hiermit wird das **Maßregelungsverbot** gem. § 612a BGB wiederholt. Entsprechend der Regelung des § 612a BGB erfasst das Benachteiligungsverbot nur die durch den Arbeitnehmer „in zulässiger Weise" ausgeübten Rechte. Aber auch eine irrtümliche Geltendmachung von Rechten und Ansprüchen nach dem Teilzeit- und Befristungsgesetz darf zu keiner Benachteiligung führen.

b) Diskriminierungsverbot

In Übereinstimmung mit dem **Gleichbehandlungsgrundsatz** bestimmt § 4 Abs. 2 Satz 1 TzBfG, dass ein befristet beschäftigter Arbeitnehmer **wegen** der Befristung des Arbeitsvertrages nicht schlechter behandelt werden darf als ein vergleichbarer unbefristet beschäftigter Arbeitnehmer[1], es sei denn, dass sachliche Gründe eine unterschiedliche Behandlung rechtfertigen[2]. Die sachlichen Gründe dürfen nicht unmittelbar in dem Umstand der Befristung selbst ihre Ursache haben.

169

Gem. § 3 Abs. 2 TzBfG ist vergleichbar ein unbefristet beschäftigter Arbeitnehmer des **Betriebes** mit der gleichen oder einer ähnlichen Tätigkeit. Es ist ein **spezifischer Gruppenvergleich** zwischen unbefristet und befristet beschäftigten Arbeitnehmern vorzunehmen. Die in § 3 Abs. 2 TzBfG erfolgte Beschränkung der Vergleichbarkeit auf den Betrieb entspricht aber nicht der Rechtsprechung des BAG[3]. Es erscheint fraglich, ob nicht eine unternehmensbezogene Vergleichbarkeit geprüft werden muss. Schließlich folgt aus der Befristung selbst keine betriebsspezifische Besonderheit. Allerdings entspricht die Überprüfung der betrieblichen Situation § 3 Nr. 2 der Rahmenvereinbarung der Richtlinie 99/70/EG.

Gibt es im Betrieb (Unternehmen) keinen vergleichbaren unbefristet beschäftigten Arbeitnehmer, so ist gem. § 3 Abs. 2 TzBfG der Vergleich anhand des anwendbaren Tarifvertrages vorzunehmen; ansonsten ist darauf abzustellen, wer im jeweiligen Wirtschaftszweig üblicherweise als vergleichbar unbefristet beschäftigter Arbeitnehmer anzusehen ist.

Dem Diskriminierungsverbot des § 4 TzBfG unterliegen gem. § 22 Abs. 1 TzBfG sowohl **individuelle Vereinbarungen** zwischen den Arbeitsvertragsparteien als auch **Betriebsvereinbarungen**. Auch in **Tarifverträgen** dürfen keine Regelungen zum Nachteil der Teilzeit- und befristet Beschäftigten vereinbart werden, sofern nicht sachliche Gründe eine unterschiedliche Behandlung rechtfertigen[4]. Dabei ist es unerheblich, ob die Ungleichbehandlung durch Einschränkung des persönlichen Geltungsbereichs eines Tarifvertrages oder durch eine ausdrückliche Ausnahmeregelung erreicht wird. Die Vorschrift ist unabdingbar und ein Verbotsgesetz iSd. § 134 BGB. Eine Abweichung darf daher nur zugunsten der Arbeitnehmer erfolgen.

Beispielhaft führt die Gesetzesbegründung an, dass der Arbeitgeber einen befristet Beschäftigten wegen der befristeten Beschäftigung weder geringer entlohnen noch hinsichtlich anderer Beschäftigungsbedingungen (zB der Dauer der Arbeitszeit oder des Urlaubs) **benachteiligen** darf[5]. In § 4 Abs. 2 Satz 2 TzBfG wird das Gleichbehandlungsgebot bzgl. des Entgelts konkretisiert[6]. Danach ist einem befristet beschäftigten Arbeitnehmer **Arbeitsentgelt** oder eine andere teilbare geldwerte Leistung, die für ei-

170

---

1 Deshalb besteht grundsätzlich auch keine Informationspflicht einer schwangeren Bewerberin vor der Begründung eines befristeten Arbeitsverhältnisses, LAG Köln 11.10.2012 – 6 Sa 641/12, NZA-RR 2013, 232.
2 BAG 19.12.2007 – 5 AZR 260/07, NZA-RR 2008, 275; auch nicht wegen der zuvor erfolgten „Entfristung", BAG 10.7.2013 – 10 AZR 915/12, ArbRB 2013, 296.
3 BAG 17.11.1998 – 1 AZR 147/98, BB 1999, 692.
4 BAG 5.11.2003 – 5 AZR 8/03, AP Nr. 6 zu § 4 TzBfG; 11.12.2003 – 6 AZR 64/03, NZA 2004, 723; 19.1.2005 – 6 AZR 80/03, ArbRB 2005, 132.
5 BT-Drucks. 14/4374, 16.
6 BAG 11.12.2003 – 6 AZR 64/03, NZA 2004, 723.

nen bestimmten Bemessungszeitraum gewährt wird, mindestens in dem Umfang zu gewähren, der dem Anteil seiner Beschäftigungsdauer am Bemessungszeitraum entspricht. Es ist also die Pro-rata-temporis-Regel für das Arbeitsentgelt und andere teilbare geldwerte Leistungen einzuhalten. Dies gilt insbesondere im Hinblick auf einmalige Sonderzuwendungen/freiwillige Leistungen, aber auch für Deputate und Personalrabatte.

Das Diskriminierungsverbot des § 4 Abs. 2 TzBfG gilt nicht für die Einbeziehung von befristet Beschäftigten in **Sozialpläne**, wenn deren Arbeitsverhältnis nicht aufgrund der Betriebsänderung, sondern mit Ende des Befristungszeitraums endet[1].

171 Keinen Verstoß gegen das Diskriminierungsverbot stellt es dar, wenn die Ungleichbehandlung **aus sachlichen Gründen gerechtfertigt** ist, obwohl § 4 Abs. 2 Satz 2 TzBfG keine Einschränkung aufgrund sachlicher Differenzierungsgründe anführt. Bei § 4 Abs. 2 Satz 2 TzBfG handelt es sich aber nur um eine Konkretisierung von Satz 1. Keine sachlichen Gründe sind solche, die typischerweise im befristeten Arbeitsverhältnis gegeben sind[2]. Nach der Gesetzesbegründung ist es deshalb zulässig, wenn bei nur kurzzeitigen Arbeitsverhältnissen die anteilige Gewährung von bestimmten Zusatzleistungen unterbleibt, weil dies nur zu sehr geringfügigen Beträgen führt, die in keinem angemessenen Verhältnis zum Zweck der Leistung stehen. Dies wird insbesondere für Ansprüche aus der betrieblichen Altersversorgung gelten.

Bzgl. des **Arbeitsentgelts** gilt der Grundsatz der Vertragsfreiheit, so dass die Vereinbarung unterschiedlicher Arbeitsentgelte auch bei gleicher Arbeit nicht ohne Weiteres gegen den Gleichheitsgrundsatz verstößt. Verfügen vergleichbare unbefristet beschäftigte Arbeitnehmer über unterschiedliche Arbeitsentgelte, so stellt es keine Diskriminierung dar, wenn die niedrigste Vergütung als Maßstab für das Arbeitsentgelt des befristet beschäftigten Arbeitnehmers dient[3]. Ein Verstoß gegen den Gleichbehandlungsgrundsatz liegt aber dann vor, wenn auch der individuellen Entgeltvereinbarung ein allgemein geübter Maßstab (zB gruppenspezifische Merkmale) zugrunde liegt.

172 Der **sachliche Grund** für eine Ungleichbehandlung kann sich auch aus dem **Leistungszweck** ergeben. Danach ist es aus sachlichen Gründen gerechtfertigt, wenn **Sonderzuwendungen/freiwillige Leistungen** von einer bestimmten **Betriebszugehörigkeit** abhängig gemacht werden oder von dem Bestehen eines **ungekündigten Arbeitsverhältnisses** zu einem bestimmten Stichtag[4]. Anders verhält es sich jedoch, wenn die Sonderzuwendung nur **Entgeltcharakter** hat, also nicht eine bestimmte Mindestbetriebszugehörigkeit voraussetzt, und der Stichtag **lediglich Fälligkeitszeitpunkt** ist. Entscheidend für die Vergleichbarkeit ist, ob ein unbefristet beschäftigter Arbeitnehmer trotz Nichterfüllens der an die Zahlung der Sonderzuwendung gestellten Voraussetzung einen Anspruch auf zumindest zeitanteilige Gewährung der Leistung hätte. Wird für den Fall einer freiwilligen Sonderzahlung des Arbeitgebers vereinbart, dass der Arbeitnehmer keinen Anspruch auf die Sonderzahlung hat, wenn er selbst gekündigt hat oder eine Kündigung des Arbeitgebers veranlasst hat und deshalb vor Ablauf der Bindungsfrist ausscheidet, gilt dies für den Ablauf eines befristeten Arbeitsvertrags ebenso wenig wie für eine betriebsbedingte Kündigung des Arbeitgebers[5]. Der **Ablauf des befristeten Arbeitsvertrages** steht also dem Anspruch auf die Sonderzahlung nicht entgegen.

---

1 ArbG Karlsruhe 6.9.2013 – 9 Ca 120/13, ArbRB 2014, 41.
2 LAG Bremen 5.11.2002 – 1 Sa 98/02, nv.
3 *Bauer*, BB 2001, 2473.
4 *Hromadka*, BB 2001, 674 (675); *Däubler*, ZIP 2000, 1961 (1966).
5 BAG 28.3.2007 – 10 AZR 261/06, NZA 2007, 687.

Soweit bestimmte Beschäftigungsbedingungen von der **Dauer des Bestehens** des Arbeitsverhältnisses in demselben Betrieb oder Unternehmen abhängig sind, sind gem. § 4 Abs. 2 Satz 3 TzBfG für befristet Beschäftigte dieselben Zeiten wie für unbefristet beschäftigte Arbeitnehmer zu berücksichtigen[1]. Demgemäß kann für den Anspruch auf den **vollen Jahresurlaub** für befristet beschäftigte Arbeitnehmer keine längere Wartefrist gelten als für unbefristet Beschäftigte[2]. § 5 Abs. 1 BUrlG differenziert auch nicht danach, ob ein Arbeitsverhältnis in der ersten bzw. zweiten Hälfte eines Kalenderjahres durch Fristablauf oder Kündigung endet. Das Diskriminierungsverbot des Abs. 2 schützt nur befristet Beschäftigte. Werden bei der Feststellung der Dauer des Arbeitsverhältnisses **Vorbeschäftigungszeiten** wegen einer Befristung vertraglich/tarifvertraglich nicht berücksichtigt, hat der inzwischen unbefristet beschäftigte Arbeitnehmer keinen Anspruch nach § 4 Abs. 2 TzBfG. Dagegen ist die Dauer des befristeten Arbeitsverhältnisses zu berücksichtigen, wenn dies bei der Berücksichtigung des Dienstalters und der erworbenen Berufserfahrung für die Zwecke eines Einstellungsverfahrens[3] oder Stufenzuordnung im Entgeltsystem[4] bedeutsam ist.

173

Im Übrigen lässt die gesetzliche Regelung eine Ausnahme nur dann zu, wenn eine unterschiedliche Berücksichtigung aus sachlichen Gründen gerechtfertigt ist.

Die diskriminierende und nicht durch sachliche Gründe gerechtfertigte Regelung ist **nichtig**. Als Ausprägung des arbeitsrechtlichen Gleichbehandlungsgrundsatzes ist der Anspruch auf die Beseitigung einer Ungleichbehandlung gerichtet. Der benachteiligt befristet Beschäftigte hat daher Anspruch auf Gewährung der Leistungen, die der konkret vergleichbare unbefristete Arbeitnehmer im Betrieb beanspruchen kann. Im Zweifel findet eine „Anpassung nach oben" statt[5]. Darüber hinaus besteht ein **Schadensersatzanspruch** des ohne sachlich rechtfertigenden Grund benachteiligten befristet Beschäftigten, jedoch kein Anspruch auf „Schmerzensgeld"[6]. Ein solcher ergibt sich nicht aus § 4 Abs. 2 TzBfG.

173a

X. Prozessuale Geltendmachung

1. Klage und Klagefrist

Will ein Arbeitnehmer **gerichtlich die Unwirksamkeit einer Befristung, eines vorausgesetzten Zwecks oder einer vereinbarten auflösenden Bedingung** geltend machen, so kann dies schon nach Abschluss des Arbeitsvertrages geschehen und nicht erst nach der vertraglich vorgesehenen Beendigung[7]. Allerdings muss der Arbeitnehmer in diesem Fall nach Auffassung der Rechtsprechung die Umstände darlegen, aus denen sich ein alsbaldiges Feststellungsinteresse ergibt[8].

174

Macht der Arbeitnehmer zum Zeitpunkt der vertraglich vorgesehenen Beendigung die Unwirksamkeit der Befristungsabrede geltend, so muss er innerhalb von **drei Wochen nach dem vereinbarten Ende** des befristeten Arbeitsvertrages **Klage** beim Arbeitsgericht auf Feststellung erheben, dass das Arbeitsverhältnis aufgrund der Befristung nicht beendet ist (§ 17 TzBfG). Die Drei-Wochen-Frist ist eine prozessuale Klageer-

---

1 EuGH 8.9.2011 – Rs. C-177/10 – Santana, NZA 2011, 1219.
2 BT-Drucks. 14/4374, 16.
3 EuGH 18.10.2012 – C-302/11 bis C-305/11 – Rosanna Valenza ua.,NZA 2013, 261; auch im Rahmen von Beförderungsentscheidungen BAG 12.10.2010 – 9 AZR 518/09, ArbRB 2011, 103.
4 BAG 21.2.2013 – 6 AZR 524/11, NZA 2013, 625; 24.10.2013 – 6 AZR 964/11, NZA-RR 2014, 98.
5 BAG 21.2.2013 – 8 AZR 68/12, NZA 2013, 955.
6 BAG 21.2.2013 – 8 AZR 68/12, NZA 2013, 955.
7 BAG 19.2.2014 – 7 AZR 260/12, NZA-RR 2014, 408.
8 BAG 12.10.1979 – 7 AZR 960/77, AP Nr. 48 zu § 620 BGB – Befristeter Arbeitsvertrag; LAG Düsseldorf 18.11.1999 – 11 Sa 1039/99, NZA-RR 2000, 291.

hebungsfrist. Die Fristwahrung kann daher im Weg des Freibeweises geklärt werden[1]. Die Versäumung der Frist führt unmittelbar zum Verlust des Klagerechts.

Nach dem ausdrücklichen Wortlaut des § 17 Satz 1 TzBfG ist die **Klage auf die Feststellung** zu richten, dass das Arbeitsverhältnis aufgrund der Befristung bzw. auflösenden Bedingung nicht beendet ist. Bei einer Klage nach dieser Bestimmung besteht der Streitgegenstand darin, ob das Arbeitsverhältnis durch die zu einem bestimmten Zeitpunkt vereinbarte Befristung zu dem in dieser Vereinbarung vorgesehenen Termin geendet hat. Da es um einen **punktuellen Streitgegenstand** geht, ist ein allgemeiner Feststellungsantrag regelmäßig unzulässig[2]. Eine allgemeine Feststellungsklage wahrt deshalb nicht die Klagefrist. Die Erhebung einer Klage ist als Prozesshandlung aber ebenso auslegungsfähig wie eine private Willenserklärung. Gegenüber dem Wortlaut des Klageantrags ist daher der geäußerte Parteiwille maßgeblich, wie er aus dem Antrag, der Begründung und sonstigen Umständen bei Erhebung der Klage erkennbar wird. Es muss sich also zumindest aus der Begründung der Feststellungsklage oder sonstigen Umständen bei Klageerhebung ergeben, dass der Kläger mit seinem Feststellungsantrag die Wirksamkeit der in dem Arbeitsvertrag vereinbarten Befristung in Abrede stellen will[3].

Die Klagefrist des § 17 Satz 1 TzBfG kann in entsprechender Anwendung des § 6 Satz 1 KSchG auch dadurch gewahrt sein, dass der Arbeitnehmer bis zum Schluss der mündlichen Verhandlung erster Instanz einen Befristungskontrollantrag stellt, wenn er innerhalb der Drei-Wochen-Frist auf anderem Weg gerichtlich geltend gemacht hat, dass die nach diesem Antrag streitgegenständliche Befristung rechtsunwirksam ist. Wie im Kündigungsschutzverfahren reicht es dafür aus, dass innerhalb der dreiwöchigen Klagefrist **aus anderen Gründen**, wie zB wegen der über den Beendigungszeitpunkt hinaus geforderten Vergütung, auf dem Klageweg geltend gemacht wird, dass eine wirksame Befristung nicht vorliegt[4]. § 6 KSchG kommt aber auch eine **Präklusionswirkung** zu, so dass sich der klagende Arbeitnehmer in der Berufungsinstanz nicht mehr auf Unwirksamkeitsgründe berufen kann, die er nicht bereits in der ersten Instanz geltend gemacht hat[5].

Die **allgemeine Feststellungsklage** ist aber die richtige Klageart, wenn der Arbeitnehmer davon ausgeht, die Befristung sei zwar wirksam gewesen, es sei jedoch nach § 15 Abs. 5 TzBfG ein unbefristetes Arbeitsverhältnis begründet worden[6].

175 Ein gegen die Befristung bzw. auflösende Bedingung gerichteter Klageantrag könnte wie folgt lauten:

Formulierungsbeispiel:

Festzustellen, dass das zwischen den Parteien bestehende Arbeitsverhältnis nicht aufgrund der Befristung im Vertrag vom ... am ... beendet worden ist und zu unveränderten Bedingungen unbefristet fortbesteht.

Aus der Klage muss sich eindeutig ergeben, gegen welche konkrete Befristungsvereinbarung sich die Klage richtet. Jede einzelne Befristung ist gesondert anzugreifen.

---

176 Die **Klagefrist von drei Wochen** des § 17 TzBfG gilt nicht nur für die Fälle der **kalendermäßigen** Befristung, sondern auch für **zweckbefristete** und **auflösend bedingte** Arbeitsverträge (§ 21 TzBfG iVm. § 17 TzBfG) sowie für Befristungsabreden auf der

---

1 BAG 18.1.2012 – 7 AZR 211/09, NZA 2012, 691.
2 BAG 16.4.2003 – 7 AZR 119/02, NZA 2004, 283.
3 BAG 16.4.2003 – 7 AZR 119/02, NZA 2004, 283.
4 BAG 15.5.2012 – 7 AZR 6/11, NZA 2012, 1148.
5 BAG 24.8.2011 – 7 AZR 228/10, NZA 2012, 385.
6 BAG 23.6.2004 – 7 AZR 440/03, NZA 2005, 520.

Grundlage von gesetzlichen Vorschriften über die Befristung von Arbeitsverträgen außerhalb des Teilzeit- und Befristungsgesetzes (u.a. BEEG, WissZeitVG). Bei **mehreren** aufeinander folgenden Befristungsabreden wird die Klagefrist **für jede** Befristungsvereinbarung mit dem Ablauf der darin vereinbarten Befristung und nicht erst mit dem Ablauf der letzten Befristung in Lauf gesetzt[1] (zu sog. Annexverträgen s. Rz. 188). **Alle Arten von Unwirksamkeitsgründen** werden von der Klagefrist erfasst[2]. Dies gilt nicht nur für das Fehlen eines erforderlichen Sachgrundes, das Fehlen der Voraussetzungen nach § 14 Abs. 2 oder Abs. 3 TzBfG, sondern auch für die Unwirksamkeit aufgrund fehlender Schriftform[3] oder die ggf. (nach einigen Landesgesetzen) erforderliche Zustimmung des Personalrats.

Die Beendigung eines zweckbefristeten oder auflösend bedingten Arbeitsvertrages setzt gem. § 15 Abs. 2 TzBfG (§ 21 TzBfG) voraus, dass der Arbeitgeber dem Arbeitnehmer das Erreichen des Zwecks bzw. den Eintritt der auflösenden Bedingung zwei **Wochen vorher schriftlich mitteilt**. Erfolgt die Mitteilung erst später, endet das Arbeitsverhältnis erst zwei Wochen nach Zugang der schriftlichen Mitteilung. Daher beginnt die **Klagefrist des § 17 TzBfG bei zweckbefristeten oder auflösend bedingten Arbeitsverträgen** grundsätzlich zwei Wochen **nach Zugang** der schriftlichen Mitteilung über die Zweckerreichung bzw. den Eintritt der auflösenden Bedingung[4]. Wird das Arbeitsverhältnis **nach dem vereinbarten Ende fortgesetzt**, so beginnt die Frist nach § 17 Satz 1 TzBfG jedoch **mit dem Zugang** der schriftlichen Erklärung des Arbeitgebers, dass das Arbeitsverhältnis aufgrund der Befristung beendet ist (§ 17 Satz 3 TzBfG)[5]. Damit wird der Situation Rechnung getragen, dass der Arbeitgeber die Zweckerreichung bzw. den Eintritt der auflösenden Bedingung nicht rechtzeitig vorher mitgeteilt hat, jedoch gem. § 15 Abs. 5 TzBfG der Fortsetzung des Arbeitsverhältnisses unverzüglich widerspricht bzw. die Zweckerreichung oder den Eintritt der Bedingung unverzüglich mitteilt. In diesem Falle, in welchem der **Zweck bereits erreicht** bzw. die Bedingung bereits eingetreten ist, ohne dass gem. § 15 Abs. 2 TzBfG zwei Wochen zuvor auf die Zweckerreichung bzw. den Eintritt der Bedingung hingewiesen wurde, beginnt daher die dreiwöchige Klagefrist mit Zugang der schriftlichen Erklärung des Arbeitgebers gem. § 15 Abs. 5 TzBfG, dass die Befristung oder die Bedingung wirksam und das Arbeitsverhältnis beendet sei[6].

Wenn die Klagefrist des § 17 Satz 1 TzBfG mit der eingereichten Klage gewahrt worden ist, kann der Arbeitnehmer nach § 17 Satz 2 TzBfG iVm. § 6 Satz 1 KSchG bis zum Schluss der mündlichen Verhandlung erster Instanz die Unwirksamkeit der Befristung **auch aus anderen Gründen** als denjenigen geltend machen, die er innerhalb der dreiwöchigen Klagefrist, also regelmäßig in seiner Klagschrift, benannt hat (zB fehlende landesrechtlich gebotene Zustimmung des Personalrats zur Befristung)[7]. Hat das Arbeitsgericht seine Hinweispflicht aus § 17 Satz 2 TzBfG iVm. § 6 Satz 2 KSchG verletzt, können andere Unwirksamkeitsgründe aber auch noch in der zweiten Instanz geltend gemacht werden. Die Klagefrist des § 4 KSchG gilt, wenn das **Kündigungsrecht** nicht gem. § 15 Abs. 3 TzBfG vertraglich oder tarifvertraglich vorbehalten ist[8].

---

1 BAG 24.10.2001 – 7 AZR 686/00, DB 2002, 536; 4.12.2013 – 7 AZR 468/12, NZA 2014, 623.
2 *Hromadka*, BB 2001, 674.
3 LAG Düsseldorf 26.9.2002 – 5 Sa 748/02, LAGReport 2003, 33.
4 BAG 15.5.2012 – 7 AZR 35/11, DB 2012, 2638: Eine Befristungskontrollklage kann grundsätzlich frühestens erhoben werden, wenn der Arbeitgeber den Arbeitnehmer nach § 15 Abs. 2 TzBfG schriftlich über den Zeitpunkt der Zweckerreichung unterrichtet hat, es sei denn die Voraussetzungen des § 256 ZPO liegen vor (s. dazu oben Rz. 174); 23.7.2014 – 7 AZR 771/12, NZA 2014, 1341.
5 BAG 27.7.2011 – 7 AZR 402/10, DB 2012, 692.
6 BAG 15.8.2012 – 7 AZN 956/12, NZA 2012, 1116; 10.10.2012 – 7 AZR 602/11, NZA 2013, 344.
7 BAG 24.8.2011 – 7 AZR 228/10, NZA 2012, 385.
8 BAG 22.7.2010 – 6 AZR 480/09, NZA 2010, 1142.

179 Entgegen der bisherigen Rechtsprechung und entgegen dem Wortlaut des § 17 Satz 1 TzBfG findet die Klagefrist des § 17 TzBfG auch Anwendung, wenn die Parteien nicht nur über die Wirksamkeit der Bedingungsabrede streiten. Sie gilt auch für den **Streit über den tatsächlichen Eintritt der auflösenden Bedingung**[1]. Nachvollziehbar wird dies damit begründet, dass die Frage des Eintritts der auflösenden Bedingung häufig nahezu unlösbar mit der Beurteilung der Rechtswirksamkeit der Bedingungsabrede verknüpft ist. Wegen dieses Zusammenhanges unterliegen nach Auffassung des BAG beide Fragen dem Klagefristerfordernis von drei Wochen. Diese nunmehr von der Rechtsprechung angenommene Auffassung wird auch für den Fall gelten, dass der Arbeitnehmer geltend macht, der **Zweck** sei nicht erfüllt. Ob diese Rechtsprechung auch für den Fall gilt, wenn offen ist, **ob überhaupt eine Befristung** (zB wegen angeblicher Fälschung der Unterschrift) vereinbart wurde, erscheint fraglich[2]. Auch wenn § 17 Satz 1 TzBfG dem Wortlaut nach nur die Unwirksamkeit der Befristung betrifft, empfiehlt es sich, in derartigen Zweifelsfällen auch die **Klagefrist zu beachten**.

180 Gem. § 17 Satz 2 TzBfG gelten die §§ 5–7 KSchG im Übrigen entsprechend. Gem. § 17 Satz 2 TzBfG iVm. § 7 KSchG wird somit die Befristung als **von Anfang an wirksam** fingiert, wenn nicht fristgerecht Klage erhoben wird. Dies gilt auch im Hinblick auf das Anschlussverbot des § 14 Abs. 3 Satz 2 TzBfG[3]. Die Rechtsfolgen der §§ 5–7 KSchG gelten auch bei einer **auflösenden Bedingung** (§ 21 TzBfG). Mit einer isoliert erhobenen Leistungsklage wird die Klagefrist nicht gewahrt, auch wenn sie auf die Unwirksamkeit der Befristung gestützt wird (zB Klage auf Zahlung der Vergütung über das Befristungsende hinaus)[4]. Jede einzelne Befristung ist gesondert anzugreifen. Ansonsten werden gem. § 7 KSchG alle Voraussetzungen einer wirksamen Befristung fingiert[5]. Bei einer Klagerücknahme tritt diese Rechtsfolge rückwirkend ein[6].

180a Nach dem Wortlaut des § 9 KSchG ist es ausgeschlossen, dass ein Arbeitnehmer oder ein Arbeitgeber die Auflösung des Arbeitsverhältnisses gegen **Zahlung einer Abfindung** beantragen kann, wenn das Gericht die Unwirksamkeit der Befristung feststellt und das Arbeitsverhältnis unbefristet fortbesteht. Im Falle einer sog. Entfristungsklage kann sich aber für den Arbeitnehmer wie auch für den Arbeitgeber die gleiche Interessenlage wie in einem Kündigungsschutzverfahren ergeben. So kann sich die unbefristete Fortsetzung des Arbeitsverhältnisses für den Arbeitnehmer als unzumutbar darstellen. Umgekehrt kann sich aus bestimmten Gründen oder aus dem prozessualen Verhalten des Arbeitnehmers ergeben, dass eine den Betriebszwecken dienliche weitere Zusammenarbeit nicht zu erwarten ist. Ob dem mit Hilfe der teleologischen Auslegung dem § 9 KSchG zu entnehmenden Zweck, trotz Unwirksamkeit des zur Beendigung des Arbeitsverhältnisses führenden Umstandes unter bestimmten Voraussetzungen die Vertragsparteien nicht zur Fortsetzung des Arbeitsverhältnisses zu zwingen, entsprochen werden kann, erscheint aber wegen des eindeutigen Wortlauts des § 9 KSchG höchst fraglich.

181 Ist das Arbeitsverhältnis einige Tage nach Ablauf der Befristung iSd. § 15 Abs. 5 TzBfG **fortgesetzt** worden, so kann eine **Prozessverwirkung** eintreten, wenn der Arbeitnehmer erstmals nach neun Monaten geltend macht, das Arbeitsverhältnis sei wegen der einige Tage erfolgten Fortsetzung auf unbestimmte Zeit verlängert worden[7].

---

1 BAG 6.4.2011 – 7 AZR 704/09, NJW 2011, 2748; 23.7.2014 – 7 AZR 771/12, NZA 2014,1341.
2 Nicht zu beachten: BAG 20.2.2002 – 7 AZR 622/00, NZA 2002, 1304; 23.6.2004 – 7 AZR 440/03, NZA 2005, 520; *Dörner*, Rz. 807; ErfK/*Müller-Glöge*, § 17 TzBfG Rz. 4; zu beachten: LAG Hess. 18.1.2000 – 9 Sa 964/99, NZA 2000, 1071.
3 BAG 22.3.2000 – 7 AZR 581/98, BB 2000, 1574 bzgl. der vergleichbaren Regelung des § 1 Abs. 3 BeschFG.
4 BAG 25.3.1976 – 2 AZR 127/75, AP Nr. 10 zu § 626 BGB – Ausschlussfrist.
5 BAG 9.2.2000 – 7 AZR 730/98, NZA 2000, 721.
6 BAG 26.6.2002 – 7 AZR 122/01, ZIP 2002, 1779.
7 LAG Köln 27.6.2001 – 3 Sa 220/01, DB 2001, 2256 (Ls.).

Die Übergabe einer sog. **Nichtverlängerungsanzeige/Nichtverlängerungs-Beendigungsmitteilung**[1] löst nicht die Klagefrist des § 17 TzBfG aus. Diese Mitteilung, dass das Arbeitsverhältnis nicht verlängert wird bzw. es bei der vereinbarten Beendigung bleibt, stellt aus der Sicht des Arbeitgebers keine Kündigung dar, sondern hat nur klarstellende Bedeutung[2]. Sie bedarf daher auch keines sie rechtfertigenden Grundes[3]. 182

Nicht anwendbar ist die dreiwöchige Klagefrist auf die **Befristung einzelner Arbeits- bzw. Vertragsbedingungen** (zB von halber auf volle Wochenarbeitszeit)[4]. 183

Der **Streit-(Gegenstands-)wert** einer Entfristungsklage beträgt wie bei einer Kündigungsschutzklage ein Vierteljahresentgelt, es sei denn, die Vertragslaufzeit liegt unter drei Monate[5]. 183a

2. Darlegungs- und Beweislast

Hinsichtlich der Darlegungs- und Beweislast ist zu unterscheiden, ob überhaupt der Abschluss eines befristeten Arbeitsvertrages streitig ist, seine Dauer oder die Unwirksamkeit der Befristung. Da sich im Regelfall der Arbeitgeber auf die **Befristung** beruft, ist er darlegungs- und beweispflichtig dafür, dass es zum Abschluss eines befristeten Arbeitsvertrages gekommen ist. Die Befristungskontrolle ist auf den Zeitpunkt der Vereinbarung bezogen. 184

Während dem Arbeitgeber regelmäßig die Darlegungs- und Beweislast hinsichtlich des Vorliegens eines befristeten Vertrages obliegt, trägt der Arbeitnehmer grundsätzlich die Darlegungs- und Beweislast dafür, dass bei Abschluss des befristeten Arbeitsvertrages **sachliche Gründe gefehlt** haben. Allerdings kann sich die Beweisführungslast nach Lage des jeweiligen Falles in der Weise ändern, dass der Arbeitgeber seinerseits das Vorbringen des Arbeitnehmers, das dem ersten Anschein nach zutreffend ist, durch Gegendarlegungen und Gegenbeweise zu entkräften hat[6]. 185

Stützt sich der Sachgrund der Befristung auf eine Prognose (wie zB in den Fällen eines vorübergehenden Mehrbedarfs an Arbeitsplätzen), gilt eine **abgestufte Darlegungslast**. Wird die Prognose des Arbeitgebers durch die nachfolgende Entwicklung bestätigt, besteht eine ausreichende Vermutung dafür, dass sie hinreichend fundiert erstellt worden ist. Es ist Aufgabe des Arbeitnehmers, Tatsachen vorzubringen, die die Richtigkeit der Prognose im Zeitpunkt des Abschlusses des Zeitvertrages in Frage stellen[7]. Wenn sich eine im Zeitpunkt des Vertragsabschlusses erstellte Prognose später nicht bestätigt, muss der Arbeitgeber die Tatsachen vortragen, die ihm jedenfalls im Zeitpunkt des Vertragsabschlusses den hinreichend sicheren Schluss darauf erlaubten, dass nach Ablauf der Befristung die Weiterbeschäftigung des Arbeitnehmers nicht mehr möglich sein werde[8]. 186

Bzgl. der **Dauer** des befristeten Arbeitsverhältnisses trägt nach den allgemeinen Grundsätzen derjenige die Darlegungs- und Beweislast, der sich auf die vorzeitige Be- 187

---

1 Zur Nichtverlängerungsmitteilung bei befristeten Bühnenarbeitsverhältnissen s. BAG 15.5. 2013 – 7 AZR 665/11, NZA 2014, 990; *Opolony*, NZA 2001, 1351.
2 BAG 26.4.1979 – 2 AZR 431/77 u. 7.3.1980 – 7 AZR 177/78, AP Nr. 47, 54 zu § 620 BGB – Befristeter Arbeitsvertrag.
3 BAG 26.8.1998 – 7 AZR 263/97, NZA 1999, 442.
4 BAG 4.6.2003 – 7 AZR 406/02, BB 2003, 1683; *Kliemt*, NZA 2001, 296; aA Annuß/Thüsing/ *Maschmann*, § 17 TzBfG Rz. 2.
5 LAG Sachs. 19.5.2011 – 4 Ta 91/11 (3), ArbRB 2011, 271; Nr. 11 des Streitwertkatalogs für die Arbeitsgerichtsbarkeit überarbeitete Fassung 9.7.2014, NZA 2014, 745.
6 BAG 6.5.1982 – 2 AZR 1037/79 u. 13.5.1982 – 2 AZR 87/80, AP Nr. 67, 68 zu § 620 BGB – Befristeter Arbeitsvertrag.
7 BAG 3.11.1999 – 7 AZR 846/98, NZA 2000, 126.
8 BAG 12.1.2000 – 7 AZR 863/98, BB 2000, 933.

endigung des Arbeitsverhältnisses beruft[1]. Die tatsächlichen Grundlagen einer **Zweckerreichung** oder eines **Bedingungseintritts** hat derjenige darzulegen und zu beweisen, der die Zweckerreichung oder den Eintritt einer auflösenden Bedingung behauptet.

188 Bei mehrfach hintereinander gereihten Befristungen (sog. **Kettenbefristung**) ist im Rahmen der arbeitsrechtlichen Befristungskontrolle grundsätzlich nur die **Befristung des letzten Arbeitsvertrages** auf ihre sachliche Rechtfertigung zu prüfen[2]. Es sei denn, die vorangegangenen Befristungen sind jeweils innerhalb der dreiwöchigen Klagefrist gesondert angegriffen worden[3]. S. im Übrigen zu mehrfachen Befristungen Rz. 112. Allerdings wird bei sog. **Annexverträgen**, die einen befristeten Arbeitsvertrag lediglich verlängern, bei denen also der Befristungsgrund derselbe bleibt und nur der Endzeitpunkt hinausgeschoben wird, auch der Sachgrund des Vorvertrages überprüft.

189 Wird eine **sachgrundlose Befristung** gem. § 14 Abs. 2 oder Abs. 2a TzBfG mit der Klage angegriffen, so hat der Arbeitgeber die Voraussetzungen der Zulässigkeit der Befristung darzulegen und zu beweisen, also die Voraussetzungen des § 14 Abs. 2 Satz 1 bzw. Abs. 2a TzBfG und das Vorliegen einer Neueinstellung[4]. Hinsichtlich des Vorliegens einer **Vorbeschäftigung** iSv. § 14 Abs. 2 Satz 2 ist idR der Arbeitnehmer darlegungs- und beweispflichtig, da hiermit die Zulässigkeit der Befristung infrage gestellt wird[5].

3. Vorläufige Weiterbeschäftigung

190 Bei unwirksamer Befristung hat der Arbeitnehmer im gleichen Maße wie bei einer gerichtlich für unwirksam erklärten Kündigung nach den Grundsätzen des Beschlusses des Großen Senats vom 27.2.1985[6] einen Anspruch auf **vorläufige Weiterbeschäftigung**[7] bis zum rechtskräftigen Abschluss des Verfahrens, sofern nicht überwiegende schutzwerte Interessen des Arbeitgebers einer solchen Beschäftigung entgegenstehen. – Zum sog. Prozessarbeitsverhältnis s. Rz. 103a.

XI. Sonderfälle

191 Gem. § 23 TzBfG bleiben die besonderen Regelungen über die **Befristung** von Arbeitsverträgen **nach anderen gesetzlichen Vorschriften** unberührt. Dies betrifft derzeit § 8 Abs. 3 ATZG (s. Rz. 92), § 21 BEEG, das WissZeitVG und das ÄrzteBefrG. Diese Vorschriften betreffen im Wesentlichen besondere Regelungen über die Zulässigkeit, die Dauer und die Kündigung befristeter Arbeitsverträge. Wenn diese vorgenannten Spezialgesetze nichts Abweichendes regeln, finden die (allgemeinen) Vorschriften des Teilzeit- und Befristungsgesetzes auch auf die angeführten spezialgesetzlich geregelten befristeten Arbeitsverhältnisse Anwendung[8]. Dies gilt vor allem für die Klagefrist des § 17 TzBfG.

---

1 BAG 12.10.1994 – 7 AZR 795/93, AP Nr. 165 zu § 620 BGB – Befristeter Arbeitsvertrag.
2 BAG 1.12.1999 – 7 AZR 236/98, DB 2000, 675; 24.10.2001 – 7 AZR 686/00, DB 2002, 536.
3 BAG 26.7.2000 – 7 AZR 43/99, NZA 2001, 264.
4 BAG 6.12.1989 – 7 AZR 441/89, NZA 1990, 741 (743): zu § 1 Abs. 1 Satz 1 BeschFG 1985.
5 LAG Nds. 26.7.2004 – 5 Sa 234/04, NZA-RR 2005, 410.
6 BAG 27.2.1985 – GS 1/84, AP Nr. 14 zu § 611 BGB – Beschäftigungspflicht.
7 BAG 22.7.2014 – 9 AZR 1066/12, NZA 2014, 1330.
8 BT-Drucks. 14/4374, 22.

XI. Sonderfälle

1. Vertretung für die Dauer der Beschäftigungsverbote nach dem Mutterschutzgesetz oder für die Dauer der Elternzeit

Durch § 21 BEEG wird die befristete Einstellung von Ersatzkräften für **im Mutterschutz oder in Elternzeit** befindliche Arbeitnehmer/-innen ermöglicht. Die Befristung muss nach § 14 Abs. 4 TzBfG schriftlich vereinbart werden. 192

Nach § 21 Abs. 1 BEEG liegt ein **sachlicher Grund** für die Befristung eines Arbeitsverhältnisses vor, wenn ein Arbeitgeber einen Arbeitnehmer zur Vertretung eines Arbeitnehmers für die Dauer der Beschäftigungsverbote nach dem Mutterschutzgesetz und/oder für die Dauer der Elternzeit oder einer auf Tarifvertrag, Betriebsvereinbarung oder Individualvertrag beruhenden Arbeitsfreistellung zur Betreuung eines Kindes einstellt. Die Aushilfskraft muss nicht auf dem Arbeitsplatz des in Mutterschutz oder Elternzeit befindlichen Arbeitnehmers eingesetzt werden. Der Mutterschutz bzw. die Elternzeit muss nur für die befristete Einstellung kausal sein[1].

Nach § 21 Abs. 3 BEEG muss die Dauer der Befristung des Arbeitsvertrages **kalendermäßig** bestimmt oder bestimmbar sein. Die Befristungsdauer muss sich nach der tatsächlich **beantragten Elternzeit** richten. In die Befristungsdauer können gem. § 21 Abs. 2 BEEG die notwendigen **Einarbeitungszeiten** der Ersatzkraft einbezogen werden.

Neben der Zeitbefristung lässt § 21 Abs. 3 BEEG für die in § 21 Abs. 1 und Abs. 2 BEEG genannten Vertretungsfälle auch die **Zweckbefristung** eines Arbeitsvertrages zu. Dies erleichtert die Einstellung von Ersatzkräften. Da während des Beschäftigungsverbotes nach dem Mutterschutzgesetz idR das Ende der von der Arbeitnehmerin/dem Arbeitnehmer schon beabsichtigten anschließenden Elternzeit noch nicht „kalendermäßig bestimmbar" ist, kann nur mit Hilfe einer Zweckbefristung von vornherein für beide zu überbrückenden Vertretungszeiträume eine Ersatzkraft eingestellt werden. Für die Mutterschutz-/Elternzeitbefristung empfiehlt sich eine **Kombination** der Zweckbefristung mit einer Zeitbefristung (wie zB im Vertragsbeispiel zu Rz. 199), um sicherzustellen, dass der befristete Arbeitsvertrag mit dem ursprünglich vorgesehenen Ende der Elternzeit endet. Anderenfalls geht das Arbeitsverhältnis mit dem Ende der Elternzeit und der Nichtrückkehr des/der in Elternzeit befindlichen Arbeitnehmers/Arbeitnehmerin in einen unbefristeten Arbeitsvertrag über[2]. 193

Die Befristungen nach § 21 BEEG können für die gesamte Zeit oder auch für Teile vorgenommen werden. Es ist daher zulässig, mehrere Arbeitnehmer **nacheinander** als Ersatzkräfte einzustellen oder mit derselben Vertretungskraft mehrere befristete Arbeitsverträge abzuschließen[3]. 194

Obwohl in § 21 BEEG nicht mehr ausdrücklich aufgenommen ist, dass die Befristung für die Dauer einer Elternzeit nur für eine solche gilt, die für den vertretenen Arbeitnehmer **zu Recht** verlangt wurde, ist die Befristung nur zulässig, wenn im Zeitpunkt des Vertragsabschlusses bereits Elternzeit verlangt war, und zwar nur für diese Dauer[4]. Die befristet eingestellte Ersatzkraft hat grundsätzlich die gleichen Rechte wie ein unbefristet eingestellter Arbeitnehmer. 195

Gem. § 21 Abs. 4 BEEG kann das befristete Arbeitsverhältnis ordentlich mit einer Frist von drei Wochen **gekündigt** werden, auch wenn nicht ausdrücklich ein ordentliches Kündigungsrecht während der Befristung vereinbart worden ist, wenn die El- 196

---

1 BAG 15.8.2001 – 7 AZR 263/00, DB 2002, 52.
2 BAG 26.6.1996 – 7 AZR 674/95, DB 1996, 2289; s. aber LAG Nürnberg 2.8.2007 – 5 Sa 564/06, BB 2007, 2076.
3 Der vorhersehbare weitere Bedarf an Vertretungskräften schließt eine Befristung wegen Elternzeit nicht aus, LAG Köln 13.9.1995 – 2 Sa 568/95, NZA-RR 1996, 125.
4 BAG 9.11.1994 – 7 AZR 243/94, NZA 1995, 575.

ternzeit ohne Zustimmung des Arbeitgebers nach § 16 Abs. 3 Satz 2, Satz 3 und Abs. 4 BEEG vorzeitig beendet werden kann, und der Arbeitnehmer dem Arbeitgeber die vorzeitige Beendigung seiner Elternzeit mitgeteilt hat. Die Kündigung kann dann zu dem Zeitpunkt ausgesprochen werden, zu dem die Elternzeit endet.

197 Das **Kündigungsschutzgesetz** ist auf diese durch die vorzeitige Beendigung der Elternzeit bedingte Kündigung gem. § 21 Abs. 5 BEEG nicht anwendbar. Ausnahmen können sich allerdings durch Sonderkündigungsschutz (eines schwerbehinderten Menschen, Mutterschutz) ergeben. Gem. § 21 Abs. 6 BEEG kann das Sonderkündigungsrecht des § 21 Abs. 4 BEEG vertraglich ausgeschlossen werden.

198 Wenn **ohne diese Einschränkung eine Kündigung** während der Elternzeit vorbehalten bleiben soll, bedarf es einer ausdrücklichen Vereinbarung der Kündigungsmöglichkeit gem. § 15 Abs. 3 TzBfG. In diesem Fall ist das Kündigungsschutzgesetz anwendbar.

Formulierungsbeispiel:

Der/die Arbeitnehmer/in wird als Vertreter/in für Frau ... während der Dauer ihrer Mutterschutzfrist in der Zeit vom ... bis ... und bis zum Ablauf der evtl. sich anschließenden Elternzeit befristet eingestellt. Das Ende der Elternzeit wird dem/der Arbeitnehmer/in schriftlich mitgeteilt, wenn feststeht, ob und wie lange die/der vertretene Arbeitnehmerin/Arbeitnehmer Elternzeit nimmt. Endet die Elternzeit vor dem mitgeteilten Beendigungsdatum, so endet das Arbeitsverhältnis mit der Wiederaufnahme der Tätigkeit durch die vertretene Arbeitnehmerin, frühestens jedoch zwei Wochen nach Zugang der schriftlichen Mitteilung seitens des Arbeitgebers über die Wiederaufnahme der Tätigkeit. Ungeachtet der Kündigungsmöglichkeit nach § 21 Abs. 4 BEEG kann das Arbeitsverhältnis während der Elternzeit mit den gesetzlichen Kündigungsfristen gekündigt werden.

2. Vertretung für die Dauer der Pflege eines nahen Angehörigen

199 Durch § 6 PflegeZG wird in Anlehnung an § 21 BEEG die befristete Einstellung von Ersatzkräften für die Dauer der **kurzfristigen Verhinderung** oder der **Pflegezeit** einschließlich notwendiger Zeiten einer Einarbeitung zur Vertretung eines Beschäftigten wegen der Pflegebedürftigkeit eines nahen Angehörigen ermöglicht. Diese gesetzliche Befristungsregelung gilt für die Vertretung eines Arbeitnehmers, der eine **Familienpflegezeit** in Anspruch nimmt, entsprechend (§ 9 Abs. 5 FPfZG). Zu den Voraussetzungen nach dem PflegeZG s. Teil 2 D Rz. 47 ff. und nach dem FPfZG s. Teil 2 D Rz. 87 ff.

Die Befristung muss nach § 14 Abs. 4 TzBfG **schriftlich** vereinbart werden.

Die befristete Einstellung einer Ersatzkraft kann zur **Vertretung** eines Beschäftigten erfolgen, der gem. § 2 PflegeZG der Arbeit fernbleibt (bis zu zehn Arbeitstage), um für einen pflegebedürftigen nahen Angehörigen in einer **akut aufgetretenen Pflegesituation** eine bedarfsgerechte Pflege zu organisieren oder eine pflegerische Versorgung in dieser Zeit sicherzustellen. Befristet eingestellt werden kann ein Arbeitnehmer aber auch gem. § 6 PflegeZG, wenn dies zur Vertretung eines Arbeitnehmers geschieht, der die **Pflegezeit** gem. §§ 3, 4 Abs. 1 PflegeZG in Anspruch nimmt (bis zu sechs Monate).

199a Die Vertretung eines für die Dauer der kurzzeitigen Arbeitsverhinderung nach § 2 PflegeZG oder der Pflegezeit nach § 3 PflegeZG freigestellten Beschäftigten stellt gem. § 6 Abs. 1 Satz 1 PflegeZG einen **sachlichen Grund** für die Befristung des Arbeitsverhältnisses dar. Die Dauer der Befristung kann gem. § 6 Abs. 2 PflegeZG als **Zeitbefristung** kalendermäßig ausgestaltet sein, aber auch als **Zweckbefristung** vereinbart werden. Damit wird gewährleistet, dass der Endzeitpunkt des befristeten Arbeitsverhältnisses für die Vertragsparteien von Anfang an klargestellt ist. Entscheiden sich die Vertragspartner für eine Zweckbefristung, ist § 15 Abs. 2 TzBfG zu beachten, wonach ein zweckbefristeter Arbeitsvertrag mit Erreichen des Zwecks, frühestens jedoch zwei Wochen nach Zugang der schriftlichen Unterrichtung des Arbeitnehmers durch den Arbeitgeber über den Zeitpunkt der Zweckerreichung endet.

Für den Sachgrund der Befristung gem. § 6 Abs. 1 Satz 1 PflegeZG ist es gleichgültig, ob der Beschäftigte nach Maßgabe der §§ 2, 3 PflegeZG **berechtigt** der Arbeit fernbleibt. Da es sich nach dem Gesetzeswortlaut des § 6 Abs. 1 Satz 1 PflegeZG um den in § 14 Abs. 1 Satz 2 Nr. 3 TzBfG geregelten Sachgrund der Vertretung handelt, muss sichergestellt sein, dass die Vertretungskraft gerade **wegen** des durch den zeitweiligen Ausfall des zu vertretenden Arbeitnehmers entstandenen vorübergehenden Beschäftigungsbedarfs eingestellt wird. Entsprechend der für die Wirksamkeit einer Befristung wegen eines Vertretungsbedarfs nach § 14 Abs. 1 Satz 2 Nr. 3 TzBfG maßgeblichen Rechtsprechung kann der Sachgrund der Vertretung auch gegeben sein, wenn der befristet eingestellte Arbeitnehmer nicht die Aufgaben des zu vertretenden Arbeitnehmers übernimmt (mittelbare Vertretung) oder der Vertreter Aufgaben wahrnimmt, die der Arbeitgeber einem vorübergehend abwesenden Arbeitnehmer bei dessen unveränderter Weiterarbeit oder nach seiner Rückkehr tatsächlich und rechtlich übertragen könnte. 199b

Die **Vertragslaufzeit** des befristet beschäftigten Arbeitnehmers muss nicht mit der Dauer der Verhinderung des nach §§ 2, 3 PflegeZG ausgefallenen Beschäftigten übereinstimmen. Sie kann hinter ihr zurückbleiben. Dem Arbeitgeber bleibt es überlassen, auch einen kürzeren Zeitraum zu wählen und anschließend über eine weitere Vertretung erneut zu entscheiden. 199c

Nach § 6 Abs. 3 Satz 1 PflegeZG kann der Arbeitgeber den befristeten Arbeitsvertrag unter Einhaltung einer Frist von zwei Wochen **kündigen**, wenn die Pflegezeit nach § 4 Abs. 2 Satz 1 PflegeZG **vorzeitig endet**. § 6 Abs. 3 Satz 2 PflegeZG schließt die Anwendung des **Kündigungsschutzgesetzes** in diesen Fällen ausdrücklich aus. Dieses Sonderkündigungsrecht kann jedoch vertraglich ausgeschlossen werden (§ 6 Abs. 3 Satz 3 PflegeZG). Die Kündigungsmöglichkeit kann auch durch einen Sonderkündigungsschutz (zB Mutterschutz) eingeschränkt sein. 199d

3. Befristungen im Hochschulbereich

Mit dem am 18.4.2007 in Kraft getretenen **Gesetz zur Änderung arbeitsrechtlicher Vorschriften in der Wissenschaft** (Wissenschaftszeitvertragsgesetz – WissZeitVG) vom 12.4.2007[1] sind die zuvor im Hochschulbereich gem. §§ 57a–f HRG geltenden Befristungsregelungen abgelöst worden. 200

a) Rechtliche Situation

Gem. § 1 Abs. 1 Satz 5 WissZeitVG sind die §§ 2–6 WissZeitVG **Spezialregelungen**, die im Hochschulbereich unter den gesetzlich genannten Voraussetzungen **Befristungen ohne sachlichen Grund** zulassen und damit den spezifischen Bedürfnissen wissenschaftlicher Einrichtungen Rechnung tragen[2]. Daneben gelten die allgemeinen Vorschriften und Grundsätze über befristete Arbeitsverträge und deren Kündigung (so zB das Schriftformerfordernis des § 14 Abs. 4 TzBfG und die Klagefrist des § 17 TzBfG). Alternativ können daher mit dem unter den Geltungsbereich des WissZeitVG fallenden Personal auch befristete Arbeitsverträge nach den **allgemeinen arbeitsrechtlichen Regelungen** abgeschlossen werden, wie sie insbesondere im Teilzeit- und Befristungsgesetz niedergelegt sind. Sie werden jedoch gem. § 2 Abs. 3 201

---
1 BGBl. I, 506 ff.
2 EuGH 13.3.2014 – C-190/13 – Samohano, NZA 2014, 475.

Satz 2 WissZeitVG auf die Befristungsdauer des § 2 Abs. 1 WissZeitVG angerechnet, es sei denn, diese befristeten Arbeitsverhältnisse lagen vor Abschluss des Studiums (§ 2 Abs. 3 Satz 3 WissZeitVG). Ohne dass dies im Gegensatz zu dem HRG im Gesetz noch besonders herausgestellt wird, können nach Ablauf der Befristungshöchstdauer des § 2 Abs. 1 und ggf. Abs. 5 WissZeitVG befristete Arbeitsverträge nach Maßgabe des TzBfG abgeschlossen werden, jedoch nicht sachgrundlos nach § 14 Abs. 2 TzBfG.

b) Geltungsbereich

202 Die erleichterten Befristungsmöglichkeiten der §§ 2 ff. WissZeitVG gelten in Einrichtungen des Bildungswesens, die nach Landesrecht **staatliche Hochschulen** sind. Gem. § 4 WissZeitVG finden die Regelungen für die Hochschulen auf die nach Landesrecht staatlich anerkannten Hochschulen entsprechende Anwendung. § 5 WissZeitVG erstreckt die Befugnis zum Abschluss befristeter Arbeitsverträge ausnahmslos auf das wissenschaftliche Personal an staatlichen sowie an überwiegend staatlichen oder an institutionell überwiegend staatlichen oder auf der Grundlage von Art. 91b GG finanzierte **Forschungseinrichtungen**[1]. Private Hochschulen und Forschungseinrichtungen sind ausgenommen.

c) Betroffene Mitarbeiter

203 Die Sonderregelungen für befristete Arbeitsverhältnisse im Hochschulbereich sind auf das gesamte wissenschaftliche und künstlerische Personal **mit Ausnahme der Hochschullehrer** anwendbar. Der **Begriff des „wissenschaftlichen und künstlerischen Personals"** bestimmt sich inhaltlich-aufgabenbezogen. Anknüpfungspunkt ist die Art der zu erbringenden Dienstleistung. Es kommt nicht auf Begriffsbezeichnungen oder Zuordnungsdefinitionen nach den landeshochschulrechtlichen Regelungen an[2]. Auch nicht die formelle Bezeichnung des Arbeitnehmers ist entscheidend, sondern der wissenschaftliche Zuschnitt der von ihm auszuführenden Tätigkeit. Bei Mischtätigkeiten ist es erforderlich, dass die wissenschaftlichen Dienstleistungen zeitlich überwiegen oder zumindest das Arbeitsverhältnis prägen. Zu wissenschaftlichen Dienstleistungen kann auch die Vermittlung von Fachwissen und praktischen Fertigkeiten an Studierende und deren Unterweisung in der Anwendung wissenschaftlicher Methoden gehören. Wissenschaftliche Betätigung ist eine Lehrtätigkeit aber nur dann, wenn dem Lehrenden die Möglichkeit zur eigenständigen Forschung und Reflexion verbleibt; wissenschaftliche Lehrtätigkeit ist insoweit von einer unterrichtenden Lehrtätigkeit ohne Wissenschaftsbezug abzugrenzen[3]. Demzufolge unterfallen mit der bloßen Vermittlung von Sprachkenntnissen betraute Fremdsprachenlektoren regelmäßig nicht dem Begriff des wissenschaftlichen Personals nach § 1 Abs. 1 Satz 1 WissZeitVG[4].

Soweit sich die Befristung auf die **Drittmittelfinanzierung** nach § 2 Abs. 2 WissZeitVG stützt, setzt dies voraus, dass die Arbeitnehmer im Rahmen eines Forschungsvorhabens eingesetzt werden. Dieser Befristungsgrund lässt auch eine Befristung mit **nichtwissenschaftlichem und nichtkünstlerischem Personal** zu (§ 2 Abs. 2 Satz 2 WissZeitVG).

Für **Ärzte** gilt neben der Befristung als wissenschaftlichen Mitarbeiter gem. § 2 Abs. 1 WissZeitVG das Gesetz über befristete Arbeitsverträge mit Ärzten in der Weiterbildung (s. Rz. 217).

---

1 Zum Begriff der Forschungseinrichtung BAG 19.3.2008 – 7 AZR 1100/06, NZA 2009, 84.
2 BAG 1.6.2011 – 7 AZR 827/09, NZA-RR 2012, 10.
3 BAG 1.6.2011 – 7 AZR 827/09, NZA-RR 2012, 10.
4 BAG 1.6.2011 – 7 AZR 827/09, NZA-RR 2012, 10.

XI. Sonderfälle

Gem. § 3 WissZeitVG gelten die Befristungsregelungen der §§ 1, 2 und 6 WissZeitVG entsprechend für die in § 3 WissZeitVG genannten **Privatdienstverträge**. Dies sind befristete Arbeitsverträge, die ein **Mitglied einer Hochschule**, das Aufgaben seiner Hochschule selbständig wahrnimmt, zur **Unterstützung bei der Erfüllung** dieser Aufgaben mit einem **überwiegend aus Mitteln Dritter** vergüteten Mitarbeiter abschließt. Mit einer Einbeziehung des privaten Dienstvertrages in die Befristungsregelungen der §§ 1, 2 und 6 WissZeitVG wird eine Mehrfachausschöpfung der Befristungshöchstgrenzen durch Wechsel der Arbeitgeber (Hochschule, Forschungseinrichtung und Privatdienstverträge mit Professoren) unterbunden.

Im Gegensatz zu den abgelösten Bestimmungen des früheren HRG gelten für **wissenschaftliche/studentische Hilfskräfte** keine Sonderregelungen mehr. Ihre befristete Beschäftigung richtet sich nach den allgemein für die Zeitbefristung des wissenschaftlichen und künstlerischen Personals geltenden Regeln[1].

Während früher nur für Forschungseinrichtungen die besonderen Befristungsregelungen auch für Wissenschaftler in Leitungspositionen galten, erstrecken sich nun die besonderen Befristungsbestimmungen der §§ 1–3 und 6 WissZeitVG auch auf **Leitungspersonal** in Hochschulen.

Für die erstmalige Begründung eines befristeten Arbeitsverhältnisses gem. §§ 2 ff. WissZeitVG gilt **keine altersbezogene Einstellungsgrenze**.

Ausgenommen von dem Anwendungsbereich der Befristungsmöglichkeiten nach dem WissZeitVG sind gem. § 1 Abs. 1 Satz 1 WissZeitVG **Hochschullehrerinnen und Hochschullehrer**. Zu diesen gehören nach § 42 Satz 1 HRG iVm. den entsprechenden landesrechtlichen Vorschriften auch die Juniorprofessoren. Die Ausklammerung der Hochschullehrer aus dem Anwendungsbereich von § 1 Abs. 1 Satz 1 WissZeitVG lässt die subsidiäre Gesetzgebungskompetenz der Länder nach Art. 74 Abs. 1 Nr. 12 GG in diesem Bereich der konkurrierenden Gesetzgebung zum Tragen kommen[2].

d) Befristungsdauer

Wie schon nach den früheren §§ 57a ff. HRG liegt den **Befristungsgrenzen** des § 2 Abs. 1 WissZeitVG die Vorstellung einer „typisierten Qualifikationsphase" zugrunde. Innerhalb der Befristungshöchstdauer ist nicht zu prüfen, ob die befristete Beschäftigung zur Aus-, Fort- und Weiterbildung, zum Wissenstransfer innerhalb und außerhalb der Hochschule oder zur Erprobung erfolgt. Innerhalb dieses Zeitraumes hat die Hochschule auch jede Möglichkeit, zur Verfolgung dieser Zwecke Drittmittel oder haushaltsmäßig projektgebundene Mittel einzusetzen. Der **besondere Sachgrund des § 2 Abs. 2 WissZeitVG** ist daher nur bedeutsam, soweit die Befristungshöchstgrenze des § 2 Abs. 1 WissZeitVG überschritten wird oder es um befristete Arbeitsverträge mit nichtwissenschaftlichem und nichtkünstlerischem Personal in diesem Zusammenhang geht.

Gem. § 2 Abs. 1 Satz 1 WissZeitVG kann das in § 1 WissZeitVG genannte wissenschaftliche und künstlerische Personal **ohne Promotion** für maximal **sechs Jahre** befristet beschäftigt werden. Eine befristete Beschäftigung von bis zu sechs Jahren von nicht promovierten wissenschaftlichen und künstlerischen Mitarbeiterinnen und Mitarbeitern ist aber auch dann möglich, wenn diese keine Promotion anstreben.

Gem. § 2 Abs. 1 Satz 2 WissZeitVG ist **nach abgeschlossener Promotion** (Post-doc-Phase) eine Befristung bis zu einer Dauer von **sechs Jahren**, im medizinischen Fachbereich[3] bis zu einer Dauer von **neun Jahren** zulässig. Eine Befristung nach dieser Be-

---

1 S. dazu *Haratsch/Holljesiefken*, NZA 2008, 207.
2 BAG 11.9.2013 – 7 AZR 843/11, NZA 2013, 1352.
3 BAG 2.9.2009 – 7 AZR 291/08, NZA 2009, 1407.

stimmung setzt voraus, dass sie **nach** Abschluss der Promotion vereinbart wird[1]. Eine zur Senkung des Erstberufungsalters von Professoren vereinbarte **Altersgrenze** für befristete Verträge mit Habilitanden – und damit eine Einschränkung der durch § 2 Abs. 1 Satz 2 WissZeitVG eingeräumten Befristungsdauer – ist nach § 7 Abs. 2 AGG unwirksam[2].

205 Eine bedeutsame **Verlängerungsregel** enthält § 2 Abs. 1 Satz 2 Halbs. 2 WissZeitVG. Wer innerhalb oder außerhalb eines Beschäftigungsverhältnisses nach § 2 Abs. 1 Satz 1 WissZeitVG schneller als in sechs Jahren zum Abschluss einer Promotion gelangt, kann die eingesparte Zeit in der sog. Post-doc-Phase des § 2 Abs. 1 Satz 2 WissZeitVG entsprechend anhängen. Damit kann die Höchstdauer der Befristungsmöglichkeit gem. § 2 Abs. 1 Satz 1 und 2 WissZeitVG von 12 bzw. 15 Jahren **ausgeschöpft** werden. Auch Promotionszeiten, die vor dem Abschluss der Erstausbildung lagen, werden berücksichtigt.

206 Da § 2 Abs. 1 Satz 1 und 2 WissZeitVG – wie auch zuvor § 57b HRG – jeweils von vornherein einmalige Befristungen ohne Sachgrund mit einer Dauer von sechs Jahren zulassen, besteht eine bedeutsame Abweichung von der schon bisher im BGB vorhandenen **Befristungsgrenze** des § 624 BGB, wie sie für Arbeitsverhältnisse gleich lautend in § 15 Abs. 4 TzBfG enthalten ist. Der Regelungsgehalt des § 624 BGB und des § 15 Abs. 4 TzBfG wird in dem Schutz gegen eine zu lange Bindung des Dienstverpflichteten bzw. Arbeitnehmers an einen Dienstberechtigten bzw. Arbeitgeber gesehen. Er dient damit der persönlichen Freiheit, insbesondere der Sicherung der Freiheit der Berufswahl (Art. 12 GG). Auch wenn gem. § 1 Abs. 1 Satz 5 WissZeitVG die arbeitsrechtlichen Vorschriften und Grundsätze über befristete Arbeitsverträge und deren Kündigung nur insoweit anzuwenden sind, als sie den Vorschriften der §§ 2–6 WissZeitVG nicht widersprechen, können dennoch die vorgenannten verfassungsrechtlichen Grundsätze einer Ausschöpfung der Befristungshöchstdauer einer einmaligen Befristung entgegenstehen. **Bedenken an der Wirksamkeit** an einer einmaligen Befristung mit der in § 2 Abs. 1 Satz 1 und 2 WissZeitVG vorgesehenen Höchstdauer von sechs bzw. neun Jahren ergeben sich deshalb auch aus der Richtlinie 1999/70/EG. Danach hat sich der nationale Gesetzgeber an den in den jeweiligen Mitgliedsstaaten geltenden Prinzipien zu orientieren (§ 8 Nr. 3 der Rahmenvereinbarung über befristete Arbeitsverhältnisse).

e) Anrechnung von Arbeitsverhältnissen

207 Auf die in § 2 Abs. 1 WissZeitVG geregelte zulässige Befristungsdauer sind alle befristeten Arbeitsverhältnisse **mit mehr als ¼ der regelmäßigen Arbeitszeit**, die mit einer deutschen Hochschule oder Forschungseinrichtung iSd. § 5 WissZeitVG abgeschlossen wurden, sowie entsprechende Beamtenverhältnisse auf Zeit und Privatdienstverträge nach § 3 WissZeitVG anzurechnen (§ 2 Abs. 3 WissZeitVG). Die Anrechnung früherer befristeter Arbeitsverhältnisse ist nicht auf solche mit der jeweiligen Hochschule begrenzt, sondern es werden alle entsprechenden bisherigen befristeten Arbeitsverhältnisse berücksichtigt. Dies gilt aber nur für Beschäftigungszeiten als wissenschaftlicher oder künstlerischer Mitarbeiter, wie sie § 1 Abs. 1 WissZeitVG erfasst. Nebenbeschäftigungen, die bis zu ¼ der regelmäßigen Arbeitszeit wahrgenommen werden, bleiben anrechnungsfrei. Nicht angerechnet werden befristete Arbeitsverhältnisse von studentischen Hilfskräften, die vor Abschluss des Studiums liegen (§ 2 Abs. 3 Satz 3 WissZeitVG)[3].

---

1 BAG 24.8.2011 – 7 AZR 228/10, NZA 2012, 385.
2 BAG 6.4.2011 – 7 AZR 524/09, NZA 2011, 970.
3 AA LAG Bln.-Bbg. 8.8.2012 – 15 Sa 1002/12, ZTR 2012, 659.

Gem. § 2 Abs. 3 Satz 2 WissZeitVG werden auf die Befristungshöchstdauer auch befristete Arbeitsverhältnisse angerechnet, die **nach anderen Rechtsvorschriften** abgeschlossen wurden. Im Ergebnis können daher die Befristungshöchstgrenzen nach einem Wechsel zwischen Hochschule und Forschungseinrichtung nicht erneut in Anspruch genommen werden.

Die Anrechnungsbestimmung des § 2 Abs. 3 WissZeitVG ist aber bezogen auf die **jeweilige Qualifikationsphase** zu verstehen, sodass bei der Höchstdauer der Befristung in der Post-doc-Phase nicht der Zeitraum anzurechnen ist, den der Arbeitnehmer vor seiner Promotion länger als sechs Jahre befristet beschäftigt war[1].

f) Verlängerungen

§ 2 Abs. 1 Satz 4 WissZeitVG stellt klar, dass innerhalb der jeweils zulässigen Gesamtbefristungsdauer befristete Arbeitsverträge auch mit kürzeren Fristen abgeschlossen und dann **ohne zahlenmäßige Beschränkung verlängert** werden können. Wie bei einer Verlängerung gem. § 14 Abs. 2 Satz 1 bzw. 2a TzBfG setzt eine Verlängerung eine **nahtlose Weiterbeschäftigung** voraus. Trotz der differenzierten Regelung in § 2 WissZeitVG ist eine von § 14 Abs. 2 Satz 1 bzw. Abs. 2a TzBfG abweichende Auslegung dem Wortlaut nach ausgeschlossen.

208

§ 2 Abs. 5 WissZeitVG enthält eine abschließende Regelung derjenigen Zeiten, die auf die Dauer eines nach § 2 Abs. 1 WissZeitVG befristeten Arbeitsvertrages **nicht angerechnet werden**, bzw. kann die jeweilige Dauer eines nach § 2 Abs. 1 WissZeitVG befristeten Arbeitsvertrages mit Einverständnis des Arbeitnehmers um diese in § 2 Abs. 5 WissZeitVG angeführten Unterbrechungszeiten **verlängert** werden. Damit verlängert sich das nach § 2 Abs. 1 WissZeitVG befristete Arbeitsverhältnis um die in § 2 Abs. 5 WissZeitVG angeführten Nichtanrechnungszeiträume [2]. Abgesehen von Elternzeiten und Beschäftigungsverboten sowie Zeiten des Grundwehr- und Zivildienstes während eines nach dem WissZeitVG abgeschlossenen befristeten Arbeitsverhältnisses sollen diese in § 2 Abs. 5 WissZeitVG angeführten Verlängerungen die Dauer von jeweils zwei Jahren nicht überschreiten.

209

Neben der vorgenannten vom Einverständnis des Mitarbeiters abhängigen möglichen Verlängerung der Befristungshöchstdauer u.a. bei Elternzeit bestimmt § 2 Abs. 1 Satz 3 WissZeitVG, dass sich die nach § 2 Abs. 1 Satz 1 und 2 WissZeitVG insgesamt zulässige Befristungsdauer **bei Betreuung eines oder mehrerer Kinder unter 18 Jahren um zwei Jahre je Kind verlängert**. Diese Möglichkeit steht ggf. beiden Elternteilen gleichzeitig zur Verfügung. Für die Betreuung von Kindern iS dieser Bestimmung soll es bereits genügen, mit dem Kind im selben Haushalt zusammenzuwohnen[3]. Es muss sich also um kein Kind handeln, für das dem Arbeitnehmer die Personensorge oder ein vergleichbares Sorgerecht zusteht.

210

Es handelt sich aber anders als nach § 2 Abs. 5 WissZeitVG um **keine automatische Verlängerung** des befristeten Arbeitsverhältnisses. Die Kinderbetreuung stellt vielmehr einen zusätzlich **gesetzlich zugestandenen Befristungsgrund** beschränkt auf die Dauer von zwei Jahren dar. Es liegt daher in der Entscheidung des Arbeitgebers bzw. der Hochschule, ob er/sie im Einzelfall wegen eines solchen Betreuungstatbestandes zu einer Verlängerung über die Befristungshöchstdauer gem. § 2 Abs. 1 Satz 1 WissZeitVG hinaus bereit ist oder nicht. Wegen der unpräzisen gesetzlichen Regelung der Voraussetzungen dieser Verlängerungsmöglichkeit nach § 2 Abs. 1

---

1 BAG 24.8.2011 – 7 AZR 228/10, NZA 2012, 385; aA *Dörner*, Rz. 563.
2 BAG 28.5.2014 – 7 AZR 456/12, ArbRAktuell 2014, 568.
3 BT-Drucks. 16/3438, 18.

Satz 3 WissZeitVG besteht das Risiko der „Entfristung" wegen eines unzureichenden Sachgrundes für diese Verlängerung[1].

g) Drittmittelfinanzierung

211 Um die Bereitschaft zur Drittmittelforschung zu fördern, ist in § 2 Abs. 2 WissZeitVG der eigenständige Befristungsgrund der Drittmittelfinanzierung aufgenommen. Danach können Arbeitsverhältnisse mit dem in § 1 Abs. 1 Satz 1 WissZeitVG genannten Personal, aber auch mit nichtwissenschaftlichem und nichtkünstlerischem Personal abgeschlossen werden, wenn **Drittmittel für eine bestimmte Aufgabe und Zeitdauer** bewilligt sind und der Mitarbeiter **überwiegend der Zweckbestimmung dieser Mittel entsprechend** beschäftigt, also im Rahmen eines Forschungsvorhabens eingesetzt wird. Es ist also eine konkrete aufgaben- und zeitbezogene Mittelzuweisung erforderlich. Die Drittmittel müssen hinreichend zweckgebunden und für eine von vornherein feststehende Zeitspanne zur Verfügung gestellt sein. Dies ist nicht der Fall, wenn sich die Laufzeit eines Finanzierungs- und Entwicklungsvertrages im Fall der Nichtkündigung jeweils verlängert[2]. Eine nur überwiegende Drittmittelfinanzierung ist ausreichend. Anders als in § 14 Abs. 1 Satz 2 Nr. 7 TzBfG wird nicht verlangt, dass die Drittmittel für eine befristete Beschäftigung bestimmt sind, also die Mittel mit einer Zwecksetzung für die Erledigung von vorübergehender Dauer ausgebracht sind[3]. Es wird nur verlangt, dass die Drittmittel für eine bestimmte Aufgabe bewilligt sind, und dass diese Bewilligung lediglich für eine bestimmte Zeitdauer erfolgt ist[4]. Die Bewilligung kann auch nur für einen zeitlich begrenzten Teilabschnitt erfolgen und hierfür eine Befristung rechtfertigen. Da wesentlicher Grund der Drittmittelbefristung die zeitlich begrenzte Zurverfügungstellung von Mitteln für bestimmte Forschungsvorhaben ist, ist die Befristung nur gerechtfertigt, wenn der Mitarbeiter entsprechend der Zweckbestimmung der Drittmittel im überwiegenden Umfang beschäftigt wird. Auch unter Berücksichtigung dieser Zwecksetzung erscheint es fraglich, ob die Erstreckung des Sachgrundes „Drittmittelfinanzierung" auf nichtwissenschaftliche und nichtkünstlerische Mitarbeiter wegen der in § 14 Abs. 1 Satz 1 Nr. 7 TzBfG erfolgten Einschränkung die in der Richtlinie 1999/70/EG zugelassenen Befristungsmöglichkeiten wegen der Anforderungen bestimmter Branchen in Frage stellt. Überdies fehlt es hinsichtlich dieser Mitarbeiter an einer Notwendigkeit der Qualifizierung, die ein wesentlicher Aspekt für eine auch sie betreffende Tarifsperre nach § 1 Abs. 1 Satz 2–4 WissZeitVG ist[5].

h) Tarifvertragliche Abweichung

212 Gem. § 1 Abs. 1 Satz 3 können durch **Tarifvertrag** bzgl. bestimmter Fachrichtungen und Forschungsbereiche in Abweichung von den in § 2 Abs. 1 WissZeitVG angeführten Fristen kürzere oder längere Befristungshöchstdauern festgelegt werden. Ebenso können die Tarifverträge für bestimmte Fachrichtungen oder Forschungsbereiche die zulässige Zahl von Verlängerungen von befristeten Arbeitsverhältnissen beschränken. Da die Beschränkung selbst erst durch Tarifvertrag erfolgt, kommt dieser gesetzlichen Regelung als solcher keine hochschulrechtliche Bedeutung zu[6]. Da die **Sonderregelungen 2y** zum BAT keine Einschränkung auf bestimmte Fachrichtungen und Forschungsbereiche aufweisen, sind sie nicht auf Befristungen gem. § 1 WissZeitVG anwendbar. Dagegen nimmt § 30 Abs. 1 Satz 2 **TVöD-AT** Arbeitsverhältnis-

---

1 *Kortstock*, ZTR 2007, 350.
2 BAG 13.2.2013 – 7 AZR 284/11, NZA 2013, 1271.
3 BAG 18.10.2006 – 7 AZR 419/05, NZA 2007, 332.
4 *Löwisch*, NZA 2007, 479.
5 S. dazu *Kortstock*, ZTR 2007, 350.
6 AA *Löwisch*, NZA 2007, 479.

se, für die die §§ 2 ff. WissZeitVG unmittelbar oder entsprechend gelten, ausdrücklich von den zu § 30 Abs. 2–5 TVöD-AT genannten Bestimmungen aus.

§ 1 Abs. 1 Satz 4 WissZeitVG ermöglicht es **nicht tarifgebundene Arbeitsvertragsparteien**, die dem Geltungsbereich eines gem. § 1 Abs. 1 Satz 3 WissZeitVG abgeschlossenen Tarifvertrag unterliegen, die Anwendung der tarifvertraglichen Regelungen einzelvertraglich zu vereinbaren.

i) Vertragliche Regelung/Angabe des Befristungsgrundes

Nach § 2 Abs. 4 Satz 1 WissZeitVG ist im Arbeitsvertrag anzugeben, ob die Befristung auf der **Befristungsregelung** des WissZeitVG **beruht**. Wird dieses **Zitiergebot** verletzt, folgt hieraus jedoch nicht unbedingt, dass es sich um ein unbefristetes Arbeitsverhältnis handelt. Vielmehr kann die Befristung in diesen Fällen nur nicht auf den Sondertatbestand der Befristung des § 2 Abs. 1 WissZeitVG gestützt werden (§ 2 Abs. 4 Satz 2 WissZeitVG). Die konkrete Befristung kann nach Maßgabe des Teilzeit- und Befristungsgesetzes gerechtfertigt sein, also insbesondere dann, wenn ein Sachgrund iSd. § 14 Abs. 1 TzBfG vorliegt. 213

Nach § 2 Abs. 4 Satz 3 WissZeitVG muss die **Dauer der Befristung** kalendermäßig bestimmt oder bestimmbar sein. Zweckbefristungen und auflösende Bedingungen sind deshalb in befristeten Arbeitsverträgen nach dem WissZeitVG ausgeschlossen. 214

Abgesehen von Tarifverträgen kann durch Vereinbarung von den Bestimmungen der §§ 2 und 3 WissZeitVG **nicht abgewichen werden**. Abweichungen sind nur insofern zulässig, als von vornherein wissenschaftliche und künstlerische Mitarbeiter in unbefristeten Arbeitsverhältnissen beschäftigt werden oder man von vornherein nicht von den Befristungsmöglichkeiten des WissZeitVG Gebrauch macht, sondern sich nach den allgemeinen Befristungsregelungen des Teilzeit- und Befristungsgesetzes richtet[1]. 215

j) Kündigungsmöglichkeit

Eine Kündigung des befristeten Arbeitsverhältnisses ist während der Laufzeit nur möglich, wenn dies **ausdrücklich vereinbart** ist (§ 15 Abs. 3 TzBfG). Dies gilt gem. § 1 Abs. 1 Satz 5 WissZeitVG auch für die nach dem WissZeitVG befristeten Arbeitsverträge im Hochschul- und Forschungsbereich. 216

4. Ärzte in der Weiterbildung

Das Gesetz über befristete Arbeitsverträge mit Ärzten in der Weiterbildung (ÄrzteBefrG) vom 15.5.1986[2] gibt eine **gesetzliche Grundlage für befristete Arbeitsverträge mit Ärzten**. Gem. § 1 Abs. 1 ÄrzteBefrG liegt ein die Befristung eines Arbeitsvertrages mit einem Arzt rechtfertigender sachlicher Grund vor, wenn die Beschäftigung des Arztes seiner Weiterbildung zum Facharzt oder dem Erwerb einer Anerkennung für einen Schwerpunkt oder dem Erwerb einer Zusatzbezeichnung, eines Fachkundenachweises oder einer Bescheinigung über eine fakultative Weiterbildung dient. Eine Befristung nach § 1 Abs. 1 ÄrzteBefrG setzt nicht voraus, dass der Arzt ausschließlich zu seiner Weiterbildung beschäftigt wird. Es genügt, dass die Beschäftigung diesen Zweck fördert[3], sofern die Weiterbildung nicht nur gelegentlich oder beiläufig erfolgt. 217

---

1 BAG 17.1.2007 – 7 AZR 487/05, ZTR 2007, 398; weitergehend LAG Bln.-Bbg. 16.10. 2009 – 9 Sa 1242/09, AE 02/10 Nr. 118.
2 BGBl. I, 742, zuletzt geändert durch Art. 3 des Gesetzes zur Änderung arbeitsrechtlicher Vorschriften in der Wissenschaft v. 12.4.2007 (BGBl. I, 506).
3 BAG 24.4.1996 – 7 AZR 428/95, DB 1996, 2338.

Nach § 1 Abs. 3 ÄrzteBefrG sind **Höchstdauern** bei der Befristung einzuhalten, sie darf die Dauer von acht Jahren nicht überschreiten. Im Rahmen dieser Höchstdauer kann aber die Dauer der Befristung des Arbeitsvertrages vertraglich vereinbart werden. In diesem Rahmen kann ein weiterer befristeter Arbeitsvertrag nach § 1 Abs. 1 ÄrzteBefrG mit demselben Weiterbildungsziel und demselben weiterbildenden Arzt abgeschlossen werden[1]. Die Dauer muss gem. § 1 Abs. 2 ÄrzteBefrG kalendermäßig bestimmt oder bestimmbar sein, darf also nicht zweckbefristet auf die Facharztanerkennung bezogen sein[2]. Die Dauer der Befristung darf **nicht den Zeitraum unterschreiten**, für den der weiterbildende Arzt die Weiterbildungsbefugnis besitzt, es sei denn, der für die Befristung maßgebliche Weiterbildungsgrund ist vorher erreicht (§ 1 Abs. 3 Satz 5 und 6 ÄrzteBefrG).

218 § 1 Abs. 5 ÄrzteBefrGArbVtrG schließt **entgegenstehende Bestimmungen** und damit auch etwaige entgegenstehende tarifvertragliche Regelungen aus. Als lex specialis geht das Gesetz über befristete Arbeitsverträge mit Ärzten in der Weiterbildung § 14 Abs. 2 und Abs. 2a TzBfG, vor, weil bei Anwendung von § 14 Abs. 2 und Abs. 2a TzBfG und der danach möglichen Höchstbefristungsdauer die Mindestbefristungsdauer der Weiterbildungsbefugnis des weiterbildenden Arztes nicht eingehalten werden kann. Ansonsten gelten die Bestimmungen des Teilzeit- und Befristungsgesetzes, also u.a. auch das Schriftformerfordernis.

Wenn der Arbeitsvertrag unter den Anwendungsbereich des Wissenschaftszeitvertragsgesetzes fällt, gelten die Bestimmungen des § 1 Abs. 1–5 ÄrzteBefrG nicht (§ 1 Abs. 6 ÄrzteBefrG).

---

1 BAG 13.6.2007 – 7 AZR 700/06, NZA 2008, 108.
2 BAG 14.8.2002 – 7 AZR 266/01, DB 2002, 2549.

F. Diskriminierungsrecht

	Rz.
I. Ziel und (europäische) Grundlagen	
1. Zielsetzung	1
2. Europäische Vorgaben	2
3. Europarechtskonformität	4
4. Verhältnis zum früheren Recht	9
5. Überblick zum AGG	15
II. Persönlicher Anwendungsbereich	16
1. Beschäftigte	17
2. Selbständige und Organmitglieder	21
3. Arbeitgeber	25
III. Differenzierungsmerkmale	26
1. Rasse oder ethnische Herkunft	28
2. Geschlecht	32
3. Religion oder Weltanschauung	33
4. Behinderung	37
5. Alter	43
6. Sexuelle Identität	44
IV. Benachteiligungsformen	45
1. Unmittelbare Benachteiligung	47
2. Mittelbare Benachteiligung	56
a) Voraussetzungen	57
b) Sachliche Rechtfertigung	67
3. Belästigung	71
4. Sexuelle Belästigung	74
5. Anweisung zur Benachteiligung	75
V. Rechtfertigung unterschiedlicher Behandlung	
1. Systematik	79
2. Unterschiedliche Behandlung wegen beruflicher Anforderungen	84
3. Unterschiedliche Behandlung wegen der Religion oder Weltanschauung	94
4. Unterschiedliche Behandlung wegen des Alters	
a) Generalklausel	98
b) Regelbeispiele	100
aa) Besondere Zugangsbedingungen (§ 10 Satz 3 Nr. 1 AGG)	101
bb) Mindestanforderungen (§ 10 Satz 3 Nr. 2 AGG)	104
cc) Festsetzung eines Höchstalters (§ 10 Satz 3 Nr. 3 AGG)	106
dd) Altersgrenzen bei der betrieblichen Altersversorgung (§ 10 Satz 3 Nr. 4 AGG)	107
ee) Altersgrenzenklauseln (§ 10 Satz 3 Nr. 5 AGG)	108
ff) Sozialpläne (§ 10 Satz 3 Nr. 6 AGG)	115
5. Positive Maßnahmen	116
VI. Rechtsfolgen	
1. Überblick	117
2. Unwirksamkeit der benachteiligenden Rechtshandlung	118
3. Beschwerderecht	123
4. Leistungsverweigerungsrecht	127
5. Schadensersatz und Entschädigung	129
a) Ersatz des materiellen Schadens	130
b) Ersatz des immateriellen Schadens	136
6. Maßregelungsverbot	143
VII. Organisationspflichten	145
1. Stellenausschreibung	146
2. Maßnahmen und Pflichten	151
a) Schutzmaßnahmen	
aa) Generalklausel	152
bb) Einzelne Maßnahmen	
(1) Personalauswahlverfahren	153
(2) Betriebsvereinbarung zur Vermeidung von Ungleichbehandlung	158
b) Hinweispflichten	160
c) Maßnahmen gegen „Täter"	161
d) Folgen bei Verstoß gegen die Organisationspflichten	164
VIII. Prozessuales	
1. Ausschlussfristen	165
2. Darlegungs- und Beweislast	169
3. Geltendmachung durch Dritte	174
IX. Internationale Sachverhalte	175

Schrifttum:

Bauer/Göpfert/Krieger, AGG, Kommentar, 3. Aufl. 2011; *Däubler/Bertzbach*, Allgemeines Gleichbehandlungsgesetz, Handkommentar, 3. Aufl. 2013 (zit.: HK-AGG/*Bearbeiter*); *Meinel/Heyn/Herms*, AGG, Arbeitsrechtlicher Kommentar, 2. Aufl. 2010; *Schleusener/Suckow/Voigt*, AGG, Kommentar, 4. Aufl. 2013; *Schrader/Schubert*, Das AGG in der Beratungspraxis, 2. Aufl. 2008; *Thüsing*, Arbeitsrechtlicher Diskriminierungsschutz, 2. Aufl. 2013; *Wendeling-Schröder/Stein*, Allgemeines Gleichbehandlungsgesetz, 2008.

I. Ziel und (europäische) Grundlagen

1. Zielsetzung

1 Das Allgemeine Gleichbehandlungsgesetz (AGG) ist am 18.8.2006 in Kraft getreten[1]. Das Ziel des AGG ist in § 1 AGG ausdrücklich festgelegt: Benachteiligungen aus Gründen der Rasse oder wegen der ethnischen Herkunft, des Geschlechts, der Religion oder Weltanschauung, einer Behinderung, des Alters oder der sexuellen Identität sollen verhindert oder beseitigt werden. Der Gesetzgeber will damit das in Art. 3 GG festgeschriebene Menschenrecht, die Gleichheit vor dem Gesetz und den Schutz aller Menschen vor Diskriminierungen, im Bereich Beschäftigung und Beruf und insbesondere für das Verhältnis zwischen Arbeitgebern und Beschäftigten gesetzlich normieren[2].

2. Europäische Vorgaben

2 Die Verpflichtung hierzu ergibt sich aus vier **EU-Richtlinien**, deren Umsetzung das Allgemeine Gleichbehandlungsgesetz dient. Tabellarisch lassen sich die einzelnen Differenzierungsmerkmale diesen EU-Richtlinien wie folgt zuordnen[3]:

3
Richtlinie	Geschütztes Merkmal	Anwendungsbereich
Antirassismusrichtlinie 2000/43/EG Umzusetzen bis: 19.7.2003	Rasse/ethnische Herkunft	– Beschäftigung und Beruf (vor allem Arbeitsrecht) – Bildung, Gesundheits- und Sozialleistungen (Schwerpunkt im öffentlichen Recht) – Zugang zu öffentlich angebotenen Gütern und Dienstleistungen (vor allem Zivilrecht)
Rahmenrichtlinie Beschäftigung 2000/78/EG Umzusetzen bis: 2.12.2003; wg. Alters: 2.12.2006	Religion/Weltanschauung, Behinderung, Alter, sexuelle Identität	– Beschäftigung und Beruf (vor allem Arbeitsrecht)
Gender-Richtlinie 2002/73/EG Überarbeitung von RL 76/207/EWG Umzusetzen bis: 5.10.2002	Geschlecht	– Beschäftigung und Beruf (vor allem Arbeitsrecht)
Gleichbehandlungsrichtlinie außerhalb der Arbeitswelt 2004/113/EG Umzusetzen bis: 21.12.2007	Geschlecht	– Zugang zu öffentlich angebotenen Gütern und Dienstleistungen bei Massengeschäften; privatrechtliche Versicherungen (vor allem Zivilrecht, insbesondere Privatversicherungsrecht)

3. Europarechtskonformität

4 Der deutsche Gesetzgeber hat sich aber nicht darauf beschränkt, die vier genannten Richtlinien „1:1" in nationales Recht umzusetzen. Er geht mit dem AGG vielmehr

---

[1] BGBl. I, 1897.
[2] Gesetzesbegründung, BT-Drucks. 16/1780, 1.
[3] *Schrader/Schubert*, Rz. 34.

I. Ziel und (europäische) Grundlagen

darüber hinaus und verwirklicht damit eigene Systemvorstellungen von einer richtigen Ordnung des Antidiskriminierungsrechts[1]. Es bestanden allerdings von Anfang an erhebliche Zweifel daran, dass das AGG in allen Teilen europarechtskonform ist.

Beispiel:

Höchst problematisch war insbesondere die Frage, ob § 2 Abs. 4 AGG europarechtskonform ist. Danach sollen für Kündigungen ausschließlich die Bestimmungen zum allgemeinen und besonderen Kündigungsschutz gelten. Das BAG hat aber klargestellt, dass § 2 Abs. 4 AGG europarechtskonform dahingehend ausgelegt werden muss, dass diese Norm – ebenso wenig wie § 2 Abs. 2 Satz 2 AGG im Hinblick auf die betriebliche Altersversorgung[2] – eine „Bereichsausnahme" in dem Sinne darstellt, dass ein etwaiger Verstoß gegen das im AGG enthaltene Verbot der Altersdiskriminierung aufgrund von § 2 Abs. 4 AGG bei der Prüfung der Wirksamkeit von Kündigungen nicht berücksichtigt wird. Nach Auffassung des BAG beschreibt § 2 Abs. 4 AGG lediglich den Weg, auf dem die Diskriminierungsverbote des AGG in das bisherige System des Kündigungsschutzrechtes einzupassen sind. Danach sollen Verstöße gegen die Diskriminierungsverbote des AGG nach den kündigungsrechtlichen Maßgaben gewertet werden, also für den Bereich des Kündigungsschutzgesetzes im Zusammenhang mit der Frage erörtert werden, ob die Kündigung sozial ungerechtfertigt ist oder nicht[3].

Nachdem die Frage der Europarechtskonformität des AGG selbst zunehmend geklärt ist, richtet sich in der Praxis der Fokus nunmehr auf die Frage, ob die deutsche Arbeitsgerichtsbarkeit (insbesondere das BAG) eine gemeinschaftskonforme Auslegung anderer deutscher Gesetze vornehmen darf oder ob diese dem EuGH vorbehalten ist[4]. Das BAG hat dabei bereits in einer Reihe von Entscheidungen die eigene Entscheidungskompetenz abgelehnt und die jeweilige Frage dem EuGH zur Entscheidung vorgelegt[5]. Eine Vorlagepflicht soll andererseits nach dem EuGH aber nicht bestehen[6].

⊃ **Hinweis:** Die Parteien eines arbeitsgerichtlichen Diskriminierungsverfahrens haben keine unmittelbare Möglichkeit, die **Vorlage beim Europäischen Gerichtshof** herbeizuführen. Ihnen bleibt lediglich die Möglichkeit, eine derartige Vorlage zu beantragen. Erfolgt eine Vorlage dann nicht, kann dies das Recht auf den gesetzlichen Richter gem. Art. 101 Abs. 1 Satz 2 GG verletzen[7]. Auf die Nichtvorlage kann deshalb eine **Verfassungsbeschwerde** gestützt werden. Da die Vorlagepflicht aber – nach noch nicht endgültiger Klärung – nur letztinstanzliche Gerichte treffen soll, ist fraglich, ob die Verfassungsbeschwerde bereits gegen ein Urteil des Landesarbeitsgerichtes gerichtet werden kann oder ob zunächst Nichtzulassungsbeschwerde erhoben werden muss, um dann gegen die ablehnende Entscheidung des BAG Verfassungsbeschwerde einreichen zu können[8].

Eine für die Praxis ebenfalls höchst problematische Frage ist der **Vertrauensschutz** bei der Feststellung der Europarechtswidrigkeit deutscher Normen. Hier ist die Rechts-

---

1 Vgl. *Annuß*, BB 2006, 1629.
2 Vgl. hierzu BAG 11.12.2007 – 3 AZR 249/06, NZA 2008, 532.
3 BAG 6.11.2008 – 2 AZR 523/07, NZA 2009, 361.
4 Vgl. zu Fallgruppen der Vorlagepflicht BVerfG 25.2.2010 – 1 BvR 230/09, NZA 2010, 439; 6.7.2010 – 2 BvR 2661/06, NZA, 995.
5 Vgl. BAG 16.10.2008 – 7 AZR 253/07 (A), NZA 2009, 378, nachgehend EuGH 10.3.2011 – Rs. C-109/09, NZA 2011, 397 (Altersgrenzen für Flugbegleiter); BAG 17.6.2009 – 7 AZR 112/08 (A), RIW 2010, 76, nachgehend EuGH 13.9.2011 – Rs. C-447/09, NZA 2011, 1039 (tarifliche Altersgrenzen für Piloten); BAG 20.5.2010 – 6 AZR 319/09 (A), NZA 2010, 768, nachgehend EuGH 8.9.2011 – Rs. C-297/10 und C-298/10, NZA 2011, 1100 (Vergütung nach Lebensaltersstufen); BAG 20.5.2010 – 6 AZR 148/09 (A), NZA 2010, 961 (Vergütungsgruppen nach Lebensaltersstufen); 23.3.2010 – 9 AZR 128/09, NZA 2010, 18; dagegen Entscheidung des BAG selbst zur Frage der Europarechtskonformität der Bestimmungen der Insolvenzordnung zur Schaffung einer ausgewogenen Personalstruktur (§ 125 Abs. 1 Satz 1 Nr. 2 Halbs. 2 InsO): BAG 19.12.2013 – 6 AZR 790/12, NZA-RR 2014, 185.
6 EuGH 19.1.2010 – Rs. C-555/07, NZA 2010, 85.
7 Vgl. BVerfG 25.2.2010 – 1 BvR 230/09, NZA 2010, 439.
8 Vgl. ErfK/*Wißmann*, Art. 267 AEUV Rz. 28, 29; HWK/*Tillmanns*, Art. 267 AEUV Rz. 12.

lage letztendlich noch völlig ungeklärt. Selbst die einzelnen Senate des BAG vertreten hierzu unterschiedliche Auffassungen[1].

4. Verhältnis zum früheren Recht

9 Problematisch ist aber nicht nur das Verhältnis des AGG zum europäischen Recht, sondern auch seine Einbindung in das deutsche Schutzsystem. Das deutsche Arbeitsrecht enthält bereits ein weitgehendes Regelwerk zum Schutz vor Diskriminierungen[2]. Nach § 2 Abs. 3 AGG soll die (Fort-)Geltung dieser Benachteiligungsverbote und Gebote der Gleichbehandlung nicht berührt werden. Das AGG ersetzt also nicht die bisherigen Schutzgesetze[3], sondern tritt neben sie. Eine Abstimmung, wie sich das AGG in das bestehende Schutzsystem einfügt, gibt es nicht[4]. Es gibt lediglich zwei ausdrückliche Ausnahmen: Einerseits bestimmt § 2 Abs. 2 Satz 2 AGG, dass für die betriebliche Altersversorgung das BetrAVG gilt. Andererseits ergibt sich aus § 2 Abs. 4 AGG die Bereichsausnahme für Kündigungen. Klarheit ist aber auch hierdurch – unabhängig von der Frage der Europarechtskonformität – nicht gewonnen, da das AGG in seinem § 10 Sonderregelungen zur betrieblichen Altersversorgung und zum Kündigungsschutz trifft. Auch die Frage der Einbindung in das bestehende Schutzsystem birgt für die Praxis danach erhebliche Unsicherheiten.

10 Weiterhin zu beachten ist der allgemeine arbeitsrechtliche Gleichbehandlungsgrundsatz; vgl. hierzu Teil 2 A Rz. 326.

11–14 Einstweilen frei.

5. Überblick zum AGG

15 Das AGG ist in Art. 1 des Gesetzes zur Umsetzung europäischer Richtlinien zur Verwirklichung des Grundsatzes der Gleichbehandlung[5] geregelt. Abschnitt 1 als Allgemeiner Teil enthält neben der Zielsetzung eine nähere Beschreibung des Anwendungsbereiches sowie die verschiedenen Definitionen der unterschiedlichen Benachteiligungsformen. Abschnitt 2 enthält wesentliche arbeitsrechtliche Vorschriften zum Schutz der Beschäftigten vor Benachteiligungen. Neben dem persönlichen Anwendungsbereich (§ 6 AGG) ist in § 7 AGG das für das gesamte Gesetz maßgebliche Benachteiligungsverbot geregelt. §§ 8–10 AGG enthalten demgegenüber Rechtfertigungsmöglichkeiten bei einer ungleichen Behandlung. Des Weiteren sind in Abschnitt 2 die Organisationspflichten des Arbeitgebers (Unterabschnitt 2) und die Rechte der Beschäftigten (Unterabschnitt 3) geregelt. Auf den in Abschnitt 3 normierten Schutz vor Benachteiligungen im Zivilrechtsverkehr wird im vorliegenden Zusammenhang nicht weiter eingegangen.

---

1 Vgl. nur BAG 23.3.2010 – 9 AZR 128/09, NZA 2010, 810.
2 Ein ausführlicher Überblick über den bisherigen Diskriminierungsschutz im Arbeitsrecht findet sich bei *Schrader/Schubert*, Rz. 183 ff.
3 Wichtige Ausnahme: §§ 611a, 611b und 612 Abs. 3 BGB wurden aufgehoben sowie § 81 Abs. 2 Satz 2 SGB IX dahingehend geändert, dass statt einer eigenständigen Regelung im SGB IX auf das AGG verwiesen wird. Zu § 81 Abs. 2 SGB IX aF s. BAG 3.4.2007 – 9 AZR 823/06, NZA 2007, 1098. Zum Verhältnis des AGG zu § 81 Abs. 2 SGB IX s. LAG Nds. 24.4.2008 – 4 Sa 1077/07, LAGE § 15 AGG Nr. 4, nachgehend BAG 21.7.2009 – 9 AZR 431/08, NZA 2009, 1087.
4 Vgl. hierzu bspw. die Kritik in der Stellungnahme des Deutschen Anwaltsvereins e.V. durch die DAV-Ausschüsse Arbeitsrecht und Zivilrecht, NZA 2006, VII. Weiterhin: *Bauer/Thüsing/Schunder*, NZA 2006, 774; *Gaul/Naumann*, ArbRB 2006, 176.
5 BGBl. I, 1897.

II. Persönlicher Anwendungsbereich

Die für das Arbeitsrecht zentrale Norm des § 7 AGG verbietet die Benachteiligung von Beschäftigten. Wer Beschäftigter und wer Arbeitgeber iSd. AGG ist, regelt § 6 AGG. 16

1. Beschäftigte

Beschäftigte iSd. AGG sind nach § 6 Abs. 1 AGG Arbeitnehmerinnen und Arbeitnehmer (§ 6 Abs. 1 Satz 1 Nr. 1 AGG), die zu ihrer Berufsbildung Beschäftigten (§ 6 Abs. 1 Satz 1 Nr. 2 AGG) und arbeitnehmerähnliche Personen (§ 6 Abs. 1 Satz 1 Nr. 3 AGG). 17

Die Frage, wer **Arbeitnehmer** ist, richtet sich nach den allgemein bekannten Abgrenzungskriterien (vgl. Teil 1 A Rz. 18 ff.). Die **zu ihrer Berufsbildung Beschäftigten** sind diejenigen Personen, die unter den Geltungsbereich des BBiG fallen[1]. § 1 Abs. 1 BBiG definiert die Berufsbildung als Oberbegriff für die Berufsausbildungsvorbereitung, Berufsausbildung, berufliche Fortbildung und berufliche Umschulung. Der Begriff der Berufsbildung in § 6 Abs. 1 Satz 1 Nr. 2 AGG meint also nicht nur die Berufsausbildung im engeren Sinne, sondern ist weiter gefasst[2]. **Arbeitnehmerähnliche Personen** sind schließlich keine Arbeitnehmer, sondern Selbständige. Sie zeichnen sich aber dadurch aus, dass sie wie Arbeitnehmer sozial schutzbedürftig sind. Das maßgebliche Kriterium für die Annahme einer arbeitnehmerähnlichen Person ist in § 6 Abs. 1 Satz 1 Nr. 3 AGG auch noch einmal ausdrücklich betont – die wirtschaftliche Abhängigkeit (vgl. hierzu Teil 1 A Rz. 60)[3]. § 6 Abs. 1 Satz 1 Nr. 3 AGG zählt zu den arbeitnehmerähnlichen Personen ausdrücklich die **in Heimarbeit Beschäftigten** und die ihnen Gleichgestellten. Eine nähere Definition dieser Beschäftigten findet sich in § 1 HAG. 18

Zu unterscheiden hiervon sind Menschen, denen aufgrund des SGB IX eine arbeitnehmerähnliche Stellung zukommt, insbesondere die in Werkstätten für behinderte Menschen Beschäftigten und Rehabilitanden. Auf sie sollen die Regelungen des AGG entsprechende Anwendung finden[4]. 19

Unabhängig von der näheren Einordnung, um was für einen Beschäftigten es sich im Einzelnen handelt, ist der Schutz der Beschäftigten umfassend. Nach § 6 Abs. 1 Satz 2 AGG gilt das Benachteiligungsverbot nicht nur für die Zeit des Beschäftigungsverhältnisses selbst, sondern auch **im Anbahnungsstadium** für Bewerberinnen und Bewerber (wobei die objektive Eignung des Bewerbers keine Voraussetzung ist[5]) sowie für die Zeit **nach der Beendigung des Beschäftigungsverhältnisses**. In der Gesetzesbegründung wird insoweit ausdrücklich darauf hingewiesen, dass auch bei bereits beendeten Beschäftigungsverhältnissen „nachwirkende Folgen" eintreten können. Als Beispiel wird dort ausdrücklich die betriebliche Altersversorgung genannt[6]. Geschützt werden darüber hinaus alle Beschäftigten in der Privatwirtschaft und im öffentlichen Dienst. Für Beamtinnen und Beamte, Richterinnen und Richter sowie Zivildienstleistende und anerkannte Kriegsdienstverweigerer gilt insoweit allerdings die Sonderregelung des § 24 AGG. 20

---

1 HK-AGG/*Schrader*/*Schubert*, § 6 Rz. 20.
2 So ausdrücklich *Annuß*, BB 2006, 1629 (1630). Zum Begriff der Berufsbildung vgl. HWK/*Hergenröder*, § 1 BBiG Rz. 1.
3 HWK/*Henssler*, § 12a TVG Rz. 6 f.
4 BT-Drucks. 16/1780, 34.
5 BAG 18.3.2010 – 8 AZR 77/09, NZA 2010, 872; 19.8.2010 – 8 AZR 530/09, NZA 2010, 1412.
6 BT-Drucks. 16/1780, 34.

2. Selbständige und Organmitglieder

21 Für Selbständige und Organmitglieder, insbesondere Geschäftsführer und Vorstände, sieht § 6 Abs. 3 AGG eine entsprechende Anwendung des Schutzes der Beschäftigten vor Benachteiligung vor. Diese entsprechende Anwendung ist allerdings beschränkt auf die Bedingungen für den Zugang zur Erwerbstätigkeit sowie den beruflichen Aufstieg.

22 Trotz dieser ausdrücklichen Einschränkung im Gesetz scheint die Reichweite der „entsprechenden Anwendung" der Schutzbestimmungen auf Selbständige und Geschäftsführer nicht ganz klar zu sein. Denn in Abweichung von dem Gesetzestext wird in der Gesetzesbegründung darauf hingewiesen, dass es in § 6 Abs. 3 AGG nicht nur um den Zugang zur Tätigkeit als Organmitglied gehe, sondern auch um das „Fortkommen in dieser Tätigkeit"[1]. Unzweifelhaft ist von § 6 Abs. 3 AGG der Abschluss von Dienstverträgen, der innerbetriebliche Aufstieg von Arbeitnehmern zum Geschäftsführer[2] und die Entscheidung über den Vorsitzenden einer Geschäftsführung erfasst[3]. Fraglich ist aber bereits, ob auch die Tatsache der Nichtverlängerung eines befristeten Geschäftsführer-Dienstvertrages oder sogar die Kündigung eines solchen Dienstvertrages selbst noch dem Schutz des AGG „in entsprechender Anwendung" unterliegt. Die Formulierung „Fortkommen" in der Gesetzesbegründung dürfte dafür sprechen, dass mit dieser Formulierung zunächst einmal nicht nur der Aufstieg „nach oben" gemeint ist, sondern vom Sprachgebrauch zumindest auch, ob das Dienstverhältnis überhaupt „fortgilt"[4].

23 **Beispiel:**

Eine gemeinnützige GmbH betreibt städtische Krankenhäuser sowie ein Kinderkrankenhaus. Sie hat einen medizinischen und einen kaufmännischen Geschäftsführer. Der Dienstvertrag für den medizinischen Geschäftsführer war für die Laufzeit vom 1.10.2004 bis zum 30.9.2009 abgeschlossen. Im Jahr 2008 beschloss die Mehrheit der Mitglieder des Aufsichtsrats, den Dienstvertrag mit dem Kläger nicht über die vereinbarte Vertragslaufzeit hinaus zu verlängern. In dem folgenden Konflikt zwischen dem Kläger und dem Aufsichtsrat kam es zu verschiedenen Presseberichten, in denen als Gründe für die Nichtverlängerung des Vertrages schlagwortartig das Alter des Klägers und die damit verbundene Problematik genannt wurden, in der „Umbruchsituation des Gesundheitsmarkts" und den „Herausforderungen im Gesundheitswesen" nicht für eine Kontinuität in der Geschäftsführung über das 65. Lebensjahr hinaus sorgen zu können. Zum Zeitpunkt der regulären Vertragsbeendigung war der Kläger 62 Jahre alt. Das OLG Köln[5] ging davon aus, dass der persönliche Anwendungsbereich des AGG eröffnet war. Dies folge aus § 6 Abs. 3 AGG, da der dort geregelte Zugang zur Erwerbstätigkeit nicht nur den erstmaligen, sondern auch den erneuten Zugang bzw. die Fortsetzung nach Beendigung einer Tätigkeit umfasse. Der BGH[6] bestätigte, dass der persönliche Anwendungsbereich des AGG gem. § Abs. 3 AGG und der sachliche Anwendungsbereich gem. § 2 Abs. 1 Nr. 1 AGG eröffnet ist.

24 Einstweilen frei.

3. Arbeitgeber

25 Der Arbeitgeberbegriff ist in § 6 Abs. 2 AGG legaldefiniert. Arbeitgeber sind danach natürliche und juristische Personen sowie rechtsfähige Personengesellschaften, die Beschäftigte iSd. § 6 Abs. 1 AGG beschäftigen. Arbeitgeber ist danach in erster Linie zunächst einmal der „Vertragspartner" des Beschäftigten, also das Unternehmen, mit

---

1 BT-Drucks. 16/1780, 34.
2 Vgl. hierzu *Schrader/Straube*, GmbHR 2005, 904.
3 *Gaul/Naumann*, ArbRB 2006, 176.
4 Vgl. HK-AGG/*Schrader/Schubert*, § 6 Rz. 31b f.; ebenso *Thüsing*, Arbeitsrechtlicher Diskriminierungsschutz, Rz. 96 f.; aA *Bauer/Göpfert/Krieger*, § 6 AGG Rz. 31.
5 OLG Köln 29.7.2010 – 18 U 196/09, DB 2010, 1878.
6 BGH 23.4.2012 – II ZR 163/10, NZA 2012, 2346.

dem der Beschäftigte den (Arbeits-)Vertrag abgeschlossen hat. Werden Beschäftigte allerdings einem Dritten zur Arbeitsleistung überlassen, so gilt auch dieser gem. § 6 Abs. 2 Satz 2 AGG als Arbeitgeber iSd. AGG. Neben dem Vertragspartner als „eigentlichem" Arbeitgeber tritt dabei der Entleiher als weiterer Arbeitgeber, damit die Schutzvorschriften zugunsten der Beschäftigten nicht ins Leere laufen und auch der Entleiher an diese Schutzvorschriften gebunden ist[1]. Für die in Heimarbeit Beschäftigten und ihnen Gleichgestellten gilt nach § 6 Abs. 2 Satz 3 AGG hingegen der Auftraggeber oder Zwischenmeister als Arbeitgeber.

III. Differenzierungsmerkmale

Das AGG will die Benachteiligung wegen sechs bestimmter Gründe verhindern und beseitigen, die abschließend[2] in § 1 AGG benannt sind. Im Einzelnen handelt es sich um Gründe der Rasse oder der ethnischen Herkunft, des Geschlechts, der Religion oder Weltanschauung, einer Behinderung, des Alters und der sexuellen Identität. 26

Eine Legaldefinition dieser Begriffe enthält das Gesetz nicht. Der Gesetzgeber ist vielmehr davon ausgegangen, dass sich die Bedeutung der Merkmale ohne besondere Erläuterung erschließt[3]. Ihre Besonderheit soll darin bestehen, dass sie „in der einen oder anderen Form" von jedem Menschen verwirklicht werden, aber nicht alle Menschen in gleicher Weise deshalb benachteiligt werden[4]. Einen Schutz gegen Benachteiligung wegen anderer Gründe regelt das Gesetz hingegen nicht. Bestehen jedoch wegen dieser anderen Gründe Schutzvorschriften außerhalb des AGG, finden diese über § 2 Abs. 3 AGG weiterhin Anwendung. 27

1. Rasse oder ethnische Herkunft

Die Merkmale Rasse und ethnische Herkunft sind durch die Richtlinien des Rates zur Anwendung des Gleichbehandlungsgrundsatzes ohne Unterschied der Rasse und der ethnischen Herkunft[5] vorgegeben. Sie sind in einem umfassenden Sinne zu verstehen, da sie einen möglichst lückenlosen Schutz vor ethnisch motivierter Benachteiligung gewährleisten sollen[6]. 28

Der **Begriff „Rasse"** soll den sprachlichen Anknüpfungspunkt zu dem Begriff des „Rassismus" bilden und die hiermit verbundene Signalwirkung genutzt werden, die in der konsequenten Bekämpfung rassistischer Tendenzen gesehen wird. Eine Bestätigung der Theorien, mit denen versucht wird, die Existenz verschiedener menschlicher Rassen zu belegen, soll damit aber ausdrücklich nicht erfolgen. Aus diesem Grunde wurde auch nicht die Formulierung „wegen seiner Rasse" aus Art. 3 Abs. 3 GG übernommen. Die in § 1 AGG verwandte Wendung „aus Gründen der Rasse" soll vielmehr deutlich machen, dass nicht das Gesetz das Vorhandensein verschiedener menschlicher „Rassen" voraussetzt, sondern dass derjenige, der sich rassistisch verhält, eben dies annimmt[7]. Entscheidend ist also die subjektive Vorstellung des Diskriminierenden[8]. 29

---

1 Vgl. HK-AGG/*Schrader/Schubert*, § 6 Rz. 29. Zur Abgrenzung der Arbeitnehmerüberlassung zum Werk- und Dienstvertrag in diesem Zusammenhang vgl. LAG Nds. 15.9.2008 – 14 Sa 1769/07, NZA-RR 2009, 126, nachgehend BAG 18.3.2012 – 8 AZR 1044/08, NZA 2010, 1129.
2 Vgl. BAG 21.2.2013 – 8 AZR 68/12, NZA 2013, 955.
3 Gesetzesbegründung, BT-Drucks. 16/1780, 30.
4 Gesetzesbegründung, BT-Drucks. 16/1780, 30.
5 2000/43/EG v. 29.6.2000, ABl. EG 2000 Nr. L 180/22.
6 Gesetzesbegründung, BT-Drucks. 16/1780, 30.
7 Gesetzesbegründung, BT-Drucks. 16/1780, 31.
8 *Schrader/Schubert*, Rz. 62.

30 Beispiel:

Anknüpfungspunkte für eine Benachteiligung aus Gründen der Rasse sind danach oftmals äußerliche Merkmale, wie zB Hautfarbe, Physiognomie oder Körperbau, die einer bestimmten Herkunft zugeschrieben werden[1].

31 Der **Begriff „ethnische Herkunft"** ist nach der Gesetzesbegründung „EG-rechtlich" auszulegen und umfasst daher auch Kriterien, die das Internationale Übereinkommen zur Beseitigung jeder Form von Rassendiskriminierung[2] ausdrücklich benennt. Das Merkmal ist in einem umfassenden Sinn zu verstehen, denn es soll einen lückenlosen Schutz vor ethnisch motivierten Benachteiligungen gewährleisten. Es umfasst insbesondere die Kriterien Rasse, Hautfarbe, Abstammung, nationaler Ursprung oder Volkstum[3].

31a Beispiele:

Die Beschriftungen „Scheiß Ausländer, Ausländer raus und Kanaken" stehen mit dem Merkmal der ethnischen Herkunft im Zusammenhang[4].

Hingegen knüpft die Anforderung, die deutsche Schriftsprache in einem bestimmten Umfang zu beherrschen, nicht an das Merkmal der Ethnie iSd. § 1 AGG an. Denn die deutsche Schriftsprache kann unabhängig von der Zugehörigkeit zu einer Ethnie beherrscht werden, gleichgültig, wie man den Begriff der Ethnie im Einzelnen abgrenzt. Offen ist hingegen, ob allein die Tatsache, dass ein Arbeitnehmer in Spanien geboren und dort zur Schule gegangen ist, das Diskriminierungsmerkmal der Zugehörigkeit zu einer Ethnie erfüllt[5].

2. Geschlecht

32 Der Begriff des Geschlechts entspricht dem des allgemeinen Wortsinns als Erscheinungsform menschlicher Organismen als weiblich oder männlich[6]. Erfasst werden hiervon auch Benachteiligungen von Transsexuellen und Zweigeschlechtlichen[7]. § 3 Abs. 1 Satz 2 AGG stellt darüber hinaus klar, dass auch eine ungünstigere Behandlung wegen Schwangerschaft oder Mutterschaft eine (unmittelbare) Benachteiligung wegen des Geschlechts im Bereich Beschäftigung und Beruf darstellt[8].

3. Religion oder Weltanschauung

33 Was unter dem Begriff **„Religion"** zu verstehen ist, ergibt sich weder aus dem Gesetz selbst noch aus den Gesetzesmaterialien. Auch der zugrunde liegenden EG-Richtlinie[9] ist nicht zu entnehmen, was für den Begriff „Religion" kennzeichnend ist. Um in der Praxis zunächst einen nachvollziehbaren Ansatzpunkt zu haben, scheint es bis zu einer endgültigen (gerichtlichen) Klärung sachgerecht, sich an der bisherigen Rechtsprechung zu orientieren. Danach ist unter dem Begriff „Religion" eine mit der Person des Menschen verbundene Gewissheit über bestimmte Aussagen zum Welt-

---

1 Vgl. Küttner/*Kania*, Diskriminierung Rz. 28; *Annuß*, BB 2006, 1629 (1630).
2 Vom 7.3.1966, BGBl. 1969 II, 961.
3 BAG 21.6.2012 – 8 AZR 364/11, DB 2012, 2579.
4 BAG 24.9.2009 – 8 AZR 705/08, NZA 2010, 387.
5 BAG 28.1.2010 – 2 AZR 764/08, NZA 2010, 625.
6 Vgl. beispielhaft BAG 28.5.2009 – 8 AZR 536/08, NZA 2009, 1016; 18.3.2010 – 8 AZR 77/09, NZA 2010, 872.
7 Vgl. *Thüsing*, NZA 2004, Sonderbeil. zu Heft 22, 3 (10); *Annuß*, BB 2006, 1629 (1630).
8 Zum Begriff der Schwangerschaft vgl. EuGH 26.2.2008 – Rs. C-506/06, NZA 2008, 345 (In-vitro-Fertilisation). Zur Beweislast bei einer Diskriminierung wegen Schwangerschaft vgl. BAG 24.4.2008 – 8 AZR 257/07, NZA 2008, 1351; 27.1.2011 – 8 AZR 483/09, NZA 2011, 689.
9 Richtlinie 2000/78/EG des Rates v. 27.11.2000 zur Festlegung eines allgemeinen Rahmens für die Verwirklichung der Gleichbehandlung in Beschäftigung und Beruf, ABl. EG 2000 Nr. L 303/21 ff.

III. Differenzierungsmerkmale

ganzen sowie zur Herkunft und zum Ziel des menschlichen Lebens zu verstehen. Kennzeichnend für die Religion ist dabei eine den Menschen überschreitende und umgreifende („transzendente") Wirklichkeit[1].

In Abgrenzung zu diesem Verständnis des Begriffs der „Religion" beschränkt sich der Begriff der **„Weltanschauung"**, der ebenfalls nicht durch das AGG näher konkretisiert wird, auf innerweltliche („immanente") Bezüge[2]. In der Literatur werden jedoch zunehmend Versuche unternommen, den Begriff der „Weltanschauung" einzuschränken. Dabei wird bspw. die Auffassung vertreten, dass der Begriff im Anwendungsbereich des AGG die gleiche Bedeutung wie bei Art. 4 Abs. 1 GG habe, so dass nur Fundamentalkonzepte für die Ordnung des gesellschaftlichen Zusammenlebens, die in „Geschlossenheit und Sinngebungskraft" einer Religion vergleichbar sind, erfasst werden. Danach seien nur grundlegende politische Systemvorstellungen, nicht aber auch allgemeine tagespolitische Richtigkeitsvorstellungen in den Anwendungsbereich mit einbezogen[3]. Nach anderer Auffassung muss sich der Begriff der „Weltanschauung" zwar ebenfalls an einem gleichen umfassenden Anspruch wie die religiöse Überzeugung messen lassen, allerdings sei ausreichend, dass sie auf die grundlegenden Fragen des „Woher und Wohin" menschlicher Existenz antwortet und Konsequenzen für das Verhalten der Menschen hat[4]. Im weiteren Sinne wird der Begriff der „Weltanschauung" hingegen als Sammelbezeichnung für alle religiösen, ideologischen, politischen und ähnlichen Leitauffassungen vom Leben und von der Welt als einem Sinnganzen sowie zur Deutung des persönlichen und gemeinschaftlichen Standortes für das individuelle Lebensverständnis verstanden[5]. Tendenziell sollte in der Praxis danach von einem eingeschränkten Verständnis des Begriffs der „Weltanschauung" ausgegangen werden. Letztlich bleibt es aber der Rechtsprechung überlassen, den Begriff der „Weltanschauung" iSd. AGG näher zu definieren. Das BAG[6] hat jedenfalls mittlerweile klargestellt, dass Sympathien für ein Land, seine Regierung oder die diese Regierung tragende Partei nicht unter den Begriff der „Weltanschauung" gem. § 1 AGG fallen.

⮕ **Hinweis:** Die Frage der Definition der Begriffe „Religion" oder „Weltanschauung" und die damit verbundenen Benachteiligungsverbote haben nicht unerhebliche praktische Bedeutung. Bspw. ist umstritten, ob die Scientology-Organisation eine Religionsgemeinschaft oder einen wirtschaftlichen Verein darstellt[7].

Beispiel:

Die muslimische Frau, die sich gegen ein arbeitgeberseitiges Verbot wehrt, ein Kopftuch bei der Arbeit zu tragen, unterfällt ebenfalls dem Schutzbereich des AGG. Ein Benachteiligungstatbestand könnte verwirklicht sein. Vom Ergebnis her wird es darauf ankommen, ob es sich um eine zulässige Behandlung (vgl. §§ 8, 9 AGG) handelt[8].

4. Behinderung

Die Verpflichtung zur Umsetzung eines Benachteiligungsverbotes im Hinblick auf das Differenzierungsmerkmal „Behinderung" ergibt sich aus der RL 2000/78/EG

---

1 Vgl. BAG 22.3.1995 – 5 AZB 21/94, NZA 1995, 823; vgl. aber auch die internationale Darstellung der Gerichtsbarkeit bei *Thüsing*, NZA 2004, Sonderbeil. zu Heft 22, 3 (10).
2 Vgl. BAG 22.3.1995 – 5 AZB 21/94, NZA 1995, 823.
3 Vgl. *Annuß*, BB 2006, 1629 (1631).
4 Vgl. *Thüsing*, NZA 2004, Sonderbeil. zu Heft 22, 3 (11).
5 So das Verständnis des österreichischen Gesetzgebers, zit. nach *Thüsing*, NZA 2004, Sonderbeil. zu Heft 22, 3 (11).
6 BAG 20.6.2013 – 8 AZR 482/12, NZA 2014, 21.
7 Vgl. BAG 26.9.2002 – 5 AZB 19/01, AP Nr. 83 zu § 2 ArbGG 1979.
8 Vgl. zum bisherigen Recht BAG 10.10.2002 – 2 AZR 472/01, AP Nr. 44 zu § 1 KSchG 1969 – Verhaltensbedingte Kündigung.

des Rates vom 27.11.2000 zur Festlegung eines allgemeinen Rahmens für die Verwirklichung der Gleichbehandlung in Beschäftigung und Beruf[1]. Ein solches Benachteiligungsverbot für Menschen mit Behinderung war bereits vor Inkrafttreten des AGG in § 81 Abs. 2 SGB IX geregelt. Nach überwiegender Auffassung war mit dieser Regelung die Richtlinie über die Diskriminierung wegen einer Behinderung jedoch nicht vollständig in das deutsche Recht umgesetzt worden, da § 81 Abs. 2 SGB IX nur ein Benachteiligungsverbot für schwerbehinderte Menschen iSd. § 2 Abs. 2 SGB IX und diesen Gleichgestellte vorsah, die Richtlinie hingegen einen darüber hinausgehenden Schutz verlangt[2]. Vor diesem Hintergrund beschränkt auch der Gesetzgeber den Begriff der „Behinderung" in § 1 AGG nicht nur auf schwerbehinderte Menschen (Grad der Behinderung von wenigstens 50) und diesen mit Bescheid der Bundesagentur für Arbeit Gleichgestellte (mindestens Grad der Behinderung von wenigstens 30). Nach der Vorstellung des Gesetzgebers soll der Begriff der „Behinderung" iSd. § 1 AGG vielmehr den gesetzlichen Definitionen in § 2 Abs. 1 Satz 1 SGB IX und in § 3 BGG entsprechen[3]. Danach sind Menschen behindert, wenn ihre körperliche Funktion, geistige Fähigkeit oder seelische Gesundheit mit hoher Wahrscheinlichkeit länger als sechs Monate von dem für das Lebensalter typischen Zustand abweichen und daher ihre Teilnahme am Leben in der Gesellschaft beeinträchtigt ist. Der Gesetzgeber geht davon aus, dass sich mit diesem sozialrechtlich entwickelten Begriff die meisten Sachverhalte der ungerechtfertigten Benachteiligung Behinderter auch im Anwendungsbereich des AGG erfassen lassen[4].

38 Noch bevor das AGG in Kraft treten konnte, gab der EuGH eine eigene Definition des Begriffs der „Behinderung" iSd. RL 2000/78/EG vor. Danach ist der Begriff „Behinderung" so zu verstehen, dass er eine Einschränkung erfasst, die insbesondere auf physische, geistige oder psychische Beeinträchtigungen zurückzuführen ist und die ein Hindernis für die Teilhabe des Betreffenden am Berufsleben bildet. Damit die Einschränkung aber unter den Begriff „Behinderung" fällt, muss wahrscheinlich sein, dass sie von langer Dauer ist[5]. Da es sich bei dem Begriff „Behinderung" iSd. RL 2000/78/EG um einen gemeinschaftsrechtlichen Begriff handelt, der nach dem Grundsatz der einheitlichen Auslegung des Gemeinschaftsrechts aus der Systematik und der Zielsetzung der Richtlinie heraus einheitlich zu bestimmen ist[6], ist diese **Definition des EuGH** in der Praxis auch für die Bestimmung des Begriffs „Behinderung" iSd. § 1 AGG maßgeblich. Dies bedeutet: Für die Frage, ob eine Behinderung iSd. § 1 AGG vorliegt, kommt es nicht darauf an, ob ein bestimmter Grad der Behinderung nach nationalen Maßstäben vorliegt[7]. Schon gar nicht ist erforderlich, dass ein Grad der Behinderung von mindestens 30 oder gar mindestens 50 festgestellt wurde. Der Begriff „Behinderung" ist zunächst nicht in Schweregraden messbar. Deshalb können auch beeinträchtigte Menschen mit weniger schweren Behinderungen von dem Benachteiligungsverbot erfasst werden. Entscheidend ist zunächst nur, dass eine Einschränkung von langer Dauer (die nicht zwingend durch den Sechs-Monats-Zeitraum der § 2 Abs. 1 Satz 1 SGB IX und § 3 BGG konkretisiert wird) vorliegt, die ein Hindernis für die Teilnahme des Betreffenden am Berufsleben bildet. Dies schließt aber nicht aus, dass sich in der Rechtsprechung ein bestimmter Schweregrad herauskristallisiert (zB 10 %), der den Schwellenwert für eine Behinderung iSd. § 1 AGG bildet. So sehr

---

1 Vgl. ABl. EG 2000 Nr. L 303/16.
2 Vgl. ausführlich ArbG Berlin 13.7.2005 – 86 Ca 24618/04, NZA-RR 2005, 608 mwN; weiterhin *Thüsing/Wege*, NZA 2006, 136; *Düwell*, BB 2006, 1741.
3 Vgl. auch BAG 16.2.2012 – 8 AZR 697/10, NZA 2012, 394.
4 Gesetzesbegründung, BT-Drucks. 16/1780, 31.
5 Vgl. EuGH 11.7.2006 – Rs. C-13/05, DB 2006, 1617.
6 Vgl. hierzu ArbG Berlin 13.7.2005 – 86 Ca 24618/04, NZA-RR 2005, 608.
7 Vgl. auch BAG 16.2.2012 – 8 AZR 697/10, NZA 2012, 667.

III. Differenzierungsmerkmale

dies für die Praxis wünschenswert wäre, zwingend ist ein solcher Schwellenwert nach der weiten Definition des EuGH nicht[1].

Beispiel: 39

Eine Bewerberin leidet an Neurodermitis. Wegen der damit verbundenen äußerlich erkennbaren dauernden Einbuße der körperlichen Bewegungsfreiheit stellt das Versorgungsamt einen Grad der Behinderung von 40 fest. Im Rahmen eines Bewerbungsverfahrens für eine Stelle im Bereich Parkraumbewirtschaftung des Landes A absolviert die Bewerberin zunächst erfolgreich einen schriftlichen Auswahltest mit abschließender mündlicher Prüfung. Im Rahmen der darauf folgenden personalärztlichen Untersuchung legt die Bewerberin dem untersuchenden Arzt den Bescheid des Versorgungsamtes vor. Im Ergebnis der Untersuchung erklärt der Arzt die Bewerberin für nicht verwendungsfähig und teilt ihr mit, dass sie wegen der Neurodermitis für die ausgeschriebene Stelle gesundheitlich nicht geeignet sei. Daraufhin lehnt das Land A die Bewerbung ab und schickt die eingereichten Bewerbungsunterlagen zurück. Bei einer derart schweren Behinderung mit dem Grad von 40 ist auf jeden Fall eine Behinderung iSd. § 1 AGG anzunehmen. Dies gilt insbesondere unabhängig davon, ob eine Gleichstellung vorliegt oder nicht. Da das Land A die Bewerbung aufgrund der ärztlichen Untersuchung abgelehnt hat, hat die Klägerin auch eine objektiv im Zusammenhang mit ihrer Behinderung stehende weniger günstige Behandlung als eine andere nicht behinderte Person in einer ansonsten vergleichbaren Situation erfahren[2].

⊃ **Hinweis:** Der Nachweis der Behinderung konnte in dem vorstehenden Fall einfach anhand des Bescheides des Versorgungsamtes erbracht werden. Aufgrund der Drittbindungswirkung derartiger Bescheide sind auch die Arbeitsgerichte an die Feststellung gebunden. Da der Begriff „Behinderung" iSd. § 1 AGG jedoch nicht an einen bestimmten Grad der Behinderung anknüpft, wird es zukünftig schwieriger sein, das Vorliegen einer Behinderung darzulegen und zu beweisen[3]. 40

Es bleibt aus Sicht des schwerbehinderten Menschen gleichwohl ratsam, sich frühzeitig um eine derartige behördliche Feststellung zu bemühen, um die Behinderung dann im arbeitsgerichtlichen Verfahren nachweisen zu können. Dadurch wird die Behinderung jedenfalls für das Gericht „messbar". Ob der festgestellte Grad der Behinderung dann ausreicht, eine Behinderung iSd. § 1 AGG anzunehmen, bleibt selbstverständlich der Würdigung des Gerichtes vorbehalten.

Der Begriff „Behinderung" iSd. § 1 AGG lässt sich nicht ohne Weiteres mit dem Begriff **„Krankheit"** gleichsetzen. Arbeitnehmer fallen also nicht zwangsläufig unter den Schutzbereich des AGG, sobald sich bei ihnen „irgendeine" Krankheit einstellt. Krankheit als solche ist im Übrigen auch nicht als weiteres Differenzierungsmerkmal iSd. § 1 AGG anzuerkennen. Eine Benachteiligung wegen einer Krankheit, die keine Behinderung ist, ist damit nicht von § 1 AGG erfasst[4]. 41

Beispiel: 42

Eine Arbeitnehmerin ist seit sieben Monaten krankgeschrieben. Daraufhin kündigt der Arbeitgeber das Arbeitsverhältnis und begründet die Kündigung allein mit der siebenmonatigen Krankheit der Klägerin. Die Arbeitnehmerin kann sich nicht darauf berufen, dass eine Benachteiligung wegen einer Behinderung iSd. § 1 AGG vorliegt.

Selbst wenn die Krankheitszeiträume eines Arbeitnehmers sowohl in der Einzel- als auch in der Gesamtbetrachtung nicht von langer Dauer waren, kann trotzdem eine 42a

---

1 Das LAG Düsseldorf greift zur weiteren Konkretisierung des Begriffs der Behinderung auf die Definition in der „Internationalen Klassifikation der Funktionsfähigkeit, Behinderung und Gesundheit" der Weltgesundheitsorganisation (WHO) zurück. Danach werde eine Behinderung nicht primär als Einschränkung der Funktionsfähigkeit, sondern vielmehr als beeinträchtigte Teilhabe am Leben in der Gesellschaft und im Betrieb verstanden. Vgl. hierzu LAG Düsseldorf 14.5.2008 – 12 Sa 256/08.
2 Vgl. hierzu ArbG Berlin 13.7.2005 – 86 Ca 24618/04, NZA-RR 2005, 608.
3 Zutreffend *Düwell*, BB 2006, 1741.
4 EuGH 11.7.2006 – Rs. C-13/05, DB 2006, 1617.

Behinderung vorliegen. Denn treten die Gesundheitsstörungen etwa in Schüben auf und können sie auf ein Grundleiden zurückgeführt werden, handelt es sich um ein Dauerleiden mit entsprechend andauernder Funktionsbeeinträchtigung, selbst wenn die einzelnen akuten funktionalen Einschränkungen für sich gesehen nur kürzere Zeit andauern.

42b ⟳ **Hinweis:** Beruft sich ein Arbeitnehmer im Rahmen eines Kündigungsschutzprozesses auf eine Diskriminierung wegen einer Behinderung oder stützt er hierauf eine Schadensersatzklage, so reicht es nicht, dass er eine hohe Anzahl von Arbeitsunfähigkeitszeiten darlegt. Er muss vielmehr konkret darlegen, dass diese hohen Fehlzeiten auf einer Teilhabebeeinträchtigung am Berufsleben beruhen[1].

42c Die symptomlose HIV-Infektion stellt eine Behinderung iSd. § 1 AGG dar[2]. Dies soll nach der zitierten Rechtsprechung des BAG solange gelten, wie das gegenwärtig auf eine solche Infektion zurückzuführende soziale Vermeidungsverhalten und die darauf beruhenden Stigmatisierungen andauern.

5. Alter

43 Der Begriff „Alter" meint das Lebensalter. Das Gesetz will insoweit vor ungerechtfertigten unterschiedlichen Behandlungen schützen, die an das konkrete Lebensalter anknüpfen. Geschützt sind deshalb sowohl ältere als auch jüngere Arbeitnehmer[3]. Die Altersdiskriminierung stellt bislang die häufigste Form der Benachteiligung dar, da sie in den unterschiedlichsten (Rechts-)Zusammenhängen auftreten kann[4].

6. Sexuelle Identität

44 Der Begriff der „sexuellen Identität" meint die sexuelle Ausrichtung und erfasst homosexuelle Männer und Frauen ebenso wie bisexuelle, transsexuelle oder zwischengeschlechtliche Menschen[5].

IV. Benachteiligungsformen

45 Das AGG verwendet den Begriff der „Benachteiligung", nicht den Begriff der „Diskriminierung". Damit soll zum Ausdruck gebracht werden, dass nicht jede unterschiedliche Behandlung, die mit der Zufügung eines Nachteils verbunden ist, diskriminierenden Charakter hat. Unter dem Begriff der „Diskriminierung" werde nämlich im allgemeinen Sprachgebrauch nur die rechtswidrige, sozial verwerfliche Ungleichbehandlung verstanden. Hingegen gebe es auch Fälle der zulässigen unterschiedlichen Behandlung[6].

46 § 3 AGG benennt **fünf Formen der Benachteiligung**, die in § 3 Abs. 1–5 AGG näher definiert werden:

---

1 BAG 22.10.2009 – 8 AZR 642/08, NZA 2010, 280.
2 BAG 19.12.2013 – 6 AZR 190/12, NZA 2014, 372.
3 Vgl. Gesetzesbegründung, BT-Drucks. 16/1780, 31; EuGH 19.1.2010 – Rs. C-555/07, NZA 2010, 85; BAG 25.2.2010 – 6 AZR 911/08, NZA 2010, 561.
4 Vgl. aus der Rspr. bspw. BAG 20.5.2010 – 6 AZR, 319/09 (A), NZA 2010, 768 (Vergütung nach Lebensaltersstufen), nachgehend EuGH 8.9.2011 – Rs. C-297/10 und C-298/10, NZA 2011, 1100; BAG 18.3.2010 – 8 AZR 1044/08, NJW 2010, 2970 (Ablehnung einer Stellenbewerberin); 23.3.2010 – 1 AZR 832/08, DB 2010, 1353 (Sozialplanregelung); 25.2.2010 – 6 AZR 911/08, NZA 2010, 561 (Aufhebungsverträge); EuGH 12.1.2010 – Rs. C-341/08, NJW 2010, 587 (Höchstaltersgrenzen); BAG 6.11.2008 – 2 AZR 523/07, NZA 2009, 361 (Altersgruppen).
5 Vgl. Gesetzesbegründung, BT-Drucks. 16/1780, 31.
6 BT-Drucks. 16/1780, 32.

IV. Benachteiligungsformen

- unmittelbare Benachteiligung,
- mittelbare Benachteiligung,
- Belästigung,
- sexuelle Belästigung,
- Anweisung zur Benachteiligung.

1. Unmittelbare Benachteiligung

Eine unmittelbare Benachteiligung liegt nach § 3 Abs. 1 AGG dann vor, wenn eine Person wegen eines in § 1 AGG genannten Grundes eine weniger günstige Behandlung erfährt, als eine andere Person in einer vergleichbaren Situation erfährt, erfahren hat oder erfahren würde[1]. Voraussetzung ist danach zunächst einmal ein **Nachteil in Form einer Zurücksetzung**. Zur Feststellung dieser Zurücksetzung kann eine konkrete Vergleichsperson („erfährt"), eine Vergleichsperson, die früher in der Situation des Betroffenen war („erfahren hat") und eine hypothetische Vergleichsperson („erfahren würde") herangezogen werden. In allen drei Fällen ist die vergleichbare Situation anhand einer Gesamtbetrachtung festzustellen, bei der die Art der Tätigkeit, die Vorbildung, die Arbeitsplatzgestaltung und die Arbeitsbedingungen maßgebliche Kriterien sein können[2].

Beispiel:

Ein Messe- und Veranstaltungsdienst sollte während einer Messe die Besucherregistrierung durchführen. Auf eine entsprechende Zeitungsanzeige meldete sich die Klägerin, die zu einem persönlichen Vorstellungsgespräch eingeladen wurde. Nachdem sie ihr Alter genannt hatte, wurde ihr mitgeteilt, dass sie die Stelle nicht haben könne, da sie zu alt sei. Diese Entscheidung betraf den Zugang der Klägerin zu unselbständiger Erwerbstätigkeit und stellt damit eine Maßnahme iSv. § 2 Abs. 1 Nr. 1 AGG dar. Die Klägerin hat dabei wegen ihres Alters eine weniger günstige Behandlung erfahren als eine andere Person in einer vergleichbaren Situation. Die Klägerin wurde ungünstiger behandelt als tatsächliche oder potentielle Bewerberinnen, denn ihre Bewerbung für eine Beschäftigung wurde abgelehnt. Dies stellt eine ungünstige Behandlung dar, unabhängig davon, ob die Klägerin bei „passendem" Alter eingestellt worden wäre[3].

Das Vorliegen einer vergleichbaren Situation setzt bei einer Bewerbung voraus, dass der Bewerber objektiv für die gesuchte Position geeignet war, denn vergleichbar ist die Auswahlsituation nur für Arbeitnehmer, die gleichermaßen die objektive Eignung für die zu besetzende Stelle aufweisen[4].

Beispiel:

Eine Stadt suchte mit Inserat eine kommunale Gleichstellungsbeauftragte. Ein männlicher Bewerber wurde mit der Begründung abgelehnt, dass die einschlägige Gemeindeordnung vorgibt, dass das Amt nur durch eine Frau besetzt werden darf. Hierdurch wurde der männliche Bewerber ungünstiger behandelt als tatsächliche oder potentielle Bewerberinnen, denn seine Bewerbung wurde abgelehnt, ohne dass er zu einem Vorstellungsgespräch eingeladen wurde. Die ungünstige Behandlung erfolgte auch in einer vergleichbaren Situation, da der Kläger objektiv für die Position des/der Gleichstellungsbeauftragten aufgrund seiner Ausbildung objektiv geeignet war[5].

---

1 BAG 21.6.2012 – 8 AZR 364/11, DB 2012, 2579.
2 Die Frage nach der Schwerbehinderung im Vorfeld einer Kündigung benachteiligt den Arbeitnehmer jedenfalls dann nicht, wenn die Frist des § 90 Abs. 1 Nr. 1 SGB IX abgelaufen ist. Vgl. hierzu BAG 16.2.2012 – 6 AZR 553/10, NZA 2012, 555.
3 BAG 18.3.2010 – 8 AZR 1044/08, NJW 2010, 2970.
4 BAG 18.3.2010 – 8 AZR 77/09, NZA 2010, 872; 19.8.2010 – 8 AZR 466/09, NZA 2011, 208; 16.2.2012 – 8 AZR 697/10, NZA 2012, 667; 14.11.2013 – 8 AZR 997/12, NZA 2014, 489.
5 BAG 18.3.2010 – 8 AZR 77/09, NZA 2010, 872.

49b Eine unmittelbare Diskriminierung setzt hingegen nicht voraus, dass eine beschwerte Person, die behauptet, Opfer einer derartigen unmittelbaren Diskriminierung geworden zu sein, identifizierbar ist.

50 Beispiel:

Der Direktor eines Unternehmens, das auf den Verkauf und Einbau von Schwing- und Sektionaltoren spezialisiert ist, erklärt öffentlich, dass sein Unternehmen grundsätzlich Monteure einstellen wolle, aber keine Menschen fremder Herkunft beschäftigen könne, da die Kunden Bedenken hätten, ihnen für die Dauer der Arbeiten Zugang zu ihren privaten Wohnungen zu gewähren. Das Unternehmen müsse den Forderungen seiner Kunden nachkommen. Diese öffentliche Äußerung stellt eine unmittelbare Diskriminierung dar, da sie bestimmte Bewerber ernsthaft davon abhalten kann, ihre Bewerbungen einzureichen, und kann damit ihren Zugang zum Arbeitsmarkt behindern. Für die Annahme der unmittelbaren Diskriminierung ist nach dem EuGH hingegen nicht erforderlich, dass das Opfer identifizierbar ist (indem es sich auf die ausgeschriebene Stelle zunächst bewirbt und dann eine Absage bekommt)[1].

51 Die Benachteiligung, die auch durch ein Unterlassen eintreten kann, setzt des Weiteren einen unmittelbaren Ursachenzusammenhang voraus („wegen"). Die benachteiligende Maßnahme muss also durch eines (oder mehrere) der Differenzierungsmerkmale bewirkt sein. Der **Kausalitätszusammenhang** ist bereits dann gegeben, wenn die Benachteiligung an einen in § 1 AGG genannten oder mehrere in § 1 AGG genannte Gründe anknüpft und dadurch motiviert ist. Ausreichend ist ferner, dass ein in § 1 AGG genannter Grund Bestandteil eines Motivbündels ist, das die Entscheidung beeinflusst hat[2]. Dies setzt voraus, dass das Diskriminierungsmerkmal dem Arbeitgeber bekannt ist[3]. Schließlich ist erforderlich, dass die unmittelbare Benachteiligung bereits stattgefunden hat oder noch andauert. In jedem Fall muss aber eine hinreichend konkrete Gefahr bestehen, dass eine solche Benachteiligung eintritt. Eine nur abstrakte Gefahr löst noch keine Ansprüche aus[4]. Erforderlich ist deshalb eine ernsthafte Erstbegehungsgefahr oder zumindest eine – bei bereits erfolgter Benachteiligung – Wiederholungsgefahr[5]. Eine unmittelbare Benachteiligung muss nicht ausdrücklich erfolgen, sondern kann auch in versteckter Form eintreten. In diesen Fällen wird das Differenzierungsmerkmal, an das angeknüpft wird, nicht direkt genannt, sondern außerhalb des AGG stehende Merkmale vorgeschoben[6].

52 Beispiel:

Ein Hotel vermietet seine Festsäle ausdrücklich nur für Hochzeiten (von heterogenen Paaren) und damit versteckt nicht für Feierlichkeiten von homosexuellen Paaren nach Eintragung einer Lebenspartnerschaft.

53 Erforderlich ist auch nicht, dass bei den Betroffenen das Differenzierungsmerkmal tatsächlich vorliegt. Ausreichend ist, dass der Benachteiligende das Merkmal nur annimmt. Auch der „Versuch am untauglichen Objekt" stellt deshalb eine verbotene Benachteiligung dar[7]. Ebenso wenig ist erforderlich, dass die diskriminierende Maßnahme direkt auf den Träger des Differenzierungsmerkmals gerichtet ist. Ein Verhalten des Arbeitgebers verstößt auch dann gegen das Verbot der unmittelbaren Diskriminierung, wenn der Arbeitnehmer, der nicht selbst behindert ist, durch seinen Arbeitgeber eine weniger günstige Behandlung als ein anderer Arbeitnehmer in einer vergleichbaren Situation erfährt, erfahren hat oder erfahren würde und zudem nach-

---

1 Vgl. EuGH 10.7.2008 – Rs. C-54/07, NZA 2008, 929.
2 BAG 13.10.2009 – 9 AZR 722/08, NZA 2010, 327; 18.3.2010 – 8 AZR 77/09, NZA 2010, 872; 17.12.2009 – 8 AZR 670/08, NZA 2010, 383.
3 Vgl. BAG 26.9.2013 – 8 AZR 650/12, NZA 2014, 258.
4 Gesetzesbegründung, BT-Drucks. 16/1780, 32.
5 HK-AGG/*Schrader*/*Schubert*, § 3 Rz. 30.
6 HK-AGG/*Schrader*/*Schubert*, § 3 Rz. 32.
7 BAG 17.12.2009 – 8 AZR 670/08, NZA 2010, 383.

gewiesen ist, dass die Benachteiligung des Arbeitnehmers wegen der Behinderung seines Kindes erfolgt ist, für das er im Wesentlichen die Pflegeleistungen erbringt, deren das Kind bedarf[1].

Beispiel: 54

Die Klägerin war als Anwaltssekretärin in einer Sozietät tätig. Sie gebar einen Sohn, der an apnoischen Anfällen und an angeborener Laryngomalazie und Bronchomalazie leidet. Dieser Zustand des Sohnes erforderte eine spezialisierte und besondere Pflege. Die für ihn erforderliche Pflege wird im Wesentlichen von der Klägerin geleistet. Als die Klägerin aus dem Mutterschaftsurlaub zurückkam, weigerte sich der Arbeitgeber, sie an ihren früheren Arbeitsplatz zurückkehren zu lassen, während Eltern nicht behinderter Kinder auf ihre früheren Stellen zurückkehren durften. Der Arbeitgeber lehnte es auch ab, der Klägerin die gleichen flexiblen Arbeitszeiten und die gleichen Arbeitsbedingungen zu gewähren wie ihren Kollegen, die keine behinderten Kinder haben. Zudem wurde die Klägerin als „faul" bezeichnet, wenn sie freinehmen wollte, um ihr Kind zu betreuen, während Eltern nicht behinderter Kinder diese Möglichkeit gewährt wurde. Der EuGH bestätigte eine unmittelbare Diskriminierung der Klägerin. Zweck der RL 2000/78/EG sei, in Beschäftigung und Beruf jede Form der Diskriminierung aus Gründen einer Behinderung zu bekämpfen. Dieser Schutz würde gemindert, wenn ihre Anwendung auf solche Personen beschränkt werde, die selbst behindert sind. Deshalb werden nach Auffassung des EuGH auch solche Arbeitnehmer unmittelbar diskriminiert, die zwar nicht behindert sind, die Ungleichbehandlung aber wegen einer anderen behinderten Person erfahren[2].

In § 3 Abs. 1 Satz 2 AGG wird ausdrücklich klargestellt, dass eine unmittelbare Benachteiligung wegen des Geschlechts in Bezug auf § 2 Abs. 1 Nr. 1–4 AGG (Beschäftigung und Beruf) auch im Falle einer ungünstigeren Behandlung einer Frau wegen Schwangerschaft oder Mutterschaft vorliegt. Durch diese Regelung wird der Rechtsprechung des EuGH Rechnung getragen[3]. 55

2. Mittelbare Benachteiligung

Eine mittelbare Benachteiligung liegt nach § 3 Abs. 2 AGG dann vor, wenn dem Anschein nach neutrale Vorschriften, Kriterien oder Verfahren Personen wegen eines in § 1 AGG genannten Grundes gegenüber anderen Personen in besonderer Weise benachteiligen können, es sei denn, die betreffenden Vorschriften, Kriterien oder Verfahren sind durch ein rechtmäßiges Ziel sachlich gerechtfertigt und die Mittel sind zur Erreichung dieses Ziels angemessen und erforderlich[4]. Die Feststellung einer mittelbaren Benachteiligung erfordert danach eine **zweistufige Prüfung:** Zunächst bedarf es der Klärung, ob eine mittelbare Diskriminierung als solche überhaupt vorliegt. Ist dies der Fall, muss weiter geprüft werden, ob diese mittelbare Benachteiligung sachlich gerechtfertigt (und damit nicht rechtswidrig) ist[5]. Das Vorliegen der die mittelbare Benachteiligung sachlich rechtfertigenden Gründe ist bereits auf Tatbestandsebene zu prüfen. Eine mittelbare Benachteiligung liegt also tatbestandlich schon nicht vor, wenn ein sachlicher Grund die Ungleichbehandlung rechtfertigt und die eingesetzten Mittel erforderlich und angemessen sind[6]. 56

---

1 Vgl. EuGH 17.7.2008 – Rs. C-303/06, NZA 2008, 932.
2 Vgl. EuGH 17.7.2008 – Rs. C-303/06, NZA 2008, 932.
3 EuGH 8.11.1990 – Rs. C-177/88 – Dekker, AP Nr. 23 zu Art. 119 EWG-Vertrag.
4 Vgl. hierzu auch LAG Köln 15.2.2008 – 11 Sa 923/07, NZA-RR 2008, 622.
5 Vgl. hierzu bereits *Schiek*, NZA 2004, 873; *Küttner/Kania*, Diskriminierung Rz. 55; vgl. auch BAG 8.6.2005 – 4 AZR 412/04, NZA 2006, 611 zum früheren § 612 Abs. 3 BGB, der durch das AGG aufgehoben wurde.
6 Gesetzesbegründung, BT-Drucks. 16/1780, 33; BAG 18.8.2009 – 1 ABR 47/08, NZA 2010, 222.

a) Voraussetzungen

57 Dem Anschein nach neutrale Vorgaben können wegen ihres Hintergrundes benachteiligend wirken[1].

58 **Beispiele:**

Differenzierungen bei Voll- und Teilzeitarbeit können eine mittelbare Benachteiligung wegen des Geschlechts darstellen[2]. Auch die Anforderung deutscher Sprachkenntnisse kann ausländische Arbeitnehmer in besonderer Weise benachteiligen[3]. Darüber hinaus stellt der Rückgriff auf das Kriterium des Dienstalters als entgeltbestimmenden Faktor eine mittelbare Benachteiligung dar, wenn die Anwendung dieses Faktors Ungleichheiten bei der Vergütung zwischen zu vergleichenden männlichen und weiblichen Arbeitnehmern nach sich zieht[4].

59 Zunächst muss eine **dem Anschein nach neutrale Vorschrift** (oder ein entsprechendes Kriterium oder Verfahren) dargelegt werden. In einem weiteren Schritt sind dann **Vergleichsgruppen** zu ermitteln. Schließlich ist innerhalb der jeweiligen Vergleichsgruppen das zahlenmäßige Verhältnis der Personen zu ermitteln, die bestimmte Differenzierungsmerkmale des § 1 AGG tragen, um die sich aus den verschiedenen Gruppen ergebenden Relationen miteinander vergleichen zu können. Mittelbar benachteiligt sind dann die Träger des Differenzierungsmerkmales, deren Anteil an der benachteiligten Gruppe größer ist als ihr Anteil an der begünstigten[5].

60 **Beispiel 1:**

Ein Arbeitgeber gruppiert die Arbeitnehmerinnen und Arbeitnehmer in die unterschiedlichen Vergütungsgruppen A und B (höhere tarifliche Bewertung) ein. Eine Arbeitnehmerin der Tarifgruppe A behauptet daraufhin eine Benachteiligung wegen des Geschlechts. Um mit dieser Behauptung im gerichtlichen Verfahren erfolgreich zu sein, muss sie zunächst darlegen, dass die Tätigkeiten in beiden Vergütungsgruppen gleich oder gleichwertig sind. Weiterhin muss sie nachweisen, dass in der Vergütungsgruppe A (benachteiligte Personengruppe) prozentual deutlich mehr Frauen betroffen sind als in der Vergütungsgruppe B (begünstigte Personengruppe)[6].

61 **Beispiel 2:**

Die Beschränkung des Bewerberkreises in einer innerbetrieblichen Ausschreibung auf Mitarbeiter des ersten Berufs- und Tätigkeitsjahres führt zu einer mittelbaren Ungleichbehandlung aufgrund des Lebensalters. Denn das Merkmal „erstes Berufs-/Tätigkeitsjahr" schließt die bei einem Arbeitgeber beschäftigten Arbeitnehmer von dem Bewerbungsverfahren aus, die nach den einschlägigen Gehaltstarifverträgen in ein höheres Berufs-/Tätigkeitsjahr eingestuft sind. Mit zunehmender Berufstätigkeit steigt auch das Lebensalter. Arbeitnehmer mit einer höheren Anzahl von Berufs-/Tätigkeitsjahren weisen gegenüber Berufsanfängern daher typischerweise ein höheres Lebensalter auf. Diese hypothetische Betrachtungsweise führt zu einer Indizwirkung zulasten des Arbeitgebers[7].

62 **Beispiel 3:**

Das Ansteigen von Abfindungen mit zunehmender Betriebszugehörigkeit in einem Sozialplan führt regelmäßig zu einer mittelbaren Benachteiligung jüngerer Arbeitnehmer. Arbeitnehmer mit längerer Betriebszugehörigkeit sind jedenfalls typischerweise älter als Arbeitnehmer mit

---

1 Vgl. Palandt/*Ellenberger*, § 3 AGG Rz. 3.
2 Vgl. EuGH 6.12.2007 – Rs. C-300/06, NZA 2008, 31.
3 BAG 28.1.2010 – 2 AZR 464/08, NZA 2010, 625.
4 EuGH 3.10.2006 – Rs. C-17/05, NZA 2006, 1205.
5 Vgl. hierzu *Löwisch*, DB 2006, 1729, mit Hinweis auf die Rspr. des BAG zum Merkmal des Geschlechtes.
6 Vgl. BAG 8.6.2005 – 4 AZR 412/04, NZA 2006, 611. Zur Übertragung dieser Grundsätze auf das AGG vgl. LAG Hamm 1.9.2006 – 4 Sa 564/04, NZA-RR 2007, 81.
7 BAG 18.8.2009 – 1 ABR 47/08, NZA 2010, 222.

IV. Benachteiligungsformen

kürzerer Betriebszugehörigkeit. Zwar können auch ältere Arbeitnehmer eine kurze Betriebszugehörigkeit haben. Eine lange Betriebszugehörigkeit können aber Arbeitnehmer in jungen Jahren noch nicht erlangt haben[1].

Ob eine Benachteiligung dabei anzunehmen ist, war in der Vergangenheit durch einen **statistischen Vergleich** über die Anwendung der Regelung unterschiedlich betroffener Personengruppen ermittelt worden[2]. Zweckmäßigerweise wird man in einem arbeitsgerichtlichen Verfahren auch unter der Geltung des AGG einen statistischen Nachweis der mittelbaren Benachteiligung liefern, erforderlich ist dies nach dem Wortlaut des § 3 Abs. 2 AGG jedoch nicht mehr[3]. Dies hat nun auch das BAG ausdrücklich bestätigt. Ausreichend sei vielmehr, wenn das **Kriterium typischerweise geeignet ist, eine bestimmte Altersgruppe tatsächlich wegen ihres Alters zu benachteiligen.** Dies folgt nach Auffassung des BAG bereits aus dem Gesetzeswortlaut und entspricht dem gemeinschaftsrechtlichen Gebot des effet utile, wonach die Regelung einer Richtlinie innerhalb ihres Geltungsbereiches tatsächliche Wirksamkeit entfalten soll[4].

63

Einstweilen frei.

64–66

b) Sachliche Rechtfertigung

Eine mittelbare Benachteiligung ist bereits tatbestandlich ausgeschlossen, wenn ein sachlicher Grund die Ungleichbehandlung rechtfertigt und die eingesetzten Mittel erforderlich und angemessen sind. Der Begriff des sachlichen Grundes wird weder im Gesetz selbst noch in der Gesetzesbegründung näher definiert. Das BAG geht davon aus, dass rechtmäßige Ziele iSd. § 3 Abs. 2 AGG alle nicht ihrerseits diskriminierenden und auch sonst legalen Ziele sein können. Dazu gehören auch privatautonom bestimmte Ziele des Arbeitgebers (zB betriebliche Notwendigkeiten und Anforderungen an die persönlichen Fähigkeiten des Arbeitnehmers)[5].

67

Beispiel 1:

68

Der Arbeitgeber stellte – auch gegenüber ausländischen Mitarbeitern – die Anforderung auf, nach schriftlichen, in deutscher Sprache abgefassten Arbeitsanweisungen zu arbeiten. Diese, ausländische Mitarbeiter mittelbar benachteiligende Vorgabe, war nach Auffassung des BAG durch ein legitimes Ziel gerechtfertigt. Dabei sei bereits die Erfüllung einer ISO-Norm (hier: berufliche Anforderung der Kenntnis der deutschen Schriftsprache für die von der Arbeitgeberin im Spritzguss beschäftigten Werker) ein rechtfertigendes Ziel, da dieses nicht diskriminierend und auch sonst rechtmäßig sei. Darüber hinaus sei – auch unabhängig von der Erfüllung der ISO-Norm – die möglichst optimale Erledigung der anfallenden Arbeiten durch richtiges Verstehen der Arbeitsanweisungen ein rechtmäßiges Ziel. Die Beherrschung der deutschen Sprache ist deshalb ein erforderliches Mittel zur Erreichung des legitimen Ziels. Dieses Mittel ist auch angemessen, da ein Arbeitgeber ansonsten weiteres – zweisprachiges – Personal für die Übersetzung und mündliche Erläuterung der Arbeitsanweisung vorhalten müsste. Derartige organisatorische Umgestaltung verlangt das Gesetz von einem Arbeitgeber jedoch nicht[6].

---

1 BAG 26.5.2009 – 1 AZR 198/08, NZA 2009, 849.
2 BAG 8.6.2005 – 4 AZR 412/04, NZA 2006, 611.
3 So zutreffend *Wisskirchen*, DB 2006, 1491; HK-AGG/*Schrader/Schubert*, § 3 Rz. 40; aA *Bauer/Göpfert/Krieger*, § 3 AGG Rz. 25. Zur Vermutung für ein benachteiligendes Verhalten aus statistischen Daten s.a. BAG 21.6.2012 – 8 AZR 364/11, DB 2012, 2579.
4 BAG 18.8.2009 – 1 ABR 47/08, NZA 2010, 222.
5 BAG 28.1.2010 – 2 AZR 764/08, NZA 2010, 625; vgl. auch BAG 22.6.2011 – 8 AZR 48/10, NZA 2011, 1226 (Aufforderung zum Sprachkurs).
6 BAG 28.1.2010 – 2 AZR 764/08, NZA 2010, 625.

Beispiel 2:[1]

Die Anwendung des Kriteriums des Dienstalters kann zu einer Benachteiligung (in mittelbarer Form) der weiblichen Arbeitnehmerinnen führen. Dies gilt insbesondere dann, wenn das Dienstalter als entgeltbestimmender Faktor eingesetzt wird. In der Regel ist diese Benachteiligung aber gerechtfertigt, da mit dem Rückgriff auf das Dienstalter die Berufserfahrung honoriert werden soll, die den Arbeitnehmer befähigt, seine Arbeit besser zu verrichten. Nur dann, wenn der Arbeitnehmer ausnahmsweise Anhaltspunkte liefert, die geeignet sind, ernstliche Zweifel in dieser Hinsicht aufkommen zu lassen, muss der Arbeitgeber die Geeignetheit des Rückgriffs auf das Dienstalter zur Erreichung des vorstehenden Ziels besonders darlegen.

69 Liegt ein sachlicher Grund iSd. § 3 Abs. 2 AGG vor, kommt es darüber hinaus auf die Rechtfertigungsgründe, die das Gesetz in den §§ 5, 8–10 sowie 20 AGG vorsieht, regelmäßig nicht mehr an[2]. Dies schließt aber selbstverständlich nicht aus, dass man sich auch im Rahmen des § 3 Abs. 2 AGG auf einen der dort genannten Rechtfertigungsgründe beruft[3].

70 ⊃ **Hinweis:** Prozessual besteht die Besonderheit, dass der Anspruchsteller für die tatbestandliche Einschränkung, also insbesondere für das Fehlen der sachlichen Gründe, darlegungs- und beweispflichtig ist. Dies stellt eine von der grundsätzlich in § 22 AGG geregelten Beweislast abweichende Regelung dar.

3. Belästigung

71 Nach § 3 Abs. 3 AGG ist eine Belästigung eine Benachteiligung, wenn unerwünschte Verhaltensweisen, die mit einem in § 1 AGG genannten Grund im Zusammenhang stehen, bezwecken oder bewirken, dass die Würde der betreffenden Person verletzt und ein von Einschüchterung, Anfeindungen, Erniedrigungen, Entwürdigungen oder Beleidigungen gekennzeichnetes Umfeld geschaffen wird. Die Würdeverletzung und ein „**feindliches Umfeld**" – als Synonym für „ein von Einschüchterungen, Anfeindungen, Erniedrigungen, Entwürdigungen oder Beleidigungen gekennzeichnetes Umfeld" – müssen für die Verwirklichung der Tatbestandsvoraussetzungen des § 3 Abs. 3 AGG kumulativ vorliegen. Für die Schaffung eines derart gekennzeichneten Umfelds ist maßgeblich, ob eine bestimmte Verhaltensweise oder ein bestimmter Vorfall das Umfeld kennzeichnet, also für dieses charakteristisch oder typisch ist. Deshalb führt ein einmaliges Verhalten grundsätzlich nicht zur Schaffung eines feindlichen Umfelds. Vielmehr ist dafür regelmäßig ein Verhalten von gewisser Dauer erforderlich. Dies schließt umgekehrt aber nicht aus, dass im Einzelfall das Umfeld auch durch ein einmaliges Verhalten gekennzeichnet sein kann. Im Ergebnis kommt es immer auf eine wertende Gesamtschau aller Faktoren bei der Beurteilung an[4].

72 **Beispiel:**

In einem Lagerbetrieb waren rund 50 % der Belegschaft ausländischer Herkunft. Auf der Herrentoilette befanden sich an mindestens zwei der Toiletteninnentüren Hakenkreuze mit folgender handschriftlicher Beschriftung: „Scheiß Ausländer, Ihr Hurensöhne, Ausländer raus, Ihr Kanaken, Ausländer sind Inländer geworden". Das BAG lehnte gleichwohl die geltend gemachten Entschädigungsansprüche ab. Zwar stünden die Beschriftungen mit dem Merkmal der ethnischen Herkunft nach § 1 AGG im Zusammenhang und bewirkten auch eine Verletzung der Würde der Kläger. Jedoch sei allein durch die Nichtentfernung der Schmierereien kein durch Einschüchterung, Anfeindungen, Erniedrigungen, Entwürdigungen oder Beleidigungen gekennzeichnetes Umfeld geschaffen worden. Auch der weiter vorgetragene Sachverhalt konnte nach Auffassung des BAG eine dahingehende Annahme nicht stützen[5].

---

1 EuGH 3.10.2006 – Rs. C-17/05, NZA 2006, 1205.
2 Gesetzesbegründung, BT-Drucks. 16/1780, 33.
3 Vgl. BAG 26.5.2009 – 1 AZR 198/08, NZA 2009, 849.
4 Vgl. hierzu ausführlich BAG 24.9.2009 – 8 AZR 705/08, NZA 2010, 387.
5 BAG 24.9.2009 – 8 AZR 705/08, NZA 2010, 387.

Um auch **Mobbing** unter eine Belästigung iSd. § 3 Abs. 3 AGG subsumieren zu können, bedarf es hingegen einer wiederholten, systematischen Diskriminierung[1]. 73

4. Sexuelle Belästigung

Die sexuelle Belästigung ist in § 3 Abs. 4 AGG definiert. Sie baut auf der Struktur der Belästigungsdefinition aus § 3 Abs. 3 AGG auf. Das unerwünschte Verhalten muss aber sexuell bestimmt sein. Beispielhaft zählt das Gesetz unerwünschte sexuelle Handlungen und Aufforderungen zu diesen, sexuell bestimmte körperliche Berührungen, Bemerkungen sexuellen Inhalts sowie unerwünschtes Zeigen und sichtbares Anbringen von pornographischen Darstellungen auf[2]. Diese Aufzählung ist jedoch nicht abschließend. Zu den erfassten Verhaltensweisen gehören darüber hinaus zB sexuelle Handlungen, die nach strafgesetzlichen Vorschriften unter Strafe gestellt sind[3]. Im Gegensatz zur Belästigung gem. § 3 Abs. 3 AGG ist die sexuelle Belästigung nach § 3 Abs. 4 AGG auf das Gebiet der Beschäftigung und des Berufes beschränkt („Benachteiligung in Bezug auf § 2 Abs. 1 Nr. 1 bis 4"). 74

5. Anweisung zur Benachteiligung

Als Benachteiligung gilt nach § 3 Abs. 5 AGG auch die Anweisung zu einer Benachteiligung. Auf dem Gebiet der Beschäftigung und des Berufes liegt eine solche Anweisung zur Benachteiligung gem. § 3 Abs. 5 Satz 1 AGG insbesondere vor, wenn jemand eine Person zu einem Verhalten bestimmt, das einen Beschäftigten wegen eines in § 1 AGG genannten Grundes benachteiligt oder benachteiligen kann. Die Formulierung „bestimmen" meint dabei das willentliche Hervorrufen des Tatentschlusses eines anderen[4]. Die Weisung muss vorsätzlich erfolgen[5]. 75

Beispiel: 76

Der Arbeitgeber erteilt dem Kantinenchef die Anweisung, alle Gerichte mit Schweinefleisch zu kochen, obwohl er weiß, dass auch Arbeitnehmer muslimischen Glaubens in seinem Betrieb arbeiten.

Hingegen ist es nicht erforderlich, dass der Anweisende sich der Verbotswidrigkeit der Handlung bewusst ist, denn das gesetzliche Benachteiligungsverbot erfasst alle Benachteiligungen, ohne dass ein Verschulden erforderlich ist[6]. Für das tatbestandliche Vorliegen einer Anweisung kommt es ebenso wenig darauf an, ob die angewiesene Person die Benachteiligung tatsächlich ausführt[7]. Unklar ist, ob nur der Arbeitgeber Anweisungen iSd. § 3 Abs. 5 AGG erteilen kann[8]. Dem Wortlaut und der Gesetzesbegründung wird man eine solche Tatbestandseinschränkung letztendlich aber nicht entnehmen können. Erforderlich dürfte deshalb nur sein, dass der Anweisende eine **Weisungsbefugnis** hat, aufgrund derer er von dem Angewiesenen ein bestimmtes Verhalten verlangen kann[9]. Danach können auch Anweisungen unter Arbeitskollegen 77

---

1 Vgl. hierzu BAG 24.4.2008 – 8 AZR 347/07, DB 2008, 2086.
2 Vgl. aus der Praxis LAG Rh.-Pf. 3.11.2009 – 3 Sa 357/09; BAG 9.6.2011 – 2 AZR 323/10, NZA 2011, 1342; LAG Nds. 13.10.2009 – 1 Sa 832/09; LAG Rh.-Pf. 25.5.2009 – 5 Sa 99/09.
3 Gesetzesbegründung, BT-Drucks. 16/1780, 33.
4 *Schrader/Schubert*, Rz. 116; *Thüsing*, NZA 2004, Sonderbeil. zu Heft 22, 3 (8).
5 Gesetzesbegründung, BT-Drucks. 16/1780, 33.
6 Gesetzesbegründung, BT-Drucks. 16/1780, 33.
7 Gesetzesbegründung, BT-Drucks. 16/1780, 33.
8 So *Schrader/Schubert*, Rz. 118, mit der Folge, dass eine Anweisung nach § 3 Abs. 5 AGG nicht von einem Arbeitskollegen erteilt werden kann.
9 So *Annuß*, BB 2006, 1629 (1632); *Thüsing*, NZA 2004, Sonderbeil. zu Heft 22, 3 (8).

unter § 3 Abs. 5 AGG fallen. Die Benachteiligung selbst muss einen Beschäftigten treffen. Benachteiligungen von Kunden erfüllen den Tatbestand des § 3 Abs. 5 AGG hingegen nicht[1].

78 **Beispiel:**

Weist ein Autoverleiher seinen Angestellten an, an Angehörige ethnischer Minderheiten keine Autos zu verleihen, erfüllt dies nicht den Tatbestand des § 3 Abs. 5 AGG[2].

V. Rechtfertigung unterschiedlicher Behandlung

1. Systematik

79 § 7 Abs. 1 AGG verbietet eine Benachteiligung wegen eines in § 1 AGG genannten Differenzierungsmerkmals. Eine ungleiche Behandlung wegen eines in § 1 AGG genannten Differenzierungsmerkmals kann jedoch gerechtfertigt sein und stellt dann keine unzulässige Benachteiligung dar. Bei der mittelbaren Benachteiligung gem. § 3 Abs. 2 AGG gehört das Vorliegen eines sachlichen Grundes bereits zum Tatbestand. Rechtfertigt ein sachlicher Grund die Ungleichbehandlung und sind die eingesetzten Mittel erforderlich und angemessen, ist eine mittelbare Benachteiligung danach schon tatbestandlich ausgeschlossen. Ansonsten ist in einer „gesonderten Stufe"[3] zu prüfen, ob die Ungleichbehandlung aufgrund der im Gesetz vorgegebenen Rechtfertigungsmöglichkeiten zulässig ist. Derart gesetzlich vorgesehene Rechtfertigungsmöglichkeiten sind in § 8 AGG (zulässige unterschiedliche Behandlung wegen beruflicher Anforderungen), § 9 AGG (zulässige unterschiedliche Behandlung wegen der Religion oder Weltanschauung) und § 10 AGG (zulässige unterschiedliche Behandlung wegen des Alters) für das Arbeitsrecht geregelt. Über diese speziellen Fälle hinaus sieht § 5 AGG quasi als allgemeine Auffangregelung[4] eine zulässige unterschiedliche Behandlung auch dann vor, wenn durch geeignete und angemessene Maßnahmen bestehende Nachteile wegen eines in § 1 AGG genannten Grundes verhindert oder ausgeglichen werden sollen. Nach der Gesetzeskonzeption sollen diese „echten" Rechtfertigungsmöglichkeiten in erster Linie nur für die unmittelbare Benachteiligung gelten. Bei einer Belästigung oder sexuellen Belästigung kommt eine Rechtfertigung hingegen nach dem Gesetzeswortlaut nicht in Betracht.

80 Hieraus ergibt sich folgender **Überblick:**

– Eine unmittelbare Benachteiligung kann aufgrund der in § 8 AGG (alle Differenzierungsmerkmale), § 9 AGG (Religion oder Weltanschauung), § 10 AGG (Alter) und § 5 AGG (alle Differenzierungsmerkmale) gerechtfertigt sein.

– Eine mittelbare Benachteiligung scheidet tatbestandlich bereits dann aus, wenn ein sachlicher Grund vorliegt und die Mittel angemessen und erforderlich sind. Auf die Rechtfertigungsmöglichkeiten der §§ 8–10 AGG sowie § 5 AGG wird es deshalb in der Regel nicht mehr ankommen, ausgeschlossen ist dies aber nicht.

– Bei einer Belästigung oder sexuellen Belästigung kommt eine Rechtfertigung nicht in Betracht.

81 Soweit eine unterschiedliche Behandlung wegen mehrerer der in § 1 AGG genannten Gründe erfolgt, kann diese unterschiedliche Behandlung gem. § 4 AGG nach §§ 8–10

---

1 *Wisskirchen*, DB 2006, 1491; aA HK-AGG/*Deinert*, § 3 Rz. 87 sowie ErfK/*Schlachter*, § 3 AGG Rz. 23.
2 Vgl. *Thüsing*, NZA 2004, Sonderbeil. zu Heft 22, 3 (8). Anders aber wohl in *Thüsing*, Arbeitsrechtlicher Diskriminierungsschutz, Rz. 305.
3 Vgl. *Annuß*, BB 2006, 1629 (1632).
4 Vgl. hierzu die Gesetzesbegründung, BT-Drucks. 16/1780, 33 (34).

V. Rechtfertigung unterschiedlicher Behandlung

AGG nur gerechtfertigt werden, wenn sich die Rechtfertigung auf alle Gründe erstreckt, derentwegen die unterschiedliche Behandlung erfolgt.

Beispiel: 82

Ein Unternehmen verkauft Dessous für Damen. Es gibt einen freien Arbeitsplatz. Das Unternehmen schaltet folgende Stellenanzeige: „Junge Verkäuferin gesucht!". Hierdurch werden zunächst Männer (im Gegensatz zu Frauen) unterschiedlich behandelt. Ein Rechtfertigungsgrund gem. § 8 AGG könnte darin liegen, dass Frauen ihre Dessous nicht von Männern, sondern von Frauen kaufen wollen. Darüber hinaus werden aber auch alte Verkäuferinnen (im Gegensatz zu jungen Verkäuferinnen) unterschiedlich behandelt. Es liegt also nicht nur eine Ungleichbehandlung im Hinblick auf das Differenzierungsmerkmal Geschlecht, sondern auch im Hinblick auf das Differenzierungsmerkmal Alter vor. Es muss deshalb im konkreten Fall auch geprüft werden, ob auch die Ungleichbehandlung wegen des Differenzierungsmerkmals „Alter" gerechtfertigt ist. Denn § 4 AGG stellt klar, dass jede Ungleichbehandlung für sich auf ihre Rechtfertigung hin zu überprüfen ist[1].

Zu beachten ist schließlich, dass die Rechtfertigungsmöglichkeiten nicht in einem Ausschließlichkeitsverhältnis stehen. Das Gesetz geht vielmehr von einer **Spezialität** aus, wenn die verschiedenen Rechtfertigungsmöglichkeiten „ungeachtet" (§§ 8, 9, 10, 5 AGG) zuvor angeführter Rechtfertigungsmöglichkeiten bestehen können. Bei einer unterschiedlichen Behandlung wegen der Religion oder Weltanschauung scheint es deshalb sinnvoll, zunächst die Rechtfertigungsmöglichkeit nach § 9 AGG, dann erst nach § 8 AGG und schließlich nach § 5 AGG zu prüfen. Bei einer unterschiedlichen Behandlung wegen des Alters ist § 10 AGG vorrangig vor § 8 und § 5 AGG zu überprüfen. Ansonsten gilt, dass § 8 AGG Vorrang vor § 5 AGG hat. 83

2. Unterschiedliche Behandlung wegen beruflicher Anforderungen

Nach § 8 Abs. 1 AGG ist eine unterschiedliche Behandlung wegen eines in § 1 AGG genannten Grundes zulässig, wenn dieser Grund wegen der Art der auszuübenden Tätigkeit oder der Bedingungen ihrer Ausübung eine wesentliche und entscheidende berufliche Anforderung darstellt, sofern der Zweck rechtmäßig und die Anforderung angemessen ist. Voraussetzung ist damit, dass die an die Beschäftigten gestellte Anforderung 84

– erforderlich ist und
– dem Grundsatz der Verhältnismäßigkeit zwischen beruflichem Zweck und Schutz vor Benachteiligungen standhält[2].

Der **Schutzstandard** des § 8 Abs. 1 AGG entspricht demjenigen des durch das AGG aufgehobenen § 611a Abs. 1 Satz 2 BGB aF[3]. Danach musste ein bestimmtes Geschlecht „unverzichtbare Voraussetzung" für eine Tätigkeit sein. Dieser Maßstab ist auch auf die anderen Differenzierungsmerkmale des § 1 AGG zu übertragen[4]. 85

Ein Merkmal iSd. § 1 AGG ist damit „eine wesentliche und entscheidende berufliche Anforderung", wenn die Tätigkeit ohne dieses Merkmal bzw. ohne Fehlen dieses Merkmals entweder gar nicht oder nicht ordnungsgemäß durchgeführt werden kann und bezogen auf das Merkmal „Geschlecht" dieser Qualifikationsnachteil auf biologischen Gründen beruht. Maßgebend ist eine funktionale Betrachtung aus objektiver Sicht. Das Differenzierungsmerkmal darf nicht nur für unbedeutende, den Ar- 86

---
1 Vgl. das Beispiel bei *Schrader/Schubert*, Rz. 345.
2 Vgl. Gesetzesbegründung, BT-Drucks. 16/1780, 35.
3 Vgl. Gesetzesbegründung, BT-Drucks. 16/1780, 35; BAG 18.3.2010 – 8 AZR 77/09, NZA 2010, 872; *Schrader/Schubert*, Rz. 340.
4 BAG 18.3.2010 – 8 AZR 77/09, NZA 2010, 872; 28.5.2009 – 8 AZR 536/08, NZA 2009, 1016.

beitsplatz nicht charakterisierende Tätigkeiten erforderlich sein. Entscheidend ist vielmehr die von dem Arbeitnehmer konkret auszuübende Tätigkeit[1].

87 **Beispiel (Geschlecht):**

Ein Bundesland hat eine Stellenausschreibung vorgenommen ausdrücklich bezogen auf eine weibliche Bewerberin für die Erzieherinnenstelle in dem Mädcheninternat des staatlichen XY-Gymnasiums. Einem männlichen Bewerber wurde eine Absage mit der Begründung erteilt, er komme als männlicher Bewerber für die Stelle nicht in Betracht. Das BAG kam zu dem Ergebnis, dass für die ausgeschriebene Stelle das weibliche Geschlecht unverzichtbare Voraussetzung war. Das BAG begründete dies damit, dass ein männlicher Mitarbeiter die vorzunehmenden Aufgaben im Nachtdienst in dem Gebäude, in dem 120 Schülerinnen zwischen 13 und 22 Jahre ruhen, nicht ausüben könne. Entscheidend sei, dass die Tätigkeit im Nachtdienst einen direkten Bezug auf andere Personen aufweise, nämlich die Schülerinnen. Der Schutz der Intimsphäre dieser Schülerinnen würde aber durch den Einsatz einer männlichen Person für die im Nachtdienst anfallenden Aufgaben gefährdet und ggf. beeinträchtigt. Dabei entspreche es insbesondere der Lebenserfahrung, dass eine natürliche und freie Bewegung von Jugendlichen und jungen Erwachsenen eingeschränkt sei, wenn eine erwachsene Person des anderen Geschlechts die Wasch- und Sanitärräume und die Schlafzimmer betreten kann. Die Entscheidung des Bundeslandes sei zudem auch rechtmäßig und angemessen[2].

88 Einstweilen frei.

89 Unstreitig rechtfertigen auch die Fälle eine ungleiche Behandlung, in denen ein bestimmtes Geschlecht unverzichtbar für die Ausübung einer bestimmten Tätigkeit ist (Tätigkeit der Amme). Weitaus problematischer sind aber die Fälle, in denen Unternehmen behaupten, bestimmte Merkmalsträger wegen einer bestimmten Marketingstrategie einstellen zu müssen. Dem stehen die Fälle gleich, in denen die Unternehmen allein auf angebliche Wünsche der Kunden reagieren und auf dieser Basis bestimmte Merkmalsträger einstellen.

90 **Beispiel:**

Eine Fluggesellschaft stellt nur weibliche, junge und gut aussehende Flugbegleiterinnen ein. Sie rechtfertigt dies damit, dass männliche Fluggäste, die zu den Hauptkunden zählen, deshalb bevorzugt mit dieser Fluglinie fliegen.

91 Die Rechtfertigung einer Ungleichbehandlung aus Gründen einer **Marktausrichtung** wird teilweise von vornherein abgelehnt[3]. Zutreffenderweise muss es dem Arbeitgeber unter bestimmten Voraussetzungen aber auch möglich sein, eine unterschiedliche Behandlung – insbesondere bei der Einstellung – auch auf eigene Marketingkonzepte zu stützen[4]. Dies darf selbstverständlich nicht dazu führen, dass sich die Unternehmen ihre Arbeitnehmer unter Berufung eines bestimmten Marketingkonzeptes „nach Gutdünken" aussuchen können. Gibt es aber tatsächlich solche Marketingkonzepte und führt ihre Umsetzung nachweislich zu einem unternehmerischen Erfolg, auch in dem Sinne, dass Arbeitsplätze erhalten werden, müssen auch solche Konzepte die Rechtfertigung einer ungleichen Behandlung tragen können.

92 § 8 Abs. 2 AGG stellt klar, dass die Vereinbarung einer **geringeren Vergütung** für gleiche oder gleichwertige Arbeit wegen eines in § 1 AGG genannten Grundes nicht dadurch gerechtfertigt wird, dass wegen eines der dort genannten Differenzierungsmerkmale besondere **Schutzvorschriften** gelten. Diese Vorschrift ersetzt die Regelung des § 612 Abs. 3 Satz 2 BGB. Dieser bezog sich allerdings nur auf das Merkmal „Ge-

---

1 BAG 28.5.2009 – 8 AZR 536/08, NZA 2009, 1016.
2 Vgl. BAG 28.5.2009 – 8 AZR 536/08, NZA 2009, 1016.
3 Vgl. *Wisskirchen*, DB 2006, 1491 (1492).
4 Vgl. HWK/*Rupp*, § 8 AGG Rz. 2; *Annuß*, BB 2006, 1629 (1633); *Bauer/Göpfert/Krieger*, § 8 AGG Rz. 29; einschränkend auch *Thüsing*, Arbeitsrechtlicher Diskriminierungsschutz, Rz. 336 ff.

schlecht", während § 8 Abs. 2 AGG für alle Differenzierungsmerkmale gilt. Das Gleiche gilt darüber hinaus für den Grundsatz der Entgeltgleichheit als solchen, der früher in § 612 Abs. 3 Satz 1 BGB aF geregelt war und sich nun aus § 7 AGG iVm. §§ 2 Abs. 1 Nr. 2, 8 Abs. 2 AGG ergibt. Problematisch ist, dass die Rechtsprechung im Hinblick auf den früheren § 612 Abs. 3 Satz 1 BGB aF eine Rechtfertigungsmöglichkeit des Arbeitgebers bei einem Verstoß gegen den Grundsatz der Entgeltgleichheit anerkannt hat, wenn die Diskriminierung durch objektive Faktoren gerechtfertigt und auch geeignet und erforderlich war, um das unternehmerische Ziel zu verwirklichen[1]. Obwohl auch das AGG den Grundsatz der Entgeltgleichheit aufnimmt, sieht es eine solche Rechtfertigungsmöglichkeit nicht – jedenfalls nicht ausdrücklich – vor. Denn weder § 8 Abs. 1 AGG noch § 5 AGG rechtfertigen eine Diskriminierung allein wegen einer unternehmerischen Zielsetzung, die durch objektive Faktoren belegt ist. Da der Gesetzgeber den Grundsatz der Entgeltgleichheit als solchen aufnehmen wollte, spricht alles dafür, dass er diesen Rechtfertigungsgrund schlichtweg vergessen hat und ein Arbeitgeber auch zukünftig eine unterschiedliche Behandlung beim Entgelt mit einer unternehmerischen Entscheidung rechtfertigen kann, die objektiv nachvollziehbar ist und dem Verhältnismäßigkeitsgrundsatz entspricht[2].

Beispiel: 93

Eine Stiftung privaten Rechts, die dem Diakonischen Werk der evangelischen Kirche angehört, führt für ihre Arbeitnehmer neue Vergütungsgruppen ein. Eine Arbeitnehmerin der schlechter besoldeten Vergütungsgruppe A behauptet insoweit eine Diskriminierung wegen ihres Geschlechts und begründet diese damit, dass sich in ihrer Vergütungsgruppe deutlich mehr Frauen befinden als in der besser besoldeten Vergütungsgruppe B. Die geschlechtsbezogene Benachteiligung beweist sie anhand eines statistischen Vergleiches. Die Maßnahme des Arbeitgebers kann gleichwohl gerechtfertigt sein, wenn sie durch objektive Faktoren gerechtfertigt ist, die nichts mit dem Geschlecht zu tun haben. Dies ist insbesondere dann anzunehmen, wenn der Arbeitgeber mit der Maßnahme eine an der gewerblichen Wirtschaft orientierte Vergütungsstruktur schaffen will, um die Auslagerung von Wirtschaftszweigen aus dem Bereich des kirchlichen Dienstes aus Kostengründen in Zukunft zu vermeiden, und die Einführung der Vergütungsgruppen damit dem Erhalt der Arbeitsplätze innerhalb des diakonischen Werkes der evangelischen Kirche dient. Diese Maßnahme ist auch geeignet und erforderlich, wenn mit den hiermit verbundenen Einsparungen der Anreiz genommen oder zumindest verringert wird, durch Auslagerung eine Entlastung auf der Ausgabenseite zu erreichen[3].

3. Unterschiedliche Behandlung wegen der Religion oder Weltanschauung

Nach § 9 Abs. 1 AGG ist eine unterschiedliche Behandlung wegen der Religion oder Weltanschauung bei der Beschäftigung durch Religionsgemeinschaften, die ihnen zugeordneten Einrichtungen ohne Rücksicht auf ihre Rechtsform oder durch Vereinigungen, die sich die gemeinschaftliche Pflege einer Religion oder Weltanschauung zur Aufgabe machen, auch zulässig, wenn eine bestimmte Religion oder Weltanschauung unter Beachtung des Selbstverständnisses der jeweiligen Religionsgemeinschaft oder Vereinigung im Hinblick auf ihr Selbstbestimmungsrecht oder nach der Art der Tätigkeit eine gerechtfertigte berufliche Anforderung darstellt. Mit dieser sog. „Kirchenklausel" hat der Gesetzgeber von der Möglichkeit Gebrauch gemacht, bereits geltende Rechtsvorschriften und Gepflogenheiten beizubehalten. Auch bereits vor Einführung des § 9 AGG stand den Kirchen und sonstigen Religionsgesellschaften und Weltanschauungsgemeinschaften das Recht zu, über Ordnung und Verwaltung ihrer Angelegenheiten selbständig zu entscheiden. Dieses Recht umfasst 94

---

1 Vgl. BAG 8.6.2005 – 4 AZR 412/04, NZA 2006, 611.
2 Vgl. insbesondere auch EuGH 3.10.2006 – Rs. C-17/05, NZA 2006, 1205, zur Rechtfertigung unterschiedlicher Vergütung aufgrund längeren Dienstalters.
3 Vgl. hierzu BAG 8.6.2005 – 4 AZR 412/04, NZA 2006, 611.

grundsätzlich auch die Berechtigung, die Religion oder Weltanschauung als berufliche Anforderung für die bei ihnen Beschäftigten zu bestimmen[1].

95 Voraussetzung ist, dass die Vereinigung die partielle oder allseitige Pflege des religiösen oder weltanschaulichen Lebens für ihre Mitglieder zum Ziel hat. Dies gilt ohne Weiteres auch für organisatorisch und institutionell mit Kirchen verbundene Vereinigungen wie kirchliche Orden, aber auch für andere selbständige oder unselbständige Vereinigungen, soweit nur ihr Zweck die Pflege oder Förderung eines religiösen Bekenntnisses oder die Verkündung des Glaubens ihrer Mitglieder ist[2]. Die verfassungsrechtlich garantierte Freiheit der Kirche im Staat schließt es dabei ein, dass sich die Kirche zur Erfüllung ihres Auftrags auch der Organisationsform des staatlichen Rechts bedienen kann, ohne dass dadurch die Zugehörigkeit der auf dieser Grundlage begründeten Einrichtungen zur Kirche aufgehoben würde[3]. Allerdings setzt auch § 9 Abs. 1 AGG voraus, dass die geforderte Religionszugehörigkeit eine gerechtfertigte berufliche Anforderung darstellt. Die Religionsgemeinschaften können ihre besonderen Anforderungen deshalb nicht grundsätzlich und generell auf alle Personen erstrecken, die für sie tätig sind, unabhängig davon, um welche konkrete Tätigkeit es sich im Einzelfall handelt.

96 **Beispiel**[4]**:**

Die katholische Kirche wird nicht ohne Weiteres fordern können, dass ihre Buchhalter ausnahmslos der katholischen Kirche angehören. Anders wird dies hingegen bei Priestern oder leitenden Ärzten in einem katholischen Krankenhaus sein.

97 Die Anforderungen zur Rechtfertigung nach § 8 AGG sind insoweit aber geringer. Während dort eine „wesentliche und entscheidende berufliche Anforderung" gefordert wird, verlangt § 9 AGG lediglich eine „gerechtfertigte berufliche Anforderung".

97a Nach § 9 Abs. 2 AGG berührt das Verbot unterschiedlicher Behandlungen wegen der Religion oder der Weltanschauung nicht das Recht der Religionsgemeinschaften, von ihren Beschäftigten ein loyales und aufrichtiges Verhalten im Sinne ihres jeweiligen Selbstverständnisses verlangen zu können. Nach dem Selbstverständnis der Kirche gehört zu einem loyalen Verhalten eines bei ihr beschäftigten Arbeitnehmers, dass er während des Arbeitsverhältnisses nicht aus der Kirche austritt. Der Kirchenaustritt gehört nach Kirchenrecht nämlich zu den schwersten Vergehen gegen den Glauben und die Einheit der Kirche. Hieraus folgt, dass der Austritt eines Sozialpädagogen[5] oder einer Pflegemitarbeiterin[6] aus der Kirche nach dem Selbstverständnis der Kirche eine schwerwiegende Pflichtverletzung darstellt, für die das Verbot unterschiedlicher Behandlung nicht gilt. Eine Kündigung wegen des Kirchenaustritts kann deshalb wirksam sein[7].

97b **Beispiel:**

Der Kläger war seit dem Jahr 2000 in einem katholischen Krankenhaus als Chefarzt beschäftigt. Nach dem Arbeitsvertrag der Parteien leisten die Mitarbeiter ihren Dienst im Geist christlicher Nächstenliebe; als wichtiger Grund zur außerordentlichen Kündigung ist u.a. „Leben in kirchlich ungültiger Ehe oder eheähnlicher Gemeinschaft" vorgesehen. Die Grundordnung des kirchlichen Dienstes fordert von den katholischen Mitarbeitern, dass sie die Grundsätze der katholischen Glaubens- und Sittenlehre anerkennen und beachten. Bei leitenden katholischen Mitarbeitern, zu denen auch die Abteilungsärzte gehören, ist das persönli-

---

1 Vgl. Gesetzesbegründung, BT-Drucks. 16/1780, 35.
2 BT-Drucks. 16/1780, 35.
3 Vgl. BAG 24.7.1991 – 7 ABR 34/90, AP Nr. 48 zu § 118 BetrVG 1972.
4 Vgl. *Schrader/Schubert*, Rz. 361.
5 BAG 25.4.2013 – 2 AZR 579/12, NZA 2013, 1131.
6 Vgl. LAG Rh.-Pf. 2.7.2008 – 7 Sa 250/08, RDG 2008, 232.
7 BAG 25.4.2013 – 2 AZR 579/12, NZA 2013, 1131.

che Lebenszeugnis im Sinne der Grundsätze der katholischen Glaubens- und Sittenlehre erforderlich.

Nachdem sich seine erste Ehefrau von ihm getrennte hatte, lebte der Kläger mit seiner jetzigen Frau zunächst unverheiratet zusammen. Nach der Scheidung von seiner ersten Frau heiratete der Kläger dann seine jetzige Frau standesamtlich. Die Trägerin des Krankenhauses kündigte daraufhin das Arbeitsverhältnis fristgerecht. Das BAG[1] kam zu dem Ergebnis, dass die mit der Kündigung verbundene Ungleichbehandlung eines Chefarztes wegen seiner Religion nach § 9 Abs. 2 AGG gerechtfertigt war. Der Kläger habe sich illoyal im Sinne des Ethos des Trägers des Krankenhauses verhalten. Die erneute Heirat eines nach kirchlichem Verständnis Verheirateten ist ein schwerer und ernster Verstoß gegen die Loyalitätsanforderung.

4. Unterschiedliche Behandlung wegen des Alters

a) Generalklausel

Nach § 10 Satz 1 AGG ist eine unterschiedliche Behandlung wegen des Alters auch zulässig, wenn sie **objektiv und angemessen und durch ein legitimes Ziel gerechtfertigt** ist[2]. Allerdings müssen die Mittel zur Erreichung dieses Ziels nach § 10 Satz 2 AGG angemessen und erforderlich sein. § 10 AGG enthält keine genaue Aufzählung der Fälle, die eine Ausnahme von dem Grundsatz des Verbots der Diskriminierung aus Gründen des Alters rechtfertigen können. Dies beruht nach der Gesetzesbegründung darauf, dass im Bereich der Ungleichbehandlung wegen des Alters so komplexe Zusammenhänge bestehen, dass eine allgemeingültige Lösung durch den Gesetzgeber nicht möglich sei. Durch die Beschränkung auf die Umsetzung der in der Richtlinie vorgegebenen allgemeinen Grundsätze bleibt die Vorschrift nach Auffassung des Gesetzgebers flexibel handhabbar. Nach Auffassung des BAG liegt deshalb hierin auch kein Umsetzungsdefizit, das zur Unwirksamkeit von § 10 AGG führen könnte[3]. Auch wenn der nationale Gesetzgeber danach eine Beschränkung auf eine bestimmte Art von Zielen nicht vornehmen wollte[4], vertritt jedoch der EuGH in ständiger Rechtsprechung die Auffassung, dass eine Ausnahme vom Grundsatz des Verbots der Altersdiskriminierung nur für solche Maßnahmen vorgesehen ist, die durch **rechtmäßige sozialpolitische Ziele** wie solche aus den Bereichen Beschäftigungspolitik, Arbeitsmarkt und berufliche Bildung gerechtfertigt sind[5]. Auf der Basis dieser Rechtsprechung hat das BAG die höchst umstrittene Frage, ob auch die **Bildung von Altersgruppen** durch ein legitimes Ziel gerechtfertigt ist, dahingehend beantwortet, dass der mit der Altersgruppenbildung bezweckte Erhalt einer ausgewogenen Altersstruktur zwar zunächst dem Bestand privatwirtschaftlicher Unternehmen dient, damit aber zugleich auch im Allgemeininteresse liegt und damit einem sozialpolitisch erwünschtem Ziel dient[6]. Im Rahmen einer Sozialauswahl sind tarifliche Regelungen über den Ausschluss ordentlicher Kündigungen gleichwohl nur dann angemessen iSv. § 10 Satz 1 AGG, wenn sie zumindest grobe Auswahlfehler vermeiden[7].

Die Frage, welche konkreten Ziele im Rahmen des § 10 Satz 1 und 2 AGG ausreichend sind, um eine Altersdiskriminierung zu rechtfertigen, ist jedoch noch nicht ab-

---

1 BAG 8.9.2011 – 2 AZR 543/10, NZA 2012, 443.
2 Vgl. BAG 20.3.2012 – 9 AZR 529/10, NZA 2012, 803; 18.1.2012 – 7 AZR 112/08, NZA 2012, 575.
3 BAG 17.6.2009 – 7 AZR 112/08 (A), AP Nr. 64 zu § 14 TzBfG, nachgehend EuGH 13.9.2011 – Rs. C-447/09, NZA 2011, 1039; vgl. auch BAG 17.9.2013 – 3 AZR 686/11, NZA 2014, 33.
4 BAG 17.6.2009 – 7 AZR 112/08 (A), AP Nr. 64 zu § 14 TzBfG, nachgehend EuGH 13.9.2011 – Rs. C-447/09, NZA 2011, 1039.
5 EuGH 5.3.2009 – Rs. C-388/07, NZA 2009, 305; 19.1.2010 – Rs. C-555/07, NZA 2010, 85; 13.9.2011 – Rs. C-447/09, NZA 2011, 1039.
6 BAG 15.12.2011 – 2 AZR 42/10, NZA 2012, 1044.
7 BAG 20.6.2013 – 2 AZR 295/12, NZA 2014, 208.

schließend geklärt. Die Rechtsprechung hierzu ist zahlreich[1]. Die Konkretisierung dieser Ziele erfolgt dabei zunehmend durch den EuGH.

99 Beispiel:

§ 622 Abs. 2 Satz 2 BGB sieht vor, dass bei der Berechnung der Beschäftigungsdauer im Rahmen der Kündigungsfrist Zeiten, die vor der Vollendung des 25. Lebensjahres des Arbeitnehmers liegen, nicht berücksichtigt werden sollen. Die Bundesregierung machte geltend, dass die Festlegung der Schwelle von 25 Jahren das Ergebnis eines Kompromisses gewesen sei. Ziel dieser Regelung sei es, die Arbeitgeber von den Belastungen durch die längeren Kündigungsfristen teilweise freizustellen, nämlich bei Arbeitnehmern unter 25 Jahren. Das Gesetz spiegelt dabei die Einschätzung des Gesetzgebers wieder, dass es jüngeren Arbeitnehmern regelmäßig leichter falle und schneller gelinge, auf den Verlust ihres Arbeitsplatzes zu reagieren, und dass ihnen größere Flexibilität zugemutet werden könne. Schließlich erleichterten kürzere Kündigungsfristen für jüngere Arbeitnehmer deren Einstellung, indem sie die personalwirtschaftliche Flexibilität erhöhen. Der EuGH kam zu dem Ergebnis, dass derartige Ziele zur Beschäftigungs- und Arbeitsmarktpolitik gehörten. Im Ergebnis konnten diese Ziele die mit der Regelung verbundene Altersdiskriminierung jüngerer Arbeitnehmer nicht rechtfertigen, da die eingesetzten Mittel zur Erreichung dieser Ziele nicht „angemessen und erforderlich" iSd. § 10 Satz 2 AGG waren[2].

b) Regelbeispiele

100 Mit dem Katalog des § 10 Satz 3 AGG legt der Gesetzgeber dar, unter welchen Voraussetzungen unterschiedliche Behandlungen wegen des Alters iSd. § 10 AGG gerechtfertigt sein können. Der Katalog ist nicht abschließend. Zu beachten ist, dass auch im Rahmen dieser Regelbeispiele stets der Grundsatz der Verhältnismäßigkeit zu beachten ist.

aa) Besondere Zugangsbedingungen (§ 10 Satz 3 Nr. 1 AGG)

101 § 10 Satz 3 Nr. 1 AGG bezeichnet die **Förderung der beruflichen Eingliederung** sowie den Schutz von Jugendlichen und älteren Beschäftigten als legitimes Ziel iSd. § 10 Satz 1 AGG. Dieses Ziel erlaubt die Festlegung besonderer Bedingungen für den Zugang zur Beschäftigung und zur beruflichen Bildung sowie besonderer Beschäftigungs- und Arbeitsbedingungen, einschließlich der Bedingungen für Entlohnung und Beendigung des Beschäftigungsverhältnisses.

102 Beispiel:

Das beklagte Bundesland versetzte einen Sozialarbeiter an eine andere Schule, da er bei Berücksichtigung der Sozialdaten aller in Betracht kommenden Sozialarbeiter die niedrigste Punktzahl habe. Grundlage war eine Dienstverordnung „Umsetzungen", die ein Punkteschema vorgab, welches auch das Lebensalter berücksichtigte. Das BAG stellte fest, dass diese Berücksichtigung des Lebensalters eine unmittelbare Benachteiligung darstelle. Bei der Versetzung, handele es sich auch um Beschäftigungs- und Arbeitsbedingungen iSd. § 10 Satz 3 Nr. 1 AGG. Unter solchen Bedingungen seien solche Umstände zu verstehen, aufgrund derer und unter denen die Arbeitsleistung zu erbringen seien, somit auch einseitige Maßnahmen wie Versetzungen. Die Anwendbarkeit von § 10 Satz 3 Nr. 1 AGG scheiterte letztendlich aber daran, dass die Dienstverordnung vorsah, dass Mitarbeiter bis zum 30. Lebensjahr und

---

1 Vgl. hierzu *Straube/Hilgenstock*, ArbR 2010, 567; EuGH 12.10.2010 – Rs. C-45/09, NZA 2010, 1167; 12.1.2010 – Rs. C-341/08, NJW 2010, 587; 19.1.2010 – Rs. C-555/07, NZA 2010, 85; 5.3.2009 – Rs. C-388/07, NZA 2009, 305; BAG 20.5.2010 – 6 AZR 319/09 (A), NZA 2010, 768, nachgehend EuGH 8.9.2011 – Rs. C-297/10 und 298/10, NZA 2011, 1100; BAG 25.2.2010 – 6 AZR 911/08, NZA 2010, 561; 13.10.2009 – 9 AZR 722/08, NZA 2010, 327; 17.6.2009 – 7 AZR 112/08 (A), AP Nr. 64 zu § 14 TzBFG, nachgehend EuGH 13.9.2011 – C-447/09, NZA 2011, 1039; BAG 18.1.2012 – 7 AZR 112/08, NZA 2012 (tarifliche Altersgrenzen für Piloten); BAG 12.2.2013 – 3 AZR 100/11, NZA 2013, 733.
2 EuGH 19.1.2010 – Rs. C-555/07 – Kücükdeveci, NZA 2010, 85.

V. Rechtfertigung unterschiedlicher Behandlung

dann für jedes weitere einen Punkt erhalten konnten. Das BAG war deshalb der Auffassung, dass ein Arbeitnehmer ab Vollendung des 31. Lebensjahres offensichtlich kein älterer Beschäftigter iSd. § 10 Satz 3 Nr. 1 AGG sei[1].

Einstweilen frei.

bb) Mindestanforderungen (§ 10 Satz 3 Nr. 2 AGG)

§ 10 Satz 3 Nr. 2 AGG benennt als mögliche zulässige Maßnahme die Festlegung von Mindestanforderungen an das Alter, die Berufserfahrung oder das Dienstalter für den Zugang zur Beschäftigung oder für bestimmte mit der Beschäftigung verbundene Vorteile. Mit den „verbundenen Vorteilen" sind insbesondere Entgeltregelungen gemeint[2].

Beispiel:

Durch § 10 Satz 3 Nr. 2 AGG ist möglicherweise ein nach dem Lebensalter bemessener Aufstieg in höhere Vergütungsgruppen gerechtfertigt, da hierdurch der Zuwachs an Lebenserfahrung honoriert wird[3].

cc) Festsetzung eines Höchstalters (§ 10 Satz 3 Nr. 3 AGG)

Nach § 10 Satz 3 Nr. 3 AGG kann die Festsetzung eines Höchstalters für die Einstellung aufgrund der spezifischen Ausbildungsanforderungen eines bestimmten Arbeitsplatzes oder aufgrund der Notwendigkeit einer angemessenen Beschäftigungszeit vor dem Eintritt in den Ruhestand gerechtfertigt sein. Diese Rechtfertigungsmöglichkeit wird damit begründet, dass bei älteren Beschäftigten, deren Rentenalter bereits absehbar ist, einer aufwendigen Einarbeitung am Arbeitsplatz auch eine betriebswirtschaftlich sinnvolle Mindestdauer einer produktiven Arbeitsleistung gegenüberstehen muss[4].

dd) Altersgrenzen bei der betrieblichen Altersversorgung (§ 10 Satz 3 Nr. 4 AGG)

Zulässig ist gem. § 10 Satz 3 Nr. 4 AGG weiterhin die Festsetzung von Altersgrenzen bei den **betrieblichen Systemen der sozialen Sicherheit** als Voraussetzung für die Mitgliedschaft und den Bezug von Altersrente oder von Leistungen bei Invalidität einschließlich der Festsetzung unterschiedlicher Altersgrenzen im Rahmen dieser Systeme für bestimmte Beschäftigte oder Gruppen von Beschäftigten und die Verwendung von Alterskriterien im Rahmen dieser Systeme für versicherungsmathematische Berechnungen. Nach der Gesetzesbegründung soll diese Regelung insbesondere auch für die betriebliche Altersversorgung gelten[5]. Zweifelhaft war zunächst, ob der Regelung in der Praxis für diesen Bereich wirklich eine Bedeutung zukommt, da für die betriebliche Altersversorgung nach § 2 Abs. 2 Satz 2 AGG das BetrAVG gelten soll. Das BAG hat mittlerweile aber klargestellt, dass das AGG auch auf die betriebliche Altersversorgung Anwendung findet. Dies folge bereits aus dem nationalen Recht, ohne dass es erforderlich sei, dieses Ergebnis auch europarechtlich ab-

---

1 BAG 13.10.2009 – 9 AZR 722/08, NZA 2010, 327.
2 Gesetzesbegründung, BT-Drucks. 16/1780, 36.
3 Vgl. *Löwisch*, DB 2006, 1729 (1730); Zweifel werden insoweit auch in der Gesetzesbegründung deutlich, BT-Drucks. 16/1780, 36.
4 Das LAG Hamm hat in einer Entscheidung 7.8.2008 – 11 Sa 284/08, LAGE § 15 AGG Nr. 6, die Anwendung des § 10 Satz 3 Nr. 3 AGG abgelehnt. Mit Verweis auf diese Norm sollte ein 28-jähriger Bewerber von jeglicher Tätigkeit im Vollzugsdienst des beklagten Landes ausgeschlossen werden.
5 BT-Drucks. 16/1780, 36.

zuleiten[1]. Eine Bestimmung in einer Pensionsordnung, nach der ein Anspruch auf Invalidenrente bei Berufsunfähigkeit nur besteht, wenn der Arbeitnehmer bei Eintritt des Versorgungsfalls mindestens das 50. Lebensjahr vollendet hat, ist vom BAG als gerechtfertigt gem. § 10 Satz 3 Nr. 4 AGG angesehen worden[2]. Eine in einer Versorgungsregelung geregelte Höchstaltersgrenze von 50 Jahren für die Aufnahme in den von der Versorgungsregelung begünstigten Personenkreis verstößt nach dem BAG aufgrund der Regelung des § 10 Satz 3 Nr. 4 AGG grundsätzlich nicht gegen das Verbot der Diskriminierung wegen des Alters[3]. Das BAG hat darüber hinaus festgestellt, dass § 10 Satz 3 Nr. 4 AGG selbst europarechtskonform ist[4]. Wirksam ist die konkrete Altersgrenze gleichwohl nur dann, wenn sie angemessen iSv. § 10 Satz 2 AGG ist. Die Angemessenheit hat das BAG im Fall einer Versorgungsordnung verneint, nach welcher ein Anspruch auf eine betriebliche Altersrente nicht bestehen sollte, wenn der Arbeitnehmer bei Erfüllung einer zehnjährigen Wartezeit das 55. Lebensjahr vollendet hat[5]. Dass Arbeitnehmern, die den Betrieb während der Hälfte eines typischen Erwerbslebens angehörten, Leistungen der betrieblichen Altersversorgung nach der Regelung vorenthalten würden, hält das BAG für nicht mehr hinnehmbar.

ee) Altersgrenzenklauseln (§ 10 Satz 3 Nr. 5 AGG)

108 Nach § 10 Satz 3 Nr. 5 AGG können auch Vereinbarungen gerechtfertigt sein, die die Beendigung des Beschäftigungsverhältnisses ohne Kündigung zu einem Zeitpunkt vorsehen, zu dem der oder die Beschäftigte eine **Rente wegen des Alters** beantragen kann. Die Regelung ist unionsrechtlich nicht zu beanstanden[6]. Derartige Regelungen werden üblicherweise als Altersgrenzenklausel bezeichnet[7]. Sie können nicht nur arbeitsvertraglich, sondern auch im Rahmen einer Betriebsvereinbarung geregelt werden[8]. Diese Klauseln, nach denen das Arbeitsverhältnis mit Renteneintritt der Beschäftigten oder des Beschäftigten sein Ende findet, sind in Arbeitsverträgen häufig zu finden und auch zulässig. Sie sind dann wirksam, wenn der Arbeitnehmer nach dem Vertragsinhalt und der Vertragsdauer eine gesetzliche Altersrente erwerben kann oder bereits erworben hat. Hingegen ist die Wirksamkeit der Befristung nicht von der konkreten wirtschaftlichen Absicherung des Arbeitnehmers bei Erreichen der Altersgrenze abhängig[9]. Altersgrenzenklauseln stellen eine Ungleichbehandlung der älteren im Verhältnis zu den jüngeren Beschäftigten dar. Diese unterschiedliche Behandlung kann jedoch dem legitimen Ziel dienen, den Arbeitsmarkt für jüngere Beschäftigte zu öffnen[10]. Zu beachten ist, dass nach § 10 Satz 3 Nr. 5 AGG die Regelung des § 41 SGB VI unberührt bleibt. Nach § 41 Satz 2 SGB VI gilt eine Vereinbarung, die die Beendigung des Arbeitsverhältnisses eines Arbeitnehmers ohne Kündigung zu einem Zeitpunkt vorsieht, zu dem der Arbeitnehmer vor Erreichen der Regelaltersgrenze eine Rente wegen Alters beantragen kann, dem Arbeitnehmer gegenüber „als auf das Erreichen der Regelaltersgrenze" abgeschlossen, es sei denn, dass die Vereinbarung innerhalb der letzten drei Jahre vor diesem Zeitpunkt abgeschlossen oder von dem Arbeitnehmer bestätigt worden ist.

---

1 BAG 11.12.2007 – 3 AZR 249/06, NZA 2008, 532; vgl. auch LAG Köln 31.8.2007 – 11 Sa 564/07 (Überleitung in Lufthansa-Betriebsrente).
2 BAG 10.12.2013 – 3 AZR 796/11, DB 2014, 1626.
3 BAG 12.11.2013 – 3 AZR 356/12, NZA 2014, 848.
4 BAG 11.8.2009 – 3 AZR 23/08, NZA 2010, 408.
5 BAG 18.3.2014 – 3 AZR 69/12, NZA 2014, 606.
6 BAG 5.3.2013 – 1 AZR 880/11, AP BetrVG 1972 § 77 Betriebsvereinbarung Nr. 62.
7 Zu tariflichen Altersgrenzenklauseln s. zuletzt BAG 18.1.2012 – 7 AZR 112/08, NZA 2012, 575.
8 BAG 5.3.2013 – 1 AZR 417/12, NZA 2013, 916.
9 Vgl. BAG 27.7.2005 – 7 AZR 443/04, NZA 2006, 37.
10 Vgl. hierzu *Schrader/Schubert*, Rz. 412 ff.

Einstweilen frei. 109–114

ff) Sozialpläne (§ 10 Satz 3 Nr. 6 AGG)

Nach § 10 Satz 3 Nr. 6 AGG sind schließlich Differenzierungen von Leistungen in Sozialplänen gerechtfertigt, wenn die Parteien eine **nach Alter oder Betriebszugehörigkeit gestaffelte Abfindungsregelung** geschaffen haben, in der die wesentlich vom Alter abhängenden Chancen auf dem Arbeitsmarkt durch eine verhältnismäßig starke Betonung des Lebensalters erkennbar berücksichtigt worden sind oder Beschäftigte von den Leistungen des Sozialplans ausgeschlossen haben, die wirtschaftlich abgesichert sind, weil sie rentenberechtigt sind. Diese Regelung ist nach der Rechtsprechung des BAG europarechtskonform. Zwar erfasst sie nach dem Wortlaut nur den Ausschluss von älteren Arbeitnehmern, die entweder unmittelbar nach dem Ausscheiden oder im Anschluss an den Bezug von Arbeitslosengeld I durch den Bezug einer Altersrente wirtschaftlich abgesichert sind. Gleichwohl soll die Vorschrift auch anwendbar sein, wenn die betroffenen Arbeitnehmer zwar nicht unmittelbar nach dem Bezug von Arbeitslosengeld I rentenberechtigt sind, die Abfindung aber ausreichend bemessen ist, um die wirtschaftlichen Nachteile auszugleichen, die sie in der Zeit nach der Erfüllung ihres Arbeitslosengeldanspruches bis zum frühestmöglichen Bezug einer Altersrente erleiden. Dies ist stets der Fall, wenn die Abfindungshöhe für diesen Zeitraum den Betrag der zuletzt bezogenen Arbeitsvergütung erreicht[1]. Sieht ein Sozialplan für rentennahe Arbeitnehmer einen wirtschaftlichen Ausgleich vor, so muss dieser nicht mindestens die Hälfte der Abfindung rentenferner Arbeitnehmer betragen[2]. Das Unionsrecht gebietet eine solche Mindesthöhe eines wirtschaftlichen Ausgleichs nicht. 115

5. Positive Maßnahmen

Unabhängig von den in §§ 8–10 AGG genannten Gründen ist eine unterschiedliche Behandlung schließlich auch dann zulässig, wenn durch geeignete und angemessene Maßnahmen bestehende Nachteile wegen eines in § 1 AGG genannten Grundes verhindert oder ausgeglichen werden sollen. § 5 AGG ist als eine Art „Auffangklausel" für Rechtfertigungsmöglichkeiten zu verstehen[3]. Zulässig sind gezielte Maßnahmen zur Förderung bisher benachteiligter Gruppen, insbesondere durch Arbeitgeber, Tarifvertrags- und Betriebspartner. Die Vorschrift lässt Maßnahmen zur Behebung bestehender Nachteile ebenso zu wie präventive Maßnahmen zur Vermeidung künftiger Nachteile[4]. Aufgrund der generalklauselartig formulierten Regelung wird man im jeweiligen Einzelfall entscheiden müssen, ob eine ungleiche Behandlung durch § 5 AGG gerechtfertigt werden kann. 116

VI. Rechtsfolgen

1. Überblick

Das AGG sieht bei einer unzulässigen Benachteiligung eine Reihe von Rechtsfolgen vor. Dabei handelt es sich im Wesentlichen um: 117
– Unwirksamkeit der benachteiligenden Rechtshandlung (§ 7 AGG),
– Beschwerderecht (§ 13 AGG),
– Leistungsverweigerungsrecht (§ 14 AGG),

---
1 BAG 23.3.2010 – 1 AZR 832/08, DB 2010, 1353.
2 BAG 26.3.2013 – 1 AZR 813/11, NZA 2013, 921.
3 Vgl. Gesetzesbegründung, BT-Drucks. 16/1780, 32 (33).
4 Vgl. Gesetzesbegründung, BT-Drucks. 16/1780, 34.

– Schadensersatz und Entschädigung (§ 15 AGG),
– Maßregelungsverbot (§ 16 AGG).

2. Unwirksamkeit der benachteiligenden Rechtshandlung

118 Nach § 7 Abs. 1 AGG dürfen Beschäftigte wegen eines in § 1 AGG genannten Grundes nicht benachteiligt werden. Die Norm spricht damit ein generelles Verbot der Benachteiligung von Beschäftigten aus[1]. § 7 Abs. 1 AGG stellt danach ein **Verbotsgesetz** iSd. § 134 BGB dar[2] mit der Folge, dass alle gegen das Benachteiligungsverbot verstoßenden Rechtsgeschäfte – wie sich aus § 7 Abs. 2 AGG ergibt – unwirksam sind[3]. Im Hinblick auf die Wirksamkeit von Kündigungen vertritt das BAG allerdings die Auffassung, dass die Diskriminierungsverbote nicht als eigene Unwirksamkeitsnormen anzuwenden sind, sondern im Rahmen der sozialen Rechtfertigung der Kündigung zu prüfen sind[4]. Ansonsten ist aber anerkannt, dass das Benachteiligungsverbot des § 7 AGG für arbeitsvertragliche Vereinbarungen, Betriebs- und Dienstvereinbarungen[5], Tarifverträge[6] und Gesetze[7] gilt.

119 Das Benachteiligungsverbot des § 7 Abs. 1 AGG richtet sich nicht nur an den Arbeitgeber, sondern auch an **Arbeitskollegen und Dritte** (zB Kunden des Arbeitgebers)[8]. § 7 Abs. 1 Halbs. 2 AGG stellt dabei klar, dass das Benachteiligungsverbot auch dann gilt, wenn die Person, die die Benachteiligung begeht, das Vorliegen eines in § 1 AGG genannten Grundes bei der Benachteiligung nur annimmt. Auf das tatsächliche Vorliegen des Grundes kommt es hingegen nicht an.

120 **Beispiel:**
Der potentielle Arbeitgeber nimmt bei dem Bewerber eine Behinderung an, die tatsächlich nicht vorliegt. Auch dieser „Versuch am untauglichen Objekt" stellt grundsätzlich eine verbotene Benachteiligung dar[9].

121 Der Verstoß führt in der Regel zur **Unwirksamkeit der gesamten diskriminierenden Regelung**. Eine gesetzliche Norm ist dann unanwendbar[10]. Beim Abschluss von Arbeitsverträgen bestimmt § 306 Abs. 1 BGB, dass bei Teilnichtigkeit grundsätzlich der Vertrag im Übrigen wirksam bleibt[11]. Bleibt der Vertrag als solcher erhalten, ist die durch die unwirksame Regelung entstandene Lücke durch eine „Anpassung nach oben" zu schließen[12]. Dies bedeutet, dass die benachteiligten Beschäftigten den Begünstigten gleichgestellt werden, wodurch es für den Arbeitgeber zu erheblichen finanziellen Risiken kommen kann.

---

1 Gesetzesbegründung, BT-Drucks. 16/1780, 34.
2 Zutreffend *Annuß*, BB 2006, 1629 (1634).
3 Palandt/*Weidenkaff*, § 7 AGG Rz. 5; *Annuß*, BB 2006, 1629 (1634), geht hingegen von der Nichtigkeit eines Rechtsgeschäftes aus, was jedoch mit § 7 Abs. 2 AGG schwer in Einklang zu bringen ist.
4 BAG 6.11.2008 – 2 AZR 523/07, NZA 2009, 361.
5 BAG 13.10.2009 – 9 AZR 722/08, NZA 2010, 327.
6 Vgl. BAG 17.6.2009 – 7 AZR 112/08 (A), AP Nr. 64 zu § 14 TzBFG, nachgehend EuGH 13.9.2011 – Rs. C-447/09, NZA 2011, 1039; BAG 20.3.2012 – 9 AZR 529/10, NZA 2012, 803.
7 Vgl. EuGH 19.1.2010 – Rs. C-555/07, NZA 2010, 85; BAG 29.9.2011 – 2 AZR 177/10, NZA 2012, 754.
8 Gesetzesbegründung, BT-Drucks. 16/1780, 34.
9 BAG 17.12.2009 – 8 AZR 670/08, NZA 2010, 383.
10 BAG 29.9.2011 – 2 AZR 177/10, NZA 2012, 754.
11 Vgl. *Schrader/Schubert*, NZA-RR 2005, 169 ff., 225 ff.; Schaub/*Schrader/Klagges*, Arb FV-HdB, A Rz. 64.
12 Vgl. Küttner/*Kania*, Gleichbehandlung Rz. 16; HWK/*Thüsing*, § 611 BGB Rz. 211; *Willemsen/Schweibert*, NJW 2006, 2583 (2588).

VI. Rechtsfolgen

122 Durch § 7 Abs. 3 AGG wird schließlich klargestellt, dass eine Benachteiligung durch den Arbeitgeber oder einen Beschäftigten eine **Verletzung vertraglicher Pflichten** darstellt. Dies ist im Hinblick auf den Arbeitgeber selbstverständlich, gilt aber auch für die einzelnen Beschäftigten. § 7 Abs. 3 AGG legt diesen generell eine Pflicht zu diskriminierungsfreiem Verhalten auf. Arbeitnehmer dürfen deshalb weder andere Arbeitnehmer benachteiligen noch sich an solchen Benachteiligungen beteiligen[1].

3. Beschwerderecht

123 Nach § 13 Abs. 1 AGG haben Beschäftigte das Recht, sich bei den zuständigen Stellen des Betriebs, des Unternehmens oder der Dienststelle zu beschweren, wenn sie sich im Zusammenhang mit ihrem Beschäftigungsverhältnis vom Arbeitgeber, von Vorgesetzten, anderen Beschäftigten oder Dritten wegen eines in § 1 AGG genannten Grundes benachteiligt fühlen. Die Beschwerde ist zu prüfen und das Ergebnis der oder dem beschwerdeführenden Beschäftigten mitzuteilen. Rechte der Arbeitnehmervertretung bleiben nach § 13 Abs. 2 AGG unberührt.

124 Entsprechende Beschwerdemöglichkeiten bestanden bereits vor Einfügung des AGG, bspw. in §§ 84, 85 BetrVG und dem aufgehobenen § 3 BeSchuG[2]. Der Begriff der **zuständigen Stelle** ist umfassend zu verstehen. Dies kann bspw. ein Vorgesetzter, eine Gleichstellungsbeauftragte oder eine betriebliche Beschwerdestelle sein[3].

125 ⊃ **Hinweis:** Es ist zweckmäßig, dass der Arbeitgeber die für die Entgegennahme und Prüfung der Beschwerde zuständige Stelle ausdrücklich benennt. Hierdurch wird erreicht, dass im Hinblick auf die Beschwerden der Beschäftigten einheitlich verfahren wird. Legen die Beschäftigten hingegen bei verschiedenen Stellen Beschwerde ein, wird dies zu unterschiedlichen Prüfungen der Beschwerden führen[4]. Allerdings ist zu beachten, dass man einem Arbeitnehmer trotz der Benennung einer „bestimmten Beschwerdestelle" durch den Arbeitgeber nicht verwehren kann, sich gleichwohl bei einer anderen Stelle zu beschweren. Denn das Gesetz gibt dem Arbeitgeber nicht das Recht, die Beschwerdemöglichkeiten zu reduzieren oder zu konzentrieren. Die Benennung einer bestimmten Beschwerdestelle – insbesondere bietet sich hierfür die Personalabteilung an – dürfte aus den genannten Gründen aber auch für die Beschäftigten vorteilhaft sein.

126 Bei der Wahrnehmung des Beschwerderechtes ist für den Arbeitnehmer allerdings **Vorsicht** geboten. Erteilt der Arbeitgeber eine Anordnung, über die sich der Arbeitnehmer beschweren will, sollte der Arbeitnehmer dieser – wie nach altem Recht auch – zunächst einmal nachkommen, da anderenfalls uU eine (außerordentliche) Kündigung wegen Arbeitsverweigerung droht. Dies braucht er nur dann nicht zu tun, wenn im Einzelfall ein **Leistungsverweigerungsrecht** nach § 273 BGB oder § 14 AGG besteht[5]. Erhebt der Arbeitnehmer dann Beschwerde, muss diese von der Beschwerdestelle inhaltlich geprüft und dem Beschwerdeführer das Ergebnis der Prüfung mitgeteilt werden. Werden trotz der Beschwerde keine konkreten Maßnahmen durch den Arbeitgeber ergriffen, müssen dem Beschwerdeführer auch hierfür die Gründe mitgeteilt werden[6].

126a § 13 Abs. 1 AGG begründet selbständig keine Mitbestimmungsrechte des Betriebsrates. Der **Betriebsrat** hat aber nach § 87 Abs. 1 Satz 1 Nr. 1 BetrVG mitzubestimmen bei der Einführung und Ausgestaltung des Verfahrens, in dem die Arbeitnehmer ihr Beschwerderecht nach § 13 Abs. 1 Satz 1 AGG wahrnehmen können. Er hat insoweit

---

1 Vgl. HK-AGG/*Däubler*, § 7 Rz. 294.
2 Vgl. hierzu *Schrader/Schubert*, Rz. 304.
3 Gesetzesbegründung, BT-Drucks. 16/1780, 37.
4 Vgl. *Schrader/Schubert*, Rz. 468.
5 Vgl. *Schrader/Schubert*, Rz. 469.
6 Gesetzesbegründung, BT-Drucks. 16/1780, 37.

auch ein Initiativrecht. Kein Mitbestimmungsrecht besteht hingegen bei der Frage, wo der Arbeitgeber die Beschwerdestelle errichtet und wie er diese personell besetzt[1].

4. Leistungsverweigerungsrecht

127 Bei einer **Belästigung oder sexuellen Belästigung** sind die betroffenen Beschäftigten nach § 14 AGG berechtigt, ihre Tätigkeit ohne Verlust des Arbeitsentgelts einzustellen. Voraussetzung hierfür ist allerdings, dass dies zu ihrem Schutz erforderlich ist und der Arbeitgeber keine oder offensichtlich ungeeignete Maßnahmen zur Unterbindung einer solchen Benachteiligung ergreift. Dies kann insbesondere dann der Fall sein, wenn der Arbeitgeber auf eine Beschwerde des Beschäftigten nicht ausreichend reagiert, aber auch bei einer Belästigung oder sexuellen Belästigung durch den Arbeitgeber oder Dienstvorgesetzten selbst[2]. Das Hauptproblem dieser Regelung besteht allerdings darin, dass der Arbeitnehmer – insbesondere im Hinblick auf die verwendeten unklaren Begriffe in der Gesetzesformulierung – in der Regel nicht in der Lage ist, richtig einzuschätzen, ob die Voraussetzungen eines Leistungsverweigerungsrechtes nach § 14 AGG vorliegen. Der Arbeitnehmer trägt aber das Risiko der Fehleinschätzung. Übt er das Leistungsverweigerungsrecht unzutreffend aus, droht ihm eine (außerordentliche) Kündigung wegen Arbeitsverweigerung[3]. Bei der Ausübung des Zurückbehaltungsrechtes ist deshalb Vorsicht geboten.

128 § 14 Satz 2 AGG stellt klar, dass das **allgemeine Leistungsverweigerungsrecht** gem. § 273 BGB für weitere Fallkonstellationen unberührt bleibt, da diese Vorschrift ein anderes Ziel als § 14 AGG verfolgt. Während § 14 AGG dem Schutz der Beschäftigten vor weiteren Belästigungen oder sexuellen Belästigungen dient, soll § 273 BGB einen Zwang zur Erfüllung einer Verbindlichkeit ausüben. Ein arbeitsrechtlicher Hauptanwendungsfall des § 273 BGB liegt darin, dass der Arbeitgeber seinen Verpflichtungen im Hinblick auf die Zahlung des Arbeitsentgeltes nicht nachkommt (vgl. Teil 2 A Rz. 719). Ein Leistungsverweigerungsrecht soll dem Arbeitnehmer auch zustehen, wenn der Arbeitgeber eine altersdiskriminierende Dienstplangestaltung nicht einstellt[4].

5. Schadensersatz und Entschädigung

129 § 15 AGG regelt als zentrale Rechtsfolge einer Verletzung des Benachteiligungsverbotes einen Anspruch auf Ersatz des Schadens des Betroffenen. Das Gesetz unterscheidet dabei zwischen dem Ersatz des **materiellen Schadens** nach § 15 Abs. 1 AGG und dem Ersatz des **immateriellen Schadens** nach § 15 Abs. 2 AGG. Begrifflich verwendet das Gesetz – ebenso wie die Gesetzesbegründung – für den materiellen Schaden nach Abs. 1 die Formulierung „Schaden" und für den immateriellen Schaden nach Abs. 2 die Formulierung „Entschädigung". Beide Ansprüche sind voneinander zu trennen, da sie jeweils eigenständige Anspruchsgrundlagen darstellen und auch unterschiedlichen Anspruchsvoraussetzungen unterliegen[5].

a) Ersatz des materiellen Schadens

130 Nach § 15 Abs. 1 AGG ist der Arbeitgeber bei einem Verstoß gegen das Benachteiligungsverbot verpflichtet, den hierdurch entstandenen Schaden zu ersetzen. Voraussetzung hierfür ist nach § 15 Abs. 1 Satz 2 AGG allerdings, dass der Arbeitgeber die

---

1 BAG 21.7.2009 – 1 ABR 42/08, NZA 2009, 1049.
2 Gesetzesbegründung, BT-Drucks. 16/1780, 37.
3 *Willemsem/Schweibert*, NJW 2006, 2583 (2588).
4 BAG 14.5.2013 – 1 AZR 44/12, NZA 2013, 1160.
5 Vgl. *Willemsen/Schweibert*, NJW 2006, 2583 (2588).

VI. Rechtsfolgen

Pflichtverletzung zu vertreten hat. Damit gelten insbesondere die Vorschriften der §§ 276–278 BGB[1]. Der Arbeitgeber hat danach Vorsatz und Fahrlässigkeit zu vertreten (§ 276 BGB). Das Verhalten Dritter ist ihm unter den Voraussetzungen des § 278 BGB zuzurechnen, weshalb der Arbeitgeber auch für das Verhalten von Erfüllungsgehilfen haften kann[2]. Des Weiteren kommt eine Haftung nach § 831 BGB und § 12 AGG iVm. § 280 BGB für das Verhalten Dritter in Betracht[3].

⊃ **Hinweis:** Ein Arbeitgeber kann im Rahmen seines Weisungsrechtes nach § 106 GewO bestimmen, dass ein Arbeitnehmer für andere Beschäftigte tätig wird. Das Weisungsrecht steht dabei nicht nur dem Arbeitgeber selbst, sondern auch Vorgesetzten zu. Sofern der Arbeitgeber von seiner Delegationsbefugnis Gebrauch macht, sollte er im Einzelnen schriftlich dokumentieren, welchen Arbeitnehmern er welche Weisungsmöglichkeiten übertragen hat. Damit kann er dann später dokumentieren und beweisen, welches Direktionsrecht auf welchen Mitarbeiter übertragen wurde[4].

131

Die Formulierung „nicht zu vertreten hat" ist mit derjenigen in § 280 Abs. 1 Satz 2 BGB vergleichbar, weshalb das Nichtvertretenmüssen auch bei § 15 Abs. 1 AGG als **Einwendungstatbestand** verstanden werden muss. Der Arbeitgeber muss also beweisen, dass er die unzulässige Benachteiligung nicht zu vertreten hat[5]. Eine abweichende Verschuldensregelung enthält § 15 Abs. 3 AGG. Danach ist der Arbeitgeber bei der Anwendung kollektivrechtlicher Vereinbarungen nur dann zur „Entschädigung" verpflichtet, wenn er vorsätzlich oder grob fahrlässig handelt. Da der Gesetzgeber mit dem Begriff „Entschädigung" sonst nur den immateriellen Schaden gem. § 15 Abs. 2 AGG meint, stellt sich angesichts des klaren Wortlautes allerdings die Frage, ob diese Haftungserleichterung auch für den materiellen Schaden nach § 15 Abs. 1 AGG gilt. In der Gesetzesbegründung zu § 15 AGG geht der Gesetzgeber davon aus, dass eine „Verantwortlichkeit des Arbeitgebers bei der Anwendung des Kollektivrechts" nur dann gegeben ist, wenn er zumindest grob fahrlässig gehandelt hat. Es ist deshalb gerechtfertigt, die Haftungserleichterung des § 15 Abs. 3 AGG auch auf Vermögensschäden iSd. § 15 Abs. 1 AGG zu erweitern[6].

132

Der zu ersetzende Schaden ist nach dem Wortlaut des Gesetzes der **Höhe** nach nicht begrenzt. Aus § 15 Abs. 6 AGG ergibt sich lediglich, dass ein Anspruch auf Einstellung oder Beförderung durch das AGG nicht begründet wird[7]. Der Vermögensschaden nach § 15 Abs. 1 AGG beschränkt sich damit auf einen Ersatz in Geld. Nach §§ 249 ff. BGB hat der Arbeitgeber den Benachteiligten so zu stellen, wie dieser stehen würde, wenn er ihn bzw. sie eingestellt oder befördert hätte[8]. Bei der Einstellung bedeutet das zunächst einmal, dass der Arbeitgeber dem Benachteiligten die Differenz zwischen der Vergütung und dem bezogenen Arbeitslosengeld oder anderweitigen Verdienst „bis zum Rentenalter" zahlen muss. Der vom Gesetz unbegrenzt vorgesehene Ersatz von Vermögensschäden nach § 15 Abs. 1 AGG birgt für den Arbeitgeber somit ein erhebliches finanzielles Risiko. In der Literatur wird deshalb durchweg angemahnt, die Ersatzpflicht bei **Vermögensschäden inhaltlich zu begrenzen**, wobei die jeweiligen Vorschläge zum Teil deutlich voneinander abweichen. Einerseits wird vorgeschlagen, dass der Anspruch der Höhe nach auf die bis zum Erreichen des ersten Kündigungstermins hypothetisch entstehenden Vermögensvorteile begrenzt sein soll[9]. Dieser

133

---

1 Gesetzesbegründung, BT-Drucks. 16/1780, 38.
2 Vgl. *Annuß*, BB 2006, 1629 (1634).
3 Vgl. ausführlich *Willemsen/Schweibert*, NJW 2006, 2583 (2590).
4 Vgl. *Schrader/Schubert*, Rz. 522.
5 Vgl. Palandt/*Weidenkaff*, § 15 AGG Rz. 3; *Annuß*, BB 2006, 1629 (1634); *Willemsen/Schweibert*, NJW 2006, 2583 (2589).
6 AA *Willemsen/Schweibert*, NJW 2006, 2583 (2591).
7 Vgl. *Wisskirchen*, DB 2006, 1491.
8 Vgl. *Willemsen/Schweibert*, NJW 2006, 2583 (2589); *Annuß*, BB 2006, 1629 (1634).
9 *Annuß*, BB 2006, 1629 (1634).

Zeitpunkt wird allerdings zu kurz bemessen sein, da die meisten Arbeitsverhältnisse unmittelbar nach ihrem Beginn wieder gekündigt werden können, weil das KSchG noch nicht greift. Aufgrund der „erleichterten Kündigungsbedingungen" in den ersten sechs Monaten, die auch als Probezeit ausgestaltet sein können, scheint es aber sachgemäß, die Erstattungspflicht auf diesen Zeitraum zu begrenzen[1]. Bei einer nicht vorgenommenen Einstellung müsste der Arbeitgeber dann im Falle einer unzulässigen Benachteiligung die Vergütung für sechs Monate als Schadensersatz zahlen. Bei Beförderungsfällen wäre der Differenzbetrag der nicht erlangten höheren Vergütungsgruppe ebenfalls auf diesen Zeitraum zu begrenzen. Weitergehend wird aber auch vorgeschlagen, den Schaden auf die Gehälter bis zur nächsten ordentlichen Kündigungsmöglichkeit zuzüglich einer Abfindung analog §§ 9, 10 KSchG zu begrenzen[2]. Ob und in welcher Form die Rechtsprechung eine Beschränkung im Hinblick auf den Ersatz des Vermögensschadens annimmt, bleibt abzuwarten. Zunächst einmal besteht für den Arbeitgeber jedenfalls ein erhebliches Haftungsrisiko.

134 **Beispiel:**

Zwei Arbeitslose bewerben sich in einem Kaufhaus auf eine freie, ausgeschriebene Stelle als Verkäufer. Bewerber A ist zwar objektiv besser geeignet als Bewerber B. In dem Bewerbungsgespräch sagt der Bewerber A allerdings, dass er homosexuell ist. Der Arbeitgeber befürchtet deshalb Schwierigkeiten mit Kunden und entscheidet sich für den Bewerber B. Eine Einstellung kann der Bewerber A nicht verlangen. Im Hinblick auf § 15 Abs. 1 AGG hat der Bewerber A aber Anspruch darauf, so gestellt zu werden, als ob der Arbeitgeber ihn eingestellt hätte. Findet Bewerber A keine andere Tätigkeit mehr, hat ihm der Arbeitgeber die Differenz zwischen dem bezogenen Arbeitslosengeld und der Vergütung zu erstatten, die er im Rahmen seiner Tätigkeit erzielt hätte. Da das Gesetz keine Einschränkung vorsieht, wäre deshalb die bis „zum Rentenalter" zu zahlende Vergütung zu berücksichtigen. Sachgemäß scheint hingegen eine Einschränkung auf sechs Monate.

135 Der Anspruch aus § 15 Abs. 1 AGG ist nicht abschließend. Vielmehr bleiben Ansprüche gegen den Arbeitgeber, die sich aus **anderen Rechtsvorschriften** ergeben, unberührt. Im Hinblick auf den Ersatz des materiellen Schadens kommen deshalb auch Ansprüche aus c.i.c. gem. § 311 Abs. 2 BGB oder aus pVV gem. § 280 BGB in Betracht, ebenso wie Unterlassungsansprüche gem. § 1004 BGB oder Ansprüche aus §§ 252, 823 BGB. Weiterhin dürfte das Benachteiligungsverbot des § 7 AGG ein Schutzgesetz iSd. § 823 Abs. 2 BGB darstellen, so dass auch § 823 Abs. 2 BGB iVm. § 7 Abs. 1 und 3 AGG als Anspruchsgrundlage in Betracht kommt[3].

b) Ersatz des immateriellen Schadens

136 Nach § 15 Abs. 2 Satz 1 AGG kann der oder die Beschäftigte wegen eines Schadens, der nicht Vermögensschaden ist, eine angemessene Entschädigung in Geld verlangen. Der zunächst nur für die geschlechtsbezogene Benachteiligung in § 611a BGB aF benannte Grundgedanke wird damit auf alle Tatbestände einer Benachteiligung übertragen. Es sollen alle immateriellen Schäden erfasst werden, die regelmäßig bei einer ungerechtfertigten Benachteiligung aus den in § 1 AGG genannten Gründen eintreten[4]. Der Anspruch ist – im Gegensatz zu § 15 Abs. 1 AGG – **verschuldensunabhängig**[5]. Ebenso wenig ist Voraussetzung, dass ein Bewerber objektiv für eine Stelle geeignet ist[6]. Voraus-

---

1 *Schrader/Schubert*, Rz. 508.
2 Vgl. *Bauer/Krieger*, BB-Special 6/2004, 20 (23); so wohl auch *Willemsen/Schweibert*, NJW 2006, 2583 (2589).
3 Vgl. *Schrader/Schubert*, Rz. 502 ff.
4 Gesetzesbegründung, BT-Drucks. 16/1780, 38.
5 Gesetzesbegründung, BT-Drucks. 16/1780, 38; BAG 18.3.2010 – 8 AZR 1044/08, NJW 2010, 2970.
6 Vgl. BAG 18.3.2010 – 8 AZR 1044/08, NJW 2010, 2970.

VI. Rechtsfolgen

setzung ist deshalb allein, dass ein Verstoß gegen das Benachteiligungsverbot des § 7 Abs. 1 AGG vorliegt[1]. Insbesondere soll auch keine – notwendigerweise erhebliche – Verletzung des allgemeinen Persönlichkeitsrechts Voraussetzung des Entschädigungsanspruchs nach § 15 Abs. 2 AGG sein[2]. Dies ist allerdings insofern problematisch, als dass § 15 Abs. 2 Satz 1 AGG einen mit § 21 Abs. 2 Satz 3 AGG (Benachteiligungen im Zivilrechtsverkehr) vergleichbaren Wortlaut aufweist. In der Gesetzesbegründung zu § 21 Abs. 2 Satz 3 AGG geht der Gesetzgeber aber ausdrücklich davon aus, dass für die Entschädigung wegen eines immateriellen Schadens die Verletzung des allgemeinen Persönlichkeitsrechts bereits tatbestandlich Voraussetzung ist. Das AGG weist also zwei vom Wortlaut her vergleichbare Normen auf, die aber unterschiedliche Voraussetzungen haben sollen. Gleichwohl soll es jedenfalls im Hinblick auf § 15 Abs. 2 AGG auf eine gewisse Intensität der Benachteiligung nicht ankommen. Die Entschädigungsregel des § 15 Abs. 2 AGG spielt deshalb in der Praxis eine weit bedeutendere Rolle als § 15 Abs. 1 AGG[3]. Denn ohne das Erfordernis einer notwendigen Qualität des Verstoßes sind Ansprüche nach § 15 Abs. 2 AGG gerichtlich leichter durchzusetzen als Ansprüche nach § 15 Abs. 1 AGG.

Beispiel: 137

Eine Bewerberin wollte im Bereich der Besucherregistrierung einer einwöchigen Messe arbeiten. Sie bewarb sich, wurde aber mit der Begründung abgelehnt, dass sie für diese Stelle „zu alt" sei. Gleichzeitig bot man ihr eine andere, schlechter bezahlte Tätigkeit an. Diese nahm sie jedoch nicht an, sondern machte gegenüber dem Unternehmen die besser bezahlte Tätigkeit in der Besucherregistrierung geltend. Nachdem die Verantwortlichen des Unternehmens hiervon Kenntnis erlangt hatten, wurde sie unverzüglich für die Dauer der Messe in der Besucherregistrierung eingestellt. Sie bekam die Vergütung für die volle Woche. Ein materieller Schaden lag somit nicht vor. Das ArbG Hannover verneinte einen Entschädigungsanspruch nach § 15 Abs. 2 AGG, da kein erheblicher Eingriff in das Persönlichkeitsrecht vorliege[4]. Das LAG Niedersachsen sprach der Bewerberin hingegen eine geringfügige Entschädigungszahlung zu, da ein (erheblicher) Eingriff in das allgemeine Persönlichkeitsrecht nicht erforderlich sei[5]. Das BAG hat diese Entscheidung bestätigt[6].

Der danach allein erforderliche Kausalzusammenhang zwischen der Benachteiligung und einem in § 1 AGG genannten Grund ist bereits dann gegeben, wenn die Benachteiligung an einen oder mehrere der in § 1 AGG genannten Gründe anknüpft oder dadurch motiviert ist. Ausreichend ist, dass ein in § 1 AGG genannter Grund **Bestandteil eines Motivbündels** ist, das die Entscheidung beeinflusst hat. Dabei genügt es gem. § 22 AGG, dass der Anspruchsteller Indizien vorträgt und im Streitfall beweist, die eine Benachteiligung wegen eines in § 1 AGG genannten Grundes vermuten lassen. An diese Vermutungsvoraussetzung ist kein zu strenger Maßstab anzulegen. Dann trägt die andere Partei die Beweislast dafür, dass kein Verstoß gegen die Bestimmung zum Schutz vor Benachteiligungen vorgelegen hat[7]. 138

Grundsätzlich ist auch die **Entschädigungshöhe** bei dem Ersatz des immateriellen Schadens nicht begrenzt. § 15 Abs. 2 AGG sieht insoweit lediglich vor, dass die Ent- 138a

---

1 Entscheidend für eine Benachteiligung ist das Vorliegen „innerer Tatsachen", dh. die Motivation des Benachteiligenden. Entschädigungsansprüche nach § 15 Abs. 2 AGG kommen deshalb auch dann in Betracht, wenn die Differenzierungsmerkmale des § 1 AGG tatsächlich gar nicht vorliegen, vgl. hierzu BAG 17.12.2009 – 8 AZR 670/08, NZA 2010.383.
2 BAG 18.3.2010 – 8 AZR 1044/08, NJW 2010, 2970.
3 Vgl. bspw. BAG 18.3.2010 – 8 AZR 1044/08, NJW 2010, 2970; 18.3.2010 – 8 AZR 77/09, NZA 2010, 872; 17.12.2009 – 8 AZR 670/08, NZA 2010, 383; 22.1.2009 – 8 AZR 906/07, NZA 2009, 945.
4 Vgl. ArbG Hannover 5.10.2007 – 7 Ca 350/07, nv.
5 Vgl. LAG Nds. 15.9.2008 – 14 Sa 1769/07, NZA-RR 2009, 126.
6 BAG 18.3.2010 – 8 AZR 1044/08, NJW 2010, 2970.
7 BAG 17.12.2009 – 8 AZR 670/08, NZA 2010, 383.

schädigung „angemessen" sein soll. Die genaue Festsetzung der Höhe obliegt damit den Gerichten, die mit der Regelung einen weiten Beurteilungsspielraum erhalten sollen, um die Besonderheiten eines jeden Einzelfalles berücksichtigen zu können[1]. Dabei ist auch zu prüfen, ob lediglich ein oder mehrere Benachteiligungsgründe verwirklicht worden sind. Denn im letzteren Fall erscheint es sachgemäß, eine erhöhte Entschädigung auszuurteilen. Insgesamt wird man weiter abwarten müssen, bei welchen Abfindungssummen sich die Rechtsprechung „einpendelt".

138b **Beispiele:**

In dem vorgenannten Beispiel der Bewerberin für eine Messetätigkeit urteilte das LAG Niedersachsen eine Entschädigungssumme in Höhe von 1 000 Euro aus (vom BAG bestätigt). Auch im Fall einer unzulässigen – weil diskriminierenden – Versetzung bestätigte das BAG eine vom LAG Berlin-Brandenburg festgesetzte Entschädigung in Höhe von 1 000 Euro[2]. Andererseits hat das OLG Köln eine Entschädigung in Höhe von 36 600 Euro (zwei Monatsgehälter) für die Nichtverlängerung eines Geschäftsführervertrages zuerkannt[3].

139 ➲ **Hinweis:** Da dem Gericht ein Beurteilungsspielraum hinsichtlich der Entschädigungshöhe zusteht, ist ein **unbezifferter Zahlungsantrag** zulässig. Die klagende Partei muss allerdings Tatsachen, die das Gericht bei der Bestimmung des Betrages heranziehen soll, benennen und die Größenordnung der geltend gemachten Forderung angeben[4].

140 Allein im Hinblick auf Nichteinstellungen enthält § 15 Abs. 2 Satz 2 AGG eine **Beschränkung des Entschädigungsanspruches**. Danach darf bei einer Nichteinstellung die Entschädigung drei Monatsgehälter nicht übersteigen, wenn der oder die Beschäftigte auch bei benachteiligungsfreier Auswahl nicht eingestellt worden wäre. Damit wird eine Höchstbegrenzung festgeschrieben[5].

141 ➲ **Hinweis:** Durch die Regelung des § 15 Abs. 2 Satz 2 AGG scheinen die Entschädigungsansprüche jedenfalls bei der Einstellungsproblematik für den Arbeitgeber überschaubar zu sein. Allerdings können auch fehlerhafte Auswahlprozesse bei der Einstellung zu hohen Entschädigungszahlungen führen, wenn eine größere Anzahl von Bewerbern in unzulässiger Weise benachteiligt worden ist. Arbeitgeber müssen deshalb die Organisation des Auswahlverfahrens genau auf die Anforderungen des AGG abstimmen[6].

142 Zu beachten ist allerdings, dass Schuldner des Entschädigungsanspruches nach § 15 Abs. 2 Satz 2 AGG ausschließlich der potenzielle Arbeitgeber des Bewerbers für die ausgeschriebene Stelle ist[7]. Ein Entschädigungsanspruch nach § 15 Abs. 2 Satz 1 AGG gegen ein Personalvermittlungsunternehmen wird deshalb grundsätzlich aufgrund des Fehlens der Arbeitgebereigenschaft ausscheiden[8]. Allerdings trifft den Arbeitgeber eine Verantwortlichkeit für das Verhalten Dritter, wenn sich der Arbeitgeber bei der Anbahnung eines Arbeitsverhältnisses solcher Dritter bedient[9]. In jedem Fall sind die Arbeitsgerichte für derartige Entschädigungsansprüche dann nicht zu-

---

1 Vgl. Gesetzesbegründung, BT-Drucks. 16/1780, 38; vgl. auch BAG 16.2.2012 – 8 AZR 697/10, NZA 2012, 667.
2 BAG 22.1.2009 – 8 AZR 906/07, NZA 2009, 945.
3 OLG Köln 29.7.2010 – 18 U 196/09, DB 2010, 1878, nachgehend BGH 23.4.2012 – II ZR 163/10, NZA 2012, 797 (aber Zurückverweisung bzgl. der Höhe der Entschädigung).
4 Vgl. BAG 22.1.2009 – 8 AZR 906/07, NZA 2009, 945.
5 Vgl. dazu BAG 17.8.2010 – 9 AZR 839/08, NZA 2011, 153; 19.8.2010 – 8 AZR 530/09, NZA 2010, 1412.
6 Vgl. *Willemsen/Schweibert*, NJW 2006, 2583 (2590).
7 Vgl. BAG 23.1.2014 – 8 AZR 118/13, BB 2014, 1534; LAG Düsseldorf 14.2.2008 – 11 Sa 1939/07.
8 Vgl. ArbG München 21.12.2007 – 3 Ca 10240/07, AE 2008, 91.
9 BAG 17.12.2009 – 8 AZR 670/08, NZA 2010, 383.

ständig, wenn diejenige Partei, die in Anspruch genommen werden soll, nicht Vertragspartner des Klägers geworden wäre[1].

Zu beachten ist weiterhin, dass der Anspruch auf Entschädigung nach § 15 Abs. 2 AGG gem. § 15 Abs. 4 AGG innerhalb einer **Frist** von zwei Monaten geltend gemacht werden muss. § 15 Abs. 4 AGG ist europarechtskonform[2]. Eine gerichtliche Klage muss innerhalb von drei Monaten nach schriftlicher Geltendmachung erfolgen (§ 61b ArbGG).

142a

Bei diskriminierenden Kündigungen schließt § 2 Abs. 4 AGG, wonach für Kündigungen ausschließlich die Bestimmungen zum allgemeinen und besonderen Kündigungsschutz gelten, die Geltendmachung eines Entschädigungsanspruchs nach § 15 Abs. 2 AGG nicht aus[3].

142b

6. Maßregelungsverbot

§ 16 Abs. 1 AGG verbietet es dem Arbeitgeber, Beschäftigte wegen der Inanspruchnahme von Rechten aus dem AGG oder einer Weigerung, eine gegen das AGG verstoßende Anweisung auszuführen, zu benachteiligen. Dabei muss die zulässige Rechtsausübung der tragende Grund für die benachteiligende Maßnahme sein[4]. § 16 Abs. 1 Satz 2 AGG erweitert diesen Schutz ausdrücklich auf Personen, die den Beschäftigten hierbei unterstützen oder als Zeugen aussagen. Im Hinblick auf die Weigerung einer Anweisung besteht das Problem in der Praxis – ebenso wie bei dem Leistungsverweigerungsrecht gem. § 14 AGG (vgl. Rz. 127) – darin, dass der Arbeitnehmer das **Risiko einer Fehleinschätzung** trägt. Sofern der Verstoß gegen das AGG nicht offensichtlich ist, sollte der Arbeitnehmer die Anweisung zunächst einmal ausführen, um mögliche Nachteile, die bei einer unberechtigten (außerordentlichen) Kündigung auftreten können, zu vermeiden. Dabei wird der Arbeitnehmer in der konkreten Situation insbesondere das Problem haben, einzuschätzen, ob eine vorliegende Benachteiligung nicht doch durch das AGG gerechtfertigt ist.

143

Hinsichtlich der **Beweislast** verweist § 16 Abs. 3 AGG auf § 22 AGG. Danach wird der gemaßregelte Arbeitnehmer einen Sachverhalt darstellen und glaubhaft machen müssen, der eine Maßregelung wegen der Wahrnehmung eines Rechtes aus dem AGG vermuten lässt. Soweit dem Arbeitnehmer dies gelingt, trägt der Arbeitgeber die Darlegungs- und Beweislast dafür, dass seine konkrete Handlung nicht durch eine Maßregelung bedingt war[5].

144

VII. Organisationspflichten

§ 11 und § 12 AGG geben dem Arbeitgeber bestimmte Organisationspflichten vor[6].

145

1. Stellenausschreibung

§ 11 AGG bestimmt, dass ein Arbeitsplatz nicht unter Verstoß gegen § 7 Abs. 1 AGG ausgeschrieben werden darf[7]. Die Vorschrift bezweckt, dass schon bei der Ausschrei-

146

---

1 Vgl. BAG 27.8.2008 – 5 AZB 71/08, NZA 2008, 1259.
2 Vgl. BAG 24.9.2009 – 8 AZR 705/08, NZA 2010, 387; einschränkend EuGH 8.7.2010 – Rs. C-246/09, NZA 2010, 869.
3 BAG 12.12.2013 – 8 AZR 838/12, NZA 2014, 722.
4 BAG 18.9.2007 – 3 AZR 639/06, NZA 2008, 56.
5 Vgl. *Schrader/Schubert*, Rz. 531.
6 Vgl. ausführlich zu den Grenzen der Organisationspflichten: *Schäfer*, Die Verantwortlichkeit des Arbeitgebers für diskriminierendes Verhalten Dritter (2013), S. 138 ff.
7 Vgl. bspw. BAG 21.6.2012 – 8 AZR 188/11, NZA 2012, 1211; 19.8.2010 – 8 AZR 530/09, NZA 2010, 1412.

bung einer Stelle eine mögliche Benachteiligung bestimmter Gruppen von Bewerbern unterbleibt. Sie verbietet daher jede benachteiligende Form der Stellenausschreibung[1]. Es werden alle Ausschreibungen für den in § 6 Abs. 1 AGG genannten Kreis von Beschäftigten erfasst, mithin auch für den Bereich der beruflichen Aus- und Weiterbildung[2]. Der Gesetzgeber wollte mit § 11 AGG eine Norm schaffen, die inhaltlich mit dem früheren § 611b BGB aF und mit § 7 Abs. 1 TzBfG vergleichbar ist[3]. Bei der Anwendung des § 11 AGG wird man deshalb – jedenfalls zunächst – auch auf die dort gewonnenen Erkenntnisse zurückgreifen können.

147 Unter einer **Ausschreibung** ist die allgemeine Aufforderung an alle oder eine bestimmte Gruppe von Arbeitnehmern zu verstehen, sich für bestimmte Arbeitsplätze im Betrieb zu bewerben. Dies erfordert die Bekanntgabe bestimmter stellen- wie aufgabenbezogener Mindestinformationen, aus denen sich die Merkmale des in Bezug genommenen Arbeitsplatzes entnehmen lassen[4].

148 ⊃ **Hinweis:** Damit der Arbeitgeber nicht gegen § 11 AGG verstößt, ist es zweckmäßig, sich in der Stellenausschreibung auf diese Mindestanforderungen zu beschränken. Es sollten nur solche Anforderungsmerkmale aufgenommen werden, die wirklich erforderlich sind. Hierdurch wird das Risiko reduziert, diskriminierende Merkmale in die Stellenausschreibung aufzunehmen, die möglicherweise für die Auswahl überhaupt keine Rolle spielen[5]. Bei Stellenausschreibungen sollten auch früher übliche Redewendungen wie die Bitte um „Übersendung der üblichen Bewerbungsunterlagen nebst Lichtbild" unterbleiben. Denn insbesondere durch die Anforderung von Lichtbildern gerät der Arbeitgeber in Verdacht, dass die Bewerberauswahl von unzulässigen Motiven beeinflusst wird (zB Alter, Behinderung oder Religionszugehörigkeit). Empfehlenswert ist vielmehr, zunächst anhand der notwendigen Merkmale eine „weite Vorauswahl" zu treffen, um sich dann in den Vorstellungsgesprächen „ein Bild" vom Bewerber zu machen.

149 Die in § 1 AGG genannten Differenzierungsmerkmale dürfen weder positiv noch negativ Inhalt einer Ausschreibung sein, es sei denn, sie sind durch die im AGG geregelten Ausnahmetatbestände gerechtfertigt[6]. Eine Verletzung des Gebots zur neutralen Stellenausschreibung löst die Beweislastumkehr nach § 22 AGG aus[7].

150 Eine neutral formulierte Stellenausschreibung könnte wie folgt lauten:

Formulierungsbeispiel:[8]

Müller & Maier

Fachanwälte für Insolvenzrecht[9]

Als ausschließlich im Insolvenzrecht überregional tätige Kanzlei beraten und vertreten wir Unternehmen und Arbeitnehmer.

---

1 Vgl. Gesetzesbegründung, BT-Drucks. 16/1780, 36; Beispiel: BAG 18.8.2009 – 1 ABR 47/08, NZA 2010, 284.
2 Vgl. Gesetzesbegründung, BT-Drucks. 16/1780, 36.
3 Vgl. Gesetzesbegründung, BT-Drucks. 16/1780, 36.
4 HK-AGG/*Buschmann*, § 11 Rz. 7.
5 Vgl. *Wisskirchen*, DB 2006, 1491 (1493).
6 Vgl. HK-AGG/*Buschmann*, § 11 Rz. 13.
7 Vgl. LAG BW 20.3.2009 – 9 Sa 5/09.
8 *Schrader*, DB 2006, 2571.
9 Namen und Sachverhaltsangaben in der Stellenanzeige sind erfunden und dienen der Illustration des Beispiels.

Wir suchen zum Frühjahr 2013

eine

Insolvenzrechtlerin

oder einen

Insolvenzrechtler.

Neben sehr guten juristischen Kenntnissen, die durch Examen und eine abgeschlossene Promotion belegt werden sollten, wären Erfahrungen auf dem Gebiet des Insolvenzrechts von Vorteil.

Wir bieten eine leistungsentsprechende Vergütung, eine fordernde und interessante Tätigkeit und die Möglichkeit zu wissenschaftlicher Betätigung.

Über Ihre Bewerbung freuen wir uns. Bitte wenden Sie sich an Herrn Rechtsanwalt Dr. Günther Müller, Rechtsanwälte Müller & Maier, Burgstr. 111, 76350 Baden-Baden.

Nähere Informationen über uns können Sie auf unserer Homepage www.mueller-maier.de erfahren.

2. Maßnahmen und Pflichten

§ 12 AGG begründet für den Arbeitgeber eine besondere Verantwortung nicht nur für sein eigenes Verhalten, sondern auch für die Organisation seines Betriebs oder Unternehmens[1]. **151**

a) Schutzmaßnahmen

aa) Generalklausel

Die Generalklausel des § 12 Abs. 1 AGG verpflichtet den Arbeitgeber, die erforderlichen Maßnahmen zum Schutz vor Beteiligungen wegen eines in § 1 AGG genannten Grundes zu treffen. Dieser Schutz soll auch **vorbeugende Maßnahmen** umfassen. Die Regelung hat also präventiven Charakter. Sie soll die Beschäftigten vor Benachteiligungen durch Arbeitskollegen, Dritte (wie zB Kunden), aber auch den Arbeitgeber selbst schützen[2]. Welche Maßnahmen im Sinne dieser Vorschrift erforderlich sind, beurteilt sich nach objektiven Gesichtspunkten, nicht nach der subjektiven Einschätzung auf Arbeitgeber- oder Arbeitnehmerseite. Dabei kann auch die Größe des Betriebes eine Rolle spielen, da die Verpflichtung nur so weit gehen kann, wie der Arbeitgeber rechtlich und tatsächlich zur Pflichterfüllung in der Lage ist[3]. Danach wird man im Hinblick auf die Erforderlichkeit der Maßnahmen von einer Abstufung ausgehen müssen, je nachdem, wie „nah" der Arbeitgeber selbst an der Benachteiligungsursache ist (eigenes Verhalten, Verhalten Beschäftigter, Verhalten Dritter) und welche Möglichkeiten er dabei zur Beseitigung der Benachteiligung hat[4]. Bis in der Praxis ein handhabbarer Maßstab für den Begriff der „Erforderlichkeit" gefunden ist, wird es in allererster Linie Aufgabe der Arbeitgeber sein, ihre Beschäftigten – und dort insbesondere die Führungskräfte – in geeigneter Weise zum Zwecke der Verhinderung von Benachteiligungen **fortzubilden und zu schulen.** Denn nach § 12 Abs. 2 Satz 2 AGG erfüllt der Arbeitgeber damit auf jeden Fall seine Pflichten nach § 12 Abs. 1 AGG. **152**

---

1 HK-AGG/*Buschmann*, § 12 Rz. 2.
2 Vgl. Gesetzesbegründung, BT-Drucks. 16/1780, 37; HK-AGG/*Buschmann*, § 12 Rz. 7.
3 Vgl. Gesetzesbegründung, BT-Drucks. 16/1780, 37.
4 So zutreffend HK-AGG/*Buschmann*, § 12 Rz. 11; für die Durchsetzbarkeit von Schutzmaßnahmen als maßgebliches Eingrenzungskriterium: *Schäfer*, Die Verantwortlichkeit des Arbeitgebers für diskriminierendes Verhalten Dritter (2013), S. 169.

bb) Einzelne Maßnahmen

(1) Personalauswahlverfahren

153 Die Einhaltung des Benachteiligungsverbotes wegen eines in § 1 AGG genannten Grundes wird in der Praxis insbesondere im Rahmen des Personalauswahlverfahrens eine große Rolle spielen. Um den Anforderungen des § 12 Abs. 1 AGG gerecht zu werden, sollten Arbeitgeber ihr gesamtes Personalauswahlverfahren überprüfen und möglicherweise (weiter) standardisieren, um die einzelnen Auswahlschritte im Hinblick auf § 12 Abs. 1 AGG besser überprüfen zu können. Im Rahmen des Personalauswahlverfahrens kann eine Benachteiligung insbesondere dadurch eintreten, dass der Arbeitgeber unzulässige Fragen stellt (vgl. Teil 1 C Rz. 66 ff.), eine bestimmte Kategorie von Bewerbern von vornherein aus dem Verfahren aussondert oder für bestimmte Merkmalsträger erhöhte Anforderungen gestellt werden. Auch die Einstellungsentscheidung als solche kann eine unzulässige Benachteiligung darstellen[1].

154 Aufgrund der abgestuften Darlegungs- und Beweislast in § 22 AGG (vgl. Rz. 169 ff.) empfiehlt es sich aus Arbeitgebersicht auf jeden Fall, einerseits das Anforderungsprofil, andererseits aber auch das Verhältnis des Bewerbers zum Anforderungsprofil und das Ergebnis von Vorstellungsgesprächen **schriftlich zu dokumentieren**. Dabei sollte auch festgehalten werden, welche Kriterien für den Arbeitgeber maßgeblich sind. Dies hat Beweissicherungs- und Dokumentationsfunktion. Der Arbeitgeber kann dann anhand dieser Unterlagen bei einem später eintretenden Streitfall die für ihn tragenden Gründe auch noch nach einem längeren Zeitablauf nachvollziehbar darlegen und beweisen.

Beispiel eines Protokolls über ein Vorstellungsgespräch[2]:

Zu besetzende Position:	Insolvenzrechtlerin oder Insolvenzrechtler
Anforderungsprofil:	1. und 2. juristisches Staatsexamen, Mindestnote befriedigend, mindestens zwei Jahre Berufserfahrung, bestandener Fachanwaltslehrgang, Promotion
Qualifikation der Bewerberin/des Bewerbers:	… Das Anforderungsprofil ist damit erfüllt/nicht erfüllt
Einschätzung nach Vorstellungsgespräch:	Die Bewerberin/der Bewerber hat überzeugt, weil … (Auftreten, Hinweis auf förderliche Fähigkeiten wie gehaltene Vorträge, wissenschaftliche Qualifikationen (Aufsätze) etc.)

156 Die Erstellung derartiger Dokumentationen ist keine unmittelbare Verpflichtung aus § 12 Abs. 1 AGG. Sie dient allein dazu, später den Beweis führen zu können, dass der Arbeitgeber seinen Verpflichtungen aus § 12 Abs. 1 AGG nachgekommen ist.

157 Sofern der Arbeitgeber bei der Einstellung **Personalfragebögen** verwendet, müssen diese ebenfalls im Hinblick auf ihren Einklang mit dem AGG überprüft werden. Für den Arbeitgeber sind sie besonders deshalb problematisch, weil sie dem Arbeitnehmer im Rahmen des Bewerbungsverfahrens in der Regel ausgehändigt werden. Soweit sich in den Personalfragebögen bereits diskriminierende Fragen befinden, erleichtert dies dem Arbeitnehmer später den Nachweis, dass tatsächlich eine unzulässige Benachteiligung stattgefunden hat.

---

[1] Vgl. hierzu die ausführliche Darstellung bei HK-AGG/*Däubler*, § 7 Rz. 19 ff.
[2] Vgl. hierzu ausführlicher *Schrader*, DB 2006, 2571 (2572).

(2) Betriebsvereinbarung zur Vermeidung von Ungleichbehandlung

Ein wesentliches Instrument für den Arbeitgeber, seinen Organisationspflichten nachzukommen und dies gleichzeitig zu dokumentieren, ist der Abschluss von Betriebsvereinbarungen zur Vermeidung von Ungleichbehandlungen[1]. Derartige Betriebsvereinbarungen haben Signalwirkung dahingehend, dass Arbeitgeber und Betriebsrat nicht gewillt sind, diskriminierendes Handeln hinzunehmen[2]. Darüber hinaus haben derartige Betriebsvereinbarungen eine gewisse Beweisfunktion in Gerichtsverfahren wegen einer behaupteten unzulässigen Benachteiligung.

Einstweilen frei.

b) Hinweispflichten

Nach § 12 Abs. 2 Satz 1 AGG soll der Arbeitgeber in geeigneter Weise auf die Unzulässigkeit von Benachteiligungen hinweisen und darauf hinwirken, dass diese unterbleiben. Einen geeigneten Rahmen bilden hierfür insbesondere Aus- und Fortbildungsmaßnahmen. Darüber hinaus sind das AGG selbst, § 61b ArbGG sowie Informationen über die für die Behandlung von Beschwerden nach § 13 AGG zuständigen Stellen im Betrieb oder in der Dienststelle bekannt zu machen. Die Bekanntmachung kann durch Aushang oder Auslegung an geeigneter Stelle oder durch den Einsatz der im Betrieb üblichen Informations- und Kommunikationstechnik (zB Intranet) erfolgen. In jedem Fall ist aber erforderlich, dass der Adressatenkreis tatsächlich von der Bekanntmachung Kenntnis erlangen kann[3].

c) Maßnahmen gegen „Täter"

§ 12 Abs. 3 AGG enthält eine Verpflichtung für den Arbeitgeber, bei einem Verstoß von Beschäftigten gegen das Benachteiligungsverbot die im Einzelfall geeigneten, erforderlichen und angemessenen Maßnahmen zur Unterbindung der Benachteiligung zu ergreifen. Das Gesetz nennt bspw. die **Abmahnung, Umsetzung, Versetzung oder Kündigung**. Abschließend ist diese Aufzählung allerdings nicht[4]. Als weitere Maßnahmen sind insbesondere eine **Ermahnung**, eine gezielte **Schulung** oder eine **Freistellung** denkbar[5]. Nach dem Wortlaut der Norm hat der Arbeitgeber keine Entscheidungsfreiheit, ob er überhaupt reagieren will. Das Gesetz schreibt ihm vielmehr eine Reaktion auf den Verstoß gegen das Benachteiligungsverbot vor. Der Arbeitgeber hat lediglich einen Ermessensspielraum im Hinblick auf die Frage, mit welchen Maßnahmen er auf Belästigungen eines Arbeitnehmers durch Vorgesetzte oder Mitarbeiter reagiert. Der Arbeitnehmer hat allerdings Anspruch auf die Ausübung rechtsfehlerfreien Ermessens durch den Arbeitgeber. Der Arbeitgeber muss nur solche Maßnahmen ergreifen, die er nach den Umständen des Einzelfalls als verhältnismäßig ansehen darf und die ihm zumutbar sind. Wenn allerdings nach objektiver Betrachtungsweise eine rechtsfehlerfreie Ermessensentscheidung des Arbeitgebers nur das Ergebnis haben kann, eine bestimmte Maßnahme zu ergreifen, hat der Arbeitnehmer Anspruch auf deren Durchführung[6]. Die Zulässigkeit und Durchsetzbarkeit der beabsichtigten Maßnahmen richtet sich nach allgemeinen arbeitsrechtlichen Grundsätzen[7].

---

1 Ein Muster findet sich bei *Schrader*, DB 2006, 2571.
2 Zur Mitbestimmung bei Ethik-Richtlinien vgl. BAG 22.7.2008 – 1 ABR 40/07, NZA 2008, 1248.
3 Vgl. Gesetzesbegründung, BT-Drucks. 16/1780, 37.
4 Vgl. Gesetzesbegründung, BT-Drucks. 16/1780, 37.
5 HK-AGG/*Buschmann*, § 12 Rz. 22.
6 BAG 25.10.2007 – 8 AZR 593/06, NZA 2008, 223.
7 Vgl. HK-AGG/*Buschmann*, § 12 Rz. 22 ff.

162 Die gleiche Verpflichtung trifft den Arbeitgeber nach § 12 Abs. 4 AGG, wenn Beschäftigte bei der Ausübung ihrer Tätigkeit **durch Dritte** in unzulässiger Weise benachteiligt werden. Die Bestimmung soll der Tatsache Rechnung tragen, dass Beschäftigte bei der Austragung ihrer Tätigkeit häufig mit anderen Personen, insbesondere Beschäftigten aus anderen Unternehmen (zB Lieferanten oder Kunden) in Beziehung treten, teilweise auch auf deren Betriebsgelände arbeiten[1]. Das Problem besteht darin, dass dem Arbeitgeber gegenüber Dritten nicht die gleichen Schutzmaßnahmen zur Verfügung stehen wie gegenüber eigenen Beschäftigten nach § 12 Abs. 3 AGG. Gleichwohl wird der Arbeitgeber durch § 12 Abs. 4 AGG dazu verpflichtet, auch gegenüber Kunden und Lieferanten geeignete, erforderliche und angemessene Schutzmaßnahmen zu ergreifen. Dies wird in der Praxis gerade im Hinblick auf **Kundenbeziehungen** zu erheblichen Schwierigkeiten führen, da der Arbeitgeber diese in der Regel nicht gefährden will.

163 Beispiel:

Wird ein Auslieferungsfahrer beim Kunden von dessen Mitarbeitern wegen seiner ethnischen Herkunft diskriminiert, stellt sich die Frage, wie der Arbeitgeber des Auslieferungsfahrers hierauf reagieren muss. Der Schutz des § 12 Abs. 4 AGG kann dabei nicht so weit gehen, dass der Arbeitgeber die Kundenbeziehung abbrechen muss[2]. Man wird dem Arbeitgeber auch nicht zumuten können, dass er einen solchen Abbruch auch nur androht[3]. Darüber hinaus stellt sich allerdings die Frage, wie der Arbeitgeber den Beschäftigten effektiv schützen kann. Der Arbeitgeber wird sicherlich versuchen müssen, in irgendeiner Form „mehr oder weniger deutlich" auf den Kunden einzuwirken, die Benachteiligungen in seinem Betrieb zu unterbinden. Will der Arbeitgeber die Kundenbeziehung nicht gefährden, wird er dabei ein bestimmtes Maß nicht überschreiten können. Der gesetzlich vorgesehene Schutz des § 12 Abs. 4 AGG läuft dann „ins Leere". Denn kein Arbeitgeber wird seine eigene wirtschaftliche Existenz aufs Spiel setzen, um die Rechte seiner Beschäftigten auch gegenüber Kunden durchzusetzen. Hierdurch würde letztlich auch der Arbeitsplatz des Beschäftigen selbst gefährdet. Es wird mit Interesse abzuwarten bleiben, wie sich die Rechtsprechung hierzu „positioniert".

d) Folgen bei Verstoß gegen die Organisationspflichten

164 Das Gesetz sieht ausdrücklich keine Sanktionen vor, wenn der Arbeitgeber gegen seine Organisationspflichten aus § 12 AGG verstößt. Eine Haftung nach § 15 Abs. 1 AGG oder § 15 Abs. 2 AGG kommt insoweit nicht in Betracht, da der Arbeitgeber nicht auch zugleich selbst gegen das Benachteiligungsverbot des § 7 Abs. 1 AGG verstößt, wenn er den Organisationspflichten des § 12 AGG nicht nachkommt. In diesen Fällen kann der Arbeitgeber deshalb allenfalls unter den Voraussetzungen des § 280 BGB und § 823 BGB haften. Darüber hinaus kommt ein Zurückbehaltungsrecht der Betroffenen nach § 273 BGB in Betracht[4].

VIII. Prozessuales

1. Ausschlussfristen

165 § 15 Abs. 4 AGG bestimmt, dass Schadensersatzansprüche nach § 15 Abs. 1 AGG und Entschädigungsansprüche nach § 15 Abs. 2 AGG innerhalb einer Frist von **zwei Monaten** schriftlich geltend gemacht werden müssen[5]. Die Schriftform kann

---

1 Vgl. HK-AGG/*Buschmann*, § 12 Rz. 29.
2 Ebenso *Wisskirchen*, DB 2006, 1491 (1496); *Bauer/Göpfert/Krieger*, § 12 AGG Rz. 42; wohl auch *Thüsing*, Arbeitsrechtlicher Diskriminierungsschutz, Rz. 691.
3 So aber HK-AGG/*Buschmann*, § 12 Rz. 30.
4 *Annuß*, BB 2006, 1629 (1635); *Willemsen/Schweibert*, NJW 2006, 2583 (2590).
5 Nach BAG 21.6.2012 – 8 AZR 188/11, NZA 2012, 1211, verstößt die Norm nicht gegen Europarecht. Ebenso BAG 15.3.2012 – 8 AZR 37/11, NZA 2012, 910.

durch Klageerhebung gewahrt werden. § 167 ZPO findet Anwendung, so dass der rechtzeitige Eingang der Klage bei Gericht zur Fristwahrung ausreicht, wenn die Klage „demnächst" zugestellt wird[1]. Die Frist beginnt gem. § 15 Abs. 4 Satz 2 AGG im Falle einer Bewerbung oder eines beruflichen Aufstiegs mit dem Zugang der Ablehnung und in sonstigen Fällen einer Benachteiligung zu dem Zeitpunkt, in dem der oder die Beschäftigte von der Benachteiligung Kenntnis erlangt[2]. Davon abweichende Regelungen können in Tarifverträgen geregelt sein.

⊃ **Hinweis:** Arbeitgeber werden gut beraten sein, wenn sie auch den Zugang einer Absage dokumentieren können. Ansonsten werden sie erhebliche Probleme haben, sich bei einer Klage eines abgelehnten Bewerbers erfolgreich auf die Ausschlussfristen des § 15 Abs. 4 AGG zu berufen[3].

166

Lehnt der Arbeitgeber den zunächst außergerichtlich geltend gemachten Anspruch ab oder reagiert er auf ein Anspruchsschreiben nicht, muss der Arbeitnehmer nach § 61b Abs. 1 ArbGG innerhalb von **drei Monaten**, nachdem der Anspruch schriftlich geltend gemacht worden ist, **Klage** erheben. Dies bedeutet vom Prinzip her eine zweite Ausschlussfrist. Nach dem Wortlaut bezieht sich die Regelung des § 61b Abs. 1 ArbGG nur auf „Entschädigungen". Sie wird aber gleichermaßen für Schadensersatzansprüche nach § 15 Abs. 1 AGG gelten.

167

Die zwei in § 15 Abs. 4 AGG und § 61b Abs. 1 ArbGG geregelten Ausschlussfristen gelten allein für **Schadensersatz- und Entschädigungsansprüche** nach § 15 Abs. 1 und Abs. 2 AGG. Weitere Ansprüche aus dem AGG sind hiervon nicht berührt, da eine analoge Anwendung des § 15 Abs. 4 AGG iVm. § 61b Abs. 1 ArbGG aufgrund des eindeutigen Wortlauts und des Regelungszusammenhanges ausscheidet. Insoweit ist aber zu prüfen, ob sich Ausschlussfristen nicht aus Tarifvertrag, Betriebsvereinbarung oder Arbeitsvertrag ergeben[4].

168

2. Darlegungs- und Beweislast

§ 22 AGG regelt die Beweislast im Verfahren wie folgt: Wenn im Streitfall die eine Partei Indizien beweist, die eine Benachteiligung wegen eines in § 1 AGG genannten Merkmals vermuten lassen, trägt die andere Partei die Beweislast dafür, dass kein Verstoß gegen die Bestimmungen zum Schutz vor Benachteiligungen vorgelegen hat. Mit dieser Regelung werden die Grundregeln des deutschen Zivilprozessrechtes modifiziert. Denn grundsätzlich trägt der Anspruchsteller die Beweislast für die rechtsbegründenden Tatbestandsmerkmale, der Anspruchsgegner die Beweislast für rechtshindernde, rechtsvernichtende und rechtshemmende Merkmale. § 22 AGG soll den benachteiligten Personen jedoch eine **Beweiserleichterung** verschaffen, indem der Beweismaßstab abgesenkt wird. Hintergrund ist, dass Diskriminierungen selten offen stattfinden und benachteiligte Personen den Nachweis einer ungerechtfertigten Benachteiligung oft nicht erbringen können[5]. Das Gesetz ermöglicht dem Anspruchsteller deshalb, lediglich Indizien zu beweisen. Zum Teil wird die Auffassung vertreten, dass der **Indizienbeweis** für alle Tatbestandsmerkmale möglich ist, also sowohl für das Vorliegen einer Benachteiligung selbst als auch für den Kausalitätsbeweis, dass diese unterschiedliche Behandlung auf einem in § 1 AGG geregelten Grund beruht[6]. Zutreffenderweise muss man aber davon ausgehen, dass die Möglichkeit eines Indi-

169

---
1 BAG 22.5.2014 – 8 AZR 662/13, NZA 2014, 924.
2 Vgl. hierzu EuGH 8.7.2010 – Rs. C-246/09, NZA 2010, 869; BAG 15.3.2012 – 8 AZR 37/11, NZA 2012, 910.
3 Vgl. *Willemsen/Schweibert*, NJW 2006, 2583 (2591).
4 Vgl. hierzu *Schrader/Schubert*, Rz. 538 ff.
5 Vgl. HK-AGG/*Bertzbach*, § 22 Rz. 4 ff.
6 Vgl. HK-AGG/*Bertzbach*, § 22 Rz. 16.

zienbeweises enger gefasst ist. Der Anspruchsteller muss zunächst nach allgemeinen Grundsätzen den Vollbeweis dafür erbringen, dass eine Ungleichbehandlung überhaupt vorliegt. Erst wenn ihm dies gelingt, kann er im Wege des Indizienbeweises dartun, dass diese Ungleichbehandlung auf einem in § 1 AGG genannten Merkmal beruht und deshalb unzulässig ist[1]. Als Indiz ist dabei eine Tatsache zu verstehen, die auf das Vorhandensein einer anderen Tatsache schließen lässt[2]. Der Anspruchsteller muss also Indizien vortragen, die seine Benachteiligung wegen eines verbotenen Merkmals vermuten lassen. Dies ist der Fall, wenn die vorgetragenen Tatsachen aus objektiver Sicht und überwiegender Wahrscheinlichkeit darauf schließen lassen, dass die Benachteiligung wegen dieses Merkmals erfolgt.[3] In der Praxis besteht die Schwierigkeit darin, herauszufinden, welche vorgebrachten Indizien ausreichen, um die Vermutungswirkung des § 22 Abs. 1 AGG eintreten zu lassen. Hier wird sich in der Arbeitsgerichtsbarkeit zunächst ein handhabbarer Maßstab entwickeln müssen.

170 Beispiele:

Nach § 81 Abs. 1 Satz 1 SGB IX sind Arbeitgeber verpflichtet, vor der Besetzung einer Stelle zu prüfen, ob der freie Arbeitsplatz mit schwerbehinderten Menschen besetzt werden kann. Das Gesetz sieht in § 81 Abs. 1 Satz 2 SGB IX vor, dass die Arbeitgeber auch die Agentur für Arbeit einschalten. Nach § 81 Abs. 1 Satz 6 SGB IX ist zudem die Schwerbehindertenvertretung zu beteiligen. Ob diese Verpflichtung nur bei externen Stellenausschreibungen oder auch bei reinen internen Stellenausschreibungen gilt, ist bislang nicht abschließend geklärt[4]. Kommt ein Arbeitgeber seinen Verpflichtungen aus § 81 Abs. 1 Satz 1 und 6 SGB IX nicht nach, begründet dies die Vermutung einer Benachteiligung wegen der Behinderung[5]. Eine unmittelbare Diskriminierung iSd. § 3 Abs. 1 AGG kommt in diesem Zusammenhang allerdings dann nicht in Betracht, wenn die ausgeschriebene Stelle zu dem Zeitpunkt, zu dem sich der behinderte Bewerber bewirbt, bereits besetzt worden ist. In diesem Fall soll keine vergleichbare Situation iSd. § 3 Abs. 1 AGG vorliegen, da sich der eingestellte Bewerber auf eine ausgeschriebene, aber noch offene, der abgelehnte Bewerber sich aber auf eine zwar noch ausgeschriebene, aber bereits besetzte Stelle beworben hat[6]. Etwas anderes soll allerdings dann gelten, wenn der Arbeitgeber in der Ausschreibung eine Bewerbungsfrist genannt hat und sich der behinderte Bewerber noch vor Ablauf dieser Bewerbungsfrist bewirbt[7]. Ein Indiz iSd. § 22 AGG stellt auch eine Pflichtverletzung nach § 82 Satz 2 SGB IX (Pflicht zur Einladung eines schwerbehinderten Menschen zu einem Vorstellungsgespräch durch einen öffentlichen Arbeitgeber) dar, sofern der Arbeitgeber die Schwerbehinderteneigenschaft oder Gleichstellung des Bewerbers kannte oder aufgrund der Bewerbungsunterlagen hätte kennen müssen[8]. Ein solcher Verstoß kann auch nicht dadurch „ungeschehen" gemacht werden, dass nach der ersten Ablehnung zwei Einladungen zu Vorstellungsgesprächen ausgesprochen werden[9]. Auch insofern kommt eine unmittelbare Benachteiligung iSd. § 3 Abs. 1 AGG aber nur in Betracht, wenn der Bewerber für die ausgeschriebene Stelle objektiv geeignet war[10]. Auch eine Verletzung der Pflicht des Arbeitgebers, getroffene Besetzungsentscheidungen gem. § 81 Abs. 1 Satz 9 SGB IX mit allen Beteiligten zu erörtern, kann eine Indizwirkung iSd. § 22 AGG auslösen[11].

170a Aus der **Frage nach bestimmten Erkrankungen oder Leiden** kann je nach den Einzelfallumständen auch auf eine Erkundigung nach einer Behinderung geschlossen werden. Die konkrete Frage in einem Vorstellungsgespräch nach einer psychiatrischen Behandlung des Bewerbers und die Aufforderung, die verneinende Antwort schriftlich niederzulegen, lassen es als

---

1 *Annuß*, BB 2006, 1629 (1635); *Willemsen/Schweibert*, NJW 2006, 2583 (2591).
2 Vgl. HK-AGG/*Bertzbach*, § 22 Rz. 23.
3 BAG 21.6.2012 – 8 AZR 364/11, DB 2012, 2579; 17.12.2009 – 8 AZR 670/08, NZA 2010, 383.
4 Vgl. dazu *Breitfeld/Strauß*, BB 2012, 2817.
5 BAG 17.8.2010 – 9 AZR 839/08, NZA 2011, 153.
6 BAG 19.8.2010 – 8 AZR 370/09, NZA 2011, 200.
7 BAG 17.8.2010 – 9 AZR 839/08, NZA 2011, 153.
8 BAG 16.2.2012 – 8 AZR 697/10, NZA 2012, 667; 24.1.2013 – 8 AZR 188/12, NZA 2013, 896.
9 BAG 22.8.2013 – 8 AZR 563/12, NZA 2014, 82.
10 BAG 7.4.2011 – 8 AZR 679/09, NZA-RR 2011, 494.
11 BAG 21.2.2013 – 8 AZR 180/12, NZA 2013, 840.

überwiegend wahrscheinlich erscheinen, dass eine Einstellungsentscheidung vom Ausschluss bestimmter Einschränkungen mitgeprägt war. Auch die getätigte Äußerung in einem Vorstellungsgespräch, der steife Gang des Bewerbers lasse auf die Krankheit Morbus Bechterew schließen (was bei Patienten häufig zu Depressionen führe), sowie die Aufforderung des potentiellen Arbeitgebers an den Bewerber, sich diesbezüglich untersuchen zu lassen, rechtfertigen die Annahme, dass der potentielle Arbeitgeber eine Behinderung des Erwerbers mutmaßte und die Nichteinstellungsentscheidung an diese Mutmaßung anknüpft[1].

Ein **Indiz** iSd. § 22 AGG kann es darstellen, wenn ein Arbeitgeber bei der Auskunftserteilung Gründe angibt, die im **Widerspruch zu seinem sonstigen Verhalten** stehen. Indizwirkungen können auch gegebene, aber wechselnde Begründungen des Arbeitgebers für eine getroffene benachteiligende Maßnahme haben[2]. Ein abgelehnter Stellenbewerber hat gegen den Arbeitgeber jedoch grundsätzlich keinen Anspruch auf Auskunft, ob dieser einen anderen Bewerber eingestellt hat und wenn ja, aufgrund welcher Kriterien diese Entscheidung erfolgt ist[3]. Dies soll nach dem BAG nur dann anders sein, wenn eine Auskunftsverweigerung durch den Arbeitgeber die Verwirklichung des Rechts des abgelehnten Bewerbers auf Schutz vor einer Benachteiligung zu beeinträchtigen droht. Der abgelehnte Bewerber hat demnach zunächst Anhaltspunkte schlüssig darzulegen, aus denen er folgert, erst die geforderte Auskunft werde es ihm ermöglichen, eine Benachteiligung nachzuweisen. Auch kann er schlüssig darlegen, dass die Verweigerung der Auskunft selbst eine Benachteiligung begründet. Nach dem EuGH[4] kann die Verweigerung des Zugangs zu Informationen bereits ein Indiz für die Vermutung einer Diskriminierung sein.

170b

Die Bezeichnungen „Hochschulabsolventen/Young Professionals" und „Berufsanfänger" in einer Stellenausschreibung können ein Indiz für die Vermutung einer unzulässigen altersbedingten Benachteiligung darstellen[5].

170c

In jedem Fall werden Behauptungen „ins Blaue hinein" nicht ausreichen, um die Vermutungswirkung zu erreichen. Derartige Behauptungen sollen durch das Gesetz gerade verhindert werden[6]. Bleiben Vermutungstatsachen streitig, hat der Kläger sie mit den in der ZPO vorgesehenen Beweismitteln nachzuweisen.

171

Hieraus ergibt sich folgende abgestufte Prüfungsreihenfolge[7]:

172

– Zunächst hat der Arbeitnehmer die Verantwortung, das Gericht von Indizien, also von der überwiegenden Wahrscheinlichkeit einer Diskriminierung zu überzeugen. Die Glaubhaftmachung durch den Arbeitnehmer lässt die Beweisverteilung unberührt, sie senkt nur das Beweismaß. Es kann daher grundsätzlich kein „Indiz" sein, wenn der Arbeitgeber die Gründe seiner Rechtsverteidigung nicht hinreichend substantiiert darlegt.

– Erst auf der zweiten Stufe, also nachdem die arbeitnehmerseits vorgetragenen Tatsachen eine Benachteiligung wegen eines Merkmals nach § 1 AGG vermuten lassen, trägt der Arbeitgeber die Beweislast dafür, dass eine solche Benachteiligung nicht vorlag. Erst dann, wenn diese Stufe erreicht ist, muss er Tatsachen vortragen und ggf. beweisen, aus denen sich ergibt, dass es ausschließlich andere Gründe als die behaupteten nach § 1 AGG waren, die zu der weniger günstigen Behandlung geführt haben.

---

1 BAG 17.12.2009 – 8 AZR 670/08, NZA 2010, 383.
2 Vgl. BAG 21.6.2012 – 8 AZR 364/11, DB 2012, 2579.
3 BAG 25.4.2013 – 8 AZR 287/08, NJOZ 2013, 1699.
4 EuGH 19.4.2012 – Rs. C-415/10, NZA 2012, 493.
5 BAG 24.1.2013 – 8 AZR 429/11, NJW 2013, 2055.
6 Vgl. HK-AGG/*Bertzbach*, § 22 Rz. 30.
7 BAG 21.6.2012 – 8 AZR 364/11, DB 2012, 2579.

173 Diese Beweislastregelung erhält eine besondere Bedeutung, wenn neben einem Verfahren, in dem es ausschließlich um Ansprüche aus dem AGG geht, auch ein **Kündigungsschutzverfahren** geführt wird, welches sich nach dem KSchG richtet. Selbst wenn beiden Verfahren der gleiche Sachverhalt zugrunde liegt, können die Prozesse allein aufgrund der unterschiedlichen Darlegungs- und Beweislast zu völlig anderen Ergebnissen führen. Gleichwohl dürfte eine Verbindung beider Verfahren nach der jetzigen Rechtslage nicht möglich sein[1].

3. Geltendmachung durch Dritte

174 Zur Betonung ihrer Verantwortlichkeit wird den **Betriebsräten** und den im Betrieb vertretenen **Gewerkschaften** in § 17 Abs. 2 AGG bei einem **groben Verstoß des Arbeitgebers** gegen das AGG die Möglichkeit eingeräumt, unter der Voraussetzung des § 23 Abs. 3 Satz 1 BetrVG die dort genannten Rechte gerichtlich geltend zu machen. Ein Verstoß ist dann als grob anzusehen, wenn er objektiv erheblich und offensichtlich schwerwiegend ist[2]. Ein solcher Verstoß kann bspw. darin liegen, dass der Arbeitgeber die zum Schutz seiner Beschäftigten objektiv gebotenen Maßnahmen unterlässt oder selbst in grober Weise gegen das Benachteiligungsverbot verstößt[3]. Weiterhin ist erforderlich, dass es sich um einen Betrieb handelt, in dem die Voraussetzungen des § 1 Abs. 1 Satz 1 BetrVG vorliegen. Der Betriebsrat oder die im Betrieb vertretene Gewerkschaft kann dann beantragen, dem Arbeitgeber aufzugeben, eine Handlung zu unterlassen, die Vornahme einer Handlung zu dulden oder eine Handlung vorzunehmen. Hingegen dürfen der Betriebsrat oder die im Betrieb vertretene Gewerkschaft keine (Individual-)Ansprüche des Benachteiligten geltend machen. Sie dürfen insbesondere keine Entschädigungs- oder Schadensersatzansprüche für den Benachteiligten gerichtlich einklagen. Dies wird durch § 17 Abs. 2 Satz 2 AGG ausdrücklich klargestellt.

IX. Internationale Sachverhalte

175 Die Bestimmung des maßgeblichen nationalen Arbeitsrechts erfolgt in der Regel anhand der Art. 8, 9 Rom-I-VO (für Verträge, die vor dem 17.12.2009 abgeschlossen wurden, gelten Art. 30 und 34 EGBGB). Art. 8 Rom-I-VO hat dabei das individuelle Arbeitsverhältnis zum Gegenstand[4]. Da die Regelungen des AGG dem Schutz der Beschäftigten in einem Arbeitsverhältnis dienen, wird der ganz überwiegende Teil der arbeitsrechtlichen Regelungen des AGG von Art. 8 Rom-I-VO erfasst. Bei grenzüberschreitenden Sachverhalten ist deshalb anhand der **Kollisionsnormen** des Art. 8 Rom-I-VO zu bestimmen, ob das deutsche AGG Anwendung findet oder ein ausländisches Gesetz – welches trotz der europäischen Vorgaben nicht inhaltsgleich sein muss – den Sachverhalt entscheiden soll. Siehe dazu Teil 1 G.

176 Führt Art. 8 Rom-I-VO allerdings zur Anwendung ausländischen Arbeitsrechts, prüft das BAG in der Regel, ob die deutschen arbeitsrechtlichen Normen nicht über Art. 9 Rom-I-VO als sog. „**Eingriffsnormen**" angewendet werden müssen[5]. Dieses Vorgehen des BAG steht im Widerspruch zu dem deutschen Kollisionsrecht. Denn mit dieser Vorgehensweise beseitigt das BAG das durch die deutschen Kollisionsnormen gewonnene Ergebnis wieder. Ist somit eigentlich ausländisches Recht anzuwenden, verhilft

---

1 Vgl. *Schrader/Schubert*, Rz. 587 ff.
2 HWK/*Reichold*, § 23 BetrVG Rz. 31.
3 Vgl. Gesetzesbegründung, BT-Drucks. 16/1780, 39.
4 Vgl. *Reithmann/Martiny*, Internationales Vertragsrecht, 7. Aufl. 2010, Rz. 1872.
5 Vgl. BAG 24.8.1989 – 2 AZR 3/89, NZA 1990, 841; 12.12.2001 – 5 AZR 255/00, NZA 2002, 734. Eine ausführliche Darstellung der Rechtsprechung findet sich bei *Straube*, Das Bundesarbeitsgericht und Art. 34 EGBGB, IPRax 2007, 395.

das BAG gleichwohl deutschen Normen über Art. 9 Rom-I-VO zur Anwendung und verdrängt dadurch das eigentlich anzuwendende ausländische Sachrecht. Voraussetzung hierfür ist nach der Rechtsprechung des BAG, dass die deutschen Normen „zumindest auch im Interesse des Gemeinwohls und nicht nur im Individualinteresse" getroffen wurden. Auf dieser Basis hat das BAG bisher aber allein § 3 EFZG und § 14 Abs. 1 MuSchG einen **internationalen zwingenden Eingriffscharakter** zugesprochen. Während im Hinblick auf § 1 Abs. 1 EFZG ausreichend sein soll, dass diese Norm „gleichfalls" öffentliche Interessen verfolge[1], begründet das BAG seine Auffassung im Hinblick auf § 14 Abs. 1 MuSchG damit, dass diese Norm „bedeutende Gemeinwohlbelange" verfolge, zumal der in § 14 Abs. 1 MuSchG geregelte Zuschuss zum Mutterschaftsgeld der Verwirklichung des Verfassungsgebotes aus Art. 6 Abs. 4 GG und damit einem „besonders wichtigem Gemeinschaftsgut" diene[2].

Der deutsche Gesetzgeber hat weder im AGG noch in seiner Begründung dargelegt, ob es sich bei den arbeitsrechtlichen Normen des AGG um international zwingendes Recht iSd. Art. 34 EGBGB (jetzt: Art. 9 Rom-I-VO) handelt[3]. Allein § 31 AGG liefert einen ersten Anhaltspunkt. Diese Norm bestimmt, dass von den Vorschriften des AGG „nicht zu Ungunsten der geschützten Person abgewichen werden" kann. Ob dies nur für nationale Sachverhalte oder auch für grenzüberschreitende Sachverhalte geltend soll, sagt das Gesetz allerdings nicht. Darüber hinaus weist die Bundesregierung in der Gesetzesbegründung[4] ausdrücklich darauf hin, dass es sich bei dem Gleichbehandlungsgrundsatz nicht nur um ein Grundprinzip des Gemeinschaftsrechts handelt, sondern dass die Gleichheit vor dem Gesetz und der Schutz aller Menschen vor Diskriminierung ein Menschenrecht von **Verfassungsrang** ist, welches in Deutschland insbesondere in Art. 3 GG festgeschrieben ist. Dass es sich bei den arbeitsrechtlichen Regelungen des AGG aufgrund dieses verfassungsrechtlichen Hintergrundes um internationales Eingriffsrecht handelt, sagt der Gesetzgeber in der Gesetzesbegründung aber ebenfalls nicht.

Aufgrund dieses zugrunde liegenden Verfassungsranges wäre es durchaus denkbar, die arbeitsrechtlichen Normen des AGG angesichts der Rechtsprechung des BAG als Eingriffsnormen iSd. Art. 9 Rom-I-VO zu qualifizieren[5]. Dem steht jedoch entgegen, dass § 2 Abs. 4 AGG ausdrücklich bestimmt, dass für Kündigungen die Bestimmungen zum allgemeinen und besonderen Kündigungsschutz gelten, und zwar ausschließlich. Den §§ 1–14 KSchG hat das BAG nun aber gerade den international zwingenden Charakter iSd. Art. 9 Rom-I-VO mit der Begründung abgesprochen, dass die darin enthaltenen Vorschriften „in erster Linie" dem Ausgleich zwischen Bestandsschutzinteressen des Arbeitnehmers und der Vertragsfreiheit des Arbeitgebers dienten[6]. Dies bedeutet: Zwar haben die arbeitsrechtlichen Normen des AGG einen verfassungsrechtlichen Hintergrund, das Gesetz bestimmt aber selbst, dass ihm ein Gesetz – und zwar ausschließlich – vorgehen soll, dem das BAG ausdrücklich den Eingriffscharakter bei grenzüberschreitenden Sachverhalten abgesprochen hat. Selbstverständlich gilt die Regelung des § 2 Abs. 4 AGG zunächst einmal nur für nationale Sachverhalte. Gleichwohl hindert diese Norm aber daran, die arbeitsrechtlichen Normen des AGG bei grenzüberschreitenden Sachverhalten als international zwingendes Recht

---

1 BAG 12.12.2001 – 5 AZR 255/00, NZA 2002, 734.
2 BAG 12.12.2001 – 5 AZR 255/00, NZA 2002, 734.
3 Insoweit hilft entgegen der Auffassung von *Thüsing*, Arbeitsrechtlicher Diskriminierungsschutz, Rz. 83, auch der Verweis auf § 7 Abs. 1 Nr. 7 AEntG nicht weiter, da der nationale Gesetzgeber den international zwingenden Charakter der dort genannten Normen ausweislich der Gesetzesbegründung zu § 7 Abs. 1 AEntG gerade nicht festschreiben wollte, sondern ihn voraussetzt (BT-Drucks. 14/45, 27).
4 BT-Drucks. 16/1780, 20.
5 So *Thüsing*, Arbeitsrechtlicher Diskriminierungsschutz, Rz. 83; vgl. auch *Mansel*, FS Canaris, Band I, 2007, S. 809.
6 BAG 24.8.1989 – 2 AZR 3/89, NZA 1990, 841.

einzustufen. Denn wenn ein Gesetz, dem nach Ansicht des BAG gerade nicht hinreichende ordnungspolitische Interessen zugrunde liegen, um es als Eingriffsgesetz zu qualifizieren, dem AGG vorgeht, kann man hieraus nur den Schluss ableiten, dass eben dann auch das AGG kein international zwingendes Recht sein kann. Diese Einschätzung wird auch durch das ganze „Hin und Her" im Zusammenhang mit der Verabschiedung des AGG bestätigt. Wenn dabei der Bundesrat als wesentliches Element der Gesetzgebung das AGG als „überflüssige Belastung für das Wirtschafts- und Rechtsleben" bezeichnet[1], wird man den arbeitsrechtlichen Normen des AGG nicht eine derart bedeutende ordnungspolitische Funktion zuschreiben können, die unbedingt auch bei internationalen Sachverhalten gegenüber anderen Rechtsordnungen durchgesetzt werden muss[2].

179 Dies bedeutet im Ergebnis, dass das im Bereich Diskriminierung anzuwendende Recht von deutschen Gerichten anhand von Art. 8 Rom-I-VO zu bestimmen ist. Gilt danach deutsches Recht, sind die arbeitsrechtlichen Normen des AGG anzuwenden. Verweist allerdings Art. 8 Rom-I-VO auf ausländisches Diskriminierungsrecht, bleibt es bei dieser Verweisung. Die arbeitsrechtlichen Normen des AGG finden dann nicht über Art. 9 Rom-I-VO Anwendung[3].

---

1 BR-Drucks. 329/06.
2 *Schrader/Straube*, NZA 2007, 184. Im Ergebnis ebenso *Junker*, NZA Beilage 2/2008, 59 (64).
3 *Schrader/Straube*, NZA 2007, 184.

G. IPR des Arbeitsrechts

	Rz.		Rz.
I. Gegenstand des Internationalen Arbeitsrechts	1	d) Rechtswahl	23
		e) Eingriffsnormen	28
II. Aufgabe der Kollisionsnormen	6	IV. Praktische Problemfelder	
III. Die arbeitsrechtlichen Kollisionsnormen	11	1. Betriebsbedingte Kündigung	32
1. EGBGB	12	2. Betriebsübergang	36
2. Rom-I-VO	13	a) Betriebsübergang ohne Standortverlagerung	37
3. Anknüpfungsgegenstand	14		
4. Anknüpfungsgrundsätze	17	b) Betriebsübergang mit Standortverlagerung	39
a) Erfüllungsort	18		
b) Einstellende Niederlassung	20	3. Entsendung	41
c) Engere Verbindung	21	4. Betriebsverfassungsrecht	46

Schrifttum:

Franzen, Internationales Arbeitsrecht, AR-Blattei SD, 158. Aktualisierung November 2006; *Heilmann*, Auslandsarbeit, AR-Blattei SD, 156. Aktualisierung September 2006; *Staudinger*, Kommentar zum Bürgerlichen Gesetzbuch: Staudinger BGB – EGBGB/IPR, Rom-I-VO, Neubearbeitung 2011; *Straube*, Das Bundesarbeitsgericht und Art. 34 EGBGB, IPRax 2007, 381; *Straube*, Internationaler Anwendungsbereich des KSchG – Abschied vom Territorialitätsprinzip, DB 2009, 1406; *Straube*, Betriebsbedingte Kündigung in internationalen Organisationseinheiten, ArbR 2009, 180; *Straube*, AGB-Kontrolle von Entsendungsverträgen, DB 2012, 2808.

I. Gegenstand des Internationalen Arbeitsrechts

Das Internationale Arbeitsrecht wird relevant, wenn ein grenzüberschreitender Sachverhalt vorliegt. 1

Beispiel: 2

Ein Pilot ist bei einer US-amerikanischen Fluggesellschaft angestellt. Der Pilot wohnt in Berlin und ist dort auch stationiert. Der Vertrag ist in englischer Sprache abgefasst. Als Währung sind US-amerikanische Dollar vereinbart. Zudem wurde vereinbart, dass US-amerikanisches Recht auf den Arbeitsvertrag Anwendung finden soll. Der Pilot macht Urlaubsansprüche geltend. Es stellt sich die Frage, ob sich seine Ansprüche nach dem deutschen BUrlG richten.

Bei einem derart grenzüberschreitenden Sachverhalt kommt es zu einer Kollision zweier Rechtsordnungen. Das Internationale Arbeitsrecht wird deshalb auch Kollisionsrecht genannt. Es stellt besondere Normen zur Verfügung, die diese Kollision verschiedener Rechtsordnungen auflösen. Diese Kollisionsnormen entscheiden, welches nationale Sachrecht anzuwenden ist. 3

Die Aufgabe des Internationalen Arbeitsrechts besteht danach nicht darin, Rechtsfragen inhaltlich zu lösen. Dies ist die Aufgabe der jeweilgen nationalen Sachnormen. Die Aufgabe des Internationalen Arbeitsrechts besteht vielmehr darin, anhand seiner Kollisionsnormen zu entscheiden, welche nationale Rechtsordnung anzuwenden ist, die dann die Rechtsfragen mittels ihrer jeweiligen Sachnormen entscheidet. 4

Im Internationalen Privatrecht und damit auch im Internationalen Arbeitsrecht geht es um den sog. internationalen Anwendungsbereich einer Norm. Dieser bezeichnet die Voraussetzungen, unter denen ein Gesetz oder einzelne Normen bei Sachverhalten mit Auslandsberührung Anwendung beanspruchen. Es geht mithin nicht um die Durchsetzung einer inländischen Norm im Ausland oder einer ausländischen Norm im Inland, sondern nur um die Frage, unter welchen Voraussetzungen diese Normen 5 im In- bzw. Ausland anzuwenden sind. Im Internationalen Arbeitsrecht ist es deshalb insbesondere möglich, ausländisches Recht im Inland anzuwenden und auch im Ausland verwirklichte Tatbestandsmerkmale zu berücksichtigen[1]. Dem Gesetzgeber steht es frei, den Anwendungsbereich einer Rechtsnorm nach territorialen oder personalen Gesichtspunkten abzugrenzen und damit auch Rechtsfolgen an das Vorliegen von Tatbestandsmerkmalen zu knüpfen, die sich im Ausland realisiert haben. Hierin liegt ein großer Unterschied zum sog. Internationalen Öffentlichen Recht. Da die staatliche Hoheitsgewalt nur im eigenen Hoheitsgebiet ausgeübt werden kann, gilt dort das sog. Territorialitätsprinzip[2]. Jedoch ist von dem Verbot der Ausübung staatlicher Hoheitsgewalt auf fremdem Territorium die Kompetenz eines Staats zu unterscheiden, durch bestimmte Gesetze auch grenzüberschreitende und ausländische Sachverhalte zu erfassen. Die Grundkonzeption des Internationalen Privatrechts und damit auch des Internationalen Arbeitsrechts besteht deshalb darin, dass die Interessen der beteiligten privaten Rechtssubjekte gleichgelagert und damit austauschbar sind. Der inländische Richter kann deshalb sowohl das inländische als auch das ausländische Sachrecht **anwenden** und hierauf seine Entscheidung stützen. Die nationalen Sachrechte sind insoweit austauschbar. Es geht nicht um ihre Durchsetzung in einem anderen Staat, sondern allein um ihre Anwendung.

II. Aufgabe der Kollisionsnormen

6 Kollisionsnormen dienen dazu, einen sachlichen Regelungskomplex (zB Entgeltfortzahlung) einer bestimmten nationalen Rechtsordnung zuzuweisen. Dieser Vorgang des Verweisens wird Anknüpfung genannt. Der maßgebliche Regelungskomplex wird an die „richtige" nationale Rechtsordnung angeknüpft, die deshalb anzuwenden ist.

7 Eine Kollisionsnorm besteht danach aus einem Anknüpfungsgegenstand und einem Anknüpfungspunkt. Der Anknüpfungsgegenstand beschreibt den jeweiligen Regelungskomplex, der Anknüpfungspunkt stellt das Zuweisungskriterium dar, das dann zur jeweiligen anzuwendenden Rechtsordnung führt.

8 Die wesentliche Aufgabe beim Vorgang des Anknüpfens besteht nun darin, den einschlägigen Sachverhalt dem richtigen Anknüpfungsgegenstand und damit der richtigen Kollisionsnorm zuzuweisen. Über den dann in der Kollisionsnorm bereits vorhandenen Anknüpfungspunkt gelangt man zur anzuwendenden nationalen Rechtsordnung. Diese Rechtsordnung nennt man Statut.

9 Bei einem grenzüberschreitenden Sachverhalt muss mithin zunächst der Sachverhalt unter den richtigen Anknüpfungsgegenstand subsumiert werden. Dies bedeutet, dass man die richtige Kollisionsnorm finden muss. Hat man die richtige Kollisionsnorm gefunden, gestaltet sich das weitere Vorgehen relativ leicht, da in der Kollisionsnorm der maßgebliche Anknüpfungspunkt bereits vorhanden ist. Der Anknüpfungspunkt stellt die Verbindung zur anwendbaren Rechtsordnung dar. Er zeigt auf, welche nationalen Sachnormen anzuwenden sind, die die Rechtsfrage dann inhaltlich entscheiden.

10 **Beispiel:**

Bei der im Arbeitsrecht maßgeblichen Kollisionsnorm des Art. 30 Abs. 2 EBGBG bzw. Art. 8 Abs. 2 Rom-I-VO ist der Anknüpfungsgegenstand das Individual-Arbeitsrecht. Geht es um eine individual-arbeitsrechtliche Fragestellung (zB ob und in welchem Umfang dem erkrankten Arbeitnehmer Entgeltfortzahlungsansprüche zustehen), ist anhand von Art. 30 Abs. 2 EGBGB bzw. Art. 8 Abs. 2 Rom-I-VO zu ermitteln, welche nationale Rechtsordnung anzu-

---

1 Vgl. *Straube*, DB 2009, 1406.
2 S. dazu *Straube*, DB 2009, 1406.

wenden ist. Dies geschieht anhand des in Art. 30 Abs. 2 EGBGB bzw. Art. 8 Abs. 2 Rom-I-VO bereits vorhandenen Anknüpfungspunktes. Es handelt sich um den Ort der Tätigkeit. Arbeitet der Arbeitnehmer mithin in Deutschland, richten sich seine Urlaubsansprüche nach dem deutschen BUrlG.

III. Die arbeitsrechtlichen Kollisionsnormen

Für die Vielzahl arbeitsrechtlicher Sachnormen gibt es nur eine sehr überschaubare Anzahl von arbeitsrechtlichen Kollisionsnormen.

1. EGBGB

Für Arbeitsverträge, die bis zum 16.12.2009 einschließlich abgeschlossen wurden, sind die Art. 27–35 EGBGB die maßgeblichen Kollisionsnormen. Die für das Arbeitsrecht zentrale Kollisionsnorm stellt dabei Art. 30 EGBGB dar.

2. Rom-I-VO

Für Arbeitsverträge, die seit dem 17.12.2009 geschlossen wurden, enthält hingegen die Rom-I-VO die maßgeblichen Kollisionsnormen[1].

3. Anknüpfungsgegenstand

Die vorstehend benannten Kollisionsnormen sind nach ihrem Wortlaut einschlägig, wenn es um „Arbeitsverträge und Arbeitsverhältnisse" (Art. 30 EGBGB) bzw. „Individualarbeitsverträge" (Art. 8 Rom-I-VO) geht. Welche arbeitsrechtlichen Themenkomplexe hiervon im Einzelnen umfasst sind, ist aber nicht abschließend geklärt[2].

Erfasst sind zunächst sämtliche Formen von Arbeitsbeziehungen, die ein Arbeitnehmer individuell mit einem Arbeitgeber eingeht. Darunter fallen sowohl rechtlich wirksame wie auch nichtige, aber durchgeführte Verträge oder faktische Arbeitsverhältnisse. Diese Kollisionsnormen gelten auch für Teilzeitarbeit, Ausbildungsverhältnisse, Heim- und Telearbeit und Leiharbeitsverhältnisse, nicht aber für Handelsvertreter oder freie Mitarbeiter[3]. Das Betriebsverfassungsrecht und das Tarifrecht sind von Art. 30 EGBGB bzw. Art. 8 Rom-I-VO ebenfalls nicht umfasst[4].

Inhaltlich umfasst sind grundsätzlich die Begründung des Arbeitsverhältnisses (zB Befristung, Betriebsübergang), die Wirkung des Arbeitsverhältnisses (zB Vergütung, Arbeitszeit, Urlaub) und die Beendigung des Arbeitsverhältnisses (zB Kündigung, Aufhebungsvereinbarung).[5]

4. Anknüpfungsgrundsätze

Die Kollisionsnormen des EGBGB und der Rom-I-VO enthalten im Grundsatz die gleichen Anknüpfungsgrundsätze und können deshalb nachfolgend einheitlich dargestellt werden:

---

1 VO 593/2008 über das auf Schuldverhältnisse anzuwendende Recht. S. dazu HWK/*Tillmanns*, Rom-I-VO Rz. 1.
2 Es lohnt sich eine Prüfung anhand der sehr detaillierten Darstellung bei Staudinger/*Magnus*, Rom-I-VO Rz. 214–247.
3 Vgl. im Einzelnen Staudinger/*Magnus*, Rom-I-VO Rz. 33 ff.
4 Hierzu HWK/*Tillmanns*, Rom-I-VO Rz. 42 ff.
5 S. hierzu im Einzelnen Staudinger/*Magnus*, Rom-I-VO Rz. 214 ff; HWK/*Tillmanns*, Rom-I-VO Rz. 38 f.

a) Erfüllungsort

18 Grundsätzlich ist gem. Art. 30 Abs. 2 EGBGB bzw. Art. 8 Abs. 2 Rom-I-VO das Recht des Staates anzuwenden, in dem der Arbeitnehmer in Erfüllung seines Vertrages gewöhnlich seine Arbeit verrichtet[1].

19 Dies soll nach dem Wortlaut dieser gesetzlichen Regelungen auch dann gelten, wenn der Arbeitnehmer „vorübergehend" seine Tätigkeit in einem anderen Staat verrichtet. Bedeutung hat diese Regelung insbesondere für Auslandsentsendungen (s. Rz. 43). Einen bestimmten Zeitraum, um diesen unbestimmten Rechtsbegriff auszufüllen, gibt es jedoch nicht. Es kommt auf den jeweiligen Einzelfall an. Eine Zeitspanne von bis zu zwei Jahren kann nach den Umständen dabei noch als „vorübergehend" eingestuft werden[2]. Die Regelung soll zudem eine Vorbeschäftigung im Inland und einen Rückkehrwillen voraussetzen. Sie kommt hingegen nicht zur Anwendung, wenn der Mitarbeiter gezielt für den Auslandseinsatz angeworben und nur dort eingesetzt wird[3].

b) Einstellende Niederlassung

20 Verrichtet der Arbeitnehmer seine Arbeit allerdings nicht gewöhnlich in ein und demselben Staat, findet das Recht des Staates Anwendung, in dem sich die Niederlassung befindet, die den Arbeitnehmer eingestellt hat[4].

c) Engere Verbindung

21 Das Recht des gewöhnlichen Arbeitsortes bzw. der einstellenden Niederlassung sollen aber dann nicht maßgeblich sein, wenn sich aus der Gesamtheit der Umstände ergibt, dass das Arbeitsverhältnis eine engere Verbindung zu einem anderen Staat aufweist. In diesem Fall soll das Recht dieses anderen Staates anzuwenden sein[5].

22 Für die Beantwortung der Frage, ob „engere Verbindungen" zu einem anderen Staat im Sinne der Ausnahmeregelung vorliegen, ist nach dem Gesetzeswortlaut auf die „Gesamtheit der Umstände" abzustellen. Dabei ist nicht allein die Anzahl der für eine Verbindung zu dem einen oder dem anderen Staat entsprechenden Kriterien maßgeblich. Es ist vielmehr eine Gewichtung der Anknüpfungskriterien vorzunehmen. Wesentliches Kriterium ist in diesem Zusammenhang der Ort, an welchem der Arbeitnehmer seine Steuern und Abgaben entrichtet und der Sozialversicherung angeschlossen ist. Daneben sind der Arbeitsort, der Sitz des Arbeitgebers, die Staatsangehörigkeit der Vertragsparteien, der Wohnsitz des Arbeitnehmers und anderes zu berücksichtigen. Vertragsimmanente Gesichtspunkte wie die Vertragssprache, die Währung, in der die Vergütung gezahlt wird, oder die Bezugnahme auf Rechtsvorschriften eines bestimmten Staates haben nachrangige Bedeutung. Sollen die Einzelumstände auf die engere Verbindung zu einem anderen Staat verweisen, müssen sie insgesamt das Gewicht der Regelanknüpfung deutlich übersteigen[6].

d) Rechtswahl

23 Die Parteien eines Arbeitsvertrages haben auch die Möglichkeit, das anzuwendende Recht selbst zu wählen[7]. Nach Art. 27 Abs. 1 Satz 1 EGBGB bzw. Art. 3 Rom-I-VO

---

1 Art. 30 Abs. 2 Nr. 1 EGBGB/Art. 8 Abs. 2 Satz 1 Rom-I-VO.
2 HWK/*Tillmanns*, Rom-I-VO Rz. 20.
3 HWK/*Tillmanns*, Rom-I-VO Rz. 20; Staudinger/*Magnus*, Rom-I-VO Rz. 107 ff.
4 Art. 30 Abs. 2 Nr. 2 EGBGB/Art. 8 Abs. 3 Rom-I-VO.
5 Art. 30 Abs. 2, letzter Halbs., EGBGB/Art. 8 Abs. 4 Rom-I-VO.
6 BAG 10.4.2014 – 2 AZR 741/13, juris.
7 Art. 27 EGBGB/Art. 3 Rom-I-VO.

unterliegt ein Arbeitsvertrag dem von den Parteien gewählten Recht. Dabei muss die Rechtswahl nicht ausdrücklich erfolgen. Sie kann sich auch unmittelbar aus den Bestimmungen des Vertrages und aus den Umständen des Falls ergeben. Bei Arbeitsverträgen können etwa Gerichtsstandsklauseln, vertragliche Bezugnahmen auf ein bestimmtes Recht oder die Vereinbarung eines für beide Parteien gemeinsamen Erfüllungsorts Hinweise auf die getroffene Wahl geben[1]. Die Rechtswahl kann bei Vertragsschluss oder später erfolgen. Sie kann sich auf den gesamten Vertrag oder abtrennbare Teile beziehen[2]. Bei Maßgeblichkeit des deutschen Rechts ist die Rechtswahl formfrei[3].

Art. 30 Abs. 1 EGBGB bzw. Art. 8 Abs. 1 Satz 1 Rom-I-VO bestätigen die Zulässigkeit der Rechtswahl bei Individual-Arbeitsverträgen. Diese Normen bestimmen allerdings auch, dass die Rechtswahl der Parteien nicht dazu führen darf, dass dem Arbeitnehmer der Schutz entzogen wird, der ihm durch die zwingenden Normen des eigentlich anzuwendenden objektiven Arbeitsvertragsstatuts gewährt würde. Diese Vorschriften sollen gewährleisten, dass dem Arbeitnehmer als der typischerweise sozial und wirtschaftlich schwächeren Partei durch die Rechtswahl nicht der Mindestschutz „seines" Rechts entzogen wird[4]. Diese Anwendung zwingender Bestimmungen setzt nach der Rechtsprechung des BAG voraus, dass sie zu günstigeren Ergebnissen führt als das gewählte Recht[5].

24

Dafür ist ein Günstigkeitsvergleich durchzuführen. Die zwingenden Bestimmungen des nach Art. 30 Abs. 2 EGBGB bzw. Art. 8 Abs. 2–4 Rom-I-VO „eigentlich" maßgeblichen Rechts sind den entsprechenden Regelungen der gewählten Rechtsordnung gegenüber zu stellen. Bieten Letztere keinen vergleichbaren Schutz, sind die nach dem objektiven Arbeitsvertragsstatut anzuwendenden Sachnormen maßgeblich.

25

Die Frage, welche der in Betracht kommenden Rechtsordnungen für den Arbeitnehmer günstigere Regelungen enthält, ist eine Rechtsfrage, die objektiv und nach dem Maßstab des Gesetzes zu beantworten ist. Dazu ist ein Sachgruppenvergleich vorzunehmen[6]. Zu vergleichen sind die in einem inneren, sachlichen Zusammenhang stehenden Teilkomplexe der fraglichen Rechtsnorm.

26

Beispiel[7]:

27

Streitgegenständlich war die Wirksamkeit einer ordentlichen Kündigung. Der Kläger war algerischer Herkunft. Er besaß die algerische und die deutsche Staatsangehörigkeit. Er beherrschte neben der deutschen die arabische und die französische Sprache und wohnte in Berlin. Die Beklagte war die Demokratische Volksrepublik Algerien. Sie beschäftigte in ihrer Berliner Botschaft mehr als zehn Arbeitnehmer, darunter auch den Kläger. Dieser war dort auf der Grundlage eines in französischer Sprache verfassten Arbeitsvertrages als einer von drei Kraftfahrern tätig. Der Arbeitsvertrag sah für Meinungsverschiedenheiten und Streitigkeiten die Zuständigkeit der algerischen Gerichte vor und wies den Kläger der deutschen Sozialversicherung zu. Seine Steuern führte der Kläger in Deutschland ab. Gegen die krankheitsbedingte Kündigung erhob der Kläger Klage beim ArbG Berlin. Das BAG nahm eine konkludente Rechtswahl zugunsten des algerischen Rechts an. Die Wirksamkeit der Kündigung richte sich gem. Art. 30 Abs. 1 EGBGB aber nach deutschem Recht, da die Regelungen des Kündigungsschutzgesetzes zwingende Bestimmungen iSd. Art. 30 Abs. 1 EGBGB darstellten. Diese seien auch – angesichts des durchzuführenden Sachgruppenvergleichs – gegenüber den algerischen Regelungen günstiger. Das BAG stellt dabei ausdrücklich fest, dass bei einem Sachgrup-

---

1 BAG 10.4.2014 – 2 AZR 741/13, juris.
2 HWK/*Tillmanns*, Rom-I-VO Rz. 14f.; Staudinger/*Magnus*, Rom-I-VO Rz. 58.
3 Staudinger/*Magnus*, Rom-I-VO Rz. 65.
4 Eine beispielhafte Aufzählung von Normen, die von der Rspr. als „zwingend" in diesem Sinn eingestuft wurden, findet sich bei HWK/*Tillmanns*, Rom-I-VO Rz. 32.
5 BAG 10.4.2014 – 2 AZR 741/13, juris.
6 BAG 10.4.2014 – 2 AZR 741/13, juris.
7 Das Beispiel beruht auf der Entscheidung BAG 10.4.2014 – 2 AZR 741/13, juris.

penvergleich hinsichtlich des Kündigungsschutzes folgende Aspekte zu berücksichtigen sind: Anforderung an das Vorliegen eines Kündigungsgrundes, Kündigungsfrist, Möglichkeit des Arbeitnehmers, im Falle einer ungerechtfertigten Kündigung den Erhalt seines Arbeitsplatzes und eine Weiterbeschäftigung zu erreichen, mögliche Kompensation für den Verlust des Arbeitsplatzes.

e) Eingriffsnormen

28 Das Problem der Eingriffsnormen war zunächst in dem nicht verständlichen Art. 34 EGBGB geregelt. Dieser beschrieb Normen, die „ohne Rücksicht auf das auf den Vertrag anzuwendende Recht den Sachverhalt zwingend regeln" wollen. Das BAG verstand darunter Regelungen, die „zumindest auch im Interesse des Gemeinwohls und nicht nur im Individualinteresse" getroffen wurden und korrigierte damit kollisionsrechtliche Verweisungen in das ausländische Recht[1] (s. hierzu ausführlich Teil 1 F Rz. 175 ff. War nach den Kollisionsnormen „eigentlich" ausländisches Recht anzuwenden, verhalf das BAG deutschen Normen über die Qualifikation als Eingriffsnorm gleichwohl zur Anwendung.

29 **Beispiele:**

§ 3 EFZG, § 14 Abs. 1 MuSchG

30 Art. 9 Rom-I-VO enthält nunmehr eine Definition von Eingriffsnormen. Die inhaltlichen und dogmatischen Schwierigkeiten sind damit aber nicht beseitigt[2].

31 ⊃ **Hinweis:** Letztlich wird man nur prüfen können, ob eine bestimmte inländische Norm von der Rechtsprechung als Eingriffsnorm qualifiziert wurde. Verweisen die Kollisionsnormen „eigentlich" auf ausländisches Sachrecht, sind diese Normen dann gleichwohl auf den Sachverhalt anzuwenden. Verweisen die Kollisionsnormen auf inländisches Sachrecht, sind diese Normen ohnehin anzuwenden. Die Problematik der Eingriffsnormen spielt dann in der Regel keine Rolle.

IV. Praktische Problemfelder

1. Betriebsbedingte Kündigung

32 Eines der Hauptproblemfelder des Internationalen Arbeitsrechts ist die betriebsbedingte Kündigung bei grenzüberschreitenden Sachverhalten. Das BAG geht dabei in ständiger Rechtsprechung davon aus, dass der erste Abschnitt des Kündigungsschutzgesetzes nur auf in Deutschland gelegene Betriebe Anwendung findet.[3] Danach werden bei der Frage, ob die Schwellenwerte des § 23 Abs. 1 KSchG erfüllt sind, Mitarbeiter nicht berücksichtigt, die in ausländischen Betriebsteilen tätig sind. Dies gilt auch dann, wenn ein Gemeinschaftsbetrieb nach Maßgabe der Rechtsprechung des BAG vorliegt.[4] Auch im Rahmen der weiteren Prüfung der Sozialwidrigkeit einer Kündigung kommt es nach der Rechtsprechung des BAG darauf an, „dass gegenüber allen etwa angesprochenen Arbeitnehmern und gegenüber dem Arbeitgeber dasselbe, nämlich deutsches Arbeitsrecht und insbesondere das Recht des KSchG angewendet und auch durchgesetzt werden kann"[5]. Dies bedeutet in der praktischen Konsequenz, dass im Rahmen einer Sozialauswahl grundsätzlich nur solche Mitarbeiter berücksichtigt werden, die in einem deutschen Betrieb tätig sind. Im Rahmen der Prüfung, ob ein anderer freier Arbeitsplatz vorliegt, sind danach grundsätzlich ebenfalls nur im

---

1 *Straube*, IPRax 2007, 395.
2 Zur Kritik *Straube*, IPRax 2007, 395.
3 BAG 29.8.2013 – 2 AZR 809/12, juris. Zur grundlegenden Kritik s. *Straube*, DB 2009, 1406.
4 Vgl. BAG 7.7.2011 – 2 AZR 12/10, juris; BAG 26.3.2009 – 2 AZR 883/07, juris.
5 BAG 26.3.2009 – 2 AZR 883/07, juris.

Inland belegene freie Arbeitsplätze zu berücksichtigen. Für die Beschränkung der Weiterbeschäftigungspflicht des Arbeitgebers auf Organisationseinheiten, die in Deutschland gelegen sind, spricht nach der Rechtsprechung des BAG insbesondere der Gesichtspunkt, dass die Frage nach der Sozialwidrigkeit der Kündigung nahezu immer eine Einbeziehung der betrieblichen Gegebenheiten erfordere. Bei der Prüfung, welcher Arbeitnehmer in welcher Situation bei der Stellenbesetzung Vorrang genießt, sei vorausgesetzt, dass gegenüber allen betroffenen Beschäftigten und dem Arbeitgeber dasselbe – deutsche – Arbeitsrecht und Kündigungsschutzrecht angewendet und durchgesetzt werden kann. Nur so könne in einem kohärenten System der vom Gesetzgeber mit den Regelungen des Kündigungsschutzgesetzes angestrebte Ausgleich gegenläufiger Interessen des Arbeitnehmers und des Arbeitgebers gelingen[1].

Beispiel 1 (grenzüberschreitender Gemeinschaftsbetrieb)[2]:

33

Streitgegenstand war die Wirksamkeit einer Kündigung. Ein Kündigungsgrund nach dem Kündigungsschutzgesetz lag nicht vor. Die Frage war allein, ob das Kündigungsschutzgesetz gem. § 23 Abs. 1 KSchG Anwendung findet. Der Kläger war in einem Unternehmen tätig, das einen Betrieb in Deutschland hatte. Dort waren weniger als zehn Mitarbeiter tätig. Nach der Rechtsprechung des BAG bestand aber – unstreitig – ein Gemeinschaftsbetrieb mit der Muttergesellschaft in Dänemark. Diese hatte dort einen Betrieb mit mehr als 20 Mitarbeitern. Bei Zusammenrechnung der Mitarbeiter aus beiden Betrieben hätte mithin auch das Kündigungsschutzgesetz für den Kläger in Deutschland Anwendung gefunden. Das BAG hat dies aber abgelehnt. Die Mitarbeiter in dem dänischen Betrieb seien bei der Frage, ob das Kündigungsschutzgesetz anzuwenden sei, nicht zu berücksichtigen. Eine Zusammenrechnung der in Dänemark beschäftigten Arbeitnehmer, deren Arbeitsverhältnisse mangels anderweitiger Anhaltspunkte bzw. fehlender abweichender Feststellung dänischem Recht unterfallen, mit denen in Deutschland beschäftigten Arbeitnehmern, deren Arbeitsverhältnisse deutschem Recht unterfallen, sei nicht möglich. Die Arbeitsverhältnisse dieser beiden Personengruppen unterstehen unterschiedlichen Rechtsordnungen und könnten nicht zum Zwecke der Öffnung des Anwendungsbereichs einzelner Gesetze des jeweils anderen Rechts zusammengerechnet werden.

Beispiel 2 (internationale Matrixstrukturen)[3]:

34

Das Arbeitsrecht ist grundsätzlich national strukturiert. Viele Konzerne „denken" und handeln jedoch nicht national, sondern international. Ihre Organisationsstrukturen sind nicht nur unternehmensübergreifend, sondern auch länderübergreifend aufgebaut. Fiktives Beispiel: Das Produkt einer Muttergesellschaft mit Sitz in Deutschland, die eine Vielzahl ausländischer Tochterunternehmen hat, wird weltweit vertrieben. Die Abteilung, die für den Vertrieb dieses Produktes zuständig ist, setzt sich aus zehn Mitarbeitern zusammen. Der Abteilungsleiter A hat einen Arbeitsvertrag mit der amerikanischen Tochtergesellschaft und ist in den USA tätig. Die nachgeordneten Mitarbeiter haben innerhalb dieser Vertriebsabteilung eigenständige Aufgaben, ihre Arbeitsverträge bestehen mit unterschiedlichen in- und ausländischen Gesellschaften. So ist Mitarbeiter B bei der englischen Tochtergesellschaft in England tätig, Mitarbeiter C bei der Muttergesellschaft in Deutschland, Mitarbeiter D bei der italienischen Tochtergesellschaft in Italien. Trifft die Muttergesellschaft in Deutschland die unternehmerische Entscheidung, die Stelle des Mitarbeiters B aus betriebsbedingten Gründen zu streichen, sind nach der Rechtsprechung des BAG die anderen Mitarbeiter im Rahmen der nach deutschem Recht vorzunehmenden Sozialauswahl nicht zu berücksichtigen, da sie nicht in dem deutschen Betrieb tätig sind und auf ihr Arbeitsverhältnis auch nicht deutsches Recht Anwendung findet.

---

1 BAG 29.8.2013 – 2 AZR 809/12, juris.
2 Das Beispiel beruht auf der Entscheidung BAG 26.3.2009 – 2 AZR 883/09, juris. Vgl. dazu *Straube*, DB 2009, 1406.
3 Vgl. dazu *Straube*, ArbR 2009, 180.

35 **Beispiel 3 (freier Arbeitsplatz im Ausland)[1]:**

Die Klägerin war bei einem Unternehmen in Deutschland tätig. Dieses Unternehmen unterhielt zudem eine unselbständige Betriebsstätte in der Tschechischen Republik. Dorthin verlagerte das Unternehmen die Produktion vollständig und stellte zugleich die Produktion in Deutschland ein. Das BAG war der Auffassung, dass das Unternehmen der Klägerin zur Vermeidung einer Beendigungskündigung nicht eine mögliche Weiterbeschäftigung in der Tschechischen Republik hätte anbieten müssen. Vielmehr bestehe die Weiterbeschäftigungspflicht nur im Hinblick auf organisatorische Einheiten, die in Deutschland gelegen sind.

2. Betriebsübergang

36 Im Hinblick auf die Frage der Anwendung des § 613a BGB bei möglichen Betriebsübergängen wird man zwischen den Fällen unterscheiden können, bei denen keine Verlagerung des Standortes stattfindet, und denjenigen, bei denen der Betrieb ins Ausland verlagert wird.

a) Betriebsübergang ohne Standortverlagerung

37 Die Frage, ob § 613a BGB Anwendung findet, richtet sich nach Art. 30 EGBGB bzw. Art. 8 Rom-I-VO. Maßgeblich ist mithin in erster Linie der Tätigkeitsort des Arbeitnehmers. Ist dieser in einem Betrieb in Deutschland tätig, findet mithin § 613a BGB grundsätzlich Anwendung.

38 **Beispiel[2]:**

Der Kläger war als Pilot bei einem US-amerikanischen Luftfahrtunternehmen tätig. Er war US-amerikanischer Staatsangehöriger. Der Arbeitsvertrag war in englischer Sprache in Amerika abgeschlossen. Ihm waren die Rechtsschutzmöglichkeiten des US-amerikanischen Rechts eingeräumt worden. Die Altersversorgung richtete sich nach US-amerikanischem Recht. Zudem gab es eine Zuständigkeit der Betriebskrankenkasse in New York. Der Kläger war aber in Berlin stationiert. Hier war sein Wohnort. Die US-amerikanische Fluggesellschaft räumte dann – vertraglich vereinbart – einer deutschen Fluggesellschaft die Möglichkeit ein, den bisher von ihr durchgeführten Flugverkehr zu übernehmen und übertrug der deutschen Fluggesellschaft dabei bis zu 70 % des Betriebsvermögens. Das BAG ging zwar grundsätzlich davon aus, dass § 613a BGB zu berücksichtigen gewesen wäre, wenn deutsches Recht Anwendung gefunden hätte. Es nahm aber eine engere Beziehung zum US-amerikanischen Recht an, weshalb ein Betriebsübergang gem. § 613 a BGB im Ergebnis im Hinblick auf den Kläger abgelehnt wurde.

b) Betriebsübergang mit Standortverlagerung

39 Das BAG geht davon aus, dass die Verlagerung eines Betriebs in das Ausland der Anwendung des § 613a BGB nicht entgegensteht. Wenn der Arbeitnehmer zunächst in dem Betrieb in Deutschland tätig war, ist auf ihn gem. Art. 30 Abs. 2 EGBGB bzw. Art. 8 Rom-I-VO deutsches Recht und damit auch § 613a BGB anzuwenden. Das anzuwendende Recht könne zwar mit dem Wechsel ins Ausland wechseln, aber erst dann, nachdem das Arbeitsverhältnis gem. § 613a BGB übergegangen sei. Für eine vor dem Betriebsübergang ausgesprochene, nach deutschem Recht zu beurteilende Kündigung sollen solche Rechtsänderungen aber ohne Belang sein.[3] Eine Verlagerung des Betriebs ins Ausland und damit ein – nach deutschem Recht – verbundener Betriebsübergang kann deshalb der Wirksamkeit einer in Deutschland zuvor ausgesprochenen Kündigung entgegenstehen.

---

1 Das Beispiel beruht auf der Entscheidung BAG 29.8.2013 – 2 AZR 809/12, juris.
2 Das Beispiel beruht auf der Entscheidung des BAG 29.10.1992 – 2 AZR 267/92, juris.
3 Vgl. BAG 26.5.2011 – 8 AZR 37/10, juris.

Beispiel[1]: 40

Streitgegenstand war die Wirksamkeit einer Kündigung. Der Kläger war in Deutschland tätig. Der Arbeitgeber behauptet eine geplante Betriebsstilllegung und kündigte daraufhin das Arbeitsverhältnis betriebsbedingt. Danach veräußerte das Unternehmen den Betrieb in die Schweiz. Das BAG kam zur Unwirksamkeit der Kündigung, da eine Stilllegungsabsicht im Zeitpunkt des Ausspruchs der Kündigung nicht vorgelegen habe. Vielmehr sei beabsichtigt gewesen, den Betrieb gem. § 613a BGB auf eine Gesellschaft in der Schweiz zu übertragen.

3. Entsendung

Werden Mitarbeiter im Rahmen eines bestehenden Arbeitsverhältnisses vorübergehend im Ausland eingesetzt, regeln Arbeitgeber und Arbeitnehmer die Konditionen dieses Auslandseinsatzes regelmäßig in gesonderten schriftlichen Vereinbarungen. Diese gesonderten Vereinbarungen ändern den ursprünglichen Arbeitsvertrag für die Zeit des Auslandseinsatzes im Hinblick auf die Auslandstätigkeit ab oder ergänzen diesen. Derartige zusätzliche Vereinbarungen für die Zeit der Auslandstätigkeit werden allgemein als Entsendungsverträge bezeichnet. 41

Der Auslandseinsatz erfolgt in der Regel beim ausländischen (Tochter-)Unternehmen. Der Arbeitnehmer wird dort entweder weiterhin als Arbeitnehmer der deutschen (Mutter-)Gesellschaft oder aber auch als Arbeitnehmer der ausländischen (Tochter-)Gesellschaft tätig. Folgende Vertragsgestaltungen werden in der Praxis vorwiegend verwendet[2]: 42

– Der ursprüngliche Arbeitsvertrag mit der inländischen (Mutter-)Gesellschaft bleibt „aktiv" bestehen. Im Hinblick auf den Auslandseinsatz wird mit der inländischen (Mutter-)Gesellschaft eine Zusatzvereinbarung geschlossen.

– Der ursprüngliche Arbeitsvertrag mit der inländischen (Mutter-)Gesellschaft wird ruhend gestellt. Mit der inländischen (Tochter-)Gesellschaft wird ein „aktiver" Arbeitsvertrag geschlossen.

– Der ursprüngliche Arbeitsvertrag mit der inländischen (Mutter-)Gesellschaft wird vollständig aufgehoben. Es besteht allerdings ein „aktiver" Arbeitsvertrag mit der ausländischen (Tochter-)Gesellschaft.

Kollisionsrechtlich ist dabei zunächst Art. 30 Abs. 2 Nr. 1 Halbs. 2 EGBGB bzw. Art. 8 Abs. 2 Satz 2 Rom-I-VO von Bedeutung. Ist der Mitarbeiter im Rahmen seines Stammarbeitsverhältnisses zunächst in Deutschland tätig, gilt deutsches Recht. Dabei verbleibt es auch, wenn der Mitarbeiter nur „vorübergehend" ins Ausland entsandt wird (zu den Voraussetzungen s. Rz. 19). Ein Vertrag mit der inländischen (Mutter-)Gesellschaft unterliegt in diesem Fall mithin weiterhin deutschem Recht. Gleiches gilt für einen aufgesetzten Zusatzvertrag, der in der Regel dem Recht des Stammarbeitsvertrages unterliegen dürfte. Für den aufgesetzten Zusatzvertrag und den Stammarbeitsvertrag mit der inländischen (Mutter-)Gesellschaft ist jeweils – auch nachträglich - eine Rechtswahl möglich. 43

Auf einen Vertrag mit der ausländischen (Tochter-)Gesellschaft dürfte aufgrund der Tätigkeit im Ausland in der Regel das ausländische Recht Anwendung finden. Bei einer Rechtswahl zugunsten des deutschen Rechts ist zu beachten, dass die zwingenden Normen des ausländischen Rechts gem. Art. 30 Abs. 1 EGBGB bzw. Art 8 Abs. 1 Rom-I-VO nicht „abgewählt" werden können. Auch wenn es oft gewünscht ist, dass die Vertragsverhältnisse mit den ausländischen Gesellschaften ebenfalls deutschem Recht unterliegen, sollte deshalb im Einzelfall geprüft werden, ob dies sinnvoll ist. 44

---

1 Das Beispiel beruht auf der Entscheidung BAG 26.5.2011 – 8 AZR 37/10, juris.
2 Vgl. *Straube*, DB 2012, 2757.

45 Für das Zustandekommen und die Wirksamkeit sieht Art. 31 EGBGB bzw. Art. 10 Rom-I-VO gesonderte Kollisionsnormen vor. Danach beurteilt sich das Zustandekommen und die Wirksamkeit eines Vertrages nach dem Recht, das anzuwenden wäre, wenn der (Haupt-)Vertrag wirksam wäre. Es ist mithin ein „Gleichlauf" zwischen dem auf den Entsendungsvertrag und auf die Überprüfung von AGB anzuwendenden Sachrechts geregelt. Ist auf einen Entsendungsvertrag, der als AGB verwendet wird, deutsches Sachrecht anzuwenden, gelten danach auch die §§ 305 ff. BGB[1].

4. Betriebsverfassungsrecht

46 Eine gesetzliche Kollisionsnorm für das Betriebsverfassungsrecht gibt es nicht. Das BAG geht auf der Basis des Territorialitätsprinzips in ständiger Rechtsprechung davon aus, dass das Betriebsverfassungsgesetz und die darin enthaltenen Mitbestimmungsrechte grundsätzlich nur auf im Inland gelegene Betriebe Anwendung findet. Dies gelte auch, wenn der Arbeitgeber seinen Sitz im Ausland hat[2]. Auf im Ausland tätige Mitarbeiter sei das deutsche Betriebsverfassungsgesetz nur anwendbar, soweit sich deren Auslandstätigkeit als Ausstrahlung eines Inlandsbetriebs darstelle[3].

---

1 Vgl. hierzu ausführlich *Straube*, DB 2012, 2808.
2 BAG 16.1.1990 – 1 ABR 47/88, juris; BAG 22.7.2008 – 1 ABR 40/07, juris.
3 BAG 16.1.1990 – 1 ABR 47/88, juris.

H. Arbeitserlaubnisse

	Rz.		Rz.
I. Anwerbung ausländischer Arbeitnehmer	1	(3) Weitere Voraussetzungen der Zustimmung	41
II. Geltendes Zuwanderungsrecht und Novellierungen	4	b) Aufenthaltserlaubnis zur Beschäftigung für qualifizierte Geduldete (§ 18a AufenthG)	43
III. Staatsangehörige der EU-/EWR-Mitgliedstaaten	9	c) Aufenthaltserlaubnis zum Zweck der Forschung (§ 20 AufenthG)	44
IV. Sonderregelungen für Staatsangehörige des EU-Staates Kroatien	13	4. Blaue Karte EU (§ 19a AufenthG)	45
V. Schweizer Staatsangehörige	19	5. Niederlassungserlaubnis	
VI. Staatsangehörige aus Drittstaaten	20	a) „Allgemeine" Niederlassungserlaubnis (§ 9 AufenthG)	49
1. Allgemeine Erteilungsvoraussetzungen für Aufenthaltstitel	23	b) Niederlassungserlaubnis für Absolventen deutscher Hochschulen (§ 18b AufenthG)	50
a) Regelvoraussetzungen	24		
b) Zwingende Erteilungsvoraussetzungen	25	c) Niederlassungserlaubnis für Hochqualifizierte (§ 19 AufenthG)	51
2. Visum	26		
a) Schengen-Visum	27		
b) Nationales Visum	28	6. Erlaubnis zum Daueraufenthalt-EU (§ 9a AufenthG)	54
3. Aufenthaltserlaubnis	30	7. Sonderregelungen für Asylbewerber	55
a) Aufenthalt zur Ausübung einer Beschäftigung (§ 18 AufenthG)	32		
aa) Zustimmungsfreie Beschäftigungen	34	VII. Sonderregelungen für türkische Staatsangehörige	56
bb) Zustimmungspflichtige Beschäftigungen	36	VIII. Pflichten des Arbeitgebers und Rechtsfolgen bei illegaler Beschäftigung	62
(1) Zustimmungsverfahren	37		
(2) Arbeitsmarktprüfung	38		

Schrifttum:

Beck'scher Online-Kommentar Ausländerrecht, Kluth/Heusch, Stand 1.9.2014; Beck'scher Online-Kommentar Sozialrecht, Rolfs/Giesen/Kreikebohm/Udsching, Stand 1.6.2014; *Breidenbach/Neundorf*, Arbeitsmarktzugangsrechte von Drittstaatsangehörigen unter Berücksichtigung von Neuerungen in Gesetzgebung und Rechtsprechung, ZAR 2014, 227; *Bünte/Knödler*, Die „Blaue Karte EU" – Neues zur Integration ausländischer Arbeitnehmer in den deutschen Arbeitsmarkt, NZA 2012, 1255; *Gutmann*, Aufenthaltsrecht türkischer Arbeitnehmer, NJW 2010, 1862; *Hailbronner*, Asyl- und Ausländerrecht, 3. Aufl. 2014; Hofmann, Ausländerrecht, Kommentar, 2008; *Huber*, Neue Regelungen des Arbeitsmarktzugangs für Drittstaatsangehörige – Die (neue) Beschäftigungsverordnung, NZA 2014, 820; *Mävers*, Neues zum Arbeitserlaubnisrecht nach der neugefassten Beschäftigungsverordnung, ArbRAktuell 2013, 485; *Nienhaus/Depel/Raif/Renke*, Praxishandbuch Zuwanderung und Arbeitsmarkt, 2006; *Renner*, Ausländerrecht, 10. Aufl. 2013; *Strunden/Schubert*, Deutschland gibt sich Blue Card „Plus" – EU-Richtlinie genutzt für Meilenstein der Arbeitsmigration, ZAR 2012, 270.

I. Anwerbung ausländischer Arbeitnehmer

Die Anwerbung ausländischer Arbeitnehmer ist angesichts des wachsenden Fachkräftemangels ein aktuelles Thema. Deutschland gehört dabei zu den Ländern mit den niedrigsten Hürden für die Zuwanderung von Fachkräften[1]. 1

---

[1] Pressemitteilung des OECD zum OECD-Bericht zur Arbeitsmigration, abrufbar unter http://www.oecd.org/berlin/presse/arbeitsmigration-deutschland.htm (zuletzt abgerufen am 16.7.2014).

2 Arbeitgebern steht eine Vielzahl von Möglichkeiten offen, um ausländische Arbeitnehmer zu rekrutieren[1]. Unterstützung bieten öffentliche Arbeitsvermittlungen, wie die zentrale Auslands- und Fachvermittlung (ZAV) der Bundesagentur für Arbeit und die EURopean Employment Services (EURES). Auch private Personaldienstleister und -vermittlungen bieten die **Vermittlung ausländischer Arbeitnehmer** an. Nicht zuletzt über das Internet (Firmenhomepage, Online-Jobbörsen[2] und Datenbanken sowie soziale Netzwerke) ist eine gezielte Ansprache ausländischer Bewerber/-innen möglich.

3 Arbeitgeber können Arbeitnehmer aus der der EU und dem EWR ohne rechtliche Beschränkung anwerben. Sonstige Arbeitnehmer von außerhalb der EU und des EWR können durch Arbeitgeber angeworben werden, soweit das Bundesministerium für Arbeit und Soziales die Vermittlung und Anwerbung nicht durch Rechtsverordnung gem. § 292 SGB III allein der Bundesagentur für Arbeit vorbehalten hat. Das betrifft gem. § 38 BeschV seit 10.5.2014 die Anwerbung in bestimmten Staaten[3] und die Arbeitsvermittlung aus diesen für eine Beschäftigung in **Gesundheits- und Pflegeberufen**.

II. Geltendes Zuwanderungsrecht und Novellierungen

4 Seit dem 1.1.2005 gilt das sog. **„eingleisige" Zustimmungsverfahren** („One-Stop-Government"). Danach ist die Ausländerbehörde – zumindest im Außenverhältnis zum ausländischen Arbeitnehmer – für die Genehmigung über den Aufenthalt in Deutschland und zur Aufnahme einer Erwerbstätigkeit zuständig. Eine gesonderte „Arbeitserlaubnis" gibt es grundsätzlich nicht mehr. Verwaltungsintern muss die Ausländerbehörde aber grundsätzlich die Zustimmung der Bundesagentur für Arbeit einholen und ist an diese gebunden.

5 Seit 2007 erfuhr das Zuwanderungsrecht deutliche **Erleichterungen des Arbeitsmarktzuganges für qualifizierte und hoch qualifizierte Arbeitnehmer**. Insbesondere wurde die Erlaubnis zum Daueraufenthalt-EU (§§ 9a ff. AufenthG) und die Blaue Karte EU (§ 19a AufenthG) eingeführt.

6 Am 1.7.2013 trat die **neue Verordnung über die Beschäftigung von Ausländern** (BeschV v. 6.6.2013, BGBl. I, S. 1499) in Kraft. Sie löst die Verordnung über die Zulassung von neueinreisenden Ausländern zur Ausübung einer Beschäftigung (BeschV a.F.) v. 22.11.2004 (BGBl. I, S. 2937) und die Verordnung über das Verfahren und die Zulassung von im Inland lebenden Ausländern zur Ausübung einer Beschäftigung (BeschVerfV) vom selben Datum (BGBl. I, S. 2934) ab. Ziel der Neuregelung und Überführung der bisherigen BeschVerfV in die BeschV ist es, die Zuwanderungsvoraussetzungen für ausländische Fachkräfte übersichtlicher und einfacher zu gestalten und so die Fachkräftebasis in Deutschland zu sichern[4].

7 Im Rahmen des Asylkompromisses 2014 wurde der **Arbeitsmarktzugang für Asylbewerber und geduldete Ausländer** erleichtert.[5] Mit Wirkung zum 6.11.2014 wurden die Wartefristen in § 61 AsylVfG und § 32 Abs. 1 BeschV, nach denen die Ausübung einer

---

1 S. auch die Broschüre „Fachkräfte finden - Rekrutierung aus dem Ausland" des BMWi, abrufbar unter http://www.kompetenzzentrum-fachkraeftesicherung.de/handlungsempfehlungen/fachkraefte-finden/rekrutierung-aus-dem-ausland/ (zuletzt abgerufen am 16.7.2014).
2 ZB die Jobbörse des Bundesministeriums für Wirtschaft und Technologie (BMWi) www.make-it-in-germany.com. Informationen zu ausländischen Berufsbildungssystemen und Berufsqualifikationen bietet das BMWi unter www.bq-portal.de.
3 S. Anlage zu § 38 BeschV.
4 BT-Drucks. 182/13, 1 (2).
5 Gesetz zur Einstufung weiterer Staaten als sichere Herkunftsstaaten und zur Erleichterung des Arbeitsmarktzugangs für Asylbewerber und geduldete Ausländer (BT-Drucks. 18/1528), dem der Bundesrat in seiner 925. Sitzung am 19.9.2014 (BR-Drucks. 383/14) zugestimmt hat.

Beschäftigung erlaubt werden kann, von einem Jahr bzw. neun Monaten auf drei Monate verkürzt[1].

Mit Wirkung zum 9.12.2014 wurde. das **Freizügigkeitsrecht zur Arbeitssuche** (zuvor § 2 Abs. 2 Nr. 1 FreizügG/EU) begrenzt, um Missbrauch zu verhindern[2]. 8

III. Staatsangehörige der EU-/EWR-Mitgliedstaaten

Staatsangehörige der EU-Mitgliedsstaaten (Unionsbürger) benötigen zur Einreise kein Visum und zum Aufenthalt im Bundesgebiet keinen Aufenthaltstitel (§ 2 Abs. 4 Satz 1 FreizügG/EU). Sie sind grundsätzlich vom Anwendungsbereich des AufenthG ausgenommen (§§ 1 Abs. 2 Nr. 1 AufenthG, 11 FreizügG/EU). Staatsangehörige der EWR-Staaten (Norwegen, Island und Liechtenstein) und ihre Familienmitglieder werden gem. § 12 FreizügG/EU in den Anwendungsbereich des Gesetzes einbezogen und sind damit Unionsbürgern gleichgestellt. 9

Unionsbürger genießen nach dem FreizügG/EU **besondere Freizügigkeitsrechte** in der Bundesrepublik, insbesondere den genehmigungsfreien Zugang zum deutschen Arbeitsmarkt. Sie können ohne Einschränkungen in Deutschland eine unselbständige Beschäftigung aufnehmen und einer selbständigen Erwerbstätigkeit nachgehen (§ 2 Abs. 2 Nr. 1, 2–3 FreizügG/EU). Auf das Freizügigkeitsrecht können sich auch Familienangehörige der sich zu einem der in § 2 Abs. 2 FreizügG/EU genannten Zwecke aufhaltenden Unionsbürger berufen (§ 2 Abs. 2 Nr. 6 FreizügG/EU)[3]. Für kroatische Staatsangehörige bestehen allerdings noch Sonderregelungen (dazu Rz. 13 ff.)[4]. 10

Das Freizügigkeitsrecht umfasst auch die **Einreise und den Aufenthalt zur Arbeitssuche** (§ 2 Abs. 2 Nr. 1a FreizügG/EU) **und Berufsausbildung** (§ 2 Abs. 2 Nr. 1 FreizügG/EU). Unabhängig vom Vorliegen der Voraussetzungen nach § 2 Abs. 2 FreizügG/EU[5] können Unionsbürger nach § 4a FreizügG/EU ein Daueraufenthaltsrecht erwerben. 11

Für die Einreise und den Aufenthalt von bis zu drei Monaten in Deutschland benötigen Unionsbürger lediglich einen gültigen Pass oder Personalausweis (§ 2 Abs. 5 Satz 1 FreizügG/EU). Beim Zuzug in die Bundesrepublik unterliegen die Unionsbürger einer Meldepflicht bei der **zuständigen örtlichen Meldebehörde**. Hierüber erhalten sie unverzüglich eine Meldebescheinigung. 12

IV. Sonderregelungen für Staatsangehörige des EU-Staates Kroatien

Für Staatsangehörige aus Kroatien gilt die Arbeitnehmerfreizügigkeit noch nicht vollständig[6]. Bis 30.6.2020 gelten Übergangsregelungen[7]. In Abweichung vom sonstigen 13

---

1 Art. 1 und 2 des Gesetzes zur Einstufung weiterer Staaten als sichere Herkunftsstaaten und zur Erleichterung des Arbeitsmarktzugangs für Asylbewerber und geduldete Ausländer (BT-Drucks. 18/1528).
2 Entwurf eines Gesetzes zur Änderung des Freizügigkeitsgesetzes/EU und weiterer Vorschriften, BT-Drucks. 18/2581. Der Bundesrat hat hierzu am 10.10.2014 eine kritische Stellungnahme abgegeben, s. BR-Drucks. 394/14 (B).
3 Hierfür müssen die Voraussetzungen der §§ 3 und 4 FreizügG/EU erfüllt sein.
4 Für Staatsangehörige aus Bulgarien und Rumänien gelten seit 1.1.2014 keine Besonderheiten mehr.
5 Vgl. *Renner/Dienelt*, Ausländerrecht, § 4a FreizügG/EU Rz. 5.
6 Einzelheiten s. Kapitel 9 und 10 im Merkblatt 7 der Bundesagentur für Arbeit „Beschäftigung ausländischer Arbeitnehmerinnen und Arbeitnehmer in Deutschland", abrufbar unter http://www.arbeitsagentur.de/zentraler-Content/Veroeffentlichungen/Merkblatt-Sammlung/MB7-Beschaeftigung-ausl-AN.pdf (zuletzt abgerufen am 14.8.2014).
7 EU-Beitrittsvertrag v. 9.12.2011, BGBl. II 2013, 586 f., Anhang V unter 2. Freizügigkeit; die alten Mitgliedstaaten haben sich aus Sorge vor einer ungeregelten Zuwanderung und Lohndumping die Möglichkeit vorbehalten, die Arbeitnehmerfreizügigkeit und die Dienstleistungsfrei-

Verfahren muss die Arbeitsverwaltung unmittelbar dem Arbeitsmarktzugang zustimmen (vgl. § 284 SGB III iVm. § 39 Abs. 2–4 und 6 AufenthG). Die **Genehmigung** wird entweder befristet als **Arbeitserlaubnis-EU** oder unbefristet als **Arbeitsberechtigung-EU** erteilt. Dabei enthält die Beitrittsakte des Vertrages vom 9.12.2011 ein Verschlechterungsverbot[1]. Das zum Zeitpunkt des Beitritts geltende alte Recht (vom 1.7.2013) hinsichtlich des Zugangs zum Arbeitsmarkt ist weiterhin anwendbar, wenn es günstiger ist[2].

14 Der Antrag auf Erteilung einer Arbeitserlaubnis-EU sowie einer Arbeitsberechtigung-EU ist vor Aufnahme der Beschäftigung bei der **Agentur für Arbeit**[3] zu stellen, in deren Bezirk sich der Sitz des Beschäftigungsbetriebes befindet. Die **Ausländerbehörde** wird bzgl. des Genehmigungsverfahrens nicht beteiligt.

15 Die Gewährung einer **Arbeitserlaubnis-EU** erfolgt vorbehaltlich einer Arbeitsmarktprüfung durch die **Bundesagentur für Arbeit** für zwölf Monate (§§ 284 Abs. 3 SGB III, 39 Abs. 2–4 und 6 AufenthG). Arbeitnehmern aus Kroatien wird dabei Vorrang gegenüber Arbeitnehmern aus Drittstaaten eingeräumt. Dies gilt nicht für kroatische Staatsangehörige mit Wohnsitz im Ausland, die in Deutschland eine Beschäftigung ohne Qualifikation ausüben wollen (§ 284 Abs. 4 SGB III). Ihnen ist der Zugang zum deutschen Arbeitsmarkt grundsätzlich versagt. Eine Ausnahme kann wiederum durch zwischenstaatliche Vereinbarung oder in einer Rechtsverordnung[4] zugelassen sein (§ 284 Abs. 4 Satz 1 SGB III). Dann gilt das Vorrangprinzip (§ 284 Abs. 4 Satz 2 SGB III)[5].

16 Die Erteilung einer **Arbeitsberechtigung-EU** erfolgt unbefristet und ermöglicht einen dauerhaften Zugang zum nationalen Arbeitsmarkt. Sie ist Arbeitnehmern zu erteilen, die für einen Zeitraum von mindestens zwölf Monaten ununterbrochen zum deutschen Arbeitsmarkt zugelassen waren (§§ 284 Abs. 5 SGB III iVm. 12a Abs. 1 Satz 1 ArGV).

17 Nach § 284 Abs. 6 SGB III sind die sonstigen Regelungen des AufenthG und der zu ihm erlassenen Rechtsverordnungen entsprechend anwendbar, soweit sie für die kroatischen Staatsangehörigen günstigere Regelungen enthalten (das Günstigkeitsprinzip erstreckt sich vor allem auf die Regelungen der BeschV, s. Rz. 34 ff.).

18 Für folgende Personen bzw. Beschäftigungen gelten Sonderregelungen: Fachkräfte iSv. § 12b Abs. 1 ArGV, Beschäftigungen iSv. § 12b Abs. 2 ArGV, Auszubildende iSv. § 12c ArGV, Saisonkräfte iSv. § 12e ArGV, arbeitsgenehmigungsfreie Beschäftigungen nach § 9 ArGV, Schaustellergehilfen (§ 12f ArGV), Fertighausmonteure (§ 12g ArGV) und Werkvertragsarbeitnehmer (§ 12h ArGV).

---

heit mit vorübergehender Entsendung von Arbeitnehmern durch befristete Übergangsregelungen einzuschränken („2 plus 3 plus 2"-Regelung). Die erste Phase der Übergangsfrist läuft bis zum 30.6.2015.

1 Vgl. EU-Beitrittsvertrag v. 9.12.2011, BGBl. II 2013, 586f., Anhang V unter 2. Freizügigkeit, Nr. 13.
2 BeckOKSozR/*Bieback*, § 284 SGB III Rz. 1.
3 Für die Erteilung der Arbeitsgenehmigung-EU ist die zentrale Auslands- und Fachvermittlung (ZAV) der Bundesagentur für Arbeit zuständig.
4 Ausnahmen sehen u.a. vor: § 12d ArGV (Haushaltshilfen), § 12e ArGV (Saisonbeschäftigungen), § 27 BeschV (Grenzgänger) und § 12h ArGV (Werkvertragsarbeitnehmer – hierzu Merkblatt 16a der Bundesagentur für Arbeit „Beschäftigungen ausländischer Arbeitnehmer […] im Rahmen von Werkverträgen in der Bundesrepublik Deutschland", abrufbar in Veröffentlichungen unter http://www.arbeitsagentur.de.
5 BeckOKSozR/*Bieback*, § 284 SGB III Rz. 5.

V. Schweizer Staatsangehörige

Staatsangehörige der Schweiz benötigen zur Einreise und zum Aufenthalt in der Bundesrepublik grundsätzlich keinen besonderen Aufenthaltstitel und haben Zugang zu einer Erwerbstätigkeit (Art. 3, 4 FrAbK)[1]. Insbesondere Schweizer Staatsangehörige, die ein Arbeitsverhältnis mit einer Dauer von höchstens drei Monaten haben, benötigen keine Aufenthaltserlaubnis (vgl. Art. 6 Abs. 2 Satz 2 Anhang I FrAbK). Im Falle einer längeren Aufenthaltsdauer besteht ein Anspruch auf Erteilung einer **deklaratorischen Aufenthaltserlaubnis** (Art. 3, 4 FrAbK iVm. Art. 1 Abs. 1, 2, Art. 6 Abs. 1 und 2 Anhang I FrAbK).

Schweizer Staatsbürger, die ihren ständigen Wohnsitz in der Schweiz haben und in Deutschland eine Erwerbstätigkeit als Arbeitnehmer ausüben, sind von dem Erfordernis eines Aufenthaltstitels befreit, wenn sie mindestens einmal wöchentlich an ihren Wohnort in der Schweiz zurückkehren (vgl. Art. 7 Anhang I FrAbK – „Grenzgänger").

VI. Staatsangehörige aus Drittstaaten

Staatsangehörige, die nicht den EU-/EWR-Mitgliedstaaten oder der Schweiz angehören, benötigen zur Einreise und zum Aufenthalt im Bundesgebiet einen **Aufenthaltstitel**, wobei für Staatsangehörige aus der Türkei Sonderregelungen gelten (s. Rz. 57 ff.).

Der Aufenthaltstitel kann nach dem AufenthG als

– **Visum** (§ 6 AufenthG),
– **Aufenthaltserlaubnis** (§ 7 AufenthG),
– **Blaue Karte EU** (§ 19a AufenthG),
– **Niederlassungserlaubnis** (§ 9 AufenthG) oder
– **Erlaubnis zum Daueraufenthalt-EU** (§ 9a AufenthG)

erteilt werden (§ 4 Abs. 1 Satz 2 AufenthG).

Ausländer dürfen eine Erwerbstätigkeit nur ausüben, wenn der Aufenthaltstitel sie dazu berechtigt (§ 4 Abs. 3 Satz 1 AufenthG), dazu Rz. 23 ff.[2]. Arbeitgeber dürfen Ausländer nur beschäftigen, wenn sie einen solchen Aufenthaltstitel besitzen (§ 4 Abs. 3 Satz 2 AufenthG). Eine Ausnahme gilt, wenn durch zwischenstaatliche Vereinbarung, Gesetz oder Rechtsverordnung die Erwerbstätigkeit ohne den Besitz eines Aufenthaltstitels gestattet ist. Jeder Aufenthaltstitel muss aus Transparenzgründen erkennen lassen, ob die Ausübung einer Erwerbstätigkeit erlaubt ist (§ 4 Abs. 2 Satz 2 AufenthG).

Der Aufenthaltstitel wird durch **die deutsche diplomatische Vertretung (Botschaft oder Konsulat) im Heimatland** oder (nach der Einreise) durch die **zuständige Ausländerbehörde** erteilt. Die deutsche diplomatische Vertretung oder die Ausländerbehörde wendet sich dann behördenintern an die Agentur für Arbeit, sofern deren Zustimmung erforderlich ist. Auf diese Weise wird ein doppeltes Genehmigungsverfahren vermieden. Den Antrag hat der Ausländer selbst zu stellen[3]. Für den Arbeitgeber besteht diesbezüglich keine generelle Hinweispflicht.

---

1 Freizügigkeitsabkommen EU/Schweiz, BGBl. II 2001, 810 ff., das am 21.6.1999 abgeschlossen wurde und seit 1.6.2002 in Kraft ist. Schweizer Staatsangehörige sind danach Unionsbürgern weitgehend gleichgestellt.
2 S. auch Merkblatt 7 der Bundesagentur für Arbeit).
3 Übersicht zu den Gebühren für die jeweiligen Aufenthaltstitel unter § 68 Abs. 3 AufenthG.

1. Allgemeine Erteilungsvoraussetzungen für Aufenthaltstitel

23 Die Erteilung eines Aufenthaltstitels setzt voraus, dass bestimmte Grundvoraussetzungen erfüllt sind. Dabei ist zwischen den Regelvoraussetzungen, die für alle Arten von Aufenthaltstiteln, also **Visum, Aufenthalts- bzw. Niederlassungserlaubnis**, einer **Blauen Karte EU** und einer **Erlaubnis zum Daueraufenthalt-EU** in der Regel vorliegen müssen (vgl. § 5 Abs. 1 AufenthG), und den zwingenden Voraussetzungen, die lediglich für die Gewährung einer Aufenthaltserlaubnis, einer Niederlassungserlaubnis und einer Erlaubnis zum Daueraufenthalt-EU erfüllt sein müssen (vgl. § 5 Abs. 2 AufenthG), zu differenzieren. Von den Regelvoraussetzungen können in atypisch gelagerten Fällen Ausnahmen gemacht werden, wenn die Versagung des Aufenthaltstitels außerhalb der vom Gesetzgeber bei einer notwendigerweise pauschalen gesetzlichen Regelung ins Auge gefassten typischen Fallkonstellation liegt[1].

a) Regelvoraussetzungen

24 Die Regelvoraussetzungen für die Erteilung eines Aufenthaltstitels gem. § 5 Abs. 1 AufenthG erfordern, dass
- die Passpflicht nach § 3 AufenthG erfüllt ist[2],
- der Lebensunterhalt gesichert ist,
- die Identität und die Staatsangehörigkeit geklärt ist, falls der Ausländer nicht berechtigt ist, in einen anderen Staat zurückzukehren,
- kein Ausweisungsgrund vorliegt und
- soweit kein Anspruch auf Erteilung eines Aufenthaltstitels besteht, der Aufenthalt des Ausländers nicht aus einem sonstigen Grund die Interessen der Bundesrepublik Deutschland beeinträchtigt oder gefährdet.

b) Zwingende Erteilungsvoraussetzungen

25 Für die Erteilung einer **Aufenthaltserlaubnis**, einer **Niederlassungserlaubnis** oder einer **Erlaubnis zum Daueraufenthalt-EU** ist neben den sonstigen Erteilungsvoraussetzungen (vgl. Rz. 24) zusätzlich gem. § 5 Abs. 2 AufenthG erforderlich, dass der Ausländer mit dem erforderlichen Visum eingereist ist und Angaben zu dem beabsichtigten Zweck im Visumsantrag gemacht hat.

2. Visum

26 Das Visum stellt einen eigenständigen Aufenthaltstitel dar und berechtigt zur Einreise in das Bundesgebiet für kürzere Dauer. Dabei wird zwischen dem **Schengen-Visum** und dem **nationalen Visum** unterschieden.

Staatsangehörige einiger Drittländer[3] müssen bereits bei der Einreise im Besitz eines Visums sein (Art. 1 Abs. 1 EG-VisaVO 539/2001). Das Visum muss dann gem. § 71 Abs. 2 AufenthG bei der **deutschen diplomatischen Vertretung (Botschaft oder Konsulat)** im Heimatland beantragt werden. Die Staatsangehörigen anderer Drittländer[4] sind von der Visumspflicht für einen Aufenthalt, der 90 Tage je Zeitraum von 180 Tagen nicht überschreitet, befreit (Art. 1 Abs. 2 EG-VisaVO 539/2001). Letztere dürfen

---

1 Vgl. *Renner/Dienelt*, Ausländerrecht, § 5 AufenthG Rz. 11; *Nienhaus/Depel/Raif/Renke*, Praxishandbuch Zuwanderung und Arbeitsmarkt, 2006, 2. Teil Rz. 85.
2 Grundsätzlich dürfen Ausländer in die Bundesrepublik nur einreisen und sich darin aufhalten, wenn sie einen anerkannten und gültigen Pass besitzen (§ 3 AufenthG).
3 S. Liste in Anhang I der EG-VisaVO 539/2001.
4 S. Liste in Anhang II der EG-VisaVO 539/2001. Dazu gehören u.a. Australien, Israel, Japan, Kanada, die Republik Korea, Neuseeland und die Vereinigten Staaten von Amerika.

VI. Staatsangehörige aus Drittstaaten

allerdings ebenso wie Inhaber eines Schengen-Visums grundsätzlich während ihres Aufenthalts keine Erwerbstätigkeit aufnehmen[1]. Für längerfristige Aufenthalte und zur Ausübung einer Erwerbstätigkeit ist ein nationales Visum erforderlich.

a) Schengen-Visum

Einem Ausländer kann gem. § 6 Abs. 1 AufenthG ein Schengen-Visum
- für die Durchreise oder
- für Aufenthalte von bis zu drei Monaten (kurzfristige Aufenthalte) in einem Zeitraum von sechs Monaten ab der Einreise

nach der Verordnung (EG) Nr. 810/2009 erteilt werden, das im Rahmen seiner Geltungsdauer zum Aufenthalt im gesamten Hoheitsgebiet der sog. Schengen-Staaten[2] berechtigt. Für weitere drei Monate innerhalb der Sechs-Monats-Frist kann gem. § 6 Abs. 2 Satz 2 AufenthG ein Schengen-Visum aus den in Art. 33 EU-Visakodex[3] genannten Gründen zur Wahrung politischer Interessen des Bundesrepublik oder aus völkerrechtlichen Gründen als nationales Visum verlängert werden.

b) Nationales Visum

§ 6 Abs. 3 AufenthG stellt klar, dass für längerfristige Aufenthalte, die die zeitlichen Grenzen des Schengen-Visums überschreiten, ein **nationales Visum** erforderlich ist, das grundsätzlich **vor der Einreise** erteilt wird. Dieses berechtigt im Gegensatz zum Schengen-Visum ausschließlich zum Aufenthalt in der Bundesrepublik und nicht in den übrigen Schengen-Staaten. Ein nationales Visum kommt einem deutschen Aufenthaltstitel gleich. Die Erteilungsform als Visum folgt daraus, dass es bei den deutschen Auslandsvertretungen (Botschaft oder Konsulat) beantragt werden muss[4]. Die Erteilung richtet sich nach den für die Aufenthaltserlaubnis, die Blaue Karte EU, die Niederlassungserlaubnis und die Erlaubnis zum Daueraufenthalt-EU geltenden Vorschriften. Für die Erteilung eines Visums müssen daher neben den **allgemeinen Erteilungsvoraussetzungen**[5] für Aufenthaltstitel gem. § 5 AufenthG je nach Aufenthaltszweck die **besonderen Voraussetzungen für die Erteilung der o.g. Aufenthaltstitel** erfüllt sein (vgl. zu den speziellen Erteilungsvoraussetzungen Rz. 30 ff.). Das Zustimmungserfordernis der Ausländerbehörde zur Visumserteilung ist in § 31 AufenthV geregelt[6].

Nationale Visa werden längstens für **zwölf Monate** erteilt. Anschließend kann entsprechend dem bei der Visumserteilung angegebenen Aufenthaltszweck die beabsichtigte Aufenthaltserlaubnis, Niederlassungserlaubnis oder Erlaubnis zum Daueraufenthalt-EU bei der zuständigen Ausländerbehörde beantragt werden. Der Antrag ist rechtzeitig vor Ablauf der Geltungsdauer des Visums zu stellen. Die Ausländerbehörde kann das Visum dann in den beantragten Aufenthaltstitel umwandeln. Der rechtmäßige Aufenthalt mit dem nationalen Visum wird auf die Zeiten dieser Aufenthaltstitel angerechnet (§ 6 Abs. 3 Satz 3 AufenthG).

---

1 Ausnahmen s. § 17 Abs. 2 AufenhV iVm. § 30 BeschV.
2 Belgien, Dänemark, Deutschland, Estland, Finnland, Frankreich, Griechenland, Island, Italien, Lettland, Liechtenstein, Litauen, Luxemburg, Malta, Niederlande, Norwegen, Österreich, Polen, Portugal, Schweden, Schweiz, Slowakei, Slowenien, Spanien, Tschechien und Ungarn.
3 Verordnung (EG) Nr. 810/2009 des Europäischen Parlaments und des Rates v. 13.7.2009 über einen Visakodex der Gemeinschaft (Visakodex), ABl. EU L 243/1.
4 BeckOKAuslR/*Maor*, § 6 AufenthG Rz. 15.
5 Dh. die Regelvoraussetzungen und die zwingenden Voraussetzungen.
6 Zum weitgehenden Verzicht auf das Zustimmungserfordernis im Visumsverfahren *Breidenbach/Neundorf*, ZAR 2014, 227 (229). Zu Ausnahmen von der Zustimmungspflicht s. § 37 AufenthV.

3. Aufenthaltserlaubnis

30 Zum Zweck der Erwerbstätigkeit kann Ausländern eine Aufenthaltserlaubnis gem. § 7 AufenthG erteilt werden[1]. Sie ist ein befristeter Aufenthaltstitel und darf mit Bedingungen und Auflagen versehen werden (§ 12 Abs. 2 AufenthG). Die Erwerbstätigkeit wird idR auf ein bestimmtes Unternehmen beschränkt und erlaubt keinen Arbeitsplatzwechsel. Die besonderen Voraussetzungen für die Erteilung oder Verlängerung einer Aufenthaltserlaubnis, die zusätzlich zu den allgemeinen Erteilungsvoraussetzungen gem. § 5 AufenthG (vgl. Rz. 23 ff.) vorliegen müssen, richten sich nach dem **jeweiligen Aufenthaltszweck**.

31 Alle Erteilungsvoraussetzungen müssen zum Zeitpunkt der Antragsstellung vorliegen. Der Antrag ist von Ausländern, die der Visumspflicht unterliegen, bereits bei der deutschen diplomatischen Vertretung in ihrem Heimatland zu stellen. Von Ausländern ohne Visumspflicht kann der Antrag auch bei dem Ausländeramt des geplanten Wohnortes in Deutschland gestellt werden.

a) Aufenthalt zur Ausübung einer Beschäftigung (§ 18 AufenthG)

32 § 18 AufenthG regelt als Grundnorm die Erteilung einer Aufenthaltserlaubnis für Arbeitnehmer zur Ausübung einer Beschäftigung. Er greift dann, wenn nicht bereits eine Aufenthaltserlaubnis zu einem anderen Zweck erteilt wurde und keine vorrangigen internationalen Verträge gelten[2].

Die Zulassung ausländischer Arbeitnehmer zum Arbeitsmarkt nach § 18 AufenthG orientiert sich an den Erfordernissen des Wirtschaftsstandortes Deutschland unter Berücksichtigung der Verhältnisse auf dem Arbeitsmarkt und dem Erfordernis, die Arbeitslosigkeit wirksam zu bekämpfen (sog. Arbeitsmarktprüfung). Ziel der Arbeitsmarktprüfung ist es, Verdrängungswettbewerb in Problembranchen mit hoher Arbeitslosenquote zu verhindern und das bestehende Lohnniveau in Deutschland zu sichern.

33 Ein gemäßigter Zugang zum deutschen Arbeitsmarkt wird dadurch erreicht, dass die Ausländerbehörde einem Ausländer einen Aufenthaltstitel zur Ausübung einer Beschäftigung dem Grunde nach nur dann erteilt, wenn

– die Bundesagentur für Arbeit gem. § 39 AufenthG zustimmt oder
– durch Rechtsverordnung gem. § 42 AufenthG bzw. zwischenstaatliche Vereinbarung bestimmt ist, dass die Ausübung der Beschäftigung ohne Zustimmung der Bundesagentur für Arbeit erfolgen kann (vgl. § 18 Abs. 2 AufenthG).

Außerdem setzt die Erteilung ein konkretes Arbeitsplatzangebot und – soweit vorgeschrieben – die Erteilung bzw. Zusage einer Berufsausübungserlaubnis voraus (§ 18 Abs. 5 AufenthG).

aa) Zustimmungsfreie Beschäftigungen

34 Zustimmungsfreie Beschäftigungen gem. § 42 AufenthG sind seit 1.7.2013 sowohl für neu einreisende als auch für bereits in der Bundesrepublik lebende Ausländer in der BeschV geregelt[3]. Diese verfolgt vor allem das Ziel, gut ausgebildeten auslän-

---

1 Die verschiedenen Aufenthaltszwecke ergeben sich aus Kapitel 2, Abschnitte 3–7 AufenthG.
2 Zu den wichtigsten Abkommen vgl. *Renner/Röseler-Sußmann*, Ausländerrecht, § 18 AufenthG Rz. 10.
3 Ausführlich zur neuen BeschV s. *Breidenbach/Neundorf*, ZAR 2014, 227; *Huber*, NZA 2014, 820; *Mävers*, ArbRAktuell 2013, 485; weitere Einzelheiten s. Merkblatt 7 der Bundesagentur für Arbeit.

dischen Arbeitnehmern den Aufenthalt in Deutschland zur Ausübung einer Beschäftigung zu erleichtern[1].

Nach der BeschV sind **zustimmungsfrei**: 35
- Erteilung einer Aufenthaltserlaubnis für **Ausländer mit einem inländischen Hochschulabschluss** zur Ausübung einer der beruflichen Qualifikation angemessenen Beschäftigung (§ 2 Abs. 1 Nr. 3 BeschV),
- Erteilung eines Aufenthaltstitels an **Führungskräfte** (§ 3 BeschV),
- Erteilung eines Aufenthaltstitels an Personen, die in **Wissenschaft, Forschung und Entwicklung** tätig werden wollen (§ 5 BeschV),
- Erteilung eines Aufenthaltstitels an **Absolventinnen und Absolventen deutscher Auslandsschulen** (§ 7 BeschV),
- Ausübung einer Beschäftigung durch Ausländer, die eine Blaue Karte EU oder eine Aufenthaltserlaubnis besitzen unter der Voraussetzung, dass
  - der Ausländer bereits zwei Jahre rechtmäßig eine versicherungspflichtige Beschäftigung im Bundesgebiet ausgeübt hat (§ 9 Abs. 1 Nr. 1 BeschV) oder
  - er sich seit drei Jahren ununterbrochen erlaubt, geduldet oder mit einer Aufenthaltsgestattung im Bundesgebiet aufhält (§ 9 Abs. 1 Nr. 2 BeschV),
- Erteilung eines Aufenthaltstitels für Personen, die in einem gesetzlich geregelten oder auf einem Programm der EU beruhenden **Freiwilligendienst** oder vorwiegend aus karitativen oder religiösen Gründen beschäftigt werden (§ 14 Abs. 1 BeschV) sowie **Studierende und Schüler ausländischer Hochschulen und Fachschulen** zur Ausübung einer Ferienbeschäftigung von **bis zu drei Monaten** innerhalb eines Zeitraums von zwölf Monaten, wenn die Beschäftigung von der Bundesagentur für Arbeit vermittelt worden ist (§ 14 Abs. 2 BeschV),
- Erteilung eines Aufenthaltstitels für Personen, die bestimmte **Praktika** zu Weiterbildungszwecken ableisten (§ 15 Nr. 1–5 BeschV),
- Erteilung einer Aufenthaltserlaubnis für **entsandte Arbeitnehmerinnen und Arbeitnehmer** (§§ 16, 17, 18, 19 Abs. 1, 20, 21 BeschV),
- Erteilung einer Aufenthaltserlaubnis für **besondere Berufs- oder Personengruppen,** u.a. Berufssportler, Berufstrainer, Fotomodelle, Reiseleiter, Dolmetscher, Personen bei internationalen Sportveranstaltungen sowie im Schifffahrt- und Luftverkehr (§§ 22–24 BeschV),
- Erteilung der uneingeschränkten[2] Erlaubnis zur Beschäftigung an Ausländer, die sich mit einer aus **völkerrechtlichen, humanitären oder politischen Gründen** erteilten Aufenthaltserlaubnis (Abschnitt 5 des AufenthG) rechtmäßig in Deutschland aufhalten (§ 31 BeschV),
- Erteilung folgender Erlaubnisse an Ausländer, die eine **Duldung** (§ 60a AufenthG) besitzen und sich seit drei Monaten erlaubt, geduldet oder mit einer **Aufenthaltsgestattung** im Bundesgebiet aufhalten[3]:
  - Erlaubnis zur Ausübung einer Berufsausbildung in einem staatlich anerkannten oder vergleichbar geregelten Ausbildungsberuf (§ 32 Abs. 2 Nr. 1 BeschV),

---
1 *Breidenbach/Neundorf*, ZAR 2014, 227 (229).
2 So *Huber*, NZA 2014, 820 (825).
3 Die Regelung des § 32 BeschV ist insoweit unklar, als Abs. 2 eine Duldung und einen Mindestaufenthalt nicht voraussetzt; verwirrend ist auch Abs. 4, wonach Abs. 2 und 3 auch Anwendung auf Ausländer mit einer Aufenthaltsgestattung finden: Die Aufenthaltsgestattung ist in Abs. 3 und in Abs. 1 ohnehin genannt. Nach dem Gesamtzusammenhang, Standort in Teil 7, Überschrift (Beschäftigung von Personen mit Duldung) und der Vorgängerregelung (§ 10 BeschVerfV in der bis 30.6.2013 geltenden Fassung – dort nahm Abs. 2 unmittelbar auf Abs. 1 Bezug) ist davon auszugehen, dass die in Abs. 1 genannten Voraussetzungen auch im Fall des Abs. 2 vorliegen müssen.

- Erlaubnis zur Ausübung einer Beschäftigung nach § 2 Abs. 1, § 3 Nr. 1–3, § 5, § 14 Abs. 1, § 15 Nr. 1 und 2, § 22 Nr. 3–5 und § 23 BeschV (§ 32 Abs. 2 Nr. 2 BeschV),
- Erlaubnis zur Ausübung einer Beschäftigung von Ehegatten, Lebenspartnern, Verwandten und Verschwägerten ersten Grades eines Arbeitgebers in dessen Betrieb, wenn der Arbeitgeber mit diesen in häuslicher Gemeinschaft lebt (§ 32 Abs. 2 Nr. 3 BeschV),
- Erteilung einer Erlaubnis zur Beschäftigung an Ausländer, die eine **Duldung** besitzen, wenn sie sich bereits seit vier Jahren ununterbrochen erlaubt, geduldet oder mit einer Aufenthaltsgestattung in Deutschland aufhalten (§ 32 Abs. 3 BeschV).

bb) Zustimmungspflichtige Beschäftigungen

36 Im Übrigen kann ein Aufenthaltstitel zur Ausübung einer Beschäftigung nach § 18 AufenthG nur dann erteilt werden, wenn die Bundesagentur für Arbeit zugestimmt hat (§ 18 Abs. 2 AufenthG).

(1) Zustimmungsverfahren

37 Die Bundesagentur für Arbeit wird ausschließlich auf Ersuchen der Ausländerbehörde tätig. Zuständig für die Zustimmung zur Beschäftigung ist regelmäßig die **örtliche Agentur für Arbeit**[1], in deren Bezirk der Arbeitgeber seinen Sitz hat. Die Zustimmung wird für eine konkret festgelegte berufliche Tätigkeit in einem bestimmten Betrieb erteilt und räumlich auf den Bezirk der Agentur für Arbeit begrenzt (vgl. § 39 Abs. 4 AufenthG), kann allerdings in Ausnahmefällen erweitert oder auf die vorgesehenen Einsatzorte beschränkt werden. Sie wird für die Dauer der Beschäftigung, längstens jedoch für drei Jahre erteilt. Die Geltungsdauer wird der jeweiligen Lage und Entwicklung des Arbeitsmarktes angepasst. Für den Fall, dass die Bundesagentur für Arbeit nicht innerhalb von zwei Wochen reagiert, begründet § 36 Abs. 1 BeschV eine Zustimmungsfiktion.

(2) **Arbeitsmarktprüfung**

38 Die Erteilung der Zustimmung durch die Bundesagentur für Arbeit setzt grundsätzlich eine Arbeitsmarktüberprüfung voraus. Die Zustimmung kann danach gewährt werden, wenn sich
- durch die Beschäftigung von Ausländern nach globaler Kontrolle nachteilige Auswirkungen für den Arbeitsmarkt nicht ergeben und nach einer Einzelfallprüfung ergibt, dass ein deutscher oder ein bevorrechtigter ausländischer Arbeitnehmer (sog. „**Vorrangprüfung**")[2] nicht zur Verfügung steht (vgl. § 39 Abs. 2 Satz 1 Nr. 1 lit. a, b AufenthG) oder
- die Bundesagentur für Arbeit für einzelne Berufsgruppen oder Wirtschaftszweige festgestellt hat, dass die Besetzung der offenen Stellen mit ausländischen Bewerbern arbeitsmarkt- und integrationspolitisch verantwortbar ist (§ 39 Abs. 2 Satz 1 Nr. 2 AufenthG).

---

1 Gesonderte Zuständigkeiten gelten für bestimmte Personengruppen und -kreise, s. 2.01.103 der Durchführungsanweisungen zur BeschV der Bundesagentur für Arbeit.
2 Bevorrechtigte ausländische Arbeitnehmer sind: Staatsangehörige der EU oder der EWR-Staaten (inkl. Kroatien), Staatsangehörige der Schweiz, ausländische Staatsangehörige, die im Besitz einer Niederlassungserlaubnis gem. § 19 AufenthG oder gem. §§ 18, 21 AufenthG einer Aufenthaltserlaubnis zum Zwecke der Beschäftigung sind.

In beiden Fällen dürfen die Arbeitsbedingungen nicht ungünstiger als bei vergleichbaren deutschen Arbeitnehmern sein (§ 39 Abs. 2 Satz 1 aE AufenthG). Dies betrifft insbesondere Entgelt bzw. Arbeitszeit.

Ob von der Beschäftigung **nachteilige Auswirkungen auf den Arbeitsmarkt** ausgehen, überprüfen die Agenturen für Arbeit jeweils für die betroffene Region anhand folgender Beurteilungskriterien: 39

- die Zahl der Arbeitslosen übersteigt die Anzahl der offenen Stellen eines Wirtschaftszweiges deutlich,
- bevorrechtigte Arbeitnehmer können aufgrund der konkreten Arbeitsbedingungen nicht vorgeschlagen werden,
- Beschäftigungsrückgang in einem bestimmten Wirtschaftszweig,
- Beurteilung der voraussichtlichen Entwicklung eines bestimmten Wirtschaftszweiges.

Ausnahmsweise wird die Zustimmung ohne Vorrangprüfung erteilt, wenn dies in der BeschV vorgesehen ist. Solche Ausnahmen bestehen für leitende Angestellte und Spezialisten (§ 4 Satz 2 BeschV), Ausbildungsberufe (§ 6 Abs. 3 BeschV), internationalen Personalaustausch und Auslandsprojekte (§ 10 Abs. 1 Satz 2 BeschV), Sprachlehrer (§ 11 Abs. 1 Satz 2 BeschV), Au-Pair Beschäftigungen (§ 12 Satz 3 BeschV), Hausangestellte von Entsandten (§ 13 Satz 2 BeschV) sowie in den Fällen des § 19 Abs. 2 Satz 2 BeschV[1]. Gem. § 32 Abs. 5 BeschV[2] ist Ausländern mit einer Duldung oder Aufenthaltsgestattung die Zustimmung ohne Vorrangprüfung zu erteilen, wenn sie eine Beschäftigung nach § 2 Abs. 2, § 6 oder § 8 BeschV aufnehmen oder wenn sie sich seit 15 Monaten ununterbrochen erlaubt, geduldet oder mit einer Aufenthaltsgestattung im Bundesgebiet aufhalten. 40

(3) Weitere Voraussetzungen der Zustimmung

Die Zustimmung zur Ausübung einer Beschäftigung, die **keine qualifizierte Berufsausbildung** voraussetzt, darf nur erteilt werden, wenn dies durch zwischenstaatliche Vereinbarung bestimmt oder aufgrund einer Rechtsverordnung nach § 42 AufenthG zulässig ist (§ 18 Abs. 3 AufenthG). Das betrifft Werkvertragsarbeitnehmer (§§ 29 Abs. 1 BeschV, 12h ArGV)[3], Gastarbeitnehmer (§ 29 Abs. 2 BeschV), Au-Pair Kräfte (§ 12 BeschV), Hausangestellte von Entsandten (§ 13 BeschV), Saisonbeschäftigungen (§ 15a BeschV), Schaustellergehilfen (§ 15b BeschV) und Haushaltshilfen (§ 15c BeschV). 41

Ein Aufenthaltstitel zur Ausübung einer Beschäftigung, die **eine qualifizierte Berufsausbildung** voraussetzt[4], darf grundsätzlich nur für Berufsgruppen erteilt werden, die durch Rechtsverordnung nach § 42 AufenthG zugelassen sind (§ 18 Abs. 4 Satz 1 AufenthG). Das betrifft: 42

---

1 § 39 Abs. 2 Nr. 2 AufenthG („Positivlisten").
2 § 32 Abs. 5 BeschV ist mit Wirkung vom 11.11.2014 in Kraft getreten und tritt am 10.11.2017 wieder außer Kraft.
3 Einzelheiten s. Merkblatt 16 „Beschäftigung ausländischer Arbeitnehmer aus Staaten außerhalb der Europäischen Union im Rahmen von Werkverträgen in der Bundesrepublik Deutschland" der Bundesagentur für Arbeit, abrufbar in Veröffentlichungen unter www.arbeitsagentur.de.).
4 Eine qualifizierten Berufsausbildung setzt eine Ausbildungsdauer von mindestens zwei Jahren voraus (§ 6 Abs. 1 Satz 2 BeschV). Entscheidend ist das Qualifikationsprofil der aufzunehmenden Tätigkeit, nicht die berufliche Qualifikation des Bewerbers, vgl. *Breidenbach/Neundorf*, ZAR 2014, 227.

- die Beschäftigung in Ausbildungsberufen mit inländischer qualifizierter Berufsausbildung in einem staatlich anerkannten oder vergleichbar geregelten Ausbildungsberuf (§ 6 Abs. 1 Satz 1 BeschV),
- erstmals auch Ausbildungsberufe von Bildungsausländern, dh. mit im Ausland erworbener Berufsqualifikation in einem staatlich anerkannten oder vergleichbar geregelten Ausbildungsberuf (§ 6 Abs. 2 BeschV), wenn die Gleichwertigkeit der Berufsqualifikation mit einer deutschen, mindestens zweijährigen, Berufsausbildung festgestellt ist und die betreffende Person von der Bundesagentur für Arbeit aufgrund einer Vermittlungsabsprache mit der Arbeitsverwaltung des Herkunftslandes vermittelt wurde (Nr. 1) oder die Bundesagentur für Arbeit für den entsprechenden Beruf bzw. Berufsgruppe festgestellt hat, dass die Besetzung der offenen Stellen arbeitsmarkt- und integrationspolitisch verantwortbar ist (Nr. 2),
- Ausländer mit einem anerkannten ausländischen Hochschulabschluss oder einem solchen, der einem deutschen Hochschulabschluss vergleichbar ist (§ 2 Abs. 3 BeschV),
- Lehrkräfte für die Erteilung muttersprachlichen Unterrichts in Schulen unter Aufsicht der jeweils zuständigen berufskonsularischen Vertretung (§ 11 Abs. 1 BeschV),
- Spezialitätenköche für die Ausübung einer Vollzeitbeschäftigung in einem Spezialitätenrestaurant (§ 11 Abs. 2 BeschV),
- leitende Angestellte und Spezialisten (§ 4 BeschV) sowie
- bestimmte Fachkräfte im Rahmen eines Personalaustauschs und bei Auslandsprojekten (§ 10 BeschV).

In begründeten Einzelfällen kann eine Aufenthaltserlaubnis außerdem dann erteilt werden, wenn an der Beschäftigung ein öffentliches, insbesondere ein regionales, wirtschaftliches oder arbeitsmarktpolitisches Interesse besteht (§ 18 Abs. 4 Satz 2 AufenthG).

b) Aufenthaltserlaubnis zur Beschäftigung für qualifizierte Geduldete (§ 18a AufenthG)

43 Qualifizierte Geduldete[1] können eine Aufenthaltserlaubnis zum Zweck der Beschäftigung erhalten, wenn die Bundesagentur für Arbeit gem. § 39 AufenthG zugestimmt hat und der Antragsteller – neben weiteren gesetzlich festgelegten Voraussetzungen[2] – entweder
- eine Berufsausbildung oder ein Studium in Deutschland abgeschlossen hat,
- bereits mit einer entsprechenden Qualifikation eingereist ist oder sich im Rahmen seiner bisherigen Tätigkeit in Deutschland qualifiziert hat und
- ein Arbeitsplatzangebot entsprechend der beruflichen Qualifikation vorliegt (vgl. §§ 18a Abs. 2 Satz 2 iVm. 18 Abs. 5 AufenthG).

c) Aufenthaltserlaubnis zum Zweck der Forschung (§ 20 AufenthG)

44 § 20 AufenthG verfolgt das Ziel, Forschern die Einreise und den Aufenthalt zu erleichtern und ist als Rechtsanspruch ausgestaltet. Eine Zustimmung der Bundesagentur für Arbeit ist nicht erforderlich (§ 20 Abs. 6 AufenthG). Die Möglichkeit einer Aufenthaltserlaubnis nach § 18 AufenthG iVm. § 5 BeschV oder einer Niederlas-

---

1 Entscheidend ist dabei, dass die Abschiebung unmittelbar aufgrund eines Gesetzes (vgl. § 81 Abs. 3 AufenthG, §§ 36 Abs. 3, 71 Abs. 5, § 71a Abs. 3 AsylVfG), durch eine Anordnung der obersten Landesbehörde gem. § 60a Abs. 1 AufenthG oder durch einen Verwaltungsakt der Ausländerbehörde ausgesetzt ist.
2 U.a. muss der Ausländer über ausreichenden Wohnraum und hinreichende Kenntnisse der deutschen Sprache verfügen.

sungserlaubnis nach § 19 AufenthG bleibt aber unberührt. Daher wird das recht umständliche Verfahren des § 20 AufenthG in der Praxis selten angewendet.[1]

4. Blaue Karte EU (§ 19a AufenthG)

Gemäß § 19a Abs. 1 AufenthG erhalten ausländische Fachkräfte die Blaue Karte EU zum Zweck einer ihrer Qualifikation angemessenen Beschäftigung[2], wenn 45
- sie einen deutschen, einen anerkannten ausländischen oder einen einem deutschen Hochschulabschluss vergleichbaren ausländischen Hochschulabschluss besitzen[3] **oder** eine durch Rechtsverordnung nach § 19a Abs. 2 AufenthG[4] bestimmte und durch eine mindestens fünfjährige Berufserfahrung nachgewiesene vergleichbare Qualifikation aufweisen (Nr. 1),
- die Bundesagentur für Arbeit nach § 39 AufenthG zugestimmt hat **oder** durch Rechtsverordnung nach § 42 AufenthG oder zwischenstaatliche Vereinbarung bestimmt ist, dass die Blaue Karte EU ohne Zustimmung der Bundesagentur für Arbeit nach § 39 AufenthG erteilt werden kann (Nr. 2) und
- sie ein Gehalt erhalten, das mindestens dem Betrag entspricht, der durch eine Rechtsverordnung bestimmt ist (Nr. 3).

Die maßgeblichen Gehaltsgrenzen sind in § 2 BeschV festgelegt. Danach bestimmt sich zugleich, ob die Zustimmung Bundesagentur für Arbeit erforderlich ist. Es gibt drei Fallgruppen: 46
- Der Ausländer erhält ein Gehalt von mindestens ⅔ der jährlichen Beitragsbemessungsgrenze in der allgemeinen Rentenversicherung[5]: Eine Zustimmung der Bundesagentur für Arbeit ist nicht erforderlich (§ 2 Abs. 1 Nr. 2 lit. a BeschV).
- Der Ausländer hat einen inländischen Hochschulabschluss, übt einen Mangelberuf[6] aus und erhält ein Gehalt von mindestens 52 % der jährlichen Beitragsbemessungsgrenze in der allgemeinen Rentenversicherung[7]: Eine Zustimmung der Bundesagentur für Arbeit ist nicht erforderlich (§ 2 Abs. 1 Nr. 2 lit. b iVm. Abs. 2 Satz 1 BeschV).
- Der Ausländer übt einen Mangelberuf aus und erhält ein Gehalt von mindestens 52 % der jährlichen Beitragsbemessungsgrenze in der allgemeinen Rentenversicherung: Eine Zustimmung der Bundesagentur für Arbeit ist erforderlich. Sie wird ohne Vorrangprüfung erteilt (§ 2 Abs. 2 BeschV).

Die für die Aufenthaltserlaubnis geltenden Vorschriften werden auch auf die Blaue Karte EU angewendet, sofern durch Gesetz oder Rechtsverordnung nichts anderes bestimmt ist (§ 4 Abs. 1 Satz 3 AufenthG). Gem. § 18 Abs. 5 AufenthG setzt die Erteilung einer Blauen Karte EU ein konkretes Arbeitsplatzangebot voraus.

Bei erstmaliger Erteilung wird die Blaue Karte EU auf **höchstens vier Jahre** befristet (vgl. § 19a Abs. 3 AufenthG). Sie wird für die Dauer des Arbeitsvertrages zuzüglich dreier Monate ausgestellt oder verlängert, wenn das Arbeitsverhältnis weniger als 47

---

1 Vgl. *Renner/Röseler*, Ausländerrecht, § 20 AufenthG Rz. 3.
2 Dazu *Bünte/Knödler*, NZA 2012, 1255.
3 Die Online-Datenbank der Zentralstelle für ausländisches Bildungswesen (ZAB) gibt Informationen über die Bewertung ausländischer Bildungsnachweise unter www.anabin.de).
4 Von seiner Verordnungsermächtigung in § 19a Abs. 2 Nr. 2 AufenthG hat das BMAS bislang keinen Gebrauch gemacht.
5 Dh. mindestens 48 400 Euro brutto p.a. (2015).
6 Berufe, die zu den Gruppen 21, 221 oder 25 nach der Empfehlung der Kommission vom 29.10. 2009 über die Verwendung der Internationalen Standardklassifikation der Berufe (sog. Mangelberufe) gehören. Dies sind Naturwissenschaftler, Mathematiker, Ingenieure (Gruppe 21), Allgemein- und Fachärzte (Gruppe 221), akademische und vergleichbare Fachkräfte in der Informations- und Kommunikationstechnologie (Gruppe 25).
7 Dh. mindestens 37 752 Euro brutto p.a. (2015).

vier Jahre beträgt. Dabei enthält § 19a Abs. 5 AufenthG zahlreiche Tatbestände, die die Erteilung der Blauen Karte EU ausschließen.

48 Gem. § 19a Abs. 6 AufenthG ist Inhabern einer Blauen Karte EU eine **Niederlassungserlaubnis** zu erteilen, wenn sie ua. mindestens 33 Monate eine Beschäftigung nach § 19a Abs. 1 AufenthG ausgeübt haben und für diesen Zeitraum Pflichtbeiträge oder freiwillige Beiträge zur gesetzlichen Rentenversicherung geleistet haben oder Aufwendungen für einen Anspruch auf vergleichbare Leistungen einer Versicherungs- oder Versorgungseinrichtung oder eines Versicherungsunternehmens nachweisen und sie über einfache Kenntnisse der deutschen Sprache verfügen. Die Frist verkürzt sich auf 21 Monate, wenn der Ausländer über ausreichende Deutschkenntnisse verfügt.

5. Niederlassungserlaubnis

a) „Allgemeine" Niederlassungserlaubnis (§ 9 AufenthG)

49 Zum Zwecke der Erwerbstätigkeit kann einem ausländischen Staatsangehörigen auf Antrag bei der zuständigen Ausländerbehörde eine Niederlassungserlaubnis erteilt werden. Sie berechtigt unmittelbar kraft Gesetzes zur Ausübung jeder Art von Erwerbstätigkeit, ist zeitlich und räumlich im Hoheitsgebiet der Bundesrepublik unbeschränkt und darf nur in den durch das AufenthG ausdrücklich zugelassenen Fällen mit einer Nebenbestimmung versehen werden (vgl. § 9 Abs. 1 AufenthG). Im Gegensatz zur Aufenthaltserlaubnis ist sie nicht an einen bestimmten Aufenthaltszweck geknüpft.

Abgesehen von der Erteilung einer Niederlassungserlaubnis aufgrund besonderer gesetzlicher Regelung (vgl. Rz. 50 ff.) ist für die Stattgabe des Antrags erforderlich, dass sowohl die **allgemeinen Voraussetzungen bzgl. der Gewährung eines Aufenthaltstitels** (vgl. Rz. 24 ff.) als auch die **besonderen Voraussetzungen des § 9 Abs. 2 AufenthG** erfüllt sind. Besondere Tatbestände enthalten u.a. § 28 Abs. 2 AufenthG (für Familiennachzug zu Deutschen), § 35 AufenthG (für Kinder) und § 38 Abs. 1 Satz 1 Nr. 1 AufenthG (für bestimmte ehemalige Deutsche).

b) Niederlassungserlaubnis für Absolventen deutscher Hochschulen (§ 18b AufenthG)

50 Nach § 18b AufenthG wird einem Ausländer, der sein Studium an einer staatlichen oder staatlich anerkannten Hochschule oder vergleichbaren Ausbildungseinrichtung im Bundesgebiet erfolgreich abgeschlossen hat, eine Niederlassungserlaubnis unter im Vergleich zu § 9 AufenthG erleichterten Bedingungen erteilt. **Voraussetzung** dafür ist neben dem Vorliegen der allgemeinen Erteilungsvoraussetzungen nach § 5 AufenthG (vgl. Rz. 24 ff.), dass er bereits

– seit zwei Jahren einen Aufenthaltstitel nach den §§ 18, 18a, 19a oder 21 AufenthG besitzt (§ 18b Nr. 1 AufenthG)

– er einen seinem Abschluss angemessenen Arbeitsplatz innehat (§ 18b Nr. 2 AufenthG)

– mindestens 24 Monate Pflichtbeiträge oder freiwillige Beiträge zur gesetzlichen Rentenversicherung geleistet hat oder Aufwendungen für einen Anspruch auf vergleichbare Leistungen einer Versicherungs- oder Versorgungseinrichtung oder eines Versicherungsunternehmens nachweist (§ 18b Nr. 3 AufenthG)

– die Voraussetzungen des § 9 Abs. 2 Satz 1 Nr. 2 und 4–9 AufenthG vorliegen (§ 18b Nr. 4 AufenthG).

VI. Staatsangehörige aus Drittstaaten

c) Niederlassungserlaubnis für Hochqualifizierte (§ 19 AufenthG)

Hochqualifizierten ausländischen Staatsangehörigen kann unabhängig von der Grundnorm des § 9 AufenthG nach § 19 AufenthG eine Niederlassungserlaubnis erteilt werden[1]. Dazu ist insbesondere nicht erforderlich, dass die Hochqualifizierten bereits eine bestimmte Dauer im Bundesgebiet leben, bevor der dauerhafte Aufenthaltsstatus gewährt wird.

Die Erteilung einer Niederlassungserlaubnis an Hochqualifizierte bedarf gem. § 2 Abs. 1 Nr. 1 BeschV[2] nicht der Zustimmung der Bundesagentur für Arbeit. Somit ist lediglich **Voraussetzung**, dass die Annahme gerechtfertigt ist, dass die Integration in die Lebensverhältnisse der Bundesrepublik Deutschland und die Sicherung des Lebensunterhalts ohne staatliche Hilfe gewährleistet sind (vgl. § 19 Abs. 1 AufenthG). Erforderlich ist außerdem ein konkretes Arbeitsplatzangebot und – soweit vorgeschrieben – eine Berufsausübungserlaubnis (§ 18 Abs. 5 AufenthG).

Hochqualifiziert sind insbesondere

– Wissenschaftler mit besonderen fachlichen Kenntnissen und
– Lehrpersonen mit herausgehobener Funktion oder wissenschaftliche Mitarbeiter in herausgehobener Funktion (§ 19 Abs. 2 AufenthG).

Bei den aufgeführten Gruppen Hochqualifizierter handelt es sich lediglich um Beispiele. Ob im konkreten Fall die Einstufung einer Personengruppe als hochqualifiziert erfolgt, obliegt den Ausländerbehörden und -vertretungen, die bei positiver Entscheidung ein Zustimmungsverfahren einleiten müssen[3]. Ein bestimmter Mindestverdienst ist dabei nicht mehr erforderlich.

6. Erlaubnis zum Daueraufenthalt-EU (§ 9a AufenthG)

Die Erlaubnis zum Daueraufenthalt-EU ist ein unbefristeter Aufenthaltstitel, welcher der Niederlassungserlaubnis grundsätzlich gleichgestellt ist (§ 9a Abs. 1 AufenthG). Im Unterschied zur Niederlassungserlaubnis gewährt sie dem Inhaber ein zusätzliches Recht auf **Mobilität innerhalb der EU-Mitgliedstaaten**. Die Erteilungsvoraussetzungen sind dieselben wie bei der Niederlassungserlaubnis unter Berücksichtigung besonderer EU-Regelungen und in §§ 9a–c AufenthG geregelt. Unter anderem muss sich der Inhaber fünf Jahre regelmäßig in einem Mitgliedstaat der EU aufgehalten haben.

7. Sonderregelungen für Asylbewerber

Ein erleichterter Zugang zum deutschen Arbeitsmarkt wird auch Asylbewerbern gewährt. Diesen ist grundsätzlich nur der Aufenthalt in der Bundesrepublik gestattet (vgl. § 55 ff. AsylVfG). Die Gestattung stellt keinen Aufenthaltstitel dar und berechtigt nicht zur Ausübung einer Beschäftigung. Dem Asylbewerber kann aber gem. § 61 Abs. 2 AsylVfG nach drei Monaten Aufenthalt die Ausübung einer Beschäftigung erlaubt werden, wenn die Bundesagentur für Arbeit zugestimmt hat oder aufgrund einer Rechtsverordnung die Zustimmung der Bundesagentur für Arbeit nicht erforderlich war.

---

1 Am Aufenthalt der Hochqualifizierten muss ein besonderes Interesse bestehen, Nr. 19.1.1 AufenthG-VwV, näher s. *Renner/Röseler*, Ausländerrecht, § 19 AufenthG Rz. 12 ff.
2 Rechtsverordnung aufgrund § 42 AufenthG gem. § 19 Abs. 1 Satz 1 AufenthG.
3 Vgl. *Renner/Röseler*, Ausländerrecht, § 19 AufenthG Rz. 8.

VII. Sonderregelungen für türkische Staatsangehörige

56 Grundsätzlich gilt für Staatsangehörige der Türkei das AufenthG (s. Rz. 20 ff.). Allerdings greifen zum Teil günstigere aufenthaltsrechtliche Regelungen als für Staatsangehörige der übrigen Drittstaaten. Diese gehen auf das Assoziierungsabkommen zwischen der EWG und der Türkei v. 12.9.1963[1], das Zusatzprotokoll v. 23.11.1970[2] und die Beschlüsse des Assoziierungsrats v. 9.9.1980 (ARB 1/80) zurück. Nach der Rechtsprechung des EuGH[3] können sich türkische Arbeitnehmer, die die Voraussetzungen des ARB 1/80 erfüllen, auf ein Aufenthaltsrecht unmittelbar kraft Assoziierungsrecht berufen[4].

57 Türkischen Arbeitnehmern wird der Zugang zum deutschen Arbeitsmarkt danach stufenweise erleichtert[5]:
– Nach einem Jahr ordnungsgemäßer Beschäftigung bei dem gleichen Arbeitgeber haben sie Anspruch darauf, weiterhin ihrer Beschäftigung bei diesem Arbeitgeber nachzugehen.
– Nach drei Jahren ordnungsgemäßer Beschäftigung haben sie das Recht, sich für den gleichen Beruf bei einem Arbeitgeber ihrer Wahl auf ein Stellenangebot zu bewerben. Vorrang bei der Stellenbesetzung haben allerdings Arbeitnehmer aus den EU-Mitgliedstaaten.
– Nach vier Jahren ordnungsgemäßer Beschäftigung haben sie freien Zugang zu jeder gewählten Beschäftigung im Lohn- oder Gehaltsverhältnis.

58 Die Stufen müssen nacheinander durchlaufen werden[6]. Dh. der türkische Arbeitnehmer kann sich nur dann auf die 3. Stufe berufen, wenn er zuvor die 1. und 2. Stufe erfüllt hat. Die 1. und 2. Stufe (insgesamt drei Jahre) müssen bei demselben Arbeitgeber erfüllt werden[7]. In der Phase der Entstehung dieser Rechte muss der Arbeitnehmer grundsätzlich ununterbrochen beschäftigt sein[8]. Dh. die 3. Stufe setzt grundsätzlich eine vierjährige ununterbrochene Beschäftigung voraus[9]. Wer den Arbeitsmarkt dauerhaft verlässt, verliert das Aufenthaltsrecht[10].

59 Soweit türkischen Staatsangehörigen der Zugang zum Arbeitsmarkt eröffnet ist, können sie eine (deklaratorische) Aufenthaltserlaubnis verlangen und unterliegen einem stärkeren Schutz gegenüber aufenthaltsbeendenden Maßnahmen[11]; die Regelungen über zwingende und Regelausweisungen dürfen nicht angewendet werden, soweit türkische Staatsangehörige ein Aufenthaltsrecht nach Art. 6f. ARB 1/80 besitzen[12].

---

1 BGBl. II 1964, 510 ff.
2 BGBl. II 1972, 387 ff.
3 EuGH 20.9.1990 – Rs. C-192/89 – Sevince, NVwZ 1991, 255; 16.12.1992 – Rs. C-237/91 – Ku; 5.10.1994 – Rs. C-355/93 – Eroglu.
4 Hierzu *Hailbronner*, Asyl- und Ausländerrecht, Rz. 58; Hofmann/*Hoffmann*, § 4 AufenthG Rz. 32.
5 Art. 6 Abs. 1 Spiegelstrich 1–3 ARB 1/80.
6 Vgl. EuGH 10.1.2006 – Rs. C-230/03 – Sedef, NVwZ 2006, 315.
7 EuGH 10.1.2006 – Rs. C-230/03 – Sedef, NVwZ 2006, 315; kritisch hierzu *Renner/Dienelt*, Ausländerrecht, Art. 6 ARB 1/80 Rz. 15 ff.
8 Ausnahmen s. Art. 6 Abs. 2 ARB 1/80. Ab dem Zeitpunkt des Entstehens des Anspruchs aus Art. 6 Abs. 1 Spiegelstrich 3 ARB 1/80 ist Abs. 2 nicht mehr anwendbar, vgl. EuGH 7.7.2005 – Rs. C-383/03 – Dogan, NVwZ 2005, 1294.
9 EuGH 10.1.2006 – Rs. C-230/03 – Sedef, NVwZ 2006, 315. Soweit *Gutmann*, NJW 2010, 1862 (1862) dieser Rechtsprechung entnimmt, dass auch das vierte Jahr beim selben Arbeitgeber geleistet werden müsse, findet dies weder im Beschlusstext noch in der Entscheidungsbegründung eine Stütze.
10 EuGH 10.2.2000 – Rs. C-340/97 – Nazli, NVwZ 2000, 1029; zB bei Rentnern, vgl. EuGH 6.6.1995 – Rs. C-434/93 – Bozkurt I, NVwZ 1995, 1093.
11 Vgl. *Renner/Dienelt*, Ausländerrecht, § 4 AufenthG Rz. 103; *Gutmann*, NJW 2010, 1862.
12 Vgl. BVerwG 3.8.2004 – 1 C 29/02, NVwZ 2005, 224; *Gutmann*, NJW 2010, 1862.

Trotz des Assoziierungsabkommens gilt in Deutschland grundsätzlich eine **Visums-** **pflicht** für türkische Staatsangehörige[1]. Eine Visumsbefreiung besteht nur für bestimmte Aufenthalte der Dienstleistungserbringung und nur für längstens zwei Monate.[2] Das betrifft die Erbringung einer vorübergehenden Dienstleistung als Arbeitnehmer für einen Arbeitgeber mit Sitz in der Türkei und entgeltliche Dienstleistungen in Form von Vorträgen oder Darbietungen von besonderem künstlerischem oder wissenschaftlichem Wert oder sportlichen Charakters (s. allgemeine Anwendungshinweise des BMI zum ARB 1/80 und zu Art. 41 Abs. 1 des Zusatzprotokolls EWG-Türkei).   60

Der EuGH hat in der Rechtssache „Soysal"[3] entschieden, dass türkische Fernfahrer, die Dienstleistungen für ein in der Türkei ansässiges Unternehmen erbringen, zur Einreise nach Deutschland kein Visum benötigen. Der finanzielle und zeitliche Aufwand zur Erlangung eines zeitlich befristeten Visums stelle eine unzulässige Beeinträchtigung der Dienstleistungsfreiheit bzw. eine Verletzung der assoziierungsrechtlichen Stillhalteklausel dar. Eine allgemeine Visumsfreiheit lässt sich daraus jedoch nicht ableiten. Insbesondere betrifft die Soysal-Entscheidung nicht Einreise und Aufenthalt zum Zweck der Entgegennahme von Dienstleistungen („passive Dienstleistungsfreiheit")[4].   61

VIII. Pflichten des Arbeitgebers und Rechtsfolgen bei illegaler Beschäftigung

Arbeitgeber, die in Deutschland einen Ausländer beschäftigen wollen, müssen prüfen, ob der Ausländer einen Aufenthaltstitel hat, der ihn zur Erwerbstätigkeit berechtigt (§ 4 Abs. 3 Satz 4 AufenthG). Bei Einstellung hat der Arbeitgeber für die Dauer der Beschäftigung eine Kopie des Aufenthaltstitels oder der Bescheinigung über die Aufenthaltsgestattung oder über die Aussetzung der Abschiebung des Ausländers in elektronischer oder Papierform aufzubewahren (§ 4 Abs. 3 Satz 5 AufenthG).   62

Die Beschäftigung eines Ausländers ohne die nach § 284 Abs. 1 SGB III erforderliche Genehmigung bzw. ohne die nach § 4 Abs. 3 AufenthG erforderliche Berechtigung zur Erwerbstätigkeit ist verboten (vgl. Teil 1 C Rz. 217). Das Beschäftigungsverbot führt aber nicht zur Unwirksamkeit des Arbeitsverhältnisses[5] (zur Kündigung bei einem Beschäftigungsverbot s. Teil 3 G Rz. 19a). Der Arbeitgeber muss insbesondere trotz Beschäftigungsverbot die vereinbarte Vergütung zahlen (§ 98a Abs. 1 Satz 1 AufenthG). Als vereinbarte Vergütung ist grundsätzlich die übliche Vergütung anzusehen. Um den Ausländer zu schützen, stellt § 98a Abs. 1 Satz 2 AufenthG die widerlegbare Vermutung auf, dass der Arbeitgeber den Ausländer drei Monate beschäftigt hat[6]. Weitere Sanktionen für den Arbeitgeber bei illegaler Beschäftigung ergeben sich aus §§ 98b, 98c, 66 Abs. 4 Satz 1 Nr. 1 AufenthG (Haftung für Kosten der Abschiebung) und § 404 SGB III (Bußgeldvorschriften).   63

---

1 Vgl. Art. 1 Abs. 1 EG-VisaVO 539/2001 und Liste in deren Anhang I.
2 Dies richtet sich gemäß der assoziierungsrechtlichen Stillhalteklausel des Zusatzprotokolls nach der am 1.1.1973 geltenden Verordnung zur Durchführung des Ausländergesetzes v. 10.9.1965 (DVAuslG 1965), dazu: Allgemeine Anwendungshinweise des BMI zum ARB 1/80 und zu Art. 41 Abs. 1 des Zusatzprotokolls EWG-Türkei unter http://www.bmi.bund.de/SharedDocs/Downloads/DE/Themen/MigrationIntegration/Auslaender/Anwendungshinweise_zum_Assoziationsrecht_EWG_Tuerkei.pdf (zuletzt abgerufen am 16.10.2014).
3 Vgl. EuGH 19.2.2009 – Rs. C-228/06 – Soysal, DB 2009, 576, zur Reichweite der Stillhalteklausel.
4 EuGH 24.9.2013 – Rs. C-221/11 – Demirkan, NVwZ 2013, 1465.
5 *Renner/Wunderle*, Ausländerrecht, § 98a AufenthG Rz. 4.
6 Die Parallelvorschrift hinsichtlich der Berechnung der Sozialversicherungsbeiträge ist in § 7 Abs. 4 SGB IV enthalten.

2. Teil
Regelungen im Rahmen eines bestehenden Arbeitsverhältnisses

A. Gegenseitige Grundpflichten

	Rz.
I. Der Rechtscharakter des Arbeitsverhältnisses mit seinen Leistungs- und Nebenpflichten	1
II. Verpflichtungen des Arbeitnehmers	
1. Verpflichtung zur Arbeitsleistung und Leistungsstörungen	
a) Verpflichtung zur Arbeitsleistung	5
aa) Persönliche Verpflichtung	6
bb) Gläubiger der Arbeitsleistung	10
cc) Art der zu leistenden Arbeit	13
(1) Vertragliche Regelung	17
(2) Weisungs- bzw. Direktionsrecht, Versetzung	32
(3) Verpflichtung zur Ausübung des Weisungsrechts	57
(4) Konkretisierung	60
dd) Ort der Arbeitsleistung	63
ee) Quantität, Intensität und Qualität der zu leistenden Arbeit	74
(1) Quantität	75
(2) Intensität	77
(3) Qualität	79
ff) Arbeitszeit	
(1) Allgemeines – Begriffliche Abgrenzung	81
(2) Dauer der Arbeitszeit	96
(3) Lage der Arbeitszeit	111
b) Befreiung von der Arbeitspflicht ohne Entgeltfortzahlung	
aa) Allgemeines	123
bb) Gesetzliche Regelungen und Tarifverträge	124
cc) Einverständliche und einseitige unbezahlte Freistellung	133
dd) Auswirkungen	139
c) Leistungsstörungen	
aa) Begriffe	144
bb) Nichtleistung der Arbeit – Unmöglichkeit und Verzug	
(1) Vom Arbeitnehmer zu vertretende Nichtleistung	150
(2) Vom Arbeitnehmer nicht zu vertretende Nichtleistung	165

	Rz.
(3) Von keiner Seite zu vertretende Nichtleistung/Betriebsrisiko	167
cc) Schlechtleistung der Arbeit	171
2. Rücksichtnahme-/Treuepflicht – Allgemeine Interessenwahrnehmungs- und Unterlassungspflichten	
a) Allgemeiner Inhalt der sog. Rücksichtnahme-/Treuepflicht	179
b) Interessenwahrnehmungspflichten	
aa) Schutz der betrieblichen Ordnung und Betriebsmittel	187
(1) Äußeres Erscheinungsbild	189
(2) Alkohol	191
(3) Rauchen	195
(4) Radiohören	197
(5) Telefonieren, Internetzugang, E-Mails	198
(6) Kontrollen	199
(7) Mobbing und Stalking	203
(8) Schutz des Unternehmenseigentums	204
bb) Unternehmensförderung	207
cc) Informations- und Dokumentationspflichten	212
dd) Außerdienstliches Verhalten	219
c) Unterlassungspflichten	
aa) Nebentätigkeit	222
bb) Abwerbung	233
cc) Annahme von Schmiergeldern/Korruption	236
dd) Unternehmensschädliche Meinungsäußerung	243
d) Verschwiegenheitspflicht	
aa) Inhalt und Umfang	250
bb) Während des Arbeitsverhältnisses	258
cc) Nach Beendigung des Arbeitsverhältnisses	261
dd) Rechtsfolgen bei Geheimnisverrat	265
e) Wettbewerbsverbot während des Arbeitsverhältnisses	
aa) Inhalt	266
bb) Rechtsgrundlage	267
cc) Persönlicher Geltungsbereich	270

	Rz.		Rz.
dd) Gegenstand des Wettbewerbsverbotes	271	(1) Allgemeines	580
ee) Zeitlicher Geltungsbereich	282	(2) Brutto/Netto	581
ff) Rechtsfolgen eines Wettbewerbsverstoßes	285	(3) Aufrechnung	588
		(4) Verzicht	589
III. Verpflichtungen des Arbeitgebers		dd) Verjährung	590
1. Grundlagen zum Arbeitsentgelt	304	ee) Ausschlussfristen	601
a) Begriff	305	ff) Verwirkung	631
b) Abgrenzung	306	h) Abrechnung	641
c) Rechtsgrundlagen	308	i) Erstattung überzahlten Entgelts	644
aa) Arbeitsvertrag	309	2. Durchsetzung und Sicherung des Arbeitsentgelts	
bb) Tarifvertrag und Betriebsvereinbarung	315	a) Gerichtliche Geltendmachung	
cc) Arbeitsrechtlicher Gleichbehandlungsgrundsatz	326	aa) Klage	661
dd) Gesetz	334	bb) Einstweiliger Rechtsschutz	662
d) Grundformen des Entgelts	338	b) Sicherung des Entgelts	
aa) Festvergütung – Zeitentgelt	339	aa) Verrechnungsmöglichkeit	665
(1) Eingruppierung	341	bb) Pfändung des Arbeitseinkommens	666
(2) Mehrarbeit und Überstunden	369	cc) Abtretung	714
(3) Zuschläge und Zulagen	381	dd) Zurückbehaltungsrecht	719
bb) Leistungsabhängig variables Entgelt	401	ee) Arbeitsentgelt in der Insolvenz	
(1) Akkord	402	(1) Sicherung im Insolvenzverfahren	725
(2) Prämienlohn	409	(2) Insolvenzgeld	732
(3) Leistungszulage, Leistungsprämie	413	3. Beschäftigungspflicht und Beschäftigungsanspruch	
(4) Provision	415	a) Allgemeines	741
(5) Zielvereinbarungen	429	b) Freistellung	747
cc) Unternehmenserfolgsabhängige Entgeltbestandteile	441	c) Kurzarbeit	763
e) Sonderformen des Entgelts	451	d) Versetzung	767
aa) Sonderzahlungen	452	4. Nebenpflichten des Arbeitgebers	
(1) Keine besonderen Anspruchsvoraussetzungen	460	a) Allgemeines	771
(2) Stichtags- und Rückzahlungsklauseln	463	b) Schutz von Leben und Gesundheit	773
(3) Anteiliger Anspruch bei fehlender Arbeitsleistung und Anwesenheits- bzw. Pünktlichkeitsprämien	476	c) Schutz der Persönlichkeitsrechte des Arbeitnehmers	
		aa) Allgemeines	776
bb) Vermögensbildung und Miteigentum	491	bb) Überwachung des Arbeitnehmers, ärztliche Untersuchungen	777
cc) Arbeitgeberdarlehen	508	cc) Personalakten	780
dd) Sachbezüge	518	dd) Behandlung durch Vorgesetzte und Arbeitskollegen	787
ee) Trink- und Bedienungsgelder, Bonuspunkte	537	d) Schutz wirtschaftlicher Interessen	796
ff) Ausbildungskosten und ihre Rückzahlung	540	aa) Obhuts- und Sicherungspflichten	797
f) Flexibilisierungsinstrumente	561	bb) Informationspflichten	800
g) Anspruchsentstehung und Untergang, Einwände	571	cc) Mitwirkungspflichten	809
aa) Fälligkeit und Verzug	572	e) Rechtsschutz	811
bb) Unmöglichkeit und Unzumutbarkeit der Arbeitsleistung	576	5. Haftung des Arbeitgebers und Aufwendungsersatz/Spesen	
		a) Haftung für Personenschäden	
		aa) Allgemeine Haftung	821
cc) Erfüllung, Aufrechnung und Verzicht	579	bb) Haftung für Arbeitsunfälle	827
		b) Haftung für Sachschäden	
		aa) Allgemeine Haftung	837

	Rz.		Rz.
bb) Haftung für vom Arbeitnehmer selbst verursachte Schäden	843	d) Voraussetzungen	887
c) Aufwendungsersatz, Spesen	850	e) Einzelfragen	
d) Freistellung von Prozess- und Anwaltskosten	858	aa) Neu eintretende Arbeitnehmer	895
		bb) Betriebsübergang	896
e) Übernahme von Geldstrafen und Geldbußen	861	cc) Betriebliche Übung zu Lasten des Arbeitnehmers	897
6. Weiterbildungsmöglichkeit		dd) Gewährung tariflicher Leistungen	898
a) Rechtsgrundlagen	871	ee) Besonderheiten des öffentlichen Dienstes	899
b) Individuelle und betriebliche Interessen	873	f) Beendung einer betrieblichen Übung	900
7. Pflichten infolge betrieblicher Übung	881	aa) Abänderung durch gegenläufige betriebliche Übung	901
a) Dogmatische Herleitung	882	bb) Anfechtbarkeit	902
b) Gegenstand der betrieblichen Übung	884	cc) Abänderung durch Betriebsvereinbarung	903
c) Abgrenzung	885		

Schrifttum:

Literatur zu den Arbeitnehmerpflichten: *Barton*, Betriebliche Übung und private Nutzung des Internetarbeitsplatzes, NZA 2006, 460; *Benecke/Pils*, Arbeitsplatzwechsel nach Abwerbung: Rechtsprobleme des „Headhunting", NZA-RR 2005, 561; *Berger-Delhey*, Die Leitungs- und Weisungsbefugnis des Arbeitgebers, DB 1990, 2266; *Boemke*, Sozialversicherungsrechtliche Behandlung von Arbeitszeitkonten bei geringfügig Beschäftigten, BB 2008, 722; *Börner*, Leistungsstörungen im Arbeitsverhältnis nach neuem Schuldrecht, Dissertation 2010; *Bürkle*, Weitergabe von Informationen über Fehlverhalten in Unternehmen (Whistleblowing) und Steuerung auftretender Probleme durch ein Compliance-System, DB 2004, 2158; *Dickmann*, Inhaltliche Ausgestaltung von Regelungen zur privaten Internetnutzung im Betrieb, NZA 2003, 1009; *Diller*, Der Arbeitnehmer als Informant, Handlanger und Zeuge im Prozess des Arbeitgebers gegen Dritte, DB 2004, 313; *Fischer/Thoms-Meyer*, Privatrechtlicher Insolvenzschutz für Arbeitnehmeransprüche aus deferred compensation, DB 2000, 1861; *Fleck*, Suchtkontrolle am Arbeitsplatz, BB 1987, 2029; *Freihube/Sasse*, Was bringt das neue Pflegezeitgesetz?, DB 2008, 1320; *Gabriel/Cornels*, Direktionsrecht und Soziale Netzwerke – Rechte und Pflichten der Arbeitgeber und Beschäftigten bei Xing & Co., MMR-Aktuell 2011, 316759; *B. Gaul*, Neues zum nachvertraglichen Wettbewerbsverbot, DB 1995, 874; *B. Gaul/Bonanni*, Betriebsübergreifende Sozialauswahl und die Bedeutung von Versetzungsklauseln, NZA 2006, 289; *B. Gaul/Süßbrich*, Umgang mit „Low Performern", ArbRB 2005, 82; *D. Gaul*, Die nachvertragliche Geheimhaltungspflicht eines ausgeschiedenen Arbeitnehmers, NZA 1988, 225; *Göpfert/Siegrist*, Stalking – nach Inkrafttreten des Allgemeinen Gleichbehandlungsgesetzes auch ein Problem für Arbeitgeber?, NZA 2007, 473; *Gutzeit*, Die Mitbestimmung des Betriebsrats bei Fragen der Arbeitszeit, BB 1996, 106; *Hanau/Veit*, Neues Gesetz zur Verbesserung der Rahmenbedingungen für die Absicherung flexibler Arbeitszeitregelungen und zur Änderung anderer Gesetze, NJW 2009, 182; *Hennige*, Rechtliche Folgewirkungen schlüssigen Verhaltens der Arbeitsvertragsparteien, NZA 1999, 281; *Herbert/Oberrath*, Rechtsprobleme des Nichtvollzugs eines abgeschlossenen Arbeitsvertrags, NZA 2004, 121; *Hoß*, Vorbereitung einer späteren Konkurrenztätigkeit, ArbRB 2002, 87; *Hromadka*, Das allgemeine Weisungsrecht, DB 1995, 2601; *Hromadka*, Grenzen des Weisungsrechts, NZA 2012, 233; *Hunold*, Subjektiv determinierte Leistungspflicht des Mitarbeiters und Konkretisierung von Arbeitsanweisungen und Abmahnungen, NZA 2009, 830; *Hunold*, Die Rechtsprechung des BAG zur AGB-Kontrolle arbeitsvertraglicher Versetzungsklauseln, BB 2011, 693; *Kissel*, Arbeitsrecht und Meinungsfreiheit, NZA 1988, 145; *Koch*, Rechtsprobleme privater Nutzung betrieblicher elektronischer Kommunikationsmittel, NZA 2008, 911; *Kraft*, Sanktionen im Arbeitsverhältnis, NZA 1989, 777; *Krummel/Küttner*, Antisemitismus und Ausländerfeindlichkeit im Betrieb, NZA 1996, 67; *Kunz*, Betriebs- und Geschäftsgeheimnisse und Wettbewerbsverbot während der Dauer und nach Beendigung des Anstellungsverhältnisses, DB 1993, 2482; *Küppers/Louven*, Outsourcing und Insolvenzsicherung von Pensionsverpflichtungen durch Contractual „Trust" Arrengements (CTAs), BB 2004, 337; *Küppers/Louven/Schröder*, Contractual Trust Arrangements – Insolvenzsicherung und Bilanzverkürzung, BB 2005, 763; *Laber*, Besonderheiten des Direktionsrechts im öffentlichen Dienst, ArbRB 2006, 364; *Laitenberger*, Beitragsvorenthaltung, Minijobs und Schwarzarbeitsbekämpfung, NJW 2004, 2703; *Loritz*, Die Dienstreise des Arbeitnehmers, NZA 1997, 1188; *Mahnhold*, „Global Whistle" oder „deutsche Pfeife" – Whistleblowing-Systeme im Jurisdiktionskonflikt, NZA 2008, 737; *Maschmann*, Zuverlässigkeitstests durch Verführung illoyaler Mitarbeiter?, NZA 2002, 13; *Maschmann*, Die mangelhafte Arbeitsleistung, NZA Beilage 1/2006, 13; *Meier/Schulz*, Die Rückzahlung von Ausbildungskosten bei vorzeitiger oder erfolgloser Beendigung der Ausbildung, NZA 1996, 742; *Mengel/Hagemeister*, Compliance und Arbeitsrecht, BB 2006, 2466; *Mengel/Hagemeister*, Compliance und arbeitsrechtliche Implementierung im Unternehmen, BB 2007, 1386; *Pötters/Traut*, Unmöglichkeit und Betriebsrisiko im Arbeitsrecht, DB 2011, 1751; *Preis*, Das Nachweisgesetz – lästige Förmelei oder arbeitsrechtliche Zeitbombe?, NZA 1997, 10; *Preis*, Unangemessene Benachteiligung des Arbeitnehmers durch Vereinbarung einer Durchschnittsarbeitszeit, RdA 2012, 101; *Preis/Genenger*, Die unechte Direktionserweiterung, NZA 2008, 969; *Preis/Nehring*, Das Pflegezeitgesetz, NZA 2008, 729; *Preis/Reinfeld*, Schweigepflicht und Anzeigerecht im Arbeitsverhältnis, ArbuR 1989, 361; *Reichold*, Zeitsouveränität im Arbeitsverhältnis: Strukturen und Konsequenzen, NZA 1998, 393; *Reinicke*, Herausgabe von Schmiergeldern im öffentlichen Dienst, ZTR 2007, 414; *Reufels/Litterscheid*, Arbeitsrechtliche Probleme durch Schwarzgeldabreden, ArbRB 2005, 89; *Salamon/Fuhlrott*, Die Reichweite des Wettbewerbsverbotes im gekündigten Arbeitsverhältnis, BB 2011, 1018; *Schlachter*, Sexuelle Belästigung am Arbeitsplatz – Inhalt und Funktion des Arbeitsplatzbezugs, NZA 2001, 121; *Schmiedl*, Mitarbeiterabwerbung durch Kollegen während des laufenden Arbeitsverhältnisses, BB 2003, 1120; *Schulte*, Direktionsrecht à la § 106 GewO – mehr Rechtssicherheit?, ArbRB 2003, 245; *Schulte*, Vorübergehende Verhinderung gem. § 616 BGB – Regelungsspielräume bei der Freistellung, ArbRB 2004, 344; *Sosnitza/Kostuch*, Telefonische Mitarbeiterabwerbung am Arbeitsplatz, WRP 2008, 166; *Straube*, Der Zugriff des Arbeitgebers auf Schmiergeld, DB 2008, 1744; *Thüsing/Pötters*, Flexibilisierung der Arbeitszeit durch Zeitkonten im Rahmen der Arbeitnehmerüberlassung, BB 2012, 317; *Tschöpe*, „Low Performer" im Arbeitsrecht, BB 2006, 213; *Waas*, Das so genannte „mittelbare" Arbeitsverhältnis, RdA 1993, 153; *Wellisch/Moog*, Arbeitszeitkonten und Portabilität, BB 2005, 1790; *Wendeling-Schröder*, Gewissen und Eigenverantwortung im Arbeitsleben, BB 1988, 1742; *Wertheimer*, Bezahlte Karenz oder entschädigungslose Wettbewerbsenthaltung des ausgeschiedenen Arbeitnehmers?, BB 1999, 1600; *Willemsen/Brune*, Alkohol und Arbeitsrecht, DB 1988, 2304; *Wisskirchen/Körber/Bissels*, „Whistleblowing" und „Ethikhotline", BB 2006, 1567; *Wochner*, Die Geheimhaltungspflicht und § 79 BetrVG und ihr Verhältnis zum Privatrecht, insbesondere Arbeitsvertragsrecht, BB 1995, 1541.

Literatur zu den Arbeitgeberpflichten: *Annuß*, Arbeitsrechtliche Aspekte von Zielvereinbarungen in der Praxis, NZA 2007, 290; *Bartel/Bilobrk/Zopf*, Auslegungshilfe zu den Anforderungen an Vergütungssysteme in der Versicherungswirtschaft gemäß der VersVergV, BB 2011, 1269; *Bauer*, „Spielregeln" für die Freistellung von Arbeitnehmern, NZA 2007, 409; *Bauer/Günther*, Ungelöste Probleme bei Einführung von Kurzarbeit, BB 2009, 662; *Bayreuther*, Freiwilligkeitsvorbehalte: Zulässig, aber überflüssig?, BB 2009, 102; *Bayreuther*, Der gesetzliche Mindestlohn, NZA 2014, 865; *Behrens/Rinsdorf*, Am Ende nicht am Ziel? – Probleme mit der Zielvereinbarung nach einer Kündigung, NZA 2006, 830; *Beitz*, Berechnung des pfändbaren Arbeitseinkommens nach der Nettomethode, PuR 2013, 208; *Beitz*, Sonderzuwendungen mit Mischcharakter – Stichtagsregelung in AGB, SAE 2013, 17; *Benecke*, „Mobbing" im Arbeitsrecht, NZA-RR 2003, 225; *Bengelsdorf*, Probleme bei der Ermittlung des pfändbaren Teils des Arbeitseinkommens, NZA 1996, 176; *Bepler*, Die „zweifelhafte Rechtsquelle" der betrieblichen Übung – Beharrungen und Entwicklungen, RdA 2005, 323; *Berndt*, Arbeits- und sozialversicherungsrechtliche Auswirkungen des Mindestlohngesetzes (MiLoG) – Was gehört zum Mindestlohn?, DStR 2014, 1878; *Bieder*, Überzahlung von Arbeitsentgelt und formularvertraglicher Ausschluss des Entreicherungseinwands, DB 2006, 1318; *Bieder*, Die Betriebsübung im öffentlichen Dienst, RdA 2013, 274; *Bloching/Ortolf*, „Große" oder „kleine Übergangslösung" zur negativen betrieblichen Übung in Altfällen, NZA 2010, 1335; *Blomeyer*, Der Entgeltumwandlungsanspruch des Arbeitnehmers in individual- und kollektivrechtlicher Sicht, DB 2001, 1413; *Blomeyer*, Die sog. Bruttoklage auf den Arbeitslohn – Ein später Ruf nach dem Gesetzgeber, RdA 2011, 203; *Boecken*, Arbeitsrecht und Sozialrecht – Insbesondere zu den rechtlichen Grundlagen der Einführung von Kurzarbeit, RdA 2000, 7; *Boemke*, (Un-)Verbindlichkeit unbilliger Arbeitgeberweisungen, NZA 2013, 6; *Broer*, Behandlung von Aktienoptionen als Vergütungsbestandteil, 2010; *Brors,* Die Abschaffung der Fürsorgepflicht: Versuch einer vertragstheoretischen Neubegründung der Nebenpflichten des Arbeitgebers, 2002; *Brors,* Europäische Rahmenbedingungen für den neuen Mindestlohn und seine Ausnahmen, NZA 2014, 938; *Dannenberg,* Erläuterungen zu der Entgeltordnung des Bundes, PersR 2014, 20; *Däubler,* Sonderarbeitsrecht für Finanzdienstleister?, AuR 2012, 380; *Däubler,* Der gesetzliche Mindestlohn – doch eine unendliche Geschichte?, NJW 2014, 1924; *Diller/Arnold,* Vergütungsverordnungen für Banken und Versicherungen: Pflicht zum Mobbing?, ZIP 2011, 837; *Dorth,* Gestaltungsgrenzen bei Aus- und Fortbildungskosten betreffenden Rückzahlungsklauseln, RdA 2013, 287; *Edenfeld,* Die Fürsorgepflicht des Arbeitgebers bei Auslandseinsätzen, NZA 2009, 938; *Fischinger,* Vom richtigen Zeitpunkt: Sittenwidrigkeitskontrolle arbeitsvertraglicher Lohnabreden, JZ 2012, 546; *Gaul,* Leistungsdruck, psychische Belastung & Stress, DB 2013, 60; *Göpfert/Fellenberg,* Schmerzensgeld wegen Freistellung im Arbeitsverhältnis?, BB 2011, 1912; *Groeger,* Begrenzung der Managervergütungen bei Banken durch staatliche Regulierung?, RdA 2011, 287; *Hamacher,* Antragslexikon Arbeitsrecht, 2010; *Heiden,* Entgeltrelevante Zielvereinbarungen aus arbeitsrechtlicher Sicht, 2007; *Heiden,* Grenzen der Entgeltvariabilisierung am Beispiel zielvereinbarungsgestützter Vergütung, DB 2006, 2401; *Heiden,* Neue Entwicklungen im Recht der Sonderzahlungen, RdA 2012, 225; *Henssler,* Tarifbindung durch betriebliche Übung, in: Festschrift 50 Jahre Bundesarbeitsgericht, 2004, S. 683; *Henssler/Preis,* Diskussionsentwurf eines Arbeitsvertragsgesetzes, Stand November 2007; *Houben,* Anfechtung einer betrieblichen Übung?, BB 2006, 2301; *Hromadka,* Die betriebliche Übung: Vertrauensschutz im Gewande eines Vertrags, NZA 2011, 65; *Insam/Hinrichs/Hörtz,* Instituts-VergV 2014: Alte und neue Fallstricke in der Ausgestaltung der Vergütung von Kredit- und Finanzdienstleistungsunternehmen, WM 2014, 1415; *Isenhardt,* Reisekostenrechtsreform 2014 – arbeits- und sozialversicherungsrechtliche Folgen?, DB 2014, 1316; *Jensen,* Arbeitsvertragsklauseln gegen betriebliche Übungen – was geht noch?, NZA-RR 2011, 225; *Jöris/von Steinau-Steinrück,* Der gesetzliche Mindestlohn, BB 2014, 2101; *Kleinebrink,* Problembereiche bei der Gestaltung von Fortbildungsvereinbarungen durch AGB, ArbRB 2006, 345; *Köhler,* Einführung von Kurzarbeit, DB 2013, 232; *Krämer/Reinecke,* Die Entgeltordnung des Bundes zum TVöD – die wichtigsten Neuerungen, ZTR 2014, 195; *Kühne,* Die Beweislast bei sittenwidrigem Arbeitsentgelt, AuR 2013, 436; *Laber,* Zurückbehaltungsrechte im Arbeitsverhältnis, ArbRB 2009, 309; *Langen/Schielke/Zöll,* Schluss mit Boni? Vergütung in Instituten nach der MaRisk-Novelle, BB 2009, 2479; *Leder,* Aktuelles zur Flexibilisierung von Arbeitsbedingungen, RdA 2010, 93; *Lembke,* Die Ausgestaltung von Aktienoptionsplänen in arbeitsrechtlicher Hinsicht, BB 2001, 1469; *Lipinski/Melms,* Die Gewährung von Aktienoptionen durch Dritte, zB eine Konzernmutter – von Dritten geleistetes Arbeitsentgelt?, BB 2003, 150; *Meerkamp/Dannenberg,* Zur Situation des tariflichen Leistungsentgelts im öffentlichen Dienst, PersR 2014, 239; *Mues,* Inhaltskontrolle von Freistellungsklauseln, ArbRB 2009, 214; *Müller,* Die klageweise Durchsetzung von Zeitvergütungsansprüchen, NZA 2008, 977; *Müller,* Zu Fragen der Überleitung in die Entgeltordnung TVöD Bund, öAT 2014, 43; *Müller,* Umsetzung der Entgeltordnung TV-L - wesentliche Punkte zu Überleitung der Beschäftigten und Antragsverfahren, öAT 2012, 149 *Nägele,* Der Dienstwagen, 2002; *Otto/Walk,* Entgeltflexibilisierung als Weg aus der Krise, BB 2010, 373; *Picker/Sausmikat,* Ausnahmsweise Mindestlohn?, NZA 2014, 942; *Preis,* Probleme der Bezugnahme auf Allgemeine Arbeitsbedingungen und Betriebsvereinbarungen, NZA 2010, 361; *Preis,* Der langsame Tod der Freiwilligkeitsvorbehalte und die Grenzen betrieblicher Übung, NZA 2009, 281; *Preis/Genenger,* Betriebliche Übung, freiwillige Leistungen und rechtsgeschäftliche Bindung, Jahrbuch des ArbR, Bd. 47 (2010), S. 93; *Reim,* Aktienoptionen aus AGB-rechtlicher Sicht, ZIP 2006, 1075; *Reinecke,* Betriebliche Übung in der Betrieblichen Altersversorgung, BB 2004, 1625; *Reinecke,* Gerichtliche Kontrolle von Chefarztverträgen, NJW 2005, 3383; *Reinecke,* Ausgleichszahlung oder Maßregelung?, DB 2013, 120; *Ricken,* Annahmeverzug und Prozessbeschäftigung während des Kündigungsrechtsstreits, NZA 2005, 323; *Rieble/Picker,* Lohnwucher, ZfA 2014, 154; *Rieble/Schmittlein,* Vergütung von Vorständen und Führungskräften, 2011; *Rieble/Schul,* Arbeitsvertragliche Bezugnahme auf Betriebsvereinbarungen, RdA 2006, 339; *Rolfs,* Die Neuregelung der Arbeitgeber- und Arbeitnehmerhaftung bei Arbeitsunfällen durch das SGB VII, NJW 1996, 3177; *Sasse/Häcker,* Rückzahlung von Fortbildungskosten, DB 2014, 600; *Schelp,* Arbeitnehmerforderungen in der Insolvenz, NZA 2010, 1095; *Schlegel,* Versicherungs- und Beitragspflicht bei der Freistellung von Arbeit, NZA 2005, 972; *Schmidt,* Die Beteiligung des Arbeitnehmer an den Kosten der beruflichen Bildung, NZA 2004, 1002; *Schönhöft,* Rückzahlungsverpflichtungen in Fortbildungsvereinbarungen, NZA-RR 2009, 625; *Schrader/Straube,* Die tatsächliche Beschäftigung während des Kündigungsrechtsstreits, RdA 2006, 98; *Schweiger,* Arbeitsförderungsrechtliche Folgen der Freistellung des Arbeitnehmers von der Arbeitsleistung, NZS 2013, 767; *Simon/Koschker*, Vergütungssysteme auf dem Prüfstand – Neue aufsichtsrechtliche Anforderungen für Banken und Versicherungen, BB 2011, 120; *Sittard*, Das MiLoG – Ein Ausblick auf die Folgen und anstehende Weichenstellungen, NZA 2014, 951; *Spielberger/Schilling*, Das Gesetz zur Regelung eines allgemeinen Mindestlohns, NJW 2014, 2897; *Tappert*, Auswirkungen eines Betriebsübergangs auf Aktienoptionsrechte von Arbeitnehmern, NZA 2002, 1188; *Thüsing*, AGB-Kontrolle im Arbeitsrecht, 2007; *Tschöpe*, Sind Entgeltabreden der Inhaltskontrolle nach §§ 305 ff. BGB unterworfen?, DB 2002, 1830; *Ulber*, Die Erfüllung von Mindestlohnansprüchen, RdA 2014, 176; *Vossen*, Die Jahressondervergütung – Ein aktueller Rechtsprechungsüberblick, NZA 2005, 734; *Waltermann*, Anordnung von Kurzarbeit durch Betriebsvereinbarung?, NZA 1993, 679; *Waltermann*, Die betriebliche Übung, RdA 2006, 257; *Weber/Weber*, Zur Dogmatik eines allgemeinen Beschäftigungsanspruchs im Arbeitsverhältnis, RdA 2007, 344; *Zürn/Böhm*, Neue Regeln für die Vergütung in Banken – Arbeitsrechtliche Umsetzung der Änderungen der Instituts-Vergütungsverordnung, BB 2014, 1269.

I. Der Rechtscharakter des Arbeitsverhältnisses mit seinen Leistungs- und Nebenpflichten

1 Der Arbeitsvertrag begründet **ein zweiseitig verpflichtendes Schuldverhältnis**, dh. einen gegenseitigen Vertrag oder „Austauschvertrag"[1]: Jeder gibt, damit der andere gibt (do ut des). Der Pflicht des Arbeitnehmers zur Leistung der versprochenen Dienste steht die Pflicht des Arbeitgebers zur Gewährung der vereinbarten Vergütung gegenüber; die Arbeitspflicht steht im **Synallagma** zu der Entgeltzahlungspflicht des Arbeitgebers.

Daraus folgt, dass auf den Arbeitsvertrag grundsätzlich die §§ 320 ff. BGB anwendbar sind. Da der Arbeitsvertrag **Dienstvertrag iSd. §§ 611 ff. BGB** ist, gelten schon im System des BGB für ihn eine Reihe von Sonderregelungen, so etwa für Leistungsstörungen. Sie ergeben sich u.a. aus dem Umstand, dass der Arbeitsvertrag idR ein Dauerschuldverhältnis begründet.

2 **Dauerschuldverhältnisse** erfordern zu ihrer Durchführung meist ein vertrauensvolles Zusammenwirken oder doch besondere Rücksicht und Sorgfalt bei der Wahrnehmung des eigenen Interesses und der Ausführung einer übernommenen Tätigkeit, da bei längerer zeitlicher Bindung jeder in stärkerem Maße als sonst auf den guten Willen des anderen und die Erhaltung des Einvernehmens angewiesen ist. Daher gewinnen hier die Pflichten zur Wahrung von „Treu und Glauben" und zu persönlicher Rücksichtnahme ebenso wie Loyalitätspflichten eine gesteigerte Bedeutung. Die Rechtsbeziehung der Arbeitsvertragsparteien ist also nicht allein durch das bloße Synallagma, die wechselseitige Verknüpfung der beiderseitigen Leistungspflichten, geprägt. Dies verdeutlichen verschiedene spezielle gesetzliche Regelungen wie § 60 HGB, der vom kaufmännischen Angestellten nicht nur Loyalität zugunsten des Arbeitgebers verlangt, sondern jeglichen Wettbewerb während des bestehenden Arbeitsverhältnisses untersagt, oder die der persönlichen Entfaltung und dem Gesundheitsschutz dienenden Bestimmungen des Bundesurlaubsgesetzes, des Arbeitszeit- und des Arbeitsschutzgesetzes und des Mutterschutzgesetzes.

3 Die über den bloßen Austausch von Arbeit einerseits und Arbeitsentgelt andererseits **hinausgehenden beiderseitigen Verpflichtungen** im Arbeitsverhältnis gaben Anlass zu unterschiedlichen Charakterisierungen dieses besonderen Rechtsverhältnisses, die allerdings oftmals vom jeweiligen ideologischen Ansatz geprägt waren.

Mit der Hervorhebung **personenrechtlicher Beziehungen** zwischen Arbeitnehmer und Arbeitgeber hat schon *von Gierke* 1914 dogmatisch weit gehende Verpflichtungen über das nach § 611 BGB auf einen bloßen Austausch von Arbeit und Lohn gerichtete

---

1 BAG (GS) 17.12.1959 – GS 2/59, AP Nr. 21 zu § 616 BGB.

I. Der Rechtscharakter des Arbeitsverhältnisses

Schuldverhältnis hinaus begründet[1]. Aus dem Merkmal der persönlichen Abhängigkeit treffe den Arbeitnehmer eine persönliche Treueverpflichtung, während der Arbeitgeber zur Fürsorge für die Person des Arbeitnehmers verpflichtet sei[2]. Dieser personenrechtlichen Betrachtungsweise folgte das RAG[3]. Sie bestimmte auch die Rechtsprechung des BAG[4] und die arbeitsrechtliche Literatur[5]. Aus dem personenrechtlichen Gemeinschaftsverhältnis wurden die Nebenpflichten, insbesondere die Fürsorgepflicht des Arbeitgebers und die sog. Treupflicht des Arbeitnehmers, abgeleitet.

Zu Recht halten die **Kritiker** der Auffassung vom Arbeitsverhältnis als personenrechtlichem Gemeinschaftsverhältnis entgegen, dass es an einer rechtsdogmatisch überzeugenden Begründung hierzu fehlt[6]. Schon die typusbildende Realität der Unterordnung im Arbeitsverhältnis (im Gegensatz zum Dienstverhältnis) wird gegen die Kennzeichnung als Gemeinschaftsverhältnis angeführt[7]. Auch ist es wegen der Möglichkeit der arbeitgeberseitigen betriebsbedingten Kündigung gem. § 1 Abs. 2 KSchG verfehlt, die gegenseitigen Verpflichtungen mit gesellschaftsrechtlichen Merkmalen zu begründen.

Schlagworte wie „corporate identity" und „Unternehmenskorporation" können nicht darüber hinwegtäuschen, dass für die Rechtsbeziehungen zwischen Arbeitgeber und Arbeitnehmer in verschiedener Hinsicht ein **Interessengegensatz** kennzeichnend ist. Indessen ist es auch verfehlt, das Arbeitsverhältnis auf ein vom Interessengegensatz geprägtes, kontradiktorisches Rechtsverhältnis zu reduzieren. Ein derartiges „klassenrechtliches Verständnis" leugnet eine Beziehung, in der gegenseitig verantwortliche Leistungserbringung geschuldet wird, und riskiert, wesentliche gegenseitige Verpflichtungen in Frage zu stellen.

Aus der **Besonderheit der rechtsgeschäftlichen Leistungspflichten** im Arbeitsverhältnis sind die Pflichten sowohl auf Arbeitgeber- wie auf Arbeitnehmerseite zu erklären. Neben den primären Leistungspflichten, wie sie § 611 BGB zu entnehmen sind, begründet das Arbeitsverhältnis je nach der Position und konkreten Aufgabenstellung in besonderem Maße Pflichten zu wechselseitiger Rücksichtnahme, der Beachtung der berechtigten Belange des anderen Vertragsteils, zu einem Verhalten insgesamt, wie es unter „redlich" und „loyal" handelnden, „verständigen" Vertragspartnern erwartet werden kann. Während das Prinzip der Wahrung von „Treu und Glauben" (§ 242 BGB) in erster Linie die Leistungshandlungen selbst (die Dienstleistung sowie deren Vergütung im Arbeitsverhältnis) erfasst, schützt die Pflicht zur Rücksichtnahme gem. § 241 Abs. 2 BGB die Rechte und sonstigen Rechtsgüter des Vertragspartners, betrifft also nicht die leistungsbezogenen Pflichten, sondern darüber hinausgehende Verhaltenspflichten. Das Arbeitsverhältnis erfordert ein vertrauensvolles Zusammenwirken sowie besondere Rücksicht und Sorgfalt bei der Wahrnehmung der eigenen Interessen und der Ausführung der übernommenen Tätigkeiten. Aufgrund der besonderen rechtsgeschäftlichen Leistungspflichten im Arbeitsverhältnis wird Vertragstreue geschuldet, die inhaltlich nicht von dem rechtsgeschäftlichen Leistungsversprechen getrennt werden kann, sondern die Ergänzung gemäß dem Grundsatz von „Treu und Glauben" (§ 242 BGB) darstellt[8].

---

1 *von Gierke*, Deutsches Privatrecht, Bd. III, Schuldrecht, 1917, S. 609 ff.
2 *von Gierke*, Deutsches Privatrecht, Bd. III, Schuldrecht, 1917, S. 610.
3 RAG 13.9.1939 – RAG 8/39, ARS 37, 230 (236, 237).
4 BAG 10.11.1955 – 2 AZR 591/54, AP Nr. 2 zu § 611 BGB – Beschäftigungspflicht; 24.2.1955 – 2 AZR 10/54, AP Nr. 2 zu § 616 BGB; 17.7.1958 – 2 AZR 312/57, AP Nr. 10 zu § 611 BGB – Lohnanspruch.
5 *Hueck/Nipperdey*, Bd. I, S. 129; *Nikisch*, Bd. I, S. 169.
6 MünchArbR/*Richardi*, § 3 Rz. 20.
7 *Kempff*, DB 1979, 790 (792).
8 MünchArbR/*Richardi*, § 3 Rz. 20.

II. Verpflichtungen des Arbeitnehmers

1. Verpflichtung zur Arbeitsleistung und Leistungsstörungen

a) Verpflichtung zur Arbeitsleistung

5   Gem. § 611 Abs. 1 BGB ist der Arbeitnehmer verpflichtet, „die **versprochenen Dienste**" zu leisten, er muss also die im Arbeitsvertrag vorgesehene Tätigkeit ausüben. Es handelt sich um die Hauptleistungspflicht des Arbeitnehmers. Sie steht gem. § 611 Abs. 1 BGB im Synallagma zur Vergütungspflicht des Arbeitgebers und korrespondiert mit der dem Arbeitgeber obliegenden Beschäftigungspflicht.

Im Unterschied zu den begrifflich in § 611 Abs. 1 BGB angesprochenen Dienstverträgen wird die nach einem Arbeitsvertrag zu erbringende Tätigkeit in **wirtschaftlicher und sozialer Abhängigkeit** erbracht.

aa) Persönliche Verpflichtung

6   Gem. § 613 Satz 1 BGB hat der Arbeitnehmer im Zweifel die **Arbeitsleistung persönlich** zu erbringen. Dieser Auslegungsregel kommt heute kaum noch Bedeutung zu. Mögliche abweichende Vereinbarungen beschränken sich daher auf Fälle, bei denen Ersatzkräfte die Arbeit bzw. deren Fortführung sicherstellen (Versorgen der Heizung durch die Ehefrau des erkrankten Hausmeisters)[1]. Soweit es dem Arbeitnehmer nicht generell gestattet ist, Dritte hinzuzuziehen, oder der Arbeitgeber ausdrücklich zustimmt, wird man von einer konkludenten Zustimmung des Arbeitgebers ausgehen können, wenn nur durch die Inanspruchnahme des außenstehenden Dritten die Arbeit überhaupt oder rechtzeitig ausgeführt werden kann.

7   Erbringt der Arbeitnehmer seine Arbeitspflicht **nicht selbst**, so gerät er in Leistungsverzug. – Zur prozessualen Durchsetzung s. Rz. 153 ff. – Sofern die Arbeitsleistung infolge ihrer Termingebundenheit nicht nachholbar ist, was der Regel entspricht, so liegt subjektive Unmöglichkeit vor.

8   Die **persönliche Leistungsverpflichtung** des Arbeitnehmers bedeutet, dass er nicht berechtigt ist, seine Arbeit durch einen Ersatzmann oder Gehilfen ausführen zu lassen. Andererseits ist der Arbeitnehmer deshalb bei Ausfall seiner Arbeitskraft, zB infolge Krankheit oder Urlaub, nicht verpflichtet, eine Ersatzkraft zu stellen. Die Höchstpersönlichkeit der Arbeitspflicht hat außerdem zur Folge, dass das Arbeitsverhältnis mit dem Tode des Arbeitnehmers erlischt, ohne dass dies gesondert vertraglich festgelegt sein muss. Die Möglichkeit, die Dienstleistungen durch von dem Vertragspartner selbst ausgewählte Personen ausführen zu lassen, spricht gegen die Charakterisierung als Arbeitsverhältnis.

9   Die persönliche Leistungsverpflichtung gilt auch für den Fall der **Arbeitsplatzteilung** gem. § 13 TzBfG. Eine Vertretung durch einen an der vereinbarten Arbeitsplatzteilung beteiligten Arbeitnehmer ist nur unter den in § 13 Abs. 1 Satz 2 und Satz 3 TzBfG genannten Voraussetzungen oder tarifvertraglichen Vertretungsregelungen möglich. Demgemäß sind auch die Arbeitsverhältnisse der an der Arbeitsplatzteilung beteiligten Arbeitnehmer in ihrem Bestand nicht voneinander abhängig. Das Ausscheiden eines dieser Arbeitnehmer berechtigt als solches nur zur Änderungskündigung (§ 13 Abs. 2 TzBfG).

---

1 Schaub/*Linck*, § 45 Rz. 3.

bb) Gläubiger der Arbeitsleistung

Nur gegenüber dem Arbeitgeber, mit dem er seinen Arbeitsvertrag abgeschlossen hat, ist der Arbeitnehmer idR zur Arbeitsleistung verpflichtet. Nach § 613 Satz 2 BGB ist der Anspruch auf die Arbeitsleistung im Zweifel nicht auf einen anderen Gläubiger/Arbeitgeber übertragbar.

Diese Auslegungsregel erfährt vielfältige **Ausnahmen**. Zu einem gesetzlichen Übergang der Rechtsbeziehungen des Arbeitsvertrages kommt es, wenn der Betrieb, in welchem der Arbeitnehmer beschäftigt ist, kraft Gesetzes (Universalsukzession, zB infolge Erbfall) oder kraft Rechtsgeschäftes (Betriebsübergang gem. § 613a BGB) auf einen Dritten, den Rechtsnachfolger, übergeht. Dieser erwirbt den Anspruch auf die Arbeitsleistung der in dem Betrieb beschäftigten Arbeitnehmer.

Eine vertragliche Abtretung des Anspruchs auf Arbeitsleistung erfolgt im Rahmen von **Leiharbeitsverhältnissen**. Wegen der damit regelmäßig verbundenen wesentlichen Änderung der Arbeitsbedingungen bedarf es zur „Ausleihe" des Einverständnisses durch den betroffenen Arbeitnehmer oder von vornherein der vertraglichen Vereinbarung mit dem Arbeitnehmer, dass dieser für einen Dritten arbeiten soll.

cc) Art der zu leistenden Arbeit

Neben der Verpflichtung zur Arbeitsleistung selbst ist für die dem Arbeitnehmer obliegenden arbeitsvertraglichen Verpflichtungen entscheidend, **welche Arbeiten er zu leisten hat**, welche Tätigkeiten also der Arbeitgeber abfordern kann. Eine vertraglich nicht geschuldete Arbeitsleistung kann der Arbeitgeber nicht verlangen. Auf ein solches Verlangen kann der Arbeitnehmer mit einem Leistungsverweigerungsrecht reagieren (s.a. § 275 Abs. 3 BGB).

> **Hinweis:** Eine auf ein derartiges begründetes Leistungsverweigerungsrecht hin ausgesprochene Kündigung wegen Arbeitsverweigerung wäre infolgedessen unwirksam.

Umgekehrt stellt sich für den Arbeitnehmer die Frage, welche Arbeiten ihm durch **den Arbeitgeber zugewiesen** werden **müssen**. Bedeutsam wird dies dann, wenn ein Arbeitnehmer nach erstinstanzlichem Obsiegen der nach erfolgreichem Abschluss eines Kündigungsschutzverfahrens gegenüber dem Arbeitgeber den Anspruch auf Weiterbeschäftigung zu den bisherigen Arbeitsbedingungen „geltend macht"[1].

Welche Tätigkeit der Arbeitnehmer zu erbringen hat, worin also der Leistungsgegenstand besteht, richtet sich nach der **von ihm geschuldeten Art der zu leistenden Arbeit**. Die Festlegung der auszuführenden Arbeiten, der Art der Arbeitsleistung, ergibt sich aus dem Arbeitsvertrag. Gem. § 2 Abs. 1 Satz 2 Nr. 5 NachwG ist die von dem Arbeitnehmer zu leistende Tätigkeit schriftlich konkret zu charakterisieren oder zu beschreiben. Dieses Schriftformerfordernis des Nachweisgesetzes hat aber keine konstitutive Bedeutung[2]. Je weiter/umfangreicher die auszuübende Tätigkeit im Arbeitsvertrag festgeschrieben ist, desto mehr unterliegt deren Festlegung dem Direktions-/Weisungsrecht des Arbeitgebers. Begrenzt wird dieses durch das Berufsbild, welchem die Tätigkeiten zuzuzählen sind.

---

1 Zu den Anforderungen an die Bestimmtheit bzw. Vollstreckbarkeit eines Weiterbeschäftigungstitels s. BAG 15.4.2009 – 3 AZB 93/08, NZA 2009, 917.
2 BAG 21.8.1997 – 5 AZR 713/96, DB 1997, 2619; *Preis*, NZA 1997, 10.

(1) Vertragliche Regelung

17 Um überhaupt die von dem Arbeitnehmer geschuldete Leistung bestimmen zu können, muss **die Art der Arbeitsleistung**, nämlich **die vom Arbeitnehmer zu leistende Tätigkeit, im Arbeitsvertrag** kurz charakterisiert oder beschrieben werden (§ 2 Abs. 1 Satz 2 Nr. 5 NachwG). Wenn allerdings der Arbeitsvertragsinhalt nur rahmenmäßig umschrieben ist, kann der Nachweis auch nicht spezifischer ausfallen. Eine Konkretisierung kann die Art der Arbeit aber im Wege der Auslegung unter Berücksichtigung tarifvertraglicher Regelungen und nach Treu und Glauben, der Verkehrssitte sowie einer etwa bestehenden Betriebsübung erfahren. Inhalt und Umfang der Leistungspflichten können sich auch aus einer im Vertrag in Bezug genommenen Stellenbeschreibung oder einer auf den konkreten Zustand des Arbeitsplatzes des Mitarbeiters bezogenen Arbeitsplatzbeschreibung ergeben[1].

Der Umfang der gem. § 2 Abs. 1 Satz 2 Nr. 5 NachwG erforderlichen Angaben richtet sich nach der vertraglichen Einigung. Allgemein wird in den Arbeitsverträgen die Art der Arbeitsleistung desto genauer von der Tätigkeit und der Aufgabe her beschrieben, je qualifiziertere Anforderungen die Position hinsichtlich der fachlichen und personellen Eignung voraussetzt. Dies wird an folgenden, üblichen Arbeitsverträgen und Formularsammlungen entnommenen **Vertragsbeispielen** deutlich:

18, 19 Einstweilen frei.

20 In einem **Arbeitsvertrag mit einem Chefarzt** kann wie folgt formuliert werden:

Formulierungsbeispiel 1:

Der Arzt wird mit Wirkung vom ... als Chefarzt der Abteilung ... des Krankenhauses eingestellt. Er führt die Dienstbezeichnung Leitender Arzt der ... Abteilung des ... Krankenhauses in ...

---

21 Die Klausel in einem **Anstellungsvertrag als Praxisarzt** mit einem Praxisinhaber lautet:

Formulierungsbeispiel 2:

1. Frau/Herr ... wird ab ... als Ärztin/Arzt angestellt

Die Einstellung erfolgt zum Zwecke der
a) Weiterbildung
b) Entlastung
c) ständigen Mitarbeit (angestellter Arzt im Sinne von § 32b ZulassungsVO für Vertragsärzte).

2. Pflichten des Praxisarztes

Der Praxisarzt ist verpflichtet, den organisatorischen Weisungen des Praxisinhabers oder seines Vertreters Folge zu leisten und alle seinen Fähigkeiten entsprechenden ärztlichen Leistungen zu erbringen.

---

22 Bei **leitenden Angestellten** lautet die Formulierung:

Formulierungsbeispiel 3:

Geschäftsführer/Prokurist

---

[1] BAG 8.6.2005 – 4 AZR 406/04, NZA 2006, 53.

II. Verpflichtungen des Arbeitnehmers

Das Unternehmen überträgt Frau/Herrn ... die Position des kaufmännischen Leiters für die gesamte Unternehmensgruppe. Die beiliegende Stellenbeschreibung ist Bestandteil des Angestelltenvertrages.

Frau/Herr ... berichtet direkt der Geschäftsführung. Es ist beabsichtigt, Frau/Herrn ... Prokura zu erteilen.

Hauptabteilungsleiter

Frau/Herr ... wird als Leiter der Hauptabteilung ... eingestellt. Frau/Herr ... verpflichtet sich, ihre/seine gesamte Arbeitskraft dem Unternehmen zur Verfügung zu stellen.

Abteilungsleiter

Der Mitarbeiter wird als Leiter der Abteilung ... eingestellt. Sein Aufgabengebiet erfasst ... und alle mit diesen Aufgaben im Zusammenhang stehenden Arbeiten.

Im Arbeitsvertrag für einen **Verkaufsreisenden** kann wie folgt formuliert werden: 23

Formulierungsbeispiel 4:

Der Arbeitnehmer wird mit Wirkung vom ... als Verkaufsreisender eingestellt. Zu seinen Aufgaben gehören u.a.:
– regelmäßige Besuche bei folgenden Kunden/Lieferanten ...
– die Wahrnehmung der Interessen des Unternehmens auf folgenden Messen ...
– regelmäßiger Erfahrungsaustausch mit folgenden Unternehmen ...

Inlands-/Auslandsreisen in folgende Länder ...

Die Klausel bei einem **kaufmännischen Angestellten** lautet bspw.: 24

Formulierungsbeispiel 5:

Der Arbeitnehmer wird als kaufmännischer Angestellter eingestellt. Sein Aufgabengebiet umfasst ... und alle mit diesen Aufgaben im Zusammenhang stehenden Arbeiten.

oder:

Die Aufgaben und Pflichten ergeben sich im Einzelnen aus der als Anlage diesem Vertrag beigefügten Stellenbeschreibung vom ... (Datum), die Bestandteil dieses Arbeitsvertrages ist[1].

Ggf. ist noch eine Versetzungsklausel entsprechend dem Beispiel unter Rz. 68 hinzuzusetzen.

Bei **gewerblichen Arbeitnehmern** kann formuliert werden: 25

Formulierungsbeispiel 6:

Der Arbeitnehmer wird mit Wirkung vom ... als Lagerarbeiter eingestellt. Zu seinen Tätigkeiten gehören ...

Ist jemand, wie im Formulierungsbeispiel 1, als Chefarzt einer bestimmten Fachrichtung für die Leitung einer dem Fachgebiet entsprechenden Abteilung eingestellt worden, so ist diesem Arbeitnehmer gerade dieser **Arbeitsplatz zuzuweisen**. Nicht anders verhält es sich bei den Arbeitnehmern, wie sie die Formulierungsbeispiele Rz. 20–22 26

---

1 Dem Betriebsrat steht hinsichtlich des Anforderungsprofils eines Arbeitsplatzes kein Mitbestimmungsrecht zu. Er hat nur ein Vorschlags-, Beratungs- und Erörterungsrecht, ArbG Hannover 13.1.2005 – 10 BV 7/04, DB 2005, 896.

aufführen, oder wenn ein Arbeitnehmer als Filialleiter einer bestimmten Niederlassung oder als Leiter einer Betriebsabteilung eingestellt wird. Wird der Arbeitnehmer laut Vertrag für eine bestimmte Tätigkeit angenommen, wie im Formulierungsbeispiel 4 der Verkaufsreisende, so wird gerade diese Tätigkeit zum Vertragsinhalt[1]. Bei einer fachlichen Umschreibung der Tätigkeit im Vertrag (Formulierungsbeispiel 6, aber auch zB Schlosser oder Maurer) erfassen die von dem Arbeitnehmer zu erbringenden Arbeiten sämtliche Tätigkeiten, die sich innerhalb des vereinbarten Berufsbildes halten.

27 Gem. § 2 Abs. 1 Satz 2 Nr. 5 NachwG ist in einem schriftlichen Arbeitsvertrag die vom Arbeitnehmer zu leistende Tätigkeit konkret zu charakterisieren oder zu beschreiben. Jedoch sind durch das Nachweisgesetz die Arbeitsbedingungen und deren Änderung keinem konstitutiven Formerfordernis unterworfen[2]. Klauseln wie „... der Arbeitnehmer ist verpflichtet, auch sonstige, seinen Kenntnissen und Fähigkeiten entsprechende zumutbare und gleichwertige Tätigkeiten zu übernehmen ...", sind daher trotzdem zulässig und verbindlich. Auch das Direktionsrecht erfährt im Rahmen seiner vertraglichen Zulässigkeit durch das Nachweisgesetz keine Einschränkung. Wegen der durch eine dem Nachweisgesetz entsprechende nähere Beschreibung der Tätigkeit erfolgten Konkretisierung bedarf es aber in der Regel einer Umsetzungs-/Versetzungsklausel, um vom Direktionsrecht Gebrauch machen zu können. Inhaltlich muss die Klausel § 307 BGB entsprechen. Führt die Umsetzung zu einer dauerhaften und wesentlichen Änderung der Vertragsbedingungen, so ist dies gem. § 3 NachwG dem Arbeitnehmer spätestens einen Monat nach der Änderung schriftlich mitzuteilen.

28–31 Einstweilen frei.

(2) Weisungs- bzw. Direktionsrecht, Versetzung

32 Inhalt und Grenzen des **Direktions- oder Weisungsrechts** des Arbeitgebers sind durch § 106 GewO positiv-rechtlich normiert. Gem. § 6 Abs. 2 GewO finden die arbeitsrechtlichen Normen auf alle Arbeitnehmer Anwendung. Im Rahmen des vertraglich festgelegten (gem. § 2 Abs. 1 Satz 2 Nr. 5 NachwG konkret charakterisierten oder beschriebenen) Tätigkeitsbereichs kann der Arbeitgeber gem. § 106 GewO „Inhalt, Ort und Zeit der Arbeitsleistung nach billigem Ermessen näher bestimmen, soweit diese Arbeitsbedingungen nicht durch den Arbeitsvertrag, Bestimmungen einer Betriebsvereinbarung, eines anwendbaren Tarifvertrages oder gesetzliche Vorschriften festgelegt sind". Vom Arbeitgeber erstrebte Änderungen, die sich schon durch die Ausübung des Weisungsrechts gem. § 106 Satz 1 GewO durchsetzen lassen, halten sich im Rahmen der vertraglichen Vereinbarungen und sind keine „Änderung der Arbeitsbedingungen" iSv. § 2 Satz 1, § 4 Satz 2 KSchG[3]. Deshalb ist stets zunächst zu prüfen, ob der Arbeitgeber sein Ziel schon durch **Ausübung seines Direktionsrechts** erreichen kann. Eine Änderungskündigung ist nur dort statthaft, wo die angestrebten Änderungen der Arbeitsbedingungen durch das Direktionsrecht des Arbeitgebers nicht gedeckt sind[4]. Dies folgt aus dem Grundsatz der Verhältnismäßigkeit und dem Übermaßverbot[5]. Das Weisungsrecht umfasst nach § 106 Satz 2 GewO auch **betriebsbezogene Weisungen**. Diese betreffen die Ordnung und das Verhalten der Arbeitnehmer im Betrieb. Dazu gehört bspw. die Durchführung von Eingangskontrollen oder die Weisung,

---

1 Ein stellvertretender Erster Solo-Fagottist ist deshalb auch nicht verpflichtet, generell die dritte Fagottstimme zu spielen, BAG 8.9.1994 – 6 AZR 312/94, NZA 1995, 957.
2 BAG 21.8.1997 – 5 AZR 713/96, DB 1997, 2619; *Preis*, NZA 1997, 10.
3 BAG 19.7.2012 – 2 AZR 25/11, NZA 2012, 1038.
4 BAG 6.9.2007 – 2 AZR 368/06, BB 2008, 896.
5 BAG 28.4.1982 – 7 AZR 1139/79, DB 1982, 1776; 21.1.1988 – 2 AZR 533/87, RzK I 10b Nr. 9; 9.2.1989 – 6 AZR 11/87, RzK I 7a Nr. 15.

Schutzkleidung zu tragen. Die Leistungsbestimmung nach **billigem Ermessen** verlangt eine Abwägung der wechselseitigen Interessen nach verfassungsrechtlichen und gesetzlichen Wertentscheidungen, allgemeinen Wertungsgrundsätzen der Verhältnismäßigkeit und Angemessenheit sowie der Verkehrssitte und Zumutbarkeit[1]. In die Abwägung sind alle Umstände des Einzelfalls einzubeziehen. Dazu können auch schutzwürdige familiäre Belange des Arbeitnehmers gehören[2]. Auch dann, wenn berechtigte Belange eines von einer Anordnung des Arbeitgebers betroffenen Arbeitnehmers geringfügig schutzwürdiger sind als die eines von der Weisung nicht betroffenen Arbeitnehmers, kann die Ausübung des Direktionsrechtes noch billigem Ermessen entsprechen, wenn der Arbeitgeber ein anzuerkennendes eigenes Interesse verfolgt. Dazu zählt auch, eine absehbare Beeinträchtigung des Betriebsfriedens zu vermeiden[3]. Aus den sozialrechtlichen Regeln über die Zumutbarkeit einer Beschäftigung kann kein belastbarer Maßstab für die arbeitsrechtliche Beurteilung des Ermessensgebrauchs bei einer Versetzung abgeleitet werden[4].

Während Weisungen zum unmittelbaren Arbeitsverhalten nicht dem **Mitbestimmungsrecht** des Betriebsrats unterliegen, besteht ein solches nach § 87 Abs. 1 Nr. 1 BetrVG für Weisungen zum Ordnungsverhalten. 33

Das **allgemeine Weisungsrecht** des Arbeitgebers hat stets nur eine **Konkretisierungsfunktion** hinsichtlich der im Arbeitsvertrag enthaltenen Rahmenarbeitsbedingungen. Die Regelung der beiderseitigen Hauptleistungspflichten gehört zum Kernbereich des Arbeitsverhältnisses. Nur Gesetz, Kollektiv- oder Einzelarbeitsvertrag können diese elementaren Arbeitsbedingungen ändern[5]. Einseitig kann daher der Arbeitgeber eine die vertraglichen Grenzen der Hauptleistungspflicht überschreitende Anordnung nur mit einer Änderungskündigung (§ 2 KSchG) und den insoweit zu beachtenden Voraussetzungen durchsetzen. Handelt es sich nur um die Anpassung von Nebenabreden an geänderte Umstände, so gelten für die im Einzelfall notwendige Änderungskündigung aber nicht die gleichen strengen Maßstäbe wie bei Änderungskündigungen zur Entgeltabsenkung[6]. 34

Handelt es sich nicht nur um eine Konkretisierung der Aufgaben, sondern führt das Weisungs- oder Direktionsrecht zu einer **Änderung des Aufgabenbereichs**, so erfüllt dies den individual-rechtlichen Versetzungsbegriff[7]. – Zum Begriff der Versetzung und dem Mitbestimmungsrecht des Betriebsrats gem. § 99 Abs. 1 Satz 1 BetrVG s. Teil 4 A Rz. 754 ff. 35

Das Weisungsrecht bzw. die damit korrespondierende „Weisungsunterworfenheit" des Arbeitnehmers sind **beschränkt** durch den Inhalt des Arbeitsvertrages, durch Gesetze (§§ 134, 138 BGB, MuSchG, JArbSchG, GewO und ArbZG), Tarifverträge, Betriebsvereinbarungen, aber auch durch das Betriebsverfassungsgesetz (so im Fall einer Versetzung gem. §§ 95 Abs. 3, 99 BetrVG). So ist eine **Erweiterung des Leistungsbestimmungsrechts** des Arbeitgebers durch Tarifvertrag statthaft, wenn die tarifliche Regelung nach Anlass und Umfang gerichtlich kontrollierbare Voraussetzungen aufstellt, die den Arbeitgeber zu einem einseitigen Eingriff in das Arbeitsverhältnis berechtigen[8]. Dies 36

---

1 BAG 17.8.2012 – 10 AZR 202/10, NZA 2012, 265.
2 BAG 23.9.2004 – 6 AZR 567/03, NZA 2005, 359.
3 BAG 23.9.2004 – 6 AZR 567/03, NZA 2005, 359.
4 BAG 17.8.2011 – 10 AZR 202/10, NZA 2012, 265.
5 BAG 12.12.1984 – 7 AZR 509/83, NZA 1985, 321.
6 BAG 27.3.2003 – 2 AZR 74/02, DB 2003, 1962.
7 Unter Umsetzung wird verschiedentlich die allgemeine, nicht an die Voraussetzungen des § 95 Abs. 3 BetrVG gebundene Veränderung der Arbeitsbedingungen verstanden; im mitarbeitervertretungsrechtlichen Sinne richtet sich die Unterscheidung nach der Weiterbeschäftigung in derselben Dienststelle, VerwG. EKD v. 19.2.1998, NZA-RR 1998, 576 (Ls.).
8 Zum Direktionsrecht im öffentlichen Dienst s. *Laber*, ArbRB 2006, 364.

kann auch gestatten, den Arbeitnehmer vorübergehend in eine niedrigere Lohngruppe einzuweisen[1]. Einzelvertraglich wird das Weisungsrecht durch das „billige Ermessen" (§ 106 Satz 1 GewO) begrenzt, dh. das Weisungs- bzw. Direktionsrecht hat im Vergleich zu den vertraglichen Festlegungen die Einzelumstände zu berücksichtigen und die beiderseitigen Interessen abzuwägen.

Für das Direktionsrecht des Arbeitgebers ist auch der **Gleichbehandlungsgrundsatz** maßgeblich. Bei sich wiederholenden Anweisungen dürfen nur aus sachlichem Grund Unterschiede vorgenommen werden, die zu einer Bevorzugung oder Benachteiligung einzelner Arbeitnehmer führen können[2]. Ansonsten kann ein Verstoß gegen das Maßregelungsverbot des § 612a BGB vorliegen.

Die unfreiwillige Heranziehung zu **Überstunden** bedarf einer besonderen Rechtsgrundlage, also in der Regel einer dahingehenden tarif- oder individualvertraglichen Regelung. Die Verpflichtung zur Leistung von Überstunden oder Mehrarbeit besteht ansonsten nur in außergewöhnlichen Fällen (§ 14 ArbZG) und in Notfällen. Unter den genannten Voraussetzungen ist die Befugnis zur Anordnung von Überstunden Teil des Direktionsrechts[3].

Gem. § 106 Satz 3 GewO hat der Arbeitgeber in Übereinstimmung mit § 81 SGB IX und den Grundsätzen aus Art. 3 Abs. 3 GG (s.a. das Benachteiligungsverbot nach § 7 AGG) bei der Ausübung des Ermessens auf **Behinderungen** Rücksicht zu nehmen. Die Definition des Begriffs der Behinderung orientiert sich nach der Gesetzesbegründung an § 2 Abs. 1 SGB IX. Außerdem ist der Arbeitgeber nach § 241 Abs. 2 BGB bei der Ausübung des Weisungsrechts verpflichtet, die **Interessen des anderen Vertragspartners** zu berücksichtigen[4]. In diesem Rahmen kann aber auch eine schwangere Frau, die aufgrund eines gesetzlichen Beschäftigungsverbots ihre vertraglich geschuldete Arbeitsleistung nicht erbringen darf, verpflichtet sein, ab Beginn des Beschäftigungsverbots vorübergehend eine andere ihr zumutbare Tätigkeit – ggf. auch an einem anderen Ort, sofern dies billigem Ermessen entspricht – auszuüben[5]. – S. das zu Rz. 68 angeführte Beispiel einer Direktions- oder Versetzungs-(Umsetzungs-)klausel.

37 Ein **weisungsfreier Ausführungsspielraum**[6] oder Autonomiespielraum kann sich aus der übertragenen Arbeit ergeben[7]. Dies gilt insbesondere bei gehobenen Tätigkeiten, wo dem Arbeitnehmer aufgrund des Arbeitsvertrages ein weisungsfreier Entscheidungsspielraum in der Art der Ausführung der Tätigkeit eingeräumt ist, so zB für Lehrer, Ärzte, Künstler, Wissenschaftler und leitende Angestellte, wie sich dies aus der pauschalen Arbeitsbeschreibung der im Formulierungsbeispiel 3 angeführten Vertragsmuster (Rz. 20–22) ergibt. Es würde der Verantwortung der leitenden Tätigkeit widersprechen, wenn hier jeweils eine Konkretisierung durch arbeitgeberseitige Weisungen zu erfolgen hätte (s.a. § 5 Abs. 3 Satz 2 Nr. 3 BetrVG). Ebenso wenig kann einem Arzt im Einzelnen die Behandlungsmethode vorgeschrieben werden.

38 Ist der Arbeitnehmer aufgrund fachlich umschriebener Tätigkeit tariflich in eine bestimmte **Vergütungsgruppe** eingereiht, kann ihm grundsätzlich jede seiner Vorbildung entsprechende Arbeit zugewiesen werden, die die Merkmale der maßgebenden Vergütungsgruppe erfüllt, solange arbeitsvertraglich keine nähere Konkretisierung vorliegt[8].

---

1 BAG 23.9.2004 – 6 AZR 442/03, NZA 2005, 475.
2 LAG Hess. 12.9.2001 – 8 Sa 1122/00, NZA-RR 2002, 348.
3 BAG 3.6.2003 – 1 AZR 349/02, DB 2004, 385.
4 LAG Schl.-Holst. 12.2.2002 – 5 Sa 409c/01, DB 2002, 1056.
5 BAG 21.4.1999 – 5 AZR 174/98, NZA 1999, 1044; 15.11.2000 – 5 AZR 365/99, NZA 2001, 386.
6 MünchArbR/*Reichold*, § 36 Rz. 21.
7 BAG 13.6.2007 – 5 AZR 564/06, NZA 2007, 794.
8 BAG 14.12.1961 – 5 AZR 180/61, 14.7.1965 – 4 AZR 347/63, 28.2.1968 – 4 AZR 144/67 u. 12.4.1973 – 2 AZR 291/72, AP Nr. 17, 19, 22, 24 zu § 611 BGB – Direktionsrecht; 21.11.2002 – 6 AZR 82/01, ArbRB 2003, 167.

II. Verpflichtungen des Arbeitnehmers

Wenn Führungsverantwortung nicht zu den Tätigkeitsmerkmalen der Vergütungsgruppe gehört, kann dem Arbeitnehmer auch eine bisher innegehabte Vorgesetztenfunktion entzogen werden[1]. Auch kann ein Angestellter des öffentlichen Dienstes innerhalb der Vergütungsgruppe mit Arbeiten einer anderen Fallgruppe betraut werden, wenn aus dieser Fallgruppe ein Bewährungsaufstieg nicht mehr möglich ist[2]. Ist die Einstellung für einen fachlich umschriebenen Bereich, wie zB kaufmännische Angestellte, Kfz-Mechaniker oder Verkäufer/in, erfolgt, kann der Arbeitgeber kraft seines Weisungs- bzw. Direktionsrechtes dem Arbeitnehmer sämtliche Arbeiten zuweisen, die sich innerhalb des vereinbarten Berufsbildes bewegen. So kann eine als Verkäuferin eingestellte Arbeitnehmerin im Kaufhaus kraft des Weisungs- bzw. Direktionsrechtes von der Kinder- in die Herrenabteilung versetzt werden. Es bedarf also keiner Änderungskündigung[3]. Eine § 2 Abs. 1 Satz 2 Nr. 5 NachwG entsprechende konkrete Charakterisierung oder Beschreibung der geschuldeten Tätigkeit führt jedoch zu einer Konkretisierung, die den Umfang des Direktionsrechts einschränkt. Auch eine Umsetzung bzw. Versetzung innerhalb derselben Vergütungsgruppe setzt deshalb dann in der Regel eine Umsetzungs-/Versetzungsklausel voraus.

Durch einzelvertragliche Regelung, so durch einen **besonderen Weisungsvorbehalt** oder eine sog. **Versetzungsklausel** (s. Formulierungsbeispiel Rz. 68), und durch einen Tarifvertrag kann das Direktionsrecht des Arbeitgebers erweitert werden. Wird das **Direktionsrecht erweitert**, indem sich der Arbeitgeber die Befugnis zu Weisungen vorbehält, die über die vertraglich geschuldete Tätigkeit des Arbeitnehmers hinausgehen, so unterliegen dahingehende Vertragsklauseln der Inhaltskontrolle (§§ 307 ff. BGB)[4]. § 308 Nr. 4 BGB ist nicht auf arbeitsvertragliche **Versetzungsvorbehalte** anzuwenden[5]. Die bloße Änderung der bisherigen Aufgabe auf der Grundlage einer zulässigen vertraglichen Regelung stellt keine von den Rechtsvorschriften abweichende oder diese ergänzende Regelung (§ 307 Abs. 3 Satz 1 BGB) dar, sondern legt unmittelbar deren Hauptleistung fest. Ein derartiger Versetzungsvorbehalt unterliegt nur der Unklarheitenregelung (§ 305c Abs. 2 BGB) und der Transparenzkontrolle (§ 307 Abs. 1 Satz 2 BGB). Eine formularmäßige Versetzungsklausel, die materiell der Regelung in § 106 Satz 1 GewO nachgebildet ist, stellt daher keine unangemessene Benachteiligung des Arbeitnehmers nach § 307 Abs. 1 Satz 1 BGB dar. Sie verstößt auch nicht allein dadurch gegen das Transparenzgebot des § 307 Abs. 1 Satz 2 BGB, dass keine konkreten Versetzungsgründe genannt sind[6]. Die vertragliche Regelung muss allerdings die Beschränkung auf den materiellen Gehalt des § 106 GewO unter Berücksichtigung der für Allgemeine Geschäftsbedingungen geltenden Auslegungsgrundsätze aus sich heraus erkennen lassen[7]. Wegen des Transparenzgebotes müssen aber **weitergehende Versetzungsvorbehalte** gem. § 307 Abs. 1 Satz 2 BGB klar und durchschaubar gefasst sein. Flexibilisierungs- und Änderungsklauseln müssen daher grundsätzlich den **Anlass**, aus dem das Bestimmungsrecht des Arbeitgebers entsteht, sowie die Richtlinien und Grenzen seiner **Ausübung** möglichst konkret angeben. Wegen der gem. § 2 Abs. 1 Satz 2 Nr. 5 NachwG und § 307 Abs. 1 Satz 2 BGB erforderlichen Präzisierung der zu leistenden Tätigkeit darf die Umsetzungs-/Versetzungsklausel nicht pauschal die Zuweisung anderer Arbeiten ermöglichen. Die für den Arbeitnehmer in Betracht kommenden anderen Tätigkeiten müssen **gleichwertig**[8] und **zumutbar** sein. Die Versetzungsklausel muss daher entsprechend § 106 GewO eine dem billigen Er-

---

1 LAG Köln 5.2.1999 – 11 Sa 1025/98, nv.
2 BAG 2.12.1981 – 4 AZR 383/79, AP Nr. 6 zu § 75 BPersVG; 23.10.1985 – 4 AZR 216/84, AP Nr. 10 zu § 24 BAT.
3 LAG Köln 26.10.1984 – 6 Sa 740/84, NZA 1985, 258.
4 S. dazu *Preis/Genenger*, NZA 2008, 969.
5 BAG 11.4.2006 – 9 AZR 557/05, NZA 2006, 1149.
6 BAG 11.4.2006 – 9 AZR 557/05, NZA 2006, 1149.
7 BAG 25.8.2010 – 10 AZR 275/09, EzA-SD 2010, Nr. 23, 8–11.
8 BAG 9.5.2006 – 9 AZR 424/05, NZA 2007, 145.

messen entsprechende Begrenzung des Änderungsvorbehalts enthalten oder von vornherein die Versetzungsmöglichkeiten durch Beispiele konkretisieren. Der durch das Weisungsrecht eingeräumte Änderungsvorbehalt darf nicht so weitgehend sein, dass er sich als eine **Umgehung des Kündigungsschutzgesetzes** darstellt[1].

40 Das Direktionsrecht des Arbeitgebers berechtigt diesen grundsätzlich auch dazu, den **Arbeitsbereich eines Arbeitnehmers zu verkleinern**, indem zB eine Abteilung aufgeteilt wird[2]. Allerdings muss diese Maßnahme billigem Ermessen entsprechen, darf also nicht willkürlich sein (§ 315 Abs. 1 BGB). Einem derartigen Vorgehen könnte eine **negative Versetzungsklausel** entgegenstehen, also eine Begrenzung oder völliger Ausschluss der Zuweisung anderer als der vertraglich vereinbarten Tätigkeit.

41 Eine Arbeitsvertragsklausel, nach der der Arbeitgeber dem Arbeitnehmer statt der ursprünglich vereinbarten auch eine **andere Tätigkeit** übertragen kann, die „seiner Vorbildung und seinen Fähigkeiten entspricht", gibt dem Arbeitgeber nicht die Befugnis, dem Arbeitnehmer im Wege des Direktionsrechts Tätigkeiten zuzuweisen, deren Anforderungen hinter der Vorbildung und den Fähigkeiten des Arbeitnehmers zurückbleiben. Aber auch wenn die Versetzungsklausel voraussetzt, dass die andere Tätigkeit den Kenntnissen und Fähigkeiten des Arbeitnehmers entspricht, ist sie wegen unangemessener Benachteiligung gem. § 307 Abs. 2 Nr. 1 BGB unwirksam, wenn diese Klausel nicht die Einschränkung enthält, dass die zugewiesene Tätigkeit **gleichwertig** ist[3]. Die einseitige Zuweisung **geringwertigerer oder unterwertiger** Tätigkeit kann nicht auf das Direktions- oder Weisungsrecht gestützt werden und ist grundsätzlich nur im Einvernehmen mit dem Mitarbeiter möglich[4]. Von einer geringwertigeren Arbeit ist dann auszugehen, wenn sie nach dem Tätigkeits- oder Berufsbild in der Sozialanschauung geringer bewertet wird, was zumeist bei einer deutlichen Verkleinerung des bisherigen Aufgaben- und Verantwortungsbereichs und erst recht bei einer hierarchischen Herabstufung des Arbeitnehmers der Fall ist[5]. Dieser Gesichtspunkt der innerbetrieblichen sozialen Stellung wird ausreichend beachtet, solange der Arbeitnehmer mit Arbeiten innerhalb derselben tariflichen Vergütungsgruppe beschäftigt wird, die aber einer anderen Fallgruppe angehören[6], auch wenn sie unterwertig sind. Ohne diese tarifliche Besonderheit kann jedoch eine Tätigkeit, die geringwertigeren Merkmalen entspricht, nicht einseitig kraft des Weisungs- und Direktionsrechts übertragen werden, selbst wenn die bisherige Vergütung weiter gezahlt wird[7].

42 Eine **Prokura** kann zwar in jedem Fall ohne Rücksicht auf den Arbeitsvertrag widerrufen werden[8]. Solange damit nur die Außenvollmacht entzogen wird, ist dies noch keine wesentliche Änderung der Art der Arbeitsleistung. Anders verhält es sich, wenn zugleich innerbetriebliche Entscheidungsbefugnisse entzogen werden.

43 Auch in dem **höherwertigen Einsatz** eines Arbeitnehmers kann eine Überschreitung des Direktionsrechtes liegen[9]. Schließlich kann es zu einer Überforderung des Arbeit-

---

1 BAG 7.10.1982 – 2 AZR 455/80, AP Nr. 5 zu § 620 BGB – Teilkündigung; 28.5.1997 – 5 AZR 125/96, NZA 1997, 1160.
2 BAG 23.6.1993 – 5 AZR 337/92, NZA 1993, 1127.
3 BAG 9.5.2006 – 9 AZR 424/05, NZA 2007, 145; LAG Köln 9.1.2007 – 9 Sa 1099/06, NZA-RR 2007, 343.
4 Anders bei tarifvertraglich eingeräumter Befugnis und sachgerechtem Interessenausgleich BAG 22.5.1985 – 4 AZR 427/83, NZA 1986, 166.
5 LAG Hamm 9.1.1997 – 17 Sa 1554/96, NZA-RR 1997, 337.
6 BAG 2.12.1981 – 4 AZR 383/79, AP Nr. 6 zu § 75 BPersVG; 23.10.1985 – 4 AZR 216/84, AP Nr. 10 zu § 24 BAT.
7 BAG 30.8.1995 – 1 AZR 47/95, NZA 1996, 440; 24.4.1996 – 4 AZR 976/94, NZA 1997, 104; Hromadka, DB 1995, 2601 (2603).
8 BAG 26.8.1986 – 3 AZR 94/85, NZA 1987, 202.
9 BAG 16.1.1991 – 4 AZR 301/90, NZA 1991, 490; LAG Hamm 27.3.1992 – 18 Sa 1165/91, LAGE § 611 BGB – Direktionsrecht Nr. 12.

II. Verpflichtungen des Arbeitnehmers

nehmers kommen. Bei der **vorübergehenden** Übertragung einer **höher bewerteten Tätigkeit** im Geltungsbereich des **Tarifvertrages für den öffentlichen Dienst** (§ 14 TVöD) hat eine Überprüfung entsprechend § 106 GewO zu erfolgen, wobei es in einem ersten Schritt billigem Ermessen entsprechen muss, dem Arbeitnehmer die höher bewertete Tätigkeit überhaupt zu übertragen; in einem zweiten Schritt ist zu prüfen, ob es billigem Ermessen entspricht, diese Tätigkeit nur vorübergehend zu übertragen („doppelte Billigkeitsprüfung")[1].

Sog. **Nebenarbeiten** können dem Arbeitnehmer kraft des Direktionsrechts ebenfalls einseitig zugewiesen werden, auch wenn sie „unterwertig" sind. Unter Nebenarbeiten versteht man Tätigkeiten, die in unmittelbarem Zusammenhang mit der vertraglich geschuldeten Leistung stehen[2]. Zu derartigen Nebenarbeiten gehören zB der Transport des Werkzeuges und des Materials für den zu Reparaturarbeiten eingesetzten Klempner, die Pflege der Arbeitsmittel, die Säuberung des Arbeitsplatzes, die Warenpflege für Verkaufskräfte und die Durchführung von Wandertagen und Klassenfahrten durch Lehrer[3]. Dies gilt auch für mit Forschungsarbeiten verbundene praktische Tätigkeiten, solange sie vom Inhalt und der Zeit her nachgeordneten Charakter haben und nicht von Labor- oder anderen Hilfskräften erledigt werden können. Die Verpflichtung zur Ausführung von derartigen Nebenarbeiten ergibt sich in der Regel schon aus dem Berufsbild selbst, im Übrigen aus der im Arbeitsvertrag beschriebenen Tätigkeit und darüber hinaus aus der Branchenüblichkeit bzw. Verkehrssitte[4].

In **Notfällen** kann der Arbeitnehmer kraft des Weisungs- und Direktionsrechts darüber hinaus zu sog. Notarbeiten herangezogen werden, dh. zu Tätigkeiten, die weder dem Berufsbild noch der arbeitsvertraglich geregelten Leistungspflicht entsprechen[5]. Die Verpflichtung, in Notfällen auf Verlangen des Arbeitgebers andersartige Tätigkeiten zumindest vorübergehend auszuüben, ergibt sich aus der vertraglichen Nebenpflicht des Arbeitnehmers, Schaden vom Arbeitgeber bzw. dem Betrieb abzuwenden (Rücksichtnahme-/Treuepflicht)[6]. Schon wegen der erforderlichen fachlichen Eignung, aber auch aus dem Gesichtspunkt von Treu und Glauben bzw. zur Vermeidung einer missbräuchlichen Ausnutzung sind zur Erledigung der Notarbeiten zunächst die Arbeitnehmer heranzuziehen, die diesen Tätigkeiten funktionsmäßig am nächsten stehen.

Bei der **Zuweisung sog. Streikarbeit** ist zu unterscheiden, ob Arbeitnehmer kraft des Direktionsrechtes zu Arbeiten herangezogen werden sollen, die bisher von Streikenden verrichtet wurden (direkte Streikarbeit), oder zu solchen Tätigkeiten, die zur Erhaltung von Betriebsanlagen während des Streiks notwendigerweise ausgeführt werden müssen.

Die Hinzuziehung zu sog. **direkter Streikarbeit** kraft des Direktionsrechtes kann der Arbeitnehmer verweigern[7]. Dem Arbeitnehmer ist kein unsolidarisches Verhalten gegenüber den Streikenden zuzumuten. Darüber hinaus wird sein Recht auf Arbeitsverweigerung auf Art. 9 Abs. 3 GG gestützt. Unmittelbare gesetzliche Anerkennung hat dieses Recht zur Arbeitsverweigerung bei Hinzuziehung zu sog. direkter Streikarbeit in § 11 Abs. 5 AÜG gefunden.

---

1 BAG 4.7.2012 – 4 AZR 759/10, BB 2012, 2944.
2 MünchArbR/*Reichold*, § 36 Rz. 22.
3 Zur Pflicht zur Durchführung von Klassenreisen auch für Teilzeitlehrer s. BAG 20.11.1996 – 5 AZR 414/95, NZA 1997, 885.
4 MünchArbR/*Reichold*, § 36 Rz. 22.
5 ArbG Marburg 27.2.1998 – 2 Ca 488/97, BB 1999, 1068 (Ls.).
6 BAG 29.1.1960 – 1 AZR 200/58, AP Nr. 12 zu § 123 GewO; 8.10.1962 – 2 AZR 550/61, AP Nr. 18 zu § 611 BGB – Direktionsrecht.
7 BGH 19.1.1978 – II ZR 192/76, AP Nr. 56 zu Art. 9 GG – Arbeitskampf; BAG 10.9.1985 – 1 AZR 262/84, AP Nr. 86 zu Art. 9 GG – Arbeitskampf; MünchArbR/*Reichold*, § 36 Rz. 28.

47 Dies gilt jedoch nicht hinsichtlich der Erledigung direkter Streikarbeit im Rahmen von **Notstandsarbeiten** sowie **Erhaltungsarbeiten** während eines Arbeitskampfes[1]. Notstandsarbeiten sind die Arbeiten, die die Versorgung der Bevölkerung mit lebensnotwendigen Diensten und Gütern während eines Streiks sicherstellen sollen. Unter Erhaltungsarbeiten sind nach der Rechtsprechung die Arbeiten zu verstehen, die erforderlich sind, um das Unbrauchbarwerden der sächlichen Betriebsmittel zu verhindern. Angesichts des Fehlens jeglicher gesetzlicher Regelung sind Vereinbarungen über die Einrichtung und den Umfang von Notdienst- und Erhaltungsarbeiten nicht nur zulässig, sondern auch wünschenswert und vorrangig von den Arbeitskampfparteien anzustreben[2]. Ansonsten steht dem Arbeitgeber eine einseitige Anordnungskompetenz zu, bis er einstweiligen Rechtsschutz erlangen kann[3].

48 Von **indirekter Streikarbeit** spricht man, wenn in einem nur mittelbar von dem Streik betroffenen Betrieb die Arbeit aufrechterhalten wird, indem entweder die Ware anderweitig beschafft wird oder doch noch von dem bestreikten Betrieb Ware ausgeliefert wird – möglicherweise von Streikbrechern hergestellt – und die Arbeitnehmer mit dieser Ware weiterhin produzieren können. Arbeitnehmer dieses belieferten Betriebes sind nicht zur Arbeitsverweigerung aus Solidarität gegenüber den streikenden Kollegen in dem Zuliefererbetrieb berechtigt. Anders verhält es sich, wenn „ausgelagerte" Streikarbeit zu leisten ist[4].

49 Eine andere Situation besteht auch dann, wenn Arbeitnehmer gerade **zur Überwindung des Streiks** eingestellt werden und sog. Streikarbeit erledigen sollen. Wegen des ihnen bei Vertragsabschluss bekannten Einsatzzwecks besteht kein Leistungsverweigerungsrecht im Hinblick auf die abverlangte Streikarbeit.

50 Aus Art. 4 Abs. 1 GG folgt, dass **Gewissensentscheidungen** auch im Arbeitsverhältnis zu respektieren sind. Grundsätzlich darf der Arbeitgeber dem Arbeitnehmer keine Arbeit zuweisen, die diesen in einen vermeidbaren Gewissenkonflikt bringt[5], so dass der Arbeitnehmer ggf. die Arbeitsleistung gem. § 275 Abs. 3 BGB verweigern darf. In diesem Zusammenhang kann auch das Benachteiligungsgebot des § 7 AGG Bedeutung gewinnen. Gem. § 1 AGG darf ein Arbeitnehmer auch nicht wegen seiner Weltanschauung benachteiligt werden.

51 Anzuerkennen ist jede ernste, sittliche, dh. an den Kategorien von „gut" und „böse" orientierte Entscheidung des Arbeitnehmers, die er in einer bestimmten Lage als **für sich bindend und verpflichtend** ansieht[6]. Die Relevanz und Wichtigkeit der Gewissensbildung auf Seiten des Arbeitnehmers unterliegt allerdings keiner Gerechtigkeits-, sondern nur einer Plausibilitätskontrolle[7]. Es ist Sache des Arbeitnehmers, darzulegen, dass es ihm wegen einer aus einer spezifischen Sachlage folgenden Gewissensnot heraus nicht zuzumuten ist, die geschuldete Arbeitsleistung zu erbringen[8]. Solange der Arbeitnehmer einen Glaubenskonflikt noch nicht offenbart hat, ist die

---

1 BAG 31.1.1995 – 1 AZR 142/94, DB 1995, 1817.
2 BAG 31.1.1995 – 1 AZR 142/94, DB 1995, 1817.
3 *Bauer/Haußmann*, DB 1996, 881 (886).
4 MünchArbR/*Reichold*, § 36 Rz. 28.
5 BAG 20.12.1984 – 2 AZR 436/83, AP Nr. 27 zu § 611 BGB – Direktionsrecht; 24.5.1989 – 2 AZR 285/88, NZA 1990, 144.
6 BVerfG 20.12.1960 – 1 BvL 21/60, 13.4.1978 – 2 BvF 1/77 u.a. u. 24.4.1985 – 2 BvF 2/83 u.a., BVerfGE 12, 45 (54 f.); 48, 127 (173); 69, 1 (23); BVerwG 3.12.1986 – 6 C 115/83 u. 3.2.1988 – 6 C 3/86, BVerwGE 75, 188; 79, 24 (27); BAG 20.12.1984 – 2 AZR 436/83, AP Nr. 27 zu § 611 BGB – Direktionsrecht; MünchArbR/*Reichold*, § 36 Rz. 27; *Wendeling-Schröder*, BB 1988, 1742 (1744); *Kissel*, NZA 1988, 145 (151); *Berger-Delhey*, DB 1990, 2266.
7 BVerfG 24.4.1985 – 2 BvF 2/83 u.a., BVerfGE 69, 1 (27 ff.); MünchArbR/*Reichold*, § 36 Rz. 27.
8 BAG 24.5.1989 – 2 AZR 285/88, AP Nr. 1 zu § 611 BGB – Gewissensfreiheit.

II. Verpflichtungen des Arbeitnehmers

Weisung des Arbeitgebers verbindlich[1]. Die von der Rechtsprechung entschiedenen Fälle betrafen u.a.:
- Weigerung eines Wehrdienstverweigerers, einen Prospekt zu drucken, mit dem für Bücher über den 2. Weltkrieg und das Dritte Reich geworben wird[2];
- Mitwirkung an Schwangerschaftsabbrüchen[3];
- Mitwirkung eines Arztes an der Entwicklung einer Substanz, die die Symptome der Strahlenkrankheit zeitweise unterdrücken soll[4];
- Weigerung eines Musikers, aus christlichen Erwägungen an einer „außergewöhnlichen" Inszenierung von Verdis Oper „Der Troubadour" mitzuwirken[5];
- Zustellung von Wahlwerbung einer rechtsradikalen Partei mit ausländerfeindlichem Inhalt als Postwurfsendung[6];
- Weigerung eines als Ladenhilfe beschäftigten Arbeitnehmers muslimischen Glaubens, an der Verräumung alkoholischer Getränke mitzuwirken[7].

Einstweilen frei. **52**

Musste der Arbeitnehmer jedoch schon **bei Vertragsabschluss** damit rechnen, dass ihm in diesem Betrieb eine Tätigkeit zugewiesen werden kann, die ihn einem Gewissenkonflikt aussetzt, so kann er die ihm zugewiesene Arbeit nicht unter Berufung auf die verfassungsrechtlich garantierte Gewissensfreiheit verweigern. Dies gilt auch bei einer nachträglichen Änderung seiner Auffassung. **53**

Ein **Leistungsverweigerungsrecht** hat der betroffene Arbeitnehmer dann, wenn der Arbeitgeber die vertraglichen oder dem Ermessen (§ 106 GewO, § 315 BGB) gesetzten Grenzen des Weisungs- bzw. Direktionsrechtes überschreitet. Unzulässige Weisungen müssen nicht befolgt werden; sie lassen die so konkretisierte Arbeitspflicht entfallen[8]. Grundlage dieses Leistungsverweigerungsrechts ist das Zurückbehaltungsrecht gem. § 273 BGB. Eine völlige Einstellung jeglicher Tätigkeit ohne Verlust des Arbeitsentgelts setzt voraus, dass der **Arbeitnehmer** den Arbeitgeber zunächst auf die Unzumutbarkeit der Arbeitsleistung **hinweist** und ihn auffordert, vertragsgerechte Arbeit zuzuweisen[9]. Erst wenn auf eine derartige Aufforderung hin keine Änderung eintritt, ist der Arbeitnehmer zur Leistungsverweigerung berechtigt, ohne seinen Anspruch auf das Arbeitsentgelt (§ 615 BGB) zu verlieren. **54**

⊃ **Hinweis:** Für den Arbeitnehmer ist es riskant, sich auf ein Leistungsverweigerungsrecht wegen einer die vertraglichen Grenzen oder billiges Ermessen (§ 106 GewO, § 315 BGB) überschreitenden Weisung des Arbeitgebers „zu verlassen" und deshalb die Arbeit zu verweigern. Entspricht die Weisung lediglich nicht der Billigkeit und ist sie nicht aus sonstigen Gründen unwirksam, so ist der Arbeitnehmer an die Weisung vorläufig gebunden und muss sie befolgen, bis durch ein rechtskräftiges Urteil gem. § 315 Abs. 3 Satz 2 BGB die Unverbindlichkeit der Leistungsbestimmung festgestellt wird[10]. Ist die Weisung aus anderen Gründen – zB Überschreitung der vertraglichen Grenzen – unwirksam, muss der Arbeitnehmer ihr zwar nicht nachkommen. Dem Risiko der arbeitgeberseitigen Kündigung wegen angeblicher Arbeitsverweigerung und der sich erst dann anschließenden Klärung in einem Kündigungsschutzverfahren kann er aber auch in diesen Fällen nur dadurch entgehen, dass er der Weisung unter Vorbehalt nachkommt und sodann im Wege der Feststellungsklage den Umfang der ihm obliegenden Arbeitspflicht durch das Arbeits- **55**

---

1 BAG 24.2.2011 – 2 AZR 636/09, NZA 2011, 1087.
2 BAG 20.12.1984 – 2 AZR 436/83, AP Nr. 27 zu § 611 BGB – Direktionsrecht.
3 BVerfG 28.5.1993 – 2 BvF 2/90 u.a., NJW 1993, 1751.
4 BAG 24.5.1989 – 2 AZR 285/88, AP Nr. 1 zu § 611 BGB – Gewissensfreiheit.
5 LAG Düsseldorf 7.8.1992 – 9 Sa 794/92, NZA 1993, 411.
6 LAG Hess. 20.12.1994 – 7 Sa 560/94, DB 1995, 1619.
7 BAG 24.2.2011 – 2 AZR 636/09, NZA 2011, 1087.
8 BAG 22.12.1982 – 2 AZR 282/82, AP Nr. 23 zu § 123 BGB.
9 MünchArbR/*Reichold*, § 36 Rz. 29.
10 BAG 22.2.2012 – 5 AZR 249/11, NZA 2012, 858.

gericht klären lässt. Er kann entweder eine negative Feststellungsklage in Bezug auf die streitige Arbeitspflicht erheben oder als Gläubiger auf Erfüllung des allgemeinen Beschäftigungsanspruchs durch vertragsgemäße Beschäftigung klagen. Neben dem allgemeinen Beschäftigungsanspruch hat der Arbeitnehmer aber keinen Anspruch darauf, dass der Arbeitgeber die Zuweisung einer vertraglich nicht geschuldeten Arbeit oder eine nicht vertragsgemäße Beschäftigung unterlässt[1].

56 Unter bestimmten engen Voraussetzungen ist eine **gerichtliche Klärung** des Weisungsrechts nicht nur im ordentlichen Verfahren, sondern auch im Wege der **einstweiligen Verfügung** möglich. Allerdings sind einem einstweiligen Rechtsschutz gegenüber arbeitgeberseitiger Ausübung des Direktionsrechtes enge Grenzen gesetzt[2]. Da unter das Weisungs- bzw. Direktionsrecht begrifflich auch bloße fachliche Anweisungen fallen, wird man *Hunold* folgend insbesondere den einstweiligen Rechtsschutz auf die Abwehr solcher Maßnahmen beschränken müssen, mit denen das Weisungsrecht in das – auch mittelbar – grundgesetzlich geschützte Arbeitnehmer-Persönlichkeitsrecht eingreift[3].

(3) Verpflichtung zur Ausübung des Weisungsrechts

57 Dem Arbeitgeber obliegt es als Gläubiger der geschuldeten Arbeitsleistung, dem Arbeitnehmer die Leistungserbringung zu ermöglichen. Dazu muss er den Arbeitseinsatz des Arbeitnehmers fortlaufend planen und durch Weisungen hinsichtlich Art, Ort und Zeit der Arbeitsleistung näher konkretisieren. Kommt der Arbeitgeber dieser Obliegenheit nicht nach, gerät er in **Annahmeverzug**, ohne dass es eines Angebots der Arbeitsleistung durch den Arbeitnehmer bedarf[4]. Der Annahmeverzug des Arbeitgebers ist aber ausgeschlossen, wenn der Arbeitnehmer nicht leistungsfähig oder nicht leistungswillig ist[5]. Weist der Arbeitgeber dem Arbeitnehmer über längere Zeit keine zumutbare Arbeit zu und erteilt er auch für die Zukunft keine konkreten, dem Arbeitsvertrag entsprechenden Arbeitsanweisungen, so kann ein Zurückbehaltungsrecht des Arbeitnehmers hinsichtlich der Arbeitsleistung bestehen[6].

Die auf dem Weisungs-(Direktions-)Recht beruhende Möglichkeit zur einseitigen Gestaltung der Arbeitsbedingungen[7] hat der Arbeitgeber aber auch gegen sich gelten zu lassen, wenn aus in der Person des Arbeitnehmers liegenden Gründen[8] (s.a. § 106 Satz 3 GewO) oder wegen äußerer Umstände bzw. aus betrieblichen Gründen der Arbeitnehmer nur noch mit ganz bestimmten Arbeiten betraut werden kann oder sich die Einsatzmöglichkeit in anderer Weise beschränkt. Die **Pflicht zur Zuweisung anderer**, vom Arbeitsvertrag aber „gedeckter" Arbeiten ergibt sich nicht nur aus der dem Arbeitgeber obliegenden Rücksichtnahmepflicht (§ 241 Abs. 2 BGB)[9], sondern bereits aus dem gem. § 106 Satz 1 GewO anzulegenden billigem Ermessen und der daraus resultierenden Interessenabwägung.

58 Ggf. kann der Arbeitgeber auf Antrag des Arbeitnehmers durch das **Arbeitsgericht** verpflichtet werden, eine dahingehende Bestimmung zu treffen.

---

1 LAG München 1.12.2004 – 5 Sa 913/04, NZA-RR 2005, 354.
2 S. dazu LAG Köln 26.8.1992 – 2 Sa 624/92, LAGE § 940 ZPO Nr. 1; LAG München 21.1.1994 – 8 Ta 284/93, nv.
3 *Hunold*, NZA-RR 2001, 337 mwN.
4 BAG 19.1.1999 – 9 AZR 679/97, AP Nr. 79 zu § 615 BGB.
5 BAG 13.7.2005 – 5 AZR 578/04, BB 2006, 50.
6 LAG Berlin 12.3.1999 – 2 Sa 53/98, BB 1999, 2305 (Ls.).
7 BAG 23.6.1993 – 5 AZR 337/92, AP Nr. 42 zu § 611 BGB – Direktionsrecht.
8 LAG Hess. 2.4.1993 – 9 Sa 815/91, NZA 1994, 622.
9 Schaub/*Linck*, § 45 Rz. 45.

Die Zuweisung anderer Arbeit bzw. Versetzung kraft des Direktionsrechts kann dem Arbeitgeber aber auch **zur Vermeidung einer Kündigung** obliegen. Nach der Rechtsprechung des BAG ist der Arbeitgeber im Rahmen des § 1 Abs. 2 Satz 1 KSchG zur Weiterbeschäftigung des Arbeitnehmers auf einem anderen freien vergleichbaren (gleichwertigen) Arbeitsplatz verpflichtet. Vergleichbar ist ein Arbeitsplatz, wenn der Arbeitgeber aufgrund der inhaltlichen Ausgestaltung des Arbeitsvertrages kraft seines Weisungsrechts den Arbeitnehmer ohne Änderung seines Arbeitsvertrags auf diesem Arbeitsplatz weiterbeschäftigen kann[1], ein **Austausch** also möglich ist. Im Hinblick auf die Berufsausbildung sowie die im Laufe der Beschäftigung gewonnenen beruflichen Erfahrungen muss aber eine **alsbaldige Substituierbarkeit** möglich sein[2]. Die Möglichkeit der Versetzung kann auch zu einer Vergleichbarkeit im Rahmen der **sozialen Auswahl** gem. § 1 Abs. 3 Satz 1 KSchG führen[3]. Umgekehrt führt die arbeitsvertragliche Einengung des Direktionsrechts zur Einschränkung des für die Sozialauswahl relevanten Personenkreises[4]. Bei **fehlender Zustimmung des Betriebsrats** zu einer Versetzung ist der Arbeitgeber nur bei Vorliegen besonderer Umstände verpflichtet, ein Zustimmungsersetzungsverfahren nach § 99 Abs. 4 BetrVG durchzuführen, um die ansonsten drohende Kündigung zu vermeiden[5]. Etwas anderes kann gelten, wenn der Widerspruch des Betriebsrats offensichtlich unbegründet ist. Zugunsten schwerbehinderter Arbeitnehmer folgt aus § 81 Abs. 4 Nr. 1 SGB IX, dass sich der Arbeitgeber hier nicht ohne Weiteres mit der bloßen Tatsache der Zustimmungsweigerung des Betriebsrats zufrieden geben darf, sondern sich nach Kräften um die Zustimmung bemühen muss. Im Beschlussverfahren **rechtskräftig getroffene Feststellungen** sind für den betroffenen Arbeitnehmer verbindlich, so dass er anschließend nicht mehr mit Erfolg geltend machen kann, die Weisung sei ihm gegenüber wegen Verletzung des Mitbestimmungsrechts unwirksam[6]; anders jedoch, wenn einzelvertraglich eine Versetzung ausgeschlossen ist[7].

(4) Konkretisierung

Nach längerer Beschäftigung mit bestimmten Tätigkeiten können sich die Arbeitspflichten auf bestimmte Arbeitsbedingungen konkretisieren, so dass das Weisungsrecht **eingeschränkt oder verengt** [8] oder auch völlig **ausgeschlossen** sein kann. Es bedarf in solchen Fällen einer Änderungskündigung, um dem Arbeitnehmer andere Arbeiten zuweisen zu können.

Eine derartige Einschränkung des Weisungsrechtes kann durch die dauernde Ausübung höherwertiger oder gleichwertiger, aber andersartiger Tätigkeiten eingetreten sein. Neben dem Zeitablauf (sog. **Zeitmoment**) setzt die Konkretisierung – ähnlich wie das Rechtsinstitut der Verwirkung – allerdings noch voraus, dass ein sog. **Umstandsmoment** erfüllt ist, weil die Einschränkung des Direktionsrechts eine Vertragsänderung darstellt und deshalb entsprechende rechtsgeschäftliche Willenselemente, die auf eben diese Änderung gerichtet sind, erkennbar sein müssen[9]. Der Arbeitnehmer muss aufgrund besonderer Umstände darauf vertrauen dürfen, dass es eine einseitige Einwirkung des Arbeitgebers auf den Arbeitsbereich oder eine Änderung nicht

---

1 BAG 29.3.1990 – 2 AZR 369/89, NZA 1991, 181 (182).
2 BAG 5.5.1994 – 2 AZR 917/93, NZA 1994, 1023 (1025).
3 BAG 3.6.2004 – 2 AZR 577/03, BAGReport 2005, 235; *Gaul/Bonanni*, NZA 2006, 289.
4 BAG 17.2.2000 – 2 AZR 142/99, NZA 2000, 822.
5 BAG 22.9.2005 – 2 AZR 519/05, DB 2006, 952.
6 BAG 10.3.1998 – 1 AZR 658/97, NZA 1998, 1242.
7 LAG Sachs. 17.1.2001 – 2 Sa 408/00, NZA-RR 2001, 641.
8 *Zöllner/Loritz/Hergenröder*, § 13 III 1c.
9 BAG 11.2.1998 – 5 AZR 472/97, NZA 1998, 647; LAG Hamm 8.3.2005 – 19 Sa 2128/04, NZA-RR 2005, 462.

mehr geben werde[1] und er nicht in anderer Weise eingesetzt werden soll[2]. Diese Umstände müssen für den Arbeitnehmer ersichtlich zu einer **dauerhaften**, vom Arbeitgeber zumindest gebilligten und nicht nur von äußeren Umständen abhängigen **Einengung** der auszuführenden Arbeiten geführt haben. Die Rechtsprechung ist mit der Annahme einer Konkretisierung sehr zurückhaltend. So wurde es etwa nicht für ausreichend gehalten, dass ein Hafenlotse 16 Jahre lang ausschließlich im niedersächsischen Hafenteil Cuxhavens Lotsendienste erbracht hat[3]. Auch kann eine Arbeitnehmerin, die zunächst rd. 1 ½ Jahre lang mit Maschinenarbeit beschäftigt war, nach rd. 20-jährigem Einsatz im Warenkontrollbereich wieder Maschinenarbeit zugewiesen erhalten[4]. Da in beiden Fällen das Weisungsrecht nur vertragsvollziehenden Charakter hatte, führte allein der Zeitablauf nicht zu einer Konkretisierung der geschuldeten Arbeitsleistung.

61 Anders stellt sich die Situation **bei der dauernden Ausübung höherwertiger Tätigkeit** dar, wenn der ursprüngliche Arbeitsvertrag eine geringwertigere oder mit weniger Befugnissen ausgestattete Tätigkeit beinhaltet. Eine Arbeit, die sowohl der Ausbildung wie auch dem im Arbeitsvertrag angegebenen allgemeinen Berufsbild entspricht, die jedoch zwischenzeitlich angeeignete besondere Fähigkeiten voraussetzt, kann nicht mehr durch einseitiges Direktionsrecht abgeändert werden; so kann eine Diplomsportlehrerin, die jahrelang als Dozentin in der Sportlehrerausbildung tätig war, nicht wieder aufgrund des Direktionsrechtes einseitig im Allgemeinen Hochschulsport der Bediensteten und Studenten der Hochschule eingesetzt werden[5].

62 ⊃ **Hinweis:** Arbeitgeber, die trotz dieser Rechtsprechung Missverständnisse auf Seiten des Arbeitnehmers vermeiden wollen, sollten zusätzlich eine sog. **Direktions- oder Versetzungsklausel** aufnehmen, dass auch bei längerem Einsatz in einer bestimmten Funktion oder Beschäftigung mit bestimmten Arbeiten dem Arbeitgeber vorbehalten bleibt, den Arbeitnehmer auch anderweitig einzusetzen oder mit anderen Tätigkeiten zu betrauen, zB:

Formulierungsbeispiel:

Der Arbeitnehmer wird tätig als ... Auch nach längerem unveränderten Einsatz für bestimmte Arbeiten ist er verpflichtet, bei Bedarf andere gleichwertige und gleich bezahlte Arbeiten zu übernehmen, die seinen Kenntnissen und Fähigkeiten entsprechen.

---

dd) Ort der Arbeitsleistung

63 Der Ort der Arbeitsleistung richtet sich in erster Linie nach den **getroffenen Vereinbarungen**, also nach dem Arbeitsvertrag. Gem. § 2 Abs. 1 Satz 2 Nr. 4 NachwG ist der Arbeitsort anzugeben oder, falls der Arbeitnehmer nicht nur an einem bestimmten Arbeitsort tätig sein soll, darauf hinzuweisen, dass der Arbeitnehmer an verschiedenen Orten beschäftigt werden kann. Sollte es sich bei einer solchen Festlegung um eine Allgemeine Geschäftsbedingung gem. §§ 305 ff. BGB handeln, ist unter Berücksichtigung aller Umstände des Einzelfalls zu ermitteln, ob tatsächlich ein bestimmter Tätigkeitsort fixiert ist[6]. Auch wenn der örtlichen Festlegung keine konstitutive Bedeutung zukommt[7], so hat sie zur Folge, dass ein abweichender örtlicher Einsatz nur im Wege der Änderungskündigung möglich ist. Etwas anderes gilt nur dann, wenn es

---

1 BAG 13.3.2007 – 9 AZR 433/06, NZA-RR 2008, 504.
2 BAG 17.8.2011 – 10 AZR 202/10, NZA 2012, 265.
3 BAG 12.4.1973 – 2 AZR 291/72, AP Nr. 24 zu § 611 BGB – Direktionsrecht.
4 LAG Düsseldorf 23.6.1994 – 12 Sa 489/94, LAGE § 611 BGB – Direktionsrecht Nr. 18.
5 LAG Köln 29.1.1991 – 4 Sa 920/90, LAGE § 611 BGB – Direktionsrecht Nr. 8.
6 BAG 26.1.2012 – 2 AZR 102/11, NZA 2012, 856.
7 *Preis*, NZA 1997, 10.

nur zu einem innerstädtischen Ortswechsel kommt[1] oder **vertraglich ausdrücklich eine – zumutbare – Versetzung vorbehalten** worden ist.

Bereits aus dem Arbeitsvertrag und den ihn bestimmenden **Umständen** gibt es keine Zweifel daran, dass ein in einem Kfz-Betrieb eingestellter Autoschlosser seine Arbeitsleistung in dem gesamten Betrieb dieses Unternehmens erbringen muss. Auch eine als Krankenschwester eingestellte Arbeitnehmerin hat den Ort der Arbeitsleistung nicht nur in einer bestimmten Station zu erbringen, in der sie erstmalig die Arbeit aufgenommen hat, sondern das gesamte Krankenhaus ist der Leistungsort. Anders verhält es sich, wenn die Arbeitnehmerin zB als Kinderkrankenschwester eingestellt wurde und deshalb schon nach dem Berufsbild ein Einsatz nur in der Kinderstation des Krankenhauses möglich ist. Wer als Dekorateur, Fensterputzer, Montagearbeiter oder Kundendienstmitarbeiter eingestellt wurde, hat bereits nach den Umständen des Vertrages und der von ihm geschuldeten Tätigkeit seine Leistung nicht an einem bestimmten Ort, also im Betrieb des Arbeitgebers zu erbringen, sondern selbstverständlich in den einzelnen Haushalten oder auf den einzelnen Baustellen. Der jeweilige Wechsel des Arbeitsortes beruht hier nicht auf einer Versetzung iSd. §§ 95 Abs. 3, 99 BetrVG, sondern der Arbeitsort ist von vornherein unter Berücksichtigung der Verkehrssitte durch den **Wirkungsbereich des Betriebes** bestimmt. Maßgeblich ist nicht das Weisungsrecht, sondern allenfalls eine Konkretisierung der jeweils geschuldeten Arbeitsleistung hinsichtlich des Leistungsortes. Dasselbe gilt für **Telearbeit**. Sofern Telearbeit nicht nur zu Hause[2], sondern dazugehörige Tätigkeiten auch innerhalb des Betriebes ausgeführt werden sollen, sollte schon im Hinblick auf § 2 Abs. 1 Satz 2 Nr. 4 NachwG der Arbeitsvertrag eine Regelung wie folgt enthalten: 64

Formulierungsbeispiel:

Der Arbeitnehmer wird seine Tätigkeit montags im Betrieb und von Dienstag bis Freitag zu Hause erbringen. Einen bevorstehenden Wohnungswechsel hat der Arbeitnehmer unverzüglich anzuzeigen.

Darüber hinaus kann aber auch durch eine sog. **Versetzungsklausel** eine Änderung des Ortes der Arbeitsleistung vorbehalten sein, indem der jeweilige Einsatzort des Arbeitnehmers dem Weisungs- bzw. Direktionsrecht des Arbeitgebers unterliegt (s.a. Rz. 32 ff.). Wird diese formularmäßig verwendet, wirft dies die Frage einer AGB-Kontrolle nach §§ 305–310 BGB auf[3]. Die Bestimmung eines Ortes der Arbeitsleistung in Kombination mit einer im Arbeitsvertrag durch Versetzungsvorbehalt geregelten Einsatzmöglichkeit im gesamten Unternehmen verhindert regelmäßig die vertragliche Beschränkung auf den im Vertrag genannten Ort der Arbeitsleistung[4]. Legt der Arbeitsvertrag den Ort der Arbeitsleistung nicht fest, so unterliegt ein zusätzlich im Arbeitsvertrag enthaltener Versetzungsvorbehalt keiner gesonderten Inhaltskontrolle. Die Grenzen des Weisungsrechts ergeben sich in diesem Fall unmittelbar aus § 106 GewO[5]. Nach den Grundsätzen von § 307 Abs. 1 Satz 2 BGB ist es nicht zwingend notwendig, Ankündigungsfristen oder den zulässigen Entfernungsradius in derartige Versetzungsklauseln aufzunehmen. § 106 GewO sowie entsprechende Versetzungs- 65

---

1 LAG Köln 27.11.1998 – 4 Sa 1814/97, nv.
2 Nach Auffassung der Spitzenorganisationen der Sozialversicherungsträger ist bei der versicherungs- und beitragsrechtlichen Beurteilung von Tele-Arbeitnehmern auf den Beschäftigungsort abzustellen. Ist dies der Wohnort des Arbeitnehmers, wovon in der Regel auszugehen ist, so ist für die versicherungs- und beitragsrechtliche Beurteilung nicht der Betriebssitz des Arbeitgebers, sondern der jeweilige Wohnort des Tele-Arbeitnehmers maßgebend.
3 BAG 26.1.2012 – 2 AZR 102/11 NZA 2012, 856.
4 BAG 19.1.2011 – 10 AZR 738/09, NZA 2011, 631; 28.8.2013 – 10 AZR 569/12, DB 2014, 123.
5 BAG 13.6.2012 – 10 AZR 296/11, NZA 2012, 1154.

klauseln tragen dem im Arbeitsrecht bestehenden spezifischen Anpassungs- und Flexibilisierungsbedürfnis Rechnung. Festlegungen durch Vorgaben hinsichtlich der Regionen, des Entfernungsradius und der Mindestkündigungsfristen, um dem Arbeitnehmer Klarheit zu verschaffen, innerhalb welcher Grenzen und Fristen der Arbeitgeber von seiner örtlichen Versetzungsbefugnis Gebrauch machen will, sind wünschenswert, jedoch nicht zwingend zur Vermeidung einer unangemessenen Benachteiligung iSv. § 307 Abs. 1 Satz 2 BGB erforderlich[1].

Beispiel:

Wird ein kaufmännischer Angestellter für die Exportabteilung eines Unternehmens eingestellt und ist dies auch im Arbeitsvertrag derart konkret festgelegt, so kann ein Einsatz in der Importabteilung nur kraft des Direktions- oder Weisungsrechts aufgrund einer Versetzungsklausel im Arbeitsvertrag erfolgen, sofern sich der Arbeitnehmer nicht von sich aus mit einem derartigen Wechsel einverstanden erklärt oder über eine Änderungskündigung eine Veränderung des Arbeitsortes seitens des Arbeitgebers durchgesetzt werden soll.

65a Bei **leitenden Angestellten** kann die Versetzungsklausel so weit gehen, dass ein Arbeitnehmer im Rahmen eines Konzerns von einem zum anderen Unternehmen versetzt werden kann, zB als Betriebsleiter. Auch werden leitende Angestellte zum Teil als Geschäftsführer eines Tochterunternehmens eingesetzt (delegierter Geschäftsführer).

66 Ein auch die Möglichkeit eines anderen Einsatzortes regelnder **Änderungsvorbehalt** ist nur wirksam, wenn er dem Arbeitnehmer zumutbar ist und die übertragenen Tätigkeiten gleichwertig sind. Berücksichtigt man die Auswirkungen des Änderungsvorbehalts auf die bei einer betriebsbedingten Kündigung vorzunehmende Prüfung einer Weiterbeschäftigungsmöglichkeit zu den bisherigen vertraglichen Bedingungen und die der sozialen Auswahl, so kommt der Vorbehalt durch die Erweiterung der Einsatzmöglichkeiten auch dem Arbeitnehmer zugute. Die sog. Konzernversetzungsklausel ist jedoch in vorformulierten Verträgen nach § 309 Nr. 10 BGB unzulässig.

67 Wie ein allgemeines Weisungsrecht **tarifvertraglich** vorbehalten sein kann, kann tarifvertraglich auch ein Versetzungsvorbehalt bestehen, wie etwa bei den Angestellten des öffentlichen Dienstes gem. § 4 TVöD-AT. Wird die Dienststelle bezeichnet, bei der der Angestellte eingestellt wird, und nachfolgend in dem Arbeitsvertrag die Geltung eines Tarifvertrages verabredet, der die Versetzung des Angestellten an eine andere Dienststelle regelt, gilt die tarifliche Versetzungsbefugnis des Arbeitgebers, denn es wird durch die Nennung der Dienststelle idR nur die erste Einsatzstelle des Angestellten bezeichnet. Eine Einschränkung erfährt das tarifliche Direktionsrecht des Arbeitgebers nur dann, wenn die Parteien dazu im Arbeitsvertrag eindeutige Absprachen treffen[2].

68 In den Arbeitsvertrag kann folgende Klausel aufgenommen werden:

Formulierungsbeispiel:

Ort, Art und zeitliche Lage der vom Arbeitnehmer zu erledigenden Arbeiten richten sich im Rahmen des Zumutbaren nach den betrieblichen Bedürfnissen des Arbeitgebers. Dem Arbeitnehmer können daher aus sachlichen Gründen auch andere gleichwertige und gleich bezahlte seinen Fähigkeiten entsprechende Aufgaben übertragen werden. Unter denselben Voraussetzungen kann er auch an einem anderen Arbeitsplatz/in einer anderen Abteilung/in einer anderen Betriebsstätte des Arbeitgebers beschäftigt werden. Außer im Falle einer unaufschiebbaren betrieblichen Notwendigkeit wird der Arbeitgeber bei der Zuweisung eines anderen Arbeitsortes eine Ankündigungsfrist von mindestens einem Monat wahren. Das

---

1 BAG 13.4.2010 – 9 AZR 36/09, ArbRB 2010, 330.
2 BAG 21.1.2004 – 6 AZR 583/02, NZA 2005, 61.

Recht des Arbeitgebers, dem Arbeitnehmer andere Aufgaben ggf. auch an einem anderen Ort zu übertragen, wird auch durch eine länger währende Tätigkeit am selben Arbeitsplatz bzw. -ort nicht eingeschränkt.

Derartige im Arbeitsvertrag vorbehaltene Umsetzungs- oder Versetzungsmöglichkeiten geben aber **keine betriebsverfassungsrechtliche Mitbestimmungsfreiheit**. Sofern ein Betriebsrat vorhanden ist und die arbeitgeberseitig beabsichtigte Veränderung des Arbeitsortes die Voraussetzungen einer mitbestimmungspflichtigen Versetzung iSd. §§ 95 Abs. 3, 99 BetrVG erfüllt, ist die Zustimmung des Betriebsrates erforderlich; bei einer Versetzung in einen anderen Betrieb desselben Unternehmens auch die Zustimmung des Betriebsrates des „aufnehmenden" Betriebes[1]. Ist aber im Beschlussverfahren rechtskräftig festgestellt worden, dass dem Betriebsrat kein Mitbestimmungsrecht bei einer umstrittenen Arbeitgeberweisung zusteht, so können auch die betroffenen Arbeitnehmer nicht mehr mit Erfolg geltend machen, die Weisung sei ihnen gegenüber wegen Verletzung des Mitbestimmungsrechts unwirksam[2]. 69

Die arbeitgeberseitig veranlasste Veränderung des Arbeitsortes muss sich nach **billigem Ermessen** (§ 106 GewO) richten. So braucht der Arbeitnehmer einer Versetzung nicht nachzukommen, wenn die Aufnahme der Arbeit an dem anderen Arbeitsplatz unzumutbar ist, zB wegen der Entfernung oder auch der Wegezeit. Entstehen dem Arbeitnehmer infolge der Zuweisung eines anderen Ortes der Arbeitsleistung höhere Fahrtkosten, so ist nach herrschender Meinung der Arbeitgeber verpflichtet, dem Arbeitnehmer diese Kosten zu ersetzen[3]. 70

Die Zustimmung des Betriebsrats zur Verlegung des Betriebes im Rahmen eines Interessenausgleichs gem. § 111 BetrVG kann nicht die **individuelle Zustimmung** zur Versetzung des jeweils betroffenen Arbeitnehmers ersetzen. Der Interessenausgleich hat keine normative Wirkung. 71

Dem Ort der Arbeitsleistung kommt zudem prozessuale Wirkung zu, da er den besonderen **Gerichtsstand des Erfüllungsortes** begründet (§ 29 Abs. 1 ZPO). Der Ort der geschuldeten Arbeitsleistung ist zugleich „Erfüllungsort"[4]. 72

Schließlich ist der Ort der Arbeitsleistung auch Anknüpfungspunkt für das auf das Arbeitsverhältnis **anzuwendende Recht**. 73

ee) Quantität, Intensität und Qualität der zu leistenden Arbeit

Abgesehen vom zeitlichen Umfang der zu leistenden Arbeit ergibt sich aus dem Arbeitsvertrag in der Regel nicht, **welches Arbeitsergebnis** überhaupt oder in welchen zeitlichen Abschnitten, **welches Arbeitstempo** und **welche Intensität** sowie **welche Arbeitsqualität** von dem Arbeitnehmer bei der von ihm zu erbringenden Tätigkeit erwartet werden. Aus dem Personalcharakter des Arbeitsverhältnisses folgt, dass der Arbeitnehmer grundsätzlich nicht einen bestimmten Arbeitserfolg schuldet, sondern nur verpflichtet ist, die eigene Arbeitskraft während der vereinbarten Arbeitszeit im Rahmen der vertraglichen und gesetzlichen Grenzen – also nicht seine ganze Arbeitskraft[5] – zur Leistung der „versprochenen Dienste" einzusetzen. Er schuldet ein „Wirken", nicht das „Werk". Infolgedessen sind grundsätzlich keine konkret bestimmte 74

---

1 BAG 16.12.1986 – 1 ABR 52/85, NZA 1987, 424; 20.9.1990 – 1 ABR 37/90, NZA 1991, 195.
2 BAG 10.3.1998 – 1 AZR 658/97, NZA 1998, 1242.
3 Zur Fahrtkostenerstattung an Leiharbeitnehmer LAG Köln 24.10.2006 – 13 Sa 881/06, NZA-RR 2007, 345.
4 BAG 3.12.1985 – 4 AZR 325/84, AP Nr. 5 zu § 1 TVG – Tarifverträge: Großhandel; zum Erfüllungsort für fliegendes Personal s. ArbG Frankfurt 28.5.1998 – 2 Ca 2984/98, NZA 1999, 771.
5 Schaub/*Linck*, § 45 Rz. 46.

Leistungsquantität oder -qualität und auch kein konkret bestimmtes Arbeitstempo zu erbringen. Der Inhalt der Arbeitsleistung richtet sich zum einen nach dem vom Arbeitgeber durch Ausübung des Direktionsrechtes festzulegenden Arbeitsinhalt und zum anderen nach dem persönlichen, subjektiven Leistungsvermögen des Arbeitnehmers[1]. Der Arbeitnehmer muss unter **angemessener Ausschöpfung seiner persönlichen Leistungsfähigkeit** arbeiten. Den Maßstab für die geschuldete Leistungserbringung bildet also nicht die objektive Durchschnittsleistung, die Leistung „mittlerer Art und Güte" (§ 243 BGB), denn die bei Ausschöpfung der persönlichen Leistungsfähigkeit erzielbaren Ergebnisse können sowohl darüber als auch darunter liegen. Der Arbeitnehmer muss tun, was er soll und zwar so gut, wie er kann[2]. Aufgrund des im BGB vorausgesetzten Zeitlohnes riskiert der Arbeitnehmer aber auch bei schlechter Leistung keine Abzüge. Anders als bei Kauf, Miete oder Werkvertrag scheidet eine Minderung aus, weil für das Arbeitsrecht die Gewährleistungsregeln (wie zB §§ 434 ff. BGB) nicht gelten[3].

(1) Quantität

75   Der **Umfang der Arbeitspflicht** wird in der Regel bestimmt durch die vertragliche, tarifliche, gesetzliche oder auch betriebliche Arbeitszeit. Der Arbeitnehmer hat daher für die vorgesehene zeitliche Dauer die individuell mögliche Arbeitsleistung zur Verfügung zu stellen. Gem. § 2 Abs. 1 Nr. 7 NachwG ist die vereinbarte Arbeitszeit schriftlich zu fixieren.

Kraft des ihm durch den Arbeitsvertrag eingeräumten Weisungs- bzw. Direktionsrechts (§ 106 GewO) oder Betriebsvereinbarung und Tarifvertrag kann der Arbeitgeber ermächtigt sein, den Arbeitsumfang, also die Dauer der Arbeitszeit, der betrieblichen Notwendigkeit entsprechend anzupassen, soweit nicht gesetzliche Regelungen (insbesondere das Arbeitszeitgesetz) entgegenstehen.

76   Während der vereinbarten Arbeitszeit hat der Arbeitnehmer **im Rahmen seiner individuellen Möglichkeiten**, also unter Aufwendung aller ihm gegebenen geistigen und körperlichen Fähigkeiten zu arbeiten, auch wenn diese über der – objektiven – Normalleistung liegen[4]. Selbstverständlich nicht nur im Interesse des persönlich betroffenen Arbeitnehmers, sondern auch aus dem Gesichtspunkt der vertraglichen Nebenpflichten darf die zur Erfüllung der Arbeitsleistung gezeigte Anstrengung aber nicht zu einer gesundheitlichen Schädigung führen. Hierzu können auch psychosomatische Erkrankungen infolge Stress aufgrund einer Dauerbelastung oder dauernder Überforderung zählen. Eine Schutzpflicht bzgl. der Gesundheit des Arbeitnehmers folgt bereits aus § 618 Abs. 1 BGB, zudem auch aus §§ 3–5 ArbSchG.

Auch bei einer vereinbarten **Akkordarbeit** gilt der Grundsatz, dass der Arbeitnehmer die „volle" Arbeitsleistung entsprechend seinen individuellen Möglichkeiten zu erbringen hat. Die Mindest- und Normalleistung sind nur der Vergütungsmaßstab, der die Arbeitspflicht nicht beeinflusst[5].

(2) Intensität

77   Das **Tempo und die Intensität der geschuldeten Arbeitsleistung** richten sich in der Regel nach den individuellen und betrieblichen Umständen. Die Arbeitnehmer dürfen

---

1 BAG 17.1.2008 – 2 AZR 536/06, NZA 2008, 693.
2 BAG 17.1.2008 – 2 AZR 536/06, NZA 2008, 693.
3 BAG 18.7.2007 – 5 AZN 610/07, BB 2007, 1903; *Beuthien*, ZfA 1972, 73 (74).
4 Schaub/*Linck*, § 45 Rz. 46.
5 BAG 20.3.1969 – 2 AZR 283/68, AP Nr. 27 zu § 123 GewO.

nicht physisch überfordert werden, andererseits müssen sie unter angemessener Ausschöpfung ihrer persönlichen Leistungsfähigkeit arbeiten[1].

Einstweilen frei. 78

(3) Qualität

Gem. § 611 Abs. 1 BGB ist der Arbeitnehmer verpflichtet, die „versprochenen" 79
Dienste zu leisten. Entsprechend der vertraglich übernommenen Aufgabe hat der Arbeitnehmer **unter Anspannung der ihm möglichen Fähigkeiten die ihm obliegenden Arbeiten ordnungsgemäß** zu verrichten, dh. es ist sorgfältig und konzentriert zu arbeiten[2]. Die Individualität der „persönlichen" Arbeitspflicht steht der Annahme einer Gattungsschuld iSv. § 243 BGB entgegen, die auf objektiv bestimmbare Sachleistungen zugeschnitten ist[3].

Es besteht keine Verpflichtung des Arbeitnehmers, „durchschnittliche Produktionsergebnisse" zu erzielen. Die Aufforderung in einer Abmahnung kann daher nicht dahin gehen, bestimmte Erfolge zu erzielen, sondern seine persönliche Leistungsfähigkeit auszuschöpfen. Die Unterdurchschnittlichkeit der bisher erzielten Ergebnisse ist lediglich ein Indiz für die Schlecht- oder Minderleistung[4]. Im Falle von Arbeitsleistungen, die quantitativ oder qualitativ deutlich vom Durchschnitt nach unten abweichen, ist zu empfehlen, zwar die Leistungserwartung an den Mitarbeiter konkret auszusprechen, aber so, dass daraus keine objektive Leistungsvorgabe abgeleitet werden kann[5]. 80

ff) Arbeitszeit

(1) Allgemeines – Begriffliche Abgrenzung

Unter Arbeitszeit wird allgemein **die Dauer der täglichen oder wöchentlichen Arbeitszeit** verstanden (s. Rz. 96 ff.; zum Arbeitszeitrecht s. im Einzelnen Teil 6 A). Grundsätzlich – so lautet auch die gesetzliche Begriffsdefinition in § 2 Abs. 1 ArbZG – ist Arbeitszeit „die Zeit vom Beginn bis zum Ende der Arbeit ohne die Ruhepausen", also der Zeitraum, innerhalb dessen ein Arbeitnehmer – auch wenn er nicht arbeitet – seine Arbeitskraft dem Arbeitgeber zur Verfügung stellen muss. 81

Sieht man einmal von leitenden Angestellten ab, deren Gehalt auch die über die betriebsübliche Arbeitszeit hinausgehende Tätigkeit vergütet (§ 18 ArbZG nimmt diesen Personenkreis auch aus der Regelung des Arbeitszeitgesetzes aus), so bestimmt die Arbeitszeit den **Umfang der vom Arbeitnehmer geschuldeten Leistung**, für die der Arbeitgeber als **Gegenleistung** das vereinbarte Arbeitsentgelt zu zahlen hat (vertragliches Synallagma).

– Von **Überstunden** (auch als Überarbeit bezeichnet) spricht man, wenn Arbeit über die arbeitsvertragliche oder tarifvertragliche Arbeitszeit hinaus geleistet wird. Arbeitszeit, die über die gesetzlich zulässige tägliche Arbeitszeit hinausgeht, wird als **Mehrarbeit** bezeichnet[6]. S. hierzu auch Rz. 109 f. 82

– **Kurzarbeit** ist die durch einen vorübergehenden Arbeitsausfall bedingte Kürzung der betriebsüblichen bzw. vereinbarten individuellen Arbeitszeit (§§ 95 ff. SGB III). Die maximale Bezugsfrist beträgt bei Arbeitnehmern, deren Anspruch auf Kurz- 83

---

1 BAG 18.7.2007 – 5 AZN 610/07, BB 2007, 1903.
2 BAG 14.1.1986 – 1 ABR 75/83, AP Nr. 10 zu § 87 BetrVG 1972 – Ordnung des Betriebes.
3 MünchArbR/*Reichold*, § 36 Rz. 41.
4 BAG 27.11.2008 – 2 AZR 675/07, NZA 2009, 842.
5 *Hunold*, NZA 2009, 830 mit Beispielen.
6 Schaub/*Linck*, § 45 Rz. 55.

arbeitergeld bis zum 31.12.2013 entstanden ist, 12 Monate[1], hierdurch wird die grundsätzliche sechsmonatige Bezugsdauer (§ 104 SGB III) befristet verlängert.

84 Von der eigentlichen Arbeitszeit sind als Zeiten minderer und anderer Arbeitsintensität zu unterscheiden: Arbeitsbereitschaft/Dienstbereitschaft, Bereitschaftsdienst und Rufbereitschaft. Vgl. hierzu im Einzelnen Teil 6 A Rz. 23a ff.

85–87 Einstweilen frei.

88 – Zeiten, die für eine **Dienstreise** aufgewendet werden, sind Arbeitszeit. **Wegezeiten**, die der Arbeitnehmer braucht, um von seiner Wohnung zur Arbeitsstätte und zurück zu gelangen, gehören dagegen nicht zur Arbeitszeit. Vgl. zu den Begriffen der Wegezeiten und der Dienstreisen im Einzelnen Teil 6 A Rz. 22, 23.

89, 90 Einstweilen frei.

91 – **Ruhepausen und -zeiten** sind Zeiten, in denen der Arbeitnehmer von jeglicher Arbeitsleistung freigestellt ist. Zu Ruhepausen s. im Einzelnen Teil 6 A Rz. 37 ff., zu Ruhezeiten s. Teil 6 A Rz. 45 ff.

92–94 Einstweilen frei.

95 Zum grundsätzlichen Verbot der **Sonn- und Feiertagsarbeit** und zu den Ausnahmen hiervon s. Teil 6 A Rz. 83 ff.

(2) Dauer der Arbeitszeit

96 Die Arbeitszeit ist öffentlich-rechtlich geregelt. Kerngesetz ist das Arbeitszeitgesetz (s. im Einzelnen Teil 6 A). Das Arbeitszeitgesetz geht in § 3 von einer **maximalen täglichen Arbeitszeit** von acht Stunden aus. Das Gesetz sieht im Samstag einen normalen Werktag, so dass weiterhin die 48-Stunden-Woche zugrunde gelegt wird. Das Arbeitszeitgesetz gilt auch im häuslichen Arbeitszimmer, also bei **Telearbeit**[2].

Für **Kinder** und **Jugendliche** sind die zulässige Höchstarbeitszeit, die Mindestruhezeit und das für Kinder geltende Verbot bzw. die für Jugendliche maßgeblichen Einschränkungen der Nachtarbeit im Jugendarbeitsschutzgesetz sowie in der Richtlinie 94/33/EG geregelt[3]. Die Dauer der Arbeitszeit ist arbeitgeberübergreifend zu betrachten (§ 2 Abs. 1 Satz 1 Halbs. 2 ArbZG). Dies gilt auch im Hinblick auf die Einhaltung der Ersatzruhezeiten bei zusätzlicher Sonn- und Feiertagsarbeit (§ 11 Abs. 3 ArbZG).

97 Die gesetzliche Höchstdauer gilt gem. § 18 ArbZG **nicht** für leitende Angestellte, Chefärzte[4] sowie Dienststellen- und Personalleiter im öffentlichen Dienst und die Arbeitnehmerkreise, wie sie § 18 Abs. 1 Nr. 3 und 4 sowie Abs. 3 (Seeleute) ArbZG aufführt.

Zur Überschreitung der Höchstarbeitszeit infolge einer **Nebentätigkeit** s. Rz. 231.

98 Gem. § 3 Satz 2 ArbZG ist einzelvertraglich eine **Ausdehnung der Arbeitszeit** auf zehn Stunden täglich zulässig, wenn innerhalb eines sog. Ausgleichszeitraumes von sechs Monaten oder 24 Wochen ein Durchschnitt von acht Stunden werktäglich erreicht wird; dabei kann aber der arbeitsfreie Samstag zur Verrechnung einbezogen

---

1 § 1 der Verordnung über die Bezugsdauer für das Kurzarbeitergeld v. 7.12.2012 BGBl. I, 2570.
2 Wegen der gem. § 16 Abs. 2 ArbZG bestehenden Pflicht des Arbeitgebers, die über acht Stunden hinausgehende Arbeitszeit aufzuzeichnen und die hierüber geführte Dokumentation mindestens zwei Jahre aufzubewahren, empfiehlt es sich, den Telearbeitnehmer zu einer derartigen Aufzeichnung und Aufbewahrung zu verpflichten.
3 Zu Umsetzungsdefiziten s. *Schmidt*, BB 1998, 1362.
4 Zum Anspruch des Arbeitnehmers auf Einstellung einer ausreichenden Anzahl von Assistenzärzten zwecks Einhaltung von Arbeitszeiten und Dienstplänen s. ArbG Wilhelmshaven 23.9.2004 – 2 Ca 212/04, DB 2005, 833.

II. Verpflichtungen des Arbeitnehmers

werden. In den in § 14 ArbZG genannten „außergewöhnlichen Fällen" kann u.a. die in § 3 ArbZG vorgegebene tägliche Höchstarbeitszeit überschritten werden. Weitere Ausnahmen sind nach § 15 ArbZG aufgrund einer Bewilligung seitens der Gewerbeaufsicht möglich. Auch in diesen Sonderfällen darf die Arbeitszeit 48 Stunden wöchentlich im Durchschnitt von sechs Kalendermonaten oder 24 Wochen nicht überschreiten. Zu den Befugnissen der Tarifvertragsparteien, von den gesetzlichen Regelungen zur Dauer der Arbeitszeit abzuweichen, s. Teil 6 A Rz. 69 ff.

In dem vom Gesetz gesteckten Rahmen wird die Dauer der **Arbeitszeit grundsätzlich durch Arbeitsvertrag oder Tarifvertrag bestimmt**. Wird im Arbeitsvertrag nicht insoweit auf einen einschlägigen Tarifvertrag verwiesen oder Bezug genommen (§ 2 Abs. 3 Satz 1 NachwG)[1], so ist gem. § 2 Abs. 1 Satz 2 Nr. 7 NachwG in einem schriftlichen Arbeitsvertrag die vereinbarte Arbeitszeit anzugeben. Die gesetzliche Regelung lässt offen, ob nicht nur die Dauer, sondern auch die Lage der Arbeitszeit aufzuführen ist.

Dem **Weisungsrecht des Arbeitgebers** unterliegt nicht die Dauer der Arbeitszeit[2]. Sie betrifft den Umfang der von dem Arbeitnehmer zu erbringenden Arbeitspflicht, also eine Hauptleistungspflicht, die nicht dem Direktionsrecht des Arbeitgebers unterfällt[3]. Umgekehrt hat er unter den Voraussetzungen des § 8 Abs. 4 TzBfG dem Wunsch des Arbeitnehmers auf Verringerung der Arbeitszeit und deren Verteilung zuzustimmen (s. im Einzelnen Teil 3 B Rz. 40 ff.).

Zulässig ist dagegen eine **Vereinbarung**, dass sich der **Umfang** der Arbeitszeit nach dem Bedarf des Arbeitgebers richten soll und an einen zu Beginn des Arbeitsverhältnisses bestehenden Bedarf anknüpft, der sich als Mindestarbeitszeit darstellt[4]. Ansonsten sind sog. Bandbreitenregelungen mit einer Mindest- und Höchstarbeitszeit abgesehen von tariflichen Regelungen unzulässig. Flexibilität besteht nur für die Verteilung, nicht aber für den Umfang der Arbeitszeit. Diese Auffassung einschränkend lässt jedoch das BAG bei einer arbeitszeitabhängigen Vergütung Abrufarbeit (§ 12 TzBfG) über die vertragliche Mindestarbeitszeit hinaus zu. Aufgrund der Angemessenheitskontrolle (§ 307 Abs. 1 und 2 BGB) dürfen aber nicht mehr als 25 % der vereinbarten Arbeitszeit zusätzlich abgerufen werden[5]. Bei einer Vereinbarung der Möglichkeit, einseitig die Arbeitszeit zu verringern, beträgt das Volumen 20 % der Arbeitszeit.

Sofern die Grenzen billigen Ermessens gewahrt werden, was durch einen entsprechenden Zeitausgleich für die betroffenen Arbeitnehmer erreicht wird, kann das allgemeine Weisungsrecht des Arbeitgebers hinsichtlich der Arbeitszeit durch **Tarifvertrag** erweitert werden[6]. Dagegen kann dem Arbeitgeber nicht durch eine Betriebsvereinbarung in sich auf die Arbeitszeit erstreckendes Weisungsrecht eingeräumt werden, da individuelle Rechte des einzelnen Arbeitnehmers durch Betriebsvereinbarungen keine Einschränkung erfahren können. Grundsätzlich steht einer Regelung der Arbeitszeitdauer durch eine Betriebsvereinbarung auch § 77 Abs. 3 Satz 1 BetrVG entgegen.

Ob **einzelvertraglich die tariflich vorgesehene Höchstgrenze der Arbeitszeit überschritten** werden kann, ist umstritten[7]. Im Rahmen des erforderlichen Günstigkeits-

---

1 Zur Bezugnahme auf tarifliche Arbeitszeitregelungen und ihrer – eingeschränkten – Inhaltskontrolle s. BAG 14.3.2007 – 5 AZR 630/06, DB 2007, 1645.
2 *Hromadka*, DB 1995, 2601; HWK/*Thüsing*, § 611 BGB Rz. 307.
3 BAG 12.12.1984 – 7 AZR 509/83, AP Nr. 6 zu § 2 KSchG 1969.
4 BAG 28.11.1984 – 5 AZR 123/83, AP Nr. 1 zu § 4 TVG – Bestimmungsrecht.
5 BAG 7.12.2005 – 5 AZR 535/04, BB 2006, 829.
6 BAG 12.2.1986 – 7 AZR 358/84, AP Nr. 7 zu § 15 BAT; 26.6.1985 – 4 AZR 585/83, AP Nr. 4 zu § 9 TVAL II; 17.3.1988 – 6 AZR 268/85, AP Nr. 11 zu § 15 BAT; 12.12.1990 – 4 AZR 238/90, DB 1991, 865.
7 HWK/*Thüsing*, § 611 BGB Rz. 309.

vergleichs nach § 4 Abs. 3 TVG kann der subjektiven Betrachtungsweise gefolgt werden, wonach Beurteilungsmaßstab für die Günstigkeit der konkret betroffene Arbeitnehmer ist. Handelt es sich nicht um eine Abweichung zugunsten des Arbeitnehmers, ist schon das Angebot des Arbeitgebers auf Änderung der tariflichen Arbeitszeit unwirksam, so dass auch eine dahingehende Änderungskündigung unwirksam ist[1].

Eine in einer **Betriebsvereinbarung** oder arbeitsvertraglichen **Einheitsregelung** für die Überschreitung der tariflich vorgegebenen Arbeitszeit zugesicherte Beschäftigungsgarantie (sog. betriebliches Beschäftigungspaket) kann jedoch nicht in den Günstigkeitsvergleich einbezogen werden[2].

104 Um einerseits Arbeitnehmern sog. Zeitsouveränität einzuräumen, andererseits eine größere Flexibilität im personellen Einsatz zu erreichen, werden verschiedene **Modelle flexibler Arbeitszeit** vereinbart und umgesetzt (s.a. Rz. 117 ff.). Dies wird ausdrücklich mit dem Arbeitszeitgesetz bezweckt (§ 1 Nr. 1 ArbZG). So sehen verschiedene Tarifverträge eine Arbeitszeitdifferenzierung und daraus resultierend eine Arbeitszeitflexibilisierung (sog. Fleximodelle) vor. Sie ergibt sich aus dem Unterschied zwischen der tariflichen wöchentlichen Arbeitszeit und der im Tarifvertrag häufig zugelassenen „individuellen regelmäßigen wöchentlichen Arbeitszeit" (IRWAZ). Während die tarifliche wöchentliche Arbeitszeit vielfach auf 35 Wochenstunden reduziert ist, gestatten Tarifbestimmungen dagegen häufig dem Arbeitgeber, die „individuelle regelmäßige wöchentliche Arbeitszeit" bis zu 40 Wochenstunden zu verlängern. Die Anpassung dieser individuellen regelmäßigen Arbeitszeit an die tarifliche wöchentliche Arbeitszeit geschieht durch Einführung eines sog. „Freischichtenmodells". Häufig stellt dieses dem Arbeitnehmer frei, die „zu viel geleistete Differenz in einem bestimmten zeitlichen Rahmen abzufeiern" (Ausgleichszeitraum)[3]. Die – durch einen Interessenausgleich bzw. eine Betriebsvereinbarung – kollektiv-rechtlich legitimierte Einführung eines neuen Arbeitszeitsystems (zB teilflexible Arbeitszeit) bildet im Regelfall die soziale Rechtfertigung für die Veränderung der vertraglichen Arbeitsbedingungen, die der Einführung des neuen Arbeitszeitsystems entgegenstehen[4]. Abgesehen von tariflichen Regelungen kann der **Umfang** der Arbeitszeit mit Ausnahme einer Aufstockungsmöglichkeit von bis zu 25 % (s. Rz. 101) nicht flexibel gestaltet werden (sog. Bandbreitenregelung).

Sozialversicherungsrechtlich setzt eine Beschäftigung gegen Arbeitsentgelt während der Freistellung aufgrund eines Wertguthabens (Zeitguthabens) gem. § 7 Abs. 1a Satz 1 SGB IV voraus, dass während der Freistellung Arbeitsentgelt aus einem Wertguthaben nach § 7b SGB IV fällig ist und dass das monatlich fällige Arbeitsentgelt in der Zeit der Freistellung nicht unangemessen von dem für die vorausgegangenen zwölf Kalendermonate abweicht, in denen Arbeitsentgelt bezogen wurde. Wird diesen Anforderungen genügt, besteht für den gesamten Zeitraum der Vereinbarung, also auch in Phasen der Freistellung mit Bezug von Arbeitsentgelt, ein durchgehender Versicherungsschutz des Arbeitnehmers in allen Zweigen der gesetzlichen Sozialversicherung. Damit korrespondierend besteht auch eine durchgehende Versicherungspflicht[5].

105 Im Rahmen der Freischichten bzw. Freizeittage hat das BAG grundsätzlich herausgestellt, dass ein **Ausgleich durch Freizeit** nur dann erfolge, wenn tatsächlich vorher über die normale, regelmäßige Arbeitszeit hinaus gearbeitet worden sei[6]. Da dies im

---

1 BAG 10.2.1999 – 2 AZR 422/98, FA 1999, 258.
2 BAG 20.4.1999 – 1 ABR 72/98, NZA 1999, 887.
3 MünchArbR/*Blomeyer*, § 36 Rz. 80.
4 LAG Berlin 31.3.1998 – 12 Sa 169/97, NZA 1998, 1061.
5 S. hierzu sowie zu Fällen der nicht vollständigen Abwicklung der Arbeitszeitvereinbarung *Wonneberger*, DB 1998, 982.
6 BAG 2.12.1987 – 5 AZR 557/86, NZA 1988, 663; 7.7.1988 – 8 AZR 198/88, NZA 1989, 65; 18.10.1988 – 1 ABR 34/87, NZA 1989, 767; 18.12.1990 – 1 ABR 11/90, NZA 1991, 484; 10.3.1993 – 4 AZR 264/92, NZA 1993, 946.

II. Verpflichtungen des Arbeitnehmers

Ergebnis zu einer dauerhaften Kürzung der tariflichen Arbeitszeit führen würde, begründen Urlaubstage keinen Freizeitausgleich[1]. Eine dem entgegenstehende Regelung in einer Betriebsvereinbarung ist nach § 77 Abs. 3 Satz 1 BetrVG unwirksam. Für den Fall, dass der Arbeitnehmer an dem Tag des Freizeitausgleichs erkrankt, erhält er daher auch keinen „Ersatzfreizeittag"[2].

In der Regel **beginnt die Arbeitszeit** mit der Aufnahme der Arbeitsleistung, sofern nicht eine anderweitige tarifliche oder individuelle (ausdrückliche oder konkludente) Vereinbarung getroffen ist. Dies kann auch der Zeitpunkt sein, zu welchem der Arbeitgeber in der Lage ist, die Arbeitskraft des Arbeitnehmers zur Leistung der Dienste einzusetzen[3]. Grundsätzlich beginnt daher die Arbeitszeit mit der Aufnahme der Tätigkeit am Arbeitsplatz[4].

106

Vorverlegt sein kann der Beginn der Arbeitszeit nach den vertraglichen Umständen. So stellt nach Ansicht des LAG Baden-Württemberg die Zeit für das An- und Ablegen von Sicherheitsbekleidung vergütungspflichtige Arbeitszeit dar[5]. Ebenfalls ist nach Auffassung des BAG die Zeit des Umkleidens und den Weg zur und von der Station zum Umkleideraum zur Arbeitszeit von Krankenschwestern zu rechnen[6]. Sofern keine tarifvertragliche, betriebliche oder vertragliche Regelung besteht, fallen sog. Rüstzeiten (Umziehen, Waschen) aber idR nicht unter die gegenseitigen arbeitsvertraglichen Hauptleistungspflichten und sind daher nicht gem. § 611 BGB zu vergüten[7]. Anders verhält es sich, wenn die Rüstzeiten als Arbeitszeit anzusehen sind, und diese Arbeit den Umständen nach nur gegen eine Vergütung zu erwarten ist. Selbst wenn es sich um für den Arbeitnehmer „fremdnützige" Tätigkeiten handelt, besteht deshalb dann kein Vergütungsanspruch nach § 612 Abs. 1 BGB, wenn für die Zeit, die ein Arbeitnehmer für Umkleiden und Waschen benötigt, keine „objektive Vergütungserwartung" besteht[8]. Nur ausnahmsweise kann das Umkleiden zum Inhalt der zu vergütenden Arbeitsleistung gehören, zB als Modell auf Modenschauen.

107

Nach denselben Kriterien, die für den Beginn der Arbeitszeit maßgeblich sind, richtet sich auch der **Zeitpunkt der Beendigung der Arbeitszeit**. Die Heranziehung zu Überstunden ist nicht selbstverständlicher Bestandteil des Direktionsrechts des Arbeitgebers. Zur Leistung von Überarbeit (Überstunden), also Arbeit, die über die arbeitsvertragliche oder tarifvertragliche Arbeitszeit hinausgeht, ist der Arbeitnehmer abgesehen von außergewöhnlichen Fällen (§ 14 ArbZG) und Notfällen grundsätzlich nur verpflichtet, wenn dies der Arbeitsvertrag oder eine Betriebsvereinbarung vorsehen[9]. Der Arbeitnehmer ist ggf. schriftlich über eine Vereinbarung in Kenntnis zu setzen, nach der er zur Leistung von Überstunden auf bloße Anordnung des Arbeitgebers verpflichtet ist[10]. Eine Nichterfüllung der schriftlichen Unterrichtungspflicht hat aber keine Unwirksamkeit der Regelung zur Folge. Der Arbeitnehmer ist rechtzeitig auf die Ableistung von Überstunden **hinzuweisen**. Die konkrete Anordnung, Überstunden abzuleisten, unterliegt der Ausübungskontrolle nach § 315 Abs. 3 BGB. – S.a.

108

---

1 Zur Berechnung der Urlaubsvergütung s. BAG 8.11.1994 – 9 AZR 576/90, BB 1995, 1693 und 8.11.1994 – 9 AZR 477/91, BB 1995, 1408; *Leinemann*, BB 1998, 1414.
2 BAG 25.2.1986 – 3 AZR 328/84, NZA 1986, 716; 2.12.1987 – 5 AZR 652/86, NZA 1988, 739; 21.8.1991 – 5 AZR 91/91, NZA 1992, 76; zur Entgeltfortzahlung im Freischichtenmodell s. BAG 10.7.1996 – 5 AZR 284/95, BB 1997, 48; *Leinemann*, BB 1998, 1414.
3 HWK/*Thüsing*, § 611 BGB Rz. 329.
4 S. dazu HWK/*Thüsing*, § 611 BGB Rz. 318 ff.
5 LAG BW 12.2.1987 – 6 Ca 195/85 HD, AiB 1987, 246, m. Anm. von *Degen*.
6 BAG 28.7.1994 – 6 AZR 220/94, NZA 1995, 437: Aus den besonderen Umständen ergab sich, dass das Umkleiden schon als arbeitsvertragliche Verpflichtung anzusehen sei.
7 BAG 11.10.2000 – 5 AZR 122/99, BB 2001, 473.
8 BAG 11.10.2000 – 5 AZR 122/99, BB 2001, 473.
9 BAG 3.6.2003 – 1 AZR 349/02, DB 2004, 385.
10 EuGH 8.2.2001 – Rs. C-350/99, ZIP 2001, 347.

Rz. 369 f. Schwerbehinderte Arbeitnehmer sind gem. § 124 SGB IX auf ihr Verlangen von Mehrarbeit freizustellen.

Formulierungsbeispiel:

Wenn betriebliche Interessen dies erfordern, ist der Arbeitnehmer verpflichtet, nach Weisung des Arbeitgebers Überstunden zu leisten. Überstunden werden grundsätzlich im Verhältnis 1 : 1 (*oder:* 1 : 1,25) unter Berücksichtigung der betrieblichen Erfordernisse und der Wünsche des Arbeitnehmers in Freizeit abgegolten.

---

109 Das Arbeitszeitgesetz enthält keinerlei Begrenzung der **Überstunden**. Solange die Grenzen des Arbeitszeitgesetzes nicht überschritten werden, sind also Überstunden unbegrenzt zulässig. Sie müssen aber aus überwiegenden betrieblichen Interessen erforderlich sein. Das Arbeitszeitgesetz sieht keine Regelung über die Vergütung von Mehrarbeit vor (zur Vergütung von Mehrarbeit und Überstunden s. Rz. 369 ff.). Der Arbeitgeber hat bei der Hinzuziehung zu regelmäßig anfallenden Überstunden neben § 106 GewO den **Gleichbehandlungsgrundsatz** zu berücksichtigen[1]. Ein sachgrundloses Vorenthalten von Überstunden kann sich überdies als Verstoß gegen das Maßregelungsverbot des § 612a BGB darstellen[2]. Bei der Anordnung von Überstunden hat der Betriebsrat ein **Mitbestimmungsrecht** nach § 87 Abs. 1 Nr. 3 BetrVG. Danach sind auch die Betriebspartner ermächtigt, Überstunden gegenüber Arbeitnehmern anzuordnen, für die nicht bereits eine entsprechende tarif- oder arbeitsvertragliche Verpflichtung besteht.

110 Auch wenn ein Arbeitnehmer regelmäßig zu Überstunden herangezogen wird, ändert sich hierdurch der Vertragsinhalt regelmäßig nicht. Die Tatsache, dass ein Arbeitnehmer vom Arbeitgeber – auch längere Zeit – unter Überschreitung der vertraglich vorgesehenen Arbeitszeit eingesetzt wird, beinhaltet für sich genommen noch keine einvernehmliche Vertragsänderung. Bei einem entsprechenden Arbeitseinsatz handelt es sich um ein tatsächliches Verhalten, dem nicht notwendig ein bestimmter rechtsgeschäftlicher Erklärungswert in Bezug auf den Inhalt des Arbeitsverhältnisses zukommt. Es ist auf die Absprachen abzustellen, die dem erhöhten Arbeitseinsatz zugrunde liegen. Die Annahme einer dauerhaften Vertragsänderung mit einer erhöhten regelmäßigen Arbeitszeit setzt die Feststellung entsprechender Erklärungen der Parteien voraus[3].

(3) Lage der Arbeitszeit

111 In der Regel enthalten Tarifverträge keine Bestimmungen über die Lage der Arbeitszeit. Schon wegen des nach § 87 Abs. 1 Nr. 2 BetrVG bestehenden **Mitbestimmungsrechts des Betriebsrats** bei der Festlegung von Beginn und Ende der täglichen Arbeitszeit[4] sind die Verteilung der Arbeitszeit auf die einzelnen Tage sowie Beginn und Ende vielfach durch Betriebsvereinbarungen festgelegt. Das Mitbestimmungsrecht aus § 87 Abs. 1 Nr. 2 BetrVG erfasst aber auch die Frage, ob im Betrieb in mehreren Schichten gearbeitet werden soll. Dem Mitbestimmungsrecht unterliegt darüber hinaus die Festlegung der zeitlichen Lage der einzelnen Schichten und die Abgrenzung des Personenkreises, der Schichtarbeit zu leisten hat, der Schichtplan und dessen nähere Ausgestaltung bis hin zur Zuordnung der Arbeitnehmer zu den einzelnen Schichten

---

1 LAG Hess. 12.9.2001 – 8 Sa 1122/00, NZA-RR 2002, 348; auch aufgrund betrieblicher Übung kann ein Anspruch auf Überstundenzuweisung bestehen, LAG Hess. 18.12.1998 – 13 Sa 1205/97, nv.
2 BAG 7.11.2002 – 2 AZR 742/00, NZA 2003, 1139.
3 BAG 22.4.2009 – 5 AZR 133/08, DB 2009, 1652.
4 S. dazu *Gutzeit*, BB 1996, 106.

sowie die Frage, ob, unter welchen Voraussetzungen und in welcher Weise von bereits aufgestellten Schichtplänen – insbesondere bei Schichtumsetzungen – abgewichen werden kann[1]. Ist ein Betriebsrat vorhanden, bedarf daher auch die Umsetzung einer tariflichen Arbeitszeitverkürzung wegen des sich dadurch verändernden Arbeitszeitbeginns oder -endes der Mitbestimmung des Betriebsrats. Sie kann also nicht einseitig durch den Arbeitgeber vorgenommen werden, auch nicht einseitig durch Verkürzung der Mittagspausen[2], wenn ein Betriebsrat vorhanden ist.

Im Zusammenhang mit der **Verringerung der Arbeitszeit** nach § 8 TzBfG und nach § 15 Abs. 5–7 BEEG kann der Arbeitnehmer auch auf die Verteilung bzw. Lage der Arbeitszeit Einfluss nehmen und sie ggf. gerichtlich durchsetzen.

Eine Fixierung der Arbeitszeitlage kann auch durch den **Arbeitsvertrag** erfolgen[3]. Häufig behält sich der Arbeitgeber insoweit ein Leistungsbestimmungsrecht gem. § 106 GewO vor, um die Lage der Arbeitszeit zukünftigen betrieblichen Erfordernissen anpassen zu können.

Eine entsprechende Klausel lautet: 112

Formulierungsbeispiel:

Die regelmäßige wöchentliche Arbeitszeit beträgt zzt. ... Stunden. Die zeitliche Lage (Beginn, Ende und Pausen) wird gemäß den jeweiligen betrieblichen Belangen von der Geschäftsleitung unter Berücksichtigung der Interessen des Mitarbeiters/der Mitarbeiterin bzw. nach der jeweiligen Betriebsvereinbarung festgelegt. Auch eine längere Zeit unverändert gebliebene Arbeitszeitverteilung begründet keinen Anspruch auf Fortgeltung. Sie ist jederzeit durch arbeitgeberseitige Bestimmung abänderbar.

Sofern keine vertraglichen Vereinbarungen, Normen (zB BetrVG) oder Regelungen (zB Betriebsvereinbarung) entgegenstehen und das Leistungsbestimmungsrecht nach § 106 GewO dem billigen Ermessen entspricht, kann durch das **Direktionsrecht** der Arbeitgeber die arbeitsvertragliche Arbeitszeit einseitig auf die einzelnen Wochentage verteilen und Beginn und Ende der täglichen Arbeitszeit, auch einen Wechsel von Nacht- zur Tagarbeit anordnen[4] und die Nachtschichtfolge ändern[5]. Das bedeutet auch, dass in solchen Fällen Überstunden erst dann geleistet werden, wenn der Arbeitgeber bei der Ausübung seines Weisungsrechtes den vertraglich vereinbarten Zeitrahmen (die zB wöchentlich oder monatlich festgelegte Zahl der zu leistenden Stunden) überschreitet[6]. Bei seiner Ermessensentscheidung muss der Arbeitgeber aber auch die wesentlichen Umstände abwägen und die beiderseitigen Interessen berücksichtigen. Demgemäß hat der Arbeitgeber auch auf schutzwürdige familiäre Belange des Arbeitnehmers, wie eine erforderliche Beaufsichtigung und Betreuung von Kindern, Rücksicht zu nehmen, soweit der vom Arbeitnehmer gewünschten Verteilung der Arbeitszeit nicht betriebliche Gründe oder berechtigte Belange anderer Beschäftigter entgegenstehen[7]. 113

---

1 BAG 29.9.2004 – 5 AZR 559/03, BAGReport 2005, 51.
2 BAG 19.5.1992 – 1 AZR 418/91, AP Nr. 1 zu Art. 70 Verf. Baden-Württemberg.
3 BAG 17.7.2007 – 9 AZR 819/06, ArbRB 2007, 323.
4 LAG Köln 26.7.2002 – 11 Ta 224/02, NZA-RR 2003, 577; die Umsetzung eines Arbeitnehmers von der Tagschicht in die Nachtschicht bedarf auch nicht der Zustimmung des Betriebsrats gem. § 99 BetrVG, wenn sich dadurch lediglich die Lage der Arbeitszeit des betroffenen Arbeitnehmers ändert, BAG 23.11.1993 – 1 ABR 38/93, DB 1994, 735. Jedoch ist die Schichtzuteilung im Rahmen von § 87 Abs. 1 Nr. 2 BetrVG mitbestimmungspflichtig.
5 BAG 11.2.1998 – 5 AZR 472/97, NZA 1998, 647.
6 BAG 18.4.2012 – 5 AZR 195/11, NZA 2012, 796.
7 BAG 23.9.2004 – 6 AZR 567/03, NZA 2005, 359.

Vorbehaltlich ggf. zu beachtender Mitbestimmungsrechte des Betriebsrats gem. § 87 Abs. 1 Nr. 2[1] und § 99 BetrVG werden vom **allgemeinen Weisungsrecht** umfasst:
- die Bestimmung von Beginn und Ende der täglichen Arbeitszeit,
- die Verlängerung des Arbeitszeitrahmens,
- die Einteilung und Dauer der Pausen (s. aber auch § 4 ArbZG),
- die Einführung von Gleitzeit oder von starren Arbeitszeiten,
- die Aufstellung von Dienstplänen,
- die Einführung von Schichtarbeit[2],
- die Einführung von Wechselschichtbetrieb[3],
- die Umstellung des Schichtsystems[4],
- die Versetzung in die Wechselschicht und die Herausnahme hierzu,
- die Versetzung in den Spätdienst[5] /die Nachtschicht[6],
- die Schichteinteilung/Festlegung der Schichtenfolge.

Bei der Festlegung der Arbeitszeitlage und der Verteilung der Arbeitszeit auf die einzelnen Wochentage sind aber durch die Regelung der Nacht- und Schichtarbeit in § 6 ArbZG sowie die gem. § 9 ArbZG einzuhaltende Sonn- und Feiertagsruhe Grenzen gesetzt.

114 Die Vereinbarung der **im Betrieb geltenden Regelungen** über die Lage der Arbeitszeit schließt eine einseitige Änderung ohne die Notwendigkeit einer Kündigung nicht aus. Solange es nicht zu einer Konkretisierung der Arbeitszeitlage oder der betriebsüblichen Arbeitszeit gekommen ist, kann daher der Arbeitgeber zB einen Arbeitnehmer, der acht Jahre Nachtdienst geleistet hat, in den Tagesdienst versetzen[7]. Auch dann, wenn die zur Zeit des Abschlusses des Arbeitsvertrages geltende Arbeitszeit seinen Interessen entspricht, muss der Arbeitnehmer die bestimmte Lage der Arbeitszeit im Vertrag fixieren, wenn die Regelung dem Weisungsrecht des Arbeitgebers entzogen sein soll[8].

115 Nur wenn die Lage der Arbeitszeit im Arbeitsvertrag **vereinbart** ist und sie nicht dem Weisungsrecht des Arbeitgebers vorbehalten bleibt oder eine dahingehende Vereinbarung den weiteren Umständen entnommen werden kann (zB Anzeige und Bewerbungsinhalt), scheidet eine Änderung aufgrund des Direktionsrechts durch den Arbeitgeber aus[9].

116 Bei der Festlegung der Lage der Arbeitszeit gibt es vielfältige Regelungsmöglichkeiten, die inzwischen sowohl im Arbeitnehmer- wie auch im Arbeitgeberinteresse zu einer Arbeitszeitsouveränität[10], also eigenverantwortlichen Verteilung der Arbeitszeit, und zu einer **Flexibilisierung** des Arbeitseinsatzes geführt haben.

117 – Zu den Gestaltungsformen gehört die **gleitende Arbeitszeit**. Dabei unterscheidet man zwei Formen, nämlich die einfache und die qualifizierte Gleitarbeitszeit. Bei der sog. einfachen Gleitzeit ist der Arbeitnehmer berechtigt, innerhalb einer

---

1 Wegen der finanziellen Folgen einer ohne Zustimmung des Betriebsrats angeordneten Rückkehr von Wechselschicht zu Normalschicht s. BAG 18.9.2002 – 1 AZR 668/01, BB 2003, 740.
2 Unter Schichtarbeit werden aber sowohl Arbeit zu wechselnden Zeiten (Wechselschicht) als auch Arbeit zu konstanter, aber ungewöhnlicher Zeit (Nachtschicht) verstanden.
3 LAG Rh.-Pf. 25.11.2004 – 11 Sa 599/04, LAGReport 2005, 260.
4 LAG Rh.-Pf. 15.5.2001 – 5 Sa 271/01, NZA-RR 2002, 120.
5 LAG Nds. 26.7.2001 – 7 Sa 1813/00, NZA-RR 2002, 118.
6 *Hromadka*, DB 1995, 2601 (2603) mit Rspr.-Nachweisen.
7 LAG Berlin 29.4.1991 – 9 Sa 9/91, DB 1991, 2193; BAG 23.6.1992 – 1 AZR 57/92, AP Nr. 1 zu § 611 BGB – Arbeitszeit.
8 BAG 15.10.1992 – 6 AZR 342/91, NZA 1993, 1139.
9 LAG Berlin 26.7.1993 – 9 Sa 52/93, LAGE § 611 BGB – Direktionsrecht Nr. 16; LAG Hess. 5.12.2002 – 5 SaGa 1632/02, nv.
10 *Reichold*, NZA 1998, 393.

vorbestimmten Zeitdauer (Zeitspanne) über die Lage der Arbeitszeit selbst zu bestimmen. Dagegen kann der Arbeitnehmer bei der sog. qualifizierten Gleitzeit auch über die Dauer der täglichen Arbeitszeit disponieren, indem er binnen eines „Ausgleichszeitraumes" einen Zeitausgleich vornimmt, also entweder Vor- oder Nacharbeit leistet.

Insbesondere im Rahmen der qualifizierten Gleitzeit wird aber stets eine **Kernarbeitszeit** vereinbart, also eine Arbeitszeit, während der alle Arbeitnehmer zwingend anwesend sein müssen.

Problematisch und deshalb regelmäßig in Betriebsvereinbarungen zu regeln sind die Fragen, inwieweit die gesetzliche Befreiung von der Arbeitspflicht, zB gem. § 616 Satz 1 BGB, eingreift. Der Arbeitnehmer kann bei „einfacher Gleitzeit" uU noch am selben Tag, bei „qualifizierter Gleitzeit" innerhalb des Ausgleichszeitraumes die Arbeit nachholen. Häufig wird es auch zum Wegfall von Überstundenvergütungen (s. Rz. 369 ff.) kommen, wenn den betrieblichen Gegebenheiten entsprechend unter Ausnutzung des Gleitzeitkontos an verschiedenen Tagen länger gearbeitet wird[1]. Soweit jedoch über die gesetzliche tägliche Normalarbeitszeit von acht Stunden hinaus gearbeitet wird, besteht nach § 3 Satz 2 ArbZG für den Arbeitgeber die gesetzliche Verpflichtung zum Zeitausgleich innerhalb eines Zeitraums von sechs Monaten bzw. 24 Wochen. Gem. § 7 Abs. 1 Nr. 1 ArbZG sind in Tarifverträgen und gem. § 7 Abs. 3 ArbZG unter den dort genannten Voraussetzungen in Betriebsvereinbarungen und ggf. auch in schriftlichen Einzelverträgen Abweichungen zulässig.

– Eine weitere Form der Flexibilisierung bzgl. der Arbeitszeitlage ist die einer **variablen Wochenarbeitszeit**. Hier wird in einem bestimmten Zeitabschnitt (zB innerhalb von sechs Monaten) eine Wochenarbeitszeit vorgegeben, die ganz individuell in den einzelnen Wochen „erarbeitet" werden kann. Die Verpflichtung zur Einhaltung einer Kernarbeitszeit besteht hier nicht. Unter welchen Voraussetzungen bei einer Arbeitszeitflexibilisierung Mehrarbeit gegeben ist, bestimmt sich nach den vertraglichen Vorgaben (bzw. nach dem Tarifvertrag oder der Betriebsvereinbarung). Um die jeweils geleistete Arbeitszeit bei flexiblen Arbeitszeitmodellen feststellen zu können, ist ein **Arbeitszeitkonto/Zeitwertkonto** (**Kurzzeitkonto**, das der Flexibilisierung der Arbeitszeit in einem überschaubaren Zeitraum dient, oder **Langzeitkonto**, bei welchem ein zur Freistellung führendes Zeitguthaben geschaffen wird – entsprechend einem Tarifvertrag in der Stahlindustrie kann dies auch ein **Lebensarbeitszeitkonto** sein) zu führen. Für den **öffentlichen Dienst** ist die Möglichkeit der Einrichtung eines Arbeitszeitkontos in § 10 TVöD-AT geregelt. Am 1.1.2009 trat das „Gesetz zur Verbesserung der Rahmenbedingungen für die Absicherung flexibler Arbeitszeitregelungen und zur Änderung anderer Gesetze" in Kraft. Entgegen seiner Bezeichnung gilt das Gesetz im Gegensatz zur früheren Regelung in § 7d SGB IV aF nicht für Flexikonten (§ 7b Nr. 2 SGB IV), sondern nur für Langzeitkonten[2]. – Für Altersteilzeitkonten bestimmt demgegenüber § 8a ATZG eine spezielle Insolvenzsicherung (s. im Einzelnen Teil 7 B).

Die Belastung eines Arbeitszeitkontos mit Minusstunden setzt voraus, dass der Arbeitgeber diese Stunden im Rahmen einer verstetigten Vergütung entlohnt hat und der Arbeitnehmer zur Nachleistung verpflichtet ist, weil er die in Minusstunden ausgedrückte Arbeitszeit vorschussweise vergütet erhalten hat[3]. Ergibt sich aus einem Arbeitszeitmodell, dass der Arbeitnehmer verpflichtet ist, einen **Negativsaldo** zurückzuführen, so ist der Arbeitgeber verpflichtet, dem Arbeitnehmer zum Ausgleich genügend Arbeit zu übertragen, da der Arbeitnehmer nicht berechtigt ist,

118

---

1 BAG 11.11.1997 – 9 AZR 566/96, NZA 1998, 1011; zu den Auswirkungen der Teilnahme an einem Streik auf das Freizeitkonto s. BAG 30.8.1994 – 1 AZR 765/93, AP Nr. 131 zu Art. 9 GG – Arbeitskampf; 30.8.1994 – 1 ABR 10/94, AP Nr. 132 zu Art. 9 GG – Arbeitskampf.
2 *Hanau/Veit*, NJW 2009, 182.
3 BAG 26.1.2011 – 5 AZR 819/09, NZA 2011, 640.

sich Arbeit zu nehmen. Ein Arbeitgeber, der der Verpflichtung zum Einsatz des Arbeitnehmers aus dem im Arbeitsvertrag festgelegten Umfang nicht nachkommt und die vertraglich geforderte Stundenzahl nicht abfordert, gerät in Annahmeverzug[1]. Besteht beim **Ausscheiden** aus dem Arbeitsverhältnis ein negatives Zeitguthaben, so stellt dies einen Lohn- oder Gehaltsvorschuss des Arbeitgebers dar. Können die Arbeitnehmer selbst darüber entscheiden, ob und in welchem Umfang das negative Zeitguthaben entsteht, ist es im Fall der Vertragsbeendigung bei nicht rechtzeitigem Zeitausgleich finanziell auszugleichen. Da ein Vorschuss eine vorweg genommene Vergütungstilgung darstellt, bedarf es zur Verrechnung keiner Aufrechnung und Aufrechnungserklärung nach §§ 387, 388 BGB. Auch findet § 394 BGB keine Anwendung[2]. Besteht beim Ausscheiden ein positives Zeitguthaben, so ist dieses vom Arbeitgeber zu vergüten. Fraglich ist, ob ein Arbeitszeitkonto bei einem Arbeitsplatzwechsel **übertragen** werden kann[3].

119 – **Vertrauensarbeitszeit** ist im eigentlichen Sinne sozialversicherungsrechtlich keine flexible Arbeitszeit. Vertrauensarbeitssysteme sind dadurch gekennzeichnet, dass in ihnen der Arbeitgeber auf die Kontrolle der Einhaltung der Vertragsarbeitszeit verzichtet und darauf vertraut, dass die Mitarbeiter ihren arbeitszeitbezogenen Verpflichtungen gemäß dem Vertrag auch ohne diese Kontrolle nachkommen. Sie räumt dem Arbeitnehmer Eigenverantwortung bzgl. der Verteilung und der Einteilung der Arbeitszeit ein. Man kann auch von Vertrauensgleitzeit sprechen.

Formulierungsbeispiel für eine Arbeitszeitregelung, die ein Arbeitszeitkonto beinhaltet:

Zwischen ... – Arbeitgeber –

und

Frau/Herrn ... – Arbeitnehmer –

wird bezüglich der Arbeitszeit Folgendes vereinbart:

1. Die individuelle regelmäßige monatliche Arbeitszeit beträgt *151,67* Stunden. Dies entspricht einer durchschnittlichen wöchentlichen Arbeitszeit von z.Zt. 35 Stunden. Die regelmäßige monatliche Arbeitszeit muss im Durchschnitt von *zB 12* Kalendermonaten nach Maßgabe der Nr. 2 erreicht werden. Demgemäß beträgt die individuelle regelmäßige jährliche Arbeitszeit *1 820,04* Stunden.

2. Beginn und Ende der täglichen Arbeitszeit einschließlich der Pausen und die Verteilung der Arbeitszeit auf die einzelnen Wochentage richten sich nach den jeweiligen betrieblichen Erfordernissen und der sie bestimmenden Auftragslage. Sofern es zu keinem regelmäßigen Arbeitseinsatz an jedem Arbeitstag kommt, ist der jeweilige Einsatz mindestens vier Tage im Voraus mitzuteilen.

3. Zum Ausgleich der monatlichen Abweichungen zwischen der nach Nr. 1 vereinbarten individuellen regelmäßigen Arbeitszeit des Arbeitnehmers und der tatsächlichen Arbeitszeit nach Nr. 2 wird ein Arbeitszeitkonto eingerichtet. In das Arbeitszeitkonto können Plus- und Minusstunden eingestellt werden.

4. Plusstunden sind die über die individuelle regelmäßige monatliche Arbeitszeit hinaus entstandenen Arbeitsstunden. Minusstunden sind die unter der individuellen regelmäßigen monatlichen Arbeitszeit liegenden Arbeitsstunden.

5. a) Das Arbeitszeitkonto darf maximal *200* Plusstunden umfassen.

Zur Beschäftigungssicherung kann das Arbeitszeitkonto bei saisonalen Schwankungen im Einzelfall bis zu *230* Plusstunden umfassen.

b) Beträgt das Guthaben mehr als *150* Stunden, ist der Arbeitgeber verpflichtet, die über *150* Stunden hinausgehenden Plusstunden inklusive der darauf entfallenden Sozialversiche-

---

1 LAG Hess. 2.6.2005 – 11 Sa 1207/04, NZA-RR 2006, 127.
2 BAG 13.12.2000 – 5 AZR 334/99, DB 2001, 1565.
3 S. dazu *Wellisch/Moog*, BB 2005, 1790.

rungsabgaben gegen Insolvenz zu sichern und die Insolvenzversicherung dem Arbeitnehmer nachzuweisen. Ohne diesen Nachweis darf das Arbeitszeitkonto abweichend von vorstehendem Absatz a) maximal *150* Stunden umfassen. Der Arbeitnehmer ist nicht verpflichtet, über *150* Stunden hinausgehende Plusstunden zu leisten.

c) Durch Feiertage ausgefallene Arbeitsstunden werden in Höhe der ausgefallenen Arbeitszeit entsprechend der Arbeitszeitverteilung gem. Nr. 3 auf das Arbeitszeitkonto gebucht.

6. a) Das Arbeitszeitkonto ist spätestens nach 12 Monaten auszugleichen.

b) Wird eine Arbeitszeit von 10 Stunden werktäglich erreicht, so ist spätestens nach 6 Monaten ein Ausgleich in der Weise herbeizuführen, dass nach Ablauf der 6 Monate von einer in der Vergangenheit geleisteten werktäglichen Arbeitszeit von 8 Stunden auszugehen ist.

c) Ist der nach 12 Monaten zu erreichende Zeitausgleich nicht möglich, ist er in den folgenden 3 Monaten vorzunehmen. Dazu hat der Arbeitgeber mit dem betroffenen Arbeitnehmer spätestens nach Ablauf der 12 Monate eine entsprechende Vereinbarung zu treffen mit dem Ziel, einen Zeitausgleich vorzunehmen.

Ist auch in diesem Zeitraum der Zeitausgleich aus betrieblichen Gründen nicht möglich, kann ein Übertrag in den nächsten Ausgleichszeitraum mit maximal *150* Stunden erfolgen. Die darüber hinausgehenden Stunden sind in Geld auszugleichen.

Die Übertragung dieser Zeitguthaben erfolgt im Rahmen der Zeitkontengrenzen gem. Nr. 5 und weitet diese nicht aus.

7. a) Der Ausgleich der Zeitkonten erfolgt idR durch Freizeitnahme.

b) Im Falle der Ablehnung eines Freistellungsantrags hat der Arbeitnehmer Anspruch auf eine verbindliche Vereinbarung über die spätere Lage der beantragten Freistellungszeit.

c) Ist der Arbeitnehmer an einem festgelegten Freistellungstag arbeitsunfähig erkrankt, bleibt dieser Tag ein Freistellungstag und wird nicht zum Entgeltfortzahlungstag; eine Rückübertragung in das Zeitguthaben erfolgt nicht.

8. Im Falle der Beendigung des Arbeitsverhältnisses ist der Saldo auf dem Arbeitszeitkonto wie folgt auszugleichen:

Plusstunden werden abgegolten. Minusstunden werden bei Eigenkündigung des Arbeitnehmers bzw. außerordentlicher Kündigung bis zu *35* Stunden verrechnet, soweit eine Nacharbeit betrieblich nicht möglich ist.

9. Der Arbeitnehmer erhält entsprechend der regelmäßigen monatlichen Arbeitszeit von *151,67* Stunden ein gleich bleibend hohes Arbeitsentgelt/ein monatliches Arbeitsentgelt von brutto ... Euro

Arbeitgeber Arbeitnehmer

S. als Regelungsbeispiel für Flexible Arbeitszeit auch die **Betriebsvereinbarung** M 35.2 und für Gleitzeit M 35.3 im Anwalts-Formularbuch Arbeitsrecht[1].

– Eine Anpassung der Arbeitszeit an den Arbeitsanfall ermöglicht schließlich auf der Grundlage des § 12 TzBfG die sog. **kapazitätsorientierte variable Arbeitszeit** (Kapovaz). Hier ist dem Arbeitgeber das Recht vorbehalten, die einzelnen Einsatzzeiten selbst zu bestimmen[2], daher auch **Abrufarbeit** genannt. § 12 Abs. 1 Satz 2 TzBfG bestimmt, dass der Arbeitsvertrag eine bestimmte Dauer der wöchentlichen und täglichen Arbeitszeit festlegen muss. Dies braucht aber bei einer arbeitszeitabhängigen Vergütung nur eine Mindestarbeitszeit zu sein[3]. Ansonsten gilt eine wöchentliche Arbeitszeit von zehn Stunden bzw. eine tägliche Arbeitszeit von mindestens drei aufeinander folgenden Stunden (§ 12 Abs. 1 Satz 3 und Satz 4 TzBfG). Nach dem gesetzgeberischen Willen[4], wie er auch in § 2 Abs. 1 Satz 2 TzBfG bzgl.

120

---

1 *Bauer/Lingemann/Diller/Haußmann*, Anwalts-Formularbuch Arbeitsrecht, 5. Aufl. 2014.
2 BAG 20.6.1995 – 3 AZR 539/93, NZA 1996, 597.
3 BAG 7.12.2005 – 5 AZR 535/04, BB 2006, 829; die hiergegen erhobene Verfassungsbeschwerde wurde nicht angenommen, BVerfG 23.11.2006 – 1 BvR 1909/06, NZA 2007, 85.
4 S. Begr. RegE, BT-Drucks. 14/4374, 18.

eines teilzeitbeschäftigten Arbeitnehmers zum Ausdruck kommt, kann auch bei der Arbeit auf Abruf individualrechtlich eine Durchschnittsregelung („bezogen auf das Jahr durchschnittlich ... Stunden wöchentlich") bis zum Rahmen einer Jahresarbeitszeit vereinbart werden[1]. Nur die Gesamtarbeitsdauer muss festgelegt sein. Zwingend vorgegeben ist gem. § 12 Abs. 2 TzBfG, dass der Arbeitgeber dem Arbeitnehmer den Arbeitseinsatz jeweils mindestens vier Tage im Voraus mitteilen muss. Eine derartige kapazitätsorientierte variable Arbeitszeit kann auch in einem sog. Jahresarbeitsvertrag vereinbart werden. Kapazitätsorientierte Verträge können jedoch nur dort individuell vereinbart werden, wo nicht zwingende tarifliche Regelungen entgegenstehen (§ 12 Abs. 3 TzBfG).

S. als **Formulierungsbeispiel** für ein Abrufarbeitsverhältnis das Muster M 6.5 im Anwalts-Formularbuch Arbeitsrecht[2].

Gem. § 12 Abs. 3 TzBfG kann in Tarifverträgen von dem in § 12 Abs. 1 Satz 2 TzBfG angeführten Arbeitszeitrahmen ohnehin abgewichen werden. Auch können dort im Gegensatz zum Individualarbeitsvertrag statt fester Arbeitszeitdeputate sog. **Bandbreitenregelungen** vorgesehen werden.

121 – Von Bandbreitenregelungen zu unterscheiden ist die **Vereinbarung einer Mindestarbeitszeit**, wenn die Tätigkeit arbeitszeitabhängig, also unregelmäßig, vergütet wird. Die Angemessenheitskontrolle (Inhaltskontrolle nach § 307 Abs. 1 und 2 BGB) schließt in diesem Fall aber eine über 25 % der vereinbarten wöchentlichen Mindestarbeitszeit hinausgehende **abrufbare Arbeitsleistung** aus. Bei einer Vereinbarung über die Verringerung der vereinbarten Arbeitszeit beträgt das Volumen 20 % der Arbeitszeit[3]. Ist eine wöchentliche Mindestarbeitszeit von 30 Stunden mit einer arbeitszeitabhängigen Vergütung vereinbart, so kann daher die Arbeitszeit auf Abruf nur bis zu 37,5 Stunden heraufgesetzt werden. Bei Verwendung von Klauseln, die ein über die 25%-Grenze hinausgehendes Volumen abrufbarer Arbeitszeit vorsehen, spricht viel dafür, im Wege der Lückenfüllung durch ergänzende Vertragsauslegung die im Verlauf des Arbeitsverhältnisses tatsächlich geleistete Durchschnittsstundenzahl als fest vereinbart anzusehen[4].

122 – Eine gesetzliche Herabsetzung der regelmäßigen Arbeitszeit für ältere Arbeitnehmer sieht das **Altersteilzeitgesetz** vor. Zu den Voraussetzungen und Förderungsmöglichkeiten s. Teil 7 B.

b) Befreiung von der Arbeitspflicht ohne Entgeltfortzahlung

aa) Allgemeines

123 **Erbringt der Arbeitnehmer seine Arbeitsleistung nicht**, so folgt aus dem vertraglichen Synallagma, dass der Arbeitgeber keine Vergütung schuldet (Ohne Arbeit kein Lohn). Dies entspricht den allgemeinen Regeln des BGB, dass eine Vertragspartei eines gegenseitigen Vertrages ihre Leistung nicht zu erbringen braucht, wenn die andere nicht leistet oder nicht leisten kann (§§ 320, 326 Abs. 1 BGB). Dies gilt grundsätzlich für den Fall der Unmöglichkeit, wonach der Arbeitnehmer, dem die Erfüllung der Arbeitsleistung dauernd unmöglich wird, von der Arbeitsleistung befreit ist (§ 275 BGB), er jedoch andererseits den Anspruch auf die Gegenleistung verliert (§ 326 Abs. 1 BGB). Wenn auf die Leistung bezogene persönliche Umstände des Schuldners/Arbeitnehmers die Arbeitsleistung unzumutbar machen (zB lebensgefährliche Erkrankung des Kindes des Arbeitnehmers oder unüberbrückbarer Gewissenskonflikt), so gilt dieser Grundsatz nicht. In diesem Fall besteht gem. § 275 Abs. 3 BGB ein Leistungsver-

---

1 *Busch*, NZA 2001, 593.
2 *Bauer/Lingemann/Diller/Haußmann*, Anwalts-Formularbuch Arbeitsrecht, 5. Aufl. 2014.
3 BAG 7.12.2005 – 5 AZR 535/04, BB 2006, 829.
4 Hierzu ausführlich *Preis*, RdA 2012, 101, unter Ablehnung von BAG 21.6.2011 – 9 AZR 236/10, NZA 2011, 1274.

weigerungsrecht. Ist dieses gem. § 275 Abs. 3 BGB berechtigt und braucht der Arbeitnehmer die Leistung nicht nachzuholen, entfällt nach § 326 Abs. 1 Satz 2 BGB der Anspruch auf die Gegenleistung nicht. Dies entspricht den im Arbeitsrecht vorhandenen speziellen Regelungen bzgl. unbezahlter Freistellungen und den Ausnahmen, die zu einer bezahlten Freistellung von der Arbeitsleistung führen (§ 616 BGB)[1].

Vorübergehende Arbeitsbefreiung unter **Fortzahlung der Bezüge** (§ 616 BGB) ist dem Arbeitnehmer insbesondere zu gewähren in Gestalt des bezahlten Erholungsurlaubs nach dem Bundesurlaubsgesetz (s. Teil 2 C) und bei vorübergehender unverschuldeter Arbeitsverhinderung – insbesondere im Krankheitsfall (§ 3 EFZG; s. dazu Teil 2 B Rz. 105 ff.). **Anspruch auf bezahlte Freistellung** besteht gem. § 629 BGB – § 2 Abs. 2 Satz 2 Nr. 3 SGB III – („Freizeit zur Stellungssuche") und für Betriebsratsmitglieder, die an Schulungs- und Bildungsveranstaltungen teilnehmen (§ 37 Abs. 6 und 7 BetrVG), sowie im Falle des Annahmeverzuges des Arbeitgebers (§ 615 BGB) und eines berechtigten Zurückbehaltungsrechts des Arbeitnehmers (Einrede gem. §§ 273, 274 BGB).

bb) Gesetzliche Regelungen und Tarifverträge

Gesetzliche Bestimmungen und Tarifverträge sehen Arbeitsbefreiungen **ohne** Entgeltfortzahlung entweder nur bei einer kurzen Dauer der Suspendierung der Hauptleistungspflicht oder aber in Fällen vor, in denen die wirtschaftliche Existenz des Arbeitnehmers hinreichend durch Einsatz staatlicher oder anderweitiger Mittel gesichert ist. Tarifvertragliche Freistellungen ohne Entgeltfortzahlung sind in verschiedenen Tarifverträgen für kurzfristige Arbeitsbefreiungen oder Sonderurlaub aus wichtigem Grund vorgesehen (so zB in § 28 und § 29 Abs. 3 Satz 2 TVöD-AT). 124

Ein **Anspruch auf unbezahlte Freistellung** kann sich aus folgenden gesetzlich geregelten Fällen ergeben:

– **§ 45 Abs. 3–5 SGB V:** 125

Betreuung eines erkrankten Kindes. S. zu den Voraussetzungen und den Möglichkeiten des vertraglichen Ausschlusses der Entgeltfortzahlung Teil 2 B Rz. 98 ff. Besteht aufgrund der Erkrankung **kein** Anspruch auf Krankengeld nach § 45 SGB V, so ist im öffentlichen Dienst § 29 Abs. 1 Satz 1 lit. e Doppellit. bb iVm. Satz 2 TVöD zu beachten, wonach ein Beschäftigter Anspruch darauf hat, bis zu vier Arbeitstage im Kalenderjahr **unter Fortzahlung des Entgelts** von der Arbeit freigestellt zu werden, wenn ein Kind unter zwölf Jahren schwer erkrankt, eine andere Person zur Pflege und Betreuung nicht sofort zur Verfügung steht und die Notwendigkeit der Anwesenheit des Beschäftigten zur vorläufigen Pflege ärztlich bescheinigt wird[2].

– **§§ 3, 4 PflegeZG:** 126

Bis zu sechsmonatige Pflege eines pflegebedürftigen nahen Angehörigen in häuslicher Umgebung in Unternehmen mit mehr als 15 Beschäftigten. Wenn die Verpflichtung zur Entgeltfortzahlung gem. § 616 BGB vertraglich ausgeschlossen ist (die Möglichkeit ergibt sich aus einem Umkehrschluss des § 619 BGB), bis zu zehn Arbeitstage, um für einen pflegebedürftigen nahen Angehörigen in einer akut aufgetretenen Pflegesituation eine bedarfsgerechte Pflege zu organisieren oder eine pflegerische Versorgung in dieser Zeit sicherzustellen[3]. – S. dazu im Einzelnen Teil 2 D Rz. 50 ff.

---

1 *Schulte*, ArbRB 2004, 344 mit Hinweisen zur Vertragsgestaltung.
2 Vgl. dazu BAG 5.8.2014 – 9 AZR 878/12, DB 2014, 2717.
3 S. im Einzelnen, auch hinsichtlich der unklar formulierten Voraussetzungen und Folgen: *Preis/Nehring*, NZA 2008, 729; *Freihube/Sasse*, DB 2008, 1320.

126a – **§ 2 FPfZG (Familienpflegezeitgesetz):**

Bis zu 24monatige teilweise Freistellung für die Pflege eines pflegebedürftigen nahen Angehörigen in häuslicher Umgebung. Während der Familienpflegezeit muss die verringerte Arbeitszeit wöchentlich mindestens 15 Stunden betragen. Bei unterschiedlichen wöchentlichen Arbeitszeiten oder einer unterschiedlichen Verteilung der wöchentlichen Arbeitszeit darf die wöchentliche Arbeitszeit im Durchschnitt eines Zeitraums von bis zu einem Jahr 15 Stunden nicht unterschreiten (Mindestarbeitszeit). Der Anspruch besteht nicht gegenüber Arbeitgebern mit in der Regel 25 oder weniger Beschäftigten ausschließlich der zu ihrer Berufsbildung Beschäftigten. – S. dazu im Einzelnen Teil 2 D.

127 – **Art. 48 Abs. 1 GG:**

Danach haben Bewerber um einen Sitz im Deutschen Bundestag Anspruch auf die zur Vorbereitung ihrer Wahl erforderliche Beurlaubung. Entsprechende Vorschriften enthalten die Verfassungen der Bundesländer. Grundsätzlich besteht für die Zeit der Kandidatur und die Ausübung des Mandats kein Vergütungsanspruch[1].

128 – **§§ 4, 16 Abs. 7 ArbPlSchG:**

Wer den freiwilligen Wehrdienst und Eignungsübungen ableistet, hat einen Anspruch auf Freistellung. Dagegen haben Bundes- und Jugendfreiwilligendienstleistende keinen gesetzlichen Anspruch auf unbezahlte Freistellung. Dies kann nur durch freiwillige Vereinbarung erfolgen.

129 – **§§ 3 Abs. 2, 6 Abs. 1 MuSchG:**

Arbeitnehmerinnen, die sechs Wochen vor und acht Wochen nach einer Entbindung einem Beschäftigungsverbot unterliegen, haben Anspruch auf Freistellung. Während dieser Zeit erhalten sie gem. § 13 MuSchG Mutterschaftsgeld. Der Arbeitgeber hat allerdings gem. § 14 MuSchG die Differenz zum Arbeitsentgelt zu zahlen, so dass keine gänzlich unbezahlte Freistellung vorliegt.

130 – **§ 15 BEEG:**

Arbeitnehmer können bis zu 36 Monate unbezahlte Elternzeit erhalten. Im Regelfall wird die Elternzeit bis zur Vollendung des dritten Lebensjahres eines Kindes genommen. Ein Anteil von bis zu 24 Monaten kann jedoch zwischen dem dritten Geburtstag und dem vollendeten achten Lebensjahr des Kindes in Anspruch genommen werden (§ 15 Abs. 2 Satz 2 BEEG).

131 – Bei einer den Sechs-Wochen-Zeitraum des § 3 Abs. 1 EFZG **überschreitenden unverschuldeten Arbeitsunfähigkeit** besteht Anspruch auf unbezahlte Freistellung. Entsprechendes gilt für Maßnahmen der medizinischen Vorsorge und Rehabilitation (Kuren) gem. § 9 EFZG.

132 – Soweit nicht landesrechtliche Regelungen eine ausdrückliche Bestimmung über die Bezahlung von Bildungsurlaub vorsehen, kann ein Anspruch auf unbezahlte Freistellung für die **Dauer des Bildungsurlaubs** bestehen.

cc) Einverständliche und einseitige unbezahlte Freistellung

133 Es steht den Arbeitsvertragsparteien frei, **einverständlich** sowohl die Arbeitsleistung wie auch die Entgeltzahlung vorübergehend auszusetzen. Auf Seiten des Arbeitgebers werden die Gründe für ein derartiges Vorgehen häufig wirtschaftlicher Art sein (zB Arbeitsmangel infolge unzureichenden Absatzes). Für den Arbeitnehmer sind zumeist persönliche Gründe maßgeblich, wie zB ein längerer Auslandsaufenthalt, Wehrdienst in der Heimat, aber auch ein sog. Sabbat-Jahr.

---

1 *Faßhauer*, NZA 1986, 453.

Für den Arbeitnehmer kann als Anspruchsgrundlage für eine unbezahlte Freistellung von der Arbeitsleistung die Fürsorgepflicht des Arbeitgebers in Betracht kommen[1]. Da der Arbeitnehmer aber ohnehin in besonderen Fällen eine bezahlte Freistellung gem. § 616 BGB geltend machen kann, werden für die Durchsetzung einer unbezahlten Freistellung weniger dringende Anlässe ausreichend sein. Andererseits können **betriebliche Belange** dem Freistellungsanspruch entgegenstehen, insbesondere dann, wenn der Arbeitgeber keine Ersatzkraft findet oder deren Einarbeitung mit erheblichen Kosten verbunden wäre. Im Ergebnis führt dies zu einer Abwägung der beiderseitigen Interessen, so dass der Arbeitgeber dem Arbeitnehmer eine unbezahlte Freistellung gewähren muss, wenn ihm in Anbetracht der für den Arbeitnehmer maßgeblichen Gründe die sich aus der Freistellung ergebende Störung des Betriebsablaufs zuzumuten ist. 134

In besonderen Fällen kann der Anspruch auf unbezahlte Freistellung von der Arbeit aus dem Grundsatz der Gleichbehandlung hergeleitet werden. Auch der Gesichtspunkt der betrieblichen Übung kann einen Anspruch auf unbezahlte Freistellung begründen[2].

Zur Einführung von **Kurzarbeit** bei vorübergehenden Arbeitsausfällen s. im Einzelnen unten Rz. 763 und zum **Kurzarbeitergeld** Teil 7 A Rz. 127 ff. 135

Formulierungsbeispiel:

Der Arbeitgeber ist bei Vorliegen der arbeitsförderungsrechtlichen Voraussetzungen berechtigt, die Verkürzung der Arbeitszeit unter Lohnminderung anzuordnen (Kurzarbeit).

Einstweilen frei. 136–138

dd) Auswirkungen

Die Auswirkungen der Befreiung von der Arbeitspflicht richten sich nach der vertraglichen Vereinbarung. Wenn sich die Arbeitsvertragsparteien auf eine unbezahlte Freistellung geeinigt haben, bedeutet das die **Suspendierung („Ruhen")** beider nach dem Arbeitsvertrag gegebenen **Hauptleistungspflichten**, also der Arbeitsleistungspflicht des Arbeitnehmers und der arbeitgeberseitigen Pflicht zur Fortzahlung des Arbeitsentgelts. 139

Im Übrigen bleibt der Arbeitsvertrag bestehen, so dass die **Nebenpflichten** aus dem Arbeitsverhältnis, wie die Schweigepflicht und Wettbewerbsabreden, unverändert weitergelten[3]. Da das Arbeitsverhältnis für den Zeitraum der unbezahlten Freistellung nur ruht, werden derartige Befreiungszeiträume, auch wenn sie sich zB infolge eines sog. Sabbatical über ein Jahr erstrecken, auf die Dauer des Arbeitsverhältnisses weiterhin angerechnet. 140

Erkrankt der Arbeitnehmer während der unbezahlten Freistellung, so hat er nur dann gem. § 9 BUrlG Anspruch auf Entgeltfortzahlung und Krankengeld, wenn die unbezahlte Freistellung Erholungszwecken dient und einem berechtigten Urlaubsbedürfnis des Arbeitnehmers entspricht[4]. Demgemäß besteht auch kein Vergütungsanspruch für einen Feiertag, der in die unbezahlte Freistellung fällt. 141

Ist die Befreiung von der Arbeitspflicht für eine bestimmte Zeit vereinbart worden, so kann **nicht einseitig eine vorzeitige Beendigung** der Freistellung verlangt werden[5]. 142

---

1 LAG Hess. 3.10.1985 – 12 Sa 623/85, NZA 1986, 717; *von Hoyningen-Huene*, NJW 1981, 713 (716).
2 *von Hoyningen-Huene*, NJW 1981, 716.
3 *Faßhauer*, NZA 1986, 453 (454); MünchArbR/*Reichold*, § 37 Rz. 26.
4 BAG 13.8.1980 – 5 AZR 296/78, DB 1981, 479; *von Hoyningen-Huene*, NJW 1981, 713.
5 BAG 6.9.1994 – 9 AZR 221/93, NZA 1995, 953.

143 Trotz Freistellung bleibt es wegen des Fortbestandes des Arbeitsverhältnisses beiden Seiten unbenommen, **das Arbeitsverhältnis zu kündigen**. Allerdings kann sich der Arbeitgeber nur bei veränderten Umständen zur Begründung der Kündigung auf den auch für die Freistellung maßgeblichen Grund berufen.

c) Leistungsstörungen

aa) Begriffe

144 Im Anschluss an *Stoll*[1] nennt man solche Tatumstände Leistungsstörungen, die den Anspruch des Gläubigers beeinflussen, ihn ganz oder teilweise beseitigen, ihn umwandeln, verstärken oder abschwächen, weil die Leistung unterbleibt oder nicht zur richtigen Zeit oder nicht in der richtigen Art und Weise erbracht wird. Dazu zählen das **Unmöglichwerden** der Leistung (§ 275 Abs. 1 BGB und für gegenseitige Verträge zusätzlich § 326 BGB), der **Verzug** des Schuldners (§ 286 BGB), der Gläubigerverzug (§§ 293–304 BGB) und die **positive Forderungsverletzung**/positive Vertragsverletzung (§§ 280 Abs. 1, 241 Abs. 2 BGB)[2].

145 In Bezug auf die Verpflichtungen des Arbeitnehmers fällt unter den Begriff der Leistungsstörungen die **Verletzung der Arbeitspflicht**, indem der Arbeitnehmer die Arbeit verspätet aufnimmt, überhaupt nicht arbeitet oder die Arbeitsleistung mit Mängeln behaftet ist. Man unterscheidet daher arbeitsrechtlich zwischen Nichtleistung und Schlechtleistung der Arbeit.

146 Ist die Arbeitsleistung **von Anfang an unmöglich**, so bleibt gem. § 311a Abs. 1 BGB der Vertrag wirksam. Der Anspruch auf die Leistung ist gem. § 275 BGB ausgeschlossen. Ob diese anfängliche Unmöglichkeit objektiv oder subjektiv ist, also ob die Leistung insgesamt oder nur dem Schuldner unmöglich ist, kann gem. § 275 BGB dahingestellt sein. Eine völlige Unmöglichkeit tritt im Arbeitsverhältnis eigentlich nur dann ein, wenn die Arbeitsleistung von Anfang an endgültig unmöglich ist. Unterbleibt die Arbeitsleistung nur für bestimmte Zeit, handelt es sich also tatsächlich um eine Teilunmöglichkeit (§§ 275 Abs. 1, 326 Abs. 1 Satz 2 BGB).

Da der Arbeitnehmer gem. § 613 Satz 1 BGB die Arbeit im Regelfall persönlich zu leisten hat, fallen subjektive und objektive Unmöglichkeit zusammen, wenn der Arbeitnehmer seine Arbeitsleistung nicht erbringen kann. Diese Unterscheidung ist jedoch nur noch von terminologischem Interesse.

Auch **physisch und psychisch unerbringbare Arbeitsleistungen** führen nicht zur Nichtigkeit des Vertrages. Dazu zählt die Verpflichtung zu einer mehr als 24 Stunden andauernden ärztlichen Tätigkeit (Tag-/Bereitschafts-/Nachtdienst) ohne ausreichende Ruhezeiten[3] und die Verpflichtung zur Arbeitsleistung für einen nicht existierenden Betrieb.

147 Ist die Arbeitsleistung aus **später erst eingetretenen Gründen** nicht vollziehbar, so liegt Unmöglichkeit (§ 275 Abs. 1 BGB) vor. Dabei spielt es keine Rolle, ob die Unmöglichkeit wieder behoben werden kann, denn der Arbeitnehmer schuldet nicht ein bestimmtes Arbeitsergebnis wie der Werkunternehmer gem. § 633 BGB, sondern Arbeit innerhalb bestimmter Zeit. Wenn er einmal einen Tag infolge von Betriebsstörungen, aber auch Verkehrsschwierigkeiten, nicht hat arbeiten können, ist die Arbeit an diesem Tag unmöglich und nicht später nachzuholen. Sieht man einmal von den Fällen der gesetzlichen oder vertraglichen Befreiung von der Arbeitspflicht (zB bei Urlaub, Krankheit oder einverständlicher Arbeitsfreistellung) ab, so gelten für die Vo-

---
1 Die Lehre von den Leistungsstörungen, 1936.
2 Palandt/*Grüneberg*, Vor § 275 BGB Rz. 2.
3 BAG 24.2.1982 – 4 AZR 223/80, AP Nr. 7 zu § 17 BAT.

raussetzungen und Rechtsfolgen der Unmöglichkeit der Schuldnerleistung die §§ 280 ff., § 326 Abs. 1 BGB.

Nimmt der Arbeitnehmer **verspätet** seine Arbeit auf, so befindet er sich grundsätzlich in Leistungsverzug gem. § 286 Abs. 2 Nr. 1 BGB. Dies setzt allerdings die Nachholbarkeit der geschuldeten Leistung voraus[1]. Sofern es um eine bestimmte Arbeitsleistung geht, die durch den betreffenden Arbeitnehmer nachgeholt werden kann (zB bei einer Teilzeitkraft), kommt der Arbeitnehmer also in Verzug, wenn er zu spät zur Arbeit kommt. Handelt es sich aber um wiederkehrende Arbeiten (zB innerhalb eines Produktionsbetriebes) oder muss der Arbeitgeber die nicht zeitgerecht erbrachte Leistung von einer Ersatzkraft ausführen lassen (zB Koch oder Telefonistin), ist also die Arbeitsleistung zeit- und betriebsgebunden, so ist die Verzögerung der Unmöglichkeit gleichzusetzen. Die Arbeitsleistung ist in diesem Falle eine Fixschuld (vgl. § 323 Abs. 2 Nr. 2 BGB)[2]. Soweit aber die Arbeitsleistung nicht mehr nachholbar ist, bildet jede Nachleistung nicht die geschuldete Leistung, sondern „eine Art Naturalersatz"[3]. 148

Positive Forderungsverletzung (§§ 280 Abs. 1, 241 Abs. 2 BGB) liegt grundsätzlich vor, wenn der Arbeitnehmer schuldhaft **nicht vertragsgemäß** arbeitet, zB fehlerhaft oder zu langsam. 149

bb) Nichtleistung der Arbeit – Unmöglichkeit und Verzug

(1) Vom Arbeitnehmer zu vertretende Nichtleistung

Liegt **anfängliche subjektive Unmöglichkeit (Unvermögen)** vor (der Arbeitnehmer hat sich zB schon in einem weiteren Arbeitsvertrag zur Arbeitsleistung verpflichtet, obwohl er noch für einige Zeit aufgrund des bestehenden Arbeitsvertrages zu Montagearbeiten eingesetzt ist), ist also die Arbeitsleistung nicht völlig unerbringbar, trifft den Arbeitnehmer gem. § 311a BGB eine Erfüllungshaftung, und er schuldet unter den Voraussetzungen des § 311a BGB Schadensersatz. Dasselbe gilt im Falle der **nachträglichen Unmöglichkeit, wenn der Arbeitnehmer die Unmöglichkeit der Leistung zu vertreten hat** (zB fehlt der Arbeitnehmer unentschuldigt, hat schuldhaft durch ihn durch den Auftraggeber des Arbeitgebers verhängtes Hausverbot verursacht[4] oder hat trotz noch bestehenden Arbeitsvertrages bereits in einem neuen Arbeitsverhältnis die Arbeit aufgenommen). Zu vertreten hat der Arbeitnehmer die Nichtleistung dann, wenn er vorsätzlich oder fahrlässig die Arbeit nicht erbringt (§ 276 BGB). Dass er die Nichtleistung nicht zu vertreten hat, hat der Arbeitnehmer nach §§ 280 Abs. 1 Satz 2, 286 Abs. 4 BGB zu behaupten und zu beweisen. Meint er irrtümlich, er sei zur Nichtleistung berechtigt, so ist ihm dies als Verschulden zuzurechnen, wenn er bei der Aufklärung der Rechtslage nicht die im Verkehr erforderliche Sorgfalt angewandt hat. Im vorgenannten Beispielsfall der Aufnahme einer anderen Tätigkeit kann sich der Arbeitnehmer nicht damit entschuldigen, er habe die Möglichkeit gehabt, eine andere, besser bezahlte Stelle anzutreten. Er muss wie der Arbeitgeber die Kündigungsfrist einhalten. 150

Von einer schuldhaften Nichtleistung ist dann nicht auszugehen, wenn der Arbeitnehmer **gesetzlich oder vertraglich von der Arbeitspflicht befreit** ist, wie dies für den Urlaub, die Krankheit oder bei einer einverständlichen Freistellung von der Ar- 151

---

1 BGH 9.6.1982 – IVa ZR 9/81, BGHZ 84, 244 (248 f.); 6.2.1985 – VIII ZR 15/84, NJW 1986, 124 (126); Palandt/*Grüneberg*, § 286 BGB Rz. 5.
2 Vgl. im Einzelnen die Darstellung bei MünchArbR/*Reichold*, § 39 Rz. 8–10.
3 *Picker*, JZ 1985, 693 ff. (699 Fn. 113).
4 LAG Bremen 24.8.2000 – 4 Sa 68/00, NZA-RR 2000, 632; anders jedoch, wenn eine anderweitige Beschäftigungsmöglichkeit besteht: LAG Hess. 26.4.2000 – 13 SaGa 3/00, NZA-RR 2000, 633.

beitsleistung der Fall ist (s.a. Rz. 124 ff.). Ausgenommen sind Fälle der grob fahrlässig oder gar vorsätzlich selbst verschuldeten Arbeitsunfähigkeit (selbst provozierte Schlägerei oder unterlassenes Gurtanlegen im Auto)[1].

152 Hat der Arbeitnehmer die **Unmöglichkeit der Arbeitsleistung zu vertreten**, so hat er nach dem Grundsatz „kein Lohn ohne Arbeit" für die Zeit der Nichtleistung auch keinen Anspruch auf das ihm sonst zustehende Entgelt (§ 326 Abs. 1 Satz 1 BGB). Sollte der Arbeitnehmer für die Zeit, für die er schuldhaft vertragswidrig seiner Arbeitspflicht nicht nachgekommen ist, bereits eine Vergütung erhalten haben, so kann der Arbeitgeber das ohne Rechtsgrund gezahlte Arbeitsentgelt gem. § 326 Abs. 4 BGB nach den Vorschriften über den Rücktritt zurückverlangen (s.a. Rz. 644 ff.).

Dem Arbeitgeber stehen bei schuldhafter Nichterfüllung der Arbeitsverpflichtung durch den Arbeitnehmer **folgende Rechte zu:**

153 Der Arbeitgeber kann **auf Erfüllung der Arbeitsleistung klagen**[2]. Es wird jedoch teilweise die Auffassung vertreten, dass wegen § 888 Abs. 3 ZPO aus einem Urteil auf Erbringung einer bestimmten Arbeitsleistung nicht vollstreckt werden darf. Neben seiner Wirkung als moralischer Appell habe ein solches Urteil daher nur die Bedeutung, die Rechtslage zu klären und evtl. die Grundlage für die Durchsetzung eines Schadensersatzanspruchs zu bilden[3].

Dagegen wird von der herrschenden Meinung bzgl. der Vollstreckung eines Urteils auf Erbringung einer bestimmten Arbeitsleistung zwischen **vertretbaren und unvertretbaren Arbeitsleistungen** differenziert. Bei solchen Arbeitsleistungen, bei denen es für den Arbeitgeber unerheblich ist, ob sie der Schuldner oder ein Dritter erfüllt, also bei vertretbaren Arbeitsleistungen, kann der Arbeitgeber gem. § 887 ZPO vom Vollstreckungsgericht ermächtigt werden, einen Dritten auf Kosten des Arbeitnehmers mit der Erbringung der Leistungen zu beauftragen. Gem. § 888 ZPO ist aber die Zwangsvollstreckung ausgeschlossen, wenn die Arbeitsleistung in einer unvertretbaren Tätigkeit besteht. Durch Auslegung des Arbeitsvertrages ist zu ermitteln, ob der Arbeitgeber im Einzelfall ein besonderes Interesse daran hat, dass gerade der Schuldner die Arbeitsleistung erbringt, somit eine unvertretbare Handlung vorliegt. Einen Anhaltspunkt für die Vertretbarkeit kann die sonst übliche Überbrückung von Arbeitsausfällen des Schuldners in der Vergangenheit bieten (zB durch befristet eingestellte Vertretungskräfte).

154 Die Klage auf Arbeitsleistung kann mit dem Antrag gem. § 61 Abs. 2 Satz 1 ArbGG verbunden werden, den Arbeitnehmer für den Fall, dass er seine Arbeitsleistung nicht binnen einer bestimmten Frist erbringt, zur **Zahlung einer Entschädigung** zu verurteilen. Die Höhe der Entschädigung ist vom Arbeitsgericht nach freiem Ermessen festzusetzen. Gem. § 61 Abs. 2 Satz 2 ArbGG ist in diesem Fall jedoch eine Zwangsvollstreckung nach den §§ 887 und 888 ZPO ausgeschlossen[4].

155 Unter den Voraussetzungen des § 256 ZPO kann der Arbeitgeber auch die gerichtliche **Feststellung** beantragen, dass das Arbeitsverhältnis fortbesteht[5].

156 Der Anspruch auf Arbeitsleistung kann nach herrschender Auffassung auch **im Wege der einstweiligen Verfügung** durchgesetzt werden. Ebenso wie bei der Leistungsklage im sog. Hauptverfahren nicht die idR fehlende Vollstreckbarkeit einem Rechtsschutzbedürfnis entgegensteht, gilt für eine einstweilige Verfügung, dass das summarische

---

1 BAG 7.10.1981 – 5 AZR 338/79 u. 7.10.1981 – 5 AZR 1113/79, AP Nr. 45 und 46 zu § 1 LohnFG.
2 BAG 2.12.1965 – 2 AZR 91/65, AP Nr. 27 zu § 620 BGB – Befristeter Arbeitsvertrag.
3 *Zöllner/Loritz/Hergenröder*, § 13 V.
4 BAG 23.5.1984 – 4 AZR 129/82, NZA 1984, 255.
5 BAG 24.10.1996 – 2 AZR 845/95, DB 1997, 636.

II. Verpflichtungen des Arbeitnehmers

einstweilige Verfügungsverfahren die Rechtslage klärt und den Arbeitnehmer nachdrücklich auf seine Vertragspflichten hinweist[1].

Dagegen kann der Arbeitgeber seinen vertragsbrüchigen Arbeitnehmer nicht durch Urteil oder einstweilige Verfügung dazu zwingen, die inzwischen bei einem anderen Arbeitgeber **aufgenommene Tätigkeit zu unterlassen**[2]. Ausschließlich in den Fällen, in denen über den bloßen Vertragsbruch hinaus ein besonderes Interesse des Arbeitgebers an der Unterlassung der vertragswidrig bei dem Dritten aufgenommenen Tätigkeit besteht, wie zB bei gesetzlichen und vertraglichen Wettbewerbsverboten, kommt ein solcher Unterlassungsanspruch in Betracht[3]. Nur unter ganz engen Voraussetzungen kann darüber hinaus der fremde Arbeitgeber gezwungen werden, den vertragsbrüchigen Arbeitnehmer nicht weiter zu beschäftigen. Ein dahingehender Unterlassungsanspruch besteht nach herrschender Meinung nur dann, wenn die Voraussetzungen sittenwidrigen Verhaltens (§ 826 BGB) oder unlauteren Wettbewerbs (§ 3 UWG) erfüllt sind[4].

Hat der Arbeitnehmer die Nichtleistung zu vertreten, so kann der Arbeitgeber **Schadensersatz wegen Nichterfüllung** nach §§ 280 Abs. 3, 283 iVm. § 249 BGB verlangen, soweit ihm ein Schaden entstanden ist. Infolge der Unmöglichkeit hat der Arbeitnehmer für den entstandenen Schaden grundsätzlich gem. § 251 BGB Geldersatz zu leisten. Er hat die durch die Nichtleistung der Arbeit adäquat kausal verursachten Schäden zu ersetzen. Dazu gehören die nach dem Arbeitgeberaufwand berechnete Differenz zwischen der Vergütung des Arbeitnehmers und dem Entgelt der für ihn eingestellten Ersatzkraft sowie der Mehrvergütung für Kollegen, die den Arbeitsausfall durch Überstunden ausgeglichen haben. Der Arbeitnehmer ist dabei maximal zum Ersatz desjenigen Schadens verpflichtet, der bei Einhaltung der Kündigungsfrist nicht entstanden sein würde[5]. Nach der Rechtsprechung soll dem Arbeitgeber auch dann ein Schadensersatzanspruch zustehen, wenn der Ausfall der Arbeitskraft durch größere Anstrengung der übrigen Arbeitnehmer in der normalen Arbeitszeit aufgefangen worden ist[6].

Der Arbeitgeber muss sich aber in all diesen Fällen den **ersparten Lohnaufwand** im Wege der Vorteilsausgleichung **anrechnen** lassen. Außerdem ist der Ersatzanspruch stets auf die Zeit bis zum ersten ordentlichen Kündigungstermin des Arbeitnehmers beschränkt (auf sog. Verfrühungsschaden).

Neben dem durch Aufholen des Arbeitsausfalls entstandenen Mehraufwand schuldet der vertragsbrüchige Arbeitnehmer auch den infolge des Arbeitsausfalls entstandenen **Vermögensschaden des Arbeitgebers**. Dazu können die wegen der Auftragsverspätung verfallene Konventionalstrafe[7] oder Fahrtkosten für eine Ersatzkraft gehören, soweit sie durch den Vertragsbruch des Arbeitnehmers veranlasst worden sind. Sofern es zu einem Produktionsausfall infolge der Nichtleistung der Arbeit gekommen ist, kann der Arbeitgeber den entgangenen Gewinn ersetzt verlangen[8]. Eine Schadensersatzpflicht kann sich auch daraus ergeben, dass der Arbeitgeber im Vertrauen auf die ver-

---

1 LAG Bremen 9.11.1955 – Ta 15/55, BB 1955, 1089; 17.4.1964 – 1 Sa 22/64, BB 1964, 1486; ArbG Düsseldorf 12.7.1979 – 3 Ga 10/79, BB 1979, 1245; aA LAG Hess. 19.10.1989 – 3 SaGa 1120/89, NZA 1990, 614; LAG Hamburg 18.7.2002 – 3 Ta 18/02, DB 2002, 2003.
2 LAG Bremen 9.11.1955 – Ta 15/55, BB 1955, 1089; 17.4.1964 – 1 Sa 22/64, BB 1964, 1486; ArbG Düsseldorf 12.7.1979 – 3 Ga 10/79, BB 1979, 1245.
3 BAG 17.10.1969 – 3 AZR 442/68, AP Nr. 7 zu § 611 BGB – Treuepflicht.
4 S. dazu auch OLG Frankfurt 16.12.1993 – 6 U 190/93, BB 1994, 376.
5 BAG 14.9.1984 – 7 AZR 11/82, AP Nr. 10 zu § 276 BGB – Vertragsbruch.
6 BAG 24.4.1970 – 3 AZR 324/69, AP Nr. 5 zu § 60 HGB mit zust. Anm. von *Weitnauer/Emde*; *Kraft*, NZA 1989, 777 (779).
7 LAG Düsseldorf 19.10.1967 – 2 Sa 354/67, DB 1968, 90.
8 BAG 27.1.1972 – 2 AZR 172/71, AP Nr. 2 zu § 252 BGB; LAG Düsseldorf 19.10.1967 – 2 Sa 354/67, DB 1968, 90.

traglich zugesagte Arbeitsaufnahme erhebliche Aufwendungen gemacht hat, der Arbeitnehmer jedoch ohne Benachrichtigung die Arbeit überhaupt nicht antritt[1]. Auch hinsichtlich des Ersatzes der Aufwendungen für die Suche nach einer Aushilfe oder einem Nachfolger gilt die inzwischen von der Rechtsprechung aufgestellte Eingrenzung auf den sog. **Verfrühungsschaden**. Der Arbeitnehmer ist somit nur zum Ersatz desjenigen Schadens verpflichtet, der bei Einhaltung der Kündigungsfrist nicht entstanden wäre[2]. Für zusätzlich aufgewandte Insertionskosten hat deshalb der Arbeitnehmer bei Vertragsbruch nur dann Ersatz zu leisten, wenn diese Kosten bei Einhaltung der Kündigungsfrist vermieden worden wären[3]. Auch die Aufwendungen für eine Personal- bzw. Unternehmensberatung zwecks Suche eines Arbeitnehmers sind in aller Regel ohne Rücksicht darauf angefallen, ob der Arbeitnehmer überhaupt den Anstellungsvertrag abschließt oder ob er den Anstellungsvertrag eine gewisse Mindestzeit ordnungsgemäß erfüllt. Diese Kosten stehen mithin in keinem kausalen Zusammenhang zu dem vertragsbrüchigen Nichtantritt der Stelle. Dasselbe gilt für Aufwendungen für ein Vorstellungsgespräch.

Anders verhält es sich dann, wenn die Aufwendungen durch den vertragsbrüchigen Arbeitnehmer selbst veranlasst wurden oder wenn es sich um Leistungen bzw. Maßnahmen gerade aufgrund des Vertrages für diesen Arbeitnehmer handelt, wie zB der Druck von Visitenkarten.

160 Sofern der Arbeitnehmer mit seiner Arbeitsleistung **in Verzug gerät** (dies setzt die Nachholbarkeit der Leistung voraus), kann der Arbeitgeber gem. § 281 Abs. 1 BGB Erfüllung, also Nachholung der unterbliebenen Arbeitsleistung verlangen. Er kann dafür den Arbeitnehmer nach § 281 Abs. 3 BGB abmahnen und die Ablehnung der Leistung androhen. Holt der Arbeitnehmer die Leistung nicht nach oder ist dies ausgeschlossen, kann der Arbeitgeber Schadensersatz wegen Nichterfüllung verlangen.

Darüber hinaus verbleibt dem Arbeitgeber die Möglichkeit, gem. § 280 Abs. 2 BGB den sog. **Verspätungsschaden/Verzögerungsschaden** geltend zu machen. Hierzu kann insbesondere eine Konventionalstrafe gehören, die den Arbeitgeber trifft, weil er aufgrund der nicht rechtzeitigen Arbeitsleistung durch den Arbeitnehmer verspätet liefert[4].

161 Sofern vertraglich vereinbart, kann die Nichtleistung auch zu einer **Kürzung von freiwilligen Sonderleistungen** des Arbeitgebers führen, so zur Kürzung einer sog. Anwesenheitsprämie; s. Rz. 478 ff.

162 Verschiedentlich sehen Arbeitsverträge oder Tarifverträge als Sanktionen gegen die Nichtleistung **Vertragsstrafen** vor. Zu den näheren Einzelheiten und zur Zulässigkeit s. Teil 2 J.

163 Der Arbeitgeber kann schließlich das mit dem vertragsbrüchigen Arbeitnehmer bestehende Arbeitsverhältnis gem. § 626 BGB **außerordentlich kündigen**. Diese außerordentliche fristlose Kündigung tritt im Arbeitsverhältnis an die Stelle des bei Unmöglichkeit dem anderen Vertragsteil gem. § 326 Abs. 5 BGB zustehenden Rücktrittsrechts.

Nicht jede Nichtleistung durch den Arbeitnehmer berechtigt allerdings zur außerordentlichen fristlosen Kündigung. Nur wenn sich aus den weiteren Umständen ergibt, dass der **Vertragsbruch vorsätzlich** erfolgt ist, kann sich dies als „wichtiger Grund" iSd. § 626 Abs. 1 BGB darstellen und eine vorhergehende Abmahnung über-

---

1 BAG 14.9.1984 – 7 AZR 11/82, BB 1985, 932.
2 BAG 14.9.1994 – 7 AZR 11/82, AP Nr. 10 zu § 276 BGB – Vertragsbruch.
3 BAG 26.3.1981 – 3 AZR 485/78 u. 23.3.1984 – 7 AZR 37/81, AP Nr. 7 und 8 zu § 276 BGB – Vertragsbruch.
4 LAG Düsseldorf 19.10.1967 – 2 Sa 354/67, DB 1968, 90.

flüssig machen[1]. Ggf. kommt nur eine ordentliche, also fristgemäße Kündigung oder eine Abmahnung in Betracht.

Wird das Arbeitsverhältnis wegen vertragswidrigen Verhaltens des Arbeitnehmers fristlos gekündigt, so kann der Arbeitgeber außerdem gem. § 628 Abs. 2 BGB den sog. **Auflösungsschaden** ersetzt verlangen. § 628 Abs. 2 BGB räumt dem Arbeitgeber den Schadensersatzanspruch trotz Beendigung des Arbeitsverhältnisses ein. Dem entspricht § 325 BGB. 164

§ 628 Abs. 2 BGB wird entsprechend angewandt, wenn das Arbeitsverhältnis durch Aufhebungsvertrag (sofern der Anspruch auf Schadensersatz wegen Auflösungsverschuldens vorbehalten wurde) oder ordentliche Kündigung beendet worden ist und ein schuldhaftes vertragswidriges Verhalten vorausgeht, weswegen der Arbeitgeber hätte fristlos kündigen können[2]. Es muss also ein zur außerordentlichen Kündigung berechtigender wichtiger Grund nach § 626 Abs. 1 BGB vorliegen. Sofern es sich nicht um eine besonders schwerwiegende Pflichtverletzung handelt, muss der Beendigung eine vergebliche Abmahnung vorausgehen. Im Falle des § 628 Abs. 2 BGB hat der Arbeitnehmer den dem Arbeitgeber aufgrund der vorzeitigen Vertragsbeendigung entstandenen Schaden zu ersetzen, dh. das volle Erfüllungsinteresse[3].

(2) Vom Arbeitnehmer nicht zu vertretende Nichtleistung

Ist die **Arbeitsleistung aus Gründen, die der Arbeitnehmer nicht zu vertreten hat, unmöglich**, zB infolge von Betriebsstörungen oder Naturkatastrophen, so wird er von seiner Verpflichtung zur Arbeitsleistung gem. § 275 Abs. 1 BGB frei. In derartig gelagerten Fällen, in denen auch dem Arbeitgeber kein Vorwurf dafür gemacht werden kann, dass die Arbeitsleistung unterbleiben muss, entfällt gem. § 326 Abs. 1 BGB grundsätzlich der Vergütungsanspruch. Dies gilt aber nur in den Fällen, in denen die Unmöglichkeit keiner Vertragsseite zuzurechnen ist, zB wenn Arbeitswillige im bestreikten Betrieb nicht beschäftigt werden können[4]. Ansonsten ergibt sich bereits aus den §§ 615, 616 BGB, dass die grundsätzliche Regelung des § 326 Abs. 1 BGB durch arbeitsrechtliche Sondervorschriften und -grundsätze eingeschränkt ist. Bei Arbeitsausfällen in Folge von Naturkatastrophen bedarf es für die Untersuchung des Schicksals des Lohnanspruch nicht einer Behelfskonstruktion über § 670 BGB. da sich der Fall dogmatisch überzeugend auf Basis der Betriebsrisikolehre lösen lässt[5]. – Zum Annahmeverzug des Arbeitgebers, zur Vergütungspflicht bei vorübergehender Verhinderung des Arbeitnehmers und zur Entgeltfortzahlungspflicht im Krankheitsfall s. Teil 2 B. 165

Hat der **Arbeitgeber** die Unmöglichkeit der Arbeitsleistung **zu vertreten**, indem er zB den Arbeitnehmer versehentlich morgens nicht zur Montagearbeit wie verabredet abholt, so wird der Arbeitnehmer von der Arbeitsleistung frei, behält aber gem. § 326 Abs. 2 BGB den Anspruch auf die Vergütung. 166

(3) Von keiner Seite zu vertretende Nichtleistung/Betriebsrisiko

Wird die **Arbeitsleistung aus objektiven Gründen unmöglich, die keiner Seite zuzurechnen sind**, wie zB bei wetterbedingtem Verkehrschaos oder einer Naturkatastro- 167

---

1 *Kraft*, NZA 1989, 777 (780).
2 BAG 10.5.1971 – 3 AZR 126/70, AP Nr. 6 zu § 628 BGB; 11.2.1981 – 7 AZR 12/79, AP Nr. 8 zu § 4 KSchG 1969; LAG Düsseldorf 29.8.1972 – 8 Sa 310/72, DB 1972, 1879.
3 MünchArbR/*Reichold*, § 39 Rz. 41.
4 BAG 11.7.1995 – 1 AZR 161/95, BB 1996, 216: Dies gilt auch, wenn Arbeitswillige nur deshalb nicht beschäftigt werden, weil der Arbeitgeber den bestreikten Betrieb ganz stillgelegt hat, BAG 31.1.1995 – 1 AZR 142/94, BB 1996, 214.
5 *Pötters/Traut*, DB 2011, 1751.

phe, so liegt eine von keiner Seite zu vertretende Unmöglichkeit vor. Die gesetzliche Folge besteht darin, dass der Arbeitnehmer von seiner Arbeitspflicht frei wird und seinen Vergütungsanspruch verliert. Treffen allgemeine und persönliche Hindernisse zusammen, bleibt es bei der „normalen Risikoverteilung" der §§ 275, 326 Abs. 1 BGB, weil die Arbeitsverhinderung auch ohne die persönliche Unmöglichkeit bestanden hätte[1].

In der Bauwirtschaft werden witterungsbedingte Arbeitsausfälle im Winter durch das Saison-Kurzarbeitergeld ausgeglichen.

168 Davon zu unterscheiden ist eine **betriebs- und wirtschaftsbedingte Unmöglichkeit**, wie zB in dem Fall, dass die Maschinen wegen Stromausfalls nicht betrieben werden können. Da grundsätzlich die Arbeitnehmer nur verpflichtet sind, ihre Arbeitskraft als solche zur Verfügung zu stellen, wären sie in dieser Situation in der Lage, ihre Arbeit aufzunehmen. Der sinnvolle Einsatz scheitert daran, dass der Arbeitgeber die ihm obliegende Mitwirkungshandlung nicht erbringen kann, weil die Maschinen infolge des Stromausfalls nicht in Betrieb gesetzt werden können. Dies hat grundsätzlich zur Folge, dass der Arbeitgeber in Annahmeverzug gerät und deshalb die Arbeitnehmer gem. § 615 BGB die Vergütung verlangen können, ohne zur Nachleistung verpflichtet zu sein. Dies folgt aus der ausdrücklichen gesetzlichen Regelung des § 615 Satz 3 BGB, wonach § 615 Sätze 1 und 2 BGB entsprechend gelten, wenn der Arbeitgeber das Risiko des Arbeitsausfalls trägt.

169 Wie auch in § 615 Satz 3 BGB normiert, trägt nach den Grundsätzen der Betriebsrisikolehre der Arbeitgeber das Vergütungsrisiko bei fehlender Beschäftigungsmöglichkeit infolge von Betriebsstörungen. Dies gilt selbst dann, wenn die Störung im Betriebsablauf nicht aus einer vom Arbeitgeber beeinflussbaren Gefahrenzone kommt, sondern auf Witterungseinflüssen beruht[2]. Auch in diesem Fall bleibt er zur Zahlung des Arbeitsentgelts verpflichtet. Im Hinblick auf das vom Arbeitgeber zu tragende Betriebsrisiko behält der Arbeitnehmer somit seinen Vergütungsanspruch, selbst wenn die Beschäftigungsmöglichkeit aus vom Arbeitgeber nicht zu vertretenden Gründen unmöglich geworden ist. Der Arbeitgeber kann sich von dieser Pflicht zur Zahlung des Entgelts nur durch betriebsbedingte Kündigung lösen.

Die Grundsätze über das Betriebsrisiko gelten auch für **Telearbeit**, wenn es am häuslichen Arbeitsplatz zu technischen Störungen kommt[3]. – Zu den **Grundsätzen über das sog. Betriebsrisiko** und deren Auswirkungen s. Teil 2 B Rz. 71 ff.

170 Zur streikbedingten Nichtleistung und zum Vergütungsrisiko bei Störungen infolge von **Arbeitskämpfen** s. Teil 2 B Rz. 76 ff.

cc) Schlechtleistung der Arbeit

171 Der Arbeitnehmer schuldet aufgrund des Arbeitsvertrages grundsätzlich keinen bestimmten Arbeitserfolg. Er schuldet ein „Wirken", nicht das „Werk". Seine Verpflichtung besteht darin, unter angemessener Ausschöpfung seiner persönlichen Leistungsfähigkeit die eigene Arbeitskraft während der vereinbarten Arbeitszeit im Rahmen der vertraglichen und gesetzlichen Grenzen zur Leistung der „versprochenen Dienste" einzusetzen[4]. Er **schuldet** grundsätzlich **keine bestimmte Quantität oder Qualität der Arbeitsleistung**. Die Arbeitsquantität wird entsprechend dem individuellen Bezug des Arbeitsverhältnisses (§ 613 Satz 1 BGB) vom persönlichen Leistungsvermögen des Arbeitnehmers bestimmt, soweit nicht Abweichungen vereinbart sind. Auch

---

1 MünchArbR/*Reichold*, § 39 Rz. 23.
2 BAG 9.7.2008 – 5 AZR 810/07, NJW 2008, 3803.
3 *Wedde*, NJW 1999, 527 (533).
4 BAG 11.12.2003 – 2 AZR 667/02, DB 2004, 1506; *Maschmann*, NZA Beilage 1/2006, 13.

die Qualität wird subjektiv beurteilt, indem der Arbeitnehmer die ihm übertragene Arbeit sorgfältig und konzentriert ausführen muss. „Der Arbeitnehmer muss tun, was er soll, und zwar so gut, wie er kann[1]." Es ist ihm nicht gestattet, das Verhältnis von Leistung und Gegenleistung einseitig nach seinem Belieben zu bestimmen[2]. Umfang und Qualität der Leistungspflicht lassen sich nach dem Anforderungsprofil des Arbeitsplatzes messen, das der Arbeitgeber durch seine Festlegungen bestimmt[3]. In Zahlen gemessene Arbeitserfolge können über die Frage, ob der Arbeitnehmer seine persönliche Leistungsfähigkeit ausschöpft, dann etwas aussagen, wenn sie unter in etwa gleichen Bedingungen erzielt werden. Jeder Arbeitnehmer, der sich am Durchschnitt messen lassen soll, muss in etwa die gleiche Chance haben, durchschnittliche Erfolge zu erzielen[4].

Zeigt die Arbeitsquantität Mängel infolge mangelnder Arbeitsintensität bzw. Minderleistung oder zeigen sich aufgrund unsorgfältiger Arbeitsausführung Qualitätsmängel, weicht also die Arbeitsleistung von der geschuldeten ungünstig ab, so liegt eine **Schlechterfüllung der Arbeitsleistung** vor. Eine Schlechtleistung liegt weiterhin vor, wenn der Arbeitnehmer das Eigentum des Arbeitgebers beschädigt oder eine andere Arbeitsleistung als die geschuldete erbringt. 172

Da sich die Frage der einwandfreien Arbeitsleistung nach den persönlichen Fähigkeiten und Leistungsvermögen richtet und der Arbeitsvertrag nicht die Herstellung eines bestimmten Leistungserfolgs beinhaltet, weist das Arbeitsrecht bzw. das im BGB geregelte Dienstvertragsrecht **keine Gewährleistungsvorschriften** auf. Daher kann der Arbeitgeber, wenn der Arbeitnehmer unverschuldet eine qualitativ oder quantitativ unzureichende Leistung erbringt, die Arbeitsvergütung nicht mindern oder zurückhalten[5]. Fordert der Arbeitgeber den Arbeitnehmer zur Nachbesserung auf, so ist auch die hierfür erforderliche Zeit zu vergüten, uU sogar mit Zuschlägen, wenn sie Überstunden erfordert. 173

Im Zusammenhang mit Akkord- oder Prämienentlohnung findet sich aber häufig die von der Rechtsprechung anerkannte Vereinbarung, dass **nur mängelfreie Arbeit bezahlt** wird („Nur einwandfreie Stücke werden vergütet")[6]. Allerdings muss dem Arbeitnehmer der Nachweis offen bleiben, dass der Fehler nicht auf seine Arbeitsleistung zurückzuführen ist, sondern auf Umständen beruht, die in den Verantwortungsbereich des Arbeitgebers fallen (zB fehlerhaftes Material). 174

Eine **Lohnminderung** gem. §§ 275 Abs. 1, 326 Abs. 1 Satz 1 Halbs. 2 BGB kommt auch bei **verschuldeter** Schlechtleistung idR nicht in Betracht, da die Bestimmung des § 326 Abs. 1 Satz 2 BGB entgegensteht. Danach behält der Schuldner (Arbeitnehmer) seinen Anspruch auf die Gegenleistung, wenn er eine nicht vertragsgemäße Leistung erbracht hat und ihm eine Nacherfüllung unmöglich ist. Zur Nacherfüllung ist der Arbeitnehmer grundsätzlich nicht in der Lage, da er seine Leistung täglich aufs Neue zu erbringen hat, die Arbeitspflicht also Fixschuldcharakter hat. Eine Lohnminderung kann daher nur in Ausnahmefällen in Betracht kommen. Dazu können neben Regelungen bei Akkord- oder Prämienentlohnung eine verschuldete tatsächliche Teil-Nichterfüllung (unberechtigte Arbeitspausen) und die rechtsmissbräuchliche Ausnutzung eines absoluten Kündigungsschutzes (eine unter Mutterschutz stehende Arbeitnehmerin leistet bewusst weniger)[7] gehören. 175

---

1 BAG 17.1.2008 – 2 AZR 536/06, NZA 2008, 693.
2 BAG 17.1.2008 – 2 AZR 536/06, NZA 2008, 693.
3 *Tschöpe*, BB 2006, 213.
4 BAG 27.11.2008 – 2 AZR 675/07, NZA 2009, 842.
5 BAG 18.7.2007 – 5 AZN 610/07, BB 2007, 1903.
6 BAG 15.3.1960 – 1 AZR 301/57, AP Nr. 13 zu § 611 BGB – Akkordlohn.
7 BAG 17.7.1970 – 3 AZR 423/69, AP Nr. 3 zu § 11 MuSchG.

176 Im Ergebnis folgt daher nach herrschender Ansicht die **Haftung** aus **positiver Vertragsverletzung** (§§ 280 Abs. 1, 241 Abs. 2 BGB), und zwar sowohl für den Fall der qualitativen wie auch der zeitlichen Schlechterfüllung der Arbeitsleistung selbst wie auch der zu erfüllenden Nebenpflichten. Demzufolge kann der Arbeitgeber vom Arbeitnehmer Schadensersatz verlangen, wenn dieser seine arbeitsvertraglichen Pflichten verletzt (zB mangelhafte Leistungen erbringt), er die Vertragsverletzung zu vertreten hat, dem Arbeitgeber ein Schaden erwächst und zwischen Vertragsverletzung und Schaden ein kausaler Zusammenhang besteht[1]. Für die Beweislast gilt § 619a BGB, dh. der Arbeitgeber hat nicht nur die Pflichtverletzung, sondern abweichend von § 280 Abs. 1 BGB auch zu beweisen, dass der Arbeitnehmer diese zu vertreten hat. Darüber hinaus kommt eine Haftung des Arbeitnehmers aus **Delikt** (§ 823 BGB) in Betracht, wenn er schuldhaft im Zuge der Nichtleistung gem. § 823 BGB geschützte Rechtsgüter des Arbeitgebers verletzt.

177 Der Arbeitgeber kann mit seiner Schadensersatzforderung gegen den Vergütungsanspruch des Arbeitnehmers unter Beachtung der Pfändungsfreigrenze gem. § 394 BGB **aufrechnen** (s. Rz. 588 ff.).

178 Vom Arbeitnehmer zu vertretende Schlechtleistungen können zudem eine **Kündigung**, im Ausnahmefall auch eine außerordentliche fristlose Kündigung, rechtfertigen. Eine personenbedingte Kündigung wegen Minderleistung setzt nicht voraus, dass der Arbeitnehmer gegen die subjektiv zu bestimmende Leistungspflicht verstößt. Es kommt darauf an, ob die Arbeitsleistung die berechtigte Erwartung des Arbeitgebers von der Gleichwertigkeit der beiderseitigen Leistungen in einem Maße unterschreitet, dass ihm ein Festhalten an dem (unveränderten) Arbeitsvertrag unzumutbar wird[2].

Regelmäßig wird aber auch eine ordentliche fristgemäße Kündigung wegen Schlechtleistung erst nach einer Abmahnung in Betracht kommen. Dabei ist zu berücksichtigen, dass ein verständiger Arbeitgeber mit einmaligen oder gelegentlich vorkommenden Fehlleistungen rechnen muss[3].

2. Rücksichtnahme-/Treuepflicht – Allgemeine Interessenwahrnehmungs- und Unterlassungspflichten

a) Allgemeiner Inhalt der sog. Rücksichtnahme-/Treuepflicht

179 Das Arbeitsverhältnis erschöpft sich nicht in dem bloßen Austauschen von Leistung und Gegenleistung (Arbeit gegen Entgelt). Aus der Tatsache, dass es sich um ein Dauerschuldverhältnis handelt, ergeben sich vielmehr **für beide Seiten weiter gehende** Pflichten[4]. Diese Nebenpflichten wurden allgemein auf der Arbeitgeberseite unter dem Begriff „**Fürsorgepflicht**" und auf Arbeitnehmerseite unter dem Begriff „**Treuepflicht**" zusammengefasst. Hierbei geht es nicht um die geschuldete Leistung selbst, sondern darum, die Rechte und sonstigen Güter des Vertragspartners zu schützen. Die sich aus § 241 Abs. 2 BGB ergebende vertragliche Nebenpflicht zur **Rücksichtnahme** ist insbesondere im Zusammenhang mit Meinungsäußerungen bedeutsam[5].

180 Nicht nur für die Hauptleistungspflichten, sondern auch für die Nebenpflichten gilt darüber hinaus § 242 BGB. Danach hat jeder Schuldner „die Leistung so zu bewirken, wie Treu und Glauben mit Rücksicht auf die Verkehrssitte es erfordern". Die Rück-

---

1 BAG 18.7.2007 – 5 AZN 610/07, BB 2007, 1903.
2 BAG 11.12.2003 – 2 AZR 667/02, DB 2004, 1506; 3.6.2004 – 2 AZR 386/03, NZA 2004, 1380; kritisch hierzu *Maschmann*, NZA Beilage 1/2006, 13.
3 Zum Umgang mit „Low Performern" s. *Gaul/Süßbrich*, ArbRB 2005, 82.
4 BAG 22.8.1974 – 2 ABR 17/74, AP Nr. 1 zu § 103 BetrVG 1972.
5 BAG 24.6.2004 – 2 AZR 63/03, NZA 2005, 158.

II. Verpflichtungen des Arbeitnehmers

sichtnahme-/Treuepflicht umschrieb über die primäre Leistungspflicht der Erbringung der Arbeitsleistung die selbständigen Nebenpflichten der Wahrung von Treu und Glauben und der Loyalitätspflichten, die für den Arbeitnehmer darin bestehen, die betrieblichen Interessen und die Interessen des Arbeitgebers zu wahren und Maßnahmen zu unterlassen, die den Arbeitgeber oder den Betrieb schädigen könnten[1].

Die Rücksichtnahme-/Treuepflicht ist eine Nebenpflicht eines synallagmatischen Vertrages. Demnach sind die §§ 320 ff. BGB auf sie anwendbar. Die Rechtsfolgen entsprechen also denen bei der Verletzung der Hauptpflicht.

Der **Umfang und die Grenzen der Rücksichtnahme-/Treuepflicht** und der daraus resultierenden Nebenpflichten werden durch die Art der ausführenden Tätigkeit bestimmt. Je mehr Verantwortung die Tätigkeit mit sich bringt, desto weiter wird der Umfang der Rücksichtnahme-/Treuepflicht. Auch ihre Intensität wird stärker, so dass an die Einhaltung der obliegenden Nebenpflichten strengere Anforderungen gestellt werden können. Aber auch aus der Dauer des Arbeitsverhältnisses sowie aus den ggf. bestehenden engen Beziehungen zu dem Betriebsinhaber kann der Inhalt der Rücksichtnahme-/Treuepflicht eine stärkere Bedeutung gewinnen. Schließlich kann auch die Art der geschuldeten Arbeitsleistung den Inhalt und den Umfang der Rücksichtnahme-/Treuepflichten beeinflussen; so werden zB an einen Mitarbeiter der Personalabteilung ganz andere Erwartungen an die Verschwiegenheitspflicht geknüpft als an den Schlosser innerhalb des Fertigungsbereiches. **181**

Aufgrund ihrer Bedeutung in der Praxis können die sich aus der Rücksichtnahme-/ Treuepflicht ergebenden Nebenpflichten unterschieden werden in Interessenwahrnehmungs-(Handlungs-) und Unterlassungspflichten.

Da der Begriff der Rücksichtnahme-/Treuepflicht nur die sich aus dem Arbeitsverhältnis ergebenden Nebenpflichten umschreibt, bedeutet diese Pflicht nicht, dass der Arbeitnehmer seine **persönlichen Interessen** der Rücksichtnahme-/Treuepflicht hintanstellen muss. So setzen insbesondere die Grundrechte aus Art. 2 (Allgemeines Persönlichkeitsrecht), Art. 4 (Gewissensfreiheit), Art. 5 (Recht der freien Meinungsäußerung), Art. 9 (Vereinigungsfreiheit) und Art. 12 GG (Berufsfreiheit) der von dem Arbeitnehmer zu beachtenden Rücksichtnahme-/Treuepflicht zumindest kraft mittelbarer Anwendung Grenzen. Demgemäß ist ein Arbeitnehmer nicht gehindert, seine Interessen mit den gesetzlich zulässigen Mitteln auf Kosten des Arbeitgebers zu verfolgen, indem er zB unter Zusammenschluss mit anderen Arbeitskollegen bessere Arbeitsbedingungen durchzusetzen versucht. **182**

Aus dem Gesichtspunkt der angebahnten Vertragsverhandlungen kann sich auch schon eine **vorvertragliche Rücksichtnahme-/Treuepflicht** auswirken, so zB zur Offenbarung von weiteren Beschäftigungsverhältnissen bei der Einstellung eines sog. geringfügig Beschäftigten oder zur Offenbarung von körperlichen Einschränkungen, wenn diese offensichtlich Auswirkungen auf den vorgesehenen Arbeitseinsatz haben[2]. **183**

Andererseits wirkt die Rücksichtnahme-/Treuepflicht **über die Beendigung des Arbeitsverhältnisses hinaus** fort, wie zB die aus der Rücksichtnahme-/Treuepflicht resultierende Verschwiegenheitspflicht. Sie wäre wertlos, wenn sie nur an die formelle Dauer des Arbeitsvertrages gebunden wäre. Als weitere Beispiele der nachwirkenden arbeitsvertraglichen Rücksichtnahme-/Treuepflicht sind zu nennen die Auskunftspflicht von leitenden Angestellten und die Pflicht zur Zustimmung zu Übertragungsvereinbarungen durch Versorgungsberechtigte bei Liquidation[3]. Eine Ausnahme bil- **184**

---
1 BGH 17.12.1953 – 4 StR 483/53, AP Nr. 1 zu § 611 BGB – Treuepflicht.
2 *Zöllner/Loritz/Hergenröder*, § 14 VII 1.
3 S. dazu *Kemper*, DB 1995, 373 (376).

det das nachvertragliche Wettbewerbsverbot. Dieses ist gem. § 74 HGB nur dann wirksam, wenn es schriftlich vereinbart ist und eine Karenzentschädigung vorsieht.

185 Eine **allgemeine Erledigungserklärung** in einer Auflösungsvereinbarung hat auf die Nachwirkung der aus der Rücksichtnahme-/Treuepflicht entstehenden Nebenpflichten keinen Einfluss. Mit der Erledigungserklärung werden nur die Hauptpflichten, also die etwaigen noch bestehenden primären Leistungspflichten aus dem Arbeitsverhältnis und seiner Beendigung geregelt.

186 Abgesehen davon, dass die Rücksichtnahmepflicht auf § 241 Abs. 2 BGB beruht und die Treuepflicht generell aus § 242 BGB hergeleitet wird, können sich die Nebenpflichten im Einzelnen **auch aus dem Arbeitsvertrag selbst, einer Betriebsvereinbarung oder einem Tarifvertrag sowie aus Gesetz** (zB Datenschutz) ergeben.

b) Interessenwahrnehmungspflichten

aa) Schutz der betrieblichen Ordnung und Betriebsmittel

187 Gegenüber dem Arbeitgeber besteht die **Pflicht zur Wahrung des Unternehmenseigentums** sowie die **Pflicht zur Wahrung der betrieblichen Ordnung**. Da zu den Arbeitskollegen keine Vertragsbeziehung besteht, gibt es keine eigenständige Verhaltenspflicht des Arbeitnehmers gegenüber seinen Arbeitskollegen. Die Pflicht zur Sicherung der ungestörten Arbeitsabläufe als Bestandteil der dem Arbeitnehmer obliegenden Rücksichtnahme-/Treuepflicht bedingt aber die Wahrung des Betriebsfriedens und damit Kollegialität gegenüber den Arbeitskollegen. Die betriebliche Ordnung zu schützen bedeutet deshalb nicht nur, im Interesse einer hohen Effizienz reibungslose Arbeitsabläufe zu gewährleisten, sondern im Interesse der Arbeitskollegen und des Betriebsfriedens auch Rücksichtnahme gegenüber den Kollegen zu zeigen.

188 Der Schutz der betrieblichen Ordnung kann gem. § 103 Satz 2 GewO individuell durch **Arbeitsanweisungen** auf der Grundlage des Weisungs- bzw. Direktionsrechtes seitens des Arbeitgebers durchgesetzt werden. Dazu gehört auch das Verbot, im Betrieb oder in bestimmten Betriebsbereichen zu filmen oder mit dem Fotohandy zu fotografieren. Ob generell verboten werden kann, Fotohandys in den Betrieb mitzunehmen, erscheint fraglich. Dies wird nur bei einem besonderen Sicherheitsbedürfnis in Betracht kommen können. Häufig werden das Verhalten am Arbeitsplatz, das Zusammenwirken der Arbeitnehmer im Betrieb sowie der Umgang mit dem Eigentum des Arbeitgebers in einer **Betriebsordnung** festgelegt. Dabei ist zu beachten, dass zwar die individuelle Arbeitsanweisung gegenüber einem einzelnen Arbeitnehmer kraft des Weisungsrechts nicht der Mitbestimmung des Betriebsrats unterliegt, dagegen aber die generelle Regelung des Verhaltens am Arbeitsplatz und gegenüber den Kollegen in einer Betriebsordnung (§ 87 Abs. 1 Nr. 1 BetrVG). So unterliegt die Einführung von **Verhaltens- und Ethik-Richtlinien** („code of conduct") in Unternehmen grundsätzlich der Mitbestimmung des Betriebsrats. Allerdings bezieht sich die Mitbestimmung nicht auf die Unternehmensethik und damit auf die Ethik-Richtlinie in ihrer Gesamtheit[1]. Für jeden einzelnen Regelungsbereich der Unternehmensethik ist daher gesondert zu prüfen, ob dadurch Mitbestimmungsrechte des Betriebsrats berührt sind. Es ist zu unterscheiden zwischen dem mitbestimmungsfreien **Arbeitsverhalten**, der Konkretisierung der geschuldeten Arbeitsleistung, und dem mitbestimmungspflichtigen **Ordnungsverhalten**. Die Schaffung allgemein gültiger betrieblicher Verhaltensregeln unterliegt der Mitbestimmung (zB eine Whistleblower-Klausel und deren Umsetzung mit Hilfe einer Telefonhotline[2], Verbot der Aufnahme von Liebesbeziehungen, Unterbindung von Belästigungen und unangemessenem Verhalten, Regelung

---

1 BAG 22.7.2008 – 1 ABR 40/07, NZA 2008, 1248.
2 S. dazu im Einzelnen *Wisskirchen/Körber/Bissels*, BB 2006, 1567.

von Leistungen bzw. Zuwendungen an Dritte). Nicht mitbestimmungspflichtig sind Angelegenheiten, die gesetzlich abschließend geregelt sind. Dies kann aufgrund der seit dem 1.9.2007 geltenden Ergänzung des § 5 Abs. 1 ArbStättV auch für die Anordnung des Rauchverbots gelten (s.a. Rz. 195).

Im Einzelnen gehören zu der Pflicht, die betriebliche Ordnung und das Unternehmenseigentum zu wahren, folgende Verhaltensregeln:

(1) Äußeres Erscheinungsbild

Grundsätzlich widerspricht es dem Persönlichkeitsrecht des einzelnen Arbeitnehmers, wenn er gezwungen wird, hinsichtlich seines äußeren Erscheinungsbildes den Weisungen des Arbeitgebers oder einer dahingehenden Betriebsordnung folgen zu müssen. Aus **Sicherheits- oder Hygienegründen** gelten aber Ausnahmen, so dass nicht nur Schutzkleidung bzw. hygienisch einwandfreie Arbeitskleidung (zB im OP-Bereich) getragen werden muss, sondern auch wegen der bei der Arbeit zu tragenden Schutzmasken oder wegen der Bedienung von Maschinen kein Bart zulässig ist bzw. lange Haare unter einer Haube zusammengesteckt werden müssen. Auch kann wegen der **Verletzungsgefahr** Schmuck im Gesicht, an den Ohren und an den Händen zB bei der Ausübung des Pflegedienstes an Geistig- und Mehrfachbehinderten untersagt werden[1]. In der betrieblichen Praxis sind jedoch noch weiter gehende Weisungen in Bezug auf das äußere Erscheinungsbild üblich. Gerechtfertigt sind derartige Anweisungen dann, wenn der Arbeitnehmer das Unternehmen **nach außen vertritt**, also zB im Außendienst Kundenkontakte unterhält. In solchen Fällen kann der Arbeitgeber auf eine Kleidung dringen, die der Art der Tätigkeit, den allgemeinen Erwartungen der Kunden an das Auftreten von Mitarbeitern dieses Unternehmens und dem Niveau der angebotenen Leistungen angemessen ist[2]. Dabei gilt es allerdings, eine mittelbare Diskriminierung (§ 3 Abs. 2 AGG) zu vermeiden (zB durch das Verbot, eine Burka, einen Turban, eine Kippa oder ein Kopftuch zu tragen).

Sofern der Arbeitgeber eine **einheitliche Dienstbekleidung** vorschreibt, unterliegt die Ausgestaltung der näheren Regelung der Mitbestimmung des Betriebsrats gem. § 87 Abs. 1 Nr. 1 BetrVG, nicht aber die Frage der Kostentragung und Kostenverpflichtung[3]. Wenn aus hygienischen Gründen oder wegen der am Arbeitsplatz drohenden Gefahren der Arbeitgeber gesetzlich verpflichtet ist, dem Arbeitnehmer Schutzkleidung zur Verfügung zu stellen, so hat der Arbeitgeber dem Arbeitnehmer die Kosten für die von ihm selbst beschaffte Kleidung und die Reinigungskosten zu erstatten[4] (zum Erstattungsanspruch s.a. Rz. 850). Dient die Kleidung weder dem Gesundheitsschutz noch ist dem Arbeitgeber aus anderen Gründen gesetzlich auferlegt, diese seinen Arbeitnehmern zur Verfügung zu stellen, so kann der Arbeitnehmer nicht die Erstattung des Kaufpreises verlangen, weil er in diesem Fall keine Aufwendung iSd. § 670 BGB gemacht hat. Dies gilt auch für einheitliche Dienstkleidung, die zur besonderen Kenntlichmachung im betrieblichen Interesse anstelle der individuellen Zivilkleidung getragen werden muss, soweit die Anschaffung der Dienstkleidung keine Mehrkosten verursacht[5].

Wenn eine Dienstkleidung getragen wird, kann von dem Arbeitnehmer verlangt werden, dass das **übrige Erscheinungsbild** mit dieser Dienstkleidung im Einklang steht

---

1 LAG Schl.-Holst. 26.10.1995 – 4 Sa 467/95, BB 1996, 222.
2 BAG 13.2.2003 – 6 AZR 536/01, NZA 2003, 1196; das religiös motivierte Tragen eines Kopftuchs einer Kaufhausangestellten ist kein Kündigungsgrund: BAG 10.10.2002 – 2 AZR 472/01, NZA 2003, 483, bestätigt durch BVerfG 30.7.2003 – 1 BvR 792/03, BB 2003, 1956.
3 BAG 13.2.2007 – 1 ABR 18/06, DB 2007, 1592.
4 BAG 19.5.1998 – 9 AZR 307/96, BB 1998, 2527; LAG Düsseldorf 26.4.2001 – 13 Sa 1804/00, NZA-RR 2001, 409.
5 BAG 19.5.1998 – 9 AZR 307/96, BB 1998, 2527.

(so dass zB das Tragen von Ohrringen nicht zulässig ist)[1]. Von dem Arbeitnehmer kann jedoch nicht gefordert werden, eine Uniform auch im **privaten** Bereich zu tragen, selbst wenn dem Arbeitnehmer keine Umkleidemöglichkeit zur Verfügung gestellt werden kann, wo sich der Arbeitnehmer vor Arbeitsbeginn umziehen kann[2].

(2) Alkohol

191 Trotz der Gefahr des Alkoholmissbrauchs und der bei einem bloßen relativen Alkoholverbot bestehenden Unsicherheit wird allgemein die Auffassung vertreten, dass ein **generelles Alkoholverbot** nicht zulässig ist[3]. Demgemäß können aufgrund einseitiger Anordnungen des Arbeitgebers keine Alkoholkontrollen durchgeführt werden, so dass nur mit dem Willen des Arbeitnehmers selbst ein Alkoholtest veranlasst werden kann. Gegenüber bestimmten Arbeitnehmergruppen kann der Arbeitgeber jedoch ein absolutes Alkoholverbot aussprechen, wenn dies bei objektiver Betrachtungsweise die Erhaltung der Leistungsqualität notwendig macht (wie zB bei Piloten, Kranführern oder Chirurgen)[4].

Sofern durch den Alkoholgenuss die Erfüllung der Arbeitspflicht und das Zusammenwirken der Arbeitnehmer im Betrieb in Frage gestellt werden, besteht auch ohne ein ausdrückliches Alkoholverbot aus dem Gesichtspunkt der Rücksichtnahme-/Treuepflicht und nach der Unfallverhütungsvorschrift § 15 Abs. 2 BGV A 1 ein **relatives Alkoholverbot**[5].

192 Da ein ohne Rücksicht auf die auszuführende Tätigkeit und den Verhältnismäßigkeitsgrundsatz erfolgtes generelles Alkoholverbot im Hinblick auf das Persönlichkeitsrecht des Arbeitnehmers allgemein für unzulässig erachtet wird, kann ein derartiges absolutes Alkoholverbot gem. § 75 Abs. 2 BetrVG auch nicht durch eine **Betriebs- oder Dienstvereinbarung** festgesetzt werden[6]. Anders verhält es sich mit Einzelvereinbarungen und Alkoholverboten in Tarifverträgen[7].

193 **Verstöße** gegen ein Alkoholverbot, auch gegen ein relatives, sich lediglich wegen der besonderen Art der Tätigkeit aus der Rücksichtnahme-/Treuepflicht ergebendes Alkoholverbot, können eine Abmahnung rechtfertigen und Grund zu einer ordentlichen verhaltensbedingten, ggf. auch außerordentlichen Kündigung sein.

Eine Alkoholerkrankung eines Arbeitnehmers kann bereits zu einer erheblichen Beeinträchtigung betrieblicher Interessen führen, wenn die vertraglich geschuldete Tätigkeit mit einer nicht unerheblichen Gefahr für den Arbeitnehmer selbst als auch für Dritte verbunden ist[8]. Sollte es zur Übertretung des Alkoholverbotes wegen Alkoholismus kommen, so kann eine **Kündigung**, und zwar eine personenbedingte Kündigung, nur unter Berücksichtigung der besonderen hierfür geltenden Anforderungen in Betracht kommen. Entsprechendes gilt auch für andere Suchtmittel.

194 Um den in vielen Betrieben doch sehr bedeutsamen Auswirkungen von Alkoholabhängigkeit entgegenzuwirken, können sog. **Interventionsketten** kraft Betriebs- oder Dienstvereinbarung hilfreich sein. Mit Hilfe dieser Interventionsketten soll ei-

---

1 OVG Münster 24.2.1989 – 12 B 2166/88, NJW 1989, 2770; BVerwG 25.1.1990 – 2 C 45/87, NJW 1990, 2266; sowie BVerfG 10.1.1991 – 2 BvR 550/90, NJW 1991, 1477.
2 LAG BW 11.5.2004 – 14 S 126/03, nv.
3 MünchArbR/*Reichold*, § 49 Rz. 21.
4 MünchArbR/*Reichold*, § 49 Rz. 21.
5 MünchArbR/*Reichold*, § 49 Rz. 21; *Künzl*, BB 1993, 1581.
6 Zur Verhältnismäßigkeit des Alkoholverbots für Besatzungsmitglieder eines Schiffs während der Dienstzeit: LAG Schl.-Holst. 20.11.2007 – 5 TaBV 23/07, NZA-RR 2008, 184.
7 LAG München 23.9.1975 – 5 Sa 590/75, BB 1976, 465; *Fleck*, BB 1987, 2029 (2030); *Willemsen/Brune*, DB 1988, 2304 (2305).
8 BAG 20.3.2014 – 2 AZR 565/12, NZA 2014, 602.

nerseits den betrieblichen Interessen der Auswirkungen infolge Alkoholmissbrauchs entsprochen, andererseits Alkoholabhängigen die Möglichkeit einer rechtzeitigen Rehabilitation unter Erhaltung des Arbeitsplatzes geschaffen werden. – S. das Beispiel einer dahingehenden Betriebsvereinbarung zu M 39.2 im Anwalts-Formularbuch[1].

(3) Rauchen

Aufgrund des am 1.9.2007 in Kraft getretenen Gesetzes zum Schutz vor den Gefahren des Passivrauchens[2] gelten Rauchverbote in allen Einrichtungen des Bundes, dh. in Behörden, Dienststellen, Gerichten und sonstigen Einrichtungen des Bundes sowie in Verkehrsmitteln des öffentlichen Personenverkehrs und in Personenbahnhöfen. Seit dem 1.7.2008 gelten in allen Bundesländern Rauchverbote in der Gastronomie. **195**

Dem Nichtraucherschutz am Arbeitsplatz dient § 5 ArbStättV. Diese Vorschrift gilt in allen Tätigkeitsbereichen, also nicht nur in Gebäuden, sondern auch im Freien einschließlich der Pausen- und Bereitschaftsräume (s.a. § 1 ArbStättV). Der Arbeitgeber ist danach verpflichtet, die erforderlichen Maßnahmen zu treffen, damit Nichtraucher wirksam vor den Gesundheitsgefahren durch Tabakrauch geschützt werden. Soweit erforderlich, hat der Arbeitgeber ein allgemeines oder auf einzelne Bereiche der Arbeitsstätte beschränktes Rauchverbot zu erlassen (§ 5 Abs. 1 Satz 2 ArbStättV). Einschränkungen erfährt diese Verpflichtung nach § 5 Abs. 2 ArbStättV dort, wo Publikumsverkehr herrscht. Einzelvertraglich oder durch einen Tarifvertrag kann ein **Rauchverbot** normiert werden. Aber auch die Betriebspartner sind befugt, durch eine Betriebsvereinbarung ein betriebliches Rauchverbot zu gestalten, um Nichtraucher vor den Gesundheitsgefahren und Belästigungen des Passivrauchens zu schützen[3]. Dabei ist aber der Verhältnismäßigkeitsgrundsatz zu beachten, weil eine derartige Regelung die allgemeine Handlungsfreiheit der Raucher beeinträchtigt. Die Notwendigkeit und damit die Zulässigkeit eines generellen Rauchverbotes iSd. § 5 Abs. 1 Satz 2 ArbStättV kann sich aus der Art der Tätigkeit ergeben (so zB wegen Brandgefahr oder Gefahr der Verunreinigung von Lebensmitteln)[4]. Es entspricht daher auch billigem Ermessen (§ 315 Abs. 3 BGB), wenn nach Einführung von ausschließlich Nichtraucherflügen während der Flugdienstzeiten ein generelles Rauchverbot für das Kabinenpersonal gilt[5]. Dient das betriebliche Rauchverbot dem Schutz der Nichtraucher, so ist ein generelles Rauchverbot auch auf Freiflächen unzulässig. Ein derartiges generelles Rauchverbot mit dem Ziel, Rauchern das Rauchen abzugewöhnen, überschreitet die Regelungskompetenz der Betriebspartner[6]. Zu § 5 ArbStättV s.a. Teil 6 B Rz. 15. **196**

(4) Radiohören

Im Hinblick auf das Persönlichkeitsrecht des Arbeitnehmers kann das **Radiohören** oder auch das **Singen** nicht generell untersagt werden. Hier gilt ebenfalls der Verhältnismäßigkeitsgrundsatz. Stört der Arbeitnehmer durch das Radiohören oder durch das eigene Singen die eigenen Tätigkeiten oder andere Arbeitnehmer, so ist sein eigenes Interesse nachrangig. **197**

---

1 *Bauer/Lingemann/Diller/Haußmann*, Anwalts-Formularbuch Arbeitsrecht, 5. Aufl. 2014.
2 BGBl. I 2007, 1595.
3 BAG 19.1.1999 – 1 AZR 499/98, DB 1999, 962.
4 Ein Verstoß gegen ein zwingend vorgeschriebenes Rauchverbot kann nach wiederholter Abmahnung eine Kündigung rechtfertigen, LAG Düsseldorf 17.6.1997 – 16 Sa 346/97, NZA 1998, 945.
5 LAG Hess. 11.8.2000 – 2 Sa 1000/99, NZA-RR 2001, 77.
6 BAG 19.1.1999 – 1 AZR 499/98, DB 1999, 962.

(5) Telefonieren, Internetzugang, E-Mails

198 Der Arbeitgeber kann insgesamt die **Benutzung der betrieblichen Telefonanlage für private Gespräche** sowie die private Nutzung eines betrieblichen **Internetzugangs** durch eine Betriebsvereinbarung, Dienstanweisung und Vertrag (auch unter Widerrufsvorbehalt) verbieten oder die Nutzung nur in bestimmtem Umfang und/oder zu bestimmten Zeiten zulassen. Ist im Betrieb das Führen von Privattelefonaten während der Arbeitszeit erlaubt oder geduldet, so gestattet dies aber keine übermäßigen Privattelefonate. Darunter sind Telefongespräche zu verstehen, bei denen im erheblichen Umfang Telefongebühren anfallen und Arbeitszeit versäumt wird. Eine Kündigung wegen derartiger übermäßiger Privattelefonate während der Arbeitszeit ist aber regelmäßig nur nach vorangehender Abmahnung gerechtfertigt[1]. Um einen Missbrauch des Internetzugangs und eine die Arbeitsleistung beeinträchtigende private Dauernutzung zu verhindern und Abgrenzungsschwierigkeiten zu vermeiden, sollte überlegt werden, die private Nutzung nur in Pausenzeiten oder außerhalb der Arbeitszeit zu erlauben. Auch bei Fehlen eines ausdrücklichen Verbots **privater Nutzung des Internets** während der Arbeitszeit kann ein wichtiger Grund zur außerordentlichen Kündigung, also auch ohne vorherige Abmahnung, vorliegen, wenn der Arbeitnehmer das Internet während der Arbeitszeit zu privaten Zwecken in erheblichem zeitlichem Umfang („ausschweifend/exzessiv") nutzt oder erhebliche Datenmengen aus dem Internet auf betriebliche Datensysteme herunterlädt (unbefugter Download). Auch werden die arbeitsvertraglichen Nebenpflichten verletzt, wenn durch die private Nutzung erhebliche zusätzliche Kosten entstehen oder es wegen des Herunterladens von strafbaren oder pornografischen Darstellungen zu einer Rufschädigung des Arbeitgebers kommen kann[2]. Der Empfang oder das Versenden von **privaten E-Mails** kann untersagt werden. Ist die Nutzung des betrieblichen E-Mail-Systems auch für private Zwecke gestattet, können sich Probleme wegen der Berechtigung der Einsichtnahme von Dritten ergeben, so dass insoweit eine einzelvertragliche Regelung oder Betriebsvereinbarung empfehlenswert ist, mit der die Zugriffsrechte und Berechtigungen genau festgelegt werden[3]. – S.a. Teil 6 F. – Sofern die eine Kontrolle ermöglichende Datenerhebung oder Verarbeitung über die durch das Telekommunikationsgesetz (TKG) gesteckten Grenzen hinausgehen soll, ist die ausdrückliche Einwilligung der betroffenen Arbeitnehmer einzuholen. Zweckmäßigerweise sollte festgelegt werden, wofür protokollierte Daten verwendet werden dürfen, wie lange sie gespeichert werden und wer sie einsehen darf. Nur das **vollständige Verbot** privater E-Mails am Arbeitsplatz sichert die Möglichkeit ausreichenden Zugriffs und einer Kontrolle. Wenn E-Mail und Internet ausschließlich dem dienstlichen Gebrauch vorbehalten sind, sind das Telekommunikationsgesetz und das Telemediengesetz im Arbeitsverhältnis irrelevant, da sie nur das Anbieter-Nutzer-Verhältnis regeln. Dann ist der Arbeitgeber auch befugt, die Zustellung eingehender privater E-Mails durch Spam- und Content-Filter zu unterbinden[4]. Eröffnet dagegen der Arbeitgeber die Privatnutzung der elektronischen Kommunikationseinrichtungen, so gilt er gegenüber dem Arbeitnehmer als Anbieter von Telemedien- und Telekommunikationsdiensten. Zu den Pflichten, die den Arbeitgeber in diesem Fall nach dem TKG treffen, s. Teil 6 F Rz. 142 ff.[5]. Ist die private Benutzung von Kommunikationsmitteln gestattet, so zählen das Telefonieren und die Internetnutzung am Arbeitsplatz nicht zu den steuerpflichtigen geldwerten Vorteilen (so ausdrücklich das BMF-Schreiben vom 16.10.

---

1 LAG Hamm 30.5.2005 – 8 (17) Sa 1773/04, NZA-RR 2006, 353.
2 BAG 7.7.2005 – 2 AZR 581/04, NZA 2006, 98; ordentliche Kündigung: BAG 31.5.2007 – 2 AZR 200/06, NZA 2007, 922.
3 Zur inhaltlichen Ausgestaltung s. *Dickmann*, NZA 2003, 1009.
4 Das vollständige Verbot der freiwillig eingeräumten Möglichkeit zur privaten Nutzung von Internet und E-Mail unterliegt nicht der Mitbestimmung des Betriebsrats, LAG Hamm 7.4.2006 – 10 TaBV 1/06, ArbRB 2006, 356.
5 *Koch*, NZA 2008, 911.

2000 – IV C5 - S 2336 - 13/00 VI). Vom Arbeitnehmer kann aber die Bezahlung seiner privaten Telefongespräche verlangt werden. Sind private Telefonate oder die private Nutzung von Internet bzw. der Gebrauch des E-Mail-Systems gestattet, so kann der Umfang begrenzt oder auch auf solche private Nutzung beschränkt werden, die dienstlich veranlasst ist (zB wegen anfallender Überstunden).

Zu den mit der **Überwachung der dienstlichen Inanspruchnahme** verbundenen Einwilligungserfordernissen nach dem BDSG s. Teil 6 F Rz. 18 ff.

Nach Beendigung des Arbeitsverhältnisses darf der Arbeitnehmer den einen Firmenbestandteil des Arbeitgebers beinhaltenden **Domainnamen** nicht mehr nutzen, soweit eine Verwechslungsgefahr entsteht[1].

Sofern eine **automatische Telefondatenerfassung** im Betrieb eingeführt wird, hat der Betriebsrat ein erzwingbares Mitbestimmungsrecht nach § 87 Abs. 1 Nr. 6 BetrVG.

(6) Kontrollen

Die Arbeitsabläufe und -ergebnisse sowie das Verhalten des einzelnen Arbeitnehmers können durch den Arbeitgeber bzw. den jeweiligen Vorgesetzten **kontrolliert** werden[2]. Eine Überprüfung des einzelnen Arbeitnehmers durch Torkontrollen bis hin zur Leibesvisitation und weiter gehende Überwachungen, wie zB durch Fernsehkameras oder Telefonüberwachung, bedürfen aber grundsätzlich der Einwilligung des einzelnen Arbeitnehmers. Sie kann jedoch stillschweigend (konkludent) erfolgen. Davon ist zB dann auszugehen, wenn der Arbeitnehmer die Tätigkeit in einem einer besonderen Geheimhaltungspflicht unterliegenden Entwicklungsbereich eines Unternehmens aufnimmt und ihm schon von seiner ersten Vorstellung her bekannt ist, dass das Betreten und Verlassen der Betriebsstätte mit einer intensiven Torkontrolle verbunden ist. 199

Eine Kontrolle und ggf. Leibesvisitation auch **ohne vorhergehende Zustimmung** des Mitarbeiters kann aus einem **begründeten Anlass** heraus gerechtfertigt sein, so zB dann, wenn es während der Schicht zu einem Diebstahl gekommen ist und alsdann sämtliche Arbeitnehmer einer Spind- und Torkontrolle (Taschenkontrolle) sowie einer angemessenen Leibesvisitation unterzogen werden. Aber auch betriebliche Erfordernisse können eine Kontrolle bis hin zu einer Überwachung notwendig machen, so zB in Kassenräumen von Banken, wenn die Überwachung nicht dem Verhalten und der Arbeitsintensität der Arbeitnehmer gilt, sondern dem allgemeinen Sicherheitsbedürfnis u.a. auch der in dem Kassenraum tätigen Angestellten. Zu den Zulässigkeitsvoraussetzungen von Videoüberwachungen s. Teil 6 F Rz. 123 ff. Zur Erhebung, Verarbeitung und Nutzung von Telekommunikationsdaten s. Teil 6 F Rz. 141 ff. 200

Keine strafbare Verletzung des **Briefgeheimnisses** stellt es dar, wenn der Arbeitgeber Eingangspost öffnet, die neben der Adresse des Arbeitgebers auch den Namen des Arbeitnehmers aufweist. Nur wenn die Adresse den Vermerk „persönlich" oder „vertraulich" aufweist, kann der Arbeitgeber davon ausgehen, dass der Brief nicht zu seiner Kenntnis, sondern ausschließlich für den in der Adresse angegebenen Arbeitnehmer bestimmt ist[3].

Besteht ein **Betriebsrat**, so ist auch bei dringenden betrieblichen Erfordernissen die Einführung von Torkontrollen, biometrischen Zugangskontrollen[4] (Fingerprint-Scanner-System), Leibesvisitationen, Videoüberwachung und anderen Überwachungsmaßnahmen gem. § 87 Abs. 1 Nr. 1 BetrVG von der Zustimmung des Betriebsrats ab- 201

---
1 BAG 7.9.2004 – 9 AZR 545/03, DB 2004, 2699.
2 BAG 26.3.1991 – 1 ABR 26/90, NZA 1991, 729.
3 LAG Hamm 19.2.2003 – 14 Sa 1972/02, NZA-RR 2003, 346.
4 BAG 27.1.2004 – 1 ABR 7/03, NZA 2004, 556.

hängig. Anders verhält es sich, wenn nicht das sog. Ordnungsverhalten der Arbeitnehmer, sondern ausschließlich das Arbeitsverhalten kontrolliert wird[1], es sei denn, es liegen die Voraussetzungen des § 87 Abs. 1 Nr. 6 BetrVG vor.

202 Schließlich ist der einzelne Arbeitnehmer zur **Duldung von ärztlichen Untersuchungen** während des bestehenden Arbeitsverhältnisses nur in Ausnahmefällen verpflichtet. Aus dem Verhältnismäßigkeitsgrundsatz heraus kann demnach eine ärztliche Untersuchung gegen den Willen des betroffenen Arbeitnehmers nur verlangt werden, wenn ein einwandfreier Gesundheitszustand **unabdingbare Voraussetzung** für die weitere Tätigkeit ist, so zB aus hygienischen Gründen in Großküchen oder in Krankenhäusern[2].

(7) Mobbing und Stalking

203 Bei dem Begriff „**Mobbing**" handelt es sich um keinen Rechtsbegriff und keinen eigenständigen juristischen Tatbestand[3]. Aus dem Begriff „Mobbing" selbst ergibt sich daher keine Anspruchsgrundlage[4]. Die rechtliche Besonderheit der als Mobbing bezeichneten tatsächlichen Erscheinungen liegt darin, dass nicht eine einzelne, abgrenzbare Handlung, sondern die Zusammenfassung mehrerer Einzelakte in einem Prozess zu einer Verletzung des Persönlichkeitsrechts oder der Gesundheit des betroffenen Arbeitnehmers führen kann, wobei die einzelnen Teilakte jeweils für sich betrachtet rechtlich wiederum „neutral" sein können. Im arbeitsrechtlichen Verständnis erfasst der Begriff des „Mobbing" nach der Definition des BAG das systematische Anfeinden, Schikanieren oder Diskriminieren von Arbeitnehmern untereinander oder durch Vorgesetzte[5]. Nach der Definition des LAG Thüringen sind „Mobbing" die fortgesetzten, aufeinander aufbauenden oder ineinander übergreifenden, der Anfeindung, Schikane oder Diskriminierung dienenden Verhaltensweisen von Arbeitnehmern untereinander oder durch Vorgesetzte, die nach Art und Ablauf im Regelfall einer übergeordneten, von der Rechtsordnung nicht gedeckten Zielsetzung förderlich sind und jedenfalls in ihrer Gesamtheit das allgemeine Persönlichkeitsrecht oder andere ebenso geschützte Rechte, wie die Ehre oder die Gesundheit des Betroffenen, verletzen[6]. Häufig bezwecken die Maßnahmen, den Betroffenen zu kündigungsbegründendem Fehlverhalten oder zur freiwilligen Aufgabe des Arbeitsplatzes zu provozieren. Der Begriff des „Mobbing" setzt aber keinen vorgefassten Plan voraus[7]. Eine Fortsetzung des Verhaltens unter schlichter Ausnutzung der Gelegenheiten ist ausreichend. Von Mobbing kann nur dann nicht gesprochen werden, wenn als Folge eines wechselseitigen Eskalationsprozesses keine klare Täter-Opfer-Beziehung erkennbar ist. Bloße subjektive Beeinträchtigungen reichen nicht aus. Auch wenn Sachstreitigkeiten vom Vorgesetzten oder Arbeitgeber aufgrund von dessen Persönlichkeitsstruktur und dessen Rollenverständnis in unangemessener, teils intoleranter Form ausgetragen werden, ergibt sich aus der Art und Weise der Konfliktführung noch nicht per se eine verwerfliche Motivation des Arbeitgebers, die automatisch als Mobbing einzuordnen ist[8]. Wahre Tatsachenbehauptungen müssen in der Regel hingenommen werden, und zwar

---

1 BAG 26.3.1991 – 1 ABR 26/90, NZA 1991, 729.
2 LAG Düsseldorf 31.5.1996 – 15 Sa 180/95, NZA-RR 1997, 88: Kündigung wegen verweigerter Teilnahme an Vorsorgeuntersuchung kann wegen Vereitelung der Weiterbeschäftigungsmöglichkeit zulässig sein.
3 BAG 16.5.2007 – 8 AZR 709/06, NZA 2007, 1154.
4 BAG 25.10.2007 – 8 AZR 593/06, NZA 2008, 223; 24.4.2008 – 8 AZR 347/07, DB 2008, 2086.
5 BAG 15.1.1997 – 7 ABR 14/96, NZA 1997, 781.
6 LAG Thür. 10.4.2001 – 5 Sa 403/2000, NZA-RR 2001, 347.
7 LAG Thür. 10.4.2001 – 5 Sa 403/2000, NZA-RR 2001, 347; aA LAG Sachs. 17.2.2005 – 2 Sa 751/03, AuA 2005, 687.
8 BAG 16.5.2007 – 8 AZR 709/06, NZA 2007, 1154; LAG Schl.-Holst. 1.4.2004 – 3 Sa 542/03, NZA-RR 2005, 15.

auch dann wenn sie sich nachteilig auf die betroffene Person auswirken können. Nur ausnahmsweise überwiegen bei wahren Aussagen die Persönlichkeitsbelange. Im Fall von Äußerungen im Rahmen der Sozialsphäre trifft das nur auf Fälle schwerwiegender Auswirkungen auf das Persönlichkeitsrecht zu, wenn etwa eine Stigmatisierung, soziale Ausgrenzung oder Prangerwirkung zu besorgen ist[1].

Wie bei dem in § 3 Abs. 3 AGG verwandten und definierten Begriff der „Belästigung" kommt es grundsätzlich auf die Zusammenschau der einzelnen „unerwünschten" Verhaltensweisen an, um zu beurteilen, ob „Mobbing" vorliegt[2]. Die juristische Bedeutung der durch den Begriff „Mobbing" gekennzeichneten Sachverhalte besteht wie bei einer Belästigung iSd. § 3 Abs. 3 AGG darin, der Rechtsanwendung Verhaltensweisen zugänglich zu machen, die bei isolierter Betrachtung der einzelnen Handlung die tatbestandlichen Voraussetzungen von Anspruchs-, Gestaltungs- und Abwehrrechten nicht oder nicht in einem der Tragweite des Falles angemessenen Umfang erfüllen können[3]. Besteht ein Zusammenhang der mobbingtypischen Motivation, des Geschehensablaufs und der Folgen für den Betroffenen zu den von dem Betroffenen vorgebrachten Mobbinghandlungen, so kann die das Mobbing verkörpernde Gesamtheit persönlichkeitsschädigender Handlungen Unterlassungs-, Schadensersatz- und Schmerzensgeldansprüche rechtfertigen[4], obwohl das allgemeine Persönlichkeitsrecht in § 253 Abs. 2 BGB nicht ausdrücklich als geschütztes Rechtsgut benannt wird.

Aufgrund des durch Art. 1 und Art. 2 GG geschützten Rechts auf **Achtung der Würde und der freien Entfaltung der Persönlichkeit** der anderen bei ihrem Arbeitgeber beschäftigten Arbeitnehmer sind die Arbeitnehmer verpflichtet, „Mobbing" untereinander und als Vorgesetzte zu unterlassen. Nicht nur aus Respekt vor der Persönlichkeit des Kollegen, sondern auch im Hinblick auf den Betriebsfrieden darf daher kein Arbeitnehmer gemobbt werden. 203a

Für den **Arbeitgeber** ergibt sich die Verpflichtung, Mobbing zu verhindern, aus der Fürsorgepflicht und der Pflicht zu betriebsförderndem Verhalten. Er hat Maßnahmen zu ergreifen oder seinen Betrieb so zu organisieren, dass eine Verletzung des Persönlichkeitsrechts einzelner Arbeitnehmer durch Mobbing ausgeschlossen wird[5]. – S. Rz. 787 ff. 203b

Allein durch den Ausspruch einer **unwirksamen Kündigung** verletzt ein Arbeitgeber nicht seine dem Arbeitnehmer gegenüber bestehenden Rücksichtnahmepflichten[6]. Eine nicht mehr sozial adäquate Maßnahme könnte eine Kündigung nur dann darstellen, wenn sie den Arbeitnehmer über den bloßen Kündigungsausspruch hinaus in seinem Persönlichkeitsrecht beeinträchtigt und dies vom Arbeitgeber auch so gewollt ist. Ein Schadensersatzanspruch setzt voraus, dass die Verletzung einer vertraglichen oder gesetzlichen Pflicht adäquat kausal für den eingetretenen Schaden gewesen ist. Der Selbstmord eines Arbeitnehmers stellt regelmäßig keine adäquat kausale Folge einer sozial ungerechtfertigten Kündigung dar. Etwas anderes würde nur gelten, wenn es objektive, für Dritte erkennbare Anhaltspunkte für eine Suizidgefährdung des Arbeitnehmers gegeben hätte[7].

---

1 LAG Rh.-Pfalz 7.9.2012 – 6 Sa 703/11, NZA-RR 2013, 192.
2 BAG 25.10.2007 – 8 AZR 593/06, NZA 2008, 223.
3 LAG Thür. 15.2.2001 – 5 Sa 102/2000, BB 2001, 2061; einschr. LAG Thür. 10.6.2004 – 1 Sa 148/01, LAGReport 2004, 347; in Frankreich gesetzlich geregelt in Art. L 122–49 Code du travail.
4 LAG Schl.-Holst. 19.3.2002 – 3 Sa 1/02, NZA-RR 2002, 457: Aus einer Kette von Vorfällen muss sich ein System erkennen lassen; s. hierzu auch im Einzelnen *Rieble/Klumpp*, ZIP 2002, 369.
5 Zum Phänomen „Stalking" und Reaktionspflichten des Arbeitgebers s. *Göpfert/Siegrist*, NZA 2007, 473.
6 BAG 24.4.2008 – 8 AZR 347/07, NZA 2009, 38.
7 BAG 24.4.2008 – 8 AZR 347/07, NZA 2009, 38.

203c Stellt ein Arbeitnehmer einer Kollegin unter bewusster Missachtung ihres entgegenstehenden Willens im Betrieb oder im Zusammenhang mit der geschuldeten Tätigkeit beharrlich nach („**Stalking**"), ist dies an sich als wichtiger Grund für eine außerordentliche Kündigung iSv. § 626 Abs. 1 BGB geeignet. Dabei kommt es nicht entscheidend auf die strafrechtliche Würdigung an, sondern auf die mit diesem Verhalten verbundene Störung des Betriebsfriedens. In einem derartigen Verhalten liegt nicht nur eine Verletzung des Persönlichkeitsrechts der Betroffenen, sondern zugleich eine erhebliche Verletzung der Pflicht zur Rücksichtnahme auf die berechtigten Interessen des Arbeitgebers gem. § 241 Abs. 2 BGB[1].

(8) Schutz des Unternehmenseigentums

204 Aufgrund seiner Rücksichtnahme-/Treuepflicht ist der Arbeitnehmer verpflichtet, mit den dem Unternehmen (Arbeitgeber) gehörigen Sachen **sorgfältig umzugehen**. Schäden an den Einrichtungen, Maschinen sowie Material und Produkt/Arbeitsergebnis müssen vermieden werden. Auch ist jeder einzelne Arbeitnehmer verpflichtet, kein Material oder Energie zu verschwenden.

205 Dem Arbeitnehmer steht an den dem Arbeitgeber gehörigen Gegenständen (Arbeitsgeräte etc.) grundsätzlich **kein eigenes Besitzrecht** zu. Er darf sie daher in der Regel nicht zu privaten Zwecken nutzen. Anders verhält es sich nur dann, wenn dem Arbeitnehmer der Gegenstand zur eigenverantwortlichen Behandlung und Entscheidung überlassen worden ist, wie zB ein Firmenwagen, den der Arbeitnehmer auch zur privaten Nutzung erhält (s. Rz. 530 ff.).

Der Arbeitnehmer hat demzufolge an den ihm durch den Arbeitgeber überlassenen Gegenständen **kein Zurückbehaltungsrecht** gem. § 273 BGB. Sofern dem Arbeitnehmer die Nutzung von Gegenständen auch zu Privatzwecken überlassen wurde, so zB das Firmenfahrzeug, endet das Recht zur Nutzung mit der Beendigung des Arbeitsverhältnisses (s. im Einzelnen Rz. 530).

206 Solange der Arbeitnehmer bestimmte Gegenstände des Arbeitgebers nutzt, ist er verpflichtet, diese Gegenstände ausreichend gegen Verlust und Beschädigungen zu **schützen**. So muss ein Arbeitnehmer, der an der von ihm bedienten Maschine einen Schaden feststellt, diesen sofort seinem Vorgesetzten bzw. dem Arbeitgeber anzeigen, wenn er den Schaden nicht selbst beheben kann.

206a Die Schutzpflichten des Arbeitnehmers erstrecken sich auch auf immaterielle Rechtsgüter des Unternehmens. So kann die Pflicht zur Rücksichtnahme aus § 241 Abs. 2 BGB verletzt sein, wenn der Arbeitnehmer unerlaubt unternehmensbezogene Daten auf einer privaten Festplatte speichert, ohne diese gegen unbefugten Zugriff zu sichern. Handelt es sich um personenbezogene Daten iSv. § 3 Abs. 1 BDSG, kommt zudem ein Verstoß gegen § 5 Satz 1 BDSG in Betracht[2] (s. dazu auch die Ausführungen zu den Unterlassungspflichten, insb. zur Verschwiegenheitspflicht, Rz. 250 ff.).

bb) Unternehmensförderung

207 Die Pflicht zu **unternehmens- bzw. betriebsförderndem Verhalten** bedeutet, dass der Arbeitnehmer aktiv die Arbeitsabläufe und den Bestand des Betriebes zu sichern hat. Mit der Pflicht zur Unternehmensförderung, die ebenfalls als Teil der Rücksichtnahme-/Treuepflicht anzusehen ist, ist also nicht eine bloße Hinnahme von Weisungen gemeint, sondern die Pflicht zu aktivem Verhalten, nicht nur zur Vermeidung von Schäden, sondern auch zur Förderung der betrieblichen Interessen. Dazu gehört auch,

---

1 BAG 19.4.2012 – 2 AZR 258/11, DB 2012, 2404.
2 BAG 24.3.2011 – 2 AZR 282/10, DB 2011, 1865.

II. Verpflichtungen des Arbeitnehmers

die berufliche Leistungsfähigkeit den sich ändernden Anforderungen anzupassen und sich eigenverantwortlich entsprechend weiterzubilden (s.a. Rz. 540ff.). Neben der nachstehend in Rz. 212ff. dargestellten Informationspflicht obliegt es darüber hinaus dem einzelnen Arbeitnehmer, drohende Störungen oder Schäden zu verhindern. Soweit es ihm möglich ist, hat er auch derartige Schäden oder Störungen selbst zu beheben[1].

Auch im eigenen Interesse des Arbeitnehmers sind durch seinen „überobligationsmäßigen" Einsatz in **Notfällen** der Fortbestand des Betriebes und damit auch der eigene Arbeitsplatz zu sichern. Zum Schutz der Betriebsanlagen sind deshalb Arbeitnehmer zu Erhaltungsarbeiten im Falle des Streiks verpflichtet (zB Sicherung von Hochöfen, Gießeinrichtungen etc.). Eine Grenze findet diese Pflicht zu andersartiger Tätigkeit und/oder Mehrarbeit im Falle einer Notsituation in den dem einzelnen Arbeitnehmer zustehenden Fähigkeiten und Möglichkeiten seines gefahrlosen Einsatzes. Nicht gleichgestellt werden darf ein derartiger Noteinsatz mit den durch äußere oder innerbetriebliche Besonderheiten entstandenen Ausnahmesituationen, die jedoch auf innerbetrieblichen Ursachen beruhen, wie zB Auftragsüberhang oder Transportprobleme[2]. 208

Eine besondere Verpflichtung zur Förderung des Unternehmenszwecks kommt regelmäßig nur **leitenden Angestellten** zu. Nur von ihnen wird erwartet, dass sie sich mit den Zielen des Unternehmens derartig identifizieren, dass sie diese aktiv durch ihre Tätigkeit fördern. Entsprechendes gilt für sog. Tendenzträger in Tendenzunternehmen, also Arbeitnehmer, die durch ihre Stellung innerhalb des Unternehmens Einfluss nehmen auf die Zielsetzung der Unternehmenstätigkeit (zB Radiosender oder Zeitungen). 209

Im **öffentlichen Dienst** wird eine Identifizierung mit der freiheitlichen, demokratischen rechts- und sozialstaatlichen Ordnung aufgrund des Tarifvertrages vorausgesetzt (§ 41 TVöD-BT-V). 210

Eine besondere Loyalitätspflicht gilt im **kirchlichen Bereich**. Die Kirchen können nach eigenem Selbstverständnis Loyalitätspflichten festlegen und bestimmen, welche Grundsätze der kirchlichen Lehre die Mitarbeiter auch in ihren privaten Bereichen einzuhalten haben. Es gilt deshalb gem. § 9 AGG auch eine Ausnahme vom Diskriminierungsverbot. Eine Verletzung dieser Loyalitätspflicht kann eine Kündigung sachlich rechtfertigen[3]. So steht ein Arzt in einem kirchlich geführten Krankenhaus grundsätzlich in einem dem religiösen Kern kirchlich-qualitativer Tätigkeit besonders verpflichteten Dienst. Greift ein solcher Arzt die kirchliche Lehre in Fragen gerade des ärztlichen Aufgabenkreises an, so kann dies eine arbeitgeberseitige Kündigung wegen Widerspruchs zu der Loyalitätspflicht rechtfertigen[4]. Bei der Frage, ob die Kündigung eines kirchlichen Arbeitnehmers rechtmäßig war, muss allerdings nach Auffassung des Europäischen Gerichtshofes für Menschenrechte (EGMR) die Art der Tätigkeit des Arbeitnehmers berücksichtigt und eine Interessenabwägung zwischen den Rechten des Arbeitnehmers und des Arbeitgebers vorgenommen werden[5]. 211

---

1 MünchArbR/*Reichold*, § 36 Rz. 23.
2 MünchArbR/*Reichold*, § 36 Rz. 23.
3 BVerfG 4.6.1985 – 2 BvR 1703/83 u.a., AP Nr. 24 zu Art. 140 GG; 9.2.1990 – 1 BvR 717/87, NJW 1990, 2053; BAG 25.4.1978 – 1 AZR 70/76, nv.; 3.11.1981 – 1 AZR 38/81, KirchE 19, 98; 25.5.1988 – 7 AZR 506/87, AP Nr. 36 zu Art. 140 GG; LAG Rh.-Pf. 9.1.1997 – 11 Sa 428/96, nv.; BAG 24.4.1997 – 2 AZR 268/96, AP Nr. 27 zu § 611 BGB – Kirchendienst.
4 BAG 7.10.1993 – 2 AZR 226/93, AP Nr. 114 zu § 626 BGB; im vorliegenden Fall wurde die Kündigung allerdings deshalb für unwirksam erklärt, weil dem Arzt trotz Anfrage keine klare Aussage über die Zulässigkeit der von ihm beabsichtigten homologen Insemination erteilt wurde.
5 EGMR 23.9.2010 – 425/03, EuGRZ 2010, 571; zuvor BAG 24.4.1997 – 2 AZR 268/96, NZA 1998, 145; EGMR 23.9.2010 – 1620/03, EuGRZ 2010, 560; zuvor BAG 16.9.1999 – 2 AZR 712/98, NZA 2000, 208; näher hierzu Teil 3 G Rz. 32.

cc) Informations- und Dokumentationspflichten

212 Zur Rücksichtnahme-/Treuepflicht gehört auch die Pflicht, dem Arbeitgeber sämtliche den Betrieb und das eigene Arbeitsverhältnis betreffenden **wesentlichen Umstände rechtzeitig mitzuteilen**.

Gesetzlich normiert ist die Pflicht, dem Arbeitgeber hinsichtlich der Sozialversicherung die zur Durchführung des Meldeverfahrens und der Beitragszahlung notwendigen Angaben zu machen und die dafür erforderlichen Unterlagen vorzulegen (§ 28o SGB IV). Soweit es um seinen persönlichen Arbeitsbereich, insbesondere seine persönlichen Aktivitäten am Arbeitsplatz und die daraus resultierenden Arbeitsergebnisse geht, ist der Arbeitnehmer gem. §§ 666, 675 BGB zur Auskunft verpflichtet.

Nicht nur Mitarbeitern, deren Aufgabe es ohnehin ist, den Vorgesetzten bzw. dem Arbeitgeber Schäden oder auffällige Vorgänge anzuzeigen (zB Wachdienste oder Werkschutz), sondern auch sämtlichen anderen Arbeitnehmern obliegt aufgrund der arbeitsvertraglichen Rücksichtnahme-/Treuepflicht (§§ 241 Abs. 2, 242 BGB) die **Pflicht zur Schadensabwehr**. Deshalb sind nicht erst aufgetretene, sondern schon bemerkbare oder voraussehbare drohende Schäden oder Gefahren im Arbeitsbereich anzuzeigen[1]. Schließlich geht es darum, im Interesse des Betriebes und der Sicherung der Arbeitsabläufe insgesamt Schäden zu verhindern, die zu Betriebsstörungen führen oder führen können. Anders kann es sich nur dann verhalten, wenn der Schaden bereits eingetreten ist, also dem Betrieb kein weiterer Nachteil droht.

213 Ein Arbeitnehmer ist aber nicht verpflichtet, seine **Arbeitskollegen zu überwachen** oder gar zu denunzieren („Whistleblowing"), s.a. Rz. 244a, es sei denn, der Arbeitnehmer hat eine Überwachungsfunktion inne, wie zB der jeweilige Vorgesetzte. Hat ein anderer Arbeitnehmer den Arbeitgeber geschädigt, so trifft den Kollegen ebenfalls nur dann die Informationspflicht, wenn derartige Mitteilungen zu seinem Aufgabenbereich gehören oder sich in seinem Verantwortungsbereich ereignen.

Da Wiederholungen nicht ohne Weiteres auszuschließen sind, hat ein Arbeitnehmer dann eine **Anzeigepflicht**, wenn der Betrieb durch strafbare Handlungen anderer Arbeitnehmer geschädigt wird[2]. Jedoch muss der Arbeitnehmer davon ausgehen können, durch seine Information tatsächlich weiteres strafbares Verhalten des Kollegen unterbinden zu können. Auch muss ihm diese Mitteilung an den Vorgesetzten oder andere geeignete Stellen zumutbar sein. Bei der Zumutbarkeit kommt es auf die Verhältnismäßigkeit zwischen der Beeinträchtigung von Unternehmens- und Arbeitnehmerinteressen an[3].

214 Aber auch **ihn selbst betreffende Umstände** hat der Arbeitnehmer, sofern es für seine Arbeitsleistung und die ihm obliegende Rücksichtnahme-/Treuepflicht von Bedeutung ist, sogleich dem Arbeitgeber mitzuteilen. So muss der Arbeitnehmer ihn betreffende Vergütungsabrechnungen überprüfen, wenn konkrete Anhaltspunkte für eine Überzahlung vorliegen, und ggf. davon den Arbeitgeber informieren[4].

Der Arbeitgeber ist darüber hinaus über derartige Umstände zu unterrichten, die den weiteren Einsatz in der vertraglich vorgesehenen Aufgabe ausschließen (zB Entzug des Führerscheins bei einem Berufskraftfahrer) oder einer Weiterbeschäftigung insgesamt entgegenstehen (zB Wegfall der Aufenthalts- und Arbeitserlaubnis)[5].

215 Der Arbeitnehmer hat den Vorgesetzten bzw. den Arbeitgeber sofort zu informieren, wenn er an der Aufnahme seiner Tätigkeit, zB infolge einer Erkrankung, verhindert

---

1 Zur Mitwirkung im Prozess s. *Diller*, DB 2004, 313.
2 LAG Berlin 9.1.1989 – 9 Sa 93/88, BB 1989, 630.
3 MünchArbR/*Reichold*, § 49 Rz. 11.
4 BAG 1.6.1995 – 6 AZR 912/94, NZA 1996, 135.
5 LAG Nürnberg 21.9.1994 – 3 Sa 1176/93, NZA 1995, 228.

ist[1]. Diese Pflicht zum unverzüglichen **Hinweis auf eine bestehende Arbeitsverhinderung** besteht, sobald der Arbeitnehmer davon ausgeht, seine Arbeit nicht aufnehmen zu können. Er darf also nicht erst die ärztliche Diagnose abwarten; diese betrifft die Pflicht zum Nachweis für die eingetretene Arbeitsverhinderung, also die Arbeitsunfähigkeit. Die Mitteilungspflicht geht der Nachweispflicht voraus, so dass der Hinweispflicht nicht durch Übersendung einer Arbeitsunfähigkeitsbescheinigung genügt wird. Dies ergibt sich aus § 5 Abs. 1 EFZG sowie häufig aus einzelvertraglichen Regelungen, Tarifverträgen und Arbeitsordnungen. Die Hinweispflicht beschränkt sich nicht auf die erstmalige Mitteilung der Arbeitsverhinderung. Angezeigt werden muss auch, dass die Krankheit länger andauern wird, als bei der ersten Anzeige vorhersehbar war.

Eine entsprechende Klausel kann wie folgt formuliert werden: 216

Formulierungsbeispiel:

Der Arbeitnehmer verpflichtet sich, jede Arbeitsverhinderung unter Angabe des Grundes und der voraussichtlichen Dauer der Geschäftsleitung/dem Vorgesetzten unverzüglich am ersten Tage, spätestens bei Arbeits-/Schichtbeginn, auf kürzestem Wege (möglichst telefonisch) mitzuteilen.

Der Arbeitnehmer verpflichtet sich weiter, im Falle der Erkrankung der Personalabteilung vor Ablauf des dritten Kalendertages eine ärztliche Bescheinigung über die Arbeitsunfähigkeit und ihre voraussichtliche Dauer vorzulegen. Dauert die Arbeitsunfähigkeit über den letzten bescheinigten Tag hinaus fort, so ist der Arbeitnehmer, unabhängig von der Gesamtdauer der Arbeitsunfähigkeit, verpflichtet, jeweils innerhalb von drei Tagen eine neue ärztliche Bescheinigung einzureichen und zuvor die fortdauernde Arbeitsunfähigkeit erneut unverzüglich anzuzeigen.

Da es für den Betriebsablauf (zB wegen der Einstellung einer Aushilfskraft) bedeutsam 217 sein kann, wie lange die Arbeitsunfähigkeit noch andauern wird, kann der Arbeitgeber auch **nach Ablauf der ersten sechs Krankheitswochen** (§ 3 Abs. 1 EFZG) ärztliche Atteste verlangen[2].

Die **Verletzung** der dem Arbeitnehmer obliegenden Informationspflicht kann, ggf. 218 nach vorheriger Abmahnung, zu einer verhaltensbedingten Kündigung führen, in besonderen Fällen, wie bei einer vorsätzlichen und arglistigen Täuschung über ein bestehendes Beschäftigungsverbot, zu einer außerordentlichen Kündigung[3]. – Zu den Anzeige- und Nachweispflichten im Krankheitsfalle s.a. Teil 2 B Rz. 156 ff.

Neben der Verpflichtung zur Information des Arbeitgebers können den Arbeitnehmer 218a auch Pflichten zur **Dokumentation** treffen, zB in Bezug auf Arbeitsergebnisse und die erbrachten Arbeitszeiten. Ein vorsätzlicher Verstoß gegen die Verpflichtung, die abgeleistete Arbeitszeit korrekt zu dokumentieren, ist an sich geeignet, einen wichtigen Grund iSv. § 626 Abs. 1 BGB darzustellen. Der Arbeitnehmer verletzt damit in erheblicher Weise seine ihm gegenüber dem Arbeitgeber obliegende Pflicht zur Rücksichtnahme (§ 241 Abs. 2 BGB)[4].

---

1 BAG 30.1.1976 – 2 AZR 518/74, AP Nr. 2 zu § 626 BGB – Krankheit; 31.8.1989 – 2 AZR 13/89, AP Nr. 23 zu § 1 KSchG 1969 – Verhaltensbedingte Kündigung; 16.8.1991 – 2 AZR 604/90, AP Nr. 27 zu § 1 KSchG 1969 – Verhaltensbedingte Kündigung.
2 LAG Köln 2.11.1988 – 2 Sa 850/88, LAGE § 3 LohnFG Nr. 2.
3 LAG Nürnberg 21.9.1994 – 3 Sa 1176/93, NZA 1995, 228.
4 BAG 9.6.2011 – 2 AZR 381/10, NZA 2011, 1027.

dd) Außerdienstliches Verhalten

219 Ein außerdienstliches Verhalten kann die berechtigten Interessen des Arbeitgebers oder anderer Arbeitnehmer grundsätzlich nur beeinträchtigen, wenn es einen Bezug zur dienstlichen Tätigkeit hat. Das ist der Fall, wenn es negative Auswirkungen auf den Betrieb oder einen Bezug zum Arbeitsverhältnis hat. Ein solcher Bezug kann auch dadurch entstehen, dass sich der Arbeitgeber oder andere Arbeitnehmer staatlichen Ermittlungen ausgesetzt sehen oder in der Öffentlichkeit mit der Straftat in Verbindung gebracht werden[1]. Fehlt ein solcher Zusammenhang, scheidet eine Pflichtverletzung regelmäßig aus[2]. Angestellten des **öffentlichen Dienstes** obliegt die Pflicht zur politischen Zurückhaltung und Verfassungstreue (§ 41 TVöD BT-V), so dass die Verbreitung ausländerfeindlicher Flugblätter außerhalb des Dienstes geeignet sein kann, eine außerordentliche Kündigung zu begründen[3]. In Tendenzunternehmen, also insbesondere kirchlichen Einrichtungen, gehört es zu der Rücksichtnahme-/Treuepflicht zumindest von sog. **Tendenzträgern**, sich im außerdienstlichen Bereich nicht in Widerspruch zu den von dem Unternehmen verfolgten Zwecken oder den dessen Tätigkeit bestimmenden Anschauungen und Inhalten (Tendenzen) zu setzen.

220 Der Arbeitnehmer ist nicht verpflichtet, sich im außerdienstlichen Bereich so zu verhalten, dass jede **Selbstschädigung** ausgeschlossen ist. Demzufolge kann grundsätzlich ein Arbeitnehmer nicht gezwungen werden, bestimmte schadensgeneigte Sportarten oder Hobbys in seiner Freizeit zu unterlassen. Ausnahmen gelten nur dann, wenn dem Arbeitnehmer gerade für einen bestimmten Zeitraum eine bestimmte Aufgabe zugedacht ist, die nicht durch ein Verletzungsrisiko gefährdet werden darf (zB Künstler oder Berufssportler). Die Gestaltung des Urlaubs ist ebenfalls ausschließlich Sache des Arbeitnehmers, so dass ihm nicht eine bestimmte Form des Urlaubs vorgeschrieben werden kann. Gemäß § 8 BUrlG ist ihm lediglich untersagt, während des Urlaubs eine „dem Urlaubszweck widersprechende Erwerbstätigkeit" zu leisten.

221 Ist der Arbeitnehmer **krankgeschrieben**, so ist er verpflichtet, sich so zu verhalten, dass er möglichst bald wieder gesund wird. Aus diesem Grunde hat er alles zu unterlassen, was den Genesungsprozess verzögern kann[4].

221a Arbeitnehmer anzuweisen, sich in einem **sozialen Netzwerk** (zB Xing, Facebook) anzumelden, ist idR nicht zulässig, wenn nicht gerade ein deutlicher Bezug zur Arbeitsleistung oder eine arbeitsvertragliche Pflicht der öffentlichen Repräsentation des Unternehmens besteht[5]. Im Zweifel sollte eine solche Verpflichtung, wenn sie sich durch sachliche Gründe rechtfertigen lässt, im Arbeitsvertrag als Pflicht festgelegt werden. Ist ein Arbeitnehmer Mitglied eines sozialen Netzwerkes, kann grundsätzlich von ihm ein unternehmensunschädliches Verhalten[6] nach den für Meinungsäußerungen allgemein geltenden Regeln (s. Rz. 243 ff.) verlangt werden.

c) Unterlassungspflichten

aa) Nebentätigkeit

222 Einer **Nebentätigkeit** kann grundsätzlich jeder Arbeitnehmer nachgehen (zum Erlaubnisvorbehalt während der Elternzeit s. § 15 Abs. 4 BEEG)[7]. Da er nicht seine gesamte

---

1 BAG 28.10.2010 – 2 AZR 293/09, NZA 2011, 112.
2 BAG 27.1.2011 – 2 AZR 825/09, NZA 2011, 798.
3 BAG 14.2.1996 – 2 AZR 274/95, DB 1996, 2134.
4 BAG 13.11.1979 – 6 AZR 934/77, AP Nr. 5 zu § 1 KSchG 1969 – Krankheit; LAG Hamm 28.8.1991 – 15 Sa 437/91, LAGE § 1 KSchG – Verhaltensbedingte Kündigung Nr. 34.
5 *Gabriel/Cornels*, MMR-Aktuell 2011, 316759.
6 *Gabriel/Cornels*, MMR-Aktuell 2011, 316759.
7 BAG 11.12.2001 – 9 AZR 464/00, DB 2002, 1507.

II. Verpflichtungen des Arbeitnehmers

Arbeitskraft dem Betrieb zur Verfügung zu stellen hat, sondern nur unter angemessener Anspannung seiner Kräfte und Fähigkeiten innerhalb der vorgegebenen Arbeitszeit zu arbeiten hat, steht es ihm frei, eine zusätzliche Nebentätigkeit auszuüben. Dies folgt für Nebentätigkeiten beruflicher Natur aus Art. 12 Abs. 1 Satz 1 GG, wonach auch die Ausübung einer zweiten oder dritten Erwerbstätigkeit geschützt ist[1]. Wegen anderer entgeltlicher oder unentgeltlicher Tätigkeiten kann sich der Arbeitnehmer grundsätzlich auf das Recht auf freie Entfaltung der Persönlichkeit (Art. 2 Abs. 1 GG) stützen. Ein generelles **Nebentätigkeitsverbot** ist daher unzulässig[2].

Aus der Rücksichtnahme-/Treuepflicht folgt, dass ein Arbeitnehmer durch die Ausübung seiner Nebentätigkeit **nicht die Belange des Betriebes beeinträchtigen darf**. Dies bedeutet, dass die Nebentätigkeit insbesondere nicht während der Arbeitszeit ausgeübt werden darf[3]. Unter Einbeziehung der Nebenbeschäftigung darf die vom **Arbeitszeitgesetz** vorgeschriebene Höchstgrenze nicht überschritten werden[4]. Gem. § 2 Abs. 1 Satz 1 ArbZG sind bei der Ermittlung der zulässigen Höchstarbeitszeit die Beschäftigungszeiten aller Arbeitsverhältnisse zusammenzurechnen; s. dazu auch Rz. 231. Die Nebentätigkeit darf den Arbeitnehmer nicht so in Anspruch nehmen, dass er nicht in der Lage ist, seine Pflicht gegenüber dem Arbeitgeber ordnungsgemäß zu erfüllen. Insbesondere darf es daher durch die Nebenbeschäftigung nicht zu einer Überbeanspruchung der Körper- und Geisteskräfte des Arbeitnehmers kommen[5].

Durch die Nebentätigkeit darf der Arbeitnehmer nicht in **Konkurrenz zu seinem Arbeitgeber** bzw. Betrieb treten[6] (s. näher Rz. 266ff.) oder die seinem Arbeitgeber obliegenden Schutz- oder Interessenwahrungspflichten „unterlaufen".

Die Rechtsprechung beschränkt generelle Nebentätigkeitsverbote bestandserhaltend darauf, dass sie nur für solche Nebentätigkeiten gelten, an deren Unterlassung der Arbeitgeber ein berechtigtes Interesse hat (s.a. die Regelung zu § 15 Abs. 4 BEEG)[7]. Dagegen ist ein Nebentätigkeitsverbot wegen Verstoßes gegen Art. 12 Abs. 1 GG unwirksam, wenn einem teilzeitbeschäftigten Arbeitnehmer nur die Ausübung dieser Tätigkeit gestattet wird[8].

Es ist grundsätzlich zulässig, die Aufnahme einer Nebentätigkeit von der Einholung einer **schriftlichen Erlaubnis des Arbeitgebers** abhängig zu machen[9] (sog. Erlaubnisvorbehalt). Werden diese der Nebentätigkeit gesteckten Grenzen durch die von dem Arbeitnehmer beantragte Aufnahme einer Nebenbeschäftigung eingehalten, so steht die Entscheidung nicht im billigen Ermessen des Arbeitgebers, vielmehr besteht wegen des Grundrechts des Arbeitnehmers auf freie Berufswahl (Art. 12 Abs. 1 Satz 1 GG) ein **Rechtsanspruch** auf die Genehmigung[10].

---

1 BVerfG 11.6.1958 – 1 BvR 596/56, 17.12.1958 – 1 BvL 10/56 u. 15.2.1967 – 1 BvR 569/62 u.a., BVerfGE 7, 377 (397); 9, 39 (48); 21, 173 (179); BAG 25.5.1970 – 3 AZR 384/69, AP Nr. 4 zu § 60 HGB; BVerfG 3.12.1970 – 2 AZR 110/70, AP Nr. 60 zu § 626 BGB; zur Schadensersatzpflicht des Arbeitgebers, wenn die arbeitsvertraglich vereinbarte Zusatzverdienstmöglichkeit entzogen wird, s. LAG Rh.-Pf. 9.11.2005 – 10 Sa 212/05, DB 2006, 842.
2 OLG Naumburg 9.10.2006 – 4 UF 22/06, NZA-RR 2007, 521.
3 BAG 3.12.1970 – 2 AZR 110/70, AP Nr. 60 zu § 626 BGB; 21.9.1999 – 9 AZR 759/98, DB 2000, 1336.
4 BAG 26.6.2001 – 9 AZR 343/00, ArbRB 2002, 3: Nebentätigkeitsverbot wegen Sicherstellung der von Berufskraftfahrern zu beachtenden Ruhens-, Lenk- und Höchstarbeitszeiten.
5 LAG BW 24.7.1969 – 4 Sa 15/69, BB 1969, 1135.
6 BAG 24.6.1999 – 6 AZR 605/97, DB 2000, 1336.
7 BAG 26.8.1976 – 2 AZR 377/75, AP Nr. 68 zu § 626 BGB; weiter gehend, nämlich unwirksam: LAG Nürnberg 25.7.1996 – 8 (5) Sa 206/95, NZA 1997, 547.
8 BAG 18.11.1988 – 8 AZR 12/86, AP Nr. 3 zu § 611 BGB – Doppelarbeitsverhältnis; 6.9.1990 – 2 AZR 165/90, NZA 1991, 221.
9 BAG 26.6.2001 – 9 AZR 343/00, ArbRB 2002, 3; 11.12.2001 – 9 AZR 464/00, BB 2002, 2447.
10 BAG 13.3.2003 – 6 AZR 585/01, NZA 2003, 976.

226 Im Hinblick auf Nebentätigkeiten kann auch eine bloße **Anzeigepflicht** vertraglich vereinbart werden. Diese Anzeigepflicht ist auch dann zu beachten, wenn der Arbeitnehmer einen Anspruch auf die Genehmigung der Nebentätigkeit hat[1].

227 Schon um eine übereinstimmende Regelung zu finden, die die Höchstarbeitszeit des § 3 ArbZG berücksichtigt, erscheint es zweckmäßig, sich nicht auf eine bloße Anzeigepflicht zu beschränken, sondern zB folgende Vereinbarung in den Arbeitsvertrag aufzunehmen:

Formulierungsbeispiel:

Anderweitige Tätigkeiten

Der Arbeitnehmer ist grundsätzlich verpflichtet, seine ganze Arbeitskraft den vertraglichen Aufgaben zu widmen. Entgeltliche und unentgeltliche Nebenbeschäftigungen sind deshalb nur mit vorheriger schriftlicher Zustimmung der Geschäftsleitung/des Vorgesetzten gestattet.

Die Genehmigung zur Nebentätigkeit ist zu erteilen, wenn sich die Gesamtarbeitszeit im Rahmen des Arbeitszeitgesetzes hält, die Nebentätigkeit die vertraglich geschuldeten Leistungen nicht beeinträchtigt und nicht für ein Konkurrenzunternehmen ausgeübt wird.

---

228 Ist in dem Arbeitsvertrag kein Nebentätigkeitsverbot enthalten, auch nicht mit einem Genehmigungsvorbehalt, und keine Anzeigepflicht vereinbart, so hat der Arbeitnehmer gleichwohl eine beabsichtigte Nebenbeschäftigung aufgrund der allgemeinen **Rücksichtnahme-/Treuepflicht** dem Arbeitgeber **anzuzeigen**, soweit dadurch dessen Interessen bedroht sind[2]. Dies ist der Fall, wenn die Nebentätigkeit mit der vertraglich geschuldeten Arbeitsleistung nicht vereinbar ist, und die Ausübung der Nebentätigkeit somit eine Verletzung der Arbeitspflicht darstellt[3]. Eine Anzeigepflicht kann auch bestehen, wenn es um die von dem „Hauptarbeitgeber" zu beachtenden Arbeitszeit-, Sozialversicherungs- und steuerrechtlichen Bestimmungen geht[4]. Aus diesem Grunde besteht gerade auch für „Geringverdiener" eine Pflicht zur Offenbarung einer weiteren Tätigkeit.

229 Einstweilen frei.

230 Geht der Arbeitnehmer einer Nebentätigkeit nach, obwohl diese aufgrund der vertraglichen Vereinbarung bzw. der hier aufgezeigten Rücksichtnahme/Treuepflicht mit den Interessen des Arbeitgebers kollidiert, so kann der Arbeitgeber eine **Einstellung oder zumindest Einschränkung der Nebenbeschäftigung** verlangen. Ggf. ist auch unter Berücksichtigung der ansonsten allgemein geltenden kündigungsrechtlichen Regeln eine Kündigung des Arbeitsverhältnisses möglich. Für den Fall, dass der Arbeitnehmer gegen ein rechtswirksam vereinbartes ausdrückliches Nebentätigkeitsverbot verstoßen hat, kommt auch eine fristlose außerordentliche **Kündigung** in Betracht[5]. Nur dann, wenn es infolge der Nebentätigkeit zu einer Beeinträchtigung des Hauptarbeitsverhältnisses kommt, kann darüber hinaus ein Anspruch auf **Schadensersatz** gegeben sein[6].

---

1 BAG 11.12.2001 – 9 AZR 464/00, BB 2002, 2447.
2 BAG 18.11.1988 – 8 AZR 12/86, AP Nr. 3 zu § 611 BGB – Doppelarbeitsverhältnis; 6.9.1990 – 2 AZR 165/90, NZA 1991, 221; 18.1.1996 – 6 AZR 314/95, DB 1996, 2182; MünchArbR/*Reichold*, § 49 Rz. 55.
3 BAG 18.1.1996 – 6 AZR 314/95, DB 1996, 2182.
4 MünchArbR/*Reichold*, § 49 Rz. 56.
5 MünchArbR/*Reichold*, § 49 Rz. 56.
6 Schaub/*Linck*, § 42 II 54; MünchArbR/*Reichold*, § 49 Rz. 60.

II. Verpflichtungen des Arbeitnehmers

Wird durch das weitere Arbeitsverhältnis die Höchstarbeitszeit des § 3 ArbZG erheblich überschritten, ist das nachträglich eingegangene weitere Arbeitsverhältnis nach Auffassung der Rechtsprechung **nichtig**. 231

In einem Arbeitsverhältnis steht idR das konstitutive Erbringen von Arbeitsleistungen gegen Vergütung im Vordergrund und nicht der Zweck, Steuern und Sozialbeiträge zu hinterziehen. Eine zwischen Arbeitsvertragsparteien getroffene **Schwarzgeldvereinbarung**, die Arbeitsvergütung ganz oder zum Teil ohne Abführung von Steuern und Sozialversicherungsbeiträgen zu zahlen, führt daher regelmäßig nicht zur Nichtigkeit des gesamten Arbeitsvertrages[1]. Mit der Schwarzgeldabrede wird regelmäßig eine Bruttolohnvereinbarung getroffen. Deshalb fingiert § 14 Abs. 2 Satz 2 SGB IV für Schwarzgeldabreden die Vereinbarung eines Nettoarbeitsentgelts (s. dazu auch Rz. 584). 232

Soweit die Schwarzarbeit in einer Nebentätigkeit erfolgt, besteht allein wegen der Schwarzarbeit selbst seitens des Hauptarbeitgebers **kein Unterlassungs- oder Schadensersatzanspruch** gegenüber dem Arbeitnehmer. Durch das Schwarzarbeitsbekämpfungsgesetz wird allein das Interesse der Allgemeinheit an der Sicherstellung des Sozialversicherungsaufkommens und an der Einziehung von Steuern geschützt[2].

bb) Abwerbung

Die **Abwerbung von Arbeitskollegen** verletzt die Rücksichtnahme-/Treuepflicht und ist daher unzulässig. Eine treuwidrige Abwerbung liegt vor, wenn ein Arbeitnehmer ernsthaft und beharrlich auf seine Arbeitskollegen einzuwirken versucht, zu kündigen und einen Arbeitsplatz zukünftig bei ihm oder bei seinem neuen Arbeitgeber anzunehmen[3]. Ob unlautere Mittel angewandt werden, ist unwesentlich[4]. Die Verletzung der dem Arbeitnehmer obliegenden Rücksichtnahme-/Treuepflicht setzt also nicht voraus, dass der Arbeitnehmer sittenwidrig iSd. § 826 BGB handelt[5]. 233

Nicht bereits unter eine gegen die Rücksichtnahme-/Treuepflicht verstoßende Abwerbung fällt dagegen die Frage eines leitenden Angestellten an einen ihm unterstellten Mitarbeiter, ob er mit ihm gehen würde, wenn er sich selbständig mache[6]. Erst recht sind Gespräche unter Arbeitskollegen über einen beabsichtigten Stellenwechsel zulässig, auch wenn dabei besondere Leistungen des anderen Arbeitgebers herausgestellt werden. 234

Im Einzelfall ist die Grenze zu der von der Rechtsprechung und Lehre als treuwidrige Abwerbung bezeichneten ernsthaften und beharrlichen Einwirkung auf Kollegen zum Zwecke des Arbeitsplatzwechsels schwer zu ziehen. Eindeutig stellt sich die Situation nur dann dar, wenn der Arbeitnehmer auf einen Kollegen dahingehend einwirkt, unter **Vertragsbruch** beim bisherigen Arbeitgeber auszuscheiden, wenn er gezielt diesen Versuch im **Auftrag eines Konkurrenzunternehmens** unternimmt oder wenn er insoweit seinen Arbeitgeber **planmäßig zu schädigen** sucht[7].

Einstweilen frei. 235

---

1 BAG 26.2.2003 – 5 AZR 690/01, NZA 2004, 313.
2 *Reufels/Litterscheid*, ArbRB 2005, 89.
3 BAG 16.1.1975 – 3 AZR 72/74, AP Nr. 8 zu § 60 HGB; LAG Düsseldorf 15.10.1969 – 6 Sa 117/69, DB 1969, 2353.
4 LAG Schl.-Holst. 6.7.1989 – 4 Sa 601/88, DB 1989, 1880; aA LAG Hamburg 21.12.1999 – 2 Sa 62/99, nv.
5 *Schmiedl*, BB 2003, 1120.
6 LAG Schl.-Holst. 6.7.1989 – 4 Sa 601/88, LAGE § 626 BGB Nr. 42.
7 LAG Rh.-Pf. 7.2.1995 – 6 Sa 528/91, LAGE § 626 BGB Nr. 64; LG Osnabrück 16.6.1995 – 3 HO 66/95, EWiR § 1 UWG 19/95, 921 (*Paefgen*).

cc) Annahme von Schmiergeldern/Korruption

236 Der Arbeitnehmer darf keine Schmiergelder annehmen und auch nicht Dritten zuwenden lassen, die ihm persönlich verbunden sind. Es **widerspricht der Rücksichtnahmepflicht**, wenn der Arbeitnehmer sich auch nur dem Anschein aussetzt, nicht loyal die Interessen des Arbeitgebers zu sichern, vielmehr sich korrupt zeigt. Schmier-/Bestechungsgelder zielen regelmäßig darauf ab, den Arbeitnehmer für das Anliegen desjenigen gefügig zu machen, der das Schmiergeld leistet (zumeist Lieferanten des Arbeitgeberbetriebes). Es kommt nicht darauf an, ob der Arbeitnehmer tatsächlich entsprechend dem vorausgesetzten Interesse des Gebers handelt oder gehandelt hat. Von einem Schmiergeld ist deshalb auch dann zu sprechen, wenn es nur in der Erwartung gegeben wird, der Arbeitnehmer werde die Interessen des Gebers berücksichtigen[1].

237 Strafbar gem. § 299 StGB ist die Entgegennahme, aber auch das Sich-Versprechen-Lassen und das Fordern von Schmiergeldern („Vorteil als Gegenleistung") im geschäftlichen Verkehr, um dadurch unlauter einem anderen beim Waren- oder Leistungswettbewerb eine Bevorzugung zu verschaffen. Ein ausdrückliches Verbot der Empfangnahme von Geschenken, Vermächtnissen oder sonstigen Vorteilen enthält für Arbeitnehmer in Altenheimen § 14 Abs. 5 HeimG (ausgenommen sind auch hier geringwertige Aufmerksamkeiten).

238 Die tarifliche Regelung in § 3 Abs. 2 TVöD-AT sieht für Angestellte im **öffentlichen Dienst** kein generelles Verbot der Entgegennahme von Belohnungen und Geschenken vor, sondern macht diese lediglich von der Zustimmung des Arbeitgebers abhängig (§ 3 Abs. 2 Satz 2 TVöD-AT).

239 Ausgenommen von dem Verbot der Annahme von Geschenken sind sog. **gebräuchliche Gelegenheitsgeschenke** (Kugelschreiber, Kalender etc.) und in verschiedenen Berufszweigen, soweit dies der Üblichkeit entspricht, die Annahme von Trinkgeldern (zB bei Kellnern und Croupiers). Die Abgrenzung von gebräuchlichen Gelegenheitsgeschenken und verbotenen Schmiergeldern kann nur anhand des jeweiligen Einzelfalles und nach Treu und Glauben unter Berücksichtigung der Verkehrssitte getroffen werden.

240 Wird ein Schmiergeld angeboten, so hat dies der Arbeitnehmer **zurückzuweisen**. Streitig ist, ob er ein derartiges Angebot auch dem Arbeitgeber anzeigen muss[2]. Stimmt der Arbeitgeber zu, kann der Arbeitnehmer Geschenke oder Belohnungen annehmen, die zunächst nach dem von dem Geber vorausgesetzten Zweck als Schmiergeld zu bezeichnen waren.

241 Einstweilen frei.

242 Der Arbeitgeber hat dann einen **Anspruch auf Herausgabe** des verlangten Schmiergeldes aus dem Gesichtspunkt der angemaßten Eigengeschäftsführung (§§ 687 Abs. 2, 681 Satz 2, 667 BGB), wenn der Arbeitnehmer befugt war, selbständig für den Arbeitgeber Verträge abzuschließen und Preise und sonstige Vertragsbedingungen auszuhandeln[3]. Daneben bleibt dem Arbeitgeber die Möglichkeit, **Schadensersatz** zu verlangen, wenn der Arbeitnehmer infolge der durch das Schmiergeld bezweckten Pflichtverletzung einen Vermögensschaden herbeigeführt hat (§ 280 Abs. 1 BGB – positive Vertragsverletzung –, § 823 Abs. 2 BGB iVm. einem Vermögensdelikt oder § 826 BGB wegen sittenwidriger Schädigung)[4]. Nimmt ein Arbeitnehmer Schmier-

---

1 MünchArbR/*Reichold*, § 48 Rz. 52.
2 So Schaub/*Linck*, § 53 Rz. 41; differenzierend MünchArbR/*Reichold*, § 48 Rz. 52.
3 BAG 14.7.1961 – 1 AZR 288/60, 15.4.1970 – 3 AZR 259/69 u. 26.2.1971 – 3 AZR 97/70, AP Nr. 1, 4, 5 zu § 687 BGB; LAG Köln 1.9.1998 – 13 (11) Sa 754/97, NZA 1999, 597.
4 LAG Hess. 25.1.2008 – 10 Sa 1195/06, nv.; s.a. *Reinecke*, ZTR 2007, 414; *Straube*, DB 2008, 1744.

geld entgegen, so stellt dies eine massive Verletzung des zum Arbeitgeber bestehenden Vertrauensverhältnisses – der Rücksichtnahme-/Treuepflicht – dar, so dass idR eine **fristlose Kündigung** gerechtfertigt ist[1].

dd) Unternehmensschädliche Meinungsäußerung

Das Grundrecht der **Meinungsfreiheit** aus Art. 5 Abs. 1 GG gewährleistet eine der wesentlichen Äußerungsformen der menschlichen Persönlichkeit. Mit der überragenden Bedeutung des Grundrechts aus Art. 5 Abs. 1 GG wäre es daher unvereinbar, wenn dieses Grundrecht in der betrieblichen Arbeitswelt nicht oder nur eingeschränkt anwendbar wäre[2]. Der Grundrechtsschutz bezieht sich sowohl auf den Inhalt als auch auf die Form der Äußerung. Auch eine polemische oder verletzende Formulierung entzieht einer Äußerung noch nicht den Schutz der Meinungsfreiheit[3]. Das Grundrecht auf Meinungsfreiheit aus Art. 5 Abs. 1 GG wird jedoch nicht schrankenlos gewährt. Es wird durch die allgemeinen Gesetze und das Recht der persönlichen Ehre **beschränkt** und muss in ein ausgeglichenes Verhältnis mit diesen gebracht werden[4]. Zu den auf Seiten des Arbeitgebers verfassungsrechtlich geschützten Positionen gehören nicht nur die Menschenwürde (Art. 1 Abs. 1 GG) und das allgemeine Persönlichkeitsrecht (Art. 2 Abs. 1 GG), sondern auch dessen **wirtschaftliche Betätigungsfreiheit** (Art. 12 GG), die insbesondere durch eine Störung des Arbeitsablaufs und des Betriebsfriedens berührt werden kann. Grobe Beleidigungen des Arbeitgebers, seiner Vertreter und Repräsentanten oder von Arbeitskollegen stellen einen erheblichen Verstoß des Arbeitnehmers gegen seine vertragliche **Pflicht zur Rücksichtnahme** dar, § 241 Abs. 2 BGB[5]. Dementsprechend ist unter Berücksichtigung aller Umstände des Einzelfalles eine Abwägung zwischen den Belangen der Meinungsfreiheit und den Rechtsgütern, in deren Interessen das Grundrecht der Meinungsfreiheit eingeschränkt werden soll, vorzunehmen. Dabei wird das Grundrecht der Meinungsfreiheit regelmäßig zurücktreten müssen, wenn sich die Äußerung als Angriff auf die Menschenwürde oder als eine Formalbeleidigung oder eine Schmähung darstellt[6]. Ansonsten kommt es für die Abwägung zwischen der Bedeutung der Meinungsfreiheit und dem Rang die durch die Meinungsfreiheit beeinträchtigten Rechtsguts auf die Schwere der Beeinträchtigung des betroffenen Rechtsgutes an. Bei einer Meinungsäußerung, die im Rahmen einer öffentlichen Auseinandersetzung erfolgt, spricht nach der Rechtsprechung grundsätzlich eine Vermutung zugunsten der Freiheit der Äußerung. Bei Äußerungen, die im Zuge einer privaten Auseinandersetzung fallen, gilt hingegen eine solche Vermutungsregelung nicht[7]. Nach Auffassung des BAG soll allerdings der Erfahrungssatz gelten, dass angreifbare Bemerkungen über Vorgesetzte, die im – kleineren – **Kollegenkreis** erfolgen, in der sicheren Erwartung geäußert werden, sie würden nicht über den Kreis der Gesprächsteilnehmer hinaus dringen. Es seien die Umstände zu berücksichtigen, unter denen diffamierende oder ehrverletzende Äußerungen über Vorgesetzte und/oder Kollegen gefallen sind. Geschehe dies in vertraulichen Gesprächen unter Arbeitskollegen, vermöchten sie eine Kündigung des Arbeitsverhältnisses nicht ohne Weiteres zu rechtfertigen. Der Arbeitnehmer dürfe anlässlich solcher Gespräche regelmäßig darauf vertrauen, seine Äußerungen würden nicht nach außen getragen. Dies soll selbst im Falle grober Beleidigungen

243

---

1 BAG 17.8.1972 – 2 AZR 415/71, AP Nr. 65 zu § 626 BGB; LAG Köln 4.1.1984 – 5 Sa 1217/83, DB 1984, 1101.
2 BAG 24.6.2004 – 2 AZR 63/03, BAGReport 2005, 87.
3 BAG 24.6.2004 – 2 AZR 63/03, BAGReport 2005, 87; 24.11.2005 – 2 AZR 584/04, NZA 2006, 650.
4 BAG 24.11.2005 – 2 AZR 584/04, NZA 2006, 650.
5 BAG 7.7.2011 – 2 AZR 355/10, NZA 2011, 1412.
6 BAG 24.6.2004 – 2 AZR 63/03, BAGReport 2005, 87; 24.11.2005 – 2 AZR 584/04, NZA 2006, 650.
7 BAG 24.6.2004 – 2 AZR 63/03, BAGReport 2005, 87.

des Arbeitgebers und/oder seiner Vertreter und Repräsentanten oder von Arbeitskollegen gelten, die nach Form und Inhalt eine erhebliche Ehrverletzung für den Betroffenen bedeuten[1].

Demgemäß wird ein Arbeitnehmer im betrieblichen Bereich grundsätzlich **Meinungsäußerungen** unterlassen müssen, die den Interessen des Arbeitgebers oder seinen Kollegen schädlich sind oder sein können (zB durch ernstliche Gefährdung des Betriebsfriedens)[2]. Die Meinungsäußerung beinhaltet ein Werturteil. Äußert sich ein Arbeitnehmer kritisch über seinen Arbeitgeber bzw. das Unternehmen, so ist zwischen (noch) erlaubter und nicht mehr zumutbarer (Schmäh-)Kritik zu unterscheiden[3]. Arbeitnehmer sind grundsätzlich berechtigt, eine von den Ansichten der Vorgesetzten abweichende fachliche Meinung zu äußern. Die Meinungsäußerung ist zu unterscheiden von der Weitergabe von **Tatsachenbehauptungen**. Letztere können der Verschwiegenheitspflicht unterliegen (s. Rz. 250 ff.).

Jedoch kann die Einschränkung der Meinungsfreiheit durch den Schutz der **Pressefreiheit** aufgehoben sein. Letztere gilt auch für kritische Bewertungen der Betriebsratsarbeit in einer Werkszeitung[4].

244 Es ist auch eine **parteipolitische Betätigung im Betrieb** untersagt. Dies gilt zumindest dann, wenn sich diese parteipolitische Betätigung derartig provozierend darstellt, dass sich dadurch andere Betriebsangehörige belästigt fühlen, der Betriebsfrieden oder der Betriebsablauf in sonstiger Weise konkret gestört oder die Erfüllung der Arbeitspflicht beeinträchtigt werden können[5]. Eine parteipolitische Propaganda oder sonstige politische Werbung, die sich **nicht auf den innerbetrieblichen Bereich beschränkt**, sondern auch außenstehende Kunden und Lieferanten erreichen soll (zB durch Abstellen des mit politischer Propaganda beklebten Privatfahrzeuges auf dem Firmenparkplatz) kann deshalb unzulässig sein, weil sie entweder geeignet ist, Außenstehende zu provozieren oder aber den falschen Eindruck erweckt, der Arbeitgeber identifiziere sich hiermit.

244a Strengere Maßstäbe werden auch dann gelten müssen, wenn sich ein Arbeitnehmer mit seiner **Kritik am Arbeitgeber** an die Öffentlichkeit wendet. Die Rücksichtnahmepflicht endet allerdings dann, wenn berechtigte Interessen des Arbeitnehmers, dritter Personen oder der Allgemeinheit einer bloßen innerbetrieblichen Klärung entgegenstehen. So darf ein Arbeitnehmer Missstände bei der zuständigen Behörde **anzeigen**, wenn er auf schonenderem Weg keine Abhilfe erreichen kann („**Whistleblowing**"). Dasselbe gilt für eine Strafanzeige, wenn der Arbeitnehmer Kenntnis von Straftaten erhält, durch deren Nichtanzeige er sich selbst einer Strafverfolgung aussetzen würde[6]. Entsprechendes gilt, wenn es sich um schwerwiegende oder **vom Arbeitgeber selbst begangene Straftaten** handelt[7], oder wenn mit innerbetrieblicher Abhilfe berechtigterweise nicht zu rechnen ist. In diesen Fällen ist ein vorheriger Versuch, vorab im Unternehmen Abhilfe zu schaffen, nicht notwendig. Falls die strafbare Handlung oder Pflichtverletzung einem Mitarbeiter und nicht dem Arbeitgeber oder seinem ge-

---

1 BAG 10.12.2009 – 2 AZR 534/08, NZA 2010, 698.
2 BAG 28.9.1972 – 2 AZR 469/71, AP Nr. 2 zu § 134 BGB; 5.11.1992 – 2 AZR 287/92, ArbuR 1993, 124; LAG Hamm 11.11.1994 – 10 (19) Sa 100/94, NZA 1995, 994; ArbG Bremen 29.6.1994 – 7 Ca 7160/94, BB 1994, 1568; ArbG Siegburg 4.11.1993 – 4 Ca 1766/93, NZA 1994, 698; im Falle einer Kundenbeleidigung LAG Schl.-Holst. 5.10.1998 – 5 Sa 309/98, FA 1999, 102 (Ls.); einschränkend LAG Schl.-Holst. 23.10.1996 – 2 Sa 191/96, nv.; *Krummel/Küttner*, NZA 1996, 67 ff.
3 BAG 7.7.2011 – 2 AZR 355/10, NZA 2011, 1412.
4 BVerfG 8.10.1996 – 1 BvR 1183/90, BB 1997, 205.
5 BAG 9.12.1982 – 2 AZR 620/80, AP Nr. 73 zu § 626 BGB.
6 BAG 3.7.2003 – 2 AZR 235/02, NZA 2004, 427.
7 BVerfG 2.7.2001 – 1 BvR 2049/00, DB 2001, 1622; BAG 7.12.2006 – 2 AZR 400/05, NZA 2007, 502.

setzlichen Vertreter vorgeworfen wird, ist es aber eher zumutbar, zunächst einen internen Hinweis an den Arbeitgeber geben zu müssen[1], es sei denn, es ist Personenschaden oder schwerer Sachschaden entstanden oder zu befürchten. In größeren Unternehmen wird man einer derartigen externen Anzeige nicht nur in eigenem Interesse, sondern auch zur Vermeidung von Interessenkonflikten auf Seiten des betroffenen Arbeitnehmers in geeigneter Weise entgegenwirken müssen. Dazu kann ein **Compliance-System** dienen[2].

Meinungsäußerungen dürfen nicht die **Arbeitsabläufe beeinträchtigen**. Dafür sind grundsätzlich die Pausen zu verwenden. Demgemäß darf ein Arbeitgeber einem Arbeitnehmer die Teilnahme an einer politischen Demonstration während der Arbeitszeit verbieten[3]. 245

Ein gläubiger Arbeitnehmer ist unter Berücksichtigung betrieblicher Belange wegen seiner Grundrechte aus Art. 4 Abs. 1 und 2 GG nach § 616 BGB dazu berechtigt, seinen Arbeitsplatz zur Verrichtung **kurzzeitiger Gebete** zu verlassen[4].

Weiter gehenden Beschränkungen der Meinungsfreiheit unterliegen Arbeitnehmer von **Tendenzunternehmen, Kirchen und kirchlichen Einrichtungen sowie des öffentlichen Dienstes**. Die Loyalitätspflicht zwingt den Arbeitnehmer, auf die Tendenz des Arbeitgebers, also insbesondere auf die konfessionellen, wissenschaftlichen oder künstlerischen Ziele Rücksicht zu nehmen. Mit seinen Äußerungen darf sich daher ein Arbeitnehmer weder innerbetrieblich noch außerbetrieblich in Widerspruch zu den im Arbeitsverhältnis geltenden tendenziellen Grundsätzen setzen. Für die Angestellten im öffentlichen Dienst hat die politische Rücksichtspflicht eine tarifliche Grundlage in § 41 TVöD BT-V[5]. 246

Einer größeren Einschränkung der Meinungsfreiheit als sonstige Arbeitnehmer unterliegen auch **Betriebsratsmitglieder** gem. § 74 Abs. 2 Satz 3 BetrVG. Soweit sie in Ausübung ihres Amtes handeln, ist ihnen ebenso wie dem Arbeitgeber eine parteipolitische Betätigung untersagt. Gleiches gilt auch für Mitglieder der Personalvertretungen (wie dies in § 67 Abs. 1 Satz 3 BPersVG geregelt ist). Zu den parteipolitischen Tätigkeiten gehören zum einen die unmittelbaren Betätigungen für oder gegen eine politische Partei iSd. Art. 21 GG und § 2 Abs. 1 Parteiengesetz. Darüber hinaus werden aber auch die Unterstützung oder Stellungnahme für oder gegen politische Gruppierungen oder Bewegungen sowie zu Äußerungen einzelner Politiker erfasst. 247

Die **gewerkschaftliche Betätigung** erfährt einen speziellen Grundrechtsschutz durch Art. 9 Abs. 3 GG. Sie darf jedoch nicht so weit gehen, dass sie dem Recht anderer Arbeitnehmer auf freie Meinungsäußerung oder dem durch Art. 9 Abs. 3 GG gewährleisteten Koalitionspluralismus widerspricht[6]. Auch darf es ebenso wenig wie bei den allgemeinen Meinungsäußerungen zu den Betriebsfrieden störenden Provokationen oder anderen den Betriebsablauf störenden Maßnahmen infolge der Gewerkschaftswerbung kommen. Eine Mitgliederwerbung innerhalb des Betriebes ist aber unter Beachtung der vorgenannten Voraussetzungen grundsätzlich zulässig[7]. Auch über die betrieblichen E-Mail-Adressen der Arbeitnehmer kann sich die Gewerkschaft mit Werbung und Informationen an die Arbeitnehmer wenden. Dies gilt auch, 248

---

1 *Bürkle*, DB 2004, 2158.
2 *Bürkle*, DB 2004, 2158.
3 LAG Schl.-Holst. 18.1.1995 – 3 Sa 568/94, NZA 1995, 842.
4 LAG Hamm 26.2.2003 – 5 Sa 1582/01, NZA 2002, 1090.
5 Zu den Grenzen derartiger grundrechtsbeschränkenden Normen s. BVerfG 16.10.1998 – 1 BvR 1685/92, NZA 1999, 77.
6 BAG 23.2.1979 – 1 AZR 172/78, AP Nr. 30 zu Art. 9 GG.
7 BVerfG 14.11.1995 – 1 BvR 601/92, NZA 1996, 381; BAG 28.2.2006 – 1 AZR 460/04, NZA 2006, 798; *Däubler*, DB 1998, 2014.

wenn der Arbeitgeber den Gebrauch der E-Mail-Adressen zu privaten Zwecken untersagt hat[1].

249 Tätigt ein Arbeitnehmer unternehmensschädliche Meinungsäußerungen, also Äußerungen, die entweder den Betriebsfrieden ernstlich gefährden oder die den Zwecken und Interessen des Betriebes zuwiderlaufen, so kann dies eine verhaltensbedingte fristgemäße **Kündigung** – regelmäßig aber erst nach einer erfolglosen Abmahnung – oder aber auch in Ausnahmefällen eine fristlose Kündigung (zB bei einer bewusst wahrheitswidrigen Erklärung in der Öffentlichkeit, groben Beleidigung eines Vorgesetzten, ausländerfeindlichen oder antisemitischen Äußerungen über einen Vorgesetzten) rechtfertigen[2]. Sofern der Arbeitnehmer nicht wissentlich unwahre oder leichtfertig falsche Angaben macht, darf ein Arbeitsverhältnis aber nicht deshalb gekündigt werden, weil der Arbeitnehmer im Rahmen eines staatsanwaltlichen Ermittlungsverfahrens gegen seinen Arbeitgeber aussagt[3]. Soweit in einem laufenden Gerichtsverfahren Erklärungen abgegeben werden, ist zu berücksichtigen, dass diese durch ein berechtigtes Interesse des Arbeitnehmers gedeckt sein können. Parteien dürfen zur Verteidigung von Rechten schon im Hinblick auf den Anspruch auf Gewährung rechtlichen Gehörs (Art. 103 Abs. 1 GG) alles vortragen, was als rechts-, einwendungs- oder einredebegründender Umstand prozesserheblich sein kann. Ein Prozessbeteiligter darf auch starke, eindringliche Ausdrücke und sinnfällige Schlagworte benutzen, um seine Rechtsposition zu unterstreichen, selbst wenn er seinen Standpunkt vorsichtiger hätte formulieren können. Der Arbeitnehmer darf jedoch nicht leichtfertig Tatsachenbehauptungen aufstellen, deren Unhaltbarkeit ohne Weiteres auf der Hand liegt[4].

d) Verschwiegenheitspflicht

aa) Inhalt und Umfang

250 Aus dem für beide Seiten geltenden Grundsatz von Treu und Glauben und der § 241 Abs. 2 BGB für Arbeitsverhältnisse zu entnehmenden Rücksichtnahmepflicht ist der Arbeitnehmer verpflichtet, über geheim zu haltende Tatsachen, die die Interessen des Arbeitgebers bzw. des Unternehmens berühren, **Stillschweigen zu bewahren**[5]. Die Verschwiegenheitspflicht besteht grundsätzlich gegenüber jedermann, also auch gegenüber Arbeitnehmern desselben Betriebes, die keine Kenntnis von diesen vertraulichen Tatsachen haben. Bei zu Hause auszuführender **Telearbeit** kann es ratsam sein, eine besondere Verwahrungspflicht für die Arbeitsunterlagen zu vereinbaren (zB den Arbeitsraum nach Verlassen zu verschließen)[6].

251 Zu den ohnehin geschützten Betriebs- und Geschäftsgeheimnissen gehören insbesondere Tatsachen aus dem **technischen und betrieblichen Bereich** (zB technisches Knowhow, auch wenn es nicht patentfähig ist, eigene Erfindungen des Arbeitnehmers, wenn sie im Rahmen des Arbeitsverhältnisses gemacht wurden, Produktionseinrichtungen, betriebliche Abläufe, Computersoftware und Personaleinsatzplanung) und aus dem **wirtschaftlich/kaufmännischen Bereich**, Tatsachen, die den Absatzbereich betreffen (zB Preis- und Kundenlisten[7]), aus dem Lieferantenbereich (zB Wa-

---

1 BAG 20.1.2009 – 1 AZR 515/08, NZA 2009, 615.
2 LAG Hamm 11.11.1994 – 10 (19) Sa 100/94, NZA 1995, 994; LAG Berlin 22.10.1997 – 13 Sa 110/97, NZA-RR 1998, 442; ArbG Frankfurt 10.8.1998 – 15 Ca 9661/97, NZA-RR 1999, 85.
3 BVerfG 2.7.2001 – 1 BvR 2049/00, NZA 2001, 888.
4 BAG 29.8.2013 – 2 AZR 419/12, NZA 2014, 660.
5 BAG 25.8.1966 – 5 AZR 525/65, AP Nr. 1 zu § 611 BGB – Schweigepflicht.
6 S.a. Ziff. 7 der Rahmenvereinbarung über Telearbeit zwischen europäischen Gewerkschaften und Arbeitgeberverbänden v. 16.7.2002, die teilweise umgesetzt ist (so in § 5 Abs. 1 BetrVG).
7 BGH 27.4.2006 – I ZR 126/03, DB 2006, 2459.

renbezugsquellen, Kreditwürdigkeit) sowie aus dem Rechnungswesen (zB Bilanzen, Inventuren und Kalkulationen). Weiterhin gehören zu derartigen Geheimnissen **Personaldaten** einschließlich derjenigen, die den Arbeitnehmer persönlich betreffen[1].

Offenkundige Verfahren oder Tatsachen unterliegen aber auch dann nicht der Schweigepflicht, wenn sie der Arbeitgeber als geheim bezeichnet hat.

Neben den Betriebs- und Geschäftsgeheimnissen erfasst die Verschwiegenheitspflicht nur solche als geheim bezeichnete Tatsachen, an deren Geheimhaltung der Arbeitgeber ein **berechtigtes Interesse** hat[2]. Da das berechtigte Interesse objektiv zu beurteilen ist[3], brauchen „illegale" Geheimnisse nicht verschwiegen zu werden. Dies betrifft zB Verstöße des Arbeitgebers gegen Arbeitsschutzgesetze, Umweltschutzrecht, Sozialversicherungsrecht und auch unlautere Wettbewerbstätigkeit des Arbeitgebers[4]. Allerdings darf der Arbeitnehmer erst dann seine Schweigepflicht brechen, also gewichtige innerbetriebliche Missstände, die auch die Öffentlichkeit betreffen, offenbaren, wenn er durch betriebsinternes Vorgehen keine Abhilfe innerhalb angemessener Zeit erreicht[5]. 252

Einstweilen frei. 253

Die Verschwiegenheitspflicht kann **durch Vertrag erweitert** werden. Derartige vertragliche Geheimhaltungsklauseln erstrecken sich häufig auf sämtliche dem Arbeitnehmer während des Beschäftigungsverhältnisses bekannt gewordenen geschäftlichen und betrieblichen Tatsachen. Damit kann der Arbeitnehmer verpflichtet werden, auch über ihn persönlich betreffende Umstände, insbesondere die Gehaltshöhe, Stillschweigen zu bewahren[6]. Sämtliche Betriebs- und Geschäftsvorgänge erfassende Geheimhaltungsklauseln gelten aber nur innerhalb der Grenzen der §§ 134, 138 BGB und nur insoweit, als damit einem anzuerkennenden berechtigten Interesse des Arbeitgebers entsprochen wird[7]. 254

Eine Klausel zur **Geheimhaltungspflicht** kann wie folgt formuliert werden: 255

Formulierungsbeispiel:

Geheimhaltungspflicht

Der Arbeitnehmer verpflichtet sich, über alle nicht allgemein bekannten bedeutsamen Firmenangelegenheiten gegenüber Außenstehenden und unbeteiligten Mitarbeitern Verschwiegenheit zu wahren. Diese Schweigepflicht erstreckt sich auch auf Angelegenheiten anderer Firmen, mit denen das Unternehmen wirtschaftlich oder organisatorisch verbunden ist. Sie gilt über das Ende des Arbeitsverhältnisses hinaus fort für Kunden- und Lieferantenlisten, Umsatzziffern, Bilanzen und Angaben über die finanzielle Lage des Unternehmens sowie folgende Betriebsgeheimnisse ... (*sind konkret festzulegen*[8]).

Einer besonderen Verschwiegenheitspflicht unterliegen Arbeitnehmer, die aufgrund ihrer **innerbetrieblichen Amtsstellung** Betriebs- oder Geschäftsgeheimnisse erfahren. Gemäß § 79 Abs. 1 BetrVG und gem. § 107 Abs. 3 Satz 4 BetrVG gilt dies für Mitglie- 256

---

1 *Preis/Reinfeld*, ArbuR 1989, 361 (363).
2 BAG 16.3.1982 – 3 AZR 83/79, BB 1982, 1792; LAG Hamm 5.10.1988 – 15 Sa 1403/88, DB 1989, 783.
3 MünchArbR/*Reichold*, § 48 Rz. 36.
4 *Preis/Reinfeld*, ArbuR 1989, 361 (369 ff.).
5 BGH 20.1.1981 – VI ZR 162/79, AP Nr. 4 zu § 611 BGB – Schweigepflicht; *Preis/Reinfeld*, ArbuR 1989, 361 (369 ff.).
6 LAG Düsseldorf 9.7.1975 – 6 Sa 185/75, DB 1976, 1112; anders LAG MV 21.10.2009 – 2 Sa 237/09, ArbRB 2010, 174.
7 LAG Hamm 5.10.1988 – 15 Sa 1403/88, DB 1989, 783; *Preis/Reinfeld*, ArbuR 1989, 361 (364).
8 BAG 19.5.1998 – 9 AZR 394/97, BB 1999, 212.

der und Ersatzmitglieder des Betriebsrats sowie des Wirtschaftsausschusses. Entsprechendes gilt für Mitglieder der Personalräte (vgl. § 10 BPersVG).

Da Arbeitnehmer in der Funktion eines Betriebsratsmitglieds uU Informationen aus Bereichen erhalten, mit denen sie sonst nie befasst sind, sieht § 79 BetrVG vor, dass der Arbeitgeber Betriebs- oder Geschäftsgeheimnisse ausdrücklich als geheimhaltungsbedürftig bezeichnet haben muss.

257 Enger als diese allgemeine, sich aus der Rücksichtnahmepflicht ergebende arbeitsvertragliche Verschwiegenheitspflicht ist die in § 17 UWG **normierte Schweigepflicht**. Nach § 17 UWG wird der Arbeitnehmer bestraft, der Geschäfts- oder Betriebsgeheimnisse während der Dauer des Arbeitsverhältnisses unbefugt an andere zu Zwecken des Wettbewerbs, aus Eigennutz oder in der Absicht, dem Arbeitgeber Schaden zuzufügen, mitteilt.

Der gem. § 17 UWG mit Strafe bedrohte Geheimnisverrat beschränkt den Schutz auf **Betriebs- und Geschäftsgeheimnisse**. Dies sind Tatsachen, die im Zusammenhang mit einem Geschäftsbetrieb nur einem eng begrenzten Personenkreis bekannt und nicht offenkundig sind, sowie nach dem – evtl. konkludent – erklärten Willen des Arbeitgebers aufgrund eines berechtigten wirtschaftlichen Interesses geheim gehalten werden sollen[1]. Geschäftsgeheimnisse im Sinne dieser Bestimmung beziehen sich auf kaufmännische/wirtschaftliche (zB Kalkulationsunterlagen, Preislisten und Kundenlisten), Betriebsgeheimnisse auf technische (zB technische Beschreibungen, Zeichnungen, Muster und Modelle, Computersoftware) und personelle Angelegenheiten[2].

Außerdem unterscheidet sich der gem. § 17 UWG strafbedrohte Geheimnisverrat dadurch von der allgemeinen vertraglichen Verschwiegenheitspflicht, dass sich nur strafbar macht, wer Geheimnisse zu Wettbewerbszwecken, aus Eigennutz oder in Schädigungsabsicht verrät.

bb) Während des Arbeitsverhältnisses

258 Die Verschwiegenheitspflicht besteht **während der gesamten Dauer des Arbeitsverhältnisses**. Nur dann, wenn dem zukünftigen Arbeitnehmer bereits im Rahmen der Vertragsverhandlungen Geschäfts- und Betriebsgeheimnisse bekannt geworden sind, erstreckt sich die Verschwiegenheitspflicht auch auf diesen Verhandlungszeitraum **vor Abschluss des Arbeitsvertrages**[3].

259 Die generelle Bindung der Schweigepflicht an den rechtlichen Bestand des Arbeitsverhältnisses gilt auch bei einer **außerordentlichen, fristlosen Kündigung** des Arbeitnehmers oder Arbeitgebers. Allerdings muss sich der Arbeitnehmer an die Schweigepflicht halten, wenn seiner Auffassung nach der Arbeitgeber ungerechtfertigt außerordentlich gekündigt hat und er, der Arbeitnehmer, an dem Arbeitsverhältnis festhalten will.

Endete das Arbeitsverhältnis aufgrund einer außerordentlichen, fristlosen Kündigung seitens des Arbeitgebers, so soll die „vorzeitige" Beendigung der Verschwiegenheitspflicht im Rahmen des Schadensersatzanspruchs nach § 628 Abs. 2 BGB Berücksichtigung finden können.

260 Auch bei einem **Betriebsübergang** bleibt die Geheimhaltungspflicht im Verhältnis zum Erwerber bestehen, wenn das Arbeitsverhältnis zum Zeitpunkt des Überganges

---

[1] BAG 16.3.1982 – 3 AZR 83/79, AP Nr. 1 zu § 611 BGB – Betriebsgeheimnis.
[2] BAG 16.3.1982 – 3 AZR 83/79, AP Nr. 1 zu § 611 BGB – Betriebsgeheimnis; 15.12.1987 – 3 AZR 474/86, NZA 1988, 502.
[3] *Preis/Reinfeld*, ArbuR 1989, 361 (365).

nicht beendet war. Bei beendeten Arbeitsverhältnissen betrifft die Verpflichtung nur noch das Verhältnis zwischen Betriebsveräußerer und Arbeitnehmer[1].

cc) Nach Beendigung des Arbeitsverhältnisses

Eine nachvertragliche Verschwiegenheitpflicht gilt nur **ausnahmsweise**[2]. Der Arbeitnehmer ist nach dem Ausscheiden aus dem Beschäftigungsverhältnis auch in der Weitergabe und Verwertung der redlich erlangten **Betriebsgeheimnisse** grundsätzlich frei. Soweit die Verschwiegenheitpflicht über die Beendigung des Arbeitsverhältnisses hinaus fortdauern soll, bedarf dies einer besonderen Begründung[3]. 261

Etwas anderes gilt dann, wenn der Arbeitnehmer das Geheimnis selbst in einer gegen das Gesetz oder die guten Sitten verstoßenden Weise erworben hat oder wenn für den Arbeitnehmer ersichtlich das Interesse des früheren Arbeitgebers an der Geheimhaltung besonders groß ist.

Darüber hinaus sieht § 17 UWG eine nachvertragliche Verschwiegenheitpflicht unter den dort genannten Voraussetzungen vor[4].

Zwischen den Arbeitsvertragsparteien kann eine nachvertragliche Verschwiegenheitsverpflichtung **vereinbart** werden. Eine solche vereinbarte nachvertragliche Verschwiegenheitsverpflichtung verbietet es dem Arbeitnehmer, Geschäfts- oder Betriebsgeheimnisse durch Weitergabe der geheim zu haltenden Tatsachen zu verwerten. Es muss sich um **konkrete Tatsachen** über die Preisgestaltung, Kalkulation, Organisationsstrukturen, Kundenlisten oder Kaufgewohnheiten der Kunden (zB Verhandlungsstrategie, Geschmack) handeln[5]. Diese Kenntnisse darf der Arbeitnehmer nicht weitergeben und auf diese Weise für sich verwerten. 262

Eine nachvertragliche Verschwiegenheitpflicht, die sich unterschiedslos auf alle Geschäftsvorgänge[6] bezieht und dem Arbeitnehmer generell das Umwerben von Kunden des früheren Arbeitgebers, eine Vertretungs- und Beratungstätigkeit für einen Konkurrenten des früheren Arbeitgebers oder eine Verwertung von im vorangegangenen Arbeitsverhältnis erworbenem fachlichen Wissen untersagt, so dass er infolgedessen gehindert ist, eine angemessene anderweitige Beschäftigung auszuüben, steht einem Wettbewerbsverbot gleich und ist idR schon deshalb unwirksam, weil es an der gem. § 74 Abs. 2 HGB vorgesehenen Zusage einer Karenzentschädigung fehlt[7]. Einem Wettbewerbsverbot kommt die nachvertragliche Verschwiegenheitpflicht auch dann gleich, wenn das berufliche Fortkommen des ausgeschiedenen Arbeitnehmers im konkreten Fall mit der Preisgabe oder Verwertung der im vorangegangenen Arbeitsverhältnis erworbenen Kenntnisse über Geheimnisse verknüpft ist[8]. Eine nachvertragliche Geheimhaltungsvereinbarung ist zwar **ohne Karenzentschädigung wirksam**, sie schließt jedoch eine Konkurrenztätigkeit nicht aus, so dass aus der bloßen Pflicht, zukünftig Kundenlisten vertraulich zu bewahren, nicht folgt, dass es dem Arbeitnehmer untersagt ist, die ihm solchermaßen bekannten Kunden des früheren Ar- 263

---

1 B. Gaul, DB 1995, 874 (877).
2 BAG 24.11.1956 – 2 AZR 345/56, AP Nr. 4 zu § 611 BGB – Fürsorgepflicht; 16.3.1982 – 3 AZR 83/79, AP Nr. 1 zu § 611 BGB – Betriebsgeheimnis; BGH 19.11.1982 – I ZR 99/80 (KG), NJW 1984, 239; 3.5.2001 – I ZR 153/99, GRUR 2002, 91.
3 Wertheimer, BB 1999, 1600.
4 MünchArbR/Reichold, § 48 Rz. 46.
5 BAG 15.6.1993 – 9 AZR 558/91, DB 1993, 1291.
6 BAG 19.5.1998 – 9 AZR 394/97, BB 1999, 212.
7 BAG 15.12.1987 – 3 AZR 474/86, DB 1988, 1020; 15.6.1993 – 9 AZR 558/91, DB 1993, 1291; Gaul, DB 1995, 875 (877).
8 BAG 15.12.1987 – 3 AZR 474/86, DB 1988, 1020; Wertheimer, BB 1999, 1600.

beitgebers zu besuchen und damit für seinen neuen Arbeitgeber zu werben[1]. Im Ergebnis können sich daher Geheimhaltungsvereinbarungen nur auf Geschäfts- und Betriebsgeheimnisse im wettbewerbsrechtlichen Sinne beschränken.

264 Ein Arbeitnehmer ist nach der Beendigung seines Arbeitsverhältnisses wie ein Beauftragter verpflichtet, dem Arbeitgeber alles, was er zur Ausführung der ihm übertragenen Arbeit erhalten und was er aus dem Arbeitsverhältnis erlangt hat, herauszugeben. Insbesondere hat er mit der Beendigung des Arbeitsverhältnisses die Geschäftsunterlagen herauszugeben und darf davon keine Kopien fertigen, um sie statt der herauszugebenden Originale zu behalten. Auch steht ihm kein Zurückbehaltungsrecht gem. § 273 BGB an den Geschäftsunterlagen zum Zwecke der künftigen Verteidigung in einem Zivil- oder Strafverfahren mehr zu, wenn er durch die Übersendung der Unterlagen an Behörden (zB die Staatsanwaltschaft) seine staatsbürgerlichen Rechte ausgeübt hat[2]. Erforderlichenfalls kann die Vorlage der Unterlagen in einer arbeitsrechtlichen Auseinandersetzung nach § 421 ZPO und ggf. nach § 422 ZPO iVm. § 810 BGB durchgesetzt werden, sofern nicht aus der nachwirkenden Fürsorgepflicht des Arbeitgebers ein Anspruch auf Überlassung der Unterlagen bzw. Kopien dieser Unterlagen besteht. Ebenso wie die vertragliche Verschwiegenheitspflicht ist die nachvertragliche Schweigepflicht dann nicht zu beachten, wenn ihr schwerwiegende öffentliche Belange entgegenstehen.

dd) Rechtsfolgen bei Geheimnisverrat

265 Verstößt der Arbeitnehmer gegen die ihm obliegende Verschwiegenheitspflicht, so kann dies als Verletzung der ihm obliegenden arbeitsvertraglichen Verpflichtungen eine fristgemäße **Kündigung** und bei besonders schwerwiegendem Verstoß sowie irreparabler Erschütterung des Vertrauensverhältnisses eine außerordentliche, fristlose Kündigung rechtfertigen.

Darüber hinaus bestehen unter Berücksichtigung der jeweiligen gesetzlichen Voraussetzungen **Schadensersatzansprüche** gem. § 823 Abs. 1 und 2 BGB iVm. § 17 UWG, gem. § 19 UWG iVm. § 17 UWG und gem. § 826 BGB, § 3 UWG sowie aus dem Gesichtspunkt der positiven Forderungsverletzung (§§ 280 Abs. 1, 241 Abs. 2 BGB)[3]. Zur Ermöglichung eines derartigen Schadensersatzanspruchs ist der Arbeitnehmer, der die Verschwiegenheitspflicht gebrochen hat, zur Auskunft verpflichtet. Schließlich kann die Schweigepflicht auch im Wege einer **Unterlassungsklage** oder eines Herstellungsverbotes durchgesetzt werden[4]. Auch kann die Geheimhaltungspflicht durch eine **Vertragsstrafe** gesichert werden (s. dazu Teil 2 J).

e) Wettbewerbsverbot während des Arbeitsverhältnisses

aa) Inhalt

266 Aus der Rücksichtnahmepflicht folgt, dass der Arbeitnehmer die **Ziele und Zwecke des Arbeitgebers fördern und unterstützen** muss. Er ist deshalb während des Arbeitsverhältnisses verpflichtet, jeden Wettbewerb zu Lasten seines Arbeitgebers zu unterlassen. Dieses Verbot bezieht sich sowohl auf die eigentliche Arbeitszeit als auch auf die Freizeit des Arbeitnehmers.

---

1 BAG 15.12.1987 – 3 AZR 474/86, DB 1988, 1020; LAG Hamm 16.4.1986 – 15 Sa 165/86, LAGE § 74 HGB Nr. 2; *Gaul*, NZA 1988, 225 ff.; *Preis/Reinfeld*, ArbuR 1989, 361 (367).
2 BAG 14.12.2011 – 10 AZR 283/10, NZA 2012, 501.
3 MünchArbR/*Reichold*, § 48 Rz. 46; s. dort auch wegen der Möglichkeit der Berechnung des Schadens im Wege der „Lizenzanalogie".
4 MünchArbR/*Reichold*, § 48 Rz. 46.

II. Verpflichtungen des Arbeitnehmers

Zwar kann dem Arbeitnehmer nach Art. 12 Abs. 1 Satz 1 GG grundsätzlich nicht die Möglichkeit genommen werden, mehrere Berufe auszuüben[1]. Er kann jedoch für sich nicht in Anspruch nehmen, zu Lasten seines Arbeitgebers bzw. des Bestandes des Betriebes zB für ein Konkurrenzunternehmen Kunden abzuwerben, sei es auch nur während der Freizeit. Wenn begründete Betriebsinteressen des Arbeitgebers entgegenstehen, was zumeist dann der Fall ist, wenn es um Wettbewerbstätigkeit innerhalb derselben Branche geht, ist daher ein Wettbewerbsverbot mit Art. 12 Abs. 1 Satz 1 GG vereinbar[2].

bb) Rechtsgrundlage

Gesetzlich geregelt ist das während der Dauer des Arbeitsverhältnisses bestehende Wettbewerbsverbot für **kaufmännische Angestellte** (gesetzlicher Begriff: Handlungsgehilfen) in § 60 HGB. Für andere Arbeitnehmer, Auszubildende und freie Mitarbeiter folgt die Pflicht, dem Arbeitgeber im selben Geschäftszweig keine Konkurrenz zu machen, aus der allgemeinen, auf Treu und Glauben bzw. auf § 241 Abs. 2 BGB gestützten **Rücksichtnahme-/Treuepflicht** des Arbeitnehmers[3]. Unter Hinweis auf diesen Rechtsgedanken wendet das BAG §§ 60, 61 HGB **auch auf sonstige Arbeitnehmer** an[4]. 267

Einstweilen frei. 268

Zusätzlich kann ein Wettbewerbsverbot während der Dauer des Arbeitsverhältnisses auch **vertraglich vereinbart** werden. Diese vertragliche Vereinbarung darf jedoch nicht der Berufsfreiheit des Art. 12 Abs. 1 Satz 1 GG entgegenstehen, so dass ein vertragliches Wettbewerbsverbot für die Dauer des Arbeitsverhältnisses nur wirksam ist, wenn es schützenswerten geschäftlichen Interessen des Arbeitgebers dient[5]. Ein wirksames Nebentätigkeitsverbot beinhaltet regelmäßig das – speziellere – Wettbewerbsverbot während der Dauer des Arbeitsverhältnisses. Mithin beinhalten Nebentätigkeitsverbote zugleich auch die Pflicht, sich jeglicher Wettbewerbstätigkeit zu enthalten. 269

cc) Persönlicher Geltungsbereich

Das gesetzliche Wettbewerbsverbot gem. § 60 Abs. 1 HGB gilt für **Handlungsgehilfen**, also nach heutigem Sprachgebrauch für **kaufmännische Angestellte** in einem Handelsgewerbe. § 60 HGB ist aber auf **sonstige Arbeitnehmer analog** anwendbar[6]. Der Arbeitgeber muss Kaufmann iSd. §§ 1 ff. HGB sein. Das Wettbewerbsverbot gilt auch für den Bereich der freien Berufe[7]. Da Handlungsgehilfen gem. § 59 HGB Personen sind, die in einem Handelsgewerbe zur Leistung kaufmännischer Dienste angestellt sind, werden von dem Wettbewerbsverbot des § 60 Abs. 1 HGB nur Arbeitnehmer erfasst, also nicht gesetzliche Vertreter und – auch nicht analog – Handelsvertreter. Für Auszubildende ergibt sich das Wettbewerbsverbot aus der Treuepflicht. Dies folgt aus § 10 Abs. 2 BBiG. Demgemäß hat ein Auszubildender einen gegen die Interessen des Ausbildungsbetriebs gerichteten Wettbewerb zu unterlassen[8]. 270

---

1 BVerfG 15.2.1967 – 1 BvR 569/62 u.a., AP Nr. 37 zu Art. 12 GG.
2 BAG 29.6.1962 – 1 AZR 343/61, AP Nr. 25 zu Art. 12 GG; 24.6.1999 – 6 AZR 605/97, DB 2000, 1336.
3 BAG 17.10.1969 – 3 AZR 442/68, AP Nr. 7 zu § 611 BGB – Treuepflicht; 16.6.1976 – 3 AZR 73/75, NJW 1977, 646; 6.8.1987 – 2 AZR 226/87, AP Nr. 97 zu § 626 BGB.
4 BAG 26.9.2007 – 10 AZR 511/06, NZA 2007, 1436.
5 BAG 26.8.1976 – 2 AZR 377/75, AP Nr. 68 zu § 626 BGB; *Buchner*, AR-Blattei, Wettbewerbsverbot II, zu B I 2.
6 BAG 26.9.2007 – 10 AZR 511/06, NZA 2007, 1436.
7 BAG 26.9.2007 – 10 AZR 511/06, NZA 2007, 1436.
8 BAG 20.9.2006 – 10 AZR 439/05, NZA 2007, 977.

dd) Gegenstand des Wettbewerbsverbotes

271 Der Arbeitnehmer darf ohne Einwilligung des Arbeitgebers weder ein **Handelsgewerbe betreiben** noch in dem Handelszweig des Arbeitgebers **für eigene oder fremde Rechnung Geschäfte machen**.

Die erste Alternative des § 60 Abs. 1 HGB verbietet den Betrieb eines Handelsgewerbes iSd. §§ 1–7 HGB. In verfassungskonformer Auslegung des § 60 HGB stehen die Rechtsprechung und die herrschende Auffassung in der Literatur zu Recht auf dem Standpunkt, dass entgegen dem weiter gehenden Gesetzeswortlaut dieses Wettbewerbsverbot **nur im Handelszweig bzw. in der Branche des Arbeitgebers** gilt, so dass der Arbeitnehmer nur insoweit kein selbständiges Handelsgewerbe betreiben darf[1]. ISd. § 60 Abs. 1 HGB steht aber bereits dann ein Unternehmen in Wettbewerb zu dem Arbeitgeber, wenn es in seinem Namen und seiner Handelsregistereintragung den Hinweis auf den Handelszweig (Branche) des Arbeitgebers („Prinzipals") iSd. § 60 Abs. 1 HGB führt[2].

272 Weil sich die Branchenvergleichbarkeit aus der jeweiligen Situation des Arbeitgebers ergibt, kann eine **Änderung oder Erweiterung der Unternehmenstätigkeit** (zB auch infolge einer Betriebsveräußerung) zu einem bis dahin nicht bestehenden Wettbewerbsverbot führen. Da im Hinblick auf die Existenzsicherung des Betriebes, in welchem der Arbeitnehmer beschäftigt ist, die Arbeitgeberinteressen Vorrang gegenüber dem Interesse des Arbeitnehmers an dem Fortbestand der bisherigen Situation genießen, ist der Arbeitnehmer bei nachträglich auftretender Wettbewerbssituation verpflichtet, diesen Interessenkonflikt in geeigneter Weise zu unterbinden[3].

273 Der kaufmännische Angestellte betreibt ein **Handelsgewerbe** in der Branche seines Arbeitgebers bzw. ein Arbeitnehmer tritt in Wettbewerb zu seinem Arbeitgeber, wenn er sich als Unternehmer betätigt, also für eigene oder fremde Rechnung ein Unternehmen führt. Unerheblich ist, ob der Arbeitnehmer dabei persönlich nach außen auftritt oder einen Strohmann vorschiebt, der im eigenen Namen handelt[4].

274 Wenn sich der Arbeitnehmer **an einer Handelsgesellschaft beteiligt**, so verstößt er gegen das Wettbewerbsverbot des § 60 Abs. 1 Alt. 1 HGB dann, wenn er kaufmännisch tätig wird. Aus diesem Grunde ist es ihm nicht gestattet, in eine OHG oder KG als persönlich haftender Gesellschafter einzutreten[5]. Beteiligt sich der Arbeitnehmer als Kommanditist, so liegt ein Verstoß gegen das Wettbewerbsverbot nur dann vor, wenn ihm Vertretungsmacht eingeräumt ist[6]. Demgemäß ist es dem kaufmännischen Angestellten auch nicht gestattet, als **gesetzliches Organ einer Kapitalgesellschaft** tätig zu werden. Aber auch schon in dem Eintritt als Gesellschafter in die Kapitalgesellschaft eines zum Arbeitgeber-Unternehmen im Wettbewerb stehenden Unternehmens und in der Ausstattung dieser Gesellschaft mit zusätzlichem Kapital liegt das „Betreiben eines Handelsgewerbes" iSv. § 60 Abs. 1 HGB und das Geschäftemachen in dem „Handelszweige des Prinzipals" im Sinne dieser Vorschrift[7].

275 Aus Gründen der Rechtssicherheit und -klarheit kommt es auf eine konkrete Schädigung oder auch nur Gefährdung des Arbeitgebers nicht an[8]. Ob der Arbeitnehmer in

---

1 BAG 25.5.1970 – 3 AZR 384/69; 12.5.1972 – 3 AZR 401/71; 7.9.1972 – 2 AZR 486/71 und 3.5.1983 – 3 AZR 62/81, AP Nr. 4, 6, 7, 10 zu § 60 HGB; LAG Bremen 5.12.1980 – 1 Sa 100/80, DB 1981, 847.
2 LAG Köln 29.4.1994 – 13 Sa 1029/93, BB 1995, 679.
3 Schaub/*Vogelsang*, § 54 Rz. 14.
4 MünchArbR/*Reichold*, § 48 Rz. 7.
5 *Buchner*, AR-Blattei, Wettbewerbsverbot II, zu B I 1a cc.
6 MünchArbR/*Reichold*, § 48 Rz. 7.
7 BAG 15.2.1962 – 5 AZR 79/61, AP Nr. 1 zu § 61 HGB; LAG Köln 29.4.1994 – 13 Sa 1029/93, NZA 1995, 994.
8 LAG Hess. 28.4.1998 – 9 Sa 2007/97, BB 1998, 1899.

dem von ihm betriebenen Gewerbe dem Arbeitgeber tatsächlich Konkurrenz macht, ist somit unerheblich; es genügt, dass das andere Gewerbe als solches mit den unternehmerischen Interessen des Arbeitgebers kollidiert.

Es besteht **keine Wettbewerbslage** zwischen Arbeitgeber und Arbeitnehmer, wenn sich der Arbeitnehmer zwar in derselben Branche betätigt, sich seine Tätigkeit aber darauf beschränkt, dem Arbeitgeber als Anbieter entgegenzutreten[1].

Die **bloße Vorbereitung** für eine spätere Konkurrenztätigkeit wird von dem Konkurrenzverbot nicht erfasst, solange sie nicht bereits aktuelle Geschäftsinteressen des Arbeitgebers gefährdet[2], so dass jedenfalls schon die formalen und organisatorischen Voraussetzungen für das geplante eigene Unternehmen geschaffen werden dürfen. Zulässige Vorbereitungshandlungen sind Vorstellungsgespräche bei Konkurrenzunternehmen, Abschluss eines Gesellschaftsvertrages und Eintragung in das Handelsregister, Anmietung von Geschäftsräumen, Anwerben von Arbeitnehmern, Abrufen von Angeboten von Lieferanten, Abschluss von Franchise-Vorverträgen und die Warenbeschaffung[3] sowie die Registrierung einer Internetdomain zur Verwendung für den Internetauftritt eines noch zu gründenden Konkurrenzunternehmens[4]. Wettbewerbswidrig ist es jedoch, wenn ein Arbeitnehmer vor dem Ausscheiden unter Verwendung des Adressenmaterials seines Arbeitgebers ein Verabschiedungsschreiben an die bislang von ihm betreuten Kunden richtet und dabei direkt oder indirekt auf seine zukünftige Tätigkeit als Wettbewerber oder für einen Wettbewerber hinweist[5].

Gemäß § 60 Abs. 1 Alt. 2 HGB ist es dem Arbeitnehmer untersagt, im Handelszweig seines Arbeitgebers **Geschäfte zu machen**. Dieses Wettbewerbsverbot erfasst jede selbständige und unselbständige Geschäftstätigkeit auf eigene oder fremde Rechnung in der Branche des Arbeitgebers. Da schon die Gefährdung der Wettbewerbsinteressen des Arbeitgebers vermieden werden soll, kommt es nicht auf den Erfolg und die Intensität der Geschäftstätigkeit an, sondern nur auf das Ziel. Unter dem Begriff des „Geschäftemachens" ist daher jede, wenn auch nur spekulative, auf Gewinnerzielung gerichtete Teilnahme am geschäftlichen Verkehr zu verstehen, „die nicht nur zur Befriedigung eigener privater Bedürfnisse des Handlungsgehilfen erfolgt"[6]. 276

Unerheblich ist, in welcher Form die Wettbewerbstätigkeit erfolgt. Eine verbotene Konkurrenztätigkeit stellt daher auch die Kundenwerbung für ein anderes Unternehmen und die Gewährung von Darlehen bzw. die Ausstattung der Gesellschaft mit zusätzlichem Kapital dar[7].

Auch bei der Konkurrenztätigkeit iSd. § 60 Abs. 1 Alt. 2 HGB kann sich diese erst aufgrund einer **Änderung oder Erweiterung des Geschäftszwecks** auf Seiten des Arbeitgeberunternehmens ergeben. Im Zweifelsfall ist der Arbeitnehmer aufgrund der ihm obliegenden Rücksichtnahme-/Treuepflicht im Interesse des Bestandsschutzes seines Arbeitgeberunternehmens verpflichtet, seine Konkurrenztätigkeit einzustellen[8]. 277

---

1 BAG 3.5.1983 – 3 AZR 62/81, AP Nr. 10 zu § 60 HGB.
2 BAG 12.5.1972 – 3 AZR 401/71; 7.9.1972 – 2 AZR 486/71; 16.1.1975 – 3 AZR 72/74 u. 30.5. 1978 – 2 AZR 598/76, AP Nr. 6, 7, 8 und 9 zu § 60 HGB; LAG Bremen 2.7.1998 – 4 Sa 1/98, LAGE § 60 HGB Nr. 7.
3 S. dazu im Einzelnen *Hoß*, ArbRB 2002, 87.
4 LAG Köln 12.4.2005 – 9 Sa 1518/04, NZA-RR 2005, 595.
5 BGH 22.4.2004 – I ZR 303/01, BB 2004, 1594.
6 BAG 15.2.1962 – 5 AZR 79/61, AP Nr. 1 zu § 61 HGB mit Anm. von *Hefermehl*; BAG 30.1. 1963 – 2 AZR 319/62, AP Nr. 3 zu § 60 HGB.
7 BAG 24.4.1970 – 3 AZR 324/69, AP Nr. 5 zu § 60 HGB; LAG Hess. 29.7.1969 – 6 Sa 464/68, BB 1970, 709; LAG Köln 29.4.1994 – 13 Sa 1029/93, NZA 1995, 994.
8 Schaub/*Vogelsang*, § 54 Rz. 14.

278 Durch vertragliche Vereinbarung kann das Wettbewerbsverbot über den sachlichen Geltungsbereich des § 60 Abs. 1 HGB **erweitert** werden. Dies darf aber nicht zu einer unzulässigen Beschränkung der durch Art. 12 GG geschützten Berufsfreiheit führen. Eine Erweiterung des sachlichen Gegenstandsbereiches des Wettbewerbsverbotes ist daher nur wirksam, wenn es schützenswerten geschäftlichen Interessen des Arbeitgebers dient[1].

279 Das Wettbewerbsverbot besteht dann nicht, wenn der Arbeitgeber zu der Wettbewerbstätigkeit seine **Einwilligung** erteilt. Die Einwilligung kann befristet, bedingt oder auch unter Widerrufsvorbehalt seitens des Arbeitgebers erteilt werden. Die Einwilligung kann widerrufen werden, wenn sich die Umstände ändern, unter denen sie erteilt worden ist. Die Einwilligung kann auch **konkludent** erfolgen, indem der Arbeitgeber trotz Kenntnis von Konkurrenzgeschäften seitens des Arbeitnehmers diese nicht untersagt[2]. Sie kann sich auf Einzelkonkurrenzgeschäfte beschränken.

280 Gem. § 60 Abs. 2 HGB wird, bezogen allerdings nur auf den Betrieb eines Handelsgewerbes, die Einwilligung unwiderlegbar vermutet, wenn dem Arbeitgeber schon **bei der Einstellung** des Arbeitnehmers positiv bekannt ist, dass dieser ein Gewerbe betreibt, und der Arbeitgeber nicht ausdrücklich die Aufgabe dieses Betriebes mit dem Arbeitnehmer vereinbart.

Da diese gesetzliche Regelung nicht für Konkurrenzgeschäfte iSd. § 60 Abs. 1 Alt. 2 HGB gilt, kann daraus, dass der Arbeitgeber bei der Einstellung des Arbeitnehmers wusste, dass dieser derartige Geschäfte betreibt, nicht ebenfalls auf eine stillschweigende Einwilligung zu Konkurrenzgeschäften der zweiten Alternative geschlossen werden[3].

281 In einem Rechtsstreit muss grundsätzlich der Arbeitnehmer **beweisen**, dass die Einwilligung des Arbeitgebers zu der Konkurrenztätigkeit vorliegt[4]. Geht es aber um die Rechtfertigung einer Kündigung wegen unerlaubter Konkurrenztätigkeit des Arbeitnehmers, so hat der Arbeitgeber entsprechend den kündigungsrechtlichen Grundsätzen die Darlegungs- und Beweislast dafür, dass eine Einwilligung nicht vorliegt. Voraussetzung dafür ist, dass der Arbeitnehmer die Tatsachen substantiiert vorgetragen hat, aus denen er die Einwilligung herleitet[5].

ee) Zeitlicher Geltungsbereich

282 Das Wettbewerbsverbot besteht **bis zur rechtlichen Beendigung** des Arbeitsverhältnisses (zu sog. Vorbereitungshandlungen s. Rz. 275). Auf die tatsächliche Situation kommt es also nicht an[6].

Für den Fall einer **Kündigung** und eines sich anschließenden **Kündigungsschutzprozesses** ist grundsätzlich darauf abzustellen, ob das Arbeitsverhältnis rechtlich fortbesteht oder nicht. Das Wettbewerbsverbot gilt auch dann während des rechtlichen Bestehens des Arbeitsverhältnisses, wenn über die Beendigung zwischen den Arbeitsvertragsparteien gestritten wird[7]. Hat der Arbeitgeber dem Arbeitnehmer berechtigt fristlos oder fristgemäß gekündigt, entfällt folglich das Wettbewerbsverbot mit der Beendigung des Arbeitsverhältnisses. Im Fall einer fristlosen Kündigung kann aber ein Auflösungsschadensersatzanspruch iSd. § 628 Abs. 2 BGB deshalb bestehen, weil der

---

1 BAG 26.8.1976 – 2 AZR 377/75, AP Nr. 68 zu § 626 BGB.
2 Schaub/*Vogelsang*, § 54 Rz. 16.
3 MünchArbR/*Reichold*, § 48 Rz. 15; *Buchner*, AR-Blattei, Wettbewerbsverbot II, unter B I 4c Rz. 94; Schaub/*Vogelsang*, § 54 Rz. 17; aA *Baumbach/Hopt*, § 60 HGB Rz. 7.
4 BAG 16.6.1976 – 3 AZR 73/75, DB 1977, 307; 16.1.2013 – 10 AZR 560/11, NZA 2013, 748.
5 BAG 6.8.1987 – 2 AZR 226/87, AP Nr. 97 zu § 626 BGB.
6 BAG 30.5.1978 – 2 AZR 598/76, AP Nr. 9 zu § 60 HGB.
7 BAG 25.4.1991 – 2 AZR 624/90, AP Nr. 104 zu § 626 BGB.

Arbeitgeber durch die vorzeitige Vertragsbeendigung den Konkurrenzschutz des § 60 HGB verliert[1]. Begrenzt wird der Anspruch jedoch durch den Zeitraum zwischen der fristlosen Kündigung und dem nächstmöglichen ordentlichen Kündigungstermin, da ansonsten die Wirkungen eines nachvertraglichen Wettbewerbsverbotes eintreten, welches nur aufgrund ausdrücklicher vertraglicher Vereinbarung unter Zubilligung einer Karenzentschädigung rechtswirksam ist.

Ist es zu einer **unberechtigten fristlosen oder fristgemäßen Kündigung** durch den Arbeitgeber gekommen und unterbleibt deshalb die Arbeitsleistung, so erlischt das Wettbewerbsverbot grundsätzlich nur dann, wenn der Arbeitnehmer die Kündigung akzeptiert[2]. Greift der Arbeitnehmer diese arbeitgeberseitige Kündigung mit einer Kündigungsschutzklage an, ist er auch an das Wettbewerbsverbot weiter gebunden; es sei denn, der Arbeitgeber hat nach der Entlassung ausdrücklich oder konkludent zu erkennen gegeben, mit Wettbewerbshandlungen des Arbeitnehmers nach der faktischen Beendigung des Arbeitsverhältnisses einverstanden zu sein. Verstößt der Arbeitnehmer während des Kündigungsschutzprozesses gegen das Wettbewerbsverbot, so kommen als Reaktion eine außerordentliche oder ordentliche Kündigung sowie ein Auflösungsantrag in Betracht. Ob eine Beendigung des Arbeitsverhältnisses allerdings sinnvoll ist, muss im Einzelfall beurteilt werden. In manchen Fällen wird es angebrachter sein, durch ein Anerkenntnis die im Raume stehende Kündigung zu beseitigen, um so den Arbeitnehmer zunächst an weiterem Wettbewerb zu hindern. Durch den Fortbestand des Arbeitsverhältnisses und das damit „gesicherte" Wettbewerbsverbot werden die Geschäftsbeziehungen zu Kunden bereits in ihrer Anbahnung gestört, wodurch das Vertrauen in das Wettbewerbsunternehmen des Arbeitnehmers zerstört und damit die Folgen der Wettbewerbssituation deutlich entschärft werden können[3].

Kündigt der Arbeitnehmer unberechtigterweise fristlos, besteht das Wettbewerbsverbot fort, da der Arbeitnehmer aus einem vertragswidrigen Verhalten keine Vorteile ziehen darf[4]. Das Wettbewerbsverbot kann aber nur bis zum nächstmöglichen vertraglichen oder gesetzlichen Kündigungstermin gelten.

ff) Rechtsfolgen eines Wettbewerbsverstoßes

Gem. § 61 Abs. 1 HGB kann der Arbeitgeber bei einem Wettbewerbsverstoß des Arbeitnehmers entweder Schadensersatz oder einen sog. Selbsteintritt verlangen. Das Wahlrecht wird ausgeübt durch eine zugangsbedürftige, einseitige Willenserklärung des Arbeitgebers gem. § 263 BGB oder durch gerichtliche Geltendmachung eines der beiden Ansprüche. Die Wahl kann sodann nicht widerrufen werden. Gem. § 263 Abs. 2 BGB gilt der gewählte Anspruch als von Anfang an erhoben und geschuldet.

Entscheidet sich der Arbeitgeber für die **Geltendmachung von Schadensersatzansprüchen**, so ist er darlegungs- und beweispflichtig dafür, dass ihm infolge des unerlaubten Betreibens eines Handelsgewerbes oder einer verbotenen Konkurrenztätigkeit ein Schaden erwachsen ist. Er muss auch nachweisen, dass er sonst die Geschäfte selbst getätigt hätte[5].

Der Schadensersatzanspruch umfasst nicht nur den tatsächlich entstandenen Schaden, sondern auch den **entgangenen Gewinn**, jedoch begrenzt auf die Höhe, die der Arbeitgeber erzielt hätte, wenn er das Geschäft selbst abgeschlossen hätte[6]. Sofern der

---

1 BAG 9.5.1975 – 3 AZR 352/74, AP Nr. 8 zu § 628 BGB.
2 MünchArbR/*Reichold*, § 48 Rz. 18.
3 Näher zu den vorstehenden taktischen Überlegungen *Salamon/Fuhlrott*, BB 2011, 1018.
4 MünchArbR/*Reichold*, § 48 Rz. 18.
5 MünchArbR/*Reichold*, § 48 Rz. 24; Schaub/*Vogelsang*, § 54 Rz. 22.
6 Schaub/*Vogelsang*, § 54 Rz. 22.

Arbeitnehmer zugleich Betriebs- oder Geschäftsgeheimnisse verletzt hat, kann der Arbeitgeber Schadensersatz auch im Wege der „Lizenzanalogie" verlangen, also die Lizenzgebühren beanspruchen, die bei einer Lizenzvergabe voraussichtlich erzielt worden wären[1].

287 Sofern nicht nur dem eigenen Arbeitnehmer, sondern auch einem an dem Verbotsgeschäft beteiligten Dritten der Vorwurf der **vorsätzlichen sittenwidrigen Schädigung** gemacht werden kann, bestehen sowohl gegenüber dem eigenen Arbeitnehmer wie auch gegenüber dem Dritten Ansprüche gem. § 826 BGB, § 3 UWG.

288 Wählt der Arbeitgeber gem. § 61 Abs. 1 HGB das ihm eingeräumte **Eintrittsrecht**, so kann er verlangen, dass der Arbeitnehmer die verbotswidrig für eigene Rechnung gemachten Geschäfte als für Rechnung des Arbeitgebers eingegangen gelten lässt. Für den Fall des Eintrittsrechts braucht der Arbeitgeber nicht nachzuweisen, dass ihm ein Schaden entstanden ist[2]. Das Eintrittsrecht ist deshalb dann für den Arbeitgeber vorteilhafter, wenn ihm der Schadensnachweis nicht möglich ist oder wenn der von dem Angestellten erzielte Gewinn höher ist als der, den der Arbeitgeber im Wege des Schadensersatzes geltend machen könnte.

289 Die **Ausübung des Eintrittsrechts** erfolgt gegenüber dem Arbeitnehmer. Es wird nur der wirtschaftliche Erfolg auf den Arbeitgeber überführt. Die Stellung und die Interessen Dritter werden durch das Eintrittsrecht daher nicht berührt[3]. Hat der Arbeitnehmer mehrere Geschäfte unter Verstoß gegen das Wettbewerbsverbot getätigt, so muss sich der Arbeitgeber generell für den Schadensersatz oder das Eintrittsrecht entscheiden[4]. Das Eintrittsrecht bezieht sich auch nur auf ein Handelsgewerbe im Geschäftsbereich des Arbeitgebers[5].

290 Bezieht sich das Eintrittsrecht auf ein von dem Arbeitnehmer unerlaubt getätigtes Konkurrenzgeschäft, so hat der Arbeitgeber einen **Herausgabeanspruch auf den erzielten Gewinn**, wenn dieses Geschäft bereits abgewickelt ist. Ist die Gegenleistung dem Arbeitnehmer noch nicht zugeflossen, so kann der Arbeitgeber gem. § 61 Abs. 1 HGB von dem Arbeitnehmer die Abtretung der ihm zustehenden Ansprüche verlangen. Bei Geschäften, die der Arbeitnehmer für fremde Rechnung gemacht hat, erstreckt sich der Anspruch des Arbeitgebers auf die Vergütung (zB eine Provision). Ein Anspruch aus § 60 iVm. § 61 Abs. 1 Halbs. 2 HGB auf Herausgabe bezogener Vergütung setzt voraus, dass diese unmittelbar aus Drittgeschäften erzielt wird, die der Arbeitnehmer unter Verstoß gegen das Wettbewerbsverbot am Markt tätigt. Der Anspruch erstreckt sich nicht auf das für eine sonstige wettbewerbswidrige Tätigkeit erzielte Festgehalt[6].

291 Das Eintrittsrecht ist **ausgeschlossen**, wenn ein Eintritt von der Natur der Sache her nicht möglich ist. Der Arbeitgeber kann deshalb nicht die Vergütung beanspruchen, die dem Arbeitnehmer aufgrund Arbeits-, Dienst- oder Gesellschaftsvertrag gegenüber einer konkurrierenden GmbH zusteht[7]. Die Beteiligung des Arbeitnehmers an einer konkurrierenden Gesellschaft stellt zwar ein „Geschäftemachen" iSv. § 60 Abs. 1 HGB dar. Ein Eintrittsrecht des Arbeitgebers, also Übertragung der Gesellschafterrechte, ist aber nicht mit dem Wesen einer Gesellschaft und mit den Rechten der anderen Gesellschafter vereinbar[8]. Der Arbeitgeber kann das Eintrittsrecht auch

---

1 BAG 24.6.1986 – 3 AZR 486/84, AP Nr. 4 zu § 611 BGB – Betriebsgeheimnis.
2 Schaub/*Vogelsang*, § 54 Rz. 23.
3 BAG 14.7.1961 – 1 AZR 288/60, AP Nr. 1 zu § 687 BGB; *Kunz*, DB 1993, 2482 (2484).
4 BAG 15.2.1962 – 5 AZR 79/61, AP Nr. 1 zu § 61 HGB.
5 LAG Bremen 5.12.1980 – 1 Sa 100/80, DB 1981, 847.
6 BAG 17.10.2012 – 10 AZR 809/11, NZA 2013, 207.
7 Schaub/*Vogelsang*, § 54 Rz. 25.
8 MünchArbR/*Reichold*, § 48 Rz. 26.

II. Verpflichtungen des Arbeitnehmers

nicht auf die bloße Herausgabe des Gewinnanteils beschränken, da dies entgegen § 61 Abs. 1 HGB nur ein Teil-Eintritt wäre[1].

Macht der Arbeitgeber von seinem Eintrittsrecht Gebrauch, so kann der Arbeitnehmer entsprechend § 670 BGB **Ersatz der Aufwendungen** verlangen; eine Vergütung nur dann, wenn er diese auch sonst zu beanspruchen hätte, zB eine Provision.

Besteht Anlass zur Vermutung, dass der Arbeitnehmer das vertragliche Wettbewerbsverbot verletzt hat, so hat der Arbeitgeber einen Anspruch auf **Auskunftserteilung**[2].

Ein Auskunftsanspruch besteht darüber hinaus dafür, dass der Arbeitgeber sein Wahlrecht gem. § 61 Abs. 1 HGB ausüben kann. Zu diesem Zweck hat der Arbeitnehmer auch Rechnung zu legen. Der Arbeitnehmer hat alle Angaben zu machen, die Voraussetzung für eine etwaige Schadensersatzforderung oder ein Eintrittsrecht sein können. Dazu gehören u.a. die Angaben, mit welchen Firmen der Angestellte mit welchem Inhalt und zu welchen Preisen in geschäftliche Beziehungen getreten ist[3]. Es gelten insofern die §§ 666, 687 Abs. 2 BGB.

Der Schadensersatzanspruch und das Eintrittsrecht gem. § 61 Abs. 1 HGB **verjähren** gem. § 61 Abs. 2 HGB in drei Monaten ab Kenntnis des Arbeitgebers vom Verstoß gegen das Wettbewerbsverbot; ohne Rücksicht auf diese Kenntnis gem. § 61 Abs. 2 HGB in fünf Jahren vom Abschluss des Geschäfts an.

Die Verjährung beginnt bei Abschluss mehrerer Geschäfte für jedes gesondert. Dies gilt auch für das jeweilige unerlaubte Betreiben eines Handelsgewerbes[4].

Der kurzen Verjährungsfrist unterliegen nicht Ansprüche, die nicht aus dem Wettbewerbsverstoß gem. § 60 Abs. 1 HGB resultieren, sondern auf einer anderen Anspruchsgrundlage beruhen. Demgegenüber unterliegen ebenfalls der kurzen Verjährungsfrist des § 61 Abs. 2 HGB die mit dem Anspruch nach § 61 Abs. 1 HGB konkurrierenden Ansprüche aus §§ 826 BGB, 3 UWG gegen den Arbeitnehmer[5].

Die kurze Verjährungsfrist des § 61 Abs. 2 HGB gilt analog auch für verbotene Geschäfte nichtkaufmännischer Arbeitnehmer[6].

Neben den Schadensersatzansprüchen verbleibt dem Arbeitgeber darüber hinaus die Möglichkeit, das mit dem Arbeitnehmer bestehende Arbeitsverhältnis wegen des Wettbewerbsverstoßes zu **kündigen**[7]. Unerheblich ist dabei, ob dem Arbeitgeber ein konkreter Schaden entstanden ist oder ob konkrete Kunden des Arbeitgebers abgeworben wurden[8]. Der Arbeitgeber kann sich aber auch zur Vermeidung weiterer Wettbewerbsverstöße auf einen Unterlassungsanspruch gegenüber dem Arbeitnehmer beschränken, ggf. im Wege der einstweiligen Verfügung[9].

Eine **Vertragsstrafe** für den Fall eines Wettbewerbsverstoßes bedarf der einzelvertraglichen Vereinbarung. Ein Einbehalt oder eine Kürzung der Vergütung wegen des Wettbewerbsverstoßes ist unzulässig, es sei denn, der Arbeitnehmer hat sich in besonders krasser Weise illoyal verhalten und seinen Anspruch dadurch verwirkt[10] (s.a. Teil 2 J).

---

1 BAG 15.2.1962 – 5 AZR 79/61, AP Nr. 1 zu § 61 HGB; aA MünchArbR/*Reichold*, § 48 Rz. 26.
2 BAG 12.5.1972 – 3 AZR 401/71, AP Nr. 6 zu § 60 HGB.
3 BAG 12.5.1972 – 3 AZR 401/71, AP Nr. 6 zu § 60 HGB.
4 Schaub/*Vogelsang*, § 54 Rz. 27.
5 BAG 11.4.2000 – 9 AZR 131/99, BB 2000, 2262; Schaub/*Vogelsang*, § 54 Rz. 28, der dies entgegen der Entscheidung des BAG 22.8.1966 – 3 AZR 157/66, AP Nr. 3 zu § 687 BGB auch für Ansprüche auf Herausgabe des Erlöses nach § 687 BGB annimmt.
6 BAG 26.9.2007 – 10 AZR 511/06, NZA 2007, 1436.
7 LAG Köln 26.6.2006 – 3 (11) Sa 81/06, NZA-RR 2007, 73.
8 LAG Rh.-Pf. 1.12.1997 – 9 Sa 949/97, NZA-RR 1998, 496.
9 LAG Köln 8.12.1995 – 13 Sa 1153/95, LAGE § 60 HGB Nr. 5.
10 BGH 19.10.1987 – II ZR 97/87, AP Nr. 33 zu § 611 BGB – Konkurrenzklausel.

297–303 Einstweilen frei.

III. Verpflichtungen des Arbeitgebers

1. Grundlagen zum Arbeitsentgelt

304 Der Pflicht des Arbeitnehmers zur Leistung der versprochenen Dienste steht gem. § 611 Abs. 1 BGB als **Hauptleistungspflicht des Arbeitgebers** die Verpflichtung „zur Gewährung der vereinbarten Vergütung" gegenüber. Das Arbeitsentgelt ist die Gegenleistung des Arbeitgebers für die vom Arbeitnehmer geschuldete Arbeit. Anders wird dies nur für bestimmte Entgeltbestandteile wie etwa Weihnachtsgelder gesehen, die andere Leistungen des Arbeitnehmers honorieren sollen bzw. mit denen andere Zwecksetzungen verfolgt werden (vgl. zu Sonderzahlungen Rz. 452 ff.).

Die Regelung des § 612 Abs. 1 BGB legt – entgegen § 611 Abs. 1 BGB – nahe, dass auch die Vereinbarung eines unentgeltlichen Dienstverhältnisses zulässig ist. In der Regel wird in einem solchen Fall allerdings mangels Arbeitsverpflichtung schon kein Arbeitsverhältnis vorliegen (so bei den sog. Einführungsverhältnissen[1]). Denkbar sind jedoch Gefälligkeits(schuld)verhältnisse ohne Entgeltverpflichtung. Die Frage ist kaum praxisrelevant. Für den Großteil der Arbeitnehmer (vgl. aber § 22 MiLoG) sieht das Mindestlohngesetz seit dem 1.1.2015 den gesetzlichen Mindestlohn vor (vgl. Teil 6 E Rz. 56 ff.). Außerhalb des Anwendungsbereichs des MiLoG wird die Vereinbarung einer Pflicht zur unentgeltlichen Arbeitsleistung in einem Arbeitsverhältnis regelmäßig gem. §§ 138, 134 BGB iVm. § 291 StGB unwirksam sein.

a) Begriff

305 § 611 Abs. 1 BGB bezeichnet das Entgelt als Vergütung. Ausgehend von der überkommenen Unterscheidung zwischen Arbeitern und Angestellten wurde bei Arbeitern von „Lohn" und bei Angestellten von „Gehalt" gesprochen. Bei Künstlern ist der Begriff „Gage" üblich, bei Seeleuten wird von „Heuer" gesprochen. Übergreifend wird – auch in den meisten neueren gesetzlichen Regelungen – von „Entgelt" gesprochen. Neben der Zahlung in Geld kann das Entgelt auch in Form eines **Naturallohns** gewährt werden. Hierzu zählen bspw. Sachbezüge, Personalrabatte, Gestellung von Wohnraum und die Gewährung eines Dienstwagens auch zur Privatnutzung (vgl. Rz. 518 ff.).

b) Abgrenzung

306 Kein Arbeitsentgelt sind Leistungen des Arbeitgebers zum **Ersatz von Aufwendungen** des Arbeitnehmers im Zusammenhang mit der Arbeit (vgl. hierzu Rz. 850 ff.). Sie unterfallen daher nicht der Pflicht zur Entgeltfortzahlung etwa bei Krankheit oder infolge Annahmeverzugs; nach § 850a Nr. 3 ZPO sind sie unpfändbar. Ebenso stehen **Entlassungsentschädigungen oder Abfindungen** als Ausgleich für den Verlust des sozialen Besitzstands bei Beendigung des Arbeitsverhältnisses sowie **Karenzentschädigungen**, die für die Beachtung eines nachvertraglichen Wettbewerbsverbots gezahlt werden (§§ 74 ff. HGB), nicht im Gegenseitigkeitsverhältnis (**Synallagma**) zur Arbeitsleistung und stellen kein Arbeitsentgelt dar. Schließlich sind auch **Trinkgelder** als Leistung Dritter kein Arbeitsentgelt und daher nicht von den verschiedenen Entgeltfortzahlungstatbeständen erfasst. Bleibt das vereinbarte Entgelt bei Bedienungen im Hotel-/Gastronomiebereich unter dem Üblichen, wird eine Pflicht des Arbeitgebers zur Ermöglichung von Trinkgeldeinnahmen anzunehmen und bei der Sittenwidrig-

---

1 Vgl. LAG Schl.-Holst. 17.3.2005 – 4 Sa 11/05, AuA 2005, 431; *Berndt*, DStR 2014, 1878.

III. Verpflichtungen des Arbeitgebers

keitskontrolle (§ 138 BGB) der Entgeltabrede der Minderverdienst im Entgeltfortzahlungsfall zu berücksichtigen sein.

Die **Ausbildungsvergütung** (vgl. § 17 BBiG) soll zum einen dem Auszubildenden bzw. seinen Eltern zur Durchführung der Berufsausbildung eine finanzielle Hilfe sein, zum anderen die Heranbildung eines ausreichenden Nachwuchses an qualifizierten Fachkräften gewährleisten und schließlich eine Entlohnung darstellen[1]. Sie folgt weitgehend den Regeln des Entgelts, ist allerdings nach herrschender Meinung gem. § 850a Nr. 6 ZPO unpfändbar[2]. 307

c) Rechtsgrundlagen

Arbeitsentgelt wird in verschiedenen Formen vereinbart und geleistet. Die möglichen Anspruchsgrundlagen sind dabei für alle Entgeltformen dieselben[3]: 308

aa) Arbeitsvertrag

Die Zahlung eines Arbeitsentgelts und dessen Höhe werden regelmäßig **ausdrücklich im Arbeitsvertrag** vereinbart. Eine Vereinbarung über das Entgelt kann aber **auch konkludent** zustande kommen, etwa indem der Arbeitnehmer Leistungen des Arbeitgebers widerspruchslos entgegen nimmt (§ 151 BGB)[4]. Dies kann im individuellen Verhältnis geschehen, ist aber auch etwa als **Gesamtzusage** des Arbeitgebers (bspw. bzgl. Sonderzahlungen) gegenüber allen Arbeitnehmern oder einer bestimmten Arbeitnehmergruppe möglich. Gesamtzusagen werden bereits dann wirksam, wenn sie gegenüber den Arbeitnehmern in einer Form verlautbart werden, die den einzelnen Arbeitnehmer typischerweise in die Lage versetzt, von der Erklärung Kenntnis zu nehmen. Auf seine konkrete Kenntnis kommt es nicht an. Regelmäßig gelten Gesamtzusagen auch gegenüber nachträglich in den Betrieb eintretenden Mitarbeitern[5]. Einen Sonderfall stellt die Begründung von Entgeltansprüchen **kraft betrieblicher Übung** dar (vgl. ausführlich Rz. 881 ff.). Beim Zusammentreffen von arbeitsvertraglicher Entgeltabrede und kollektivvertraglichen Regelungen gilt grundsätzlich das Günstigkeitsprinzip (§ 4 Abs. 3 TVG)[6], soweit die vertragliche Regelung nicht betriebsvereinbarungs- bzw. tarifvertragsoffen gestaltet ist. 309

Unabhängig von der Art des Zustandekommens der Entgeltabrede ist der Arbeitgeber nach dem **Nachweisgesetz** verpflichtet, dem Arbeitnehmer eine unterzeichnete Niederschrift über die Arbeitsvertragsbedingungen einschließlich des Arbeitsentgelts und seiner Zusammensetzung auszuhändigen (§ 2 Abs. 1 Satz 2 Nr. 6 NachwG – vgl. Teil 1 C Rz. 233 ff.). Neben der Grundvergütung sind alle Zusatzentgelte wie Überstunden-, Sonn- und Feiertagszuschläge, Zulagen, Prämien, Sonderzahlungen, Auslösungen, Provisionen und Tantiemen, aber auch Leistungen der betrieblichen Altersversorgung und vermögenswirksame Leistungen samt Fälligkeit anzugeben. Nicht aufgenommen werden muss die Höhe des Arbeitsentgelts, wenn sich diese einer kollektivrechtlichen Regelung entnehmen lässt. Auf diese ist allerdings in der Niederschrift ebenfalls hinzuweisen (§ 2 Abs. 3 NachwG). Eine Änderung der Höhe des Arbeitsentgelts ist dem Arbeitnehmer gem. § 3 NachwG spätestens einen Monat nach der Änderung schriftlich mitzuteilen. Die Niederschrift stellt selbst keine Ver- 310

---

1 BAG 15.12.2005 – 6 AZR 224/05, AP Nr. 15 zu § 10 BBiG.
2 MünchArbR/*Krause*, § 54 Rz. 8.
3 Vgl. allerdings zum Sonderfall der Beteiligung der Krankenhausmitarbeiter an Liquidationserlösen des Chefarztes *Pröpper/Gehrlein*, BB 2012, 2049 (2052).
4 Vgl. BAG 21.4.2010 – 10 AZR 163/09, NZA 2010, 808; 22.4.2009 – 5 AZR 292/08, DB 2009, 1602 (Vergütung für Wegezeiten).
5 BAG 23.9.2009 – 5 AZR 628/08, AP Nr. 36 zu § 157 BGB.
6 Für das Verhältnis zu Betriebsvereinbarungen: BAG 15.2.2011 – 3 AZR 54/09, NZA 2011, 928.

einbarung oder Willenserklärung dar, die Wirksamkeit der Vertragsabreden ist hiervon nicht abhängig. Die **Verletzung der Nachweispflicht** kann **Schadensersatzansprüche** des Arbeitnehmers und – nach umstrittener Auffassung – ein Zurückbehaltungsrecht an der Arbeitsleistung begründen. Zu einer Beweislastumkehr führt sie nicht[1].

310a Seit dem 1.1.2015 gilt im gesamten Bundesgebiet der **gesetzliche Mindestlohn** (vgl. im Einzelnen Teil 6 E Rz. 56 ff.). Dieser beträgt zunächst 8,50 Euro je Zeitstunde – grundsätzlich bezogen auf die tatsächlich geleisteten Arbeitsstunden[2] – und kann auf Vorschlag einer ständigen Kommission (Mindestlohnkommission – vgl. § 4 ff. MiLoG) durch Rechtsverordnung der Bundesregierung geändert werden (§ 1 Abs. 2 MiLoG). Fälligkeit des Mindestlohnanspruchs tritt – mit Abweichungen im Falle von Arbeitszeitkonten und Wertguthabenvereinbarungen – im vertraglich für das Entgelt vereinbarten Zeitpunkt, spätestens jedoch am letzten Bankarbeitstag (Frankfurt a. M.) des Monats ein, der auf den Monat folgt, in dem die Arbeitsleistung erbracht wurde (§ 2 MiLoG). Ausgenommen vom persönlichen Anwendungsbereich des Mindestlohngesetzes (vgl. im Einzelnen: Teil 6 E Rz. 64 ff.) sind Kinder und Jugendliche[3], (bestimmte) Praktikanten[4], Auszubildende, ehrenamtlich Tätige sowie Langzeitarbeitslose (vgl. § 22 MiLoG). Zudem gehen für Arbeitnehmer im Geltungsbereich eines allgemeinverbindlichen Tarifvertrags repräsentativer Tarifvertragsparteien bis zum 31.12.2017 abweichende tarifliche Regelungen sowie Rechtsverordnungen nach § 11 AEntG und § 3a AÜG vor. Ab dem 1.1.2017 müssen diese jedoch ebenfalls ein Entgelt von mindestens 8,50 Euro brutto je Zeitstunde vorsehen (vgl. § 24 Abs. 1 MiLoG). Schließlich existiert eine bis zum 31.12.2017 befristete Übergangsregelung für Zeitungszustellerinnen und Zeitungszusteller (§ 24 Abs. 2 MiLoG).

310b **Nach § 3 Satz 1 MiLoG sind Vereinbarungen, die den Anspruch auf Mindestlohn unterschreiten oder seine Geltendmachung beschränken oder ausschließen, insoweit unwirksam.** Problematisch ist hierbei insbesondere die Frage, welche Entgeltbestandteile und sonstigen Leistungen des Arbeitgebers auf den Mindestlohn anrechenbar sind. Das BAG nimmt dies bisher nur für Leistungen an, die ihrer Zweckbestimmung nach als Gegenleistung für diejenige Arbeitsleistung („Normalarbeitsleistung") gezahlt werden, die der Mindestlohnverpflichtung gegenüber steht („**Äquivalenzprinzip**" oder „Prinzip der funktionellen Gleichwertigkeit" – vgl. im Einzelnen Teil 6 E Rz. 91 ff.)[5].

⊃ **Hinweis:** Für die Frage, ob eine Arbeitgeberleistung auf den Mindestlohnanspruch anzurechnen ist oder nicht, kann auf der Internetseite der Zollverwaltung eine Übersicht eingesehen werden.

310c Nach § 1 Abs. 1 MiLoG haben alle Arbeitnehmer **Anspruch auf Bezahlung eines Arbeitsentgelts mindestens in Höhe des gesetzlichen Mindestlohns**. Die Arbeitnehmerin oder der Arbeitnehmer kann auf den entstandenen Anspruch nach dem MiLoG nur durch gerichtlichen Vergleich verzichten; im Übrigen ist ein Verzicht ausgeschlossen. Auch die Verwirkung des Anspruchs ist ausgeschlossen (§ 3 MiLoG). Dies wirft Fragen auf, insbesondere in Hinblick auf die Wirkung von **Ausschlussfristen** (vgl. im Einzelnen: Teil 6 E Rz. 112 ff.)[6]. Diesbezüglich wird empfohlen, zukünftig Ansprüche auf den gesetzlichen Mindestlohn ausdrücklich von der Geltung der Aus-

---

1 Vgl. HWK/*Kliemt*, Vorb. NachwG Rz. 41 ff.
2 *Ulber*, RdA 2014, 176 mwN. Zu Bereitschaftszeiten vgl. BAG 19.11.2014 – 5 AZR 1101/12, nv.
3 Krit. *Brors*, NZA 2014, 938 (941 f.).
4 Vgl. hierzu *Picker/Sausmikat*, NZA 2014, 942.
5 Vgl. BAG 18.4.2012 – 4 AZR 139/10, NZA 2013, 392 zu einem tariflichen Mindestlohn; vgl. auch *Ulber*, RdA 2014, 176 und krit.: *Bayreuther*, NZA 2014, 865 (868 f.).
6 Vgl. *Däubler*, NJW 2014, 1924 (1927 f.).

III. Verpflichtungen des Arbeitgebers

schlussfrist auszunehmen[1]. Bei Vereinbarungen über bereits entstandene oder zukünftige Entgeltansprüche – etwa im Rahmen von Abwicklungsvereinbarungen oder (außergerichtlichen) Beendigungsvergleichen – wird ebenfalls darauf zu achten sein, dass der gesetzliche Mindestlohn jeweils als solcher auch zur Auszahlung gelangt (vgl. Teil 6 E Rz. 108 ff.).

Die arbeitsvertragliche Entgeltabrede unterliegt neben dem Mindestlohnmaßstab[2] insbesondere dem **Wucherverbot** nach §§ 138 Abs. 2, 134 BGB iVm. § 291 StGB sowie der weitergehenden **Sittenwidrigkeitskontrolle** nach § 138 Abs. 1 BGB (wucherähnliches Geschäft). Für beide Tatbestände ist zunächst **als objektives Merkmal** ein **auffälliges Missverhältnis von Leistung und Gegenleistung** gefordert[3]. Daneben kann die Sittenwidrigkeit iSv. § 138 Abs. 1 BGB aber auch etwa aus einer zu weitreichenden **Belastung des Arbeitnehmers mit Unternehmerrisiken** folgen (bspw. bei zu weitgehend variabilisierter Vergütung[4]). Als sittenwidrig aufgrund der absoluten Entgelthöhe wird eine Entgeltabrede angesehen, nach welcher dem Arbeitnehmer weniger als ⅔ **des für die geschuldete Leistung üblichen Entgelts** zustehen soll[5]. Maßgebliches Indiz für die Üblichkeit ist dabei – soweit vorhanden – regelmäßig das Tarifentgelt. Entspricht der Tariflohn allerdings nicht der verkehrsüblichen Vergütung, sondern liegt diese unterhalb bzw. oberhalb des Tariflohns, oder existiert keine tarifliche Festlegung, ist von dem allgemeinen Lohnniveau im Wirtschaftsgebiet auszugehen[6]. Zur Ermittlung des üblichen Entgelts können Angaben von den statistischen Ämtern der Bundesländer zu der regelmäßig erstellten Verdienststrukturerhebung nach dem Gesetz über die Statistik der Verdienste und Arbeitskosten (Verdienststatistikgesetz)[7] oder bspw. von berufsständischen Kammern oder Monopolarbeitgebern in Erfahrung gebracht werden; ggf. hat das Arbeitsgericht den Wert der Arbeitsleistung in der Branche zu schätzen[8]. Neben dem Wert der Leistungen sind bei der Sittenwidrigkeitskontrolle auch weitere Umstände zu berücksichtigen, wie einerseits etwa außertarifliche Vergünstigungen und fehlende anderweitige Beschäftigungsmöglichkeiten für den Arbeitnehmer und andererseits bspw. besonders belastende Arbeitsbedingungen oder sogar Leistungsdefizite des Arbeitnehmers[9].

In **subjektiver Hinsicht** erfordert der Tatbestand des **Lohnwuchers**, dass der „Wucherer" die beim anderen Teil bestehende Schwächesituation (Zwangslage, Unerfahrenheit, mangelndes Urteilsvermögen, erhebliche Willensschwäche) ausbeutet, sie sich also **in Kenntnis des Missverhältnisses der beiderseitigen Leistungen bewusst zunutze macht**. Auch das **wucherähnliche Rechtsgeschäft** setzt in subjektiver Hinsicht voraus, dass der begünstigte Vertragsteil Kenntnis vom Missverhältnis der beiderseitigen Leistungen hat. Seine verwerfliche Gesinnung ist nicht nur dann zu bejahen, wenn er als der wirtschaftlich oder intellektuell Überlegene die schwächere Lage des anderen Teils bewusst zu seinem Vorteil ausnutzt, sondern auch dann, wenn er sich leichtfertig der Einsicht verschließt, dass sich der andere nur wegen seiner

---

1 *Spielberger/Schilling*, Das Gesetz zur Regelung eines allgemeinen Mindestlohns, NJW 2014, 2897 (2900 f.).
2 *Bayreuther*, NZA 2014, 865 (866); *Rieble/Picker*, ZfA 2014, 154 (155); *Däubler*, NJW 2014, 1924 (1927).
3 Vgl. BAG 22.4.2009 – 5 AZR 436/08, NZA 2009, 837.
4 Vgl. zu den Grenzen insoweit *Heiden*, DB 2006, 2401.
5 BAG 17.10.2012 – 5 AZR 792/11, NZA 2013, 266. Vgl. auch AGH Hamm 2.11.2007 – 2 ZU 7/07, NJW 2008, 668: Grundgehalt von 1 000 Euro brutto als Einstiegsgehalt für einen anwaltlichen Berufsanfänger sittenwidrig.
6 BAG 22.4.2009 – 5 AZR 436/08, NZA 2009, 837; krit. *Rieble/Picker*, ZfA 2014, 154 (165 ff.).
7 LAG MV 31.8.2011 – 2 Sa 79/11, nv.
8 LAG MV 17.4.2012 – 5 Sa 194/11, nv. Zur Beweislast: *Rieble/Picker*, ZfA 2014, 154 (178 ff.); *Kühne*, AuR 2013, 436 ff.
9 Vgl. insg. BAG 22.4.2009 – 5 AZR 436/08, DB 2009, 1599 sowie Nachweise bei Anm. *Kothe* zu ArbG Dortmund 29.5.2008 – 4 Ca 274/08, jurisPR-ArbR 17/2009 Anm. 1.

schwächeren Lage oder unter dem Zwang der Verhältnisse auf den ungünstigen Vertrag einlässt. Ein **besonders auffälliges Missverhältnis** zwischen Leistung und Gegenleistung spricht für eine verwerfliche Gesinnung des Begünstigten, wenn er sich nach allgemeiner Lebenserfahrung zumindest leichtfertig der Erkenntnis hierüber verschlossen hat[1]. Ein besonders grobes Missverhältnis zwischen Leistung und Gegenleistung wird jedenfalls dann angenommen, wenn der Wert der Leistung (mindestens) doppelt so hoch ist wie der Wert der Gegenleistung[2]. Aufgrund des Dauerschuldcharakters des Arbeitsverhältnisses ist für die Beurteilung der Sittenwidrigkeit nicht auf den Zeitpunkt des Vertragsschlusses, sondern jeweils auf die aktuellen Umstände abzustellen[3]. Ist die Entgeltabrede wegen Sittenwidrigkeit unwirksam, schuldet der Arbeitgeber nach § 612 Abs. 2 BGB das übliche Entgelt (vgl. Rz. 334)[4].

311b Als Hauptleistungsversprechen unterliegt die Entgeltabrede nicht der **AGB-Kontrolle** (§ 307 Abs. 3 Satz 1 BGB). Dem steht auch die gem. § 310 Abs. 4 Satz 2 BGB zu berücksichtigende arbeitsrechtliche „Besonderheit" der negativen Koalitionsfreiheit entgegen[5]. **Nebenabreden** zu der arbeitsvertraglichen Entgeltvereinbarung sind dagegen bei formularvertraglicher Vereinbarung an den §§ 305ff. BGB zu messen. **Preisnebenabreden sind** etwa Klauseln zur Entgeltflexibilisierung (bspw. Widerrufs- oder Anrechnungsvorbehalt, vgl. Rz. 561) oder sonderzahlungstypische Nebenabreden, soweit sie den Entgeltanspruch von zusätzlichen Voraussetzungen abhängig machen (vgl. Rz. 455ff.).

311c Für Mitarbeiter im **Banken- und Versicherungsbereich** sind die auf der Grundlage des § 25a Abs. 5 KWG bzw. § 64b Abs. 5 VAG in Kraft getretenen Verordnungen über die aufsichtsrechtlichen Anforderungen an Vergütungssysteme von Instituten (Kredit- und Finanzdienstleistungsunternehmen iSd. §§ 1 Abs. 1b, 53 KWG) und im Versicherungsbereich zu beachten (InstitutsVergV[6] und VersVergV[7]). Deren Regelungen gelten auch für Arbeitnehmer (vgl. § 2 Abs. 6 InstitutsVergV/§ 2 Nr. 7 VersVergV) der entsprechenden Unternehmen, **deren Tätigkeit einen wesentlichen Einfluss auf das Gesamtrisikoprofil des Unternehmens** hat (sog. **Risk Taker**)[8]. Die Ausgestaltung der Vergütungssysteme soll Anreize zur Eingehung unverhältnismäßig hoher Risiken für die betroffenen Unternehmen vermeiden. Die Folge von individualvertraglichen Verstößen gegen die Gestaltungsvorgaben der genannten Regelwerke führen indes nicht zu ihrer Unwirksamkeit nach § 134 BGB, sondern lediglich zu Eingriffsrechten der BaFin in Form von Auszahlungsverboten (§ 45 Abs. 2 Nr. 6 KWG; § 81b Abs. 1a VAG) bzw. Erlöschensanordnungen (§ 45 Abs. 5 Satz 5ff. KWG)[9]. Dem Arbeitgeber obliegt es gem. § 14 Abs. 1 InstitutsVergV/§ 6 VersVergV, auf die Anpassung bestehender vertraglicher Regelungen hinzuwirken. Er ist mithin gehalten, die Vorgaben der Ver-

---

1 BAG 22.4.2009 – 5 AZR 436/08, NZA 2009, 837.
2 BAG 16.5.2012 – 5 AZR 268/11, NZA 2012, 974; 27.6.2012 – 5 AZR 496/11, nv.; LAG MV 2.11.2010 – 5 Sa 91/10, nv.
3 BAG 26.4.2006 – 5 AZR 549/05, NZA 2006, 1354. Dasselbe gilt für § 134 BGB, wenn nach Vertragsschluss ein Verbotsgesetz erlassen wird, vgl. BAG 15.2.2011 – 9 AZR 584/09, ZTR 2011, 557. Krit.: *Rieble/Picker*, ZfA 2014, 154 (196ff.).
4 Und soll nach ArbG Stralsund 10.2.2009 – 1 Ca 313/08, AuR 2009, 182 ggf. zur Erstattung öffentlich-rechtlicher Unterstützungsleistungen an die Bundesagentur verpflichtet sein.
5 *Lingemann*, NZA 2002, 181; *Tschöpe*, DB 2002, 1830; aA *Lakies*, NZA-RR 2002, 337.
6 Vom 16.12.2013 – BGBl. I, 4270. Vgl. hierzu *Rubner*, NZG 2010, 1288ff.; *Groeger*, RdA 2011, 287; *Insam/Hinrichs/Hörtz*, WM 2014, 1415; *Zürn/Böhm*, BB 2014, 1269.
7 V. 6.10.2010 – BGBl. I, 1379. Hierzu *Bartel/Bilobrk/Zopf*, BB 2011, 1269ff.; zugleich zur InstitutsVergV: *Däubler*, AuR 2012, 380; *Simon/Koschker*, BB 2011, 120.
8 *Rieble/Schmittlein*, Vergütung von Vorständen und Führungskräften, S. 123ff.
9 Vgl. *Rieble/Schmittlein*, Vergütung von Vorständen und Führungskräften, S. 169ff.; *Zürn/Böhm*, BB 2014, 1269 (1273); *Groeger*, RdA 2011, 287 (291); *Diller/Arnold*, ZIP 2011, 837. Zu den Wirkungen der Maßnahmen nach § 45 Abs. 2 Satz 1 Nr. 6 und Abs. 5 Satz 5ff. KWG: Boos/Fischer/Schulte-Mattler/*Lindemann*, KWG, 4. Aufl. 2012, § 45 KWG Rz. 36ff.; zu § 81b Abs. 1a VAG: *Bartel/Bilobrk/Zopf*, BB 2011, 1269 (1276).

III. Verpflichtungen des Arbeitgebers

gütungsverordnungen bzw. der BaFin individualvertraglich umzusetzen[1]. Auf Vergütungen, die durch Tarifvertrag oder Bezugnahme hierauf vereinbart sind, sind die InstitutsVergV und die VersVergV nach § 1 Abs. 3 InstitutsVergV/VersVergV dagegen nicht anwendbar.

Die **Ausbildungsvergütung** muss nach § 17 Abs. 1 BBiG (ebenso § 12 Abs. 1 KrPflG) angemessen sein, was regelmäßig nicht mehr der Fall ist, wenn sie 80 % des Tarifentgelts für die entsprechende berufliche Tätigkeit unterschreitet[2]. Abweichungen können etwa bei Finanzierung der Ausbildung durch die öffentliche Hand geboten sein[3].

312

Das deutsche Arbeitsrecht kennt keinen rechtsverbindlichen allgemeinen Grundsatz „**Gleicher Lohn für gleiche Arbeit**"[4]. Der Arbeitgeber ist grundsätzlich frei, mit seinen Arbeitnehmern unterschiedliche Entgeltabreden zu treffen. Einschränkungen der Vertragsfreiheit ergeben sich jedoch zunächst aus dem **arbeitsrechtlichen Gleichbehandlungsgrundsatz**. Dessen Anwendung setzt allerdings voraus, dass der Arbeitgeber nach einem kollektiv angewandten Schema und nicht individuell vollständig unterschiedlich vergütet (vgl. Rz. 326 ff.). Zudem gilt eine Reihe von **Diskriminierungs- bzw. Benachteiligungsverboten**[5]. So dürfen Arbeitnehmer auch beim Entgelt nicht aufgrund der in **§ 1 AGG genannten Merkmale** benachteiligt werden (§ 2 Abs. 1 Nr. 2, § 7 Abs. 1, § 8 Abs. 2 AGG). Hiergegen verstoßende Vereinbarungen sind gem. § 7 Abs. 2 AGG unwirksam. § 4 Abs. 1 und 2 TzBfG enthalten zudem Diskriminierungsverbote zugunsten von **Teilzeitkräften und befristet Beschäftigten**. Aus Art. 45 AEUV und Art. 7 VO 492/2011/EG ergibt sich das Gebot zur Gleichbehandlung von **Staatsangehörigen anderer Mitgliedstaaten** und aus Art. 157 AEUV das **europarechtliche Gebot der Entgeltgleichbehandlung für Frauen und Männer**. Diskriminierende Vereinbarungen sind nach dem auch gegenüber Privaten unmittelbar geltenden Art. 7 Abs. 4 VO 492/2011 EG unwirksam und der Arbeitgeber grundsätzlich zur Anpassung des Entgelts nach oben verpflichtet[6]. Das zugunsten von **Leiharbeitnehmern** in §§ 9 Nr. 2, 10 Abs. 4 AÜG verankerte „**Equal-Pay**"-**Gebot** wird de lege lata weitgehend durch tarifvertragliche Regelungen nach § 9 Nr. 2, 2. Teilsatz AÜG unterlaufen (vgl. im Einzelnen Teil 6 D Rz. 33 ff.).

313

Eine **Änderung der Entgeltabrede** ist entweder einvernehmlich oder im Wege der Änderungskündigung möglich. Soweit der Arbeitnehmer Kündigungsschutz genießt, ist für Letzteres gem. § 2 KSchG eine soziale Rechtfertigung erforderlich (vgl. Teil 3 A Rz. 49 ff.). In gewissem Rahmen kann sich der Arbeitgeber darüber hinaus durch Flexibilisierungsinstrumente eine einseitige Änderung der Entgeltbedingungen vorbehalten (vgl. Rz. 561 f.)[7].

314

bb) Tarifvertrag und Betriebsvereinbarung

Eine weitere bedeutsame Rechtsgrundlage für Entgeltansprüche sind **Tarifverträge**. Trotz eines steten Rückgangs der Tarifbindung unterfallen immer noch knapp 60 % der Arbeitsverhältnisse in Deutschland einem Tarifvertrag[8]. Regelungen zum Entgelt sind dabei traditionell ein zentrales Betätigungsfeld der Tarifvertragsparteien,

315

---

1 Hierzu *Diller/Arnold*, ZIP 2011, 837 (838 ff.); *Zürn/Böhm*, BB 2014, 1269 (1271 ff.); *Insam/Hinrichs/Hörtz*, WM 2014, 1415 (1421).
2 Vgl. BAG 8.5.2003 – 6 AZR 191/02, NZA 2003, 1343 mit besonderer Einzelfallwertung.
3 BAG 19.2.2008 – 9 AZR 1091/06, NZA 2008, 828.
4 BAG 21.6.2000 – 5 AZR 806/98, DB 2000, 1920.
5 Vgl. *Zwanziger*, NZA-Beilage 2012, 108.
6 Vgl. ErfK/*Wißmann*, Art. 45 AEUV Rz. 53.
7 Zu arbeitsvertraglichen Verweisungen auf ein vom Arbeitgeber geschaffenes Regelwerk: BAG 11.2.2009 – 10 AZR 222/08, NZA 2009, 428; *Preis*, NZA 2010, 361; *Gaul/Ludwig*, BB 2010, 55.
8 Vgl. die jährlichen Angaben der *Hans-Böckler-Stiftung* im WSI-Tarifarchiv unter www.boeckler.de.

welches durch die Ausweitung der Möglichkeiten zur Herbeiführung der Allgemeinverbindlichkeit von Tarifregelungen durch das Arbeitnehmerentsendegesetz stark an Bedeutung gewonnen hat. Üblich sind neben Regelungen zur Höhe des Festentgelts (vgl. Rz. 339 ff.) solche über Zuschläge, Sonderzahlungen, Fälligkeit und sonstige Modalitäten der Zahlung. Soweit daneben arbeitsvertragliche Vereinbarungen bestehen, gilt das Günstigkeitsprinzip des § 4 Abs. 3 TVG (vgl. Teil 4 C Rz. 171 f.).

316 Tarifvertragliche Regelungen können aufgrund **beiderseitiger Tarifbindung** (§ 3 Abs. 1 TVG) oder **Allgemeinverbindlichkeit** (§ 5 Abs. 4 TVG, § 7 AEntG) normativ (§ 4 Abs. 1 TVG, § 3 AEntG) sowie rechtsgeschäftlich kraft **arbeitsvertraglicher Inbezugnahme** Anwendung auf das Arbeitsverhältnis finden (vgl. Teil 4 C Rz. 206 ff.). In den vom **Arbeitnehmerentsendegesetz** erfassten Branchen kann die normative Wirkung von bestimmten tariflichen Arbeitsbedingungen zudem durch Rechtsverordnung auf sämtliche dem Geltungsbereich unterfallende Arbeitsverhältnisse erstreckt werden (vgl. ausführlich Teil 6 E). Dies setzt einen entsprechenden Antrag der Tarifvertragsparteien sowie ein öffentliches Interesse voraus (§ 7 Abs. 1 AEntG iVm. § 5 Abs. 1 Satz 1 Nr. 2 TVG). Die zwingenden Arbeitsbedingungen beziehen sich auf die Mindestentgeltsätze einschließlich der Überstundensätze, den bezahlten Mindesturlaub und das Sozialkassenverfahren (§ 5 Abs. 1 Nr. 1–3, § 7 Abs. 1 Satz 3 iVm. § 5 Nr. 4, § 2 Nr. 1, 2 AEntG). Für die Pflegebranche können allgemeinverbindliche Mindestarbeitsbedingungen auch in einer Rechtsverordnung festgelegt werden, wenn die Arbeitsbedingungen nicht in einem Tarifvertrag geregelt sind, sondern von einer dafür gebildeten Kommission nach § 12 AEntG vorgeschlagen worden sind. Eine entsprechende Verordnung ist erstmals am 1.8.2010 in Kraft getreten.

317 Tarifliche Entgeltregelungen sind in Hinblick auf ihre Vereinbarkeit mit zwingendem Europa-, Verfassungs- und Gesetzesrecht einer **Rechtskontrolle** unterworfen[1]. Dies kann insbesondere in Hinblick auf den allgemeinen Gleichheitssatz des Art. 3 Abs. 1 GG[2] und die verschiedenen Diskriminierungsverbote[3] (vgl. Rz. 313) Bedeutung erlangen. Unter Rekurs auf die durch Art. 2 Abs. 1 GG geschützte allgemeine Handlungsfreiheit und das Sozialstaatsprinzip (Art. 20 Abs. 1 GG) unterwirft die Rechtsprechung im Einzelfall auch die tarifliche Bestimmung der Entgelthöhe einer Kontrolle am Sittenwidrigkeitsmaßstab[4].

318 Oftmals vereinbaren die Parteien eines Arbeitsvertrags, die selbst nicht Verbandsmitglieder und daher nicht normativ tarifgebunden sind, die Geltung eines bestimmten Tarifvertrags oder eines ganzen Tarifwerks individualvertraglich. Dies geschieht durch sog. **Bezugnahme- oder Verweisungsklauseln** und ist in Branchen mit verbreiteter Tarifgeltung üblich, schon um eine Gleichbehandlung der organisierten und der nicht-organisierten Arbeitnehmer zu gewährleisten (vgl. Teil 4 C Rz. 250 ff.; zur formularvertraglichen Verweisung vgl. Teil 1 D Rz. 128 ff.)[5]. Solche Verweisungen führen dazu, dass der Inhalt der in Bezug genommenen Tarifnormen Arbeitsvertragsinhalt wird. Sie sind im Arbeitsvertragsrecht seit Langem üblich und gelten als Besonderheit des Arbeitsrechts iSv. § 310 Abs. 4 Satz 2 BGB. Der Gesetzgeber hat diese Form der Tarifgeltung in zahlreichen Tariföffnungsbestimmungen (vgl. etwa § 13 Abs. 1 Satz 2 BUrlG) anerkannt. Die Verweisung selbst ist daher regelmäßig weder intransparent noch überraschend[6]. Etwas anderes kann gelten, wenn auf einen für

---

1 Vgl. allg. HWK/*Henssler*, Einl. TVG Rz. 14 ff.
2 BAG 29.1.2014 – 6 AZR 943/11, ZTR 2014, 265.
3 Vgl. BAG 17.4.2012 – 3 AZR 481/10, NZA 2012, 929.
4 BAG 24.3.2004 – 5 AZR 303/03, NZA 2004, 971.
5 Es bedeutet indes keinen Verstoß gegen den Gleichbehandlungsgrundsatz, wenn der Arbeitgeber nicht tarifgebundenen Arbeitnehmern schlechtere Arbeitsbedingungen gewährt als tarifgebundenen, vgl. BAG 18.3.2009 – 4 AZR 64/08, NZA 2009, 1028.
6 BAG 24.3.2009 – 9 AZR 983/07, NZA 2009, 538.

III. Verpflichtungen des Arbeitgebers

das Arbeitsverhältnis nicht einschlägigen Tarifvertrag verwiesen wird[1]. **Im Zweifel** werden Bezugnahmeklauseln als **zeitdynamische Verweisungen** auf die jeweils gültige Fassung des Tarifvertrags auszulegen sein[2]. Im Falle einer Verweisung auf den BAT hat das BAG im Wege der ergänzenden Vertragsauslegung einen dynamischen Verweis nunmehr auf den TVöD angenommen[3]. Auch wenn in dem Einzelarbeitsvertrag nicht umfassend auf einen Tarifvertrag Bezug genommen wird, kann die Benennung einer bestimmten tariflichen Vergütungsgruppe/Stufe im Arbeitsvertrag eine Verweisung auf das jeweilige Entgelt der betreffenden Entgeltgruppe darstellen. Dagegen ist der bloßen Bezeichnung der Lohngruppe auf den Entgeltabrechnungen keine konkludente Bezugnahme auf den einschlägigen Tarifvertrag zu entnehmen. Die Abrechnungen dokumentieren nur den abgerechneten Lohn und bestimmen nicht den Anspruch[4].

Eine einzelvertraglich vereinbarte dynamische Bezugnahme auf einen bestimmten Tarifvertrag wirkt, wenn nicht die Tarifgebundenheit des Arbeitgebers an den im Arbeitsvertrag genannten Tarifvertrag zur auflösenden Bedingung der Vereinbarung gemacht worden ist, konstitutiv, dh. **unabhängig von der Tarifgebundenheit des Arbeitgebers**[5]. Die Verweisung wird also durch einen Verbandsaustritt des Arbeitgebers oder einen sonstigen Wegfall seiner Tarifgebundenheit nicht berührt. Eine Ausnahme gilt für Klauseln, die vor dem 1.1.2002 vereinbart wurden. Sie werden noch als sog. „**Gleichstellungsabreden**" iSd. früheren Rechtsprechung ausgelegt[6]. Sie sollten nach dem zuvor vorherrschenden Verständnis die fehlende Tarifbindung auf Arbeitnehmerseite ausgleichen und eine Gleichbehandlung der nicht verbandsangehörigen mit den verbandsangehörigen Arbeitnehmern herbeiführen. Endete – etwa wegen Verbandsaustritt des Arbeitgebers oder Branchenwechsel – dessen normative Tarifbindung, sollten die Bezugnahmeklauseln zu einer statischen Fortgeltung der bis zur Beendigung der dynamischen normativen Tarifbindung geltenden Tarifregelungen führen entsprechend der Fortgeltung und Nachwirkung nach §§ 3 Abs. 3, 4 Abs. 5 TVG. 319

Formulierungsbeispiele für Bezugnahmeklauseln: 320

Sachlich und zeitlich dynamische Verweisung mit Berücksichtigung Verbandsaustritt:

Auf das Arbeitsverhältnis finden die jeweils im Betrieb normativ geltenden Tarifverträge in ihrer jeweils gültigen Fassung Anwendung. Entfällt jegliche Tarifbindung des Arbeitgebers, gelten die zu diesem Zeitpunkt gemäß vorstehender Regelung anwendbaren Tarifverträge statisch in der zuletzt gültigen Fassung fort, soweit sie nicht durch andere Abmachungen ersetzt werden.

Zeitlich dynamische Anknüpfung an einen bestimmten BranchenTV ohne Ausstiegsklausel:

Die Vergütung richtet sich nach dem Tarifvertrag für ... vom ... bzw. die ihn ersetzenden Tarifverträge jeweils in ihrer jeweils geltenden Fassung.

Eine **Inhaltskontrolle der in Bezug genommenen Tarifregelungen** nach §§ 307 ff. BGB ist gem. § 307 Abs. 3 Satz 1 BGB ausgeschlossen, soweit der Arbeitsvertrag insgesamt auf einen bestimmten Tarifvertrag oder zumindest auf zusammenhängende Regelungsbereiche verweist. Denn Tarifverträge stehen nach § 310 Abs. 4 Satz 3 BGB den Rechtsvorschriften iSv. § 307 Abs. 3 BGB gleich. Dadurch wird eine **indirekte Tarifzensur** durch die Gerichte verhindert. Werden allerdings nach ihrem Geltungs- 321

---

1 *Preis*, NZA 2010, 361 (362).
2 BAG 29.6.2011 – 5 AZR 161/10, ArztR 2011, 315.
3 BAG 16.12.2009 – 5 AZR 888/08, NZA 2010, 401; 29.6.2011 – 5 AZR 651/09, NZA-RR 2012, 192.
4 BAG 3.11.2004 – 5 AZR 622/03, NZA 2005, 1208.
5 BAG 18.4.2007 – 4 AZR 652/05, DB 2007, 1982.
6 BAG 14.12.2011 – 4 AZR 179/10, nv.

bereich nicht einschlägige Tarifregelungen oder nur einzelne Normen arbeitsvertraglich in Bezug genommen, gilt für diese aus dem tariflichen Regelungszusammenhang gerissenen Vertragsregelungen nicht gleichermaßen die **tarifliche Richtigkeitsgewähr**, welche eine Ausnahme von der AGB-Kontrolle rechtfertigt. Der Inhalt der (einzelnen) Tarifregelung ist dann als formularvertragliche Regelung der Inhaltskontrolle unterworfen[1]. Etwas anderes kann gelten, wenn der Arbeitsvertrag zumindest auf abgeschlossene tarifliche Regelungsbereiche verweist[2].

Eine **Lösung von einer vertraglich vereinbarten dynamischen Tarifgeltung** (zweites Vertragsbeispiel) lässt sich nur einvernehmlich oder aber über eine Kündigung bzw. Änderungskündigung – arbeitgeberseitig nur unter engen Voraussetzungen, wie zB Unrentabilität des Betriebs – erreichen[3].

322 **Kirchliche Arbeitsvertragsregelungen**, die auf dem sog. „Dritten Weg" entstehen und von einem von Arbeitnehmer- und Arbeitgeberseite paritätisch besetzten Gremium (bspw. der „Arbeitsrechtlichen Kommission" der Evangelischen Kirche) beschlossen werden, sind keine Tarifverträge, sondern allgemeine Geschäftsbedingungen. Die Bezugnahme hierauf ist allerdings – anders als der Verweis auf ein durch den Arbeitgeber einseitig änderbares Regelwerk[4] – AGB-rechtlich regelmäßig unbedenklich[5]. Die auf dem dritten Weg festgelegten Arbeitsbedingungen werden nach der Rechtsprechung des BAG zudem aufgrund der in ihrer Entstehung liegenden arbeitsrechtlichen Besonderheiten wie Tarifverträge nur daraufhin überprüft, ob sie gegen die Verfassung, gegen anderes höherrangiges zwingendes Recht oder die guten Sitten verstoßen[6].

323 **Entgeltansprüche** werden nur ausnahmsweise durch **Betriebs- und Dienstvereinbarungen** begründet. Dem steht regelmäßig der in § 77 Abs. 3 BetrVG und § 75 Abs. 3 BPersVG geregelte **Tarifvorrang** entgegen. Nach § 77 Abs. 3 BetrVG können Arbeitsentgelte und sonstige Arbeitsbedingungen, die durch Tarifvertrag geregelt sind oder üblicherweise geregelt werden, nicht Gegenstand einer Betriebsvereinbarung sein. Dies gilt nach Satz 2 der Vorschrift nur dann nicht, wenn ein Tarifvertrag den Abschluss ergänzender Betriebsvereinbarungen ausdrücklich zulässt. Eine gegen § 77 Abs. 3 BetrVG verstoßende Betriebsvereinbarung ist unwirksam[7]. Hierdurch soll die durch Art. 9 Abs. 3 GG verbürgte **Tarifautonomie** der Koalitionen vor einer Regelungskonkurrenz durch die Betriebsparteien geschützt werden. Im Bereich der zwingenden Mitbestimmung kommt allerdings nach der in ständiger Rechtsprechung[8] vertretenen **Vorrangtheorie** nicht § 77 Abs. 3 BetrVG, sondern allein § 87 Abs. 1, 1. Satzteil BetrVG zur Anwendung. Betriebsvereinbarungen sind danach zu diesen Regelungsmaterien aufgrund des Tarifvorrangs nur gesperrt, wo hierzu tatsächlich ein einschlägiger und normativ (nicht bloß nach-) wirkender Tarifvertrag gilt[9]. Bei Fehlen solcher Tarifregelungen können die Materien des § 87 Abs. 1 Nr. 10 und 11 BetrVG daher uneingeschränkt durch Betriebsvereinbarung geregelt werden. Andernfalls würde in den fraglichen Betrieben weder eine tarifliche noch eine betrieblich mitbestimmte Regelung gelten. Während für außertarifliche Leistungen (bspw. Zulagen, die zum Ausgleich bestimmter, tariflich nicht berücksichtigter Erschwernisse bestimmt sind) regelmäßig nicht vom Vorliegen einer abschließenden tariflichen Regelung auszugehen (und eine mitbestimmte Betriebsvereinbarung damit zulässig) ist, steht § 77 Abs. 3 BetrVG einer bloßen Aufstockung der tariflichen Leistungen durch

---

1 LAG Düsseldorf 25.7.2007 – 12 Sa 944/07, BB 2008, 110.
2 BAG 6.5.2009 – 10 AZR 390/08, NZA-RR 2009, 593.
3 Vgl. zB BAG 20.3.1986 – 2 AZR 294/85, NZA 1986, 824.
4 Hierzu BAG 11.2.2009 – 10 AZR 222/08, NZA 2009, 428.
5 BAG 22.7.2010 – 6 AZR 170/08, AP Nr. 57 zu § 611 BGB Kirchendienst.
6 BAG 22.7.2010 – 6 AZR 170/08, BB 2011, 186.
7 BAG 20.11.2001 – 1 AZR 12/01, EzA § 77 BetrVG 1972 Nr. 70.
8 Vgl. BAG 3.12.1991 – GS 2/90, NZA 1992, 749.
9 BAG 27.11.2002 – 4 AZR 660/01, AP Nr. 34 zu § 87 BetrVG 1972 Tarifvorrang.

III. Verpflichtungen des Arbeitgebers

nicht an besondere Voraussetzungen gebundene, übertarifliche Zulagen entgegen[1]. Allerdings ist auch für den Bereich der **außertariflichen Entgelte** die Begründung der Entgeltansprüche ebenso wenig der zwingenden Mitbestimmung unterworfen wie die Frage des Volumens der vom Arbeitgeber hierfür bereitgestellten Mittel. Betriebsvereinbarungen, welche außer- oder übertarifliche Leistungen begründen und ausgestalten, sind daher regelmäßig nur hinsichtlich der Materien des § 87 Abs. 1 Nr. 10 und 11 BetrVG **teilmitbestimmt**, im Übrigen freiwillig (§ 88 BetrVG). Die von § 87 Abs. 1 Nr. 4 BetrVG erfassten **Modalitäten des Entgeltanspruchs** können dagegen – bei Fehlen einschlägiger Tarifregelungen – vollständig durch Betriebsvereinbarung geregelt werden.

Anders als bei arbeitsvertraglicher Zusage kann sich der Arbeitgeber bei einer auf einer Betriebsvereinbarung beruhenden Leistungszusage hiervon durch Kündigung ohne die Notwendigkeit einer sachlichen Rechtfertigung wieder lösen (§ 77 Abs. 5 BetrVG)[2]. Ohne entsprechende Vereinbarung entfaltet eine Betriebsvereinbarung über eine freiwillige Leistung keine Nachwirkung[3]. Nur wenn die Leistung nicht ganz gestrichen, sondern lediglich reduziert werden soll, sind Fragen der Verteilungsgerechtigkeit und damit die Mitbestimmungsrechte des Betriebsrates nach § 87 Abs. 1 Nr. 10 und 11 BetrVG berührt. 324

Eine **arbeitsvertragliche Bezugnahme auf Betriebsvereinbarungen** erübrigt sich regelmäßig aufgrund ihrer für alle betriebsangehörigen Arbeitnehmer ohnehin gesetzlich angeordneten normativen Wirkung. Allerdings kann durch die Bezugnahme die Geltung einer Betriebsvereinbarung auf Arbeitsverhältnisse außerhalb ihres Geltungsbereichs (etwa der leitenden Angestellten) erstreckt werden, ihr eine von der normativen Wirkung unabhängige (dauerhafte) Geltung verliehen oder die fehlende normative Wirkung einer unwirksamen Betriebsvereinbarung individualvertraglich geheilt werden[4]. 325

Der Arbeitgeber ist nach § 2 Abs. 1 Satz 2 Nr. 10 NachwG verpflichtet, einen **allgemeinen Hinweis auf die anwendbaren Tarifverträge sowie Betriebs- und Dienstvereinbarungen** in den Nachweis nach dem NachwG aufzunehmen.

cc) Arbeitsrechtlicher Gleichbehandlungsgrundsatz

Ein Anspruch auf Zahlung eines bestimmten Entgelt(anteil)s bzw. einer bestimmten Entgelthöhe kann sich auch aus dem arbeitsrechtlichen Gleichbehandlungsgrundsatz ergeben, der dem Arbeitgeber gebietet, seine Arbeitnehmer oder Gruppen seiner Arbeitnehmer, die sich in vergleichbarer Lage befinden, gleich zu behandeln[5]. Dieser **allgemein anerkannte Rechtsgrundsatz**[6] findet im Bereich der Vergütung zwar nur eingeschränkt Anwendung, weil vorrangig der Grundsatz der Vertragsfreiheit gilt. Andere Arbeitnehmer haben daher nicht schon deshalb einen Anspruch auf Gleichbehandlung, weil der Arbeitgeber einzelne Kollegen besser stellt. Dies gilt jedoch nur bei individuell vereinbarten Entgelten. Das Gebot der Gleichbehandlung greift dagegen, wenn der Arbeitgeber Leistungen nach einem **erkennbar generalisierenden Prinzip aufgrund einer abstrakten Regelung** gewährt. Von einer solchen Regelung darf er vergleichbare Arbeitnehmer nur aus sachlichen Gründen ausschließen[7]. Die Vergleich- 326

---

1 BAG 9.12.1997 – 1 AZR 319/97, NZA 1998, 661; 30.5.2006 – 1 AZR 111/05, DB 2006, 1795.
2 Vgl. *Krause*, Anm. zu EzA § 77 BetrVG 1972 Ablösung Nr. 1 zum Wiederaufleben einer durch die Betriebsvereinbarung abgelösten Einheitszusage.
3 BAG 21.8.1990 – 1 ABR 73/89, NZA 1991, 190.
4 Vgl. insg. *Rieble/Schul*, RdA 2006, 339; *Preis*, NZA 2010, 361.
5 BAG 19.8.1992 – 5 AZR 513/91, NZA 1993, 171.
6 Vgl. nur § 1b Abs. 1 Satz 4 BetrAVG; BAG 20.7.1993 – 3 AZR 52/93, NZA 1994, 125; 4.5.2010 – 9 AZR 155/09, NZA 2010, 1063; MünchKommBGB/*Müller-Glöge*, § 611 Rz. 1121 f.
7 BAG 15.7.2009 – 5 AZR 486/08, DB 2009, 2496.

barkeit ist nach dem Zweck der Regelung zu bestimmen. Sie ist in der Regel bei Arbeitnehmern mit vergleichbaren Tätigkeiten gegeben[1].

327 Die Pflicht zur Gleichbehandlung ist nach inzwischen herrschender Auffassung **unternehmens-, nicht betriebsbezogen**[2]. Der Arbeitgeber muss zwar alle Arbeitnehmer seines Unternehmens gleich behandeln, ist jedoch nicht verpflichtet, ihnen dieselben Leistungen zu gewähren wie fremde Arbeitnehmer desselben **Gemeinschaftsbetriebs** erhalten[3]. Ein Anspruch auf **Gleichbehandlung im Konzern** besteht nur ausnahmsweise. Nach Auffassung des BAG kann dies dann der Fall sein, wenn vom herrschenden Unternehmen ausgehend bestimmte Leistungen üblicherweise konzernweit erbracht werden und auf den Fortbestand dieser Übung ein schützenswertes Vertrauen der Arbeitnehmer der Konzernunternehmen entstanden ist[4].

328 Dem Gleichbehandlungsgebot sind alle **Maßnahmen des Arbeitgebers** unterworfen[5]. Unerheblich ist, ob der Arbeitgeber die Leistung aufgrund einer ausdrücklichen vertraglichen Regelung oder ohne eine solche oder mit einem Freiwilligkeitsvorbehalt verbunden gewährt. Eine Pflicht zur Gleichbehandlung kann bspw. bei der Gewährung von **Entgelterhöhungen, Zulagen, Sonderzahlungen, Sachleistungen oder sonstigen Vergünstigungen** bestehen. Für betriebliche Regelungen ergibt sich schon aus § 75 Abs. 1 BetrVG ein Gleichbehandlungsgebot. Nicht um eine Maßnahme des Arbeitgebers handelt es sich, wenn er eine Leistung lediglich erbringt, weil er irrtümlich davon ausgeht, hierzu verpflichtet zu sein („vermeintlicher Normenvollzug")[6]. Es besteht **kein Anspruch auf Gleichbehandlung im Unrecht oder bei einem Rechtsirrtum des Arbeitgebers**. Ein Arbeitnehmer kann sich also nicht darauf berufen, dass ein ihm vergleichbarer Arbeitnehmer zu Unrecht in eine höhere Vergütungsgruppe eingestuft und nach dieser vergütet wurde[7]. Die Pflicht zur Gleichbehandlung tritt erst dann ein, wenn der Arbeitgeber in Kenntnis einer unwirksamen Rechtsgrundlage Leistungen (weiter) gewährt[8].

329 Wann ein ausreichender **Kollektivtatbestand** gegeben ist, muss aufgrund einer Wertung der Einzelfallumstände beurteilt werden. Das Zahlenverhältnis der von der Begünstigung Betroffenen zur Gesamtzahl der (gruppenzugehörigen) Arbeitnehmer bildet insoweit ein maßgebliches Indiz. Ist die Anzahl der begünstigten Arbeitnehmer gering, wird man – in Ermangelung anderer Indizien – regelmäßig nicht von einer Maßnahme mit Kollektivbezug ausgehen können[9]. Verlautbart der Arbeitgeber selbst die Regeln, nach denen er die Leistungen gewähren will, ist ohne Weiteres von einem Kollektivtatbestand auszugehen. Im Übrigen obliegt es im Rahmen einer klageweisen Durchsetzung des Anspruchs dem Arbeitnehmer, den Kollektivtatbestand – also eine Gruppenbildung oder die Leistungsgewährung nach einem generalisierenden Prinzip – darzutun[10]. Danach ist es Sache des Arbeitgebers, die Gründe für die Differenzierung offen zu legen und so substantiiert darzutun, dass beurteilt werden kann, ob die Grup-

---

1 BAG 19.8.1992 – 5 AZR 513/91, NJW 1993, 679.
2 Vgl. zum Meinungsstand: ErfK/*Preis*, § 611 BGB Rz. 583 ff.
3 BAG 12.12.2006 – 1 ABR 38/05, DB 2007, 1361.
4 BAG 17.6.2009 – 7 AZR 112/08 (A), RIW 2010, 76. Vgl. auch MünchArbR/*Richardi*, § 9 Rz. 14 und HWK/*Thüsing*, § 611 BGB Rz. 200.
5 Die Tarif- bzw. Betriebsparteien sind nach Art. 3 Abs. 1 GG bzw. § 75 Abs. 1 BetrVG zur Gleichbehandlung der normunterworfenen Arbeitnehmer verpflichtet – vgl. BAG 29.1.2014 – 6 AZR 943/11, ZTR 2014, 265 bzw. 17.6.2014 – 3 AZR 491/12, nv.
6 BAG 6.7.2011 – 4 AZR 596/09, NZA 2011, 1426; 27.6.2012 – 5 AZR 317/11, nv.
7 BAG 24.6.2004 – 8 AZR 357/03, ZTR 2005, 92.
8 BAG 27.6.2012 – 5 AZR 317/11, EzA § 4 TVG Metallindustrie Nr. 148.
9 Vgl. BAG 24.6.2004 – 8 AZR 357/03, ZTR 2005, 92 – Einzelmaßnahme bei weniger als 5 % begünstigter Arbeitnehmer.
10 BAG 25.4.2013 – 8 AZR 287/08, DB 2013, 2509.

penbildung sachlichen Kriterien entspricht[1]. Liegen Anzeichen für eine Leistungsgewährung aufgrund abstrakter Kriterien vor, besteht ein **Auskunftsanspruch** des Arbeitnehmers auf Darlegung durch den Arbeitgeber, wie groß der begünstigte Personenkreis ist, wie er sich zusammensetzt, wie er abgegrenzt ist und warum er selbst nicht dazugehört[2].

Ist von einer Gruppenbildung bzw. einer Leistungsgewährung aufgrund abstrakter Regeln auszugehen, stellt sich die Frage der **sachlichen Rechtfertigung**. Die Differenzierungsgründe, also die Gründe für die Ungleichbehandlung, müssen auf vernünftigen, einleuchtenden Erwägungen beruhen und dürfen nicht gegen verfassungsrechtliche oder sonstige übergeordnete Wertentscheidungen verstoßen. Die Gruppenbildung ist nur dann gerechtfertigt, wenn die Unterscheidung einem legitimen Zweck dient und zur Erreichung dieses Zwecks erforderlich und angemessen ist[3]. Unproblematisch ist eine Differenzierung nach dem **Wert der Gegenleistung**. So kann etwa die Entgelthöhe je nach Marktwert der Arbeitsleistung, Ausbildungsniveau des Arbeitnehmers, der von ihm zu tragenden Verantwortung und den mit der Tätigkeit verbundenen Belastungen unterschiedlich sein. Einen Verzicht auf Entgeltausgleich für die Verlängerung der Arbeitszeit kann der Arbeitgeber (nur) für die dadurch belasteten Arbeitnehmer durch Entgelterhöhungen kompensieren, ohne die anderen Arbeitnehmer damit unzulässig zu benachteiligen[4]. Die Leistung darf sich allerdings nicht als **Überkompensation** darstellen[5]. Ebenso soll die Möglichkeit der Refinanzierung des Entgelts für einen bestimmten Arbeitsplatz einen Sachgrund für eine unterschiedliche Bezahlung liefern[6]. Insbesondere bei den neben das Grundentgelt tretenden Entgeltbestandteilen wie Zulagen und Sonderzahlungen, aber auch bei Versorgungszusagen, richtet sich die sachliche Rechtfertigung der Differenzierung beim Kreis der Begünstigten maßgeblich nach dem **Zweck der Leistung**[7]. Unzulässige Differenzierungsgründe ergeben sich dabei insbesondere aus den zahlreichen **Diskriminierungsverboten** (Art. 38, 157 AEUV, Art. 3 GG, § 1 AGG, § 75 BetrVG, § 67 BPersVG, § 4 TzBfG). Ausdrücklich erlaubt sind nach § 10 Satz 3 Nr. 6 AGG allerdings Differenzierungen nach Alter oder Betriebszugehörigkeit bei Leistungen in Sozialplänen, wenn dadurch unterschiedliche Chancen auf dem Arbeitsmarkt oder anderweitige Absicherungen berücksichtigt werden (vgl. auch Teil 1 F Rz. 115 und Teil 4 A Rz. 939 f.). Zulässig ist auch eine **Unterscheidung nach der Tarifbindung** – der Arbeitgeber muss den nicht-tarifgebundenen Arbeitnehmern nicht aus Gleichbehandlungsgesichtspunkten den Tariflohn zahlen[8]. Ebenso wenig ist eine Gleichbehandlung von Arbeitnehmern mit vergleichbaren **Beamten** geboten[9]. Eine Ungleichbehandlung basierend auf dem Status von **Arbeitern und Angestellten** lässt sich nur ausnahmsweise rechtfertigen[10]. Schließlich gebietet der Gleichbehandlungsgrundsatz **keine Gleichbehandlung über die Zeit**: Der Arbeitgeber kann also frei entscheiden, ab einem bestimmten Stichtag mit neu eintretenden Arbeitnehmern andere Vergütungsvereinbarungen zu treffen als mit den Alt-Arbeitnehmern oder zuvor gewährte freiwillige Leistungen einzustellen[11]. **Stichtagsregelungen** als „Typisierung in der Zeit" sind ungeachtet der damit

---

1 BAG 14.3.2007 – 5 AZR 420/06, NZA 2007, 862; 23.2.2011 – 5 AZR 84/10, NZA 2011, 693.
2 BAG 1.12.2004 – 5 AZR 664/03, NZA 2005, 289; 27.7.2010 – 1 AZR 874/08, NZA 2010, 1369.
3 BAG 17.3.2010 – 5 AZR 168/09, NZA 2010, 696.
4 BAG 17.3.2010 – 5 AZR 168/09, NZA 2010, 696; vgl. auch 5.8.2009 – 10 AZR 666/08, DB 2009, 2495.
5 Eingehend: *Reinecke*, DB 2013, 120.
6 BAG 21.5.2003 – 10 AZR 524/02, NJW 2003, 3150.
7 Vgl. nur BAG 18.5.2010 – 3 AZR 80/08, ZTR 2010, 539 u. 16.6.2010 – 4 AZR 928/08, ZTR 2011, 36 – andere Bewertung der Haushaltslage kein Sachgrund.
8 BAG 20.4.1999 – 1 ABR 72/98, NZA 1999, 887.
9 BAG 3.4.2003 – 6 AZR 633/01, NZA 2003, 1286.
10 Vgl. BAG 16.2.2010 – 3 AZR 216/09, NZA 2010, 701.
11 Vgl. zur unterschiedlichen Behandlung von nach § 613a BGB übergegangenen Arbeitnehmern: BAG 19.1.2010 – 3 ABR 19/08, DB 2010, 1131.

verbundenen Härten zur Abgrenzung des begünstigten Personenkreises zulässig, sofern sich die Wahl des Zeitpunkts am zu regelnden Sachverhalt orientiert und die Interessenlage der Betroffenen angemessen erfasst[1].

331 Gewährt der Arbeitgeber freiwillige **Entgelterhöhungen** bzw. verzichtet er auf die **Anrechnung freiwilliger Leistungen auf Tarifentgelterhöhungen**, so kann auch diesbezüglich Gleichbehandlung geboten sein. Das ist bspw. dann der Fall, wenn hierdurch – zumindest auch – der allgemeine Anstieg der Preise und Gehälter ausgeglichen werden soll. Hierfür kann sprechen, wenn der Arbeitgeber der Mehrzahl der Arbeitnehmer in regelmäßigen Intervallen Entgelterhöhungen gewährt. Ist in den Erhöhungsbeträgen eine „**lineare Komponente**" zum **Ausgleich der Teuerung** enthalten, darf der Arbeitgeber einzelne Arbeitnehmer nicht ohne sachlichen Grund von einem derartigen Grundbetrag ausnehmen[2]. Jedenfalls hinsichtlich dieser „linearen Komponente" der Erhöhungen können dann auch die anderen Arbeitnehmer Gleichbehandlung verlangen. Allerdings ist der Arbeitgeber nicht verpflichtet, abstrakte Regeln für Gehaltserhöhungen aufzustellen[3]. Er kann individuelle Gesichtspunkte – zum Beispiel die Gehaltsdifferenz zu anderen vergleichbaren Mitarbeitern – berücksichtigen oder durch ihre Qualifikation besonders benötigte oder leistungsstarke Mitarbeiter zum Verbleib im Unternehmen zu motivieren suchen. Allerdings kann auch die Entgeltdifferenzierung nach der Leistung wiederum generellen Regeln folgen. Ab einer bestimmten Unternehmensgröße wird das kaum vermeidbar sein – mit der Folge, dass der Arbeitgeber insoweit zur Gleichbehandlung verpflichtet ist[4].

332 Als **Rechtsfolge** erwächst dem zu Unrecht von einer Begünstigung ausgenommenen Arbeitnehmer grundsätzlich aus dem Gleichbehandlungsgrundsatz ein **Anspruch auf Gewährung der Begünstigung**[5]. Dies soll allerdings dann nicht gelten, wenn die ohne sachliche Rechtfertigung differenzierend gewährte Begünstigung nur einer kleinen Gruppe von Arbeitnehmern zugute kommt und die Ausweitung der Leistung auf weitere Arbeitnehmer/-gruppen zu unverhältnismäßig hohen weiteren finanziellen Belastungen des Arbeitgebers führen würde. Eine Ausweitung der Leistungspflicht im Sinne einer „**Anpassung nach oben**" beeinträchtigt die Freiheit des Arbeitgebers in der Bestimmung des Dotierungsrahmens freiwilliger Leistungen besonders nachhaltig. Dies kann nur dann gerechtfertigt sein, wenn zugleich besondere verfassungsrechtliche oder gemeinschaftsrechtliche Differenzierungsverbote, wie bspw. das Verbot der Benachteiligung wegen des Geschlechts, verletzt worden sind[6]. Ob zwischen einer vollen Anpassung nach oben und dem Fehlen jeden Anspruchs andere Rechtsfolgen denkbar sind, ist ungeklärt. Bei tatsächlicher oder rechtlicher Unmöglichkeit der Gleichbehandlung ist der Arbeitgeber verpflichtet, dem zu Unrecht von der Begünstigung ausgenommenen Arbeitnehmer eine **gleichwertige Leistung** zu gewähren[7]. Ist die benachteiligende Regelung außerdem wegen Verstoßes gegen Art. 3 GG oder Diskriminierungsverbote unwirksam, ist jeweils zu prüfen, ob dies auf die Gesamtregelung durchschlägt oder lediglich die gleichheitswidrige Beschränkung entfällt. Eine mit der Korrektur eines Sozialplans mittelbar verbundene Ausdehnung des vorgesehenen Finanzvolumens hat der Arbeitgeber regelmäßig hinzunehmen, solange die Mehrbelastung im Verhältnis zum Gesamtvolumen „nicht ins Gewicht fällt"[8].

---

1 BAG 18.11.2003 – 1 AZR 604/02, DB 2004, 1508; 28.7.2004 – 10 AZR 19/04, NJW 2004, 3652.
2 BAG 15.11.1994 – 5 AZR 682/93, NZA 1995, 939.
3 BAG 15.11.1994 – 5 AZR 682/93, NZA 1995, 939.
4 Vgl. BAG 1.12.2004 – 5 AZR 664/03, NZA 2005, 289.
5 BAG 5.8.2009 – 10 AZR 666/08, NZA 2009, 1135; EuGH 7.2.1991 – Rs. C-184/89, NZA 1991, 513 zu Art. 141 EG (jetzt Art. 157 AEUV).
6 Vgl. BAG 13.2.2002 – 5 AZR 713/00, NZA 2003, 215; 10.11.2011 – 6 AZR 481/09, NZA-RR 2012, 100. Zum Sozialplan: BAG 19.2.2008 – 1 AZR 1004/06, NZA 2008, 719. Krit. HWK/*Thüsing*, § 611 BGB Rz. 212.
7 Vgl. BAG 28.7.1992 – 3 AZR 173/92, NZA 1993, 215.
8 BAG 19.2.2008 – 1 AZR 1004/06, NZA 2008, 719.

Liegen aufgrund einer Leistungsgewährung an andere Arbeitnehmer in der Vergangenheit die Voraussetzungen einer betrieblichen Übung vor (vgl. Rz. 881 ff.), können beide Anspruchsgrundlagen nebeneinander bestehen. Oftmals wird der Arbeitnehmer einem Einwand des Arbeitgebers, er gehöre nicht zu der von der betrieblichen Übung begünstigten Gruppe, den arbeitsrechtlichen Gleichbehandlungsgrundsatz entgegen halten können. Anders als bei einem kraft betrieblicher Übung begründeten Anspruch besteht jedoch im Rahmen des Gleichbehandlungsgrundsatzes kein Bestandsschutz – der Anspruch besteht nur solange, wie der Arbeitgeber die Maßnahme den anderen Arbeitnehmern gegenüber aufrechterhält. 333

dd) Gesetz

Alleine aus dem Gesetz ergibt sich ein Entgeltanspruch nur ausnahmsweise. § 612 Abs. 1 BGB verhindert einen Dissens (§§ 154, 155 BGB) wegen fehlender Einigung über die *essentialia negotii*, indem er eine Vereinbarung der **Vergütungspflicht fingiert**, wenn die Vertragsauslegung nicht eindeutig die Vereinbarung der Unentgeltlichkeit der Dienste ergibt. Dadurch wird ein Ausgleich nach bereicherungsrechtlichen Grundsätzen verhindert. Die **Höhe des Entgeltanspruchs** richtet sich bei fehlender oder rechtsunwirksamer vertraglicher Festlegung gem. § 612 Abs. 2 BGB nach der für die Leistung **üblichen Vergütung** (an einer „Taxe" wird es regelmäßig fehlen)[1]. Die Anwendung der Auslegungsregel des § 316 BGB ist jedenfalls dann aufgrund der Spezialität des § 612 Abs. 2 BGB gesperrt, wenn sich eine übliche Vergütung iSd. § 612 Abs. 2 BGB ermitteln lässt[2] und dürfte zudem bereits die vorgelagerte Vereinbarung einer einseitigen Leistungsbestimmung iSv. § 315 BGB voraussetzen[3]. Bei der Bestimmung der üblichen Vergütung ist als Bezugspunkt in erster Linie auf die Art der Tätigkeit abzustellen. Daneben können allerdings auch Branche, Arbeitsort oder besondere Verhältnisse des Arbeitgeberunternehmens zu berücksichtigen sein. Erstes Indiz für die Entgelthöhe wird – soweit vorhanden und repräsentativ – die Tarifvergütung sein[4]. 334

Verstößt die Entgeltabrede gegen zwingendes Recht (etwa bei einer sittenwidrig niedrigen Vergütungshöhe), wird dies in der Regel lediglich die Vereinbarung zur **Bemessung der Vergütung** betreffen, die grundsätzliche **Vereinbarung der Entgeltlichkeit** der Arbeitsleistung dagegen unberührt lassen. Entsprechend wird in der Rechtsprechung des BAG bei (unpräzis) „unwirksamer Vergütungsvereinbarung" (alleine) § 612 Abs. 2 BGB für anwendbar gehalten[5]. In der Literatur wird teilweise dagegen die Vereinbarung der Entgeltlichkeit als von der Unwirksamkeitsfolge miterfasst und diese als erst über § 612 Abs. 1 BGB wiederherzustellen angesehen[6]. § 612 Abs. 2 BGB ist weiterhin anwendbar, wenn die **vertraglich vorgesehene Methode der Entgeltbemessung aus tatsächlichen Gründen gescheitert ist**[7]. 335

---

1 Vgl. *Fischinger*, JZ 2012, 546 zur nachträglich sittenwidrigen Entgeltabrede. Krit. *Rieble/Picker*, ZfA 2014, 154 (196 ff.).
2 BAG 21.11.2001 – 5 AZR 87/00, NZA 2002, 624; 21.11.1991 – 6 AZR 551/89, NZA 1992, 545; MünchKommBGB/*Müller-Glöge*, § 612 Rz. 31.
3 Staudinger/*Rieble*, § 316 BGB Rz. 6 ff. Zweifelhaft insoweit die Annahme der subsidiären Anwendung des § 315 BGB in BAG 21.4.2010 – 10 AZR 163/09, NZA 2010, 808.
4 BAG 24.2.2011 – 6 AZR 719/09, nv.; MünchKommBGB/*Müller-Glöge*, § 612 Rz. 29 f. Zur Ausgestaltung des üblichen Entgelts können auch Ausschlussfristen gehören, BAG 20.4.2011 – 5 AZR 171/10, DB 2011, 2042.
5 Vgl. nur BAG 10.3.1960 – 5 AZR 426/58, AP Nr. 2 zu § 138 BGB; 3.5.2006 – 10 AZR 310/05, DB 2006, 1499; so auch MünchKommBGB/*Müller-Glöge*, § 612 Rz. 32.
6 Vgl. nur HWK/*Thüsing*, § 612 BGB Rz. 10; ErfK/*Preis*, § 612 BGB Rz. 2.
7 Vgl. *Heiden*, DB 2009, 1705 zum Fall der fehlenden Zielfestlegung bei Vereinbarung einer von der Zielerreichung abhängigen Vergütung.

336 § 612 Abs. 1 BGB wird auch herangezogen, um einen Vergütungsanspruch des Arbeitnehmers zu begründen, wenn er über die vertraglich geschuldete Tätigkeit hinaus in quantitativer oder qualitativer Hinsicht **überobligatorische Leistungen** erbringt und hierfür eine Vergütungsregelung fehlt[1]. Vergütungspflichtig ist dabei auch jede vom Arbeitgeber im Synallagma verlangte sonstige Tätigkeit oder Maßnahme, die mit der eigentlichen Tätigkeit oder der Art und Weise von deren Erbringung unmittelbar zusammenhängt. Dazu können etwa **Umkleidezeiten** und die für den Weg von der Umkleide- zur Arbeitsstelle nötige Zeit[2], aber etwa auch **Fahrt- bzw. Wegezeiten** zu einer auswärtigen Arbeitsstelle[3] gehören. Vergütungspflichtig ist auch die vom Arbeitgeber veranlasste Untätigkeit (zB **Bereitschaftszeiten, Beifahrerzeiten**), während derer der Arbeitnehmer am Arbeitsplatz anwesend sein muss und nicht frei über die Nutzung der Zeit bestimmen kann, er also weder eine Pause iSd. Arbeitszeitgesetzes noch Freizeit hat[4]. Für die vorgenannten Zeiten ohne Arbeitsleistung im engeren Sinne kann allerdings eine geringere Vergütungshöhe vereinbart werden[5]. Weniger praxisrelevant ist die Erstreckung auf die Fälle der „**fehlgeschlagenen Vergütungserwartung**", also bei Erbringung von Arbeitsleistungen ohne ausreichende Gegenleistung in Erwartung künftiger Vermögenszuwendungen (Erbeinsetzung, Hofübergabe, Betriebsübertragung)[6].

337 Durch das am 16.8.2014 in Kraft getretene Tarifautonomiestärkungsgesetz[7] wurde das Gesetz über die Festsetzung von Mindestarbeitsbedingungen (MiArbG) aufgehoben und das Gesetz zur Regelung eines allgemeinen Mindestlohns (MiLoG) in Kraft gesetzt. Dieses sieht für Arbeitnehmer ab dem 1.1.2015 einen Anspruch auf Zahlung eines Mindestlohns in Höhe von 8,50 Euro brutto je Zeitstunde (§ 1 Abs. 1, 2 MiLoG) vor (vgl. im Einzelnen Rz. 310a und Teil 6 E Rz. 56ff.). Eine Sonderregelung für **Einfirmenvertreter** bildet § 92a HGB. Eine verbindliche Entgeltfestsetzung durch den sog. Heimarbeiterausschuss sieht § 19 HAG für die **Heimarbeiter** vor. Nach § 19 Abs. 3 Satz 1 HAG haben bindende Festsetzungen des Heimarbeitsausschusses die Wirkung eines für allgemeinverbindlich erklärten Tarifvertrags. Weitere besondere Vorschriften enthalten ferner für **behinderte Menschen** § 138 Abs. 2 SGB IX und für Strafgefangene § 200 StVollzG. Schließlich sieht § 6 Abs. 5 ArbZG einen **Ausgleich für geleistete Nachtarbeit** vor, den der Arbeitgeber wahlweise durch einen angemessenen **Entgeltzuschlag oder Freizeitausgleich** erfüllen kann[8]. Für einen finanziellen Ausgleich dürfte ein Zuschlag von 10–30 % des Stundenlohns ausreichend sein, der grundsätzlich auch pauschaliert gezahlt werden kann[9].

d) Grundformen des Entgelts

338 Die Vertragsfreiheit unterliegt im Bereich der Hauptleistungsabrede zum Entgelt – anders als bei den dazu bestehenden Nebenabreden (vgl. Rz. 561) – wenigen gesetzlichen Einschränkungen. Das Entgelt kann daher in unterschiedlichster Form bemessen und gezahlt werden.

---

1 BAG 3.5.2006 – 10 AZR 310/05, DB 2006, 1499; 1.9.2010 – 5 AZR 517/09, NZA 2011, 575; vgl. *Bissels/Domke/Wisskirchen*, DB 2010, 2052 zur Vergütungspflicht bei Erreichbarkeit in der Freizeit aufgrund moderner Kommunikationsmittel.
2 BAG 19.9.2012 – 5 AZR 678/11, BAGE 143, 107.
3 BAG 12.12.2012 – 5 AZR 355/12, NZA 2013, 1158; 22.4.2009 – 5 AZR 292/08, DB 2009, 1602 (Reisezeit Außendienst).
4 BAG 20.4.2011 – 5 AZR 200/10, NZA 2011, 917 (Beifahrerzeiten).
5 Vgl. LAG Bln.-Bbg. 7.2.2014 – 2 Sa 25/14, nv.
6 Vgl. BAG 17.8.2011 – 5 AZR 406/10, DB 2011, 2550 und MünchKommBGB/*Müller-Glöge*, § 612 Rz. 13ff.
7 G. v. 11.8.2014, BGBl. I, 1348.
8 BAG 1.2.2006 – 5 AZR 422/04, NZA 2006, 494.
9 Vgl. BAG 11.2.2009 – 5 AZR 148/08, AP Nr 9 zu § 6 ArbZG.

aa) Festvergütung – Zeitentgelt

Ganz überwiegend sehen Arbeits- und Tarifverträge eine Festvergütung vor, die für ein während einer bestimmten Zeitspanne zu leistendes **zeitliches Arbeitsvolumen** (Stunden-, Wochen-, Monats-, Jahresvergütung) zu zahlen ist. Auf die Quantität der Arbeitsleistung im Übrigen oder deren Qualität kommt es für die Entgeltbemessung im reinen Zeitlohn nicht an. 339

Ist etwa ein **Stundenlohn** vereinbart, so wird das geschuldete Entgelt nach der Anzahl der geleisteten Arbeitsstunden (ohne Erholungspausen[1]) berechnet. Da im dauerhaft angelegten Arbeitsvertrag regelmäßig eine **bestimmte Anzahl wöchentlicher bzw. monatlicher Arbeitsstunden** vereinbart wird, kann der Arbeitnehmer auch bei Vereinbarung eines Stundenlohns mit einer auf diese Zeitspanne entfallenden Festvergütung rechnen. Für die Erfüllung des gesetzlichen Mindestlohnanspruchs dürfte allerdings die vereinbarte Vergütung auf sämtliche tatsächlich geleisteten (nicht nur auf die vereinbarten) Arbeitsstunden anzurechnen sein[2]. Jedenfalls formularvertraglich kann sich der Arbeitgeber nicht ohne Weiteres vorbehalten, die geschuldete Arbeitszeit einseitig festzulegen[3].

Insbesondere im Angestelltenbereich wird die Festvergütung dagegen üblicherweise als **monatliches Fixum** bei gleichzeitiger Festlegung einer bestimmten Wochenstundenzahl vereinbart. Im Ergebnis schwankt bei dieser Ausgestaltung aufgrund der wechselnden Anzahl der Arbeitstage je Kalendermonat das pro Arbeitsstunde zu leistende Entgelt. Die verschiedenen Entgeltfortzahlungstatbestände tragen dem durch das Abstellen auf einen längeren Referenzzeitraum (bspw. § 11 Abs. 1 BUrlG) oder eine fiktive Betrachtung im Rahmen des Lohnausfallprinzips (bspw. § 4 EFZG) Rechnung. Bei **Ausscheiden während des laufenden Monats** berechnet sich die anteilig (*pro rata temporis*) geschuldete Vergütung nach dem Verhältnis der aufgrund der Beendigung reduzierten Zahl in diesem Monat geschuldeter Arbeitstage zu der Zahl der bei angenommener Fortdauer für den Gesamtmonat geschuldeten Arbeitstage (sog. „konkrete Berechnungsweise")[4]. Für zulässig gehalten wird indes auch eine auf die konkreten oder pauschalierten Kalendertage[5] bzw. auf die pauschalierten Arbeitstage[6] abstellende Berechnung. **Unentschuldigte Fehlzeiten sind** anteilig vom vereinbarten Monatsentgelt abzuziehen, wenn die ausgefallene Arbeit nicht ausnahmsweise nachholbar ist. Dies folgt aus § 326 Abs. 1 Satz 1 BGB aufgrund des üblicherweise anzunehmenden **Fixschuldcharakters der Arbeitsleistung**[7]. 340

(1) Eingruppierung

Richtet sich die **Bemessung des Zeitentgelts nach einer Entgelt- oder Vergütungsgruppenordnung**, ist für die Bestimmung der konkreten Entgelthöhe die sog. Eingruppierung des Arbeitnehmers ausschlaggebend. Entgeltordnungen werden oftmals durch Tarifverträge begründet, können aber auch auf einer Betriebsvereinbarung beruhen, aufgrund einzelvertraglicher Vereinbarungen im Betrieb allgemein zur Geltung kommen oder vom Arbeitgeber einseitig geschaffen sein. 341

---

1 Zum Begriff: BAG 16.12.2009 – 5 AZR 157/09, NZA 2010, 505.
2 *Bayreuther*, NZA 2014, 865 (867); *Sittard*, NZA 2014, 951. Zu Bereitschaftszeiten: BAG 19.11.2014 – 5 AZR 1101/12, nv.
3 BAG 7.12.2005 – 5 AZR 535/04, NZA 2006, 423; 21.6.2011 – 9 AZR 238/10, AP Nr. 54 zu § 307 BGB.
4 BAG 14.8.1985 – 5 AZR 384/84, NZA 1986, 231. Vgl. aber BAG 16.5.2012 – 5 AZR 251/11, NZA 2012, 971.
5 Vgl. MünchKommBGB/*Müller-Glöge*, § 611 Rz. 697.
6 *Müller*, NZA 1990, 769.
7 Vgl. etwa BAG 13.2.2002 – 5 AZR 470/00, NZA 2002, 683.

342 Mit der Eingruppierung von Arbeitnehmern in Vergütungsgruppen erfolgt eine **Quantifizierung der geschuldeten Arbeitsleistung nach dem Arbeitswert**[1]. Dazu werden verschiedene Arbeitnehmergruppen mit gleichen Tätigkeiten und gleichwertigen Merkmalen zusammengefasst. Diesen Gruppen werden bestimmte Arbeitsentgelte zugeordnet. Die **Zusammenfassung der einzelnen Arbeitnehmergruppen** geschieht grundsätzlich durch die Anführung allgemeiner, abstrakter Tätigkeitsmerkmale. Aus ihnen ergeben sich die Anforderungen, die ein einzelner Arbeitnehmer in seiner Arbeit erfüllen muss, um dieser Vergütungsgruppe zugeordnet werden zu können. Höhere – besser dotierte – Vergütungsgruppen stellen darüber hinaus mitunter Voraussetzungen in der Person des Arbeitnehmers auf, insbesondere hinsichtlich der fachlichen Qualifikation (so zB „mit einschlägiger Berufsausbildung" oder „Diplom-Sozialpädagoge mit staatlicher Anerkennung"). Vielfach werden diese an die Person des Arbeitnehmers gestellten Voraussetzungen als „subjektive Tarifmerkmale" im Gegensatz zu den „objektiven Tarifmerkmalen" der allgemein und abstrakt beschriebenen Tätigkeiten bezeichnet. Maßgebend für die Zuordnung ist regelmäßig die tatsächlich ausgeübte Tätigkeit, die dem Arbeitnehmer vertragsgemäß zugewiesen ist oder deren Übernahme er billigt.

343 Sofern sich nicht ausnahmsweise aus dem **Arbeitsvertrag** ergibt, dass die dort genannte Vergütungsgruppe ohne Rücksicht auf die zugrunde liegenden (idR tariflichen) Bestimmungen als fest vereinbart gilt, ist für die Eingruppierung die im Arbeitsvertrag genannte Vergütungsgruppe unerheblich[2]. Wenn – wovon allgemein auszugehen ist – die Arbeitsvertragsparteien nur die tariflichen Bestimmungen widerspiegeln wollen, dh. nur zum Ausdruck bringen wollen, welche Vergütungsgruppe nach ihrer Auffassung aufgrund der getroffenen Vereinbarung über die Anwendung des Tarifvertrags zutreffend ist, hat die Eingruppierung im Arbeitsvertrag **nur deklaratorische** Bedeutung[3]. Daran hat die nach §§ 2 und 3 NachwG notwendige schriftliche Fixierung der Vergütungsgruppe nichts geändert[4]. Die Eingruppierung ist **kein konstitutiver Akt**, sondern ein **Akt der Rechtsanwendung**, verbunden mit der Kundgabe einer Rechtsansicht[5]. Aus der Erfüllung der tariflichen Tätigkeitsmerkmale folgt ein entsprechender tariflicher Mindestvergütungsanspruch unmittelbar, ohne dass es einer weiteren Maßnahme des Arbeitgebers hierfür bedarf (**Tarifautomatik**)[6].

344 Zu einer **Höher- oder Umgruppierung**, also einer Eingruppierung in eine andere Lohn- oder Gehaltsgruppe, kommt es, wenn die Tätigkeit des Arbeitnehmers nicht oder nicht mehr den Tätigkeitsmerkmalen derjenigen Lohn- oder Gehaltsgruppe entspricht, in die er bislang eingruppiert war, sondern den Tätigkeitsmerkmalen einer anderen – höheren oder niedrigeren – Lohn- oder Gehaltsgruppe[7]. Die Umgruppierung selbst erfolgt aufgrund der Tarifautomatik und bedarf keiner Änderungskündigung. Das gilt auch, wenn sich bei ansonsten gleicher Tätigkeit im Tarifvertrag angeführte äußere Merkmale (zB Schwellenwerte) ändern[8]. Die Änderung der Eingruppierung bedarf dann keines Änderungsvertrags, auch wenn eine frühere Änderung in einem Änderungsvertrag fixiert wurde. Die Umgruppierung ist von dem Anlass zu unterschei-

---

1 Die Erhöhung der Wochenarbeitszeit ist daher für die Eingruppierung ohne Bedeutung, BAG 28.6.2006 – 10 ABR 42/05, BB 2006, 1913.
2 BAG 18.2.1998 – 4 AZR 581/96, NZA 1998, 950.
3 BAG 25.1.2006 – 4 AZR 613/04, NZA-RR 2007, 45.
4 LAG MV 16.4.2013 – 5 Sa 229/12, PflR 2013, 615; *Hohmeister*, BB 1996, 2406.
5 BAG 23.9.2003 – 1 ABR 35/02, NZA 2004, 800.
6 BAG 30.5.1990 – 4 AZR 74/90, NZA 1990, 899; 14.11.2007 – 4 AZR 945/06, NZA-RR 2008, 358.
7 Von einer Neueingruppierung spricht das BAG, wenn dem Arbeitnehmer eine neue Tätigkeit (erstmals) zugewiesen wird, die sich nach ihrem Gesamtbild von der bisherigen Tätigkeit so deutlich unterscheidet, dass sie als eine andere Tätigkeit angesehen werden muss, vgl. BAG 21.3.1995 – 1 ABR 46/94, DB 1996, 480.
8 BAG 19.3.2003 – 4 AZR 391/02, NZA-RR 2004, 220.

III. Verpflichtungen des Arbeitgebers

den, der zu der Eingruppierung in eine andere Lohn- oder Gehaltsgruppe führt. Dieser Anlass kann darin bestehen, dass sich die Tätigkeit des Arbeitnehmers im Laufe der Zeit von selbst geändert hat und deshalb nicht mehr den Merkmalen der bisherigen Vergütungsgruppe entspricht. Der Anlass kann aber auch in einer Versetzung iSd. § 95 Abs. 3 BetrVG oder einer vertraglichen Änderung der geschuldeten Tätigkeiten bestehen. – Auch bei der **Herabgruppierung** ist auf den Anlass abzustellen. Sofern es sich nicht um eine bloß korrigierende Eingruppierung handelt, besteht dieser Anlass in der Zuweisung einer geringerwertigen Tätigkeit als der bisherigen bzw. der vertraglich vereinbarten. Sie ist daher einseitig regelmäßig nur im Wege der Änderungskündigung durchsetzbar.

Bei der Eingruppierung sind die von dem Arbeitnehmer vertragsgemäß ausgeübten Tätigkeiten, die qualifizierenden Merkmale sowie die in der Person des Arbeitnehmers liegenden besonderen Voraussetzungen den Tarifmerkmalen der jeweiligen Vergütungsgruppe zuzuordnen im Hinblick auf **345**

- **objektive Merkmale**, wie Anforderungen in Bezug auf die auszuübende Tätigkeit, Unterstellung von Arbeitnehmern etc. Unterscheidet ein Tarifvertrag für die Eingruppierung nur objektiv nach Tätigkeitsbereichen, sind subjektive Merkmale und Umstände insoweit unerheblich[1];

    sowie ggf.

- **subjektive Merkmale**, wie Anforderungen an die persönlichen Voraussetzungen (insbesondere Ausbildung, Kompetenzen oder Berufserfahrung). Stehen die subjektiven Anforderungen im Vordergrund, kann der ausgeübten Tätigkeit eine nur nachrangige Bedeutung zukommen[2].

Für die Zuordnung zu den einzelnen Tarifmerkmalen ist im Einzelfall entscheidend, welche Tätigkeit der Arbeitnehmer **überwiegend**, also mindestens zur Hälfte der Gesamtarbeitszeit ausübt[3] oder seiner Gesamttätigkeit das **maßgebliche Gepräge** gibt[4]. Dabei muss die Tätigkeit dem Arbeitnehmer vom Arbeitgeber übertragen sein. Der Arbeitnehmer kann also seine Eingruppierung nicht beeinflussen, indem er eigeninitiativ Tätigkeiten ausführt, die ihm vom Arbeitgeber nicht übertragen wurden und deren Erledigung von diesem auch nicht ausdrücklich oder stillschweigend gebilligt wird[5].

Die Zuordnung zu den einzelnen in den Vergütungsgruppen genannten Tarifmerkmalen wird häufig dadurch erleichtert, dass neben den abstrakten Merkmalen der Vergütungsgruppe bestimmte Tätigkeiten oder Berufe als **Regel-, Richt- oder Tätigkeitsbeispiel** genannt werden. Die Merkmale einer Vergütungsgruppe sind dann grundsätzlich als gegeben anzusehen, wenn der Arbeitnehmer ein solches Regelbeispiel erfüllt[6]. Erfasst eine Beispielstätigkeit die Tätigkeit des Arbeitnehmers nicht erschöpfend oder enthält sie selbst auslegungsfähige und auslegungsbedürftige **unbestimmte Rechtsbegriffe**, dann ist für deren Auslegung wiederum auf die abstrakten Oberbegriffe zurückzugreifen[7]. **346**

Zur Feststellung, ob der in der Vergütungsgruppe genannte Beruf oder das Tätigkeitsbeispiel tatsächlich den Arbeiten entspricht, die der Arbeitnehmer ausführt, und er auch die evtl. hierfür geforderten Ausbildungserfordernisse aufweist, sind die **Blätter** **347**

---

1 BAG 12.6.2003 – 8 AZR 288/02, NZA-RR 2004, 216; s. dagegen auch die nachfolgende Fn.
2 BAG 5.3.1997 – 4 AZR 392/95, NZA-RR 1997, 366.
3 BAG 18.4.2012 – 5 AZR 307/11, nv.
4 BAG 21.3.2012 – 4 AZR 254/10, AP Nr. 229 zu § 1 TVG Auslegung.
5 BAG 8.3.2006 – 10 AZR 129/05, NZA 2007, 159.
6 BAG 8.3.2006 – 10 AZR 129/05, NZA 2007, 159.
7 BAG 15.6.1994 – 4 AZR 327/93, NZA 1995, 483; 10.5.1995 – 4 AZR 74/94, NZA-RR 1996, 235.

zur Berufskunde der Bundesagentur für Arbeit (www.arbeitsagentur.de) hilfreich. Es lassen sich hieraus für viele Berufe Tätigkeitsbeschreibungen und Ausbildungserfordernisse entnehmen.

348 Werden für die Vergütungsgruppe Tätigkeitsbeispiele angeführt, ist jedoch ein solches Beispiel im Einzelfall nicht erfüllt, ist auf die allgemein abstrakten Tätigkeitsmerkmale zurückzugreifen. Deren Anforderungen lassen sich von den Maßstäben der Beispielstatbestände aus bestimmen, denn die Tarifvertragsparteien haben mit den Beispielen Maß und Richtung für die Auslegung des allgemeinen Begriffs vorgegeben[1]. Die Arbeitsgerichte sind allerdings nicht befugt, spezielle Eingruppierungsmerkmale für eine Berufsgruppe zu schaffen, deren Eingruppierung von den Tarifvertragsparteien bislang bewusst nicht geregelt worden ist[2].

349 Sog. **Aufbaufallgruppen** in Vergütungssystemen enthalten idR die Tätigkeit selbst qualifizierende oder heraushebende Merkmale, wie zB „besonders schwierig" oder „mit besonderer Entscheidungsbefugnis". Sie bauen also auf allgemeinen Tätigkeitsmerkmalen einer anderen Vergütungsgruppe auf und setzen deren Erfüllung voraus[3]. Deshalb liegt keine Aufbaufallgruppe im Tarifsinne vor, wenn ein Tätigkeitsmerkmal im Vergleich zu einem anderen lediglich höhere Anforderungen stellt[4]. Die Prüfung eines Heraushebungsmerkmals erfordert einen wertenden Vergleich zwischen der Grundtätigkeit und der herausgehobenen Tätigkeit. In diesem Fall ist zunächst das Vorliegen der Merkmale der Ausgangsfallgruppe und erst dann der Reihe nach jeweils das Vorliegen der weiteren qualifizierenden Tätigkeitsmerkmale zu prüfen[5]. Nur wenn die höhere Vergütungsgruppe eine echte Aufbaufallgruppe ist, umfasst der Anspruch auf Vergütung nach der höheren Vergütungsgruppe zugleich auch den Anspruch auf Vergütung nach der niedrigeren[6]. Ansonsten wahrt ein Arbeitnehmer mit der Geltendmachung des Vergütungsanspruchs nach der höheren Vergütungsgruppe nicht eine tarifliche Ausschlussfrist auch für den Anspruch auf Vergütung nach der niedrigeren Vergütungsgruppe[7].

350 Vielfach sehen Vergütungssysteme eine Höhergruppierung allein aufgrund eines **Zeit- oder Bewährungsaufstiegs** vor. Um einen reinen Zeitaufstieg handelt es sich, wenn die nächsthöhere Vergütungsgruppe nur verlangt, dass der Arbeitnehmer eine bestimmte Dauer in der darunter liegenden Vergütungsgruppe tätig bzw. eingruppiert war. Von einem Bewährungsaufstieg spricht man, wenn der Arbeitnehmer nicht nur die Bewährungszeit erfüllen, sondern sich tatsächlich auch in der ihm übertragenen Tätigkeit bewährt haben muss[8]. Er muss sich den gestellten Anforderungen also gewachsen gezeigt haben. Liegt keine Beanstandung vor, kann idR von einer Bewährung ausgegangen werden[9]. Sofern das tarifliche Tätigkeitsmerkmal keine Bewährung bei demselben Arbeitgeber voraussetzt, können die Bewährungsanforderungen auch bei einem anderen Arbeitgeber erfüllt worden sein[10]. Die Voraussetzungen der Aus-

---

1 BAG 29.9.1993 – 4 AZR 690/92, AP Nr. 7 zu §§ 22, 23 BAT – Sozialarbeiter.
2 BAG 6.3.1996 – 4 AZR 771/94, NZA-RR 1997, 229.
3 BAG 21.3.2012 – 4 AZR 275/10, AP Nr. 8 zu § 611 BGB Gewerkschaftsangestellte.
4 BAG 12.5.2004 – 4 AZR 371/03, NZA 2005, 432; 6.6.2007 – 4 AZR 505/06, NZA-RR 2008, 189.
5 S. dazu auch BAG 11.2.2004 – 4 AZR 684/02, DB 2004, 1621.
6 BAG 21.3.2012 – 4 AZR 275/10, AP Nr. 8 zu § 611 BGB Gewerkschaftsangestellte.
7 BAG 3.8.2005 – 10 AZR 559/04, ZTR 2006, 81.
8 BAG 25.3.1998 – 4 AZR 128/97, NZA 1998, 1072.
9 BAG 17.2.1993 – 4 AZR 153/92, NZA 1993, 663; nach der Entscheidung des BAG 5.4.1995 – 4 AZR 154/94, NZA-RR 1996, 96 ist es mit dem Gleichheitsgrundsatz des Art. 3 Abs. 1 GG nicht vereinbar, wenn die Stufenfindung bei Umgruppierung über mehrere Vergütungsgruppen über die Oberbegriffe einerseits und über den Beispielskatalog andererseits zu unterschiedlichen Ergebnissen führt. Eine derartige tarifliche Regelung ist deshalb unwirksam.
10 BAG 30.5.2001 – 4 AZR 269/00, NZA-RR 2002, 664; zur Stufenzuordnung im öff. Dienst: BAG 23.9.2010 – 6 AZR 180/09, PersR 2010, 482.

gangsvergütung müssen stets ebenso vorliegen. Darüber ist auch bei der Geltendmachung des Bewährungsaufstiegs zu entscheiden[1].

Die in älteren Tarifwerken, insbesondere in § 27 Abschn. A BAT vorgesehenen **Vergütungserhöhungen nach Lebensaltersstufen** verstießen gegen das **Verbot der Diskriminierung wegen des Alters (Art. 21 Abs. 1 GrCh, RiLi 2000/78/EG, §§ 1–3, 7, 10 AGG)** und bewirkten die Unwirksamkeit der Stufenzuordnung, soweit Angestellte nicht der höchsten Lebensaltersstufe ihrer Vergütungsgruppe zugeordnet waren. Grundsätzlich konnten daher alle dem Tarifwerk unterfallenden Angestellten das Grundgehalt der höchsten Lebensaltersstufe ihrer Vergütungsgruppe geltend machen[2]. Allerdings hat der EuGH in einem Vorabentscheidungsverfahren (Art. 267 AEUV) eine tarifliche Regelung (TVÜ-Bund, TVÜ-Länder), in welcher zur Einführung eines diskriminierungsfreien Vergütungssystems für einen befristeten Übergangszeitraum einige der altersdiskriminierenden Auswirkungen des alten Systems bestehen blieben, für europarechtlich zulässig gehalten[3]. Das BAG hat in der Folge entschieden, dass die Pflicht des Arbeitgebers zur Gewährung der jeweils höchsten Stufe einer Entgeltgruppe des BAT mit der Ablösung durch das diskriminierungsfreie Entgeltsystem des TVöD endet und als Anknüpfungspunkt für die Eingliederung in den TVöD nicht jeweils die Vergütung aus der höchsten Lebensaltersstufe der jeweiligen Vergütungsgruppe des BAT herangezogen werden kann[4]. 351

Im öffentlichen Dienst gelten teilweise besondere Eingruppierungsgrundsätze. Für den Bereich des Bundes und der Länder (mit Ausnahme Hessens) sind die Eingruppierung und das Entgelt jeweils im dritten Abschnitt des TVöD Bund bzw. des allgemeinen Teils des TV-L geregelt. Seit dem 1.1.2012 (TV-L) bzw. 1.1.2014 (TVöD Bund) existieren in § 12 TVöD Bund/TV-L Eingruppierungsvorschriften, welche die zuvor über § 17 TVÜ weiter geltenden Vorschriften des BAT/BAT-O abgelöst haben. Dabei wurden die §§ 22, 23 BAT in §§ 12, 13 TVöD Bund/TV-L mit lediglich redaktionellen Anpassungen übernommen. Die jeweiligen Entgeltordnungen sind nunmehr im Tarifvertrag über die Entgeltordnung des Bundes (TV EntgO Bund)[5] bzw. der Anlage A zum TV-L geregelt und enthalten die – modernisierten und in der Zahl von rund 3 000 auf rund 1 000 reduzierten - Tätigkeitsmerkmale der einzelnen Entgeltgruppen. Lediglich für den Bereich der kommunalen Arbeitgeber steht die Vereinbarung einer den TVöD VKA vervollständigenden Entgeltordnung noch aus. Bis dahin gelten dort über § 17 TVÜ-VKA §§ 22, 23, 25 BAT und Anlage 3 zum BAT, §§ 22, 23 BAT-O/BAT-Ostdeutsche Sparkassen einschließlich der Vergütungsordnung weiter. 351a

Im Ergebnis verbleibt es im öffentlichen Dienst auch unter Geltung der neuen Entgeltordnungen bei den schon nach dem BAT geltenden **Eingruppierungsgrundsätzen**. So richtet sich das Entgelt weiterhin nach der Eingruppierung (§ 15 Abs. 1 Satz 2 TVöD Bund/TV-L) und diese nach der (nicht nur vorübergehend) auszuübenden Tätigkeit und den Tätigkeitsmerkmalen der Entgeltordnung (**Tarifautomatik**). Ebenso knüpft die Subsumtion unter die jeweiligen Tätigkeitsmerkmale weiterhin an die einzelnen im Rahmen der Tätigkeit des Arbeitnehmers anfallenden **Arbeitsvorgänge** (einschließlich Aufspaltungsverbot) an (§ 12 Abs. 2 Satz 3 TVöD Bund/TV-L). Grundsätzlich ist für die Eingruppierung in eine bestimmte Entgeltgruppe erforderlich, dass zeitlich **mindestens zur Hälfte Arbeitsvorgänge anfallen, die für sich genommen die** 351b

---

1 BAG 10.12.1997 – 4 AZR 221/96, NZA-RR 1998, 567.
2 BAG 10.11.2011 – 6 AZR 148/09, NZA 2012, 161.
3 EuGH 8.9.2011 – Rs. C-297/10, C-298/10, C-297/10, C-298/10, NZA 2011, 1100.
4 BAG 8.12.2011 – 6 AZR 319/09, NZA 2012, 275. So nun auch EuGH 19.6.2014 – Rs. C-501/12 – Specht -, zur Beamtenbesoldung. Zur Altersdiskriminierung durch die nach dem Alter gestaffelte Urlaubsdauer in § 26 TVöD: BAG 20.3.2012 – 9 AZR 529/10, NZA 2012, 803.
5 Vgl. hierzu *Krämer/Reinecke*, ZTR 2014, 195; *Dannenberg*, PersR 2014, 20.

Anforderungen eines Tätigkeitsmerkmals oder mehrerer Tätigkeitsmerkmale dieser Entgeltgruppe erfüllen (Protokollerklärung zu § 12 Abs. 1 TVöD Bund/TV-L). Ist in einem Tätigkeitsmerkmal als Anforderung eine Voraussetzung in der Person der/des Beschäftigten bestimmt, muss auch diese Anforderung erfüllt sein (§ 12 Abs. 2 Satz 6 TVöD Bund/TV-L). Die im BAT vorgesehenen Bewährungs-/Zeitaufstiege sind entfallen. Auch unterscheiden die Entgeltordnungen nicht mehr zwischen Arbeitern und Angestellten. Im Ergebnis ist davon auszugehen, dass die in Rechtsprechung und Literatur zur Eingruppierung gem. §§ 22, 23 BAT entwickelten Grundsätze auch im neuen Tarifrecht des TVöD/TV-L Bestand haben werden. Die Überleitung der bestehenden Arbeitsverhältnisse in das neue Tarifwerk vollzieht sich nach den jeweiligen Regelungen der **Überleitungstarifverträge** (TVÜ) und erfolgte grundsätzlich unter Beibehaltung der bisherigen Entgeltgruppe, solange die bisherige Tätigkeit unverändert ausgeübt wurde (§ 25 Abs. 1 TVÜ-Bund/§ 29a Abs. 2 TVÜ-Länder)[1].

352 Hat der Arbeitgeber den Arbeitnehmer irrtümlich zu hoch eingruppiert, kann er eine sog. **korrigierende Rückgruppierung** vornehmen, also einseitig ohne Ausspruch einer Änderungskündigung die Zahlung des die tarifliche Vergütung übersteigenden Teilbetrages einstellen[2]. Wenn die ursprüngliche Eingruppierung nur deklaratorische Bedeutung hatte, also nur die Auffassung des Arbeitgebers wiedergeben sollte, welcher Lohn- oder Vergütungsgruppe die Tätigkeit zutreffenderweise zuzuordnen ist, so gilt eine Tarifautomatik in der Weise, dass der Arbeitnehmer Anspruch nur auf die Vergütung nach den vertraglichen oder tariflichen Bestimmungen einer zutreffenden Eingruppierung hat[3]. Die korrigierende Rückgruppierung darf aber nicht gegen **Treu und Glauben** (§ 242 BGB) verstoßen[4]. Von einem solchen Verstoß kann nicht ausgegangen werden, wenn seit Beginn der fehlerhaften Eingruppierung etwa fünf Jahre vergangen sind, der Arbeitgeber nicht zum Ausdruck gebracht hat, dass er eine übertarifliche Vergütung gewähren oder beibehalten wollte und die Verschlechterung des Vergütungsanspruchs durch eine zeitlich begrenzte Zulage jedenfalls teilweise ausgeglichen wird[5]. Ein schützenwertes Vertrauen auf den Fortbestand der zuerkannten Eingruppierung ist aber anzunehmen, wenn die bisherige Eingruppierung auf einem Bewährungsaufstieg[6] oder auf einer bereits vollzogenen korrigierenden Rückgruppierung beruht[7]. Bestimmt sich die Eingruppierung nach Aufbaufallgruppen, ist bei der korrigierenden Rückgruppierung über mehrere Vergütungsgruppen die Prüfung der Rückgruppierung für alle Vergütungsgruppen oberhalb der nunmehr vom Arbeitgeber als zutreffend angesehenen erforderlich[8]. Die korrigierende Rückgruppierung muss der Arbeitnehmer auch dann gegen sich gelten lassen, wenn der Betriebs- oder Personalrat bei der Zuordnung der Tätigkeit durch den Arbeitgeber zu einer niedrigeren

---

1 Zu den Einzelheiten: *Müller*, öAT 2014, 43 (TVöD Bund) bzw. *Müller*, öAT 2012, 149 (TV-L).
2 BAG 7.11.2001 – 4 AZR 724/00, NZA 2002, 860; zur Darlegungslast s. BAG 25.9.2002 – 4 AZR 339/01, NZA 2004, 400 (Os.).
3 BAG 30.5.1990 – 4 AZR 74/90, NZA 1990, 899; 26.10.1995 – 6 AZR 125/95, NZA 1996, 765: Wenn der Arbeitgeber die zu Unrecht gewährten Leistungen nicht zurückfordert, ist für die Vergangenheit die Lohngleichheit dadurch zu verwirklichen, dass dem diskriminierten Arbeitnehmer die Leistung ebenfalls zusteht; kritisch zur Rspr. des BAG zur „korrigierenden Rückgruppierung": LAG Köln 8.4.1998 – 7 Sa 1510/97, NZA-RR 1998, 526.
4 BAG 26.1.2005 – 4 AZR 487/03, NZA-RR 2006, 56 (Os.); 14.9.2005 – 4 AZR 348/04, ZTR 2006, 253.
5 BAG 26.1.2005 – 4 AZR 487/03, NZA-RR 2006, 56 (Os.); anders jedoch, wenn der Arbeitnehmer rund zehn Jahre darauf vertrauen konnte, er sei zutreffend eingruppiert, s. dazu BAG 14.9.2005 – 4 AZR 348/04, ZTR 2006, 253; s. aber LAG Köln 20.3.2006 – 2 Sa 1501/05, ZTR 2006, 376 (auch nach 13 Jahren Anrechnung möglich).
6 BAG 20.4.2011 – 4 AZR 368/09, NZA-RR 2011, 609.
7 BAG 23.8.2006 – 4 AZR 417/05, NZA 2007, 516; 23.9.2009 – 4 AZR 220/08, ZTR 2010, 298.
8 BAG 15.2.2006 – 4 AZR 634/04, BB 2006, 1916.

als der bisherigen Lohn- oder Vergütungsgruppe nicht beteiligt war[1]. – Zur Mitbestimmung bei einer Korrektur s. Rz. 358 ff.

Anders verhält es sich, wenn die Eingruppierung von vornherein **bewusst falsch** erfolgt war, also die Tarifgruppe ungeachtet der konkreten, tatsächlichen Tätigkeitsmerkmale vereinbart wurde[2]. In einem solchen Fall liegt eine individuelle arbeitsvertragliche Vergütungszusage mit **konstitutiver Wirkung** vor. Konstitutive Bedeutung kann die Angabe einer Vergütungsgruppe haben, wenn kein Eingruppierungssystem mit abstrakten Tätigkeitsmerkmalen auf das Arbeitsverhältnis Anwendung findet oder dieses hinsichtlich der Tätigkeit bzw. der Ausbildung des Arbeitnehmers lückenhaft ist[3]. Eine einseitige Korrektur ist in derartigen Fällen nur über den Weg einer Änderungskündigung möglich[4]. 353

Zur **gerichtlichen Durchsetzung einer anderen Vergütungsgruppe** ist im laufenden Arbeitsverhältnis auch außerhalb des öffentlichen Dienstes statt einer Leistungsklage auf Zahlung des höheren Entgelts ein bloßer **Feststellungsantrag**[5] zulässig. Die Feststellungsklage hat auf Vergütung nach einer bestimmten Vergütungsgruppe und ggf. Stufenzuordnung[6] zu lauten, nicht dagegen nach einer Fallgruppe[7]. Im beendeten Arbeitsverhältnis ist dagegen ein Leistungsantrag geboten. 354

Ein Anspruch auf Verzugszinsen kann mangels Verschulden dann ausscheiden, wenn der Schuldner bei schwieriger und zweifelhafter Rechtslage auf die ihm günstigere Rechtsauffassung vertrauen durfte. Der Arbeitnehmer kann dann nur **Rechtshängigkeitszinsen** geltend machen[8].

Der **Feststellungsantrag**, mit dem eine Höhergruppierung durchgesetzt werden soll, kann etwa wie folgt lauten: 355

Formulierungsbeispiel:

... festzustellen, dass die Beklagte verpflichtet ist, dem Kläger ab ... eine Vergütung nach der Vergütungsgruppe ... und auf die jeweiligen Bruttodifferenzbeträge zu der tatsächlich geleisteten Vergütung Zinsen in Höhe von fünf Prozentpunkten über dem jeweiligen Basiszinssatz ab dem Tag nach jeweiliger Fälligkeit (*bspw. bei Fälligkeit am Monatsende: „ab dem Ersten des jeweiligen Folgemonats"*) zu zahlen.

Steht ein Arbeitnehmer auf dem Standpunkt, dass er falsch eingruppiert ist, strebt er also eine höhere Eingruppierung an, so trägt er im **Prozess** die **Darlegungs- und Beweislast** dafür, dass er mit seiner Person und seiner Tätigkeit die Anforderungen erfüllt, die die von ihm angestrebte Vergütungsgruppe hinsichtlich der objektiven und subjektiven Tarifmerkmale voraussetzt. An seinen Vortrag werden von den Arbeitsgerichten hohe Anforderungen gestellt. Weder ist eine Wiederholung der tariflichen Tätigkeitsmerkmale noch eine in tatsächlicher Beziehung lückenlose und genaue Darlegung der Tätigkeiten und Einzelaufgaben des Arbeitnehmers ausreichend, 356

---

1 BAG 30.5.1990 – 4 AZR 74/90, NZA 1990, 899; 26.8.1992 – 4 AZR 210/92, DB 1993, 839; 26.10.1995 – 6 AZR 125/95, NZA 1996, 765.
2 BAG 16.2.2000 – 4 AZR 62/99, NZA-RR 2001, 216; für die vertragliche Vereinbarung einer Vergütung nach einer tariflich nicht geschuldeten Vergütungsgruppe ist der Arbeitnehmer darlegungs- und beweispflichtig: BAG 17.5.2000 – 4 AZR 237/99, NZA 2001, 1316.
3 BAG 16.5.2002 – 8 AZR 460/01, NZA-RR 2003, 221 (Os.).
4 LAG Köln 17.3.1995 – 13 Sa 1247/94, NZA-RR 1996, 115: Sofern im Vertrag ausdrücklich die unrichtige Vergütungsgruppe genannt ist, soll dies auch gelten, wenn es sich um einen Irrtum handelt.
5 BAG 17.10.2007 – 4 AZR 1005/06, NZA 2008, 713.
6 BAG 17.11.2010 – 4 AZR 188/09, NZA-RR 2011, 304.
7 BAG 22.1.2003 – 4 AZR 700/01, NZA 2003, 1111 (Os.).
8 BAG 11.6.1997 – 10 AZR 613/96, DB 1998, 87.

wenn sich daraus nicht zugleich entnehmen lässt, aufgrund welcher konkreten Tatsachen die jeweils in Betracht kommenden qualifizierenden Tätigkeitsmerkmale erfüllt sein sollen[1].

357 Sofern der Arbeitgeber der Ansicht ist, schon die ursprüngliche Eingruppierung sei fehlerhaft gewesen, trägt der Arbeitnehmer auch die Darlegungs- und Beweislast für das Vorliegen der Eingruppierungsvoraussetzungen in die bisherige Vergütungsgruppe. Jedoch führt die vertragliche Fixierung der Eingruppierung in die bisherige Vergütungsgruppe zu einer **Umkehr der Darlegungs- und Beweislast**[2]. Der Arbeitgeber muss nicht nur einen Fehler bei der Bewertung der Tätigkeit(en) des Arbeitnehmers aufzeigen; die Vermeidung des Fehlers muss auch zur Folge haben, dass dem Arbeitnehmer die Vergütung nach der angegebenen Vergütung nicht zusteht[3]. Dies gilt auch für Vergütungsmitteilungen des Arbeitgebers nach dem Nachweisgesetz über die Eingruppierung in die bisherige Vergütungsgruppe[4].

358 Die Ein- und Umgruppierung bedarf gem. § 99 Abs. 1 Satz 1 BetrVG/§ 75 Abs. 1 Nr. 2 BPersVG der **Zustimmung des Betriebs- bzw. Personalrats** (vgl. Teil 4 A Rz. 762 ff.).

Der Betriebsrat bzw. die Personalvertretung ist auch dann zu beteiligen, wenn der Arbeitgeber die bisherige Eingruppierung beibehalten will, wenn durch Übertragung eines neuen Arbeitsbereichs für den Arbeitgeber die Notwendigkeit besteht, die Eingruppierung zu überprüfen[5]. Aus der Tatsache, dass bei einem vorhandenen Eingruppierungssystem idR die Ein- und Umgruppierung kein rechtsgestaltender Akt ist, sondern bloße Rechtsanwendung, folgt, dass sich das Mitbestimmungsrecht des Betriebsrats bei der Eingruppierung in einem **Mitbeurteilungsrecht**, also einer Richtigkeitskontrolle, erschöpft[6]. Der Betriebsrat kann somit vom Arbeitgeber nicht die Aufhebung seiner Eingruppierung verlangen, sondern nur die Durchführung des Beteiligungsverfahrens.

359 Zumeist wird mit dem Antrag auf Zustimmung zur **Einstellung eines Arbeitnehmers** gem. § 99 BetrVG der Antrag auf Zustimmung zur beabsichtigten – ersten – Eingruppierung dieses Arbeitnehmers verbunden. Nicht nur aus der gesetzlichen Regelung, sondern auch aus der Richtigkeitskontrolle im Hinblick auf die Eingruppierung ergibt sich, dass die Einstellung und die Eingruppierung zwei unabhängige Vorgänge sind, die jeweils für sich der Zustimmung des Betriebsrats bedürfen. Der Betriebsrat kann daher der Einstellung zustimmen, seine Zustimmung zu der vorgesehenen Eingruppierung jedoch verweigern oder – was jedoch kaum geschieht – umgekehrt die Einstellung ablehnen, gleichwohl aber für den Fall, dass eine Zustimmung zur Einstellung ersetzt wird, der Eingruppierung zustimmen[7].

360 Unabhängig davon, ob der Betriebsrat der Eingruppierung zugestimmt hat oder nicht, hat der Arbeitnehmer aufgrund seines Arbeitsvertrags Anspruch auf das mit ihm **vereinbarte Arbeitsentgelt** (es sei denn, dass dieses vorbehaltlich der Zustimmung des Betriebsrats vereinbart wurde oder aber eine korrigierende Rückgruppierung in Betracht kommt).

---

1 BAG 19.5.2010 – 4 AZR 912/08, ZTR 2010, 577.
2 BAG 26.4.2000 – 4 AZR 157/99, NZA 2001, 1391; allerdings reicht es aus, dass der Arbeitgeber darlegt und ggf. beweist, dass zumindest eine tarifliche Voraussetzung der mitgeteilten Vergütungsgruppe objektiv nicht gegeben war: BAG 17.5.2000 – 4 AZR 232/99, NZA 2001, 1395; 16.10.2002 – 4 AZR 447/01, NZA 2003, 688 (Os.).
3 BAG 5.11.2003 – 4 AZR 689/02, DB 2004, 1105.
4 EuGH 4.12.1997 – Rs. C-253–258/96 – Kampelmann, BB 1998, 272; *Hohmeister*, BB 1996, 2406.
5 BAG 21.3.1995 – 1 ABR 46/94, BB 1995, 2224; OVG Münster 25.2.1998 – 1 A 2222/96. PVB, BB 1998, 1691.
6 BAG 28.4.1998 – 1 ABR 50/97, BB 1998, 2059; VerwG. EKD 4.5.2000 – 0124/D39–99, NZA-RR 2000, 671.
7 BAG 10.2.1976 – 1 ABR 49/74, AP Nr. 4 zu § 99 BetrVG 1972.

III. Verpflichtungen des Arbeitgebers

361 Da zu jeder Umgruppierung die Zustimmung des Betriebsrats einzuholen ist, unterliegt entgegen früherer Rechtsprechung auch die zur **Korrektur** einer unrichtigen Eingruppierung vorzunehmende Umgruppierung (Höhergruppierung oder Rückgruppierung) der Mitbestimmung des Betriebsrats gem. § 99 BetrVG[1]. Wegen einer ggf. oder auch nur vorsorglich auszusprechenden Änderungskündigung ist daneben die Anhörung gem. § 102 Abs. 1 BetrVG durchzuführen.

362 Das gem. § 99 Abs. 1 BetrVG bei Ein- oder Umgruppierungen einzuhaltende **Mitbestimmungsverfahren** entspricht dem bei einer Einstellung oder Versetzung eines Arbeitnehmers. Dem Betriebsrat sind daher die geplante Ein- oder Umgruppierung mitzuteilen, die in Aussicht genommene Lohn- oder Gehaltsgruppe anzugeben und die Tätigkeit des Arbeitnehmers zu beschreiben, sofern diese dem Betriebsrat nicht bekannt ist. Der Betriebsrat kann seine Zustimmung aus den in § 99 Abs. 2 BetrVG genannten Gründen verweigern. Regelmäßig wird die Verweigerung auf § 99 Abs. 2 Nr. 1 BetrVG mit dem Argument gestützt, dass die vorgesehene Eingruppierung gegen einen Tarifvertrag, eine Betriebsvereinbarung oder eine betriebliche Lohn- oder Gehaltsgruppenordnung verstößt, weil die beabsichtigte Vergütungsgruppe danach unrichtig sei.

363 Der Arbeitgeber ist seiner Verpflichtung zur Beteiligung des Betriebsrats im Rahmen der Ein-/Umgruppierung erst dann nachgekommen, wenn das Beteiligungsverfahren zu einer **positiven Bestimmung der Vergütungsgruppe** geführt hat[2]. Ist also der Arbeitgeber mit dem Ersetzungsverfahren nach § 99 Abs. 4 BetrVG gescheitert, muss er anschließend die Zustimmung des Betriebsrats zur Eingruppierung in eine andere Vergütungsgruppe beantragen, soweit nicht Hilfsanträge gestellt wurden[3]. In aller Regel wird es sich dann zur Vermeidung eines nochmaligen Zustimmungsersetzungsverfahrens um die Gruppe handeln, die der Betriebsrat für den betroffenen Arbeitnehmer bei seiner ersten Ablehnung beansprucht hat, da das Arbeitsgericht in dem ersten Zustimmungsersetzungsverfahren nur darüber entscheidet, ob die vom Arbeitgeber in Aussicht genommene Vergütungsgruppe zutreffend ist, nicht aber darüber, welche Gruppe nun die richtige ist.

364 Sofern der Arbeitgeber eine Ein- oder Umgruppierung **ohne Zustimmung des Betriebsrats** oder Ersetzung durch das Arbeitsgericht gem. § 99 Abs. 4 BetrVG vorgenommen hat, kann der Betriebsrat nicht gem. § 101 BetrVG die Aufhebung der vorgenommenen Ein- oder Umgruppierung verlangen[4]. Dies folgt aus dem bloßen Mitbeurteilungsrecht des Betriebsrats im Zusammenhang mit der Ein- oder Umgruppierung[5]. Demgemäß kann der Betriebsrat auch nur erreichen, dass er in die Mitbeurteilung der Tätigkeit des Arbeitnehmers einbezogen wird, so dass er nach § 101 BetrVG beim Arbeitsgericht lediglich beantragen kann, dem Arbeitgeber aufzugeben, die Zustimmung des Betriebsrats zu der von ihm in Aussicht genommenen Eingruppierung einzuholen und im Verweigerungsfall die Ersetzung der Zustimmung durch das Arbeitsgericht zu beantragen[6].

365 Da der Arbeitnehmer aufgrund seines Arbeitsvertrags den Anspruch auf die vereinbarte Vergütung hat und diese auch nach Aufnahme der Tätigkeit gezahlt wird, wird in der Praxis verschiedentlich die von Seiten des Betriebsrats gegen die vorgesehene Eingruppierung erhobene Verweigerung vom Arbeitgeber übersehen oder über-

---

1 BAG 30.5.1990 – 4 AZR 74/90, AP Nr. 31 zu § 75 BPersVG; 26.8.1992 – 4 AZR 210/92, AP Nr. 37 zu § 75 BPersVG.
2 BAG 3.5.1994 – 1 ABR 58/93, BB 1994, 2490.
3 BAG 3.5.1994 – 1 ABR 58/93, BB 1994, 2490.
4 BAG 3.5.1994 – 1 ABR 58/93, BB 1994, 2490.
5 BAG 6.8.1997 – 4 AZR 195/96, NZA 1998, 263.
6 BAG 22.3.1983 – 1 ABR 49/81, AP Nr. 6 zu § 101 BetrVG 1972; 31.5.1983 – 1 ABR 57/80, AP Nr. 27 zu § 118 BetrVG 1972.

gangen. In entsprechender Anwendung des § 101 BetrVG beschränkt sich daher zumeist die Reaktion des Betriebsrats auf den Antrag.

Formulierungsbeispiel:

... dem Arbeitgeber aufzugeben, das Zustimmungsersetzungsverfahren gem. § 99 BetrVG wegen der Eingruppierung des Arbeitnehmers ... in die Tarifgruppe ... einzuleiten.

◌ **Hinweis:** Sofern der Arbeitgeber tatsächlich nicht nach § 99 Abs. 4 BetrVG vorgegangen sein sollte und er die beabsichtigte Vergütungsgruppe beibehalten will, empfiehlt es sich aus Arbeitgebersicht, auf ein derartiges Verfahren des Betriebsrats mit dem Antrag auf Zustimmungsersetzung gem. § 99 Abs. 4 BetrVG zu reagieren. Das vom Betriebsrat eingeleitete Verfahren erledigt sich dadurch.

366 Das Beteiligungsverfahren bzgl. der Ein- und Umgruppierung entfaltet nicht nur im Verhältnis zwischen Arbeitgeber und Betriebsrat **rechtliche Wirkungen**, sondern auch im Verhältnis zwischen dem Arbeitgeber und dem im Einzelfall betroffenen Arbeitnehmer[1]. Wenn ein Zustimmungsersetzungsverfahren nach § 99 Abs. 4 BetrVG stattgefunden hat, ist die gerichtlich als zutreffend festgestellte Eingruppierung **für den Arbeitgeber** im Verhältnis zu dem betroffenen Arbeitnehmer verbindlich[2]. Der Arbeitnehmer ist jedoch nicht an diese Entscheidung gebunden, er kann eine günstigere als die nach § 99 BetrVG festgestellte Eingruppierung im Individualklageweg geltend machen[3].

367 Auch die **übertarifliche Eingruppierung** unterliegt der Mitbestimmung des Betriebsrats[4]. Da schon in der Einstufung als AT-Angestellter eine Eingruppierungsentscheidung liegt, kann dies nicht mit der Begründung verneint werden, dass in diesem Fall eine individuelle Vereinbarung über die Höhe des Entgelts zugrunde liegt, die nicht der Mitbestimmung des Betriebsrats unterliegt[5]. Dies gilt aber nicht, wenn der Arbeitnehmer nicht unter den Geltungsbereich der für den Betrieb maßgeblichen Vergütungsordnung fällt.

368 Aus der zutreffenden Eingruppierung folgende Zahlungsansprüche unterliegen häufig tariflichen **Ausschlussfristen** (s. zB § 37 TVöD-AT). Das Nichtgeltendmachen der richtigen Eingruppierung in der Vergangenheit führt indes nicht dazu, dass der Arbeitnehmer für nicht verfallene und verjährte Zeiträume und für die Zukunft keine Zahlung nach der richtigen Tarifgruppe verlangen kann.

(2) Mehrarbeit und Überstunden

369 Als **Mehrarbeit** gilt die Überschreitung der gesetzlich zulässigen regelmäßigen Höchstarbeitszeit von acht Stunden am Tag und 48 Stunden in der Woche (§ 3 Satz 1 ArbZG), während als **Überstunden** Überschreitungen der regelmäßigen tariflichen, betrieblichen oder einzelvertraglich vereinbarten Arbeitszeit verstanden werden. Eine **Verpflichtung des Arbeitnehmers zur Leistung von Überstunden** kann sich aus Arbeits- oder Tarifvertrag ergeben. Daneben ist der Arbeitnehmer nur im Notfall oder unter besonderen Umständen nach § 241 Abs. 2 BGB zur Überstundenleistung verpflichtet (vgl. Rz. 108 ff.). Bei formularvertraglicher Vereinbarung eines Anordnungsrechts des Arbeitgebers sind die Voraussetzungen für die wirksame Vereinbarung von

---

1 BAG 3.5.1994 – 1 ABR 58/93, BB 1994, 2490.
2 BAG 28.8.2008 – 2 AZR 967/06, NZA 2009, 505.
3 BAG 3.5.1994 – 1 ABR 58/93, BB 1994, 2490.
4 BAG 31.10.1995 – 1 ABR 5/95, BB 1996, 1009.
5 So u.a. Richardi/*Thüsing*, § 99 BetrVG Rz. 69.

einseitigen Leistungsbestimmungsrechten (insb. 25 %-Grenze)[1] einzuhalten. Ein **Anspruch auf Leistung von Überstunden** besteht nicht und wird auch nicht ohne Weiteres durch eine längere entsprechende Vertragspraxis begründet[2].

Tarifverträge (so § 43 Abs. 1 TVöD BT-V und § 8 Abs. 1 Satz 4 TVöD-AT), aber auch individuelle Vereinbarungen sehen häufig den **Ausgleich der Überstunden** durch entsprechende **Arbeitsbefreiung** vor (zu Arbeitszeitkonten vgl. Rz. 117f.). Grundsätzlich sind Überstunden indes nach der für das jeweilige Arbeitsverhältnis geltenden Bemessungsgrundlage zu vergüten. Ohne vertragliche Ersetzungsvereinbarung kann ein bereits entstandener Anspruch auf Überstundenvergütung nicht durch Freistellung von der Arbeit erfüllt werden[3]. 370

Der Vergütungsanspruch für Überstunden kann sich aus Arbeitsvertrag, Tarifvertrag oder aus § 612 Abs. 1 BGB ergeben (auch für etwaige über das arbeitszeitrechtlich Zulässige hinausgehende Mehrarbeit[4]). Der Vergütungsanspruch setzt grundsätzlich voraus, dass die zusätzliche Arbeit (zumindest konkludent[5]) **angeordnet, gebilligt oder geduldet** wurde oder jedenfalls **zur Erledigung der geschuldeten Leistung notwendig** war[6]. Dass die Überstunden sachdienlich waren, reicht nicht aus. Insoweit wird Arbeitnehmern grundsätzlich zu raten sein, ausdrücklich die Genehmigung von Überstunden einzuholen (etwa zur Beendigung eines Reinigungsauftrags trotz Überschreitens der Vorgabezeit, anders ggf. bei Beendigung einer Auslieferungsfahrt). Fehlt es an einer vertraglichen Regelung der Überstundenvergütung, kann im Einzelfall trotz Anordnung oder Erforderlichkeit der zusätzlichen Arbeitsleistung eine **Vergütungserwartung iSv. § 612 Abs. 1 BGB** und damit ein Entgeltanspruch fehlen[7]. Das kann der Fall sein, wenn arbeitszeitbezogen und arbeitszeitunabhängig vergütete Arbeitsleistungen zeitlich verschränkt sind[8], wenn Dienste höherer Art geschuldet sind[9] oder insgesamt eine deutlich herausgehobene, die Beitragsbemessungsgrenze der gesetzlichen Rentenversicherung überschreitende Vergütung gezahlt wird[10]. Für den Regelfall ist die Überstundenvergütung anteilig anhand der Vergütung zu bestimmen, die für die regelmäßige Arbeitszeit im Arbeitsvertrag vereinbart ist, wenn vertraglich keine abweichende Regelung zur Abgeltung der Überstunden getroffen worden ist[11]. Ein Anspruch auf **Überstundenzuschläge** (vgl. Rz. 386f.) kann nicht auf § 612 Abs. 1 BGB gestützt werden. Hierfür bedarf es einer individual- oder kollektivvertraglichen Regelung. 371

In den Grenzen der §§ 612 Abs. 1, 242, 138 BGB und bei vorformulierten Arbeitsverträgen unter Berücksichtigung der §§ 307 Abs. 1 Satz 2, 308 Nr. 4 BGB können **mit dem Gehalt Überstunden pauschal abgegolten** werden[12]. Die Wirksamkeit einer vertraglichen Überstundenabgeltung erfordert nach § 307 BGB in **vorformulierten Arbeitsverträgen** (§ 305 BGB) eine ausdrückliche und eindeutige Regelung (s. Teil 1 D Rz. 151f ff.). Eine unangemessene Benachteiligung iSd. § 307 Abs. 1 Satz 1 BGB ist anzunehmen, wenn nach den vertraglichen Regelungen dem Arbeitnehmer vom Ar- 372

---

1 BAG 7.12.2005 – 5 AZR 535/04, NZA 2006, 423.
2 BAG 22.4.2009 – 5 AZR 133/08, DB 2009, 1652.
3 BAG 18.9.2001 – 9 AZR 307/00, BB 2002, 359.
4 BAG 28.9.2005 – 5 AZR 52/05, NZA 2006, 149.
5 BAG 7.12.1989 – 6 AZR 129/88, nv.
6 BAG 25.5.2005 – 5 AZR 319/04, DB 2005, 2826 (Os.).
7 BAG 27.6.2012 – 5 AZR 530/11, NZA 2012, 1147; MünchKommBGB/*Müller-Glöge*, § 612 Rz. 21.
8 BAG 21.9.2011 – 5 AZR 629/10, NZA 2012, 145 (Versicherungsvertreter).
9 BAG 17.8.2011 – 5 AZR 406/10, NZA 2011, 1335 (Rechtsanwalt); 17.3.1982 – 5 AZR 1047/79, NJW 1982, 2139 (Chefarzt).
10 BAG 22.2.2012 – 5 AZR 765/10, NZA 2012, 861.
11 BAG 28.9.2005 – 5 AZR 52/05, NZA 2006, 149.
12 BAG 16.5.2012 – 5 AZR 331/11, NZA 2012, 908.

beitgeber ohne Vorgabe konkreter Bedingungen und ohne bestimmbare Grenzen Überstunden auferlegt werden können, die er vergütungsfrei leisten muss[1]. Der Arbeitnehmer muss bereits bei Vertragsschluss erkennen können, was ggf. „auf ihn zukommt" und welche Leistungen er für die vereinbarte Vergütung maximal erbringen muss[2]. Zulässig ist die Vereinbarung einer geringeren Vergütung für die Überstunden als für die Regelarbeitszeit. Allerdings muss hierbei sichergestellt werden, dass daraus keine mittelbare Diskriminierung von Frauen[3] oder Teilzeitkräften[4] folgt.

373 Für das nach § 11 BUrlG zu bemessende **Urlaubsentgelt** und das **Arbeitsentgelt im Krankheitsfall** bleiben Überstundenvergütungen grundsätzlich ausgenommen (§ 11 Abs. 1 Satz 1 BUrlG bzw. § 4 Abs. 1a EFZG). Anders verhält es sich, wenn regelmäßig eine von der vertraglich oder tarifvertraglich geltenden Arbeitszeit abweichende längere Arbeitszeit geleistet wird. Maßgeblich ist insoweit in der Regel ein Vergleichszeitraum von zwölf Monaten vor Beginn der Arbeitsunfähigkeit[5]. Überstundenpauschalen sind jedoch während des Urlaubs und des Entgeltfortzahlungszeitraums ungekürzt zu gewähren.

374 **Teilzeitbeschäftigten** steht eine zusätzliche Vergütung zu, wenn sie länger als die vereinbarte Arbeitszeit arbeiten. Überstunden-/Mehrarbeitszuschläge stehen Teilzeitmitarbeitern, sofern sie tarifvertraglich für Vollzeitbeschäftigte vorgesehen sind, nur zu, wenn die für Vollzeitbeschäftigte vereinbarte Arbeitszeit von ihnen überschritten wird. Eine bloße Überschreitung der vertraglich vereinbarten Teilzeit führt also nicht bereits zu dem Anspruch auf einen Überstundenzuschlag[6].

375 Eine Regelung zur Mehrarbeit bei Teilzeitkräften kann wie folgt formuliert werden:

Formulierungsbeispiel:

1. (*Regelarbeitsvolumen*) Die tägliche Arbeitszeit beträgt 6 Stunden, die wöchentliche Arbeitszeit beträgt 30 Stunden.

2. (*Anordnungsbefugnis Überstunden*) Der Arbeitnehmer erklärt sich bereit, auf Anordnung und soweit aus betrieblichen Gründen erforderlich bis zu 10 Stunden täglich zu arbeiten. Durch die Anordnung von zusätzlicher Arbeitszeit darf die regelmäßige wöchentliche Arbeitszeit um nicht mehr als 7,5 Stunden verlängert werden.

3. (*Entgeltregelung Überstunden*) Nach Ziff. 2. angeordnete Überstunden werden mit dem Regelstundensatz von ... Euro vergütet. Ein Überstundenzuschlag fällt nur an, wenn die betriebliche wöchentliche Vollzeit-Regelarbeitszeit von 35 Stunden in der laufenden Woche überschritten und ein Zeitausgleich innerhalb der nächsten zwei Wochen nicht gewährt wird.

oder:

Überstunden im Sinne von Ziff. 2. sind durch das vereinbarte Monatsentgelt mit abgegolten.

376 Sofern für die Überschreitung der regelmäßigen betrieblichen Arbeitszeit ein Zuschlag vorgesehen ist, können sich bei **Gleitzeitregelungen bzw. Arbeitszeitkonten** (vgl. Rz. 117f.) Probleme ergeben, wenn nicht klare Vereinbarungen darüber bestehen, wann das Überschreiten der individuellen täglichen Arbeitszeit einen Überstundenzuschlag auslösen soll. Allgemein sehen Gleitzeitregelungen vor, dass der Arbeitnehmer Beginn und Ende der täglichen Arbeitszeit innerhalb des Gleitzeitrahmens

---

1 BAG 1.9.2010 – 5 AZR 517/09, NZA 2011, 575; 17.8.2011 – 5 AZR 406/10, DB 2011, 2550.
2 BAG 16.5.2012 – 5 AZR 347/11, DB 2012, 1752.
3 EuGH 6.12.2007 – Rs. C-300/06, NJW 2008, 499.
4 BAG 5.11.2003 – 5 AZR 8/03, NZA 2005, 222.
5 BAG 21.11.2001 – 5 AZR 296/00, NZA 2002, 439.
6 EuGH 15.12.1994 – Rs. C-399/92 u.a., NZA 1995, 218; s. dazu auch BAG 1.12.1994 – 6 AZR 501/94, NZA 1995, 590; 16.6.2004 – 5 AZR 448/03, NZA 2004, 1119 (Os.).

selbst frei wählen kann, er also selbst innerhalb eines in der Gleitzeitregelung geregelten Zeitraums für einen Ausgleich von zusätzlicher Arbeitszeit sorgen kann (Arbeitszeitkonto). Infolgedessen kann im Rahmen einer Gleitzeitregelung ein Überstundenzuschlag nur dann beansprucht werden, wenn Überstunden konkret angeordnet wurden und die übrigen einzelvertraglichen oder tarifvertraglichen Voraussetzungen für den Zuschlag erfüllt sind. Bei einer Jahresarbeitszeitregelung leistet daher der Arbeitnehmer – ggf. zuschlagspflichtige – Überstunden regelmäßig erst dann, wenn die auf das Jahr bezogene Arbeitszeit von – zB – 38,5 Stunden/Woche überschritten wird und nicht bereits bei einer Mehrleistung in der einzelnen Woche, die durch Arbeitszeitverkürzung in der Folgezeit ausgeglichen wird[1].

Die **gerichtliche Durchsetzung von Überstundenvergütung** erfordert eine genaue Dokumentation der geleisteten Arbeit. Schon zur hinreichenden **Bestimmung des Streitgegenstands** ist erforderlich, dass der Arbeitnehmer im Einzelnen darlegt, an welchen Tagen und zu welchen Tageszeiten er über die übliche Arbeitszeit hinaus gearbeitet hat[2]. Zur schlüssigen Darlegung des Überstundenvergütungsanspruchs muss zudem dargelegt werden, dass die Arbeitsstunden über die vertraglich vereinbarte Arbeitszeit hinaus geleistet wurden und sie **angeordnet oder betriebsnotwendig waren bzw. billigend entgegengenommen wurden**. Ggf. ist Vortrag dazu erforderlich, wer dem Arbeitnehmer wann welche Arbeiten zugewiesen hat, wie zeitaufwändig die Arbeit war, welche Regelarbeitszeit zur Verfügung stand, wann wer welche Terminvorgaben hinsichtlich der Erledigung der Arbeit gemacht hat und weshalb insoweit die Arbeit nicht ohne Überschreitung der regelmäßigen Arbeitszeit erledigt werden konnte. Der Nachweis durch Arbeitszeitaufzeichnungen wie handschriftliche Stundenzettel, Ausdrucke elektronischer oder elektromechanischer Zeiterfassungsgeräte (Stempeluhren, Fahrerkarte) kann den Arbeitgeber zu substantiiertem Gegenvortrag zwingen. Ist der Arbeitgeber in Besitz von Arbeitszeitdokumentationen, hat der Arbeitnehmer insoweit einen **Auskunftsanspruch**[3]. 377

Um Missverständnisse zu vermeiden, können folgende **Vertragsklauseln** hilfreich sein: 378

Formulierungsbeispiel:

Nur für ausdrücklich angeordnete Mehr- und Überstunden besteht Anspruch auf eine Vergütung.

oder:

Anspruch auf Vergütung von Über-/oder Mehrarbeitsstunden besteht nur, wenn diese ausdrücklich angeordnet oder vereinbart worden sind oder wenn sie aus dringenden betrieblichen Gründen erforderlich waren, und der Arbeitnehmer Beginn und Ende der zusätzlichen Arbeitszeit durch seinen Vorgesetzten schriftlich bestätigen lässt/oder spätestens am folgenden Tag schriftlich anzeigt.

Wegen der **vom Arbeitszeitgesetz ausgenommenen Arbeitnehmergruppen** wird auf § 18 ArbZG verwiesen. Gem. § 18 Abs. 1 Nr. 1 ArbZG gehören hierzu auch leitende Angestellte sowie Chefärzte. Bei diesen ist eine pauschale Abgeltung der Mehrarbeit üblich, entsprechende AGB-Klauseln indes am Maßstab der §§ 307 ff. BGB zu überprüfen[4]. 379

---

1 BAG 11.11.1997 – 9 AZR 566/96, NZA 1998, 1011.
2 BAG 16.5.2012 – 5 AZR 347/11, NZA 2012, 939 auch zur Zulässigkeit der Bezugnahme auf Anlagen. Vgl. instruktiv zur gerichtlichen Durchsetzung: *Müller*, NZA 2008, 977.
3 LAG Schl.-Holst. 20.11.2011 – 4 Sa 494/10, nv.; LAG Köln 19.6.2012 – 11 Sa 148/12, nv.
4 LAG München 1.8.2007 – 10 Sa 93/07, nv.; LAG Düsseldorf 6.5.2010 – 13 Sa 1129/09, MedR 2010, 882.

380 Die Abgeltung von Mehrarbeit bzw. Überstunden durch das Gehalt bei leitenden, nicht tarifgebundenen Angestellten kann wie folgt formuliert werden:

> **Formulierungsbeispiel:**
>
> Der Mitarbeiter verpflichtet sich, Mehr-, Wochenend- und Feiertagsarbeit in angemessenem Umfang und im zulässigen Rahmen (höchstens aber ... Überstunden monatlich) zu leisten.
>
> Mit dem monatlichen Bruttogehalt ist etwaige Mehr-, Wochenend- und Feiertagsarbeit, die den vorgenannten Umfang nicht überschreitet, abgegolten.

(3) Zuschläge und Zulagen

381 Verbreitet – insbesondere in Tarifverträgen – sind Zulagen oder Zuschläge, die verschiedenen Zwecken dienen. Soweit sie keine Gegenleistung für die vertragliche „Normalleistung" des Arbeitnehmers darstellen, sind sie nicht auf den **Mindestlohnanspruch** nach § 1 MiLoG anrechenbar (vgl. Teil 6 E Rz. 97 f.)[1]. Es lassen sich im Wesentlichen fünf Gruppen unterscheiden, nämlich

382 – **Persönliche Zulagen**: Sie dienen dazu, eine besondere Vertrauensstellung des Mitarbeiters im Betrieb zusätzlich zu honorieren. Nicht selten zielen diese persönlichen Zulagen darauf ab, einen Mitarbeiter für das Unternehmen zu gewinnen oder zum Bleiben zu bewegen, der sich mit der tariflich vorgesehenen Vergütung nicht zufrieden gibt. Eine persönliche Zulage sieht § 14 TVöD-AT für den Fall der vorübergehenden Übertragung einer höherwertigen Tätigkeit vor. Als persönliche Zulage kann sich auch ein Zuschuss zum Krankengeld darstellen, der im Ergebnis zu einer Verlängerung der Entgeltfortzahlung im Krankheitsfall führt:

> **Formulierungsbeispiel:**
>
> Bei unverschuldeter krankheitsbedingter Arbeitsunfähigkeit zahlt der Arbeitgeber dem Arbeitnehmer das vertragliche Arbeitsentgelt für die Dauer von sechs Wochen weiter. Danach gewährt der Arbeitgeber dem Arbeitnehmer einen Zuschuss in Höhe der Differenz zwischen dem gesetzlichen Krankengeld und seinem bisherigen durchschnittlichen Nettoarbeitsentgelt für die Dauer von weiteren drei Monaten.

383 – **Sozialzulagen**: Sie sollen der besonderen sozialen Situation des Arbeitnehmers Rechnung tragen. Dazu gehören bspw. Verheirateten-, Kinder-, Alters-, Wohn- und Ortszuschläge.

384 – **Leistungs- und Funktionszulagen**: vgl. Rz. 413 f.

385 – **Erschwerniszulagen**: Mit ihnen werden besondere Belastungen während oder infolge der Arbeit vergütet. Insbesondere können dies Zulagen für besonders gefährliche oder gesundheitsgefährdende Arbeiten bei Lärm, Kälte, Nässe, bei besonderen psychischen Belastungen, bei Schmutz und für weite Entfernungen zum Arbeitsplatz sein.

Von den Erschwerniszulagen sind die **Aufwandsentschädigungen** zu unterscheiden. Sie gleichen einen dem Arbeitnehmer bei der Verrichtung der Arbeit entstandenen, konkreten Vermögensnachteil aus. Diese Unterscheidung ist hinsichtlich der Entgeltfortzahlung im Krankheitsfall bedeutsam. Während grundsätzlich die Vergütungszuschläge weiterhin zu zahlen sind, entfallen Zahlungen, die nur einen konkreten Mehraufwand auf Seiten des Arbeitnehmers ausgleichen. S. dazu auch Rz. 850 ff.

---

1 *Ulber*, RdA 2014, 176 (181 f.); *Jöris/von Steinau-Steinrück*, BB 2014, 2101 (2103) und krit.: *Bayreuther*, NZA 2014, 865 (868 f.).

III. Verpflichtungen des Arbeitgebers

– **Arbeitszeitzuschläge**: Hiermit werden nur über die betriebliche Arbeitszeit hinausgehende Tätigkeiten oder Arbeiten zu sog. ungünstigen Zeiten vergütet. Es handelt sich insbesondere um Überstunden- und Mehrarbeitszuschläge (vgl. Rz. 369 ff.) sowie Nachtarbeits-[1], Feiertags-[2] und Wechselschichtzulagen. Sie sind in den Grenzen der § 3b EStG, § 1 SvEV (Sozialversicherungsentgeltverordnung) steuer- und beitragsfrei[3]. 386

Die Zulage entfällt, sobald – ggf. infolge Versetzung – die auszugleichende Erschwernis nicht mehr besteht. Üblicherweise wird für Mehrarbeit an normalen Arbeitstagen ein Zuschlag in der Größenordnung von 25 % und für Mehrarbeit an Sonn- und Feiertagen ein solcher von 50 % vorgesehen. Aus § 11 Abs. 2 iVm. § 6 Abs. 5 ArbZG ergibt sich kein genereller Anspruch auf einen Entgeltzuschlag für Sonn- und Feiertagsarbeit. Soweit keine tarifliche Regelung besteht, hat der Arbeitgeber gem. § 6 Abs. 5 ArbZG für Nachtarbeit ein Wahlrecht, ob der Ausgleich in Geld, in Freizeit oder durch eine Kombination beider Leistungen erfolgt[4]. 387

Auch **soziale Umstände**, wie Unterhaltspflichten, können zu Vergütungszuschlägen führen. **Trennungsentschädigungen** werden in Hinblick auf die Entfernung zum Stammwohnsitz gezahlt. Sie sind zu unterscheiden von Leistungen zum Ersatz erhöhter Aufwendungen am Arbeitsort (Auslöse) oder etwa wegen doppelter Haushaltsführung, welche den Regeln des Aufwandsersatzes (vgl. Rz. 850 ff.) folgen. Ebenso wie **Wegegeld**, welches einerseits zur Vergütung der benötigten Pendelzeit (dann Entgelt) bestimmt sein, anderseits dem pauschalierten Ausgleich der Transportkosten (Aufwandsersatz) dienen kann, ist steuer- und beitragsrechtlich bzw. für die Berechnung des der Pfändung unterworfenen Entgelts ggf. eine rechnerische Trennung erforderlich. 388

Diese besonderen Zwecken gewidmeten Bestandteile des laufenden Entgelts sind nach der gängigen Terminologie abzugrenzen von den – ggf. ebenso besonderen Zwecken dienenden, aber nicht mit dem laufenden Entgelt gezahlten – Sonderzahlungen (vgl. Rz. 452 ff.) einerseits und den zT pauschalierten Aufwandsersatzzahlungen (vgl. Rz. 850 ff.) andererseits. Anders als letztere unterfallen sie als Bestandteil des laufenden Entgelts regelmäßig den gesetzlichen/(kollektiv-) vertraglichen Entgeltfortzahlungstatbeständen. 389

Während eines Arbeitskampfs ist die Zahlung einer – nicht nur den nicht-organisierten Arbeitnehmern angebotenen – **Streikbruchprämie** grundsätzlich rechtmäßig[5]. Nach Abschluss des Arbeitskampfs verstößt die Zahlung einer **Treueprämie** an die am Streik nicht beteiligten Arbeitnehmer dagegen gegen den arbeitsrechtlichen Gleichbehandlungsgrundsatz und das Maßregelungsverbot des § 612a BGB, soweit sie nicht Belastungen ausgleicht, die erheblich über das normale Maß der mit jeder Streikarbeit verbundenen Erschwerungen hinausgehen[6]. 390

Während eine „**außertarifliche**" Zulage aus Gründen bzw. als Ausgleich für Leistungen gezahlt wird, die in den einschlägigen tariflichen Bestimmungen überhaupt nicht behandelt sind, knüpft eine „**übertarifliche**" Regelung an die tariflich vergütete Leistung an, geht aber über die tariflich normierten Mindestbedingungen hinaus[7]. Wegen 391

---

1 Zum Nachtzuschlag: BAG 5.9.2002 – 9 AZR 202/01, NZA 2003, 563; 31.8.2005 – 5 AZR 545/04, NZA 2006, 324 u. 18.5.2011 – 10 AZR 369/10, NZA-RR 2011, 581 (stillschweigender Ausgleich).
2 Zum Zeitzuschlag beim Zusammenfallen von Sonntags- mit Feiertagsarbeit s. BAG 25.6.1998 – 6 AZR 664/96, NZA 1999, 45.
3 Zu pauschalen Zahlungen: BFH 8.12.2011 – VI R 18/11, NZA-RR 2012, 197.
4 Vgl. BAG 11.1.2006 – 5 AZR 97/05, ArbRB 2006, 33. Zum insoweit zu beachtenden Mitbestimmungsrecht des Betriebsrats: BAG 26.8.1997 – 1 ABR 16/97, NZA 1998, 441.
5 BAG 13.7.1993 – 1 AZR 676/92, BAGE 73, 320 – auch zu tariflichen Ausgleichsregelungen.
6 BAG 28.7.1992 – 1 AZR 87/92, NZA 1993, 267.
7 BAG 7.2.2007 – 5 AZR 41/06, NZA 2007, 934.

des Tarifvorbehalts des § 77 Abs. 3 Satz 1 BetrVG kann eine übertarifliche Zulage nicht in einer **Betriebsvereinbarung** geregelt werden, wenn sich diese in der Aufstockung der Tariflöhne erschöpft, etwa indem sie vorsieht, dass die Tariferhöhung auf das Effektivgehalt erfolgt[1].

392 Außer- und übertarifliche Zulagen können nach aktueller Rechtsprechung unter **Freiwilligkeits-**[2] **oder Widerrufsvorbehalt** gestellt oder befristet gewährt werden (vgl. Teil 1 D Rz. 88 ff., 76 ff., 122 ff.). Darüber hinaus kommt eine **Anrechnung von übertariflichen Zulagen** auf Tarifentgelterhöhungen in Betracht. Haben die Arbeitsvertragsparteien dazu eine ausdrückliche Vereinbarung getroffen, gilt diese (zu formularvertraglichen Anrechnungsvorbehalten vgl. Teil 1 D Rz. 85 ff.). Anderenfalls ist aus den Umständen zu ermitteln, ob eine Befugnis zur Anrechnung besteht. **Die Anrechnung ist grundsätzlich möglich, sofern dem Arbeitnehmer nicht vertraglich ein selbständiger Entgeltbestandteil neben dem jeweiligen Tarifentgelt zugesagt worden ist.** Allein in der tatsächlichen Zahlung liegt keine vertragliche Abrede, die Zulage solle auch nach einer Tariflohnerhöhung als selbständiger Lohnbestandteil neben dem jeweiligen Tariflohn gezahlt werden. Das gilt auch, wenn die Zulage über einen längeren Zeitraum vorbehaltlos gezahlt und nicht mit der Tariflohnerhöhung verrechnet worden ist, denn die Zulage wird gewährt, weil den Arbeitsvertragsparteien der Tariflohn nicht ausreichend erscheint[3]. Eine neben dem Tarifentgelt gewährte übertarifliche Zulage greift in diesem Sinne künftigen Tariflohnerhöhungen vor. Für den Arbeitgeber ist regelmäßig nicht absehbar, ob er bei künftigen Tariflohnerhöhungen weiter in der Lage sein wird, eine bisher gewährte Zulage in unveränderter Höhe fortzuzahlen. Dies ist für den Arbeitnehmer erkennbar und Grundlage einer sog. freiwilligen übertariflichen Zulage. Erhöht sich die tarifliche Vergütung, entspricht die Zulässigkeit der Anrechnung regelmäßig dem Parteiwillen (verständig und gerecht denkender Vertragspartner), weil sich die Gesamtvergütung nicht verringert. Der Arbeitgeber kann eine **übertarifliche Zulage daher mangels anderweitiger Abrede bei Tariflohnerhöhungen – auch rückwirkend – verrechnen.** Der damit verbundene Vorbehalt einer nachträglichen Tilgungsbestimmung soll nicht gegen das Transparenzgebot des § 307 Abs. 1 Satz 2 BGB verstoßen[4].

393 Voraussetzung der Anrechnung ist allerdings, dass der übertarifliche Lohnbestandteil als „übertariflich" gekennzeichnet und nicht als **zweckgebundene Zulage** zu betrachten ist[5], also nicht zur Wahrung eines Besitzstands oder zum Ausgleich für erschwerte Arbeitsbedingungen, Arbeitsumstände (wie zB Ausgleich für die Erschwernisse einer Umstellung auf Schichtarbeit) oder für besonders qualifizierte Leistungen gewährt wird, es sei denn, dass eine Tarifänderung diese erfassten Zwecke als Tarifmerkmal erfasst[6]. Eine Erschwerniszulage wird daher, sofern nicht tariflich hierfür gesondert eine Erhöhung ebenfalls vorgesehen ist, nach der Tariflohnerhöhung in ihrer konkreten Höhe weitergezahlt[7].

Die Grundsätze zur Anrechenbarkeit von Tarifgehaltserhöhungen auf übertarifliche Entgelte sind auch dann anzuwenden, wenn eine Erhöhung für bei Tarifabschluss zurückliegende Monate nicht prozentual, sondern durch als Einmalzahlung bezeichnete, für alle Arbeitnehmer gleich hohe monatliche Pauschalbeträge erfolgt[8], es sei

---

1 BAG 30.5.2006 – 1 AZR 111/05, DB 2006, 1795.
2 Sofern die Zulage nicht zum laufenden Entgelt gehört, BAG 25.4.2007 – 5 AZR 627/06, NZA 2007, 853. Krit. *Heiden*, RdA 2012, 225 (233 ff.).
3 Vgl. BAG 23.9.2009 – 5 AZR 941/08, nv.
4 BAG 27.8.2008 – 5 AZR 820/07, NZA 2009, 49.
5 BAG 14.8.2001 – 1 AZR 744/00, NZA 2002, 342.
6 BAG 23.1.1980 – 5 AZR 780/78 u. 4.6.1980 – 4 AZR 530/78, AP Nr. 12, 13 zu § 4 TVG – Übertariflicher Lohn und Tariflohnerhöhung.
7 LAG Köln 25.1.2001 – 5 Sa 1276/00, NZA-RR 2001, 487.
8 BAG 25.6.2002 – 3 AZR 167/01, NZA 2002, 1216; 21.1.2003 – 1 AZR 125/02, ArbRB 2003, 205.

denn, die vertragliche Regelung sieht nur eine Anrechnung auf „kommende" Lohnerhöhungen vor[1].

Eine arbeitsvertragliche Abrede über die Anrechnung von Tariflohnerhöhungen auf eine übertarifliche Zulage berechtigt den Arbeitgeber aber nicht, auch den **Lohnausgleich für eine tarifliche Arbeitszeitverkürzung** auf die Zulage anzurechnen[2]. Dazu bedarf es einer ausdrücklichen Regelung.

Werden Zuschläge und Zulagen nicht durch Tarifvertrag eingeführt, sind die **Mitbestimmungsrechte des Betriebsrats** zur Wahrung der Verteilungsgerechtigkeit (§ 87 Abs. 1 Nr. 10 BetrVG, vgl. Teil 4 A Rz. 645) zu beachten. Auch die Anrechnung von Tariflohnerhöhungen auf Zulagen und der Widerruf von Zulagenzusagen können mitbestimmungspflichtig sein. 394

Grundsätzlich besteht ein Mitbestimmungsrecht des Betriebsrats nach § 87 Abs. 1 Nr. 10 BetrVG auch im Bereich der übertariflichen Zulagen. Das Mitbestimmungsrecht kann sich sowohl auf die Anrechnung einer Tariflohnerhöhung wie auch auf den Widerruf solcher Zulagen erstrecken. Der Tarifvorbehalt des § 87 Abs. 1 Eingangssatz BetrVG steht dem nicht entgegen, es sei denn, es besteht eine inhaltliche und abschließende tarifliche Regelung. Nach der **Entscheidung des Großen Senats des BAG vom 3.12.1991**[3] unterliegen die Anrechnung einer Tariflohnerhöhung auf über-/außertarifliche Zulagen und der Widerruf von über-/außertariflichen Zulagen aus Anlass und bis zur Höhe einer Tariflohnerhöhung dann nach § 87 Abs. 1 Nr. 10 BetrVG der Mitbestimmung des Betriebsrats, wenn sich dadurch die **Verteilungsgrundsätze** ändern und darüber hinaus für eine anderweitige Anrechnung bzw. Kürzung ein **Regelungsspielraum**[4] verbleibt. Das Mitbestimmungsrecht entfällt, wenn der Arbeitgeber eine Tariflohnerhöhung auf übertarifliche Bestandteile vollständig und gleichmäßig anrechnet[5]. – Sieht aber ein Tarifvertrag die Anrechnung auf die Differenz zur neuen Gehaltsgruppe ausdrücklich vor, so ist ein Mitbestimmungsrecht des Betriebsrats aufgrund der tariflichen Regelung nach § 87 Abs. 1 Eingangssatz BetrVG ausgeschlossen[6]. Anders verhält es sich, wenn der Arbeitgeber zwar die übertariflichen Zulagen voll auf eine neu geschaffene tarifliche Zulage anrechnen will, jedoch trotz der vollen Anrechnung deshalb ein Regelungsspielraum verbleibt, weil gleichzeitig mit der Einführung der neuen Tarifzulage auch die Tarifgehälter linear erhöht werden und der Arbeitgeber nicht nur die Tarifgehälter entsprechend anhebt, sondern auch – ohne Rechtspflicht – seine übertariflichen Zulagen. In diesem Fall hat der Betriebsrat ein Mitbestimmungsrecht nach § 87 Abs. 1 Nr. 10 BetrVG[7]. Auch kann der Arbeitgeber nicht dadurch der Mitbestimmung des Betriebsrats gem. § 87 Abs. 1 Nr. 10 BetrVG entgehen, dass er zunächst eine volle Anrechnung einer Tariferhöhung auf übertarifliche Zulagen vornimmt, wenn er wenig später neue übertarifliche Leistungen zusagt und insofern ein konzeptioneller Zusammenhang zur Anrechnung besteht[8]. Das Mitbestimmungsrecht des Betriebsrats sowie der Grundsatz vertrauensvoller Zusammenarbeit werden ebenfalls verletzt, wenn der Arbeitgeber eigene Verteilungsgrundsätze vorgibt, über die er keine Verhandlungen zulässt, sondern für den Fall abweichender Vorstellungen des Betriebsrats von vornherein eine mitbestimmungsfreie Vollanrechnung vorsieht[9]. Im Ergebnis hat also der Betriebsrat

---

1 BAG 17.9.2003 – 4 AZR 533/02, DB 2004, 876.
2 BAG 15.3.2000 – 5 AZR 557/98, NZA 2001, 105; aA der 4. Senat des BAG 3.6.1987 – 4 AZR 44/87, NZA 1987, 848.
3 BAG 3.12.1991 – GS 2/90, AP Nr. 51 zu § 87 BetrVG 1972 – Lohngestaltung.
4 BAG 8.6.2004 – 1 AZR 308/03, NZA 2005, 66; 30.5.2006 – 1 AZR 111/05, DB 2006, 1795.
5 BAG 31.10.1995 – 1 AZR 276/95, DB 1996, 1189; 21.1.2003 – 1 AZR 125/02, ArbRB 2003, 205.
6 BAG 10.11.1992 – 1 AZR 183/92, NZA 1993, 570; 7.9.1994 – 10 AZR 716/93, DB 1995, 1618.
7 BAG 14.2.1995 – 1 AZR 565/94, DB 1995, 1917.
8 BAG 17.1.1995 – 1 ABR 19/94, DB 1995, 1410; 9.7.1996 – 1 AZR 690/95, DB 1997, 332.
9 BAG 26.5.1998 – 1 AZR 704/97, DB 1998, 2119.

bei der Anrechnung einer Tariferhöhung immer dann ein **Mitbestimmungsrecht** gem. § 87 Abs. 1 Nr. 10 BetrVG, wenn sie nicht das Zulagenvolumen vollständig aufzehrt und sich infolge der Anrechnung die Verteilungsgrundsätze ändern und darüber hinaus für eine anderweitige Anrechnung ein Regelungsspielraum verbleibt[1]. Diese vom Großen Senat entwickelten Grundsätze gelten auch, wenn betriebliche Prämiensätze erhöht und auf übertarifliche Leistungen angerechnet werden sollen[2]. Verletzt der Arbeitgeber bei der Anrechnung übertariflicher Zulagen auf eine Tariferhöhung das Mitbestimmungsrecht des Betriebsrats, so führt das zur Unwirksamkeit der Anrechnung in ihrer vollen Höhe[3].

395 Das Mitbestimmungsrecht des Betriebsrats erstreckt sich aber **nur auf generelle Regelungen** und nicht auf die Gestaltung von Einzelfällen. Die Abgrenzung von Einzelfallgestaltungen zu kollektiven Tatbeständen richtet sich danach, ob es um Strukturformen des Entgelts einschließlich ihrer näheren Vollzugsform geht oder nicht[4]. Ist die Anrechnungsbefugnis bzw. Gestaltungsmacht des Arbeitgebers durch eine Regelungsabrede einschränkungslos der Mitbestimmung des Betriebsrats unterworfen, wird also dem Betriebsrat über § 87 Abs. 1 Nr. 10 BetrVG hinaus erst ein Mitbestimmungsrecht eingeräumt, so wird dadurch die rechtliche Gestaltungsmacht des Arbeitgebers im Verhältnis zum Arbeitnehmer nicht begrenzt. Die Missachtung einer solchen Regelungsabrede hat daher nicht die Unwirksamkeit der Anrechnung zur Folge[5].

396–400 Einstweilen frei.

bb) Leistungsabhängig variables Entgelt

401 Neben der Bemessung alleine nach Zeitabschnitten geleisteter Arbeit kann das Arbeitsentgelt von der erbrachten Arbeitsleistung abhängig gemacht werden. Eine solche leistungsabhängig variable Vergütung bemisst sich regelmäßig **nach dem Arbeitsergebnis oder ist von einer Beurteilung der Arbeitsleistung nach bestimmten Kriterien abhängig**. Obwohl bei direkter Beeinflussbarkeit des Arbeitsergebnisses bzw. der zur Entgeltbemessung herangezogenen Kriterien auch eine vollständig leistungsabhängige Entgeltvariabilisierung grundsätzlich zulässig wäre[6], werden leistungsabhängige Entgeltbestandteile in modernen Vergütungssystemen regelmäßig mit einer zusätzlichen Festvergütung kombiniert. Das sichert dem Arbeitnehmer das zur Lebenshaltung notwendige Grundeinkommen und ermöglicht gleichzeitig eine **leistungsgerecht differenzierte Vergütung** der Arbeitnehmer und die Realisierung der mit solchen Systemen typischerweise verfolgten **Steuerungs- und Motivationszwecke**. Zudem gewährleistet bei Vereinbarung eines bestimmten geschuldeten Arbeitszeitvolumens die Leistung eines Festentgeltanteils in ausreichender Höhe die Vereinbarkeit mit den Vorgaben der §§ 1–3 MiLoG. Bei den Urformen leistungsabhängiger Vergütung, dem Akkord- und Prämienlohn, erfolgt zum Teil eine insgesamt leistungsabhängige Entgeltbemessung, regelmäßig allerdings ebenfalls unter der Garantie eines fixen Mindestverdiensts. Die neuen gesetzlichen **Vorgaben des Mindestlohngesetzes** sind bei Vereinbarung eines Stück- oder Akkordlohns nach der Gesetzesbegründung gewahrt, wenn gewährleistet ist, dass der Mindestlohn für

---

1 BAG 1.11.2005 – 1 AZR 355/04, ArbRB 2006, 200; 10.3.2009 – 1 AZR 55/08, NZA 2009, 684.
2 BAG 10.11.1992 – 1 AZR 183/92, AP Nr. 58 zu § 87 BetrVG 1972 – Lohngestaltung.
3 BAG 9.7.1996 – 1 AZR 690/95, DB 1997, 332.
4 BAG 9.7.1996 – 1 AZR 690/95, DB 1997, 332.
5 BAG 14.8.2001 – 1 AZR 744/00, NZA 2002, 342.
6 Vgl. etwa BAG 16.2.2012 – 8 AZR 242/11, DB 2012, 1877 zu Provisionsabreden; allgemein: Heiden, DB 2006, 2401 (2402f.) mwN. Vgl. aber § 6 Abs. 2 Satz 1 InstitutsVergV und § 25a Abs. 5 KWG.

die geleisteten Arbeitsstunden erreicht wird[1]. Entsprechendes dürfte für andere leistungsabhängige Entgeltabreden gelten (vgl. im Einzelnen: Teil 6 E Rz. 86 ff.)[2].

(1) Akkord

Beim **Akkordlohn** ist Bezugsgröße für den „bezahlten" Arbeitserfolg die geleistete Arbeitsmenge. Nach der Art der Arbeitsleistung gibt es verschiedene Bezugsgrößen: 402
- Die produzierte oder verarbeitete Anzahl von Werkstücken wird beim **Stückakkord** zugrunde gelegt;
- auf das Gewicht des beförderten oder aber auch verarbeiteten Materials stellt der **Gewichtsakkord** ab;
- die Größe der von dem Arbeitnehmer bearbeiteten Fläche bestimmt den **Flächenakkord**;
- das Ausmaß bearbeiteter Gegenstände, zB die Länge, ist für den **Maßakkord** maßgeblich und
- wenn die zu erledigenden Arbeiten nicht einheitlich sind, sondern die Erledigung einer aus verschiedenen Tätigkeiten bestehenden Arbeitsaufgabe vergütet wird, handelt es sich um einen **Pauschalakkord**.

Akkordarbeit ist für Jugendliche gem. § 23 Abs. 1 Nr. 1 JArbSchG, für Schwangere gem. § 4 Abs. 3 Nr. 1 MuSchG und für Kraftfahrer gem. § 3 FahrpersonalG verboten.

Beim **Geldakkord** wird einer bestimmten Bezugsgröße (Anzahl, Gewicht, Fläche etc.) unmittelbar ein fester Geldbetrag zugeordnet und miteinander multipliziert, also: 403

Bezugsgröße bzw. Arbeitsmenge × Geldfaktor = Akkordlohn.

Der **Zeitakkord** legt für eine bestimmte Arbeitsleistung eine Zeit, die sog. Vorgabezeit, fest. Der Geldfaktor, mit welchem die Vorgabezeit multipliziert wird, ist der durchschnittliche Verdienst eines Arbeitnehmers pro Arbeitsminute. Dabei wird vom sog. **Akkordrichtsatz** ausgegangen. Dies ist der Betrag, den der im Akkordlohn tätige Arbeitnehmer bei Normalleistung in der Stunde zu erhalten hat. Er ist vertraglich vorgegeben. Er setzt sich regelmäßig aus dem tariflichen Stundenlohn der entsprechenden Lohngruppe eines im Akkord beschäftigten Arbeitnehmers (Akkordbasis) und einem Zuschlag zusammen. Dieser sog. Akkordzuschlag betrug früher im Durchschnitt 15 %. Mit ihm sollte berücksichtigt werden, dass der im Akkordlohn beschäftigte Arbeitnehmer schon vom Ansatz her in der Regel mehr Arbeitsleistung erbringt als der im Zeitlohn tätige Mitarbeiter. Auch wurde berücksichtigt, dass eine leistungsbezogene Arbeit einen psychischen Druck begründet. Heute liegt der Akkordrichtsatz in der tariflichen Vorgabe meist nicht wesentlich über dem Zeitlohn nach Ablauf der Einarbeitungszeit. 404

Der aus dem Akkordrichtsatz ermittelte Geldfaktor wird beim Zeitakkord mit der Vorgabezeit und sodann zur Ermittlung des Akkordlohns mit der Arbeitsmenge multipliziert. Die Formel lautet also beim Zeitakkord:

Vorgabezeit je Stück × Geldfaktor × produzierte Menge bzw. Zahl der erbrachten Leistungseinheiten = Akkordlohn.

Der Vorteil des Zeitakkords besteht darin, dass bei Lohnerhöhungen nur jeweils der Geldfaktor anzupassen ist.

Besondere Bedeutung kommt beim Zeitakkord der **Vorgabezeit** (auch Zeitfaktor, Zeitvorgabe, Akkordvorgabe genannt) zu. Dieses ist die in Minuten ausgedrückte Zeit, die für die Erbringung der akkordierten Leistungseinheit bei Normalleistung erforderlich 405

---
1 BT-Drucks. 18/1558, 34.
2 *Berndt*, DStR 2014, 1878 (1880).

ist[1]. Dabei wird eine sog. Normalleistung zugrunde gelegt, also diejenige Arbeitsleistung, die ein hinreichend geeigneter und ausreichend geübter Arbeitnehmer bei Einhaltung der vorgegebenen Arbeitsläufe und Erholungszeiten ohne Gesundheitsschädigung auf Dauer zu erbringen vermag[2]. Diese Normalleistung als Vorgabezeit ist die Sollzeit. Wird die Vorgabezeit richtig bemessen, kommt der Arbeitnehmer also bei normaler Leistung auf den für ihn vorgesehenen (tariflichen Stundenlohn eines nicht im Akkord beschäftigten Arbeitnehmers) Stundenverdienst (also den Akkordrichtsatz). Ein Mehrverdienst ergibt sich für den Arbeitnehmer, wenn er die Vorgabezeit unterschreitet – er bekommt diese dann dennoch voll vergütet.

Demzufolge ist für die realen Verdienstmöglichkeiten des Arbeitnehmers die **Ermittlung der Vorgabezeit** von besonderer Bedeutung. Die Vorgabezeit kann nach unterschiedlichen Methoden ermittelt und bestimmt werden. Es wird unterschieden zwischen dem ausgehandelten Akkord, dem Faust- oder Meisterakkord, dem Schätzakkord und dem arbeitswissenschaftlichen Akkord oder methodisch gebundenen Akkord. In der Praxis hat inzwischen der arbeitswissenschaftlich geprägte Akkord vorrangige Bedeutung gewonnen. Dabei wird die arbeitsnotwendige Zeit methodisch nach abstrakten Bewertungsmaßstäben ermittelt. Zugrunde gelegt werden Methoden, die zur Ermittlung des Zeitbedarfs das Zeitquantum des Arbeitsablaufs insgesamt oder einzelner Elemente des Zeitablaufs (sog. Kleinstzeitverfahren) bewerten. Die hierfür üblichen Systeme sind RefA – Reichsausschuss für Arbeitszeitermittlung –, Bédaux-System und MTM – Methods Time Measurement.

406 Der **Vorteil des Zeitakkords** liegt darin, dass nicht willkürlich eine zu erreichende Leistungsmenge vorgegeben ist, sondern die Zeitvorgabe anhand der vorgenannten Systeme objektiv bewertet werden kann. Darüber hinaus bietet der Zeitakkord für den Arbeitgeber die Möglichkeit, auf der Grundlage der Vorgabezeiten und bestimmter Erfahrungswerte über den Zeitgrad der im Akkord tätigen Arbeitnehmer als deren durchschnittlichen Leistungsgrad planerische Entscheidungen zu treffen, in welchem Zeitraum bestimmte Arbeiten voraussichtlich abgewickelt sein können.

407 Zu unterscheiden ist weiter zwischen **Einzelakkord und Gruppenakkord**. Wie sich schon aus der Bezeichnung ergibt, stellt der Einzelakkord allein auf das Leistungsergebnis des einzelnen Arbeitnehmers ab. Dem Gruppenakkord liegt das Leistungsergebnis einer Arbeitsgruppe zugrunde, wie zB einer Putzkolonne. Er kommt deshalb dann zur Anwendung, wenn die Leistung notwendigerweise von mehreren Arbeitnehmern gemeinsam ausgeübt werden muss oder wenn einer Gruppe eigenständige Tätigkeitsbereiche wie Fertigungsinseln übertragen sind[3].

408 Tarifverträge setzen oftmals unmittelbar den Geldfaktor und die Akkordvorgabe fest. Die Vorgabewerte und die weitere Umsetzung werden in der Regel Betriebsvereinbarungen überlassen. Sie sehen darüber hinaus regelmäßig Regelungen zur Sicherung eines Mindestverdiensts für die im Akkord Beschäftigten vor (**Verdienstsicherungsklauseln**). Soweit keine tariflichen Regelungen bestehen oder diese betriebsvereinbarungsoffen gestaltet sind, hat der Betriebsrat bei der **Einführung und Ausgestaltung des Akkordlohns nach § 87 Abs. 1 Nr. 10 und Nr. 11 BetrVG mitzubestimmen** (vgl. Teil 4 A Rz. 645 ff.).

(2) Prämienlohn

409 Es existiert weder eine verbindliche Definition noch ein einheitlicher Gebrauch des Begriffs Prämienlohn. Als Prämie werden Zahlungen unterschiedlichster Art, ins-

---

1 MünchArbR/*Krause*, § 57 Rz. 22.
2 *D. Gaul*, BB 1990, 1550.
3 Zum Mitbestimmungsrecht beim Wechsel in den Gruppenakkord: BAG 22.4.1997 – 1 ABR 84/96, DB 1998, 208.

besondere auch freiwillige oder einmalige Leistungen des Arbeitgebers ohne feste Bemessungskriterien bezeichnet. In diesen Fällen handelt es sich um einen untechnischen Gebrauch des Begriffs Prämie. Unter den (tariflichen) **Entgeltgrundsatz Prämienlohn** werden dagegen üblicherweise (nur) solche leistungsbezogenen Entgeltsysteme gefasst, bei denen die Zahlungen des „Prämie" genannten Entgelts (bzw. Entgeltbestandteils) von dem **Erreichen einer die Arbeitsleistung widerspiegelnden Bezugsgröße** abhängig ist. Als Bezugsgröße kommen dabei grundsätzlich alle betriebswirtschaftlich relevanten Kennzahlen in Betracht[1]. Gegenüber dem rein quantitätsbezogenen Akkord bietet der Prämienlohn daher eine größere Flexibilität bei der Bestimmung der Leistungsbemessungskriterien. Jedoch werden diese – meist zähl- oder messbaren – Kriterien im Voraus zentral und abschließend bestimmt und gelten generell, dh. für alle betroffenen Mitarbeiter gleichermaßen. Regelmäßig erfolgt ihre Festlegung in Tarifverträgen oder Betriebsvereinbarungen.

Der Prämienlohn kann etwa auf die Qualität der Arbeit, die Ausnutzung einer maschinellen Anlage, Verwertung von Rohstoffen etc. abstellen, sofern es sich um eine an dem jeweiligen Arbeitserfolg ausgerichtete Prämie handelt (im Unterschied zu Prämien, die bestimmte Verhaltensweisen der Arbeitnehmer honorieren, wie zB Anwesenheit und Pünktlichkeit). Häufig werden die Prämien nicht nur nach einer Bezugsgröße bemessen, sondern an mehrere Bezugsgrößen geknüpft. Es können dadurch gleichzeitig mehrere ergebnisorientierte Zielsetzungen verfolgt werden. Um zB zu verhindern, dass bei der Arbeitsleistung nur die Quantität im Vordergrund steht und nicht die Qualität, wird vielfach eine Mengenprämie mit einer Güteprämie verknüpft. 410

Es werden im Wesentlichen **fünf Prämienlohnsysteme** unterschieden, nämlich der Halsey-Lohn, das Emerson'sche Leistungssystem, das Rowan-System, das Differentiallohnsystem nach Taylor und das Gantt-System[2]. 411

Ebenso wie der Akkordlohn ist Prämienlohn gem. § 4 Abs. 3 MuSchG für Schwangere, gem. § 23 Abs. 1 JArbSchG für Jugendliche und gem. § 3 FahrpersonalG für Kraftfahrer verboten. Zur Mitbestimmung des Betriebsrats vgl. Teil 4 A Rz. 645 ff. 412

(3) Leistungszulage, Leistungsprämie

Neben dem echten Prämienlohn existieren weitere leistungsabhängige Entgeltbestandteile wie Leistungszulagen oder Leistungsprämien, die idR zusätzlich zu einem im Zeitlohn bemessenen Grundentgelt gezahlt werden. Sie unterscheiden sich von den normalen Zuschlägen und Zulagen durch ihre Anknüpfung an die konkret bemessene oder pauschal bewertete individuelle Arbeitsleistung. Auch Pünktlichkeitsprämien können hierzu gezählt werden. 413

Die **echte Leistungszulage** knüpft regelmäßig an das Arbeitsverhalten an. Basis für die Bemessung der Leistungszulage ist in der Regel eine vorangehende individuelle **Leistungsbeurteilung** anhand von allgemein gültigen Bewertungskatalogen, abgestimmt auf die jeweilige Arbeitsplatzbeschreibung. Ebenso kann eine Leistungszulage als **Funktionszulage** für die (zeitweise) Übernahme besonderer Aufgaben oder Verantwortungen gezahlt werden. Sie folgt dann – für die Dauer der Übertragung der zulagenfähigen Funktion – den Regeln der (idR fixen) Grundvergütung. 414

---

1 Vgl. insg. MünchArbR/*Krause*, § 57 Rz. 31 ff.
2 Vgl. MünchKommBGB/*Müller-Glöge*, § 611 Rz. 737 und ausf. MünchArbR/*Kreßel*, 2. Aufl., § 67 Rz. 76–86.

(4) Provision

415 Mit einer Provision wird der Arbeitnehmer abhängig vom Erfolg seiner Tätigkeit für den Arbeitgeber in Hinblick auf Geschäftsabschlüsse mit Dritten vergütet. Der Provisionsanspruch richtet sich nach einem bestimmten **Prozentsatz des Wertes der Geschäfte**, die der Arbeitnehmer persönlich abgeschlossen (**Abschlussprovision**) oder vermittelt hat (**Vermittlungsprovision**). Bei der **Gebiets- oder Bezirksprovision** wird der Mitarbeiter an allen in einem ihm übertragenen Bezirk zustande gekommenen Geschäften prozentual beteiligt. Bemessungsgrundlage ist also nicht die Arbeitsleistung selbst, sondern vorrangig der Arbeitserfolg. Dieser kann auch mittels einer sog. Topfvereinbarung auf eine Verkäufergemeinschaft bezogen sein[1]. Auch hiermit soll ein Leistungsanreiz gesetzt werden. Provisionsvereinbarungen werden mit Mitarbeitern abgeschlossen, die in ihrer Arbeitsleistung keinen detaillierten Weisungen unterliegen, vielmehr weitgehend selbst über Zeit und Ort ihrer Arbeitsleistung bestimmen können. Bei einer nur vom Vermittlungsbemühen des Arbeitnehmers abhängigen Provision soll eine insgesamt ergebnisabhängige Vergütung zulässig sein[2].

416 Stärker ergebnisbezogen ist die **Umsatzprovision**. Sie hängt nicht vom Erfolg des einzelnen Mitarbeiters ab, sondern stellt eine Beteiligung am Wert sämtlicher Geschäfte eines Unternehmens oder einer Abteilung dar. Die Umsatzprovision ist mit der Tantieme vergleichbar, die man als eine Beteiligung am Geschäftsgewinn (Reingewinn) bezeichnet. Auf die Umsatzprovision sind daher die handelsrechtlichen Provisionsregelungen nicht anwendbar[3].

417 Die Provision ist als die übliche Vergütung des („freien") Handelsvertreters in den Bestimmungen der §§ 87–87c HGB geregelt. Von den für den Handelsvertreter geltenden Bestimmungen betreffen gem. § 65 HGB die §§ 87 Abs. 1 und Abs. 3 sowie 87a–87c HGB die Provisionsvereinbarungen mit **kaufmännischen Angestellten**. Für **nicht kaufmännische Arbeitnehmer** bestehen keine gesetzlichen Vorschriften über Provisionsregelungen. Schon wegen der teilweise zwingenden Vorschriften (§ 87a Abs. 5 und § 87c Abs. 5 HGB) sind die für kaufmännische Angestellte gem. § 65 HGB geltenden Regelungen aber entsprechend anzuwenden. Die für **Versicherungs- und Bausparkassenvertreter** gem. § 92 HGB geltenden Bestimmungen sind auch auf Handlungsgehilfen anwendbar[4].

Wie sich aus § 65 HGB ergibt, hat ein **Arbeitnehmer** (im Unterschied zum Handelsvertreter) nur dann Anspruch auf eine Provision, wenn dies mit ihm besonders vereinbart wird. Hierzu muss allerdings nicht der Begriff „Provision" besonders verwendet werden, wenn sich anderweitig aus dem Vertrag ergibt, dass eine einer Provision entsprechende erfolgsbezogene Vergütung gewährt werden soll.

418 Einstweilen frei.

419 Zwischen Arbeitgeber und Arbeitnehmer können die **Provisionsvoraussetzungen** gem. § 87 Abs. 1 und 3 HGB, gem. § 87a Abs. 1 und 2 HGB und gem. § 87b HGB vertraglich abweichend gestaltet werden. Die Provisionsansprüche können von vornherein auf bestimmte Geschäftsergebnisse beschränkt werden, so im Automobilhandel bei Inzahlungnahme auf die Differenz zwischen Alt- und Neuwagenpreis[5]. Für be-

---

1 S. dazu BAG 3.6.1998 – 5 AZR 552/97, DB 1999, 587.
2 BAG 16.2.2012 – 8 AZR 242/11, DB 2012, 1877; LAG Köln 16.2.2009 – 2 Sa 824/08, nv.; LAG Hamm 3.3.2009 – 14 Sa 361/08, r + s 2010, 85.
3 MünchArbR/*Krause*, § 58 Rz. 2.
4 Nur aufgrund eines redaktionellen Versehens ist in § 65 HGB nicht auch auf § 92 HGB verwiesen worden, BAG 25.10.1967 – 3 AZR 453/66, AP Nr. 3 zu § 92 HGB.
5 BAG 24.9.1965 – 3 AZR 231/65, AP Nr. 1 zu § 87b HGB.

stimmte Geschäfte können Provisionsansprüche überhaupt **ausgeschlossen** werden, also zB für solche, die überhaupt nicht auf die Tätigkeit des Arbeitnehmers zurückgeführt werden können.

Provisionen, die zwar auf die Tätigkeit des Arbeitnehmers zurückzuführen sind, jedoch erst nach der Beendigung des Arbeitsverhältnisses gem. § 87a HGB fällig werden (sog. **Überhangprovisionen**), sollen nach der bisherigen Rechtsprechung des BAG ausgeschlossen werden können, wenn hierfür ein sachlicher Grund besteht[1]. Ein formularvertraglicher pauschaler Ausschluss einer Überhangprovision ohne Kompensation ist nach § 307 Abs. 1 BGB unwirksam[2]. 420

Da § 65 HGB nicht auf § 87 Abs. 2 und 4 HGB verweist, stehen dem kaufmännischen Angestellten die sog. **Bezirks- und Inkassoprovision** nur aufgrund ausdrücklicher vertraglicher Vereinbarungen zu. Ist dem Arbeitnehmer ein bestimmter Bezirk zugewiesen worden, so ist daraus nicht bereits auf die Einräumung einer Bezirksprovision zu schließen, also einer Provision, die unabhängig von einem Kausalbeitrag des Arbeitnehmers entsteht. Aus diesem Grunde ist es notwendig, dass nicht nur das dem Mitarbeiter zugewiesene Gebiet vertraglich eindeutig umrissen, sondern auch eindeutig geregelt wird, ob dem Arbeitnehmer entsprechend § 87 Abs. 2 HGB Provisionen auch für Geschäfte zustehen sollen, die ohne seine Mitwirkung innerhalb seines Verkaufsbezirks zustande kommen. 421

Für die **Höhe der Provision** ist die zwischen den Arbeitsvertragsparteien getroffene Vereinbarung maßgeblich. Aufgrund der Vorgaben des MiLoG muss auch bei einer provisionsabhängigen Vergütung eines Arbeitnehmers nunmehr gewährleistet sein, dass er – bezogen auf die tatsächlich geleisteten Arbeitsstunden – ein den Vorgaben des § 1 MiLoG entsprechendes Entgelt erhält (vgl. Teil 6 E Rz. 94). Um die Provisionszahlungen auf den Mindestlohn zur Anrechnung zu bringen, muss gewährleistet sein, dass die jeweilige Provision unbedingt und unwiderruflich und innerhalb des in § 2 MiLoG vorgesehenen Zeitraums zur Auszahlung gebracht wird. Dem **Mindestlohnerfordernis** kann auch durch Vereinbarung eines unabhängig vom jeweiligen Vermittlungserfolg garantierten monatlichen Mindestbetrags genügt werden, der bezogen auf die vereinbarte monatliche Arbeitszeit eine § 1 MiLoG entsprechende Vergütung bewirkt. Dieser kann als **Fixum oder Garantieprovision** ausgestaltet sein[3]. So sind Vereinbarungen üblich, nach denen ein Provisionsanspruch nur dann entsteht, wenn der Wert der vermittelten oder abgeschlossenen Geschäfte die Summe eines Festgehalts und der Reisekostenpauschale des Arbeitnehmers übersteigt. Ohne besondere Vereinbarung führt dies nicht dazu, dass Unterschreitungen in einem Monat mit das Fixum in anderen Monaten überschreitenden Provisionen verrechnet werden können[4]. Eine solche **Verrechnung** bedarf vielmehr der gesonderten Vereinbarung, wobei dem Arbeitnehmer stets ein Betrag oberhalb der Mindestlohngrenze verbleiben muss[5]: 421a

Formulierungsbeispiel:

1. Der Arbeitnehmer erhält ein Grundgehalt iHv. ... Euro sowie ... Euro als Reisekostenpauschale.

---

1 Vgl. etwa BAG 30.7.1985 – 3 AZR 405/83, NZA 1986, 474; nunmehr offen gelassen bei BAG 20.2.2008 – 10 AZR 125/07, DB 2008, 761.
2 BAG 20.2.2008 – 10 AZR 125/07, DB 2008, 761.
3 Zur Abgrenzung: ArbG Düsseldorf 29.11.2011 – 2 Ca 4258/11, nv.
4 BAG 25.3.1976 – 3 AZR 331/75, AP Nr. 9 zu § 65 HGB; LAG Köln 3.11.1995 – 13 Sa 668/95, NZA-RR 1996, 296 zur Auffüllung des Gehalts mit Provisionen bis zur Erreichung des Tarifgehalts.
5 Vgl. *Bayreuther*, NZA 2014, 865 (868).

2. Der Arbeitnehmer erhält eine Provision iHv. ... % auf den akquirierten Umsatz gestaffelt nach Warengruppen: ..., soweit die Summe der Provisionen das Grundgehalt zuzüglich Reisekostenpauschale überschreitet. Wird in einzelnen Monaten nicht der sich aus Gehalt zuzüglich Reisekostenpauschale ergebende Betrag durch Provisionen erreicht, können in den nachfolgenden zwölf Monaten verdiente Provisionen verrechnet werden, die in diesem Monat das Gehalt zuzüglich Reisekostenpauschale überschreiten.

422 Ist ein **Provisionssatz nicht vereinbart** worden, so gilt nach § 87b Abs. 1 HGB die übliche Provision als vereinbart, also die Provision, die von vergleichbaren Unternehmen für Geschäfte dieser Art am Arbeitsort an Arbeitnehmer gezahlt werden.

423 Abgesehen von einem bestehenden Arbeitsverhältnis, in welchem eine Provisionsleistung vereinbart wurde, setzt der Provisionsanspruch grundsätzlich eine **den Geschäftsabschluss vermittelnde Tätigkeit** des Arbeitnehmers, den tatsächlichen **Abschluss des Geschäfts** zwischen dem Arbeitgeber und dem Dritten sowie einen **Ursachenzusammenhang**[1] zwischen beidem voraus. Der Ursachenzusammenhang ist nur bei der Bezirks- und Inkassoprovision entbehrlich. Der Arbeitgeber hat bei unternehmerischen Entscheidungen und insbesondere bei der Änderung der Vertriebssysteme die Interessen der davon betroffenen Arbeitnehmer in Hinblick auf ihre Chancen auf Provisionseinnahmen zu berücksichtigen[2].

424 Das vermittelte oder angebahnte Geschäft ist dann abgeschlossen, wenn der **Vertrag** zwischen Arbeitgeber und Dritten **rechtswirksam zustande gekommen** ist. Führt der Arbeitgeber das Geschäft ganz oder teilweise nicht durch, so entsteht allerdings der Anspruch nach § 87a Abs. 3 Satz 1 HGB dennoch, es sei denn, der Arbeitgeber hat die Nichtausführung nicht zu vertreten. Weil der Provisionsanspruch von der Ausführung des Geschäfts iSd. § 87a Abs. 1 HGB auflösend bedingt abhängig ist, haben zwischenzeitlich eingetretene Änderungen der Provisionsbedingungen und -voraussetzungen keinen Einfluss auf den Provisionsanspruch. Hinsichtlich des **Kausalzusammenhangs** zwischen der Tätigkeit des Arbeitnehmers und dem Geschäftsabschluss reicht es aus, wenn nachgewiesen wird, dass es ohne die Tätigkeit des Arbeitnehmers nicht zum Geschäftsabschluss gekommen wäre[3].

425 Ist der Provisionsanspruch iSd. §§ 87, 87a Abs. 1 und 3 HGB unbedingt entstanden, wird er mit Abrechnung **fällig** (§ 87a Abs. 4 HGB). Diese ist am Ende des auf den Abrechnungszeitraum folgenden Monats zu erteilen (§ 87c Abs. 1 HGB). Jedenfalls formularvertraglich kann der Arbeitgeber die Fälligkeit der Provisionsansprüche nicht vom Eingang der Zahlung des Kunden abhängig machen[4]. Der grundsätzlich einen Monat betragende Abrechnungszeitraum kann gem. § 87c Abs. 1 Satz 1 Halbs. 2 HGB auf maximal drei Monate verlängert werden, wobei allerdings wiederum die Vorgaben der §§ 1–3 MiLoG zu berücksichtigen sind. **Provisionsvorschüsse** sind zurück zu gewähren, soweit sie nicht ins Verdienen gebracht werden.

426 Die **Berechnung der Provision** erfolgt nach Maßgabe des § 87b Abs. 2 und Abs. 3 HGB. Grundlage sind die ursprünglich vereinbarten Entgelte, nicht spätere Preisherabsetzungen. Nachlässe für Barzahlung, Treue- und Mengenrabatte sind nicht abzusetzen. Ebenso wenig sind Nebenkosten (Fracht, Verpackung, Zoll, Steuern, Versicherung etc.) und die Umsatzsteuer in Abzug zu bringen, es sei denn, dass zwischen den Arbeitsvertragsparteien etwas anderes rechtswirksam vereinbart wurde.

427 Wegen der **Abrechnung** des Provisionsanspruchs und der dem Arbeitnehmer zustehenden Kontrollrechte wird auf § 87c HGB und die insoweit für Handelsvertreter gel-

---

1 LAG Köln 23.10.2006 – 14 Sa 459/06, NZA-RR 2007, 236.
2 BAG 16.2.2012 – 8 AZR 242/11, DB 2012, 1877.
3 BAG 22.1.1971 – 3 AZR 42/70, AP Nr. 2 zu § 87 HGB.
4 LAG Schl.-Holst. 16.4.2013 – 1 Sa 290/12, nv.

tenden Grundsätze verwiesen. Gemäß § 87c Abs. 5 HGB können die Kontrollrechte des Arbeitnehmers auf Vorlage eines Buchauszuges (§ 87c Abs. 2 HGB), Mitteilung über alle maßgeblichen Umstände (§ 87c Abs. 3 HGB) und die Möglichkeit der Einsichtnahme in die Geschäftsbücher (§ 87c Abs. 4 HGB) nicht abbedungen werden[1].

Die Provisionsansprüche eines kaufmännischen Angestellten („Handlungsgehilfen") **verjähren** nach § 195 BGB in drei Jahren. Mit der **Auskunftsklage** wird diese Verjährungsfrist von Provisionsansprüchen nicht gehemmt[2]. 428

(5) Zielvereinbarungen

Eine moderne Form leistungsabhängig variabler Vergütung wird unter dem Stichwort „Zielvereinbarungen" erfasst. Dabei wird die Zahlung bzw. Höhe eines Entgeltbestandteils (**Zielbonus**) davon abhängig gemacht, dass der Arbeitnehmer – idR während eines bestimmten Bemessungszeitraums (**Zielvereinbarungsperiode**) – bestimmte im Voraus festgelegte Leistungskriterien (**Ziele**) erfüllt. Diese werden – und das ist die Besonderheit zielvereinbarungsgestützter Entgeltbemessung – in der Regel für jeden Arbeitnehmer **individuell oder doch zumindest auf vergleichbare Arbeitnehmergruppen abgestimmt festgesetzt**. Die Zielerreichung wird regelmäßig an Kennzahlen festgemacht, welche die persönlichen Arbeitsergebnisse widerspiegeln, können aber durchaus auch an das – im Wege der Beurteilung zu erfassende – Arbeitsverhalten des jeweiligen Arbeitnehmers anknüpfen. Hinsichtlich der Art und Weise der Zielfestlegung besteht die Möglichkeit einer einvernehmlichen **„echten" Zielvereinbarung** zwischen Arbeitnehmer und Arbeitgeber. Oftmals liegt indes das Letztentscheidungsrecht hinsichtlich der Zielfestlegung beim Arbeitgeber. Üblicherweise wird dann von einer **Zielvorgabe** gesprochen. Von der Zielerreichung bzw. vom Zielerreichungsgrad bei Ablauf der Zielvereinbarungsperiode hängt ab, ob der Arbeitnehmer Zahlung des Zielbonus verlangen kann bzw. in welcher Höhe. Wie bei einem Prämienlohnsystem wird also die vom Arbeitnehmer tatsächlich gezeigte Leistung mit einer Bezugsgröße verglichen und dieses Verhältnis zur Entgeltbemessung herangezogen. Im Unterschied hierzu erfolgt die Festlegung der Leistungskriterien durch Zielvereinbarungen allerdings auf der Ebene des einzelnen Mitarbeiters bzw. der Mitarbeiter-Gruppe und bietet damit eine viel **weitergehende Möglichkeit, die individuelle Leistung der Mitarbeiter einerseits zu steuern und andererseits zu differenzieren** und möglichst genau abzubilden. Mit einer zielvereinbarungsgestützten Vergütung wird daher neben einem intrinsischen Motivationsanreiz und einer leistungsgerechten Vergütung eine verbesserte und partizipative Mitarbeitersteuerung ermöglicht[3]. 429

Grundlage zielvereinbarungsabhängiger Vergütung ist eine entsprechende individual- oder kollektivvertragliche Entgeltabrede. Entsprechende Regelungen finden sich nunmehr auch in großen Tarifwerken und für Arbeitnehmer aller Hierarchieebenen (vgl. etwa § 18 TVöD[4]; § 42 TVöD BT-S; § 9 ERA Metall NRW). Die Entgeltabrede, welche die Entgeltbemessung durch Zielvereinbarung vorsieht – oft als **Rahmenabrede** bezeichnet – ist von der **auf zweiter Stufe** für jede Zielvereinbarungsperiode erneut erforderlichen konkreten **Zielfestlegung** und der hierüber ggf. getroffenen Vereinbarung (echte Zielvereinbarung) zu trennen. Die Zielfestlegung konkretisiert und vervollständigt die Entgeltabrede für die jeweilige Zielvereinbarungsperiode. **Fehlt eine Zielfestlegung bzw. ist die getroffene Zielfestlegung rechtsunwirksam**, bleibt die Entgeltabrede insoweit für diese Zielvereinbarungsperiode unvollständig. Die Entgeltbemes- 430

---

1 LAG Hamm 3.3.2009 – 14 Sa 361/08, r + s 2010, 85; zum allgemeinen Auskunftsanspruch: BAG 21.11.2000 – 9 AZR 665/99, NZA 2001, 1093.
2 BAG 5.9.1995 – 9 AZR 660/94, BB 1996, 271.
3 Vgl. *Heiden*, Entgeltrelevante Zielvereinbarungen aus arbeitsrechtlicher Sicht, S. 17 ff.
4 Vgl. zur Situation des tariflichen Leistungsentgelts im öffentlichen Dienst: *Meerkamp/Dannenberg*, PersR 2014, 239.

sung erfolgt dann – in Ermangelung einer wirksamen vertraglichen (Auffang-) Regelung – nach § 612 Abs. 2 BGB anhand der **üblichen Vergütung**[1]. Das BAG stellt insofern auf **Schadensersatzansprüche** ab[2]. Empfehlenswert ist es, für diesen Fall eine gesonderte Vereinbarung über die Bemessung des zielvereinbarungsgestützten variablen Entgeltbestandteils, etwa auf der Basis vorhergehender Zielvereinbarungsperioden oder einer alternativen Art der Bonusbemessung vorzusehen:

Formulierungsbeispiel:

Kommt es für einen Teil oder die gesamte Dauer der Zielvereinbarungsperiode nicht zu einer wirksamen Zielfestlegung, so ist für diese Zeit ein Zielerreichungsgrad von 110 % anzusetzen. Kann ein einzelnes Ziel nicht mehr weiter verfolgt werden, so ist für den hierauf entfallenden Zielbonusanteil der in dieser Zielvereinbarungsperiode hinsichtlich der übrigen Ziele erreichte, durchschnittliche Zielerreichungsgrad zugrunde zu legen.[3]

---

431 Die (Rahmen-) Entgeltabrede ist in erster Linie daraufhin zu kontrollieren, dass der Arbeitnehmer eine den Vorgaben des MiLoG genügende Stundenvergütung (vgl. Teil 6 E Rz. 56 ff.) und insgesamt ein **sittengerechtes Entgelt** (§§ 138, 134 BGB iVm. § 291 StGB) erhält. Da die Zielerreichung regelmäßig nicht alleine vom Einfluss des Arbeitnehmers abhängt, muss für Letzteres gewährleistet sein, dass der Arbeitnehmer bei Zielverfehlung auch ohne den Zielbonus eine Vergütung erzielt, die grob gesprochen ⅔ der für seine Tätigkeit üblichen Vergütung nicht unterschreitet[4]. Die Entgeltabrede sollte zudem Regelungen über das Verfahren zur Festlegung der jeweiligen Ziele sowie zur Feststellung der Zielerreichung enthalten. Letztere kann einvernehmlich oder einseitig durch den Arbeitgeber oder Dritte (etwa betriebliches Gremium) getroffen werden. Es kann nicht im Zweifel von einer Feststellungskompetenz des Arbeitgebers ausgegangen werden[5]. Hinsichtlich der laufenden Zielvereinbarungsperiode kann der Zielbonus nicht unter **Freiwilligkeitsvorbehalt** gestellt werden[6]. Ein solcher Vorbehalt verstößt bei leistungsabhängigen Entgeltbestandteilen gegen Treu und Glauben (§ 242 BGB) und stellt bei formularvertraglicher Vereinbarung eine unangemessene Benachteiligung des Arbeitnehmers iSv. § 307 Abs. 1 BGB dar[7]. Dagegen kann sich der Arbeitgeber nach aktueller Rechtsprechung – um eine Anspruchsentstehung aufgrund betrieblicher Übung zu vermeiden – bei freiwilliger „Auslobung" eines Zielbonus' für eine bestimmte Zielvereinbarungsperiode durch einen Freiwilligkeitsvorbehalt Bonuszahlungen in zukünftigen Zielvereinbarungsperioden offen halten. Ebenso ist die Vereinbarung eines **Widerrufsvorbehalts** hinsichtlich des zielvereinbarungsabhängigen Entgeltbestandteils für zukünftige Zielvereinbarungsperioden zulässig. Bei formularvertraglicher Vereinbarung sind hierbei die aus den §§ 305 ff. BGB folgenden Anforderungen (insb. Sachgrundangabe) zu beachten (vgl. Teil 1 D Rz. 76 ff.). Unzulässig ist dagegen ein „**rückwirkender Widerruf**" für die laufende Zielvereinbarungsperiode[8]. Schließlich kann – entgegen früherer Rechtsprechung[9] – eine

---

1 Str., vgl. *Heiden*, DB 2009, 1705 (1707 ff.).
2 BAG 12.12.2007 – 10 AZR 97/07, DB 2008, 473; 10.12.2008 – 10 AZR 889/07, DB 2009, 513; 14.11.2012 – 10 AZR 793/11, NZA 2013, 273.
3 Vgl. *Heiden*, Entgeltrelevante Zielvereinbarungen aus arbeitsrechtlicher Sicht, S. 380 ff. auch zum Problem einer konkludenten Vereinbarung der Zahlung eines Mindestbonus, wenn ohne Zielfestlegung mehrfach zumindest ein Bonus in bestimmter Höhe gezahlt wird.
4 *Heiden*, DB 2006, 2401 (2405). Die ⅔-Grenze ist auch vom BAG anerkannt, vgl. BAG 22.4.2009 – 5 AZR 436/08, DB 2009, 1599.
5 Vgl. *Trittin/Fischer*, AuR 2006, 261 (263). AA MünchArbR/*Krause*, § 57 Rz. 46.
6 BAG 19.3.2014 – 10 AZR 622/13, NZA 2014, 595.
7 Vgl. *Heiden*, Entgeltrelevante Zielvereinbarungen aus arbeitsrechtlicher Sicht, S. 213; *Thüsing*, AGB-Kontrolle im Arbeitsrecht, S. 107 Rz. 270.
8 *Lindemann/Simon*, BB 2002, 1807 (1810 f.).
9 Vgl. BAG 6.5.2009 – 10 AZR 443/08, NZA 2009, 783.

III. Verpflichtungen des Arbeitgebers

leistungsabhängig variable Vergütung nicht davon abhängig gemacht werden, dass der Arbeitnehmer zu einem bestimmten Zeitpunkt innerhalb oder außerhalb der Bemessungsperiode noch im Arbeitsverhältnis steht (**Stichtags- bzw. Rückzahlungsklausel**); dabei kommt es nicht darauf an, von wem die Beendigung ausgeht. Das BAG hat nunmehr Stichtagsregelungen im Zusammenhang mit erfolgsabhängigen Entgeltbestandteilen insgesamt eine Absage erteilt und eine Regelungen im Arbeitsvertrag bzw. in Betriebsvereinbarungen, welche den Anspruch auf einen zielvereinbarungsgestützten Entgeltbestandteil an den ungekündigten Bestand des Arbeitsverhältnisses zum Auszahlungsstichtag knüpfte, für unwirksam erklärt. Der rückwirkende Entzug bereits erdienter Vergütung verstoße gegen die aus § 611 Abs. 1 BGB folgende Verpflichtung zur Zahlung des vereinbarten Entgelts (was auch bei Arbeitgeberkündigungen und sonstigen Beendigungstatbeständen gilt). Zudem stelle eine solche Klausel eine unverhältnismäßige Beschränkung der durch Art. 12 Abs. 1 GG geschützten Freiheit der Arbeitsplatzwahl des Arbeitnehmers dar – dieser könne von einer Eigenkündigung abgehalten werden[1].

Die **Zielfestlegung** selbst erfolgt im Falle einer echten Zielvereinbarung nicht formularvertraglich, sondern wird individuell ausgehandelt. Im Falle einer Zielvorgabe handelt es sich nicht um eine Vertragsbedingung iSv. § 305 Abs. 1 Satz 1 BGB, sondern um eine einseitige Leistungsbestimmung. In beiden Fällen scheidet mithin eine **AGB-Kontrolle der Zielfestlegung** aus[2]. Allerdings gelten die allgemeinen Schranken der §§ 134, 138, 242 BGB. **Zielvorgaben** des Arbeitgebers sind zudem auf die **Wahrung billigen Ermessens** (§ 315 BGB) hin zu überprüfen. Es obliegt dem Betriebsrat, über die **Wahrung des Gleichbehandlungsgrundsatzes** bei der Zielfestlegung zu wachen[3]. **Gegenstand der Zielfestlegung** können alle Arten quantitativer oder qualitativer Kriterien sein. Neben umsatz- und ertragsorientierten Zielen, Kostenquoten, Einsparzielen und Marktanteilen sind auch sog. „weiche" Ziele wie Kundenzufriedenheit oder Personalführungskompetenz mögliche Parameter[4]. Weisen die festgesetzten Ziele wenig oder keinen Bezug zum Arbeitsverhalten oder den vom Arbeitnehmer beeinflussbaren Arbeitsergebnissen auf, gewinnt die Bonusbemessung idR den Charakter eines unternehmenserfolgsabhängigen Entgeltbestandteils (hierzu Rz. 441 ff.) und weniger einer leistungsabhängigen Vergütung. Die **Kombination von Zielen**, welche von der **individuellen Leistung** des Arbeitnehmers abhängen, und rein **unternehmenserfolgsbezogenen Zielen** begegnet dann Bedenken, wenn dadurch einerseits der Arbeitnehmer zu ggf. überobligatorischen Leistungen motiviert wird, seine Bemühungen andererseits aber bei mangelndem Unternehmenserfolg gänzlich entwertet werden können (vgl. Rz. 444 f.)[5]; zur Kombination mit einer **Anwesenheitsprämie** vgl. Rz. 481 ff.

432

Die Feststellung der Zielerreichung erfolgt – soweit zB anhand von Kennzahlen hinreichend eindeutig bestimmbar – als **Tatsachenfeststellung** (mit der Folge voller gerichtlicher Überprüfbarkeit) und im Übrigen im Wege der **Beurteilung**. Wenn diese vertragsgemäß durch den Arbeitgeber erfolgt, steht ihm ein – analog § 315 BGB gerichtlich überprüfbarer – **Beurteilungsspielraum** zu[6], weshalb ihn insoweit bei gerichtlichen Auseinandersetzungen über die Bonushöhe idR zunächst die Darlegungslast trifft[7]. Dem Arbeitnehmer stehen während und nach der Zielvereinbarungsperi-

433

---

1 BAG 12.4.2011 – 1 AZR 412/09, NZA 2011, 989; 7.6.2011 – 1 AZR 807/09, NZA 2011, 1234; 18.1.2012 – 10 AZR 612/10, NZA 2012, 561; ausführlich: *Heiden*, RdA 2012, 225 (229 ff.).
2 AA die hM, vgl. nur MünchKommBGB/*Müller-Glöge*, § 611 Rz. 768.
3 Vgl. BAG 21.10.2003 – 1 ABR 39/02, NZA 2004, 936 auch zu den Auskunftsansprüchen des Betriebsrats.
4 So das Konzept der Balanced Scorecard (BSC), s. dazu *Range-Ditz*, ArbRB 2003, 123 mit Gestaltungsvorschlägen für Zielvereinbarungen und entsprechende Betriebsvereinbarungen.
5 AA etwa LAG Hess. 1.2.2010 – 7 Sa 923/09, NZA-RR 2010, 401.
6 BAG 18.6.2014 – 10 AZR 699/13, nv.
7 BAG 14.11.2012 – 10 AZR 783/11, BAGE 143, 292.

ode **Auskunftsansprüche** gegen den Arbeitgeber zu[1]. Diese beziehen sich auf sämtliche vom Arbeitgeber in Bezug auf die Bestimmung der Zielerreichung gesammelten und hierfür erforderlichen Daten und sollen den Arbeitnehmer in die Lage versetzen, den jeweiligen Stand der Zielerreichung sowie seine Ansprüche zu beurteilen und ggf. durchzusetzen. Soweit sich die Höhe des Zielbonus nicht rechnerisch anhand der festgestellten Zielerreichung ermitteln lässt, kann dem Arbeitgeber auch insoweit ein Leistungsbestimmungsrecht eingeräumt werden. Dieses ist allerdings an den Vorgaben des § 307 Abs. 1 BGB zu messen[2].

434 Kommt es während der laufenden Zielvereinbarungsperiode zu Änderungen der für die Zielerreichung maßgeblichen Rahmenbedingungen, die nicht von der der Zielfestlegung zugrunde liegenden Risikozuordnung erfasst werden, kann die dadurch belastete Partei Anspruch auf **Anpassung bzw. Neufestlegung der Ziele** haben. Dasselbe gilt für den Arbeitgeber, wenn die ursprüngliche Zielfestlegung für ihn aufgrund unternehmerischer Erwägungen nicht mehr von Interesse ist. Regelmäßig hat dann eine Zwischenfeststellung über die bisherige Zielerreichung stattzufinden, welche bei der Bonusbemessung nach Ablauf der gesamten Zielvereinbarungsperiode zu berücksichtigen ist. Bei der Zielfestlegung nicht vorhergesehene und von der gewollten Risikoverteilung nicht gedeckte Fremdeinflüsse oder Entwicklungen (etwa länger andauernde Erkrankung) können auch noch bei der Bestimmung des Zielerreichungsgrades Berücksichtigung finden[3]. **Arbeitsausfallzeiten und Verkürzungen der regelmäßigen Arbeitszeit** führen zu einer Minderung des erreichbaren Zielbonus pro rata temporis, soweit kein Anspruch auf Entgeltfortzahlung besteht[4]. Außer bei Zeiten unberechtigten Fehlens besteht allerdings ein Anspruch des Arbeitnehmers auf Korrektur der Ziele bzw. der Zielerreichung[5]. Dasselbe – Kürzung des erreichbaren Zielbonus bei gleichzeitiger Zielanpassung bzw. Korrektur der Zielerreichung – gilt im Falle **unterjährigen Ausscheidens des Arbeitnehmers**[6].

435–440 Einstweilen frei.

cc) Unternehmenserfolgsabhängige Entgeltbestandteile

441 Als ergänzende Entgeltform werden insbesondere von größeren Unternehmen häufig unternehmenserfolgsabhängige Entgeltbestandteile gewährt. Die Bezeichnungen sind vielfältig (Tantieme, Gewinn-/Ergebnisbeteiligung, Bonus, ...) und weitgehend ohne verfestigten Bedeutungsinhalt. Gemein ist diesen Entgeltbestandteilen, dass die **Entgelthöhe von Kennzahlen abhängt, welche den Unternehmenserfolg widerspiegeln**. Zumeist werden sie als Gegenleistung zur Arbeitsleistung gezahlt (vgl. zum Begriff der Sonderzahlung Rz. 453). Üblich ist eine Anknüpfung an den Umsatz, den Gewinn (etwa Gewinn vor Zinsen und Steuern/Abschreibungen – EBIT/EBITDA) oder den Aktienkurs bzw. -ertrag (zu Stock Appreciation Rights vgl. Rz. 502). Die Arbeitnehmer sollen dadurch am Wohlergehen des Unternehmens interessiert und stärker an dieses gebunden werden. Gleichzeitig bieten solche Entgeltbestandteile eine Möglichkeit, die **Personalkosten zu einem gewissen Grad auf die jeweilige Unternehmenssituation**

---

[1] Vgl. zum allgemeinen Auskunftsanspruch: BAG 21.11.2000 – 9 AZR 665/99, NZA 2001, 1093.
[2] BAG 29.8.2012 – 10 AZR 385/11, NZA 2013, 148. Zu den Dokumentationspflichten im Zusammenhang mit den Vorgaben der InstitutsVergV: *Insam/Hinrichs/Hörtz*, WM 2014, 1415 (1419).
[3] Ausführlich: *Heiden*, Entgeltrelevante Zielvereinbarungen aus arbeitsrechtlicher Sicht, S. 272 ff., 321 ff.
[4] Vgl. etwa LAG Hamm 27.5.2010 – 15 Sa 166/10, nv.
[5] *Heiden*, DB 2009, 2714 (2718).
[6] Vgl. allerdings BAG 14.11.2012 – 10 AZR 793/11, NZA 2013, 273.

III. Verpflichtungen des Arbeitgebers

abzustimmen. Ein vom Unternehmensergebnis abhängiger Entgeltbestandteil erhält teilweise den Charakter einer einfachen Sonderzahlung, wenn eine Mindesthöhe (etwa Mindesttantieme) garantiert wird.

Unternehmenserfolgsabhängige Entgeltbestandteile stehen grundsätzlich im direkten **Austauschverhältnis zur Arbeitsleistung** des Arbeitnehmers[1], auch wenn sich keine unmittelbare Beziehung zwischen seiner Arbeitsleistung und der maßgeblichen Unternehmenskennzahl herstellen lässt. Auf die Leistung sind daher die allgemeinen Regeln über das Entgelt anwendbar. So besteht etwa im Falle **unterjährigen Ausscheidens aus dem Arbeitsverhältnis** ein anteiliger Anspruch (pro rata temporis) auf den Entgeltbestandteil; bei andauernder Leistungsunfähigkeit während des Bezugszeitraums ohne Anspruch auf Entgeltfortzahlung entfällt der Anspruch (vgl. Rz. 576 ff.)[2]. Zur Ausgestaltung durch Stichtags- bzw. Rückzahlungsklauseln – vgl. Rz. 458, 463 ff. Im Übrigen ist es eine Frage der Auslegung der zugrunde liegenden Entgeltabrede, ob im Einzelfall bspw. unterjährige Fehlzeiten nicht zu einer Anspruchskürzung führen sollen, etwa weil das Erreichen bestimmter Unternehmensziele als ausschließliche Anspruchsvoraussetzung anzusehen ist.

Die Anspruchsgrundlage für unternehmenserfolgsabhängige Entgeltbestandteile kann individual- oder kollektivvertraglich begründet sein. Zu beachten ist, dass nach neuerer Rechtsprechung einer **konkludenten Leistungszusage** durch tatsächliche mehrmalige Gewährung nicht bereits entgegen steht, wenn die **Leistung jeweils in unterschiedlicher Höhe** erfolgte[3]. Ist die **Höhe der Leistung nicht bestimmt bzw. aus den Vertragsregelungen heraus nicht abschließend bestimmbar**, wird man **im Zweifel von einem einseitigen Leistungsbestimmungsrecht** des Arbeitgebers als der sachnäheren Partei zur Evaluierung des Unternehmenserfolgs auszugehen haben[4]. Es ist dann der Weg für eine gerichtliche Ersatzleistungsbestimmung nach § 315 Abs. 3 Satz 2 BGB eröffnet[5]. Problematisch mit Blick auf §§ 307 Abs. 1 Satz 1, 308 Nr. 4 BGB kann eine formularvertragliche Regelung sein, welche über die Anknüpfung an eine vom Arbeitgeber willkürlich manipulierbare Unternehmenskennzahl den Entgeltanspruch mit einem „**versteckten Leistungsbestimmungsrecht**" des Arbeitgebers verbindet[6].

442

Für die **Rechtskontrolle** von unternehmenserfolgsabhängigen Entgeltabreden gelten die allgemeinen Regeln (vgl. Rz. 311 ff.)[7]. Es muss jeweils sichergestellt sein, dass der Arbeitnehmer trotz der Entgeltvariabilisierung insgesamt ein den Vorgaben des MiLoG entsprechendes, **sittengerechtes Entgelt** (§ 138 BGB, § 134 BGB iVm. § 291 StGB) erhält – in der Regel erfolgt dies bereits durch das fixe Grundgehalt, kann aber etwa auch durch die Zusage eines Mindestbonus' erfolgen. Für die Höhe des darüber hinaus gezahlten variablen Entgelts – auch im Verhältnis zum Festentgelt – bestehen dann grundsätzlich keine weiteren Einschränkungen[8]. Inwieweit sich die für die Vergütungen bestimmter Mitarbeiter von Banken und Versicherungen neu geschaffenen öffentlich-rechtlichen Regelungen (insb. angemessenes Verhältnis von fi-

443

---

1 AA *Ricken*, NZA 1999, 236 (238); *Swoboda/Kinner*, BB 2003, 418 (419).
2 Vgl. BAG 8.9.1998 – 9 AZR 273/97, DB 1999, 696.
3 BAG 21.4.2010 – 10 AZR 163/09, NZA 2010, 808.
4 Vgl. BAG 11.12.2013 – 10 AZR 364/13, ZIP 2014, 1093.
5 Vgl. LAG Hamm 23.2.2001 – 15 Sa 1572/00, NZA-RR 2001, 525.
6 Anders dagegen, wenn an eine nach anerkannten Bilanzierungsgrundsätzen klar definierte Kennzahl oder einen Umstand angeknüpft wird, der sich nicht für Manipulationen zur Personalkostenreduzierung eignet, wie bspw. Bonusanspruch nur bei Dividendenausschüttung an die Unternehmensinhaber, vgl. BAG 18.1.2012 – 10 AZR 670/10, DB 2012, 749.
7 Vgl. zur Frage der Zulässigkeit von Verlustbeteiligungen: BAG 10.10.1990 – 5 AZR 404/89, NZA 1991, 264.
8 *Leder*, RdA 2010, 93 (97); vgl. aber LAG Düsseldorf 30.10.2008 – 5 Sa 977/08, DB 2009, 687. Offen ist, ob aus § 87 Abs. 1 Satz 3 AktG über §§ 52 Abs. 1 GmbHG iVm. § 93 Abs. 1 AktG weitere Einschränkungen für GmbH-Geschäftsführer hergeleitet werden können.

xen zu variablen Vergütungsbestandteilen) der InstitutsVergV sowie der VersVergV auf individual- bzw. kollektivvertragliche Entgeltregelungen der sog. **Risk Taker** auswirken können, ist noch weitgehend ungeklärt (vgl. Rz. 311c).

444 Besonderheiten können sich aus der **Verknüpfung mit leistungsabhängigen Entgeltbestandteilen** ergeben. Ein unternehmenserfolgsabhängiger Entgeltbestandteil kann neben die fixe Grundvergütung und ggf. einen leistungsabhängigen Entgeltbestandteil treten oder bspw. einen rechnerischen Bestandteil eines durch verschiedene Komponenten gebildeten Bonus' bilden. So werden bspw. häufig Boni vereinbart, die zum Teil vom Erreichen individueller Leistungsziele abhängen, teilweise von Gruppenzielen und schließlich vom Unternehmensergebnis. Während diese einzelnen Entgeltbestandteile bei einer **additiven Verknüpfung** nebeneinander treten und prinzipiell getrennt betrachtet werden können, ist die ebenso übliche **multiplikative Verknüpfung** arbeitsrechtlich problematischer. Hierbei wird die leistungsabhängig ermittelte Bonushöhe durch die unternehmenserfolgsabhängige Komponente relativiert. Dies kann unternehmerisch gewünscht sein, um das für den variablen Entgeltbestandteil anfallende Budget effektiv kontrollieren zu können. Denselben Effekt bewirkt etwa die Verteilung eines unternehmenserfolgsabhängigen Entgelttopfs nach leistungsbezogenen Kriterien.

445 Eine den Grundsätzen von **Treu und Glauben (§ 242 BGB) genügende Gestaltung** muss bei einer multiplikativen, die leistungsabhängige Bemessungskomponente relativierenden Verknüpfung sicher stellen, dass die von den Arbeitnehmern in Hinblick auf die leistungsabhängige Komponente erbrachten – möglicherweise überobligatorischen – Leistungen nicht vollständig entwertet werden können[1]. Bislang ungeklärt ist, ob etwas anderes im Anwendungsbereich der InstitutsVergV (vgl. Rz. 311c) für die Arbeitsverhältnisse der Risk Taker gelten muss. Ausweislich der zu § 7 InstitutsVergV ergangenen Auslegungshilfe der BaFin soll im Falle eines negativen Gesamterfolgs des Instituts kein Gesamtbetrag ermittelt werden dürfen, aus dem die variable Vergütung im Sinne der Verordnung zu zahlen wäre[2].

446 Bei **formularvertraglicher Regelung** gewinnt – neben dem **Transparenzgebot** des § 307 Abs. 1 Satz 2 BGB – überdies ein weiterer Aspekt Bedeutung: Vereinbarungen zur unternehmenserfolgsabhängigen Entgeltbemessung stellen regelmäßig auf betriebswirtschaftliche Kennzahlen ab. Insbesondere wenn es sich hierbei nicht um nach feststehenden Regeln zu ermittelnde Werte handelt, sondern lediglich um für unternehmensinterne Zwecke erhobene Größen, besteht für den Arbeitgeber die Möglichkeit der sachfremden, nicht von der **vertraglichen Risikozuordnung** gedeckten Einflussnahme. Ist diese auf eine für den Arbeitnehmer nachteilige Manipulation der entgeltrelevanten Kennzahl gerichtet, kann über den Rechtsgedanken des § 162 Abs. 1 BGB eine Korrektur erfolgen oder der Arbeitgeber zum Schadensersatz verpflichtet sein[3]. Da die Möglichkeit zur Beeinflussung der unternehmensinternen Kennzahlen dem Arbeitgeber aber auch ohne Benachteiligungsabsicht einen mittelbaren Einfluss auf die Höhe des unternehmenserfolgsabhängigen Entgeltbestandteils einräumt, wirkt sie als „**verdecktes Leistungsbestimmungsrecht**". Die Entgeltabrede enthält mit der Anknüpfung der Entgelthöhe an die durch den Arbeitgeber beeinflussbare Kennzahl eine nach § 307 Abs. 1 Satz 1 BGB kontrollfähige Nebenabrede zum Hauptleistungsversprechen „Zahlung eines nach festgelegten Regeln zu bestimmenden Entgeltbestandteils". Ein allzu weiter Spielraum des Arbeitgebers bei der Gestaltung der relevanten Kennzahlen führt insbesondere dann zu einer **unangemessenen Benachteiligung** des Arbeitnehmers, wenn der Entgeltbestandteil gleichzeitig von der individu-

---

1 Für das BAG scheint dies bislang unproblematisch, vgl. BAG 12.4.2011 – 1 AZR 698/09, NZA 2011, 989; 20.3.2013 – 10 AZR 8/12, NZA 2013, 970.
2 Hierzu *Zürn/Böhm*, BB 2014, 1269 (1270).
3 Vgl. BAG 13.4.1978 – 3 AZR 844/76, DB 1978, 2228.

III. Verpflichtungen des Arbeitgebers

ellen Leistung des Arbeitnehmers beeinflusst werden soll. Problematisch ist zudem, wenn weder das zulässige Ausmaß der möglichen Einflussnahme, noch die eine solche rechtfertigenden Sachgründe in der Vertragsregelung näher bestimmt sind. Der Arbeitgeber riskiert in diesem Falle eine gerichtliche „Bereinigung" im Rahmen der **Ausübungskontrolle (§ 315 BGB)**, indem bestimmte Einflussnahmen als nicht von der Vertragsregelung gedeckt oder zumindest als nicht billigem Ermessen entsprechend bewertet werden[1]. Im Ergebnis empfiehlt sich die Anknüpfung an solche Kennzahlen, welche nach feststehenden Regeln ermittelt werden und deren ordnungsgemäße Feststellung von einem Gericht auf unbillige Einflussnahmen hin überprüfbar ist.

Hinsichtlich der Informationen, die für die Berechnung der Höhe des unternehmenserfolgsabhängigen Entgeltbestandteils notwendig sind, besteht ein **Anspruch auf Auskunft und Rechnungslegung** des Arbeitnehmers gegenüber dem Arbeitgeber[2]. **Fälligkeit** des Anspruchs wird regelmäßig erst eintreten, wenn die relevanten Unternehmenskennzahlen ermittelt werden können. 447

Einstweilen frei. 448–450

e) Sonderformen des Entgelts

Neben den bereits beschriebenen finden sich in der unternehmerischen Praxis vielfältige weitere Entgeltformen. Hierzu gehören nicht nur direkte Geldleistungen, sondern auch Versicherungen, Sachleistungen wie Kinderbetreuung, geldwerte Leistungen wie Sportprogramme oder BahnCard, Zusatzurlaub und Weiterbildungsmaßnahmen. Zur für die Einhaltung eines nachvertraglichen Wettbewerbsverbots geschuldeten **Karenzentschädigung** – vgl. Teil 2 F Rz. 58 ff. Zum Teil werden den Arbeitnehmern verschiedene Leistungsarten im Sinne eines **Cafeteria-Systems** angeboten, so dass sie diese je nach ihren individuellen Bedürfnissen und Verhältnissen zusammenstellen können. Es bestehen einige klassische Sonderformen des Entgelts: 451

aa) Sonderzahlungen

Einen nicht unerheblichen Anteil am Gesamtentgelt können sog. Sonderzahlungen oder – synonym verwandt – Sondervergütungen ausmachen. Gemeinhin werden als Sonderzahlungen diejenigen Entgeltbestandteile bezeichnet, welche der Arbeitgeber „aus bestimmtem Anlass oder zu bestimmten Terminen zusätzlich zum laufenden Arbeitsentgelt erbringt"[3]. Hierunter können bspw. **Gratifikationen, Jahresabschlussvergütungen, Anwesenheitsprämien oder Dienstjubiläumsprämien** fallen. Wie bei anderen Entgeltbestandteilen auch kann der Anspruch auf Zahlung einer bestimmten Sondervergütung durch ausdrückliche (individual- oder kollektiv-) vertragliche Regelung, aber auch konkludent begründet werden. Schon durch eine rein tatsächliche Leistungsgewährung kommt es regelmäßig zu einem **konkludenten Vertragsschluss in Bezug auf die jeweilige Leistung**. Dieser Vertrag qualifiziert die Zahlung als Leistung in Bezug auf das Arbeitsverhältnis (und regelmäßig nicht als Schenkung) und bewirkt, dass der Arbeitnehmer die **Sonderzahlung behalten darf und keiner bereicherungsrechtlichen Rückforderung** ausgesetzt ist. 452

Daneben kann es bei mehrfacher Gewährung im Einzelarbeitsverhältnis auch zu einer **konkludenten Anspruchsbegründung mit Wirkung für die Zukunft kommen**. Dem steht nicht unbedingt entgegen, wenn der Arbeitgeber die jeweiligen **Zahlungen**

---

[1] Vgl. BAG 11.12.2013 – 10 AZR 364/13, ZIP 2014, 1093.
[2] BAG 7.7.1960 – 5 AZR 61/59, DB 1960, 1043; 21.11.2000 – 9 AZR 665/99, NZA 2001, 1093.
[3] BAG 24.11.2004 – 10 AZR 221/04, EzA TVG § 4 Bankgewerbe Nr. 4; ErfK/*Preis*, § 611 BGB Rz. 527.

in unterschiedlicher Höhe geleistet hat[1]. Will der Arbeitgeber **ohne Bindung für die Zukunft Leistungen freiwillig gewähren**, kann er nach aktueller Rechtsprechung eine Anspruchsentstehung für die Zukunft durch einen wirksamen **Freiwilligkeitsvorbehalt** verhindern. Sonderzahlungen sind zudem das klassische Spielfeld einer Anspruchsbegründung durch betriebliche Übung (vgl. Rz. 881 ff.) sowie aufgrund des arbeitsrechtlichen Gleichbehandlungsgrundsatzes (vgl. Rz. 326 ff.).

453 Für die rechtliche Behandlung von Sondervergütungen ist bislang nach Auffassung des BAG und der herrschenden Lehre die **Abgrenzung zum laufenden Entgelt** von wesentlicher Bedeutung. So wird etwa die Zulässigkeit von Freiwilligkeitsvorbehalten in Bezug auf Sonderzahlungen[2] anders bewertet als hinsichtlich des laufenden Entgelts[3]. Sonderzahlungen sollen allgemein einem geringeren arbeitsrechtlichen Schutz unterliegen als das laufende Entgelt[4]. Die Differenzierung ist allerdings unglücklich[5]. Einerseits ist schon die begriffliche Abgrenzung zum „laufenden Entgelt" unklar, da jedenfalls die Fälligkeit des Entgeltanspruchs hierfür kein trennscharfes Abgrenzungskriterium liefert. Andererseits ist auch die materiell-rechtliche Rechtfertigung dieser Kategorienbildung zweifelhaft. Der Gesetzgeber hat indes 1996[6] die Begrifflichkeiten übernommen und (im heutigen) § 4a Satz 1 EFZG in einer Regelungen zur Zulässigkeit von Anwesenheitsprämien Sondervergütungen als Leistungen definiert, die der Arbeitgeber „**zusätzlich zum laufenden Arbeitsentgelt**" erbringt. Auch der Geschäftsverteilungsplan des BAG nimmt den Begriff auf und weist dem 10. Senat die Zuständigkeit u.a. für „Sondervergütungen" zu. Für die Hauptproblemfelder im Bereich der Sonderzahlungen ist materiell-rechtlich indes nicht die begriffsorientierte Zuordnung eines Entgeltbestandteils zu einer der Kategorien „laufendes Entgelt" oder „Sonderzahlung" entscheidend (zu § 4a EFZG vgl. Rz. 481), sondern ob die **Zahlungsverpflichtung im Austauschverhältnis zur Arbeitsleistung** steht oder nicht. Hiernach richtet sich insbesondere die Anwendbarkeit der §§ 320 ff. BGB bei Arbeitsausfallzeiten und unterjährigem Ausscheiden des Arbeitnehmers.

454 Klassische Problemfelder im Recht der Sonderzahlungen stellen die Ausgestaltung mit **Stichtags- und Rückzahlungsklauseln**, das Schicksal des Sonderzahlungsanspruchs bei **Eintritt oder Ausscheiden des Arbeitnehmers während der laufenden Bezugsperiode** und die Frage der Zulässigkeit einer **Anspruchskürzung wegen Fehlzeiten und von Anwesenheits- und Pünktlichkeitsprämien** (vgl. Rz. 476 ff.) dar. Zu der gleichsam virulenten Frage der Zulässigkeit von (formularvertraglichen) **Freiwilligkeits-, Widerrufs- und Anrechnungsvorbehalten** bei Sonderzahlungen vgl. Teil 1 D Rz. 76 ff., 85 ff., 88 ff.

455 Die Rechtmäßigkeitskontrolle von Vereinbarungen über Sonderzahlungen folgt den allgemeinen Regeln, mithin insbesondere den §§ 134, 138, 242, 307 ff. BGB. Für die Frage, ob eine Zahlungsvereinbarung gem. § 307 Abs. 3 Satz 1 BGB der Angemessenheitskontrolle nach § 307 Abs. 1 Satz 1, Abs. 2, §§ 308 ff. BGB unterworfen ist oder nicht, bedarf es der **Auslegung**, ob es sich um eine reine Hauptleistungsabrede (**Preisabrede**) handelt oder ob (**Preis-**) **Nebenabreden**[7] vorliegen. Ob **Arbeitsausfallzeiten** ohne Entgeltfortzahlung zum Wegfall der Leistungspflicht des Arbeitgebers führen

---

1 BAG 21.4.2010 – 10 AZR 163/09, NZA 2010, 808. Anders bislang für die Anspruchsbegründung qua betrieblicher Übung, vgl. BAG 28.2.1996 – 10 AZR 516/95, NJW 1996, 3166.
2 Zulässig: BAG 18.3.2009 – 10 AZR 289/08, NZA 2009, 535.
3 Nicht zulässig: BAG 25.4.2007 – 5 AZR 627/06, NZA 2007, 853. Zu Recht kritisch zu dieser Unterscheidung: *Bayreuther*, BB 2009, 102 (105).
4 So ausdrücklich BAG 18.3.2009 – 10 AZR 289/08, NZA 2009, 535.
5 Ausführlich: *Heiden*, RdA 2012, 225.
6 Mit Einführung des § 4b EFZG durch das Arbeitsrechtliche Beschäftigungsförderungsgesetz, BGBl. I 1996, 1476 (1478).
7 Zur Abgrenzung: *Tschöpe*, DB 2002, 1830 ff.; ErfK/*Preis*, § 310 BGB Rz. 34 ff.

oder nicht, hängt davon ab, ob diese im **Synallagma**[1] **zur Arbeitspflicht** steht und damit **§ 326 Abs. 1 BGB** zur Anwendung kommt oder nicht.

Hält die Sonderzahlungszusage der Inhaltskontrolle stand, stellt sich die weiter führende Frage nach der **Wirksamkeit der Gesamtentgeltregelung**, also der Vereinbarung über alle Entgeltbestandteile einschließlich ihrer Flexibilisierungen etwa durch Bindungsklauseln und anwesenheitsabhängige Zusagen: Verbleibt dem Arbeitnehmer bspw. bei Beendigung des Arbeitsverhältnisses vor einem vereinbarten Stichtag aufgrund des Wegfalls der Sonderzahlung kein sittengerechtes Entgelt für seine Arbeitsleistung (§§ 138, 134 BGB iVm. § 291 StGB), ist die Entgeltabrede insgesamt unwirksam, ggf. mit der Folge der Entgeltbemessung nach § 612 Abs. 2 BGB. Dadurch ist der Arbeitgeber im Ergebnis gehindert, beliebig hohe Anteile der Gesamtvergütung an die Voraussetzung der Betriebstreue zu knüpfen. Seit Inkrafttreten des **Mindestlohngesetzes** stellt sich zudem die Frage, inwieweit Sonderzahlungen bei der Erfüllung des Mindestlohnerfordernisses nach §§ 1–3 MiLoG zu berücksichtigen sind. Aufgrund des Erfordernisses der zeitnahen Auszahlung der mindestlohnrelevanten Entgeltbestandteile (§ 2 MiLoG) dürften im Ergebnis **alle nachträglich für einen längeren Bezugszeitraum gewährten Leistungen für die Erfüllung des Mindestlohnanspruchs außer Betracht zu** bleiben haben. Dies betrifft insbesondere die allgemein üblichen jährlichen Sonderzahlungen[2]. Nicht angerechnet werden können zudem **Leistungen, die nicht als Gegenleistung für die vertraglich vereinbarte Arbeitsleistung gezahlt werden** (Äquivalenzprinzip – vgl. Teil 6 E Rz. 92 f.). Dies betrifft unter anderem Unternehmenstreueleistungen sowie Anwesenheits- und Pünktlichkeitsprämien[3]. Ohnehin nicht zu berücksichtigen sind alle Leistungen, die nur unter Vorbehalt – insbesondere einem Rückzahlungsvorbehalt – geleistet werden[4].

456

Ob eine bestimmte Sonderzahlung nach dem Willen der Arbeitsvertragsparteien eine **Gegenleistung zur Arbeitsleistung** darstellen soll oder nicht, **ist durch Auslegung zu ermitteln**. Hierbei kommt es in erster Linie auf die von den Parteien **vereinbarten Anspruchsvoraussetzungen** an. Sind keine besonderen Anspruchsvoraussetzungen genannt, wird die Auslegung im Regelfall ergeben, dass es sich um einen im Gegenseitigkeitsverhältnis zur Arbeitsleistung stehenden Entgeltbestandteil handelt[5]. Eindeutig ist die Einbeziehung in das Austauschverhältnis von Arbeit und Entgelt außerdem bei einer **von der individuellen Leistung des Arbeitnehmers abhängigen Bemessung der Anspruchshöhe**[6]. Schließlich kann auch die Höhe des Entgeltbestandteils im Verhältnis zum Gesamtentgelt darauf hindeuten, dass es sich um eine Gegenleistung für die Hauptleistungspflicht des Arbeitnehmers im Arbeitsverhältnis, der Arbeitsleistung, handeln soll[7].

457

Zahlungszusagen des Arbeitgebers können indes auch von der durch den Arbeitnehmer in einem bestimmten Bezugszeitraum bewiesenen Betriebs- bzw. besser **Unternehmenstreue** abhängen bzw. nur unter der Voraussetzung geschuldet sein, dass sich der Arbeitnehmer bis zu einem bestimmten Zeitpunkt im Arbeitsverhältnis befindet (**Anspruchsvoraussetzung der Unternehmenszugehörigkeit**). Ob die Unternehmenszugehörigkeit zur alleinigen Anspruchsvoraussetzung eines Entgeltbestandteils erhoben oder der Anspruch hierauf zusätzlich von der Arbeitsleistung abhängen soll,

458

---

1 Zum Begriff – einschließlich der Unterscheidung von „Austausch-" und „Gegenseitigkeitsverhältnis": Staudinger/*Otto*/*Schwarze*, Vorbem. zu §§ 320–326 BGB Rz. 6.
2 *Bayreuther*, NZA 2014, 865 (868); *Ulber*, RdA 2014, 176 (180 f.); *Sittard*, NZA 2014, 951 (952).
3 *Ulber*, RdA 2014, 176 (179).
4 *Bayreuther*, NZA 2014, 865 (868).
5 BAG 18.1.2012 – 10 AZR 667/10, NZA 2012, 620.
6 BAG 12.4.2011 – 1 AZR 412/09, NZA 2011, 989.
7 BAG 18.1.2012 – 10 AZR 612/10, NZA 2012, 561.

ist durch Auslegung zu klären[1]. Stellt die Unternehmenszugehörigkeit zum Stichtag die einzige Anspruchsvoraussetzung dar, wird der Entgeltbestandteil nicht als Teil des Austauschverhältnisses von Arbeit und Entgelt anzusehen sein. Die Bemessung der Höhe der Zahlung nach dem Unternehmenserfolg bedeutet nicht zwingend die Einbeziehung in das arbeitsvertragliche Grundsynallagma. Da sich der Leistungsbeitrag des Arbeitnehmers regelmäßig nur äußerst mittelbar auf den Unternehmenserfolg auswirkt, ist durch die Bemessung eines variablen Entgeltbestandteils nach dem Unternehmenserfolg nicht automatisch ein Bezug zur Arbeitsleistung und damit ein Austauschverhältnis hierzu gegeben.

459 Ist die Zahlung der Sondervergütung vertraglich nur vom (ungekündigten) Bestand des Arbeitsverhältnisses am Stichtag abhängig gemacht, wird die **Auslegung** in der Regel ergeben, dass dies die **Anspruchsvoraussetzungen abschließend beschreibt** und die Zahlung alleine von der Unternehmenszugehörigkeit des Arbeitnehmers abhängen soll[2]. Fehlt es andererseits an vertraglichen Vereinbarungen darüber, ob der Anspruch nur bei (ungekündigtem) Bestand des Arbeitsverhältnisses zu einem bestimmten Stichtag entstehen (**Stichtagsklausel**) oder die ausgezahlte Sonderzahlung bei Ausscheiden bis zu einem bestimmten Zeitpunkt nach Ablauf der Bemessungsperiode zurückgewährt werden soll (**Rückzahlungsklausel**), kann der Arbeitnehmer die Zahlung unabhängig von seiner während oder nach der Bemessungsperiode gezeigten Unternehmenstreue beanspruchen und behalten. Aus der Bezeichnung eines Entgeltbestandteils als „Weihnachtsgeld" ergibt sich – ohne weiter hinzu tretende Umstände – keine Stichtagsvereinbarung[3]. Bei formularvertraglicher Zusage würde einem solchen Auslegungsergebnis im Sinne einer versteckten zusätzlichen Anspruchsvoraussetzung zudem regelmäßig die Unklarheitenregel (§ 305c Abs. 2 BGB) entgegenstehen.

(1) Keine besonderen Anspruchsvoraussetzungen

460 Gewährt der Arbeitgeber eine Sonderzahlung als Entgeltbestandteil mit bspw. jährlicher Fälligkeit und **ohne damit weitere Anspruchsvoraussetzungen zu verbinden**, gelten für diese Leistung die allgemeinen Regeln. Im Sinne der bisherigen Rechtsprechung und herrschenden Lehre[4] handelt es sich dann um eine „**arbeitsleistungsbezogene Sonderzahlung**". Damit wird der „arbeitsrechtliche Normalfall" zum Ausdruck gebracht, dass eine finanzielle Leistung des Arbeitgebers für die vom Arbeitnehmer während der Bemessungsperiode erbrachte Arbeit gezahlt wird, also (ausschließlich) im **Synallagma zur Arbeitspflicht** steht.

461 Nach der allgemeinen Regel des § 326 Abs. 1 Satz 1 BGB entfällt der Entgeltanspruch, soweit die Erbringung der Arbeitsleistung aufgrund ihres Fixschuldcharakters unmöglich wird (vgl. Rz. 476 ff.). Der **Anspruch auf die Sonderzahlung erlischt also anteilig für Fehlzeiten**, wenn der Arbeitnehmer nicht aufgrund besonderer gesetzlicher oder vertraglicher Regelung Entgeltfortzahlung verlangen kann[5]. Gleiches gilt, soweit das Ruhen des Arbeitsverhältnisses vereinbart oder gesetzlich angeordnet[6] ist. Besteht

---

1 Vgl. bspw. BAG 11.4.2000 – 9 AZR 225/99, NZA 2001, 512; LAG Bremen 15.12.2009 – 1 Sa 229/07, nv., jeweils zu Urlaubsgeld.
2 Vgl. etwa BAG 24.3.2011 – 6 AZR 691/09, NZA 2011, 1116.
3 Vgl. etwa BAG 11.10.1995 – 10 AZR 984/94, NZA 1996, 432; 21.5.2003 – 10 AZR 408/02, NJOZ 2004, 1532; LAG Düsseldorf 27.6.1996 – 12 Sa 506/96, NZA-RR 1996, 441; ErfK/*Preis*, § 611 BGB Rz. 528. Andere Auslegung bspw. bei BAG 10.12.2008 – 10 AZR 15/08, NZA 2009, 322.
4 Vgl. die Darstellung bei MünchArbR/*Krause*, § 59.
5 MünchArbR/*Krause*, § 59 Rz. 9.
6 So bei Wehr-/Zivildienst (§§ 1 ArbPlSchG, 78 ZDG), Elternzeit, BAG 10.5.1989 – 6 AZR 660/87, NZA 1989, 759 und vollständiger Freistellung nach § 3 Abs. 1 PflegeZG, vgl. ErfK/*Gallner*, § 3 PflegeZG Rz. 4.

III. Verpflichtungen des Arbeitgebers

das Arbeitsverhältnis nicht während der gesamten Bemessungsperiode (**unterjähriger Ein- oder Austritt**), kann der Arbeitnehmer die Sonderzahlung nur **zeitanteilig (pro rata temporis) beanspruchen**[1]. Gleiches gilt bei einer **Arbeitszeitreduzierung**. Es empfehlen sich ausdrückliche vertragliche Regelungen.

Eine entsprechende Klausel kann wie folgt formuliert werden: 462

Formulierungsbeispiel:

Die Mitarbeiterin bzw. der Mitarbeiter erhält am 30.11. eines jeden Jahres eine Sonderzahlung in Höhe von ... Euro. Der Anspruch besteht anteilig bei unterjährigem Ein-/Austritt in das bzw. aus dem Arbeitsverhältnis und mindert sich anteilig um Fehl- bzw. Ausfallzeiten ohne Entgelt- bzw. Entgeltfortzahlungsanspruch während des Bemessungszeitraums. Bei unterjährigem Austritt ist der Anspruch mit Beendigung des Arbeitsverhältnisses fällig.

(2) Stichtags- und Rückzahlungsklauseln

Sowohl Stichtags- als auch Rückzahlungsklauseln knüpfen den Zahlungsanspruch 463 des Arbeitnehmers an den **Bestand des Arbeitsverhältnisses** bis zu einem bestimmten Zeitpunkt. Bei reinen Stichtagsklauseln wird der Entgeltanspruch davon abhängig gemacht, dass zu dem – innerhalb oder außerhalb des Bezugszeitraums liegenden – Stichtag das Arbeitsverhältnis noch (ggf. ungekündigt) fortbesteht[2]. Rückzahlungsklauseln, die üblicherweise neben die Voraussetzung eines bestehenden Arbeitsverhältnisses am Auszahlungstag treten, lassen bei Auflösung vor einem bestimmten Stichtag nach Ablauf der Bezugsperiode den Rechtsgrund für das Behaltendürfen der bereits gewährten Leistung entfallen und sehen einen vertraglichen Rückzahlungsanspruch des Arbeitgebers vor (zu Rückzahlungsvereinbarungen hinsichtlich Fortbildungskosten[3] vgl. Rz. 541 ff.)[4]. Übergreifend wird mit Blick auf den verfolgten Leistungszweck von „**Bindungsklauseln**" gesprochen[5].

Für die weitere Darstellung soll terminologisch wie folgt unterschieden werden: Alleine von der Betriebs- bzw. **Unternehmenstreue** des Arbeitnehmers hängt ein Entgeltbestandteil ab, wenn der Zahlungsanspruch lediglich unter der Bedingung entfällt, dass der Arbeitnehmer das Arbeitsverhältnis durch Aufhebungsvertrag (oder Befristungsvereinbarung) beendet oder eine Eigenkündigung ausspricht[6]. Ganz allgemein von der **Unternehmenszugehörigkeit** hängt ein Entgeltbestandteil dagegen ab, wenn der Anspruchswegfall auch im Falle einer Arbeitgeberkündigung eintritt. Hinsichtlich der Wirksamkeit von Bindungsklauseln stellen sich verschiedene Fragen: 464

Zunächst ist zu fragen, ob die zulässige Vereinbarung von Bindungsklauseln **auf bestimmte Entgeltbestandteile beschränkt** ist. Das BAG hat in jüngerer Zeit in ausdrücklicher Aufgabe einer langjährigen Rechtsprechung[7] erkannt, dass formularvertragliche Stichtagsklauseln nicht in Bezug auf Entgeltbestandteile wirksam vereinbart werden können (§ 307 Abs. 1 Satz 1 BGB), welche im **Austauschverhältnis** zur 465

---

1 Vgl. nur BAG 21.5.2003 – 10 AZR 408/02, NJOZ 2004, 1532.
2 Zu ähnlich wirkenden Wartezeitklauseln vgl. Preis/*Preis*, Der Arbeitsvertrag, II S 40, Rz. 35 ff.
3 Diese begründen nicht in erster Linie ein Austauschverhältnis von Unternehmenstreue und Entgelt, sondern regeln die Voraussetzung der Kostenübernahme durch den Arbeitgeber.
4 Die Rückzahlungsverpflichtung erstreckt sich regelmäßig auf die vom Arbeitgeber abgeführten Steuern, BAG 5.4.2000 – 10 AZR 257/99, NZA 2000, 1008.
5 *Henssler*, FS Bepler, 2012, S. 207 (208).
6 Auch wenn der Arbeitgeber den wichtigen Grund für die Eigenkündigung geliefert hat, entfällt der Sonderzahlungsanspruch tatbestandlich; dem Arbeitnehmer steht jedoch ein Schadensersatzanspruch nach Maßgabe des § 628 Abs. 2 BGB zu.
7 Vgl. nur BAG 10.12.2008 – 10 AZR 15/08, NZA 2009, 322.

Arbeitspflicht stehen¹. Eine Sonderzahlung, die jedenfalls *auch* Vergütung für bereits erbrachte Arbeitsleistung darstellt (früher „Sonderzahlung mit Mischcharakter"²), könne in Allgemeinen Geschäftsbedingungen nicht vom ungekündigten Bestand des Arbeitsverhältnisses zu einem Zeitpunkt außerhalb des Bezugszeitraums der Sonderzahlung, in dem die hierfür geschuldete Arbeitsleistung erbracht wurde, abhängig gemacht werden. Die Stichtagsklausel stehe im **Widerspruch zum Grundgedanken des § 611 Abs. 1 BGB**, indem sie dem Arbeitnehmer **bereits erarbeiteten Lohn entziehe. Sie verkürze außerdem in nicht zu rechtfertigender Weise die nach Art. 12 Abs. 1 GG geschützte Berufsfreiheit des Arbeitnehmers**, weil sie die Ausübung seines Kündigungsrechts unzulässig erschwere³.

466 Dies dürfte nicht nur dann gelten, wenn der Arbeitnehmer **über den Bezugszeitraum der Sonderzahlung hinaus** gebunden wird, sondern auch bei einer Bindung **nur bis zu dessen Ablauf**. Denn auch bei „unterjähriger" Beendigung des Arbeitsverhältnisses während des Bezugszeitraums verlöre der Arbeitnehmer durch die Bedingung eines durchgehend bestehenden Arbeitsverhältnisses seinen bis zum Ausscheiden anteilig erarbeiteten Entgeltanspruch. Ein (auch) im Synallagma zur Arbeitsleistung stehender Entgeltbestandteil kann daher weder unter die Bedingung gestellt werden, dass das Arbeitsverhältnis zum Ende des Bezugszeitraums noch Bestand hat, noch dass es zu diesem Zeitpunkt *ungekündigt* besteht⁴. Nach dem Ablauf des Bezugszeitraums liegende Stichtage sind ebenso unzulässig wie daran anknüpfende Rückzahlungsklauseln⁵. **Sonderzahlungen mit Mischcharakter im überkommenen Sinne können mithin in Formularverträgen nicht mehr wirksam vereinbart werden**. Aufgrund derselben verfassungsrechtlichen Wertungen hält das BAG außerdem **auch in Betriebsvereinbarungen** enthaltene Stichtagsklauseln für unwirksam, wenn sie sich auf einen Entgeltbestandteil beziehen, der auch der Vergütung der Arbeitsleistung dient⁶.

467 Es stellt sich sodann die Frage, ob allein von der **Unternehmenstreue oder -zugehörigkeit abhängige Entgeltbestandteile der Höhe nach Beschränkungen unterliegen**. Abgesehen davon, dass sich eine gewisse Einschränkung alleine daraus ergibt, dass die als Gegenleistung zur Arbeitsleistung geschuldeten übrigen Entgeltbestandteile eine sittengerechte Vergütung gewährleisten müssen (vgl. Rz. 311f. und Rz. 456), hält das BAG einen reinen Gratifikationscharakter einer Sonderzahlung nur dann für möglich, wenn deren Höhe sich **im üblichen Rahmen einer Treue- und Weihnachtsgratifikation** bewegt und die Sonderzahlung **keinen wesentlichen Anteil an der Gesamtvergütung** ausmacht⁷. Dies erscheint gerechtfertigt in Hinblick auf die zu besorgende Beeinträchtigung der Berufsfreiheit des Arbeitnehmers (Art. 12 Abs. 1 GG), wenn der Arbeitnehmer im Falle einer Eigenkündigung mit der Gratifikation einen allzu hohen Anteil seines Gesamtentgelts verlieren würde. Die Grenze mag insoweit bei 25 % zu ziehen sein⁸. Liegt der Anteil der Sonderzahlung am Gesamtentgelt höher, spricht dies für eine synallagmatische Verknüpfung mit der Arbeitsleistung⁹.

468 **Abhängig von der Höhe** des mit der Bindungsklausel verbundenen Entgeltbestandteils ist die hierdurch bewirkte **(höchst-) zulässige Bindungsdauer**. Für die Beurteilung von

---

1 Vgl. bspw. BAG 22.7.2014 – 9 AZR 981/12, EzA-SD 2014, Nr. 20, 7.
2 BAG 12.5.2010 – 10 AZR 346/09, ZTR 2011, 105; MünchArbR/*Krause*, § 59 Rz. 26f.
3 BAG 18.1.2012 – 10 AZR 612/10, NZA 2012, 561.
4 BAG 13.11.2013 – 10 AZR 848/12, NZA 2014, 368.
5 *Heiden*, RdA 2012, 225 (229). Vgl. auch LAG Hamm 26.9.2013 – 15 Sa 795/13, nv.
6 BAG 12.4.2011 – 1 AZR 412/09, NZA 2011, 989; 7.6.2011 – 1 AZR 807/09, NZA 2011, 1234.
7 BAG 18.1.2012 – 10 AZR 667/10, NZA 2012, 620.
8 Vgl. BAG 24.10.2007 – 10 AZR 825/06, NZA 2008, 40; LAG Bln.-Bbg. 24.5.2011 – 11 Sa 2566/10, nv. Im Anwendungsbereich der entsprechenden Verordnungen sind die Beschränkungen des § 5 Abs. 6 InstitutsVergV/§ 4 Abs. 2 Satz 3 VersVergV für garantierte variable Vergütungen zu beachten.
9 Vgl. *Beitz*, SAE 2013, 17 (21).

Rückzahlungsklauseln hat die Rechtsprechung Leitlinien entwickelt (zu den Besonderheiten bei Verfallklauseln in Aktienoptionsplänen vgl. Rz. 505): Die durch den unternehmenstreueabhängigen Entgeltbestandteil bewirkte Bindung darf den Arbeitnehmer nicht in unzulässiger Weise in seiner Berufsfreiheit (Art. 12 Abs. 1 GG) behindern[1]. Da sich der Arbeitnehmer angesichts der drohenden Rückzahlungsverpflichtung gehindert sehen kann, von seinem Kündigungsrecht bzw. seinem Recht auf freien Wechsel des Arbeitsplatzes Gebrauch zu machen, beeinträchtigt die Verpflichtung zur Rückzahlung einer Sondervergütung bei Aufgabe des Arbeitsplatzes seine **Berufsfreiheit (Art. 12 Abs. 1 GG)**[2]. Die maximale Bindungsdauer und die Höhe der Vergütung müssen daher in einem angemessenen Verhältnis stehen, um die Klausel nicht als treuwidrig erscheinen zu lassen (§ 242 BGB)[3].

Für in Einzelverträgen vereinbarte Rückzahlungsklauseln bzgl. Sonderzahlungen, die am Jahresende bzw. als Weihnachtsgratifikation im November geleistet werden, haben sich in der Rechtsprechung in der Vergangenheit folgende **Regeln** herausgebildet[4]:

– Bei Gratifikationen bis zu 100 Euro darf keine Bindung vereinbart werden[5].
– Bei einem Betrag über 100 Euro bis zur Höhe eines Monatsgehalts[6] darf eine Bindung längstens bis zum Ende des auf den Zahlungszeitpunkt folgenden Quartals, also bis zum 31.3. des nächsten Jahres, festgelegt werden[7].
– Bei einer Gratifikation von mehr als einem, aber weniger als zwei Monatsverdiensten kann eine Rückzahlungsklausel den Arbeitnehmer jedenfalls dann nicht über den 30.6. des folgenden Jahres hinaus an den Betrieb binden, wenn er bis dahin mehrere Kündigungsmöglichkeiten hatte[8].

469

Für eine darüber hinausgehende Bindungsdauer fehlt es an vergleichbaren Orientierungsregeln. Denkbar dürften Rückzahlungsvereinbarungen sein, die eine nach Beendigungszeitpunkten gestaffelte Höhe des zurück zu zahlenden Entgelts vorsehen[9]. Nach diesen Grundsätzen unzulässige Bindungsfristen führen zur Unwirksamkeit der Rückzahlungsklausel. Aufgrund der von der Rechtsprechung durchgeführten Angemessenheitskontrolle (§ 307 Abs. 1 BGB)[10] dürfte bei formularvertraglicher Vereinbarung eine geltungserhaltende Reduktion nicht in Betracht kommen[11].

470

Die von der Rechtsprechung etablierten Wertungen können auch bei der Kontrolle von Stichtagsklauseln herangezogen werden, die den Arbeitnehmer über den Stichtag hinaus binden, indem sie den *ungekündigten* Bestand des Arbeitsverhältnisses zum Stichtag voraussetzen. Denn hieraus ergibt sich wiederum eine Bindung des Arbeitnehmers über den Bezugszeitraum hinaus. Es ist nicht allein auf den vertraglichen Stichtag (gleich ob in oder außerhalb des Bezugszeitraums), sondern auf die dadurch **tatsächlich bewirkte Bindungsdauer** abzustellen. Während die Bindung des Arbeitnehmers für die Dauer der einjährigen Bezugsperiode bei einer unternehmenstreue-

471

---

1 BAG 25.4.2007 – 10 AZR 634/06, NZA 2007, 875.
2 BAG 21.5.2003 – 10 AZR 390/02, NZA 2003, 1032.
3 Vgl. BAG 10.5.1962 – 5 AZR 452/61, NJW 1962, 1537 unter Berufung auf einen „Verstoß gegen die Fürsorgepflicht des Arbeitgebers" und den „Gesichtspunkt der Gesetzesumgehung".
4 Vgl. nur BAG 21.5.2003 – 10 AZR 390/02, NZA 2003, 1032; 28.4.2004 – 10 AZR 356/03, NZA 2004, 924. Vgl. auch § 40 ArbVG-E von *Hensslet/Preis* (Stand: November 2007).
5 Für eine Anhebung auf 150 Euro: Schaub/*Linck*, § 78 Rz. 66; MünchArbR/*Krause*, § 59 Rz. 47, Fn. 159.
6 Entscheidend ist die Entgelthöhe im Auszahlungsmonat, nicht das Durchschnittsentgelt während des vergangenen Jahres, BAG 20.3.1974 – 5 AZR 327/73, NJW 1974, 1671.
7 BAG 28.3.2007 – 10 AZR 261/06, NZA 2007, 687.
8 BAG 27.10.1978 – 5 AZR 754/77, AP Nr. 99 zu § 611 BGB Gratifikation.
9 Vgl. BAG 13.11.1969 – 5 AZR 232/69, WM 1970, 368.
10 Vgl. nur BAG 18.1.2012 – 10 AZR 667/10, NZA 2012, 620.
11 Vgl. abweichend zum Kontrollmaßstab: *Heiden*, RdA 2012, 225 (227 f., 231).

abhängigen Jahressonderzahlung regelmäßig unproblematisch sein wird[1], kann die **Voraussetzung des ungekündigten Bestands** je nach Dauer der Kündigungsfrist und der Höhe des Entgeltbestandteils eine unzulässige Beeinträchtigung der Berufsfreiheit des Arbeitnehmers bedeuten. Es finden wiederum die aus der Rechtsprechung zu Rückzahlungsklauseln bekannten Wertungen Anwendung[2], wobei es hier jeweils auf die individuellen Kündigungsfristen ankommen wird. Denn das Erfordernis des ungekündigten Bestands des Arbeitsverhältnisses zu einem bestimmten Stichtag bewirkt für Mitarbeiter mit langer Kündigungsfrist eine längere Bindung als für diejenigen mit kurzer[3]. Da das BAG Bindungsklauseln am Maßstab der §§ 307 ff. BGB überprüft, besteht im Falle einer unangemessenen Benachteiligung des Arbeitnehmers durch eine unzulässig lange Bindungsdauer wiederum die Gefahr, dass die Stichtagsklausel insgesamt als unwirksam angesehen wird.

472 ⟹ **Hinweis:** Wird eine Sonderzahlung dergestalt mit einer **(qualifizierten) Stichtagsklausel** versehen, dass Anspruchsvoraussetzung der „**ungekündigte**" Bestand des Arbeitsverhältnisses zum Stichtag ist, bewirkt dies eine unterschiedliche Bindungsdauer je nach (aktueller) Länge der individuellen Kündigungsfrist. Bei formularvertraglicher Vereinbarung kann eine solche Gestaltung zur Unwirksamkeit der Klausel insgesamt führen. Es empfiehlt sich daher, es bei einer **einfachen Stichtagsklausel** zu belassen (Bsp. „Der Mitarbeiter erhält jeweils die Sonderzahlung, wenn er am 30.11. des jeweiligen Kalenderjahres im Arbeitsverhältnis steht.") bzw. eine solche mit einer **Rückzahlungsklausel** zu verbinden, die an einen **konkreten Bindungszeitraum** anknüpft („... Der Mitarbeiter ist zur Rückzahlung der Sonderzahlung verpflichtet, wenn er das Arbeitsverhältnis vor dem 31.3. des Folgejahres kündigt.").

Zur Kombination einer Stichtagsklausel mit einer Anwesenheitsprämie vgl. Rz. 489.

473 Schließlich stellt sich für die Rechtmäßigkeitskontrolle von Bindungsklauseln die Frage, ob es zulässig ist, die Anspruchsentstehung auch für die Fälle auszuschließen, in denen die **Beendigung des Arbeitsverhältnisses auf Gründen aus der Sphäre des Arbeitgebers beruht (Anspruchsvoraussetzung der Unternehmenszugehörigkeit)**[4]. Der Anspruch entfällt dann auch etwa im Falle einer betriebsbedingten Kündigung vor dem Stichtag. Das BAG hält dies grundsätzlich für zulässig[5], weil eine solche Sonderzahlung ihre motivierende Wirkung nur bei den Arbeitnehmern entfalten könne, die dem Betrieb noch – oder noch einige Zeit – angehören[6]. Allerdings dürfte die **zulässige Höhe solcher Entgeltbestandteile auf maximal 25 % des Gesamtverdiensts beschränkt** sein[7].

474 Möglicherweise unterliegt die Gestaltung von an die bloße Unternehmenszugehörigkeit anknüpfenden Stichtagsklauseln allerdings weitergehenden Beschränkungen[8]: Da der Arbeitgeber über die Entscheidung zur Kündigung des Arbeitsverhältnisses mittelbar auch den Sonderzahlungsanspruch zum Wegfall bringen kann, führt die Vereinbarung der **Anspruchsvoraussetzung Unternehmenszugehörigkeit** zu einem

---

1 Preis/*Preis*, Der Arbeitsvertrag, II S 40, Rz. 36 ff.; *Henssler*, FS Bepler, 2012, S. 207 (217 ff.).
2 *Henssler*, FS Bepler, 2012, S. 207 (217 ff.).
3 Eine solche Stichtagsklausel kann auch aufgrund sich verlängernder Kündigungsfristen in die Unzulässigkeit „hereinwachsen".
4 Bei einer durch den Arbeitgeber schuldhaft veranlassten außerordentlichen Eigenkündigung des Arbeitnehmers zählt eine entfallende Sonderzuwendung allerdings zu dem nach § 628 Abs. 2 BGB zu ersetzenden Schaden, MünchArbR/*Krause*, § 59 Rz. 19.
5 BAG 18.1.2012 – 10 AZR 667/10, NZA 2012, 620; vgl. aber BAG 18.1.2012 – 10 AZR 612/10, NZA 2012, 561.
6 BAG 28.3.2007 – 10 AZR 261/06, NZA 2007, 687.
7 Vgl. BAG 24.10.2007 – 10 AZR 825/06, NZA 2008, 40. Der Senat nimmt an, dass bei einer die 25 %-Grenze übersteigenden Höhe der Sonderzahlung hierdurch auch die im Bezugszeitraum geleistete Arbeit vergütet werden soll.
8 So *Heiden*, RdA 2012, 225 (231 f.).

III. Verpflichtungen des Arbeitgebers

"**versteckten Leistungsbestimmungsrecht**". Es gelten damit **im Falle formularvertraglicher Vereinbarung** die für einseitige Leistungsbestimmungsrechte entwickelten[1] Wirksamkeitsvoraussetzungen. Dies folgt – soweit man § 307 Abs. 1 Satz 1, § 308 Nr. 4 BGB nicht unmittelbar für anwendbar halten wollte – aus § 306a BGB (Umgehungsverbot). Neben der inzwischen etablierten Wertung zum Umfang zulässiger Entgeltflexibilisierung (zum Begriff: Rz. 561) iSd. 25 %-Schranke bedeutet dies, dass die Vereinbarung bereits die Voraussetzungen festschreiben muss, unter denen der Anspruch des Arbeitnehmers aufgrund einseitiger Entscheidung des Arbeitgebers in Wegfall geraten kann. Es erscheint nahe liegend, den Wegfall des Anspruchs auf eine Sonderzahlung wegen fehlender Unternehmenszugehörigkeit bis zu einem Stichtag aufgrund Arbeitgeberkündigung nur dann zuzulassen, wenn die Kündigung iSv. § 1 KSchG sozial gerechtfertigt ist bzw. (im Falle fehlenden Kündigungsschutzes) wäre. Ist die Anspruchsvoraussetzung der Unternehmenszugehörigkeit dagegen individuell ausgehandelt oder gilt sie normativ aufgrund kollektivrechtlicher Grundlage, ist im Rahmen der dann gebotenen Billigkeitskontrolle ein großzügigerer Maßstab anzulegen[2].

Ist eine Stichtagsklausel wirksam vereinbart, führt dies dazu, dass der Arbeitnehmer den Zahlungsanspruch nur erwirbt, wenn die Anspruchsvoraussetzung Unternehmenstreue/Unternehmenszughörigkeit am Stichtag erfüllt ist. **Scheidet der Arbeitnehmer vor dem Stichtag aus, entfällt der Anspruch insgesamt, dh. es besteht auch kein zeitanteiliger Anspruch**[3]. Bei einer Rückzahlungsklausel ist er zur Rückzahlung des gesamten Betrags verpflichtet. Da die Zahlungspflicht nicht im Austauschverhältnis zur Arbeitsverpflichtung steht, kommt es allerdings auch **nicht zu einer Anspruchskürzung nach § 326 Abs. 1 BGB wegen Arbeitsausfallzeiten während der Bezugsperiode**. Dies gilt sogar dann, wenn der Arbeitnehmer während der gesamten Bezugsperiode keine Arbeitsleistung erbracht hat (bzw. erbringen musste)[4].

(3) Anteiliger Anspruch bei fehlender Arbeitsleistung und Anwesenheits- bzw. Pünktlichkeitsprämien

Kommt es während der Bezugsperiode, für welche eine Sonderzahlung geleistet wird, zu Arbeitsausfällen – etwa aufgrund von Krankheit, unentschuldigtem Fehlen oder eines Ruhens der Leistungspflichten – stellt sich die Frage, ob und wie davon der Sonderzahlungsanspruch berührt wird. Dies hängt zunächst davon ab, ob der Anspruch auf die Sonderzahlung im Synallagma zum Anspruch des Arbeitgebers auf Arbeitsleistung steht oder nicht (vgl. Rz. 457). Für **dem arbeitsvertraglichen Grundsynallagma zugehörige Entgeltbestandteile** führt die ausgefallene Arbeitszeit – soweit nicht ausnahmsweise ein Nachholen der Arbeit möglich ist – zum Erlöschen der Leistungspflicht nach § 275 Abs. 1 BGB (Fixschuld) und damit gem. § 326 Abs. 1 Satz 1 BGB zu einem **zeitanteiligen Wegfall des Vergütungsanspruchs**[5]. Etwas anderes gilt nur, soweit gesetzlich (etwa § 3 EFZG, §§ 615f. BGB) oder vertraglich abweichend die (Fort-) Zahlung des Entgelts für diese Zeiträume vorgesehen ist.

---

1 Vgl. hierzu BAG 12.1.2005 – 5 AZR 364/04, DB 2005, 669; 7.12.2005 – 5 AZR 535/04, NZA 2006, 423; 11.10.2006 – 5 AZR 721/05, DB 2007, 170.
2 Vgl. zu einer Betriebsvereinbarung die Erwägungen bei LAG Düsseldorf 17.11.2009 – 17 Sa 97/09, nv.
3 Auch wenn der Arbeitgeber den wichtigen Grund für die Eigenkündigung geliefert hat, entfällt der Bonus tatbestandlich; dem Arbeitnehmer steht ggf. jedoch ein Schadensersatzanspruch nach Maßgabe des § 628 Abs. 2 BGB zu.
4 In der Vergangenheit wurde dies indes durchaus unterschiedlich beurteilt, vgl. BAG 5.8.1992 – 10 AZR 88/90, NZA 1993, 130 mit Nachweisen zu entgegenstehenden Urteilen des 5. und 6. Senats.
5 BAG 21.3.2001 – 10 AZR 28/00, NZA 2001, 785; anders aufgrund abweichenden Verständnisses vom Begriff der Sonderzahlung: MünchKommBGB/*Müller-Glöge*, § 4a EFZG Rz. 3.

477 Steht die Sonderzahlungszusage dagegen nicht im Gegenseitigkeitsverhältnis zum Anspruch auf Arbeitsleistung, weil **einige Anspruchsvoraussetzung etwa die Unternehmenszugehörigkeit zu einem bestimmten Stichtag** sein soll, kommt es nicht zu einer Kürzung nach § 326 BGB. Denn eine Unmöglichkeit liegt hinsichtlich der Gegenleistung (zum Entgeltanspruch) nach § 275 BGB selbst dann nicht vor, wenn der Arbeitnehmer im bestehenden Arbeitsverhältnis während des gesamten Bezugszeitraums nicht gearbeitet hat. Es kann jedoch vereinbart werden, dass sich bestimmte Arbeitsausfallzeiten anspruchsmindernd auswirken.

478 Eine gesetzliche **Sonderregelung** existiert insoweit mit **§ 4a EFZG**. Dieser stellt einerseits klar, dass – auch für grundsätzlich nach § 3 EFZG entgeltfortzahlungspflichtige – **krankheitsbedingte Arbeitsausfallzeiten** (und für Fehlzeiten aufgrund der in § 9 Abs. 1 Satz 1 EFZG genannten Vorsorge- und Rehabilitationsmaßnahmen) eine **Kürzung von Sondervergütungen zulässig** ist und dies sogar über ein zu den Ausfallzeiten (iSv. § 326 Abs. 1 Satz 1 BGB) proportionales Maß hinaus. Andererseits beschränkt die Norm den Gestaltungsfreiraum der Vertragsparteien insoweit, als sie die hiernach erlaubte **überproportionale Kürzung** der Höhe nach auf ein Viertel des Arbeitsentgelts beschränkt, das im Jahresdurchschnitt auf einen Arbeitstag entfällt (§ 4 Satz 2 EFZG; vgl. hierzu Teil 2 B Rz. 150 ff.). Die Vorschrift findet Anwendung sowohl auf Vertragsgestaltungen, nach denen der Anspruch auf die Sondervergütung für bestimmte Fehlzeiten gekürzt wird (**"Anwesenheitsprämien"**)[1], als auch auf solche, wonach die Anspruchshöhe bausteinartig etwa mit jedem Anwesenheitstag steigt (**Aufbauprämien**) bzw. eine Prämie für jeden einzelnen Anwesenheitstag gezahlt wird (**Antrittsprämie**)[2]. Der Arbeitgeber setzt damit für die Arbeitnehmer den Anreiz, während eines möglichst großen Anteils der vertraglich vorgesehenen Arbeitszeit im Betrieb anwesend zu sein, dh. möglichst wenig – entschuldigte oder unentschuldigte – Abwesenheitszeiten zu zeigen.

479 Für die Beurteilung der Rechtmäßigkeit von Vereinbarungen zu Anwesenheitsprämien (einschließlich Aufbau- und Antrittsprämien) ist zu differenzieren: Soweit sich die Anspruchsminderung auf **krankheitsbedingte Arbeitsunfähigkeitszeiten** (bzw. Maßnahmen iSv. § 9 EFZG) bezieht, existiert mit § 4a EFZG eine **gesetzliche Sonderregelung** zu den Zulässigkeitsschranken. Außerhalb des Anwendungsbereichs von § 4a EFZG greifen die allgemeinen Regeln, insbesondere die §§ 242, 307 BGB.

480 Die Vorschrift des § 4a EFZG ist in mehrfacher Hinsicht missglückt und spiegelt zu einem gewissem Grade die **Schwächen der überkommenen Dogmatik der Sonderzahlungen** wider, die eine positiv-rechtlich bis zur Einführung des § 4b EFZG aF nicht gebotene Unterscheidung von Sonderzahlungen und laufendem Entgelt trifft. Die Legaldefinition ist begrifflich wenig geeignet, für den Rechtsanwender die Unterscheidung der Entgeltbestandteile mit ausreichender Klarheit erkennbar zu machen[3]. Denn einerseits kann selbst bei (bspw. monatlicher) Zahlung eines als Anwesenheitsprämie ausgestalteten Entgeltbestandteils zusammen mit dem „laufenden Entgelt" eine Sondervergütung iSv. § 4a EFZG vorliegen[4]. Andererseits ordnet die Rechtsprechung auch jährlich fällig werdende Sonderzahlungen nicht automatisch als eine der Regelung des § 4a EFZG unterfallende Sondervergütung ein, sondern unterscheidet hiervon etwa jährlich fällig werdende „arbeitsleistungsbezogene Sonderzahlungen" (bspw. 13. Monatsgehalt)[5]. Damit ist trotz grundsätzlicher Anknüpfung an die Fällig-

---

1 Vgl. auch die Regelung in § 39 Abs. 3 ArbVG-E von *Henssler/Preis*, Stand November 2007.
2 BAG 25.7.2001 – 10 AZR 502/00, DB 2001, 2608; *Schmitt*, § 4a EFZG Rz. 19.
3 Vgl. etwa *Preis*, NJW 1996, 3369: „schillernden Begriff"; *Schmitt*, § 4a EFZG Rz. 16; *Heiden*, RdA 2012, 225 f.
4 BAG 25.7.2001 – 10 AZR 502/00, DB 2001, 2608; 21.1.2009 – 10 AZR 216/08, AP Nr. 283 zu § 611 BGB Gratifikation; LAG München 11.8.2009 – 8 Sa 131/09, LAGE Nr. 2 zu § 4a EFZG; MünchKommBGB/*Müller-Glöge*, § 4a EFZG Rz. 8.
5 BAG 21.3.2001 – 10 AZR 28/00, NZA 2001, 785.

keitsregelung des Anspruchs[1] zur Bestimmung des Tatbestandsmerkmals „Sondervergütung" nach dem Verständnis der hM jeweils ein Wertungsakt notwendig, um durch Auslegung zu ermitteln, ob es sich bei einer zugesagten Leistung um laufendes Arbeitsentgelt handelt oder um eine Sondervergütung[2]. Die in der Vorschrift geregelte Kürzung für krankheitsbedingte Arbeitsunfähigkeitszeiten charakterisiert den Entgeltbestandteil als Anwesenheitsprämie und damit bereits als Sondervergütung, so dass die Zulässigkeitsvoraussetzung Sondervergütung nur dann Aussagekraft gewinnt, wenn damit bestimmte weitere Anspruchsvoraussetzungen ausgeschlossen werden. Es stellt sich letztlich nur die Frage, ob der Anspruch auch ins Synallagma zur Arbeitsleistung gestellt bzw. von weiteren Anspruchsvoraussetzungen abhängig gemacht werden kann oder nicht.

Im Ergebnis dürften Kürzungen wegen krankheitsbedingter Fehlzeiten nach § 4a EFZG überall dort zulässig sein, wo der **zu kürzende Entgeltbestandteil zumindest im Umfang der möglichen Kürzung dem Austauschverhältnis von Arbeit und Entgelt enthoben ist**. Dies lässt sich der Gesetzesbegründung entnehmen, in welcher davon ausgegangen ist, dass es für Sondervergütungen an einer gesetzlichen Regelung über die Anspruchskürzung bei Arbeitsunfähigkeit fehlt. Da sich aber für synallagmatische Entgeltbestandteile die zeitanteilige Kürzung bereits aus § 326 Abs. 1 BGB ergibt, bezieht sich die Regelung ausschließlich auf nicht als Gegenleistung zur Arbeitsleistung geschuldete Zahlungen („**Entgelt im weiteren Sinne**"[3]). Eine Sondervergütung iSv. § 4a EFZG darf also **nicht (auch) im Austauschverhältnis zur Arbeitsleistung** stehen; die Zulässigkeit weiterer Anspruchsvoraussetzungen bleibt von § 4a EFZG unberührt und richtet sich nach den allgemeinen Regeln (§§ 242, 307 BGB). 481

Die Frage, ob ein Entgeltbestandteil zur Gegenleistung des Arbeitgebers für die Arbeitsleistung zählt oder nicht, ist durch Auslegung der Entgeltabrede zu beantworten. Jedenfalls, wenn die Höhe des Entgeltbestandteils – etwa durch Zielvereinbarungen – **leistungsabhängig bemessen** wird, handelt es sich um **Entgelt für geleistete Arbeit und nicht um eine Sondervergütung iSv. § 4a EFZG; das gilt unabhängig von der Fälligkeit**[4]. Die Rechtsprechung tendiert dazu, bei der Einordnung eines Entgeltbestandteils als Sondervergütung iSd. § 4a EFZG auf seine Bedeutung für die Deckung der ständigen Lebenshaltungskosten des Arbeitnehmers abzustellen[5] und bspw. zusammen mit einem monatlichen Entgelt gezahlte Anwesenheitsprämien nicht als Sondervergütung iSv. § 4a EFZG anzusehen[6]. 482

Über den Wortlaut von § 4a EFZG hinaus ist zu berücksichtigen, dass **krankheitsbedingte Fehlzeiten, die auf Schwangerschaft oder Mutterschaft zurückzuführen** sind, generell **nicht zu einer Kürzung** der Sonderzahlung führen dürfen. Dies folgt aus dem europarechtlichen Diskriminierungsschutz (Art. 157 AEUV). Eine Kürzung wegen schwangerschafts- bzw. mutterschaftsbedingter Fehlzeiten mit zwingender Entgeltfortzahlung wäre als mittelbare Diskriminierung von Frauen zu qualifizieren[7]. 483

Missglückt ist auch die **Begrenzung der zulässigen Kürzungshöhe** in § 4a Satz 2 EFZG. Anstatt – wie zuvor von der Rechtsprechung gehandhabt – die zulässige Kürzung auf einen bestimmten Anteil an der Prämie selbst pro Fehltag zu beschränken[8], 484

---

1 Vgl. MünchKommBGB/*Müller-Glöge*, § 4a EFZG Rz. 6.
2 MünchKommBGB/*Müller-Glöge*, § 4a EFZG Rz. 8.
3 Zur Differenzierung: BAG 7.9.2004 – 9 AZR 631/03, NZA 2005, 941; HWK/*Thüsing*, § 611 BGB Rz. 102 f.
4 AA MünchKommBGB/*Müller-Glöge*, § 4a EFZG Rz. 7.
5 Vgl. BAG 15.2.1990 – 6 AZR 381/88, NZA 1990, 601.
6 LAG München 11.8.2009 – 8 Sa 131/09, LAGE Nr. 2 zu § 4a EFZG.
7 EuGH 21.10.1999 – Rs. C-333/97 – Susanne Lewen/Lothar Denda, NZA 1999, 1325; anders für Elternzeit: BAG 4.12.2002 – 10 AZR 138/02, AP Nr. 245 zu § 611 BGB Gratifikation.
8 Vgl. etwa BAG 15.2.1990 – 6 AZR 381/88, NZA 1990, 601; *Hauck*, RdA 1994, 358 mwN.

knüpft die gesetzliche Beschränkung an das **Verhältnis zum Gesamtjahresverdienst** an. Dies hat zur Folge, dass die prozentuale Kürzungsmöglichkeit für die Anwesenheitsprämie von ihrer Höhe im Verhältnis zu den restlichen Entgeltbestandteilen abhängt. Der Gesetzgeber wird den typischen Fall einer Sonderzahlung vor Augen gehabt haben, die weniger als ein Bruttoquartalsverdienst ausmacht. In diesen Fällen führt die Kürzung um ein Viertel des kalendertäglich geschuldeten Arbeitsentgelts pro Fehltag zu einer überproportionalen Kürzung, die umso höher ausfällt, je geringer die Höhe der Prämie im Verhältnis zum Gesamtentgelt ist. Übersteigt die Prämienhöhe dagegen ein Bruttoquartalsgehalt, beschränkt die Vorschrift die Ausgestaltung der Anwesenheitsprämie (in Abweichung von den allgemeinen Regeln) auf eine unterproportionale Kürzung. Damit wären (auch tarifliche) Antrittsprämien, die höher als ein Viertel des Tagesverdiensts ausfallen, unzulässig. Es dürfte viel dafür sprechen, Entgeltbestandteile in dieser Größenordnung von vornherein als nicht vom Begriff der Sondervergütung iSv. § 4a EFZG erfasst anzusehen.

485 Auch unabhängig von § 4a EFZG und dem Grund des Arbeitsausfalls sind Anwesenheitsprämien einer **Inhaltskontrolle nach allgemeinen Regeln** unterworfen. Aufgrund des europarechtlichen Diskriminierungsverbots des Art. 157 AEUV ist zunächst eine Anspruchskürzung bei Arbeitsausfall wegen Mutterschutzzeiten oder aufgrund eines Beschäftigungsverbots nach dem MuSchG unzulässig[1]. Im Übrigen ist bei der Rechtmäßigkeitskontrolle solcher Anwesenheitsprämien wiederum danach zu unterscheiden, ob es sich um Entgeltbestandteile handelt, die auch die Arbeitsleistung vergüten sollen, oder nicht. Entsprechende Überlegungen gelten für die Rechtmäßigkeitskontrolle von Zahlungszusagen, die in ihrem Bestand von etwaigen Verspätungen des Arbeitnehmers beim Arbeitsantritt während der Bezugsperiode abhängen (**Pünktlichkeitsprämien**).

486 Bei formularvertraglicher **Vereinbarung eines als Gegenleistung zur Arbeitsleistung geschuldeten Entgeltbestandteils** stellt die Vereinbarung einer Anspruchskürzung für (nicht krankheitsbedingte) Fehlzeiten eine Abweichung von Rechtsvorschriften dar, soweit sie **entgeltfortzahlungspflichtige Fehlzeiten** erfasst. § 12 EFZG verbietet für nach § 3 EFZG entgeltfortzahlungspflichtige Arbeitsausfallzeiten jede Anspruchskürzung. Die Abweichung von anderen Entgeltfortzahlungsvorschriften wie den §§ 615 f. BGB ist – soweit durch das Gesetz überhaupt zugelassen – jeweils nach § 307 Abs. 1 Satz 1 BGB auf eine unangemessene Benachteiligung des Arbeitnehmers unter Abwägung der beiderseitigen Interessenlagen und unter Berücksichtigung der den Vertragsschluss begleitenden Umstände (§ 310 Abs. 3 Nr. 3 BGB) zu überprüfen[2].

487 Außerdem weicht die Vereinbarung einer Anspruchskürzung für Fehltage oder Verspätungen von Rechtsvorschriften ab, soweit sie der Höhe nach über die durch § 326 Abs. 1 Satz 1 BGB bewirkte zeitanteilige Anspruchskürzung hinausgeht (**überproportionale Kürzung**). Die Vereinbarung von überproportionalen Anspruchskürzungen für Fehltage oder Verspätungen (bei Pünktlichkeitsprämien) führt bei synallagmatischen Entgeltbestandteilen in der Regel zu einer unangemessenen Benachteiligung iSv. § 307 Abs. 1 Satz 1 BGB. Denn wenn die Kürzung des Entgeltbestandteils – etwa für einen Fehltag – höher ausfällt als der hierauf entfallende Entgeltanteil, wird damit das Entgelt für an anderen Tagen geleistete Arbeit gekürzt. Der damit verbundene Entzug verdienten Arbeitsentgelts bedeutet – wie bei der Kombination synallagmatischer Entgeltbestandteile mit Bindungsklauseln – eine unangemessene Benachteiligung des Arbeitnehmers. Dies gilt jedenfalls, soweit auch (etwa aufgrund § 275 Abs. 3 BGB) berechtigte Arbeitsausfälle bzw. Verspätungen erfasst werden. Soweit da-

---

1 *Vossen*, NZA 2005, 734 (736); ErfK/*Preis*, § 611 BGB Rz. 545.
2 Vgl. etwa HWK/*Thüsing*, § 611 BGB Rz. 107 f. für die Kürzung bei Streiktagen. Zur Vereinbarkeit mit Art. 9 Abs. 3 Satz 2 GG: BAG 31.10.1995 – 1 AZR 217/95, NZA 1996, 389 einerseits und *Belling*, NZA 1990, 214 andererseits.

gegen eine überproportionale Kürzung – in transparenter Weise (§ 307 Abs. 1 Satz 2 BGB) – nur für unberechtigte Arbeitsausfälle und schuldhafte Verspätungen vorgesehen ist, wirkt die Vereinbarung wie eine Vertragsstrafe. Ihre Angemessenheit ist dann im Einzelfall zu prüfen, wobei die Begrenzung der Kürzungshöhe in § 4a Satz 2 EFZG als Maßstab für die maximal zulässige Kürzung herangezogen werden kann. Um keine Umgehung des Aufrechnungsverbots hinsichtlich der nach § 850c ZPO pfändungsfreien Beträge zu eröffnen (§ 394 BGB), muss die Klausel zudem die Wahrung der Pfändungsfreigrenzen sicherstellen[1].

Bei solchen Entgeltbestandteilen, welche nicht auch der Vergütung der Arbeitsleistung dienen, sondern ausschließlich die Anwesenheitsquote bzw. die Pünktlichkeit des Arbeitnehmers durch eine Zahlung honorieren, erfolgt die Inhaltskontrolle nach der hier vertretenen Auffassung – ebenso wie bei individuell ausgehandelten Vereinbarungen – am Maßstab des § 242 BGB. § 612a BGB ist nicht anwendbar, weil dieser nach überwiegender Auffassung nur greift, wenn die benachteiligende Maßnahme oder Vereinbarung sich als Reaktion des Arbeitgebers auf die Rechtsausübung durch den Arbeitnehmer darstellt, was bei einer Vereinbarung über die Kürzung für Fehltage nicht der Fall ist[2]. **488**

Die Rechtsprechung hat zu der Inhaltskontrolle von Anwesenheits-/Pünktlichkeitsprämien nach den allgemeinen Vorschriften bislang nur wenige Vorgaben geliefert. Auch in individuell ausgehandelten Vereinbarungen dürfte eine **überproportionale Kürzung (auch) für berechtigte Fehlzeiten und unverschuldete Verspätungen** aber jedenfalls dann treuwidrig sein, wenn der **Entgeltbestandteil noch in anderer Weise vom Verhalten des Arbeitnehmers abhängig** gemacht wird. Dies betrifft etwa die Verknüpfung von Anwesenheits- oder Pünktlichkeitsprämien mit **Bindungsklauseln**. Da sowohl Anwesenheits- als auch Pünktlichkeitsprämien bei überproportionaler Kürzung aufgrund von Fehltagen/Verspätungen eine besondere Anreizwirkung entfalten und sich auf das Verhalten des Arbeitnehmers auswirken sollen, ist es jeweils als nicht zu rechtfertigende, einseitig zugunsten des Arbeitgebers wirkende Vertragsgestaltung anzusehen, wenn die Zahlung außerdem vom Bestand des Arbeitsverhältnisses zu einem bestimmten Stichtag abhängig gemacht wird[3]. Denn insbesondere, wenn auch eine arbeitgeberseitige betriebsbedingte Kündigung vor dem Stichtag der Anspruchsentstehung entgegenstünde, würde der Arbeitgeber **durch den verhaltenssteuernden Effekt** der Anwesenheitsprämie bei Kündigung des Arbeitsverhältnisses vor dem Stichtag ohne Gegenleistung **treuwidrig bevorteilt**. **489**

Das Gleiche gilt für die **Kombination mit einem Freiwilligkeitsvorbehalt**[4]. Der Arbeitgeber darf also nicht eine unter Freiwilligkeitsvorbehalt gestellte Leistung mit dem Anreiz verbinden, dass im Falle einer Zahlung die Höhe von der Zahl der Anwesenheitstage abhängen wird. Dagegen kann der Arbeitgeber, der eine Leistung freiwillig gewährt, ohne dass diese und die zu ihrer Bemessung herangezogenen Kriterien **zuvor in Aussicht gestellt** wurden, durchaus eine Kürzung in den Grenzen des § 4a Satz 2 EFZG aufgrund einer **vergangenheitsbezogenen** Betrachtung vornehmen[5]. **490**

---

1 *Heiden*, RdA 2012, 225 (233).
2 BAG 14.2.2007 – 7 AZR 95/06, NZA 2007, 803; MünchKommBGB/*Müller-Glöge*, § 612a BGB Rz. 16.
3 Ebenso LAG Düsseldorf 10.5.2010 – 16 Sa 235/10, AuA 2010, 547; ErfK/*Preis*, § 611 BGB Rz. 534d für AGB.
4 Zur Zulässigkeit von Freiwilligkeitsvorbehalten: *Heiden*, RdA 2012, 225 (233 ff.).
5 BAG 7.8.2002 – 10 AZR 709/01, NZA 2002, 1284.

bb) Vermögensbildung und Miteigentum

491 Ausgehend von der gesetzlichen Situation kann bei einer zugunsten von Arbeitnehmern erfolgenden Vermögensbildung im weiteren Sinne von zwei Formen ausgegangen werden, nämlich der **Vermögensbildung/-beteiligung in Arbeitnehmerhand** auf der Grundlage des Fünften Gesetzes zur Förderung der Vermögensbildung der Arbeitnehmer (5. VermBG) und Vermögensbeteiligung bzw. **Mitarbeiterbeteiligung durch Miteigentum** in Form von gesellschaftsrechtlichen Beteiligungsformen.

492 Die allgemeine Vermögensbildung ermöglicht eine **Fremdkapitalbeteiligung**, während von Miteigentum bzw. Mitarbeiterbeteiligung im eigentlichen Sinne gesprochen wird, wenn es zu einer **Eigenkapitalbeteiligung** kommt. Diese beiden Formen werden staatlich gefördert.

Arbeitsrechtlich relevant sind für beide Beteiligungsformen die Frage der Verpflichtung zur Aufbringung der finanziellen Mittel und, im Bereich der Verschaffung von Miteigentum durch gesellschaftsrechtliche Beteiligung, die Frage der Verhinderung eines Abflusses des Mitarbeiterkapitals.

493 **Vermögenswirksame Leistungen** iSd. 5. VermBG sind einmal Zuwendungen des Arbeitgebers für den Arbeitnehmer, zum anderen auch Aufwendungen, die der Arbeitnehmer von seinem Arbeitsentgelt für die in § 2 Abs. 1 des 5. VermBG angeführten Zwecke leistet. Aufgrund dieser sozialpolitischen Zwecksetzung und weil der Arbeitnehmer nicht zeitnah über sie verfügen kann, sind sie bei der Prüfung des Mindestlohnerfordernisses nicht anzurechnen[1]. Als vermögenswirksame Leistungen kommen gem. §§ 6 ff. 5. VermBG auch Leistungen aufgrund einer Ergebnisbeteiligung, dh. einer vereinbarten Beteiligung der Arbeitnehmer an dem durch ihre Mitarbeit erzielten Leistungserfolg des Betriebs oder des Betriebsteils in Betracht. Gemäß § 2 Abs. 6 und 7 des 5. VermBG sind vermögenswirksame Leistungen arbeitsrechtlich Lohnbestandteile und unterliegen in vollem Umfang der Steuer- und Sozialversicherungspflicht.

494 Auf schriftliches Verlangen des Arbeitnehmers ist der Arbeitgeber gem. § 11 Abs. 1 des 5. VermBG verpflichtet, unter den Voraussetzungen des § 11 Abs. 3 des 5. VermBG einen Vertrag über die vermögenswirksame Anlage von Teilen des Arbeitslohns abzuschließen[2].

Eine Verpflichtung des Arbeitgebers, zusätzliche Zuwendungen zu vermögenswirksamen Leistungen zu erbringen, kann sich gem. § 10 des 5. VermBG aus dem Einzelarbeitsvertrag, Betriebsvereinbarung oder Tarifvertrag ergeben. In einer Betriebsvereinbarung kann eine Bindungsfrist von fünf Jahren festgelegt werden, innerhalb derer der Arbeitnehmer vom Arbeitgeber zum Zweck der Vermögensbildung und Alterssicherung zur Verfügung gestellte Mittel bei einer Beendigung des Arbeitsverhältnisses zurückzuzahlen hat[3]. Reduziert sich die Vergütung wegen einer Arbeitszeitverkürzung, so ermäßigen sich in gleichem Umfang die vermögenswirksamen Leistungen[4]. Zu Lasten des Bundes wird die Vermögensbildung durch eine **Sparzulage** gem. § 13 des 5. VermBG gefördert. Diese ist kein Lohnbestandteil und unterliegt daher auch nicht der Steuer- und Sozialversicherungspflicht. Gleichwohl ist sie als solche – also nicht durch formularmäßige Pfändung des Arbeitseinkommens – pfändbar[5].

---

1 EuGH 7.11.2013 – Rs. C-522/12 – Isbir, NZA 2013, 1359; *Bayreuther*, NZA 2014, 865 (868).
2 Es stehen hierfür von der Finanzverwaltung herausgegebene Formblätter zur Verfügung.
3 LAG Köln 21.11.2002 – 5 Sa 818/02, NZA-RR 2003, 436.
4 BAG 17.12.1998 – 6 AZR 370/97, BB 1999, 1332.
5 BAG 23.7.1976 – 5 AZR 474/75, AP Nr. 1 zu § 12 des 3. VermBG.

III. Verpflichtungen des Arbeitgebers

Die **Gewährung von Unternehmensanteilen**, wie Belegschaftsaktien[1] oder GmbH-Anteilen, kann ebenfalls Bestandteil des Arbeitsentgelts (investive Vergütungen) sein. Im Gegensatz zum Shareholder-Value werden Gehaltsbestandteile in Beteiligungen umgewandelt, also Beteiligungen nicht zusätzlich – meist – ergebnisorientiert gewährt.

Die Verschaffung von Miteigentum, die Mitarbeiterbeteiligung (Vermögensbeteiligung) an einem Unternehmen, erfährt eine steuerliche Förderung nach § 3 Nr. 39 EStG. Hiernach bleiben Vorteile aus der unentgeltlichen oder verbilligten Überlassung von Vermögensbeteiligungen iSd. 5. VermBG bis zur Höhe einer Beteiligung von 360 Euro jährlich **steuerfrei**. Voraussetzung ist, dass der Arbeitnehmer im Rahmen eines gegenwärtigen Arbeitsverhältnisses unentgeltlich oder verbilligt eine Kapitalbeteiligung an einem Unternehmen oder eine Darlehensforderung gegen den Arbeitgeber, also eine Sachzuwendung, erhält. Diese Vermögensbeteiligung muss als freiwillige Leistung **zusätzlich** zum ohnehin geschuldeten Arbeitslohn überlassen und darf nicht auf bestehende oder künftige Ansprüche angerechnet werden. Auch muss es sich um eine Beteiligung handeln, die mindestens allen Arbeitnehmern offen steht, die im Zeitpunkt der Bekanntgabe des Angebotes seitens des Arbeitgebers ein Jahr oder länger ununterbrochen in einem gegenwärtigen Dienstverhältnis zum Unternehmen stehen. Die Mitarbeiterbeteiligung kann mit prämiengeförderten, vermögenswirksamen Leistungen des Arbeitgebers nach dem 5. VermBG kombiniert werden. Die Mitarbeiterbeteiligung bzw. Verschaffung von Miteigentum in Form von gesellschaftsrechtlicher Beteiligung kann durch Einzelvertrag oder durch Betriebsvereinbarung erfolgen[2]. Bei Anlage vermögenswirksamer Leistungen im eigenen Unternehmen hat der Arbeitgeber gem. § 2 Abs. 5a 5. VermBG zusammen mit dem Arbeitnehmer Vorkehrungen zur Absicherung des Anlagebetrages bei Zahlungsunfähigkeit des Arbeitgebers zu treffen. Die Ausgestaltung bleibt den Vertragspartnern überlassen. **495**

Weitere Möglichkeiten der **Mitarbeiterbeteiligung** sind Mitarbeiter-Darlehen, stille Beteiligungen, Genussrechte/-scheine und indirekte Beteiligungen über Beteiligungsgesellschaften (so auch in Form eines „Leveraged Employee Stock Ownership Plan"). Eine Mitarbeiterbeteiligung kann daher auch an kleinen und mittleren Unternehmen eingeräumt werden[3]. **496**

Tarifvertraglich kann dem Arbeitgeber nur eine Pflicht zur Geldleistung zur vermögenswirksamen Anlage auferlegt werden. Zu einer Unternehmensbeteiligung kann der Arbeitgeber aufgrund der nach Art. 14 GG bestehenden Eigentumsgarantie nicht, jedenfalls nicht gegen seinen Willen, verpflichtet werden. **497**

Die **ordentliche Kündigung der gesellschaftsrechtlichen Beteiligung** durch den Arbeitnehmer kann für die Dauer des Arbeitsverhältnisses ausgeschlossen werden, so dass ein Abfluss des aus Vermögensbeteiligungen stammenden Arbeitnehmerkapitals während des Arbeitsverhältnisses verhindert wird. § 723 Abs. 3 BGB und § 133 Abs. 3 HGB schließen diese zeitliche Beschränkung des Kündigungsrechts nicht aus. Dagegen dürfte zumindest ein formularvertraglich vereinbarter Kündigungsausschluss auch für die Zeit nach Beendigung des Arbeitsverhältnisses unwirksam sein. Ebenso wird ein in Anlehnung an § 624 BGB gewählter, befristeter Kündigungsausschluss für die Dauer von fünf Jahren in AGB für unzulässig gehalten[4]. **498**

---

1 Zur Aufklärungspflicht des Arbeitgebers bei Ausgabe von Belegschaftsaktien auf Darlehensbasis: BAG 4.10.2005 – 9 AZR 598/04, NZA 2006, 545.
2 Einschränkend *Wagner*, BB 1997, 150.
3 S. dazu *Zimmer*, FA 2001, 38.
4 MünchArbR/*Krause*, § 61 Rz. 12.

499 Scheidet der Arbeitnehmer aus dem Arbeitsverhältnis aus, so kann eine dann regelmäßig gewünschte **Rückübertragung** seines Gesellschaftsanteils nur durch eine entsprechende Verpflichtung im Anteilsübertragungsvertrag oder im Gesellschaftsvertrag gesichert werden. Nach wohl herrschender Meinung wird es für zulässig erachtet, einen **Abfluss des Mitarbeiterkapitals** bei Beendigung des Arbeitsverhältnisses zu verhindern, indem der gesellschaftsrechtliche Abfindungsanspruch etwa auf den Buchwert oder den Betrag, den der Arbeitnehmer selbst für den Erwerb des Anteils gezahlt hat, beschränkt wird. Dabei muss sichergestellt sein, dass dadurch nicht von vornherein ein grobes Missverhältnis zu dem wahren Wert der Gesellschaftsbeteiligung entsteht[1].

500 Bei einer **Belegschaftsaktie** bleibt dem Mitarbeiter die Möglichkeit der **Übertragung**. Dieses Recht kann aufgrund der zwingenden Vorschriften der §§ 53a–75 AktG auch nicht gegenüber Arbeitnehmern eingeschränkt werden[2]. Zulässig sind jedoch schuldrechtliche Veräußerungsbeschränkungen, die zwar nicht zur Unwirksamkeit der Übertragung führen, jedoch im Falle eines Verstoßes schuldrechtliche Sanktionen vorsehen können[3]. Eine auf die Beendigung des Arbeitsverhältnisses bezogene **Verfallklausel** hinsichtlich einer gesellschaftsrechtlichen Beteiligung des Arbeitnehmers ist wirksam, wenn sie die Erstattung des vom Arbeitnehmer investierten Betrages vorsieht[4].

501 **Aktienoptionen (Stock Options)** sind als Sachbezug einzuordnen[5] und räumen dem Arbeitnehmer das Recht ein, innerhalb eines bestimmten Zeitraums (Erwerbszeitraum) Aktien des Arbeitgeberunternehmens oder der Muttergesellschaft zu erwerben. Die Anzahl und der Kaufpreis (Basispreis) der zu erwerbenden Aktien sind dabei im Voraus festgelegt.

502 Aktienoptionen werden entweder als **Gegenleistung zur Arbeitsleistung** (Entgelt im engeren Sinne[6]) gewährt[7] oder zugesagt, um eine stärkere **Bindung der Mitarbeiter** an das Unternehmen zu erreichen und einen **Anreiz zur Unternehmenstreue** zu bieten[8]. Vielfach werden Aktienoptionen auch durch eine andere Konzerngesellschaft (regelmäßig durch die „Muttergesellschaft") gewährt[9]. Eine eigene Verpflichtung zur Gewährung der Aktienoptionen besteht dann für den Arbeitgeber nur, wenn die Arbeitsvertragsparteien die Teilnahme des Arbeitnehmers an dem Aktienoptionsprogramm des anderen Konzernunternehmens ausdrücklich oder konkludent vereinbart haben[10]. Auch ist der Arbeitgeber nicht ohne Weiteres zur Auskunftserteilung in Hinblick auf etwaige Ansprüche gegenüber der anderen Konzerngesellschaft verpflichtet[11]. Aktienoptionen dienen in erster Linie der Mitarbeiter-Motivation. Es soll damit zum einen eine langfristige Bindung an das Unternehmen und zum anderen ein Bei-

---

1 Vgl. BGH 19.9.2005 – II ZR 342/03, NJW 2005, 3644; MünchArbR/*Krause*, § 61 Rz. 14.
2 BayObLG 24.11.1988 – BReg 3 Z 111/88, DB 1989, 214.
3 *Baeck/Diller*, DB 1998, 1405.
4 Preis/*Lindemann*, Der Arbeitsvertrag, II A 70 Rz. 65; *Baeck/Diller*, DB 1998, 1405.
5 LAG Düsseldorf 30.10.2008 – 5 Sa 977/08, DB 2009, 687.
6 Zur Differenzierung: BAG 7.9.2004 – 9 AZR 631/03, NZA 2005, 941; HWK/*Thüsing*, § 611 BGB Rz. 102 f.
7 Vgl. LAG Düsseldorf 30.10.2008 – 5 Sa 977/08, DB 2009, 687, diese Einordnung wird bei Führungskräften näher liegen als bei Mitarbeitern mit geringerem Einfluss auf den Unternehmenswert, vgl. MünchArbR/*Krause*, § 58 Rz. 52.
8 *Lembke*, BB 2001, 1469.
9 Zur Gewährung von Aktienoptionen durch ausländische Muttergesellschaften an Arbeitnehmer deutscher Tochtergesellschaften s. *Lingemann/Diller/Mengel*, NZA 2000, 1191 und *Lipinski/Melms*, BB 2003, 150 (zur Frage, ob es sich dabei um Arbeitsentgelt handelt).
10 BAG 16.1.2008 – 7 AZR 887/06, ZIP 2008, 1496; 28.5.2008 – 10 AZR 351/07, NZA 2008, 1066. Ansprüche aus Aktienoptionszusagen sind dieser gegenüber den ordentlichen Gerichten geltend zu machen: LAG Hamm 25.11.2009 – 2 Ta 275/09, nv.; LAG München 19.1.2008 – 11 Ta 356/07, nv.
11 LAG Rh.-Pf. 14.9.2009 – 5 Sa 293/09, nv.

III. Verpflichtungen des Arbeitgebers

trag zur Steigerung des Börsenkurses erreicht werden[1]. Die Art der Beteiligung variiert von Unternehmen zu Unternehmen. So gibt es auch Programme mit virtuellen Aktienoptionen. Bei den sog. **Stock Appreciation Rights** wird in einem bestimmten Zeitraum die Differenz zwischen Anfangs- und Endkurs in bar ausgezahlt[2]. Die für die Gewährung von Aktienoptionen maßgeblichen Ausübungsbedingungen unterliegen einer Inhaltskontrolle nach den §§ 134, 138, 242, 305 ff. BGB[3]. Allerdings legt das BAG aufgrund des gegenüber anderen Entgeltbestandteilen ungleich stärker „spekulativen Charakters" von Aktienoptionen einen großzügigen Maßstab an[4].

Aktienoptionsprogramme werden auf Unternehmensebene durch die **Hauptversammlung** beschlossen. Um im Falle der Ausübung des Optionsrechts die Übertragung der zugesagten Aktien zu ermöglichen, können diese von der Gesellschaft durch den Erwerb eigener Aktien nach § 71 Abs. 1 Nr. 8 AktG oder durch Erhöhung des Kapitals beschafft werden. Die Kapitalerhöhung kann gegen Einlage nach §§ 182 ff. AktG, durch eine bedingte Kapitalerhöhung nach §§ 192 ff. AktG, durch genehmigtes Kapital nach §§ 202 ff. AktG und durch Wandel- oder Gewinnschuldverschreibungen gem. § 221 AktG erfolgen. Das Gesamtvolumen der Aktien, die für Zwecke eines Aktienoptionsplans genutzt werden können, ist deshalb nicht auf 10 % des Grundkapitals beschränkt, wenn nicht lediglich das bedingte Kapital ausgeschöpft wird[5]. Auf der Grundlage und nach Maßgabe des Beschlusses der Hauptversammlung beschließt der Vorstand ggf. unter Mitwirkung des Betriebsrats einen Aktienoptionsplan, der die näheren Einzelheiten der Begebung und Ausübung der Aktienoptionen regelt[6]. Der Hauptversammlungsbeschluss kann vorsehen, dass die Aktienoptionen an die Arbeitnehmer in mehreren Zeitabschnitten gewährt werden.

503

Beruht das Bezugsrecht der Aktien auf einer bedingten Kapitalerhöhung, so beträgt die **Wartefrist** für die erstmalige Ausübung der gewährten Optionen nach § 193 Abs. 2 Nr. 4 AktG mindestens vier Jahre. Erst nach Ablauf dieser Wartezeit kann der Arbeitnehmer die Optionen erstmalig ausüben, dh. die Aktie erwerben. Die Wartefrist kann grundsätzlich bis zu fünf Jahren ausgedehnt werden, ohne dass dies eine unangemessene Benachteiligung iSv. § 307 BGB darstellt[7]. Die vertraglich vereinbarte Wartefrist ist nicht unangemessen benachteiligend, wenn sie die Fünf-Jahres-Frist des § 1b Abs. 1 BetrAVG nicht überschreitet. Das Recht die Optionen auszuüben, kann für einen bestimmten Zeitraum eingeräumt werden (**Ausübungszeitraum**). Nutzt der Arbeitnehmer die Optionen während des Ausübungszeitraums, erwirbt er die Aktien zum festgelegten Ausgabepreis (idR der Aktienkurs am Tag der Optionsausgabe) und nicht zum aktuellen Kurswert. In Optionsplänen können zusätzlich sog. **Ausübungsfenster** festgelegt werden. Diese werden zur Vermeidung von Insiderproblemen üblicherweise in einen Zeitraum von vier bis sechs Wochen nach der Bekanntgabe von Unternehmensdaten (zB Quartalsergebnisse) gelegt[8].

504

---

1 Zu der gegenüber sonstigen (Sonder-) Vergütungen (vgl. Rz. 461 ff.) großzügigeren Rechtmäßigkeitskontrolle von Bindungsklauseln: BAG 28.5.2008 – 10 AZR 351/07, NZA 2008, 1066.
2 Vgl. HWK/*Thüsing*, § 611 BGB Rz. 127.
3 *Röder/Göpfert*, BB 2001, 2002 (2004 f.) zur Frage, wie hoch der durch Aktienoptionen zu leistende Anteil am Gesamtentgelt sein darf. Zu nicht handelbaren entgeltlichen Aktienoptionsrechten: *Giesen/Ricken*, NZA 2008, 578. Zur Wahrung des Gleichbehandlungsgrundsatzes bei Beschränkung des Optionsanspruchs auf Arbeitnehmer bestimmter Hierarchieebenen BAG 21.10.2009 – 10 AZR 664/08, NZA-RR 2010, 289.
4 BAG 28.5.2008 – 10 AZR 351/07, DB 2008, 1748.
5 *Mutter*, ZIP 2002, 295.
6 Zu den Grenzen der Mitbestimmung des Betriebsrats: *Otto/Mückl*, DB 2009, 1594.
7 Wohl BAG 28.5.2008 – 10 AZR 351/07, DB 2008, 1748; AA *Reim*, ZIP 2006, 1075. Vgl. auch zu einem Mitarbeiterbeteiligungsmodell mit fester Laufzeit von 25 Jahren LAG BW 18.7.2011 – 15 Sa 110/10, nv.
8 *Mechlem/Melms*, DB 2000, 1614.

Hat der Arbeitnehmer die Option während des Ausübungszeitraums ausgeübt, so hat er die Aktie zum Ausgabepreis erworben und ist gesellschaftsrechtlich vollwertiger Aktionär. Die erworbenen Aktien können keiner aktienrechtlichen **Veräußerungssperre** unterworfen werden (mit Ausnahme vinkulierter Namensaktien sind aktienrechtliche Veräußerungssperren unwirksam). Ein derartiges Ergebnis kann allerdings – zeitlich begrenzt – durch schuldrechtliche Vereinbarung einer **Sperrzeit** erreicht werden (fünf bis zehn Jahre)[1]. Dagegen kann die Veräußerung der Aktienoptionen vertraglich ausgeschlossen werden.

505 Üblicherweise enthalten Optionspläne/-programme **Verfallklauseln**, die für den Fall der Beendigung des Arbeitsverhältnisses den Verlust sämtlicher Rechte aus dem Begebungsvertrag oder die Verpflichtung zur Rückgewähr der erworbenen Aktien oder des erzielten Gewinns vorsehen. Eine derartige Verfallklausel stellt sich als auflösende Bedingung gem. § 158 BGB dar. Scheidet der Arbeitnehmer während der gesetzlichen Mindestwartedauer (wenn das Bezugsrecht auf einer bedingten Kapitalerhöhung gem. §§ 192 ff. AktG beruht) aus, folgt die Zulässigkeit einer Verfallklausel schon aus § 193 Abs. 2 Nr. 4 AktG. Hat der Arbeitnehmer die Option während des Ausübungszeitraums ausgeübt und ist er Aktionär, so sehen die Optionspläne im Falle einer Eigenkündigung oder bei berechtigter verhaltens- oder betriebsbedingter Kündigung seitens des Unternehmens vielfach eine Rückübertragungsverpflichtung vor. Für Verfallklauseln wie auch für schuldrechtliche Veräußerungssperren und deren Dauer sind die Grenzen der Sittenwidrigkeit (§§ 138, 242 BGB iVm. Art. 12 GG) zu berücksichtigen sowie – soweit die Aktienoptionen Entgelt im engeren Sinne darstellen – bei formularvertraglicher Vereinbarung die sich aus den §§ 307 ff. BGB ergebenden Beschränkungen. Die für Sonderzahlungen entwickelten Rechtsgrundsätze bzgl. der Zulässigkeit von Bindungsfristen sind insoweit allerdings nicht uneingeschränkt zu übertragen[2].

506 Im Falle eines **Betriebsübergangs** gehen auch die Verpflichtungen aus einem Aktienoptionsprogramm nach § 613a Abs. 1 BGB auf den Erwerber über. Besteht die Vereinbarung über die Gewährung von Aktienoptionen allerdings nicht zum Arbeitgeberunternehmen, sondern mit einem anderen Konzernunternehmen, so tritt der Betriebserwerber nicht in die daraus resultierenden Pflichten ein[3].

507 Nach der Rechtsprechung erfolgt bei Aktienoptionen der nach § 19 EStG maßgebliche **steuerpflichtige** Einkommenszufluss nicht bereits mit der Einräumung des Optionsrechts, sondern erst bei der Ausübung der Option[4].

S. als Muster einer Aktienoptionen betreffenden Vereinbarung die Optionsrechtsvereinbarung im Anwalts-Formularbuch Arbeitsrecht[5].

cc) Arbeitgeberdarlehen

508 Zur Überbrückung finanzieller Engpässe werden Arbeitnehmern vielfach Vorschüsse oder Arbeitgeberdarlehen gewährt. Der Unterschied zum Vorschuss ist beim **Arbeitgeberdarlehen** darin zu sehen, dass der Darlehensbetrag wesentlich höher ist als das Arbeitsentgelt für ein oder zwei Monate, so dass in aller Regel die Rückzahlung des

---

1 *Mechlem/Melms*, DB 2000, 1614; *Schanz*, NZA 2000, 626; *Röder/Göpfert*, BB 2001, 2002 (2004).
2 BAG 28.5.2008 – 10 AZR 351/07, DB 2008, 1748; *Staake*, NJOZ 2010, 2494; MünchArbR/*Krause*, § 58 Rz. 58 ff.
3 BAG 12.2.2003 – 10 AZR 299/02, DB 2003, 1065; LAG München 12.2.2009 – 3 Sa 833/08, nv.; ErfK/*Preis*, § 613a BGB Rz. 73. Vgl. insg.: *Lützeler*, Aktienoptionen bei einem Betriebsübergang, 2007; *Tappert*, NZA 2002, 1188.
4 BFH 20.11.2008 – VI R 25/05, ZIP 2009, 386; s. dazu auch *Portner*, DB 2002, 235.
5 *Bauer/Lingemann/Diller/Haußmann*, Anwalts-Formularbuch Arbeitsrecht, M 12.27; Preis/*Lindemann*, Der Arbeitsvertrag, II A 70 Rz. 69.

Darlehens in monatlichen Raten vereinbart wird. Auch spricht für die Hingabe eines Darlehens und nicht nur für die bloße Einräumung eines Vorschusses der mit dem eingeräumten Darlehen seitens des Arbeitnehmers verfolgte Zweck. Kann dieser nicht mit dem normalen Arbeitsentgelt üblicherweise sofort verwirklicht werden und wird auch sonst allgemein hierfür ein Kredit in Anspruch genommen, so ist von einem Darlehen auszugehen. Erst recht gilt dies, wenn zusätzlich eine Verzinsung vereinbart ist oder wenn der Arbeitnehmer eine Sicherheit für die Darlehensgewährung zur Verfügung zu stellen hat.

Im Gegensatz zu einem Arbeitgeberdarlehen ist der **Vorschuss** eine bloße Vorauszahlung auf noch nicht verdientes oder noch nicht fälliges Arbeitsentgelt. Der Vorschuss dient so zur Überbrückung bis zum Erhalt des nächsten fälligen Arbeitsentgelts, so dass er bereits in voller Höhe mit diesem oder aber mit den unmittelbar darauf fälligen Entgeltzahlungen in Verrechnung gelangt. Der beiderseits vorausgesetzte Zweck eines Vorschusses und die zumindest stillschweigende Abrede, dass in voller Höhe das nächste Arbeitsentgelt auf die Vorschusszahlung in Anrechnung gelangt, gibt dem Arbeitgeber nach der herrschenden Auffassung die Möglichkeit, den Vorschuss auch mit dem unpfändbaren Teil des Arbeitseinkommens zu verrechnen[1]. Dagegen kann der Arbeitgeber beim Darlehen gem. § 394 BGB nur gegen den pfändbaren Teil der Gehalts- oder Lohnforderungen aufrechnen. 509

Handelt es sich um einen sog. **stehenden Vorschuss**, wie etwa den Reisekostenvorschuss, ist daher klarzustellen, dass es sich hierbei um ein Darlehen und nicht um einen echten Vorschuss handelt. Richtig gestellt werden kann dies durch folgende Vereinbarung: 510

Formulierungsbeispiel:

Gewährt der Arbeitgeber dem Arbeitnehmer Vorschusszahlungen, die erst bei Beendigung des Arbeitsverhältnisses abgerechnet werden sollen, so gilt eine solche Zahlung als Darlehen.

Der Darlehensvertrag zwischen Arbeitgeber und Arbeitnehmer ist grundsätzlich ein **Verbrauchervertrag**[2]. Obwohl der Darlehensvertrag gegenüber dem Arbeitsvertrag regelmäßig **rechtlich selbständig** ist[3], handelt der Arbeitnehmer als Darlehensnehmer in einer Verbrauchersituation. Von der Anwendung der §§ 492 ff. BGB ausgenommen sind jedoch gem. § 491 Abs. 2 Nr. 4 BGB Arbeitgeberdarlehen zu Zinsen, die unter den marktüblichen Sätzen liegen. Aus der rechtlichen Selbständigkeit des Darlehensvertrags folgt, dass das Darlehen nicht ohne besondere Vereinbarung mit der Beendigung des Arbeitsverhältnisses zur Rückzahlung fällig wird. Ein vereinbarter Tilgungsplan bleibt weiterhin für beide Seiten verbindlich. Ansonsten sind die Kündigungsvoraussetzungen des § 488 Abs. 3 BGB von Seiten des Arbeitgebers und die der § 488 Abs. 3 und § 489 BGB von Seiten des Arbeitnehmers zu beachten. 511

Für den Fall der **Beendigung des Arbeitsverhältnisses** kann der Darlehensvertrag grundsätzlich ebenfalls mit der Frist des § 488 Abs. 3 BGB gekündigt werden. Etwas anderes gilt indes, wenn – wie üblich – ein fester Rückzahlungstermin oder Tilgungsplan vereinbart wurde. Hieran ist der Arbeitgeber gebunden, wenn nicht ausnahmsweise ein Grund für die außerordentliche Kündigung (auch) des Darlehensvertrags gegeben ist. Es empfiehlt sich, für diese Fälle das Schicksal des Darlehens gesondert zu regeln. Unbedenklich sind sog. **Zinsanpassungsklauseln**, welche ab der Beendigung 512

---

1 BAG 11.2.1987 – 4 AZR 144/86, NZA 1987, 485; 13.12.2000 – 5 AZR 334/99, NZA 2002, 390.
2 Vgl. BAG 25.5.2005 – 5 AZR 572/04, NZA 2005, 1111: Der Arbeitsvertrag ist ein Verbrauchervertrag.
3 BAG 19.1.2011 – 10 AZR 873/08, AP Nr. 4 zu § 611 BGB – Arbeitgeberdarlehen.

des Arbeitsverhältnisses den Zinssatz der vom Arbeitnehmer zu tragenden Darlehenszinsen an den marktüblichen Satz anpassen[1]. Dies führt allerdings zur Anwendbarkeit der §§ 492 ff. BGB. Durch eine **Rückzahlungsklausel** wird entweder das Recht des Arbeitgebers zur Kündigung des Darlehensvertrags im Fall der Beendigung des Arbeitsverhältnisses oder die automatische Beendigung des Darlehens sowie die Verpflichtung des Arbeitnehmers zur Rückzahlung der Darlehensvaluta vereinbart. Solche Klauseln unterliegen in AGB insbesondere der Inhaltskontrolle nach § 307 BGB. Unzulässig dürfte eine automatische Fälligstellung des Darlehens bei Beendigung des Arbeitsverhältnisses sein, wenn davon auch fristlose Arbeitgeberkündigungen erfasst werden. Dagegen dürfte eine entsprechende Vereinbarung beschränkt auf ordentliche Kündigungen zulässig sein, weil insofern zumindest die für das Arbeitsverhältnis geltende Kündigungsfrist eingehalten wird. In AGB ist allerdings eine Vereinbarung nach § 307 Abs. 1 Satz 1 BGB unwirksam, wonach ein Kündigungsrecht auch dann besteht, wenn das Arbeitsverhältnis durch eine vom Arbeitgeber veranlasste Eigenkündigung des Arbeitnehmers beendet wird[2]. Aufgrund der Wertung des § 488 Abs. 3 BGB dürfte zudem zumindest eine Kündigungsfrist von einem Monat einzuhalten sein. Dass auch betriebsbedingte Kündigungen zur Fälligstellung des Darlehens führen, benachteiligt den Arbeitnehmer nicht unangemessen[3]. Der Wertung der §§ 162 Abs. 2, 628 Abs. 2 BGB folgend werden Rückzahlungsklauseln dann nicht für anwendbar gehalten, wenn der Arbeitgeber eine außerordentliche Kündigung des Arbeitnehmers schuldhaft herbeigeführt hat[4].

513 Eine mögliche **Rückzahlungsklausel** lautet wie folgt:

Formulierungsbeispiel:

Wird das Arbeitsverhältnis beendet, ist der Darlehensgeber berechtigt, den Darlehensvertrag unter Einhaltung der für das Arbeitsverhältnis geltenden Kündigungsfrist, mindestens aber einer einmonatigen Frist, zu kündigen. Dies gilt nicht bei einer fristlosen Eigenkündigung des Arbeitnehmers aus wichtigem Grund. Erfolgt keine Kündigung, ist die noch offene Darlehensschuld ab dem Zeitpunkt der Beendigung des Arbeitsverhältnisses mit ... % Zinsen zu verzinsen und mit monatlichen Raten in Höhe von ... Euro zu tilgen.

514 Allein die steuerliche Behandlung und der Umstand, dass das Darlehen mit Rücksicht auf ein bestehendes Arbeitsverhältnis gewährt wird, macht den Darlehensrückzahlungsanspruch nicht zu einem Anspruch „aus dem Arbeitsverhältnis", so dass grundsätzlich weder eine allgemeine **Ausgleichsklausel** noch **Ausschlussfristen** mit diesem Inhalt Ansprüche aus dem Darlehensvertrag ausschließen[5]. Dies gilt nicht, wenn das Darlehen niedriger als marktüblich zu verzinsen und an den Bestand des Arbeitsverhältnisses geknüpft ist[6].

515 Gewährt der Arbeitgeber das Darlehen zu einem unter dem Marktzins liegenden Zinssatz, stellt dieser Vorteil Arbeitslohn dar. Zinsvorteile aus einem Arbeitgeberdarlehen über 2 600 Euro sind damit **steuerpflichtig**[7]. Bei Darlehen über 2 600 Euro gilt ergänzend die allgemeine Sachbezugsfreigrenze von monatlich 44 Euro (§ 8 Abs. 2 Satz 9 EStG) sowie der Sachbezugsfreibetrag iHv. derzeit 1 080 Euro (§ 8 Abs. 3 Satz 2 EStG).

---

1 BAG 23.2.1999 – 9 AZR 737/97, NZA 1999, 1212.
2 BAG 12.12.2013 – 8 AZR 829/12, NZA 2014, 905.
3 LAG Köln 25.6.1999 – 11 Sa 46/99, ZTR 2000, 42; Preis/*Stoffels*, Der Arbeitsvertrag, II D 10 Rz. 17.
4 MünchArbR/*Krause*, § 60 Rz. 29; Preis/*Stoffels*, Der Arbeitsvertrag, II D 10 Rz. 18.
5 BAG 19.1.2011 – 10 AZR 873/08, AP Nr. 4 zu § 611 Arbeitgeberdarlehen.
6 BAG 20.2.2001 – 9 AZR 11/00, BB 2001, 2222; 21.1.2010 – 6 AZR 556/07, DB 2010, 675.
7 BMF, Erlass v. 1.10.2008, DB 2008, 2276.

III. Verpflichtungen des Arbeitgebers

Besteht ein **Betriebsrat**, so sind Vergaberichtlinien von arbeitgeberseitig gewährten Darlehen gem. § 87 Abs. 1 Nr. 10 BetrVG mitbestimmungspflichtig. Ob überhaupt finanzielle Mittel zur Gewährung von Arbeitgeberdarlehen zur Verfügung gestellt werden, unterliegt aber nicht der Mitbestimmung des Betriebsrats. 516

Zuständig für die **gerichtliche Klärung von Streitigkeiten** im Zusammenhang mit Arbeitgeberdarlehen sind gem. § 2 Abs. 1 Nr. 4a ArbGG die **Arbeitsgerichte**. Die rechtliche Selbständigkeit des Darlehens steht dem nicht entgegen, da sich die Zuständigkeitsregelung nicht auf Ansprüche aus dem Arbeitsverhältnis bezieht, sondern weiter gehend bürgerliche Rechtsstreitigkeiten insgesamt aus dem Arbeitsverhältnis erfasst, also lediglich an einen Lebenssachverhalt anknüpft. 517

dd) Sachbezüge

Neben Geldzahlungen erhalten Arbeitnehmer im Rahmen des Arbeitsverhältnisses zum Teil auch Sachbezüge. Hierzu gehört jede Entgeltleistung, die im Rahmen des Arbeitsverhältnisses nicht in Geld oder durch bargeldlose Geldleistung gewährt wird[1]. In bestimmten Branchen und Berufen ist die Zusage von **Sachbezügen bzw. Naturallohn** üblich. Dazu zählen die Deputate in der Landwirtschaft, die Kohle- und Hausbrandlieferungen im Bergbau, der „Haustrunk" in Brauereien, Kost und Logis bei Hausgehilfen, Verpflegung, Unterbringung und Krankenfürsorge bei Seeleuten. Darüber hinaus sind verbreitet Sachbezugsleistungen wie Tankgutscheine[2], Warengutscheine, Jobtickets, Freigetränke, Essensmarken und die Überlassung von Kraftfahrzeugen (vgl. Rz. 529 ff.), betrieblichen Laptops sowie Mobiltelefonen zur privaten Nutzung (zu Aktienoptionen vgl. Rz. 501 ff.). Die Bereitstellung einer Wohnung stellt sich dann nur als Sachbezugsleistung dar, wenn ihre Überlassung zu der vom Arbeitgeber geschuldeten Gegenleistung für die Dienste gehört, der Arbeitnehmer also keine besondere Vergütung hierfür zu entrichten hat (sog. **Werkdienstwohnung**, § 576b BGB). Davon unterscheidet sich die **Werkmietwohnung** gem. § 576 BGB, für die der Arbeitnehmer seinerseits eine Miete leistet. 518

Ein **Personalrabatt** stellt idR keine unmittelbare Vergütung von Arbeitsleistung dar, sondern honoriert bereits erbrachte bzw. noch zu erwartende Betriebstreue (Entgelt im weiteren Sinne[3]). Gleiches gilt für sog. **Jahreswagenklauseln**, welche oftmals einen erheblichen Preisnachlass für Mitarbeiter vorsehen, sie aber verpflichten, bei Ausscheiden vor einem bestimmten Zeitpunkt den zum vollen Kaufpreis bestehenden Differenzbetrag nachzuzahlen[4]. 518a

Die Gewährung von Sachbezügen und die Einräumung eines sog. Personalrabatts stehen regelmäßig unter dem vertraglichen Vorbehalt, dass der Arbeitgeber die – preisgeminderten – Waren selbst herstellt oder anbietet[5]. Dahingehende Ansprüche gehen daher bei einem Betriebsübergang nicht ohne Weiteres nach § 613a Abs. 1 Satz 1 BGB über[6]. 519

Kein Sachbezug liegt vor, wenn Leistungen überwiegend im **eigenbetrieblichen Interesse** erfolgen, wie zB die Teilnahme an Betriebsveranstaltungen einschließlich Ver- 520

---

1 MünchKommBGB/*Müller-Glöge*, § 611 Rz. 701 unter Beschränkung auf das arbeitsvertragliche Grundsynallagma.
2 BFH 11.11.2010 – VI R 27/09, BB 2011, 804.
3 Zur Differenzierung: BAG 7.9.2004 – 9 AZR 631/03, NZA 2005, 941; HWK/*Thüsing*, § 611 BGB Rz. 102 f.
4 Vgl. BAG 7.9.2004 – 9 AZR 631/03, NZA 2005, 941.
5 BAG 13.12.2006 – 10 AZR 792/05, NZA 2007, 325; zur steuerlichen Bewertung: BFH 26.7.2012 – VI R 30/09, NJW 2013, 189.
6 BAG 7.9.2004 – 9 AZR 631/03, NZA 2005, 941.

pflegung oder die Überlassung von Dienst- oder Arbeitskleidung[1] oder Arbeitsgerät und die Überlassung eines Autos im Rahmen einer Wohnungsrufbereitschaft[2]. Mit derartigen Leistungen soll nicht die Arbeit oder ein sonstiges Verhalten des Arbeitnehmers vergütet werden[3].

521 Um sicherzustellen, dass der Arbeitnehmer einen gewissen Teil der Gegenleistung für die geschuldete Arbeit in Geld erhält und es nicht durch Überlassung von Ware als Entgelt zu einer Verlagerung des vom Arbeitgeber zu tragenden Wirtschaftsrisikos auf den Arbeitnehmer kommt (**Truckverbot**), schränkt der für alle Arbeitsverhältnisse geltende § 107 Abs. 2 GewO die Möglichkeiten zur Vereinbarung von Sachbezügen ein. Hiernach können Sachleistungen als Arbeitsentgelt nur vereinbart werden, wenn der Arbeitnehmer ein **Interesse an den Sachleistungen hat oder wenn die Gewährung der Eigenart des Arbeitsverhältnisses** entspricht. Hierbei dürfte ein abstraktobjektiver Maßstab anzulegen sein[4]. Dabei ist zu beachten, dass sich die Vorschrift nur auf das „Entgelt" bezieht, welches der Arbeitnehmer als ausschließliche **Gegenleistung für die geschuldete Arbeit** erhält (Entgelt im engeren Sinne), **nicht jedoch auf anderweitige Leistungen** wie etwa betriebstreuebezogene Leistungen (Entgelt im weiteren Sinne)[5]. Bestimmungen in Betriebsvereinbarungen und Tarifverträgen werden durch § 107 GewO nicht eingeschränkt[6]. Für Ausbildungsvergütungen sieht § 17 Abs. 2 BBiG eine anteilsmäßige Beschränkung der Sachbezüge auf 75 % der Bruttovergütung vor.

522 Um eine Verschuldung des Arbeitnehmers gegenüber dem Arbeitgeber und eine Verrechnung der Darlehensforderung mit dem Lohnanspruch zu verhindern, verbietet § 107 Abs. 2 Satz 2 GewO, dass der Arbeitgeber dem Arbeitnehmer Waren auf **Kredit** überlässt. Von diesem Verbot nicht erfasst ist allerdings die Kreditierung des Kaufpreises durch ein Kreditinstitut.

523 Nach § 107 Abs. 2 Satz 3 GewO darf der Arbeitgeber nach Vereinbarung Waren in **Anrechnung auf das Arbeitsentgelt** überlassen, wenn die Anrechnung zu den durchschnittlichen Selbstkosten erfolgt und die Höhe des pfändbaren Arbeitsentgelts nicht übersteigt. Der Begriff der Selbstkosten deckt sich nicht mit dem Einkaufspreis, aber auch nicht mit dem Verkaufspreis. Der Arbeitgeber soll durch die Anrechnung weder Gewinn erzielen noch Verluste erleiden. Gemäß § 107 Abs. 2 Satz 4 GewO müssen die geleisteten Gegenstände, die selbst Arbeitsentgelt darstellen oder in Anrechnung auf das Arbeitsentgelt überlassen werden, mindestens **mittlerer Art und Güte** sein (§ 243 Abs. 1 BGB), soweit nicht ausdrücklich eine andere Vereinbarung getroffen worden ist. Ansonsten bestehen seitens des Arbeitnehmers **Gewährleistungsansprüche** in entsprechender Anwendung der §§ 437 ff. bzw. §§ 536 ff. BGB, wenn die vom Arbeitgeber gelieferte Sache bzw. die zur Verfügung gestellte Wohnung mangelhaft ist.

524 Sowohl bei Vereinbarung eines Sachbezuges gem. § 107 Abs. 2 Satz 1 GewO als auch bei der Überlassung von Waren in Anrechnung auf das Arbeitsentgelt muss nach § 107 Abs. 2 Satz 5 GewO das **Arbeitsentgelt mindestens in Höhe des Pfändungsfreibetrags in Geld** geleistet werden[7]. Sachbezüge werden daher kaum zur Erfüllung des gesetzlichen Mindestlohnanspruchs in Betracht kommen[8].

---

1 BFH 4.5.2006 – VI R 28/05, NZA 2006, 1346.
2 BFH 25.5.2000 – VI R 195/98, DB 2000, 1941.
3 BFH 5.5.1994 – VI R 55, 56/92, EzA § 19 EStG Nr. 1.
4 ErfK/*Preis*, § 107 GewO Rz. 4.
5 HWK/*Lembke*, § 107 GewO Rz. 7 f.
6 Vgl. BT-Drucks. 14/8796, 25.
7 Vgl. zur Anrechnung der privaten Dienstwagennutzung als Sachbezug: BAG 24.3.2009 – 9 AZR 733/07, NZA 2009, 861.
8 Vgl. *Berndt*, DStR 2014, 1878 (1881).

III. Verpflichtungen des Arbeitgebers

Der Anspruch auf die Sachbezüge ist gem. § 851 Abs. 2 ZPO grundsätzlich **nicht pfändbar**. Es handelt sich regelmäßig um gem. § 399 BGB nicht übertragbare zweckgebundene Ansprüche[1]. Allerdings ist der geldwerte Vorteil des Sachbezugs bei der Berechnung des pfändbaren Einkommens zu berücksichtigen (§ 850e Nr. 3 ZPO) und erhöht damit den Pfändungsfreibetrag[2].

Sachbezüge unterliegen – soweit sie eine monatliche Freigrenze von 44 Euro übersteigen (§ 8 Abs. 2 Satz 9 EStG)[3] – grundsätzlich der **Steuerpflicht** (§ 8 Abs. 2 oder Abs. 3 EStG; zur Möglichkeit der Pauschalbesteuerung von Sachzuwendungen vgl. § 37b EStG) und der Beitragspflicht in der **Sozialversicherung** (§ 14 SGB IV)[4], es sei denn, dass es sich um Sachzuwendungen in überwiegend eigenbetrieblichem Interesse handelt und auch die geldwerte Höhe der Zuwendung gegen einen Arbeitslohn spricht[5]. Steuerlich gilt die Einlösung des Warengutscheins beim Arbeitgeber als Zufluss des Arbeitslohns.

Zum geldwerten Vorteil iSd. § 8 Abs. 2 EStG und damit zum zu versteuernden Arbeitslohn gehören auch die verbilligte Überlassung von Waren oder Dienstleistungen, sog. **Personal-/Belegschaftsrabatte**[6], sowie Warengutscheine. Sie sind daher auch sozialversicherungspflichtig[7]. Dies gilt jedenfalls, soweit sie anstelle von vertraglich vereinbartem Arbeitsentgelt gewährt werden und daher nicht unter § 8 Abs. 3 EStG fallen. Leistungen, die freiwillig und zusätzlich erbracht werden, fallen dagegen unter § 8 Abs. 3 EStG und sind nicht sozialversicherungspflichtig, soweit sie hiernach steuerfrei sind.

Zur Ermittlung des für die Sozialversicherung und die Besteuerung maßgeblichen **Barwertes** ermächtigt § 17 Abs. 1 Satz 1 Nr. 4 SGB IV die Bundesregierung, durch Rechtsverordnung (urspr. „Sachbezugsverordnung"; ab 1.1.2007 durch die **Sozialversicherungsentgeltverordnung** ersetzt) im Voraus für jedes Kalenderjahr den Wert für die Sachbezüge Verpflegung, Unterkunft und Wohnung nach dem tatsächlichen Verkehrswert zu bestimmen. Diese Sachbezugswerte gelten auch dann, wenn in einem Arbeitsvertrag, in einem Tarifvertrag oder in einer Betriebsvereinbarung andere Werte angesetzt sind[8].

Wird dem Arbeitnehmer ein **Firmenfahrzeug/Dienstwagen** nicht nur für Dienstfahrten, sondern auch **zur privaten Nutzung** zur Verfügung gestellt, stellt die Möglichkeit der privaten Nutzung eine echte Sachleistung dar[9]. Liegt aufgrund der privaten Nutzungsmöglichkeit eine Arbeitsvergütung in Form einer Sachleistung vor, folgt aus dem Vergütungscharakter eines derartigen Sachbezugs, dass dem Arbeitnehmer das Fahrzeug auch zur Nutzung verbleiben muss, wenn er an der Arbeitsleistung verhindert ist, jedoch weiterhin Anspruch auf das Arbeitsentgelt hat[10]. Sobald kein Entgelt(fortzahlungs-)anspruch mehr besteht, hat der Arbeitnehmer das Fahrzeug allerdings herauszugeben[11]. Der Anspruch auf Überlassung zur privaten Nutzung besteht auch dann, wenn der Arbeitnehmer als Betriebsratsmitglied nach § 37 Abs. 2 BetrVG

---

1 MünchArbR/*Krause*, § 60 Rz. 4.
2 Vgl. zum Dienstwagen: LAG Hess. 15.10.2008 – 6 Sa 1025/07, NZI 2009, 526.
3 Vgl. Fallbeispiele bei *Macher*, NZA 2011, 396.
4 Vgl. Übersicht bei Küttner/*Schlegel*, Sachbezug, Rz. 39 ff. und *Burwitz*, DB 2012, 1152 ff.
5 BFH 21.1.2010 – VI R 2/08, DB 2010, 706; BSG 7.2.2002 – B 12 KR 6/01 R, NZA-RR 2002, 429.
6 BFH 17.6.2009 – VI R 18/07, NJW 2009, 3327.
7 BSG 7.2.2002 – B 12 KR 6/01 R, NZA-RR 2002, 429.
8 LAG Köln 11.3.1998 – 7 Sa 994/97, NZA-RR 1999, 262.
9 BAG 25.1.2001 – 8 AZR 412/00, nv. Anders bei Überlassung nur für eine Wohnungsrufbereitschaft: BFH 25.5.2000 – VI R 195/98, DB 2000, 1941.
10 BAG 21.3.2012 – 5 AZR 651/10, NZA 2012, 61.
11 LAG Köln 22.6.2001 – 11 (6) Sa 391/01, NZA-RR 2001, 523; LAG BW 27.7.2009 – 15 Sa 25/09, DB 2009, 2050. AA LAG Düsseldorf 28.10.2010 – 11 Sa 522/10, nv. bei vereinbartem Eigenanteil des Arbeitnehmers als Beitrag zur Gebrauchsüberlassung.

von der beruflichen Tätigkeit vollständig befreit wird[1]. Sofern das Fahrzeug einer Arbeitnehmerin zum unbeschränkten privaten Gebrauch überlassen ist, so ist ihr dieses nicht nur während eines Beschäftigungsverbots iSd. §§ 3 Abs. 1, 4 MuSchG, sondern regelmäßig auch während der Schutzfristen des §§ 3 Abs. 2, 6 Abs. 1 MuSchG weiter zu belassen[2].

530 Der Arbeitgeber kann sich allerdings vorbehalten, unter bestimmten vertraglich geregelten Umständen (bspw. längere Erkrankung des Arbeitnehmers, berechtigte Freistellung nach erfolgter Kündigung) das Recht zur **Privatnutzung zu widerrufen** und das Fahrzeug zurückzuverlangen. Bei formularvertraglicher Vereinbarung eines solchen Widerrufvorbehalts sind allerdings die aus §§ 307ff. BGB folgenden Anforderungen zu beachten[3]. Der für den Widerruf maßgebliche Sachgrund muss der Widerrufsregelung zu entnehmen sein. Nicht jeder wirtschaftliche Aspekt taugt zum anerkennenswerten Sachgrund für den Widerruf[4]. Das erforderliche Gewicht der Sachgründe hängt von der Bedeutung der Privatnutzungserlaubnis im Gesamtvergütungsgefüge ab. Zudem darf der Wert des widerruflichen Sachbezugs nicht mehr als 25 % der Gesamtvergütung ausmachen[5]. Eine Ankündigungsfrist für den Dienstwagenentzug muss die Widerrufsklausel nicht enthalten. Die Einhaltung einer Ankündigungsfrist ist bei der Frage zu berücksichtigen, ob der aufgrund des eingeräumten Widerrufsrechts konkret ausgeübte Widerruf billigem Ermessen entsprach (§ 315 BGB – Ausübungskontrolle)[6]. Um einen Austausch des Dienstwagens zu ermöglichen, sollte von der Festlegung eines konkreten Wagentyps abgesehen werden[7]. Auch bei der Beschädigung eines auch zur Privatnutzung überlassenen Dienstfahrzeugs gelten die arbeitsrechtlichen Haftungsbesonderheiten (vgl. Teil 2 I)[8].

531 Der Arbeitnehmer hat die **private Nutzung** des Dienstfahrzeuges einschließlich der Übernahme von Tankkosten durch den Arbeitgeber regelmäßig als geldwerten Vorteil **zu versteuern**, wenn es ihm vom Arbeitgeber ganz oder teilweise unentgeltlich überlassen wird. Für die Ermittlung dieses Vorteils stehen zwei Möglichkeiten zur Wahl, nämlich einerseits – für den Fall, dass das Fahrzeug zu mehr als 50 % betrieblich genutzt wird – aufgrund einer Nutzungspauschale (monatlich 1 % des Bruttolistenpreises zzgl. der Kosten für Sonderausstattung sowie 0,03 % von dem genannten Anschaffungspreis je Kilometer der Strecke zwischen Wohnort und Arbeitsstätte, § 8 Abs. 2 Satz 2, 3 iVm. § 6 Abs. 1 Nr. 4 Satz 2 EStG)[9] oder andererseits aufgrund eines Einzelnachweises („Fahrtenbuch") gem. § 8 Abs. 2 Satz 4 EStG. Ggf. ist die an den Arbeitgeber gezahlte Nutzungsvergütung für Privatfahrten in Abzug zu bringen, nicht aber die vom Arbeitnehmer selbst getragenen Treibstoffkosten[10].

Der geldwerte Vorteil kann aber auch mit 15 % pauschal durch den Arbeitgeber versteuert werden, soweit der geldwerte Vorteil den Betrag nicht übersteigt, den der Arbeitnehmer nach § 9 Abs. 1 Satz 3 Nr. 4 EStG als Werbungskosten ansetzen könnte (§ 40 Abs. 2 Satz 2 iVm. § 40 Abs. 3 Satz 1 EStG).

532 Damit auch die Übernahme der steuerlichen Lasten (§ 8 Abs. 2 Satz 2 ff. EStG) klargestellt ist, empfiehlt es sich, nach folgendem **Formulierungsbeispiel** zu verfahren:

---

1 BAG 23.6.2004 – 7 AZR 514/03, NZA 2004, 1287.
2 BAG 11.10.2000 – 5 AZR 240/99, NZA 2001, 445.
3 Vgl. BAG 19.12.2006 – 9 AZR 294/06, NZA 2007, 809.
4 BAG 13.4.2010 – 9 AZR 113/09, NZA-RR 2010, 457.
5 BAG 19.12.2006 – 9 AZR 294/06, NZA 2007, 809.
6 BAG 21.3.2012 – 5 AZR 651/10, NZA 2012, 61.
7 *Nägele*, Der Dienstwagen, S. 70ff., „Ersetzungsbefugnis".
8 S. dazu auch LAG Köln 22.12.2004 – 7 Sa 859/04, BB 2006, 335.
9 S.a. BMF 23.10.2008, DB 2008, 2398; zum Auskunftsanspruch über die tatsächlich mit der Fahrzeughaltung verbundenen Kosten s. BAG 19.4.2005 – 9 AZR 188/04, NZA 2005, 983.
10 BFH 18.10.2007 – VI R 96/04, DB 2007, 2813.

III. Verpflichtungen des Arbeitgebers

Formulierungsbeispiel:

Der Arbeitgeber stellt dem Arbeitnehmer einen Dienstwagen der Mittelklasse/gemäß der aktuellen Fahrzeugrichtlinie des Unternehmens zur Verfügung. Der Arbeitnehmer ist berechtigt, dieses Fahrzeug auch zu privaten Zwecken in angemessenem Umfang zu nutzen. Die Steuer auf den damit verbundenen geldwerten Vorteil trägt der Arbeitnehmer.

Der Arbeitgeber kann die Überlassung des Dienstwagens widerrufen,

a) wenn der Arbeitnehmer arbeitsunfähig erkrankt und keine Entgeltfortzahlung mehr beanspruchen kann,

b) bei rechtswirksamer Suspendierung der Arbeitspflicht,

c) bei Straftaten des Arbeitnehmers mit dem Fahrzeug im Straßenverkehr und

d) wenn die Kosten für die Überlassung diejenigen eines Mietwagens übersteigen.

Wird die Überlassung des Dienstwagens widerrufen oder das Arbeitsverhältnis beendet, so hat der Arbeitnehmer das Fahrzeug am darauf folgenden Arbeitstag inklusive Fahrzeugpapieren und Fahrzeugschlüsseln am Firmensitz zurückzugeben. Zurückbehaltungsrechte sind ausgeschlossen[1].

Wird das **Arbeitsverhältnis beendet**, hat der Arbeitnehmer dem Arbeitgeber das Fahrzeug zum Beendigungszeitpunkt zurückzugeben. Dies gilt auch dann, wenn der Arbeitnehmer gegen die Kündigung Klage erhoben hat, solange die Kündigung nicht offensichtlich unwirksam ist und kein der Kündigungsschutzklage stattgebendes Urteil der ersten Instanz vorliegt[2]. Zum Zurückbehaltungsrecht s. Teil 1 D Rz. 44. Stellt sich aufgrund der Kündigungsschutzklage die Kündigung als unwirksam dar, so hat der Arbeitnehmer Anspruch auf **Wiedereinräumung des Nutzungsrechts** an dem Dienstwagen. 533

Wird dem Arbeitnehmer die Nutzung des Dienstfahrzeuges zu privaten Zwecken unberechtigt vorenthalten bzw. erklärt das Arbeitsgericht die Kündigung für unwirksam, nachdem der Arbeitnehmer das Fahrzeug dem Arbeitgeber zurückgegeben hat, so kann er **Schadensersatz** wegen Nichterfüllung gem. §§ 280, 283, 251 BGB verlangen. Anstatt den Schaden konkret zu beziffern, kann dieser abstrakt nach der steuerlichen Bewertung der privaten Nutzungsmöglichkeit bemessen werden (§ 6 Abs. 1 Nr. 4 EStG)[3]. Da allerdings die steuerlichen Bemessungsregeln den tatsächlichen wirtschaftlichen Wert nachweisbar nicht erfassen, vielmehr der Arbeitnehmer so gestellt werden muss, als hätte er das Dienstfahrzeug zur Verfügung gehabt, umfasst sein Anspruch auch eine **Nutzungsentschädigung** wegen entgangener Gebrauchsvorteile, so dass es sachgemäß ist, bei kurzfristigem Gebrauchsentzug von bis zu drei Wochen die Tabelle von *Sanden/Danner/Küppersbusch* bei der Bemessung zugrunde zu legen[4]. Die vertragliche Regelung über die Bewertung der Privatnutzung stellt keine schadensbegrenzende bzw. anspruchsbegrenzende Vereinbarung dar, da sie sich nur auf den Fall der Zurverfügungstellung eines Kfz bezieht[5]. Der Schadensersatzanspruch steht dem geschädigten Arbeitnehmer nicht als Nettovergütung, sondern als Bruttovergütung zu, da er die Überlassung zur privaten Nutzung zu versteuern hat[6]. Der Schadensersatzanspruch tritt nur an die Stelle des Naturallohnanspruchs[7]. 534

---

1 Wegen detaillierterer Überlassungsregelungen s. das Vertragsbeispiel *Bauer/Lingemann/Diller/Haußmann*, Anwalts-Formularbuch Arbeitsrecht, M 12.21.
2 LAG München 11.9.2002 – 9 Sa 315/02, NZA-RR 2002, 636.
3 BAG 21.3.2012 – 5 AZR 651/10, NZA 2012, 61.
4 BAG 27.5.1999 – 8 AZR 415/98, BB 1999, 1660; LAG Rh.-Pf. 19.11.1996 – 4 Sa 733/96, NZA 1997, 942.
5 ArbG Frankfurt 4.5.1999 – 18 Ca 1661/98, nv.
6 FG Köln 11.11.2009 – 7 K 3651/08, EFG 2010, 482.
7 BAG 16.11.1995 – 8 AZR 240/95, DB 1996, 630.

Verfügt der betroffene Arbeitnehmer über einen **gleichwertigen Pkw**, so kann keine abstrakte Nutzungsentschädigung berechnet werden. Zu erstatten sind in diesem Fall nur die von ihm aufgewendeten Kosten für den Betrieb dieses gleichwertigen Fahrzeugs[1].

535 Die formularmäßige Verpflichtung des Arbeitnehmers, im Falle der Kündigung oder des Eintritts in die Elternzeit anstelle des Arbeitgebers in die Rechte und Pflichten eines zwischen dem Arbeitgeber und einer **Leasinggesellschaft** geschlossenen Dienstwagenvertrags einzutreten, ist in der Regel unzulässig[2]. Dies gilt auch, wenn der Arbeitnehmer die für die restliche Laufzeit des Leasingvertrags noch anfallenden Differenzraten auf den Unterschiedsbetrag leisten soll, der sich infolge der auf seinen Wunsch erfolgten Anschaffung eines teureren Fahrzeugmodells oder einer Sonderausstattung ergeben hat[3]. Eine derartige Belastung durch nach Beendigung des Arbeitsverhältnisses anfallende Leasingraten stellt eine unangemessene Benachteiligung iSv. § 307 Abs. 1 Satz 1 BGB dar.

536 Für **Auseinandersetzungen** im Zusammenhang mit dem Arbeitnehmer gewährten Sachbezügen sind gem. § 2 Abs. 1 Nr. 4a ArbGG die **Arbeitsgerichte zuständig**. Nicht eindeutig ist die Zuständigkeitsfrage bei Rechtsstreitigkeiten in Hinblick auf eine Werkdienstwohnung. Bei der Überlassung einer **Werkmietwohnung** ist wegen des zum Arbeitsverhältnis parallel bestehenden Mietverhältnisses die **ordentliche Gerichtsbarkeit** zuständig (§ 23 Nr. 2a GVG).

ee) Trink- und Bedienungsgelder, Bonuspunkte

537 Trinkgelder im Hotel- und Gaststättengewerbe oder in Taxi- und Friseurbetrieben sind eine **zusätzliche Leistungen durch Dritte** neben dem vom Arbeitgeber geschuldeten Arbeitsentgelt (§ 107 Abs. 3 GewO). Der Arbeitnehmer ist in diesen Arbeitsbereichen berechtigt, Trinkgelder anzunehmen und zu behalten[4]. Die Zulässigkeit der Entgegennahme richtet sich nach der Verkehrsanschauung. In anderen Positionen kann sie pflichtwidrig sein.

538 Von den Gästen freiwillig gewährte **Trinkgelder** sind als Geschenk des Gastes weder Arbeitsentgelt noch Sachbezug[5] und nach § 3 Nr. 51 EStG **steuerfrei**, so dass auch keine Sozialversicherungsbeiträge anfallen[6]. Soweit nicht (ausnahmsweise) anders vereinbart sind Trinkgelder im Krankheitsfall, während des Urlaubs oder für die Dauer einer Betriebsratstätigkeit nicht als Arbeitsentgelt vom Arbeitgeber fortzuzahlen[7]. Anders kann es sich verhalten, wenn sich der Arbeitgeber bei Abschluss des Arbeitsvertrags – ggf. konkludent – dazu verpflichtet hat, dem Arbeitnehmer als Teil seiner Vergütung die Erwerbschance zu geben, etwaige Trinkgelder in Empfang zu nehmen[8]. Auch das **Bedienungsgeld**, welches als Bedienungszuschlag vom Gast erhoben und durch den Arbeitgeber dem Arbeitnehmer überlassen wird, ist Teil des vom Arbeitnehmer zu beanspruchenden Entgelts und auf den vereinbarten Garantielohn anrechenbar[9]. Beim sog. **Tronc-System** werden die Trink- oder Bedienungsgelder für die

---

1 BAG 16.11.1995 – 8 AZR 240/95, DB 1996, 630.
2 ArbG Chemnitz 2.2.2006 – 11 Ca 4455/05, nv.; vgl. aber aufgrund besonderer Vertragsgestaltung: LAG Hess. 14.10.2005 – 12 Sa 2008/04, nv.
3 BAG 9.9.2003 – 9 AZR 574/02, NZA 2004, 484; LAG Bln.-Bbg. 5.12.2007 – 21 Sa 1770/07, nv.
4 LAG Rh.-Pf. 9.12.2010 – 10 Sa 483/10, DB 2011, 881.
5 BAG 28.6.1995 – 7 AZR 1001/94, DB 1996, 226.
6 Dagegen sind freiwillige Sonderzahlungen an Arbeitnehmer eines konzernverbundenen Unternehmens keine steuerfreien Trinkgelder iSd. § 3 Nr. 51 EStG, BFH 3.5.2007 – VI R 37/05, NZA-RR 2008, 31.
7 BAG 28.6.1995 – 7 AZR 1001/94, DB 1996, 226.
8 BAG 28.6.1995 – 7 AZR 1001/94, DB 1996, 226.
9 LAG Rh.-Pf. 9.12.2010 – 10 Sa 483/10, DB 2011, 881.

III. Verpflichtungen des Arbeitgebers

am Tronc Beteiligten einer gemeinsamen Kasse zugeführt, aus der jeder der beteiligten Arbeitnehmer den ihm zustehenden Anteil nach einem vereinbarten Verteilungsschlüssel erhält[1]. So verhält es sich etwa, wenn die Restaurantpreise feste Bedienungsprozente enthalten, welche bei der Gesamtabrechnung anteilig die bedienenden Arbeitnehmer/Kellner erhalten. Nach § 107 Abs. 3 GewO darf die Zahlung einer regelmäßigen Vergütung auch bei Erhalt von (freiwilligen) Trinkgeldern durch Dritte nicht ausgeschlossen werden. Die gezahlte Vergütung muss auch ohne diese freiwilligen Trinkgelder sittengerecht (§§ 138, 134 BGB iVm. § 291 StGB) sein und darf einen für das Arbeitsverhältnis normativ geltenden Tariflohn nicht unterschreiten. Zulässig kann eine Anrechnung von Trinkgeldern auf das geschuldete Festentgelt sein[2].

Bonuspunkte aus Kundenbindungsprogrammen kommen idR nominell zunächst dem Arbeitnehmer zugute, der die vertraglichen Leistungen in Anspruch nimmt. Er ist es, dem für Flüge Bonusmeilen (**„Miles & More"**) gewährt werden oder der Payback-Punkte für das Betanken des Dienstwagens erwirbt. Auch ohne arbeits- oder kollektivvertragliche Regelungen hierzu kann der Arbeitgeber verlangen, dass der Arbeitnehmer die erworbenen Vorteile ausschließlich dienstlich einsetzt bzw. an ihn herausgibt. Dies folgt aus einer entsprechenden Anwendung des § 667 Alt. 2 BGB, da die erworbenen Bonusmeilen im inneren Zusammenhang mit den zuvor von Seiten des Arbeitnehmers für Rechnung und auf Kosten des Arbeitgebers unternommenen Dienstreisen stehen[3]. Dem kann allerdings eine betriebliche Übung entgegenstehen. Schon in Hinblick hierauf empfiehlt sich eine ausdrückliche vertragliche Regelung hierzu. 539

ff) Ausbildungskosten und ihre Rückzahlung

Um den Arbeitnehmern die für das Unternehmen wünschenswerten Qualifikationen zu verschaffen bzw. zu erhalten, fördern Arbeitgeber häufig **Fort-, Aus- und Weiterbildungsmaßnahmen** der Mitarbeiter. Fort- oder Ausbildung ist jede Maßnahme zur Entwicklung von Fähigkeiten und Kenntnissen, die generell für den Arbeitnehmer beruflich von Nutzen ist. Sich wandelnde Arbeitsbedingungen und -anforderungen machen aus Gründen der Beschäftigungsförderung und -sicherung eine Anpassung der Kenntnisse und Fähigkeiten notwendig. Fort- oder Ausbildung kann daher auch darin bestehen, bereits vorhandene Kenntnisse zu verbessern oder durch tatsächliche praktische Übungen zu vervollkommnen[4]. Dies kann durch eigene Bildungseinrichtungen oder fremde Institutionen erfolgen. Die Fort-, Aus- oder Weiterbildung ist zu unterscheiden von der Berufsausbildung iSd. §§ 4 ff. BBiG. Bei einer Fortbildung wird üblicherweise neben der Übernahme der Schulungskosten auch die Vergütung während der Fortbildung fortgezahlt oder ein Unterhaltszuschuss oder Arbeitgeberdarlehen gewährt. Der Arbeitgeber verknüpft mit diesen Zahlungen regelmäßig die Erwartung, dass der durch die Fortbildung besser qualifizierte Arbeitnehmer nach der Maßnahme dem Betrieb noch für längere Zeit angehören wird. 540

Um diese Erwartung[5] sicherzustellen und zu erreichen, dass die für die Aus-, Fort- oder Weiterbildung durch den Arbeitgeber investierten Kosten nicht allein dem Mitarbeiter oder gar einem Konkurrenzunternehmen zugute kommen, kann vereinbart werden, dass der Arbeitnehmer die vom Arbeitgeber für die Aus-, Fort- oder Weiterbildung aufgewandten Kosten zurückzuzahlen hat, wenn er vor Ablauf bestimmter 541

---

1 Die Spielbankunternehmer sind berechtigt, dem Tronc vorab auch die Arbeitgeberanteile zur Sozialversicherung zu entnehmen: BAG 11.3.1998 – 5 AZR 567/96, DB 1998, 2326.
2 *Schöne*, NZA 2002, 829 (832).
3 BAG 11.4.2006 – 9 AZR 500/05, NZA 2006, 1089.
4 BAG 30.11.1994 – 5 AZR 715/93, BB 1995, 1191.
5 Vgl. BGH 10.11.2003 – II ZR 250/01, NJW 2004, 512 zu einem Fall der Zweckverfehlung.

Fristen aus dem Arbeitsverhältnis ausscheidet. Auch kann sich die **Rückzahlungsklausel** darauf erstrecken, dass eine Ausbildung vorzeitig oder nicht erfolgreich beendet wird[1]. Die Rückzahlungsvereinbarung muss aber einem begründeten und billigenswerten Interesse des Arbeitgebers entsprechen. Dazu gehört das Interesse, die über die Leistung und Gegenleistung im Arbeitsverhältnis hinausgehenden ausbildungsbedingten Aufwendungen erstattet zu erhalten, wenn der Arbeitnehmer nach Abschluss der Ausbildung das Arbeitsverhältnis beendet und deshalb für den Arbeitgeber ein erneuter Ausbildungsaufwand entsteht. Allerdings muss den Aufwendungen eine gewisse Relevanz zukommen. Ein Interesse an der Beteiligung des Arbeitnehmers an den Ausbildungskosten fehlt in der Regel bei bloßen einarbeitungsbedingten Aufwendungen[2] und Sicherheitsschulungen. Zudem fehlt ein billigenswertes Interesse, wenn die Rückzahlungspflicht auch bei einer nicht von einem vertragswidrigen Verhalten des Arbeitnehmers abhängigen arbeitgeberseitigen Kündigung[3] oder einer vom Arbeitgeber schuldhaft veranlassten Eigenkündigung des Arbeitnehmers[4] vereinbart ist. **Für den Arbeitnehmer muss die Ausbildung von geldwertem Vorteil sein**[5]. Durch Rückzahlungsklauseln darf ein verständiger Arbeitnehmer nicht entscheidend in seinem Entschluss beeinträchtigt werden, eine konkrete Beschäftigungsmöglichkeit in dem gewählten Beruf zu ergreifen, beizubehalten oder aufzugeben (Art. 12 Abs. 1 GG; § 622 Abs. 6 BGB).

542 **Vorformulierte Rückzahlungsklauseln** unterliegen der Inhaltskontrolle nach §§ 307 ff. BGB (vgl. Teil 1 D Rz. 111 ff.)[6]. Die Frage der Wirksamkeit wird nach den Umständen beurteilt, wie sie sich im **Zeitpunkt des Vertragsschlusses** darstellten[7]. Dabei kommt es nach der Rechtsprechung des BAG auf den vom Arbeitnehmer durch die Aus- oder Weiterbildung erworbenen geldwerten Vorteil sowie auf die Dauer der Bindung, den Umfang der Fortbildungsmaßnahme, die Höhe des Rückzahlungsbetrags und dessen Abwicklung an[8].

543 Je größer der mit der Ausbildung verbundene **berufliche Vorteil** für den Arbeitnehmer ist, desto eher ist ihm auch eine Kostenbeteiligung zuzumuten[9]. Daher kommt eine Kostenbeteiligung bzw. Bindungswirkung in Betracht, wenn der Arbeitnehmer die durch die Fortbildungsmaßnahme erworbenen Kenntnisse und Fähigkeiten **auch außerhalb des Betriebs** des die Aus- oder Fortbildung finanzierenden Arbeitgebers verwerten und sich dadurch beruflich verbessern kann. Diese Möglichkeit hat der Arbeitnehmer insbesondere dann, wenn er durch die Maßnahme eine auch außerhalb des eigenen Betriebs allgemein anerkannte Qualifikation erwirbt, die ihm bisher verschlossene berufliche Chancen eröffnet. Auch können Fortbildungsmaßnahmen insofern einen geldwerten Vorteil darstellen, als mit ihnen die Voraussetzungen zum Aufstieg in eine höhere Tarifgruppe eröffnet werden[10].

544 Anders verhält es sich, wenn die Aus- oder Weiterbildung **nur innerbetrieblich** von Nutzen ist. Das ist zB der Fall, wenn der Arbeitnehmer kurze, nur wenige Wochen andauernde Lehrgänge besuchen muss, die im Wesentlichen der Einweisung und Einarbeitung in dem neuen Arbeitsverhältnis dienen, oder er lediglich eine Auffrischung vorhandener Kenntnisse oder die Anpassung dieser Kenntnisse an vom Arbeitgeber

---

1 Vgl. BAG 19.1.2011 – 3 AZR 621/08, NZA 2012, 85.
2 BAG 16.1.2003 – 6 AZR 384/01, NZA 2004, 456 (Os.).
3 BAG 24.6.2004 – 6 AZR 383/03, NZA 2004, 1035.
4 BAG 13.12.2011 – 3 AZR 791/09, NZA 2012, 738.
5 BAG 15.9.2009 – 3 AZR 173/08, NZA 2010, 342.
6 Vgl. auch *Sasse/Häcker*, DB 2014, 600; *Schönhöft*, NZA-RR 2009, 625.
7 BAG 18.3.2008 – 9 AZR 186/07, NZA 2008, 1004.
8 BAG 16.3.1994 – 5 AZR 339/92, NZA 1994, 937; 14.1.2009 – 3 AZR 900/07, NZA 2009, 666.
9 BAG 16.3.1994 – 5 AZR 339/92, NZA 1994, 937.
10 BAG 6.9.1995 – 5 AZR 174/94, BB 1996, 959.

III. Verpflichtungen des Arbeitgebers

veranlasste neuere betriebliche Gegebenheiten erfährt[1]. Hier scheidet eine Kostenbeteiligung des Arbeitnehmers aus, da die Aus- oder Weiterbildung nicht zu einem für ihn persönlich nutzbaren geldwerten Vorteil führt[2].

Auch bei einem geldwerten beruflichen Vorteil für den Arbeitnehmer müssen **Fortbildungs- und Bindungsdauer** in einem angemessenen Verhältnis stehen[3]. Die Höhe der Arbeitgeberaufwendungen und die Qualität der erworbenen Qualifikation hängen regelmäßig von der Dauer der Fortbildung ab.

545

Das BAG hat hinsichtlich der **zulässigen Bindungsdauer** von einzelvertraglichen Rückzahlungsklauseln folgende „Regelwerte" entwickelt[4]:
- Hat der Arbeitnehmer durch die Fortbildung keine besonders hohe Qualifikation erworben oder sind die vom Arbeitgeber aufgewendeten Fortbildungskosten nicht außergewöhnlich hoch, rechtfertigt eine Fortbildungsdauer **von bis zu einem Monat** nur eine Bindung an das Arbeitsverhältnis für eine Dauer von bis zu sechs Monaten[5].
- Bei einer Lehrgangsdauer **von bis zu zwei Monaten** ohne Verpflichtung zur Arbeitsleistung darf im Regelfall höchstens eine einjährige Bindung vereinbart werden.
- Bei einer Lehrgangsdauer **von drei bis vier Monaten** ohne Verpflichtung zur Arbeitsleistung kann einzelvertraglich eine zweijährige Bindungspflicht vereinbart werden.
- Eine Lehrgangsdauer **von sechs Monaten bis zu einem Jahr** ohne Arbeitsverpflichtung lässt im Regelfall höchstens eine Bindung von drei Jahren zu[6].
- Bei einer **mehr als zweijährigen Dauer** der Fortbildungsmaßnahme ohne Arbeitsleistung hält das BAG eine Bindungsdauer von fünf Jahren für zulässig[7].

546

Allerdings hebt das BAG hervor, dass der **Verhältnismäßigkeitsgrundsatz** weitere Abstufungen erfordert. Die Bemessung der Bindungsfrist nach der Dauer der jeweiligen Bildungsmaßnahme beruht nicht auf rechnerischer Gesetzmäßigkeit, sondern auf richterrechtlich entwickelten Regelwerten, die einzelfallbezogenen Abweichungen zugänglich sind[8]. So kann im Einzelfall auch bei kürzerer Fortbildung eine verhältnismäßig lange Bindung gerechtfertigt sein, etwa wenn der Arbeitgeber ganz erhebliche Mittel aufwendet oder die Teilnahme an der Fortbildung dem Arbeitnehmer überdurchschnittlich große Vorteile bringt[9] und es ihm womöglich überhaupt erst ermöglicht, für den Arbeitgeber (oder dessen Konkurrenz) tätig werden zu können[10]. Ist es für den Arbeitgeber bei Vertragsschluss objektiv schwierig, die zulässige Bindungsdauer zu bestimmen und hat sich dieses Prognoserisiko verwirklicht, soll – auch bei formularvertraglicher Vereinbarung – eine **geltungserhaltende Reduktion** der Bindungsdauer auf das noch zulässige Maß in Betracht kommen[11].

---

1 BAG 5.12.2002 – 6 AZR 539/01, NZA 2003, 559. Vgl. auch BAG 15.9.2009 – 3 AZR 173/08, NZA 2010, 342.
2 LAG Düsseldorf 29.3.2001 – 11 Sa 1760/00, NZA-RR 2002, 292.
3 BAG 14.1.2009 – 3 AZR 900/07, NZA 2009, 666.
4 BAG 6.9.1995 – 5 AZR 241/94, NZA 1996, 314; 15.9.2009 – 3 AZR 173/08, NZA 2010, 342; 19.1.2011 – 3 AZR 621/08, DB 2011, 1338.
5 BAG 5.12.2002 – 6 AZR 539/01, NZA 2003, 559.
6 BAG 5.6.2007 – 9 AZR 604/06, NZA-RR 2008, 107.
7 BAG 16.3.1994 – 5 AZR 339/92, NZA 1994, 937; 6.9.1995 – 5 AZR 241/94, BB 1996, 332: Es gibt keinen Grundsatz, dass die Bindungsdauer höchstens sechs Mal so lang sein darf wie die Dauer der Bildungsmaßnahme.
8 BAG 21.7.2005 – 6 AZR 452/04, NZA 2006, 542; 18.3.2014 – 9 AZR 545/12, NZA 2014, 957. Vgl. ausführlich: *Dorth*, RdA 2013, 287.
9 BAG 5.12.2002 – 6 AZR 539/01, NZA 2003, 559; so wenn zusätzlich zur Musterberechtigung für einen Flugzeugtyp eine sog. CCC-Schulung erfolgt: LAG Köln 19.9.2002 – 10 Sa 612/02, NZA-RR 2003, 237.
10 BAG 19.2.2004 – 6 AZR 552/02, ArbRB 2004, 265.
11 BAG 14.1.2009 – 3 AZR 900/07, NZA 2009, 666.

547 Die zu einzelvertraglichen Rückzahlungsklauseln entwickelten Grundsätze sind auf eine **tarifliche Rückzahlungspflicht** nicht übertragbar. Für die Tarifvertragsparteien besteht eine weiter gehende Gestaltungsfreiheit[1]. Tarifvertragliche Rückzahlungsvereinbarungen unterliegen nicht der Inhaltskontrolle nach Maßgabe der §§ 305 ff. BGB (§ 310 Abs. 4 Satz 1 BGB), dürfen aber nicht höherrangigem Recht widersprechen[2]. Durch Inbezugnahme eines Tarifvertrags mit einer Rückzahlungsklausel wird die Inhaltskontrolle ebenfalls eingeschränkt. Bei kirchlichen Arbeitsvertragsrichtlinien ist grundsätzlich anders als bei Tarifverträgen eine Inhaltskontrolle auf der Grundlage der §§ 305 ff. BGB vorzunehmen. Soweit sie allerdings einschlägige tarifvertragliche Regelungen ganz oder mit im Wesentlichen gleichen Inhalt übernehmen, sollen sie keiner anderen Inhaltskontrolle zu unterziehen sein, als sie bei Tarifverträgen vorzunehmen wäre[3].

548 Auch dann, wenn wegen der Ausbildungskosten zusätzlich ein **Darlehensvertrag** (§ 488 BGB) hinsichtlich der Rückzahlung dieser Kosten vereinbart oder dem Arbeitnehmer die Erstattung der von ihm vorgestreckten Kosten der Ausbildung zugesagt wird[4], gelten die hier angeführten Beschränkungen, wenn die Rückzahlung des Darlehens bzw. die Nichterfüllung des Erstattungsanspruchs von einer Eigenkündigung des Arbeitnehmers abhängig gemacht wird[5]. Gleiches gilt, wenn von vornherein die Rückzahlung in Anrechnung auf die Vergütung erfolgt (Korrektur ggf. gem. § 812 BGB).

549 **Erstattungsfähig** sind die Ausbildungskosten selbst und das vom Arbeitgeber während der Ausbildung geleistete Entgelt, jedoch nicht die Arbeitgeberbeiträge zur Sozialversicherung[6]. Für die Ermittlung des Wertes der Fortbildung für den Arbeitnehmer sind die Kosten der Entgeltfortzahlung jedoch irrelevant[7].

550 Auch bzgl. der **Höhe der Rückzahlungsverpflichtung** stellt das BAG Grenzen auf:

Eine Rückzahlungsklausel verstößt gegen das Transparenzgebot, wenn die Klausel dem Arbeitgeber als Verwender vermeidbare Spielräume hinsichtlich der erstattungspflichtigen Kosten gewährt. Ohne dass **zumindest Art und Berechnungsgrundlagen der ggf. zu erstattenden Kosten** angegeben sind, kann der Arbeitnehmer sein Rückzahlungsrisiko nicht ausreichend abschätzen. Erforderlich ist die genaue und abschließende Bezeichnung der einzelnen Positionen, aus denen sich die Gesamtforderung zusammensetzen soll, und die Angabe, nach welchen Parametern die einzelnen Positionen berechnet werden[8]. Der Arbeitnehmer hat höchstens den in der Rückzahlungsvereinbarung angeführten Betrag zurückzuzahlen, auch dann, wenn die Kosten der Aus- oder Weiterbildung tatsächlich höher liegen. Der Arbeitgeber kann andererseits maximal den Betrag zurückverlangen, den er tatsächlich aufgewandt hat[9]. Dies gilt auch für die Vereinbarung von Kostenpauschalen. Für die Zumutbarkeit dürfte auch entscheidend sein, ob der **Rückzahlungsbetrag zeitanteilig zur Bindungsdauer gestaffelt ist**. Dies ist zB bei einer einjährigen Bindung der Fall, wenn sich der Rückzahlungsbetrag nach jedem vollen Monat, den das Arbeitsverhältnis nach dem Ende der Fortbildungsmaßnahme besteht, um $^{1}/_{12}$ verringert.

---

1 BAG 6.9.1995 – 5 AZR 174/94, NZA 1996, 437.
2 *Schmidt*, NZA 2004, 1002.
3 BAG 17.11.2005 – 6 AZR 160/05, NZA 2006, 872.
4 BAG 19.2.2004 – 6 AZR 552/02, ArbRB 2004, 265.
5 BAG 25.4.2001 – 5 AZR 509/99, NZA 2002, 1396; vgl. auch BAG 18.3.2014 – 9 AZR 545/12, NZA 2014, 957.
6 BAG 11.4.1984 – 5 AZR 430/82, NZA 1984, 288; 23.4.1997 – 5 AZR 29/96, NZA 1997, 1002. Zur einkommensteuerrechtlichen Berücksichtigung der Rückerstattung: *Schönhöft*, NZA-RR 2010, 449.
7 BAG 5.12.2002 – 6 AZR 539/01, NZA 2003, 559.
8 BAG 6.8.2013 – 9 AZR 442/12, NZA 2013, 1361.
9 BAG 16.3.1994 – 5 AZR 339/92, NZA 1994, 937.

III. Verpflichtungen des Arbeitgebers

Nicht jede Beendigung des Arbeitsverhältnisses vor Ablauf der vereinbarten Bindungsfrist kann die Rückzahlungspflicht des Arbeitnehmers auslösen. Eine Erstattung ist nur dann angemessen, wenn die vorzeitige Lösung des Arbeitsverhältnisses der **Sphäre des Arbeitnehmers** zuzurechnen ist[1]. Dies ist regelmäßig bei einer **Eigenkündigung** des Arbeitnehmers und nicht bei einer Kündigung des Arbeitgebers der Fall. Eine Ausnahme gilt jedoch, wenn die Kündigung des Arbeitgebers durch vertragswidriges Verhalten des Arbeitnehmers veranlasst wurde[2]. Der Arbeitnehmer kann dagegen nicht formularvertraglich für den Fall zur Rückzahlung verpflichtet werden, dass der Arbeitgeber das Arbeitsverhältnis vor Ablauf der Bindungsfrist betriebsbedingt oder noch innerhalb der Probezeit[3] kündigt. Eine Bindungswirkung scheidet auch für den Fall aus, dass das Arbeitsverhältnis aufgrund einer vom Arbeitgeber pflichtwidrig veranlassten Eigenkündigung des Arbeitnehmers beendet wird.

551

Ist das Arbeitsverhältnis **befristet**, kann eine Rückzahlungsklausel ohnehin nur für den Fall Bedeutung haben, dass gem. § 15 Abs. 3 TzBfG die Möglichkeit einer vorherigen ordentlichen Kündigung vereinbart wurde. Eine andere Frage ist, inwieweit der Arbeitgeber aufgrund der Befristung überhaupt ein Interesse an der Sicherung der vom Arbeitnehmer erworbenen Kenntnisse für sein Unternehmen hat. Allenfalls eine längere Befristung des Arbeitsverhältnisses dürfte ein solches Interesse und damit einen Erstattungsanspruch rechtfertigen. Auch kann selbstverständlich nicht wegen der für die Schulung von **Betriebsratsmitgliedern** angefallenen Kosten (§ 37 Abs. 6 und § 40 Abs. 1 BetrVG) eine Rückzahlungsklausel vereinbart werden. Schließlich wirft das BAG in der Entscheidung vom 16.3.1994 die Frage auf, ob nicht auch Rückzahlungsklauseln unwirksam sind, die sich aus Umschulungs- oder Fortbildungsmaßnahmen ergeben, mit denen ein Arbeitnehmer **zur Vermeidung einer ansonsten sozial gerechtfertigten Kündigung** zur Weiterbeschäftigung an einem anderen Arbeitsplatz qualifiziert wird[4].

552

Wenn dem Arbeitgeber nicht an einer längeren Bindung des qualifizierten Arbeitnehmers, sondern in erster Linie an einem **Ausgleich der finanziellen Aufwendungen** liegt, so kann er die Schulungskosten und das während der Schulung gezahlte Entgelt dadurch verrechnen, dass bei einem nicht tarifgebundenen Arbeitsverhältnis für einen bestimmten Zeitraum unter dem Durchschnitt liegende Gehälter vereinbart werden.

553

Steht das Interesse im Vordergrund, einen durch die Fortbildungsmaßnahme besonders qualifizierten Mitarbeiter langfristig an das Unternehmen zu binden, so kann statt einer Rückzahlungsklausel ein **befristeter Arbeitsvertrag** (gem. § 15 Abs. 4 TzBfG bis zu fünf Jahren) abgeschlossen werden. Diese Bindung (§ 15 Abs. 3 TzBfG) gilt aber für beide Seiten (s.a. § 22 Abs. 1 TzBfG).

554

Unter Zugrundelegung der für Rückzahlungsklauseln geltenden Voraussetzungen kann auch eine **unbedingte Beteiligung an den Kosten einer Ausbildung** vertraglich vereinbart werden. Für die Wirksamkeit einer solchen Vereinbarung ist eine Abwägung der Zahlungsverpflichtung zu den Vorteilen der Aus- bzw. Weiterbildung maßgeblich. Dabei muss insbesondere berücksichtigt werden, dass der Arbeitnehmer anders als bei den Rückzahlungsklauseln nicht die Möglichkeit hat, seine Gegenleistung durch Weiterführung des Arbeitsverhältnisses auf Null zu reduzieren. Im Hinblick auf den erworbenen beruflichen Vorteil und die Tatsache, dass der vom Arbeitnehmer gezahlte Kostenanteil der Höhe nach nicht einmal der während der Ausbildung bezogenen Vergütung entsprach, hat das BAG die Wirksamkeit einer Ver-

555

---
1 BAG 2.6.2004 – 6 AZR 320/03, DB 2004, 2587; 23.1.2007 – 9 AZR 482/06, NZA 2007, 748.
2 BAG 24.6.2004 – 6 AZR 383/03, NZA 2004, 1035.
3 LAG Rh.-Pf. 20.12.2011 – 3 Sa 207/11, nv.
4 BAG 16.3.1994 – 5 AZR 339/92, NZA 1994, 937 (940).

einbarung bestätigt, nach der der Bewerber um die Stelle eines Flugzeugführers ein Drittel der Kosten für den Erwerb der erforderlichen Musterberechtigung selbst zu tragen hatte[1].

556 **Ausgeschlossen** sind Rückzahlungsklauseln bei **Berufsausbildungsverhältnissen** iSd. Berufsbildungsgesetzes. Für hiervon erfasste Ausbildungsgänge sind Vereinbarungen nichtig, die den Auszubildenden verpflichten, für die Berufsausbildung eine Entschädigung zu zahlen (§ 12 Abs. 2 Nr. 1 BBiG)[2]. Kosten für die Verpflegung und die Unterkunft des Auszubildenden sowie andere Sachleistungen können gem. § 17 Abs. 2 BBiG in Höhe der nach § 17 Abs. 1 Satz 1 Nr. 4 SGB IV festgesetzten Sachbezugswerte, jedoch nicht über 75 % der Bruttoausbildungsvergütung auf diese angerechnet werden.

557–560 Einstweilen frei.

f) Flexibilisierungsinstrumente

561 Weil Arbeitsverhältnisse regelmäßig für längere Dauer eingegangen werden, müssen die Arbeitsvertragsparteien dafür Sorge tragen, dass die von ihnen vereinbarten Arbeitsbedingungen dauerhaft zu einem gerechten Ausgleich der beiderseitigen Pflichten führen, insbesondere also das (Äquivalenz-) Verhältnis von geschuldeter Arbeitsleistung und dafür gewährter Vergütung keinen allzu starken Verschiebungen unterliegt. Dies ist angesichts der sich ständig wechselnden wirtschaftlichen Rahmenbedingungen für die Betätigung der Unternehmen und auch der Leistungsbedingungen des Arbeitnehmers bei festen Leistungszusagen im Dauerschuldverhältnis kaum möglich. Wenn eine Dynamisierung der Arbeitsbedingungen nicht durch die Unterwerfung des Arbeitsverhältnisses unter ein sich fortentwickelndes Tarifregime herbeigeführt wird (vgl. zur Rechtmäßigkeitskontrolle von Bezugnahmeklauseln: Rz. 318 f. und Teil 1 D Rz. 128 ff.), sind die Arbeitsvertragsparteien entweder auf eine einvernehmliche Aktualisierung des Austauschverhältnisses oder eine durch Änderungskündigung herbeigeführte Anpassung angewiesen. Als neues (einvernehmliches) Gestaltungsmittel in der Krise wird der Verzicht auf bestimmte Entgeltbestandteile unter gleichzeitiger Vereinbarung einer Nachzahlung bei wiederhergestellter Leistungsfähigkeit des Arbeitgebers („**Besserungsschein**") diskutiert[3].

In gewissen Rahmen kann allerdings bereits im Rahmen des bestehenden Arbeitsvertrags **durch verschiedene Flexibilisierungsinstrumente eine einseitige Anpassung der Entgeltbedingungen ermöglicht werden**. Obwohl auch für den Bereich der Arbeitsleistung üblich (bspw. Versetzungsvorbehalte, Befristung einzelner Arbeitsbedingungen), finden sich solche Vertragsgestaltungen insbesondere im Bereich der Entgeltabrede und ermöglichen es dem Arbeitgeber, die Zusammensetzung und Höhe der verschiedenen Entgeltbestandteile in Abhängigkeit von den jeweiligen Rahmenbedingungen flexibel zu gestalten. Es handelt sich hierbei in erster Linie um **Freiwilligkeitsvorbehalte, Widerrufsvorbehalte, Anrechnungsvorbehalte und die Befristung einzelner Entgeltabreden**. Diese werden **in aller Regel formularvertraglich vereinbart**, weshalb insoweit auf die Ausführungen unter Teil 1 D verwiesen wird. Die Rechtsprechung tendiert dazu, einen **Anteil des Gesamtentgelts iHv. 25 %** als einer solchen Flexibilisierung zugänglich zu erachten[4].

---

1 BAG 21.11.2001 – 5 AZR 158/00, ArbRB 2002, 66.
2 S.a. zu einem sog. Fortbildungsvertrag: BAG 25.7.2002 – 6 AZR 381/00, AP Nr. 9 zu § 5 BBiG.
3 *Otto/Walk*, BB 2010, 373.
4 Vgl. BAG 12.1.2005 – 5 AZR 364/04, DB 2005, 669; 7.12.2005 – 5 AZR 535/04, NZA 2006, 423; 11.10.2006 – 5 AZR 721/05, DB 2007, 170; 19.12.2006 – 9 AZR 294/06, NZA 2007, 809; 24.10.2007 – 10 AZR 825/06, NZA 2008, 40.

III. Verpflichtungen des Arbeitgebers

Daneben steht **die Entgeltvariabilisierung** einerseits durch **leistungsabhängige Vergütung** (vgl. Rz. 401 ff.) und andererseits durch **unternehmenserfolgsabhängige Entgeltbestandteile** (vgl. Rz. 441 ff.). Diese führen zu einer beständigen Anpassung der Entgelthöhe an die aktuell vom Arbeitnehmer erbrachte Leistung bzw. die wirtschaftliche Situation des Unternehmens. Nach Auffassung des BAG soll auch die Kombination beider Bemessungsmethoden in der Form möglich sein, dass der Arbeitgeber für die Ausschüttung eines leistungsabhängigen Entgeltbestandteils in Abhängigkeit von der Ertragslage des Unternehmens nach billigem Ermessen einen Bonuspool zur Verfügung stellt[1]. Vgl. dazu auch unter Rz. 444 ff. 562

Einstweilen frei. 563–570

g) Anspruchsentstehung und Untergang, Einwände

Der Entgeltanspruch wird schon mit Abschluss des Arbeitsvertrags „begründet"[2]. Sein Schicksal bestimmt sich in der Folge nach den allgemeinen Regeln für gegenseitige Verträge, namentlich der §§ 320 ff. BGB, allerdings unter Berücksichtigung der gesetzlichen Sonderregelungen (etwa §§ 615 f. BGB, EFZG, …) und evtl. abweichender individual- und kollektivvertraglicher Regelungen. Die im Synallagma zum Entgeltanspruch stehende Leistung ist dabei grundsätzlich die Arbeit des Arbeitnehmers; nur hinsichtlich einzelner, an andere Anspruchsvoraussetzungen geknüpfter Entgeltbestandteile (Sonderzahlungen, Anwesenheitsprämien – vgl. Rz. 452 ff. und Rz. 476 ff.) kann ein abweichendes Austauschverhältnis begründet sein. 571

aa) Fälligkeit und Verzug

Gem. § 614 BGB ist die Vergütung „nach der Leistung der Dienste zu entrichten". Wird sie nach Zeitabschnitten bemessen, tritt Fälligkeit nach dem Ablauf der einzelnen Abschnitte ein (§ 614 Satz 2 BGB). Die Bemessung des Entgelts nach Zeitabschnitten und damit **Fälligkeitseintritt nach Ablauf der Bemessungsperiode** ist in der Praxis der Normalfall. Eine zeitabschnittsweise Vergütungsbemessung kann sich allerdings bei ganz kurzzeitigen Arbeitsverhältnissen erübrigen – solche werden teilweise etwa aufgrund eines Rahmenvertrags vereinbart[3]. Ist eine **stunden- oder tageweise** Entgeltbemessung vereinbart, ergibt die Auslegung der Vertragsabsprachen im Dauerarbeitsverhältnis regelmäßig gleichwohl in Abweichung von § 614 Satz 2 BGB eine nur wöchentliche oder monatliche Fälligkeitsvereinbarung[4]. Sondervorschriften zu § 614 BGB bestehen für Handlungsgehilfen (§ 59 Satz 1 HGB) mit der wenig beachteten Vorschrift des § 64 HGB, für Seeleute mit § 38 Abs. 2 SeeArbG und § 24 BinSchG, für Auszubildende mit § 18 Abs. 2 BBiG sowie für Provisionsansprüche (§ 87c Abs. 1 Satz 2 HGB) und hinsichtlich des Urlaubsentgelts mit der – ebenfalls kaum angewandten – (nur tarifvertraglich abdingbaren) Norm des § 11 Abs. 2 BUrlG. 572

Für **Sonderzahlungen sowie leistungs- oder unternehmenserfolgsabhängige Entgeltbestandteile** werden zulässigerweise häufig längere Bemessungsperioden vereinbart. Fehlt es hier an einer ausdrücklichen Fälligkeitsbestimmung, kann die Auslegung ergeben, dass Fälligkeit (erst) eintritt, sobald die für die Berechnung des Entgeltanspruchs erforderlichen Kennzahlen ermittelt/ermittelbar sind. Im Fall der **Beendigung des Arbeitsverhältnisses während der laufenden Entgeltbemessungsperiode** wird der Entgeltanspruch grundsätzlich im Beendigungszeitpunkt fällig, lediglich für an 573

---

1 BAG 12.10.2011 – 10 AZR 746/10, NZA 2012, 450.
2 BAG 19.5.2004 – 5 AZR 405/03, NZA 2004, 1045.
3 Vgl. BAG 31.7.2002 – 7 AZR 181/01, DB 2003, 96; LAG Rh.-Pf. 18.3.2010 – 11 Sa 647/09, LAGE § 12 TzBfG Nr. 3.
4 Vgl. Staudinger/*Richardi*, § 614 BGB Rz. 13.

besondere Voraussetzungen geknüpfte Sonderzahlungen und für nach längeren Zeiträumen bemessene variable Entgeltbestandteile kann die Auslegung ergeben, dass es bei dem ursprünglich vereinbarten Fälligkeitszeitpunkt bleibt[1].

573a Für den **gesetzlichen Mindestlohn** sieht § 2 MiLoG eine Fälligkeit spätestens am letzten Bankarbeitstag (Frankfurt a. M.) des Monats vor, der auf den Monat folgt, in dem die Arbeitsleistung erbracht wurde. Besonderheiten gelten bei Arbeitszeitkonten und Wertguthabenvereinbarungen im Sinne des Vierten Sozialgesetzbuchs. Zu den Einzelheiten vgl. Teil 6 E Rz. 99 ff.

574 Dem **Entgeltausfallrisiko**, welches für den Arbeitnehmer aus der nach § 614 BGB bestehenden **Vorleistungspflicht** folgt, kann er in gewisser Weise durch die Geltendmachung eines Zurückbehaltungsrechts (vgl. Rz. 719 ff.) begegnen. Im Übrigen ist er in bestimmtem Umfang durch den Anspruch auf Insolvenzgeld gesichert (vgl. Rz. 732 ff.). Auf **Vorschüsse**, also Zahlungen auf noch nicht verdientes Arbeitsentgelt, besteht kein Anspruch (Ausnahme: § 87a Abs. 1 Satz 2 HGB), wenn dies nicht ausdrücklich vereinbart worden ist. Ebenfalls besonderer Vereinbarung bedarf ein Anspruch auf **Abschlagszahlungen** (Ausnahme: § 38 Abs. 2 SeeArbG), dh. Zahlungen des Arbeitgebers auf bereits erdiente, aber noch nicht abgerechnete Entgeltansprüche (bspw. beim Akkord).

575 Bei der Bemessung der Vergütung nach Zeitabschnitten handelt es sich um eine kalendermäßig bestimmte Leistungszeit. Wenn der Arbeitgeber am Ende des Zeitabschnitts nicht leistet, kommt er daher gem. § 286 Abs. 2 Nr. 1 BGB am darauf folgenden Werktag auch **ohne Mahnung in Verzug**. Sind nach Feststellung der Unwirksamkeit einer Kündigung wegen Annahmeverzugs Arbeitsvergütungen nachzuzahlen, so kann der Arbeitnehmer nach §§ 286, 288 BGB Zahlung von **Zinsen ab Fälligkeit aus dem rückständigen Bruttoentgelt**[2] beanspruchen. Soweit nicht nach § 288 Abs. 3 BGB höhere Zinsen verlangt werden können, beträgt der Zinssatz fünf Prozentpunkte über dem jeweiligen Basiszinssatz (§ 288 Abs. 1 BGB)[3]. Ebenso kann der Arbeitnehmer nach § 288 Abs. 4 BGB einen etwaigen Steuerschaden ersetzt verlangen[4]. Dies gilt nur dann nicht, wenn der Arbeitgeber wegen eines Umstands nicht geleistet hat, den er nicht zu vertreten hat (§ 286 Abs. 4 BGB). Dies kann der Fall sein, wenn er – etwa aufgrund eines entschuldbaren Rechtsirrtums – auf die Wirksamkeit einer Kündigung vertrauen durfte[5].

bb) Unmöglichkeit und Unzumutbarkeit der Arbeitsleistung

576 Ein Untergang der Entgeltzahlungspflicht nach § 275 BGB wegen **Unmöglichkeit der Zahlung** scheidet nach allgemeiner Meinung aus („Geld hat man zu haben")[6].

Da der Entgeltanspruch im Synallagma zum Anspruch des Arbeitgebers auf die Arbeitsleistung steht, hat allerdings das Schicksal des Gegenleistungsanspruchs Auswirkungen auf den Entgeltanspruch: Ist dem Arbeitnehmer die Erbringung der **Arbeitsleistung unmöglich** (§ 275 Abs. 1 BGB) oder macht der Arbeitnehmer zu Recht

---
1 Vgl. HWK/*Krause*, § 614 BGB Rz. 2; MünchArbR/*Krause*, § 62 Rz. 3.
2 Vgl. BAG (GS) 7.3.2001 – GS 1/00, NZA 2001, 1195.
3 BAG 23.2.2005 – 10 AZR 602/03, NZA 2005, 694.
4 BAG 20.6.2002 – 8 AZR 488/01, NZA 2003, 268.
5 BAG 13.6.2002 – 2 AZR 391/01, NZA 2003, 44; 20.6.2002 – 8 AZR 488/01, NZA 2003, 268.
6 Vgl. nur Staudinger/*Huber*, Eckpfeiler des Zivilrechts – Der Inhalt des Schuldverhältnisses, D III. 2c). Eine Ausnahme wird für den Fall angenommen, dass die BaFin nach § 45 Abs. 2 Satz 1 Nr. 6 KWG bzw. § 81b Abs. 1a Satz 1 VAG die Auszahlung bereits erdienter variabler Vergütungsbestandteile einschränkt bzw. vollständig untersagt. Dem Arbeitgeberunternehmen soll die Erfüllung der Vergütungsansprüche dann nachträglich subjektiv unmöglich werden, *Rieble/Schmittlein*, Vergütung von Vorständen und Führungskräften, S. 171.

die **Unzumutbarkeit der Leistungserbringung** geltend (§ 275 Abs. 3 BGB), so **erlischt nach § 326 Abs. 1 Satz 1 BGB grundsätzlich auch die Entgeltzahlungspflicht des Arbeitgebers**. Etwas anderes gilt nach den allgemeinen Regeln, wenn der Arbeitgeber die Unmöglichkeit der Arbeitsleistung zu vertreten hat (bspw. ein von ihm verschuldeter Arbeitsunfall) oder der die Unmöglichkeit bewirkende Umstand während des Annahmeverzugs des Arbeitgebers eintritt (§ 326 Abs. 2 Satz 1 BGB). Es zählt zu den Besonderheiten des Arbeitsvertragsrechts, dass die Erbringung der Arbeitsleistung regelmäßig durch Zeitablauf unmöglich wird, weil im Dauerschuldverhältnis ein Nachholen der Arbeitsleistung nur ausnahmsweise möglich und zumutbar ist. Die Verpflichtung zur Arbeitsleistung stellt daher eine **absolute Fixschuld** dar, wenn nicht durch vertragliche Flexibilisierung ausnahmsweise ein Nachholen möglich ist[1]. In diesem Fall kann der Arbeitnehmer in Schuldnerverzug geraten.

Der aus § 326 BGB resultierende Grundsatz **„Ohne Arbeit kein Lohn"**[2] wird allerdings durch zahlreiche **arbeitsrechtliche Sonderregelungen** durchbrochen, um dem Arbeitnehmer den Lebensunterhalt zu sichern. So gewähren ihm zahlreiche arbeitsrechtliche Spezialgesetze die Entgeltfortzahlung trotz Nichtleistung etwa im Krankheitsfall (§ 3 EFZG), bei Urlaub (§ 1 BUrlG) oder bei vorübergehender Arbeitsverhinderung aus persönlichen Gründen (§ 616 BGB). Weitere gewichtige Ausnahmen von der Grundregel des § 326 BGB finden sich in § 615 Satz 1 und 3 BGB (vgl. hierzu insgesamt Teil 2 B und zum Entgeltanspruch im Arbeitskampf Teil 4 C Rz. 57 ff.). 577

Soweit keine besonderen Entgeltfortzahlungsvorschriften greifen, bleibt es beim (teilweisen) Wegfall des Entgeltanspruchs nach § 326 Abs. 1 BGB. Das gilt etwa für **Zeiten unentschuldigten Fehlens** des Arbeitnehmers, aber auch etwa bei gem. § 45 Abs. 3 SGB V entschuldigten Fehlzeiten wegen **Erkrankung eines Kindes**, die nicht der Entgeltfortzahlung nach § 616 BGB unterfallen, oder bei Zuspätkommen des Arbeitnehmers aufgrund nicht zu erwartender Verkehrsbehinderungen (**Wegerisiko**)[3]. Ebenfalls zu einer anteiligen Entgeltkürzung kommt es in den Zeiträumen, während derer das Arbeitsverhältnis ohne Entgeltfortzahlung ruht (insb. Elternzeit[4], Wehr-/Zivildienst[5], Pflegezeit, Vereinbarung, Streik). 578

Schlechtleistungen bei der Erfüllung der Arbeitsverpflichtungen führen dagegen grundsätzlich nicht zu einer Entgeltminderung (vgl. Rz. 171 ff.).

cc) Erfüllung, Aufrechnung und Verzicht

Nach § 362 Abs. 1 BGB erlischt der Entgeltanspruch durch Erfüllung[6]. Insbesondere bei Bestehen von Lohnrückständen sollte der Arbeitgeber durch entsprechende **Tilgungsbestimmungen** klarstellen, welche Ansprüche er mit seinen Zahlungen bedienen will. Dies wird regelmäßig durch parallele Übermittlung der Entgeltabrechnungen geschehen (vgl. Rz. 641 f.). Bei Vorliegen einer Lohnpfändung erfolgt die Erfüllung durch Leistung an den Gläubiger des Arbeitnehmers (vgl. Rz. 666 ff.). 579

---

1 Vgl. nur BAG 17.3.1988 – 2 AZR 576/87, NZA 1989, 261; HWK/*Thüsing*, § 611 BGB Rz. 390; MünchKommBGB/*Müller-Glöge*, § 611 Rz. 1040 auch zur „relativen Fixschuld".
2 BAG 16.5.2012 – 5 AZR 347/11, NZA 2012, 939. Der Grundsatz ist unumstritten, die Herleitung schon, vgl. Staudinger/*Richardi/Fischinger*, § 614 BGB Rz. 1.
3 Vgl. MünchArbR/*Boewer*, § 69 Rz. 57.
4 Eine unzulässige Diskriminierung von Frauen wird insoweit verneint: vgl. EuGH 21.10.1999 – Rs. C-333/97 – Susanne Lewen/Lothar Denda, NZA 1999, 1325; BAG 28.9.1994 – 10 AZR 697/93, NZA 1995, 176; HWK/*Thüsing*, § 611 BGB Rz. 104; MünchArbR/*Krause*, § 59 Rz. 10.
5 Insoweit keine unzulässige Männerdiskriminierung, BVerwG 26.6.2006 – 6 B 9/06, NJW 2006, 2871.
6 Keine Erfüllung bei Zahlung zur bloßen Abwehr der Zwangsvollstreckung, LAG Rh.-Pf. 14.7.2005 – 4 Sa 442/05, nv.

(1) Allgemeines

580 Für die Berechnung und Zahlung des Arbeitsentgelts gilt § 107 GewO. Danach ist das Arbeitsentgelt **in Euro zu berechnen und auszuzahlen**. Ob dies auch bei Arbeitsverhältnissen mit Auslandsbezug gilt, ist – schon angesichts der Bestimmung des § 2 Abs. 2 Nr. 2 NachwG – zweifelhaft[1]. Abweichungen dürften jedenfalls im Interesse des Arbeitnehmers zulässig sein[2]. Da § 107 Abs. 1 GewO lediglich den **Grundsatz des Geldlohns** festlegt, ist hiernach nicht im Zweifel Barzahlung geschuldet. Gemäß § 270 Abs. 1 BGB handelt es sich bei der Entgeltzahlungspflicht vielmehr **im Zweifel um eine Schickschuld**[3]. Hiervon zu trennen ist die Frage des Erfüllungsortes iSv. § 29 ZPO. Für die Bestimmung der örtlichen Zuständigkeit eines Gerichts geht die Rechtsprechung davon aus, dass im Arbeitsverhältnis ein einheitlicher Erfüllungsort für die beiderseitigen Vertragspflichten gegeben ist (vgl. Teil 5 B Rz. 112 ff.)[4].

(2) Brutto/Netto

581 Im Zweifel handelt es sich bei dem vertraglich vereinbarten Arbeitsentgelt um eine **Bruttovergütung**[5]. Das Bruttoentgelt setzt sich zusammen aus dem an den Arbeitnehmer auszuzahlenden Nettoentgeltbetrag und den vom Arbeitgeber aufgrund öffentlich-rechtlicher Vorschriften an den Fiskus bzw. die Sozialversicherungsträger abzuführenden Steuern (Lohnsteuer, Solidaritätszuschlag, ggf. Kirchensteuer) und Sozialversicherungsbeiträgen (zur geringfügigen Beschäftigung vgl. Teil 1 B Rz. 95 ff.). Gem. § 38 Abs. 2 Satz 1 EStG ist der **Arbeitnehmer Schuldner der Lohnsteuer**. Der Arbeitgeber haftet aber nach § 42d Abs. 1 Nr. 1 EStG für die von ihm gem. § 38 Abs. 3 EStG einzubehaltende und abzuführende Lohnsteuer[6]. Arbeitnehmer und Arbeitgeber sind insoweit **Gesamtschuldner** (§ 42d Abs. 3 Satz 1 EStG)[7]. Die Abführung an das Finanzamt nach § 41a EStG erfolgt zugunsten des Arbeitnehmers als Vorauszahlung auf dessen zu erwartende Einkommensteuerschuld. Die Behandlung von Solidaritätszuschlag und Kirchensteuer folgt nach § 51a EStG den genannten Vorschriften.

582 Der Arbeitgeber kann gem. § 426 Abs. 1 Satz 1 BGB iVm. § 42d Abs. 1 Nr. 1 EStG die **Erstattung nachentrichteter Lohnsteuern** vom Arbeitnehmer verlangen, wenn er zu wenig Lohnsteuern einbehalten und an das Finanzamt abgeführt hat[8]. Der Arbeitgeber kann sich wegen Steuerhinterziehung strafbar machen, wenn er vorsätzlich die Einbehaltung von Lohnsteuern unterlässt[9]. Dem Arbeitnehmer können gegen den Arbeitgeber Schadensersatzansprüche aus § 280 BGB wegen unrichtiger Berechnung der abzuführenden Lohnsteuer zustehen, weil der Arbeitgeber verpflichtet ist, die abzuführende Lohnsteuer richtig zu berechnen[10].

583 Ebenfalls vom Bruttoentgelt abgezogen werden die Arbeitnehmeranteile **an den Sozialversicherungsbeiträgen** (Krankenversicherung, Rentenversicherung der Arbeiter und Angestellten bzw. Knappschaftsversicherung der Bergleute, Pflegeversicherung sowie Arbeitslosenversicherung). Nach den jeweils für den einzelnen Sozialversiche-

---

1 *Wisskirchen*, DB 2002, 1886.
2 Vgl. ErfK/*Preis*, § 107 GewO Rz. 2. Eine Klage auf Zahlung in Fremdwährung ist gleichfalls zulässig: BAG 26.7.1995 – 5 AZR 216/94, NZA 1996, 30.
3 MünchKommBGB/*Krüger*, § 269 Rz. 23; aA ErfK/*Preis*, § 611 BGB Rz. 397.
4 Vgl. nur BAG 9.10.2002 – 5 AZR 307/01, NZA 2003, 339.
5 BAG 7.3.2001 – GS 1/00, NZA 2001, 1195.
6 BFH 12.1.2001 – VI R 102/98, DB 2001, 1343.
7 Der Arbeitgeber hat daher gegenüber dem Arbeitnehmer nach § 426 Abs. 1 Satz 1 BGB iVm. § 42d Abs. 1 Nr. 1 EStG einen Anspruch auf Erstattung von ihm an das Finanzamt nachentrichteter Lohnsteuer, BAG 30.4.2008 – 5 AZR 725/07, NZA 2008, 884.
8 BAG 30.4.2008 – 5 AZR 725/07, NJW 2008, 3805.
9 BGH 3.9.1970 – 3 StR 155/69, NJW 1970, 2034.
10 BAG 16.6.2004 – 5 AZR 521/03, NZA 2004, 1274.

rungsbereich geltenden Bestimmungen hat der versicherungspflichtige Beschäftigte die nach seinem Arbeitsentgelt zu bemessenden Beiträge zur Hälfte zu tragen (Krankenversicherung: § 249 Abs. 1 SGB IV, Rentenversicherung: § 168 Abs. 1 SGB VI, Arbeitslosenversicherung: § 346 Abs. 1 SGB III, Pflegeversicherung: § 58 Abs. 1 SGB XI). Der Arbeitnehmer ist also Schuldner des Arbeitnehmeranteils an der Sozialversicherung. Der Arbeitgeber trägt zusätzlich zu dem vereinbarten Bruttoarbeitsentgelt noch die andere Hälfte zzgl. der Unfallversicherung[1]. Die Arbeitgeberanteile zur gesetzlichen Sozialversicherung gehören nicht zum Arbeitslohn[2]. Den Gesamtsozialversicherungsbeitrag (§ 28d SGB IV) hat nach § 28e SGB IV der Arbeitgeber an die Einzugsstelle (§§ 28h, 28i SGB IV) zu zahlen. Er hat nach §§ 28e Abs. 1 Satz 1, 28g SGB IV gegen den Arbeitnehmer einen grundsätzlich nur durch Abzug vom Arbeitsentgelt realisierbaren Anspruch auf den Arbeitnehmeranteil am Gesamtsozialversicherungsbeitrag. Ein unterbliebener Abzug darf nur bei den drei nächsten Lohn- oder Gehaltszahlungen nachgeholt werden, danach nur dann, wenn der Abzug ohne Verschulden des Arbeitgebers unterblieben ist (§ 28g Satz 3 SGB IV). Bedeutsam ist, dass sich die Beitragspflicht und -höhe nach dem geschuldeten Entgelt richten und nicht nach dem tatsächlich gezahlten Arbeitsentgelt. Mit Ausnahme der Leistung nicht geschuldeter Entgeltbestandteile und Sonderzahlungen gilt im Sozialrecht – anders als im Steuerrecht – das sog. **Entstehungsprinzip** und nicht das Zuflussprinzip (vgl. § 22 Abs. 1 SGB IV)[3]. Die Beitragspflicht besteht auch dann noch, wenn die geschuldete Vergütung aufgrund von Ausschlussklauseln, Verjährung oder Verzicht für den Arbeitnehmer nicht mehr durchsetzbar ist[4]. Es bleibt hier lediglich die sozialrechtliche Verjährung nach § 25 SGB IV (vier Jahre bzw. bei vorsätzlichem Einbehalten 30 Jahre)[5].

Die Arbeitsvertragsparteien können vom Grundsatz der Bruttovergütung abweichen und eine sog. **Nettolohnvereinbarung** treffen. Der Arbeitgeber hat dann Steuern und Sozialversicherungsbeiträge zu tragen, selbst wenn nachträglich ein Lohnsteuerklassenwechsel erfolgt[6]. Eine solche Verschiebung der Abgabenlast bedarf einer eindeutigen Vereinbarung[7]. Ansonsten stellt die Vereinbarung eines bestimmten Betrags als Arbeitsentgelt stets eine Bruttovereinbarung dar. Gehen die Vertragsparteien bei Vertragsschluss davon aus, dass das Arbeitsentgelt nicht der Steuerpflicht unterliegt und ändert sich dies nach Abschluss der Vereinbarung durch eine Gesetzesänderung, tritt bei Fehlen einer ausdrücklichen Vereinbarung über eine etwaige Steuerlast die allgemeine Regel in Kraft, dass der Arbeitnehmer die anfallenden Lohnsteuern zu tragen hat. Gleiches gilt für den Fall der „**Schwarzgeldabrede**". Hiermit bezwecken die Arbeitsvertragsparteien, Steuern und Sozialversicherungsbeiträge zu hinterziehen, nicht jedoch deren Übernahme durch den Arbeitgeber. Die Schwarzgeldabrede ist nicht gem. § 134 BGB wegen eines Verstoßes gegen ein gesetzliches Verbot insgesamt nichtig. Nichtig ist lediglich die Abrede, Steuern und Sozialversicherungsbeiträge nicht abzuführen[8]. Primärer Steuerschuldner ist nach § 38 Abs. 2 Satz 1 EStG der Arbeitnehmer. Dem steht § 14 Abs. 2 Satz 2 SGB IV nicht entgegen, wonach ein Nettoarbeitsentgelt als vereinbart gilt, wenn bei illegalen Beschäftigungsverhältnissen Steuern und Sozialversicherungsbeiträge nicht gezahlt worden sind. Der Anwen-

584

---

1 Der Spielbankunternehmer ist berechtigt, dem Tronc vorab auch die Arbeitgeberanteile zur Sozialversicherung zu entnehmen: BAG 11.3.1998 – 5 AZR 567/96, DB 1998, 2326.
2 BFH 6.6.2002 – VI R 178/97, DB 2002, 2515; anders aber bei der Barzuwendung des Chefarztes als Beteiligung an seiner Privatliquidation: BAG 28.9.2005 – 5 AZR 408/04, ArbRB 2006, 71.
3 Vgl. MünchArbR/*Krause*, § 55 Rz. 5, 66.
4 Vgl. BSG 21.5.1996 – 12 RK 64/94, MDR 1996, 1268 zur Vertragsstrafe; Kass. Kommentar/*Seewald*, § 22 SGB IV Rz. 6 ff.
5 S. dazu auch *Schulte*, ArbRB 2005, 215.
6 LAG Düsseldorf 19.4.2011 – 16 Sa 1570/10, nv.; Ausnahme: Rechtsmissbrauch.
7 BAG 19.12.1963 – 5 AZR 174/63, NJW 1964, 837; 21.7.2009 – 1 AZR 167/08, NZA 2009, 1213.
8 BAG 17.3.2010 – 5 AZR 301/09, NZA 2010, 881.

dungsbereich der Vorschrift beschränkt sich auf das Sozialversicherungsrecht[1]. Es bleibt daher bei der Anwendung der allgemeinen Regeln mit einer gesamtschuldnerischen Haftung von Arbeitnehmer und Arbeitgeber[2]. Im Innenverhältnis haftet in Ermangelung abweichender Regelungen der Arbeitnehmer.

585 Die Abführung von Lohnsteuer und Sozialversicherungsbeiträgen führt zur **unmittelbaren Erfüllung** der Entgeltansprüche des Arbeitnehmers. Es handelt sich nicht um eine bloße Aufrechnung gegen den Vergütungsanspruch[3].

586 Aus dem Grundsatz, dass es sich bei der vereinbarten Höhe des Arbeitsentgelts um einen Bruttobetrag handelt, folgt, dass eine **Zahlungsklage** auf rückständiges Arbeitsentgelt auf den Bruttobetrag gerichtet werden kann (vgl. Teil 5 A Rz. 243 ff.)[4]. Der Arbeitnehmer kann die **Verzugszinsen** nach § 288 Abs. 1 Satz 1 BGB **aus der in Geld geschuldeten Bruttovergütung** verlangen[5]. Allerdings kann er vor den Arbeitsgerichten nicht Zahlung noch offener Rest-Nettovergütung einklagen, wenn der Arbeitgeber die Abgaben falsch berechnet hat. **Die Gerichte für Arbeitssachen sind nicht befugt, die Berechtigung der Abzüge für Steuer- und Sozialversicherungsbeiträge zu überprüfen.** Legt der Arbeitgeber nachvollziehbar dar, dass er bestimmte Abzüge für Steuern oder Sozialversicherungsbeiträge einbehalten und abgeführt hat, kann der Arbeitnehmer die nach seiner Auffassung unberechtigt einbehaltenen und abgeführten Beträge nicht erfolgreich mit einer Vergütungsklage vor dem Arbeitsgericht geltend machen. Er ist vielmehr auf die steuer- und sozialrechtlichen Rechtsbehelfe beschränkt, es sei denn, für den Arbeitgeber wäre aufgrund der für ihn zum Zeitpunkt des Abzugs bekannten Umstände eindeutig erkennbar gewesen, dass eine Verpflichtung zum Abzug nicht bestand. Andernfalls tritt Erfüllungswirkung hinsichtlich des Entgeltanspruchs ein. Allerdings haftet der Arbeitgeber dem Arbeitnehmer gem. § 280 BGB auf **Schadensersatz, wenn er bei der Einbehaltung und Abführung der Lohnsteuern und Sozialversicherungsbeiträge schuldhaft Nebenpflichten verletzt**, dadurch Schäden des Arbeitnehmers verursacht und dem Arbeitnehmer kein anspruchsausschließendes Mitverschulden zur Last gelegt werden kann. Dabei hat der Arbeitgeber für die verkehrsübliche Sorgfalt einzustehen (§ 276 BGB). Dies zieht bei unklarer Rechtslage regelmäßig die Notwendigkeit nach sich, eine **Anrufungsauskunft beim Betriebsstättenfinanzamt** einzuholen[6].

587 Bei der **Zwangsvollstreckung** aus einem Urteil über das Bruttoentgelt ist der gesamte Betrag beizutreiben.

(3) Aufrechnung

588 Der Arbeitgeber kann den Entgeltanspruch auch durch Aufrechnung zum Erlöschen bringen (§ 389 BGB). Voraussetzung hierfür ist nach §§ 387 f. BGB, dass dem Anspruch des Arbeitnehmers ein Zahlungsanspruch des Arbeitgebers entgegensteht und er – zumindest konkludent – die Aufrechnung erklärt[7]. Der **nicht der Pfändung unterworfene Teil des Entgelts** (vgl. Rz. 666 ff.) ist dabei nach § 394 BGB **von der Aufrechnung ausgenommen**[8]. Etwas anderes kann für Ansprüche des Arbeitgebers **wegen**

---

1 BAG 21.9.2011 – 5 AZR 629/10, NZA 2012, 145.
2 Zur Verjährung (30 Jahre): SG Dortmund 25.1.2008 – S 34 R 50/06, BStR 2008, 78.
3 BAG 30.4.2008 – 5 AZR 725/07, NZA 2008, 884.
4 Zweifelnd: *Blomeyer*, RdA 2011, 203. Zur schlüssigen Darlegung einer Nettolohnklage: BAG 26.2.2003 – 5 AZR 223/02, NZA 2003, 922; *Hamacher*, Antragslexikon Arbeitsrecht, Vergütung Ziff. 4.
5 BAG 7.3.2001 – GS 1/00, NZA 2001, 1195.
6 BAG 30.4.2008 – 5 AZR 725/07, NZA 2008, 884.
7 Bei der „Verrechnung" handelt es sich dagegen lediglich um eine Saldierung unselbständiger Rechnungsposten, BAG 17.2.2009 – 9 AZR 676/07, NZA 2010, 99.
8 Das gilt auch für Vertragsabsprachen, die in ihrer Wirkung einer Aufrechnung gleichkommen: BAG 17.2.2009 – 9 AZR 676/07, NZA 2010, 99.

vorsätzlicher unerlaubter Handlungen des Arbeitnehmers gelten. Dem Arbeitnehmer kann dann nach Treu und Glauben (§ 242 BGB) gegenüber der Aufrechnung des Arbeitgebers die Berufung auf die Pfändungsfreigrenzen verwehrt sein. Allerdings muss ihm in jedem Fall das Existenzminimum – berechnet etwa nach dem Selbstbehalt des § 850d Abs. 1 Satz 2 ZPO – verbleiben[1]. Teilweise ergeben sich **Aufrechnungsverbote** aus dem Arbeitsvertrag (vgl. Teil 1 D Rz. 47f.) oder aus tarifvertraglichen Regelungen. Schließlich kann die Aufrechnung aufgrund der Eigenart der geschuldeten Leistung nach § 394 BGB iVm. § 851 ZPO, § 399 BGB ausgeschlossen sein (Bsp. **Vermögenswirksame Leistungen**). Die Aufrechnung kann nur gegenüber dem **Nettoentgelt** erfolgen. Eine **Aufrechnung Netto gegen Brutto** ist mangels Gleichartigkeit der Forderungen nicht zulässig[2]. Im Prozess kann der Arbeitgeber im Rahmen seiner Verteidigung gegen Zahlungsansprüche des Arbeitnehmers sich sowohl primär auf eine bereits erfolgte Aufrechnung berufen als auch hilfsweise aufrechnen für den Fall, dass das Gericht die von ihm aus anderen Gründen bestrittene Forderung des Arbeitnehmers anerkennt. In jedem Fall muss er im Prozess die **Höhe des pfändbaren Nettoeinkommens darlegen**. Das Arbeitsgericht kann nach § 2 Abs. 3 ArbGG grundsätzlich auch über **rechtswegfremde Forderungen** entscheiden, soweit diese nicht unter die ausschließliche Zuständigkeit einer anderen Gerichtsbarkeit fallen. In diesen Fällen kommt die Aussetzung des Verfahrens oder der Erlass eines Vorbehaltsurteils (§ 302 ZPO) in Betracht[3].

(4) Verzicht

Der Arbeitnehmer kann nicht uneingeschränkt auf seine Entgeltansprüche verzichten. Rechtstechnisch erfolgt der Verzicht durch **Erlassvertrag** (§ 397 BGB). Bei der Auslegung – etwa von Ausgleichsquittungen – sind an die Feststellung eines Verzichtswillens hohe Anforderungen zu stellen[4]. Stets unwirksam ist der Verzicht auf den **gesetzlichen Mindestlohn**, wenn der Verzicht nicht in einem gerichtlichen Vergleich enthaltenen ist (§ 3 Satz 2 MiLoG). Der Wirksamkeit eines Verzichts können aber auch andere gesetzliche Verbote – wie § 12 EFZG oder § 13 BUrlG – entgegenstehen. Formularmäßige Verzichtserklärungen können zudem wegen unangemessener Benachteiligung des Arbeitnehmers nach § 307 BGB unwirksam sein (vgl. Teil 1 D Rz. 120f. zu sog. **Ausgleichsquittungen**)[5]. Tarifgebundene Arbeitnehmer können auf tarifliche Entgeltbestandteile gem. § 4 Abs. 4 TVG grundsätzlich nicht verzichten, es sei denn, es besteht eine tarifliche Öffnungsklausel oder es handelt sich um einen von den Tarifvertragsparteien gebilligten Vergleich. Auf Ansprüche aus einer Betriebsvereinbarung kann gem. § 77 Abs. 4 BetrVG nur mit Zustimmung des Betriebsrats verzichtet werden.

589

dd) Verjährung

Nach § 195 BGB beträgt die **regelmäßige Verjährungsfrist drei Jahre**. Hiervon werden auch Ansprüche aus dem Arbeitsverhältnis erfasst. Die Ansprüche auf Beiträge zur Sozialversicherung verjähren nach § 25 Abs. 1 Satz 1 SGB IV in vier Jahren nach Ablauf des Kalenderjahres, in dem sie fällig geworden sind, bei vorsätzlicher Vorenthal-

590

---

1 BAG 18.3.1997 – 3 AZR 756/95, NZA 1997, 1108; LAG Rh.-Pf. 11.5.2005 – 10 Sa 985/04, nv., auch zur Besonderheit bei beendetem Arbeitsverhältnis.
2 BAG 22.3.2000 – 4 AZR 120/99, nv.; LAG Köln 23.10.2006 – 14 Sa 459/06, NZA-RR 2007, 236.
3 BAG 23.8.2001 – 5 AZB 3/01, NZA 2001, 1158. Allerdings entscheiden die Arbeitsgerichte in jedem Fall über die Zulässigkeit der Aufrechnung mit der rechtswegfremden Forderung, BAG 28.11.2007 – 5 AZB 44/07, NZA 2008, 843.
4 BAG 7.11.2007 – 5 AZR 880/06, NZA 2008, 355.
5 BAG 21.6.2011 – 9 AZR 203/10, NZA 2011, 1338.

tung in 30 Jahren[1]. Eine vierjährige Verjährungsfrist gilt auch für die Rückerstattung von Sozialversicherungsbeiträgen, § 27 Abs. 2 SGB IV.

591 Nach § 199 Abs. 1 BGB **beginnt** die regelmäßige Verjährungsfrist mit dem **Schluss des Jahres, in dem der Anspruch entsteht, also fällig wird**[2] **und der Gläubiger von den den Anspruch begründenden Umständen und der Person des Schuldners Kenntnis erlangt oder ohne grobe Fahrlässigkeit erlangen müsste**. Bei Ansprüchen, die durch Kündigung oder Anfechtung entstehen, beginnt die Verjährung erst, nachdem der Anspruch durch Kündigung oder Anfechtung fällig geworden ist. Schadensersatzansprüche werden, gleichgültig, ob sie auf Delikt, vertraglichen oder vorvertraglichen Pflichtverletzungen (§ 311 Abs. 2 und 3 BGB) beruhen, erst fällig, wenn ein Schaden entstanden ist.

592 Für das **subjektive Kriterium** des § 199 Abs. 1 Nr. 2 BGB ist die Kenntnis oder grob fahrlässige Unkenntnis der Umstände erforderlich, auf denen der Anspruch beruht[3]. Weiterhin setzt das subjektive Kriterium voraus, dass der Gläubiger Kenntnis von der Person des Schuldners hat, und zwar auch von dem Namen und der Anschrift des Schuldners. Grobfahrlässige Unkenntnis liegt vor, wenn diese Unkenntnis auf einer besonders schweren Vernachlässigung der im Verkehr erforderlichen Sorgfalt beruht. Bei öffentlich-rechtlichen Körperschaften und Unternehmen kommt es hinsichtlich der Kenntnis bzw. grob fahrlässigen Unkenntnis auf den nach der Zuständigkeitsverteilung zuständigen Bediensteten an.

593 Gemäß § 199 Abs. 4 BGB gilt aber eine **Verjährungshöchstfrist von zehn Jahren**, die unabhängig von der Kenntnis oder grob fahrlässigen Unkenntnis des Gläubigers von der Entstehung des Anspruchs läuft. Gemäß § 18a BetrAVG unterliegt das Stammrecht auf Leistungen aus der **betrieblichen Altersversorgung** einer 30-jährigen Verjährungsfrist. Dagegen gilt für die regelmäßigen wiederkehrenden („laufenden") Leistungen der Altersversorgung die Verjährungsfrist des § 195 BGB.

594 Eine **30-jährige Verjährungsfrist** besteht gem. § 197 BGB für rechtskräftig festgestellte Ansprüche, für Ansprüche aus vollstreckbaren Vergleichen oder vollstreckbaren Urkunden und für im Insolvenzverfahren festgestellte Ansprüche. – Rechtskräftig festgestellte und die ihnen gleichstehenden Ansprüche nach § 197 Abs. 1 Nr. 3 bis 5 BGB, die künftig fällig werdende regelmäßig wiederkehrende Leistungen zum Inhalt haben, verjähren jedoch gem. § 197 Abs. 2 BGB in der Drei-Jahres-Frist der Regelverjährung (§§ 195, 199 BGB). **Verjährungsbeginn** von Ansprüchen, die nicht der regelmäßigen Verjährungsfrist von drei Jahren (§ 195 BGB) unterliegen, ist gem. § 200 BGB die Entstehung bzw. die Fälligkeit des Anspruchs, soweit nicht ein anderer Verjährungsbeginn bestimmt ist. Bei rechtskräftig festgestellten Ansprüchen, bei Ansprüchen aus vollstreckbarem Vergleich (zB einem gerichtlich protokollierten Vergleich) oder aus vollstreckbaren Urkunden und bei im Insolvenzverfahren festgestellten Ansprüchen beginnt die Verjährung gem. § 201 BGB mit der Rechtskraft der Entscheidung, der Errichtung des Titels oder der Feststellung im Insolvenzverfahren, jedoch nicht vor der Fälligkeit des Anspruchs.

595 Einen **Neubeginn** der Verjährung sieht § 212 BGB nur vor, wenn der Schuldner den Anspruch gem. § 212 Abs. 1 Nr. 1 BGB anerkannt hat oder gem. § 212 Abs. 1 Nr. 2 BGB eine gerichtliche oder behördliche Vollstreckungshandlung vorgenommen oder beantragt wurde. Einen Neubeginn der Verjährung bzw. Unterbrechung bewirkt somit **nicht** wie früher **die gerichtliche Geltendmachung** (§ 209 BGB aF). Die Klageerhebung führt gem. § 204 Abs. 1 Nr. 1 BGB nur noch zur Hemmung der Verjährung.

---

1 Vgl. *Boemke*, DB 2003, 502.
2 Vgl. MünchKommBGB/*Grothe*, § 199 Rz. 4.
3 Vgl. *Heinrichs*, BB 2001, 1417 (1418).

Eine **Hemmung** der Verjährung tritt gem. § 203 BGB bei Verhandlungen zwischen dem Schuldner und dem Gläubiger über den Anspruch oder die den Anspruch begründenden Umstände ein[1]. Die Hemmung dauert an, bis der eine oder der andere Teil die Fortsetzung der Verhandlungen verweigert. Eine endgültige Verjährung tritt jedoch frühestens drei Monate nach dem Ende der Hemmung ein. Ansonsten wird die Verjährung gem. § 204 BGB insbesondere durch Erhebung einer **Leistungsklage oder Feststellungsklage**[2], durch Zustellung des Mahnbescheids im Mahnverfahren, bei Geltendmachung durch Aufrechnung des Anspruchs im Prozess, durch Zustellung der Streitverkündung oder durch Anträge auf Erlass eines Arrests oder einer einstweiligen Verfügung, durch Anmeldung des Anspruchs im Insolvenzverfahren und durch die Veranlassung der Bekanntgabe des erstmaligen Antrags auf Gewährung von Prozesskostenhilfe gehemmt (s. im Einzelnen §§ 203–211 BGB). Anders als bei einer Ausschlussfrist (vgl. Rz. 620) wird durch eine **Kündigungsschutzklage** gem. § 4 KSchG oder eine Klage auf Feststellung des Bestehens des Arbeitsverhältnisses gem. § 256 ZPO die Verjährung der sich aus Annahmeverzug ergebenden Zahlungsansprüche des Arbeitnehmers weder gehemmt noch iSd. § 212 BGB neu begonnen[3]. **Die gesetzliche Verjährungsfrist ist deshalb neben den Ausschlussfristen zu beachten.**

596

Die **Wirkung der Hemmung** besteht gem. § 209 BGB darin, dass der Zeitraum, während dessen die Verjährung gehemmt ist, in die Verjährungsfrist nicht eingerechnet wird. Die Hemmung **endet** sechs Monate nach der rechtskräftigen Entscheidung oder anderweitigen Beendigung eines eingeleiteten Verfahrens (§ 204 Abs. 2 BGB). Nach § 204 Abs. 2 Satz 2 BGB endet die Hemmung aber auch dann, wenn die Parteien das Verfahren tatsächlich nicht betreiben, das Verfahren also dadurch „in Stillstand" gerät, dass keiner der am Prozess Beteiligten eine Verfahrenshandlung vornimmt[4]. Dennoch kann es im Einzelfall sinnvoll sein, ein gerichtliches Verfahren vorerst nicht weiter zu betreiben, etwa um die Entscheidung in einem Musterverfahren abzuwarten. In diesen Fällen empfiehlt es sich, vom Anspruchsgegner einen **Verjährungsverzicht** einzuholen.

597

⊃ **Hinweis:** Die Regelung des § 204 Abs. 2 Satz 2 BGB bedarf bei der Fristenüberwachung besonderer Beachtung!

597a

Soll ein gerichtliches Verfahren zunächst ruhend gestellt werden, etwa um den rechtskräftigen Ausgang eines **Pilot- oder Musterprozesses** abzuwarten, empfiehlt sich zur Verjährungshemmung eine Vereinbarung, wonach der Schuldner (ggf. für einen bestimmten Zeitraum) **auf die Einrede der Verjährung verzichtet**.

Durch **Vereinbarung** kann die Verjährung entgegen § 225 BGB aF erschwert werden (zB durch Verlängerung der Frist oder Hinausschieben des Fristbeginns). Gem. § 202 Abs. 2 BGB kann aber durch Rechtsgeschäft keine längere Verjährungsfrist als 30 Jahre bestimmt werden. Eine Erleichterung der Verjährung ist ebenfalls grundsätzlich zulässig, jedoch bei Haftung wegen Vorsatz nicht im Voraus (§ 202 Abs. 1 BGB).

598

Der **Ablauf der Verjährungsfrist** lässt das bestehende Recht unberührt. Er gibt dem Schuldner lediglich über die Einrede der Verjährung ein Leistungsverweigerungsrecht gem. § 214 Abs. 1 BGB[5]. Dagegen kann nach Ablauf einer Ausschlussfrist das Recht

599

---

1 Zum Verstoß gegen Treu und Glauben bei bloßem Schweigen und Untätigkeit des Schuldners s. BAG 7.11.2007 – 5 AZR 910/06, NZA-RR 2008, 399.
2 Eine bloße Auskunftsklage reicht dagegen nicht aus: BAG 5.9.1995 – 9 AZR 660/94, NZA 1996, 251.
3 Bezogen auf die Unterbrechung gem. § 209 BGB aF: BAG 7.11.1991 – 2 AZR 159/91, AP Nr. 6 zu § 209 BGB; bezogen auf § 204 Abs. 1 Nr. 1 BGB nF: LAG Sachs. 30.7.2003 – 2 Sa 25/02, AE 2004, Nr. 165.
4 *Schulte*, ArbRB 2002, 42.
5 Zum Einwand des Rechtsmissbrauchs gegenüber der Verjährungseinrede: BAG 18.3.1997 – 9 AZR 130/96, DB 1997, 2543.

nicht mehr geltend gemacht werden. Demzufolge ist die Einrede der Verjährung im Gegensatz zur Ausschlussfrist nicht von Amts wegen seitens des Gerichts zu beachten (etwas anderes gilt für die für Beitragsansprüche geltende vierjährige Verjährungsfrist gem. § 25 Abs. 1 Satz 1 SGB IV)[1].

600 Die Berufung auf Verjährung kann im Einzelfall gegen **Treu und Glauben** (§ 242 BGB) verstoßen. Da die Verjährungsvorschriften dem Rechtsfrieden und der Sicherheit des Rechtsverkehrs dienen, sind insoweit strenge Maßstäbe anzulegen. Als unzulässige Rechtsausübung erscheint die Erhebung der Verjährungseinrede dann, wenn der Schuldner den Gläubiger durch sein Verhalten von der Erhebung der Klage abgehalten oder ihn zu der Annahme veranlasst hat, er werde auch ohne Rechtsstreit eine vollständige Befriedigung seines Anspruchs erzielen. Dies kann durch positives Tun oder durch ein pflichtwidriges Unterlassen geschehen[2].

ee) Ausschlussfristen

601 Viele Arbeits- und Tarifverträge enthalten Ausschlussfristen (auch Verfallfristen, Verwirkungsfristen oder Präklusivfristen genannt), welche u.a. den Entgeltanspruch des Arbeitnehmers erfassen. Die von Ausschlussfristen erfassten **Rechte verfallen mit Fristablauf**, dh. dass der **Anspruch erlischt** und dass – anders als beim Einwand der Verjährung – dennoch hierauf Geleistetes bereicherungsrechtlich kondiziert werden kann. Im Prozess ist der Anspruchsuntergang infolge Verfalls durch das Gericht von Amts wegen zu berücksichtigen, auch ohne dass sich der Anspruchsgegner – wie bei der Verjährung – hierauf berufen muss[3]. Während § 215 BGB die Aufrechnung mit einer verjährten Forderung ermöglicht, kann ein Anspruch, der durch eine Ausschlussfrist untergegangen ist, nicht mehr zur Aufrechnung gestellt werden. Die Bestimmung des § 215 BGB ist auch nicht entsprechend anwendbar[4]. Allerdings finden vertragliche und tarifliche Ausschlussfristen aufgrund der Besonderheiten des Insolvenzverfahrens keine Anwendung auf **Insolvenzforderungen**. Nach Insolvenzeröffnung sind Ausschlussfristen also unbeachtlich, sofern sie nicht bereits bei Eröffnung abgelaufen waren. Die Arbeitnehmer haben ihre Ansprüche nach den Vorschriften der Insolvenzordnung anzumelden[5].

602 **Tarifverträge** enthalten regelmäßig Ausschlussfristen. Daher ist bei der Durchsetzung von tariflichen Ansprüchen stets die Prüfung des Vorhandenseins und des Inhalts von Ausschlussfristen notwendig. Tarifliche Ausschlussfristen gelten auch dann, wenn insgesamt tarifvertragliche Regelungen durch **betriebliche Übung** auf das Arbeitsverhältnis anzuwenden sind (s.a. Rz. 897)[6]. Für tarifliche Rechte, dh. kraft normativer Tarifbindung bestehende Ansprüche, können Ausschlussfristen gem. § 4 Abs. 4 Satz 3 TVG nur in einem Tarifvertrag vereinbart werden. Soweit **Betriebsvereinbarungen** im Rahmen der subsidiären Regelungsmöglichkeiten des § 77 Abs. 3 BetrVG mit unmittelbarer Wirkung gegenüber den Betriebsangehörigen Leistungen vorsehen, können hierfür auch Ausschlussfristen vorgesehen werden[7]. Diese müssen in einer Betriebsvereinbarung oder einem Tarifvertrag enthalten sein (§ 77 Abs. 4 Satz 4 BetrVG). Die Rechtsprechung geht davon aus, dass tarifliche Ausschlussklauseln **auch individualvertragliche und gesetzliche Ansprüche** zum Erlöschen bringen kön-

---

1 BSG 25.10.1990 – 12 RK 27/89, NZA 1991, 493.
2 BAG 7.11.2007 – 5 AZR 910/06, NZA-RR 2008, 399.
3 Die Vereinbarung zu der Ausschlussklausel muss allerdings vorgetragen sein.
4 BAG 15.11.1967 – 4 AZR 99/67, AP Nr. 3 zu § 390 BGB.
5 BAG 15.2.2005 – 9 AZR 78/04, NZA 2005, 1124.
6 BAG 19.1.1999 – 1 AZR 606/98, AP Nr. 9 zu § 1 TVG – Bezugnahme auf Tarifvertrag.
7 Vgl. Nachweise bei BAG 12.12.2006 – 1 AZR 96/06, DB 2007, 866.

III. Verpflichtungen des Arbeitgebers

nen[1]. Dies gilt entgegen der früheren Rechtsprechung nunmehr auch für Urlaubsabgeltungsansprüche[2]. Die Dauer einer tariflichen Ausschlussfrist ist weitgehend dem Ermessen der Tarifvertragsparteien überlassen und von den Gerichten grundsätzlich zu respektieren. Allenfalls extrem kurze Fristen können im Einzelfall Anlass zur näheren Überprüfung geben[3].

Vielfach sind Ausschlussfristen auch in **Einzelarbeitsverträgen** vereinbart. Dies geschieht entweder durch eine entsprechende individualvertragliche Klausel oder durch die Inbezugnahme eines Tarifvertrags und damit der darin enthaltenen Ausschlussfrist (vgl. Teil 1 D Rz. 128 ff.). Hinsichtlich ihrer Wirkung ist zu unterscheiden: Während sie aufgrund von § 4 Abs. 3 TVG bzw. § 77 Abs. 4 Satz 4 BetrVG **keine tariflichen oder durch Betriebsvereinbarung geregelten Ansprüche** erfassen, sollen **einzelvertraglich vereinbarte Ausschlussklauseln** – nach umstrittener Auffassung des BAG – auch **unabdingbare gesetzliche Ansprüche** zum Erlöschen bringen können[4]. Etwas anderes dürfte aufgrund von § 3 Satz 1 MiLoG allerdings für die **gesetzlichen Mindestlohnansprüche** gelten (vgl. Teil 6 E Rz. 112 ff.)[5]. Soweit Ausschlussfristen **Schadensersatzansprüche wegen vorsätzlicher Pflicht- und/oder Rechts(gut)verletzungen** erfassen, sind sie wegen Verstoßes gegen § 202 Abs. 1 BGB nichtig (§ 134 BGB)[6]. **In vorformulierten Arbeitsverträgen** (§ 305 Abs. 1 BGB) unterliegen Ausschlussfristenregelungen der **Inhalts- und Angemessenheitskontrolle** nach § 307 Abs. 1 BGB (vgl. Teil 1 D Rz. 146 ff.), auch wenn sie nur zur einmaligen Verwendung bestimmt sind. Denn der Arbeitsvertrag ist ein Verbrauchervertrag (§ 310 Abs. 3 BGB)[7]. Die Inhalts- und Angemessenheitskontrolle wird nicht durch § 307 Abs. 3 Satz 1 BGB eingeschränkt. Die einzelvertragliche Ausschlussfrist stellt eine von Rechtsvorschriften abweichende oder diese ergänzende Regelung dar, denn gesetzlich gilt nur das Verjährungsrecht[8]. **Formularvertragliche Ausschlussfristen von weniger als drei Monaten sind regelmäßig unangemessen benachteiligend**[9]. Für **nicht der AGB-Kontrolle unterfallende Verfallklauseln** greift eine Rechtmäßigkeitskontrolle nach §§ 242, 138 BGB[10]. Von Bedeutung ist hierfür nach der Rechtsprechung, ob die Ausschlussklausel gleichermaßen auf beide Seiten des Arbeitsverhältnisses Anwendung findet, ob sie inhaltlich ausgewogen ist und nicht die Rechte des Arbeitnehmers einseitig beschneidet[11]. Eine einzelvertragliche Ausschlussfristenklausel, die nur für den Arbeitnehmer zum Anspruchsverlust führt, stünde im Widerspruch zu dem im Verjährungsrecht geltenden Leitbild, welches für gleichartige Ansprüche beider Vertragsparteien gleiche Verjährungsfristen vorsieht[12].

603

---

1 Vgl. etwa BAG 21.1.2010 – 6 AZR 556/07, DB 2010, 675; 25.5.2005 – 5 AZR 572/04, NZA 2005, 1111 zur Entgeltfortzahlung im Krankheitsfall; MünchKommBGB/*Müller-Glöge*, § 611 Rz. 1163, 1166; krit. ErfK/*Preis*, § 218 BGB Rz. 36; *Ulber*, DB 2011, 1808 (1809) jeweils mwN.
2 BAG 9.8.2011 – 9 AZR 352/10, PflR 2012, 14. Die Ausschlussfrist wird nicht schon durch Erhebung einer Kündigungsschutzklage gewahrt, BAG 13.12.2011 – 9 AZR 420/10, nv.
3 BAG 19.4.2005 – 9 AZR 160/04, ZTR 2006, 138.
4 BAG 13.3.2013 – 5 AZR 954/11, NZA 2013, 680, ebenso MünchKommBGB/*Müller-Glöge*, § 611 Rz. 1166; *Krause*, RdA 2004, 36 (42). Kritisch: ErfK/*Preis*, § 218 BGB Rz. 36, 41; HWK/*Thüsing*, § 611 BGB Rz. 429.
5 *Spielberger/Schilling*, NJW 2014, 2897 (2900).
6 BAG 26.9.2013 – 8 AZR 1013/12, ZTR 2014, 161.
7 BAG 25.5.2005 – 5 AZR 572/04, NZA 2005, 1111.
8 BAG 25.5.2005 – 5 AZR 572/04, NZA 2005, 1111.
9 BAG 28.9.2005 – 5 AZR 52/05, NZA 2006, 149; 16.5.2012 – 5 AZR 251/11, NZA 2012, 971 (erste Stufe); 25.5.2005 – 5 AZR 572/04, NZA 2005, 1111 (zweite Stufe).
10 BAG 28.9.2006 – 8 AZR 568/05, NJW 2007, 2348.
11 BAG 24.3.1988 – 2 AZR 630/87, AP Nr. 1 zu § 241 BGB; 13.12.2000 – 10 AZR 168/00, DB 2001, 928.
12 BAG 2.3.2004 – 1 AZR 271/03, NZA 2004, 852.

604 Die **Reichweite der Ausschlussfristen** ist ggf. durch **Auslegung** zu ermitteln. Üblicherweise beziehen sich tarifliche Ausschlussfristen auf sämtliche Ansprüche der Parteien aus dem Arbeitsverhältnis, unabhängig davon, ob sie auf (tarif-) vertraglicher oder gesetzlicher Grundlage beruhen. Sie können nach neuerer Rechtsprechung[1] sogar zur Ausgestaltung des üblichen Entgelts nach § 612 Abs. 2 BGB gehören[2].

Es können u.a. **erfasst sein**:
- Entgeltansprüche (nicht allerdings die Mindestlohnansprüche, auch die Anwendbarkeit auf Entgeltnachzahlungsansprüche bei sittenwidriger Entgeltabrede wird von den Gerichten unterschiedlich beurteilt[3]) inklusive Sonderzahlungen, Mehrarbeitsvergütung und Urlaubsentgelt;
- Ansprüche auf Lohnsteuernachzahlung[4] und auf Lohnsteuererstattung[5];
- Ansprüche auf Rückerstattung von zu viel gezahltem Arbeitsentgelt[6] (dies gilt auch bei einem auf Ansprüche aus dem Tarifvertrag beschränkten Ausschluss, wenn der gesetzliche Bereicherungsanspruch vom Bestehen oder Nichtbestehen des tariflichen Anspruchs abhängt[7]);
- Erstattung von Ausbildungskosten[8];
- Ansprüche auf Rückzahlung von Darlehen, die mit Rücksicht auf das Arbeitsverhältnis niedriger als marktüblich zu verzinsen und an den Bestand des Arbeitsverhältnisses geknüpft sind[9];
- Ansprüche aus Lohnvorauszahlungen bzw. auf Gehaltsvorschuss[10];
- der Anspruch auf Karenzentschädigung, soweit sich die Verfallklausel auch auf Ansprüche erstreckt, die mit dem Arbeitsverhältnis in Verbindung stehen[11];
- Ansprüche auf in außergerichtlichen Vergleichen vereinbarte[12], tarifliche[13] oder Sozialplan-Abfindungen[14].

605 Eine sämtliche Ansprüche aus dem Arbeitsverhältnis erfassende Ausschlussklausel berührt nicht **Besitzstandsklauseln und sog. Stammrechte**[15]. Dies gilt sowohl für den Anspruch auf richtige Eingruppierung wie auch für Ansprüche aus einer Betriebsrente[16] und Ansprüche auf Verschaffung einer Zusatzversorgung bei der VBL bzw. den Schadensersatzanspruch gegen den Arbeitgeber wegen unterlassener Anmeldung zur Zusatzversorgung[17]. Auch der Anspruch auf einzelne Ruhegeldraten soll nach der Rechtsprechung des BAG nur dann von einer tariflichen Ausschlussfrist erfasst sein,

---

1 AA noch BAG 22.4.2009 – 5 AZR 436/08, NZA 2009, 837.
2 BAG 20.4.2011 – 5 AZR 171/10, DB 2011, 2042. Dagegen gehören sie nicht zu den wesentlichen Arbeitsbedingungen iSv. § 10 Abs. 4 AÜG, BAG 23.3.2011 – 5 AZR 7/10, NZA 2011, 850.
3 Vgl. LAG Hamm 18.3.2009 – 6 Sa 1284/08, Streit 2009, 107 einerseits und LAG München 3.12.2009 – 4 Sa 602/09, Streit 2010, 121; LAG MV 31.8.2011 – 2 Sa 79/11, nv. andererseits.
4 BAG 19.1.1979 – 3 AZR 330/77, AP Nr. 21 zu § 670 BGB.
5 BAG 14.6.1974 – 3 AZR 456/73 u. 20.3.1984 – 3 AZR 124/82, AP Nr. 20, 22 zu § 670 BGB, Beginn der Ausschlussfrist aber frühestens mit Erlass des Haftungsbescheids und der Abführung der Steuern.
6 BAG 23.5.2001 – 5 AZR 374/99, ArbRB 2001, 15; 19.2.2004 – 6 AZR 664/02, NZA 2004, 1120 (Os.).
7 BAG 19.1.1999 – 9 AZR 637/97, DB 1999, 1760.
8 BAG 18.11.2004 – 6 AZR 651/03, NZA 2005, 516.
9 BAG 20.2.2001 – 9 AZR 11/00, BB 2001, 2222.
10 BAG 18.6.1980 – 4 AZR 463/78, AP Nr. 68 zu § 4 TVG – Ausschlussfristen.
11 BAG 22.10.2008 – 10 AZR 617/07, DB 2009, 82.
12 LAG Berlin 27.7.1998 – 9 Sa 58/98, NZA-RR 1999, 39; anders zu gerichtlich protokolliertem Abfindungsanspruch: BAG 13.1.1982 – 5 AZR 546/79, AP Nr. 7 zu § 9 KSchG 1969.
13 LAG Hamm 28.6.2007 – 17 Sa 20/07, nv.
14 BAG 30.11.1994 – 10 AZR 79/94, NZA 1995, 643.
15 BAG 14.7.1965 – 4 AZR 358/64, AP Nr. 5 zu § 1 TVG – Tarifverträge BAVAV.
16 BAG 27.2.1990 – 3 AZR 216/88, AP Nr. 107 zu § 4 TVG – Ausschlussfristen.
17 BAG 12.1.1974 – 3 AZR 114/73, AP Nr. 5 zu § 242 BGB – Ruhegehalt VBL.

III. Verpflichtungen des Arbeitgebers

wenn dies im Tarifvertrag deutlich zum Ausdruck gebracht ist[1]. Dies dürfte entsprechend für einzelvertragliche Verfallklauseln gelten. Dagegen werden von der Ausschlussklausel durchaus die einzelnen sich aus einer bestimmten Eingruppierung ergebenden Zahlungsansprüche erfasst[2].

Die Reichweite der Verfallklauseln bezieht sich regelmäßig auf alle Ansprüche, die tatsächlich oder rechtlich mit dem Arbeitsverhältnis im Zusammenhang stehen. Nicht erfasst werden jedoch Ansprüche aus **selbständig neben dem Arbeitsvertrag abgeschlossenen anderen Verträgen**[3]. Unter die Ausschlussfrist fallen somit keine Ansprüche aus Werkmietwohnungsverhältnissen. Auch **Ansprüche aus Arbeitgeberdarlehen** werden grundsätzlich nicht erfasst[4], insbesondere nicht nach dem Ausscheiden aus dem Arbeitsverhältnis fällig gewordene Zinsansprüche[5]. Für während des Arbeitsverhältnisses fällige Zinsen gilt dies jedenfalls dann, wenn die Zinsen und deren Höhe denen entsprechen, die jeder andere Darlehensnehmer üblicherweise zu zahlen hat. Erhält der Arbeitnehmer jedoch das Arbeitgeberdarlehen mit Rücksicht auf das bestehende Arbeitsverhältnis zinslos oder zu einem wesentlich günstigeren Zinssatz als dem banküblichen, wird von einem Anspruch aus dem Arbeitsverhältnis ausgegangen[6]. Ebenfalls nicht von Ausschlussfristen erfasst sind schließlich **Ansprüche der Arbeitnehmer untereinander**, auch wenn sie gem. § 6 EFZG auf den Arbeitgeber übergegangen sind. Müssen nach einer Verfallklausel in einem Tarifvertrag **nur „tarifvertragliche Ansprüche" innerhalb einer bestimmten Ausschlussfrist schriftlich geltend gemacht werden**, werden tarifvertraglich nicht geregelte vertragliche oder gesetzliche Ansprüche der Arbeitsvertragsparteien nicht erfasst[7]. Allerdings erfasst eine für „tarifliche Ansprüche" geltende tarifvertragliche Ausschlussfrist regelmäßig auch gesetzliche und vertragliche Ansprüche, deren Bestand von einem tariflich ausgestalteten Anspruch abhängig ist[8].

Bei einem **Forderungsübergang** der von einer Ausschlussfrist erfassten Forderung gilt die Ausschlussfrist gem. § 404 BGB auch gegenüber dem Rechtsnachfolger des ursprünglich anspruchsberechtigten Arbeitnehmers, so im Falle des § 115 Abs. 1 SGB X, wenn infolge von Sozialleistungen die Arbeitsentgeltansprüche auf den Leistungsträger übergegangen sind[9].

⊃ **Hinweis:** Um sich nicht einem Regressanspruch auszusetzen, ist es für den Rechtsanwalt des Arbeitnehmers wichtig, sich bei Ungewissheit über das Vorhandensein einer Ausschlussklausel unverzüglich an den Arbeitgeber zu wenden und nachzufragen, ob tarifliche Ausschlussfristen aufgrund der Anwendung eines Tarifvertrags, kraft Verweisung in einer Betriebsvereinbarung oder wegen einer betrieblichen Übung zur Anwendbarkeit eines Tarifvertrags gelten. Zugleich ist der Arbeitgeber zu der Zusicherung aufzufordern, er werde den Anspruch des Arbeitnehmers ohne Rücksicht auf den Ablauf der Ausschlussfrist erfüllen, wenn er bestehe[10].

---

1 BAG 26.5.2009 – 3 AZR 797/07, NZA 2009, 1279; 15.2.2011 – 9 AZR 585/09, nv.
2 Ein Arbeitnehmer wahrt mit der Geltendmachung des Vergütungsanspruchs nach der höheren Vergütungsgruppe nicht automatisch eine tarifliche Ausschlussfrist für den Anspruch auf Vergütung nach der niedrigeren Vergütungsgruppe, BAG 3.8.2005 – 10 AZR 559/04, ZTR 2006, 81.
3 BAG 20.1.1982 – 5 AZR 755/79, AP Nr. 72 zu § 4 TVG – Ausschlussfristen; 23.2.1999 – 9 AZR 737/97, DB 1999, 2011.
4 Bezogen auf eine Ausgleichsklausel: LAG Hamm 28.4.1995 – 10 Sa 1386/94, NZA-RR 1996, 286.
5 BAG 23.2.1999 – 9 AZR 737/97, DB 1999, 2011.
6 BAG 18.6.1980 – 4 AZR 463/78, AP Nr. 68 zu § 4 TVG – Ausschlussfristen; 20.2.2001 – 9 AZR 11/00, BB 2001, 2222.
7 BAG 21.1.2010 – 6 AZR 593/07, NZA-RR 2010, 646.
8 BAG 8.9.2010 – 7 AZR 513/09, NZA 2011, 159.
9 BAG 19.2.2003 – 4 AZR 168/02, EzA § 4 TVG Ausschlussfristen Nr. 164.
10 *Ganz/Schrader*, NZA 1999, 570.

608 Wegen der auf die Bundesagentur für Arbeit gesetzlich übergeleiteten Ansprüche lautet deren **formularmäßige Aufforderung** an den Arbeitgeber:

Formulierungsbeispiel:

Ich verzichte gegenüber der Bundesagentur für Arbeit auf die Einrede eventueller für das Arbeitsverhältnis des Arbeitnehmers ... geltender arbeits- oder tarifvertraglicher Ausschlussfristen bis drei Monate nach Kenntnisnahme der Agentur für Arbeit von der rechtskräftigen Beendigung des Kündigungsschutzverfahrens.[1]

609 Wann die Ausschlussfrist **zu laufen beginnt**, hängt von der Regelung in der Verfallklausel ab. Zumeist wird der Beginn der Verfallfrist von der Fälligkeit abhängig gemacht. Es wird aber auch auf die Entstehung des Anspruchs, die Abrechnung, den Auszahlungstag, die Ablehnung durch den Anspruchsgegner sowie auf die Beendigung des Arbeitsverhältnisses oder das Vertragsende abgestellt. Knüpft die Verfallfrist an die **Fälligkeit des Anspruchs** an und tritt diese etwa gem. § 614 BGB nach Ablauf der Entgeltbemessungsperiode ein, so beginnt die Frist am Tag nach ihrem Ablauf zu laufen (§ 187 Abs. 2 Satz 1 BGB). Bei einer Monatsvergütung setzt der Fristlauf also zum 1. des Folgemonats ein und endet – bei einer nach Monaten bemessenen Ausschlussfrist am letzten Tag des letzten Monats (§ 188 Abs. 2 Alt. 2 BGB). Etwas anderes kann sich ergeben, wenn keine reine Festvergütung geschuldet ist. Steht die Höhe eines Vergütungsbestandteils nicht von vornherein fest, setzt der Fristlauf erst ein, wenn der Arbeitnehmer den Anspruch annähernd beziffern kann[2]. Das bedeutet, dass der Lauf der Verfallfrist **nicht vor Erteilung einer Abrechnung** – bzw. dem Verfall des Abrechnungsanspruchs[3] – beginnt, **wenn dem Arbeitnehmer ohne Abrechnung eine Bezifferung seiner Ansprüche unmöglich oder unzumutbar ist**[4]. Der Beginn der Ausschlussfrist regelt sich dann nach § 187 Abs. 1 BGB. Die Ausschlussfrist beginnt erst am Tag nach Abrechnungserteilung zu laufen[5]. Eine nach Monaten bemessene Frist endet mit Ablauf des Tages, der durch seine Zahl dem Tag entspricht, an dem Abrechnung erteilt wurde (§ 188 Abs. 2 Alt. 1 BGB).

610 Sofern die Ausschlussklausel an die **Beendigung des Arbeitsverhältnisses** anknüpft, ist nicht die Einstellung der Tätigkeit, sondern die rechtliche Beendigung des Arbeitsverhältnisses gemeint[6]. Ist ein **Kündigungsschutzverfahren anhängig**, so wird die bei Beendigung des Arbeitsverhältnisses einsetzende besondere Ausschlussfrist erst dann beginnen, wenn abschließend geklärt ist, dass das Arbeitsverhältnis sein Ende gefunden hat[7]. Werden die Ansprüche erst **nach der Beendigung des Arbeitsverhältnisses fällig**, beginnt die Ausschlussfrist erst mit der Fälligkeit[8]. Kommt es zu einem **Betriebsübergang** gem. § 613a BGB, so gilt der Betriebsübergang gegenüber dem früheren Arbeitgeber als Beendigung des Arbeitsverhältnisses im Sinne einer Ausschlussklausel, die an diesen Umstand anknüpft[9]. Verfolgt ein Arbeitnehmer gegenüber einem Betriebsübernehmer Entgeltansprüche, so tritt die Fälligkeit nicht erst mit der Rechtskraft des wegen des Betriebsübergangs geführten Feststellungsverfahrens ein[10]. Allerdings kann sich der Betriebserwerber nicht auf den Ablauf einer Ausschlussfrist

---

1 S. dazu auch ArbG Kiel 23.4.1998 – 5 Ca 865a/98, NZA 1998, 899.
2 BAG 1.3.2000 – 5 AZR 511/05, NZA 2006, 783; 7.2.1995 – 3 AZR 483/94, NZA 1995, 1048.
3 LAG Hamm 18.5.2000 – 4 Sa 1963/99, nv.
4 LAG Hamm 2.8.2007 – 15 Sa 278/07, nv.
5 BAG 19.4.2004 – 9 AZR 160/04, ZTR 2006, 138.
6 BAG 11.2.2009 – 5 AZR 168/08, NZA 2009, 687.
7 BAG 3.12.1970 – 5 AZR 68/70, AP Nr. 45 zu § 4 TVG – Ausschlussfristen; 11.2.2009 – 5 AZR 168/08, NZA 2009, 687; ErfK/*Preis*, § 218 BGB Rz. 55.
8 BAG 18.1.1969 – 3 AZR 451/67, AP Nr. 41 zu § 4 TVG – Ausschlussfristen.
9 BAG 10.8.1994 – 10 AZR 937/93, NZA 1995, 742.
10 BAG 12.12.2000 – 9 AZR 1/00, NZA 2001, 1082.

III. Verpflichtungen des Arbeitgebers

berufen, wenn weder er noch der Veräußerer der Unterrichtungspflicht nach § 613a Abs. 5 BGB nachgekommen und ein innerer Zusammenhang zwischen dieser Pflichtverletzung und der Fristversäumung gegeben ist[1]. Dagegen sollen Lohnforderungen gegenüber dem **Entleiher** aus einem nach § 10 Abs. 1 AÜG fingierten Arbeitsvertrag erst dann im Sinne einer Ausschlussklausel fällig werden, wenn der Entleiher seine Schuldnerstellung eingeräumt hat[2]. Wird in Bezug auf ein Vertragsverhältnis rückwirkend der Arbeitnehmerstatus geltend gemacht, werden hiervon abhängige Ansprüche im Sinne einer tarifvertraglichen Ausschlussfrist erst fällig, wenn feststeht, dass ein Arbeitsverhältnis bestand[3].

Ein **Schadensersatzanspruch** wird fällig, wenn er in seinem Bestand feststellbar ist und geltend gemacht werden kann. Dies ist der Fall, sobald der Gläubiger sich den erforderlichen Überblick ohne schuldhaftes Zögern verschaffen und seine Forderungen wenigstens annähernd beziffern kann[4]. Auch wenn die Rechtsgut- bzw. Pflichtverletzung zu einem früheren Zeitpunkt eingetreten ist, kommt vor Eintritt der daraus resultierenden Schäden ein Verfall des Schadensersatzanspruchs nicht in Betracht[5].

Der Anspruch auf **Rückzahlung überzahlter Vergütung** wird im Zeitpunkt der Überzahlung fällig, wenn die Vergütung fehlerhaft berechnet worden ist, obwohl die maßgebenden Umstände bekannt waren oder hätten bekannt sein müssen. Auf die tatsächliche Kenntnis des Arbeitgebers von seinem Rückzahlungsanspruch kommt es regelmäßig nicht an[6]. Mit der Erklärung, die Zahlung erfolge unter Vorbehalt, kann der Arbeitgeber den Beginn der Ausschlussfrist für die Geltendmachung von Ansprüchen auf Rückzahlung von gezahltem Arbeitsentgelt nicht hinausschieben[7]. Unter Umständen kann dem Arbeitnehmer die **Berufung auf die Ausschlussfrist allerdings nach Treu und Glauben verwehrt** sein, wenn er es pflichtwidrig unterlassen hat, dem Arbeitgeber Umstände mitzuteilen, die die Geltendmachung des Rückzahlungsanspruchs innerhalb der Ausschlussfrist ermöglicht hätten. Zu einer solchen Mitteilung soll der Arbeitnehmer verpflichtet sein, wenn er bemerkt, dass er eine **ungewöhnlich hohe Zahlung** erhalten hat, deren Grund er nicht klären kann[8].

In welcher **Form** die Forderung innerhalb der Ausschlussfrist geltend zu machen ist, richtet sich nach der Regelung in der Ausschlussklausel. In der Regel wird eine **schriftliche Geltendmachung** verlangt. Eine schriftliche Geltendmachung soll schon dann vorliegen, wenn sich der Arbeitgeber über eine entsprechende mündliche Bitte des Arbeitnehmers Notizen macht[9]. Sofern nicht ausdrücklich die Formerfordernisse des § 126 Abs. 1 BGB beachtet werden müssen („eigenhändig durch Namensunterschrift"), reicht eine Geltendmachung mittels **Telefax**, da § 126 Abs. 1 BGB unmittelbar nur für Rechtsgeschäfte bzw. Willenserklärungen gilt[10]. Jedenfalls wenn der Anspruchsgegner keine ernstlichen Zweifel daran haben kann, dass die Erklärung vom Anspruchsteller abgegeben ist, soll auch die **Geltendmachung per Email** die Schrift-

---

1 BAG 22.8.2012 – 5 AZR 526/11, NZA 2013, 376.
2 LAG Rh.-Pf. 19.10.1999 – 10 Ta 175/99, NZA-RR 2000, 523; vgl. aber LAG Köln 28.1.2002 – 2 Sa 272/01, NZA-RR 2002, 458.
3 BAG 14.3.2001 – 4 AZR 152/00, NZA 2002, 155.
4 BAG 16.5.1984 – 7 AZR 143/81, AP Nr. 85 zu § 4 TVG – Ausschlussfristen; 25.10.2007 – 8 AZR 593/06, NZA 2008, 223.
5 BAG 14.12.2006 – 8 AZR 628/05, NZA 2007, 262. Zu beachten ist allerdings der Grundsatz der Schadenseinheit bei bloßer Weiterentwicklung des einmal entstandenen Schadens, LAG Hamm 11.2.2008 – 8 Sa 188/08, NZA-RR 2009, 7.
6 AA BAG 1.6.1995 – 6 AZR 912/94, DB 1995, 2319.
7 BAG 27.3.1996 – 5 AZR 336/94, DB 1997, 235.
8 BAG 27.3.1996 – 5 AZR 336/94, DB 1997, 235.
9 BAG 25.3.1966 – 3 AZR 392/65, AP Nr. 2 zu § 2 HATG Hamburg.
10 BAG 11.10.2000 – 5 AZR 313/99, NZA 2001, 231.

form wahren[1]. In jedem Fall reicht die gerichtliche Geltendmachung der Ansprüche. In diesem Fall ist § 167 ZPO **anwendbar**, so dass die Zustellung der Klageschrift auf den Zeitpunkt der Klageeinreichung bei Gericht zurückwirkt[2]. Reicht nach der Verfallklausel eine **mündliche** Geltendmachung der Ansprüche, so liegt eine hinreichende Zahlungsaufforderung regelmäßig vor, wenn der Arbeitnehmer beim Empfang der Lohnabrechnung bemängelt, ein bestimmter Lohnbestandteil fehle. Einer solchen Erklärung muss der Arbeitgeber entnehmen, der Arbeitnehmer verlange Abrechnung und Zahlung auch dieses Lohnbestandteils[3]. Die in der Abrechnung vorbehaltlos ausgewiesenen Ansprüche braucht der Arbeitnehmer hingegen nicht mehr innerhalb einer Ausschlussfrist geltend zu machen[4].

614 Ist die formlose oder schriftliche Geltendmachung der Ansprüche vorausgesetzt, so reicht die **Erhebung einer Kündigungsschutzklage** zur Geltendmachung von Ansprüchen aus, die während des Kündigungsschutzprozesses fällig werden und typischerweise allein von seinem Ausgang abhängen (insbesondere also Arbeitsentgelt aus Annahmeverzug)[5]. Dies gilt etwa nicht für solche Ansprüche, die auf eine unrichtige Eingruppierung gestützt werden[6]. Ebenfalls nicht erfasst werden von der Kündigungsschutzklage Schadensersatzansprüche wegen verspäteter Entgeltzahlung (zB „Steuerverzögerungsschäden")[7] sowie die Urlaubs- und Urlaubsabgeltungsansprüche[8]. Dagegen steht der Wahrung der Ausschlussfrist durch Erhebung der Kündigungsschutzklage nicht entgegen, wenn der Arbeitgeber nachträglich andere Einwendungen als den fehlenden Bestand des Arbeitsverhältnisses gegen den Anspruch erhebt[9].

615 Durch eine bloße Kündigungsschutzklage, mit der zB die Ansprüche aus dem Annahmeverzug fristwahrend geltend gemacht worden sind, wird aber nicht eine etwaige **Verjährung der Zahlungsansprüche gehemmt**. Hierfür bedarf es einer Zahlungsklage, die gegebenenfalls in das laufende Kündigungsschutzverfahren im Rahmen einer Klageerweiterung eingeführt werden kann.

616 Eine Ausschlussfrist kann auch durch **Anmeldung der Forderung im Insolvenzverfahren** gewahrt werden[10]. Auf noch nicht verfallene Forderungen, die vor Eröffnung des Insolvenzverfahrens entstanden sind, finden Ausschlussfristen keine weitere Anwendung. Insoweit treten die Regeln der Anmeldung von Insolvenzforderungen (§ 28 InsO) an die Stelle von Ausschlussfristen[11]. Für **Masseverbindlichkeiten** iSv. § 55 Abs. 1 InsO gelten die Verfallklauseln dagegen weiter.

617 Nicht selten ist zur Fristwahrung auch eine **gerichtliche Geltendmachung** erforderlich, zumeist jedoch erst in der sog. „zweiten Stufe". Man spricht von **zweistufigen Ausschlussfristen**, wenn der Anspruch zunächst formlos oder schriftlich geltend gemacht werden muss und eine gerichtliche Inanspruchnahme innerhalb einer weiteren Ausschlussfrist gefordert wird, wenn der Schuldner den geltend gemachten Anspruch ablehnt oder innerhalb einer bestimmten Frist nicht reagiert. Die Berücksichtigung der im Arbeitsrecht geltenden Besonderheiten (§ 310 Abs. 4 Satz 2 Halbs. 1 BGB) lässt zweistufige Ausschlussfristen auch in Formularverträgen zu[12]. Das für die zweite

---

1 LAG Düsseldorf 25.7.2007 – 12 Sa 944/07, BB 2008, 110.
2 BGH 25.6.2014 – VIII ZR 10/14, NJW 2014, 2568; BAG 21.10.2014 – 3 AZR 866/12, nv.
3 BAG 20.2.2001 – 9 AZR 46/00, DB 2001, 2353; 17.9.2003 – 4 AZR 540/02, DB 2004, 764.
4 BAG 27.10.2005 – 8 AZR 546/03, NZA 2006, 259.
5 BAG 26.4.2006 – 5 AZR 403/05, NZA 2006, 845; 19.5.2010 – 5 AZR 253/09, NZA 2010, 939.
6 BAG 14.12.2005 – 10 AZR 70/05, NZA 2006, 998.
7 BAG 14.5.1998 – 8 AZR 634/96, NZA-RR 1999, 511; 20.6.2002 – 8 AZR 488/01, NZA 2003, 268.
8 BAG 21.9.1999 – 9 AZR 705/98, DB 2000, 2611.
9 ArbG Köln 29.5.2013 – 9 Ca 9134/12, nv.
10 BAG 18.12.1984 – 1 AZR 588/82, NZA 1985, 396 zur Anmeldung im Konkursverfahren.
11 BAG 18.12.1984 – 1 AZR 588/82, AP Nr. 88 zu § 4 TVG – Ausschlussfristen.
12 BAG 25.5.2005 – 5 AZR 572/04, NZA 2005, 1111.

Stufe bestehende Erfordernis der gerichtlichen Geltendmachung widerspricht nicht § 309 Nr. 13 BGB[1].

Der vom Arbeitgeber vor der Antragstellung im Kündigungsschutzprozess schriftsätzlich angekündigte **Klageabweisungsantrag** stellt eine schriftliche Ablehnung der mit der Kündigungsschutzklage **vom Arbeitnehmer** geltend gemachten Annahmeverzugsansprüche dar. Wenn die Verfallklausel nur eine schriftliche Ablehnung voraussetzt, ist keine zusätzliche ausdrückliche schriftliche Ablehnungserklärung erforderlich[2]. Dagegen enthält der Klageabweisungsantrag des Arbeitgebers in einem Kündigungsschutzrechtsstreit nicht zugleich die tarifvertraglich vorausgesetzte schriftliche Geltendmachung **für Ansprüche des Arbeitgebers** auf Rückgewähr solcher Leistungen, die er für die Zeit nach der rechtskräftig festgestellten Beendigung des Arbeitsverhältnisses rechtsgrundlos erbracht hat[3].

Bestimmt eine **Ausschlussklausel**, dass ein Anspruch eine gewisse Zeit nach Fälligkeit bzw. nach Beendigung des Arbeitsverhältnisses schriftlich geltend zu machen ist, so kann die Geltendmachung rechtswirksam auch schon vor diesen Ereignissen erfolgen[4]. Handelt es sich um eine **zweistufige** Ausschlussklausel, so beginnt die Frist für die gerichtliche Geltendmachung erst mit der Fälligkeit des Anspruchs zu laufen[5].

Das Erfordernis der gerichtlichen Geltendmachung kann durch eine (zulässige) **Leistungs- oder Feststellungsklage**[6], im Wege **der Stufenklage** oder durch eine **Streitverkündung**[7] gewahrt werden. Es ist eine Frage der Auslegung, ob für die **Wahrung der zweiten Stufe** erforderlich ist, dass der verfolgte Anspruch **Streitgegenstand im zivilprozessualen Sinne** ist. Bei **formularvertraglicher Vereinbarung** einer zweistufigen Ausschlussfristenregelung genügt in der Regel die **Erhebung einer Kündigungsschutzklage** auch zur **Wahrung der zweiten Stufe** hinsichtlich derjenigen Ansprüche, welche allein vom Ausgang des Verfahrens abhängen[8]. In einer Entscheidung vom 1.12.2010[9] hat das Bundesverfassungsgericht zudem entgegen einer älteren Rechtsprechung des BAG[10] entschieden, dass es den **Anspruch auf effektiven Rechtsschutz** (Art. 2 Abs. 1 iVm. Art. 20 Abs. 3 GG) verletzt, wenn sich eine **tarifliche Ausschlussfrist** so auswirkt, dass der Arbeitnehmer neben einer Kündigungsschutzklage auch noch eine Zahlungsklage erheben muss, um die vom Ausgang des Kündigungsschutzprozesses abhängigen Annahmeverzugslohnansprüche vor dem Verfall zu bewahren[11]. Die verfassungskonforme Auslegung tariflicher Ausschlussfristen dürfte daher nunmehr ergeben, dass hinsichtlich solcher Ansprüche auch für die **Wahrung der zweiten Stufe tariflicher Ausschlussfristen eine Kündigungsschutzklage ausreicht**[12].

Wird die Klage innerhalb der Ausschlussfrist bei Gericht eingereicht und dem Gegner „demnächst" iSv. **§ 167 ZPO zugestellt**, ist dadurch die zweite Stufe einer Ausschlussfrist gewahrt, auch wenn die Zustellung erst nach Fristablauf erfolgt[13]. Nach-

---

1 MünchKommBGB/*Müller-Glöge*, § 611 Rz. 1195.
2 BAG 26.4.2006 – 5 AZR 403/05, NZA 2006, 845.
3 BAG 19.1.1999 – 9 AZR 405/97, NZA 1999, 1040.
4 BAG 27.3.1996 – 10 AZR 668/95, NZA 1996, 986.
5 BAG 27.3.1996 – 10 AZR 668/95, NZA 1996, 986; 26.9.2001 – 5 AZR 699/00, AP Nr. 160 zu § 4 TVG – Ausschlussfristen.
6 BAG 29.6.1989 – 6 AZR 459/88, NZA 1989, 897.
7 BAG 18.1.1966 – 1 AZR 247/63, NJW 1967, 2381.
8 BAG 19.3.2008 – 5 AZR 429/07, NZA 2008, 757; 19.5.2010 – 5 AZR 253/09, NZA 2010, 939.
9 BVerfG 1.12.2010 – 1 BvR 1682/07, NZA 2011, 354.
10 Vgl. noch BAG 26.4.2006 – 5 AZR 403/05, NZA 2006, 845.
11 So schon BAG 12.12.2006 – 1 AZR 96/06, NZA 2007, 453 für eine in einer Betriebsvereinbarung enthaltene Ausschlussfrist.
12 BAG 19.9.2012 – 5 AZR 627/11, BAGE 143, 119. Urlaubsabgeltungsansprüche sind hiervon nicht erfasst: BAG 13.12.2011 – 9 AZR 420/10, nv.
13 BAG 11.2.2009 – 5 AZR 168/08, NZA 2009, 687.

dem der BGH die Bestimmung des § 167 ZPO auch in den Fällen für anwendbar gehalten hat, in denen durch die Zustellung einer Klage eine Frist gewahrt werden soll[1], die auch durch außergerichtliche Geltendmachung eingehalten werden kann, dürfte § 167 ZPO auch Anwendung auf arbeits- oder tarifvertragliche Ausschlussfristen finden, welche keine gerichtliche, sondern nur eine Geltendmachung unmittelbar gegenüber dem Anspruchsgegner erfordern (wie etwa die **erste Stufe einer zweistufigen Ausschlussfristenklausel**)[2].

Ein **Antrag auf Bewilligung von Prozesskostenhilfe** für eine beabsichtigte Klage reicht nicht zur Wahrung einer die gerichtliche Geltendmachung erfordernden Frist aus[3]. Die Berücksichtigung von Gehaltsforderungen im Rahmen eines **Vergleichs** stellt eine Geltendmachung im Sinne der ersten Stufe einer zweistufigen tarifvertraglichen Ausschlussfrist dar. Die zweite Stufe (Klageerhebung) wird aber nicht gewahrt, wenn der Vergleich widerrufen wird[4]. Dies gilt auch, wenn die Klage später zurückgenommen wird[5].

622 Der Anspruch muss **vom Gläubiger selbst oder** einer dazu **bevollmächtigten Person** geltend gemacht werden[6]. Nicht gewahrt wird die Ausschlussfrist, wenn der Betriebsrat ohne entsprechende Bevollmächtigung vorgeht[7]. Auf die Geltendmachung durch einen bevollmächtigten Vertreter ist § 174 BGB nicht anwendbar, weil lediglich zur Erfüllung des Anspruchs aufgefordert wird[8]. **Adressat** ist der Arbeitgeber, ggf. vertreten durch die Personalabteilung oder eine entsprechende zuständige Stelle.

623 Da eine **Aufrechnung** nach § 389 BGB unmittelbar zum Erlöschen der Forderung führt, reicht es aus, wenn diese innerhalb der Ausschlussfrist erfolgt. Wenn die Aufrechnung hinreichend konkret erfolgt, muss das tarifliche Schriftformerfordernis für die rechtzeitige Geltendmachung der Forderung nicht eingehalten werden. Die Aufrechnung dient nicht dem Zweck, dem Schuldner Klarheit über das Erfüllungsverlangen zu verschaffen, sondern ist Surrogat der Erfüllung[9].

624 **Inhaltlich** setzt die Geltendmachung eines Anspruchs voraus, dass dieser zumindest **dem Grunde nach individualisiert** wird, damit der Anspruchsgegner erkennen kann, **welche Forderungen** erhoben werden. Bei einer Anspruchshäufung muss sich die Geltendmachung – wenn tarifvertraglich nichts anderes geregelt ist – auf jeden einzelnen Anspruch beziehen, auch wenn die Teilansprüche auf einem einheitlichen Anspruchsgrund beruhen[10]. Die Bitte um Prüfung, ob die Voraussetzungen eines näher bezeichneten Anspruchs vorliegen, stellt keine Geltendmachung des Anspruchs dar[11]. Es muss zur Erfüllung aufgefordert werden. Auch muss annähernd angegeben werden, **in welcher Höhe Forderungen** erhoben werden, damit sich der Anspruchsgegner darüber schlüssig werden kann, wie er sich verhalten soll[12]. Es reicht daher nicht aus, wenn ein Betrag genannt wird, der erheblich hinter dem zurückbleibt, den der

---

1 BGH 17.7.2008 – I ZR 109/05, NJW 2009, 765.
2 Vgl. BAG 22.5.2014 – 8 AZR 662/13, NZA 2014, 924 zur Frist des § 15 Abs. 4 AGG.
3 LAG Köln 8.10.1997 – 2 Sa 587/97, NZA-RR 1998, 226.
4 LAG Berlin 10.10.2003 – 6 Sa 1058/03, ArbRB 2004, 71.
5 BAG 11.7.1990 – 5 AZR 609/89, NZA 1991, 70.
6 Zur Wahrung der Ausschlussfrist beim Vertreter ohne Vertretungsmacht: BAG 10.1.2007 – 5 AZR 665/06, BB 2007, 946.
7 BAG 5.4.1995 – 5 AZR 961/93, BB 1996, 62; LAG Berlin 5.10.1987 – 9 Sa 72/87, LAGE § 4 TVG – Ausschlussfristen Nr. 6; in diesem Fall muss sich die von einem kollektiven Anspruch abhebende individuelle Geltendmachung für einen einzelnen Arbeitnehmer deutlich aus der Erklärung ergeben, LAG Schl.-Holst. 29.6.1999 – 3 Sa 538/98, NZA-RR 1999, 587.
8 BAG 14.8.2002 – 5 AZR 341/01, NZA 2002, 1344.
9 BAG 1.2.2006 – 5 AZR 395/05, ZTR 2006, 434.
10 BAG 22.6.2005 – 10 AZR 459/04, NZA 2005, 1319 (Os.).
11 BAG 10.12.1997 – 4 AZR 228/96, DB 1998, 682.
12 BAG 26.2.2003 – 5 AZR 223/02, DB 2003, 1332.

III. Verpflichtungen des Arbeitgebers

Gläubiger tatsächlich von dem Anspruchsgegner verlangen will[1]. Zur Vermeidung von Nachteilen ist es somit empfehlenswert, die Forderungen nach Grund und Höhe genau zu beschreiben und sie auch nach Zeit und Gegenstand zu begründen. Ausnahmen lässt das BAG nur zu, **wenn der Schuldner die Höhe der gegen ihn geltend gemachten Forderung ohnehin kennt**[2] und die Geltendmachung durch den Gläubiger erkennbar von dieser dem Schuldner bekannten Anspruchshöhe ausgeht[3]. Wegen der Akzessorietät zur Hauptforderung wird mit der Geltendmachung der Hauptforderung die Ausschlussfrist auch hinsichtlich der Zinsen gewahrt[4].

Dem Ablauf[5] von Ausschlussfristen kann der Gläubiger mit dem auf den Grundsatz von Treu und Glauben (§ 242 BGB) gestützten **Einwand der unzulässigen Rechtsausübung** begegnen, wenn ihn der Schuldner durch aktives Handeln von der Einhaltung der Ausschlussfrist abgehalten[6] oder wenn dieser es pflichtwidrig unterlassen hat, ihm Umstände mitzuteilen, die ihn zur Einhaltung der Ausschlussfrist veranlasst hätten[7]. So verstößt es gegen Treu und Glauben, wenn der Schuldner während des Laufs der Ausschlussfrist den Eindruck erweckt, eine gerichtliche Klärung des Anspruchs sei entbehrlich, sich jedoch nach Ablauf der Frist auf die Ausschlussklausel beruft[8]. Treuwidrig ist das Berufen auf die Ausschlussfrist auch, wenn der Schuldner die Forderung zuvor deklaratorisch anerkannt hat, selbst wenn er das Schuldanerkenntnis nachfolgend anficht[9]. Dagegen ist es einer Partei nicht verwehrt, sich nach Verhandlungen über die geltend gemachten Ansprüche auf eine Ausschlussfrist zu berufen, wenn sie nicht beim Vertragspartner den Eindruck erweckt hat, sie sei auf jeden Fall zur Erfüllung bereit[10]. Ebenso ist es nicht arglistig, wenn der Arbeitnehmer seine Ansprüche nur mündlich geltend gemacht und ihn der Arbeitgeber nicht auf die vorgeschriebene schriftliche Geltendmachung aufmerksam gemacht hat[11]. Hat ein Arbeitgeber dem Arbeitnehmer nur eine unzutreffende Auskunft über das Bestehen eines Anspruchs gegeben, so verstößt es ebenfalls nicht unbedingt gegen Treu und Glauben, wenn sich der Arbeitgeber später auf Verfall beruft[12].

Nach ständiger Rechtsprechung des BAG braucht der Arbeitnehmer eine Forderung zur Wahrung einer Ausschlussfrist nicht mehr geltend zu machen, wenn der Arbeitgeber sie **durch Abrechnung vorbehaltlos ausgewiesen** hat[13]. Gleiches gilt bei einem kausalen Schuldanerkenntnis[14].

Schließlich soll dem Arbeitgeber nach Treu und Glauben die Berufung auf eine (tarifliche) Ausschlussfrist gegenüber **Entgeltnachforderungen des Arbeitnehmers bei sittenwidrig niedriger Vergütung** verwehrt sein[15].

Ausschlussfristen gehören zu den **wesentlichen Vertragsbedingungen iSv. § 2 Abs. 1 Satz 1 NachwG**[16]. Der Arbeitgeber hat dem Arbeitnehmer daher eine schriftliche Nie-

---

1 BAG 8.2.1972 – 1 AZR 221/71, AP Nr. 49 zu § 4 TVG – Ausschlussfristen.
2 BAG 26.2.2003 – 5 AZR 223/02, NZA 2003, 923.
3 BAG 16.12.1971 – 1 AZR 335/71, AP Nr. 48 zu § 4 TVG – Ausschlussfristen.
4 BAG 21.1.2003 – 9 AZR 546/01, NZA 2003, 879 (Os.).
5 Es läuft nach Behebung des Hindernisses keine neue Ausschlussfrist, BAG 13.2.2003 – 8 AZR 236/02, NZA 2003, 1295 (Os.).
6 BAG 5.6.2003 – 6 AZR 249/02, NZA 2004, 400 (Os.).
7 BAG 10.3.2005 – 6 AZR 217/04, NZA 2005, 812.
8 BAG 18.12.1984 – 3 AZR 383/82, AP Nr. 87 zu § 4 TVG – Ausschlussfristen.
9 BAG 10.10.2002 – 8 AZR 8/02, NZA 2003, 329.
10 LAG München 23.10.2008 – 3 Sa 513/08, nv.
11 BAG 14.6.1994 – 9 AZR 284/93, NZA 1995, 229.
12 BAG 22.1.1997 – 10 AZR 459/96, NZA 1997, 445.
13 BAG 27.10.2005 – 8 AZR 546/03, NZA 2006, 259. Anders für bei Abrechnung bereits verfallene Ansprüche: LAG München 13.3.2003 – 3 Sa 723/02, nv.
14 LAG Berlin 4.4.2001 – 6 Sa 479/01, nv.
15 LAG Hamm 18.3.2009 – 6 Sa 1284/08, Streit 2009, 107.
16 BAG 23.1.2002 – 4 AZR 56/01, BB 2002, 2606.

derschrift hierüber auszuhändigen, wenn nicht der schriftliche Arbeitsvertrag die notwendigen Angaben enthält (§ 2 Abs. 1, 4 NachwG). Im Fall von Arbeitsverhältnissen, die bereits vor Inkrafttreten des Nachweisgesetzes am 28.7.1995 bestanden haben, besteht die Verpflichtung nur auf Verlangen des Arbeitnehmers. Handelt es sich um eine tarifliche Ausschlussfrist oder ist sie in einer Betriebs- oder Dienstvereinbarung enthalten, so genügt der Hinweis auf den Kollektivvertrag (§ 2 Abs. 3 NachwG)[1]. Dieser ist allerdings auch dann erforderlich, wenn der Tarifvertrag allgemeinverbindlich ist[2]. Ein Verstoß gegen die Nachweispflicht lässt – ebenso wie eine Verletzung der Pflicht zum Aushang der für den Betrieb maßgebenden Tarifverträge (§ 8 TVG)[3] – die Geltung der Ausschlussfrist unberührt[4]. Allerdings kann sich der Arbeitgeber dann nach §§ 275 Abs. 4, 280 Abs. 1 und Abs. 2, 286 Abs. 2 BGB **schadensersatzpflichtig** machen, wenn der Arbeitnehmer die rechtzeitige Geltendmachung seiner Ansprüche wegen des fehlenden Nachweises versäumt[5]. Bei der Rechtsdurchsetzung hilft dem Arbeitnehmer die **Vermutung des aufklärungsgemäßen Verhaltens**. Danach ist grundsätzlich davon auszugehen, dass jedermann bei ausreichender Information seine eigenen Interessen in vernünftiger Weise wahrt. Es kann also regelmäßig zugunsten des Arbeitnehmers angenommen werden, dass er die Ausschlussfrist beachtet hätte, wenn er hierauf hingewiesen worden wäre. Allerdings genügt der Arbeitnehmer seiner Darlegungslast zur Schadenskausalität nur, wenn er sich dazu erklärt, ob er tatsächlich von der Ausschlussfrist Kenntnis hatte oder nicht[6]. Die **Kenntnis seines Rechtsanwalts/Prozessbevollmächtigten** von einer tariflichen Ausschlussfrist muss sich der Arbeitnehmer nach § 254 Abs. 2 Satz 2 iVm. § 278 BGB zurechnen lassen[7].

Formulierungsbeispiel:

Alle Ansprüche aus dem Arbeitsverhältnis erlöschen, wenn sie nicht innerhalb einer Ausschlussfrist von drei Monaten nach ihrer Fälligkeit gegenüber der anderen Vertragspartei schriftlich geltend gemacht werden. Diese Ausschlussfrist betrifft nicht Ansprüche aus der Verletzung von Leben, Körper oder Gesundheit sowie Ansprüche aus vorsätzlichen oder grob fahrlässigen Pflichtverletzungen einer Vertragspartei oder ihrer gesetzlichen Vertreter oder Erfüllungsgehilfen.

Lehnt die Gegenpartei die Anspruchserfüllung schriftlich ab oder erklärt sie nicht innerhalb eines Monats nach Zugang des Geltendmachungsschreibens ein Anerkenntnis, so erlischt der Anspruch, wenn er nicht innerhalb von drei Monaten nach Zugang der Ablehnung oder nach Fristablauf gerichtlich geltend gemacht wird.

627–630 Einstweilen frei.

ff) Verwirkung

631 Die Verwirkung folgt aus dem Grundsatz von Treu und Glauben (§ 242 BGB) und stellt sich als Sonderfall der unzulässigen Rechtsausübung dar[8].

---

1 Vgl. LAG Hamm 18.10.2007 – 8 Sa 942/07, nv. zur Tarifanwendung kraft betrieblicher Übung und LAG Köln 11.9.2009 – 4 Sa 579/09, nv.
2 BAG 29.5.2002 – 5 AZR 105/01, ZTR 2003, 87.
3 BAG 23.1.2002 – 4 AZR 56/01, BB 2002, 2606. Anders, wenn der Tarifvertrag die Bekanntgabe ausdrücklich voraussetzt, BAG 11.11.1998 – 5 AZR 63/98, NZA 1999, 605.
4 BAG 5.11.2003 – 5 AZR 676/02, NZA 2005, 64.
5 Vgl. HWK/*Kliemt*, Vorb. NachwG Rz. 32 ff.
6 BAG 5.11.2003 – 5 AZR 676/02, NZA 2005, 64; LAG Köln 11.9.2009 – 4 Sa 579/09, nv.; LAG Rh.-Pf. 25.2.2010 – 2 Sa 730/09, nv.
7 BAG 29.5.2002 – 5 AZR 105/01, NZA 2002, 1360.
8 BAG 25.4.2001 – 5 AZR 497/99, NZA 2001, 966.

Ansprüche und Rechte verwirken, wenn der Schuldner davon ausgehen kann, dass der Gläubiger das Recht nicht mehr geltend machen werde. Hierfür sind ein Zeitmoment und ein sog. Umstandsmoment von Bedeutung. Das **Zeitmoment** ergibt sich daraus, dass der Berechtigte sein Recht über einen gewissen Zeitraum hinweg nicht geltend gemacht hat, obwohl er dazu in der Lage gewesen wäre. Der schiere Zeitablauf alleine genügt allerdings regelmäßig nicht zur Annahme eines Verwirkungstatbestands. Vielmehr müssen als **Umstandsmoment** besondere Umstände im Verhalten des Berechtigten bzw. des Verpflichteten hinzutreten, die es rechtfertigen, die späte Geltendmachung des Rechts als mit Treu und Glauben unvereinbar und für den Verpflichteten als unzumutbar anzusehen. Der Berechtigte muss unter Umständen untätig geblieben sein, die den Eindruck erwecken konnten, dass er sein Recht nicht mehr geltend machen wolle, so dass der Verpflichtete sich darauf einstellen durfte und tatsächlich darauf vertraut hat, nicht mehr in Anspruch genommen zu werden. Durch die Verwirkung wird die illoyal verspätete Geltendmachung von Rechten ausgeschlossen. Die Verwirkung dient damit dem Vertrauensschutz[1]. Ob der Schuldner davon ausgehen konnte, dass das Recht nicht mehr geltend gemacht werde, und ob er sich hierauf tatsächlich eingerichtet hat, ist von der **Bewertung der jeweiligen Einzelfallumstände** abhängig. Für das Zeitmoment wird selten eine Zeitspanne genügen, die kürzer ist als die einschlägigen Ausschlussfristen.

Die Verwirkung von **Rechten aus Tarifverträgen**, sofern diese allgemein verbindlich sind oder kraft Tarifbindung gelten, ist nach § 4 Abs. 4 Satz 2 TVG ausgeschlossen[2]. Dasselbe gilt für **Rechte aus Betriebsvereinbarungen** gem. § 77 Abs. 4 Satz 3 BetrVG.

Besondere Bedeutung erlangt die Frage der Verwirkung oftmals bei der Geltendmachung von **Überstundenvergütungsansprüchen** (vgl. Rz. 369 ff.). Obwohl Überstunden grundsätzlich nur dann zu vergüten sind, wenn sie durch den Arbeitgeber angeordnet oder mit seiner Billigung oder zumindest in seinem erkennbaren Interesse geleistet wurden, besteht über den Umfang der vom Arbeitnehmer erbrachten Mehrarbeit auf Seiten des Arbeitgebers oftmals keine genaue Kenntnis. Verzichtet der Arbeitnehmer darauf, Überstunden in für den Arbeitgeber transparenter Art und Weise zu dokumentieren und zeitnah eine Verständigung über deren Vergütung herbeizuführen, begegnet die spätere Durchsetzung der Vergütungsansprüche häufig Problemen. Abgesehen von der schwierigen Nachweisbarkeit der tatsächlichen Arbeitsleistung und der oft streitigen Frage ihrer Betriebsnotwendigkeit kann der Vergütungsanspruch für Überstunden möglicherweise schneller verwirken als der Anspruch auf das laufende Festentgelt[3]. Dahinter steht die Überlegung, dass der Arbeitgeber bei dem fest vereinbarten Arbeitsentgelt nur ganz ausnahmsweise darauf vertrauen können wird, dass der Arbeitnehmer entsprechende Ansprüche nicht mehr geltend machen wird, während überobligatorische Mehrarbeit teilweise auch ohne Vergütungserwartung seitens des Arbeitnehmers erbracht wird[4]. Insofern kann es sich bei der Bewertung der Einzelfallumstände durchaus zu Lasten des Arbeitnehmers auswirken, wenn er zunächst von der Geltendmachung von Überstundenvergütung abgesehen hat und sodann nach längerem Zeitablauf – etwa infolge eines Zerwürfnisses mit dem Arbeitgeber – Abgeltung verlangt. Man kann daher von einer **Obliegenheit zur rechtzeitigen Geltendmachung** sprechen. Es erscheint zweifelhaft, ob bei der Bewertung solcher Situationen zu Gunsten des Arbeitnehmers noch von einer allgemein im Arbeitsverhältnis bestehenden Drucksituation ausgegangen werden kann, welche die zeitweise Nichtgeltendmachung von Ansprüchen durch den Arbeitnehmer erklären und rechtfertigen könnte[5]. Jedenfalls kann der Arbeitnehmer nicht stets die Beendigung des Ar-

---

1 BAG 14.2.2007 – 10 AZR 35/06, NZA 2007, 690.
2 S. aber LAG BW 22.1.1998 – 11 Sa 141/96, BB 1999, 1877 (unzulässige Rechtsausübung).
3 Vgl. etwa LAG Schl.-Holst. 18.9.1997 – 4 Sa 291/97, ARST 1998, 64.
4 Vgl. etwa LAG Köln 1.8.1997 – 11 (7) Sa 152/97, NZA-RR 1998, 393 zu Ärzten.
5 Vgl. die Hinweise auf ältere Rspr. bei MünchArbR/*Krause*, § 64 Rz. 10.

beitsverhältnisses abwarten, um erst dann die Überstundenvergütung einzufordern. Von Bedeutung kann bei der Bewertung des Umstandsmoments auch sein, inwieweit die **Arbeitsleistung** durch den Arbeitgeber **kontrollierbar** und das Bestehen von daraus resultierenden Überstundenvergütungsforderungen damit für ihn **erkennbar** ist. Verwirkung kann eintreten, wenn der Arbeitnehmer für den Arbeitgeber erkennbar Überstunden leistet, hierfür jedoch keine Vergütung verlangt und (monatelang) widerspruchslos die Zahlungen akzeptiert, die der Arbeitgeber ausweislich seiner Abrechnung erkennbar als abschließende und vollumfängliche Vergütung für den jeweiligen Monat erbringt[1]. Dass der Arbeitgeber dabei auf eine rechtsunwirksame **Pauschalabgeltungsklausel** (vgl. Teil 1 D Rz. 151 f ff.) im Formulararbeitsvertrag vertraut, erleichtert die Verwirkung nicht[2]. Ist die Überstundenleistung für den Arbeitgeber dagegen nicht erkennbar (bspw. im Außendienst), kann umso eher vom Arbeitnehmer erwartet werden, dass er dem Arbeitgeber die Leistung von Überstunden anzeigt. Denn es unterliegt primär dessen unternehmerischer Entscheidung, ob er die Arbeitsleistung auch über das vereinbarte Volumen hinaus und gegen Bezahlung in Anspruch nehmen will oder nicht. Unterlässt der Arbeitnehmer in einer solchen Konstellation die zeitnahe Mitteilung der Überstundenleistung, kann die **widerspruchslose Entgegennahme der Abrechnungen** das erforderliche Umstandsmoment bilden[3], soweit es für einen Vergütungsanspruch nicht ohnehin schon am Erfordernis einer Anordnung bzw. Billigung der Überstunden fehlt (vgl. Rz. 371).

633–640 Einstweilen frei.

h) Abrechnung

641 Für alle Arbeitsverhältnisse gilt hinsichtlich der **Abrechnung** des Arbeitsentgelts die Bestimmung des § 108 GewO. Danach ist dem Arbeitnehmer bei Zahlung der Vergütung eine Abrechnung in Textform (§ 126b BGB) zu erteilen. Aus ihr müssen sich zumindest Angaben über den Abrechnungszeitraum und die Zusammensetzung des Arbeitsentgelts ergeben. § 108 Abs. 2 GewO schränkt die in Abs. 1 festgelegte Verpflichtung des Arbeitgebers zur regelmäßigen Abrechnung des Arbeitsentgelts insofern ein, als eine Abrechnung für den jeweiligen Abrechnungszeitraum nur dann erstellt werden muss, wenn sich **gegenüber der letzten ordnungsgemäßen Abrechnung Änderungen** ergeben haben. Ergänzende Sondervorschriften finden sich in §§ 65, 87c Abs. 2, 3 HGB und § 8 HAG. Eine Gehaltsabrechnung stellt kein abstraktes Schuldanerkenntnis iSd. § 781 BGB dar[4]. Neben dem Abrechnungsanspruch steht (auch in betriebsratslosen Betrieben[5]) der in § 82 Abs. 2 Satz 1 BetrVG geregelte Anspruch des Arbeitnehmers auf Erläuterung der Berechnung und Zusammensetzung seines Arbeitsentgelts.

642 Der Arbeitnehmer kann Abrechnung nach § 108 Abs. 1 Satz 1 GewO erst „**bei Zahlung**" und nicht schon im Zeitpunkt der Fälligkeit des Entgeltanspruchs verlangen. Die Regelung dient der Transparenz und bezweckt die Information über erfolgte Zahlungen. Der Arbeitnehmer soll erkennen können, warum er gerade den ausgezahlten Betrag erhält. **Die Bestimmung dient nicht der Vorbereitung einer Zahlungsklage**[6]. Ohne vorherige Zahlung ist der (gesetzliche) Anspruch auf Abrechnung nicht einklag-

---

1 Vgl. etwa LAG Hamburg 8.1.2008 – 2 Sa 70/07, nv.
2 Es sei denn, zwischen den Parteien ist die Unwirksamkeit unstreitig, vgl. LAG Bln.-Bbg. 3.6.2010 – 15 Sa 166/10, LAGE § 307 BGB 2002 Nr. 24.
3 Vgl. LAG Schl.-Holst. 18.9.1997 – 4 Sa 291/97, ARST 1998, 64.
4 LAG Rh.-Pf. 9.10.2002 – 9 Sa 654/02, DB 2003, 156.
5 LAG Köln 31.5.2007 – 9 Ta 27/07, nv.
6 BAG 7.9.2009 – 3 AZB 19/09, NZA 2010, 61. AA MünchArbR/*Krause*, § 62 Rz. 13.

III. Verpflichtungen des Arbeitgebers

bar[1]. Zulässig dürfte es allerdings sein, im Klageantrag die Abrechnungsverpflichtung unter die Bedingung (§ 726 ZPO) der Zahlung zu stellen[2].

Formulierungsbeispiel für den Klageantrag:

Die Beklage wird verurteilt, an den Kläger ... Euro zu zahlen und bei Zahlung Abrechnung hierüber zu erteilen.

Die Abrechnungserteilung ist als Wissenserklärung des zahlenden Schuldners unvertretbare Handlung und die **Zwangsvollstreckung daher nach § 888 ZPO** zu betreiben[3]. 643

i) Erstattung überzahlten Entgelts

Hat der Arbeitgeber irrtümlich ein zu hohes Arbeitsentgelt oder aus anderem Grund nicht geschuldete Zahlungen geleistet, stellt sich die Frage der Anspruchsgrundlage für sein Rückforderungsverlangen (zur Erstattung von Ausbildungskosten vgl. Rz. 540ff.). Haben die Parteien nicht **vertraglich vereinbart**, dass zuviel gezahltes Entgelt vom Arbeitnehmer zurückzuzahlen ist, kann der Arbeitgeber Rückerstattung nur aufgrund **ungerechtfertigter Bereicherung** iSd. §§ 812ff. BGB verlangen. Nur bei rückforderbaren Entgeltvorschüssen bzw. Abschlagzahlungen wird auch ohne besondere Abrede ein vertraglicher Rückgewähranspruch angenommen[4]. Gegenüber vertraglichen Rückforderungsansprüchen kann sich der Arbeitnehmer nicht auf den Wegfall der Bereicherung (§ 818 Abs. 3 BGB) berufen. Bei Erlöschen des Entgeltanspruchs wegen **Unmöglichkeit oder Unzumutbarkeit** der Arbeitsleistung (vgl. Rz. 576ff.) besteht ein **Rückforderungsanspruch nach Rücktrittsregeln** (§ 326 Abs. 4 BGB). Schließlich kann der Arbeitnehmer wegen **Nebenpflichtverletzungen** (§§ 241 Abs. 2, 280 Abs. 1 BGB) oder **aufgrund deliktischer Grundlage** (§§ 823, 826 BGB) zur Erstattung überzahlter Vergütung verpflichtet sein. 644

Erlischt wegen **Unmöglichkeit bzw. Unzumutbarkeit der Arbeitsleistung** auch der Vergütungsanspruch (§§ 275, 326 Abs. 1 BGB, vgl. Rz. 144ff. und Rz. 576ff.), verweist § 326 Abs. 4 BGB für die Rückzahlungspflicht des Arbeitnehmers bzgl. bereits erhaltenen Entgelts auf das Rücktrittsrecht der §§ 346ff. BGB. Nach zutreffender Ansicht ist dem Arbeitnehmer die Berufung auf den Wegfall der Bereicherung dann verwehrt[5]. 645

Im Übrigen ist der Arbeitgeber zumeist auf eine **bereicherungsrechtliche Rückabwicklung** von Überzahlungen angewiesen. Der Anspruch nach § 812 Abs. 1 Satz 1 BGB ist nicht auf Auszahlungen bei falscher Abrechnung beschränkt, sondern kann sich auch daraus ergeben, dass der Arbeitnehmer bislang fälschlicherweise in eine zu hohe tarifliche Vergütungsgruppe eingruppiert war oder der Arbeitgeber irrtümlich glaubte, aufgrund anderer Regelungen zur Leistung verpflichtet zu sein (zB zu Honorarzahlungen an einen vermeintlich freien Mitarbeiter[6]; an einen nicht approbierten Arbeitnehmer wegen ärztlicher Tätigkeit[7]). Nach Bereicherungsrecht erfolgt die Rückabwicklung rechtsgrundlos erbrachter Arbeitgeberleistungen auch dann, wenn der Arbeitnehmer seine Tätigkeit trotz Beendigung des Arbeitsverhältnisses fortgesetzt hat[8]. 646

---

1 LAG Hamm 18.3.2009 – 6 Sa 1372/08, BB 2009, 893.
2 Vgl. zur sinnvollen Antragstellung im Einzelnen: Hamacher/*Nübold*, Antragslexikon Arbeitsrecht, Abrechnung.
3 BAG 7.9.2009 – 3 AZB 19/09, NZA 2010, 61.
4 BAG 20.6.1989 – 3 AZR 504/87, NZA 1989, 843.
5 *Henssler*, RdA 2002, 129 (132); HWK/*Thüsing*, § 611 BGB Rz. 399 Fn. 9.
6 BAG 9.2.2005 – 5 AZR 175/04, NZA 2005, 814.
7 BAG 3.11.2004 – 5 AZR 592/03, NZA 2005, 1409.
8 BAG 30.4.1997 – 7 AZR 122/96, BB 1997, 2431.

647 Nach § 814 BGB ist die Rückforderung von Zahlungen ausgeschlossen, die als solche oder in dieser Höhe seitens des Arbeitgebers **in dem Bewusstsein geleistet worden sind, hierzu nicht verpflichtet zu sein**. Erforderlich ist die positive Kenntnis der Rechtslage zum Zeitpunkt der Leistung. Nicht ausreichend ist die Kenntnis der Tatsachen, aus denen sich das Fehlen einer rechtlichen Verpflichtung ergibt. Der Leistende muss wissen, dass er nach der Rechtslage nichts schuldet. Das ist nur der Fall, wenn er aus den ihm bekannten Tatsachen auch eine im Ergebnis zutreffende rechtliche Schlussfolgerung zieht, wobei allerdings eine entsprechende „Parallelwertung in der Laiensphäre" genügt[1].

648 Zur Erstattung der zu viel erhaltenen Zahlung ist der Arbeitnehmer gem. § 818 Abs. 3 BGB dann nicht verpflichtet, wenn er **„nicht mehr bereichert"** ist. Dies ist der Fall, wenn er **von der falschen Zahlung nichts wusste und mit dem Erhaltenen sog. Luxusausgaben getätigt hat**, also die Überzahlung für außergewöhnliche Dinge verwendet hat, die er sich sonst nicht geleistet hätte. Von einer Entreicherung kann dagegen dann nicht gesprochen werden, wenn lediglich **notwendig anfallende Ausgaben erspart** wurden. Dies ist grundsätzlich etwa **dann** anzunehmen, wenn der Arbeitnehmer einwendet, er habe das zu viel erhaltene Geld für seinen **Lebensunterhalt** im Abrechnungszeitraum verbraucht. Denn dadurch erspart er sich den Rückgriff auf anderweitiges Einkommen oder Vermögen. Von dieser klaren Abgrenzung löst sich die Rechtsprechung bei **Arbeitnehmern mit unterem oder mittlerem Einkommen** und keinen nennenswerten anderen Einkünfte neben dem Arbeitsentgelt, wenn es nur zu einer geringfügigen Überzahlung (von nicht mehr als 10 %) gekommen ist[2]. Es wird dann erfahrungsgemäß ein alsbaldiger Verbrauch der Überzahlung für die laufenden Kosten der Lebenshaltung anzunehmen sein. Für eine Entreicherung spricht in diesen Fällen ein Anscheinsbeweis. Es ist dann Sache des anspruchsberechtigten Arbeitgebers, die Einwendung der Entreicherung zu widerlegen.

649 Auf Entreicherung kann sich der Arbeitnehmer dann nicht berufen, wenn er von der Überzahlung **Kenntnis hatte** (§ 819 Abs. 1 BGB)[3], die Ausgabe von ihm erst **nach Eintritt der Rechtshängigkeit** des Rückforderungsanspruchs getätigt wurde (§ 818 Abs. 4 BGB) oder der Arbeitgeber **unter Vorbehalt gezahlt** hat (§ 820 Abs. 1 BGB).

650 Im Arbeitsvertrag kann eine **Rückzahlung überzahlter Beträge ausdrücklich vereinbart** werden. In diesem Fall kann sich der Arbeitnehmer nicht auf den Wegfall der Bereicherung berufen[4]. In vorformulierten Verträgen kann ein derartiger **Ausschluss der Einrede der Entreicherung** allerdings unwirksam sein[5]. Ein pauschaler, nicht nach den Ursachen für die Überzahlung unterscheidender Ausschluss des § 818 Abs. 3 BGB kann unter Berücksichtigung des § 814 BGB eine unbillige Benachteiligung iSv. § 307 Abs. 2 Nr. 1 BGB darstellen. Eine Erstattungspflicht kann daher auch ausgeschlossen sein, wenn die Überzahlung auf einem grob fahrlässigen Fehler des Arbeitgebers oder seiner Erfüllungsgehilfen beruht[6]. Eine dem Maßstab des § 307 BGB entsprechende Klausel, mit der sich der Arbeitnehmer zur Rückzahlung überzahlter Beträge verpflichtet, sollte deshalb die Einschränkung enthalten, dass die Erstattungspflicht entfällt, wenn die Überzahlung bewusst oder grob fahrlässig fehlerhaft erfolgte.

---

1 BAG 8.11.2006 – 5 AZR 706/05, NZA 2007, 321.
2 BAG 12.1.1994 – 5 AZR 597/92, NZA 1994, 658; 18.1.1995 – 5 AZR 817/93, BB 1995, 2215; 25.4.2001 – 5 AZR 497/99, NZA 2001, 966; 23.5.2001 – 5 AZR 374/99, DB 2001, 2251; für den öffentlichen Dienst: MünchArbR/*Krause*, § 65 Rz. 4.
3 Vgl. LAG Nürnberg 5.6.2009 – 7 Sa 266/08, nv.
4 BAG 8.2.1964 – 5 AZR 371/63, AP Nr. 2 zu § 611 BGB – Lohnrückzahlung; 20.6.1989 – 3 AZR 504/87, DB 1989, 2385.
5 Vgl. *Bieder*, DB 2006, 1318 ff.
6 *Bieder*, DB 2006, 1318 ff.

Umstritten ist, ob der Arbeitgeber vom Arbeitnehmer Rückzahlung des überzahlten **Bruttobetrags oder nur des erhaltenen Nettoentgelts** verlangen kann. Jedenfalls hinsichtlich der Lohnsteuer wird in der Rechtsprechung überwiegend vertreten, dass der Arbeitgeber diese unmittelbar vom Arbeitnehmer zurück verlangen kann[1]. Von anderer Seite wird dagegen vertreten, dass der Arbeitgeber vom Arbeitnehmer nur Erstattung des gezahlten Nettobetrags fordern könne und die Erstattung von abgeführter Lohnsteuer und von Sozialversicherungsbeiträgen gegenüber dem Finanzamt bzw. dem Sozialversicherungsträger durchsetzen müsse[2]. 651

Der Arbeitnehmer kann zudem aus dem Gesichtspunkt der **Nebenpflichtverletzung** (§§ 280 Abs. 1, 241 Abs. 2 BGB) und ggf. wegen unerlaubter Handlung gem. § 823 Abs. 2 BGB iVm. § 263 Abs. 1 StGB[3] oder sittenwidriger Schädigung (§ 826 BGB)[4] zur Rückerstattung nicht geschuldeter Vergütung im Wege des Schadensersatzes verpflichtet sein. Zwar ist er nicht grundsätzlich verpflichtet, eine vom Arbeitgeber erstellte Vergütungsabrechnung zu überprüfen. Erhält er jedoch eine erhebliche Mehrzahlung, die er sich nicht erklären kann, muss er diese dem Arbeitgeber anzeigen[5]. Dasselbe gilt, wenn er den Arbeitgeber nicht auf eine unzutreffende Abrechnung aufmerksam macht, obwohl er den Fehler erkannt hat oder leicht hätte erkennen können oder ihm eine für die Entgeltberechnung maßgebliche Änderung seiner persönlichen Umstände nicht mitteilt. Diese Anspruchsgrundlagen können Bedeutung gewinnen, wenn eine tarifliche Ausschlussfrist nicht für Ansprüche aus Nebenpflichtverletzung oder aus unerlaubter Handlung gilt. Eine Rückzahlungspflicht hinsichtlich im Wege der **Zwangsvollstreckung aus einem vorläufig vollstreckbaren Titel** erlangten (Brutto-) Arbeitsentgelts folgt aus §§ 62 Abs. 2 ArbGG, 717 Abs. 2 und 3 ZPO[6]. 652

Mit Rückzahlungsansprüchen kann der Arbeitgeber unter Berücksichtigung der Pfändungsfreigrenzen gem. § 394 BGB gegenüber den Ansprüchen des Arbeitnehmers auf Zahlung des Arbeitsentgelts **aufrechnen** (s. dazu Rz. 588)[7]. 653

Die Verjährung des Anspruchs auf Rückerstattung zu viel gezahlter Beträge richtet sich nach § 195 BGB. Der Anspruch unterliegt dem Verfall, wenn die **Verfallklausel** sämtliche Ansprüche aus dem Arbeitsverhältnis erfasst[8]. 654

Einstweilen frei. 655–660

2. Durchsetzung und Sicherung des Arbeitsentgelts

a) Gerichtliche Geltendmachung

aa) Klage

Gerichtlich durchgesetzt werden kann der Anspruch auf Zahlung des Arbeitsentgelts mit einer **Leistungsklage** (s. zu Entgeltklagen im Einzelnen Teil 5 A Rz. 242 ff.). **Sachlich zuständig** ist gem. § 2 Abs. 1 Nr. 3a ArbGG ausschließlich das Arbeitsgericht. 661

---

1 BAG 19.3.2003 – 10 AZR 597/01, ZTR 2003, 567; BGH 26.11.2007 – II ZR 161/06, NJW-RR 2008, 484; LAG Köln 17.11.1995 – 13 Sa 558/95, NZA-RR 1996, 161; LAG Nürnberg 5.6.2009 – 7 Sa 266/08, nv.; ebenso MünchArbR/*Krause*, § 65 Rz. 2; MünchKommBGB/*Müller-Glöge*, § 611 Rz. 866.
2 ArbG Rostock 15.12.1997 – 4 Ca 300/97, NZA-RR 1998, 203; *Groß*, ZIP 1989, 5 (18); *Lüderitz*, BB 2010, 2629; Küttner/*Griese*, Entgeltrückzahlung Rz. 11 ff.
3 LAG BW 15.12.1995 – 6 Sa 94/95, BB 1996, 1335.
4 BAG 14.1.1988 – 8 AZR 238/85, DB 1988, 1550; LAG München 25.3.2009 – 11 Sa 987/08, nv.
5 BAG 10.3.2005 – 6 AZR 217/04, NZA 2005, 812; LAG Nürnberg 4.6.2009 – 7 Sa 266/08, nv.
6 Vgl. BAG 19.3.2003 – 10 AZR 597/01, ZTR 2003, 567; LAG Rh.-Pf. 9.7.2009 – 10 Sa 112/09, nv.
7 Allerdings keine Aufrechnung „brutto gegen brutto", vgl. LAG Nürnberg 2.3.1999 – 6 Sa 1137/96, NZA-RR 1999, 626.
8 Zum Fristbeginn s. LAG Köln 19.6.1998 – 11 Sa 1581/97, nv.

Die **örtliche Zuständigkeit** richtet sich nach den allgemeinen Vorschriften (§ 46 Abs. 2 ArbGG iVm. §§ 12 ff. ZPO) und ergibt sich regelmäßig entweder aus dem allgemeinen Gerichtsstand des Beklagten (§§ 12 ff. ZPO) oder dem Erfüllungs- bzw. Arbeitsort (§ 29 ZPO, § 48 Abs. 1a ArbGG, vgl. Teil 5 B Rz. 112 ff.).

bb) Einstweiliger Rechtsschutz

662 Der Anspruch auf Zahlung des Arbeitsentgelts kann als Notbedarf auch im Wege einer **einstweiligen Verfügung** geltend gemacht werden (vgl. Teil 5 I Rz. 82). Da mit der einstweiligen Verfügung zumindest teilweise die Erfüllung der vom Arbeitgeber geschuldeten Zahlungsverpflichtung erreicht werden soll, stellt § 940 ZPO an den **Verfügungsgrund** der Abwendung wesentlicher Nachteile strenge Anforderungen. Die Durchsetzung des Vergütungsanspruchs im Wege der einstweiligen Verfügung kommt deshalb grundsätzlich nur in Betracht, wenn der Arbeitnehmer darlegt und glaubhaft macht, dass er sich in einer **finanziellen Notlage** befindet und das Arbeitsentgelt oder einen Teil davon für seinen Lebensunterhalt dringend benötigt[1]. Zur Bestreitung des aktuellen Unterhaltsbedarfs wird allgemein der pfändungsfreie Betrag für notwendig aber auch ausreichend erachtet[2]. Der weiter gehende Anspruch wie auch Verzugszinsen können nur im Hauptsacheverfahren geltend gemacht werden.

663 Der **Antrag auf Erlass einer einstweiligen Verfügung** ist allein auf eine Zahlung an den Arbeitnehmer gerichtet. Hinsichtlich der zu leistenden Abgaben wird es regelmäßig an einem Verfügungsgrund fehlen.

664 Ausgeschlossen ist die Durchsetzung der finanziellen Ansprüche im Wege einer einstweiligen Verfügung, wenn dem Arbeitnehmer zur Bestreitung des dringend benötigten Lebensunterhalts **andere Mittel sogleich zur Verfügung** stehen, also zB innerhalb kurzer Zeit verwertbares Vermögen oder Unterhaltsansprüche gegenüber Dritten. Entsprechend besteht nach allgemeiner Auffassung auch dann kein Verfügungsgrund, wenn der Arbeitnehmer Anspruch auf **Zahlung von Arbeitslosengeld** hat. Dagegen muss der Arbeitnehmer sich nicht auf Ansprüche nach dem SGB II verweisen lassen[3].

b) Sicherung des Entgelts

aa) Verrechnungsmöglichkeit

665 Durch das sog. **Truck-Verbot** (§ 107 Abs. 2 GewO) wird sichergestellt, dass der Arbeitnehmer als Gegenleistung für seine Arbeitsleistung einen **frei verfügbaren Geldbetrag** erhält. Um zu verhindern, dass es zu einer Verrechnung der Lohnansprüche mit Darlehensforderungen kommt, verbietet § 107 Abs. 2 Satz 2 GewO darüber hinaus das **Kreditieren von Waren** an Arbeitnehmer. Die **Vereinbarung von Naturallohn** durch Überlassung von Waren in Anrechnung auf das Arbeitsentgelt ist gem. § 107 Abs. 2 Satz 3 GewO zulässig, wenn die Anrechnung zu den durchschnittlichen Selbstkosten erfolgt und die Höhe des pfändbaren Arbeitsentgelts nicht übersteigt. Die dem Arbeitnehmer überlassenen Gegenstände müssen mittlerer Art und Güte sein (s. § 243 Abs. 1 BGB), soweit nicht ausdrücklich eine andere Vereinbarung getroffen wurde (zB Überlassung von „2. Wahl"-Artikeln). Sowohl bei Vereinbarung eines Sachbezugs gem. § 107 Abs. 2 Satz 1 GewO als auch bei der Überlassung von Waren in Anrech-

---

1 LAG Hess. 9.7.1995 – 13 Ta 242/95, DB 1996, 48; LAG Bremen 5.12.1997 – 4 Sa 258/97, NZA 1998, 902.
2 BAG 26.11.1986 – 4 AZR 786/85, AP Nr. 8 zu § 850c ZPO zur Frage des angemessenen Unterhalts; LAG Bremen 5.12.1997 – 4 Sa 258/97, NZA 1998, 902.
3 Vgl. MünchArbR/*Jacobs*, § 346 Rz. 14.

III. Verpflichtungen des Arbeitgebers

nung auf das Arbeitsentgelt muss aber nach § 107 Abs. 2 Satz 5 GewO das **Arbeitsentgelt mindestens in Höhe des Pfändungsfreibetrags** in Geld geleistet werden.

bb) Pfändung des Arbeitseinkommens

Das Arbeitsentgelt ist der **Pfändung** gem. § 850 Abs. 1 ZPO nur beschränkt im Rahmen der §§ 850a–850k ZPO unterworfen. Dadurch soll im Interesse des Arbeitnehmers und seiner Familie, aber auch zur Vermeidung staatlicher Fürsorgeleistungen sichergestellt werden, dass dem Arbeitnehmer von dem erarbeiteten Arbeitsentgelt ein Betrag verbleibt, der wenigstens zur Deckung des notwendigen Unterhalts für die Familie ausreicht. Arbeitseinkommen ist daher nur nach Maßgabe der §§ 850a–850k ZPO über einen Pfändungs- und Überweisungsbeschluss (§§ 828 ff. ZPO) pfändbar[1]. Kommt es zu einer Pfändung, ist der Arbeitgeber nicht verpflichtet, den Arbeitnehmer über die Möglichkeit eines Vollstreckungsschutzantrags nach § 850f und § 850i ZPO zu belehren[2]. Die Unpfändbarkeit von Entgeltansprüchen hat darüber hinaus dadurch große Praxisbedeutung, dass dem Arbeitgeber insoweit nach § 394 BGB die **Aufrechnung** – etwa mit Schadensersatzansprüchen – verwehrt ist (vgl. Rz. 588)[3]. **666**

Zum **Arbeitseinkommen** zählen gem. § 850 Abs. 4 ZPO alle Vergütungen, die dem Schuldner aus der Arbeit oder Dienstleistung zustehen, ohne Rücksicht auf ihre Benennung oder Berechnungsart. Die in § 850 Abs. 2 und 3 ZPO genannten Arten des Arbeitseinkommens sind daher nur Beispielsfälle. Nicht entscheidend ist, ob es sich um eine fortlaufende Vergütung oder um eine einmalige Geldleistung handelt (hier besteht allerdings Pfändungsschutz gem. § 850i ZPO nur auf Antrag des Arbeitnehmers). **667**

Pfändbar sind nur die Nettoeinkünfte. Nicht mitzurechnen sind die Lohnsteuer- und Sozialversicherungsbeiträge[4]. Nach der von der Rechtsprechung vertretenen **Netto-Methode zur Berechnung des pfändbaren Einkommens** sind vom Brutto-Arbeitseinkommen der unpfändbare Betrag brutto und von dem verbleibenden Bruttobetrag die Steuer und die Sozialabgaben abzuziehen, die auf das ohne die unpfändbaren Bezüge verbleibende Bruttoeinkommen zu zahlen sind[5]. Wird das Arbeitsverhältnis für nicht länger als neun Monate unterbrochen, so erstreckt sich der Pfändungs- und Überweisungsbeschluss nach § 833 Abs. 2 ZPO auch auf die Arbeitseinkünfte aus dem neuen Vertragsverhältnis. **668**

Der **Pfändungsschutz von Einkünften** ist in drei Gruppen abgestuft, nämlich in absolut unpfändbare Bezüge (§ 850a ZPO), bedingt pfändbare Bezüge (§ 850b ZPO) und relativ pfändbare Bezüge (§ 850c ZPO). Einkünfte sind nach Maßgabe des unterschiedlichen Pfändungsschutzes wie folgt pfändbar: **669**

- **Abfindungen** gem. §§ 1a, 9, 10 KSchG, §§ 112 Abs. 1 und 4[6], 113 Abs. 1 und 3 BetrVG: Da es sich in aller Regel um einmalige Zahlungen handelt, genießt der Arbeitnehmer/Schuldner gem. § 850i ZPO nur Pfändungsschutz auf seinen Antrag hin. **670**

- **Arbeitnehmersparzulagen** gem. § 13 des 5. VermBG zählen nicht zum Arbeitseinkommen. Sie können daher selbständig und ohne die Einschränkungen der §§ 850 ff. **671**

---
1 S. dazu auch im Einzelnen *Bengelsdorf*, NZA 1996, 176; zur Fortdauer der Pfandverstrickung bei einem Betriebsübergang s. LAG Hess. 22.7.1999 – 5 Sa 13/99, DB 1999, 2476 (Ls.).
2 BAG 13.11.1991 – 4 AZR 20/91, NZA 1992, 384; LAG Nds. 14.11.2003 – 16 Sa 1213/03, NZA-RR 2004, 490.
3 Zur Erstreckung des Aufrechnungsverbots auch auf wirkungsgleiche Vertragsabreden – BAG 17.2.2009 – 9 AZR 676/07, NZA 2010, 99.
4 Vgl. LAG München 30.5.2007 – 7 Sa 1089/06, nv.
5 BAG 17.4.2013 – 10 AZR 59/12, BAGE 145, 18. Vgl. die Erläuterung bei *Beitz*, PuR 2013, 208.
6 BAG 13.11.1991 – 4 AZR 20/91, NZA 1992, 384.

ZPO gepfändet werden[1]. Einem nur das Arbeitseinkommen erfassenden Pfändungs- und Überweisungsbeschluss unterliegen sie nicht.

672 • **Arbeitslosengeld** ist nach Maßgabe von § 54 Abs. 2 und 4 SGB I pfändbar[2].

673 • **Aufwandsentschädigungen** wie Reisekosten, Kilometergeld sowie Auslösungsgelder und sonstige soziale Zulagen für auswärtige Beschäftigungen, auch Entgelt für selbst gestelltes Arbeitsmaterial, Gefahrenzulagen sowie Schmutz- und Erschwerniszulagen sind gem. § 850a Nr. 3 ZPO unpfändbar, soweit diese Leistungen nicht den Rahmen des Üblichen überschreiten. Mitgerechnet werden sie gem. § 850e Nr. 1 ZPO auch nicht für die Berechnung des pfändbaren Arbeitseinkommens. Zum in diesen Grenzen unpfändbaren Aufwendungsersatz zählen auch Erstattungsansprüche von Betriebsratsmitgliedern nach § 40 BetrVG.

674 • **Dienst- und Versorgungsbezüge der Beamten** sind ausdrücklich als pfändbares Arbeitseinkommen in § 850 Abs. 2 ZPO aufgeführt. Für sie gilt die relative Pfändbarkeit gem. § 850c ZPO.

675 • **Entgeltfortzahlungen im Krankheitsfall** nach dem Entgeltfortzahlungsgesetz stellen Arbeitseinkommen dar. Sie gehören unter Berücksichtigung des § 850c ZPO zu den relativ pfändbaren Ansprüchen.

676 • **Erfindervergütungen** zählen nur dann zum Arbeitseinkommen gem. § 850 ZPO, wenn es sich um Diensterfindungen iSv. §§ 4 Abs. 2, 6 ArbNErfG handelt. Sie unterliegen ebenfalls nur dem relativen Pfändungsschutz gem. § 850c ZPO.

677 • **Gefahrenzulagen** sind gem. § 850a Nr. 3 ZPO unpfändbar, soweit sie nicht den Rahmen des Üblichen überschreiten. Gem. § 850e Nr. 1 ZPO werden sie auch nicht bei der Berechnung des pfändbaren Arbeitseinkommens berücksichtigt.

678 • **Gewinnbeteiligungen** gelten als Arbeitseinkommen. Sie sind unter Einbeziehung des sonstigen Arbeitsentgelts relativ pfändbar gem. § 850c ZPO.

679 • **Gratifikationen**: s. Weihnachtsvergütungen, Rz. 702.

680 • **Heimarbeitervergütungen** unterfallen gem. § 27 HAG dem Pfändungsschutz für Arbeitseinkommen entsprechend und sind daher gem. § 850c ZPO relativ pfändbar.

681 • **Heirats- und Geburtsbeihilfen** sind gem. § 850a Nr. 5 ZPO absolut unpfändbar, es sei denn, dass die Vollstreckung wegen einer Forderung erfolgt, die aus Anlass der Heirat oder der Geburt entstanden ist. Sie werden auch nicht dem pfändbaren Einkommen hinzugerechnet, § 850e Nr. 1 ZPO.

682 • **Hinterbliebenenbezüge**, also Witwen- und Waisengelder, zählen gem. § 850 Abs. 2 ZPO ebenfalls zum pfändungsgeschützten Arbeitseinkommen. Sie sind gem. § 850c ZPO relativ pfändbar.

683 • **Insolvenzgeld** kann nach Maßgabe der §§ 170f. SGB III gepfändet werden.

684 • **Jubiläumszuwendungen** und andere Zahlungen aufgrund eines besonderen Betriebsereignisses sind, soweit sie den Rahmen des Üblichen nicht überschreiten, gem. § 850a Nr. 2 ZPO absolut unpfändbar. Sie bleiben gem. § 850e Nr. 1 ZPO auch zur Berechnung des pfändbaren Arbeitseinkommens außer Betracht.

685 • **Karenzentschädigungen** zum Ausgleich für Wettbewerbsbeschränkungen gem. §§ 74 Abs. 2, 74b HGB werden in § 850 Abs. 3a ZPO ausdrücklich als Arbeitseinkommen benannt. Bei einmaliger Zahlung gilt der Pfändungsschutz nur auf Antrag des Ar-

---

1 MünchArbR/*Krause*, § 67 Rz. 101.
2 OLG Celle 15.6.1977 – 8 W 264/77, NJW 1977, 1641.

beitnehmers gem. § 850i ZPO. Wird die Karenzentschädigung – wie üblich – wiederkehrend geleistet, so ist sie gem. § 850c ZPO relativ pfändbar.

- **Krankenbezüge**, die ein Arbeitnehmer nach Ablauf des Entgeltfortzahlungszeitraums durch die Krankenkasse erhält, sind gem. § 54 Abs. 4 SGB I pfändbar. Handelt es sich um Bezüge aus privaten Krankenkassen, die ausschließlich oder zu einem wesentlichen Teil zu Unterstützungszwecken gewährt werden, sind diese nur gem. § 850b Abs. 1 Nr. 4 ZPO bedingt, und zwar gem. § 850b Abs. 2 ZPO pfändbar.

686

- **Kurzarbeitergeld** gem. §§ 95 ff. SGB III ist ebenfalls nicht Arbeitseinkommen. Die Pfändbarkeit richtet sich nach Maßgabe von § 54 Abs. 4 SGB I, § 108 Abs. 2 SGB III.

687

- **Lohnsteuerjahresausgleich**: Dieser wird nach herrschender Meinung dem Arbeitseinkommen zugezählt, wenn er gem. § 42b EStG vom Arbeitgeber durchgeführt wird[1]. Da es sich in aller Regel um eine einmalige, nicht wiederkehrende Vergütung zum Jahresende handelt, genießt der vom Arbeitgeber durchgeführte Lohnsteuerausgleich nur dann Pfändungsschutz, wenn ihn der Arbeitnehmer gem. § 850i ZPO beantragt.

688

- **Mankogelder** zählen ebenfalls zum geschützten Arbeitseinkommen (gem. R 19.3 (1) Nr. 4 LStR 2011 zu § 19 EStG gehören sie zum steuerpflichtigen Arbeitslohn, sofern sie monatlich 16 Euro übersteigen). Die Pfändung kann im Rahmen des § 850c ZPO erfolgen.

689

- **Mehrarbeitsvergütung/Überstundenverdienst** gehört zum Arbeitseinkommen. Gemäß § 850a Nr. 1 ZPO ist die Mehrarbeitsvergütung zur Hälfte unpfändbar, bei Vollstreckung für Unterhaltsforderungen gem. § 850d Abs. 1 Satz 2 Halbs. 2 ZPO zu einem Viertel unpfändbar. Den Unpfändbarkeitsschutz des § 850a Nr. 1 ZPO bzw. 850d Abs. 1 Satz 2 Halbs. 2 ZPO genießt nicht nur der sog. Mehrarbeitszuschlag, sondern er erstreckt sich auf die gesamte Mehrarbeitsvergütung, also das Arbeitsentgelt, das für Mehrarbeit über die gesetzliche, tarifliche oder betriebliche Arbeitszeit hinaus geleistet wird. Bei der Berechnung des pfändbaren Einkommens wird die Mehrarbeitsvergütung gem. § 850e Nr. 1 ZPO nicht mitgerechnet.

690

- **Mutterschaftsgeld** gem. § 13 MuSchG ist eine von der jeweiligen Krankenkasse gezahlte Sozialleistung, also kein Arbeitseinkommen. Hierfür gilt der Pfändungsschutz gem. § 54 Abs. 3 Nr. 2 SGB I. Dagegen stellen sich der **Zuschuss zum Mutterschaftsgeld** gem. § 14 MuSchG sowie das Arbeitsentgelt bei einem Beschäftigungsverbot gem. § 11 MuSchG als Arbeitseinkommen dar. Sie unterliegen der relativen Pfändbarkeit des § 850c ZPO.

691

- **Naturalbezüge** sind für sich genommen regelmäßig gem. § 399 BGB iVm. § 851 ZPO unpfändbar[2]. Gem. § 850e Nr. 3 ZPO sind jedoch bei einer Pfändung des Arbeitseinkommens in Geld die Nettobezüge mit dem Wert der Naturalleistung zusammenzurechnen. Der nach § 850c ZPO unpfändbare Betrag ist aus dem sich als Summe ergebenden Gesamteinkommen zu berechnen. In diesem Falle ist der in Geld zahlbare Betrag insoweit pfändbar, als der nach § 850c ZPO unpfändbare Teil des Gesamteinkommens durch den Wert der dem Arbeitnehmer/Schuldner verbleibenden Naturalleistungen gedeckt ist. Für die Berechnung der Naturalbezüge ist der Nettowert anhand der Richtsätze des Sozialversicherungs- und Steuerrechts (Sozialversicherungsentgeltverordnung gem. § 17 Abs. 1 Satz 1 Nr. 4 SGB IV ergänzt durch § 8 Abs. 2 EStG) zu ermitteln.

692

---

1 MünchArbR/*Krause*, § 67 Rz. 98.
2 Vgl. etwa zum privat nutzbaren Dienstwagen: LAG Hess. 15.10.2008 – 6 Sa 1025/07, NZI 2009, 526.

693 • **Provisionen**, die Arbeitnehmer erhalten, sind gem. § 850c ZPO relativ pfändbares Arbeitseinkommen.

694 • **Ruhegelder** stehen gem. § 850 Abs. 2 ZPO Arbeitseinkommen gleich. Unerheblich ist, ob das Ruhegeld auf einzelvertraglicher Absprache, Betriebsvereinbarung oder Tarifvertrag beruht, und ob es von einer Unterstützungskasse, einer Pensionskasse oder vom früheren Arbeitgeber selbst gewährt wird. Bedingt pfändbar gem. § 850b Abs. 1 Nr. 2 ZPO sind sog. Unterhaltsrenten.

695 • **Sozialleistungsansprüche** sind kein Arbeitseinkommen. Für Pfändungen sind die Regelungen in § 54 SGB I zu beachten[1].

696 • **Sozialplanabfindungen**: s. Abfindungen, Rz. 670.

697 • **Trinkgelder**: Das von einem Kellner üblicherweise vereinnahmte Trinkgeld ist nicht im Wege der Forderungspfändung gegenüber dem Gastwirt pfändbar[2].

698 • **Urlaubsentgelt** ist unabhängig davon, dass es dem Arbeitnehmer aufgrund des höchstpersönlichen Anspruchs auf Erholung bezahlt wird, Arbeitsvergütung[3]. Schließlich ist es nur eine Fortzahlung des Entgelts während des Erholungszeitraums. Es ist daher relativ pfändbar gem. § 850c ZPO, so dass ein das Arbeitseinkommen erfassender Pfändungs- und Überweisungsbeschluss auch während des Urlaubs des Arbeitnehmers das Urlaubsentgelt erfasst. Entgegen früherer Rechtsprechung ist auch der Anspruch auf die Urlaubsabgeltung gem. § 7 Abs. 4 BUrlG wie anderes Arbeitsentgelt pfändbar[4].

699 • **Urlaubsgeld**, also eine Zuwendung oder Bezüge, die zusätzlich zum Urlaubsentgelt gezahlt werden, ist gem. § 850a Nr. 2 ZPO absolut unpfändbar, soweit es nicht den Rahmen des Üblichen übersteigt. Insoweit bleibt es auch bei der Berechnung des pfändbaren Arbeitseinkommens außer Betracht, § 850e Nr. 1 ZPO.

700 • **Vermögenswirksame Leistungen** sind unabhängig davon, ob sie der Arbeitgeber über das Arbeitsentgelt zusätzlich gewährt oder nicht, nicht übertragbar und daher gem. § 851 Abs. 1 ZPO nicht pfändbar. Diesem Pfändungsschutz unterliegen nicht diejenigen Teile des Arbeitsentgelts, für die der Arbeitnehmer erst nach Vorliegen eines Pfändungs- und Überweisungsbeschlusses mit seinem Arbeitgeber eine vermögenswirksame Anlage vereinbart.

701 • **Versicherungsprämien auf eine Lebensversicherung** des Arbeitnehmers (Direktversicherung) sind keine Lohnbestandteile. Sie sind nicht dem Arbeitseinkommen des Arbeitnehmers hinzuzurechnen und daher nicht pfändbar[5].

702 • **Weihnachtsvergütungen** sind nach § 850a Nr. 4 ZPO bis zu 50 % des monatlichen Arbeitsentgelts, höchstens jedoch bis 500 Euro unpfändbar. Bei Pfändungen zugunsten gesetzlicher Unterhaltsgläubiger ist die Hälfte der unpfändbaren Weihnachtsgratifikation wiederum pfändbar gem. § 850d Abs. 1 Satz 2 Halbs. 2 ZPO. Bei der Berechnung des pfändbaren Einkommens wird die Weihnachtsvergütung gem. § 850e Nr. 1 ZPO nicht mitgerechnet. Entscheidend für den Pfändungsschutz ist, ob die zusätzliche Leistung im Zusammenhang mit den vermehrten Bedürfnissen anlässlich eines Weihnachtsfests gesehen werden kann[6].

• **Wettbewerbsentschädigung**: s. Karenzentschädigung, Rz. 685.

---

1 Pfändbar sind auch zukünftige Rentenbezüge, BGH 21.11.2002 – IX ZB 85/02, BB 2003, 585.
2 OLG Stuttgart 3.7.2001 – 8 W 569/00, RPfleger 2001, 608.
3 BAG 20.6.2000 – 9 AZR 405/99, NZA 2001, 100.
4 BAG 28.8.2001 – 9 AZR 611/99, DB 2002, 327.
5 BAG 17.2.1998 – 3 AZR 611/97, BB 1998, 1009.
6 BAG 14.3.2012 – 10 AZR 778/10, DB 2012, 1157; MünchArbR/*Krause*, § 67 Rz. 103.

III. Verpflichtungen des Arbeitgebers

Soweit Ansprüche aus dem Arbeitsverhältnis der Pfändung unterliegen, sind die **gesetzlichen Pfändungsgrenzen** zu beachten. Diese sind im Wesentlichen abhängig von der Höhe des Arbeitseinkommens des Arbeitnehmers/Schuldners (§ 850c Abs. 3 ZPO), seinen Unterhaltspflichten (§ 850c Abs. 1 ZPO) und der Art der Gläubigerforderung (§ 850d Abs. 1 ZPO). Bei der Ermittlung der pfändbaren Anteile sind Einkünfte bei anderen Arbeitgebern oder Rentenversicherungsträgern grundsätzlich nicht hinzuzurechnen[1]. Die Zusammenrechnung kann nur das Vollstreckungsgericht vornehmen. — 703

Das **pfändbare Arbeitseinkommen** wird nach § 850e ZPO auf der Basis der Nettoeinkünfte berechnet. Nicht mitzurechnen sind die nach § 850a ZPO unpfändbaren Bezüge und die vom Arbeitgeber einzubehaltenden Steuern[2]. Nicht vorab in Abzug zu bringen sind Beiträge für Berufsorganisationen, zur betrieblichen Altersversorgung sowie Prämien für Lebensversicherungsverträge[3]. — 704

Wegen der **Unpfändbarkeitsgrenze** bei relativ pfändbaren Bezügen wird auf die in § 850c ZPO genannten Beträge verwiesen. § 850c Abs. 2a ZPO sieht eine Dynamisierung der Freibeträge vor. Der unpfändbare Betrag für einen nicht weiter unterhaltspflichtigen Arbeitnehmer beträgt zurzeit (seit dem 1.7.2013) monatlich 1 045,04 Euro netto[4]. — 705

Erhält der Arbeitnehmer ansonsten ein auf den Kalendermonat bezogenes Entgelt, ist nur dann der pfändbare Betrag für jeden einzelnen Arbeitstag festzulegen, wenn der Arbeitnehmer nicht den gesamten Monat tätig gewesen ist[5].

Der in Hinblick auf gesetzliche **Unterhaltsverpflichtungen** bestehende Pfändungsfreibetrag des Arbeitnehmers/Schuldners gilt nur, wenn der Arbeitnehmer diesen Verpflichtungen auch tatsächlich nachkommt. Für den Arbeitgeber sind hinsichtlich der Unterhaltspflichten die Eintragungen in der Lohnsteuerkarte maßgebend, es sei denn, er hat Anhaltspunkte dafür, dass diese Eintragungen unrichtig sind[6]. — 706

Obwohl nicht nur die Unterhaltspflichten, sondern auch die Erfüllung dieser Unterhaltspflichten maßgeblich ist, kann sich auch ein **Ehegatte**, der weniger verdient als der andere Ehegatte, auf die vollen Freibeträge gem. § 850c Abs. 1 ZPO berufen[7]. Es ist Sache des Gläubigers, gem. § 850c Abs. 4 ZPO durch einen Antrag beim Vollstreckungsgericht feststellen zu lassen, dass eine selbst verdienende Person im Rahmen des § 850c Abs. 1 Satz 2 ZPO unberücksichtigt bleiben kann. Zu den nach § 850c Abs. 2 Satz 1 ZPO zu berücksichtigenden Unterhaltsberechtigten gehören auch der (frühere) Lebenspartner, dem der Arbeitnehmer nach §§ 5, 16 LPartG Unterhalt gewährt. — 707

Liegen der Gläubigerforderung **gesetzliche Unterhaltsansprüche** zugrunde, so entfallen gem. § 850d ZPO die Pfändungsgrenzen des § 850c ZPO. Dem Arbeitnehmer/Schuldner ist jedoch so viel zu belassen, wie er für seinen notwendigen Unterhalt und zur Erfüllung seiner laufenden gesetzlichen Unterhaltspflichten gegenüber den dem Gläubiger vorgehenden Berechtigten oder zur gleichmäßigen Befriedigung der dem Gläubiger gleichstehenden Berechtigten bedarf. Zudem hat ihm mindestens die Hälfte der unpfändbaren Bezüge gem. § 850a Nr. 1 (Mehrarbeitsvergütung), Nr. 2 (Urlaubsgeld) und Nr. 4 ZPO (Weihnachtsvergütungen) zu verbleiben (§ 850 Abs. 1 Satz 2 ZPO). — 708

---

1 BAG 24.4.2002 – 10 AZR 42/01, BB 2002, 1546.
2 *Bengelsdorf*, NZA 1996, 176 (179, 180).
3 Schaub/*Koch*, § 92 Rz. 46.
4 Vgl. Pfändungsfreigrenzenbekanntmachung v. 26.3.2013, BGBl. I, 710.
5 ArbG Arnsberg 20.3.2001 – 3 Ca 1328/00, nv.
6 *Bengelsdorf*, NZA 1996, 182.
7 BAG 23.2.1983 – 4 AZR 508/81, AP Nr. 4 zu § 850c ZPO; *Bengelsdorf*, NZA 1996, 181.

709 Bei **Ansprüchen aus vorsätzlichen unerlaubten Handlungen** kann gem. § 850f Abs. 2 ZPO auf Antrag des Gläubigers die Pfändungsgrenze des § 850c ZPO entfallen. Auch in diesem Fall ist dem Schuldner der notwendige Unterhalt für sich und seine Angehörigen zu belassen.

710 Auf Antrag des Arbeitnehmers kann das Vollstreckungsgericht gem. § 850f Abs. 1 ZPO unter bestimmten Voraussetzungen den nach §§ 850c, 850d ZPO **pfändbaren Teil** des Arbeitseinkommens **ermäßigen**. Andererseits kann gem. § 850f Abs. 2 und 3 ZPO auf Antrag eines Gläubigers das Vollstreckungsgericht unter bestimmten Voraussetzungen den pfändbaren Teil des Arbeitseinkommens über die in § 850c ZPO genannten Beträge **erhöhen**. Die Entscheidung über die Erhöhung oder Herabsetzung von Pfändungsgrenzen obliegt ausschließlich dem Vollstreckungsgericht[1].

711 Der Pfändungsgläubiger kann den Arbeitgeber nach § 836 Abs. 3 Satz 1 ZPO zur **Auskunft über die gepfändete Forderung** auffordern, sobald der Pfändungsbeschluss zugestellt ist.

⊃ **Hinweis:** Um sich nicht einem Regressanspruch auszusetzen, ist es für den Rechtsanwalt des Arbeitnehmers wichtig, sich bei Ungewissheit über das Vorhandensein einer Ausschlussklausel unverzüglich an den Arbeitgeber zu wenden und nachzufragen, ob tarifliche Ausschlussfristen aufgrund der Anwendung eines Tarifvertrags, kraft Verweisung in einer Betriebsvereinbarung oder wegen einer betrieblichen Übung zur Anwendbarkeit eines Tarifvertrags gelten. Zugleich ist der Arbeitgeber zu der Zusicherung aufzufordern, er werde den Anspruch des Arbeitnehmers ohne Rücksicht auf den Ablauf der Ausschlussfrist erfüllen, wenn er bestehe[2].

Die Erklärungspflicht des Arbeitgebers hat sich nicht über die Fragen von § 840 Abs. 1 Nr. 1 und 3 ZPO hinaus zu erstrecken. Der Arbeitgeber ist also nicht verpflichtet, Auskunft über den Bruttolohn, die Lohnsteuer, Sozialversicherungsbeiträge, Mehrarbeitsverdienste oder über den Familienstand des Arbeitnehmers zu erteilen[3]. Mithin kann der Gläubiger von dem Arbeitgeber nicht die Vorlage der Gehaltsabrechnung oder einer Kopie derselben verlangen. Einen derartigen Anspruch hat der Gläubiger aber gem. § 836 Abs. 3 ZPO gegenüber dem Arbeitnehmer[4]. Jedoch kann der gegenüber dem Arbeitgeber bestehende Anspruch des Arbeitnehmers auf Herausgabe der Entgeltabrechnung von der Lohn-/Gehaltspfändung als Nebenrecht erfasst und daher auf Antrag des Gläubigers zusätzlich im Pfändungs- und Überweisungsbeschluss als Herausgabeanspruch deklariert werden[5]. Die dem Arbeitgeber im Zusammenhang mit einer Lohnpfändung entstehenden Kosten können (nur) aufgrund einer entsprechenden Vereinbarung auf den Arbeitnehmer abgewälzt werden[6].

712 Versuche, durch sog. **Lohnschiebungsverträge** die Realisierung der Ansprüche des Gläubigers zu hintertreiben, werden durch § 850h ZPO erfasst. Hat der Arbeitgeber des Schuldners/Arbeitnehmers Teile der Vergütung an einen Dritten zu leisten, so umfasst die Pfändung auch den Anspruch des sog. Drittberechtigten (§ 850h Abs. 1 ZPO). Einem sog. verschleierten Arbeitseinkommen begegnet § 850h Abs. 2 ZPO durch die Fiktion der Forderung auf eine angemessene Vergütung.

---

1 BAG 21.11.2000 – 9 AZR 692/99, NZA 2001, 654.
2 *Ganz/Schrader*, NZA 1999, 570.
3 LAG Düsseldorf 14.2.1995 – 16 Sa 1996/94, MDR 1995, 1044.
4 BGH 20.12.2006 – VII ZB 58/06, NZA-RR 2007, 142: Bei Pfändung des gegenwärtigen und künftigen Arbeitseinkommens sind regelmäßig außer den laufenden Lohnabrechnungen auch die letzten drei Lohnabrechnungen aus der Zeit vor Zustellung des Pfändungs- und Überweisungsbeschlusses an den Gläubiger herauszugeben.
5 OLG Hamm 29.9.1994 – 14 W 97/94, JurBüro 1995, 163.
6 Vgl. BAG 18.7.2006 – 1 AZR 578/05, DB 2007, 227.

Der Pfändungsschutz des Arbeitnehmers beschränkt sich nicht auf das Arbeitsentgelt vor der Auszahlung, sondern gilt **auch nach der Überweisung** hinsichtlich des Kontoguthabens. Gem. § 835 Abs. 3 Satz 2 ZPO darf das Geldinstitut ohnehin erst nach Ablauf von vier Wochen nach Zustellung des Pfändungs- und Überweisungsbeschlusses Leistungen an den Gläubiger bewirken. Wird das Arbeitsentgelt des Arbeitnehmers ständig auf das Bankkonto überwiesen, so hat gem. § 850k ZPO das Vollstreckungsgericht auf Antrag des Arbeitnehmers/Schuldners die Pfändung insoweit aufzuheben, als das Guthaben nicht der Pfändung nach § 850c ZPO unterworfen ist. 713

cc) Abtretung

Der Arbeitnehmer kann seinen Anspruch auf Arbeitsentgelt gem. § 398 BGB grundsätzlich abtreten. Nach § 400 BGB ist eine Abtretung jedoch ausgeschlossen, soweit der **Entgeltanspruch unpfändbar** ist. Mit dem Abtretungsverbot soll der Arbeitnehmer – auch gegen seinen Willen – davor geschützt werden, dass er durch die Abtretung seiner Lohnansprüche die für seinen Lebensunterhalt erforderlichen Gelder verliert. Die Vorschrift dient zugleich dem Schutz Dritter, denen der Schuldner gegenüber unterhaltspflichtig ist oder die ihm gegenüber unterhaltspflichtig werden können, sowie der Entlastung der staatlichen Sozialhilfe. Gem. § 1274 Abs. 2 BGB ist insoweit auch eine Verpfändung des Arbeitsentgelts nicht möglich. Eine den unpfändbaren Teil des Arbeitseinkommens betreffende Abtretung ist nichtig (§ 134 BGB). Demgemäß ist eine formularmäßige Sicherungsabtretung aller Ansprüche eines Kreditnehmers aus dem Arbeitsverhältnis unwirksam. Etwas anders gilt jedoch dann, wenn der Arbeitnehmer die Forderung an jemanden abtritt, der ihm Leistungen in Höhe der abgetretenen Forderung zuvor zur Verfügung gestellt hat, sowie in anderen Fällen, in denen der Arbeitnehmer von dem Abtretungsempfänger eine wirtschaftlich gleichwertige Leistung erhält. Das wird angenommen, soweit er einen seinen Ansprüchen entsprechenden Geldbetrag vom Abtretungsempfänger erhält. Eine solche einschränkende Auslegung von § 400 BGB ist allerdings nicht gerechtfertigt, wenn der Vermieter als Abtretungsempfänger dem Arbeitnehmer unter Vorausabtretung der unpfändbaren Lohnanteile für die jeweiligen Lohnzahlungszeiträume Wohnraum überlassen hat[1]. Der Arbeitnehmer kann auch **zukünftige Arbeitsentgelte** und einen Abfindungsanspruch[2] sowie Vergütungen aus zukünftigen Arbeitsverhältnissen mit der Wirkung abtreten, dass die Abtretungen späteren Pfändungen vorgehen[3]. 714

Um dem mit Entgeltabtretungen verbundenen Aufwand zu umgehen, kann die Abtretung von Vergütungsansprüche einzel- oder kollektivvertraglich ausgeschlossen werden (§ 399 BGB)[4]. 715

Formulierungsbeispiel:

Die Abtretung von Forderungen aus dem Arbeitsverhältnis an Dritte ist ausgeschlossen und dem Arbeitgeber gegenüber unwirksam.

Zahlt der Arbeitgeber trotz des vertraglich vereinbarten Abtretungsverbots an den Dritten (Zessionar), so bleibt er gegenüber dem Arbeitnehmer zur Leistung des Arbeitsentgelts verpflichtet. Wegen der Folgen einer Abtretung wird im Übrigen auf §§ 404 ff. BGB verwiesen. 716

---

1 BAG 21.11.2000 – 9 AZR 692/99, NZA 2001, 654.
2 LAG Düsseldorf 29.6.2006 – 11 Sa 291/06, DB 2006, 2691.
3 Eine bloße Gehaltsabtretung erfasst keine Abfindungsansprüche: LAG Köln 27.3.2006 – 14 (9) Sa 1335/05, NZA-RR 2006, 365.
4 MünchKommBGB/*Müller-Glöge*, § 611 Rz. 850. Zur Regelung in einer Betriebsvereinbarung: ArbG Hamburg 31.8.2010 – 21 Ca 176/10, DB 2010, 2111.

717 Die **Pfändung von Entgeltforderungen** kann vertraglich nicht ausgeschlossen werden (§ 851 Abs. 2 ZPO). Zweifelhaft ist, ob sich der Arbeitgeber formularvertraglich eine **pauschale Kostenerstattung** für den Aufwand zusagen lassen kann, der bei Lohnpfändungen entsteht[1]. Es besteht kein gesetzlicher Anspruch auf Erstattung der Bearbeitungskosten[2].

718 Zu einem **gesetzlichen Übergang der Entgeltforderung** kommt es bei Gewährung von Krankengeld auf die Krankenkasse und bei Gewährung von Leistungen nach dem SGB II, Arbeitslosengeld und Insolvenzgeld auf den Leistungsträger gem. § 115 Abs. 1 SGB X, § 33 SGB II, §§ 169, 332 SGB III.

dd) Zurückbehaltungsrecht

719 Kommt der Arbeitgeber seinen Verpflichtungen aus dem Arbeitsvertrag nicht nach, so kann der Arbeitnehmer zu einem **Leistungsverweigerungsrecht (Arbeitsverweigerung)** berechtigt sein. Dieses kann sich aus der Einrede des nicht erfüllten Vertrags (§ 320 BGB) oder aus einem Zurückbehaltungsrecht (§ 273 BGB) ergeben[3]. Die Unsicherheitseinrede des § 321 BGB kommt dagegen nur für den Zeitraum vor Arbeitsaufnahme in Betracht und wird danach durch das Recht zur außerordentlichen Kündigung nach § 626 BGB verdrängt[4].

720 Während der Arbeitgeber das Zurückbehaltungsrecht des § 273 Abs. 1 BGB durch **Sicherheitsleistung** abwenden kann (§ 273 Abs. 3 BGB), gibt es bei der Einrede des nicht erfüllten Vertrags gem. § 320 Abs. 1 Satz 3 BGB diese Möglichkeit für den Arbeitgeber nicht, so dass der Arbeitnehmer bei einem auf die Einrede des nicht erfüllten Vertrags gestützten Leistungsverweigerungsrecht sein Druckmittel behält. Zum formularvertraglichen Ausschluss von Leistungsverweigerungs- und Zurückbehaltungsrechten vgl. Teil 1 D Rz. 41 ff.

721 Hinsichtlich des zu beanspruchenden und **fälligen Arbeitsentgelts** ist der Arbeitnehmer grundsätzlich berechtigt, seine Arbeitsleistung zu verweigern[5]. Dies gilt auch, wenn wegen bezogener Arbeitslosengeldzahlungen der Anspruch teilweise auf die Bundesagentur für Arbeit übergegangen ist[6]. Ausgeschlossen ist das Leistungsverweigerungsrecht aber, wenn nur ein **verhältnismäßig geringfügiger Teil** des Arbeitsentgelts noch geschuldet wird[7]. Während sich dieses für die Einrede des nicht erfüllten Vertrags unmittelbar aus § 320 Abs. 2 BGB ergibt, gilt dies aus Treu und Glauben auch für das Zurückbehaltungsrecht nach § 273 BGB. Auch darf das Leistungsverweigerungsrecht nicht zur Unzeit ausgeübt werden, also dann, wenn ersichtlich die Arbeitsverweigerung zu erheblichem wirtschaftlichen Schaden führen würde. Um Rechtsfolgen daraus herleiten zu können, muss der Arbeitnehmer sich dem Arbeitgeber gegenüber auf sein Leistungsverweigerungsrecht berufen. Für die **wirksame Geltendmachung** muss der Arbeitnehmer die fälligen Gegenansprüche konkret bezeichnen und eindeutig zum Ausdruck bringen, er verweigere wegen des Rückstands seine Arbeitsleistung, so dass der Arbeitgeber durch Zahlung der ausstehenden Beträge das Zurückhalten der Arbeitsleistung noch abwenden kann[8]. – Darüber hinaus kann die **Nichtzahlung der Vergütung** ein **wichtiger Grund für eine fristlose Kündigung des Arbeitnehmers** sein, wenn der Arbeitgeber zeitlich oder dem Betrag nach er-

---

1 Vgl. MünchKommBGB/*Müller-Glöge*, § 611 Rz. 850; *Schielke*, BB 2007, 378.
2 BAG 18.7.2006 – 1 AZR 578/05, NZA 2007, 462.
3 Vgl. Preis/*Preis*, Der Arbeitsvertrag, II Z 20 Rz. 8 ff.
4 Vgl. MünchKommBGB/*Emmerich*, § 321 Rz. 6.
5 BAG 9.5.1996 – 2 AZR 387/95, NZA 1996, 1085. Vgl. insg. *Laber*, ArbRB 2009, 309.
6 ArbG Hannover 11.12.1996 – 9 Ca 138/96, nv.
7 BAG 25.10.1984 – 2 AZR 417/83, NZA 1985, 355.
8 ArbG Lübeck 22.1.1997 – 5 Ca 249/96, nv.

III. Verpflichtungen des Arbeitgebers

heblich in Verzug kommt und eine Abmahnung durch den Arbeitnehmer erfolglos war (§ 314 Abs. 2 BGB)[1].

Ist die Arbeitsverweigerung berechtigt, so hat der Arbeitnehmer auch für diesen Zeitraum **Anspruch auf das Arbeitsentgelt** aus dem Gesichtspunkt des Annahmeverzugs (§ 615 BGB)[2]. 722

Abgesehen von der Durchsetzung seines Anspruchs auf Zahlung des Arbeitsentgelts kann der Arbeitnehmer auch bei der **Verletzung sonstiger Pflichten** durch den Arbeitgeber ein **Leistungsverweigerungsrecht** gem. § 273 Abs. 1 BGB haben. Dies gilt zB bei Asbestbelastung der Arbeitsräume[3] oder dann, wenn der Arbeitgeber nicht die nötige Schutzkleidung zur Durchführung der Arbeiten zur Verfügung stellt, wenn das Fahrziel eines Lkw-Fahrers nur mit einer erheblichen Lenkzeitüberschreitung zu erreichen ist[4] oder wenn der unter den Schutzbereich eines Rauchverbots fallende Arbeitnehmer am Arbeitsplatz Tabakrauch ausgesetzt ist[5]. 723

Umgekehrt kann auch der Arbeitgeber **gegenüber dem Lohnanspruch** ein Zurückbehaltungsrecht ausüben. Dies ist jedoch insoweit ausgeschlossen, als eine Aufrechnung unzulässig wäre[6]. § 394 BGB ist im Rahmen eines Zurückbehaltungsrechts entsprechend anwendbar. 724

ee) Arbeitsentgelt in der Insolvenz

(1) Sicherung im Insolvenzverfahren

Ist der Arbeitgeber zahlungsunfähig und kommt es zu einem **Insolvenzverfahren** (und nicht wegen Fehlens einer die Kosten des Verfahrens deckenden Masse zur Abweisung des Eröffnungsantrags), so bestehen gem. § 108 Abs. 1 InsO die Arbeitsverhältnisse mit Wirkung für die Insolvenzmasse fort. Der Verwalter muss also die Arbeitnehmer des Gemeinschuldners zunächst weiterbeschäftigen und die Arbeitsentgelte aus der Masse zahlen. 725

Die Forderungen auf **rückständiges Arbeitsentgelt aus der Zeit vor der Eröffnung des Insolvenzverfahrens** sind nach §§ 38, 108 Abs. 3 Satz 1 InsO nur **einfache Insolvenzforderungen**. Diese Forderungen müssen innerhalb einer vom Gericht bestimmten Frist schriftlich unter Angabe von Grund und Betrag beim Insolvenzverwalter zur Eintragung in die Tabelle angemeldet werden (§§ 28 Abs. 1, 174, 175 InsO). Tarifliche Ausschlussfristen finden aufgrund der Besonderheiten des Insolvenzverfahrens keine Anwendung auf Insolvenzforderungen. **Tarifliche Ausschlussfristen** sind nach Insolvenzeröffnung also unbeachtlich, sofern sie nicht bereits bei Eröffnung abgelaufen waren. Die Arbeitnehmer haben ihre Ansprüche nach den Vorschriften der Insolvenzordnung anzumelden[7]. Eine angemeldete Insolvenzforderung gilt als festgestellt, soweit gegen sie im Prüfungstermin (§ 176 InsO) ein Widerspruch weder vom Insolvenzverwalter noch von einem Insolvenzgläubiger erhoben wird oder soweit ein erhobener Widerspruch beseitigt ist (§ 178 Abs. 1 Satz 1 InsO). Die Eintragung in die Insolvenztabelle wirkt für die festgestellten Forderungen ihrem Betrag und ihrem Rang nach wie ein rechtskräftiges Urteil gegenüber dem Insolvenzverwalter und allen Insolvenzgläubigern (§ 178 Abs. 3 InsO). Wird eine angemeldete Insolvenzforderung vom Insol- 726

---

1 LAG Hamm 29.9.1999 – 18 Sa 118/99, NZA-RR 2000, 242.
2 LAG Köln 5.10.1998 – 3 Sa 699/98, nv.; LAG Thür. 19.1.1999 – 5 Sa 895/97, FA 1999, 375.
3 BAG 19.2.1997 – 5 AZR 982/94, NZA 1997, 821; *Molkentin*, NZA 1997, 849.
4 ArbG Passau 23.8.1996 – 2 Ca 579/95 D, BB 1997, 160.
5 Zum Anspruch auf einen rauchfreien Arbeitsplatz: BAG 19.5.2009 – 9 AZR 241/08, NZA 2009, 775.
6 BAG 16.10.1967 – 5 AZR 464/66, AP Nr. 11 zu § 394 BGB.
7 BAG 15.2.2005 – 9 AZR 78/04, NZA 2005, 1124.

venzverwalter oder von einem Insolvenzgläubiger bestritten, so bleibt es dem Insolvenzgläubiger überlassen, die Feststellung gegen den Bestreitenden im Wege einer **Insolvenzfeststellungsklage** zu betreiben (§ 179 Abs. 1 iVm. § 180 Abs. 1 Satz 1 InsO)[1]. Diese ist nur statthaft, wenn die Klageforderung im Insolvenzverfahren angemeldet, geprüft und bestritten worden ist. Hierbei handelt es sich um in jeder Lage des Verfahrens von Amts wegen zu prüfende Sachurteilsvoraussetzungen. Der Nachweis der ordnungsgemäßen Anmeldung sowie der weiteren Voraussetzungen ist „regelmäßig" durch Auszüge aus der Insolvenztabelle zu führen. Die Klage auf Feststellung einer zur Tabelle angemeldeten Forderung ist unzulässig, wenn sie auf einen anderen als den in der Anmeldung angegebenen Anspruchsgrund gestützt wird[2].

727 Wird vom Gericht **bis zur Entscheidung über den Insolvenzantrag** gem. § 21 Abs. 2 InsO ein vorläufiger Insolvenzverwalter bestellt, so ist die Absicherung des ab seiner Bestellung fälligen Arbeitsentgelts als Masseverbindlichkeit davon abhängig, ob dem Schuldner gem. §§ 21 Abs. 2 Nr. 2, 22 Abs. 1 InsO ein allgemeines Verfügungsverbot auferlegt ist. Ist durch ein solches nach § 22 Abs. 1 InsO die Verfügungsbefugnis über das Vermögen des Gemeinschuldners/Arbeitgebers auf den vorläufigen Insolvenzverwalter übergegangen (oder begründet dieser ein Arbeitsverhältnis neu), erhalten die Entgeltansprüche gem. § 55 Abs. 2 Satz 2 InsO den Rang von **Masseverbindlichkeiten, soweit die Arbeitnehmer vom vorläufigen Verwalter weiterbeschäftigt werden**. Beantragen die Arbeitnehmer Insolvenzgeld, so gehen die für diesen Zeitraum bestehenden Ansprüche auf Arbeitsentgelt nach § 169 SGB III bereits mit Antragstellung (!) auf die Bundesagentur über, das Vorzugsrecht entfällt (§ 55 Abs. 3 Satz 1 InsO). Ein Übergang des Vorzugsrechts auf die Bundesagentur für Arbeit ist damit ausgeschlossen[3]. **Nimmt der vorläufige Verwalter die Arbeitsleistung nicht in Anspruch, bleiben die Arbeitnehmer Insolvenzgläubiger**. Hat der vorläufige Verwalter keine Verwaltungs- und Verfügungsbefugnis, so sind die Entgeltansprüche der weiterhin tätigen Arbeitnehmer ebenfalls nicht als Masseverbindlichkeiten privilegiert[4].

728 Die Entgeltansprüche der **nach Eröffnung des Insolvenzverfahrens** weiterbeschäftigten Arbeitnehmer sind **Masseverbindlichkeiten** nach § 55 Abs. 1 Nr. 2 InsO. Dies gilt sowohl für den Fall, dass der Insolvenzverwalter die Erfüllung des Arbeitsvertrags zur Insolvenzmasse verlangt (§ 55 Abs. 1 Nr. 2 InsO) als auch dann, wenn er die Arbeitsleistungen nicht mehr in Anspruch nehmen will und die Arbeitnehmer nach einer Kündigung bis zu ihrem Wirksamwerden mit der Folge des Annahmeverzugs freistellt (§§ 55 Abs. 1 Nr. 2 Alt. 2, 108 Abs. 1 InsO)[5]. Als Masseforderung sind auch vom Zeitpunkt der Eröffnung bis zur Fälligkeit zeitanteilig Gratifikationen zu befriedigen, wenn sie Gegenleistung für die Arbeitsverpflichtung sind (13. Monatsgehalt). Meldet ein Arbeitnehmer (versehentlich) Masseansprüche zur Tabelle an, wahrt er damit tarifliche Ausschlussfristen, die eine schriftliche Geltendmachung verlangen. Der Insolvenzverwalter muss sich dann darauf einstellen, dass der Arbeitnehmer zur Tabelle angemeldete Masseansprüche auch noch als Masseforderung durchsetzen will[6].

729 Bei **Masseunzulänglichkeit** ist hinsichtlich der Rangstellung zu unterscheiden: Nimmt der Insolvenzverwalter die **Arbeitsleistung der Arbeitnehmer in Anspruch**, so nehmen deren Forderungen auf Arbeitsentgelt nach den Kosten des Verfahrens gem. § 209 Abs. 1 Nr. 2 iVm. Abs. 2 Nr. 3 InsO den zweiten Rang der Masseverbind-

---

1 Zum Klageantrag: *Schelp*, NZA 2010, 1095 (1096).
2 LAG Hamm 14.10.2004 – 4 Sa 1740/03, LAGReport 2005, 219.
3 BAG 3.4.2001 – 9 AZR 301/00, NZA 2002, 90.
4 *Schelp*, NZA 2010, 1095 (1098).
5 Vgl. zum besonderen Freistellungsrecht des Insolvenzverwalters: LAG Hamm 12.2.2001 – 4 Ta 277/00, NZA-RR 2002, 157; 14.10.2004 – 4 Sa 1740/03, LAGReport 2005, 219; LAG Nürnberg 30.8.2005 – 6 Sa 273/05, NZA-RR 2006, 151.
6 BAG 15.2.2005 – 9 AZR 78/04, NZA 2005, 1124.

lichkeiten ein („Neumasseverbindlichkeiten"). Nimmt der Insolvenzverwalter die Arbeitsleistung nicht in Anspruch, handelt es sich bei den Entgeltansprüchen für den Zeitraum bis zum **Ablauf der (tatsächlichen oder fiktiven) Kündigungsfrist** (max. drei Monate – § 113 Satz 2 InsO) nach Anzeige der Masseunzulänglichkeit um **Altmasseverbindlichkeiten** und bei den Ansprüchen für den Zeitraum danach um **Neumasseverbindlichkeiten** (§ 209 Abs. 2 Nr. 2 iVm. Abs. 1 Nr. 2 InsO). Leistungsklagen bezüglich der Altmasseverbindlichkeiten fehlt wegen des Vollstreckungsverbots des § 210 InsO das Rechtsschutzbedürfnis, anhängige Leistungsklagen können jedoch auf Feststellung umgestellt werden. Gleiches wird auch für Neumasseverbindlichkeiten gelten, wenn der Insolvenzverwalter berechtigt einwendet, die Insolvenzmasse genüge auch zu deren vollständiger Tilgung nicht (**weitere Masseunzulänglichkeit**)[1].

Kündigt der Insolvenzverwalter das bestehende Arbeitsverhältnis mit der verkürzten Frist des § 113 Satz 2 InsO, hat der Arbeitnehmer gem. § 113 Satz 3 InsO wegen der vorzeitigen Beendigung des Arbeitsverhältnisses einen Schadensersatzanspruch als Insolvenzgläubiger. 730

Veräußert der Insolvenzverwalter den Beschäftigungsbetrieb, so gehen gem. § 613a Abs. 1 BGB die bestehenden Arbeitsverhältnisse auf den Erwerber über. Eine Mithaftung des Erwerbers für rückständige Arbeitsentgelte aus der Zeit vor dem Betriebsübergang ist dabei in teleologischer Reduktion des § 613a Abs. 1 Satz 1 BGB ausgeschlossen[2]. Denn der Grundsatz der gleichmäßigen Gläubigerbefriedigung würde durchbrochen, wenn sich die schon erdienten Entgeltansprüche bei der Ermittlung des Kaufpreises für den Betrieb negativ auswirkten. Während die übernommene Belegschaft einen neuen zahlungskräftigen Schuldner für die schon entstandenen Ansprüche erhielte, müssten die übrigen Gläubiger dies insoweit finanzieren, als der Betriebserwerber den Kaufpreis für den Betrieb entsprechend mindern könnte[3]. 731

(2) Insolvenzgeld

Einen zusätzlichen Schutz erfahren die Arbeitnehmer bzgl. ihres Arbeitsentgelts im Insolvenzfall durch das **Insolvenzgeld** (§§ 165 ff. SGB III). Neben dem Schutz des Arbeitseinkommens bewirkt das Insolvenzgeld aber auch die Bereitschaft von Arbeitnehmern trotz Ausbleiben des Arbeitsentgelts noch Arbeitsleistungen zu erbringen. S. im Einzelnen zum Insolvenzgeld Teil 7 A Rz. 110 ff. 732

Einstweilen frei. 733–740

3. Beschäftigungspflicht und Beschäftigungsanspruch

a) Allgemeines

Obwohl nicht gesetzlich geregelt[4], ist seit der grundlegenden Entscheidung des BAG vom 10.11.1955 allgemein anerkannt, dass der Arbeitnehmer aufgrund des Arbeitsvertrags nicht nur Entgeltzahlung, sondern auch vertragsgemäße Beschäftigung verlangen kann[5]. Dieser „**allgemeine Beschäftigungsanspruch**" wird unmittelbar aus § 242 BGB iVm. den verfassungsrechtlichen Wertentscheidungen der Art. 1, 2 Abs. 1 741

---

1 *Schelp*, NZA 2010, 1095 (1099).
2 BAG 19.12.2006 – 9 AZR 230/06, DB 2007, 1707; 20.9.2006 – 6 AZR 215/06, NZA 2007, 335 zu § 25 Abs. 1 HGB.
3 BAG 4.7.1989 – 3 AZR 756/87, NZA 1990, 188.
4 In § 26 ArbGV-E von *Henssler/Preis* (Stand: Oktober 2007) findet sich dagegen eine positivrechtliche Regelung des Beschäftigungsanspruchs.
5 BAG 10.11.1955 – 2 AZR 591/54, AP Nr. 2 zu § 611 BGB – Beschäftigungspflicht; aA jedoch *Weber/Weber*, RdA 2007, 344.

GG über den Persönlichkeitsschutz hergeleitet[1]. Er tritt dort zurück, wo **überwiegende schutzwerte Interessen des Arbeitgebers** entgegenstehen[2]. Das kann etwa bei ansteckender Krankheit des Arbeitnehmers oder einer Störung des Betriebsfriedens durch ihn der Fall sein. Ob es sich bei der Beschäftigungspflicht um eine Haupt- oder Nebenpflicht handelt, ist umstritten[3]. Der Beschäftigungsanspruch richtet sich auf die arbeitsvertraglich vereinbarte, möglicherweise durch nachfolgende Konkretisierungen nunmehr geschuldete Tätigkeit (vgl. Rz. 60ff.)[4]. Er erlischt nach § 275 Abs. 1 BGB, wenn dem Arbeitgeber die vereinbarte Beschäftigung unmöglich ist[5]. Ebenso wenig ist der Arbeitgeber bei einem vereinbarten[6] oder gesetzlich vorgesehenen Ruhen des Arbeitsverhältnisses (bspw. während der Elternzeit) zur Beschäftigung verpflichtet.

742 Die Beschäftigungspflicht besteht nur im Rahmen der vertraglich festgelegten Leistungsbeschreibung (hierzu Rz. 17ff.). Innerhalb dieses Rahmens ist der Arbeitgeber frei, **nach billigem Ermessen** zu bestimmen, mit welchen konkreten Tätigkeiten, an welchem Ort und zu welcher Zeit er den Arbeitnehmer beschäftigt („**Direktionsrecht**" – § 106 Satz 1 GewO). Die Ausübung des Direktionsrechts muss die Interessen des Arbeitnehmers berücksichtigen und zu einem angemessenen Ausgleich mit denjenigen des Arbeitgebers führen (§ 106 Satz 3 GewO; vgl. Rz. 32ff., Teil 3 A Rz. 14ff.). Eine schuldhafte Nichterfüllung des Beschäftigungsanspruchs kann in extremen Fällen zu Entschädigungsansprüchen wegen Verletzung des Persönlichkeitsrechts führen[7].

743 Eine gesetzliche **Sonderregelung** besteht mit **§ 81 Abs. 4 SGB IX für Schwerbehinderte**, die eine **leidensgerechte**, dh. ihren Fähigkeiten und Kenntnissen angepasste Beschäftigung verlangen können. Der schwerbehinderte Arbeitnehmer kann Anspruch auf eine anderweitige Beschäftigung haben und ggf. – soweit der bisherige Arbeitsvertrag diese Beschäftigungsmöglichkeit nicht abdeckt – auf eine entsprechende Vertragsänderung. Um eine behinderungsgerechte Beschäftigung zu ermöglichen, ist der Arbeitgeber auch zu zumutbaren Umgestaltungen der Arbeitsorganisation verpflichtet[8].

744 Von dem während des laufenden Arbeitsverhältnisses bestehenden allgemeinen Beschäftigungsanspruch zu unterscheiden ist der im Kündigungsfall relevante sog. „**Weiterbeschäftigungsanspruch**". Dieser ermöglicht es dem Arbeitnehmer, bei gerichtlichem Streit über die Wirksamkeit einer Kündigung auch nach Kündigungszugang (bei fristloser Kündigung) bzw. nach Auslaufen der Kündigungsfrist vertragsgemäße Weiterbeschäftigung zu verlangen. Es ist zu **unterscheiden zwischen dem betriebsverfassungs-/personalvertretungsrechtlichen und dem allgemeinen Weiterbeschäftigungsanspruch**. Ersterer ergibt sich unter bestimmten Voraussetzungen – namentlich dem Widerspruch des Betriebs- bzw. Personalrats gegen die Kündigung – aus § 102 Abs. 5 BetrVG bzw. § 79 Abs. 2 BPersVG (vgl. im Einzelnen Teil 5 A Rz. 164ff. und zur Durchsetzung Teil 5 I Rz. 51ff., 84ff.).

---

1 Vgl. ausführlich: BAG 27.2.1985 – GS 1/84, NZA 1985, 702. Auf die Berufsausübungsfreiheit (Art. 12 Abs. 1 GG) abstellend: BAG 27.2.2002 – 9 AZR 562/00, DB 2002, 2054.
2 Hierzu: *Ruhl/Kassebohm*, NZA 1995, 497 (500); *Ohlendorf/Salamon*, NZA 2008, 856 (857).
3 Vgl. etwa MünchKommBGB/*Müller-Glöge*, § 611 Rz. 973 (Nebenpflicht); HWK/*Thüsing*, § 611 BGB Rz. 170 (Hauptpflicht); diff. MünchArbR/*Reichold*, § 84 Rz. 1.
4 Zur Konkretisierung auf eine höherwertige Tätigkeit: LAG BW 25.3.2010 – 11 Sa 70/09, NZA-RR 2010, 499.
5 BAG 27.2.2002 – 9 AZR 562/00, DB 2002, 2054.
6 Vgl. etwa BAG 10.1.2007 – 5 AZR 84/06, NZA 2007, 384.
7 Vgl. etwa LAG BW 12.6.2006 – 4 Sa 68/05, nv.; LAG Hamburg 13.9.2007 – 8 Sa 35/07, nv.; *Göpfert/Fellenberg*, BB 2011, 1912.
8 BAG 14.3.2006 – 9 AZR 411/05, NZA 2006, 1214. Vgl. zum Annahmeverzug, wenn sich das Arbeitsangebot des Arbeitnehmers statt auf die übertragene Arbeit auf eine „leidensgerechte" Tätigkeit bezieht: BAG 19.5.2010 – 5 AZR 162/09, DB 2010, 2056.

III. Verpflichtungen des Arbeitgebers

Der in ständiger Rechtsprechung anerkannte **allgemeine Weiterbeschäftigungsanspruch** resultiert aus dem richterrechtlich ausgebildeten allgemeinen Beschäftigungsanspruch (s. Rz. 741). Hiernach hat der gekündigte Arbeitnehmer auch über den Ablauf der Kündigungsfrist bzw. bei einer fristlosen Kündigung über deren Zugang hinaus bis zum rechtskräftigen Abschluss des Kündigungsprozesses Anspruch auf vertragsgemäße Beschäftigung, wenn die Kündigung unwirksam ist und überwiegende schutzwerte Interessen des Arbeitgebers einer solchen Beschäftigung nicht entgegenstehen[1]. Allerdings ist ein Überwiegen der Arbeitgeberinteressen – außer im Falle einer offensichtlich unwirksamen Kündigung – aufgrund der Ungewissheit über den Ausgang des Kündigungsschutzprozesses in der Regel anzunehmen. Das gilt jedenfalls solange **bis in dem Kündigungsschutzprozess ein die Unwirksamkeit der Kündigung feststellendes Urteil** ergeht. Sobald und solange ein solches Urteil besteht, kann die Ungewissheit des endgültigen Prozessausgangs für sich allein ein überwiegendes Gegeninteresse des Arbeitgebers nicht mehr begründen. Hinzukommen müssen dann vielmehr zusätzliche Umstände, aus denen sich im Einzelfall ein überwiegendes Interesse des Arbeitgebers ergibt, den Arbeitnehmer nicht zu beschäftigen (vgl. Teil 5 A Rz. 177 ff.)[2].

745

Aufgrund der **§§ 102 Abs. 5 BetrVG und 79 Abs. 2 BPersVG** kann der gekündigte Arbeitnehmer bei Widerspruch durch den Betriebs-/Personalrat unabhängig von der konkreten Interessenlage Weiterbeschäftigung schon vor Abschluss der ersten Instanz erlangen. Im Verhältnis zum allgemeinen Weiterbeschäftigungsanspruch bringen diese Ansprüche den Vorteil mit sich, dass sie zu einem durch die rechtskräftige Abweisung der Kündigungsschutzklage **auflösend bedingten Fortbestand des Arbeitsverhältnisses** führen. Der Arbeitnehmer erhält also – sozialversicherungswirksam – die nach dem Arbeitsvertrag geschuldete Vergütung und kann diese auch bei letztinstanzlicher Klageabweisung behalten[3]. Die über den allgemeinen Weiterbeschäftigungsanspruch erlangte Beschäftigung ist dagegen nach **bereicherungsrechtlichen Grundsätzen** abzuwickeln[4].

746

b) Freistellung

Der **Begriff Freistellung** (oder Suspendierung) hat keinen allgemein gültigen Inhalt. Üblicherweise wird er zwar für die vom Arbeitgeber einseitig verfügte (im Zweifel widerrufliche[5]) Arbeitsbefreiung verwendet[6]. Man gebraucht ihn aber auch bei einvernehmlicher Aussetzung oder Abbedingung der Arbeits- und Beschäftigungspflicht – etwa im Zusammenhang mit Aufhebungsverträgen. Gesetzliche Ansprüche auf Freistellung bestehen etwa nach § 38 BetrVG für den Betriebsrat, nach §§ 9, 10 JArbSchG für Jugendliche oder für Stellensuchende nach § 629 BGB. Eine wirksame Freistellung bringt die Arbeitspflicht und den Beschäftigungsanspruch zum Ruhen bzw. im Falle der endgültigen Freistellung zum Erlöschen. Während die Nebenpflichten beider Seiten wie zB Fürsorge- und Treuepflichten, Verschwiegenheitspflichten oder Wettbewerbsverbote von der Freistellung unberührt bleiben, hängt das Schicksal des Gegenleistungsanspruchs auf Entgeltzahlung von den vertraglichen Abreden der Par-

747

---

1 Im Falle einer unter Vorbehalt angenommenen Änderungskündigung kann der Arbeitnehmer vor rechtskräftigem Obsiegen dagegen nicht Weiterbeschäftigung zu den bisherigen Bedingungen verlangen, BAG 28.5.2009 – 2 AZR 844/07, NZA 2009, 954.
2 Grundlegend: BAG 27.2.1985 – GS 1/84, NZA 1985, 702. Vgl. auch § 137 ArbGV-E von *Henssler/Preis* (Stand: Oktober 2007).
3 BAG 10.3.1987 – 8 AZR 146/84, NZA 1987, 373.
4 Vgl. *Ruhl/Kassebohm*, NZA 1995, 497 (499 f.); zum Prozessarbeitsverhältnis: *Ricken*, NZA 2005, 323 (327 ff.); *Schrader/Straube*, RdA 2006, 98 (100 f.). Insg. zur Vollstreckung und den finanziellen Aspekten der Weiterbeschäftigung: *Fleddermann*, ArbR 2010, 136 (139).
5 BAG 30.5.2006 – 1 AZR 25/05, NZA 2006, 1122.
6 Vgl. BAG 27.2.2002 – 9 AZR 562/00, DB 2002, 2054.

teien hierzu ab. Die Freistellung stellt keine Versetzung iSd. § 95 Abs. 3 BetrVG dar und bedarf daher nicht der Zustimmung des Betriebsrats nach § 99 BetrVG[1].

748 Problematisch in Hinblick auf die Beschäftigungspflicht ist nur der Fall der **einseitigen Freistellung oder Suspendierung durch den Arbeitgeber**. Hieran kann er aus unterschiedlichen Gründen sowohl während des ungekündigten Arbeitsverhältnisses als auch insbesondere nach Ausspruch einer Kündigung interessiert sein.

749 **Fehlt jede Vereinbarung** der Parteien zu diesem Punkt, so bleibt es für die einseitig durch den Arbeitgeber ausgesprochene Freistellung bei den aufgezeigten allgemeinen Grundsätzen zum Beschäftigungsanspruch: Die Beschäftigungspflicht entfällt nur, soweit dem **überwiegende schutzwürdige Interessen des Arbeitgebers** entgegenstehen[2]. Das kann bspw. bei erheblicher Gefährdung des Betriebsfriedens, der Gefahr von Wettbewerbsverstößen oder eines Geheimnisverrats oder bei einem unwiederbringlichen Vertrauensverlust – etwa aufgrund Verdachts einer Straftat zu Lasten des Arbeitgebers – der Fall sein[3]. Der Wertung des § 14 Abs. 2 Satz 2 KSchG folgend wird man bei **leitenden Angestellten** geringere Anforderungen an die Unzumutbarkeit der Weiterbeschäftigung stellen müssen. Die Freistellung von **Betriebsratsmitgliedern** ist hingegen nur unter erschwerten Voraussetzungen zulässig (und darf die Amtsführung im Übrigen nicht beeinträchtigen)[4]. Ein besonderes Freistellungsrecht billigt die Rechtsprechung dem **Insolvenzverwalter** zur Schonung der Masse zu[5]. Kein Fall der Freistellung liegt vor, wenn dem Arbeitgeber die Beschäftigung des Arbeitnehmers objektiv unmöglich ist, etwa weil der einzige vertragsgemäße Arbeitsplatz weggefallen ist. Der Wegfall der Beschäftigungspflicht folgt dann aus § 275 Abs. 1 BGB.

750 Seinen Beschäftigungsanspruch kann der Arbeitnehmer im Falle der unberechtigten Freistellung im Rahmen einer Klage auf künftige Leistung (§ 259 ZPO) durchsetzen[6]. Dies gilt auch im Fall der nicht vertragsgemäßen Beschäftigung (bei Versetzung vgl. Rz. 767 f.). Denkbar ist auch eine **einstweilige Verfügung** auf Beschäftigung (vgl. Teil 5 A Rz. 193 ff.). Allerdings dürfte der erforderliche Verfügungsgrund nur im Ausnahmefall gegeben sein, etwa wenn die Beschäftigung für den Erhalt der beruflichen Leistungsfähigkeit (bspw. Künstler, Berufsfußballspieler) unabdingbar ist[7].

751 Der **Klageantrag** bzw. der **Antrag im einstweiligen Verfügungsverfahren** sollte die begehrte Beschäftigung so genau wie für die Zwangsvollstreckung nötig beschreiben[8]. Zu vermeiden ist der pauschale Verweis auf die geltenden Arbeitsbedingungen („zu unveränderten Arbeitsbedingungen"). Abgesehen davon, dass unklar bleibt, was inhaltlich damit gemeint ist, richtet sich der (Weiter-) Beschäftigungsanspruch ausschließlich auf die Beschäftigung und nicht auf andere Ansprüche und Modalitäten des Arbeitsverhältnisses.

Formulierungsbeispiel:

... die Beklagte zu verurteilen/der Beklagten aufzugeben, den Kläger als ... (*Berufsbezeichnung, wenn Art der Beschäftigung unstreitig*) in der Abteilung/mit Tätigkeiten gem. Tarif-

---

[1] BAG 28.3.2000 – 1 ABR 17/99, BB 2000, 2414.
[2] HWK/*Thüsing*, § 611 BGB Rz. 173 mwN. Zum Teil sind § 275 Abs. 2, 3 BGB einschlägig.
[3] Zum Teil wird eine Suspendierung nur unter den Voraussetzungen des § 626 Abs. 1 BGB für zulässig erachtet, vgl. ErfK/*Preis*, § 611 BGB Rz. 567 mwN.
[4] LAG Köln 2.8.2005 – 1 Sa 952/05, NZA-RR 2006, 28.
[5] LAG Hamm 12.2.2001 – 4 Ta 277/00, NZA-RR 2002, 157; 14.10.2004 – 4 Sa 1740/03, LAGReport 2005, 219; LAG Nürnberg 30.8.2005 – 6 Sa 273/05, NZA-RR 2006, 151.
[6] Vgl. MünchArbR/*Richardi*, § 84 Rz. 13.
[7] *Reinhard/Kliemt*, NZA 2005, 545 (547). Vgl. auch LAG Köln 27.8.2009 – 7 Ta 296/09, ArbR 2009, 169.
[8] BAG 15.4.2009 – 3 AZB 93/08, NZA 2009, 917.

III. Verpflichtungen des Arbeitgebers   Rz. 755   Teil 2 A

gruppe/im Nachtdienst (*jew. wenn zur Präzisierung der streitigen Beschäftigungspflicht notwendig*) bis zu einer rechtskräftigen Entscheidung über den Kündigungsschutzantrag weiter (*notwendige Einschränkung bei Geltendmachung des allgemeinen oder kollektivrechtlichen Weiterbeschäftigungsanspruchs*) zu beschäftigen.[1]

Die **Zwangsvollstreckung** erfolgt gem. § 46 Abs. 2 ArbGG iVm. § 888 Abs. 1 ZPO. Alternativ kann der Arbeitnehmer bereits im Klageverfahren nach § 61 Abs. 2 Satz 1 ArbGG für den Fall der Nichterfüllung des Beschäftigungsanspruchs die Verurteilung zu einer Entschädigungszahlung erwirken[2]. Die Zwangsvollstreckung nach § 888 ZPO ist dann ausgeschlossen.   752

↪ **Hinweis:** Da die Zwangsvollstreckung nach § 888 ZPO nur zu einem Ordnungsgeld zugunsten der Staatskasse führt, ist es überlegenswert, den Weiterbeschäftigungsantrag unmittelbar mit einem Antrag auf Entschädigungszahlung nach § 61 Abs. 2 ArbGG zu verbinden.

Die Parteien können die Aufhebung der Arbeitspflicht und des Beschäftigungsanspruchs aber auch **einvernehmlich regeln**. Die Freistellungsabrede stellt dann eine Vertragsänderung[3] oder – bei unwiderruflicher Freistellung – ggf. einen Erlassvertrag (§ 397 BGB) dar[4]. Im Zweifel liegt darin nicht zugleich ein Verzicht des Arbeitnehmers auch hinsichtlich der Vergütungspflicht.   753

Ein Recht auf Freistellung kann auch vorab arbeitsvertraglich vereinbart werden. Es handelt sich dann der Sache nach um einen Änderungsvorbehalt, der als Nebenabrede vom nebenrechtlich geprägten Leitbild des Beschäftigungsanspruchs iSv. § 310 Abs. 3 Satz 1 BGB abweicht und daher der AGB-Kontrolle unterworfen ist. Ein **Freistellungsvorbehalt** ist bei formularvertraglicher Verwendung am Maßstab des § 307 Abs. 1, 2 BGB zu messen („**Klauselkontrolle**")[5]. Wirksamkeitsvoraussetzung ist, dass bereits die arbeitsvertragliche Klausel hinreichend eindeutig bestimmt, in welchen Fällen der Arbeitgeber freistellen darf und ggf. für wie lange (vgl. Teil 1 D Rz. 107 ff.). Dabei dürfen die im Voraus vereinbarten Freistellungsgründe durchaus über die Konstellationen hinausgehen, in denen der Arbeitgeber ohnehin zur einseitigen Freistellung berechtigt ist (vgl. dazu Rz. 749)[6]. So wird zum Teil ein Freistellungsvorbehalt generell für den Fall des Ausspruchs einer Kündigung als zulässig erachtet[7]. Noch weitergehend sind die Ausgestaltungsmöglichkeiten bei individuell ausgehandelten oder (seltenen) tariflichen Freistellungsvorbehalten. Auf zweiter Stufe erfolgt eine „**Ausübungskontrolle**" gem. § 315 BGB dahingehend, ob der Arbeitgeber bei der konkreten Ausübung des Freistellungsvorbehalts und der erforderlichen Interessenabwägung billiges Ermessen gewahrt hat.   754

Ein **Freistellungsvorbehalt** könnte wie folgt formuliert werden: 755

---

1 Vgl. ausführlich: Hamacher/*Ulrich*, Antragslexikon Arbeitsrecht, „Beschäftigung".
2 Vgl. *Fleddermann*, ArbR 2010, 136.
3 MünchKommBGB/*Müller-Glöge*, § 611 Rz. 978.
4 Vgl. BAG 27.2.2002 – 9 AZR 562/00, DB 2002, 2054; *Bauer*, NZA 2007, 409 (411).
5 HM: LAG Köln 20.2.2006 – 14 (10) Sa 1394/05, NZA-RR 2006, 342; HWK/*Thüsing*, § 611 BGB Rz. 176; Preis/*Preis*, Der Arbeitsvertrag, II F 10 Rz. 9; *Bauer*, NZA 2007, 409 (412).
6 Vgl. auch BAG 10.1.2007 – 5 AZR 84/06, NZA 2007, 384 – Ruhen des Arbeitsverhältnisses während der Schulferien.
7 LAG München 7.5.2003 – 5 Sa 297/03, LAGE § 307 BGB 2002 Nr. 2; *Bauer*, NZA 2007, 409 (412); HWK/*Thüsing*, § 611 BGB Rz. 177; aA LAG Hess. 14.3.2011 – 16 Sa 1677/10, NZA-RR 2011, 419; ErfK/*Preis*, § 611 BGB Rz. 570 mwN.

Formulierungsbeispiel:

Dem Arbeitgeber bleibt vorbehalten, mit oder nach Ausspruch einer Kündigung den Arbeitnehmer widerruflich oder unwiderruflich von der Erbringung der Arbeitsleistung unter Fortzahlung der Bezüge freizustellen. Dasselbe gilt unabhängig vom Ausspruch einer Kündigung,
- wenn die Vertrauensgrundlage infolge eines groben Fehlverhaltens des Arbeitnehmers unwiederbringlich zerstört ist,
- für die Dauer einer erheblichen Leistungseinschränkung des Arbeitnehmers, wenn dem Arbeitgeber dadurch bei Beschäftigung Schäden drohen,
- oder wenn und solange aufgrund objektiver Umstände wettbewerbswidriges Verhalten oder der Verrat von Betriebsgeheimnissen zu besorgen ist.[1]

756 Folge einer **einvernehmlichen Freistellung** ist, dass die Arbeitspflicht ausgesetzt ist, der Arbeitgeber allerdings grundsätzlich für die Zeit der Freistellung weiter nach § 611 Abs. 1 BGB die **vereinbarte Vergütung** schuldet, wenn die Vergütungspflicht nicht ebenso abbedungen wurde. Allerdings wird in der Freistellungsabrede normalerweise keine Erweiterung der gesetzlichen Entgeltfortzahlungsregelungen liegen, so dass der Entgeltfortzahlungsanspruch regelmäßig erlischt, wenn der Arbeitnehmer während der Freistellung länger sechs Wochen arbeitsunfähig erkrankt[2]. Mangels gesetzlicher und vertraglicher Regelung kommt es zu **keiner Anrechnung anderweitigen Verdiensts** (vgl. Teil 2 B Rz. 63)[3]. Der Arbeitnehmer bleibt allerdings an das während des Arbeitsverhältnisses bestehende **Wettbewerbsverbot** (vgl. Rz. 266 ff.) gebunden.

757 Für die Dauer einer **einseitigen Freistellung** schuldet der Arbeitgeber dagegen regelmäßig **Annahmeverzugslohn** nach § 615 BGB (vgl. Teil 2 B Rz. 63f. und zur Höhe Rz. 37ff.)[4], weil er einen Arbeitsplatz für die Erbringung der Arbeitsleistung nicht mehr zur Verfügung stellt. Die Freistellungserklärung des Arbeitgebers dürfte bei einer seine Interessen berücksichtigenden Auslegung regelmäßig nicht im Sinne des Angebots eines Erlass- oder Änderungsvertrags zu verstehen sein[5], da sich daran die für ihn ungünstige Folge der fehlenden Anrechenbarkeit anderweitigen Verdiensts ergibt. Kein Annahmeverzugslohn ist geschuldet, wenn der Arbeitnehmer – etwa infolge Krankheit – nicht in der Lage ist, die geschuldete Arbeitsleistung zu erbringen (§ 297 BGB). Es besteht dann kein Anspruch auf Entgeltzahlung, soweit nicht gesetzliche (etwa § 3 EFZG), tarifliche oder vertragliche Entgeltfortzahlungsansprüche begründet wurden[6]. Ausnahmsweise kann ein Annahmeverzugslohnanspruch nach § 326 Abs. 1 Satz 1 BGB auch dann ausscheiden, wenn dem Arbeitgeber die Annahme der Arbeitsleistung – etwa wegen schwerwiegender Straftaten des Arbeitnehmers zu seinen Lasten – unzumutbar war[7]. Ist ihm die Beschäftigung – etwa aus rechtlichen Gründen – unmöglich, so entfällt ebenfalls nur ausnahmsweise nach § 326 Abs. 1 Satz 1 BGB (vgl. Rz. 576) der Entgeltanspruch[8]. Regelmäßig handelt es sich um Fälle

---

1 Weitere Bsp. bei *Mues*, ArbRB 2009, 214 (216).
2 LAG Hess. 24.1.2007 – 6 Sa 1393/06, NZA-RR 2007, 401.
3 BAG 19.3.2002 – 9 AZR 16/01, BB 2002, 1703.
4 Vgl. BAG 23.9.2009 – 5 AZR 518/08, NZA 2010, 781 und instruktiv: LAG Köln 7.2.2014 – 4 Sa 811/13, nv. Zu Annahmeverzug und Überstunden: BAG 18.9.2001 – 9 AZR 307/00, DB 2002, 434.
5 So aber BAG 19.3.2002 – 9 AZR 16/01, BB 2002, 1703; *Ziemann*, jurisPR-ArbR 22/2008 Anm. 4 zu BAG 23.1.2008 – 5 AZR 393/07.
6 BAG 23.1.2008 – 5 AZR 393/07, NZA 2008, 595.
7 BAG 29.10.1987 – 2 AZR 144/87, NZA 1988, 465; LAG Berlin 27.11.1995 – 9 Sa 85/95, NZA-RR 1996, 283. Da der Arbeitgeber in solchen Fällen idR fristlos kündigt, kommt es meist nicht zu einer Freistellung.
8 Vgl. etwa BAG 13.12.2007 – 6 AZR 197/07, NZA-RR 2008, 418 bei arbeitszeitrechtlichem Beschäftigungsverbot. Vgl. dagegen zum Zurückbehaltungsrecht bei Beschäftigungsverbot: BAG 18.3.2009 – 5 AZR 192/08, NZA 2009, 611.

III. Verpflichtungen des Arbeitgebers

des § 615 Satz 3 BGB, so dass der mit dem **Betriebsrisiko** belastete Arbeitgeber dennoch die vereinbarte Vergütung zu zahlen hat.

Bei einseitiger Freistellung muss sich der Arbeitnehmer nach § 615 Satz 2 BGB/§ 11 KSchG **anderweitig erzielten bzw. böswillig unterlassenen Verdienst anrechnen** lassen. Er ist aufgrund des Anrechnungsvorbehalts bei einer unwiderruflichen Freistellung allerdings auch nicht mehr an ein **Wettbewerbsverbot** (§ 60 HGB) gebunden[1]. Anders als § 615 Satz 2 BGB sieht § 11 Satz 1 Nr. 2 KSchG keine Anrechnung der ersparten Aufwendungen vor. **758**

Will der Arbeitgeber im Rahmen der Freistellung noch **offene Urlaubsansprüche** des Arbeitnehmers erfüllen, muss er dies – und den Umfang der zu erfüllenden Ansprüche[2] – hinreichend klar zum Ausdruck bringen (Teil 2 C Rz. 56 f.). Rechtsfolge der Urlaubserteilung ist die Unwiderruflichkeit der Freistellung für diesen Zeitraum[3]. Eine widerrufliche Freistellung des Arbeitnehmers ist nicht geeignet, den Urlaubsanspruch zu erfüllen[4]. Erteilt der Arbeitgeber dem Arbeitnehmer bei einem den Urlaubsanspruch überdauernden Freistellungszeitraum nicht insgesamt Urlaub, sondern stellt diesen „unter Anrechnung auf bestehende Urlaubsansprüche" frei, so ist dem Arbeitnehmer die Bestimmung der zeitlichen Lage des Urlaubs überlassen[5]. Im darüber hinausgehenden Zeitraum besteht nach der hier vertretenen Auffassung regelmäßig Annahmeverzug des Arbeitgebers. Ergibt die Auslegung dagegen, dass in der Freistellungserklärung und dem anschließenden Fernbleiben des Arbeitnehmers ein Erlassvertrag (§ 151 BGB) zu sehen ist, scheidet eine Anrechnung anderweitigen Verdiensts ohne ausdrücklichen Vorbehalt aus[6]. **759**

⮕ **Hinweis:** Der Arbeitgeber sollte also bei einer Freistellung stets ausdrücklich Urlaub gewähren, dessen zeitliche Lage konkret bestimmen und sich die Anrechnung anderweitigen Verdiensts vorbehalten, wenn er nicht auf dem Wettbewerbsverbot bestehen will. Bei einem Freistellungszeitraum, der bis in das nächste Kalenderjahr reicht, kann der Arbeitgeber im Vorgriff auf das kommende Urlaubsjahr jahresübergreifend Erholungsurlaub gewähren[7]. Bei fehlender Festlegung des Urlaubszeitraums ergeben sich Risiken in Hinblick auf eine die Erfüllung des Urlaubsanspruchs ausschließende Arbeitsunfähigkeit des Arbeitnehmers und die Anrechenbarkeit anderweitigen Verdiensts. **760**

Im Rahmen der Freistellung kann der Arbeitgeber einen **Ausgleich von Arbeitszeitguthaben und Freizeitausgleichsansprüchen** anordnen. Abhängig von der vertraglichen Ausgestaltung und den konkreten Umständen der Freistellung kann dies auch durch eine nur widerrufliche Freistellung erfolgen[8]. Allerdings kann ein bereits entstandener Anspruch auf Überstundenvergütung nicht durch eine einseitig vom Arbeitgeber angeordnete Freistellung erfüllt werden, es sei denn, es besteht eine Ersetzungsbefugnis[9]. Es könnte wie folgt formuliert werden: **761**

---

1 BAG 6.9.2006 – 5 AZR 703/05, NZA 2007, 36.
2 Vgl. zu weiteren Urlaubsansprüchen bei Unwirksamkeit der Kündigung: BAG 17.5.2011 – 9 AZR 189/10, BAGE 138, 48.
3 BAG 14.3.2006 – 9 AZR 11/05, AP Nr. 32 zu § 7 BUrlG.
4 BAG 19.5.2009 – 9 AZR 433/08, DB 2009, 2103.
5 BAG 14.3.2006 – 9 AZR 11/05, AP Nr. 32 zu § 7 BUrlG.
6 So BAG 19.3.2002 – 9 AZR 16/01, NJOZ 2003, 1319; LAG Köln 7.2.2014 – 4 Sa 811/13, nv.
7 BAG 17.5.2011 – 9 AZR 189/10, NZA 2011, 1032.
8 BAG 19.5.2009 – 9 AZR 433/08, DB 2009, 2103. Im Zweifel erfolgt eine Freistellung nur widerruflich, BAG 30.5.2006 – 1 AZR 25/05, NZA 2006, 1122.
9 BAG 18.9.2001 – 9 AZR 307/00, DB 2002, 434.

Formulierungsbeispiel:

Der Arbeitnehmer erhält ab dem ... den ihm noch zustehenden Erholungsurlaub und wird im Anschluss unter Anrechnung auf bestehende Freizeitausgleichsansprüche einseitig freigestellt. Ersparte Aufwendungen und anderweitiger Verdienst bzw. böswillig unterlassener Verdienst werden auf den Annahmeverzugslohn angerechnet.

762 **Das versicherungspflichtige Beschäftigungsverhältnis** (und damit nach Ablauf der in der gesetzlichen Krankenversicherung geltenden Übergangsfrist von einem Monat [§ 7 Abs. 3 SGB IV] der **Versicherungsschutz**) endet nicht aufgrund einer Freistellung von der Arbeitsleistung bis zur rechtlichen Beendigung des Arbeitsverhältnisses. Das gilt unabhängig davon, ob die Freistellung einseitig oder einvernehmlich und ob sie widerruflich oder unwiderruflich erfolgt. Es besteht daher eine **Versicherungs- und Beitragspflicht**, wenn und solange die Arbeitsvertragsparteien vom (Fort-)Bestand des Arbeitsverhältnisses ausgehen und weiterhin ein Anspruch auf ein über der Geringfügigkeitsgrenze liegendes Arbeitsentgelt besteht[1]. Bedeutsam bleibt die durch eine einvernehmliche Freistellung erfolgte Lösung des Beschäftigungsverhältnisses iSd. § 7 Abs. 1 SGB IV für den **Beginn der Sperrzeit wegen Arbeitsaufgabe** (§ 159 Abs. 2 SGB III)[2]. **Leistungsrechtlich** besteht allerdings bei der widerruflichen Freistellung keine Beschäftigungslosigkeit iSd. § 138 Abs. 1 Nr. 1 SGB III, weil der Arbeitgeber auf sein Direktionsrecht nicht vollständig verzichtet und der Arbeitnehmer grundsätzlich weiter dienstbereit ist[3].

c) Kurzarbeit

763 Die Beschäftigungspflicht erlischt oder vermindert sich dem Umfang nach auch bei wirksamer Anordnung oder Vereinbarung von Kurzarbeit. Der Arbeitgeber ist nicht schon kraft des allgemeinen Direktionsrechts berechtigt, Kurzarbeit anzuordnen. Es bedarf hierzu vielmehr einer gesetzlichen (vgl. § 19 KSchG), kollektivrechtlichen oder individualvertraglichen Ermächtigung oder Vereinbarung. Nur soweit diese gegeben ist und die Mitbestimmungsrechte des Betriebsrats (vgl. Teil 4 A Rz. 600 ff.) gewahrt wurden, vermindert sich bei entsprechender Festlegung auch das für den Zeitraum der Kurzarbeit geschuldete Arbeitsentgelt[4] bzw. reduziert sich dieses auf einen Anspruch in Höhe des Kurzarbeitergelds[5]. Die arbeitsrechtliche Zulässigkeit der Kurzarbeit ist grundsätzlich unabhängig von der Frage, ob ein Anspruch des Arbeitnehmers auf Zahlung von Kurzarbeitergeld nach §§ 95 ff. SGB III gegeben ist.

764 Die Ermächtigung des Arbeitgebers zur Festlegung von Kurzarbeit kann sich zunächst unmittelbar aus einem **Tarifvertrag** ergeben. Hierin müssen die Voraussetzungen und der Umfang der Kurzarbeit geregelt sein[6]. Oftmals enthält der Tarifvertrag auch Regelungen zur Einführung von Kurzarbeit unter Beteiligung des Betriebsrats. Werden diese nicht eingehalten, gerät der Arbeitgeber durch eine einseitige Anordnung in Annahmeverzug. Der Arbeitnehmer kann weiterhin Beschäftigung im vertraglich geschuldeten Umfang verlangen.

---

1 Vgl. BSG 24.9.2008 – B 12 KR 22/07 R, DB 2009, 2326 und 24.9.2008 – B 12 KR 27/07 R, DB 2009, 2328; ausführlich: *Schweiger*, NZS 2013, 767.
2 BSG 25.4.2002 – B 11 AL 65/01, NZA-RR 2003, 105.
3 *Schweiger*, NZS 2013, 767 (768).
4 Was auch die Höhe von Jahressonderzahlungen beeinflussen kann: LAG Düsseldorf 3.5.2012 – 11 Sa 65/12, nv.
5 Vgl. BAG 22.4.2009 – 5 AZR 310/08, NZA 2009, 913; 25.1.2012 – 5 AZR 671/10, AP Nr. 337 zu § 1 TVG Tarifverträge: Bau.
6 BAG 27.1.1994 – 6 AZR 541/93, NZA 1995, 134; 13.10.2011 – 8 AZR 514/10, DB 2012, 1104.

III. Verpflichtungen des Arbeitgebers

Von der herrschenden Meinung und in ständiger Rechtsprechung wird davon ausgegangen, dass die Einführung von Kurzarbeit auch durch die normativen Regelungen einer **Betriebsvereinbarung** erfolgen kann[1]. Dies ist sowohl in Hinblick auf die Regelungskompetenz der Betriebsparteien als auch in Hinblick auf das Günstigkeitsprinzip problematisch[2]. Denn die Dauer der geschuldeten Arbeitszeit unterliegt nicht der Mitbestimmung nach § 87 Abs. 1 BetrVG. Ein individueller Günstigkeitsvergleich wird zudem regelmäßig zum Vorrang der arbeitsvertraglichen Regelung des Leistungsumfangs führen. Etwas anderes gilt allerdings, wenn der Arbeitsvertrag in diesem Punkt **betriebsvereinbarungsoffen** gestaltet ist, was nach neuerer Rechtsprechung des BAG regelmäßig schon dann anzunehmen ist, wenn der Vertragsgegenstand in AGB enthalten ist und einen kollektiven Bezug hat[3]. Die Einführung von Kurzarbeit sollte zur Wahrung des Mitbestimmungsrechts aus § 87 Abs. 1 Nr. 3 BetrVG stets unter Beteiligung des Betriebsrats, aber gestützt auf eine tarifvertragliche oder arbeitsvertragliche Ermächtigung erfolgen. 765

Unproblematisch möglich ist die **individualvertragliche Vereinbarung** einer konkret anstehenden Phase der Kurzarbeit. Der Arbeitsvertrag kann allerdings auch zugunsten des Arbeitgebers eine **Kurzarbeitsklausel** enthalten, welche ihm vorab die Anordnung von Kurzarbeit unter bestimmten Voraussetzungen erlaubt. Um der AGB-Kontrolle nach §§ 307 Abs. 1, 308 Nr. 4 BGB zu genügen, muss ein solcher Änderungsvorbehalt die tatbestandlichen Voraussetzungen, sowie Umfang und Dauer der Kurzarbeit regeln[4]. Zumindest auf Ebene der Ausübungskontrolle wird zudem die Frage der angemessenen Ankündigungsfrist zu prüfen sein[5]. 766

d) Versetzung

Zu Streitigkeiten im Zusammenhang mit dem Beschäftigungsanspruch kommt es zudem in Zusammenhang mit Versetzungen. Der Arbeitgeber ist aufgrund des **Direktionsrechts** (§ 106 GewO) frei zu bestimmen, wie und wo er den Arbeitnehmer beschäftigt (vgl. Rz. 32 ff.; Teil 3 A Rz. 14 ff.). Dh., dass er im Rahmen der arbeitsvertraglichen Leistungsbeschreibung und bei einer billigem Ermessen entsprechenden Abwägung der beiderseitigen Interessen die konkreten Leistungsmodalitäten bestimmen kann. Darüber hinaus kann der Arbeitsvertrag durch **Versetzungsklauseln** das Direktionsrecht dahingehend erweitern, dass der Arbeitgeber dem Arbeitnehmer auch Tätigkeiten zuweisen bzw. Arbeitsorte und andere Arbeitsmodalitäten festlegen kann, die von der ursprünglichen Leistungsbeschreibung nicht erfasst sind. Zu den Wirksamkeitsvoraussetzungen bei formularvertraglicher Vereinbarung vgl. Teil 1 D Rz. 80 ff. Bei Bestehen eines Betriebsrats sind dessen Beteiligungsrechte nach § 99 BetrVG zu wahren (hierzu Teil 4 A Rz. 754 ff.). 767

Der Arbeitnehmer wird im Normalfall **keinen Anspruch auf Versetzung** haben, dh. auf Übertragung bestimmter anderer Tätigkeiten oder Bestimmung eines anderen Arbeitsorts oder anderer Arbeitsmodalitäten. Dies kommt nur dort in Betracht, wo die erstrebte Ausübung des Direktionsrechts die einzig „ermessensfehlerfreie" darstellt. Gegen eine unerwünschte Änderung der Arbeitsbedingungen kann sich der Arbeitnehmer nur mit Erfolg wehren, wenn der Arbeitgeber die **Grenzen des Weisungsrechts überschritten** oder bei der Abwägung der beiderseitigen Interessen **billiges Ermessen nicht gewahrt** hat. Hierzu kann er die nicht geschuldete Arbeit verweigern und ggf. 768

---

1 Vgl. nur BAG 10.10.2006 – 1 AZR 811/05, NZA 2007, 637; MünchKommBGB/*Henssler*, § 615 Rz. 81; *Köhler*, DB 2013, 232.
2 Vgl. etwa die Darstellung bei: ArbG Berlin 17.3.2004 – 7 Ca 25174/03, nv.; *Waltermann*, NZA 1993, 679; *Boecken*, RdA 2000, 7 (11 f.); *Franzen*, NZA Beilage 2006, 107 (110 f.).
3 BAG 5.3.2013 – 1 AZR 417/12, NZA 2013, 916.
4 LAG Berlin 7.10.2010 – 2 Sa 1230/10, NZA-RR 2011, 65; 19.1.2011 – 17 Sa 2153/10, nv.
5 Vgl. *Bauer/Günther*, BB 2009, 662 (664 f.).

eine Leistungsklage auf vertragsgemäße Beschäftigung erheben (vgl. Rz. 751 Klageantrag bei Freistellung)[1]. Zulässig und zweckmäßig ist auch ein **positiv oder negativ formulierter Feststellungsantrag** in Bezug auf die streitige Weisung. Dieser muss die angegriffene Verpflichtung bzw. Versetzung so konkret wie möglich benennen.

Formulierungsbeispiel:

Es wird festgestellt, dass die Versetzung des Klägers durch die Weisung der Beklagten vom ... unwirksam ist.

oder:

Es wird festgestellt, dass die Klägerin nicht verpflichtet ist, in der Abteilung ... als ... im Nachtdienst zu arbeiten.[2]

---

769 Nach jüngerer Rechtsprechung des BAG soll der Arbeitnehmer an die durch die Ausübung des Direktionsrechts erfolgte Konkretisierung des Inhalts der geschuldeten Arbeitsleistung **vorläufig gebunden** sein, bis durch ein rechtskräftiges Urteil (etwa aufgrund einer Klage auf Beschäftigung mit der früheren Tätigkeit) die Unverbindlichkeit der Leistungsbestimmung feststeht[3].

770 Einstweilen frei.

4. Nebenpflichten des Arbeitgebers

a) Allgemeines

771 Neben der Pflicht zur Entgeltzahlung und zur Beschäftigung des Arbeitnehmers treffen den Arbeitgeber bei der Durchführung des Arbeitsverhältnisses ebenso wie bei der Anbahnung und nach seiner Beendigung[4] zahlreiche Nebenpflichten (zur Haftung bei Verletzung vgl. Rz. 821 ff.). Diese folgen in großem Umfang aus gesetzlichen Regelungen (bspw. §§ 617 f. BGB; § 108 GewO; § 1 NachwG; § 6 Abs. 2 BUrlG) oder individual- bzw. kollektivvertraglichen Vereinbarungen. Darüber hinaus lassen sich aus § 241 Abs. 2 BGB **Schutz- und Rücksichtnahmepflichten des Arbeitgebers** und aus §§ 241 Abs. 1, 242 BGB weitere, teilweise als „Nebenleistungspflichten" bezeichnete[5] Nebenpflichten herleiten. Als Pendant zur „Treuepflicht" des Arbeitnehmers (vgl. Rz. 179 ff.) werden die entsprechenden Nebenpflichten des Arbeitgebers häufig unter dem Begriff der **„Fürsorgepflicht"** zusammengefasst. Im Kern gehen alle darunter gefassten Nebenpflichten darauf zurück, dass der Arbeitgeber bei sämtlichen seiner Maßnahmen auf die Rechte, Rechtsgüter und Interessen des Arbeitnehmers Rücksicht zu nehmen hat[6]. Neben Schutz-, Rücksichtnahme- und Mitwirkungspflichten bestehen **Informationspflichten**, wenn für den Arbeitgeber erkennbar Gefahren für das Leistungs- oder Integritätsinteresse des Arbeitnehmers bestehen, von denen dieser keine Kenntnis hat[7]. Die Reichweite der jeweiligen Nebenpflichten bestimmt sich nach dem **Verhältnismäßigkeitsgrundsatz**. Es ist also jeweils in Abwägung des Schutzbedürfnisses des Arbeitnehmers mit der Zumutbarkeit für den Arbeitgeber zu bestimmen, welche Maßnahmen erforderlich und angemessen sind. Seit der Ein-

---

1 Ein Unterlassungsantrag scheidet dagegen aus, vgl. nur LAG München 1.12.2004 – 5 Sa 913/04, NZA-RR 2005, 354.
2 Vgl. Hamacher/*Ulrich*, Antragslexikon Arbeitsrecht, „Direktionsrecht".
3 BAG 22.2.2012 – 5 AZR 249/11, BAGE 141, 34. Krit. *Boemke*, NZA 2013, 6; Schaub/*Linck*, § 45 Rz. 19; *Preis*, NZA 2015, 1; *Kühn*, NZA 2015, 10.
4 Vgl. etwa BAG 21.11.2000 – 3 AZR 415/99, NZA 2001, 661.
5 Vgl. MünchArbR/*Reichold*, § 83 Rz. 7 zur Abgrenzung.
6 Vgl. BAG 16.10.2007 – 9 AZR 110/07, NZA 2008, 367.
7 BAG 14.12.2006 – 8 AZR 628/05, NZA 2007, 262.

III. Verpflichtungen des Arbeitgebers　　　　　　　　　　　　　　　　Rz. 775　Teil 2 A

führung von § 241 Abs. 2 BGB durch die Schuldrechtsreform 2002 bedarf es zur dogmatischen Herleitung dieses Pflichtenkreises nicht mehr des Rückgriffs auf die außergesetzliche „Fürsorgepflicht"[1].

Ob die Nebenpflichten des Arbeitgebers abdingbar sind oder nicht, ist anhand der hierzu bestehenden Regelungen jeweils gesondert zu prüfen. Die aus §§ 241 Abs. 2 BGB folgenden **Schutz- und Rücksichtnahmepflichten sind regelmäßig nicht im Voraus abdingbar**[2]. Dies ist für die gesetzlichen Ausformungen in §§ 617 f. BGB und § 62 Abs. 1, 2 HGB in § 619 BGB und § 62 Abs. 4 HGB ausdrücklich geregelt. 772

Die Nebenpflichten lassen sich nach den durch sie geschützten Rechtsgütern unterscheiden:

b) Schutz von Leben und Gesundheit

Einer besonderen, gesetzlich normierten Schutzpflicht unterstehen gem. § 618 BGB **Leben und Gesundheit** der Arbeitnehmer[3]. Danach muss der Arbeitgeber zur Vermeidung von Gefahr für deren Leib und Gesundheit dafür sorgen, dass die Arbeitsräume zweckentsprechend beschaffen sind. Von Maschinen, Geräten, sonstigen Betriebseinrichtungen und den Arbeitsabläufen dürfen keine Gefahren für die Arbeitnehmer ausgehen[4]. Insoweit hat der Arbeitgeber alle wirtschaftlich vertretbaren und ihm im Rahmen des Betriebs und der Arbeit möglichen Vorsorgemaßnahmen zu ergreifen. Über besondere Gesundheitsgefahren am Arbeitsplatz hat der Arbeitgeber den Arbeitnehmer aufzuklären[5]. Ist der Arbeitnehmer in die **häusliche Gemeinschaft** aufgenommen, enthält § 618 Abs. 2 BGB besondere Regelungen. Die Nebenpflichten zum Schutz von Leben und Gesundheit der Arbeitnehmer sind unabdingbar (§ 619 BGB) und der Arbeitgeber insoweit zur **Kostentragung** verpflichtet[6]. 773

Diese allgemeinen Regelungen werden durch zahlreiche **öffentlich-rechtliche Vorschriften**, wie insbesondere denen des Arbeitsschutzgesetzes (ArbSchG) und weitere Regelungen des technischen Arbeitsschutzes konkretisiert[7]. Zu nennen sind etwa das Arbeitssicherheitsgesetz (ASiG), das Bundesimmissionsschutzgesetz (BImSchG), das Produktsicherheitsgesetz (ProdSG) und die Arbeitsstättenverordnung (ArbStättV) sowie die Gefahrstoff-, die Störfall- und die Betriebssicherheitsverordnung und die Unfallverhütungsvorschriften der Unfallversicherungsträger (vgl. insg. Teil 6 B)[8]. Soweit einzelne Arbeitnehmer aufgrund individueller Umstände besonders schutzbedürftig sind, ist der Arbeitgeber **im Rahmen von Zumutbarkeit und Verhältnismäßigkeit** darüber hinaus zu **weiteren Schutzmaßnahmen** verpflichtet[9]. 774

Zur Einhaltung der öffentlich-rechtlichen Arbeitsschutzregelungen ist der Arbeitgeber – soweit sie auf sein Verhältnis zum Arbeitnehmer zielen – auch **vertraglich verpflichtet („Doppelnatur")**[10]. Dies ist insofern bedeutsam, als sich der Arbeitgeber im Rahmen seiner vertraglichen Haftung nicht gem. § 831 BGB darauf berufen kann, dass seine Hilfspersonen/Arbeitnehmer von ihm sorgfältig ausgesucht und überwacht 775

1　Vgl. zur historischen Entwicklung: MünchArbR/*Reichold*, § 83 Rz. 1 ff.
2　MünchKommBGB/*Müller-Glöge*, § 611 Rz. 987.
3　Vgl. auch §§ 62 HGB, 12 HAG, 114 SeemArbG und 28 JArbSchG.
4　Zum Schutz vor psych. Belastungen und Stress: *Gaul*, DB 2013, 60 ff.
5　Vgl. etwa BAG 14.12.2006 – 8 AZR 628/05, NZA 2007, 262.
6　BAG 10.3.1976 – 5 AZR 34/75, AP Nr. 17 zu § 618 BGB.
7　BAG 14.12.2006 – 8 AZR 628/05, NZA 2007, 262.
8　Zum Nichtraucherschutz vgl. MünchArbR/*Reichold*, § 85 Rz. 10 ff.
9　BAG 17.2.1998 – 9 AZR 84/97, NZA 1998, 1231.
10　BAG 14.12.2006 – 8 AZR 628/05, NZA 2007, 262.

c) Schutz der Persönlichkeitsrechte des Arbeitnehmers

aa) Allgemeines

776 Mit dem Abschluss des Arbeitsvertrags und der Aufnahme der Tätigkeit erfolgt eine Eingliederung des Arbeitnehmers in Betriebsabläufe, die dazu führt, dass er sich Maßnahmen und organisatorischen Weisungen des Arbeitgebers unterwerfen muss. Die betrieblichen Interessen des Arbeitgebers verlangen teilweise mehr oder minder gewichtige **Einschränkungen der Persönlichkeitsrechte** (Art. 1, 2 Abs. 1 GG) der Arbeitnehmer, zu deren Schutz im Arbeitsverhältnis aufgrund der Drittwirkung der Grundrechte im Privatrechtsverkehr auch der Arbeitgeber verpflichtet ist. Der entstehende Interessenkonflikt ist nach herrschender Meinung mit Hilfe einer Güter- und Interessenabwägung basierend auf dem Grundsatz der Verhältnismäßigkeit zu lösen[2]. Verletzt der Arbeitgeber innerhalb des Arbeitsverhältnisses das Persönlichkeitsrecht des Arbeitnehmers, so liegt darin zugleich ein Verstoß gegen seine arbeitsvertraglichen Pflichten. Bei objektiv rechtswidrigen Eingriffen in sein Persönlichkeitsrecht hat der Arbeitnehmer entsprechend den §§ 12, 862, 1004 BGB **Anspruch auf Beseitigung von fortwirkenden Beeinträchtigungen und auf Unterlassung weiterer Eingriffe**[3].

bb) Überwachung des Arbeitnehmers, ärztliche Untersuchungen

777 Zu den unvermeidlichen Einschränkungen der Persönlichkeitssphäre eines Arbeitnehmers gehört es, dass der Arbeitgeber bzw. die an seiner Stelle handelnden Vorgesetzten die Arbeitsabläufe sowie das Verhalten der einzelnen Arbeitnehmer kontrollieren[4]. Vor unzulässigen Eingriffen in die Persönlichkeitsrechte durch die daraus resultierenden Datensammlungen werden die Arbeitnehmer durch die **Regelungen zum Arbeitnehmerdatenschutz** gesichert (vgl. Teil 6 F).

778 Bestehen begründete Zweifel daran, dass der Arbeitnehmer den Anforderungen seines Arbeitsplatzes aus gesundheitlichen Gründen gerecht werden kann, so muss er eine diesbezügliche **ärztliche Untersuchung** dulden bzw. durchführen lassen (jedoch keine genetischen Analysen). Ausgeschlossen sind allerdings Untersuchungen, die mit erheblichen Eingriffen in die körperliche Integrität und ernst zu nehmenden Risiken bzw. Gesundheitsnachteilen verbunden sind. Der Arbeitnehmer ist verpflichtet, sich einem **Alkohol- oder Drogentest** (Drogenscreening) zu unterziehen, wenn der auf Tatsachen begründete Verdacht besteht, er sei wegen Alkohol- oder Drogeneinflusses nicht in der Lage, die arbeitsvertraglich geschuldete Leistung zu erbringen bzw. für den Arbeitsplatz ungeeignet. Ohne besonderen Anlass im Verhalten oder in der Person des einzelnen Arbeitnehmers ist die generelle Anordnung des Arbeitgebers, dass sich alle Arbeitnehmer, die unter Waffen als Wachleute beschäftigt werden, einer gesundheitlichen Untersuchung auf Drogen- und Alkoholabhängigkeit unter Entnahme von Blut unterziehen müssen, zumindest unbillig iSd. § 315 Abs. 1 BGB[5].

779 Auf die Mitteilung des Untersuchungsergebnisses des **Betriebsarztes** hat der Arbeitgeber grundsätzlich keinen Anspruch. Auch der Betriebsarzt unterliegt der ärztlichen

---

1 Vgl. HWK/*Thüsing*, § 611 BGB Rz. 254.
2 MünchArbR/*Reichold*, § 86 Rz. 4 ff.
3 BAG 15.7.1987 – 5 AZR 215/86, NZA 1988, 53.
4 BAG 26.3.1991 – 1 ABR 26/90, NZA 1991, 729.
5 BAG 12.8.1999 – 2 AZR 55/99, DB 1999, 2369.

III. Verpflichtungen des Arbeitgebers

Schweigepflicht (§ 8 Abs. 1 Satz 3 ASiG). S. dazu auch hinsichtlich der Einstellungsuntersuchung Teil 1 C Rz. 132 ff. sowie im Rahmen des Arbeitssicherheitsgesetzes Teil 6 B.

cc) Personalakten

Grundsätzlich ist kein Arbeitgeber verpflichtet, Personalakten zu führen[1]. Eine derartige Pflicht ergibt sich auch nicht aus § 83 BetrVG[2]. Werden aber Urkunden, Schriftstücke und sonstige Vorgänge, die sich auf die Begründung und den Verlauf des Arbeitsverhältnisses sowie auf Fähigkeiten und Leistungen des Arbeitnehmers beziehen, vom Arbeitgeber aufbewahrt, so liegt nach dem sog. **materiellen Personalaktenbegriff** eine Personalakte vor. Es kommt also nicht auf die Bezeichnung der Sammlung als Personalakte an[3]. Unter **formellen Personalakten** sind diejenigen Schriftstücke und Unterlagen zu verstehen, die der Arbeitgeber als Personalakten führt oder diesen als Bei-, Neben- oder Sonderakten zuordnet. Davon zu unterscheiden sind **nicht einsichtspflichtige Handakten**. Diese sind nur unselbständige Hilfsinstrumente zur Mitarbeiterführung, solange sie keine eigenständigen offiziellen Dokumente enthalten, sondern nur Aufzeichnungen mit persönlichem Charakter, die in erster Linie der Gedächtnisstütze dienen.

780

Werden Personalakten für Arbeitnehmer geführt, so dürfen diese nur Angaben enthalten, die einen **Bezug zum Arbeitsverhältnis** haben. Auch wenn nur im Beamtenrecht und im öffentlichen Dienst das Prinzip der **Vollständigkeit der Personalakte** herrscht, muss dies grundsätzlich auch für die Privatwirtschaft gelten, obwohl hier der Arbeitgeber nicht zur Führung von Personalakten verpflichtet ist[4].

781

Im **öffentlichen, aber auch im kirchlichen Dienst** gelten – kollektive – Regelungen, die vorsehen, dass Arbeitnehmer vor der Aufnahme von Beschwerden und Behauptungen tatsächlicher Art anzuhören sind, die für sie ungünstig sind oder für sie nachteilig werden können (§ 6 Abs. 3 AVR-Caritasverband, § 4 Abs. 2 AVR-Diakonisches Werk). Eine ohne **vorherige Anhörung** zur Personalakte genommene Abmahnung kann danach formell rechtswidrig und daher zu entfernen sein[5]. Eine wegen Nichthörung des Arbeitnehmers formell unwirksame Abmahnung kann allerdings dennoch die regelmäßig vor einer verhaltensbedingten Kündigung erforderliche Warnfunktion erfüllen[6]. Eine Gegendarstellung des Arbeitnehmers ist zur Personalakte zu nehmen. Dies gilt auf Verlangen des Arbeitnehmers auch für die Privatwirtschaft (§ 83 Abs. 2 BetrVG).

782

⊃ **Hinweis:** Reagiert ein Arbeitnehmer auf einen schriftlichen Vorwurf oder eine Abmahnung des Arbeitgebers nur mit einer Gegendarstellung, empfiehlt es sich, sich vom Arbeitgeber schriftlich bestätigen zu lassen, dass diese Gegendarstellung ebenfalls zur Personalakte genommen und dort ebenso wie der Vorwurf des Arbeitgebers/die Abmahnung aufbewahrt wird.

783

Enthält die Personalakte objektiv unrichtige **Angaben oder Unterlagen mit objektiv falschem Inhalt**, so hat der Arbeitnehmer einen Anspruch auf Berichtigung, nicht nur auf eine Gegendarstellung. Der Arbeitgeber hat diese Angaben und die sie betref-

784

---

1 HWK/*Schrader*, § 83 BetrVG Rz. 4.
2 BAG 7.5.1980 – 4 AZR 214/78, AuR 1981, 124 (126).
3 Richardi/*Thüsing*, § 83 BetrVG Rz. 6.
4 BAG 7.5.1980 – 4 AZR 214/78, AuR 1981, 124 (126). Vgl. allerdings BAG 16.10.2007 – 9 AZR 110/07, NZA 2008, 367 (keine Pflicht zur Paginierung).
5 Vgl. BAG 16.11.1989 – 6 AZR 64/88, AP Nr. 2 zu § 13 BAT; nach Auffassung des ArbG Frankfurt (Oder) 7.4.1999 – 6 Ca 61/99, DB 2000, 146 gilt dies auch ohne dahingehende tarifliche Verpflichtung.
6 BAG 21.5.1992 – 2 AZR 551/91, NZA 1992, 1028.

fenden Unterlagen aus den Personalakten zu entfernen (§§ 1004, 242 BGB)[1]. Dies wird besonders bei **Abmahnungen** durch den Arbeitgeber bedeutsam, da diese in aller Regel Voraussetzung für eine verhaltensbedingte Kündigung sind[2]. Sie sind schon dann aus der Personalakte zu entfernen, wenn nur einer von mehreren darin enthaltener Vorwürfe unzutreffend ist[3]. Ein Entfernungsanspruch besteht auch dann, wenn die in einer Abmahnung enthaltenen Vorwürfe teilweise **pauschal oder undifferenziert** sind, so dass der Arbeitnehmer nicht in die Lage versetzt wird zu erkennen, durch welches Verhalten er den Arbeitsvertrag verletzt haben soll[4]. Der Entfernungsanspruch erlischt grundsätzlich mit der Beendigung des Arbeitsverhältnisses, es sei denn, dass die Abmahnung dem Arbeitnehmer auch noch nach Beendigung des Arbeitsverhältnisses schaden kann[5]. Auch wenn die Abmahnung bereits wegen Zeitablaufs oder Fehlerhaftigkeit aus der Personalakte entfernt ist, kann der Arbeitnehmer bei einer fortdauernden Beeinträchtigung zusätzlich einen Anspruch auf Widerruf der in der Abmahnung abgegebenen Erklärung haben[6].

785 Nicht nur aufgrund der Regelung in § 83 BetrVG und tariflichen Regelungen wie zB § 3 Abs. 5 TVöD-AT, sondern auch aufgrund des allgemeinen Persönlichkeitsrechts ist dem Arbeitnehmer auf sein Verlangen **Einsicht in seine Personalakte** zu gewähren. Diese Einsichtnahme darf auch während der Arbeitszeit erfolgen[7]. Dem Arbeitnehmer ist es gestattet, sich Notizen zu machen und ggf. eine Fotokopie zu fertigen. Zur Einsichtnahme kann er ein Betriebsratsmitglied oder, wenn er schwerbehindert ist, die Schwerbehindertenvertretung hinzuziehen (§ 83 BetrVG, § 95 Abs. 3 SGB IX).

786 Eine gesetzliche **Verwahrungsfrist** besteht für allgemeine Personalunterlagen nicht. Grundsätzlich sind sie so lange aufzubewahren, wie noch mit Ansprüchen des Arbeitnehmers zu rechnen ist. Vernichtet werden können sie daher nach Ablauf der jeweils maßgeblichen Ausschlussfristen, spätestens nach Ablauf der Verjährungsfristen. Besondere gesetzliche Aufbewahrungsfristen gelten für Quittungsbelege über gezahlten Arbeitslohn (gem. § 257 Abs. 4 HGB: zehn Jahre) und die übrigen für die Besteuerung maßgeblichen Lohnberechnungsunterlagen (§ 147 AO: sechs Jahre) und Lohnkonten (§ 41 Abs. 1 Satz 9 EStG: bis zum Ende des sechsten Jahres, das auf die eingetragene Lohnzahlung folgt).

dd) Behandlung durch Vorgesetzte und Arbeitskollegen

787 Die Arbeitsleistung kann nicht isoliert in der ordnungsgemäßen Erfüllung der an den jeweiligen Arbeitsplatz gestellten Arbeitsanforderungen gesehen werden. Regelmäßig ist das Arbeitsergebnis nur in **Zusammenarbeit mit anderen Arbeitnehmern** zu erreichen oder durch Ergänzung verschiedener Arbeitsvorgänge. Darüber hinaus werden die Arbeitsanforderungen durch **Anweisungen der Vorgesetzten** konkretisiert oder auch geändert. Arbeitnehmer müssen sich daher in aller Regel in einen Betrieb einordnen, so dass sich Abhängigkeiten im Zusammenwirken mit Kollegen sowie von Vorstellungen und Weisungen der Vorgesetzten ergeben. Von der Eingliederung sind aber nicht nur die Arbeitsabläufe und die Erledigung der einzelnen Aufgaben betroffen.

---

1 BAG 18.11.2008 – 9 AZR 865/07, NZA 2009, 206; *Kammerer*, BB 1991, 1926. Jedoch kein Anspruch auf Vernichtung: LAG Köln 25.6.1997 – 7 Sa 1545/96, nv.
2 Die Berechtigung einer Abmahnung ist allerdings im Kündigungsschutzprozess auch dann vollumfänglich zu überprüfen, wenn der Arbeitnehmer sich gegen ihre Aufnahme in die Personalakte zunächst nicht gewehrt hat, BAG 13.3.1987 – 7 AZR 601/85, BB 1987, 1741.
3 Vgl. nur LAG Hamm 9.11.2007 – 10 Sa 989/07, nv.
4 LAG Hamm 12.7.2007 – 17 Sa 64/07, nv.; LAG BW 17.10.1990 – 12 Sa 98/89, LAGE § 611 BGB Abmahnung Nr. 25; LAG Düsseldorf 27.2.1991 – 11 Sa 82/91, LAGE § 611 BGB Abmahnung Nr. 29.
5 BAG 14.9.1994 – 5 AZR 632/93, DB 1995, 732; LAG München 23.5.2007 – 7 Sa 146/05, nv.
6 BAG 15.4.1999 – 7 AZR 716/97, DB 1999, 1810.
7 ErfK/*Kania*, § 83 BetrVG Rz. 4.

III. Verpflichtungen des Arbeitgebers

Auswirkungen hat diese Einordnung auch auf die Anerkennung der Persönlichkeit und der Arbeitsleistung des Arbeitnehmers durch die Kollegen und Vorgesetzten.

Während sich unterschiedliche Auffassungen zu Arbeitsleistungen und Arbeitsergebnissen weitgehend versachlichen lassen, stellt sich die Lösung persönlicher Differenzen zwischen Arbeitskollegen oder auch Arbeitnehmern und ihren Vorgesetzten weitaus schwieriger dar. Diese Differenzen können zB auf unterschiedlichen Weltanschauungen, auf der Forderung nach einem Rauchverbot, aber auch auf unterschiedlichen Auffassungen über die Frisur, die korrekte Kleidung oder anderen Äußerlichkeiten beruhen.

Wichtige Verhaltenspflichten des Arbeitgebers in Hinblick auf den Schutz der Arbeitnehmer vor Benachteiligungen aus Gründen der Rasse oder der ethnischen Herkunft, des Geschlechts, der Religion oder Weltanschauung, einer Behinderung, des Alters oder der sexuellen Identität folgen aus den **§§ 6–18 AGG**. Diese untersagen dem Arbeitgeber nicht nur selbst jegliche Diskriminierung aufgrund dieser Merkmale, sondern verpflichten ihn auch zu präventiven und reaktiven Maßnahmen, um eine Benachteiligung der Arbeitnehmer untereinander zu verhindern (vgl. Teil 1 F Rz. 151 ff.)[1].

Unabhängig davon, ob eine Benachteiligung wegen eines der Merkmale des § 1 AGG gegeben ist, besteht für den Arbeitgeber die Pflicht, die **Persönlichkeitsrechte** des einzelnen Arbeitnehmers zu wahren und gegen Eingriffe durch Vorgesetzte und Kollegen zu schützen (§ 241 Abs. 2 BGB)[2]. Zum Schutzbereich des allgemeinen Persönlichkeitsrechts gehört auch der sog. **Ehrenschutz**, der auf den Schutz gegen unwahre Behauptungen und herabsetzende, entwürdigende Äußerungen und Verhaltensweisen und die Wahrung des sozialen Geltungsanspruchs gerichtet ist. Er umfasst damit auch den Anspruch auf Unterlassung der Herabwürdigung und Missachtung durch andere[3]. Der Arbeitgeber hat nicht nur selbst die Persönlichkeitsrechte der Arbeitnehmer zu achten, sondern auch dafür Sorge zu tragen, dass Kollegen oder Vorgesetzte einzelne Arbeitnehmer nicht belästigen, in ihrem Verhalten beeinträchtigen oder beleidigen. Da sich der Arbeitgeber das Verhalten von Personalleitern oder Vorgesetzten gem. § 278 BGB zurechnen lassen muss[4], ist organisatorisch sicherzustellen, dass die Vorgesetzten die geeigneten Maßnahmen treffen, um die Persönlichkeitssphäre der einzelnen Mitarbeiter zu schützen. Eine entsprechende Verpflichtung folgt für die Betriebsparteien aus § 75 Abs. 2 BetrVG. Die Betriebsparteien haben danach die „freie Entfaltung der Persönlichkeit der im Betrieb beschäftigten Arbeitnehmer zu schützen und zu fördern".

In Fällen von „**Mobbing**" (vgl. Rz. 203) gelten die in § 12 AGG normierten Pflichten des Arbeitgebers für den Fall der Benachteiligung eines Arbeitnehmers aus den in § 1 AGG genannten Gründen analog[5]. Es ergibt sich daraus eine Konkretisierung der dem Arbeitgeber gegenüber seinen Arbeitnehmern obliegenden Nebenpflichten. Der Arbeitgeber hat zur Unterbindung eines sich als Mobbing darstellenden Verhaltens die im Einzelfall **geeigneten, erforderlichen und angemessenen Maßnahmen** wie Abmahnung, Umsetzung, Versetzung oder Kündigung zu ergreifen[6].

Ob das Persönlichkeitsrecht im Einzelfall verletzt ist, lässt sich nur aufgrund einer **umfassenden Güter- und Interessenabwägung** unter sorgsamer Würdigung aller Umstände beurteilen, da das Persönlichkeitsrecht ein sog. offenes Recht ist. Die Rechts-

---

1 Vgl. nur *Grobys*, NJW 2006, 2950.
2 MünchArbR/*Reichold*, § 86 Rz. 24.
3 BAG 16.5.2007 – 8 AZR 709/06, NZA 2007, 1154.
4 BAG 16.5.2007 – 8 AZR 709/06, NZA 2007, 1154.
5 BAG 25.10.2007 – 8 AZR 593/06, NZA 2008, 223.
6 *Rieble/Klumpp*, ZIP 2002, 369.

widrigkeit muss durch Abwägung der betroffenen Interessen im Einzelfall festgestellt werden. Dabei ist zunächst zu fragen, ob der Beeinträchtigung des Persönlichkeitsrechts ein **schutzwürdiges Interesse des Arbeitgebers** gegenübersteht und dann, ob das Persönlichkeitsrecht deutlich überwiegt. Hier gilt, dass Maßnahmen des Arbeitgebers dann durch ein grundsätzlich schutzwürdiges Interesse motiviert sind, wenn ihnen **sachliche Erwägungen** zugrunde liegen. Dies kann unter Umständen **auch bei rechtswidrigen Maßnahmen**, zB rechtswidrigen Weisungen und unwirksamen Kündigungen[1], der Fall sein. Andererseits kann bei an sich rechtmäßigen Maßnahmen die Persönlichkeitsrechtsverletzung aus den Modalitäten folgen, so zB bei Maßnahmen in der gezielten Betriebsöffentlichkeit. **Im Arbeitsleben übliche Konfliktsituationen** führen nicht zu Ansprüchen aufgrund von Mobbing. Weisungen, die sich im Rahmen des dem Arbeitgeber zustehenden Direktionsrechts bewegen und bei denen sich nicht eindeutig eine **schikanöse Tendenz** entnehmen lässt, dürften nur in seltenen Fällen eine Verletzung des Persönlichkeitsrechts darstellen[2]. Dabei können Verhaltensweisen von Arbeitgebern oder Vorgesetzten nicht in die Prüfung einbezogen werden, die lediglich eine **Reaktion auf Provokationen** durch den vermeintlich gemobbten Arbeitnehmer darstellen. Insoweit fehlt es an der von der Instanzrechtsprechung und Lehre so bezeichneten eindeutigen **Täter-Opfer-Konstellation**. Ferner kann es an der für die Verletzungshandlung erforderlichen Systematik fehlen, wenn zwischen den einzelnen Teilakten lange zeitliche Zwischenräume liegen[3].

792 Soweit angenommen wird, dass der Arbeitgeber seinen Betrieb so zu organisieren habe, dass eine Verletzung des Persönlichkeitsrechts seiner Arbeitnehmer ausgeschlossen werde, erfordert dies grundsätzlich kein Eingreifen bei Meinungsverschiedenheiten zwischen Arbeitnehmern und Vorgesetzten über Sachfragen wie Beurteilungen, den Inhalt des Weisungsrechts und die Bewertung von Arbeitsergebnissen. Dies gilt auch dann, wenn der Ton der Auseinandersetzung die Ebene der Sachlichkeit im Einzelfall verlassen sollte, jedoch die Meinungsverschiedenheit über das im Arbeitsleben sozial Übliche nicht hinausgehen. Vor dem Hintergrund, dass der Umgang von Arbeitnehmern untereinander und mit Vorgesetzten im Arbeitsalltag zwangsläufig mit Konflikten verbunden ist, können keine überspannten Anforderungen an Inhalt und Reichweite der Schutzpflicht gestellt werden[4].

793 Sofern der Arbeitgeber Mobbing-Handlungen nicht durch geeignete Maßnahmen – bis hin zur **Entlassung des Störers**[5] – verhindert oder selbst einstellt, kann der betroffene Arbeitnehmer seine Arbeitsleistung nach § 273 BGB **zurückhalten**[6] bzw. **Unterlassungs- und Leistungsansprüche** geltend machen. Zudem kommen **Entschädigungs-, Schadensersatz- und Schmerzensgeldansprüche** aus § 1004 BGB analog sowie § 280 BGB und §§ 823 Abs. 1, 831 BGB, ggf. auch aus §§ 823 Abs. 2, 826 BGB in Betracht[7]. Sowohl bei Gesundheits- als auch bei Persönlichkeitsrechtsverletzungen kann ein Schmerzensgeld bzw. eine finanzielle Entschädigung verlangt werden. Bei einer Verletzung der Gesundheit ergibt sich das unmittelbar aus § 253 Abs. 2 BGB. Hinsichtlich schuldhafter **Verletzungen des Persönlichkeitsrechts** war schon vor der im Wesentlichen zum 1.8.2002 in Kraft getretenen Reform des Schadensrechts allgemein anerkannt, dass die Zahlung einer **Entschädigung in Geld** beansprucht werden kann[8].

---

1 BAG 24.8.2008 – 8 AZR 347/07, NZA 2009, 38.
2 BAG 16.5.2007 – 8 AZR 709/06, NZA 2007, 1154.
3 BAG 16.5.2007 – 8 AZR 709/06, NZA 2007, 1154; LAG Düsseldorf 26.3.2013 – 17 Sa 602/12, EzTöD 100 § 3 TVöD-AT Schadensersatzpflicht Arbeitgeber Nr. 29; *Benecke*, NZA-RR 2003, 225.
4 BAG 16.5.2007 – 8 AZR 709/06, NZA 2007, 1154.
5 BAG 25.10.2007 – 8 AZR 593/06, NZA 2008, 223.
6 Zum Bestimmtheitserfordernis zur Feststellung des Bestehens eines Zurückbehaltungsrechts in einem „Mobbing-Fall": BAG 23.1.2007 – 9 AZR 557/06, NZA 2007, 1166.
7 BAG 16.5.2007 – 8 AZR 709/06, NZA 2007, 1154; 25.10.2007 – 8 AZR 593/06, NZA 2008, 223.
8 Vgl. nur BGH 17.3.1994 – III ZR 15/93, NJW 1994, 1950.

III. Verpflichtungen des Arbeitgebers

An dieser Rechtslage hat sich durch die Reform nichts geändert. Die Herleitung des Entschädigungsanspruchs aus einer deliktsrechtlichen Anspruchsgrundlage und dem Verfassungsrecht ist in den Gesetzesmaterialien zum Zweiten Gesetz zur Änderung schadensersatzrechtlicher Vorschriften nochmals ausdrücklich betont worden[1]. Ggf. können parallel **Ansprüche nach dem AGG** bestehen (vgl. hierzu Teil 1 F Rz. 129 ff.). Soweit dies der Fall ist, fallen deliktische Ansprüche, die auf denselben Lebenssachverhalt wie Ansprüche aus § 15 Abs. 1 AGG gestützt werden, unter die **Ausschlussfrist des § 15 Abs. 4 AGG**[2].

Es ist zu beachten, dass nach ständiger Rechtsprechung des Bundesgerichtshofs, der sich das BAG angeschlossen hat, eine Verletzung des allgemeinen Persönlichkeitsrechts einen Anspruch auf eine **Geldentschädigung** nur dann begründet, wenn es sich um einen **schwerwiegenden Eingriff** handelt und die **Beeinträchtigung nicht in anderer Weise befriedigend ausgeglichen werden kann**[3]. Ein bei einer Haftung nach § 831 BGB ggf. nur gegebenes fahrlässiges Überwachungs- oder Auswahlverschulden kann der Annahme einer schwerwiegenden Verletzung des allgemeinen Persönlichkeitsrechts entgegenstehen. Zudem kann es dem Arbeitnehmer obliegen, rechtzeitig Primärrechtsschutz zu suchen, um ein Mitverschulden auszuschließen (**kein „Dulde und liquidiere"**)[4]. 794

In einem Prozess auf Schadensersatz und Schmerzensgeld wegen Mobbing trägt der Arbeitnehmer die **Darlegungs- und Beweislast** für die sich als Mobbing darstellenden Pflichtverletzungen und ggf. den kausal hierauf beruhenden Schaden[5]. Die Möglichkeit eines Schadenseintritts musste für den Handelnden zumindest erkennbar gewesen sein[6]. 795

d) Schutz wirtschaftlicher Interessen

In Hinblick auf die wirtschaftlichen Interessen der Arbeitnehmer treffen den Arbeitgeber vielfältige Pflichten, abhängig jeweils von den Einzelfallumständen. Sie lassen sich wie folgt kategorisieren: 796

aa) Obhuts- und Sicherungspflichten

Die von § 241 Abs. 2 BGB erfassten Schutzpflichten beinhalten auch Verkehrssicherungspflichten in Hinblick auf das Eigentum der Arbeitnehmer. Die sog. Obhutspflicht verpflichtet den Arbeitgeber, geeignete Vorkehrungen zu treffen bzw. Abstell- und Aufbewahrungsmöglichkeiten zur Verfügung zu stellen, damit den Arbeitnehmern keine Schäden an den **„berechtigt" in den Betrieb eingebrachten privaten Gegenständen** entstehen. Hierzu gehören zumindest alle diejenigen Gegenstände, mit deren Mitführen im Betrieb üblicherweise gerechnet werden kann[7]. Dazu gehören **arbeitsnotwendige oder arbeitsdienliche eigene Gegenstände** des Arbeitnehmers wie Arbeitskleidung oder etwa Werkzeug, das mit Zustimmung oder Duldung des Arbeitgebers eingesetzt wird. Darüber hinaus bezieht sich die Obhutspflicht auf **persönliche, üblicherweise mitgeführte Gegenstände** der Arbeitnehmer wie zB Straßenklei- 797

---

1 BT-Drucks. 14/7752, 25.
2 BAG 21.6.2012 – 8 AZR 188/11, BAGE 142, 143. Die Europarechtskonformität von § 15 Abs. 4 AGG ist allerdings umstritten - vgl. Staudinger/*Fischinger*, § 611 BGB Rz. 150 ff. einerseits und MünchKommBGB/*Thüsing*, § 15 AGG Rz. 46 andererseits.
3 BGH 5.10.2004 – VI ZR 255/03, NJW 2005, 215; BAG 16.5.2007 – 8 AZR 709/06, NZA 2007, 1154.
4 Vgl. OVG NRW 12.12.2013 – 1 A 71/11, IÖD 2014, 88.
5 BAG 16.5.2007 – 8 AZR 709/06, NZA 2007, 1154; 24.4.2008 – 8 AZR 347/07, NZA 2009, 38.
6 LAG Berlin 15.7.2004 – 16 Sa 2280/03, NZA-RR 2005, 13.
7 Vgl. § 65 Abs. 3 ArbVG-E *Henssler/Preis* (Stand: Oktober 2007).

dung, Mobiltelefon, Uhr, Brieftasche mit Ausweisen sowie Fahrrad und Pkw. Nicht arbeitsnotwendige und nicht üblicherweise zum Arbeitsplatz mitzubringende Sachen, wie zB größere Geldbeträge, wertvoller Schmuck oder ein Fotoapparat, unterliegen dagegen nicht der Obhutspflicht des Arbeitgebers.

798 Welche Maßnahmen im Einzelfall vom Arbeitgeber erwartet werden können, richtet sich nach **Zumutbarkeitsgesichtspunkten**[1]. Das kann die Bereitstellung von **Abstellmöglichkeiten, Kleiderablagen, verschließbaren Spinden oder Fächern** bedeuten. Es besteht keine generelle Pflicht des Arbeitgebers, den Arbeitnehmern **Parkplätze auf dem Firmengelände** zur Verfügung zu stellen. Etwas anderes mag aufgrund besonderer Umstände gelten, etwa wenn die Tätigkeit des Arbeitnehmers eine Fahrzeugbenutzung erfordert und keine anderweitigen Abstellmöglichkeiten bestehen, sie der Arbeitgeber dagegen ohne unverhältnismäßigen Aufwand bereit stellen kann. Über die Frage der Unentgeltlichkeit ist gesondert zu entscheiden. Stellt ein Arbeitgeber für die Mitarbeiter Parkplätze zur Verfügung, so trifft ihn insoweit auch die Pflicht, die durch die Benutzung des Parkplatzes drohenden Gefahren für die abgestellten Fahrzeuge auf ein zumutbares Mindestmaß zurückzuführen. Über die **allgemeinen Verkehrssicherungspflichten** (bspw. Streupflicht[2]) hinaus muss der Arbeitgeber den Arbeitnehmer dabei grundsätzlich nicht auch noch gegen sonst im Straßenverkehr übliche Gefahren sichern (allg. Lebensrisiko). Allerdings können besondere Umstände gesteigerte **Sicherungspflichten** auslösen, etwa wenn nach der konkreten Umgebung eine gesteigerte Gefährdung vorliegt[3] oder Schädigungen voraussehbar und durch zumutbare Maßnahmen zu vermeiden sind[4].

799 Bei Verletzung seiner Obhuts- bzw. Sicherungspflichten **haftet der Arbeitgeber vertraglich nach § 280 BGB bzw. deliktisch nach §§ 823, 831 BGB** oder ggf. nach § 7 StVG. Neben eigenem Organisationsverschulden kommt auch eine Erfüllungsgehilfenhaftung (§ 278 BGB) etwa für Aufsichts- und Sicherheitspersonal in Betracht. Zur Möglichkeit von **formularvertraglichen Haftungsausschlüssen** vgl. Teil 1 D Rz. 61 ff. Bei freiwilliger Bereitstellung etwa von Verwahrungseinrichtungen oder Parkplätzen kommen Haftungsbeschränkungen durch Betriebsvereinbarung in Betracht[5].

bb) Informationspflichten

800 Der Arbeitgeber ist nach Treu und Glauben (§ 242 BGB) verpflichtet, sich und den Arbeitnehmer über wesentliche Umstände des Arbeitsverhältnisses und seiner Abwicklung (auch gegenüber Dritten) sowie über die im Zusammenhang mit der Beendigung des Arbeitsverhältnisses[6] wesentlichen Umstände zu informieren[7]. Dabei muss er nicht auf sämtliche für den Zweck des Arbeitsverhältnisses bedeutsamen Umstände, sondern nur auf **besondere atypische Risiken für den Arbeitnehmer** hinweisen, da er im Allgemeinen nicht ohne das Vorliegen besonderer Umstände von einem Informationsbedürfnis des Arbeitnehmers ausgehen muss. Zudem darf die **Aufklärungs- und Informationsverpflichtung** keine übermäßige Belastung des Arbeitgebers begründen. Je größer das für ihn erkennbare Informationsbedürfnis des Arbeitnehmers und je leichter dem Arbeitgeber die entsprechende Information möglich ist, desto eher ist

---

1 BAG 1.7.1965 – 5 AZR 264/64, DB 1965, 1485; 25.5.2000 – 8 AZR 518/99, NZA 2000, 1052.
2 LAG Hess. 21.7.2000 – 2 Sa 1032/99, nv.
3 Vgl. zu Industrieimmissionen *Neuhaus*, NZA 1991, 372.
4 BAG 25.5.2000 – 8 AZR 518/99, NZA 2000, 1052; LAG Hess. 11.4.2003 – 12 Sa 243/02, NZA-RR 2004, 69. Vgl. auch LAG Nürnberg 16.2.2000 – 3 Sa 827/99, RuS 2000, 333 zur Frage der Zumutbarkeit der Inanspruchnahme einer Rechtsschutzversicherung des Arbeitgebers durch den Arbeitnehmer.
5 Vgl. MünchArbR/*Reichold*, § 85 Rz. 22.
6 Vgl. BAG 12.12.2002 – 8 AZR 497/01, ZTR 2003, 243.
7 Vgl. BAG 14.1.2009 – 3 AZR 71/07, AP Nr. 7 zu § 1 BetrAVG – Auskunft.

III. Verpflichtungen des Arbeitgebers

eine entsprechende Auskunfts- und Informationspflicht anzunehmen[1]. Auch bestehen weiter gehende Informationspflichten, wenn eine für den Arbeitnehmer möglicherweise nachteilige Vereinbarung auf Initiative des Arbeitgebers zustande kommt[2]. Erteilt der Arbeitgeber dem Arbeitnehmer Auskünfte, so müssen sie **richtig und vollständig** sein[3].

Eine gesetzliche Regelung hat die Informationspflicht hinsichtlich der wesentlichen Vertragsbedingungen durch das **Nachweisgesetz** erfahren (vgl. auch Teil 1 C Rz. 232 ff.). Danach ist der Arbeitgeber verpflichtet, dem Arbeitnehmer bis spätestens einen Monat nach dem vereinbarten Beginn des Arbeitsverhältnisses eine schriftliche, vom Arbeitgeber unterzeichnete Niederschrift über die **wesentlichen Vertragsbedingungen** (wie zB den Arbeitsplatz, die Arbeitszeit, die Höhe des Arbeitsentgelts, die Dauer des Erholungsurlaubs, die auf das Arbeitsverhältnis anwendbaren Tarifverträge[4] etc.) auszuhändigen, sofern der Arbeitnehmer nicht schon über einen schriftlichen Arbeitsvertrag verfügt[5]. Bei Arbeitnehmern, die eine geringfügige Beschäftigung iSd. § 8 Abs. 1 Nr. 1 SGB IV ausüben, ist zusätzlich in die Niederschrift der Hinweis aufzunehmen, dass der Arbeitnehmer die Stellung eines versicherungspflichtigen Arbeitnehmers in der gesetzlichen Rentenversicherung erwerben kann, wenn er nach § 6 Abs. 1b SGB VI/§ 5 Abs. 2 Satz 2 SGB VI aF auf die Versicherungsfreiheit durch Erklärung gegenüber dem Arbeitgeber verzichtet. Ausgenommen vom Anwendungsbereich des Nachweisgesetzes sind Arbeitnehmer, die nur zur vorübergehenden Aushilfe von höchstens einem Monat eingestellt werden. 801

Auch über die Verpflichtungen nach dem NachwG hinaus ist gegebenenfalls über die Sozialversicherung[6] und – sofern vorhanden – Möglichkeiten betrieblicher Altersversorgung[7] zu belehren. In diesem Zusammenhang ist auf Mittel und Wege zur Ausschöpfung dieser Zusatzversorgungsmöglichkeiten sowie die einzuhaltenden Fristen hinzuweisen[8]. Unter bestimmten Voraussetzungen hat der Arbeitgeber den Arbeitnehmer auch darauf aufmerksam zu machen, dass für die Wahrung der Rechte eine Klage notwendig oder zur Einhaltung der Ausschlussfristen eine schriftliche Geltendmachung vorgesehen ist[9]. 802

Aus den Grundsätzen von Treu und Glauben werden als weitere Nebenpflichten des Arbeitgebers zudem **Auskunftspflichten** hergeleitet, wenn der Arbeitnehmer in entschuldbarer Weise über Bestehen und Umfang seiner Rechte im Ungewissen ist und der Arbeitgeber die zur Beseitigung der Ungewissheit erforderliche Auskunft unschwer geben kann. Solche Auskunftsansprüche bestehen bspw., wenn der Arbeitnehmer die zur **Berechnung von variablen Entgeltbestandteilen** maßgeblichen, vom Arbeitgeber erhobenen Kennzahlen oder die für die **Durchsetzung etwaig aus Gleichbehandlungsgründen bestehender Ansprüche** notwendigen Informationen über die Vergütung anderer Arbeitnehmer nicht kennt[10]. 803

---

1 BAG 22.1.2009 – 8 AZR 161/08, NZA 2009, 608.
2 BAG 14.1.2009 – 3 AZR 71/07, AP Nr. 7 zu § 1 BetrAVG – Auskunft.
3 BAG 12.12.2002 – 8 AZR 497/01, ZTR 2003, 243.
4 Zu den Folgen eines unterbliebenen schriftlichen Hinweises auf die anwendbaren Tarifverträge s. ArbG Frankfurt 25.8.1999 – 2 Ca 477/99, NZA-RR 1999, 648.
5 S. dazu im Einzelnen *Stückemann*, BB 1995, 1846; *Schiefer*, DB 1995, 1910; *Birk*, NZA 1996, 281.
6 LAG Hamm 15.11.1976 – 9 Sa 819/76, DB 1977, 1951; nicht aber über den Umfang des Krankenversicherungsschutzes im Ausland: LAG Hess. 4.9.1995 – 16 Sa 215/95, NZA 1996, 482.
7 BAG 18.12.1984 – 3 AZR 168/82, NZA 1985, 459; 15.10.1985 – 3 AZR 612/83, NZA 1986, 360; 17.12.1991 – 3 AZR 44/91, NZA 1992, 973.
8 BAG 17.12.1991 – 3 AZR 44/91, NZA 1992, 973; zur Aufklärungspflicht einer Urlaubskasse über einzuhaltende Verfahren und Fristen: BAG 20.8.1996 – 9 AZR 222/95, NZA 1997, 211; LAG Hamm 13.7.1999 – 6 Sa 2407/98, BB 1999, 2615.
9 BAG 24.5.1974 – 3 AZR 422/73, AP Nr. 6 zu § 242 BGB – Ruhegehalt – VBL; 14.6.1994 – 9 AZR 284/93, NZA 1995, 229.
10 BAG 1.12.2004 – 5 AZR 664/03, NZA 2005, 289.

804 Im Zusammenhang mit der **Besteuerung des Arbeitsentgelts** muss der Arbeitgeber im Rahmen des Zumutbaren den Arbeitnehmer durch entsprechende Informationen und Hinweise vor Steuerschäden schützen[1]. Er ist aber bspw. bei einem auf einen Auslandseinsatz gerichteten Arbeitsvertrag nicht grundsätzlich verpflichtet, von sich aus darauf hinweisen, dass ab einer bestimmten Aufenthaltsdauer in einem ausländischen Staat dort eine Verpflichtung zur Abführung von Lohnsteuer entstehen kann[2]. Er muss auch nicht generell einen ausländischen Arbeitnehmer auf die Notwendigkeit der Erteilung und rechtzeitigen Verlängerung der nach § 284 SGB III erforderlichen **Arbeitserlaubnis** hinweisen[3]. Kommt es zu einer Pfändung des Arbeitseinkommens, braucht der Arbeitgeber den Arbeitnehmer nicht über die Möglichkeit eines Vollstreckungsschutzantrags nach § 850i ZPO zu belehren[4]. Sofern der Arbeitgeber mit einer Auskunft bewusst und gewollt eine Entscheidung des Arbeitnehmers beeinflussen will, die dessen Vermögensinteressen berührt, ist er verpflichtet, eine **richtige Auskunft** zu erteilen[5].

805 Gem. § 7 Abs. 2 TzBfG hat der Arbeitgeber Arbeitnehmer, die die **Dauer und Lage der Arbeitszeit** verändern wollen, über entsprechende Arbeitsplätze zu informieren, die im Betrieb oder Unternehmen besetzt werden sollen. Befristet Beschäftigte sind gem. § 18 TzBfG über zu besetzende **unbefristete Arbeitsplätze** zu informieren. Aus Art. 33 Abs. 2 iVm. Art. 19 Abs. 4 GG folgt eine Verpflichtung des **öffentlichen Arbeitgebers**, bei einer **Stellenbesetzung** mit mehreren Bewerbern den unterlegenen Bewerbern rechtzeitig vor der Ernennung des erfolgreichen Konkurrenten durch eine Mitteilung Kenntnis vom Ausgang des Auswahlverfahrens zu geben[6]. Zur Unterrichtungspflicht nach § 613a Abs. 5 BGB vgl. Teil 2 G Rz. 371 ff.

806 Weiterhin ergeben sich gesetzliche **Hinweispflichten aus § 81 BetrVG**. Danach hat der Arbeitgeber den Arbeitnehmer über dessen Aufgabe und Verantwortung sowie über die Art seiner Tätigkeit und ihrer Einordnung in den Arbeitsablauf des Betriebs zu unterrichten. Vor Beginn der Beschäftigung ist der Arbeitnehmer über die ihn betreffenden Unfall- und Gesundheitsgefahren sowie über die Maßnahmen zur Gefahrenabwehr zu belehren. Schließlich muss der Arbeitgeber den Arbeitnehmer gem. § 81 Abs. 2 BetrVG über Veränderungen in seinem Arbeitsbereich rechtzeitig unterrichten, ihm insbesondere eine Veränderung der technischen Produktionsabläufe und eine geplante Versetzung mitteilen.

807 Weitere **Aushang- und Bekanntmachungspflichten** ergeben sich aus zahlreichen gesetzlichen Bestimmungen. Besondere Bedeutung haben hierbei das Allgemeine Gleichbehandlungsgesetz, Arbeitszeitregelungen, die Bekanntgabe von Tarifverträgen, der Unfall- und Gefahrenschutz sowie die Schutzbestimmungen für besondere Arbeitnehmergruppen wie Jugendliche, Mütter oder Schwerbehinderte[7].

808 Bei **Auflösung des Arbeitsverhältnisses** durch einen Aufhebungsvertrag kann der Arbeitgeber verpflichtet sein, den Arbeitnehmer auf die sozialversicherungsrechtlichen Folgen eines solchen Vertrags hinzuweisen, wenn dem Arbeitgeber bewusst ist, dass sich der Arbeitnehmer über diese Folgen nicht im Klaren ist[8]. S. hierzu sowie zu den

---

1 Vgl. etwa LAG Düsseldorf 14.10.2002 – 10 Sa 869/02, nv.
2 BAG 22.1.2009 – 8 AZR 161/08, NZA 2009, 608. Allgemein zum Pflichtenprogramm des Arbeitgebers bei Auslandseinsätzen der Arbeitnehmer: *Edenfeld*, NZA 2009, 938.
3 BAG 26.6.1996 – 5 AZR 872/94, NZA 1996, 1087.
4 BAG 13.11.1991 – 4 AZR 20/91, NZA 1992, 384.
5 BAG 21.11.2000 – 3 AZR 13/00, DB 2002, 227.
6 BAG 24.3.2009 – 9 AZR 277/08, NZA 2009, 901.
7 *Pulte*, BB 2000, 197 und 250 mit einer Übersicht.
8 Vgl. BAG 12.12.2002 – 8 AZR 497/01, NZA 2003, 687; 29.9.2005 – 8 AZR 571/04, NZA 2005, 1406.

III. Verpflichtungen des Arbeitgebers

weiteren Belehrungspflichten bei der Vertragsaufhebung und den Rechtsfolgen insbesondere im Hinblick auf den Bezug von Arbeitslosengeld Teil 3 C Rz. 49 ff.

cc) Mitwirkungspflichten

Neben den Sicherungs- und Informationspflichten des Arbeitgebers bestehen vielfältige weitere, sog. Mitwirkungspflichten in Hinblick auf die wirtschaftlichen Interessen des Arbeitnehmers. So ist der Arbeitgeber korrespondierend zu seinen gegenüber dem Fiskus bestehenden öffentlich-rechtlichen Pflichten (§ 41b EStG) gegenüber dem Arbeitnehmer auch privatrechtlich verpflichtet, eine ordnungsgemäße **Lohnsteuerbescheinigung** zu erstellen[1]. Die auf das Arbeitsentgelt anfallende Lohnsteuer hat er richtig zu berechnen und abzuführen[2]. Ebenso trifft den Arbeitgeber die bürgerlich-rechtliche Nebenpflicht, die Arbeitnehmeranteile zur **Sozialversicherung** des Arbeitnehmers richtig zu berechnen und abzuführen[3]. Bei der **Erlangung sozialrechtlicher Leistungen** hat der Arbeitgeber dem Arbeitnehmer Hilfestellung zu leisten, gegebenenfalls durch Ausfüllen und Herausgabe dazu benötigter Bescheinigungen[4]. Gem. § 312 SGB III ist bei Beendigung des Arbeitsverhältnisses eine **Arbeitsbescheinigung** auszufüllen. Zu beachten ist, dass **für Korrekturen** (anders bei Erteilung) sowohl **der Lohnsteuerbescheinigung** als auch **der Arbeitsbescheinigung** der **Rechtsweg zu den Arbeitsgerichten nicht gegeben** ist[5]. 809

Aus dem Gesichtspunkt der Fürsorgepflicht hat der Arbeitgeber daran mitzuwirken, dass der Arbeitnehmer seinen **Arbeitsplatz erhält, eine berufliche Qualifizierung erfährt**, aber auch bei Beendigung des Arbeitsverhältnisses durch Gewährung von Freizeit die Möglichkeit hat, sich um einen neuen Arbeitsplatz zu bemühen. Zwar besteht grundsätzlich weder eine Pflicht des Arbeitgebers dazu, auf eine **Beförderung** des Arbeitnehmers hinzuwirken[6], noch eine **Aus- oder Fortbildung** zu gewähren[7]. Wenn es aber das Berufsbild voraussetzt und auch arbeitsvertraglich die Möglichkeit eingeräumt ist, kann ein solcher Anspruch bestehen, wie zB bei einem Arzt die Weiterbildung zum Facharzt[8]. Aufgrund seiner Fürsorgepflicht kann der Arbeitgeber auch gehalten sein, bei der Erlangung des sog. Freigängerstatus' mitzuwirken, sofern nicht trotz der Bewilligung des sog. Freigangs weitere Störungen des Arbeitsverhältnisses zu befürchten sind[9]. 810

e) Rechtsschutz

Zur Einhaltung der dem Arbeitgeber obliegenden Nebenpflichten kann der Arbeitnehmer den Arbeitgeber zunächst über sein **betriebsverfassungsrechtliches Beschwerderecht** und entsprechende Einwirkung durch den Betriebsrat (§§ 84 f. BetrVG) bringen. Ansonsten steht ihm eine auf **Erfüllung bzw. Leistung** oder **Unterlassung** (analog 811

---

1 Vgl. noch zum Ausfüllen der Lohnsteuerkarte: BAG 20.2.1997 – 8 AZR 121/95, NZA 1997, 880.
2 BAG 16.6.2004 – 5 AZR 521/03, DB 2004, 2272.
3 MünchArbR/*Reichold*, § 85 Rz. 44. Vgl. § 28a SGB IV zu den Meldepflichten des Arbeitgebers gegenüber der Einzugsstelle sowie § 25 DEÜV bzgl. der Unterrichtung des Arbeitnehmers hierüber.
4 BAG 30.8.2000 – 5 AZB 12/00, NZA 2000, 1359; 24.9.2009 – 8 AZR 444/08, NZA 2010, 337.
5 BAG 11.6.2003 – 5 AZB 1/03, NZA 2003, 877 (Lohnsteuerbescheinigung); 15.1.1992 – 5 AZR 15/91, NZA 1992, 996 (Arbeitsbescheinigung).
6 Zu den Voraussetzungen einer sog. Beförderungsklage eines Dienstordnungs-Angestellten s. BAG 22.6.1999 – 9 AZR 541/98, NZA 2000, 606.
7 BAG 28.3.1973 – 4 AZR 271/72, AP Nr. 2 zu § 319 BGB; 20.6.1984 – 4 AZR 276/82, AP Nr. 58 zu § 611 BGB – Dienstordnungs-Angestellte.
8 BAG 22.2.1990 – 8 AZR 584/88, AP Nr. 23 zu § 611 BGB – Arzt-Krankenhaus-Vertrag.
9 BAG 9.3.1995 – 2 AZR 497/94, NZA 1995, 777.

§§ 12, 862, 1004 BGB) gerichtete Klage offen[1]. Ebenso kann er mit der Geltendmachung eines **Zurückbehaltungsrechts** (§ 273 Abs. 1 BGB) reagieren[2]. Bei einer unmittelbar erheblichen Gefahrenlage und dadurch drohendem schwerem Schaden eröffnet § 9 Abs. 3 ArbSchG ein **arbeitsschutzrechtliches Entfernungsrecht**[3]. Schließlich entstehen bei Nebenpflichtverletzungen des Arbeitgebers **vertragliche und ggf. deliktische Schadensersatzansprüche** (vgl. Rz. 821 ff.)[4]. In beiden Fällen kann bei Verletzung eines der in § 253 Abs. 2 BGB genannten Rechtsgüter Anspruch auf **Schmerzensgeld** bestehen. Bei Arbeitsunfällen ist die Haftung des Arbeitgebers nach § 8 iVm. § 104 SGB VII durch die gesetzliche Unfallversicherung umfassend ausgeschlossen (vgl. insg. Rz. 827 ff.). Schließlich können bei **Benachteiligungen iSd. AGG** Entschädigungs- bzw. Schadensersatzansprüche nach § 15 AGG bestehen.

812–820 Einstweilen frei.

5. Haftung des Arbeitgebers und Aufwendungsersatz/Spesen

a) Haftung für Personenschäden

aa) Allgemeine Haftung

821 Beruht eine **Gesundheitsschädigung** des Arbeitnehmers **nicht auf einem Versicherungsfall iSd. §§ 7 ff. SGB VII**, wozu Arbeitsunfälle und Berufskrankheiten zählen, so haftet der Arbeitgeber dem Arbeitnehmer nach den allgemeinen Grundsätzen. Dies gilt auch dann, wenn der Arbeitgeber den Arbeitsunfall vorsätzlich herbeigeführt hat oder der Arbeitsunfall im allgemeinen Verkehr eingetreten ist (zu formularmäßigen Haftungsausschlüssen vgl. Teil 1 D Rz. 61 ff.).

822 Für eine schuldhafte Körper- oder Gesundheitsverletzung des Arbeitnehmers kann sich also die Haftung des Arbeitgebers zunächst aus **unerlaubter Handlung** (§§ 823 ff. BGB) oder auch aus der **Gefährdungshaftung** des § 7 StVG ergeben. In der Verletzung der aus § 618 BGB folgenden Pflichten wird zugleich regelmäßig ein deliktisch relevanter Verstoß gegen **Verkehrssicherungspflichten** zu sehen sein[5]. Umstritten ist, ob ein Anspruch aus unerlaubter Handlung auch auf § 823 Abs. 2 BGB iVm. § 618 BGB bzw. anderen gesetzlich normierten Schutzpflichten gestützt werden kann. Die herrschende Auffassung sieht in **§ 618 BGB kein Schutzgesetz** iSd. § 823 Abs. 2 BGB[6]. Auch haben § 618 Abs. 3 BGB und § 62 Abs. 3 HGB keine deliktsrechtliche Rechtsnatur. Die dort vorgesehene entsprechende Anwendbarkeit der §§ 842–846 BGB ist nur eine Rechtsfolgenverweisung eines ansonsten vertraglichen Anspruchs[7].

823 Wird ein Schadensersatzanspruch wegen eines dem Arbeitnehmer an Körper oder Gesundheit entstandenen Schadens nur auf unerlaubte Handlung gestützt, kann sich der Arbeitgeber im Gegensatz zu der vertraglichen Haftung gem. § 831 Abs. 1 Satz 2 BGB **exkulpieren**. Er haftet nur für die Auswahl oder Leitung der möglicherweise den Schaden verursachenden Kollegen des betroffenen Arbeitnehmers.

---

1 Vgl. zum rauchfreien Arbeitsplatz: LAG Hess. 24.11.1994 – 5 Sa 732/94, nv.; s. aber BAG 8.5.1996 – 5 AZR 971/94, DB 1996, 1782: keine Begrenzung bei Einschränkung unternehmerischer Betätigungsfreiheit durch Rauchverbot. Vgl. zum betrieblichen Rauchverbot allg. *Bergwitz*, NZA-RR 2004, 169.
2 BAG 2.2.1994 – 5 AZR 273/93, NZA 1994, 610; 19.2.1997 – 5 AZR 982/94, NZA 1997, 821.
3 MünchKommBGB/*Henssler*, § 618 Rz. 94.
4 Zur Frage, ob ein „Recht am Arbeitsplatz" bzw. „Recht am Arbeitsverhältnis" ein absolutes Recht iSv. § 823 Abs. 1 BGB darstellt: BAG 4.6.1998 – 8 AZR 786/96, DB 1998, 2617.
5 Staudinger/*Oetker*, § 618 BGB Rz. 316.
6 MünchKommBGB/*Henssler*, § 618 Rz. 106; HWK/*Thüsing*, § 611 BGB Rz. 254 mwN.
7 HWK/*Krause*, § 618 BGB Rz. 34.

III. Verpflichtungen des Arbeitgebers

824 Sofern der von dem Arbeitnehmer erlittene Personenschaden auf einer vom Arbeitgeber zu vertretenen **Nebenpflichtverletzung** (vgl. Rz. 771 ff.) beruht, ist der Arbeitgeber gem. § 280 Abs. 1 BGB zum **Schadensersatz wegen Vertragspflichtverletzung** verpflichtet. Hierzu zählt auch die Nichterfüllung seiner Schutzpflichten gem. § 618 BGB und § 62 HGB. Hierbei haftet der Arbeitgeber auch für ein Verschulden seiner **Erfüllungsgehilfen** (§ 278 BGB)[1].

825 Der **Haftungsumfang** ergibt sich jeweils aus den §§ 249 ff. BGB. Bei einer Verletzung der sich aus § 618 BGB bzw. § 62 HGB ergebenden Pflichten wird auch im Rahmen der vertraglichen Haftung gem. § 618 Abs. 3 BGB bzw. § 62 Abs. 3 HGB der Haftungsumfang entsprechend den §§ 842–846 BGB auf Nachteile ausgedehnt, die für den Erwerb und das Fortkommen des verletzten Arbeitnehmers entstehen. Sowohl bei deliktischer Haftung als auch bei der Gefährdungshaftung kommt gem. § 253 Abs. 2 BGB ein **Schmerzensgeldanspruch** des Arbeitnehmers in Betracht[2].

826 Bei fehlendem Verschulden werden darüber hinaus die Vorschriften über den **Aufwendungsersatz** (§ 670 BGB) entsprechend angewandt, wenn die erlittenen Schäden in einem inneren adäquaten Zusammenhang mit der Tätigkeit stehen und nicht durch die Vergütung abgegolten sind[3].

bb) Haftung für Arbeitsunfälle

827 Erleidet der Arbeitnehmer eine Körperverletzung oder einen Gesundheitsschaden infolge eines Arbeitsunfalls (§ 8 Abs. 1 SGB VII), so haften der Arbeitgeber und die in demselben Betrieb beschäftigten Arbeitnehmer gem. §§ 104, 105 SGB VII dem geschädigten Arbeitnehmer bzw. dessen Hinterbliebenen nur dann, wenn sie den Unfall (Versicherungsfall) vorsätzlich oder auf einem nach § 8 Abs. 2 Nr. 1–4 SGB VII versicherten Weg herbeigeführt haben. Für eine vorsätzliche Herbeiführung des Schadens in diesem Sinne muss der Vorsatz des Schädigers nicht nur die Verletzungshandlung, sondern auch den Verletzungserfolg umfassen. Ansonsten tritt zugunsten des Arbeitgebers bzw. des Arbeitskollegen ein **Haftungsausschluss** ein. Der Haftungsausschluss hat zur Folge, dass über die im SGB VII geregelten Versicherungsleistungen der allein durch Arbeitgeberbeiträge finanzierten Unfallversicherung hinaus keine Ansprüche gegen den Arbeitgeber bzw. den Arbeitskollegen durchsetzbar sind. Dies gilt unabhängig davon, ob es sich um eine vertragliche, deliktische oder Gefährdungshaftung handelt. Auch die Geltendmachung eines Schmerzensgeldanspruchs ist ausgeschlossen[4]. Dies gilt auch nach der seit dem 1.8.2002 erfolgten Ausweitung des Immaterialschadensersatzes gem. § 253 Abs. 2 BGB. Für die Folgen des Arbeitsunfalls hat die zuständige Berufsgenossenschaft als Träger der Unfallversicherung aufzukommen. Diese hat aber nach § 110 Abs. 1 Satz 1 SGB VII ein **Rückgriffsrecht**, wenn der Arbeitgeber oder der Arbeitskollege den Arbeitsunfall vorsätzlich oder grob fahrlässig herbeigeführt hat. Bei der Ermittlung des Umfangs des fiktiven zivilrechtlichen Schadensersatzanspruchs ist auch der fiktive Anspruch auf Schmerzensgeld zugunsten des Sozialversicherungsträgers zu berücksichtigen[5].

828 Ein **Arbeitsunfall** iSd. § 8 Abs. 1 SGB VII ist ein körperlich schädigendes, auf längstens eine Arbeitsschicht begrenztes Ereignis, das mit der versicherten Tätigkeit ursächlich zusammenhängt. Dies kann auch aus einer Betriebssportveranstaltung resultieren, nicht aber aus einem Laufwettbewerb, an dem Mitarbeiter verschiedener Un-

---
1 BAG 25.10.2007 – 8 AZR 593/06, NZA 2008, 223.
2 BAG 14.12.2006 – 8 AZR 628/05, NZA 2007, 262.
3 BAG 28.10.2010 – 8 AZR 647/09, NZA 2011, 406.
4 BVerfG 7.11.1972 – 1 BvL 4/71 u.a., AP Nr. 6 zu § 636 RVO; LAG Köln 30.1.2003 – 5 Sa 966/02, AE 2004, Nr. 138.
5 BGH 27.6.2006 – VI ZR 143/05, NJW 2006, 3563.

ternehmen teilnehmen[1]. Außerdem muss der entstandene Schaden ursächlich auf den Unfall zurückzuführen sein. Versicherungsschutz besteht auch dann, wenn sich der Unfall nicht aus der Arbeit selbst, sondern aus „Gefahren des täglichen Lebens" ergibt und es zu dem Unfall gerade im Zusammenhang mit der Ausübung der Tätigkeit gekommen ist[2]. Dies ist aber nicht der Fall, wenn nicht die Verrichtung der Tätigkeit, sondern ein körperliches Gebrechen, also eine „innere Ursache", den Unfall wesentlich (mit-)verursacht und somit den versicherten Schaden herbeigeführt hat[3]. Unterbricht der Arbeitnehmer seine Tätigkeit zwecks Erledigung privater Angelegenheiten oder eigenwirtschaftlicher Tätigkeit, so besteht während der Dauer der Unterbrechung kein Versicherungsschutz. Deshalb haftet der Berufsgenossenschaft nicht, wenn der Arbeitnehmer außerhalb der Arbeitszeit seine Lohnsteuerkarte beschafft oder während der Arbeitszeit eine private Besorgung macht, die nicht nur zu einer geringfügigen Unterbrechung der Versichertentätigkeit führt[4]. Jedoch stellt das Verlassen des Arbeitsplatzes einschließlich des Weges auf dem Werksgelände bis zum Werkstor regelmäßig noch eine betriebliche Tätigkeit iSv. §§ 104 Abs. 1, 105 Abs. 1 SGB VII dar[5]. Kein Unfallversicherungsschutz besteht bei einem durch Trunkenheit herbeigeführten Unfall, es sei denn, dass unabhängig vom Alkoholeinfluss betriebsbedingte Gefahren wesentlich zum Eintritt des Unfallereignisses geführt haben[6]. Es besteht weiterhin kein Unfallversicherungsschutz auf dem Weg zur Beschaffung von alkoholischen Getränken, auch wenn sich der Getränkeautomat auf dem Betriebsgelände befindet[7]. Anders verhält es sich, wenn es sich um betriebliche Gemeinschaftsveranstaltungen wie Betriebsfeste oder Betriebsausflüge handelt[8].

829 Als Arbeitsunfall gilt auch ein Unfall, der bei der **Verwahrung, Beförderung, Instandhaltung und Erneuerung des Arbeitsgeräts** eintritt, und zwar auch dann, wenn es der Arbeitnehmer selbst stellen musste (§ 8 Abs. 2 Nr. 5 SGB VII).

830 Zu den Arbeitsunfällen gehören weiterhin sog. **Wegeunfälle** gem. § 8 Abs. 2 Nr. 1–4 SGB VII. Dabei geht es um Wege, die in Ausführung der versicherten Tätigkeit zurückgelegt werden, wie etwa Botengänge, Lieferfahrten, Dienst- und Geschäftsreisen, auch wenn sie von der Wohnung des Arbeitnehmers ausgehen oder dorthin zurückführen[9]. Zur versicherten Tätigkeit gehören sie auch dann, wenn dabei private Dinge miterledigt werden, die jedoch nach dem Gesamtbild des Weges nach Anlass und Grund nicht überwiegen bzw. nur eine untergeordnete Rolle spielen, der innere Zusammenhang mit der versicherten Tätigkeit also erhalten bleibt. Dem unter Versicherungsschutz stehenden Weg sind auch Maßnahmen hinzuzurechnen, die der Wiederherstellung der Betriebsfähigkeit eines Pkw dienen, wenn dies zur Fortsetzung des Weges notwendig ist[10]. Dazu gehört aber nicht ohne Weiteres ein Tankstopp[11]. Diese sachliche Verbindung fehlt, wenn der Arbeitnehmer seinen Weg zur Arbeit unterbricht, um sog. **eigenwirtschaftliche Zwecke** zu erfüllen, so dass dem vorausgegange-

---

1 LSG Hess. 18.3.2008 – L 3 U 123/05, nv.
2 BGH 30.6.1998 – VI ZR 286/97, NZA-RR 1998, 454; zum Schadensersatz für Personenschäden bei Streit unter Arbeitskollegen s. BAG 22.4.2004 – 8 AZR 159/03, DB 2004, 1784; kein Ausschluss des Unfallversicherungsschutzes wegen Rauchens während der Arbeit: BSG 12.4.2005 – B 2 U 11/04 R, NZA 2005, 1400.
3 BSG 15.2.2005 – B 2 U 1/04 R, NZA 2005, 1172.
4 BSG 2.7.1996 – 2 RU 34/95, nv.
5 BAG 14.12.2000 – 8 AZR 92/00, NZA 2001, 549.
6 BSG 30.4.1991 – 2 RU 11/90, DB 1993, 277.
7 BSG 27.6.2000 – B 2 U 22/99 R, NZA 2001, 202.
8 BSG 27.6.2000 – B 2 U 25/99 R, FA 2000, 364.
9 ArbG Bochum 5.3.1998 – 3 Ca 2717/97, DB 1998, 783; *Rolfs*, NJW 1996, 3177.
10 BSG 4.9.2007 – B 2 U 24/06 R, NZA 2008, 458.
11 SG Düsseldorf 14.8.2007 – S 16 U 294/05, NZA 2007, 1418.

III. Verpflichtungen des Arbeitgebers

nen Weg vom häuslichen Bereich keine selbständige Bedeutung mehr zukommt[1]. Dagegen tritt der „dritte Ort" (Ort der Unterbrechung des Weges zur Arbeit) an die Stelle des häuslichen Bereichs, wenn der Aufenthalt an dem „dritten Ort" mindestens zwei Stunden andauert[2]. Unfallversicherungsschutz besteht dann auf dem Weg von diesem anderen Ort zum Ort der Tätigkeit, nicht auf dem vorangegangenen Weg, es sei denn, dieser Weg ist unangemessen länger als von der Wohnung zum oder vom Ort der Tätigkeit[3].

Kommt es bei einer der in § 8 Abs. 2 Nr. 1–4 SGB VII genannten Tätigkeiten zu einem Unfall, genießt der Arbeitnehmer („der Versicherte") zwar den Versicherungsschutz der gesetzlichen Unfallversicherung, kann aber daneben (allerdings unter Abzug dessen, was er als Berechtigter nach Gesetz oder Satzung infolge des Versicherungsfalls erhält) privatrechtliche Schadensersatzansprüche gegenüber dem den Unfall verursachenden Arbeitgeber nach Maßgabe des allgemeinen zivilen Haftungsrechts geltend machen[4].

Vom Haftungsausschluss nach §§ 104 Abs. 1 Satz 1, 105 Abs. 1 Satz 1 SGB VII werden dagegen sog. **Betriebswege** erfasst. Ein hierbei erlittener Unfall gilt als Arbeitsunfall. In Abgrenzung vom Wegeunfall ist ein Betriebsweg gegeben, wenn der **Weg, der in Ausübung der versicherten Tätigkeit zurückgelegt wird, Teil der versicherten Tätigkeit ist** und damit der Betriebsarbeit gleichsteht. Anders als der nach § 8 Abs. 2 Nr. 1 SGB VII versicherte Weg wird er im unmittelbaren Betriebsinteresse unternommen und geht nicht lediglich der versicherten Tätigkeit voraus. Zum Betriebsweg gehört danach auch ein vom Arbeitgeber durchgeführter Sammeltransport von der Wohnung eines Arbeitnehmers zur betrieblichen Baustelle[5]. 831

Nach der herrschenden Meinung kann sich auch die **Haftpflichtversicherung** des Arbeitgebers (so zB die Kfz-Haftpflicht-Versicherung) auf den Haftungsausschluss nach § 104 Abs. 1 SGB VII berufen[6]. 832

Gem. § 105 Abs. 1 Satz 1 SGB VII sind von der zivilrechtlichen Haftung auch **nicht betriebsangehörige Beschäftigte** freigestellt, die durch eine betriebliche Tätigkeit einen Arbeitsunfall herbeiführen[7]. Insbesondere **Leiharbeitnehmer** sind also als Versicherte sowohl vom Anwendungsbereich des § 105 Abs. 1 SGB VII als auch des § 104 SGB VII erfasst[8]. 833

Auch ein **selbständiges** Unternehmen kann in einen Betrieb eingegliedert sein, so dass ihm der Haftungsausschluss der §§ 104ff. SGB VII zugute kommt. Durch § 106 Abs. 3 Alt. 3 SGB VII wird der Haftungsausschluss des § 104 SGB VII auf den Fall erweitert, dass Versicherte mehrerer Unternehmen vorübergehend betriebliche Tätigkeiten auf einer **gemeinsamen Betriebsstätte** verrichten. Dies gilt aber nur zugunsten des versicherten Unternehmers, der selbst auf einer gemeinsamen Betriebsstätte iSd. § 106 Abs. 3 SGB VII eine vorübergehende betriebliche Tätigkeit verrichtet und dabei den Versicherten eines anderen Unternehmens verletzt[9]. Es werden nur Ansprüche zwischen den tatsächlich zusammenwirkend Handelnden auf einer gemeinsamen Be- 834

---
1 BSG 24.6.2003 – B 2 U 24/02 R, nv.; vgl. die enge Auslegung bei BSG 17.2.2009 – B 2 U 26/07 R, nv.
2 BSG 5.5.1998 – B 2 U 40/97 R, BB 1998, 2646.
3 BSG 2.5.2001 – B 2 U 33/00 R, NZA 2001, 1016.
4 *Rolfs*, NJW 1996, 3177.
5 BAG 30.10.2003 – 8 AZR 548/02, DB 2004, 656; 24.6.2004 – 8 AZR 292/03, NZA 2004, 1182; 19.8.2004 – 8 AZR 349/03, ArbRB 2005, 6.
6 BGH 8.5.1973 – VI ZR 148/72, VersR 1973, 736 (737).
7 BAG 19.2.2009 – 8 AZR 188/08, DB 2009, 1134; OLG Hamm 15.6.1998 – 6 U 34/98, NZA-RR 1998, 456.
8 Vgl. etwa LAG Bln.-Bbg. 30.7.2013 – 7 Sa 688/13, RuS 2014, 48; *Rolfs*, NJW 1996, 3177 (3178).
9 BGH 3.7.2001 – VI ZR 198/00, NZA 2001, 1080.

triebsstätte untereinander ausgeschlossen¹. Es müssen betriebliche Aktivitäten von Versicherten mehrerer Unternehmen vorliegen, die bewusst und gewollt bei einzelnen Maßnahmen ineinander greifen, miteinander verknüpft sind, sich ergänzen oder unterstützen². Die Haftungsprivilegierung bei vorübergehender betrieblicher Tätigkeit auf einer gemeinsamen Betriebsstätte iSd. § 106 Abs. 3 SGB VII gilt daher nicht zugunsten eines nicht selbst dort tätigen Unternehmers³.

835 Bei Arbeitsunfällen oder Berufskrankheiten bemisst sich die **Höhe der Entgeltfortzahlung** nach dem vollen Arbeitsentgelt (§ 4 Abs. 1 Satz 2 EFZG). Weil der Wegeunfall nach § 8 Abs. 2 Nr. 1 SGB VII ein Arbeitsunfall ist, gilt dies auch für Wegeunfälle⁴.

836 Für Klagen des Arbeitnehmers wegen erlittener Personenschäden gegen den Arbeitgeber bzw. gegen Arbeitskollegen sind nach § 2 Abs. 1 Nr. 3a, Nr. 9 ArbGG die **Arbeitsgerichte**, für solche gegen den Unfallversicherungsträger die Gerichte der **Sozialgerichtsbarkeit** nach Maßgabe des SGG zuständig.

b) Haftung für Sachschäden

aa) Allgemeine Haftung

837 Wird im Betrieb oder in Ausübung der Tätigkeit eine dem Arbeitnehmer gehörige **Sache beschädigt oder entwendet**, kommt wiederum eine vertragliche Haftung des Arbeitgebers aus §§ 280 Abs. 1, 241 Abs. 2 BGB oder – möglicherweise auch daneben – eine deliktische Haftung nach §§ 823 ff. BGB oder eine Gefährdungshaftung (§ 7 StVG) in Betracht. In entsprechender Anwendung von § 670 BGB kann der Arbeitnehmer zudem auch Anspruch auf Ersatz von Schäden haben, die ihm bei Erbringung der Arbeitsleistung ohne Verschulden des Arbeitgebers entstehen⁵.

838 Im Rahmen der deliktischen Haftung können sich Ansprüche des Arbeitnehmers insbesondere aus der **Verletzung von Schutzvorschriften** iSd. § 823 Abs. 2 BGB sowie aus der **Verletzung der allgemeinen Verkehrssicherungspflicht** (§ 823 Abs. 1 BGB) ergeben. Ebenso wie gegenüber außenstehenden Dritten hat der Arbeitgeber auch in Hinblick auf die bei ihm beschäftigten Arbeitnehmer dafür Sorge zu tragen, dass die notwendigen Sicherheitsvorkehrungen getroffen werden, wenn er eine Gefahrenquelle schafft oder von einer solchen innerhalb des Betriebsbereichs weiß. So bestehen auf dem Werksparkplatz sowie auf den Wegen und Straßen des Betriebsgeländes eine Streupflicht bei Glatteis und eine Pflicht zur Absicherung von Baustellen.

839 Wird der Arbeitgeber aus **unerlaubter Handlung** (§ 823 BGB) in Anspruch genommen, so haftet er für Verschulden des von ihm eingesetzten Personals nur im Rahmen des § 831 BGB, also mit der Möglichkeit der Exkulpation gem. § 831 Abs. 1 Satz 2 BGB.

840 Grundsätzlich hat jeder Arbeitnehmer – soweit keine abweichenden Vereinbarungen vorliegen – seine Aufwendungen für Fahrten zwischen seiner Wohnung und seiner Arbeitsstätte selbst zu tragen. Dazu gehören auch **Schäden am eigenen Fahrzeug**. Etwas anderes gilt, wenn der Arbeitnehmer sein Fahrzeug für die Arbeit nutzt. Der Arbeitgeber darf dann das Schadensrisiko nicht auf den Arbeitnehmer abwälzen. Es kommt daher ein Aufwendungsersatzanspruch nach § 670 BGB in Betracht. Andererseits soll der Arbeitnehmer durch die Einbringung eigener Sachmittel nicht besser ge-

---

1 BGH 17.10.2000 – VI ZR 67/00, NZA 2001, 103; BAG 12.12.2002 – 8 AZR 94/02, NZA 2003, 968.
2 BAG 28.10.2004 – 8 AZR 443/03, NZA 2005, 1375.
3 BGH 3.7.2001 – VI ZR 284/00, ZIP 2001, 1430.
4 LAG Düsseldorf 7.7.1998 – 16 Sa 372/98, NZA-RR 1999, 122.
5 BAG 17.7.1997 – 8 AZR 480/95, BB 1997, 2381; LAG Nürnberg 24.9.1997 – 3 Sa 445/97, NZA-RR 1998, 199.

stellt sein, als er bei der Beschädigung betriebseigener Sachmittel stünde. Ein Ersatzanspruch kann daher nur in dem Umfange bestehen, in dem der Arbeitgeber eine Beschädigung seiner eigenen Sachmittel hinzunehmen hätte (innerbetrieblicher Schadensausgleich)[1].

Für **Fahrzeugschäden** aufgrund eines Verkehrsunfalls zwischen einem Fahrzeug des Arbeitnehmers und einem Fahrzeug des Arbeitgebers haftet Letzterer auch als Halter gem. § 7 StVG.

Eine **vertragliche Haftung** für dem Arbeitnehmer entstandenen Sachschaden besteht nur dann, wenn dem Arbeitgeber eine besondere Schutzpflicht gegenüber dem betroffenen Arbeitnehmer obliegt. Diese kann sich insbesondere aus der Obhutspflicht des Arbeitgebers ergeben (vgl. Rz. 797 ff.). Ein (auch Organisations-) Verschulden von Organvertretern wird dem Arbeitgeber gem. §§ 31, 89 BGB, das Verschulden von Arbeitskollegen gem. § 278 BGB zugerechnet, wenn es gerade diesen Mitarbeitern oblag, in der erforderlichen Weise für eine Sicherung der dem Arbeitnehmer gehörigen Gegenstände Sorge zu tragen. Eine Erfüllungsgehilfenhaftung gem. § 278 BGB kommt demzufolge nur in Betracht, wenn der Arbeitgeber gerade den Arbeitnehmer, dem die Schadenszufügung ursächlich zugerechnet werden kann, willentlich mit der Schutzaufgabe betraut hat[2]. 841

Ein **Mitverschulden** hat sich der Arbeitnehmer gem. § 254 BGB anrechnen zu lassen. Bedeutsam ist in diesem Zusammenhang die dem Arbeitnehmer selbst obliegende Schadensabwendungs- bzw. Minimierungspflicht, wie zB die nötige Eigensicherung von in den Betrieb mitgebrachten Gegenständen. Im Rahmen des Mitverschuldens gelten aber auch die **Grundsätze der beschränkten Arbeitnehmerhaftung** (vgl. Teil 2 I)[3]. 842

bb) Haftung für vom Arbeitnehmer selbst verursachte Schäden

Auch **ohne Verschulden** oder ihm bei deliktischer Haftung nach § 831 BGB bzw. bei vertraglicher Haftung nach § 278 BGB zurechenbarem Verschulden haftet der Arbeitgeber für Sachschäden, die sein Arbeitnehmer erleidet, wenn 843

– der Schaden im Zusammenhang mit dem Arbeitsverhältnis steht, also dem Betätigungsbereich zuzurechnen ist,
– der Schaden so hoch ist, dass er durch das Arbeitsentgelt nicht als abgegolten anzusehen ist,
– der Schaden nicht dem Lebensbereich des Arbeitnehmers zuzuordnen ist, wie zB der normale Verschleiß oder Beschädigungen von Kleidung, wie sie auch außerhalb des Betriebs nicht auszuschließen sind,
– der Arbeitnehmer nicht vorsätzlich oder grob fahrlässig den Schaden verursacht hat.

Diese verschuldensunabhängige Haftung des Arbeitgebers beruht im Wesentlichen auf der Entscheidung des Großen Senats des BAG vom 10.11.1961[4] sowie der Modifikation durch den 8. Senat in den Entscheidungen vom 11.8.1988 und 20.4.1989[5].

---

1 BAG 22.6.2011 – 8 AZR 102/10, NZA 2012, 91.
2 MünchArbR/*Reichold*, § 85 Rz. 20.
3 BAG 23.11.2006 – 8 AZR 701/05, NZA 2007, 870.
4 BAG (GS) 10.11.1961 – GS 1/60, AP Nr. 2 zu § 611 BGB – Gefährdungshaftung des Arbeitgebers.
5 BAG 11.8.1988 – 8 AZR 721/85 u. 20.4.1989 – 8 AZR 632/87, AP Nr. 7 und 9 zu § 611 BGB – Gefährdungshaftung des Arbeitgebers; s.a. BAG 16.3.1995 – 8 AZR 260/94, BB 1995, 1488; 14.12.1995 – 8 AZR 875/94, BB 1996, 433.

Unter den genannten Voraussetzungen hat der Arbeitgeber bei entsprechender Anwendung der Vorschriften über den Aufwendungsersatz (§ 670 BGB) dem Arbeitnehmer **Wertersatz** für die Vernichtung oder Beschädigung seiner Sachen zu leisten[1].

844 Für die Frage, ob der Schaden dem **betrieblichen Betätigungsbereich** des Arbeitgebers zuzuordnen ist und nicht dem persönlichen Lebensbereich des Arbeitnehmers, kommt es darauf an, ob der Arbeitgeber sonst eigenes Vermögen hätte einsetzen müssen und ob er den Einsatz der dem Arbeitnehmer gehörigen Vermögenswerte (zB Pkw) gewollt hat. Ist dies der Fall, nimmt die Rechtsprechung eine **Gefährdungshaftung des Arbeitgebers** an[2].

845 Demgemäß muss der Arbeitgeber nach Maßgabe der Grundsätze der Gefährdungshaftung dem Arbeitnehmer die an seinem **Fahrzeug entstandenen Unfallschäden** ersetzen, wenn der Arbeitnehmer mit Billigung des Arbeitgebers und ohne besondere Vergütung für betriebliche Zwecke mit seinem eigenen Pkw fuhr. Ein für betriebliche Zwecke erfolgter Einsatz bzw. ein Einsatz im Betätigungsbereich des Arbeitgebers ist dann anzunehmen, wenn der Arbeitgeber dem Arbeitnehmer ansonsten ein ihm gehöriges Fahrzeug hätte zur Verfügung stellen und somit selbst das Unfallrisiko hätte tragen müssen[3]. Anders verhält es sich, wenn der Arbeitnehmer sein Fahrzeug nur zur persönlichen Bequemlichkeit benutzt. Der Arbeitgeber hat in den genannten Fällen keinen Schadensersatz nach §§ 249 ff. BGB zu leisten, sondern in entsprechender Anwendung des § 670 BGB lediglich einen Aufwendungsersatz für tatsächlich entstandene Kosten[4].

Diese Grundsätze gelten entsprechend, wenn ein **Mitglied des Betriebsrats** oder ein Wahlvorstandsmitglied bei oder im Zusammenhang mit der Amtsausübung Schäden an seinem Eigentum, wie zB an seinem Kraftfahrzeug, erleidet[5].

846 Erhält der Arbeitnehmer vom Arbeitgeber im Rahmen der Lohnsteuerrichtlinien **Kilometergeld**, so ist der Ersatzanspruch des Arbeitnehmers unter den genannten Voraussetzungen nicht ausgeschlossen[6]. Allerdings braucht in diesem Fall der Arbeitgeber nicht die Kosten der Rückstufung in der Haftpflichtversicherung zu erstatten, die durch den anlässlich der beruflichen Tätigkeit erlittenen Autounfall verursacht worden sind. Kann der Arbeitnehmer seinen Pkw und die Versicherungsgesellschaft frei auswählen, ist im Zweifel anzunehmen, dass mit der Zahlung der Kilometer-Pauschale auch die Rückstufungserhöhungen abgegolten sind[7]. Die Grundsätze der beschränkten Arbeitnehmerhaftung gelten auch dann, wenn über das Fahrzeug des Arbeitnehmers mit dem Arbeitgeber ein Mietvertrag abgeschlossen wurde[8]. Die Ersatzpflicht des Arbeitgebers entfällt nur dann, wenn der Arbeitnehmer zur Abgeltung aller Schäden infolge dienstlicher Benutzung seines Fahrzeugs einen angemessenen Pauschalbetrag erhält und zwischen den Arbeitsvertragsparteien vereinbart ist, dass der Arbeitgeber darüber hinaus nicht für Unfallschäden an dem Pkw des Arbeitnehmers haftet[9].

---

1 BAG 17.7.1997 – 8 AZR 480/95, BB 1997, 2381; *Reichold*, NZA 1994, 488.
2 BAG 8.5.1980 – 3 AZR 82/79, AP Nr. 6 zu § 611 BGB – Gefährdungshaftung des Arbeitgebers; 7.9.1995 – 8 AZR 515/94, BB 1995, 2429; für eine verschuldensabhängige Risikoverteilung *Reichold*, NZA 1994, 488 (493).
3 BAG 23.11.2006 – 8 AZR 701/05, DB 2007, 1091.
4 BAG 23.11.2006 – 8 AZR 701/05, DB 2007, 1091.
5 BAG 3.3.1983 – 6 ABR 4/80, AP Nr. 8 zu § 611 BGB – Gefährdungshaftung des Arbeitgebers.
6 *Nägele*, Der Dienstwagen, S. 124, „Haftung" Rz. 15.
7 BAG 30.4.1992 – 8 AZR 409/91, AP Nr. 11 zu § 611 BGB – Gefährdungshaftung des Arbeitgebers.
8 BAG 17.7.1997 – 8 AZR 480/95, BB 1997, 2381.
9 LAG BW 17.9.1991 – 7 Sa 44/91, NZA 1992, 458.

III. Verpflichtungen des Arbeitgebers

Der Ersatzanspruch des Arbeitnehmers wird durch sein **Mitverschulden** nicht von vornherein ausgeschlossen. Es gelten auch hier die Haftungsmaßstäbe bei Verletzung der Arbeitspflicht, d.h. bei Vorsatz und grober Fahrlässigkeit haftet der Arbeitnehmer grundsätzlich selbst, während der Arbeitgeber den Schaden bei mittlerer Fahrlässigkeit anteilig und bei leichter Fahrlässigkeit des Arbeitnehmers voll zu übernehmen hat[1] (vgl. zur Arbeitnehmerhaftung Teil 2 I und zu der Darlegungs- und Beweislast hinsichtlich der Pflichtverletzung des Arbeitnehmers und dessen Vertretenmüssen § 619a BGB).

847

Seine Haftung für Sachschäden kann der Arbeitgeber gegenüber dem Arbeitnehmer **nicht einseitig ausschließen**, wenn ihm eine besondere Obhut hinsichtlich der dem Arbeitnehmer gehörigen Sachen obliegt. Dies folgt aus § 307 BGB bzw. § 309 Nr. 7 lit. b BGB (zu formularmäßigen Haftungsausschlüssen vgl. Teil 1 D Rz. 61 ff.).

848

Anders verhält es sich, wenn der Haftungsausschluss zwischen Arbeitgeber und Arbeitnehmer **individuell vereinbart** wird. Sofern diese Vereinbarung nicht gem. § 138 Abs. 1 BGB gegen die guten Sitten verstößt, schließt sie die Haftung des Arbeitgebers für auf Fahrlässigkeit beruhende Schädigungen der dem Arbeitnehmer gehörigen Sachen wirksam aus.

849

c) Aufwendungsersatz, Spesen

Fallen für den Arbeitnehmer im Zusammenhang mit seiner beruflichen Tätigkeit finanzielle **Aufwendungen/Spesen** an, so hat er gegenüber dem Arbeitgeber gem. §§ 670, 675 Abs. 1 BGB Anspruch auf Erstattung[2], sofern nicht vertraglich die Abgeltung dieser Ausgaben durch das Entgelt vorgesehen ist (vielfach werden den Arbeitnehmern hierfür **Firmenkreditkarten** zur Verfügung gestellt, was den Arbeitnehmer allerdings im Fall der Insolvenz des Arbeitgebers einem Haftungsrisiko aussetzt). Erstattungsfähig sind nur die Aufwendungen, die der Arbeitsausführung dienen, sich also als Folge einer Arbeitgeberweisung darstellen (vgl. aber § 665 BGB) oder die zur konkreten Arbeitsausführung erforderlich sind[3]. Zu derartigen Aufwendungen kann auch die Nutzung eigener Räumlichkeiten gehören, wenn dies zur Erfüllung der Arbeitsaufgaben im Interesse des Arbeitgebers und den Umständen nach erforderlich ist. Ein Aufwendungsersatzanspruch wegen der Nutzung der im Eigentum des Arbeitnehmers stehenden Räumlichkeiten besteht dann, wenn dadurch die Möglichkeit, die Räume für eigene private Zwecke zu nutzen, wesentlich eingeschränkt wird[4]. Dagegen besteht kein Erstattungsanspruch, wenn der Arbeitnehmer **rein persönliche Aufwendungen** bestreitet, auch dann nicht, wenn diese im Zusammenhang mit seiner beruflichen Tätigkeit stehen. Wegen des eigenen Interesses an der Verwendung der Fahrerkarte auch in anderen Arbeitsverhältnissen besteht kein Anspruch des Arbeitnehmers auf Erstattung der **Kosten der Fahrerkarte** für digitale Tachographen[5]. Zu den ersatzfähigen Aufwendungen gehören vornehmlich die Fahrt- und Reisekosten (Reisespesen), die Verpflegungskosten und die Kosten für Arbeitskleidung, sofern sie dem Schutz des Arbeitnehmers dienen (s.a. Rz. 190). Dagegen sind die Kosten zur Beschaffung von Arbeitsmitteln und deren Reparatur ohne besondere Vereinbarung nicht zu erstatten, da grundsätzlich der Arbeitgeber die Arbeitsmittel zur Verfügung zu stellen hat. Dies gilt auch für **Telearbeit**, die idR zu Hause erfolgt[6]. In diesem Fall kann der

850

---

1 BAG 17.7.1997 – 8 AZR 480/95, BB 1997, 2381; 23.11.2006 – 8 AZR 701/05, DB 2007, 1091.
2 BAG 27.10.1998 – 1 ABR 3/98, NZA 1999, 381.
3 BAG 14.10.2003 – 9 AZR 657/02, NJW 2004, 2036: kein Auslagenersatz für Kosten der allgemeinen Lebensführung.
4 BAG 14.10.2003 – 9 AZR 657/02, NJW 2004, 2036.
5 BAG 16.10.2007 – 9 AZR 170/07, NZA 2008, 1012.
6 S. auch Ziff. 7 der Rahmenvereinbarung über Telearbeit europäischer Gewerkschaften und Arbeitgeberverbände v. 16.7.2002, die teilweise umgesetzt ist (so in § 5 Abs. 1 BetrVG).

Arbeitnehmer für die im Interesse des Arbeitgebers erfolgende Nutzung der in seinem Eigentum stehenden Räume Anspruch auf Aufwendungsersatz haben[1]. Es kann eine vertragliche Regelung angebracht sein, dass die notwendigen Arbeitsmittel vom Arbeitgeber kostenlos zur Verfügung gestellt, ordnungsgemäß installiert und gewartet werden. Streitig ist, inwieweit **Leiharbeitnehmer** vom Arbeitgeber die **Erstattung von Fahrtkosten** gem. § 670 BGB verlangen können[2].

851 In der Regel bestehen für Arbeitnehmer, bei denen aufgrund ihrer Tätigkeit (zB Außendienstmitarbeiter) mit Spesen bzw. betrieblichen Aufwendungen zu rechnen ist, **vertragliche oder tarifvertragliche Vereinbarungen** hierzu. Diese beinhalten teilweise detaillierte Regelungen über die erstattungsfähigen Kosten. In diesem Fall hat der Arbeitnehmer die Notwendigkeit und die Höhe der einzelnen Aufwendungen nach Maßgabe der vertraglichen Regelung darzulegen und zu beweisen. Vielfach beinhalten Tarifverträge und Einzelverträge aber auch pauschalierte Aufwandsentschädigungen, wodurch Einzelabrechnungen und -nachweise vermieden werden können.

852 Bzgl. der **Höhe** der erstattungsfähigen Aufwendungen verweisen einzelvertragliche Entschädigungsklauseln/Spesenregelungen häufig auf die einkommensteuerrechtlichen Bestimmungen oder auf gesonderte Richtlinien, die sich ebenfalls vielfach nach den steuerlichen Bestimmungen richten[3]. Maßgeblich sind insoweit § 4 Abs. 5 EStG und die ergänzenden jeweiligen Einkommenssteuerrichtlinien zu § 4 EStG sowie zu § 9 EStG betreffend Fahrtkosten, Verpflegungsmehraufwand und Übernachtungskosten. Der **Umfang** richtet sich nach dem durch betrieblich bedingte Interessen notwendigen Aufwand, sofern nicht vertragliche Abgrenzungen bestehen (zB „Fahrtkosten werden ab dem Firmensitz erstattet").

853 Aufwandsentschädigungen, die als reiner Unkostenersatz gezahlt werden (zB Fahrtkosten, Verpflegungsgeld, Teuerungszuschläge bei Auslandstätigkeit und Trennungsentschädigungen bei auswärtiger Tätigkeit), also nicht dem privaten Bereich zuzuordnen und in angemessener Höhe angefallen sind, unterliegen in den Grenzen des § 3 Nr. 16 EStG und unter Berücksichtigung der Lohnsteuerrichtlinien nicht der **Lohnsteuer- und Sozialversicherungspflicht**[4], sie sind auch nicht pfändbar (§ 850a Nr. 3 ZPO).

854 Eine **einzelvertragliche Spesenregelung** könnte wie folgt formuliert werden[5]:

Formulierungsbeispiel:

Die durch dienstliche Tätigkeiten entstehenden Kosten werden in steuerlich anerkanntem Umfang erstattet.

oder:

Für die Außendiensttätigkeit erhält der Arbeitnehmer eine tägliche Spesenpauschale von ... Euro. Übernachtungs- und Bewirtungskosten werden entsprechend nachgewiesenem Aufwand abgerechnet. Für jeden mit dem eigenen Pkw im Geschäftsinteresse gefahrenen Kilometer erhält der Arbeitnehmer ... Euro. Die Berechnung erfolgt ab ...

---

1 BAG 14.10.2003 – 9 AZR 657/02, NJW 2004, 2036.
2 Bejahend: LAG Hamm 30.6.2011 – 8 Sa 387/11, AiB 2011, 691 (mit abl. juris-Anm. Bissels mwN); verneinend: LAG Rh.-Pf. 8.9.2009 – 1 Sa 331/09, nv.
3 Vgl. hierzu *Isenhardt*, DB 2014, 1316.
4 S. dazu die aktuellen Lohnsteuer-Richtlinien (u.a. veröffentlicht im BStBl.).
5 Vgl. *Isenhardt*, DB 2014, 1316 (1317 f.) zu ggf. aufgrund der Reform des Reisekostensteuerrechts in 2014 entstandenem Anpassungsbedarf für bestehende Regelungen.

Aufgrund der gesetzlichen Regelung des § 669 BGB hat der Arbeitnehmer grundsätzlich einen Anspruch auf einen **Vorschuss** hinsichtlich der zu erwartenden Aufwendungen im Rahmen seiner beruflichen Tätigkeit.

855

Da der Spesen- bzw. der Aufwendungsersatz keine Gegenleistung für die Arbeitsleistung darstellt, besteht grundsätzlich kein Anspruch auf dahingehende Entschädigungszahlungen im Rahmen der Entgeltfortzahlung bei **Arbeitsunfähigkeit**. Ebenso bleiben Zahlungen für tatsächliche Aufwendungen aus der Berechnung der **Karenzentschädigung** gem. § 74b Abs. 3 HGB ausgenommen. Anders verhält es sich, wenn es sich um eine pauschalierte Aufwandsentschädigung handelt, die unabhängig davon gewährt wird, ob dem Arbeitnehmer tatsächlich entsprechende Aufwendungen entstehen. Dies ist auch der Fall, wenn die Spesensätze von vornherein die Aufwendungen übersteigen, die der Arbeitgeber nach der Verkehrsanschauung oder seinen hiervon abweichenden Vorgaben für erforderlich halten kann. Der überschießende Teil stellt dann im Zweifel zusätzliches Arbeitsentgelt dar[1].

856

Bzgl. Spesenregelungen, die den Ersatz von tatsächlichen Aufwendungen für Geschäftsreisen etc. regeln, besteht kein **Mitbestimmungsrecht des Betriebsrats**[2]. Übersteigen die Spesensätze jedoch die Aufwendungen, die zur pauschalen Abgeltung entstandener Unkosten nötig sind oder für erforderlich gehalten werden, so stellt der überschießende Teil im Zweifel Entgelt dar, so dass dann ein Mitbestimmungsrecht nach § 87 Abs. 1 Nr. 10 BetrVG besteht[3].

857

d) Freistellung von Prozess- und Anwaltskosten

Anspruch auf **Erstattung von Prozess- und Anwaltskosten** hat der Arbeitnehmer gem. § 670 BGB analog, wenn sie dem Betätigungsbereich des Arbeitgebers zuzurechnen sind. Weitere Voraussetzung ist, dass der die Prozess- und Anwaltskosten auslösende Vorwurf unverschuldet ist, also nicht auf einer gravierenden Pflichtverletzung beruht[4], und keine Straftat vorliegt[5].

858

Den Erstattungsanspruch haben vorwiegend **Kraftfahrer**, die unverschuldet während einer Dienstfahrt in einen Verkehrsunfall verwickelt werden. Die dem Arbeitnehmer durch die Beauftragung eines Verteidigers im nachfolgenden Ermittlungsverfahren erwachsenden Aufwendungen gelten als bei Ausführung einer betrieblichen Tätigkeit eingetreten[6]. Dem steht nicht entgegen, dass der Arbeitnehmer von sich aus den Verteidiger beauftragt hat, sofern dies wegen des erheblichen Gewichts des Tatvorwurfs als durch die betriebliche Tätigkeit ebenfalls veranlasst anzusehen ist.

859

Von Seiten des Arbeitgebers kann demgegenüber nicht eingewandt werden, als Berufskraftfahrer habe sich der Arbeitnehmer gegen einschlägige Risiken seiner Teilnahme am Straßenverkehr durch eine **Rechtsschutzversicherung** absichern müssen[7]. Dazu besteht keine analog § 254 BGB zu berücksichtigende Obliegenheit, sofern nicht mit dem Arbeitgeber eine dahingehende besondere Vereinbarung getroffen wor-

860

---

1 BAG 27.10.1998 – 1 ABR 3/98, NZA 1999, 381.
2 BAG 27.10.1998 – 1 ABR 3/98, NZA 1999, 381.
3 BAG 27.10.1998 – 1 ABR 3/98, NZA 1999, 381.
4 BAG 14.11.1991 – 8 AZR 628/90, AP Nr. 10 zu § 611 BGB – Gefährdungshaftung des Arbeitgebers; LAG Köln 11.3.1993 – 5 Sa 1068/92, LAGE § 670 Nr. 11: regelmäßig kein Erstattungsanspruch.
5 BAG 16.3.1995 – 8 AZR 260/94, BB 1995, 1488, s. dazu im Einzelnen auch *Krause*, BB 2007, BB-Special 8, 2.
6 BAG 16.3.1995 – 8 AZR 260/94, BB 1995, 1488.
7 Vgl. auch LAG Nürnberg 16.2.2000 – 3 Sa 827/99, RuS 2000, 333 zur Frage der Zumutbarkeit der Inanspruchnahme einer Rechtsschutzversicherung des Arbeitgebers durch den Arbeitnehmer.

den ist[1]. In jedem Fall besteht dann ein Anspruch auf Erstattung der Anwalts- und Gerichtskosten seitens des Arbeitnehmers, wenn das Ermittlungs- und das nachfolgende Strafverfahren auf einem Sachverhalt beruhen, den der Arbeitgeber kannte und bewusst hinnahm, so zB die Anordnung einer Dienstfahrt, ohne dass hierfür die erforderlichen Genehmigungen oder Nachweise vorlagen.

e) Übernahme von Geldstrafen und Geldbußen

861 Der Arbeitgeber haftet grundsätzlich nicht für **Geldstrafen oder -bußen, welche der Arbeitnehmer im Rahmen seiner Arbeitsleistung verwirkt**, da sie zum persönlichen Lebensbereich des Arbeitnehmers gehören[2]. Dies gilt auch dann, wenn der diesen Geldstrafen oder -bußen zugrunde liegende Vorwurf mit der beruflichen Tätigkeit des Arbeitnehmers in direktem Zusammenhang steht[3].

862 **Vertragliche Zusagen** zur Übernahme von Geldstrafen und Geldbußen laufen dem Zweck der Straf- und Bußgeldvorschriften zuwider und sind daher gem. § 134 BGB bzw. § 138 Abs. 1 BGB nichtig[4]. Besteht aber eine konkrete Anordnung des Arbeitgebers, die zwangsläufig eine Ordnungswidrigkeit oder Straftat zur Folge hat (zB eine Lenkzeitüberschreitung), so kann der Arbeitgeber aufgrund des dem Arbeitnehmer gem. § 826 BGB zu ersetzenden Schadens auch zur Erstattung einer Geldbuße verpflichtet sein[5]. Übernimmt der Arbeitgeber aus ganz überwiegend eigenbetrieblichem Interesse (Paketzustelldienst) die Zahlung von Verwarnungsgeldern wegen Verletzung des Halteverbots, so handelt es sich hierbei nicht um zu versteuernden Arbeitslohn[6].

863 Soweit sich bei einem Verkehrsunfall während der Arbeit das unternehmerische Risiko der Teilnahme von Betriebskraftfahrzeugen am Straßenverkehr realisiert, kommt nach § 670 BGB eine Erstattungspflicht des Arbeitgebers für erforderliche Kosten der Verteidigung des Arbeitnehmers in Betracht[7]. Auch kann der Arbeitnehmer in entsprechender Anwendung des § 670 BGB die Erstattung einer von ihm im Ausland hinterlegten **Kaution** vom Arbeitgeber verlangen, wenn er sie nur deshalb verfallen ließ, um der nach deutschem Recht ausgeschlossenen Strafverfolgung oder Strafvollstreckung aufgrund eines Vorwurfs zu entgehen, der im Zusammenhang mit seiner beruflichen Tätigkeit steht[8].

864–870 Einstweilen frei.

6. Weiterbildungsmöglichkeit

a) Rechtsgrundlagen

871 Die §§ 96ff. BetrVG regeln die Mitbestimmung des Betriebsrats bei der Förderung der Berufsbildung der Arbeitnehmer im Betrieb (vgl. Teil 4 A Rz. 712ff.). Sie sind Ausdruck der Verantwortung des Arbeitgebers für die Förderung der beruflichen Kennt-

---

1 BAG 16.3.1995 – 8 AZR 260/94, BB 1995, 1488; der Erstattungsanspruch ist aber begrenzt auf die gesetzlichen Gebühren des Verteidigers.
2 LAG Rh.-Pf. 10.4.2008 – 10 Sa 892/06, nv.
3 BAG 11.8.1988 – 8 AZR 721/85, AP Nr. 7 zu § 611 BGB – Gefährdungshaftung des Arbeitgebers; LAG Hamm 30.7.1990 – 19 (14) Sa 1824/89, BB 1990, 2267.
4 LAG Köln 29.2.2012 – 9 Sa 1464/11, ArbR 2012, 292.
5 BAG 25.1.2001 – 8 AZR 465/00, NZA 2001, 653; LAG Hamm 11.7.2013 – 8 Sa 502/13, nv.
6 BFH 7.7.2004 – VI R 29/00, NZA-RR 2005, 267; 22.7.2008 – VI R 47/06, NZA 2008, 1344.
7 BAG 16.3.1995 – 8 AZR 260/94, NZA 1995, 2372; LAG Köln 16.7.2013 – 9 Ta 143/13, AE 2014, 22.
8 BAG 11.8.1988 – 8 AZR 721/85, AP Nr. 7 zu § 611 BGB – Gefährdungshaftung des Arbeitgebers.

nisse und Fähigkeiten der Arbeitnehmer und zur Bewahrung vor einem infolge technischer und sonstiger Veränderungen eintretenden Qualifikationsverlust[1]. Die funktionsbezogene Schulung und die Bildung der Betriebsratsmitglieder ist in § 37 Abs. 6 und 7 BetrVG gesondert geregelt. Es fehlt indes an einer bundeseinheitlichen gesetzlichen Regelung **zur allgemeinen Arbeitnehmerweiterbildung**. Ein Anspruch auf Freistellung des Arbeitnehmers zu Bildungszwecken besteht daher bislang nur aufgrund einzelner Ländergesetze und aufgrund von Tarifverträgen. Über gesetzliche Regelungen (zumeist als Bildungsurlaub bezeichnet) verfügt die Mehrzahl der Bundesländer (s. die Auflistung in Teil 2 C Rz. 19).

Neben diesen gesetzlichen oder tarifvertraglichen, ggf. auch einzelvertraglichen Regelungen der Freistellung zur Weiterbildung unter Fortzahlung des Arbeitsentgelts besteht **kein Anspruch des Arbeitnehmers auf bezahlte Freistellung** von der Arbeitsleistung zwecks persönlicher Weiterbildung. Ein solcher Anspruch kann auch nicht aus § 616 Abs. 1 BGB hergeleitet werden[2]. Allerdings kann der Arbeitgeber aufgrund seiner Rücksichtnahmepflicht (§ 241 Abs. 2 BGB) gehalten sein, Arbeitnehmern die erforderlichen Fortbildungsmaßnahmen zugänglich zu machen, wenn diese notwendig sind, um sich für die berufliche Tätigkeit besser zu qualifizieren. Dass ein Arbeitgeber die Teilnahme an einer internen Fortbildungsmaßnahme von einem Test abhängig macht, ist nicht grundsätzlich rechtswidrig[3]. Dem Arbeitgeber bleibt es unbenommen, die Qualifikation zu einer bestimmten Tätigkeit und damit die Voraussetzung für eine Beförderung einseitig festzulegen. Zur Frage, ob der Arbeitgeber im Falle der Beendigung des Arbeitsverhältnisses eine Erstattung der dafür aufgewandten Schulungskosten und der während der Weiterbildungsmaßnahmen fortgezahlten Vergütung verlangen kann, wird auf die obigen Ausführungen in Rz. 540 ff. verwiesen.

b) Individuelle und betriebliche Interessen

Die vorhandenen Landesgesetze sehen zur Teilnahme an Weiterbildungsveranstaltungen pro Jahr eine **bezahlte Freistellung** von regelmäßig fünf Arbeitstagen vor[4]. Verschiedene Ländergesetze (so von Bremen und Hamburg) sehen Bildungsurlaub in einem Rhythmus von zwei Jahren vor und gehen daher grundsätzlich von zusammenhängend zehn bezahlten Arbeitstagen aus.

Übereinstimmend setzen die Ländergesetze voraus, dass die Weiterbildungsmaßnahmen **der politischen, beruflichen, allgemeinen und kulturellen Weiterbildung** dienen und sie in anerkannten Bildungsveranstaltungen von anerkannten Trägern der Weiterbildung durchgeführt werden. Die berufliche Weiterbildung soll der Erhaltung und Erweiterung der beruflichen Kenntnisse und Fertigkeiten dienen, das Verständnis der Arbeitnehmer für gesellschaftliche, soziale und politische Zusammenhänge verbessern und die in einem demokratischen Gemeinwesen anzustrebende Mitsprache in Staat, Gesellschaft und Beruf fördern[5]. Es ist nicht ausreichend, wenn in einer Veranstaltung mit einem anderen Ziel nebenbei Kenntnisse in politischen Fragen vermittelt werden[6]. Jedoch dient eine Bildungsveranstaltung auch dann der politischen Weiterbildung, wenn sie nicht auf die spezifischen Bedürfnisse und Interessen von Arbeitnehmern ausgerichtet ist[7]. Wie die umfangreiche Rechtsprechung zu den einzelnen

---

1 Vgl. BT-Drucks. 14/5741, 49 f. Vgl. auch § 2 SGB III.
2 BVerfG 15.12.1987 – 1 BvR 563/85 u.a., AP Nr. 62 zu Art. 12 GG.
3 LAG München 20.4.2004 – 8 Sa 1273/03, NZA-RR 2005, 466.
4 Kein Anspruch auf Freizeitausgleich bei Zusammentreffen arbeitsfreier Tage mit Bildungsurlaub, BAG 21.9.1999 – 9 AZR 765/98, DB 2000, 1335.
5 BAG 16.5.2000 – 9 AZR 241/99, NZA 2001, 148.
6 BAG 24.10.1995 – 9 AZR 431/94, DB 1996, 145; 24.10.1995 – 9 AZR 433/94, DB 1996, 786; 24.10.1995 – 9 AZR 244/94, DB 1996, 888. Vgl. LAG Düsseldorf 11.2.2004 – 12 Sa 1603/03, nv., zum Ausschluss von rein gewerkschaftspolitischen Schulungsveranstaltungen.
7 BAG 17.11.1998 – 9 AZR 503/97, NZA 1999, 872.

Weiterbildungsmaßnahmen deutlich macht, erweist es sich als schwierig, eine klare Abgrenzung zur Arbeitnehmerweiterbildung und zur Vermittlung lediglich für den privaten Bereich nützlicher Kenntnisse und Fertigkeiten vorzunehmen[1]. Überdies kann auch die bloße Weiterbildung den Anspruch auf Bildungsurlaub rechtfertigen (so das Niedersächsische Bildungsurlaubsgesetz), auch wenn die Bildungsmaßnahme für den konkret betroffenen Arbeitgeber keinen Vorteil mit sich bringt. Da das Erlernen einer Fremdsprache zum anerkannten Bildungsgut führt, ist ein Arbeitnehmer auch für einen Sprachkurs bezahlt freizustellen[2].

875 Ebenso wenig wie beim Erholungsurlaub kann sich der Arbeitnehmer selbst **von seiner Arbeitsleistung befreien**. Er benötigt hierzu vielmehr die Genehmigung des Arbeitgebers[3]. Schließlich können dringende betriebliche Interessen dem Bildungsurlaub gerade in der von dem Arbeitnehmer angestrebten Zeit entgegenstehen, die der Arbeitnehmer auch gegen sich gelten lassen muss[4].

876 **Lehnt der Arbeitgeber** den Bildungsurlaub zu dem vom Arbeitnehmer gewünschten Zeitpunkt **ab**, so kann der Bildungsurlaub in der laufenden Bezugsperiode nachgeholt oder auf den nachfolgenden Bezugszeitraum übertragen werden. Betriebliche Interessen können nicht dazu führen, dass der Weiterbildungsurlaub völlig versagt werden kann. Ansonsten ist der Freistellungsanspruch für die Dauer des Kalenderjahres oder der gesetzlich vorgesehenen Zeitspanne befristet und erlischt mit deren Ende[5]. Für nicht vor Beendigung des Arbeitsverhältnisses genommenen Bildungsurlaub kann der Arbeitnehmer im Gegensatz zum Erholungsurlaub keine Abgeltung beanspruchen. Hat der Arbeitnehmer erfolglos eine Freistellung verlangt, so entsteht aber mit dem Erlöschen des Erfüllungsanspruchs ein Schadensersatzanspruch auf Ersatzfreistellung[6].

877 Bereits aus der Mitteilung des Arbeitnehmers, mit der er eine Freistellung zur Teilnahme an einer Weiterbildungsveranstaltung beantragt, muss der Arbeitgeber den **Zeitpunkt und die Dauer** der Weiterbildungsveranstaltung und auch die Bezeichnung des Veranstalters sowie der Themenstellung entnehmen können. Ein bloßer Nachweis über die erfolgte Anmeldung und Teilnahme reicht nicht aus, um dem Arbeitgeber die Möglichkeit zu geben, die gesetzlichen Teilnahmevoraussetzungen zu überprüfen.

878 Wegen der Anmeldung des Bildungsurlaubs gegenüber dem Arbeitgeber, der für die Verschiebung des Bildungsurlaubs maßgeblichen betrieblichen Interessen sowie weiterer Einzelheiten bzgl. der bezahlten Freistellung zur Teilnahme an Weiterbildungsveranstaltungen wird auf die Ländergesetze und, soweit vorhanden, die tariflichen Regelungen verwiesen.

879, 880 Einstweilen frei.

---

1 S. zB BAG 21.10.1997 – 9 AZR 510/96, BB 1998, 956; 17.2.1998 – 9 AZR 100/97, BB 1998, 2164; 16.3.1999 – 9 AZR 166/99, BB 1999, 2565; 18.5.1999 – 9 AZR 381/98, DB 1999, 2521.
2 BAG 15.3.2005 – 9 AZR 104/04, NZA 2006, 496.
3 BAG 11.5.1993 – 9 AZR 231/89, DB 1993, 1825; 21.9.1993 – 9 AZR 429/91, DB 1994, 51; 9.5.1995 – 9 AZR 185/94, DB 1995, 2072; 24.10.1995 – 9 AZR 431/94, DB 1996, 145.
4 Auf die nicht rechtzeitige Mitteilung kann sich der Arbeitgeber jedoch nicht berufen, wenn er die Zahlung des Arbeitsentgelts nur davon abhängig gemacht hat, dass die Bildungsmaßnahme den gesetzlichen Erfordernissen entspricht, BAG 9.11.1999 – 9 AZR 76/99, NZA 2001, 28.
5 BAG 24.10.1995 – 9 AZR 547/94, DB 1996, 99; LAG Schl.-Holst. 20.11.2007 – 5 Sa 285/07, NZA-RR 2008, 288.
6 BAG 24.10.1995 – 9 AZR 547/94, DB 1996, 99; 5.12.1995 – 9 AZR 666/94, DB 1996, 1429.

7. Pflichten infolge betrieblicher Übung

Weitere – nicht nur entgeltrelevante – Pflichten des Arbeitgebers können aufgrund betrieblicher Übung entstehen. Das „Phänomen" der betrieblichen Übung kennzeichnet eine **Anspruchsentstehung aufgrund wiederholter freiwilliger Gewährung bestimmter Leistungen** durch den Arbeitgeber an die Arbeitnehmer bzw. an bestimmte Arbeitnehmergruppen. Dass aus betrieblichen Übungen Rechte hergeleitet werden können, ist allgemein anerkannt[1]. In der Grundkonstellation[2] der **dreimaligen vorbehaltlosen Gewährung freiwilliger jährlicher Sonderzahlungen** in gleicher Höhe ergibt sich der Anspruch auf zukünftige Zahlungen **gewohnheitsrechtlich**[3]. Im Übrigen sind die dogmatischen Grundlagen der betrieblichen Übung umstritten[4].

881

a) Dogmatische Herleitung

Die Rechtsprechung und Teile der Literatur begründen die Anspruchsentstehung durch betriebliche Übung vertragsrechtlich. In der regelmäßigen Wiederholung bestimmter Verhaltensweisen des Arbeitgebers wird ein **konkludentes Vertragsangebot** gesehen, welches der Arbeitnehmer **stillschweigend (§ 151 BGB) annehme** (**Vertragstheorie**). Dabei soll es für die Anspruchsbegründung nicht darauf ankommen, ob der Arbeitgeber mit Verpflichtungswillen gehandelt hat oder ob ihm ein solcher Wille fehlte, sondern allein darauf, ob der Arbeitnehmer aus dem Verhalten des Arbeitgebers unter Berücksichtigung von Treu und Glauben sowie aller Begleitumstände auf einen Bindungswillen schließen durfte[5]. Als Konsequenz der vertraglichen Konstruktion unterwirft das BAG auch die durch betriebliche Übung entstandenen Vertragszusagen einer **Inhaltskontrolle am Maßstab der §§ 307 ff. BGB** und insbesondere der Transparenzkontrolle[6].

882

Die Vertreter der **Vertrauenstheorie** halten dem entgegen, dass die Annahme einer Willenserklärung bei rein tatsächlichen Leistungen konstruiert sei und bestimmte Erscheinungen der betrieblichen Übung dogmatisch nur mit dem Grundsatz des Vertrauensschutzes begründet werden könnten[7]. Die Anspruchsentstehung stützen sie auf § 242 BGB. Es verstoße gegen Treu und Glauben, wenn der Arbeitgeber wiederholt und vorbehaltlos erbrachte Leistungen einstellt, ohne dass der Arbeitnehmer damit zu rechnen braucht. Es handele sich um das positive Gegenstück zur Verwirkung, einem Unterfall des Rechtssatzes venire contra factum proprium[8].

883

b) Gegenstand der betrieblichen Übung

Gegenstand der betrieblichen Übung kann alles sein, was auch Inhalt eines Tarif- und Arbeitsvertrags sein kann, also bspw. **Gratifikationen, die Gewährung tariflicher und übertariflicher Leistungen, Entlohnungsgrundsätze**[9]**, Personalrabatte, Bezahlung von Pausenzeiten, Freizeitgewährung, Teilnahme am kostenlosen Werksbusverkehr,**

884

---

1 Vgl. auch die gesetzliche Erwähnung in § 1b Abs. 1 Satz 4 BetrAVG.
2 Vgl. BAG 21.1.2009 – 10 AZR 219/08, NZA 2009, 310. Aufgenommen in § 38 Abs. 4 ArbGV-E von *Henssler/Preis* (Stand: November 2007).
3 *Waltermann*, RdA 2006, 257 (259). Dort auch ein Überblick zur historischen Entwicklung der Rspr.; *Henssler*, FS 50 Jahre BAG, S. 683 (692).
4 *Preis/Genenger*, Jb. ArbR, Bd. 47 (2010) S. 93 ff. appellieren für die Aufgabe des Rechtsbegriffs der betrieblichen Übung und eine Rückbesinnung auf rein vertragsrechtliche Grundsätze.
5 BAG 18.1.2012 – 10 AZR 670/10, NZA 2012, 499.
6 BAG 5.8.2009 – 10 AZR 483/08, NZA 2009, 1105.
7 Vgl. Staudinger/*Singer*, Vorbem. zu §§ 116 ff. BGB Rz. 55 f.
8 Staudinger/*Richardi*, § 611 BGB Rz. 320; *Hromadka*, NZA 1984, 241 (244). Vgl. auch vermittelnd *Bepler*, RdA 2004, 226 (236).
9 BAG 8.12.2009 – 1 ABR 66/08, NZA 2010, 404.

Überstundenzuschläge und Ansprüche auf Altersversorgung[1]. Begünstigt sein können die Arbeitnehmer auch über das Ende des Arbeitsverhältnisses hinaus: Begründet der Arbeitgeber durch die wiederholte Gewährung von Leistungen an Versorgungsempfänger eine betriebliche Übung, können die aktiven Arbeitnehmer, die unter Geltung dieser Übung im Betrieb arbeiten, darauf vertrauen, dass die Übung nach Eintritt des Versorgungsfalls auch zu ihren Gunsten fortgeführt wird[2]. Selbst für **bereits ausgeschiedene Arbeitnehmer** können durch nachträgliche Leistungen des Arbeitgebers noch Ansprüche entstehen[3]. Grundsätzlich sind betriebliche Übungen in Bezug auf sämtliche Rechte und Pflichten im Arbeitsverhältnis denkbar. Indes zeigt sich die Rechtsprechung außerhalb der klassischen Anwendungsgebiete (Sonderzahlungen und Versorgungsleistungen) zu Recht zurückhaltend. Insbesondere im Bereich der Ausübung des Direktionsrechts und der Organisation des Betriebs kann im Zweifel nicht angenommen werden, dass der Arbeitgeber sich für die Zukunft binden will[4].

c) Abgrenzung

885 Die Rechtsbegründung durch betriebliche Übung ist von der sog. **Konkretisierung des Arbeitsverhältnisses** (vgl. Rz. 60ff.) abzugrenzen. Diese wird als individualrechtliche Kehrseite der betrieblichen Übung bezeichnet[5], insofern als hier durch eine lang andauernde Vertragshandhabung oder sich wiederholende (Nicht-) Ausübung von Rechten im einzelnen Arbeitsverhältnis eine Festschreibung auf einen dementsprechenden Vertragsinhalt erfolgen kann[6]. Daneben sind auch im Individualverhältnis nicht nur konkludente Vertragsänderungen (etwa bei Beförderungen) durchaus üblich, sondern können durch **individuelle Übungen** auch Ansprüche im Wege des konkludenten Angebots und der stillschweigenden Annahme (§ 151 BGB) erwachsen. Ein solches individuelles Geschehen fällt nicht unter den Begriff der betrieblichen Übung, da diese begrifflich stets einen **Kollektivtatbestand** voraussetzt[7]. Für das Entstehen einer betrieblichen Übung muss also stets zumindest eine nach abstrakten Regeln abgrenzbare Arbeitnehmergruppe betroffen sein.

886 Von der **Gesamtzusage**[8] unterscheidet sich die betriebliche Übung dadurch, dass die in der wiederholten Leistungsgewährung liegende Zusage zukünftiger Leistungen nicht **ausdrücklich** erfolgt, sondern allenfalls konkludent. Eine betriebliche Übung kann allerdings aufgrund verschiedener jeweils nur auf einen bestimmten Leistungszeitraum bezogener Gesamtzusagen entstehen. So kann etwa eine in aufeinander folgenden Jahren jeweils im Wege der Gesamtzusage geleistete Gratifikation aus dem Gesichtspunkt der betrieblichen Übung auch dann weiter zu zahlen sein, wenn sich die Gesamtzusagen jeweils nur auf ein Kalenderjahr bezogen. Erfasst die einzelne Gesamtzusage dagegen ausdrücklich bereits die zukünftige Leistungsgewährung, bedarf es zur Anspruchsbegründung für die Zukunft nicht der Grundsätze der betrieblichen Übung.

---

1 Vgl. *Bieder*, RdA 2013, 274 (275). Für einen Ausschluss von Vergünstigungen, die nicht in Geld bestehen (freie Tage usw.), und dem bloßen Dulden von Verhaltensweisen der Arbeitnehmer durch den Arbeitgeber: *Hromadka*, NZA 2011, 65 (70); *Jensen*, NZA-RR 2011, 225 (226). Für Ansprüche ggü. einem Chefarzt auf Beteiligung an seinen Liquidationserlösen *Pröpper/Gehrlein*, BB 2012, 2049 (2052).
2 BAG 16.2.2010 – 3 AZR 118/08, NZA 2011, 104.
3 BAG 31.7.2007 – 3 AZR 189/06, NZA-RR 2008, 263.
4 BAG 21.1.1997 – 1 AZR 572/96, NZA 1997, 1009. Vgl. zur Duldung privater Internetnutzung: *Waltermann*, NZA 2007, 529 (530f.); *Koch*, NZA 2008, 911.
5 *Bepler*, RdA 2005, 323 (326).
6 Vgl. etwa BAG 7.12.2000 – 6 AZR 444/99, NZA 2001, 780.
7 BAG 21.4.2010 – 10 AZR 163/09, NZA 2010, 808.
8 Zum Begriff: BAG 28.6.2006 – 10 AZR 385/05, NZA 2006, 1174.

d) Voraussetzungen

Für die Praxis dürfte unter Zugrundelegung der ständigen Rechtsprechung entscheidend sein, ob aufgrund des wiederholten Verhaltens des Arbeitgebers **auf den Willen zur dauerhaften Gewährung der Leistung an die jeweilige Arbeitnehmergruppe geschlossen werden kann** oder ob die Belegschaft davon ausgehen musste, dass die Leistung nur unter bestimmten Voraussetzungen oder nur für eine bestimmte Zeit gewährt werden sollte. Ausgangspunkt ist insoweit die Erkenntnis, dass vom maßgeblichen Empfängerhorizont her in der wiederholten vorbehaltlosen Gewährung bestimmter Leistungen grundsätzlich ein entsprechendes Leistungsangebot für die Zukunft gesehen werden kann. Dieses richterrechtlich verfestigten Auslegungsgrundsatzes muss sich jeder deutschem Arbeitsrecht unterworfene Arbeitgeber bei der „Gestaltung" der Arbeitsbedingungen bewusst sein. Im Weiteren wird die Frage der Bindungswirkung jeweils von den Umständen des Einzelfalls abhängen, wobei eine Interpretation des Arbeitgeberverhaltens als für die Zukunft wirkend nicht allzu leichtfertig vorgenommen werden sollte. So nahm das BAG bislang an, dass aus der mehrfachen Gewährung von **Sonderzahlungen in jeweils unterschiedlicher Höhe** nicht auf einen Rechtsbindungswillen für zukünftige Leistungsperioden geschlossen werden kann – es sei erkennbar, dass die Leistung nur für das jeweilige Jahr gelten solle[1]. Gleiches soll gelten, wenn der Arbeitgeber bei der Gewährung deutlich mache, dass es sich jeweils um eine Leistung handele, zu der er sich ausschließlich für diesen Leistungszeitpunkt entschlossen habe und der Leistung eher die Bedeutung einer Annehmlichkeit als einer Gegenleistung zukomme[2]. Im Wesentlichen kommen die verschiedenen dogmatischen Ansätze zur Erklärung der betrieblichen Übung hierbei zu identischen Ergebnissen.

Für die **Verbindlichkeit einer betrieblichen Übung** können bedeutsam sein:
– Die Art des wiederholten Arbeitgeberverhaltens und seine Begleitumstände;
– dessen vorrangige Zielrichtung (Produktions- oder Begünstigungszweck);
– die Dauer oder Häufigkeit des Verhaltens; die Zahl der Leistungsfälle im Verhältnis zur Belegschaftsstärke oder zur Stärke einer begünstigten Gruppe;
– die bei einer Gewährung auf Dauer erkennbaren typischen Arbeitgeberinteressen;
– die Nähe der gewährten Vergünstigung zum vertraglichen Austauschverhältnis;
– die erkennbare Bedeutung der Leistung für den Arbeitnehmer[3].

Von vornherein ausgeschlossen ist die Annahme einer betrieblichen Übung, wenn der Arbeitgeber **erkennbar zur Erfüllung einer tatsächlich bestehenden oder nur angenommenen Verbindlichkeit** leistet (Normvollzug). Geht der Arbeitnehmer davon aus, eine gewährte Leistung stehe ihm ohnehin aus einem anderen Rechtsgrund als betrieblicher Übung zu, darf er nicht auf ein daneben tretendes Angebot des Arbeitgebers schließen[4]. Ebenso scheidet ein Anspruch aus, wenn sich die Leistung des Arbeitgebers aus Sicht des Arbeitnehmers ausschließlich als Erfüllung eines vermeintlichen Anspruchs darstellt[5]. Konnte der Arbeitnehmer dagegen den Irrtum des Arbeitgebers nicht erkennen, kann ihm aus der rechtsgrundlosen Leistungsgewährung ein Anspruch im Wege der betrieblichen Übung erwachsen[6].

---
1 BAG 28.2.1996 – 10 AZR 516/95, NJW 1996, 3166; 24.3.2010 – 10 AZR 43/09, NZA 2010, 759; anders allerdings nun BAG 21.4.2010 – 10 AZR 163/09, NZA 2010, 808; 17.4.2013 – 10 AZR 251/12, DB 2013, 2568 für individuelle Übungen.
2 BAG 16.4.1997 – 10 AZR 705/96, NZA 1998, 423.
3 BAG 28.6.2006 – 10 AZR 385/05, DB 2007, 113; 15.5.2012 – 3 AZR 610/11, NZA 2012, 1279.
4 BAG 19.1.2010 – 9 AZR 246/09, ZTR 2010, 476.
5 BAG 29.8.2012 – 10 AZR 571/11, NZA 2013, 40.
6 BAG 26.5.1993 – 4 AZR 130/93, NZA 1994, 88.

890 Eine betriebliche Übung wirkt auch **zugunsten von Arbeitnehmern, denen gegenüber selbst noch keine Leistungsgewährung erfolgt ist**. Typisch ist dies etwa bei Zahlung von Jubiläumsgeldern oder bei Leistungen der betrieblichen Altersversorgung[1]. Dies gilt auch dann, wenn der Arbeitgeber die Leistungsgewährung nicht allgemein verlautbart – die Rechtsprechung geht insoweit von dem Erfahrungssatz aus, dass begünstigende Leistungen allgemein bekannt werden[2]. Der noch nicht bedachte Arbeitnehmer kann entsprechende Leistungen verlangen, wenn er der schon bisher begünstigten Arbeitnehmergruppe angehört und die Voraussetzungen erfüllt, an welche die Leistung jeweils erkennbar geknüpft war. Der Anspruchsbegründung wohnt dann ein Element der Gleichbehandlung inne. Entsprechend setzt den Anspruch aus betrieblicher Übung – in diesen Fällen nicht nur begrifflich – stets einen **Kollektivtatbestand** voraus. Es kann nicht von einer zugunsten Dritter wirkenden betrieblichen Übung ausgegangen werden, wenn der Arbeitgeber lediglich (mehreren) einzelnen Arbeitnehmern Leistungen gewährt, ohne dass sich hierbei eine **Regelhaftigkeit** erkennen ließe. In Ermangelung einer solchen Regelhaftigkeit führen etwa Belohnungen für aus Sicht des Arbeitgebers besonders leistungsstarke Arbeitnehmer oder vereinzelt gewährte „Bleibeprämien" an solche Arbeitnehmer regelmäßig nicht zu Ansprüchen anderer Arbeitnehmer aus betrieblicher Übung.

891 Eine **Schriftformklausel** kann der Anspruchsbegründung durch betriebliche Übung entgegenstehen (§ 125 Satz 2 BGB). Allerdings können die Vertragsparteien das für eine Vertragsänderung vereinbarte Schriftformerfordernis jederzeit schlüssig und formlos aufheben – und das, selbst wenn sie bei der mündlichen Abrede an die Schriftform überhaupt nicht denken. Ein vereinbartes einfaches Schriftformerfordernis kann deshalb auch durch eine formfreie betriebliche Übung abbedungen werden. Anderes gilt für eine Vereinbarung, die nicht nur für Vertragsänderungen allgemein die Schriftform vorschreibt, sondern auch Änderungen der Schriftformklausel ihrerseits konstitutiv der Schriftform unterstellt (**doppelte Schriftformklausel**). Sie kann das Entstehen eines Anspruchs im Wege der betrieblichen Übung verhindern. Allerdings wird die Wirksamkeit der doppelten Schriftformklausel oftmals an der fehlenden – und den Arbeitnehmer dadurch in Hinblick auf § 305b BGB irreführenden – Unterscheidung zwischen Individualvereinbarungen und einer kollektiven Vereinbarung im Wege der betrieblichen Übung scheitern (§ 307 Abs. 1 Satz 1 BGB)[3].

892 Nach der Rechtsprechung hat der Arbeitgeber schließlich – **bei Sonderzahlungen** (vgl. Rz. 453) – die Möglichkeit, der Anspruchsentstehung durch einen ausdrücklichen **Freiwilligkeitsvorbehalt** (vgl. Teil 1 D Rz. 88) zu begegnen. Weist der Arbeitgeber bei Gewährung einer Leistung darauf hin, dass auch bei einer wiederholten Zahlung kein Rechtsanspruch für die Zukunft begründet werden soll, hindert das nach aktueller Rechtsprechung die Entstehung eines Anspruchs des Arbeitnehmers aus betrieblicher Übung[4]. Allerdings sieht das BAG in Freiwilligkeitsvorbehalten zum **laufenden Entgelt** generell eine den Arbeitnehmer unangemessen benachteiligende Lösung der synallagmatischen Verknüpfung zwischen Arbeit und Entgelt, so dass Freiwilligkeitsvorbehalte beim laufenden Entgelt eine Anspruchsentstehung im Wege der betrieblichen Übung nicht rechtswirksam verhindern können[5].

---

1 Vgl. BAG 28.6.2006 – 10 AZR 385/05, NZA 2006, 1174; 15.5.2012 – 3 AZR 610/11, NZA 2012, 1279.
2 BAG 28.6.2006 – 10 AZR 385/05, DB 2007, 113.
3 Vgl. insgesamt: BAG 20.5.2008 – 9 AZR 382/07, NZA 2008, 1233.
4 BAG 14.9.2011 – 10 AZR 526/10, NZA 2012, 81. Vgl. insg. *Jensen*, NZA-RR 2011, 225 (227 ff.). Krit.: *Heiden*, RdA 2012, 225 (234 f.); *Bayreuther*, BB 2009, 102 (106).
5 BAG 25.4.2007 – 5 AZR 627/06, NZA 2007, 853; 14.9.2011 – 10 AZR 526/10, NZA 2012, 81. Krit. zur Unterscheidung zwischen Sonderzahlungen und laufendem Entgelt: *Heiden*, RdA 2012, 225.

III. Verpflichtungen des Arbeitgebers

893 Sowohl die unabhängig von einer konkreten Leistung „prophylaktisch" in den Arbeitsvertrag aufgenommenen („anfänglichen" bzw. „vertraglichen") als auch die mit der jeweiligen Leistungsgewährung erklärten Freiwilligkeitsvorbehalte sind der **AGB-Kontrolle unterworfen**[1]. Das BAG folgerte bislang aus der Anwendbarkeit der §§ 305 ff. BGB keine verschärften Anforderungen in Hinblick auf die inhaltliche Präzisierung der Gründe für die Ausübung des Freiwilligkeitsvorbehalts[2]. Doch soll nunmehr der Wirksamkeit eines anfänglich im Arbeitsvertrag formulierten Freiwilligkeitsvorbehalts entgegenstehen, wenn hierin nicht zwischen laufendem Entgelt und Sonderzahlungen unterschieden wird und der Freiwilligkeitsvorbehalt nicht ausschließlich auf letztere bezogen ist. Zudem dürfe der Arbeitnehmer nicht über den Vorrang der Individualabrede vor einer Formularvereinbarung getäuscht werden. Insgesamt äußert das BAG in Hinblick auf § 307 Abs. 1 BGB **Bedenken an der Wirksamkeit anfänglicher, vertraglicher Freiwilligkeitsvorbehalte**[3].

Will der Arbeitgeber eine Bindung qua betrieblicher Übung verhindern, empfiehlt es sich auf der Grundlage der aktuellen Rechtsprechung daher, grundsätzlich jeweils bei der Gewährung einer freiwilligen Leistung erneut eindeutig zum Ausdruck zu bringen, dass kein Rechtsanspruch der Arbeitnehmer auf eine Wiederholung der Leistung in der Zukunft begründet werden soll. Die gelegentlich anzutreffende formularmäßige Kombination von Freiwilligkeits- und Widerrufsvorbehalt führt zur Intransparenz und damit zur Unwirksamkeit des Freiwilligkeitsvorbehalts[4].

Formulierungsbeispiel:

In Verbindung mit einer konkreten Leistungszusage

Die Leistung erfolgt freiwillig. Auch bei wiederholter Gewährung ist ein Rechtsanspruch auf zukünftige Leistungen ausgeschlossen.

894 In Hinblick auf die Wirkungsähnlichkeit von Widerrufs- und Freiwilligkeitsvorbehalten stellt sich allerdings die Frage, ob Freiwilligkeitsvorbehalte mit Blick auf das AGB-rechtliche Umgehungsverbot (§ 306a BGB) darüber hinaus nicht denselben Wirksamkeitsvoraussetzungen zu unterwerfen sind wie Widerrufsvorbehalte (25 %-Grenze, Sachgrundangabe, vgl. Teil 1 D Rz. 76 ff.)[5]. Alternativ zur Leistungsgewährung unter Freiwilligkeitsvorbehalt können freiwillige Leistungen mit Änderungsvorbehalten und Öffnungsklauseln hinsichtlich abändernder Betriebsvereinbarungen verbunden werden[6]. Solche Vorbehalte werden ausdrücklich nur dort zu finden sein, wo der Arbeitgeber auch die jeweilige Leistung – unabhängig von den Grundsätzen der betrieblichen Übung – ausdrücklich zusagt. Allerdings kann im Einzelfall eine Leistung nach den Umständen ihrer Gewährung auch konkludent bspw. als betriebsvereinbarungsoffen gestaltet sein[7].

---

1 BAG 18.3.2009 – 10 AZR 289/08, NZA 2009, 535; 21.1.2009 – 10 AZR 219/08, NZA 2009, 310.
2 BAG 21.1.2009 – 10 AZR 219/08, NZA 2009, 310.
3 BAG 14.9.2011 – 10 AZR 526/10, NZA 2012, 81. Vgl. auch *Preis*, NZA 2009, 281 (286).
4 BAG 14.9.2011 – 10 AZR 526/10, NZA 2012, 81.
5 *Heiden*, RdA 2012, 225 (234 f.).
6 BAG 19.2.2008 – 3 AZR 61/06, NZA-RR 2008, 597.
7 BAG 21.4.2009 – 3 AZR 674/07, DB 2009, 2386. Vgl. zur Auslegung von AGB-Verträgen als betriebsvereinbarungsoffen: BAG 5.3.2013 – 1 AZR 417/12, NZA 2013, 916.

e) Einzelfragen

aa) Neu eintretende Arbeitnehmer

895 Auch neu in ein Unternehmen eintretende Arbeitnehmer profitieren direkt von den dort bestehenden betrieblichen Übungen. Die Rechtsprechung legt dem wiederum den Erfahrungssatz zugrunde, dass zugunsten der Arbeitnehmer bestehende betriebliche Übungen (sofort) allgemein bekannt würden und dass der neu eintretende Arbeitnehmer das durch die Leistungsgewährung **in der Vergangenheit konkludent begründete, fortwirkende Angebot des Arbeitgebers** stillschweigend (§ 151 BGB) annehme[1]. Teilweise wird auch im Vertragsschluss das (neue) konkludente Angebot des Arbeitgebers gesehen, an den im Betrieb bestehenden Übungen teilzunehmen, welches der neu eintretende Arbeitnehmer stillschweigend annehme[2]. Parallel zum rechtsgeschäftlichen Ansatz folgt eine Bindung des Arbeitgebers an bestehende Übungen gegenüber neuen Arbeitnehmern bereits weitgehend aus dem arbeitsrechtlichen Gleichbehandlungsgrundsatz. Allerdings kann der Arbeitgeber eine **Erstreckung der bestehenden betrieblichen Übungen auf neu eintretende Arbeitnehmer durch entsprechende Erklärung bei der Einstellung verhindern**[3]. Der Gleichbehandlungsgrundsatz steht dem regelmäßig nicht entgegen, vorausgesetzt, der Arbeitgeber nimmt sämtliche nach einem bestimmten Stichtag eintretenden Arbeitnehmer von der bisherigen betrieblichen Übung aus[4].

bb) Betriebsübergang

896 Im Falle eines Betriebsübergangs tritt der Erwerber nach § 613a Abs. 1 Satz 1 BGB in Pflichten ein, die durch eine betriebliche Übung bereits beim Veräußerer begründet wurden[5]. Sogar die noch nicht vollendete Begründung einer betrieblichen Übung muss der Erwerber gegen sich gelten lassen, soweit bereits ein Vertrauenstatbestand gesetzt wurde; allerdings kann er die Vollendung der Begründung einer betrieblichen Übung kraft eigenen Entschlusses absetzen und so den Eintritt der Bindung verhindern[6]. Die im übergehenden Betrieb(steil) bestehenden betrieblichen Übungen erstrecken sich nicht ohne weiteres konkludentes Angebot des Erwerbers an seine bisherige Belegschaft auf diese[7].

cc) Betriebliche Übung zu Lasten des Arbeitnehmers

897 Grundsätzlich kann auf der Basis der Vertragstheorie kaum von der Möglichkeit einer betrieblichen Übung mit Wirkung zu Lasten des Arbeitnehmers ausgegangen werden. Bei Angeboten, die auf eine Vertragsänderung zu Lasten des Erklärungsempfängers zielen, kann nicht ohne Weiteres unterstellt werden, dass derjenige, der nicht reagiert, mit dem ihm angesonnenen Nachteil einverstanden ist. Nur unter besonderen Umständen kann Schweigen des Erklärungsempfängers als Zustimmung zu verstehen sein, wenn nämlich der Erklärende nach Treu und Glauben und der Verkehrssitte annehmen durfte, der andere Vertragsteil werde der angebotenen Vertragsänderung widersprechen, wenn er mit ihr nicht einverstanden sein sollte[8]. Allerdings hat das BAG

---

1 BAG 15.2.2011 – 3 AZR 35/09, BB 2011, 3068.
2 Vgl. etwa *Waltermann*, RdA 2006, 257 (265). Dem können indes schon Vollständigkeitsklauseln im Arbeitsvertrag entgegenstehen.
3 *Bepler*, RdA 2005, 323 (324); MünchArbR/*Richardi*, § 8 Rz. 21.
4 BAG 28.7.2004 – 10 AZR 19/04, NZA 2004, 1152.
5 Allerdings mit Einschränkung analog § 613a Abs. 1 Satz 3 BGB bei: *Henssler*, FS 50 Jahre BAG, S. 683 (708 ff.).
6 BAG 19.9.2007 – 4 AZR 711/06, NZA 2008, 241.
7 BAG 14.11.2001 – 10 AZR 152/01, AiB 2003, 46.
8 BAG 16.2.2010 – 3 AZR 118/08, NZA 2011, 104.

bereits die **Anwendbarkeit von Tarifverträgen** auf die Arbeitsverhältnisse der nicht tarifunterworfenen Arbeitnehmer kraft betrieblicher Übung akzeptiert mit der Folge, dass auch zum Nachteil der Arbeitnehmer wirkende Tarifvorschriften (bspw. Ausschlussfristen) Geltung erlangten[1]. Aufgrund des verfassungsrechtlich garantierten Schutzes der negativen Koalitionsfreiheit dürften indes an die Anwendbarkeit eines Manteltarifvertrags in seiner Gesamtheit sehr hohe Anforderungen zu stellen sein[2]. Eine auch zu Lasten des Arbeitnehmers wirkende betriebliche Übung wird auf die Anwendung insgesamt ambivalenter, kollektivrechtlicher Regelungen beschränkt sein, soweit nicht der Arbeitnehmer durch (zumindest) konkludentes Verhalten sein Einverständnis mit der ihn belastenden Vertragsänderung erklärt (**kein stillschweigendes Einverständnis in ungünstige Regelungen**)[3].

dd) Gewährung tariflicher Leistungen

Eine betriebliche Übung kann dazu führen, dass die Arbeitnehmer tarifvertragliche Ansprüche geltend machen können, ohne normativ oder aufgrund ausdrücklicher vertraglicher Inbezugnahme an den Tarifvertrag gebunden zu sein[4]. Erhöht der Arbeitgeber etwa dauerhaft das den Arbeitnehmern gezahlte Entgelt entsprechend einer aktuellen Tariferhöhung, kann daraus der Anspruch auf dauerhafte Gewährung dieses Tarifentgelts folgen. Dies gilt insbesondere dann, wenn der Arbeitgeber ohnehin tarifgebunden ist. Die betriebliche Übung hat dann die Wirkung einer statischen Inbezugnahme des Entgelttarifvertrags[5]. Ein Anspruch auf eine **dynamische Anpassung der Arbeitsbedingungen an die jeweilige Tarifentwicklung** kann dagegen jedenfalls bei nicht tarifgebundenen Arbeitgebern nur ausnahmsweise kraft betrieblicher Übung angenommen werden. Denn ein solcher Arbeitgeber will sich grundsätzlich nicht für die Zukunft der Regelungsmacht der Verbände unterwerfen, sondern seine Entscheidungsfreiheit für die künftige Lohn- und Gehaltsentwicklung behalten. Deshalb können die Arbeitnehmer nicht von einem Willen zur dauerhaften Bindung des Arbeitgebers an zukünftige Tarifänderungen ausgehen[6]. Bei tarifgebundenen Arbeitgebern kann dagegen eher von der Absicht zur **Gleichstellung der nicht tarifgebundenen Arbeitnehmer mit den gewerkschaftsangehörigen Arbeitnehmern** ausgegangen werden. Die Anbindung an die dynamische Entwicklung tariflich geregelter Arbeitsbedingungen endet bei einer betrieblichen Übung mit diesem Inhalt dann allerdings zum selben Zeitpunkt, wie sie tarifrechtlich auch für tarifgebundene Arbeitnehmer endet[7].

898

ee) Besonderheiten des öffentlichen Diensts

Für den öffentlichen Dienst gilt die Besonderheit, dass **der Wille des Arbeitgebers zu unterstellen ist, er wolle sich nur normgemäß verhalten und keine über- oder außertariflichen Leistungen erbringen**. Deshalb werden auch langjährige Leistungen, die ohne schriftliche Nebenabrede erbracht werden, nicht ohne Weiteres Inhalt eines Arbeitsvertrags im öffentlichen Dienst; eine betriebliche Übung ist nur selten möglich. Diese Einschränkungen sind der Tatsache geschuldet, dass der öffentliche Arbeitgeber durch die Anweisung vorgesetzter Dienststellen, Verwaltungsrichtlinien, Verordnungen und gesetzliche Bestimmungen, insbesondere des Haushaltsgesetzgebers

899

---

1 BAG 17.4.2002 – 5 AZR 89/01, NZA 2002, 1096; allerdings sah der Senat hier einen möglichen Schadensersatzanspruch wegen Verletzung der Nachweispflicht (§ 2 NachwG).
2 Kritisch *Preis/Genenger*, Jb. ArbR, Bd. 47 (2010), S. 93 (107 f.).
3 Vgl. zum Streitstand: *Henssler*, FS 50 Jahre BAG, S. 683 (700 ff.).
4 Vgl. ausf. *Henssler*, FS 50 Jahre BAG, S. 683 (693 ff.).
5 *Waltermann*, RdA 2006, 257 (266).
6 BAG 19.10.2011 – 5 AZR 359/10, NZA-RR 2012, 344.
7 BAG 17.2.2010 – 5 AZR 191/09, EzA § 4 TVG Metallindustrie Nr. 135.

wesentlich strenger rechtlich und tatsächlich gebunden ist als ein privater Arbeitgeber[1]. Ein Arbeitnehmer des öffentlichen Diensts muss daher grundsätzlich davon ausgehen, dass ihm sein Arbeitgeber nur die Leistungen gewähren will, zu denen er rechtlich verpflichtet ist und dass eine fehlerhafte Rechtsanwendung korrigiert wird[2]. Dies gilt insbesondere für die Vergütung (s. Rz. 352 zur korrigierenden Rückgruppierung)[3]. Etwas anderes gilt, wenn der Arbeitgeber bezüglich der bei ihm bestehenden Arbeitsverhältnisse keinen näheren staatlichen Festlegungen unterworfen ist, die Regeln für die Beschäftigung seiner Mitarbeiter autonom aufstellt und nicht an die Weisungen vorgesetzter Dienststellen und Behörden gebunden ist[4]. Auch bei privatrechtlich organisierten **Eigengesellschaften des öffentlichen Diensts** besteht weder eine unmittelbare Haushaltsbindung noch in gleicher Weise eine erkennbare Verpflichtung zum Normvollzug, so dass die Grundsätze der betrieblichen Übung ohne Einschränkung gelten dürften[5]. Die in den Tarifverträgen des öffentlichen Diensts enthaltenen Schriftformklauseln (vgl. § 2 Abs. 3 Satz 1 TVöD) beziehen sich regelmäßig nur auf Nebenabreden, verhindern mithin jedenfalls nicht eine betriebliche Übung im Hauptleistungsbereich[6].

f) Beendung einer betrieblichen Übung

900 Ungeachtet der dogmatischen Konstruktion eines im Wege der betrieblichen Übung begründeten Anspruchs kann ein solcher jedenfalls einvernehmlich, etwa durch **Änderungsvertrag** oder im Wege der **Änderungskündigung** wieder beseitigt werden[7]. In den Einzelheiten umstritten sind weitere Lösungsmöglichkeiten für den Arbeitgeber:

aa) Abänderung durch gegenläufige betriebliche Übung

901 Während bis zur Entscheidung des BAG vom 18.3.2009[8] von der Möglichkeit einer zu Lasten des Arbeitnehmers wirkenden „negativen betrieblichen Übung" auszugehen war[9], verneint das Gericht seither eine solche Aufhebungsmöglichkeit **ohne Vertrauensschutz für die Arbeitgeber** zu gewähren[10]. Dabei stellt es maßgeblich auf das Inkrafttreten der Schuldrechtsreform am 1.1.2002 und die seither vorzunehmende AGB-Kontrolle ab. Tatsächlich kommt es auch nach der zutreffenden und tragenden Begründung des Urteils nicht auf die Frage der AGB-Kontrolle an. Denn entscheidend ist allein, dass – abgesehen von bestimmten gesetzlichen Erklärungsfiktionen – **das Unterlassen einer Handlung oder bloßes Schweigen keine Erklärung im Geschäftsverkehr darstellt** und dass bei einem für den Arbeitnehmer ungünstigen Änderungsangebot des Arbeitgebers § 151 Satz 1 BGB nicht anwendbar ist. Allenfalls wenn der Arbeitnehmer ein solches Angebot konkludent annimmt, indem er eine (erkennbar) an die Stelle der zunächst gewährten Leistung tretende, weniger vorteilhafte Leistung in

---

1 Vgl. nur BAG 4.6.2008 – 4 AZR 421/07, NZA 2008, 1360 mwN. Krit. *Bieder*, RdA 2013, 274.
2 BAG 14.9.1994 – 5 AZR 679/93, NZA 1995, 419, 420 mwN aus der Rspr.; 11.10.1995 – 5 AZR 802/94, DB 1996, 834; 29.8.2012 – 10 AZR 571/11, NZA 2013, 40.
3 Offen ist, ob dies auch hinsichtlich Versorgungsansprüchen gilt: BAG 16.7.1996 – 3 AZR 352/95, NZA 1997, 664.
4 BAG 16.7.1996 – 3 AZR 352/95, NZA 1997, 664; 15.5.2012 – 3 AZR 469/11, nv.
5 *Bepler*, RdA 2004, 226 (231); aA bspw. LAG Schl.-Holst. 3.4.2001 – 1 Sa 646b/00, ZTR 2001, 479; offen gelassen bei BAG 18.9.2002 – 1 AZR 477/01, NZA 2003, 337. Vgl. auch: LAG München 19.7.2011 – 9 Sa 207/11 (n. rkr.), nv. – öff. Sparkasse.
6 BAG 3.8.1982 – 3 AZR 503/79, BAGE 39, 271.
7 Zu § 313 BGB: LAG Hamm 13.9.2004 – 8 Sa 721/04, NZA-RR 2005, 237.
8 BAG 18.3.2009 – 10 AZR 281/08, NZA 2009, 601. Ebenso BAG 16.2.2010 – 3 AZR 118/08, NZA 2011, 104 mit der Klarstellung, dass für den Bereich der betrieblichen Altersversorgung ohnehin eine gegenläufige Übung nicht anzuerkennen war.
9 Vgl. nur BAG 26.3.1997 – 10 AZR 612/96, NZA 1997, 1007.
10 BAG 16.2.2010 – 3 AZR 118/08, NZA 2011, 104. Krit. *Bloching/Ortolf*, NZA 2010, 1335.

Anspruch nimmt, kann es zu einer rechtsgeschäftlichen Abänderung der betrieblichen Übung im Individualverhältnis kommen. Eine konkludente Annahme kann allerdings nicht bereits im bloßen **Weiterarbeiten unter Fortfall der Vergünstigung** oder trotz eines nunmehr damit verbundenen Freiwilligkeitsvorbehalts gesehen werden – denn der unterlassenen Rechtsdurchsetzung kommt kein eigener Erklärungswert zu[1].

bb) Anfechtbarkeit

Auf dem Boden der Vertragstheorie kommt man folgerichtig zu der Möglichkeit der Anfechtung des in der betrieblichen Übung liegenden konkludenten Vertragsangebots durch den Arbeitgeber[2]. Die Anfechtung bezieht sich auf das durch wiederholtes Verhalten begründete Vertragsangebot. Der Anfechtungsgrund iSv. § 119 Abs. 1 Alt. 1 BGB liegt vor, wenn sich der Arbeitgeber über die Rechtsfolgen seines Verhaltens im Irrtum befand[3]. Der Arbeitgeber ist gehalten, die Anfechtung jedem einzelnen Arbeitnehmer gegenüber zu erklären (**keine Gesamtabsage**) mit der Folge, dass diese zwar die einzelnen Leistungen behalten dürfen, die Zukunftsbindung aber entfällt[4]. Regelmäßig wird die Anfechtungsmöglichkeit allerdings wegen Versäumung der Frist des § 121 Abs. 1 Satz 1 BGB ausscheiden. Sobald die Voraussetzungen einer betrieblichen Übung eindeutig vorliegen, muss der Arbeitgeber die Anfechtung unverzüglich erklären[5]. Spätestens zehn Jahre nach Begründung der Übung ist die Anfechtung per se ausgeschlossen (§ 121 Abs. 2 BGB).

902

cc) Abänderung durch Betriebsvereinbarung

Nur sehr eingeschränkt kann ein qua betrieblicher Übung begründeter Anspruch durch eine nachfolgende Betriebsvereinbarung abgeändert werden. Dies ist einmal möglich, wenn schon die betriebliche Übung selbst „**betriebsvereinbarungsoffen**" gestaltet ist. Dies wird man indes nur ausnahmsweise, etwa bei erkennbar jeweils entscheidender Beteiligung des Betriebsrats bei den Einzelleistungen annehmen können[6]. Im Übrigen gilt im Verhältnis des durch betriebliche Übung begründeten Individualanspruchs und einer abändernden Betriebsvereinbarung das **Günstigkeitsprinzip**. Nur **im Bereich von „Sozialleistungen"** wird auf der Basis eines „modifizierten Günstigkeitsprinzips" darauf abgestellt, ob die ablösende Betriebsvereinbarung gegenüber der bisherigen betrieblichen Übung für die Gesamtheit der von ihr erfassten Arbeitnehmer nicht ungünstiger ist (sog. **kollektiver Günstigkeitsvergleich**)[7]. Für den Bereich der Hauptleistungspflichten dürfte es indes trotz des Kollektivbezugs der betrieblichen Übung beim individuellen Günstigkeitsvergleich verbleiben. Im Entgeltbereich steht der normativen Wirkung von Betriebsvereinbarungen ohnehin regelmäßig § 77 Abs. 3 BetrVG entgegen.

903

---

1 Vgl. allerdings LAG Hamm 30.10.2006 – 10 Sa 312/06, nv.
2 Vgl. nur *Waltermann*, RdA 2006, 257 (265); *Hromadka*, NZA 2011, 65 (67 f.); str., aA etwa *Henssler*, FS 50 Jahre BAG, S. 683 (687 ff.).
3 *Houben*, BB 2006, 2301 (2302).
4 *Houben*, BB 2006, 2301 (2303).
5 Vgl. Staudinger/*Singer*, § 121 BGB Rz. 5; *Waltermann*, RdA 2006, 257 (265).
6 BAG 5.8.2009 – 10 AZR 483/08, NZA 2009, 1105. Vgl. zur Gesamtzusage: BAG 10.12.2002 – 3 AZR 671/01, AP Nr. 252 zu § 611 BGB Gratifikation. Vgl. allerdings zur Auslegung von AGB-Verträgen als betriebsvereinbarungsoffen: BAG 5.3.2013 – 1 AZR 417/12, NZA 2013, 916.
7 BAG 19.2.2008 – 3 AZR 61/06, NZA-RR 2008, 597 unter Bezug auf BAG (GS) 16.9.1986 – GS 1/82, NZA 1987, 168.

B. Entgeltfortzahlung

	Rz.
I. Annahmeverzug des Arbeitgebers	
1. Gesetzliche Grundlagen	1
2. Voraussetzungen des Annahmeverzuges	
a) Erfüllbares Dienstverhältnis	4
b) Angebot der Arbeitsleistung durch den Arbeitnehmer	
aa) §§ 294–296 BGB	6
bb) Einzelfälle	
(1) Während eines bestehenden Arbeitsverhältnisses	11
(2) Nach Ausspruch der Kündigung während des Laufs der Kündigungsfrist	14
(3) Nach Ausspruch einer fristlosen Kündigung oder nach Ablauf der Kündigungsfrist bei einer ordentlichen Kündigung	15
(4) Arbeitsunfähigkeit des gekündigten Arbeitnehmers	16
c) Leistungsfähigkeit und -willigkeit des Arbeitnehmers	21
d) Nichtannahme der Leistung durch den Arbeitgeber	28
3. Beendigung des Annahmeverzuges	
a) Allgemeines	31
b) Einzelfälle	33
4. Rechtsfolgen des Annahmeverzuges	
a) Zahlung der Vergütung	37
b) Besondere Vergütungsformen	38
c) Sachbezüge	40
d) Verjährung, tarifliche Ausschlussfristen	45
5. Anrechnung anderweitigen Verdienstes	46
a) Anderweitiger Verdienst	48
b) Ersparte Aufwendungen	55
c) Anrechnung hypothetischen Verdienstes (böswilliges Unterlassen)	
aa) Grundsätze	56
bb) Unzumutbarkeit	57
cc) Eigene Aktivitäten des Arbeitnehmers	58
dd) Tätigkeit beim bisherigen Arbeitgeber	59
ee) Tätigkeit bei einem neuen Arbeitgeber	61
6. Sonderfälle	
a) Freistellung	62
b) Betriebsrisikolehre	71
c) Störungen bei Arbeitskämpfen	76
II. Vergütungspflicht bei vorübergehender Verhinderung des Arbeitnehmers	
1. Grundlagen	81
2. Voraussetzungen der gesetzlichen Entgeltfortzahlungspflicht gem. § 616 BGB	
a) Arbeitsverhinderung	82
b) Verhinderungsdauer	87
c) Schuldlosigkeit	88
d) Einzelfälle	89
3. Anmeldung/Unterrichtungspflicht	92
4. Wirkung: Fortzahlung des Arbeitsentgelts	93
5. Anrechnung anderweitigen Erwerbs	94
6. Abdingbarkeit	95
7. Sonderfall: § 45 SGB V	98
III. Entgeltfortzahlung im Krankheitsfall	
1. Grundlagen	102
2. Voraussetzungen der Entgeltfortzahlung	105
a) Wartezeit	106
b) Arbeitsunfähigkeit	107
c) Unverschuldete Krankheit	
aa) Grundsätze	111
bb) Einzelfälle	114
cc) Schwangerschaftsabbruch und Sterilisation	118
d) Maßnahmen der Vorsorge und Rehabilitation	119
3. Dauer der Entgeltfortzahlung	
a) Beginn und Ende	121
b) Sechs-Wochen-Zeitraum	124
c) Wiederholte Arbeitsunfähigkeit	126
aa) Fortsetzungskrankheit	127
bb) Zwölf-Monats-Zeitraum	135
cc) Sechs-Monats-Regelung	136
d) Berechnungsbeispiele	137
4. Höhe der Entgeltfortzahlung	
a) Grundsätze	138
b) Regelmäßige Arbeitszeit	141
c) Arbeitsentgelt	143
d) Leistungsentgelt	148
e) Kurzarbeit, Feiertagsentgelt	149
5. Kürzungsmöglichkeit bei Sondervergütungen	150
6. Anzeige- und Nachweispflichten	
a) Anzeigepflicht	156
b) Nachweispflicht	157
c) Verletzung der Anzeige- und Nachweispflichten	160
d) Auslandserkrankung	163
aa) Anzeige- bzw. Mitteilungspflichten	164
bb) Nachweispflichten	170

	Rz.		Rz.
7. Zweifel des Arbeitgebers an der Arbeitsunfähigkeit		a) Kleinbetriebe	198
a) Ausgangslage	172	b) Erstattungsfähige Aufwendungen	200
b) Ernsthafte und begründete Zweifel	173	c) Freiwilliges Ausgleichsverfahren	201
c) Begutachtung durch den Medizinischen Dienst (§ 275 SGB V)		**IV. Entgeltfortzahlung an Feiertagen**	
aa) Inhalt der Regelung	175	1. Grundlagen	202
bb) Auswirkungen	180	2. Anspruchsvoraussetzungen	
d) Zweifel bei Auslandserkrankungen	185	a) Gesetzlicher Feiertag	205
8. Beendigung des Arbeitsverhältnisses	188	b) Geltungsbereich	207
9. Anspruchsübergang bei Dritthaftung	192	c) Kausalität	208
10. Kostenausgleich in Kleinbetrieben	197	3. Höhe des Feiertagsentgelts	211
		4. Kurzarbeit, Feiertagsentgelt und Krankheit	215
		5. Ausschluss des Anspruchs	217

Schrifttum:

Zum Annahmeverzug: *Bauer*, „Spielregeln" für die Freistellung von Arbeitnehmern, NZA 2007, 409; *Bauer/Hahn*, Zum Annahmeverzug des Arbeitgebers bei unwirksamer Kündigung, NZA 1991, 216; *Bayreuther*, Böswilliges Unterlassen eines anderweitigen Erwerbs im gekündigten Arbeitsverhältnis, NZA 2003, 1365; *Fritz/Erren*, Der Zumutbarkeitsbegriff im Sinne von § 615 S. 2 BGB, § 11 Nr. 2 KSchG und seine Auswirkungen auf die Praxis, NZA 2009, 1242; *Greiner*, Direktionsrecht und Direktionspflicht, Schadensersatz und Annahmeverzug bei Leistungshinderung des Arbeitnehmers, RdA 2013, 9; *Groeger*, Die Geltendmachung des Annahmeverzugslohnanspruchs, NZA 2000, 793; *Kappelhoff*, Leistungswille und Leistungsfähigkeit im Arbeitsverhältnis, ArbRB 2013, 158; *Löwisch*, Arbeitsrechtliche Maßnahmen bei Kurzarbeit, Massenentlassung, Betriebsänderungen und Betriebsveräußerungen, 2. Aufl. 1984; *Luke*, § 615 S. 3 BGB – Neuregelung des Betriebsrisikos?, NZA 2004, 244; *Meier, H.-G.*, Konsequenzen aus dem unberechtigten Entzug eines Firmenwagens im Rahmen des Annahmeverzugs, NZA 1999, 1083; *Meyer, M.*, Leistungswilligkeit und böswilliges Unterlassen beim Annahmeverzug im gekündigten Arbeitsverhältnis, NZA-RR 2012, 337; *Nägele*, Freistellung und anderweitiger Erwerb, NZA 2008, 1039; *Nägele/Böhm*, Zweifelhafte Rechtsprechung zur Berechnung des Annahmeverzugslohns, ArbRB 2006, 317; *Ricken*, Annahmeverzug und Prozessbeschäftigung während des Kündigungsrechtsstreits, NZA 2005, 323; *Schirge*, Böswilliges Unterlassen anderweitigen Erwerbs nach § 615 Satz 2 BGB im gekündigten Arbeitsverhältnis, DB 2000, 1278; *Spirolke*, Der – böswillig unterlassene – anderweitige Erwerb iS der § 615 BGB, § 11 KSchG, NZA 2001, 707; *Tschöpe*, Weiterbeschäftigung während des Kündigungsrechtsstreits: Neue Trends beim Annahmeverzug des Arbeitgebers, DB 2004, 434; *Ünsal*, Freistellung von der Arbeitspflicht, AuA 2013, 272; *Waas*, Rechtsfragen des Annahmeverzugs bei Kündigung durch den Arbeitgeber, NZA 1994, 151; *Zaumseil*, Arbeitsvertraglicher Ausschluss des Annahmeverzugs, ArbRB 2011, 222.

Zur Entgeltfortzahlung bei vorübergehender Verhinderung: *Brill*, Arztbesuche während der Arbeitszeit, NZA 1984, 281; *Brose*, Das erkrankte Kind des Arbeitnehmers im Arbeits- und Sozialrecht, NZA 2011, 719; *Erasmy*, Arbeitsrechtliche Auswirkungen der Neuregelung des Kinderkrankengeldes in § 45 SGB V, NZA 1992, 991; *Grabau*, Die Wahrnehmung religiöser Pflichten im Arbeitsverhältnis, BB 1991, 1257; *Gräf/Rögele*, Zusammentreffen von Betriebs- und Wegerisiko, NZA 2013, 1120; *Greiner*, Familienfreundliches Arbeitsrecht? – Die Erkrankung des Kindes als Gegenstand widersprüchlicher Regelungen, NZA 2007, 490; *Haase*, Der Anspruch des Geschäftsführers einer GmbH auf Fortzahlung seiner Vergütung im Krankheitsfall, GmbHR 2005, 1260; *Kleinebrink*, Der Freistellungs- und Vergütungsanspruch des Arbeitnehmers bei Erkrankung eines Kindes nach dem SGB V, ArbRB 2006, 303; *Moll*, Dienstvergütung bei vorübergehender Verhinderung, RdA 1980, 138.

Zur Entgeltfortzahlung bei Krankheit und an Feiertagen: *Abele*, Entgeltfortzahlung an erkrankte Wanderarbeitnehmer und Anerkennung von EG-ausländischen Attesten, NZA 1996, 631; *Bauer/Lingemann*, Probleme der Entgeltfortzahlung nach neuem Recht, BB 1996, Beil. 17, 8; *Benner*, Entgeltfortzahlung und Dritthaftung, DB 1999, 482; *Berenz*, Aktuelle Probleme bei der Entgeltfortzahlung im Krankheitsfall, DB 1995, 2166; *Berenz*, Anzeige- und Nachweispflichten bei Erkrankung im Ausland, DB 1995, 1462; *Boecken*, Entgeltfortzahlung bei nebentätigkeitsbedingtem Arbeitsunfall bzw. Unfall, NZA 2001, 233; *Gaumann/Schafft*, Anspruch auf Entgeltfortzahlung aus Anlass der Erkrankung innerhalb der Wartezeit des § 3 III EFZG?, NZA 2000, 811; *Geyer/Knorr/Krasney*, Entgeltfortzahlung, Krankengeld, Mutterschaftsgeld, Loseblatt; *Gola*, Krankenkontrolle, Datenschutz und Mitbestimmung, BB 1995, 2318; *Hanau/ Kramer*, Zweifel an der Arbeitsunfähigkeit, DB 1995, 94; *Houben*, Trifft den Arbeitnehmer eine vertragliche Pflicht, sich gesund zu halten?, NZA 2000, 128; *Junker*, Der EuGH im Arbeitsrecht – Die schwarze Serie geht weiter, NJW 1994, 2527; *Kleinebrink*, Der Freistellungs- und Vergütungsanspruch des Arbeitnehmers bei Erkrankung eines Kindes nach dem SGB V, ArbRB 2006, 303; *Kleinebrink*, Gesetzlicher Forderungsübergang bei Dritthaftung, ArbRB 2014, 154; *Kramer*, Die Vorlage der Arbeitsunfähigkeitsbescheinigung, BB 1996, 1662; *Kühn*, Die Vermeidung prozessualer Risiken bei Zweifeln an der Arbeitsunfähigkeit, NZA 2012, 1249; *Lepke*, Pflichtverletzungen des Arbeitnehmers bei Krankheit als Kündigungsgrund, NZA 1995, 1084; *Löwisch*, Das Arbeitsrechtliche Beschäftigungsförderungsgesetz, NZA 1996, 1009; *Lück*, Arztbesuch während der Arbeitszeit, AiB 2014, Nr. 2, 44; *Preis*, Das arbeitsrechtliche Beschäftigungsförderungsgesetz 1996, NJW 1996, 3369; *Raab*, Entgeltfortzahlung an arbeitsunfähig erkrankte Arbeitnehmer an Feiertagen nach der Neuregelung des EFZG, NZA 1997, 1144; *Reinecke*, Krankheit und Arbeitsunfähigkeit – die zentralen Begriffe des Rechts der Entgeltfortzahlung, DB 1998, 130; *Roßbruch*, Zum Anspruch auf Vergütung von Feiertagen und Krankheitszeiten, PflR 2013, 409; *Schmitt*, Entgeltfortzahlungsgesetz und Aufwendungsausgleichsgesetz, 7. Aufl. 2012; *Schulte/Karlsfeld*, Anzeige- und Nachweispflichten bei krankheitsbedingter Arbeitsunfähigkeit, ArbRB 2011, 341; *Schwedes*, Das arbeitsrechtliche Beschäftigungsförderungsgesetz, BB Beilage 17/1996, 2; *Sieg*, Einige Sonderprobleme der Entgeltfortzahlung nach neuem Recht, BB Beilage 17/1996, 18; *Vossen*, Die Wartezeit nach § 3 III EFZG, NZA 1998, 354.

I. Annahmeverzug des Arbeitgebers

1. Gesetzliche Grundlagen

1 Gem. § 615 Satz 1 BGB kann der Arbeitnehmer ohne Arbeitsleistung die vereinbarte Vergütung verlangen, wenn sich der Arbeitgeber im Annahmeverzug befindet. Die Voraussetzungen des Annahmeverzuges richten sich auch für das Arbeitsverhältnis nach den §§ 293 ff. BGB. Annahmeverzug tritt gem. § 293 BGB ein, wenn der Arbeitgeber die ihm angebotene Leistung nicht annimmt.

2 Nach § 615 Satz 2 BGB muss sich der Arbeitnehmer **anrechnen lassen**, was er infolge des Unterbleibens seiner Arbeitsleistung erspart oder durch anderweitige Verwendung seiner Arbeitsleistung erwirbt oder zu erwerben böswillig unterlässt. Eine vergleichbare Regelung enthalten § 11 Nr. 1 und 2 KSchG für den Fall des Fortbestehens eines Arbeitsverhältnisses nach erfolgreicher Kündigungsschutzklage.

3 Die Regelungen über den Annahmeverzug in § 615 Satz 1 BGB sind grundsätzlich **abdingbar**, können also sowohl durch Arbeitsvertrag wie durch Betriebsvereinbarung und Tarifvertrag ausgeschlossen oder anderweitig geregelt werden[1]. Allerdings darf der Arbeitgeber das **Betriebs- und Wirtschaftsrisiko nicht generell** auf den Arbeitnehmer abwälzen. Eine anderweitige Vereinbarung hinsichtlich der Fortzahlung der Vergütung bei Annahmeverzug ist daher nur zulässig, wenn es angemessen und vertretbar erscheint, den Arbeitnehmer das Risiko mittragen zu lassen, dass die Arbeit nicht angenommen werden kann[2]. Entsprechende Klauseln in Formularverträgen unterliegen der Inhaltskontrolle gem. §§ 305 ff. BGB[3]. Im Unterschied zur Anrechnungsregelung des § 615 Satz 2 BGB (vgl. Rz. 47), die ebenfalls abdingbar ist, lässt § 11 KSchG, der § 615 Satz 2 BGB verdrängt, soweit das KSchG gilt, eine Vereinbarung zu Lasten

---

1 BAG 5.9.2002 – 8 AZR 702/01, NZA 2003, 973; 6.2.1964 – 5 AZR 93/63, NJW 1964, 1243.
2 ErfK/*Preis*, § 615 BGB Rz. 8.
3 *Zaumseil*, ArbRB 2011, 222 (223).

des Arbeitnehmers nicht zu[1]. Im Rahmen von Leiharbeitsverhältnissen ist § 615 Satz 1 BGB gem. § 11 Abs. 4 Satz 2 AÜG nicht abdingbar.[2]

2. Voraussetzungen des Annahmeverzuges

a) Erfüllbares Dienstverhältnis

§ 615 Satz 1 BGB setzt das Bestehen eines Dienstverhältnisses voraus. Es muss ein erfüllbares Dienstverhältnis vorliegen, das aufgrund eines rechtswirksamen Vertrages zustande gekommen ist. Im Rahmen eines **faktischen Arbeitsverhältnisses** besteht ein Anspruch so lange, bis sich eine Partei auf die Nichtigkeit des Vertrages beruft[3]. Im Falle der **Weiterbeschäftigung nach** § 102 Abs. 5 BetrVG besteht das Arbeitsverhältnis kraft Gesetzes fort, und zwar auflösend bedingt bis zur Abweisung der Klage auf dessen Fortbestand[4]. Beschäftigt der Arbeitgeber den Arbeitnehmer nicht, gerät er in Annahmeverzug.[5]

4

Bei einer Tätigkeit im Rahmen des **allgemeinen Weiterbeschäftigungsanspruchs** ist zu differenzieren: Im Falle der **einvernehmlichen Beschäftigung** handelt es sich idR um ein gesondertes Arbeitsverhältnis, befristet bis zum bzw. auflösend bedingt durch den Abschluss des Rechtsstreits. Hier gelten keine Besonderheiten, wobei allerdings das Schriftformerfordernis gem. §§ 21, 14 Abs. 4 TzBfG zu beachten ist (vgl. auch Rz. 59). Bei der **Vollstreckung des allgemeinen Weiterbeschäftigungsanspruchs** besteht dagegen kein Anspruch aus Annahmeverzug, weil hierdurch kein Arbeitsverhältnis zustande kommt. Es kommt jedoch ein Anspruch auf Ersatz des Werts der geleisteten Arbeit nach §§ 812 Abs. 1 Satz 1, 818 Abs. 2 BGB in Betracht.[6] Zahlt allerdings der Arbeitgeber nach einer Verurteilung zur Weiterbeschäftigung des Arbeitnehmers bis zum rechtskräftigen Abschluss des Kündigungsrechtsstreits den vereinbarten Lohn, ohne dass der Arbeitnehmer weiterbeschäftigt wird, kann der Arbeitgeber diesen gem. den §§ 812 Abs. 1 Satz 1, 818 Abs. 2 BGB zurückverlangen, wenn das Arbeitsverhältnis später zu einem Zeitpunkt beendet wird, der vor dem Zahlungszeitraum lag[7]. Allein die Verurteilung zur Weiterbeschäftigung begründet nämlich kein auflösend bedingtes Arbeitsverhältnis und damit auch keinen Zahlungsanspruch[8]. Ebenso wenig liegt allein in der Zahlung der Gehälter durch den Arbeitgeber und deren Annahme durch den Arbeitnehmer die Begründung eines Arbeitsverhältnisses bis zur Beendigung des Kündigungsrechtsstreits[9]. Allenfalls kommt ein Schadensersatzanspruch wegen der Nichtbeschäftigung in Betracht[10].

5

b) Angebot der Arbeitsleistung durch den Arbeitnehmer

aa) §§ 294–296 BGB

Für das Angebot gelten die §§ 294–296 BGB. Danach bedarf es grundsätzlich eines **tatsächlichen Angebots**, § 294 BGB. Dieses Angebot ist ein Realakt, der erfolgt, indem der Arbeitnehmer seine Arbeitsstelle antritt, sich dort also zur vertraglich vereinbarten Zeit zur Aufnahme seiner Tätigkeit einfindet und seine Dienste so anbietet, wie

6

---

1 HWK/*Krause*, § 615 BGB Rz. 87; ErfK/*Kiel*, § 11 KSchG Rz. 3.
2 ErfK/*Preis*, § 615 BGB Rz. 8.
3 MünchArbR/*Boewer*, § 69 Rz. 10.
4 ErfK/*Kania*, § 102 BetrVG Rz. 35.
5 ErfK/*Kania*, § 102 BetrVG Rz. 35.
6 BAG 10.3.1987 – 8 AZR 146/84, NJW 1987, 2251.
7 BAG 17.1.1991 – 8 AZR 483/89, AP Nr. 8 zu § 611 BGB – Weiterbeschäftigung.
8 BAG 10.3.1987 – 8 AZR 146/84, AP Nr. 1 zu § 611 BGB – Weiterbeschäftigung.
9 BAG 17.1.1991 – 8 AZR 483/89, AP Nr. 8 zu § 611 BGB – Weiterbeschäftigung.
10 BAG 12.9.1985 – 2 AZR 324/84, AP Nr. 7 zu § 102 BetrVG 1972 – Weiterbeschäftigung.

sie **vertragsgemäß geschuldet** werden. Ein tatsächliches Angebot belegt in aller Regel den ernsthaften Leistungswillen des Arbeitnehmers, so dass der Arbeitgeber in einem solchen Fall mit der Einrede abgeschnitten ist, der Arbeitnehmer sei nicht leistungsfähig oder leistungswillig gewesen[1]. Dies gilt nicht, wenn der Arbeitnehmer objektiv nicht leistungsfähig war (vgl. auch Rz. 21 ff.)[2].

7 Gem. § 295 BGB genügt ein **wörtliches Angebot**, wenn der Arbeitgeber vorher erklärt hat, er werde die Leistung nicht annehmen, oder wenn zur Bewirkung der Leistung eine Handlung des Arbeitgebers erforderlich ist. Die Ablehnungserklärung muss bestimmt und eindeutig sein[3].

8 Seit seiner Entscheidung vom 9.8.1984[4] wendet das BAG **nach Ausspruch einer Kündigung** § 296 BGB an. Danach ist ein – **tatsächliches oder auch wörtliches – Angebot entbehrlich**, wenn für eine vom Gläubiger vorzunehmende Mitwirkungshandlung eine Zeit nach dem Kalender bestimmt ist und der Gläubiger die Handlung nicht rechtzeitig vornimmt. In einem Arbeitsverhältnis hat der Arbeitgeber für die arbeitstechnischen Voraussetzungen zur Verrichtung der Arbeit zu sorgen, also für jeden Arbeitstag den funktionsfähigen Arbeitsplatz zur Verfügung zu stellen und dem Arbeitnehmer die Arbeit zuzuweisen, also das Direktionsrecht auszuüben, damit dieser die geschuldete Arbeitsleistung nach dem Kalender erbringen kann[5]. Dem Arbeitgeber als Gläubiger der geschuldeten Arbeitsleistung obliegt es, dem Arbeitnehmer die Leistungserbringung zu ermöglichen. Dazu muss er den Arbeitseinsatz fortlaufend planen und durch Weisungen hinsichtlich Ort und Zeit näher konkretisieren. Kommt der Arbeitgeber dieser Obliegenheit nicht nach, gerät er in Annahmeverzug, ohne dass es eines Arbeitsangebots durch den Arbeitnehmer bedarf[6]. Mit der Kündigung gibt der Arbeitgeber dem Arbeitnehmer den entgegengesetzten Willen zu erkennen, nämlich dass er den funktionsfähigen Arbeitsplatz für die Zeit nach Ablauf der Kündigungsfrist nicht mehr zur Verfügung stellen wolle. Der Arbeitgeber kommt damit seiner kalendermäßig bestimmten Mitwirkungspflicht nicht nach und gerät in **Annahmeverzug**, wenn er dem Arbeitnehmer **unberechtigt kündigt, ohne** dass es eines **tatsächlichen oder** auch nur **wörtlichen Angebots des Arbeitnehmers** auf Arbeitsleistung bedarf[7].

9 Ein **tatsächliches sowie wörtliches Angebot** sind ferner **entbehrlich**, wenn der Arbeitgeber dem Arbeitnehmer gegenüber zu verstehen gegeben hat, er werde den Arbeitnehmer auf keinen Fall mehr beschäftigen[8]. Dies gilt insbesondere **nach endgültiger Freistellung** von der Arbeit[9] oder wenn zunächst davon ausgegangen wird, es bestehe kein Kündigungsschutz[10]. Bei **unwirksamer Befristung** galt nach früherer Rechtsprechung stets § 296 BGB[11], während das BAG zwischenzeitlich angedeutet hat, § 295 BGB anwenden zu wollen[12], so dass der Arbeitnehmer seine Bereitschaft zur Weiter-

---

1 BAG 10.5.1973 – 5 AZR 493/72, AP Nr. 27 zu § 615 BGB.
2 BAG 29.10.1998 – 2 AZR 666/97, NZA 1999, 377.
3 BAG 21.4.1999 – 5 AZR 174/98, NZA 1999, 1044.
4 Grundlegend: BAG 9.8.1984 – 2 AZR 374/83, AP Nr. 34 zu § 615 BGB, nach außerordentlicher Kündigung; BAG 21.3.1985 – 2 AZR 201/84, AP Nr. 35 zu § 615 BGB, nach ordentlicher Kündigung; kritisch und mit einem Überblick über den Meinungsstand: HWK/Krause, § 615 BGB Rz. 37 ff.
5 BAG 23.1.2001 – 9 AZR 287/99, NZA 2001, 1020; HWK/Krause, § 615 BGB Rz. 37.
6 BAG 19.1.1999 – 9 AZR 679/97, NZA 1999, 925.
7 Grundlegend: BAG 9.8.1984 – 2 AZR 374/83, AP Nr. 34 zu § 615 BGB.
8 BAG 6.2.1964 – 5 AZR 93/63, AP Nr. 24 zu § 615 BGB.
9 BAG 26.6.2013 – 5 AZR 432/12, juris; Bauer/Hahn, NZA 1991, 216 (217).
10 Bauer/Hahn, NZA 1991, 216 (217).
11 BAG 25.11.1992 – 7 AZR 191/92, AP Nr. 150 zu § 620 BGB Befristeter Arbeitsvertrag.
12 BAG 19.9.2012 – 5 AZR 627/11, AP Nr. 200 zu § 4 TVG Ausschlussfristen.

arbeit zum Ausdruck bringen muss, sei es durch eine Befristungskontrollklage oder durch einen sonstigen Protest gegen die Beendigung seines Arbeitsverhältnisses.[1]

Im **ungekündigten Arbeitsverhältnis** kann von einer Entbehrlichkeit des Angebots regelmäßig nicht ausgegangen werden. § 296 BGB findet in dem Fall keine Anwendung[2]. Dies gilt auch dann, wenn der Arbeitgeber von seinem vermeintlichen Recht Gebrauch macht, die **Arbeitszeitdauer flexibel** zu bestimmen[3] oder wenn die **Wirksamkeit eines Aufhebungsvertrages oder einer Eigenkündigung** im Streit sind. Da der Arbeitgeber in diesen Fällen die Arbeitsmöglichkeit nicht durch einseitige gestaltende Willenserklärung entzieht, bedarf es zur Begründung des Annahmeverzuges des Arbeitgebers eines **tatsächlichen Angebots der Arbeitsleistung** durch den Arbeitnehmer[4]. Ein **wörtliches Angebot** genügt unter den Voraussetzungen des § 295 BGB, wenn der Arbeitgeber also zumindest konkludent erklärt hat, er werde die Leistung nicht annehmen[5]. Bei einem **Dienstvertrag, der nicht Arbeitsvertrag** ist, muss der Dienstverpflichtete sein Angebot auf Arbeitsleistung nach Ausspruch der Kündigung wiederholen, auch wenn der Dienstberechtigte vor der Kündigung die Annahme der Dienste verweigert hat[6]. Ein Angebot kann konkludent dadurch erfolgen, dass Vergütungsansprüche geltend gemacht werden oder einer Kündigung widersprochen wird[7]. Ein wörtliches Angebot ist entbehrlich, wenn die Gesellschaft gegenüber dem Geschäftsführer erkennen lässt, dass sie unter keinen Umständen bereit ist, diesen weiter zu beschäftigen[8]. 10

bb) Einzelfälle

(1) Während eines bestehenden Arbeitsverhältnisses

Hier sind solche Fälle betroffen, in denen der Arbeitnehmer während des Arbeitsverhältnisses seine Arbeitsleistung wegen Krankheit, Urlaub oder dergleichen unterbricht und danach seine Arbeitsleistung wieder aufnimmt. In allen diesen Fällen ist unverändert ein **tatsächliches Angebot** zur Arbeitsleistung gem. § 294 BGB **erforderlich**, um Ansprüche aus Annahmeverzug auszulösen. § 296 BGB kommt hier nicht zur Anwendung[9]. Statt des tatsächlichen Angebotes genügt gem. § 295 BGB ein wörtliches Angebot, wenn der Arbeitgeber erklärt hat, er werde die Leistung nicht annehmen. Die Ablehnung muss bestimmt und eindeutig sein. Ein wörtliches Angebot ist jedoch weiterhin erforderlich. Dessen bedarf es nach § 242 BGB allerdings nicht, wenn offenkundig ist, dass der Arbeitgeber auf seiner Ablehnung beharren wird[10]. 11

Das Arbeitsangebot des Arbeitnehmers muss seinem Arbeitsvertrag und den heranzuziehenden tariflichen und arbeitsvertraglichen Bestimmungen entsprechen. Dabei kommt es auch darauf an, wo der Arbeitnehmer seine Arbeitsleistung zu erbringen hat[11]. Ist das **Arbeitsangebot** des Arbeitnehmers **nicht vertragsgemäß**, gerät der Arbeitgeber auch **nicht** in **Annahmeverzug**. Ist die zu erbringende Tätigkeit nur rahmenmäßig umschrieben, hat der Arbeitgeber gem. § 106 GewO den Arbeitsinhalt näher 12

---

1 BAG 19.9.2012 – 5 AZR 627/11, AP Nr. 200 zu § 4 TVG Ausschlussfristen; HWK/*Krause*, § 615 BGB Rz. 36.
2 BAG 16.4.2013 – 9 AZR 554/11, NJW 2013, 2460; 27.8.2008 – 5 AZR 16/08, NZA 2008, 1410.
3 BAG 25.4.2007 – 5 AZR 504/06, NZA 2007, 801.
4 BAG 7.12.2005 – 5 AZR 19/05, NZA 2006, 435.
5 BAG 25.4.2007 – 5 AZR 504/06, NZA 2007, 801.
6 BGH 20.1.1988 – IVa ZR 128/86, NJW 1988, 1201.
7 BGH 20.1.1988 – IVa ZR 128/86, NJW 1988, 1201.
8 BAG 12.7.2006 – 5 AZR 277/06, NZA 2006, 1094; BGH 19.10.2000 – II ZR 75/99, NZA 2001, 36.
9 BAG 16.4.2013 – 9 AZR 554/11, NJW 2013, 2460; 27.8.2008 – 5 AZR 16/08, NZA 2008, 1410.
10 BAG 21.4.1999 – 5 AZR 174/98, NZA 1999, 1044.
11 BAG 8.12.1982 – 4 AZR 134/80, AP Nr. 58 zu § 616 BGB.

zu bestimmen.[1] Die durch die wirksame Ausübung des Direktionsrechts bestimmte Tätigkeit ist sodann die nach § 294 BGB zu bewirkende Leistung. Lehnt der Arbeitnehmer diese ab und bietet stattdessen eine andere vertragsgemäße Arbeit an, kommt der Arbeitgeber nicht in Annahmeverzug[2]. Wie das BAG jüngst entschieden hat, kann die geschuldete Arbeitsleistung auch mit Einschränkungen – zB ohne die Ableistung von Nachtschichten aus gesundheitlichen Gründen – angeboten werden, soweit der Arbeitnehmer die geschuldete Tätigkeit grundsätzlich vollständig ausüben kann und lediglich hinsichtlich der Lage der Arbeitszeit eingeschränkt ist[3].

13 Der Arbeitnehmer kann auch **nach** seiner **Gesundung** den Arbeitgeber gem. § 295 Satz 1 Alt. 2 BGB **auffordern**, ihm **Arbeit zuzuweisen**. Diese Aufforderung des Arbeitnehmers, die Mitwirkungshandlung vorzunehmen, kann ausdrücklich oder auch konkludent durch die Anzeige der Arbeitsfähigkeit erfolgen[4]. Sie steht nach § 295 Satz 2 BGB einem Angebot gleich.

(2) Nach Ausspruch der Kündigung während des Laufs der Kündigungsfrist

14 Anders als bei der fristlosen Kündigung bringt der Arbeitgeber bei der ordentlichen und der außerordentlichen Kündigung mit Auslauffrist durch die Kündigung nicht zum Ausdruck, dass er die Arbeitsleistung ab sofort nicht mehr wolle, sondern dass er bis zum Ablauf der Kündigungsfrist den Arbeitsplatz für den betreffenden Arbeitnehmer bereithält und ihm Arbeit zuzuweisen beabsichtigt. Erst für die Zeit nach Ablauf der Kündigungsfrist verzichtet er auf die Dienste des Arbeitnehmers. Dementsprechend ist es Sache des Arbeitnehmers, während des Laufs der Kündigungs- oder Auslauffrist wie bisher seine **Arbeit tatsächlich anzubieten**[5]. Dies gilt auch in Fällen der Wiedergenesung vor Ablauf der Kündigungsfrist[6]. Ein tatsächliches Angebot ist allerdings nach vorheriger Freistellung für die Zeit während des Fristlaufs entbehrlich. Die Rechtslage ändert sich erst wieder mit Ablauf der Kündigungs- oder Auslauffrist nach einer – unwirksamen – Kündigung.

(3) Nach Ausspruch einer fristlosen Kündigung oder nach Ablauf der Kündigungsfrist bei einer ordentlichen Kündigung

15 Wie oben bereits ausgeführt, bringt der Arbeitgeber bei der fristlosen Kündigung sowie bei der ordentlichen Kündigung für die Zeit nach Ablauf der Frist durch die Kündigung zum Ausdruck, dass er die Arbeitsleistung nicht mehr wolle, also den Arbeitsplatz für den betreffenden Arbeitnehmer nicht mehr bereithalte. In diesen Fällen bedarf es grundsätzlich **keines tatsächlichen oder wörtlichen Angebots des Arbeitnehmers**, was aus § 296 BGB folgt. Dies gilt auch nach einem vom Arbeitnehmer **gewonnenen Kündigungsschutzprozess**[7].

(4) Arbeitsunfähigkeit des gekündigten Arbeitnehmers

16 Ist der Arbeitnehmer arbeitsunfähig krank, besteht **mangels Leistungsfähigkeit kein Annahmeverzug** (vgl. Rz. 21 ff.). Ist der Arbeitnehmer wieder gesund, hat er dies dem Arbeitgeber mitzuteilen oder ihn gem. § 295 Satz 1 Alt. 2 BGB aufzufordern, ihm Arbeit zuzuweisen (vgl. Rz. 11, 13). Fraglich ist, ob dies auch gilt, wenn die Arbeitsunfä-

---

1 BAG 9.4.2014 – 10 AZR 637/13, DB 2014, 1434.
2 BAG 19.5.2010 – 5 AZR 162/09, NZA 2010, 1119.
3 BAG 9.4.2014 – 10 AZR 637/13, NZA 2014, 719.
4 BAG 19.4.1990 – 2 AZR 591/89, AP Nr. 45 zu § 615 BGB.
5 BAG 21.3.1985 – 2 AZR 201/84, AP Nr. 35 zu § 615 BGB.
6 BAG 29.10.1992 – 2 AZR 250/92, nv.
7 Vgl. BAG 19.1.1999 – 9 AZR 679/97, NZA 1999, 925.

I. Annahmeverzug des Arbeitgebers

higkeit zum Zeitpunkt der außerordentlichen Kündigung oder bei Ablauf der Kündigungsfrist bestand bzw. später eingetreten ist, oder ob in diesen Fällen der Annahmeverzug ohne Weiteres (wieder) eintritt, ohne dass es einer Anzeige des Arbeitnehmers bedarf.

Nach der Rechtsprechung des BAG[1] muss der Arbeitnehmer dem Arbeitgeber **weder die Wiedergenesung anzeigen noch** diesen **zur Zuweisung der Arbeit auffordern. Voraussetzung** ist allerdings, dass der Arbeitnehmer durch Erhebung der **Kündigungsschutzklage oder sonstigen Widerspruch** seine weitere **Leistungsbereitschaft deutlich** gemacht hat, also ein Bereitschaftssignal gesetzt hat[2]. Zur Begründung verweist das BAG auf die §§ 293 ff. BGB, wonach ein Hinweis auf die fortbestehende Leistungsfähigkeit nicht zu den Voraussetzungen des Annahmeverzuges gehört. Vielmehr muss der Arbeitgeber auch ohne Hinweis auf die Leistungsfähigkeit des Arbeitnehmers durch Zuweisung von Arbeit seine Mitwirkungshandlung erfüllen, da der Arbeitgeber als Gläubiger den entscheidenden Anteil an der unterbrochenen Leistung des Arbeitnehmers habe. Letztlich liegt dem die Wertung zugrunde, der Arbeitgeber könne nicht auf der einen Seite durch Ausspruch der Kündigung deutlich erklären, auf die Leistung des Arbeitnehmers keinen Wert mehr zu legen, diesen aber auf der anderen Seite an dessen Leistungspflicht festhalten, indem er von ihm weiterhin die Anzeige der Arbeitsfähigkeit verlange. Die Rechtsprechung des BAG gilt sowohl für die **kurzfristige Erkrankung**[3] wie auch für die **mehrfach befristete**[4] sowie die **unabsehbare bzw. langwährende Erkrankung**[5]. Diese Rechtsprechung des BAG hat im Ergebnis weitgehend Zustimmung erfahren[6], ist allerdings hinsichtlich der dogmatischen Ableitung umstritten[7].

17

Unabhängig davon ist die **Mitteilung** der Arbeitsbereitschaft durch den Arbeitnehmer **entbehrlich**, wenn der **Arbeitgeber** klar und ernsthaft **erklärt** hat, er **verzichte auf die Arbeitsleistung** auch für die Zeit nach dem Ende der fehlenden Arbeitsbereitschaft oder -fähigkeit[8].

18

Im Ergebnis ist es gefestigte Rechtsprechung, dass der gekündigte Arbeitnehmer, der im Zeitpunkt der Entlassung oder danach arbeitsunfähig ist, die Wiederherstellung der Arbeitsfähigkeit dem Arbeitgeber nicht anzeigen muss, um die Voraussetzungen des Annahmeverzuges (wieder) herzustellen[9].

19

An den vorstehenden Grundsätzen ändert sich nichts, wenn die **Kündigungsschutzklage verspätet erhoben** und erst **nachträglich zugelassen** wird. Die Fiktionswirkung des § 7 KSchG tritt dann von vornherein nicht ein[10].

20

---

1 Grundlegend: BAG 19.4.1990 – 2 AZR 591/89, AP Nr. 45 zu § 615 BGB.
2 BAG 24.11.1994 – 2 AZR 179/94, AP Nr. 60 zu § 615 BGB.
3 BAG 19.4.1990 – 2 AZR 591/89, AP Nr. 45 zu § 615 BGB.
4 BAG 24.10.1991 – 2 AZR 112/91, AP Nr. 50 zu § 615 BGB; dazu: *Stephan*, NZA 1992, 585; *Kaiser*, Anm. zu EzA § 615 BGB Nr. 70.
5 BAG 21.1.1992 – 2 AZR 309/92 und 24.11.1994 – 2 AZR 179/94, AP Nr. 53 u. 60 zu § 615 BGB; aA für den Fall unabsehbarer Erkrankung zum Zeitpunkt der Entlassung: *Ramrath*, Anm. zu BAG 24.11.1994 – 2 AZR 179/94, AP Nr. 60 zu § 615 BGB.
6 *Ramrath*, Anm. zu BAG 24.11.1994 – 2 AZR 179/94, AP Nr. 60 zu § 615 BGB; *Waas*, NZA 1994, 151.
7 Zum Meinungsstand: *Waas*, NZA 1994, 151.
8 BAG 9.8.1984 – 2 AZR 374/83, AP Nr. 34 zu § 615 BGB; *Bauer/Hahn*, NZA 1991, 216 (217).
9 BAG 26.9.2007 – 5 AZR 870/06, NZA 2008, 1063; 24.11.1994 – 2 AZR 179/94, AP Nr. 60 zu § 615 BGB.
10 BAG 24.11.1994 – 2 AZR 179/94, AP Nr. 60 zu § 615 BGB.

c) Leistungsfähigkeit und -willigkeit des Arbeitnehmers

21 Der Arbeitnehmer muss zum Zeitpunkt des Angebots oder im Fall des § 296 BGB zu der für die Handlung des Arbeitgebers bestimmten Zeit sowie während des gesamten Annahmeverzugszeitraums, also nicht nur vor Ausspruch der Kündigung, **rechtlich und tatsächlich in der Lage** sein, die vertraglich geschuldete **Arbeitsleistung zu erbringen**. Dies beruht darauf, dass der Annahmeverzug gem. § 297 BGB nicht eintreten kann, wenn dem Arbeitnehmer die Leistung unmöglich ist[1]. Der Arbeitnehmer muss des Weiteren **leistungswillig** sein[2].

22 Nach § 297 BGB kommt der Arbeitgeber als Gläubiger der Arbeitsleistung nicht in Verzug, wenn der Arbeitnehmer zur vertraglich vorgesehenen Zeit „außerstande ist", die von ihm geschuldete Leistung zu erbringen. Für die Beurteilung der **Leistungsfähigkeit** kommt es nicht auf die subjektive Einschätzung des Arbeitnehmers, sondern ausschließlich auf die objektiven Umstände an. Bietet also der Arbeitnehmer seine Arbeitsleistung an, obwohl er nachweislich zur Arbeitsleistung außerstande ist, gerät der Arbeitgeber nicht in Annahmeverzug[3]. Ist der Arbeitnehmer aus in seiner Person liegenden Gründen (zB Krankheit, Behinderung) nur noch **eingeschränkt leistungsfähig**, kann er also die ihm zugewiesene Tätigkeit nicht mehr, wohl aber eine andere vertraglich vereinbarte Arbeit verrichten, und bietet er diese dem Arbeitgeber stattdessen an, kommt der Arbeitgeber nicht in Annahmeverzug. Annahmeverzug kann vielmehr erst mit Zuweisung dieser geänderten Tätigkeit eintreten. Der Arbeitgeber kann aber uU gem. § 241 Abs. 2 BGB zur Zuweisung einer Arbeit, die vertragsgemäß ist und die Leistungseinschränkung des Arbeitnehmers berücksichtigt, verpflichtet sein[4]. Voraussetzung ist, dass der Arbeitnehmer dies verlangt und dem Arbeitgeber mitteilt, wie er sich seine leidensgerechte Beschäftigung vorstellt. Zusätzlich muss diese dem Arbeitgeber rechtlich möglich und zumutbar sein. Verletzt der Arbeitgeber diese Pflicht schuldhaft, steht dem Arbeitnehmer ein Schadensersatzanspruch nach § 280 Abs. 1 BGB zu[5].

23 Die **rechtliche Unmöglichkeit** (fehlendes Gesundheitszeugnis, fehlende Fahr- oder Arbeitserlaubnis) ist grundsätzlich zu behandeln wie die tatsächliche Unmöglichkeit. Als rechtliche Unmöglichkeit wird von der Rechtsprechung auch die **rechtswirksame Freistellung von der Arbeit für die Dauer von Urlaub oder wegen Freizeitausgleichs** zur Abgeltung von Überstunden angesehen[6], so dass kein Annahmeverzug besteht. Sodann bestehen allerdings Ansprüche auf Urlaubsentgelt bzw. Arbeitsentgelt zum Überstundenausgleich.

24 Der Unmöglichkeit der Arbeitsleistung steht die **Leistungsunwilligkeit des Arbeitnehmers** gleich, da sich ein leistungsunwilliger Arbeitnehmer selbst außerstande setzt, die Arbeitsleistung zu bewirken. Der subjektive Leistungswille, der weder durch ein tatsächliches oder wörtliches Angebot noch durch die Erhebung einer Kündigungsschutzklage ersetzt werden kann, ist eine von dem Leistungsangebot und dessen Entbehrlichkeit unabhängige Voraussetzung, die während des gesamten Verzugszeitraums vorliegen muss. Fehlt der Leistungswille, kann dies den Annahmeverzug des Arbeitgebers gänzlich entfallen lassen[7]. Eine Leistungsunwilligkeit des Arbeitnehmers kann angenommen werden, wenn dieser ein Angebot des Arbeitgebers ablehnt, das trotz Aufrechterhaltung der Kündigung auf eine Weiterbeschäftigung zu unveränderten Bedingungen gerichtet ist. Von einem **böswilligen Unterlassen ander-**

---

1 BAG 4.10.2005 – 9 AZR 632/04, NZA 2006, 442.
2 BAG 24.9.2003 – 5 AZR 591/02, NZA 2003, 1387.
3 BAG 29.10.1998 – 2 AZR 666/97, NZA 1999, 377.
4 BAG 9.4.2014 – 10 AZR 637/13, NZA 2014, 719.
5 BAG 19.5.2010 – 5 AZR 162/09, NZA 2010, 1119.
6 BAG 16.7.2013 – 9 AZR 50/12, juris; 23.1.2001 – 9 AZR 26/00, AP Nr. 93 zu § 615 BGB.
7 BAG 14.8.2011 – 5 AZR 251/10, NZA-RR 2012, 342.

I. Annahmeverzug des Arbeitgebers

weitigen Erwerbs ist dagegen dann auszugehen, wenn es um die Tätigkeit bei einem anderen Arbeitgeber oder als Selbständiger geht oder der bisherige Arbeitgeber eine nicht vertragsgemäße Tätigkeit angeboten hat[1]. In beiden Fällen muss die angebotene Tätigkeit zusätzlich zumutbar sein (vgl. dazu Rz. 57). **Leistungsunwilligkeit** liegt demgegenüber nicht schon dann vor, wenn der Arbeitnehmer keine Kündigungsschutzklage erhebt[2], ein Weiterbeschäftigungsurteil nicht vollstreckt[3] oder einen **Auflösungsantrag** nach § 9 KSchG stellt[4].

Die **Darlegungs- und Beweislast** dafür, dass der Arbeitnehmer nicht leistungsfähig bzw. -willig ist, trägt der **Arbeitgeber**; es genügt, wenn er sich auf Indizien wie zB die Nichtaufnahme der Arbeit nach Vollstreckung eines Weiterbeschäftigungstitels[5] beruft. Der Beweis kann durch das Zeugnis der den Arbeitnehmer behandelnden Ärzte oder ein Sachverständigengutachten erbracht werden[6]. Wie oben ausgeführt (vgl. Rz. 6), besteht im Falle eines tatsächlichen Angebots eine Vermutung für die Leistungsfähigkeit und -willigkeit des Arbeitnehmers. Dies gilt nicht bei einem nur wörtlichen Angebot. 25

Ist der **Arbeitnehmer nicht leistungsfähig**, finden die §§ 275, 326 BGB Anwendung, dh. der **Arbeitgeber** wird grundsätzlich von der Leistung der Vergütung **frei**. Dies gilt nicht in den folgenden **Ausnahmefällen:** Beruht die Leistungsunfähigkeit des Arbeitnehmers während des Annahmeverzuges auf einer **krankheitsbedingten Arbeitsunfähigkeit** oder einer **sonstigen vorübergehenden persönlichen Verhinderung** (§ 616 BGB), bleibt der **Anspruch auf Vergütung** nach dem Entgeltfortzahlungsgesetz bzw. nach § 616 BGB bestehen. Bei rechtlicher Unmöglichkeit der Arbeitsleistung wegen Urlaubs (vgl. Rz. 23) ergibt sich der Anspruch aus dem BUrlG. Zu der Frage, ob der Arbeitnehmer seine Arbeitsleistung nach Beendigung der Krankheit bzw. der sonstigen persönlichen Verhinderung wieder anbieten muss, vgl. Rz. 11ff. sowie 16ff. Bei Aufnahme einer **anderweitigen Tätigkeit** bleibt der Anspruch aus Annahmeverzug bestehen, der Arbeitnehmer muss sich jedoch den anderweitig erzielten Zwischenverdienst anrechnen lassen, § 615 Satz 2 BGB bzw. § 11 KSchG (vgl. Rz. 46ff.). 26

Zu den Fällen der **Betriebsrisikolehre** s. Rz. 71ff. 27

d) Nichtannahme der Leistung durch den Arbeitgeber

Der Arbeitgeber gerät in Annahmeverzug, wenn er die Dienste des Arbeitnehmers nicht annimmt. Dies kann erfolgen durch **Verweigerung der Zuweisung von Arbeit**, wenn der Arbeitgeber zu einer nach dem Kalender bestimmten Zeit dem Arbeitnehmer keinen funktionsfähigen Arbeitsplatz einrichtet. So obliegt es dem Arbeitgeber als Gläubiger der geschuldeten Arbeitsleistung, dem Arbeitnehmer die Leistungserbringung zu ermöglichen. Dazu muss er den **Arbeitseinsatz des Arbeitnehmers fortlaufend planen** und durch **Weisungen hinsichtlich Ort und Zeit der Arbeitsleistung** näher konkretisieren. Kommt der Arbeitgeber dieser Obliegenheit nicht nach, gerät er in Annahmeverzug[7]. **Unerheblich** ist, ob den Arbeitgeber ein **Verschulden** trifft[8]. Um eine Verweigerung der Zuweisung von Arbeit handelt es sich auch, wenn die zugewiesene **Arbeit nicht vertragsgemäß** ist. Die Ablehnung einer solchen Tätigkeit kann jedoch uU böswilliges Unterlassen anderweitigen Erwerbs darstellen und zur 28

---

1 BAG 14.8.2011 – 5 AZR 251/10, NZA-RR 2012, 342.
2 HWK/*Krause*, § 615 BGB Rz. 47.
3 *Meyer*, NZA-RR 2012, 337 (339).
4 ErfK/*Preis*, § 615 BGB Rz. 47.
5 BAG 14.8.2011 – 5 AZR 251/10, NZA-RR 2012, 342.
6 BAG 5.11.2003 – 5 AZR 562/02, AP Nr. 106 zu § 615 BGB.
7 BAG 19.1.1999 – 9 AZR 679/97, NZA 1999, 925.
8 ErfK/*Preis*, § 615 BGB Rz. 56.

Anrechnung führen (vgl. Rz. 56 ff.). Der Arbeitgeber kann auch **teilweise in Annahmeverzug** geraten, wenn er weniger Arbeit zuweist, als der Arbeitnehmer schuldet, und hierdurch den Umfang der Arbeitsleistung rechtswidrig einschränkt[1]. Annahmeverzug besteht ferner, wenn der Arbeitgeber die Dienstleistung des Arbeitnehmers nicht annehmen kann (sog. **Annahmeunmöglichkeit**) und dies von niemandem zu vertreten ist[2].

29 Der Arbeitgeber darf die Annahme der Dienste des Arbeitnehmers verweigern, wenn ihm eine **weitere Beschäftigung** unter Berücksichtigung von dem Arbeitnehmer zuzurechnenden Umständen nach Treu und Glauben **unzumutbar** ist. In einem solchen Fall tritt **kein Annahmeverzug** ein. Dies gilt allerdings nicht bereits bei jedem Verhalten des Arbeitnehmers, das zur fristlosen Kündigung berechtigt, sondern nur bei **besonders groben Vertragsverstößen**. Werden bei der Annahme der Leistung Rechtsgüter des Arbeitgebers, seiner Familienangehörigen oder anderer Arbeitnehmer gefährdet, hat deren Schutz Vorrang vor den Interessen des Arbeitnehmers an der Erhaltung seines Verdienstes. Dies kann auch ein einmaliges Verhalten des Arbeitnehmers sein, es muss sich hierbei aber um einen **besonders verwerflichen Eingriff in absolut geschützte Rechtsgüter** handeln[3]. Es muss ein ungewöhnlich schwerer Verstoß gegen allgemeine Verhaltenspflichten vorliegen, der den Arbeitgeber schlechterdings berechtigt, die Dienste abzulehnen[4].

30 Beispiele:

Bedrohung des Arbeitgebers und dessen Familie mit einem Beil[5]; dringender Verdacht des sexuellen Missbrauchs von Kleinkindern durch einen Erzieher[6]. Dagegen wurde in einem Fall, in dem der Arbeitnehmer Ware des Arbeitgebers gestohlen bzw. unterschlagen hatte, die Unzumutbarkeit verneint[7].

3. Beendigung des Annahmeverzuges

a) Allgemeines

31 Der Annahmeverzug endet zum einen mit dem **Ende des Arbeitsverhältnisses**. Er endet des Weiteren, wenn der Arbeitgeber für die arbeitstechnischen Voraussetzungen zur Fortsetzung der Arbeit sorgt, also den **funktionsfähigen Arbeitsplatz** zur Verfügung stellt und dem Arbeitnehmer mitteilt, dass er arbeiten darf bzw. ihm die **Arbeit zuweist**[8], und beseitigt, was den Annahmeverzug begründet hat. Der Annahmeverzug endet ferner, sobald seine Voraussetzungen entfallen, zB also dann, wenn der Arbeitnehmer seinen fehlenden Leistungswillen offenbart (vgl. dazu Rz. 21 ff.)[9]. Was der Arbeitgeber im Einzelnen tun muss, um den Annahmeverzug zu beenden, ist nach wie vor umstritten.

32 Nach der Rechtsprechung des BAG endet der Annahmeverzug, wenn der Arbeitgeber dem Arbeitnehmer die vertragsgerechte Arbeit zwecks Erfüllung des bestehenden Arbeitsvertrags anbietet[10]. **Nach einer unwirksamen Kündigung** ist es erforderlich und ausreichend, wenn der Arbeitgeber die versäumte Arbeitsaufforderung nachholt. Die Beendigung des Streits über den Bestand des Arbeitsverhältnisses ändert daran nichts.

---

1 BAG 7.11.2002 – 2 AZR 742/00, NZA 2003, 1139.
2 BAG 18.5.1999 – 9 AZR 13/98, AP Nr. 83 zu § 615 BGB; *Luke*, NZA 2004, 244 (246).
3 BAG 29.10.1987 – 2 AZR 144/87, AP Nr. 42 zu § 615 BGB.
4 BAG 16.4.2014 – 5 AZR 739/11, NZA 2014, 1082.
5 BAG 26.4.1956 – GS 1/56, AP Nr. 5 zu § 9 MuSchG.
6 LAG Berlin 27.11.1995 – 9 Sa 85/95, LAGE § 615 BGB Nr. 46.
7 BAG 29.10.1987 – 2 AZR 144/87, AP Nr. 42 zu § 615 BGB.
8 BAG 21.3.1985 – 2 AZR 201/84, AP Nr. 35 zu § 615 BGB.
9 BAG 16.5.2012 – 5 AZR 251/11, NZA 2012, 971.
10 BAG 7.2.2007 – 5 AZR 422/06, NZA 2007, 561.

I. Annahmeverzug des Arbeitgebers

Der Arbeitnehmer darf die Arbeitsaufforderung des Arbeitgebers abwarten[1]. Der Arbeitgeber muss die Leistung so annehmen, wie der Arbeitnehmer sie nach der zugrunde liegenden vertraglichen Verpflichtung grundsätzlich zu erbringen hat, nämlich zum Zweck der Erfüllung des Vertrages[2]. Er muss also die Folgen einer unwirksamen Kündigung, soweit es möglich ist, wieder beseitigen und klarstellen, dass die Kündigung zu Unrecht erfolgt sei[3]. Insbesondere ist der **Arbeitgeber** nach einer von ihm ausgesprochenen unwirksamen Kündigung gehalten, wegen § 296 BGB **von sich aus** den Arbeitnehmer durch Zuweisung von Arbeit zur Wiederaufnahme der Arbeit aufzufordern, wenn er die Folgen aus § 615 BGB vermeiden will[4].

b) Einzelfälle

Zur **Beendigung des Annahmeverzuges** nach Ausspruch einer Kündigung führen **nicht**: 33

- die Erklärung der **Kündigungsrücknahme** durch den Arbeitgeber, **ohne** dass eine Aussage zum **Ort oder** zum **Zeitpunkt der Arbeitsaufnahme** getroffen wird[5],
- die Aufforderung des Arbeitgebers, den Dienst „einstweilen" wieder aufzunehmen[6],
- das Angebot eines für die Dauer des Kündigungsschutzrechtsstreits befristeten neuen Arbeitsvertrages zu den bisherigen Bedingungen oder eine durch die rechtskräftige Feststellung der Wirksamkeit der Kündigung auflösend bedingte Fortsetzung des Vertrages unter Aufrechterhaltung der Kündigung[7],
- **die Weiterbeschäftigung nach** § 102 Abs. 5 BetrVG[8]. Lehnt der Arbeitnehmer diese ab, kann dies allerdings die Leistungsunwilligkeit (§ 297 BGB) indizieren und dadurch zur Beendigung des Annahmeverzugs führen (vgl. Rz. 21 ff.)[9].

Nimmt der Arbeitgeber im Einvernehmen mit dem Arbeitnehmer die **Kündigungserklärung vorbehaltlos „zurück"**, erkennt er damit zugleich die Voraussetzungen des Annahmeverzuges an[10]. 34

Einigen sich die Parteien auf eine **Unwirksamkeit der Kündigung** und die **Fortsetzung des Arbeitsverhältnisses** und befand sich der Arbeitgeber zuvor im Annahmeverzug, muss der Arbeitgeber zur Beendigung des Annahmeverzuges die ihm obliegende Mitwirkungshandlung vornehmen und den Arbeitnehmer zur Arbeitsleistung auffordern[11]. 35

Erklärt der Arbeitgeber, die Dienste wieder anzunehmen, endet der Annahmeverzug nicht mit Zugang dieser Erklärung, sondern erst **mit Ablauf der Zeit, die der Arbeitnehmer nach Treu und Glauben benötigt**, um seine **Arbeit wieder aufzunehmen**[12]. Bei Eingehen eines anderweitigen Arbeitsverhältnisses ist dies der Zeitpunkt, zu dem das anderweitige Arbeitsverhältnis frühestens gekündigt werden kann; der Arbeitnehmer muss allerdings unverzüglich kündigen[13]. Da der Arbeitgeber an sich keine „Ankündi- 36

---

1 BAG 16.5.2012 – 5 AZR 251/11, NZA 2012, 971.
2 BAG 24.9.2003 – 5 AZR 500/02, NZA 2004, 90.
3 BAG 14.11.1985 – 2 AZR 98/84, AP Nr. 39 zu § 615 BGB; aA *Waas*, NZA 1994, 151 (156 f.).
4 BAG 24.11.1994 – 2 AZR 179/94, AP Nr. 60 zu § 615 BGB.
5 BAG 19.1.1999 – 9 AZR 679/97, NZA 1999, 925.
6 BAG 21.5.1981 – 2 AZR 95/79, AP Nr. 32 zu § 615 BGB m. Anm. von *Mühl*.
7 BAG 13.7.2005 – 5 AZR 578/04, NZA 2005, 1348; die Ablehnung eines solchen Angebots kann jedoch böswilliges Unterlassen sein, vgl. Rz. 56 ff.
8 BAG 12.9.1985 – 2 AZR 324/84, AP Nr. 7 zu § 102 BetrVG – Weiterbeschäftigung.
9 BAG 16.5.2012 – 5 AZR 251/11, NZA 2012, 971.
10 BAG 17.4.1986 – 2 AZR 308/85, AP Nr. 40 zu § 615 BGB.
11 BAG 16.5.2012 – 5 AZR 251/11, NZA 2012, 971.
12 BAG 14.3.1962 – 4 AZR 146/61, AP Nr. 21 zu § 615 BGB.
13 APS/*Biebl*, § 12 KSchG Rz. 10.

gungsfrist" einzuhalten hat, ist der Arbeitnehmer in derartigen Fällen verpflichtet, sich hierzu gegenüber dem Arbeitgeber entsprechend zu erklären. Unterlässt er dagegen auf eine Arbeitsaufforderung jede Reaktion, offenbart er damit seinen fehlenden Leistungswillen, und der Annahmeverzug endet mit Zugang der Arbeitsaufforderung.[1]

4. Rechtsfolgen des Annahmeverzuges

a) Zahlung der Vergütung

37 Der Arbeitgeber ist zur Zahlung der Vergütung verpflichtet, die der Arbeitnehmer im Falle einer Weiterbeschäftigung während des Annahmeverzuges erhalten hätte mit Einschluss von Sondervergütungen und Zulagen, soweit sie zum Arbeitsentgelt gehören. Es handelt sich um einen **echten Erfüllungs- und keinen Schadensersatzanspruch**, ohne dass der Arbeitnehmer zur Nachleistung verpflichtet ist[2]. Ebenso gelten dieselben Fälligkeitstermine wie bei ungestörtem Verlauf des Arbeitsverhältnisses[3]. Für die Berechnung gilt das **Lohnausfallprinzip**[4]. Die **Vergütung für Teile eines Kalendermonats** ist nicht auf der Basis der in diesem Monat zu leistenden Arbeitstage, sondern in Anlehnung an § 191 BGB auf der Grundlage eines Tagessatzes von einem Dreißigstel des Monatsentgelts zu berechnen[5]. Nicht hierzu gehören Leistungen, die dem Auslagenersatz dienen (vgl. Rz. 39).

b) Besondere Vergütungsformen

38 Bei **Leistungslohn- und Provisionsempfängern** ist das Entgelt zu zahlen, das der Arbeitnehmer bei Weiterarbeit verdient hätte. Bereitet die Ermittlung Schwierigkeiten, kann auf einen **vergleichbaren Arbeitnehmer** oder, wenn ein solcher nicht zur Verfügung steht, auf den **Durchschnitt eines zurückliegenden Zeitraums** (üblich sind drei Monate) abgestellt werden. Im Prozess kann der ausgefallene Verdienst gem. § 287 ZPO geschätzt werden[6]. **Verdiensterhöhungen** während des Annahmeverzuges sind zu berücksichtigen. Wären **Mehrarbeit, Nacht- oder Wechselschicht** angefallen, sind auch die entsprechenden Zuschläge zu zahlen. Ebenso sind **Erschwernis-**[7], **Sozial- und Funktionszulagen** sowie **Gratifikationen**[8] zu leisten. Sind Teile des Arbeitsentgelts wie **Nachtschichtzuschläge** nur bei tatsächlicher Leistung steuerfrei, ist trotzdem nur der entsprechende Bruttobetrag zu zahlen. Der Arbeitgeber ist regelmäßig auch nicht zum Ersatz des daraus entstehenden Schadens verpflichtet[9].

39 Es entfallen **Aufwandsentschädigungen, Spesen, Tagegelder** und ähnliche Leistungen, die Aufwendungen abgelten. Dies gilt ebenso für **Schmutzzulagen**[10]. **Pauschalierte Aufwandsentschädigungen** wie etwa Nahauslösungen, die keinen bestimmbaren Aufwand abgelten, stellen Arbeitsentgelt dar und sind daher weiterzuzahlen. **Essensgeldzuschüsse**, die eine reale Mehrbelastung abgelten, entfallen. Werden sie – als Pauschale – unabhängig vom Verhalten des Arbeitnehmers gezahlt, sind sie Entgeltbestandteil und ebenfalls weiterzuzahlen[11].

---

1 BAG 16.5.2012 – 5 AZR 251/11, NZA 2012, 971.
2 BAG 24.9.2003 – 5 AZR 500/02, NZA 2004, 90; *Groeger*, NZA 2000, 793 (794).
3 BAG 24.8.1999 – 9 AZR 804/98, AP Nr. 1 zu § 615 BGB – Anrechnung.
4 BAG 19.3.2008 – 5 AZR 429/07, NZA 2008, 757.
5 BAG 16.5.2012 – 5 AZR 251/11, NZA 2012, 971.
6 BAG 18.9.2001 – 9 AZR 307/00, NZA 2002, 268 (270).
7 BAG 18.6.1958 – 4 AZR 590/55, AP Nr. 6 zu § 615 BGB.
8 BAG 11.7.1985 – 2 AZR 106/84, AP Nr. 35a zu § 615 BGB.
9 BAG 19.10.2000 – 8 AZR 20/00, AP Nr. 11 zu § 611 BGB – Haftung des Arbeitgebers; aA ErfK/*Preis*, § 615 BGB Rz. 79.
10 ErfK/*Preis*, § 615 BGB Rz. 78.
11 BAG 19.3.2008 – 5 AZR 429/07, NZA 2008, 757.

c) Sachbezüge

Naturallohn wie Wohnung, Heizung, Wasser, Licht ist ebenfalls weiterhin zu gewähren. Können Sachleistungen nicht erbracht werden, sind sie mit ihrem **Wert auszugleichen**. Für die Wertberechnung ist § 17 SBG IV iVm. §§ 1–4 SachbezugsVO zugrunde zu legen.

Bei einem (auch) **privat genutzten Dienstwagen** hat der Arbeitnehmer Anspruch auf Entschädigung für die vorenthaltene Nutzung. Die Überlassung eines Pkw durch den Arbeitgeber zur privaten Nutzung hat Vergütungscharakter und ist Hauptleistungspflicht. Kommt der Arbeitgeber dem nicht nach und hat er dies auch zu vertreten, muss er dem Arbeitnehmer eine **Nutzungsentschädigung** leisten, die entweder auf schadenersatzrechtliche Normen[1] oder als Wertsatz auf § 615 BGB[2] gestützt wird und vom Arbeitnehmer konkret zu berechnen und nachzuweisen ist.

Wird dem Arbeitnehmer die Nutzung der Gebrauchsvorteile eines Pkw entzogen, kann die **Entschädigung** auch **abstrakt**, also ohne Rücksicht auf den tatsächlichen Ausgleich **berechnet** werden[3]. Als Berechnungsgrundlage kommen die Kostentabellen des ADAC[4] oder von *Sanden/Danner/Küppersbusch*[5] in Betracht. Das **BAG** verweist den Arbeitnehmer auf **Geldersatz in Höhe der steuerlichen Bewertung der privaten Nutzungsmöglichkeit** gem. § 6 Abs. 1 Nr. 4 EStG (je Kalendermonat 1 % des inländischen Listenpreises im Zeitpunkt der Erstzulassung zuzüglich der Kosten für Sonderausstattungen einschließlich Umsatzsteuer). Die Tabelle von *Sanden/Danner/Küppersbusch* orientiert sich am Wert des Gebrauchsvorteils eines kurzfristig – während der Reparatur oder Ersatzbeschaffung – verfügbaren Pkw. Der Wert einer längerfristigen Gebrauchsmöglichkeit im Rahmen eines Arbeitsverhältnisses könne daher hiernach nicht bemessen werden. Der dem Arbeitnehmer auch zur privaten Nutzung überlassene Dienst-Pkw stehe dem Arbeitnehmer nicht uneingeschränkt, sondern begrenzt durch die dienstliche Nutzung zur Verfügung[6]. Die **Erstattung** des Nutzungswerts kann ganz oder teilweise **entfallen**, wenn der Arbeitnehmer das **Fahrzeug** in der Vergangenheit **nicht privat genutzt** hat oder wenn er im Anspruchszeitraum **keine Nutzungsmöglichkeit** oder **keinen Nutzungswillen** hatte[7].

Hat der Arbeitnehmer anstelle des Firmenfahrzeugs einen **gleichwertigen privaten Pkw genutzt**, kann die Nutzungsentschädigung **nicht abstrakt berechnet** werden, da der Arbeitnehmer in dem Fall keinen Nutzungsausfall hatte. Der **Schadensersatz** richtet sich sodann nach den konkreten Umständen des Einzelfalls, dies sind die **Kosten für den Betrieb des privaten Fahrzeugs**, bestehend aus den anteiligen Kosten der Fahrzeugbeschaffung, Steuern, Versicherung, Wartung, Reparaturen, Benzin und sonstigen Betriebsmitteln. Die **ADAC-Tabelle** ist **eingeschränkt anwendbar**, nämlich soweit diese solche Kosten berücksichtigt, die nach der vertraglichen Vereinbarung vom Arbeitgeber zu tragen sind. Dagegen kann die Kostentabelle nach *Sanden/Danner/Küppersbusch* nicht herangezogen werden. Hat der Arbeitnehmer den Privatwagen auch für Dienstreisen im Auftrag eines Dritten genutzt, ist der Schadensersatz um die hierfür aufgewendeten Kosten zu mindern[8].

---

1 BAG 27.5.1999 – 8 AZR 415/98, NZA 1999, 1038.
2 *Meier*, NZA 1999, 1083 (1084); offen gelassen in BAG 5.9.2002 – 8 AZR 702/01, NZA 2003, 973.
3 BAG 23.6.1994 – 8 AZR 537/92, AP Nr. 34 zu § 249 BGB.
4 So BAG 23.6.1994 – 8 AZR 537/92, AP Nr. 34 zu § 249 BGB.
5 LAG Rh.-Pf. 19.11.1996 – 4 Sa 733/96, NZA 1997, 942.
6 BAG 27.5.1999 – 8 AZR 415/98, NZA 1999, 1038.
7 BAG 23.6.1994 – 8 AZR 537/92, AP Nr. 34 zu § 249 BGB.
8 BAG 16.11.1995 – AP Nr. 4 zu § 611 BGB – Sachbezüge.

44 Die **private Nutzung** eines Pkw kann **vertraglich für** die Dauer einer **Freistellung ausgeschlossen** werden. Die damit verbundene Ausübung des Widerrufs unterliegt allerdings der gerichtlichen Kontrolle nach § 315 Abs. 3 BGB[1]. Die Gesamtbewertung der beiderseitigen Interessen kann insbesondere dazu führen, dass der Arbeitgeber einen Dienstwagen nur unter Einräumung einer **Auslauffrist** und nicht unverzüglich zurückfordern darf.[2] Denn das Interesse des Arbeitnehmers, den von ihm versteuerten Vorteil – § 6 Abs. 1 Nr. 4 EStG – auch real nutzen zu können, kann das abstrakte Interesse des Arbeitgebers am sofortigen Entzug des Dienstwagens im Einzelfall überwiegen.[3] Zusätzlich ist vor dem Hintergrund der §§ 308 Nr. 4, 307 BGB der Widerrufsgrund in die vertragliche Regelung aufzunehmen.

d) Verjährung, tarifliche Ausschlussfristen

45 Es gelten die üblichen Verjährungs- und Ausschlussfristen. In der Erhebung einer **Kündigungsschutzklage** liegt sowohl eine **formlose**[4] wie auch **schriftliche Geltendmachung**[5] im Sinne tariflicher Verfallklauseln. Nach Rechtskraft des Urteils ist keine erneute Geltendmachung erforderlich[6]. Ist nach der tariflichen Verfallklausel eine **gerichtliche Geltendmachung** erforderlich, reicht die Erhebung einer **Kündigungsschutzklage** nach neuerer Rechtsprechung – insbesondere seit der Entscheidung des BVerfG vom 1.12.2010[7] – ebenfalls aus[8]. Der Arbeitnehmer könne davon ausgehen, mittels der Kündigungsschutzklage nicht nur den Bestand des Arbeitsverhältnisses, sondern auch die durch die Kündigung bedrohten regelmäßig fällig werdenden Einzelansprüche zu sichern.[9] Die Kündigungsschutzklage oder die Klage auf Feststellung des Fortbestehens des Arbeitsverhältnisses nach § 256 ZPO **unterbrechen** hingegen **nicht** die **Verjährung** der sich aus § 615 BGB ergebenden Zahlungsansprüche[10].

5. Anrechnung anderweitigen Verdienstes

46 Der Arbeitnehmer muss sich außer den infolge der Nichtleistung der Dienste gemachten Ersparnissen, zB Fahrtkosten, anrechnen lassen, was er durch anderweitige Verwendung seiner Arbeitskraft erwirbt oder zu erwerben böswillig unterlässt, § 615 Satz 2 BGB, § 11 KSchG. § 11 KSchG ist für den Fall der Kündigung eine Sonderregelung zu § 615 Satz 2 BGB; sie deckt sich inhaltlich mit jener, trotz des etwas anderen Wortlauts[11]. Der Arbeitgeber wird ohne Anrechnungserklärung von seiner Zahlungspflicht befreit[12], und die Entstehung des Anspruchs wird verhindert. Es entsteht also nicht nur eine Aufrechnungslage[13].

47 § 615 Satz 2 BGB ist **abdingbar**. Eine solche Abbedingung muss jedoch **zweifelsfrei vereinbart** sein[14]. Eine formularmäßige Regelung unterliegt außerdem der Inhaltskon-

---

1 BAG 21.3.2012 – 5 AZR 651/10, NZA 2012, 616.
2 BAG 21.3.2012 – 5 AZR 651/10, NZA 2012, 616.
3 BAG 21.3.2012 – 5 AZR 651/10, NZA 2012, 616.
4 BAG 26.3.1977 – 5 AZR 51/76, AP Nr. 59 zu § 4 TVG – Ausschlussfristen.
5 BAG 9.8.1990 – 2 AZR 579/89, AP Nr. 46 zu § 615 BGB.
6 BAG 26.3.1977 – 5 AZR 51/76, AP Nr. 59 zu § 4 TVG – Ausschlussfristen.
7 BVerfG 1.12.2010 – 1 BvR 1682/07, NZA 2011, 354.
8 BAG 19.9.2012 – 5 AZR 924/11, NZA 2013, 156; 19.9.2012 – 5 AZR 628/11, NZA 2013, 330; 19.5.2010 – 5 AZR 253/09, NZA 2010, 939; 19.3.2008 – 5 AZR 429/07, NZA 2008, 757; aA noch BAG 26.4.2006 – 5 AZR 403/05, NZA 2006, 845 und 8.8.1985 – 2 AZR 459/84, AP Nr. 94 zu § 4 TVG – Ausschlussfristen.
9 BAG 19.5.2010 – 5 AZR 253/09, NZA 2010, 939.
10 BAG 7.11.1991 – 2 AZR 159/91, AP Nr. 6 zu § 209 BGB.
11 BAG 16.6.2004 – 5 AZR 508/03, NZA 2004, 1155.
12 BAG 16.5.2000 – 9 AZR 203/99, AP Nr. 7 zu § 615 BGB – Böswilligkeit.
13 BAG 22.11.2005 – 1 AZR 407/04, NZA 2006, 736.
14 BAG 6.2.1964 – 5 AZR 93/63, AP Nr. 24 zu § 615 BGB.

trolle nach § 307 BGB. § 11 KSchG lässt dagegen eine Regelung zulasten des Arbeitnehmers nicht zu[1].

a) **Anderweitiger Verdienst**

Anzurechnen ist der **tatsächlich gemachte Erwerb**, vorausgesetzt, dass er dem Arbeitnehmer erst **durch** die **Nichtannahme seiner Dienste möglich gemacht** wurde. Hierzu gehört auch die Einräumung der **privaten Nutzung eines Dienst-Pkw** durch einen anderen Arbeitgeber. Für die Wertberechnung im Rahmen der Anrechnung ist die ADAC-Kostentabelle und nicht die Tabelle von *Sanden/Danner/Küppersbusch* zugrunde zu legen[2]. Nach unwirksamer Kündigung sollen § 11 Satz 1 Nr. 1 und 3 KSchG gewährleisten, dass der Arbeitnehmer finanziell nicht besser, aber auch nicht schlechter steht als ohne Kündigung[3]. Deshalb sind die tatsächlich erzielte Verdienste und Leistungen der Sozialversicherung sowie der öffentlichen Hand auf das vom Arbeitgeber geschuldete Arbeitsentgelt anzurechnen. Der Arbeitnehmer muss sich also auch anrechnen lassen, was er aus der **Arbeitslosenversicherung** erhalten hat, wobei die Anrechnung in Höhe des Nettobetrages erfolgt. Die Relevanz dieser Bestimmung ist gering, da der Vergütungsanspruch des Arbeitnehmers gegen den Arbeitgeber gem. § 115 Abs. 1 SGB X bis zur Höhe der erbrachten Leistungen auf die Bundesagentur für Arbeit übergeht. Der Arbeitgeber hat der Bundesagentur für Arbeit ferner deren Beiträge zur Renten- und Krankenversicherung gem. § 335 Abs. 3 SGB III aus dem Bruttoarbeitsentgelt zu erstatten. Eine Rente wegen Erwerbsminderung nach § 43 SGB VI ist weder nach § 11 Abs. 3 KSchG noch nach § 615 Satz 2 BGB anrechenbar[4].

Der anderweitige Verdienst des Arbeitnehmers ist auf die Vergütung für die **gesamte Dauer des Annahmeverzuges** anzurechnen und nicht nur für den Zeitabschnitt, in dem der anderweitige Erwerb gemacht wurde (**Methode der Gesamtberechnung**)[5]. So ist Sinn und Zweck der Anrechnungsvorschrift, dass der Arbeitnehmer aufgrund des Annahmeverzuges grundsätzlich nicht mehr und nicht weniger erhält als die vereinbarte Vergütung. Entsprechend setzt die vollständige Anrechnung des gesamten anderweitigen Erwerbs regelmäßig die Beendigung des Annahmeverzuges voraus. Es ist also zunächst die gesamte Vergütung für die infolge des Verzugs nicht geleisteten Dienste zu berechnen. Dieser Vergütung für den Annahmeverzug ist gegenüberzustellen, was der Arbeitnehmer in der betreffenden Zeit anderweitig erwirbt, erspart oder zu erwerben böswillig unterlässt. Eine **Anrechnung nach einzelnen Zeitabschnitten** kommt also **nicht** in Betracht[6]. Andernfalls könnte der Arbeitnehmer auf Kosten des Arbeitgebers einen Gewinn machen, wenn er in einzelnen Zeitabschnitten einen überdurchschnittlich hohen Zwischenverdienst, in anderen Zeitabschnitten keinen Verdienst erzielt hat. Werden Einkünfte erst nach Beendigung des Annahmeverzuges erzielt, die auf Tätigkeiten im Verzugszeitraum beruhen, sind diese ggf. anteilig anzurechnen[7]. Dauert der Annahmeverzug zurzeit der Entscheidung über eine Vergütungsklage des Arbeitnehmers noch an, beschränkt sich die Anrechnung des anderweitigen Verdienstes zunächst auf den einzelnen Monat, für den der Arbeitgeber die Vergütung schuldet. Sobald der Annahmeverzug beendet ist, entsteht sodann im Rahmen der Gesamtberechnung ggf. ein Rückzahlungsanspruch[8]. Nach einem neueren Urteil des BAG[9] wird der der Gesamtberechnung zugrunde zu legende Zeitraum –

---

1 ErfK/*Kiel*, § 11 KSchG Rz. 3.
2 LAG Köln 4.1.1994 – 2 Sa 831/94, nv.
3 BAG 11.1.2006 – 5 AZR 125/05, NZA 2006, 313.
4 BAG 24.9.2003 – 5 AZR 282/02, NZA 2003, 1332.
5 ErfK/*Preis*, § 615 KSchG Rz. 92.
6 BAG 16.5.2012 – 5 AZR 251/11, NZA 2012, 971.
7 BAG 16.6.2004 – 5 AZR 508/03, NZA 2004, 1155.
8 BAG 24.8.1999 – 9 AZR 804/98, AP Nr. 1 zu § 615 BGB – Anrechnung.
9 BAG 16.5.2012 – 5 AZR 251/11, NZA 2012, 971.

in den Grenzen des Annahmeverzugszeitraums – durch die Anträge und Einwendungen der Parteien bestimmt. Die so ermittelte Differenzvergütung ist jeweils ab dem Fälligkeitszeitpunkt **zu verzinsen**. Der hierauf anderweitig erzielte Verdienst ist für die Zinsberechnung allerdings taggenau in Abzug zu bringen[1].

50 Anrechnungspflichtig ist nur der Verdienst, den der Arbeitnehmer durch anderweitige Verwendung desjenigen Teils seiner Arbeitskraft erwirbt, welche er dem Arbeitgeber zur Verfügung zu stellen verpflichtet war. **Nebenverdienste**, wie sie auch bei Erfüllung des Arbeitsvertrages in der eigentlich freien Zeit möglich gewesen wären, also zusätzlich erzielt werden, bleiben bei der Anrechnung **außer Betracht**, weil sie nicht mit dem Freiwerden der Arbeitskraft zusammenhängen. Der anderweitige Erwerb muss kausal durch das Freiwerden der Arbeitskraft ermöglicht worden sein und darauf beruhen[2]. Gleichgültig ist, ob der anderweitige Verdienst durch Arbeit der gleichen Art oder durch andersartige Arbeit erzielt wird. Auch bei **Teilzeitarbeit** ist allein ausschlaggebend die Kausalität zwischen dem Freiwerden von der bisherigen Arbeitsleistung und der Aufnahme der neuen Tätigkeit. Gewichtige **Kriterien** für eine **Tätigkeit anstelle der bisherigen** sind: Aufnahme der anderen Tätigkeit nach Ablauf der Kündigungsfrist und späteres Lösen des Arbeitsvertrages zum alten Arbeitgeber; die Arbeitszeiten stimmen überein.

51 Der **Arbeitgeber** trägt die **Darlegungs- und Beweislast**, ob und in welcher Höhe anrechenbare Bezüge den Anspruch des Arbeitnehmers auf Fortzahlung seiner Vergütung während des Annahmeverzuges mindern. Ihm darf jedoch keine unerfüllbare Darlegungs- und Beweislast auferlegt werden. Ihr Umfang richtet sich deshalb danach, wie substantiiert sich der Arbeitnehmer auf den Vortrag des Arbeitgebers einlässt. Deshalb genügt es, wenn der Arbeitgeber Indizien vorträgt, die für das Vorliegen des Kausalzusammenhangs sprechen. Hat der Arbeitgeber solche Anhaltspunkte vorgetragen, muss der Arbeitnehmer nach § 138 Abs. 2 ZPO darlegen, weshalb die vom Arbeitgeber behauptete Kausalität nicht vorliegt[3].

52 Der Darlegungs- und Beweislast des Arbeitgebers steht die **Auskunftspflicht des Arbeitnehmers** gegenüber. Macht der Arbeitnehmer Ansprüche auf Fortzahlung seiner Vergütung aus Annahmeverzug geltend, ist er also dem Arbeitgeber zur Auskunftserteilung über die **Höhe seines anderweitigen Verdienstes im Verzugszeitraum** verpflichtet[4]. Der Anspruch ergibt sich aus der entsprechend anwendbaren Vorschrift des § 74c Abs. 2 HGB[5]. **Inhalt und Umfang** richten sich im Einzelfall nach Treu und Glauben. Es ist das Interesse des Arbeitnehmers zu berücksichtigen, dass die Auskunft ihm keinen unzumutbaren Aufwand verursacht, andererseits das Interesse des Arbeitgebers, ein möglichst deutliches Bild über den anrechenbaren Zwischenverdienst zu erhalten. Inwieweit **Belege und konkrete Nachweise** erforderlich sind, kann nur eine Einzelfallabwägung nach Treu und Glauben ergeben. Regelmäßig werden konkrete Nachweise zu fordern sein wie zB der Steuerbescheid[6]. Der Anspruch des Arbeitgebers auf Auskunftserteilung ist **selbständig einklagbar**[7] und nach § 888 ZPO vollstreckbar.

53 Der **Arbeitgeber** kann die **Zahlung verweigern**, wenn der Arbeitnehmer die Auskunft nicht oder nicht ausreichend erteilt hat[8]. Eine Zahlungsklage ist in dem Fall als zurzeit unbegründet abzuweisen. Das **Leistungsverweigerungsrecht** hat der **Arbeitgeber**

---

1 BAG 16.5.2012 – 5 AZR 251/11, NZA 2012, 971.
2 BAG 6.9.1990 – 2 AZR 165/90, AP Nr. 47 zu § 615 BGB.
3 BAG 6.9.1990 – 2 AZR 165/90, AP Nr. 47 zu § 615 BGB.
4 BAG 29.7.1993 – 2 AZR 110/93, AP Nr. 52 zu § 615 BGB; MünchArbR/*Boewer*, § 69 Rz. 46.
5 BAG 27.3.1974 – 5 AZR 258/73, AP Nr. 15 zu § 242 BGB – Auskunftspflicht.
6 BAG 29.7.1993 – 2 AZR 110/93, AP Nr. 52 zu § 615 BGB.
7 BAG 29.7.1993 – 2 AZR 110/93, NZA 1994, 116; *Spirolke*, NZA 2001, 707 (709).
8 BAG 2.6.1987 – 3 AZR 626/85, AP Nr. 13 zu § 74c HGB.

aber nur **bei Nichterfüllung**. Ist die Auskunft lediglich unvollständig, kommt nur eine Verpflichtung des Arbeitnehmers zur Ableistung der eidesstattlichen Versicherung in Betracht[1].

Erteilt der Arbeitnehmer entsprechend § 74c HGB nur unvollständig Auskunft, kann der Arbeitgeber ihn zur **Abgabe der eidesstattlichen Versicherung** der Vollständigkeit der Auskunft zwingen, § 260 Abs. 2 BGB analog[2]. 54

b) Ersparte Aufwendungen

Anrechnungspflichtig ist auch, was der Arbeitnehmer an Aufwendungen dadurch erspart, dass er seine Arbeitsleistung nicht erbracht hat. Hierzu sind zu rechnen: Fahrtkosten für den Weg zur Arbeit, Aufwendungen für Arbeitskleidung, Material, Werkzeug, wenn der Arbeitnehmer dies selbst zu stellen hatte. Die Aufwendungen müssen **unmittelbar dadurch erspart** worden sein, dass die **Tätigkeit unterblieben** ist[3]. Nimmt der Arbeitnehmer eine Ersatztätigkeit auf und macht er hierfür Aufwendungen, sind diese wieder hinzuzurechnen. Im Unterschied zu § 615 Satz 2 BGB kommt eine Anrechnung ersparter Aufwendungen nach § 11 KSchG, also im Rahmen **eines Kündigungsschutzprozesses**, nicht in Betracht[4]. 55

c) Anrechnung hypothetischen Verdienstes (böswilliges Unterlassen)

aa) Grundsätze

Gem. § 615 Satz 2 BGB bzw. § 11 Satz 1 Nr. 2 KSchG hat sich der Arbeitnehmer auch das anrechnen zu lassen, was er verdient hätte, wenn er es nicht böswillig unterlassen hätte, eine ihm zumutbare Arbeit anzunehmen. Nach beiden Bestimmungen ist zu prüfen, ob dem Arbeitnehmer die Aufnahme einer anderweitigen Arbeit nach Treu und Glauben (§ 242 BGB) sowie unter Beachtung des Grundrechts auf freie Arbeitsplatzwahl (Art. 12 GG) zumutbar ist[5]. **Böswillig** handelt der Arbeitnehmer, dem ein Vorwurf daraus gemacht werden kann, dass er während des Annahmeverzugs trotz Kenntnis aller objektiven Umstände (Arbeitsmöglichkeit, Zumutbarkeit der Arbeit und Nachteilsfolgen für den Arbeitgeber) **vorsätzlich untätig** bleibt oder die **Aufnahme der Arbeit bewusst verhindert**[6]. Es genügt das vorsätzliche Außerachtlassen einer dem Arbeitnehmer bekannten Gelegenheit zur Erwerbsarbeit. Fahrlässiges oder grob fahrlässiges Verhalten reichen dagegen nicht. Nicht erforderlich ist die Absicht, dem Arbeitgeber Schaden zuzufügen[7]. Eine Anrechnung kommt auch in Betracht, wenn die Beschäftigungsmöglichkeit bei dem Arbeitgeber besteht, der sich im Annahmeverzug befindet[8]. Böswilliges Unterlassen scheidet aus, wenn der Arbeitnehmer während des Annahmeverzugs Vorbereitungen trifft für eine selbständige Berufsausübung[9], sich weiterbildet oder ein Studium aufnimmt[10]. Ebenso wenig handelt der Arbeitnehmer böswillig, der einer Versetzung, die ohne vorherige ordnungsgemäße Beteiligung des Betriebsrats angeordnet wird, nicht Folge leistet[11]. Das bös- 56

---

1 BAG 29.7.1993 – 2 AZR 110/93, AP Nr. 52 zu § 615 BGB.
2 BAG 29.7.1993 – 2 AZR 110/93, AP Nr. 52 zu § 615 BGB; ablehnend: *Küstner/Manteuffel*, Anm. zu BAG 2.6.1987 – 3 AZR 626/85, AP Nr. 13 zu § 74c HGB.
3 ErfK/*Preis*, § 615 BGB Rz. 89.
4 ErfK/*Kiel*, § 11 KSchG Rz. 11.
5 BAG 16.6.2004 – 5 AZR 508/03, NZA 2004, 1155.
6 BAG 11.10.2006 – 5 AZR 754/05, AP Nr. 119 zu § 615 BGB.
7 BAG 22.2.2000 – 9 AZR 194/99, AP Nr. 2 zu § 11 KSchG 1969 mwN.
8 BAG 16.6.2004 – 5 AZR 508/03, NZA 2004, 1155.
9 BAG 16.6.2004 – 5 AZR 508/03, NZA 2004, 1155.
10 *Nägele/Böhm*, ArbRB 2006, 317.
11 BAG 14.8.2011 – 5 AZR 251/10, NZA-RR 2012, 342.

willige Unterlassen ist abzugrenzen von der **Leistungsunwilligkeit**. Letztere ist dann anzunehmen, wenn der Arbeitnehmer eine vertragsgerechte und zumutbare Beschäftigung seines bisherigen Arbeitgebers ablehnt (vgl. Rz. 24). Demgegenüber kommt böswilliges Unterlassen dann in Betracht, wenn es um den Zwischenerwerb bei einem anderen Arbeitgeber oder als Selbständiger geht oder der eigene Arbeitgeber eine zwar zumutbare, aber nicht vertragsgemäße Beschäftigung angeboten hat[1].

bb) Unzumutbarkeit

57 Die vorsätzliche Untätigkeit muss **vorwerfbar** sein. Das ist nicht der Fall, wenn eine angebotene oder sonst mögliche Arbeit nach den konkreten Umständen für den Arbeitnehmer nicht zumutbar ist. Die Frage der Zumutbarkeit ist unter Berücksichtigung aller Umstände des Einzelfalls, dem Grundrecht des Arbeitnehmers auf freie Arbeitsplatzwahl (Art. 12 GG) sowie nach Treu und Glauben (§ 242 BGB) zu bestimmen. Die Unzumutbarkeit kann sich aus der **Art der Arbeit**, den **sonstigen Arbeitsbedingungen** oder der **Person des Arbeitgebers** ergeben. Von Bedeutung kann auch der **Zeitpunkt eines Arbeitsangebots** sein. Je mehr Zeit zwischen Arbeitsangebot und angebotener Arbeitsaufnahme liegt, umso weniger ist der Arbeitnehmer gehalten, das Angebot anzunehmen[2]. Auf die **Zumutbarkeitskriterien des** § 140 SGB III ist nicht abzustellen[3]. Die **nicht vertragsgemäße Arbeit** ist nicht ohne Weiteres unzumutbar[4]. Seine frühere anderslautende Rechtsprechung[5] hat das BAG aufgegeben (vgl. Rz. 60). Eine geringer vergütete Tätigkeit ist ebenfalls nicht von vornherein unzumutbar. Unzumutbarkeit kann sowohl bei unwirksamer wie bei wirksamer **Änderungskündigung** gegeben sein[6] (vgl. Rz. 60).

cc) Eigene Aktivitäten des Arbeitnehmers

58 Ob und inwieweit der **Arbeitnehmer von sich aus aktiv** werden muss, lässt das BAG offen[7]. Geht es um eine **Tätigkeit beim bisherigen Arbeitgeber**, kann der Arbeitnehmer regelmäßig abwarten, ob ihm eine zumutbare Arbeit angeboten wird. Will also der bisherige Arbeitgeber sein Entgeltrisiko mindern, so muss er die erforderlichen Handlungen selbst vornehmen. In den übrigen Fällen darf der Arbeitnehmer nicht in jedem Fall abwarten, dass ihm ein Angebot unterbreitet wird. Bietet sich ihm eine realistische Arbeitsmöglichkeit, darf er nicht untätig bleiben. Das kann auch die Abgabe eigener Angebote beinhalten[8]. In jedem Fall handelt der Arbeitnehmer böswillig, wenn er zumutbare **Arbeitsangebote ausschlägt oder** sie **verhindert**. Nach bisheriger Rechtsprechung handelt der Arbeitnehmer nicht böswillig, der es unterlässt, sich bei der **Agentur für Arbeit als Arbeitsuchender** zu melden[9]. Dies lässt sich vor dem Hintergrund von § 38 SGB III nicht aufrecht erhalten. Danach hat sich der Arbeitnehmer spätestens drei Monate vor dem Ende des Arbeitsverhältnisses, im Fall späterer Kenntnis innerhalb von drei Tagen nach Kenntnis, arbeitsuchend zu melden. Dies muss sich auch im Rahmen von § 11 Nr. 2 KSchG auswirken, da dem Arbeitnehmer damit arbeitsrechtlich nur das zugemutet wird, wozu er sozialversiche-

---

1 BAG 14.8.2011 – 5 AZR 251/10, NZA-RR 2012, 342.
2 BAG 11.10.2006 – 5 AZR 754/05, AP Nr. 119 zu § 615 BGB.
3 BAG 7.2.2007 – 5 AZR 422/06, NZA 2007, 561; aA *Fritz/Erren*, NZA 2009, 1242 (1246 f.).
4 BAG 7.2.2007 – 5 AZR 422/06, NZA 2007, 561.
5 BAG 3.10.1980 – 5 AZR 477/78, AP Nr. 4 zu § 615 BGB – Böswilligkeit.
6 BAG 16.6.2004 – 5 AZR 508/03, NZA 2004, 1155.
7 BAG 11.1.2006 – 5 AZR 98/05, NZA 2006, 314; anders noch: BAG 22.2.2000 – 9 AZR 194/99, NZA 2000, 817: keine eigene Aktivität erforderlich.
8 BAG 11.1.2006 – 5 AZR 98/05, NZA 2006, 314.
9 BAG 16.5.2000 – 9 AZR 203/99, AP Nr. 7 zu § 615 BGB – Böswilligkeit.

rungsrechtlich ohnehin gehalten ist[1]. Hält sich ein Arbeitnehmer nach Ausspruch einer außerordentlichen Kündigung des Arbeitgebers, die der Arbeitnehmer angreift, an ein **vertragliches Wettbewerbsverbot**, kann ihm das Unterlassen einer Wettbewerbstätigkeit nur dann als böswillig angelastet werden, wenn der Arbeitgeber nach der Entlassung ausdrücklich oder konkludent erkennen lässt, mit Wettbewerbshandlungen einverstanden zu sein[2]. Das böswillige Unterlassen ist nicht bereits einem **Auslandsaufenthalt des Arbeitnehmers** zu entnehmen. Es muss hinzukommen, dass in dieser Zeit zumutbare Arbeitsmöglichkeiten vorhanden gewesen sind, die wegen der Auslandsreisen nicht genutzt werden konnten[3].

dd) Tätigkeit beim bisherigen Arbeitgeber

Lehnt der Arbeitnehmer ein zumutbares **Angebot seines bisherigen Arbeitgebers** auf **befristete Weiterarbeit** für die Dauer des Kündigungsrechtsstreits und zu denselben Arbeitsbedingungen in seinem Betrieb ab, fehlt es bereits am Leistungswillen, mit der Folge, dass der Annahmeverzug des Arbeitgebers gänzlich entfällt (vgl. auch Rz. 24)[4]. Im Fall der Vereinbarung der vorläufigen Weiterbeschäftigung befristet bis zum bzw. auflösend bedingt durch den Abschluss des Kündigungsrechtsstreits (**Prozessbeschäftigung**) ist die **Schriftform** gem. §§ 21, 14 Abs. 4 TzBfG einzuhalten. Andernfalls besteht das Arbeitsverhältnis selbst dann weiter, und zwar unbefristet, wenn die eigentliche Kündigungsschutzklage abgewiesen wird[5]. Verweigert der Arbeitnehmer die Unterschrift unter eine solche Vereinbarung, nachdem er zuvor seine Arbeitskraft angeboten hatte, und lehnt daraufhin der Arbeitgeber die vorläufige Weiterbeschäftigung ab, läuft der Arbeitnehmer Gefahr, böswillig zu handeln und den Annahmeverzugslohn zu verlieren[6]. 59

Die Weiterarbeit beim bisherigen Arbeitgeber muss dem Arbeitnehmer **zumutbar** sein (vgl. auch Rz. 57). Die Unzumutbarkeit kann ihren Grund in der Person des Arbeitgebers, der Art der Arbeit oder den sonstigen Arbeitsbedingungen haben. Auch vertragsrechtliche Umstände sind zu berücksichtigen[7]. Hierfür ist in erster Linie auf die **Art der Kündigung** und ihre **Begründung** sowie das **Verhalten des Arbeitgebers** im Kündigungsschutzprozess abzustellen[8]. Handelt es sich um eine **betriebs- oder krankheitsbedingte Kündigung**, ist dem Arbeitnehmer die vorläufige Weiterbeschäftigung in der Regel zumutbar. Wird eine Kündigung auf **verhaltensbedingte Gründe** gestützt, spricht dies eher für die Unzumutbarkeit. Dies gilt insbesondere, wenn eine **außerordentliche Kündigung** erklärt wird, da der Arbeitnehmer bereits durch die Art der Kündigung in seinem Ansehen beeinträchtigt wird. Auch **Art und Schwere** der gegenüber dem Arbeitnehmer erhobenen **Vorwürfe** können die Unzumutbarkeit der Weiterarbeit begründen. Beantragt der Arbeitnehmer die Verurteilung des Arbeitgebers zur Weiterbeschäftigung, bekundet er, dass ihm diese zumutbar sei. Etwas anderes kann sich aus konkreten, nachträglich eingetretenen Gründen ergeben. Die Weiterbeschäftigung kann auch zumutbar sein, wenn der Arbeitgeber die verhaltensbedingte Kündigung auf einen unstreitigen und für den Ausspruch der Kündigung grundsätzlich geeigneten Sachverhalt stützt[9]. Bietet der Arbeitgeber im unstreitig bestehenden Arbeitsverhältnis **objektiv vertragswidrige Arbeit** an, ist dies nicht ohne 60

---

1 *Bayreuther*, NZA 2003, 1365 (1366); *Tschöpe*, DB 2004, 434 (435); aA *Ricken*, NZA 2005, 323 (327).
2 BAG 25.4.1991 – 2 AZR 624/90, AP Nr. 104 zu § 626 BGB.
3 BAG 11.7.1985 – 2 AZR 106/84, AP Nr. 35a zu § 615 BGB.
4 BAG 24.9.2003 – 5 AZR 500/02, NZA 2004, 90.
5 BAG 22.10.2003 – 7 AZR 113/03, NZA 2004, 1275.
6 LAG Nds. 30.9.2003 – 13 Sa 570/03, NZA-RR 2004, 194.
7 BAG 7.2.2007 – 5 AZR 422/06, NZA 2007, 561.
8 BAG 14.11.1985 – 2 AZR 98/84, AP Nr. 39 zu § 615 BGB.
9 BAG 24.9.2003 – 5 AZR 500/02, NZA 2004, 90.

Weiteres als unzumutbar anzusehen. Die frühere Rechtsprechung[1], dass der Arbeitnehmer, der eine **vertraglich nicht geschuldete Tätigkeit** ablehnt, nicht böswillig handelt, hat das BAG aufgegeben, da Arbeitspflicht und Obliegenheit nach § 615 Satz 2 BGB unterschiedliche Kategorien betreffen[2]. In dem Fall sind für die Frage der Zumutbarkeit neben der Art der Arbeit und den sonstigen Arbeitsbedingungen zu prüfen, **aus welchen Gründen** der Arbeitgeber keine vertragsgemäße Arbeit anbietet und der Arbeitnehmer die zugewiesene Arbeit ablehnt. Auf das Vorliegen dringender Gründe dafür, dass der Arbeitgeber nur eine objektiv vertragswidrige Arbeit angeboten hat, kommt es dagegen im Rahmen von § 11 Satz 1 Nr. 2 KSchG nicht an, nämlich wenn es um die Beschäftigung im gekündigten Arbeitsverhältnis nach Ablauf der Kündigungsfrist geht[3]. Irrt sich der Arbeitgeber über die Vertragsmäßigkeit, ist auch die Vertretbarkeit zu berücksichtigen.

Das in Verbindung mit einer **Änderungskündigung** erklärte Angebot kann die Obliegenheit zur Annahme einer zumutbaren Arbeit auslösen[4]. Bietet der Arbeitgeber im Rahmen der Änderungskündigung die Fortsetzung derselben Arbeit bei **verminderter Vergütung** an, hängt die Frage der Zumutbarkeit ab von Umfang und Dauer der Vergütungsminderung. Der Annahme böswilligen Unterlassens kann aber entgegenstehen, dass der Arbeitnehmer während des Annahmeverzugszeitraums vorbereitende Arbeiten für eine selbständige Tätigkeit aufnimmt[5]. Die Zumutbarkeit ergibt sich nicht allein daraus, dass der Arbeitnehmer das Änderungsangebot unter Vorbehalt angenommen hat[6]. Zumutbarkeitsbedenken ergeben sich nicht aus den mit einer **Prozessbeschäftigung** verbundenen Unsicherheiten; für die Beurteilung der Zumutbarkeit kommt es auf die rechtliche Grundlage der Weiterbeschäftigung (befristeter Vertrag, auflösend bedingter Vertrag) nicht an. Auch die **Beschäftigung zur Abwendung der Zwangsvollstreckung** ist nicht unzumutbar[7]. Ein Arbeitnehmer handelt jedoch nicht böswillig, wenn er es unterlässt, einen **Weiterbeschäftigungstitel** gegen den Arbeitgeber **zu vollstrecken** oder die Vollstreckung anzudrohen[8]. Bietet der Arbeitgeber allerdings daraufhin die Beschäftigung an und kommt der Arbeitnehmer dem nicht nach, ist hierdurch die Leistungsunwilligkeit des Arbeitnehmers, verbunden mit dem völligen Wegfall des Annahmeverzugsanspruchs, indiziert (vgl. auch Rz. 24)[9]. In der Ablehnung einer **Weiterbeschäftigung nach** § 102 Abs. 5 BetrVG durch den Arbeitnehmer kann die böswillige Ablehnung anderweitigen Erwerbs liegen[10].

ee) Tätigkeit bei einem neuen Arbeitgeber

61 Die Verpflichtung des Arbeitnehmers, ein anderes Arbeitsverhältnis einzugehen, scheidet während der Kündigungsfrist, bei offensichtlich unwirksamer Kündigung und nach einem Unterliegen des Arbeitgebers in erster Instanz regelmäßig aus, da das eigentliche Arbeitsverhältnis, das der Arbeitgeber zu Unrecht gekündigt hat, fortbesteht[11]. In derartigen Fällen handelt der Arbeitnehmer also grundsätzlich nicht böswillig. Von einem böswilligen Unterlassen anderweitigen Erwerbs ist auszugehen, wenn der Arbeitnehmer eine sich ihm bietende **Gelegenheit zur Arbeit** nur deshalb **nicht nutzt**, weil er noch **Entgelt** von seinem bisherigen Arbeitgeber **zu fordern** hat.

---

1 BAG 3.10.1980 – 5 AZR 477/78, AP Nr. 4 zu § 615 BGB – Böswilligkeit.
2 BAG 7.2.2007 – 5 AZR 422/06, NZA 2007, 561.
3 BAG 17.11.2011 – 5 AZR 564/10, NZA 2012, 260.
4 BAG 26.9.2007 – 5 AZR 870/06, NZA 2008, 1063.
5 BAG 16.6.2004 – 5 AZR 508/03, NZA 2004, 1155.
6 BAG 7.2.2007 – 5 AZR 422/06, NZA 2007, 561.
7 BAG 13.7.2005 – 5 AZR 578/04, NZA 2005, 1348.
8 BAG 22.2.2000 – 9 AZR 194/99, AP Nr. 2 zu § 11 KSchG 1969.
9 BAG 17.8.2011 – 5 AZR 251/10, NZA-RR 2012, 342.
10 BAG 12.9.1985 – 2 AZR 324/84, AP Nr. 7 zu § 102 BetrVG – Weiterbeschäftigung.
11 *Bayreuther*, NZA 2003, 1365 (1368).

Entsprach im Übrigen die angebotene Arbeit den Fähigkeiten des Arbeitnehmers und seiner Lebensstellung, lagen keine sonstigen Gründe für eine Ablehnung vor und hat der Arbeitnehmer das auch erkannt, so handelt er böswillig, wenn er trotzdem ausschlägt. Die Arbeitsaufnahme bei einem neuen Arbeitgeber ist im Übrigen zumutbar, wenn sie objektiv mit der bisherigen Tätigkeit vergleichbar und auch persönlich zumutbar ist[1]. **Betriebsübergang:** Ein böswilliges Unterlassen anderweitigen Erwerbs kann auch vorliegen, wenn der Arbeitnehmer im Fall eines Betriebsübergangs sein **Widerspruchsrecht** zulässigerweise ausübt, es sei denn, konkrete Umstände, zB aus der Person des Arbeitgebers, der Art der Arbeit oder den sonstigen Arbeitsbedingungen machen die Arbeit bei dem Betriebsübernehmer unzumutbar[2]. Bietet der Betriebsveräußerer dem widersprechenden Arbeitnehmer an, beim Betriebserwerber dieselbe Tätigkeit zu denselben Bedingungen zu verrichten, so ist dies grundsätzlich zumutbar. Lehnt der Arbeitnehmer dies ab, so handelt er daher böswillig[3].

6. Sonderfälle

a) Freistellung

Eine **Freistellung oder Suspendierung** von der Arbeitsleistung kann einseitig durch den Arbeitgeber oder einvernehmlich erfolgen. Zu einer einseitigen Freistellung, also gegen den Willen des Arbeitnehmers, ist der Arbeitgeber nur bei Vorliegen besonderer Gründe berechtigt. 62

Bei der einvernehmlichen wie bei der einseitigen Freistellung unter Fortzahlung der Bezüge stellt sich uU die Frage nach der **Anrechnung anderweitigen Verdienstes**. Bei der **einvernehmlichen Freistellung** aufgrund Erlassvertrages (§ 397 BGB) oder Änderungsvertrages (§ 311 Abs. 1 BGB) findet die Anrechnungsvorschrift des § 615 Satz 2 BGB keine Anwendung. So führt die Freistellungsvereinbarung zur Aufhebung der Arbeitspflicht des Arbeitnehmers[4]. Er schuldet daher dem Arbeitgeber keine Arbeitsleistung, und der Arbeitgeber kann nicht in Gläubigerverzug geraten[5]. Eine Anrechnung anderweitigen Verdienstes kommt daher nur bei entsprechender Vereinbarung in Betracht. Fehlt diese, ist die Anrechnung ausgeschlossen[6]. Erfolgt die **Freistellung** bei Ausspruch der Kündigung **unter Anrechnung auf Urlaubsansprüche**, überlässt der Arbeitgeber dem Arbeitnehmer die zeitliche Festlegung des Urlaubs, lehnt im Übrigen die Annahme der Arbeitsleistung ab und gerät so in Annahmeverzug. Folge ist die Anrechnung von Zwischenverdienst für die Zeiten außerhalb des Urlaubs. Die Auslegung einer solchen Freistellungserklärung kann aber auch ergeben, dass dem Arbeitnehmer für die gesamte Dauer der Kündigungsfrist Urlaub erteilt werden soll. Ferner ist denkbar, dass der Arbeitgeber die zeitliche Lage der Urlaubstage innerhalb des Freistellungszeitraums dem Arbeitnehmer überlassen und im Übrigen einen Erlassvertrag anbieten will. In diesen beiden Fällen ist die Anrechnung etwaigen Zwischenverdienstes ausgeschlossen[7]. Zur Vermeidung von Auslegungsproblemen empfiehlt sich eine ausdrückliche Regelung. 63

Bei der **einseitigen Freistellung** ist durch Auslegung der Erklärung des Arbeitgebers zu ermitteln, ob hierin ein Angebot auf Abschluss eines Erlassvertrages liegt. Bei der **unwiderruflichen** Freistellung ist dies ohne Weiteres anzunehmen, so dass der Arbeitnehmer dieses Angebot ausdrücklich oder durch schlüssiges Verhalten – er bleibt 64

---

1 *Schirge*, DB 2000, 1278 (1279).
2 BAG 19.3.1998 – 8 AZR 139/97, NZA 1998, 750.
3 BAG 9.9.2010 – 2 AZR 582/09, ArbRB 2011, 40 = AP Nr. 1 zu § 15 AVR Caritasverband.
4 BAG 23.1.2008 – 5 AZR 393/07, NZA 2008, 595.
5 BAG 22.11.2005 – 1 AZR 407/04, NZA 2006, 736; *Bauer/Baeck*, NZA 1989, 784 (786).
6 BAG 19.3.2002 – 9 AZR 16/01, BB 2002, 1703; aA *Bauer*, NZA 2007, 409 (411).
7 BAG 6.9.2006 – 5 AZR 703/05, NZA 2007, 36.

der Arbeit fern – annehmen kann. Widerspricht der Arbeitnehmer der Freistellung, kommt der Erlassvertrag nicht zustande. Erfolgt die Freistellung **widerruflich**, kann darin kein Angebot auf Abschluss eines Erlassvertrages liegen[1]. Sodann besteht die Arbeitspflicht fort und der Arbeitgeber gerät in Annahmeverzug, so dass auch die Anrechnungsvorschrift des § 615 Satz 2 BGB bestehen bleibt[2]. Erklärt der Arbeitgeber die Freistellung ohne weitere Zusätze wie zB den Hinweis auf die Urlaubserteilung, erfolgt die Freistellung ebenfalls widerruflich[3].

65–70 Einstweilen frei.

b) Betriebsrisikolehre

71 Rechtliche Probleme des Betriebsrisikos treten auf, wenn der Arbeitnehmer zur Arbeit fähig und bereit ist, der Arbeitgeber ihn jedoch aus Gründen nicht beschäftigen kann, die ihre **Ursache im betrieblichen Bereich** haben, **ohne** dass den **Arbeitgeber** ein **Verschulden** trifft[4]. Die Betriebsrisikolehre beantwortet die Frage, wer bei einer Betriebsstörung das Vergütungsrisiko zu tragen hat. Der Begriff des Betriebsrisikos hat mit der Schuldrechtsreform zum 1.1.2002 Eingang in § 615 Satz 3 BGB gefunden. Damit soll sichergestellt werden, dass der Arbeitgeber in Betriebsrisikofällen weiterhin zur Zahlung des Arbeitsentgelts verpflichtet ist[5], wobei sich der Anspruch aus § 615 Satz 3 iVm. Satz 1 BGB herleitet[6]. Der Anspruch setzt nicht voraus, dass der Arbeitnehmer die Arbeitsleistung anbietet, da § 615 Satz 1 BGB lediglich entsprechend gilt[7].

72 Der **Arbeitgeber** hat das **Risiko** der Unmöglichkeit der Arbeitsleistung aus **im Betrieb liegenden Gründen** schlechthin zu tragen und bleibt zur Entgeltfortzahlung verpflichtet. Dies gilt nicht nur bei **betriebstechnischen Störungen** oder einem **Versagen der sachlichen oder persönlichen Mittel des Betriebes** (Rohstoffmangel, Ausfall der Heizung), sondern auch, wenn die **Störungen von außen** (durch Naturkatastrophen, Brände, Unglücksfälle, extreme Witterungsverhältnisse) auf das Unternehmen und dessen typische Betriebsmittel (Maschinen, Gebäude, Heizungsanlagen) einwirken[8]. Der Arbeitgeber trägt ferner das Risiko des Arbeitsausfalls, wenn er selbst den Betrieb aus Gründen, die in seinem betrieblichen oder wirtschaftlichen Verantwortungsbereich liegen, einschränkt oder stilllegt[9] oder die Arbeit aufgrund **behördlicher Verbote oder Maßnahmen** vorübergehend eingestellt wird. Nicht zum Betriebs-, sondern zum **Wirtschaftsrisiko** gehören solche Fälle, in denen die Arbeit zwar weiterhin möglich, aber wegen **Auftrags- und Absatzmangels** oder dergleichen für den Arbeitgeber wirtschaftlich sinnlos wird[10]. Dieses Risiko ist ebenfalls vom Arbeitgeber zu tragen[11].

73 Diese Grundsätze gelten nicht, wenn die Unmöglichkeit der Beschäftigung **auf das Verhalten der Arbeitnehmer zurückzuführen** ist oder das die Betriebsstörung herbeiführende Ereignis den Betrieb wirtschaftlich so schwer trifft, dass bei Zahlung der vollen Löhne die **Existenz des Unternehmens gefährdet** würde[12].

---

1 *Nägele*, NZA 2008, 1039.
2 *Nägele*, NZA 2008, 1039 (1040).
3 *Bauer*, NZA 2007, 409.
4 BAG 8.12.1982 – 4 AZR 134/80, AP Nr. 58 zu § 616 BGB.
5 BT-Drucks. 14/6857, 48.
6 BAG 9.7.2008 – 5 AZR 810/07, MDR 2008, 1343; *Luke*, NZA 2004, 244 (246).
7 ErfK/*Preis*, § 615 Rz. 122; aA HWK/*Krause*, § 615 BGB Rz. 121.
8 BAG 9.3.1983 – 4 AZR 301/80, AP Nr. 31 zu § 615 BGB – Betriebsrisiko.
9 BAG 9.7.2008 – 5 AZR 810/07, MDR 2008, 1343.
10 BAG 23.6.1994 – 6 AZR 853/93, AP Nr. 56 zu § 615 BGB.
11 BAG 11.7.1990 – 5 AZR 557/89, AP Nr. 32 zu § 615 BGB – Betriebsrisiko.
12 BAG 23.6.1994 – 6 AZR 853/93, AP Nr. 56 zu § 615 BGB.

I. Annahmeverzug des Arbeitgebers   Rz. 79 **Teil 2 B**

Das vom Arbeitgeber zu tragende Betriebsrisiko umfasst **nicht** einen vom Arbeitgeber 74
eingerichteten **Transport des Arbeitnehmers zum Arbeitsplatz**[1] oder **objektive Leistungshindernisse im außerbetrieblichen Bereich** wie Verkehrssperren, Ausfall öffentlicher Verkehrsmittel, Smogalarm, Naturereignisse wie Hochwasser oder Schneeverwehungen, die den Arbeitnehmer hindern, seinen Arbeitsplatz zu erreichen.

Durch **Einzelvertrag** oder **Kollektivvereinbarung** (Tarifvertrag, Betriebsvereinbarung) 75
kann von den obigen Grundsätzen abgewichen werden. Die einzelvertragliche Abbedingung muss hinreichend deutlich sein[2], unterliegt der Inhaltskontrolle nach den §§ 305 ff. BGB und erfordert eine Interessenabwägung[3].

c) Störungen bei Arbeitskämpfen

Bei arbeitskampfbedingten Störungen stellt sich ebenfalls die Frage, wer das **Ver-** 76
gütungsrisiko trägt. Einigkeit besteht, dass **am Streik beteiligte Arbeitnehmer keinen Anspruch** auf Entgeltzahlung haben. Gleiches gilt, wenn der Arbeitgeber die Arbeitnehmer aussperrt und die **Aussperrung rechtmäßig** ist, da der Arbeitskampf die Suspendierung der beiderseitigen Rechte und Pflichten aus dem Arbeitsverhältnis zur Folge hat. Die Wirkungen eines Arbeitskampfes können jedoch auch arbeitswillige Arbeitnehmer des bestreikten Betriebes sowie Arbeitnehmer in nicht bestreikten Betrieben, Letztere aufgrund von Fernwirkungen, treffen. In diesen Fällen stellt sich die Frage, wer das sog. Arbeitskampfrisiko trägt.

Bei Störungen, die auf Streiks oder Aussperrungen in einem anderen Betrieb, also auf 77
Fernwirkungen eines Arbeitskampfs beruhen, gelten aus Gründen der Kampfparität folgende Grundsätze[4]: Können die Fernwirkungen das Kräfteverhältnis der Kampf führenden Parteien beeinflussen, weil der mittelbar betroffene Betrieb zur selben Branche gehört und/oder die Arbeitnehmer von derselben Gewerkschaft vertreten werden, hat jede Seite das auf sie entfallende Kampfrisiko zu tragen. Soweit die Fortsetzung des Betriebs ganz oder teilweise unmöglich oder für den Arbeitgeber wirtschaftlich unzumutbar wäre, erhalten die Arbeitnehmer kein Entgelt. Wird dagegen die Kampfparität nicht beeinträchtigt, kann der zu erstreitende Tarifvertrag das Arbeitsverhältnis der mittelbar vom Streik betroffenen Arbeitnehmer also nicht erfassen, weil das Unternehmen zB einer anderen Branche angehört, verbleibt das Vergütungsrisiko beim Arbeitgeber[5].

Die Grundsätze des Arbeitskampfrisikos gelten ebenso, wenn in einem Betriebsteil 78
die Arbeit wegen eines Streiks in einem anderen Betriebsteil unmöglich oder dem Arbeitgeber unzumutbar wird oder eine Kampfmaßnahme Störungen verursacht hat, die die Arbeit nach Beendigung der Kampfmaßnahme unmöglich oder für den Arbeitgeber unzumutbar machen oder die Arbeitsausfälle im selben Betrieb durch Gegenmaßnahmen des Arbeitgebers, also zB durch **Vergabe der Arbeiten an ein Fremdunternehmen** verursacht werden. Allerdings darf es sich bei der Fremdvergabe nicht um vorbeugende Maßnahmen des Arbeitgebers handeln, die über reine Gegenmaßnahmen hinausgehen, also den Arbeitskampf erweitern[6].

Bieten **im bestreikten Betrieb** oder Betriebsteil **arbeitswillige Arbeitnehmer** ihre Ar- 79
beitsleistung an, ist der Arbeitgeber frei, wie er auf den Arbeitskampf reagiert: Einerseits kann er sich **den Streikmaßnahmen beugen** und den bestreikten **Betrieb**, und

---

1 BAG 8.12.1982 – 4 AZR 134/80, AP Nr. 58 zu 616 BGB.
2 BAG 9.3.1983 – 4 AZR 301/80, AP Nr. 31 zu § 615 BGB – Betriebsrisiko.
3 ErfK/*Preis*, § 615 BGB Rz. 130.
4 Vgl. *Luke*, NZA 2004, 244 (246 f.); *Oetker*, Anm. AP Nr. 130 zu Art. 9 GG – Arbeitskampf.
5 BAG 22.12.1980 – 1 ABR 2/79 u. 22.12.1980 – 1 ABR 76/79, AP Nr. 70 u. 71 zu Art. 9 GG – Arbeitskampf.
6 BAG 17.2.1998 – 1 AZR 386/97, NZA 1998, 896.

zwar für die Dauer und im Umfang des Streiks, **stilllegen (sog. suspendierte Stilllegung)**. Dies gilt auch, wenn ihm eine teilweise Aufrechterhaltung technisch möglich und wirtschaftlich zumutbar wäre. Damit wird die Beschäftigungs- und Lohnzahlungspflicht auch gegenüber arbeitswilligen Arbeitnehmern **suspendiert**[1]. Die **Suspendierung der arbeitswilligen Arbeitnehmer** geschieht durch eine **Erklärung des Arbeitgebers**, den bestreikten Betrieb nicht aufrechterhalten zu wollen und die Arbeitsverhältnisse der betroffenen Arbeitnehmer für die Dauer des Arbeitskampfs zu suspendieren[2]. Die Erklärung muss hinreichend eindeutig sein. **Adressaten** sind die **betroffenen Arbeitnehmer**, **nicht** dagegen die den Streik führende **Gewerkschaft**. Die Erklärung kann auch stillschweigend erfolgen. Das ist anzunehmen, wenn der Arbeitgeber hinreichend deutlich macht, dass er sich dem Streik beugen und den Betrieb nicht weiterführen will. Daran fehlt es, wenn der Betrieb zwar ruht, der Arbeitgeber aber den Eindruck erweckt, er wolle die Arbeitnehmer so bald wie möglich zur Arbeit heranziehen[3].

80 Andererseits kann der Arbeitgeber versuchen, den Betrieb wenigstens teilweise aufrechtzuerhalten, sich also **dem Streik nicht beugen**. Sodann entfällt für den Arbeitgeber Beschäftigungs- und Vergütungspflicht, sofern aufgrund des Arbeitskampfes eine Beschäftigungsmöglichkeit nicht gegeben oder wirtschaftlich unzumutbar ist[4].

II. Vergütungspflicht bei vorübergehender Verhinderung des Arbeitnehmers

1. Grundlagen

81 Nach § 616 Abs. 1 BGB verliert der Arbeitnehmer seinen Anspruch auf Entgelt **nicht** dadurch, dass er
- durch einen in seiner Person liegenden Grund
- ohne sein Verschulden
- für eine verhältnismäßig nicht erhebliche Zeit
- an der Dienstleistung verhindert wird.

§ 616 Abs. 1 Satz 1 BGB enthält eine Ausnahme von dem Grundsatz „ohne Arbeit kein Lohn".

2. Voraussetzungen der gesetzlichen Entgeltfortzahlungspflicht gem. § 616 BGB

a) Arbeitsverhinderung

82 Die Entgeltfortzahlungspflicht nach § 616 BGB setzt voraus, dass es sich um ein in der **persönlichen Sphäre des Arbeitnehmers** liegendes **subjektives Leistungshindernis** handelt[5]. Der Hinderungsgrund muss nicht unmittelbar in der Person des Arbeitnehmers oder in dessen persönlichen Eigenschaften liegen. Die Arbeitsleistung muss ihm auch nicht unmöglich sein. Es reicht vielmehr aus, wenn dem Arbeitnehmer die Arbeitsleistung im Hinblick auf den Hinderungsgrund nicht zuzumuten ist[6]. Dabei regelt die Norm lediglich Fälle der Arbeitsverhinderung **ohne Krankheit**, welche ausschließlich im EFZG geregelt ist[7].

---

1 BAG 11.7.1995 – 1 AZR 161/95, BB 1996, 216.
2 BAG 22.3.1994 – 1 AZR 622/93, AP Nr. 130 zu Art. 9 GG – Arbeitskampf.
3 BAG 11.7.1995 – 1 AZR 161/95, BB 1996, 216; 27.6.1995 – 1 AZR 1916/94, DB 1996, 143.
4 BAG 11.7.1995 – 1 AZR 161/95, BB 1996, 216.
5 BAG 8.12.1982 – 4 AZR 134/80 u. 8.9.1982 – 5 AZR 283/80, AP Nr. 58 u. 59 zu § 616 BGB.
6 BAG 8.12.1982 – 4 AZR 134/80, AP Nr. 58 zu § 616 BGB.
7 ErfK/*Preis*, § 616 BGB Rz. 1.

Ein Anspruch besteht nicht, wenn die Ursache des Leistungshindernisses weder in der privaten Sphäre des Arbeitnehmers noch im betrieblichen Bereich, dh. innerhalb der Einflussmöglichkeiten des Arbeitgebers, liegt[1]. Beispiel: Allgemeine Verkehrssperren, Ausfall öffentlicher Verkehrsmittel, Naturereignisse. Hierbei handelt es sich um **objektive Leistungshindernisse**, bei denen die Leistungspflicht des Arbeitgebers aus § 616 BGB entfällt[2]. Arbeitnehmer und Arbeitgeber werden sodann von der Leistungspflicht frei[3]. 83

Die Verhinderungsgründe müssen sich auf **den Arbeitnehmer** oder sonstigen Dienstnehmer beziehen, der die Entgeltfortzahlung verlangt, nicht auf einen größeren Kreis von Arbeitnehmern. So kann die Zahl der betroffenen Arbeitnehmer gewisse Hinweise darauf geben, ob das Leistungshindernis in der Person des Arbeitnehmers begründet ist oder ein allgemeines Leistungshindernis vorliegt[4]. 84

§ 616 Satz 1 BGB enthält also eine **Gefahrtragungsregel**, wonach der Arbeitgeber die Risiken übernimmt, die sich aus einem persönlichen Hinderungsgrund beim einzelnen Arbeitnehmer ergeben, während er die Folgen objektiver Leistungshindernisse, auf die er keinen Einfluss hat und die idR unvorhersehbar eintreten, nicht zu tragen hat[5]. Hierzu gehören alle Fälle der Unmöglichkeit des Zugangs zum Arbeitsplatz[6], worin sich letztlich das allgemeine Lebensrisiko verwirklicht, das vom Arbeitnehmer zu tragen ist[7]. 85

Die Arbeitsverhinderung muss **unvermeidbar** sein. Der Arbeitnehmer muss sich bemühen, den Ausfall zu verhindern. Voraussetzung für die Entgeltzahlung ist also, dass die Aufgabe oder Verpflichtung, die die Verhinderung auslöst, während der Arbeitszeit wahrgenommen werden muss. Diese Voraussetzung ist nicht erfüllt, wenn der Arbeitnehmer eine flexible Arbeitszeit hat und er der privaten Verpflichtung auch außerhalb der Arbeitszeit nachgehen kann[8]. 86

b) Verhinderungsdauer

Die Verhinderungsdauer darf nur eine **verhältnismäßig nicht erhebliche Zeit** betragen. Maßgebend ist das Verhältnis von Verhinderungszeit zur gesamten, auch voraussichtlichen Dauer des Arbeitsverhältnisses[9], aber auch Art, Dauer und Schwere des Hinderungsgrunds[10]. IdR sind nur wenige Tage von § 616 BGB gedeckt. Bei der Pflege von Familienangehörigen ist ein Zeitraum von fünf Tagen als verhältnismäßig nicht erheblich anzusehen. Bei längerer Dauer besteht kein Anspruch, auch nicht für eine verhältnismäßig nicht erhebliche Zeit[11]. Macht ein Beschäftigter von der in § 2 Abs. 1 PflegeZG eingeräumten zehntägigen Abwesenheit Gebrauch (vgl. Teil 2 D Rz. 51 ff.), hat er also in aller Regel keinen Vergütungsanspruch nach § 616 BGB[12]. 87

---

1 BAG 8.9.1982 – 5 AZR 283/80, AP Nr. 59 zu § 616 BGB; aA *Moll*, RdA 1980, 138 ff.
2 BAG 8.12.1982 – 4 AZR 134/80, AP Nr. 58 zu § 616 BGB.
3 BAG 8.12.1982 – 4 AZR 134/80, AP Nr. 58 zu § 616 BGB; 24.3.1982 – 5 AZR 1209/79, BB 1982, 1547.
4 BAG 8.9.1982 – 5 AZR 283/80, AP Nr. 59 zu § 616 BGB.
5 BAG 8.12.1982 – 4 AZR 134/80 u. 8.9.1982 – 5 AZR 283/80, AP Nr. 58 u. 59 zu § 616 BGB.
6 *Herschel*, Anm. zu BAG 8.9.1982 – 5 AZR 283/80, AP Nr. 59 zu § 616 BGB.
7 BAG 8.9.1982 – 5 AZR 283/80, AP Nr. 59 zu § 616 BGB.
8 HWK/*Krause*, § 616 BGB Rz. 9.
9 BAG 18.12.1959 – GS 8/58 u. 20.7.1977 – 5 AZR 325/76, AP Nr. 22 u. 47 zu § 616 BGB.
10 HWK/*Krause*, § 616 BGB Rz. 40 mwN.
11 BAG 19.4.1978 – 5 AZR 834/76, AP Nr. 48 zu § 616 BGB.
12 Str., aA ErfK/*Preis*, § 616 BGB Rz. 10a. Gem. HWK/*Krause*, § 616 BGB Rz. 42, soll auch bei längerer Dauer der Entgeltfortzahlungsanspruch jedenfalls für den verhältnismäßigen Teil erhalten bleiben.

c) Schuldlosigkeit

88 Den Arbeitnehmer darf in Bezug auf den **Verhinderungsgrund kein Verschulden** treffen. Ein Verschulden des Arbeitnehmers in diesem Sinne ist nur zu bejahen bei einer leichtsinnigen, unverantwortlichen Selbstgefährdung oder einem groben Verstoß gegen das von einem verständigen Menschen im eigenen Interesse zu erwartende Verhalten. Die Darlegungs- und Beweislast für das Verschulden des Arbeitnehmers trägt der Arbeitgeber[1].

d) Einzelfälle

89 Anspruch zu bejahen:
- Arztbesuch während der Arbeitszeit[2], wenn der Arztbesuch aus medizinischen Gründen – bei akuten Beschwerden – während der Arbeitszeit notwendig ist; die Notwendigkeit ist auch zu bejahen, wenn der Arbeitnehmer während der Arbeitszeit bestellt wird und auf die Termingestaltung keinen Einfluss nehmen kann[3]. Bei flexibler Arbeitszeit ist der Arbeitnehmer grundsätzlich gehalten, die Arbeitszeit so zu gestalten, dass er den Arztbesuch außerhalb der Arbeitszeit wahrnehmen kann. Besteht bereits Arbeitsunfähigkeit, findet nicht § 616 BGB, sondern das EFZG Anwendung.
- Eigene Eheschließung und Eintragung einer Lebenspartnerschaft
- Erfüllung religiöser Pflichten[4], Verrichtung von Gebeten eines Muslims[5]
- Erkrankung von Familienangehörigen[6]
- Goldene Hochzeit der Eltern[7]
- kirchliche Eheschließung[8]
- Niederkunft der Ehefrau oder der nichtehelichen Lebenspartnerin
- Ausübung öffentlicher Ehrenämter[9]
- Pflege eines erkrankten Kindes (vgl. auch Rz. 98 ff.)[10]
- Pflege bzw. schwere Erkrankung eines nahen Angehörigen[11]; von § 616 BGB sind im Gegensatz zum PflegeZG (vgl. Teil 2 D Rz. 49) nur Ehepartner, Eltern, Geschwister, Abkömmlinge und Lebenspartner umfasst[12]
- Tätigkeitsverbot aufgrund des Infektionsschutzgesetzes[13]
- Teilnahme an seltener Familienfeier[14]
- Todesfälle in der Verwandtschaft[15]
- U-Haft, unschuldig erlitten
- Umzug[16]

---

1 Palandt/*Weidenkaff*, § 616 BGB Rz. 10.
2 BAG 29.2.1984 – 5 AZR 92/82, AP Nr. 22 zu § 1 TVG – Tarifverträge: Metallindustrie.
3 BAG 7.3.1990 – 5 AZR 189/89 u. 27.6.1990 – 5 AZR 365/89, AP Nr. 83 u. 89 zu § 616 BGB.
4 BAG 27.4.1983 – 4 AZR 506/80, AP Nr. 61 zu § 616 BGB.
5 LAG Hamm 26.2.2002 – 5 Sa 1582/01, NZA 2002, 1090.
6 BAG 8.12.1982 – 4 AZR 134/80, AP Nr. 58 zu § 616 BGB.
7 BAG 25.8.1982 – 4 AZR 1064/79, AP Nr. 55 zu § 616 BGB.
8 BAG 27.4.1983 – 4 AZR 506/80, AP Nr. 61 zu § 616 BGB.
9 BAG 25.8.1982 – 4 AZR 1064/79 u. 8.12.1982 – 4 AZR 134/80, AP Nr. 55 u. 58 zu § 616 BGB.
10 BAG 20.6.1979 – 5 AZR 361/78, AP Nr. 50 zu § 616 BGB.
11 BAG 11.8.1982 – 5 AZR 1082/79, AP Nr. 1 zu § 33 MTL II.
12 HWK/*Krause*, § 616 BGB Rz. 23.
13 BGH 30.11.1978 – III ZR 43/77, NJW 1979, 422.
14 BAG 25.10.1973 – 5 AZR 156/73, NJW 1974, 663.
15 BAG 8.12.1982 – 4 AZR 134/80, AP Nr. 58 zu § 616 BGB.
16 BAG 25.4.1960 – 1 AZR 16/58, BAGE 9, 179.

- Wahrnehmung amtlicher, insbesondere gerichtlicher oder polizeilicher Termine[1], soweit sie nicht durch private Angelegenheiten des Arbeitnehmers veranlasst sind

Die **Darlegungs- und Beweislast** für das Vorliegen der Hinderungsgründe trägt grundsätzlich der Arbeitnehmer. 90

Anspruch zu verneinen: 91
- allgemeine Straßenverkehrsstörungen[2]
- Arbeitsgerichtsprozess gegen den Arbeitgeber aus dem Arbeitsverhältnis, auch wenn persönliches Erscheinen angeordnet wurde[3]
- Ausfall öffentlicher Verkehrsmittel
- Demonstrationen
- Eisglätte, Schneeverwehungen[4]
- Fahrverbote wegen Smogalarms[5]
- Naturereignisse wie Hochwasser usw.[6]
- Strafverbüßung, denn der Arbeitnehmer hat die durch eine Strafverbüßung bedingte Unmöglichkeit der Arbeitsleistung zu vertreten[7]
- Teilnahme an Sportveranstaltungen
- Verkehrssperren
- Wahrnehmung amtlicher, insbesondere gerichtlicher oder polizeilicher Termine, soweit durch private Angelegenheiten veranlasst

3. Anmeldung/Unterrichtungspflicht

Der Arbeitnehmer hat seine Arbeitsverhinderung dem Arbeitgeber **rechtzeitig vorher**, 92
auf jeden Fall aber **unverzüglich** anzuzeigen. Das Unterlassen hat nicht den Verlust des Zahlungsanspruchs zur Folge, stellt jedoch die Verletzung einer Nebenpflicht dar, die im Wiederholungsfall und nach Abmahnung zur Kündigung berechtigen kann[8]. Der Arbeitnehmer ist nicht verpflichtet, Arbeitsbefreiung zu beantragen; bei Vorliegen der Voraussetzungen führt § 616 BGB ohne weitere gestaltende Erklärung des Arbeitgebers zu einer Suspendierung der Arbeitspflicht während des Hinderungszeitraums[9].

4. Wirkung: Fortzahlung des Arbeitsentgelts

Der Vergütungsanspruch gem. § 611 BGB bleibt entgegen § 326 Abs. 1 BGB bestehen. 93
Es gilt das **Entgeltausfallprinzip**, dh., es ist das Entgelt zu zahlen, das der Arbeitnehmer ohne die ausgefallene Arbeitszeit verdient hätte[10]. Der Anspruch endet mit dem Ende des Arbeitsverhältnisses.

---

1 BAG 4.9.1985 – 7 AZR 249/83, AP Nr. 1 zu § 29 BMT-G II.
2 LAG Hamm 6.11.1979 – 3 Sa 926/79, DB 1980, 311.
3 BAG 4.9.1985 – 7 AZR 249/83, AP Nr. 1 zu § 29 BMT II; aA für den Fall der Anordnung persönlichen Erscheinens: LAG Hamm 2.12.2009 – 5 Sa 710/09, ArbRB 2010, 269.
4 BAG 8.9.1982 – 5 AZR 283/80, NJW 1983, 1078.
5 *Ehmann*, NJW 1987, 401.
6 BAG 8.12.1982 – 4 AZR 134/80, AP Nr. 58 zu § 616 BGB.
7 BAG 15.11.1984 – 2 AZR 613/83, AP Nr. 87 zu § 626 BGB.
8 HWK/*Krause*, § 616 BGB Rz. 45.
9 BAG 30.5.1988 – 2 AZR 682/87, NZA 1989, 464.
10 HWK/*Krause*, § 616 BGB Rz. 46.

5. Anrechnung anderweitigen Erwerbs

94 § 616 Satz 2 BGB sieht zwar eine Anrechnung von Beträgen aus einer **gesetzlichen Kranken- oder Unfallversicherung** vor; diese hat aber keine praktische Bedeutung.

6. Abdingbarkeit

95 § 616 BGB enthält dispositives Recht, so dass die Regelung einzelvertraglich[1] sowie kollektivvertraglich abbedungen und modifiziert werden kann[2]. Die Formulierung, „bezahlt wird nur die tatsächlich geleistete Arbeit", stellt regelmäßig einen zulässigen Ausschluss der Entgeltfortzahlung bei persönlicher Arbeitsverhinderung dar[3].

96 In den meisten Fällen enthalten **Tarifverträge** Bestimmungen darüber, unter welchen Voraussetzungen der Arbeitnehmer sein Entgelt ohne Arbeitsleistung beanspruchen kann. Hier bedarf es der Auslegung, ob es sich um eine § 616 BGB im Übrigen ausschließende Regelung oder um konkretisierte Einzelfälle handelt.

97 Zulässig ist es auch, die **unbezahlte Freistellung** vorzusehen oder den **Anspruch der Höhe nach zu beschränken**. Ein einzelvertraglicher Ausschluss für alle Fälle der Arbeitsverhinderung unterliegt der Inhaltskontrolle nach § 307 BGB und dürfte unwirksam sein, soweit der Ausschluss nicht durch besondere Gründe legitimiert ist[4].

7. Sonderfall: § 45 SGB V

98 Nach § 45 Abs. 3 iVm. Abs. 1 SGB V haben Arbeitnehmer gegen ihren Arbeitgeber bei Betreuung ihres erkrankten Kindes Anspruch auf **Freistellung** von der Arbeitsleistung. Dieser Anspruch kann nicht durch Vertrag ausgeschlossen oder beschränkt werden, § 45 Abs. 3 Satz 3 SGB V. Er steht gem. § 45 Abs. 5 SGB V auch Arbeitnehmern zu, die nicht Mitglied in einer gesetzlichen Krankenkasse sind. Allerdings muss das erkrankte Kind weiterhin gesetzlich versichert sein[5]. Die Freistellung bedarf keiner Genehmigung durch den Arbeitgeber. Der Arbeitnehmer hat den Arbeitgeber jedoch rechtzeitig zu informieren[6].

99 Die Frage einer **Vergütung** durch den Arbeitgeber während der Freistellung wird durch § 45 Abs. 3 SGB V nicht geregelt. Nach § 616 Satz 1 BGB (vgl. auch Rz. 82 ff., 89) besteht gegen den Arbeitgeber ein Anspruch auf bezahlte Freistellung zur Pflege eines erkrankten Kindes von bis zu fünf Arbeitstagen, wenn andere im Haushalt des Arbeitnehmers lebende Personen nicht zur Verfügung stehen[7]. Dieser Anspruch nach § 616 BGB kann einzel- oder kollektivrechtlich anderweitig geregelt oder gänzlich ausgeschlossen werden (Beispiel: „Bei Erkrankung eines Kindes besteht Anspruch auf unbezahlte Freistellung im gesetzlich zulässigen Rahmen"). Der einzelvertragliche Ausschluss der Vergütungspflicht nach § 616 BGB bei Erkrankung eines Kindes hält einer Inhaltskontrolle nach § 307 Abs. 2 BGB stand[8]. Besteht kein Zahlungsanspruch gegen den Arbeitgeber, hat die Krankenkasse gem. § 45 Abs. 1 SGB V **Krankengeld** zu gewähren. Die Höhe beträgt 70 % des erzielten regelmäßigen Arbeitsentgelts (§ 47 Abs. 1 Satz 1 SGB V). Zahlt dagegen der Arbeitgeber, ruht der Anspruch auf Krankengeld (§ 49 Abs. 1 Nr. 1 Halbs. 1 SGB V). Der Anspruch auf Krankengeld ist also gegenüber einem arbeitsrechtlichen Anspruch subsidiär.

---

1 BAG 7.2.2007 – 5 AZR 270/06, AP Nr. 118 zu § 611 BGB – Abhängigkeit.
2 BAG 25.8.1982 – 4 AZR 1064/79, AP Nr. 55 zu § 616 BGB.
3 BAG 8.12.1982 – 4 AZR 134/80, AP Nr. 58 zu § 616 BGB.
4 HWK/*Krause*, § 616 BGB Rz. 50.
5 *Brose*, NZA 2011, 719 (720).
6 *Kleinebrink*, ArbRB 2006, 303 (304).
7 BAG 19.4.1978 – 5 AZR 834/76, AP Nr. 48 zu § 616 BGB; *Kleinebrink*, ArbRB 2006, 303 (306).
8 *Kleinebrink*, ArbRB 2006, 303 (305).

Voraussetzungen des Freistellungsanspruchs: 100

– Das Fernbleiben von der Arbeit zur Beaufsichtigung, Betreuung oder Pflege des erkrankten Kindes ist nach ärztlichem Zeugnis erforderlich,
– eine andere im Haushalt lebende Person kann das Kind nicht beaufsichtigen, wobei diese Person subjektiv und objektiv zur Pflege in der Lage sein muss[1]; und
– das Kind hat das zwölfte Lebensjahr noch nicht vollendet oder ist behindert iSv. § 2 Abs. 1 SGB IX und auf Hilfe angewiesen.

Die **Dauer** beträgt je Kind längstens zehn Arbeitstage je Kalenderjahr, bei Alleinerziehenden erhöht sich diese auf 20 Arbeitstage, § 45 Abs. 2 Satz 1 SGB V. Insgesamt, also bei Erkrankung mehrerer Kinder, sind maximal 25 Arbeitstage, für Alleinerziehende 50 Arbeitstage je Kalenderjahr zu gewähren, § 45 Abs. 2 Satz 2 SGB V. Bei schwerstkranken Kindern mit begrenzter Lebenserwartung ist der Anspruch auf unbezahlte Freistellung zeitlich nicht begrenzt, § 45 Abs. 4 Satz 3 iVm. § 45 Abs. 3 SGB V. 101

III. Entgeltfortzahlung im Krankheitsfall

1. Grundlagen

Die Entgeltfortzahlung im Krankheitsfall richtet sich nach dem **Entgeltfortzahlungsgesetz** (EFZG[2]), das für alle Arbeitnehmer – Arbeiter, Angestellte und die zu ihrer Berufsausbildung Beschäftigten – eine einheitliche rechtliche Basis bildet. Der Ausgleich der Arbeitgeberaufwendungen für die Entgeltfortzahlung erfolgt nach dem Aufwendungsausgleichsgesetz[3] (AAG) (vgl. Rz. 197 ff.), das zum 1.1.2006 an die Stelle der §§ 10–19 LohnFZG getreten ist. 102

Der Anspruch auf Entgeltfortzahlung im Krankheitsfall hat keinen selbständigen Vergütungscharakter, er ist vielmehr der während der Arbeitsunfähigkeit aufrechterhaltene Vergütungsanspruch und teilt daher dessen rechtliches Schicksal. Ist der Vergütungsanspruch im Tarifvertrag geregelt, unterliegt daher auch die Entgeltfortzahlung einer tariflichen Ausschlussfrist[4]. 103

Die Bestimmungen des EFZG sind **unabdingbar**, § 12 EFZG, dh. von ihnen darf nur zugunsten des Arbeitnehmers abgewichen werden. Lediglich die Bemessungsgrundlage betreffend das fortzuzahlende Entgelt kann durch Tarifvertrag abweichend geregelt werden, § 4 Abs. 4 EFZG. Der **Begriff der Bemessungsgrundlage** umfasst nicht nur die **Berechnungsmethode**, sondern auch die **Entgeltbestandteile**, die der Berechnung zugrunde zu legen sind[5] (vgl. Rz. 140). Im Geltungsbereich eines solchen Tarifvertrages kann die Anwendung der tarifvertraglichen Regelungen auch zwischen nichttarifgebundenen Arbeitnehmern und Arbeitgebern vereinbart werden, § 4 Abs. 4 Satz 2 EFZG. 104

2. Voraussetzungen der Entgeltfortzahlung

Nach § 3 Abs. 1 Satz 1 EFZG hat ein Arbeitnehmer, der durch Arbeitsunfähigkeit infolge unverschuldeter Krankheit an seiner Arbeitsleistung verhindert ist, Anspruch auf Entgeltfortzahlung im Krankheitsfall bis zur Dauer von sechs Wochen. 105

---
1 *Kleinebrink*, ArbRB 2006, 303 (304).
2 Art. 53 PflegeVG v. 26.5.1994, BGBl. I, 1065.
3 Art. 1 des Gesetzes über den Ausgleich von Arbeitgeberaufwendungen und zur Änderung weiterer Gesetze v. 22.12.2005, BGBl. I, 3686.
4 BAG 16.1.2001 – 5 AZR 430/00, NZA 2002, 746.
5 BAG 20.1.2010 – 5 AZR 53/09, NZA 2010, 455.

a) Wartezeit

106 Nach § 3 Abs. 3 EFZG entsteht der Entgeltfortzahlungsanspruch erst nach **vierwöchiger ununterbrochener Dauer des Arbeitsverhältnisses**. Hierunter ist die Zeit ab der vereinbarten Arbeitsaufnahme zu verstehen[1] (vgl. Rz. 121). Während dieser vier Wochen erhält der Arbeitnehmer Krankengeld von der Krankenkasse; dieses beträgt lediglich 70 % des regelmäßigen Arbeitsentgelts und darf 90 % des Nettoarbeitsentgelts nicht übersteigen.

b) Arbeitsunfähigkeit

107 § 3 Abs. 1 Satz 1 EFZG setzt voraus, dass der Arbeitnehmer durch Arbeitsunfähigkeit infolge Krankheit an seiner Arbeitsleistung verhindert ist. Die Krankheit muss zur Arbeitsunfähigkeit führen, denn Krankheit allein löst noch keine Entgeltfortzahlung aus[2]. Im medizinischen Sinne ist **Krankheit** jeder regelwidrige körperliche oder geistige Zustand, der einer Heilbehandlung bedarf[3]. Keine Rolle für den Begriff der Krankheit spielt, auf welchen Ursachen diese beruht[4]. **Arbeitsunfähigkeit infolge Krankheit** liegt vor, wenn ein solches Krankheitsgeschehen den Arbeitnehmer außerstande setzt, die von ihm nach dem Arbeitsvertrag geschuldete Leistung zu erbringen, oder der Arbeitnehmer nur mit der Gefahr, in absehbarer naher Zukunft seinen Zustand zu verschlimmern, fähig ist, seiner bisherigen Erwerbstätigkeit nachzugehen[5]. Die Arbeitsfähigkeit kann also nicht losgelöst von der vertraglich zu verrichtenden Tätigkeit bestimmt werden[6]. Arbeitsunfähigkeit ist auch gegeben, wenn ärztlich die Enthaltung von der Arbeit zur Vermeidung eines Rückfalls oder zur Festigung des Gesundheitszustandes empfohlen wird[7] oder der Arbeitnehmer infolge seiner Krankheit nur unter Bedingungen arbeiten kann, die ihm vernünftigerweise auf Dauer nicht zuzumuten sind (zB starke Schmerzen bei der Ausübung der geschuldeten Arbeitsleistung)[8]. Krankheitsbedingte Arbeitsunfähigkeit kann ferner eintreten, wenn der Arbeitnehmer zwar noch nicht arbeitsunfähig ist, die zur Behebung der Krankheit erforderliche Behandlung ihn jedoch an der künftigen Arbeitsleistung hindert (Heilmaßnahme durch Operation)[9]. Eine mit der Krankheit verbundene **volle Erwerbsminderung** im Sinne des Sozialversicherungsrechts schließt die krankheitsbedingte Arbeitsunfähigkeit nicht aus; beide sind voneinander unabhängig zu prüfen[10]. Ob krankheitsbedingte Arbeitsunfähigkeit vorliegt, bestimmt sich nach objektiven Merkmalen. Die Kenntnis oder subjektive Einschätzung des Arbeitnehmers ist **unbeachtlich**. Maßgebend ist die ärztliche Beurteilung[11]. Der Arbeitnehmer hat die krankheitsbedingte Arbeitsunfähigkeit nachzuweisen. Er kann den Beweis nicht nur durch Vorlage einer ärztlichen Bescheinigung führen, sondern mit allen zulässigen Beweismitteln[12] (vgl. Rz. 172).

108 Ob der Arbeitnehmer durch die Krankheit **ganz oder teilweise arbeitsunfähig** wird, ist arbeitsrechtlich gleichbedeutend. Eine bestehende Arbeitsunfähigkeit bleibt daher unberührt, wenn der Arbeitnehmer gem. § 74 SGB V zur **stufenweisen Wiedereingliederung** beschäftigt wird[13]. § 74 SGB V schafft für den Arbeitgeber keine Verpflichtung,

---

1 *Löwisch*, NZA 1996, 1009 (1013).
2 BAG 26.7.1989 – 5 AZR 301/88, AP Nr. 86 zu § 1 LohnFG.
3 BAG 26.7.1989 – 5 AZR 301/88, AP Nr. 86 zu § 1 LohnFG mwN.
4 *Boecken*, NZA 2001, 233 (234), mwN.
5 BAG 9.1.1985 – 5 AZR 415/82, AP Nr. 62 zu § 1 LohnFG.
6 BAG 25.6.1981 – 6 AZR 940/78, AP Nr. 52 zu § 616 BGB.
7 BAG 14.1.1972 – 5 AZR 264/71, AP Nr. 12 zu § 1 LohnFG.
8 BAG 1.6.1983 – 5 AZR 468/80, AP Nr. 54 zu § 1 LohnFG.
9 BAG 9.1.1985 – 5 AZR 415/82, AP Nr. 62 zu § 1 LohnFG.
10 BAG 29.9.2004 – 5 AZR 558/03, NZA 2005, 225.
11 BAG 17.2.1998 – 9 AZR 130/97, NZA 1999, 33.
12 BAG 1.10.1997 – 5 AZR 726/96, NZA 1998, 369.
13 BAG 29.1.1992 – 5 AZR 37/91, AP Nr. 1 zu § 74 SGB V.

III. Entgeltfortzahlung im Krankheitsfall

vielmehr bedarf es hierzu einer Vereinbarung[1]. Wann und bei welcher Gelegenheit sich der Arbeitnehmer eine Krankheit zuzieht oder einen Unfall erleidet, ist unerheblich[2]. Handelt es sich bei dem Arbeitnehmer um einen **schwerbehinderten Menschen**, ergibt sich der Anspruch gegen den Arbeitgeber auf stufenweise Wiedereingliederung aus dem Gesetz (§ 81 Abs. 4 Satz 1 Nr. 1 SGB IX). In dem Fall bedarf es also keiner gesonderten Vereinbarung. Die Wiedereingliederung erfolgt auf der Grundlage einer ärztlichen Bescheinigung, aus der sich ein Wiedereingliederungsplan einschließlich einer Prognose über den Zeitpunkt der zu erwartenden Wiedererlangung der Arbeitsfähigkeit ergeben muss; der ärztliche **Wiedereingliederungsplan** ist Anspruchsvoraussetzung für die stufenweise Beschäftigung[3].

Arbeitsunfähigkeit liegt nicht vor, wenn der Arbeitnehmer während der Arbeitszeit einen **Arztbesuch** vornimmt. Allerdings kann sich in diesen Fällen ein Anspruch aus § 616 BGB ergeben (vgl. Rz. 89). **Alkoholabhängigkeit** ist eine Krankheit im Sinne des Entgeltfortzahlungsrechts[4], während dies für eine **normale Schwangerschaft** verneint wird[5]. Als Krankheit im Rechtssinne ist nur die mit außergewöhnlichen Beschwerden oder Störungen verbundene Schwangerschaft anzusehen; das Gleiche gilt bei **Fehlgeburten**. 109

Die krankheitsbedingte Arbeitsunfähigkeit muss **alleinige Ursache** für den **Ausfall der Arbeitsleistung** und damit für den Verlust des Entgeltanspruchs sein[6]. Hat der Arbeitnehmer ohne die Erkrankung keinen Entgeltanspruch, kann ihm die Erkrankung nicht zu einem solchen Anspruch verhelfen[7]. Wird bspw. die für den 24. und 31.12. vorgesehene Arbeit im Voraus erbracht, hat der Arbeitnehmer keinen Anspruch auf Entgeltfortzahlung, wenn er an diesen Tagen arbeitsunfähig erkrankt[8]. Ebenso entfällt der Anspruch auf Entgeltfortzahlung bei **Arbeitsunwilligkeit** des Arbeitnehmers. Für fehlenden Arbeitswillen spricht ein längeres unentschuldigtes Fehlen[9]. 110

c) Unverschuldete Krankheit

aa) Grundsätze

Gem. § 3 Abs. 1 Satz 1 EFZG darf den Arbeitnehmer an seiner Krankheit **kein Verschulden** treffen. Dieses ist gegeben bei einem gröblichen Verstoß gegen das von einem verständigen Menschen im eigenen Interesse zu erwartende Verhalten, weil es unbillig wäre, den Arbeitgeber zu belasten, wenn der Arbeitnehmer zumutbare Sorgfalt sich selbst gegenüber außer Acht gelassen und dadurch die Arbeitsunfähigkeit verursacht hat („Verschulden gegen sich selbst")[10]. Ein Mitverschulden Dritter vermag den Arbeitnehmer grundsätzlich nicht zu entlasten[11]. 111

Ein schuldhaftes Verhalten des Arbeitnehmers führt nur dann zum Wegfall der Entgeltfortzahlung, wenn und soweit die **Arbeitsunfähigkeit Folge des Verschuldens** ist[12]. 112

---

1 *Reinecke*, DB 1998, 130 (133).
2 BAG 21.4.1982 – 5 AZR 1019/79, AP Nr. 49 zu § 1 LohnFG.
3 BAG 13.6.2006 – 9 AZR 229/05, NZA 2007, 91.
4 BAG 1.6.1983 – 5 AZR 536/80, AP Nr. 52 zu § 1 LohnFG.
5 BAG 14.11.1984 – 5 AZR 394/82, AP Nr. 61 zu § 1 LohnFG.
6 BAG 28.1.2004 – 5 AZR 58/03, AP Nr. 21 zu § 3 EntgeltFG.
7 BAG 22.8.2001 – 5 AZR 699/99, DB 2002, 640.
8 BAG 7.9.1988 – AP Nr. 79 zu § 1 LohnFG.
9 BAG 4.12.2002 – 5 AZR 494/01, BAGReport 2003, 101.
10 BAG 21.4.1982 – 5 AZR 1019/79, AP Nr. 49 zu § 1 LohnFG mwN; kritisch dazu: *Houben*, NZA 2000, 128 (129).
11 LAG Hamm 24.9.2003 – 18 Sa 785/03, LAGReport 2004, 129.
12 BAG 21.4.1982 – 5 AZR 1019/79, AP Nr. 49 zu § 1 LohnFG.

113 Die **Beweislast** für das Verschulden des Arbeitnehmers trägt der **Arbeitgeber**[1]. Liegen Umstände vor, die nach der Lebenserfahrung auf ein Verschulden des Arbeitnehmers schließen lassen, obliegt es dem Arbeitnehmer nachzuweisen, dass die Ereignisse einen vom ersten Anschein abweichenden Verlauf genommen haben. Der Arbeitnehmer, der Entgeltfortzahlung wegen krankhafter Alkoholabhängigkeit fordert, muss auf Verlangen des Arbeitgebers die für die Entstehung des Alkoholismus erheblichen Umstände offenbaren[2].

bb) Einzelfälle

114 Verschulden **bejaht:** Verstoß gegen Rauchverbot nach Herzinfarkt[3]; Verletzung durch Schlägerei nach vorangegangener Provokation[4]. Verschulden **verneint:** Selbstmordversuch[5]; Sucht (Drogen, Alkohol)[6].

115 Bei **Sportunfällen**[7] ist Verschulden zu bejahen bei einer sportlichen Betätigung in einer die Kräfte und Fähigkeiten deutlich übersteigenden Weise, bei einem besonders groben und leichtsinnigen Verstoß gegen anerkannte Regeln der jeweiligen Sportart oder bei Teilnahme an einer besonders gefährlichen Sportart[8]. Letztere ist gegeben, wenn das Verletzungsrisiko bei objektiver Betrachtung so groß ist, dass auch ein gut ausgebildeter Sportler bei sorgfältiger Beachtung aller Regeln Risiken nicht vermeiden kann und sich der Arbeitnehmer damit unbeherrschbaren Gefahren aussetzt[9]. Hierzu rechnen nicht: Amateurboxen[10], Drachenfliegen[11], Fallschirmspringen, Fußball, Grasbahnrennen.

116 **Verkehrsunfälle:** Verschulden wird bejaht bei Nichtanlegen von Sicherheitsgurten[12], Alkoholmissbrauch[13] oder wenn der Arbeitnehmer vorsätzlich oder grob fahrlässig Verkehrsvorschriften verletzt und hierdurch seine Gesundheit leichtfertig aufs Spiel setzt[14]. Die unfallbedingten Verletzungen müssen auf dem Verstoß beruhen[15].

117 **Verstöße gegen Arbeitsschutzbestimmungen:** Verschulden wird bejaht bei deutlichem Verstoß gegen Bestimmungen des Arbeitszeitrechts[16] sowie beim Nichttragen von Schutzkleidung, wenn diese vom Arbeitgeber kostenlos zur Verfügung gestellt wurde[17].

cc) Schwangerschaftsabbruch und Sterilisation

118 Als **unverschuldete Arbeitsunfähigkeit** gilt auch eine Arbeitsverhinderung infolge Schwangerschaftsabbruchs oder Sterilisation unter den in § 3 Abs. 2 EFZG genannten Voraussetzungen (gesetzliche Fiktion fehlenden Verschuldens). Ist der Schwanger-

---

1 BAG 1.6.1983 – 5 AZR 536/80, AP Nr. 52 zu § 1 LohnFG.
2 BAG 7.8.1991 – 5 AZR 410/90, AP Nr. 94 zu § 1 LohnFG.
3 BAG 17.4.1985 – 5 AZR 497/83, DB 1986, 976.
4 BAG 13.11.1974 – 5 AZR 54/74, AP Nr. 45 zu § 616 BGB.
5 BAG 28.2.1979 – 5 AZR 611/77, AP Nr. 44 zu § 1 LohnFG.
6 BAG 7.8.1991 – 5 AZR 410/90, DB 1991, 2488.
7 BAG 7.10.1981 – 5 AZR 54/74, AP Nr. 45 zu § 1 LohnFG.
8 BAG 21.1.1976 – 5 AZR 593/74, AP Nr. 39 zu § 1 LohnFG.
9 BAG 7.10.1981 – 5 AZR 54/74, AP Nr. 45 zu § 1 LohnFG.
10 BAG 1.12.1976 – 5 AZR 601/75, AP Nr. 42 zu § 1 LohnFG.
11 BAG 7.10.1981 – 5 AZR 54/74, AP Nr. 45 zu § 1 LohnFG.
12 BAG 7.10.1981 – 5 AZR 1113/79, AP Nr. 46 zu § 1 LohnFG.
13 BAG 30.3.1988 – 5 AZR 42/87, AP Nr. 77 zu § 1 LohnFG.
14 HWK/*Schliemann*, § 3 EFZG Rz. 58.
15 BAG 11.3.1987 – 5 AZR 739/85 u. 30.3.1988 – 5 AZR 42/87, AP Nr. 71 u. 77 zu § 1 LohnFG.
16 BAG 21.4.1982 – 5 AZR 1019/79, AP Nr. 49 zu § 1 LohnFG.
17 HWK/*Schliemann*, § 3 EFZG Rz. 57.

schaftsabbruch oder die Sterilisation nicht rechtswidrig (vgl. § 3 Abs. 2 Satz 1 EFZG), bedarf es daher keiner näheren Prüfung eines Verschuldens. Als nicht rechtswidrig gilt ein iSd. § 218a StGB nicht strafbarer, also erlaubter Schwangerschaftsabbruch[1]. Liegt lediglich ein subjektives Nichtverschulden vor, fehlt es also an den objektiven Voraussetzungen eines nicht rechtswidrigen Schwangerschaftsabbruchs, reicht dies nicht[2]. Ebenso enthält § 3 Abs. 2 Satz 2 EFZG eine gesetzliche Fiktion fehlenden Verschuldens für den Fall eines Schwangerschaftsabbruchs nach der Fristenregelung mit Beratungspflicht. Sinn und Zweck der Regelung des § 3 Abs. 2 EFZG ist, den straffreien Schwangerschaftsabbruch arbeitsrechtlich durch Einräumung eines Entgeltfortzahlungsanspruchs zu ergänzen[3].

d) Maßnahmen der Vorsorge und Rehabilitation

Für derartige Maßnahmen ist Entgeltfortzahlung zu leisten, wenn diese von einem Träger der Kranken-, Renten- oder Unfallversicherung, einer Verwaltungsbehörde der Kriegsopferversorgung oder einem sonstigen Sozialleistungsträger **bewilligt** sind. Voraussetzung ist außerdem, dass die Maßnahme in einer „Einrichtung der medizinischen Vorsorge oder Rehabilitation" durchgeführt wird, § 9 Abs. 1 Satz 1 EFZG. Gem. § 9 Abs. 2 EFZG hat der Arbeitnehmer den **Zeitpunkt** des Antritts der Maßnahme sowie deren voraussichtliche **Dauer unverzüglich anzuzeigen** und die **Bewilligung** der Maßnahme durch Vorlage einer Bescheinigung des Sozialversicherungsträgers oder eines Arztes **nachzuweisen**. § 10 BUrlG sieht ausdrücklich vor, dass derartige Maßnahmen nicht auf den Urlaub angerechnet werden dürfen, soweit ein Anspruch auf Entgelt nach dem EFZG besteht (vgl. Teil 2 C Rz. 170). 119

Für eine anschließende **Schonungszeit** besteht kein Entgeltfortzahlungsanspruch[4]; dieser ist auch im Sozialversicherungsrecht nicht vorgesehen. 120

3. Dauer der Entgeltfortzahlung

a) Beginn und Ende

Nach § 3 Abs. 3 EFZG entsteht der Anspruch auf Entgeltfortzahlung **nach vierwöchiger ununterbrochener Dauer** des Arbeitsverhältnisses. Die Entgeltfortzahlung beginnt sodann mit dem ersten Tag der fünften Woche. Wie nach bisherigem Recht beginnt die vierwöchige Wartezeit mit dem **Tag der vereinbarten Arbeitsaufnahme** zu laufen, wenn also das Arbeitsverhältnis mit seinen Hauptpflichten voll in Kraft getreten ist[5]. Der Tag der vereinbarten Arbeitsaufnahme ist nicht mit der tatsächlichen Arbeitsaufnahme oder dem Vertragsschluss gleichzusetzen[6]. Wird ein Auszubildender unmittelbar anschließend in ein Arbeitsverhältnis übernommen, beginnt die Wartezeit nicht erneut zu laufen, da das Berufsausbildungs- und ein anschließendes Arbeitsverhältnis für die Erfüllung der Wartezeit als Einheit anzusehen sind[7]. Eine **kurzzeitige rechtliche Unterbrechung** des Arbeitsverhältnisses führt dann **nicht** zu einem **neuen Beginn der Wartezeit**, wenn zwischen beiden Arbeitsverhältnissen mit demselben Arbeitgeber ein **enger zeitlicher und sachlicher Zusammenhang** besteht[8]. 121

---

1 BAG 14.12.1994 – 5 AZR 524/89, AP Nr. 1 zu § 3 EntgeltFG.
2 BAG 14.12.1994 – 5 AZR 524/89, AP Nr. 1 zu § 3 EntgeltFG.
3 BAG 5.4.1989 – 5 AZR 495/87, AP Nr. 84 zu § 1 LohnFG.
4 ErfK/*Preis*, § 616 BGB Rz. 9.
5 *Löwisch*, NZA 1996, 1009 (1013); zum alten Recht: BAG 6.9.1989 – 5 AZR 621/88, AP Nr. 45 zu § 63 HGB.
6 BAG 6.9.1989 – 5 AZR 621/88, AP Nr. 45 zu § 63 HGB.
7 BAG 20.8.2003 – 5 AZR 436/02, NZA 2004, 205.
8 BAG 22.8.2001 – 5 AZR 699/99, DB 2002, 640; aA *Preis*, NJW 1996, 3369 (3374).

122 Hat die **Erkrankung** bereits in der Wartezeit oder auch vor der Arbeitsaufnahme begonnen, und dauert sie **über das Ende der vierwöchigen Wartefrist hinaus** an, ist **ab dem ersten Tag der fünften Woche Entgeltfortzahlung** zu leisten[1]. Insoweit besteht in der Literatur weitgehend Einigkeit, auch wenn der Gesetzeswortlaut die Auslegung zulässt, ein Anspruch auf Entgeltfortzahlung entstehe frühestens für Erkrankungen, die nach Ablauf der Wartezeit begonnen haben[2]. Streitig ist dagegen, ob die Zeiten der Erkrankung während der Wartezeit auf den Sechs-Wochen-Zeitraum anzurechnen sind oder nicht. Dies ist nach dem Gesetzeswortlaut zu verneinen, so dass **nach dem Ende der Wartezeit** vom Arbeitgeber noch für **volle sechs Wochen** Entgeltfortzahlung zu leisten ist, unabhängig davon, ob die Erkrankung bereits während der Wartezeit begonnen hat[3].

123 Die **Entgeltfortzahlung endet** mit dem auf der Arbeitsunfähigkeitsbescheinigung angegebenen Tag. Ist ein Kalendertag angegeben und fällt dieser auf einen Arbeitstag, endet die Arbeitsunfähigkeit nicht mit Ablauf des bescheinigten Tages, sondern mit dem Ende der üblichen Arbeitszeit oder der jeweiligen Schicht des erkrankten Arbeitnehmers; dies kann auch die Nacht des folgenden Kalendertages sein. Fällt der bescheinigte Kalendertag auf einen arbeitsfreien Tag, muss anhand sonstiger Umstände geklärt werden, ob der gesamte Tag oder nur Teile desselben erfasst sind[4]. Die **Überlassung eines Dienstwagens zur Privatnutzung** ist Teil der Arbeitsvergütung. Der Nutzungsanspruch endet daher mit Ablauf des Entgeltfortzahlungszeitraums. Dem Arbeitnehmer steht in dem Fall auch keine Nutzungsentschädigung zu[5].

b) Sechs-Wochen-Zeitraum

124 Anspruch auf Arbeitsentgelt besteht nach § 3 Abs. 1 EFZG für die Zeit einer krankheitsbedingten Arbeitsunfähigkeit bis zur Dauer von sechs Wochen. Die sechs Wochen entsprechen 42 Kalendertagen. Für die Berechnung der Frist finden die §§ 187, 188 BGB Anwendung. Die **Frist beginnt** mit dem Tag zu laufen, der auf denjenigen folgt, an welchem die **Arbeitsleistung** des Arbeitnehmers **aufgrund der Erkrankung endete**[6]. Bei Begründung eines neuen Arbeitsverhältnisses ist dies der **erste Tag der fünften Woche** nach der vereinbarten Arbeitsaufnahme, auch wenn die Arbeitsunfähigkeit bereits vorher begonnen hat (vgl. Rz. 122)[7]. **Erkrankt** der Arbeitnehmer **während der Arbeitszeit**, zählt dieser Tag nicht mit[8]. Bei Erkrankung **vor Beginn der täglichen Arbeitszeit**, beginnt die Sechs-Wochen-Frist bereits mit diesem Tag zu laufen[9]. In die **vierwöchige Wartezeit** gem. § 3 Abs. 3 EFZG fallende Krankheitstage sind auf den Sechs-Wochen-Zeitraum **nicht anzurechnen**[10]. Der Anspruch besteht also nach Ablauf der Wartezeit ungekürzt für volle sechs Wochen. Der Sechs-Wochen-Zeitraum bleibt ferner für die Zeit unberührt, solange kein Anspruch auf Entgeltfortzahlung besteht, weil die Arbeitspflicht aus anderen Gründen, zB wegen Ruhens des Arbeitsverhältnisses während der Elternzeit, eines unbezahlten Urlaubs oder auch witterungs-

---

1 *Vossen*, NZA 1998, 354 (355); *Schwedes*, BB Beilage 17/1996, 2 (6); *Bauer/Lingemann*, BB Beilage 17/1996, 8.
2 So *Sieg*, BB Beilage 17/1996, 18 (19).
3 BAG 26.5.1999 – 5 AZR 476/98, NZA 1999, 1273; *Gaumann/Schafft*, NZA 2000, 811 (814); *Vossen*, NZA 1998, 354 (356); *Bauer/Lingemann*, BB Beilage 17/1996, 8; *Schwedes*, BB Beilage 17/1996, 2 (6); aA *Preis*, NJW 1996, 1369 (1374).
4 BAG 14.9.1983 – 5 AZR 70/81, AP Nr. 55 zu § 1 LohnFG.
5 BAG 14.12.2010 – 9 AZR 631/09, NZA 2011, 569.
6 BAG 6.9.1989 – 5 AZR 621/88, AP Nr. 45 zu § 63 HGB.
7 *Bauer/Lingemann*, BB Beilage 17/1996, 8; aA *Sieg*, BB Beilage 17/1996, 18 (19).
8 BAG 26.2.2003 – 5 AZR 112/02, AP Nr. 4 zu § 5 EntgeltFG.
9 BAG 2.12.1981 – 5 AZR 89/80, AP Nr. 48 zu § 1 LohnFG.
10 BAG 26.5.1999 – 5 AZR 476/98, NZA 1999, 1273.

bedingt, aufgehoben ist. So beginnt der Zeitraum nicht mit der Erkrankung, sondern erst mit der tatsächlichen Verhinderung an der Arbeitsleistung[1].

Bei **erneuter Arbeitsunfähigkeit** infolge einer anderen Krankheit ist ein neuer Entgeltfortzahlungsanspruch von wiederum bis zu sechs Wochen gegeben. **Tritt die andere Krankheit während bestehender Arbeitsunfähigkeit hinzu**, führt dies nicht zu einer Verlängerung der Sechs-Wochen-Frist (**Grundsatz der Einheit des Verhinderungsfalls**)[2]. Um **zwei selbständige Verhinderungsfälle** handelt es sich, wenn der Arbeitnehmer zwischen zwei Erkrankungen wieder arbeitsfähig war. Darauf, dass er tatsächlich arbeitet, kommt es für die Arbeitsfähigkeit nicht an[3]. Im Regelfall ist davon auszugehen, dass ein Arbeitnehmer wieder arbeitsfähig ist, wenn er tatsächlich Arbeit leistet, zwingend ist dies jedoch nicht[4]. Bei zwei zeitlich **unmittelbar aneinander anschließenden Erkrankungen** ist davon auszugehen, dass der Arbeitnehmer zwischen beiden Erkrankungen nicht arbeitsfähig war. Die Darlegungs- und Beweislast dafür, dass die erste Arbeitsunfähigkeit beendet war, ehe die zweite, auf anderer Ursache beruhende Krankheit eintrat, liegt beim Arbeitnehmer, der dies durch entsprechendes Attest nachzuweisen hat[5]. 125

c) Wiederholte Arbeitsunfähigkeit

Wird der Arbeitnehmer infolge derselben Krankheit (**Fortsetzungskrankheit**) erneut arbeitsunfähig, kann er insgesamt **nur einen Anspruch** auf Entgeltfortzahlung **für sechs Wochen** geltend machen. Der sechswöchige Anspruch auf Entgeltfortzahlung entsteht in jedem neuen Arbeitsverhältnis unabhängig von gleichartigen Ansprüchen aus einem vorangegangenen Arbeitsverhältnis infolge derselben Krankheit[6]. Zeiten einer Arbeitsunfähigkeit wegen derselben Krankheit bei einem früheren Arbeitgeber sind nicht mitzurechnen. 126

aa) Fortsetzungskrankheit

Eine Fortsetzungskrankheit liegt vor, wenn die Krankheit, auf der die frühere Arbeitsunfähigkeit beruhte, in der Zeit zwischen dem Ende der vorausgegangenen und dem Beginn der neuen Arbeitsunfähigkeit medizinisch nicht vollständig ausgeheilt war, sondern als **Grundleiden latent weiterbestanden** hat, so dass die neue Erkrankung nur eine Fortsetzung der früheren Erkrankung bedeutet. Die wiederholte Arbeitsunfähigkeit muss auf demselben nicht behobenen Grundleiden beruhen. Dieses kann in **verschiedenen Krankheitssymptomen** zutage treten. Diese Grundsätze gelten auch, wenn eine Maßnahme der medizinischen Vorsorge oder Rehabilitation nach § 9 Abs. 1 EFZG und eine vorangegangene oder nachfolgende Arbeitsunfähigkeit dieselbe Ursache haben[7]. Es ist also zwischen dem Grundleiden und den jeweiligen Krankheitserscheinungen zu unterscheiden. 127

Beispiel: 128

Ein Epileptiker verletzt sich bei verschiedenen, zeitlich auseinanderliegenden Anfällen und erleidet dabei zunächst einen Armbruch, dann eine Bisswunde an der Zunge, später einen Beinbruch.

---
1 BAG 29.9.2004 – 5 AZR 558/03, NZA 2005, 225.
2 BAG 2.12.1981 – 5 AZR 89/80 u. 19.6.1991 – 5 AZR 304/90, AP Nr. 48 u. 93 zu § 1 LohnFG.
3 BAG 2.12.1981 – 5 AZR 89/80 u. 19.6.1991 – 5 AZR 304/90, AP Nr. 48 u. 93 zu § 1 LohnFG.
4 BAG 1.6.1983 – 5 AZR 468/80, AP Nr. 54 zu § 1 LohnFG.
5 HWK/*Schliemann*, § 3 EFZG Rz. 95.
6 BAG 2.3.1983 – 5 AZR 194/80, AP Nr. 51 zu § 1 LohnFG; 6.9.1989 – 5 AZR 621/88, AP Nr. 45 zu § 63 HGB.
7 BAG 13.7.2005 – 5 AZR 389/04, AP Nr. 25 zu § 3 EntgeltFG.

Bei den verschiedenen Krankheitserscheinungen handelt es sich jeweils um Fortsetzungserkrankungen, da sie auf demselben Grundleiden beruhen[1].

129 Eine **Vorerkrankung** wird **nicht** als Teil einer späteren **Fortsetzungserkrankung** angesehen, wenn sie zu einer bereits **bestehenden krankheitsbedingten Arbeitsunfähigkeit hinzugetreten** ist, ohne einen eigenen Anspruch auf Entgeltfortzahlung auszulösen[2]. Dies gilt allerdings nur, wenn die ursprüngliche und die hinzugetretene Erkrankung zeitgleich enden.

130 Beispiel[3]:

Ein Arbeitnehmer ist fünf Wochen lang aufgrund einer Rippenfraktur arbeitsunfähig. In den letzten zwei Wochen tritt ein Hautekzem hinzu. Beide Erkrankungen enden gleichzeitig. zwei Monate später wird der Arbeitnehmer infolge des Hautekzems erneut für sechs Wochen arbeitsunfähig.

Zwischen den beiden Hauterkrankungen besteht kein Fortsetzungszusammenhang, da die erste Erkrankung an dem Ekzem keine eigene Entgeltfortzahlung ausgelöst hat, so dass bei der zweiten Erkrankung ein neuer, und zwar voller Entgeltfortzahlungsanspruch entsteht.

131 Dauert die hinzugetretene Krankheit dagegen über das Ende der ursprünglichen Erkrankung hinaus an, ist sie für die Zeit, in der sie alleinige Ursache der Arbeitsunfähigkeit war, als Teil der späteren Fortsetzungserkrankung zu werten[4].

132 Beispiel:

In dem vorstehenden Beispielsfall endet die hinzugetretene Hauterkrankung zwei Wochen nach dem Rippenbruch. Die erste Arbeitsunfähigkeit dauert also insgesamt sieben Wochen. Zwei Monate später wird der Arbeitnehmer wegen der Hauterkrankung nochmals für sechs Wochen arbeitsunfähig.

Entgeltfortzahlung ist zunächst für sechs Wochen zu leisten, für die siebte Woche dagegen nicht, denn eine hinzugetretene Erkrankung verlängert den Sechs-Wochen-Zeitraum nicht (vgl. Rz. 125). Für die zweite Arbeitsunfähigkeit von sechs Wochen ist noch für fünf Wochen Entgeltfortzahlung zu leisten, da eine Woche bereits verbraucht ist.

133 Führen zwei Krankheiten nur zur Arbeitsunfähigkeit, weil sie zusammen auftreten, liegt eine Fortsetzungserkrankung auch vor, wenn später eine der beiden Krankheiten erneut auftritt und allein zur Arbeitsunfähigkeit führt[5].

134 Für das Vorliegen einer wiederholten Arbeitsunfähigkeit wegen derselben Krankheit (**Fortsetzungskrankheit**) trägt grundsätzlich der **Arbeitgeber** die **Beweislast**, weil die Fortsetzungserkrankung eine zugunsten des Arbeitgebers getroffene Ausnahmeregelung von dem allgemeinen Grundsatz der Entgeltfortzahlung im Krankheitsfall bedeutet. Andererseits ist zu berücksichtigen, dass der Arbeitgeber in aller Regel die Ursachen der Arbeitsunfähigkeit nicht kennt. Ist daher der Arbeitnehmer länger als sechs Wochen arbeitsunfähig, muss er darlegen, dass keine Fortsetzungserkrankung vorliegt, indem er zB eine entsprechende ärztliche Bescheinigung vorlegt. Bestreitet sodann der Arbeitgeber das Vorliegen einer neuen Krankheit, obliegt dem Arbeitnehmer die Darlegung solcher Tatsachen, die den Schluss erlauben, es habe keine Fortsetzungserkrankung vorgelegen. Er hat dabei den Arzt von der Schweigepflicht zu entbinden. Zweifel gehen allerdings zu Lasten des Arbeitgebers[6]. Zusätzlich sind die

---

1 BAG 4.12.1985 – 5 AZR 656/84, AP Nr. 42 zu § 63 HGB.
2 BAG 19.6.1991 – 5 AZR 304/90, AP Nr. 93 zu § 1 LohnFG.
3 Vgl. BAG 19.6.1991 – 5 AZR 304/90 u. 2.2.1994 – 5 AZR 345/93, AP Nr. 93 u. 99 zu § 1 LohnFG.
4 BAG 2.2.1994 – 5 AZR 345/93, AP Nr. 99 zu § 1 LohnFG.
5 BAG 13.7.2005 – 5 AZR 389/04, AP Nr. 25 zu § 3 EntgeltFG.
6 BAG 13.7.2005 – 5 AZR 389/04, AP Nr. 25 zu § 3 EntgeltFG.

Krankenkassen gem. § 69 Abs. 4 SGB X befugt, den **Arbeitgebern** hierüber **Mitteilung** zu geben; dies gilt nicht für die privaten Krankenkassen.

bb) Zwölf-Monats-Zeitraum

Wird ein Arbeitnehmer innerhalb von zwölf Monaten infolge derselben Krankheit wiederholt arbeitsunfähig, hat er **innerhalb dieses Zwölf-Monats-Zeitraums** für **längstens sechs Wochen** Anspruch auf Entgeltfortzahlung (§ 3 Abs. 1 Satz 2 EFZG). Der **Entgeltfortzahlungsanspruch entsteht** also bei erneuter Arbeitsunfähigkeit wegen derselben Krankheit **nach Ablauf des Zwölf-Monats-Zeitraums neu**. Diese Rahmenfrist ist vom Eintritt der ersten auf derselben Ursache beruhenden Arbeitsunfähigkeit an zu berechnen[1], Methode der Vorausberechnung (Berechnungsbeispiel unter Rz. 137). Wie oft der Arbeitnehmer innerhalb der Zwölf-Monats-Frist wegen derselben Krankheit arbeitsunfähig war, ist unerheblich. Kein neuer Anspruch entsteht **während einer laufenden Erkrankung**. § 3 Abs. 1 Satz 2 Nr. 2 EFZG greift also nicht ein, wenn der Arbeitnehmer schon vor Ablauf der Zwölf-Monats-Frist erneut arbeitsunfähig wird und die Arbeitsunfähigkeit über den Ablauf der Zwölf-Monats-Frist hinaus bestehen bleibt[2]. Dauert die **ursprüngliche Arbeitsunfähigkeit** selbst seit **mehr als zwölf Monaten** an, besteht ebenfalls kein neuer Entgeltfortzahlungsanspruch[3]. 135

cc) Sechs-Monats-Regelung

Unabhängig von der Zwölf-Monats-Regelung hat der Arbeitnehmer bei wiederholter Arbeitsunfähigkeit wegen derselben Krankheit einen erneuten Anspruch auf Entgeltfortzahlung, wenn er **sechs Monate lang infolge derselben Erkrankung nicht arbeitsunfähig** war, § 3 Abs. 1 Satz 2 Nr. 1 EFZG, und zwar wiederum für die Dauer von bis zu insgesamt sechs Wochen. Der Sechs-Monats-Zeitraum beginnt mit dem Tag, der dem Ende der letzten Arbeitsunfähigkeit folgt, und endet mit Ablauf des Tages des sechsten folgenden Monats (Berechnungsbeispiel unter Rz. 137). Arbeitsrechtlich stellt sich die spätere Arbeitsunfähigkeit in dem Fall als neue Krankheit dar und löst einen neuen Entgeltfortzahlungsanspruch aus. Der Fortsetzungszusammenhang zwischen früherer und späterer Arbeitsunfähigkeit infolge derselben Krankheit ist damit aufgehoben[4]. Dies hat zur Folge, dass der Zwölf-Monats-Zeitraum (vgl. Rz. 135) mit der späteren Erkrankung erneut zu laufen beginnt. Die Arbeitsunfähigkeit wegen einer anderen Erkrankung unterbricht den Sechs-Monats-Zeitraum nicht, ist also unschädlich[5]. 136

d) Berechnungsbeispiele[6]

Ein Arbeitnehmer war wegen derselben Krankheit arbeitsunfähig vom 11.6. bis 22.6. 2011 (12 Kalendertage), vom 15.10.2011 bis 10.6.2012, am 22.6.2012 und sodann ab 11.8.2012 längerfristig. 137

Die sechswöchige Entgeltfortzahlung endete am 13.11.2011. Der Lauf der Zwölf-Monats-Frist begann am 11.6.2011, endete also am 10.6.2012. Ab 22.6.2012 bestand somit erneut ein Anspruch auf Entgeltfortzahlung für sechs Wochen, nämlich für den 22.6.2012 (1 Kalendertag) sowie ab 11.8. bis 20.9.2012 (41 Kalendertage), dies sind insgesamt 42 Kalendertage.

---

1 BAG 16.12.1987 – 5 AZR 510/86, AP Nr. 73 zu § 1 LohnFG.
2 BAG 14.3.2007 – 5 AZR 514/06, AP Nr. 29 zu § 2 EntgeltFG.
3 HWK/*Schliemann*, § 3 EFZG Rz. 106.
4 BAG 22.8.1984 – 5 AZR 489/81, AP Nr. 60 zu § 1 LohnFG.
5 BAG 29.9.1982 – 5 AZR 130/80, AP Nr. 50 zu § 1 LohnFG.
6 Grundlage: BAG 9.11.1983 – 5 AZR 204/81, AP Nr. 56 zu § 1 LohnFG.

Verkürzt man die zweite Arbeitsunfähigkeit auf die Zeit 15.10. bis 5.12.2011, hat der Arbeitnehmer ebenfalls ab 22.6.2012 erneut Anspruch auf die sechswöchige Entgeltfortzahlung, denn er war zwischen der zweiten und dritten Erkrankung für mindestens sechs Monate arbeitsfähig (Beginn des Sechs-Monats-Zeitraums: 6.12.2011, Ende: 5.5.2012).

4. Höhe der Entgeltfortzahlung

a) Grundsätze

138 Nach § 4 Abs. 1 Satz 1 EFZG ist dem Arbeitnehmer das ihm bei der **für ihn maßgebenden regelmäßigen Arbeitszeit zustehende Arbeitsentgelt** fortzuzahlen. Zum Arbeitsentgelt ist **nicht** das zusätzlich für **Überstunden** gezahlte Entgelt zu rechnen, § 4 Abs. 1a Satz 1 EFZG.

139 **Berechnungsgrundlage** für die Entgeltfortzahlung ist die Vergütung, die der Arbeitnehmer ohne die Arbeitsunfähigkeit, also bei Weiterarbeit, erhalten hätte. Es gilt demnach das **Entgeltausfallprinzip**[1]. Danach gehören alle fortlaufend gewährten Leistungen, die der Arbeitgeber als Vergütung zugesagt hat, zum zugrunde zu legenden Entgelt. **Ausgenommen** sind das zusätzlich **für Überstunden gezahlte Entgelt** und **Leistungen, mit denen Aufwendungen ersetzt** werden sollen, die lediglich im Falle der Arbeitsleistung entstehen, § 4 Abs. 1a Satz 1 EFZG.

140 Viele **Tarifverträge** enthalten modifizierte Regelungen. Diese sind insoweit wirksam, als sie die **Bemessungsgrundlage abweichend** vom Gesetz bestimmen, § 4 Abs. 4 EFZG. Der Begriff der Bemessungsgrundlage beschreibt die Grundlage für die Bestimmung der Entgeltfortzahlung. Umfasst sind sowohl die Berechnungsmethode (Ausfall- oder Referenzprinzip) als auch die Berechnungsgrundlage (Geld- und Zeitfaktor)[2]. Die Tarifvertragsparteien können also das gesetzliche Lohnausfallprinzip durch das Referenzprinzip ersetzen sowie Umfang und Bestandteile des zugrunde zu legenden Arbeitsentgelts regeln. So können einzelne Vergütungsbestandteile von der Berechnung der Krankenbezüge ausgenommen werden. Ebenso können tarifliche Zuschläge, auch wenn sie regelmäßig anfallen, unberücksichtigt bleiben[3]. Zu den Bemessungsgrundlagen gehört auch die Arbeitszeit. Daher ist eine Tarifklausel, die nicht auf die individuelle, sondern die betriebsübliche[4], gesetzliche oder tarifliche Arbeitszeit[5] oder auch auf Werk- oder Kalendertage[6] abstellt, zulässig. Die Tarifvertragsparteien sind lediglich an den Grundsatz der vollen Entgeltfortzahlung von 100 % im Krankheitsfall gebunden[7]. Die abweichende Regelung der Bemessungsgrundlage kann nicht durch **Betriebsvereinbarung**, sondern nur in einem Tarifvertrag erfolgen. Sie bedarf zusätzlich einer klaren Regelung[8].

b) Regelmäßige Arbeitszeit

141 Berechnungsgrundlage für die Höhe der Entgeltfortzahlung ist das dem Arbeitnehmer bei der für ihn maßgebenden regelmäßigen Arbeitszeit zustehende Entgelt. Es ist die **individuelle, nicht die betriebliche Arbeitszeit** zugrunde zu legen[9]. Die individuelle

---

1 Bauer/Lingemann, BB Beilage 17/1996, 8 (9); Schwedes, BB Beilage 17/1996, 2 (6).
2 BAG 20.1.2010 – 5 AZR 53/09, NZA 2010, 455.
3 BAG 10.12.2013 – 9 AZR 279/12, juris; 13.3.2002 – 5 AZR 648/00, NZA 2002, 744.
4 BAG 26.9.2001 – 5 AZR 539/00, NZA 2001, 387.
5 BAG 24.3.2004 – 5 AZR 346/03, NZA 2004, 104.
6 BAG 9.10.2002 – 5 AZR 356/01, NZA 2003, 978.
7 BAG 18.11.2009 – 5 AZR 975/08, NZA 2010, 472.
8 BAG 20.1.2010 – 5 AZR 53/09, NZA 2010, 455.
9 BAG 16.1.2002 – 5 AZR 303/00, DB 2002, 950 mwN.

Arbeitszeit folgt aus dem Arbeitsvertrag, Grundlage kann auch eine konkludente Vereinbarung oder eine betriebliche Übung sein. Es kommt darauf an, welche Arbeitszeit aufgrund der Arbeitsunfähigkeit tatsächlich ausgefallen ist, also in welchem Umfang der Arbeitnehmer gearbeitet hätte, wenn er arbeitsfähig gewesen wäre. Eine wirksame Vereinbarung über die Arbeitszeit ist nicht erforderlich; werden also gesetzliche oder tarifliche Höchstarbeitszeiten überschritten, sind auch diese im Rahmen der Entgeltfortzahlung zu vergüten[1]. „**Regelmäßig**" bedeutet **mit gewisser Stetigkeit und Dauer**[2]. Bei Schwankungen der individuellen Arbeitszeit ist zur Bestimmung der „regelmäßigen" Arbeitszeit eine vergangenheitsbezogene Betrachtung zulässig und geboten. Sodann bemisst sich die Dauer nach dem Durchschnitt der vergangenen zwölf Monate. Dabei handelt es sich nicht lediglich um einen Referenzzeitraum, sondern um die rechtsgeschäftliche Bestimmung der beständigen Arbeitszeit. Der Arbeitnehmer genügt seiner Darlegungslast hinsichtlich der für ihn maßgebenden regelmäßigen Arbeitszeit, indem er den Arbeitszeitdurchschnitt der vergangenen zwölf Monate darlegt[3]. Bei **Saisonarbeit und Freischichten** ist zu prüfen, ob für den konkreten Tag der Arbeitsunfähigkeit ein Arbeitstag vorgesehen war und danach die durch die krankheitsbedingte Arbeitsunfähigkeit ausgefallene Arbeitszeit konkret zu bestimmen[4].

Überstunden sind in die Entgeltfortzahlung nicht einzubeziehen, § 4 Abs. 1a Satz 1 EFZG, also auch **nicht Teil der regelmäßigen Arbeitszeit**. Zu den Überstunden gehört jede Arbeit, die ein Arbeitnehmer **über** die für sein Arbeitsverhältnis maßgebliche **individuelle regelmäßige Arbeitszeit hinaus** leistet. Überstunden werden wegen bestimmter besonderer Umstände vorübergehend zusätzlich geleistet. Auf die betriebliche bzw. betriebsübliche Arbeitszeit kommt es nicht entscheidend an. Leistet der Arbeitnehmer ständig eine bestimmte, von der tariflichen bzw. betriebsüblichen abweichende Arbeitszeit, handelt es sich nicht um Überstunden. Überstunden hat der Arbeitgeber einzuwenden, während der Arbeitnehmer seiner Darlegungslast hinsichtlich der für ihn maßgebenden regelmäßigen Arbeitszeit genügt, indem er den Arbeitszeitdurchschnitt der letzten zwölf Monate darlegt. § 4 Abs. 1a EFZG schließt nicht nur den Anspruch auf die **Grundvergütung für die Überstunden**, sondern auch die **Überstundenzuschläge** aus. Unerheblich ist, ob die Zuschläge tatsächlich für Überstunden geleistet werden[5]. 142

c) Arbeitsentgelt

Arbeitsentgelt ist der Verdienst des Arbeitnehmers, soweit er ihn als **Gegenleistung für die Arbeit** enthält. Hierzu gehören auch **Zuschläge für Nacht-, Sonntags- und Feiertagsarbeit**[6], soweit diese regelmäßig anfallen, jedoch nicht Überstundenzuschläge. Zur Berechnung der Entgeltfortzahlung ist bei einer **Stundenvergütung** die Zahl der durch die Arbeitsunfähigkeit ausfallenden Arbeitsstunden (Zeitfaktor) mit dem hierfür jeweils geschuldeten Arbeitsentgelt (Geldfaktor) zu multiplizieren. Ist ein **festes Monatsgehalt** vereinbart, ist dieses fortzuzahlen. Ist in der Festvergütung Entgelt für Mehrarbeitsstunden (Grundvergütung, Zuschläge) enthalten, ist dieses bei der Entgeltfortzahlung im Krankheitsfall gem. § 4 Abs. 1a EFZG nicht entgeltfortzahlungspflichtig und daher herauszurechnen[7]. Unterliegt die Arbeitszeit und damit 143

---

1 BAG 21.11.2001 – 5 AZR 296/00, NZA 2002, 439.
2 HWK/*Schliemann*, § 4 EFZG Rz. 6.
3 BAG 21.11.2001 – 5 AZR 296/00, NZA 2002, 439.
4 BAG 21.11.2001 – 5 AZR 296/00, NZA 2002, 439.
5 BAG 21.11.2001 – 5 AZR 296/00, NZA 2002, 439.
6 BAG 14.1.2009 – 5 AZR 89/08, ArbRB 2009, 132.
7 BAG 26.6.2002 – 5 AZR 153/01, NZA 2003, 156.

die Entgelthöhe vereinbarungsgemäß **unregelmäßigen Schwankungen**, bedarf es der Festlegung eines Referenzzeitraums, dessen durchschnittliche Arbeitsmenge maßgebend ist[1].

144 Ein **Trinkgeld** im Gaststättengewerbe findet bei der Entgeltfortzahlung keine Berücksichtigung[2], wenn dieses von den Gästen freiwillig erbracht wird und damit nicht zum Arbeitsentgelt gehört, weil darauf kein Anspruch gegen den Arbeitgeber besteht. Etwas anderes gilt dann, wenn der Arbeitnehmer ein relativ niedriges Fixum erhält und bei seiner Vergütung die weitgehend sicher zu realisierende Chance auf Trinkgeld mit berücksichtigt ist (zB bei Spielbanken)[3].

145 Für die Entgeltfortzahlung **ohne Bedeutung** sind Vergütungen, die nicht unmittelbar an die regelmäßige Arbeitsleistung als solche anknüpfen, sondern unabhängig von einer Arbeitsunfähigkeit gewährt werden. Hierzu zählen **Gratifikationen, Jubiläumsgeschenke und dergleichen**. Leistungen dieser Art werden unabhängig von einer Arbeitsleistung gewährt[4].

146 Für die Berechnung der Entgeltfortzahlung sind die **konkret ausgefallenen Tage** zugrunde zu legen. Endet also der Entgeltfortzahlungsanspruch an einem Tag im laufenden Monat, ist für die **Berechnung des anteiligen Entgeltfortzahlungsanspruchs** das monatliche Bruttoentgelt durch die in dem betreffenden Monat tatsächlich anfallenden Arbeitstage zu teilen und der sich danach ergebende Betrag mit der Anzahl der krankheitsbedingt ausgefallenen Arbeitstage zu multiplizieren (konkrete Berechnungsweise auf der Grundlage des Entgeltausfallprinzips)[5].

147 **Aufwendungen** wie Auslösungen, Schmutzzulagen, Reisekosten bleiben gem. § 4 Abs. 1a Satz 1 EFZG **unberücksichtigt**. Hierbei handelt es sich um Leistungen für Aufwendungen des Arbeitnehmers, für die der Anspruch davon abhängig ist, dass dem Arbeitnehmer entsprechende Aufwendungen tatsächlich entstanden sind und während der Arbeitsunfähigkeit nicht entstehen.

d) Leistungsentgelt

148 Erhält der Arbeitnehmer eine **auf das Ergebnis der Arbeit abgestellte Vergütung (Leistungsentgelt)**, ist der von dem Arbeitnehmer in der für ihn maßgeblichen regelmäßigen Arbeitszeit erzielbare Durchschnittsverdienst zugrunde zu legen, § 4 Abs. 1a Satz 2 EFZG. Zum Leistungsentgelt gehören der **Akkordlohn** sowie erfolgsabhängige Vergütungen wie **Provisionen, Tantiemen, Prämien** und dergleichen. Die Berechnungsgrundlage der Entgeltfortzahlung richtet sich auch hier danach, was der Arbeitnehmer während seiner Arbeitsunfähigkeit durchschnittlich verdient hätte. Dies kann im Einzelfall schwer zu ermitteln sein, so dass auf vorangegangene Abrechnungszeiträume (Referenzzeiträume) abzustellen ist[6]. Der Referenzzeitraum sollte so bemessen sein, dass Zufallsergebnisse möglichst ausgeschlossen sind. Scheidet eine rückwirkende Betrachtung aus, sind vergleichbare Arbeitnehmer heranzuziehen[7]. Grundsätzlich ist das Berechnungsprinzip anzuwenden, das dem Entgeltausfallprinzip am ehesten gerecht wird. Versagen alle Berechnungsverfahren, ist eine Schätzung nach § 287 Abs. 2 ZPO vorzunehmen[8].

---

1 BAG 21.11.2001 – 5 AZR 296/00, NZA 2002, 439.
2 BAG 28.6.1995 – 7 AZR 1001/94, DB 1996, 226.
3 HWK/*Schliemann*, § 4 EFZG Rz. 30.
4 ErfK/*Reinhard*, § 4 EFZG Rz. 12.
5 BAG 14.8.1985 – 5 AZR 384/84, AP Nr. 40 zu § 63 HGB.
6 ErfK/*Reinhard*, § 4 EFZG Rz. 14.
7 BAG 26.2.2003 – 5 AZR 162/02, NZA 2003, 992 (Os.): Arbeitskollege aus der Akkordgruppe.
8 ErfK/*Reinhard*, § 4 EFZG Rz. 14.

e) Kurzarbeit, Feiertagsentgelt

Bei **Kurzarbeit** ist für die Entgeltfortzahlung die verkürzte Arbeitszeit maßgebend, § 4 Abs. 3 EFZG. Allerdings besteht gegenüber der Agentur für Arbeit ein Anspruch auf Kurzarbeitergeld, wenn die übrigen Voraussetzungen hierfür erfüllt sind (§§ 95 ff. SGB III; s. Teil 7 A). Beim Zusammenfallen von krankheitsbedingter Arbeitsunfähigkeit und **Feiertag** ist das sich nach § 2 EFZG ergebende Feiertagsentgelt zu zahlen, § 4 Abs. 2 EFZG. Es besteht also ein Anspruch auf Bezahlung der Arbeitszeit, die wegen des Feiertags ausgefallen ist (s. Rz. 209 und 216).

5. Kürzungsmöglichkeit bei Sondervergütungen

Nach § 4a EFZG können krankheitsbedingte Fehlzeiten bei der Bemessung von Sondervergütungen in bestimmtem Umfang berücksichtigt werden. Danach sind – **einzel- oder kollektivvertragliche**[1] – **Vereinbarungen** zulässig, wonach eine Sondervergütung für jeden krankheitsbedingten Fehltag um **bis zu ein Viertel des Arbeitsentgelts**, das im Jahresdurchschnitt auf einen Arbeitstag entfällt, **gekürzt** werden darf. Einbezogen sind **alle krankheitsbedingten Fehlzeiten**, gleich, ob ein Anspruch auf Entgeltfortzahlung besteht oder nicht[2]. Die Kürzungsregelung gilt auch für Fehltage, die durch eine Maßnahme der medizinischen Vorsorge und Rehabilitation bedingt sind, § 9 Abs. 1 Satz 1 und 2 iVm. § 4a EFZG. Einer vorherigen Kürzungsvereinbarung gem. § 4a Satz 1 EFZG bedarf es dann nicht, wenn der Arbeitgeber ohne Rechtspflicht und ohne Bindung für die Zukunft ein Weihnachtsgeld als freiwillige Leistung gewährt; sodann kann der Arbeitgeber unter Beachtung von § 4a Satz 2 EFZG Arbeitnehmer mit Fehlzeiten ausnehmen[3].

Sondervergütung ist nach § 4a EFZG jede Leistung, die **zusätzlich zum laufenden Arbeitsentgelt** erbracht wird. Laufendes Arbeitsentgelt ist demgegenüber der Bruttoverdienst des Arbeitnehmers, den dieser als Gegenleistung für geleistete Arbeit für bestimmte Zeitabschnitte oder für eine bestimmte Leistung innerhalb einer genau bemessenen Zeit erhält[4]. Sondervergütungen werden also als weiter gehende zusätzliche Leistungen erbracht[5]. Hierunter fallen auch **Anwesenheitsprämien**. Unter Anwesenheitsprämie ist eine Geldleistung zu verstehen, mit deren Zusage dem Arbeitnehmer der Anreiz geboten wird, die Zahl seiner berechtigten oder unberechtigten Fehltage im Bezugszeitraum möglichst gering zu halten. Unerheblich sind die Zahlungsmodalitäten, also ob die Prämie für jeden einzelnen Tag oder als Einmalleistung oder mehrmals jährlich gezahlt wird[6]. Bei der **Berechnung des jahresdurchschnittlichen Arbeitsentgelts** ist nach dem Gesetzeswortlaut auch die Sondervergütung selbst einzubeziehen; ferner sind Überstundenvergütungen einschließlich der Überstundenzuschläge und alle übrigen Zuschläge einzurechnen[7]. Die Frage, welcher Zeitraum für die Ermittlung des Jahresdurchschnitts zugrunde zu legen ist, lässt der Gesetzeswortlaut offen. In Betracht kommen das vergangene wie das laufende Kalenderjahr, aber auch die letzten zwölf Monate vor dem Monat, in dem der Anspruch auf Auszahlung der Sondervergütung besteht. Zulässig und sinnvoll ist es daher, den Zeitraum, nach dem sich der Jahresdurchschnitt richtet, selbst zu bestimmen[8]. Um den auf den einzelnen Arbeitstag entfallenden Betrag zu errechnen, ist sodann der Jahres-

---

1 BAG 15.12.1999 – 10 AZR 626/98, NZA 2000, 1062.
2 *Bauer/Lingemann*, BB Beilage 17/1996, 8 (14).
3 BAG 7.8.2002 – 10 AZR 709/01, NZA 2002, 1284.
4 BAG 25.7.2001 – 10 AZR 502/00, DB 2001, 2608.
5 BAG 26.9.2001 – 5 AZR 539/00, NZA 2001, 387.
6 BAG 25.7.2001 – 10 AZR 502/00, DB 2001, 2608.
7 ErfK/*Reinhard*, § 4a EFZG Rz. 13; aA HWK/*Schliemann*, § 4a EFZG Rz. 24.
8 HWK/*Schliemann*, § 4a EFZG Rz. 23; ErfK/*Reinhard*, § 4a EFZG Rz. 12.

verdienst durch die Anzahl der individuell erbrachten Arbeitstage, und zwar unter Einbeziehung der Urlaubs- und Wochenfeiertage, zu teilen[1].

152 **Beispiel:**

Eine einzel- oder kollektivvertragliche Regelung sieht für den 1.12. die Zahlung einer Sondervergütung in Höhe von 2000 Euro vor. Das Arbeitsentgelt im maßgeblichen Kalenderjahreszeitraum beträgt unter Einbeziehung der Sondervergütung 26000 Euro. Bei 260 Arbeitstagen ergibt sich somit ein jahresdurchschnittliches Entgelt von 100 Euro je Arbeitstag (26000 Euro geteilt durch 260 Tage). Sodann darf die Sondervergütung für jeden krankheitsbedingten Fehltag auf der Grundlage einer einzel- bzw. kollektivvertraglichen Regelung um bis zu 25 Euro gekürzt werden (100 Euro geteilt durch 4 = 25 Euro).

153 Die **Kürzung** ist nur durch Tarifvertrag, Betriebsvereinbarung[2] oder Einzelvertrag möglich, je nachdem, ob die Sondervergütung auf einzel- oder kollektivvertraglicher Regelung beruht.

154 Eine Kürzungsregelung könnte wie folgt formuliert werden:

Formulierungsbeispiel:

Der Arbeitgeber ist berechtigt, das Urlaubs- und Weihnachtsgeld für jeden krankheitsbedingten Fehltag um ein Viertel des Arbeitsentgelts, das im Jahresdurchschnitt des vorangegangenen Kalenderjahres auf einen vergüteten Arbeitstag (einschließlich der Urlaubs- und Wochenfeiertage) entfiel, zu kürzen.

155 Zu beachten ist, dass entsprechende Regelungen hinreichend genau und bestimmt sind. Ferner darf durch eine Kürzungsvereinbarung nicht in **höherrangige Urlaubs- oder Weihnachtsgeldregelungen** eingegriffen werden. So kann beispielsweise durch Einzelvertrag oder Betriebsvereinbarung nicht die Kürzung eines tariflichen Weihnachts- oder Urlaubsgeldes vorgesehen werden.

6. Anzeige- und Nachweispflichten

a) Anzeigepflicht

156 Die **Arbeitsunfähigkeit** und deren **voraussichtliche Dauer** ist dem Arbeitgeber gem. § 5 Abs. 1 Satz 1 EFZG **unverzüglich**, dh. ohne schuldhaftes Zögern (§ 121 BGB), **anzuzeigen**. Der Arbeitgeber soll sich auf das Fehlen des Arbeitnehmers einstellen können. Die Anzeigepflicht besteht **auch während der vierwöchigen Wartezeit** nach § 3 Abs. 3 EFZG. Der Arbeitnehmer muss sicherstellen, dass der Arbeitgeber **am ersten Tag der Erkrankung** unterrichtet wird; das bloße Absenden einer brieflichen Mitteilung genügt nicht. Dabei hat der Arbeitnehmer die voraussichtliche Dauer der Arbeitsunfähigkeit mitzuteilen, es genügt eine Selbstdiagnose. Der Arbeitnehmer muss die Unterrichtung nicht selbst vornehmen[3], **andere Personen** können also **Erklärungsbote** sein; das Übermittlungsrisiko trägt der Arbeitnehmer. Die Anzeige ist **gegenüber dem Arbeitgeber** abzugeben; dies kann auch eine Person sein, die zur Entgegennahme derartiger Erklärungen berechtigt ist (Dienstvorgesetzter, Personalleiter oder auch -sachbearbeiter). Die Art der Erkrankung braucht nicht mitgeteilt zu wer-

---

[1] HWK/*Schliemann*, § 4a EFZG Rz. 25.
[2] BAG 15.12.1999 – 10 AZR 626/98, NZA 2000, 1062.
[3] BAG 31.8.1989 – 2 AZR 13/89, AP Nr. 23 zu § 1 KSchG 1969 – Verhaltensbedingte Kündigung; *Lepke*, NZA 1995, 1084 (1085).

den[1]. Dauert die Arbeitsunfähigkeit länger als mitgeteilt, besteht eine **erneute Anzeigepflicht**[2].

b) Nachweispflicht

Die Arbeitsunfähigkeit ist nachzuweisen, wenn sie **länger als drei Kalendertage** dauert, § 5 Abs. 1 Satz 2 EFZG. Die ebenfalls vertretene Auffassung, dass die Nachweispflicht auch bereits für Erkrankungen unter drei Tagen gilt[3], ist aufgrund des Gesetzeswortlauts abzulehnen[4]. Die Nachweispflicht besteht spätestens am darauf folgenden Arbeitstag, dies ist der **vierte Krankheitstag**[5], auch wenn der Wortlaut der Bestimmung eine andere Auslegung zulässt. Die Fristberechnung ändert sich nicht, wenn die Erkrankung zwischen Arbeitsende und 24.00 Uhr eintritt[6]. Als Vorlagetag kommt nur ein Tag in Betracht, an dem im Betrieb gearbeitet wird[7]. § 5 Abs. 1 Satz 2 EFZG regelt nicht nur den Zeitpunkt der Vorlage der Arbeitsunfähigkeitsbescheinigung, sondern auch den Gegenstand des Nachweises (Beginn und voraussichtliche Dauer der krankheitsbedingten Arbeitsunfähigkeit)[8]. Der Nachweis geschieht durch **Vorlage der Bescheinigung eines Arztes über die Arbeitsunfähigkeit sowie deren voraussichtliche Dauer**. Die Nachweispflicht besteht auch, wenn ein Anspruch auf Entgeltfortzahlung nicht oder nicht mehr besteht, also sowohl während der vierwöchigen Wartezeit des § 3 Abs. 3 EFZG[9] als auch nach Ablauf des Entgeltfortzahlungszeitraums[10].

157

Der Arbeitgeber kann die Vorlage der **ärztlichen Bescheinigung auch früher** verlangen, § 5 Abs. 1 Satz 3 EFZG. Diese Regelung eröffnet dem Arbeitgeber nicht nur das Recht der zeitlich früheren Anforderung, sondern auch das Recht, die ärztliche Bescheinigung für Zeiten zu verlangen, die nicht länger als drei Tage andauern[11]. Dies kann sowohl durch Betriebsvereinbarung, Tarifvertrag wie auch einzelvertraglich geschehen, ohne dass ernsthafte Zweifel an der Arbeitsunfähigkeit oder ein sonst begründeter Anlass hinzukommen müssen[12]. Ferner ist der Arbeitgeber berechtigt, eine entsprechende Anordnung im Einzelfall zu erteilen; diese bedarf weder einer Begründung noch der sachlichen Rechtfertigung[13]. Ergeht die Regelung im Rahmen einer allgemeinen Anweisung des Arbeitgebers, handelt es sich um eine nach § 87 Abs. 1 Nr. 1 BetrVG mitbestimmungspflichtige Maßnahme[14]. Die Vorlage einer Arbeitsunfähigkeitsbescheinigung kann bereits für den ersten Tag der Erkrankung verlangt werden[15].

158

Eine **neue ärztliche Bescheinigung** ist vorzulegen, wenn die Arbeitsunfähigkeit länger dauert als in der ärztlichen Bescheinigung angegeben, § 5 Abs. 1 Satz 4 EFZG. Welche Frist hierfür gilt, ist nicht geregelt. In Anlehnung an die alte Rechtsprechung des BAG[16]

159

---

1 BAG 31.8.1989 – 2 AZR 13/89, AP Nr. 23 zu § 1 KSchG 1969 – Verhaltensbedingte Kündigung; *Lepke*, NZA 1995, 1084 (1085).
2 *Hanau/Kramer*, DB 1995, 94; *Lepke*, NZA 1995, 1084 (1087).
3 *Berenz*, DB 1995, 2166 (2170).
4 *Kramer*, BB 1996, 1662.
5 BAG 1.10.1997 – 5 AZR 726/96, NZA 1998, 369; *Hanau/Kramer*, DB 1995, 95; *Kramer*, BB 1996, 1662 (1663).
6 *Kramer*, BB 1996, 1662 (1664).
7 *Kramer*, BB 1996, 1662 (1663).
8 BAG 1.10.1997 – 5 AZR 726/96, NZA 1998, 369.
9 *Vossen*, NZA 1998, 354; *Bauer/Lingemann*, BB Beilage 17/1996, 8 (9).
10 *Lepke*, NZA 1995, 1084 (1085) mwN.
11 BAG 25.1.2000 – 1 ABR 3/99, NZA 2000, 665 (666).
12 BAG 1.10.1997 – 5 AZR 726/96, NZA 1998, 369; *Hanau/Kramer*, DB 1995, 96 mwN.
13 LAG Köln 14.9.2011 – 3 Sa 597/11, ArbRB 2012, 79, bestätigt durch BAG 14.11.2012 – 5 AZR 886/11, NJW 2013, 892.
14 BAG 25.1.2000 – 1 ABR 3/99, NZA 2000, 665 (666).
15 BAG 1.10.1997 – 5 AZR 726/96, NZA 1998, 369 mwN.
16 BAG 29.8.1980 – 5 AZR 1051/79, AP Nr. 18 zu § 6 LohnFG.

ist von der **ursprünglichen Nachweispflicht** auszugehen, § 5 Abs. 1 Satz 2 EFZG also entsprechend anzuwenden[1]. Die Vorlagefrist beginnt mit dem Ende der zunächst bescheinigten Arbeitsunfähigkeit zu laufen[2]. Ist also in der Bescheinigung als letzter Tag der Arbeitsunfähigkeit der 15.8. angegeben und dauert die Arbeitsunfähigkeit fort, ist spätestens am 19.8. eine neue Bescheinigung vorzulegen.

c) Verletzung der Anzeige- und Nachweispflichten

160 Sowohl bei der Pflicht zur **Vorlage der Arbeitsunfähigkeitsbescheinigung** (Nachweispflicht gem. § 5 Abs. 1 Satz 2 EFZG) sowie bei der Verpflichtung zur unverzüglichen **Anzeige der Arbeitsunfähigkeit** und deren voraussichtlicher Dauer (Mitteilungspflicht nach § 5 Abs. 1 Satz 1 EFZG) handelt es sich um arbeitsvertragliche Nebenpflichten, deren Verletzung in aller Regel **keinen außerordentlichen Kündigungsgrund** darstellen, es sei denn, aus der beharrlichen Nichtbeachtung dieser Pflichten ergibt sich die fehlende Bereitschaft des Arbeitnehmers zur ordnungsgemäßen Vertragserfüllung überhaupt[3].

161 Solange der Arbeitnehmer seiner **Pflicht zur Vorlage einer ärztlichen Bescheinigung** nicht nachkommt, ist der Arbeitgeber berechtigt, die Entgeltfortzahlung zu verweigern, § 7 Abs. 1 Nr. 1 EFZG. Es besteht also ein **vorübergehendes Leistungsverweigerungsrecht**. Dieses erlischt, sobald der Arbeitnehmer die ärztliche Arbeitsunfähigkeitsbescheinigung, sei es auch verspätet, vorlegt oder anderweitig nachweist, dass er arbeitsunfähig krank ist; Letzteres kommt insbesondere in den Fällen in Betracht, in denen der Arbeitnehmer schon deswegen keine ärztliche Bescheinigung beibringen kann, weil er keinen Arzt aufgesucht hat[4]. Die **schuldhafte Verletzung** dieser Nachweispflicht rechtfertigt im Wiederholungsfall nach vorheriger Abmahnung ferner die **ordentliche Kündigung**[5]. Die Verletzung der Nachweispflicht kann außerdem ein wichtiger Grund für eine außerordentliche Kündigung sein; wegen des regelmäßig geringen Gewichts dieser Pflichtverletzung müssen sodann erschwerende Umstände hinzukommen[6]. Dabei ist zu berücksichtigen, dass dem Arbeitgeber als Sanktion bereits das Leistungsverweigerungsrecht zusteht.

162 **Kein Leistungsverweigerungsrecht** ist gegeben bei **Verletzung der Anzeigepflicht** gem. § 5 Abs. 1 Satz 1 EFZG[7]. Die schuldhafte und wiederholte Nichtbeachtung dieser Pflicht kann nach vergeblicher Abmahnung eine verhaltensbedingte **ordentliche Kündigung** sozial rechtfertigen, und zwar auch ohne dass es zu einer Störung der Arbeitsorganisation oder des Betriebsfriedens gekommen ist[8].

d) Auslandserkrankung

163 Auch hier ist zu unterscheiden zwischen den Anzeige- bzw. Mitteilungspflichten einerseits und den Nachweispflichten andererseits.

aa) Anzeige- bzw. Mitteilungspflichten

164 Eine detaillierte Regelung zu den Anzeige- bzw. Mitteilungspflichten bei einer Auslandserkrankung enthält § 5 Abs. 2 EFZG. Dieser umfasst alle Fälle, in denen die **Ar-**

---

1 ErfK/*Reinhard*, § 5 EFZG Rz. 19.
2 *Lepke*, NZA 1995, 1084 (1087).
3 BAG 15.1.1986 – 7 AZR 128/83, AP Nr. 93 zu § 626 BGB.
4 BAG 1.10.1997 – 5 AZR 726/96, NZA 1998, 369.
5 ErfK/*Reinhard*, § 5 EFZG Rz. 18.
6 BAG 15.1.1986 – 7 AZR 128/83, AP Nr. 93 zu § 626 BGB.
7 *Hanau/Kramer*, DB 1995, 94.
8 BAG 16.8.1991 – 2 AZR 604/90, EzA § 1 KSchG – Verhaltensbedingte Kündigung Nr. 41.

beitsunfähigkeit im Ausland beginnt, unabhängig davon, ob sich ein Arbeitnehmer auf Auslandsurlaub oder ein ausländischer Arbeitnehmer auf Heimaturlaub befindet.

Nach § 5 Abs. 2 EFZG muss der Arbeitnehmer bei Auslandserkrankungen dem Arbeitgeber nicht nur die **Erkrankung** und deren **voraussichtliche Dauer** anzeigen, sondern auch die **Adresse am Aufenthaltsort** angeben. Als Adresse am Aufenthaltsort gilt die Anschrift, unter der der Arbeitnehmer erreicht werden kann. Hierzu gehört, sofern vorhanden, auch die Telefonnummer[1]. Die Anzeige hat „in der **schnellstmöglichen Art der Übermittlung**" zu geschehen, also per Telefon, Telegramm oder Fax. Ein einfacher Brief reicht nicht. Die hierdurch entstehenden Kosten hat der Arbeitgeber zu tragen, § 5 Abs. 2 Satz 2 EFZG. Die Kosten dürfen nicht außer Verhältnis stehen. Die Kostentragungspflicht entfällt ganz, wenn der Arbeitgeber zuvor ausdrücklich auf die schnellstmögliche Art der Übermittlung verzichtet hat[2]. 165

Teilt der Arbeitnehmer seine Urlaubsanschrift nicht mit, hat der Arbeitgeber gem. § 7 Abs. 1 EFZG ein **zeitweiliges Leistungsverweigerungsrecht**, das mit Erfüllung der Verpflichtungen gem. § 5 Abs. 2 Satz 1 EFZG rückwirkend ab Beginn der Arbeitsunfähigkeit erlischt. Darüber hinaus kann die Verletzung der Mitteilungspflichten des § 5 Abs. 2 Satz 1 EFZG je nach den Umständen des Einzelfalls dazu führen, dass der **Beweis für das Vorliegen einer Arbeitsunfähigkeit nicht** als **erbracht** anzusehen ist, so beispielsweise, wenn der Arbeitnehmer auf ausdrückliche Frage des Arbeitgebers seine Urlaubsadresse nicht mitteilt. Im Einzelnen wird es auf die Gründe ankommen, die zur Verletzung der Mitteilungspflicht geführt haben[3]. 166

Der Arbeitnehmer, der **Mitglied einer gesetzlichen Krankenkasse** ist, ist verpflichtet, auch dieser die **Arbeitsunfähigkeit und deren voraussichtliche Dauer** unverzüglich **anzuzeigen**, § 5 Abs. 2 Satz 3 EFZG. Dauert die Arbeitsunfähigkeit länger als angezeigt, hat er der gesetzlichen Krankenkasse die voraussichtliche Fortdauer der Arbeitsunfähigkeit mitzuteilen, § 5 Abs. 2 Satz 4 EFZG. 167

Nach § 5 Abs. 2 Satz 5 EFZG können die gesetzlichen Kassen festlegen, dass der Arbeitnehmer die Anzeige- und Mitteilungspflichten direkt **gegenüber** einem **ausländischen Sozialversicherungsträger** erfüllen kann, der seinerseits den deutschen Sozialversicherungsträger informiert. Dies sehen zum einen zwischenstaatliche Sozialversicherungsabkommen[4] vor. Für die Staaten der Europäischen Union sowie die Staaten, die dem Europäischen Wirtschaftsraum angehören[5], finden sich die einschlägigen Regelungen in den EWG-Verordnungen Nr. 1408/71[6] sowie Nr. 574/72[7] (zu den vereinfachten Nachweispflichten vgl. Rz. 171). 168

Kehrt der arbeitsunfähig erkrankte Arbeitnehmer **in das Inland zurück**, hat er dies sowohl dem Arbeitgeber wie auch der Krankenkasse unverzüglich **anzuzeigen**, § 5 Abs. 2 Satz 7 EFZG. 169

---

1 *Berenz*, DB 1995, 1462.
2 *Berenz*, DB 1995, 1462.
3 BAG 19.2.1997 – 5 AZR 83/96, DB 1997, 1237 (1239).
4 ZB Türkei, Schweiz, Tunesien.
5 Dies sind neben den EU-Ländern Liechtenstein, Norwegen und Island.
6 Verordnung (EWG) Nr. 1408/71 des Rates v. 14.6.1971 zur Anwendung der Systeme der sozialen Sicherheit auf Arbeitnehmer und deren Familie, die innerhalb der Gemeinschaft zu- und abwandern (ABl. Nr. L 149/1971, 2).
7 Verordnung (EWG) Nr. 574/72 des Rates v. 21.3.1972 über die Durchführung der Verordnung (EWG) Nr. 1408/71 (ABl. Nr. L 74/1972, 1).

bb) Nachweispflichten

170 Die Nachweispflichten sind bei einer Auslandserkrankung grundsätzlich die gleichen wie im Inland; es besteht also die **Pflicht zur Vorlage der Arbeitsunfähigkeitsbescheinigung** gem. § 5 Abs. 1 Satz 2 EFZG innerhalb der dort genannten Fristen[1]. Die Bescheinigung muss erkennen lassen, dass der ausländische Arzt zwischen einer bloßen Erkrankung und einer mit Arbeitsunfähigkeit verbundenen Krankheit unterschieden hat. Kann eine förmliche Arbeitsunfähigkeitsbescheinigung nicht vorgelegt werden, kann der Arbeitnehmer durch **andere Beweismittel** die Tatsachen beweisen, die belegen, dass krankheitsbedingte Arbeitsunfähigkeit vorlag[2].

171 § 5 Abs. 2 Satz 5 EFZG gestattet für krankenversicherungspflichtige Arbeitnehmer bei Anzeige und Nachweis einer Arbeitsunfähigkeit im Ausland ein **vereinfachtes Verfahren**. Die einschlägige Bestimmung für die Staaten des Europäischen Wirtschaftsraums enthält Art. 18 der Verordnung (EWG) Nr. 574/72, den die beiden *Paletta*-Urteile des EuGH[3] sowie die zum selben Fall ergangenen Entscheidungen des BAG[4] zur Grundlage haben (zu den Auswirkungen vgl. Rz. 187). Danach hat sich der Versicherte unverzüglich nach Beginn der Arbeitsunfähigkeit an den für den Aufenthaltsort **zuständigen ausländischen Versicherungsträger** zu wenden und **diesem** eine **ärztliche Bescheinigung** über die Arbeitsunfähigkeit **vorzulegen**. Der ausländische Sozialversicherungsträger, der ggf. Kontrolluntersuchungen veranlasst, unterrichtet die deutsche Krankenkasse, die ihrerseits den Arbeitgeber entsprechend informiert[5]. Der Arbeitgeber behält jedoch die rechtliche Möglichkeit, die betreffende Person durch einen Arzt seiner Wahl untersuchen zu lassen, Art. 18 Abs. 5 der Verordnung (EWG) Nr. 574/72. Das vereinfachte Verfahren findet nur Anwendung bei Arbeitnehmern, die **gesetzlich krankenversichert** sind und auf **im Inland tätige Arbeitnehmer**, die während des Aufenthalts in einem der betroffenen Staaten erkranken. Hervorzuheben ist, dass die Verpflichtungen des Arbeitnehmers nach § 5 Abs. 2 Satz 1 EFZG, betreffend die **Mitteilung an** den **Arbeitgeber** über Arbeitsunfähigkeit, Aufenthaltsort usw. auf schnellstmöglichem Wege, **bestehen bleiben**. Die **Vereinfachungen** beziehen sich also **nur** auf die **Mitteilungspflichten gegenüber** den **Krankenkassen** sowie die **Nachweispflichten**.

7. Zweifel des Arbeitgebers an der Arbeitsunfähigkeit

a) Ausgangslage

172 Der **Arbeitnehmer**, der Entgeltfortzahlung beansprucht, muss **darlegen und beweisen**, dass er **arbeitsunfähig** ist. Dies geschieht idR durch Vorlage einer ärztlichen Arbeitsunfähigkeitsbescheinigung. Nach der Rechtsprechung des BAG hat die **ordnungsgemäß ausgestellte ärztliche Arbeitsunfähigkeitsbescheinigung** die **Vermutung der Richtigkeit** für sich und einen **hohen Beweiswert**; sie ist der für Arbeitnehmer gesetzlich vorgesehene und gewichtigste Beweis für die Tatsache einer krankheitsbedingten Arbeitsunfähigkeit[6]. Die Arbeitsunfähigkeit gilt dann grundsätzlich als nachgewiesen[7]. In dem Fall kann der **Arbeitgeber** die Entgeltfortzahlung nicht mit dem bloßen

---

1 *Berenz*, DB 1995, 1462 mwN.
2 BAG 1.10.1997 – 5 AZR 726/96, NZA 1998, 372 (373).
3 EuGH 3.6.1992 – Rs. C-45/90 – Paletta I, AP Nr. 1 zu Art. 18 EWG-Verordnung Nr. 574/72; 2.5.1996 – Rs. C-206/94 – Paletta II, DB 1996, 1039.
4 BAG 27.4.1994 – 5 AZR 747/93, AP Nr. 100 zu § 1 LohnFG sowie 19.2.1997 – 5 AZR 747/93, DB 1997, 1235.
5 Nähere Einzelheiten bei *Berenz*, DB 1995, 1462.
6 BAG 19.2.1997 – 5 AZR 83/96, DB 1997, 1237 (1238); 15.7.1992 – 5 AZR 312/91, AP Nr. 98 zu § 1 LohnFG mwN.
7 BAG 1.10.1997 – 5 AZR 726/96, NZA 1998, 369; BGH 16.10.2001 – VI ZR 408/00, NZA 2002, 40.

III. Entgeltfortzahlung im Krankheitsfall

Bestreiten verweigern, es liege keine Arbeitsunfähigkeit vor. Er muss vielmehr **Umstände darlegen und beweisen**, die zu **ernsthaften und begründeten Zweifeln** Anlass geben[1]. Der Arbeitnehmer kann den Beweis, arbeitsunfähig krank gewesen zu sein, nicht nur mit Hilfe einer ärztlichen Bescheinigung führen, sondern mit allen zulässigen Beweismitteln[2].

b) Ernsthafte und begründete Zweifel

Das BAG[3] benennt hierzu exemplarisch folgende **Fälle:** Der Arbeitnehmer erklärt, er werde krank, wenn der Arbeitgeber ihm den **Urlaub nicht verlängert**, obwohl er in dem Zeitpunkt nicht krank ist und sich auch noch nicht krank fühlen konnte[4]. Der Arbeitnehmer geht während einer attestierten Arbeitsunfähigkeit schichtweise einer **Nebenbeschäftigung** bei einem anderen Arbeitgeber nach[5]. Ein Arbeitnehmer verrichtet während einer Arbeitsunfähigkeit **private Tätigkeiten**, mit deren Vornahme eine ärztlich bescheinigte Arbeitsunfähigkeit nicht vereinbar ist. Ein Arbeitnehmer verbleibt **im Anschluss an** seinen in der Heimat verbrachten **Urlaub wiederholt** aufgrund behaupteter **Arbeitsunfähigkeit** in seiner Heimat[6] (zu Zweifeln bei Auslandserkrankungen vgl. Rz. 185 ff.).

173

Hat der Arbeitgeber einen derartigen **Missbrauchsfall nachgewiesen**, muss der Arbeitnehmer zusätzlich Beweis für die behauptete Arbeitsunfähigkeit erbringen, wofür alle zulässigen Beweismittel in Betracht kommen.

174

c) Begutachtung durch den Medizinischen Dienst (§ 275 SGB V)

aa) Inhalt der Regelung

Nach § 275 SGB V kann der Arbeitgeber bei Zweifeln an der Arbeitsunfähigkeit des Arbeitnehmers die **Krankenkasse** einschalten, die verpflichtet ist, vom **Medizinischen Dienst unverzüglich eine Begutachtung** einzuholen. Es genügen einfache Zweifel; ein nur subjektiver, durch objektive Umstände nicht erhärteter Verdacht reicht nicht[7]. Die Vorschrift gilt nur für in der **gesetzlichen Krankenkasse** oder bei einer **Ersatzkasse** versicherte Arbeitnehmer.

175

Nach § 275 Abs. 1a SGB V haben die Krankenkassen Zweifel an der Arbeitsunfähigkeit insbesondere in den Fällen anzunehmen, in denen der Arbeitnehmer entweder **auffallend häufig** bzw. **auffallend häufig für kurze Dauer** arbeitsunfähig ist oder der Beginn der Arbeitsunfähigkeit häufig auf einen **Arbeitstag am Beginn oder Ende einer Woche** fällt oder die Arbeitsunfähigkeit von einem **Arzt** festgestellt wird, der durch die Häufigkeit der von ihm ausgestellten Arbeitsunfähigkeitsbescheinigungen auffällig geworden ist. Von einer auffallenden Häufigkeit ist auszugehen, wenn eine Wiederholung vorliegt, die nach allgemeiner Lebenserfahrung nicht plausibel erscheint[8]. Eine nicht plausible Wiederholung ist anzunehmen, wenn der Arbeitnehmer gegenüber dem Durchschnitt um 50 % erhöhte Krankheitswerte aufweist. Vergleichsgruppe sind die übrigen Arbeitnehmer des Betriebs oder, wenn dieser sehr groß ist,

176

---

1 BAG 15.7.1992 – 5 AZR 312/91, AP Nr. 98 zu § 1 LohnFG.
2 BAG 1.10.1997 – 5 AZR 726/96, NZA 1998, 369 (372).
3 Die nachstehenden Beispiele sind entnommen BAG 27.4.1994 – 5 AZR 747/93, AP Nr. 100 zu § 1 LohnFG.
4 BAG 5.11.1992 – 2 AZR 147/92, AP Nr. 4 zu § 626 BGB – Krankheit.
5 BAG 26.8.1993 – 2 AZR 154/93, AP Nr. 112 zu § 626 BGB.
6 BAG 20.2.1985 – 5 AZR 180/83, AP Nr. 4 zu § 3 LohnFG.
7 *Hanau/Kramer*, DB 1995, 94 (97); *Lepke*, NZA 1995, 1084 (1089).
8 Amtl. Begründung, BT-Drucks. 12/5262, 157.

der Abteilung¹. Auch Abweichungen von allgemeinen Durchschnittswerten sind zu berücksichtigen².

177 Der Arbeitgeber kann verlangen, dass die Krankenkasse eine **gutachterliche Stellungnahme des Medizinischen Dienstes** zur Arbeitsunfähigkeit einholt (§ 275 Abs. 1a Satz 3 SGB V). Die Krankenkasse kann von dem Gutachten absehen, wenn sich die medizinischen Voraussetzungen eindeutig aus den der Krankenkasse vorliegenden ärztlichen Unterlagen ergeben (§ 275 Abs. 1a Satz 4 SGB V).

178 Ist der Arbeitnehmer wegen seines Gesundheitszustandes nicht in der Lage, einer Vorladung des Medizinischen Dienstes zu folgen, oder sagt er einen solchen Termin unter Berufung auf seinen Gesundheitszustand ab oder bleibt diesem fern, soll die Untersuchung in der Wohnung des Arbeitnehmers stattfinden. Verweigert der Arbeitnehmer hierzu seine Zustimmung, kann die Krankenkasse das Krankengeld verweigern, § 276 Abs. 5 SGB V.

179 Das Ergebnis der Begutachtung wird der Krankenkasse mitgeteilt, § 277 Abs. 1 Satz 1 SGB V. Die Krankenkasse informiert den Arbeitgeber von der Beurteilung, wenn diese von der Arbeitsunfähigkeitsbescheinigung abweicht, § 277 Abs. 2 Satz 1 SGB V bzw. der Arbeitnehmer nicht zu der Untersuchung erschienen ist. Angaben über Befund und Diagnose werden dem Arbeitgeber nicht mitgeteilt.

bb) Auswirkungen

180 Ungeregelt ist geblieben, welche Auswirkungen sich aus § 275 SGB V im Einzelnen ergeben. Diese dürften wie folgt sein:

181 Stellt die Begutachtung des Medizinischen Dienstes die **Arbeitsfähigkeit** des Arbeitnehmers fest, ist die **Richtigkeitsvermutung** der ärztlichen Arbeitsunfähigkeitsbescheinigung **erschüttert**. Der Arbeitgeber kann sodann die Entgeltfortzahlung verweigern³. Dies schließt nicht aus, dass der Arbeitnehmer den Beweis seiner Arbeitsunfähigkeit auf andere Weise erbringt.

182 **Verweigert der Arbeitnehmer die Untersuchung** durch den Medizinischen Dienst ohne triftigen Grund, kann die Krankenkasse die Zahlung des Krankengeldes verweigern (vgl. Rz. 178 aE). Daraus wird man auch für den **Arbeitgeber** das Recht ableiten können, die **Entgeltfortzahlung zu verweigern**⁴. Ob allein hierdurch auch die Richtigkeitsvermutung der Arbeitsunfähigkeitsbescheinigung erschüttert wird, ist zu bezweifeln; vielmehr werden sonstige Umstände hinzutreten müssen⁵.

183 Die in § 275 SGB V aufgelisteten **Zweifelsfälle** sind **nicht abschließend**, wie bereits der Wortlaut ergibt. So sind alle Fälle, die nach der bisherigen Rechtsprechung die Richtigkeitsvermutung einer Arbeitsunfähigkeitsbescheinigung zu erschüttern vermögen (vgl. Rz. 173), auch geeignet, Zweifel iSd. § 275 SGB V zu begründen⁶. Hieraus lässt sich jedoch nicht ableiten, dass – über die Rechtsprechung hinaus – in allen Zweifelsfällen des § 275 SGB V auch eine Beweiserschütterung der Arbeitsunfähigkeitsbescheinigung eintritt⁷. Hiergegen spricht, dass die Vorschriften des SGB V nur

---

1 *Hanau/Kramer*, DB 1995, 94 (98).
2 *Gola*, BB 1995, 2318 (2321).
3 *Gola*, BB 1995, 2318 (2321).
4 *Hanau/Kramer*, DB 1995, 94 (98); *Gola*, BB 1995, 2318 (2321); aA HWK/*Schliemann*, § 5 EFZG Rz. 54.
5 *Lepke*, NZA 1995, 1084 (1089).
6 ErfK/*Reinhard*, § 5 EFZG Rz. 17.
7 AA *Hanau/Kramer*, DB 1995, 94 (99); danach darf der Arbeitgeber die Entgeltfortzahlung nur verweigern, wenn er das Verfahren nach § 275 SGB V erfolgreich durchgeführt hat.

im Verhältnis zwischen Krankenkassen und Versicherten gelten[1]. Die Bestimmung selbst enthält dazu auch keine Anhaltspunkte. Aus denselben Gründen wird sich aus § 275 SGB V auch nicht ableiten lassen, dass sich der Arbeitgeber auf ernsthafte und begründete Zweifel nur berufen kann, wenn er das in § 275 SGB V vorgesehene Verfahren einhält[2].

Schließlich besteht eine **Schadensersatzpflicht des Arztes** nach § 106 Abs. 3a SGB V, wenn dieser die Arbeitsunfähigkeitsbescheinigung vorsätzlich oder grob fahrlässig zu Unrecht erteilt hat. Dies dürfte sich allerdings kaum jemals nachweisen lassen. 184

d) Zweifel bei Auslandserkrankungen

Hier ergeben sich grundsätzlich **keine Besonderheiten gegenüber Erkrankungen im Inland**. Allein der Umstand, dass eine Arbeitsunfähigkeitsbescheinigung von einem ausländischen Arzt im Ausland ausgestellt ist, berechtigt den Arbeitgeber daher nicht zu Zweifeln. Die Bescheinigung muss jedoch erkennen lassen, dass der ausländische Arzt zwischen einer bloßen Erkrankung und einer mit Arbeitsunfähigkeit verbundenen Krankheit unterschieden und damit eine den Begriffen des deutschen Arbeits- und Sozialversicherungsrechts entsprechende Beurteilung vorgenommen hat[3]. 185

Besonderheiten gelten **bei Erkrankungen in Staaten des Europäischen Wirtschaftsraums**[4]. Wie dargelegt (vgl. Rz. 171), kommt hier ein **vereinfachtes Verfahren** zur Anwendung, dessen Einzelheiten in Art. 18 der Verordnung (EWG) Nr. 574/72 geregelt sind. Hierzu hat der EuGH bereits 1987 entschieden[5], dass der zuständige (Sozialversicherungs-)Träger an die vom Träger der sozialen Sicherheit des Wohnorts getroffenen ärztlichen Feststellungen bzgl. Eintritt und Dauer der Arbeitsunfähigkeit gebunden sei. 1992 hat der EuGH[6] diese Rechtsprechung dahin gehend ergänzt, dass auch der **Arbeitgeber in tatsächlicher und rechtlicher Hinsicht an die vom (ausländischen) Träger des Wohn- und Aufenthaltsorts getroffenen ärztlichen Feststellungen** über Eintritt und Dauer der Arbeitsunfähigkeit **gebunden** ist, sofern er den Arbeitnehmer nicht durch einen Arzt seiner Wahl untersuchen lässt, wozu ihn Art. 18 Abs. 5 der Verordnung (EWG) Nr. 574/72 ermächtige. Der Arbeitnehmer muss auch **keinen zusätzlichen Beweis für** die durch ärztliche Bescheinigung **belegte Arbeitsunfähigkeit** erbringen, auch wenn der Arbeitgeber Umstände darlegt und beweist, die zu ernsthaften Zweifeln an der Arbeitsunfähigkeit Anlass geben. Dem Arbeitgeber ist es jedoch nicht verwehrt, Nachweise für einen Missbrauchs- oder Betrugsfall zu erbringen[7]. Das BAG hat daraus abgeleitet, es reiche – **im Gegensatz zu inländischen Arbeitsunfähigkeitsbescheinigungen** – nicht aus, dass der Arbeitgeber lediglich Umstände beweise, die zu ernsthaften Zweifeln an der Arbeitsunfähigkeit Anlass gäben. Vielmehr liege die **Beweislast** dafür, dass der **Arbeitnehmer nicht arbeitsunfähig krank** war, **beim Arbeitgeber**. Der Arbeitgeber sei allerdings nicht darauf beschränkt, den Beweis dafür, dass der Arbeitnehmer nicht arbeitsunfähig krank war, unmittelbar zu führen; vielmehr sei auch ein Indizienbeweis zulässig[8]. 186

Die **Auswirkungen der Rechtsprechung des EuGH** richten sich nach dem Anwendungsbereich von Art. 18 der Verordnung (EWG) Nr. 574/72. Dieser ist zum einen für Arbeitnehmer eröffnet, die in einem anderen Mitgliedstaat als dem zuständigen 187

---

1 *Lepke*, NZA 1995, 1084 (1089) mwN.
2 So aber *Hanau/Kramer*, DB 1995, 94 (99).
3 BAG 19.2.1997 – 5 AZR 83/96, DB 1997, 1237; 20.2.1985 – 5 AZR 180/83, Nr. 4 zu § 3 LohnFG.
4 Neben den EU-Ländern: Liechtenstein, Norwegen und Island.
5 EuGH 12.3.1987 – Rs. C-22/86 – Rindone, NJW 1988, 2171.
6 EuGH 3.6.1992 – Rs. C-45/90 – Paletta I, AP Nr. 1 zu Art. 18 EWG-Verordnung Nr. 574/72.
7 EuGH 2.5.1996 – Rs. C-206/94 – Paletta II, DB 1996, 1039.
8 BAG 19.2.1997 – 5 AZR 747/93, DB 1997, 1235 (1236).

Staat wohnen. Er gilt ferner gem. Art. 24 der Verordnung (EWG) Nr. 574/72 für Arbeitnehmer, die während ihres Aufenthalts in einem anderen Mitgliedstaat erkranken. Ob hiervon auch deutsche Arbeitnehmer erfasst werden, die ihren Urlaub in einem der EU-Mitgliedstaaten verbringen, muss bezweifelt werden. Zwar schließt der Wortlaut der Bestimmung auch diese grundsätzlich ein. Auf der anderen Seite haben die Regelungen der Verordnung (EWG) Nr. 574/72 Arbeitnehmer, „die innerhalb der Gemeinschaft zu- und abwandern", zum Ziel, wozu ein inländischer Arbeitnehmer, der seinen Urlaub im Ausland verbringt, nicht gehört. Art. 18 der Verordnung (EWG) Nr. 574/72 und die dazu ergangene Rechtsprechung der EuGH dürften also auf deutsche Arbeitnehmer keine Anwendung finden[1].

8. Beendigung des Arbeitsverhältnisses

188 Voraussetzung für den Anspruch auf Entgeltfortzahlung ist, dass bei Beginn der Arbeitsunfähigkeit ein Arbeitsverhältnis besteht. Hat dieses also bereits geendet, kommt eine Entgeltfortzahlung nicht in Betracht. Von diesem Grundsatz macht § 8 Abs. 1 EFZG zwei Ausnahmen: Bei **Kündigung durch den Arbeitgeber aus Anlass der Arbeitsunfähigkeit** besteht **trotz** der **Beendigung** des Arbeitsverhältnisses weiterhin ein Anspruch auf **Entgeltfortzahlung**, § 8 Abs. 1 Satz 1 EFZG. Dies gilt ebenso bei einer **durch den Arbeitgeber veranlassten Kündigung** des Arbeitnehmers aus wichtigem Grund, § 8 Abs. 1 Satz 2 EFZG. § 8 Abs. 1 EFZG enthält also keine originäre Anspruchsgrundlage für die Entgeltfortzahlung, sondern setzt das Bestehen eines Anspruchs voraus[2].

189 Der Arbeitgeber kündigt dann aus Anlass der Arbeitsunfähigkeit, wenn die Arbeitsunfähigkeit wesentliche Bedingung der Kündigung ist. Es kommt auf die objektive Ursache, nicht auf das Motiv der Kündigung an. Maßgebend sind die objektiven Umstände bei Ausspruch der Kündigung. Der Begriff „aus Anlass" ist weit auszulegen. So genügt es, wenn die Kündigung ihre objektive Ursache und wesentliche Bedingung in der Arbeitsunfähigkeit des Arbeitnehmers und den entscheidenden Anstoß für den Kündigungsentschluss gegeben hat. Hat die Arbeitsunfähigkeit zum Zeitpunkt des Ausspruchs der Kündigung noch nicht vorgelegen, schließt dies den Anspruch nach § 8 Abs. 1 EFZG nicht aus, vielmehr ist auch eine **Kündigung des Arbeitgebers „aus Anlass" einer bevorstehenden Arbeitsunfähigkeit** mit der Rechtsfolge des § 8 Abs. 1 EFZG möglich. Die Kündigung aus Anlass bevorstehender Arbeitsunfähigkeit setzt deren Kenntnis voraus; dem steht es gleich, wenn mit der bevorstehenden Arbeitsunfähigkeit sicher zu rechnen ist (zB Operationstermin)[3]. Hat der Arbeitgeber **im zeitlichen Zusammenhang mit der Krankmeldung** oder der Anzeige, dass eine bekannte Arbeitsunfähigkeit fortdauert, **gekündigt**, spricht ein **Beweis des ersten Anscheins** dafür, dass aus Anlass der Arbeitsunfähigkeit gekündigt wurde. Diesen kann der Arbeitgeber nur dadurch erschüttern, dass er Tatsachen vorträgt und erforderlichenfalls beweist, aus denen sich ergibt, dass **andere Gründe** seinen **Kündigungsschluss bestimmt** haben[4]. Kündigt ein Arbeitgeber einem unentschuldigt fehlenden Arbeitnehmer vor Ablauf der Nachweisfrist des § 5 Abs. 1 Satz 2 EFZG, kann sich der Arbeitgeber nicht darauf berufen, er habe von der Arbeitsunfähigkeit nichts gewusst. Wartet der Arbeitgeber dagegen die Nachweisfrist ab und kündigt dann, ohne von einer Arbeitsunfähigkeit Kenntnis zu haben, kann er davon ausgehen, dass der Arbeitnehmer unentschuldigt fehlt, auch wenn er tatsächlich erkrankt war[5]. Kündigt der

---

1 *Abele*, NZA 1996, 631 (632); aA, jedoch kritisch zu diesem weiten Anwendungsbereich: *Blomeyer/Bramigk*, Anm. zu BAG 27.4.1994 – 5 AZR 747/93, AP Nr. 100 zu § 1 LohnFG; aA wohl auch *Schlachter*, Anm. zu EuGH 2.5.1996 – Rs. C-206/94, EuZW 1996, 377.
2 BAG 17.4.2002 – 5 AZR 2/01, NZA 2002, 899.
3 BAG 17.4.2002 – 5 AZR 2/01, NZA 2002, 899.
4 BAG 20.8.1980 – 5 AZR 218/78, AP Nr. 11 zu § 6 LohnFG.
5 BAG 20.8.1980 – 5 AZR 1086/78, AP Nr. 13 zu § 6 LohnFG.

Arbeitgeber einem erkrankten Arbeitnehmer zum voraussichtlichen Ende der Arbeitsunfähigkeit, ohne abzuwarten, ob die Arbeitsunfähigkeit andauert, ist der Arbeitnehmer dann aber weiterhin krank, kann es sich um eine Kündigung aus Anlass der Arbeitsunfähigkeit handeln[1]. Die Wartefrist beträgt in diesem Fall drei Kalendertage und beginnt mit dem Ende der zunächst bescheinigten Dauer der Arbeitsunfähigkeit[2].

Der Anspruch nach § 8 EFZG wird im Regelfall nicht schon dadurch ausgeschlossen, dass Arbeitgeber und Arbeitnehmer das Arbeitsverhältnis einvernehmlich aufheben[3], da nicht der formelle, sondern der **materielle Aufhebungsgrund entscheidend** ist. 190

Der **Entgeltfortzahlungsanspruch** nach § 8 EFZG hat denselben zeitlichen Umfang wie die Entgeltfortzahlung bei fortbestehendem Arbeitsverhältnis nach § 3 EFZG. Er besteht **für die Dauer des gesamten Verhinderungsfalls**, der Anlass für die Kündigung des Arbeitgebers gewesen ist[4]. Treten zwei Erkrankungen jedenfalls zeitweise gleichzeitig auf und bilden damit einen einheitlichen Verhinderungsfall (vgl. Rz. 125), besteht die Entgeltfortzahlungspflicht nicht nur für die Dauer einer Krankheit, sondern endet mit Ablauf des Verhinderungsfalls. Die Entgeltfortzahlung nach § 8 EFZG ist ebenfalls längstens **bis zu sechs Wochen** zu leisten. Die **vierwöchige Wartefrist** nach § 3 Abs. 3 EFZG findet auf die Sechs-Wochen-Frist **keine Anrechnung** (vgl. Rz. 122). Kündigt der Arbeitgeber also aus Anlass der Arbeitsunfähigkeit und endet das Arbeitsverhältnis noch innerhalb der Wartefrist, ist uU Entgeltfortzahlung bis zu weiteren sechs Wochen nach Ablauf der Wartefrist zu leisten[5]. 191

9. Anspruchsübergang bei Dritthaftung

Kann der Arbeitnehmer von einem Dritten Schadensersatz wegen des Verdienstausfalls beanspruchen, geht dieser Anspruch gem. § 6 Abs. 1 EFZG in der Höhe auf den Arbeitgeber über, in der dieser dem Arbeitnehmer Entgeltfortzahlung geleistet hat. § 6 Abs. 1 EFZG stellt einen **Fall des gesetzlichen Forderungsübergangs** dar und ist daher unabhängig vom Willen des betroffenen Arbeitnehmers. 192

Der Forderungsübergang umfasst nicht nur das gesamte **Bruttoarbeitsentgelt** einschließlich der Arbeitnehmeranteile sowie zzgl. der **darauf anfallenden Arbeitgeberanteile zur Sozialversicherung** (Bundesagentur für Arbeit, Rentenversicherung, Krankenversicherung, Pflegeversicherung, betriebliche Altersversorgung, nicht jedoch die Beiträge zur Berufsgenossenschaft). Ferner gehören dazu sämtliche Ansprüche mit Entgeltcharakter wie anteilige Leistungen für **Weihnachtsgeld, Urlaubsvergütung und Urlaubsgeld**[6]. Zu empfehlen ist die Ermittlung der Gesamtjahreskosten. Diese werden sodann auf den einzelnen Jahresarbeitstag umgerechnet und mit der konkreten Anzahl von Fehltagen multipliziert[7]. Leistet der Arbeitgeber Entgeltfortzahlung außerhalb des EFZG, also zB über den gesetzlichen Zeitraum hinaus oder in Form eines Zuschusses zum Krankengeld, findet insoweit kein Forderungsübergang gem. § 6 Abs. 1 EFZG auf den Arbeitgeber statt. Vielmehr bedarf es hierzu einer Abtretungsvereinbarung zwischen Arbeitgeber und Arbeitnehmer[8]. 193

---

1 BAG 20.8.1980 – 5 AZR 896/79, AP Nr. 16 zu § 6 LohnFG.
2 BAG 29.8.1980 – 5 AZR 1051/79, AP Nr. 18 zu § 6 LohnFG.
3 BAG 28.11.1979 – 5 AZR 955/77, AP Nr. 10 zu § 6 LohnFG.
4 BAG 2.12.1981 – 5 AZR 953/79, AP Nr. 19 zu § 6 LohnFG.
5 BAG 26.5.1999 – 5 AZR 476/98, NZA 1999, 1273; kritisch dazu *Gaumann/Schafft*, NZA 2000, 811 (812 f.).
6 BAG 12.12.1989 – 8 AZR 195/88, juris; BGH 4.7.1972 – VI ZR 114/71, BGHZ 59, 109; HWK/*Schliemann*, § 6 EFZG Rz. 11; aA ErfK/*Reinhard*, § 6 EFZG Rz. 10.
7 *Benner*, DB 1999, 482.
8 HWK/*Schliemann*, § 6 EFZG Rz. 12; ErfK/*Reinhard*, § 6 EFZG Rz. 11.

194 Nach § 6 Abs. 2 EFZG ist der Arbeitnehmer verpflichtet, dem Arbeitgeber unverzüglich die zur Geltendmachung des Schadensersatzanspruchs erforderlichen Angaben zu machen. Kommt der Arbeitnehmer dem schuldhaft nicht nach, hat der Arbeitgeber ein vorläufiges **Leistungsverweigerungsrecht**[1].

195 Verhindert der Arbeitnehmer den Übergang des Schadensersatzanspruchs **schuldhaft**, hat der Arbeitgeber ein **dauerhaftes Leistungsverweigerungsrecht**, § 7 Abs. 1 Nr. 2 EFZG. Dies kann geschehen, indem der Arbeitnehmer mit dem Schädiger einen Abfindungsvergleich schließt, auf seine Forderung gegenüber dem Schädiger verzichtet oder seine Forderung gegen den Schädiger an einen anderen abtritt. Das dauerhafte Leistungsverweigerungsrecht kann gleichbedeutend mit einem Anspruchsverlust sein. Der Arbeitnehmer muss die Verhinderung des Anspruchsübergangs iSv. § 276 BGB zu vertreten haben, § 7 Abs. 2 EFZG. Hat der Arbeitgeber Entgeltfortzahlung gewährt, obwohl ihm gem. § 7 Abs. 1 Nr. 2 EFZG ein dauerhaftes Leistungsverweigerungsrecht zustand, kann er deren Rückzahlung gem. § 813 Abs. 1 BGB verlangen[2].

196 Gem. § 6 Abs. 3 EFZG darf der Arbeitgeber die übergegangene Forderung nicht zum Nachteil des Arbeitnehmers geltend machen. Dies betrifft den Fall einer Leistungsunfähigkeit des Schädigers oder gesetzlicher Haftungsbeschränkungen. Dem Arbeitnehmer steht sodann ein **Befriedigungsvorrecht** gegenüber dem Arbeitgeber zu.

10. Kostenausgleich in Kleinbetrieben

197 Nach dem zum 1.1.2006 in Kraft getretenen Aufwendungsausgleichsgesetz (AAG)[3] können Arbeitgeber in Kleinbetrieben die Entgeltfortzahlungskosten für ihre Arbeitnehmer über ein Sondervermögen erstattet verlangen, das durch Umlagen gebildet wird. Es gilt für Betriebe mit bis zu 30 Arbeitnehmern. Lohnersatz wird für alle Mitarbeiter gewährt. Das Umlageverfahren führen die Krankenkassen durch. Des Weiteren ist im AAG die Erstattung des vom Arbeitgeber zu tragenden Zuschusses zum Mutterschaftsgeld (§ 14 Abs. 1 MuSchG) und des bei Beschäftigungsverboten zu zahlenden Mutterschutzlohns (§ 11 MuSchG) geregelt.

a) Kleinbetriebe

198 Der Arbeitgeber darf im vorangegangenen Kalenderjahr in wenigstens acht Monaten **nicht mehr als 30 Arbeitnehmer, Arbeiter und/oder Angestellte** beschäftigt haben, § 1 Abs. 1 Satz 1, § 3 Abs. 1 Satz 2 AAG. Bei der Ermittlung der Anzahl der Arbeitnehmer sind **nicht mitzurechnen** Auszubildende, Wehrdienstleistende, Teilnehmer am Bundesfreiwilligendienst, in Heimarbeit Beschäftigte, schwerbehinderte Menschen sowie Aushilfskräfte, die für in Elternzeit befindliche Arbeitnehmer gem. § 21 Abs. 7 BEEG eingestellt wurden. Teilzeitbeschäftigte mit einer Wochenarbeitszeit von bis zu zehn Stunden werden mit 0,25, von bis zu 20 Stunden mit 0,5, von bis zu 30 Stunden mit 0,75 gerechnet, § 3 Abs. 1 Satz 6 AAG. Geringfügig Beschäftigte mit bis zu zehn Wochenstunden zählen also mit. Sog. **unständig Beschäftigte**, also solche Arbeitnehmer, die nach ihrem Berufsbild Beschäftigungen von weniger als einer Woche ausüben, sind bei der Feststellung der Arbeitnehmerzahl ebenfalls zu berücksichtigen[4], auch wenn diese wegen der Wartefrist nach § 3 Abs. 3 EFZG regelmäßig keinen Anspruch auf Entgeltfortzahlung im Krankheitsfall haben.

---

1 HWK/*Schliemann*, § 6 EFZG Rz. 16.
2 BAG 7.12.1988 – 5 AZR 757/87, AP Nr. 2 zu § 5 LohnFG.
3 Art. 1 des Gesetzes über den Ausgleich von Arbeitgeberaufwendungen und zur Änderung weiterer Gesetze v. 22.12.2005, BGBl. I, 3686.
4 Besprechung der Spitzenverbände der Krankenkassen, der Deutschen Rentenversicherung Bund und der Bundesagentur für Arbeit am 22.6.2006, zit. nach NZA 2006, 1148.

Die Kleinbetriebsklausel wirkt sich lediglich bei den Arbeitgeberaufwendungen im Krankheitsfall aus. Der **Arbeitgeberzuschuss zum Mutterschaftsgeld** (§ 14 Abs. 1 MuSchG) sowie der bei Beschäftigungsverboten zu zahlende **Mutterschutzlohn** (§ 11 MuSchG) sind dagegen an alle Arbeitgeber, **unabhängig von der Beschäftigtenzahl**, zu erstatten. Dies bedeutet, dass alle Arbeitgeber am Umlageverfahren für das Mutterschaftsgeld und den Mutterschutzlohn teilnehmen müssen. Bei der Berechnung der Umlagebeträge werden nicht nur Arbeitnehmerinnen, sondern alle Beschäftigten, und zwar einschließlich der sog. **unständig Beschäftigten**[1] berücksichtigt (§ 7 Abs. 2 Satz 1 AAG).

199

b) Erstattungsfähige Aufwendungen

Erstattungsfähig sind die Aufwendungen für die **gesetzliche Entgeltfortzahlung** im Krankheitsfall **für alle Arbeitnehmer und für Auszubildende**, einschließlich der hierauf entfallenden Arbeitgeberanteile zur Sozialversicherung, Zuschüsse zum Mutterschaftsgeld nach § 14 Abs. 1 MuSchG und die Entgeltfortzahlung bei Beschäftigungsverboten nach § 11 MuSchG, ebenfalls einschließlich der darauf entfallenden **Arbeitgeberanteile** zur Sozialversicherung. Dem Arbeitgeber werden die Aufwendungen für die Entgeltfortzahlung im Krankheitsfall in Höhe von 80 % (§ 1 Abs. 1 AAG) und für das Mutterschaftsgeld sowie den Mutterschutzlohn in voller Höhe (§ 1 Abs. 2 AAG) ersetzt. Die Satzung der Krankenkasse kann anstelle der 80 % auch einen niedrigeren Prozentsatz vorsehen (§ 9 Abs. 2 Nr. 1 AAG). Die Erstattung erfolgt erst, nachdem der Arbeitgeber die Beträge erbracht hat (§ 2 Abs. 2 Satz 2 AAG).

200

c) Freiwilliges Ausgleichsverfahren

Arbeitgeber eines Wirtschaftszweiges können mit Genehmigung des Bundesministeriums für Gesundheit freiwillig Einrichtungen zum Ausgleich der Arbeitgeberaufwendungen errichten (§ 12 AAG). An dem Erstattungsverfahren nach § 1 Abs. 1 AAG können dann auch Arbeitgeber größerer Betriebe mit mehr als 30 Arbeitnehmern teilnehmen. Ist eine solche Einrichtung geschaffen, tritt diese auch für die Kleinbetriebe an die Stelle des gesetzlichen Ausgleichsverfahrens, § 12 Abs. 2 AAG.

201

IV. Entgeltfortzahlung an Feiertagen

1. Grundlagen

Für die Entgeltzahlung an Feiertagen gilt seit dem 1.6.1994 § 2 EFZG[2].

202

Nach § 2 Abs. 1 EFZG hat der Arbeitgeber dem Arbeitnehmer das **Arbeitsentgelt für die Arbeitszeit** zu zahlen, **die infolge eines gesetzlichen Feiertags ausfällt**. Es ist das Arbeitsentgelt zu zahlen, das der Arbeitnehmer ohne den Arbeitsausfall erhalten hätte. Arbeitnehmer, die am letzten Arbeitstag vor oder am ersten Arbeitstag nach Feiertagen unentschuldigt der Arbeit fernbleiben, haben keinen Anspruch auf Bezahlung für diese Feiertage, § 2 Abs. 3 EFZG.

203

Der **Anspruch auf Feiertagsbezahlung** ist gem. § 12 EFZG **nicht abdingbar**, und zwar weder einzelvertraglich noch durch Betriebsvereinbarung oder Tarifvertrag. Im Gegensatz zur Entgeltfortzahlung im Krankheitsfall (vgl. § 4 Abs. 4 EFZG) darf durch Tarifvertrag auch nicht von der Berechnungsmethode oder Entgelthöhe abgewichen

204

---
1 Besprechung der Spitzenverbände der Krankenkassen, der Deutschen Rentenversicherung Bund und der Bundesagentur für Arbeit am 22.6.2006, zit. nach NZA 2006, 1148.
2 Art. 53, 62 PflegeVG v. 26.5.1994, BGBl. I, 1014.

werden¹. Eine Abweichung von § 2 EFZG zugunsten des Arbeitnehmers bleibt zulässig.

2. Anspruchsvoraussetzungen

a) Gesetzlicher Feiertag

205 Die gesetzlichen Feiertage gem. § 2 Abs. 1 EFZG sind durch **Bundes- oder Landesrecht** festgelegt. Feier- und Festtage ohne gesetzliche Anerkennung lösen keine Rechtsansprüche nach dem EFZG aus.

206 Maßgebend ist das Recht, das **am Arbeitsort** Anwendung findet. Dieser entspricht idR dem Beschäftigungsbetrieb². Für **Außendienstmitarbeiter mit wechselnden Einsatzorten** gilt das Feiertagsrecht des **Betriebssitzes**; sonst ist auch für diese der Arbeitsort maßgeblich.

b) Geltungsbereich

207 Voraussetzung für den Anspruch auf Feiertagsentgelt ist das Bestehen eines Arbeits- oder Ausbildungsverhältnisses. Der Anspruch auf Feiertagsentgelt besteht auch, wenn das **Arbeitsverhältnis mit einem Feiertag beginnt oder endet. Aushilfen und Teilzeitkräften**, die nur **kurzfristig** beschäftigt werden, steht das Feiertagsentgelt **ebenfalls** zu³. Dies gilt **nicht** bei **Eintagsarbeitsverhältnissen**, auch wenn der Arbeitstag vor oder nach einem Feiertag liegt⁴. Bei **Teilzeitkräften** besteht ein **Anspruch**, wenn der **Feiertag** auf einen der **regelmäßigen Arbeitstage** fällt.

c) Kausalität

208 Der **Feiertag** muss die **alleinige Ursache des Arbeitsausfalls** bilden⁵. Dies ist dann der Fall, wenn **ohne den Feiertag** an dem betreffenden Tag **gearbeitet** worden wäre⁶. Für die Feststellung, ob ein feiertagsbedingter Arbeitsausfall vorliegt, kommt es allein darauf an, welche Arbeitszeit gegolten hätte, wenn der betreffende Tag kein Feiertag gewesen wäre⁷. Keinen Anspruch auf Feiertagsvergütung hat daher bspw. ein Arbeitnehmer, dessen **dienstplanmäßiger freier Tag** auf einen Feiertag fällt⁸; Voraussetzung ist, dass der **Dienstplan von** der **Feiertagsruhe unabhängig** ist⁹. Bei **Arbeit auf Abruf** kann die Feststellung problematisch sein; dennoch lehnt das BAG die Zahlung einer Durchschnittsvergütung in Anlehnung an § 11 Abs. 2 EFZG ab¹⁰. **Fällt** die Arbeit an einem Feiertag wegen objektiver Leistungshindernisse (witterungsbedingt, Ausfall öffentlicher Verkehrsmittel etc.) aus, kann dies ebenfalls den Wegfall des Feiertagsentgelts zur Folge haben. Fällt der gesetzliche Feiertag auf einen Sonntag, steht den Arbeitnehmern Feiertagsentgelt zu, deren Arbeitszeit am Sonntag wegen des Feiertags ausfällt¹¹. Hat ein Arbeitnehmer seinen Jahresurlaub schon genommen und sieht der Ar-

---

1 *Geyer/Knorr/Krasney*, § 2 EFZG Rz. 44.
2 BAG 14.6.2006 – 5 AZR 405/05, NZA 2006, 1064.
3 ErfK/*Reinhard*, § 2 EFZG Rz. 4.
4 BAG 14.7.1967 – 3 AZR 436/66, AP Nr. 24 zu § 1 FeiertagslohnzahlungsG; ErfK/*Reinhard*, § 2 EFZG Rz. 4.
5 BAG 31.5.1988 – 1 AZR 200/87, AP Nr. 58 zu § 1 FeiertagslohnzahlungsG mwN.
6 BAG 31.5.1988 – 1 AZR 200/87, AP Nr. 58 zu § 1 FeiertagslohnzahlungsG.
7 BAG 24.10.2001 – 5 AZR 245/00, DB 2002, 1110 mwN.
8 BAG 27.3.2014 – 6 AZR 621/12, NZA-RR 2014, 500; 16.3.1988 – 4 AZR 626/87, AP Nr. 19 zu § 1 TVG Tarifverträge: Einzelhandel.
9 BAG 27.9.1983 – 3 AZR 159/81, AP Nr. 41 zu § 1 FeiertagslohnzahlungsG.
10 BAG 24.10.2001 – 5 AZR 245/00, BB 2002, 1154.
11 BAG 26.7.1979 – 3 AZR 813/78, AP Nr. 34 zu § 1 FeiertagslohnzahlungsG.

beitsvertrag in diesem Fall unbezahlten Sonderurlaub für die Dauer von Betriebsferien zwischen Weihnachten und Neujahr vor, bleibt der Anspruch auf Feiertagsbezahlung bestehen; Grund ist, dass der unbezahlte Urlaub ausschließlich auf Wunsch des Arbeitgebers erfolgt ist und daher die zwingenden Regelungen des Feiertagsentgelts umgangen würden[1]. Eine von § 2 EFZG abweichende tarifliche Bestimmung des Ursachenzusammenhangs zwischen Arbeitsausfall und Feiertag ist unwirksam[2].

Fällt ein **gesetzlicher Feiertag** mit einer **krankheitsbedingten Arbeitsunfähigkeit** zusammen, steht dem Arbeitnehmer für diesen Tag Entgeltfortzahlung in Höhe des **Feiertagsentgelts** zu, § 4 Abs. 2 EFZG (s.a. Rz. 216). 209

In den **Urlaub** fallende gesetzliche Feiertage sind nach § 2 EFZG zu bezahlen. Feiertage sind nicht auf den Urlaub anzurechnen, da als Urlaubstage nur Werk- bzw. Arbeitstage gelten[3]. Andererseits ist nach der Rspr. des BAG an gesetzlichen Feiertagen, an denen der Arbeitnehmer ansonsten nach Dienst- oder Schichtplan zur Arbeit verpflichtet wäre, Urlaub unter Anrechnung auf den Urlaubsanspruch zu nehmen und zu gewähren[4]. 210

3. Höhe des Feiertagsentgelts

Der Arbeitgeber hat dem Arbeitnehmer für die Arbeitszeit, die infolge des gesetzlichen Feiertags ausfällt, die Vergütung zu zahlen, die er ohne den Feiertag erhalten hätte. Es gilt also das **Entgeltausfallprinzip**. Der Arbeitgeber ist verpflichtet, den Arbeitnehmer so zu stellen, wie er gestanden hätte, wenn die Arbeit nicht infolge des Feiertags ausgefallen wäre. Arbeitszeit iSd. § 2 EFZG ist die für die Arbeit vorgesehene oder festgelegte Zeitspanne; dies entspricht dem Arbeitszeitbegriff in § 2 ArbZG[5]. Für die Feststellung eines feiertagsbedingten Arbeitsausfalls ist entscheidend **die für den betreffenden Arbeitnehmer maßgebende Arbeitszeitregelung**, die für den Feiertag gegolten hätte, wenn dieser ein Arbeitstag gewesen wäre[6]. Wird ein Arbeitszeitkonto geführt, das sich auf die Vergütung auswirkt, darf ein feiertagsbedingter Arbeitsausfall nicht zu einer Kürzung des Zeitguthabens führen[7]. 211

Überstunden sind zu bezahlen, wenn der Arbeitnehmer diese ohne den Feiertag geleistet hätte[8]. Wurden in der Vergangenheit regelmäßig Überstunden geleistet, kann dies ein Indiz dafür sein, dass auch am Feiertag Überstunden ausgefallen sind. Gleiches gilt, wenn unmittelbar vor und nach dem Feiertag längere Zeit Überstunden geleistet wurden[9]. 212

Bei **stärkeren Verdienstschwankungen** ist ein größerer Bezugszeitraum heranzuziehen, um zu einem sachgerechten Ausgleich zu kommen. Nach der Rechtsprechung des BAG kann bei **Akkordarbeit, Provisionen oder Prämien** ein Bezugszeitraum von vier Wochen vor dem Feiertag ausreichend sein[10]. 213

Nicht zur Vergütung gehören **Spesen und Aufwendungen**[11], es sei denn, sie beinhalten eine verdeckte Vergütung oder fallen auch am Feiertag an. 214

---

1 BAG 6.4.1982 – 3 AZR 1079/79, AP Nr. 36 zu § 1 FeiertagslohnzahlungsG.
2 BAG 15.5.2013 – 5 AZR 139/12, NZA 2013, 974.
3 BAG 31.5.1988 – 1 AZR 200/87, AP Nr. 58 zu § 1 FeiertagslohnzahlungsG.
4 BAG 15.1.2013 – 9 AZR 430/11, NZA 2013, 1091.
5 BAG 16.1.2002 – 5 AZR 303/00, DB 2002, 950.
6 BAG 1.2.1995 – 5 AZR 847/93, AP Nr. 67 zu § 1 FeiertagslohnzahlungsG mwN.
7 BAG 14.8.2002 – 5 AZR 417/01, AP EntgeltFG § 2 Nr. 10.
8 BAG 18.3.1992 – 4 AZR 387/91, AP Nr. 64 zu § 1 FeiertagslohnzahlungsG.
9 BAG 18.3.1992 – 4 AZR 387/91, AP Nr. 64 zu § 1 FeiertagslohnzahlungsG mwN.
10 BAG 29.9.1971 – 3 AZR 164/71, AP Nr. 28 zu § 1 FeiertagslohnzahlungsG.
11 MünchArbR/*Boewer*, § 71 Rz. 10.

4. Kurzarbeit, Feiertagsentgelt und Krankheit

215 Fällt ein Feiertag mit Kurzarbeit zusammen, geht die Zahlung von Feiertagsentgelt durch den Arbeitgeber dem Kurzarbeitergeld der Arbeitsagentur vor. Nach § 2 Abs. 2 EFZG erhält der Arbeitnehmer von seinem Arbeitgeber ein **Feiertagsentgelt in Höhe des Kurzarbeitergeldes**. § 2 Abs. 2 EFZG bildet damit die Ausnahme von dem Grundsatz, dass der Feiertag die alleinige Ursache des Arbeitsausfalls sein muss[1].

216 Fallen Entgeltfortzahlung im **Krankheitsfall und Feiertagsbezahlung** zusammen, bemisst sich die **Höhe** des fortzuzahlenden Entgelts gem. § 4 Abs. 2 EFZG nach der Feiertagsregelung des § 2 Abs. 1 EFZG. Ein arbeitsunfähiger Arbeitnehmer erhält also die Vergütung, die er erhalten hätte, wenn er an diesem Tag arbeitsfähig gewesen wäre. Für die **Voraussetzungen** der Entgeltfortzahlung an Feiertagen bei arbeitsunfähig erkrankten Arbeitnehmern ist dagegen weiterhin allein § 3 EFZG maßgeblich[2]. Ein Arbeitnehmer erhält an einem Feiertag also nur dann Entgeltfortzahlung, wenn er sonst auch einen Anspruch auf Entgeltfortzahlung hätte, weil die Wartezeit von vier Wochen erfüllt und der Sechs-Wochen-Zeitraum noch nicht überschritten ist. Beim Zusammentreffen von **krankheitsbedingter Arbeitsunfähigkeit, Kurzarbeit und gesetzlichem Feiertag** ist gem. den §§ 4 Abs. 2, Abs. 3 Satz 2, 2 Abs. 2 EFZG Feiertagsentgelt zu gewähren, allerdings höchstens in Höhe des Betrages, der der Vergütung für die verkürzte Arbeitszeit zuzüglich Kurzarbeitergeld entspricht[3].

5. Ausschluss des Anspruchs

217 Ein Arbeitnehmer, der am letzten Arbeitstag vor oder am ersten Arbeitstag nach einem Feiertag **unentschuldigt fehlt**, hat keinen Anspruch auf Bezahlung dieses Feiertages, § 2 Abs. 3 EFZG.

218 Maßgeblich ist der **Tag, an dem vor oder nach dem Feiertag eine Arbeitspflicht** des Arbeitnehmers **bestanden hat**[4]. Abzustellen ist auf den Arbeits-, nicht auf den Kalendertag.

219 Beispiele:

Fällt der Feiertag auf einen Montag, sind im Rahmen einer normalen Fünf-Tage-Woche die nach § 2 Abs. 3 EFZG maßgeblichen Tage der Freitag und der Dienstag; hat der Arbeitnehmer am Freitag vorher Urlaub, sind dies der Donnerstag und der Dienstag.

220 Der **Entgeltanspruch entfällt**,
- wenn zwischen Fehltag und Feiertag ein Wochenende oder ein Urlaubstag liegt (vgl. Beispiele in Rz. 219);
- wenn der Feiertag in den Urlaub fällt und der Arbeitnehmer den Urlaub unentschuldigt überschreitet[5];
- für Weihnachten und Neujahr, wenn in einem Betrieb die Arbeit zwischen beiden Feiertagen ruht und der Arbeitnehmer unmittelbar vor oder nach diesem Zeitraum unentschuldigt fehlt[6] (vgl. aber Rz. 208 aE);
- beim Fehlen zwischen zwei Feiertagen für beide Feiertage.

---

1 HWK/*Schliemann*, § 2 EFZG Rz. 38.
2 *Raab*, NZA 1997, 1144 (1148).
3 BAG 16.7.1980 – 5 AZR 989/78 u. 19.4.1989 – 5 AZR 248/88, AP Nr. 35 u. 62 zu § 1 FeiertagslohnzahlungsG.
4 HWK/*Schliemann*, § 2 EFZG Rz. 44.
5 ErfK/*Reinhard*, § 2 EFZG Rz. 22.
6 BAG 16.6.1965 – 1 AZR 56/65 u. 6.4.1982 – 3 AZR 1036/79, AP Nr. 18 u. 37 zu § 1 FeiertagslohnzahlungsG.

221 Das **Fernbleiben** muss sich **nicht** auf den **vollen Arbeitstag** erstrecken, jedoch **erheblich** sein. Davon ist auszugehen, wenn der Arbeitnehmer mehr als die Hälfte der für ihn maßgebenden Arbeitszeit versäumt. Das Fernbleiben muss sich **nicht nahtlos an den gesetzlichen Feiertag anschließen**; auf die zeitliche Lage innerhalb des jeweiligen Arbeitstages kommt es also nicht an[1].

Beispiel:

222 Kommt der Arbeitnehmer ohne Grund am 30.4. statt um 8.00 Uhr erst um 12.30 Uhr, entfällt die Feiertagsbezahlung für den 1.5.

223 Das Fernbleiben ist **unentschuldigt**, wenn **objektiv eine Vertragsverletzung** vorliegt, also der Arbeitnehmer ohne stichhaltigen Grund der Arbeit fernbleibt, und ihn **subjektiv ein Verschulden an der Arbeitsversäumnis trifft**. An einem vertragswidrigen Verhalten fehlt es, wenn der Arbeitnehmer mit Genehmigung des Arbeitgebers der Arbeit fernbleibt[2]. Ein subjektives Verschulden ist zu verneinen, wenn sich der Arbeitnehmer über die Arbeitspflicht irrt und ihm der Irrtum nicht vorzuwerfen ist[3].

224 Der Arbeitgeber kann die Zahlung des Feiertagslohns bis zur Mitteilung des Entschuldigungsgrundes verweigern[4].

225 Der **Anspruchsausschluss** umfasst die Vergütung für den gesamten Feiertag[5].

---

1 BAG 28.10.1966 – 3 AZR 186/66, AP Nr. 23 zu § 1 FeiertagslohnzahlungsG.
2 BAG 28.10.1966 – 3 AZR 186/66, AP Nr. 23 zu § 1 FeiertagslohnzahlungsG.
3 ErfK/*Reinhard*, § 2 EFZG Rz. 23.
4 MünchArbR/*Boewer*, § 71 Rz. 14.
5 HWK/*Schliemann*, § 2 EFZG Rz. 48.

C. Urlaub

	Rz.
I. Begriff und Rechtsgrundlage des Urlaubs	
1. Erholungsurlaub	1
2. Sonderurlaub	6
a) Sonderurlaub aus Gründen in der Person des Arbeitnehmers	7
b) Sonderurlaub im öffentlichen Interesse	13
c) Muster: Vereinbarung von unbezahltem Sonderurlaub im Anschluss an bezahlten Erholungsurlaub	17
3. Bildungsurlaub	
a) Ausgangspunkt	18
b) Voraussetzungen des Anspruchs auf Bildungsurlaub	20
aa) Politische Weiterbildung	21
bb) Berufliche Weiterbildung	22
cc) Freistellung und Entgeltfortzahlung	23
c) Schulungs- und Bildungsveranstaltungen für Betriebsratsmitglieder	29
4. Rechtsgrundlagen des Urlaubsanspruchs	31
a) Das Bundesurlaubsgesetz	32
b) Sonstige gesetzliche Regelungen für einzelne Gruppen von Arbeitnehmern	33
c) Einzel- und kollektivrechtliche Regelungen	38
d) Unabdingbarkeit und Tarifautonomie	42
II. Erfüllung des Urlaubsanspruchs	
1. Fälligkeit des Anspruchs	
a) Wartezeit	47
b) Urlaubsjahr	51
c) Teilurlaub	56
2. Freizeitgewährung	
a) Urlaubszeitpunkt	68
b) Anfechtung; Verlegung des Urlaubszeitpunkts; Rückruf aus dem Urlaub	76
c) Festlegung in der Kündigungszeit	79
d) Dauer des Urlaubs und seine Berechnung	91
3. Urlaubsentgelt	
a) Berechnung des Urlaubsentgelts	100
b) Auszahlung des Urlaubsentgelts	116
c) Rückforderung zu viel gezahlten Urlaubsentgelts	121
d) Ausgleichsanspruch zwischen bisherigem und neuem Betriebsinhaber bei Erfüllung vor Betriebsübergang entstandener Urlaubsansprüche	122
4. Urlaubsgeld	123
5. Urlaubsanspruch bei Arbeitsplatzwechsel	
a) Ausschluss von Doppelansprüchen	132
b) Urlaub bei Mehrfachbeschäftigung	136
c) Anrechnung von gewährtem Urlaub im Doppelarbeitsverhältnis bei unwirksamer Kündigung	137
6. Erwerbstätigkeit während des Urlaubs	138
7. Urlaubsabgeltung	
a) Grundsatz des Abgeltungsverbotes	143
b) Ausnahmeregelung des § 7 Abs. 4 BUrlG	144
c) Berechnung des Abgeltungsbetrages	151
d) Abgeltung von wegen Krankheit nicht genommenem Urlaub	152
e) Pfändbarkeit und Abtretbarkeit des Urlaubsanspruchs	158
f) Muster: Klage auf Zahlung von Urlaubsabgeltung	160
III. Geltendmachung des Urlaubsanspruchs	161
1. Streit über den Umfang des Urlaubsanspruchs	162
2. Streit über die Festlegung der Urlaubszeit	169
3. Selbsthilfe des Arbeitnehmers	171
4. Einstweilige Verfügung	177
5. Verfügung über den Urlaubsanspruch	
a) Abtretung	181
b) Pfändbarkeit und Verpfändung	182
c) Aufrechnung	185
6. Urlaubsanspruch bei Insolvenz des Arbeitgebers	186
IV. Mitbestimmung der Betriebsverfassungsorgane	190
1. Aufstellung allgemeiner Urlaubsgrundsätze	192
2. Aufstellung des Urlaubsplanes	195
3. Urlaubsfestsetzung für einzelne Arbeitnehmer	199
4. Grenzen der Mitbestimmung	201
V. Urlaubsanspruch besonderer Beschäftigungsgruppen	
1. Urlaub der Jugendlichen	204
2. Urlaub im Bereich der Heimarbeit	208
3. Urlaub für nicht vollbeschäftigte Arbeitnehmer	212

	Rz.
4. Urlaub der arbeitnehmerähnlichen Personen	217
5. Urlaub der schwerbehinderten Menschen	221
6. Urlaub im Baugewerbe	229
7. Urlaub in Mutterschutz und Elternzeit	233
8. Urlaub für Ein-Euro-Jobber	234
9. Zusatzurlaub für Wechselschichtarbeit	236
10. Urlaub und Pflegezeit	237
VI. Krankheit und Urlaub	
1. Erkrankung während des Urlaubs	238
2. Auswirkungen auf das Urlaubsentgelt	243
3. Maßnahmen der medizinischen Vorsorge oder Rehabilitation	245
4. Erkrankung während eines unbezahlten Urlaubs	246
VII. Erlöschen des Urlaubsanspruchs	
1. Erfüllung	251
2. Ablauf des Urlaubsjahres und Übertragung in das nächste Urlaubsjahr	254
3. Verjährung	261
4. Ausschlussfristen	263
5. Verzicht und Vergleich	274
6. Verwirkung	279
7. Tod des Arbeitnehmers	280
8. Rückforderung zu viel gewährten Urlaubs	283
VIII. Steuerpflicht	
1. Urlaubsentgelt	286
2. Urlaubsgeld	287
3. Urlaubsabgeltung	288
IX. Sozialversicherungspflicht	
1. Urlaubsentgelt	289
2. Urlaubsgeld	290
3. Urlaubsabgeltung	291

Schrifttum:

Backmeister, Urlaubserteilung ohne Rückrufrecht des Arbeitgebers, AiB 2003, 56; *Bauer/von Medem,* von Schultz-Hoff zu Schulte, Der EuGH erweist sich als lernfähig, NZA 2012, 113; *Bengelsdorf,* Urlaubsdauer und Urlaubsvergütung bei ungleicher Verteilung der Arbeitszeit, DB 1988, 1161; *Corts,* Einstweilige Verfügung auf Urlaubsgewährung, NZA 1998, 357; *Danne,* Urlaubsdauer bei unterschiedlicher Tagesarbeitszeit, DB 1990, 1965; *Dörndorfer,* Lohnpfändung, 1997; *Dörner,* Die Rechtsprechung des BAG zum Zusatzurlaub nach dem Schwerbehindertengesetz, DB 1995, 1174; *Düwell,* Freistellung für die politische und berufliche Weiterbildung, BB 1994, 637; *Düwell,* Unterbezahlter Urlaub im „Ein-Euro-Job"?, FA 2006, 2; *Düwell/Pulz,* Urlaubsansprüche in der Insolvenz, NZA 2008, 786; *Fischer,* Rechtswidrig verweigerte Urlaubsgewährung durch den Arbeitgeber – Handlungsmöglichkeiten des Arbeitnehmers, AuR 2003, 241; *Fenski,* die Neuregelung des Zusatzurlaubs im Schwerbehindertenrecht, NZA 2004, 1255; *Franzen,* Zeitliche Begrenzung der Urlaubsansprüche langzeiterkrankter Arbeitnehmer, NZA 2011, 1403; *Franzen,* Urlaubsentgelt, Provisionen und andere unregelmäßig anfallende Vergütungsbestandteile, NZA 2014, 647; *Friese,* Urlaubsrecht, 2003; *Gaul/Bonanni/Ludwig,* Urlaubsanspruch trotz Langzeiterkrankung – Handlungsbedarf für die betriebliche Praxis, DB 2009, 1013; *Gross,* Das Urlaubsrecht, 4. Aufl. 2003; *Gussen,* Die Abwicklung des vererbten Urlaubsabgeltungsanspruchs, FA 2014, 298; *Helwich/Frankenberg,* Pfändung des Arbeitseinkommens und Verbraucherinsolvenz, 6. Aufl. 2010; *Hilgenstock,* Eine Kehrtwendung nach Schultz-Hoff? – Eingrenzung von Urlaubsansprüchen, ArbRAktuell 2012, 239; *Hohmeister,* Ist die Urlaubsvergütung pfändbar?, BB 1995, 2110; *Hohmeister,* BB-Rechtsprechungsreport zum Urlaubsrecht des BAG im Jahre 2011, BB 2012, 1343; *Hohmeister,* Die zeitliche Festlegung des Urlaubs eines „freigestellten" Arbeitnehmers, DB 1998, 1130; *Hopfner/Auktor,* Die Rechtsprechung zum Bildungsurlaub seit 1996 – Keine Besserung in Sicht, NZA-RR 2002, 113; *Hoß/Lohr,* Die Freistellung des Arbeitnehmers, BB 1998, 2575; *Jesgarzewski,* Keine Urlaubsabgeltung bei Tod des Arbeitnehmers, BB 2012, 1347; *Krasshöfer,* Die Erfüllung und Durchsetzung des Urlaubsanspruchs, AuA 1997, 181; *Leinemann/Linck,* Berechnung der Urlaubsdauer bei regelmäßig und unregelmäßig verteilter Arbeitszeit, DB 1999, 1498; *Leinemann/Linck,* Urlaubsrecht, 2. Aufl. 2001; *Lingscheid/Zimmermann,* Ist § 13 II BUrlG europarechtswidrig? – EuGH-Vorlage des LAG Berlin-Brandenburg, ArbRAktuell 2011, 321746; *Meier,* Freistellung als Urlaubsgewährung, NZA 2002, 873; *Nägele,* Die Vergütungs- und Urlaubsansprüche in der Zeit der Freistellung, DB 1997, 1178; *Neumann/Fenski,* Bundesurlaubsgesetz, 10. Aufl. 2011; *Niemann,* Urlaubsabgeltung – (vermuteter) Stand der Rechtsprechung ArbRAktuell 2012, 495; *Plüm,* Wohin im Urlaub?, NZA 2013, 11; *Powietzka/Christ,* Urlaubsanspruch im ruhenden Arbeitsverhältnis oder doch nicht?, NZA 2013, 18; *Powietzka/Fallenstein,* Urlaubsklauseln in Arbeitsverträgen, NZA 2010, 673; *Reiter,* Vererbung arbeitsrechtlicher Ansprüche, BB 2006, 42; *Rudkowski*, Die Umrechnung des Urlaubsanspruchs bei Kurzarbeit und ihre Vereinbarkeit mit der Arbeitszeitrichtlinie, NZA 2012, 74; *Schaub*, Arbeitsrecht in der Insolvenz, DB 1999, 217; *Schaub*, Entgeltfortzahlung in neuem (alten) Gewand?, NZA 1999, 177; *Schiefer*, Bildungsurlaub in NRW (AWbG): Geänderte Spielregeln, DB 2010, 336; *Schiefer*, Urlaub, Pflegezeit, Teilzeitwunsch, NZA, Beilage 4/2012, 132; *Schmidt*, Vererbbarkeit des Anspruchs auf bezahlten Jahresurlaub, NZA 2014, 701; *Schubert*, Der Urlaubsabgeltungsanspruch nach dem Abschied von der Surrogationsthese, RdA 2014, 9; *Schubert*, Der Erholungsurlaub zwischen Arbeitsschutz und Entgelt, NZA 2013, 1105; *Schulte*, Urlaub durch einstweiligen Rechtsschutz – aber wie?, ArbRB 2005, 125; *Sibben*, Das Urlaubsgeld, DB 1997, 1178; *Stiebert/Imani*, Magische Vermehrung von Urlaubsansprüchen, NZA 2013, 1338; *Stiebert/Pötters*, Der schleichende Tod der Surrogationstheorie, NZA 2012, 1334; *Thüsing/Pötters/Stiebert*, Neues aus Luxemburg: Aktuelle Rechtsprechung des EuGH zu den Diskriminierungsverboten und zum Urlaubsrecht, RdA 2012, 281; *Tschöpe/Fleddermann*, Urlaubsgeld und Prämien rechtssicher regeln, AuA 2002, 310; *Wicht*, Urlaub im ruhenden Arbeitsverhältnis, BB 2012, 1349.

I. Begriff und Rechtsgrundlage des Urlaubs

1. Erholungsurlaub

1   Das Bundesurlaubsgesetz[1] bestimmt für alle Arbeitnehmer einen gesetzlichen Anspruch auf einen jährlichen Mindesterholungsurlaub. Weitere gesetzliche Urlaubsregelungen bestehen in § 19 JArbSchG, in § 125 SGB IX (Zusatzurlaub für schwerbehinderte Menschen) und in §§ 56 ff. SeeArbG (vormals 53 ff. SeemG). Während man unter Urlaub grundsätzlich jedes Befreitsein von der Arbeitspflicht versteht, regelt das BUrlG ausschließlich den Erholungsurlaub. Rechtsprechung und Literatur verstehen unter Erholungsurlaub die **Freistellung des Arbeitnehmers von dessen (höchstpersönlicher) Arbeitspflicht zum Zwecke der Erholung unter Fortzahlung der Vergütung**[2]. Erholungsurlaub im gesetzlichen Sinn ist daher begrifflich nur während eines bestehenden Arbeitsverhältnisses möglich[3].

2   Nach ständiger Rechtsprechung des BAG ist der Urlaubsanspruch ein gesetzlich oder tarifvertraglich bedingter Anspruch auf Befreiung von den Arbeitspflichten, ohne dass der Vergütungsanspruch für die Urlaubsdauer entfällt. Er entsteht nach Ablauf der Wartezeit gem. § 4 BUrlG jeweils am 1.1. eines Kalenderjahres. Der Arbeitnehmer hat damit bereits ab diesem Zeitpunkt einen Anspruch auf den Erholungsurlaub[4]. Das Gesetz statuiert eine Nebenpflicht des Arbeitgebers, den Arbeitnehmer von seiner Hauptpflicht zur Erbringung der vertraglich geschuldeten Arbeitsleistung zu suspendieren. Der Anspruch des Arbeitnehmers auf Urlaubsgewährung ist nicht abhängig von einer Gegenleistung und steht deshalb nicht im Synallagma[5].

3   Der Urlaubsanspruch bezweckt, dem Arbeitnehmer eine von wirtschaftlichen Sorgen freie Zeit der Erholung zu verschaffen. Er ist daher **eng an das Kalenderjahr gebunden** und verfällt, wenn er nicht rechtzeitig geltend gemacht wird. Damit wird verhindert, dass der Arbeitnehmer Urlaub über das Urlaubsjahr hinaus ansammeln kann. Denn der Arbeitnehmer soll sich nach den urlaubsrechtlichen Bestimmungen in jedem Jahr von seiner Arbeit erholen.

---

1   Das Gesetz über den Mindesturlaub für Arbeitnehmer (BUrlG) v. 8.1.1963 (BGBl. I, 2), zuletzt geändert durch Gesetz v. 20.4.2013 (BGBl. I, 868).
2   BAG 28.8.2001 – 9 AZR 611/99, NZA 2002, 323 unter II 2a) d. Gr.
3   BAG 20.9.2011 – 9 AZR 416/10, NZA 2012, 326 (17).
4   BAG 13.5.1982 – 6 AZR 360/80, BAGE 39, 53; 24.6.2003 – 9 AZR 563/02, AP TVG § 1 Tarifverträge Gebäudereinigung Nr. 15.
5   ErfK/*Gallner*, § 1 BUrlG Rz. 7.

I. Begriff und Rechtsgrundlage des Urlaubs

Der Urlaubsanspruch ist **nicht vererblich**[1]. Endet das Arbeitsverhältnis mit dem Tod des Arbeitnehmers, erlischt zugleich dessen Urlaubsanspruch. Ob in diesem Fall ein Abgeltungsanspruch iSv. § 7 Abs. 4 BUrlG besteht, ist streitig. Nach der Rechtsprechung des BAG entsteht der Urlaubsabgeltungsanspruch bei einer Beendigung des Arbeitsverhältnisses durch den Tod des Arbeitnehmers erst gar nicht und kann somit auch nicht nach § 1922 Abs. 1 BGB auf den oder die Erben übergehen[2]. Dem ist der EuGH entgegengetreten und sieht es, um die praktische Wirksamkeit des Anspruchs auf bezahlten Jahresurlaub nach der Richtlinie 2003/88/EG sicherzustellen, als „unerlässlich" an, dass der Urlaubsabgeltungsanspruch bei Beendigung des Arbeitsverhältnisses durch Tod des Arbeitnehmers vererblich ist[3]. Der EuGH verweist in seiner Entscheidung auch darauf, dass der Urlaubsabgeltungsanspruch allein von der Beendigung des Arbeitsverhältnisses abhänge und die Vererblichkeit des Anspruchs nicht einen Antrag des Arbeitnehmers erfordere. Die Entscheidung des EuGH überzeugt nicht, da sie den finanziellen Aspekt des Urlaubsanspruchs überbetont und den Sinn und Zweck des Urlaubsanspruchs – befristete bezahlte Freistellung von der höchstpersönlichen Arbeitspflicht zu Erholungszwecken – immer mehr aus dem Blickfeld verliert[4]. Gleichwohl wird das BAG seine gegenteilige Rechtsprechung zur Vererblichkeit des Abgeltungsanspruchs bei der nächsten Entscheidung ändern müssen (s. Rz. 280). Die Abwicklung des vererbten Urlaubsabgeltungsanspruchs wirft sowohl sozialversicherungs- als auch steuerrechtliche Fragen auf. Im Ergebnis ist der unmittelbar vererbte Urlaubsabgeltungsanspruch nicht zu verbeitragen und löst auch keine Lohnsteuerpflicht des oder der Erben aus[5].

Der Urlaubsanspruch kann nur in der Weise **abgetreten** werden, dass der Zessionar die Freistellung des Zedenten vom Arbeitgeber verlangen kann[6], keinesfalls erwirbt der Zessionar einen Anspruch auf Freistellung von der **eigenen** Arbeitspflicht[7]. Für die Praxis ist daher die Frage der Abtretbarkeit des Urlaubsanspruchs weitgehend bedeutungslos. Dies gilt in gleicher Weise für die Pfändung des Urlaubsanspruchs.

2. Sonderurlaub

Vom Erholungsurlaub und dem teilweise verlängerten Erholungsurlaub für besondere Personengruppen (vgl. Rz. 133 ff.) ist der Sonderurlaub aus **besonderen, zumeist außerhalb des Arbeitsverhältnisses liegenden Anlässen** zu unterscheiden[8]. Der Sonderurlaub kann sowohl eine bezahlte als auch eine unbezahlte Beurlaubung des Arbeitnehmers sein.

a) Sonderurlaub aus Gründen in der Person des Arbeitnehmers

Häufig suchen Arbeitnehmer aus persönlichen Gründen um Befreiung von der Arbeitspflicht nach; sie bitten um einen Sonderurlaub. Von besonderer Bedeutung ist die Frage, ob für die Zeit ohne Arbeit vom Arbeitgeber Lohn zu zahlen ist. Für zwangsläufig in die Arbeitszeit fallende Ereignisse regelt das Gesetz in **§ 616 Abs. 1 BGB**, dass Arbeitnehmer bei unverschuldeter, in ihrer Person begründeter Arbeitsverhinderung für eine verhältnismäßig nicht erhebliche Zeit ihren Lohnanspruch nicht verlieren. Welche Zeit noch als nicht erheblich angesehen werden kann, beurteilt sich

---

1 BAG 18.7.1989 – 8 AZR 44/88, DB 1989, 2490; 13.6.1992 – 9 AZR 111/91, DB 1992, 2402.
2 BAG 20.9.2011 – 9 AZR 416/10, NZA 2012, 326; 12.3.2013 – 9 AZR 532/11, NZA 2013, 678.
3 EuGH 12.6.2014 – Rs. C-118/13, NZA 2014, 651.
4 AA *Schmidt*, NZA 2014, 701.
5 *Gussen*, FA 2014, 298.
6 ErfK/*Gallner*, § 1 BUrlG Rz. 24.
7 *Leinemann/Linck*, § 1 BUrlG Rz. 123.
8 BAG 24.5.2012 – 6 AZR 586/10, NZA 2012, 1304.

nach dem Verhältnis der Verhinderungszeit zur Dauer des Arbeitsverhältnisses, wobei auch bei lange bestehendem Arbeitsverhältnis immer **nur wenige Tage** von § 616 Abs. 1 BGB gedeckt sind. Bei längerer Verhinderung besteht auch kein Anspruch auf Vergütung für den Teil der Zeit, der normalerweise als unerheblich angesehen werden kann. Diese Bestimmung hat dazu geführt, dass in vielen Tarifverträgen für bestimmte Fälle die Zeit der bezahlten Arbeitsfreistellung festgelegt wird, zB § 29 TVöD
- Niederkunft der Ehefrau: ein Arbeitstag
- Tod des Ehegatten: zwei Arbeitstage.

8 Erhält zB ein Arbeitnehmer auf dem zweiten Bildungsweg die Zulassung zum Hochschulstudium, so ist das regelmäßig ein wichtiger Grund nach § 28 TV-L, für die Aufnahme des Studiums Sonderurlaub ohne Lohnfortzahlung zu beantragen[1]. Dabei gestatten die betrieblichen oder dienstlichen Verhältnisse die Gewährung des Sonderurlaubs, wenn die vorübergehend frei werdende Stelle durch eine befristet einzustellende Ersatzkraft besetzt werden kann. Für die Ausübung des dem Arbeitgeber zustehenden Ermessens ist es regelmäßig ohne Belang, ob zwischen dem Studium und der vom Arbeitnehmer vertraglich geschuldeten Tätigkeit ein fachlicher Zusammenhang besteht.

9 Die gesetzliche Vorschrift ist einzelvertraglich oder durch Tarifvertrag[2] **abdingbar** mit der Folge, dass nur die tatsächlich geleistete Arbeit zu bezahlen ist. Der Arbeitnehmer hat dann in den von § 616 Abs. 1 BGB erfassten Fällen lediglich **Anspruch auf unbezahlte Arbeitsfreistellung**.

10 Abgesehen vom Fall des § 616 BGB kann der Arbeitgeber insbesondere bei **gleitender Arbeitszeit** den aus persönlichen Gründen um Sonderurlaub bittenden Arbeitnehmer grundsätzlich auf die **Freizeit** verweisen. Nur wenn sich die Angelegenheiten des Arbeitnehmers nicht in der Freizeit erledigen lassen, hat der Arbeitgeber nach billigem Ermessen über den Sonderurlaubswunsch zu entscheiden (zur Erkrankung im unbezahlten Sonderurlaub in Verbindung mit Erholungsurlaub vgl. Rz. 176 f.).

11 Eine arbeitsvertragliche Vereinbarung, die bei der Gewährung von Sonderurlaub bis zum Ende des Vertragsverhältnisses die Aufnahme einer dem Urlaubszweck nicht widersprechenden beruflichen Tätigkeit unter Genehmigungsvorbehalt stellt, regelt einen Erlaubnisvorbehalt für eine solche Tätigkeit. Das verpflichtet einen Arbeitgeber des öffentlichen Dienstes, die beantragte Erlaubnis zu erteilen, soweit die beabsichtigte Tätigkeit dem Zweck der Sonderurlaubsgenehmigung nicht entgegensteht und eine konkrete Gefährdung berechtigter dienstlicher Interessen nicht zu erwarten ist[3].

12 Nach § 629 BGB hat der Arbeitgeber bei Ablauf des Arbeitsverhältnisses dem Arbeitnehmer auf Verlangen **angemessene Zeit zum Aufsuchen eines neuen Arbeitsverhältnisses (Stellensuche)** zu gewähren. Die Zahlungspflicht ergibt sich für den Arbeitgeber aus § 616 Abs. 1 BGB. Sie ist ebenfalls einzelvertraglich abdingbar.

b) Sonderurlaub im öffentlichen Interesse

13 Neben dem Sonderurlaub aus persönlichen Gründen können Arbeitnehmer auch im öffentlichen Interesse zu Diensten und Ämtern herangezogen werden, die eine Arbeitsfreistellung erforderlich machen. So ist einem Arbeitnehmer bei Berufung zum **Mitglied eines Gerichts** (zB als Schöffe oder Beisitzer) **oder eines Ausschusses** (zB nach § 378 SGB III, § 119 SGB IX) entsprechende Freizeit zu gewähren. Das gilt

---

1 BAG 30.10.2001 – 9 AZR 426/00, AP Nr. 1 zu § 55 MTArb; *Bredemeier/Neffke/Zerff/Weizenegger*, TvöD/TV-L, § 28 Rz. 9.
2 BAG 19.4.1978 – 5 AZR 834/76, DB 1978, 1595.
3 BAG 13.3.2003 – 6 AZR 585/01, NZA 2003, 976.

I. Begriff und Rechtsgrundlage des Urlaubs

auch bei einer Bewerbung um einen **Sitz im Parlament**. Die Bezahlung der Freizeit wird idR nach besonderen Gesetzen geregelt und der öffentlichen Hand auferlegt.

Bei **Gerichtsterminen in eigener Sache** ist zu prüfen, ob die Voraussetzungen des § 616 Abs. 1 BGB (unverschuldet) vorliegen. Wird ein Arbeitnehmer zu einer **Zeugenaussage** vor Gericht herangezogen, besteht ein Anspruch auf bezahlte Freistellung, da es sich in diesem Fall um eine Staatsbürgerpflicht handelt[1].

Im öffentlichen Interesse liegt auch die Tätigkeit als **Jugendleiter**. In den meisten Bundesländern sehen deshalb Gesetze vor, dass in der **Jugendhilfe, Jugendpflege** oder **Jugendwohlfahrtspflege** Beschäftigten auf Antrag Sonderurlaub zu gewähren ist. Während dieses Sonderurlaubs ist keine Entgeltfortzahlung zu leisten (Ausnahme Hessen: dort besteht eine Erstattungsmöglichkeit bei gewährter Entgeltfortzahlung).

Es gelten derzeit in den einzelnen Bundesländern hierzu folgende gesetzliche Regelungen:
- **Baden-Württemberg:** Gesetz zur Stärkung des Ehrenamtes in der Jugendarbeit vom 20.11.2007 (GBl. S. 530),
- **Bayern:** Gesetz zur Freistellung von Arbeitnehmern für Zwecke der Jugendarbeit vom 14.4.1980, zuletzt geändert am 22.7.2014, BayRS III.661,
- **Brandenburg:** Erstes Gesetz zur Ausführung des Achten Buches Sozialgesetzbuch -Kinder- und Jugendhilfe (AGKJHG) vom 26.6.1997 (GVBl. S. 676), zuletzt geändert am 12.7.2007,
- **Bremen:** Bremisches Kinder-, Jugend- und Familienförderungsgesetz (BremKJFFöG) vom 22.12.1998, zuletzt geändert am 24.1.2012 (BremGBl. S. 24),
- **Hamburg:** Gesetz über Sonderurlaub für Jugendgruppenleiter vom 28.6.1955 (GVBl. I, 241),
- **Hessen:** Hessisches Kinder- und Jugendhilfegesetzbuch (HKJGB) Vierter Teil – Ehrenamt in der Jugendarbeit vom 1.1.2007 (GVBl. I 2006, 698),
- **Mecklenburg-Vorpommern:** 3. Landesausführungsgesetz zum Kinder- und Jugendhilfegesetz vom 7.7.1997 (GVOBl. S. 287),
- **Niedersachsen:** Gesetz über die Arbeitsbefreiung für Zwecke der Jugendpflege und des Jugendsports idF vom 25.5.1980 (GVBl. S. 147),
- **Nordrhein-Westfalen:** Gesetz zur Gewährung von Sonderurlaub für ehrenamtliche Mitarbeiter in der Jugendhilfe (Sonderurlaubsgesetz) vom 31.7.1974 (GVBl. S. 768), zuletzt geändert am 28.4.2005 (GV NRW S. 274),
- **Rheinland-Pfalz:** Landesgesetz zur Stärkung des Ehrenamtes in der Jugendarbeit vom 5.10.2001 (GVBl. S. 209),
- **Saarland:** Gesetz Nr. 1412 über Sonderurlaub für ehrenamtliche Mitarbeiterinnen und Mitarbeiter in der Jugendpflege vom 8.7.1998 (ABl. S. 862),
- **Sachsen:** Gesetz des Freistaates Sachsen über eine Erteilung von Sonderurlaub in der Jugendhilfe (Sonderurlaubsgesetz) vom 27.8.1991, zuletzt geändert am 6.6.2002 (GVBl. S. 168),
- **Sachsen-Anhalt:** Gesetz zur Freistellung ehrenamtlich in der Jugendarbeit tätiger Personen vom 23.1.1996, zuletzt geändert am 7.12.2001 (GVBl. LSA 2001, S. 540),
- **Schleswig-Holstein:** Landesverordnung über die Freistellung für ehrenamtliche Mitarbeit in der Jugendarbeit (Freistellungsverordnung/FreiStVO vom 16.12.2009 (SH GVOBl. 2010, S. 9), zuletzt geändert am 31.10.2014 (SH GVOBl. 2014, S. 336),
- **Thüringen:** § 18a Abs. 8 des Thüringer Kinder- und Jugendhilfe-Ausführungsgesetz (ThürKJ-HAG) in der Fassung der Bekanntmachung vom 5.2.2009 (GVBl. S. 1), zuletzt geändert am 9.9.2010 (GVBl. S. 291).

---

1 BAG 13.12.2001 – 6 AZR 30/01, NZA 2002, 1105.

Zum Teil gelten dabei Sonderregelungen. So ist der Begriff „Arbeitstag" iSd. Sonderurlaubsgesetzes Baden-Württemberg nicht mit dem Begriff „Werktag" gleichzusetzen[1]. Es besteht daher dort ein Anspruch auf zwölf Tage Sonderurlaub.

c) Muster: Vereinbarung von unbezahltem Sonderurlaub im Anschluss an bezahlten Erholungsurlaub

17 Zwischen der Firma ...

und

Herrn/Frau ...

wird folgende Vereinbarung getroffen:

Herr/Frau ... erhält in der Zeit vom ... bis ... unbezahlten Sonderurlaub.

Der Sonderurlaub wird auf Antrag des Arbeitnehmers gewährt. Er wird als unbezahlte Freizeit gewährt. Er dient ausschließlich zur Erledigung privater Angelegenheiten des Arbeitnehmers und wird zur Erholung weder benötigt noch verwendet. Zwischen beiden Seiten besteht Einvernehmen dahin gehend, dass für die Dauer des unbezahlten Sonderurlaubs das Arbeitsverhältnis ruht. Aus diesem Grund entfällt die Arbeitspflicht des Arbeitnehmers und die Pflicht des Arbeitgebers zur Zahlung der vereinbarten Arbeitsvergütung. Dies gilt auch für den Fall einer Erkrankung während des Sonderurlaubs.

Zwischen beiden Seiten besteht Einvernehmen, dass die Arbeit am ... pünktlich wieder aufgenommen werden muss. Bei verspäteter Arbeitsaufnahme und für den Fall, dass bis zum ... keine ordnungsgemäße Mitteilung entsprechend den Regelungen des Entgeltfortzahlungsgesetzes erfolgt ist, ist der Arbeitgeber berechtigt, arbeitsvertragliche Maßnahmen (zB Abmahnung, ordentliche Kündigung oder fristlose Kündigung) zu ergreifen.

(Ort, Datum)

(Unterschrift des Arbeitgebers)   (Unterschrift des Arbeitnehmers)

3. Bildungsurlaub

a) Ausgangspunkt

18 Ausgangspunkt für den Bildungsurlaub ist das **Übereinkommen Nr. 140 der Internationalen Arbeitsorganisation (ILO)** vom 24.6.1974. Danach sind die das Übereinkommen ratifizierenden Mitgliedstaaten zur Festlegung und zur Durchführung einer Politik verpflichtet, die mit geeigneten Methoden und nötigenfalls schrittweise den bezahlten Bildungsurlaub fördert. Der Bundestag hat 1976 das **Ratifikationsgesetz** zu diesem Übereinkommen beschlossen[2]. Trotz dieser Ratifizierung ist eine **bundesgesetzliche Regelung des Bildungsurlaubs** bisher **nicht** erfolgt.

19 Inzwischen haben **zwölf Bundesländer Bildungsurlaubsgesetze** erlassen. Das Bundesverfassungsgericht hat die Zuständigkeit der Länder zum Erlass derartiger Arbeitnehmerweiterbildungsgesetze bestätigt. Zur Begründung hat es ausgeführt, dass die Länder kraft konkurrierender Gesetzgebungskompetenz arbeitsrechtliche Regelungen zur Arbeitnehmerweiterbildung nach Art. 70, Art. 72 Abs. 1 und Art. 74 Nr. 12 GG treffen könnten, da der Bundesgesetzgeber von seiner Kompetenz nicht abschließend Gebrauch gemacht habe[3]. Derzeit gelten in folgenden Ländern Bildungsurlaubsgesetze:

---

1 BAG 23.2.1984 – 6 AZR 135/81, ArbuR 1984, 353.
2 BGBl. II 1976, 1526.
3 BVerfG 15.12.1987 – 1 BvR 563/85 u.a., AP Nr. 62 zu Art. 12 GG.

I. Begriff und Rechtsgrundlage des Urlaubs

– **Berlin:**
Berliner Bildungsurlaubsgesetz vom 24.10.1990 (GVBl. S. 2209), geändert durch Gesetz vom 17.5.1999 (GVBl. S. 178).
Danach werden den Arbeitnehmern zehn Arbeitstage im Zeitraum von zwei aufeinander folgenden Kalenderjahren bezahlt. Arbeitnehmer bis zum vollendeten 25. Lebensjahr erhalten zehn Arbeitstage im Kalenderjahr. Anspruchsvoraussetzung ist, dass es sich um anerkannte Veranstaltungen der **politischen Bildung** und der **beruflichen Weiterbildung** handelt. Während der Berufsausbildung ist eine Einschränkung dahin gehend erfolgt, dass es sich um eine Veranstaltung der politischen Bildung handeln muss.

– **Brandenburg:**
Gesetz zur Regelung und Förderung der Weiterbildung im Land Brandenburg (Brandenburgisches Weiterbildungsgesetz – BbgWBG) vom 15.12.1993 (GVBl. 1993 I, S. 498), zuletzt geändert durch Art. 7 des Gesetzes vom 9.11.2006 (GVBl. I S. 127).
Nach der dort getroffenen Regelung werden zehn Arbeitstage innerhalb von zwei aufeinander folgenden Kalenderjahren bezahlt, wobei Übertragungsmöglichkeiten bestehen. Als anerkannte Veranstaltungen gelten dort Veranstaltungen der **beruflichen, kulturellen oder politischen Weiterbildung**.

– **Bremen:**
Bremisches Bildungsurlaubsgesetz vom 18.12.1974 (BremGBl. S. 348), zuletzt geändert durch Art. 1 ÄndG vom 23.3.2010 (BremGBl. S. 269). Nach der dortigen Regelung werden zehn Arbeitstage innerhalb von zwei aufeinander folgenden Kalenderjahren bezahlt. Bei den Veranstaltungen muss es sich um solche handeln, die der **politischen, beruflichen und allgemeinen Weiterbildung** dienen.

– **Hamburg:**
Hamburgisches Bildungsurlaubsgesetz vom 21.1.1974 (GVBl. S. 6), zuletzt geändert durch Gesetz vom 15.12.2009 (GVBl. 2009, S. 444, 448).
Es werden zehn Arbeitstage bezahlt innerhalb von zwei aufeinander folgenden Kalenderjahren. Es muss sich dabei um anerkannte Veranstaltungen der **politischen Bildung** und der **beruflichen Weiterbildung** und zur Qualifizierung für die Wahrnehmung ehrenamtlicher Tätigkeiten handeln.

– **Hessen:**
Hessisches Gesetz über den Anspruch auf Bildungsurlaub vom 28.7.1998 (GVBl. I, S. 294), geändert durch Gesetz vom 15.12.2009 (GVBl. I, S. 716). Nach der gesetzlichen Regelung werden fünf Arbeitstage bzw. eine Woche im Kalenderjahr bezahlt. Es besteht eine Übertragungsmöglichkeit auf das nächste Kalenderjahr. Es muss sich um anerkannte Veranstaltungen der politischen Bildung und der beruflichen Weiterbildung oder der Schulung (Qualifizierung und Fortbildung) für die Wahrnehmung eines Ehrenamtes handeln. Während der Berufsausbildung ist eine Einschränkung vorgenommen worden auf anerkannte Veranstaltungen der politischen Bildung. Dabei soll nach § 1 Abs. 3 und 4 dieses Bildungsurlaubsgesetzes **politische Bildung** den Arbeitnehmer in die Lage versetzen, seinen eigenen Standort im Betrieb und in der Gesellschaft sowie gesellschaftliche Zusammenhänge zu erkennen und ihn befähigen, staatsbürgerliche Rechte und Aufgaben wahrzunehmen. Dies bedeutet, dass eine Veranstaltung den Anforderungen dieses Gesetzes dann genügt, wenn sie nicht nur sein Verständnis für gesellschaftliche, soziale und politische Zusammenhänge verbessert, sondern wenn die vermittelten Kenntnisse und Befähigungen für den Arbeitgeber ein auch nur gering einzuschätzendes Mindestmaß an greifbaren Vorteilen mit sich bringen[1].
Dieser Begriff der beruflichen Weiterbildung bedeutet, dass eine rein auf die **berufliche Qualifikation** ausgerichtete Veranstaltung **nicht** die Voraussetzungen für

---

[1] BAG 9.2.1993 – 9 AZR 648/90, NZA 1993, 1032.

eine Anerkennung als berufliche Weiterbildung im Sinne dieses Gesetzes erfüllt.
- **Mecklenburg-Vorpommern:**
Bildungsfreistellungsgesetz des Landes Mecklenburg-Vorpommern (Bildungsfreistellungsgesetz – BfG M-V) vom 7.5.2001 (GVBl. S. 112). Es besteht ein Freistellungsanspruch in Höhe von fünf Arbeitstagen je Kalenderjahr zur Teilnahme an anerkannten Veranstaltungen der beruflichen und der gesellschaftspolitischen Weiterbildung sowie an Weiterbildungsveranstaltungen, die zur Wahrnehmung von Ehrenämtern qualifizieren.
- **Niedersachsen:**
Niedersächsisches Gesetz über den Bildungsurlaub für Arbeitnehmerinnen und Arbeitnehmer in der Neufassung vom 25.1.1991 (GVBl. S. 29), zuletzt geändert durch Gesetz vom 17.12.1999 (GVBl. S. 430).
Es besteht ein Anspruch auf fünf Arbeitstage bzw. eine Woche bezahlten Bildungsurlaub im Kalenderjahr. Eine Übertragungsmöglichkeit auf das nächste Kalenderjahr besteht. Es muss sich weiter um **anerkannte Veranstaltungen zur Weiterbildung** handeln, wobei im Gesetz eine **Einschränkung** dahin vorgenommen wird, dass Veranstaltungen, bei denen die Teilnahme von der Zugehörigkeit zu Parteien, Gewerkschaften oder ähnlichen Vereinigungen abhängig gemacht wird, und Veranstaltungen, die als Studienreise durchgeführt werden, sowie Veranstaltungen, die unmittelbar der Durchsetzung politischer Ziele dienen oder ausschließlich betrieblichen oder dienstlichen Zwecken, der Erholung, der Unterhaltung oder der privaten Haushaltsführung, der Körper- und Gesundheitspflege, der sportlichen, künstlerischen oder kunsthandwerklichen Betätigung oder der Vermittlung entsprechender Kenntnisse oder Fertigkeiten, dem Einüben psychologischer oder ähnlicher Fertigkeiten bzw. dem Erwerb von Fahrerlaubnissen und ähnlichen Berechtigungen dienen, nicht anerkannt werden bzw. nach § 11 Abs. 3–5 des Gesetzes ausgenommen sind.
Unter Weiterbildung iSd. Gesetzes fällt auch die Teilnahme eines Arbeitnehmers an einem Sprachkurs Schwedisch[1].
- **Nordrhein-Westfalen:**
Gesetz zur Freistellung von Arbeitnehmern zum Zwecke der beruflichen und politischen Weiterbildung – Arbeitnehmerweiterbildungsgesetz – vom 6.11.1984 (GV NRW S. 678), geändert durch Gesetz vom 8.12.2009 (GV NRW S. 752)[2].
Im Kalenderjahr werden fünf Arbeitstage bzw. eine Woche oder zehn Arbeitstage bzw. zwei Wochen in zwei Kalenderjahren bezahlt. Es muss sich dabei um anerkannte Veranstaltungen der **beruflichen und politischen Weiterbildung** handeln.
- **Rheinland-Pfalz:**
Landesgesetz über die Freistellung von Arbeitnehmerinnen und Arbeitnehmer für Zwecke der Weiterbildung (Bildungsfreistellungsgesetz) vom 30.3.1993 (GVBl. S. 157), geändert durch § 142 Abs. 13 des Gesetzes vom 20.10.2010 (GVBl. S. 319).
Für zwei aufeinander folgende Kalenderjahre werden zehn Arbeitstage bezahlt. Voraussetzung ist, dass es sich um **anerkannte Veranstaltungen der beruflichen oder der gesellschaftspolitischen Weiterbildung** oder deren Verbindung handelt. Ausgenommen sind Veranstaltungen, die der Erholung, der Unterhaltung oder der allgemeinen Freizeitgestaltung dienen. Klein- und Mittelbetriebe können auf Antrag eine Beteiligung an der Entgeltfortzahlung geltend machen.
- **Saarland:**
Saarländisches Bildungsfreistellungsgesetz in der Fassung der Bekanntmachung vom 10.2.2010 (ABl. S. 28). Pro Jahr werden in der Regel drei Arbeitstage gewährt. Voraussetzung ist, dass es sich um eine **berufliche und politische Weiterbildung** in

---

1 BAG 15.3.2005 – 9 AZR 104/04, NZA 2006, 496.
2 Wegen Einzelheiten wird auf *Schiefer*, DB 2010, 336 ff. verwiesen.

staatlich anerkannten und allen offen stehenden Einrichtungen handelt. Der Anspruch erhöht sich auf maximal fünf Arbeitstage zur Teilnahme an Maßnahmen, die darauf gerichtet sind, den Schulabschluss nachzuholen. Eine weitere Sonderregelung besteht für die Zeit nach der Elternzeit. Sämtliche Ansprüche auf Freistellung können frühestens nach zwölfmonatigem Bestehen des Arbeits-, Ausbildungs- oder Dienstverhältnisses geltend gemacht werden.

– **Sachsen-Anhalt:**
Gesetz zur Freistellung von der Arbeit für Maßnahmen der Weiterbildung (Bildungsfreistellungsgesetz) vom 4.3.1998 (GVBl. S. 92), geändert durch Gesetz vom 18.11.2005 (GVBl. 2005, S. 698, 705).

Danach besteht ein Anspruch auf Freistellung von der Arbeit zum Zwecke der Weiterbildung von fünf Arbeitstagen im Kalenderjahr, wobei der Anspruch von zwei Kalenderjahren zusammengefasst werden kann.

Eine Grenze der Inanspruchnahme ist in § 4 Abs. 3 aufgenommen worden. Arbeitgeber mit weniger als fünf Beschäftigten sind von der Geltung des Gesetzes ausgenommen.

Die Anerkennung der Bildungsveranstaltungen erfolgt durch das Kultusministerium. Anerkennungsfähig sind Bildungsveranstaltungen, die sich thematisch mit den gegenwärtigen und zukunftsbezogenen Gestaltungsmöglichkeiten der Arbeitswelt und ihren gesellschaftlichen Auswirkungen befassen.

– **Schleswig-Holstein:**
Weiterbildungsgesetz Schleswig-Holstein vom 6.3.2012 (GVOBl. 2012, 282).

Danach werden fünf Arbeitstage oder eine Woche im Kalenderjahr bezahlt oder bis zu zehn Arbeitstagen in zwei Kalenderjahren, wenn vom Veranstalter eine Erforderlichkeit nachgewiesen wird. Anerkannte Veranstaltungen sind solche, die der **allgemeinen, politischen und beruflichen Weiterbildung** dienen.

b) Voraussetzungen des Anspruchs auf Bildungsurlaub

Das BAG geht, anlehnend an die Entscheidung des BVerfG vom 15.12.1987, davon aus, dass von den Gerichten für Arbeitssachen jeweils zu prüfen ist, ob die umstrittene Bildungsveranstaltung **inhaltlich den gesetzlichen Vorgaben** entspricht[1]. Dabei haben die Gerichte zu überprüfen, ob der jeweilige geforderte Bildungsurlaub der beruflichen und der politischen Weiterbildung dient[2].

aa) Politische Weiterbildung

Der Begriff der politischen Weiterbildung ist gesetzlich nicht definiert. Er ist deshalb durch **Auslegung** zu konkretisieren[3]. Auch hier ist Ausgangspunkt der Beschluss des BVerfG vom 15.12.1987[4] mit den dort aufgeführten Prüfungsmerkmalen. Danach liegt es im Gemeinwohl, neben dem erforderlichen Sachwissen für die Berufsausübung auch das **Verständnis der Arbeitnehmer für die gesellschaftlichen, sozialen und politischen Zusammenhänge zu verbessern**, um damit die in einem demokratischen Gemeinwesen anzustrebende Mitsprache und Mitverantwortung in Staat, Gesellschaft und Beruf zu fördern. Deshalb dienen Veranstaltungen, die Kenntnisse über den Aufbau unseres Staates, die demokratischen Institutionen und die Verfahren unserer Verfassung sowie die Rechte und Pflichten der Staatsbürger vermitteln, der politischen Weiterbildung. Dies bedeutet weiter, dass hinsichtlich jeder Veranstaltung eine **Einzelfallprüfung** zu erfolgen hat. Für eine Anerkennung als politische Weiterbil-

---
1 BAG 9.2.1993 – 9 AZR 648/90, NZA 1993, 1032.
2 Vgl. zur Rspr. zum Bildungsurlaub seit 1996 *Hopfner/Auktor*, NZA-RR 2002, 113 ff.
3 *Düwell*, BB 1994, 637 ff.
4 BVerfG 15.12.1987 – 1 BvR 563/85 u.a., AP Nr. 62 zu Art. 12 GG.

dung ist es daher erforderlich, dass nach dem didaktischen Konzept sowie der zeitlichen und sachlichen Ausrichtung der einzelnen Lerneinheiten das Erreichen dieses Ziels uneingeschränkt ermöglicht wird[1]. Die bloße Bezugnahme auf Umweltschutz im Titel der Veranstaltung genügt daher für eine Qualifizierung als Veranstaltung der politischen Weiterbildung nicht. Erforderlich ist vielmehr, dass die Veranstaltung das Verständnis für gesellschaftliche, soziale und politische Zusammenhänge verbessert.

bb) Berufliche Weiterbildung

22 Auch hinsichtlich der beruflichen Weiterbildung ist eine gesetzliche Definition nicht erfolgt. Vielmehr ist auch hier bei der **Auslegung** dieses Begriffs von der Entscheidung des BVerfG vom 15.12.1987[2] auszugehen. Ausgehend hiervon hat das BAG entschieden, dass unter den Begriff der beruflichen Weiterbildung zum einen Veranstaltungen fallen, die **Kenntnisse zum ausgeübten Beruf** vermitteln, darüber hinaus aber auch Veranstaltungen, bei denen das **erlernte Wissen im Beruf** verwendet werden kann und so auch für den Arbeitgeber von Vorteil ist[3]. Dies bedeutet, dass daher immer zu prüfen ist, ob die Veranstaltung in Bezug auf das konkrete Arbeitsverhältnis die o.g. Voraussetzungen erfüllt. Aus diesem Grund hat das BAG auch einen Sprachkurs „Italienisch für Anfänger" anerkannt, der der beruflichen Weiterbildung einer Krankenschwester diente, die auch italienische Patienten zu betreuen hatte[4].

cc) Freistellung und Entgeltfortzahlung

23 Ein Recht des Arbeitnehmers zur **Selbstbeurlaubung** besteht **nicht**, vielmehr hat der Arbeitnehmer einen gesetzlich bedingten Anspruch auf Freistellung von der Arbeit zum Zwecke der Arbeitnehmerweiterbildung[5]. Zur Erfüllung dieses Anspruchs bedarf es einer rechtsgeschäftlichen Erklärung des Arbeitgebers[6]. Nimmt ein Arbeitnehmer an einer Bildungsveranstaltung teil, **ohne** vorher vom Arbeitgeber zur Teilnahme an dieser Veranstaltung freigestellt worden zu sein, so hat er **keinen Anspruch auf Entgeltfortzahlung**. Dies gilt selbst dann, wenn die Veranstaltung objektiv der beruflichen oder politischen Weiterbildung dient[7].

24 **Erklärt** der Arbeitgeber aber auf Antrag des Arbeitnehmers die Freistellung für die Teilnahme an einer bestimmten Bildungsurlaubsveranstaltung, so besteht auch ein **Entgeltfortzahlungsanspruch**, denn auf den Inhalt der Veranstaltung und deren Durchführung kommt es dann nicht mehr an[8]. Selbst ein Vorbehalt des Arbeitgebers, ohne Entgeltfortzahlung freistellen zu wollen, ist dann unbeachtlich[9].

25 Ein Entgeltfortzahlungsanspruch besteht jedoch nicht, wenn der Arbeitgeber die **Freistellung ablehnt** und zugleich ersatzweise eine **unbezahlte Freistellung anbietet** und der Arbeitnehmer, ohne sich weiter hierzu zu erklären, an der Veranstaltung teilnimmt[10].

26 ⇨ **Hinweis:** Der Arbeitnehmer hat im gerichtlichen Verfahren die **Darlegungs- und Beweislast** für die gesetzlichen Voraussetzungen des Anspruchs auf Bildungsurlaub nach dem ent-

---

1 *Düwell*, BB 1994, 637 ff.
2 BVerfG 15.12.1987 – 1 BvR 563/85 u.a., AP Nr. 62 zu Art. 12 GG.
3 BAG 15.6.1993 – 9 AZR 261/90, NZA 1994, 692.
4 BAG 15.6.1993 – 9 AZR 261/90, NZA 1994, 692.
5 *Düwell*, BB 1994, 637 ff.
6 BAG 11.5.1993 – 9 AZR 231/89, BB 1993, 1735.
7 BAG 21.9.1993 – 9 AZR 429/91, BB 1993, 2531.
8 BAG 11.5.1993 – 9 AZR 231/89, DB 1993, 1825.
9 BAG 9.2.1993 – 9 AZR 648/90, NZA 1993, 1032.
10 BAG 7.12.1993 – 9 AZR 325/92, NZA 1994, 453.

I. Begriff und Rechtsgrundlage des Urlaubs

sprechenden Gesetz, wobei er ggf. auch den Inhalt der Bildungsveranstaltung vorzutragen hat.

Wenn der Arbeitgeber das Bildungsurlaubsverlangen des Arbeitnehmers im Hinblick auf dringende bzw. zwingende betriebliche Erfordernisse oder vorrangige Urlaubswünsche anderer Arbeitnehmer ablehnen will, trägt er hierfür die Darlegungs- und Beweislast[1].

Hat der Arbeitgeber einen Anspruch auf Bildungsurlaub zu Unrecht abgelehnt und ist die Teilnahme an einer Weiterbildungsveranstaltung im entsprechenden Bezugszeitraum nicht mehr möglich, so entsteht ein **Schadensersatzanspruch des Arbeitnehmers** auf Übertragung des Bildungsurlaubsanspruchs auf den folgenden Bildungszeitraum (Ersatzurlaub in gleicher Höhe)[2]. 27

Beantragt ein Arbeitnehmer im Anspruchszeitraum keinen Bildungsurlaub, so **erlischt** sein Anspruch[3]. Ein Abgeltungsanspruch besteht nicht[4]. 28

c) Schulungs- und Bildungsveranstaltungen für Betriebsratsmitglieder

Zur ordnungsgemäßen Durchführung der Aufgaben der Mitglieder des Betriebsrates iSd. § 37 Abs. 2 BetrVG gehört nach § 37 Abs. 6 BetrVG auch die Teilnahme an Schulungs- und Bildungsveranstaltungen, soweit dabei Kenntnisse vermittelt werden, die für die Arbeit des Betriebsrates erforderlich sind (dazu im Einzelnen Teil 4 A Rz. 181 ff.). Für diese **Veranstaltungen aus konkretem, betriebsbezogenem Anlass** ist das Betriebsratsmitglied von der Arbeit unter Fortzahlung der Vergütung freizustellen. Der Betriebsrat muss dem Arbeitgeber die Teilnahme und die zeitliche Lage der Schulungs- und Bildungsveranstaltung bekannt geben und bei der Festlegung der zeitlichen Lage die betrieblichen Notwendigkeiten berücksichtigen (§ 37 Abs. 6 Satz 2, 3 BetrVG). Darüber hinaus hat jedes Betriebsratsmitglied während seiner regelmäßigen Amtszeit Anspruch auf bezahlte Freistellung von insgesamt **drei Wochen** zur **Teilnahme an Schulungs- und Bildungsveranstaltungen** (§ 37 Abs. 7 BetrVG). Bei erstmaliger Übernahme des Amtes stehen dem Betriebsratsmitglied vier Wochen zu. Diese Veranstaltungen müssen von der obersten Arbeitsbehörde des Landes **genehmigt** sein. Dafür entfällt im Einzelfall die Prüfung, ob auf der Veranstaltung für die Arbeit des Betriebsrats erforderliche Kenntnisse vermittelt werden. 29

Von der beruflichen Tätigkeit freigestellte Betriebsratsmitglieder sind verpflichtet, sich während der betriebsüblichen Arbeitszeit der Erfüllung der dem Betriebsrat obliegenden Aufgaben zu widmen. Für sie gelten die Urlaubsregelungen, die anzuwenden wären, wenn sie nicht freigestellt wären[5]. 30

4. Rechtsgrundlagen des Urlaubsanspruchs

Das Recht des Arbeitnehmers auf Erholungsurlaub wird im **Bundesurlaubsgesetz** geregelt. Daneben sehen verschiedene andere Gesetze für einzelne Gruppen von Arbeitnehmern zusätzliche Bestimmungen auch über den Urlaub vor. Als weitere wichtige Rechtsgrundlage für den Erholungsurlaub enthalten die meisten **Tarifverträge** detaillierte Vereinbarungen über den Urlaub. Schließlich können Arbeitgeber und Arbeitnehmer auch **einzelvertraglich** den Urlaub regeln. 31

---

1 *Schiefer*, NZA Beilage 4/2012, 137.
2 BAG 5.12.1995 – 9 AZR 666/94, NZA 1997, 151.
3 LAG Schl.-Holst. 20.11.2007 – 5 Sa 285/07, NZA-RR 2008, 288.
4 BAG 24.10.1995 – 9 AZR 547/94, NZA 1996, 254.
5 BAG 20.8.2002 – 9 AZR 261/01, DB 2003, 1963.

a) Das Bundesurlaubsgesetz

32 Das BUrlG enthält als bundeseinheitliche Regelung in Ablösung der früher geltenden einzelnen Länderurlaubsgesetze zwingende Mindestbestimmungen, von denen teilweise nicht abgewichen werden darf. So ist die **Mindestdauer** des bezahlten Erholungsurlaubs mit jährlich 24 Werktagen (§ 3 Abs. 1 BUrlG), die **Bindung des Urlaubs an das Kalenderjahr** (§ 1 BUrlG) sowie die **Einbeziehung aller Arbeitnehmer** in den Kreis der Urlaubsberechtigten (§§ 1, 2 BUrlG) unabdingbar. Daher sind alle anderen zwischen Arbeitnehmer und Arbeitgeber bestehenden urlaubsrechtlichen Vereinbarungen nichtig, soweit diese Mindestregelungen nicht eingehalten werden. Darüber hinaus greift das BUrlG als gesetzliche Regelung immer dann ein, wenn zwischen den Parteien keine anderen Vereinbarungen über den Urlaub bestehen oder in bestehenden Vereinbarungen ein bestimmter Teilbereich nicht geregelt ist.

b) Sonstige gesetzliche Regelungen für einzelne Gruppen von Arbeitnehmern

33 Neben dem BUrlG enthalten verschiedene andere Gesetze Bestimmungen über den Urlaub.

Für **Jugendliche** ist der Urlaubsanspruch in § 19 JArbSchG geregelt[1]. Gem. § 19 Abs. 2 JArbSchG beträgt der Urlaub jährlich

– mindestens 30 Werktage, wenn der Jugendliche zu Beginn des Kalenderjahres noch nicht 16 Jahre alt ist,
– mindestens 27 Werktage, wenn der Jugendliche zu Beginn des Kalenderjahres noch nicht 17 Jahre alt ist,
– mindestens 25 Werktage, wenn der Jugendliche zu Beginn des Kalenderjahres noch nicht 18 Jahre alt ist.

Jugendliche, die im Bergbau unter Tage beschäftigt werden, erhalten in jeder Altersgruppe darüber hinaus einen zusätzlichen Urlaub von drei Werktagen (§ 19 Abs. 2 Satz 2 JArbSchG) (vgl. Rz. 133–136).

34 Für **schwerbehinderte Menschen** sieht § 125 SGB IX einen Zusatzurlaub von fünf Arbeitstagen im Urlaubsjahr vor, wobei als Arbeitstage alle Tage gelten, an denen im Betrieb oder in der Dienststelle regelmäßig gearbeitet wird (vgl. Rz. 143–151).

35 Sonderregelungen für die in der **Heimarbeit** beschäftigten Arbeitnehmer bestehen in den §§ 2 Satz 2, 12 BUrlG; § 7 ArbPlSchG; §§ 19 Abs. 4 iVm. 2 Abs. 2 JArbSchG; § 127 SGB IX (vgl. Rz. 137 f.).

36 Für **Seeleute** gelten die Sonderbestimmungen der §§ 56–64 SeeArbG[2].

37 Für **ehrenamtliche Helfer des Technischen Hilfswerks** (THW) gilt das THW-Helferrechtsgesetz[3]. Nach § 3 Abs. 1 Satz 1 dieses Gesetzes dürfen Arbeitnehmern aus ihrer Verpflichtung zum Dienst im THW und aus diesem Dienst keine Nachteile erwachsen. Aus diesem allgemeinen Benachteiligungsverbot ergibt sich, dass die Tage, an denen ein Arbeitnehmer während der Dauer seines Urlaubs zu einem Einsatz herangezogen wird, nicht auf den Urlaub anzurechnen sind. Der herangezogene Helfer hat gegen seinen Arbeitgeber Anspruch auf erneute Gewährung[4].

---

1 Gesetz v. 12.4.1976 (BGBl. I, 965), zuletzt geändert durch Gesetz v. 20.4.2013 (BGBl. I, 868).
2 Gesetz v. 20.4.2013 (BGBl. I, 868), zuletzt geändert am 26.6.2013 (BGBl. II, 763).
3 THW-Helferrechtsgesetz v. 22.1.1990, BGBl. I, 118.
4 BAG 10.5.2005 – 9 AZR 251/04, NZA 2006, 439; *Hohmeister*, BB 2005, 2016.

c) Einzel- und kollektivrechtliche Regelungen

Auch im Arbeitsvertrag können Arbeitgeber und Arbeitnehmer den Urlaub des Arbeitnehmers regeln. Dabei ist jedoch zu berücksichtigen, dass nach § 13 Abs. 1 Satz 3 BUrlG **nicht zuungunsten des Arbeitnehmers von den Bestimmungen des BUrlG abgewichen** werden darf. Eine ausdrückliche gesetzlich geregelte Ausnahme besteht nur für § 7 Abs. 2 Satz 2 BUrlG (Aufteilung des Urlaubs). Daher ist jede vom BUrlG abweichende einzelvertragliche Bestimmung daraufhin zu überprüfen, ob sie nicht ungünstiger als die entsprechende Regelung des Gesetzes ist. Bei diesem Günstigkeitsvergleich hat nur die einzelvertragliche Regelung Bestand, die entweder gleich günstig oder günstiger ist. Der über den gesetzlichen Mindesturlaub hinaus gewährte Mehrurlaub untersteht nicht den Schutzvorschriften des BUrlG[1] und der Richtlinie 2003/88/EG des Europäischen Parlaments und des Rates vom 4.11.2003 für bestimmte Aspekte der Arbeitszeitgestaltung[2]. 38

Der gesetzliche Urlaubsanspruch kann **nicht** durch einen Einzelvertrag zwischen Arbeitgeber und Arbeitnehmer an eine **Ausschlussfrist** gebunden werden, weil dies gegen § 13 Abs. 1 BUrlG verstieße[3]. 39

⊃ **Hinweis:** Bei einem Arbeitsverhältnis, auf das ein Tarifvertrag Anwendung findet, ist eine einzelvertraglich ungünstigere Urlaubsvereinbarung als die im Tarifvertrag enthaltene nichtig (§ 4 TVG).

In fast allen **Tarifverträgen** ist der Erholungsurlaub im Einzelnen geregelt. Bzgl. der Dauer des Urlaubs ist der Arbeitnehmer idR nach den Tarifverträgen **günstiger** gestellt als nach dem BUrlG. So erhöht sich in der Mehrzahl der Tarifverträge der tarifliche Urlaub in mehreren Schritten vom Grundurlaub bis zum Endurlaub, wobei insbesondere Lebensalter, Dauer der Betriebszugehörigkeit oder Lebensalter und Betriebszugehörigkeit Steigerungsvoraussetzungen sind. Eine gestaffelte Urlaubsdauer allein nach Altersstufen stellt nach der Rechtsprechung des BAG idR eine Altersdiskriminierung dar[4]. In der zu § 26 Abs. 1 Satz 2 TVöD ergangenen Entscheidung hat das BAG den Diskriminierungsverstoß dadurch beseitigt, dass der Urlaub der wegen ihres Alters diskriminierten Beschäftigten in der Art und Weise „nach oben" angepasst wird, dass auch ihr Urlaubsanspruch in jedem Kalenderjahr 30 Arbeitstage beträgt. Den vom BAG festgestellten Verstoß haben die Tarifvertragsparteien nur zehn Tage später (!) korrigiert. Ab 2013 erhalten alle Beschäftigten, auf die der TVöD anwendbar ist, einheitlich 29 Tage Urlaub, der sich ab dem 55. Lebensjahr auf 30 Tage erhöht. Arbeitnehmer, die bereits einen höheren Urlaubsanspruch hatten, behalten diesen. In engen Grenzen hält das BAG tarifliche Regelungen für zulässig, die älteren Arbeitnehmern aufgrund deren erheblicher körperlicher Belastung und einem damit verbundenen größeren Erholungsbedürfnis Mehrurlaub gewähren[5]. 40

Durch Tarifvertrag können nach Dienstplan **dienstfreie Tage**, die sich an einen tariflichen Urlaub anschließen, in die Berechnung der Urlaubsdauer einbezogen werden. Dies hat das BAG[6] entschieden, aber hinzugefügt, dass dadurch der gesetzliche Mindesturlaubsanspruch des § 3 Abs. 1 BUrlG nicht unterschritten werden dürfe. 41

---

1 BAG 22.5.2012 – 9 AZR 575/10, NZA-RR 2013, 48.
2 EuGH 3.5.2012 – Rs. C-337/10, NVwZ 2012, 688.
3 BAG 5.4.1984 – 6 AZR 443/81, DB 1985, 48; ErfK/*Gallner*, § 7 BUrlG Rz. 39g.
4 BAG 20.3.2012 – 9 AZR 529/10, NZA 2012, 803.
5 BAG 21.10.2014 – 9 AZR 956/12.
6 BAG 17.11.1983 – 6 AZR 346/80, DB 1984, 1305.

d) Unabdingbarkeit und Tarifautonomie

42 Der Gesetzgeber hat in § 13 BUrlG den Tarifpartnern in Würdigung ihrer sozialpolitischen und rechtlichen Verdienste um die Entwicklung des Urlaubsrechts freigestellt, auch für den Arbeitnehmer ungünstigere Regelungen zu vereinbaren, sog. **Vorrangprinzip der Tarifautonomie**. Lediglich die Vorschriften der §§ 1, 2 und 3 Abs. 1 BUrlG sind tariffester Kern des Urlaubsrechts und den einschränkenden Regelungen der Tarifpartner verschlossen. Das Verbot der Abweichung gilt unabhängig davon, ob im Urlaubsjahr eine Arbeitsleistung erbracht wurde oder der Arbeitnehmer aus gesundheitlichen Gründen daran ganz oder teilweise gehindert war[1]. Durch Tarifvertrag kann daher das Entstehen des **gesetzlichen Urlaubsanspruchs** und des Anspruchs auf Zusatzurlaub für schwerbehinderte Menschen (§ 125 Abs. 1 SGB IX) nicht wirksam ausgeschlossen werden, und zwar auch dann nicht, wenn das Arbeitsverhältnis wegen des Bezugs einer Erwerbsminderungsrente ruht[2]. Ebenso wenig kann durch eine Tarifnorm nicht geregelt werden, dass der gesetzliche Mindesturlaubsanspruch bei Unmöglichkeit der Inanspruchnahme wegen Krankheit am Jahresende erlischt[3]. Ein anderes Verständnis des Abweichungsverbots in § 13 Abs. 1 Satz 1 BUrlG würde der Verpflichtung zur unionsrechtskonformen Auslegung des nationalen Rechts vor dem Hintergrund der Rechtsprechung des EuGH[4] nicht gerecht.

43 Der **tarifliche Mehrurlaub** teilt regelmäßig das rechtliche Schicksal des gesetzlichen Mindesturlaubs. Zwar untersteht der über den gesetzlichen Mindesturlaub hinausgehende tarifvertraglich begründete Anspruch auf Mehrurlaub nicht den Schutzvorschriften des BUrlG[5], jedoch ist bei Tarifverträgen bei Fehlen gegenteiliger Regelungen davon auszugehen, dass Mehrurlaub nicht unter Sonderbedingungen, sondern nach den Grundsätzen des allgemeinen Urlaubsrechts gewährt wird[6]. Das gilt sicherlich immer dann, wenn der tarifliche Urlaubsanspruch nicht ausdrücklich in einen dem Gesetz entsprechenden Grundurlaub und den darüber hinausgehenden Mehrurlaub aufgegliedert ist.

Bestimmt eine Tarifvorschrift, dass der Arbeitnehmer den übergesetzlichen Urlaubsanspruch verwirke, wenn er das Arbeitsverhältnis unbegründet ohne Einhaltung der Kündigungsfrist auflöse, ist eine solche tarifliche Regelung nicht nur in Bezug zu einem laufenden Kalenderjahr zulässig, sondern erfasst auch übertragenen Urlaub aus dem Vorjahr[7].

44 Scheidet ein Arbeitnehmer **nach erfüllter Wartezeit** in der zweiten Hälfte eines Kalenderjahres aus, hat er nach der Regelung des BUrlG Anspruch auf den vollen gesetzlichen Jahresurlaub von 24 Werktagen. Dieser gesetzliche Urlaubsanspruch kann durch Tarifvertrag nicht ausgeschlossen oder gemindert werden, weil dies gegen § 13 Abs. 1 BUrlG verstoßen würde[8]. Deshalb ist auch eine Zwölftelung für jeden Monat des Bestehens des Arbeitsverhältnisses im Kalenderjahr unzulässig, wenn dadurch der gesetzliche Jahresurlaub unterschritten wird.

45 Das tarifliche Vorrangprinzip des § 13 Abs. 1 Satz 1 BUrlG ist als einer der tragenden Grundsätze des Urlaubsrechts anzusehen. § 13 Abs. 2 BUrlG erlaubt für die Baubranche und unter bestimmten Voraussetzungen für sonstige Wirtschaftszweige, durch Tarifvertrag auch von § 13 Abs. 1 Satz 1 BUrlG zu Ungunsten der Arbeitnehmer ab-

---

1 BAG 7.8.2012 – 9 AZR 353/10.
2 BAG 7.8.2012 – 9 AZR 353/10; s.a. *Wicht*, BB 2012, 1349.
3 BAG 5.8.2014 – 9 AZR 77/13, BeckRS 2014, 73404.
4 EuGH 24.1.2012 – Rs. C-282/10, NZA 2012, 139; 22.11.2011 – Rs. C-214/10 – KHS, NZA 2011, 1333.
5 BAG 22.5.2012 – 9 AZR 575/10.
6 BAG 22.5.2012 – 9 AZR 575/10.
7 BAG 10.2.2004 – 9 AZR 116/03, BB 2004, 2136; *Hohmeister*, BB 2005, 2016.
8 BAG 5.4.1984 – 6 AZR 443/81, DB 1985, 48.

zuweichen, soweit dies zur Sicherung eines zusammenhängenden Jahresurlaubs für alle Arbeitnehmer erforderlich ist. Ob die Öffnungsklausel des § 13 Abs. 2 BUrlG mit der Grundrechtecharta und der Richtlinie 2003/88/EG des Europäischen Parlaments und des Rates vom 4.11.2003 über bestimmte Aspekte der Arbeitszeitgestaltung vereinbar ist, konnte das BAG[1] offen lassen. Jedoch kam das BAG in dieser Entscheidung zu dem Ergebnis, dass die eindeutige Zielsetzung des innerstaatlichen Rechts in § 13 Abs. 2 Satz 1 BUrlG eine richtlinienkonforme Auslegung oder Fortbildung selbst dann nicht zulasse, wenn der Begriff des „bezahlten Mindesturlaubs" in Art. 7 Abs. 1 der Arbeitszeitrichtlinie anders zu verstehen sein sollte als der des bezahlten Erholungsurlaubs in § 1 BUrlG.

Das LAG Berlin-Brandenburg hat mit Beschluss vom 16.6.2011[2] dem EuGH die Frage vorgelegt, ob § 13 Abs. 2 BUrlG mit der Grundrechtecharta und der Arbeitszeitrichtlinie vereinbar sei. Da der EuGH stets hervorgehoben hat, dass der Anspruch auf bezahlten Jahresurlaub ein besonders bedeutsamer Grundsatz des Sozialrechts der Gemeinschaften sei, von dem nicht abgewichen werden dürfe, ist zu erwarten, dass der EuGH die Frage verneinen wird[3]. **46**

II. Erfüllung des Urlaubsanspruchs

1. Fälligkeit des Anspruchs

a) Wartezeit

Der volle Urlaubsanspruch des Arbeitnehmers entsteht gem. § 4 BUrlG erstmalig nach Erfüllung einer Wartezeit von **sechs Monaten**. So lange muss das Arbeitsverhältnis rechtlich bestanden haben. **47**

Beispiel:

Der Arbeitgeber schließt mit dem Arbeitnehmer am 7.8. einen Arbeitsvertrag ab, in dessen Vollzug der Arbeitnehmer am 19.8. die Arbeit aufzunehmen hat. Infolge einer plötzlichen Erkrankung kann der Arbeitnehmer erst am 26.8. die Arbeit tatsächlich aufnehmen.

Entscheidend für die Berechnung der Wartezeit ist der **rechtliche Beginn des Arbeitsverhältnisses**, nicht der Tag des Abschlusses des Arbeitsvertrages oder der tatsächlichen Arbeitsaufnahme. Dabei ist die Wartefrist nach §§ 187 ff. BGB zu berechnen[4]. Im Beispielsfall ist die Wartefrist daher mit Ablauf des 18.2. des Folgejahres erfüllt (§ 188 Abs. 2 BGB). Der 19.8. (Beginn des Arbeitsverhältnisses) ist bei der Berechnung der Frist mitzurechnen (§ 187 Abs. 2 Satz 1 BGB). Dabei ist es gleichgültig, ob der Arbeitnehmer am Tag der vereinbarten Arbeitsaufnahme zur Arbeit erscheint oder krankheitsbedingt fehlt[5]. **48**

Vor erfüllter Wartezeit entstehen lediglich Teilurlaubsansprüche. Ist die Wartezeit in einem Arbeitsverhältnis einmal erfüllt, so entsteht der volle Urlaubsanspruch in den folgenden Jahren bereits mit Beginn des Kalenderjahres, kann sich jedoch infolge der Beendigung des Arbeitsverhältnisses reduzieren oder gem. § 17 Abs. 1 BEEG bei Elternzeit gekürzt werden. Die Rechtswirkungen der erfüllten Wartezeit werden nicht **49**

---

1 BAG 17.11.2009 – 9 AZR 844/08, NZA 2010, 1020.
2 LAG Bln.-Bbg. 16.6.2011 – 2 Sa 3/11, DB 2011, 1696 (Ls.).
3 *Lingscheid/Zimmermann*, ArbRAktuell 2011, 321746.
4 Nahezu einhellige Meinung; vgl. nur: ErfK/*Gallner*, § 4 BUrlG Rz. 3.
5 *Neumann/Fenski*, § 4 BUrlG Rz. 19; *Leinemann/Linck*, § 4 BUrlG Rz. 7; *Friese*, Rz. 54, 55; ErfK/*Gallner*, § 4 BUrlG Rz. 3.

dadurch aufgehoben, dass der Arbeitnehmer gleichzeitig mit dem Ende der Wartezeit aus dem Arbeitsverhältnis ausscheidet[1].

50 Die Parteien des Arbeitsverhältnisses können einzelvertraglich nur zugunsten, die Tarifpartner auch zuungunsten des Arbeitnehmers abweichende Regelungen vereinbaren.

b) Urlaubsjahr

51 Grundsätzlich und unabdingbar entsteht der Urlaubsanspruch für **jedes Kalenderjahr** (§ 1 BUrlG). **Ausnahmen** sind lediglich nach § 13 Abs. 3 BUrlG tarifvertraglich für die Deutsche Bahn AG sowie einer gem. § 2 Abs. 1 und § 3 Abs. 3 des Deutsche Bahn Gründungsgesetzes vom 27.12.1993[2] ausgegliederten Gesellschaft und für den Bereich der Nachfolgeunternehmen der Deutschen Bundespost zulässig. Für Seeleute ist das Urlaubsjahr nach § 56 Abs. 1 SeeArbG das Beschäftigungsjahr bei dem jeweiligen Reeder.

52 Der Arbeitnehmer erwirbt in jedem Urlaubsjahr **nur einmal** Anspruch auf den vollen Jahresurlaub. Zur Verhinderung von doppeltem Urlaub vgl. Rz. 80–83. Unerheblich für den Urlaubsanspruch in jedem Urlaubsjahr ist, in welchem Umfang der Arbeitnehmer tatsächlich gearbeitet hat. Auch wenn der Arbeitnehmer während des gesamten Urlaubsjahres durch Krankheit nicht gearbeitet hat, entsteht der gesetzliche Mindesturlaubsanspruch aus § 1 BUrlG, bei schwerbehinderten Menschen auch der Zusatzurlaub aus § 125 Abs. 1 SGB IX[3].

53 Ruht das Arbeitsverhältnis während des Urlaubsjahrs, tritt nur dann eine Kürzung des Urlaubsanspruchs ein, wenn spezialgesetzliche Vorschriften dies ausdrücklich vorsehen (§ 17 Abs. 1 BEEG und § 4 Abs. 1 Satz 1 ArbPlSchG). Die §§ 3, 4 PflegeZG sehen hingegen eine solche Kürzung nicht vor. Vereinbaren die Arbeitsvertragsparteien das Ruhen des Arbeitsverhältnisses, etwa im Rahmen eines Sabbaticals, entsteht der Urlaubsanspruch gleichwohl und kann auch nicht durch vertragliche Vereinbarung ausgeschlossen werden[4]. Das Entstehen des Urlaubsanspruchs kann in diesem Fall nur vermieden werden, wenn die Parteien das Arbeitsverhältnis zum Beginn des geplanten Sabbaticals aufheben und der Arbeitgeber eine verbindliche Wiedereinstellung zum Ende des Sabbaticals gibt. Der EuGH hat hingegen darauf erkannt, dass das von den Arbeitsvertragsparteien vereinbarte Ruhen für die Dauer einer Kurzarbeit „Null" zur Kürzung des Urlaubsanspruchs führe[5].

54 Hinsichtlich des über den gesetzlichen Mindesturlaub hinausgehenden Urlaubs, der auf tarifvertraglicher oder einzelarbeitsvertraglicher Grundlage beruhen kann, können jedoch **abweichende Regelungen** zulässigerweise getroffen werden[6].

55 Der Urlaubsanspruch ist grundsätzlich im Urlaubsjahr zu erfüllen[7]. Zu Einzelheiten bei Ablauf des Urlaubsjahres sowie Übertragung des Urlaubs in das neue Kalenderjahr vgl. Rz. 182–186.

---

1 BAG 26.1.1967 – 5 AZR 395/66, DB 1967, 824.
2 BGBl. I 1993, 2378, 2386.
3 St. Rspr., grundlegend BAG 13.5.1982 – 6 AZR 360/80, BAGE 39, 53 unter II 4 a–e d. Gr.; zuletzt BAG 7.8.2012 – 9 AZR 353/10, NZA 2012, 1216.
4 BAG 6.5.2014 – 9 AZR 678/12, NZA 2014, 959.
5 EuGH 8.11.2012 – Rs. C-229/11, Rs. C-230/11, NZA 2012, 1273; *Powietzka/Christ*, NZA 2013, 18.
6 St. Rspr. des BAG, bspw. 22.9.1992 – 9 AZR 483/91, NZA 1993, 406.
7 Zur betrieblichen Übung der Übertragbarkeit von Urlaub entgegen § 7 Abs. 3 BUrlG: LAG Nürnberg 30.3.2012 – 8 Sa 236/11, AE 2012, 153.

c) Teilurlaub

Der Urlaub ist nach § 7 Abs. 2 BUrlG **zusammenhängend** zu gewähren. Lediglich dringende betriebliche oder in der Person des Arbeitnehmers liegende Gründe können eine Teilung des Urlaubs erforderlich machen. Das Gesetz schreibt bei Anspruch des Arbeitnehmers auf mehr als zwölf Werktage Urlaub einen Teilurlaub von **mindestens zwölf aufeinander folgenden Werktagen** vor (§ 7 Abs. 2 Satz 3 BUrlG). Diese Bestimmung ist jedoch auch zuungunsten des Arbeitnehmers abdingbar (§ 13 Abs. 1 Satz 3 BUrlG).

56

Die Aufteilung des Urlaubs zB in **einzelne Halbtagesteile oder nach einzelnen ganzen Tagen** stellt auch bei entsprechender Vereinbarung zwischen den Arbeitsvertragsparteien keine wirksame Erfüllung des Anspruchs auf den gesetzlichen Mindesturlaub dar. Der Arbeitnehmer kann den gesetzlichen Mindesturlaub bei einer solchen Aufteilung noch einmal fordern (vgl. auch Rz. 179 ff.)[1]. Wenn der Arbeitnehmer noch einmal den Urlaub fordert, sind an die Einrede der unzulässigen Rechtsausübung nicht zu geringe Anforderungen zu stellen[2].

57

Das Gesetz sieht Teilurlaub ausdrücklich in drei Fällen vor:
- Der Arbeitnehmer hat im Kalenderjahr wegen **Nichterfüllung der Wartezeit** keinen vollen Urlaubsanspruch erworben (§ 5 Abs. 1 lit. a BUrlG).
- Der Arbeitnehmer scheidet **vor erfüllter Wartezeit** aus dem Arbeitsverhältnis aus (§ 5 Abs. 1 lit. b BUrlG).
- Der Arbeitnehmer scheidet nach Erfüllung der Wartezeit **in der ersten Hälfte des Kalenderjahres** aus (§ 5 Abs. 1 lit. c BUrlG).

In diesen Fällen steht dem Arbeitnehmer pro vollem Monat des Bestehens des Arbeitsverhältnisses $1/12$ des Jahresurlaubs zu.

58

Die **Berechnung des vollen Monats** beginnt nicht erstmalig mit dem Ersten eines Monats, sondern mit dem Tag des rechtlichen Beginns des Arbeitsverhältnisses. Hat das Arbeitsverhältnis nicht einmal einen vollen Monat bestanden, entsteht kein Teilurlaubsanspruch[3].

59

Beispiel 1:

60

Der Arbeitnehmer tritt am 9.12. eines Jahres in den Betrieb ein und scheidet am 22.4. des folgenden Jahres aus. Der vereinbarte Jahresurlaub beträgt 24 Tage.

Dem Arbeitnehmer stehen für vier volle Monate des Bestehens des Arbeitsverhältnisses $4/12$ des Jahresurlaubs, also acht Tage Urlaub zu[4].

Beispiel 2:

61

Das seit dem 1.5. bestehende Arbeitsverhältnis wird zum 30.5. (Samstag) gekündigt. Der vereinbarte Jahresurlaub beträgt 24 Tage.

Dem Arbeitnehmer steht kein Teilurlaubsanspruch zu.

Zur Begründung hat das BAG[5] zu Recht ausgeführt, dass § 5 Abs. 1 lit. b BUrlG für den Teilurlaubsanspruch ebenso wie § 4 BUrlG für den Vollurlaubsanspruch nur auf das **Bestehen des Arbeitsverhältnisses** abstellt. Wenn ein Arbeitnehmer daher bspw. befristet von Montag, dem 28.7., bis einschließlich Freitag, den 26.9., beschäftigt ist, hat er gem. § 5 Abs. 1 lit. b BUrlG nur Anspruch auf **ein** Zwölftel des gesetz-

62

---
1 BAG 29.7.1965 – 5 AZR 380/64, DB 1965, 1184 und 1524.
2 *Hueck* in Anm. zu AP Nr. 1 zu § 7 BUrlG.
3 BAG 26.1.1989 – 8 AZR 730/87, DB 1989, 2129.
4 BAG 9.10.1969 – 5 AZR 501/68, DB 1970, 66.
5 BAG 26.11.1989 – 8 AZR 730/87, DB 1989, 2129 unter Aufgabe von BAG 22.2.1966 – 5 AZR 431/65, DB 1966, 708.

lichen Urlaubsanspruchs, weil sein Arbeitsverhältnis nur einen vollen und keine zwei volle Monate bestanden hat[1].

63 Der **Teilurlaubsanspruch besteht** in dem Augenblick, in dem feststeht, dass es nicht mehr zum vollen Jahresurlaub kommen kann, also idR mit der Kündigung. Teilansprüche nach § 5 Abs. 1 lit. a BUrlG können während des gesamten folgenden Urlaubsjahres gewährt werden. Ein Arbeitnehmer, dessen Arbeitsverhältnis mit Ablauf des 30.6. endet, scheidet noch in der ersten Jahreshälfte iSd. § 5 Abs. 1 lit. c BUrlG aus[2].

64 Ergeben sich bei der Ermittlung des Teilurlaubs **Bruchteile von mindestens einem halben Tag** (zB 6,5 Tage), so sind sie auf volle Urlaubstage aufzurunden. Besteht bspw. ein Arbeitsverhältnis vom 1.1. bis zum 15.5., hat der Arbeitnehmer gem. § 5 Abs. 1 lit. b BUrlG einen Teilurlaubsanspruch in Höhe von $4/12$ des Jahresurlaubs, weil das Arbeitsverhältnis vier volle Beschäftigungsmonate (§ 5 Abs. 1 BUrlG) bestanden hat. Bei einem Jahresurlaub von 24 Werktagen beträgt damit der Urlaubsanspruch unter Zugrundelegung einer Fünf-Tage-Woche 6,66 Arbeitstage ($4/12$ von 20 Urlaubstagen, umgerechnet von Werktagen in Arbeitstage). Nach § 5 Abs. 2 BUrlG sind die sich bei dieser Berechnung ergebenden Bruchteile aufzurunden, so dass der Arbeitnehmer einen Teilurlaubsanspruch in Höhe von sieben Arbeitstagen hat.

65 Streitig ist, wie mit Bruchteilen von Urlaubstagen, die **weniger als einen halben Tag** betragen, zu verfahren ist. Das BAG hatte früher die Auffassung vertreten, dass in einem solchen Fall **abzurunden** sei[3]. Auch im Schrifttum wird dies zT vertreten[4], zT aber auch abgelehnt[5]. Das BAG hat seine Auffassung inzwischen aufgegeben und entschieden[6], dass Bruchteile von Urlaubstagen, die nicht nach § 5 Abs. 2 BUrlG aufgerundet werden müssen, entsprechend ihrem Umfang dem Arbeitnehmer durch **Befreiung von der Arbeitspflicht** zu gewähren oder nach dem Ausscheiden aus dem Arbeitsverhältnis gem. § 7 Abs. 4 BUrlG **abzugelten** sind. Zur Begründung hat das BAG ausgeführt, dass § 5 Abs. 2 BUrlG einen Ausschlustatbestand für weniger als einen halben Urlaubstag nicht enthält.

66 Will der Arbeitnehmer Teilurlaub auf das nächste Kalenderjahr übertragen, muss er dies noch im Urlaubsjahr verlangen. Dafür reicht jede Handlung des Arbeitnehmers aus, mit der er für den Arbeitgeber deutlich macht, den Teilurlaub erst im nächsten Jahr nehmen zu wollen. Nicht ausreichend ist es, dass der Arbeitnehmer im Urlaubsjahr darauf verzichtet, einen Urlaubsantrag zu stellen[7].

67 In **Tarifverträgen** ist die Gewährung von Teilurlaub größtenteils detailliert geregelt. Durch Tarifvertrag können dabei Ansprüche des Arbeitnehmers auf Teilurlaub beim Ausscheiden vor erfüllter Wartezeit (sechs Monate) **ausgeschlossen** werden. Dies ist auch dann möglich, wenn der Tarifvertrag nicht kraft beiderseitiger Tarifbindung, sondern kraft einzelvertraglicher Vereinbarung auf das Arbeitsverhältnis Anwendung findet[8]. Dementsprechend kann auch durch Tarifvertrag für neu in den Betrieb eintretende Arbeitnehmer das Entstehen von Teilurlaubsansprüchen bis zu sechs Monaten **hinausgeschoben** werden. Dies hat zur Folge, dass bei Ausscheiden des Arbeitnehmers vor erfüllter Wartezeit kein Teilurlaubsanspruch entsteht[9].

---

1 BAG 13.10.2009 – 9 AZR 763/08, NZA 2010, 416; *Leinemann/Linck*, § 5 BUrlG Rz. 17.
2 BAG 16.6.1966 – 5 AZR 521/65, DB 1966, 985 und 1358.
3 BAG 17.3.1970 – 5 AZR 540/69, DB 1970, 1183.
4 *Neumann/Fenski*, § 5 BUrlG Rz. 36.
5 *Leinemann/Linck*, § 5 BUrlG Rz. 44; *Schütz/Hauck*, Rz. 337; ErfK/*Gallner*, § 5 BUrlG Rz. 21; *Friese*, Rz. 92.
6 BAG 14.2.1991 – 8 AZR 97/90, DB 1991, 1987.
7 BAG 29.7.2003 – 9 AZR 270/02, DB 2003, 2602.
8 BAG 27.6.1978 – 6 AZR 59/77, DB 1978, 2226.
9 BAG 25.10.1984 – 6 AZR 417/82, DB 1985, 820; 20.1.2009 – 9 AZR 650/07, ArbRB 2009, 98.

Dies bedeutet, dass § 5 Abs. 1 lit. a und b BUrlG über den Teilurlaub des Arbeitnehmers durch eine tarifvertragliche Regelung abgeändert werden kann, während § 5 Abs. 1 lit. c BUrlG unabdingbar ist. Von § 5 Abs. 2 und 3 BUrlG kann grundsätzlich durch Tarifvertrag abgewichen werden.

Zur Frage der Rückforderung zu viel gewährten Urlaubs s. Rz. 200 ff.

2. Freizeitgewährung

a) Urlaubszeitpunkt

Die Bestimmung der Urlaubszeit für den einzelnen Arbeitnehmer erfolgt durch den Arbeitgeber nach § 7 Abs. 1 BUrlG. Mit der zeitlichen Festlegung **konkretisiert der Arbeitgeber als Schuldner die ihm obliegende Pflicht zur Urlaubsgewährung**[1]. Wenn eine arbeits- oder tarifvertragliche Klausel zwischen gesetzlichen und arbeits- oder tarifvertraglichen Urlaubsansprüchen differenziert, greift die Auslegungsregel des § 366 Abs. 2 BGB ein. Trifft der Arbeitgeber bei der Urlaubsgewährung keine ausdrückliche Leistungsbestimmung, ist davon auszugehen, dass er zunächst auf den gesetzlichen und sodann auf den tariflichen/vertraglichen Urlaubsanspruch leistet[2]. Fehlt diese Differenzierung, liegt in Höhe des gesetzlichen Urlaubsanspruchs Anspruchskonkurrenz mit der Folge vor, dass ein Arbeitgeber mit der Urlaubsgewährung auch ohne ausdrückliche oder konkludente Tilgungsbestimmung beide Ansprüche ganz oder teilweise erfüllt. Ein Rückgriff auf § 366 Abs. 2 BGB ist in diesen Fällen nicht möglich[3].

68

Die Urlaubsgewährung setzt voraus, dass der Arbeitgeber hinreichend erkennbar macht, dass der Arbeitnehmer von der Arbeitspflicht befreit wird, um den Urlaubsanspruch zu erfüllen[4]. Die bloße Erklärung des Arbeitgebers, der Arbeitnehmer könne zu Hause bleiben oder sei von der Arbeitspflicht entbunden, genügt nicht, um den Urlaubsanspruch zum Erlöschen zu bringen. Die zur Erfüllung des Urlaubsanspruchs erforderliche Erklärung muss hinreichend deutlich erkennen lassen, dass der Arbeitnehmer zur Erfüllung des Urlaubsanspruchs von der Arbeitspflicht befreit wird[5]. Fällt in den gewünschten Urlaubszeitraum ein gesetzlicher Feiertag, an dem der Arbeitnehmer dienstplanmäßig zur Arbeit verpflichtet wäre, muss auch für diesen Feiertag Urlaub beantragt werden[6].

69

Die **Bestimmung** des Urlaubszeitpunkts obliegt nicht dem billigen Ermessen des Arbeitgebers iSv. § 315 BGB, sondern der Arbeitgeber ist als Schuldner des Urlaubsanspruchs verpflichtet, nach § 7 Abs. 1 Halbs. 1 BUrlG die Urlaubswünsche des Arbeitnehmers zu berücksichtigen und daher auch den Urlaub für den vom Arbeitnehmer angegebenen Termin festzusetzen, es sei denn, es sind die Voraussetzungen nach § 7 Abs. 1 Halbs. 2 BUrlG gegeben[7].

70

Jedoch hat der Arbeitgeber **Ermessensspielraum** in zwei Fällen:
– Wenn dringende betriebliche Belange vorliegen
– oder wenn unter sozialen Gesichtspunkten vorrangige Urlaubsansprüche anderer Arbeitnehmer bestehen.

71

Dringende betriebliche Belange iSd. § 7 Abs. 1 BUrlG können dann vorliegen, wenn der Urlaubswunsch des Arbeitnehmers den betrieblichen Ablauf erheblich beein-

---

1 BAG 18.12.1986 – 8 AZR 502/84, DB 1987, 1362.
2 BAG 5.9.2002 – 9 AZR 244/01, NZA 2003, 726.
3 BAG 7.8.2012 – 9 AZR 760/10, NZA 2013, 104.
4 BAG 9.6.1998 – 9 AZR 43/97, DB 1999, 52; 14.3.2006 – 9 AZR 11/05, NZA 2006, 1008.
5 Vgl. BAG 24.3.2009 – 9 AZR 983/07, NZA 2009, 538.
6 BAG 15.1.2013 – 9 AZR 430/11, NZA 2013, 1081.
7 *Friese*, Rz. 183; aA *Neumann/Fenski*, § 7 BUrlG Rz. 6, der die Festlegung des Urlaubszeitraums dem Direktionsrecht zuordnet.

trächtigt[1]. Dabei ist zu berücksichtigen, dass Urlaubsgewährung idR mit betrieblichen Schwierigkeiten verbunden ist. **Sozial vorrangig** können Urlaubswünsche anderer Arbeitnehmer sein, wenn deren Urlaub zB mit Rücksicht auf den Urlaub der Ehefrau, die Ferien der Kinder oder die Gesundheit zu einem bestimmten Zeitpunkt genommen werden muss. Hier muss der Arbeitgeber die beiderseitigen Interessen, die des Arbeitnehmers an der von ihm gewünschten Urlaubszeit und seine eigenen an einer bestimmten Urlaubszeit, gem. § 315 Abs. 1 BGB nach billigem Ermessen objektiv abwägen[2]. Für den Arbeitnehmer ist die danach getroffene Bestimmung **nur verbindlich**, wenn die Festlegung der **Billigkeit** entspricht. Das Gericht kann die Entscheidung des Arbeitgebers daraufhin überprüfen, ob die Grenzen des Ermessens eingehalten oder ob sachfremde oder willkürliche Motive maßgebend gewesen sind.

72 **Betriebliche Gründe** berechtigen den Arbeitgeber nur bis zum Ende des Urlaubsjahres, den Urlaub zu verweigern. Während des Übertragungszeitraums (§ 7 Abs. 3 Satz 2 BUrlG) hat der Arbeitgeber kein Recht, den Urlaub aus diesen Gründen abzulehnen[3].

73 Nach § 7 Abs. 1 Satz 2 BUrlG ist der Arbeitgeber verpflichtet, Urlaub zu gewähren, wenn der Arbeitnehmer dies im **Anschluss an eine Maßnahme der medizinischen Vorsorge oder Rehabilitation** verlangt. In einem solchen Fall stehen dem Arbeitgeber die Leistungsverweigerungsrechte des § 7 Abs. 1 Satz 1 BUrlG nicht zu[4].

74 Der Arbeitgeber kann auch der gesamten Belegschaft unter Beachtung der aufgezeigten Gesichtspunkte einheitlich Urlaub erteilen (**Betriebsferien**). Sie beinhalten die gleichzeitige gemeinsame Freistellung der Arbeitnehmer des Betriebs über einen bestimmten Zeitraum, um den Erholungsurlaub anzutreten[5]. Dabei kann auch eine für mehrere aufeinander folgende Jahre geltende Regelung vereinbart werden[6]. Eine Betriebsvereinbarung, die festlegt, dass Urlaubsansprüche des folgenden Jahres schon im Vorgriff im laufenden Urlaubsjahr erfüllt werden, ist unzulässig[7]. Der Erholungsurlaub aller Arbeitnehmer in Form der Betriebsferien ist der Einzelgewährung von Urlaub gleichgestellt (bzgl. der Mitbestimmung des Betriebsrates vgl. Rz. 121 ff.). Durch eine Betriebsvereinbarung, mit der allgemeine Betriebsferien eingeführt werden, wird allein der Urlaubszeitpunkt für alle urlaubsberechtigten Arbeitnehmer einheitlich festgelegt. Die Wartefrist für den Erwerb des vollen Urlaubsanspruchs wird damit nicht aufgehoben. Damit haben grundsätzlich noch nicht urlaubsberechtigte Arbeitnehmer, die für den Zeitpunkt der Betriebsferien ihre Arbeit anbieten, auch dann Anspruch auf Lohnzahlung, wenn sie wegen der Betriebsferien nicht beschäftigt werden. Allerdings kann von dieser Regelung durch individuelle Vereinbarung abgewichen werden[8].

In einem betriebsratslosen Betrieb kann der Arbeitgeber Betriebsferien kraft des ihm zustehenden Direktionsrechts einführen[9].

75 Das LAG Köln[10] vertritt im Anschluss an die Entscheidung des BAG zur Aufgabe der Surrogationstheorie[11] die Auffassung, dass die Arbeitsfähigkeit **nicht** Voraussetzung für die Urlaubsgewährung ist[12]. In dem vom LAG Köln entschiedenen Fall hatte der

---

1 Vgl. *Matthes*, Rz. 117.
2 BAG 4.12.1970 – 5 AZR 242/70, DB 1971, 295.
3 BAG 10.3.1987 – 8 AZR 610/84, DB 1987, 1694.
4 ErfK/*Gallner*, § 7 BUrlG Rz. 20; *Leinemann/Linck*, § 7 BUrlG Rz. 48; *Schütz/Hauck*, Rz. 386.
5 BAG 30.11.1961 – 5 AZR 96/61, DB 1962, 243 und 1047.
6 BAG 28.7.1981 – 1 ABR 79/79, DB 1981, 2621.
7 BAG 17.1.1974 – 5 AZR 380/73, DB 1974, 783.
8 BAG 2.10.1974 – 5 AZR 504/73, DB 1975, 601.
9 LAG Düsseldorf 20.6.2002 – 11 Sa 378/02, BB 2003, 156.
10 LAG Köln 7.2.2011 – 5 Sa 891/10.
11 BAG 24.3.2009 – 9 AZR 983/07, NZA 2009, 538.
12 BAG 4.5.2010 – 9 AZR 183/09, NZA 2010, 1011.

Arbeitnehmer selbst trotz bestehender Arbeitsunfähigkeit die Gewährung von Urlaub für einen von ihm beantragten Zeitraum eingeklagt. Der Entscheidung des LAG Köln ist jedoch nicht zu folgen: Bei bestehender Arbeitsunfähigkeit kann der Arbeitgeber den Arbeitnehmer denknotwendig nicht durch eine Urlaubsgewährung von der Arbeitspflicht befreien. Für die Dauer der Arbeitsunfähigkeit besteht nämlich keine Arbeitspflicht des Arbeitnehmers. Daher wird man trotz Aufgabe der sog. Surrogationstheorie durch das BAG an dem Erfordernis festhalten müssen, dass die tatsächliche Urlaubsgewährung nach wie vor von der Arbeitsfähigkeit des Arbeitnehmers abhängig ist. Die dauerhafte Arbeitsunfähigkeit des Arbeitnehmers wirkt sich allein nicht mehr dahingehend aus, dass auch jegliche Urlaubsabgeltungsansprüche verfallen (vgl. im Einzelnen Rz. 97)[1].

b) Anfechtung; Verlegung des Urlaubszeitpunkts; Rückruf aus dem Urlaub

Die Erteilung des Urlaubs ist eine Willenserklärung des Arbeitgebers, die nach §§ 119, 123 BGB wegen **Irrtums oder arglistiger Täuschung** angefochten werden kann. Allerdings ist eine Anfechtung nach Antritt des Urlaubs nicht mehr für die bereits abgelaufene Freizeit, sondern nur für die Zeit ab Anfechtung möglich. Nach Beendigung des Urlaubs kann die Erklärung nicht mehr angefochten werden[2]. Der anfechtende Arbeitgeber hat dem Arbeitnehmer den **Schaden zu ersetzen**, den dieser dadurch erlitten hat, dass er auf die Verbindlichkeit der Urlaubserteilung vertraut hat (§ 123 BGB; „negatives Interesse"). Das sind zB Buchungsgebühren für eine Urlaubsreise, die bei Rücktritt verfallen, nicht jedoch Kosten für die Anschaffung von üblichen Ausrüstungsgegenständen. Hierunter fällt auch der Fall, dass ein Arbeitnehmer eine gebuchte Urlaubsreise stornieren muss, weil der Arbeitgeber nicht rechtzeitig die vereinbarte Vergütung zahlt. Dem Arbeitnehmer stehen gegen den Arbeitgeber Schadensersatzansprüche in Höhe der Stornierungskosten zu[3]. Ein **Schmerzensgeldanspruch** wird jedoch verneint, denn der Arbeitgeber schuldet dem Arbeitnehmer nur Urlaub und Vergütung, nicht aber auch Urlaubserholung und Urlaubsfreude.

Zwischen Arbeitgeber und Arbeitnehmer kann ohne Weiteres einvernehmlich eine **Verlegung** des bereits festgelegten Urlaubs vorgenommen werden[4]. Ist der Arbeitnehmer während der vereinbarten Urlaubszeit arbeitsunfähig, bleibt der Arbeitgeber verpflichtet, den Urlaub zu einem anderen Zeitpunkt nach Wiedergenesung des Arbeitnehmers zu gewähren[5]. Eine Regelung, die im Falle der Erkrankung des Arbeitnehmers im Urlaubszeitraum nur eine finanzielle Kompensation vorsieht, verstößt gegen Art. 7 II der Richtlinie 2003/88/EG[6].

Da der Arbeitgeber mit der Urlaubserteilung die ihm obliegende Erfüllungshandlung in Form einer Willenserklärung[7] vorgenommen hat, kann er diese **nicht** mehr **einseitig zurücknehmen**. Er kann daher den Arbeitnehmer nicht aus dem Urlaub zurückrufen[8]. Der einmal erteilte Urlaub ist für den Arbeitgeber unwiderruflich. Die Unwiderruflichkeit ist Rechtsfolge der Urlaubserteilung. Hierauf muss der Arbeitgeber bei der Urlaubserteilung nicht gesondert hinweisen. Behält er sich allerdings den Wider-

---

1 Vgl. BAG 4.5.2010 – 9 AZR 183/09, NZA 2010, 1011.
2 BAG 29.1.1960 – 1 AZR 200/58, DB 1960, 848.
3 LAG Berlin 20.6.1986 – 10 Sa 24/86, LAGE § 253 BGB Nr. 1; *Gross*, S. 33.
4 *Neumann/Fenski*, § 7 BUrlG Rz. 36; *Gross*, S. 33; *Krasshöfer*, AuA 1997, 183; *Leinemann/Linck*, § 7 BUrlG Rz. 41.
5 EuGH 21.6.2012 – Rs. C-78/11, NZA 2012, 851.
6 EuGH 21.2.2013 – Rs. C-194/12, NZA 2013, 369.
7 BAG 24.3.2009 – 9 AZR 983/07, NZA 2009, 538.
8 BAG 20.6.2000 – 9 AZR 404/99, DB 2000, 1333; *Krasshöfer*, AuA 1997, 183; *Leinemann/Linck*, § 7 BUrlG Rz. 37f.; aA teilweise ErfK/*Gallner*, § 7 BUrlG Rz. 26; *Neumann/Fenski*, § 7 BUrlG Rz. 37ff.

ruf des erteilten Urlaubs vor, so hat er keine zur Erfüllung des Urlaubsanspruchs ausreichende Befreiungserklärung abgegeben[1]. Eine Vereinbarung des Arbeitgebers mit dem Arbeitnehmer dahingehend, dass dieser damit einverstanden ist, aus dem Urlaub zurückgerufen zu werden, verstößt gegen zwingendes Urlaubsrecht (§ 13 Abs. 1 BUrlG) und ist rechtsunwirksam. Auch durch rechtsgeschäftliche Vereinbarungen kann nämlich nicht von der zwingenden urlaubsrechtlichen Vorschrift des § 13 Abs. 1 BUrlG abgewichen werden[2]. Mit der Urlaubserteilung hat der Arbeitgeber nämlich die ihm obliegende Erfüllungshandlung vorgenommen, die nicht mehr einseitig aufgehoben werden kann[3].

Zulässig ist dagegen eine freiwillige Vereinbarung nach Urlaubsgewährung, in der sich der Arbeitnehmer damit einverstanden erklärt, den Urlaub abzubrechen[4].

c) Festlegung in der Kündigungszeit

79 Bei gekündigtem Arbeitsverhältnis und noch bestehenden Urlaubsansprüchen des Arbeitnehmers kann dieser grundsätzlich davon ausgehen, dass der Arbeitgeber seine Anwesenheit im Betrieb bis zum letzten Tag des Arbeitsverhältnisses als unentbehrlich betrachtet[5]. Der Arbeitgeber muss daher die Abwicklung der Urlaubsansprüche übernehmen, wobei das **zwingende Verbot der Abgeltung** bzw. der **Vorrang der Freizeitgewährung** zu beachten ist.

80 ⊃ Hinweis: Grundsätzlich ist die Festlegung des Urlaubstermins durch den Arbeitgeber in die Kündigungsfrist zulässig[6].

81 **Beispiel 1:**

Der Arbeitnehmer hat seinen noch vorhandenen Jahresurlaub in Höhe von 18 Werktagen noch nicht genommen. Am 15.9. kündigt der Arbeitgeber das Arbeitsverhältnis zum 31.12.

Beispiel 2:

Dem Arbeitnehmer wird am 9.9. zum 30.9. gekündigt. Der Arbeitgeber legt den Urlaub in die Zeit vom 10.9.–30.9.

Beispiel 3:

Dem Arbeitnehmer wird am 9.9. zum 22.9. gekündigt unter Festlegung des Urlaubs in die Kündigungsfrist.

Beispiel 4:

Für den Arbeitnehmer ist Urlaub vom 25.9. bis 21.10. festgelegt worden. Er hat eine Urlaubsreise vom 26.9. bis 16.10. gebucht. Am 11.8. kündigt der Arbeitnehmer das Arbeitsverhältnis zum 30.9.

82 In **Beispiel 1** hat der Arbeitgeber den Urlaub nach § 7 Abs. 1 BUrlG zeitlich festzulegen. Dabei ist zu berücksichtigen, dass Freizeit zu gewähren ist und nur unter den Voraussetzungen des § 7 Abs. 4 BUrlG (vgl. Rz. 89 ff.) Abgeltung erfolgen kann.

---

1 BAG 14.3.2006 – 9 AZR 11/05, NZA 2006, 1008; 19.5.2009 – 9 AZR 433/08, NZA 2009, 1211.
2 BAG 20.6.2000 – 9 AZR 405/99, NZA 2001, 100; ErfK/*Gallner*, § 7 BUrlG Rz. 26; *Leinemann/Linck*, § 7 BUrlG Rz. 55; *Schütz/Hauck*, Rz. 448; BAG 20.6.2001 – 9 AZR 403/99, AiB 2003, 55 m. Anm. von *Backmeister*.
3 BAG 9.8.1994 – 9 AZR 384/92, NZA 1995, 174; 20.6.2000 – 9 AZR 405/99, NZA 2001, 100.
4 Ebenso Schaub/*Linck*, § 102 VIII 4d Rz. 91; LAG Hamm 11.12.2002 – 18 Sa 1475/02, NZA-RR 2003, 347.
5 BAG 16.11.1968 – 5 AZR 90/68, DB 1969, 355.
6 BAG 26.10.1956 – 1 AZR 248/55, DB 1957, 240; LAG Hamm 10.1.1979 – 1 Sa 1412/78, DB 1979, 507; LAG Schl.-Holst. 16.7.1984 – 5 Sa 192/84, BB 1985, 337; BAG 18.12.1986 – 8 AZR 481/84, DB 1987, 1259; 14.5.1986 – 8 AZR 604/84, DB 1986, 2685.

II. Erfüllung des Urlaubsanspruchs

Im **Beispiel 2** ist der Arbeitgeber berechtigt, den Urlaub in die noch verbleibende Zeit des bestehenden Arbeitsverhältnisses zu legen. Eine Ausnahme würde gelten, wenn es dem Arbeitnehmer unter dem Gesichtspunkt des billigen Ermessens nicht zuzumuten ist, die Freizeit noch während der verbleibenden Dauer des Arbeitsverhältnisses zu nehmen[1]. Das kann zB der Fall sein, wenn der Arbeitnehmer die Zeit zur Suche einer neuen Arbeitsstelle benötigt. Auch dann, wenn der Arbeitnehmer die Kündigung nicht veranlasst oder das Arbeitsverhältnis selbst aus berechtigtem persönlichen Anlass, nicht nur aus wichtigem Grund iSd. § 626 BGB gekündigt hat und sich bereits auf einen bestimmten Urlaubszeitpunkt festgelegt hatte, kann die Festlegung des Urlaubstermins in die Kündigungsfrist unzulässig sein. Der Arbeitnehmer, der in einem solchen Fall anstelle der Freizeit die Urlaubsabgeltung verlangen wird, muss im Prozess die Voraussetzungen des Abgeltungsfalles nach § 7 Abs. 4 BUrlG darlegen, dh. vortragen, inwiefern es ihm nicht zuzumuten ist, die Freizeit noch während des Arbeitsverhältnisses zu nehmen. Auch bei der Urlaubserteilung während der Kündigungsfrist sind nach § 7 Abs. 1 BUrlG die Urlaubswünsche des Arbeitnehmers zu beachten. Wenn der Arbeitnehmer der Urlaubsgewährung widerspricht, ist dies jedoch noch keine Äußerung eines Urlaubswunsches iSv. § 7 Abs. 1 Satz 1 BUrlG, der ein Annahmeverweigerungsrecht begründen könnte[2].

Für **Beispiel 3** gilt das in Beispiel 2 Ausgeführte entsprechend. Jedoch sind wegen eines Teils des Urlaubsanspruchs die Voraussetzungen der Abgeltung gegeben, da Freizeit nur während des Bestehens eines Arbeitsverhältnisses gewährt werden kann. Der Arbeitgeber hat daher noch Resturlaub abzugelten.

In **Beispiel 4** kann der Arbeitgeber den Urlaub in die Kündigungszeit legen. Im Streit über die Berechtigung einer solchen Maßnahme muss der Arbeitnehmer, der wegen seiner gebuchten Urlaubsreise Abgeltung für die Zeit bis 16.10. verlangen will, die Voraussetzungen der Abgeltung darlegen und auch beweisen. Bei konkreten Urlaubsvorbereitungen des Arbeitnehmers, wie zB durch Buchen einer Urlaubsreise, hat der Arbeitnehmer insbesondere darzulegen, dass eine Umbuchung nicht möglich war. Darüber hinaus ist bei Kündigung durch den Arbeitnehmer zu berücksichtigen, dass er die von ihm begehrte Beendigung des Arbeitsverhältnisses mit seinen Urlaubsplänen abstimmen kann. Im vorliegenden Fall hätte der Arbeitnehmer zB zum 31.10. kündigen können.

Der Arbeitgeber, der wegen eines Fehlverhaltens des Arbeitnehmers kündigt, kann den Urlaub des Arbeitnehmers, falls das Fehlverhalten in **unberechtigter Abwesenheit vom Arbeitsplatz** besteht, in die Fehlzeiten legen. In diesem Fall muss er jedoch Urlaubsentgelt bezahlen[3]. 83

Wird dem Arbeitnehmer, der noch Urlaubsanspruch hat, **fristlos gekündigt**, kann der Urlaub nur **abgegolten** werden. Wenn im Prozess um die Wirksamkeit der fristlosen Kündigung deren Unwirksamkeit festgestellt wird, wird der Urlaubsanspruch nicht dadurch erledigt, dass der Arbeitgeber nach § 615 BGB (Annahmeverzug) Lohn oder Gehalt an den Arbeitnehmer zahlen muss. Der Urlaubsanspruch kann nicht nachträglich in die Frist einer ordentlichen Kündigung gelegt werden[4]. Um dieser Rechtsfolge zu entgehen, muss der Arbeitgeber den Urlaub vorsorglich für den Fall zuweisen, dass eine vom ihm erklärte ordentliche oder außerordentliche Kündigung das Arbeitsverhältnis nicht auflöst. Diese Vorgehensweise ist nach der Rechtsprechung des BAG zulässig[5]. Erweist sich sodann im Rechtsstreit, dass die außerordentliche Kündigung das Vertragsverhältnis nicht beendet hat, so muss die zunächst abrechnungsmäßig erfolgte Urlaubsabgeltung als Urlaubsentgelt für den bereits mit Ausspruch der Kündigung angeordneten Urlaub bewertet werden. Abrechnungsmäßig ist die zunächst erfolgte Urlaubsabgeltung eine Vorschusszahlung auf das nunmehr geschuldete Urlaubsentgelt. Diese Vorauszahlung darf der Arbeitgeber ohne Rücksicht auf die Pfän- 84

---

1 BAG 5.2.1970 – 5 AZR 470/69, DB 1970, 690.
2 BAG 22.9.1992 – 9 AZR 483/91, NZA 1993, 406.
3 BAG 5.2.1970 – 5 AZR 470/69, DB 1970, 690.
4 LAG Düsseldorf 23.10.1962 – 8 Sa 329/62, DB 1962, 1704.
5 BAG 14.8.2007 – 9 AZR 934/06, NZA 2008, 473; 15.9.2011 – 8 AZR 846/09, NZA 2012, 377.

dungsfreigrenzen im Wege der Verrechnung in der erstellten Monatsabrechnung in Abzug bringen[1].

85 Wenn der Arbeitgeber fristlos und vorsorglich für den Fall der Unwirksamkeit der fristlosen Kündigung fristgemäß kündigt und den Resturlaub ebenfalls vorsorglich in die Kündigungsfrist legt, ist darin eine wirksame Urlaubserteilung zu sehen[2].

86 Eine **Suspendierung oder Freistellung des Arbeitnehmers** nach der Kündigung ist nicht ohne Weiteres als Urlaubserteilung anzusehen (s.a. Rz. 164 aE). Insbesondere besteht im Arbeitsleben kein Erfahrungssatz, dass in der Freistellung von der Arbeitspflicht eine stillschweigende Urlaubserteilung zu sehen ist[3]. Vielmehr muss die zur Erfüllung des Anspruchs erforderliche Erklärung des Arbeitgebers hinreichend deutlich erkennen lassen, dass durch die zeitliche Festlegung der Arbeitsbefreiung Urlaub gewährt wird (§ 7 Abs. 1 und Abs. 2, § 1 BUrlG)[4]. Sonst ist nicht feststellbar, ob der Arbeitgeber als Schuldner des Urlaubsanspruchs eine Erfüllungshandlung bewirken (§ 362 Abs. 1 BGB), den Beschäftigungsanspruch des Arbeitnehmers zB zur besseren Wahrung von Geschäftsgeheimnissen oder aus sonstigen Gründen als Gläubiger der Arbeitsleistung auf deren Annahme verzichten will (§ 615 BGB). Denn nach der ständigen Rechtsprechung des BAG ist der Urlaubsanspruch ein durch das BUrlG bedingter Freistellungsanspruch des Arbeitnehmers gegen den Arbeitgeber, von den vertraglichen Arbeitspflichten befreit zu werden, ohne dass die Pflicht zur Zahlung des Arbeitsentgelts berührt wird[5]. Stellt der Arbeitgeber den Arbeitnehmer bei Ausspruch der Kündigung unter Anrechnung der Urlaubsansprüche von der Arbeit völlig frei, ohne die Zeit des Urlaubs im Einzelnen festzulegen, ist idR davon auszugehen, dass der Arbeitgeber dem Arbeitnehmer die zeitliche Festlegung der Urlaubszeit überlässt, im Übrigen die Annahme der Arbeitsleistung des Arbeitnehmers ablehnt und so gem. § 293 BGB in Annahmeverzug gerät[6]. Denn der Arbeitgeber kann den Urlaubsanspruch des Arbeitnehmers dadurch erfüllen, dass er dem Arbeitnehmer das Recht einräumt, die konkrete Lage des Urlaubs innerhalb eines Zeitraums selbst zu bestimmen[7]. Ist der Arbeitnehmer damit nicht einverstanden, weil er ein Annahmeverweigerungsrecht geltend macht, hat er dies dem Arbeitgeber unverzüglich mitzuteilen[8]. Unterbleibt eine solche Mitteilung, kann der Arbeitgeber davon ausgehen, der Arbeitnehmer lege die Urlaubszeit innerhalb der Kündigungsfrist selbst fest. Ein späteres Urlaubsabgeltungsverlangen des Arbeitnehmers wäre rechtsmissbräuchlich (§ 242 BGB) und deshalb nicht begründet[9].

87 Es empfiehlt sich, hinsichtlich der Möglichkeit der Freistellung unter Anrechnung auf den Urlaub schon im **Arbeitsvertrag** folgende Regelung aufzunehmen:

Formulierungsbeispiel:

Im Falle einer Kündigung ist der Arbeitgeber berechtigt, den Arbeitnehmer bis zur Beendigung des Arbeitsverhältnisses unter Anrechnung des dem Arbeitnehmer zustehenden Urlaubs freizustellen.

---

1 LAG Köln 25.1.2012 – 8 Sa 1080/11, NZA-RR 2012, 351.
2 BAG 17.5.2011 – 9 AZR 189/10, NZA 2011, 1032.
3 BAG 16.11.1968 – 5 AZR 90/68, DB 1969, 355; so aber *Nägele*, DB 1998, 518 und 1132; dagegen auch *Hohmeister*, DB 1998, 1130; *Hoß/Lohr*, BB 1998, 2575.
4 BAG 9.6.1998 – 9 AZR 43/97, DB 1999, 52; 20.1.2009 – 9 AZR 650/07, ArbRB 2009, 98; *Krasshöfer*, AuA 1997, 181.
5 BAG 9.6.1998 – 9 AZR 43/97, DB 1999, 52; *Krasshöfer*, AuA 1997, 181; krit. zur Rspr. des BAG *Meier*, NZA 2002, 873 ff.
6 BAG 6.8.2006 – 5 AZR 703/05, DB 2006, 2583.
7 BAG 14.3.2006 – 9 AZR 11/05, NZA 2006, 1008 zu A I 4 d. Gr.
8 ErfK/*Gallner*, § 7 BUrlG Rz. 15.
9 BAG 24.10.2006 – 9 AZR 669/05, NZA 2007, 330.

Eine Klausel in einem Formulararbeitsvertrag, die festlegt, dass der Arbeitgeber den Arbeitnehmer im Falle der Kündigung freistellen darf und dass diese Zeit auf den Resturlaub angerechnet wird, verstößt nicht gegen § 307 BGB[1]. 88

Ist im Arbeitsvertrag keine entsprechende Vereinbarung erfolgt, sollte bspw. im **Aufhebungsvertrag** Entsprechendes zwischen den Parteien vereinbart werden oder bei einer einseitigen **Mitteilung des Arbeitgebers** formuliert werden (vgl. die Formulierungsvorschläge in Teil 3 C Rz. 35). 89

Besondere Aufmerksamkeit ist in der arbeitsrechtlichen Praxis der Entscheidung des BAG vom 17.5.2011[2] zu widmen. Der Arbeitgeber hatte den gekündigten Arbeitnehmer „ab sofort unter Anrechnung Ihrer Urlaubstage von Ihrer Arbeit unter Fortzahlung der Bezüge" freigestellt. Der Arbeitgeber hatte das Arbeitsverhältnis zum 31.3.2007 gekündigt und den anschließenden Kündigungsschutzprozess verloren. Streitig war zwischen den Parteien, ob durch die Freistellungserklärung des Arbeitgebers nur der Teilurlaubsanspruch für die Zeit vom 1.1. bis 31.3.2007 erfüllt war oder, wie der Arbeitgeber meinte, für das gesamte Kalenderjahr 2007. Das BAG hat entschieden, dass die zitierte Erklärung des Arbeitgebers nur eine Erfüllung der Teilurlaubsansprüche bis zum 31.3.2007 nach sich gezogen habe. Es vertritt die Auffassung, dass der Arbeitgeber eine weitergehende Urlaubsgewährung hinsichtlich der Urlaubsansprüche, die nach dem Kündigungsenddatum entstehen, klar und unmissverständlich zum Ausdruck hätte bringen müssen. 90

d) Dauer des Urlaubs und seine Berechnung

§ 3 Abs. 1 BUrlG regelt die Dauer des Urlaubs. Danach beträgt der jährliche **Mindesturlaub 24 Werktage**. Diese Bestimmung ist eine auch nicht durch Tarifvertrag abdingbare Mindestregelung. Einzelvertraglich sowie in Tarifverträgen (zB § 26 TVöD) kann nur eine längere Urlaubsdauer vereinbart werden. Zur Dauer des Urlaubs bei besonderen Personengruppen vgl. Rz. 133–136 (Jugendliche) und Rz. 143–151 (schwerbehinderte Arbeitnehmer). 91

Für die Berechnungsmethode zur Ermittlung der Dauer des Urlaubs wird in § 3 Abs. 2 BUrlG geregelt, dass als Urlaubstage **Werktage**, also alle Tage mit Ausnahme der Sonn- und gesetzlichen Feiertage, zählen. In Tarifverträgen wird zunehmend die Zahl der Urlaubstage nach **Arbeitstagen** bestimmt, wobei die Fünf-Tage-Woche berücksichtigt und die Anrechnung der freien Samstage auf den Urlaub ausgeschlossen wird. 92

Das **BAG** geht bei der Berechnung der Urlaubsdauer bei einer Fünf-Tage-Woche von folgender Umrechnung aus: 93

Für die Bestimmung der Urlaubstage werden Arbeitstage und Werktage zueinander rechnerisch in Beziehung gesetzt[3]. Dies geschieht nach folgender allgemeiner Formel: **Urlaubsanspruch geteilt durch Werktage mal Arbeitstage einer Woche.**

---

1 LAG Köln 20.2.2006 – 14 (10) Sa 1394/05, NZA-RR 2000, 342.
2 BAG 17.5.2011 – 9 AZR 189/10, NZA 2011, 1032; LAG Bln.-Bbg. 30.9.2011 – 6 Sa 1629/11, AE 2012, 100.
3 St. Rspr. seit BAG 8.3.1984 – 6 AZR 442/83, DB 1984, 1885; bspw. BAG 14.1.1992 – 9 AZR 148/91, DB 1992, 1889; 28.4.1998 – 9 AZR 314/97, DB 1998, 1034; 8.9.1998 – 9 AZR 161/97, DB 1999, 694; *Leinemann/Linck*, DB 1999, 1498.

Bei der Fünf-Tage-Woche gelten daher folgende Beispiele:
Gesetzlicher Urlaub: 24 Werktage/5-Tage-Woche

$$\frac{24 \text{ Werktage}}{6} \times 5 \text{ Arbeitstage je Woche} = 20 \text{ Arbeitstage}$$

Tariflicher Urlaub: 36 Werktage/5-Tage-Woche

$$\frac{36 \text{ Werktage}}{6} \times 5 \text{ Arbeitstage je Woche} = 30 \text{ Arbeitstage}$$

Einzelarbeitsvertraglicher Urlaub: 30 Werktage/5-Tage-Woche

$$\frac{30 \text{ Werktage}}{6} \times 5 \text{ Arbeitstage je Woche} = 25 \text{ Arbeitstage}$$

94 Auch **Teilzeitbeschäftigte** oder **Job-Sharer** haben Anspruch auf Urlaub. Für die Berechnung der Urlaubsdauer gelten die gleichen Regelungen wie bei Vollzeitbeschäftigten, doch werden sie für die Dauer der Zahl der ihnen zustehenden Urlaubstage von der Arbeit freigestellt[1].

Beispiel:

Tarifvertraglicher Urlaub: 25 Arbeitstage/5-Tage-Woche; Arbeitnehmer arbeitet zwei Tage/Woche

$$\frac{25 \text{ Arbeitstage}}{5} \times 2 = 10 \text{ Arbeitstage}$$

95 Wird in einem Tarifvertrag die Dauer des jährlichen Erholungsanspruchs auf 30 Arbeitstage festgelegt, so ist davon auszugehen, dass dann die Verteilung auf fünf Tage zugrunde liegt. Verteilt sich die regelmäßige Arbeitszeit auf mehr oder weniger als fünf Arbeitstage in der Woche, erhöht oder vermindert sich die Urlaubsdauer entsprechend (entsprechend bei der Vier-Tage-Woche auf 24 Tage)[2].

96 Auch **geringfügig Beschäftigte** haben einen Urlaubsanspruch. Die Dauer des Urlaubs ergibt sich aus der Zahl der zu arbeitenden Arbeitstage. Daher hat auch die zweimal wöchentlich jeweils vier Stunden arbeitende Reinigungskraft einen Urlaubsanspruch. Die Gesamtdauer des Urlaubs (24 Tage) ist durch die Zahl der Werktage (sechs Tage) zu teilen und mit der Zahl der zu leistenden Arbeitstage zu multiplizieren.

Beispiel:

$$\frac{24 \text{ Tage}}{6 \text{ Werktage}} \times 2 \text{ Arbeitstage} = 8 \text{ Arbeitstage}$$

Die geringfügig beschäftigte Reinigungskraft hat also Anspruch auf Arbeitsfreistellung für acht Arbeitstage[3].

97 Ist die regelmäßige Arbeitszeit eines Arbeitnehmers auf einen Zeitraum verteilt, der **nicht mit einer Kalenderwoche übereinstimmt**, muss für die Umrechnung eines nach Arbeitstagen bemessenen Urlaubsanspruchs auf längere Zeitabschnitte als eine Woche abgestellt werden[4].

---

1 *Leinemann/Linck*, DB 1999, 1498.
2 BAG 20.6.2000 – 9 AZR 309/99, DB 2001, 651.
3 *Leinemann/Linck*, DB 1999, 1499.
4 BAG 22.10.1991 – 9 AZR 621/90, NZA 1993, 79; zur Urlaubsberechnung im Schichtbetrieb: BAG 15.3.2011 – 9 AZR 799/09, AP Nr. 1 zu § 26 TVöD.

II. Erfüllung des Urlaubsanspruchs

Wenn sich die vertraglich vereinbarte Jahresarbeitszeit nur jährlich wiederholt, kann die Umrechnung auch dadurch erfolgen, dass für die Bestimmung der Urlaubsdauer von der möglichen **Jahresarbeitszeit** ausgegangen wird[1].

Die Urlaubsdauer errechnet sich bei einer **flexiblen Arbeitszeit** folgendermaßen: Gesetzliche oder tarifliche Urlaubsdauer, geteilt durch die Jahreswerktage (oder bei einem auf Arbeitstage bezogenen Urlaubsanspruch die Jahresarbeitstage), multipliziert mit den Tagen, an denen der Arbeitnehmer zur Arbeit verpflichtet ist[2]. 98

Beispiel:

Hat ein Arbeitnehmer mit einem Urlaubsanspruch von 38 Werktagen in einer Sechs-Tage-Woche im Rahmen eines rollierenden Freizeitsystems 26 Wochen an 5 Tagen, 21 Wochen an 4 Tagen und 5 Wochen an 3 Tagen zu arbeiten, so ist der Urlaub folgendermaßen zu berechnen:

Urlaubsdauer von 38 Werktagen, geteilt durch 312 Jahreswerktage (52 Wochen × 6 Werktage), multipliziert mit 229 Arbeitstagen (26 Wochen × 5 Arbeitstagen + 21 Wochen × 4 Arbeitstagen + 5 Wochen × 3 Arbeitstagen). Hieraus ergibt sich eine Urlaubsdauer von 27,89 Arbeitstagen.

Dabei ist der über 27 Tage hinausreichende Bruchteil weder auf- noch abzurunden, da § 5 Abs. 2 BUrlG nicht einschlägig ist[3].

Kurzarbeiter sind als „vorübergehend teilzeitbeschäftigte Mitarbeiter" anzusehen mit der Folge, dass sich ihr Anspruch auf bezahlten Jahresurlaub nach dem Pro-rata-temporis-Grundsatz mindert[4]. 98a

Ein in die Urlaubszeit fallendes Ereignis, bei dem dem Arbeitnehmer ohne Urlaub Freizeit unter Fortzahlung der Bezüge nach § 616 Abs. 1 BGB zugestanden hätte (zB Niederkunft der Ehefrau), begründet für die Arbeitnehmer **keinen Anspruch auf Nachgewährung eines Urlaubstages**, soweit keine entsprechende einzelvertragliche oder tarifvertragliche Regelung besteht[5]. Nach dem Urteil des BAG gibt es keinen entsprechenden allgemeinen Rechtssatz. Solche Ereignisse fallen demnach in den Risikobereich jedes einzelnen Arbeitnehmers. Auch sonstige familiäre Ereignisse in der Urlaubszeit begründen keinen Anspruch auf Nachurlaub[6]. Eine Nachgewährung hat nur in solchen Fällen zu erfolgen, in denen der Lohn für den aufgrund bestimmter Ereignisse eintretenden Verdienstausfall kraft Gesetzes unabdingbar weiterzuzahlen ist (zB Krankheit, Kur, Musterung)[7]. 99

Für freigestellte Betriebsratsmitglieder gilt Rz. 21 aE.

3. Urlaubsentgelt

a) Berechnung des Urlaubsentgelts

Nach § 11 BUrlG ist das Urlaubsentgelt aus dem in den **letzten 13 abgerechneten Wochen** vor Urlaubsantritt erzielten Arbeitsverdienst zu errechnen. Es muss daher der Gesamtarbeitsverdienst des Arbeitnehmers im 13-Wochen-Zeitraum ermittelt werden. Dazu zählen neben dem normalen Arbeitsentgelt alle **Zulagen**, die im Zusam- 100

---

1 BAG 18.2.1997 – 9 AZR 738/95, NZA 1997, 1123.
2 *Leinemann/Linck*, § 3 BUrlG Rz. 39–47.
3 Vgl. *Leinemann/Linck*, § 3 BUrlG Rz. 46.
4 EuGH 8.11.2012 – Rs. C-229/11, C-230/11, NZA 2012, 1273.
5 BAG 17.10.1985 – 6 AZR 571/82, DB 1986, 438; 9.8.1994 – 9 AZR 384/92, NZA 1995, 174; ErfK/*Gallner*, § 7 BUrlG Rz. 23; *Leinemann/Linck*, § 1 BUrlG Rz. 56; *Friese*, Rz. 107.
6 BAG 11.1.1966 – 5 AZR 383/65, DB 1966, 156 und 427.
7 BAG 11.1.1966 – 5 AZR 383/65, BB 1966, 369; 1.8.1963 – 5 AZR 74/63, DB 1963, 1579; zur Auswirkung von Krankheit auf den gesetzlichen Mindesturlaub vgl. EuGH 21.6.2012 – Rs. C-7811, NZA 2012, 851.

menhang mit der Arbeitsleistung bezahlt worden sind, wie zB Erschwerniszulagen, Schmutzzulagen, Gefahrenzulagen oder Schichtzulagen. So ist es zB entscheidend, ob der Beschäftigte ohne die Arbeitsbefreiung die geforderten Schichten geleistet hätte[1]. Zu beachten ist in diesem Zusammenhang auch der sich aus Art. 7 der Richtlinie 2003/88/EG ergebende Arbeitsschutz. Nach der Rechtsprechung des EuGH unterfällt die Regelung der Urlaubsvergütung „den Bedingungen für die Inanspruchnahme und Gewährung" des bezahlten Jahresurlaubs iSv. Art. 7 I Richtlinie 2003/88/EG und damit der Kompetenz der Mitgliedsstaaten. Soweit sich aber die Gestaltung der Vergütungsregelung auf die Bereitschaft des Arbeitnehmers überhaupt Urlaub tatsächlich zu nehmen auswirkt, ist das „Ob" der Urlaubsgewährung betroffen und damit der Schutzanspruch der Richtlinie 2003/88/EG beeinträchtigt[2]. Der EuGH verlangt daher, dass dem Arbeitnehmer neben seinem Grundgehalt auch alle Bestandteile, die untrennbar mit der Erfüllung der arbeitsvertraglichen Aufgaben verbunden sind, im Rahmen der Zahlung der Urlaubsvergütung abgegolten werden. Dies umfasst auch die Gehaltsbestandteile, die an seine persönliche und berufliche Stellung anknüpfen[3]. Die Vorgaben des EuGH gelten nur für die Vergütung des gesetzlichen Mindesturlaubs[4].

101 Für den Urlaub, der den gesetzlichen Mindestanspruch übersteigt, ist diese Berechnungsregel nicht ohne Weiteres anwendbar. Es steht sowohl den Arbeits- als auch den Tarifvertragsparteien frei, für weitergehende Urlaubsansprüche auch hinsichtlich der Berechnung des Urlaubsentgelts eigenständige Regelungen zu treffen. Allerdings ist hierbei nach einer Entscheidung des BAG[5] zu beachten, dass § 13 Abs. 1 BUrlG nicht zu Eingriffen in den Grundsatz des bezahlten Mindesturlaubs ermächtigt, wie er aus §§ 1, 2 und 3 Abs. 1 BUrlG folgt. Die Tarifvertragsparteien dürfen danach nur solche Methoden zur Berechnung des Urlaubsentgelts vereinbaren, die geeignet sind, ein Urlaubsentgelt sicherzustellen, wie es der Arbeitnehmer bei der Weiterarbeit ohne Freistellung voraussichtlich hätte erwarten können. Aufgrund der Tarifautonomie kommt ihnen dabei zwar ein weiter Beurteilungsspielraum zu. Sie dürfen aber keine Berechnungsvorschriften vereinbaren, die zielgerichtet der Kürzung des Urlaubsentgelts dienen. Bei der Beurteilung, ob die tarifvertragliche Berechnungsmethode letztlich doch günstiger ist als die gesetzliche Regelung, sind weder ein Urlaubsgeld noch zusätzliche Urlaubstage in den Vergleich einzubeziehen, denn im Urlaubsrecht ist der Günstigkeitsvergleich nur anhand der jeweils einzelnen Vorschrift und nicht in Gestalt einer Gruppenabwägung vorzunehmen[6]. Die Tarifvertragsparteien weichen unter Verstoß gegen § 13 Abs. 1 BUrlG von dem in § 1 BUrlG geregelten Grundsatz des bezahlten Erholungsurlaubs ab, wenn sie eine Berechnung des Urlaubsentgelts vorsehen, nach der Zeiten der Arbeitsunfähigkeit ohne Entgeltfortzahlung zu einer erheblichen Minderung oder dem Wegfall des Urlaubsentgelts führen[7]. Eine arbeitsvertragliche Regelung, nach der die in Folge der Freistellung zur Erfüllung des Urlaubsanspruchs ausgefallenen Soll-Arbeitsstunden nur zu einem geringen Teil in das Arbeitszeitkonto eingestellt werden, verstößt gegen § 13 Abs. 1 BUrlG. Aus dem Anspruch auf bezahlten Erholungsurlaub gem. § 1 BUrlG folgt, dass die durch den Urlaub ausgefallenen Soll-Stunden als Ist-Stunden zu berücksichtigen sind[8].

---

1 BAG 24.3.2010 – 10 AZR 58/09, NZA 2010, 8.
2 EuGH 15.9.2011 – Rs. C-155/10, NZA 2011, 1167; 22.5.2014 – Rs. C-539/12, NZA 2014, 593.
3 EuGH 15.9.2011 – Rs. C-155/10, NZA 2011, 1167; 22.5.2014 – Rs. C-539/12, NZA 2014, 593.
4 BVerfG 15.5.2014 – 2 BuR 324/14, NZA 2014, 838.
5 BAG 22.1.2002 – 9 AZR 601/00, DB 2002, 1835 ff.; 19.1.12010 – 9 AZR 246/09, BB 2010, 1596.
6 BAG 15.12.2009 – 9 AZR 887/08, FA 2010, 60.
7 BAG 15.1.2013 – 9 AZR 465/11, NZA 2014, 504.
8 BAG 19.6.2012 – 9 AZR 712/10, NZA 2012, 1227.

II. Erfüllung des Urlaubsanspruchs

102 Die Tarifvertragsparteien dürfen für die Bemessung des Urlaubsentgelts den konkreten Lohnausfall heranziehen[1]. Ebenso dürfen sie regeln, das Urlaubsentgelt nach dem Durchschnitt der letzten vor der Urlaubsgewährung abgerechneten zwölf Kalendermonate zu bemessen. Das gilt auch für den gesetzlichen Mindesturlaub[2]. Es ist auch zulässig, wenn die Tarifvertragsparteien dem Arbeitgeber die Auswahl zwischen beiden Berechnungsmethoden überlassen. Ein solches Wahlrecht muss der Arbeitgeber nach billigem Ermessen ausüben. Bei der Ausübung dieses Wahlrechts hat der Betriebsrat ein Mitbestimmungsrecht nach § 87 Abs. 1 Nr. 10 BetrVG.

103 Angefallene **Überstundenvergütungen** im Berechnungszeitraum sind nicht mehr zu berücksichtigen[3]. Dies gilt jedoch nicht, wenn ein Tarifvertrag bspw. eine eigenständige Regelung für die Berechnung des Urlaubsentgelts enthält. Dann kann Verdienst für Überstunden zu berücksichtigen sein[4].

Umstritten ist, ob damit die gesamte Vergütung für die geleisteten Überstunden unberücksichtigt bleiben muss[5] oder nur die Zuschläge für die geleisteten Überstunden. Vor dem Hintergrund der in Rz. 100 dargestellten Rechtsprechung des EuGH zur Urlaubsvergütung erscheint fraglich, ob die Nichtberücksichtigung von Überstunden unionsrechtskonform ist[6].

Bereitschaftsdienst und **Rufbereitschaft** sind keine Überstunden iSv. § 11 Abs. 1 Satz 1 BUrlG[7]. Sind dem Arbeitnehmer im Bezugszeitraum Mehrarbeitsvergütungen ohne Rechtsgrund gezahlt worden, so ist der Arbeitgeber berechtigt, dies bei der Bemessung des Urlaubsentgelts zu berücksichtigen[8].

104 Enthält ein Tarifvertrag eine Regelung, wonach Arbeitnehmern eine Pause ohne Lohnabzug gewährt wird (zB MTV für die holz- und kunststoffverarbeitende Industrie Rheinland-Pfalz v. 17.3.1992), so ist bei der Bemessung des tariflichen Urlaubsentgelts die **Pausenvergütung** einzubeziehen[9].

105 **Spesen, Fahrgeld oder Auslösungen**, die der Arbeitnehmer als Ersatz für Aufwendungen erhält, zählen nicht zum Arbeitsentgelt und bleiben bei der Urlaubsentgeltberechnung außer Betracht. Gleiches gilt für **einmalige Leistungen** wie Weihnachtsgratifikationen oder Treueprämien, die im Berechnungszeitraum zur Auszahlung gelangen.

106 Bei Bezahlung auf **Provisionsbasis** ist die im Durchschnitt der letzten 13 Wochen erzielte Provision zu zahlen. In einem solchen Fall kann aber die Natur des Arbeitsverhältnisses es von vornherein ausschließen, auf der Basis von 13 Wochen ein verlässliches Bild des erzielten Arbeitsverdienstes zu gewinnen. Man wird dann einen längeren Berechnungszeitraum wählen müssen[10]. So kann auch bei Bedienungsprozenten im Gaststättengewerbe verfahren werden[11].

Für die Berechnung des Verdienstes sind **alle Provisionsleistungen** zu berücksichtigen, die ein Handlungsgehilfe für die Vermittlung oder den Abschluss von Geschäften

---

1 BAG 3.12.2002 – 9 AZR 535/01, BB 2003, 1232.
2 BAG 17.11.2009 – 9 AZR 844/08, DB 2010, 850.
3 Art. 2 Nr. 2 des Arbeitsrechtlichen Beschäftigungsförderungsgesetzes v. 25.9.1996 (BGBl. I, 1476).
4 BAG 5.11.2002 – 9 AZR 658/00, DB 2003, 945.
5 So zutreffend wegen der eindeutigen Gesetzesformulierung „zusätzlich" *Neumann/Fenski*, § 11 BUrlG Rz. 44; ErfK/*Gallner*, § 11 BUrlG Rz. 7; *Friese*, Rz. 339; BAG 22.2.2000 – 9 AZR 107/99, DB 2001, 1258; aA *Leinemann/Linck*, § 11 BUrlG Rz. 43–45.
6 *Franzen*, NZA 2014, 647.
7 BAG 24.10.2000 – 9 AZR 684/99, DB 2001, 822.
8 BAG 12.12.2000 – 9 AZR 508/99, NZA 2001, 514.
9 BAG 23.1.2001 – 9 AZR 4/00, NZA 2002, 224.
10 BAG 9.12.1965 – 5 AZR 175/65, DB 1966, 306; 19.9.1985 – 6 AZR 460/83, DB 1986, 699.
11 BAG 30.7.1975 – 5 AZR 342/74, DB 1976, 106.

vertragsgemäß erhält. Ist vereinbart, dass der Arbeitgeber auf die erwarteten Provisionen monatlich Vorschüsse leistet und später abrechnet, sind entsprechend der Vereinbarung die in den letzten drei vollen Kalendermonaten vor Urlaubsbeginn nach § 87a Abs. 1 HGB fällig gewordenen Provisionsansprüche zugrunde zu legen. Im Bezugszeitraum des § 11 Abs. 1 Satz 1 BUrlG fällige Ansprüche auf Bezirksprovision iSv. § 87 Abs. 2 HGB sind für die Durchschnittsberechnung nicht zu berücksichtigen[1].

107 Erhält der Arbeitnehmer während des Arbeitsverhältnisses **Sachbezüge** (Kost, Logis), die während des Urlaubs nicht weitergewährt werden, so sind diese für die Dauer des Urlaubs entsprechend der Sachbezugsordnung[2] in bar abzugelten.

108 Wird im **Akkord** gearbeitet, wird nach der üblichen Abrechnungsmethode ermittelt, was der Arbeitnehmer tatsächlich erhalten hat.

108a Gewährt der Verleiher dem Leiharbeitnehmer während des Zeitraums einer Überlassung Urlaub, berechnet sich das Urlaubsentgelt nach den dafür beim Entleiher anzuwendenden Bestimmungen. Fehlt es an einschlägigen tariflichen Urlaubsregelungen (§ 13 Abs. 1 Satz 1, 2 BUrlG) beim Entleiher, bleibt es bei der Bemessung des Urlaubsentgelts nach den Vorgaben des § 11 Abs. 1 BUrlG[3].

109 **Tantiemen** und **Gewinnbeteiligungen**, bei denen die zeitliche Bindung an eine bestimmte Arbeitsleistung fehlt, und die nur zufällig im Berechnungszeitraum anfallen, sind nicht mitzurechnen[4].

110 Besteht das Arbeitsverhältnis **noch keine 13 Wochen**, ist von dem gesetzlichen Bezugszeitraum abzuweichen und entsprechend der Dauer des Arbeitsverhältnisses zu rechnen. Dasselbe gilt für Krankheit und den dadurch verursachten Entfall eines Arbeitsverdienstes.

111 Der Urlaub wird gem. § 3 BUrlG nach **Werktagen** berechnet; es muss daher das Urlaubsentgelt regelmäßig auch tageweise berechnet werden.

Der **Tagesverdienst** errechnet sich aus dem Verdienst der letzten 13 Wochen, geteilt durch die Arbeitstage. Dabei sind alle Arbeitstage zu berücksichtigen[5].

Bei **Wochenlohn** ist die Tagesvergütung zu ermitteln, indem man den Wochenlohn durch sechs teilt; bei **Monatslohn** gilt der Divisor 26. Eine andere Berechnungsart kann durch Tarifvertrag oder auch einzelvertraglich zugunsten des Arbeitnehmers vereinbart werden.

112 Für **Teilzeitbeschäftigte** ist Folgendes zu berücksichtigen:

Der EuGH hat sich mit dem Wechsel eines Arbeitnehmers von Vollzeitbeschäftigung in Teilzeitbeschäftigung in der Konstellation befasst[6], dass ein Arbeitnehmer tatsächlich nicht die Möglichkeit hatte, seinen während der Vollzeitbeschäftigung erworbenen Urlaubsanspruch zu nehmen und in Zukunft nur in Teilzeit arbeitet. Der EuGH hat darauf erkannt, dass der Umfang des noch nicht verbrauchten Erholungsurlaubs nicht in der Weise angepasst werden darf, dass der vom Arbeitnehmer in der Zeit der

---

1 BAG 11.4.2000 – 9 AZR 266/99, NZA 2001, 153.
2 Verordnung über die Sozialversicherungsrechtliche Beurteilung von Zuwendungen des Arbeitgebers als Arbeitsentgelt v. 21.12.2006, BGBl. I, 3385, zuletzt geändert am 24.11.2014, BGBl. I, 1799.
3 BAG 23.10.2013 – 5 AZR 135/12, NZA 2014, 200.
4 BAG 24.2.1972 – 5 AZR 414/71, DB 1972, 832 und 1832.
5 BAG 9.12.1965 – 5 AZR 175/65, DB 1966, 306.
6 EuGH 22.4.2010 – Rs. C-486/08, NZA 2010, 557; 13.6.2013 – Rs. C-415/12, NZA 2013, 775.

II. Erfüllung des Urlaubsanspruchs

Vollzeitbeschäftigung erworbene Urlaubsanspruch reduziert wird oder der Arbeitnehmer für diesen Urlaub ein geringeres Urlaubsentgelt erhält. Aus den Entscheidungen ergeben sich folgende Auswirkungen:

- Der in der Vollzeitbeschäftigung erworbene Urlaubsanspruch darf sowohl hinsichtlich des zeitlichen Freistellungselements als auch des Urlaubsentgeltmoments (dh. die Entgeltfortzahlung während des Urlaubs) beim Übergang von einer Vollzeit- zu einer Teilzeitbeschäftigung nicht reduziert werden. Von der finanziellen und der zeitlichen Wertigkeit her muss der Urlaubsanspruch gleich bleiben. Reduziert ein Arbeitnehmer die Anzahl der Wochenarbeitstage zB von fünf auf drei, so reduzierte sich bislang der in der Vollzeitbeschäftigung erworbene gesetzliche Urlaub von 20 auf 12 Tage. Nach den Urteilen des EuGH bleiben dem Arbeitnehmer 20 Tage erhalten.

- Reduziert der Arbeitnehmer seine tägliche Arbeitszeit im laufenden Urlaubsjahr zB von acht auf vier Stunden, bleibt der gesetzliche Anspruch von 20 Tagen voll erhalten. Das Urlaubsentgelt ist aber reduziert und der Freistellungsanspruch von der zeitlichen Wertigkeit geringer, dh. der Arbeitnehmer wird nur einen *halben* Tag freigestellt. Folge der Urteile des EuGH in dieser Fallkonstellation ist, dass das Urlaubsentgelt auch nach dem Übergang zur Teilzeit dem der Vollzeitbeschäftigung entsprechen muss[1]. Der Arbeitnehmer erhält für zwanzig Tage ein Urlaubsentgelt in einer der Vollzeitbeschäftigung entsprechenden Höhe. Eine Erhöhung der Anzahl der Urlaubstage tritt nicht ein[2]. Für den während der Teilzeitbeschäftigung neu entstehenden Urlaub ist eine Anpassung auch nach den Urteilen des EuGH möglich. In diesem Zusammenhang muss der Urlaubsanspruch auch im laufenden Urlaubsjahr nach Zeitabschnitten berechnet werden. In der Literatur wurde bislang für die Anpassung des Urlaubsanspruchs im laufenden Urlaubsjahr vertreten, dass die Urlaubsansprüche zeitanteilig, also gesondert nach Abschnitten für Vollzeit- und Teilzeitbeschäftigung, zu berechnen sind[3]. Ändert sich die Arbeitszeit im Beispiel unter (1) zum 1.7., so stünden dem Arbeitnehmer bis zum 30.6. zehn Tage gesetzlicher Urlaub zu, ab dem 1.7. jedoch nur sechs Tage, also insgesamt 16 Tage in dem Jahr. Reduziert der Arbeitnehmer im Beispiel unter (2) seine Arbeitszeit um 50 %, so stünde ihm bis zum 30.6. ein Urlaubsanspruch von zehn Tagen bei vollem Entgelt und zehn Tagen bei reduziertem Entgelt, dh. insgesamt 30 *halbe* Tage (nach Reduzierung der Arbeitszeit) zu. Diese Auffassung hat der EuGH mit seinen Urteilen vom 13.6.2013 bestätigt.

Nach der Entscheidung des LAG Niedersachsen[4] ist in diesem Zusammenhang auch nicht zwischen garantiertem Mindesturlaub und dem darüber hinausgehenden tariflichen Mehrurlaub zu unterscheiden. Auch für den tariflichen Mehrurlaub kommt mithin eine Quotierung bei einem Wechsel von Vollzeit in Teilzeitbeschäftigung nicht in Betracht.

Wenn während des Bezugszeitraums oder während des Urlaubs eine **Verdiensterhöhung** nicht nur vorübergehender Art, zB durch Tariferhöhung, eintritt, muss die Berechnung so durchgeführt werden, als wenn der erhöhte Verdienst schon seit Beginn des Bezugszeitraums bestanden hätte (§ 11 Abs. 1 Satz 2 BUrlG)[5]. Bei **Verdienstminderung** des Arbeitnehmers im Berechnungszeitraum wegen Kurzarbeit, Arbeitsausfällen oder sonstiger unverschuldeter Arbeitsversäumnis ist der Verdienst auf den normalen Verdienst ohne die Minderung hochzurechnen (§ 11 Abs. 1 Satz 3 BUrlG).

---

1 *Schubert*, NZA 2013, 1108.
2 *Stiebert/Imani*, NZA 2013, 1338.
3 ErfK/*Gallner*, § 3 BUrlG Rz. 15; *Stiebert/Imani*, NZA 2013, 1338.
4 LAG Nds. 11.6.2014 – 2 Sa 125/14, NZA-RR 2014, 527.
5 BAG 5.9.2002 – 9 AZR 236/01, DB 2003, 776.

114 Verdienstminderungen infolge **Kurzarbeit und Arbeitsausfall** im Berechnungszeitraum bleiben nach Auffassung des BAG aber bei der Berechnung des Urlaubsentgelts nur dann außer Betracht, wenn der urlaubsberechtigte Arbeitnehmer selbst Kurzarbeit geleistet hat oder unmittelbar von einem Arbeitsunfall betroffen war[1].

Werden in einem Tarifvertrag bei der Berechnung der Urlaubsvergütung **Kurzarbeitszeiten** als Berechnungsfaktor anspruchsmindernd berücksichtigt, ist dies nicht zu beanstanden, wenn die Urlaubsvergütung durch die Einbeziehung eines Zuschlags (Urlaubsgeld) insgesamt höher ist, als der Lohnanspruch ohne die Berücksichtigung der Kurzarbeit gewesen wäre[2].

Stellt eine Berechnungsregelung in einem Tarifvertrag für den Anspruch auf Urlaubsentgelt nur auf im Bezugszeitraum **tatsächlich geleistete und bezahlte Arbeit** ab, ist es ausgeschlossen, Arbeitszeit in die Berechnung einzubeziehen, die wegen Kurzarbeit ausgefallen ist[3].

115 Eine vertragliche Regelung, die den während des gesetzlichen Mindesturlaubs weiterbestehenden Vergütungsanspruch des Arbeitnehmers mindert, ist unwirksam[4].

Während der urlaubsbedingten Abwesenheit des Arbeitnehmers **weiterbezahlte Teile des Arbeitsentgelts** sind bei der Ermittlung des Gesamtverdienstes des 13-Wochen-Zeitraums grundsätzlich nicht zu berücksichtigen[5].

b) Auszahlung des Urlaubsentgelts

116 Nach § 11 Abs. 2 BUrlG ist das Urlaubsentgelt **vor Antritt des Urlaubs** auszuzahlen. Der Arbeitnehmer muss in angemessener Zeit vor Beginn des Urlaubs über das Geld verfügen können.

117 Bei Angestellten, die regelmäßig nachträglich am Monatsende ihr Gehalt bekommen und idR auch während des Urlaubs das Gehalt wie üblich fortbeziehen, ist davon auszugehen, dass diese Zahlung wegen der eindeutigen Regelung des § 11 Abs. 2 BUrlG verspätet ist. Von einer einvernehmlichen schlüssigen Vereinbarung dieses späteren Zeitpunkts kann wegen § 13 Abs. 1 Satz 3 BUrlG nicht ausgegangen werden. Eine solche Vereinbarung wäre unwirksam[6]. Entsprechende tarifliche Regelungen sind aber nach § 13 Abs. 1 Satz 1 BUrlG wirksam.

118 Eine rechtswirksame Zahlung von Urlaubsentgelt setzt voraus, dass sie in bestimmter, **vom sonstigen Arbeitsentgelt abgegrenzter und unterscheidbarer Höhe** erfolgt[7]. Die Lohnabrechnung muss eine Abgrenzung zwischen Urlaubsentgelt und Arbeitsentgelt zulassen und die Bestimmung der Höhe des Urlaubsentgelts ermöglichen. Eine derartige Verpflichtung ergibt sich aus § 108 Abs. 1 GewO[8].

119 Eine arbeitsrechtliche Vereinbarung, nach der das Urlaubsentgelt als „Zuschlag" in den jeweiligen Stundenlohn einbezogen wird, ist unwirksam. Dies gilt jedenfalls dann, wenn der Urlaubsentgeltanteil nicht transparent und nachvollziehbar für den Arbeitnehmer erkennbar ist[9]. Durch dieses Urteil des EuGH werden die Arbeitgeber

---

1 BAG 27.6.1978 – 6 AZR 753/76, DB 1978, 1939; vgl. zur Umrechnung des Urlaubsanspruchs bei Kurzarbeit im Einzelnen: *Rudkowski*, NZA 2012, 74.
2 BAG 13.11.1986 – 8 AZR 224/84, DB 1987, 843.
3 BAG 27.1.1987 – 8 AZR 66/84, DB 1987, 1363.
4 BAG 21.3.1985 – 6 AZR 565/82, DB 1985, 2153.
5 BAG 5.2.1970 – 5 AZR 223/69, DB 1970, 787.
6 ErfK/*Gallner*, § 11 BUrlG Rz. 27; *Leinemann/Linck*, § 11 BUrlG Rz. 83.
7 BAG 3.11.1965 – 5 AZR 157/65, DB 1966, 196.
8 Gewerbeordnung v. 22.2.1996 (BGBl. I, 202), zuletzt geändert durch Gesetz v. 11.8.2014 (BGBl. I, 1348).
9 EuGH 16.3.2006 – Rs. C-131/04 und C-257/04, NZA 2006, 481.

II. Erfüllung des Urlaubsanspruchs

zwar nicht verpflichtet, das Urlaubsentgelt grundsätzlich getrennt auszuzahlen. Ist es jedoch in einer Lohnsumme enthalten, muss genau aufgeschlüsselt werden, für wie viele Urlaubstage der entsprechende Lohn gezahlt wird. Der EuGH sieht dies als unverzichtbaren Kontrollmechanismus für die Überwachung des auch nach den europäischen Arbeitszeitrichtlinien zu beachtenden bezahlten Mindesturlaubs von vier Wochen im Jahr an. Den Arbeitgeber trifft im Streitfall die Beweislast für diesen Nachweis. Kann er ihn nicht führen, so kann es uU zu einer doppelten Verpflichtung zur Urlaubsentgeltzahlung kommen.

Der Arbeitgeber ist darüber hinaus zur Zahlung des Urlaubsentgelts an den im Urlaub befindlichen Arbeitnehmer auch während **Streiktagen** verpflichtet, da ein bewilligter Urlaub nicht dadurch unterbrochen wird, dass während des Urlaubs der Betrieb bestreikt wird[1].

c) Rückforderung zu viel gezahlten Urlaubsentgelts

Zahlt der Arbeitgeber infolge falscher Berechnung dem Arbeitnehmer irrtümlich zu viel Urlaubsentgelt aus, so kann er den zu viel gezahlten Betrag ebenso wie zu viel gezahlten Lohn nach **§§ 812 ff. BGB** zurückfordern[2]. Wegen der insoweit geltenden Verjährungsfristen wird auf Rz. 187 verwiesen.

Zur Rückforderung zu viel gezahlten Urlaubsentgelts wegen zu viel erteilten Urlaubs vgl. Rz. 200 f.

d) Ausgleichsanspruch zwischen bisherigem und neuem Betriebsinhaber bei Erfüllung vor Betriebsübergang entstandener Urlaubsansprüche

Im Falle des Betriebsübergangs kann der neue Inhaber gegen den bisherigen Inhaber des Betriebs wegen des an die Arbeitnehmer in deren Urlaub gezahlten Arbeitsentgelts einen Anspruch auf Ausgleich unter Gesamtschuldnern haben[3].

4. Urlaubsgeld

Neben dem für die Urlaubszeit zu gewährenden Urlaubsentgelt nach § 11 BUrlG erhalten Arbeitnehmer häufig aus Anlass des Urlaubs eine **betriebliche Sonderzuwendung**, die vom Urlaubsentgelt und dessen rechtlicher Behandlung zu unterscheiden ist. Diese zusätzliche Leistung des Arbeitgebers, hinter der kein Freizeitanspruch steht, nennt man Urlaubsgeld[4]. Die Zahlung des Urlaubsgeldes wird häufig mit einem Rückzahlungsvorbehalt belastet und ist in diesem Falle wie eine Gratifikation zu behandeln. Wegen Rückzahlung des Urlaubsentgelts vgl. Rz. 200 f.

Ob Urlaubsgeld zu gewähren ist, hängt von den jeweils maßgeblichen Regelungen ab. Entweder wird Urlaubsgeld im Zusammenhang mit der Gewährung von Urlaub geschuldet oder unabhängig davon[5].

Der Arbeitgeber kann im Arbeitsvertrag ein Urlaubsgeld in der Weise in Aussicht stellen, dass er sich jedes Jahr erneut die Entscheidung vorbehält, ob und unter welchen

---

1 BAG 9.2.1982 – 1 AZR 567/79, DB 1982, 1328.
2 BAG 31.3.1960 – 5 AZR 441/57, DB 1960, 612; so auch die überwiegende Meinung in der Lit., vgl. *Neumann/Fenski*, § 5 BUrlG Rz. 53, § 11 BUrlG Rz. 82; *Gross*, S. 42.
3 OLG Jena 2.5.2012 – 7 U 971/11, ZIP 2012, 1629 (Ls.).
4 BAG 9.3.1967 – 5 AZR 292/66, DB 1967, 823; 15.3.1973 – 5 AZR 525/72, DB 1973, 973; ausführlicher hierzu *Sibben*, DB 1997, 1178 ff.
5 BAG 19.11.1996 – 9 AZR 640/95, DB 1997, 1473; 18.3.1997 – 9 AZR 84/96, BB 1997, 2278; 21.10.1997 – 9 AZR 255/96, DB 1998, 1334; 19.1.1999 – 9 AZR 158/98, DB 1999, 1761.

Voraussetzungen es gezahlt werden soll. Dies muss jedoch in der Vereinbarung genügend deutlich zum Ausdruck gebracht werden[1].

125 Verweist ein Arbeitsvertrag für den Urlaub auf die **Geltung tariflicher Regelungen**, ist das regelmäßig als Bezugnahme auf den gesamten tariflichen Regelungskomplex „Urlaub" zu verstehen. Dazu gehört auch ein tarifliches Urlaubsgeld. Auf eine solche Bezugnahmeklausel ist die Unklarheitenregel nach § 305c Abs. 2 BGB nicht anzuwenden. Die Regelung ist hinreichend klar[2].

Enthält ein Tarifvertrag eine Regelung, nach der der Anspruch auf das „Urlaubsgeld" entfällt, wenn eine werdende Mutter sich vor der Geburt entscheidet, die Schutzfrist nach § 3 Abs. 2 MuSchG in Anspruch zu nehmen, anstatt weiterzuarbeiten, so verstößt eine solche Regelung gegen die in Art. 6 Abs. 4 GG festgelegte Schutzpflicht[3]. Ein solcher Verstoß hat zur Folge, dass der Anspruch auf die tarifliche Jahressonderleistung „Urlaubsgeld" auch bei Inanspruchnahme der Schutzfrist erhalten bleibt.

126 Das BAG hat sich auch mit der Frage der Zahlung von Urlaubsgeld bei **dauernder Arbeitsunfähigkeit** befasst[4]. Aufgrund tariflicher Regelung bestand ein Anspruch auf ein tarifliches Urlaubsgeld. Der Arbeitnehmer war seit Februar 2005 arbeitsunfähig erkrankt. Nach dem 31.3.2006 verlangte er die Zahlung des tariflichen Urlaubsgeldes für 2005. Das BAG hat die Klage abgewiesen mit der Begründung, dass zwar der gesetzliche Urlaubsanspruch für 2005 noch bestehe, ein Anspruch auf das tarifliche Urlaubsgeld für 2005 aber nicht begründet sei, da mangels Urlaubsgewährung kein Anspruch auf Urlaubsvergütung entstanden sei. Ein Urlaubsabgeltungsanspruch kam wegen des weiter bestehenden Arbeitsverhältnisses nicht in Frage.

127 Ein Muster für eine Regelung zum Urlaubsgeld mit Wartefrist, Rückzahlungsklausel und Kürzungsmöglichkeit könnte folgendermaßen lauten:

Formulierungsbeispiel[5]**:**

Der Arbeitnehmer erhält für jeden Urlaubstag ein Urlaubsgeld in Höhe von ... Euro. Ein Anspruch auf die Zahlung eines Urlaubsgelds entsteht erstmalig nach sechsmonatigem ununterbrochenen Bestehen des Arbeitsverhältnisses.

Das Urlaubsgeld wird nicht gewährt, wenn sich das Arbeitsverhältnis zum Zeitpunkt des Urlaubs in gekündigtem Zustand befindet. Ein Aufhebungsvertrag steht einer Kündigung gleich. Hat der Arbeitnehmer bei seinem Ausscheiden bereits mehr Urlaubsgeld erhalten, als ihm an Urlaub zusteht, gilt der überschießende Teil des Urlaubsgeldes als Vorschuss, den der Arbeitnehmer zurückzuerstatten hat. Der Arbeitgeber ist berechtigt, mit der entsprechenden Rückzahlungsforderung gegen rückständige oder nach der Kündigung (dem Aufhebungsvertrag) fällig werdende Vergütungsansprüche im Rahmen der gesetzlichen Pfändungsschutzvorschriften aufzurechnen. Die Regelungen dieses Absatzes gelten nicht für das Urlaubsgeld, das der Arbeitnehmer für Urlaub erhält bzw. erhalten hat, der ihm mindestens ein Vierteljahr vor seinem Ausscheiden gewährt wird bzw. wurde.

Das Urlaubsgeld wird jeweils mit der Abrechnung, die der Urlaubsgewährung unmittelbar folgt, abgerechnet und ausgezahlt.

Der Arbeitgeber ist im Übrigen berechtigt, das Urlaubsgeld für jeden Fehltag mit Ausnahme krankheitsbedingter Fehltage um insgesamt ¼ des Arbeitsentgelts zu kürzen, das im Jahresdurchschnitt auf einen Arbeitstag entfällt.

---

1 BAG 11.4.2000 – 9 AZR 255/99, BB 2000, 2472.
2 BAG 17.1.2006 – 9 AZR 41/05, NZA 2006, 923.
3 BAG 20.8.2002 – 9 AZR 353/01, DB 2003, 342.
4 BAG 19.5.2009 – 9 AZR 477/07, NZA 2009, 1112.
5 Muster nach *Tschöpe/Fleddermann*, AuA 2002, 311; s.a. BAG 22.7.2014 – 9 AZR 981/12, NZA 2014, 1136.

II. Erfüllung des Urlaubsanspruchs

Beim Urlaubsgeld könnte darüber hinaus der Verfall von Urlaubsansprüchen bei Krankheit ausdrücklich vereinbart werden, da die Rechtsprechung des EuGH und des BAG nur für den gesetzlichen Mindesturlaub zwingend gilt, nicht jedoch für das Urlaubsgeld[1]. 128

Teilzeitbeschäftigung: Zulässig ist es, für Arbeitnehmer, die aufgrund einzelvertraglicher Vereinbarung **regelmäßig verkürzt arbeiten**, wenn keine entgegenstehende tarifliche Regelung besteht, den Anspruch auf ein im Verhältnis ihrer Arbeitszeit gemindertes Urlaubsgeld zu mindern[2]. 129

In einem Tarifvertrag kann geregelt werden, dass sich der Anspruch auf das tarifliche Urlaubsgeld anteilmäßig für die Zeiten der **Elternzeit** mindert[3]. Eine solche tarifliche Minderungsvorschrift verstößt nicht gegen Europäisches Unionsrecht, da dieses dem Arbeitgeber nicht verbietet, bei der Bemessung von Sonderzuwendungen Zeiten der Elternzeit anteilig leistungsmindernd zu berücksichtigen. 130

Schwerbehinderte Arbeitnehmer haben nur dann einen Anspruch auf ein zusätzliches tarifliches Urlaubsgeld für den **gesetzlichen Zusatzurlaub**, wenn dies ausdrücklich vertraglich vereinbart worden ist[4]. 131

5. Urlaubsanspruch bei Arbeitsplatzwechsel

a) Ausschluss von Doppelansprüchen

Der Arbeitnehmer hat einmal im Jahr Anspruch auf den gesetzlichen Mindesturlaub (§§ 1, 3 Abs. 1 BUrlG). Insbesondere bei einem Arbeitsplatzwechsel können sich Fälle ergeben, in denen der Arbeitnehmer bei jedem einzelnen Arbeitsverhältnis mehr Urlaubsansprüche erwirbt. Hier greift die Regelung des § 6 Abs. 1 BUrlG ein, um Doppelansprüche des Arbeitnehmers zu verhindern. 132

Beispiel:

Der Arbeitnehmer hat vom 2.1. bis 30.9. in einem tariflich nicht gebundenen Arbeitsverhältnis gearbeitet und den vollen gesetzlichen Jahresurlaub von 24 Werktagen erhalten. Ab 1.10. arbeitet er in einem neuen, ebenfalls nicht tariflich gebundenen Arbeitsverhältnis.

In diesem Fall würde der Arbeitnehmer ab 1.10. einen **Teilurlaubsanspruch** gegen seinen neuen Arbeitgeber nach § 5 Abs. 1 lit. a BUrlG erwerben. Denn Teilurlaubsansprüche nach § 5 Abs. 1 lit. a und b BUrlG entstehen unabhängig davon, ob der Arbeitnehmer für das laufende Kalenderjahr bereits Anspruch auf den vollen Jahresurlaub gegen einen früheren Arbeitgeber erworben hat[5]. Nach § 6 Abs. 1 BUrlG **entfällt** jedoch dieser Anspruch, da der Jahresurlaub schon gewährt worden ist. Es genügt jedoch nicht die bloße Tatsache des Bestehens eines Urlaubsanspruchs gegenüber einem früheren Arbeitgeber[6]. Der Urlaub muss auch tatsächlich gewährt worden sein[7].

Das Gesetz verpflichtet den Arbeitgeber, beim Ausscheiden des Arbeitnehmers diesem eine **Bescheinigung** über den bereits gewährten oder abgegoltenen Urlaub des Ka- 133

---

1 *Powietzka/Fallenstein*, NZA 2010, 673 ff.
2 BAG 23.7.1976 – 9 AZR 158/98, DB 1976, 2214.
3 BAG 15.4.2003 – 9 AZR 137/02, DB 2003, 2286.
4 BAG 30.7.1986 – 8 AZR 241/83, DB 1986, 1729 und 2684.
5 BAG 17.2.1966 – 5 AZR 447/65, DB 1966, 346 und 627.
6 BAG 17.2.1966 – 5 AZR 447/65, DB 1966, 346 und 627.
7 ErfK/*Gallner*, § 6 BUrlG Rz. 2; *Neumann/Fenski*, § 6 BUrlG Rz. 4; *Leinemann/Linck*, § 6 BUrlG Rz. 7.

lenderjahres zu erteilen (§ 6 Abs. 2 BUrlG)[1]. Der Arbeitnehmer kann vom Arbeitgeber klageweise die Erteilung dieser Urlaubsbescheinigung verlangen.

134 Beispiel:

Der Arbeitnehmer scheidet am 30.4 aus dem seit 1.1. bestehenden Arbeitsverhältnis aus und verlangt vom Arbeitgeber Abgeltung des Teilurlaubs von acht Tagen. Der Arbeitgeber verweist ihn darauf, dass er in seinem neuen Arbeitsverhältnis ab 1.5. noch Anspruch auf den vollen Jahresurlaub erwerben könne.

Der auf Urlaubsabgeltung in Anspruch genommene bisherige Arbeitgeber kann tatsächlich den Arbeitnehmer auf einen gegen den späteren Arbeitgeber bereits entstandenen **Freizeitanspruch** verweisen. Jedoch ist das Bestehen des Freizeitanspruchs nach den Verhältnissen im Zeitpunkt der gerichtlichen Geltendmachung des Abgeltungsanspruchs zu beurteilen[2]. In der Regel wird daher wegen der Wartezeit von sechs Monaten der Freizeitanspruch noch nicht bestehen. Nur die Möglichkeit, dass der Freizeitanspruch entsteht, reicht nicht aus. Der Arbeitgeber muss daher den Urlaub **abgelten**.

Beispiel:

Der Arbeitnehmer ist seit dem 11.10. in einem tarifgebundenen Arbeitsverhältnis beschäftigt. In dem früheren nicht tarifgebundenen Arbeitsverhältnis hat er bereits den gesamten gesetzlichen Jahresurlaub dieses Jahres von 24 Werktagen erhalten. Der Tarifvertrag sieht einen Jahresurlaub von 30 Werktagen vor und enthält das Zwölftelungsprinzip des § 5 Abs. 1 lit. a BUrlG sowie die wörtliche Übernahme des § 6 Abs. 1 BUrlG.

Hier hat das BAG entschieden, dass bei **Teilurlaubsansprüchen** auf der Grundlage eines **höheren Jahresurlaubs** dieser insoweit entfällt, als beide Urlaubsansprüche sich auf einander überdeckende Teile des Kalenderjahres beziehen[3].

135 Im **Streitfall** hat der neue **Arbeitgeber darzulegen und zu beweisen**, dass dem Arbeitnehmer von einem anderen Arbeitgeber bereits Urlaub gewährt worden ist. Denn § 6 BUrlG ist eine zugunsten des Arbeitgebers erlassene Vorschrift, die ausnahmsweise den an sich entstandenen Urlaubsanspruch entfallen lässt[4]. Bei Nichtvorlage der Bescheinigung steht dem zweiten Arbeitgeber eine **Einrede** gegenüber dem Urlaubsbegehren des Arbeitnehmers zu.

b) Urlaub bei Mehrfachbeschäftigung

136 Während § 6 BUrlG gesetzlich den Doppelurlaub in einem Urlaubsjahr bei zeitlich hintereinander liegender Beschäftigung des Arbeitnehmers bei mehreren Arbeitgebern ausschließt, hat der Arbeitnehmer bei parallel nebeneinander bestehenden Arbeitsverhältnissen **Urlaubsansprüche gegen jeden einzelnen Arbeitgeber**. Auch bei Überschreiten der gesetzlich zulässigen Höchstarbeitszeit und der sich daraus ergebenden Nichtigkeit des oder der zusätzlichen Arbeitsverhältnisse[5] bleiben die Urlaubsansprüche gegen jeden Arbeitgeber bestehen. Es müssen allerdings jeweils die üblichen Voraussetzungen des Urlaubsanspruchs, zB Erfüllen der Wartezeit, vorliegen. Das Urlaubsentgelt richtet sich bei jedem einzelnen Beschäftigungsverhältnis

---

1 Vgl. das Muster einer Urlaubsbescheinigung bei Beendigung des Arbeitsverhältnisses in *Bauer/Lingemann/Diller/Haußmann*, Anwalts-Formularbuch Arbeitsrecht, M 14.3.
2 BAG 5.11.1970 – 5 AZR 154/70, DB 1971, 199.
3 BAG 6.11.1969 – 5 AZR 29/69, DB 1970, 354.
4 *Leinemann/Linck*, § 6 BUrlG Rz. 30; Schaub/*Linck*, § 102 III 2b Rz. 43.
5 BAG 12.12.1959 – 1 AZR 333/58, DB 1960, 387.

c) Anrechnung von gewährtem Urlaub im Doppelarbeitsverhältnis bei unwirksamer Kündigung

Hat der Arbeitgeber das Arbeitsverhältnis gekündigt und besteht nach der Entscheidung des Gerichts das Arbeitsverhältnis fort, hat er die während des Kündigungsrechtsstreits entstandenen Urlaubsansprüche des Arbeitnehmers grundsätzlich auch dann zu erfüllen, wenn dieser inzwischen mit einem anderen Arbeitgeber ein neues Arbeitsverhältnis eingegangen ist. Der Arbeitnehmer muss sich dann jedoch den ihm während des Kündigungsrechtsstreits vom anderen (neuen) Arbeitgeber gewährten Urlaub auf seinen Urlaubsanspruch gegen den alten Arbeitgeber anrechnen lassen, wenn er die Pflichten aus beiden Arbeitsverhältnissen nicht gleichzeitig hätte erfüllen können[1].

Das BAG führt in dieser Entscheidung aus, dass der Regelungsbereich des § 6 Abs. 1 BUrlG keine Doppelarbeitsverhältnisse erfasse.

6. Erwerbstätigkeit während des Urlaubs

Nach § 8 BUrlG darf der Arbeitnehmer während des Urlaubs entgeltlich keine Tätigkeit ausüben, die mit dem **Urlaubszweck**, nämlich sich von geleisteter Arbeit zu erholen und für künftige Arbeit Kraftreserven zu schaffen, nicht vereinbar ist.

Ob durch eine Tätigkeit der Urlaubszweck verhindert wird, ist im Einzelfall nach **Art und Umfang der Arbeit** zu beurteilen[2]. So wird Schreibtischarbeit für sonst körperlich Arbeitende oder körperliche Arbeit für Büroangestellte jeweils in nicht großem Umfang den Urlaubszweck noch nicht vereiteln. Von entscheidender Bedeutung für die Frage, ob eine Tätigkeit während des Urlaubs vom Gesetz verboten ist oder nicht, ist, ob die Urlaubsarbeit in erster Linie dem Erwerb dient. Bei **Zweckentfremdung des Urlaubs durch unzulässige Erwerbsarbeit** verliert der Arbeitnehmer den Anspruch auf Urlaubsentgelt bzw. kann der Arbeitgeber das bereits gezahlte Urlaubsentgelt nach § 812 Abs. 1 Satz 2 BGB zurückfordern.

Etwas anderes ergibt sich auch nicht für den Fall, dass bei Kündigung des Arbeitsverhältnisses der Urlaub in die Kündigungszeit gelegt wird und der Arbeitnehmer **während der Urlaubszeit** eine **neue Stellung** antritt[3].

Beispiel:
Der Arbeitnehmer kündigt sein Arbeitsverhältnis zum 31.3. Im Einvernehmen mit dem Arbeitgeber wird der anteilige Urlaub für dieses Jahr von acht Tagen in die Kündigungsfrist gelegt. Bereits am 20.3. tritt der Arbeitnehmer seine neue Stelle an.

Nach der früheren **Rechtsprechung des BAG** verlor der Arbeitnehmer, der gegen das in § 8 BUrlG normierte Tätigkeitsverbot verstieß, seinen Urlaubsentgeltanspruch. Diese Auffassung hat das BAG aufgegeben[4]. Ein Verstoß gegen die sich aus § 8 BUrlG ergebende Pflicht, während des gesetzlichen Mindesturlaubs keine dem Urlaubszweck widersprechende Erwerbstätigkeit vorzunehmen, begründet danach weder ein Recht des Arbeitgebers, die Urlaubsvergütung zu kürzen, noch entfällt dadurch der Anspruch des Arbeitnehmers auf die Urlaubsvergütung.

---
1 BAG 21.2.2012 – 9 AZR 487/10, NZA 2012, 793.
2 *Neumann/Fenski*, § 8 BUrlG Rz. 6.
3 Vgl. auch BAG 21.2.2012 – 9 AZR 487/10, NZA 2012, 793.
4 BAG 25.2.1988 – 8 AZR 596/85, DB 1988, 1554.

141 Wenn der Arbeitgeber von einer verbotenen Erwerbstätigkeit seines Arbeitnehmers während des Urlaubs Kenntnis erlangt, kann er auf **Unterlassung** klagen. Die Vollstreckung erfolgt nach § 890 ZPO. Der Unterlassungsanspruch kann auch mit einer einstweiligen Verfügung durchgesetzt werden (§ 940 ZPO)[1].

142 Ob der Arbeitgeber wegen Verstoßes gegen § 8 BUrlG zur **Kündigung** des Arbeitsverhältnisses berechtigt ist, hängt von den Umständen des Einzelfalls ab. Insbesondere wird die Schwere des Verstoßes bei der Frage zu berücksichtigen sein, ob lediglich eine Abmahnung, eine fristgerechte Kündigung (verhaltensbedingt iSd. § 1 Abs. 2 Satz 1 KSchG) oder sogar eine außerordentliche Kündigung gerechtfertigt ist.

7. Urlaubsabgeltung

a) Grundsatz des Abgeltungsverbotes

143 Die Abgeltung des Urlaubs erfolgt in Form einer **Geldzahlung anstelle der Freizeitgewährung** und ist im Urlaubsrecht als Ersatz des nicht mehr erfüllbaren Freizeitanspruchs geregelt. Dabei ist davon auszugehen, dass zu den Grundsätzen des Urlaubsrechts unabdingbar gehört, dass jeder berechtigte Urlaubsanspruch **zunächst als Freizeit** zu erfüllen ist. Daraus ergibt sich zwingend, dass die Abgeltung des Urlaubs als der gesetzlich geregelte **Ausnahmefall** nicht über den im Gesetz vorgesehenen Bereich hinaus ausgedehnt werden darf[2].

b) Ausnahmeregelung des § 7 Abs. 4 BUrlG

144 Eine Abgeltung des Urlaubs ist nach § 7 Abs. 4 BUrlG nur zulässig, wenn und soweit der Urlaub wegen Beendigung des Arbeitsverhältnisses **nicht mehr als Freizeit verwirklicht werden kann**. Diese Bestimmung ist als abschließende Ausnahmeregelung im Gesetz zu verstehen. Die Einführung sonstiger Abgeltungstatbestände für einen nicht erfüllten und noch bestehenden Freizeitanspruch ist daher auch in Tarifverträgen im Grundsatz nicht gestattet[3].

145 Tarifverträge konnten bisher für fortbestehende Arbeitsverhältnisse Urlaubsabgeltungsregelungen treffen für den Fall, dass der Arbeitnehmer den Urlaub **wegen Krankheit** weder im Urlaubsjahr noch im Übertragungszeitraum des Folgejahres nehmen konnte. Dies ist nach dem Urteil des EuGH vom 20.1.2009 nur noch für über den gesetzlichen Urlaub von 24 Werktagen hinausgehenden Mehrurlaub möglich[4]. Das BAG hat in diesem Zusammenhang darauf erkannt, dass der Anspruch des Arbeitnehmers auf den gesetzlichen Mindesturlaub nicht nach § 7 Abs. 3 BUrlG verfalle, wenn der Arbeitnehmer bis zum Ende des Urlaubsjahres bzw. Übertragungszeitraums arbeitsunfähig erkrankt war und deshalb der Urlaub in natura nicht gewährt werden konnte. Die Tarifvertragsparteien dürften zwar die Urlaubs- und Urlaubsabgeltungsansprüche, die den gesetzlichen Mindesturlaub von 24 Werktagen übersteigen, frei regeln. Durch Tarifnorm kann auch bei fortdauernder Arbeitsunfähigkeit der Verfall **von tariflichen Mehrurlaubsansprüchen** am Ende des Urlaubsjahres bzw. des Übertragungszeitraums vorgesehen werden. Die tarifliche Regelung zum Verfall der Urlaubs- und Urlaubsabgeltungsansprüche müsse jedoch erkennbar zwischen gesetzlichem Mindest- und tariflichem Mehrurlaub unterscheiden[5]. In Umsetzung dieser Entscheidung ist sowohl in tarifvertraglichen Regelungen als auch in Individualarbeitsver-

---

1 Vgl. *Neumann/Fenski*, § 8 BUrlG Rz. 8 mwN.
2 Vgl. *Neumann/Fenski*, § 7 BUrlG Rz. 98 mwN; *Gross*, S. 47.
3 BAG 3.2.1971 – 5 AZR 282/70, DB 1971, 683.
4 EuGH 20.1.2009 – Rs. C-350/06 und C-520/06 – Schultz-Hoff, NZA 2009, 135.
5 BAG 12.4.2011 – 9 AZR 80/10, NZA 2011, 1050.

tragsabreden darauf zu achten, klar und unmissverständlich zwischen dem gesetzlichen Mindest- und dem tarif- bzw. einzelvertraglichen Mehrurlaub differenzieren[1].

Schließt ein Arbeitsverhältnis an ein **Berufsausbildungsverhältnis** beim selben Arbeitgeber an, ist die Abgeltung von noch nicht erfüllten Urlaubsansprüchen aus dem Berufsausbildungsverhältnis ausgeschlossen. Diese Urlaubsansprüche sind nach den für das Arbeitsverhältnis maßgebenden Vorschriften zu erfüllen[2]. **146**

⊃ Hinweis: Eine **Vereinbarung zwischen Arbeitnehmer und Arbeitgeber** über eine Urlaubsabgeltung in einem nicht von § 7 Abs. 4 BUrlG erfassten Fall ist wegen Verstoßes gegen gesetzliche Bestimmungen **nach** § 134 BGB **nichtig**. **147**

Der Arbeitnehmer verliert in einem solchen Fall nicht seinen Anspruch auf bezahlte Freizeit, muss aber den als Freizeitausgleich erhaltenen Geldbetrag auch nicht zurückzahlen (§ 817 Satz 2 BGB), es sei denn, er hat selbst die gesetzwidrige Abgeltung veranlasst[3]. In diesem Fall kann die Geltendmachung des Urlaubsanspruchs rechtsmissbräuchlich sein. Es ist auch denkbar, dass sich der Arbeitnehmer aus diesem Grunde den bereits erhaltenen Abgeltungsbetrag auf das Urlaubsentgelt anrechnen lassen muss.

Der Urlaubsabgeltungsanspruch **entsteht mit Ausscheiden des Arbeitnehmers** aus dem Arbeitsverhältnis, ohne dass es dafür weiterer Handlungen des Arbeitgebers oder des Arbeitnehmers bedarf[4] und wird grundsätzlich zu diesem Zeitpunkt fällig[5]. Aus Tarifverträgen können sich bezüglich des Urlaubsabgeltungsanspruchs auch andere Fälligkeitszeitpunkte ergeben[6]. **148**

Ohne Bedeutung für das Entstehen des Abgeltungsanspruchs ist, ob die Urlaubsgewährung vor Beendigung des Arbeitsverhältnisses möglich war oder ob der Anspruch erfolglos geltend gemacht wurde. Jedoch entsteht der Urlaubsabgeltungsanspruch nur für die Urlaubsansprüche, die bei Ende des Arbeitsverhältnisses bestanden und nicht schon verfallen waren[7].

Dabei entsteht der Urlaubsabgeltungsanspruch mit der rechtlichen Beendigung des Arbeitsverhältnisses, gleichgültig, ob der Arbeitnehmer zu diesem Zeitpunkt seine vertragliche Arbeitsleistung erbringen kann, er also **arbeitsfähig ist oder nicht**[8]. Mit der Aufgabe der Surrogationstheorie durch das BAG (s. Rz. 153) ist der Abgeltungsanspruch ein reiner Geldanspruch, der tariflichen und arbeitsvertraglichen Verfallfristen unterliegt[9]. Wird der Abgeltungsanspruch durch den Arbeitnehmer zu einem Zeitpunkt, in dem die Beendigung des Arbeitsverhältnisses noch nicht sicher ist, geltend gemacht, wahrt diese (verfrühte) Geltendmachung die tarifliche Ausschlussfrist nicht. **149**

Bei **Altersteilzeit im Blockmodell** bewirkt der Übergang von der Arbeits- in die Freistellungsphase keine Beendigung des Arbeitsverhältnisses iSd. § 7 Abs. 4 BUrlG. Zu diesem Zeitpunkt offene Urlaubsansprüche sind daher nur abzugelten, wenn sie zum Zeitpunkt der Beendigung des Arbeitsverhältnisses noch nicht verfallen sind und die **150**

---

1 *Hohmeister*, BB 2012, 1343.
2 BAG 29.11.1984 – 6 AZR 238/82, DB 1985, 1347.
3 BAG 21.3.1968 – 5 AZR 270/67, DB 1968, 1275.
4 BAG 19.1.1993 – 9 AZR 8/92, DB 1993, 1724.
5 BAG 6.8.2013 – 9 AZR 956/11, NZA 2014, 545.
6 BAG 6.5.2014 – 9 AZR 758/12, AP BUrlG, § 7 Abgeltung Nr. 104.
7 BAG 15.9.2011 – 8 AZR 846/09, NZA 2012, 377.
8 EuGH 20.1.2009 – Rs. C-350/06 und C-520/06 – Schultz-Hoff, NZA 2009, 135; st. Rspr. des BAG, bspw. BAG 26.4.1990 – 8 AZR 517/89, DB 1990, 1925, ebenso ErfK/*Gallner*, § 7 BUrlG Rz. 52; *Leinemann/Linck*, § 7 Rz. 204; BAG 27.5.2003 – 9 AZR 366/02, ZTR 2003, 623; 19.6.2012 – 9 AZR 652/10, NZA 2012, 1087.
9 BAG 18.9.2012 – 9 AZR 1/11, NZA 2013, 216; 16.4.2013 – 9 AZR 731/11, NZA 2013, 850 zur Geltendmachung von Urlaubsabgeltungsansprüchen nach Betriebsübergang.

in der Person des Arbeitnehmers liegenden Voraussetzungen für die Urlaubsgewährung erfüllt sind[1].

c) Berechnung des Abgeltungsbetrages

151 Im BUrlG finden sich keine Bestimmungen über die Berechnung des Abgeltungsbetrages. Dieser muss daher nach denselben Regeln **wie das Urlaubsentgelt** nach § 11 BUrlG ermittelt werden[2]. Insofern kann auf die Ausführungen in Rz. 63 ff. verwiesen werden.

Wenn in einem Tarifvertrag für die Berechnung des Abgeltungsbetrages keine besonderen Regelungen vorgesehen sind, ist sie nach dem **Verdienst der letzten 13 Wochen** vorzunehmen. Ergeben sich bei der Berechnung des Abgeltungsbetrages Bruchteile von Tagen, so ist bei mindestens einem halben Tag auf einen Tag aufzurunden. Bruchteile von weniger als einem halben Tag sind nach der Rechtsprechung des BAG entsprechend ihrem Umfang abzugelten[3].

d) Abgeltung von wegen Krankheit nicht genommenem Urlaub

152 Der **EuGH** hat mit Urteil vom 20.1.2009[4] entschieden, dass die Mitgliedstaaten zwar die Ausübung und Umsetzung des Anspruchs auf Erholungsurlaub regeln könnten, zB durch das Festlegen von Bezugsräumen; sie könnten aber nicht die Entstehung dieses Anspruchs von irgendwelchen Voraussetzungen abhängig machen, da sich der Anspruch aus der Richtlinie und nicht aus innerstaatlichem Recht ergibt. Da die Mitgliedstaaten das Entstehen des Anspruchs nicht in Frage stellen könnten, dürften sie auch nicht vorsehen, dass dieser erlischt, wenn der Arbeitnehmer während des vorgesehenen Bezugszeitraumes aufgrund von Krankheit nicht in der Lage war, den Anspruch wahrzunehmen.

Der EuGH begründet dies damit, dass der Anspruch aus Art. 7 der Richtlinie als ein bedeutsamer Grundsatz des Sozialrechts der Gemeinschaft anzusehen ist, der jedem Arbeitnehmer unabhängig von seinem Gesundheitszustand zusteht und von dem nicht abgewichen werden kann. Der Anspruch könne daher nicht erlöschen, wenn der betreffende Arbeitnehmer während des Bezugszeitraumes, in welchem der Erholungsurlaub hätte genommen werden sollen, krank war, da ansonsten besagtes soziales Recht beeinträchtigt würde.

Darauf aufbauend betont der EuGH, dass der Anspruch auf Erholungsurlaub aus Art. 7 Abs. 1 der Richtlinie und der Anspruch auf Abgeltung dieses Urlaubes aus Art. 7 Abs. 2 der Richtlinie einen einheitlichen Anspruch darstellen. Wenn nun der Anspruch auf Erholungsurlaub aus o.g. Gründen nicht erlöschen könne, dürfe auch der Anspruch auf Abgeltung im Falle der Beendigung des Arbeitsverhältnisses nicht erlöschen, nur weil der betreffende Arbeitnehmer den Erholungsurlaub wegen Krankheit während des Bezugszeitraumes nicht nehmen konnte.

Die Entscheidung beschränkt sich dabei auf den Fall, dass nicht genommener Jahresurlaub mit **Krankheitsphasen** zusammenfällt und nicht fristgerecht genommen werden kann. Wird der Urlaub aus anderen Gründen nicht genommen, lässt sich die Entscheidung (auch nicht analog) zur Bewertung der dann aufgeworfenen Rechtsfragen nicht heranziehen.

Die Entscheidung betrifft nur den **gesetzlichen Urlaubsanspruch** von 24 Werktagen, da dies dem Mindesturlaubsanspruch des Art. 7 der Richtlinie entspricht. Darüber hi-

---

1 BAG 15.3.2005 – 9 AZR 143/04, NZA 2005, 994; 16.10.2012 – 9 AZR 234/11, NZA 2013, 575.
2 Einhellige Meinung; vgl. BAG 23.12.1966 – 5 AZR 28/66, DB 1967, 386.
3 BAG 26.1.1989 – 8 AZR 730/87, DB 1989, 2129.
4 EuGH 20.1.2009 – Rs. C-350/06 und C-520/06 – Schultz-Hoff, NZA 2009, 135.

II. Erfüllung des Urlaubsanspruchs

naus gewährter Jahresurlaub unterfällt der Entscheidung nicht. Auf diesen Urlaubsanspruch ist die Rechtsprechung des BAG zu § 7 Abs. 3 BUrlG wie bisher uneingeschränkt anwendbar.

Diese Entscheidung des EuGH war Auslöser einer tiefgreifenden Änderung der Rechtsprechung des BAG zum Urlaubsrecht, zu der insbesondere auch die **Aufgabe der sog. Surrogationstheorie** gehört[1]. 153

Das **BAG** hat zunächst mit Urteil vom 24.3.2009[2] die Rechtsprechung des EuGH auf das deutsche Urlaubsrecht übertragen und entschieden, dass Ansprüche auf **Abgeltung gesetzlichen Teil- oder Vollurlaubs** nicht erlöschen, wenn der Arbeitnehmer bis zum Ende des Urlaubsjahres und/oder des Übertragungszeitraums erkrankt und deshalb arbeitsunfähig ist. In Bezug auf private Arbeitgeber seien § 7 Abs. 3 und 4 BUrlG gemeinschaftsrechtskonform umzusetzen. Seit dem Bekanntwerden des Vorabentscheidungsersuchens des LAG Düsseldorf vom 2.8.2006 bestehe darüber hinaus auch kein schützenswertes Vertrauen auf den Fortbestand der bisherigen BAG-Rechtsprechung. **Übergesetzliche Urlaubs- und Urlaubsabgeltungsansprüche** könnten von den Parteien frei geregelt werden[3]. Ihre Regelungsmacht sei nicht durch die richtlinienkonforme Fortbildung des § 7 Abs. 3 und 4 BUrlG beschränkt. Für einen Regelungswillen der Parteien, der zwischen gesetzlichen und übergesetzlichen Ansprüchen unterscheide, müssten im Rahmen der Auslegung nach §§ 133, 157 BGB deutliche Anhaltspunkte bestehen[4].

Als Folge der sog. Schultz-Hoff-Entscheidung[5] drohte die **unbegrenzte Ansammlung von Urlaubsansprüchen** bei langjährig erkrankten Arbeitnehmern[6]. Durch die als Nuancierung der Ausgangsentscheidung des EuGH bezeichnete KHS-Entscheidung[7] wurde wiederum ein Rechtsprechungswandel eingeläutet. Der EuGH erkannte darauf, dass ein unbegrenztes Ansammeln von Urlaubsansprüchen nicht dem Zweck des Anspruchs auf bezahlten Jahresurlaub entspreche. Der EuGH führt in diesem Zusammenhang aus, dass der in Art. 31 Abs. 2 GrCh und Art. 7 Richtlinie 2003/88/EG verankerte Anspruch auf bezahlten Jahresurlaub einen doppelten Zweck verfolge, nämlich die Erholung von der Arbeit und die Gewährung eines Zeitraums für Entspannung und Freizeit. Der EuGH führte weiter aus, dass der Urlaub einem Erholungszweck nur entsprechen könne, wenn die Übertragung über den Bezugszeitraum hinaus eine gewisse zeitliche Grenze nicht überschreite. Ausgehend von dieser Argumentation kam der EuGH zu dem Ergebnis, dass der **Übertragungszeitraum von 15 Monaten** notwendig, aber auch ausreichend sei, um den Vorgaben der Grundrechtecharta und der Richtlinie zu genügen[8]. 154

Diese Vorgaben des EuGH sind durch die Entscheidung des LAG Baden-Württemberg[9], des LAG Hamm[10] und insbesondere durch die Entscheidung des BAG vom 155

---

1 BAG 19.6.2012 – 9 AZR 652/10, NZA 2012, 1087; *Franzen*, NZA 2011, 1403; *Bauer/von Medem*, NZA 2012, 113; *Thüsing/Pötters/Stiewert*, RdA 2012, 281; *Stiebert/Pötters*, NZA 2012, 1334.
2 BAG 24.3.2009 – 9 AZR 983/07, NZA 2009, 538; ausführlich zu den Folgen der EuGH- und BAG-Entscheidungen *Gaul/Bonanni/Ludwig*, DB 2009, 1013 ff.; *Powietzka/Fallenstein*, NZA 2010, 673 ff.
3 Zu tarifvertraglichen Regelungen zur Abgeltung nicht erfüllbaren tariflichen Mehrurlaubs vgl. BAG 13.11.2012 – 9 AZR 64/11, NZA 2013, 399.
4 BAG 12.11.2013 – 9 AZR 551/12, NZA 2014, 383.
5 EuGH 20.1.2009 – Rs. C-350/06 – Schultz-Hoff, NZA 2009, 135.
6 *Bauer/von Medem*, NZA 2012, 113.
7 EuGH 22.11.2011 – Rs. C-214/10 – KHS, NZA 2011, 1333.
8 EuGH 22.11.2011 – Rs. C-214/10 – KHS, NZA 2011, 1333; *Bauer/von Medem*, NZA 2012, 113.
9 LAG BW 21.12.2011 – 10 Sa 19/11, BB 2012, 1353.
10 LAG Hamm 12.1.2012 – 16 Sa 1352/11.

7.8.2012[1] in das deutsche Recht übertragen worden. Das BAG hat die Vorschrift des § 7 Abs. 3 Satz 3 BUrlG, nach der der Urlaub im Fall seiner Übertragung in das nächste Kalenderjahr in den ersten drei Monaten des folgenden Kalenderjahres gewährt und genommen werden muss, unionsrechtskonform so ausgelegt, dass gesetzliche Urlaubsansprüche vor Ablauf eines Zeitraums von 15 Monaten nach dem Ende des Urlaubsjahres nicht erlöschen, wenn der Arbeitnehmer aus gesundheitlichen Gründen an seiner Arbeitsleistung gehindert war. Sie gehen jedoch auch bei fortdauernder Arbeitsunfähigkeit mit Ablauf des 31.3. des zweiten Folgejahres unter[2].

156 Das BAG hat bereits mit der Entscheidung vom 9.8.2011[3] klargestellt, dass zum Urlaubsanspruch nicht nur der jeweils neueste, am 1.1. eines jeden Kalenderjahres entstehende Anspruch gehört, sondern auch der infolge der Übertragung hinzutretende, noch zu erfüllende Anspruch aus dem Vorjahr. Nach § 7 Abs. 3 Satz 3 BUrlG muss der Arbeitgeber – ohne sich insoweit auf entgegenstehende betriebliche Interessen berufen zu können – im Interesse einer zeitnahen Erholung den Anteil des Urlaubsanspruchs, der vor dem laufenden Urlaubsjahr entstanden ist, innerhalb des ersten Quartals gewähren. Geht der aus dem Vorjahr übertragene Urlaubsanspruch trotz Ablaufs des Übertragungszeitraums wegen andauernder krankheitsbedingter Arbeitsunfähigkeit des Arbeitnehmers nicht unter, ist dieser Teil des Urlaubsanspruchs gegenüber dem im aktuellen Urlaubsjahr neu erworbenen Urlaubsanspruchs des Arbeitnehmers nicht privilegiert. Aufgrund der Rechtsprechung des EuGH zu Art. 7 Abs. 1 der Arbeitszeitrichtlinie geht dieser übertragene Urlaubsanspruch am Ende des Jahres, in das er übertragen worden ist, im Falle fortbestehender Arbeitsunfähigkeit nicht unter[4]. Der EuGH hat darauf erkannt, dass der Übertragungszeitraum den Bezugszeitraum deutlich überschreiten müsse[5]. Der Bezugszeitraum ist nach dem BUrlG das Kalenderjahr. Würde der übertragene Urlaub bereits am Ende des Folgejahres verfallen, würde der Übertragungszeitraum nur dem Bezugszeitraum entsprechen, diesen aber nicht deutlich überschreiten. Das BAG kommt so zu dem Ergebnis, dass der Urlaubsanspruch gem. § 7 Abs. 3 Satz 3 BUrlG verfällt, wenn die Arbeitsunfähigkeit auch am 31.3. des zweiten auf das Urlaubsjahr folgenden Jahres fortbesteht, da eine erneute Privilegierung des übertragenen Urlaubsanspruchs europarechtlich nicht geboten sei[6].

157 Ein Urlaubsanspruch nach § 7 Abs. 4 BUrlG kommt nicht in Betracht, wenn das Arbeitsverhältnis durch den **Tod** des Arbeitnehmers endet[7]. Tarifvertraglich kann jedoch ein Übergang auf die Erben vorgesehen werden[8]. Zum Abgeltungsanspruch s. Rz. 4.

e) Pfändbarkeit und Abtretbarkeit des Urlaubsanspruchs

158 Der Abgeltungsanspruch kann in den Grenzen des § 850c ZPO **ge- und verpfändet** werden[9]. Das BAG hat damit die ältere Rechtsprechung des 2. Senats aufgegeben[10]. Zur Begründung hat es ausgeführt, dass der für die Dauer des Urlaubs zu erfüllende Anspruch auf Fortzahlung der Vergütung, das sog. Urlaubsentgelt, als wiederkehrendes Einkommen iSv. § 850 Abs. 1, Abs. 2 ZPO im Unterschied zum zusätzlichen Ur-

---

1 BAG 7.8.2012 – 9 AZR 353/10, NZA 2012, 1216.
2 BAG 7.8.2012 – 9 AZR 353/10 (Rz. 32), NZA 2012, 1216.
3 BAG 9.8.2011 – 9 AZR 425/10, NZA 2012, 29.
4 BAG 7.8.2012 – 9 AZR 353/10 (Rz. 34), NZA 2012, 1216.
5 EuGH 22.11.2011 – Rs. C-214/10 – KHS, NZA 2011, 1333.
6 BAG 7.8.2012 – 9 AZR 353/10 (Rz. 40), NZA 2012, 1216.
7 BAG 23.6.1992 – 9 AZR 111/91, DB 1992, 2404.
8 BAG 26.4.1990 – 8 AZR 517/89, DB 1990, 1925.
9 BAG 28.8.2001 – 9 AZR 611/99, DB 2002, 327; ErfK/*Gallner*, § 7 BUrlG Rz. 61; *Leinemann/Linck*, § 7 BUrlG Rz. 222; *Schütz/Hauck*, Rz. 648; aA *Neumann/Fenski*, § 1 BUrlG Rz. 80; *Hohmeister*, BB 1995, 2110.
10 BAG 21.1.1988 – 2 AZR 581/86, AP Nr. 19 zu § 4 KSchG.

laubsentgelt nach § 850a Nr. 2 ZPO keinen besonderen Pfändungsbeschränkungen unterliegt. Wenn der Arbeitnehmer den Urlaubsabgeltungsanspruch geltend gemacht und der Arbeitgeber festgestellt habe, dass der Anspruch auf Befreiung von der Arbeitspflicht bei unterstelltem Fortbestand des Arbeitsverhältnisses erfüllbar wäre, so bestehe im Hinblick auf die Pfändbarkeit kein Grund, die Urlaubsabgeltung anders als das Urlaubsentgelt zu behandeln. Wenn der Arbeitgeber den Anspruch auf Arbeitsbefreiung durch Abgabe der Freistellungserklärung erfüllt habe, schulde er für den nach § 7 Abs. 1 BUrlG festgesetzten Zeitraum des Urlaubs ausschließlich das für die Dauer der Arbeitsbefreiung fortzuzahlende Entgelt. Dieser Entgeltanspruch sei übertragbar und als Geldforderung nach § 851 Abs. 2 ZPO der Pfändung unterworfen.

Der Urlaubsabgeltungsanspruch ist daher auch **abtretbar**[1], und es ist im Rahmen der Pfändungsgrenzen eine Aufrechnung nach §§ 387 ff. BGB möglich[2].

Mit der Aufgabe der Surrogationstheorie hat das BAG auch einen Rechtsprechungswandel hinsichtlich der Frage vollzogen, ob der Anspruch auf Abgeltung des gesetzlichen Mindesturlaubs von Ausgleichsklauseln erfasst werden kann. Hatte der Arbeitnehmer nach der Beendigung des Arbeitsverhältnisses die Möglichkeit, die Abgeltung des ihm zustehenden gesetzlichen Mindesturlaubs in Anspruch zu nehmen und schließt er einen Vergleich mit einer Ausgleichsklausel, der zufolge sämtliche Ansprüche aus dem Arbeitsverhältnis „erledigt" sind, erfasst diese grundsätzlich auch den Urlaubsabgeltungsanspruch[3]. Zur Begründung führt das BAG aus, dass es rechtlich keinen Unterschied darstelle, ob der Arbeitnehmer auf die Geltendmachung des Anspruchs verzichte und damit der Verfall des Anspruchs herbeigeführt wird, oder ob eine Ausgleichsklausel vereinbart werde. Entscheidend ist, dass der Arbeitnehmer die Möglichkeit der Geltendmachung tatsächlich gehabt hat und die Ausgleichsklausel nach Beendigung des Arbeitsverhältnisses vereinbart wurde. Beruht der Urlaubsanspruch auf einem Tarifvertrag und sind die Arbeitsvertragsparteien tarifgebunden, muss zusätzlich § 4 Abs. 4 Satz 1 TVG beachtet werden.

f) Muster: Klage auf Zahlung von Urlaubsabgeltung[4]

Formulierungsbeispiel:

An das Arbeitsgericht ...

Klage

des ... (Beruf, Vorname, Familienname, Wohnort, Straße, Nr.)

– Kläger –

– Prozessbevollmächtigter: ...

gegen

die Firma ...

– Beklagte –

wegen Zahlung von Urlaubsabgeltung

Namens und kraft beiliegender Vollmacht des Klägers erhebe ich gegen die Beklagte Klage und bitte um Anberaumung eines Termins zur mündlichen Verhandlung, in dem ich beantragen werde,

---

1 ErfK/*Gallner*, § 7 BUrlG Rz. 61; *Leinemann/Linck*, § 7 BUrlG Rz. 222.
2 ErfK/*Gallner*, § 7 BUrlG Rz. 61; *Leinemann/Linck*, § 7 BUrlG Rz. 222; BAG 28.8.2001 – 9 AZR 611/99, DB 2002, 327.
3 BAG 14.5.2013 – 9 AZR 844/11, NZA 2013, 1098.
4 Vgl. auch das Muster einer Klage auf Urlaubsabgeltung in *Bauer/Lingemann/Diller/Haußmann*, Anwalts-Formularbuch Arbeitsrecht, M 14.6.

die Beklagte zu verurteilen, ... Euro nebst 5 % Zinsen über dem Basiszinssatz seit ... zu zahlen.

Begründung:

Der Kläger ist seit ..., also seit mehr als sechs Monaten, bei der Beklagten als ... beschäftigt.

Beweis: Arbeitsvertrag vom ...

Das Arbeitsverhältnis endete aus ... Gründen am ...

Da der Kläger während des Arbeitsverhältnisses keinen Urlaub erhalten hat, stehen ihm aus dem beendeten Arbeitsverhältnis noch ... Urlaubstage zu.

Da diese Urlaubstage aus dringenden (betrieblichen oder persönlichen) Gründen nicht genommen werden konnten, sind sie nach § 7 Abs. 4 BUrlG abzugelten.

Die Höhe der Urlaubsabgeltung ergibt sich aus folgender Berechnung:

Durchschnittsverdienst der letzten 13 Wochen vor Beendigung des Arbeitsverhältnisses = ... Euro. Dies ergibt einen Gesamtverdienst für die Zeit vom ..., der durch die in dieser Zeit liegenden Werktage zu teilen ist, so dass sich ein werktäglicher Betrag von ... Euro ergibt, der mit der Zahl der Urlaubstage multipliziert den in der Klage geforderten Betrag ergibt.

Mit Schreiben vom ... wurde die Beklagte zur Zahlung der Urlaubsabgeltung aufgefordert. Die Beklagte befindet sich daher seit dem ... in Verzug, so dass die Forderung von diesem Zeitpunkt an mit den gesetzlichen Zinsen zu verzinsen ist[1].

(Ort, Datum) (Unterschrift)

Anlage: Klageabschriften
Vollmacht
Beweisunterlagen

III. Geltendmachung des Urlaubsanspruchs

161 Wenn sich Arbeitgeber und Arbeitnehmer über den Urlaubsanspruch des Arbeitnehmers nicht einigen können, kann der Arbeitnehmer seinen Anspruch gerichtlich gem. § 2 Abs. 1 Nr. 3 lit. a ArbGG beim Arbeitsgericht geltend machen.

1. Streit über den Umfang des Urlaubsanspruchs

162 **Verweigert** der Arbeitgeber dem Arbeitnehmer ganz oder teilweise den Urlaub, so kann der Arbeitnehmer mit einer **Leistungsklage**[2] gegen den Arbeitgeber vorgehen, solange der vom Arbeitnehmer begehrte Zeitraum nicht verstrichen ist. Der entsprechende Antrag muss wie folgt lauten:

Formulierungsbeispiel:

Die Beklagte wird verurteilt, dem Kläger 24 Werktage Urlaub für das Kalenderjahr ... zu gewähren, und zwar in der Zeit vom ... bis ...

Das im arbeitsgerichtlichen Prozess ergehende Urteil ist nach § 894 ZPO vollstreckbar, da die Gewährung von Urlaub eine **Willenserklärung** ist, die mit Rechtskraft des Urteils als geschehen gilt.

---

1 Der Anspruch auf Urlaubsabgeltung entsteht mit der Beendigung des Arbeitsverhältnisses. § 7 Abs. 4 BUrlG enthält jedoch keine Bestimmung der Leistungszeit iSd. § 286 Abs. 2 Nr. 1 BGB, so dass der Arbeitgeber grundsätzlich erst durch Mahnung in Verzug kommt, vgl. BAG 7.8.2012 – 9 AZR 353/10, NZA 2012, 1216.
2 *Krasshöfer*, AuA 1997, 184.

III. Geltendmachung des Urlaubsanspruchs

Das BAG hat auch Klagen auf **Feststellung, dass dem Arbeitnehmer für das Urlaubsjahr x noch y Tage Erholungsurlaub zustehen**, für zulässig erachtet[1]. Der klagende Arbeitnehmer hat gem. § 256 Abs. 1 ZPO ein rechtliches Interesse an alsbaldiger richtiger Feststellung des Bestehens und des Umfangs seines Anspruchs auf Urlaubsgewährung[2]. Zumindest ist eine Feststellungsklage unzulässig, mit der beantragt wird festzustellen, dass die für einen bestimmten Zeitraum in der Vergangenheit erteilte Freistellung ohne Anrechnung auf den Jahresurlaub erfolgt ist[3].

163

Hat der Arbeitnehmer den Urlaubsanspruch **erfolglos geltend gemacht** und war dem Arbeitgeber die Erteilung des Urlaubs möglich, so hat der Arbeitgeber für die infolge Zeitablaufs eingetretene Unmöglichkeit, als welche das Erlöschen des Urlaubsanspruchs anzusehen ist, einzustehen (§§ 286 Abs. 1, 230 Abs. 1, 287 Satz 2 BGB). An die Stelle des ursprünglichen Urlaubsanspruchs tritt dann ein **Schadensersatzanspruch** in Geld (§ 249 Satz 1 BGB)[4]. Hat der Arbeitgeber die Gewährung von Urlaub zu Unrecht verweigert und schuldet er deshalb dem Arbeitnehmer wegen des zum 31.3. des Folgejahres erloschenen Urlaubsanspruchs Ersatzurlaub[5], erfasst die vom Arbeitnehmer innerhalb der tariflichen Ausschlussfrist erhobene Klage auf Zahlung von Urlaubsentgelt als Schadensersatz auch den erst nach Ablauf der Ausschlussfrist im Rechtsstreit geltend gemachten Anspruch auf Urlaubsgewährung[6]. Kündigt der Arbeitgeber und gewährt er dem Arbeitnehmer trotz einer entsprechenden Aufforderung während des Kündigungsrechtsstreits keinen Urlaub, gerät er im Regelfall auch ohne Mahnung seitens des Arbeitnehmers mit der Gewährung des Urlaubs in Verzug, wenn die Kündigung unwirksam ist[7].

164

Zu berücksichtigen ist aber, dass die Erhebung einer **Kündigungsschutzklage** grundsätzlich nicht die Geltendmachung von Urlaubsansprüchen des Arbeitnehmers zum Inhalt hat. Vielmehr bedarf es zur Vermeidung des Untergangs von Urlaubsansprüchen einer Handlung des Arbeitnehmers (Aufforderung an den Arbeitgeber, den Urlaub zu erteilen) mit der Rechtsfolge, den Arbeitgeber in Verzug zu setzen, um sich bei Nichtverwirklichung einen Schadensersatzanspruch zu erhalten[8].

165

Der Urlaubsanspruch des Arbeitnehmers erlischt ersatzlos, wenn er den Arbeitgeber nicht im Urlaubsjahr oder im Fall der Übertragung des Urlaubs nicht innerhalb der Übertragungsfrist auffordert, den Urlaub zeitlich festzulegen[9]. Dies gilt jedoch nicht bei wegen Krankheit nicht genommenem Urlaub (vgl. auch Rz. 97)[10].

⊃ **Hinweis:** Die Erhebung einer Kündigungsschutzklage ersetzt grundsätzlich **nicht** die Geltendmachung von Urlaubsansprüchen des Arbeitnehmers!

Die **Angabe in einer Lohnabrechnung**, wie viele Urlaubstage dem Betreffenden noch zustehen, ist kein Schuldanerkenntnis. Die Lohnabrechnung hat nicht den Zweck, streitig gewordene Ansprüche endgültig festzulegen. Bei Irrtum kann grundsätzlich keine Seite die andere am Inhalt der Mitteilung festhalten[11].

166

---

1 BAG 25.11.1982 – 6 AZR 1254/79, DB 1983, 1155; 21.2.1995 – 9 AZR 746/93, NZA 1995, 1008.
2 LAG Bln.-Bbg. 30.9.2011 – 6 Sa 1629/11, AE 2012, 100.
3 BAG 8.12.1992 – 9 AZR 113/92, DB 1993, 1480.
4 BAG 7.11.1985 – 6 AZR 169/84, DB 1986, 973; 26.6.1986 – 8 AZR 75/83, DB 1986, 2684.
5 BAG 14.5.2013 – 9 AZR 760/11, NZA 2014, 336.
6 BAG 16.3.1999 – 9 AZR 428/98, BB 1999, 2086.
7 BAG 6.8.2013 – 9 AZR 956/11, NZA 2014, 545.
8 BAG 18.9.2001 – 9 AZR 570/00, NZA 2002, 895; 15.9.2011 – 8 AZR 846/09, NZA 2012, 377.
9 BAG 18.9.2001 – 9 AZR 570/00, NZA 2002, 895.
10 Vgl. EuGH 20.1.2009 – Rs. C-350/06 und C-520/06 – Schultz-Hoff, NZA 2009, 135; BAG 24.3.2009 – 9 AZR 983/07, NZA 2009, 538.
11 BAG 10.3.1987 – 8 AZR 610/84, DB 1987, 1694.

167 Eine wirksame Geltendmachung des Urlaubs durch einen am **Streik** teilnehmenden Arbeitnehmer liegt nur dann vor, wenn er sich, zumindest vorübergehend, zur Wiederaufnahme der Arbeit bereit erklärt[1].

168 Sofern Urlaubsentgelt und Urlaubsabgeltung in Frage stehen, ist idR eine reine **Leistungsklage**, beziffert auf einen bestimmten Betrag, zu erheben (s. Muster Rz. 101).

2. Streit über die Festlegung der Urlaubszeit

169 Formulierungsbeispiel:

Es wird beantragt:

Die Beklagte wird verurteilt, dem Kläger 14 Werktage Urlaub in der Zeit vom 1.–17.3.20... (einschließlich) zu gewähren.

In diesem Beispiel wird bereits der Streit über die **zeitliche Lage des Urlaubs** bei der Antragstellung mit berücksichtigt. Zu denken ist darüber hinaus an die Fälle, in denen der Arbeitgeber die Urlaubsbestimmung nicht rechtzeitig vornimmt oder der Arbeitnehmer die Ansicht des Arbeitgebers nicht teilt, dass die Urlaubswünsche anderer Arbeitnehmer aus sozialen Gesichtspunkten gegenüber seinen Wünschen vorrangig erfüllt werden müssen. Bzgl. der Beteiligung des Betriebsrates vgl. Rz. 121 ff.

170 Bei der zeitlichen Festlegung des Urlaubs kann der Arbeitgeber **nicht willkürlich** verfahren. Früher wurde angenommen, dass der Arbeitgeber unter Berücksichtigung der Interessen des Arbeitnehmers die zeitliche Lage des Urlaubs bestimmen muss. Die Festlegung des Urlaubs sollte danach im Rahmen des billigen Ermessens iSv. § 315 BGB durchgeführt werden. Dieses billige Ermessen ist durch § 7 Abs. 1 BUrlG aber dahingehend gesetzlich festgelegt, dass grundsätzlich die **Urlaubswünsche** des Arbeitnehmers zu berücksichtigen sind. Der Arbeitnehmer kann also grundsätzlich die Berücksichtigung seiner Urlaubswünsche verlangen, und der Arbeitgeber müsste in einem Prozess darlegen und – im Falle des Bestreitens durch den Arbeitnehmer – auch beweisen, dass dringende betriebliche Belange oder nach sozialen Gesichtspunkten vorrangige Urlaubswünsche anderer Arbeitnehmer dem konkreten Urlaubswunsch des Klägers entgegenstehen[2].

Bei derartigen Rechtsstreiten ist zu berücksichtigen, dass eine Klage auf Gewährung von Urlaub, mit der die **Urlaubserteilung für einen genannten bestimmten Zeitraum** verlangt wird, zulässig ist[3]. Ist jedoch der Zeitpunkt, für den der Urlaub verlangt wird, verstrichen, wird die Klage unzulässig, weil sie dann auf eine inzwischen unmöglich gewordene Leistung gerichtet ist[4]. Es kommt allenfalls ein **Schadensersatzanspruch** in Frage (vgl. Rz. 104).

3. Selbsthilfe des Arbeitnehmers

171 Insbesondere im Hinblick auf die recht lange Dauer eines Rechtsstreites ist die Frage zu stellen, ob dem Arbeitnehmer unter bestimmten Voraussetzungen ein **Selbsthilferecht** bei Meinungsverschiedenheiten mit dem Arbeitgeber über Umfang und Zeitpunkt des Urlaubs zusteht. Man könnte daran denken, dass der Arbeitnehmer aufgrund eines Rechts zur Zurückbehaltung seiner Arbeitsleistung (§ 273 BGB), eines

---

1 BAG 24.9.1996 – 9 AZR 364/95, DB 1997, 679.
2 Vgl. *Neumann/Fenski*, § 7 BUrlG Rz. 10; ErfK/*Gallner*, § 7 BUrlG Rz. 10; *Friese*, Rz. 179 ff., *Leinemann/Linck*, § 7 BUrlG Rz. 29 f.
3 BAG 18.12.1986 – 8 AZR 502/84, DB 1987, 1362.
4 BAG 18.12.1986 – 8 AZR 502/84, DB 1987, 1362.

III. Geltendmachung des Urlaubsanspruchs

Selbsthilferechts (§ 229 BGB) oder auch durch Aufrechnungserklärung (§§ 387 ff. BGB) eigenmächtig in Urlaub gehen darf.

◐ **Hinweis:** Das BAG verneint grundsätzlich ein Recht des Arbeitnehmers, seinen Urlaubsanspruch durch **eigenmächtiges Fernbleiben** von der Arbeit zu verwirklichen[1]. Dieser Ansicht folgen größtenteils die Instanzgerichte und überwiegend auch das Schrifttum[2].

In der **Literatur** wird teilweise die Ansicht vertreten, dass der Arbeitnehmer dann seinen noch nicht verbrauchten Urlaub eigenmächtig antreten dürfe, wenn **nur noch ein bestimmter Zeitraum zur Realisierung des Freizeitanspruchs** zur Verfügung stehe. Das sind die Fälle des ablaufenden Urlaubsjahres und des gekündigten Arbeitsverhältnisses. In diesem Fall sei der Arbeitnehmer zur Zurückhaltung seiner Arbeitsleistung berechtigt, wenn er im zu Ende gehenden Urlaubsjahr oder in der Kündigungsfrist seinen Urlaubsanspruch gegenüber dem Arbeitgeber geltend gemacht und der Arbeitgeber die Gewährung des Urlaubs ohne ausreichenden Grund ausgehend von § 7 BUrlG verweigert habe. Der Arbeitgeber sei in diesen Fällen mit der Festsetzung des Urlaubszeitpunktes in Verzug[3]. 172

Das **BAG** überträgt dem Arbeitnehmer jedoch nur dann das Recht zur eigenen Festlegung des Urlaubszeitpunktes, wenn der Arbeitgeber zur Erteilung des Urlaubs ohne zeitliche Festsetzung desselben **verurteilt** worden ist und der Arbeitgeber den Urlaub vor Ablauf des Urlaubsjahres **nicht gewährt**. In allen anderen Fällen, auch in den Fällen, in denen die Literatur dem Arbeitnehmer teilweise ein Recht zum eigenmächtigen Urlaubsantritt gewährt, setzt sich der Arbeitnehmer der Gefahr von Schadensersatzansprüchen oder sogar einer berechtigten fristlosen Kündigung aus[4]. Dabei ist von Folgendem auszugehen: Tritt der Arbeitnehmer eigenmächtig einen vom Arbeitgeber nicht genehmigten Urlaub an, so verletzt er damit seine arbeitsvertraglichen Pflichten, und ein solches Verhalten ist an sich geeignet, einen wichtigen Grund zur fristlosen Kündigung darzustellen[5]. Der Arbeitnehmer, der sich selbst beurlaubt, verletzt nicht eine bloße Nebenpflicht aus dem Arbeitsverhältnis, er verletzt vielmehr die Hauptpflicht zur Arbeitsleistung, von der er mangels einer Urlaubsbewilligung durch den Arbeitgeber nicht wirksam entbunden ist. Nur in Ausnahmefällen kann die Interessenabwägung im Einzelfall **zu Gunsten des Arbeitnehmers** ausfallen[6]. 173

Die Urlaubsgewährung erfolgt nach § 7 BUrlG durch den Arbeitgeber. Lehnt dieser die Urlaubserteilung ohne ausreichende Gründe ab oder nimmt in zumutbarer Zeit zu dem Urlaubsantrag keine Stellung, so kann der Arbeitnehmer durch eine **Leistungsklage** oder ggf. einen **Antrag auf Erlass einer einstweiligen Verfügung** seine Ansprüche durchsetzen. Ein Recht des Arbeitnehmers, sich selbst zu beurlauben, ist angesichts des umfassenden Systems gerichtlichen Rechtsschutzes grundsätzlich abzulehnen[7]. Hinsichtlich der Frist des § 626 Abs. 2 BGB ist Folgendes zu beachten: 174

◐ **Hinweis:** Bleibt der Arbeitnehmer eigenmächtig der Arbeit fern, etwa weil er sich nach einem abgelehnten Urlaubsantrag selbst beurlaubt hat, so hat die Rechtsprechung stets einen Dauertatbestand angenommen und ist davon ausgegangen, dass die Ausschlussfrist 175

---

1 Vgl. BAG 20.1.1994 – 2 AZR 521/93, DB 1994, 1042; 16.3.2000 – 2 AZR 75/99, NZA 2000, 1332.
2 Vgl. Neumann/Fenski, § 7 BUrlG Rz. 42; ErfK/Gallner, § 7 BUrlG Rz. 9; Gross, S. 55; Leinemann/Linck, § 7 BUrlG Rz. 19.
3 So Neumann/Fenski, § 7 BUrlG Rz. 42 ff. mwN; vgl. die Darstellung des Problems auch bei Boewer, BB 1970, 632 f.; Fischer, AuR 2003, 241 ff.
4 Vgl. auch Schaub/Link, § 102 VIII 6 Rz. 94; BAG 22.1.1998 – 2 ABR 19/97, DB 1998, 1290; Krasshöfer, AuA 1997, 184.
5 BAG 16.3.2000 – 2 AZR 75/99, NZA 2000, 1332; KR/Fischermeier, § 626 BGB Rz. 452.
6 Vgl. LAG Köln 6.12.2010 – 2 Ta GV 23/10 mit zweifelhafter Begründung.
7 BAG 22.1.1998 – 2 ABR 19/97, DB 1998, 1290.

des § 626 Abs. 2 BGB erst dann beginnt, wenn der Arbeitnehmer wieder im Betrieb erscheint[1].

176 Die **Androhung einer Erkrankung** bei Nichtgewährung von Urlaub kann einen Grund für eine außerordentliche Kündigung darstellen. Die Drohung mit der Erkrankung bei Verweigerung des begehrten Urlaubs braucht nicht unmittelbar zu erfolgen. Es kann ausreichend sein, wenn der Erklärende eine solche Äußerung in den Zusammenhang mit seinem Urlaubswunsch stellt und ein verständiger Dritter dies nur als einen Hinweis werten kann, bei einer Nichtgewährung des Urlaubs werde eine Krankschreibung erfolgen[2].

Differenzierter sieht dies das BAG jetzt, wenn der Arbeitnehmer behauptet, bei der Androhung bereits objektiv erkrankt gewesen zu sein[3].

4. Einstweilige Verfügung

177 Die Zivilprozessordnung bietet zur Sicherung der Verwirklichung eines Anspruchs das beschleunigte Verfahren der einstweiligen Verfügung nach §§ 935, 940 ZPO. Trotz dieser Zweckbestimmung, nämlich **Sicherung**, nicht Befriedigung, eines Anspruchs ist davon auszugehen, dass auch der Urlaubsanspruch mit einer einstweiligen Verfügung durchgesetzt werden kann[4].

178 Als Verfügungsanspruch sind nicht nur **Dauer und Festlegung des Urlaubszeitpunkts** denkbar, sondern auch das **Urlaubsentgelt**. In diesen Fällen werden häufig durch Erlass einer einstweiligen Verfügung endgültige Verhältnisse geschaffen und nicht nur Ansprüche gesichert. Das Gericht wird daher bei der Prüfung einen strengen Maßstab anlegen. So kommt es bei der Prüfung des Verfügungsgrundes entscheidend darauf an, ob die einstweilige Festlegung des Urlaubszeitpunktes, die Klärung der Zahl der Urlaubstage oder die Zahlung des Urlaubsentgelts **zur Abwendung wesentlicher Nachteile erforderlich** ist[5].

179 Bzgl. der **Festsetzung der Urlaubszeit** liegt zB dann ein wesentlicher Nachteil vor, wenn der Arbeitnehmer im ablaufenden Urlaubsjahr bzw. bei gekündigtem Arbeitsverhältnis in der Kündigungszeit seinen Urlaub verlangt und der **Verlust des Freizeitanspruchs** droht. Da die betrieblichen Belange nach § 7 BUrlG bei der Festsetzung des Urlaubszeitpunktes zu berücksichtigen sind, wird das Gericht idR nicht ohne mündliche Verhandlung entscheiden[6]. Es sind auch kaum Fälle denkbar, in denen die mündliche Verhandlung den Zweck der einstweiligen Verfügung gefährden könnte. Bei kurzfristigem Widerruf des bereits festgelegten Urlaubs durch den Arbeitgeber wegen außergewöhnlich dringender betrieblicher Erfordernisse ist bei der Frage der wesentlichen Nachteile für den Arbeitnehmer zu berücksichtigen, dass der Arbeitgeber nach §§ 242, 670 BGB zum Ersatz der dem Arbeitnehmer durch den Widerruf der Urlaubserteilung entstehenden Kosten verpflichtet ist. Das Gericht wird auch prüfen, ob im Hinblick auf die dringenden betrieblichen Erfordernisse evtl. für den Arbeitnehmer Teilurlaub in Frage kommt[7]. Demgegenüber wird versucht, die im Rahmen des Vollzugs einer solchen einstweiligen Verfügung auftauchenden Schwierigkeiten da-

---

1 BAG 22.1.1998 – 2 ABR 19/97, DB 1998, 1290.
2 BAG 17.6.2003 – 2 AZR 123/02, NZA 2004, 564.
3 BAG 12.3.2009 – 2 AZR 251/07, NZA 2009, 779.
4 BAG 22.1.1998 – 2 ABR 19/97, DB 1998, 1290; ErfK/*Gallner*, § 7 BUrlG Rz. 32; vgl. auch Schaub/*Linck*, § 102 II 8b Rz. 31; *Schulte*, ArbRB 2005, 127.
5 LAG Düsseldorf 20.4.2004 – 8 Sa 435/04, nv.
6 ArbG Hamm 10.5.1983 – 1 GA 7/83, DB 1983, 1553.
7 Vgl. LAG BW 29.10.1968 – 4 Ta 14/68, DB 1968, 2136.

III. Geltendmachung des Urlaubsanspruchs

durch zu umgehen, dass der Antrag nicht auf die Gewährung von Urlaub, sondern auf „Gestattung des Fernbleibens von der Arbeit" gerichtet werden soll[1].

Das vor Urlaubsantritt auszuzahlende **Urlaubsentgelt** kann ebenfalls mit einstweiliger Verfügung erstritten werden[2]. Da hier aber idR nicht nur die Sicherstellung, sondern auch die Befriedigung des Anspruchs erreicht wird, gilt das nicht für geringfügige Differenzen bzgl. der Höhe des Entgelts, sondern nur dann, wenn der Arbeitgeber überhaupt die Zahlung verweigert. In diesem Fall ist davon auszugehen, dass der Zweck des Urlaubs gefährdet ist[3].

5. Verfügung über den Urlaubsanspruch

a) Abtretung

In der Vergangenheit hatte das BAG den Urlaubsanspruch als einen Einheitsanspruch angesehen, der sich aus Freizeitgewährung und Vergütungsfortzahlung zusammensetzte. Diesen Anspruch hat es als höchstpersönlichen Anspruch angesehen. Dieser Anspruch wurde als nicht pfändbar, nicht vererbbar und nicht abtretbar angesehen und gegen ihn sollte auch nicht aufgerechnet werden können[4]. Seitdem das BAG den Anspruch auf Urlaub aber als einen Anspruch auf Freistellung von den Arbeitspflichten versteht, ist der Anspruch auf Urlaubsentgelt ein **reiner Vergütungsfortzahlungsanspruch**, der auch gepfändet und **abgetreten** werden kann[5].

Der Arbeitnehmer kann jedoch nicht den Anspruch bspw. an einen Kollegen abtreten mit der Folge, dass dieser das Freizeitguthaben des Betreffenden erhält[6].

b) Pfändbarkeit und Verpfändung

Der Anspruch auf Urlaubsentgelt ist als normaler Entgeltanspruch **pfändbar** und **verpfändbar** im Rahmen der gesetzlichen Möglichkeiten und Beschränkungen der §§ 850 ff. ZPO[7].

Bzgl. des zusätzlichen **Urlaubsgeldes** ergibt sich aus § 850a Nr. 2 ZPO die Unpfändbarkeit. Eine Aufrechnung gegen Urlaubsgeldforderungen ist daher wegen § 394 BGB nicht möglich. Auch eine Abtretung des Urlaubsgeldes ist daher nicht möglich[8]. Deshalb muss bei einer einheitlichen Urlaubsvergütung, die sich aus Urlaubsentgelt und Urlaubsgeld zusammensetzt, der unpfändbare Teil abgezogen werden, ehe der pfändbare Nettobetrag aus dem Urlaubsentgelt errechnet werden kann[9].

Die Pfändung des Arbeitseinkommens erstreckt sich nicht auf das Urlaubsgeld, auch wenn das Urlaubsgeld im Pfändungsbeschluss ausdrücklich aufgenommen ist[10].

---

1. *Corts*, NZA 1998, 357 ff.; *Leinemann/Linck*, § 7 BUrlG Rz. 95, 96; *Schulte*, ArbRB 2005, 127.
2. Vgl. auch *Neumann/Fenski*, § 11 BUrlG Rz. 80.
3. Vgl. das Muster einer Einstweiligen Verfügung auf Gewährung von Urlaub in *Bauer/Lingemann/Diller/Haußmann*, Anwalts-Formularbuch Arbeitsrecht, M 14.5.
4. *Sielck*, DB 1969, 396; aA *Tschöpe*, BB 1981, 1902.
5. BAG 28.8.2001 – 9 AZR 611/99, DB 2002, 327.
6. ErfK/*Gallner*, § 1 BUrlG Rz. 24; *Leinemann/Linck*, § 1 BUrlG Rz. 123.
7. BAG 11.1.1990 – 8 AZR 449/88, DB 1990, 2377; 20.6.2000 – 9 AZR 405/99, NZA 2001, 100; ErfK/*Gallner*, § 11 BUrlG Rz. 32; *Leinemann/Linck*, § 11 BUrlG Rz. 96; *Pfeifer*, NZA 1996, 738; *Zöller/Stöber*, § 850a ZPO Rz. 3; aA *Neumann/Fenski*, § 1 BUrlG Rz. 76; *Hohmeister*, BB 1995, 2110.
8. ErfK/*Gallner*, § 11 BUrlG Rz. 32.
9. ErfK/*Gallner*, § 11 BUrlG Rz. 32; *Pfeifer*, NZA 1996, 738.
10. Vgl. *Bengelsdorf*, Rz. 354.

c) Aufrechnung

185 Die Frage der Aufrechnungsmöglichkeit stellt sich nicht bei der Freizeitgewährung, sondern nur beim **Anspruch auf Urlaubsentgelt**. Da der Anspruch auf das Urlaubsentgelt aber gepfändet werden kann, ist auch mit ihm und gegen ihn die Aufrechnung möglich[1].

6. Urlaubsanspruch bei Insolvenz des Arbeitgebers

186 Die Regelungen des allgemeinen Arbeitsrechts gelten auch in der Insolvenz des Arbeitgebers fort. Der Insolvenzverwalter tritt jedoch an die Stelle des Arbeitgebers. Die Forderungen auf rückständiges Arbeitsentgelt sind einfache Insolvenzforderungen iSd. § 38 InsO. Unter die Bezeichnung Arbeitsentgelt fallen auch Urlaubsentgelte, Urlaubsgelder und Urlaubsabgeltungen[2].

> **Hinweis:** Soweit diese Forderungen aus den letzten drei Monaten vor Insolvenzeröffnung stammen, kann **Insolvenzgeld** beansprucht werden[3]. Zum Anspruch auf Insolvenzgeld s. Teil 7 A Rz. 158 ff.

Wird das Arbeitsverhältnis nach Eröffnung des Insolvenzverfahrens fortgesetzt, ist der Urlaubsanspruch des Arbeitnehmers auf Freizeitgewährung und Bezahlung des Urlaubsentgelts eine Masseforderung, die nach § 55 InsO entsteht[4].

187 Urlaubsentgelt, Urlaubsgeld und Urlaubsabgeltungsansprüche aus der Zeit nach Verfahrenseröffnung sind **Masseverbindlichkeiten** nach § 55 Abs. 1 Nr. 2 InsO[5]. Zu den aus der Insolvenzmasse vorab zu befriedigenden Masseverbindlichkeiten gehören u.a. Entgeltansprüche des Arbeitnehmers aus der Zeit ab Eröffnung des Insolvenzverfahrens (§ 55 Abs. 1 Nr. 2 InsO). Hat der Insolvenzverwalter dem Insolvenzgericht die Masseunzulänglichkeit angezeigt (§ 208 InsO), richtet sich die Rangordnung, in der Masseverbindlichkeiten zu erfüllen sind, nach § 209 InsO. Danach ist zwischen sog. Altmasse- und Neumasseverbindlichkeiten zu unterscheiden. Neumasseverbindlichkeiten sind vorrangig zu erfüllen. Eine Neumasseverbindlichkeit liegt u.a. vor, wenn der Insolvenzverwalter nach Anzeige der Masseunzulänglichkeit die „Gegenleistung" des Arbeitnehmers in Anspruch genommen hat. Der Anspruch eines Arbeitnehmers auf Urlaubsentgelt und Urlaubsgeld, der vom Insolvenzverwalter unwiderruflich unter Anrechnung auf offenen Urlaub von jeder Arbeitsleistung freigestellt ist, begründet keine Neumasseverbindlichkeit; der Masse fließt kein wirtschaftlicher Wert zu. Der 9. Senat des BAG hat deshalb die Klage eines Arbeitnehmers abgewiesen, mit der dieser festgestellt wissen wollte, dass sein Anspruch auf zusätzliches Urlaubsgeld eine Neumasseverbindlichkeit sei[6].

Wird ein Arbeitnehmer vom Insolvenzverwalter **nach Anzeige der Masseunzulänglichkeit** zur Arbeit herangezogen, so mindert das seinen urlaubsrechtlichen Anspruch auf Freistellung von der Arbeitspflicht nicht. Urlaubsentgelt/Urlaubsabgeltung sind jedoch nur anteilig als Neumasseverbindlichkeit zu berichtigen. Zur Berechnung ist bei einem in der Fünf-Tage-Woche beschäftigten Arbeitnehmer das für den gesamten Jahresurlaub zustehende Urlaubsentgelt durch 260 zu dividieren und mit den nach der

---

1 BAG 28.8.2001 – 9 AZR 611/99, DB 2002, 327; ErfK/*Gallner*, § 11 BUrlG Rz. 32; *Leinemann/Linck*, § 11 BUrlG Rz. 98; aA *Neumann/Fenski*, § 1 BUrlG Rz. 76.
2 MünchKommInsO/*Ehricke*, § 38 InsO Rz. 72 ff.
3 *Marschner*, DB 1998, 2165; *Schaub*, DB 1999, 217; *Hess*, BB 2003, 2407 ff.
4 *Friese*, Rz. 529; *Leinemann/Linck*, § 1 BUrlG Rz. 189 f.; *Neumann/Fenski*, § 1 BUrlG Rz. 91; BAG 25.3.2003 – 9 AZR 174/02, DB 2003, 2180.
5 Vgl. *Neumann/Fenski*, § 11 BUrlG Rz. 80; *Düwell/Pulz*, NZA 2008, 786 (787); BAG 15.2.2005 – 9 AZR 78/04, NZA 2005, 1124; krit. dazu *Windel* in Anm. zu AP Nr. 4 zu § 108 InsO.
6 BAG 15.6.2004 – 9 AZR 431/03, NZA 2005, 345.

Anzeige der Masseunzulänglichkeit geleisteten Arbeitstagen zu multiplizieren, an denen er zur Beschäftigung herangezogen worden ist. Bei einer auf mehr oder weniger Arbeitstage in der Woche verteilten Arbeitszeit erhöht oder verringert sich der Divisor entsprechend[1].

Hat der Arbeitgeber **Urlaub durch Freistellung** von der Arbeitspflicht gewährt, ist der Urlaubsanspruch erloschen. Dies gilt auch dann, wenn der Arbeitgeber die Urlaubsvergütung wegen Insolvenz noch nicht gezahlt hat. Ein nachfolgender Arbeitgeber ist nicht verpflichtet, nachträglich die Urlaubsvergütung für den in einem vorangegangenen Arbeitsverhältnis gewährten Urlaub zu zahlen. Der Arbeitnehmer hat seinen Anspruch gegen den Insolvenzverwalter geltend zu machen und die Abwicklung des Insolvenzverfahrens abzuwarten[2]. 188

Geht ein Betrieb in der Insolvenz über, hat der Betriebserwerber für die Erfüllung bestehender Urlaubsansprüche einzutreten. Das gilt auch für übertragene Urlaubsansprüche und für Ansprüche auf Ersatz für verfallenen Urlaub[3]. 189

Vom Grundsatz der Haftungsbeschränkung eines Betriebserwerbers in der Insolvenz werden Urlaubsansprüche nicht erfasst, soweit sie nicht einem Zeitpunkt vor Eröffnung des Insolvenzverfahrens zugeordnet werden können[4].

IV. Mitbestimmung der Betriebsverfassungsorgane

§ 87 Abs. 1 Nr. 5 BetrVG sichert dem Betriebsrat für jede Form von Urlaub ein **Mitbestimmungsrecht** bei der Aufstellung allgemeiner Urlaubsgrundsätze, des Urlaubsplans sowie unter bestimmten Voraussetzungen bei der Festlegung der zeitlichen Lage des Urlaubs für einzelne Arbeitnehmer zu. Dabei ist das Mitbestimmungsrecht des Betriebsrats beschränkt durch die bestehenden gesetzlichen und für den Betrieb gültigen tariflichen Regelungen (§ 87 Abs. 1 BetrVG). 190

Das Mitbestimmungsrecht ist in der Form des **positiven Konsensprinzips** gestaltet, dh. weder der Arbeitgeber noch der Betriebsrat können gegen den Willen des anderen die in § 87 Abs. 1 Nr. 5 BetrVG aufgeführte Angelegenheit regeln. Andererseits muss zB ein Urlaubsplan nicht aufgestellt werden. Immer aber hat der Betriebsrat ein Initiativrecht, dh. er kann verlangen, dass eine Regelung erfolgt. Eine **einseitige** Maßnahme des Arbeitgebers ist **unwirksam**[5]. 191

1. Aufstellung allgemeiner Urlaubsgrundsätze

Unter „allgemeinen Urlaubsgrundsätzen" sind **Richtlinien** zu verstehen, nach denen der Urlaub des einzelnen Arbeitnehmers festgelegt wird. Inhalt einer solchen Richtlinie kann zB die Verteilung des Urlaubs im Urlaubsjahr nach der saisonabhängigen Auftragslage (zB: der Urlaub ist in erster Linie im Sommer zu nehmen), die einheitliche Festlegung des Urlaubs für alle Arbeitnehmer (Betriebsferien) oder die Bevorzugung von Urlaubswünschen bestimmter Arbeitnehmer (zB mit schulpflichtigen Kindern) sein. Auch die Regelung der Urlaubsvertretung gehört zu diesen allgemeinen Richtlinien. Wenn der Arbeitgeber mit den Angehörigen einer Arbeitnehmergruppe eine **Vereinbarung über unbezahlten Sonderurlaub** treffen will, dann ist diese beabsichtigte Vereinbarung als allgemeiner Urlaubsgrundsatz iSd. § 87 Abs. 1 Nr. 5 192

---

1 BGB 21.11.2006 – 9 AZR 97/06, NZA 2007, 697.
2 BAG 20.2.2001 – 9 AZR 661/99, NZA 2002, 218.
3 BAG 18.11.2003 – 9 AZR 95/03, BB 2004, 1748.
4 BAG 18.11.2003 – 9 AZR 347/03, NZA 2004, 623.
5 HM, vgl. zB *Fitting*, § 87 BetrVG Rz. 599.

BetrVG mitbestimmungspflichtig, wenn dieser Sonderurlaub im Zusammenhang mit dem bezahlten Erholungsurlaub gewährt werden soll[1].

193 Das Mitbestimmungsrecht des Betriebsrats nach § 87 Abs. 1 Nr. 5 BetrVG erstreckt sich auch auf die Gewährung von **Bildungsurlaub** nach den Weiterbildungsgesetzen der Länder. Es betrifft auch insoweit lediglich die Aufstellung allgemeiner Freistellungsgrundsätze und eines Freistellungsplans und ggf. die Festsetzung der zeitlichen Lage der Arbeitsfreistellung im Einzelfall[2].

194 Der Betriebsrat wird in aller Regel mit dem Arbeitgeber über die allgemeinen Urlaubsgrundsätze eine **Betriebsvereinbarung** abschließen.

2. Aufstellung des Urlaubsplanes

195 Im Urlaubsplan kann für die einzelnen Arbeitnehmer die **Lage des Urlaubs zeitlich festgelegt** werden. Wenn Betriebsferien vereinbart sind, regelt der Urlaubsplan deren zeitliche Lage. Wegen der gesetzlichen Schranke des § 7 Abs. 1 BUrlG ist die Regelung aber durch betriebliche Belange und Wünsche des Arbeitnehmers im Einzelfall noch abänderbar.

196 Die Bindung des Urlaubs an das Urlaubsjahr steht einer allgemeinen Regelung über die Einführung von **Betriebsferien für mehrere aufeinander folgende Urlaubsjahre** in einer Betriebsvereinbarung oder in einem Spruch der Einigungsstelle nicht entgegen. Aus § 7 Abs. 1 BUrlG folgt nämlich nicht, dass die Einführung von Betriebsferien nur dann zulässig ist, wenn dringende betriebliche Belange im Sinne dieser Vorschrift dafür sprechen. Vielmehr begründet die rechtswirksame Einführung von Betriebsferien betriebliche Belange, die der Berücksichtigung der individuellen Urlaubswünsche der Arbeitnehmer entgegenstehen können[3].

197 Wird bis zu einem angemessenen Zeitpunkt vor dem im Urlaubsplan festgelegten Urlaubsbeginn weder vom Arbeitnehmer noch vom Arbeitgeber eine Änderung aus den in § 7 Abs. 1 BUrlG aufgeführten Gesichtspunkten verlangt, gilt der Urlaub für diesen Zeitpunkt als **erteilt**[4]. Der Arbeitnehmer kann dann seinen Urlaub ohne weitere Erklärung des Arbeitgebers antreten. Auch beim Urlaubsplan hat der Betriebsrat ein Initiativrecht, er kann also jederzeit die Aufstellung eines Urlaubsplans vom Arbeitgeber verlangen. Eine einseitige Festlegung des Urlaubs durch den Arbeitgeber ist dann unwirksam.

198 Im Gegensatz zum Urlaubsplan nimmt die **Urlaubsliste** die Urlaubswünsche der Arbeitnehmer auf, ohne dass damit der Urlaubszeitpunkt für den Arbeitnehmer verbindlich feststeht. Lässt der Arbeitgeber jedoch die Urlaubswünsche der Arbeitnehmer zu Beginn des Jahres in eine Urlaubsliste eintragen, die dann noch einmal nach persönlichen und betrieblichen Belangen abgestimmt wird, so gilt der schließlich eingetragene Urlaub als genehmigt, jedenfalls wenn jahrelang entsprechend dieser Urlaubsliste auch tatsächlich verfahren wurde[5]. Innerhalb der Betriebsvereinbarung über allgemeine Urlaubsgrundsätze kann die Auslegung einer Urlaubsliste und der Zeitpunkt, bis zu dem die Eintragungen vorzunehmen sind, geregelt werden.

Die Urlaubsliste ist **nicht mitbestimmungspflichtig**, da sie erst der Aufstellung eines Urlaubsplans dient. Auch die Anweisung des Arbeitgebers an die Abteilungsleiter, bei Aufstellung der Urlaubslisten darauf hinzuwirken, dass der Urlaub möglichst zu be-

---

1 BAG 18.6.1974 – 1 ABR 25/73, DB 1974, 2263.
2 BAG 28.5.2002 – 1 ABR 37/01, NZA 2003, 171.
3 BAG 28.7.1981 – 1 ABR 79/79, DB 1981, 2621.
4 Vgl. *Fitting*, § 87 BetrVG Rz. 201.
5 LAG Hess. 8.7.1996 – 11 Sa 9666/95, ZTR 1997, 234.

stimmten Zeiten genommen wird, verstößt nicht gegen ein Mitbestimmungsrecht des Betriebsrats[1].

3. Urlaubsfestsetzung für einzelne Arbeitnehmer

⊃ **Hinweis:** Der Betriebsrat hat auch dann ein Mitbestimmungsrecht, wenn zwischen einem einzelnen Arbeitnehmer und dem Arbeitgeber kein Einverständnis über die zeitliche Lage des Urlaubs erzielt werden kann[2]. Der Betriebsrat hat in diesem Fall ein Mitbeurteilungsrecht[3], ob die Grundsätze des § 7 Abs. 1 BUrlG bei der Festlegung des Urlaubszeitraums beachtet sind. Arbeitgeber und Betriebsrat können sich nicht gegen die Wünsche des Arbeitnehmers verständigen. 199

Dem Arbeitnehmer steht immer das Recht zu, beim Arbeitsgericht **Klage auf Urlaubserteilung zu einem von ihm gewünschten Zeitpunkt** zu erheben. Das gilt unabhängig davon, ob sich wegen der nicht erzielten Einigung zwischen Betriebsrat und Arbeitgeber gleichzeitig die Einigungsstelle gem. § 87 Abs. 2 BetrVG mit der Sache befasst und ggf. sogar die Entscheidung der Einigungsstelle als Rechtsentscheidung vom Arbeitgeber im Beschlussverfahren vor dem Arbeitsgericht angegriffen wird[4]. 200

4. Grenzen der Mitbestimmung

Die Grenzen der Mitbestimmung des Betriebsrates werden von den gesetzlichen Bestimmungen und den für den Betrieb geltenden tariflichen Regelungen gesetzt. So besteht **kein Mitbestimmungsrecht** über die **Dauer des Urlaubs**[5] oder die **Höhe des Urlaubsentgelts**. Betriebsvereinbarungen hierüber sind nur im Rahmen des § 88 BetrVG (freiwillige Betriebsvereinbarung) unter Beachtung des § 77 Abs. 3 BetrVG und des Günstigkeitsprinzips des § 13 BUrlG zulässig. 201

Die Zahlung eines zusätzlichen **Urlaubsgeldes** kann ebenfalls nur in einer freiwilligen Betriebsvereinbarung nach § 88 BetrVG vereinbart werden, wenn tarifvertraglich keine Regelung besteht und auch nicht üblich ist oder wenn der Tarifvertrag solche Vereinbarungen ausdrücklich zulässt[6]. 202

Besondere Regelungen gelten für das Mitbestimmungsrecht des Betriebsrates bei **betrieblichem Bildungsurlaub** im Rahmen des § 98 BetrVG. Der Bildungsurlaub von Betriebsratsmitgliedern und Jugendvertretern wird in § 37 Abs. 6 Satz 2–5 BetrVG abschließend gesondert geregelt[7]. 203

V. Urlaubsanspruch besonderer Beschäftigungsgruppen

1. Urlaub der Jugendlichen

Der Erholungsurlaub der jugendlichen Beschäftigten wird in § 19 JArbSchG geregelt. Wer als Jugendlicher anzusehen ist, ergibt sich aus § 2 Abs. 2 JArbSchG. Danach ist Jugendlicher, wer 15, aber noch nicht 18 Jahre alt ist. 204

Die **Urlaubsdauer** beträgt nach § 19 Abs. 2 JArbSchG für Jugendliche im Kalenderjahr oder in dem nach § 13 Abs. 3 BUrlG abweichenden Urlaubsjahr mindestens 30 Werk- 205

---

1 LAG Hamm 19.8.1977 – 3 Ta BV 52/77, DB 1977, 2191.
2 HM, vgl. zB *Fitting*, § 87 BetrVG Rz. 205.
3 Vgl. *Fitting*, § 87 BetrVG Rz. 204.
4 Vgl. *Fitting*, § 87 BetrVG Rz. 211.
5 Geregelt im BUrlG, JArbSchG, SGB IX oder Tarifvertrag.
6 Vgl. *Fitting*, § 87 BetrVG Rz. 213.
7 Vgl. *Fitting*, § 87 BetrVG Rz. 138 f.

tage, wenn der Jugendliche zu Beginn des Kalenderjahres (1.1.) noch nicht 16 Jahre alt ist, mindestens 27 Werktage, wenn er am Stichtag noch nicht 17 Jahre und mindestens 25 Werktage, wenn er am Stichtag noch nicht 18 Jahre alt ist. Hinzu kommt für im Bergbau unter Tage beschäftigte Jugendliche ein Zuschlag von jeweils drei Werktagen. **Werktage** sind nach § 3 Abs. 2 BUrlG alle Kalendertage, die nicht Sonntage oder gesetzliche Feiertage sind, also auch arbeitsfreie Werktage[1].

206 Der Urlaub soll Berufsschülern in der Zeit der **Berufsschulferien** gegeben werden (§ 19 Abs. 3 Satz 1 JArbSchG). Dies bedeutet, dass Berufsschüler einen Anspruch auf Urlaub in den Berufsschulferien haben und Abweichungen von dieser Sollvorschrift einer Begründung bedürfen[2].

Erteilt der Arbeitgeber den Urlaub nicht während der Berufsschulferien, so ist für jeden Tag, an dem die Berufsschule während des Urlaubs besucht wird, ein weiterer Urlaubstag zu gewähren (§ 19 Abs. 3 Satz 2 JArbSchG). Es besteht umgekehrt aber kein Anspruch, wenn der Berufsschüler die Berufsschule versäumt, wobei die Gründe für die Säumnis unerheblich sind, es sei denn, dass der Unterricht unangekündigt ausfällt[3].

Im Übrigen verweist § 19 Abs. 4 JArbSchG weitgehend auf die Vorschriften des BUrlG.

207 Auch **Volontäre und Praktikanten** sowie **Werkstudenten und Schüler**[4] mit Verpflichtung zum regelmäßigen Erscheinen haben Anspruch auf Erholungsurlaub. Die Länge des Urlaubs richtet sich auch bei diesem Personenkreis nach dem Alter. Soweit sie allerdings ohne Entgelt tätig sind, entfällt das Urlaubsentgelt, so dass nur unbezahlte Freizeit zu gewähren ist.

Im Übrigen gelten die Regelungen des allgemeinen Urlaubsrechts wie bei erwachsenen Arbeitnehmern.

2. Urlaub im Bereich der Heimarbeit

208 Aus den Besonderheiten der Heimarbeit, nämlich idR Verdienstschwankungen, unregelmäßige Arbeitszeit, häusliche Arbeitsstätte, ergeben sich auch für das Urlaubsrecht spezielle Regelungen. Diese sind in § 12 BUrlG enthalten. Danach gelten im Bereich der Heimarbeit nicht die Bestimmungen über die Wartezeit, den Teilurlaub, den Ausschluss von Doppelansprüchen (§§ 4–6 BUrlG), die Regelung der Übertragung und Abgeltung des Urlaubs (§ 7 Abs. 3 und 4 BUrlG) sowie der Bemessung des Urlaubsentgelts (§ 11 BUrlG).

Das Urlaubsentgelt wird nach dem verdienten Bruttoarbeitsentgelt in der Zeit vom 1.5. des Vorjahres bis 30.4. des laufenden Jahres **berechnet**. Es sind also die Steuern und Sozialversicherungsbeiträge mitzuvergüten. Abzuziehen sind lediglich Unkostenzuschläge (zB für Strom) sowie die Zahlungen für den Lohnausfall an Feiertagen, den Arbeitsausfall infolge Krankheit und den Urlaub. Von dem somit ermittelten Betrag ist ein Urlaubsentgelt in Höhe von 9,1 % für 24 Werktage zu zahlen. Bei Hausgewerbetreibenden wird mit der Zahlung von 9,1 % als Pauschalzahlung auch der Urlaubsanspruch der von den gewerbetreibenden Beschäftigten abgegolten. Die Einzelheiten der Auszahlung und des besonderen Entgeltbeleges ergeben sich aus § 12 BUrlG.

---

1 *Leinemann/Linck*, Teil II A III Rz. 7.
2 *Neumann/Fenski*, Anh. V. Rz. 13.
3 *Leinemann/Linck*, Teil II A III Rz. 16.
4 ArbG Mainz 14.12.1983 – 2 Ca 1926/83, BB 1984, 472.

V. Urlaubsanspruch besonderer Beschäftigungsgruppen

Wegen des zusätzlichen Urlaubsentgelts der **Schwerbehinderten** im Bereich der Heimarbeit vgl. § 127 SGB IX (s. Rz. 151). 209

Jugendliche Heimarbeiter erhalten nach § 19 Abs. 4 Satz 2 JArbSchG jedoch abweichend von § 12 Nr. 1 BUrlG entsprechend § 19 Abs. 2 JArbSchG bezahlten Erholungsurlaub. Das Urlaubsentgelt der jugendlichen Heimarbeiter beträgt bei einem Urlaub von 30 Werktagen 11,6 %, bei einem Urlaub von 27 Werktagen 10,3 % und bei einem Urlaub von 25 Werktagen 9,5 %. 210

Durch **Tarifvertrag** kann bestimmt werden, dass Heimarbeiter, die nur für einen Auftraggeber tätig sind und tariflich allgemein wie Betriebsarbeiter behandelt werden, den allgemeinen Bestimmungen des Bundesurlaubsgesetzes unterstellt werden (§ 12 Nr. 7 BUrlG). 211

3. Urlaub für nicht vollbeschäftigte Arbeitnehmer

Der Arbeitnehmerbegriff des BUrlG umfasst auch solche Personen, deren verrichtete Arbeit nicht die gesamte Arbeitskraft des Beschäftigten in Anspruch nimmt[1]. Daher unterscheidet das BUrlG nicht zwischen Arbeitnehmern mit größerer oder geringerer Beanspruchung der Arbeitskraft und somit größerem, kleinerem oder überhaupt fehlendem Erholungsbedürfnis. 212

Teilzeitbeschäftigte, die an weniger Arbeitstagen einer Woche als Vollzeitbeschäftigte arbeiten, haben entsprechend der Zahl der für sie maßgeblichen Arbeitstage **Anspruch auf Erholungsurlaub**. Dabei ist einem teilzeitbeschäftigten Arbeitnehmer Urlaub, Urlaubsentgelt, Urlaubsgeld oder Urlaubsabgeltung mindestens in dem Umfang zu gewähren, der dem Anteil seiner Arbeitszeit an der Arbeitszeit eines vergleichbaren vollzeitbeschäftigten Arbeitnehmers entspricht. Dies ergibt sich aus § 4 Abs. 1 Satz 2 TzBfG. Dh., dass die für den Vollzeitbeschäftigten maßgeblichen Arbeitstage zu denen des Teilzeitbeschäftigten rechnerisch in Beziehung zu setzen sind[2]. 213

Beispiel 1:

Regelmäßige Arbeitszeit der vollbeschäftigten Arbeitnehmer: Fünf Arbeitstage pro Woche; ein Teilzeitbeschäftigter arbeitet zwei Arbeitstage pro Woche. Urlaubsanspruch der vollbeschäftigten Arbeitnehmer: 30 Arbeitstage pro Jahr.

Berechnung des Urlaubsanspruchs: 30 : 5 × 2 = 12 Urlaubstage

Der Teilzeitbeschäftigte kann verlangen, an zwölf Arbeitstagen freigestellt zu werden.

Beispiel 2:

Regelmäßige Arbeitszeit der vollbeschäftigten Arbeitnehmer: Sechs Arbeitstage pro Woche; eine Teilzeitbeschäftigte arbeitet an zwei Arbeitstagen mit jeweils vier Stunden. Der Urlaubsanspruch der vollbeschäftigten Arbeitnehmer beträgt 24 Werktage im Jahr.

Berechnung des Urlaubsanspruchs: 24 : 6 × 2 = 8 Urlaubstage.

Die Teilzeitbeschäftigte kann verlangen, an acht Arbeitstagen freigestellt zu werden.

Die Auffassung, dass wegen der bei Teilzeitbeschäftigten oft sehr unterschiedlichen Stundenzahl der Urlaubsanspruch **in Stunden umgerechnet** werden müsse[3], ist **unzutreffend**[4]. Für den „Urlaubstag" als Gegenstand des Urlaubsanspruchs kommt es nämlich nicht darauf an, wie viele Arbeitsstunden an dem Arbeitstag ausfallen würden. 214

---

1 BAG 21.10.1965 – 5 AZR 146/65, DB 1966, 155.
2 So früher schon BAG 14.2.1991 – 8 AZR 97/90, DB 1991, 1987.
3 Bspw. *Bengelsdorf*, DB 1988, 1161; *Danne*, DB 1990, 1965.
4 BAG 28.11.1989 – 1 ABR 94/88, DB 1990, 792.

215 Eine Umrechnung der Urlaubsdauer auf Stunden ist auch dann nicht möglich, wenn arbeitsvertraglich nur eine bestimmte **monatliche oder jährliche Arbeitsstundenzahl festgelegt ist**[1]. Dies ist wegen der im BUrlG festgelegten Fixierung des gesetzlichen Mindesturlaubs auf Tage (§§ 3 Abs. 1, 13 Abs. 1 Satz 1 BUrlG) zwingend.

Ggf. muss im Wege der **ergänzenden Vertragsauslegung** die Verteilung der Jahresarbeitszeit auf einzelne Wochentage vorgenommen werden[2].

216 Halbtagsbeschäftigte haben keinen Anspruch auf die vier Tage Zusatzurlaub, die die Urlaubsbestimmungen des öffentlichen Dienstes bei „überwiegender" Arbeit mit infektiösem Material vorsehen. Bei der Berechnung gilt nicht die individuelle Arbeitszeit der Teilzeitkraft, sondern die regelmäßige Arbeitszeit eines Vollbeschäftigten[3].

4. Urlaub der arbeitnehmerähnlichen Personen

217 Nach § 2 Satz 2 BUrlG gelten auch arbeitnehmerähnliche Personen als Arbeitnehmer, so dass auch ihnen **Erholungsurlaub** nach den Bestimmungen des BUrlG **zusteht**[4]. Die Frage, ob jemand Arbeitnehmer oder arbeitnehmerähnliche Person ist, ist nach der tatsächlichen Durchführung des Vertragsverhältnisses zu entscheiden. Dabei ist die rechtliche Würdigung der Parteien selbst nicht bindend. Vielmehr ist wesentliches Merkmal der Arbeitnehmerähnlichkeit die **wirtschaftliche Unselbständigkeit** und Abhängigkeit von der Person, in deren Auftrag Dienste geleistet werden. Darüber hinaus muss nach der gesamten sozialen Stellung unter Berücksichtigung der Verkehrsauffassung eine Schutzbedürftigkeit vorliegen[5].

218 Arbeitnehmerähnliche Personen können Tätigkeiten für **mehrere Auftraggeber** ausüben. Voraussetzung der wirtschaftlichen Unselbständigkeit und damit eines Anspruchs auf Erholungsurlaub ist jedoch, dass die Beschäftigung für einen der Auftraggeber die wesentliche ist und die hieraus fließende Vergütung die entscheidende Existenzgrundlage darstellt.

219 Abweichungen von den Regelungen des BUrlG ergeben sich aus der **fehlenden persönlichen Abhängigkeit** vom Auftraggeber. Doch bestimmt der Auftraggeber auch hier den Zeitraum, in dem er unter Fortzahlung des Entgelts von der Zuweisung von Arbeit absieht[6], wobei er die Interessen der arbeitnehmerähnlichen Person zu berücksichtigen hat. So kann der Auftraggeber während des Urlaubs nicht auf der Unterlassung von Tätigkeiten für andere Auftraggeber bestehen. Das Urlaubsentgelt der arbeitnehmerähnlichen Personen richtet sich nach § 11 BUrlG. Das bedeutet, dass der 13-Wochen-Zeitraum zugrunde gelegt werden muss, auch wenn dies im Einzelfall dazu führt, dass sehr viel oder sehr wenig Urlaubsentgelt zu bezahlen ist[7].

220 Das BAG hält es zwar für zulässig, auf einen längeren Zeitraum bei der Berechnung des Durchschnittsverdienstes abzustellen, damit eine Anpassung an die individuellen Verhältnisse erfolgen kann[8]. Dies widerspricht jeder gesetzlichen Regelung.

Bei **Erkrankung** während des Urlaubs ist das Entgeltfortzahlungsgesetz nicht anwendbar.

---

1 *Leinemann/Linck*, § 3 BUrlG Rz. 34; *Gross*, S. 65.
2 *Leinemann/Linck*, § 3 BUrlG Rz. 34; *Gross*, S. 65.
3 BAG 19.3.2002 – 9 AZR 109/01, ZTR 2002, 481.
4 BAG 15.11.2005 – 9 AZR 626/04, DB 2006, 1165.
5 BAG 28.6.1973 – 5 AZR 568/72, DB 1973, 1756.
6 BAG 26.6.1969 – 5 AZR 393/68, BB 1970, 80.
7 ErfK/*Gallner*, § 11 BUrlG Rz. 15.
8 BAG 30.7.1975 – 5 AZR 342/74, DB 1976, 106.

Im **Prozess** hat die arbeitnehmerähnliche Person die Einzelheiten des Vertragsverhältnisses vorzutragen, aus denen sich die rechtliche Einordnung als arbeitnehmerähnlich ergibt[1].

5. Urlaub der schwerbehinderten Menschen

Gemäß § 125 Abs. 1 SGB IX haben schwerbehinderte Menschen Anspruch auf einen bezahlten **zusätzlichen Urlaub von fünf Arbeitstagen** im Urlaubsjahr. Verteilt sich die regelmäßige Arbeitszeit in der Kalenderwoche auf mehr oder weniger als fünf Arbeitstage, erhöht oder vermindert sich der Zusatzurlaub entsprechend. — 221

Der Anspruch auf **Abgeltung** des Schwerbehindertenzusatzurlaubs besteht bei Arbeitsunfähigkeit ebenso wie der Anspruch auf Abgeltung des Mindesturlaubs weiter[2]. Die Tarifvertragsparteien können dagegen bestimmen, dass der über den gesetzlichen Mindesturlaub hinausgehende tarifliche Urlaubsabgeltungsanspruch erlischt, wenn der Urlaubsanspruch wegen Krankheit nicht erfüllt werden kann[3]. — 222

Für den Zusatzurlaub ist in § 125 Abs. 2 SGB IX das **„Zwölftelungsprinzip"** für das Jahr der Feststellung der Schwerbehinderung eingeführt worden. Besteht die Schwerbehinderteneigenschaft nicht während des gesamten Kalenderjahres, so hat der schwerbehinderte Mensch für jeden vollen Monat der im Beschäftigungsverhältnis vorliegenden Schwerbehinderteneigenschaft einen Anspruch auf ein Zwölftel des Zusatzurlaubs nach § 125 Abs. 1 Satz 1 SGB IX. Dabei sind Bruchteile von Urlaubstagen, die mindestens einen halben Tag ergeben, auf volle Urlaubstage aufzurunden. Der so ermittelte Zusatzurlaub ist dem Erholungsurlaub hinzuzurechnen. Er kann bei einem nicht im ganzen Kalenderjahr bestehenden Beschäftigungsverhältnis nicht erneut gemindert werden. Das bedeutet, dass die Regelung des § 5 Abs. 1 BUrlG bzgl. des Teilurlaubs ausgeschlossen ist. In § 125 Abs. 3 SGB IX ist eine Regelung für den Fall getroffen worden, dass erst nach Ablauf des Urlaubsjahres über den Antrag entschieden wird. Wird die Eigenschaft als schwerbehinderter Mensch nach § 69 Abs. 1 und 2 SGB IX rückwirkend festgestellt, finden auch für die Übertragbarkeit des Zusatzurlaubs in das nächste Kalenderjahr die dem Beschäftigungsverhältnis zugrunde liegenden urlaubsrechtlichen Regelungen Anwendung. Dies bedeutet, dass eine Übertragung des Zusatzurlaubs in das nächste Kalenderjahr stattfindet. Allerdings muss der Zusatzurlaub im alten Jahr verlangt worden sein, obwohl die Behinderung noch nicht feststand[4]. — 223

Das **Urlaubsentgelt** für den übrigen Urlaub ist wie das Urlaubsentgelt zu bezahlen. Nimmt eine tarifliche Regelung für die Urlaubsdauer auf das SGB IX Bezug und sieht sie ein zusätzliches **Urlaubsgeld** vor, das neben dem Urlaubsentgelt zu zahlen ist, kann der schwerbehinderte Mensch auch für den ihm zustehenden Zusatzurlaub Urlaubsgeld verlangen[5]. Ist der Anspruch auf Urlaubsentgelt im Tarifvertrag jedoch auf die tariflich festgelegte Urlaubsdauer begrenzt, scheidet ein Anspruch auf Urlaubsgeld für den Zusatzurlaub aus[6]. — 224

Kann der gesetzliche Zusatzurlaub für schwerbehinderte Menschen wegen **Beendigung des Arbeitsverhältnisses** nicht gewährt werden, ist er nach § 7 Abs. 4 BUrlG abzugelten[7] (vgl. Rz. 144). — 225

---

1 *Gross*, S. 66.
2 BAG 7.8.2012 – 9 AZR 353/10, NZA 2012, 1216.
3 BAG 23.3.2010 – 9 AZR 128/09, NZA 2010, 810.
4 *Fenski*, NZA 2004, 1257.
5 BAG 23.1.1996 – 9 AZR 891/94, NZA 1996, 831.
6 BAG 30.7.1986 – 8 AZR 241/83, BB 1986, 2337.
7 BAG 25.6.1996 – 9 AZR 182/95, AP Nr. 117 zu § 47 SchwbG.

226 Soweit **tarifliche, betriebliche oder sonstige Urlaubsregelungen** für schwerbehinderte Menschen einen längeren als den gesetzlichen Zusatzurlaub vorsehen, gelten diese Sonderregelungen (§ 125 Abs. 1 Satz 2 SGB IX). Bei einem vertraglich gewährten Urlaub von jährlich 29 Tagen erhöht sich dieser vertragliche Urlaubsanspruch um den gesetzlichen Zusatzurlaub[1]. Sieht eine tarifliche Regelung die Zwölftelung von Urlaubsansprüchen bei Ausscheiden des Arbeitnehmers in der zweiten Hälfte eines Jahres vor, ist sie gegenüber einem schwerbehinderten Menschen insoweit unwirksam, als dadurch der gesetzliche Ausspruch auf Zusatzurlaub vermindert wird[2].

227 Nach der ausdrücklichen gesetzlichen Regelung des § 68 Abs. 3 SGB IX steht den schwerbehinderten Menschen **Gleichgestellten** (§ 68 Abs. 2 SGB IX) der Zusatzurlaub nicht zu.

228 Der schwerbehinderte Mensch, der in **Heimarbeit** beschäftigt ist, hat wie jeder andere schwerbehinderte Mensch Anspruch auf den Zusatzurlaub nach § 127 SGB IX. Als Besonderheit sieht § 127 Abs. 3 Satz 2 SGB IX vor, dass diese Gruppe als zusätzliches Urlaubsgeld 2 % des vom 1.5. des Vorjahres bis zum 30.4. des laufenden Jahres verdienten Arbeitsentgelts, ausschließlich der Unkostenzuschläge, erhält, sofern keine besondere Regelung besteht.

6. Urlaub im Baugewerbe

229 Grundsätzlich gelten die Bestimmungen des BUrlG auch für das Baugewerbe. In § 13 Abs. 2 BUrlG lässt das Gesetz aber **tarifvertragliche Sonderregelungen** für das Baugewerbe zur Sicherung eines Jahresurlaubs für die Arbeitnehmer zu, da hier Arbeitsverhältnisse von kürzerer Dauer als ein Jahr üblich sind.

230 Die Tarifparteien haben im Baugewerbe eine „**Gemeinsame Urlaubskasse für die Bauwirtschaft**" mit Sitz in Wiesbaden eingerichtet. Diese Urlaubskasse sichert die Auszahlung des Urlaubsentgelts sowie des tarifvertraglich vereinbarten zusätzlichen Urlaubsgeldes. Der Arbeitgeber zahlt monatlich einen Prozentsatz des verdienten Bruttolohnes an die Urlaubskasse. Dieser Betrag wird auf einer **Lohnnachweiskarte** des Arbeitnehmers festgehalten. Bei Urlaubsantritt zahlt der Arbeitgeber den nach der Lohnnachweiskarte zu berechnenden Betrag des Urlaubsentgelts an den Arbeitnehmer aus. Der Arbeitgeber erhält die ausgezahlten Beträge von der Urlaubskasse erstattet.

Eine **anderweitige Abgeltung**, etwa bei Ausscheiden des Arbeitnehmers, ist **unzulässig** und lässt den Anspruch auf Berichtigung der Lohnnachweiskarte auf den vollen Betrag bestehen[3]. Dem Berichtigungsverlangen kann jedoch dann der Einwand der unzulässigen Rechtsausübung entgegenstehen, wenn der Arbeitnehmer selbst auf Auszahlung des Geldes bestanden hat[4].

231 Eine **persönliche Haftung des Geschäftsführers** einer GmbH aus unerlaubter Handlung wegen nicht abgeführter Zahlungen an die Urlaubs- und Lohnausgleichskasse der Bauwirtschaft besteht nicht[5].

232 Die in Rechts- oder Verwaltungsvorschriften enthaltenen Regelungen über den bezahlten Mindesturlaub finden auch auf Arbeitsverhältnisse zwischen einem im Ausland ansässigen Arbeitgeber und seinen im Inland beschäftigten Arbeitnehmern und Arbeitnehmerinnen zwingend Anwendung (§§ 2 ff. AEntG)[6].

---

1 BAG 24.10.2006 – 9 AZR 669/05, NZA 2007, 330.
2 BAG 8.3.1994 – 9 AZR 49/93, DB 1994, 686.
3 LAG Düsseldorf 21.3.1969 – 4 Sa 80/69, DB 1969, 1346.
4 LAG Düsseldorf 20.2.1975 – 14 Sa 1227/74, DB 1975, 1465.
5 BAG 18.8.2005 – 8 AZR 542/04, NZA 2005, 1235.
6 Arbeitnehmer-Entsendegesetz – AEntG v. 20.4.2009, BGBl. I, 799, zuletzt geändert durch Gesetz v. 11.8.2014 (BGBl. I, 1348).

7. Urlaub in Mutterschutz und Elternzeit[1]

Zum Zusammentreffen von Erholungsurlaub und mutterschutzrechtlichen Ausfallzeiten s. Teil 6 C Rz. 38 ff. Zum Verhältnis von Urlaub und Elternzeit s. Teil 2 D Rz. 22 ff.

233

8. Urlaub für Ein-Euro-Jobber

Im Rahmen der Grundsicherung für Arbeitsuchende[2] hat der Gesetzgeber unter § 16d SGB II festgelegt, dass an Langzeitarbeitslose zuzüglich zum Arbeitslosengeld II eine angemessene Entschädigung für Mehraufwendungen zu zahlen ist. Nach der gesetzlichen Regelung begründen die dort angesprochenen Arbeiten **kein** Arbeitsverhältnis iSd. Arbeitsrechts; die Vorschriften über den Arbeitsschutz und das Bundesurlaubsgesetz sind entsprechend anzuwenden.

234

Die Bundesagentur für Arbeit[3] ist der Auffassung, dass eine Mehraufwandsentschädigung bei Urlaub nicht vergütet wird. Demgegenüber vertritt *Düwell*[4] die Auffassung, dass aufgrund der Formulierung des Gesetzes und des dadurch eingeräumten urlaubsrechtlichen Freistellungsanspruchs von der Verpflichtung zur Arbeit dem Ein-Euro-Jobber für diese Zeit der Anspruch auf Mehraufwandsentschädigung, der bei Arbeitsleistung bestünde, zusteht.

235

9. Zusatzurlaub für Wechselschichtarbeit

Ein freigestelltes Personalratsmitglied hat einen Anspruch auf Zusatzurlaub für Wechselschichtarbeit nach § 27 TVöD, wenn es ohne die Freistellung aufgrund seiner Arbeitsleistung einen Zusatzurlaubsanspruch hätte[5].

236

10. Urlaub und Pflegezeit

Zum Zusammentreffen von Urlaub und Pflegezeit s. Teil 2 D Rz. 79.

237

VI. Krankheit und Urlaub

1. Erkrankung während des Urlaubs

Erkrankt ein Arbeitnehmer während des Urlaubs, können gem. § 9 BUrlG die durch ärztliches Attest nachgewiesenen Tage der Arbeitsunfähigkeit **nicht auf den Jahresurlaub angerechnet** werden. Auch der über den gesetzlichen Mindesturlaub hinausgehende **einzelvertragliche Mehrurlaub** wird im Zweifel durch Arbeitsunfähigkeit des Arbeitnehmers unterbrochen[6].

238

Erkrankt der Arbeitnehmer **vor Antritt des Urlaubs**, gilt der generelle Grundsatz, dass Urlaub nicht während der Arbeitsunfähigkeit genommen und gewährt werden kann. Zu beachten ist hier die Einschränkung, dass dieser Satz nur gilt, wenn die Arbeitsunfähigkeit dem Erholungszweck des Urlaubs nicht entgegensteht[7].

239

---

1 Bundeselterngeld und Elternzeitgesetz – BEEG v. 5.12.2006 (BGBl. I, 2748), zuletzt geändert durch Gesetz v. 15.2.2013 (BGBl. I, 254).
2 Sozialgesetzbuch (SGB) Zweites Buch (II) idF v. 13.5.2011, zuletzt geändert durch Gesetz v. 28.7.2014 (BGBl. I, 1306).
3 Unter § 16 Nr. 10030 veröffentlicht im internen Netz der BA zum Stichwort „Urlaub während der Arbeitsgelegenheit".
4 *Düwell*, FA 2006, 2.
5 BAG 7.11.2007 – 7 AZR 820/06, NZA 2008, 597 zum früheren § 48a BAT.
6 BAG 3.10.1972 – 5 AZR 209/72, BB 1973, 89.
7 LAG Düsseldorf 23.10.1974 – 6 Sa 683/74, BB 1975, 137.

240 Wenn der Arbeitnehmer während seines gesetzlichen, tarifvertraglichen oder einzelvertraglichen bezahlten Erholungsurlaubs erkrankt, greift § 9 BUrlG ein. Danach wird der Erholungsurlaub für die Dauer der Arbeitsunfähigkeit **unterbrochen** mit der Folge, dass der Arbeitnehmer wieder zur Arbeitsleistung verpflichtet wird, die er jedoch wegen Erkrankung nicht erbringen kann. Es gelten dann die Regelungen der Lohn- oder Gehaltsfortzahlung im Krankheitsfall.

Haben die Arbeitsvertragsparteien gemeinsam den Urlaub festgelegt, ist auch der Arbeitnehmer an die Vereinbarung gebunden. Diese zeitliche Festlegung wird hinfällig, wenn der Arbeitnehmer im Urlaub arbeitsunfähig krank wird, weil während der Arbeitsunfähigkeit der Urlaubsanspruch nicht erfüllt werden kann. Auf diese Nichterfüllbarkeit des Urlaubsanspruchs kann sich der Arbeitnehmer jedoch dann nicht berufen, wenn er die Arbeitsunfähigkeit durch eine medizinisch nicht gebotene Entscheidung, sich während des gewährten Urlaubs einer Operation zu unterziehen, herbeigeführt hat[1].

241 Die durch ärztliches Zeugnis nachgewiesenen Tage der Arbeitsunfähigkeit werden auf den Jahresurlaub nicht angerechnet. Sie sind vom Arbeitgeber **nachzugewähren**[2]. Ein Selbstbeurlaubungsrecht des Arbeitnehmers oder eine Selbstverlängerungsmöglichkeit besteht nicht (vgl. Rz. 109a).

242 Das Urlaubsverlangen eines Arbeitnehmers während einer krankheitsbedingten Arbeitsunfähigkeit setzt den Arbeitgeber hinsichtlich der Verpflichtung zur Urlaubsgewährung nicht in Verzug, da der Arbeitnehmer wegen der bestehenden Erkrankung gar nicht in der Lage ist, den verlangten Urlaub anzutreten[3].

2. Auswirkungen auf das Urlaubsentgelt

243 Für die Zeit der Krankheit ist kein Urlaubsentgelt zu zahlen. An seine Stelle tritt der Entgeltfortzahlungsanspruch[4].

244 Ist eine **Nachgewährung** des Urlaubs bis zum Ablauf des Urlaubsjahres nicht möglich, so wird der Urlaub übertragen.

3. Maßnahmen der medizinischen Vorsorge oder Rehabilitation

245 In § 10 BUrlG ist geregelt, dass Maßnahmen der medizinischen Vorsorge oder Rehabilitation nicht auf den Urlaub angerechnet werden dürfen, soweit ein Anspruch auf Fortzahlung des Arbeitsentgelts nach den gesetzlichen Vorschriften über die Entgeltfortzahlung im Krankheitsfall besteht.

4. Erkrankung während eines unbezahlten Urlaubs

246 Während des unbezahlten Sonderurlaubs ist der Arbeitnehmer von der Arbeitspflicht befreit und hat keinen Vergütungsanspruch. Auch bei Erkrankung besteht daher grundsätzlich **keine Lohnfortzahlungspflicht** des Arbeitgebers.

247 Eine **Ausnahme** macht die Rechtsprechung allerdings, wenn der Sonderurlaub dazu dient, eine längere, zusammenhängende Erholungszeit zu verschaffen, wenn also bspw. in unmittelbarem Anschluss an den bezahlten Erholungsurlaub ein unbezahlter Urlaub ebenfalls zu **Erholungszwecken** gewährt wird und der Arbeitnehmer während des bezahlten Urlaubs arbeitsunfähig erkrankt. Der Arbeitnehmer ist dann be-

---

1 LAG Köln 28.8.1996 – 2 Sa 132/96, NZA-RR 1997, 83; aA *Leinemann/Linck*, § 9 BUrlG Rz. 8.
2 BAG 9.6.1988 – 8 AZR 755/85, DB 1988, 2467.
3 LAG Hess. 28.10.1996 – 11 Sa 1972/95, ZTR 1997, 234.
4 *Leinemann/Linck*, § 9 BUrlG Rz. 15.

rechtigt, seinen bezahlten Urlaub abzubrechen und den unbezahlten Urlaub nicht zu nehmen. Er ist so zu stellen, als sei keine Freistellung von der Arbeit ohne Entgeltfortzahlung vereinbart worden[1].

Dient der Sonderurlaub **anderen Zwecken**, zB Ausländern die Heimfahrt zu ermöglichen, so besteht im Fall der Erkrankung kein Anspruch auf Krankenvergütung[2].

Diese Grundsätze gelten auch für das **Recht der Sozialversicherung**. Der von den Arbeitsvertragsparteien als Einheit angesehene Urlaub (bezahlt und daran anschließend unbezahlt) gilt bei Erkrankung des Arbeitnehmers als unterbrochen. Falls daher keine Lohnfortzahlungspflicht des Arbeitgebers besteht, muss die Krankenkasse dem Arbeitnehmer Krankengeld gewähren[3]. Bei unbezahltem Urlaub bleibt die Mitgliedschaft in der gesetzlichen Krankenversicherung erhalten, längstens jedoch für drei Wochen. 248

Erkrankt ein Arbeitnehmer während eines unbezahlten Urlaubs, so beginnt die Sechs-Wochen-Frist des § 3 EFZG nicht mit dem Tag der Erkrankung, sondern mit Einsetzen der Entgeltfortzahlung[4]. 249

Eine Vereinbarung zwischen Arbeitgeber und Arbeitnehmer, nach der das Arbeitsverhältnis bei **verspäteter Rückkehr** des Arbeitnehmers aus dem Urlaub automatisch endet, ist rechtsunwirksam[5]. Das gilt unabhängig davon, welche Umstände die Versäumung der Arbeitsaufnahme zum vereinbarten Zeitpunkt veranlasst haben. Auch eine Regelung, nach der das Arbeitsverhältnis automatisch endet, wenn die nicht rechtzeitige Arbeitsaufnahme **vom Arbeitnehmer zu vertreten** ist, ist unwirksam. Solche Regelungen vereiteln nämlich den Bestandsschutz des Arbeitsverhältnisses, der vom Kündigungsschutz- und dem Mitbestimmungsrecht des Betriebsrates gesichert wird. Eine Vereinbarung zwischen Arbeitgeber und Arbeitnehmer, in der sich der Arbeitgeber ein **einseitiges Bestimmungsrecht** über die Dauer des Sonderurlaubs vorbehält, ist ebenfalls nichtig. 250

VII. Erlöschen des Urlaubsanspruchs

1. Erfüllung

Der Urlaubsanspruch erlischt wie jeder andere privatrechtliche Anspruch mit der Erfüllung durch den Arbeitgeber (§ 362 Abs. 1 BGB). Wenn daher der Arbeitnehmer die Freizeit und das Urlaubsentgelt bzw. unter den Voraussetzungen des § 7 Abs. 4 BUrlG den Abgeltungsbetrag erhalten hat, ist sein Anspruch erfüllt. 251

Zu berücksichtigen ist jedoch, dass eine Erfüllung und damit ein Erlöschen des Anspruchs nur durch **Bewirken der geschuldeten Leistung** erreicht wird. Die Urlaubserteilung muss daher im Rahmen des § 7 BUrlG liegen. Eine Aufteilung des Urlaubs in Tage, halbe Tage oder gar in Stunden ist keine Erfüllung, so dass der Arbeitnehmer den Urlaub nach wie vor beanspruchen kann. Eine Erfüllung liegt auch dann nicht vor, wenn der Arbeitgeber einseitig Fehltage des Arbeitnehmers als Urlaubstage verrechnet oder über den Rahmen des § 7 Abs. 4 BUrlG eine Abgeltung vornimmt. In beiden Fällen ist der Urlaubsanspruch nicht untergegangen. Der Arbeitnehmer kann sei- 252

---

1 BAG 23.12.1971 – I AZR 217/71, DB 1972, 831; 1.7.1974 – 5 AZR 600/73, BB 1974, 1398; 3.10.1972 – 5 AZR 209/72, BB 1973, 89.
2 BAG 10.2.1972 – 5 AZR 330/71, DB 1972, 831; 25.5.1983 – 5 AZR 236/80, DB 1983, 2526.
3 BSG 24.10.1974 – 3 RK 12/73, BB 1975, 231; 14.12.1976 – 3 RK 50/74, BB 1977, 499.
4 BAG 14.6.1974 – 5 AZR 467/73, AP Nr. 36 zu § 1 LohnFG.
5 BAG 19.12.1974 – 2 AZR 565/73, DB 1975, 890 ff.; LAG Düsseldorf 24.6.1974 – 15 Sa 44/74, DB 1974, 2111 f.

nen gesetzlichen Mindesturlaub in zusammenhängender Form noch einmal verlangen[1]. Eine Vereinbarung, in der sich ein Arbeitnehmer verpflichtet, in Fällen von Auftragsmangel unbezahlt zu Hause zu bleiben oder unbezahlten Urlaub zu nehmen, ist unwirksam[2].

253 Auch eine einseitige **Verrechnung** des Urlaubs des laufenden Urlaubsjahres mit zu viel gewährtem Urlaub im Vorjahr ist nicht möglich, da der Mindesturlaubsanspruch sich auf ein bestimmtes Urlaubsjahr bezieht[3].

2. Ablauf des Urlaubsjahres und Übertragung in das nächste Urlaubsjahr

254 Der Urlaubsanspruch verfällt grundsätzlich kraft Gesetzes (§§ 1, 13 BUrlG), wenn er nicht **während des Urlaubsjahres** oder des Übertragungszeitraumes, also **bis zum 31.3. des Folgejahres**, vom Arbeitnehmer geltend gemacht wird[4]. Der Urlaub muss in der Übertragungszeit so zeitig geltend gemacht werden, dass er auch bis zum 31.3. genommen werden kann[5].

255 Der Arbeitnehmer muss also tätig werden und in erster Linie bis zum Ende des Urlaubsjahres seinen Urlaub vom Arbeitgeber **verlangen** und auch bis zu diesem Zeitpunkt **genommen** haben. Nur bei Vorliegen der Voraussetzungen des § 7 Abs. 3 Satz 2 BUrlG[6] oder des § 5 Abs. 1 lit. a BUrlG iVm. § 7 Abs. 3 Satz 4 BUrlG ist eine **Übertragung** bis zum 31.3. des Folgejahres, im Fall des § 5 Abs. 1 lit. a BUrlG auf das gesamte nächste Urlaubsjahr zulässig. Eine aus anderen Gründen getroffene Vereinbarung über eine Übertragung ist gem. § 134 BGB nichtig[7]. Jedoch ist es möglich, dass die Tarifvertragsparteien weitere Übertragungsmöglichkeiten vorsehen, da im BUrlG nur ein Mindestrahmen vorgegeben ist, der nach § 13 Abs. 1 BUrlG zugunsten der Arbeitnehmer erweitert werden kann[8]. Der Urlaub wird nur dann auf die ersten drei Monate des Folgejahres übertragen, wenn einer der gesetzlichen Übertragungsgründe vorliegt. Die Ungewissheit, ob das Arbeitsverhältnis im Urlaubsjahr fortbestanden hat, ist kein gesetzlicher Übertragungsgrund[9].

256 Kann der Arbeitnehmer wegen andauernder Erkrankung den übertragenen Urlaub bis zum 31.3. des Folgejahres nicht nehmen, geht der Urlaubsanspruch in unionsrechtskonformer Auslegung des § 7 Abs. 3 Satz 3 BUrlG nicht unter, sondern besteht bis zum 31.3. des zweiten Folgejahres fort. Ist der Arbeitnehmer auch über diesen Zeitraum hinaus arbeitsunfähig, verfällt der Urlaubsanspruch[10] (vgl. Rz. 97). Dies gilt auch dann, wenn der tarifliche Übertragungszeitraum verlängert wurde[11]. Die Tarifvertragsparteien können für den tariflichen Mehrurlaub hinsichtlich der Befristung und damit mittelbar bzgl. des Verfalls von § 7 Abs. 3 BUrlG abweichende, eigenständige Regelungen treffen. Ein Anspruch des Arbeitnehmers auf Abgeltung nicht gewährten Urlaubs entsteht dann nicht, wenn der Arbeitnehmer mit dem Ende des Übertragungszeitraums ausscheidet und der nicht genommene Urlaub wegen Fristablaufs erlischt.[12] Auch können die Tarifvertragsparteien für den tariflichen Mehr-

---

1 BAG 12.10.1961 – 5 AZR 423/60, DB 1962, 70; ErfK/*Gallner*, § 7 BUrlG Rz. 25.
2 LAG Nürnberg 30.3.2006 – 6 Sa 111/06, NZA-RR 2006, 511.
3 ErfK/*Gallner*, § 1 BUrlG Rz. 27.
4 BAG 26.6.1969 – 5 AZR 393/68, BB 1970, 80.
5 BAG 17.1.1995 – 9 AZR 664/93, DB 1995, 1287.
6 Dringende betriebliche oder in der Person des Arbeitnehmers liegende Gründe.
7 *Schütz/Hauck*, Rz. 553; aA *Hohmeister*, BB 2005, 2016; *Friese*, Rz. 165 f.; *Neumann/Fenski*, § 7 BUrlG Rz. 97.
8 BAG 13.5.1982 – 6 AZR 360/80, DB 1982, 2193.
9 BAG 18.9.2001 – 9 AZR 570/00, NZA 2002, 895.
10 BAG 7.8.2012 – 9 AZR 353/10, NZA 2012, 1216; 16.10.2012 – 9 AZR 63/11, NZA 2013, 326.
11 BAG 7.8.2012 – 9 AZR 760/10, NZA 2013, 104.
12 BAG 12.3.2013 – 9 AZR 292/11, NZA 2014, 51.

urlaub regeln, dass er nicht oder nur dann abzugelten ist, wenn der Arbeitnehmer arbeitsfähig ist[1]. Im Hinblick auf § 13 Abs. 1 Satz 1 iVm. §§ 1, 3 Abs. 1 BUrlG können die Tarifvertragsparteien jedoch nicht vereinbaren, dass der gesetzliche Mindesturlaub bei Unmöglichkeit der Inanspruchnahme wegen Krankheit des Arbeitnehmers am Jahresende erlischt[2].

Ein **rechtzeitig gerichtlich geltend gemachter Urlaubsanspruch** verfällt auch bei einer Prozessdauer von mehreren Jahren nicht. Der Anspruch bleibt als Freizeitanspruch bestehen und geht nur in einen Abgeltungsanspruch über, wenn das Arbeitsverhältnis während des Prozesses beendet wird[3].   257

Wenn sich im **Prozess** der Arbeitgeber bei Urlaubsansprüchen des Arbeitnehmers auf einen Verfall des Anspruchs wegen nicht rechtzeitiger Geltendmachung beruft, muss der Arbeitnehmer darlegen und notfalls beweisen, dass der Urlaubsanspruch nicht verfallen ist. Denn der Verfall ist vom Gericht von Amts wegen zu berücksichtigen.

> **Hinweis:** Urlaub aus dem laufenden Urlaubsjahr **verfällt grundsätzlich am 31.12.**, da der Urlaub im laufenden Kalenderjahr gewährt und genommen werden muss (§ 7 Abs. 3 BUrlG), denn der Urlaubsanspruch besteht **im** Urlaubsjahr und nicht **für** das Urlaubsjahr.   258

Hängt die tarifvertraglich mögliche Übertragung eines Urlaubsanspruchs in ein neues Urlaubsjahr von der Geltendmachung des Anspruchs durch den Arbeitnehmer ab, muss der Urlaub so frühzeitig verlangt werden, dass dem Arbeitgeber die Erfüllung des Urlaubsanspruchs bis zum Ablauf des Übergangszeitraums möglich ist[4]. Wird der Urlaub **zu spät** geltend gemacht oder so spät, dass er nicht mehr oder nicht mehr in vollem Umfang vor dem Ende der Befristung verwirklicht werden kann, ist die Erfüllung ganz oder zum Teil unmöglich und der Anspruch erlischt[5].   259

Hat der Arbeitnehmer den Anspruch rechtzeitig geltend gemacht und hat der Arbeitgeber trotz möglicher Urlaubsgewährung die **Erfüllung des Anspruchs verweigert**, ist der Urlaubsanspruch trotzdem erloschen. In diesem Fall hat aber der Arbeitnehmer einen Urlaubsanspruch in entsprechender Höhe als **Schadensersatzanspruch**, da der Arbeitgeber die Unmöglichkeit der Erfüllung zu vertreten hat[6].   260

3. Verjährung

Die regelmäßige Verjährungsfrist beträgt gem. § 195 BGB **drei Jahre**. Die Verjährung gibt dem Arbeitgeber im Prozess eine **Einrede**, sie wird nicht von Amts wegen geprüft.   261

Allerdings wird wegen der Bindung an das Urlaubsjahr und des Verfalls bei nicht rechtzeitiger Geltendmachung die Frage der Verjährung nur bei der **Forderung nach Urlaubsentgelt bzw. Abgeltung** bedeutsam[7]. Auch in diesen Fällen gilt wegen der Einheit des Urlaubsanspruchs die Einschränkung, dass bei nicht gewährter Freizeit mit Verfall des Freizeitanspruchs auch der Anspruch auf Entgelt verfallen ist. Es bleiben also die Fälle, in denen der Urlaubsanspruch vom Arbeitnehmer ordentlich geltend gemacht und die Freizeit gewährt worden ist und noch Differenzen wegen des Urlaubsentgelts bestehen sowie der Abgeltungsanspruch bei Beendigung des Arbeitsverhältnisses.

---

1 BAG 16.7.2013 – 9 AZR 914/11, NZA 2013, 1285.
2 BAG 5.8.2014 – 9 AZR 77/13, BeckRS 2014, 73404.
3 BAG 28.7.1992 – 9 AZR 340/91, DB 1993, 642.
4 BAG 7.11.1985 – 6 AZR 62/84, DB 1986, 757.
5 BAG 7.11.1985 – 6 AZR 62/84, DB 1986, 757.
6 BAG 7.11.1985 – 6 AZR 62/84, DB 1986, 757; 28.11.1990 – 8 AZR 570/89, NZA 1991, 423.
7 *Leinemann/Linck*, § 7 BUrlG Rz. 229 ff.; *Neumann/Fenski*, § 13 BUrlG Rz. 58; *Schütz/Hauck*, Rz. 151.

262 Bei andauernder Unfähigkeit, die arbeitsvertragliche Leistung zu erbringen, erlischt der **Abgeltungsanspruch** nicht mehr von Gesetzes wegen. Für ihn gilt die Verjährung des § 195 BGB und zwar berechnet ab dem Zeitpunkt seiner Entstehung. Dies ist regelmäßig die Beendigung des Arbeitsverhältnisses (§ 199 Abs. 1 Nr. 1 BGB). Auch der Schadensersatzanspruch, der bei einem Verzug des Arbeitgebers nach dem Erlöschen des Urlaubsabgeltungsanspruchs entsteht, verjährt nach drei Jahren (§ 195 BGB).

4. Ausschlussfristen

263 In **Tarifverträgen** sind überwiegend Ausschlussfristen enthalten, die die Geltendmachung von Ansprüchen zeitlich begrenzen.

264 Eine Klausel könnte wie folgt lauten:

Formulierungsbeispiel:

Alle beiderseitigen Ansprüche aus dem Arbeitsverhältnis und solche, die mit dem Arbeitsverhältnis in Verbindung stehen, verfallen, wenn sie nicht innerhalb von drei Monaten nach der Fälligkeit gegenüber der anderen Vertragspartei schriftlich erhoben werden[1].

265 Nach der **früheren Rechtsprechung** des BAG unterlag die Urlaubsabgeltung des gesetzlichen Mindesturlaubs nicht den tariflichen Ausschlussfristen, selbst wenn diese umfassend alle Ansprüche aus dem Arbeitsverhältnis betrafen[2]. Begründet wurde diese Rechtsprechung mit der sog. **Surrogationstheorie**, wonach der Abgeltungsanspruch Ersatz für den nach §§ 1, 3 Abs. 1, 13 Abs. 1 Satz 3 BUrlG unabdingbaren Mindesturlaubsanspruch war. Allein der über den gesetzlichen Mindesturlaub hinausgehende Urlaubsanspruch nebst dem ggf. an seine Stelle tretenden Urlaubsabgeltungsanspruch war tariflichen Ausschlussfristen unterworfen[3]. Die Surrogationstheorie hat das BAG zwischenzeitlich vollständig aufgegeben[4]. Nach der vollständigen Aufgabe der Surrogationstheorie gilt nunmehr Folgendes:

266 Der Anspruch des Arbeitnehmers gegen den Arbeitgeber, nicht genommenen Urlaub abzugelten, entsteht mit der Beendigung des Arbeitsverhältnisses[5]. Vorbehaltlich abweichender Regelung wird der Urlaubsabgeltungsanspruch mit der Beendigung des Arbeitsverhältnisses auch fällig[6]. Nur in Ausnahmefällen können Entstehungs- und Fälligkeitszeitpunkt auseinanderfallen[7]. Während unter Geltung der Surrogationstheorie der Urlaubsabgeltungsanspruch nur erfüllbar und damit fällig wurde, soweit der Arbeitnehmer spätestens vor dem Ablauf der Übertragungsdauer seine Arbeitsfähigkeit wiedererlangte, hat nach der Aufgabe dieser Theorie der Ablauf des Bezugs- bzw. Übertragungszeitraums keine rechtliche Bedeutung mehr. Der Urlaubsabgeltungsanspruch wird nach der neuen Rechtsprechung des BAG vielmehr als **reiner Geldanspruch** gesehen, der unabhängig von der Frage, ob der Arbeitnehmer arbeitsfähig ist oder nicht, fällig wird[8]; der Arbeitgeber kommt jedoch erst durch Mahnung in Verzug, vgl. Rz. 101.

---

1 § 16 BRTV für das Baugewerbe.
2 BAG 20.5.2008 – 9 AZR 219/07, NZA 2008, 1237 (Rz. 48).
3 BAG 20.5.2008 – 9 AZR 219/07, NZA 2008, 1237 (Rz. 49).
4 BAG 9.8.2011 – 9 AZR 365/10, NZA 2011, 1421; 21.2.2012 – 9 AZR 486/10, NZA 2012, 750; 19.6.2012 – 9 AZR 625/10, DB 2012, 228.
5 BAG 21.2.2012 – 9 AZR 486/10, NZA 2012, 750 (Rz. 22).
6 BAG 11.10.2010 – 9 AZN 418/10, NZA 2012, 117.
7 BAG 9.8.2011 – 9 AZR 475/10, NZA 2012, 166.
8 BAG 24.3.2009 – 9 AZR 983/07, NZA 2009, 538; 9.8.2011 – 9 AZR 365/10, NZA 2012, 1421 (Rz. 21); 13.12.2011 – 9 AZR 399/10, NZA 2012, 514; 19.6.2012 – 9 AZR 652/10, DB 2012, 2288.

VII. Erlöschen des Urlaubsanspruchs

Die Anwendbarkeit von **tariflichen Ausschlussfristen** auf den Urlaubsabgeltungsanspruch ist mit Art. 7 II der Arbeitszeitrichtlinie und den vom EuGH[1] aufgestellten Grundsätzen vereinbar[2]. Danach steht die Arbeitszeitrichtlinie grundsätzlich einer nationalen Regelung nicht entgegen, wonach die Nichtbeachtung von Modalitäten der Inanspruchnahme dazu führt, dass der Anspruch auf Abgeltung des Urlaubs am Ende eines Bezugszeitraums oder eines Übertragungszeitraums untergeht. Der Arbeitnehmer muss tatsächlich nur die Möglichkeit haben, den ihm mit der Arbeitszeitrichtlinie verliehenen Anspruch auszuüben. Das ist bei tariflichen Ausschlussfristen der Fall, wenn der Arbeitnehmer lediglich eine Frist zur schriftlichen Geltendmachung wahren muss[3]. Zur Begründung führt das BAG in diesem Zusammenhang insbesondere aus, dass der Anspruch auf Abgeltung des gesetzlichen Mindesturlaubsanspruchs durch die Anwendung tariflicher Verfallfristen nicht beseitigt werde, der Arbeitnehmer sei lediglich gehalten, seinen Anspruch innerhalb der tariflichen Verfallfristen geltend zu machen. Ausschlussfristen können daher auch für unabdingbare Ansprüche gelten. Tarifliche Ausschlussfristen betreffen nämlich nicht den Inhalt eines Anspruchs, sondern regeln vielmehr lediglich den Fortbestand eines bereits entstandenen Rechts[4]. Auch der Anspruch auf Abgeltung des Schwerbehindertenzusatzurlaubs gem. § 125 SGB IX unterliegt tariflichen Ausschlussfristen[5]. Der vom EuGH aufgestellte Rechtssatz, dass die Dauer des Übertragungszeitraums, innerhalb dessen der Urlaubsanspruch bei durchgängiger Arbeitsunfähigkeit nicht verfallen kann, die Dauer des Bezugszeitraums deutlich übersteigen muss, ist auf die Mindestlänge einer tariflichen Ausschlussfrist für die Geltendmachung des Anspruchs auf Urlaubsabgeltung nicht übertragbar[6]. Das BAG geht vielmehr davon aus, dass eine zweimonatige Ausschlussfrist in einem Tarifvertrag auch für die Geltendmachung des Urlaubsabgeltungsanspruchs ausreichend bemessen ist[7] und hat auch eine tarifliche Ausschlussfrist von sechs Wochen, deren Lauf gehemmt ist, solange der Arbeitnehmer durch außerordentliche Störung seines körperlichen oder geistigen Zustands nicht in der Lage ist, Ansprüche geltend zu machen, für wirksam erachtet[8].

Mit der völligen Aufgabe der Surrogationstheorie und der Qualifizierung des Urlaubsabgeltungsanspruchs als reinen Geldanspruch werden diese Ansprüche auch von einzelvertraglich vereinbarten Ausschlussfristen erfasst.

Dabei ist jedoch Folgendes zu beachten:

Erhebt der Arbeitnehmer eine Kündigungsschutzklage, liegt darin regelmäßig **keine schriftliche Geltendmachung** des Urlaubsabgeltungsanspruchs, da dieser Anspruch nicht vom Erfolg der Kündigungsschutzklage, also vom Fortbestand des Arbeitsverhältnisses, abhängt, sondern stets mit der Beendigung des Arbeitsverhältnisses gerade das Gegenteil voraussetzt.

Verstößt ein Arbeitgeber gegen die in §§ 2, 3 Satz 1 NachwG normierten Nachweispflichten, hindert ihn dies nicht, die Erfüllung eines vom Arbeitnehmer erhobenen Anspruchs unter Berufung auf eine tarifliche Ausschlussfrist abzulehnen. Befindet sich der Arbeitgeber mit seinen Verpflichtungen aus §§ 2 und 3 NachwG in Verzug, hat er gem.

---

1 EuGH 20.1.2009 – Rs. C-350/06 – Schultz-Hoff, NZA 2009, 135; 22.11.2011 – Rs. C-214/10 – KHS, NZA 2011, 1333; 24.1.2012 – Rs. C-282/10, NZA 2012, 139; *Franzen*, NZA 2011, 1403; *Bauer/von Medem*, NZA 2012, 113.
2 BAG 10.12.2013 – 9 AZR 494/12, ZTR 2014, 238; 8.4.2014 – 9 AZR 550/12, NZA 2014, 852; *Plüm*, NZA 2013, 11.
3 BAG 9.8.2011 – 9 AZR 365/10, NZA 2011, 1422.
4 BAG 9.8.2011 – 9 AZR 365/10, NZA 2011, 1422; 19.2.2008 – 9 AZR 1091/06, NZA 2008, 828.
5 BAG 13.12.2011 – 9 AZR 399/10, NZA 2012, 514.
6 BAG 8.4.2014 – 9 AZR 550/12, NZA 2014, 852.
7 BAG 13.12.2011 – 9 AZR 399/10, NZA 2012, 514; 6.5.2014 – 9 AZR 758/12, AP BUrlG § 7 Abgeltung Nr. 104.
8 BAG 18.9.2012 – 9 AZR 1/11, NZA 2013, 216.

§ 287 BGB den durch den eingetretenen Verzug adäquat verursachten Schaden zu ersetzen. Dabei muss der Arbeitnehmer auch die haftungsausfüllende Kausalität zwischen der Pflichtverletzung und dem geltend gemachten Schaden darlegen[1].

270 Tarifvertragliche Ausschussfristen, die die Dauer der Ausübung für den gesetzlichen Urlaubsanspruch **verkürzen**, sind unwirksam[2].

271 Tarifliche Ausschlussfristen erfassen die Ansprüche auf Urlaubsentgelt und Urlaubsgeld[3]. Nach Ablauf der Ausschlussfrist ist sowohl die Geltendmachung einer nicht vollständigen Erfüllung als auch einer Überzahlung ausgeschlossen[4].

272 Urlaubs- und Urlaubsabgeltungsansprüche, die sich wegen Fristablaufs in **Schadensersatzansprüche** umgewandelt haben, unterliegen tariflichen Ausschlussfristen. Hat aber der Arbeitgeber die Gewährung von Urlaub zu Unrecht verweigert und schuldet er deshalb dem Arbeitnehmer wegen des zum 31.3. des Folgejahres erloschenen Urlaubsanspruchs Ersatzurlaub, erfasst die vom Arbeitnehmer innerhalb der tariflichen Ausschlussfrist erhobene Klage auf Zahlung von Urlaubsentgelt als Schadensersatz auch den erst nach Ablauf der Ausschlussfrist im Rechtsstreit geltend gemachten Anspruch auf Urlaubsgewährung[5].

273 Einstweilen frei.

5. Verzicht und Vergleich

274 Nach § 13 Abs. 1 Satz 3 BUrlG kann durch einzelvertragliche Vereinbarungen **zuungunsten des Arbeitnehmers** von den Bestimmungen des BUrlG **nicht** abgewichen werden. Damit wird auch ein **Verzicht** des Arbeitnehmers auf den Freizeitanspruch ausgeschlossen. Wird ein Arbeitnehmer anlässlich der Erstellung der Abrechnung gefragt, ob die Zeiten der Nichtleistung als bezahlter Erholungsurlaub oder als unbezahlter Urlaub behandelt werden sollen, kann die Wahl des unbezahlten Urlaubs nicht als rechtswirksamer Verzicht auf entstandene Annahmeverzugsansprüche interpretiert werden[6]. Der Arbeitnehmer kann auch nicht mit einer **Ausgleichsquittung** auf seinen Urlaubsanspruch verzichten. Eine entsprechende Vereinbarung zwischen Arbeitgeber und Arbeitnehmer wäre nach § 134 BGB nichtig[7]. Nach Beendigung des Arbeitsverhältnisses kann der Arbeitnehmer über den Urlaubsabgeltungsanspruch disponieren (vgl. Rz. 159).

275 Die Erklärung in einem **Aufhebungsvertrag**, alle Ansprüche aus dem Arbeitsverhältnis seien erfüllt, umfasst nach einer Entscheidung des BAG[8] wirksam sämtliche Urlaubsansprüche, über die der Arbeitnehmer verfügen kann.

276 Für **tarifvertragliche** Urlaubsansprüche gilt § 4 Abs. 4 TVG.

277 Wird der Tarifvertrag nur durch **einzelvertragliche Vereinbarung** in Bezug genommen, ist ein Verzicht auf den Urlaubsanspruch möglich, der den gesetzlichen Mindesturlaub überschreitet[9].

---

1 BAG 21.2.2012 – 9 AZR 486/10, NZA 2012, 750.
2 *Leinemann/Linck*, § 7 BUrlG Rz. 208; *Gross*, S. 80; BAG 20.1.2009 – 9 AZR 650/07, ArbRB 2009, 98.
3 BAG 9.8.1994 – 9 AZR 557/93, nv. für Urlaubsgeld; 22.1.2002 – 9 AZR 601/00, NZA 2002, 1041.
4 BAG 19.1.1999 – 9 AZR 637/97, NZA 1999, 1107.
5 BAG 16.3.1999 – 9 AZR 428/98, BB 1999, 2086.
6 LAG Nürnberg 30.3.2006 – 6 Sa 111/06, NZA-RR 2006, 511.
7 BAG 27.7.1967 – 5 AZR 112/67, DB 1967, 1859; 31.5.1990 – 8 AZR 132/89, NZA 1990, 935.
8 BAG 20.1.1998 – 9 AZR 812/96, DB 1998, 1236.
9 BAG 31.5.1990 – 8 AZR 132/89, NZA 1990, 935.

VII. Erlöschen des Urlaubsanspruchs

Einen **Vergleich** über einen unstreitigen Urlaubsanspruch können die Parteien aus denselben Erwägungen ebenfalls nicht schließen[1]. Dies gilt auch im Rahmen eines Prozessvergleichs[2]. Das BAG hat aber die Zulässigkeit von Vergleichen der Parteien des Arbeitsverhältnisses über solche Urlaubs- oder Urlaubsabgeltungsansprüche, deren tatsächliche oder rechtliche Voraussetzungen im Streit stehen, nicht ausgeschlossen[3].

6. Verwirkung

Das auf § 242 BGB beruhende Rechtsinstitut der „Verwirkung" ist auch im Arbeitsrecht grundsätzlich anerkannt und dient der schnellen und endgültigen Abwicklung der Rechtsbeziehungen und damit dem Rechtsfrieden. Ein Recht ist verwirkt, wenn es **längere Zeit nicht geltend gemacht** wird und wegen zusätzlicher besonderer Umstände die verspätete Geltendmachung gegen **Treu und Glauben** verstößt.

Wegen der Bindung an das Urlaubsjahr wird beim Freizeitanspruch eine Verwirkung nur in **Ausnahmefällen** denkbar sein[4].

Der Anspruch auf Urlaubsentgelt kann zwar auch verwirken[5]. Es müssen jedoch die allgemeinen Voraussetzungen der Verwirkung gegeben sein[6].

7. Tod des Arbeitnehmers

Der Urlaubsanspruch **erlischt** mit dem Tod des Arbeitnehmers. Die Erfüllung des Urlaubszwecks ist hier nicht mehr möglich[7]. Urlaubsentgelt- und Abgeltungsansprüche sind nach der Rechtsprechung des BAG[8] **nicht vererblich**[9]. Der Arbeitnehmer selbst muss sie gerichtlich geltend gemacht haben. Nur dann können die Erben nach der Vorschrift des § 239 ZPO den Prozess des verstorbenen Arbeitnehmers aufnehmen. Nach Auffassung des EuGH ist der Urlaubsabgeltungsanspruch ohne Weiteres vererblich, so dass das BAG seine gegenteilige Rechtsprechung aufgeben werden muss (s.a. Rz. 4)[10].

Hat ein arbeitsfähiger Arbeitnehmer nach Beendigung seines Arbeitsverhältnisses Klage auf Zahlung der Urlaubsabgeltung erhoben, ist der frühere Arbeitgeber für die bei Tod des Arbeitnehmers eintretende Unmöglichkeit der Abgeltung verantwortlich. In diesem Fall ist das Vermögen des Erblassers durch die Nichterfüllung geschädigt. Dieser **Schadensersatzanspruch** geht auf den Erben über[11].

Jedoch steht es den Tarifvertragsparteien im Rahmen ihrer Rechtsetzungsautonomie frei, zugunsten der Erben eines verstorbenen Arbeitnehmers anstelle nicht erfüllter urlaubsrechtlicher Ansprüche eine andersartige **tarifliche Leistung** einzuführen.

---

1 BAG 27.7.1967 – 5 AZR 112/67, DB 1967, 1859.
2 BAG 21.7.1978 – 6 AZR 1/77, DB 1978, 2323.
3 Vgl. auch *Natzel* in Anm. zu AP Nr. 2 zu § 7 BUrlG – Abgeltung mwN.
4 BAG 10.2.2004 – 9 AZR 116/03, BB 2004, 2136.
5 BAG 5.2.1970 – 5 AZR 470/69, DB 1970, 690.
6 BAG 25.4.2001 – 5 AZR 497/99, DB 2001, 1833; ErfK/*Gallner*, § 11 BUrlG Rz. 34.
7 BAG 26.4.1990 – 8 AZR 517/89, DB 1990, 1925; 23.6.1992 – 9 AZR 111/91, DB 1992, 2404; 22.5.1996 – 10 AZR 907/95, AP Nr. 13 zu § 4 TVG – Rationalisierungsschutz.
8 BAG 12.3.2013 – 9 AZR 532/11, NZA 2013, 678.
9 BAG 28.5.1975 – 4 AZR 375/74, BB 1975, 1206; 13.11.1985 – 4 AZR 269/84, DB 1986, 1079; 18.7.1989 – 8 AZR 44/88, NZA 1990, 238.
10 EuGH 12.6.2014 – Rs. C-118/13, NZA 2014, 651.
11 BAG 19.11.1996 – 9 AZR 376/95, BB 1997, 1415 m. abl. Anm. von *Hohmeister*, BB 1997, 1901; aA auch ErfK/*Gallner*, § 7 BUrlG Rz. 60; *Reiter*, BB 2006, 42.

Diese kann auch auf Angehörige des verstorbenen Arbeitnehmers ausgedehnt werden, die nicht dessen Erben sind[1].

8. Rückforderung zu viel gewährten Urlaubs

283 § 5 Abs. 3 lit. c BUrlG bestimmt, dass der Arbeitgeber von einem Arbeitnehmer, der nach erfüllter Wartezeit in der ersten Hälfte des Kalenderjahres ausscheidet und Urlaub über den ihm zustehenden Umfang hinaus erhalten hat, **Urlaubsentgelt nicht zurückfordern** kann.

284 **Beispiel:**
Der seit 2010 beschäftigte Arbeitnehmer nimmt vom 10.1. bis 5.2.2013 seinen Jahresurlaub 2013. Das Arbeitsverhältnis wird vom Arbeitgeber zum 31.3.2013 gekündigt.

Der Arbeitnehmer hätte nach § 5 Abs. 1 BUrlG Anspruch auf 3/12 des Jahresurlaubs (= Teilurlaub), somit nach § 5 Abs. 2 BUrlG Anspruch auf sechs Urlaubstage. Nach § 5 Abs. 3 BUrlG braucht jedoch der Arbeitnehmer das zu viel erhaltene Urlaubsentgelt nicht zurückzuzahlen.

Das **Rückforderungsverbot** des § 5 Abs. 3 BUrlG erstreckt sich auch auf die Fälle, in denen ein längerer als der gesetzliche Mindesturlaub gewährt worden ist[2].

285 Die Rückforderung von Urlaubsentgelt ist jedoch dann **zulässig**, wenn die Voraussetzungen hierfür nicht gegeben waren oder ein Schadensersatzanspruch auf Rückzahlung des zu viel bezahlten Urlaubsentgelts besteht[3]. Dann ist das Sichberufen auf das Rückforderungsverbot rechtsmissbräuchlich.

VIII. Steuerpflicht

1. Urlaubsentgelt

286 Da das Urlaubsentgelt nach seiner gesetzlichen Bestimmung den laufenden Bezügen für einen der Dauer des Urlaubs entsprechenden Lohnzahlungszeitraum entspricht, ist das Urlaubsentgelt **wie Arbeitslohn** zu versteuern. Bemisst sich das Urlaubsentgelt in seiner Höhe nach dem Durchschnittslohn der Vergangenheit unter **Einschluss steuerfreier Lohnzuschläge** (zB für Sonntags-, Feiertags- und Nachtarbeit), so ist auch das „erhöhte" Urlaubsentgelt steuerpflichtig, da es sich nicht um einen Zuschlag für tatsächlich geleistete Arbeit zu den begünstigten Zeiten handelt.

2. Urlaubsgeld

287 Auch ein zusätzlich oder neben dem Arbeitslohn gezahltes Urlaubsgeld ist **lohnsteuerpflichtig**.

3. Urlaubsabgeltung

288 Urlaubsabgeltungen, die ein Arbeitgeber einem Arbeitnehmer für nicht genommenen Urlaub zahlt, gehören zum **steuerpflichtigen Arbeitslohn** und sind als „sonstige Bezüge" nach §§ 38a Abs. 3 Satz 2, 39b Abs. 3 EStG zu versteuern.

---

1 BAG 13.11.1985 – 4 AZR 269/84, DB 1986, 1079.
2 BAG 15.3.1962 – 5 AZR 172/61, DB 1962, 775.
3 *Leinemann/Linck*, § 5 BUrlG Rz. 54.

IX. Sozialversicherungspflicht

1. Urlaubsentgelt

Urlaubsentgelt ist wie laufendes Arbeitsentgelt zu behandeln. 289

2. Urlaubsgeld

Urlaubsgelder sind im Allgemeinen als **einmalige Einnahme** in dem Lohnzahlungszeitraum für die Beitragsberechnung heranzuziehen, in dem sie fällig werden. Nur wenn das Urlaubsgeld als Teil des monatlich verdienten Arbeitsentgelts anzusehen ist und auch bei vorzeitigem Ausscheiden aus dem Betrieb anteilig gezahlt wird, ist es wie laufendes Arbeitsentgelt zu behandeln. 290

3. Urlaubsabgeltung

Der **Anspruch auf Arbeitslosengeld ruht** für die Zeit, in der der Arbeitslose Urlaubsabgeltung erhalten oder noch zu beanspruchen hat (§ 157 Abs. 2 SGB III). Hat der Arbeitnehmer Arbeitslosengeld erhalten, geht der Anspruch auf Urlaubsabgeltung nur in Höhe der erbrachten Sozialleistungen gem. § 115 SGB X auf die Bundesagentur für Arbeit über[1]. Soweit dem Langzeiterkrankten ein Urlaubabgeltungsanspruch zusteht und kein Arbeitslosengeld bezogen wird, besteht auch kein Anspruch auf Krankengeld[2]. 291

Urlaubsabgeltungen, die wegen Beendigung des Arbeitsverhältnisses gezahlt werden, verlängern nicht das versicherungspflichtige Beschäftigungsverhältnis, sondern sind beitragsrechtlich als **einmalige Einnahme** zu behandeln. Sie sind dem Arbeitsentgelt des letzten Lohnabrechnungszeitraums zuzuordnen. 292

Überschreitet die Einmalzahlung zusammen mit dem laufenden Arbeitsentgelt des Zuordnungszeitraums die **Beitragsbemessungsgrenze**, so ist die anteilige Jahres-Beitragsbemessungsgrenze zu bilden. 293

Urlaubsabgeltungen, die in der Zeit bis 31.3. gezahlt werden, sind dem Monat Dezember des Vorjahres zuzuordnen, wenn die Einmalzahlung die anteilige Jahresbeitragsbemessungsgrenze (Januar–März) überschreitet.

Erhält der Arbeitnehmer bei **weiterbestehendem Arbeitsverhältnis** eine Urlaubsabgeltung (zB weil tariflich vereinbart ist, dass wegen Krankheit nicht genommener Urlaub auch im bestehenden Arbeitsverhältnis abgegolten wird), so ist diese als einmalige Einnahme in dem Lohnabrechnungszeitraum für die Beitragsberechnung heranzuziehen, in dem sie gewährt wird. 294

Dagegen wird der Anspruch auf Urlaubsabgeltung als Anspruch, den der Arbeitnehmer „wegen der Beendigung des Arbeitsverhältnisses" hat, vom Ausschluss des § 166 Abs. 1 Nr. 1 SGB III erfasst, dh., dass für die Urlaubsabgeltung kein Anspruch auf Insolvenzgeld besteht[3].

---

1 BAG 7.11.1985 – 6 AZR 626/84, DB 1986, 975.
2 BSG 4.3.2014 – B1 KR 68/12 R, NZS 2014, 418.
3 BSG 20.2.2002 – B 11 AL 71/01R (Essen), NZA 2002, 506.

D. Elterngeld, Elternzeit, Betreuungsgeld und Pflegezeit

	Rz.			Rz.
I. Elterngeld und Elternzeit		g)	Vergütung	60
1. Elterngeld	1	4. Pflegezeit	61
2. Elternzeit		a)	Voraussetzungen	62
a) Anspruchsvoraussetzungen . . .	8	b)	Ankündigungspflicht	64
b) Rechtsfolgen	14	c)	Vollständige Freistellung	65
c) Urlaub	22	d)	Teilweise Freistellung	66
3. Sonderkündigungsschutz	26	e)	Nachweispflicht	69
4. Teilzeitanspruch und Elternzeit . .	27	f)	Dauer der Pflegezeit	71
II. Betreuungsgeld	37	g)	Verlängerung der Pflegezeit . . .	75
1. Allgemeines	38	h)	Vorzeitige Beendigung der Pflegezeit	77
2. Verfahren	41	i)	Vergütung und Kürzung des Urlaubs in der Pflegezeit	79
a) Antragsstellung	42			
b) Zuständigkeiten	43	5. Sonderkündigungsschutz	80
c) Rechtsweg	44	6. Befristete Verträge	81
III. Pflegezeit		**IV. Familienpflegezeit**		
1. Einführung	45	1. Einführung	86
2. Allgemeine Voraussetzungen	47	2. Elemente der Familienpflegezeit . .	89
a) Beschäftigte	48	3. Inanspruchnahme der Familienpflegezeit	92
b) Nahe Angehörige	49			
c) Pflegebedürftigkeit	50	4. Gesetzliche Vorgaben für die Inanspruchnahme	94
3. Kurzzeitige Arbeitsverhinderung				
a) Grundsätze	51	5. Staatliche Förderung	99
b) Anspruchsvoraussetzungen . . .	53	6. Sonderkündigungsschutz des Beschäftigten	105
c) Rechtsfolge	56			
d) Dauer	57	7. Ende der Familienpflegezeit	106
e) Mitteilungspflicht	58			
f) Nachweispflicht	59			

Schrifttum:

Zum Elterngeld, zur Elternzeit: *Buchner/Becker*, Mutterschutzgesetz, Bundeselterngeld- und Elternzeitgesetz, 8. Aufl. 2008; *Grüner/Dalichau*, Bundeselterngeld- und Elternzeitgesetz, Loseblatt, Stand: Mai 2012; *Meisel/Sowka*, Mutterschutz und Erziehungsurlaub, 5. Aufl. 1999; *Rancke* (Hrsg.), Mutterschutz/Elterngeld/Elternzeit, Handkommentar, 3. Aufl. 2014; *Roos/Bieresborn*, Mutterschutzgesetz, Bundeselterngeld- und Elternzeitgesetz, 2014; *Willikonsky*, Mutterschutzgesetz, Kommentar, 2. Aufl. 2007; *Zmarzlik/Zipperer/Viethen/Vieß*, Mutterschutzgesetz, Mutterschaftsleistungen, 9. Aufl. 2006.

Zum Betreuungsgeld: *Bär/Schiedek*, Ist das Betreuungsgeld verfassungsgemäß?, DRiZ 2013, 164; *Borth*, Das neue Betreuungsgeldgesetz, FamRZ 2014, 801; *Brosius-Gersdorf*, Das neue Betreuungsgeldgesetz – Familienförderung wider das Grundgesetz, NJW 2013, 2316; *Ewer*, Kompetenz des Bundesgesetzgebers zur Einführung des Betreuungsgelds?, NJW 2012, 2251; *Götsche*, Das neue Betreuungsgeld, FamRB 2013, 335; *Hahn*, Wahlfreiheit bei der Kinderbetreuung oder „Herdprämie"? – Das Betreuungsgeld, jM 2014, 153; *Reimer*, Keine Bundeskompetenz für das Kindergeldrecht, NJW 2012, 1927; *Rixen*, Hat der Bund die Gesetzgebungskompetenz für das Betreuungsgeld?, DVBl 2012, 1393.

Zur Pflegezeit: *Böhm*, Kommentar zum Pflegezeitgesetz, in: Klie/Krahmer, SGB XI, 3. Aufl. 2009; *Freihube/Sasse*, Was bringt das neue Pflegezeitgesetz?, DB 2008, 1320; *Fröhlich*, Das Pflegezeitgesetz – Neue Rechte für Arbeitnehmer, ArbRB 2008, 84; *Grundmann*, Das Pflegezeitgesetz, GuP 2013, 100; *Igl*, Das Gesetz zur strukturellen Weiterentwicklung der Pflegeversicherung, NJW 2008, 2214; *Joussen*, Streitfragen aus dem Pflegezeitgesetz, NZA 2009, 69; *Kleinebrink*, Anzeige-, Ankündigungs-, Nachweis- und Unterrichtungspflichten im PflegeZG, ArbRB 2009, 306; *Müller*, Das Pflegezeitgesetz (PflegeZG) und seine Folgen für die anwaltliche Praxis, BB 2008, 1058; *Müller/Stuhlmann*, Das neue Pflegezeitgesetz – eine Übersicht, ZTR 2008, 290; *Notzon*, Aktuelle Rechtsfragen zur Pflegezeit, öAT 2013, 136; *Oberthür*, Streitfall „Pflege" – Ausgewählte Problemstellungen des Pflegezeitgesetzes, ArbRB 2009, 77; *Preis/Neh-*

ring, Das Pflegezeitgesetz, NZA 2008, 729; *Preis/Weber*, Der Regierungsentwurf eines Pflegezeitgesetzes, NZA 2008, 82; *Schwerdle*, Arbeitsbefreiung bei Pflege von nahen Angehörigen – Kündigungsschutz selbst in der Probezeit?, ZTR 2007, 655.

Zur Familienpflegezeit: *Barkow von Creytz*, Das Familienpflegezeitgesetz, DStR 2012, 191; *Glatzel*, Das neue Familienpflegezeitgesetz, NJW 2012, 1175; *Göttling/Neumann*, Das neue Familienpflegezeitgesetz, NZA 2012, 119; *Karb*, Das neue Familienpflegezeitgesetz, öAT 2012, 30; *Krause*, Familienpflegezeit, AiB 2013, 54; *Lehmann*, Kernpunkte des zu erwartenden Familienpflegezeitgesetzes, BB 2011, 757; *Müller*, Die Änderungen in Familien- und Pflegezeitrecht, BB 2014, 3125; *Oberthür*, Die neue Familienpflegezeit, ArbRB 2011, 325; *Oelkers/Rosenau*, Das Familienpflegezeitgesetz, NJW-Spezial 2011, 754; *Sasse*, Familienpflegezeit – Darstellung der neuen gesetzlichen Regelungen, DB 2011, 2660; *Schiefer/Worzalla*, Familienpflegezeitgesetz, DB 2012, 516; *Schwerdtle*, ZTR 2012, 3; *Zwanziger*, Arbeitszeitsouveränität im Erwerbsverlauf, ArbuR 2014, 216.

I. Elterngeld und Elternzeit

1. Elterngeld

Mit dem am 1.1.2015 in Kraft getretenen neuen „Gesetz zur Einführung des Elterngeld Plus mit Partnerschaftsbonus und einer flexibleren Elternzeit im Bundesgeld- und Elternzeitgesetz"[1] wurde das Recht der Elternzeit und des Elterngeldes umfassend umgestaltet. In der nachfolgenden Kommentierung wird auf die Gesetzesänderung, die erst für Geburten ab dem 1.7.2015 gilt, obwohl das Gesetz am 1.1.2015 in Kraft tritt, eingegangen[2]. 1

Die Anspruchsberechtigten für Elterngeld ergeben sich aus § 1 BEEG. Beantragt ein Anspruchsberechtigter nach dem Gesetz **Elterngeld**, ist der Anspruch nur wirksam, wenn er schriftlich bei der zuständigen Elterngeldstelle eingereicht wird (gem. §§ 7, 12 BEEG). In Berlin sind die zuständigen Stellen die Bezirksämter, in Nordrhein-Westfalen die Versorgungsämter und in Bayern das Zentrum Bayern Familie und Soziales mit den entsprechenden Regionalstellen[3]. Rückwirkend kann Elterngeld nur für die letzten drei Monate vor Antragstellung verlangt werden. Die Bezugsdauer des Elterngeldes betrug 12 bzw. 14 Monate (§ 4 BEEG). Durch das ElterngeldPlusG kann Elterngeld Plus auch nach dem 14. Lebensmonat bezogen werden, solange es ab dem 15. Lebensmonat in aufeinanderfolgenden Lebensmonaten von zumindest einem Elternteil in Anspruch genommen wird[4]. Das „alte" Elterngeld (im neuen Gesetz „Basiselterngeld" genannt) wird allein nach den Vorgaben der §§ 2 und 3 BEEG ermittelt. Den berechtigten Personen wird jetzt alternativ das Elterngeld Plus angeboten, das im Ergebnis dazu führt, dass statt eines vollen Monats Elterngeld jeweils zwei Monate lang ein Elterngeld bezogen werden kann, das monatlich höchstens die Hälfte des Basiselterngeldes beträgt. Für die Berechnung des Elterngeld Plus halbieren sich auch die übrigen Zusatzleistungen (wie Mindestgeschwisterbonus oder etwaiger Mehrlingszuschlag)[5]. 2

Das Gesetz bietet darüber hinaus auch einen sog. „Partnerschaftsbonus"[6]. Diesen Partnerschaftsbonus erhält jeder Elternteil, wenn die allgemeinen Voraussetzungen für den Elterngeldanspruch (gem. § 1 BEEG) erfüllt werden und beide Elternteile nicht weniger als 25 und nicht mehr als 30 Wochenstunden im Durchschnitt des Monats 3

---

1 Nachstehend kurz „ElterngeldPlusG".
2 § 27 Abs. 1 BEEG in der Fassung des ElterngeldPlusG; bei den nachfolgenden Kommentierungen wird nicht ausdrücklich auf die durch das ElterngeldPlusG vorgenommenen Änderungen hingewiesen.
3 Die zuständigen Behörden in allen übrigen Bundesländern sind abgedruckt bei *Buchner/Becker*, § 12 BEEG Rz. 7.
4 § 4 Abs. 1 Satz 2 BEEG in der Fassung des ElterngeldPlusG.
5 § 4 Abs. 3–6 BEEG in der Fassung des ElterngeldPlusG.
6 § 4 Abs. 4 BEEG in der Fassung des ElterngeldPlusG.

erwerbstätig sind. Der Partnerschaftsbonus gewährleistet vier weitere Monatsbeträge Elterngeld Plus. Ein Elternteil kann damit neben der Maximaldauer von zwölf Monatsbeträgen Basiselterngeld zzgl. vier Monate Elterngeld Plus beziehen[1]. Das Elternteil muss aber mindestens für zwei Monate Elterngeld in Anspruch nehmen. Abweichend von der Maximaldauer von zwölf Monatsbeträgen Basiselterngeld kann ein Elternteil zusätzlich auch die weiteren Monatsbeträge Elterngeld beziehen, wenn für zwei Monate eine Minderung des Einkommens aus Erwerbstätigkeit erfolgt und die im Gesetz in § 4 Abs. 6 Nr. 1–3 BEEG genannten zusätzlichen Voraussetzungen gegeben sind.

4 Nach der alten Fassung des Gesetzes, also für vor dem 1.7.2015 geborene Kinder[2], gelten jedoch weiterhin folgende Voraussetzungen:
– Der Wohnsitz oder gewöhnliche Aufenthalt (Definition in § 30 Abs. 3 SGB I) der Eltern muss sich in Deutschland befinden. Ausnahmen sind die vorübergehende Entsendung, Abordnung oder Versetzung ins Ausland, die Beschäftigung bei einer zwischen- oder überstaatlichen Einrichtung, die Tätigkeit als Entwicklungshelfer oder Missionar, Grenzgänger mit Arbeitsplatz in Deutschland und Wohnsitz im EU-Ausland oder in der Schweiz;
– gemeinsames Leben mit Kindern in einem Haushalt (Ausnahmen sind die Betreuung von Stiefkindern sowie die Adoptionspflege);
– Betreuung und Erziehung des Kindes durch die Eltern selbst (oder durch Verwandte) (§ 1 Abs. 4 BEEG);
– keine oder nur beschränkte Erwerbstätigkeit des das Elterngeld beantragenden Elternteils (beschränkte Erwerbstätigkeit heißt weniger als 30 Stunden wöchentlich).

Kein Elterngeld erhalten Angehörige von NATO-Truppen sowie Mitglieder von Botschaften und Konsulaten und Ausländer (ausgenommen EU-/EWR- und Schweizer Bürger).

5 Das Elterngeld beläuft sich grundsätzlich auf 67 % des monatlichen Einkommens aus Erwerbstätigkeit. Höchstens beträgt das Elterngeld 1 800 Euro (§ 2 Abs. 1 BEEG). Mit dem **Gesetz zur Vereinfachung des Elterngeldvollzugs** v. 10.9.2012[3] wurden die Länder und Kommunen bei den Verwaltungskosten der Berechnung des Elterngeldes entlastet[4]. Das Bruttoeinkommen Selbständiger soll sich nicht mehr nach den vorzulegenden und von der Verwaltung zu überprüfenden Gewinnberechnungen, sondern ausschließlich nach dem Einkommensteuerbescheid des Berechtigten für den letzten abgeschlossenen Veranlagungszeitraum bemessen. Bei Arbeitnehmern erfolgt die Berechnung zwar wie bisher auf der Basis der Lohn- und Gehaltsabrechnungen, allerdings sind von der Verwaltung jetzt nicht mehr 96 Daten zu erfassen, sondern nur noch 16 Daten[5].

6 Elterngeld ist nicht zu versteuern, jedoch ist der **Progressionsvorbehalt** nach § 32b EStG zu beachten; der für das steuerpflichtige Einkommen maßgebende Steuersatz wird unter fiktiver Berücksichtigung des Elterngeldes ermittelt und dann auf das steuerpflichtige Einkommen angewendet.

7 Elterngeld ist außerdem **nicht sozialversicherungspflichtig**, da es sich um eine steuerfinanzierte Leistung besonderer Art handelt.

---

1 § 4 Abs. 5 BEEG in der Fassung des ElterngeldPlusG.
2 S. § 27 Abs. 1 BEEG in der Fassung des ElterngeldPlusG.
3 BGBl. I 2012, 1878.
4 S. dazu *Dau*, juris PR-SozR 20/2012 v. 5.10.2012.
5 S. dazu *Dau*, juris PR-SozR 20/12 v. 5.10.2012.

I. Elterngeld und Elternzeit

2. Elternzeit

a) Anspruchsvoraussetzungen

Der Rechtsanspruch auf Elternzeit bedeutet in der Praxis einen Anspruch auf unbezahlte Freistellung von der Arbeit für eine Zeit von bis zu drei Jahren. Nach dem ElterngeldPlusG kann ein Anteil von bis zu 24 Monaten zwischen dem 3. Geburtstag und dem vollendeten 8. Lebensjahr des Kindes in Anspruch genommen werden[1]. Das BEEG gilt in Bezug auf die Elternzeit für alle Kinder, auch für Adoptivkinder[2]. Bei dem Elternzeitanspruch handelt es sich um eine Sozialleistung. Anspruchsinhaber sind daher grundsätzlich nur Arbeitnehmer, zu ihrer Berufsbildung Beschäftigte und in Heimarbeit Beschäftigte sowie diesen Gleichgestellte (§ 20 BEEG). Eine Anrechnung der Elternzeit auf die Ausbildungszeit nach dem Berufsbildungsgesetz erfolgt jedoch nicht, die Ausbildungszeit wird von Gesetzes wegen durch die Elternzeit unterbrochen und nach Beendigung der Elternzeit wieder fortgesetzt. 8

Der Anspruch steht solchen Arbeitnehmern zu, die mit ihrem eigenen Kind, mit einem Kind mit Adoptionsziel, mit einem Kind des Partners oder mit einem Kind in Vollzeitpflege nach § 33 SGB VIII in einer gemeinsamen Hausgemeinschaft leben und das Kind selbst betreuen und erziehen. Mit dem Ende Dezember 2008 in Kraft getretenen Änderungsgesetz zum BEEG hat der Gesetzgeber auch Großeltern einen Anspruch auf Elternzeit eingeräumt, wenn diese mit ihrem Enkelkind in einem Haushalt leben, dieses Kind selbst betreuen und erziehen, ein Elternteil des Kindes minderjährig ist oder ein Elternteil des Kindes sich im letzten oder vorletzten Jahr einer Ausbildung befindet, die vor Vollendung des 18. Lebensjahres begonnen wurde und die die Arbeitskraft des Elternteils im Allgemeinen voll in Anspruch nimmt (§ 15 Abs. 1a BEEG). Allerdings dürfen die Großeltern nicht gleichzeitig mit den leiblichen Eltern Elternzeit nehmen (§ 15 Abs. 1a Satz 2 BEEG)[3]. 9

Ein Anteil von bis zu 24 Monaten kann zwischen dem 3. Geburtstag und vollendeten 8. Lebensjahr des Kindes in Anspruch genommen werden. Eine Zustimmung des Arbeitgebers ist dafür nicht erforderlich. Der zuständige Ausschuss hat jedoch durch eine Ergänzung von § 16 Abs. 1 BEEG noch einfügen lassen, dass der Arbeitgeber der Inanspruchnahme eines dritten Abschnitts der Elternzeit innerhalb von acht Wochen nach Zugang des Antrags aus dringenden betrieblichen Gründen widersprechen kann, wenn dieser Abschnitt im Zeitraum zwischen dem 3. Geburtstag und dem vollendeten 8. Lebensjahr des Kindes liegen soll. Damit ist § 15 Abs. 2 Satz 4 BEEG, der noch die Zustimmung des Arbeitgebers vorsah, in der neuen Fassung durch das ElterngeldPlusG aufgehoben worden (die alte Fassung gilt aber noch bis zum 1.1.2015). 10

Stichwortartig lassen sich mit dem Inkrafttreten des ElterngeldPlusG zum 1.1.2015 folgende Kernpunkte des Gesetzes festhalten: 11

– Wer Elternzeit beanspruchen will, muss dies für den Zeitraum bis zum vollendeten 3. Lebensjahr des Kindes spätestens sieben Wochen und für den Zeitraum zwischen dem 3. Geburtstag und dem vollendeten 8. Lebensjahr des Kindes spätestens 13 Wochen vor Beginn der Elternzeit schriftlich vom Arbeitgeber verlangen.

– Gleichzeitig muss mit dem schriftlichen Verlangen erklärt werden, für welche Zeiten innerhalb von zwei Jahren Elternzeit genommen werden soll (gilt nur für den ersten Fall).

– Statt nach der alten Fassung auf zwei Zeitabschnitte, kann jetzt jeder Elternteil seine Elternzeit auf drei Zeitabschnitte verteilen.

---

1 § 15 Abs. 1a Satz 2 in der Fassung des ElterngeldPlusG.
2 Dies ergibt sich aus § 27 Abs. 2 BEEG, vgl. HWK/*Gaul*, vor §§ 15–21 BEEG Rz. 1.
3 S. dazu auch *Sowka*, DB 2012, 2936 (2938).

- Bei einem Arbeitgeberwechsel ist auf Verlangen des neuen Arbeitgebers eine Bescheinigung des früheren Arbeitgebers über bereits genommene Elternzeit vorzulegen[1].
- Weiter Bestand hat die Regelung aus der früheren Fassung des Gesetzes, wonach die Mutterschutzfristen auf die Elternzeit der Mutter angerechnet werden. Bei Mehrlingsgeburten besteht der Anspruch für jedes Kind gesondert.

12 Der Anspruch auf Elternzeit ist vertraglich nicht beschränkbar (gem. § 15 Abs. 2 Satz 6 BEEG). Den Anspruch können beide Elternteile stellen (§ 15 Abs. 3 BEEG). Die Elternzeit kann von beiden Eltern auch gemeinsam genommen werden.

13 Gleichzeitig mit dem Verlangen muss der Anspruchsteller erklären, für welche Zeiten **bis zum dritten Geburtstag** Elternzeit genommen werden soll (§ 16 Abs. 1 Satz 1 BEEG). Die Anforderung „innerhalb von zwei Jahren" in § 16 Abs. 1 Satz 2 BEEG ist dahingehend zu verstehen, dass der Anspruchsteller den Zwei-Jahres-Zeitraum „mindestens" abdecken muss. Der Zwei-Jahres-Zeitraum trägt dem Interesse des Arbeitgebers an Planungssicherheit Rechnung. Bleibt die mitgeteilte Elternzeit hinter diesem Zeitraum zurück, kann der Antragsteller eine Verlängerung der Elternzeit im Rahmen des § 16 Abs. 3 Satz 1 BEEG nur mit Zustimmung des Arbeitgebers erreichen[2]. Das ElterngeldPlusG in der ab 1.1.2015 geltenden Fassung erweitert die Anspruchsmöglichkeiten dadurch, dass spätestens 13 Wochen vor Beginn der Elternzeit für den Zeitraum zwischen dem 3. Geburtstag und dem vollendeten 8. Lebensjahr des Kindes ein zweiter Teil der Elternzeit beansprucht werden kann – ohne Zustimmung des Arbeitgebers. Für dieses Verlangen bedarf es nicht einmal der gleichzeitigen Angabe der genauen Zeiten, in denen diese zweite Stufe der Elternzeit genommen werden soll. Dies hängt mit dem neuen § 16 Abs. 1 Satz 6 BEEG zusammen, wonach jetzt die Aufteilung der Elternzeit in drei Abschnitte möglich ist – zwei Teile in den ersten drei Lebensjahren des Kindes und ein dritter Teil zwischen dem 3. und dem 8. Geburtstag des Kindes. Daher gibt es zwei Blöcke, die in drei Teileinheiten genommen werden können. Auch die Möglichkeit des Arbeitgebers, den dritten Block der Elternzeit aus dringenden betrieblichen Erfordernissen abzulehnen[3], wurde bereits hingewiesen. Darüber hinausgehende Verlängerung oder Verkürzung der Elternzeit bedarf der Zustimmung des Arbeitgebers, insofern hat sich an der alten durch § 16 Abs. 3 Satz 1 BEEG gegebenen Rechtslage nichts geändert[4]. Bei dem Verlängerungsverlangen des Arbeitnehmers handelt es sich um eine weitere Inanspruchnahme der Elternzeit durch einseitige Gestaltungserklärung. Die Verlängerung steht jedoch unter einem Zustimmungsvorbehalt (anders als die erstmalige Inanspruchnahme der Elternzeit). Danach wird sie nur wirksam, wenn der Arbeitgeber seine Zustimmung erklärt. Ist der Arbeitnehmer damit nicht einverstanden, muss er klagen. Die Entscheidung über eine mögliche weitere Verlängerung der Elternzeit im Rahmen des § 16 Abs. 3 Satz 1 BEEG trifft der Arbeitgeber nach billigem Ermessen (gem. § 315 BGB)[5].

b) Rechtsfolgen

14 **Rechtsfolge der Elternzeit** ist zum einen, dass die Hauptleistungspflichten aus dem Arbeitsverhältnis suspendiert werden. Diese Hauptleistungspflichten leben aber nach Ende der Elternzeit automatisch wieder auf. Dies gilt auch gegenüber einem möglichen neuen Arbeitgeber. Im Einzelnen heißt dies:

---

1 § 16 Abs. 1 Satz 7 BEEG in der Fassung des ElterngeldPlusG.
2 BAG 18.10.2011 – 9 AZR 315/10, NZA 2012, 262.
3 Durch die Hinzufügung von § 16 Abs. 1 Satz 7 BEEG.
4 Vgl. BAG 21.4.2009 – 9 AZR 391/08, NZA 2010, 155.
5 BAG 18.10.2011 – 9 AZR 315/10, NZA 2012, 626.

Im Falle einer Erkrankung vor Beginn der Elternzeit wird während der Elternzeit die Vergütung im Rahmen der gesetzlichen Entgeltfortzahlung nicht fortbezahlt[1]. Ist der Arbeitnehmer zum Ende der Elternzeit **arbeitsunfähig** erkrankt, führt dies entsprechend der Regelung bei Erkrankung zu Beginn der Elternzeit dazu, dass ab Ende der Elternzeit der Entgeltfortzahlungsanspruch beginnt. Die möglichen Erkrankungszeiten während der Elternzeit werden auf den Sechs-Wochen-Zeitraum des Entgeltfortzahlungsgesetzes jedoch nicht angerechnet (§ 3 Abs. 1 EFZG)[2]. Beginnt eine Arbeitsunfähigkeit nach Beginn der Elternzeit und endet sie vor Ende der Elternzeit, hat dies keine Auswirkungen auf etwaige Vergütungsansprüche. Diese bestanden während der Elternzeit nicht und bestehen dementsprechend auch nicht während einer Erkrankung. 15

Führt der in Elternzeit befindliche Arbeitnehmer eine vor Beginn der Elternzeit bereits bestehende **Teilzeittätigkeit** nach § 15 Abs. 5 Satz 4 BEEG fort, handelt es sich nicht um eine Neueinstellung. Dies gilt auch für die Rückkehr des Arbeitnehmers zu seiner früheren Arbeitszeit vor Beginn der Elternzeit[3]. 16

Bei **Sonderzuwendungen** ist grundsätzlich die Unterscheidung vorzunehmen, ob es sich um einen Vergütungsanspruch handelt oder ob der Treuecharakter des Anspruchs im Vordergrund steht. Vergütungsansprüche bestehen während der Elternzeit nicht, wegen Betriebstreue erfolgte Leistungen (zB Weihnachtsgeld mit reinem Treuecharakter) müssen auch während der Elternzeit erbracht werden (so zB Jubiläumsgelder). 17

Streitig ist, ob Sonderzuwendungen anteilig um Zeiten der Elternzeit **gekürzt** werden dürfen. Es könnte sich bei derartigen Kürzungen um Benachteiligungen wegen des Geschlechts handeln, die nach dem AGG unzulässig wären[4]. Bei Sonderzuwendungen mit Mischcharakter dürfte bei Vorliegen der Anspruchsvoraussetzungen des leistungsbezogenen Teils ein Vergütungsanspruch begründet sein[5]. Bei Leistungen des Arbeitgebers, die ausschließlich für die tatsächlich geleistete Arbeit erbracht werden, können Kürzungen für die Abwesenheit während der Elternzeit vorgenommen werden[6]. 18

Im Bereich der **Betriebsverfassung** bleibt die Betriebszugehörigkeit während der Elternzeit erhalten, der in der Elternzeit befindliche Arbeitnehmer bleibt aktiv und passiv wahlberechtigt und hat ein Teilnahmerecht an Betriebsversammlungen. Auch eine etwaige Mitgliedschaft im Betriebsrat bleibt bestehen. Dementsprechend hat das BAG den Anspruch auf Fahrtkostenerstattung zu Betriebsratssitzungen bejaht[7]. Schulungsveranstaltungen kann der in Elternzeit befindliche Betriebsrat besuchen, er erhält aber keine bezahlte Freistellung (vgl. § 40 BetrVG). 19

Reduziert der Arbeitnehmer seine **Arbeitszeit** gem. § 15 Abs. 5 Satz 1 BEEG nach Ende der Elternzeit, so ist darin keine mitbestimmungspflichtige Maßnahme zu sehen. Lediglich eine spätere Aufnahme einer Teilzeittätigkeit nach Beginn der Elternzeit (also nicht vom ersten Tag der Elternzeit an), kann eine Einstellung nach § 99 20

---

1 BAG 17.5.1990 – 5 AZR 10/90, NZA 1991, 320.
2 BAG 29.9.2004 – 5 AZR 558/03, NZA 2005, 225.
3 BAG 27.4.2004 – 9 AZR 21/04, NZA 2004, 1039.
4 S. dazu EuGH 21.10.1999 – Rs. C-333/97, NZA 1999, 1325; sowie BAG 12.1.2000 – 10 AZR 840/98, NZA 2000, 944.
5 Str. vgl. Schaub/*Linck*, § 172 Rz. 21; HK-MuSchG/BEEG/*Pepping*, § 616 BGB Rz. 15; *Buchner/ Becker*, vor §§ 15–21 BEEG Rz. 36.
6 Mit Urteil v. 20.4.2010 – 3 AZR 370/08, NZA 2010, 1188 hat das BAG entschieden, dass auch der Ausschluss von Elternzeit (Erziehungsurlaubszeit) von der Anwartschaftssteigerung in der betrieblichen Altersversorgung rechtmäßig erfolgen kann. Vgl. auch BAG 19.4.1995 – 10 AZR 49/94, NZA 1995, 1098.
7 BAG 25.5.2005 – 7 AZR 45/04.

BetrVG bedeuten[1]. Die Kürzung von Sozialplanleistungen um Zeiten der Elternzeit ist gleichfalls rechtlich problematisch und dürfte einen Verstoß gegen § 75 BetrVG darstellen[2].

21 Praktisch problematisch ist häufig, ob die Elternzeit in einem **Endzeugnis** erwähnt werden darf. Nach der Rechtsprechung darf dies nur dann geschehen, wenn die Unterbrechung des Arbeitsverhältnisses durch die Elternzeit erheblich war. Das BAG hat dies in einem Fall bejaht, in dem die gesamte Dauer der Arbeitszeit des Arbeitnehmers zu ⅔ aus Elternzeit bestand[3].

c) Urlaub

22 Nach § 17 Abs. 1 Satz 1 BEEG kann der Arbeitgeber für jeden **vollen Kalendermonat**, für den der Arbeitnehmer Elternzeit nimmt, den Erholungsurlaub um **ein Zwölftel kürzen**[4], es sei denn, der Arbeitnehmer leistet während der Elternzeit bei seinem Arbeitgeber Teilzeitarbeit[5].

23 Hat der Arbeitnehmer den ihm zustehenden Urlaub vor dem Beginn der Elternzeit nicht oder nicht vollständig erhalten, so hat der Arbeitgeber den **Resturlaub nach der Elternzeit** im laufenden oder im nächsten Urlaubsjahr zu **gewähren** (§ 17 Abs. 2 BEEG). Endet das Arbeitsverhältnis während der Elternzeit oder setzt der Arbeitnehmer das Arbeitsverhältnis nach der Elternzeit nicht fort, ist der noch nicht gewährte Erholungsurlaub **abzugelten** (§ 17 Abs. 3 BEEG).

24 Die frühere Auffassung, dass der auf das nach der Elternzeit laufende und das nächste Urlaubsjahr **übertragene Urlaub** mit Ablauf des nächsten Urlaubsjahres auch dann verfällt, wenn der Arbeitnehmer ihn wegen Krankheit, Beschäftigungsverboten nach dem Mutterschutzgesetz und einer sich daran anschließenden zweiten Elternzeit nicht nehmen kann[6], hat das BAG aufgegeben[7]. Jetzt gilt Folgendes: Der Urlaub ist abzugelten, wenn das Arbeitsverhältnis während der Elternzeit endet oder es im Anschluss an die Elternzeit nicht fortgesetzt wird, unabhängig davon, ob er noch erfüllbar wäre. Begründet wird dies vom BAG mit einer verfassungs- und europarechtskonformen Auslegung von § 17 Abs. 2 BEEG, da der Allgemeine Gleichheitssatz des Art. 3 Abs. 1 GG, die Vorgaben in Art. 7 der Arbeitszeitrichtlinie, Art. 2 der Gleichbehandlungsrichtlinie und die Wertungen aus Art. 8 und 11 der Mutterschutzrichtlinie zu berücksichtigen seien. Damit hat das BAG die Konsequenzen aus der „Schultz-Hoff"-Entscheidung des EuGH v. 20.1.2009[8] und aus der Entscheidung des EuGH v. 22.11.2011 („KHS")[9] gezogen. Wenn das BAG jetzt schon diese Rechtsprechung entsprechend auch auf den Zusatzurlaub von Schwerbehinderten nach § 125 SGB IX an-

---

1 BAG 28.4.1998 – 1 ABR 63/97, NZA 1998, 1352.
2 BAG 21.10.2003 – 1 AZR 407/02, NZA 2004, 559.
3 BAG 10.5.2005 – 9 AZR 261/04, NZA 2005, 3659.
4 Das BAG hat offen gelassen, ob § 17 Abs. 1 BEEG europarechtswidrig ist, vgl. BAG 17.5.2011 – 9 AZR 197/10, NZA 2011, 1032; für Konformität mit Europarecht, LAG Rh.-Pf. 16.1.2014 – 5 Sa 180/13, juris; *Hohmeister*, BB 2012, 1343; s. aber auch EuGH 13.6.2013 – Rs. C-415/12 – Brands, juris; s.a. Anm. von *Kentner/Praß*, AuA 2013, 644 ff.
5 An dieser gesetzlichen Regelung hat der Gesetzgeber auch durch das ElterngeldPlusG nichts geändert.
6 BAG 21.10.1997 – 9 AZR 267/96, NZA 1998, 648.
7 BAG 19.6.2012 – 9 AZR 652/10, NZA 2012, 1087; 23.3.2010 – 9 AZR 128/09, NZA 2010, 810; 20.5.2008 – 9 AZR 219/07, NZA 2008, 1273.
8 EuGH 20.1.2009 – Rs. C-350/06 und C-520/06 – Schultz-Hoff, AP Nr. 1 zu Richtlinie 2003/88/EG.
9 EuGH 22.11.2011 – Rs. C-214/10 – KHS, AP Nr. 6 zu Richtlinie 2003/88/EG.

wendet[1], dann dürfte die gleichfalls entsprechende Anwendung auf § 17 Abs. 2 und Abs. 3 BEEG ebenfalls zu erwarten sein[2].

Hat der Arbeitnehmer vor dem Beginn der Elternzeit mehr Urlaub erhalten, als ihm nach § 17 Abs. 1 BEEG zusteht, kann der Arbeitgeber den Urlaub, der dem Arbeitnehmer nach dem Ende der Elternzeit zusteht, um die zu viel gewährten Urlaubstage kürzen (§ 17 Abs. 4 BEEG). Hat der Arbeitnehmer seinen Jahresurlaub insgesamt schon vor Beginn der Elternzeit erhalten und scheidet er nach der Elternzeit aus dem Arbeitsverhältnis aus, kann zu viel gezahltes Urlaubsentgelt nach den Vorschriften über das Bereicherungsrecht zurückgefordert werden[3]. 25

3. Sonderkündigungsschutz

Zum Sonderkündigungsschutz nach § 18 BEEG s. Teil 3 H Rz. 24 ff. 26

4. Teilzeitanspruch und Elternzeit

§ 15 BEEG sieht einen **Anspruch auf Verringerung der Arbeitszeit** während der Elternzeit vor. Das Gesetz gewährt zwei unterschiedliche Ansprüche: 27
– Zum einen den Anspruch auf **Teilzeitarbeit bei dem Vertragspartner des Arbeitsvertrages**, also dem Arbeitgeber, bei dem die Elternzeit beantragt worden ist (§ 15 Abs. 5, 6 BEEG); die Arbeitszeit darf für jeden Elternteil, der eine Elternzeit nimmt, 30 Stunden wöchentlich nicht übersteigen (§ 15 Abs. 4 Satz 1 BEEG). Dem Anspruch dürfen keine dringenden betrieblichen Gründe entgegenstehen.
– Zum anderen einen Anspruch auf **Teilzeitarbeit bei einem anderen Arbeitgeber** oder als **Selbständiger** (§ 15 Abs. 4 Satz 3 BEEG). Auch bei diesem Anspruch bedarf der Arbeitnehmer der Zustimmung des ursprünglichen Arbeitgebers, die dieser nur innerhalb von vier Wochen aus dringenden betrieblichen Gründen schriftlich ablehnen kann (§ 15 Abs. 4 Satz 4 BEEG). Der Arbeitgeber hat dabei zu berücksichtigen, dass der Arbeitnehmer seine Fähigkeit zur späteren Wiederaufnahme der Beschäftigung nicht verlieren soll, andererseits soll der Arbeitgeber den Arbeitsplatz während der Elternzeit freihalten und es bestehen die arbeitsvertraglichen Nebenpflichten fort[4].

Aufgrund der unterschiedlichen Zielrichtung des § 15 Abs. 4 Satz 4 BEEG einerseits und des § 15 Abs. 7 Satz 1 Nr. 4 BEEG andererseits haben die „dringenden betrieblichen Gründe" in beiden Bestimmungen jeweils unterschiedliche Bedeutung[5]. 28

Ähnlich wie in § 8 Abs. 3 TzBfG soll auch über den Antrag auf Teilzeitarbeit nach dem BEEG (in beiden Fällen der Teilzeitarbeit bei dem Arbeitgeber oder bei einem anderen Arbeitgeber) versucht werden, eine **Einigung** innerhalb einer gesetzten Frist zu erzielen (sog. Konsensverfahren)[6]; nach § 15 Abs. 5 Satz 2 BEEG beträgt die Frist vier Wochen[7]. Das Gesetz appelliert in § 15 Abs. 5 Satz 2 BEEG lediglich an die Arbeits- 29

---
1 BAG 7.8.2012 – 9 AZR 353/10.
2 Vom BAG noch zu entscheiden ist die Frage, ob § 17 Abs. 1 Satz 1 BEEG durch teleologische Reduktion richtlinienkonform einzuschränken ist. Danach darf eine Kürzung des Urlaubsanspruchs nur in der Weise erfolgen, dass die ersten drei Monate der Elternzeit wegen der Regelung in Art. 7 Abs. 1 der Richtlinie 2003/88/EG von einer Kürzung auszunehmen sind (s. dazu *Busch*, Besprechung des Urteils des ArbG Karlsruhe 16.12.2011 in juris PR-ArbR 23/2012 v. 6.6.2012).
3 *Leinemann/Linck*, Urlaubsrecht, Kommentar, 2. Aufl. 2001, Teil II E V Rz. 17; ErfK/*Gallner*, § 17 BEEG Rz. 10; aA HWK/*Gaul*, § 17 BEEG Rz. 11.
4 So *Buchner/Becker*, 8. Aufl. 2008, § 15 BErzGG Rz. 33; *Joussen*, NZA 2003, 644 (645 f.).
5 BAG 15.4.2008 – 9 AZR 380/07, NJW 2008, 2937.
6 BAG 19.2.2013 – 9 AZR 461/11, NZA 2013, 907.
7 ErfK/*Gallner*, § 15 BEEG Rz. 13.

vertragsparteien, sich zu einigen (anders als in § 8 Abs. 3 Satz 2 TzBfG). Die Möglichkeit einer einvernehmlichen Vereinbarung besteht unabhängig von der Beschäftigtenzahl und der Dauer der Betriebszugehörigkeit.

30 § 15 Abs. 6 und Abs. 7 BEEG gewähren dem Arbeitnehmer, wenn eine Einigung nach § 15 Abs. 5 BEEG nicht möglich ist, unter nachstehenden Voraussetzungen einen **Rechtsanspruch auf Teilzeitarbeit** gegen den Arbeitgeber, bei dem er die Elternzeit in Anspruch genommen hat (sog. Anspruchsverfahren)[1]:

- Der Arbeitgeber (also das Unternehmen, nicht lediglich der Betrieb) beschäftigt in der Regel mehr als 15 Arbeitnehmer. Teilzeitbeschäftigte sind ungeachtet ihrer Arbeitszeit voll zu berücksichtigen; in der Berufsausbildung befindliche Personen zählen nicht mit, obwohl diese grundsätzlich als Arbeitnehmer iSd. BEEG gelten; demnach besitzen sie selbst zwar den Anspruch, zählen jedoch bei der Unternehmensgröße nicht mit (vgl. § 15 Abs. 7 Satz 1 Nr. 1 BEEG)[2].
- Die Wartezeit von sechs Monaten muss im Zeitpunkt der Antragstellung ohne Unterbrechung abgelaufen sein (§ 15 Abs. 7 Satz 1 Nr. 2 BEEG)[3].
- Das Verlangen nach Teilzeitarbeit muss mindestens einen Zeitraum von zwei Monaten umfassen, das Volumen der Teilzeitarbeit muss nicht weniger als 15 und darf nicht mehr als 30 Wochenstunden im Durchschnitt des Monats betragen (§ 15 Abs. 7 Satz 1 Nr. 3 BEEG).
- Der Anspruch auf Teilzeit muss dem Arbeitgeber für einen Zeitraum bis zum vollendeten 3. Lebensjahr des Kindes sieben Wochen und für einen Zeitraum zwischen dem 3. Geburtstag und dem vollendeten 8. Lebensjahr des Kindes 13 Wochen vor Beginn der Teilzeittätigkeit schriftlich mitgeteilt werden (§ 15 Abs. 7 Satz 1 Nr. 5 BEEG n.F.).
- Weitere Voraussetzung eines rechtswirksamen Verringerungsantrags ist auch die Angabe des Beginns und des Umfangs der verringerten Arbeitszeit (§ 15 Abs. 7 Satz 2 BEEG). Hinsichtlich der Verteilung der verringerten Arbeitszeit enthält das Gesetz lediglich eine Soll-Bestimmung; danach ist die Angabe der Verteilung ebenso wie beim Teilzeitanspruch nach § 8 TzBfG keine Wirksamkeitsvoraussetzung des Antrags[4].
- Dem Anspruch stehen **keine dringenden betrieblichen Gründe** entgegen; die Anforderungen an die betrieblichen Gründe im Rahmen des § 15 Abs. 7 Satz 1 Nr. 4 BEEG sind damit höher als die in § 8 Abs. 4 Satz 1 TzBfG erwähnten betrieblichen Gründe[5]. Nach der Rechtsprechung des BAG sind an den Begriff der entgegenstehenden „dringenden betrieblichen Gründe" erhebliche Anforderungen zu stellen. Mit dem Begriff „dringend" soll ausgedrückt werden, dass die Angelegenheit notwendig, erforderlich oder sehr wichtig ist. Die entgegenstehenden betrieblichen Interessen müssen zwingende Hindernisse für die beantragte Verkürzung der Arbeitszeit darstellen[6]. Der Arbeitgeber hat die Tatsachen, die dringende betriebliche Gründe rechtfertigen können, darzulegen und zu beweisen. Der Arbeitnehmer kann sich damit begnügen, zu behaupten, diese Gründe bestünden nicht[7], der Arbeitsplatz des Elternzeitlers sei vereinbar mit der gewünschten Teilzeitarbeit. Das BAG wendet das dreistufige Prüfungsschema an, das der 9. Senat für die betrieblichen Ablehnungsgründe iSd. § 8 TzBfG entwickelt hat. Die Interessenlage ist ver-

---

1 Die nachfolgenden Voraussetzungen nehmen der Einfachheit halber ausschließlich die Bedingungen der Neufassung des Gesetzes in der Fassung des ElterngeldPlusG in Bezug, § 15 Abs. 7 BEEG wurde umfassend durch dieses Gesetz geändert.
2 Vgl. Annuß/Thüsing/*Kühn*, § 23 TzBfG Rz. 11.
3 Annuß/Thüsing/*Kühn*, § 23 TzBfG Rz. 14.
4 ErfK/*Gallner*, § 15 BEEG Rz. 16.
5 BAG 15.4.2008 – 9 AZR 380/07, NJW 2008, 2937; Annuß/Thüsing/*Kühn*, § 23 TzBfG Rz. 19; Gaul/Wisskirchen, BB 2000, 2466 (2467).
6 BAG 19.4.2005 – 9 AZR 233/04, DB 2005, 2582.
7 BAG 15.12.2009 – 9 AZR 72/09, NZA 2010, 447 Rz. 46.

gleichbar[1]. Das betriebliche Organisationskonzept ist aber dann bedeutungslos, wenn der Arbeitgeber behauptet, die Beschäftigungsmöglichkeit sei (zB wegen Wegfall des Arbeitsplatzes) generell entfallen. Dann muss der Verringerungswunsch nicht mit den betrieblichen Abläufen in Einklang gebracht werden[2].

– Die gewünschte Verteilung und die gewünschte Verringerung der Arbeitszeit sollen im Antrag angegeben werden.
– Der Anspruch wurde gegenüber dem Arbeitgeber sieben Wochen vor Beginn der Tätigkeit schriftlich erhoben (§ 15 Abs. 7 Satz 1 Nr. 5 BEEG).

31 Neugefasst durch das ElterngeldPlusG wurde § 15 Abs. 7 Satz 5 BEEG. Diese Regelung wurde weitgehend der sog. „Zustimmungsfiktion" des § 8 Abs. 5 Satz 3 TzBfG angenähert. Nach der gesetzlichen Neuregelung gilt die Zustimmung des Arbeitgebers für die Teilzeittätigkeit und für die Verringerung der Arbeitszeit entsprechend den Wünschen des Arbeitnehmers als erteilt, wenn der Arbeitgeber die Verringerung der Arbeitszeit

– zwischen der Geburt und dem vollendeten 3. Lebensjahr des Kindes nicht spätestens vier Wochen nach Zugang des Antrags oder
– zwischen dem 3. Geburtstag und dem vollendeten 8. Lebensjahr des Kindes nicht spätestens acht Wochen nach Zugang des Antrags

schriftlich abgelehnt hat.

32 Ergänzend enthält das Gesetz in § 15 Abs. 7 letzter Satz BEEG jetzt die Regelung, wonach dann, wenn kein Einvernehmen nach § 15 Abs. 5 Satz 2 BEEG im Konsensverfahren erzielt wird und der Arbeitgeber nicht innerhalb der vorgenannten Fristen die gewünschte Verteilung der Teilzeit schriftlich abgelehnt hat, die vom Arbeitnehmer gewünschte Verteilung entsprechend den Wünschen des Arbeitnehmers als festgelegt gilt. Weiter weist das Gesetz in der Neufassung ausdrücklich darauf hin, dass im Falle nicht rechtzeitiger Ablehnung der Arbeitnehmer Klage vor den Gerichten für Arbeitssachen erheben kann. Dies war zur Klarstellung gegenüber dem alten Gesetzeswortlaut notwendig, da es nunmehr bei Nichtäußerung die Zustimmungsfiktion gibt.

33 **Zweimal** während der Elternzeit kann eine Verringerung der Arbeitszeit beansprucht werden, wobei sich die Dauer der Verringerung mit der Elternzeit decken muss (§ 15 Abs. 6 BEEG). Dabei ist der Antragsteller bei der Gestaltung der jeweiligen Anträge frei, er muss sich nicht an dem ersten Antrag orientieren, wenn der zweite Antrag gestellt wird[3]. Dem antragstellenden Arbeitnehmer steht es frei, sich zur Lage der Arbeitszeit zu äußern oder die Lage in das Direktionsrecht des Arbeitgebers zu stellen. Missachtet er die Sollbestimmung des § 15 Abs. 7 Satz 3 BEEG, führt dies nicht zur Unwirksamkeit des Antrags. Denn es wird zutreffenderweise verlangt, dass der Arbeitgeber den Antrag des Arbeitnehmers mit einem einfachen „Ja" beantworten kann. Dies kann er auch dann, wenn die Verteilung der verkürzten Arbeitszeit in sein billiges Ermessen gestellt wird[4]. Einem Arbeitnehmer, der sich auf eine Teilzeittätigkeit von 20 Stunden an vier Vormittagen pro Woche eingerichtet hat, ist in der Regel nicht damit gedient, von dem Arbeitgeber die Mitteilung zu erhalten, sein Antrag werde mit der Maßgabe angenommen, dass er am Montag und am Dienstag ganztags und am Mittwoch halbtags beschäftigt werde. Es steht dem Antragsteller daher frei, ob er die Lage der Arbeitszeit zur zwingenden Voraussetzung und zum Bestandteil des Antrags auf Teilzeitarbeit macht oder ob er dem Arbeitgeber lediglich einen „Vorschlag"

---

1 BAG 5.6.2008 – 9 AZR 82/07, NZA 2007, 1352 Rz. 51; so auch BAG 15.12.2009 – 9 AZR 72/09, NZA 2010, 447 Rz. 48 m. Anm. *Sievers*, juris PR-ArbR 14/2010.
2 S. dazu BAG 15.12.2009 – 9 AZR 72/09, NZA 2010, 447 Rz. 49.
3 S. *Laux/Schlachter*, Anh. 1 (§ 15 BEEG) Rz. 19.
4 BAG 16.4.2013 – 9 AZR 535/11, juris Rz. 14; 18.10.2011 – 9 AZR 315/10, NZA 2012, 262 (263).

für die Ausübung des Direktionsrechts unterbreitet. Was gewollt ist, ist Auslegungssache[1].

34 Neben einer Klage ist unter den üblichen Voraussetzungen die einstweilige Verfügung möglich. Obwohl die gerichtlichen Auseinandersetzungen in der Regel wohl über den Zeitraum der beantragten Teilzeitarbeit hinaus andauern dürften, hat das BAG in ständiger Rechtsprechung entschieden, dass die Verurteilung zur Abgabe einer Willenserklärung (hier Zustimmung zur Teilzeitarbeit während der Elternzeit) auch rückwirkend möglich ist. Denn es können aus dieser nachträglichen Entscheidung auch rückwirkende Rechte und Pflichten resultieren (zB Schadensersatzansprüche des Antragstellers)[2].

35 Arbeitnehmer, die Elternzeit in Anspruch genommen haben, sind nicht gehindert, im Laufe der Elternzeit die Verringerung ihrer Arbeitszeit nach § 15 Abs. 5–7 BEEG zu beantragen. Dies gilt auch dann, wenn zunächst nur die Elternzeit (also die völlige Freistellung von der vertraglichen Arbeit) in Anspruch genommen wurde, also noch keine Verringerung der Arbeitszeit (Elternteilzeit) beantragt worden ist. Ein bereits teilzeitbeschäftigter Elternteil kann demnach auch die bestehende Teilzeitarbeit ab Beginn der Elternzeit unverändert bis zu 30 Stunden pro Woche fortsetzen[3].

36 Über das Verhältnis zwischen dem Teilzeitanspruch nach § 8 TzBfG und dem Anspruch auf Reduzierung der Arbeitszeit während der Elternzeit in § 15 Abs. 5–7 BEEG besteht Unklarheit. Beide Bestimmungen bestehen **unabhängig** voneinander und es ist Sache des antragstellenden Arbeitnehmers, zu entscheiden, welchen Weg er gehen will[4].

II. Betreuungsgeld

37 Das Betreuungsgeld wurde mit Wirkung ab dem 1.8.2013 eingeführt und im neuen, zweiten Abschnitt des BEEG, §§ 4a–4d[5], geregelt. Es hat neben der gesellschaftlichen Kritik („Herdprämie") verfassungsrechtliche Kritik erfahren[6].

1. Allgemeines

38 Mit dem Betreuungsgeld werde eine **größere Wahlfreiheit** bezüglich der Form der Betreuung für Eltern mit Kleinkindern geschaffen. Das Betreuungsgeld wird nur Familien gewährt, die **keine öffentlich geförderte Kindertagesbetreuung** in Anspruch nehmen[7].

39 Das Betreuungsgeld
– beträgt ab dem Jahr 2013 zunächst 100 Euro, ab dem 1.8.2014 dann 150 Euro monatlich;

---

1 S. dazu BAG 16.4.2013 – 9 AZR 535/11, juris Rz. 32; 15.12.2009 – 9 AZR 72/09, NZA 2010, 447 Rz. 38; s. dazu ausführlich auch *Leuchten*, FS Buchner, 2009, S. 554 (559).
2 So BAG 15.12.2009 – 9 AZR 72/09, NZA 2010, 447 Rz. 27.
3 So BAG 27.4.2004 – 9 AZR 21/04, NZA 2004, 1039; 19.4.2005 – 9 AZR 233/04, BB 2006, 553; s. zu dem Komplex Arbeit während der Elternzeit auch ausführlich *Joussen*, NZA 2005, 336.
4 *Meinel/Heyn/Herms*, § 23 TzBfG Rz. 7; *Hanau*, NZA 2001, 1168 (1172); aA Annuß/Thüsing/ Lambrich, § 23 TzBfG Rz. 37; *Kliemt*, NZA 2001, 63 (71): Bestimmung ist lex specialis gegenüber dem TzBfG.
5 Gesetz zur Einführung eines Betreuungsgeldes (Betreuungsgeldgesetz) v. 15.2.2013, BGBl. I S. 254.
6 *Brosius-Gersdorf*, NJW 2013, 2316; *Ewer*, NJW 2012, 2251; *Hahn*, jM 2014, 153; *Rixen*, DVBl 2012, 1393.
7 BT-Drucks. 17/9917, 1.

II. Betreuungsgeld

- können Eltern für ihr ab dem 1.8.2012 geborenes Kind ab dem 15. Lebensmonat und bis zur Vollendung des 36. Lebensmonats für maximal 22 Monate erhalten, wenn die Eltern keine öffentlich geförderte Betreuung in Anspruch nehmen; ausnahmsweise kann ein Anspruch auf Betreuungsgeld in bestimmten Härtefällen – zB bei Betreuung durch Verwandte wegen schwerer Krankheit der Eltern – auch bestehen, wenn für das Kind maximal für 20 Wochenstunden im Durchschnitt des Monats frühkindliche Förderung in Anspruch genommen wird[1];
- wird unter bestimmten Voraussetzungen auch Verwandten bis zum Dritten Grad inkl. deren Ehe- oder Lebenspartnern gewährt;
- wird auch gewährt, wenn eine ausgeübte Erwerbstätigkeit nicht zugunsten der Betreuung des Kindes reduziert wird.

Der Bezugszeitraum ist auf maximal 22 Monate pro Kind beschränkt und beginnt frühestens mit dem 15. Lebensmonat. Damit soll das Betreuungsgeld unmittelbar an die vierzehnmonatige Bezugszeit des Elterngeldes nach § 4 BEEG anschließen. Ein paralleler Bezug von Elterngeld und Betreuungsgeld soll ausgeschlossen sein[2]. Vor dem 15. Lebensmonat wird Betreuungsgeld nur gewährt, wenn die Eltern die Monatsbeträge des Elterngeldes, die ihnen für ihr Kind nach § 4 Abs. 2 und 3 BEEG zustehen, bereits bezogen haben, § 4d Abs. 1 Satz 2 BEEG. Dies kann dann der Fall sein, wenn beide Partner gleichzeitig Elterngeld in Anspruch nehmen oder wenn der Elterngeldanspruch auf zwölf Monatsbeiträge begrenzt ist[3].

§ 4c BEEG sieht Anrechnungsvorschriften vor. Danach werden auf des Betreuungsgeld diesem oder dem Elterngeld vergleichbare Leistungen angerechnet, auf die eine berechtigte Person außerhalb Deutschlands oder gegenüber einer über- oder zwischenstaatlichen Einrichtung Anspruch hat, soweit sie den Betrag übersteigen, der für denselben Zeitraum nach § 3 Abs. 1 Satz 1 Nr. 3 BEEG auf das Elterngeld anzurechnen ist, § 4c Satz 1 BEEG.

Das Betreuungsgeld wird als vorrangige Leistung ausgezahlt und bei Arbeitslosengeld II, Sozialhilfe und Kinderzuschlag angerechnet. Bei anderen Sozialleistungen, zB beim Arbeitslosengeld I und bei Leistungen nach dem BAföG, werden das Betreuungsgeld wie auch das Elterngeld bis zu einer Höhe von insgesamt 300 Euro monatlich nicht als Einkommen berücksichtigt. Betreuungsgeld und Elterngeld stehen den Familien bis zu dieser Höhe also zusätzlich zu diesen Leistungen zur Verfügung[4].

Das Betreuungsgeld ist nicht zu versteuern[5].

2. Verfahren

Das Verfahren der Antragsstellung ist das gleiche wie das Verfahren beim Elterngeld.

a) Antragsstellung

Betreuungsgeld ist wie Elterngeld schriftlich zu beantragen, § 7 Abs. 1 Satz 1 BEEG. Betreuungsgeld kann rückwirkend beantragt und gewährt werden, aber nur für die letzten drei Monate vor Beginn des Monats geleistet, in dem der Antrag auf die jeweilige Leistung eingegangen ist, § 7 Abs. 1 Satz 2 BEEG. Die Antragsstellung kann zudem bereits mit dem Antrag auf Elterngeld erfolgen.[6]

---

1 http://www.bmfsfj.de/BMFSFJ/Service/themen-lotse,did=199298.html.
2 *Hahn*, jM 2014, 153.
3 *Hahn*, jM 2014, 153, Fn. 23.
4 http://www.bmfsfj.de/BMFSFJ/Service/themen-lotse,did=199300.html.
5 http://www.bmfsfj.de/BMFSFJ/Service/themen-lotse,did=199306.html.
6 *Hahn*, jM 2014, 153.

In dem Antrag auf Betreuungsgeld ist zudem anzugeben, für welche Monate die jeweilige Leistung beantragt wird, § 7 Abs. 2 Satz 1 BEEG. Die im Antrag getroffenen Entscheidungen können bis zum Ende des Bezugszeitraums geändert werden.

Der Antrag ist durch eine allein oder auch sorgeberechtigte Person zu stellen und oder von der Person, die ihn stellt, und zur Bestätigung der Kenntnisnahme auch von der anderen berechtigten Person zu unterschreiben, § 7 Abs. 3 BEEG.

Die andere berechtigte Person kann gleichzeitig einen Antrag auf das von ihr beanspruchte Elterngeld oder Betreuungsgeld stellen oder der Behörde anzeigen, für wie viele Monate sie die jeweilige Leistung beansprucht, wenn mit ihrem Anspruch die Höchstgrenzen nach § 4 Abs. 2 Satz 2 und 3 oder § 4d Abs. 1 Satz 3 BEEG überschritten würden.

b) Zuständigkeiten

43   Zuständig für die Ausführung des Betreuungsgeldgesetzes sind die Länder, die das Gesetz im Auftrag des Bundes ausführen. Demnach bestimmen die Landesregierungen oder die von ihnen beauftragten Stellen die für die Ausführung des Betreuungsgeldes zuständigen Behörden, § 12 Abs. 1 BEEG.

Eine Liste der zuständigen Betreuungsgeldstellen ist abrufbar unter www.bmfsfj.de.

Es ist die von den Ländern für die Durchführung dieses Gesetzes bestimmte Behörde des Bezirks zuständig, in dem die berechtigte Person ihren letzten inländischen Wohnsitz hatte; hilfsweise ist die Behörde des Bezirks zuständig, in dem der entsendende Dienstherr oder Arbeitgeber der berechtigten Person oder der Arbeitgeber des Ehegatten, der Ehegattin, des Lebenspartners oder der Lebenspartnerin der berechtigten Person den inländischen Sitz hat, § 12 Abs. 1 Satz 2 BEEG.

c) Rechtsweg

44   Über Streitigkeiten in Angelegenheiten des Betreuungsgeldes entscheiden die Gerichte der Sozialgerichtsbarkeit, § 13 Abs. 1 Satz 1 BEEG. Widerspruch und Anfechtungsklage haben keine aufschiebende Wirkung, § 13 Abs. 2 BEEG.

III. Pflegezeit

1. Einführung

45   Das Pflegezeitgesetz (PflegeZG) ist am 1.7.2008 in Kraft getreten[1]. Es soll Beschäftigten ermöglichen, pflegebedürftige nahe Angehörige in ihrer häuslichen Umgebung zu pflegen und damit die Vereinbarkeit von Beruf und familiärer Pflege zu verbessern, § 1 PflegeZG. Grundsätzlich gibt es zwei Leistungsansprüche zur Pflege naher Angehöriger, die **kurzzeitige Arbeitsverhinderung** (§ 2 PflegeZG) und die **Pflegezeit** (§ 3 PflegeZG). Diese werden flankiert durch einen **Sonderkündigungsschutz** (§ 5 PflegeZG)[2]. Hat der pflegende Angehörige keinen Anspruch auf Entgeltfortzahlung, besteht ab dem 1.1.2015 ein Anspruch auf sog. **Pflegeunterstützungsgeld** (§ 44a SGB IX).

46   Die Regelungen des PflegeZG enthalten **zwingendes Recht**, von denen daher weder einzelvertraglich noch in Tarifverträgen oder Betriebsvereinbarungen zum Nachteil der Beschäftigten abgewichen werden darf, § 8 PflegeZG.

---

[1] BGBl. I 2008, 896.
[2] Das PflegeZG ist durch das Gesetz zur besseren Vereinbarkeit von Familie, Pflege und Beruf (BGBl. I v. 31.12.2014, 2462, 2466) mit Wirkung zum 1.1.2015 fortentwickelt worden.

III. Pflegezeit

2. Allgemeine Voraussetzungen

Beschäftigte können die **kurzzeitige Arbeitsverhinderung** sowie die **Pflegezeit** in Anspruch nehmen, wenn es um die Versorgung naher Angehöriger geht, soweit diese ambulant, also nicht im Pflegeheim, versorgt werden.

a) Beschäftigte

Beschäftigte iSd. PflegeZG sind nicht nur Arbeitnehmerinnen und Arbeitnehmer, sondern auch die zu ihrer Berufsbildung Beschäftigten, § 7 Abs. 1 Nr. 1 und 2 PflegeZG. Erfasst sind deshalb nicht nur Auszubildende, sondern auch andere zur Berufsbildung Beschäftigte iSv. § 26 BBiG wie Volontäre und Praktikanten[1]. Als Beschäftigte gelten ferner auch solche selbständigen Personen, die wegen ihrer wirtschaftlichen Unselbständigkeit als **arbeitnehmerähnlich** anzusehen sind, sowie in Heimarbeit Beschäftigte und die ihnen Gleichgestellten, § 7 Abs. 1 Nr. 3 PflegeZG. Neben der wirtschaftlichen Abhängigkeit wird in Anlehnung an § 12a Abs. 1 TVG teilweise mit Hinweis auf die Gesetzesbegründung[2] auch eine einem Arbeitnehmer vergleichbare soziale Schutzbedürftigkeit gefordert[3]. Diese ist gegeben, wenn der Beschäftigte seine vertraglich geschuldete Leistung im Wesentlichen persönlich, dh. im Wesentlichen ohne eigene Mitarbeiter erbringen muss und er daher den Eintritt eines Pflegefalls nicht ganz oder teilweise durch den Einsatz eigener Mitarbeiter überbrücken kann[4]. **Dauer und Umfang der Vertragsbeziehung** sowie Art der Tätigkeit sind dagegen unerheblich. Für **selbständige Handelsvertreter** gem. § 84 HGB, sonstige **Selbständige, organschaftliche Vertreter** (GmbH-Geschäftsführer, Vorstandsmitglieder der AG) und **Beamte** gilt das PflegeZG nicht.

b) Nahe Angehörige

Nahe Angehörige sind nach § 7 Abs. 3 PflegeZG Großeltern, Eltern, Schwiegereltern, Ehegatten, Lebenspartner, Partner einer eheähnlichen Gemeinschaft und Geschwister sowie Kinder (auch Adoptiv- oder Pflegekinder, Schwiegerkinder und Enkelkinder), ferner die Kinder, Adoptiv- oder Pflegekinder des Ehegatten oder Lebenspartners. Die Aufzählung ist abschließend[5].

Ab dem 1.1.2015 zählen auch Stiefeltern, Partner einer lebenspartnerschaftsähnlichen Gemeinschaft[6], Schwägerinnen und Schwäger zu den nahen Angehörigen.

c) Pflegebedürftigkeit

Pflegebedürftigkeit wird angenommen, wenn die Voraussetzungen nach den §§ 14 und 15 SGB XI erfüllt sind (§ 7 Abs. 4 PflegeZG). Dies setzt wiederum voraus, dass der Angehörige wegen einer körperlichen, geistigen oder seelischen Krankheit oder Behinderung in erheblichem oder höherem Maß (§ 14 Abs. 1 SGB XI) nicht mehr in der Lage ist, die gewöhnlichen und regelmäßigen Dinge des täglichen Lebens auf Dauer, voraussichtlich für mindestens sechs Monate, alleine zu verrichten. Die Voraussetzungen sind bei einer Person, bei der mindestens Pflegestufe I festgestellt ist, erfüllt (vgl. § 15 Abs. 1 SGB XI). Erheblicher allgemeiner Betreuungsbedarf gem. § 45a

---

1 *Müller*, BB 2008, 1058.
2 Vgl. BT-Drucks. 718/08, 233.
3 *Müller*, BB 2008, 1058; HK-SGB XI/*Böhm*, § 7 PflegeZG Rz. 7; aA *Preis/Nehring*, NZA 2008, 729 unter Hinweis auf den Gesetzeswortlaut.
4 *Müller*, BB 2008, 1058.
5 *Fröhlich*, ArbRB 2008, 84 (85).
6 Zu den Kriterien zur Feststellung der lebenspartnerschaftsähnlichen Gemeinschaft BT-Drucks. 463/143, 10, 43. Dazu *Müller*, BB 2014, 3132 (3125).

Abs. 2 SGB XI reicht also nicht. Bei der kurzzeitigen Arbeitsverhinderung gem. § 2 PflegeZG genügt es, wenn die nahen Angehörigen die Voraussetzungen nach den §§ 14, 15 SGB XI **voraussichtlich** erfüllen (§ 7 Abs. 4 Satz 2 PflegeZG)[1].

3. Kurzzeitige Arbeitsverhinderung

a) Grundsätze

51 Die kurzzeitige Arbeitsverhinderung nach § 2 PflegeZG kann für die Pflege eines nahen Angehörigen an **bis zu zehn Arbeitstagen** (nicht Kalendertagen) in Anspruch genommen werden, wenn es erforderlich ist, bei einer akut aufgetretenen Pflegesituation eine bedarfsgerechte Pflege zu organisieren oder eine pflegerische Versorgung sicherzustellen. Es handelt sich um einen **Rechtsanspruch**, den der Beschäftigte hat, wenn die Voraussetzungen des § 2 PflegeZG erfüllt sind. Der Anspruch soll weniger dazu dienen, die Pflege durchzuführen, als die Durchführung der (zu erwartenden) Pflege zu organisieren[2].

52 Der Anspruch auf kurzzeitige Arbeitsverhinderung ist unabhängig von der Erfüllung einer **Wartezeit**. Im Gegensatz zur Pflegezeit (vgl. Rz. 61 ff.) gilt er auch in **Kleinunternehmen**.

b) Anspruchsvoraussetzungen

53 Zum einen muss die Pflege eines **nahen Angehörigen** (vgl. dazu Rz. 49) betroffen sein.

54 Des Weiteren muss eine **akute Pflegesituation** aufgetreten sein. Eine Pflegesituation ist akut, wenn sie plötzlich, also unerwartet und unvermittelt auftritt[3]. Die Pflegebedürftigkeit (zum Begriff vgl. Rz. 50) muss auf vom Beschäftigten nicht rechtzeitig vorhersehbaren Umständen beruhen[4]. Dies ist bei Versorgungs- und Betreuungsmaßnahmen wegen eines **Sterbeprozesses** der Fall[5], allerdings nicht nach einem **längeren Krankenhausaufenthalt**[6], da in diesem Fall der Pflegebedarf vorhersehbar ist. Ist die zu pflegende Person bereits pflegebedürftig und ändert sich die Pflegesituation nicht wesentlich, greift § 2 Abs. 1 PflegeZG nicht ein[7]. Eine akute Pflegesituation ist auch gegeben, wenn eine vorhandene **Pflegekraft unvorhergesehen ausfällt**, weil sie zB plötzlich erkrankt[8]. Die Akutsituation kann **bei demselben Angehörigen mehrfach** auftreten[9]. Im Übrigen genügt es, wenn die nahen Angehörigen die Voraussetzungen nach den §§ 14, 15 SGB XI **voraussichtlich** erfüllen, § 7 Abs. 4 Satz 2 PflegeZG (vgl. auch Rz. 50), also eine hinreichende Wahrscheinlichkeit für den Eintritt der Pflegebedürftigkeit besteht[10]. Die bloße Möglichkeit genügt nicht.

55 Als weitere Voraussetzung muss das Fernbleiben von der Arbeit **objektiv erforderlich** sein. Die kurzzeitige Arbeitsverhinderung muss also durch den mit dem akut aufgetretenen Pflegefall verbundenen Organisationsaufwand bzw. durch die Überbrückungspflege verursacht sein. Hieran fehlt es, wenn bereits eine andere hierzu fähige und bereite Person eine bedarfsgerechte Pflege organisiert oder eine pflegerische Versorgung sicherstellt. Diese andere Person muss aber auch zur Pflege bereit bzw. in der

---

1 *Müller*, BB 2008, 1058 (1059).
2 BeckOKArbR/*Joussen*, § 2 PflegeZG Rz. 1.
3 BAG 15.11.2011 – 9 AZR 348/10, NZA 2012, 323.
4 *Müller*, BB 2008, 1058 (1059).
5 HK-SGB XI/*Böhm*, § 2 PflegeZG Rz. 6.
6 *Freihube/Sasse*, DB 2008, 1320.
7 BAG 15.11.2011 – 9 AZR 348/10, NZA 2012, 323.
8 *Preis/Nehring*, NZA 2008, 729 (730).
9 *Oberthür*, ArbRB 2009, 77 (78).
10 BeckOKArbR/*Joussen*, § 2 PflegeZG Rz. 7; *Müller*, BB 2008, 1058 (1059).

Lage sein[1]. Das Merkmal der Erforderlichkeit bezieht sich auch auf die Dauer der Kurzzeitpflege, da auch weniger als zehn Tage ausreichen können[2].

c) Rechtsfolge

§ 2 PflegeZG gibt dem Beschäftigten ein **einseitiges Leistungsverweigerungsrecht**. Einer **Zustimmung** oder sonstigen Mitwirkungshandlung des Arbeitgebers bedarf es dazu nicht. Dies führt für den Beschäftigten zu dem Risiko, dass er eine Hauptpflicht aus dem Arbeitsverhältnis verletzt, wenn er der Arbeit fernbleibt, ohne dass die Voraussetzungen gegeben sind. Dies kann, jedenfalls nach einer Abmahnung, eine verhaltensbedingte Kündigung zur Folge haben. Ferner kann sich der Beschäftigte schadensersatzpflichtig machen. Dem Beschäftigten ist daher zu empfehlen, sich zuvor eine Bescheinigung des Arztes nach § 2 Abs. 2 Satz 2 PflegeZG über die Pflegebedürftigkeit des nahen Angehörigen und die Erforderlichkeit der in § 2 Abs. 1 genannten Maßnahmen einzuholen[3], auch wenn diese an sich nur auf Verlangen des Arbeitgebers vorzulegen ist (vgl. Rz. 59). 56

d) Dauer

Sind die Voraussetzungen erfüllt, hat der Beschäftigte Anspruch darauf, der Arbeit **bis zu zehn Arbeitstage** (nicht Kalendertage) fernzubleiben. Bei der Berechnung zählen alle Tage mit, an denen der Beschäftigte ohne die Freistellung gearbeitet hätte. Feiertage, Urlaubstage, Tage krankheitsbedingter Arbeitsunfähigkeit oder sonstige arbeitsfreie Tage sind also nicht einzubeziehen[4]. Ob die Inanspruchnahme der bis zu zehn Arbeitstage zwingend **am Stück** zu erfolgen hat, wurde nicht geregelt. Daraus ist abzuleiten, dass ein solches Erfordernis nicht besteht[5]. Aus dem Gesetzestext geht auch nicht hervor, wie oft ein Beschäftigter die Kurzzeitpflege in Anspruch nehmen kann. Insbesondere ist im Gesetz **keine zeitliche Begrenzung**, zB auf das Kalenderjahr, vorgesehen. Der Anspruch entsteht also jedes Mal neu, wenn die Voraussetzungen gegeben sind, allerdings im Einzelfall begrenzt auf die Maximaldauer von zehn Arbeitstagen, auch wenn die Gesetzesbegründung unterstellt, dass eine kurzzeitige Arbeitsverhinderung regelmäßig nur einmal je pflegebedürftigem Angehörigen auftritt[6]. 57

e) Mitteilungspflicht

Die Tage können kurzfristig genommen werden, eine **Ankündigungsfrist** gibt es nicht. Auch ist **kein Antrag** erforderlich. Der Beschäftigte hat aber dem Arbeitgeber die Verhinderung an der Arbeitsleistung und deren voraussichtliche Dauer **unverzüglich mitzuteilen** (§ 2 Abs. 2 Satz 1 PflegeZG). Dabei ist der Verhinderungsgrund anzugeben. Dies beinhaltet auch die namentliche Benennung des Angehörigen[7] sowie die Art der Beziehung zum Pflegebedürftigen[8]. Art und Ursache der Pflegebedürftigkeit müssen dagegen nicht angegeben werden[9]. Die Mitteilung ist an **keine Form** gebunden, denkbar ist also auch die Mitteilung per Telefon, E-Mail oder SMS. Das Recht des Beschäftigten, der Arbeit kurzfristig fernzubleiben, besteht auch bei **Verletzung der Mitteilungspflicht**[10]. Die Mitteilung ist jedoch von Relevanz für den Beginn des 58

---

1 BeckOKArbR/*Joussen*, § 2 PflegeZG Rz. 8.
2 HK-SGB XI/*Böhm*, § 2 PflegeZG Rz. 8; ErfK/*Gallner*, § 2 PflegeZG Rz. 2.
3 *Preis/Nehring*, NZA 2008, 729 (730).
4 BeckOKArbR/*Joussen*, § 2 PflegeZG Rz. 9.
5 AA HWK/*Lembke*, § 2 PflegeZG Rz. 8; *Rose/Dörstling*, BB 2008, 2137 (2138).
6 BT-Drucks. 16/7439, 91; HWK/*Lembke*, § 2 PflegeZG Rz. 8.
7 *Müller*, BB 2008, 1058 (1060); ErfK/*Gallner*, § 2 PflegeZG Rz. 3.
8 *Kleinebrink*, ArbRB 2009, 360.
9 ErfK/*Gallner*, § 2 PflegeZG Rz. 3.
10 HK-SGB XI/*Böhm*, § 2 PflegeZG Rz. 16.

f) Nachweispflicht

59 Auf Verlangen ist dem Arbeitgeber eine **ärztliche Bescheinigung** über die voraussichtliche Pflegebedürftigkeit und die Erforderlichkeit der Freistellung vorzulegen (§ 2 Abs. 2 Satz 2 PflegeZG). Der Pflegebedürftige ist namentlich zu benennen[1]. Dagegen muss die Pflegebedürftigkeit nicht begründet werden; ebenso wenig ist die Dauer zu bescheinigen[2]. Es genügt eine ärztliche Bescheinigung, nicht erforderlich ist die Bescheinigung durch den Medizinischen Dienst[3]. Hinsichtlich des Beweiswerts der Bescheinigung gelten dieselben Grundsätze wie bei der Arbeitsunfähigkeitsbescheinigung (vgl. Teil 2 B Rz. 172). Die **Kosten** hierfür hat der Beschäftigte zu tragen[4]. Dem Beschäftigten steht das Leistungsverweigerungsrecht nach § 2 Abs. 1 PflegeZG auch dann zu, wenn er die **Nachweispflicht nicht erfüllt**[5].

g) Vergütung

60 Der Arbeitgeber ist zur **Fortzahlung der Vergütung** nur verpflichtet, soweit sich dies aus anderen gesetzlichen Vorschriften, aus einem Tarifvertrag oder aus dem Arbeitsvertrag ergibt, § 2 Abs. 3 PflegeZG. Das PflegeZG gewährt einen solchen Anspruch also nicht. Eine Verpflichtung zur Fortzahlung der Vergütung kann sich aus § 616 Satz 1 BGB bzw. § 19 Abs. 1 Nr. 2 lit. b BBiG ergeben. Da § 616 BGB kein zwingendes Recht darstellt, kann dieser Anspruch für die Dauer der Pflege naher Angehöriger einzelvertraglich ausgeschlossen werden. Erfolgt kein ausdrücklicher Ausschluss, bleibt der Anspruch also bestehen, soweit die Voraussetzungen des § 616 BGB erfüllt sind (vgl. Teil 2 B Rz. 87). Anders als bei Eltern, deren Kinder erkrankt sind (vgl. § 45 SGB V, s. dazu Teil 2 B Rz. 98 ff.), besteht auch **kein Anspruch auf Krankengeld**.

Ab dem 1.1.2015 hat der Beschäftigte nach § 2 Abs. 3 Satz 3 PflegeZG einen Anspruch auf „**Pflegeunterstützungsgeld**". Die Einzelheiten dazu regelt § 44a Abs. 3 SGB XI[6]. Danach erhalten Beschäftigte bei kurzzeitigen Arbeitsverhinderungen nach § 2 PflegeZG, die für diesen Zeitraum keine Entgeltfortzahlung und kein Krankengeld erhalten, Anspruch auf einen Ausgleich für entgangenes Arbeitsentgelt (Pflegeunterstützungsgeld) für **bis zu zehn Arbeitstage**. Die Höhe richtet sich nach § 45 Abs. 2 Satz 3–5 SGB V und beträgt maximal 70% der Beitragsbemessungsgrenze nach § 223 Abs. 3 SGB V, kann aber im Einzelfall bis zu 100% des Arbeitsentgelts betragen.

4. Pflegezeit

61 Beschäftigte, die in häuslicher Umgebung einen pflegebedürftigen nahen Angehörigen pflegen wollen, haben Anspruch auf Freistellung von der Verpflichtung zur Arbeitsleistung für maximal sechs Monate, § 3 Abs. 1 Satz 1, § 4 Abs. 1 Satz 1 PflegeZG. Nach den ab dem 1.1.2015 geltendem neuen § 3 Abs. 5 PflegeZG bedarf es der Voraussetzung „in häuslicher Umgebung" nicht, wenn ein **minderjähriger naher Angehöriger** betreut werden soll, § 3 Abs. 5 Satz 1 PflegeZG[7].

---

1 HWK/*Lembke*, § 2 PflegeZG Rz. 8; *Müller*, BB 2008, 1058 (1060).
2 ErfK/*Gallner*, § 2 PflegeZG Rz. 3.
3 Dieser wird aber ohnehin bei der Feststellung der Pflegebedürftigkeit tätig, § 18 SGB XI.
4 Nr. 70 GV der GOÄ, HWK/*Lembke*, § 2 PflegeZG Rz. 12; *Schwerdle*, ZTR 2007, 655 (657).
5 ErfK/*Gallner*, § 2 PflegeZG Rz. 3.
6 *Müller*, BB 2014, 3125 (3132) zum Umfang und Verfahren der Antragstellung.
7 Im Einzelnen *Müller*, BB 2014, 3125 (3132 ff.).

III. Pflegezeit

§ 3 Abs. 6 PflegeZG statuiert einen Anspruch auf **Sterbebegleitung** eines nahen Angehörigen, wenn dessen Lebenserwartung krankheitsbedingt auf „Wochen oder wenige Monate" begrenzt ist[1].

Die Pflegezeit kann sowohl als **vollständige** wie als **teilweise Freistellung** in Anspruch genommen werden. Der Pflegezeitanspruch setzt im Gegensatz zur Kurzzeitpflege voraus, dass die Pflegebedürftigkeit (zum Begriff vgl. Rz. 50) bereits besteht[2]. Eine voraussichtlich zu erwartende Pflegebedürftigkeit genügt also nicht.

a) Voraussetzungen

Anspruchsvoraussetzung ist, dass der Arbeitgeber in der Regel **mehr als 15 Beschäftigte** hat, § 3 Abs. 1 Satz 2 PflegeZG. Da auf „Beschäftigte" abgestellt wird, die wiederum in § 7 Abs. 1 PflegeZG definiert sind und auch arbeitnehmerähnliche Personen einschließen, sind diese mitzuzählen. Wie bei der ähnlichen Regelung des § 15 Abs. 7 Nr. 1 BEEG ist auf das Unternehmen und nicht auf den Betrieb abzustellen (Teil 2 D Rz. 28). Ferner ist wie bei § 15 Abs. 7 Nr. 1 BEEG die Anzahl der Beschäftigten nach Kopfzahlen zu ermitteln, so dass Teilzeitbeschäftigte voll zählen[3]. Ebenso sind Auszubildende mitzurechnen. Wie bei § 23 Abs. 1 KSchG gilt eine abgestufte Darlegungs- und Beweislast (vgl. Teil 3 E Rz. 64). Zweifel gehen zulasten des Beschäftigten[4]. Der Erfüllung einer **Wartezeit** bedarf es bei der Pflegezeit nicht. 62

Der Anspruch wird nur dann ausgelöst, wenn der Beschäftigte den pflegebedürftigen Angehörigen **in häuslicher Umgebung** (§ 19 SGB XI) pflegen will, wobei dies ab dem 1.1.2015 nicht bei der Pflege **minderjähriger pflegebedürftiger** naher Angehöriger notwendig ist (s. Rz. 61). Auch die **Sterbebegleitung** unterliegt keiner örtlichen Einschränkung und kann bspw. in einem Hospiz stattfinden[5]. Unter häuslicher Umgebung ist nicht nur der eigene Haushalt des Pflegebedürftigen, sondern auch ein anderer Haushalt, in dem der Pflegebedürftige aufgenommen wird (insb. der Haushalt des Pflegenden), zu verstehen[6] (§ 36 Abs. 1 SGB XI). Wesentliche Kennzeichen des Haushalts sind die eigene Kochmöglichkeit und der eigene Sanitärbereich[7]. Pflegender und Pflegebedürftiger müssen nicht in einem Haushalt wohnen[8]. Das Merkmal des Haushalts ist zu verneinen bei Pflegebedürftigen in einer stationären Pflegeeinrichtung oder in einer Einrichtung iSv. § 71 Abs. 4 SGB XI[9]. 63

b) Ankündigungspflicht

Die Inanspruchnahme der Pflegezeit und ihre geplante Dauer sind spätestens **zehn Arbeitstage** (nicht Kalendertage) **vor Beginn** dem Arbeitgeber **schriftlich** anzukündigen, § 3 Abs. 3 Satz 1 PflegeZG. Für die Berechnung ist nicht auf die individuellen Arbeitstage des Beschäftigten, sondern auf die Tage, an denen im Betrieb des Arbeitgebers gearbeitet wird, abzustellen[10]. Maßgeblich für die Einhaltung der Frist ist der Zugang der Mitteilung beim Arbeitgeber. Gleichzeitig ist zu erklären, für welchen Zeitraum und in welchem Umfang die Freistellung von der Arbeit erfolgen soll. Bei nur **teilweiser Freistellung** ist in der schriftlichen Mitteilung an den Arbeitgeber zusätzlich die ge- 64

---

1 Zu den Tatbestandsvoraussetzungen im Einzelnen *Müller*, BB 2014, 3125 (3133).
2 ErfK/*Gallner*, § 3 PflegeZG Rz. 1.
3 ErfK/*Gallner*, § 3 PflegeZG Rz. 1.
4 ErfK/*Gallner*, § 3 PflegeZG Rz. 1; HWK/*Lembke*, § 3 PflegeZG Rz. 5.
5 Unter Hinweis auf BR-Drucks. 463/14, 42: *Müller*, BB 2014, 3125 (3133).
6 *Müller*, BB 2008, 1058 (1061).
7 ErfK/*Gallner*, § 3 PflegeZG Rz. 1.
8 *Joussen*, NZA 2009, 69 (72).
9 *Boewer* in Gaul, AktuellAR 2008, S. 26.
10 *Boewer* in Gaul, AktuellAR 2008, S. 28.

wünschte Verteilung der Arbeitszeit anzugeben, § 3 Abs. 3 Satz 2 PflegeZG. Fehlen diese Angaben, ist die Ankündigung rechtlich unbeachtlich[1]. Wird die **Schriftform für die Ankündigung nicht eingehalten**, besteht kein Anspruch auf die Pflegezeit und der Sonderkündigungsschutz nach § 5 Abs. 1 PflegeZG tritt nicht ein[2]. Gemeint ist die gesetzliche Schriftform (§ 126 BGB)[3]. Hält der Beschäftigte die **Ankündigungsfrist** nicht ein, verschiebt sich lediglich der Beginn der Pflegezeit[4].

⊃ **Hinweis:** Das Verhältnis von Pflegezeit und Familienpflegezeit und weitere Pflichten bei der Inanspruchnahme regeln der § 3 Abs. 3 Satz 3–6 PflegeZG[5]. **Ohne** eindeutige Festlegung gilt die Ankündigung der Inanspruchnahme von „Zeit zur Pflege" bei Vorliegen der Voraussetzungen der Pflegezeit und der Familienpflegezeit als Ankündigung von Pflegezeit.

c) Vollständige Freistellung

65 Hat der Beschäftigte die Pflegezeit form- und fristgerecht angekündigt und sind die gesetzlichen Voraussetzungen erfüllt, bedarf die Inanspruchnahme im Fall der **vollständigen Freistellung nicht** der **Zustimmung des Arbeitgebers**. Der Beschäftigte übt mit der Ankündigung ein einseitiges Gestaltungsrecht aus, und die gesetzlichen Folgen der Pflegezeit treten unmittelbar ein, ohne dass es einer Freistellungserklärung des Arbeitgebers bedarf[6]. Als Folge sind die beiderseitigen Hauptpflichten aus dem Arbeitsverhältnis suspendiert. Damit entfällt auch die **Vergütungspflicht**. Der Beschäftigte kann jedoch für zehn Arbeitstage das Pflegeunterstützungsgeld nach § 2 Abs. 3 Satz 2 PflegeZG nF iVm. § 44a Abs. 3 SGB XI nF in Anspruch nehmen.

d) Teilweise Freistellung

66 Im Fall der **teilweisen Freistellung** ist über die Verringerung und die Verteilung der Arbeitszeit eine **schriftliche Vereinbarung** zu treffen, § 3 Abs. 4 PflegeZG. Dies gilt auch bei der Minderjährigenbetreuung (§ 3 Abs. 5 Satz 2 PflegeZG). Die Vereinbarung ist Voraussetzung für den Beginn der Pflegezeit. Sie muss spätestens bei Beginn der Pflegezeit vorliegen[7]. Ob die für die Vereinbarung vorgesehene Schriftform Wirksamkeitsvoraussetzung ist, ist streitig; es empfiehlt sich daher, diese einzuhalten[8].

67 Den Wünschen des Beschäftigten ist zu entsprechen, es sei denn, dass **dringende betriebliche Gründe** entgegenstehen. Hinsichtlich der dringenden betrieblichen Gründe wird man sich an den zur Elternzeit entwickelten Grundsätzen zu § 15 Abs. 7 Nr. 4 BEEG (vgl. Teil 2 D Rz. 28) orientieren können. Was geschieht, wenn eine **Einigung nicht zustande kommt**, regelt das Gesetz nicht. In Anlehnung an den Teilzeitanspruch nach § 8 Abs. 3 TzBfG und § 15 BEEG ist sodann Klage mit dem Ziel zu erheben, dass der Arbeitgeber den Wünschen des Beschäftigten auf Verringerung und zur Verteilung der Arbeitszeit zustimmt[9]. Die Vollstreckung erfolgt nach § 894 ZPO, der Eintritt der Rechtskraft ist also abzuwarten. Ist der Beschäftigte auf die Teilzeittätigkeit dringend angewiesen, kann auch die einstweilige Verfügung (§ 940 ZPO)

---

1 *Boewer* in Gaul, AktuellAR 2008, S. 26.
2 So für die Parallelvorschrift des § 16 BEEG: BAG 26.6.2008 – 2 AZR 23/07, NZA 2008, 1241.
3 ErfK/*Gallner*, § 3 PflegeZG Rz. 2; *Preis/Nehring*, NZA 2008, 729 (733) bezweifeln dies.
4 *Kleinebrink*, ArbRB 2009, 306 (308); *Müller*, BB 2008, 1058 (1061).
5 Zu der ab dem 1.1.2015 Regelung ausführlich *Müller*, BB 2014, 3125 (2129).
6 BAG 15.11.2011 – 9 AZR 348/10, NZA 2012, 323; HWK/*Lembke*, § 3 PflegeZG Rz. 8.
7 *Müller*, BB 2008, 1058 (1061 f.).
8 Für die konstitutive Wirkung der Schriftform: ErfK/*Gallner*, § 3 PflegeZG Rz. 2; aA HK-SGB XI/*Böhm*, § 3 PflegeZG Rz. 27; HWK/*Lembke*, § 3 PflegeZG Rz. 23.
9 *Freihube/Sasse*, DB 2008, 1320 (1322); *Preis/Nehring*, NZA 2008, 729 (735).

III. Pflegezeit

weiterhelfen. **Äußert sich der Arbeitgeber nicht** zu dem fristgemäß gestellten Antrag des Beschäftigten auf teilweise Freistellung bis zum beantragten Beginn der Pflegezeit, gilt dies nicht als Zustimmung[1].

○ **Hinweis:** Lehnt der Arbeitgeber die teilweise Freistellung ab, steht es dem Beschäftigten frei, von seinem Recht auf vollständige Freistellung Gebrauch zu machen, die nicht der Zustimmung des Arbeitgebers bedarf. Hat der Arbeitgeber zuvor die teilweise Freistellung zu Unrecht abgelehnt, kann der Beschäftigte den Arbeitgeber hinsichtlich des entgangenen Verdienstes im Umfang der beantragten teilweisen Freistellung auf Schadensersatz in Anspruch nehmen[2]. 68

e) Nachweispflicht

Die Pflegebedürftigkeit des Angehörigen ist bei der Pflegezeit in jedem Fall und nicht nur auf Verlangen des Arbeitgebers durch **Vorlage einer Bescheinigung** der Pflegekassen oder des Medizinischen Dienstes der Krankenversicherung **nachzuweisen**, § 3 Abs. 2 Satz 1 PflegeZG. Bei privater Pflegeversicherung ist ein entsprechender Nachweis zu erbringen, § 3 Abs. 2 Satz 2 PflegeZG. Angaben zur voraussichtlichen Dauer der Pflegebedürftigkeit sind entbehrlich[3]. In Bezug auf die **Sterbebegleitung** ist das Vorliegen einer in § 3 Abs. 6 Satz 1 PflegeZG genannten Krankheit durch ärztliche Bescheinigung nachzuweisen[4]. 69

Das Gesetz sieht **keine Frist für die Vorlage des Nachweises** vor. Es besteht Einigkeit, dass der Nachweis weder bei der Ankündigung noch bei Antritt der Pflegezeit vorliegen muss. Der Pflegezeitanspruch besteht also unabhängig von der Vorlage des Nachweises[5]. Andererseits ist die Pflegebedürftigkeit des Angehörigen Voraussetzung für die Inanspruchnahme der Pflegezeit. Nach Treu und Glauben muss sich der Beschäftigte unverzüglich um die Bescheinigung kümmern und sie dann dem Arbeitgeber vorlegen[6]. Weist der Beschäftigte die Pflegebedürftigkeit des nahen Angehörigen nicht nach, nimmt er die Pflegezeit unberechtigt in Anspruch und setzt sich der Gefahr einer Kündigung aus. Auch gilt der besondere Kündigungsschutz nach § 5 PflegeZG dann nicht[7]. Wurde die Inanspruchnahme der Pflegezeit gegenüber dem Arbeitgeber angekündigt, so hat der Medizinische Dienst der Krankenversicherung spätestens innerhalb von zwei Wochen nach Eingang des Antrags zur Feststellung der Pflegebedürftigkeit bei der zuständigen Pflegekasse eine Begutachtung durchzuführen und den Pflegebedürftigen unverzüglich schriftlich darüber zu informieren, welche Empfehlung er an die Pflegekasse weiterleitet, § 18 Abs. 3 Satz 5 SGB XI. Befindet sich der Pflegebedürftige noch nicht in häuslicher Umgebung, sondern hält sich stationär auf, ist die Begutachtung innerhalb einer Woche nach Eingang des Antrags durchzuführen, § 18 Abs. 3 Satz 3 SGB XI. 70

f) Dauer der Pflegezeit

Der Arbeitnehmer kann sich **bis zu sechs Monate lang** der Pflege eines nahen Angehörigen widmen, § 4 Abs. 1 Satz 1 PflegeZG (Höchstdauer). Hat der Beschäftigte die Pflegezeit in Anspruch genommen, hindert ihn dies an einer erneuten Inanspruchnahme, sofern sich die Pflege auf denselben Angehörigen bezieht. Dies gilt auch dann, wenn die Höchstdauer von sechs Monaten nicht ausgeschöpft wurde[8]. Die Pflegezeit 71

---

1 HK-SGB XI/*Böhm*, § 3 PflegeZG Rz. 30; aA *Müller/Stuhlmann*, ZTR 2008, 290 (292).
2 *Boewer* in Gaul, AktuellAR 2008, S. 31.
3 *Müller*, BB 2008, 1058 (1063).
4 Die Anforderungen entsprechen denen des § 45 Abs. 4 Satz 1 SGB V.
5 HWK/*Lembke*, § 3 PflegeZG Rz. 15; *Joussen*, NZA 2009, 69 (72).
6 HWK/*Lembke*, § 3 PflegeZG Rz. 13.
7 *Boewer* in Gaul, AktuellAR 2008, S. 32.
8 BAG 17.11.2011 – 9 AZR 348/10, NZA 2012, 323.

kann auch nicht im Wege einer einmaligen Erklärung auf **mehrere getrennte Zeitabschnitte** verteilt werden, sie kann also nur zusammenhängend beansprucht werden[1].

Pflegezeit und Familienpflegezeit nach § 2 FPfZG dürfen die **Gesamtdauer** von **24 Monaten** je pflegebedürftigem nahen Angehörigen nicht überschreiten (§ 4 Abs. 1 Satz 4 PflegeZG). Dies gilt auch für die Minderjährigenbetreuung nach § 3 Abs. 5 PflegeZG (§ 4 Abs. 3 Satz 1 PflegeZG). Für die **Sterbebegleitung** nach § 3 Abs. 6 PflegeZG gilt je Angehörigem eine Höchstdauer von drei Monaten, wobei bei zusätzlicher Inanspruchnahme von Pflegezeit oder Familienpflegezeit usw. eine Höchstdauer von 24 Monaten nicht überschritten werden darf (§ 4 Abs. 3 Satz 2 PflegeZG).

72 Hat bereits ein anderer Beschäftigter die Pflegezeit für denselben Pflegebedürftigen in voller Höhe in Anspruch genommen, kann trotzdem ein weiterer Beschäftigter die Pflegehöchstdauer für denselben Familienangehörigen geltend machen, sofern die Voraussetzungen erfüllt sind.

73 **Beispiel:**
Hat eine pflegebedürftige Mutter zwei Kinder, können beide Kinder die Pflegezeit bis zur Höchstdauer beantragen[2].

74 Unklar bleibt, ob § 3 PflegeZG auch für den Fall gilt, dass **mehrere Beschäftigte gleichzeitig einen Pflegebedürftigen** pflegen wollen[3]. Der Gesetzeswortlaut lässt dies zu, da, anders als bei § 2 PflegeZG (vgl. Rz. 55), das Tatbestandsmerkmal der Erforderlichkeit in § 3 PflegeZG fehlt[4].

g) Verlängerung der Pflegezeit

75 Wurde die Pflegezeit für einen kürzeren Zeitraum als sechs Monate in Anspruch genommen, kann sie auf bis zu sechs Monate **verlängert** werden, wenn der Arbeitgeber zustimmt, § 4 Abs. 1 Satz 2 PflegeZG. Die Verweigerung ist nicht an bestimmte Gründe gebunden und bedarf auch nicht der Begründung, insbesondere steht sie nicht unter dem Vorbehalt der Ausübung billigen Ermessens[5].

76 Ein **Anspruch auf Verlängerung** besteht ausnahmsweise, wenn ein vorgesehener Wechsel in der Person des Pflegenden aus wichtigem Grund nicht erfolgen kann, § 4 Abs. 1 Satz 3 PflegeZG. Die Regelung entspricht § 16 Abs. 3 Satz 4 BEEG. Der Grund muss nicht in der Person eines der Berechtigten liegen[6]. Mögliche Gründe sind eine schwere Erkrankung, aber auch wirtschaftliche Gründe. Bei Vorliegen der Voraussetzungen des § 4 Abs. 1 Satz 3 PflegeZG kann der Beschäftigte die Verlängerung bis zur Höchstdauer durch **einseitige Gestaltungserklärung** durchsetzen, ohne dass der Arbeitgeber mitwirken muss[7]. Der Verlängerungsantrag muss lediglich noch während der laufenden Pflegezeit gestellt werden[8] und sollte den Sachverhalt schildern, aus dem sich der wichtige Grund ergibt. Der Beschäftigte sollte sich aber darüber im Klaren sein, dass er das **Risiko der unrichtigen Bewertung** trägt. So fehlt

---

1 *Preis/Nehring*, NZA 2008, 729 (734); ErfK/*Gallner*, § 4 PflegeZG Rz. 1; HK-SGB XI/*Böhm*, § 4 PflegeZG Rz. 7; aA BeckOKArbR/*Joussen*, § 4 PflegeZG Rz. 5. Das BAG hat dies bislang offen gelassen, vgl. BAG 17.11.2011 – 9 AZR 348/10, NZA 2012, 323.
2 *Müller*, BB 2008, 1058 (1061).
3 Offen gelassen bei *Preis/Nehring*, NZA 2008, 729 (733).
4 *Müller*, BB 2008, 1058 (1061); BeckOKArbR/*Joussen*, § 4 PflegeZG Rz. 4.
5 ErfK/*Gallner*, § 4 PflegeZG Rz. 1; aA HWK/*Lembke*, § 4 PflegeZG Rz. 2.
6 *Fröhlich*, ArbRB 2008, 84 (86).
7 HWK/*Lembke*, § 4 PflegeZG Rz. 3. Ebenso zu der Parallelregelung des § 16 Abs. 3 Satz 4 BEEG. Gegen ein einseitiges Gestaltungsrecht: BeckOKArbR/*Joussen*, § 4 PflegeZG Rz. 7.
8 *Boewer* in Gaul, AktuellAR 2008, S. 34 f.

III. Pflegezeit

der Beschäftigte unberechtigt, wenn die rechtlichen Voraussetzungen für die Verlängerung nicht gegeben sind. Zusätzlich genießt er in dem Fall nicht mehr den Sonderkündigungsschutz nach § 5 PflegeZG[1].

h) Vorzeitige Beendigung der Pflegezeit

Eine vorzeitige Beendigung der Pflegezeit ist wie bei der Elternzeit grundsätzlich nur dann möglich, wenn der **Arbeitgeber zustimmt**, § 4 Abs. 2 Satz 3 PflegeZG. Darüber hinaus endet die Pflegezeit vorzeitig mit dem **Ende der Pflegebedürftigkeit** (Tod des Angehörigen, Wegfall der Pflegebedürftigkeit), oder wenn die häusliche Pflege des nahen Angehörigen unmöglich oder unzumutbar geworden ist. Die Pflegezeit endet dann nicht sofort, sondern mit Ablauf von vier Wochen nach dem Eintritt der veränderten Umstände, § 4 Abs. 2 Satz 1 PflegeZG. Der Zustimmung des Arbeitgebers bedarf es in dem Fall nicht. Um einen **Fall der Unmöglichkeit** handelt es sich, wenn der Pflegebedürftige in eine **stationäre Pflegeeinrichtung** aufgenommen werden muss. Unzumutbar ist die häusliche Pflege zB dann, wenn beim Beschäftigten unvorhergesehen die Finanzierung der Pflegezeit nicht mehr gesichert ist[2]. Die Vier-Wochen-Frist beginnt mit Eintritt des Ereignisses zu laufen. Im Fall der Unzumutbarkeit ist es Sache des Beschäftigten, den Zeitpunkt unter Berücksichtigung der veränderten Umstände objektiv zu bestimmen[3].

77

Über das vorzeitige Ende ist der **Arbeitgeber unverzüglich zu unterrichten**, und zwar formlos, § 4 Abs. 2 Satz 2 PflegeZG. Das vorzeitige Ende der Pflegezeit ist von der Unterrichtung unabhängig. Verletzt der Beschäftigte die Unterrichtungspflicht, kann er sich schadensersatzpflichtig machen (§ 280 BGB).

78

i) Vergütung und Kürzung des Urlaubs in der Pflegezeit

Da für die Dauer der Pflegezeit im Fall der vollständigen Freistellung die beiderseitigen vertraglichen Hauptpflichten ruhen, besteht kein Anspruch auf **Fortzahlung der Vergütung**. Dies gilt auch **im Krankheitsfall**. Entsprechend kann während der Pflegezeit auch kein Urlaub gewährt werden.

79

Mangels anderweitiger gesetzlicher Regelung war das BAG[4] davon ausgegangen, dass die Pflegezeit nicht zu einer Verkürzung des **Urlaubsanspruchs** führt, da dieser unabhängig von der Arbeitsleistung entsteht[5]. Ab dem 1.1.2015 kann der Arbeitgeber nach § 4 Abs. 4 PflegeZG in den Fällen der **vollständigen** Freistellung (Pflegezeit nach § 3 Abs. 1 Satz 1 Alt. 1 PflegeZG) den **Erholungsurlaub** des Beschäftigten für jeden vollen Kalendermonat um 1/12 **kürzen**. Vorbild ist die Kürzungsregelung des § 17 Abs. 1 Satz 1 BEEG[6].

Zu beachten sind ferner **tarifliche** Regelungen (wie zB § 26 Abs. 2 lit. c TVöD). Wenn wie dort geregelt ist, dass eine Verminderung des Urlaubs für jeden Monat des Ruhens des Arbeitsverhältnisses um ein Zwölftel vereinbart ist, kann diese Kürzung auch während der Pflegezeit vorgenommen werden, da das Arbeitsverhältnis während der Pflegezeit ruht.

---

1 So zu der Parallelregelung des § 16 Abs. 3 Satz 4 BEEG: ErfK/*Gallner*, § 16 BEEG Rz. 13.
2 *Müller*, BB 2008, 1058 (1062).
3 ErfK/*Gallner*, § 4 PflegeZG Rz. 2; *Boewer* in Gaul, AktuellAR 2008, S. 37.
4 BAG 7.8.2012 – 9 AZR 353/10, NZA 2012, 1216; 6.5.2014 – 9 AZR 678/12, NZA 2014, 959 (961).
5 ErfK/*Gallner*, § 1 PflegeZG Rz. 2a, die von der „Gesetzeslücke Urlaub" spricht.
6 Unter Hinweis auf BR-Drucks. 463/14, 41: *Müller*, BB 2014, 3125 (3134).

5. Sonderkündigungsschutz

80 Sowohl während der kurzzeitigen Arbeitsverhinderung als auch während der Pflegezeit bzw. Freistellung besteht Sonderkündigungsschutz nach § 5 Abs.1 PflegeZG, der an § 9 MuSchG bzw. § 18 BEEG angelehnt ist. Dieser gilt für (Familien-) Pflegezeitrechte, die ab dem **1.1.2015** geltend gemacht werden, **frühestens** zwölf Wochen vor dem Beginn der (Familien-)Pflegezeit[1]. S. dazu Teil 3 H Rz. 131 ff.

6. Befristete Verträge

81 Arbeitgeber haben die Möglichkeit, etwaige Pflegezeiten bzw. Freistellungen ihrer Mitarbeiter mit Hilfe von befristeten Arbeitsverträgen zu überbrücken, § 6 Abs. 1 PflegeZG. § 6 PflegeZG stellt gegenüber § 14 Abs. 1 Satz 2 Nr. 3 TzBfG die speziellere Regelung dar[2]. Die übrigen Befristungsregelungen der TzBfG sind aber zu beachten; dies betrifft insbesondere das **Schriftformerfordernis** nach § 14 Abs. 4 TzBfG (vgl. Teil 1 E Rz. 119 ff.) und die **Klagefrist** nach § 17 Satz 1 TzBfG (vgl. Teil 1 E Rz. 174). § 6 PflegeZG ist vergleichbar mit § 21 Abs. 1 BEEG.

82 Die **Dauer der Befristung** des Arbeitsvertrages muss kalendermäßig bestimmt oder bestimmbar oder dem Vertretungszweck entnehmbar sein, § 6 Abs. 2 PflegeZG. Die **zulässige Höchstdauer der Befristung**, dies ist die kurzzeitige Arbeitsverhinderung oder die Pflegezeit, kann für notwendige Zeiten einer Einarbeitung verlängert werden, § 6 Abs. 1 Satz 2 PflegeZG. Die zeitliche Dauer hängt von der Qualifikation der Ersatzkraft und dem Aufgabenumfang ab; verbindliche Vorgaben lassen sich also nicht machen[3]. Die Befristung kann gem. § 6 Abs. 2 PflegeZG als **Zeit- oder Zweckbefristung** ausgestaltet sein. Bei der Zweckbefristung ist das Ereignis, das die Beendigung des Arbeitsverhältnisses herbeiführen soll, in den schriftlichen Vertrag aufzunehmen. Ferner ist der zur Vertretung eingestellte Arbeitnehmer über den Zeitpunkt der Zweckerreichung schriftlich zu unterrichten (vgl. Teil 1 E Rz. 110).

83 Die Einstellung der Ersatzkraft muss wegen des durch den zeitweiligen Ausfall des Beschäftigten bedingten Beschäftigungsbedarfs erfolgt sein. Es muss ein **Kausalzusammenhang** bestehen[4]. Da es sich bei § 6 Abs. 1 Satz 1 PflegeZG um den Sachgrund der Vertretung gem. § 14 Abs. 1 Satz 2 Nr. 3 TzBfG handelt, genügt es, dass die Vertretung wegen des durch den zeitweiligen Ausfall des zu vertretenden Mitarbeiters entstandenen vorübergehenden Bedarfs eingestellt worden ist. Der Sachgrund der Vertretung ist daher auch dann gegeben, wenn der Vertreter nicht die Aufgaben des zu Vertretenen übernimmt (mittelbare Vertretung) oder der befristet Beschäftigte Aufgaben wahrnimmt, die dem Vertretenen bei dessen Weiterarbeit tatsächlich oder rechtlich übertragen werden könnten (gedankliche Vertretung)[5].

84 § 6 Abs. 3 PflegeZG enthält ein **Sonderkündigungsrecht**. Der gem. § 6 PflegeZG befristete Arbeitsvertrag kann mit einer Frist von zwei Wochen gekündigt werden, wenn die Pflegezeit gem. § 4 Abs. 2 Satz 1 PflegeZG vorzeitig endet, § 6 Abs. 3 PflegeZG. Das KSchG findet sodann auf eine solche Kündigung keine Anwendung. Die Bestimmungen über den besonderen Kündigungsschutz (zB § 9 MuSchG, § 21 BEEG) bleiben jedoch ebenso wie § 102 BetrVG und das Schriftformerfordernis (§ 623 BGB) anwendbar. Das Sonderkündigungsrecht kann vertraglich ausgeschlossen werden, § 6 Abs. 3 Satz 3 PflegeZG. Das Sonderkündigungsrecht nach § 6 PflegeZG gilt nicht,

---

1 Ein später als zwölf Wochen vor Beginn eingegangener Antrag löst sofort Sonderkündigungsschutz aus, *Müller*, BB 2014, 3125 (3130).
2 *Müller*, BB 2008, 1058 (1064); HK-SGB XI/*Böhm*, § 6 PflegeZG Rz. 5; aA ErfK/*Gallner*, § 6 PflegeZG Rz. 1.
3 *Boewer* in Gaul, AktuellAR 2008, S. 43; ErfK/*Gallner*, § 6 PflegeZG Rz. 1.
4 HK-SGB XI/*Böhm*, § 6 PflegeZG Rz. 6.
5 *Boewer* in Gaul, AktuellAR 2008, S. 41.

wenn der Arbeitgeber der vorzeitigen Beendigung der Pflegezeit zustimmt, wie dies in § 4 Abs. 2 Satz 3 PflegeZG vorgesehen ist[1].

Stellt der Arbeitgeber eine Ersatzkraft befristet ein, sieht § 6 Abs. 4 PflegeZG vor, dass die in Pflegezeit befindlichen Beschäftigten bei der **Ermittlung arbeitsrechtlicher Schwellenwerte** nicht mitzählen. Dies entspricht § 21 Abs. 7 BEEG.

IV. Familienpflegezeit

1. Einführung

Das Gesetz über die Familienpflegezeit (Familienpflegezeitgesetz – FPfZG) ist am 1.1.2012 in Kraft getreten[2]. Ziel des Gesetzes ist, es Beschäftigten zur häuslichen Pflege von Angehörigen bis zu zwei Jahre lang zu ermöglichen, mit reduzierter Stundenzahl (also in Teilzeit) weiter zu arbeiten, § 1 FPfZG. In der ab dem 1.1.2015 geltenden Fassung[3] ist ein **Rechtsanspruch**[4] auf Familienpflegezeit für längstens 24 Monate nach § 2 Abs. 1 FPfZG vorgesehen. Zugleich erfolgt durch die Neuregelung die Verzahnung mit der Pflege nach dem PflegeZG[5].

„Tragende Säule" des Gesetzes[6] ist die Aufstockung des durch die Teilzeittätigkeit reduzierten Arbeitsentgelts über ein **zinsloses Bundesdarlehen**, das **direkt an die Beschäftigten** durch das Bundesamt für Familie und zivilgesellschaftliche Aufgaben – BAFzA (§ 3 FPfZG) – ausgezahlt wird. Der Arbeitgeber ist in dieses Verfahren nur noch durch **Mitwirkungspflichten** im Rahmen des Verfahrens zur Darlehensbeantragung eingebunden (§ 4 FPfZG).

Bezüglich der Definition der Begriffe Beschäftigter, Arbeitgeber, naher Angehöriger und Pflegebedürftigkeit verweist das Gesetz in § 2 Abs. 3 FPfZG auf § 7 PflegeZG (vgl. dazu Rz. 48 ff.). Die Familienpflegezeit wird auf Berufsausbildungszeiten nicht angerechnet (§ 2 Abs. 4 FPfZG).

Die gesetzlichen Regelungen über die Familienpflegezeit sind arbeits- und tarifvertraglich unabdingbar, was aus der Verweisung in § 2 Abs. 3 FPfZG auf § 7 PflegeZG folgt.

2. Elemente der Familienpflegezeit

Familienpflegezeit ist nach § 2 Abs. 1 FPfZG die Verringerung der Arbeitszeit durch teilweise Freistellung aufgrund eines befristeten Teilzeitanspruchs der Beschäftigten
- bis zu einem Mindestumfang der Arbeit von 15 Wochenstunden, im Fall wechselnder Arbeitszeit von 15 Stunden im Jahresdurchschnitt. Demgegenüber setzt § 3 PflegeZG keine wöchentliche Mindestarbeitszeit voraus[7].
- für die Dauer von längstens 24 Monaten
- zur häuslichen Pflege (zum Begriff s. Rz. 63) der Angehörigen. Die Pflege oder bloße Betreuung[8] minderjähriger Angehöriger[9] muss nicht häuslich erfolgen, sondern

---
1 ErfK/*Gallner*, § 6 PflegeZG Rz. 2.
2 BGBl. I, 2564.
3 BGBl. I, 2462; Gesetzentwurf BT-Drucks. 18/3124, 9 ff.
4 Hierzu und zur Gesetzesnovelle *Müller*, BB 2014, 3125 ff.
5 Detailliert *Müller*, BB 2014, 3125 (3126 f.).
6 Gesetzesbegründung, BT-Drucks. 17/6000, 2.
7 Zu diesem Unterscheidungskriterium *Müller*, BB 2014, 3125 (3126).
8 BR-Drucks. 463/14, 32 f.; *Müller*, BB 2014, 3125 (3131).
9 Zu hier bestehenden Kombinations- und Wahlmöglichkeiten zur Pflegezeit *Müller*, BB 2014, 3125 (3130 f).

kann zB in einem Krankenhaus oder einer Betreuungseinrichtung erfolgen (§ 2 Abs. 5 FPfZG), um das Kind zu begleiten,
- eines pflegebedürftigen nahen Angehörigen (definiert durch § 7 Abs. 3 PflegeG, dies folgt aus der Verweisung in § 2 Abs. 4 FPfZG). Der Kreis ist zum 1.1.2015 erweitert worden (s. Rz. 49),
- durch schriftliche Inanspruchnahme durch den Beschäftigten (§ 2 Abs. 1 Satz 1 FPfZG)
- Nachweis der Pflegebedürftigkeit nach § 2a Abs. 4 FPfZG[1].

90 Pflegezeit nach dem PflegeZG und Familienpflegezeit dürfen bezogen auf einen Beschäftigten in der Gesamtdauer gemeinsam **24 Monate** je pflegebedürftigen Angehörigen nicht überschreiten (§ 2 Abs. 2 FPfZG, § 4 Abs. 1 Satz 3 PflegeZG). Je pflegebedürftigen Angehörigen darf nur einmal Familienpflegezeit in Anspruch genommen werden.

91 Pflegezeit nach dem PflegeZG und Familienpflegezeit müssen bei einer Kombination nahtlos ineinander übergehen. Dazu enthält § 2 Abs. 1 Satz 4–6 FPfZG detaillierte und mit Ankündigungsfristen verbundene **Ankündigungsverpflichtungen** des Beschäftigten, die mit der Neuregelung in § 3 Abs. 3 Satz 3–6 PflegeZG korrespondieren.

3. Inanspruchnahme der Familienpflegezeit

92 Das FPfZG begründete für den Beschäftigten keinen Anspruch auf Reduzierung der Arbeitszeit[2]. Ab dem 1.1.2015 ist dies anders. Nach § 2 Abs. 1 Satz 1 FPfZG **sind** Beschäftigte bei Vorliegen der Voraussetzungen des § 2 FPfZG freizustellen[3].

Dieser **Anspruch** besteht **nicht** gegenüber Arbeitgebern mit in der Regel **weniger** als **25 Beschäftigten**, wobei Auszubildende nicht mitzählen (§ 2 Abs. 1 Satz 4 FPfZG). Mit Blick auf den Ausnahmecharakter der Vorschrift trägt der Arbeitgeber die Darlegungs- und Beweislast für die Unterschreitung des Schwellenwertes[4].

93 Liegen die Voraussetzungen der Familienpflegezeit vor und stehen keine dringenden betrieblichen Gründe der Verteilung der Arbeitszeit entgegen, ist der Arbeitgeber zum Abschluss einer **schriftlichen Pflegezeitvereinbarung** verpflichtet (§ 2a Abs. 2 Satz 1 und 2 FPfZG). Diese beinhaltet den Zeitraum der Familienpflegezeit, den Umfang der verringerten Arbeitszeit und deren Verteilung[5]. Der hierauf gerichtete Anspruch kann im Wege der **Leistungsklage** (gerichtet auf Abgabe einer Willenserklärung, § 894 ZPO) geltend gemacht werden kann, ggf. im Wege der einstweiligen Verfügung (§ 940 ZPO)[6].

4. Gesetzliche Vorgaben für die Inanspruchnahme

94 Die **Inanspruchnahme** der Familienpflegezeit erfolgt nach § 2a Abs. 1–3 FPfZG. Sie enthält:
- Die rechtzeitige Ankündigung[7] gegenüber dem Arbeitgeber: spätestens acht Wochen vor der Inanspruchnahme (§ 2a Abs. 1 Satz 1 FPfZG);

---

1 Dazu *Müller*, BB 2014, 3125 (3127).
2 *Oberthür*, ArbRB 2011, 325 (326).
3 BR-Drucks. 463/14, 32; folgend *Müller*, BB 2014, 3125.
4 *Müller*, BB 2014, 3125 (3125) unter Hinweis auf den Meinungsstand zu § 3 Abs. 1 Satz 1 PflegeZG.
5 *Müller*, BB 2014, 3125 (3128).
6 Dazu *Müller*, BB 2014, 3125; *Preis/Nehring*, NZA 2008, 729 (735). Das setzt die Glaubhaftmachung des Angewiesenseins zur Pflege des Angehörigen voraus.
7 Im Einzelnen *Müller*, BB 2014, 3125 (3127).

IV. Familienpflegezeit

- gleichzeitig ist zu erklären, für welchen Zeitraum und in welchem Umfang innerhalb der Gesamtdauer nach § 2 Abs. 2 FPfZG die Freistellung in Anspruch genommen wird;
- die Angabe der gewünschten Verteilung der Arbeitszeit (§ 2a Abs. 1 Satz 2 FPfZG)

Für einen kürzeren Zeitraum in Anspruch genommene Familienpflegezeit kann bis zur Gesamtdauer von 24 Monaten (§ 2 Abs. 2 FPfZG) verlängert werden, wenn der Arbeitgeber **zustimmt** (§ 2a Abs. 2 Satz 1 FPfZG). **Verlangt** werden kann dies, wenn ein vorgesehener Wechsel in der Person des oder der Pflegenden aus einem wichtigen Grund nicht erfolgen kann (§ 2a Abs. 2 Satz 2 FPfZG).

Enthält die Ankündigung **keine** eindeutige Festlegung, ob der Beschäftigte Pflegezeit oder Familienpflegezeit in Anspruch nehmen will, gilt die Erklärung als Ankündigung von Pflegezeit, wenn die Voraussetzungen beider Vorschriften vorliegen (§ 2a Abs. 1 Satz 3 FPfZG). 95

> **Hinweis:** Dadurch verbleibt dem Beschäftigten die **Möglichkeit**, an die Pflegezeit den Anspruch auf Familienpflegezeit anzuschließen. Beschäftigte hingegen, die ihren Anspruch auf Familienpflegezeit bereits mit einer kurzen Freistellungsphase ausschöpfen, haben im Anschluss hieran nur noch den auf sechs Monate begrenzten Anspruch auf Pflegezeit[1].

Beschäftigte, die zuerst Pflegezeit oder eine Freistellung gem. § 3 Abs. 5 PflegeZG in Anspruch nehmen, können eine Freistellung im Rahmen einer Familienpflegezeit nur im **unmittelbaren** Anschluss an die Pflegezeit in Anspruch nehmen (§ 2a Abs. 1 Satz 4 FPfZG). Eine zeitliche Unterbrechung zwischen Pflegezeit und Familienpflegezeit ist unzulässig[2]. 96

Haben Beschäftigte zunächst Pflegezeit oder Freistellung nach § 3 Abs. 5 PflegeZG in Anspruch genommen und wollen anschließend eine weitere Freistellung im Rahmen einer Familienpflegezeit oder eine Freistellung gem. § 2 Abs. 5 FPfZG beanspruchen, soll dies dem Arbeitgeber **frühestmöglich** mitgeteilt werden. Die Ankündigungsfrist beträgt gem. § 2a Abs. 1 Satz 5 FPfZG **drei** Monate. 97

Keine Notwendigkeit für eine kurze Ankündigungsfrist von zehn Arbeitstagen besteht, wenn die Pflegezeit nicht zu Beginn einer unvorhergesehenen, kurzfristig aufgetretenen Pflegesituation in Anspruch genommen wird, sondern aus einer vorangehenden Familienpflegezeit heraus. Dazu ordnet § 2a Abs. 1 Satz 6 FPfZG die Einhaltung der für die Familienpflegezeit geltenden Ankündigungsfrist von acht Wochen an. Die Pflegezeit muss sich unmittelbar an die Familienpflegezeit anschließen, eine Unterbrechung ist unzulässig[3]. Zu berücksichtigen ist aber auch die **Verlängerungsoption** nach § 2a Abs. 3 FPfZG[4]. 98

5. Staatliche Förderung

Während der Familienpflegezeit oder Pflegezeit reduziert sich das Arbeitsentgelt. Zur Aufstockung schafft § 3 FPfZG einen Anspruch als zinsloses **staatliches Darlehen**, über das das BAFzA nach Maßgabe des § 3 Abs. 2–5 FPfZG entscheidet. Denkbar ist aber auch, dass Beschäftigte und Arbeitgeber eine Aufstockung des Arbeitsentgelts über Wertguthaben vereinbaren[5]. Das **zinslose** Darlehen wird für die Freistellung der Beschäftigten nach dem FPfZG und der Freistellung nach dem PflegeZG (Pflegezeit nach § 3 Abs. 1 PflegeZG, Betreuung eines minderjährigen pflegebedürftigen nahen 99

---

1 BR-Drucks. 463/14, 33.
2 Unter Hinweis auf BR-Drucks. 463/14, 33 *Müller*, BB 2014, 3125 (3127).
3 BR-Drucks. 463/14, 34.
4 BR-Drucks. 463/14, 34.
5 BR-Drucks. 463/14, 34.

Angehörigen nach § 3 Abs. 5 und in Begleitung nach § 3 Abs. 6 PflegeZG) gewährt, § 3 Abs. 1 Satz 1 FPfZG.

Die Förderfähigkeit besteht ebenfalls in Kleinbetrieben, in denen Familienpflegezeit oder Pflegezeit auf **freiwilliger** Basis vereinbart werden kann (§ 3 Abs. 1 Satz 2 FPfZG).

100 Die **Höhe** des monatlichen Darlehensbetrages berechnet sich nach § 3 Abs. 2 FPfZG. Maßgeblich ist grundsätzlich die Hälfte des Produkts aus monatlicher Arbeitszeitverringerung in Stunden und dem durchschnittlichen Entgelt je Arbeitsstunde. Abgestellt wird auf Nettobeträge. Die **Berechnung** des pauschalieren monatlichen Nettoentgelts erfolgt nach Maßgabe des § 3 Abs. 3 FPfZG.

Im Fall der Freistellung nach § 3 PflegeZG soll der Darlehensbetrag den Betrag nicht übersteigen, der sich ergeben würde, wenn der Beschäftigte Familienpflegezeit mit der Mindestarbeitszeit von 15 Wochenstunden beanspruchen würde. Dadurch soll ein Schutz vor zu hoher Belastung in der Rückzahlungsphase erfolgen (§ 3 Abs. 4 FPfZG).

Der Darlehensbetrag kann **flexibel** gewährt werden. Es können deshalb auch unterhalb des Betrages nach § 3 Abs. 1 FPfZG liegende Darlehensraten gewährt werden. Diese müssen aber mindestens 50 Euro betragen (§ 3 Abs. 5 FPfZG).

101 Das Darlehen ist innerhalb von 46 Monaten nach Beginn der Familienpflegezeit bzw. der Pflegezeit **zurückzuzahlen** (§ 6 Abs. 1 FPfZG). Denkbar ist auch die Rückzahlung bis zur Beendigung einer etwaigen Freistellung von der Arbeitsleistung (§ 6 Abs. 2 FPfZG).

102 Eine **Härtefallregelung** enthält § 7 FPfZG. Denkbar sind Stundungen (§ 7 Abs. 1 FPfZG), Teildarlehenserlasse (§ 7 Abs. 2 FPfZG) und ein Erlöschen in besonderen Fällen wie bei Tod des Darlehensnehmers oder bei Bezug von Leistungen nach SGB II oder SGB XII (vgl. § 7 Abs. 3 FPfZG).

103 Das Ende der **Förderfähigkeit der Familienpflegezeit** ist gesetzlich geregelt (vgl. § 5 Abs. 1 FPfZG): Sie endet mit dem Ende der Freistellung nach § 3 Abs. 1 Satz 1 FPfZG. Dies wiederum wird durch § 2a Abs. 5 FPfZG konkretisiert (s.a. Rz. 106).

Die Förderfähigkeit endet auch dann, wenn der **Mindestumfang** der wöchentlichen Beschäftigung nach § 2 FPfZG unterschritten wird. Dies gilt nicht, wenn der Beschäftigungsumfang aufgrund von Kurzarbeit oder eines Beschäftigungsverbotes, zB durch die Regelungen des Mutterschutzgesetzes, reduziert wird[1].

104 Für den Darlehensnehmer besteht eine **Mitteilungspflicht** über die geänderten Umstände gegenüber dem BAFzA (vgl. § 5 Abs. 2 FPfZG).

6. Sonderkündigungsschutz des Beschäftigten

105 **Während und vor der Inanspruchnahme der Familienpflegezeit** und **in der Nachpflegephase** besteht Sonderkündigungsschutz (§ 2 Abs. 3 FPfZG, § 5 PflegeZG, s. Rz. 80). Ausnahmen gelten nur in besonderen Fällen nach Maßgabe des § 5 Abs. 2 PflegeZG. S. dazu Teil 3 H Rz. 141 ff.

7. Ende der Familienpflegezeit

106 Die Beendigung der Familienpflegezeit regelt § 2a Abs. 5 FPfZG. Nach § 2a Abs. 5 Satz 1 FPfZG endet die Familienpflegezeit **vier Wochen** nach dem Eintritt der veränderten Umstände. Damit wird § 4 Abs. 2 FPfZG übernommen. **Veränderte Umstände** sind das Ende der Pflegebedürftigkeit des nahen Angehörigen oder die Unmög-

---

1 BR-Drucks. 463/14, 36.

IV. Familienpflegezeit

lichkeit oder Unzumutbarkeit der häuslichen Pflege des nahen Angehörigen. Über die Veränderung der Umstände ist der Arbeitgeber unverzüglich zu unterrichten (§ 2a Abs. 5 Satz 2 FPfZG)[1].

Im Übrigen kann die Familienpflegezeit nur vorzeitig beendet werden, wenn der Arbeitgeber **zustimmt** (§ 2a Abs. 5 Satz 3 FPfZG).

---

[1] Zu den Folgen einer Pflichtverletzung *Müller*, BB 2014, 3125 (3129).

E. Betriebliche Altersversorgung

	Rz.
I. Allgemeine Rechtsgrundlagen betrieblicher Versorgungsverpflichtungen	1
1. Kennzeichen der Versorgungszusage	3
a) Zweck und Rechtscharakter	4
b) Gestaltungs- und Vertragsfreiheit	11
c) Elemente der Versorgungszusage und Verschaffungsanspruch	15
aa) Begriff der Betrieblichen Altersversorgung nach BetrAVG	16
bb) Verschaffungsanspruch	21
d) Verschiedene Formen der Zusage	22
aa) Beitragsorientierte Leistungszusagen	23
bb) Beitragszusage mit Mindestleistung	25
cc) Entgeltumwandlung	28
dd) Eigenbeitragszusage	30
e) Abgrenzung zu anderen Sozialleistungen	33
aa) Leistungen mit Versorgungscharakter	36
bb) Leistungen ohne Versorgungscharakter	39
cc) Mischformen	44
2. Leistungsarten	52
a) Altersrente	53
b) Invalidenrente	56
c) Hinterbliebenenversorgung	59
aa) Witwenrente	61
bb) Witwerversorgung	64
cc) Versorgung des nichtehelichen Partners	66
dd) Waisenrenten	68
3. Versorgungsstrukturen	69
a) Statische Versorgungssysteme	71
b) Halbdynamische Versorgung	73
c) Bausteinmodelle	76
d) Spannungsklauseln	77
e) Volldynamische Absicherung	78
f) Beitragsabhängige Zusagen	79
g) Ergebnisorientierte Versorgungssysteme	83
h) Gesamtversorgungszusagen	84
4. Durchführungswege	87
a) Unmittelbare Versorgungszusage	90
b) Direktversicherung	93
c) Pensionsfonds	106
d) Pensionskassen	125
e) Unterstützungskassen	136
5. Entstehung von Versorgungszusagen	146
a) Kollektive Begründungsakte	147
aa) Tarifvertrag	148
bb) Betriebsvereinbarung	151
cc) Regelung mit dem Sprecherausschuss der leitenden Angestellten	156
b) Individualrechtliche Zusagen	157
aa) Einzelzusage	158
bb) Vertragliche Einheitsregelung	163
cc) Gesamtzusage	164
dd) Betriebliche Übung	167
ee) Blankettzusage	173
c) Versorgungsanspruch aufgrund Gleichbehandlung	174
aa) Zulässige Differenzierungen	180
(1) Unterschiedliche Qualifikation	181
(2) Soziale Gesichtspunkte	182
(3) Fremdfinanzierung	183
(4) Stichtagsregelung	184
(5) Betriebliche Gründe und Höchstaltersgrenzen	185
(6) Befristetes Arbeitsverhältnis	187
bb) Unzulässige Ungleichbehandlung	189
(1) Diskriminierung aufgrund des Geschlechts	190
(2) Unterschiedlicher Arbeitsumfang	194
(a) Teilzeitbeschäftigte	195
(b) Teilzeitbeschäftigte im öffentlichen Dienst	203
(c) Saisonarbeitskräfte	207
(d) Zweitarbeitsverhältnis	208
(e) Geringfügig Beschäftigte	209
(f) Zeitweilig ruhendes Arbeitsverhältnis	212
(3) Keine Differenzierung nach dem Status	214
(a) Arbeiter – Angestellte	215
(b) Außen- und Innendienstmitarbeiter	220
(4) Differenzierung nach dem Alter	221
d) Zusage aufgrund mehrerer Begründungsakte	224
aa) Zusammentreffen	225
bb) Zeitkollisionsklausel	228
6. Mitbestimmung des Betriebsrats	230
a) Umfang der Mitbestimmung	231
aa) Direktzusage und Zusage auf Direktversicherung	235
bb) Sozialeinrichtungen	238

	Rz.
cc) Besonderheiten bei Gruppen- und Konzernkassen sowie überbetrieblichen Pensionsfonds	243
dd) Eingeschränkte Mitbestimmung bei der Entgeltumwandlung	246
b) Rechtsfolgen bei Nichtbeachtung der Mitbestimmung	249
7. Inhaltskontrolle von Versorgungszusagen	250
a) Tarifvertragliche Versorgung	251
b) Regelung durch Betriebsvereinbarung	253
c) Einzelvertragliche Zusagen und AGB-Kontrolle	257
d) Entgeltumwandlungsvereinbarungen	263
e) Kontrolle nach dem AGG	267
8. Informations- und Auskunftspflichten	268
a) Allgemeine Informationspflicht während des Arbeitsverhältnisses	269
b) Allgemeine Informationspflicht bei Beendigung des Arbeitsverhältnisses	271
c) Begrenzte Wirkung von Ausgleichsklauseln	273
d) Auskunftsanspruch nach § 4a BetrAVG	274
aa) Umfang der Auskunftspflicht	275
(1) Auskünfte des Arbeitgebers	276
(2) Auskunftsverpflichtung externer Versorgungsträger	279
(3) Berechtigtes Interesse an der Auskunft	281
bb) Durchsetzung des Auskunftsanspruchs	283
9. Schutz der Versorgung bei Betriebsübergang, Umwandlung und Aufrechnung/Pfändung	284
a) Betriebsübergang	285
b) Spaltung, Verschmelzung, Vermögensübertragung	292
c) Eingeschränkte Aufrechnung/Pfändung	295
10. Verjährung und Verwirkung von Versorgungsansprüchen	296
a) Verwirkung	297
b) Verjährung (§ 18a BetrAVG)	298
c) Ausschlussfristen	299
II. Die betriebliche Altersversorgung nach den Bestimmungen des BetrAVG	

	Rz.
1. Zusage des Arbeitgebers auf betriebliche Altersversorgung im Sinne des BetrAVG	300
2. Anspruch auf Entgeltumwandlung (§ 1a BetrAVG)	304
a) Durchführung der Entgeltumwandlung	305
b) Steuerliche Förderung durch das AVmG	308
c) Beitragszahlung bei ruhendem Arbeitsverhältnis	310
3. Unverfallbarkeit (§ 1b BetrAVG)	311
a) Gesetzliche Unverfallbarkeitsvoraussetzungen	312
aa) Zusagedauer	316
(1) Erteilung der Versorgungszusage	317
(2) Beendigung der Versorgungszusage	321
(3) Wechsel des Arbeitgebers	322
bb) Beginn und Ende der Betriebszugehörigkeit	
(1) Allgemeines	323
(2) Konzern	325
(3) Arbeitgeberwechsel	326
(4) Anrechnung von Vordienstzeiten	328
b) Entgeltumwandlung	331
c) Wartezeit	332
d) Wechsel in andere Mitgliedstaaten der EU	334
e) Sonderregelung für Vorruhestand	335
f) Vertragliche Unverfallbarkeit	336
g) Übergangsbestimmungen	337
4. Berechnung unverfallbarer Versorgungsanwartschaften (§ 2 BetrAVG)	340
a) Zugesagter Leistungsumfang	341
aa) Möglicher Versorgungsanspruch	344
bb) Eintritt in den Altersruhestand	346
cc) Invaliditäts- und Hinterbliebenenleistungen	347
dd) Beibehaltung der bei Ausscheiden gültigen Versorgungsregelungen und Bemessungsgrundlagen	350
b) Zeitanteilige Quotierung	357
aa) Tatsächliche Betriebszugehörigkeit	358
bb) Anrechnung von Nachdienstzeiten	360
cc) Mögliche Betriebszugehörigkeit	361
(1) Erreichen der Regelaltersgrenze	362
(2) Frühere feste Altersgrenze	363
(a) Feste Altersgrenze	364

	Rz.
(b) Flexible Altersgrenze	367
(c) Geschlechtsbezogene unterschiedliche Altersgrenzen	369
c) Besonderheiten bei bestimmten Durchführungswegen	373
aa) Direktversicherung	374
(1) Auffüllpflicht	375
(2) Versicherungsvertragliche Lösung	376
bb) Pensionskassen	379
cc) Pensionsfonds	380
dd) Entgeltumwandlung und beitragsorientierte Leistungszusage	381
ee) Beitragszusage mit Mindestleistung	382
5. Abfindung von Versorgungsrechten (§ 3 BetrAVG)	383
a) Abfindung von Anwartschaften bei Beendigung des Arbeitsverhältnisses	384
aa) Abfindung bei Ausscheiden	385
bb) Abfindung bei fortbestehendem Arbeitsverhältnis	388
b) Abfindung laufender Leistungen	389
c) Abfindungsmöglichkeiten	
aa) Bagatellversorgungsrechte	391
bb) Erstattung der Beiträge zur gesetzlichen Rentenversicherung	394
cc) Während eines Insolvenzverfahrens erdiente Anwartschaft	395
d) Rechtsfolgen einer nichtigen Abfindungsregelung	396
e) Abfindungshöhe	397
6. Übertragung von Versorgungsverpflichtungen (§ 4 BetrAVG)	398
a) § 4 BetrAVG als Verbotsnorm	400
b) Übernahme einer Versorgungszusage durch den neuen Arbeitgeber (§ 4 Abs. 2 Nr. 1 BetrAVG)	406
c) Übertragung des Übertragungswertes (§ 4 Abs. 2 Nr. 2 BetrAVG)	409
d) Anspruch auf Übertragung (§ 4 Abs. 3 BetrAVG)	411
e) Unternehmensliquidation (§ 4 Abs. 4 BetrAVG)	413
f) Treuhandlösungen	414
7. Auskunftsanspruch (§ 4a BetrAVG)	415
8. Auszehrungs- und Anrechnungsverbot (§ 5 BetrAVG)	416
a) Auszehrungsverbot (§ 5 Abs. 1 BetrAVG)	418
b) Anrechnung anderweitiger Versorgungsbezüge (§ 5 Abs. 2 BetrAVG)	422

	Rz.
9. Vorzeitige Altersleistungen (§ 6 BetrAVG)	425
a) Bezug des betrieblichen Ruhegeldes vor Erreichen der Regelaltersgrenze	427
aa) Inanspruchnahme der gesetzlichen Altersrente	428
bb) Erfüllung der Wartezeit	431
cc) Sonstige Leistungsvoraussetzungen	432
dd) Zahlungsverlangen des Arbeitnehmers	433
b) Wegfall der Leistungen	434
c) Höhe vorzeitiger Leistungen	436
aa) Berechnung bei vorgezogener Inanspruchnahme	437
(1) Verringerte Anzahl von Steigerungsbeträgen	438
(2) Versicherungsmathematischer Abschlag	439
(2) Quasiratierlicher Abschlag bei fehlender Regelung	440
bb) Höhe bei Ausscheiden mit unverfallbarer Anwartschaft	443
(1) Verminderte Betriebszugehörigkeit	444
(2) Längere Laufzeit, höhere Erlebenswahrscheinlichkeit, Zinslast	446
d) Hinterbliebenenrente und Invaliditätsleistungen	449
10. Insolvenzsicherung (§§ 7–14 BetrAVG)	450
a) Träger der Insolvenzsicherung	452
b) Konzeption der Insolvenzsicherung und Organisation des PSVaG	453
aa) Rechtliche Doppelstellung	456
bb) Gesetzliches Versicherungsverhältnis	457
cc) Mitgliedschaft und Organisation	458
dd) Klagen gegen PSVaG	460
c) Geschützte Durchführungswege	463
d) Geschützte Versorgungsrechte	466
aa) Laufende Leistungen (§ 7 Abs. 1 BetrAVG)	467
bb) Anwartschaften (§ 7 Abs. 2 BetrAVG)	472
(1) Unverfallbarkeit	473
(2) Entgeltumwandlungen	478
(3) Berechnung der Leistungen	480
(4) Keine Anpassung von Anwartschaften	483
e) Sicherungsfälle	484
aa) Unternehmensliquidation	486

	Rz.
(1) Eröffnung des Insolvenzverfahrens	487
(2) Abweisung des Antrags auf Eröffnung des Insolvenzverfahrens mangels Masse	489
(3) Außergerichtlicher Liquidationsvergleich	491
(4) Vollständige Betriebseinstellung bei offensichtlicher Masselosigkeit	497
bb) Unternehmensfortführung	504
(1) Außergerichtlicher Stundungs- oder Quotenvergleich	505
(2) Insolvenzverfahren mit Sanierungserfolg	507
(3) Wirtschaftliche Notlage	508
f) Leistungseinschränkungen	509
aa) Rückständige Leistungen (§ 7 Abs. 1a BetrAVG)	510
bb) Höchstgrenze (§ 7 Abs. 3 BetrAVG)	511
cc) Anrechnung drittseitiger Leistungen (§ 7 Abs. 4 BetrAVG)	514
dd) Außergerichtlicher Vergleich und bestätigter Insolvenzplan	515
g) Versicherungsmissbrauch (§ 7 Abs. 5 BetrAVG)	516
h) Leistungsgewährung und Forderungsübergang (§§ 8, 9 BetrAVG)	521
aa) Anwartschaftsausweis und Leistungsbescheid	522
bb) Leistungsgewährung (§ 8 Abs. 1, 1a BetrAVG)	526
cc) Forderungsübergang (§ 9 Abs. 2 BetrAVG)	529
i) Finanzierungsverfahren (§§ 10, 10a, 11 BetrAVG)	531
aa) Meldepflicht (§ 11 BetrAVG)	532
bb) Beiträge (§ 10 BetrAVG)	533
(1) Beitragspflicht	534
(2) Beitragsaufkommen	535
(3) Bemessungsgrundlagen	536
(4) Verfahren und Rechtsschutz	540
j) Vertragliche Sicherungen in der Insolvenz	541
11. Anpassung laufender Leistungen (§ 16 BetrAVG)	543
a) Vertragliche Anpassungssysteme	544
b) Gesetzliche Anpassungsprüfungspflicht	546
aa) Anpassung laufender Leistungen	547
bb) Prüfungsrhythmus	552

	Rz.
cc) Belange des Versorgungsempfängers	554
(1) Teuerungsausgleich	555
(2) Nachholende Anpassung	558
(3) Nachträgliche Anpassung	560
(4) Reallohnbezogene Obergrenze	561
dd) Gesetzlicher Ausschluss der Anpassung	562
(1) Keine Prüfung bei jährlich 1%iger Anhebung	563
(2) Versorgungssteigernde Verwendung von Überschussanteilen	564
(3) Beitragszusage mit Mindestleistung	565
(4) Zahlungen aus sog. Auszahlungsplänen	566
ee) Keine Anpassung bei Insolvenz	567
ff) Wirtschaftliche Lage des Arbeitgebers	568
(1) Teuerungsausgleich aus Wertzuwachs	569
(2) Konzerndurchgriff	572
gg) Darlegungs- und Beweislastverteilung	576
12. Persönlicher Geltungsbereich des BetrAVG (§ 17 BetrAVG)	578
a) Persönlicher Geltungsbereich	579
aa) Arbeitnehmer	580
bb) Arbeitnehmerähnliche Personen	582
(1) Am Unternehmen nicht beteiligte Personen	584
(2) Am Unternehmen beteiligte Personen	585
(a) Organmitglieder juristischer Personen	586
(b) Gesellschafter von juristischen Personen	589
(c) Persönlich haftende Gesellschafter	590
(d) Kommanditisten	591
(e) GmbH & Co. KG	592
b) Auswirkungen der Nichtanwendbarkeit des BetrAVG	595

III. Abänderung von Versorgungszusagen ... 598

1. Abänderung aus wirtschaftlichen Gründen	599
a) Arbeitsvertragliche Ruhegeldzusagen	600
aa) Änderungsvereinbarung	601
bb) Änderungskündigung	602
cc) Anfechtung, Rücktritt, Unmöglichkeit, Verzug	604
dd) Widerruf	605

	Rz.		Rz.
(1) Vorbehaltener Widerruf	606	e) Besitzstände und Maßstab für zulässige Änderungen von Versorgungsanwartschaften	627
(2) Wegfall der Geschäftsgrundlage	607	aa) Erdienter Teilwert	628
(a) Wirtschaftliche Notlage	608	bb) Erdiente Dynamik	631
(b) Überversorgung	609	cc) Nicht erdiente Steigerungsraten	636
(c) Äquivalenzstörung	611	dd) Zusammenfassende Bewertung und atypische Fälle	637
ee) Nachfolgende Betriebsvereinbarung	612	f) Maßstab für zulässige Änderungen bei laufenden Leistungen	639
ff) Betriebliche Mitbestimmung	618	2. Änderung aus nicht wirtschaftlichen Gründen	642
b) Versorgung durch Unterstützungskasse	620	3. Widerruf wegen Treuebruch	644
c) Betriebsvereinbarung	621	a) Verfehlungen während des Arbeitsverhältnisses	646
aa) Einführung, Kündigung und Änderung von Betriebsvereinbarungen über betriebliche Altersversorgung	622	aa) Treuebruch vor Unverfallbarkeit	647
bb) Gerichtliche Billigkeitskontrolle	625	bb) Treuebruch nach Unverfallbarkeit	648
d) Tarifvertrag	626	b) Verfehlungen durch Ausgeschiedene	649

Schrifttum:

Kommentare, Monographien: *Ahrend/Förster/Rößler*, Steuerrecht der betrieblichen Altersversorgung mit arbeitsrechtlicher Grundlegung, Loseblatt; *Albert/Schumann/Sieben/Menzel*, Betriebliche und private Altersvorsorge nach der Rentenreform 2001, 2002; *Blomeyer/Rolfs/Otto*, Betriebsrentengesetz, 5. Aufl. 2010; *Förster/Cisch/Karst*, Betriebsrentengesetz, Gesetz zur Verbesserung der betrieblichen Altersversorgung, 13. Aufl. 2012; *Griebeling*, Betriebliche Altersversorgung, 2. Aufl. 2002; *Hanau/Arteaga/Rieble/Veit*, Entgeltumwandlung, 3. Aufl. 2014; *Höfer*, Gesetz zur Verbesserung der betrieblichen Altersversorgung, Loseblatt; *Kemper/Kisters-Kölkes/Berenz/Huber*, Kommentar zum Gesetz zur Verbesserung der betrieblichen Altersversorgung (Betriebsrentengesetz), 6. Aufl. 2014 (zitiert: Kemper/*Bearbeiter*); *Paulsdorff*, Kommentar zur Insolvenzsicherung der betrieblichen Altersversorgung, 2. Aufl. 1996; *Prölss/Martin*, Versicherungsvertragsgesetz, 28. Aufl. 2010; *Rühle*, Betriebliche Altersversorgung und Mitbestimmung des Betriebsrats, 1995; *Schlewing/Henssler/Schipp/Schnitker*, Arbeitsrecht der betrieblichen Altersversorgung, Loseblatt.

Aufsätze: *Blomeyer*, Nachwirkung und Weitergeltung abgelaufener Betriebsvereinbarungen über „freiwillige" Sozialleistungen, DB 1990, 173; *Blomeyer*, Neue Rahmenbedingungen für die Betriebsrente, BetrAV 2001, 430; *Blomeyer*, Der Entgeltumwandlungsanspruch des Arbeitnehmers aus individual- und kollektivrechtlicher Sicht, BetrAV 2001, 1413; *Blumenstein*, Änderung des Gesetzes zur Verbesserung der betrieblichen Altersversorgung im Rahmen des Entwurfes eines Alterseinkünftegesetzes, BetrAV 2004, 236; *Bode*, Innovative Modelle und aktuelle Tendenzen moderner Versorgungswerke, BetrAV 2001, 17; *Bode/Grabner*, Pensionsrückstellungen für beitragsorientierte Versorgungszusagen, DB 1980, 2151; *Böhm*, Sicherheitsleistungen für betriebliche Versorgungsansprüche bei der Beendigung von Beherrschungs- oder Gewinnabführungsverträgen, DB 2009, 2376; *Cisch/Kruip*, Baustelle Betriebsrentenanpassung im Konzern, NZA 2010, 540; *Diller/Beck/Zeh*, Rechtsprechungsänderung zum BBG-Sprung in der bAV: Schwierige Folgeprobleme für die Praxis, BetrAV 2014, 105; *Dänzer-Vanotti*, Rechte und Pflichten des Sprecherausschusses, DB 1990, 41; *Feudner*, Zur Mitbestimmung bei der Durchführung des Altersvermögensgesetzes, DB 2001, 2047; *Fieberg*, Neue Betriebsrente im öffentlichen Dienst, BetrAV 2002, 230; *Förster*, Bedeutung des Steuerrechts für die betriebliche Altersversorgung, Festschrift für Andresen, 2005, 331; *Förster/Cisch*, Die Änderungen im Betriebsrentengesetz durch das Alterseinkünftegesetz und deren Bedeutung für die Praxis, BB 2004, 2126; *Förster/Meyer/Weppler*, Steuerliche Zweifelsfragen aus der Änderung des § 112a VAG, BetrAV 2005, 726; *Gohdes/Haferstock/Schmidt*, Pensionsfonds nach dem AVmG aus heutiger Sicht, DB 2001, 1558; *Grabner/Bode*, Betriebliche Altersversorgung als flexibler Bestandteil der Gesamtvergütung, DB 1995, 1862; *Grabner/Brandl*, Zur Insolvenzsicherung von Pensionsfonds, DB 2002, 945; *Griebeling*, Abänderung von Versorgungszusagen, NZA Beilage 3/1989, 26; *Hanau/Preis*, Die Kündigung von Betriebsvereinbarungen, NZA 1991, 81; *Heither*, Bestandsschutz und Billigkeitskontrolle in der betrieblichen Altersversorgung, RdA 1993, 72; *Heubeck*, Pensionsfonds, Grenzen und Möglichkeiten, DB Beilage 5/2001, 2; *Hilger/Stumpf*, Kündigungsfreiheit und Vertrauensschutz im Recht der Betriebsvereinbarung, BB 1990, 929; *Hock*, BB-Kommentar: „Offene Fragen nach der Entscheidung des BAG zur Ausstattung von Rentnergesellschaften", BB 2009, 334; *Huber/Burg*, BB 2009, 2534; *Käppler*, Wirkung der Kündigung einer Betriebsvereinbarung über betriebliche Altersversorgung, Anm. zu AP Nr. 6 zu § 1 BetrAVG; *Kleine*, Modell eines ergebnisorientierten, eigenbeitragsgestützten und individuell leistungsorientierten mehrstufigen Versorgungssystems, BetrAV 1995, 135; *Kortmann*, Die betriebliche Altersversorgung in der Privatwirtschaft und im öffentlichen Dienst 2001 bis 2004, in: Festschrift für Andresen, 2005, S. 135; *Kortmann*, Neue Infratest-Untersuchung zur betrieblichen Altersversorgung, BetrAV 2005, 712; *Laars*, 7. Gesetz zur Änderung des Versicherungsaufsichtsgesetzes – Auswirkungen auf Pensionskassen und Pensionsfonds, BetrAV 2005, 732; *Lieb*, Personelle Differenzierungen und Gleichbehandlung, ZfA 1996, 343; *Merten/Schwartz*, Die Ablösung einer betrieblichen Übung durch Betriebsvereinbarung, DB 2001, 646; *Neuroth/Holle*, Zillmerung bei Entgeltumwandlung: Nach der Entscheidung des Bundesarbeitsgerichts, BetrAV 2010, 13; *Passarge*, Aktuelle Fragen zur Auslagerung von Pensionsverpflichtungen mittels Contractual Trust Arrangements, DB 2005, 2746; *von Puskás*, Zukunftsgerechte Finanzierung der Zusatzversorgung, BetrAV 2001, 10; *Reichel/Hess*, Betriebliche Altersversorgung für geringfügig Beschäftigte, BetrAV 2001, 529; *Reichenbach/Grüneklee*, Stellt das AGG die betriebliche Altersversorgung auf den Kopf?, BetrAV 2006, 708; *Reichenbach/Jocham*, Zeitgleiche Änderung der Versorgungszusage bei Übertragung von Versorgungsverpflichtungen, BB 2008, 1786; *Reinecke*, Schutz des Arbeitnehmers im Betriebsrentenrecht: Informationspflichten des Arbeitgebers und Kontrolle von Versorgungsvereinbarungen, DB 2006, 555; *Richardi*, Teilwiderruf einer Versorgungszusage, RdA 2010, 60; *Rolfs*, Diskriminierungsschutz in der betrieblichen Altersversorgung, SR 2013, 41; *Rößler*, Contractual Trust Arrangements – eine rechtliche Bestandsaufnahme, BB 2010, 1405; *Roßmanith*, Die Kündigung von Betriebsvereinbarungen über betriebliche Altersversorgung, DB 1996, 634; *Schaub*, Änderungskündigung und Kündigungsschutz bei Betriebsvereinbarungen, BB 1990, 289; *Schipp*, Durchlässigkeit von Versorgungswegen, in: Festschrift zum 25-jährigen Bestehen der ARGE Arbeitsrecht im DAV, 2006, S. 1097; *Schipp*, Probleme der Längerlebigkeit in der betrieblichen Altersversorgung, in: Festschrift für Bauer, 2009, S. 913; *Schipp*, Zusagen auf betriebliches Ruhegeld nach dem System des BetrAVG, BetrAV 2012, 378; *Schlewing*, Fortgeltung oder Nachwirkung gekündigter Betriebsvereinbarungen über Leistungen der betrieblichen Altersversorgung, NZA 2010, 529; *Schumann*, 25 Jahre Betriebsrentengesetz – ein Rückblick im Lichte der Rechtsprechung, DB 1999, 2637; *Schumann*, Rückführung ausgeweiteter Versorgungslasten wegen Wegfalls der Geschäftsgrundlage, in: Festschrift für Förster, 2001, S. 165; *Steinmeyer*, Private und betriebliche Altersvorsorge zwischen Sicherheit und Selbstverantwortung, BetrAV 2005, 12; *Thüsing*, Auswirkungen des AGG auf die betriebliche Altersversorgung, BetrAV 2006, 704; *Uckermann/Fuhrmanns*, Entgeltumwandlung bei betrieblicher Altersversorgung nach der Zillmerungsentscheidung des BAG, NZA 2010, 550; *Vogt*, Betriebsrentenanpassung und Berechnungsdurchgriff im Konzern, NZA 2013, 1250; *Zwanziger*, Anspruch auf Einhaltung des Durchführungswegs und der Durchführungsweise im Betriebsrentenrecht, in: Arbeitsgerichtsbarkeit und Wissenschaft 2012, 689.

I. Allgemeine Rechtsgrundlagen betrieblicher Versorgungsverpflichtungen

Die betriebliche Altersversorgung ist nach ihrem Umfang und Gewicht die **bedeutendste Sozialleistung** des Arbeitgebers. Das Betriebsrentenrecht ist **nicht abschließend** gesetzlich **geregelt**. Trotz zahlreicher Novellierungen erfasst das **Gesetz zur Verbesserung der betrieblichen Altersversorgung (Betriebsrentengesetz – BetrAVG)** dieses Rechtsgebiet nur lückenhaft. In weiten Teilen beruht das Betriebsrentenrecht nach wie vor auf durch **Richterrecht** entwickelten Rechtsgrundlagen. Aus diesem Grund ist es angezeigt, das Rechtsgebiet in drei Abschnitte aufzugliedern. Sie zeich-

1

nen in chronologischer Reihenfolge die Entstehung eines Versorgungswerks, seine inhaltliche Gestaltung und die Möglichkeiten seiner Änderung nach. Der erste Abschnitt befasst sich demgemäß mit den allgemeinen Rechtsgrundlagen betrieblicher Versorgungsverpflichtungen. In einem zweiten Abschnitt (Rz. 300–597) werden die Bestimmungen des Betriebsrentengesetzes erörtert. Der dritte Abschnitt (Rz. 598–649) hat die Änderungen von Versorgungszusagen zum Gegenstand.

2   Im ersten Abschnitt sind zunächst die **Kennzeichen** der Versorgungszusage herauszustellen. Danach ist der **Personenkreis** zu bestimmen, dem Versorgungsleistungen versprochen werden können. In den folgenden Ausführungen geht es darum, in welcher **Versorgungsstruktur** die Gewährung von Versorgungsleistungen möglich ist und wie sich die **Durchführung** der Altersversorgung organisieren lässt. Anschließend werden die **Rechtsbegründungsakte** vorgestellt, wobei die Betriebsvereinbarung und der Grundsatz der Gleichbehandlung Schwerpunkte bilden. Sodann werden die Mitbestimmung des Betriebsrats, die Inhaltskontrolle von Versorgungszusagen, Informations- und Auskunftspflichten sowie die Aufrechterhaltung des Versorgungsbesitzstands erläutert. Mit einem Blick auf den Verfall von Versorgungsansprüchen schließt der Abschnitt.

1. Kennzeichen der Versorgungszusage

3   Die betriebliche Altersversorgung ist durch ihren Zweck und Rechtscharakter in besonderer Weise geprägt. Sie grenzt sich dadurch von anderen Sozialleistungen des Arbeitgebers ab.

a) Zweck und Rechtscharakter

4   Die Versorgung im Alter wird durch die gesetzliche Rentenversicherung, die betriebliche Altersversorgung und die Eigenvorsorge gespeist. Der **sozialpolitische Zweck** der betrieblichen Versorgung, der **zweiten Säule** in diesem Konzept, besteht darin, die Versorgungslücke, die bei alleiniger Versorgung durch die Rentenversicherung nicht abgedeckt wird, aufzufüllen. Die betriebliche Versorgung soll dazu beitragen, den Lebensstandard, den der Arbeitnehmer vor Eintritt des Versorgungsfalls erreicht hatte, aufrechtzuerhalten. Eine zusätzliche Möglichkeit, dieses Ziel zu erreichen, bietet sich durch die Entgeltumwandlung, dh. einen von den Arbeitsvertragsparteien zu vereinbarenden Austausch von Barlohn gegen Versorgungslohn. Mit diesem Instrument lässt sich eine weitere Absicherung des Arbeitnehmers zu attraktiven Bedingungen erreichen.

5   Von zahlreichen Unternehmen wird die **Ergänzungsfunktion** der betrieblichen Altersversorgung erkannt und wahrgenommen. In den letzten Jahren hat der **Verbreitungsgrad** der betrieblichen Altersversorgung eine positive Entwicklung genommen.

6   Der betrieblichen Altersversorgung ist erhebliches wirtschaftliches Gewicht beizumessen. Die für diesen Versorgungszweig angesammelten **Deckungsmittel** summierten sich Ende des Jahres 2008 in allen Durchführungswegen auf 453,8 Mrd. Euro[1]. Im Jahre 2001 beliefen sie sich immerhin auf 341,6 Mrd. Euro, 1990 auf 381 Mrd. DM[2]. Es kann somit festgestellt werden, dass die Deckungsmittel in den vergangenen Jahren erheblich gestiegen sind.

7   Für diejenigen, die eine Betriebsrente erhalten, bildet sie mit einer durchschnittlichen Höhe von 410 Euro (Stand 2008)[3] eine erhebliche Stütze zur Aufrechterhaltung des

---

1 aba-Statistikreihe 2010.
2 Vgl. dazu auch *Förster/Cisch/Karst*, Einf. Rz. 20.
3 *Höfer*, ART Rz. 12.

Lebensstandards. Insoweit ist allerdings anzumerken, dass das **Versorgungsniveau** eine enorme Bandbreite aufweist. Ein Blick auf die betriebliche Praxis zeigt, dass nach 40-jähriger Betriebszugehörigkeit monatliche Renten zwischen 30 und 5000 Euro gezahlt werden.

Die betriebliche Altersversorgung bildet für den Arbeitgeber zugleich einen Teil der **Personalpolitik**. Mit ihrer Hilfe sollen insbesondere qualifizierte Fachkräfte gebunden und leistungsfähiger Nachwuchs gewonnen werden. Die Arbeitgeber versprechen sich durch das Angebot einer betrieblichen Altersversorgung eine höhere Unternehmensattraktivität für vorhandene Arbeitnehmer sowie Vorteile bei der Rekrutierung neuer Mitarbeiter. Zusätzlich wird die Zusage motiviert durch die Möglichkeit, die Versorgungsleistungen durch **steuerliche Begünstigungen** mitzufinanzieren[1]. 8

Durch die **Aufnahme** der betrieblichen Altersversorgung in das staatliche **Förderkonzept** haben sich nach Inkrafttreten des Altersvermögensgesetzes für die Arbeitgeber- und Arbeitnehmerseite weitere **steuerrechtliche Vorteile** ergeben. Die Absenkung des Altersfinanzierungsbeginns führt zu einer früheren und verbesserten Vorfinanzierung der Versorgungsverpflichtungen durch höhere Pensionsrückstellungen. Beiträge an den Pensionsfonds dürfen vom Trägerunternehmen steuerlich als Betriebsausgaben abgezogen werden, soweit sie auf einer festgelegten Verpflichtung beruhen oder der Abdeckung von Fehlbeträgen des Fonds dienen. Für die Arbeitnehmer sind die staatliche Förderung von Beiträgen an eine Pensionskasse, einen Pensionsfonds oder eine Direktversicherung von besonderer Bedeutung. Aus Arbeitnehmersicht ist insbesondere positiv zu vermerken, dass weitere Schritte in die **nachgelagerte Versteuerung** vollzogen wurden. Verbunden ist damit allerdings auch eine zunehmende Unübersichtlichkeit in der Besteuerung der einzelnen Durchführungswege. 9

Die betriebliche Altersversorgung hat **Versorgungs- und Entgeltcharakter**. Sie ist Gegenleistung für die vom Arbeitnehmer erbrachte Arbeitsleistung und Betriebstreue[2]. Der Arbeitgeber kann Leistungen der betrieblichen Altersversorgung allerdings auch unabhängig von der erwarteten und erbrachten Betriebstreue zusagen[3]. Soweit die Anwartschaft auf betriebliche Altersversorgung bereits erdient ist, wird ihr ein **eigentumsähnlich geschützter Vermögenswert** beigemessen[4]. 10

b) Gestaltungs- und Vertragsfreiheit

Bei der betrieblichen Altersversorgung handelt es sich um eine **freiwillige Leistung**[5]. Der **Gestaltungsfreiheit** des Arbeitgebers sind nur wenige Grenzen gesetzt. Da es keine umfassende Regelung der betrieblichen Altersversorgung gibt, sind ergänzend allgemeine Regeln, also vor allem Europarecht, das Grundgesetz, das Bürgerliche Gesetzbuch mit dem Allgemeinen Vertragsrecht und der AGB-Kontrolle, das Tarif- und Betriebsverfassungsrecht und das AGG heranzuziehen. 11

Das Betriebsrentengesetz, das am 22.12.1974 in Kraft getreten ist, regelt in seinem arbeitsrechtlichen Teil des Gesetzes nur Ausschnitte des Rechtsgebiets. Schwerpunkte bilden die **Definition** der Leistungen betrieblicher Altersversorgung (§ 1 BetrAVG), der Anspruch auf Versorgung durch **Entgeltumwandlung** (§ 1a BetrAVG), die **Durchführung** der betrieblichen Altersversorgung und ihre **Unverfallbarkeit** dem Grunde und der Höhe nach (§§ 1b und 2 BetrAVG) einschließlich der **Abfindung** und **Übertragung** solcher Anwartschaften (§§ 3 und 4 BetrAVG), das **Auszehrungs- und Anrech-** 12

---

1 Zu den Finanzierungseffekten im Einzelnen vgl. *Karst/Stöckler* in Schlewing/Henssler/Schipp/Schnitker, Teil 2 B Rz. 161 ff.
2 BVerfG 19.10.1993 – 2 BvR 298/81, AP Nr. 2 zu § 1 BetrAVG – Unterstützungskassen.
3 BAG 8.5.1990 – 3 AZR 121/89, AP Nr. 58 zu § 7 BetrAVG.
4 BAG 22.9.1987 – 3 AZR 662/85, AP Nr. 5 zu § 1 BetrAVG – Besitzstand.
5 BAG 11.12.2012 – 3 AZR 634/10, NZA 2013, 564.

nungsverbot (§ 5 BetrAVG), die Regelung der **flexiblen Altersgrenze** (§ 6 BetrAVG), die **Insolvenzsicherung** (§§ 7–15 BetrAVG), die **Anpassung laufender Versorgungsleistungen** (§ 16 BetrAVG) sowie der **persönliche Geltungsbereich** und die **Tariföffnungsklausel** (§ 17 BetrAVG). Die im Betriebsrentengesetz enthaltenen **Mindestnormen** sind von den Vertragsparteien zu beachten. Im Einzelnen werden die Bestimmungen des Betriebsrentengesetzes im zweiten Abschnitt erläutert.

13 Für die betriebliche Altersversorgung gilt im Grundsatz **Vertragsfreiheit**. Der Arbeitgeber kann frei darüber befinden, ob und in welchem Umfang er Mittel für eine betriebliche Altersversorgung zur Verfügung stellen will[1]. Entschließt sich der Arbeitgeber zur Einführung eines Versorgungswerks, kann er entscheiden, welchen Personenkreis er zu versorgen gedenkt und auf welchem Durchführungsweg Leistungen erbracht werden sollen. Verstärkte Bedeutung erhalten allerdings die Grenzen, die aus dem **AGG** und, soweit es vertragliche Regelungen betrifft, auch der **AGB-Kontrolle** folgen.

14 Der **Grundsatz** der Vertragsfreiheit gilt nach der Reform des Betriebsrentengesetzes **durch** das **Altersvermögensgesetz** nicht mehr uneingeschränkt. Der Arbeitnehmer hat nunmehr gegenüber dem Arbeitgeber einen Rechtsanspruch auf betriebliche Altersversorgung. Auch wenn der Anspruch gem. § 1a BetrAVG nur im Wege der Entgeltumwandlung verwirklicht werden kann, ist die Vertragsfreiheit **eingeschränkt**. Der Arbeitnehmer erhält so die Chance, eigene Schwerpunkte in der Lohnverwendung zu setzen. Damit wird verstärkt auf die Eigenverantwortung der Beschäftigten und den Entgeltcharakter der betrieblichen Altersversorgung abgehoben.

c) Elemente der Versorgungszusage und Verschaffungsanspruch

15 Das BetrAVG definiert seinen sachlichen Anwendungsbereich über den Begriff der Leistungen der betrieblichen Altersversorgung[2]. Für diese Leistungen hat der Arbeitgeber auch bei einem mittelbaren Durchführungsweg, wie zB eine Pensionskasse, nach § 1 Abs. 3 BetrAVG einzustehen (Verschaffungsanspruch).

aa) Begriff der Betrieblichen Altersversorgung nach BetrAVG

16 § 1 BetrAVG definiert in Abs. 1 Satz 1 den Begriff der betrieblichen Altersversorgung im Sinne des Gesetzes. Betriebliche Altersversorgung sind danach Leistungen der Alters-, Invaliditäts- und Hinterbliebenenversorgung, die aus Anlass eines Arbeitsverhältnisses oder der Tätigkeit für ein Unternehmen zugesagt sind und dabei einem Versorgungszweck dienen.

17 Zu den Merkmalen einer betrieblichen Altersversorgung gehört einmal das Versprechen einer **Leistung zum Zweck der Versorgung**. Versorgung ist die Sicherung des Lebensstandards des Arbeitnehmers und/oder seiner Hinterbliebenen nach dem Ausscheiden aus dem Arbeitsverhältnis[3]. Von der Zusage einer „Leistung" ist die reine Betragszusage abzugrenzen, die nicht einmal eine Mindestleistung garantiert (vgl. Rz. 24).

18 Zweitens muss der **Versorgungsanspruch durch** eines der **biologischen Ereignisse** Alter, Invalidität oder Tod **ausgelöst sein**[4]. Erforderlich und ausreichend ist nach der Rechtsprechung des BAG, dass durch die vorgesehene Leistung ein im Betriebsrentengesetz genanntes biometrisches Risiko teilweise übernommen wird. Die Altersver-

---

1 BAG 10.3.1972 – 3 AZR 278/71, AP Nr. 156 zu § 242 BGB – Ruhegehalt.
2 Einzelheiten bei *Diller* in Schlewing/Henssler/Schipp/Schnitker, Teil 4 A Rz. 5 ff.
3 BAG 14.12.2010 – 3 AZR 799/08, BetrAV 2011, 106.
4 BAG 28.10.2008 – 3 AZR 317/07, BAGE 128, 199; 16.3.2010 – 3 AZR 594/09, DB 2010, 1834.

sorgung deckt dabei einen Teil der „Langlebigkeitsrisiken", die Hinterbliebenenversorgung einen Teil der Todesfallrisiken und die Invaliditätssicherung einen Teil der Invaliditätsrisiken ab[1]. Maßgeblich ist auf das Ereignis abzustellen, an das die Versorgung anknüpft. So betrifft zB der Bezug einer Bergmannsrente ein biologisches Ereignis im Sinne des Gesetzes (Invalidität), nicht aber der Besitz eines Bergmannsversorgungsscheins[2]. Die Voraussetzungen einer Invalidität können dabei auch abweichend von den sozialversicherungsrechtlichen Bestimmungen[3] einzelvertraglich festgelegt werden.

Sodann muss die Zusage aus **Anlass eines Arbeitsverhältnisses** oder aus **Anlass der Tätigkeit für ein Unternehmen** erfolgen[4]. Eine Altersversorgung ist nicht aus Anlass des Arbeitsverhältnisses oder der Tätigkeit für ein Unternehmen zugesagt, wenn dafür andere Umstände maßgeblich sind. Dies ist im Rahmen einer Kausalitätsprüfung festzustellen, die alle Umstände des Einzelfalls berücksichtigt. Indizien gegen eine Versorgung aus Anlass eines Arbeits- oder Dienstverhältnisses sind zB, dass ein Unternehmen nur seinen **Gesellschaftern** eine Versorgung verspricht[5] oder deren Art und Höhe bei Beschäftigten, die nicht Gesellschafter sind, wirtschaftlich nicht vertretbar wären[6]. Nach diesen Kriterien sind ebenso **Zusagen bei familiärer Verbindung zum Gesellschafter** oder an mitarbeitende **Familienmitglieder** eines persönlich haftenden Gesellschafters in einer OHG oder KG zu beurteilen. Um Missbrauch zu verhindern, werden in dieser Fallgruppe regelmäßig der schriftliche Abschluss und der tatsächliche Vollzug eines Vertrags verlangt, der die übrigen Regelungen eines Arbeitsverhältnisses enthalten muss[7]. 19

Schließlich erfordert das BetrAVG die Zusage eines **Arbeitgebers**. Das BetrAVG kennt keinen eigenständigen Arbeitgeberbegriff. Arbeitgeber ist daher derjenige, der die Dienstleistungen vom Arbeitnehmer kraft des Arbeitsvertrags fordern kann[8]. In einem Konzernsachverhalt ist die Konzernobergesellschaft nicht Arbeitgeberin, da eine Beherrschung der Tochtergesellschaft kein Arbeitsverhältnis begründet. Eine Konzernobergesellschaft ist nur Arbeitgeberin im Sinne des Gesetzes, wenn der Arbeitnehmer die Tätigkeit auch aufgrund einer vertraglichen Verbindung zur Konzernobergesellschaft leistet[9]. 20

bb) Verschaffungsanspruch

Unabhängig von dem gewählten Durchführungsweg besteht nach § 1 Abs. 1 Satz 3 BetrAVG immer eine eigene **Grundverpflichtung** des Arbeit- oder Dienstgebers zur Erbringung der zugesagten Leistungen. Dies gilt sowohl für kollektiv- wie auch individualrechtliche Vereinbarungen. § 1 Abs. 1 Satz 3 BetrAVG bestätigt die höchstrichterliche Rechtsprechung, die schon seit jeher davon ausgeht, dass den Arbeitgeber bei mittelbaren Versorgungszusagen ein **Verschaffungsanspruch** trifft[10]. Es sind daher die arbeitsrechtliche Grundverpflichtung und der Durchführungsweg zu unterscheiden. 21

---

1 BAG 14.12.2010 – 3 AZR 799/08, BetrAV 2011, 106.
2 BAG 16.3.2010 – 3 AZR 594/09, DB 2010, 1834.
3 BAG 20.4.2010 – 3 AZR 553/08, nv.
4 BAG 8.5.1990 – 3 AZR 121/89, AP Nr. 58 zu § 7 BetrAVG; 26.6.1990 – 3 AZR 641/88, AP Nr. 11 zu § 1 BetrAVG – Lebensversicherung.
5 BAG 19.1.2010 – 3 AZR 660/09, AP Nr. 61 zu § 1 BetrAVG.
6 BAG 25.1.2000 – 3 AZR 769/98, AP Nr. 38 zu § 1 BetrAVG.
7 BAG 20.7.1993 – 3 AZR 99/93, AP Nr. 4 zu § 1 BetrAVG – Unverfallbarkeit.
8 BAG 20.5.2014 – 3 AZR 1094/12, ZIP 2014, 1453.
9 BAG 20.5.2014 – 3 AZR 1094/12, ZIP 2014, 1453; 25.10.1988 – 3 AZR 64/87, AP Nr. 16 zu § 7 BetrAVG.
10 BAG 12.11.2013 – 3 AZR 92/12, NZA-RR 2014, 315; 19.6.2012 – 3 AZR 408/10, BAGE 142, 72; 14.10.1998 – 3 AZR 385/97, AP Nr. 46 zu § 1 BetrAVG – Zusatzversorgung.

Der eingeschaltete externe Versorgungsträger ist nur Instrument des Arbeitgebers zur Erfüllung seiner arbeitsrechtlichen Versorgungspflichten[1].

d) Verschiedene Formen der Zusage

22 Der **Begriff** der **betrieblichen Altersversorgung** ist durch das Altersvermögensgesetz und durch das Hüttenknappschaftliche Zusatzversicherungs-Neuregelungsgesetz vom 21.6.2002 (HZvNG) **erweitert** worden. Mit der beitragsorientierten Leistungszusage (Nr. 1), der Beitragszusage mit Mindestleistung (Nr. 2), der Entgeltumwandlung (Nr. 3) sowie der Umfassungszusage (Nr. 4) werden in § 1 Abs. 2 BetrAVG vier zusätzliche Formen herausgestellt, in denen betriebliche Versorgungsleistungen erbracht werden können.

aa) Beitragsorientierte Leistungszusagen

23 **Beitragsorientierte Leistungszusagen** sind bereits lange vor Inkrafttreten des Rentenreformgesetzes 1999 entwickelt und zunehmend praktiziert worden. Die Zusagen bestehen in erster Linie in dem Versprechen eines bestimmten Beitragsaufwands für die Altersversorgung, die nach einem vorgegebenen Berechnungsmodus in einer späteren Versorgungsleistung resultiert. Für die beitragsorientierte Versorgungsgestaltung ist daher der Versorgungsaufwand prägend, den der Arbeitgeber für die Altersversorgung einsetzen will, und weniger die Leistung, die hieraus finanziert wird[2]. Da das Versprechen nicht in erster Linie auf eine Leistung, sondern auf einen Beitrag bezogen ist, liegt der besondere Vorteil dieser Zusage darin, den Aufwand für den Arbeitgeber besser kalkulieren zu können. Beitragsorientierte Leistungszusagen können in allen Durchführungswegen, also auch bei einer Versorgung durch Pensionsfonds, gewährt werden.

24 Von der beitragsorientierten Leistungszusage ist die **reine Beitragszusage** zu unterscheiden. Sie unterfällt nicht dem Recht der betrieblichen Altersversorgung. Mit ihr werden keine künftigen Versorgungsleistungen versprochen, wie dies § 1 Abs. 1 Satz 1 BetrAVG verlangt, sondern nur zusätzliche Zahlungen während des aktiven Arbeitslebens gewährt, die vergleichbar vermögenswirksamen Leistungen der Bildung von Vermögen dienen. Das volle Anlage- und Insolvenzrisiko geht bei einer reinen Beitragszusage auf den Arbeitnehmer über, es kann sogar zu negativen Wertentwicklungen kommen, die bei Leistungszusagen und bei der Beitragszusage mit Mindestleistung durch die Einstandspflicht des Arbeitgebers aufgefangen werden[3]. Auf bloße Beitragszusagen passt daher weder der gesetzliche Verschaffungsanspruch aus § 1 Abs. 1 Satz 3 BetrAVG noch das Unverfallbarkeitsrecht des § 2 BetrAVG[4].

bb) Beitragszusage mit Mindestleistung

25 Bei der Beitragszusage mit Mindestleistung verpflichtet sich der Arbeitgeber einerseits zur Zahlung der Beiträge an einen Versorgungsträger sowie andererseits zur Bereitstellung des aufgrund der gezahlten Beiträge planmäßig zuzurechnenden Versorgungskapitals. Dazu gehören auch die aus dem Kapital erzielten Erträge. Ferner hat der Arbeitgeber mindestens die Summe der zugesagten Beiträge in ihrem Nominalwert zur Verfügung zu stellen. Da die Summe der eingezahlten Beiträge garantiert werden muss, handelt es sich insoweit um eine Leistungszusage. Die Zusageform ist nur in den Durchführungswegen möglich, in denen eine tatsächliche Beitragszah-

---

1 BAG 12.11.2013 – 3 AZR 92/12, NZA-RR 2014, 315.
2 *Hanau/Arteaga/Rieble/Veit*, Teil B Rz. 8.
3 Vgl. auch *Steinmeyer*, BetrAV 2005, 16.
4 BAG 7.9.2004 – 3 AZR 550/03, DB 2005, 507.

lung erfolgt[1]. **Erfasst** werden von § 1 Abs. 2 Nr. 2 BetrAVG demgemäß die **Direktversicherung**, die **Pensionskasse** und der **Pensionsfonds**[2]. Für die unmittelbare Versorgungszusage wurde eine Beitragszahlung nicht eröffnet, da bei diesem Durchführungsweg Beiträge tatsächlich nicht gezahlt, vielmehr in der Anwartschaftsphase Pensionsrückstellungen nach Maßgabe von § 6a EStG gebildet werden. Für die Unterstützungskassenversorgung wurde die Beitragszusage ebenfalls nicht zugelassen, weil bei dieser Durchführungsform eine Ausfinanzierung in der Anwartschaftsphase nicht möglich ist; der Unterstützungskasse können vor Leistungsbeginn nicht alle zur späteren Erfüllung der Leistungsverpflichtung des Arbeitgebers erforderlichen Mittel betriebsausgabewirksam zugewendet werden (zu weiteren Einzelheiten vgl. Rz. 80 f.).

Die **Beitragszusage mit Mindestleistung unterliegt** dem **Insolvenzschutz**. Soweit bei dieser Zusageform das planmäßig zuzurechnende Versorgungskapital geringer ist als die Summe der zugesagten Beiträge abzüglich der rechnungsmäßig für einen biometrischen Risikoausgleich verbrauchten Beträge und der Arbeitgeber seiner Verpflichtung zur Zahlung der zugesagten Beiträge wegen der Eröffnung des Insolvenzverfahrens nicht nachkommt, tritt der gesetzliche Insolvenzschutz ein. Er erstreckt sich selbstverständlich nur auf die Mindestleistung. 26

In der Regel wird der Arbeitgeber mit der Zahlung der Beiträge sein Versorgungsversprechen erfüllt haben. Wie die unter Rz. 81 und 124 gebildeten Beispiele zeigen, ist aber nicht auszuschließen, dass die Mindestleistung trotz hinreichender Beitragsleistung nicht erreicht wird. Für die Differenz hat der Arbeitgeber gem. § 1 Abs. 2 Nr. 2 iVm. Abs. 1 Satz 3 BetrAVG einzustehen. Mit der garantierten Mindestleistungspflicht ist somit vermieden, dass den Arbeitnehmer das Risiko der Vermögensanlage voll trifft. In der Praxis wird die Mindestleistungspflicht vor allem bei Pensionsfonds von Bedeutung sein, falls sie die Chancen und Risiken einer volatilen Vermögensanlage stark nutzen. Dagegen fällt das Risiko des Arbeitgebers, von der Mindestleistungspflicht getroffen zu werden, bei einer Direktversicherungs- oder Pensionskassenzusage kaum ins Gewicht, da dem Versicherer und der Pensionskasse nicht die gleichen risikoreichen Anlagemöglichkeiten wie einem Pensionsfonds eingeräumt worden sind[3]. 27

cc) Entgeltumwandlung

Nach § 1 Abs. 2 Nr. 3 BetrAVG liegt betriebliche Altersversorgung auch dann vor, wenn im Wege der Entgeltumwandlung Entgeltansprüche in eine **wertgleiche Anwartschaft auf Versorgungsleistungen** umgewandelt werden. Der Gesetzgeber hat bewusst den weiten Begriff der „Entgelt"-Ansprüche gewählt. In die Regelung werden also nicht nur bare Vergütungs-, Lohn- und Gehaltsansprüche einbezogen, sondern auch alle Vergütungsbestandteile, die in einen geldwerten Vorteil umgerechnet werden können. Da es sich um künftige Ansprüche handeln muss, kann die Umwandlung nur im Hinblick auf bereits vereinbarte, aber noch nicht fällige Entgeltansprüche erfolgen. 28

Der Hinweis, dass die Entgeltansprüche in eine **wertgleiche Anwartschaft** auf Versorgungsleistungen umzuwandeln sind, erfordert eine wirtschaftliche Betrachtungsweise[4]. Ein Vergleich mit der Regelung über die Bemessung des Abfindungsbetrags einer unverfallbaren Anwartschaft in § 3 Abs. 5 BetrAVG macht deutlich, dass bei der Entgeltumwandlung bewusst auf die Einschaltung eines bestimmten versicherungsmathematischen Verfahrens verzichtet wurde. Der **Maßstab der Wertgleichheit**, den 29

---

1 *Blomeyer/Otto/Rolfs*, § 1 Rz. 92.
2 AA *Höfer*, § 1 Rz. 2538, der auch Direktzusagen und Unterstützungskassen einbezieht.
3 Ebenso *Albert/Schumann/Sieben/Menzel*, Rz. 358.
4 Einzelheiten bei *Hanau/Arteaga/Rieble/Veit*, Teil A Rz. 108 ff.

das BAG seiner Rechtsprechung zu Grunde legt, ist daher recht **weit**. Das BAG erkennt entsprechend den Abschluss einer Direktversicherung mit gezillmerten Tarifen als wertgleich an, da die Zillmerung **als solche** eine versicherungsmathematisch anerkannte Methode zur Verrechnung der Abschluss- und Vertriebskosten ist[1]. Es kommt im Rahmen des § 1 Abs. 2 Nr. 3 BetrAVG auch nicht auf die konkrete Ausgestaltung der Zillmerung im Einzelfall an. Eine detaillierte Kontrolle der Angemessenheit der Regelung führt das BAG vielmehr im Rahmen einer Prüfung nach den §§ 305 ff. BGB (AGB-Kontrolle) durch[2].

dd) Eigenbeitragszusage

30   Das **Hüttenknappschaftliche Zusatzversicherungs-Neuregelungsgesetz** vom 21.6.2002 (**HZvNG**) hat den Begriff der betrieblichen Altersversorgung durch die Aufnahme einer zusätzlichen Nr. 4 in § 1 Abs. 2 BetrAVG **erweitert**. Nach dieser Bestimmung ist davon auszugehen, dass betriebliche Altersversorgung auch vorliegt, wenn der Arbeitnehmer aus seinem Arbeitsentgelt zur Finanzierung von Leistungen der betrieblichen Altersversorgung Beiträge an einen Pensionsfonds, eine Pensionskasse oder eine Direktversicherung zahlt und die Zusage des Arbeitgebers auch die Leistungen aus den diesbezüglichen Beiträgen umfasst. Die Regelungen für die Entgeltumwandlung sind entsprechend anzuwenden, soweit die zugesagten Leistungen aus diesen Beiträgen im Wege der Kapitaldeckung finanziert werden. Die „Beiträge aus seinem Arbeitsentgelt" sind im Sinne von Eigenbeiträgen des Arbeitnehmers zu verstehen. Mit § 1 Abs. 2 Nr. 4 BetrAVG ist also beabsichtigt, die Schutznormen des Betriebsrentengesetzes auch auf Eigenbeiträge des Arbeitnehmers auszudehnen, wenn diese von der Zusage des Arbeitgebers umfasst sind. Ein Schutzbedürfnis besteht nämlich unabhängig davon, ob die Beteiligung des Arbeitnehmers an der Finanzierung der betrieblichen Altersversorgung durch Entgeltumwandlung von Entgeltbestandteilen oder durch direkte Beteiligung mit eigenen Beiträgen aus seinem Nettogehalt erfolgt. Um betriebliche Altersversorgung handelt es sich hingegen nicht mehr, wenn keine Versorgungszusage des Arbeitgebers vorliegt, sondern die Beiträge am Arbeitgeber vorbei an einen Versorgungsträger erbracht werden[3].

31   Nach der **Systematik** der betrieblichen Altersversorgung ist mithin neben der herkömmlichen Unterteilung in arbeitgeber- und arbeitnehmerfinanzierte Leistungen innerhalb der arbeitnehmerfinanzierten Versorgung **zwischen** der sog. **Entgeltumwandlung** (§ 1 Abs. 1 Nr. 3 BetrAVG) und den **„echten" Arbeitnehmer-Eigenbeiträgen** (§ 1 Abs. 2 Nr. 4 BetrAVG) **zu unterscheiden**. Während Arbeitgeber und Arbeitnehmer bei der Entgeltumwandlung eine Änderungsvereinbarung zum Arbeitsvertrag schließen, nach der an Stelle eines Teils des Lohnanspruchs eine Versorgungszusage des Arbeitgebers tritt, treffen Arbeitgeber und Arbeitnehmer bei den echten Arbeitnehmer-Eigenbeiträgen eine Lohnverwendungsabrede. Der Arbeitgeber wird dadurch ermächtigt, Teile des Lohns unmittelbar an den Versorgungsträger abzuführen. Durch Zahlung an den Versorgungsträger wird der Lohnanspruch des Arbeitnehmers gem. § 362 Abs. 2 BGB erfüllt. Zu berücksichtigen ist bei der Abgrenzung, dass es sich bei den im Wege der Entgeltumwandlung finanzierten Beiträgen um Beiträge des Arbeitgebers handelt; der Arbeitgeber ist demnach Beitragsschuldner. Dagegen handelt es sich bei den echten Arbeitnehmer-Eigenbeiträgen um Beiträge des Arbeitnehmers; Beitragsschuldner ist danach der Arbeitnehmer. Wer die Beiträge tatsächlich an den Versorgungsträger abführt, ist in beiden Fällen unerheblich.

---

1 BAG 15.9.2009 – 3 AZR 17/09, DB 2010, 61.
2 BAG 15.9.2009 – 3 AZR 17/09, DB 2010, 61.
3 *Hopfner*, DB 2002, 1050.

Die Erweiterung des § 1 Abs. 2 BetrAVG war vornehmlich wegen der Neuordnung der **Zusatzversorgung im öffentlichen Dienst** erforderlich geworden. Es ist jetzt klargestellt, dass auch für die im öffentlichen Dienst Beschäftigten durch die Abführung von Eigenbeiträgen an einen Pensionsfonds, an eine Direktversicherung oder an eine Pensionskasse wie zB an die VBL der Aufbau einer kapitalgedeckten Altersvorsorge mit versteuertem und verbeitragtem Arbeitsentgelt möglich ist. Für die vorstehend gekennzeichneten **Eigenbeitragszusagen** gilt § 1 Abs. 2 Nr. 4 BetrAVG nach der Übergangsvorschrift des § 30e BetrAVG erstmals für Zusagen, die nach dem 1.1.2003 erteilt werden. 32

e) Abgrenzung zu anderen Sozialleistungen

Die **rechtliche Einordnung** als Leistung der betrieblichen Altersversorgung ist von **großer praktischer Bedeutung**. Nur die zugesagten Versorgungsleistungen sind unverfallbar und insolvenzgesichert. Ob Zuwendungen des Arbeitgebers als Leistungen der betrieblichen Altersversorgung qualifiziert werden können, richtet sich nach ihrem Zweck. Werden sie aufgrund der in § 1 Abs. 1 Satz 1 BetrAVG aufgeführten **biologischen Ereignisse**, also bei Eintritt der Altersgrenze, Invalidität oder Tod des Versorgungsberechtigten, erbracht, handelt es sich um betriebliche Versorgungsleistungen. 33

Eine Leistung, die zur **Aufrechterhaltung des Lebensstandards** nach Ausscheiden aus dem Berufsleben beiträgt, dient der Altersversorgung[1]. Ergibt sich jedoch aus dem Inhalt der Zusage oder aus den Begleitumständen des Vertragsschlusses, dass die versprochene Leistung als Entschädigung an den Arbeitnehmer für den Verlust des Arbeitsplatzes gedacht ist und zusätzlich zu seinem Einkommen aus beruflicher Tätigkeit gezahlt wird, liegt keine betriebliche Altersversorgung vor. Die gleiche Beurteilung gilt für einmalige Mehrleistungen, selbst wenn sie aufgrund eines biologischen Ereignisses erbracht werden. Den von den Vertragsparteien **gewählten Bezeichnungen**, zB als Ruhegeld, Pension, Betriebsrente, Ruhegehalt, kommt in dem Fall **keine Bedeutung** zu[2]. 34

Auf der Grundlage der genannten Prämissen sind die **betrieblichen Sozialleistungen** zu **prüfen** und **zuzuordnen**. Wie sich herausstellt, gibt es Leistungen mit oder ohne Versorgungscharakter sowie Mischformen. 35

aa) Leistungen mit Versorgungscharakter

Lebensversicherungen und damit verbundene **Zusatzversicherungen** wie die Berufsunfähigkeits- und Unfallzusatzversicherung, aus der der Arbeitnehmer oder dessen Hinterbliebene bezugsberechtigt sind, gehören schon kraft gesetzlicher Definition zur betrieblichen Altersversorgung. Sofern jedoch nicht der Arbeitgeber, sondern der Arbeitnehmer selbst als Versicherungsnehmer auftritt und der Arbeitgeber lediglich Beiträge zahlt, liegt keine Direktversicherung und damit auch keine betriebliche Altersversorgung vor. Dies trifft insbesondere auf Lebensversicherungen zu, die der Arbeitnehmer zur Befreiung von der Versicherungspflicht geschlossen hat. 36

Um die Merkmale einer betrieblichen Altersversorgung zu erfüllen, muss bei einer Versicherung generell der Versorgungscharakter im Vordergrund stehen. Im Gegensatz zur selbständigen Unfallversicherung ist die **Unfallversicherung mit Beitragsrückgewähr** der betrieblichen Altersversorgung zuzuordnen, weil sie wegen der Rück- 37

---

1 BAG 8.5.1990 – 3 AZR 121/89, AP Nr. 58 zu § 7 BetrAVG; 28.10.2008 – 3 AZR 317/07, BAGE 128, 199.
2 BAG 28.1.1986 – 3 AZR 312/84, AP Nr. 18 zu § 59 KO.

gewähr der Beiträge bei fehlendem Unfalleintritt während der Versicherungszeit Elemente der Lebensversicherung aufweist[1].

38 Außer Frage steht auch der Versorgungscharakter jährlicher **Weihnachtsgelder**, die aufgrund einer vertraglichen Regelung mit der Dezemberrente an die Versorgungsempfänger ausgezahlt werden[2]. Dem steht nicht entgegen, wenn eine Versorgungsordnung für den Bezug des Rentnerweihnachtsgeldes eine Betriebstreue bis zum Eintritt des Versorgungsfalls verlangt. Wegen Verstoßes gegen § 1b BetrAVG ist diese Voraussetzung gem. § 17 Abs. 3 Satz 3 BetrAVG unwirksam[3].

bb) Leistungen ohne Versorgungscharakter

39 Mit der Zahlung von **Übergangsgeldern**, **Überbrückungszahlungen** und **-hilfen** wird bezweckt, den Einkommensverlust des ausgeschiedenen Arbeitnehmers für den Fall einer vorzeitigen Beendigung seiner Tätigkeit auszugleichen. Die Gewährung der Leistung wird also nicht durch ein biologisches Ereignis ausgelöst, sondern durch den Verlust des Arbeitsplatzes[4]. Sie hat vielmehr den Charakter einer sozialen Absicherung etwa bis zum Erreichen des Alters, in dem Altersversorgungsleistungen erbracht werden. Auch Leistungen zur Überbrückung einer erwarteten Arbeitslosigkeit dienen nicht der betrieblichen Altersversorgung[5]. Das BAG und der BGH stufen deshalb in ständiger Rechtsprechung die vorgenannten Leistungen nicht als betriebliche Altersversorgung ein[6]. Diese Einschätzung trifft auch auf Übergangsgelder nach § 62 BAT[7], Aufstockungsleistungen zum Anpassungsgeld oder zu Knappschaftsausgleichsleistung im Steinkohlebergbau[8] und Übergangsgelder nach den Bestimmungen des Essener und Bochumer Verbandes zu[9], und zwar auch, wenn die Höhe der Leistung an die Höhe des Ruhegeldes gekoppelt wird. Gleiches gilt für **Abfindungen** aus Anlass einer Kündigung. Sie gehören nicht zu den Leistungen der betrieblichen Altersversorgung.

40 Zu den Risiken der betrieblichen Altersversorgung gehört das Krankheitsrisiko nicht, da es sich sozialversicherungsrechtlich um einen eigenständigen Versicherungszweig handelt[10]. Bei einer tarifvertraglich vorgesehenen **Beihilfe zum Krankengeld**, mit der das Krankengeld auf das Nettoarbeitsentgelt aufgestockt wird, handelt es sich daher nicht um betriebliche Altersversorgung[11]. Gleiches gilt für Beihilfeleistungen, die in Entsprechung zu beamtenrechtlichen Regelungen gewährt werden[12].

41 **Rückdeckungsversicherungen** des Arbeitgebers, die auf das Leben der Arbeitnehmer abgeschlossen sind, aber bei ausschließlichem Bezugsrecht des Arbeitgebers dazu die-

---

1 BAG 10.8.1993 – 3 AZR 69/93, AP Nr. 41 zu § 1 BetrAVG – Zusatzversorgungskassen.
2 BAG 19.5.1981 – 3 AZR 308/80, AP Nr. 13 zu § 16 BetrAVG; 29.4.2003 – 3 AZR 247/02, EzA § 1 BetrAVG – Betriebliche Übung Nr. 4; 16.2.2010 – 3 AZR 118/08, EzA-SD 2010, Nr. 16, 10.
3 BAG 18.2.2003 – 3 AZR 81/02, DB 2003, 2395; 19.5.1981 – 3 AZR 308/80, AP Nr. 13 zu § 16 BetrAVG.
4 BAG 26.4.1988 – 3 AZR 411/86, AP Nr. 45 zu § 7 BetrAVG.
5 BAG 14.11.2003 – 9 AZR 678/02, AP Nr. 3 zu § 1b BetrAVG.
6 BAG 5.2.1981 – 3 AZR 748/79, AP Nr. 188 zu § 242 BGB – Ruhegehalt; 3.11.1998 – 3 AZR 454/97, AP Nr. 36 zu § 1 BetrAVG; BGH 16.3.1981 – II ZR 222/79 und 28.8.1981 – II ZR 181/80, AP Nrn. 10 und 12 zu § 7 BetrAVG.
7 BAG 5.2.1981 – 3 AZR 748/79, AP Nr. 188 zu § 242 BGB – Ruhegehalt.
8 BAG 15.3.2010 – 3 AZR 594/09, DB 2010, 1834; 14.2.2012 – 3 AZR 260/10, NZA 2012, 1472.
9 BAG 26.4.1988 – 3 AZR 411/86, AP Nr. 45 zu § 7 BetrAVG; aA BGH 23.10.1975 – II ZR 90/73, DB 1975, 2313.
10 BAG 10.2.2009 – 3 AZR 653/07, NZA 2009, 796.
11 BAG 12.12.2006 – 3 AZR 476/05, BAGE 120, 330; 14.6.2005 – 3 AZR 301/04, DB 2006, 288.
12 BAG 21.4.2009 – 3 AZR 285/07, AP Nr. 20 zu § 1 BetrAVG – Beamtenversorgung.

I. Rechtsgrundlagen betrieblicher Versorgungsverpflichtungen

nen, ihm im Versorgungsfall die Mittel zur Erfüllung einer Versorgungsverpflichtung zu sichern, bilden keine betriebliche Versorgungsleistung[1].

Gleichfalls haben **Sterbe-** und **Gnadengelder** keinen Versorgungscharakter, da durch sie nur der Ausfall der Arbeitsvergütung infolge des Todes kurzfristig ausgeglichen werden soll und sie zur Deckung der mit dem Todesfall verbundenen besonderen Aufwendungen beitragen sollen[2]. Nach der Rechtsprechung des BAG kommt eine Anrechnung auf eine Hinterbliebenenleistung, mit der zugleich ähnliche Zwecke verfolgt werden, nicht in Betracht[3]. Ebenso dienen **Unterstützungsleistungen** im Notfall – auch als Beihilfen und Zuschüsse bezeichnet –, die unabhängig vom Eintritt eines biologischen Ereignisses gezahlt werden, nicht der betrieblichen Altersversorgung. Das gilt auch dann, wenn sie wie üblich durch eine Unterstützungskasse gewährt werden[4]. Den Leistungen der **Vermögensbildung** ist ebenfalls kein Versorgungscharakter beizumessen. Sie sind Ausfluss der staatlichen Eigentumspolitik. Sie bezwecken die Ansammlung von Dauervermögensanteilen, die überdies frei vererbbar sind. Die Versorgung im Alter steht damit nicht im Vordergrund, die Leistungen sind deshalb nicht als betriebliche Altersversorgung zu qualifizieren[5]. Ob eine Versorgungszusage mit einem berechenbaren Gesamtvolumen dem Betriebsrentengesetz unterfällt, wenn das Versprochene im Falle des Todes des Arbeitnehmers an dessen Erben auszuzahlen ist, erscheint fraglich. In einer derartigen Zusage könnte eine Form der arbeitgeberfinanzierten Vermögensbildung in Arbeitnehmerhand liegen, die nicht die Begriffsmerkmale der betrieblichen Altersversorgung erfüllt[6]. 42

Schwierig ist die Einordnung reiner **Risikoversicherungen**, die der Arbeitgeber zugunsten eines oder aller Arbeitnehmer abschließt. Bei Verträgen werden Versicherungsleistungen nur gewährt, wenn der Versorgungsfall – Invalidität oder Tod – während der Laufzeit der Versicherung tatsächlich eintritt. Leistungen für den Erlebensfall sind regelmäßig nicht vorgesehen. Werden die Gewinnanteile zur Beitragsreduzierung genutzt, so wird kein Deckungskapital gebildet. Scheidet der Arbeitnehmer aus, so stellt der Arbeitgeber die Beitragszahlung ein. Die Versicherung hat danach – wenn man einmal von einer möglichen Restlaufzeit absieht – keinen vermögensrechtlichen Wert, der bei einem unverfallbaren Ausscheiden mitgegeben werden könnte. Da die Aufrechterhaltung eines Vermögenswertes für den Fall des Ausscheidens mit unverfallbarer Anwartschaft eine wesentliche Zielrichtung des Gesetzes kennzeichnet, sind auch Risikoversicherungen, die kein Deckungskapital bilden, nicht der betrieblichen Altersversorgung zuzuordnen[7]. 43

cc) Mischformen

Nicht alle betrieblichen Sozialleistungen können eindeutig der einen oder anderen Gruppe zugeordnet werden. Abzustellen ist darauf, was mit der Leistung in erster Linie bezweckt wird. Wegen des großen Gewichts, das der richtigen Zuordnung zukommt, ist unter Abwägung aller im Einzelfall gegebenen Umstände der **überwiegende Charakter** der **Sozialleistung** sorgfältig auszuloten. 44

Vorruhestandsgelder sind in aller Regel nicht als betriebliche Versorgungsleistungen zu qualifizieren. Sie werden als Ausgleich für die vorzeitige Aufgabe des Arbeitsplat- 45

---

1 BAG 14.7.1972 – 3 AZR 63/72, AP Nr. 2 zu § 242 BGB – Ruhegehalt-Lebensversicherung; 17.1.2012 – 3 AZR 10/10, BB 2012, 1099.
2 BAG 20.8.2002 – 3 AZR 463/01, DB 2003, 2075; kritisch *Höfer*, ART Rz. 81.
3 BAG 10.8.1993 – 3 AZR 186/93, AP Nr. 112 zu § 1 Tarifverträge: Metallindustrie.
4 BAG 25.10.1994 – 3 AZR 279/94, AP Nr. 31 zu § 1 BetrAVG.
5 LAG Hamm 6.4.1982 – 6 Sa 412/81, DB 1982, 1523.
6 BAG 18.3.2003 – 3 AZR 313/02, BetrAV 2004, 80.
7 Ebenso *Diller* in Schlewing/Henssler/Schipp/Schnitker, Teil 4 A Rz. 112.

zes gezahlt. Ist das Vorruhestandsgeld jedoch Bestandteil einer einheitlichen Versorgungsregelung, dessen Höhe von derjenigen der eigentlichen Versorgungsleistungen abhängt, und mündet es beim Eintritt des Versorgungsfalls in eine reguläre Versorgungsleistung ein, kann ausnahmsweise eine Leistung der betrieblichen Altersversorgung vorliegen[1], und zwar ab dem Zeitpunkt, zu dem der Berechtigte als „alt" angesehen werden kann, idR nicht vor Vollendung des 60. Lebensjahres.

46 Die während der **Altersteilzeit** erbrachten Zahlungen stellen im Prinzip keine Leistungen der betrieblichen Altersversorgung dar. Werden jedoch wegen der Altersteilzeit Versorgungsleistungen aufgestockt oder erstmals gewährt, kann es sich insoweit um betriebliche Altersversorgung handeln. Das Gleiche trifft auf **Zeitguthaben** nach ihrer Umwandlung in Versorgungsleistungen zu.

47 Eine ähnliche Situation kann bei Abfindungen eintreten, wenn ein durch eine vorzeitige Kündigung entstandener Versorgungsmehrbedarf durch eine regelmäßig wiederkehrende **Ausgleichsleistung** aufgefüllt und diese erst ab dem Erreichen der Altersgrenze für den Bezug des vorgezogenen Altersruhegeldes aus der Sozialversicherung gezahlt wird. In einem derartigen Ausnahmefall stellt die Abfindung eine Leistung der betrieblichen Altersversorgung dar[2]. Soll die Zahlung jedoch lediglich einen Ausgleich für die finanziellen Nachteile der vorgezogenen Verrentung schaffen, leistet der Arbeitgeber damit keinen Beitrag für die Versorgung im Alter[3]. Ungeachtet der missverständlichen Bezeichnung kann auch ein **Übergangszuschuss** Bestandteil der betrieblichen Altersversorgung sein, wenn er nach dem Zweck der Zusage der Versorgung im Alter oder der Hinterbliebenenversorgung dient. Der vorzeitig Ausgeschiedene kann in dem Fall einen ratierlich berechneten Anteil der zugesagten Leistung beanspruchen[4]. Ebenso sind auch als „**Übergangsgelder**" bezeichnete Leistungen trotz ihrer missverständlichen Benennung dann als Versorgungsleistungen einzustufen, wenn sie für den Fall des Erreichens der Altersgrenze oder für den Fall der Invalidität zugesagt werden[5].

48 **Ausgleichsansprüche von Handelsvertretern** gem. § 89b HGB sind keine betrieblichen Versorgungsleistungen, es sei denn, der noch nicht ausgezahlte Ausgleichsanspruch wird in eine Versorgungsleistung umgewandelt[6]. Dagegen stellen lebenslänglich laufende **Ruhegeldzahlungen an Handelsvertreter**, die mit dem gesetzlichen Ausgleichsanspruch verrechnet werden, Leistungen der betrieblichen Altersversorgung dar[7]. Wird die Laufzeit der Versorgungsansprüche dem Grunde und der Höhe nach jedoch von dem Provisionsaufkommen aus den dem Handelsvertreter zuzurechnenden Versicherungsverträgen bestimmt, so ist der Versorgungscharakter fraglich. Demgegenüber kann eine Nachprovision durchaus der Altersversorgung des Handelsvertreters dienen[8].

49 Vom Betriebsrentengesetz werden auch **einmalige Kapitalzahlungen** und **Sach- und Nutzungsrechte** erfasst, soweit diese von ihrer Zweckbestimmung her dem Arbeitnehmer nach Beendigung seiner betrieblichen Tätigkeit zufließen und durch sie der beim Ausscheiden erreichte Lebensstandard unabhängig vom Bedarf des Berechtigten gesichert wird[9]. Ob dies bei einer **Deputatleistung** der Fall ist, muss anhand der gege-

---

1 *Höfer*, ART Rz. 78; BAG 28.10.2008 – 3 AZR 317/07, BAGE 128, 199.
2 BAG 8.5.1990 – 3 AZR 121/89, AP Nr. 58 zu § 7 BetrAVG.
3 ArbG Marburg 20.11.2003 – 2 Ca 64/03, DB 2004, 1514.
4 BAG 18.3.2003 – 3 AZR 315/02, DB 2004, 1624.
5 BAG 10.8.1993 – 3 AZR 69/93, AP Nr. 41 zu § 1 BetrAVG – Zusatzversorgungskassen.
6 Ähnlich *Blomeyer/Rolfs/Otto*, § 1 BetrAVG Rz. 54.
7 BGH 18.2.1982 – I ZR 20/80, DB 1982, 1269; 17.11.1983 – I ZR 139/81, DB 1984, 556.
8 LG Aachen 25.4.1975 – 11 O 199/74, BB 1976, 249.
9 BAG 30.9.1986 – 3 AZR 22/85, AP Nr. 16 zu § 1 BetrAVG; 18.3.2003 – 3 AZR 315/02, DB 2004, 1624.

benen Zusage oder des bestehenden Tarifvertrags im Wege der Einzelauslegung entschieden werden[1]. Sachleistungen können im Einzelfall durch eine Geldleistung zu ersetzen sein, wenn der Arbeitgeber sie nicht mehr erbringen oder der Begünstigte sie nicht länger verwerten kann[2]. Ebenso kann das **Nutzungsrecht an einer Werkswohnung** eine Leistung der betrieblichen Altersversorgung darstellen. Gleiches gilt für Personalrabatte[3] und Energiekostenerstattung[4].

Treueprämien und **Jubiläumsgaben** sind in der Regel Entgelt für erbrachte oder künftig erwartete Betriebstreue, sie stehen daher den Anwesenheitsprämien nahe und haben Lohncharakter[5]. Soweit sie eine bestimmte Betriebszugehörigkeit belohnen sollen, sind sie nicht als betriebliche Versorgungsleistungen zu kennzeichnen[6]. Entsprechendes gilt für **Tantiemen**, selbst wenn sie nicht sofort ausgezahlt werden, sondern erst bei Erreichen der Altersgrenze dem Mitarbeiter zufließen. Es ist allerdings verfehlt, allein auf die begriffliche Kennzeichnung der Leistungen abzustellen. Von Leistungen der betrieblichen Altersversorgung ist daher auszugehen, wenn Treueprämien, Jubiläumsgaben oder Tantiemen den Arbeitnehmern zB aus Anlass eines Arbeitsverhältnisses zugesagt werden und die Fälligkeit nicht nur von der Dauer der Betriebstreue, sondern auch vom Eintritt eines biologischen Ereignisses wie Erreichen der Altersgrenze oder Invalidität abhängt[7]. Eine andere Beurteilung ist allerdings dann angebracht, wenn die Treueprämie ausdrücklich als zusätzliche Sozialbeihilfe gekennzeichnet und neben Leistungen der betrieblichen Altersversorgung gewährt wird[8]. 50

Gewinnbeteiligungen beziehen sich zumeist auf einen vom Arbeitgeber in einem gewissen Zeitraum erbrachten Beitrag zum Unternehmenserfolg. Sie können nur dann als Leistungen der betrieblichen Altersversorgung gewertet werden, wenn sie unabhängig von dem Zeitraum, auf den sie sich beziehen, von der Betriebstreue des Mitarbeiters dem Grunde und der Höhe nach abhängen und erst bei Erreichen der Altersgrenze, bei Invalidität oder Tod ausgezahlt werden sollen, der Arbeitnehmer mithin nicht einseitig zu einem beliebigen Zeitpunkt über die Gewinnbeteiligung verfügen kann[9]. 51

2. Leistungsarten

Aus der Entscheidungsfreiheit des Arbeitgebers folgt, dass er den **Personenkreis** bestimmen kann, den er versorgen will. Die betriebliche Praxis ist vielgestaltig. Es können mehrere **Leistungsarten** – das ist der Regelfall – **kumulativ** zusammentreffen. Eine betriebliche Altersversorgung liegt aber auch vor, wenn der Arbeitgeber nur eine Invaliden- oder Hinterbliebenenrente zusagt. 52

a) Altersrente

In fast allen Versorgungszusagen wird dem Arbeitnehmer eine Altersrente gewährt. Bei ihr wird der Leistungsanspruch vom Erreichen eines bestimmten Lebensalters ab- 53

---

1 BAG 15.3.2010 – 3 AZR 594/09, DB 2010, 1834; LAG Düsseldorf 5.5.1977 – 14 Sa 1374/76, DB 1977, 2054.
2 BAG 2.12.1986 – 3 AZR 123/86, AP Nr. 9 zu § 611 BGB – Deputat.
3 BAG 19.2.2008 – 3 AZR 61/06, AP Nr. 52 zu § 1 BetrAVG.
4 BAG 14.12.2010 – 3 AZR 799/08, BetrAV 2011, 106.
5 BAG 27.7.1972 – 5 AZR 141/72, AP Nr. 75 zu § 611 BGB – Gratifikationen.
6 *Blomeyer/Rolfs/Otto*, § 1 BetrAVG Rz. 66; *Höfer*, ART Rz. 68.
7 BAG 10.3.1992 – 3 AZR 153/91, AP Nr. 17 zu § 1 BetrAVG – Lebensversicherung; 10.8.1993 – 3 AZR 69/93, AP Nr. 41 zu § 1 BetrAVG – Zusatzversorgungskassen; 25.10.1994 – 3 AZR 279/94, AP Nr. 31 zu § 1 BetrAVG; vgl. auch *Höfer*, ART Rz. 69.
8 LAG Hamm 14.3.1995 – 6 Sa 1038/94, DB 1995, 935.
9 BAG 30.10.1980 – 3 AZR 805/79, AP Nr. 4 zu § 1 BetrAVG; 18.3.2003 – 3 AZR 315/02, DB 2004, 1624.

hängig gemacht. Abgestellt wird zumeist auf die Vollendung des regulären Renteneintrittsalters in der gesetzlichen Rentenversicherung. Die **Altersgrenze** kann aber auch an ein anderes Lebensalter geknüpft werden, solange die dadurch gewährte Rente noch als Alterssicherung charakterisiert werden kann[1]. Bereits ab dem Alter 60 erfüllen zugesagte Leistungen im Regelfall die Voraussetzungen einer betrieblichen Versorgung wegen Alters[2].

54　Als **feste Altersgrenze** gilt derjenige Zeitpunkt, zu dem der Versorgungsberechtigte auch vor Erreichen der Regelaltersgrenze in den Ruhestand treten und seine Altersrente ungekürzt in Anspruch nehmen kann[3]. In diesem Fall ist der Arbeitgeber bei Inanspruchnahme der Betriebsrente zu diesem Zeitpunkt nicht zu versicherungsmathematischen Abschlägen berechtigt.

55　In älteren Versorgungsordnungen ist **häufig ein unterschiedliches Rentenzugangsalter** normiert[4]. Frauen können danach schon mit Vollendung des 60., Männer dagegen erst mit Vollendung des 65. Lebensjahres Versorgungsleistungen beanspruchen. Eine derartige Regelung bedeutet eine Diskriminierung der Männer und ist wegen Verstoßes gegen das Lohngleichheitsgebot des Art. 157 AEUV (ex-Art. 141 EGV) seit der Entscheidung des EuGH vom 17.5.1990[5] unwirksam. Das BAG hat diese Rechtsprechung, die eine Rückwirkung vor dem 17.5.1990 ausschließt, für den deutschen Rechtskreis nachvollzogen, weil es nicht zu beanstanden sei, wenn die für Frauen im Berufsleben bestehenden Nachteile bis zu dem genannten Zeitpunkt durch besondere Begünstigungen ausgeglichen würden[6].

b) Invalidenrente

56　Der Arbeitgeber ist nicht verpflichtet, überhaupt eine Invalidenrente zuzusagen oder sich bei den Voraussetzungen einer Invalidenrente am gesetzlichen Rentenversicherungsrecht zu orientieren. Bei der Zusage einer Invalidenrente ohne eigenständige Definition unterstellt die Rechtsprechung aber die Anwendung der Begriffe des Sozialversicherungsrechts[7]. Danach werden Invalidenrenten für den Fall der **vollen** und **teilweisen Erwerbsminderung** – bis zum Rentenreformgesetz 1999[8] als Erwerbs- und Berufsunfähigkeit abweichend definiert[9] – zugesagt. Anknüpfend an die Begriffe des Sozialversicherungsrechts ist derjenige in seiner Erwerbsfähigkeit voll gemindert, der wegen Krankheit oder Behinderung eine Erwerbstätigkeit in gewisser Regelmäßigkeit auf unabsehbare Zeit nicht mehr ausüben oder nicht mehr als nur geringfügiges Arbeitsentgelt durch Erwerbstätigkeit erzielen kann. Eine teilweise Erwerbsminderung liegt bei dem Invaliden vor, dessen Erwerbstätigkeit auf weniger als die Hälfte der eines körperlich, geistig und seelisch gesunden Versicherten mit ähnlicher Ausbildung und gleichwertigen Kenntnissen und Fähigkeiten gesunken ist. Zum Nach-

---

1　BAG 24.6.1986 – 3 AZR 645/84 u. 26.4.1988 – 3 AZR 411/86, AP Nrn. 33 und 45 zu § 7 BetrAVG; BGH 24.11.1988 – IX ZR 210/87, AP Nr. 15 zu § 17 BetrAVG; vgl. ferner die ausführliche Analyse bei *Paulsdorff*, § 7 BetrAVG Rz. 233 ff.
2　BAG 17.9.2008 – 3 AZR 865/06, AP Nr. 114 zu § 7 BetrAVG; 24.6.1986 – 3 AZR 645/84, BAGE 52, 226.
3　BAG 12.11.1985 – 3 AZR 606/83, AP Nr. 2 zu § 1 BetrAVG – Gleichberechtigung; 17.9.2008 – 3 AZR 1061/06.
4　Vgl. zB BAG 18.3.1997 – 3 AZR 759/95 u. 3.6.1997 – 3 AZR 910/95, AP Nrn. 32 und 35 zu § 1 BetrAVG – Gleichbehandlung.
5　EuGH 17.5.1990 – Rs. C-262/88 – Barber, AP Nr. 20 zu § 119 EWG-Vertrag.
6　BAG 23.3.1999 – 3 AZR 647/97, AP Nr. 3 zu § 1 BetrAVG – Pensionskasse.
7　BAG 20.10.1987 – 3 AZR 208/86, AP Nr. 7 zu § 1 BetrAVG Invaliditätsrente; 11.10.2011 – 3 AZR 795/09, FA 2012, 152; vgl. aber BAG 14.12.2010 – 3 AZR 930/08, AP Nr. 14 zu § 1 BetrAVG Invaliditätsrente.
8　BAG 19.1.2011 – 3 AZR 83/09, DB 2011, 2499; 28.6.2011 – 3 AZR 385/09, ZIP 2011, 1835.
9　BAG 9.10.2012 – 3 AZR 539/10, DB 2013, 942.

weis der Invalidität wird in der Regel die Vorlage des Rentenbescheids eines Sozialversicherungsträgers verlangt.

Der Versorgungsfall der Invalidität kann von der Voraussetzung abhängig gemacht werden, dass der gesetzliche Sozialversicherungsträger die Rentenzahlungen aufgenommen hat[1]. Auf die **Form der** vorangegangenen **Vertragsbeendigung** kommt es nicht an. Einem Arbeitnehmer, dessen Arbeitsverhältnis wegen Arbeitsunfähigkeit beendet wird, steht eine Betriebsrente zu, wenn die Arbeitsunfähigkeit in die volle Erwerbsminderung einmündet. Vereinbarungen, die den Anspruch auf Invaliditätsrente davon abhängig machen, dass das Arbeitsverhältnis beim Eintritt der teilweisen Erwerbsminderung noch besteht, verstoßen gegen § 17 Abs. 3 Satz 3 BetrAVG und sind daher nichtig[2]. Erreicht ein Rentner, der betriebliche Invalidenrente bezieht, die gesetzliche Altersrente und erhält er deshalb von der gesetzlichen Rentenversicherung eine Altersrente, ist durch Auslegung der Versorgungsordnung zu ermitteln, ob er von diesem Zeitpunkt an betriebliche Altersrente beanspruchen kann oder ob die bislang bezogene Invalidenrente weiter zu zahlen ist[3].

Der Arbeitgeber kann eine Mindestaltersgrenze für den Versorgungsfall Invalidität einführen. Bei einer Invaliditätsversorgung ab einem jungen Alter trifft den Arbeitgeber nämlich eine hohe Belastung. Zugleich steigt erst in höheren Jahren das Invaliditätsrisiko, so dass auch dem Versorgungsbedürfnis der Arbeitnehmer Rechnung getragen wird. Das BAG hat eine Mindestgrenze von 50 Jahren anerkannt[4].

c) Hinterbliebenenversorgung

Die Versorgungszusage kann auch Leistungen für die Hinterbliebenen des Arbeitnehmers vorsehen. Dieser Versorgungsfall tritt beim Tod des aktiven, aber auch des ausgeschiedenen Arbeitnehmers ein. Der versorgungsberechtigte Personenkreis muss in der Versorgungszusage exakt bestimmt sein. Voraussetzung für die Anerkennung der Hinterbliebeneneigenschaft ist, dass dem Arbeitnehmer bezogen auf die begünstigte Person bei typisierender Betrachtung ein Versorgungsinteresse unterstellt werden kann; dabei kommt es nicht darauf an, wer tatsächlich erbberechtigt ist[5]. Das BAG hat offen gelassen, ob eine über das Recht der gesetzlichen Rentenversicherung hinausgehende Erweiterung des Kreises der Hinterbliebenen iSd. BetrAVG überhaupt in Betracht kommt[6]. Eine umfassende Hinterbliebenenversorgung sieht Leistungen für **Witwen**, **Witwer** und **Waisen** vor. Ist der bezugsberechtigte Ehepartner in der Versorgungsregelung konkret benannt – das kann zB durch Nennung des Vornamens oder Aufnahme des Geburtsdatums in das Versorgungsversprechen geschehen –, ist auch nur er anspruchsberechtigt; erforderlich ist aber jeweils die Auslegung im Einzelfall. Ist keine Benennung erfolgt, ist derjenige Ehepartner, mit dem der Versorgungsberechtigte zum Zeitpunkt des Todes verheiratet war, anspruchsberechtigt[7]. Die Unverfallbarkeitsregelung des § 1b BetrAVG verlangt nicht, den Kreis der Versorgungsberechtigten auf beim Ausscheiden noch nicht vorhandene Familienmitglieder auszudehnen[8].

Ist der **Versorgungsfall eingetreten**, sind nur noch **geringfügige Verschlechterungen** der zugesagten Hinterbliebenenversorgung **gerechtfertigt**. Bei Änderung der Versorgungsregelungen ist auf die Grundsätze der Verhältnismäßigkeit und des Vertrauens-

---

1 BAG 14.1.1986 – 3 AZR 473/84, AP Nr. 6 zu § 1 BetrAVG – Invaliditätsrente.
2 BAG 24.6.1998 – 3 AZR 288/97 u. 20.11.2001 – 3 AZR 550/00, AP Nrn. 11 und 13 zu § 1 BetrAVG – Invaliditätsrente.
3 BAG 17.6.2003 – 3 AZR 396/02, AP Nr. 24 zu § 7 BetrAVG – Widerruf.
4 BAG 10.12.2013 – 3 AZR 796/11, MDR 2014, 729.
5 BAG 18.11.2008 – 3 AZR 277/07, DB 2009, 294.
6 BAG 14.1.2009 – 3 AZR 20/07, NZA 2009, 489.
7 LAG Hamm 29.7.1997 – 6 Sa 167/97, DB 1997, 1928.
8 BAG 19.12.2000 – 3 AZR 186/00, AP Nr. 19 zu § 1 BetrAVG – Hinterbliebenenversorgung.

schutzes zurückzugreifen. Diese Grundsätze sind verletzt, wenn zB bei einer fehlenden entsprechenden Vereinbarung die Witwenrente um die Hälfte des Ausgangsbetrags gekürzt wird[1].

aa) Witwenrente

61 Die Hauptform der Hinterbliebenenrente besteht in der Witwenrente. Da der Arbeitgeber den Kreis der Versorgungsberechtigten und den Umfang ihrer Versorgung bestimmen kann, ist er berechtigt, die Rentenleistung **einzugrenzen**. **Eine Begrenzung ist in vielen Fällen** bereits deshalb **gerechtfertigt**, weil mit der Rente nicht nur zur Versorgung der Witwe beigetragen, sondern auch die Betreuung des Arbeitnehmers während des Arbeitsverhältnisses honoriert werden soll. Ferner kann auch auf eine ausreichende anderweitige Versorgung der Witwe abgestellt werden. Diese Gesichtspunkte rechtfertigen es, einen Leistungsanspruch auszuschließen, wenn die Ehe erst nach Beendigung des Arbeitsverhältnisses[2] oder nach Eintritt des Versorgungsfalls[3] geschlossen wird (**Spätehenklausel**) oder die Ehe nur von geringer Dauer war[4] (**Mindestehedauerklausel**). Es bestehen deshalb keine Bedenken, wenn die Gewährung einer Witwenrente bei einer Heirat nach Vollendung des 50. Lebensjahres des Versorgungsberechtigten voraussetzt, dass die Ehe mindestens zehn Jahre bestanden hat[5]. Der Leistungsanspruch kann auch ausgeschlossen werden, wenn das Ehepaar beim Tod des Versorgungsberechtigten dauernd getrennt gelebt hat[6] (**Getrenntlebenklausel**) oder die Witwe wieder heiratet (**Wiederverheiratungsklausel**). Nach Scheidung der Zweitehe lebt der Versorgungsanspruch nicht wieder auf[7]. Ob eine Hinterbliebenenversorgung davon abhängig gemacht werden darf, ob der Verstorbene der **Haupternährer** der Familie war, hat das BAG ausdrücklich offen gelassen[8]. Das LAG Hamm[9] hat die Zulässigkeit von Haupternährerklauseln bejaht.

62 Unterschiedlich wird die Zulässigkeit von **Altersdifferenz-** und **Altersbegrenzungsklauseln** beurteilt. Nach Auffassung des BAG rechtfertigt eine Altersdifferenz von 25 Jahren den Ausschluss von Versorgungsleistungen[10]. Ebenso hatte das Gericht keine Bedenken gegen eine Regelung in einer Pensionsordnung, die den Anspruch auf Witwenrente davon abhängig macht, dass die Begünstigte im Zeitpunkt des Todes des Arbeitnehmers das 50. Lebensjahr vollendet hat. Dass der Witwe beim Tode ihres Mannes nur wenige Monate bis zu Vollendung ihres 50. Lebensjahres fehlten und dass die Ehe bis dahin viele Jahre bestanden hatte, sah das BAG nicht als entscheidungserheblich an[11]. Dagegen hält das Hessische LAG Klauseln, die auf eine Altersdifferenz von 15 Jahren abstellen, wegen Verstoßes gegen Art. 3 und 6 GG für verfassungswidrig[12].

---

1 BAG 12.10.2004 – 3 AZR 557/03, AP Nr. 23 zu § 1 BetrAVG – Hinterbliebenenversorgung.
2 BAG 9.11.1987 – 3 AZR 784/77, AP Nr. 179 zu § 242 BGB – Ruhegehalt; 20.4.2010 – 3 AZR 509/08, BAGE 134, 89; 15.10.2013 – 3 AZR 653/11, NZA 2014, 308.
3 BAG 15.10.2013 – 3 AZR 294/11, MDR 2014, 844; 15.10.2013 – 3 AZR 707/11, FamRZ 2014, 656.
4 BAG 11.8.1987 – 3 AZR 6/86, AP Nr. 4 zu § 1 BetrAVG – Hinterbliebenenversorgung.
5 BAG 28.7.2005 – 3 AZR 457/04, BAGE 115, 317.
6 BAG 6.9.1979 – 3 AZR 358/78, AP Nr. 183 zu § 242 BGB – Ruhegehalt; vgl. dazu auch BVerfG 29.2.1980 – 1 BvR 1231/79, AP Nr. 183a zu § 242 BGB – Ruhegehalt; BAG 28.3.1995 – 3 AZR 343/94, AP Nr. 14 zu § 1 BetrAVG – Hinterbliebenenversorgung.
7 BAG 16.4.1997 – 3 AZR 28/96, AP Nr. 11 zu § 1 BetrAVG – Hinterbliebenenversorgung.
8 BAG 26.9.2000 – 3 AZR 387/99, DB 2000, 2075.
9 LAG Hamm 8.12.1998 – 6 Sa 674/98, DB 1999, 915.
10 BAG 9.11.1978 – 3 AZR 784/77, AP Nr. 179 zu § 242 BGB – Ruhegehalt; vgl. dazu auch BVerfG 11.9.1979 – 1 BvR 92/79, AP Nr. 182 zu § 242 BGB – Ruhegehalt; ebenso: LAG Düsseldorf 19.5.2005 – 5 Sa 509/05, DB 2005, 2143 bei einer Altersdifferenz von 21 Jahren.
11 BAG 19.2.2002 – 3 AZR 99/00, AP Nr. 22 zu § 1 BetrAVG – Hinterbliebenenversorgung.
12 LAG Hess. 12.3.1997 – 8 Sa 177/96, DB 1997, 2182.

Die **Rechtsprechung** des BAG zu Altersdifferenz- bzw. **Altersabstandsklauseln** steht 63
im **Einklang** mit den Bestimmungen des **AGG**. Nach § 10 Eingangssatz iVm. Nr. 4
AGG ist eine unterschiedliche Behandlung wegen des Alters nämlich zulässig,
wenn sie objektiv angemessen und durch ein legitimes Ziel gerechtfertigt ist und
die Mittel zur Erreichung des Ziels erforderlich sind. Eine Altersabstandsklausel begrenzt das Risiko für den Arbeitgeber anhand demographischer Kriterien. Je jünger die
Hinterbliebenen im Verhältnis zu den Arbeitnehmern, denen eine Altersversorgung
zugesagt wurde, sind, desto länger ist der Zeitraum, während dessen der Arbeitgeber
durchschnittlich Hinterbliebenenversorgung zu erbringen hat. Die Begrenzung des
Altersabstands hat deshalb einen inneren Zusammenhang mit einer Begrenzung dieses Risikos[1]. Altersabstandsklauseln dürfen allerdings nicht dazu führen, dass Altersunterschiede, wie sie zwischen Ehegatten üblich sind, einen Leistungsausschluss zur
Folge haben[2]. Das BAG hat dem EuGH die Frage zur Entscheidung vorgelegt, ob Altersabstandsklauseln mit europarechtlichen Vorschriften in Einklang zu bringen
sind[3]. Der EuGH sieht in derartigen Klauseln keinen Verstoß gegen Europarecht,
weist aber darauf hin, dass dies nur für die Rechtslage bis zum Inkrafttreten der Richtlinie 2000/78/EG gilt, deren Umsetzungsfrist beim Ableben des Arbeitnehmers noch
nicht verstrichen war[4]. Für die Zeit nach Inkrafttreten des AGG gilt nach Auffassung
des BVerwG nichts anderes[5].

bb) Witwerversorgung

Sagt der Arbeitgeber eine Witwenrente zu, kann der Witwer auch ohne ausdrückliche 64
Regelung in der Versorgungsordnung eine Betriebsrente verlangen. Frauen wären diskriminiert, wenn sie ihren Ehepartner nicht in gleicher Weise versorgen könnten wie
der Mann; sie erhielten sonst bei gleicher oder gleichwertiger Arbeit einen geringeren
Lohn. Die **Rechtsgrundlage** für die Witwerversorgung bilden der arbeitsrechtliche
Gleichbehandlungsgrundsatz, das **Gleichberechtigungsgebot** und das **Diskriminierungsverbot** aus Art. 3 Abs. 2 und 3 GG sowie das **Lohngleichheitsgebot** aus Art. 157
AEUV.

Eine Regelung, die für Witwen früherer Arbeitnehmer ohne weitere Voraussetzung 65
betriebliche Witwenrente, für Witwer früherer Arbeitnehmerinnen aber nur dann
Witwerrente in Aussicht stellt, wenn diese den Unterhalt ihrer Familie überwiegend
bestritten haben, stellt eine Entgeltdiskriminierung wegen des Geschlechts dar. Die
anspruchseinschränkende Bestimmung ist deshalb nicht anzuwenden[6]. Dieser
Grundsatz gilt auch zu Lasten einer vom Arbeitgeber zur Durchführung der betrieblichen Altersversorgung eingeschalteten Pensionskasse[7]. Eine andere Beurteilung
dürfte jedoch angebracht sein, wenn eine **Hauptnährerklausel** sowohl Männer wie
Frauen betrifft (vgl. dazu Rz. 61). Den Anspruch auf Witwerversorgung hat das BAG
rückwirkend ab 1972 anerkannt, weil seit diesem Zeitpunkt mit der Unverfallbarkeit
der Entgeltcharakter der betrieblichen Altersversorgung stärker betont wurde[8].

---

1 Ebenso *Thüsing*, BetrAV 2006, 706.
2 Auf diesen Gesichtspunkt weisen *Reichenbach/Grüneklee*, BetrAV 2006, 711, im Hinblick auf die gestiegene Lebenserwartung im Rahmen von Spätehenklauseln zu Recht hin.
3 BAG 27.6.2006 – 3 AZR 352/05, DB 2006, 2524.
4 EuGH 23.9.2008 – Rs. C-427/06 – Bartsch, NZA 2008, 1119.
5 BVerwG 27.5.2009 – 8 CN 1/09, NJW 2009, 3319.
6 BAG 19.11.2002 – 3 AZR 631/97, AP Nr. 13 zu § 1 BetrAVG – Gleichberechtigung; unter der Geltung des AGG nunmehr: BAG 11.12.2007 – 3 AZR 249/06, DB 2008, 766.
7 EuGH 9.10.2001 – Rs. C-379/99 – Menauer, AP Nr. 5 zu § 1 BetrAVG – Pensionskasse.
8 BAG 5.9.1989 – 3 AZR 575/88, AP Nr. 8 zu § 1 BetrAVG – Hinterbliebenenversorgung.

cc) Versorgung des nichtehelichen Partners

66 Hinterbliebenenleistungen können auch dem **Partner einer nichtehelichen Lebensgemeinschaft** zustehen. Das setzt allerdings eine entsprechende Vereinbarung zwischen dem Arbeitgeber und dem begünstigten Arbeitnehmer voraus. Gegen den Willen des Arbeitgebers kann keine dritte Person vom Begünstigten eingesetzt werden[1]. Die Berechtigung der Lebensgefährtin anstelle der getrennt lebenden Ehefrau muss nicht gegen die guten Sitten verstoßen. Es kommt auf die Begleitumstände des Einzelfalls an[2].

67 Das 2001 in Kraft getretene **Lebenspartnerschaftsgesetz** hat grundsätzlich nichts daran geändert, dass zur Einbeziehung eines eingetragenen Lebenspartners in die Hinterbliebenenversorgung eines betrieblichen Versorgungswerks die Einigung mit dem Arbeitgeber erforderlich ist. Nach der Rechtsprechung des BAG verstößt eine unterschiedliche Behandlung von Ehegatten und eingetragenen Lebenspartnern bei der Hinterbliebenenversorgung gegen das AGG[3]. Daraus folgt, dass eingetragenen Lebenspartnern ein Anspruch zusteht, wenn in der Versorgung nur Witwen/Witwer berücksichtigt sind. Gelten für Witwen/Witwer Ausschlusstatbestände, wie etwa eine sog. Spätehenklausel, sind diese auch für Lebenspartner maßgeblich, selbst wenn ihnen aufgrund der Gesetzeslage keine frühere Eingehung einer eingetragenen Lebenspartnerschaft möglich war[4].

dd) Waisenrenten

68 Neben Hinterbliebenenversorgungsleistungen für Ehepartner werden in Versorgungsregelungen häufig Waisenrenten an **Voll- und Halbwaisen** vorgesehen. Dadurch werden eheliche, für ehelich erklärte, an Kindes statt angenommene und nichteheliche Kinder des Arbeitnehmers versorgt. Ein Ausschluss nichtehelicher Kinder ist gem. Art. 6 Abs. 5 GG unzulässig. Es bedeutet jedoch keine unmittelbare noch eine mittelbare Diskriminierung nichtehelicher Kinder, wenn die Gewährung von Hinterbliebenenleistungen daran anknüpft, dass die unterhaltsberechtigten Kinder in einem Haushalt mit dem verstorbenen Arbeitnehmer lebten oder er für sie das Sorgerecht hatte. Gemeinsamer Haushalt und Sorgerecht haben nichts mit der Nichtehelichkeit des Kindes zu tun und sind sachgemäße Anknüpfungspunkte für die Zahlung von Hinterbliebenenbezügen[5]. Die Zahlungspflicht für Waisenrenten wird zumeist an die Bezugsberechtigung nach dem Bundeskindergeldgesetz gekoppelt, dh. bis zum 18. Lebensjahr und bei Berufsausbildung bis zum 25. Lebensjahr gewährt. Gelegentlich wird auch nur an ein festes Lebensalter wie an die Vollendung des 25. Lebensjahres oder an den Eintritt in ein regelmäßiges Arbeitsverhältnis angeknüpft. Ein Entfallen der Waisenrente bei Heirat verstößt nach Auffassung des LAG Hamm gegen Art. 6 GG[6].

3. Versorgungsstrukturen

69 Das Versorgungsniveau in der betrieblichen Altersversorgung weist eine enorme Bandbreite auf (vgl. auch Rz. 7). Letztlich entscheidet das Unternehmen im Rahmen seiner **Gestaltungsfreiheit**, in welcher **Höhe** es **Versorgungsleistungen** gewähren will. Es wird dabei seine wirtschaftliche Lage und Finanzkraft, aber auch personalpolitische Gesichtspunkte berücksichtigen. Der Arbeitgeber kann die Versorgungslast da-

---

1 LAG Hamm 17.12.1991 – 6 Sa 1212/91, DB 1992, 535.
2 BAG 16.8.1983 – 3 AZR 34/81, AP Nr. 2 zu § 1 BetrAVG – Hinterbliebenenversorgung.
3 BAG 14.1.2009 – 3 AZR 20/07, NZA 2009, 489; 15.9.2009 – 3 AZR 294/09, NZA 2010, 216.
4 BAG 15.9.2009 – 3 AZR 797/08, DB 2010, 231.
5 BAG 20.8.2002 – 3 AZR 463/01, DB 2003, 2075.
6 LAG Hamm 20.5.1980 – 6 Sa 177/80, DB 1980, 1550.

durch eingrenzen, dass er die Leistung auf einen jährlich zu zahlenden Höchstbetrag limitiert.

Die **Versorgungsmodelle**, nach denen Leistungen der betrieblichen Altersversorgung gewährt werden, sind vielgestaltig. Während für den öffentlichen Dienst das Abschnittsdeckungsverfahren prägend war, bei dem die Finanzierung durch laufende Beiträge (Umlagen) und Erträge aus dem vorhandenen Kapital erfolgt[1], herrscht in der Privatwirtschaft seit jeher das Kapitaldeckungsverfahren vor. Bei ihm wird in der Anwartschaftsphase das Kapital angesammelt, aus dem die spätere Rente finanziert wird. Es handelt sich also um eine Form des kapitalgedeckten Sicherungssparens. Bis zum Eintritt des Versorgungsfalls sind die angesammelten Mittel entweder an den Betrieb oder an den externen Versorgungsträger gebunden. Der Arbeitgeber kann frei entscheiden, nach welchem System er Versorgungsleistungen erbringen will. Zahlreiche Wege stehen ihm offen, auf denen er sein Versorgungsversprechen verwirklichen kann. 70

a) Statische Versorgungssysteme

Die Gewährung von Versorgungsleistungen kann in der Weise erfolgen, dass den Arbeitnehmern ein **Festbetrag** als Altersruhegeld zugesagt wird oder sie einen bestimmten Betrag für jedes zurückgelegte Dienstjahr erhalten, wobei die Sockel- und Steigerungsbeträge unterschiedlich hoch sein können. Zugesagt sind in dieser Versorgungsform zB 120 Euro – für die ersten zwölf Dienstjahre und für jedes weitere Dienstjahr 5 Euro, limitiert auf maximal 250 Euro. Derartige statische Versorgungsmodelle sind weder leistungs- noch bedarfsorientiert und unterliegen in besonderem Maße der Auszehrung, da die zugesagte Leistung im Anwartschaftszeitraum nicht anzupassen ist. 71

Diese früher stark verbreiteten starren Versorgungszusagen werden heute vielfach durch **einkommens- oder tarifbezogene Nominalbetragssysteme** ersetzt. Sie differenzieren zusätzlich nach dem gewährten Arbeitsentgelt dadurch, dass die Versorgungsberechtigten entsprechend ihren Aktivbezügen in verschiedene Versorgungsgruppen aufgeteilt werden, denen unterschiedliche Steigerungsbeträge pro Dienstjahr zugeordnet sind. Möglich ist dies durch die Zuordnung von Einkommensspannen auf bestimmte Versorgungsgruppen oder über die Zuordnung von bestimmten tariflichen Lohn- und Gehaltsgruppen zu einer bestimmten Versorgungsgruppe. Diesen Formen verwandt sind **Eckwertsysteme**, die dadurch gekennzeichnet sind, dass lediglich für eine bestimmte Einkommensgröße ein Steigerungsbetrag pro Dienstjahr definiert wird und die davon abweichenden ruhegehaltsfähigen Einkommen zu dieser Größe ins Verhältnis gesetzt werden. Die Bezugsgröße wird dabei dynamisch gewählt, etwa ein bestimmtes Tarifgehalt oder die jeweilige Bemessungsgrenze in der gesetzlichen Rentenversicherung[2]. 72

b) Halbdynamische Versorgung

Stärker am Entgeltcharakter orientiert sind **bezügeabhängige Versorgungsmodelle**. Die betriebliche Versorgungsleistung baut sich in diesem System durch einheitliche, gehaltsprozentuale Steigerungsbeträge pro Dienstjahr bis zur Erreichung des Höchstanspruchs nach Ableistung eines vollen Berufslebens auf, etwa durch Gewährung einer betrieblichen Altersrente von 0,4 % des letzten Gehalts für jedes Dienstjahr. In Abwandlungen des halbdynamischen Versorgungsmodells können auch nur be- 73

---

[1] Zu den Vor- und Nachteilen dieses Verfahrens vgl. *von Puskas*, BetrAV 2001, 10 ff.
[2] Einzelheiten zur Festbetragszusage und zum Eckwertsystem vgl. bei *Kruip/Karst* in Schlewing/Henssler/Schipp/Schnitker, Teil 6 A Rz. 13 ff., 25 ff.

stimmte Beschäftigungsjahre berücksichtigt oder lediglich ein Grundbetrag und entsprechend niedrigere bezügeabhängige Steigerungsbeträge gewährt werden[1].

74 Im Rahmen von bezügeabhängigen Versorgungsmodellen entsteht bei Arbeitnehmern mit Einkommen **oberhalb der Beitragsmessungsgrenze** für die gesetzliche Rentenversicherung eine Versorgungslücke dadurch, dass diese Einkommensbestandteile nicht in die Rentenberechnung eingehen. Deshalb wird vielfach für derartige Einkommensbestandteile ein höherer Prozentsatz, etwa das Zwei- oder Dreifache des Prozentsatzes unterhalb der Beitragsmessungsgrenze, gewährt. Bei einer Tätigkeit des Arbeitnehmers, die teilweise unter Geltung der Beitragsbemessungsgrenze West und teilweise unter Geltung der Beitragsbemessungsgrenze Ost erbracht wurde, kann es geboten sein, im Wege der ergänzenden Auslegung der betreffenden Versorgungsregelung eine zeitanteilige Gewichtung vorzunehmen[2].

75 **Probleme** treten in solchen Versorgungssystemen mit gespaltener Rentenformel auf, **wenn** die **Beitragsbemessungsgrenze erhöht** wird. So ist durch das Gesetz zur Sicherung der Beitragssätze in der gesetzlichen Kranken- und Rentenversicherung vom 20.12.2002, mit dem im Interesse einer angestrebten Beitragsstabilität mit Wirkung ab 1.1.2003 eine außerplanmäßige Erhöhung der Beitragsbemessungsgrenze in den alten Ländern um 500 Euro auf 5100 Euro beschlossen wurde – in Ostdeutschland wurde die Beitragsbemessungsgrenze auf 4250 Euro erhöht –, teilweise eine erhebliche Verschlechterung der Versorgungssituation bei den Betroffenen eingetreten. In den Folgejahren wurde die Beitragsbemessungsgrenze jeweils erneut angehoben. Sie beläuft sich für das Jahr 2014 nunmehr auf 5950 Euro bzw. 5000 Euro. Für die außerplanmäßige Erhöhung in 2003 hat das BAG ursprünglich angenommen, dass Versorgungsordnungen mit gespaltener Rentenformel lückenhaft geworden sind. Es hat die angenommene Lücke geschlossen, indem es die Betriebsrente ohne Berücksichtigung der außerordentlichen Anhebung der Beitragsbemessungsgrenze errechnet und von dem so errechneten Betrag die Beträge abgezogen hat, um die sich die gesetzliche Rente infolge höherer Beitragszahlungen erhöht hat[3]. Mit nachfolgender Entscheidung vom 23.4.2013 hat das BAG von dieser Rechtsprechung Abstand genommen[4]. Ein Anspruch auf eine höhere Betriebsrente kann sich danach allenfalls noch nach den Regeln über die Störung der Geschäftsgrundlage ergeben[5].

c) Bausteinmodelle

76 Eine Mischung aus einem Festbetragssystem und einer bezügeabhängigen teildynamischen Versorgungszusage stellen **Bausteinmodelle** oder **Karrieredurchschnittspläne** dar. Gewährt wird danach für jedes Dienstjahr ein Steigerungsbetrag von bspw. 0,4 % des jeweils bezogenen Einkommens. Dieser Betrag wird als Nominalbetrag für jedes Dienstjahr festgeschrieben. Die Endrente ergibt sich aus der aufaddierten Summe der jährlich erdienten Steigerungsbeträge[6]. Bei dieser Versorgungsform handelt es sich also um ein stark leistungsbezogenes Modell; der Entgeltgedanke steht eindeutig im Vordergrund.

---

1 Vgl. auch *Kruip/Karst* in Schlewing/Henssler/Schipp/Schnitker, Teil 6 A Rz. 35 ff.
2 BAG 21.4.2009 – 3 AZR 640/07, DB 2009, 2499.
3 BAG 21.4.2009 – 3 AZR 695/08, DB 2009, 2162; 21.4.2009 – 3 AZR 471/07, nv; vgl. auch BAG 17.1.2012 – 3 AZR 135/10, nv.
4 BAG 23.4.2013 – 3 AZR 475/11, NZA 2013, 1375; 18.3.2014 – 3 AZR 952/11, NZA 2014, 843.
5 BAG 23.4.2013 – 3 AZR 475/11, NZA 2013, 1375.
6 Vgl. ausführlich zu diesem Modell *Kruip/Karst* in Schlewing/Henssler/Schipp/Schnitker, Teil 6 A Rz. 40 ff., 125 ff.

d) Spannungsklauseln

Eine Versorgungszusage kann auch in der Weise erteilt werden, dass ein **neutrales Einkommen**, zB ein bestimmtes Beamten- oder Tarifgehalt oder auch die Altersrente der gesetzlichen Rentenversicherung[1], als **Bezugsgröße** herangezogen wird. Derartige Spannungsklauseln sind als Wertsicherungsklauseln für den Versorgungsberechtigten vorteilhaft. Besonders häufig sind sie im Krankenhausbereich anzutreffen, in dem zB dem Chefarzt eine betriebliche Versorgung wie einem Beamten der Besoldungsgruppe A 16 unter Anrechnung der Bezüge aus der Ärzteversorgung versprochen wird. Sie können sich ausschließlich auf den Anwartschaftszeitraum, auf den Rentenzahlungszeitraum oder, wie bei der Bezugnahme auf das Beamtenrecht, auch auf beide Zeiträume beziehen.

77

e) Volldynamische Absicherung

Bei diesen Systemen werden **Lohn- bzw. Gehaltssteigerungen** vergleichbarer Arbeitnehmer nach Eintritt des Versorgungsfalls **in voller Höhe** an die Versorgungsberechtigten **weitergegeben**, also auch, wenn sie den Kaufkraftverlust übersteigen. Bei derartigen Zusagen, die vorwiegend in kommunalen Versorgungsunternehmen anzutreffen sind, entfällt allerdings gem. § 18 Abs. 1 und 4 BetrAVG die Pflicht zur Anpassung der Renten.

78

f) Beitragsabhängige Zusagen

Im Gegensatz zu Versorgungssystemen, bei denen der festgelegte Leistungsumfang den Versorgungsaufwand bestimmt, haben **beitragsorientierte Systeme** die Vorgabe eines bestimmten Beitragsvolumens zum Inhalt. Der Arbeitgeber verspricht, einen festgelegten laufenden Beitragsaufwand für Versorgungszwecke zu reservieren. Das Beitragsvolumen kann sich zB an einem fixen Betrag oder an einem konstanten Verhältnis zum jeweiligen rentenfähigen Arbeitsverdienst orientieren, wobei die Versorgungsleistung sich aus einer versicherungsmathematisch berechneten Umsetzung des Beitrags in eine Rente ähnlich wie bei einem Tarif eines Lebensversicherers ergibt[2].

79

Bei der **Beitragszusage mit Mindestleistung** verpflichtet sich der Arbeitgeber gleichfalls einerseits zur Zahlung der Beiträge an einen Versorgungsträger sowie andererseits zur Bereitstellung des aufgrund der gezahlten Beiträge planmäßig zuzurechnenden Versorgungskapitals. Dazu gehören auch die aus dem Kapital erzielten Erträge. Ferner hat der Arbeitgeber mindestens die Summe der zugesagten Beiträge in ihrem Nominalwert zur Verfügung zu stellen. Da mithin die Summe der eingezahlten Beiträge garantiert werden muss, handelt es sich im Grunde insoweit um eine Leistungszusage[3].

80

Konzeptionell trägt der **Mitarbeiter** im Rahmen der Beitragszusage mit Mindestleistung das **Anlagerisiko**. Dieses Risiko ist jedoch begrenzt, da der Arbeitnehmer in jedem Fall die sog. Mindestleistung erwarten kann. Die Mindestleistung besteht in der Summe der Beiträge, welche der Arbeitgeber dem Mitarbeiter zugesagt hat. Hiervon abzuziehen sind ggf. Risikoprämien, mit denen vorzeitige Versorgungsfälle abgedeckt werden, wie bspw. eine Erwerbsminderungsleistung bzw. eine Hinterbliebenenrente bei vorzeitigem Tod. Zur Verdeutlichung, wie sich das Versorgungskapital bei einer Beitragszusage mit Mindestleistung zusammensetzt, folgendes Beispiel:

81

---

1 BAG 17.6.2003 – 3 AZR 396/02, DB 2004, 324.
2 *Bode/Grabner*, DB 1980, 2151; *Kruip/Karst* in Schlewing/Henssler/Schipp/Schnitker, Teil 6 A Rz. 85 ff.
3 *Albert/Schumann/Sieben/Menzel*, Rz. 354.

Beispiel:

Der Arbeitgeber erteilt eine Zusage, die einen Beitrag für jedes anrechnungsfähige Dienstjahr im Umfang von 1 % des jeweiligen versorgungsfähigen Einkommens vorsieht. Ein 30-jähriger Mitarbeiter hat im Jahr 2014 ein Jahreseinkommen von 40 000 Euro. Das ergibt einen jährlichen Beitrag von 400 Euro, der an eine Pensionskasse gezahlt wird. Über einen Zeitraum vom 37 Jahren bis zum Eintritt in den Ruhestand im Alter 67 würde der Mitarbeiter vom Arbeitgeber mithin eine Summe von insgesamt 14 800 Euro erhalten. Dies stellt die Mindestleistung dar. Zieht der Arbeitgeber von dem jährlichen Beitrag 50 Euro ab, um damit vorzeitige Versorgungsfälle abzudecken, verbleibt als Mindestversorgungsleistung für den Mitarbeiter ein Betrag von 12 950 Euro (14 800 Euro abzüglich 37 × 50 Euro). Erwirtschaftet die Pensionskasse jedoch eine durchschnittliche Verzinsung des jährlich eingebrachten Sparbeitrags von 6 % pro Jahr, so ergibt sich für den Mitarbeiter ein Versorgungskapital im Alter 67 von mehr als 40 000 Euro.

82 Die Beitragszusage mit Mindestleistung unterliegt gleichfalls dem **Insolvenzschutz**. Soweit bei dieser Zusageform das planmäßig zuzurechnende Versorgungskapital geringer ist als die Summe der zugesagten Beiträge abzüglich der rechnungsmäßig für einen biometrischen Risikoausgleich verbrauchten Beträge und der Arbeitgeber seiner Verpflichtung zur Zahlung der zugesagten Beiträge wegen der Eröffnung des Insolvenzverfahrens oder anderer der in § 7 Abs. 1 BetrAVG bezeichneten Fälle nicht nachkommt, hat der Pensions-Sicherungs-Verein aG als Träger der gesetzlichen Insolvenzsicherung einzutreten. Der Insolvenzschutz erstreckt sich dabei nur auf die Mindestleistung.

g) Ergebnisorientierte Versorgungssysteme

83 Ähnlich konzipiert sind ergebnisorientierte Versorgungssysteme. Bei ihnen wird neben einer Grundversorgung ein bestimmter **Anteil des Jahresgewinns** des Unternehmens als Barwert **für Versorgungszusagen** zur Verfügung gestellt. Die Mitarbeiter erhalten hieraus eine nach versicherungsmathematischen Grundsätzen errechnete Zusage. Aus der Summe aller Einzelbeträge ergibt sich die als Kapital oder Rente fällige Versorgungsleistung. Insofern ist eine gewisse Parallelität zu den Bausteinmodellen festzustellen.

h) Gesamtversorgungszusagen

84 Ausgehend von dem Gedanken der Ergänzungsfunktion der betrieblichen Altersversorgung ist die **Gesamtversorgung** darauf gerichtet, zusammen mit den Leistungen aus der gesetzlichen Rentenversicherung eine Vollversorgung der Betriebsrentner zu sichern. Gesamtversorgungssysteme, die den Versorgungscharakter der betrieblichen Altersversorgung mehr als die anderen Systeme verwirklichen und den Entgeltcharakter vernachlässigen, bestehen in zwei Formen.

85 Bei **Anrechnungssystemen**, die besonders im öffentlichen Dienst verbreitet sind, wird eine hohe Betriebsrente vom Arbeitgeber versprochen, auf die die gesetzliche Rente und evtl. auch anderweitige Versorgungsleistungen, zB eine Lebensversicherung, die zur Hälfte mit Beiträgen des Arbeitgebers finanziert worden ist, angerechnet wird. Häufig wird eine Gesamtversorgung in der Weise zugesagt, dass der **Versorgungsgrad**, der sich aus Leistungen der betrieblichen Altersversorgung und der gesetzlichen Rentenversicherung zusammensetzt, einen bestimmten **Höchstwert** nicht überschreiten darf[1]. Der Versorgungsgrad wurde früher zumeist nach Prozentsätzen vom letzten Bruttoeinkommen bemessen. Durch die steigenden Abgabenlasten ist es dadurch

---

1 BAG 17.9.2008 – 3 AZR 1061/06, EzA Nr. 31 zu § 2 BetrAVG.

zu Überversorgungen gekommen[1]. Die Ausrichtung am Bruttoeinkommen ist in den letzten Jahren deshalb vielfach auf eine Nettoversorgung zurückgeführt worden[2].

Eine **Gesamtversorgung** wird heute kaum noch zugesagt, da sie für den Arbeitgeber wegen der nicht voraussehbaren Entwicklung in der gesetzlichen Rentenversicherung nicht kalkulierbar ist[3]. Die Höhe der betrieblichen Versorgungslasten unterliegt daher nicht der unternehmerischen Entscheidung, sondern ist in erheblichem Maße fremdbestimmt[4]. Der Arbeitgeber wird praktisch zum Ausfallbürgen für die gesamte Grundsicherung. Auch in der Arbeitnehmerschaft stoßen Gesamtversorgungssysteme auf Ablehnung: Arbeitnehmer mit einer niedrigen Sozialversicherungsrente erhalten eine höhere Betriebsrente als Arbeitnehmer mit einer höheren Sozialversicherungsrente, selbst wenn Letztere eine besser entlohnte und qualifiziertere Arbeit verrichten und eine längere Betriebszugehörigkeit aufweisen. Die in der Praxis anzutreffenden **modifizierten Gesamtversorgungssysteme** erweisen sich gleichfalls in vielerlei Hinsicht als problematisch. 86

4. Durchführungswege

Nachdem geklärt ist, welche Leistungen für eine betriebliche Versorgung in Betracht kommen und wie sich Versorgungszusagen strukturieren lassen, geht es bei den Durchführungswegen um die **Organisation der Altersversorgung**. Dem Arbeitgeber stehen mit der unmittelbaren bzw. Direktzusage, der Direktversicherung, dem Pensionsfonds sowie der Pensions- und Unterstützungskasse **fünf Gestaltungsformen** zur Verfügung, die auch miteinander kombiniert werden können. Aus der Verweisung in § 1 Abs. 1 Satz 2 BetrAVG auf § 1b Abs. 2–4 BetrAVG ist abzuleiten, dass für die betriebliche Altersversorgung ausschließlich diese fünf Durchführungswege in Betracht kommen. Die unterschiedliche Konstruktion der Durchführungswege gestattet es dem Arbeitgeber, die **Leistungen unmittelbar** aus seinem Vermögen zu erbringen oder sich **externer Versorgungsträger** zur Erfüllung seiner Verpflichtungen zu bedienen. 87

Ungeachtet der Wahl eines mittelbaren Durchführungsweges steht der Arbeitgeber nach § 1 Abs. 1 Satz 3 BetrAVG in jedem Fall aus dem arbeitsvertraglichen Grundverhältnis für die Leistungen ein (vgl. Rz. 20). Dieser **Verschaffungsanspruch** richtet sich darauf, im Versorgungsfall eine mögliche Lücke zu schließen, die sich zwischen der Versorgungszusage einerseits und der Leistung des Versorgungsträgers andererseits ergeben kann. Durch die Einstandspflicht des § 1 Abs. 1 Satz 3 BetrAVG wird sichergestellt, dass bei Schwierigkeiten im Durchführungsweg dennoch die nach der Versorgungszusage geschuldeten Leistungen erbracht werden[5]. Von dieser Einstandspflicht kann der Arbeitgeber sich vertraglich nicht zum Nachteil der Arbeitnehmer befreien[6], indem er etwa dynamisch auf die Versorgungsregeln des dritten Versorgungsträgers (zB Pensionskasse) verweist. 88

Davon zu unterscheiden ist der **Anspruch auf Einhaltung des Durchführungswegs, der sich aus der Versorgungszusage ergeben kann**. Danach kann der Arbeitnehmer vom Arbeitgeber verlangen, dass dieser die betriebliche Altersversorgung tatsächlich entsprechend dem vereinbarten Durchführungsweg gestaltet und die dafür erforderlichen 89

---

1 Zum Wegfall der Geschäftsgrundlage wegen Überversorgung vgl. BAG 13.11.2007 – 3 AZR 455/06, DB 2008, 994; *Schumann*, FS Förster, S. 165 ff. sowie Rz. 609.
2 BAG 23.9.1997 – 3 ABR 85/96, AP Nr. 26 zu § 1 BetrAVG – Ablösung.
3 Einzelheiten dazu bei *Kruip/Karst* in Schlewing/Henssler/Schipp/Schnitker, Teil 6 A Rz. 60 ff.
4 Zum Wegfall der Geschäftsgrundlage wegen Äquivalenzstörung: BAG 19.2.2008 – 3 AZR 290/06, DB 2008, 1387.
5 BAG 12.11.2013 – 3 AZR 92/12, NZA-RR 2014, 315; 12.6.2007 – 3 AZR 186/06, BAGE 123, 82.
6 BAG 19.6.2012 – 3 AZR 408/10, BAGE 142, 72.

Handlungen vornimmt[1], zB eine Direktversicherung abschließt und Beiträge abführt. Der Anspruch auf Einhaltung des Durchführungswegs ist dem Verschaffungsanspruch also vorgelagert und soll sicherstellen, dass bei Eintritt des Versorgungsfalles die Einstandspflicht des Arbeitgebers erst gar nicht zum Tragen kommt, sondern die Erfüllung im Durchführungsweg sichergestellt ist[2].

a) Unmittelbare Versorgungszusage

90   Bei dieser Durchführungsform, die gesetzlich nicht gesondert geregelt ist, verspricht der Arbeitgeber dem Arbeitnehmer, nach Eintritt des Versorgungsfalls die Versorgungsleistungen **selbst zu erbringen.** Er haftet für die Erfüllung der Zusage unmittelbar mit seinem Betriebsvermögen und als Einzelkaufmann oder persönlich haftender Gesellschafter auch mit seinem Privatvermögen.

91   Betriebliche Versorgungsleistungen aus unmittelbaren Versorgungszusagen können durch **Verbände branchenspezifisch** angeglichen und in ihrer Verwaltung zentralisiert werden. Sie verlieren dadurch ihren Charakter als unmittelbare Versorgungszusage nicht. Die Deckungsmittel verbleiben bei den einzelnen Unternehmen. Versorgungsrechtliche Beziehungen bestehen nur zwischen den Arbeitnehmern und ihren jeweiligen Arbeitgebern. Derartige **Konditionenkartelle** existieren bei Unternehmen des Bergbaus (Bochumer Verband), der Eisen- und Stahlindustrie (Essener Verband) und des Speditionsgewerbes (Mühlheimer Verband). Eine branchenbezogene Aufgliederung innerhalb der Kartelle, zB hinsichtlich der Ruhegeldanpassung, ist zulässig[3].

92   Der auch heute noch starke Verbreitungsgrad der unmittelbaren Versorgungszusage in der gewerblichen Wirtschaft ist auf die **Finanzierung durch Pensionsrückstellungen** zu günstigem Rechnungszinsfuß zurückzuführen. Zurzeit beträgt er 6 % (§ 6a Abs. 3 Satz 3 EStG). Durch die Rückstellungen werden die Einkommens-, Körperschafts- und Ertragsteuer vermindert. Die Mittel verbleiben dauerhaft im Unternehmen und verstärken seine Finanzierungsbasis[4], zumal die Versteuerung nachgelagert durchzuführen ist. Bislang waren die meisten Versorgungsleistungen im Ergebnis auch noch nicht lohnsteuerlich belastet, weil die Sozialversicherungsrente nur mit dem Ertragsanteil gem. § 22 EStG besteuert wurde. Durch die Neuregelung der Besteuerung der gesetzlichen Renten seit dem 1.1.2005 verliert dieser Gesichtspunkt jedoch langfristig an Gewicht. Allerdings tritt eine Kompensation durch die steuerliche Förderung der kapitalgedeckten Zusatzversorgung ein.

b) Direktversicherung

93   Nach der Definition des § 1b Abs. 2 BetrAVG liegt eine Direktversicherung vor, wenn für die betriebliche Altersversorgung eine **Lebensversicherung** auf das Leben des Arbeitnehmers durch den Arbeitgeber abgeschlossen worden ist und der Arbeitnehmer oder seine Hinterbliebenen hinsichtlich der Leistungen des Versicherers ganz oder teilweise bezugsberechtigt sind[5]. Erfasst werden damit alle Versicherungen, die ein Arbeitgeber zugunsten eines Arbeitnehmers als Leistungen einer betrieblichen Alters-, Invaliditäts- oder Hinterbliebenenversorgung schließt. Der **Arbeitgeber** muss **Versicherungsnehmer** sein. Schließt der Arbeitnehmer die Versicherung im eigenen Namen ab, so liegt auch dann keine betriebliche Altersversorgung vor, wenn der Ar-

---

1 BAG 12.11.2013 – 3 AZR 92/12, NZA-RR 2014, 315; 12.6.2007 – 3 AZR 186/06, BAGE 123, 82.
2 BAG 12.11.2013 – 3 AZR 92/12, NZA-RR 2014, 315; 12.6.2007 – 3 AZR 186/06, BAGE 123, 82.
3 BAG 19.2.2002 – 3 AZR 299/01, AP Nr. 40 zu § 1 BetrAVG – Unterstützungskasse.
4 Zu den Finanzierungseffekten im Einzelnen vgl. *Karst/Stöckler* in Schlewing/Henssler/Schipp/Schnitker, Teil 2 B Rz. 161 ff.
5 Einzelheiten bei *Schlewing* in Schlewing/Henssler/Schipp/Schnitker, Teil 5 C Rz. 1 ff.

I. Rechtsgrundlagen betrieblicher Versorgungsverpflichtungen

beitgeber zuvor einen Gruppenversicherungsvertrag geschlossen hat, der den Rahmen der einzelnen Versicherungsverträge bildet[1].

Der Abschluss des Lebensversicherungsvertrages durch den Arbeitgeber schließt es nicht aus, dass sich der Arbeitnehmer an der Beitragszahlung beteiligt. Die Zulässigkeit von **Eigenbeitragsanteilen der Arbeitnehmer** ergibt sich aus § 2 Abs. 2 Satz 1 BetrAVG, wo bei der Höhe der aufrechtzuerhaltenden Anwartschaft ausdrücklich auf die durch Arbeitgeberbeiträge finanzierte Teilleistung verwiesen wird. Auch bei Eigenbeitragsanteilen des Arbeitnehmers bleibt versicherungsrechtlich der Arbeitgeber Verpflichteter des Versicherungsvertrages. Er schuldet gem. § 1 Satz 2 VVG dem Versicherer auch dann die Beiträge, wenn der Arbeitnehmer im Innenverhältnis der Pflicht zur Zahlung seines Anteils nicht nachkommt. 94

Die Versorgung durch eine Direktversicherung ist durch ein Dreiecksverhältnis gekennzeichnet: Einerseits besteht ein **Versicherungs- bzw. Deckungsverhältnis**, andererseits ein **Versorgungs- bzw. Valutaverhältnis** zwischen dem Arbeitgeber und dem Arbeitnehmer. In ihrem rechtlichen Bestand sind das Versicherungs- und das Versorgungsverhältnis voneinander unabhängig. Aus dem Versorgungsverhältnis ergibt sich daher kein Recht des Arbeitnehmers auf Besitz des Versicherungsscheins[2]. 95

Im Rahmen des Versicherungsverhältnisses schließt der Arbeitgeber auf das Leben des Arbeitnehmers einen Versicherungsvertrag, der je nach Anzahl der versicherten Arbeitnehmer als **Einzel- oder Gruppenversicherung** ausgestaltet sein kann. Ob zur Gültigkeit des Vertrages die schriftliche Einwilligung des versicherten Arbeitnehmers erforderlich ist, bestimmt § 150 Abs. 2 VVG. Bei Gruppenversicherungen wird auf das Zustimmungserfordernis verzichtet. 96

Im Versicherungsvertrag kann dem Arbeitnehmer als Versicherten die Anwartschaft auf die Versicherungsleistung entweder unwiderruflich oder widerruflich eingeräumt werden. Das **Bezugsrecht** ist widerruflich, wenn nicht ausdrücklich ein unwiderrufliches Bezugsrecht vereinbart wird, § 159 Abs. 1 VVG. Allein diese versicherungsrechtliche Lage ist dafür maßgeblich, in welcher Weise der Arbeitnehmer rechtswirksam auf die Versicherung zugreifen kann und ob die Rechte zu seinem Vermögen oder noch zum Vermögen des Arbeitgebers gehören. Diese Fragestellung ist vor allem im Insolvenzverfahren von Bedeutung, wenn der Insolvenzverwalter auf das Vermögen des Arbeitgebers zugreift[3]. Dem gegenüber tritt die arbeitsrechtliche Situation (zB Unverfallbarkeit) zurück und kann allenfalls Schadensersatzansprüche des Arbeitnehmers gegen den Arbeitgeber begründen. 97

Bei **widerruflichem Bezugsrecht** kann der Arbeitgeber einseitig die Person des Bezugsberechtigten verändern. Der Arbeitgeber kann die Rechte aus dem Versicherungsvertrag abtreten, beleihen oder verpfänden. Auch nach Eintritt der Unverfallbarkeitsvoraussetzungen ist der Widerruf des Bezugsrechts zwar versicherungsrechtlich noch möglich, arbeitsrechtlich aber unwirksam. Der Arbeitgeber ist **dann zum Schadensersatz** verpflichtet. Er muss dem Arbeitnehmer eine beitragsfreie Versicherungsanwartschaft verschaffen, deren Wert dem widerrufenen Bezugsrecht bei Beendigung des Arbeitsverhältnisses entspricht[4]. In keinem Fall besteht ein Anspruch des Arbeitnehmers auf Auszahlung der Direktversicherung vor Eintritt des Versorgungsfalls[5]. Wird ein **Insolvenzverfahren** gegen den Arbeitgeber eröffnet, so fällt bei einer wider- 98

---

1 BAG 10.3.1992 – 3 AZR 153/91, AP Nr. 17 zu § 1 BetrAVG – Lebensversicherung.
2 BAG 19.4.2011 – 3 AZR 267/09, DB 2011, 2555.
3 BAG 17.1.2012 – 3 AZR 10/10, AP Nr. 33 zu § 1 BetrAVG – Lebensversicherung.
4 BAG 28.7.1987 – 3 AZR 694/85, AP Nr. 4 zu § 1 BetrAVG – Lebensversicherung.
5 BAG 26.5.2009 – 3 AZR 816/07, DB 2010, 287; 17.1.2012 – 3 AZR 776/09, nv.

ruflichen Bezugsberechtigung der Anspruch auf den Rückkaufswert in die Masse[1]. Eines Widerrufs der Bezugsberechtigung bedarf es nicht[2].

99 Bei **eingeschränkt widerruflichem Bezugsrecht** kann der Arbeitgeber die Versorgungszusage bei Beendigung des Arbeitsverhältnisses vor Eintritt der gesetzlichen Unverfallbarkeit widerrufen. Der BGH geht nach Auslegung derartiger Bedingungen zugunsten des Arbeitnehmers davon aus, dass keine Beendigung in diesem Sinne vorliegt, wenn das Arbeitsverhältnis ohne Zutun des Arbeitnehmers in der Insolvenz durch betriebsbedingte Kündigung endet oder ein Betriebsübergang eintritt[3]. Das BAG hat bestätigt, dass jedenfalls ein Betriebsübergang – ob in der Insolvenz oder außerhalb davon – jedenfalls keine „Beendigung" des Arbeitsverhältnisses im Sinne der Versicherungsbedingungen darstellt. Die Auslegung der Versicherungsbedingungen folgt insoweit wie auch grundsätzlich den betriebsrenten- und arbeitsrechtlichen Wertungen[4].

100 Bei Einräumung eines **unwiderruflichen Bezugsrechts** erwirbt der bezugsberechtigte Arbeitnehmer ein durch den Eintritt des Versorgungsfalls bedingtes, vom Arbeitgeber nicht mehr beeinflussbares Recht auf die Leistungen aus dem Versicherungsvertrag. Dies wird noch nicht dadurch erreicht, dass der Arbeitgeber dem Arbeitnehmer den Versicherungsschein übersendet, da diese Handlung keine Außenwirkung im Versicherungsverhältnis hat[5]. Eine wirtschaftliche Nutzung durch den Arbeitgeber ist bei unwiderruflichem Bezugsrecht nur mit Zustimmung des Arbeitnehmers zulässig. Unwiderrufliche Bezugsrechte sind auch **insolvenzfest**; sie fallen nicht in die Insolvenzmasse. Der Versorgungsberechtigte kann die Aussonderung der Rechte aus dem Versicherungsvertrag verlangen[6]. Hat der Arbeitnehmer Beiträge durch Entgeltumwandlung wirtschaftlich selbst aufgebracht, steht ihm im Insolvenzfall ebenfalls ein Aussonderungsrecht nach § 47 InsO zu, falls sich aus der Ausgestaltung des Versicherungsverhältnisses nichts Gegenteiliges ergibt[7].

101 Das Bezugsrecht muss nicht einheitlich für die gesamte versicherungsvertragliche Leistung geregelt sein. Es kann auch teilweise widerruflich und teilweise unwiderruflich gestaltet sein. Vereinbarungen über ein derartiges **gespaltenes Bezugsrecht** werden zB hinsichtlich verschiedener Leistungsarten oder bzgl. des Grundanspruchs und der Überschussanteile getroffen. Bei Fehlen einer anderweitigen Vereinbarung stehen die anfallenden **Überschussanteile** und **Sondergewinne**, etwa in Form einer Bardividende, grundsätzlich dem Arbeitgeber zu. Der Versorgungsempfänger kann die vorgenannten Erträge nur dann beanspruchen, wenn die Auslegung der Versorgungsordnung dies ergibt[8], sie also etwa zur Erhöhung der Versicherungssumme verwendet werden oder ihre verzinsliche Ansammlung vorgesehen ist, ohne eine Bestimmung über das Bezugsrecht zu treffen[9].

102 Die **Versorgungszusage** gilt gem. § 1b Abs. 2 Satz 4 BetrAVG **mit dem Versicherungsbeginn** als erteilt. Die Fristen für die Erfüllung der Unverfallbarkeit laufen daher ab Versicherungsbeginn. Das BAG hat darauf hingewiesen, dass es dem gesetzgeberi-

---

1 BAG 18.9.2012 – 3 AZR 176/10, ZIP 2012, 2269; 17.1.2012 – 3 AZR 10/10, AP Nr. 33 zu § 1 BetrAVG – Lebensversicherung.
2 BGH 4.3.1993 – IX ZR 169/92, ZIP 1993, 600.
3 BGH 8.6.2005 – IV ZR 30/04, NJW-RR 2005, 1412; 3.5.2006 – IV ZR 134/05, DB 2006, 1488.
4 BAG 15.6.2010 – 3 AZR 334/06, BAGE 134, 372; 17.1.2012 – 3 AZR 776/09, nv.
5 BAG 19.4.2011 – 3 AZR 267/09, DB 2011, 2555.
6 BAG 18.9.2012 – 3 AZR 176/10, ZIP 2012, 2269; 28.7.1987 – 3 AZR 694/85, AP Nrn. 4 zu § 1 BetrAVG – Lebensversicherung.
7 OLG Düsseldorf 6.3.1992 – 17 U 201/91, DB 1992, 1981; BAG 8.6.1999 – 3 AZR 136/98, AP Nr. 26 zu § 1 BetrAVG – Lebensversicherung.
8 BAG 16.2.2010 – 3 AZR 479/08, BB 2010, 1916.
9 LAG Hamm 20.1.1998 – 6 Sa 992/97, LAGE § 1 BetrAVG – Lebensversicherung Nr. 3.

schen Willen nicht entsprechen könne, über das Hinausschieben des Versicherungsbeginns eine dem § 1b Abs. 1 BetrAVG widersprechende Betriebsbindung zu erreichen[1].

Schließt ein Arbeitgeber für einen Arbeitnehmer eine Direktversicherung ab, so beinhaltet nicht jeder **weitere Versicherungsabschluss** eine Erhöhung oder Aufstockung der ursprünglichen Versorgungszusage mit der Folge, dass eine Änderung der Zusage iSv. § 1b Abs. 1 Satz 3 BetrAVG vorliegt und damit die Unverfallbarkeitsfrist sich nach dem erstmaligen Versicherungsbeginn richtet[2]. Dies gilt insbesondere dann nicht, wenn der Abschluss einer weiteren Direktversicherung keinen sachlichen Zusammenhang zum Abschluss der ersten Versicherung hat[3]. 103

Zu den gesetzlichen Auflagen für die Gestaltungsform Direktversicherung gehört gem. § 1b Abs. 2 Satz 3 BetrAVG ferner die Verpflichtung, beim Ausscheiden eines Arbeitnehmers nach Erfüllung der Unverfallbarkeitsvoraussetzungen etwaige **Beleihungen** oder **Abtretungen** der Ansprüche aus der Direktversicherung rückgängig zu machen. Da der Arbeitgeber Versicherungsnehmer ist und ihm damit alle Rechte aus dem Versicherungsvertrag zustehen, ist diese Verpflichtung vom Arbeitnehmer **versicherungsvertragsrechtlich** zwar nicht durchsetzbar. Verstößt der Arbeitgeber gegen die Vorschrift, macht er sich im Versorgungsverhältnis zu seinem Arbeitnehmer jedoch schadensersatzpflichtig, wenn er es unterlässt, die wirtschaftliche Nutzungsmöglichkeit des Versicherungsvertrages rechtzeitig wiederherzustellen. Er hat die ohne Beleihung und Abtretung aus dem Versicherungsvertrag fließenden Versorgungsleistungen dann unmittelbar selbst zu erbringen. 104

Die **Finanzierungseffekte** sind bei der Direktversicherung im Vergleich zur unmittelbaren Zusage, die sich zu einem Großteil durch Pensionsrückstellungen zu günstigem Zinsfuß finanziert, begrenzt, weil es vor Eintritt des Versorgungsfalls durch die vom Arbeitgeber aufzubringenden Prämien einschließlich der vorgelagerten Versteuerung zu Liquiditätsabflüssen kommt, die durch die Inanspruchnahme eines Policendarlehens nur unvollkommen ausgeglichen werden können[4]. Gleichwohl ist die Direktversicherung wegen ihrer Übersichtlichkeit und des geringen Verwaltungsaufwands in mittelständischen Unternehmen stark verbreitet. 105

c) Pensionsfonds

Durch Art. 7 AVmG ist der Pensionsfonds als **fünfter Durchführungsweg** in das Betriebsrentengesetz einführt worden. Mit diesem Rechtsinstitut hat der Gesetzgeber den Vertragsparteien eine Organisationsform zur Verfügung gestellt, die eine Vielzahl neuer Möglichkeiten und Chancen zur Durchführung der betrieblichen Altersversorgung eröffnet. 106

Die großen Erwartungen, die an die Einführung dieses Durchführungswegs geknüpft wurden, haben sich allerdings nicht erfüllt. Zwar ergibt sich für die Pensionsfondszusagen seit Dezember 2001 bis Juli 2004 ein Anstieg von 140 %, er ist jedoch auf niedrigem Niveau erfolgt. Ursächlich für diese Entwicklung waren neben einer Vielzahl weiterer Faktoren insbesondere die Vorgaben für die Ausgestaltung der Versorgung, die sich aus der Legaldefinition des § 112 VAG ergaben. **Durch das 7. VAGÄndG** vom 29.8.2005 erhielt der **Pensionsfonds größere Gestaltungsfreiheiten**, die die Attraktivität dieses Durchführungswegs weiter verbessern und seine Verbrei- 107

---

1 BAG 7.7.1977 – 3 AZR 572/76, AP Nr. 3 zu § 1 BetrAVG – Wartezeit.
2 BAG 12.2.1981 – 3 AZR 163/80, AP Nr. 5 zu § 1 BetrAVG.
3 BAG 28.4.1992 – 3 AZR 353/91, BetrAV 1992, 221.
4 Zu weiteren Einzelheiten der finanziellen Auswirkungen vgl. *Karst/Stöckler* in Schlewing/Henssler/Schipp/Schnitker, Teil 5 C Rz. 46 ff.

tung fördern sollen[1]. Stand 2008 beliefen sich die Deckungsmittel auf 14,5 Mrd. Euro, entsprechend etwa 3,2 % der gesamten Rechnungsmittel der betrieblichen Altersversorgung[2].

108 § 112 Abs. 1 Satz 1 VAG definiert den Pensionsfonds als eine **rechtsfähige Versorgungseinrichtung**, die im Wege des Kapitaldeckungsverfahrens Leistungen der betrieblichen Altersversorgung für einen oder mehrere Arbeitgeber zugunsten von Arbeitnehmern erbringt, die Höhe der Leistungen oder die Höhe der für diese Leistungen zu entrichtenden künftigen Beiträge nicht für alle vorgesehenen Leistungsfälle durch versicherungsförmige Garantien zusagen darf, den Arbeitnehmern einen eigenen Anspruch auf Leistung gegen den Pensionsfonds einräumt und verpflichtet ist, die Altersvorsorgeleistung als lebenslange Zahlung zu erbringen. Diese Formulierung stellt klar, dass ein Pensionsfonds grundsätzlich alle Leistungen der betrieblichen Altersversorgung erbringen kann und sich die einschränkende Forderung der Leistungsgewährung in Form einer lebenslangen Zahlung nur auf die Altersleistung erstreckt. Bei der Invaliditäts- und/oder Hinterbliebenenversorgung kann auch eine befristete Leistungserbringung bis hin zur Zahlung eines einmaligen Versorgungskapitals vorgesehen sein.

109 § 112 Abs. 1 Satz 2 VAG enthält die Regelung, dass die Altersvorsorgeleistung iSd. § 112 Abs. 1 Satz 1 VAG entweder als Leibrente oder über einen Auszahlungsplan, der den Anforderungen des § 1 Abs. 1 Satz 1 Nr. 4 des Altersvorsorgeverträge-Zertifizierungsgesetzes genügt, gewährt werden kann. Somit ist von einer lebenslangen Rente oder einem Auszahlungsplan auch dann noch auszugehen, wenn bis zu 30 % des bei Beginn der Auszahlungsphase zur Verfügung stehenden Kapitals außerhalb der monatlichen Leistungen ausgezahlt werden. Insoweit ist der Pensionsfonds mit Investmentfonds und Banksparplänen gleichgestellt. Im Gegensatz zur Pensionskasse können die Versicherung und die Kapitalanlage auch durch Dritte erfolgen. Der Pensionsfonds hat danach die Gestalt einer der Versicherungsaufsicht unterstellten **Quasi-Versicherungseinrichtung** erhalten, die wie Pensionskassen im Prinzip den auf Lebensversicherungsunternehmen anzuwendenden Vorschriften unterliegt.

110 Den für die Praxis wahrscheinlich gravierendsten Eingriff hat der Gesetzgeber durch den 2005 eingefügten § 112 Abs. 1a VAG vorgenommen. Dieser regelt, dass Pensionsfonds Altersvorsorgeleistungen abweichend von § 112 Abs. 1 Satz 1 Nr. 4 VAG erbringen können, solange Beitragszahlungen durch den Arbeitgeber auch in der Rentenbezugszeit vorgesehen sind. Ein fester Termin für das Zahlungsende darf nicht vorgesehen werden. Diese Regelung gilt nicht für Zusagen iSd. § 1 Abs. 2 Nr. 2 BetrAVG, also für **Beitragszusagen mit Mindestleistung**. In diesem Fall ist die flexible Gestaltung von Beiträgen möglich. Der Arbeitgeber kann sich verpflichten, einen bestimmten Teil des Gewinns pro Geschäftsjahr in den Pensionsfonds einzuzahlen. Dem Arbeitnehmer steht dann als Altersversorgungsleistung zumindest die Summe der zu seinen Gunsten dem Pensionsplan zugeführten Beiträge zu, soweit sie nicht rechnungsmäßig für einen biometrischen Risikoausgleich verbraucht worden sind.

111 Bei Leistungszusagen wurde in der Vergangenheit von der Bundesanstalt für Finanzdienstleistungsaufsicht (BaFin) in der Rentenphase stets eine versicherungsförmige Garantie der Leistung gefordert. Dies implizierte insbesondere, dass für die Ermittlung der prospektiven Deckungsrückstellung und des zu ihrer Deckung erforderlichen Sicherungsvermögens der recht niedrige Zins nach § 1 Abs. 1 Satz 3 der Pensionsfonds-Deckungsrückstellungsverordnung (PfDeckRV) zugrunde gelegt werden musste (2014: höchstens 1,75 %). In der Konsequenz zeichnete sich der Pensionsfonds schon bisher durch ausgesprochen **liberale Kapitalanlagevorschriften** aus, die,

---

[1] Zu den Motiven für die Änderung des VAG vgl. *Sasdrich*, BetrAV 2006, 35.
[2] *Schwind*, BetrAV 2010, 383 f.

wie sich aus § 115 VAG iVm. der Pensionsfonds-Kapitalausstattungsverordnung (PfKapAV) ergibt, formal nicht zwischen Bereichen mit und ohne versicherungsförmiger Garantie differenzieren. Erst in der Rentenphase musste der Pensionsfonds das Kapitalanlagerisiko tragen. In der Ansparphase konnte er dagegen die Chancen des Kapitalmarkts relativ frei nutzen.

Als wesentliche Konsequenz des § 112 Abs. 1a VAG ist es dem Pensionsfonds bei **Leistungszusagen erlaubt**, von der **versicherungsförmigen Durchführung in der Rentenphase abzuweichen**, wenn und solange sich der Arbeitgeber verpflichtet, bei Bedarf auch in der Rentenbezugszeit Nachschüsse zu leisten. Für den Fall, dass das angesparte Kapital zur Leistungserfüllung nicht ausreicht (Unterdeckung) und der Arbeitgeber vertragswidrig keine Nachschüsse leistet, muss sich der Pensionsfonds eine Reduzierung der Rentenzahlungen vorbehalten, was eine Rückkehr zur versicherungsförmigen Durchführung beinhaltet. Für die Differenz zwischen der vom Pensionsfonds noch gezahlten Rente und der ursprünglich zugesagten Versorgung haftet der Arbeitgeber unmittelbar. **112**

Die Einführung von § 112 Abs. 1 VAG fand ihren Niederschlag in einer Änderung der Pensionsfonds-Deckungsrückstellungsverordnung. Diese sieht in § 3 Abs. 2 vor, dass in den Fällen des § 112 Abs. 1a VAG die **Deckungsrückstellung** in der Rentenbezugszeit prospektiv **als Barwert der Leistungen** zu bilden ist. Der Rechnungszins ist vorsichtig zu wählen. Er muss die Vertragswährung und die im Bestand befindlichen Vermögenswerte sowie den Ertrag künftiger Vermögenswerte angemessen berücksichtigen. Da der Pensionsfonds bei der Berechnung der Deckungsrückstellung bzw. des zur Übernahme der Versorgungsverpflichtung erforderlichen Finanzbeitrags nach der Neuregelung somit zwar eine vorsichtige Kalkulation vornehmen muss, dabei aber auf die individuellen Verhältnisse des Pensionsfonds abstellt, ist auch eine an die internationalen Rechnungslegungsgrundsätze angenäherte Kalkulation denkbar. **113**

Die **Übertragung bestehender Leistungszusagen** auf einen Pensionsfonds ist grundsätzlich **erleichtert** worden. Das mit der Einführung des Pensionsfonds erstrebte Ziel, Unternehmen, die sich am internationalen Kapitalmarkt finanzieren, die Möglichkeit zu verschaffen, über die Auslagerung von Pensionsrückstellungen und die damit verbundene Verbesserung ihrer Eigenkapitalrelationen günstigere Finanzierungskonditionen zu erhalten, kann nunmehr erreicht werden. Im Hinblick auf diese Zielsetzung sind die steuerlichen Rahmenbedingungen von besonderem Gewicht. Soweit es den Arbeitgeber betrifft, regelt § 4e Abs. 1 EStG, dass Beiträge an einen Pensionsfonds iSd. § 112 VAG vom Unternehmen, das die **Beiträge** leistet, als **Betriebsausgaben** abgezogen werden dürfen, soweit sie auf einer festgelegten Verpflichtung beruhen oder der Abdeckung von Fehlbeträgen des Fonds dienen. Soweit die betriebliche Veranlassung gegeben ist, sieht somit der Gesetzgeber eine unbeschränkte Abzugsfähigkeit der Beiträge an einen Pensionsfonds als Betriebsausgaben vor. Eine Einschränkung der Höhe nach erfolgt nur indirekt durch die lohnsteuerlichen Regelungen des § 3 Nr. 63 EStG. **114**

Eine **Sonderregelung** hat der Gesetzgeber in § 4e Abs. 3 EStG für den Fall der vollständigen oder teilweisen **Übernahme** bestehender Versorgungsverpflichtungen oder Versorgungsanwartschaften **durch** einen **Pensionsfonds** getroffen. Gem. § 4e Abs. 3 Satz 1 EStG kann der steuerpflichtige Arbeitgeber auf Antrag die insgesamt erforderlichen Leistungen an einen Pensionsfonds zur teilweisen oder vollständigen Übernahme einer bestehenden Versorgungsverpflichtung oder Versorgungsanwartschaft durch den Pensionsfonds erst in den dem Wirtschaftsjahr der Übertragung folgenden zehn Wirtschaftsjahren gleichmäßig verteilt als Betriebsausgaben abziehen. Für den Fall, dass eine Pensionsrückstellung nach § 6a EStG gewinnerhöhend aufzulösen ist, ist gem. § 4e Abs. 3 Satz 3 EStG diese Regelung mit der Maßgabe anzuwenden, dass die Leistungen an den Pensionsfonds im Wirtschaftsjahr der Übertragung in Höhe der aufgelösten Rückstellung als Betriebsausgaben abgezogen werden können; **115** der die aufgelöste Rückstellung übersteigende Betrag ist in den dem Wirtschaftsjahr der Übertragung folgenden zehn Wirtschaftsjahren gleichmäßig verteilt als Betriebsausgaben abzuziehen. Diese Sonderregelung, die den Arbeitgeber schlechter stellt als die Regelung des § 4e Abs. 1 EStG, ist der Preis für die Lohnsteuerfreiheit der Übertragung gem. § 3 Nr. 66 EStG.

116 Soweit es die **Arbeitnehmerseite** betrifft, handelt es sich bei den Beiträgen eines Arbeitgebers an einen Pensionsfonds wegen des bestehenden Rechtsanspruchs auf Leistung grundsätzlich um steuerpflichtige Einnahmen des Arbeitnehmers. Im Rahmen der Umsetzung der angestrebten nachgelagerten Besteuerung der betrieblichen Altersversorgung in der Leistungsphase hat der Gesetzgeber für Pensionsfonds – wie auch für Pensionskassen und Direktversicherungen – beim Vorliegen bestimmter Voraussetzungen die **Sonderregelung** des § 3 Nr. 63 EStG getroffen.

117 **Beiträge** des Arbeitgebers aus dem ersten Dienstverhältnis an einen Pensionsfonds, eine Pensionskasse oder für eine Direktversicherung zum Aufbau einer kapitalgedeckten betrieblichen Altersversorgung, bei der eine Auszahlung der zugesagten Alters-, Invaliditäts- oder Hinterbliebenenversorgungsleistungen in Form einer Rente oder eines Auszahlungsplans nach § 1 Abs. 1 Satz 1 Nr. 4 Altersvorsorgeverträge-Zertifizierungsgesetz vorgesehen ist, sind gem. § 3 Nr. 63 Satz 1 EStG **steuerfrei**, soweit die Beiträge im Kalenderjahr 4 % der Beitragsbemessungsgrenze in der allgemeinen Rentenversicherung nicht übersteigen. Der Höchstbetrag erhöht sich gem. § 3 Nr. 63 Satz 3 EStG um 1 800 Euro, wenn die Beiträge iSd. Satzes 1 aufgrund einer Versorgungszusage geleistet werden, die nach dem 31.12.2004 erteilt wurde.

118 Als einziger kapitalgedeckter externer Durchführungsweg mit Rechtsanspruch wird der **Pensionsfonds durch** die Regelung des **§ 3 Nr. 66 EStG privilegiert**. Diese Bestimmung sieht vor, dass Leistungen eines Arbeitgebers oder einer Unterstützungskasse an einen Pensionsfonds zur Übernahme bestehender Versorgungsverpflichtungen oder Versorgungsanwartschaften durch den Pensionsfonds steuerfrei sind, wenn ein Antrag nach § 4d Abs. 3 EStG oder § 4e Abs. 3 EStG gestellt worden ist. Der Zuordnung unter § 3 Nr. 63 oder § 3 Nr. 66 EStG ist deshalb besonderes Gewicht beizumessen[1].

119 Bei der **Vermögensanlage** wird dem Pensionsfonds eine größere Freiheit als Lebensversicherungsunternehmen und Pensionskassen eingeräumt, die nur maximal 35 % der Anlagemittel in Aktien investieren dürfen. Dem Pensionsfonds wird dadurch ermöglicht, die Ergiebigkeit der Kapitalmärkte optimal zu nutzen. Wie die bisherigen externen kapitalgedeckten Durchführungswege Pensionskasse und Direktversicherung ist auch der Pensionsfonds **zertifizierungsfrei**.

120 Um die Sicherheit der angelegten Gelder zu gewährleisten, werden der **Geschäftsbetrieb** und die Ausstattung des Pensionsfonds mit Eigenkapital durch die BaFin **überwacht**. Zur Sicherstellung der dauernden Erfüllbarkeit der Verträge ist der Pensionsfonds nach § 114 Abs. 1 VAG gehalten, freie unbelastete Eigenmittel mindestens in Höhe einer **Solvabilitätsspanne** zu bilden, die sich nach dem gesamten Geschäftsumfang bemisst. Dabei gilt ein Drittel der Solvabilitätsspanne als Garantiefonds. Ferner hat der Pensionsfonds gem. § 115 Abs. 1 VAG unter Berücksichtigung der jeweiligen Pensionspläne einen **Deckungsstock** einzurichten. Die Bestände des Deckungsstocks und des übrigen gebundenen Vermögens sind in einer der Art und Dauer der zu erbringenden Versorgungsleistungen entsprechenden Weise so anzulegen, dass möglichst große Sicherheit und Rentabilität bei ausreichender Liquidität des Fonds unter Wahrung angemessener Mischung und Streuung insgesamt erreicht werden[2]. Dabei

---

1 Vgl. im Einzelnen *Förster/Meier/Weppler*, BetrAV 2005, 7.
2 Zu weiteren Einzelheiten der Kapitalausstattung, Kapitalerhaltungsgarantie und der Vermögensanlage vgl. *Heubeck*, DB Beilage 5/2001, 4f. sowie *Gohdes/Haferstock/Schmidt*, DB 2001, 1561.

sind die Anlagen beim Trägerunternehmen zu beschränken, um Abhängigkeiten bei den Versorgungsempfängern und -anwärtern zu vermeiden.

Darüber hinaus unterliegt der Pensionsfonds der **ständigen Kontrolle durch die Aufsichtsbehörde**. Unabhängig davon, dass der Pensionsfonds vor Aufnahme des Geschäftsbetriebs gem. § 112 Abs. 2 VAG eine Erlaubnis benötigt, trifft ihn nach § 115 Abs. 3 VAG die Pflicht, die von ihm beabsichtigte Anlage der Beiträge darzulegen. Demzufolge hat er bei einer wesentlichen Änderung unverzüglich und im Übrigen jährlich der Aufsichtsbehörde eine Erklärung über die Grundsätze seiner Anlagepolitik zu übersenden. Die Erklärung hat Angaben über das Verfahren zur Risikobewertung und zum Risikomanagement sowie zur Strategie in Bezug auf den jeweiligen Pensionsplan, insbesondere die Aufteilung der Vermögenswerte je nach Art und Dauer der Altersversorgungsleistungen, zu enthalten. Durch diese sicherlich recht verwaltungsaufwendigen Mitteilungen soll es der BaFin ermöglicht werden, offensichtliche Fehlentwicklungen für die Belange der Versorgungsempfänger zu erkennen. Zugleich werden die Fondsverwalter dazu angehalten, eine sorgfältige, langfristig orientierte und zusätzlich dokumentierte Anlagenstrategie zu betreiben. 121

Einen wesentlichen Schutz der Versorgungsberechtigten bildet daneben die **Verpflichtung zur Auskunftserteilung**. Welche Informationen im Einzelnen zu geben sind, ist in Teil D zum VAG normiert. Neben Basisdaten sind den Anwartschaftsberechtigten jährlich vor allem die voraussichtliche Höhe der ihnen zustehenden Leistungen sowie die Anlagemöglichkeiten und die Struktur des Anlagenportfolios mitzuteilen. Dazu gehören auch die Unterrichtung, ob und wie ethische, soziale und ökologische Belange bei der Anlage der Mittel respektiert wurden. Insoweit handelt es sich zunächst nur um eine Informationspflicht und nicht darum, diese Kategorien umsetzen zu müssen. Doch allein schon durch die Thematisierung dieser Vorgaben wird eine entsprechende Auswirkung auf die Vermögensanlage zu erwarten sein. Ferner sind die Versorgungsberechtigten über das Risikopotential und die Kosten der Vermögensverwaltung zu unterrichten, sofern sie das Anlagerisiko (vgl. Rz. 123 f.) tragen. 122

Bzgl. der **Risikoverteilung** trifft den Pensionsfonds das Kapitalanlagerisiko bei laufenden Renten. Andererseits hat der Arbeitgeber nach § 1 Abs. 1 Satz 3 BetrAVG für die Erfüllung der von ihm zugesagten Leistungen auch dann einzustehen, wenn die Durchführung der betrieblichen Altersversorgung nicht unmittelbar über ihn erfolgt. Insofern ist auch er mit dem biometrischen Risiken und dem Kapitalanlagerisiko belastet. Selbst wenn man das Deckungsverhältnis zwischen Arbeitgeber und Pensionsfonds als Vertrag zugunsten Dritter wertet, ist davon auszugehen, dass die Grundhaftung des Arbeitgebers bestehen bleibt. Der Einstandspflicht des Arbeitgebers, für den Insolvenzfall abgesichert durch den PSVaG[1], kommt mithin für die Einhaltung der zugesagten Leistung eine bedeutende Rolle zu. Seine Bereitschaft zu einem flexiblen Umgang mit der eventuellen Nachschusspflicht und eine entsprechende Risikobereitschaft der Arbeitnehmer werden den Spielraum markieren, den die neuen Pensionsfonds am Kapitalmarkt zur Erzielung möglichst hoher Renditen nutzen können. Dadurch kann letztlich der jetzt schon für die betriebliche Altersversorgung bestehende Kostenvorteil noch einmal erhöht werden. 123

Hinsichtlich des **Risikos** der **Arbeitnehmer** ist darauf hinzuweisen, dass bei beitragsbezogenen Pensionsplänen eine Ablaufleistung über die Beiträge hinaus nicht garantiert ist. Das Anlagerisiko liegt bei dieser Form der Zusage deshalb beim Arbeitnehmer. Die ihm gegenüber zu einem bestimmten Zeitpunkt resultierende und zu bilanzierende Verpflichtung besteht nur aus dem aktuellen Markt- bzw. Zeitwert des auf die ihm zurechenbare Beitragsleistung entfallenden Anteils am Vermögen. Sollte der 124

---

1 Zum Umfang der Insolvenzversicherung vgl. *Grabner/Brandl*, DB 2002, 945 ff.

Anteil die Mindestleistung unterschreiten, haftet allerdings auch insoweit der Arbeitgeber gem. § 1 Abs. 2 Nr. 2 BetrAVG. Die **Einstandspflicht des Arbeitgebers** verdeutlicht folgendes Beispiel:

Beispiel:

Der Arbeitgeber verspricht, eine Beitragszusage mit Mindestleistung durch eine Pensionsfondszusage zu verwirklichen. Er will für einen 40-jährigen Arbeitnehmer bis zum Alter 62 jährlich einen Beitrag von 500 Euro aufwenden, in der Summe also 11 000 Euro. Der Pensionsfonds hat ein Kapital von 25 000 Euro in Aussicht gestellt, das ab dem vollendeten 62. Lebensjahr in eine lebenslängliche Leibrente umgewandelt werden soll. Da die Performance des Pensionsfonds nicht gut war, stehen ab Vollendung des 62. Lebensjahres jedoch nur 9 000 Euro zur Verfügung. Folglich muss der Arbeitgeber für die Differenz der Beitragssumme von 11 000 Euro abzüglich der angesparten 9 000 Euro, also für 2 000 Euro einstehen.

d) Pensionskassen

125 Pensionskassen sind nach der Legaldefinition in § 1b Abs. 3 Satz 1 BetrAVG **rechtsfähige Versorgungseinrichtungen**, die dem Arbeitnehmer oder seinen Hinterbliebenen auf ihre Leistungen einen **Rechtsanspruch** gewähren. Weiter beschrieben wird der Zweck der Pensionskasse erstmals in § 118a VAG idF des 7. Gesetzes zur Änderung des Versicherungsaufsichtsgesetzes vom 29.8.2005. Kennzeichnend für eine Pensionskasse ist danach, dass sie ein selbständiges Lebensversicherungsunternehmen darstellt, das nach dem Kapitaldeckungsverfahren betrieben wird und die Absicherung wegfallenden Erwerbseinkommens wegen Alters, Invalidität oder Tod bezweckt, wobei im Todesfall Leistungen nur an Hinterbliebene erbracht werden dürfen. Für Dritte, die die Beerdigungskosten zu tragen haben, kann lediglich ein Sterbegeld, begrenzt auf die Höhe der gewöhnlichen Bestattungskosten, vereinbart werden. Einer ausdrücklichen Bezugsrechtsregelung wie bei der Direktversicherung bedarf es damit nicht. Wie bei ihr und dem Pensionsfonds beginnt die Frist für die Erfüllung der **Unverfallbarkeitsvoraussetzungen** gem. § 1b Abs. 3 Satz 2 BetrAVG mit dem **Versicherungsbeginn**.

126 Pensionskassen können öffentlich-rechtlich oder privatrechtlich organisiert sein. Die **öffentlich-rechtlichen Pensionskassen** dienen der Versorgung der Arbeitnehmer im öffentlichen Dienst. Sie sind zusammengefasst als Körperschaften des öffentlichen Rechts (VBL, Zusatzversorgungskassen von Ländern und Gemeinden, kirchliche Zusatzversorgungskassen). Die **privatrechtlichen Pensionskassen** sind in der Praxis zumeist als VVaG organisiert. Sie können aber auch als Versicherungsaktiengesellschaften gegründet werden, § 7 VAG.

127 Die Pensionskassen unterliegen als privatrechtliche Versicherungsunternehmen der **Versicherungsaufsicht** durch die BaFin. Ziel und Aufgabe der Versicherungsaufsicht bestehen darin, die jederzeitige Erfüllbarkeit der im Rahmen der bestehenden Versicherungsverhältnisse gegebenen Leistungsversprechen zu gewährleisten. Zudem sind die Versorgungseinrichtungen gem. § 115 Abs. 4 VAG verpflichtet, jährlich den Versorgungsberechtigten mitzuteilen, ob und wie sie ethische, soziale und ökologische Belange bei der Verwendung der eingezahlten Beiträge berücksichtigen. Trotz der Haftung des Arbeitgebers besteht gleichfalls ein unmittelbarer Anspruch gegen die Pensionskasse[1].

128 Eine Pensionskasse kann der rechtlich selbständige Versorgungsträger für einen oder mehrere Arbeitgeber sein. Man unterscheidet **Betriebs- oder Firmenpensionskassen**, die Mitarbeiter eines Unternehmens versichern, **Konzernpensionskassen**, die Mitarbeiter eines Unternehmens erfassen, die untereinander im Konzernverbund stehen,

---

1 EuGH 9.10.2001 – Rs. C-379/99 – Menauer, AP Nr. 5 zu § 1 BetrAVG – Pensionskassen.

und **Gruppenpensionskassen**, in denen Mitarbeiter mehrerer rechtlich selbständiger Unternehmen ohne einheitliche Leitung, etwa einer **gesamten Branche**, wie Unternehmen des Bau- und Versicherungsgewerbes oder Kreditinstitute, zusammengefasst sind.

Bei den **Vertriebs-Pensionskassen**, die im Zuge der Rentenreform 2001 zahlreich gegründet worden sind mit dem Ziel, sich die staatliche Förderung des § 3 Nr. 63 EStG zu sichern, handelt es sich im Grunde um Lebensversicherer. Anders als diese deregulierten Pensionskassen[1] nehmen die Firmen-Pensionskassen am allgemeinen Wettbewerb grundsätzlich nicht teil; bei ihnen entstehen daher auch keine Abschlusskosten. Sie arbeiten vielmehr ohne Gewinnerzielungsabsichten, was sich auch darin dokumentiert, dass sie als Versicherungsverein auf Gegenseitigkeit organisiert sind.

129

Auch bei der Pensionskasse besteht zwischen Arbeitgeber, Arbeitnehmer und Pensionskasse ein **Dreiecksverhältnis**. Es unterscheidet sich von der Direktversicherung dadurch, dass der **Arbeitnehmer** selbst **Versicherungsnehmer** bei der Pensionskasse und häufig zugleich deren Mitglied ist. Der **Arbeitgeber** ist **Träger** der **Pensionskasse**; er finanziert ihre Leistungen. Die Pflicht zur Zahlung von Zuwendungen an die Pensionskasse ergibt sich entweder als gesonderte vertragliche Verpflichtung oder als Sonderpflicht aus der Mitgliedschaft des Arbeitgebers in der Kasse.

130

Traditionell werden vielfach die **Arbeitnehmer** an dem notwendigen Beitragsaufkommen zur **Finanzierung** der von der Pensionskasse in Aussicht gestellten Leistungen **beteiligt**. Die Beteiligung der Arbeitnehmer an der Aufbringung des Beitragsaufkommens kann wie bei der Direktversicherung auch im Wege der Entgeltumwandlung erfolgen. Bei dieser Vertragsgestaltung ist die Erfüllung der Unverfallbarkeitsvoraussetzungen nur für den durch Beiträge des Arbeitgebers finanzierten Teil der Leistungen bedeutsam. Scheidet der Arbeitnehmer vor Eintritt der Unverfallbarkeitsvoraussetzungen aus, so müssen ihm durch eigene Beitragszahlungen finanzierte Leistungen erhalten bleiben. Üblicherweise sehen die Satzungen für diese Fälle eine Rückgewährung der eigenen Beiträge mit einer angemessenen Verzinsung vor. Ein Anspruch des Arbeitnehmers auf Fortführung der Mitgliedschaft der Pensionskasse besteht vor Erreichen der Unverfallbarkeit nicht; Arbeitgeber und Pensionskassen können über die Fortführung nach billigem Ermessen entscheiden. Nach Eintritt der Unverfallbarkeitsvoraussetzungen wird die Versicherung gem. § 174 Abs. 1 VVG als prämienfreie Versicherung weitergeführt. Lässt es die Satzung der Kasse zu, kann der Arbeitnehmer freiwilliges Mitglied mit dem Recht auf Fortführung der Versicherung bleiben, auch wenn die Versorgungsanwartschaft noch nicht unverfallbar geworden ist[2]. In der Praxis schließen Pensionskassen die Rückgewähr der Arbeitnehmerbeiträge nach Erfüllung der Unverfallbarkeitsvoraussetzungen in der Regel aus.

131

Die **Rechtsbeziehungen** zwischen dem **Arbeitnehmer** als **Mitglied der Pensionskasse** und der Kasse selbst werden durch die allgemeinen Vertragsbedingungen, die jeweilige Satzung der Kasse sowie durch das VVG, das VAG, das BGB und das Genossenschaftsrecht geregelt. Diese Satzung unterliegt, soweit das versicherungsrechtliche Verhältnis geregelt wird (§ 10 Abs. 2 VAG), der Inhaltskontrolle für Allgemeine Geschäftsbedingungen nach §§ 305ff. BGB[3]. Der Abschluss des Versicherungsvertrages geschieht in der Regel durch den Arbeitgeber im Wege der Anmeldung. Allein aus dem Beitritt des Arbeitgebers zu einer Pensionskasse kann der Arbeitnehmer nicht das Recht ableiten, an dem Versorgungswerk der Kasse beteiligt zu werden[4]. Ist er je-

132

---
1 Einzelheiten zur deregulierten Pensionskasse vgl. bei *Sasdrich*, BetrAV 2005, 23f.; *Baumeister*, DB 2005, 2076ff.; *Laars*, BetrAV 2005, 733ff.
2 BAG 4.5.1993 – 3 AZR 625/92, AP Nr. 1 zu § 1 BetrAVG – Pensionskasse.
3 BAG 18.11.2008 – 3 AZR 970/06, DB 2009, 1414.
4 BAG 12.7.1968 – 3 AZR 218/67, AP Nr. 128 zu § 242 BGB – Ruhegehalt.

doch Beteiligter der Pensionskasse, haftet sie neben dem Arbeitgeber[1]. Dabei besteht kein Anspruch des Arbeitnehmers, dass ihm Überschussanteile ausgezahlt werden, wenn diese satzungsgemäß der Rücklage zugeführt werden, deren Mindesthöhe noch nicht erreicht ist[2].

133 Grundsätzlich ist der **Beitritt** zur Pensionskasse **freiwillig**. Der Arbeitnehmer kann jedoch im Arbeitsvertrag zum Beitritt verpflichtet werden. Die Pensionskasse ist nicht berechtigt, die Annahme der Mitgliedschaft zu verweigern. Es ist zulässig, dass die Mitgliedschaft bei der Pensionskasse und damit die Möglichkeit, in der Mitgliederversammlung die Entscheidung zu beeinflussen, mit dem Versorgungsfall endet[3]. Betriebsrentner haben in diesem Fall kein Stimmrecht mehr[4].

134 Der Arbeitgeber hat aufgrund des Versorgungsverhältnisses dafür zu sorgen, dass der Arbeitnehmer im Versorgungsfall Leistungen aus der Pensionskasse erhält. Es besteht ein **durchsetzbarer Anspruch** des Arbeitnehmers, **ihn zur Pensionskasse anzumelden**, sofern deren Satzung es zulässt[5]. Kommt der Arbeitgeber seinen Verpflichtungen schuldhaft nicht nach, so macht er sich gegenüber dem Arbeitnehmer schadenersatzpflichtig, es sei denn, er legt Umstände dar, die sein Verschulden ausschließen[6]. Hat der Arbeitgeber dem Arbeitnehmer eine Versorgungszusage erteilt, so haftet er für deren Erfüllung auch dann, wenn er diese nicht über die Pensionskasse versichern kann[7]. Der Arbeitnehmer kann verlangen, dass der Arbeitgeber ihm die geschuldete Versorgung selbst verschafft oder in anderer Weise für eine nach Art und Umfang gleiche Versorgung sorgt. Auch insoweit handelt es sich um einen insolvenzgeschützten Erfüllungsanspruch[8].

135 Der Anteil von Berechtigten aus Pensionskassenversorgung hat sich in den letzten Jahren vergrößert, da dieser **Durchführungsweg** bei der **Entgeltumwandlung** wegen der Steuerfreiheit nach § 3 Nr. 63 EStG in Höhe von 4 % der jeweiligen Beitragsbemessungsgrenze **vorrangig genutzt** wird[9]. Die Zuwendungen an die Pensionskasse können vom Arbeitgeber gem. § 4c EStG als Betriebsausgaben steuerlich geltend gemacht werden. Da das Einkommensteuerrecht den Betriebsausgabenabzug nicht beschränkt, kann die betriebliche Altersversorgung während des laufenden Arbeitsverhältnisses des Versorgungsberechtigten nach betriebswirtschaftlichen Kriterien ausfinanziert werden. Nachträgliche Aufwendungen sind allenfalls im Zusammenhang mit der Anpassung der Betriebsrenten denkbar. Ein weiterer Vorteil besteht darin, dass wegen der Kontrolle durch die BaFin **keine Beitragszahlung an den PSVaG** zu erfolgen hat.

e) Unterstützungskassen

136 Nach der Legaldefinition des § 1b Abs. 4 Satz 1 BetrAVG sind Unterstützungskassen **rechtsfähige Versorgungseinrichtungen**, die eine betriebliche Altersversorgung durchführen und auf ihre **Leistungen keinen Rechtsanspruch** gewähren. Sie können für einen, aber auch für mehrere Arbeitgeber eingerichtet sein. Als Trägerunternehmen einer Unterstützungskasse können mehrere Unternehmen eines Konzerns

---

1 EuGH 9.10.2001 – Rs. C-379/99 – Menauer, AP Nr. 5 zu § 1 BetrAVG – Pensionskasse bzgl. des Anspruchs auf Witwerrente.
2 BAG 18.11.2008 – 3 AZR 970/06, DB 2009, 1414.
3 Schaub/*Vogelsang*, § 85 II Rz. 29.
4 BAG 18.11.2008 – 3 AZR 970/06, DB 2009, 1414.
5 BAG 28.7.1972 – 3 AZR 444/71, AP Nr. 4 zu § 242 BGB – Ruhegehalt – Pensionskassen.
6 BAG 28.7.1972 – 3 AZR 468/71, AP Nr. 7 zu § 282 BGB.
7 BAG 29.11.1979 – 3 AZR 404/78, AP Nr. 10 zu § 242 BGB – Ruhegehalt – VBL; 29.7.1986 – 3 AZR 71/85, AP Nr. 16 zu § 1 BetrAVG – Zusatzversorgungskassen.
8 BAG 29.8.2000 – 3 AZR 201/00, AP Nr. 55 zu § 1 BetrAVG – Zusatzversorgungskassen.
9 So auch *Kortmann*, FS Andresen, S. 167.

oder mehrere voneinander unabhängige Unternehmen fungieren, die dann als Konzern- bzw. Gruppenunterstützungskasse die Versorgung durchführen. Unterstützungskassen werden zumeist in der Rechtsform eines eV oder einer GmbH betrieben, dagegen wegen der bestehenden Staatsaufsicht seltener als Stiftung.

Unterstützungskassen verfügen über ein eigenes **Sondervermögen**, das durch Zuwendungen des Arbeitgebers, Stiftungen oder durch Vermögenserträgnisse gespeist wird. Da Unterstützungskassen nicht wie Pensionskassen oder Pensionsfonds der Versicherungsaufsicht unterliegen, dürfen sie ihr Kassenvermögen dem Trägerunternehmen gegen eine angemessene Verzinsung darlehensweise zur Verfügung stellen. 137

Der **Ausschluss des Rechtsanspruchs** auf die Versorgungsleistungen, der letztlich zur Befreiung von der Versicherungsaufsicht geführt hat, ist praktisch **bedeutungslos** geworden. Das BAG – bestätigt durch das BVerfG[1] – versteht ihn lediglich als ein an sachliche Gründe gebundenes Widerrufsrecht[2]. Es räumt damit den Arbeitnehmern einen Anspruch gegen die Unterstützungskasse auf die zugesagten Leistungen ein. Dieses Verständnis ergibt sich aus dem Gebot des Vertrauensschutzes, das als Rechtsstaatsprinzip Verfassungsrang besitzt[3]. Der Ausschluss des Rechtsanspruchs berechtigt demgemäß die Kasse nicht, wegen Vermögenslosigkeit die Leistungen zu widerrufen[4]. 138

Durch die **Insolvenzrechtsreform** ist der früher in § 7 Abs. 1 Satz 3 Nr. 5 BetrAVG aF geregelte **Sicherungsfall** der **wirtschaftlichen Notlage entfallen**. Der Arbeitgeber kann sich deshalb seit dem 1.1.1999 gegenüber dem PSVaG nicht mehr auf diesen Tatbestand berufen[5]. Bei wirtschaftlicher Notlage im Stadium vor einer Insolvenz ist daher gem. § 7 Abs. 1 Satz 4 Nr. 2 BetrAVG nur noch der außergerichtliche Vergleich mit dem PSVaG möglich. 139

Der Wegfall des § 7 Abs. 1 Satz 3 Nr. 5 BetrAVG aF hat auch Auswirkungen auf die Unterstützungskassenversorgung. Ist die **Unterstützungskasse vor Inkrafttreten** des **Betriebsrentengesetzes gegründet** worden, so bestand nach alter Rechtslage die Möglichkeit eines Widerrufs aus triftigen Gründen bereits bei angespannter wirtschaftlicher Lage des Trägerunternehmens gegenüber all den Versorgungsansprüchen, die vor dem Inkrafttreten des Gesetzes begründet worden sind[6]. Nach Abschaffung des § 7 Abs. 1 Satz 3 Nr. 5 BetrAVG aF kommt ein Widerruf der Zusage wegen wirtschaftlicher Gründe auch in diesen sog. Übergangsfällen nicht mehr in Betracht[7].

Grundsätzlich hat sich der Arbeitnehmer zunächst wegen seiner Versorgungsansprüche an die Unterstützungskasse zu halten[8]. Ungeachtet dessen besteht zwischen dem Arbeitgeber und dem Arbeitnehmer eine Versorgungszusage, in der sich der Arbeitgeber verpflichtet hat, dafür aufzukommen, dass die Unterstützungskasse nach Maßgabe der Satzung und ihrer Versorgungsrichtlinien die zugesagten Leistungen erbringt. Der **Arbeitgeber** hat die Unterstützungskassen ausreichend zu dotieren, ande- 140

---

1 BVerfG 19.10.1983 – 2 BvR 298/81, 14.1.1987 – 1 BvR 1052/79 u. 16.2.1987 – 1 BvR 957/79 u. 16.2.1987 – 1 BvR 727/81, AP Nrn. 2, 11, 12, 13 zu § 1 BetrAVG – Unterstützungskassen.
2 St. Rspr., BAG 5.6.1984 – 3 AZR 33/84, AP Nr. 3 zu § 1 BetrAVG – Unterstützungskassen; 11.12.2001 – 3 AZR 512/00, AP Nrn. 27 u. 36 zu § 1 BetrAVG – Ablösung; 19.2.2010 – 3 AZR 216/09, NZA 2010, 710.
3 BVerfG 19.10.1983 – 2 BvR 298/81, AP Nr. 2 zu § 1 BetrAVG – Unterstützungskassen.
4 BAG 28.4.1977 – 3 AZR 300/76, AP Nr. 7 zu § 242 BGB Ruhegehalt – Unterstützungskassen.
5 BAG 31.7.2007 – 3 AZR 373/06, AP Nr. 27 zu § 7 BetrAVG – Unterstützungskassen.
6 BAG 17.9.1991 – 3 AZR 413/90, AP Nr. 16 zu § 7 BetrAVG – Widerruf; BVerfG 14.1.1987 – 1 BvR 1052/79, AP Nr. 11 zu § 1 BetrAVG – Unterstützungskassen; vgl. auch BVerfG 19.10. 1983 – 2 BvR 298/81, AP Nr. 2 zu § 1 BetrAVG – Unterstützungskassen.
7 BAG 18.11.2008 – 3 AZR 417/07, DB 2009, 1079.
8 BAG 12.2.1971 – 3 AZR 83/70, AP Nr. 3 zu § 242 BGB – Ruhegehalt – Unterstützungskassen.

renfalls muss er selbst dem Arbeitnehmer gegenüber einstehen[1]. Diese **Einstandspflicht** trifft ihn auch dann, wenn er die Auszahlung von Leistungen der Kasse vereitelt. Scheidet der Arbeitgeber aus dem Kreis der Trägerunternehmen aus, muss er die Zusage selbst erfüllen[2]. Umgekehrt gilt, dass – etwa überzahlte – Leistungen der Unterstützungskasse an den Arbeitnehmer zu Gunsten des Arbeitgebers Erfüllungswirkung auch für Ansprüche des Arbeitnehmers direkt gegen den Arbeitgeber haben[3].

141 Seine Einstandspflicht kann der Arbeitgeber durch den Abschluss einer **Rückdeckungsversicherung**, die der Refinanzierung der Unterstützungskasse dient, absichern. Versicherungsnehmer ist die Unterstützungskasse[4]. Auf der Grundlage des Versicherungsvertrages leistet sie die dort vorgesehenen Beiträge und erhält die daraus resultierenden Versicherungsleistungen. Da nur der Unterstützungskasse die Rechte aus dem Versicherungsvertrag zustehen, kann bei Insolvenz des Arbeitgebers der Insolvenzverwalter keinen Zugriff auf die Versicherungsleistungen oder einen Rückkaufswert der Versicherung nehmen[5]. Handelt es sich bei der Versicherung um eine kongruente Rückdeckung, können mit den Versicherungsleistungen sämtliche Versorgungsleistungen gegenüber den Zusagebegünstigten zu jedem Zeitpunkt bestritten werden. Es ist auch eine partielle Rückdeckung möglich, wenn der Arbeitgeber nur einen Teil seiner Verpflichtungen abdecken will.

142 Bei der **kongruent rückgedeckten Unterstützungskasse**[6] entsprechen die Zuwendungen des Trägerunternehmens an die Kasse denjenigen Prämienzahlungen, welche die Unterstützungskasse ihrerseits an das Versicherungsunternehmen erbringt. Dabei wird auf der Leistungsseite eine Kongruenz dadurch hergestellt, dass der Zusageinhalt, dh. der Leistungsplan der Unterstützungskasse, an den für die Rückdeckung maßgeblichen Versicherungstarif gekoppelt wird. Der Vorteil dieses Modells besteht darin, dass die an die Versicherung geleisteten Beitragszahlungen beim Trägerunternehmen in vollem Umfang ergebniswirksam als Betriebsausgaben in Abzug gebracht werden können. Allerdings muss es sich aus steuerlichen Gründen bei den Zuwendungen des Arbeitgebers an die Unterstützungskasse um laufende, gleich bleibende oder steigende Beträge handeln, wodurch die Flexibilität naturgemäß eingeschränkt wird.

143 Abgesehen von der Sonderform der rückgedeckten Unterstützungskasse besteht zwischen dem Arbeitgeber und der Unterstützungskasse ein **Auftragsverhältnis**, nach dem die Versorgung der Arbeitnehmer entsprechend dem vorgegebenen Leistungsplan abzuwickeln ist. Das bedeutet für die Unterstützungskasse, dass sie zwar keinen Anspruch auf Geldzuweisungen des Arbeitgebers in der nach § 4d EStG steuerrechtlich zulässigen Höhe hat. Sie hat aber für die von ihr getätigten Zahlungen einen Aufwendungsersatzanspruch gem. § 670 BGB. Für den Versorgungsberechtigten besteht daher die Möglichkeit, den Aufwendungsersatz der Unterstützungskasse gegenüber dem Arbeitgeber pfänden und sich überweisen zu lassen[7]. Im Insolvenzfall hat der Insolvenzverwalter umgekehrt keine Möglichkeit nach § 103 InsO bereits erbrachte Leistungen zurückzufordern[8].

---

1 BAG 28.4.1977 – 3 AZR 300/76, AP Nr. 7 zu § 242 BGB – Ruhegehalt – Unterstützungskassen; 3.2.1987 – 3 AZR 208/85, AP Nr. 17 zu § 1 BetrAVG – Unterstützungskassen; 31.7.2007 – 3 AZR 373/06, AP Nr. 27 zu § 7 BetrAVG – Widerruf.
2 BAG 3.2.1987 – 3 AZR 208/85, AP Nr. 17 zu § 1 BetrAVG – Unterstützungskassen; 22.10.1991 – 3 AZR 486/90, AP Nr. 17 zu § 7 BetrAVG – Widerruf; 11.2.1992 – 3 AZR 138/91, AP Nr. 32 zu § 1 BetrAVG – Unterstützungskassen.
3 BAG 28.7.2009 – 3 AZR 43/08, NZA 2010, 576.
4 BAG 29.9.2010 – 3 AZR 107/08, NZA-RR 2011, 208.
5 BAG 29.9.2010 – 3 AZR 107/08, NZA-RR 2011, 208.
6 Zu Einzelheiten dieser Durchführungsform vgl. *Bode*, BetrAV 2001, 20.
7 BAG 10.11.1977 – 3 AZR 705/76, AP Nr. 8 zu § 242 BGB – Ruhegehalt-Unterstützungskassen; *Blomeyer/Rolfs/Otto*, Anh. zu § 1 Rz. 961, 968.
8 BAG 29.9.2010 – 3 AZR 107/08, NZA-RR 2011, 208.

Da Unterstützungskassen keine Rechtsansprüche auf die von ihnen in Aussicht gestellten Leistungen gewähren können, hat der Gesetzgeber die Erfüllung der **Unverfallbarkeitsvoraussetzungen** nicht von der Zusagedauer, sondern von der Zugehörigkeit zum Kreis der Begünstigten der Kasse abhängig gemacht. Der Beginn des Fristablaufs ist gekoppelt an die Aufnahme des Arbeitsverhältnisses. Satzungsrechtliche Bestimmungen, wonach eine Aufnahme in den Kreis der Begünstigten erst nach einer gewissen Mindestbetriebszugehörigkeit erfolgen soll, sind wie bei der Direktzusage ohne rechtliche Bedeutung für den Fristablauf[1]. 144

Die Zahl der Versorgungsberechtigten, die Versorgungsleistungen durch eine Unterstützungskasse erhalten, hat seit Inkrafttreten des Altersvermögensgesetzes stark abgenommen. Auch wenn die Unterstützungskasse den Trägerunternehmen üblicherweise Darlehen zur Verfügung stellt, ist der **Finanzierungseffekt** im Vergleich zur unmittelbaren Versorgung wegen der eingeschränkten Anwartschaftsfinanzierung wesentlich geringer[2]. 145

5. Entstehung von Versorgungszusagen

Versorgungsverpflichtungen entstehen nicht von selbst, etwa aus der Fürsorgepflicht des Arbeitgebers; sie bedürfen vielmehr einer **besonderen Rechtsgrundlage**, eines Rechtsbegründungsaktes. Dabei spielen kollektive Regelungen im Vergleich zu den unmittelbaren arbeitgeberseitigen Zusagen eine geringere Rolle. Daneben kann ein Versorgungsanspruch aus dem Grundsatz der Gleichbehandlung herleitbar sein. Schließlich kann die Versorgungszusage auch auf mehreren Rechtsbegründungsakten beruhen. 146

a) Kollektive Begründungsakte

Bei der kollektivrechtlichen Gestaltung tritt, soweit es den Verbreitungsgrad betrifft, die Regelung durch **Tarifvertrag** hinter der Normierung durch **Betriebsvereinbarung** zurück. Eine Gewichtsverlagerung mag langfristig dadurch eintreten, dass tarifvertragliche Entgeltansprüche gem. § 17 Abs. 5 BetrAVG nur dann in Versorgungsansprüche umgewandelt werden können, falls dies durch einen Tarifvertrag vorgesehen oder zugelassen ist. 147

aa) Tarifvertrag

Im **öffentlichen Dienst** hat allerdings die Regelung durch Tarifvertrag auch schon früher überwogen. In diesem Bereich haben die Beschäftigten einen Anspruch auf satzungsgemäße Versorgung durch Versorgungsanstalten und Zusatzversorgungskassen. Hieran hat sich nichts geändert, nachdem die Zusatzversorgung durch Tarifverträge vom 1.3.2002 auf eine völlig neue Grundlage gestellt worden ist[3]. 148

In der **Privatwirtschaft** spielt dagegen die Begründung von Ruhegeldverpflichtungen durch Tarifvertrag bislang eine eher untergeordnete Rolle. Anzutreffen ist sie in Firmen- und Verbandstarifverträgen[4], da sie besonders geeignet sind, auf die spezifischen wirtschaftlichen und personellen Verhältnisse in einem Unternehmen oder in einer Branche einzugehen. Nach Ablauf des Tarifvertrages gelten seine Rechtsnormen gem. § 4 Abs. 5 TVG weiter, bis sie durch eine andere Abmachung ersetzt werden. 149

---

1 BAG 13.7.1978 – 3 AZR 278/77, AP Nr. 4 zu § 1 BetrAVG – Wartezeit.
2 Einzelheiten bei *Karst/Stöckler* in Schlewing/Henssler/Schipp/Schnitker, Teil 5 F Rz. 52 ff.
3 Zur neuen Betriebsrente im öffentlichen Dienst vgl. *Fieberg*, BetrAV 2002, 230.
4 Verbandstarifverträge bestehen zB in der Bauwirtschaft, im Bäcker- und Lackiererhandwerk, bei Verlagen, in der Land- und Forstwirtschaft sowie im Bereich der Energieversorgung.

150 Für ihre Wirksamkeit bedürfen Tarifverträge gem. § 1 Abs. 2 TVG der Schriftform. Wird ein Tarifvertrag für allgemeinverbindlich erklärt, gilt er gem. § 5 TVG auch für die nicht organisierten Arbeitnehmer. Ebenso kann er durch freiwillige betriebliche Maßnahmen auf nicht tarifgebundene Arbeitnehmer ausgedehnt werden. Änderungen eines Tarifvertrages können über eine **Jeweiligkeitsklausel** im Arbeitsvertrag auch Wirkung auf nicht organisierte Arbeitnehmer entfalten. Die Verweisung im Arbeitsvertrag eines leitenden Angestellten auf eine in der Betriebsvereinbarung oder einem Tarifvertrag niedergelegte Versorgungsordnung ist dabei im Zweifel als dynamische Verweisung auf die jeweils für die Arbeitnehmer des Betriebes geltende Versorgungsordnung zu verstehen[1]. Tarifverträge können auch unmittelbar für Betriebsrentner gelten; das BAG bejaht die Regelungsmacht der Tarifvertragsparteien auch für Betriebsrentner[2].

bb) Betriebsvereinbarung

151 Die betriebliche Altersversorgung gehört zu den sozialen Angelegenheiten eines Betriebes[3]. Ein Versorgungswerk kann demgemäß durch Betriebsvereinbarung begründet werden. Für die Pensions- und Unterstützungskasse ergibt sich diese Rechtsfolge unmittelbar aus § 88 Nr. 2 BetrVG, wonach die Errichtung von Sozialeinrichtungen den Gegenstand freiwilliger Betriebsvereinbarungen bilden kann. Für andere Formen der betrieblichen Altersversorgung folgt die Zulässigkeit aus der **umfassenden funktionellen Zuständigkeit des Betriebsrats in sozialen Angelegenheiten**[4]. Die Ansprüche der Versorgungsberechtigten ergeben sich gem. § 77 Abs. 4 BetrVG unmittelbar und zwingend aus der Betriebsvereinbarung. Auch Leiharbeitnehmer nehmen an einem beim Entleiher durch Betriebsvereinbarung begründeten Versorgungswerk teil, wenn während der Geltung der Betriebsvereinbarung aufgrund von Art. 1 § 1 Abs. 2, § 3 Abs. 1 Nr. 6, § 13 AÜG aF ein Arbeitsverhältnis zwischen Entleiher und Leiharbeitnehmer bestand[5].

152 **Betriebsrentner** und **ausgeschiedene Mitarbeiter** werden von der Änderung einer Betriebsvereinbarung **nicht mehr erfasst**. Den Betriebspartnern fehlt nach der bisherigen Rechtsprechung des BAG eine entsprechende Regelungsmacht[6]. Inzwischen hält das BAG ausdrücklich offen, ob es an dieser Rechtsprechung festhalten wird[7]. Eine andere Beurteilung kommt nur in Frage, wenn die Versorgungszusage auf die jeweils gültige betriebliche Versorgungsregelung verweist (**Jeweiligkeitsklausel**). Sie ist dann auch für die Versorgungsempfänger verbindlich. Bei einer Änderung der Versorgungsregelungen durch eine spätere Betriebsvereinbarung gilt das Ablösungsprinzip; es findet daher weder ein individueller noch ein kollektiver Günstigkeitsvergleich statt[8]. Die Neuregelung unterliegt jedoch einer Rechts- und Billigkeitskontrolle (vgl. Rz. 625).

153 Betriebliche Versorgungswerke unterliegen zwar grundsätzlich dem erzwingbaren Mitbestimmungsrecht des Betriebsrats über § 87 Abs. 1 Nr. 8 oder Nr. 10 BetrVG.

---

1 BAG 21.1.1992 – 3 AZR 21/91, AP Nr. 24 zu § 1 BetrAVG – Ablösung; 21.1.1992 – 3 AZR 21/91, AP Nr. 24 zu § 1 BetrAVG – Ablösung; 20.4.2004 – 3 AZR 266/02, DB 2004, 2590; 12.10.2004 – 3 AZR 432/03, DB 2005, 1338.
2 BAG 17.6.2008 – 3 AZR 409/06, NZA 2008, 1244; 11.8.2009 – 3 AZR 23/08, NZA 2010, 408.
3 BAG 16.9.1986 – GS 1/82, AP Nr. 17 zu § 77 BetrVG 1972.
4 BAG 16.3.1956 – GS 1/55, AP Nr. 1 zu § 57 BetrVG.
5 BAG 18.2.2003 – 3 AZR 160/02, AP Nr. 5 zu § 13 AÜG.
6 St. Rspr. BAG, BAG 18.5.1977 – 3 AZR 371/76, AP Nr. 175 zu § 242 BGB – Ruhegehalt; 25.10.1988 – 3 AZR 483/86, AP Nr. 1 zu § 1 BetrAVG – Betriebsvereinbarung. Im Schrifttum ist die Rspr. des BAG allerdings stark umstritten, vgl. dazu *Schlewing/Henssler/Schipp/Schnitker*, Teil 8 B Rz. 83 ff. Anderes gilt bei Tarifverträgen: BAG 17.6.2008 – 3 AZR 409/06, NZA 2008, 1244.
7 BAG 19.2.2008 – 3 AZR 61/06, AP Nr. 52 zu § 1 BetrAVG.
8 BAG 29.7.2003 – 3 AZR 630/02, AP Nr. 45 zu § 1 BetrAVG – Ablösung.

I. Rechtsgrundlagen betrieblicher Versorgungsverpflichtungen

Der Arbeitgeber kann aber vorab frei darüber befinden, ob und in welchem Umfang er Mittel für eine betriebliche Altersversorgung zur Verfügung stellen will und welchen Personenkreis er auf welchem Durchführungsweg zu versorgen gedenkt (vgl. Rz. 13). Betriebliche Versorgungswerke sind damit **teilmitbestimmt**.

Die Betriebsvereinbarung kann von jeder Betriebspartei gem. § 77 Abs. 5 BetrVG **gekündigt** werden, ohne dass sie hierfür eine Begründung geben muss. Eine **Nachwirkung** oder Weitergeltung **tritt nicht ein**[1]. Die Nachwirkung einer gekündigten Betriebsvereinbarung ist nicht nur ausgeschlossen, wenn der Arbeitgeber mit der Kündigung Ansprüche vollständig beseitigen, sondern auch dann, wenn er lediglich bestimmte Besitzstände der Arbeitnehmer entfallen lassen will und innerhalb des auf diese Weise mitbestimmungsfrei verringerten Dotierungsrahmens kein Raum für eine Neuverteilung bleibt. Ob bei einer bloßen Verringerung des Volumens der insgesamt zur Verfügung gestellten Mittel und gleichzeitiger Änderung des Verteilungsplans eine Nachwirkung eintritt, hat der zuständige 3. Senat des BAG bisher offen gelassen[2]. Eine Nachwirkung kommt auch dann in Betracht, wenn in engem zeitlichem Zusammenhang mit dem Auslaufen der Kündigungsfrist eine vergleichbare betriebsverfassungsrechtliche Neuregelung angestrebt wird[3].

154

Die Frage der Wirksamkeit der Kündigung ist von der Frage ihrer Rechtsfolgen zu trennen. Dem Schutzbedürfnis der Arbeitnehmer, das teilweise zum Anlass genommen wird, Kündigungen von Betriebsvereinbarungen über Sozialleistungen nach allgemeinen Regeln zu überprüfen[4], ist über eine **Begrenzung der Kündigungswirkungen** Rechnung zu tragen. Durch die Kündigung einer Betriebsvereinbarung werden Anwartschaften von Arbeitnehmern nicht ohne Weiteres beseitigt[5]. Auch der Arbeitgeber, der von dem einseitigen Lösungsmittel der Kündigung Gebrauch macht, hat die Grundsätze der Verhältnismäßigkeit und des Vertrauensschutzes zu beachten[6]. Er muss deshalb die von den Arbeitnehmern erreichten Besitzstände entsprechend der vom BAG entwickelten Stufentheorie (vgl. Rz. 627 ff.) wahren[7]. Im Umfang dieser Beschränkung der Kündigung bleibt die Betriebsvereinbarung als kollektivrechtliche Grundlage von Versorgungsansprüchen erhalten. Die nach der Kündigung der Betriebsvereinbarung verbleibenden Restpositionen genießen unverändert den Schutz des § 77 Abs. 4 Sätze 2–4 BetrVG. Auf diesem Wege werden die schützenswerten Interessen der Arbeitnehmer gewahrt, ohne dass das Regelungssystem verlassen werden muss, das bei Begründung des Versorgungswerks privatautonom gewählt wurde[8].

155

---

1 BAG 10.3.1992 – 3 ABR 54/91 u. 11.5.1999 – 3 AZR 21/98, AP Nrn. 5 und 6 zu § 1 BetrAVG – Betriebsvereinbarung sowie 17.8.1999 – 3 ABR 55/98, AP Nr. 79 zu § 77 BetrVG 1972; 15.2.2011 – 3 AZR 35/09, NZA-RR 2011, 541.
2 Vgl. *Schlewing*, NZA 2010, 529.
3 BAG 18.9.2001 – 3 AZR 728/00, AP Nr. 34 zu § 1 BetrAVG – Ablösung.
4 *Blomeyer*, DB 1990, 173; *Schaub*, BB 1990, 289; *Hilger/Stumpf*, BB 1990, 929; *Hanau/Preis*, NZA 1991, 81.
5 Nach *Roßmanith*, DB 1999, 634, bewirkt die Kündigung sogar nur, dass lediglich die Arbeitnehmer, die nach dem Ablauf der Kündigungsfrist in den Betrieb eintreten, daraus keine Rechte herleiten können.
6 BAG 11.5.1999 – 3 AZR 21/98, AP Nr. 6 zu § 1 BetrAVG – Betriebsvereinbarung; 17.8.1999 – 3 ABR 55/98, AP Nr. 79 zu § 77 BetrVG 1972; 21.8.2001 – 3 ABR 44/00, AP Nr. 8 zu § 1 BetrAVG – Betriebsvereinbarung; 18.9.2001 – 3 AZR 728/00, AP Nr. 34 zu § 1 BetrAVG – Ablösung; vgl. dazu auch *Bepler*, BetrAV 2000, 21; BAG 15.2.2011 – 3 AZR 35/09, NZA-RR 2011, 541.
7 Dass die Stufentheorie ein geeignetes Mittel zur Korrektur der Kündigungswirkung darstellt, insbesondere soweit es um den Bestandsschutz noch nicht erdienter Zuwachsraten geht, wird von *Käppler* allerdings bezweifelt.
8 BAG 11.5.1999 – 3 AZR 21/98, AP Nr. 6 zu § 1 BetrAVG – Betriebsvereinbarung.

cc) Regelung mit dem Sprecherausschuss der leitenden Angestellten

156 Durch das Sprecherausschussgesetz besteht für den Arbeitgeber und den Sprecherausschuss der leitenden Angestellten die Möglichkeit, freiwillig Richtlinien über den Inhalt, den Abschluss oder die Beendigung von Arbeitsverhältnissen der leitenden Angestellten gem. § 28 Abs. 1 SprAuG zu vereinbaren. Als Richtlinie über den Inhalt von Arbeitsverhältnissen der leitenden Angestellten kommen auch **Richtlinien über die betriebliche Altersversorgung** in Betracht[1]. Allerdings gelten sie – anders als Betriebsvereinbarungen – nicht automatisch für die leitenden Angestellten, sondern ihre normative Wirkung muss gesondert gem. § 28 Abs. 2 SprAuG vereinbart werden, wobei abweichende Regelungen zugunsten Einzelner zulässig bleiben[2]. Die Vereinbarung entfaltet keine Nachwirkung[3].

b) Individualrechtliche Zusagen

157 Zur Gruppe der individualrechtlichen Versorgungszusagen gehören die **einzelvertragliche Vereinbarung**, die **vertragliche Einheitsregelung**, die **Gesamtzusage** und die **betriebliche Übung** sowie als übergreifende Sonderform die **Blankettzusage**.

aa) Einzelzusage

158 Die Einzelzusage unterscheidet sich von den anderen individualrechtlichen Versorgungszusagen dadurch, dass sie **keinen kollektiven Bezug** aufweist, sich also nicht an eine Gruppe von Arbeitnehmern richtet. Die Einzelzusage unterliegt den allgemeinen Regeln des Vertragsrechts. Sie kommt durch ein entsprechendes Angebot des Arbeitgebers und die Annahme durch den Arbeitnehmer zustande, die auch stillschweigend erfolgen kann, da betriebliche Versorgungsleistungen ihn begünstigen[4]. Mit ihrem Abschluss wird die Einzelzusage Bestandteil des Arbeitsvertrages. Eine abweichende Regelung kann nur durch eine anderweitige Vereinbarung oder eine Kündigung bzw. Änderungskündigung erreicht werden.

159 Eine Einzelzusage kann auch durch eine Verweisung auf die jeweils gültigen Versorgungsregelungen, die etwa im Wege einer Betriebsvereinbarung oder eines Tarifvertrags abgeschlossen werden, erteilt werden. Bei einer solchen **Jeweiligkeitsklausel** handelt es sich um eine dynamische Verweisung. Die Regelungen gelten auch nach Eintritt in den Ruhestand[5]. Dementsprechend sind nach Ausscheiden eines Arbeitnehmers aus dem Arbeitsverhältnis die jeweils maßgeblichen Versorgungsbestimmungen anzuwenden[6]. Auch bei einer Verweisung im Arbeitsvertrag eines leitenden Angestellten auf eine in einer Betriebsvereinbarung niedergelegte Versorgungsordnung ist im Zweifel von einer dynamischen Verweisung auf die jeweils für die Arbeitnehmer des Betriebs geltende Betriebsvereinbarung auszugehen[7].

160 Wie sonstige arbeitsvertragliche Regelungen ist die Einzelzusage **nicht formbedürftig**. Das steuerrechtlich bei unmittelbaren Versorgungssagen bestehende Schriftformerfordernis des § 6a Abs. 1 Nr. 3 EStG ist arbeitsrechtlich irrelevant, es sei denn, dass bereits bei Beginn des Arbeitsverhältnisses eine Versorgungszusage erteilt wird. Ggf. ist die Zusage dem Arbeitnehmer einen Monat nach Beginn des Arbeitsverhältnisses

---
1 *Wlotzke*, DB 1989, 177.
2 *Griebeling*, Rz. 161 f.
3 *Dänzer-Vanotti*, DB 1990, 41.
4 BAG 13.3.1975 – 3 AZR 446/74, AP Nr. 167 zu § 242 BGB – Ruhegehalt.
5 BAG 25.7.2000 – 3 AZR 6767/99 u. 11.12.2001 – 3 AZR 512/00, AP Nrn. 31 und 36 zu § 1 BetrAVG – Ablösung.
6 BAG 29.1.1991 – 3 AZR 44/90, AP 23 zu § 18 BetrAVG.
7 BAG 21.1.1992 – 3 AZR 21/91, AP Nr. 24 zu § 1 BetrAVG – Ablösung.

gem. § 2 Abs. 1 Nr. 6 NachwG in einer ihm auszuhändigenden Niederschrift zu bestätigen. Aus Beweisgründen empfiehlt es sich aber, die Versorgungszusage schriftlich zu erteilen. Ein Streit darüber, ob eine Versorgung nur in Aussicht gestellt oder fest zugesagt wurde, wird dadurch vermieden. Unabhängig davon ist es bei unmittelbaren Versorgungszusagen angezeigt, eindeutige Angaben zu Art, Form, Voraussetzungen und Höhe der in Aussicht gestellten künftigen Leistungen zu machen. Fehlen derartige Angaben, scheidet gem. § 6a Abs. 1 Nr. 3 EStG die Bildung einer Pensionsrückstellung in der Steuerbilanz trotz der arbeitsrechtlichen Irrelevanz des Schriftformerfordernisses[1] aus.

Bei der Formulierung der Zusage ist auf Klarheit, Verständlichkeit und Eindeutigkeit große Sorgfalt zu verwenden. Die Auslegung des Versorgungsversprechens erfolgt nach den Bestimmungen der §§ 133, 157, 242 BGB unter Berücksichtigung des Arbeitnehmerschutzprinzips. Die **Unklarheitenregel** in § 305c Abs. 2 BGB kommt zu Lasten des Verwenders von AGB zur Anwendung[2]. Die Unklarheitenregel greift, wenn nach Ausschöpfung aller in Betracht kommenden Auslegungsmethoden ein nicht behebbarer Zweifel bleibt[3]. Der Verursacher von Unklarheiten hat danach die Folgen in Form einer ihm ungünstigen Auslegung zu tragen. 161

Bereits vor Inkrafttreten der Schuldrechtsreform unterlagen die einseitig festgelegten Zusagen einer **gerichtlichen Billigkeitskontrolle**[4]. Dafür sind nun die §§ 307ff. BGB unter den Voraussetzungen der AGB-Kontrolle maßgebend (vgl. Rz. 321ff.). 162

bb) Vertragliche Einheitsregelung

Bei der vertraglichen Einheitsregelung wendet sich der Arbeitgeber bewusst an jeden einzelnen Arbeitnehmer mit einem Versorgungsdokument, das aber für alle Arbeitnehmer die gleichen Regelungen beinhaltet. Im Gegensatz zur Einzelzusage ist die vertragliche Einheitsregelung mithin durch ihren **kollektiven Bezug** gekennzeichnet. Dieser Umstand ist insbesondere für ihre Änder- und Ablösbarkeit von Gewicht (vgl. Rz. 612). 163

cc) Gesamtzusage

Bei der Gesamtzusage handelt es sich im Grunde um ein Bündel gleich lautender Einzelzusagen. Dieser Zusageform bedient sich der Arbeitgeber aus Gründen der Vereinfachung. Um sich bei der Gewährung einer betrieblichen Altersversorgung nach einheitlichen Grundsätzen nicht an jeden Arbeitnehmer einzeln wenden zu müssen, schafft er für die von ihm bestimmten Versorgungsberechtigten eine **Versorgungs-, Ruhegeld- oder Pensionsordnung**, die er durch Aushang, Aushändigung an den Betriebsrat, mündliche Erläuterung in einer Betriebsversammlung oder in sonstiger Weise bekannt macht. Akte der bloß internen Willensbildung ohne Bekanntgabe durch einen Bevollmächtigten reichen für eine Gesamtzusage daher nicht aus[5]. 164

Mit dem Inhalt des Vertragsangebots erklärt sich der Arbeitnehmer einverstanden, wenn er die Leistung entgegennimmt. Einer ausdrücklichen **Annahme** des in der Gesamtzusage enthaltenen Angebots **bedarf es** gem. § 151 BGB **nicht**[6]. Der Leistung als 165

---

1 Vgl. dazu BAG 5.2.1981 – 3 AZR 748/79, AP Nr. 188 zu § 242 BGB – Ruhegehalt.
2 BAG 23.9.2003 – 3 AZR 551/02, AP Nr. 93 zu § 77 BetrVG 1972.
3 BAG 11.4.1997 – 3 AZR 28/96, DB 1997, 1575; 19.12.2000 – 3 AZR 174/00, AP Nr. 24 zu § 1 BetrAVG – Wartezeit.
4 BAG 21.12.1970 – 3 AZR 510/69, AP Nr. 1 zu § 305 BGB – Billigkeitskontrolle; zu weit: *Höfer*, ART Rz. 643.
5 BAG 22.12.2009 – 3 AZR 136/08, DB 2010, 1074.
6 BAG 16.9.1986 – GS 1/82, AP Nr. 17 zu § 77 BetrVG 1972; 5.12.1995 – 3 AZR 941/94, AP Nr. 20 zu § 1 BetrAVG – Ablösung.

solcher kommt kein eigener Erklärungswert zu, wenn ihre Bedingungen allgemein bekannt gemacht worden sind. Deswegen können sich Arbeitnehmer nicht mit Erfolg darauf berufen, sie hätten nur die Leistung wahrgenommen, nicht aber die Einzelheiten der ihr zugrunde liegenden Zusage. Auch für später eintretende Arbeitnehmer gilt die Gesamtzusage mit dem Inhalt, mit dem sie im Betrieb bekannt ist, unabhängig davon, ob dem neu Eintretenden die Konditionen mitgeteilt wurden[1]. Die Leistung erfolgt aufgrund der früher bekannt gemachten Gesamtzusage und nicht aufgrund einer einzelvertraglichen Zusage. Daher wird auch der Vorbehalt einer Änderung durch Betriebsvereinbarung Vertragsinhalt zwischen den Parteien des Arbeitsvertrages[2].

166 Die **praktische Bedeutung** der Gesamtzusage ist ebenso wie die der vertraglichen Einheitsregelung heute **gering**, da der Arbeitgeber bei der Ausgestaltung von individualrechtlichen Versorgungszusagen betriebsverfassungsrechtliche Mitbestimmungsrechte zu beachten hat (vgl. Rz. 230 ff.) und deshalb von vornherein besser eine Betriebsvereinbarung schließt, die im Regelfall auch leichter abzulösen ist. Zu Versorgungsregelungen durch eine Gesamtzusage oder eine vertragliche Einheitsregelung kommt es daher fast nur noch in betriebsratslosen Unternehmen. Wegen ihres kollektiven Charakters ergeben sich bei der Gesamtzusage hinsichtlich ihrer Abänder- und Ablösbarkeit die gleichen Besonderheiten wie bei der vertraglichen Einheitsregelung.

dd) Betriebliche Übung

167 Eine individualrechtliche Versorgungszusage kann auch aus einer betrieblichen Übung entstehen. Im Betriebsrentenrecht wird dieser Rechtsbegründungsakt ausdrücklich berücksichtigt, indem in § 1b Abs. 1 Satz 4 BetrAVG eine Versorgungsverpflichtung, die auf betrieblicher Übung beruht, derjenigen aus **einer sonstigen Zusage gleichgestellt** wird.

168 Die dogmatische Einordnung der betrieblichen Übung bereitet Schwierigkeiten[3]. Für den Bereich der betrieblichen Altersversorgung geht das BAG von der Vertragstheorie aus[4]. Manifestiert wird der Verpflichtungswille durch ein gleichförmiges, wiederholtes Verhalten des Arbeitgebers. Der Arbeitnehmer muss aus dem Verhalten schließen dürfen, ihm werde die Leistung auch künftig gewährt[5]. Wie häufig der Arbeitgeber sein Verhalten wiederholen muss, lässt sich nicht schematisch festlegen. Ebenso kommt es nicht so sehr auf die Zahl der begünstigten Arbeitnehmer oder die Dauer der Übung an, sondern es ist darauf abzustellen, ob das Verhalten des Arbeitgebers ein schutzwürdiges Vertrauen auf Zahlung einer Betriebsrente begründet hat. Entscheidend sind mithin die sich für den Einzelfall ergebenden Umstände, die sich aus der üblich gewordenen Art der Leistung sowie ihrem Umfang herleiten lassen[6].

169 Auch aus einer betrieblichen Übung, eine **Altersversorgung** jeweils **erst im Versorgungsfall zuzusagen**, kann sich eine unverfallbare Anwartschaft auf Versorgungsleistungen ergeben[7]. Die gleiche Rechtsfolge tritt ein, wenn eine gleichförmige betriebli-

---

1 LAG Hess. 27.6.2001 – 8 Sa 677/00, DB 2002, 696.
2 BAG 10.12.2002 – 3 AZR 671/01, DB 2004, 1568.
3 Zu Einzelheiten vgl. *Schlewing/Henssler/Schipp/Schnitker*, Teil 7 A Rz. 93 ff.; *Merten/Schwartz*, DB 2001, 646 f.
4 BAG 30.6.2008 – 10 AZR 606/07, BAGE 127, 185; 23.8.2011 – 3 AZR 650/09, NZA 2012, 37.
5 BAG 4.5.1999 – 10 AZR 290/98, AP Nr. 55 zu § 242 BGB – Betriebliche Übung; 31.7.2007 – 3 AZR 189/06, NZA-RR 2008, 263; 16.2.2010 – 3 AZR 118/08, EzA-SD 2010, Nr. 16, 10.
6 Hinsichtlich der Zahlung eines in der Versorgungsordnung nicht vorgesehenen 13. Monatsgehalts vgl. BAG 30.10.1984 – 3 AZR 236/82, AP Nr. 1 zu § 1 BetrAVG – Betriebliche Übung; zur Anpassung von Betriebsrenten vgl. BAG 3.12.1985 – 3 AZR 577/83 u. 3.2.1987 – 3 AZR 330/85, AP Nrn. 18 und 20 zu § 16 BetrAVG.
7 LAG Hess. 15.8.2001 – 8 Sa 1098/00, DB 2002, 1011.

I. Rechtsgrundlagen betrieblicher Versorgungsverpflichtungen

che Praxis besteht, allen Mitarbeitern, die mindestens eine zehnjährige Betriebszugehörigkeit aufweisen, nachfolgend eine betriebliche Altersversorgung zu versprechen. Es kommt dann nicht darauf an, dass die Versorgungszusage stets zum gleichen Zeitpunkt – also etwa genau nach zehn Jahren – gemacht wird. Entscheidend ist, dass alle Mitarbeiter, in deren Person die Voraussetzungen der Versorgungsrichtlinie vorliegen, eine Versorgungszusage erhalten. Die Versorgungszusagen selbst dürfen auch gebündelt und rückwirkend auf den Ablauf einer bestimmten Wartefrist datiert werden. Werden Versorgungszusagen stets nur mit dem Inhalt der bei Fristablauf gültigen Versorgungsrichtlinien gemacht, so entspricht es allerdings nicht der betrieblichen Übung, den Mitarbeitern inhaltliche Versorgungszusagen auf den Stand ihres Firmeneintritts zu versprechen. Dies gilt jedenfalls dann, wenn die Versorgungsregelung nur als arbeitgeberinterne Richtlinie zur Gleichbehandlung aller Arbeitnehmer dient und den Arbeitnehmern nicht in allgemeiner Form bekannt gemacht wird. Bei der inhaltlichen Ausfüllung des Versorgungsversprechens nach Ablauf der Wartefrist hat der Arbeitgeber aber natürlich die Grundsätze der Billigkeit zu beachten[1].

Für die Entstehung der Rechtsbindung ist nicht darauf abzustellen, ob der Arbeitgeber den Willen hatte, durch gleichgerichtetes Handeln eine betriebliche Übung auszulösen. Maßgeblich ist allein, dass er die die Verpflichtung begründenden Umstände kannte oder kennen musste. Zahlt der Arbeitgeber unter bestimmten Voraussetzungen jedem Arbeitnehmer oder einer bestimmten Gruppe im Versorgungsfall ein Ruhegeld, können die noch aktiven Arbeitnehmer aufgrund dieser **Kollektivübung** darauf vertrauen, dass auch sie unter den gleichen Voraussetzungen Versorgungsleistungen erhalten. Der Arbeitnehmer erwirbt die Versorgungszusage zu dem Zeitpunkt, an dem er erstmals von dem Bestehen dieser Übung Kenntnis erlangen konnte. Das wird der Beginn des Arbeitsverhältnisses sein, wenn die Übung zu dieser Zeit schon praktiziert wurde[2]. Die bindende Wirkung einer betrieblichen Übung tritt daher auch gegenüber Arbeitnehmern ein, die zwar unter Geltung der Übung im Betrieb arbeiten, aber die nach der Übung erforderlichen Voraussetzungen noch nicht erfüllen[3]. 170

Will der Arbeitgeber die **Fortgeltung der** aus der betrieblichen Übung entstehenden **Verpflichtungen** bei neuen Arbeitsverhältnissen vermeiden, muss er sie bereits beim Vertragsschluss ausdrücklich ausschließen. Die entsprechende Erklärung bedarf nicht der Einhaltung einer Form, sie muss nur den klaren Willen des Arbeitgebers über die Beendigung der betrieblichen Übung zum Ausdruck bringen[4]. Dann erwächst beim Arbeitnehmer kein schützenswerter Vertrauenstatbestand, der den Arbeitgeber zur Leistungsgewährung oder Erteilung einer Versorgungszusage verpflichtet. Demgegenüber vermag ein bloßer Aushang im Betrieb, dass die Übung eingestellt wird, die Betriebsübung nicht zu beenden[5]. Eine betriebliche Übung kann nicht durch eine – auch mehrjährige – gegenläufige Übung beendet werden[6]. 171

Eine **Verpflichtung** aus betrieblicher Übung kann im Übrigen **nur** entstehen, **falls** hinsichtlich der in Frage kommenden Leistungen **keine** sonstige **individual- oder kollektivrechtliche Anspruchsgrundlage** besteht[7]. Will der Arbeitgeber durch sein Verhalten lediglich einer ohnehin bestehenden Verpflichtung nachkommen, entsteht mithin keine betriebliche Übung[8]. Das ist zB bei Abschluss und Durchführung einer unwirk- 172

---

1 BAG 25.6.2002 – 3 AZR 360/01, AP Nr. 50 zu § 1b BetrAVG.
2 LAG Köln 17.1.1985 – 8 Sa 1019/84, NZA 1985, 398; *Blomeyer/Rolfs/Otto*, Anh. zu § 1 Rz. 26 ff.
3 BAG 15.5.2012 – 3 AZR 610/11, BAGE 141, 222.
4 BAG 5.2.1971 – 3 AZR 28/70, AP Nr. 10 zu § 242 BGB – Betriebliche Übung.
5 BAG 14.8.1996 – 10 AZR 69/96, AP Nr. 47 zu § 242 BGB – Betriebliche Übung.
6 BAG 18.3.2009 – 10 AZR 281/08, DB 2009, 1186; 16.2.2010 – 3 AZR 118/08, EzA-SD 2010, Nr. 16, 10.
7 BAG 10.12.2002 – 3 AZR 671/01, DB 2004, 1568; 21.1.2003 – 3 AZR 35/02, AP Nr. 63 zu § 1 BetrAVG – Zusatzversorgungskassen.
8 BAG 22.1.2002 – 3 AZR 554/00, AP Nr. 4 zu § 77 BetrVG 1972 – Betriebsvereinbarung.

samen Betriebsvereinbarung der Fall, wenn und solange der Arbeitgeber rechtsirrtümlich davon ausgeht, zu der Leistung durch die Betriebsvereinbarung verpflichtet zu sein[1]. Kennt er allerdings den Irrtum, kann bei Fortsetzung der Leistung eine betriebliche Übung entstehen[2].

ee) Blankettzusage

173 Eine **Versorgungszusage** liegt auch dann vor, wenn der Arbeitgeber das Angebot **nicht in** allen **Einzelheiten konkretisiert** hat. Die vollständigen Vertragsbedingungen, zB bzgl. des Leistungsumfangs und der Leistungsvoraussetzungen, muss der Arbeitgeber sodann nach billigem Ermessen gem. § 315 BGB festlegen. Neben den rechtsgeschäftlich verbindlichen Vorgaben sind bei der Auffüllung auch vom Arbeitgeber geweckte Vorstellungen und Erwartungen zu berücksichtigen. Entspricht die Festlegung nicht diesen Anforderungen oder bleibt der Arbeitgeber untätig, wird die entstandene Regelungslücke durch gerichtliches Urteil geschlossen[3]. Ist eine Blankettzusage erteilt und legt der Arbeitgeber in gewissen Abständen während des laufenden Arbeitsverhältnisses Pensionshöchstbeträge fest, auf deren Basis die spätere betriebliche Altersrente berechnet werden soll, ist auch unter Berücksichtigung dessen, dass nur eine Blankettzusage erteilt wurde, zu prüfen, ob er sich dadurch hinsichtlich des Anpassungsmodus für die Pensionshöchstbeträge binden will und insoweit eine betriebliche Übung entsteht[4]. Ein unverbindliches In-Aussicht-Stellen begründet allerdings keine Versorgungsanwartschaft, wenn ein Bindungswille des Arbeitgebers nicht erkennbar ist. Behält er sich vor, darüber zu entscheiden, ob und wann der Arbeitnehmer in ein Versorgungswerk aufgenommen wird, ist die Versorgungszusage noch nicht erteilt[5].

c) Versorgungsanspruch aufgrund Gleichbehandlung

174 Ein Versorgungsanspruch kann auch aus dem **Grundsatz der Grundbehandlung** hergeleitet werden. Dieser Rechtsbegründungsakt wird in § 1b Abs. 1 Satz 4 BetrAVG ausdrücklich einer Versorgungsverpflichtung, die auf einer sonstigen Zusage beruht, gleichgestellt.

175 Der Grundsatz der Gleichbehandlung verbietet die **sachfremde Schlechterstellung** einzelner Arbeitnehmer gegenüber anderen Arbeitnehmern in vergleichbarer Lage und begründet für solche Fälle einen Anspruch auf Gleichbehandlung. Die Vertragsfreiheit ist eingegrenzt, wenn eine Gruppe nach **generalisierenden Merkmalen**, nach einem erkennbaren **gleichen Prinzip** oder nach einer **allgemeinen Ordnung** aufgestellt wird. Dabei spielt es keine Rolle, ob die jeweils begünstigten oder benachteiligten Arbeitnehmer eine Mehrheit oder nur eine Minderheit der insgesamt gleich zu behandelnden Arbeitnehmer darstellen[6]. Ist die Anzahl der begünstigten Arbeitnehmer im Vergleich zur Gesamtzahl der betroffenen Arbeitnehmer allerdings sehr gering, scheidet ein Anspruch aus dem Gleichbehandlungsgrundsatz aus; nach Auffassung des 5. Senats des BAG gilt das, wenn weniger als 5 % der vergleichbaren Arbeitnehmer bessergestellt sind[7]. Von vornherein keine Grundlage für eine Gleichbehandlung be-

---

1 BAG 13.8.1980 – 5 AZR 325/78 u. 27.6.1985 – 6 AZR 392/81, AP Nrn. 2 und 14 zu § 77 BetrVG 1972.
2 BAG 23.8.2011 – 3 AZR 650/09, NZA 2012, 37.
3 BAG 13.3.1975 – 3 AZR 446/74 u. 23.11.1978 – 3 AZR 708/77, AP Nrn. 167 und 181 zu § 242 BGB – Ruhegehalt; 19.6.1980 – 3 AZR 958/79, AP Nr. 8 zu § 1 BetrAVG – Wartezeit.
4 BAG 19.7.2005 – 3 AZR 472/04, DB 2006, 343.
5 LAG Hamm 29.1.1980 – 6 Sa 1340/79, BB 1980, 681.
6 BAG 25.1.1984 – 5 AZR 89/82 u. 25.1.1984 – 5 AZR 251/82, AP Nrn. 67 und 68 zu § 242 BGB – Gleichbehandlung.
7 BAG 14.6.2005 – 5 AZR 584/05, NZA 2007, 221.

I. Rechtsgrundlagen betrieblicher Versorgungsverpflichtungen

steht, wenn ausschließlich **Einzelfallregelungen** getroffen worden sind, die individuell zwischen dem Arbeitgeber und den Arbeitnehmern ausgehandelt wurden[1]. So hat zB das LAG Köln[2] die Klage eines leitenden Angestellten auf betriebliche Versorgungsleistungen mit dem Hinweis abgewiesen, dass von den dreizehn Prokuristen des Arbeitgebers nur sechs eine Versorgung erhalten hätten und diese jeweils im Einzelfall ausgehandelt worden sei.

Wenn der Arbeitgeber nach generalisierenden Merkmalen differenziert, hat die Gruppenbildung **gemessen am Leistungszweck sachlichen Kriterien** zu entsprechen. Diese Kriterien müssen in der Versorgungsregelung nicht ausdrücklich genannt werden, es genügt, wenn sie objektiv vorliegen[3]. Bei zulässiger Differenzierung besteht kein Erfordernis, der nicht berücksichtigten Gruppe einen Ausgleich zu gewähren[4]; anderenfalls ist die Regelung unwirksam und die benachteiligte Gruppe gleich zu behandeln. Die Gründe für eine Differenzierung sind nur dann sachlich gerechtfertigt und billigenswert, wenn sie auf vernünftigen, einleuchtenden Erwägungen beruhen und gegen keine verfassungsrechtlichen oder sonstigen übergeordneten Wertentscheidungen verstoßen. Dabei ist nicht zu überprüfen, ob der Arbeitgeber die zweckmäßigste und gerechteste Lösung gewählt hat. Im Streitfall hat der Arbeitgeber darzulegen, wie er den begünstigten Personenkreis sachgerecht abgegrenzt hat und warum der auf Gleichbehandlung klagende Arbeitnehmer nicht dazu gehört[5]. 176

Ansprüche gegen den Gleichbehandlungsgrundsatz setzen voraus, dass derselbe Rechtsträger die Differenzierung zu verantworten hat. Er muss demzufolge auch in der Lage sein, eine Gleichbehandlung verschiedener Gruppen tatsächlich herzustellen. Ein verfassungsrechtliches Gebot, ähnliche Sachverhalte in verschiedenen Ordnungs- oder Regelungsbereichen gleich zu regeln, existiert daher zB **nicht für unterschiedliche Tarifvertragsparteien**[6]. Auch greift der Gleichbehandlungsgrundsatz für Arbeitgeber nur ein, wo dieser durch gestaltendes Verhalten ein eigenes Regelwerk schafft, nicht aber bei bloßem – auch vermeintlichem – **Normenvollzug**[7]. 177

Der Gleichbehandlungsgrundsatz ist weiter in **kollektivrechtlich begründeten Versorgungszusagen** zu beachten[8]. Allerdings können Arbeitnehmer, die nicht von der kollektiven Regelung erfasst werden, keine Ausdehnung der Leistungen auf sie erzwingen. So kann ein leitender Angestellter iSv. § 5 Abs. 3 BetrVG die Altersleistung aus einer Betriebsvereinbarung nicht mit Hilfe des Gleichbehandlungsgrundsatzes fordern. Einer Gleichbehandlung in der betrieblichen Altersversorgung können auch Vorteile in der Vergütung entgegenstehen, die Einzelnen tarifvertraglich eingeräumt worden sind. Insoweit gilt das Günstigkeitsprinzip[9]. 178

Der Gleichbehandlungsgrundsatz ist nicht auf den Betrieb beschränkt, sondern erstreckt sich **betriebsübergreifend** auf das ganze **Unternehmen**. Allerdings können sachliche Gründe, etwa die räumliche Entfernung zwischen verschiedenen Betrieben 179

---

1 BAG 19.8.1992 – 5 AZR 513/91, AP Nr. 102 zu § 242 BGB – Gleichbehandlung.
2 LAG Köln 22.6.1983 – 7 Sa 25/83, BB 1983, 1415.
3 BAG 21.8.2007 – 3 AZR 269/06, DB 2008, 710.
4 BAG 21.8.2007 – 3 AZR 269/06, DB 2008, 710.
5 BAG 12.6.1990 – 3 AZR 166/89, AP Nr. 25 zu § 1 BetrAVG; 12.11.1991 – 3 AZR 489/90, AP Nr. 77 zu § 1 BetrAVG – Gleichbehandlung.
6 BAG 3.12.1997 – 10 AZR 563/96, AP Nr. 149 zu § 242 BGB – Gleichbehandlung; 3.4.2003 – 6 AZR 633/01, AP Nr. 185 zu § 242 BGB – Gleichbehandlung; 16.12.2003 – 3 AZR 668/02, DB 2004, 1622.
7 BAG 22.12.2009 – 3 AZR 895/07, NZA 2010, 521.
8 BAG 28.7.1992 – 3 AZR 173/92 u. 7.3.1995 – 3 AZR 282/94, AP Nrn. 18 und 26 zu § 1 BetrAVG – Gleichbehandlung.
9 BAG 25.4.1995 – 3 AZR 446/94, AP Nr. 25 zu § 1 BetrAVG – Gleichbehandlung; 17.10.1995 – 3 AZR 882/94, Nr. 132 zu § 242 BGB – Gleichbehandlung; 25.2.1999 – 3 AZR 113/97, AP Nr. 37 zu § 1 BetrAVG.

desselben Unternehmens, deren Zugehörigkeit zu unterschiedlichen Branchen sowie zwischen ihnen bestehende organisatorische Trennlinien oder gravierende Unterschiede in der wirtschaftlichen Situation Differenzierungen gerechtfertigt erscheinen lassen[1]. In einer Gesamtbetriebsvereinbarung darf die Gewährung von Leistungen der betrieblichen Altersversorgung in den einzelnen Betrieben davon abhängig gemacht werden, dass dort eine Betriebsvereinbarung über Regelungen zur flexibleren Gestaltung der Arbeitszeit zustande kommt[2]. Ebenso bedeutet es keinen Verstoß gegen das Gleichbehandlungsgebot, wenn betriebliche Versorgungsleistungen ohne Unterscheidung nach ihrem Status nur Betriebsangehörigen gewährt werden. Der **Ausschluss** von **Heimarbeitern** aus dem Kreis der Begünstigten ist daher berechtigt[3].

aa) Zulässige Differenzierungen

180 Als sachlicher Grund, der eine Differenzierung rechtfertigt, ist von der Rechtsprechung in erster Linie eine unterschiedliche **Qualifikation der Arbeitnehmer** anerkannt worden. Aber auch wirtschaftliche Erwägungen, Stichtagsregelungen oder ein befristeter Arbeitseinsatz können billigenswerte Gründe für eine Ungleichbehandlung darstellen.

(1) Unterschiedliche Qualifikation

181 Eine unterschiedliche Qualifikation kann in verschiedenen Erscheinungsformen auftreten. Sie kann auf der **Arbeitsleistung** oder einer **herausragenden Berufserfahrung** beruhen, aber auch durch unterschiedliche **Anforderungen** an den **Arbeitsplatz** bedingt sein[4]. Es ist danach nicht zu beanstanden, wenn nur die Arbeitnehmer eine Invaliden- oder Hinterbliebenenversorgung erhalten, die besonders gefährdete Arbeiten verrichten. Man denke an strahlengefährdete Arbeitsplätze, an Arbeiten in Labors, in denen Krankheitserreger erforscht werden, an Reparaturarbeiten im Autobahnbereich. Ebenso ist es zulässig, wenn lediglich leitenden Angestellten – zumeist in Form von Einzelzusagen – Versorgungsleistungen gewährt werden, die übrigen Mitarbeiter, die keine vergleichbare Position bekleiden, sie aber nicht erhalten[5]. Arbeitnehmer mit Leitungs- und Führungsaufgaben sind für das Unternehmen von besonderer Bedeutung[6]. Der Arbeitgeber darf daher die günstigeren Versorgungsregelungen auf solche Arbeitnehmer beschränken, die er enger an das Unternehmen binden will[7]. Ggf. hat er jedoch, zugeschnitten auf seinen Betrieb, darzulegen, aus welchen Gründen eine stärkere Bindung einem objektiven, wirklichen Bedürfnis entspricht[8]. Eine derartige Differenzierung widerspricht nicht dem Zweck der betrieblichen Altersversorgung, da die Leistungen nicht nur die wirtschaftliche Lage der Arbeitnehmer im Alter oder bei Invalidität verbessern, sondern in der Regel zugleich die von den Arbeitnehmern erbrachte Betriebstreue fördern und belohnen sollen[9]. Aus den genannten Gründen ist es gleichfalls gerechtfertigt, wenn nur langjährig beschäftigte Meister mit herausragender Berufserfahrung ein zusätzliches Entgelt in Form einer Versorgungszusage bekommen.

---

1 BAG 17.11.1998 – 1 AZR 147/98, AP Nr. 162 zu § 242 BGB – Gleichbehandlung; 22.12.2009 – 3 AZR 136/08, DB 2010, 1074.
2 BAG 18.9.2007 – 3 AZR 639/06, DB 2008, 823.
3 LAG München 29.6.1979 – 1 Sa 794/78, nv.
4 BAG 28.7.1992 – 3 AZR 173/92, AP Nr. 18 zu § 1 BetrAVG – Gleichbehandlung.
5 BAG 11.11.1986 – 3 ABR 74/85, AP Nr. 4 zu § 1 BetrAVG – Gleichbehandlung.
6 BAG 17.2.1998 – 3 AZR 783/96, AP Nr. 37 zu § 1 BetrAVG – Gleichbehandlung.
7 BAG 22.11.1994 – 3 AZR 349/94, AP Nr. 24 zu § 1 BetrAVG – Gleichbehandlung; 20.7.2004 – 3 AZR 316/03, DB 2005, 508.
8 BAG 12.10.2005 – 10 AZR 640/04, AP Nr. 199 zu § 242 BGB – Gleichbehandlung.
9 BAG 18.2.2003 – 3 AZR 172/02, DB 2003, 2606.

(2) Soziale Gesichtspunkte

Der Arbeitgeber darf auch einzelne Arbeitnehmergruppen aufgrund eines **typischerweise unterschiedlichen Versorgungsbedarfs** ungleich behandeln. Er kann deshalb eine Arbeitnehmergruppe von der betrieblichen Altersversorgung ausschließen, die ein erheblich höheres Einkommen als die in das Versorgungswerk einbezogene Gruppe erzielt. Die benachteiligte Gruppe ist in einem solchen Fall aufgrund der vom Arbeitgeber herrührenden und von ihm zu überschauenden Leistungen in der Lage, sich selbst eine angemessene Versorgung im Alter zu verschaffen. Diesem Gesichtspunkt darf der Arbeitgeber Rechnung tragen. Er kann aus sozialen Gründen nur schlechter verdienenden Arbeitnehmern einen Zusatzversorgungsanspruch einräumen, die nicht in vergleichbarer Weise zur Eigenvorsorge imstande sind[1]. Ebenso kann die **Wahrung sozialer Besitzstände** als sachlicher Grund zur Rechtfertigung einer unterschiedlichen Behandlung von Arbeitnehmern anerkannt werden. Es ist deshalb nicht zu beanstanden, wenn eine Arbeitnehmergruppe im Gegensatz zu einer anderen Gruppe aus Gründen der Besitzstandswahrung eine Zulage als nicht abbaubaren, ruhegeldfähigen Entgeltbestandteil erhält[2]. Die Auswahl eines besonderen Versorgungsträgers für eine bestimmte Arbeitnehmergruppe kann unter dem Gesichtspunkt der Portabilität von Versorgungsanwartschaften gerechtfertigt sein, etwa um auf diese Weise Bewerber einer bestimmten Profession anzuziehen[3].

182

(3) Fremdfinanzierung

Auch wirtschaftliche Gründe können eine Ungleichbehandlung rechtfertigen. So hat das BAG entschieden, dass ein Arbeitgeber, der eine Ersatzschule und ein Internat betreibt, nicht gegen den Gleichbehandlungsgrundsatz verstößt, wenn er die **Refinanzierungsmöglichkeiten** des Ersatzschulfinanzgesetzes ausschöpft und nur den in der Schule, nicht aber den im Internat beschäftigten Arbeitnehmern eine Zusatzversorgung zusagt[4].

183

(4) Stichtagsregelung

Zulässig sind ebenfalls Regelungen, die Versorgungsberechtigte ab einem Stichtag von **Verbesserungen einer Versorgungsordnung ausnehmen**. Stichtagsregelungen sind nicht deshalb unzulässig, weil sie im Einzelfall zu Härten führen. Entscheidend sind die Gründe, die eine rein zeitbezogene Zäsur bei der Gewährung von Versorgungsleistungen rechtfertigen sollen. Auch das Bestreben des Arbeitgebers, seine Kostenbelastung zu begrenzen, rechtfertigt nicht jede beliebige zeitliche Differenzierung. Sie muss auf die jeweilige Leistung und deren Besonderheiten abgestimmt sein[5]. Hinsichtlich der Gewährung zusätzlicher Ausgleichsleistungen zur Beseitigung von Schwierigkeiten beim Personalabbau können danach zeitliche Differenzierungen sachlich gerechtfertigt sein. Der Gleichbehandlungsgrundsatz verpflichtet den Arbeitgeber nicht, jede ungünstige Reflexwirkung längerer Kündigungsfristen zu vermeiden[6]. Auch personalwirtschaftliche Gründe können eine Ungleichbehandlung rechtfertigen. Ein Arbeitgeber ist durch den arbeitsrechtlichen Gleichbehandlungsgrundsatz nicht gezwungen, die Begünstigung, die er solchen Arbeitnehmern gewährt, die bis zum vorgezogenen Ruhestand betriebstreu geblieben sind, auch denje-

184

---

1 BAG 29.12.1997 – 3 AZR 661/96, NZA 1998, 1147; 20.7.2004 – 3 AZR 316/03, DB 2005, 508; 21.8.2007 – 3 AZR 269/06, DB 2008, 710.
2 BAG 2.8.2006 – 10 AZR 572/05, DB 2006, 2244.
3 BAG 22.12.2009 – 3 AZR 136/08, DB 2010, 1074.
4 BAG 19.6.2001 – 3 AZR 557/00, AP Nr. 50 zu § 1 BetrAVG – Gleichbehandlung.
5 BAG 8.12.1977 – 3 AZR 530/76 u. 11.9.1980 – 3 AZR 606/79, AP Nrn. 176 und 187 zu § 242 BGB – Ruhegehalt.
6 BAG 18.9.2001 – 3 AZR 656/00, AP Nr. 179 zu § 242 BGB – Gleichbehandlung.

nigen Arbeitnehmern einzuräumen, die vorzeitig ausgeschieden sind und vorgezogene Betriebsrente in Anspruch nehmen[1]. Ebenso ist der Arbeitgeber, der bei Abbau einer Überversorgung auch in die Versorgung der Betriebsrenten eingreifen darf, nicht verpflichtet, seine rechtlichen Möglichkeiten voll auszuschöpfen. Es ist nicht zu beanstanden, wenn er die Betriebsrentner verschont. Der Eintritt des Versorgungsfalls ist für eine Stichtagsregelung ein sachgerechter Anknüpfungspunkt; die Unterscheidung entspricht den Vorstellungen und Wertungen des Betriebsrentengesetzes[2].

(5) Betriebliche Gründe und Höchstaltersgrenzen

185 Neben der Verbesserung der wirtschaftlichen Lage der Arbeitnehmer im Alter kann der Arbeitgeber mit Leistungen der betrieblichen Altersversorgung auch den Zweck verfolgen, die erbrachte **Betriebstreue** zu **fördern** und zu **belohnen**. Wie das BAG wiederholt erkannt hat, kann somit eine Ungleichbehandlung bei der Gewährung von betrieblichen Versorgungsleistungen wegen eines nachvollziehbar unterschiedlichen Interesses an fortdauernder Betriebstreue einer bestimmten Arbeitnehmergruppe durchaus gerechtfertigt sein[3]. Bei derartigen betrieblichen Gründen hat der Arbeitgeber, zugeschnitten auf seinen Betrieb, jedoch darzulegen, warum eine stärkere Bindung einem objektiven, wirklichen Bedürfnis entspricht[4]. Aufgrund ähnlicher Erwägungen ist es gleichfalls gerechtfertigt, Arbeitnehmer von der Altersversorgung auszuschließen, die erst nach Vollendung eines bestimmten Lebensalters ihre Tätigkeit für das Unternehmen aufnehmen (**Höchstaltersgrenzen**). Der Arbeitgeber darf daher nach dem Umfang der noch möglichen künftigen Betriebstreue ab dem Zeitpunkt der Versorgungszusage differenzieren[5].

186 Das AGG steht einer derartigen Regelung nicht entgegen. Das Ziel des Gesetzes, Diskriminierungen wegen des Alters zu beseitigen, schließt nicht generell eine unterschiedliche Behandlung aus. Nach § 10 Nr. 4 **AGG** ist die **Festsetzung einer Höchstaltersgrenze, durch die ältere Arbeitnehmer von der Zusage ausgeschlossen werden, zulässig**, wenn sie angemessen und durch ein legitimes Ziel gerechtfertigt ist. Diese Vorschrift ist gemeinschaftsrechtskonform und die darauf gestützte Festsetzung von Altersgrenzen in den betrieblichen Systemen der sozialen Sicherheit europarechtlich in der Regel zulässig[6]. Wie in diesem Zusammenhang erneut hervorzuheben ist, handelt es sich bei der betrieblichen Altersversorgung um eine freiwillige Sozialleistung, zu deren Einführung der Arbeitgeber nicht verpflichtet ist. Er kann darüber befinden, in welchem Umfang er Mittel zur Verfügung stellen will und welchen Personenkreis er zu versorgen gedenkt. Auch wenn er die Versorgungslast dadurch begrenzt, dass er Versorgungsleistungen erst nach Ablauf einer längeren Wartezeit erbringen will, ist das nach der Rechtsprechung des BAG grundsätzlich legitim und nicht zu beanstanden[7]. Dabei hat das BAG eine Höchstaltersgrenze anerkannt, die eine Zusage an Arbeitnehmer ausschließt, die bei Aufnahme der Arbeit das 50. Lebensjahr vollendet haben[8] oder noch mindestens 15 Jahre bis zur Regelaltersgrenze in der gesetzlichen Rentenversicherung zurücklegen können[9]. Als unwirksam hat das BAG eine Höchst-

---

1 BAG 23.1.2001 – 3 AZR 562/99, AP Nr. 26 zu § 6 BetrAVG.
2 BAG 9.11.1999 – 3 AZR 432/98, AP Nr. 30 zu § 1 BetrAVG – Ablösung; 22.10.2002 – 3 AZR 496/01, AP Nr. 10 zu § 1 BetrAVG – Überversorgung.
3 BAG 9.12.1997 – 3 AZR 661/96, NZA 1998, 1174; 20.7.2004 – 3 AZR 316/03, DB 2005, 508.
4 BAG 12.10.2005 – 10 AZR 640/04, DB 2006, 283; 21.8.2007 – 3 AZR 269/06, DB 2008, 710; BAG 28.6.2011 – 3 AZR 448/09, nv.
5 BAG 19.4.2005 – 3 AZR 469/04, DB 2005, 1748.
6 BAG 11.8.2009 – 3 AZR 23/08, NZA 2010, 408.
7 BAG 24.4.2004 – 3 AZR 5/03, AP Nr. 2 zu § 1b BetrAVG; im Hinblick auf § 10 Nr. 4 BetrAVG erheben *Reichenbach/Grüneklee*, BetrAV 2006, 710f., Bedenken gegen diese Rechtsprechung.
8 BAG 12.11.2013 – 3 AZR 356/12, NZA 2014, 848.
9 BAG 12.2.2013 – 3 AZR 100/11, BAGE 144, 231.

altersgrenze bewertet, die voraussetzte, dass die Arbeitnehmer bei Vollendung des 55. Lebensjahres die 10jährige Wartezeit vollendet hatten[1].

(6) Befristetes Arbeitsverhältnis

Eine unterschiedliche Behandlung von befristet und auf unbestimmte Zeit eingestellten Arbeitnehmern ist gemessen am Zweck der betrieblichen Altersversorgung gerechtfertigt[2]. Mit der Versorgungszusage will der Arbeitgeber die Betriebstreue fördern und belohnen sowie den Arbeitnehmer an den Betrieb binden. Dieses Interesse fehlt bei einer nur **vorübergehenden Beschäftigung**[3]. Zudem macht es keinen Sinn, eine Altersversorgung zu versprechen, wenn feststeht, dass während des befristeten Arbeitsverhältnisses die Wartezeit nicht erfüllt oder die Unverfallbarkeitsfrist oder das Lebensalter von 25 Jahren nicht bis zum Ausscheiden erreicht werden können und somit Leistungen von vornherein ausgeklammert sind[4]. Etwas anderes gilt bei der **Anrechnung von Vordienstzeiten**, wo nicht zwischen Zeiten einer zurückliegenden befristeten und einer unbefristeten Vorbeschäftigung differenziert werden darf[5].

187

Die vorgenannten Argumente finden Rückhalt in § 4 Abs. 2 Satz 3 TzBfG, wonach eine unterschiedliche Berücksichtigung der Dauer des Arbeitsverhältnisses aus sachlichen Gründen gerechtfertigt ist. Für den Entgeltbereich hat das BAG eine unterschiedliche Behandlung befristet und unbefristet beschäftigter Arbeitnehmer ausdrücklich als berechtigt anerkannt[6]. Der Arbeitgeber ist nicht in gleicher Weise gebunden wie bei der Begründung eines von Anfang an auf unbestimmte Zeit abgeschlossenen Arbeitsverhältnisses[7]. Ferner ist zu berücksichtigen, dass eine Überbetonung des Gleichbehandlungsgrundsatzes der wünschenswerten Förderung von befristeten Arbeitsverhältnissen entgegenstehen würde[8].

188

bb) Unzulässige Ungleichbehandlung

Abgesehen von den vorstehend herausgestellten Konstellationen gibt es keine sachlichen und billigenswerten Gründe, die eine Differenzierung hinsichtlich der Gewährung betrieblicher Versorgungsleistungen rechtfertigen können. Unzulässig ist eine Diskriminierung **wegen** des **Geschlechts** oder eines unterschiedlichen **Arbeitsumfangs**; ebenso rechtfertigt ein verschiedener Status nicht ohne Weiteres eine Ungleichbehandlung.

189

---

1 BAG 18.3.2014 – 3 AZR 69/12, NZA 2014, 606.
2 BAG 20.8.2002 – 3 AZR 14/01, AP Nr. 9 zu § 1 BetrAVG – Überversorgung; 19.4.2005 – 3 AZR 128/04, DB 2005, 1636; BAG 15.1.2013 – 3 AZR 4/11, öAT 2013, 124.
3 BAG 13.12.1994 – 3 AZR 367/94, AP Nr. 23 zu § 1 BetrAVG – Gleichbehandlung.
4 Das BAG (10.9.2002 – 3 AZR 454/01, AP Nr. 1 zu § 3g BAT) hat demgemäß erkannt, dass wissenschaftliche Hilfskräfte in vorübergehenden Beschäftigungsverhältnissen keine Versorgungsansprüche erwerben können. Der generelle Ausschluss aus der Zusatzversorgung erfahre seine Rechtfertigung dadurch, dass aufgrund der begrenzten Beschäftigungsdauer die 60-monatige Wartezeit nach der VBL-Satzung häufig nicht erfüllt wird und der Arbeitgeber bei nur vorübergehender Beschäftigung nicht daran interessiert sei, die Hilfskraft an den Betrieb zu binden.
5 BAG 15.9.2009 – 3 AZR 37/08, AP Nr. 45 zu § 1 TVG Tarifverträge: Lufthansa.
6 BAG 15.1.2013 – 3 AZR 4/11, öAT 2013, 124; BAG 11.12.2003 – 6 AZR 64/03, AP Nr. 7 zu § 7 TzBfG.
7 BAG 13.12.1994 – 3 AZR 367/94, AP Nr. 23 zu § 1 BetrAVG – Gleichbehandlung.
8 BAG 29.1.1991 – 3 AZR 44/90, AP Nr. 23 zu § 18 BetrAVG – Gleichbehandlung; LAG Hamm 22.2.1994 – 6 Sa 1100/93, DB 1994, 890.

(1) Diskriminierung aufgrund des Geschlechts

190 Nach Art. 3 Abs. 3 GG darf niemand wegen seines Geschlechts benachteiligt oder bevorzugt werden. Es gibt keine sachlichen Gründe, die eine **unmittelbare Diskriminierung** rechtfertigen. Die Nichtberücksichtigung von Mutterschutzzeiten bei Errechnung einer von der VBL zu gewährenden Versicherungsrente verstößt daher gegen die Richtlinie 86/378 EWG zur Verwirklichung des Grundsatzes der Gleichbehandlung von Männern und Frauen bei den betrieblichen Systemen der sozialen Sicherheit. Die VBL ist demzufolge verpflichtet, bei Errechnung der Versicherungsrentenanwartschaft Mutterschutzzeiten wie Umlagemonate zu berücksichtigen[1]. Ebenso werden Frauen unmittelbar diskriminiert, wenn eine Versorgungsregelung nur eine Witwen-, aber keine **Witwerrente** vorsieht (vgl. Rz. 64). Ein weiteres Beispiel für eine unmittelbare Diskriminierung bilden Versorgungsregelungen, in denen das Lebensalter, ab dem Altersruhegeld in Anspruch genommen werden kann, für Männer und Frauen unterschiedlich festgesetzt wird. Wird das **Rentenzugangsalter** für Frauen auf die Vollendung des 60. Lebensjahres, für Männer dagegen auf die Vollendung des 63. Lebensjahres fixiert, werden Letztere diskriminiert. Dasselbe gilt, wenn die betriebliche Versorgungsordnung zwar dasselbe Rentenzugangsalter für Männer und Frauen festlegt, für den Fall der vorgezogenen Inanspruchnahme der Betriebsrente vor Erreichen dieser festen Altersgrenze aber für Frauen niedrigere oder gar keine versicherungsmathematische Abschläge als für Männer vorsieht[2]. Wie der EuGH in der Rechtssache „Barber" klargestellt hat, sind derartige Regelungen mit Art. 119 EGV aF (jetzt: Art. 157 AEUV) nicht vereinbar[3]. Das BAG hat sich dieser Auffassung ab der Verkündung des Barber-Urteils angeschlossen[4]. Für die Zeit bis zur Verkündung des Urteils ist es dagegen nicht verfassungswidrig, wenn der Gesetzgeber für Frauen ein früheres Rentenzugangsalter als für Männer normiert hat (vgl. im Einzelnen Rz. 369).

191 Eine **mittelbare Diskriminierung** ist gegeben, wenn durch den Ausschluss eines Teiles der Arbeitnehmer von betrieblichen Versorgungsleistungen wesentlich mehr Frauen als Männer betroffen werden und die nachteiligen Folgen auf deren Geschlecht oder der Geschlechterrolle beruhen[5]. Den **Hauptanwendungsfall** der mittelbaren Diskriminierung bilden bislang die teilzeitbeschäftigten Arbeitnehmer. Der an sich geschlechtsneutral formulierte Ausschluss der **Teilzeitbeschäftigten** von der betrieblichen Altersversorgung führt zu ungleichen Wirkungen bei Männern und Frauen, die sich nicht anders als mit dem Geschlecht erklären lassen. Teilzeitarbeit wird tendenziell eher von Frauen ausgeübt. Der Anteil der Frauen an der Gesamtzahl der Teilzeitbeschäftigten liegt bei weit über 50 %. Der hohe Frauenanteil beruht auf den gesellschaftlichen Verhältnissen, vor allem der traditionellen Verteilung der Geschlechterrollen. Sie machen es verheirateten Frauen schwer, eine vollberufliche Erwerbstätigkeit mit ihren familiären Belastungen zu verbinden. Als Ausweg bietet sich die Teilzeitbeschäftigung an, die männliche Arbeitnehmer seltener ausüben.

192 Der Ausschluss von Leistungen der betrieblichen Altersversorgung für Teilzeitkräfte ist deshalb unwirksam, wenn der Arbeitgeber nicht nachweist, dass die Maßnahme objektiv gerechtfertigt ist und nichts mit einer **Diskriminierung aufgrund des Geschlechts** zu tun hat. Der EuGH hat in der Entscheidung vom 13.5.1986[6] bei einem Ausschluss von Teilzeitarbeitskräften demgemäß die Möglichkeit einer mittelbaren

---

1 BGH 1.6.2005 – IV ZR 100/02, DB 2005, VIII nach Vorabentscheidung des EuGH 13.1.2005 – Rs. C-356/03, NZA 2005, 347.
2 BAG 23.9.2003 – 3 AZR 304/02, AP Nr. 14 zu § 1 BetrAVG – Gleichbehandlung; 29.9.2010 – 3 AZR 564/09, AP Nr. 62 zu § 2 BetrAVG.
3 EuGH 17.5.1990 – Rs. C-262/88, AP Nr. 20 zu Art. 119 EWG-Vertrag.
4 BAG 18.3.1997 – 3 AZR 759/95 u. 3.6.1997 – 3 AZR 910/95, AP Nrn. 32 und 35 zu § 1 BetrAVG – Gleichbehandlung.
5 BAG 19.1.2011 – 3 AZR 29/09, NZA 2011, 860.
6 EuGH 13.5.1986 – Rs. C-170/84, DB 1986, 1525.

Diskriminierung und damit einen Verstoß gegen Art. 119 EGV aF (jetzt: Art. 157 AEUV) gesehen, wenn die aufgestellten Gruppenmerkmale im Ergebnis dazu führen, dass wesentlich mehr Frauen als Männer von dem Ausschluss betrieblicher Versorgungsleistungen betroffen sind. Nach der darauf aufbauenden höchstrichterlichen Rechtsprechung[1], die vom BVerfG als verfassungskonform bestätigt worden ist[2], ist eine unterschiedliche Behandlung von weiblichen und männlichen Arbeitnehmern nur dann gerechtfertigt, wenn sie einem unabweisbaren Bedürfnis des Unternehmens dient, für die Erreichung der unternehmerischen Ziele geeignet und erforderlich ist und unter Berücksichtigung der Bedeutung des Grundsatzes der Lohngleichheit der Verhältnismäßigkeit entspricht[3]. Danach können zB nur ganz erhebliche Kostenvorteile eine differenzierende Regelung rechtfertigen. Der Arbeitgeber hat die Tatsachen vorzutragen und zu beweisen, die die unterschiedliche Behandlung begründen sollen.

Das bis zum 26.6.2001 für die **Unverfallbarkeit maßgebliche Mindestalter** von 35 Jahren hat keine unmittelbare oder mittelbare Geschlechtsdiskriminierung von Frauen bewirkt, da allein auf das Alter beim Ausscheiden, nicht aber auf geschlechtsbezogene Merkmale abgestellt wird. Es konnte nicht schlüssig nachgewiesen werden, dass durch dieses Grenzalter mehr Frauen als Männer einen Verfall ihrer Anwartschaft hinnehmen mussten, nachdem sie in Erfüllung der Unverfallbarkeitszeiten des § 1 Abs. 1 Satz 1 BetrAVG aF zehn oder zwölf Jahre bei einem Arbeitgeber ununterbrochen tätig waren[4]. Unabhängig davon wäre eine mittelbare Diskriminierung durch sachlich einleuchtende Gründe gerechtfertigt. Für die ungleiche Behandlung der Über- und Unter-Fünfunddreißigjährigen gibt es nach dem vom Gesetzgeber erfolgten Regelungsziel objektive Gründe, die nichts mit der Geschlechtszugehörigkeit der benachteiligten Arbeitnehmer zu tun haben[5]. Diese Einschätzung ist umso mehr gerechtfertigt, nachdem infolge der Novellierung des Betriebsrentengesetzes die Unverfallbarkeitsfrist auf fünf Jahre und das für die Unverfallbarkeit maßgebliche Mindestalter zunächst auf 30 Jahre, seit 2009 für Neuzusagen sogar auf 25 Jahre herabgesetzt worden sind. Auch diese Altersgrenzen sind nicht diskriminierend[6]. 193

(2) Unterschiedlicher Arbeitsumfang

Im Rahmen der Gleichbehandlungsproblematik hat sich die Rechtsprechung in den letzten Jahren vorwiegend damit auseinander gesetzt, ob ein unterschiedlicher Arbeitsumfang eine Differenzierung hinsichtlich betrieblicher Versorgungsleistungen zu rechtfertigen vermag. Die zu dieser Frage auftretenden **Fallgestaltungen** sind **vielfältig**. Allein schon wegen der großen Zahl der Betroffenen ist ihnen besonderes Gewicht beizumessen. 194

(a) Teilzeitbeschäftigte

Durch das am 26.4.1985 in Kraft getretene **Beschäftigungsförderungsgesetz** sowie das **Teilzeit- und Befristungsgesetz** vom 21.12.2000 ist das Gleichbehandlungsgebot für den Bereich der Teilzeitarbeit konkretisiert worden. Nach § 4 Abs. 1 TzBfG darf der Arbeitgeber einen teilzeitbeschäftigten Arbeitnehmer nicht wegen der Teilzeitarbeit ohne sachlichen Grund gegenüber vollzeitbeschäftigten Arbeitnehmern unterschied- 195

---

1 BAG 14.10.1986 – 3 AZR 66/83, AP Nr. 11 zu Art. 119 EWG-Vertrag; 14.3.1989 – 3 AZR 490/87, AP Nr. 5 zu § 1 BetrAVG – Gleichbehandlung; 23.1.1990 – 3 AZR 58/88 und 20.11. 1990 – 3 AZR 613/89, AP Nrn. 7 und 8 zu § 1 BetrAVG – Gleichbehandlung.
2 BVerfG 28.9.1992 – 1 BvR 496/87, AP Nr. 15 zu Art. 20 GG.
3 BAG 14.10.1986 – 3 AZR 66/83, AP Nr. 11 zu Art. 119 EWG-Vertrag; 23.1.1990 – 3 AZR 58/88, AP Nr. 7 zu § 1 BetrAVG.
4 LAG Hamm 19.12.1989 – 6 Sa 115/89, DB 1990, 590.
5 BAG 18.10.2005 – 3 AZR 506/04, DB 2006, 1014.
6 BAG 28.5.2013 – 3 AZR 635/11, NZA 2014, 547.

lich behandeln. Es ist daher unzulässig, Teilzeitkräfte allein wegen ihrer geringeren Arbeitszeit von Leistungen der betrieblichen Altersversorgung auszuschließen.

196 Die vorgenannten Gesetze verlangen eine relative Gleichstellung nach dem **Grundsatz der Proportionalität**. Danach müssen Leistungen der betrieblichen Altersversorgung, die Vollzeitkräften gewährt werden, den Teilzeitkräften in einem entsprechenden Verhältnis zugute kommen. Vergleichsmaßstab sind dabei Vollzeitbeschäftigte mit einer gleich langen Beschäftigungszeit[1], nicht mit einer Beschäftigungszeit, die sich aus einer kumulierten Betrachtung der Teilzeit ergibt; fünf Jahre Teilzeit mit 50 % entspricht daher nicht 2,5 Jahren Vollzeit. Aus Gründen der Verwaltbarkeit eines Versorgungswerks verlangt das BAG keine perfekte Proportionalität, sondern erachtet auch gröbere Abstufungen für die von der Teilzeitkraft zu erbringenden Leistungen als ausreichend[2]. Eine Gruppeneinteilung in Vollzeit/Überhalbzeit/Unterhalbzeit ist deshalb nicht zu beanstanden.

197 Teilzeitbeschäftigte können verlangen, dass ihnen die **abgestuften Leistungen wie** den **Vollzeitbeschäftigten** gewährt werden. Der sich aus dem Rechtsstaatprinzip des Art. 20 Abs. 3 GG ergebende **Vertrauensschutz** gegenüber rückwirkenden Belastungen führt **nicht** zum **Wegfall** oder einer Einschränkung dieser **Verpflichtung**[3]. Obwohl der Ausschluss von Teilzeitkräften von Leistungen der betrieblichen Altersversorgung bis zu Beginn der 1980er Jahre gängigen Vorstellungen entsprach[4], konnte die Arbeitgeberseite nicht darauf vertrauen, dass Versorgungsregelungen, die willkürlich teilzeitbeschäftigte Arbeitnehmer benachteiligen, wirksam sind. Demgemäß hat das BAG erkannt, dass den Teilzeitbeschäftigten die ihrem Arbeitsumfang entsprechend abgestuften Versorgungsleistungen ab demselben Zeitpunkt wie den Vollzeitbeschäftigten zu gewähren sind[5]. Die Rechtsprechung des BAG ist vom BVerfG bestätigt worden.

198 Die **rückwirkende Einbeziehung** der Teilzeitkräfte in die betriebliche Altersversorgung ist fraglos mit hohen zusätzlichen Kosten und beträchtlichem Verwaltungsaufwand verbunden. Es entspricht jedoch der überragenden Bedeutung des Gleichheitssatzes des Art. 3 Abs. 1 GG, der zu den Grundbestandteilen der verfassungsmäßigen Ordnung gehört, dass für zurückliegende Zeiträume bestimmte Personengruppen ohne sachlichen Grund nicht schlechter behandelt werden dürfen. Gleichwohl erscheint es zweifelhaft, ob die der Arbeitsleistung entsprechende anteilmäßige Vergütung voll auszugleichen ist. Hätte der Arbeitgeber nämlich den Gleichbehandlungsgrundsatz von vornherein beachtet, wäre die den Teilzeitbeschäftigten zuzuerkennende Leistung unter Wahrung des kalkulierten Dotierungsrahmens geringer ausgefallen[6].

199 Es fragt sich aber, ob bei der **Rückwirkung** nicht **eine Zäsur** angebracht gewesen wäre[7], zumal bei anderen Fallgestaltungen Parameter für einen solchen Einschnitt anerkannt worden sind. Hinsichtlich der **Witwerrente** hat das BAG erkannt, dass die Rückwirkung unter dem Gesichtspunkt des Vertrauensschutzes anders beurteilt wer-

---

1 BAG 28.5.2013 – 3 AZR 266/11, BGleiG E.II.2.5 TzBfG § 4 Nr. 4.
2 BAG 5.10.1993 – 3 AZR 695/92, AP Nr. 20 zu § 1 BetrAVG – Lebensversicherung.
3 BAG 28.7.1992 – 3 AZR 173/92, AP Nr. 18 zu § 1 BetrAVG – Gleichbehandlung; die gegen das Urteil eingelegte Verfassungsbeschwerde ist vom BVerfG mit Beschluss v. 7.2.1994 – 1 BvR 1749/92, nv., ohne weitere Begründung nicht zur Entscheidung angenommen worden.
4 Vgl. ausführlich dazu BAG 7.3.1995 – 3 AZR 282/94, AP Nr. 26 zu § 1 BetrAVG – Gleichbehandlung.
5 BAG 28.7.1992 – 3 AZR 173/92 u. 7.3.1995 – 3 AZR 282/94, AP Nrn. 18 und 26 zu § 1 BetrAVG – Gleichbehandlung.
6 Darauf weist *Lieb*, ZfA 1996, 343 (347 f.) zu Recht hin.
7 Nach *Lieb*, ZfA 1996, 343 (348 ff.) handelt es sich bei höchstrichterlichen Entscheidungen zu Rückwirkung des Gleichbehandlungsgrundsatzes um rechtsfortbildende Neuregelungen zur Ex-nunc-Wirkung.

I. Rechtsgrundlagen betrieblicher Versorgungsverpflichtungen

den kann, wenn dem Anspruch eine gefestigte Rechtsprechung, die den Ausschluss der Renten als zulässig erachtete, entgegensteht (vgl. Rz. 64). Dies sei seit dem 10.3.1972 nicht mehr der Fall[1]. Mit dem Urteil von diesem Tag[2] sei festgestellt worden, dass Leistungen der betrieblichen Altersversorgung in erster Linie Entgelt für die geleistete Arbeit und die erbrachte Betriebstreue seien. Damit ist dem Arbeitgeber zwar eine Übergangsfrist zur Einführung der Witwerrente versagt[3], andererseits aber seine Versorgungsverpflichtung auf die Zeit ab März 1972 beschränkt worden. Dagegen hat das BAG für ein **unterschiedliches Rentenzugangsalter** eine Übergangszeit anerkannt[4]. Im Ergebnis können männliche Mitarbeiter sich erst seit dem Barber-Urteil vom 17.5.1990[5] auf eine Ungleichbehandlung berufen (vgl. Rz. 369).

Nachdem das BVerfG die Rechtsprechung des BAG bestätigt hat, ist die Rückwirkung nicht eingeschränkt. Auch der sich aus dem Rechtsstaatsprinzip des Art. 2 GG ergebende Vertrauensschutz führt gegenüber rückwirkenden Belastungen nicht zum Wegfall oder zu einer Einschränkung der Versorgungsverpflichtung[6]. Die Arbeitgeber müssen sich vielmehr auf eine **unbegrenzte Rückwirkung** einstellen. 200

Der **rückwirkenden Einbeziehung** der Teilzeitbeschäftigten steht **Europarecht nicht entgegen**. Art. 157 AEUV (früher: Art. 141 EGV) sorgt auf europäischer Ebene für einen sozialen Mindeststandard. Ein weiter gehender sozialer Schutz durch nationales Recht wird nicht ausgeschlossen[7]. 201

Die in **Maastricht** beschlossene **Protokollerklärung** zu Art. 119 EGV aF führt zu keinem anderen Ergebnis. Wie sich aus dem Wortlaut und der Entstehungsgeschichte des Protokolls ergibt, sollte nicht auf nationale Rechtsordnungen eingewirkt werden. 202

(b) Teilzeitbeschäftigte im öffentlichen Dienst

Eine Besonderheit besteht bei den Teilzeitbeschäftigten des öffentlichen Dienstes darin, dass die ihnen zustehende **Zusatzversorgung durch Tarifvertrag** geregelt ist. Bis zum 1.4.1991 waren diejenigen Arbeitnehmer von Leistungen der Zusatzversorgung ausgeschlossen, die weniger als 18 Wochenstunden oder weniger als die Hälfte der tariflichen Wochenarbeitszeit beschäftigt wurden. Die Ungleichbehandlung erfolgte also ausschließlich wegen der Teilzeitarbeit; das ist unzulässig[8]. 203

Tarifliche Versorgungsregelungen, die keine Versorgungsverpflichtungen gegenüber Arbeitnehmern, die unterhälftig beschäftigt werden, vorsehen, sind wegen Verstoßes gegen Art. 3 Abs. 1 GG nichtig. Der allgemeine Gleichheitssatz ist Teil der objektiven Wertordnung, die als verfassungsrechtliche Grundentscheidung für alle Bereiche des Rechts Geltung beansprucht. Er ist auch von den Tarifvertragsparteien zu beachten[9]. 204

Dem Gleichheitssatz kann für die **Vergangenheit** nur dadurch entsprochen werden, dass der Arbeitgeber auch den unterhälftig Beschäftigten die vorenthaltene Leistung verschafft. Wenn der Arbeitgeber die früher zu Unrecht aus der Altersversorgung aus- 205

---

1 BAG 5.9.1989 – 3 AZR 575/88, AP Nr. 8 zu § 1 BetrAVG – Hinterbliebenenversorgung.
2 BAG 10.3.1972 – 3 AZR 278/71, AP Nr. 156 zu § 242 BGB – Ruhegehalt.
3 Zur Kritik vgl. vor allem *Höfer*, ART Rz. 802 ff. und *Hanau/Preis*, DB 1991, 1277 f.
4 BAG 3.6.1997 – 3 AZR 910/95, AP Nr. 35 zu § 1 BetrAVG – Gleichbehandlung.
5 EuGH 17.5.1990 – Rs. C-262/88 – Barber, AP Nr. 20 zu Art. 119 EWG-Vertrag.
6 BVerfG 7.2.1994 – 1 BvR 1749/92 und 1 BvR 1355/93, nv., sowie 27.11.1997 – 1 BvL 12/91, AP Nr. 2 zu § 3 RuhegeldG Hamburg.
7 EuGH 10.2.2000 – Rs. C-50/96, NZA 2000, 313.
8 BAG 29.8.1989 – 3 AZR 370/88, AP Nr. 6 zu § 2 BeschFG 1985; 28.7.1992 – 3 AZR 173/92 und 13.12.1994 – 3 AZR 367/94, AP Nrn. 18 und 23 zu § 1 BetrAVG – Gleichbehandlung.
9 BAG 13.5.1997 – 3 AZR 66/96, AP Nr. 36 zu § 1 BetrAVG – Gleichbehandlung; 4.4.2000 – 3 AZR 729/98, AP Nr. 2 zu § 1 TVG.

geschlossenen Teilzeitkräfte bei der zuständigen Versorgungskasse nachversichert und die Umlage nachentrichtet, ist deren Verschaffungsanspruch erfüllt. Den Ausgleich steuerlicher Nachteile umfasst der Verschaffungsanspruch nicht[1]. Falls die Satzung der Zusatzversorgungskasse eine nachträgliche Versicherung nicht zulässt, muss der Arbeitgeber sich eines anderen Durchführungsweges bedienen, um die Versorgung der Teilzeitkräfte sicherzustellen[2]. Für die **Zukunft** bleibt es den Tarifvertragsparteien unbenommen, die Versorgungsregelungen zu ändern, um so die durch die Berücksichtigung der Teilzeitbeschäftigten vermehrten Kosten für die betriebliche Altersversorgung wieder auszugleichen.

206 Im Gegensatz zu den anderen Beschäftigten des öffentlichen Dienstes ist bei den angestellten **Hochschullehrern** eine abweichende Beurteilung angezeigt. Ihr Ausschluss aus dem Geltungsbereich von BAT und TVöD und die damit verbundene **Herausnahme** aus der tarifvertraglichen Zusatzversorgung bei der VBL ist mit Art. 3 GG vereinbar. Diese Personengruppe unterscheidet sich hinsichtlich der weitgehenden Weisungsfreiheit und der Freiheit der Arbeitszeitgestaltung grundlegend von den typischen Arbeitsbedingungen der in den Geltungsbereich von BAT und TVöD fallenden Angestellten. Der Ausschluss von Versorgungsleistungen ist daher **nicht gleichheitswidrig**[3].

(c) Saisonarbeitskräfte

207 Unter Rz. 187f. ist erläutert, dass der Ausschluss von Versorgungsleistungen in befristeten Arbeitsverhältnissen gemessen am Ziel der betrieblichen Altersversorgung gerechtfertigt ist. Die dort erörterten Gesichtspunkte finden auf Saisonarbeitskräfte keine Anwendung. Auch die Arbeitnehmerin, die als Hilfskraft in der Kantine einer Hochschule während des Semesters eingesetzt ist und deshalb nur acht Monate jährlich in einem Arbeitsverhältnis zu demselben Arbeitgeber steht, ist in den Betrieb eingebunden. Die Betriebstreue, die belohnt werden soll, hängt nicht vom **Umfang der geschuldeten Arbeitszeit** ab. Es ist deshalb nicht gerechtfertigt, Arbeitskräfte, die in der Saison weniger als 1 000 Stunden arbeiten, von Versorgungsleistungen auszunehmen[4]. Die geringere Arbeitsleistung, die sich aus dem kürzeren Arbeitseinsatz ergibt, wird durch einen nur anteiligen Versorgungsanspruch ausreichend berücksichtigt.

(d) Zweitarbeitsverhältnis

208 Ein **Versorgungsausschluss** in einem Zweitarbeitsverhältnis ist wegen Verstoßes gegen den arbeitsrechtlichen Gleichbehandlungsgrundsatz **unwirksam**. Es ist sachlich nicht gerechtfertigt, die Gewährung des in Form der Altersversorgung bestehenden zusätzlichen Entgelts allein davon abhängig zu machen, ob der Arbeitnehmer seine Arbeitsleistungen und seine Betriebstreue in einem Erst- oder in einem Zweitarbeitsverhältnis erbringt. Der Lebensstandard wird mit beeinflusst, selbst wenn ein Zweitberuf nur um eines Zusatzverdienstes willen ausgeübt wird. Eine Ungleichbehandlung der beiden Arbeitnehmergruppen kann deshalb nicht mit einem typischerweise unterschiedlichen Versorgungsbedarf gerechtfertigt werden[5]. Es bedeutet daher zB ei-

---

1 BAG 22.2.2000 – 3 AZR 845/98, AP Nr. 44 zu § 1 BetrAVG – Gleichbehandlung.
2 BAG 23.2.1988 – 3 AZR 408/86, AP Nr. 18 zu § 1 BetrAVG – Zusatzversorgungskassen und 11.2.1992 – 3 AZR 138/91, AP Nr. 32 zu § 1 BetrAVG – Unterstützungskassen. Auch diese Rechtsprechung hat das BVerfG bestätigt, BVerfG 5.8.1998 – 1 BvR 264/98, AP Nr. 56 zu Art. 101 GG u. 19.5.1999 – 1 BvR 263/98, DB 1999, 1611.
3 BAG 19.3.2002 – 3 AZR 121/01, AP Nr. 53 zu § 1 BetrAVG – Gleichbehandlung.
4 LAG Hamm 9.1.1996 – 6 Sa 867/95, DB 1996, 632.
5 BAG 28.7.1992 – 3 AZR 173/92 u. 22.11.1994 – 3 AZR 349/94, AP Nrn. 18 und 24 zu § 1 BetrAVG – Gleichbehandlung sowie BAG 9.10.1996 – 5 AZR 338/95, AP Nr. 50 zu § 2 BeschFG 1985.

nen Verstoß gegen Art. 3 Abs. 1 GG, wenn in öffentlichen Schlachthöfen tätige Tierärzte von Versorgungsleistungen ausgeschlossen werden, falls sie jährlich keine Stundenvergütung für mindestens 1 000 Stunden erhalten haben[1]. Unabhängig von diesen grundsätzlichen Erwägungen stehen dem Arbeitgeber jedoch Regelungsmöglichkeiten für eine am **Versorgungsbedarf orientierte Differenzierung** zur Verfügung, indem er nur eine summenmäßig begrenzte Gesamtalterssicherung verspricht. Auf diese Weise kann er es erreichen, dass ein in einem Zweitarbeitsverhältnis tätiger Arbeitnehmer dann keine Versorgungsleistungen erhält, wenn er aus seinem ersten Arbeitsverhältnis eine betriebliche Altersversorgung bezieht, die die Limitierung übersteigt[2].

(e) Geringfügig Beschäftigte

Arbeitnehmer, die unterhalb der **Geringfügigkeitsgrenze** des § 8 SGB IV beschäftigt werden, können nicht ohne Weiteres Leistungen der betrieblichen Altersversorgung beanspruchen. Wie das BAG für **Gesamtversorgungssysteme** erkannt hat[3], verstößt die Einschränkung – jedenfalls bis zum 31.3.1999 – nicht gegen den Gleichheitssatz des Art. 3 Abs. 1 GG. Auch wenn sozialversicherungsrechtliche Wertungen nicht unbesehen auf das arbeitsrechtliche Versorgungsverhältnis übertragen werden können, dürfen doch beide Versorgungssysteme miteinander verknüpft werden. Insoweit kann sich die vom Sozialgesetzgeber angenommene geringere Schutzbedürftigkeit – so das BAG – auch auf die betriebliche Altersversorgung auswirken, zumal bei geringfügig Beschäftigten arbeitsvertragliche Gesichtspunkte hinzukommen. Dieser Personenkreis stellt dem Arbeitgeber typischerweise nur einen kleinen Teil seiner Arbeitskraft zur Verfügung. Die Arbeitsleistung ist sowohl für den Arbeitnehmer als auch für den Arbeitgeber wirtschaftlich von untergeordneter Bedeutung[4]. Es kommt hinzu, dass der geringfügig Beschäftigte in einem weiteren Arbeitsverhältnis die Möglichkeit hat, eine Anwartschaft auf Versorgungsleistungen zu erwerben[5].

209

Soweit Versorgungsleistungen außerhalb eines Gesamtversorgungssystems gewährt werden, **kann dem BAG** hinsichtlich des Ausschlusses der geringfügig Beschäftigten **nicht gefolgt werden**[6]. Der betrieblichen Altersversorgung ist im Rahmen der Alterssicherung nicht nur eine Ergänzungsfunktion beizumessen. Sie bildet vielmehr die zweite und damit eine tragende Säule unseres Versorgungssystems. Zudem widerspricht es der materiellen Gerechtigkeit, die Arbeitsleistung und Betriebstreue geringfügig Beschäftigter nicht zu honorieren. Es verstößt gegen den Gleichheitssatz des Art. 3 Abs. 1 GG, das Benachteiligungsverbot des § 4 Abs. 1 TzBfG sowie das Lohngleichheitsgebot des Art. 157 AEUV, diesen Personenkreis aus der betrieblichen Altersversorgung auszuschließen. Hat ein geringfügig Beschäftigter ohne sozialversicherungspflichtigen Haupterwerb überdies nach § 5 Abs. 2 Satz 2 SGB VI gegenüber dem Arbeitgeber auf seine Versicherungsfreiheit verzichtet, ist dem Hauptargument des BAG vollends der Boden entzogen[7]. Ähnliches gilt für die anderen vom BAG angeführten Gesichtspunkte. Auch ein Monatsverdienst von 400 Euro ist nicht von unterge-

210

---

1 BAG 13.5.1997 – 3 AZR 66/96, AP Nr. 36 zu § 1 BetrAVG – Gleichbehandlung; 26.8.1997 – 3 AZR 183/96, AP Nr. 20 zu § 611 BGB – Fleischbeschauer-Dienstverhältnis; 4.4.2000 – 3 AZR 729/98, AP Nr. 2 zu § 1 TVG – Gleichbehandlung.
2 BAG 22.11.1994 – 3 AZR 349/94, AP Nr. 24 zu § 1 BetrAVG – Gleichbehandlung.
3 BAG 27.2.1996 – 3 AZR 886/94, AP Nr. 28 zu § 1 BetrAVG – Gleichbehandlung; 12.3.1996 – 3 AZR 993/94, AP Nr. 1 zu § 24 TV Arb Bundespost; 13.5.1997 – 3 AZR 66/96 und 22.2.2000 – 3 AZR 845/98, AP Nrn. 36 und 44 zu § 1 BetrAVG – Gleichbehandlung. Ähnlich LAG Düsseldorf 10.2.1999 – 17 Sa 809/98, DB 1999, 2170, und zwar auch hinsichtlich der außerhalb des öffentlichen Dienstes Beschäftigten.
4 BAG 5.10.1993 – 3 AZR 695/92, AP Nr. 20 zu § 1 BetrAVG – Lebensversicherung.
5 LAG Köln 29.6.1994 – 2 Sa 391/92, ZTR 1995, 29.
6 Zur Kritik im Einzelnen vgl. *Schumann*, DB 1999, 2637f.; *Schlewing/Henssler/Schipp/Schnitker*, Teil 7 B Rz. 128; *Reichel/Hess*, BetrAV 2001, 529.
7 So auch *Fodor*, DB 1999, 802.

ordneter Bedeutung. Außerdem haben geringfügig Beschäftigte nicht immer ohne Weiteres die Möglichkeit, ein zweites Arbeitsverhältnis einzugehen, in dem sie eine Anwartschaft auf Versorgungsleistungen erwerben können. Schließlich rechtfertigt auch der Hinweis auf die unverhältnismäßig hohen Abwicklungs- und Verwaltungskosten im Zeichen des EDV-gestützten Abrechnungswesens keine andere Beurteilung, zumal der Arbeitgeber einen Durchführungsweg wählen kann, bei dem eine mögliche Rückabwicklung weniger kostenaufwendig als bei einer Direktversicherung ist[1].

211 Unbestritten ist der Ausschluss von Versorgungsleistungen nicht gerechtfertigt, wenn infolge der **Zusammenrechnung mehrerer geringfügiger Beschäftigungen** der Arbeitnehmer gem. § 8 Abs. 2 SGB IV der Rentenversicherungspflicht unterliegt. Angesichts der gesetzlichen Grundsicherung besteht kein begründeter Anlass, den betreffenden Arbeitnehmer von betrieblichen Versorgungsleistungen auszuschließen[2].

(f) Zeitweilig ruhendes Arbeitsverhältnis

212 Es verstößt nicht gegen den Gleichbehandlungsgrundsatz, wenn Zeiten eines ruhenden Arbeitsverhältnisses **nicht rentensteigernd berücksichtigt** werden[3]. Diese Beurteilung ist auch dann angebracht und entspricht dem AGG, wenn von einer entsprechenden Regelung, zB während der Elternzeit, mehr Frauen als Männer betroffen sind. Sie beinhaltet keine unmittelbare Diskriminierung, weil der Ausschluss von der Rentensteigerung dadurch gerechtfertigt ist, dass Entgelt grundsätzlich nur für geleistete Arbeit geschuldet wird. Es wäre widersprüchlich, Nichtarbeitenden eine Vergütung in Form von Versorgungsleistungen zu gewähren, während Teilzeitbeschäftigte nur eine entsprechende anteilige Entlohnung beanspruchen können[4]. Es ist allerdings eine Frage der Auslegung der jeweiligen Versorgungsregelung, ob Zeiten des Ruhens tatsächlich ausgenommen werden sollen.

213 Nach § 1a Abs. 4 BetrAVG hat der Arbeitnehmer das Recht, die Versicherung oder Versorgung mit eigenen Beiträgen fortzusetzen, falls er bei fortbestehendem Arbeitsverhältnis kein Entgelt erhält. Mit dieser Bestimmung will der Gesetzgeber **vor allem** eine Lücke in der betrieblichen Versorgung von weiblichen Mitarbeitern schließen, die ohne diese Regelung sonst während der **Elternzeit**, die weit überwiegend von Frauen in Anspruch genommen wird, entstehen würde. Das Recht des Arbeitnehmers auf Beitragsfortzahlung gilt aber nur, solange das **Arbeitsverhältnis fortbesteht**. Kommt es zB zu einer Beendigung des Arbeitsverhältnisses wegen einer krankheitsbedingten Kündigung, besteht gegenüber dem Arbeitgeber kein Fortführungsanspruch mehr; uU hat der Arbeitnehmer aber dann die Möglichkeit, die Versorgung als private Altersvorsorge fortzusetzen.

(3) Keine Differenzierung nach dem Status

214 Unter diesem Aspekt ist von der Rechtsprechung vornehmlich diskutiert worden, ob eine Ungleichbehandlung von **Arbeitern** und **Angestellten** gerechtfertigt ist und ob zwischen **Außen-** und **Innendienstmitarbeitern** differenziert werden darf. Auch wenn in neueren Versorgungsordnungen kaum noch zwischen den genannten Arbeitnehmergruppen unterschieden wird, stellt sich die Problematik weiter im Hinblick

---

1 Ebenso *Reichel/Hess*, BetrAV 2001, 531.
2 BAG 16.3.1993 – 3 AZR 389/92, AP Nr. 6 zu § 1 BetrAVG – Teilzeit; 7.3.1995 – 3 AZR 282/94, AP Nr. 26 zu § 1 BetrAVG – Gleichbehandlung u. 16.1.1996 – 3 AZR 767/94, AP Nr. 222 zu Art. 3 GG.
3 BAG 20.4.2010 – 3 AZR 370/08, BAGE 134, 71.
4 BAG 15.2.1994 – 3 AZR 708/93, AP Nr. 12 zu § 1 BetrAVG – Gleichberechtigung; 20.4.2010 – 3 AZR 370/08, BAGE 134, 71.

auf ältere Versorgungswerke. Nicht vergleichbar sind nicht verbeamtete Mitarbeiter und Beamte, so dass dort ohne Weiteres differenziert werden darf[1].

(a) Arbeiter – Angestellte

Eine Ungleichbehandlung von Arbeitern und Angestellten, die lediglich auf dem unterschiedlichen Status fußt, verstößt gegen den Gleichbehandlungsgrundsatz. Arbeiter und Angestellte werden in allen rechtlich entscheidenden Fragen wie bei den Kündigungsfristen, Gratifikationen, der Entgeltfortzahlung im Krankheitsfall gleich behandelt. Für das Recht der betrieblichen Altersversorgung kann nichts anderes gelten. Es müssen daher **sachliche Gründe hinzutreten**, wenn eine Differenzierung gerechtfertigt sein soll[2]. 215

Als sachlicher Grund für eine Differenzierung können **unterschiedliche Verdienstmöglichkeiten** in Betracht kommen. Das ist der Fall, wenn nur Arbeitern eine übertarifliche Bezahlung gewährt wird oder Angestellte eine Vergütung für Überstunden im Gegensatz zu Arbeitern lediglich ausnahmsweise erhalten. Bei einer Ausgleichung derartiger Benachteiligungen durch Differenzierungen in der Altersversorgung ist mit Rücksicht auf den Versorgungszweck ein **enger Maßstab** anzulegen. Wenn auch eine schematische Beurteilung nicht angebracht ist[3], wird zu berücksichtigen sein, dass der besseren Verdienstmöglichkeit des Arbeiters zumeist auch eine besondere Arbeitsleistung gegenübersteht[4]. 216

Andererseits ist es zulässig, wenn außergewöhnliche Belastungen, die in der Regelentlohnung keine Berücksichtigung gefunden haben, durch eine zusätzliche Vergütung in Form einer erhöhten Altersversorgung ausgeglichen werden. So ist typischerweise bei besserverdienenden Angestellten, die eine Zusage mit gespaltener Rentenformel erhalten haben, die **relative Versorgungslücke** größer als bei Arbeitern. Dabei ist es nach der Rechtsprechung des BAG allerdings nicht gerechtfertigt, den Niveauunterschied generell durch ein nach Angestellten und Arbeitern differenzierendes Versorgungssystem auszugleichen. Vielmehr muss, wenn etwa von einem unterschiedlichen Versorgungsbedarf ausgegangen wird, regelmäßig eine entsprechende Regelung getroffen werden, die den Versorgungsbedarf konkret und nicht typisierend berücksichtigt (zB eine Gesamtversorgung)[5]. Typisierende Unterscheidungen sind nur zulässig, wenn sich die Vergütungssituation von Arbeitern und Angestellten so erheblich unterscheidet, dass zB ein unterschiedlicher Steigerungsprozentsatz darin eine Rechtfertigung findet[6]. Unbedenklich ist es dagegen, die Altersversorgung auf Angestellte zu beschränken, die in den Unternehmen eine **herausragende Position** bekleiden (vgl. Rz. 182). Es bedeutet keine Ungleichbehandlung, wenn bestimmte Angestelltengruppen wegen ihrer für den Bestand des Unternehmens höher einzustufenden Qualifikation stärker als Arbeiter begünstigt werden[7]. 217

Mit dem Versorgungsversprechen soll vielfach zugleich eine **engere Bindung an den Betrieb** erreicht werden (vgl. Rz. 8). Dieser Aspekt kann zB gleichermaßen für den qualifizierten Facharbeiter wie für den Angestellten in gehobener Position maßgeb- 218

---

1 BAG 16.3.2010 – 3 AZR 356/08, AP Nr. 63 zu § 1 BetrAVG Gleichbehandlung; 15.11.2011 – 3 AZR 869/09, ZTR 2012, 291.
2 BAG 19.2.2010 – 3 AZR 216/09, NZA 2010, 710.
3 BAG 13.4.1994 – 3 AZR 936/93, DB 1994, 2193.
4 BAG 20.7.1993 – 3 AZR 52/93, AP Nr. 11 zu § 1 BetrAVG – Gleichbehandlung.
5 BAG 17.6.2014 – 3 AZR 757/12, nv; 19.2.2010 – 3 AZR 216/09, NZA 2010, 710.
6 BAG 17.6.2014 – 3 AZR 757/12, nv.
7 BAG 11.11.1986 – 3 ABR 74/85, AP Nr. 4 zu § 1 BetrAVG – Gleichberechtigung; 12.6.1990 – 3 AZR 166/89, AP Nr. 25 zu § 1 BetrAVG.

lich sein. Das Ziel, Arbeitnehmer enger an den Betrieb zu binden, rechtfertigt daher in der Regel keine Differenzierung zwischen der Gruppe der Angestellten und der Arbeiter.

219 Abgesehen von den erörterten Ausnahmen ist der **Gleichbehandlungsgrundsatz** auf ältere Versorgungswerke **nicht uneingeschränkt anwendbar**. So hat das BAG hat mit Urteil vom 10.12.2001[1] erkannt, dass die Arbeiter bis zum 30.6.1993 nicht verlangen können, mit den Angestellten generell gleichgestellt zu werden. Bis zu dem genannten Datum habe die **Arbeitgeberseite** darauf **vertrauen dürfen**, eine allein am Status orientierte Differenzierung werde nicht beanstandet. Das BAG hat auf den 1.7.1993 als Zäsur abgestellt, weil das BVerfG in seinen Beschlüssen vom 16.11.1982 und 30.5.1990[2] dem Gesetzgeber eine Frist bis zum 30.6.1993 gesetzt hatte, um die verfassungswidrigen, ebenfalls allein am Status orientierten unterschiedlichen Kündigungsfristen für Arbeiter und Angestellte auszugleichen.

(b) Außen- und Innendienstmitarbeiter

220 Die **Nichtbegünstigung der Außendienstmitarbeiter** hat das BAG[3] für **unzulässig** gehalten, weil der Versorgungszweck und die Bindungswirkung der Altersversorgung für sie ebenso wie für die Innendienstmitarbeiter gelte. Die leistungsbezogene bessere Vergütung der Außendienstmitarbeiter sei die Gegenleistung für die im Arbeitsverhältnis erbrachte Leistung. Die unterschiedliche Barvergütung reicht danach nicht aus, um einen Ausschluss aus der Altersversorgung zu rechtfertigen[4]. Eine Abweichung von diesen Grundsätzen sei nur dann gerechtfertigt, wenn der Außendienstmitarbeiter einerseits ein erheblich höheres Einkommen als ein Innendienstmitarbeiter habe und dadurch zur Eigenvorsorge in der Lage sei und wenn andererseits den betrieblichen Entgeltfestlegungen entnommen werden kann, dass in dem laufenden Gehalt Bestandteile enthalten sind, die einen gleichwertigen Ausgleich für die Benachteiligung im Bereich des Versorgungslohnes bezwecken[5]. Eine derartige Fallgestaltung lag den Urteilen des BAG vom 20.7.2004 zugrunde. Sie betrafen Arbeitnehmer hoher und höchster Hierarchiestufen. Die Kläger, ein Landes- und ein Gebietsdirektor einer großen Bausparkasse, beanspruchten dieselbe Altersversorgung wie andere Außendienstmitarbeiter und Führungskräfte des Innendienstes. Mit diesen waren sie aber wegen ersichtlich anderer Aufgabenstellung nicht vergleichbar. Zudem hatten sie genügend Verhandlungsmacht, einzeln oder als Mitglied einer kleinen Arbeitnehmergruppe besondere Bedingungen zu vereinbaren[6].

(4) Differenzierung nach dem Alter

221 Das **Alter** gehört zu den Merkmalen iSd. § 1 AGG. Eine Differenzierung nach dem Alter kann daher diskriminierend sein und einen Anspruch auf Gleichbehandlung auslösen. Eine Differenzierung führt dann zu einer unmittelbaren Benachteiligung wegen des Alters, wenn die Regelung an das Alter selbst oder ein Kriterium anknüpft, das untrennbar mit dem Alter verbunden ist[7]. Eine unmittelbare Benachteiligung ist nur unter erhöhten Voraussetzungen zu rechtfertigen.

---

1 BAG 10.12.2002 – 3 AZR 3/02, AP Nr. 56 zu § 1 BetrAVG – Gleichbehandlung.
2 BVerfG 16.11.1982 – 1 BvL 16/75 u.a. sowie 30.5.1990 – 1 BvL 2/83 u.a., AP Nrn. 16 und 28 zu § 622 BGB.
3 BAG 20.7.1993 – 3 AZR 52/93, AP Nr. 11 zu § 1 BetrAVG – Gleichbehandlung.
4 BAG 17.2.1998 – 3 AZR 783/96 u. 17.2.1998 – 3 AZR 578/96, AP Nrn. 37 und 38 zu § 1 BetrAVG – Gleichbehandlung.
5 BAG 9.12.1997 – 3 AZR 661/96, AP Nr. 40 zu § 1 BetrAVG – Gleichbehandlung.
6 BAG 20.7.2004 – 3 AZR 316/03 u. 3 AZR 552/03, DB 2005, 508 und AP Nr. 49 zu § 5 BetrAVG.
7 BAG 20.4.2010 – 3 AZR 509/08, EzA Nr. 14 zu § 1 BetrAVG Hinterbliebenenversorgung.

Von der **unmittelbaren Benachteiligung** ist die **mittelbare Benachteiligung** zu unterscheiden. Dabei knüpft die Differenzierung nicht an das Alter, sondern an Merkmale an, die dem Anschein nach neutral sind. Tatsächlich führt diese äußerlich neutrale Anknüpfung bei mittelbarer Benachteiligung wegen des Alters aber zu einer effektiven Benachteiligung jüngerer bzw. älterer Personen. Eine mittelbare Benachteiligung liegt bereits tatbestandlich nicht vor, wenn die Vorschriften ein legitimes Ziel verfolgen und die Mittel zur Erreichung dieses Ziels angemessen und erforderlich sind[1]. Die Zulässigkeit einer Ungleichbehandlung hängt dabei nicht davon ab, ob das Differenzierungsziel in der Versorgungsregelung benannt wird, sondern davon, ob die Ungleichbehandlung in der Sache gerechtfertigt ist[2]. 222

Nicht altersdiskriminierend ist eine **Differenzierung** zwischen Arbeitnehmern, die bis zum Eintritt des Leistungsfalls in einem Dienstverhältnis zur Arbeitgeberin gestanden haben, und anderen, die **vorzeitig ausgeschieden** sind[3]. Die besondere Belohnung der von den Arbeitnehmern bis zur Pensionierung geleisteten Betriebszugehörigkeit ist legitim, um die Arbeitnehmer möglichst an das Unternehmen zu binden. Diskriminierend kann die Festlegung einer Höchstaltersgrenze sein (vgl. Rz. 185 ff.). 223

d) Zusage aufgrund mehrerer Begründungsakte

Mehrere **Versorgungszusagen** können **zusammentreffen**. Das geschieht häufig in der Weise, dass eine Grundversorgung für alle Arbeitnehmer eines Betriebes vereinbart wird, die durch Sonderregelungen für einzelne Arbeitnehmer oder Arbeitnehmergruppen aufgestockt wird. Auch können die Versorgungszusagen auf unterschiedlichen Rechtsbegründungsakten beruhen und mittels verschiedener Durchführungswege abgewickelt werden. Ein Zusammentreffen ist auch in der Weise möglich, dass eine Versorgungszusage durch eine nachfolgende abgelöst wird. 224

aa) Zusammentreffen

Regelungen durch **Tarifvertrag und Betriebsvereinbarung** können zusammentreffen, wenn in der tarifvertraglichen Versorgungsvereinbarung eine ergänzende Betriebsvereinbarung gem. § 77 Abs. 3 Satz 2 BetrVG ausdrücklich oder inzident zugelassen worden ist. Bei einer solchen Konstellation sind jedenfalls die Leistungen des Tarifvertrages zu gewähren, da der Tarifvertrag im Vergleich zur Betriebsvereinbarung ranghöher ist. Sieht die Betriebsvereinbarung eine Anrechnung vor, gilt das Günstigkeitsprinzip entsprechend. Danach bleibt die tarifliche Leistung voll erhalten. Eine Restleistung aus der Betriebsvereinbarung kann hinzutreten. 225

Beim Zusammentreffen **kollektiv- und individualrechtlicher Versorgungsrechte** bleiben Letztere zusätzlich voll erhalten, wenn der Arbeitgeber keine Anrechnung erklärt oder eine kollektivrechtliche Anrechnungsermächtigung nicht nutzt. Macht der Arbeitgeber von einer **Anrechnungsbefugnis** Gebrauch, darf sie nicht dazu führen, dass die Summe aus individualrechtlicher Rest- und kollektivrechtlicher Grundleistung kleiner als die ungekürzte Individualleistung ausfällt[4]. Nach dem **individuellen Günstigkeitsprinzip** ist insgesamt mindestens der Wert der ungekürzten Individualleistung zu gewähren. Der **Arbeitgeber** muss sein **Anrechnungsbegehren unverzüglich**, ausdrücklich und formgerecht **erklären**[5]. Anderenfalls kann der Arbeitnehmer 226

---

1 BAG 20.4.2010 – 3 AZR 509/08, EzA Nr. 14 zu § 1 BetrAVG Hinterbliebenenversorgung; 18.8.2009 – 1 ABR 47/08, AP Nr. 1 zu § 3 AGG; 17.4.2012 – 3 AZR 481/10, NZA 2012, 929.
2 BAG 30.11.2010 – 3 AZR 754/08, DB 2011, 1002.
3 BAG 30.11.2010 – 3 AZR 754/08, DB 2011, 1002.
4 BAG 7.11.1989 – GS 3/85, AP Nr. 46 zu § 77 BetrVG 1972.
5 BAG 19.7.1983 – 3 AZR 250/81 u. 11.2.1992 – 3 AZR 113/91, AP Nrn. 1 und 33 zu § 1 BetrAVG – Zusatzversorgungskassen.

darauf vertrauen, die Leistungen ungekürzt nebeneinander zu erhalten. Fehlt eine Anrechnungsermächtigung, stehen dem Arbeitnehmer jedenfalls dann, wenn die Zusage auf einer Betriebsvereinbarung beruht, die kollektiv- und die individualrechtlichen Leistungen ungeschmälert zu. Es ist dem Arbeitgeber zuzumuten, in der Betriebsvereinbarung die Anrechnung dem Grunde nach auszubedingen und sie im Einzelvertrag zu präzisieren. Eine andere Beurteilung kann angebracht sein, wenn ein Tarifvertrag keine Anrechnungsermächtigung enthält[1].

227 Es können auch **mehrere individualrechtliche Versorgungszusagen** untereinander kollidieren. Ist in der hinzutretenden Zusage eine Anrechnung nicht vorgesehen, sind die Leistungen nebeneinander, also additiv, zu gewähren.

bb) Zeitkollisionsklausel

228 Treffen mehrere Versorgungszusagen zusammen, die nicht nebeneinander gelten sollen, ist dies zu vereinbaren. Beruhen die verschiedenen Versorgungszusagen auf gleichen Rechtsbegründungsakten, **gilt** nicht das Günstigkeits-, sondern das Zeitkollisionsprinzip[2]. Danach ersetzt die **zeitlich nachfolgende Regelung** die vorausgegangene Regelung. Sie verdrängt entgegenstehende Regelungen auch dann, wenn sie es nicht ausdrücklich erklärt. Darauf, ob die jüngere Regelung für die betroffenen Arbeitnehmer günstiger oder ungünstiger ist, kommt es nicht an[3]. Im Verhältnis von Flächen- und Firmentarifvertrag gilt der Grundsatz der Spezialität des Firmentarifvertrags, nicht die Zeitkollisionsregel[4]. Diese greift allerdings, wenn ein Verbands- auf einen Firmentarifvertrag folgt[5].

229 Bei einem fortbestehenden Arbeitsverhältnis können betriebliche Versorgungsregelungen allerdings nur insoweit abgelöst werden, als dies den Grundsätzen des Vertrauensschutzes und der Verhältnismäßigkeit nicht widerspricht. Das vom BAG entwickelte dreistufige Prüfungsschema (vgl. Rz. 627 ff.) ist dabei auf Tarifverträge nicht übertragbar[6].

6. Mitbestimmung des Betriebsrats

230 Als betriebliche Sozialleistung unterliegt die betriebliche Altersversorgung der Mitbestimmung des Betriebsrats. Grundsätzlich können mit dem Betriebsrat alle Fragen der betrieblichen Altersversorgung geregelt werden; dies ergibt sich aus der **umfassenden funktionellen Zuständigkeit des Betriebsrats** in sozialen Angelegenheiten[7].

a) Umfang der Mitbestimmung

231 Hinsichtlich der Mitbestimmung in sozialen Angelegenheiten unterscheidet das Betriebsverfassungsgesetz zwischen den erzwingbaren Mitbestimmungsrechten des § 87 BetrVG und den Gegenständen freiwilliger Betriebsvereinbarungen nach § 88 BetrVG. In Angelegenheiten der **erzwingbaren Mitbestimmung** gem. § 87 Abs. 1

---

1 Vgl. im Einzelnen *Höfer*, ART Rz. 298 ff.
2 BAG 16.9.1986 – GS 1/82, AP Nr. 17 zu § 77 BetrVG 1972; 17.3.1987 – 3 AZR 64/84, AP Nr. 9 zu § 1 BetrAVG – Ablösung; 22.5.1990 – 3 AZR 128/89, AP Nr. 3 zu § 1 BetrAVG – Betriebsvereinbarung.
3 BAG 13.12.2005 – 3 AZR 478/04, DB 2006, 1013.
4 BAG 15.4.2008 – 9 AZR 159/07, EzA-SD 2008, Nr. 12, 14.
5 BAG 15.4.2008 – 9 AZR 159/07, EzA-SD 2008, Nr. 12, 14.
6 BAG 28.7.2005 – 3 AZR 14/05, BAGE 115, 304; 28.2.2007 – 3 AZR 735/05, nv.; 17.9.2008 – 3 AZR 1061/06, EZA-SD Nr. 20, 10.
7 BAG 19.5.1978 – 6 ABR 25/75, AP Nr. 1 zu § 88 BetrVG 1972; 27.6.1985 – 6 AZR 392/81 u. 18.8.1987 – 1 ABR 30/86, AP Nrn. 14 und 23 zu § 77 BetrVG 1972.

I. Rechtsgrundlagen betrieblicher Versorgungsverpflichtungen

BetrVG kann von beiden Betriebspartnern eine Einigung bzgl. aller mitbestimmungspflichtigen Angelegenheiten über die Einigungsstelle erzwungen werden. Der Spruch der Einigungsstelle ersetzt gem. § 87 Abs. 2 BetrVG die Einigung zwischen Arbeitgeber und Betriebsrat. Dagegen können in anderen sozialen Angelegenheiten außerhalb des Mitbestimmungskatalogs des § 87 Abs. 1 BetrVG nur **freiwillige Betriebsvereinbarungen** abgeschlossen werden. Unabhängig von ihrer Erzwingbarkeit gelten die Betriebsvereinbarungen unmittelbar gem. § 77 Abs. 4 BetrVG für alle von ihr erfassten Belegschaftsmitglieder.

Das Wesen der betrieblichen Altersversorgung als freiwilliger Sozialleistung setzt der Mitbestimmung allerdings Grenzen. Treffen die Betriebspartner durch eine freiwillige Betriebsvereinbarung keine umfassende Abrede, lässt das Betriebsverfassungsgesetz Raum für **mitbestimmungsfreie Grundentscheidungen**. Der Arbeitgeber kann allein darüber befinden, ob und in welchem Umfang er finanzielle Mittel zur Verfügung stellen will, welche Versorgungsform er wählen und welchen Arbeitnehmerkreis er versorgen will (vgl. Rz. 13). Ferner kann der Arbeitgeber mitbestimmungsfrei den Durchführungsweg wechseln; bei Abschluss einer Direktversicherung kann er das Lebensversicherungsunternehmen selbst auswählen und später auch dann mitbestimmungsfrei wechseln, wenn der Verteilungsplan und die Beitragsbelastung der Arbeitnehmer davon unberührt bleiben[1]. Ebenso kann er darüber befinden, welche Versorgungsrisiken er übernehmen will, ob er zB eine Kapital- oder Rentenleistung zusagt[2], und welche Versorgungsstruktur für die Leistung maßgeblich sein soll, denn das vom Arbeitgeber zu tragende Risiko ist bei Leistungszusagen, beitragsorientierten Zusagen und der Beitragszusage mit Mindestleistung unterschiedlich groß. 232

Erfasst das Versorgungswerk mehrere Betriebe eines Unternehmens, so ist gem. § 50 Abs. 1 BetrVG der **Gesamtbetriebsrat** für die mitbestimmungspflichtigen Fragen zuständig[3]. Wegen der steuerlichen und finanziellen Auswirkungen der betrieblichen Altersversorgung ist seine Zuständigkeit objektiv notwendig[4]. Weder durch Tarifvertrag noch durch Betriebsvereinbarung kann die Zuständigkeit des Gesamtbetriebsrats abgedungen werden. Seiner Zuständigkeit für eine betriebsübergreifende Regelung kann auch nicht durch freiwillige Vereinbarung auf betrieblicher Ebene vorgegriffen werden mit der Folge, dass Änderungen der Vereinbarungen nunmehr nur noch auf betrieblicher Ebene möglich wären[5]. 233

Insgesamt gesehen lässt sich das Mitbestimmungsrecht des Betriebsrats mithin als **Teilmitbestimmung** kennzeichnen. Abgestellt auf die fünf Durchführungswege der betrieblichen Altersversorgung erfolgt die Teilmitbestimmung in der durch das Betriebsverfassungsgesetz vorgesehenen Weise, wobei die Besonderheiten bei Gruppen- und Konzernkassen und überbetrieblichen Pensionsfonds sowie die spezielle Situation bzgl. der Entgeltumwandlung zu beachten sind. 234

aa) Direktzusage und Zusage auf Direktversicherung

Werden betriebliche Versorgungsleistungen durch **Direktzusagen** oder eine **Direktversicherung** erbracht, unterliegen diese Gestaltungsformen dem unter Rz. 231 f. beschriebenen Teilmitbestimmungsrecht des Betriebsrats. Leistungen der betrieblichen Altersversorgung gehören zum Lohn iSv. § 87 Abs. 1 Nr. 10 BetrVG. Mit ihnen soll die vom Arbeitnehmer erbrachte Betriebstreue und Arbeitsleistung zusätzlich be- 235

---
1 BAG 16.2.1993 – 3 ABR 29/92, AP Nr. 19 zu § 87 BetrVG 1972 – Altersversorgung.
2 BAG 29.7.2003 – 3 ABR 34/02, AP Nr. 26 zu § 87 BetrVG 1972 – Altersversorgung.
3 BAG 5.5.1977 – 3 ABR 24/76, AP Nr. 3 zu § 50 BetrVG 1972.
4 BAG 8.12.1981 – 3 ABR 53/80, AP Nr. 1 zu § 1 BetrAVG – Ablösung.
5 BAG 21.1.2003 – 3 ABR 26/02, DB 2003, 2132.

lohnt werden. Berührt werden also die innerbetriebliche Lohngerechtigkeit und die Durchsichtigkeit der Lohngestaltung. Der Betriebsrat hat unter Beachtung des vom Arbeitgeber vorgegebenen Dotierungsrahmens deshalb bei der Aufstellung der Leistungsordnung, dh. darüber mitzubestimmen, unter welchen Voraussetzungen Ansprüche erworben werden und erlöschen sollen[1]; die **Versorgungsstruktur** und das **Versorgungssystem** können von ihm **mitgestaltet** werden. Auch soweit der Leistungsplan unter Berücksichtigung der flexiblen Altersgrenze geändert werden soll, etwa durch Einführung versicherungsmathematischer Abschläge, ist das Mitbestimmungsrecht nach § 87 Abs. 1 Nr. 10 BetrVG zu beachten[2]. Fragen der Bewertung von Dienstzeiten, der Bestimmung des ruhegeldfähigen Einkommens bei bezügeabhängigen Versorgungsregelungen und der Anrechnung anderweitiger Versorgungseinkünfte unter Anpassung einer betrieblichen Versorgungsregelung an geänderte Altersgrenzen in der gesetzlichen Rentenversicherung unterliegen gleichfalls dem Mitbestimmungsrecht.

236 Da bei Direktzusagen, die vom Arbeitgeber innerbetrieblich über Pensionsrückstellungen vorausfinanziert werden, eine Absonderung von Vermögensbestandteilen nicht erfolgt, ergibt sich bei dieser Gestaltungsform – ebenso wie bei der Direktversicherung – naturgemäß für den Betriebsrat **kein Mitbestimmungsrecht** an der **Vermögensverwaltung**. Dies gilt auch dann, wenn die vom Arbeitgeber eingegangenen Versorgungsverpflichtungen über Rückdeckungsversicherungen abgesichert werden.

237 Schließt der Arbeitgeber **Lebensversicherungsverträge** zugunsten seiner Arbeitnehmer ab, besteht das Mitbestimmungsrecht des Betriebsrats unabhängig davon, wie der Arbeitgeber das Versicherungsverhältnis mit dem Lebensversicherungsunternehmen ausgestaltet. In der Regel wird in der betrieblichen Altersversorgung ein **Gruppenversicherungsvertrag** zwischen Arbeitgeber und Lebensversicherungsunternehmen abgeschlossen. Aber auch dann, wenn der Arbeitgeber eine Vielzahl von einzelnen Versicherungsverträgen auf das Leben seiner Arbeitnehmer abschließt, ist das Mitbestimmungsrecht des Betriebsrats gem. § 87 Abs. 1 Nr. 10 BetrVG zu beachten, da es sich insoweit um nicht nur einzelfallbezogene Leistungen der betrieblichen Altersversorgung handelt. Selbst der Abschluss eines **Rahmenabkommens**, mit dem der Arbeitgeber günstigere Versicherungskonditionen für seine Arbeitnehmer mit dem Lebensversicherungsunternehmen aushandelt, unterfällt als Sozialleistung mit Entgeltcharakter dem Mitbestimmungsrecht. Zu den mitbestimmungspflichtigen Tatbeständen gehört auch die Entscheidung, ob die Arbeitnehmer an der Beitragsaufbringung beteiligt werden sollen[3].

bb) Sozialeinrichtungen

238 **Pensionskassen**, **Unterstützungskassen** und **Pensionsfonds** sind klassische Sozialeinrichtungen iSd. § 87 Abs. 1 Nr. 8 BetrVG. Sie verfügen über eigenes Vermögen, das vom Arbeitgeber durch Zuwendungen und ggf. durch Zinszahlungen aufgebracht wird. Dieses Vermögen ist allein schon aus steuer- und aufsichtsrechtlichen Gründen verselbständigt. Da die Unterstützungskasse als eingetragener Verein, GmbH oder Stiftung, die Pensionskasse als Versicherungsverein auf Gegenseitigkeit oder Aktiengesellschaft und der Pensionsfonds als Aktiengesellschaft oder Pensionsfondsverein eigene Rechtspersönlichkeiten darstellen, ergibt sich zwangsläufig eine Abgrenzung vom übrigen Betriebsvermögen. Insofern ist auch die Voraussetzung einer eigenständigen Organisation erfüllt. Soweit Pensionskassen oder Pensionsfonds eine Beitrags-

---

1 BAG 13.7.1978 – 3 ABR 108/77, AP Nr. 5 zu § 87 BetrVG 1972 – Altersversorgung; 9.7.1985 – 3 AZR 546/82, AP Nr. 6 zu § 1 BetrAVG – Ablösung.
2 BAG 11.9.1980 – 3 AZR 185/80, 20.4.1982 – 3 AZR 1137/79 u. 26.3.1985 – 3 AZR 236/83, AP Nrn. 3, 4 und 10 zu § 6 BetrAVG.
3 BAG 18.3.1976 – 3 ABR 32/75, AP Nr. 4 zu § 87 BetrVG 1972 – Altersversorgung.

beteiligung der Arbeitnehmer vorsehen, wird dadurch der Charakter einer Sozialeinrichtung des Arbeitgebers nicht beeinträchtigt.

Nach § 87 Abs. 1 Nr. 8 BetrVG steht dem Betriebsrat ein Mitbestimmungsrecht bei der **Form**, **Ausgestaltung** und **Verwaltung** von Sozialeinrichtungen zu. Was die **Form** betrifft, kann der Betriebsrat mit darüber entscheiden, ob die Einrichtung als rechtlich unselbständiger, aber abgegrenzter Bestandteil des Betriebs, Unternehmens bzw. Konzerns, als nichtrechtsfähiger Verein, BGB-Gesellschaft oder als juristische Person, also als Versicherungsverein aG, rechtsfähige Stiftung, GmbH, AG oder rechtsfähiger Verein, organisiert werden soll[1]. 239

Zur **Ausgestaltung** einer Sozialeinrichtung gehört einmal deren Organisation. Hierunter fällt das Aufstellen der Satzung, ggf. einer Geschäftsordnung sowie die Wahl der Verwaltungsgremien entsprechend den gesellschafts- und vereinsrechtlichen Bestimmungen der Satzung. Das wichtigste Mitbestimmungsrecht ist in diesem Zusammenhang in der **Aufstellung des Leistungsplans** für die Unterstützungs- und Pensionskasse bzw. des **Pensionsplans** für den Pensionsfonds zu sehen. In diesen Plänen erfolgt die Aufstellung der Grundsätze über die Verteilung der Mittel an die nach abstrakten Merkmalen abgegrenzten Arbeitnehmergruppen[2]. Die Mitbestimmung bei der Aufstellung von derartigen Richtlinien für die Gewährung von Ruhegeldern soll die Angemessenheit und Durchsichtigkeit des innerbetrieblichen Lohngefüges und die Wahrung der innerbetrieblichen Lohngerechtigkeit gewährleisten[3]. Kürzt der Arbeitgeber mitbestimmungsfrei den Dotierungsrahmen, unterliegt der dann erforderlich werdende neue Verteilungsplan wiederum der Mitbestimmung des Betriebsrats[4]. Im Rahmen des vorgegebenen Dotierungsrahmens hat der Betriebsrat auch ein Initiativrecht zur Umgestaltung der Versorgungsrichtlinien. Zur Ausgestaltung der Sozialeinrichtung gehört auch die Festsetzung von Eigenbeiträgen für Arbeitnehmer bei Mitgliedschaft in der Pensionskasse oder im Pensionsfonds[5]. 240

Schließlich hat der Betriebsrat bei der **Verwaltung** der Sozialeinrichtung mitzubestimmen. Dabei können die alltäglichen Geschäfte durch allgemeine Richtlinien geregelt sein, ohne dass es dann im Einzelfall der Beteiligung des Betriebsrats bedarf. Zur Verwaltung gehört auch die Entscheidung über die **Vermögensanlage** bei den selbständigen Versorgungsträgern[6]. Allerdings finden sich in den Satzungen regelmäßig bindende Vorgaben für die Vermögensanlage. Nach Einführung der Haftung des Arbeitgebers in § 1 Abs. 1 Satz 3 BetrAVG für die zugesagten Leistungen („Ausfallbürgschaft") wird dieser der Vermögensanlage des Versorgungsträgers noch größere Bedeutung beimessen. Typischerweise ist bei einer Sozialeinrichtung das vom Arbeitgeber zur Verfügung gestellte Vermögen rechtlich verselbständigt und bedarf daher einer eigenen Verwaltung. Soweit in den Satzungen der Unterstützungskasse regelmäßig vorgesehen ist, dass das Kassenvermögen dem Arbeitgeber darlehensweise zur Verfügung gestellt wird, falls es nicht für Auszahlungen in der nächsten Zeit benötigt wird, bedarf die entsprechende Satzungsbestimmung der Zustimmung des Betriebsrats[7]. 241

---

1 *Fitting*, § 87 BetrVG Rz. 357 ff.
2 Vgl. etwa BAG 10.11.1977 – 3 AZR 105/76, AP Nr. 8 zu § 242 BGB – Ruhegehalt-Unterstützungskassen; 8.12.1981 – 3 AZR 518/80, AP Nr. 1 zu § 1 BetrAVG – Unterstützungskassen und 26.4.1988 – 3 AZR 168/86, AP Nr. 16 zu § 87 BetrVG 1972 – Altersversorgung.
3 BAG 26.4.1988 – 3 AZR 168/86, AP Nr. 16 zu § 87 BetrVG 1972 – Altersversorgung; 31.1.1984 – 1 ABR 46/81, AP Nr. 3 zu § 87 BetrVG 1972 – Tarifvorrang; 13.1.1987 – 1 ABR 51/85, AP Nr. 26 zu § 87 BetrVG 1972 – Lohngestaltung.
4 BAG 26.4.1988 – 3 AZR 168/86, AP Nr. 16 zu § 87 BetrVG 1972 – Altersversorgung.
5 Vgl. *Fitting*, § 87 BetrVG Rz. 364.
6 *Höfer*, ART Rz. 1115.
7 *Höfer*, ART Rz. 1116.

242 **Verwirklicht** werden kann das **Mitbestimmungsrecht auf zwei Wegen**. Wenn zwischen Arbeitgeber und Betriebsrat nichts anderes vereinbart ist, müssen mitbestimmungspflichtige Fragen zunächst zwischen ihnen ausgehandelt werden. Der Arbeitgeber hat dann dafür zu sorgen, dass die Sozialeinrichtung die durch eine Betriebsvereinbarung oder Regelungsabrede getroffene Vereinbarung übernimmt (**zweistufige Lösung**). Die Betriebsparteien können aber auch vereinbaren, dass der Betriebsrat gleichberechtigte Vertreter in die Organe der Sozialeinrichtung entsendet und mitbestimmungspflichtige Fragen in den Beschlussgremien der Sozialeinrichtung nicht gegen den Widerspruch der Vertreter des Betriebsrats entschieden werden dürfen (**organschaftliche Mitbestimmung**). Vorausgesetzt wird eine paritätische Beteiligung des Betriebsrats. Es reicht nicht aus, wenn in die Beschlussorgane der Sozialeinrichtung Vertreter der Arbeitnehmer gewählt werden[1].

cc) Besonderheiten bei Gruppen- und Konzernkassen sowie überbetrieblichen Pensionsfonds

243 Betreiben mehrere Trägerunternehmen gemeinsam eine Unterstützungs-, eine Pensionskasse oder einen Pensionsfonds, ist es für das Mitbestimmungsrecht des Betriebsrats von entscheidender Bedeutung, in welchem rechtlichen Verhältnis die Trägerunternehmen untereinander stehen. Wenn zwischen den Trägerunternehmen ein konzernrechtliches Abhängigkeitsverhältnis besteht, mithin ein **Unterordnungskonzern** vorliegt, greift das Mitbestimmungsrecht des Betriebsrats gem. § 87 Abs. 1 Nr. 8 BetrVG ein. Das Mitbestimmungsverfahren lässt sich sowohl über die zweistufige als auch über die organschaftliche Lösung durchführen. Die Konzernmutter ist aufgrund ihrer Leitungsmacht in der Lage, Vereinbarungen mit dem **Konzernbetriebsrat** in den Organen der Sozialeinrichtung durchzusetzen. Auf Betriebsratsseite wirkt an der Umsetzung der Mitbestimmung bei beiden Lösungen in der Regel der Konzernbetriebsrat mit, zu dessen typischen Aufgaben die Mitwirkung in einer Sozialeinrichtung gehört, deren Wirkungsbereich sich auf den Konzern erstreckt[2]. Werden in einem einzelnen Unternehmen des Konzerns **zusätzliche Versorgungsleistungen** gewährt, ist nicht der Konzernbetriebsrat, sondern der **Gesamtbetriebsrat** des betreffenden Unternehmens zuständig[3]. Dies kann zB dann der Fall sein, wenn ein Unternehmen neu in einen Konzern aufgenommen wird und neben der konzerneinheitlichen Versorgungsregelung noch besondere Leistungen der betrieblichen Altersversorgung erbracht werden. Hier ist selbst bei einer organschaftlichen Lösung mit Repräsentanz des Konzernbetriebsrats in der Konzernkassenverwaltung bei der Ausgestaltung der zusätzlichen Leistungen für die Mitarbeiter des einzelnen Konzernunternehmens dessen Gesamtbetriebsrat oder Betriebsrat im Wege der zweistufigen Lösung zu beteiligen.

244 Sind mehrere **Trägerunternehmen** einer Unterstützungs-, einer Pensionskasse oder eines Pensionsfonds nicht in einem Unterordnungskonzern miteinander verbunden, sondern **rechtlich selbständig**, kann nicht mehr von einer Sozialeinrichtung eines Betriebs, Unternehmens oder Konzerns gesprochen werden. Aufgrund der fehlenden Leitungsmacht des einzelnen Arbeitgebers versagen die bei einer betriebs-, unternehmens- oder konzernbezogenen Sozialeinrichtung gangbaren Wege der zweistufigen oder organschaftlichen Lösung. Da jedoch über die gemeinsame Sozialeinrichtung zugleich Fragen der betrieblichen Lohngestaltung geregelt werden, sind diese **nach § 87 Abs. 1 Nr. 10 BetrVG mitbestimmungspflichtig**. Aufgrund der Anknüpfung an diese Bestimmung gelangt das BAG[4] zu einer zweistufigen Lösung wie bei unmittelbaren

---

1 BAG 26.4.1988 – 3 AZR 277/87, AP Nr. 3 zu § 1 BetrAVG – Geschäftsgrundlage.
2 BAG 21.6.1979 – 3 ABR 3/78, AP Nr. 1 zu § 87 BetrVG 1972 – Sozialeinrichtung.
3 BAG 19.3.1981 – 3 ABR 38/80, AP Nr. 14 zu § 80 BetrVG 1972.
4 BAG 22.4.1986 – 3 AZR 100/83 u. 9.5.1989 – 3 AZR 439/88, AP Nrn. 13 und 18 zu § 87 BetrVG 1972 – Altersversorgung.

Zusagen, ohne dass jedoch die Gewähr besteht, dass sich diese mitbestimmte Lösung innerhalb der Gruppen-Unterstützungskasse, der Gruppen-Pensionskasse oder des Gruppen-Pensionsfonds durchsetzt. Bei einer Änderung der Richtlinien der Sozialeinrichtung hat jeder der beteiligten Arbeitgeber mit seinem Betriebsrat zunächst eine Vereinbarung über den Inhalt der Neuregelung zu treffen. Diese Regelung bringt er in das beschließende Gremium ein. Er hat die gefundenen Regelungen seines Unternehmens seinem Abstimmungsverhalten zugrunde zu legen. Auch im Falle des Unterliegens eines Arbeitgebers genügt die vom beschließenden Unternehmen getroffene Mehrheitsentscheidung dem Mitbestimmungsrecht des betroffenen Betriebsrats. Die Wirksamkeit dieser **verkürzten zweistufigen Lösung** liegt darin begründet, dass Arbeitgeber und Betriebsrat bei der Wahl des Durchführungswegs über eine Gruppen-Unterstützungskasse, einen Gruppen-Pensionsfonds oder eine Gruppen-Pensionskasse sich der satzungsmäßigen Mehrheitsentscheidung im Beschlussorgan der Kasse bzw. des Fonds von vornherein gebeugt haben. Sie haben damit billigend in Kauf genommen, dass Mehrheitsentscheidungen möglich sind, die ihren eigenen Vorstellungen nicht entsprechen. Die verkürzte zweistufige Lösung ist allerdings wenig praktikabel[1]. Im Sinne einer effektiven Mitbestimmung wäre es sicherlich besser gewesen, eine organschaftliche Repräsentanz der Arbeitnehmer im Entscheidungsgremium der jeweiligen Gruppenversorgungseinrichtung vorzusehen.

Im Verhältnis des unterlegenen Trägerunternehmens zu seinen **Arbeitnehmern** ist die **nachteilige Entscheidung** der Gruppen-Unterstützungskasse bzw. der Gruppen-Pensionskasse und des Gruppen-Pensionsfonds **unwirksam**. Ansprüche der Arbeitnehmer ergeben sich jedoch nur dann, wenn die Verletzung des Mitbestimmungsrechts für die Willensbildung der Gruppenversorgungseinrichtung kausal war, die nachteilige Änderung unter Beachtung des Mitbestimmungsrechts also hätte verhindert werden können[2]. Die Haftung des Arbeitgebers entfällt mithin nur dann, wenn feststeht, dass die Entscheidung in der Gruppenversorgungseinrichtung nicht durchsetzbar gewesen wäre[3]. Eine derartige Feststellung kann nicht getroffen werden, wenn vernünftige Gründe für eine anderweitige Ausgestaltung des Leistungsrahmens vorliegen. Ein Nachweis, dass die Organe der Kasse bzw. des Fonds entsprechend entschieden hätten, ist nicht zu verlangen. Es genügt, wenn mit einiger Wahrscheinlichkeit anzunehmen ist, dass die Ablehnung der Änderung des Leistungsplans durch das einzelne Trägerunternehmen die Änderung insgesamt verhindert hätte[4].

dd) Eingeschränkte Mitbestimmung bei der Entgeltumwandlung

Die **Einflussmöglichkeiten** des Betriebsrats bei der Entgeltumwandlung sind **begrenzt**. Ein stringentes Mitbestimmungsrecht scheitert an der zwingenden Regelung des § 1a BetrAVG[5]. Eine individualrechtlich vereinbarte Lohnverwendung entzieht sich der Kollektivmacht. Auch wenn ein Tarifvertrag keine eigene Regelung der Entgeltumwandlung, sondern nur eine Öffnungsklausel gem. § 17 Abs. 5 BetrAVG enthält, besteht kein Raum für Mitbestimmungsrechte, da insoweit eine tarifliche Regelung vorliegt, die lediglich zu vollziehen ist, es sei denn, dass der Tarifvertrag die Ausfüllung ausdrücklich den Betriebsparteien überlässt. Nur in diesem Rahmen kann der Betriebsrat gem. § 77 Abs. 3 BetrVG mitbestimmen.

---

1 Das weisen *Schlewing/Henssler/Schipp/Schnitker*, Teil 8 C Rz. 300 ff. eindrucksvoll nach.
2 BAG 9.5.1989 – 3 AZR 439/88, AP Nr. 18 zu § 87 BetrVG – Altersversorgung u. 14.12.1993 – 3 AZR 618/93 – AP Nr. 81 zu § 7 BetrAVG.
3 Zu weiteren Anspruchsgrundlagen für eine mögliche Ausfallhaftung des Arbeitgebers vgl. *Schlewing/Henssler/Schipp/Schnitker*, Teil 8 B Rz. 190.
4 LAG Hamm 10.8.1999 – 6 Sa 332/99, DB 1999, 2371.
5 *Blomeyer*, DB 2001, 1413; aA *Höfer*, Rz. 1094 ff., der grundsätzlich ein Mitbestimmungsrecht bejaht, im Ergebnis aber einräumt, dass es im Wesentlichen nur im Wege freiwilliger Betriebsvereinbarungen ausgeübt werden kann.

247 So gesehen ist allenfalls ein Mitbestimmungsrecht des Betriebsrats für die abstrakt generelle Regelung der Leistungsseite hinsichtlich der in § 1a BetrAVG genannten Rahmenbedingungen vorstellbar. Es kommt aber nur dort in Betracht, wo das Gesetz oder der einschlägige Tarifvertrag dem Arbeitgeber ausdrücklich einen Regelungsspielraum lassen, wie etwa bei der Festlegung der Versorgungsleistungen und -voraussetzungen sowie hinsichtlich des Verlangens nach Umwandlung von gleich bleibenden monatlichen Beträgen. Bedenkt man, dass § 1a Abs. 1 BetrAVG dem Arbeitgeber partiell einen Ermessensspielraum hinsichtlich der Durchführungswege einräumt, müsste insofern eigentlich auch Raum für die Mitbestimmung des Betriebsrats sein. Der Umwandlungsanspruch des Arbeitnehmers besteht jedoch nicht unbeschränkt: Er kann infolge der zwingenden gesetzlichen Regelung in § 1a BetrAVG durch eine mangelnde Einigung der Betriebspartner nicht blockiert werden. Schon aus diesem Grund **fehlt** dem **Mitbestimmungsrecht** die für § 87 BetrVG charakteristische **Erzwingbarkeit**[1]. Nur wenn der Arbeitgeber die für die Entgeltumwandlung vorgesehenen Beträge durch eigene Beiträge aufstockt, besteht insoweit ein Mitbestimmungsrecht des Betriebsrats.

248 Unabhängig davon ist gem. § 88 BetrVG der **Abschluss freiwilliger Betriebsvereinbarungen möglich**. In der Regel werden die Arbeitgeber daran interessiert sein, über die Rahmenbedingungen der Leistungsseite eine Betriebsvereinbarung zu schließen, um eine gewisse Einheitlichkeit der Altersversorgung im Unternehmen herbeizuführen, insbesondere, um die arbeitnehmerfinanzierte mit einer bestehenden arbeitgeberfinanzierten Altersversorgung zu koordinieren, Verwaltungsposten zu minimieren und ggf. auch die Versorgung durch Inanspruchnahme günstiger Konditionen externer Versorgungsträger zu optimieren. Gegenstand solcher Vereinbarungen können auch die Festlegung von Ober- und Untergrenzen für die Entgeltumwandlung, die Bestimmung des Durchführungsweges sowie die Auswahl externer Versorgungsträger bilden. Allerdings sind auch hier die Vorgaben des § 1a BetrAVG zu beachten. So kann die Wahl des Durchführungswegs nur begrenzt gesteuert werden. Sind Direktzusagen oder Unterstützungskassenzusagen vorgesehen, kann sich jeder Arbeitnehmer trotzdem – etwa im Hinblick auf § 1a Abs. 3 BetrAVG – für eine Direktversicherung entscheiden. In Betracht kommt eine Betriebsvereinbarung aber lediglich für die Durchführung mittels Direktversicherung, Pensionskassen oder Pensionsfonds, wobei dann aber auch der externe Versorgungsträger, die Art, die Voraussetzungen und die Leistungen der Versorgung verbindlich festgelegt werden können. Unter Mitbestimmungsgesichtspunkten wird der Arbeitgeber daher eingehend abzuwägen haben, ob er sich freiwillig auf die Durchführung der betrieblichen Altersversorgung über eine eigene Pensionskasse festlegen lässt und damit zugleich die Basis für eine Mitbestimmung bzgl. der Rechtsform, der Besetzung der Organe sowie der Aufstellung und Verwaltung der gesamten Versorgungsträger schafft. Auch in diesem Fall muss selbstverständlich der Anspruch des Arbeitnehmers auf Inanspruchnahme der staatlichen Förderung gem. § 1a Abs. 3 BetrAVG ebenso wie die Frage der Wertgleichheit unberührt bleiben[2].

b) Rechtsfolgen bei Nichtbeachtung der Mitbestimmung

249 **Erzwingbare Mitbestimmungsrechte** nach § 87 BetrVG müssen vom Arbeitgeber stets beachtet werden; die Verletzung der Mitbestimmungsrechte hat in der Regel die Unwirksamkeit der vom Arbeitgeber vorgenommenen Maßnahme zur Folge[3]. Sollen Leistungen der betrieblichen Altersversorgung gekürzt werden, ist die **Festsetzung**

---

1 *Blomeyer*, BetrAV 2001, 430.
2 Zu weiteren Einzelheiten vgl. *Feudner*, DB 2001, 2047.
3 Zu den Folgen der Nichtbeachtung des Mitbestimmungsrechts im Einzelnen vgl. *Schlewing/Henssler/Schipp/Schnitker*, Teil 8 B Rz. 165 ff.

des **neuen Dotierungsrahmens** durch den Arbeitgeber zwar **mitbestimmungsfrei**, die notwendige Aufstellung eines neuen Leistungsplans unterliegt jedoch dem Mitbestimmungsrecht des Betriebsrates[1]. Ein Widerruf von Leistungen oder Anwartschaften zur Durchsetzung eines neuen Leistungsplans ist gegenüber den Arbeitnehmern individual-rechtlich unwirksam, wenn der Arbeitgeber bei der Aufstellung des Leistungsplans das Mitbestimmungsrecht des Betriebsrats verletzt hat[2]. Das Mitbestimmungsrecht des Betriebsrats kann ausnahmsweise dann entfallen, wenn es an einem Regelungsspielraum für die Verteilung der verbleibenden Mittel fehlt[3]. Werden jedoch im Rahmen einer Übergangsregelung weitere Mittel verteilt, ist das Mitbestimmungsrecht des Betriebsrats zu beachten[4]. Das gilt auch dann, wenn die seitens des Arbeitgebers zur Verfügung gestellten Mittel anders als bisher auf die begünstigten Arbeitnehmer verteilt werden sollen, die hierfür maßgeblichen Grundsätze können als Teil der betrieblichen Lohngestaltung nur gemeinsam mit dem Betriebsrat festgelegt werden[5]. Dem Betriebsrat steht bei Verletzung seiner Mitbestimmungsrechte aus § 87 BetrVG ein Anspruch auf Unterlassung der mitbestimmungswidrigen Maßnahme zu, eine grobe Pflichtverletzung des Arbeitgebers nach § 23 Abs. 3 BetrVG wird dabei nicht vorausgesetzt[6].

7. Inhaltskontrolle von Versorgungszusagen

Bei der betrieblichen Altersversorgung handelt es sich um eine Sozialleistung von großer Bedeutung und erheblichem Gewicht. Sie bildet die zweite Säule zur Sicherung des Lebensstandards im Alter. Wenn die Belegschaftsmitglieder der Auffassung sind, dass ihre Rechte in einer Versorgungszusage nicht zutreffend oder nicht ausreichend berücksichtigt worden sind, haben sie die Möglichkeit, die Regelung in einem gerichtlichen Verfahren auf ihre **rechtliche Wirksamkeit** und **konkrete Billigkeit** überprüfen zu lassen. Der Umfang der Kontrolle richtet sich nach der Form der Zusage. 250

a) Tarifvertragliche Versorgung

Ist die Versorgung tarifvertraglich geregelt, findet mit Rücksicht auf die Tarifautonomie nur eine **eingeschränkte Überprüfung** statt. Es ist lediglich festzustellen, ob die Regelung gegen das Grundgesetz, zwingendes Gesetzesrecht (auch AGG: vgl. Rz. 267), die guten Sitten oder tragende Grundsätze des Arbeitsrechts verstößt[7]. 251

Da Tarifverträge nach § 17 Abs. 3 Satz 1 BetrAVG von den dort aufgezählten Vorschriften des BetrAVG abweichen können, ist eine Inhaltskontrolle der Tarifverträge gerade in diesem Bereich von Bedeutung. § 17 Abs. 3 Satz 2 BetrAVG selbst zieht für die einzelvertragliche Vereinbarung solcher Tarifwerke eine Grenze, indem es eine vertragliche Bezugnahme auf die „einschlägigen" Tarifwerke beschränkt. Die einschlägige tarifliche Regelung ist diejenige, die gem. § 4 Abs. 1 Satz 1 TVG gelten wür- 252

---

1 BAG 13.7.1978 – ABR 108/77, AP Nr. 5 zu § 87 BetrVG 1972 – Altersversorgung; vgl. auch BAG 26.4.1988 – 3 AZR 168/86, AP Nr. 16 zu § 87 BetrVG – Altersversorgung; 26.4.1988 – 3 AZR 277/87, AP Nr. 3 zu § 1 BetrAVG – Geschäftsgrundlage.
2 BAG 26.4.1988 – 3 AZR 168/86, AP Nr. 16 zu § 87 BetrVG 1972 – Altersversorgung.
3 BAG 15.2.2011 – 3 AZR 35/09, NZA-RR 2011, 541.
4 BAG 10.3.1992 – 3 AZR 221/91, AP Nr. 34 zu § 1 BetrAVG – Unterstützungskassen.
5 BAG 12.6.1975 – 3 ABR 13/74, AP Nr. 3 zu § 87 BetrVG 1972 – Altersversorgung; 23.9.1997 – 3 ABR 85/96, AP Nr. 26 zu § 1 BetrAVG – Ablösung.
6 BAG 3.5.1994 – 1 ABR 24/93, AP Nr. 23 zu § 23 BetrVG 1972.
7 BAG 26.9.1984 – 4 AZR 343/83, AP Nr. 21 zu § 1 TVG; 10.10.1989 – 3 AZR 200/88, AP Nr. 3 zu § 1 TVG – Vorruhestand; 21.7.1993 – 4 AZR 468/92, AP Nr. 144 zu § 1 TVG – Auslegung; 17.6.2008 – 3 AZR 409/06, NZA 2008, 1244.

de, wenn die Parteien des Arbeitsvertrages tarifgebunden wären. Nur für solche Tarifverträge ist nämlich die Vermutung begründet, dass sie die gegenläufigen Interessen der Parteien angemessen ausgleichen[1].

b) Regelung durch Betriebsvereinbarung

253 Betriebsvereinbarungen unterliegen gleichfalls einer abstrakten Rechts- und einer individuellen Billigkeitskontrolle. Kraft gesetzlicher Kompetenzzuweisung werden zwischen Arbeitgeber und Betriebsrat Rechtsnormen ausgehandelt, die niedergelegt in einer **Betriebsvereinbarung** für die Belegschaft verbindlich sind. Die Vereinbarung ist jedoch **nicht** im gleichen Maße **autonom wie** ein **Tarifvertrag**, da eine gewisse Abhängigkeit der Betriebsratsmitglieder vom Arbeitgeber trotz bestehenden Kündigungsschutzes nicht auszuschließen und es dem Betriebsrat verwehrt ist, einen Arbeitskampf zu führen[2].

254 Gleichwohl ist die **grundsätzliche Regelungsbefugnis** der **Betriebspartner** zu beachten. Insbesondere ist dem Umstand Rechnung zu tragen, dass es sich bei einer Betriebsvereinbarung um eine generelle Lösung für eine Vielzahl von Fällen handelt. Anders als bei einer einzelvertraglichen Regelung müssen deshalb die für eine unbestimmte Zahl von Arbeitnehmern geltenden Normen an einem verallgemeinernden Maßstab gemessen werden. Die Regelungsziele einer Betriebsvereinbarung und die vorgesehene Form ihrer Verwirklichung sind infolgedessen nur generalisierenden Wertungskriterien, dh. einer abstrakten Rechtskontrolle, zu unterziehen[3]. Die Arbeitsgerichte haben daher lediglich festzustellen, ob die Betriebsvereinbarung gegen höherrangiges Recht, insbesondere das Grundgesetz, zwingendes Gesetzesrecht, die guten Sitten oder gegen tragende Grundsätze des Arbeitsrechts – dazu zählen vor allem das Gleichbehandlungsgebot und die Grundsätze der Verhältnismäßigkeit und des Vertrauensschutzes – verstößt. Sind die aufgeführten übergeordneten Anforderungen in der Betriebsvereinbarung beachtet worden, ist sie für den von ihr erfassten Personenkreis verbindlich.

255 Ist die von den Betriebsparteien getroffene Regelung aus Rechtsgründen nicht zu beanstanden, können einzelne Versorgungsberechtigte gleichwohl geltend machen, ihre **spezielle Versorgungssituation** sei nicht ausreichend berücksichtigt worden. Derartigen Einwendungen haben die Arbeitsgerichte im Wege einer individuellen Billigkeitskontrolle nachzugehen. Liegt eine unbillige Härte vor, ist eine interessengerechte Lösung durch eine ergänzende Vertragsauslegung herbeizuführen[4]. Durch solche Korrekturen wird die Wirksamkeit der Betriebsvereinbarung im Übrigen nicht berührt.

256 Hinzuweisen ist darauf, dass eine kollektivrechtliche Regelung zumeist nicht insgesamt gegen höherrangiges Recht oder tragende Grundsätze des Arbeitsrechts verstößt, sondern nur einzelne Punkte einer Rechtskontrolle nicht standhalten. Ein Verstoß gegen den Gleichbehandlungsgrundsatz oder die Vorschrift des § 75 BetrVG führt zB nicht zur Nichtigkeit der gesamten vom Arbeitgeber geschaffenen Ordnung, sondern nur dazu, dass die einschränkenden Bestimmungen entfallen, die eine Arbeitnehmergruppe ohne sachlichen Grund benachteiligen[5]. Die **nicht zu beanstandenden Teile** einer Regelung bleiben also wirksam. § 139 BGB, wonach die Nichtigkeit von Teilen eines Rechtsgeschäfts in der Regel das gesamte Rechtsgeschäft erfasst, ist unanwendbar, wenn es um Regelungen geht, die zum Schutz der Arbeitnehmer kor-

---

1 BAG 19.4.2011 – 3 AZR 154/09, NZA 2011, 982.
2 BAG 30.1.1970 – 3 AZR 44/68, AP Nr. 142 zu § 242 BGB – Ruhegehalt.
3 BAG 8.12.1981 – 3 ABR 53/80, AP Nr. 1 zu § 1 BetrAVG – Ablösung.
4 BAG 8.12.1981 – 3 ABR 53/80, AP Nr. 1 zu § 1 BetrAVG – Ablösung.
5 BAG 9.12.1997 – 3 AZR 661/96, AP Nr. 40 zu § 1 BetrAVG – Gleichbehandlung; 18.5.2010 – 3 AZR 97/08, nv.

rigiert werden müssen. Das folgt aus dem Schutzzweck der in das Vertragsrecht eingreifenden Normen[1].

c) Einzelvertragliche Zusagen und AGB-Kontrolle

Auch einzelvertragliche Versorgungszusagen unterliegen der gerichtlichen Kontrolle. Eine Inhaltskontrolle ergibt sich insbesondere nach den Regeln des AGG[2]. Daneben kann eine AGB-Kontrolle nach den Regeln der §§ 307 ff. BGB treten, die zunehmende Bedeutung erlangt. 257

Hat der Arbeitgeber eine von ihm vorgegebene Versorgungsregelung nicht eindeutig formuliert oder gibt sie zu unterschiedlichen Auslegungen Anlass, gehen **Unklarheiten** gem. § 305c BGB zu seinen Lasten[3]. Die den Vertragsschluss begleitenden Umstände sind bei der **Auslegung** der Allgemeinen Geschäftsbedingungen grundsätzlich nicht zu berücksichtigen (arg. e. § 310 Abs. 3 Nr. 3 BGB). Zur Auslegung können allerdings solche Umstände herangezogen werden, die beim Vertragsschluss den beteiligten Kreisen allgemein bekannt sind und die für einen verständigen und redlichen Vertragspartner Anhaltspunkte für eine bestimmte Auslegung des Vertrages geben[4]. Auch bei einem äußerlich statischen Verweis auf ein anderes Regelwerk ist daher nach der Interessenlage in der Auslegung davon auszugehen, dass ein Verweis auf das jeweils gültige Versorgungswerk bezweckt war (Jeweiligkeitsklausel)[5]. 258

Nach § 307 Abs. 1 Satz 2 BGB kann sich eine **unangemessene Benachteiligung** daraus ergeben, dass eine Bestimmung nicht klar und verständlich ist. Nach der Rechtsprechung des BAG liegt erst in der Gefahr, dass der Vertragspartner wegen Intransparenz seine Rechte nicht wahrnimmt, eine unangemessene Benachteiligung[6]. 259

Bei der Prüfung der unangemessenen Benachteiligung nach § 307 Abs. 1 und Abs. 2 BGB sind die den Vertragsschluss begleitenden Umstände zu berücksichtigen (§ 310 Abs. 3 Nr. 3 BGB). Ebenfalls zu berücksichtigen sind die im Arbeitsrecht geltenden Besonderheiten (§ 310 Abs. 4 Satz 2 BGB), zu denen auch die Besonderheiten der betrieblichen Altersversorgung gehören[7]. Der Arbeitgeber hat dabei wegen der langjährigen Bindung ein berechtigtes Interesse daran, Klauseln vertraglich offener zu gestalten, um noch nicht vorhersehbaren Entwicklungen Rechnung zu tragen[8]. 260

Angemessen ist die Regelung eines „versicherungsmathematischen Abschlags" bei vorzeitiger Inanspruchnahme der Rente, ohne genaue Festlegung der Höhe dieses Abschlags. Das BAG hat es zugelassen, diesen Abschlag im Anwendungsfall auf die üblichen 0,5 % festzulegen[9]. 261

Die gerichtliche **Kontrolle** ist nach §§ 307 Abs. 3, 310 Abs. 4 BGB **eingeschränkt**, wenn arbeitsvertraglich auf **gesetzliche Versorgungsregelungen oder Regelungen nach Tarifvertrag oder Betriebsvereinbarung** verwiesen wird. Ein solcher Verweis ist nur auf Transparenz prüfbar (§ 307 Abs. 1 Satz 2 BGB). Im Versorgungsverhältnis betrifft diese Begrenzung der Kontrolle vor allem Regelungen, die durch dynamische 262

---

1 BAG 14.10.1986 – 3 AZR 66/83, AP Nr. 119 zu EWG-Vertrag.
2 BAG 17.4.2012 – 3 AZR 481/10, NZA 2012, 929.
3 BAG 23.9.2003 – 3 AZR 551/02, AP Nr. 93 zu § 77 BetrVG 1972.
4 BAG 18.5.2010 – 3 AZR 373/08, AP Nr. 37 zu § 66 ArbGG 1979; 15.2.2011 – 3 AZR 35/09, BB 2011, 3068.
5 BAG 17.6.2014 – 3 AZR 529/12, nv.
6 BAG 29.9.2010 – 3 AZR 557/08, BAGE 135, 334.
7 BAG 8.3.2011 – 3 AZR 666/09, NZA-RR 2011, 591.
8 BAG 29.9.2010 – 3 AZR 557/08, BAGE 135, 334; 8.3.2011 – 3 AZR 666/09, NZA-RR 2011, 591.
9 BAG 29.9.2010 – 3 AZR 564/09, BAGE 135, 334; BAG 8.3.2011 – 3 AZR 666/09, NZA-RR 2011, 591.

Verweisung die Höhe der Betriebsrente regeln[1]. Zugleich sind damit aber auch Bestimmungen des in Bezug genommenen Regelungswerks, die die Hauptleistung modifizieren, von einer weiteren Kontrolle ausgenommen[2]. Verfassungsrechtliche Bedenken bestehen auch gegen eine dynamische arbeitsvertragliche Verweisung nicht[3]. Eine dynamische Verweisung auf ein anderes Regelungswerk, wie das Beamtenversorgungsrecht, darf allerdings nicht zur Folge haben, dass die Ausgangsrente infolge der späteren Entwicklung des in Bezug genommenen Rechts unterschritten wird. In diesem Fall wäre aufgrund ergänzender Vertragsauslegung mindestens die Ausgangsrente zu gewähren[4].

d) Entgeltumwandlungsvereinbarungen

263 Bei der Inhaltskontrolle von Entgeltumwandlungsvereinbarungen ist insbesondere zu beachten, dass alle Vereinbarungen unabhängig von der Zusageart und dem Durchführungsweg dem **Gebot der Wertgleichheit** genügen müssen. Anderenfalls ist die Vereinbarung gem. § 1 Abs. 2 Nr. 3, § 17 Abs. 3 Satz 3 BetrAVG unwirksam. Der Arbeitnehmer hat dann Anspruch auf eine entsprechend höhere Altersversorgung.

264 Die Voraussetzung der Wertgleichheit ist nicht immer einfach zu bewerten. Schwierig ist die Bestimmung der Wertgleichheit insbesondere bei der **Beitragszusage mit Mindestleistung** und bei der **beitragsorientierten Leistungszusage** mit lediglich geringer Garantieverzinsung. Soweit sie variable Überschussanteile enthalten, hat sich die Kontrolle in diesen Fällen darauf zu erstrecken, ob den Risiken des Arbeitnehmers auch entsprechende Chancen gegenüberstehen.

265 Die im Anwendungsbereich der AGB-Kontrolle nach den §§ 307 ff. BGB vorzunehmende **Inhaltskontrolle** bezieht sich sowohl auf die Entgeltumwandlungsvereinbarung zwischen Arbeitgeber und Arbeitnehmer als **auch** auf den **Vertrag** zwischen **Arbeitgeber** und **externem Versorgungsträger**. Die Versorgungsvereinbarungen nehmen regelmäßig Bezug auf den Versicherungsvertrag. Nach ständiger Rechtsprechung des BGH[5] kann sich der Arbeitnehmer, auch wenn der Versicherungsvertrag nicht mit ihm abgeschlossen ist, auf die Unwirksamkeit einzelner Vertragsbestimmungen berufen. Hinzu kommt die mittelbare Inhaltskontrolle des Versicherungsvertrags als Bestandteil der Entgeltumwandlungsvereinbarung.

266 Bei der Inhaltskontrolle des Versicherungsvertrags stand bisher die Zulässigkeit von **gezillmerten Tarifen** und **Stornoabschlägen** im Vordergrund Auch wenn die BaFin gezillmerte Tarife, bei denen zunächst die Versicherungs- und Abschlusskosten vollständig getilgt werden, bevor Beträge zum Aufbau eines Deckungskapitals für die Altersversorgung führen, und von Tarifen, die zum Teil erhebliche Stornoabschläge bei Kündigung oder Beitragsfreistellung vorsehen, generell nicht beanstandet hat, bedeutet das nicht, dass sie auch im Rahmen arbeitnehmerfinanzierter betrieblicher Altersversorgung zulässig sind. Gezillmerte Tarife verstoßen zwar nicht gegen das Gebot der Wertgleichheit. Sie halten jedoch unter bestimmten Voraussetzungen einer Inhaltskontrolle nach § 307 BGB nicht stand[6]. Der Gesetzgeber hat der betrieblichen Altersversorgung im Allgemeinen und der Arbeitnehmerfinanzierung im Besonderen eine erhöhte Bedeutung beigemessen. Dies ergibt sich aus den Bestimmungen zur sofortigen Unverfallbarkeit gem. § 1a Abs. 5 BetrAVG und zur Übertragung von Anwartschaften nach § 4 BetrAVG. Tarife, die eine Zillmerung oder erhebliche Storno-

---

1 BAG 14.12.2010 – 3 AZR 898/08, NZA 2011, 576.
2 BAG 30.11.2010 – 3 AZR 798/08, DB 2011, 826.
3 BAG 20.4.2004 – 3 AZR 266/02, DB 2004, 2590.
4 BAG 14.12.2010 – 3 AZR 898/08, NZA 2011, 576.
5 Vgl. BGH 28.3.2001 – IV ZR 19/00, DB 2001, 2038.
6 BAG 15.9.2009 – 3 AZR 17/09, DB 2010, 61.

abschläge vorsehen, widersprechen den gesetzgeberischen Zielsetzungen. Angemessen könnten sie nach einem obiter dictum des BAG aber sein, wenn die bei der Direktversicherung anfallenden einmaligen Abschluss- und Vertriebskosten auf fünf Jahre verteilt werden; bei einem kürzeren Zeitraum ist von ihrer Unwirksamkeit auszugehen[1].

e) Kontrolle nach dem AGG

Auch das AGG ist auf die betriebliche Altersversorgung anzuwenden. Regelungen des BetrAVG selbst, die Bezug zu den in § 1 AGG erwähnten Merkmalen haben, werden vom AGG allerdings nicht berührt[2], unterliegen ihrerseits aber dem Maßstab des Grundgesetzes und europäischer Regelungen, wie der Grundrechte-Charta[3]. Das BetrAVG ist gegenüber dem AGG spezieller, so dass dessen Regelungen vorrangig zu beachten sind. Im Übrigen unterliegen Vereinbarungen zur betrieblichen Altersversorgung aber der Kontrolle nach AGG. 267

8. Informations- und Auskunftspflichten

Informationspflichten des Arbeitgebers können bereits beim Vertragsschluss oder während des laufenden Arbeitsverhältnisses bestehen. Außerdem stellt die vorzeitige Beendigung des Arbeitsverhältnisses den **Arbeitgeber** bzw. den externen Versorgungsträger vor die Frage, inwieweit sie den Arbeitnehmer über die sich daraus ergebenden Folgen **aufklären** müssen und in welchem Umfang sich der Arbeitgeber durch **Ausgleichsklauseln** vor Nachteilen aus einer solchen Verpflichtung **absichern** kann. Neben der Pflicht zur Aufklärung haben der Arbeitgeber oder der externe Versorgungsträger während und bei Beendigung des Arbeitsverhältnisses **Auskünfte** über die betriebliche Versorgung zu erteilen. Um für sein Alter Vorsorge zu treffen, muss der Arbeitnehmer wissen, mit welcher Leistung er **im Versorgungsfall** rechnen kann. Die Pflicht zur Erteilung der Auskunft entfällt, wenn der Arbeitnehmer kein **berechtigtes Informationsinteresse** hat. 268

a) Allgemeine Informationspflicht während des Arbeitsverhältnisses

Für den **externen Versorgungsträger** ergeben sich Informationspflichten aus der Anlage Teil D zum VAG. Danach müssen die bei Beginn des Versorgungsverhältnisses zu erteilenden Informationen ausführlich und aussagekräftig sein. Zu unterrichten ist der Arbeitnehmer u.a. über die Vertragsbedingungen einschließlich der Tarifbestimmungen, soweit sie für das Versorgungsverhältnis gelten, das auf den Vertrag anwendbare Recht, die Laufzeit, die für diese Versorgungsart geltende Steuerregelung sowie die mit dem Altersversorgungssystem verbundenen finanziellen, versicherungstechnischen und sonstigen Risiken sowie die Art und Aufteilung dieser Risiken. Während der Laufzeit des Versorgungsverhältnisses ist jährlich zu informieren über die voraussichtliche Höhe der Leistungen, die Anlagemöglichkeiten und die Struktur des Anlageportfolios sowie über das Risikopotential und die Kosten der Vermögensverwaltung und sonstige mit der Anlage verbundenen Kosten, sofern der Versorgungsanwärter das Anlagerisiko trägt, über die mit dem Altersversorgungssystem verbundenen finanziellen versicherungstechnischen und sonstigen Risiken sowie die Art und Aufteilung dieser Risiken. 269

Bzgl. der den **Arbeitgeber** treffenden **Informationspflichten** handelt es sich um Nebenpflichten aus dem Arbeitsverhältnis. Rechtsgrundlage bilden § 241 Abs. 2 BGB, die 270

---
1 BAG 15.9.2009 – 3 AZR 17/09, DB 2010, 61.
2 BAG 11.12.2007 – 3 AZR 249/06, NZA 2008, 532; 17.4.2012 – 3 AZR 481/10, NZA 2012, 929.
3 BAG 19.7.2011 – 3 AZR 434/09, NZA 2012, 155.

Fürsorgepflicht[1] und der Grundsatz von Treu und Glauben[2]. Eine Pflicht zur Information besteht insbesondere, wenn es während des Arbeitsverhältnisses zu „Störfällen"[3] hinsichtlich des Vertragsverhältnisses kommt. Allgemein lässt sich sagen, dass Informationspflichten des Arbeitgebers umso eher in Betracht kommen, je komplizierter eine Versorgungsregelung ist[4]. Wie groß das Informationsbedürfnis des Arbeitnehmers ist, hängt insbesondere von der Schwierigkeit der Rechtsmaterie sowie dem Ausmaß der drohenden Nachteile und deren Vorhersehbarkeit ab[5]. Der Arbeitgeber ist nach der Rechtsprechung des BAG nicht verpflichtet, den Arbeitnehmer initiativ auf den Anspruch auf Entgeltumwandlung nach § 1a BetrAVG hinzuweisen[6].

b) Allgemeine Informationspflicht bei Beendigung des Arbeitsverhältnisses

271 Für den Umfang der Aufklärungspflicht ist der Grundsatz von Treu und Glauben heranzuziehen. Erkennbare Informationsbedürfnisse des Arbeitnehmers und Beratungsmöglichkeiten des Arbeitgebers sind gegeneinander abzuwägen[7]. Bei der Auflösung des Arbeitsverhältnisses muss sich der **Arbeitnehmer grundsätzlich selbst Klarheit** über die rechtlichen Folgen **verschaffen**. Diese Beurteilung greift insbesondere Platz, wenn das Arbeitsverhältnis auf Initiative des Arbeitnehmers beendet wurde. In der Regel genügt deshalb der Arbeitgeber seiner Aufklärungspflicht, wenn er die Vorschriften, die die Versorgungsregelungen enthalten, dem Arbeitnehmer zur Kenntnis bringt und darauf hinweist, wie sich bestimmte Versorgungsgestaltungen in der Praxis auswirken[8]. Gesteigerte Informationspflichten können den Arbeitgeber allerdings vor allem dann treffen, wenn eine nachteilige Vereinbarung über die Beendigung des Arbeitsverhältnisses auf seine Initiative und in seinem Interesse getroffen wird[9]. Die erkennbaren Informationsbedürfnisse des Arbeitnehmers einerseits und die Beratungsmöglichkeiten des Arbeitgebers andererseits sind abzuwägen[10].

272 Erteilt der Arbeitgeber darüber hinausgehende **Auskünfte, müssen** sie **richtig sein**. Falsche, unvollständige und irreführende Angaben stellen eine Pflichtverletzung dar, die gem. § 280 Abs. 1 iVm. §§ 241 Abs. 2, 276, 278, 249 BGB zu Schadenersatzansprüchen führen[11]. Ein Ausschluss der Haftung für zB falsche Auskünfte über die Möglichkeit der vorzeitigen Inanspruchnahme der gesetzlichen Rente bei Frühpensionierungsprogrammen dürfte deshalb unzulässig sein[12]. Kommt der Arbeitgeber seiner Aufklärungs- und Hinweispflicht nicht ausreichend oder unzutreffend nach, ist der Arbeitnehmer im Wege des Schadenersatzes so zu stellen, wie er bei richtiger Information gestanden hätte[13]. Den Arbeitnehmer trifft die Beweislast dafür, dass der Arbeitgeber ihn falsch informiert oder beraten hat[14].

---

1 BAG 11.12.2001 – 3 AZR 339/00, AP Nr. 3 zu § 1 BetrAVG – Auskunft.
2 BAG 17.10.2000 – 3 AZR 605/99, AP Nr. 116 zu § 611 BGB – Fürsorgepflicht; 15.11.2011 – 3 AZR 869/09, ZTR 2012, 291.
3 Vgl. dazu *Reinecke*, DB 2006, 557 f.
4 LAG Hamm 13.10.1981 – 6 Sa 769/81, EzA § 611 BGB – Fürsorgepflicht Nr. 29.
5 BAG 21.1.2014 – 3 AZR 807/11, NZA 2014, 903.
6 BAG 21.1.2014 – 3 AZR 807/11, NZA 2014, 903.
7 BAG 25.6.2002 – 9 AZR 155/01, AP Nr. 4 zu § 3 ATG; 15.6.2010 – 3 AZR 861/08, AP Nr. 32 zu § 1 TVG Tarifverträge: Luftfahrt.
8 BAG 15.10.1985 – 3 AZR 612/83, AP Nr. 12 zu § 1 BetrAVG – Zusatzversorgungskassen; zu weiteren Fallgestaltungen vgl. *Reinecke*, DB 2006, 558 f.
9 BAG 15.4.2014 – 3 AZR 288/12, nv.
10 BAG 14.1.2009 – 3 AZR 71/07, AP Nr. 7 zu § 1 BetrAVG Auskunft.
11 BAG 9.7.1991 – 3 AZR 354/90, ZTR 1992, 116; 17.10.2000 – 3 AZR 605/99, AP Nr. 116 zu § 611 – Fürsorgepflicht; 14.1.2009 – 3 AZR 71/07, AP Nr. 7 zu § 1 BetrAVG – Auskunft.
12 Zur Unwirksamkeit, Haftungsklauseln abzubedingen, vgl. auch *Reinecke*, DB 2006, 559 f.
13 BAG 21.11.2000 – 3 AZR 13/00, AP Nr. 1 zu § 1 BetrAVG – Auskunft.
14 BAG 20.6.2000 – 3 AZR 52/00, EzA § 242 BGB – Geschäftsgrundlage Nr. 6; 17.10.2000 – 3 AZR 605/99, AP Nr. 116 zu § 611 BGB – Fürsorgepflicht; LAG München 11.7.2007 – 10 Sa 12/07, NZA 2008, 362.

I. Rechtsgrundlagen betrieblicher Versorgungsverpflichtungen   Rz. 275   Teil 2 E

c) Begrenzte Wirkung von Ausgleichsklauseln

Die **Haftung** des Arbeitgebers infolge einer Verletzung der Aufklärungs- und Hinweispflicht lässt sich **nicht durch** eine in den Aufhebungsvertrag aufgenommene **Ausgleichsklausel** oder Ausgleichsquittung **beseitigen**. Da Versorgungsansprüche und -anwartschaften einen hohen Wert darstellen und für den ausscheidenden Arbeitnehmer von langfristiger Bedeutung sind, kann nicht davon ausgegangen werden, dass die in Aufhebungsverträgen übliche Klausel „Damit sind alle gegenseitigen Ansprüche aus dem beendeten Arbeitsverhältnis ausgeglichen" sich auf Ansprüche aus der betrieblichen Altersversorgung erstreckt[1]. Im Zweifel fällt auch ein Schadenersatzanspruch auf Verschaffung einer betrieblichen Altersversorgung nicht unter eine allgemeine Ausgleichsklausel[2]. Versorgungsansprüche und -anwartschaften werden von Ausgleichsquittungen und Ausgleichsklauseln nur erfasst, wenn sie ausdrücklich und unmissverständlich in der entsprechenden Vereinbarung bezeichnet worden sind[3]. Darüber hinaus ist das Abfindungsverbot des § 3 BetrAVG zu beachten, das bei Beendigung des Arbeitsverhältnisses auch einen entschädigungslosen Verzicht auf Versorgungsrechte nicht zulässt.

273

d) Auskunftsanspruch nach § 4a BetrAVG

Nach § 4a BetrAVG hat der Arbeitnehmer einen **Auskunftsanspruch**. Aus der Entstehungsgeschichte der Norm ergibt sich eindeutig, dass unter den Begriff des Arbeitnehmers iSv. § 4a Abs. 1 BetrAVG auch der ehemalige Arbeitnehmer fällt. Die Auskunft ist nur auf Verlangen zu erteilen. Der Auskunftsanspruch bezieht sich zunächst darauf, ob die Voraussetzungen einer **unverfallbaren Versorgungsanwartschaft** erfüllt sind und in welcher **Höhe Versorgungsleistungen** bei Erreichen der in der Versorgungsregelung vorgesehenen Altersgrenze beansprucht werden können[4]. Nach § 4a Abs. 1 Nr. 2 BetrAVG hat der Arbeitgeber oder der Versorgungsträger dem Arbeitnehmer mitzuteilen, wie hoch bei einer Übertragung der Anwartschaft nach § 4 Abs. 3 BetrAVG der **Übertragungswert** ist. Außerdem ist dem Arbeitnehmer auf dessen Verlangen gem. § 4a Abs. 2 BetrAVG mitzuteilen, in welcher Höhe aus dem Übertragungswert ein Anspruch auf Altersversorgung und/oder auf eine Invaliditäts- sowie Hinterbliebenenversorgung besteht. Die letztgenannten Auskünfte dienen dazu, dem Arbeitnehmer im Rahmen der Portabilität (vgl. Rz. 398 ff.) die notwendigen Informationen für seine Entscheidung zu geben. Von seinem Recht auf Portabilität kann er nur dann sinnvoll Gebrauch machen, wenn er einschätzen kann, wie hoch seine beim alten Arbeitgeber aufgebaute betriebliche Altersversorgung im Vergleich zu der vom neuen Arbeitgeber auf der Basis des Übertragungswertes zugesagten Versorgung ist. Deshalb muss er sowohl die Höhe des Übertragungswertes kennen als auch die Höhe der aus der Übertragung resultierenden Anwartschaft und den Inhalt der neuen Versorgungszusage.

274

aa) Umfang der Auskunftspflicht

Zur Auskunft sind der Arbeitgeber oder der externe Versorgungsträger bei Vorliegen eines berechtigten Interesses des Arbeitnehmers verpflichtet. Für den Umfang der **Auskunft**, die in beiden Fällen **schriftlich** zu erteilen ist, ergeben sich daraus unterschiedliche Konsequenzen. Auslegungsbedürftig ist, was unter dem Begriff „**bisher erworbene Anwartschaft**" iSv. § 4a BetrAVG zu verstehen ist. Dies wird bei dem ehe-

275

---

1 BAG 15.3.1979 – 3 AZR 859/77, AP Nr. 15 zu § 613a BGB; 27.2.1990 – 3 AZR 213/88, AP Nr. 13 zu § 1 BetrAVG – Vordienstzeiten; 20.4.2010 – 3 AZR 225/08, NZA 2010, 883.
2 BAG 17.10.2000 – 3 AZR 69/99, AP Nr. 116 zu § 611 BGB – Fürsorgepflicht.
3 BAG 27.2.1990 – 3 AZR 213/89, AP Nr. 13 zu § 1 BetrAVG – Vordienstzeiten.
4 BAG 9.12.1997 – 3 AZR 695/96, NZA 1998, 1171.

maligen Arbeitnehmer regelmäßig die gesetzlich unverfallbare Rente sein. Beim aktiven Arbeitnehmer ist es allerdings fraglich, ob auf die bereits dem Grunde und der Höhe nach gesetzlich unverfallbaren Anwartschaften abzustellen ist oder die Leistungen mitzuteilen sind, die sich beim weiteren Verbleiben im Unternehmen, also bei unterstellter Betriebstreue bis zum Versorgungsfall, ergeben. Für die erste Alternative spricht die Formulierung „erworbenen ... Anwartschaften", da sie auf den jeweils erreichten Stand der Anwartschaft hindeutet. Diese Auslegung dürfte jedoch vielfach nicht den Interessen des Arbeitnehmers gerecht werden; sie entspricht auch nicht den Vorstellungen des Gesetzgebers. Die Materialien zum Alterseinkünftegesetz enthalten als Beispiel für ein berechtigtes Interesse den Fall, dass der Arbeitnehmer beabsichtigt, ergänzende Eigenvorsorge zu treffen. Bei einem intakten Arbeitsverhältnis benötigt der Arbeitnehmer dafür eine Auskunft über die insgesamt zu erreichende Altersversorgung. Erbeten wird danach offensichtlich eine Auskunft über die maximal erreichbare Versorgung. Eine andere Beurteilung ist natürlich angebracht, wenn bereits feststeht, dass der Arbeitnehmer zu einem früheren konkreten Termin ausscheiden wird. Der Inhalt der Auskunft kann stets nur vorläufiger Natur sein. Die bei Eintritt des Versorgungsfalles zu zahlende Betriebsrente kann niedriger sein, nämlich zB dann, wenn bei dem Versorgungsberechtigten vor Erreichen der Altersgrenze der Versorgungsfall eingetreten ist (vgl. auch Rz. 436).

(1) Auskünfte des Arbeitgebers

276 Die Auskünfte müssen **vollständig** und **richtig** sein. Ausgehend von den Verhältnissen zum Auskunftsstichtag wird der Arbeitgeber bei einem aktiven Arbeitsverhältnis regelmäßig eine weitere Betriebstreue des Arbeitnehmers bis zum Erreichen der Altersgrenze voraussetzen. Von großer praktischer Bedeutung ist dabei, ob die Altersleistung auf statischer oder dynamischer Grundlage zu ermitteln ist. Der gesetzliche Anspruch richtet sich auf die Altersversorgung aus den bisher erworbenen Anwartschaften. Daher sind die Verhältnisse im Zeitpunkt der Auskunftserteilung zugrunde zu legen. Eine darüber hinausgehende Auskunft ist nicht geschuldet. Ist die Höhe der zu erwartenden Versorgungsleistung wie zB bei Gesamtzusagen nicht unmittelbar der Zusage zu entnehmen, ist der Arbeitgeber berechtigt, die Höhe der unverfallbaren Versorgungsanwartschaft nach dem **Näherungsverfahren** zu ermitteln. Diese Berechnungsmethode ist für die endgültige Festsetzung der Versorgungsleistung aber nur verbindlich, wenn der ausgeschiedene Arbeitnehmer sich mit ihr einverstanden erklärt und der Arbeitgeber sich keine anderweitige Berechnung vorbehält[1]. Im Übrigen erstreckt sich die Auskunftsverpflichtung nicht auf andere im Rahmen der Versorgungsregelung vorgesehene Versorgungsleistungen. Sind die Voraussetzungen für die Aufrechterhaltung einer unverfallbaren Anwartschaft nicht erfüllt, empfiehlt es sich dennoch aus Gründen der Rechtssicherheit, alle für die Entscheidung relevanten Tatbestände dem Arbeitnehmer im Rahmen eines **Negativbescheids** mitzuteilen.

277 Streitet der ausgeschiedene Arbeitnehmer mit dem Arbeitgeber über den Inhalt seiner Versorgungsansprüche, so darf der Arbeitgeber bei der Auskunft von den seiner Ansicht nach geltenden Bestimmungen ausgehen. Der Arbeitnehmer kann daher vom Arbeitgeber nicht die Erteilung einer Auskunft verlangen, bei der der Arbeitgeber den nur arbeitnehmerseitig für richtig gehaltenen Berechnungsweg zugrunde legen soll[2]. Ein **Anspruch** auf **Erteilung** einer **neuen Auskunft** kommt erst in Betracht, wenn der Inhalt der Versorgungsansprüche durch rechtskräftige gerichtliche Entscheidung oder durch Einigung der Parteien geklärt ist[3].

---

1 LAG Hamm 9.3.1999 – 6 Sa 125/98, DB 1999, 1024.
2 BAG 23.8.2011 – 3 AZR 669/09, NZA-RR 2012, 268.
3 BAG 9.12.1997 – 3 AZR 695/96, AP Nr. 27 zu § 2 BetrAVG.

Die **Auskunft** stellt **kein** abstraktes **Schuldanerkenntnis** dar. Der Arbeitgeber erkennt damit weder dem Grunde noch der Höhe nach eine bestimmte Versorgungsanwartschaft an. Die Auskunft beinhaltet ausschließlich eine Information, sie hat also nur deklaratorischen Charakter[1]. Erst recht kommt einem als solchem erkennbaren Begleitschreiben zu einer Rentenauskunft kein eigener Erklärungswert zu[2]. Eine **unrichtige Auskunft**, auf die der Arbeitnehmer bei seiner Versorgungsplanung vertraut, kann aber nur bei Vorliegen der weiteren Voraussetzungen des § 280 BGB **Schadenersatzansprüche** des Arbeitnehmers auslösen[3]. Der Arbeitgeber haftet insoweit nicht auf das Erfüllungs-, sondern nur auf das negative Interesse[4]. 278

(2) Auskunftsverpflichtung externer Versorgungsträger

Bei den Durchführungswegen Pensionskasse, Pensionsfonds und Direktversicherung ist der Versorgungs- und Versicherungsvertrag als Vertrag zugunsten Dritter ausgestaltet. Entsprechendes gilt auch für die Altersversorgung mittels einer Unterstützungskasse. Diese wird im Rahmen eines Geschäftsbesorgungsvertrags für den Arbeitgeber tätig, dem zumindest Schutzwirkung zugunsten der Arbeitnehmer beizumessen ist, auch wenn formell die Arbeitnehmer kein eigenes Leistungsforderungsrecht haben. Auch der Versorgungsträger hat dem Arbeitnehmer gem. § 4a BetrAVG Auskunft zu geben. Wenn die genannten externen Versorgungsträger Auskünfte geben, **haften** sie für falsche, unvollständige oder in sonstiger Weise irreführende **Informationen**. Hauptanwendungsfälle sind unrealistische Prognoseberechnungen, Unterlassen eines Hinweises auf eine bereits beschlossene bzw. mit hoher Wahrscheinlichkeit bald erfolgende Absenkung der Überschussbeteiligung oder auf eine Umstellungsmöglichkeit bezogen auf den Versorgungstarif sowie falsche Standmitteilung. Für einen durch die unrichtigen Auskünfte entstehenden Schaden haften die externen Versorgungsträger gem. § 280 BGB. 279

Fraglich ist, ob ein externer Versorgungsträger verpflichtet ist, den Arbeitnehmer, dem ein unwiderrufliches Bezugsrecht eingeräumt wurde, über **Beitragsrückstände** oder schädigende Verfügungen des Arbeitgebers zu **unterrichten** und ihm anzubieten, die Beiträge weiter selbst zu zahlen oder die Versicherung anstelle des Arbeitgebers fortzuführen. Das BAG[5] hat eine solche **Informationspflicht** als naheliegend bezeichnet, die Frage aber letztlich offengelassen. Für eine Informationspflicht, die vom OLG Düsseldorf[6] bejaht worden ist, spricht, dass der Arbeitnehmer ohne eine entsprechende Unterrichtung ggf. einen irreparablen Nachteil erleidet. Kommt es zur Insolvenz des Arbeitgebers, besteht kein Sicherungsfall und damit keine Eintrittspflicht des PSVaG für den Beitragsschaden. § 166 Abs. 4 VVG bestimmt bei Direktversicherungen eine Mitteilungspflicht über Beitragsrückstände für den Fall, dass der Versicherer dem Arbeitgeber deshalb eine Zahlungsfrist nach § 38 Abs. 1 VVG setzt. 280

(3) Berechtigtes Interesse an der Auskunft

Der Arbeitgeber oder der Versorgungsträger sind zur Auskunftserteilung nur bei einem berechtigten Interesse des Arbeitnehmers auf dessen Verlangen verpflichtet. Unabhängig von dieser Verpflichtung gehörten auch schon vor der Neuregelung durch das Alterseinkünftegesetz „**Statusmitteilungen**" gegenüber den Versorgungsberech- 281

---

1 BAG 8.11.1983 – 3 AZR 511/81, AP Nr. 3 zu § 2 BetrAVG; 17.6.2003 – 3 AZR 462/02, EzA § 2 BetrAVG Nr. 20; 29.9.2010 – 3 AZR 546/08, nv.
2 BAG 17.6.2003 – 3 AZR 462/02, DB 2004, 608.
3 BAG 12.3.1991 – 3 AZR 86/90, ZIP 1991, 1446.
4 BAG 20.6.2000 – 3 AZR 620/99, 2 AZR 52/00 u. 3 AZR 120/00, DB 2000, 1440; 21.11.2000 – 3 AZR 13/00, AP Nr. 1 zu § 1 BetrAVG – Auskunft.
5 BAG 17.11.1992 – 3 AZR 51/92, AP Nr. 1 zu § 7 BetrAVG – Lebensversicherung.
6 OLG Düsseldorf 17.12.2002 – 4 U 78/02, BB 2003, 2019.

tigten über die Höhe der zu erwartenden Versorgung zumindest bei den versicherungsförmigen Durchführungswegen zum Standard, da sich durch die Überschussbeteiligung – bzw. bei fondsgebundenen Produkten durch die Wertentwicklung – von Jahr zu Jahr Veränderungen ergeben können. Anders als bei Festzusagen oder endgehaltsbezogenen Leistungszusagen sind derartige Mitteilungen sinnvoll und erforderlich. Die Versorgungsberechtigten können nämlich ohne die entsprechende Information keine zielgerichtete Versorgungsplanung betreiben. Überdies ist der Pensionsfonds gemäß §§ 113 Abs. 2 Nr. 4, 10a VAG nach Anlage Teil D Abschnitt 2 Nr. 5 VAG ohnehin verpflichtet, die Versorgungsberechtigten über die voraussichtliche Höhe ihrer Leistungen zu informieren.

282 Im Übrigen ist davon auszugehen, dass generell ein berechtigtes Interesse des Arbeitnehmers an der Auskunft vorliegt, wenn er **für** sein **Verlangen** einen **schlüssigen Grund** vorträgt, der die Wichtigkeit der Auskunft für ihn erkennen lässt. Damit hat die Voraussetzung eines berechtigten Interesses nur Bedeutung im Rahmen einer Missbrauchsregelung. So dürfte ein Auskunftsverlangen unberechtigt sein, wenn es in kurzen Abständen erfolgt und zudem noch übermäßige Kosten verursacht. Als **berechtigt anzuerkennende Konstellationen** kommen neben der allgemeinen Versorgungsplanung zB der beabsichtigte Eintritt in Altersteilzeit oder der geplante Übergang in eine Teilzeitbeschäftigung in Betracht. Dagegen ist ein berechtigtes Interesse in Fällen des Versorgungsausgleichs[1] zu verneinen, da es hierzu abschließende gesetzliche Regelungen gibt, die dem betriebsrentenrechtlichen Auskunftsrecht vorgehen (zB § 4 VersAusglG). Nach einem Versorgungsausgleich ergibt sich jedoch regelmäßig der Bedarf nach einer höheren ergänzenden Eigenvorsorge, so dass wiederum ein berechtigtes Interesse für eine Auskunft begründet sein kann.

bb) Durchsetzung des Auskunftsanspruchs

283 Erteilen der Arbeitgeber oder ein sonstiger Versorgungsträger auf Anfrage keine Auskunft, so kann der **Arbeitnehmer** die **Auskunftserteilung im Klagewege** erzwingen. Eine streitige Auseinandersetzung über die Richtigkeit und Vollständigkeit einer Auskunft ist als Feststellungsklage zu führen[2]. Das Feststellungsinteresse ergibt sich unmittelbar aus § 4a BetrAVG[3].

9. Schutz der Versorgung bei Betriebsübergang, Umwandlung und Aufrechnung/Pfändung

284 Bei Betriebsübergängen und Umwandlungen bleibt der Versorgungsbesitzstand erhalten.

a) Betriebsübergang

285 Nach § 613a Abs. 1 Satz 1 BGB tritt der Erwerber eines Betriebes oder Betriebsteils, die durch Rechtsgeschäft übergegangen sind, in die Rechte und Pflichten aus dem im Zeitpunkt des Übergangs bestehenden Arbeitsverhältnissen ein. **Nicht** vom Betriebsübergang **erfasst** werden **ehemalige Arbeitnehmer** des Betriebes, die mit einer unverfallbaren Versorgungsanwartschaft vor dem Betriebsübergang ausgeschieden sind, sowie **Betriebsrentner** des Veräußerers[4]. Die Verpflichtungen aus diesen Versorgungsansprüchen bleiben beim Veräußerer. Das gilt auch, wenn der Arbeitnehmer

---

1 Zur Berechnung bei der Direktzusage: *Huber/Burg*, BB 2009, 2534.
2 LAG Hamm 8.2.1994 – 6 (10) Sa 895/92, DB 1994, 892.
3 LAG Hamm 7.3.1989 – 6 Sa 270/88, ZIP 1989, 1215.
4 BAG 24.3.1977 – 3 AZR 649/76, AP Nr. 6 zu § 613a BGB; 9.12.1997 – 3 AZR 66/96, AP Nr. 40 zu § 1 BetrAVG – Gleichbehandlung.

I. Rechtsgrundlagen betrieblicher Versorgungsverpflichtungen

nach Eintritt in den gesetzlichen Ruhestand ein geringfügiges Beschäftigungsverhältnis zunächst bei seinem bisherigen Arbeitgeber und dann noch einige Zeit beim Betriebserwerber fortsetzt. Das mit dem Eintritt in den gesetzlichen Ruhestand begründete Ruhestandsverhältnis geht nicht auf den Betriebserwerber über[1].

Bestand im Betrieb des Veräußerers bisher keine betriebliche Altersversorgung, ist der übernehmende Arbeitgeber weder nach § 613a BGB noch aufgrund des Gleichbehandlungsgrundsatzes verpflichtet, die in seinem Betrieb bestehende Altersversorgung auf die Mitarbeiter des übernommenen Betriebes auszudehnen[2]. Bezieht der Erwerber die übernommenen Mitarbeiter aber in die Altersversorgung ein, rechnen die beim Veräußerer zurückgelegten Zeiten der Betriebszugehörigkeit bei der **Unverfallbarkeit** mit[3]. Der **Erwerber** ist jedoch **nicht verpflichtet**, bei der **Berechnung** der Versorgungsleistung die **Beschäftigungszeiten** beim früheren Arbeitgeber **zu berücksichtigen**. Vielmehr steht es ihm bei der Aufstellung von Berechnungsregeln frei, Vorbeschäftigungszeiten als wertbildende Faktoren außer Ansatz zu lassen[4]. 286

Hatte der **Veräußerer** eine **Versorgungszusage erteilt**, so hat der **Betriebserwerber** mit dem Eintritt in die bisherigen Arbeitsverhältnisse die bestehenden **Versorgungsanwartschaften** der aktiven Arbeitnehmer **zu übernehmen**. Diese Verpflichtung trifft den Erwerber auch dann, wenn mit der Veräußerung eine Versorgung nach dem bisherigen System nicht mehr möglich ist. In diesem Fall muss der Betriebserwerber dem weiterbeschäftigten Arbeitnehmer aus dem arbeitsrechtlichen Grundverhältnis im Versorgungsfall die Leistungen verschaffen, die er erhalten hätte, wenn er bei dem ursprünglichen Arbeitgeber verblieben und dann mit diesem vereinbarten Bedingungen versorgt worden wäre[5]. Neben dem Erwerber haftet der Veräußerer lediglich unter den Voraussetzungen des § 613a Abs. 2 BGB. Das ist nur dann der Fall, wenn die Ansprüche auf Betriebsrente innerhalb eines Jahres seit dem Betriebsübergang fällig werden. 287

Erfolgt der Betriebsübergang im Rahmen eines insolvenzrechtlichen Verfahrens, ist die Haftung des Erwerbers auf die Anwartschaften beschränkt, die ein Arbeitnehmer nach Eröffnung des Insolvenzverfahrens erwirbt[6]. Dieser Grundsatz gilt nicht, soweit Masseforderungen betroffen sind[7], für die der Betriebserwerber haftet. 288

Der Eintritt des Erwerbers in die betriebliche Altersversorgung des Veräußerers führt nicht dazu, dass der bis zum Betriebsübergang erdiente Besitzstand vom Betriebsübernehmer stets zusätzlich zu der bei ihm erdienten Altersversorgung geschuldet wäre. Die gebotene Besitzstandswahrung führt vielmehr nur insoweit zu einem erhöhten Versorgungsanspruch, wie die Ansprüche aus der Neuregelung im Versorgungsfall hinter dem zurückbleiben, was bis zum Betriebsübergang erdient war[8]. Zur Verdeutlichung der Konstellation folgendes Beispiel: 289

Beispiel:

Ein Arbeitnehmer war beim Veräußerer eines Betriebes 20 Jahre beschäftigt. Die ihm erteilte Versorgungszusage belief sich auf 10 Euro pro Beschäftigungsjahr, sie war jedoch begrenzt auf einen Höchstbetrag von 250 Euro. Anschließend stand der Arbeitnehmer bis zum Eintritt des

---

1 BAG 18.3.2003 – 3 AZR 313/02, BetrAV 2004, 80.
2 BAG 25.8.1976 – 5 AZR 788/75, AP Nr. 41 zu § 242 BGB – Gleichbehandlung.
3 BAG 8.2.1983 – 3 AZR 229/81, AP Nr. 35 zu § 613a BGB u. 19.12.2000 – 3 AZR 451/99, AP Nr. 10 zu § 1 BetrAVG – Unverfallbarkeit bzgl. der Vordienstzeiten bei einem übernommenen Betrieb der früheren DDR.
4 BAG 30.8.1979 – 3 AZR 58/78, AP Nr. 16 zu § 613a BGB; 19.12.2000 – 3 AZR 451/99, AP Nr. 10 zu § 1 BetrAVG – Unverfallbarkeit; 19.4.2005 – 3 AZR 469/04, DB 2005, 1748.
5 BAG 19.5.2005 – 3 AZR 649/03, DB 2005, 2362; 15.2.2011 – 3 AZR 54/09, NZA 2011, 928.
6 BAG 19.5.2005 – 3 AZR 649/03, DB 2005, 2362.
7 BAG 24.7.2001 – 3 AZR 660/00, AP Nr. 18 zu § 1 BetrAVG – Betriebsveräußerung.
8 BAG 24.7.2001 – 3 AZR 660/00, AP Nr. 18 zu § 1 BetrAVG – Betriebsveräußerung.

Versorgungsfalls 15 Jahre beim Betriebserwerber in einem Arbeitsverhältnis. Die ihm vom Erwerber erteilte Versorgungszusage betrug 20 Euro pro Beschäftigungsjahr. Der Arbeitnehmer kann nach Auffassung des BAG nur die beim Erwerber erdiente Betriebsrente von 300 Euro beanspruchen, da sie die in dem ursprünglichen Arbeitsverhältnis erdiente Leistung übersteigt. Wäre die vom Veräußerer erteilte Versorgungszusage nicht limitiert gewesen, hätte sie 350 Euro betragen (35 Jahre × 10 Euro). In diesem Fall hätte der Arbeitnehmer aus Gründen des Vertrauensschutzes und unter dem Gesichtspunkt der Besitzstandswahrung einen Anspruch auf Zahlung einer Betriebsrente von 350 Euro.

290 Bestand beim Betriebsveräußerer eine **Betriebsvereinbarung** oder ein **Tarifvertrag** zur betrieblichen Altersversorgung, so **verdrängt** nach § 613a Abs. 1 Satz 3 BGB eine **beim Betriebserwerber bestehende Betriebsvereinbarung** bzw. ein **Tarifvertrag** über betriebliche Altersversorgung die bisher bestehende Regelung; allerdings findet eine sog. Über-Kreuz-Ablösung nicht statt[1]. Auch in diesem Fall ist aber der erdiente Versorgungsbesitzstand aufrechtzuerhalten. Der übernommene Arbeitnehmer darf deshalb im Versorgungsfall keinesfalls geringere Versorgungsleistungen erhalten, als er erhalten hätte, wenn er im Ablösungszeitpunkt aus dem Arbeitsverhältnis ausgeschieden wäre. Einer Addition des bis zum Zeitpunkt erdienten Versorgungsbesitzstands mit dem im aufnehmenden Betrieb Erworbenen bedarf es nicht[2]. Die gebotene Besitzstandwahrung führt grundsätzlich nur insoweit zu einem erhöhten Versorgungsanspruch, wie die Ansprüche aus der Neuregelung im Versorgungsfall hinter dem zurückbleiben, was bis zum Betriebsübergang erdient war[3].

291 Hat der Veräußerer seine betriebliche Altersversorgung bislang über eine Unterstützungskasse durchgeführt, so geht diese nicht automatisch auf den Erwerber über; vielmehr verbleibt die Kasse ohne ausdrückliche Vereinbarung beim Veräußerer. Die Unterstützungskasse wird jedoch im gleichen Umfang wie der Veräußerer zum Zeitpunkt des Betriebsübergangs von ihrer Leistungspflicht frei[4]. Für die übergegangenen Versorgungsanwartschaften haftet der Erwerber selbst. Wenn sich der Veräußerer eines rechtlich selbständigen Trägers bedient und auf diesem Versorgungsweg durch den Erwerber keine Leistungen erbracht werden können, ist der Erwerber verpflichtet, gleichwertige Leistungen zu erbringen; für die Gleichwertigkeit kommt es auf den Zufluss beim Arbeitnehmer, nicht auf die Höhe der arbeitgeberseitigen Leistungen an[5].

b) Spaltung, Verschmelzung, Vermögensübertragung

292 Nach § 324 UmwG bleiben § 613a Abs. 1 und 4–6 BGB durch die Wirkung der Eintragung einer Spaltung, Verschmelzung oder Vermögensübertragung unberührt. § 613a BGB findet insoweit also auch auf die Übergänge von **aktiven Arbeitsverhältnissen** kraft Gesetzes Anwendung. Der neue Arbeitgeber tritt damit in die bestehenden Versorgungsanwartschaften der übergegangenen Arbeitnehmer ein. Die Versorgungsverpflichtung kann nicht vom Arbeitsverhältnis getrennt werden.

293 § 126 Abs. 1 Nr. 9 UmwG eröffnet den beteiligten Rechtsträgern die Möglichkeit, Verbindlichkeiten und damit auch Ansprüche **früherer Arbeitnehmer** auf die betriebliche Altersversorgung im **Spaltungsvertrag** einem der beteiligten Rechtsträger zuzuordnen. Damit können abweichend von § 613a BGB auch Versorgungsansprüche ausgeschiedener Mitarbeiter zB bei einer Betriebsaufspaltung auf die Betriebsgesellschaft übertragen werden. Auch im Fall der Neugründung einer Gesellschaft durch Spal-

---

1 BAG 13.11.2007 – 3 AZR 191/06, NZA 2008, 600.
2 BAG 24.7.2001 – AP Nr. 18 zu § 1 BetrAVG – Betriebsveräußerung.
3 BAG 26.6.1980 – 3 AZR 156/79, AP Nr. 1 zu § 4 BetrAVG.
4 BAG 15.3.1979 – 3 AZR 859/77, AP Nr. 45 zu § 613a BGB.
5 BAG 13.11.2007 – 3 AZR 191/06, NZA 2008, 600.

tungsplan nach § 135 f. UmwG wird die Zuordnung von Versorgungsverbindlichkeiten ausgeschiedener Mitarbeiter unabhängig davon wirksam, ob die Versorgungsberechtigten oder der PSVaG dem zustimmen. Weder §§ 414, 415 oder § 613a Abs. 6 BGB noch § 4 BetrAVG sind im Rahmen der partiellen Gesamtrechtsnachfolge, die das Umwandlungsgesetz anordnet, anwendbar[1]. Der Übergang wird also auch nicht durch einen ausdrücklichen Widerspruch des ausgeschiedenen Berechtigten verhindert. Dies gilt auch bei Spaltungen zur Neugründung, mit denen kommunale Einrichtungen privatisiert werden[2]. Nach §§ 133, 134 UmwG haften die an der Spaltung beteiligten Rechtsträger gesamtschuldnerisch für einen begrenzten Zeitraum von fünf bzw. bei der Betriebsaufspaltung von zehn Jahren. Die weitreichende Rechtfolge des § 4 BetrAVG (Schuldbefreiung) kann also bei der Spaltung gerade nicht erreicht werden.

Auch wenn kein vollständiger Betriebsteil mit allen dazu gehörenden Aktiven und Passiven ausgegliedert, sondern eine sog. „**Rentergesellschaft**" geformt wird, ist von einem Ausschluss des § 4 BetrAVG und dessen Ersetzung durch das geschlossene Haftungssystem, das der Gesetzgeber in §§ 133, 134 UmwG geschaffen hat, auszugehen. In diesem Fall ist bei Übernahme der Versorgungszusage durch die Rentnergesellschaft kein Einverständnis des ausgeschiedenen Arbeitnehmers oder des PSVaG erforderlich. Sollte die Rentnergesellschaft nur mit unzureichenden Mitteln ausgestattet worden sein, führt dies nicht zur Unwirksamkeit der partiellen Gesamtrechtsnachfolge, kann aber Schadenersatzansprüche gegen den übertragenden Rechtsträger auslösen. Den versorgungspflichtigen Arbeitgeber trifft grundsätzlich die arbeitsvertragliche Nebenpflicht, die Gesellschaft, auf die Versorgungsverbindlichkeiten ausgegliedert werden, so auszustatten, dass sie nicht nur die laufenden Betriebsrenten zahlen kann, sondern auch zu den gesetzlich vorgesehenen Anpassungen in der Lage ist[3]. Die gleiche Verpflichtung soll im Falle der Beendigung eines Beherrschungsvertrags gelten und das herrschende Unternehmen zur Kapitalausstattung des ehemals beherrschten Unternehmens verpflichtet sein[4].

c) Eingeschränkte Aufrechnung/Pfändung

Eine Aufrechnung des Arbeitgebers gegenüber Lohn- und Versorgungsansprüchen des Arbeitnehmers mit gleichartigen Forderungen ist grundsätzlich gem. § 387 BGB zulässig. Ändern Arbeitgeber und Arbeitnehmer ihre ursprüngliche Lohnvereinbarung dahin, dass in Zukunft anstelle eines Teils des monatlichen Barlohns vom Arbeitgeber eine Versicherungsprämie auf einen Lebensversicherungsvertrag zugunsten des Arbeitnehmers im Wege der Entgeltumwandlung gezahlt werden soll, entstehen keine pfändbaren Ansprüche auf Arbeitseinkommen mehr[5]. Im Übrigen besteht eine Möglichkeit zur Aufrechnung nur **insoweit**, als die betrieblichen **Versorgungsleistungen** der **Pfändung** nach § 394 BGB **unterliegen**[6]. Die Aufrechnung ist auf einen Zeitraum von sechs Monaten nach der Aufrechnungserklärung beschränkt[7]. Damit entfällt in der Praxis eine Aufrechnung mit noch nicht fälligen Versorgungsanwartschaften. Bei einer Aufrechnung der Rentenansprüche mit Schadenersatzansprüchen des Arbeitgebers wegen vorsätzlicher unerlaubter Handlung ist zwar im Einzelfall zu prüfen, ob und inwieweit der Sozialschutz in Form der normierten Pfändungsfreigrenzen hinter den schützenswerten Interessen des geschädigten Arbeitgebers zurücktreten

---

1 BAG 22.2.2005 – 3 AZR 499/03, DB 2005, 954; BVerwG 13.7.1999 – 1 C 13/98, DVBl 1999, 1727.
2 BAG 22.2.2005 – 3 AZR 499/03 (A), DB 2005, 954.
3 BAG 11.3.2008 – 3 AZR 358/06, BB 2008, 609.
4 BAG 26.5.2009 – 3 AZR 369/07, DB 2009, 2384.
5 BAG 17.2.1998 – 3 AZR 611/97, AP Nr. 14 zu § 850 ZPO.
6 BAG 14.9.1990 – 3 AZR 285/89, NZA 1991, 147.
7 BGH 28.10.1971 – II ZR 49/70, NJW 1972, 154.

muss. Dabei gebieten die Interessen der Allgemeinheit jedoch stets, dass der Berechtigte nicht der Sozialhilfe zur Last fällt, so dass dem Versorgungsempfänger letztlich immer das Existenzminimum gem. § 850 ZPO verbleiben muss[1].

10. Verjährung und Verwirkung von Versorgungsansprüchen

296 Aufgrund seiner Fürsorgepflicht ist der Arbeitgeber gehalten, dafür zu sorgen, dass der Versorgungsberechtigte die ihm zugesagten Leistungen erhält. In der Regel dürfte es insoweit keine Probleme geben. Trotzdem sollte der Versorgungsberechtigte seine **Rechte** im Auge behalten und ihre Durchsetzung **rechtzeitig** betreiben, damit sie nicht wegen verspäteter **Geltendmachung** verfallen. So hat es das BAG[2] nicht beanstandet, wenn in einer für leitende Angestellte aufgestellten allgemeinen Versorgungsordnung für einen Anspruch auf vorgezogenes betriebliches Ruhegeld verlangt wird, dass der Arbeitnehmer innerhalb von drei Monaten ab Bezug der vorgezogenen gesetzlichen Rente beim Arbeitgeber einen Antrag auf Zahlung der Betriebsrente stellt. Bei verspäteter Antragstellung muss es der Arbeitnehmer danach hinnehmen, dass die betriebliche Versorgungsleistung erst ab dem Monat der Antragstellung gezahlt wird.

a) Verwirkung

297 Durch langes Untätigbleiben des Versorgungsberechtigten können Versorgungsansprüche verwirken[3]. Umgekehrt können auch Rechte des Arbeitgebers verwirken, eine irrige Praxis über die Gewährung von nicht geschuldeten Leistungen zu ändern[4]. Der Verwirkung ist im Recht der betrieblichen Altersversorgung jedoch nur **geringe Bedeutung** beizumessen. Eine Verwirkung des **Rentenstammrechts**, aber auch der Anspruch auf Zahlung der laufenden Rente kommt nur in seltenen Ausnahmefällen in Betracht. Zumindest setzt eine Verwirkung neben einem längeren Zeitablauf (Zeitmoment) voraus, dass der Gläubiger durch sein Verhalten beim Schuldner das Vertrauen darauf begründet hat, er werde wegen des betreffenden Rechts nicht mehr in Anspruch genommen (Umstandsmoment), und daraufhin eigene Dispositionen trifft. Hieran fehlt es, wenn der Schuldner keine Kenntnis von der in Rede stehenden Forderung hatte oder wenn Rechte unter Umgehung von § 613a BGB in einem neuen Arbeitsvertrag nicht vorgesehen sind[5]. Den Schutz vor unbekannten Forderungen hat das Verjährungsrecht zu gewährleisten, nicht der Grundsatz von Treu und Glauben[6]. Verwirkt werden kann auch der Anspruch auf Erteilung einer Versorgungszusage[7]. Andererseits verwirkt der Arbeitgeber, der längere Zeit nicht gegen eine Überversorgung eingeschritten ist, sein Recht auf Anpassung der Leistung[8]. Keiner Verwirkung unterliegen Ruhegeldansprüche, die auf einer Betriebsvereinbarung oder einem Tarifvertrag beruhen, wie aus § 77 Abs. 4 Satz 2 BetrVG bzw. § 4 Abs. 4 Satz 2 TVG folgt. Eine mögliche Verwirkung ist von Amts wegen zu prüfen.

---

1 LAG Hamm 29.8.1995 – 6 Sa 8/92, DB 1995, 2122; BAG 18.3.1997 – 3 AZR 756/96, AP Nr. 30 zu § 394 ZPO.
2 BAG 18.2.2003 – 3 AZR 264/02, DB 2003, 2448.
3 BAG 27.2.1990 – 3 AZR 213/88, AP Nr. 13 zu § 1 BetrAVG – Vordienstzeiten; 20.4.2010 – 3 AZR 225/08, DB 2010, 1589.
4 BAG 10.10.2013 – 3 AZR 832/11, NZA-RR 2014, 375.
5 BAG 20.4.2010 – 3 AZR 225/08, BAGE 134, 111.
6 BAG 25.4.2001 – 5 AZR 497/99, AP Nr. 46 zu § 242 BGB – Unzulässige Rechtsausübung – Verwirkung; 18.2.2003 – 3 AZR 160/02, DB 2003, 2181.
7 BAG 31.8.1978 – 3 AZR 313/77, AP Nr. 1 zu § 1 BetrAVG – Gleichberechtigung.
8 BAG 22.10.2002 – 3 AZR 496/01, AP Nr. 10 zu § 1 BetrAVG – Überversorgung.

b) Verjährung (§ 18a BetrAVG)

Das **Rentenstammrecht** verjährt gem. § 18a BetrAVG in 30 Jahren, genauso wie Ansprüche auf **Kapitalzahlung**. Die **laufenden Rentenzahlungen** unterliegen der dreijährigen Verjährungsfrist des § 195 BGB. Zu diesen Ansprüchen zählen auch Zusatzrenten nach der Anordnung zur Einführung einer Zusatzrentenversorgung für die Arbeiter und Angestellten in den wichtigsten volkseigenen Betrieben in der früheren DDR (Anordnung 54). Seit dem 3.10.1990 richtet sich deren Verjährung gleichfalls nach den Bestimmungen des BGB[1]. Rentenzahlungen an Organmitglieder juristischer Personen und an selbständige Handelsvertreter verjähren nach § 18a Satz 2 BetrAVG nunmehr ebenfalls innerhalb von drei Jahren. Will der Arbeitgeber sich auf Verjährung berufen, muss er die Einrede der Verjährung erheben.

298

c) Ausschlussfristen

Tarifverträge sehen im Allgemeinen vor, dass die aus ihnen hergeleiteten Rechtsansprüche vom Arbeitnehmer binnen einer kurzen Ausschlussfrist seit dem Ausscheiden aus dem Arbeitsverhältnis geltend gemacht werden müssen. Ob eine allgemein gehaltene Ausschlussklausel auch Versorgungsansprüche und -anwartschaften betrifft, ist Auslegungsfrage. Im Zweifel ist sie zu verneinen, denn Versorgungsansprüche werden in der Regel erst wesentlich später fällig, so dass eine rasche Klärung und schnelle Abwicklung nicht erforderlich und für die ausscheidenden Arbeitnehmer auch nicht einsichtig ist. Gleiches gilt für den Anspruch auf Einhaltung des Durchführungswegs[2]. Daher werden derartige **Klauseln einschränkend interpretiert**[3]. Die Ausschlussfrist greift lediglich dann ein, wenn sich dies eindeutig und unmissverständlich aus dem Tarifvertrag ergibt.

299

II. Die betriebliche Altersversorgung nach den Bestimmungen des BetrAVG

1. Zusage des Arbeitgebers auf betriebliche Altersversorgung im Sinne des BetrAVG

§ 1 Abs. 1 BetrAVG bestimmt den sachlichen Geltungsbereich des Gesetzes. Leistungen betrieblicher Altersversorgung sind solche der **Alters-, Invaliditäts-** und **Hinterbliebenenversorgung**, die von einem Arbeitgeber aus Anlass eines Arbeitsverhältnisses zugesagt werden (zur Definition und näheren Abgrenzung gegenüber anderen Leistungen vgl. Rz. 16 ff.; 33 ff.)[4]. Anlass für die Versorgungszusage muss danach ein **Arbeits- oder Dienstverhältnis** sein (s. Rz. 19).

300

§ 1 Abs. 1 Satz 2 BetrAVG unterscheidet zwischen **unmittelbaren** und **mittelbaren** Durchführungswegen der betrieblichen Altersversorgung (vgl. zu den Durchführungswegen Rz. 87 ff.). Neben den vom Arbeitgeber selbst zu erbringenden Versorgungsleistungen kann die Altersversorgung auch mittelbar über andere Träger erbracht werden, nämlich über ein Lebensversicherungsunternehmen (Direktversicherung), eine Unterstützungskasse, eine Pensionskasse und einen Pensionsfonds. Maßgeblich ist aber immer die Versorgungszusage des Arbeitgebers. § 1 Abs. 1 Satz 3 BetrAVG bestimmt deshalb, dass der Arbeitgeber in jedem Fall selbst einstandspflichtig ist, auch wenn er sich eines der genannten Versorgungsträger bedient (vgl. Rz. 21, 88).

301

---

1 BAG 25.1.2000 – 3 AZR 780/98, AP Nr. 10 zu Einigungsvertrag Anlage II Kap. VIII.
2 BAG 12.6.2007 – 3 AZR 186/06, BB 2007, 2410.
3 BAG 27.2.1990 – 3 AZR 216/88, AP Nr. 107 zu § 4 TVG – Ausschlussfristen; LAG Hamm 15.6.1999 – 6 Sa 1423/98, DB 1999, 1806; BAG 12.6.2007 – 3 AZR 186/06, BB 2007, 2410.
4 BAG 8.5.1990 – 3 AZR 121/89, AP Nr. 58 zu § 7 BetrAVG; 16.3.2010 – 3 AZR 594/09, DB 2010, 1834; Einzelheiten bei *Diller* in Schlewing/Henssler/Schipp/Schnitker, Teil 4 A Rz. 5 ff.

Das entspricht der höchstrichterlichen Rechtsprechung, die den Arbeitgeber auch bei mittelbaren Versorgungszusagen für unmittelbar verpflichtet hält[1].

302 § 1 Abs. 2 Nr. 3 BetrAVG stellt klar, dass die **Umwandlung künftiger**, nicht erdienter **Entgeltansprüche** in eine **wertgleiche**[2] Anwartschaft auf Versorgungsleistungen vom Schutzzweck des BetrAVG erfasst wird (vgl. im Einzelnen Rz. 28 f.). Das BAG hatte zuvor schon entschieden, dass Entgeltumwandlungsversicherungen betrieblichen Versorgungscharakter haben[3].

303 Durch die mit Gesetz vom 17.6.2002[4] eingeführte Nr. 4 in § 1 Abs. 2 BetrAVG wird auch die mittels **Eigenbeiträgen** finanzierte kapitalgedeckte Altersversorgung dem Schutz des BetrAVG unterstellt. Der Gesetzgeber erachtet die Verwendung von Entgeltbestandteilen zum Aufbau einer kapitalgedeckten Eigenvorsorge für genauso schutzwürdig wie die Umwandlung von Entgeltanteilen durch den Arbeitgeber nach Gehaltsverzicht[5], wenn die Zusage des Arbeitgebers auch Leistungen aus diesen Beiträgen umfasst (vgl. im Einzelnen Rz. 30 f.).

2. Anspruch auf Entgeltumwandlung (§ 1a BetrAVG)

304 § 1a Abs. 1 BetrAVG räumt dem Arbeitnehmer einen Anspruch darauf ein, dass Anteile seines **künftigen** Entgelts für eine betriebliche Altersversorgung verwendet werden.

a) Durchführung der Entgeltumwandlung

305 **Anspruchsberechtigt** sind nur die in der gesetzlichen Rentenversicherung Pflichtversicherten, § 17 Abs. 1 Satz 3 BetrAVG. Ausgeschlossen sind daher Berufsgruppen mit berufsständischen Versicherungen, also etwa Ärzte, Rechtsanwälte und Architekten. **Gegenstand der Entgeltumwandlung** können insbesondere künftige, laufende Lohn- und Gehaltsansprüche sein. In Betracht kommen aber auch künftige Ansprüche auf Einmalzahlungen, vermögenswirksame Leistungen sowie unter bestimmten Voraussetzungen auch zukünftige Urlaubsansprüche[6]. Der Arbeitgeber kann verlangen, dass während eines Kalenderjahres monatlich gleich hohe Beiträge umgewandelt werden; nach dessen Ablauf kann der Arbeitnehmer neu disponieren.

306 Macht der Arbeitnehmer einen Anspruch auf Entgeltumwandlung geltend, muss er **mindestens** 1/160 der jährlichen Bezugsgröße gem. § 18 Abs. 1 SGB IV dafür verwenden; das sind in 2014 207,375 Euro in den alten Bundesländern und 175,875 Euro in den neuen Bundesländern. Der Anspruch ist zugleich begrenzt auf einen **maximalen** Betrag von 4 % der jeweiligen Beitragsbemessungsgrenze in der gesetzlichen Rentenversicherung. Für 2014 entspricht dies einem Umwandlungsjahresbetrag von 2 856 Euro in den alten Bundesländern, in den neuen Bundesländern von 2 400 Euro. Der Arbeitnehmer kann daher auch keine Entgeltumwandlung nach § 1a BetrAVG beanspruchen, soweit schon eine durch Entgeltumwandlung finanzierte betriebliche Altersversorgung besteht (§ 1a Abs. 2 BetrAVG) und er die Gesamthöhe der Entgeltumwandlung von 4 % der Beitragsbemessungsgrenze bereits ausgeschöpft hat.

307 Für die Entgeltumwandlung stehen alle fünf **Durchführungswege** zur Verfügung. Der Arbeitgeber kann sich bereit erklären, die Entgeltumwandlung über einen **Pensions-**

---

1 BAG 22.12.2009 – 3 AZR 136/08, DB 2010, 1074; 16.3.2010 – 3 AZR 744/08, nv.
2 Zur Wertgleichheit vgl. *Blomeyer*, FS Förster, S. 189; *Hanau/Arteaga/Rieble/Veit*, Teil A Rz. 99 ff.
3 BAG 26.6.1990 – 3 AZR 641/88, DB 1990, 2475.
4 BGBl. I, 2167.
5 Vgl. amtl. Begründung, abgedruckt in BetrAV 2002, 493.
6 *Bode/Grabner*, Pensionsfonds und Entgeltumwandlung, S. 76 f.

fonds oder eine **Pensionskasse** durchzuführen. Geschieht dies, ist der Anspruch des Arbeitnehmers erfüllt. Macht der Arbeitgeber keinen Gebrauch von der ihm eingeräumten Option, ist auf Verlangen des Arbeitnehmers eine **Direktversicherung** abzuschließen. Der Arbeitnehmer kann also **erzwingen**, dass ihm eine steuerlich geförderte Versorgung gewährt wird; diese Verpflichtung des Arbeitgebers ist verfassungsgemäß[1]. Das Gesetz regelt nicht, wer berechtigt ist, das Versicherungsunternehmen auszuwählen. Da der Arbeitgeber Versicherungsnehmer und damit Vertragschließender wird, steht ihm das Auswahlrecht zu[2]. Allerdings wird er das Einvernehmen mit dem Arbeitnehmer suchen müssen, weil über die Durchführung der Entgeltumwandlung eine Vereinbarung zu schließen ist (§ 1a Abs. 1 Satz 2 BetrAVG).

b) Steuerliche Förderung durch das AVmG

Soweit der Arbeitnehmer eine Entgeltumwandlung für Altersversorgungszwecke beanspruchen kann, **sind** auf sein Verlangen die Voraussetzungen für eine **steuerliche Förderung** nach §§ 10a, 82 Abs. 2 EStG zu erfüllen, wenn die Altersversorgung über eine **Direktversicherung**, eine **Pensionskasse** oder einen **Pensionsfonds** durchgeführt wird. Bei einer unmittelbaren Versorgungszusage und einer Zusage von Unterstützungskassenleistungen scheidet somit eine steuerliche Förderung aus. Da den Arbeitgeber hier eine gesetzliche Verpflichtung trifft, muss er für Versäumnisse oder Fehler, die die steuerliche Förderung ausschließen oder einschränken, nach den Regeln des bürgerlichen Rechts **haften**. 308

Die steuerliche Förderung setzt nach § 82 Abs. 2 EStG voraus, dass der Arbeitnehmer den umzuwandelnden Betrag aus seinem versteuerten Entgelt aufbringt. Daraus folgt, dass darauf auch die gesetzlichen Sozialversicherungsbeiträge zu entrichten sind. Der Arbeitgeber muss deshalb insoweit auch entsprechende Arbeitgeberanteile aufbringen. Als Förderung wird der **Abzug von Sonderausgaben** vom zu versteuernden Einkommen bis zu festen Höchstgrenzen gewährt. Diese betrugen bzw. betragen jährlich von 2002 bis 2003 525 Euro, in 2004 und 2005 1 050 Euro, in 2006 bis 2007 1 575 Euro und seit 2008 2 100 Euro (§ 10a Abs. 1 Satz 1 EStG). Zusätzlich kann der Arbeitnehmer auf Antrag eine vom Familienstand abhängige **Zulage** beziehen. Die Grundzulage bei einem kinderlosen Berechtigten betrug bzw. beträgt jährlich in 2002 und 2003 46 Euro, in 2004 und 2005 76 Euro, von 2006 bis 2007 114 Euro und seit 2008 154 Euro. Für jedes beim Zulageberechtigten zu berücksichtigende Kind konnten bzw. können in 2002 bis 2003 46 Euro, von 2004 bis 2005 92 Euro, von 2006 bis 2007 138 Euro und seit 2008 185 Euro zusätzlich beansprucht werden; für nach dem 31.12.2007 geborene Kinder erhöht sich die Zulage auf 300 Euro (§ 85 Abs. 1 Sätze 1 und 2 EStG). Gefördert werden nur laufende Rentenzahlungen, nicht Kapitalleistungen[3]. Die für die geförderte private rückgedeckte Altersversorgung erforderliche **Zertifizierung** ist für die betriebliche Versorgung durch Entgeltumwandlung nicht notwendig. Die späteren Rentenleistungen unterliegen gem. § 22 Nr. 5 EStG der somit nur nachgelagerten Besteuerung während des Leistungsbezugs, weil die Beiträge wegen des Sonderausgabenabzugs praktisch nicht zu versteuern sind. 309

c) Beitragszahlung bei ruhendem Arbeitsverhältnis

§ 1a Abs. 4 BetrAVG gibt dem Arbeitnehmer einen Anspruch, die Versicherung oder Versorgung mit eigenen Beiträgen fortzusetzen, wenn das Arbeitsverhältnis zwar noch besteht, der Arbeitnehmer aber keinen Entgeltanspruch hat. Angesprochen sind damit zB Zeiten des Wehrdienstes, die Elternzeit, lang anhaltende krankheits- 310

---

1 BAG 12.6.2007 – 3 AZR 14/06, DB 2007, 2722.
2 So auch *Höfer*, DB 2001, 1145.
3 *Höfer*, DB 2001, 1145.

bedingte Ausfallzeiten nach Ablauf der Entgeltfortzahlungsperiode, aber auch vertragliche entgeltlose Freistellungen. Aus der systematischen Stellung der Vorschrift – sie ist Teil der speziellen Regelungen zum Anspruch auf Entgeltumwandlung – folgt, dass dieser Anspruch nur bei arbeitnehmerfinanzierten Versorgungsrechten gilt[1]. Erfasst sind deshalb auch nur die Durchführungswege Pensionskasse, Direktversicherung und Pensionsfonds[2]. Dabei sind die bisherigen Beiträge weiter zu zahlen. Dies ergibt sich aus der Formulierung in § 1a Abs. 4 Satz 1 BetrAVG („fortzusetzen")[3]. Eine Beitragserhöhung durch den Arbeitnehmer wäre auch mit der Einstandspflicht des Arbeitgebers nach Satz 2 nicht zu vereinbaren. Der Arbeitnehmer muss zur Durchsetzung seines Anspruchs initiativ werden. Eine Pflicht zur Belehrung ist dem Gesetz nicht zu entnehmen.

3. Unverfallbarkeit (§ 1b BetrAVG)

311 Betriebliche Versorgungswerke waren vor Inkrafttreten des BetrAVG dadurch geprägt, dass Leistungsansprüche entfielen, wenn der Versorgungsberechtigte nicht bis zum Erreichen der Altersgrenze oder bis zum Eintritt eines früheren Versorgungsfalles in den Diensten seines Arbeitgebers verblieb[4]. Unter Betonung des Entgeltcharakters der betrieblichen Altersversorgung entschied das **BAG**, dass eine Versorgungsanwartschaft nicht mehr verfallen könne, wenn das Arbeitsverhältnis des Versorgungsberechtigten mehr als 20 Jahre bestanden habe und vom Arbeitgeber einseitig beendet werde[5], es sei denn, eine günstigere Regelung sei vereinbart[6]. Mit Inkrafttreten des **BetrAVG** vom 19.12.1974 wurde die Unverfallbarkeit von betrieblichen Ruhegeldanwartschaften auf eine gesetzliche Grundlage gestellt. Der aus dem Unternehmen ausscheidende Arbeitnehmer behält danach seine Versorgungsanwartschaft, wenn er nach Erfüllung der sog. **Unverfallbarkeitsvoraussetzungen** aus den Diensten seines Arbeitgebers ausscheidet. Bei Eintritt des Versorgungsfalles kann er dann Ruhegeldleistungen abfordern.

a) Gesetzliche Unverfallbarkeitsvoraussetzungen

312 Der Gesetzgeber hat in § 1b BetrAVG die Unverfallbarkeit von Versorgungsanwartschaften von der Erfüllung personengebundener und vertragsbezogener Bedingungen abhängig gemacht. Auf die **Person** des Arbeitnehmers zugeschnitten ist das gesetzliche **Mindestalter** von 25 Jahren. Nur wer bei Ausscheiden aus den Diensten seines Arbeitgebers dieses Lebensalter erreicht hat, kann seine Versorgungsanwartschaft behalten. Diese Altersgrenze verstößt nicht gegen das europarechtliche Verbot der Diskriminierung wegen Alters[7]. Das BAG hat auch die Wirksamkeit der früher maßgeblichen Altersgrenzen von 35[8] und 30[9] Jahren bestätigt.

313 Zusätzlich muss der Arbeitnehmer eine **vertragsbezogene Bedingung** erfüllen[10]: Die Versorgungszusage muss fünf Jahre bestanden haben.

---

1 Vgl. auch Begründung in BT-Drucks. 15/2150, 52 zu Nr. 2.
2 *Förster/Cisch*, BB 2004, 2126 (2133).
3 *Förster/Cisch*, BB 2004, 2126 (2133).
4 Vgl. hierzu BAG 14.12.1956 – 1 AZR 29/55, AP Nr. 3 zu § 611 BGB – Fürsorgepflicht.
5 BAG 10.3.1972 – 3 AZR 278/71, AP Nr. 156 zu § 242 BGB – Ruhegehalt; 9.12.2008 – 3 AZR 120/07, AP Nr. 16 zu § 1 BetrAVG Unverfallbarkeit; 26.5.2009 – 3 AZR 956/07, nv.
6 BAG 9.12.2008 – 3 AZR 120/07, AP Nr. 16 zu § 1 BetrAVG – Unverfallbarkeit.
7 BAG 19.7.2011 – 3 AZR 434/09, DB 2012, 294.
8 BAG 15.10.2013 – 3 AZR 10/12, DB 2014, 962.
9 BAG 28.5.2013 – 3 AZR 635/11, DB 2013, 1973.
10 Vgl. *Höfer*, § 1b Rz. 2707 ff.

Sind diese Voraussetzungen beim Ausscheiden erfüllt, behält der Arbeitnehmer die Versorgungsanwartschaft. Bei Eintritt des Versorgungsfalles kann er dann Leistungen zumindest in Höhe des gesetzlich durch § 2 BetrAVG garantierten Umfangs beanspruchen.

Unbedingt zu beachten ist, dass für vor dem 1.1.2001 erteilte Versorgungszusagen Übergangsbestimmungen gelten, nach denen die älteren, strengeren Unverfallbarkeitsvoraussetzungen noch weiter gelten können (vgl. im Einzelnen Rz. 337).

aa) Zusagedauer

Die Versorgungsanwartschaft bleibt bestehen, wenn die Versorgungszusage **fünf Jahre** bestanden hat.

(1) Erteilung der Versorgungszusage

Maßgeblich für den Lauf der Unverfallbarkeitsfristen ist der **Zeitpunkt**, in dem die Versorgungszusage erteilt worden ist. Als frühester Termin kommt aber erst der Beginn der Betriebszugehörigkeit in Betracht[1]. Dies folgt aus § 1 Abs. 1 Satz 1 BetrAVG, wonach das Versorgungsversprechen „aus Anlass seines Arbeitsverhältnisses ..." gegeben worden sein muss. Für Direktversicherungen, Pensionsfonds und Pensionskassen ist dies sogar ausdrücklich gesetzlich geregelt (§ 1b Abs. 2 Satz 4 und Abs. 3 Satz 2 BetrAVG), weil dort der Versicherungsbeginn schon zu einem früheren Zeitpunkt eingetreten sein könnte.

Die Rechtsprechung lässt aber eine **Anrechnung von Vordienstzeiten** zu. Sagt der Arbeitgeber zu, die in einem früheren, beendeten Arbeitsverhältnis abgeleistete Betriebszugehörigkeit anzurechnen, kann damit der **Zusagezeitpunkt vorverlagert** sein. Voraussetzung ist jedoch, so von den Parteien ausdrücklich nichts anderes gewollt ist, dass die Vordienstzeit von einer Versorgungsanwartschaft begleitet war[2] und nahtlos an das neue Arbeitsverhältnis heranreicht[3]. Ob der Arbeitgeber die Vordienstzeit nur für die Höhe der Versorgung oder aber auch für die Unverfallbarkeitsfristen anrechnen will, ist durch Auslegung zu ermitteln[4]. Eine Anrechnung wird regelmäßig nur dann gewünscht sein, wenn aus dem früheren, beendeten Arbeitsverhältnis nicht schon unverfallbare Versorgungsrechte erwachsen sind[5]. Anderenfalls würde ein und dieselbe Betriebstreue doppelt honoriert.

Auch eine sog. „**Blankettzusage**" (vgl. im Einzelnen Rz. 173) ist eine rechtsverbindliche Versorgungszusage. Der Arbeitgeber sagt mit ihr nämlich eine betriebliche Altersversorgung zu und will sich nur deren inhaltliche Bestimmung vorbehalten. Er hat sie gem. § 315 BGB nach billigem Ermessen festzusetzen; notfalls bestimmt das Gericht die Höhe[6]. Erhält der Arbeitnehmer bei Beginn des Arbeitsverhältnisses die Zusage, nach einer bestimmten Zeit in ein Versorgungswerk aufgenommen zu werden (sog. **Vorschaltzeit**), hat er bereits mit seinem Eintritt in das Arbeitsverhältnis eine Zusage erhalten. Die Unverfallbarkeitsfrist beginnt nicht erst mit Aufnahme in das Versorgungswerk; die Zusage, ein Versorgungsversprechen zu erhalten, ist rechtlich bereits die Versorgungszusage selbst[7]. Etwas anderes gilt, wenn eine Versorgung erst dann zugesagt sein soll, wenn der Arbeitnehmer eine bestimmte, vorab nicht gesicherte Po-

---

1 *Blomeyer/Rolfs/Otto*, § 1b Rz. 58 ff.; *Höfer*, § 1b Rz. 2715.
2 BAG 3.8.1978 – 3 AZR 19/77, AP Nr. 1 zu § 7 BetrAVG.
3 BAG 11.1.1983 – 3 AZR 212/80, DB 1984, 195.
4 BAG 29.6.1982 – 3 AZR 1188/79, AP Nr. 7 zu § 1 BetrAVG; 24.6.1998 – 3 AZR 97/97, nv.
5 BAG 3.8.1978 – 3 AZR 19/77, AP Nr. 1 zu § 7 BetrAVG.
6 BAG 23.11.1978 – 3 AZR 708/77, DB 1979, 364; 19.7.2005 – 3 AZR 472/05, NZA 2005, 1431.
7 BAG 15.12.1981 – 3 AZR 1100/78, DB 1982, 855; 19.4.1983 – 3 AZR 24/81, DB 1983, 2474.

sition erlangt hat. Hier beginnt die Zusage erst mit Erreichen der Stellung[1]. Entscheidend ist, ob dem Arbeitgeber noch ein Entscheidungsspielraum verbleibt[2]. Stellt er nur Ruhegeldleistungen in Aussicht und behält er sich vor, darüber zu entscheiden, ob und wann der Arbeitnehmer in das Versorgungswerk aufgenommen wird, ist die Versorgungszusage noch nicht erteilt[3].

320 Der **Lauf der Unverfallbarkeitsfristen** ist nicht vom Inhalt der Versorgungszusage abhängig. Eine **spätere Verbesserung oder Veränderung** der Zusage gilt im Regelfall nicht als neue Zusage[4]. Wird zB der Arbeitnehmer mit Beginn des Arbeitsverhältnisses in das generelle Versorgungswerk aufgenommen und erhält er später bei Ernennung zum Prokuristen eine großzügig dotierte Einzelzusage, so setzt dies keine erneuten Unverfallbarkeitsfristen in Gang[5]. Das gilt auch, wenn neben die ursprüngliche Versorgungszusage eine weitere tritt, selbst wenn sie über einen anderen Durchführungsweg abgewickelt wird, zB zu einer Unterstützungskassenversorgung eine Direktversicherung tritt[6].

(2) Beendigung der Versorgungszusage

321 Die Versorgungszusage endet mit **Beendigung des Arbeitsverhältnisses**, wenn der Berechtigte vor Eintritt des Versorgungsfalles ausscheidet. Sind bis dahin die Unverfallbarkeitsfristen nicht erfüllt, so erlischt die Versorgungsanwartschaft. Das gilt auch dann, wenn die Fristen nur um wenige Tage unterschritten werden[7]. Der Arbeitgeber ist nicht daran gehindert, eine über die gesetzlichen Mindeststandards hinausgehende Zusage zu geben, so dass schon früher eine Unverfallbarkeit eintritt. Wird in kurzem zeitlichen Abstand mit demselben Arbeitgeber ein erneutes Arbeitsverhältnis begründet und wiederum eine Versorgungszusage erteilt, beginnen die Unverfallbarkeitsfristen von vorn[8]. Dies soll nach in der Literatur vertretener Auffassung nicht ausnahmslos gelten. Bestehe zwischen zwei aufeinander folgenden Arbeitsverhältnissen ein innerer Zusammenhang oder ein sie übergreifendes rechtliches Band, so müsse trotz einer formalen rechtlichen Trennung von einem zusammenhängenden Zeitablauf ausgegangen werden[9]. Das BAG ist dem jedoch nicht gefolgt und hält auch kurze Unterbrechungen für unverfallbarkeitsschädlich[10].

(3) Wechsel des Arbeitgebers

322 Die Unverfallbarkeitsfristen werden **nicht** dadurch **unterbrochen**, dass ein anderer Arbeitgeber die Versorgungszusage übernimmt. Eine Übernahme der Versorgungszusage kann durch Gesamtrechtsnachfolge, Betriebsübergang oder Schuldübernahme erfolgen (vgl. Rz. 284 ff.). Fälle der Gesamtrechtsnachfolge sind im Wesentlichen die Umwandlung und die Erbfolge. Bei einem Betriebsübergang ergibt sich der Wechsel des Versorgungsschuldners aus § 613a Abs. 1 Satz 1 BGB. Die schuldbefreiende vertraglich vereinbarte Übernahme einer Versorgungszusage bedarf gem. § 415 Abs. 1 Satz 2 BGB der Genehmigung des Gläubigers, mithin des Versorgungsberechtigten. Darüber hinaus sind die Voraussetzungen des § 4 BetrAVG zu erfüllen (vgl. im Einzelnen Rz. 398 ff.).

---

1 BAG 12.2.1985 – 3 AZR 183/83, AP Nr. 12 zu § 1 BetrAVG.
2 BAG 24.2.2004 – 3 AZR 5/03, FA 2004, 150.
3 LAG Hamm 29.1.1980 – 6 Sa 1340/79, EzA § 1 BetrAVG Nr. 6.
4 Vgl. § 1b Abs. 1 Satz 3 BetrAVG.
5 BAG 20.4.1982 – 3 AZR 1118/79, DB 1982, 1879.
6 BAG 28.4.1981 – 3 AZR 480/80, DB 1982, 856.
7 BAG 3.7.1990 – 3 AZR 382/89, DB 1990, 2431.
8 BAG 26.9.1989 – 3 AZR 815/87, DB 1990, 284.
9 *Höfer*, § 1b BetrAVG Rz. 2912 ff.
10 BAG 21.1.2003 – 3 AZR 121/02, BB 2004, 52.

II. Die betriebliche Altersversorgung nach BetrAVG

bb) Beginn und Ende der Betriebszugehörigkeit

(1) Allgemeines

Die Betriebszugehörigkeit ist im Rahmen der Zusagen, die bis zum 31.12.2008 erteilt wurden, in einer Variante ausdrücklich tatbestandliche Voraussetzung des Erwerbs einer unverfallbaren Anwartschaft (§ 30f Abs. 1 und 2 BetrAVG). Jetzt setzt § 1b Abs. 1 Satz 1 BetrAVG nur noch eine Mindestdauer der Zusage selbst voraus, die aber ihrerseits parallel von einer **tatsächliche Verbundenheit** des Arbeitnehmers mit dem Betrieb seines Arbeitgebers begleitet sein muss. Diese tatsächliche Verbundenheit wird durch den **Bestand eines Arbeitsverhältnisses** bzw. eines Dienstverhältnisses gem. § 17 Abs. 1 Satz 1 oder Satz 2 BetrAVG vermittelt. Die Betriebszugehörigkeit beginnt deshalb nicht mit dem Abschluss des Arbeitsvertrages, sondern erst mit dem Zeitpunkt, zu dem das Arbeitsverhältnis beginnen soll.

323

Zu einer **Verkürzung** oder **Unterbrechung** der Betriebszugehörigkeit führen tatsächliche Unterbrechungen der Tätigkeit bei rechtlichem Fortbestand des Arbeitsverhältnisses nicht. So besteht eine Betriebszugehörigkeit bei Feiertagen, Urlaub, Krankheit, Streik, Elternzeit etc.[1]. Entsprechendes gilt für Zeiten, in denen der Arbeitgeber sich im Annahmeverzug befindet. Hingegen soll die Arbeitsverweigerung des Arbeitnehmers den Lauf der Betriebszugehörigkeit hemmen[2]. Dagegen spricht jedoch, dass das Gesetz allein an den Bestand des Arbeitsverhältnisses anknüpft, welches erst dann endet, wenn der Arbeitgeber – etwa wegen einer Vertragsverletzung – kündigt. Die Betriebszugehörigkeit besteht auch dann fort, wenn das Arbeitsverhältnis kraft vertraglicher Vereinbarung ruht[3]. Auch einige Gesetze sehen vor, dass Zeiten, in denen der Arbeitnehmer nicht arbeiten konnte, als Betriebszugehörigkeit zu werten sind. Derartige Verpflichtungen sehen u.a. das Arbeitsplatzschutzgesetz, das Soldatenversorgungsgesetz, die Gesetze über den Bergmann-Versorgungsschein in Nordrhein-Westfalen und im Saarland, das Eignungsübungsgesetz, das Mutterschutzgesetz und das Abgeordnetengesetz vor.

324

(2) Konzern

Betriebszugehörigkeitszeiten, die – in ununterbrochener Folge – innerhalb eines Konzerns zurückgelegt werden, können uU als **eine Betriebszugehörigkeit** iSd. § 1 Abs. 1 BetrAVG gewertet werden. Bestehen bspw. innerhalb eines Konzerns einheitliche Versorgungsregelungen, die evtl. sogar einen Wechsel zwischen den konzernangehörigen Unternehmen vorsehen, so kann uU von einer einheitlichen Betriebszugehörigkeit ausgegangen werden[4]. Dies lässt sich allerdings nicht verallgemeinern, so dass der bloße Umstand einer Zusage von einer Konzernobergesellschaft an den Arbeitnehmer eines anderen Konzernunternehmens ohne direkte arbeitsvertragliche Bindung schon gar keine Zusage im Sinne des BetrAVG ist; die Zusage ist in solchen Fällen nicht vom „Arbeitgeber" erteilt[5].

325

(3) Arbeitgeberwechsel

Ebenso wie bei der Zusagedauer beeinflussen eine **Betriebsübernahme** und ein Arbeitgeberwechsel durch **Gesamtrechtsnachfolge** nicht den Lauf der Betriebszugehörigkeit. Die insoweit übernommenen Versorgungszusagen gelten fort. Die Betriebszugehörigkeit läuft ununterbrochen weiter.

326

---

1 *Höfer*, § 1b BetrAVG Rz. 2854ff.
2 *Höfer*, § 1b BetrAVG Rz. 2856.
3 *Höfer*, § 1b BetrAVG Rz. 2859ff.
4 BAG 6.8.1985 – 3 AZR 185/83, BB 1986, 1506.
5 BAG 20.5.2014 – 3 AZR 1094/12, ZIP 2014, 1453.

327 Erhält der Arbeitnehmer erst **nach dem Betriebsübergang** eine Versorgungszusage, so muss er für die Bestimmung der Unverfallbarkeit als Beginn der Betriebszugehörigkeit von dem Zeitpunkt des Eintritts bei dem Vorarbeitgeber ausgehen[1]. Der Betriebsübernehmer kann die Dienstzeit bei dem früheren Arbeitgeber nur insoweit außer Acht lassen, wie sie als Bemessungsgrundlage für die Höhe der Versorgungsleistung maßgeblich ist oder eine leistungsausschließende Wartezeit abgeleistet werden muss[2].

(4) Anrechnung von Vordienstzeiten

328 Auch im Hinblick auf das nach § 30f BetrAVG für Zusagen vor dem 1.1.2009 zu erfüllende Tatbestandsmerkmal der Betriebszugehörigkeit kann der Folgearbeitgeber Vordienstzeiten anrechnen. Nach der neuen Rechtslage kommt dies als Anrechnung von Zusagezeiten in Betracht, also von Zeiten der Betriebszugehörigkeit, die von einer Versorgungszusage begleitet sein muss (vgl. Rz. 318). Das **BAG** geht davon aus, dass bei einer Anrechnungsregelung im Zweifel Vordienstzeiten zu Gunsten der Unverfallbarkeitsfristen angerechnet werden sollen. Ist dies nicht beabsichtigt, muss die Versorgungszusage dies klar ausdrücken[3]. Im Zweifel gilt eine Anrechnung von Vordienstzeiten deshalb sowohl für die Höhe der Versorgung als auch für deren Unverfallbarkeit[4].

329 Das BAG lässt die Anrechnung von Vordienstzeiten **nicht schrankenlos** zu. Zwar ist der Arbeitgeber frei, über das gesetzlich geschützte Maß der betrieblichen Altersversorgung hinaus günstigere Versorgungszusagen zu erteilen. Eine gesetzliche Unverfallbarkeit wird damit aber nicht erreicht[5]. So sieht das BAG das gesetzliche Tatbestandsmerkmal einer hinreichenden Betriebszugehörigkeit durch Anrechnung von Vordienstzeiten nur dann für erfüllt an, wenn die Dienstzeiten unmittelbar aneinander heranreichen, jeweils von einer Versorgungszusage begleitet sind und die Versorgungserwartung bei dem Vorarbeitgeber noch nicht unverfallbar war (weitere Einzelheiten hierzu Rz. 475 f.)[6]. Durch eine bloße Anrechnung von Vordienstjahren bei einem früheren Arbeitgeber kann deshalb bspw. ein gesetzlicher Insolvenzschutz nicht erlangt werden.

330 Eine Anrechnung von „Vordienstzeiten" ist vereinzelt gesetzlich bestimmt. Dies gilt etwa für die Anrechnung von Zeiten des Grundwehrdienstes (§ 12 Abs. 1 ArbPlSchG), des Wehrdienstes (§ 8 Abs. 3 SVG) und als Abgeordneter im Bundestag (§ 4 AbgG).

b) Entgeltumwandlung

331 Soweit die Altersversorgung durch Entgeltumwandlung erfolgt, besteht von Anbeginn der Zusage eine Unverfallbarkeit (§ 1b Abs. 5 BetrAVG). Dadurch soll sichergestellt werden, dass der Arbeitnehmer seinen finanziellen Einsatz behält.

c) Wartezeit

332 Versorgungsregelungen können sog. **Wartezeiten** vorsehen. So sehen viele Versorgungswerke vor, dass Anspruch auf die Versorgungsleistung nur dann besteht, wenn bis zum Eintritt des Versorgungsfalles eine **ununterbrochene Mindestbetriebs-**

---

1 BAG 8.2.1983 – 3 AZR 229/81, DB 1984, 301; 28.4.1993 – 10 AZR 38/92, DB 1994, 151; 19.12.2000 – 3 AZR 551/99, ZIP 2001, 1690.
2 BAG 30.8.1979 – 3 AZR 58/78, BB 1979, 1719.
3 BAG 25.1.1979 – 3 AZR 1096/77, DB 1979, 1183.
4 BAG 16.3.1982 – 3 AZR 843/79, DB 1982, 1728; BGH 8.6.1983 – IVb ZB 588/81, NJW 1984, 234.
5 *Höfer*, § 1b BetrAVG Rz. 2845 ff.
6 BAG 21.1.2003 – 3 AZR 121/02, BB 2004, 52.

zugehörigkeit zurückgelegt worden ist. Sollte der Versorgungsfall während des Arbeitsverhältnisses eintreten, muss der Arbeitnehmer spätestens bis zum Ausscheiden die Wartezeit erfüllen[1]. Besteht nach der Versorgungszusage keine feste Altersgrenze, so kann die Wartezeit ausnahmsweise auch nach Vollendung des 65. Lebensjahres noch erfüllt werden[2]. § 1b Abs. 1 Satz 5 BetrAVG bestimmt, dass eine Unverfallbarkeit auch dann eintreten kann, wenn der Arbeitnehmer bei dem vorzeitigen Ausscheiden aus den Diensten seines Arbeitgebers die nach der Versorgungszusage verlangte Wartezeit noch nicht erfüllt hat. Wartezeiten können deshalb länger sein als die gesetzlichen Unverfallbarkeitsfristen. Eine lange Wartezeit kann den Eintritt der Unverfallbarkeit nicht hinausschieben. Der Arbeitnehmer kann vielmehr **auch nach dem Ausscheiden**, spätestens bis zum Eintritt des Versorgungsfalles, die Wartezeit erfüllen[3]. Umgekehrt führt eine Wartezeit, die kürzer ist als die gesetzlichen Unverfallbarkeitsfristen, nicht zu einer vorzeitigen Unverfallbarkeit. Vielmehr bleibt die Versorgungszusage so lange verfallbar, bis die gesetzlichen Voraussetzungen für eine Unverfallbarkeit erfüllt sind[4].

Der Arbeitgeber ist grundsätzlich frei, über die **Länge einer Wartezeit** zu bestimmen[5]. Wartezeiten können allerdings die Bedeutung einer Aufnahmevoraussetzung erlangen und damit zur Höchstaltersgrenze werden, etwa dann, wenn vom Diensteintritt bis zum Erreichen der festen Altersgrenze die Wartezeit nicht mehr abgeleistet werden kann. Der Arbeitnehmer verfügt dann über keine Versorgungszusage[6]. Damit führt die Wartezeit zu einer Ungleichbehandlung wegen des Alters, die nach AGG zu rechtfertigen ist. Das BAG hat insoweit eine Höchstaltersgrenze von 50 Jahren anerkannt, die bei einer Altersgrenze 65 einer Wartezeit von 15 Jahren entspricht[7], genauso eine Höchstaltersgrenze von noch mindestens 15 Jahren bis zur Regelaltersgrenze in der gesetzlichen Rentenversicherung[8]. Nicht anerkannt hat es eine zehnjährige Wartezeit, die voraussetzte, dass die Arbeitnehmer bei Vollendung des 55. Lebensjahres die zehnjährige Wartezeit schon vollendet hatten[9]. 333

d) Wechsel in andere Mitgliedstaaten der EU

§ 1b Abs. 1 Satz 6 BetrAVG bestimmt, dass der Wechsel in einen anderen Mitgliedstaat der EU wirkt, als wäre der Arbeitnehmer im Geltungsbereich des BetrAVG aus dem Arbeitsverhältnis ausgeschieden. Der Wechsel führt deshalb nicht zum Verlust der Anwartschaft. Allerdings behält der Versorgungsberechtigte nur solche Rechte, die er auch bei einem Ausscheiden nicht verloren hätte, dh. die Unverfallbarkeitsvoraussetzungen müssen bei einem Wechsel in einen anderen EU-Staat erfüllt sein[10]. § 1b Abs. 1 Satz 6 BetrAVG enthält damit nur Selbstverständliches. Sind die Unverfallbarkeitsvoraussetzungen erfüllt, kann dem Arbeitnehmer die Anwartschaft auf betriebliches Ruhegeld nicht mehr genommen werden, gleichgültig, in welches Land er sich begibt[11]. Die Vorschrift hat nur deklaratorische Bedeutung und wurde zur Umsetzung der **Richtlinie 98/49/EG** zur Wahrung ergänzender Rechtsansprüche 334

---

1 BAG 28.6.2011 – 3 AZR 385/09, ZIP 2011, 1835.
2 BAG 3.5.1983 – 3 AZR 1263/79, DB 1983, 1259.
3 BAG 7.7.1977 – 3 AZR 570/76, BB 1977, 1251; 9.3.1982 – 3 AZR 389/79, DB 1982, 2089; 14.1.1986 – 3 AZR 473/84, DB 1986, 2551.
4 BGH 25.1.1993 – II ZR 45/92, BB 1993, 679.
5 BAG 9.3.1982 – 3 AZR 389/79, DB 1982, 2089.
6 BAG 7.7.1977 – 3 AZR 570/76, AP Nr. 2 zu § 1 BetrAVG – Wartezeit; 24.2.2004 – 3 AZR 5/03, FA 2004, 150.
7 BAG 12.11.2013 – 3 AZR 356/12, NZA 2014, 848.
8 BAG 12.2.2013 – 3 AZR 100/11, BAGE 144, 231.
9 BAG 18.3.2014 – 3 AZR 69/12, NZA 2014, 606.
10 BAG 6.8.1985 – 3 AZR 185/83, DB 1986, 131; 25.10.1988 – 3 AZR 64/87, DB 1989, 278.
11 So auch *Höfer*, § 1b BetrAVG Rz. 2979.

in das Gesetz aufgenommen. Die Richtlinie soll sicherstellen, dass Personen, für die wegen des Wechsels in einen anderen EU-Staat keine Beiträge mehr in ein ergänzendes Sicherungssystem eingezahlt werden, genauso behandelt werden wie solche, für die ebenfalls keine Beiträge mehr entrichtet werden, die aber in dem betreffenden Mitgliedstaat verbleiben[1].

e) Sonderregelung für Vorruhestand

335 Mit § 1b Abs. 1 Satz 2 BetrAVG hat der Gesetzgeber einen Anreiz zum Abschluss von Vorruhestandsvereinbarungen geboten. Ein Arbeitnehmer, der aufgrund einer Vorruhestandsregelung ausscheidet, kann unter **erleichterten Voraussetzungen** eine unverfallbare Versorgungsanwartschaft erwerben. Voraussetzung hierfür ist eine von einer Versorgungszusage begleitete Beschäftigungszeit beliebiger Dauer und das Ausscheiden aus dem Arbeitsverhältnis aufgrund einer Vorruhestandsregelung. Notwendig ist in diesem Fall also weder eine bestimmte Zusagedauer noch eine Mindestbetriebszugehörigkeit. Allerdings muss für den Arbeitnehmer die Möglichkeit bestanden haben, bei einem Verbleib im Arbeitsverhältnis bis zum Eintritt des Versorgungsfalles überhaupt einen Anspruch auf betriebliches Ruhegeld zu erwerben[2]. Es genügt also, wenn der Arbeitnehmer bis zum Eintritt des Versorgungsfalles eine etwaige Wartezeit und etwaige weitere Leistungsvoraussetzungen erfüllen kann.

f) Vertragliche Unverfallbarkeit

336 Der gesetzliche Insolvenzschutz knüpft an eine Unverfallbarkeit nach § 1b BetrAVG an. Sind die gesetzlichen Unverfallbarkeitsvoraussetzungen nicht erfüllt, kommt eine Insolvenzsicherung durch den PSVaG nach den §§ 7 ff. BetrAVG nicht in Betracht[3]. Das BetrAVG hindert den Arbeitgeber allerdings nicht, über § 1b BetrAVG hinausgehende, **bessere Regelungen** zu treffen[4], die den PSVaG allerdings nicht binden. Nicht zulässig ist hingegen, durch Vertrag die Unverfallbarkeitsvoraussetzungen zu verschärfen.

g) Übergangsbestimmungen

337 § 30f Abs. 1 BetrAVG enthält Übergangsbestimmungen für die am 1.1.2001 in Kraft getretenen Unverfallbarkeitsfristen des § 1b BetrAVG für **bis zum 31.12.2000** erteilte Versorgungszusagen. Für sie gelten weiterhin die früheren gesetzlichen Unverfallbarkeitsvoraussetzungen. Danach bleibt die Versorgungsanwartschaft nur erhalten, wenn der Versorgungsberechtigte beim vorzeitigen Ausscheiden das 35. Lebensjahr vollendet und die Versorgungszusage mindestens zehn Jahre oder bei mindestens zwölfjähriger Betriebszugehörigkeit mindestens drei Jahre bestanden hat[5]. Die Anwartschaft aus solchen Altzusagen bleibt auch dann erhalten, wenn die Zusage ab dem 1.1.2001 fünf Jahre bestanden hat und bei Beendigung des Arbeitsverhältnisses das 30. Lebensjahr vollendet ist. Damit wird eine Altzusage spätestens dann unverfallbar, wenn sie – wäre sie erst zu einem Zeitpunkt ab dem 1.1.2001 erteilt worden – unverfallbar geworden wäre.

---

1 Vgl. Vorschlag für eine erweiternde EG-Richtlinie BR-Drucks. 784/05 v. 1.11.2005.
2 BAG 28.3.1995 – 3 AZR 496/94, AP Nr. 84 zu § 7 BetrAVG.
3 BAG 21.1.2003 – 3 AZR 121/02, BB 2004, 52.
4 BAG 10.12.2002 – 3 AZR 1/02, nv.
5 Zur Wirksamkeit der gesetzlichen Regelung: BAG 18.10.2005 – 3 AZR 506/04, DB 2006, 1014; 15.10.2013 – 3 AZR 10/12, DB 2014, 962.

II. Die betriebliche Altersversorgung nach BetrAVG

Beispiele:

Ein am 1.4.1966 geborener Arbeitnehmer tritt am 1.1.1990 in das Unternehmen ein und erhält sofort eine Versorgungszusage. Scheidet er am 31.1.2001 aus, hat er keine unverfallbare Versorgungsanwartschaft, denn er hat dann das 35. Lebensjahr noch nicht vollendet. Eine Unverfallbarkeit würde erst am 1.4.2001 mit Vollendung des 35. Lebensjahres erreicht.

Wäre der Arbeitnehmer am 1.4.1960 geboren, am 1.1.1995 eingetreten und wiederum am 31.1.2001 ausgeschieden, hätte er ebenfalls keine unverfallbare Versorgungsanwartschaft. Diese würde erst mit dem 31.12.2004 eintreten, weil erst dann eine zehnjährige Zusagedauer bestünde.

Bei einem Geburtsdatum 1.4.1970, einem Eintritt am 1.1.1990 und einem Ausscheiden wiederum am 31.1.2001 würde die Unverfallbarkeit erst am 1.4.2005 eintreten, denn erst dann wäre das 35. Lebensjahr vollendet.

Wäre der Versorgungsberechtigte am 1.4.1977 geboren, am 1.12.2000 eingetreten und würde am 31.12.2005 ausscheiden, bestünde eine Unverfallbarkeit erst ab dem 1.4.2007, weil erst dann das 30. Lebensjahr vollendet würde.

338 Die für Entgeltumwandlungen vorgesehene sofortige Unverfallbarkeit gilt nach § 30f Satz 2 BetrAVG für vor dem 1.1.2001 erteilte Zusagen nicht. Für sie gelten deshalb ebenfalls die alten Unverfallbarkeitsvoraussetzungen.

339 § 30f Abs. 2 BetrAVG enthält Übergangsbestimmungen für die nach dem 31.12.2000 **bis einschließlich zum 31.12.2008** zugesagten Leistungen der betrieblichen Altersversorgung. Für sie gelten die in diesem Zeitraum maßgeblichen gesetzlichen Unverfallbarkeitsvoraussetzungen. Danach bleibt die Versorgungsanwartschaft nur erhalten, wenn der Versorgungsberechtigte beim vorzeitigen Ausscheiden das 30. Lebensjahr vollendet und die Versorgungszusage mindestens fünf Jahre bestanden hat[1]. Ebenfalls ausreichend ist, wenn die Zusage aus dem benannten Zeitraum ab dem 1.1.2009 fünf Jahre bestanden hat und bei Beendigung des Arbeitsverhältnisses das 25. Lebensjahr vollendet ist. Auch insofern tritt also spätestens die gesetzliche Unverfallbarkeit ein, wenn nach der neuen, seit dem 1.1.2009 geltenden Fassung des § 1b Abs. 1 Satz 1 BetrAVG Unverfallbarkeit eingetreten ist.

4. Berechnung unverfallbarer Versorgungsanwartschaften (§ 2 BetrAVG)

340 Wer mit einer unverfallbaren Versorgungsanwartschaft vor Eintritt des Versorgungsfalles (Erreichen der Altersgrenze, Inanspruchnahme des vorgezogenen Altersruhegeldes, Invalidität, Tod bei Hinterbliebenenversorgung) ausscheidet, kann später, nachdem der Versorgungsfall eingetreten ist, Versorgungsleistungen in Höhe einer durch § 2 BetrAVG gesetzlich garantierten **Mindesthöhe** beanspruchen. § 2 BetrAVG schreibt dabei nur einen Mindestbestand fest. Der Arbeitgeber ist nicht gehindert, dem Arbeitnehmer darüber hinausgehende Rechte einzuräumen. Dies muss aber in der Versorgungszusage deutlich zum Ausdruck kommen; im Zweifel ist anzunehmen, dass der Arbeitgeber keine über § 2 BetrAVG hinausgehenden Rechte einräumen will. Für eine günstigere, davon abweichende Zusage ist der Arbeitnehmer darlegungs- und beweispflichtig[2]. Für Versorgungsansprüche aus Entgeltumwandlungen (vgl. Rz. 28, 304) und beitragsorientierten Leistungszusagen (vgl. Rz. 23) sowie Beitragszusagen mit Mindestleistungen (vgl. Rz. 25) sieht das Gesetz in § 2 Abs. 5a und 5b BetrAVG Besonderheiten vor.

---

1 Zur Wirksamkeit der gesetzlichen Regelung: BAG 28.5.2013 – 3 AZR 635/11, DB 2013, 1973.
2 BAG 12.3.1985 – 3 AZR 450/82, AP Nr. 9 zu § 2 BetrAVG; 8.6.1999 – 3 AZR 39/98, NZA 1999, 1215.

a) Zugesagter Leistungsumfang

341 Bei der Bestimmung der Höhe der unverfallbaren Anwartschaft geht der Gesetzgeber von der Prämisse aus, dass der Arbeitnehmer den Teil der ursprünglich zugesagten Altersversorgung erhalten soll, den er während seiner Betriebszugehörigkeit verdient hat. Nach § 2 Abs. 1 BetrAVG ist in zwei Schritten vorzugehen: Zunächst ist die Versorgungsleistung zu ermitteln, die der Versorgungsberechtigte erhalten hätte, wäre er nicht vorzeitig ausgeschieden. Der sich aus dieser Betrachtung ergebende **mögliche Versorgungsanspruch** ist zeitlich im Verhältnis der **tatsächlichen** Betriebszugehörigkeit bis zum vorzeitigen Ausscheiden zu der **möglichen** Betriebszugehörigkeit bis zum Erreichen der für den betreffenden Arbeitnehmer maßgeblichen Regelaltersgrenze in der gesetzlichen Rentenversicherung oder einer früheren festen Altersgrenze zu quotieren. Die Regelung des § 2 Abs. 1 Satz 1 BetrAVG, die in dieser Form seit dem 1.1.2009 gilt, nimmt damit die schrittweise Erhöhung der Altersgrenze in der gesetzlichen Rentenversicherung von 65 auf 67 Jahre[1] in Bezug und legt das für den einzelnen Arbeitnehmer maßgebliche Renteneintrittsalter der Berechnung seiner unverfallbaren Anwartschaft zu Grunde.

Beispiel:

Ein am 1.2.1943 geborener Arbeitnehmer erhält eine Ruhegeldzusage über monatlich 1 000 Euro. Er tritt mit 35 Jahren in das Unternehmen ein und scheidet mit 55 Jahren wieder aus. Mit Erreichen der für ihn geltenden Regelaltersgrenze in der gesetzlichen Rentenversicherung von 65 Lebensjahren geht er in den Ruhestand. Zunächst ist der mögliche Versorgungsanspruch zu ermitteln. Bei Vollendung des 65. Lebensjahres hätte der Arbeitnehmer eine Rente von 1 000 Euro beanspruchen können. Sodann ist eine zeitanteilige Quotierung vorzunehmen. Vom Eintritt bis zum tatsächlichen Ausscheiden hat er 20 Dienstjahre zurückgelegt. Vom Eintritt bis zur Vollendung des 65. Lebensjahres hätte er 30 Dienstjahre zurücklegen können. Von dem möglichen Ruhegeld (1 000 Euro) stehen ihm folglich ⅔ (20 tatsächliche Dienstjahre zu 30 möglichen Dienstjahren), also 666,66 Euro, zu.

342 Eine zeitanteilige Berechnung ist auch vorzunehmen, wenn der Arbeitnehmer eine **dienstzeitabhängige Versorgungszusage** erhalten hat.

Beispiel:

Dem am 1.2.1943 Arbeitnehmer werden für jedes abgeleistete Dienstjahr 10 Euro als Ruhegeld zugesagt. Er tritt mit 35 Jahren ein, mit Vollendung des 55. Lebensjahres aus und geht nach Vollendung der für ihn maßgeblichen Regelaltersgrenze von 65 Lebensjahren in Rente. Wiederum ist der mögliche Versorgungsanspruch zum Eintritt des Versorgungsfalles, hier der Vollendung des 65. Lebensjahres, zu ermitteln. Für 30 Dienstjahre stünden dem Arbeitnehmer jeweils 10 Euro, also insgesamt 300 Euro, zu. Der mögliche Versorgungsanspruch ist im Verhältnis von 20 tatsächlichen zu 30 möglichen Dienstjahren ratierlich zu berechnen. Der Arbeitnehmer würde also mit einer unverfallbaren Anwartschaft von 200 Euro ausscheiden.

343 Eine ratierliche Kürzung unterbleibt schließlich auch dann nicht, wenn der Arbeitnehmer bis zu seinem Ausscheiden bereits die nach der Versorgungszusage mögliche **Höchstrente** erreicht hat[2].

Beispiel:

Der Arbeitgeber sagt wiederum eine Rente von 10 Euro pro Dienstjahr zu, er begrenzt den Anspruch jedoch auf maximal 200 Euro. Auch hier ist der mögliche Versorgungsanspruch zu ermitteln. Ohne vorheriges Ausscheiden würde der Arbeitnehmer für jedes Dienstjahr 10 Euro erhalten, also vom Eintritt mit 35 Lebensjahren bis zur Vollendung des 65. Lebensjahres für 30 Dienstjahre je 10 Euro. Beträgt die Höchstgrenze jedoch nur 200 Euro, weil der Arbeitgeber

---

1 RV-Altersgrenzenanpassungsgesetz, BGBl. I 2007, 554.
2 BAG 12.3.1985 – 3 AZR 450/82, AP Nr. 9 zu § 2 BetrAVG.

hier eine Begrenzung vorgenommen hat, so ist für die ratierliche Berechnung von diesem niedrigeren Betrag auszugehen. Er ist im Verhältnis von 20 tatsächlichen zu 30 möglichen Dienstjahren ratierlich zu kürzen. Die unverfallbare Anwartschaft würde 133,33 Euro betragen.

aa) Möglicher Versorgungsanspruch

Als möglicher Versorgungsanspruch ist immer die Leistung zugrunde zu legen, die der Arbeitnehmer „ohne das vorherige Ausscheiden" hätte verlangen können. Bei der Altersrente soll dies nach Ansicht des BAG[1] die bis zur festen Altersgrenze erreichbare Leistung sein (Näheres zum vorgezogenen Ruhegeld vgl. Rz. 425 ff.). Das BAG hat offen gelassen, ob dies auch für Gesamtversorgungssysteme oder für Zusagen, mit denen einmalige Kapitalleistungen in Aussicht gestellt werden, gilt[2]. Für aufsteigend zu berechnende Leistungen erwägt das BAG eine besondere Berechnungsweise: Hier soll an Stelle der bis zum Erreichen der Regelaltersgrenze oder einer früheren festen Altersgrenze möglichen Altersleistung die bis zum vorzeitigen Ruhestand erreichbare Leistung im Verhältnis der tatsächlich erreichten Betriebszugehörigkeit zu der bis zum vorzeitigen Ruhestand möglichen gekürzt werden[3]. Diese modifizierte Berechnungsweise wirkt sich allerdings nur bei vom BAG für atypisch angesehene Versorgungszusagen aus (s.a. Rz. 444). 344

Beispiel:

Der Arbeitgeber sagt für jedes Jahr der Betriebszugehörigkeit ein Ruhegeld von 10 Euro zu. Der am 1.2.1943 geborene Arbeitnehmer tritt mit 35 vollendeten Lebensjahren in das Unternehmen ein und scheidet weitere 15 Jahre später, also mit 50 Jahren wieder aus. Mit vollendeten 60 Lebensjahren nimmt er vorgezogenes Altersruhegeld in Anspruch. Die Versorgungszusage sieht einen versicherungsmathematischen Abschlag von 0,5 % für jeden Monat des vorzeitigen Bezugs vor Vollendung der Regelaltersgrenze in der gesetzlichen Altersversicherung vor.

Zu berechnen ist also zuerst die Leistung, die bis zum vorzeitigen Ruhestand (hier mit vollendeten 60 Lebensjahren) möglich wäre. Das sind 250 Euro (25 Steigerungsbeträge von je 10 Euro). Dieser Betrag ist im Verhältnis tatsächlicher Betriebszugehörigkeit zur möglichen bis zum Eintritt des vorzeitigen Versorgungsfalles zu kürzen (also 15 Jahre zu 25 Jahren). Das ergibt 150 Euro. Hiervon ist ein versicherungsmathematischer Abschlag von 30 % (60 Monate × 0,5 % = 27 Euro) vorzunehmen; das ergibt eine Leistung von 105 Euro.

Bei Invaliditäts- und Hinterbliebenenrenten[4] wird nur die bis zum Eintritt des Versorgungsfalles erreichbare Rente zugrunde gelegt. Die so ermittelten Leistungen werden auch als **„hypothetische Rente"**[5] oder **„Als-ob-Leistung"**[6] bezeichnet. 345

bb) Eintritt in den Altersruhestand

Wird eine betriebliche Altersrente zugesagt, ist somit stets zu prüfen, wann der Versorgungsberechtigte die für ihn maßgebliche Altersgrenze für die gesetzliche Rentenversicherung oder eine frühere feste Altersgrenze erreicht hat[7]. Die dafür vorgesehene Leistung ist bei den weiteren Rechenschritten zugrunde zu legen. 346

---

1 BAG 23.1.2001 – 3 AZR 164/00, DB 2001, 1887; 24.7.2001 – 3 AZR 684/00, BB 2001, 1688.
2 BAG 23.1.2001 – 3 AZR 164/00, DB 2001, 1887.
3 BAG 18.11.2003 – 3 AZR 517/02, EzA-SD 2004, Nr. 9, 14–15.
4 BAG 21.8.2001 – 3 AZR 649/00, DB 2002, 644; 14.3.1989 – 3 AZR 306/87, KTS 1989, 898.
5 BAG 8.5.1990 – 3 AZR 341/88, AP Nr. 18 zu § 6 BetrAVG.
6 *Höfer*, § 2 BetrAVG Rz. 3074.
7 BAG 23.1.2001 – 3 AZR 164/00, DB 2001, 1887; zur Kritik an dieser Rspr. vgl. *Schipp*, NZA 2002, 1113 mwN.

cc) Invaliditäts- und Hinterbliebenenleistungen

347 Bei einer Invaliditäts- oder Hinterbliebenenversorgung ist ebenfalls zunächst der **mögliche Versorgungsanspruch** zu ermitteln[1]. Hier ist der Zeitpunkt des Eintritts des Versorgungsfalles maßgeblich. Als möglicher Versorgungsanspruch ist dann nicht die Leistung zugrunde zu legen, die nach der Versorgungsordnung maximal möglich gewesen wäre, sondern nur die, die der Arbeitnehmer bis zum Eintritt des Versorgungsfalles hätte erreichen können. Auf die Höhe des möglichen Versorgungsanspruches kann es sich deshalb zB auswirken, wenn der Arbeitnehmer schon mit 59 Lebensjahren invalide wird. Auf den Zeitwertfaktor (Verhältnis tatsächlicher zu möglicher Betriebszugehörigkeit) hat dabei die vorzeitige Inanspruchnahme der Rente **keinen** Einfluss.

Beispiel:

Der Arbeitgeber sagt dem am 1.2.1943 geborenen Arbeitnehmer eine Invaliditätsrente von 10 Euro monatlich für jedes zurückgelegte Jahr der Beschäftigung zu, welches nach der Versorgungsregelung als Altersruhegeld erst mit Erreichen der für den Arbeitnehmer maßgeblichen Altersgrenze in der gesetzlichen Rentenversicherung, im konkreten Fall das vollendete 65. Lebensjahr, in Anspruch genommen werden kann. Der Arbeitnehmer tritt mit 35 Lebensjahren in die Dienste des Arbeitgebers ein, scheidet mit Vollendung des 55. Lebensjahres wieder aus und wird mit Vollendung des 59. Lebensjahres invalide. Bis zur Vollendung des 59. Lebensjahres hätte der Arbeitnehmer 34 Steigerungsbeträge à 10 Euro erdienen können. Der mögliche Versorgungsanspruch beträgt daher 340 Euro. Dieser mögliche Versorgungsanspruch ist wiederum ratierlich zu kürzen im Verhältnis 20 tatsächlicher Dienstjahre zu 30 möglichen Dienstjahren bis zur Vollendung des 65. Lebensjahres. Die unverfallbare Versorgungsanwartschaft auf Invaliditätsrente beträgt 226,66 Euro.

348 Die zum Zeitpunkt des Ausscheidens festgestellte Anwartschaftshöhe für eine betriebliche Altersrente sagt deshalb in der Regel nichts über die Höhe einer Anwartschaft auf Invaliditäts- und Hinterbliebenenleistungen aus. Denn bei Ausscheiden aus dem Arbeitsverhältnis steht noch nicht fest, wann der Versorgungsfall der Invalidität oder der Tod eintritt. Wird dagegen ein Festbetrag als Invaliditätsleistung zugesagt, etwa monatlich 500 Euro, so ändert eine frühe Inanspruchnahme an der Höhe der Anwartschaft zunächst nichts. Sieht die Versorgungsregelung aber wegen eines früheren Bezugs Kürzungsregelungen vor oder weist sie ergänzungsbedürftige Lücken auf, kann es zu einer zusätzlichen Minderung der Anwartschaft kommen (vgl. Rz. 436ff.). Dies gilt auch für eine dienstzeitabhängige Versorgungszusage (vgl. Rz. 440ff.).

349 § 2 Abs. 1 Satz 2 BetrAVG macht von dem Quotierungsprinzip eine **Ausnahme**. Bei Invalidität oder Tod vor Erreichen der Altersgrenze ist die Versorgungsanwartschaft auf den Betrag begrenzt, den der Arbeitnehmer oder seine Hinterbliebenen erhalten hätten, wenn im Zeitpunkt des Ausscheidens der Versorgungsfall eingetreten wäre. Damit soll sichergestellt werden, dass der bis zum Versorgungsfall aktive Arbeitnehmer nicht geringere Ansprüche auslöst, als hätte das Arbeitsverhältnis schon vor diesem Zeitpunkt geendet.

Beispiel:

Der Arbeitgeber sagt seinen Mitarbeitern in dienstzeitabhängiger Höhe Invaliditätsrenten zu. Bei mehr als 45 Lebensjahren soll es 50 Euro, bei mehr als 50 Lebensjahren 100 Euro und ab dem 55. Lebensjahr 200 Euro geben. Der am 1.2.1943 geborene Arbeitnehmer tritt ein mit 35 Jahren und scheidet mit Vollendung des 45. Lebensjahres nach Erreichen der gesetzlichen Unverfallbarkeit aus. Mit 56 Lebensjahren wird er invalide. Als mögliche Invaliditätsrente würden ihm 200 Euro zustehen. Dieser Anspruch wäre im Verhältnis der tatsächlichen 10 Dienstjahre zu den möglichen 30 Dienstjahren ratierlich zu kürzen. Die Anwartschaft würde 66,66 Euro betragen. Wäre allerdings der Versorgungsfall der Invalidität gleichzeitig mit dem

---

1 BAG 15.12.1998 – 3 AZN 816/98, DB 1999, 916.

Ausscheiden bei Vollendung des 45. Lebensjahres eingetreten, so hätte der Arbeitnehmer eine Invaliditätsrente von nur 50 Euro erhalten. Nach § 2 Abs. 1 Satz 2 BetrAVG steht ihm nur dieser niedrigere Betrag zu.

dd) Beibehaltung der bei Ausscheiden gültigen Versorgungsregelungen und Bemessungsgrundlagen

§ 2 Abs. 5 Satz 1 BetrAVG bestimmt, dass bei der Berechnung der Anwartschaftshöhe **Veränderungen** der Versorgungsregelung und der Bemessungsgrundlagen **unberücksichtigt** bleiben, soweit sie nach dem Ausscheiden des Arbeitnehmers eingetreten sind.

Beispiel:

Nach einer Betriebsvereinbarung stehen dem Arbeitnehmer 10 Euro für jedes Dienstjahr als Ruhegeld zu. Nach dem Ausscheiden wird eine neue Betriebsvereinbarung abgeschlossen, wonach der Steigerungsbetrag 20 Euro beträgt. Die Verbesserung der Versorgungszusage nach Ausscheiden ist nicht zu berücksichtigen. Es gilt unverändert die ursprüngliche Regelung.

Dies gilt nur für die Berechnung der Anwartschaften nach **arbeitsrechtlichen Grundsätzen**, also in erster Linie für die unmittelbare Versorgungszusage. Soweit sich die Versorgungshöhe nach **versicherungsförmigen Maßstäben** berechnet, etwa weil der Arbeitgeber bei einer Direktversicherung oder Pensionskasse für eine versicherungsrechtliche Lösung optiert (vgl. Rz. 376), findet § 2 Abs. 5 BetrAVG keine Anwendung. Für Unterstützungskassen wird auf § 2 Abs. 1 BetrAVG verwiesen, so dass dort die für unmittelbare Versorgungszusagen geltenden Grundsätze anzuwenden sind. Die Veränderungssperre gilt sowohl zu Gunsten als auch zu Lasten des Versorgungsberechtigten. Die Regelung schreibt aber nur Mindestbedingungen fest, über die zum Vorteil des Arbeitnehmers hinausgegangen werden kann. Dies muss aber hinreichend deutlich zum Ausdruck kommen[1].

Festgeschrieben werden nicht nur das eigentliche **Ruhegeld**, sondern auch darauf anzurechnende **anderweitige Leistungen**. Die Versorgungsanwartschaft wird damit faktisch auf die zum Zeitpunkt des Ausscheidens des Arbeitnehmers geltenden Verhältnisse eingefroren. Der mögliche Versorgungsanspruch ist also zu berechnen, als würden die zum Zeitpunkt des Ausscheidens gültigen Verhältnisse bis zum Eintritt des Versorgungsfalles unverändert fortbestehen. Während an anderen Stellen im BetrAVG von „Versorgungszusage" gesprochen wird, verwendet § 2 Abs. 5 Satz 1 BetrAVG[2] den Begriff „Versorgungsregelung". Nach allgemeiner Auffassung gibt es zwischen beiden Begriffen einen inhaltlichen Unterschied aber nicht. Wenn in den Begrifflichkeiten überhaupt Unterschiede ausgemacht werden, werden sie dahingehend verstanden, dass als „Versorgungszusage" der rechtlich-tatbestandliche Teil des Versorgungsvertrages wie sein Zustandekommen und sein Fortbestand gemeint sind, während unter „Versorgungsregelung" der materiell-inhaltliche Teil dieses Vertrages zu verstehen ist[3]. Auch über die Frage, was alles zur Versorgungsregelung iSd. § 2 Abs. 5 Satz 1 BetrAVG gehört, herrscht Einigkeit. Hierzu zählen alle Bestimmungen, sowohl bzgl. der Voraussetzungen als auch der Leistungsarten, der anrechnungsfähigen Dienstzeit, der pensionsfähigen Bezüge, der Höhe der Leistungen, der Fälligkeit, der Anrechnung anderweitiger Bezüge, eventuelle Anpassungs- und Spannungsklauseln, Verpfändungsverbote, Vorbehalte und alle sonstigen Regelungen, welche das Maß der Versorgung bestimmen. Ebenso gehört dazu die Höhe eines später bei Eintritt des Versorgungsfalls vorzunehmenden versicherungsmathematischen Abschlags. Wird dieser nach dem Ausscheiden des Arbeitnehmers verringert, muss der

---

1 BAG 17.8.2004 – 3 AZR 318/03, BB 2005, 720.
2 Vgl. *Höfer*, § 2 BetrAVG Rz. 3331.
3 Vgl. *Höfer*, § 2 BetrAVG Rz. 3331.

352 Unverändert bleiben auch die **Bemessungsgrundlagen**. Dies sind alle Werte, von denen die Höhe der Versorgungsleistung abhängig ist[2], etwa ein in Bezug genommenes Entgelt oder bestimmte anzurechnende Größen. Bei einer endgehaltsabhängigen Versorgungszusage würde folglich das beim Ausscheiden gezahlte Entgelt maßgeblich sein, auch wenn bis zum Eintritt des Versorgungsfalles noch erhebliche tarifliche Steigerungen zu erwarten wären.

Beispiel:

Der Arbeitgeber sagt dem Arbeitnehmer ein Ruhegeld von 10 % des zuletzt gezahlten Gehaltes zu. Mit 35 Jahren tritt der Arbeitnehmer ein und verdient monatlich 1 000 Euro. Mit 50 Jahren scheidet er aus und verdient 2 000 Euro. Wäre er bis zum Erreichen der für ihn geltenden Regelaltersgrenze von 65 Lebensjahren betriebstreu geblieben, hätte sein Gehalt aufgrund tariflicher Steigerungen möglicherweise 3 000 Euro betragen. Ihm stehen 10 % des zuletzt gezahlten Gehaltes zu. Maßgeblich ist nach § 2 Abs. 5 Satz 1 BetrAVG allein das bei Ausscheiden gezahlte Gehalt, hier also 2 000 Euro. Es ergibt sich somit ein möglicher Versorgungsanspruch von 200 Euro. Die späteren Steigerungen des Gehaltes bleiben unberücksichtigt.

353 § 2 Abs. 5 Satz 1 BetrAVG schreibt die Bemessungsgrundlagen aber nicht nur für den sog. Anwartschaftszeitraum fest. Dies kann auch für die später gezahlte Rente bedeuten, dass sie nicht den in der Zusage vorgesehenen Steigerungen folgt[3]. Ist eine **Versorgungszusage** bspw. **dynamisch** ausgestaltet, indem festgelegt ist, dass die Rente entsprechend einer tariflichen Entwicklung anzuheben ist, kann der Arbeitnehmer uU auch nach Eintritt des Versorgungsfalles **keine Erhöhung** des Ruhegeldes bei Eintritt entsprechender tariflicher Steigerungen verlangen. Etwas anderes würde nur gelten, wenn der Arbeitgeber eine über den gesetzlichen Mindeststandard hinausgehende Zusage erteilt hat, was ggf. durch Auslegung zu ermitteln ist[4].

Beispiel:

Der Arbeitgeber sagt dem Arbeitnehmer ein Ruhegeld von 100 Euro zu und verspricht, diesen Betrag entsprechend den tariflichen Steigerungen zu erhöhen, wenn der Arbeitnehmer bis zum Eintritt des Versorgungsfalles betriebstreu bleibt. Er tritt mit 35 Jahren ein, scheidet mit 50 Jahren aus und geht mit Vollendung des 65. Lebensjahres in den Ruhestand. Zum Zeitpunkt des Ausscheidens betrug die Altersversorgungsanwartschaft 50 Euro (möglicher Versorgungsanspruch 100 Euro ratierlich gekürzt im Verhältnis von 15 tatsächlichen zu 30 möglichen Beschäftigungsjahren). Eine Rente von 50 Euro erhält er ab Vollendung des 65. Lebensjahres. Wegen § 2 Abs. 5 Satz 1 BetrAVG besteht kein Anspruch darauf, dass dieser Rentenbetrag entsprechend der tariflichen Entwicklung künftig erhöht wird.

354 Ein mit einer unverfallbaren Versorgungsanwartschaft ausgeschiedener Arbeitnehmer verliert durch das vorzeitige Ausscheiden uU somit eine mit der Versorgungszusage versprochene Dynamik. Er ist dann auf die **Anpassungsprüfungen** nach § 16 BetrAVG angewiesen.

355 Soweit auf den möglichen Versorgungsanspruch **anderweitige Leistungen anzurechnen** sind, müssen sie auf den Zeitpunkt, zu dem der Versorgungsfall eingetreten ist, hochgerechnet werden. Allerdings sind auch hier die Bemessungsgrundlagen festgeschrieben. Ist bspw. eine Rente aus der gesetzlichen Rentenversicherung anzurech-

---

1 BAG 17.8.2004 – 3 AZR 318/03, BB 2005, 720.
2 BAG 11.12.2007 – 3 AZR 280/06, NZA-RR 2008, 373; *Höfer*, § 2 BetrAVG Rz. 3340.
3 BAG 22.11.1994 – 3 AZR 767/93, AP Nr. 83 zu § 7 BetrAVG; *Höfer*, § 2 BetrAVG Rz. 3343 ff.
4 BAG 6.8.1999 – 3 AZR 39/98, NZA 1999, 1215.

II. Die betriebliche Altersversorgung nach BetrAVG

nen, so müssen alle Daten, die für die Ermittlung der Rente aus der gesetzlichen Rentenversicherung im Zeitpunkt des Ausscheidens vorliegen, fortgeschrieben werden. Auf dieser Grundlage ist dann eine fiktive Rente aus der gesetzlichen Rentenversicherung zu ermitteln[1].

Beispiel:

Der Arbeitgeber sagt dem Arbeitnehmer ein betriebliches Ruhegeld zum vollendeten 65. Lebensjahr von 1000 Euro zu, auf das die gesetzliche Sozialversicherungsrente angerechnet werden soll. Der Arbeitnehmer tritt mit 35 Jahren ein, scheidet mit 50 Lebensjahren aus und geht nach Vollendung des 65. Lebensjahres in Rente. Die Anwartschaft in der gesetzlichen Rentenversicherung beträgt per Vollendung des 50. Lebensjahres 475 Euro. Bis zur Vollendung des 65. Lebensjahres kann er sie noch erheblich steigern. Tatsächlich beträgt die Sozialversicherungsrente bei Erreichen des 65. Lebensjahres 900 Euro. Für die Berechnung des betrieblichen Ruhegeldes kommt es weder auf die tatsächliche, mit 65 Lebensjahren gezahlte Sozialversicherungsrente an noch auf die bei dem Ausscheiden des Arbeitnehmers erreichte Rentenanwartschaft in der gesetzlichen Rentenversicherung. Zu fragen ist vielmehr, welche gesetzliche Rente der Arbeitnehmer erhalten hätte, wenn die gesetzliche Rentenanwartschaft auf Basis der zum Zeitpunkt des Ausscheidens gültigen Faktoren bis zur Vollendung des 65. Lebensjahres fortentwickelt worden wäre. Dieser Betrag weicht häufig sehr von der letztlich tatsächlich zu beanspruchenden Sozialversicherungsrente ab. Beträgt die so hochgerechnete Sozialversicherungsrente bspw. 800 Euro, so ergäbe sich ein möglicher Versorgungsanspruch von 200 Euro (1000 Euro abzüglich hochgerechneter Sozialversicherungsrente von 800 Euro). Dieser Betrag wäre dann ratierlich im Verhältnis von 15 tatsächlichen Betriebszugehörigkeitsjahren zu 30 möglichen Beschäftigungsjahren zu kürzen. Die Anwartschaft betrüge demnach 100 Euro.

Im Einzelfall kann die Ermittlung der anzurechnenden Sozialversicherungsrente schwierig sein. § 2 Abs. 5 Satz 2 BetrAVG lässt deshalb ein **vereinfachtes Vorgehen**, das sog. **Näherungsverfahren**[2], zu. Es handelt sich dabei um eine Berechnungsweise, die die Finanzverwaltung für die Berechnung von Pensionsrückstellungen zugelassen hat. Allerdings hat der Arbeitnehmer ein Wahlrecht. Er kann auch verlangen, dass eine präzise Berechnung erfolgt. Dazu muss er aber die im Zeitpunkt des Ausscheidens erreichten Entgeltpunkte nachweisen. **356**

b) Zeitanteilige Quotierung

Der nach der Versorgungszusage mögliche Anspruch ist im Verhältnis der Dauer der Betriebszugehörigkeit zu der Zeit vom Beginn der Betriebszugehörigkeit bis zum Erreichen der Regelaltersgrenze in der gesetzlichen Rentenversicherung zu kürzen. Die Regelaltersgrenze wird nach dem „Gesetz zur Anpassung der Regelaltersgrenze an die demografische Entwicklung und zur Stärkung der Finanzierungsgrundlagen der gesetzlichen Rentenversicherung" abhängig vom Geburtsjahrgang schrittweise von 65 auf 67 Jahre erhöht. An die Stelle der Regelaltersgrenze tritt ein früherer Zeitpunkt, wenn dieser in der Versorgungsregelung als feste Altersgrenze vorgesehen ist. **357**

aa) Tatsächliche Betriebszugehörigkeit

Die tatsächliche Betriebszugehörigkeit setzt ein mit dem Beginn des **Arbeitsverhältnisses** und schließt mit dessen Beendigung[3]. Krankheitszeiten, Urlaub, Ausfallzeiten wegen Streiks etc. sind deshalb ebenso einzubeziehen wie Phasen, in denen das Arbeitsverhältnis etwa wegen Inanspruchnahme von Elternzeit ruht. Es gibt jedoch **358**

---

1 BAG 12.11.1991 – 3 AZR 520/90, BAGE 69, 19.
2 BAG 9.12.1997 – 3 AZR 695/96, NZA 1998, 1171; Einzelheiten bei *Diller* in Schlewing/Henssler/Schipp/Schnitker, Teil 10 B Rz. 154 ff.
3 *Höfer*, § 1b BetrAVG Rz. 3089.

auch Gesetze, die differenzieren. So enthalten das Soldatenversorgungsgesetz[1], dort § 8 Abs. 3 Satz 2, und das Abgeordnetengesetz[2] Regelungen, wonach die Ausfallzeit für die Berechnung der Anwartschaftshöhe nicht zu berücksichtigen ist.

359 Arbeitgeber können auch für die Höhe der aufrechtzuerhaltenden Anwartschaft **Vordienstzeiten anrechnen**[3]. Bei der Anrechnung von Vordienstzeiten verpflichtet sich der Arbeitgeber, den Arbeitnehmer so zu stellen, als sei er tatsächlich schon längere Zeit bei ihm beschäftigt. Der **Arbeitgeber** kann dabei **frei** darüber entscheiden, ob die Vordienstzeiten für die Unverfallbarkeitsfristen und die Höhe einer unverfallbaren Anwartschaft von Bedeutung sein oder sich nur auf die Leistungshöhe auswirken sollen[4]. Insolvenzschutz für eine angerechnete Vordienstzeit besteht aber nur dann, wenn die angerechnete Vordienstzeit ihrerseits von einer Versorgungszusage begleitet und bei Begründung des neuen Arbeitsverhältnisses die frühere Anwartschaft auf betriebliche Altersversorgung noch nicht erloschen war (vgl. im Einzelnen Rz. 475 f.). Das gilt auch für Betriebszugehörigkeitszeiten bei verschiedenen Unternehmen innerhalb eines Konzerns, wenn das einzelne Unternehmen die Zusage erteilt hat. Bei einem Wechsel zwischen Unternehmen des Konzerns bleibt der Vertragspartner nicht derselbe. Auch hier bedarf es entsprechende Anrechnungsvereinbarungen, ohne die die Betriebszugehörigkeitszeiten nicht zusammengerechnet werden können[5].

bb) Anrechnung von Nachdienstzeiten

360 Nach Auffassung des **BAG** kann auch eine sog. **Nachdienstzeit**, also ein Zeitraum nach dem tatsächlichen Ausscheiden des Arbeitnehmers, bei der Ermittlung des Unverfallbarkeitsquotienten berücksichtigt werden[6]. Das BAG begründet seine Sichtweise damit, dass es dem Arbeitgeber auch möglich ist, von vornherein eine höhere Versorgungszusage zu gewähren. Wenn er das gleiche Ergebnis dadurch erreicht, dass er eine Zeit nach dem tatsächlichen Ausscheiden zusätzlich anrechnet, ist dies nicht zu beanstanden[7].

cc) Mögliche Betriebszugehörigkeit

361 § 2 Abs. 1 BetrAVG beschränkt die mögliche Betriebszugehörigkeit auf die Zeitspanne bis zum **Erreichen der Regelaltersgrenze in der gesetzlichen Rentenversicherung**. Ein früherer Zeitpunkt ist nur dann maßgebend, wenn es sich um eine **feste** Altersgrenze handelt.

(1) Erreichen der Regelaltersgrenze

362 Kraft Gesetzes gilt seit dem 1.1.2008 nicht mehr das 65. Lebensjahr als feste Altersgrenze, sondern grundsätzlich die für den jeweiligen Arbeitnehmer nach seinem Geburtsjahrgang zu bestimmende **Regelaltersgrenze** in der gesetzlichen Rentenversicherung[8]. Sieht eine Versorgungsordnung eine **frühere Altersgrenze** vor, ist diese maßgeblich. Eine **spätere Altersgrenze**, die zuungunsten der Arbeitnehmer von der gesetzlichen Regelung abweicht, beinhaltet einen Verstoß gegen § 17 Abs. 3 BetrAVG, so

---

1 Gesetz über die Versorgung für die ehemaligen Soldaten der Bundeswehr und ihre Hinterbliebenen, BGBl. I 1987, 842.
2 Gesetz zur Neuregelung der Rechtsverhältnisse der Mitglieder des Deutschen Bundestages, BGBl. I 1977, 297, dort § 4 Abs. 2.
3 BAG 29.9.1987 – 3 AZR 99/86, NZA 1988, 311; 21.1.2003 – 3 AZR 121/02, DB 2003, 2711.
4 BAG 16.3.1982 – 3 AZR 843/79, DB 1982, 1728.
5 BAG 20.4.2004 – 3 AZR 297/03, DB 2004, 2432.
6 BAG 10.3.1992 – 3 AZR 140/91, DB 1992, 2251.
7 AA *Höfer*, § 2 BetrAVG Rz. 2943.
8 RV-Altersgrenzenanpassungsgesetz, BGBl. I 2007, 554.

dass die gesetzliche Regelung gilt. Etwas anderes wäre allenfalls aufgrund eines Tarifvertrages zulässig[1].

(2) Frühere feste Altersgrenze

Schwierigkeiten bereitet häufig die Frage, ob eine in einer Versorgungsregelung genannte Altersgrenze als **feste Altersgrenze** zu verstehen ist. Eine Legaldefinition enthält das BetrAVG nicht. 363

(a) Feste Altersgrenze

Nennt die Versorgungsordnung eine vor Vollendung des gesetzlichen Renteneintrittsalters liegende feste Altersgrenze, bspw. die Vollendung des 63. Lebensjahres, so bedeutet dies, dass der Arbeitnehmer schon zu diesem Zeitpunkt die zugesagte Vollrente beanspruchen kann. Dies hat unmittelbare Auswirkung auf den **Zeitwertfaktor**. Je niedriger die feste Altersgrenze festgelegt wird, desto günstiger ist der für die ratierliche Berechnung zugrunde zu legende Quotient. 364

Beispiel:

Ein Arbeitgeber erteilt eine Versorgungszusage über 1 000 Euro. Der Arbeitnehmer tritt mit 35 Jahren ein und scheidet mit 50 Jahren wieder aus. Liegt die für ihn maßgebliche Altersgrenze der gesetzlichen Rentenversicherung bei vollendeten 65. Lebensjahren, so beträgt der Kürzungsfaktor 0,5. Die zu gewährende Leistung beträgt dann 500 Euro. Ist aber eine davon abweichende feste Altersgrenze von 60 Jahren vereinbart, so beträgt der Kürzungsfaktor nur 0,6. Der Versorgungsanwärter kann dann 600 Euro Rente erwarten.

Ob eine feste Altersgrenze vorliegt, hängt **nicht** davon ab, ob sie als solche **bezeichnet** wird. Das BAG weist darauf hin, dass sie kein festes Datum beschreibt, sondern lediglich als Grundlage für die vom Arbeitnehmer verlangte Betriebsrente den Zeitpunkt, in dem der Arbeitnehmer die Vollrente erdient hat und sie auch in Anspruch nehmen kann, bezeichnet. Eine feste Altersgrenze liegt deshalb nach Ansicht des BAG auch dann vor, wenn nach der Versorgungszusage die Betriebsrente ungekürzt „nach Erreichen der gesetzlichen Voraussetzungen für das Altersruhegeld" verlangt werden kann[2]. 365

Mit der schrittweisen **Erhöhung der Altersgrenze in der gesetzlichen Rentenversicherung** von 65 auf 67 Lebensjahre und der entsprechenden Änderung des § 2 Abs. 1 Satz 1 BetrAVG stellt sich eine besondere Problematik bei der Auslegung von Versorgungszusagen. Häufig weisen Versorgungszusagen noch eine Altersgrenze von 65 Lebensjahren auf. Während diese Altersgrenze bisher ohne Weiteres dem gesetzlichen Renteneintrittsalter entsprach, ändert sich dies für Jahrgänge ab 1947, die sukzessive später gesetzliche Altersrente beziehen, bis ab Jahrgang 1964 das Renteneintrittsalter von 67 Jahren erreicht ist. Die Festlegung einer Altersgrenze von 65 Jahren könnte vor diesem Hintergrund eine „feste Altersgrenze" iSd. § 2 Abs. 1 Satz 2 BetrAVG bezeichnen. Für den Regelfall wird man davon ausgehen können, dass die Angabe des 65. Lebensjahres **deklaratorisch** erfolgte und bei Berechnung der unverfallbaren Anwartschaft die „neue", nach Geburtsjahrgang zu bestimmende Regelaltersgrenze in der gesetzliche Rentenversicherung zu Grunde legen können. Das gilt jedenfalls dann, wenn die Zusage vor dem RV-Altersgrenzenanpassungsgesetz v. 20.4.2007[3], erteilt 366

---

1 AA *Höfer*, § 2 BetrAVG Rz. 3112 ff.
2 BAG 25.10.1988 – 3 AZR 598/86, EzA § 2 BetrAVG Nr. 10.
3 BGBl. I 2007, 554.

wurde[1]. In jedem Fall empfiehlt sich eine kurzfristige **klarstellende Regelung** der Versorgungszusage, um spätere Auseinandersetzungen zu vermeiden[2].

(b) Flexible Altersgrenze

367 Wenn auch eine feste Altersgrenze nicht notwendigerweise ein bestimmtes zu erreichendes Lebensalter bezeichnet, ist sie von der flexiblen Altersgrenze zu unterscheiden. Eine flexible Altersgrenze nennt nur einen Zeitpunkt, ab dem der Arbeitnehmer unter Erfüllung der besonderen Voraussetzungen des § 6 BetrAVG zu einem früheren Zeitpunkt **vorzeitige Altersleistungen** verlangen kann[3]. Steht ihm zu diesem Zeitpunkt aber noch nicht die nach der Versorgungsordnung vorgesehene Vollrente zu, so handelt es sich **nicht** um eine **feste** Altersgrenze, die Einfluss auf die Höhe des Unverfallbarkeitsfaktors haben würde.

Beispiel:

Nach der Versorgungsordnung stehen dem Arbeitnehmer Steigerungsbeträge zu. Für jedes Dienstjahr sollen 2 % des letzten Gehaltes als Rente bezahlt werden. Das Regelwerk lässt zu, dass der Arbeitnehmer schon vor Vollendung des 65. Lebensjahres in den Ruhestand tritt und betriebliches Ruhegeld erhält, wenn er auch entsprechende Leistungen aus der gesetzlichen Rentenversicherung bezieht. Es handelt sich nicht um eine feste Altersgrenze. Denn nach der Versorgungsordnung waren bis zur Vollendung des 65. Lebensjahres noch weitere Steigerungsbeträge möglich. Bei Ausscheiden mit 63 Lebensjahren war die mögliche Vollrente noch nicht erreicht.

368 Ob eine Versorgungszusage eine frühere feste oder nur eine flexible Altersgrenze benennt, ist durch **Auslegung** zu ermitteln. Findet sich keine Differenzierung zwischen vorgezogenen und regelmäßigen Renten und hat der Zeitpunkt des Ausscheidens auf die Höhe der Leistungen keinen Einfluss, so ist von einer früheren **festen** Altersgrenze auszugehen, wenn die Versorgungsregelung einen Bezug vor Vollendung des 65. Lebensjahres zulässt[4]. Dieses Kriterium wird auch nach der schrittweisen Erhöhung der Regelaltersgrenze in der gesetzlichen Rentenversicherung weiterhin aussagekräftig sein; ergänzend wird sich für jüngere Jahrgänge zunehmend die Frage stellen, ob schon der Bezug auf das 65. Lebensjahr eine frühe feste Altersgrenze darstellt. Eine Vorverlegung der festen Altersgrenze auf einen Zeitpunkt vor Vollendung des 60. Lebensjahres ist nicht möglich. Denn bei einem Ausscheiden vor Vollendung des 60. Lebensjahres kann nicht mehr davon ausgegangen werden, dass Leistungen wegen des Eintritts in den Altersruhestand gewährt werden sollen. In Zweifelsfällen ist die Verkehrsanschauung maßgeblich[5].

(c) Geschlechtsbezogene unterschiedliche Altersgrenzen

369 In Anlehnung an Regelungen in der gesetzlichen Rentenversicherung finden sich in vielen Versorgungsordnungen unterschiedliche feste Altersgrenzen für Männer und Frauen. Derartige unterschiedliche feste Altersgrenzen **verstoßen** nach Auffassung des EuGH **gegen das in Art. 157 AEUV verankerte Gebot der Lohngleichheit** für Männer und Frauen[6]. Eine derartige Differenzierung bei den festen Altersgrenzen führt dazu, dass eine „Anpassung nach oben" erfolgen muss, dh. die benachteiligte Arbeitnehmergruppe kann unter den gleichen Voraussetzungen betriebliches Altersruhegeld

---

1 BAG 15.5.2012 – 3 AZR 11/10, DB 2012, 1756.
2 Nähere Einzelheiten bei HWK/*Schipp*, Vorb. BetrAVG Rz. 106a.
3 BAG 22.2.1983 – 3 AZR 546/80, AP Nr. 15 zu § 7 BetrAVG.
4 BAG 25.10.1988 – 3 AZR 598/86, EzA § 2 BetrAVG Nr. 10.
5 BAG 28.1.1986 – 3 AZR 312/84, DB 1987, 52.
6 EuGH 17.5.1990 – Rs. C-262/88, AP Nr. 20 zu Art. 119 EWG-Vertrag.

verlangen wie die bevorzugte[1]. Mit Urteil vom 14.12.1993[2] ergänzte der EuGH seine Rechtsprechung dahingehend, dass unterschiedliche feste Altersgrenzen für Frauen und Männer nicht mehr für den Teil der Versorgungszusage zulässig sind, der nach dem 17.5.1990 erdient worden ist, im Übrigen aber zu akzeptieren seien. Eine Vereinheitlichung der Leistungsvoraussetzungen für Männer und Frauen ist möglich. Entsprechendes gilt, wenn sonstige Leistungsvoraussetzungen geschlechtsbezogen unterschiedlich festgelegt werden[3].

Das BAG erkennt an, dass **Änderungen der Rechtslage** einen sachlichen Grund darstellen können, um eine Angleichung der zugesagten Altersleistungen an die neue Rechtslage kostenneutral durchführen zu können[4]. 370

Der EuGH hat allerdings darauf hingewiesen, dass das ursprüngliche Versorgungsversprechen für das begünstigte Geschlecht erst für den **ab der Neuregelung erdienten Teil** verschlechtert werden dürfe[5]. Danach könne man dann das Versorgungsniveau auf das des bisher benachteiligten Geschlechts herabsenken. Dem bisher benachteiligten Geschlecht stehe für ab dem 17.5.1990 erdiente Versorgungsanwartschaftsteile bis zum späteren Neuregelungsstichtag ein Anspruch auf das bessere Leistungsniveau des begünstigten Geschlechts zu[6]. Hieraus folgt, dass es für den Arbeitgeber bedeutsam sein kann, zu einem möglichst frühen Zeitpunkt bestehende unterschiedliche Altersgrenzen anzugleichen[7]. Die aufrechtzuerhaltende Versorgungsanwartschaft kann sich deshalb bei einer späteren Angleichung von geschlechtsspezifisch unterschiedlichen Altersgrenzen aus mehreren Teilen errechnen, nämlich einem Teil aus der Zeit vor der sog. Barber-Entscheidung (17.5.1990), einem Teil nach der Barber-Entscheidung bis zur Neuregelung und schließlich dem ab der Neuregelung erdienten Anteil[8]. 371

Beispiel:

Eine Versorgungsordnung sah vor, dass für Frauen eine Altersgrenze von 60 und für Männer eine Altersgrenze von 65 Jahren galt. 1995 werden die Altersgrenzen für beide Geschlechter auf 63 Lebensjahre festgelegt. Für Männer gilt folgender Anwartschaftsverlauf: Für sie gilt bis zum 17.5.1990 eine Altersgrenze von 65 Jahren. Ab dem 17.5.1990 bis zur Neuregelung gilt eine Altersgrenze von 60 Jahren. Ab der Neuregelung gilt eine Altersgrenze von 63 Jahren. Für Frauen gilt bis zur Neuregelung eine Altersgrenze von 60 Jahren. Ab der Neuregelung gilt auch für sie eine Altersgrenze von 63 Lebensjahren.

§ 30a BetrAVG bestimmt im Hinblick auf das Barber-Urteil vom 17.5.1990, dass Männer für nach dem Tag der Entscheidung zurückgelegte Beschäftigungszeiten eine vorzeitige Altersrente beanspruchen können, wenn sie die für Frauen geltenden Voraussetzungen für eine vorzeitige gesetzliche Altersrente sowie die Leistungsvoraussetzungen der Versorgungsregelung erfüllen. Ein tatsächlicher Rentenbezug ist nach dem Normzweck nicht Voraussetzung. Diese Regelung gilt auch für arbeitnehmerähnliche Personen nach § 17 Abs. 1 Satz 2 BetrAVG[9]. 372

---

1 BAG 7.11.1995 – 3 AZR 1064/94, DB 1996, 941; EuGH 27.6.1990 – Rs. C-33/89, AP Nr. 21 zu Art. 119 EWG-Vertrag.
2 EuGH 14.12.1993 – Rs. C-110/91, DB 1994, 228.
3 BAG 18.11.2002 – 3 AZR 631/97, DB 2003, 398.
4 BAG 22.4.1986 – 3 AZR 496/83, AP Nr. 8 zu § 1 BetrAVG – Unterstützungskassen.
5 EuGH 28.9.1994 – Rs. C-408/92, AP Nr. 58 zu Art. 119 EWG-Vertrag.
6 EuGH 28.9.1994 – Rs. C-408/92, AP Nr. 58 zu Art. 119 EWG-Vertrag.
7 Vgl. hierzu auch *Höfer*, ART Rz. 745.
8 BAG 3.6.1997 – 3 AZR 25/96, DB 1998, 267.
9 BAG 15.4.2014 – 3 AZR 114/12, NZA 2014, 767.

c) Besonderheiten bei bestimmten Durchführungswegen

373 § 2 BetrAVG enthält für einige Durchführungswege besondere Regelungen zur Ermittlung des unverfallbaren Versorgungsrechts.

aa) Direktversicherung

374 Ist für die betriebliche Altersversorgung eine **Lebensversicherung** auf das Leben des Arbeitnehmers abgeschlossen worden, so gelten einige Besonderheiten:

(1) Auffüllpflicht

375 Auch bei einer Direktversicherung ist der Anspruch, den der Arbeitnehmer im Falle seines Ausscheidens als unverfallbare Anwartschaft behält, grundsätzlich durch eine **ratierliche Berechnung** zu ermitteln. Allerdings kann es geschehen, dass das in der Direktversicherung bis zum Ausscheiden angesammelte Kapital hinter der Höhe der ratierlich zu berechnenden Versorgungsanwartschaft zurückbleibt. Das kann bspw. dann eintreten, wenn der Versicherungsvertrag erst einige Zeit nach der Zusage abgeschlossen worden ist. Durch zu Anfang eines Versicherungsverhältnisses häufig anfallende Provisionen und Gebühren ist in den ersten Jahren des Versicherungsverhältnisses meist nur eine geringe Kapitalbildung zu verzeichnen. § 2 Abs. 2 Satz 1 BetrAVG will den Begünstigten einer Direktversicherung aber nicht schlechter stellen als den Arbeitnehmer, dem eine unmittelbare Versorgungszusage erteilt worden ist. Der Arbeitgeber ist deshalb verpflichtet, bis zur Höhe des ratierlich zu berechnenden Anspruchs selbst einzustehen und bei Eintritt des Versorgungsfalles die **Differenz** zur bis zum Ausscheiden angesparten Versicherungssumme auszugleichen. Im Falle der Entgeltumwandlung ist mit deren Beginn sofort ein unwiderrufliches Bezugsrecht einzuräumen (§ 1b Abs. 5 Satz 2 BetrAVG).

Beispiel:

Für den Arbeitnehmer ist ein Lebensversicherungsvertrag abgeschlossen worden, aus dem er später eine monatliche Rente von 100 Euro erhalten soll. Bis zu seinem Ausscheiden hat er die Hälfte der für die Versorgung vorausgesetzten Betriebszugehörigkeit abgeleistet, so dass ein ratierlich zu berechnender Anspruch von 50 Euro besteht. Im Lebensversicherungsvertrag ist bis zum Ausscheiden aber nur ein Betrag von 30 Euro angesammelt. In Höhe von 20 Euro muss der Arbeitgeber nun unmittelbar nach Eintritt des Versorgungsfalles aufkommen.

(2) Versicherungsvertragliche Lösung

376 Der Arbeitgeber kann die persönliche Haftung vermeiden, wenn er das sog. Ersatzverfahren nach § 2 Abs. 2 Satz 2 BetrAVG wählt[1]. Der Arbeitgeber **überträgt** dem Arbeitnehmer dazu die **Rechte aus dem Versicherungsvertrag**, so dass an die Stelle des ratierlich zu berechnenden Anspruchs die aufgrund des Versicherungsvertrages zu erbringende Versicherungsleistung tritt. Der Arbeitgeber ist in seiner Wahl frei, kann sich aber zur Wahl der versicherungsvertraglichen Lösung gegenüber dem Arbeitnehmer auch verpflichten[2]. Er kann sein Wahlrecht nur innerhalb von drei Monaten seit dem Ausscheiden des Arbeitnehmers ausüben und muss dies dem Arbeitnehmer und dem Versicherer gegenüber mitteilen. Der Arbeitnehmer hat kein solches Wahlrecht[3].

---

[1] Einzelheiten bei *Diller* in Schlewing/Henssler/Schipp/Schnitker, Teil 10 B Rz. 211 ff.
[2] BAG 12.2.2013 – 3 AZR 99/11, BAGE 144, 160.
[3] BAG 12.2.2013 – 3 AZR 99/11, BAGE 144, 160.

Das Ersatzverfahren kommt – auch wenn sich der Arbeitgeber dazu vertraglich verpflichtet – nur in Betracht, wenn er **drei sog. soziale Auflagen** erfüllt[1]: 377

– Spätestens drei Monate seit dem Ausscheiden des Arbeitnehmers muss das Bezugsrecht aus dem Versicherungsvertrag **unwiderruflich** sein. Eine Abtretung oder Beleihung oder Verpfändung des Rechts aus dem Versicherungsvertrag durch den Arbeitgeber darf nicht vorhanden sein. Das Gleiche gilt für Beitragsrückstände.
– Vom Beginn der Versicherung, frühestens jedoch vom Beginn der Betriebszugehörigkeit an dürfen nach dem Versicherungsvertrag die **Überschussanteile** nur zur Verbesserung der Versicherungsleistung verwendet werden. Dies ist nicht der Fall wenn die Überschussanteile mit den fälligen Beiträgen verrechnet werden.[2]
– Dem ausgeschiedenen Arbeitnehmer muss nach dem Versicherungsvertrag das **Recht zur Fortsetzung** der Versicherung mit eigenen Beiträgen eingeräumt sein.

Wählt der Arbeitgeber diese versicherungsförmige Lösung, wird der **Arbeitnehmer** 378
Versicherungsnehmer. Er kann die Versicherung mit eigenen Beiträgen fortsetzen, sie aber auch beitragslos stellen. In keinem Fall kann er jedoch die arbeitgeberseitig finanzierten Versicherungsansprüche sofort verwerten. § 2 Abs. 2 Satz 4 und 5 BetrAVG bestimmen, dass der ausgeschiedene Arbeitnehmer die Ansprüche aus dem Versicherungsvertrag, soweit der Arbeitgeber sie finanziert hat, weder beleihen noch abtreten darf. In dieser Höhe darf er den Rückkaufswert im Falle einer Kündigung auch nicht in Anspruch nehmen. Die Versicherung ist in eine **prämienfreie Versicherung** umzuwandeln. Durch diese Verfügungsbeschränkungen wird sichergestellt, dass der ursprüngliche Versorgungszweck auch nach Beendigung des Arbeitsverhältnisses erreicht werden kann[3].

bb) Pensionskassen

Für Pensionskassen gelten vergleichbare Regularien wie bei Direktversicherungen. 379
Auch hier muss der Arbeitgeber auffüllen, wenn der Leistungsumfang hinter dem ratierlich nach § 2 Abs. 1 BetrAVG berechneten Anspruch zurückbleibt. Der Arbeitnehmer kann aber auf den in der Pensionskasse aufgebauten Anspruch verwiesen werden, wenn entweder die Überschussanteile nur zur Verbesserung der Versicherungsleistungen verwendet werden oder die Versorgungsanwartschaft an der Entwicklung des Arbeitsentgelts (begrenzt auf die Beitragsbemessungsgrundlage in der gesetzlichen Rentenversicherung) teilnimmt[4].

cc) Pensionsfonds

Auch bei einem Pensionsfonds kann der Anwartschaftsumfang hinter dem ratierlich 380
berechneten Anspruch zurückbleiben. Der Arbeitgeber muss dann bis zur nach § 2 Abs. 1 BetrAVG berechneten Anwartschaftshöhe selbst eintreten. Der Arbeitnehmer kann hier nicht auf die Anwartschaft gegenüber dem Pensionsfonds verwiesen werden.

dd) Entgeltumwandlung und beitragsorientierte Leistungszusage

Anstelle des ratierlich zu berechnenden Anspruchs tritt bei der Entgeltumwandlung 381
in den Durchführungswegen der unmittelbaren Versorgungszusage, der Unterstützungskasse und des Pensionsfonds sowie bei der beitragsorientierten Leistungszusage nach § 2 Abs. 5a BetrAVG die vom Zeitpunkt der Zusageerteilung bis zum Ausschei-

---

1 BAG 12.2.2013 – 3 AZR 99/11, BAGE 144, 160; *Höfer*, § 2 BetrAVG Rz. 3222.
2 BAG 12.2.2013 – 3 AZR 99/11, BAGE 144, 160.
3 BT-Drucks. 7/1281, Teil B, zu § 2 Abs. 2, 26.
4 BAG 18.2.2014 – 3 AZR 542/13, MDR 2014, 729.

den des Arbeitnehmers aus dem Arbeitsverhältnis erreichte Anwartschaft aus den umgewandelten Entgeltbestandteilen oder aufgewendeten Beiträgen. Die Sonderregelung gilt gem. § 30g Abs. 1 BetrAVG nicht für Zusagen, die bis zum 31.12.2000 erteilt wurden.

ee) Beitragszusage mit Mindestleistung

382 Bei einer Beitragszusage mit Mindestleistungen wird die Anwartschaft ebenfalls nicht zeitanteilig quotiert. Stattdessen steht dem Arbeitnehmer das planmäßig zuzurechnende Versorgungskapital auf Grundlage der bis zum Ausscheiden geleisteten Beiträge (einschließlich der bis zum Versorgungsfall erzielten Erträge) zu. Mindestens ist die Summe der bis zum Ausscheiden zugesagten Beiträge als Anwartschaft aufrechtzuerhalten, soweit sie nicht rechnungsmäßig für einen biometrischen Risikoausgleich verbraucht wurden. Gemeint ist damit der Abzug der Kosten für etwa zugesagte Invaliditäts- oder Hinterbliebenenleistungen[1].

5. Abfindung von Versorgungsrechten (§ 3 BetrAVG)

383 Der Gesetzgeber hat die Möglichkeit, Versorgungsanwartschaften abzufinden, mit Gesetz vom 5.7.2004[2] zum 1.1.2005 völlig neu geordnet und bis dahin vorhandene Abfindungsmöglichkeiten weiter eingeschränkt. Die Vorschrift will sicherstellen, dass zum späteren Versorgungsfall der Anspruch auf betriebliches Ruhegeld noch nicht verbraucht ist[3]. Nur kleinere Versorgungsanwartschaften ohne hinreichenden Versorgungswert können abgefunden werden, um unverhältnismäßigen Verwaltungsaufwand beim Arbeitgeber zu vermeiden[4]. Die Vorschrift steht im Kontext mit § 4 BetrAVG. Die Übertragung von Versorgungsrechten soll Vorrang vor einer Abfindung haben[5]. § 3 Abs. 1 BetrAVG beinhaltet ein generelles gesetzliches Verbot iSd. § 134 BGB, von dem nur nach § 3 Abs. 2–4 BetrAVG abgewichen werden darf. Das Abfindungsverbot greift schon tatbestandlich nicht ein, wenn die betriebliche Altersversorgung lediglich umgestaltet wird und die neuen Versorgungsleistungen wirtschaftlich gleichwertig sind[6].

a) Abfindung von Anwartschaften bei Beendigung des Arbeitsverhältnisses

384 § 3 Abs. 2 BetrAVG schränkt die Abfindung von Versorgungsanwartschaften **bei Beendigung** des Arbeitsverhältnisses ein. Die Abfindungsregelungen wurden mit Einführung der sog. **Portabilität** (vgl. Rz. 398) in § 4 BetrAVG weiter verschärft[7]. Die Vorschrift befasst sich nur mit der **gesetzlich** nach § 1b Abs. 1 Satz 1 BetrAVG **gesicherten Versorgungsanwartschaft**, auch wenn das der neuen Gesetzesformulierung nicht ausdrücklich zu entnehmen ist[8]. Geht die Zusage des Arbeitgebers über den gesetzlich garantierten Mindestbestand hinaus, so sind Abfindungen möglich, soweit dabei der gesetzlich garantierte Teil der Versorgungsanwartschaft nicht berührt wird. Nicht betroffen von § 3 BetrAVG sind deshalb bspw. auch vorgesetzliche Versorgungsanwartschaften, welche nur aufgrund des Unverfallbarkeitsurteils[9] unverfallbar ge-

---

1 Vgl. *Höfer*, § 1 BetrAVG Rz. 2546.
2 BGBl. I, 1427.
3 BT-Drucks. 15/2150, 52 zu Nr. 4.
4 BT-Drucks. 7/1281, 27.
5 BT-Drucks. 15/2150.
6 BAG 20.11.2001 – 3 AZR 28/01, EzA-SD 2002, Nr. 1821.
7 Vgl. BGBl. I 9.7.2004, 1427 ff.
8 BT-Drucks. 15/2150, 52; *Förster/Cisch*, BB 2004, 2126 (2132).
9 BAG 10.3.1972 – 3 AZR 278/71, AP Nr. 156 zu § 242 BGB – Ruhegehalt.

worden sind[1]. Sagt der Arbeitgeber zu, die Versorgungsanwartschaft solle schon nach vier Jahren unverfallbar sein, hindert § 3 Abs. 1 BetrAVG eine Abfindung nicht[2].

aa) Abfindung bei Ausscheiden

Das Abfindungsverbot gilt nur bei Abfindungsregelungen, die aus Anlass oder im sachlichen und zeitlichen Zusammenhang der **Beendigung des Arbeitsverhältnisses** getroffen werden. Dem Arbeitnehmer soll anlässlich seines Ausscheidens der erdiente Versorgungsanspruch nicht genommen werden können. Es ist deshalb auch nicht zulässig, künftige Rentenansprüche aus einer unverfallbaren Anwartschaft mit Abfindungsansprüchen gem. §§ 9, 10 KSchG zu verrechnen[3]. Dies gilt allerdings nur für die Fälle, in denen der Arbeitnehmer im Zeitpunkt seines Austritts überhaupt über eine unverfallbare Versorgungsanwartschaft verfügt. Denn sind zu diesem Zeitpunkt die Unverfallbarkeitsfristen nicht erfüllt, verfallen bis dahin erdiente Versorgungsanrechte ohnehin.

385

§ 3 Abs. 2 BetrAVG erfasst nicht nur die Abfindung von Versorgungsanwartschaften, sondern auch den **entschädigungslosen Verzicht**[4]. Nach Auffassung des BAG bedeutet es einen Widerspruch, wenn das Gesetz zwar eine Abfindung verbiete, den entschädigungslosen Verzicht hingegen zulasse. § 3 Abs. 1 BetrAVG gelte deshalb auch für die Aufhebung einer Versorgungsanwartschaft bei Beendigung des Arbeitsverhältnisses[5].

386

§ 3 Abs. 2 BetrAVG verbietet nur Abfindungen. Darunter fallen nicht Regelungen, die bei Eintritt des Versorgungsfalles statt einer laufenden Leistung eine Kapitalzahlung vorsehen[6]. Eine Abfindungsregelung liegt ebenfalls nicht vor, wenn die Versorgungszusage eine **Wahlschuld** vorsieht, nach der zwischen einer laufenden oder einer Kapitalzahlung gewählt werden kann, § 262 BGB. Die Ausübung des Wahlrechts erfolgt mit der Wirkung des § 263 Abs. 2 BGB. Danach gilt die gewählte Leistung als von Anfang an geschuldet[7]. Entsprechendes gilt für vereinbarte einseitige Leistungsbestimmungsrechte[8].

387

bb) Abfindung bei fortbestehendem Arbeitsverhältnis

§ 3 Abs. 1 BetrAVG trifft keine Regelung über die Abfindung oder die Aufhebung bestehender Versorgungsanwartschaften während des **laufenden Arbeitsverhältnisses**. Die Vertragsparteien sind deshalb nicht gehindert, die einmal begründeten Versorgungsrechte während des laufenden Arbeitsverhältnisses – außerhalb eines sachlichen und zeitlichen Zusammenhangs zur Beendigung des Arbeitsverhältnisses – abzufinden, aufzuheben oder abzuändern[9]. Es verstößt deshalb auch nicht gegen § 3 BetrAVG, wenn der Arbeitnehmer im Zusammenhang mit einem geplanten Betriebsinhaberwechsel (§ 613a BGB) auf seine Versorgungsanwartschaft verzichtet oder sich eine Abfindung ausbezahlen lässt[10]. Allerdings sind auch bei solchen Regelungen

388

---

1 BAG 30.7.1985 – 3 AZR 401/83, AP Nr. 39 zu § 138 BGB.
2 BT-Drucks. 15/2150, 52; so auch *Förster/Cisch*, BB 2004, 2126 (2132).
3 BAG 24.3.1998 – 3 AZR 800/96, AP Nr. 8 zu § 3 BetrAVG.
4 BAG 21.1.2003 – 3 AZR 30/02, DB 2003, 2130.
5 BAG 22.9.1987 – 3 AZR 194/86, AP Nr. 13 zu § 17 BetrAVG.
6 *Förster/Cisch*, BB 2004, 2126 (2132); *Höfer*, § 3 BetrAVG Rz. 3569 ff.
7 *Förster/Cisch*, BB 2004, 2126 (2132).
8 *Förster/Cisch*, BB 2004, 2126 (2132).
9 BAG 14.8.1990 – 3 AZR 301/89, DB 1991, 501.
10 AA LAG Hamm 2.4.1991 – 6 Sa 1184/90, LAGE § 613a BGB Nr. 22, bestätigt durch BAG 12.5.1992 – 3 AZR 247/91, BAGE 70, 209, welches allerdings einen Verstoß gegen § 613a BGB annahm, nicht gegen § 3 BetrAVG.

Mitbestimmungsrechte eines etwaig vorhandenen Betriebsrats zu beachten. Bei einer Verletzung dieser Rechte kann der Verzicht unwirksam sein[1].

b) Abfindung laufender Leistungen

389 § 3 BetrAVG **erfasst** außerdem die Abfindung schon laufender Leistungen. Auch hier sind die Vertragspartner nicht frei, sich über eine Abfindung, einen Verzicht oder eine Änderung bestehender Versorgungsansprüche zu verständigen[2]. Es ist dabei ohne Bedeutung, ob der Leistungsanspruch auf einer Versorgungszusage beruhte, die bis zum Ausscheiden des Versorgungsberechtigten noch verfallbar war. Das Abfindungsverbot gilt gem. § 30g Abs. 2 BetrAVG allerdings nicht für laufende Leistungen, die schon vor dem 1.1.2005 aufgenommen wurden, hier ist eine Abfindung nach wie vor unbeschränkt zulässig.

390 Es ist nur unter den in § 3 Abs. 2 BetrAVG genannten Voraussetzungen zulässig, wenn dem Arbeitgeber in der Versorgungsregelung von vornherein die Möglichkeit eröffnet wird, **laufende** Rentenleistungen durch **Zahlung eines Kapitalbetrages** abzufinden. Ein solches Kapitalwahlrecht des Arbeitgebers ist nicht privilegiert.

c) Abfindungsmöglichkeiten

aa) Bagatellversorgungsrechte

391 Die Zulässigkeit der Abfindung von Versorgungsanwartschaften knüpft an **die Höhe der Versorgungsanwartschaft** an. Der Arbeitgeber kann ohne Zustimmung des Arbeitnehmers die Anwartschaft abfinden, wenn der Monatsbetrag der Rente 1 % oder bei einer einmaligen Kapitalleistung 120 % der monatlichen Bezugsgröße nach § 18 SGB IV nicht übersteigt. 2014 sind dies in den alten Bundesländern 27,65 Euro im Monat bzw. 3318 Euro bei einer Kapitalleistung. Für die neuen Bundesländer sind dies 23,45 Euro für die monatliche und 2814 Euro für die Kapitalleistung. Das Abfindungsrecht besteht entsprechend bei einer laufenden Leistung (§ 3 Abs. 2 Satz 2 BetrAVG).

392 Der Arbeitnehmer kann eine Abfindung nach § 3 BetrAVG nicht einfordern und beanspruchen. Er kann aber die einseitige Abfindung des Arbeitgebers verhindern, wenn er von seinem Recht auf Übertragung der Anwartschaft Gebrauch macht. § 3 Abs. 2 Satz 3 BetrAVG verweist auf § 4 Abs. 3 BetrAVG; ein Verweis auf § 4 Abs. 2 Nr. 1 BetrAVG wäre überflüssig, weil bei der dort geregelten einvernehmlichen Übertragung des Anwartschaftswertes eine Abfindung des beim alten Arbeitgeber erdienten Anwartschaftswertes ohnehin ausscheidet.

393 Unter das Abfindungsverbot fallen auch Ansprüche aus einer **Entgeltumwandlung**. Schon § 3 Abs. 1 BetrAVG aF erfasste unverfallbare Anwartschaften aus Entgeltumwandlungen. Es ist nicht erkennbar, dass der Gesetzgeber hieran etwas ändern wollte. Die Abfindungsmöglichkeit des § 3 Abs. 1 Satz 3 Nr. 4 BetrAVG aF ist ebenfalls ersatzlos gestrichen.

bb) Erstattung der Beiträge zur gesetzlichen Rentenversicherung

394 Eine weitere Ausnahme vom Abfindungsverbot sieht das BetrAVG in § 3 Abs. 3 vor, wenn dem Anwartschaftsberechtigten die geleisteten Beiträge zur gesetzlichen Rentenversicherung erstattet worden sind. Die Regelung bezieht sich auf ausländische Arbeitnehmer, die in ihr Herkunftsland zurückkehren wollen und deshalb von der

---

1 BAG 21.1.2003 – 3 AZR 30/02, DB 2003, 2130.
2 BAG 21.3.2000 – 3 AZR 127/99, EzA-SD 2001, Nr. 14, 19–21.

II. Die betriebliche Altersversorgung nach BetrAVG

im Gesetz zur Förderung der Rückkehrbereitschaft von Ausländern[1] vorgesehenen Möglichkeit der Erstattung der gezahlten Rentenversicherungsbeiträgen Gebrauch machen. Der Arbeitnehmer hat hier einen Abfindungsanspruch, der auch von der Höhe der versprochenen Leistungen unabhängig ist.

cc) Während eines Insolvenzverfahrens erdiente Anwartschaft

Nach § 3 Abs. 4 BetrAVG kann auch der während eines Insolvenzverfahrens erdiente Teil einer Versorgungsanwartschaft abgefunden werden[2]. Die Bagatellgrenze des § 3 Abs. 2 BetrAVG gilt hierfür nicht. Notwendig ist aber eine vollständige Einstellung der Betriebstätigkeit und eine Liquidierung des Unternehmens. 395

d) Rechtsfolgen einer nichtigen Abfindungsregelung

Wird eine an und für sich nach § 3 BetrAVG nicht abfindbare Versorgungsanwartschaft dennoch abgefunden, so ist dies **nichtig**[3]. Es ist deshalb auch nicht zulässig, künftige Rentenansprüche aus einer unverfallbaren Anwartschaft mit Abfindungsansprüchen gem. §§ 9, 10 KSchG zu verrechnen[4]. Eine Erfüllungswirkung tritt nicht ein[5]. Im Versorgungsfall kann der Arbeitnehmer seine Betriebsrente ungekürzt verlangen[6]. Ebenso ist es unzulässig, in Sozialplänen mit Kündigungsabfindungen unverfallbare Versorgungsanwartschaften abzugelten[7]. Dem Bereicherungsanspruch des Arbeitgebers auf Rückzahlung der Abfindung nach § 812 Abs. 1 Satz 2 BGB steht regelmäßig § 817 Satz 2 BGB entgegen[8]. 396

e) Abfindungshöhe

Die Höhe der zu gewährenden Abfindung bemisst sich nach dem **Barwert** der nach § 2 BetrAVG bemessenen **künftigen Versorgungsleistungen** im Zeitpunkt der Beendigung des Arbeitsverhältnisses (§ 3 Abs. 5 iVm. § 4 Abs. 5 BetrAVG, vgl. im Einzelnen Rz. 409). Die Abfindung ist gesondert auszuweisen und einmalig zu zahlen (§ 3 Abs. 6 BetrAVG). 397

6. Übertragung von Versorgungsverpflichtungen (§ 4 BetrAVG)

§ 4 BetrAVG regelt die Übertragung von Versorgungsrechten (sog. **Portabilität**). Die Vorschrift wurde mit Gesetz vom 28.5.2004 neu gefasst[9]. Sie regelt nicht mehr nur noch die Übernahme von Versorgungszusagen, sondern ermöglicht bei einem Arbeitgeberwechsel auch die Übertragung des Wertes einer beim alten Arbeitgeber erworbenen unverfallbaren Anwartschaft auf den neuen Arbeitgeber. Ist eine nach § 4 BetrAVG wirksame Übertragung oder Übernahme erfolgt, hat dies für den bisherigen Schuldner **schuldbefreiende** Wirkung (§ 4 Abs. 6 BetrAVG). 398

§ 4 BetrAVG kann durch **tarifvertragliche Regelung abbedungen** werden (§ 17 Abs. 3 BetrAVG). Geschieht dies, kann eine Übertragung auch auf andere, in § 4 BetrAVG nicht benannte Rechtsträger erfolgen. Da der gesetzliche Insolvenzschutz nach § 7 BetrAVG nicht tarifdisponibel ist, kommt eine Übertragung nur auf einen insolvenzfesten Träger oder mit Zustimmung des PSVaG in Betracht. 399

---

1 Gesetz v. 28.11.1983, BGBl. I, 1377.
2 BAG 22.12.2009 – 3 AZR 814/07, NZA 2010, 568.
3 *Förster/Cisch/Karst*, § 3 BetrAVG Rz. 23.
4 BAG 24.3.1998 – 3 AZR 800/96, NZA 1998, 1280.
5 *Blomeyer/Rolfs/Otto*, § 3 BetrAVG Rz. 42.
6 BAG 24.3.1998 – 3 AZR 800/96, NZA 1998, 1280.
7 BAG 7.8.1975 – 3 AZR 505/74, BB 1975, 1380; 30.11.1980 – 3 AZR 364/79, NJW 1981, 1632.
8 BAG 20.11.2001 – 3 AZR 28/01, EzA-SD 2002, Nr. 1821.
9 BGBl. I 2004, 1427 ff.

a) § 4 BetrAVG als Verbotsnorm

400 § 4 BetrAVG beinhaltet eine **Verbotsnorm** iSd. § 134 BGB, die den Wechsel des Versorgungsschuldners verbietet. Unproblematisch ist die bloße **Erfüllungsübernahme** durch einen Dritten. Sie benachteiligt weder den PSVaG noch den Versorgungsberechtigten. Denn der ursprünglich verpflichtete Versorgungsschuldner wird dadurch nicht frei. Gleiches gilt für einen **Schuldbeitritt**, auch er führt nicht zu einer Verschiebung des Haftungsrisikos. Von der Übernahme der Versorgungszusage ist schließlich auch der Wechsel des Durchführungsweges zu unterscheiden, den § 4 BetrAVG nicht regelt. Er ist deshalb zulässig[1], soweit dem Arbeitnehmer dadurch kein Nachteil entsteht. Das BAG schränkt einen Wechsel nur ein, wenn die Versorgungszusage einen Anspruch auf Einhaltung eines Versorgungswegs gewährt[2].

401 Versorgungsverbindlichkeiten können nicht wie jede andere Schuld von **beliebigen** Dritten übernommen werden. § 4 BetrAVG ist **lex specialis** zu § 415 BGB und schränkt die Übernahme von Versorgungsverbindlichkeiten ein. In Betracht kommen vielmehr nur Unternehmen, bei denen der ausgeschiedene Arbeitnehmer beschäftigt wird. Pensionskassen, Lebensversicherer und öffentlich-rechtliche Versorgungsträger können nach der neuen Gesetzesfassung Versorgungszusagen (mit Ausnahme der Regelung in § 4 Abs. 4 BetrAVG) nicht mehr übernehmen. Eine vertragliche Schuldübernahme durch andere Versorgungsträger oder Dritte bezeichnet das Gesetz ausdrücklich als unwirksam.

Beispiel:

Die A-GmbH gewährt ihren Arbeitnehmern Leistungen der betrieblichen Altersversorgung. Der versorgungsberechtigte Arbeitnehmer scheidet aus und erhält Versorgungsleistungen. Nach dem Ausscheiden des Arbeitnehmers erfolgt eine Betriebsaufspaltung. Die A-GmbH fungiert künftig nur noch als Besitzgesellschaft. Produktionsgesellschaft wird die neu gegründete A-GmbH und Co. KG. Diese soll auch alle Versorgungsansprüche erfüllen. Gem. § 613a Abs. 1 Satz 1 BGB tritt sie auch in die bestehenden Versorgungsanwartschaften ein. § 613a Abs. 1 Satz 1 BGB erfasst aber nicht laufende Versorgungsansprüche bereits vor der Betriebsaufspaltung ausgeschiedener Arbeitnehmer. Nach dem Wortlaut des § 4 BetrAVG kann die GmbH und Co. KG die laufenden Verbindlichkeiten aus Zusagen von Arbeitnehmern, die vor der Betriebsaufspaltung ausgeschieden sind, nicht übernehmen.

402 § 4 BetrAVG bezweckt damit den **Schutz des Arbeitnehmers**. Es soll sichergestellt werden, dass der Arbeitnehmer nicht durch die Übernahme der Versorgungsleistungen einen zahlungskräftigen Schuldner verliert. Damit wird zugleich auch der **PSVaG** als Träger der gesetzlichen Insolvenzsicherung geschützt. Denn er ist es, der im Insolvenzfall eintreten muss[3]. Dabei geht der Gesetzgeber offenbar davon aus, dass ein neuer Arbeitgeber keine signifikanten zusätzlichen Risiken für die Insolvenzsicherung nach § 7 BetrAVG generiert; allerdings ist die Eintrittspflicht des PSVaG auch in diesem Fall nach § 7 Abs. 5 Satz 3 Nr. 2 BetrAVG bei Sicherungsfällen in den ersten beiden Jahren nach Übernahme der Zusage der Höhe nach beschränkt. Die Neufassung der Vorschrift fördert die **Mobilität** des Arbeitnehmers, indem sie die Möglichkeiten zur Übertragung von Versorgungsrechten ausweitet.

403 § 4 BetrAVG erfasst neben gesetzlich unverfallbaren Anwartschaften nun auch ausdrücklich **laufende Versorgungsleistungen**[4]. Würden die Einschränkungen des § 4 BetrAVG nicht auch für laufende Leistungen gelten, wäre ein Schutz der Haftungsmasse und damit des PSVaG nicht zu erreichen[5]. § 4 BetrAVG schränkt die Übernahme

---

1 *Höfer*, ART Rz. 1297 ff.; BAG 14.12.1999 – 3 AZR 675/98, AP Nr. 6 zu § 4 BetrAVG.
2 BAG 12.6.2007 – 3 AZR 186/06, AP Nr. 47 zu § 1 BetrAVG.
3 BAG 17.3.1987 – 3 AZR 605/85, AP Nr. 4 zu § 4 BetrAVG (zu § 4 BetrAVG aF).
4 So schon zur alten Gesetzesfassung BAG 17.3.1987 – 3 AZR 605/85, AP Nr. 4 zu § 4 BetrAVG.
5 *Höfer*, § 4 BetrAVG Rz. 3645.

von Versorgungsverbindlichkeiten nur bei **gesetzlich unverfallbaren Anwartschaften** und laufenden Leistungen ein, nicht aber bei noch vertraglich unverfallbaren Versorgungsanwartschaften. Denn mit dem Ausscheiden des Arbeitnehmers würde diese Anwartschaft ohnehin verfallen, so dass eine Inanspruchnahme des PSVaG nicht droht[1].

Nach Auffassung des BAG zu § 4 BetrAVG in der bis zum 31.12.2004 gültigen Fassung war der **völlige Ausschluss der Übertragbarkeit** von Versorgungsverbindlichkeiten auf andere als die in § 4 Abs. 1 BetrAVG aF genannten Rechtsträger mit dem Sinn und Zweck des Gesetzes nicht zu rechtfertigen. Das Ziel, die ursprüngliche Haftungsmasse zu erhalten, begünstige im Wesentlichen den PSVaG, der das Insolvenzrisiko trage. Dieser könne aber selbst beurteilen, ob er das Risiko eingehen kann. Eine Übertragung von Versorgungsverbindlichkeiten auf andere als die in § 4 BetrAVG aF genannten Versorgungsträger sei deshalb zulässig, wenn neben dem Versorgungsberechtigten auch der PSVaG zustimme[2]. Der Gesetzgeber hat diese Rechtsprechung bei der Neufassung der Vorschrift nicht aufgenommen, so dass davon auszugehen ist, dass Übertragungen auf andere Rechtsträger überhaupt nicht mehr zulässig sind. Dafür spricht auch, dass mit der Neufassung ein weiterer Schutzzweck hinzugekommen ist, nämlich die Übertragungsmöglichkeit von Versorgungsrechten auf spätere Arbeitgeber. Diese würden eingeschränkt, wenn ein Dritter die Versorgungspflichten schuldbefreiend übernehmen könnte. Der alte Arbeitgeber stünde dann zB für Vereinbarungen nach § 4 Abs. 2 BetrAVG nicht mehr zur Verfügung. 404

Unabhängig davon erteilt der **PSVaG** die zur Übernahme von Versorgungsverbindlichkeiten notwendigen Zustimmungen **nicht**[3]. Er hat sich allerdings auf die Entscheidung des BAG vom 26.6.1980 hin durch eine **geschäftsplanmäßige Erklärung** vom 12.11.1981[4] verpflichtet, die Insolvenzsicherung bei schuldbefreienden Übertragungen laufender Versorgungsleistungen auf Versorgungsträger, die nicht in § 4 Abs. 1 BetrAVG genannt sind, zu übernehmen, wenn die Übertragungen vor dem 1.1.1981 vorgenommen worden sind. Dabei kommt es darauf an, dass bis zu dem genannten Zeitraum alle Wirksamkeitsvoraussetzungen vorliegen, also die Übertragung der Versorgungsverbindlichkeiten vereinbart war, der versorgungsberechtigte Arbeitnehmer davon in Kenntnis gesetzt wurde und der Enthaftung eines bisherigen Schuldners zustimmte. Wurden diese Voraussetzungen ganz oder teilweise erst später erfüllt, verbleibt es bei der fehlenden Zustimmung des PSVaG mit der Folge, dass eine Übertragung der Versorgungsverbindlichkeiten nicht wirksam möglich ist. 405

b) Übernahme einer Versorgungszusage durch den neuen Arbeitgeber (§ 4 Abs. 2 Nr. 1 BetrAVG)

§ 4 Abs. 2 Nr. 1 BetrAVG regelt die **Übernahme** einer Versorgungszusage **durch den neuen Arbeitgeber**. Notwendig dazu ist eine Vereinbarung zwischen dem Arbeitnehmer, dem alten und dem neuen Arbeitgeber. Der neue Arbeitgeber muss die bisherige Zusage ihrem Inhalt nach unverändert fortführen, ist aber nicht gehindert, den Durchführungsweg zu wechseln[5]. Nach weitergehender Auffassung kann die Zusage mit Übernahme noch darüber hinaus abgeändert und etwa auch den Bedingungen des eigenen Versorgungswerks fortgeführt werden, solange der Arbeitnehmer einverstanden ist[6]. Unstreitig sind der neue Arbeitgeber und der Arbeitnehmer nicht daran gehindert, den Inhalt der zunächst unverändert übernommenen Zusage einvernehmlich abzuändern. 406

---
1 *Höfer*, § 4 BetrAVG Rz. 3660.
2 BAG 26.6.1980 – 3 AZR 156/79, AP Nr. 1 zu § 4 BetrAVG.
3 PSVaG-Merkblatt 300/M10/12.04.
4 BB 1982, 120.
5 BT-Drucks. 15/2150, 53 zu Nr. 5, wo ausdrücklich klargestellt wird, dass § 4 BetrAVG nicht den Wechsel des Durchführungsweges verbietet.
6 *Reichenbach/Jocham*, BB 2008, 1786.

407 Die Übernahme von Versorgungsverbindlichkeiten bedarf der **Zustimmung** des versorgungsberechtigten Arbeitnehmers. Sie kann sowohl gegenüber dem bisherigen als auch gegenüber dem neuen Schuldner erklärt werden. Wird sie nicht erteilt, können die schuldbefreienden Wirkungen für den bisherigen Versorgungsverpflichteten nicht eintreten. Die Zustimmungserklärung ist an keine Form gebunden, kann deshalb auch **konkludent** erklärt werden. Die bloße Entgegennahme von Versorgungsleistungen eines Dritten beinhaltet allerdings noch keine Zustimmung zur Haftungsbefreiung. Nach Auffassung des BAG ist die befreiende Schuldübernahme nämlich ein ungewöhnliches und bedeutsames Rechtsgeschäft. Eine Entlassung des bisherigen Schuldners könne daher nur dann angenommen werden, wenn der Gläubiger dies deutlich zum Ausdruck bringe. Im Zweifel werde der Gläubiger nur annehmen, dass er einen Schuldbeitritt genehmigen solle, der ihn begünstige, weil er einen zusätzlichen Schuldner erhalte[1].

408 Die Rechtsfolgen der an einer Übertragung von Versorgungsverbindlichkeiten nach § 4 Abs. 2 Nr. 1 BetrAVG Beteiligten richten sich nach den **§§ 414 ff. BGB**. § 4 BetrAVG lässt den Lauf der Unverfallbarkeitsfristen unberührt. Mit der Übernahme der Versorgungsverpflichtung kann eine Beitragspflicht zur Insolvenzsicherung entstehen, nämlich dann, wenn der Übernehmer die Versorgungsverpflichtung selbst übernimmt oder er Träger einer übernehmenden Unterstützungskasse ist[2], für die der neue Arbeitgeber einzustehen hat.

c) Übertragung des Übertragungswertes (§ 4 Abs. 2 Nr. 2 BetrAVG)

409 § 4 Abs. 2 Nr. 2 BetrAVG ermöglicht die **einvernehmliche Übertragung** des **Anwartschaftswertes** bei Beendigung des Arbeitsverhältnisses. Dabei wird der Wert der beim alten Arbeitgeber erworbenen unverfallbaren Anwartschaft in einen bezifferten Kapitalbetrag, den **Übertragungswert**, umgerechnet. Dieser Übertragungswert wird auf den neuen Arbeitgeber überführt. Dieser wiederum hat dem Arbeitnehmer dann eine dem Übertragungswert wertgleiche Versorgungszusage zu erteilen. Für diese Zusage gelten dann die Regeln zur Entgeltumwandlung, dh., die Zusage ist sofort unverfallbar, unterliegt aber gem. § 7 Abs. 5 Satz 3 BetrAVG nur eingeschränkt dem Insolvenzschutz (vgl. Rz. 519).

410 Der Übertragungswert bemisst sich nach Abs. 5. Maßgebend ist der Barwert der nach § 2 BetrAVG ermittelten Anwartschaft. Das Gesetz schreibt vor, dass bei der Barwertberechnung der bei der jeweiligen Form der betrieblichen Altersversorgung vorgeschriebene Rechnungszinsfuß und die Rechnungsgrundlagen sowie die anerkannten Regeln der Versicherungsmathematik zu berücksichtigen sind. Dies kann zur Folge haben, dass der Übertragungswert trotz inhaltlich gleicher Zusage unterschiedlich hoch ist. Denn für die verschiedenen Durchführungswege der betrieblichen Altersversorgung gelten unterschiedliche Rechnungszinssätze, so für unmittelbare Zusagen ein Zinssatz von 6 % und für Unterstützungskassen ein Satz von 5,5 %. Bei Direktversicherungen ist das geschäftsplanmäßige Deckungskapital als maßgeblicher Abfindungsbetrag zugrunde zu legen.

d) Anspruch auf Übertragung (§ 4 Abs. 3 BetrAVG)

411 § 4 Abs. 3 BetrAVG gibt dem Arbeitnehmer einen **Anspruch** auf Übertragung des Übertragungswertes. Ziel der Vorschrift ist, die Mobilität des Arbeitnehmers zu fördern und die Versorgungsansprüche möglichst bei einem Arbeitgeber zusammen-

---

1 BAG 11.11.1986 – 3 AZR 194/85, NZA 1987, 559.
2 *Höfer*, § 4 BetrAVG Rz. 3700.

zufassen[1]. Allerdings soll der bisherige Arbeitgeber dabei nicht überfordert werden, deshalb ist der Anspruch beschränkt: Der Arbeitnehmer kann ihn nur innerhalb eines Jahres seit seinem Ausscheiden geltend machen. Der Anspruch besteht nicht, wenn die betriebliche Altersversorgung über eine Direktzusage oder über eine Unterstützungskasse durchgeführt wird, weil sonst der Arbeitgeber gezwungen würde, im Unternehmen gebundene Rückstellungen für den vorzeitig ausscheidenden Arbeitnehmer auszukehren. Schließlich ist der Anspruch begrenzt auf Anwartschaften, deren Wert die im Jahr der Übertragung geltende Beitragsbemessungsgrenze in der gesetzlichen Rentenversicherung nicht übersteigt. Sie beträgt 2014 71 400 Euro in Westdeutschland und 60 000 Euro in Ostdeutschland. Ein Recht auf teilweise Mitnahme von Anwartschaften gibt es nicht. Der Anspruch richtet sich gegen die Lebensversicherung bzw. gegen die Pensionskasse, wenn der Arbeitgeber die sog. versicherungsförmige Lösung gem. § 2 Abs. 2 Satz 2 oder Abs. 3 Satz 2 BetrAVG gewählt hat. Das Gleiche gilt, wenn der Arbeitnehmer in der Jahresfrist nach seinem Ausscheiden die Versicherung oder Versorgung mit eigenen Beiträgen fortgeführt hat.

Korrespondierend zu den Verpflichtungen des alten Arbeitgebers muss der neue Arbeitgeber eine dem Übertragungswert wertmäßig entsprechende neue Versorgungszusage erteilen. Er ist verpflichtet, diese über einen Pensionsfonds, eine Pensionskasse oder über eine Lebensversicherung durchzuführen. Die neue Zusage ist wiederum nach den Regeln über die Entgeltumwandlung sofort unverfallbar und insolvenzgeschützt. Unter den Voraussetzungen des § 7 Abs. 5 Satz 3 BetrAVG kann aber der Insolvenzschutz eingeschränkt sein. Der Übertragungswert bemisst sich nach § 4 Abs. 5 BetrAVG. Maßgebend ist der Barwert der nach § 2 BetrAVG ermittelten Anwartschaft. Der Übertragungswert ist durch versicherungsmathematische Berechnung zu ermitteln. Bei Direktversicherungen ist das geschäftsplanmäßige Deckungskapital als maßgeblicher Wert zu Grunde zu legen. 412

e) Unternehmensliquidation (§ 4 Abs. 4 BetrAVG)

§ 4 Abs. 4 BetrAVG erleichtert die **Liquidation** von Unternehmen, die unmittelbare Versorgungsleistungen zugesagt haben, die betriebliche Altersversorgung über einen Pensionsfonds durchführen oder ihre Arbeitnehmer über eine Unterstützungskasse begünstigen und dafür auch nach Einstellung der Betriebstätigkeit weiterhaften müssten. Bei Unternehmen, die ihre betriebliche Altersversorgung über eine Direktversicherung oder eine Pensionskasse abwickeln, gibt es ohnehin keine Probleme bei einer Liquidation, weil hier die Verpflichtungen praktisch ausgelagert sind. Um eine Liquidation auch bei unmittelbaren Zusagen, Unterstützungskassen und Pensionsfonds zu ermöglichen, können ausnahmsweise Versorgungsverpflichtungen auch ohne Zustimmung des Versorgungsberechtigten von einer Pensionskasse oder einem Unternehmen der Lebensversicherung übernommen werden. Dabei muss sichergestellt sein, dass die Überschussanteile ab Rentenbeginn ausschließlich zur Erhöhung der laufenden Leistungen verwendet werden. Die Übertragung auf eine Lebensversicherung muss außerdem insolvenzfest sein. Das kann dadurch erreicht werden, dass dem Arbeitnehmer die Versicherungsnehmereigenschaft übertragen oder aber das Bezugsrecht unwiderruflich gestellt wird[2]. § 4 Abs. 4 Satz 2 BetrAVG stellt mit dem Verweis auf § 2 Abs. 2 Satz 4 bis 6 BetrAVG sicher, dass der Versorgungsberechtigte seine Versorgungsansprüche nicht vor Eintritt des Versorgungsfalles beschädigen oder verbrauchen kann. 413

---

1 *Blumenstein*, BetrAV 2004, 236; *Förster/Cisch*, BB 2004, 2126.
2 *Höfer*, § 4 BetrAVG Rz. 3759.

f) Treuhandlösungen

414 Mittels **Treuhandlösungen (Contractual Trust Arrangements – CTA**[1]**)** können betriebliche Versorgungsverpflichtungen nicht **schuldbefreiend** ausgegliedert werden. Bei einer Treuhandlösung überträgt der Arbeitgeber Vermögenswerte auf einen Treuhänder, der diese dann zur Erfüllung der Versorgungszusagen verwendet. Ziel eines solchen Vorgehens ist meist eine Stärkung des Bilanzbildes für Unternehmen, die einen internationalen Jahresabschluss erstellen. Internationale Jahresabschlüsse werden überwiegend nach den Grundsätzen des IAS (Internationale Accounting Standards) und den FAS (Statement of Financial Accounting Standards) aufgestellt. Diese lassen es zu, dass Versorgungsverpflichtungen nicht in die Abschlüsse aufgenommen werden, soweit sie durch das einem Treuhänder übereignete Vermögen abgesichert sind. Notwendig ist dafür, dass der Treuhänder von dem aus der Zusage verpflichteten Unternehmen unabhängig ist, das Vermögen nur zweckgebunden verwendet werden darf und die Gläubiger des Arbeitgebers darauf nicht zugreifen können[2]. Der auf der internationalen Bilanz aufbauende deutsche Konzernabschluss muss dann ebenfalls Pensionsrückstellungen nicht ausweisen[3]. Die bilanzielle Auslagerung von Versorgungsverpflichtungen beendet die arbeitsrechtliche Verpflichtung des Arbeitgebers aus der Versorgungszusage indes nicht[4].

7. Auskunftsanspruch (§ 4a BetrAVG)

415 Der Auskunftsanspruch ist in § 4a BetrAVG (früher § 2 Abs. 6 BetrAVG aF), geregelt (vgl. ausführlich zum Informations- und Auskunftspflichten Rz. 269 ff. Der Arbeitgeber oder sonstige Versorgungsträger hat dem Arbeitnehmer **mitzuteilen**, ob die Voraussetzungen einer unverfallbaren Versorgungsanwartschaft erfüllt sind und in welcher Höhe Versorgungsleistungen bei Erreichen der in der Versorgungsregelung vorgesehenen Altersgrenze beansprucht werden können[5]. Im Zusammenhang mit der Neuregelung zur sog. **Portabilität** (vgl. Rz. 398 ff.) gem. § 4 BetrAVG wurden in § 4a Abs. 1 Nr. 2 und Abs. 2 BetrAVG auch die Auskunftsansprüche der Arbeitnehmer erweitert. Der Arbeitgeber muss nicht nur über den Übertragungswert informieren, sondern auch mitteilen, in welcher Höhe aus dem Übertragungswert Ansprüche auf betriebliche Versorgungsleistungen bestehen. Der Anspruch besteht auch schon im laufenden Arbeitsverhältnis und nicht erst nach dem Ausscheiden. Die im allgemeinen Sprachgebrauch als Anwartschaftsausweis bezeichnete Auskunft ist nur auf Verlangen zu erteilen.

8. Auszehrungs- und Anrechnungsverbot (§ 5 BetrAVG)

416 Für die **inhaltliche Ausgestaltung** einer Versorgungszusage gilt grundsätzlich das Prinzip der **Vertragsfreiheit**. Der Arbeitgeber bestimmt weitgehend darüber, ob und ggf. welche Versorgung dem Arbeitnehmer zuteil werden soll. Die Versorgungszusage kann eine Gesamtversorgung vorsehen oder Anrechnungs- und Begrenzungsklauseln enthalten. Das betriebliche Ruhegeld dient dann dazu, einen unter Berücksichtigung sonstiger Versorgungsbezüge in der Versorgungszusage definierten Versorgungsbedarf abzudecken.

---

1 Nähere Einzelheiten zur Struktur von CTA-Modellen: *Schipp*, FS 25 Jahre ARGE Arbeitsrecht im DAV, S. 1097, 1106; *Passarge*, DB 2005, 2746; *Höfer/Meißner*, DB 2004, 2057; *Küppers/Louven*, BB 2004, 337; *Knortz*, DB 2003, 2399; *Rößler*, BB 2010, 1405; Einzelheiten bei *Wortmann* in Schlewing/Henssler/Schipp/Schnitker, Teil 16 A Rz. 720 ff.
2 *Höfer*, § 7 BetrAVG Rz. 4599.1; vgl. hierzu *Passarge*, DB 2005, 2746.
3 *Höfer*, § 7 BetrAVG Rz. 4599.2; *Meier/Bätzel*, DB 2004, 1439.
4 *Rößler*, BB 2010, 1405.
5 BAG 9.12.1997 – 3 AZR 695/96, NZA 1998, 1171.

II. Die betriebliche Altersversorgung nach BetrAVG

Beispiel:

Der Arbeitgeber sagt dem Arbeitnehmer eine Gesamtversorgung unter Anrechnung der Sozialversicherungsrente von 3 000 Euro zu. Beträgt die Sozialversicherungsrente 1 500 Euro, so muss der Arbeitgeber die Differenz zur zugesagten Gesamtversorgung von 3 000 Euro, also weitere 1 500 Euro, als betriebliches Ruhegeld bezahlen. Ebenso ist möglich, dass der Arbeitgeber dem Arbeitnehmer einen bestimmten Prozentsatz seines letzten Netto- oder Bruttoeinkommens zusagt und sich vorbehält, darauf anderweitige Versorgungsleistungen anzurechnen.

Das BetrAVG geht davon aus, dass anderweitige Versorgungsbezüge auf den betrieblichen Ruhegeldanspruch **angerechnet** werden dürfen, soweit dies in der Versorgungszusage vorgesehen ist. Eine Anrechnung von Versorgungsbezügen bedarf einer **besonderen und eindeutigen Rechtsgrundlage**, anderenfalls ist sie nicht zulässig[1]. § 5 BetrAVG schränkt die Anrechnung anderweitiger Versorgungsbezüge jedoch für Fälle der sog. Auszehrung und für vom Arbeitnehmer durch Eigenbeiträge selbst finanzierte Versorgungsrechte ein:

a) Auszehrungsverbot (§ 5 Abs. 1 BetrAVG)

§ 5 Abs. 1 BetrAVG beinhaltet das sog. Auszehrungsverbot. Betriebliche Ruhegeldleistungen sollen durch spätere Veränderungen anzurechnender anderer Versorgungsleistungen nicht mehr vermindert werden können. Der bei Eintritt des Versorgungsfalles **bestehende Versorgungsanspruch wird festgeschrieben**, er kann auch dann nicht mehr verringert werden, wenn sich eine anzurechnende Versorgungsleistung später erhöht.

Beispiel:

Der Arbeitgeber hat eine Gesamtversorgung von 3 000 Euro monatlich zugesagt. Die anzurechnende Sozialversicherungsrente beträgt 1 500 Euro. Nach Eintritt des Versorgungsfalles wird im Rahmen der gewöhnlichen Erhöhungen der Sozialversicherungsrenten die anzurechnende Rente auf 1 550 angehoben. Der bei Eintritt des Versorgungsfalles feststehende Betriebsrentenanspruch von 1 500 Euro bleibt unverändert. Die Gesamtversorgung beträgt dann 3 050 Euro. Die um 50 Euro höhere Sozialversicherungsrente darf nicht angerechnet werden.

Das Auszehrungsverbot des § 5 Abs. 1 BetrAVG gilt jedoch nur dann, wenn die anzurechnende Leistung an die **wirtschaftliche Entwicklung** angepasst wird. Darunter fallen u.a. die jährlichen Erhöhungen der Leistungen der gesetzlichen Rentenversicherung gem. § 65 iVm. § 68 SGB VI[2]. Das Auszehrungsverbot greift nicht, wenn die anzurechnende Leistung aus **anderen Gründen** erhöht wird. Tritt bspw. eine höhere Erwerbsunfähigkeits- oder vorgezogene Altersrente an die Stelle einer niedrigeren Berufsunfähigkeitsrente, so kann der höhere Rentenbetrag angerechnet werden. In diesem Fall können sich die vom Arbeitgeber aufzubringenden Leistungen verringern. Das Auszehrungsverbot schließt die Anrechnung zum Zwecke der Vermeidung von Doppelleistungen nicht aus, so dass die Anrechnung einer anderen, vom Arbeitgeber finanzierten Leistung auch zu einer niedrigeren Ausgangsrente führen kann[3].

Das Auszehrungsverbot des § 5 Abs. 1 BetrAVG gilt erst ab Eintritt des Versorgungsfalls. Durch die Anrechnung anderweitiger Versorgungsleistungen in der Versorgungszusage können sich deshalb von vorneherein auch sog. Null-Leistungen ergeben. Das Auszehrungsverbot schützt nur von einer späteren Auszehrung im Laufe der Leistungsphase.

---

1 BAG 5.9.1989 – 3 AZR 654/87, AP Nr. 32 zu § 5 BetrAVG.
2 *Höfer*, § 5 BetrAVG Rz. 4000.
3 BAG 13.12.2011 – 3 AZR 731/09, DB 2012, 984.

Beispiel:

Der Arbeitgeber sagt eine Gesamtversorgung von 1 500 Euro monatlich zu, auf die die Sozialversicherungsrente angerechnet werden soll. Übersteigt nun die anzurechnende Sozialversicherungsrente den Betrag von 1 500 Euro, so verbleibt keine Differenz mehr, die der Arbeitgeber mit betrieblichen Leistungen auffüllen müsste.

421 Nach Auffassung des BAG darf der Arbeitgeber allerdings Versorgungsleistungen nicht von vornherein so konzipieren, dass die Versorgungsanwartschaft bis zum Eintritt des Versorgungsfalles in der Regel durch den steigenden anderweitigen Versorgungsbezug aufgezehrt wird[1].

b) Anrechnung anderweitiger Versorgungsbezüge (§ 5 Abs. 2 BetrAVG)

422 Nach § 5 Abs. 2 BetrAVG dürfen Versorgungsbezüge, die auf eigenen Beiträgen des Versorgungsempfängers beruhen, nicht angerechnet werden. Von diesem Verbot macht das Gesetz eine Ausnahme. **Renten aus der gesetzlichen Rentenversicherung**, soweit sie auf Pflichtbeiträgen beruhen, dürfen voll angerechnet werden, denn Pflichtbeiträge zur gesetzlichen Rentenversicherung haben Arbeitgeber und Arbeitnehmer regelmäßig zu gleichen Teilen aufzubringen. Gleiches gilt für sonstige Bezüge, die mindestens zur Hälfte auf Beiträgen oder Zuschüssen des Arbeitgebers beruhen.

Beispiel:

Der Arbeitgeber sagt dem Arbeitnehmer ein betriebliches Ruhegeld von 1 500 Euro monatlich zu. Darauf sollen alle anderen der Altersversorgung dienenden Leistungen angerechnet werden. Der Arbeitnehmer hat Anspruch auf eine Sozialversicherungsrente. Daneben hat er aus Eigenvorsorge eine Lebensversicherung abgeschlossen, aus der er monatlich 100 Euro erwartet. Die auf Pflichtbeiträgen beruhende gesetzliche Rentenversicherung darf angerechnet werden, und zwar in voller Höhe, also auch hinsichtlich des durch Arbeitnehmerbeiträge finanzierten Teils. Die allein vom Arbeitnehmer finanzierte Lebensversicherung darf hingegen nicht berücksichtigt werden.

423 Eine auf Pflichtbeiträgen beruhende Sozialversicherungsrente kann selbst dann angerechnet werden, wenn der Versorgungsberechtigte die Wartezeit für die Sozialversicherungsrente mit **freiwilligen Beiträgen** erfüllt hat. Allerdings müssen dabei die Anteile der Sozialversicherungsrente, die gerade auf den freiwilligen Beiträgen beruhen, von der Anrechnung ausgenommen werden[2]. Auch **ausländische Pflichtversicherungsrenten** sind anrechenbar[3]. Anrechenbar sind ferner Renten aus der **gesetzlichen Unfallversicherung**. Nicht anrechenbar ist dabei jedoch derjenige Teil der Rente, der die Funktion eines Schmerzensgeldes hat. Dazu gehört mindestens die Grundrente nach dem Bundesversorgungsgesetz[4]. Anrechenbar sind schließlich auch anderweitige **Erwerbseinkünfte** und **Karenzentschädigungen** aus nachvertraglichen Wettbewerbsverboten. Auch in diesen Fällen muss aber die anzurechnende Leistung in der Versorgungsregelung eindeutig bezeichnet sein[5]. Für die Anrechnung anderweitiger Leistungen, die keinen Versorgungscharakter haben, gelten im Übrigen die allgemeinen Grundsätze. Es ist das Willkürverbot zu beachten und der Gleichbehandlungsgrundsatz anzuwenden[6]. Nicht unbedenklich ist deshalb die Anrechnung von Privatvermögen oder Versicherungsleistungen.

---

1 BAG 18.12.1975 – 3 AZR 58/75, AP Nr. 170 zu § 242 BGB – Ruhegehalt.
2 BAG 17.9.2013 – 3 AZR 300/11, nv.; 19.2.1976 – 3 AZR 212/75, EzA § 242 BGB – Ruhegeld Nr. 49.
3 BAG 24.4.1990 – 3 AZR 309/88, EzA § 5 BetrAVG Nr. 23.
4 BAG 2.2.1988 – 3 AZR 115/86, EzA § 5 BetrAVG Nr. 17.
5 BAG 5.9.1989 – 3 AZR 654/87, AP Nr. 32 zu § 5 BetrAVG.
6 *Höfer*, § 5 BetrAVG Rz. 3977 ff.

424 Nach der Rechtsprechung des BAG werden das Zusammentreffen von mehreren Leistungen, die auf in eigener Person erworbenen Rechten beruhen, und das Zusammentreffen von Leistungen, die auf Rechten mehrerer Personen beruhen, nicht gleichbehandelt. Der letzte Fall ist typischerweise bei der Hinterbliebenenversorgung gegeben, bei der die Hinterbliebenenversorgung des verstorbenen Arbeitnehmers auf eigene Rechte des Hinterbliebenen wie dessen Arbeitsvergütung oder Sozialversicherungsrente trifft. Das BAG bewertet für solche Fälle eine Anrechnungsregelung insoweit als unverhältnismäßig, als sie die vom Hinterbliebenen kraft eigenen Rechts erworbene Rente – etwa eine eigene Sozialversicherungsrente – um mehr als 80 % wirtschaftlich entwertet. Dem versorgungsberechtigten Hinterbliebenen müssten 20 % des anderweitigen Bezuges verbleiben, die sich also nicht auf die Berechnung der Hinterbliebenenleistung der betrieblichen Altersversorgung auswirken[1]. Unzulässig ist auch eine differenzierende Anrechnung von Arbeitseinkommen des Hinterbliebenen, je nachdem, ob er dies beim Versorgungsschuldner oder bei anderen Arbeitgebern erzielt[2].

9. Vorzeitige Altersleistungen (§ 6 BetrAVG)

425 § 6 BetrAVG ermöglicht dem Versorgungsberechtigten, schon vor Erreichen der Regelaltersgrenze in der gesetzlichen Rentenversicherung **vorzeitig betriebliches Ruhegeld** in Anspruch zu nehmen, wenn er die Altersrente aus der gesetzlichen Rentenversicherung als Vollrente bezieht. Unabhängig von § 6 BetrAVG kann die Versorgungszusage eine **frühe feste Altersgrenze** festlegen, so dass ab dem Erreichen dieser Altersgrenze betriebliche Ruhegelder ungekürzt in Anspruch genommen werden können (zur festen Altersgrenze vgl. Rz. 363 ff.). Schließlich kann der Arbeitgeber in der Versorgungszusage die Möglichkeit der Inanspruchnahme einer vorzeitigen, regelmäßig gekürzten Altersrente vorsehen, etwa um das frühe Ausscheiden aus dem Betrieb zu fördern[3].

426 § 6 BetrAVG verlangt, dass der Arbeitnehmer aus der gesetzlichen Rentenversicherung eine **Vollrente** bezieht; eine Teilrente genügt nicht. Eine Vollrente wird aber auch dann bezogen, wenn die Sozialversicherungsrente wegen vorzeitiger Inanspruchnahme nur mit Abschlägen (0,3 % für jeden Monat des vorzeitigen Bezugs) gezahlt wird. § 30a BetrAVG stellt Männer, die nach alter Rechtslage anders als Frauen mit Vollendung des 60. Lebensjahres noch keine Sozialversicherungsrente in Anspruch nehmen konnten, Frauen gleich und ergänzt insoweit § 6 BetrAVG, um eine Diskriminierung zu vermeiden. § 30a BetrAVG bestimmt, dass Männern für nach dem 17.5.1990 abgeleistete Dienstzeiten eine vorzeitige Altersrente frühestens ab dem 60. Lebensjahr zu gewähren ist, wenn sie die für Frauen geltenden Anspruchsvoraussetzungen für eine vorzeitige gesetzliche Altersrente sowie die Leistungsvoraussetzungen der Versorgungszusage erfüllen[4].

a) Bezug des betrieblichen Ruhegeldes vor Erreichen der Regelaltersgrenze

427 § 6 BetrAVG bezieht sich nur auf betriebliches Altersruhegeld, nicht auch auf Invaliditäts- und Hinterbliebenenleistungen[5]. Die Möglichkeit, auch betriebliche Ruhegeldleistungen vorzeitig in Anspruch zu nehmen, besteht selbst dann, wenn dies in der Versorgungsregelung **nicht vorgesehen** ist. Allerdings muss der Versorgungs-

---

1 BAG 18.5.2010 – 3 AZR 80/08, BB 2010, 1339.
2 BAG 19.7.2011 – 3 AZR 398/09, DB 2012, 1214.
3 BAG 8.3.2011 – 3 AZR 666/09, NZA-RR 2011, 666/09.
4 BAG 15.4.2014 – 3 AZR 114/12, NZA 2014, 767.
5 *Blomeyer/Rolfs/Otto*, § 6 BetrAVG Rz. 12; *Höfer*, § 6 BetrAVG Rz. 4077.

berechtigte die übrigen Anspruchsvoraussetzungen für das betriebliche Ruhegeld erfüllen, insbesondere eine etwaige **Wartezeit**[1] abgeleistet haben.

aa) Inanspruchnahme der gesetzlichen Altersrente

428 Gesetzlichen Anspruch auf vorzeitige Ruhegeldleistungen hat nur, wer die gesetzliche Altersrente **tatsächlich in Anspruch nimmt**. Der Arbeitnehmer muss dem Arbeitgeber die Inanspruchnahme der gesetzlichen Altersrente nachweisen. Dies geschieht in der Regel durch Vorlage eines Rentenbescheides. Oftmals verzögern sich allerdings die Rentenzahlungen des Sozialversicherungsträgers aus beim Versorgungsträger liegenden Gründen, die der Anspruchsberechtigte nicht beeinflussen kann. Der Rentenbescheid des Rentenversicherungsträgers weist dann aber als Zeitpunkt des Eintritts des Versorgungsfalles das Datum aus, zu dem alle für den vorzeitigen Rentenbezug notwendigen Voraussetzungen erfüllt waren. Der Arbeitnehmer hat dann ggf. einen Anspruch auf Rentennachzahlung gegenüber seinem Arbeitgeber.

429 Zu den im Gesetz genannten **gesetzlichen Altersrenten**, die einen vorzeitigen Anspruch auf betriebliches Ruhegeld auslösen können, gehören die Altersrente für langjährig Versicherte (§ 36 SGB VI), die Altersrente für schwerbehinderte Menschen (§ 37 SGB VI) und die Altersrente für langjährig unter Tage beschäftigte Bergleute (§ 40 SGB VI). Sonderregelungen gibt es für langjährig Versicherte (§ 236 SGB VI), schwerbehinderte Menschen (§ 236a SGB VI), Arbeitslose sowie Altersteilzeitler (§ 237 SGB VI) und für Frauen (§ 237a SGB VI). Erfasst sind bestimmte Geburtsjahrgänge mit bestimmter Anzahl von Versicherungsjahren. § 45 Abs. 1 SGB VI sieht daneben noch eine besondere Rente für Bergleute vor; sie ist keine Altersrente iSd. § 6 BetrAVG.

430 Leistungen aus einer **befreienden Lebensversicherung** stehen der Inanspruchnahme der gesetzlichen Rente nicht gleich[2]. Anders verhält sich dies bei **berufsständischen Pflichtversorgungswerken**, zu denen aufgrund öffentlich-rechtlicher Bestimmungen Pflichtbeiträge zu entrichten sind. Sie treten an die Stelle der gesetzlichen Rentenversicherung iSd. §§ 36–40 SGB VI. Die Inanspruchnahme vorzeitiger Renten aus diesen Versorgungswerken berechtigt deshalb auch zum Leistungsbezug eines betrieblichen Ruhegeldes[3]. Denn es handelt sich auch hier um öffentlich-rechtlich strukturierte Versorgungssysteme.

bb) Erfüllung der Wartezeit

431 Vorzeitige betriebliche Ruhegeldleistungen kann nicht beanspruchen, wer nach der Altersversorgungszusage eine abzuleistende **Wartezeit**[4] noch nicht erfüllt hat. Der Arbeitgeber kann die Wartezeit frei bestimmen, solange er sich nicht in Widerspruch zu höherrangigem Recht setzt. Sie darf ohne Weiteres **länger** bemessen sein als die gesetzlichen Unverfallbarkeitsfristen[5]. Hat der Arbeitnehmer bis zum Bezug der vorgezogenen gesetzlichen Rente die Wartezeit noch nicht erfüllt, so führt dies aber keineswegs zu einem Leistungsausschluss. Vielmehr kann er, wenn das nach der Versorgungszusage nicht ausgeschlossen ist, auch nach seinem Austritt die Wartezeit **noch erfüllen**. Betriebliche Ruhegeldleistungen sind ihm dann ab dem Zeitpunkt zu gewähren, ab dem die Wartezeit erfüllt ist[6]. Nach Auffassung des BAG kommt es nicht darauf an, ob der Arbeitnehmer bei Ausscheiden aus den Diensten des Arbeitgebers und

---

1 Zum Begriff vgl. BAG 24.2.2004 – 3 AZR 5/03, DB 2004, 1158.
2 *Blomeyer/Rolfs/Otto*, § 6 BetrAVG Rz. 22; LAG Rh.-Pf. 24.7.1990 – 3 Sa 254/90, BetrAV 1991, 44.
3 AA *Höfer*, § 6 BetrAVG Rz. 4135.
4 BAG 24.2.2004 – 3 AZR 5/03, DB 2004, 1158.
5 BAG 9.3.1982 – 3 AZR 389/79, AP Nr. 13 zu § 1 BetrAVG – Wartezeit.
6 BAG 28.2.1989 – 3 AZR 470/87, AP Nr. 16 zu § 6 BetrAVG.

anschließendem Eintritt in den Ruhestand die Unverfallbarkeitsfrist des § 1b BetrAVG bereits erfüllt hatte. Auch wenn er die Wartezeit noch nicht erfüllt hat, ist er nicht als Versorgungsanwärter zu betrachten[1]. Keine Betriebsrentenleistungen kann er allerdings dann beanspruchen, wenn die Wartezeit auch nicht bis zum Erreichen der Regelaltersgrenze in der gesetzlichen Rentenversicherung oder einer früheren festen Altersgrenze erfüllt werden kann. In diesem Falle wirkt die Wartezeit anwartschaftsausschließend als Höchstaltersgrenze (vgl. zur Wirksamkeit von Höchstaltersgrenzen Rz. 185 ff.).

cc) Sonstige Leistungsvoraussetzungen

Sonstige in der Versorgungszusage genannte Leistungsvoraussetzungen müssen ebenfalls erfüllt sein. Dazu zählt regelmäßig, dass der Arbeitnehmer tatsächlich aus den Diensten seines Arbeitgebers **ausgeschieden** ist oder sogar jedwede **Erwerbstätigkeit aufgegeben** hat. Nicht erforderlich ist, dass die Unverfallbarkeitsfristen des § 1 BetrAVG erfüllt werden. Darauf kommt es ohnehin nicht an, wenn der Arbeitnehmer aus Anlass des Versorgungsfalles aus den Diensten des Arbeitgebers ausgeschieden ist[2].

432

dd) Zahlungsverlangen des Arbeitnehmers

Der **Versorgungsberechtigte** muss von seinem Arbeitgeber Versorgungsleistungen verlangen. Er muss also initiativ werden. Der Arbeitgeber ist nicht von sich aus verpflichtet, vorzeitige Leistungen zu gewähren. Form und Frist des Leistungsverlangens richten sich nach der Versorgungszusage.

433

b) Wegfall der Leistungen

Fallen die Voraussetzungen für den Bezug der gesetzlichen Altersrente weg, endet auch die Verpflichtung zur Zahlung vorzeitiger betrieblicher Ruhegelder. Dies kommt insbesondere dann in Betracht, wenn der Arbeitnehmer durch eine entgeltliche Tätigkeit die gesetzlichen **Hinzuverdienstgrenzen überschreitet** (§ 34 Abs. 2 iVm. Abs. 3 Nr. 1 SGB VI) und deshalb keine (Voll-)Rente aus der Sozialversicherung beziehen kann. Der Wegfall der gesetzlichen Altersrente führt nicht zu einem endgültigen Leistungsausschluss in der betrieblichen Altersversorgung. Bezieht der Arbeitnehmer erneut eine Rente aus der gesetzlichen Rentenversicherung, kann er ebenfalls die **Wiederaufnahme** der betrieblichen Ruhegeldzahlungen verlangen. Die betrieblichen Ruhegeldleistungen können auch dann eingestellt werden, wenn die gesetzliche Altersrente auf einen Teilbetrag beschränkt wird. Der Wegfall der gesetzlichen Vollrente verpflichtet den Arbeitgeber nicht zur Leistungseinstellung. § 6 Satz 2 BetrAVG räumt ihm hierzu lediglich die Möglichkeit ein. Dies ist letztlich nur eine rechtliche Selbstverständlichkeit. Denn das BetrAVG hindert den Arbeitgeber nicht, über das gesetzlich festgeschriebene Mindestmaß hinaus günstigere Regelungen zu treffen. Wird nach der Versorgungsregelung ein **Kapitalbetrag** geschuldet, so gewährt der Wegfall der gesetzlichen Altersrente kein teilweises Rückforderungsrecht. Der Arbeitnehmer kann vielmehr die Kapitalleistung vollumfänglich behalten[3].

434

Der ausgeschiedene Arbeitnehmer hat nach § 6 Satz 3 BetrAVG **Informationsverpflichtungen**. Er muss den Arbeitgeber darüber unaufgefordert unterrichten, wenn die Voraussetzungen für den vorzeitigen Bezug des betrieblichen Altersruhegeldes entfallen sind. Unterbleibt eine Information, kommen Rückzahlungsverpflichtungen und Schadensersatzleistungen in Betracht.

435

---

1 BAG 28.2.1989 – 3 AZR 470/87, AP Nr. 16 zu § 6 BetrAVG.
2 BT-Drucks. 7/1281, 30.
3 *Höfer*, § 6 BetrAVG Rz. 4173.

c) Höhe vorzeitiger Leistungen

436 Gesetzlich ist nicht geregelt, in welcher Höhe der Arbeitnehmer vorzeitige Leistungen verlangen kann[1]. Versorgungsregelungen können vorsehen, dass für den vorzeitigen Bezug von der Vollrente **Abschläge** vorzunehmen sind. Derartige Abschläge sind insbesondere deshalb gerechtfertigt, weil durch den vorzeitigen Bezug des Ruhegeldes die Gesamtaufwendungen nicht ausgeweitet werden sollen. Durch den voraussichtlich längeren Bezug des Ruhegeldes sollen insbesondere keine finanziellen Vorteile erwachsen[2]. Es gilt deshalb, der kürzeren Dienstzeit des Versorgungsberechtigten[3], der voraussichtlich längeren Bezugsdauer der höheren Erlebenswahrscheinlichkeit und dem Zinsnachteil aus der vorzeitigen Zahlung Rechnung zu tragen[4]. Aus diesem Grund lässt die Rechtsprechung auch ohne ausdrückliche Regelung einen sog. untechnischen versicherungsmathematischen Abschlag zu. Diese Rechtsprechung gilt sowohl für Rentenzusagen wie für Zusagen auf Kapitalleistung[5].

aa) Berechnung bei vorgezogener Inanspruchnahme

437 Tritt der Versorgungsberechtigte unmittelbar aus dem Arbeitsverhältnis heraus in den Ruhestand, sind nachfolgende Rechenschritte vorzunehmen:

(1) Verringerte Anzahl von Steigerungsbeträgen

438 Sieht eine Versorgungszusage jährliche Steigerungsbeträge oder zu erdienende jährliche Rentenbausteine vor, kann die Höhe des Ruhegeldes so bestimmt werden, dass aufsteigend die bis zur vorzeitigen Verrentung erreichten Steigerungsbeträge oder Bausteine angesetzt werden[6]. Damit wird der verringerten Betriebszugehörigkeit Rechnung getragen.

Beispiel:

Die Versorgungszusage sieht vor, dass für jedes Dienstjahr ein Ruhegeld von 10 Euro gezahlt wird. Bis zur Vollendung der für ihn maßgeblichen Altersgrenze in der gesetzlichen Rentenversicherung von 65 Lebensjahren hätte der Arbeitnehmer 25 Dienstjahre erreichen können. Er hätte dann eine Betriebsrente von 250 Euro (25 Dienstjahre × 10 Euro) erhalten. Nimmt er nun schon mit dem vollendeten 60. Lebensjahr Betriebsrente in Anspruch, wurden nur 20 Steigerungsbeträge erreicht. Das ergibt ein Ruhegeld von 200 Euro (20 Jahre × 10 Euro).

(2) Versicherungsmathematischer Abschlag

439 Zur Wiederherstellung der Wertgleichheit zwischen vorzeitigen und Regelaltersleistungen lässt die Rechtsprechung[7] zu, dass die Versorgungszusage versicherungsmathematische Abschläge vorsieht. Nachträglich kann ein solcher Abschlag nicht eingeführt werden[8]. Bei laufenden Renten werden gewöhnlich **Kürzungsfaktoren von 0,3–0,5 % für jeden Monat der vorzeitigen Inanspruchnahme**[9] vereinbart. Eine

---

1 BAG 29.7.1997 – 3 AZR 134/96, NZA 1998, 544; 23.1.2001 – 3 AZR 164/00, BB 2001, 1854; 24.7.2001 – 3 AZR 684/00, BB 2001, 1688.
2 BAG 22.4.1986 – 3 AZR 496/83, AP Nr. 8 zu § 1 BetrAVG – Unterstützungskassen; 23.1.2001 – 3 AZR 164/00, DB 2001, 1887; 18.11.2003 – 3 AZR 517/02, EzA-SD 2004 Nr. 9, 14.
3 BAG 15.11.2011 – 3 AZR 778/09, nv.
4 *Höfer*, § 6 BetrAVG Rz. 4209; *Schipp*, NZA 2002, 1113.
5 BAG 25.6.2013 – 3 AZR 219/11, NZA 2013, 1421.
6 BAG 23.1.2001 – 3 AZR 164/00, DB 2001, 1887; 1.6.1978 – 3 AZR 216/77, BAGE 33, 333.
7 BAG 13.3.1990 – 3 AZR 338/89, AP Nr. 17 zu § 6 BetrAVG; 12.3.1991 – 3 AZR 102/90, AP Nr. 9 zu § 1 BetrAVG – Besitzstand; 23.1.2001 – 3 AZR 164/00, DB 2001, 1887; 18.11.2003 – 3 AZR 517/02, EzA-SD 2004, Nr. 9, 14.
8 BAG 24.6.1986 – 3 AZR 630/84, DB 1987, 691.
9 BAG 23.1.2001 – 3 AZR 164/00, DB 2001, 1887; 18.11.2003 – 3 AZR 517/02, BB 2004, 1455; 8.3.2011 – 3 AZR 666/09, NZA-RR 2011, 591.

derartige Kürzung gestattet das BAG auch ausnahmsweise dem PSVaG bei der Bemessung vorzeitiger Rentenleistungen[1], selbst wenn die Versorgungszusage einen versicherungsmäßigen Abschlag nicht enthält. Es sind auch andere Kürzungsmöglichkeiten denkbar. Dabei muss jedoch der arbeitsrechtliche Gleichbehandlungsgrundsatz berücksichtigt werden. Bezieher vorzeitiger betrieblicher Ruhegelder dürfen nicht sachwidrig bevorzugt oder benachteiligt werden[2].

Beispiel:

Dem Arbeitnehmer sind per Vollendung des 65. Lebensjahres monatliche Ruhegeldleistungen von 1 000 Euro zugesagt worden. Er nimmt ein vorgezogenes gesetzliches Ruhegeld ab Vollendung des 60. Lebensjahres in Anspruch. Die Altersversorgungsregelung sieht für jeden vorzeitigen Bezugsmonat einen versicherungsmathematischen Abschlag von 0,5 % vor. Der Arbeitnehmer kann ab Vollendung des 60. Lebensjahres auch das betriebliche Ruhegeld verlangen. Der Arbeitgeber darf es jedoch für jeden vorzeitigen Monat um 0,5 %, hier also um insgesamt 30 % (60 × 0,5 %), kürzen. Dem Arbeitnehmer steht deshalb nur eine vorzeitige Ruhegeldleistung in Höhe von monatlich 700 Euro zu.

(2) Quasiratierlicher Abschlag bei fehlender Regelung

Oftmals fehlen in Versorgungszusagen Regelungen über die Bemessung der vorzeitigen Ruhegeldleistungen. Dies kann darauf beruhen, dass bei Schaffung der Versorgungsregelung noch keine rechtliche Möglichkeit der vorzeitigen Inanspruchnahme bestand oder aber die Inanspruchnahme vorzeitiger Leistungen einfach nicht bedacht wurde. Ist die Versorgungsregelung insoweit lückenhaft, lässt das BAG eine **dienstzeitabhängige Quotierung** der zugesagten Vollrente entsprechend § 2 Abs. 1 BetrAVG zu[3]. Dies gilt allerdings weder für Versorgungsordnungen aus der Zeit vor Inkrafttreten des BetrAVG[4], noch in Fällen, in denen die Versorgungsordnung einen solchen **Abzug zumindest schlüssig ausschließt**[5]. Bei der Kürzung lässt das BAG die längere Rentenbezugsdauer und die Zinsbelastung unberücksichtigt und gesteht dem Arbeitgeber eine Kürzungsmöglichkeit nur für die fehlende Dienstzeit zu.

Die Kürzung wegen der vorzeitigen Inanspruchnahme erfolgt daher im Verhältnis der **tatsächlichen Betriebszugehörigkeit** bis zum Eintritt des Versorgungsfalles zur **möglichen Betriebszugehörigkeit** bis zum Erreichen der Regelaltersgrenze oder einer früheren festen Altersgrenze.

Beispiel:

Dem Arbeitnehmer wird ein betriebliches Ruhegeld von monatlich 1 000 Euro per Vollendung des 65. Lebensjahres zugesagt. Er tritt mit Vollendung des 40. Lebensjahres ein und nimmt mit Vollendung des 60. Lebensjahres vorgezogenes gesetzliches und deshalb auch betriebliches Ruhegeld in Anspruch. Er hat Anspruch auf den Teil der zugesagten Vollleistung (= 1 000 Euro), der dem Verhältnis der tatsächlichen Dienstjahre bis zum Eintritt des Versorgungsfalles (= 20 Dienstjahre) zu den möglichen Dienstjahren bis zur Vollendung des 65. Lebensjahres (= 25 Jahre) entspricht. Der Arbeitnehmer könnte vorzeitige Leistungen in Höhe von monatlich 800 Euro (1 000 Euro : 25 × 20) beanspruchen.

Eine solche dienstzeitabhängige Quotierung kann natürlich auch Inhalt der Versorgungszusage sein. Sie gilt im Übrigen auch dann, wenn eine anderweitige Regelung wegen Missachtung der Mitbestimmung des Betriebsrats unwirksam ist[6].

---

1 BAG 20.4.1982 – 3 AZR 1137/79, AP Nr. 4 zu § 6 BetrAVG; 13.3.1990 – 3 AZR 338/89, AP Nr. 17 zu § 6 BetrAVG.
2 *Höfer*, § 6 BetrAVG Rz. 4202; BAG 29.7.1997 – 3 AZR 114/96, NZA 1998, 543.
3 BAG 20.4.1982 – 3 AZR 1137/79 u. 24.6.1986 – 3 AZR 630/84, AP Nr. 4 und 12 zu § 6 BetrAVG.
4 BAG 15.11.2011 – 3 AZR 778/09, nv.
5 BAG 10.12.2013 – 3 AZR 726/11, BB 2014, 755.
6 BAG 24.6.1986 – 3 AZR 630/84, AP Nr. 12 zu § 6 BetrAVG.

bb) Höhe bei Ausscheiden mit unverfallbarer Anwartschaft

443 Vorzeitige betriebliche Ruhegeldleistungen kann der Arbeitnehmer auch dann verlangen, wenn er vor Eintritt des Versorgungsfalles mit einer unverfallbaren Versorgungsanwartschaft ausgeschieden ist. Die Voraussetzungen für einen vorzeitigen Bezug nach § 6 BetrAVG müssen natürlich auch hier erfüllt sein. Allerdings besteht auch hier das Bedürfnis, die zugesagte Vollrente zu mindern, um die durch die vorgezogene Inanspruchnahme gestörte Wertgleichheit wiederherzustellen:

(1) Verminderte Betriebszugehörigkeit

444 Zunächst hielt das BAG **bis zu drei Kürzungen** des Ruhegeldes bei vorzeitiger Inanspruchnahme für zulässig. Eine erste Kürzung konnte eintreten, weil der Versorgungsberechtigte in der Versorgungszusage vorgesehene Steigerungsbeträge für die Zeit zwischen dem vorzeitigen Versorgungsfall und der Altersgrenze nicht mehr erreichen konnte. Eine weitere Kürzung war über einen versicherungsmathematischen Abschlag wegen der früheren Inanspruchnahme möglich. Eine weitere Kürzung ergab sich schließlich aus § 2 Abs. 1 BetrAVG, weil der Berechtigte schon vor der Pensionierung mit unverfallbarer Versorgungsanwartschaft ausgeschieden war[1]. Davon ist das BAG mit Urteil vom 23.1.2001 abgerückt. Das betriebliche Ruhegeld dürfe wegen der kürzeren Betriebszugehörigkeit nicht zweimal gekürzt werden. Eine dienstzeitbezogene Kürzung ergäbe sich schon aus der geringeren Anzahl von Steigerungsbeträgen oder der quasiratierlichen Berechnung des Anspruchs (vgl. Rz. 440). Sei der Berechtigte mit unverfallbarer Anwartschaft vor dem Versorgungsfall ausgeschieden, werde mit der ratierlichen Berechnung nach § 2 Abs. 1 BetrAVG der kürzeren Dienstzeit noch einmal Rechnung getragen. Denn als mögliche Betriebszugehörigkeit iSd. § 2 Abs. 1 BetrAVG werde nicht nur die Zeit bis zur vorzeitigen Inanspruchnahme, sondern vielmehr die gesamte Phase bis zur Altersgrenze veranschlagt. Da die ratierliche Berechnung nach § 2 Abs. 1 BetrAVG gesetzlich vorgeschrieben ist, muss von der bis zum Erreichen der Altersgrenze (Altersgrenze in der gesetzlichen Rentenversicherung oder frühere feste Altersgrenze) vorgesehenen Leistungshöhe[2] ausgegangen werden[3].

Das BAG hat ausdrücklich offen gelassen, ob diese Berechnungsgrundsätze auch für Gesamtversorgungssysteme gelten[4]. Für aufsteigend zu berechnende Leistungen erwägt das BAG nun eine abweichende Berechnungsweise: Hier soll an Stelle der bis zum Erreichen der Altersgrenze in der gesetzlichen Rentenversicherung oder einer früheren festen Altersgrenze möglichen Altersleistung die bis zum vorzeitigen Ruhestand erreichbare Leistung zugrunde gelegt werden (entspricht insoweit der früheren Rechtsprechung). Das Ergebnis soll dann aber im Verhältnis der tatsächlich erreichten Betriebszugehörigkeit zu der bis zum vorzeitigen Ruhestand möglichen gekürzt werden[5]. Diese modifizierte Berechnungsweise wirkt sich allerdings nur bei vom BAG für atypisch angesehenen Versorgungszusagen aus (vgl. auch Rz. 344).

Beispiel:
Der Arbeitgeber sagt einen Sockelbetrag von 100 Euro für die ersten 15 Dienstjahre und für jedes weitere Dienstjahr ein Ruhegeld von 30 Euro zu. Der Arbeitnehmer tritt mit 37 vollendeten Lebensjahren in das Unternehmen ein und scheidet weitere 23 Jahre später, also mit 60 Jahren, wieder aus. Mit vollendeten 62 Lebensjahren nimmt er vorgezogenes Alters-

---

1 BAG 13.3.1990 – 3 AZR 338/89, AP Nr. 17 zu § 6 BetrAVG; 12.3.1991 – 3 AZR 102/90, AP Nr. 9 zu § 1 BetrAVG – Besitzstand.
2 BAG 23.1.2001 – 3 AZR 164/00, DB 2001, 1887; 24.7.2001 – 3 AZR 684/00, BB 2001, 1688.
3 Kritisch zur Rspr. des BAG: *Höfer*, RdA 2001, 121; *Grabner/Bode*, BB 2001, 2425; *Berenz*, DB 2001, 2346; *Heubeck/Oster*, BetrAV 2001, 230, *Schipp*, NZA 2002, 1113.
4 BAG 23.1.2001 – 3 AZR 164/00, DB 2001, 1887; 18.11.2003 – 3 AZR 517/02, EzA-SD 2004 Nr. 9, 14.
5 BAG 18.11.2003 – 3 AZR 517/02, EzA-SD 2004, Nr. 9, 14–15.

ruhegeld in Anspruch. Die Versorgungszusage sieht einen versicherungsmathematischen Abschlag von 0,5 % für jeden Monat des vorzeitigen Bezugs vor.

Zu berechnen ist also zuerst die Leistung, die bis zum vorzeitigen Ruhestand (hier mit vollendeten 62 Lebensjahren) möglich wäre. Das sind 400 Euro (150 Euro für die ersten 15 Dienstjahre zuzüglich 10 Steigerungsbeträge von je 30 Euro bis zum vorzeitigen Beginn des Ruhestandes). Dieser Betrag ist im Verhältnis tatsächlicher Betriebszugehörigkeit zur möglichen bis zum Eintritt des vorzeitigen Versorgungsfalles zu kürzen (also 23 Jahre zu 25 Jahren). Das ergibt 368 Euro. Hiervon ist ein versicherungsmathematischer Abschlag von 30 % (60 × 0,5 % = 110,40 Euro) vorzunehmen; das ergibt eine Leistung von 257,60 Euro. Bei „normaler" Berechnung würde sich ein Anspruch von 295,16 Euro ergeben (mögliche Leistung per 67. Lebensjahr = 550 Euro, gekürzt im Verhältnis 23 tatsächlicher Dienstjahre zu 30 möglichen Dienstjahren bis zur Vollendung 67. Lebensjahr = 421,66 Euro abzüglich versicherungsmathematischen Abschlags von 30 % = 295,16 Euro).

Bei der ratierlichen Berechnung nach § 2 Abs. 1 BetrAVG ist zu berücksichtigen, dass die Bemessungsgrundlagen auf den Zeitpunkt des Ausscheidens bei dem Arbeitgeber festgeschrieben werden (§ 2 Abs. 5 BetrAVG). Der so errechnete Betrag ist dann der ratierlichen Kürzung zugrunde zu legen. **445**

(2) Längere Laufzeit, höhere Erlebenswahrscheinlichkeit, Zinslast

Sieht die Versorgungszusage einen versicherungsmathematischen Abschlag vor, darf dieser zum Ausgleich der verlängerten Rentenlaufzeit, der höheren Erlebenswahrscheinlichkeit und des Zinsverlustes für die frühere Bereitstellung der Leistung angewendet werden. Es muss dann wie folgt gerechnet werden: **446**

Beispiel:

Dem Arbeitnehmer wird eine dienstzeitabhängige Versorgungszusage mit einem Sockelbetrag von 100 Euro erteilt. Für jedes abgeleistete Dienstjahr soll er zusätzlich eine monatliche Rente von 10 Euro erhalten. Der Arbeitnehmer tritt mit Vollendung des 42. Lebensjahres ein. Mit Vollendung des 62. Lebensjahres beansprucht er vorgezogenes Altersruhegeld. Bis zum Eintritt des Versorgungsfalles (Inanspruchnahme des betrieblichen Ruhegeldes mit 62 Lebensjahren) hätte der Arbeitnehmer eigentlich nur 20 Dienstjahre und damit 100 Euro zzgl. 20 Steigerungsbeträge à 10 Euro erdient. Nach der neuen Rechtsprechung des BAG sind aber auch noch die bis zur Vollendung des 67. Lebensjahres möglichen Steigerungsbeträge zu berücksichtigen. Es ist also von 350 Euro auszugehen.

Ist der Arbeitnehmer schon vor Eintritt des Versorgungsfalls mit 57 vollendeten Lebensjahren ausgeschieden, ergeben sich 15 tatsächliche Dienstjahre zu 25 möglichen Dienstjahren. Das Ruhegeld beträgt dann 210 Euro (= 350 Euro : 25 Jahre × 15 Jahre).

Die Versorgungszusage sieht nun noch einen versicherungsmathematischen Abschlag von 0,5 % für jeden Monat des Rentenbezugs vor der Altersgrenze vor. Wegen des Bezugs der Rente ab Vollendung des 62. Lebensjahres sind 30 % (5 Jahre = 60 Monate × 0,5 %), also 63 Euro, abzuziehen. Es verbleiben dann 147 Euro.

Fehlt eine Kürzungsregelung in der Versorgungszusage, lässt das BAG sowohl für Rente- als auch für Kapitalzahlungen[1] einen sog. **unechten oder untechnischen versicherungsmathematischen Abschlag**[2] zu, wenn Abzüge in der Versorgungsregelung nicht zumindest schlüssig abbedungen sind[3]. Dabei wird die Vollrente im Verhältnis der möglichen Dienstjahre bis zum Versorgungsfall zu der möglichen Dienstzeit bis zur Altersgrenze nach § 2 Abs. 1 BetrAVG quotiert. **447**

---

1 BAG 25.6.2013 – 3 AZR 219/11, NZA 2013, 1421.
2 BAG 10.10.2013 – 3 AZR 832/11, NZA-RR 2014, 375; 23.1.2001 – 3 AZR 164/00, DB 2001, 1887.
3 BAG 19.6.2012 – 3 AZR 289/10, BB 2012, 2828; 19.4.2011 – 3 AZR 318/09, EzA Nr. 32 zu § 2 BetrAVG.

Beispiel:

Im obigen Beispiel bedeutet das: Ermittelt wird der erreichbare Anspruch bei Vollendung des 67. Lebensjahres, das sind hier 350 Euro (100 Euro Sockelbetrag + 25 Steigerungsbeträge bis zur Altersgrenze × 10 Euro). Dieser Betrag wird gem. § 2 Abs. 1 BetrAVG gekürzt. Das ergibt einen Betrag von 210 Euro (350 Euro : 25 mögliche Dienstjahre × 15 Jahre bis Ausscheiden). Dieser Betrag ist dann noch einmal entsprechend § 2 Abs. 1 BetrAVG im Verhältnis der möglichen Dienstzeit bis zum vorzeitigen Versorgungsfall zur möglichen Dienstzeit bis zur Altersgrenze ratierlich (sog. unechter versicherungsmathematischer Abschlag) zu kürzen (= 210 Euro : 25 Jahre × 20 Jahre bis vorzeitigem Rentenbeginn). Das ergibt einen Betrag von 168 Euro.

448 Auch unter dem Gesichtspunkt des Vertrauensschutzes kommt eine solche Kürzung in Betracht: Hat nämlich der Arbeitgeber im Vertrauen auf die ältere Rechtsprechung des BAG einen versicherungsmathematischen Abschlag nicht vorgenommen, weil seiner Auffassung nach die übrigen Kürzungsmöglichkeiten ausreichen, kann er als Ersatz dafür einen sog. unechten versicherungsmathematischen Abschlag vornehmen[1].

d) Hinterbliebenenrente und Invaliditätsleistungen

449 Bei einem vorzeitigen Ausscheiden mit unverfallbarer Anwartschaft auf eine Invaliditätsrente oder eine Hinterbliebenenversorgung sind die vom BAG für den vorzeitigen Altersruhegeldbezug entwickelten Berechnungsgrundsätze nicht anzuwenden. Es handelt sich um andere Versorgungsformen, die der Arbeitgeber neben Altersversorgungsleistungen nicht zusagen muss. Für den Gesetzgeber gab es besondere Gründe, zwischen tatsächlich bis zum Versorgungsfall erreichbarer Betriebszugehörigkeit und bei Ermittlung des Unverfallbarkeitsfaktors zu berücksichtigender möglicher Betriebszugehörigkeit zu unterscheiden[2]. Das BAG hat deshalb die zur Berechnung vorgezogener Altersruhegelder entwickelte Rechtsprechung nicht auf Invaliditäts- und Hinterbliebenenversorgungsansprüche[3] übertragen[4].

10. Insolvenzsicherung (§§ 7–14 BetrAVG)

450 Mit Gesetz vom 19.12.1974 wurde ein **Insolvenzschutz** für betriebliche Ruhegelder eingeführt. Kann der Arbeitgeber Versorgungsansprüche nicht mehr erfüllen, weil er insolvent geworden ist, so erhält der Versorgungsberechtigte einen gesetzlichen Anspruch gegen den **Pensions-Sicherungs-Verein auf Gegenseitigkeit (PSVaG)**.

451 Für die neuen Bundesländer gelten Besonderheiten. Nach dem Wortlaut des Einigungsvertrages gilt der gesetzliche Insolvenzschutz nur für Zusagen, die **nach dem 31.12.1991 erteilt** wurden. Die bloße Fortführung einer bestehenden Zusage oder einer bereits laufenden Rentenzahlung genügt nicht[5]. **Ältere** Versorgungszusagen sind dann insolvenzgeschützt, wenn der verpflichtete Arbeitgeber sie **nach dem 31.12.1991** ausdrücklich neu zusagt. Zusagezeitpunkt iSd. Unverfallbarkeitsregelungen ist der Zeitpunkt der Neuzusage[6]. Für die Betriebszugehörigkeit zählen auch Zeiten vor dem 1.1.1992, etwa bei Produktionsgenossenschaften[7].

---

1 BAG 23.1.2001 – 3 AZR 164/00, DB 2001, 1887.
2 Vgl. näher *Neumann*, FS Förster, S. 219.
3 Hier gelten nach wie vor die im Urteil BAG 14.3.1989 – 3 AZR 306/87, KTS 1989, 898, aufgestellten Grundsätze.
4 BAG 21.8.2001 – 3 AZR 649/00, BAGE 98, 344.
5 Vgl. BAG 24.4.1998 – 3 AZR 778/96, ZIP 1998, 1236; 19.1.2010 – 3 AZR 660/09, ZIP 2010, 1663.
6 BAG 29.1.2008 – 3 AZR 522/06, DB 2008, 1867; nähere Einzelheiten: *Schipp*, BetrAV 2008, 564.
7 BAG 19.1.2010 – 3 AZR 660/09, ZIP 2010, 1663.

II. Die betriebliche Altersversorgung nach BetrAVG

a) Träger der Insolvenzsicherung

Träger der Insolvenzsicherung für Ansprüche aus betrieblicher Altersversorgung ist gem. § 14 Abs. 1 BetrAVG der Pensionssicherungsverein auf Gegenseitigkeit (PSVaG) mit Sitz in Köln[1]. 452

b) Konzeption der Insolvenzsicherung und Organisation des PSVaG

Der PSVaG wurde am 7.10.1974 als **Selbsthilfeeinrichtung** der deutschen Wirtschaft entsprechend der traditionellen privatrechtlichen und privatwirtschaftlichen Gestaltung der betrieblichen Altersversorgung in Form einer privatrechtlichen Organisation gegründet. 453

Ausschließlicher Zweck des PSVaG ist die Insolvenzsicherung der betrieblichen Altersversorgung. Zu diesem Zweck erhebt er von den Arbeitgebern, die insolvenzgeschützte Leistungen betrieblicher Altersversorgung zugesagt haben, Beiträge. 454

Der PSVaG ist nicht auf die Erzielung von Gewinnen ausgerichtet, er ist daher von der Körperschafts-, Vermögens-, und Gewerbesteuer befreit. Seine Prämienleistungen an Lebensversicherungsunternehmen und ggf. Pensionskassen unterliegen nicht der Einkommensteuer; entsprechend gelten die Beiträge der beitragspflichtigen Arbeitgeber nicht als steuerpflichtiger Arbeitslohn und sind daher von der Steuer befreit. 455

aa) Rechtliche Doppelstellung

Aufgrund der öffentlich-rechtlich ausgestalteten Beitragspflicht hat der PSVaG eine **rechtliche Doppelstellung**. Seine Leistungen erbringt er gem. §§ 7–9 BetrAVG nach zivilrechtlichen Grundsätzen, Beiträge zieht er gem. §§ 10, 10a BetrAVG nach verwaltungsrechtlichen Prinzipien ein. Er ist insoweit ein mit Befugnissen und Aufgaben der öffentlichen Verwaltung **beliehenes Unternehmen**. 456

bb) Gesetzliches Versicherungsverhältnis

Grundlage der Beitragspflicht ist ein Versicherungsverhältnis, das kraft Gesetzes zwingend entsteht. Innerhalb des Versicherungsverhältnisses ist der PSV Versicherer, der Arbeitgeber Versicherungsnehmer und der Anwärter oder Versorgungsempfänger versicherte Person. Da das Versicherungsverhältnis gesetzlich entsteht, handelt es sich bei Ansprüchen gegen den PSVaG zwar um Versicherungsansprüche, allerdings nicht um solche aus einem Versicherungsvertrag[2]. Die Zahlungsverpflichtung des PSVaG besteht wegen des gesetzlichen Versicherungsverhältnisses deshalb auch unabhängig davon, ob Versicherungsbeiträge entrichtet wurden. Für Ansprüche gegenüber dem PSVaG kommt es nur darauf an, ob die gesetzlichen Voraussetzungen für eine Einstandspflicht erfüllt sind[3]. Umgekehrt besteht eine Zahlungsverpflichtung des PSVaG nicht, wenn zwar Beiträge abgeführt, der geltend gemachte Anspruch aber nach Maßgabe der gesetzlichen Bestimmungen nicht sicherungsfähig ist. 457

cc) Mitgliedschaft und Organisation

Der PSVaG ist organisatorisch als **Versicherungsverein auf Gegenseitigkeit** verfasst. Mitglieder können alle Arbeitgeber sein, die Leistungen der betrieblichen Altersver- 458

---

1 Die Adresse lautet: Pensionssicherungsverein auf Gegenseitigkeit, Bahnstraße 6, 50996 Köln, Tel: 0221/93 65 90, Fax: 0221/90 65 91 96, Internet: www.psvag.de.
2 Vgl. Kemper u.a./*Berenz*, § 7 BetrAVG Rz. 3.
3 Vgl. *Paulsdorff*, § 7 BetrAVG Rz. 14; nähere Einzelheiten zur Mitgliedschaft: Kemper u.a./*Berenz*, § 11 BetrAVG Rz. 2 ff.

sorgung unmittelbar zugesagt haben oder die eine betriebliche Altersversorgung über eine Unterstützungskasse, einen Pensionsfonds oder über eine widerrufliche bzw. abgetretene oder beliehene unwiderrufliche Direktversicherung durchführen. Das Mitgliedschaftsverhältnis ist rein privatrechtlicher Natur. Es beginnt mit der Begründung des Versicherungsverhältnisses und erlischt mit dessen Beendigung. Eine Pflichtmitgliedschaft besteht nicht.

459 Oberstes Organ des PSVaG ist die Mitgliederversammlung. Diese wählt den Aufsichtsrat. Der Aufsichtsrat wiederum bestellt und beruft die Vorstandsmitglieder ab. Der Vorstand besteht aus zwei Mitgliedern; er vertritt den PSVaG gerichtlich und außergerichtlich. Ihm obliegt die Geschäftsführung. Dem PSVaG ist ein Beirat zugeordnet. Er berät den Aufsichtsrat und den Vorstand. Er besteht zu je ⅓ aus Vertretern der Vereinsmitglieder, der Lebensversicherungsunternehmen, die dem Versicherungskonsortium des PSVaG angehören, und Vertretern der Arbeitnehmer der Mitglieder.

dd) Klagen gegen PSVaG

460 Für Klagen gegen den PSVaG aus dem Leistungsverhältnis (zB auf Ruhegeld) sind gem. § 2 Abs. 1 Nr. 5 ArbGG die Gerichte für Arbeitssachen zuständig. Sind die Versorgungsberechtigten nicht Arbeitnehmer, sondern arbeitnehmerähnliche Personen iSd. § 17 Abs. 1 Satz 2 BetrAVG, so ist der Rechtsweg zu den ordentlichen Gerichten eröffnet. Für Rechtsstreitigkeiten aus der Beitragspflicht sind die Verwaltungsgerichte zuständig.

461 Der allgemeine Gerichtsstand des PSVaG ist **Köln**; erstinstanzlich sind **Klagen auf Leistungen** nach Maßgabe von § 7 BetrAVG bei dem Arbeitsgericht in Köln oder bei dem Landgericht in Köln anhängig zu machen[1]. Der PSVaG kann nicht gemäß der Sonderregelung des § 48 Abs. 1a ArbGG an dem Ort verklagt werden, an dem das der Altersversorgungszusage zugrunde liegende Vertragsverhältnis zu erfüllen war, also wo oder von wo aus der Arbeitnehmer gewöhnlich seine Arbeit verrichtet oder zuletzt gewöhnlich verrichtet hat. Wurde die Klage vor einem anderen Gericht erhoben, ist der Rechtsstreit an das betreffende Gericht in Köln zu verweisen.

462 Etwas anderes gilt für Beitragsstreitigkeiten. Die Anfechtungsklage und andere **beitragsbezogene Klagen** sind bei dem Verwaltungsgericht einzureichen, in dessen Bezirk der beitragspflichtige Arbeitgeber seinen Sitz hat (§ 52 Nr. 3 Satz 2 VwGO).[2]

c) Geschützte Durchführungswege

463 Bei den Durchführungswegen der unmittelbaren Versorgungszusage, der Unterstützungskassen- und Pensionsfondszusage besteht uneingeschränkter Insolvenzschutz, genauso bei Direktversicherungen mit widerruflichem Bezugsrecht. Bei **Direktversicherungen** mit **unwiderruflichem** Bezugsrecht ist ein Insolvenzschutz nur insoweit erforderlich, wie die Versicherung vom Arbeitgeber (ggf. mit Zustimmung des Arbeitnehmers) abgetreten, verpfändet oder beliehen ist. Die **Pensionskasse** unterliegt der strengen Aufsicht durch die Bundesanstalt für Finanzdienstleistungsaufsicht (BaFin). Ein Insolvenzschutz ist deshalb nach Bewertung des Gesetzgebers nicht erforderlich. **Öffentlich-rechtliche** Versorgungsträger, die nicht insolvenzfähig sind, benötigen ebenfalls keinen Schutz.

---

1 BAG 4.5.1992 – 5 AS 2/92, nv.
2 VG Würzburg 19.10.2011 – W 3 K 11.456; *Blomeyer/Rolfs/Otto*, § 10 Rz. 63; *Paulsdorff*, § 10 Rz. 21.

Bei **Beitragszusagen mit Mindestleistung** gilt für die Höhe des Anspruches § 2 Abs. 5b BetrAVG. Versichert ist also nur das Versorgungskapital, das dem Arbeitnehmer aufgrund der geleisteten Beiträge bis zur Insolvenz planmäßig zuzurechnen ist, mindestens die Summe der bis dahin zugesagten Beiträge, soweit sie nicht rechnungsmäßig für einen biometrischen Risikoausgleich (Invaliditäts- und Hinterbliebenenversorgung) verbraucht wurden.

464

Ein gut dotierter **Pensionsfonds** kann trotz Insolvenz des Trägerunternehmens uU die versprochenen Leistungen gewähren. Deswegen ist der Pensionsfonds berechtigt, innerhalb eines Monats nach Eintritt der Insolvenz bei der Bundesanstalt für Finanzdienstleistungsaufsicht die Genehmigung zu beantragen, selbst die Ansprüche der Arbeitnehmer des insolventen Unternehmens zu erfüllen (§ 8 Abs. 1a Satz 3 BetrAVG). Die Genehmigung kann die BaFin nur dann erteilen, wenn durch deren Auflagen die dauernde Erfüllbarkeit der Versorgungsleistungen aus dem Pensionsplan sichergestellt werden kann (§ 8 Abs. 1a Satz 2 BetrAVG). Wird die Genehmigung erteilt, überträgt der PSVaG die Leistungspflicht auf den Pensionsfonds, der PSVaG ist damit aus seiner Verpflichtung entlassen. Verweigert die BaFin die Genehmigung zur Leistungserfüllung durch den Pensionsfonds, so muss der PSVaG anstelle des Pensionsfonds die versprochenen Versorgungsleistungen erbringen. Dann geht das Vermögen des Pensionsfonds auf den PSVaG über (§ 9 Abs. 3a iVm. Abs. 3 BetrAVG).

465

d) Geschützte Versorgungsrechte

§ 7 BetrAVG schützt laufende Versorgungsleistungen und gesetzlich unverfallbare Anwartschaften:

466

aa) Laufende Leistungen (§ 7 Abs. 1 BetrAVG)

In erster Linie ist der PSVaG nach § 7 Abs. 1 BetrAVG für **laufende Leistungen** eintrittspflichtig, die der Arbeitgeber insolvenzbedingt nicht mehr erbringen kann. Der PSVaG wird dabei nicht Rechtsnachfolger des insolventen Arbeitgebers, sondern leistet aufgrund des **gesetzlichen Schuldverhältnisses**[1]. Der Umfang der Leistungsverpflichtung richtet sich grundsätzlich nach der vom Arbeitgeber zugesagten Leistung. Steht fest, dass der insolvente Arbeitgeber nicht leistungspflichtig ist, kommt daher auch ein Anspruch gegen den PSVaG nicht in Betracht[2].

467

Anspruchsberechtigt nach § 7 Abs. 1 BetrAVG sind **Rentner**, dh. Personen, die bereits Leistungen der betrieblichen Altersversorgung beziehen. Hierzu gehören auch Personen, die zum Zeitpunkt des Sicherungsfalles die Voraussetzungen für einen Ruhegeldanspruch voll erfüllen, aber noch keine Leistungen bezogen haben (sog. **technischer Rentner**)[3].

468

Der Anspruch gegen den PSVaG **entsteht** gem. § 7 Abs. 1a BetrAVG **zeitlich** mit dem Beginn des auf den Sicherungsfall folgenden Monats (vgl. Rz. 484 ff.). Der Zeitpunkt des Sicherungsfalls ist von der Art des Sicherungsfalls abhängig. In den Fällen des § 7 Abs. 1 Satz 1 und 2 sowie Satz 4 Nr. 1 BetrAVG ist dies der Tag, der sich aus dem Gerichtsbeschluss über die Eröffnung des Insolvenzverfahrens oder die Ablehnung der Eröffnung mangels Masse hervorgeht. Im Fall des § 7 Abs. 1 Satz 4 Nr. 2 BetrAVG ist dies der Tag, der in der Zustimmungserklärung festgelegt wird[4]. Der Zeitpunkt des Eintritts des Sicherungsfalles ist insoweit Absprachen zwischen dem Arbeitgeber

469

---

1 BAG 30.8.1979 – 3 AZR 381/78, DB 1979, 2330.
2 BAG 23.3.1999 – 3 AZR 625/97, ZIP 1999, 1058.
3 Zum Begriff vgl. *Höfer*, ART Rz. 569; *Paulsdorff*, § 7 BetrAVG Rz. 46; vgl. auch BAG 26.1.1999 – 3 AZR 464/97, ZIP 1999, 1018; 18.3.2003 – 3 AZR 313/02, BB 2004, 269.
4 Kemper u.a./*Berenz*, § 7 BetrAVG Rz. 42.

und dem PSVaG zugänglich[1]. Bei dem Sicherungsfall des § 7 Abs. 1 Satz 4 Nr. 3 BetrAVG kommt es darauf an, wann der Arbeitgeber den Pensionären die Versorgungsleistungen mit der Begründung verweigert, er habe kein für die Eröffnung des Insolvenzverfahrens ausreichendes Vermögen, und der PSVaG vom Arbeitgeber oder den Pensionären unter Hinweis hierauf in Anspruch genommen wird[2].

470 Der PSVaG haftet in den Fällen des § 7 Abs. 1 Satz 1 und 4 Nr. 1 und Nr. 3 BetrAVG nicht nur für ab diesem Zeitpunkt fällige Leistungen, sondern auch – allerdings zeitlich beschränkt – für **rückständige Leistungen**, die bereits vor dem Insolvenzstichtag fällig geworden sind, und zwar für rückständige Leistungen der letzten zwölf Monate vor dem Entstehen des Anspruchs[3].

471 Eine **Anpassung laufender Leistungen** der Insolvenzsicherung sieht das Gesetz nicht vor. § 16 BetrAVG ist auf den Anspruch gegen den PSVaG nicht anwendbar[4]. Das BAG begründet seine Auffassung damit, dass der gesetzliche Insolvenzschutz den Arbeitnehmer nicht besser stellen wolle, als einen Arbeitnehmer eines zwar notleidenden, aber noch nicht insolventen Arbeitgebers. Dieser müsse letztlich auf Anpassungen verzichten, solange es seinem Arbeitgeber schlecht gehe. Ein Anspruch auf Anpassung laufender Leistungen besteht nach der Rechtsprechung des BAG aber auch gegen den PSVaG, wenn er sich aus der Versorgungszusage konstitutiv selbst ergibt[5].

bb) Anwartschaften (§ 7 Abs. 2 BetrAVG)

472 Insolvenzschutz besteht nach § 7 Abs. 2 BetrAVG auch für Versorgungsanwartschaften. Voraussetzung ist, dass bei Eintritt des Sicherungsfalls oder bei einem früheren Ausscheiden vor dem Sicherungsfall eine **unverfallbare Versorgungsanwartschaft** besteht. Für den Insolvenzschutz verlangt § 7 Abs. 2 BetrAVG eine nach § 1b BetrAVG unverfallbare Versorgungsanwartschaft. Die Voraussetzungen **gesetzlicher Unverfallbarkeit** müssen folglich erfüllt sein[6]. Anwartschaften, die nur aufgrund vertraglicher Abrede unverfallbar sind, genießen deshalb keinen Insolvenzschutz.

(1) Unverfallbarkeit

473 Die Unverfallbarkeitsvoraussetzungen müssen **spätestens bei Eintritt des Sicherungsfalles** erfüllt sein. Für **Vorruheständler** gelten hier besondere Vergünstigungen. Sie genießen auch dann Insolvenzschutz, wenn sie mit ihrem Ausscheiden die allgemeinen Unverfallbarkeitsvoraussetzungen des § 1b Abs. 1 Satz 1 BetrAVG bei Eintritt der Insolvenz noch nicht erfüllt haben. Denn nach § 1b Abs. 1 Satz 2 BetrAVG behält ein Arbeitnehmer seine Anwartschaft auch dann, wenn er aufgrund einer Vorruhestandsregelung ausscheidet und ohne das vorherige Ausscheiden die Wartezeit und die sonstigen Voraussetzungen für den Bezug von Leistungen der betrieblichen Altersversorgung hätte erfüllen können. Nach Auffassung des BAG wollte der Gesetzgeber den Vorruhestand bewusst fördern. Dazu gehöre auch eine Verbesserung der Unverfallbarkeitsbedingungen[7].

474 Nicht insolvenzgeschützt sind dagegen **vertragliche Abreden**, es sei denn, sie erfüllen zugleich die vom BAG im Urteil vom 10.3.1972 aufgestellten Kriterien oder aber die

---

1 BAG 14.12.1993 – 3 AZR 618/93, DB 1994, 686.
2 BAG 11.9.1980 – 3 AZR 544/79, BAGE 34, 146.
3 BGBl. I, 2940.
4 BAG 3.2.1987 – 3 AZR 330/85, BAGE 54, 168; 5.10.1993 – 3 AZR 698/92, AP Nr. 28 zu § 16 BetrAVG.
5 BAG 22.11.1994 – 3 AZR 767/93, AP Nr. 83 zu § 7 BetrAVG.
6 BAG 22.2.2000 – 3 AZR 4/99, DB 2000, 482.
7 BAG 28.3.1995 – 3 AZR 496/94, DB 1995, 1867.

gesetzlichen Unverfallbarkeitsfristen des § 1b BetrAVG; der gesetzliche Insolvenzschutz steht nicht zur Disposition der Arbeitsvertragsparteien, Betriebs- oder Tarifvertragsparteien. Jede über das Gesetz hinausgehende Regelung mag deshalb zwar zwischen den Arbeitsvertragsparteien Rechtswirkungen entfalten, ist aber gegenüber dem Träger der gesetzlichen Insolvenzsicherung unwirksam[1].

Nach der Rechtsprechung des BAG zu § 1b BetrAVG aF, heute § 30f BetrAVG, konnte eine vertragliche **Anrechnung von Vordienstzeiten** im Ausnahmefall auch zum Erwerb einer unverfallbaren und insolvenzgeschützten Versorgungsanwartschaft führen[2]. Es begründet die Anrechenbarkeit von Vordienstzeiten damit, dass in der Betriebsrente die Vergütung für eine langjährige Betriebstreue liege, welche nicht ersatzlos wegfallen dürfe, wenn der Arbeitnehmer bestimmte Fristen im Dienste seines Arbeitgebers zurückgelegt habe[3]. Soweit das BAG die Anrechnung von Vordienstzeiten mit Wirkung auf den Insolvenzschutz für zulässig erachtet, erfüllt auch eine angerechnete Betriebszugehörigkeit das gesetzliche Tatbestandsmerkmal der Betriebszugehörigkeit, wie es von § 1b BetrAVG aF, § 30f BetrAVG verlangt wird[4]. Voraussetzung für eine Berücksichtigung der Betriebszugehörigkeit aus einem beendeten Arbeitsverhältnis ist, dass ein noch nicht erloschener Besitzstand vorhanden ist und der Arbeitgeber in dem neuen Arbeitsverhältnis sich verpflichtet, diesen Besitzstand zu übernehmen. Das BAG begreift die angerechnete Dienstzeit als eine einzige einheitliche Betriebszugehörigkeit. Folgerichtig verlangt es, dass die anzurechnende Betriebszugehörigkeit bis an das Arbeitsverhältnis heranreicht, welches die neue Versorgungsanwartschaft begründet[5]. Entsprechende Erwägungen können für die Anrechnung von Zusagezeiten zu § 1b BetrAVG nF erwogen werden (vgl. Rz. 318). 475

Eine Anrechnung von Vordienst- oder Zusagezeiten mit Wirkung für den Insolvenzschutz kommt deshalb dann **nicht in Betracht**, wenn das erste Arbeitsverhältnis gar nicht von einer Versorgungszusage begleitet war, zwischen den Arbeitsverhältnissen eine zeitliche, wenn auch nur geringfügige Unterbrechung liegt oder aber der Arbeitgeber in dem letzten Arbeitsverhältnis sich nicht zur Übernahme des Besitzstandes aus dem Vorarbeitsverhältnis verpflichtet hat[6]. 476

In einer Einzelfallentscheidung hat das BAG auch die **Anrechnung sog. „Nachdienstzeiten"** mit Wirkung für den Insolvenzschutz zugelassen. Der gesetzliche Insolvenzschutz greift danach auch dann ein, wenn der Arbeitgeber eine Nachdienstzeit anerkennt, in der der Arbeitnehmer tatsächlich nicht gearbeitet hat, um beim Arbeitnehmer ohne weitere Versorgungseinbußen den Versorgungsfall der vorgezogenen Altersrente in der gesetzlichen Rentenversicherung herbeizuführen. Der Insolvenzschutz folge hier daraus, dass der Arbeitgeber es in der Hand habe, statt der Anrechnung der Nachdienstzeit die Versorgungszusage schlicht zu verbessern, indem entweder die Bemessungsgrundlage angehoben oder zusätzliche Zahlungen zugesagt würden. Wirke sich die Anrechnung der Nachdienstzeit letztlich nicht anders aus als die Verbesserung des Versorgungsversprechens, so sei sie auch insolvenzgeschützt[7]. Eine Verallgemeinerung dieser Entscheidung lehnt das BAG selbst ab[8]. 477

---

1 BAG 22.9.1987 – 3 AZR 662/85, AP Nr. 5 zu § 1 BetrAVG – Besitzstand.
2 BAG 3.8.1978 – 3 AZR 19/77, BAGE 31, 45.
3 BAG 11.1.1983 – 3 AZR 212/80, DB 1984, 195.
4 BAG 11.1.1983 – 3 AZR 212/80, DB 1984, 195.
5 BAG 11.1.1983 – 3 AZR 212/80, DB 1984, 195; 26.9.1989 – 3 AZR 814/87, BAGE 63, 52; 24.6.1998 – 3 AZR 97/97, nv.; 21.1.2003 – 3 AZR 121/02, DB 2003, 2711.
6 BAG 13.3.1990 – 3 AZR 509/88, nv.; 22.2.2000 – 3 AZR 4/99, DB 2000, 482.
7 BAG 10.3.1992 – 3 AZR 140/91, AP Nr. 73 zu § 7 BetrAVG.
8 BAG 30.5.2006 – 3 AZR 205/05, DB 2007, 1987.

(2) Entgeltumwandlungen

478 Bei Entgeltumwandlungen gelten Besonderheiten. Nach § 1b Abs. 5 BetrAVG sind solche Anwartschaften **sofort** unverfallbar, und zwar unabhängig vom Alter des Berechtigten. Auch die Ansprüche aus einer Entgeltumwandlung sind insolvenzgeschützt.

479 Ist die betriebliche Altersversorgung sowohl vom Arbeitgeber als auch aufgrund Entgeltumwandlung durch den Arbeitnehmer finanziert, muss differenziert werden. Für den vom Arbeitgeber finanzierten Teil greift ein Insolvenzschutz nach Erreichen der „normalen" Unverfallbarkeitsvoraussetzungen ein; der vom Arbeitnehmer finanzierte Teil ist ggf. sofort insolvenzgeschützt, soweit nicht die zweijährige Ausschlussfrist des § 7 Abs. 5 BetrAVG eingreift[1]. Ein Insolvenzschutz besteht für seit dem 1.1. 2002 erteilte Zusagen, soweit bis zu 4 % der Beitragsbemessungsgrenze in der gesetzlichen Rentenversicherung für betriebliche Versorgungszwecke verwendet werden (vgl. § 1a Abs. 1 BetrAVG). Die **sofortige Unverfallbarkeit** gilt auch bei Entgeltumwandlungen nur für Zusagen, die seit **2001 erteilt** werden.

(3) Berechnung der Leistungen

480 Die Berechnung der Höhe der unverfallbaren Versorgungsanwartschaft richtet sich gem. § 7 Abs. 2 BetrAVG auch im Insolvenzfall nach § 2 BetrAVG. Diese Berechnungsgrundsätze stehen nicht zur Disposition der Vertrags-, Betriebs- und Tarifparteien, da die Insolvenzsicherung auf den gesetzlichen Mindestschutz unverfallbarer Versorgungsanwartschaften beschränkt ist. Auch wenn also eine Versorgungsordnung die versorgungsfähige Beschäftigungszeit abweichend vom gesetzlichen Modell definiert, verbleibt es bei der gesetzlichen Regelung[2].

481 Für Direktzusagen, Unterstützungskassen und Pensionsfondszusagen ist im Regelfall eine **ratierliche Berechnung** vorzunehmen. Es ist dazu die Dauer der Betriebszugehörigkeit bis zum Erreichen der in der Versorgungsregelung vorgesehenen Altersgrenze zur tatsächlichen Betriebszugehörigkeit ins Verhältnis zu setzen. Die tatsächliche Betriebszugehörigkeit wird dabei allerdings nur bis zum Eintritt des Sicherungsfalles berücksichtigt. § 7 Abs. 2 Satz 3 BetrAVG verweist ferner auf § 2 Abs. 5 BetrAVG. Die Bemessungsgrundlagen werden danach auf die Verhältnisse zum Zeitpunkt des Insolvenzeintritts bzw. eines noch davor liegenden Ausscheidens festgeschrieben. Spätere Erhöhungen dieser Grundlagen bleiben deshalb für den Insolvenzschutz außer Betracht. Auf die Betriebsrente anzurechnende anderweitige Leistungen werden ebenfalls mit den per Insolvenzstichtag gültigen Werten festgeschrieben.

482 Für Direktversicherungen verweist § 7 Abs. 2 Satz 3 BetrAVG auf § 2 Abs. 2 Satz 2 BetrAVG und damit die versicherungsförmige Lösung.

(4) Keine Anpassung von Anwartschaften

483 Ebenso wie der PSVaG nicht verpflichtet ist, laufende Leistungen anzupassen, können Versorgungsanwärter keine Erhöhung der Versorgungsanwartschaft verlangen. Die von dem PSVaG bei Eintritt des Versorgungsfalles zu zahlende **Rente bleibt** aber auch dann **statisch**, wenn der Arbeitgeber sich dem Arbeitnehmer gegenüber verpflichtet hatte, die Rente nach bestimmten Maßstäben zu erhöhen. Das BAG leitet dies aus § 7 Abs. 2 Satz 3 BetrAVG her, der auf § 2 Abs. 5 Satz 1 BetrAVG verweise. Danach würden die Bemessungsgrundlagen für die Berechnung einer Anwartschaft auf den Zeitpunkt des Ausscheidens festgeschrieben. Der PSVaG kann deshalb aus

---

1 ArbG Würzburg 18.6.2013 – 10 Ca 1636/12, BetrAV 2013, 655.
2 BAG 28.10.2008 – 3 AZR 903/07, NZA-RR 2009, 327.

einer dem Arbeitnehmer zugesagten Dynamik seiner Versorgungsbezüge nicht mehr in Anspruch genommen werden, wenn der Arbeitnehmer bei Eintritt der Insolvenz noch Versorgungsanwärter war[1].

e) Sicherungsfälle

In § 7 Abs. 1 Satz 1, Satz 4 Nr. 1–3 BetrAVG sind die Sicherungsfälle, in denen der PSVaG für die eigentlich vom Arbeitgeber zu erbringenden Versorgungsleistungen einstehen muss, abschließend aufgezählt[2]. Es gibt zwei Gruppen von Sicherungsfällen, nämlich solche, bei denen das **Unternehmen liquidiert** wird, und andere, die eine Unternehmensfortführung ermöglichen sollen. Auf Sicherungsfälle, die vor dem 1.1.1999 eingetreten sind, ist das BetrAVG in der bis zum 31.12.1998 gültigen Fassung anzuwenden (§ 31 BetrAVG)[3]. 484

Voraussetzung für die Einstandspflicht des PSVaG ist stets ein **Sicherungsfall bei dem Arbeitgeber** des Versorgungsberechtigten. Dabei genügt es, wenn der ursprünglich Versorgungsverpflichtete einmal gegenüber dem Versorgungsberechtigten die Arbeitgeberstellung innehat. Hat er zwischenzeitlich jede werbende Tätigkeit eingestellt, so bleibt er dennoch Arbeitgeber im insolvenzschutzrechtlichen Sinne[4]. Der **Arbeitgeberbegriff** des BetrAVG ist nicht mit dem allgemeinen Begriff im Arbeitsrecht identisch. So sind auch die gegenüber arbeitnehmerähnlichen Personen iSd. § 17 Abs. 1 Satz 2 BetrAVG verpflichteten Unternehmen Arbeitgeber im Sinne der gesetzlichen Insolvenzsicherung[5]. Das BAG formuliert noch weiter: Danach ist Arbeitgeber iSd. § 7 BetrAVG ganz allgemein derjenige, „der selbst oder über Versorgungseinrichtungen Leistungen der betrieblichen Altersversorgung zusagt oder erbringt"[6]. Voraussetzung ist allerdings, dass eine vertragliche Verbindung zum Versorgungsberechtigten besteht, so dass auch eine Konzernobergesellschaft ohne diese Verbindung nicht „Arbeitgeber" des Arbeitnehmers eines Tochterunternehmens ist[7]. Versorgungsverpflichtungen können nach Maßgabe von § 4 BetrAVG von einem anderen Arbeitgeber übernommen werden (vgl. Rz. 404 f.). Auch nach § 613a BGB, durch das Umwandlungsgesetz oder Erbfall können Versorgungsverbindlichkeiten auf einen neuen Arbeitgeber übergehen. Verpflichtet ist dann nur noch der übernehmende Arbeitgeber mit der Konsequenz, dass bei ihm ein Sicherungsfall eingetreten sein muss, soll der PSVaG in Anspruch genommen werden. 485

aa) Unternehmensliquidation

Eine Liquidierung des Unternehmens erfolgt bei der Insolvenz des Arbeitgebers mit Liquidationsfolge, der Abweisung des Insolvenzantrages mangels Masse, dem außergerichtlichen Liquidationsvergleich und bei der Beendigung der Betriebstätigkeit bei offensichtlicher Masselosigkeit. 486

(1) Eröffnung des Insolvenzverfahrens

Grundtatbestand des § 7 Abs. 1 BetrAVG ist die **Eröffnung des Insolvenzverfahrens** über das Vermögen des Arbeitgebers. Voraussetzung hierfür ist die **Insolvenzfähigkeit** 487

---

1 BAG 22.11.1994 – 3 AZR 767/93, AP Nr. 83 zu § 7 BetrAVG; 4.4.2000 – 3 AZR 458/98, ArbuR 2001, 357.
2 *Blomeyer/Rolfs/Otto*, § 7 BetrAVG Rz. 84.
3 Zur früheren Rechtslage vgl. einschlägige Kommentarliteratur, zB *Höfer*, § 7 BetrAVG Rz. 4299.
4 BAG 11.11.1986 – 3 AZR 194/85, AP Nr. 61 zu § 613a BGB.
5 *Blomeyer/Rolfs/Otto*, § 7 BetrAVG Rz. 83.
6 BAG 6.8.1985 – 3 AZR 185/83, AP Nr. 24 zu § 7 BetrAVG.
7 BAG 20.5.2014 – 3 AZR 1094/12, ZIP 2014, 1453.

gem. § 11 InsO. Daran fehlt es bspw. bei einer stillen Gesellschaft. Um den Sicherungsfall der Insolvenzverfahrenseröffnung herbeizuführen, bedarf es eines **Eröffnungsantrags**, den ggf. auch die Versorgungsberechtigten selbst stellen können. Auch Versorgungsanwärter, die noch tätig sind, können einen Antrag stellen[1]. Die Eröffnung des Insolvenzverfahrens hängt davon ab, ob ein **Eröffnungsgrund** besteht. Zunächst ist dies die Zahlungsunfähigkeit (§ 17 InsO). Weiterer Eröffnungsgrund ist die drohende Zahlungsunfähigkeit nach § 18 InsO. Bei juristischen Personen ist auch die Überschuldung Eröffnungsgrund (§ 19 InsO).

488 Der Zeitpunkt der Verfahrenseröffnung bestimmt, ab wann Ansprüche gegen den gesetzlichen Insolvenzsicherer bestehen. Gem. § 27 Abs. 2 Nr. 3 InsO müssen im Eröffnungsbeschluss nicht nur der Tag der Verfahrenseröffnung, sondern auch die Stunde festgehalten werden; geschieht das nicht, gilt als Zeitpunkt der Eröffnung die Mittagsstunde des Tages, an dem das Verfahren eröffnet wurde. Wird später das Insolvenzverfahren mangels Masse wieder eingestellt, so berührt dies die Zahlungsverpflichtung des PSVaG nicht.

(2) Abweisung des Antrags auf Eröffnung des Insolvenzverfahrens mangels Masse

489 Nach § 7 Abs. 1 Satz 4 BetrAVG werden der Eröffnung des Insolvenzverfahrens andere Sicherungsfälle gleichgestellt, darunter nach Satz 4 Nr. 1 die **Abweisung des Antrags** auf Eröffnung des Insolvenzverfahrens **mangels Masse**. Nach § 26 Abs. 1 InsO ist der Antrag auf Eröffnung des Insolvenzverfahrens abzuweisen, wenn das Insolvenzgericht in einer Ermessensentscheidung dazu gelangt, dass die Vermögensmasse des Schuldners nicht einmal zur Deckung der Verfahrenskosten ausreicht. Regelmäßig führt eine solche Insolvenz dazu, dass das Unternehmen nicht mehr fortgeführt werden kann. Bei Kapitalgesellschaften sehen die gesetzlichen Bestimmungen nach rechtskräftiger Abweisung eines Antrags auf Eröffnung des Insolvenzverfahrens zwingend die Auflösung der Gesellschaft vor.

490 Die Abweisung des Antrags auf Eröffnung des Insolvenzverfahrens mangels Masse erfolgt durch **gerichtlichen Beschluss**. Auch hier kann der genaue Zeitpunkt des Sicherungsfalles dem Abweisungsbeschluss entnommen werden; er ist maßgeblich für die Einstandspflicht des PSVaG.

(3) Außergerichtlicher Liquidationsvergleich

491 Weiterer Sicherungsfall ist der **außergerichtliche Liquidationsvergleich**, wenn ihm der **PSVaG zustimmt**. Der außergerichtliche Liquidationsvergleich als Sicherungsfall hat praktisch keine Bedeutung; er kommt nur in Betracht, wenn mit einer besonders hohen Quote zu rechnen ist, die in einem Insolvenzverfahren nicht erreicht werden kann[2].

492 Ein außergerichtlicher Vergleich besteht aus einer Vielzahl von Einzelverträgen des Schuldners mit seinen Gläubigern. Der PSVaG hat dabei weder eine gesetzliche Vertretungsmacht noch eine Verfügungsbefugnis für den Abschluss außergerichtlicher Vergleiche über Versorgungsrechte der Berechtigten. Zu den Gläubigern gehören auch die Versorgungsberechtigten. Es steht ihnen frei, dem Vergleichsvorschlag zuzustimmen. Sie können die Zustimmung auch unter der Bedingung erteilen, dass der PSVaG dem außergerichtlichen Vergleich zustimmt[3]. § 7 Abs. 2 BetrAVG begrenzt dabei lediglich die Einstandspflicht des PSVaG. Nur soweit, wie der PSVaG einzustehen hat, gehen Versorgungsansprüche der Berechtigten gem. § 9 Abs. 2 BetrAVG auf

---

[1] *Höfer*, § 7 BetrAVG Rz. 4340 ff.
[2] *Everhardt*, BetrAV 1995, 184.
[3] *Blomeyer/Rolfs/Otto*, § 7 BetrAVG Rz. 107.

ihn über. Den nicht insolvenzgesicherten Teil der Altersversorgung können die Betriebsrentner von ihrem früheren Arbeitgeber weiterhin verlangen[1].

Ein Sicherungsfall tritt aber nur dann ein, wenn der **PSVaG zustimmt**. Sinn ist es, den PSVaG vor unberechtigten Inanspruchnahmen zu schützen. Wäre die Zustimmung nicht erforderlich, so könnte der Versorgungsberechtigte dem Vergleich zustimmen, ohne wirtschaftliche Nachteile befürchten zu müssen, denn er wäre ja insolvenzgeschützt. Das Zustimmungserfordernis des PSVaG verhindert damit Verträge zu seinen Lasten. Sinnvoll ist das Zustimmungserfordernis insbesondere deshalb, weil die Last der Insolvenzsicherung von der Solidargemeinschaft der beitragspflichtigen Unternehmen aufgebracht werden muss. Der PSVaG muss seine Entscheidung, einem außergerichtlichen Vergleich zuzustimmen, nach **pflichtgemäßem Ermessen** treffen, er kann eine Zustimmung also nicht willkürlich versagen[2]. Dabei muss er prüfen, ob mittels des außergerichtlichen Vergleichs eine Sanierung des Unternehmens und damit auch eine Sicherstellung der Versorgungsansprüche herbeigeführt werden kann. 493

Allerdings ist es **nicht Zweck** der gesetzlichen Insolvenzsicherung, Sanierungen zu ermöglichen oder Krisenhilfen zu stellen. So hat das BAG ausdrücklich darauf hingewiesen, dass der PSVaG nicht einem außergerichtlichen Vergleich zustimmen müsse, bei dem der Arbeitgeber seine Vermögenswerte einsetzt, um seine sonstigen Gläubiger zu befriedigen, während die Versorgungslasten dem PSVaG aufgebürdet werden[3]. 494

Der Arbeitgeber hat **keinen Rechtsanspruch** gegenüber dem PSVaG auf Zustimmung zu dem außergerichtlichen Vergleich[4]. Stimmt der PSVaG dem außergerichtlichen Vergleichsvorschlag des Arbeitgebers nicht zu, so kann das Unternehmen seit dem 1.1.1999 nicht mehr versuchen, einen Sicherungsfall nach § 7 Abs. 1 Satz 3 Nr. 5 BetrAVG aF herbeizuführen. In der Literatur wird dafür plädiert, dem Arbeitgeber einen Anspruch auf Zustimmung zuzubilligen. Der Arbeitgeber habe nun ja keine rechtliche Handhabe mehr, den PSVaG zu einer Übernahme der Versorgungsverpflichtungen zu veranlassen[5]. Dem ist entgegenzuhalten, dass auch nach früherem Recht keine Möglichkeit bestand, den PSVaG zur Übernahme der Versorgungslasten zu zwingen. Er hatte lediglich das Recht, die betriebliche Versorgungszusage wegen wirtschaftlicher Notlage zu widerrufen. Ein Widerruf der Versorgungszusage wegen wirtschaftlicher Notlage kommt nach nunmehr geltendem Recht nicht mehr in Betracht[6]. 495

Maßgeblich für die Eintrittpflicht des PSVaG ist der Zeitpunkt, in dem der Arbeitgeber seine Zahlungsunfähigkeit allen Versorgungsberechtigten mitteilt. Eine Zahlungseinstellung allein reicht nicht aus. Das BAG lässt allerdings Absprachen zwischen dem Arbeitgeber und dem PSVaG über den Zeitpunkt für die Übernahme von betrieblichen Versorgungsleistungen zu[7]. Der Sicherungsfall tritt damit regelmäßig schon zu einem früheren Zeitpunkt ein als an dem Tag, an dem der außergerichtliche Vergleich durch Annahme der Gläubiger zustande kommt. Dies ist aber auch sachgerecht, weil sich die frühere Übernahme der Zahlungsverpflichtungen durch den PSVaG für die Versorgungsempfänger regelmäßig günstig auswirkt. 496

---

1 BAG 9.11.1999 – 3 AZR 361/98, EzA § 7 BetrAVG Nr. 62.
2 AA *Blomeyer/Rolfs/Otto*, § 7 BetrAVG Rz. 103 (lediglich Beachtung von Treu und Glauben gem. § 242 BGB erforderlich).
3 BAG 11.9.1980 – 3 AZR 544/79, AP Nr. 9 zu § 7 BetrAVG.
4 *Höfer*, § 7 BetrAVG Rz. 4359; aA *Diller*, ZIP 1997, 765; differenzierend *Blomeyer/Rolfs/Otto*, § 7 BetrAVG Rz. 105.
5 *Diller*, ZIP 1997, 765.
6 *Wohlleben*, DB 1998, 1230; BAG 17.6.2003 – 3 AZR 396/02, DB 2004, 324; 31.7.2007 – 3 AZR 373/06, AP Nr. 27 zu § 7 BetrAVG – Widerruf; 18.11.2008 – 3 AZR 417/07, DB 2009, 1079.
7 BAG 14.12.1993 – 3 AZR 618/93, DB 1994, 686.

(4) Vollständige Betriebseinstellung bei offensichtlicher Masselosigkeit

497 Der Sicherungsfall des § 7 Abs. 1 Satz 4 Nr. 3 BetrAVG beinhaltet einen **Auffangtatbestand** für alle Fälle, in denen der Arbeitgeber infolge Zahlungsunfähigkeit seine Zahlungen einstellt und ein förmliches Insolvenzverfahren nicht betreibt[1]. Der Versorgungsberechtigte soll auch dann geschützt sein, wenn der Arbeitgeber die Zahlungen einstellt und den Betrieb nicht mehr fortführt. Der Versorgungsberechtigte wird von der Formalität entbunden, einen Antrag auf Eröffnung des Insolvenzverfahrens stellen zu müssen, um die Insolvenzsicherung herbeizuführen.

498 Ungeschriebene Tatbestandsvoraussetzung von § 7 Abs. 1 Satz 4 Nr. 3 BetrAVG ist die Zulässigkeit eines Antrag auf Eröffnung des Insolvenzverfahrens. Notwendig ist deshalb die **Insolvenzverfahrensfähigkeit** des Unternehmens wie auch das **Vorhandensein eines Eröffnungsgrundes**[2]. Negatives Tatbestandsmerkmal ist, dass **kein Eröffnungsantrag** gestellt worden ist, andernfalls kommen nur die Sicherungsfälle der Eröffnung des Insolvenzverfahrens und der Abweisung des Antrags auf Eröffnung des Insolvenzverfahrens mangels Masse in Betracht.

499 Positives Tatbestandsmerkmal ist die vollständige **Beendigung der Betriebstätigkeit**. Hierzu muss die gesamte unternehmerische Tätigkeit eingestellt werden. Es genügt danach nicht, wenn nur die werbende Tätigkeit beendet worden ist. Auch eine **noch fortdauernde Liquidation** beinhaltet eine Betriebstätigkeit, die den Eintritt des Sicherungsfalls nach § 7 Abs. 1 Satz 4 Nr. 3 BetrAVG ausschließt[3].

500 Nach dem Gesetzeswortlaut darf ein Insolvenzverfahren wegen **offensichtlicher Masselosigkeit** nicht in Betracht kommen. Dieses Tatbestandsmerkmal ist erfüllt, wenn **objektiv** eine Masselosigkeit vorliegt und diese für den mit den betrieblichen Verhältnissen vertrauten Betrachter **ohne Weiteres erkennbar** ist. Der Versorgungsberechtigte und der PSVaG müssen sie nicht kennen[4]. Der PSVaG muss dann die Leistungen übernehmen, kann aber die Ansprüche auf sich überleiten und alle Schritte unternehmen, um noch verwertbares Vermögen des Arbeitgebers an sich zu ziehen, notfalls dadurch, dass er ein Insolvenzverfahren einleitet.

501 Für die Feststellung des **Zeitpunkts**, zu dem der Sicherungsfall eingetreten ist, kommt es darauf an, wann das letzte anspruchsbegründende Tatbestandsmerkmal erstmalig vorliegt. Dabei kann die Masselosigkeit auch erst nach der Beendigung der Betriebstätigkeit eintreten[5].

502 Auf den Eintritt des Sicherungsfalles wirkt sich nicht aus, wenn der Arbeitgeber später seine **Betriebstätigkeit wieder aufnimmt**. Es verbleibt dann bei der Einstandspflicht der PSVaG; dieser kann allenfalls bei dem eigentlichen Versorgungsschuldner Rückgriff nehmen.

503 Ein später eröffnetes Insolvenzverfahren nach späterem Antrag beseitigt den erst einmal eingetretenen Sicherungsfall des § 7 Abs. 1 Satz 4 Nr. 3 BetrAVG nicht nachträglich. Die Sicherungsfälle sind gleichrangig[6].

---

1 *Blomeyer/Rolfs/Otto*, § 7 BetrAVG Rz. 109.
2 *Blomeyer/Rolfs/Otto*, § 7 BetrAVG Rz. 117.
3 *Paulsdorff*, § 7 BetrAVG Rz. 135.
4 BAG 9.12.1997 – 3 AZR 429/96, DB 1998, 1570.
5 BAG 20.11.1984 – 3 AZR 444/82, AP Nr. 22 zu § 7 BetrAVG; 9.12.1997 – 3 AZR 429/96, DB 1998, 1570.
6 BAG 9.12.1997 – 3 AZR 429/96, DB 1998, 1570.

bb) Unternehmensfortführung

Die andere Gruppe von Sicherungsfällen umschreibt Tatbestände, bei denen regelmäßig das **Unternehmen fortgeführt** wird, nämlich den **außergerichtlichen Stundungs-** oder **Quotenvergleich** und das **Insolvenzverfahren mit Sanierungserfolg**.

(1) Außergerichtlicher Stundungs- oder Quotenvergleich

Häufigster Anwendungsfall ist der **außergerichtliche Stundungs-** oder **Quotenvergleich**, dem der **PSVaG zustimmt**. Es gelten hier die gleichen rechtlichen Rahmenbedingungen wie für den außergerichtlichen Liquidationsvergleich (vgl. Rz. 491 ff.). In einem außergerichtlichen Vergleich mit der Zielsetzung der Unternehmensfortführung kann der PSVaG seine Zustimmung auch davon abhängig machen, dass die Leistungspflicht des Arbeitgebers gemindert fortbesteht oder zeitlich begrenzt wird. Der PSVaG kann auch eine Gegenleistung für die Übernahme von Versorgungsverpflichtungen übernehmen.

Der PSVaG wird im Übrigen einem außergerichtlichen Vergleich nur dann zustimmen, wenn das Unternehmen noch sanierungsfähig ist und eine gleichmäßige Beteiligung aller Gläubiger gewährleistet ist. Dazu kann ggf. auch ein Beitrag der Anteilseigner des Arbeitgebers gehören. Im Regelfall verlangt der PSVaG einen nachvollziehbaren abgesicherten Sanierungsplan, aus dem die Sanierungsfähigkeit und die Verteilung der Sanierungsbeiträge ersichtlich ist.

(2) Insolvenzverfahren mit Sanierungserfolg

Kein echter eigenständiger Sicherungsfall ist das **Insolvenzverfahren mit Sanierungserfolg**. Sicherungsfall ist auch hier zunächst die **Eröffnung** des Insolvenzverfahrens. Kommt im Insolvenzverfahren ein sog. **Insolvenzplan** zustande, hat das aber Auswirkungen auf den **Umfang** des Insolvenzschutzes. Wird im Insolvenzverfahren nämlich ein Insolvenzplan bestätigt, vermindert sich der Anspruch gegen den PSVaG insoweit, als nach dem Insolvenzplan der Arbeitgeber oder sonstige Träger der Versorgung einen Teil der Leistungen selbst zu erbringen hat. Im Insolvenzplan kann auch vorgesehen werden, dass der PSVaG nur bis zu einem bestimmten Zeitpunkt die Ruhegeldleistungen übernehmen soll. Im Insolvenzplan soll sogar vorgesehen werden, dass bei einer nachhaltigen Besserung der wirtschaftlichen Lage des Arbeitgebers die zu überbringende Leistung wieder ganz oder zum Teil vom Arbeitgeber oder sonstigen Trägern der Versorgung übernommen wird.

(3) Wirtschaftliche Notlage

Seit dem 1.1.1999 gibt es nicht mehr den Sicherungsfall der **wirtschaftlichen Notlage** (§ 7 Abs. 1 Satz 3 Nr. 5 BetrAVG aF). Eine wirtschaftliche Notlage iSv. § 7 Abs. 1 Satz 3 Nr. 5 BetrAVG lag vor, wenn sich das Unternehmen in einer wirtschaftlichen Lage befand, in der es seine Gläubiger nicht mehr befriedigen konnte, aber noch die **begründete Aussicht zur Rettung oder Sanierung** des Unternehmens bestand und hierfür u.a. die Einstellung oder Kürzung von betrieblichen Versorgungsleistungen unerlässlich war[1]. Nach dem Wegfall des Sicherungsfalls der wirtschaftlichen Notlage kommt ein Widerruf nun nicht mehr in Betracht[2]. Ein nach Maßgabe des früheren Rechts erklärter Widerruf bleibt wirksam.

---

1 BAG 10.12.1971 – 3 AZR 190/71, AP Nr. 154 zu § 242 BGB – Ruhegehalt; 24.4.2001 – 3 AZR 402/00, BB 2001, 1687.
2 BAG 18.11.2008 – 3 AZR 417/07, DB 2009, 1079.

f) Leistungseinschränkungen

509 Unter gewissen Voraussetzungen sieht das BetrAVG Leistungseinschränkungen vor.

aa) Rückständige Leistungen (§ 7 Abs. 1a BetrAVG)

510 Eine Leistungspflicht des PSVaG entsteht grundsätzlich erst mit dem Beginn des Kalendermonats, der auf den Eintritt des Sicherungsfalls folgt. In den Fällen des § 7 Abs. 1 Satz 1 (Eröffnung des Insolvenzverfahrens) und des Satz 4 Nr. 1 (Abweisung des Insolvenzantrages) und Nr. 3 (vollständige Betriebseinstellung bei offensichtlicher Masseunzulänglichkeit) werden nach § 7 Abs. 1a BetrAVG auch Ansprüche auf **rückständige Versorgungsleistungen** erfasst, soweit diese **bis zu zwölf Monate** vor Entstehen der Leistungspflicht des PSVaG entstanden sind.

bb) Höchstgrenze (§ 7 Abs. 3 BetrAVG)

511 Der Anspruch gegen den PSVaG ist nach § 7 Abs. 3 BetrAVG betragsmäßig begrenzt. Die **Höchstgrenze** beträgt **monatlich** höchstens das Dreifache der im Zeitpunkt der ersten Fälligkeit maßgebenden monatlichen Bezugsgröße gem. § 18 SGB IV. Die monatliche Bezugsgröße für die Sozialversicherung beträgt im Jahre 2014 für die alten Bundesländer 2 765 Euro, für die neuen Bundesländer 2 345 Euro. Die Höchstgrenze für den Insolvenzschutz beträgt monatlich folglich 8 295 Euro in Westdeutschland und 7 035 Euro in Ostdeutschland.

512 Bei **Kapitalleistungen** wird eine fiktive Berechnung vorgenommen. 10 % der Kapitalleistung gelten als Jahresbetrag einer laufenden Leistung. Eine laufende jährliche Leistung ist in Höhe des 12-fachen Monatshöchstbetrages insolvenzgeschützt. Das sind in 2014 für Westdeutschland 99 540 Euro (2 765 Euro × 3 × 12 Monate). Da das nur 10 % der insolvenzgeschützten Kapitalleistung sind, muss der Betrag auf 100 % hochgerechnet, also mit 10 multipliziert werden. Das ergibt einen maximal insolvenzgeschützten Kapitalbetrag von 995 400 Euro (= 360-fache monatliche Bezugsgröße).

513 Für die neuen Bundesländer gilt für Kapitalleistungen eine Höchstgrenze von 844 200 Euro.

cc) Anrechnung drittseitiger Leistungen (§ 7 Abs. 4 BetrAVG)

514 Der Anspruch auf Insolvenzsicherungsleistungen verringert sich nach § 7 Abs. 4 Satz 1 BetrAVG in dem Umfang, in dem der Arbeitgeber oder sonstige Träger der Versorgung die Leistungen der betrieblichen Altersversorgung **erbringen**.

dd) Außergerichtlicher Vergleich und bestätigter Insolvenzplan

515 Die Leistungspflicht des PSVaG ist bei einem **bestätigten Insolvenzplan** nach § 7 Abs. 4 Satz 2 und 3 BetrAVG beschränkt auf den Ausfall, der dem Versorgungsberechtigten noch verbleibt. Entsprechendes gilt nach § 7 Abs. 4 Satz 4 BetrAVG, wenn der PSVaG seine Zustimmung zu einem **außergerichtlichen Vergleich** davon abhängig macht, dass der Arbeitgeber bestimmte Teile der Versorgung selbst sicherstellen muss.

g) Versicherungsmissbrauch (§ 7 Abs. 5 BetrAVG)

516 Nach § 7 Abs. 5 **Satz 1** BetrAVG **besteht ein Anspruch gegen den PSVaG nicht**, soweit die Annahme gerechtfertigt ist, dass es der alleinige oder überwiegende Zweck der Versorgungszusage oder ihrer Verbesserung ist, den PSVaG in Anspruch zu nehmen.

II. Die betriebliche Altersversorgung nach BetrAVG

Bei dieser Generalklausel liegt die Darlegungs- und Beweislast bei dem PSVaG. Allerdings verlangt das Gesetz seinem Wortlaut nach nicht den Nachweis einer Missbrauchsabsicht. Es reicht zunächst aus, dass nach den Umständen des Falles lediglich die Annahme gerechtfertigt ist, dass der Träger der Insolvenzsicherung belastet werden soll. Es kommt also auf objektive Kriterien an, die für einen verständigen Beobachter die Missbrauchsannahme rechtfertigen. Ganz ohne subjektive Komponente kommt der Tatbestand des § 7 Abs. 5 Satz 1 BetrAVG nicht aus. Auch der Versorgungsberechtigte muss an der missbräuchlichen Maßnahme beteiligt gewesen sein und den missbilligten Zweck der Maßnahme daher zumindest erkennen können[1].

§ 7 Abs. 5 **Satz 2** BetrAVG stellt eine gesetzliche Vermutung auf. Die **Annahme des Missbrauchs** soll insbesondere dann gerechtfertigt sein, wenn bei Erteilung oder Verbesserung der Versorgungszusage wegen der wirtschaftlichen Lage des Arbeitgebers zu erwarten war, dass die Zusage nicht erfüllt werde. Nach Auffassung des BAG handelt es sich um eine widerlegbare Vermutung. Statt des Missbrauchszwecks muss der PSVaG nach § 7 Abs. 5 Satz 2 BetrAVG lediglich nachweisen, dass die Erfüllung der Zusage bzw. der Verbesserung in Anbetracht der wirtschaftlichen Lage des Arbeitgebers nicht zu erwarten war. Es wird dann vermutet, dass mit den Vereinbarungen ein missbräuchlicher Zweck verfolgt wurde. Der Arbeitnehmer hat dann die Möglichkeit, diese Vermutung zu widerlegen[2]. Dazu kann genügen, dass die subjektiven Voraussetzungen des § 7 Abs. 5 Satz 1 BetrAVG widerlegt werden[3].

Verbesserungen der Versorgungszusage, die **innerhalb der letzten beiden Jahre** vor Eintritt des Sicherungsfalles vorgenommen worden sind, werden bei der Bemessung der Leistungen des Trägers der Insolvenzsicherung nach § 7 Abs. 5 **Satz 3** BetrAVG nicht berücksichtigt, soweit nicht einer der Ausnahmetatbestände des § 7 Abs. 5 Satz 3 Nr. 1 oder 2 BetrAVG vorliegt[4]. Hier handelt es sich um eine unwiderlegbare gesetzliche Vermutung[5]. Das gilt auch für Versorgungsanwartschaften, die auf Entgeltumwandlungen beruhen, also arbeitnehmerfinanziert sind. Sie sind nach § 1b Abs. 5 BetrAVG zwar sofort unverfallbar, unterliegen jedoch wegen der Ausschlussfrist des § 7 Abs. 5 Satz 3 BetrAVG erst nach zwei Jahren dem vollen gesetzlichen Insolvenzschutz. **Sofortiger Insolvenzschutz** besteht nach § 7 Abs. 5 **Satz 3 Nr. 1** BetrAVG bei Entgeltumwandlungen, die auf seit dem 1.1.2002 gegebenen Zusagen beruhen, bis zur Höhe von 4 % der Beitragsbemessungsgrenze in der gesetzlichen Rentenversicherung. Der PSVaG wird vor allzu hohen Risiken dadurch geschützt, dass nach § 7 Abs. 5 **Satz 3 Nr. 2** BetrAVG die Einstandspflicht auf die Höhe des Übertragungswertes begrenzt ist, auf dessen Mitnahme der Arbeitnehmer Anspruch hat, also bis zur jährlichen Beitragsbemessungsgrenze in der gesetzlichen Rentenversicherung.

Neu ist die Ausnahme der **Missbrauchsvermutung für den Insolvenzschutz** von Übertragungswerten, die gem. § 4 BetrAVG auf einen neuen Arbeitgeber übertragen wurden (Vgl. zur Portabilität im Einzelnen Rz. 400 ff.). Dies ist konsequent, weil nach § 4 BetrAVG nur Werte aus unverfallbaren Anwartschaften übertragen werden können, die deshalb beim alten Arbeitgeber bereits Insolvenzschutz genossen. Da bei dem neuen Arbeitgeber aber höhere Insolvenzrisiken bestehen können, gilt die Ausnahme nur für Übertragungswerte, die die Beitragsbemessungsgrenze in der allgemeinen Rentenversicherung (71 400 Euro in Westdeutschland und 60 000 Euro in Ostdeutschland für 2014) nicht übersteigen[6]. § 7 Abs. 5 Satz 3 Nr. 2 BetrAVG bezieht sich sei-

---

1 BAG 19.2. 2002 – 3 AZR 137/01, BAGE 100, 271; 19.1.2010 – 3 AZR 660/09, ZIP 2010, 1663.
2 BAG 29.11.1988 – 3 AZR 184/87, BAGE 60, 228.
3 BAG 19.2.2002 – 3 AZR 137/01, DB 2002, 2115.
4 Eingeführt durch Gesetz v. 5.7.2004, BGBl. I, 1427.
5 BAG 2.6.1987 – 3 AZR 764/85, AP Nr. 42 zu § 7 BetrAVG; 24.11.1998 – 3 AZR 423/97, NZA 1999, 650.
6 BT-Drucks. 15/2150, 54 zu Nr. 7a.

nem Wortlaut nach durch Verwendung des Begriffes „Übertragung" nicht auf § 4 Abs. 2 Nr. 1 BetrAVG. Dort ist die Übernahme einer Zusage durch einen neuen Arbeitgeber geregelt, bei der der Inhalt der Versorgungszusage unverändert erhalten bleibt. Hierbei dürfte es sich um einen redaktionellen Fehler handeln. Denn es ist kein Grund ersichtlich, weshalb bei der unveränderten Fortführung der Versorgungszusage beim neuen Arbeitgeber die Missbrauchsvermutung voll durchgreifen soll[1].

520 Nach seinem Wortlaut galt § 7 Abs. 5 Satz 3 BetrAVG nur bei Verbesserungen von Versorgungszusagen, nicht aber für ihre erstmalige Erteilung. Was aber für die Verbesserung einer Versorgungszusage gilt, muss erst recht für ihre erstmalige Erteilung gelten. Es bestand deshalb kein Insolvenzschutz, wenn die Versorgungszusage erst innerhalb der letzten beiden Jahre vor Eintritt des Sicherungsfalles erteilt wurde[2]. Der Gesetzgeber hat dies nun durch Änderung der Formulierung klargestellt[3]. Für den Beginn der Jahresfrist kommt es darauf an, an welchem Tag die Verbesserung zugesagt worden ist, nicht wann der damit bezweckte Erfolg eintritt[4].

h) Leistungsgewährung und Forderungsübergang (§§ 8, 9 BetrAVG)

521 Der PSVaG bestätigt seine Eintrittspflicht schriftlich und tritt nach dem Versorgungsfall in die Leistungen ein. Zur Leistungserfüllung bedient er sich nach § 8 Abs. 1 BetrAVG des Konsortiums von Versicherungsunternehmen.

aa) Anwartschaftsausweis und Leistungsbescheid

522 Nach § 9 Abs. 1 BetrAVG muss der PSVaG die dem Versorgungsberechtigten zustehenden Ansprüche oder Anwartschaften schriftlich mitteilen. Die Mitteilungspflicht dient dazu, Ansprüche und Anwartschaften nach Eintritt der Insolvenz des Arbeitgebers möglichst rasch festzustellen. Der PSVaG hat den Versorgungsberechtigten die Ansprüche und Anwartschaften dabei nicht nur dem Grunde, sondern auch der Höhe nach mitzuteilen. Dies geschieht in Form eines „**Leistungsbescheides**", wenn der PSVaG laufende Leistungen zu übernehmen hat, und durch einen sog. „**Anwartschaftsausweis**", soweit für eine unverfallbare Versorgungsanwartschaft Insolvenzschutz besteht. § 9 Abs. 1 BetrAVG begründet zugleich einen entsprechenden, durchsetzbaren Auskunftsanspruch der Versorgungsberechtigten[5].

523 Weder der Leistungsbescheid noch der Anwartschaftsausweis haben konstitutive Bedeutung, sondern sind bloße Wissenserklärungen[6]. Der PSVaG haftet allein nach Maßgabe von § 7 BetrAVG. Inhaltlich unrichtige Anwartschaftsausweise oder Leistungsbescheide vermögen deshalb in der Regel keinen Zahlungsanspruch zu begründen[7]. Die Mitteilung der Anwartschaftshöhe im Anwartschaftsausweis ist schon deshalb **nicht bindend**, weil nur eine vorläufige Feststellung möglich ist. Denn während der Anwartschaftsphase stehen oftmals für die endgültige Leistungsbemessung maßgebliche Faktoren noch nicht fest. So ist schon nicht vorhersehbar, wann der Versorgungsfall eintritt. Der PSVaG kann deshalb immer nur die voraussichtlichen Leistun-

---

1 So auch *Höfer*, § 7 BetrAVG Rz. 4573.4.
2 BAG 24.11.1998 – 3 AZR 423/97, NZA 1999, 650; *Höfer*, § 7 BetrAVG Rz. 4566 ff.; *Blomeyer/Otto*, § 7 BetrAVG Rz. 300.
3 Gesetz v. 5.7.2004, BGBl. I, 1427.
4 BAG 2.6.1987 – 3 AZR 764/85, AP Nr. 42 zu § 7 BetrAVG.
5 BAG 28.6.2011 – 3 AZR 385/09, ZIP 2011, 1835.
6 BAG 29.9.2010 – 3 AZR 546/08, NZA 2011, 210.
7 BGH 3.2.1986 – II ZR 54/85, AP Nr. 4 zu § 9 BetrAVG; BAG 29.9.2010 – 3 AZR 546/08, NZA 2011, 210.

gen bescheinigen, die der Arbeitnehmer bei Erreichen der Altersgrenze in der gesetzlichen Rentenversicherung oder einer früheren festen Altersgrenze beanspruchen kann.

Aus einem Leistungsbescheid kann ausnahmsweise dann ein über die Rechte des § 7 BetrAVG hinausgehender Anspruch hergeleitet werden, wenn der Rentner in seinem **Vertrauen auf die Richtigkeit** des Bescheides Vermögensdispositionen getroffen oder zu treffen unterlassen hat, die er nicht mehr oder nur noch unter unzumutbaren Nachteilen rückgängig machen kann[1]. Diese Haftung ist jedoch auf die Höhe dessen begrenzt, was der PSVaG in seinem Leistungsbescheid ursprünglich anerkannt hatte[2]. 524

Versäumt der PSVaG seine Mitteilungspflichten, so sind nicht nur Ansprüche sondern auch Anwartschaften spätestens ein Jahr nach dem Sicherungsfall anzumelden (§ 9 Abs. 1 Satz 1 Halbs. 1 BetrAVG). Geschieht dies nicht, beginnen die Leistungen frühestens mit dem Ersten des Monats der Anmeldung. Auf den Eintritt des Versorgungsfalles kommt es nicht an. Wurde bereits ein Anwartschaftsausweis erteilt, bedarf es bei Eintritt des Versorgungsfalles keiner erneuten Anmeldung. Allerdings können fällige Ansprüche verjähren[3]. 525

bb) Leistungsgewährung (§ 8 Abs. 1, 1a BetrAVG)

Der PSVaG kann seine Verpflichtung auf ein Unternehmen der Lebensversicherung oder eine Pensionskasse **übertragen** (§ 8 Abs. 1 BetrAVG). Von dieser Möglichkeit macht der PSVaG dergestalt Gebrauch, dass er mit einem aus zahlreichen Lebensversicherungsunternehmen unter Führung der Allianz Lebensversicherungs AG bestehenden Versicherungskonsortium vereinbart, die laufenden Leistungen zu erbringen. Durch diese Vereinbarung wird der PSVaG von seiner eigenen Verpflichtung befreit. Es handelt sich um eine vom Gesetz zugelassene befreiende Schuldübernahme, der der Versorgungsberechtigte nicht einmal zuzustimmen braucht. Ansprüche richten sich dann nur noch gegen das Versicherungskonsortium. Eine Zwangsvollstreckung gegen den PSVaG ist dann nicht mehr zulässig. 526

Das Versicherungskonsortium erteilt dem Versorgungsberechtigten einen **Versicherungsausweis**. Aus diesem ergibt sich, dass der Berechtigte ein unmittelbares Recht hat, die Leistungen von dem Versicherungskonsortium zu fordern. Ist der Versorgungsberechtigte allerdings der Auffassung, das Konsortium zahle einen zu niedrigen Betrag, muss der PSVaG verklagt werden. Denn Inhalt der Vereinbarung zwischen dem PSVaG und dem Konsortium ist lediglich der versicherte Betrag. 527

Bei einer Versorgung über einen **Pensionsfonds** besteht die Möglichkeit, dass dieser die Ansprüche weiterhin erfüllt. Der PSVaG hat unter den Voraussetzungen des § 8 Abs. 1a BetrAVG die gegen ihn gerichteten Ansprüche auf den Pensionsfonds zu übertragen. 528

cc) Forderungsübergang (§ 9 Abs. 2 BetrAVG)

Mit **Eintritt des Sicherungsfalles** gehen die Ansprüche der Arbeitnehmer auf Leistungen der betrieblichen Altersversorgung nach § 9 Abs. 2 Satz 1 BetrAVG auf den PSVaG über[4]. Für die Sicherungsfälle der Eröffnung des Insolvenzverfahrens und der Abweisung des Antrages auf Eröffnung des Insolvenzverfahrens mangels Masse tritt 529

---

1 BAG 29.9.2010 – 3 AZR 546/08, NZA 2011, 210.
2 BGH 3.2.1986 – II ZR 54/85, AP Nr. 4 zu § 9 BetrAVG.
3 BAG 21.3.2000 – 3 AZR 72/99, EzA § 9 BetrAVG Nr. 8.
4 Grundlegend *Berenz*, DB 2004, 1098; zum Übergang des Vermögens einer Unterstützungskasse nach § 9 Abs. 3 BetrAVG *Berenz*, DB 2006, 1006.

der Forderungsübergang sofort ein, bei allen übrigen Sicherungsfällen erst dann, wenn der PSVaG den Berechtigten die ihnen zustehenden Ansprüche oder Anwartschaften mitteilt. Der PSVaG tritt damit in der Insolvenz an die Stelle des Arbeitgebers. Die Versorgungsberechtigten sind gegenüber dem insolventen Arbeitgeber dann nicht mehr aktivlegitimiert. Ihnen stehen nur noch Ansprüche gegenüber dem PSVaG zu. Auf diese Weise erhält der PSVaG die Möglichkeit, einen Teil seiner Aufwendungen im Insolvenzverfahren oder über auf ihn übergegangene akzessorische Sicherungsrechte (zB verpfändete Rückdeckungsversicherungen) zu realisieren und damit das Beitragsaufkommen zu entlasten.

530 Der PSVaG darf den Forderungsübergang **nicht zum Nachteil der Versorgungsberechtigten** geltend machen. Ihnen verbleibt das Zugriffsrecht auf das Vermögen des Arbeitgebers, wenn der PSVaG die Ansprüche nicht voll befriedigt[1].

i) Finanzierungsverfahren (§§ 10, 10a, 11 BetrAVG)

531 Die praktische Durchführung des Insolvenzschutzes erfordert die Beschaffung der notwendigen Mittel und deren Verteilung an die Versorgungsberechtigten. Die Einzelheiten sind in den §§ 8–11 BetrAVG geregelt.

aa) Meldepflicht (§ 11 BetrAVG)

532 Arbeitgeber, die betriebliche Versorgungsleistungen über einen insolvenzgeschützten Durchführungsweg anbieten, unterliegen einer Meldepflicht[2]. Die erstmalige Meldung an den PSVaG über das Bestehen einer insolvenzsicherungspflichtigen betrieblichen Altersversorgung ist innerhalb von **drei Monaten** nach Eintritt des ersten Falles von Unverfallbarkeit oder Eintritt eines Versorgungsfalles abzugeben (§ 11 Abs. 1 Satz 1 BetrAVG). Unabhängig davon, ob der pflichtige Arbeitgeber die Versorgungsverpflichtung meldet und dafür auch Beiträge zahlt, besteht aber der gesetzliche Insolvenzschutz.

Nach der Erstmeldung erhält der Arbeitgeber in den Folgejahren automatisch einen **Erhebungsbogen**. Der Arbeitgeber ist verpflichtet, mit diesem die jeweils aktuellen Beitragsbemessungsgrundlagen mitzuteilen (§ 11 Abs. 2 und 7, § 10 Abs. 3 BetrAVG). Formlose Meldungen werden vom PSVaG aus verwaltungstechnischen Gründen nicht bearbeitet und werden vom ihm als nicht abgegeben behandelt.

bb) Beiträge (§ 10 BetrAVG)

533 Der PSVaG erhebt zur Finanzierung des Insolvenzschutzes Zwangsbeiträge[3]. Die Beitragshöhe wird in einem Promille-Satz der Beitragsbemessungsgrundlage nach § 10 Abs. 3 BetrAVG ausgedrückt. Auf die am Ende des Kalenderjahres fälligen Beiträge können Vorschüsse erhoben werden. Die Höhe des vom PSVaG festzusetzenden Beitragssatzes ist vom Schadensvolumen in dem jeweiligen Jahr abhängig.

(1) Beitragspflicht

534 Beitragspflichtig sind nur die **Arbeitgeber, deren Versorgungszusagen** nach der gesetzlichen Bewertung **einem Insolvenzrisiko unterliegen** (§ 10 Abs. 1 BetrAVG). Damit sind Pensionskassen und „unbeschädigte" Direktversicherungen mit unwiderrufli-

---

1 BAG 12.12.1989 – 3 AZR 540/88, BAGE 63, 393.
2 Einzelheiten bei *Wortmann* in Schlewing/Henssler/Schipp/Schnitker, Teil 16 B Rz. 420 ff.
3 Einzelheiten zum Beitragsverfahren bei *Wortmann* in Schlewing/Henssler/Schipp/Schnitker, Teil 16 B Rz. 46 ff.

chem Bezugsrecht von der Mittelaufbringung nicht erfasst. Ausgeschlossen sind ferner Arbeitgeber, bei denen kraft Gesetzes die Zahlungsfähigkeit gesichert ist, also eine Insolvenz ausgeschlossen ist (§ 17 Abs. 2 BetrAVG). Auf die Wahrscheinlichkeit eines Insolvenzeintritts im konkreten Fall kommt es nicht an. Deshalb sind auch Arbeitgeber beitragspflichtig, bei denen eine Insolvenz nicht zu erwarten ist.

(2) Beitragsaufkommen

Beiträge zur Insolvenzsicherung werden aufgrund **öffentlich-rechtlicher** Verpflichtung durch Beiträge aller Arbeitgeber aufgebracht, die Leistungen der betrieblichen Altersversorgung unmittelbar zugesagt haben oder eine betriebliche Altersversorgung über eine Unterstützungskasse, einen Pensionsfonds oder eine Direktversicherung, dessen Bezugsrecht widerruflich oder unwiderruflich und durch Abtretung oder Beleihung belastet ist, durchführen. Mit diesen Beiträgen sind der Barwert der im laufenden Kalenderjahr entstehenden Ansprüche auf Leistungen der Insolvenzsicherung, der Wert der zu sichernden Anwartschaften, bemessen an dem Unterschied der Barwerte aufgrund eingetretener Insolvenzen am Ende des Kalenderjahres und am Ende des Vorjahres, und die Kosten der Versicherung abzudecken. Die bis Ende des Jahres 2006 praktizierte Mischform aus Kapitaldeckungs- und Umlageverfahren (sog. Rentenwertumlageverfahren) ist somit auf eine **vollständige Kapitaldeckung** umgestellt worden[1]. 535

Die Bundesregierung reagierte hiermit auf den Anstieg der Insolvenzen in den vergangenen Jahren und die dadurch aufgelaufenen großen Schäden[2]. Da das Finanzierungssystem nur für die Zukunft umgestellt worden ist, musste mit § 30i BetrAVG eine Regelung zur Umlage der noch bestehenden Altschäden geschaffen werden. Nach § 30i BetrAVG wird der Barwert des Bestands der bis zum 31.12.2005 zu sichernden Anwartschaften durch eine einmalige Umlage finanziert und von den Arbeitgebern erhoben. Dieses Verfahren hat das BVerwG als rechtmäßig bewertet[3].

(3) Bemessungsgrundlagen

Beiträge werden im sog. **Selbstveranlagungsverfahren** erhoben. Dazu hat der Arbeitgeber dem Arbeitnehmer die für die Bemessung des Beitrages maßgebenden Grundlagen gem. § 11 Abs. 1 BetrAVG von sich aus mitzuteilen. Jährlich hat er bis zum 30.9. die Beitragsbemessungsgrundlagen nach § 10 Abs. 3 BetrAVG zu übermitteln. Bei **unmittelbaren Versorgungszusagen** ist Beitragsbemessungsgrundlage der Teilwert der Pensionsverpflichtung[4]. Für **Pensionsfonds** gilt eine besondere Regelung: Wegen des geringeren Insolvenzrisikos sind hier nur 20 % des Teilwertes anzusetzen[5]. Bei **Direktversicherungen** mit widerruflichem Bezugsrecht ist die Beitragsbemessungsgrundlage das geschäftsplanmäßige Deckungskapital, das sind die Versicherungsprämien zzgl. einer Verzinsung von 3,5 %, oder, soweit die Berechnung des Deckungskapitals nicht zum Geschäftsplan gehört, die Deckungsrückstellung. 536

Für Versicherungen, bei denen der **Versicherungsfall bereits eingetreten** ist, und für Versicherungsanwartschaften, für die ein **unwiderrufliches Bezugsrecht** eingeräumt ist, ist das Deckungskapital oder die Deckungsrückstellung nur insoweit zu berücksichtigen, als die Versicherungen abgetreten, beliehen oder verpfändet sind. Führt der Arbeitgeber die Altersversorgung über eine **Unterstützungskasse** durch, ist Beitragsbemessungsgrundlage das Deckungskapital für die laufenden Leistungen zuzüglich 537

---
1 *Wenderoth*, DB 2007, 2713.
2 Vgl. zu Einzelheiten BR-Drucks. 298/06 und BT-Drucks. 16/1936.
3 BVerwG 15.9. 2010 – 8 C 35/09, DB 2011, 121.
4 § 6a Abs. 3 EStG.
5 Herabgesetzt durch Gesetz v. 24.3.2003, BGBl. I 2003, 1526.

des 20-fachen der nach § 4d Abs. 1 Nr. 1b Satz 1 EStG errechneten jährlichen Zuwendungen für Leistungsanwärter iSv. § 4d Abs. 1 Nr. 1b Satz 2 EStG.

538 Beträgt die Beitragsbemessungsgrundlage nicht mehr als 60 000 Euro, verwendet der PSVaG zur Vereinfachung die gemeldete Beitragsbemessungsgrundlage für das laufende Jahr und unverändert für die vier folgenden Jahre[1].

539 Der PSVaG kann allenfalls eingeschränkt prüfen, ob Versorgungszusagen, für die Beiträge entrichtet werden, auch **insolvenzsicherungsfähig** sind. Ob der PSVaG im Insolvenzfalle eintreten muss, wird deshalb erst zu klären sein, wenn ein Sicherungsfall eingetreten ist. Es erscheint fraglich, ob schon vor Eintritt des Sicherungsfalles durch Feststellungsklage die Insolvenzsicherungsfähigkeit festgestellt werden kann[2]. Einer Feststellungsklage dürfte letztlich das Rechtsschutzbedürfnis fehlen; sie liefe auf das unzulässige Ersuchen auf Erstattung eines gerichtlichen Rechtsgutachtens hinaus. Durch die Entrichtung von Beiträgen können für nicht versicherungsfähige Versorgungen keine Ansprüche gegen den PSVaG ausgelöst werden[3].

Beispiel:
Die Versorgungsverpflichtung für einen mehrheitlich am Gesellschaftskapital einer GmbH beteiligten Geschäftsführer wird dem PSVaG gemeldet. Dieser zieht dafür auch Beiträge ein. Als nichtsicherungsfähige „Unternehmerrente" kommt dennoch ein Insolvenzschutz nicht in Betracht.

(4) Verfahren und Rechtsschutz

540 Der PSVaG erlässt **Beitragsbescheide** als Verwaltungsakt. Beitragsbescheide werden im **verwaltungsrechtlichen Verfahren** überprüft. Damit ist für alle Rechtsstreitigkeiten über Grund und Höhe des Beitrages zur Insolvenzsicherung nach § 40 Abs. 1 Satz 1 VwGO der Verwaltungsrechtsweg eröffnet[4]. Gegen einen Beitragsbescheid kommt nur die Anfechtungsklage gem. § 42 Abs. 1 VwGO vor dem Verwaltungsgericht in Betracht. Vor Erhebung der Anfechtungsklage ist nach § 68 Abs. 1 Satz 1 VwGO ein Widerspruchsverfahren durchzuführen. Widerspruch und Klage gegen einen Beitragsbescheid haben keine aufschiebende Wirkung[5]. Aus einem Beitragsbescheid erfolgt gem. § 10 Abs. 4 BetrVG die Zwangsvollstreckung in entsprechender Anwendung der ZPO.

j) Vertragliche Sicherungen in der Insolvenz

541 Nicht alle Versorgungsverpflichtungen sind insolvenzgeschützt. Ein **Kompensationsbedarf** kann zB in folgenden Situationen entstehen:
– Die gesetzlichen Unverfallbarkeitsfristen sind noch nicht erreicht.
– Der Versorgungsberechtigte ist als Unternehmer anzusehen und unterfällt deshalb nicht dem gesetzlichen Insolvenzschutz.
– Die Versorgungszusage überschreitet die Höchstgrenze nach § 7 Abs. 3 BetrAVG.

542 Der Arbeitgeber kann hier zur Absicherung der betrieblichen Versorgungszusage eine Lebensversicherung als Rückdeckungsversicherung abschließen und diese für den Fall der Insolvenz des Unternehmens an den Versorgungsberechtigten **verpfänden**. Mit der **Verpfändung der Rückdeckungsversicherung** erwirbt der Versorgungsberechtigte das Recht, bei Pfandreife die Versorgungsleistung insoweit für sich in Anspruch

---

[1] Vgl. PSV-Merkblatt 210/M 21b, Stand: 10.08.
[2] Ablehnend ArbG Köln 24.6.1994 – 5 Ca 943/94, nv.
[3] Kemper u.a./*Berenz*, § 7 BetrAVG Rz. 4.
[4] Vgl. *Paulsdorff*, § 10 BetrAVG Rz. 9.
[5] OVG Rh.-Pf. 15.7.1983 – 8 B 21.83, nv.; OVG Lüneburg 6.5.1988 – 4 OVG B 399/87, nv.

zu nehmen, wie dies zur vollen Erfüllung seiner Pensionszusage erforderlich ist. Er genießt dadurch einen vertraglichen Insolvenzschutz, der mit dem gesetzlichen Insolvenzschutz durchaus vergleichbar ist. Im Fall der Insolvenz steht dem Berechtigten bei Pfandreife ein **Absonderungsrecht** iSv. § 50 InsO zu, so dass die Rückdeckungsversicherung jedenfalls in Höhe des Versorgungsanspruchs nicht in die Insolvenzmasse fällt. Bei Eintritt der Insolvenz nach Pfandreife darf der Insolvenzverwalter somit erst dann auf die Rückdeckungsversicherung Zugriff nehmen, wenn der Gläubiger innerhalb einer ihm gesetzten Frist die Verwertung der Rückdeckungsversicherung unterlassen hat. Der Berechtigte kann insoweit beanspruchen, dass der Insolvenzverwalter die Rechte am Versicherungsvertrag in Höhe der Versorgungsansprüche abtritt. Er kann aber auch die Rückdeckungsversicherung durch Kündigung fällig stellen und dann aus dem Rückkaufswert Befriedigung suchen. Vor Eintritt der Pfandreife ist das Pfandrecht hingegen nur aufschiebend bedingt und berechtigt in der Insolvenz nur zur Hinterlegung einer Sicherheitsleistung bis die Bedingung eingetreten oder entfallen ist (§§ 191, 198 InsO)[1].

11. Anpassung laufender Leistungen (§ 16 BetrAVG)

Die Qualität einer Versorgungszusage hängt entscheidend auch davon ab, wie sich die Versorgungsleistungen nach Eintritt des Versorgungsfalles entwickeln. Art und Umfang einer Werterhaltung des zugesagten Ruhegeldes bestimmt der Arbeitgeber grundsätzlich selbst. Fehlen vertragliche **Wertsicherungssysteme**, sieht § 16 BetrAVG eine Anpassungsprüfung nach billigem Ermessen vor. 543

a) Vertragliche Anpassungssysteme

Während **statische Versorgungssysteme** (vgl. Rz. 71 f.) auf einen Festbetrag lauten, gibt es unterschiedliche Möglichkeiten, dem Bedürfnis des Versorgungsberechtigten nach wertgesicherten Altersversorgungsleistungen Rechnung zu tragen. Verbreitet sind **halb- und volldynamische Versorgungszusagen** (vgl. Rz. 73, 78), **Bausteinmodelle** (vgl. Rz. 76), **beitragsabhängige und ergebnisorientierte Versorgungssysteme** (vgl. Rz. 79 ff., 83), **Gesamtversorgungszusagen**, die sich im Wesentlichen im öffentlichen Dienst finden, und sog. **Spannungsklauseln** (vgl. Rz. 77). **Wertsicherungsklauseln** im engeren Sinne liegen dann vor, wenn die Höhe des Ruhegeldes vom Preis oder Wert andersartiger Güter oder Leistungen abhängig sein soll. Am geläufigsten sind solche Formen, bei denen das Altersruhegeld an die Entwicklung des Lebenshaltungskostenindex angebunden sind. 544

Dynamische Versorgungssysteme verschaffen aber uU nur dem Versorgungsberechtigten Vorteile, der mit Eintritt des Versorgungsfalles aus den Diensten seines Arbeitgebers ausscheidet. Für Anwärter, also solche, die **vor Eintritt des Versorgungsfalles** mit einer unverfallbaren Anwartschaft ihren Arbeitgeber verlassen, gilt § 2 Abs. 5 Satz 1 BetrAVG. Danach werden die Bemessungsgrundlagen auf den Zeitpunkt des Ausscheidens festgeschrieben. Dies kann auch eine zugesagte Dynamik erfassen[2]. Das kann dazu führen, dass ein Arbeitgeber von dem mit einer unverfallbaren Versorgungsanwartschaft ausgeschiedenen Arbeitnehmer nach Eintritt des Versorgungsfalles aus dem vertraglichen Versprechen, die laufenden Leistungen in einem bestimmten Maßstab zu erhöhen, nicht mehr in Anspruch genommen werden kann[3]. Etwas anderes gilt nur, wenn die Versorgungszusage auch für ausgeschiedene Versorgungsanwärter eine von § 16 BetrAVG losgelöste Anpassung vorsieht[4]. 545

---

1 BGH 7.4.2005 – IX ZR 138/04, NJW 2005, 2231; BAG 17.1.2012 – 3 AZR 10/10, BB 2012, 1099.
2 BAG 22.11.1994 – 3 AZR 767/93, AP Nr. 83 zu § 7 BetrAVG.
3 *Höfer*, § 2 BetrAVG Rz. 3369.
4 BAG 8.6.1999 – 3 AZR 39/98, BB 1999, 1983.

b) Gesetzliche Anpassungsprüfungspflicht

546 Soweit die Versorgungszusage keine oder nur eine unzureichende Wertsicherung enthält, kann ein **Werterhalt** nur über **§ 16 BetrAVG** erreicht werden. Die gesetzliche Bestimmung verpflichtet den Arbeitgeber, im Abstand von drei Jahren eine Anpassung der laufenden Leistungen der betrieblichen Altersversorgung zu prüfen und hierüber nach billigem Ermessen zu entscheiden. § 16 BetrAVG verschafft damit dem Versorgungsberechtigten keinen festen, von der wirtschaftlichen Lage des Arbeitgebers unabhängigen Anpassungsanspruch. Es ist vielmehr eine **Ermessensentscheidung** unter Berücksichtigung der Belange des Versorgungsempfängers und der wirtschaftlichen Lage des Arbeitgebers zu treffen. Diskutiert wird, ob neben den gesetzlichen Kriterien auch andere Gesichtspunkte berücksichtigt werden dürfen, zB eine besondere Längerlebigkeit des Rentnerbestandes eines Arbeitgebers[1]. Die Ermessensentscheidung des Arbeitgebers kann gerichtlich nach Maßgabe des § 315 BGB überprüft werden, wobei alle wechselseitig betroffenen Belange zu berücksichtigen sind; eine separate Entscheidung zB über die Belange des Versorgungsempfängers kommt nicht in Betracht[2].

aa) Anpassung laufender Leistungen

547 Anpassungsverpflichtet ist der **Arbeitgeber**. Er bleibt auch verpflichtet, wenn er seine unternehmerischen Aktivitäten einstellt. Gleiches gilt für den Erben eines ehemals einzelkaufmännisch tätigen früheren Arbeitgebers[3].

548 Die Anpassungsprüfungspflicht erstreckt sich auf **alle** Formen der betrieblichen Altersversorgung, soweit das Gesetz in § 16 Abs. 3 BetrAVG keine Ausnahme bestimmt. Bei Unterstützungskassen richtet sich das Anpassungsbegehren gegen den Arbeitgeber unmittelbar, wenn die Unterstützungskasseneinrichtung selbst keine entsprechenden Mittel besitzt oder eine Anpassung ablehnt. Entsprechendes gilt für Direktversicherungen. Auch hier bleibt anpassungsprüfungsverpflichtet der Arbeitgeber, der ggf. für eine höhere Dotierung des Lebensversicherungsvertrages sorgen kann.

549 Die Anpassungsprüfungspflicht bezieht sich ausschließlich auf **laufende Leistungen**. Damit sind zunächst **Versorgungsanwartschaften ausgegrenzt**. Der während des Anwartschaftszeitraums eintretende Wertverlust kann deshalb nicht über § 16 Abs. 1 BetrAVG ausgeglichen werden[4]. Sagt der Arbeitgeber bspw. eine feste Rente von 50 Euro zu und tritt der Arbeitnehmer 40 Jahre später in den Ruhestand, so realisiert sich der vollständige zwischenzeitlich eingetretene Kaufkraftverlust. Erst drei Jahre nach Eintritt des Versorgungsfalles kann der Arbeitnehmer erstmals eine Überprüfung verlangen und auf einen Ausgleich des seit Eintritt des Versorgungsfalles eingetretenen Kaufkraftverlustes hoffen[5].

550 Die Anpassungsprüfungspflicht erstreckt sich nur auf laufende Leistungen. Es muss sich deshalb um **regelmäßig wiederkehrende Zahlungen** handeln. Einmalige Kapitalauszahlungen gehören nicht dazu[6].

551 Eine modifizierte gesetzliche Anpassungsprüfungspflicht besteht im **öffentlichen Dienst**. Nach § 18 Abs. 1 BetrAVG gilt § 16 BetrAVG nicht für Personen, die in einer Zusatzversorgungseinrichtung des öffentlichen Dienstes pflichtversichert sind. Der

---

1 *Ehrentraut/Raffelhüschen*, Demografischer Wandel und Betriebsrenten, 2008; *Schipp*, FS Bauer, S. 913; ablehnend: BAG 30.9.2014 – 3 AZR 402/12, PM Nr. 51/14.
2 BAG 18.3.2014 – 3 AZR 874/11, NZA-RR 2014, 490.
3 BAG 9.11.1999 – 3 AZR 420/98, BetrAV 2000, 605.
4 BAG 15.9.1977 – 3 AZR 654/76, AP Nr. 5 zu § 16 BetrAVG.
5 BAG 15.9.1977 – 3 AZR 654/76, AP Nr. 5 zu § 16 BetrAVG.
6 BAG 30.3.1973 – 3 AZR 26/72, AP Nr. 4 zu § 242 BGB Ruhegehalt – Geldentwertung.

Gesetzgeber hat stattdessen in § 18 Abs. 4 BetrAVG eine Anpassungspflicht verankert. Die Versicherungsrenten sind – mit Ausnahme der Mindestleistung nach § 18 Abs. 2 Nr. 4 BetrAVG – jährlich zum 1. Juli um 1 % zu erhöhen, soweit in dem betreffenden Jahr eine allgemeine Erhöhung der Versorgungsrenten erfolgt.

bb) Prüfungsrhythmus

§ 16 Abs. 1 BetrAVG verpflichtet den Arbeitgeber **alle drei Jahre** zu einer Anpassungsprüfung und -entscheidung. Die erste Prüfung muss grundsätzlich exakt drei Jahre nach Aufnahme der Leistungen vorgenommen werden. Alle im Betrieb innerhalb des Kalenderjahres vorzunehmenden Prüfungen können nach hM allerdings auf einen Stichtag gebündelt werden[1]. Möglich ist es auch, alle Prüfungen innerhalb von drei Jahren auf jeweils ein Jahr zu konzentrieren, wenn dadurch für einzelne Versorgungsberechtigte der Drei-Jahres-Rhythmus nicht mehr als ein halbes Jahr überschritten wird[2]. Der Arbeitgeber kann also alle drei Jahre für alle Betriebsrentner zu nur einem Zeitpunkt Anpassungsprüfungen vornehmen, muss dann aber alle Berechtigten einbeziehen, die dann schon Ruheständler sind, auch wenn die Pensionierung noch keine drei Jahre zurückliegt. Bei jeder Anpassungsprüfung ist in jedem einzelnen Fall der konkrete, seit der jeweiligen Pensionierung[3] entstandene Anpassungsbedarf maßgeblich. 552

Die Vorverlagerung der Pflichtprüfung ist tatsächlich nicht unproblematisch, da dadurch möglicherweise der Anpassungsbedarf negativ beeinflusst wird. Dem Arbeitgeber unbenommen bleibt aber eine **vorzeitige freiwillige Anpassung**, die die Pflichtprüfung nicht ersetzt. Die freiwillige Anpassung darf er bei späteren Pflichtprüfungen gegenrechnen. 553

cc) Belange des Versorgungsempfängers

Die Prüfung und Entscheidung über eine Anhebung der Versorgungsleistungen hat unter Berücksichtigung der Belange des Versorgungsempfängers zu erfolgen. 554

(1) Teuerungsausgleich

Die berechtigten Belange des Versorgungsempfängers bestehen in und beschränken sich auf die **Werterhaltung** der Betriebsrente. Anpassungsziel kann deshalb nur ein Teuerungsausgleich sein. Der Versorgungsempfänger nimmt nicht an einer besonders positiven wirtschaftlichen Entwicklung seines früheren Arbeitgebers teil. Prüfungsmaßstab für den Teuerungsausgleich ist der Preisindex für Lebenshaltung[4]. 555

Maßgeblich ist dabei gem. § 16 Abs. 2 Nr. 1 BetrAVG der Verbraucherindex für Deutschland in der zum Anpassungsstichtag maßgeblichen Fassung[5]. Bei einem Prüfungszeitraum, der bis vor den 1.1.2003 zurückreicht, ist für die Erfüllung der Prüfungspflicht für Zeiträume vor dem 1.1.2003 der Preisindex für die Lebenshaltung eines Vier-Personen-Haushalts von Arbeitern und Angestellten mit mittlerem Einkommen[6] maßgebend; in einem solchen Fall sind beide Indizes zum Stichtag 1.1.2003 miteinander zu verknüpfen, zB nach der sog. Rückrechnungsmethode[7]. Bei Berechnung 556

---
1 BAG 10.9.2002 – 3 AZR 593/01, AP Nr. 52 zu § 16 BetrAVG.
2 BAG 30.8.2005 – 3 AZR 395/04, DB 2006, 732.
3 BAG 30.8.2005 – 3 AZR 395/04, DB 2006, 732.
4 BAG 16.12.1976 – 3 AZR 795/75, AP Nr. 4 zu § 16 BetrAVG.
5 BAG 28.6.2011 – 3 AZR 859/09, NZA 2011, 1285.
6 BGBl. I 2003, 462 f.
7 BAG 11.10.2011 – 3 AZR 527/09, NZA 2012, 454; 27.3.2012 – 3 AZR 218/10, nv.

des Teuerungsausgleichs ist das Basisjahr des Preisindexes zum Anpassungsstichtag maßgeblich[1], weil die Preisentwicklung aus verschiedenen Faktoren, dem sog. „Warenkorb", abgeleitet wird. Da sich Lebenshaltungsgewohnheiten ändern, bedarf auch der „Warenkorb" einer gewissen Aktualisierung. Derzeit wird auf das Basisjahr 2010 abgestellt. Die Lebenshaltungskosten werden im Basisjahr mit 100 angesetzt[2].

557 Die allgemeine Lohn- und Gehaltsentwicklung oder die Entwicklung der Renten in der Sozialversicherung spielt hingegen keine Rolle[3]. Entschieden hat das BAG auch, dass der Versorgungsberechtigte **keinen Abschlag für eine „normale Geldentwertung"** hinzunehmen hat[4]. Ebenso gibt es keine „Opfergrenze", bei deren Überschreitung der Arbeitgeber einen Ausgleich der Teuerungsrate verweigern kann[5].

(2) Nachholende Anpassung

558 Nach der Rechtsprechung steht dem Versorgungsberechtigten ein Anspruch auf Entscheidung über die Gewährung von Teuerungsausgleich zu, wenn dem weder die wirtschaftliche Lage des Arbeitgebers noch die Reallohnentwicklung der Vergütung der aktiven Arbeitnehmer entgegensteht. Grundsätzlich richtet sich dieser Anspruch auf eine Anpassung, die den vollständigen Teuerungsausgleich gewährt, der seit Rentenbeginn eingetreten ist[6]. Der Anpassungsbedarf beschränkt sich auf den Kaufkraftverlust, der durch Anpassungen in der Vergangenheit noch nicht ausgeglichen wurde. Hat der Arbeitgeber anlässlich eines früheren Prüfungstermins nicht oder nur teilweise angepasst, so verbleibt ein Nachholbedarf. Dieser Nachholbedarf ist bei der aktuellen Prüfung auszugleichen, soweit der Arbeitgeber hierzu wirtschaftlich in der Lage ist[7]. Die Pflicht zur nachholenden Anpassung führt **nicht zu Nachzahlungsansprüchen** für frühere Prüfungszeiträume, sondern nur dazu, dass die Anpassung zum aktuellen Anpassungsstichtag entsprechend höher ausfällt. Der Anspruch auf die höhere Betriebsrente entsteht also auch erst mit der aktuellen Anpassungsprüfung[8] und löst entsprechende Zahlungsansprüche erst ab dem aktuellen Anpassungsstichtag aus.

559 § 16 Abs. 4 BetrAVG legt fest, dass eine in der Vergangenheit (§ 30c Abs. 2 BetrAVG: ab dem 1.1.1999) zu Recht ganz oder teilweise unterbliebene Anpassung zu einem späteren Zeitpunkt **nicht nachgeholt** werden muss und insoweit dauerhaft ausfällt. Nach Auffassung des BAG gilt dieser Ausschluss nur dann, wenn die Anpassung aus wirtschaftlichen Gründen unterblieben ist, nicht etwa auch, wenn sich der Arbeitgeber auf eine niedrigere Reallohnentwicklung der Aktiven berufen hat[9]. Die Anpassung gilt dabei ohne weitere Prüfung als rechtmäßig unterblieben, wenn der Arbeitgeber dem Leistungsempfänger nach Maßgabe von § 16 Abs. 4 Satz 2 BetrAVG die wirtschaftliche Lage des Unternehmens schriftlich dargelegt und dieser nicht binnen drei Kalendermonaten schriftlich widersprochen hat. Der Versorgungsberechtigte ist dazu über die Rechtsfolgen eines nicht fristgemäßen Widerspruchs zu belehren. Wie die schriftliche Darlegung der wirtschaftlichen Lage des Unternehmens beschaffen sein muss, ist dem Gesetz nicht zu entnehmen. Nach der Rechtsprechung des BAG muss der Arbeitgeber schriftlich informieren, aufgrund welcher Umstände da-

---

1 BAG 11.10.2011 – 3 AZR 527/09, NZA 2012, 454.
2 *Blomeyer/Rolfs/Otto*, § 16 BetrAVG Rz. 136.
3 BAG 16.12.1976 – 3 AZR 795/75, AP Nr. 4 zu § 16 BetrAVG; 23.4.1985 – 3 AZR 156/83, AP Nr. 17 zu § 16 BetrAVG.
4 BAG 16.12.1976 – 3 AZR 795/75, AP Nr. 4 zu § 16 BetrAVG.
5 BAG 16.12.1976 – 3 AZR 795/75, AP Nr. 4 zu § 16 BetrAVG.
6 BAG 30.8.2005 – 3 AZR 395/04, DB 2006, 732.
7 BAG 28.4.1992 – 3 AZR 244/91, AP Nr. 25 zu § 16 BetrAVG.
8 BAG 28.4.1992 – 3 AZR 142/91; 28.4.1992 – 3 AZR 244/91 u. 28.4.1992 – 3 AZR 356/91, AP Nr. 24, 25 und 26 zu § 16 BetrAVG; LAG Hamm 6.12.1994 – 6 Sa 156/94, DB 1995, 330.
9 BAG 30.8.2005 – 3 AZR 395/04, DB 2006, 732.

von auszugehen ist, dass das Unternehmen voraussichtlich nicht in der Lage sein wird, die Anpassungen zu leisten; die Darstellung der wirtschaftlichen Lage im Unterrichtungsschreiben des Arbeitgebers muss sich auf die voraussichtliche Entwicklung der Eigenkapitalverzinsung und der Eigenkapitalausstattung beziehen und dabei so detailliert sein, dass der Versorgungsempfänger allein dadurch in die Lage versetzt wird, die Entscheidung des Arbeitgebers auf ihre Plausibilität hin zu überprüfen[1]. Widerspricht der Arbeitnehmer oder erfolgt keine schriftliche Darlegung der Gründe, muss das Gericht entscheiden, ob der Arbeitgeber zu einer Anpassung verpflichtet ist.

(3) Nachträgliche Anpassung

Von einer nachholenden Anpassung zu unterscheiden ist die sog. **nachträgliche Anpassung**. Der Versorgungsberechtigte kann nur bis zum nächsten Anpassungsstichtag geltend machen, die Entscheidung des Arbeitgebers sei fehlerhaft, und eine nachträgliche Anpassung verlangen. Mit dem nächsten Anpassungsstichtag entsteht ein neuer Anspruch auf Anpassungsprüfung und -entscheidung. Der Anspruch auf Korrektur einer früheren Anpassungsentscheidung erlischt[2]. Hat der Betriebsrentner die Anpassungsentscheidung rechtzeitig gerügt, reagiert der Arbeitgeber hierauf aber nicht, muss der Betriebsrentner seinen Anspruch auf Korrektur der Anpassungsentscheidung klageweise geltend machen. Bis zum darauf folgenden Anpassungsstichtag muss der Betriebsrentner klagen, sonst ist nach Auffassung des BAG regelmäßig auch das Klagerecht verwirkt[3].

Beispiel:

Der Arbeitgeber teilt dem Betriebsrentner zum 1.1.2014 mit, dass er eine Anpassung unterhalb eines vollständigen Teuerungsausgleichs vornimmt. Eine nachträgliche Anpassung kann der Pensionär nur bis zum 31.12.2016 geltend machen. Um sein Klagerecht nicht zu verwirken, sollte er bis spätestens zum 31.12.2019 Klage auf Korrektur der Anpassungsentscheidung erheben.

Trifft der Arbeitgeber allerdings keine Entscheidung oder teilt er eine getroffene Entscheidung dem Versorgungsberechtigten nicht mit, so kann der Betriebsrentner bis zu dem auf den nächsten Anpassungsstichtag folgenden Anpassungstermin geltend machen, der Arbeitgeber sei doch zu einer Erhöhung der Versorgungsleistungen verpflichtet gewesen[4].

Beispiel:

Der Arbeitgeber war verpflichtet, zum 1.1.2014 eine Anpassungsprüfung mitzuteilen. Er nimmt keine Erhöhung vor und teilt dem Arbeitnehmer das auch nicht mit. Eine nachträgliche Anpassung könnte der Pensionär eigentlich nur bis zum 31.12.2016 geltend machen. Da er aber keine Mitteilung über die Anpassung erhalten hat, kann er auch noch bis zum 31.12.2019 eine nachträgliche Anpassung verlangen. Ist das nicht geschehen, bleibt ihm nur noch, beim nächsten Stichtag eine nachholende Anpassung geltend zu machen.

Das Urteil, mit dem die Anpassungsentscheidung korrigiert wird, ist ein Gestaltungsurteil nach § 315 BGB, mit dessen Rechtskraft die nachgeforderten Beträge erstmals fällig werden. Entsprechend tritt Verzug mit den aus der gerichtlich korrigierten Anpassungsentscheidung resultierenden Zahlbeträgen frühestens mit Rechtskraft ein, so dass auch eine Verzinsung der Zahlbeträge nach § 288 BGB erst mit Rechtskraft einsetzt[5]. Davon zu unterscheiden sind Ansprüche, die auf den Verzug mit der ermes-

---

1 BAG 11.10.2011 – 3 AZR 732/09, NZA 2012, 337.
2 BAG 21.8.2007 – 3 AZR 330/06, DB 2007, 2720; 19.2.2009 – 3 AZR 627/07, nv.
3 BAG 21.8.2007 – 3 AZR 330/06, DB 2007, 2720; 10.2.2009 – 3 AZR 610/07, nv.
4 BAG 17.4.1996 – 3 AZR 56/95, AP Nr. 35 zu § 16 BetrAVG.
5 BAG 12.12.2013 – 3 AZR 595/12, BetrAV 2014, 201; 28.6.2011 – 3 AZR 859/09, NZA 2011, 1285.

(4) Reallohnbezogene Obergrenze

561 Versorgungsempfänger können keinen vollen Teuerungsausgleich verlangen, wenn die noch aktiven Arbeitnehmer keinen vollen Teuerungsausgleich erhalten, also einen Realeinkommensverlust hinnehmen müssen; diese reallohnbezogene Obergrenze schreibt § 16 Abs. 2 Nr. 2 BetrAVG seit dem 1.1.1999 ausdrücklich fest. Das BAG hatte schon vor der Gesetzesnovelle betont, dass es nicht der Billigkeit widerspreche, wenn der Arbeitgeber die Rente nur bis zur **durchschnittlichen Steigerungsrate der Reallöhne** der aktiven Arbeitnehmer anpasse[2]. Nach Auffassung des BAG ist dabei als Berechnungszeitraum nicht die Zeit seit dem letzten Anpassungsstichtag, sondern parallel zum Zeitraum, der für die Ermittlung der Teuerung zugrunde zu legen ist, die Zeit seit dem Rentenbeginn maßgeblich[3]. Der Arbeitgeber ist nicht verpflichtet, auf die individuelle Belastung des betreffenden Rentners mit überdurchschnittlich hohen Steuern und Krankenversicherungsbeiträgen Rücksicht zu nehmen. Bei der Vergleichsbetrachtung ist vielmehr auf die Nettodurchschnittsverdienste der aktiven Arbeitnehmer oder eines typischen Teils der Belegschaft im Unternehmen oder Konzern[4] abzustellen[5]. Es soll unzulässig sein, die Entwicklung der Betriebsrentenanwartschaften der aktiven Arbeitnehmer bei Ermittlung der reallohnbezogenen Obergrenze als Entgeltbestandteil einzubeziehen[6]. Bei der Gruppenbildung zur Anwendung der reallohnbezogenen Obergrenze hat der Arbeitgeber einen weitgehenden Entscheidungsspielraum. Es genügen klare verdienstbezogene Abgrenzungskriterien[7].

dd) Gesetzlicher Ausschluss der Anpassung

562 In besonderen, durch Gesetz geregelten Fällen besteht eine Anpassungsprüfungspflicht nicht:

(1) Keine Prüfung bei jährlich 1%iger Anhebung

563 Nach § 16 Abs. 3 BetrAVG entfällt die Anpassungsprüfungspflicht, wenn sich der Arbeitgeber verpflichtet, die laufenden Leistungen um mindestens 1 % zu erhöhen. Die dem Arbeitgeber eingeräumte Möglichkeit besteht allerdings nur für nach dem 31.12. 1998 erteilte Zusagen (§ 30c BetrAVG)[8].

(2) Versorgungssteigernde Verwendung von Überschussanteilen

564 Bei einer betrieblichen Altersversorgung über Direktversicherungen oder Pensionskassen kann die Anpassungsprüfung unterbleiben, wenn ab Rentenbeginn alle auf den Rentenbestand entfallenden Überschussanteile zur Erhöhung der laufenden Leis-

---

1 BAG 28.10.2008 – 3 AZR 171/07, NZA 2009, 1303.
2 BAG 14.2.1989 – 3 AZR 313/87, AP Nr. 23 zu § 16 BetrAVG; 10.9.2002 – 3 AZR 593/01, AP Nr. 52 zu § 16 BetrAVG.
3 BAG 19.6.2012 – 3 AZR 464/11, BAGE 142, 116; 30.8.2005 – 3 AZR 395/04, BAGE 115, 353.
4 BAG 30.8.2005 – 3 AZR 395/04, BAGE 115, 353.
5 BAG 14.2.1989 – 3 AZR 313/87, AP Nr. 23 zu § 16 BetrAVG; 10.9.2002 – 3 AZR 593/01, AP Nr. 52 zu § 16 BetrAVG.
6 BAG 18.2.2014 – 3 AZR 249/12, BB 2014, 1460.
7 BAG 23.5.2000 – 3 AZR 103/99, NZA 2001, 1076.
8 BAG 28.6.2011 – 3 AZR 859/09, NZA 2011, 1285; 28.6.2011 – 3 AZR 282/09, DB 2011, 2923.

tungen verwendet werden und zur Berechnung der garantierten Leistungen der von der Versicherungsaufsicht festgesetzte Höchstzinssatz für die Ermittlung der Deckungsrückstellung nicht überschritten wird. Der Gesetzgeber versteht dies als gleichwertige Alternative zur Anpassungsprüfung[1].

(3) Beitragszusage mit Mindestleistung

Bei einer Beitragszusage mit Mindestleistung (vgl. zum Begriff Rz. 80) entfällt jegliche Anpassungsprüfung. 565

(4) Zahlungen aus sog. Auszahlungsplänen

Zahlungen aus sog. Auszahlungsplänen unterliegen nicht der Anpassungsprüfung. Das gilt auch für Verrentung eines nach Vollendung des 65. Lebensjahres verbliebenen Restes. Die Restverrentung ist Voraussetzung für die steuerliche Förderung gem. § 10a EStG. 566

ee) Keine Anpassung bei Insolvenz

Ist der Arbeitgeber insolvent, kann der Arbeitnehmer keine Anpassung laufender Leistungen verlangen. Der PSVaG als Träger der gesetzlichen Insolvenzsicherung ist zu einem Teuerungsausgleich nicht verpflichtet (vgl. im Einzelnen Rz. 483). 567

ff) Wirtschaftliche Lage des Arbeitgebers

Ein Teuerungsausgleich steht dem Versorgungsempfänger nur insoweit zu, als die wirtschaftliche Lage des Arbeitgebers dies erlaubt. 568

(1) Teuerungsausgleich aus Wertzuwachs

Das BAG weist in ständiger Rechtsprechung darauf hin, dass der Arbeitgeber einen Kaufkraftausgleich nach § 16 BetrAVG ganz oder teilweise ablehnen kann, wenn und soweit dadurch das **Unternehmen übermäßig belastet** und seine Wettbewerbsfähigkeit gefährdet würde. Die Wettbewerbsfähigkeit wird beeinträchtigt, wenn keine angemessene Eigenkapitalverzinsung erwirtschaftet wird oder wenn das Unternehmen nicht mehr über genügend Eigenkapital verfügt[2]. Bei einer ungenügenden Eigenkapitalverzinsung reicht die Ertragskraft des Unternehmens nicht aus, um die Anpassungen finanzieren zu können. Bei einer ungenügenden Eigenkapitalausstattung muss verlorene Vermögenssubstanz wieder aufgebaut werden, bevor dem Unternehmen die Anpassung von Betriebsrenten zugemutet werden kann. Dafür kommt es auf die zum Zeitpunkt des Anpassungsstichtags zu erwartende wirtschaftliche Entwicklung des Unternehmens in den folgenden drei Jahren bis zum nächsten Anpassungsstichtag an[3]. 569

Hieraus folgt, dass nicht sämtliche Gewinne durch die Anpassung aufgezehrt werden dürfen; vielmehr muss dem Unternehmen noch eine angemessene **Eigenkapitalverzinsung**[4] verbleiben. Bei der Berechnung der Eigenkapitalverzinsung ist einerseits auf die Höhe des Eigenkapitals, andererseits auf das erzielte Betriebsergebnis abzustellen. Beide Bemessungsgrundlagen sind ausgehend von dem in den handelsrechtlichen 570

---

1 Vgl. *Höfer*, § 16 BetrAVG Rz. 5449.
2 BAG 11.12.2012 – 3 AZR 615/10, NZA 2013, 864; 18.3.2014 – 3 AZR 899/11, nv.
3 BAG 20.8.2013 – 3 AZR 750/11, BetrAV 2013, 721.
4 Zur Berechnung einer angemessenen Eigenkapitalverzinsung BAG 23.5.2000 – 3 AZR 146/99, NZA 2001, 1251.

Jahresabschlüssen ausgewiesenen Zahlenwerk zu bestimmen[1]. Zum maßgeblichen Eigenkapital nach § 266 Abs. 3 Buchst. A HGB gehören nicht nur das gezeichnete Kapital *(Stammkapital)* und die Kapitalrücklage, sondern auch Gewinnrücklagen, Gewinn-/Verlustvorträge und Jahresüberschüsse/Jahresfehlbeträge[2]. Da sich das Eigenkapital verändert, ist ein Durchschnitt zu bilden; dazu sind das Eigenkapital zu Beginn und zum Ende des Geschäftsjahres zu addieren und anschließend zu halbieren[3]. Dieser Maßstab gilt im Übrigen auch für den Versorgungsschuldner, der seine unternehmerischen Aktivitäten aufgegeben hat (Rentner- und Abwicklungsgesellschaften), und für den Erben, selbst wenn er das ehemals einzelkaufmännisch betriebene Geschäft nicht fortführt. Für einen Risikozuschlag besteht dann aber kein Anlass mehr[4]. Außerordentliche Erträge aus der Auflösung stiller Reserven erhöhen das Eigenkapital und sind deshalb bei der Berechnung einer angemessenen Eigenkapitalverzinsung einzubeziehen[5]. Weiterhin sind Faktoren wie ein besonderer, absehbarer Investitionsbedarf, Betriebssteuern oder außerordentliche Erträge zu berücksichtigen[6]. Nicht zu berücksichtigen sind Vermögenswerte, die der Arbeitgeber auf einen Trust (CTA) übertragen hat und die von ihm zu bilanzieren sind, solange die Vermögenswerte einem direkten Zugriff des Arbeitgebers entzogen sind[7].

571 Wenn Versorgungsschuldner ein verschmolzenes Unternehmen ist, kann es bei der Anpassungsprüfung für die Prognose auch auf die wirtschaftliche Entwicklung der ursprünglich selbständigen Unternehmen ankommen[8]. Eine gesonderte Bewertung der Geschäftsbereiche auch für die Zeit nach der Verschmelzung ist allerdings nicht zulässig[9].

(2) Konzerndurchgriff

572 Regelmäßig kommt es auf die wirtschaftliche Lage des Arbeitgebers an. Ist dieser wirtschaftlich nicht in der Lage, einen Teuerungsausgleich vorzunehmen, besteht kein Anspruch auf eine höhere Rente. Etwas anderes kann aber dann gelten, wenn der Versorgungsschuldner in einen Konzern eingebunden ist. In diesem Fall lässt es das BAG in Ausnahmefällen zu, dass auch die **wirtschaftliche Lage des herrschenden Unternehmens** berücksichtigt wird (sog. **Berechnungsdurchgriff**). Für einen Berechnungsdurchgriff müssen zwischen dem Versorgungsschuldner und dem herrschenden Unternehmen verdichtete Konzernverbindungen bestehen. Prinzipiell setzt ein Berechnungsdurchgriff nach der Rechtsprechung des BAG eine Einstandspflicht oder Haftung des anderen Konzernunternehmens im Verhältnis zum Versorgungsschuldner voraus[10]; nur dann können nämlich die Belastungen aus der Anpassung auch an das andere Konzernunternehmen weitergegeben werden. Dies ist etwa dann der Fall, wenn ein Beherrschungs- oder Ergebnisabführungsvertrag besteht. Nicht hinreichend ist eine nur konzernexterne, sog. „harte" Patronatserklärung, aufgrund derer sich das andere Konzernunternehmen gegenüber Dritten zur finanziellen Ausstattung der Ver-

---

1 BAG 11.10.2011 – 3 AZR 527/09, BAGE 139, 252.
2 BAG 28.5.2013 – 3 AZR 125/11, NZA-RR 2013, 598; BAG 30.11.2010 – 3 AZR 754/08, DB 2011, 1002.
3 BAG 28.5.2013 – 3 AZR 125/11, NZA-RR 2013, 598; BAG 11.10.2011 – 3 AZR 527/09, BAGE 139, 252.
4 BAG 9.11.1999 – 3 AZR 420/98, BetrAV 2000, 605; 29.9.2009 – 3 AZR 502/08, BB 2011, 700.
5 BAG 23.1.2001 – 3 AZR 287/00, NZA 2002, 560; zur Unterscheidung von angemessener Eigenkapitalverzinsung und unzureichender Eigenkapitalausstattung BAG 23.5.2000 – 3 AZR 83/99, NZA 2001, 1251.
6 BAG 17.4.1996 – 3 AZR 56/95, DB 1996, 2496.
7 BAG 15.4.2014 – 3 AZR 51/12, BB 2014, 1139.
8 BAG 31.7.2007 – 3 AZR 810/05, DB 2008, 135.
9 BAG 28.5.2013 – 3 AZR 125/11, NZA-RR 2013, 598.
10 BAG 29.9.2010 – 3 AZR 427/08, BAGE 135, 344.

sorgungsschuldnerin verpflichtet[1]. Ausreichend war bisher aber auch, wenn ein Unternehmen die Geschäfte des eigentlichen Arbeitgebers tatsächlich umfassend und nachhaltig führt (sog. qualifiziert faktischer Konzern). Weiterhin verlangte das BAG, dass die Konzernleitung in einer Weise ausgeübt wird, die auf die Belange des abhängigen Tochterunternehmens keine angemessene Rücksicht nimmt und so letztlich die mangelnde Leistungsfähigkeit des Versorgungsschuldners verursacht[2]. Das kann bspw. dann der Fall sein, wenn das beherrschende Unternehmen dem abhängigen verbindliche Preise vorschreibt und so seine Wettbewerbsfähigkeit beschränkt[3].

Nachdem der BGH von der Rechtsfigur des qualifiziert faktischen Konzerns Abstand genommen und diese durch eine reine Binnenhaftung bei Existenzvernichtung nach § 826 BGB ersetzt hat, hält das BAG am Berechnungsdurchgriff im qualifiziert faktischen Konzern nicht mehr fest[4]. Darüber hinaus hat es angedeutet, für den Berechnungsdurchgriff bei Beherrschungsvertrag möglicherweise ausschließlich auf den formalen Tatbestand des Vertrags und nicht zusätzlich auf eine rücksichtslose Ausübung der Konzernleitungsmacht abzustellen[5]. Bei Beendigung des Beherrschungsvertrags soll das herrschende Unternehmen verpflichtet sein, das abhängige Unternehmen so auszustatten, dass dieses zur Anpassung der Betriebsrenten wirtschaftlich in der Lage ist; ein Anspruch nach § 303 AktG auf Sicherung künftiger Anpassungen soll hingegen nicht bestehen[6]. 573

Darlegungs- und beweispflichtig für die missbräuchliche Ausübung der Gesellschafterrechte durch das herrschende Unternehmen ist bisher der Pensionär. Dieser muss zumindest Indizien vortragen, mit denen eine missbräuchliche Ausübung der Leitungsmacht verdeutlicht wird[7]. Dem Versorgungsberechtigten, der regelmäßig keinen Einblick in die gesellschaftlichen und finanziellen Verhältnisse hat, wird eine entsprechende Darlegung sehr schwerfallen. 574

Der Berechnungsdurchgriff im Konzern betrifft nur die Fälle, in denen die wirtschaftliche Lage des Konzerns günstiger ist als die der Konzerngesellschaft, ausnahmsweise kann sich ein zur Anpassung verpflichtetes Unternehmen aber auch auf eine **schlechte wirtschaftliche Lage der Konzernobergesellschaft** berufen. Diese ist dann maßgeblich, wenn konkrete Anhaltspunkte dafür bestehen, dass in den nächsten drei Jahren die im Konzern bestehenden Schwierigkeiten mit hoher Wahrscheinlichkeit und in einem für die Betriebsrentenanpassung relevanten Umfang auf das Tochterunternehmen „durchschlagen" werden[8]. 575

gg) Darlegungs- und Beweislastverteilung

Wird die Anpassung von Betriebsrenten nach § 16 BetrAVG mit einer mangelnden wirtschaftlichen Leistungsfähigkeit abgelehnt, so trägt der **Arbeitgeber** dafür die Darlegungs- und Beweislast. Als Vortrag hierzu reicht nicht die Mitteilung von Verlusten, mit denen einzelne Handelsbilanzen oder Betriebsergebnisberechnungen abgeschlossen haben, aus. Rückschlüsse auf die wirtschaftliche Lage des Unternehmens sind in der Regel nur in Verbindung mit den übrigen Bilanzdaten, also ihren Berechnungs- 576

---

1 BAG 29.9.2010 – 3 AZR 427/08, BAGE 135, 344.
2 BAG 4.10.1994 – 3 AZR 910/93, AP Nr. 32 zu § 16 BetrAVG; 23.10.1996 – 3 AZR 514/95, DB 1997, 1287.
3 BAG 28.4.1992 – 3 AZR 244/91, AP Nr. 25 zu § 16 BetrAVG.
4 BAG 15.1. 2013 – 3 AZR 638/10, BAGE 144, 180.
5 BAG 26.5.2009 – 3 AZR 369/07, DB 2009, 2384.
6 BAG 26.5.2009 – 3 AZR 369/07, DB 2009, 2384.
7 BAG 14.12.1993 – 3 AZR 519/93, AP Nr. 29 zu § 16 BetrAVG.
8 BAG 10.2.2009 – 3 AZR 727/07, NZA 2010, 95.

grundlagen, möglich[1]. Die Beurteilung der wirtschaftlichen Lage des Unternehmens bei der Rentenanpassungsprüfung kann nur anhand der nach handelsrechtlichen (HGB) Rechnungslegungsregeln erstellten (Jahres-)Abschlüsse, nicht auf der Basis von internationalen IFRS- oder US-GAAP-Bilanzierungsstandards erfolgen[2]. Der Arbeitnehmer kann sich zunächst darauf beschränken zu bestreiten, dass der Arbeitgeber nicht in der Lage ist, aus den Erträgen und einem Wertzuwachs einen Teuerungsausgleich zu finanzieren. Es ist dann Sache des Arbeitgebers, im Einzelnen darzulegen, weshalb er zu einer Anpassung nicht in der Lage ist. Dazu muss er sämtliche bestimmende Faktoren vortragen. Geschieht dies, so ist im Sinne einer abgestuften Darlegungslast der Arbeitnehmer gehalten, Einwendungen zu erheben, aus denen sich ergibt, dass ein Teuerungsausgleich doch möglich ist.

577 Der Arbeitgeber kann sich nicht darauf berufen, im Falle einer vollständigen Darlegung müsse er notwendigerweise **Betriebs- oder Geschäftsgeheimnisse** preisgeben. Das BAG verweist den Arbeitgeber auf vorhandene Schutzmechanismen des Prozessrechts. In Betracht kommen der zeitweise Ausschluss der Öffentlichkeit (§ 52 ArbGG, § 142 GVG) und strafbewehrte Schweigegebote (§ 174 Abs. 2 GVG)[3].

12. Persönlicher Geltungsbereich des BetrAVG (§ 17 BetrAVG)

578 Die Vorschriften des BetrAVG finden nur auf Leistungen der **betrieblichen Altersversorgung** Anwendung. Dabei wird ausschließlich der in § 17 Abs. 1 BetrAVG genannte **Personenkreis** erfasst. Gehören die Adressaten einer Zusage nicht zum geschützten Personenkreis, so berührt dies die Wirksamkeit der eingegangenen Verpflichtung grundsätzlich nicht. Der Schutz aus dem BetrAVG kann aber nicht in Anspruch genommen werden.

a) Persönlicher Geltungsbereich

579 Das BetrAVG ist ein Arbeitnehmerschutzgesetz. Nach § 17 Abs. 1 Satz 1 BetrAVG gilt es in erster Linie für **Arbeitnehmer**. Sog. **arbeitnehmerähnliche Personen** werden aber nach § 17 Abs. 1 Satz 2 BetrAVG ebenfalls erfasst, soweit ihnen Leistungen der betrieblichen Altersversorgung aus Anlass ihrer Tätigkeit für ein Unternehmen zugesagt worden sind. Dies ist der Fall, wenn zwischen ihr und dem Arbeits- oder Beschäftigungsverhältnis ein ursächlicher Zusammenhang besteht. Erforderlich ist eine Kausalitätsprüfung, die alle Umstände des Einzelfalles berücksichtigt[4].

aa) Arbeitnehmer

580 Unter den gesetzlichen Schutz fallen Arbeiter, Angestellte und die zu ihrer Berufsausbildung Beschäftigten. Es muss ein **privatrechtlicher Arbeitsvertrag** bestehen, Beamte, Richter und Soldaten werden deshalb nicht erfasst[5]. Arbeitnehmer ist nicht, wer aufgrund eines Werkvertrages für ein Unternehmen tätig wird[6]. Es genügt aber uU ein faktisches Arbeitsverhältnis[7].

581 Das BetrAVG gilt auch dann, wenn der Arbeitnehmer **an dem Unternehmen beteiligt** ist. Es ist dann aber genau zu prüfen, ob die Versorgung aus Anlass des Arbeitsverhältnisses zugesagt wurde oder seine Wurzel im gesellschaftsrechtlichen Bereich hat.

---

1 BAG 23.4.1985 – 3 AZR 548/82, AP Nr. 16 zu § 16 BetrAVG.
2 BAG 21.8. 2012 – 3 ABR 20/10, BetrAV 2013, 63.
3 BAG 23.4.1985 – 3 AZR 548/82, AP Nr. 16 zu § 16 BetrAVG.
4 BAG 19.1.2010 – 3 AZR 660/09, ZIP 2010, 1663.
5 *Blomeyer/Rolfs/Otto*, § 17 BetrAVG Rz. 9.
6 *Höfer*, § 17 BetrAVG Rz. 5525.
7 Vgl. *Höfer*, § 17 BetrAVG Rz. 5527.

Maßgeblich ist, ob der Arbeitnehmer persönlich abhängig ist. Fehlt es daran, kann sich die betreffende Person auf den Schutz des BetrAVG nicht berufen.

bb) Arbeitnehmerähnliche Personen

Nach § 17 Abs. 1 Satz 2 BetrAVG gelten die §§ 1–16 BetrAVG entsprechend für Personen, die nicht Arbeitnehmer sind, wenn ihnen Versorgungsleistungen aus Anlass ihrer Tätigkeit für ein Unternehmen zugesagt worden sind. Der BGH hat das Gesetz einschränkend ausgelegt. Er hat es als Arbeitnehmerschutzgesetz begriffen und daraus gefolgert, dass dessen Geltung auf die Personen begrenzt werden müsse, deren Lage im Hinblick auf die Ruhegeldzusage mit der eines Arbeitnehmers annähernd vergleichbar ist[1]. Unternehmer werden deshalb vom BetrAVG nicht erfasst. 582

Als Anknüpfungspunkt für die **Unterscheidung zwischen Arbeitnehmer- und Unternehmerstellung** hat die Rechtsprechung auf den Einzelkaufmann abgestellt. Dieser müsse sich aus seinem eigenen Unternehmen versorgen und könne daher bereits formalrechtlich nicht als Empfänger einer Versorgungszusage bezeichnet werden. Mit einem Einzelkaufmann gleichzusetzen sei derjenige, welcher für ein Unternehmen tätig sei, das mit Rücksicht auf die vermögens- und einflussmäßige Verbindung mit ihm nach natürlicher Anschauung als sein eigenes zu betrachten sei[2]. 583

(1) Am Unternehmen nicht beteiligte Personen

Echte Fremdgeschäftsführer oder **Vorstände von Aktiengesellschaften**, die nicht an dem Unternehmen, für welches sie tätig sind, beteiligt sind, genießen ohne jeden Zweifel den Schutz des BetrAVG. Gleiches kann auch für **Komplementäre** einer Kommanditgesellschaft oder Kommanditgesellschaft auf Aktien gelten, wenn sie bei wirtschaftlicher Betrachtungsweise nur sog. **angestellte persönlich haftende Gesellschafter** sind. Dies ist etwa dann der Fall, wenn sie lediglich im Außenverhältnis als Gesellschafter auftreten, im Innenverhältnis aber wie Angestellte gegenüber die Gesellschaft beherrschenden Kommanditisten weisungsgebunden sind. Ein Indiz kann hierfür sein, dass sie durch interne Regelungen von der Haftung freigestellt wurden[3]. Eine solche Abhängigkeit besteht etwa dann, wenn ein Arbeitnehmer im Rahmen seines Arbeitsverhältnisses bei einem verbundenen Unternehmen die Position des persönlich haftenden Gesellschafters einnehmen muss. 584

(2) Am Unternehmen beteiligte Personen

Das BetrAVG erfasst am Unternehmen beteiligte Personen nur dann, wenn sie allein oder mit anderen gemeinsam nicht letztlich eine Unternehmerstellung innehaben[4]. 585

(a) Organmitglieder juristischer Personen

Bei juristischen Personen ist nach ständiger Rechtsprechung des BGH auf die **Kapitalbeteiligung** oder die **Anzahl der Stimmrechte** abzustellen. Die Kapitalanteile oder Stimmrechte mehrerer geschäftsführender Gesellschafter sind zusammenzuzählen. Eine den Schutz des BetrAVG ausschließende Mitunternehmerstellung liegt dann vor, wenn die leitend tätigen Gesellschafter zusammen über die Mehrheit der Kapital- 586

---

1 BGH 28.4.1980 – II ZR 254/78, DB 1980, 1434.
2 BGH 9.6.1980 – II ZR 255/78, DB 1980, 1588, s.a. *Wohlleben*, FS Samwer, 2008, S. 281.
3 BGH 9.6.1980 – II ZR 255/78, DB 1980, 1588.
4 Zur steuerlichen Anerkennung von Pensionszusagen an Gesellschafter-Geschäftsführer *Doetsch/Lenz*, DB 2006, 1028.

anteile oder Stimmrechte verfügen[1]. Umgekehrt wird nicht jeder Minderheitsgesellschafter in leitender Position von der Geltung des BetrAVG ausgenommen. Voraussetzung ist vielmehr, dass die Beteiligung des Versorgungsberechtigten nicht völlig unbedeutend ist. In Anlehnung an das Aktien- und Umwandlungsrecht dürfte eine **Minderheitsbeteiligung von 10 %**, ab der bereits gewisse Minderheitsrechte bestehen, nicht mehr als unerheblich bezeichnet werden können[2]. Haben bspw. zwei geschäftsführende Gesellschafter jeder für sich nur eine Minderheitsbeteiligung von einmal 15 % und einmal 40 %, so verfügen sie gemeinsam über die Kapitalmehrheit. Sie sind dann beide als Unternehmer zu qualifizieren.

587 Die **Zusammenrechnung** von Anteilen oder Stimmrechten eines Minderheitsgesellschafters mit denen eines anderen Gesellschafters unterbleibt, wenn der andere schon allein über die Anteils- oder Stimmrechtsmehrheit verfügt[3]. Die §§ 1–16 BetrAVG gelten aber auch dann nicht, wenn die geschäftsleitende Person eine Altersversorgungszusage von einer Gesellschaft erhalten hat, deren Kapital ganz oder teilweise einer weiteren Gesellschaft gehört, an der sie wiederum beteiligt ist. Auch eine solche indirekte Beteiligung schließt die Anwendung des BetrAVG aus.

588 Das BAG wendet für Organmitglieder juristischer Personen § 17 Abs. 3 Satz 1 BetrAVG, wonach im Tarifvertrag von einigen, enumerativ benannten Vorschriften des BetrAVG abgewichen werden kann, sinngemäß entsprechend an. Soweit also Tarifvertragsparteien vom Gesetz abweichende Regelungen treffen dürfen, gilt dies auch im Verhältnis von Gesellschaft und Organvertreter[4]. Je nach Vertragsgestaltung können solche Abweichungen der AGB-rechtlichen Inhaltskontrolle nach den §§ 305 ff. BGB unterliegen. Überraschende oder unangemessene Abweichungen von den Bestimmungen des BetrAVG wären danach unwirksam. Nur auf Transparenz zu prüfen ist ein dynamischer Verweis auf Regeln zur Beamtenversorgung (§ 307 Abs. 3 Satz 2 BGB)[5].

(b) Gesellschafter von juristischen Personen

589 Gesellschafter von juristischen Personen können zugleich in einem Arbeitsverhältnis zu dem Unternehmen stehen. Die Frage, ob sie Unternehmer sind, hängt dann von dem Maß der bestehenden **Leitungsmacht** und der **stimmrechts- oder kapitalmäßigen Beteiligung** ab. Wer aufgrund einer mehrheitlichen Kapital- oder Stimmrechtsbeteiligung, ohne Organ zu sein, ein Unternehmen letztverantwortlich leitet, ist Unternehmer[6]. Die fehlende formale Stellung als Organmitglied ist nicht entscheidend. Besteht nur eine Minderheitsbeteiligung, so kommt auch hier eine Zusammenrechnung von Anteilen mit anderen geschäftsleitend tätigen Gesellschaftern in Betracht. Verfügt ein Prokurist über etwa 45 % der Geschäftsanteile, ein Geschäftsführer hingegen nur über 10 %, so sind beide als Unternehmer anzusehen und deshalb vom BetrAVG nicht geschützt.

(c) Persönlich haftende Gesellschafter

590 Persönlich haftende Gesellschafter von Personengesellschaften **fallen** grundsätzlich unabhängig von der Höhe ihrer Beteiligung **aus dem Schutzbereich des BetrAVG heraus**[7].

---

1 BGH 9.6.1980 – II ZR 255/78, DB 1980, 1588; 14.7.1980 – II ZR 106/79, DB 1980, 1992.
2 *Blomeyer/Rolfs/Otto*, § 17 BetrAVG Rz. 109; *Höfer*, § 17 BetrAVG Rz. 5595 ff.; *Everhardt*, BB 1981, 681; zweifelnd, ob an dieser Grenze festgehalten werden kann, BGH 2.6.1997 – II ZR 181/96, DB 1997, 1611.
3 BGH 25.9.1989 – II ZR 259/88, DB 1989, 2425.
4 BAG 21.4.2009 – 3 AZR 285/07, AP Nr. 20 zu § 1 BetrAVG – Beamtenversorgung.
5 BAG 14.10.2010 – 3 AZR 898/08, NZA 2011, 576.
6 Vgl. OLG Köln 21.2.1986 – 6 U 141/85, DB 1986, 1063.
7 BGH 9.6.1980 – II ZR 255/78, DB 1980, 1588.

Hier besteht eine besondere Nähe zum Einzelkaufmann. Die Haftung besteht unabhängig von der Höhe der Kapitaleinlage. Gesellschafter von BGB-Gesellschaften und offenen Handelsgesellschaften sowie Komplementäre von Kommanditgesellschaften und Kommanditgesellschaften auf Aktien fallen deshalb grundsätzlich nicht unter den Anwendungsbereich des BetrAVG (zu Ausnahmen vgl. Rz. 589).

(d) Kommanditisten

Kommanditisten einer KG sind nach §§ 164, 170 HGB von der Geschäftsführung ausgeschlossen und zur Vertretung der Gesellschaft nicht ermächtigt. Sind sie für ein Unternehmen tätig, so schließt dies die Anwendung der §§ 1–16 BetrAVG nicht grundsätzlich aus. Es kommt dann auf die **Qualität der Leitungsmacht** an. Werden geschäftsleitende Aufgaben wahrgenommen, etwa kraft einer Prokura, so ist die betreffende Person als Unternehmer zu qualifizieren[1]. Auch hier kommt eine Zusammenrechnung von Beteiligungen geschäftsleitend tätiger Personen in Betracht[2]. 591

(e) GmbH & Co. KG

Besonderheiten gelten bei einer GmbH & Co. KG. Unterhält die Komplementär-GmbH einen von der Förderung der Geschäfte der KG **unterscheidbaren, wirtschaftlich eigenständigen Betrieb**, der die Grundlage dafür bildet, dass für die GmbH wirklich Dienste geleistet werden und dafür eine Altersversorgungszusage erteilt wird, so kommt es im Hinblick auf den Gesellschafter-Geschäftsführer nur auf die Verhältnisse bei der GmbH an. Hat er dort oder gemeinsam mit anderen eine Mehrheitsbeteiligung, so ist er Unternehmer. 592

Unterhält die Komplementär-GmbH hingegen **keinen eigenen Geschäftsbetrieb**, so ist es gleichgültig, ob die Zusage von der GmbH oder der KG erteilt wurde. Bei der Prüfung der Unternehmerstellung müssen die Geschäftsanteile des GmbH-Geschäftsführers bei der GmbH und bei der KG zusammengerechnet werden. Dabei können die GmbH-Anteile des Geschäftsführers nur in Höhe der Quote berücksichtigt werden, mit der die GmbH ihrerseits an der KG beteiligt ist[3]. In der Literatur werden differenziertere Betrachtungsweisen verlangt. Zunächst sei die Unternehmerstellung des Geschäftsführers in der GmbH zu prüfen. Fehle sie dort, so sei die mittelbare Beteiligung über die GmbH an der KG unberücksichtigt zu lassen. Bestehe hingegen eine unternehmerische Beteiligung an der GmbH, so sei die Beteiligung der GmbH an der KG dem Geschäftsführer vollständig zuzurechnen. Denn wenn er die GmbH majorisiere, so könne er deren Gesellschafterrechte in der KG vollständig wahrnehmen[4]. Letztere Auffassung ist zutreffend. Der BGH übersieht, dass der an der GmbH mehrheitlich beteiligte Gesellschafter-Geschäftsführer das gesamte Stimmrecht für die GmbH in der KG ausüben kann. 593

Entsprechend ist auch bei **anderen Beteiligungsformen** zu verfahren, zB bei einer AG & Co. GmbH[5]. 594

---

1 BGH 28.4.1980 – II ZR 254/78, DB 1980, 1434; 1.2.1999 – II ZR 276/97, MDR 1999, 555.
2 OLG Köln 21.2.1986 – 6 U 141/85, DB 1986, 1063; aA *Höfer*, § 17 BetrAVG Rz. 5605; differenzierend *Blomeyer/Rolfs/Otto*, § 17 BetrAVG Rz. 129.
3 BGH 28.4.1980 – II ZR 254/78, DB 1980, 1434.
4 Vgl. *Höfer*, § 17 BetrAVG Rz. 5611.
5 *Höfer*, § 17 BetrAVG Rz. 5616.

b) Auswirkungen der Nichtanwendbarkeit des BetrAVG

595 Die Nichtanwendbarkeit des BetrAVG berührt grundsätzlich **nicht** die **Gültigkeit einer Versorgungszusage**. Ohne entsprechende Regelung kann sich der Versorgungsberechtigte aber weder auf eine Unverfallbarkeit berufen noch eine Anpassung laufender Leistungen verlangen. Insbesondere kann er den gesetzlichen Insolvenzschutz nach § 7 BetrAVG nicht in Anspruch nehmen, wenn die zugesagten Leistungen insolvenzbedingt nicht mehr zur Verfügung stehen. Dieser kann auch nicht durch eine entsprechende Vereinbarung herbeigeführt werden.

596 Gelegentlich kommt es vor, dass Zeiten, die vom BetrAVG erfasst werden, von solchen abgelöst werden, für die das BetrAVG nicht gilt. Im Hinblick auf den **persönlichen Geltungsbereich** des Gesetzes kann dies geschehen, wenn der Versorgungsberechtigte zeitweilig als Unternehmer, im Übrigen aber als Arbeitnehmer oder arbeitnehmerähnliche Person für ein Unternehmen tätig war. Verliert bspw. ein Unternehmer seine mehrheitliche Beteiligung an dem Unternehmen, so kann es geschehen, dass er zu einem späteren Zeitpunkt in den Schutzbereich des BetrAVG fällt. Es ist dann festzustellen, inwieweit die Rechte aus einer Versorgungszusage dem Geltungsbereich des BetrAVG unterfallen. Es ist eine **zeitanteilige Aufteilung** vorzunehmen, die sich im Wesentlichen an § 2 BetrAVG orientiert[1]. Die zugesagte Leistung ist dann zu quotieren. Dabei ist unerheblich, ob der Wechsel vom Unternehmerstatus zum Nichtunternehmerstatus oder umgekehrt erfolgt[2].

597 Bei **Versorgungsanwärtern** besteht eine Unverfallbarkeit nach § 1 BetrAVG nur dann, wenn die vom Schutz des BetrAVG erfassten Dienstzeiten insgesamt die gesetzlichen Unverfallbarkeitsvoraussetzungen erfüllen. Durch einen **Statuswechsel** tritt keine Unterbrechung der Fristen ein, sondern lediglich eine Hemmung[3]. Einzelne, vom Gesetz erfasste Zeiten müssen also nicht jede für sich zu einer unverfallbaren Anwartschaft geführt haben, sondern können **zusammengerechnet** werden[4]. Das ist insbesondere dann von Bedeutung, wenn das Unternehmen insolvent geworden ist. Denn der PSVaG ist nur dann zur Zahlung verpflichtet, wenn die Unverfallbarkeit kraft Gesetzes eingetreten ist (vgl. Rz. 472 ff.).

III. Abänderung von Versorgungszusagen

598 Bei bestehenden Versorgungswerken ergibt sich oftmals für den Arbeitgeber nachfolgender Änderungsbedarf. Die Gründe hierfür können unterschiedlich sein. Bedeutendste Fallgruppe ist der **Widerruf** oder die **Kürzung von Leistungen** der betrieblichen Altersversorgung aus wirtschaftlichen Gründen. Der Arbeitgeber stellt fest, dass er die zugesagten Leistungen nicht mehr problemlos finanzieren kann. Ein Abänderungsbedürfnis kann aber auch bestehen, wenn der Arbeitgeber betriebliche Altersversorgungsleistungen **neu strukturieren** möchte, etwa um bestehende Ungerechtigkeiten zu beseitigen oder das Versorgungssystem zu vereinfachen. Schließlich können **Fälle grob vertragswidrigen Verhaltens** des Arbeitnehmers den Arbeitgeber dazu bewegen, über einen Widerruf der versprochenen Altersversorgung nachzudenken. Zu den unterschiedlichen Veränderungsanlässen hat die Rechtsprechung sich bemüht, Leitlinien zu entwickeln. Ihre Anwendbarkeit hängt zusätzlich entscheidend davon ab, welcher Art die Versorgungszusage ist und wie der Arbeitgeber sie inhaltlich ausgestaltet hat.

---

1 BGH 9.6.1980 – II ZR 255/78, DB 1980, 1588.
2 BGH 9.6.1980 – II ZR 255/78, DB 1980, 1588.
3 BGH 4.5.1981 – II ZR 100/80, AP Nr. 9 zu § 1 BetrAVG – Wartezeit.
4 *Höfer*, § 17 BetrAVG Rz. 5626.

III. Abänderung von Versorgungszusagen

1. Abänderung aus wirtschaftlichen Gründen

Wer Versorgungsregelungen verändern will, muss sich zunächst Klarheit darüber verschaffen, welche rechtliche Gestalt die **Anspruchsgrundlage** hat. Es ist von erheblicher Bedeutung, ob Basis für das Versorgungswerk **kollektivrechtliche** oder aber **vertragliche** Grundlagen sind. Die Palette der Änderungsmöglichkeiten wird zudem maßgeblich von dem **Durchführungsweg** geprägt. Es kommt also darauf an, ob eine Direktzusage oder Direktversicherung besteht, Ansprüche über eine Pensionskasse oder einen Pensionsfonds begründet werden oder aber Leistungen einer Unterstützungskasse zugesagt worden sind. Die ersten vier Fallgestaltungen unterscheiden sich von der letztgenannten dadurch, dass auf ihre Leistungen ein **Rechtsanspruch** besteht, während eine Unterstützungskasse von Gesetzes wegen eine Einrichtung ist, auf deren Leistungen ein solcher Anspruch gerade nicht eingeräumt wird.

a) Arbeitsvertragliche Ruhegeldzusagen

Vertragliche Ansprüche können auf verschiedene Weise begründet werden. Sowohl klassische **Einzelzusagen** als auch **Gesamtzusagen**, vertragliche **Einheitsregelungen** oder **betriebliche Übungen** begründen arbeitsvertragliche Rechte, die auch nur mit dem für das Vertragsrecht vorgesehenen rechtlichen Instrumentarium abgeändert oder beseitigt werden können.

aa) Änderungsvereinbarung

Eine Änderungsvereinbarung setzt das **Einverständnis des Arbeitnehmers** voraus. Dabei ist § 17 Abs. 3 BetrAVG zu beachten, nach dem von bestimmten gesetzlichen Bestimmungen nur durch Tarifvertrag abgewichen werden kann. Zu den Bestimmungen, von denen nicht abgewichen werden darf, gehört auch das Abfindungs- und Verzichtsverbot des § 3 Abs. 1 BetrAVG, der daher Änderungsvereinbarungen effektiv beschränkt. Nach dieser Regelung können unverfallbare Versorgungsanwartschaften nach Beendigung des Arbeitsverhältnisses und laufende Leistungen nur unter den Voraussetzungen des § 3 Abs. 2–6 BetrAVG abgefunden werden. Das BAG hat zu § 3 BetrAVG aF entschieden, dass eine Versorgungsanwartschaft, die nicht wirksam abgefunden werden darf, auch nicht wirksam erlassen werden kann[1]. Das Abfindungs- und Verzichtsverbot gilt bei Beendigung des Vertragsverhältnisses und in der Leistungsphase, nicht aber wenn der Verzicht oder die Abfindung während des laufenden Arbeitsverhältnisses ohne sachlichen und zeitlichen Zusammenhang zur Beendigung des Arbeitsverhältnisses vereinbart werden[2]. Gelingt es dem Arbeitgeber, seinem Arbeitnehmer im gesetzlichen Rahmen des § 17 BetrAVG eine Verschlechterung seiner arbeitsvertraglichen Position abzuhandeln, so begegnet dies keinen rechtlichen Bedenken.

bb) Änderungskündigung

Kann der Arbeitgeber keine Änderungsvereinbarung durchsetzen, so bleibt die Möglichkeit einer **Änderungskündigung**. Mit ihr wird das bisherige Arbeitsverhältnis beendet, aber zugleich dessen Fortsetzung unter geänderten Arbeitsbedingungen angeboten. Der Arbeitnehmer hat unterschiedliche Möglichkeiten, auf die Änderungskündigung zu reagieren. Er kann das Änderungsangebot vorbehaltlos **annehmen**. Geschieht dies, ändert sich mit Ablauf der Kündigungsfrist der Inhalt des Arbeitsverhältnisses und damit auch der Versorgungszusage. Er kann das Änderungsangebot **ablehnen**. Die Änderungskündigung wandelt sich dann praktisch in eine Beendigungs-

---

[1] BAG 22.9.1987 – 3 AZR 194/86, DB 1988, 656.
[2] BAG 14.8.1990 – 3 AZR 301/89, MDR 1991, 181.

kündigung. Unternimmt der Arbeitnehmer nichts weiter, so endet das Arbeitsverhältnis mit Ablauf der Kündigungsfrist. Erhebt er **Kündigungsschutzklage**, so hängt der Fortbestand der Altersversorgungslasten von dem Ausgang des gerichtlichen Verfahrens ab. Der Arbeitnehmer kann schließlich das Änderungsangebot unter dem **Vorbehalt des § 2 Abs. 1 KSchG** annehmen. Er kann also erklären, dass er das Angebot, das Arbeitsverhältnis unter geänderten Bedingungen fortzusetzen, nur unter dem Vorbehalt annehme, dass die inhaltliche Veränderung der Altersversorgungsbedingungen nicht sozial ungerechtfertigt ist. Gewinnt der Arbeitnehmer den Prozess, so verbleibt es bei den ursprünglichen Regelungen. Verliert er ihn, so wird das Arbeitsverhältnis mit den geänderten Altersversorgungsbedingungen fortgesetzt. Zu betonen ist hier, dass auch bei einer erfolgreichen Änderungskündigung Versorgungsansprüche keineswegs in jedem Fall vollständig beseitigt werden können. Verbleibt der Arbeitnehmer bis zum Eintritt des Versorgungsfalles in den Diensten des Arbeitgebers oder erreicht er die Unverfallbarkeitsfristen des § 1b BetrAVG, so kann nur unter bestimmten Voraussetzungen in bereits erdiente Versorgungsrechte eingegriffen werden.

603 Zu beachten ist, dass eine Änderungskündigung im Anwendungsbereich des Kündigungsschutzgesetzes (§ 23 KSchG) der **sozialen Rechtfertigung** bedarf. Es gelten die Maßstäbe des Kündigungsschutzgesetzes. Der Arbeitgeber wird also betriebsbedingte Gründe nachweisen müssen. Die Rechtsprechung ist hier ausgesprochen zurückhaltend. Eine Änderungskündigung mit dem Ziel, Einsparungen zu ermöglichen, lässt das BAG in der Regel nur dann zu, wenn auf andere Weise eine akute Gefahr für die Arbeitsplätze oder eine Existenzgefährdung des Unternehmens nicht vermieden werden kann[1]. Änderungskündigungen zum Zweck der Reduzierung von Versorgungsverbindlichkeiten spielen deshalb eine untergeordnete Rolle. In der Regel sind sie auch ein ungeeignetes Mittel, wenn es darum geht, ein Versorgungswerk als ganzes an geänderte Verhältnisse anzupassen. Hier hilft dem Arbeitgeber die soziale Rechtfertigung einer einzelnen Kündigung meist nicht weiter[2].

cc) Anfechtung, Rücktritt, Unmöglichkeit, Verzug

604 Weitere zivilrechtliche Instrumentarien zur Veränderung von Leistungsverpflichtungen sind die Anfechtung, der Rücktritt und die Gestaltungsmöglichkeiten bei Verzug oder Unmöglichkeit. Auch sie sind allenfalls in **besonders gelagerten Einzelfällen** zur Veränderung von Altersversorgungsverpflichtungen geeignet und spielen deshalb ebenfalls nahezu keine Rolle.

dd) Widerruf

605 Erhebliche Bedeutung für die Änderung auf vertraglicher Grundlage bestehender Altersversorgungsansprüche ist der **(Teil-)Widerruf** von Versorgungszusagen. Da das Vertragsrecht von dem Grundsatz „pacta sunt servanda" geprägt wird, kommt ein Widerruf nur dann in Betracht, wenn er vorbehalten war oder aber der Schuldner eine Störung der Geschäftsgrundlage nach § 313 BGB einwenden kann.

(1) Vorbehaltener Widerruf

606 Dem Arbeitgeber steht es frei, sich den Widerruf der Versorgungsleistungen vertraglich vorzubehalten. Ein Vorbehalt, die zugesagten Leistungen der betrieblichen Altersversorgung **jederzeit frei zu widerrufen**, ist für den Arbeitgeber jedoch aus steuerrechtlichen Gründen nicht attraktiv. In aller Regel sind Versorgungszusagen nur dann

---

1 BAG 20.3.1986 – 2 AZR 294/85, NZA 1986, 824; 11.10.1989 – 2 AZR 61/89, NZA 1990, 607.
2 Vgl. *Griebeling*, NZA Beilage 3/1989, 26 (29).

III. Abänderung von Versorgungszusagen

für ein Unternehmen interessant, wenn es auch entsprechende steuermindernde Rückstellungen bilden kann. Steuerlich begünstigte Pensionsrückstellungen nach § 6a EStG kann aber nur der bilden, der sich verbindlich verpflichtet. Versorgungszusagen enthalten deshalb nur die in Abschnitt 41 Abs. 4 EStR aufgeführten sog. steuerunschädlichen Vorbehalte. Diese lassen den **Widerruf nur unter eng begrenzten Voraussetzungen** zu; regelmäßig nur dann, wenn sich die rechtlichen oder wirtschaftlichen Bedingungen für den Arbeitgeber so nachhaltig geändert haben, dass dem Unternehmen die volle oder teilweise Aufrechterhaltung der zugesagten Leistungen nicht mehr zugemutet werden kann[1]. Solche steuerunschädlichen Vorbehalte dienen lediglich als Hinweis auf eine Störung der Geschäftsgrundlage. Der Vorbehalt ist insoweit entbehrlich, weil auch ohne ihn bei einer schwerwiegenden Störung der Geschäftsgrundlage eine Anpassung bis hin zum Widerruf der Versorgungsleistungen möglich wäre[2]. Von diesen Fällen zu unterscheiden ist das widerruflich ausgestaltete Bezugsrecht des Versorgungsberechtigten in einem Versicherungsvertrag, dessen Widerruf bei der Beendigung des Arbeitsverhältnisses vor Eintritt der Unverfallbarkeit eingetreten ist.

(2) Wegfall der Geschäftsgrundlage

Das Argument des Wegfalls der Geschäftsgrundlage, in § 313 BGB als Störung der Geschäftsgrundlage kodifiziert, lässt das BAG nur in sehr eingeschränktem Maße zu. Positiv entschieden hat es **nur in drei Fallgruppen**, nämlich im Falle des Widerrufs von Versorgungsleistungen wegen einer wirtschaftlichen Notlage des Arbeitgebers, bei der Beseitigung unerwünschter Überversorgungen und bei Eintritt einer Äquivalenzstörung.

607

(a) Wirtschaftliche Notlage

Die Rechtsprechung begriff den Sicherungsfall des § 7 Abs. 1 Satz 3 Nr. 5 BetrAVG aF als gesetzlich normierten Tatbestand des Wegfalls der Geschäftsgrundlage[3]. Als wirtschaftliche Notlage verstand der Ruhegeldsenat eine **extreme insolvenzgleiche Situation des Arbeitgebers**. Es waren also strenge Maßstäbe zu erfüllen. Weil der Widerruf wegen wirtschaftlicher Notlage ein Sicherungsfall für den Pensions-Sicherungs-Verein als Träger der gesetzlichen Insolvenzsicherung für Ansprüche aus betrieblicher Altersversorgung war, waren auch nicht nur die rechtlichen Interessen des Arbeitgebers und der Arbeitnehmer berührt, sondern auch die des PSVaG. § 7 Abs. 1 Satz 3 Nr. 5 BetrAVG aF sah die Einstandspflicht des Insolvenzsicherers deshalb auch nur dann vor, wenn die Kürzung oder Einstellung von Versorgungsleistungen wegen wirtschaftlicher Notlage durch rechtskräftiges Urteil eines Gerichts für zulässig erklärt worden war bzw. der PSVaG dem Widerruf zuvor zugestimmt hatte[4]. Nachdem der Gesetzgeber den Sicherungsfall der wirtschaftlichen Notlage aufgehoben hat, kommt ein Widerruf wegen Störung der Geschäftsgrundlage nicht mehr in Betracht[5].

608

(b) Überversorgung

Ein Widerruf von Versorgungsleistungen ohne ausdrücklichen Vorbehalt lässt das BAG auch zu bei **planwidrigen Überversorgungen**. Eine Überversorgung liegt nicht erst dann vor, wenn die Ruhestandsbezüge (gesetzliches Altersruhegeld zzgl. Betriebs-

609

---

1 *Blomeyer/Rolfs/Otto*, Anh. § 1 BetrAVG Rz. 495 ff.
2 *Griebeling*, NZA Beilage 3/1989, 26 (30).
3 BAG 26.4.1988 – 3 AZR 277/87, AP Nr. 3 zu § 1 BetrAVG – Geschäftsgrundlage.
4 BAG 24.4.2001 – 3 AZR 402/00, DB 2001, 1787.
5 BAG 17.6.2003 – 3 AZR 396/02, DB 2004, 324; 31.7.2007 – 3 AZR 373/06, AP Nr. 27 zu § 7 BetrAVG – Widerruf; 18.11.2008 – 3 AZR 417/07, DB 2009, 1079.

rente) **die Aktiven-Bezüge übersteigen**. Eine Überversorgung besteht auch dann, wenn das vom Arbeitgeber gewollte Versorgungsniveau überschritten wird[1]. So liegt eine Überversorgung auch dann vor, wenn bei einer Versorgungszusage mit einer Begrenzungsklausel der angestrebte Nettoversorgungsgrad spürbar überschritten wird[2].

Beispiel:

Der Arbeitgeber hat zu Beginn der 1960er Jahre eine Gesamtversorgung von 80 % der letzten Bruttobezüge zugesagt, um damit im Ruhestand eine Beibehaltung des Lebensstandards zu ermöglichen. In der Folgezeit haben sich die Sozialabgaben erheblich erhöht, so dass die Nettovergütung aus dem Bruttoentgelt prozentual sehr viel geringer geworden ist. Regelmäßig ist dies durch fortlaufende Bruttoentgeltsteigerungen ausgeglichen worden. Wird nun die ursprüngliche Versorgungszusage beibehalten, erhalten die Pensionäre eine uU überproportional höhere Betriebsrente, weil diese nicht mit entsprechend hohen Sozialabgaben belastet ist. Sie erhalten dann uU mehr als das ursprünglich zur Erhaltung des Lebensstandards vorgesehene Leistungsniveau.

610 Ist die Überversorgung **nicht** gewollt, kann der Arbeitgeber eine Reduzierung seiner Versorgungsleistungen vornehmen, um das planmäßige Versorgungsniveau wiederherzustellen. Dabei kann der Arbeitgeber zwischenzeitlich eingetretene, zusätzliche steuerliche Belastungen der Arbeitnehmer regelmäßig unberücksichtigt lassen, da diese in deren Risikobereich fallen; anderes kann für neu eingeführte sozialversicherungsrechtliche Beitragspflichten gelten, so dass bei der Bewertung dort ggf. eine Lastenteilung erforderlich ist[3]. Nach Auffassung des BAG kann ausnahmsweise auch in bereits erdiente Besitzstände eingegriffen werden, für die der Betriebsrentner die Gegenleistung in Form der geleisteten Betriebstreue endgültig erbracht hat; insoweit ergibt sich nach Ansicht des BAG die Notwendigkeit, Verträge an die geänderten Verhältnisse anzupassen, um die Vertragsgerechtigkeit wiederherzustellen[4]. Über diesen Weg wird nur in Ausnahmefällen, nämlich dann, wenn die bisherige Versorgungsregelung bei dem überwiegenden Teil der Berechtigten zu einer Überversorgung führt, eine Begrenzung des Gesamtvolumens eines Versorgungswerkes herbeizuführen sein. Wesentliches Kriterium ist dann, ob es sich wirklich um eine planwidrige Überversorgung handelt. War die Gefahr einer solchen Überversorgung dem Arbeitgeber bekannt und handelt er dennoch über Jahre hinweg nicht, so spricht einiges gegen eine Planwidrigkeit und für einen Schutz der betroffenen Arbeitnehmer[5]. Sollte die zur Beseitigung der Überversorgung vorgenommene Änderung der Versorgungsregelung „überschießend" zu einer Unterversorgung führen, folgt daraus ein Anspruch der Arbeitnehmer auf Versorgung nach dem vereinbarten Versorgungsniveau, nicht aber auf Wiederherstellung der ursprünglichen Versorgungsregelung, die zur Überversorgung geführt hat[6]. Bei komplexen kollektivrechtlichen Regelungen bleibt es den Betriebspartnern vorbehalten, eine angemessene Regelung zu finden; das Gericht kann keine eigene angemessene Regelung treffen[7].

(c) Äquivalenzstörung

611 Bei garantieähnlichen Gesamtversorgungszusagen kann der Arbeitgeber unter bestimmten Voraussetzungen eine Anpassung der Versorgung wegen eingetretener

---

1 BAG 20.5.2001 – 3 AZR 252/00, EzA § 1 BetrAVG Nr. 24; 13.11.2007 – 3 AZR 455/06, DB 2008, 994; 17.1.2012 – 3 AZR 555/09, NZA 2012, 942.
2 BAG 23.9.1997 – 3 ABR 85/96, NZA 1998, 719; 17.1.2012 – 3 AZR 555/09, NZA 2012, 942.
3 BAG 17.1.2012 – 3 AZR 555/09, NZA 2012, 942.
4 BAG 9.7.1985 – 3 AZR 546/82, AP Nr. 6 zu § 1 BetrAVG – Ablösung; 23.9.1997 – 3 ABR 85/96, NZA 1998, 719; 28.7.1998 – 3 AZR 100/98, NZA 1999, 444; 9.11.1999 – 3 AZR 502/98, NZA 2001, 98.
5 BAG 23.10.1990 – 3 AZR 260/89, DB 1991, 449.
6 BAG 29.1.2008 – 3 AZR 42/06, DB 2008, 1980.
7 BAG 13.11.2007 – 3 AZR 455/06, DB 2008, 994.

III. Abänderung von Versorgungszusagen

Äquivalenzstörung, vornehmen. Eine hinreichende Äquivalenzstörung in diesem Sinne ist nach der Rechtsprechung des BAG dann eingetreten, wenn der bei Schaffung des Versorgungssystems zugrunde gelegte Dotierungsrahmen aufgrund von wesentlichen und unerwarteten Änderungen der Rechtslage zum Anpassungsstichtag um mehr als 50 % überschritten wird[1]. Erst ab diesem Wert sieht das BAG das Gleichgewicht von Leistung und Gegenleistung in einem derartigen Maße gestört, dass der Garantiecharakter der Gesamtversorgungszusage überwunden und dem Arbeitgeber ein Anpassungsrecht eingeräumt wird.

ee) Nachfolgende Betriebsvereinbarung

Mittels Betriebsvereinbarung kann grundsätzlich nicht in Versorgungsrechte eingegriffen werden, deren rechtliche Grundlage ein arbeitsvertraglicher Anspruch ist. Bis zum Vorlagebeschluss des 5. Senats vom 8.12.1982[2] nahm der Ruhegeldsenat allerdings an, wegen ihres kollektiven Bezuges dürfe auch in Gesamtzusagen und betriebliche Einheitsregelungen durch nachfolgende Betriebsvereinbarungen zu Lasten der Arbeitnehmer eingegriffen werden. Diese Möglichkeit hat der Große Senat mit Beschluss vom 16.9.1986 eingeschränkt[3]. 612

Vertraglich begründete Ansprüche der Arbeitnehmer auf betriebliche Ruhegelder, die auf eine vom Arbeitgeber gesetzte Einheitsregelung oder Gesamtzusage zurückgehen, können durch eine nachfolgende Betriebsvereinbarung in den Grenzen von Recht und Billigkeit beschränkt werden, soweit die neue Regelung insgesamt bei kollektiver Betrachtung **nicht ungünstiger** ist. Es ist ein sog. **kollektiver Günstigkeitsvergleich** anzustellen. Der Arbeitgeber darf sein Versorgungswerk danach umstrukturieren, wenn damit der Dotierungsrahmen insgesamt nicht eingeschränkt wird. Das bedeutet zugleich, dass durch Betriebsvereinbarung eine Reduzierung von auf arbeitsvertraglichen Grundlagen beruhenden Versorgungslasten nicht herbeigeführt werden kann. 613

Soweit lediglich **umstrukturiert** wird, unterliegt die neue Regelung ebenfalls einer gerichtlichen Billigkeitskontrolle[4]. Auch bei Beibehaltung des Dotierungsrahmens kann folglich nicht einschränkungslos in die Rechte Einzelner eingegriffen werden[5]. 614

Von dem Grundsatz, dass durch nachfolgende Betriebsvereinbarungen nicht in Versorgungsrechte aus betrieblichen Einheitsregelungen oder Gesamtzusagen eingegriffen werden kann, macht das BAG unter dem Gesichtspunkt des **Vertrauensschutzes** Ausnahmen. Soweit Betriebsvereinbarungen, die auf vertraglichen Einheitsregelungen oder Gesamtzusagen beruhende Versorgungswerke zum Nachteil der Arbeitnehmer abgeändert haben, aus der Zeit **vor dem 12.8.1982** stammen, werden sie von der Rechtsprechung grundsätzlich als wirksam anerkannt. Spätere Betriebsvereinbarungen sind nur dann nicht unwirksam, wenn sie dem kollektiven Günstigkeitsvergleich standhalten. 615

Davon unabhängig ist es natürlich zulässig, Versorgungszusagen „**betriebsvereinbarungsoffen**" auszugestalten. Sieht eine individuelle Versorgungszusage, eine Gesamtzusage oder eine betriebliche Einheitsregelung vor, dass Änderungen auch zum Nachteil der Arbeitnehmer durch Betriebsvereinbarungen zulässig sind, so stellt eine entsprechende Betriebsvereinbarung das zulässige Gestaltungsmittel dar. Ggf. muss durch Auslegung ermittelt werden, ob die betreffende Zusage betriebsvereinbarungsoffen ausgestaltet ist oder nicht[6]. So sind Gesamtzusagen schon dann betriebsverein- 616

---
1 BAG 19.2.2008 – 3 AZR 290/06, DB 2008, 1387.
2 BAG 8.12.1982 – 5 AZR 316/81, BAGE 41, 118.
3 BAG (GS) 16.9.1986 – GS 1/82, BAGE 53, 42.
4 BAG (GS) 16.9.1986 – GS 1/82, BAGE 53, 42.
5 Vgl. auch BAG 28.7.1998 – 3 AZR 357/97, DB 1999, 750.
6 BAG 17.6.2008 – 3 AZR 553/06, AP Nr. 55 zu § 133 BGB; 21.4.2009 – 3 AZR 674/07, DB 2009, 2386.

barungsoffen, wenn der Arbeitgeber darauf hinweist, dass die freiwillige Leistung in Abstimmung mit dem Betriebsrat versprochen werde[1]. Auch die Zusage einer Unterstützungskassenversorgung beinhaltet einen Widerrufsvorbehalt und ist damit betriebsvereinbarungsoffen. Ein Arbeitgeber, der die betriebliche Altersversorgung über eine Unterstützungskasse abwickelt, will sein Versorgungsversprechen regelmäßig in dem Umfang begrenzen, wie es die Satzung und die Richtlinien vorsehen[2].

617 Eine Betriebsvereinbarungsoffenheit besteht auch dann, wenn die Versorgungszusage zunächst auf einer Betriebsvereinbarung beruhte, aber nach einem Betriebsübergang gem. § 613a BGB in den Arbeitsvertrag transformiert wurde. Ziel des § 613a BGB ist nicht, die von einem Betriebsübergang betroffenen Arbeitnehmer zu begünstigen. Die in den Arbeitsvertrag überführten Versorgungsregelungen können deshalb durch nachfolgende Betriebsvereinbarungen geändert werden[3]. Dabei ist auch nicht erforderlich, dass die Neuregelung bereits beim Betriebsübergang schon vorhanden ist, sie kann auch später abgeschlossen werden[4]. Etwas anderes gilt für tarifliche Versorgungszusagen, die nach § 613a BGB arbeitsvertraglich transformiert wurden; diese Regelungen können nicht im Wege der sog. Über-Kreuz-Ablösung durch eine Betriebsvereinbarung abgelöst werden[5].

ff) Betriebliche Mitbestimmung

618 Bei allen **Änderungen betrieblicher Altersversorgungswerke** ist darauf zu achten, dass dem Betriebsrat dabei nach § 87 Abs. 1 Nr. 8 oder Nr. 10 BetrVG ein Mitbestimmungsrecht zustehen kann (vgl. Rz. 230 ff.). Das Mitbestimmungsrecht des Betriebsrats ist nicht vom Rechtsbegründungsakt abhängig. Beruht das Versorgungswerk nicht auf einer Betriebsvereinbarung, sondern auf einer betrieblichen Übung, Gesamtzusage oder betrieblichen Einheitsregelung, so bestehen hinsichtlich der Ausgestaltung der Altersversorgungsansprüche dennoch Mitbestimmungsrechte[6]. Einseitig vom Arbeitgeber durchgeführte Regelungen sind deshalb unwirksam.

619 Werden Leistungen eines Versorgungswerkes generell gekürzt, so kann der Arbeitgeber dies uU nicht ohne Beteiligung des Betriebsrats tun. Mitbestimmungsfrei ist die Verringerung des Dotierungsrahmens. Das BAG hat ein abgestuftes Besitzstandsmodell entwickelt; für jeden Eingriff in eine dieser Stufen benötigt der Arbeitgeber einen Eingriffsgrund anderer Intensität (vgl. Rz. 627 ff.). Schöpft der Arbeitgeber seine Eingriffsmöglichkeiten aus, kann er dies mitbestimmungsfrei durchführen. Geschieht dies nicht und nimmt er eine anderweitige Verteilung der verbleibenden Mittel vor, besteht ein Mitbestimmungsrecht nach § 87 BetrVG[7]. Solche Regelungen unterliegen nach Auffassung des BAG der gerichtlichen Billigkeitskontrolle[8].

b) Versorgung durch Unterstützungskasse

620 Leistungen der betrieblichen Altersversorgung können auch über den Durchführungsweg einer Unterstützungskasse zugesagt werden. Grundlage hierfür kann eine entsprechende arbeitsvertragliche Regelung, aber auch eine Betriebsvereinbarung sein. Ein Arbeitgeber, der seine Arbeitnehmer mit Hilfe einer Unterstützungskasse versor-

---

1 BAG 10.12.2002 – 3 AZR 671/01, AP Nr. 252 zu § 611 BGB – Gratifikation.
2 BAG 15.2.2011 – 3 AZR 35/09, NZA-RR 2011, 541; 12.2.2013 – 3 AZR 636/10, BetrAV 2013, 637.
3 BAG 29.7.2003 – 3 AZR 630/02, EzA § 1 BetrAVG – Ablösung Nr. 42.
4 BAG 14.8.2001 – 1 AZR 619/00, BB 2002, 413.
5 BAG 13.11.2007 – 3 AZR 191/06, DB 2008, 890.
6 BAG 23.9.1997 – 3 ABR 85/96, NZA 1998, 719.
7 BAG 11.5.1999 – 3 AZR 21/98, BAGE 91, 310; 9.12.2008 – 3 AZR 384/07, NZA 2009, 1341.
8 BAG 5.6.1984 – 3 AZR 33/84, BAGE 46, 80.

III. Abänderung von Versorgungszusagen   Rz. 624 Teil 2 E

gen will, kündigt ihnen an, die Unterstützungskasse werde als eine **selbständige Versorgungseinrichtung** betriebliche Versorgungsleistungen erbringen. Grundlage für die Rechtsbeziehungen zwischen dem Versorgungsempfänger und der Unterstützungskasse bildet deshalb das Arbeitsverhältnis als Valutaverhältnis. In der Regel geht eine solche Zusage dahin, die Versorgungseinrichtung werde Leistungen gewähren, soweit deren Satzung und Richtlinien dies vorsehen[1]. Besonderes Kennzeichen einer Unterstützungskasse ist – so § 1b Abs. 4 Satz 1 BetrAVG –, dass es sich um eine rechtsfähige Versorgungseinrichtung handelt, die auf ihre Leistungen keinen Rechtsanspruch gewährt. Das BAG hat aus diesem Vorbehalt der Freiwilligkeit und dem Ausschluss des Rechtsanspruchs hergeleitet, dass der Unterstützungskasse ein Widerrufsrecht zusteht, das allerdings an sachliche Gründe gebunden ist[2]. Bei Ausübung des Widerrufs genügt es, wenn dieser im Betrieb oder Unternehmen allgemein bekannt gemacht wird, so dass der betroffene Arbeitnehmer die Möglichkeit hat, von der Änderung Kenntnis zu nehmen; eine solche Bekanntmachung ist im Streitfall zu beweisen[3].

c) Betriebsvereinbarung

Betriebliche Versorgungswerke basieren meist auf „allgemeinen" Regeln, häufig auf Betriebsvereinbarungen. Betriebsvereinbarungen schaffen für die Arbeitnehmer **unmittelbar geltendes Recht** (§ 77 Abs. 4 BetrVG). § 77 Abs. 4 Satz 2 BetrVG bestimmt sogar, dass ein Verzicht auf durch Betriebsvereinbarung eingeräumte Rechte nur mit Zustimmung des Betriebsrats zulässig ist[4].   621

aa) Einführung, Kündigung und Änderung von Betriebsvereinbarungen über betriebliche Altersversorgung

Einigkeit besteht darüber, dass die **Einführung eines betrieblichen Versorgungswerks** keinen mitbestimmungspflichtigen Tatbestand iSd. § 87 Abs. 1 BetrVG bildet, sondern der Bereich freiwilliger Mitbestimmung nach § 88 Nr. 2 BetrVG betroffen ist[5]. Betriebsvereinbarungen über Leistungen der betrieblichen Altersversorgung unterliegen dem Mitbestimmungsrecht nach § 87 Abs. 1 Nr. 8 oder 10 BetrVG allerdings insoweit, als es um die **Verteilung** der zur Verfügung stehenden Mittel geht.   622

Betriebsvereinbarungen über betriebliche Altersversorgung sind nach § 77 Abs. 5 BetrVG kündbar. Eines Kündigungsgrundes bedarf es dazu nicht[6]. Die Betriebsvereinbarung unterliegt grundsätzlich nicht der Nachwirkung des § 77 Abs. 6 BetrVG, wenn sie gekündigt wird oder von vorneherein befristet ist. Soweit die Mitarbeiter allerdings bereits Besitzstände erdient haben (vgl. Rz. 628)[7], bleibt die Betriebsvereinbarung als Rechtgrundlage erhalten, obwohl sie als freiwillige Betriebsvereinbarung nicht erzwingbar ist[8]. Der Betriebsrat kann in einem Beschlussverfahren klären lassen, welche einzelnen Rechtswirkungen die Kündigung hat[9].   623

Ob bei einer bloßen Verringerung des Volumens der insgesamt zur Verfügung gestellten Mittel und gleichzeitigen **Änderung des Verteilungsplans** eine Nachwirkung eintritt, hat der zuständige 3. Senat des BAG bisher offen gelassen[10]. Wird eine Betriebs-   624

---

1 BAG 10.11.1977 – 3 AZR 705/76, AP Nr. 8 zu § 242 BGB Ruhegehalt – Unterstützungskassen.
2 BAG 10.11.1977 – 3 AZR 705/76, AP Nr. 8 zu § 242 BGB Ruhegehalt – Unterstützungskassen.
3 BAG 9.10.2012 – 3 AZR 533/10, nv.
4 Vgl. auch BAG 3.6.1997 – 3 AZR 25/96, DB 1998, 267.
5 BAG 29.7.2003 – 3 ABR 34/02, BB 2004, 943.
6 BAG 11.5.1999 – 3 AZR 21/98, BAGE 91, 310.
7 BAG 26.8.1997 – 3 AZR 235/96, BAGE 86, 216.
8 BAG 11.5.1999 – 3 AZR 21/98, BAGE 91, 310.
9 BAG 17.8.1999 – 3 ABR 55/98, NZA 2000, 498.
10 Vgl. *Schlewing*, NZA 2010, 529.

vereinbarung getroffen, die eine ältere Betriebsvereinbarung ablösen soll, gilt auch nicht das Günstigkeitsprinzip, sondern nur die Zeitkollisionsregel. Die jüngere Betriebsvereinbarung ersetzt das ältere Regelwerk[1]. Das BAG weist in ständiger Rechtsprechung darauf hin, dass eine ablösende Betriebsvereinbarung, die zu einer Kürzung von Versorgungsanwartschaften führt, einer **Billigkeitskontrolle** unterliegt (s. Rz. 618, 627 ff.). Durch eine ablösende Betriebsvereinbarung kann deshalb nicht schrankenlos in Versorgungsrechte eingegriffen werden. Auch hier verlangt der Entgeltcharakter der betrieblichen Altersversorgung, dass die Gegenleistung für die vom Arbeitnehmer schon erbrachte Betriebstreue nicht ohne Weiteres verweigert werden darf[2].

bb) Gerichtliche Billigkeitskontrolle

625 In der Regel ist dem Arbeitgeber nicht gedient, wenn er nur mit einzelnen Arbeitnehmern Änderungen der Versorgungszusagen vereinbaren kann. Betriebsvereinbarungsoffene Einheitsregelungen oder Gesamtzusagen und auf Betriebsvereinbarungen basierende Versorgungswerke werden deshalb regelmäßig durch **verschlechternde Betriebsvereinbarungen** abgeändert. Das BAG unterzieht solche Betriebsvereinbarungen einer gerichtlichen Billigkeitskontrolle. Zunächst ist eine **abstrakte Billigkeitskontrolle** vorzunehmen. Dabei ist zu prüfen, ob die Betriebspartner in erdiente Besitzstände eingegriffen und dafür geeignete Regelungen geschaffen haben. Fehlen solche Besitzstandsregelungen, so ist die abändernde Betriebsvereinbarung nicht insgesamt unwirksam. Nur soweit sie in unzulässiger Weise in geschützte Besitzstände eingreift, vermag sie keine Wirkungen zu entfalten[3]. Dieser abstrakten Billigkeitskontrolle ist eine **konkrete Überprüfung** anzuschließen, wenn die neue Regelung zwar insgesamt nicht zu beanstanden ist, jedoch im Einzelfall Wirkungen entfaltet, die nach dem Regelungsplan nicht beabsichtigt sein können und unbillig erscheinen. Eine solche konkrete Billigkeitskontrolle ändert jedoch nichts am Inhalt und der Wirksamkeit der Betriebsvereinbarung. Sie fügt ihr – soweit nicht ohnehin schon vorhanden – nur gleichsam eine Härteklausel hinzu[4]. Zu denken ist hier an Sonderregelungen bspw. für rentennahe Jahrgänge, die durch Eigenvorsorgemaßnahmen das reduzierte Niveau der betrieblichen Altersversorgung nicht mehr auffangen können, oder sonstige Regelungen für nicht erwünschte Härten im Einzelfall.

d) Tarifvertrag

626 Als Anspruchsgrundlage kommen zunehmend auch Tarifverträge in Betracht. Nach Auffassung des BAG kann bei Eingriffen in Versorgungsanwartschaften das sog. dreistufige Prüfungsschema (vgl. Rz. 627 ff.) wegen der verfassungsrechtlich geschützten Tarifautonomie nicht auf Tarifverträge angewandt werden. Nach dem Rechtsstaatsprinzip sind die Tarifvertragsparteien aber an die Grundsätze des Vertrauensschutzes und der Verhältnismäßigkeit gebunden[5]. Wird nicht in den erdienten Versorgungsbesitzstand eingegriffen und sind die Eingriffe nicht schwerwiegend, reicht jeder sachliche Grund aus[6]. Dies gilt ebenso für Eingriffe in Versorgungsanwartschaften bereits ausgeschiedener Arbeitnehmer[7]. In die zum Zeitpunkt des Versorgungsfalls geschuldete Ausgangsrente darf in der Regel nicht eingegriffen werden, soweit nicht bereits vor Entstehung des Anspruchs Anhaltspunkte dafür bestanden, dass die Tarifvertrags-

---

1 BAG 17.3.1987 – 3 AZR 64/84, BAGE 54, 261.
2 BAG 17.3.1987 – 3 AZR 64/84, BAGE 54, 261.
3 BAG 23.4.1985 – 3 AZR 194/83, BAGE 48, 258.
4 BAG 8.12.1981 – 3 ABR 53/80, BAGE 36, 327.
5 BAG 21.8.2007 – 3 AZR 102/06, NZA 2008, 182.
6 BAG 28.7.2005 – 3 AZR 14/05, DB 2006, 166.
7 BAG 13.12.2005 – 3 AZR 478/04, DB 2006, 1013; 21.8.2007 – 3 AZR 102/06, NZA 2008, 182.

III. Abänderung von Versorgungszusagen

parteien verschlechternd eingreifen würden[1] oder die Regelungen zeitlich befristet waren[2]. Auch bei Störung der Geschäftsgrundlage ist ein Eingriff zulässig; die Bewertung der tatsächlichen Gegebenheiten und betroffenen Interessen unterliegt dabei der Einschätzungsprärogative der Tarifparteien[3].

e) Besitzstände und Maßstab für zulässige Änderungen von Versorgungsanwartschaften

Wenn geklärt ist, ob eine Versorgungsregelung überhaupt geändert werden kann, unter wessen Beteiligung und mit welchem rechtlichen Instrumentarium das möglich ist, bedeutet dies nicht, dass jedweder Eingriff zulässig ist. Das BAG betont in ständiger Rechtsprechung, dass zulässige Eingriffe sich am **Grundsatz der Verhältnismäßigkeit und des Vertrauensschutzes** messen lassen müssen[4]. Der 3. Senat des BAG hat eine Rangfolge unterschiedlich stark geschützter Besitzstände entwickelt. Ausgehend davon, dass eine betriebliche Altersversorgung auch Entgeltcharakter hat, also Gegenleistung für bereits in der Vergangenheit geleistete Dienste des Arbeitnehmers ist, hat es Versorgungsanwartschaften umso schutzwürdiger erachtet, je mehr der Arbeitnehmer dafür bereits vorgeleistet hat[5].

627

aa) Erdienter Teilwert

Den erdienten Teilwert einer Versorgungsanwartschaft hält das BAG für **besonders schützenswert**. Der Arbeitnehmer habe hier seine Vorleistung bereits erbracht und müsse deshalb ähnlich wie ein Eigentümer vor einem entschädigungslosen Entzug der Anwartschaft geschützt werden. Ein Eingriff in den erdienten Teil der Versorgungsanwartschaft hält das BAG deshalb in der Regel für **unverhältnismäßig und unbillig**; dennoch vorgenommene Eingriffe sind dem Arbeitnehmer gegenüber unwirksam[6]. Erdient ist der Teil der Versorgungsanwartschaft, den der Arbeitnehmer als Versorgungsanwartschaft behalten würde, schiede er im Zeitpunkt der Abänderung der Versorgungsregelung bei seinem Arbeitgeber aus[7]. Dabei kommt es allerdings hinsichtlich der Frage, welcher Teil der Versorgungsanwartschaft bereits erdient ist, nicht darauf an, ob die Unverfallbarkeitsfristen des § 1 BetrAVG erreicht sind. Auch eine zum Zeitpunkt der Abänderung der Versorgungszusage noch verfallbare Anwartschaft ist in Höhe ihres Teilwertes bereits erdient und gegen Eingriffe des Arbeitgebers in besonderer Weise geschützt[8]. Erreicht der Arbeitnehmer später die Unverfallbarkeit, so behält er diesen erdienten Teil endgültig. Die Verfallbarkeit von Ansprüchen bedeutet nicht, dass der Arbeitgeber unter erleichterten Voraussetzungen Änderungen vornehmen kann[9].

628

Einen Eingriff in den erdienten Besitzstand lässt die Rechtsprechung deshalb nur aus **zwingenden Gründen** zu, und zwar nur dann, wenn der Arbeitgeber sich zu Recht auf einen **Wegfall** oder die **Störung der Geschäftsgrundlage** (§ 313 BGB) berufen kann. Nach Aufgabe des Sicherungsfalls der wirtschaftlichen Notlage per 1.1.1999 kommt ein Eingriff in erdiente Besitzstände aus wirtschaftlichen Gründen nicht mehr in Betracht (vgl. im Einzelnen Rz. 608).

629

---

1 BAG 11.10.2006 – 4 AZR 486/05, BAGE 119, 374; 27.2.2007 – 3 AZR 734/05, DB 2007, 1763.
2 BAG 21.8.2007 – 3 AZR 102/06, NZA 2008, 182.
3 BAG 21.8.2007 – 3 AZR 102/06, NZA 2008, 182.
4 BAG 16.9.1986 – GS 1/82, BAGE 53, 42; 15.2.2011 – 3 AZR 35/09, NZA-RR 2011, 541.
5 BAG 17.3.1987 – 3 AZR 64/84, BAGE 54, 261; 11.5.1999 – 3 AZR 21/98, NZA 2000, 322.
6 BAG 16.9.1986 – GS 1/82, BAGE 53, 42.
7 BAG 22.9.1987 – 3 AZR 662/85, NZA 1988, 732; 26.8.1997 – 3 AZR 235/96, BAGE 86, 221.
8 BAG 15.1.2013 – 3 AZR 169/10, BAGE 144, 160.
9 BAG 15.1.2013 – 3 AZR 169/10, BAGE 144, 160; 26.4.1988 – 3 AZR 168/86, BAGE 58, 156.

630 Auf einen Wegfall der Geschäftsgrundlage kann sich berufen, wer eine **nicht planmäßige Überversorgung** abbauen will (vgl. Rz. 609). Auch bereits erdiente Teile einer Überversorgung können so beseitigt werden. Entsprechendes gilt im Falle einer Äquivalenzstörung bei einer Gesamtversorgungszusage (vgl. Rz. 610).

bb) Erdiente Dynamik

631 Für **weniger schutzwürdig** erachtet das BAG die sog. „erdiente Dynamik". Das BAG differenziert zwischen Steigerungen, die sich aus der Dauer der Betriebszugehörigkeit ergeben, sog. dienstzeitabhängigen Steigerungsraten, und solchen, bei denen der Wertzuwachs der Anwartschaft ohne Bindung an die Dienstzeit der Entwicklung eines Berechnungsfaktors folgen soll, der seinerseits variabel ist[1]. Gemeint sind damit Versorgungszusagen, bei denen die Betriebsrente bspw. abhängig ist von der Höhe des zuletzt gezahlten Gehalts oder von der anzurechnenden Sozialversicherungsrente[2].

632 **Dienstzeitunabhängige Steigerungen**, nämlich eine sog. „Dynamik", muss der Arbeitnehmer nicht erst in der Zukunft erdienen. Ihr Zweck besteht nicht darin, die fortdauernde Betriebstreue zu vergüten und zum Maßstab der Rentenberechnung zu machen. Nach der Rechtsprechung des BAG gehe es vielmehr darum, den Versorgungsbedarf des Arbeitnehmers flexibel zu erfassen. Der Anwartschaftswert solle sich dem durch die Höhe des Arbeitsentgelts geprägten Lebensstandard bis zum Eintritt des Versorgungsfalles (sog. Halbdynamik) oder sogar im Ruhestand (sog. Volldynamik) anpassen. Soweit für eine solche lohn- oder gehaltsabhängige Dynamik Betriebstreue geleistet worden sei, sei sie im Gegensatz zu den dienstzeitabhängigen Steigerungsraten im Zeitpunkt der Ablösung schon erdient. Das sei für die Dynamik des Teils der Anwartschaft anzunehmen, der sich zur Zeit der Ablösung errechnet[3]. Anteilig habe dafür der Arbeitnehmer nämlich die Gegenleistung erbracht[4].

633 Unterschieden werden muss ggf. zwischen einer schon **erdienten** und einer **noch nicht erdienten** Dynamik. Der bereits zeitanteilig erdiente und nach § 2 Abs. 1 BetrAVG zu berechnende Teil der Anwartschaft nimmt auch weiterhin an der Dynamik der Bemessungsgrundlage teil. Insoweit ist die Dynamik „erdient". Können auch nach Abänderung der Versorgungszusagen durch weitere Betriebstreue noch Zuwächse erreicht werden, so kann für sie die Dynamik entfallen, soweit sachliche Kürzungsgründe vorliegen[5].

634 In eine erdiente Dynamik kann aus sog. **triftigen Gründen** eingegriffen werden. Unter triftigen Gründen versteht das BAG solche, die es dem Arbeitgeber gestatten, von einer Anpassung nach § 16 BetrAVG abzusehen[6]. Hierzu ist der Arbeitgeber dann berechtigt, wenn er die Erhöhung der Rente nicht mehr aus den Erträgen und Wertzuwächsen des Unternehmens erwirtschaften kann und deshalb die Gefahr besteht, dass die Entwicklung des Unternehmens beeinträchtigt und seine Substanz aufgezehrt wird[7]. Der Arbeitgeber muss ggf. beweisen, dass triftige Gründe für einen Eingriff in die zeitanteilig erdiente Dynamik vorlagen.

635 Um zu beurteilen, ob ein Eingriff in die Dynamik vorliegt, kann es erforderlich sein, den Versorgungsfall abzuwarten. Bei **endgehaltsbezogenen Versorgungszusagen** kann erst beim **Ausscheiden aus dem Arbeitsverhältnis** festgestellt werden, ob in den dyna-

---

1 BAG 26.8.1997 – 3 AZR 235/96, BAGE 86, 216.
2 BAG 15.1.2013 – 3 AZR 705/10, NZA-RR 2013, 376.
3 BAG 15.1.2013 – 3 AZR 705/10, NZA-RR 2013, 376.
4 BAG 17.4.1985 – 3 AZR 72/83, BAGE 49, 57.
5 Vgl. *Höfer*, ART Rz. 578, 590.
6 BAG 15.1.2013 – 3 AZR 705/10, NZA-RR 2013, 376; 17.4.1985 – 3 AZR 72/83, BAGE 49, 57.
7 BAG 15.1.2013 – 3 AZR 705/10, NZA-RR 2013, 376; 27.11.1992 – 3 AZR 76/92, AP Nr. 13 zu § 1 BetrAVG – Besitzstand.

mischen Besitzstand eingegriffen worden ist. Denn erst zu diesem Zeitpunkt steht die Höhe des dynamischen Elements „Endgehalt" fest[1].

cc) Nicht erdiente Steigerungsraten

Die dritte vom BAG entwickelte Besitzstandsstufe umfasst den gesamten Inhalt der Versorgungszusage, also die Teile, die nicht unter die erste oder zweite Stufe des Besitzstands fallen. Geschützt sind danach auch künftige Zuwächse, etwa der noch nicht erdiente Teil einer Dynamik oder noch nicht erdiente Steigerungsbeträge[2]. Das BAG lässt in diese Besitzstandsstufe Eingriffe zu, wenn **„sachlich proportionale Gründe"** vorliegen[3]. Bei Gewerkschaften verzichtet das BAG wegen des besonderen Schutzes nach § 9 Abs. 3 BetrAVG auf die Prüfung der „Proportionalität", so dass sachliche Gründe reichen sollen[4]. Sachliche Gründe liegen nicht etwa schon dann vor, wenn der Arbeitgeber einen berechtigten Anlass zur Reduzierung von Versorgungsverpflichtungen zu haben glaubt. Eingriffsgrund und Eingriffsumfang müssen sich vielmehr entsprechen[5]. Auch hier gilt folglich der Verhältnismäßigkeitsgrundsatz. So hat das BAG einen Eingriff in noch nicht erdiente Steigerungsbeträge akzeptiert, wenn bei einer Neuverteilung gleich bleibender Versorgungsmittel bisher unversorgte Arbeitnehmer in den Kreis der Begünstigten aufgenommen werden sollten[6]. Anerkannt hat das BAG auch veränderte Vorstellungen der Begünstigten über die Leistungsgerechtigkeit[7]. Das Ausmaß des Eingriffs darf dabei aber nicht größer sein, als es das angestrebte Ziel erfordert. Der Arbeitgeber muss, beruft er sich auf sachlich proportionale Gründe, die Erwägungen für den Eingriff darlegen und deutlich machen, dass sie **nicht willkürlich** sind; er muss **nachvollziehbar** erkennen lassen, welche Umstände und Erwägungen die Änderung der Versorgungszusage veranlasst haben[8]. Eines ausgewogenen Sanierungsplanes bedarf es bei einer Neuregelung eines betrieblichen Versorgungswerkes durch eine Betriebsvereinbarung nicht[9]; anderweitige Sanierungsmöglichkeiten müssen nach Auffassung des BAG aber zumindest erwogen sein und der Eingriff sich in ein Gesamtkonzept einpassen, das nachvollziehbar auf eine Verbesserung der wirtschaftlichen Lage ausgerichtet ist[10]. Sachlich-proportionale Gründe, welche die Annahme willkürlichen Arbeitgeberverhaltens ausschließen, liegen nach Auffassung des BAG bereits dann vor, wenn ein unabhängiger Sachverständiger Feststellungen getroffen hat, die einen dringenden Sanierungsbedarf begründen. Allenfalls offensichtliche und ergebnisrelevante Fehler oder die Erstellung der Bilanz entgegen den anerkannten Regeln könnten dann noch von Bedeutung sein[11].

dd) Zusammenfassende Bewertung und atypische Fälle

Zusammenfassend bleibt damit festzustellen: Je stärker der Besitzstand geschützt ist, um so gewichtiger müssen die Eingriffsgründe sein, um Änderungen zu realisieren. Eingriffe in den erdienten Teilbetrag sind nur bei zwingenden Gründen zulässig. Triftige Gründe sind zur Beseitigung einer erdienten Dynamik erforderlich. Sachliche Gründe genügen für proportionale Eingriffe in Steigerungsraten, die von einer noch künftig abzuleistenden Dienstzeit abhängig sind. In **atypischen Fällen**, in denen ein

---

1 BAG 15.1.2013 – 3 AZR 705/10, NZA-RR 2013, 376.
2 Vgl. *Heither*, RdA 1993, 72.
3 BAG 17.3.1987 – 3 AZR 64/84, AP Nr. 9 zu § 1 BetrAVG – Ablösung.
4 BAG 12.2.2013 – 3 AZR 636/10, BetrAV 2013, 637.
5 Vgl. *Griebeling*, NZA Beilage 3/1989, 26 (33).
6 BAG 8.12.1981 – 3 ABR 53/80, AP Nr. 1 zu § 1 BetrAVG – Ablösung.
7 BAG 17.3.1987 – 3 AZR 64/84, AP Nr. 9 zu § 1 BetrAVG – Ablösung.
8 BAG 18.4.1989 – 3 AZR 688/87, BAGE 61, 323; 15.2.2011 – 3 AZR 35/09, NZA-RR 2011, 541.
9 BAG 19.4.2005 – 3 AZR 468/04, DB 2005, 1527.
10 BAG 15.1.2013 – 3 AZR 705/10, NZA-RR 2013, 376.
11 BAG 16.2.2010 – 3 AZR 181/08, DB 2010, 1833.

Vertrauen des Arbeitnehmers ausnahmsweise nicht schutzbedürftig ist, können Eingriffe auch abweichend von diesem Schema zulässig sein[1].

638 Das dreistufige Prüfungsraster ist für Eingriffe in die Höhe der Versorgungsanwartschaften entwickelt worden, lässt sich daher auf andere, insoweit **atypische Eingriffe in Versorgungsrechte** wie die Schaffung von Ausschlusstatbeständen für eine Hinterbliebenenversorgung nicht ohne Weiteres übertragen[2]. Auch die Ersetzung einer Rentenanwartschaft durch eine Anwartschaft auf eine Kapitalleistung bedarf nach den Grundsätzen des Vertrauensschutzes und der Verhältnismäßigkeit einer eigenständigen Rechtfertigung[3]. Bei der vorzunehmenden Interessenabwägung sind das Interesse des Arbeitnehmers am Fortbestand des Versprechens einer Rentenleistung und das Interesse des Arbeitgebers an der Umstellung von einer Renten- auf eine Kapitalleistung angemessen zu berücksichtigen. Außerdem ist zu prüfen, ob das berechtigte Interesse des Arbeitgebers das Interesse des Arbeitnehmers am Erhalt der Rentenleistung erheblich überwiegt[4].

f) Maßstab für zulässige Änderungen bei laufenden Leistungen

639 Der Arbeitgeber kann daran interessiert sein, auch laufende Leistungen im Hinblick auf Höhe und Umfang zu verändern. Das ist nur möglich, wenn die Versorgungsregelung derartige Veränderungen zulässt. In Betracht kommen Veränderungen des Zusageinhalts bspw. dann, wenn der Arbeitgeber betriebliche Ruhegeldleistungen nach einer allgemeinen Versorgungsordnung zugesagt und in der Zusage darauf hingewiesen hat, dass die jeweils aktuelle Leistungsordnung Geltung haben soll. Bei derartigen **Jeweiligkeitsklauseln** muss der Versorgungsberechtigte sich späteren Veränderungen unterwerfen, und zwar nicht nur in der Anwartschaftsphase bis zum Eintritt des Versorgungsfalles, sondern auch nach Aufnahme der Rentenleistungen[5].

640 Das BAG hat entschieden, dass bei Veränderungen während der Leistungsphase die von ihm aufgestellten Besitzstandsregelungen zur Beschränkung von Versorgungsanwartschaften nicht gelten. Maßgeblich sind allgemein die Grundsätze des Vertrauensschutzes und der Verhältnismäßigkeit[6]. Die Anforderungen an Eingriffe im Leistungsstadium sind damit höher, so dass eine bereits aufgenommene Leistung idR nicht mehr gekürzt werden kann[7]. Nur wenn der Eingriff **geringfügig** ist, genügen sachliche Erwägungen des Arbeitgebers[8]. Nicht mehr geringfügig ist ein Eingriff, der den Versorgungsempfänger – hätte er mit ihm gerechnet – während des noch bestehenden Arbeitsverhältnisses vernünftigerweise hätte Anlass geben können, ihn durch eine weitergehende private Absicherung auszugleichen[9]. Zulässig sind danach Regelungen, die **nicht zur Schmälerung der Ausgangsleistung führen**, in sich **ausgewogen und sachlich begründet** sind. Nicht mehr geringfügig ist zB die Öffnung einer Anpassungsregelung, die bisher eine Anpassung laufender Leistungen nur nach Maßgabe der allgemeinen Teuerung oder der Reallohnentwicklung vergleichbarer Arbeitnehmer zuließ, hin zu der Anpassungsregelung nach § 16 BetrAVG, die eine Verweigerung oder Verringerung der Anpassung aus wirtschaftlichen Gründen zulässt[10].

---

1 BAG 21.4.2009 – 3 AZR 674/07, DB 2009, 2386.
2 BAG 21.11. 2000 – 3 AZR 91/00, AP Nr. 21 zu § 1 BetrAVG Hinterbliebenenversorgung.
3 BAG 15.5.2012 – 3 AZR 11/10, BAGE 141, 259.
4 BAG 15.5.2012 – 3 AZR 11/10, BAGE 141, 259.
5 BAG 27.8.1996 – 3 AZR 466/95, DB 1996, 1827.
6 BAG 13.11.2007 – 3 AZR 455/06, DB 2008, 994.
7 BAG 14.12.2010 – 3 AZR 799/08, BetrAVG 2011, 106.
8 BAG 16.7.1996 – 3 AZR 398/95, DB 1997, 631; 27.8.1996 – 3 AZR 466/95, DB 1996, 182; 9.11.1999 – 3 AZR 432/98, NZA 2001, 221.
9 BAG 28.6.2011 – 3 AZR 282/09, DB 2011, 2923.
10 BAG 28.6.2011 – 3 AZR 282/09, DB 2011, 2923.

III. Abänderung von Versorgungszusagen   Rz. 643 Teil 2 E

Eingriffe, die **nicht mehr geringfügig** sind, sind nur ausnahmsweise durch **tragfähige** 641
Gründe zu rechtfertigen. Diese Gründe müssen die konkrete Verschlechterung der Versorgungsordnung unter Berücksichtigung des durch die Arbeitsleistung des Arbeitnehmers erworbenen Bestandsinteresses einerseits und der Schwere des Eingriffs andererseits aufgrund ganz erheblich überwiegender Interessen des Arbeitgebers tragen[1]. Die Rechtsprechung des BAG steht hier sicherlich noch nicht am Ende ihrer Entwicklung; eine weiter detaillierte Strukturierung der Eingriffsmöglichkeiten steht noch aus.

2. Änderung aus nicht wirtschaftlichen Gründen

Nicht immer sind die Überlegungen, ein Versorgungswerk inhaltlich zu verändern, 642
wirtschaftlicher Art. Auch nicht wirtschaftliche Erwägungen können Beweggrund dafür sein, von den bisherigen Versorgungsregelungen abzurücken und sie ggf. durch neue zu ersetzen. Dies gilt bspw. für die **Ablösung sog. Gesamtversorgungssysteme**. Bei ihnen hängt die Höhe der betrieblichen Rente nicht nur von dynamischen Bemessungsfaktoren wie dem letzten Gehalt ab, sondern auch von einer anzurechnenden Sozialversicherungsrente, deren Höhe in der Regel nicht von vornherein feststeht. Sie beruht auf den individuellen Beitrags- und Versicherungszeiten sowie den allgemeinen Bemessungsgrundlagen[2]. Das BAG hält es für zulässig, ein Gesamtversorgungssystem durch eine andere Versorgungsregelung zu ersetzen, bei der die Höhe der betrieblichen Ruhegeldleistungen nicht mehr von der jeweiligen Sozialversicherungsrente der Begünstigten abhängt. Auch bei einer solchen Abkoppelung sind **Besitzstände zu beachten**. In sie kann nur unter den gleichen Voraussetzungen eingegriffen werden, wie sie von der Rechtsprechung für die Abänderung von Versorgungsregelungen aus wirtschaftlichen Gründen entwickelt worden sind[3]. Daraus folgt, dass in den erdienten Teilwert einer Versorgungsanwartschaft grundsätzlich nicht eingegriffen werden kann. Gründe nicht wirtschaftlicher Art, die ausnahmsweise einen Eingriff dennoch zulässig erscheinen lassen, können allenfalls dann vorliegen, wenn eine planwidrige Überversorgung abgebaut oder eine Äquivalenzstörung beseitigt werden soll. Bei Gesamtversorgungssystemen besteht aber die Gefahr einer Überversorgung in der Regel nicht. In der zweiten Besitzstandsstufe (Eingriffe in die erdiente Dynamik) kommt es auf triftige Gründe an.

Das BAG erkennt auch **triftige Gründe** nicht wirtschaftlicher Art an. Die Rechtspre- 643
chung lässt hier Schmälerungen zu, wenn **dringende betriebliche Bedürfnisse für eine Umstrukturierung** bestehen. Solche Bedürfnisse erkennt das BAG dann als triftige Gründe an, wenn ohne Schmälerung des Gesamtaufwandes für die Versorgung Leistungskürzungen durch Verbesserungen des Versorgungsschutzes aufgewogen werden[4]. Eingriffe in die zweite Besitzstandsstufe sind deshalb nur dann zulässig, wenn der Dotierungsrahmen für die Versorgungsleistungen insgesamt nicht geschmälert wird. Entsprechendes gilt auch für die Ablösung eines Gesamtversorgungssystems. Es bedarf triftiger Gründe, wenn in Gesamtversorgungssystemen der Maßstab der von den Leistungen der gesetzlichen Rentenversicherung abhängigen „Versorgungslücke" abgelöst und durch ein dienstzeit- und endgehaltsabhängiges Versorgungssystem ersetzt werden soll[5]. Ausdrücklich weist das BAG darauf hin, dass die durch das 20. und 21. Rentenanpassungsgesetz verursachte Leistungsminderung in der gesetzlichen Rentenversicherung, die in einem Gesamtversorgungssystem dazu führt, dass der Arbeitgeber die entstehende Lücke ausgleichen muss, kein triftiger Grund ist,

---

1 BAG 28.6.2011 – 3 AZR 282/09, DB 2011, 2923.
2 Vgl. *Höfer*, ART Rz. 607.
3 BAG 17.3.1987 – 3 AZR 64/84, AP Nr. 9 zu § 1 BetrAVG – Ablösung.
4 BAG 11.9.1990 – 3 AZR 380/89, BAGE 66, 39; 26.8.1997 – 3 AZR 235/96, BAGE 86, 216.
5 BAG 23.10.1990 – 3 AZR 492/89, nv.

um in erdiente Besitzstände einzugreifen[1]. Auf der **dritten Besitzstandsstufe** genügen ebenfalls **sachlich proportionale Gründe**. Hier können auch Änderungen in der Gesetzgebung zur Kürzung von noch nicht erdienten Zuwächsen herangezogen werden[2]. Der Eingriff muss dann nur insgesamt ausgewogen und angemessen sein. Sachliche Gründe können bspw. Verbesserungen der Versorgungsgerechtigkeit, Verwaltungsvereinfachungen oder eine größere Transparenz bei der Rentenberechnung sein[3].

3. Widerruf wegen Treuebruch

644 Es ist **allgemein anerkannt**, dass der Arbeitgeber eine Versorgungszusage widerrufen kann, wenn der Pensionsberechtigte Handlungen begeht, die in grober Weise gegen Treu und Glauben verstoßen oder zu einer fristlosen Entlassung berechtigen würden. Dabei wird juristisch unscharf von einem „Widerruf" der Versorgungszusage gesprochen. Es handelt sich insoweit jedoch nicht um eine rechtsgestaltende Erklärung des Arbeitgebers, sondern um die Ausübung eines Leistungsverweigerungsrechts wegen Rechtsmissbrauchs[4]. Da betriebliche Altersversorgungsleistungen Entgeltcharakter haben, vermag nicht jedes Fehlverhalten des Arbeitnehmers dazu zu berechtigen, später die Gewährung der Betriebsrente zu verweigern. In der Regel wird es sich um **schwerwiegende Verfehlungen**[5] handeln müssen; der Versorgungswiderruf wegen Treuebruchs ist kein Mittel der Maßregelung[6].

645 Ein teilweiser „Widerruf" des Versorgungsanspruchs ist nicht unter erleichterten Voraussetzungen zulässig. Der Rechtsmissbrauchseinwand betrifft nach der Rechtsprechung des BAG nicht die Höhe des vom Arbeitnehmer geltend gemachten Versorgungsanspruchs, sondern die ihm aufgrund der Versorgungszusage eingeräumte Rechtsstellung als solche, das sog. Rentenstammrecht, auf dem die einzelnen Rentenzahlungen beruhen. Auch wenn der Arbeitgeber das Versorgungsversprechen nur teilweise widerruft, muss das Fehlverhalten des Arbeitnehmers deshalb den Eingriff in das Versorgungsrecht an sich und insgesamt rechtfertigen können[7]. Nach Auffassung des BAG ist der Arbeitgeber in Fällen, die keinen umfassenden Einwand rechtfertigen, auf die Geltendmachung von Schadensersatzansprüchen verwiesen.

a) Verfehlungen während des Arbeitsverhältnisses

646 Wird der Widerruf auf Verfehlungen während des Arbeitsverhältnisses gestützt, ist zu differenzieren zwischen solchen, die in die Zeit vor Eintritt der Unverfallbarkeit fallen, und solchen, bei denen bereits eine unverfallbare Versorgungsanwartschaft besteht.

aa) Treuebruch vor Unverfallbarkeit

647 War bei Beginn des Treuebruchs die Versorgungsanwartschaft noch verfallbar, so kann sich der Berechtigte auf die Versorgungszusage nicht berufen, wenn ihm ein Verhalten zur Last gelegt werden kann, das den Arbeitgeber zum Ausspruch einer **verhaltensbedingten fristlosen Kündigung aus wichtigem Grund** berechtigt hätte[8]. Ver-

---

1 BAG 17.3.1987 – 3 AZR 64/84, AP Nr. 9 zu § 1 BetrAVG – Ablösung.
2 Vgl. *Höfer*, ART Rz. 609 ff.
3 BAG 27.8.1996 – 3 AZR 466/95, DB 1996, 1827.
4 BGH 13.12.1999 – II ZR 152/98, MDR 2000, 466; BAG 10.2.1968 – 3 AZR 4/67, BAGE 20, 298.
5 BGH 13.12.1999 – II ZR 152/98, MDR 2000, 466; 25.11.1996 – II ZR 118/95, BetrAV 1998, 24.
6 *Griebeling*, NZA Beilage 3/1989, 26 (28).
7 BAG 12.11.2013 – 3 AZR 274/12, NZA 2014, 780.
8 BAG 8.2.1983 – 3 AZR 10/81, BAGE 41, 338; 24.4.1990 – 3 AZR 497/88, ZIP 1990, 1615; 29.1.1991 – 3 AZR 85/90, AP Nr. 13 zu § 1 BetrAVG – Hinterbliebenenversorgung; vgl. auch BGH 15.1.1992 – XII ZR 247/90, BGHZ 117, 70.

schleiert der Arbeitnehmer sein Fehlverhalten, so dass der Arbeitgeber mangels Kenntnis von dem Kündigungsgrund nicht außerordentlich kündigen kann, so kann die Versorgungszusage insgesamt später widerrufen werden. Denn der Arbeitgeber hätte bei rechtzeitiger Kenntnis des wichtigen Grundes den Eintritt der Unverfallbarkeit durch sofortige Beendigung des Arbeitsverhältnisses vereiteln können. Erlangt der Arbeitgeber erst später nach Eintritt der Unverfallbarkeit Kenntnis von dem Kündigungsgrund, so kommt ein vollständiges Leistungsverweigerungsrecht in Betracht[1].

bb) Treuebruch nach Unverfallbarkeit

Wurde die Treuwidrigkeit erst nach Erfüllung der Unverfallbarkeitsfristen begangen, kommt der Einwand des Rechtsmissbrauchs nur unter sehr eingeschränkten Bedingungen in Betracht. Nach früherer Rechtsprechung konnte die Anwartschaft zeitanteilig bis **zum Zeitpunkt der Treuwidrigkeit** aufrechtzuerhalten sein. Bei der Feststellung des aufrechtzuerhaltenden Teils der Anwartschaft blieb also der Zeitraum, ab dem der Arbeitnehmer sich grob treuwidrig verhalten hatte, außer Ansatz[2]. Nur die bis zum Treuebruch geleistete Betriebstreue hatte dann Bedeutung für das betriebliche Ruhegeld[3]. Das BAG zieht in seiner jüngsten Rechtsprechung diese Teilung der Zusage nicht mehr in Betracht. Es betont im Gegenteil, dass der Einwand der Rechtsmissbräuchlichkeit nur gerechtfertigt sei, wenn er sich gegen das Rentenstammrecht als solches richte. Dazu fordert das BAG nach Eintritt der Unverfallbarkeit, dass der Arbeitnehmer dem Arbeitgeber einen nicht behebbaren, insbesondere durch Ersatzleistungen nicht wiedergutzumachenden schweren Schaden zugefügt hat, der den Umfang einer existenzgefährdenden Schädigung erreicht[4]. Für Fälle, in denen ein Schaden geringen Ausmaßes eingetreten ist, verweist das BAG den Arbeitgeber auf die Geltendmachung von Schadensersatzansprüchen[5]. Damit kommt nach Eintritt der Unverfallbarkeit der Einwand des Rechtsmissbrauchs nur noch in seltenen Fällen in Betracht.

b) Verfehlungen durch Ausgeschiedene

Nach bisheriger Rechtsprechung kann auch bei nachvertraglicher Schädigung des bisherigen Arbeitgebers ein Versorgungsanspruch entfallen, wenn sich letztlich die beanstandungsfreie Betriebszugehörigkeit rückblickend als **wertlos** erweist. Das BAG hebt hervor, dass die Altersversorgung eine Gegenleistung für die erbrachte Betriebstreue ist. Betriebstreue bedeute freiwilliges Festhalten an der vertraglichen Bindung zu einem bestimmten Arbeitgeber. Für diesen stelle die Betriebstreue des Arbeitnehmers regelmäßig einen wirtschaftlichen Wert dar. Verursache der Arbeitnehmer bspw. ganz erhebliche Schäden oder sei sein Verhalten besonders schwerwiegend, so könne sich die Betriebstreue insgesamt rückblickend als wertlos herausstellen[6]. Fügt ein bereits ausgeschiedener Arbeitnehmer später seinem Arbeitgeber durch treuwidriges Verhalten so schwere Schäden zu, dass die zuvor geleistete beanstandungsfreie Betriebstreue sich insgesamt als wertlos erweist, kann sich für den Arbeitgeber ein Leistungsverweigerungsrecht ergeben. Angesichts der mit Beendigung des Arbeitsverhältnisses regelmäßig allenfalls nachwirkenden Pflichten dürfte der Einwand der Rechtsmissbräuchlichkeit nur in seltenen Ausnahmefällen, etwa bei existenzgefährdendem Wettbewerb unter Verstoß gegen nachvertragliche Wettbewerbsverbote in Betracht kommen.

---

1 BAG 18.10.1979 – 3 AZR 550/78, BAGE 32, 139.
2 BAG 19.6.1980 – 3 AZR 137/79, AP Nr. 2 zu § 1 BetrAVG – Treuebruch.
3 BAG 24.4.1990 – 3 AZR 497/88, ZIP 1990, 1615.
4 BAG 13.11.2012 – 3 AZR 444/10, BAGE 143, 273.
5 BAG 12.11.2013 – 3 AZR 274/12, NZA 2014, 780.
6 BAG 29.1.1991 – 3 AZR 85/90, AP Nr. 13 zu § 1 BetrAVG – Hinterbliebenenversorgung.

F. Nachvertragliches Wettbewerbsverbot

		Rz.
I.	Rechtsgrundlage	1
II.	Persönlicher Geltungsbereich	2
III.	Gegenstand der Wettbewerbsabrede; Abgrenzungen	7
IV.	Rechtsnatur der Wettbewerbsabrede	14
V.	Formelle Wirksamkeitsvoraussetzungen	15
VI.	Zeitlicher Geltungsbereich der Schutzvorschriften	18
VII.	Inhaltliche Anforderungen	
	1. Verbotsumfang	
	a) Gegenständlicher Verbotsumfang	21
	b) Räumlicher Verbotsumfang	23
	c) Zeitlicher Verbotsumfang	24
	d) Prüfungsmaßstäbe	25
	e) Schutz von Drittunternehmen	28
	2. Entschädigungszusage	30
	3. Bedingte Wettbewerbsverbote	33
VIII.	Wegfall des Wettbewerbsverbots	
	1. Verzicht des Arbeitgebers	36
	2. Außerordentliche Kündigung des Arbeitnehmers	39
	3. Außerordentliche Kündigung des Arbeitgebers	41
	4. Ordentliche Kündigung des Arbeitgebers	42
	5. Beendigung durch Urteil nach § 9 KSchG	43
	6. Aufhebungsvertrag	44
	7. Ausgleichsklausel	45
	8. Rücktritt	46
	9. Insolvenz des Arbeitgebers	47
	10. Auflösende Bedingung	49
	11. Unmöglichkeit der Konkurrenztätigkeit	50
	12. Nichtantritt des Arbeitsverhältnisses	51
	13. Anfechtung des Arbeitsvertrages	51a
IX.	Betriebsübergang	52
X.	Pflichten des Arbeitnehmers aus der Wettbewerbsabrede	
	1. Wettbewerbsenthaltungspflicht	54
	2. Auskunftsverpflichtung	56
XI.	Pflichten des Arbeitgebers aus der Wettbewerbsabrede	
	1. Karenzentschädigung	
	a) Zu berücksichtigendes Einkommen	58
	b) Anrechnung anderweitigen oder böswillig unterlassenen Erwerbs	62
	c) Berechnung	65
	d) Modalitäten der Auszahlung	66
	e) Verfall- und Verjährungsfristen	67
	f) Ausgleichsklausel	68
	g) Pfändungsschutz	69
	h) Insolvenzverfahren	70
	2. Keine Erstattung von Leistungen an die Bundesagentur für Arbeit	71
XII.	Rechtsfolgen bei Vertragsverletzungen	
	1. Rechte des ehemaligen Arbeitgebers	72
	2. Rechte des ehemaligen Arbeitnehmers	78

Schrifttum:

Bauer/Diller, Wettbewerbsverbote, 6. Aufl. 2012; *Bauer/Diller*, Indirekte Wettbewerbsverbote, DB 1995, 426; *Bauer/Diller*, Zulässige und unzulässige Bedingungen in Wettbewerbsverboten, DB 1997, 94; *Bauer/Diller*, Wechselwirkungen zwischen Wettbewerbstätigkeit, Ruhestand und betrieblicher Altersversorgung, BB 1997, 990; *Bauer/Diller*, Nachvertragliche Wettbewerbsverbote mit GmbH-Geschäftsführern, GmbHR 1999, 885; *Bauer/Diller*, Nachvertragliche Wettbewerbsverbote: Änderungen durch die Schuldrechtsreform, NJW 2002, 1609; *Bauer/Diller*, Allgemeine Erledigungsklausel und nachvertragliches Wettbewerbsverbot – eine unendliche Geschichte?, BB 2004, 1274; *Bauer/von Medem*, Wettbewerbsverbote mit vertretungsberechtigten Organmitgliedern, ArbRAktuell 2011, 473; *Bengelsdorf*, Berücksichtigung von Vergütungen für Arbeitnehmererfindungen und Verbesserungsvorschläge bei der Karenzentschädigung gemäß § 74 Abs. 2 HGB?, DB 1989, 1024; *Bengelsdorf*, Das örtlich zuständige Gericht bei Streitigkeiten aus einem nachvertraglichen Wettbewerbsverbot, DB 1992, 1340; *Boecken*, in: Ebenroth/Boujong/Joost/Strohn, HGB, 3. Aufl. 2014, §§ 74 HGB ff.; *Diller*, Nachvertragliche Wettbewerbsverbote und AGB-Recht, NZA 2005, 250; *Diller*, Anrechnung von Arbeitslosengeld auf Karenzentschädigung: Brutto oder Netto?, BB 2008, 1680; *Diller*, Vertragsstrafen bei Wettbewerbsverboten: Was nun?, NZA 2008, 574; *Diller*, Nachvertragliches

Schrifttum

Wettbewerbsverbot: Entschädigungsanspruch ohne Entschädigungszusage, NZA 2014, 1184; *Diller/Wilske*, Grenzüberschreitende Durchsetzung nachvertraglicher Wettbewerbsverbote, DB 2007, 1866; *Dombrowski/Zettelmeyer*, Die Wertermittlung der Nutzungsvorteile von Firmenwagen im Rahmen der Karenzentschädigung nach § 74 Abs. 2 HGB, NZA 1995, 155; *Driver-Polke/Melot de Beauregard*, Rechtswahl bei Aktienoptionsplänen und damit in Zusammenhang stehenden nachvertraglichen Wettbewerbsverboten, BB 2004, 2350; *Edenfeld*, Nachvertragliche Wettbewerbsverbote im europäischen Vergleich, ZfA 2004, 463; *Etzel*, in: GK-HGB, hrsg. von Ensthaler, §§ 74–75d, 7. Aufl. 2007; *Fischer*, Wettbewerbsverbot im internationalen Konzern bei Ausübung von Aktienoptionen durch Arbeitnehmer, DB 1999, 1702; *Fuhlrott*, Das Schicksal von Wettbewerbsverboten bei Betriebsübergängen, FA 2012, 162; *B. Gaul/Khanian*, Zulässigkeit und Grenzen arbeitsrechtlicher Regelungen zu Wettbewerbsverboten, MDR 2006, 181; *B. Gaul/Ludwig*, Betriebsübergang: Auswirkungen auf Vereinbarungen über nachvertragliche Wettbewerbsverbote, NZA 2013, 489; *Gehle*, Nachvertragliches Wettbewerbsverbot: Geltungserhaltende Reduktion kraft vertraglicher Vereinbarung?, DB 2010, 1981; *A.C. Gravenhorst*, Die Zusage der Karenzentschädigung nach § 74 II HGB, NJW 2006, 3609; *Grimm/Brock/Windeln*, Mandantenübernahmeklauseln – Grenzen zulässiger Vertragsgestaltung, ArbRB 2005, 92; *Hahn*, Karenzentschädigung und Beendigung des Arbeitsverhältnisses während der Elternzeit, FA 2010, 41; *Henssler*, in: Heymann, HGB, Bd. 1, §§ 74 ff. HGB, 2. Aufl. 1995; *Hoß*, Das nachvertragliche Wettbewerbsverbot während des Kündigungsschutzprozesses und im Aufhebungsvertrag, DB 1997, 1818; *von Hoyningen-Huene*, in: Münchener Kommentar zum HGB, 3. Aufl. 2010, §§ 74–75f; *Hunold*, Rechtsprechung zum nachvertraglichen Wettbewerbsverbot, NZA-RR 2007, 617; *Hunold*, Aktuelle Rechtsprechung zum nachvertraglichen Wettbewerbsverbot, NZA-RR 2013, 174; *van Kann/Keiluweit*, Nachvertragliches Wettbewerbsverbot und Karenzentschädigung bei Organmitgliedern einer Gesellschaft – ein Überblick, BB 2010, 2050; *Karlsfeld*, Die Lösung vom nachvertraglichen Wettbewerbsverbot – Vorsicht, Haftungsfalle!, ArbRB 2007, 248; *Koch*, Das nachvertragliche Wettbewerbsverbot im einseitig vorformulierten Arbeitsvertrag, RdA 2006, 28; *Koenig/Steiner*, Die Vereinbarkeit nachvertraglicher Wettbewerbsverbote mit der Arbeitnehmerfreizügigkeit des EG-Vertrages, NJW 2002, 3583; *Kracht*, Wettbewerbsverbote für Arbeitnehmer im Konzern und bei Kooperationen, BB 1970, 584; *Kukat*, Vorsicht ist besser als Nachsicht – Praktische Hinweise zur Vereinbarung nachvertraglicher Wettbewerbsverbote für Geschäftsführer und zur Anrechnung anderweitigen Erwerbs, BB 2001, 951; *Laber/Legerlotz*, Verpflichtung zur Unterlassung von Wettbewerb während der Dauer und nach Beendigung des Dienstverhältnisses, DStZ 2000, 1605; *Laskawy*, Die Tücken des nachvertraglichen Wettbewerbsverbots im Arbeitsrecht, NZA 2012, 1011; *Manger*, Das nachvertragliche Wettbewerbsverbot des GmbH-Geschäftsführers, GmbHR 2001, 89; *Meier*, Das Ende der Mandantenübernahmeklausel? NZA 2013, 253; *Menke*, Gestaltung nachvertraglicher Wettbewerbsverbote mit GmbH-Geschäftsführern, NJW 2009, 636; *Michalski/Römermann*, Wettbewerbsbeschränkungen zwischen Rechtsanwälten, ZIP 1994, 433; *Moog*, Karenzentschädigung in der Insolvenz des Arbeitgebers: Gilt zugunsten des Insolvenzverwalters das Wahlrecht nach § 103 InsO – Insolvenzrecht kontra Arbeitsrecht?, AE 2007, 196; *Mückl/Otto*, Praxisfragen der Karenzentschädigung, FA 2008, 297; *Naber*, Wettbewerbsverbote in gesellschaftsrechtlichen Vereinbarungen mit Arbeitnehmern und Organmitgliedern, NZA 2013, 870; *Reufels*, Grenzüberschreitende nachvertragliche Wettbewerbsverbote – Vereinbarkeit mit der Arbeitnehmerfreizügigkeit?, ArbRB 2003, 313; *Reufels/Schewiola*, Nachvertragliche Wettbewerbsverbote mit Organmitgliedern, ArbRB 2008, 57; *Salger/Breitfeld*, Regelungen zum Schutz von betrieblichem Know-how – die Abwerbung von Mitarbeitern, BB 2004, 2574; *Salger/Breitfeld*, Regelungen zum Schutz von betrieblichem Know-how – die Sicherung von Geschäfts- und Betriebsgeheimnissen, BB 2005, 154; *Schramm*, Neue Herausforderungen bei der Gestaltung von Vertragsstrafenklauseln, NJW 2008, 1494; *Schwarz/Spielberger*, Vorsicht bei Vertragsstrafen, AuA 2008, 542; *Straube*, AGB-Kontrolle von nachvertraglichen Wettbewerbsverboten, BB 2013, 117; *Thomas/Weidmann*, Wirksamkeit nachvertraglicher Wettbewerbsverbote in Fällen mit Auslandsbezug, DB 2004, 2694; *Wagner*, in: Röhricht/Graf von Westphalen (Hrsg.), HGB, 3. Aufl. 2008, §§ 74 ff. HGB; *Weber*, in: Großkommentar zum HGB, 5. Aufl. 2008, §§ 74 bis 75f; *Wertheimer*, Nachvertragliche Wettbewerbsverbote bei Arbeitsverhältnissen, 1998; *Wertheimer*, Abhängigkeit der Karenzentschädigungspflicht vom Abschlusszeitpunkt des nachvertraglichen Wettbewerbsverbots, BB 1996, 1714; *Wertheimer*, Wirksamkeit nachvertraglicher Wettbewerbsverbote bei nicht kündigungsbedingter Beendigung des Arbeitsverhältnisses, NZA 1997, 522; *Wertheimer*, Bezahlte Karenz oder entschädigungslose Wettbewerbsenthaltung des ausgeschiedenen Arbeitnehmers?, BB 1999, 1600; *Wodtke/Richters*, Schutz von Betriebs- und Geschäftsgeheimnissen, 2004.

I. Rechtsgrundlage

1 Mit dem Ende des Arbeitsverhältnisses endet die Pflicht des Arbeitnehmers zur Wettbewerbsenthaltung. Gegen zukünftigen Wettbewerb durch seinen ehemaligen Arbeitnehmer kann sich der bisherige Arbeitgeber nur durch Vereinbarung eines nachvertraglichen Wettbewerbsverbots sichern. Eine nachvertragliche Verschwiegenheits- sowie eine nachvertragliche Treuepflicht des Arbeitnehmers (vgl. auch Rz. 9) begründen für den Arbeitgeber regelmäßig gegen den ausgeschiedenen Arbeitnehmer keine Ansprüche auf Unterlassung von Wettbewerbshandlungen[1]. **Rechtsgrundlage** für ein nachvertragliches Wettbewerbsverbot sind die §§ 74 ff. HGB[2]. Es gibt Tarifverträge, die Wettbewerbsvereinbarungen untersagen[3], und Tarifverträge, die bestimmte Anforderungen stellen[4]. Da § 74 Abs. 2 HGB eine Karenzentschädigung zwingend vorschreibt, scheidet bei grenzüberschreitenden nachvertraglichen Wettbewerbsverboten ein Verstoß gegen die Arbeitnehmerfreizügigkeit nach Art. 45 AEUV (früher: Art. 39 EGV) aus[5].

II. Persönlicher Geltungsbereich

2 Das BAG[6] hat den persönlichen Geltungsbereich der §§ 74 ff. HGB auf **sämtliche Arbeitnehmer** ausgedehnt. Die Vorschriften gelten auch für solche Arbeitnehmer, die keine kaufmännischen Angestellten sind (§ 110 GewO). Ihnen sind einheitlich Voraussetzungen und Grenzen der Zulässigkeit von nachvertraglichen Wettbewerbsverboten im Arbeitsrecht zu entnehmen. Der frühere § 75b Satz 2 HGB, wonach mit einem sog. **Hochbesoldeten** ein nachvertragliches Wettbewerbsverbot ohne Karenzentschädigung vereinbart werden konnte, ist ebenso wie die frühere Regelung in § 75b Satz 1 HGB, wonach eine Karenzentschädigung nicht notwendig war, wenn der deutsche Arbeitnehmer für eine **Tätigkeit im außereuropäischen Ausland** angestellt wurde, zum 1.1.2002 aufgehoben worden[7]. Die Rechtsprechung hielt die beiden Regelungen schon zuvor für verfassungswidrig und unwirksam[8]. Entschädigungslose Wettbewerbsverbote haben deshalb keine Bedeutung mehr. Auch § 74a Abs. 2 Satz 1 HGB, wonach ein nachvertragliches Wettbewerbsverbot mit einem sog. **Minderbesoldeten** (Jahresverdienstgrenze 1 500 DM) nichtig war, wurde zum 1.1.2002 aufgehoben. Dem Interesse des Geringbesoldeten an einem Schutz vor Wettbewerbsbeschränkungen kann dadurch genügt werden, dass die geringe Vergütung in die Abwägung der Unverbindlichkeitsgründe (§ 74a Abs. 1 HGB) eingeht[9].

---

1 BAG 15.6.1993 – 9 AZR 558/91, DB 1994, 887; 19.5.1998 – 9 AZR 394/97, BB 1999, 212 und 7.9.2004 – 9 AZR 545/03, NZA 2005, 105; LAG Köln 18.1.2012 – 9 Ta 407/11, ArbRAktuell 2012, 256; zu einem der seltenen Ausnahmefälle: LAG Hamm 21.6.2004 – 7 Sa 590/03, BB 2005, 164.
2 Nachvertragliche Wettbewerbsverbote im europäischen Vergleich: *Edenfeld*, ZfA 2004, 463; zur Rechtswahl bei Sachverhalten mit Auslandsbezug: *Thomas/Weidmann*, DB 2004, 2694; *Reufels*, ArbRB 2003, 313; *Bauer/Diller*, Wettbewerbsverbote, Rz. 95/97/61b; *Driver-Polke/Melot de Beauregard*, BB 2004, 2350 (2351, 2352).
3 ZB der Tarifvertrag für die Beschäftigten bei öffentlich bestellten Vermessungsingenieuren (dort § 16) v. 23.4.1993 und der MTV für Redakteure und Redakteurinnen an Tageszeitungen (dort § 12) v. 25.2.2004.
4 ZB § 6 des Manteltarifvertrages für akademisch gebildete Angestellte in der chemischen Industrie v. 2.5.2000; vgl. zu Wettbewerbsverboten in Tarifverträgen: *Wertheimer*, Nachvertragliche Wettbewerbsverbote, S. 42/45.
5 Vgl. insb. zu nationalen Regelungen ohne Karenzentschädigungserfordernis: *Koenig/Steiner*, NJW 2002, 3583 ff. und *Reufels*, ArbRB 2003, 313 ff.
6 BAG 13.9.1969 – 3 AZR 138/68, AP Nr. 24 zu § 611 BGB – Konkurrenzklausel.
7 BGBl. I 2000, 1983 (2010).
8 BAG 5.12.1969 – 3 AZR 514/68, 2.10.1975 – 3 AZR 28/75 u. 16.10.1980 – 3 AZR 202/79, AP Nr. 10, 14, 15 zu § 75b HGB.
9 GK-HGB/*Etzel*, §§ 74–75d Rz. 31 (Beurteilung unter dem Gesichtspunkt der Sittenwidrigkeit).

II. Persönlicher Geltungsbereich

Nach § 74a Abs. 2 Satz 1 HGB ist ein Wettbewerbsverbot nichtig, wenn der Arbeitnehmer zur Zeit des Abschlusses **minderjährig** ist. Eine formlose Genehmigung oder eine formlose Bestätigung nach Eintritt der Volljährigkeit sind nicht möglich; die nach § 74 Abs. 1 HGB vorgeschriebenen Formen sind einzuhalten. Nichtigkeit liegt auch vor, wenn die Wettbewerbsvereinbarung mit Einwilligung oder unter nachträglicher Genehmigung des gesetzlichen Vertreters geschlossen ist[1]. Die Nichtigkeit tritt auch ein, wenn der Minderjährige gem. § 113 BGB aufgrund der Ermächtigung seiner gesetzlichen Vertreter für alle Angelegenheiten aus dem Arbeitsverhältnis unbeschränkt geschäftsfähig ist. Die Wettbewerbsvereinbarung kann mit dem minderjährigen Arbeitnehmer nicht unter der Bedingung geschlossen werden, dass sie erst mit der Volljährigkeit in Kraft tritt.

Nichtig sind Wettbewerbsverbote mit **Auszubildenden**, außer wenn mit einem volljährigen Auszubildenden in den letzten sechs Monaten des Ausbildungsverhältnisses eine arbeitsvertragliche Bindung vereinbart wird (§ 12 Abs. 1 BBiG). Entsprechendes gilt für Volontäre und Praktikanten (§ 26 BBiG); durch das Inkrafttreten des BBiG vom 1.9.1969 war § 82a HGB in Bezug auf nachvertragliche Wettbewerbsverbote gegenstandslos geworden[2].

Für **freie Mitarbeiter** gelten die §§ 74ff. HGB nicht unmittelbar[3]. Trotzdem ist auch hier eine Einschränkung der beruflichen Entfaltungsfreiheit idR und insbesondere dann, wenn der freie Mitarbeiter ausschließlich für einen Unternehmer tätig war, nur zulässig, wenn durch die Vereinbarung eines Entgelts den Interessen des ausgeschiedenen Mitarbeiters genügt wird[4]. Die Angemessenheit der zu vereinbarenden Karenzentschädigung ist gegeben, wenn sie den in Zusammenhang mit § 315 BGB entwickelten Kriterien einer Angemessenheitsprüfung ebenso wie den in §§ 74, 90a HGB zum Ausdruck kommenden Wertvorstellungen des Gesetzgebers Rechnung trägt. Im Übrigen wird die zeitliche Grenze des mit einem Arbeitnehmer vereinbarten nachvertraglichen Wettbewerbsverbot hier ebenso gelten wie die inhaltliche Begrenzung nach dem berechtigten geschäftlichen Interesse der anderen Vertragspartei. Auf wirtschaftlich abhängige freie Mitarbeiter sind die §§ 74ff. HGB wegen des vergleichbaren Schutzbedürfnisses entsprechend anzuwenden[5].

Die Rechtsprechung des BGH zum nachvertraglichen Wettbewerbsverbot bei **Organmitgliedern** ist ambivalent: Soweit die Regelungen der §§ 74ff. HGB dem Schutzinteresse des Organmitgliedes dienen würden, sind sie nicht anwendbar, weil die gesetzlichen Bestimmungen insoweit ihre Rechtfertigung nur in dem besonderen Abhängigkeitsverhältnis des Arbeitnehmers fänden[6]; liegen sie im Interesse der Gesellschaft, sind sie entsprechend anwendbar[7]. Allerdings bedeutet die Auffassung des BGH nicht, dass Wettbewerbsverbote mit Organmitgliedern schrankenlos zulässig sind. Vielmehr können solche Wettbewerbsverbote gem. § 138 BGB wegen Sittenwidrigkeit

---

1 BAG 20.4.1964 – 5 AZR 278/63, AR-Blattei ES 880.3 Nr. 87.
2 MünchKommHGB/*von Hoyningen-Huene*, § 82a Rz. 8; GK-HGB/*Etzel*, § 82a Rz. 3.
3 MünchKommHGB/*von Hoyningen-Huene*, § 74 Rz. 9; *Bauer/Diller*, Wettbewerbsverbote, Rz. 1118.
4 OLG München 18.10.1996 – 21 U 3748/96, BB 1997, 224 u. 22.1.1997 – 7 U 4756/96, GmbHR 1997, 310.
5 BAG 21.1.1997 – 9 AZR 778/95, BB 1997, 1796; BGH 10.4.2003 – III ZR 196/02, NJW 2003, 1864; LAG Köln 2.6.1999 – 2 Sa 138/99, NZA-RR 2000, 19, 65; 23.1.2004 – 4 Sa 988/03, ArbuR 2004, 397; OLG Düsseldorf 9.9.2004 – I-6 U 38/04, NZA-RR 2005, 318; GK-HGB/*Etzel*, §§ 74–75d Rz. 2 und vor §§ 59–83 Rz. 16; Baumbach/Hopt/*Roth*, § 74 HGB Rz. 3; *Bormann*, EWiR § 74 HGB 2/97 (nur wenn die Kriterien einer wirtschaftlich abhängigen Person iSd. § 12a Abs. 1 Nr. 1 TVG erfüllt sind); Ebenroth/Boujong/Joost/Strohn/*Boecken*, § 74 HGB Rz. 8 Fn. 21; MünchKommHGB/*von Hoyningen-Huene*, § 74 Rz. 9.
6 BGH 26.3.1984 – II ZR 229/83, BGHZ 91, 1.
7 BGH 17.2.1992 – II ZR 140/91, DB 1992, 936.

nichtig sein. Dabei behandelt der BGH die Zulässigkeit auf zwei verschiedenen Stufen. Auf der 1. Stufe wird geprüft, ob das Wettbewerbsverbot dem **Schutz eines berechtigten Interesses** der Gesellschaft dient. Ist das nicht der Fall, ist das Wettbewerbsverbot nichtig. Ein berechtigtes Interesse hat die Gesellschaft dann, wenn sie sich auf diese Weise davor schützen will, dass das Organmitglied die in der Gesellschaft erlangten Kenntnisse und Kontakte im Rahmen einer Konkurrenztätigkeit zum Schaden der Gesellschaft verwendet[1]. Wenn das berechtigte Interesse des Unternehmens bejaht wird, ist auf der 2. Stufe zu prüfen, ob das Verbot nach Ort, Zeit und Gegenstand die Berufsausübung und die wirtschaftliche Betätigung des Organmitgliedes unbillig erschwert[2]. Hinsichtlich dieser **Billigkeit der Berufsausübungserschwerung** kommt es maßgeblich auch darauf an, ob und in welcher Höhe eine Karenzentschädigung vorgesehen ist[3]. Das Erfordernis einer zwingenden Karenzentschädigung analog § 74 Abs. 2 HGB lehnt der BGH aber ab[4]. Ob und in welcher Hinsicht es eine geltungserhaltende Reduktion geben kann, ist noch nicht abschließend geklärt. Der BGH scheint eine geltungserhaltende Reduktion für den Fall eines allein wegen seiner übermäßigen zeitlichen Dauer unwirksamen nachvertraglichen Wettbewerbsverbots für zulässig zu halten, bei einem inhaltlich zu weit gefassten Verbot eine geltungserhaltende Reduktion aber abzulehnen[5]. Deshalb sollte in der Wettbewerbsvereinbarung die ergänzende Anwendung der §§ 74 ff. HGB geregelt werden, wodurch auch auf § 74a Abs. 1 HGB Bezug genommen wird[6]. Bei Verzicht der Gesellschaft auf das Wettbewerbsverbot wird im Interesse des Unternehmens § 75a HGB für entsprechend anwendbar erklärt; jedenfalls das müsse zulässig sein, was § 75a HGB für den schutzwürdigeren Arbeitnehmer festlege[7]. Offen ist, ob das Unternehmen – entgegen der Regelung in § 75a HGB – auch noch nach Beendigung des Dienstverhältnisses auf das Wettbewerbsverbot mit der Folge des Wegfalls der Karenzentschädigung verzichten kann[8]. Der Verzicht der Gesellschaft kurz vor der Beendigung des Anstellungsvertrages führt jedenfalls dann nicht zum Wegfall der Karenzentschädigungspflicht, wenn der Geschäftsführer sich auf die mit dem Wettbewerbsverbot verbundenen Einschränkungen seiner neuen beruflichen Tätigkeit eingerichtet hat[9]. § 74c Abs. 1 HGB ist auf den GmbH-Geschäftsführer nicht entsprechend anwendbar. Eine Anrechnung anderweitigen Erwerbs analog § 74c HGB soll nur möglich sein, wenn sie vereinbart oder gesetzlich bestimmt ist[10]. Zulässig dürfte die Vereinbarung einer über § 74c HGB hinausgehenden Anrechnung sein[11]. In der Rechtsprechung wird eine Regelung im Anstellungsvertrag, wonach die Karenzentschädigung entfällt,

---

1 *Reufels/Schewiola*, ArbRB 2008, 57.
2 Dazu näher *Reufels/Schewiola*, ArbRB 2008, 57 (58 ff.).
3 *Bauer/Diller*, BB 1995, 1134 ff.; *Reufels/Schewiola*, ArbRB 2008, 57 (59).
4 BGH 26.3.1984 – II ZR 229/83, BGHZ 91, 1.
5 BGH 14.7.1997 – II ZR 238/96, DB 1997, 2070 u. 8.5.2000 – II ZR 308/98, DB 2000, 1960; restriktiv (in sachlicher und örtlicher Hinsicht) auch: OLG Düsseldorf 3.12.1998 – 6 U 151/98, GmbHR 1999, 120; geltungserhaltende Reduktion bei salvatorischer Klausel und Mandantenschutzklausel: OLG Köln 5.10.2000 – 12 U 62/00, EzA-SD 2001, Heft 12, 5; ausführlich: *Manger*, GmbHR 2001, 89; *Thüsing*, NZG 2004, 9 (13/14); *van Kann/Keilweit*, BB 2010, 2050 (2053); für geltungserhaltende Reduktion: *Zöllner/Noack* in Baumbach/Hueck, § 35 GmbHG Rz. 201; *Jäger*, Der Anstellungsvertrag des GmbH-Geschäftsführers, 5. Aufl. 2009, 173 ff.; *Bauer*, FS Schwerdtner, 2003, S. 441 ff.
6 *Reufels/Schewiola*, ArbRB 2008, 57 (60); aA *Gehle*, DB 2010, 1981 (1982).
7 BGH 17.2.1992 – II ZR 140/91, DB 1992, 936; ausführlich zur Ausgestaltung von Verzichtsregelungen *Menke*, NJW 2009, 636.
8 Bej. OLG Düsseldorf 22.8.1996 – 6 U 150/95, BB 1996, 2377 bei entspr. vertraglicher Regelung; weitergehend: OLG München 28.7.2012 – 7 U 2417/10, GmbHR 2010, 1031; vern. *Zöllner/Noack* in Baumbach/Hueck, § 35 GmbHG Rz. 203; vgl. auch *Reufels/Schewiola*, ArbRB 2008, 57, 61.
9 BGH 4.3.2002 – II ZR 77/00, BB 2002, 800.
10 BGH 15.4.1991 – II ZR 214/89, DB 1991, 1508; 28.4.2008 – II ZR 11/07, DB 2008, 1558.
11 *Reufels/Schewiola*, ArbRB 2008, 57 (60).

wenn der Geschäftsführer durch sein Verhalten Anlass zu einer außerordentlichen Kündigung gegeben hat, für wirksam gehalten[1]. Es bleibt den Vertragsparteien unbenommen, das nachvertragliche Wettbewerbsverbot den §§ 74 ff. HGB zu unterwerfen, sei es, dass sie die Vorschriften ausdrücklich in Bezug nehmen oder aber die Formulierungen erkennen lassen, dass das Verbot dem gesetzlichen Modell nachgebildet werden sollte. Das Wettbewerbsverbot wird nicht allein dadurch verkürzt oder hinfällig, dass der Geschäftsführer mit der ordentlichen Kündigung des Anstellungsvertrages von seinen Dienstpflichten freigestellt wird[2]. In der instanzgerichtlichen Rechtsprechung gibt es Stimmen, nach denen nachvertragliche Wettbewerbsverbote nur noch als reine Kundenschutzklausel zulässig sein sollen[3]. – In der **Literatur** ist das Spektrum der Auffassungen weit[4]. – Soweit die §§ 74 ff. HGB bei Organmitgliedern nicht anwendbar sind, richtet sich die Wirksamkeit eines Wettbewerbsverbots nach dem Zeitpunkt seines Abschlusses und nicht danach, welche Position der Verpflichtete im Augenblick seines Ausscheidens hatte. Ein unwirksames Wettbewerbsverbot eines Arbeitnehmers wird also nicht dadurch wirksam, dass dieser nachträglich Geschäftsführer wird[5]. Wird ein Geschäftsführer später Arbeitnehmer der GmbH, bleibt er nach Ausscheiden aus der Geschäftsführerposition zunächst an ein Wettbewerbsverbot gebunden, das den Anforderungen der §§ 74 ff. HGB nicht entspricht. Erst von dem Zeitpunkt an, in dem das „Geschäftsführerwettbewerbsverbot" nicht mehr bindend gewesen wäre, kann er den Schutz der §§ 74 ff. HGB beanspruchen. Dabei ist es unerheblich, ob er inzwischen noch bei der GmbH beschäftigt ist[6].

Wettbewerbsverbote in gesellschaftsrechtlichen Vereinbarungen mit Arbeitnehmern, die an der Gesellschaft beteiligt sind, bei der sie ein Arbeitsverhältnis haben, sind regelmäßig nicht an den §§ 74 ff. HGB zu messen. In der Regel liegt keine unzulässige Umgehung der arbeitsrechtlichen Anforderungen vor[7]. 6a

III. Gegenstand der Wettbewerbsabrede; Abgrenzungen

Eine Wettbewerbsabrede liegt bei allen Vereinbarungen vor, die den Arbeitnehmer nach Beendigung des Arbeitsvertrages in der freien Verwertung seiner Arbeitskraft beschränken. Aufgrund der Wettbewerbsabrede schuldet der Arbeitnehmer **Wettbewerbsenthaltung**[8]. 7

---

1 OLG Köln 29.3.2007 – 18 U 71/06, DB 2008, 1791 und dazu BGH, Hinweisbeschl. v. 7.7.2008 – II ZR 81/07, ZIP 2008, 1719.
2 BGH 4.3.2002 – II ZR 77/00, BB 2002, 800.
3 OLG Düsseldorf 3.12.1998 – 6 U 151/98, GmbHR 1999, 120; vgl. dazu den Formulierungsvorschlag bei *Kukat*, BB 2001, 951 (952); abl. zu OLG Düsseldorf: *Zöllner/Noack* in Baumbach/Hueck, § 35 GmbHG Rz. 198.
4 Für die Anwendung der §§ 74 ff. HGB bei Fremdgeschäftsführern bzw. teilw. auch bei Gesellschafter-Geschäftsführern mit Minderheitsbeteiligung zB: GK-HGB/*Etzel*, §§ 74–75d Rz. 2; GroßkommHGB/*Weber*, Vor § 74 Rz. 22; Scholz/*Schneider*, § 43 GmbHG Rz. 182; *Boemke*, ZfA 1998, 209 (234); dagegen zB: Roth/Altmeppen, GmbHG, 7. Aufl., § 6 Rz. 87; MünchKommHGB/*von Hoyningen-Huene*, § 74 Rz. 9; Baumbach/Hopt/*Roth*, § 74 HGB Rz. 3; *Kleindiek* in Lutter/Hommelhoff, Anh. § 6 GmbHG Rz. 25; Ebenroth/Boujong/Joost/Strohn/*Boecken*, § 74 HGB Rz. 8; Hachenburg/*Stein*, § 35 GmbHG Rz. 312 ff.; *Zöllner/Noack* in Baumbach/Hueck, § 35 GmbHG Rz. 197 ff. (über die Generalklauseln können einzelne, den §§ 74 ff. HGB nachgebildete Grundsätze zur Anwendung kommen); ausführlich zum Ganzen *Bauer/Diller*, Wettbewerbsverbote, Rz. 1024 ff. und GmbHR 1999, 885 sowie *Bauer*, FS Schwerdtner, 2003, S. 441 ff; *Bauer/von Medem*; ArbRAktuell 2011, 473.
5 OLG Koblenz 1.8.1985 – 6 U 618/85, WM 1985, 1484; GroßkommHGB/*Weber*, Vor § 74 Rz. 23; Baumbach/Hopt/*Roth*, § 74 HGB Rz. 3; *Bauer/Diller*, Wettbewerbsverbote, Rz. 1120, 1121.
6 *Bauer/Diller*, Wettbewerbsverbote, Rz. 1123, 1124.
7 *Naber*, NZA 2013, 870.
8 Zu Wettbewerbsverboten bei Ausübung von Aktienoptionen durch Arbeitnehmer: *Fischer*, DB 1999, 1702 und *Driver-Polke/Melot de Beauregard*, BB 2004, 2350.

8 Eine vertragliche Regelung, wonach ein **Außendienstmitarbeiter** nach Beendigung des Vertrages die **Namen der Kunden**, die er bei seiner Tätigkeit erfahren hat, in keiner Weise für sich oder einen Dritten verwenden darf (Kundenschutzklausel), ist ein nachvertragliches Wettbewerbsverbot[1]. Die Klausel macht dem Arbeitnehmer gerade dort die berufliche Entwicklung unmöglich, wo er bislang seinen Erwerb gefunden hat.

9 Abzugrenzen von einem karenzentschädigungspflichtigen Wettbewerbsverbot ist die entschädigungsfreie **nachvertragliche Verschwiegenheitsklausel**[2]. Ob den Arbeitnehmer auch ohne eine entsprechende Vertragsklausel allgemein eine das Arbeitsverhältnis überdauernde Schweigepflicht zumindest in Bezug auf Geschäfts- und Betriebsgeheimnisse trifft, ist umstritten[3]. Fehlt eine ausdrückliche Geheimhaltungsvereinbarung, kann sich in Ermangelung einer gesetzlichen Regelung eine Schweigepflicht im Einzelfall aus dem Gesichtspunkt der Nachwirkung des Arbeitsvertrages ergeben. Der Annahme einer solchen Nachwirkung hat eine umfassende Abwägung der Interessen beider Beteiligter vorauszugehen. Nach Auffassung des BAG[4] können die Parteien eines Arbeitsvertrages wirksam ohne Zusage einer Karenzentschädigung vereinbaren, dass der Arbeitnehmer **bestimmte Betriebsgeheimnisse**, die er aufgrund seiner Tätigkeit erfährt, nach Beendigung des Arbeitsverhältnisses nicht für eine eigene berufliche Tätigkeit nutzen oder weitergeben darf. Eine derartige Geheimhaltungspflicht schließe eine Konkurrenztätigkeit gerade nicht aus, so dass in solchen Fällen eine Umgehung der Vorschriften über das nachvertragliche Wettbewerbsverbot nicht in Betracht komme. Das ist aber anders, wenn sich die Klausel nicht lediglich auf ein bestimmtes Betriebsgeheimnis oder mehrere konkret festgelegte Betriebsgeheimnisse bezieht und damit die Geheimhaltungspflicht hinsichtlich der beruflichen Erfahrungen und Kenntnisse derartige Ausmaße hat, dass es sich um ein nachvertragliches Wettbewerbsverbot handelt[5]. **Pauschale nachvertragliche Geheimhaltungsvereinbarungen** sind regelmäßig unwirksam, weil dem ausgeschiedenen Arbeitnehmer damit jede berufliche Verwertung seiner erworbenen Kenntnisse verwehrt wird[6]. Ein Wettbewerbsverbot kann auch dort vorliegen, wo der künftige berufliche Erfolg des ausgeschiedenen Arbeitnehmers regelmäßig und geradezu zwingend mit der Preisgabe oder Verwertung eines bestimmten bzw. bestimmter Betriebsgeheimnisse verbunden ist. Je weiter gehend Geheimhaltungsabreden das gesamte Tätigkeitsfeld eines Arbeitnehmers erfassen, umso eher ist von einem nachvertraglichen Wettbewerbsverbot auszugehen[7].

10 Im Bereich freier Berufe sind zum Schutz des Mandantenstammes **Mandantenschutzklauseln** in allgemeiner oder beschränkter Form verbreitet. Es handelt sich um Vereinbarungen zwischen den Angehörigen freier Berufe und ihren Angestellten. **Beschränkte Mandantenschutzklauseln**, die dem ausgeschiedenen Arbeitnehmer ledig-

---

1 BAG 19.2.1959 – 2 AZR 341/56, AP Nr. 10 zu § 74 HGB; 15.12.1987 – 3 AZR 474/86, DB 1988, 1020; LAG Hamm 16.4.1986 – 15 Sa 165/86, DB 1986, 2087; LAG Köln 2.6.1999 – 2 Sa 138/99, NZA-RR 2000, 19, 65.
2 Nach der Rspr. des BGH verstößt die Weitergabe und Verwertung eines redlich erlangten Betriebsgeheimnisses durch einen ausgeschiedenen Arbeitnehmer nur unter besonderen Umständen gegen § 1 UWG aF; vgl. BGH 3.5.2001 – I ZR 153/99, EzA § 611 BGB – Betriebsgeheimnis Nr. 4.
3 BAG 15.12.1987 – 3 AZR 474/86, DB 1988, 1020; BGH 19.11.1982 – I ZR 99/80, DB 1983, 1761; ausführlich *Wertheimer*, Nachvertragliche Wettbewerbsverbote, S. 108 ff.
4 BAG 16.3.1982 – 3 AZR 83/79, BB 1982, 1792; 15.6.1993 – 9 AZR 558/91, NZA 1994, 502; 19.5.1998 – 9 AZR 394/97, BB 1999, 212; GK-HGB/*Etzel*, §§ 74–75d Rz. 8; *Wertheimer*, BB 1999, 1600.
5 Vgl. auch BGH 3.5.2001 – I ZR 153/99, EzA § 611 BGB – Betriebsgeheimnis Nr. 4; vgl. auch zur Vertragsgestaltung *Wodtke/Richters*, Betriebs- und Geschäftsgeheimnisse, Rz. 353/434.
6 LAG Hamm 5.10.1988 – 15 Sa 1403/88, DB 1989, 783; *Salger/Breitfeld*, BB 2005, 154 (158).
7 BAG 19.5.1998 – 9 AZR 394/97, BB 1999, 212.

III. Gegenstand der Wettbewerbsabrede; Abgrenzungen

lich untersagen, sich aktiv um die Mandanten seines ehemaligen Arbeitgebers zu bemühen, wenn er sich selbständig macht, sind als Abwerbungsverbote entschädigungslos zulässig[1], falls sie sich aus dem jeweiligen Standesrecht ergeben, also nur deklaratorischen Charakter haben[2]. Zu beachten ist, dass das Standesrecht grundsätzlich nur Regeln für Standesgenossen auf gleicher beruflicher Stufe aufstellen kann[3]. **Allgemeine Mandantenschutzklauseln**, die dem früheren Arbeitnehmer die Betreuung von Mandanten des ehemaligen Arbeitgebers als Arbeitnehmer in einem anderen Arbeitsverhältnis oder als Selbständiger verbieten, sind dagegen an den §§ 74 ff. HGB zu messen[4]. Ob allgemeine Mandantenschutzklauseln mit Rechtsanwälten wirksam sind, ist umstritten[5]. Angehörige freier Berufe können mit ihren Arbeitnehmern jedenfalls kein allgemeines Wettbewerbsverbot vereinbaren, das diesen für die Zeit nach Beendigung des Arbeitsverhältnisses die Ausübung ihres Berufes untersagt[6]. Auch eine Vereinbarung, nach der einzelne Mandanten nur mit Zustimmung des Arbeitgebers betreut werden dürfen, fällt unter die §§ 74 ff. HGB[7].

Bei **indirekten Wettbewerbsverboten** wird dem Arbeitnehmer keine erzwingbare Pflicht zur Wettbewerbsunterlassung auferlegt. Er behält die freie Wahl, ob er Konkurrenz macht oder nicht. An die Aufnahme oder Nichtaufnahme einer Konkurrenztätigkeit sind jedoch finanzielle Folgen geknüpft. Dadurch soll der Arbeitnehmer faktisch dazu angehalten werden, keinen Wettbewerb zu machen[8]. Solche indirekten Wettbewerbsverbote können im Anstellungsvertrag enthalten sein. 11

Formulierungsbeispiel:

Der Arbeitnehmer erhält ein zinsloses Darlehen, das zwei Jahre nach dem Ausscheiden zurückzuzahlen ist; die Rückzahlung entfällt, wenn er bis zum Rückzahlungstermin keine Konkurrenztätigkeit aufnimmt.

Formulierungsbeispiel:

Es besteht Einigkeit darüber, dass der Arbeitnehmer eine Abfindung in Höhe von ... Euro erhält. Die Abfindung ist zurückzuzahlen, wenn er im folgenden Kalenderjahr in ein Konkurrenzunternehmen eintritt[9].

Solche Vereinbarungen beschränken den Arbeitnehmer in seiner Tätigkeit. Sie können deshalb den §§ 74 ff. HGB unterliegen. Bestimmungen, die dem Arbeitnehmer für den Fall der Wettbewerbsenthaltsamkeit einen Vorteil in Aussicht stellen, der sich erst nach Beendigung des Arbeitsverhältnisses realisieren soll, dürften zulässig sein. 12

---

1 BAG 16.7.1971 – 3 AZR 384/70, AP Nr. 25 zu § 611 BGB – Konkurrenzklausel; GK-HGB/*Etzel*, §§ 74–75d Rz. 9; MünchKommHGB/*von Hoyningen-Huene*, § 74 Rz. 12.
2 BAG 15.12.1987 – 3 AZR 474/86, DB 1988, 1020.
3 BAG 7.8.2002 – 10 AZR 586/01, NZA 2002, 1282; LAG Stuttgart 18.10.2006 – 13 Sa 69/05.
4 BAG 16.7.1971 – 3 AZR 384/70 u. 27.9.1988 – 3 AZR 59/87, AP Nr. 25 u. 35 zu § 611 BGB – Konkurrenzklausel; 11.12.2013 – 10 AZR 286/13, NZA 2014, 433.
5 Vern.: LAG BW 14.3.1985 – 7 Sa 107/84, BB 1985, 1534; bej.: *Michalski/Römermann*, ZIP 1994, 433 (442/445); *Bauer/Diller*, Wettbewerbsverbote, Rz. 362, 363.
6 LAG München 19.8.1986 – 4 Sa 298/85, NZA 1987, 600; GK-HGB/*Etzel*, §§ 74–75d Rz. 10; MünchKommHGB/*von Hoyningen-Huene*, § 74 Rz. 12.
7 LAG München 19.8.1986 – 4 Sa 298/85, NZA 1987, 600.
8 BGH 3.7.2000 – II ZR 381/98, NJW-RR 2000, 1277 (Übergangsgeld unter der Bedingung, dass der Begünstigte keine Konkurrenztätigkeit entfaltet); *Bauer/Diller*, DB 1995, 426 und BB 1997, 990 (991); MünchKommHGB/*von Hoyningen-Huene*, § 74 Rz. 25; *Fischer*, DB 1999, 1702 (zu Wettbewerbsverboten bei Ausübung von Aktienoptionen durch Arbeitnehmer).
9 Beispiele von *Bauer/Diller*, DB 1995, 426.

Wird dagegen bereits während des Arbeitsverhältnisses ein Vorteil gewährt, der bei anschließender Wettbewerbstätigkeit entfallen soll, ist je nach Bedeutung und Ausgestaltung des Vorteils zu differenzieren. Unzulässig sind Rückzahlungsklauseln, nach denen der Arbeitnehmer im Fall der wettbewerbswidrigen Tätigkeit eine bereits bezogene Vergütung zurückzahlen muss[1]. Die Wirksamkeit von Aufhebungsverträgen kann nicht unter die Bedingung gestellt werden, dass der Arbeitnehmer eine gewisse Zeit nach seinem Ausscheiden keine Konkurrenztätigkeit aufnimmt, und der Arbeitgeber darf nicht die Zahlung einer Abfindung in einem Aufhebungsvertrag nur unter der Voraussetzung versprechen, dass der Arbeitnehmer keine Tätigkeit bei einem Wettbewerber aufnimmt[2]. Bei **Mandantenübernahmeklauseln**[3] kommt es für die Wirksamkeit auf die Höhe des abzuführenden Honoraranteils an[4]. Ist der Honoraranteil, den der ausgeschiedene Mitarbeiter abzuführen hat, derart hoch, dass die Bearbeitung der Mandate wirtschaftlich nicht lohnt, ist der Schutzbereich der §§ 74 ff. BGB tangiert und liegt eine verdeckte allgemeine Mandantenschutzklausel vor. Wenn der abzuführende Anteil des Honorars 20–30 % nicht übersteigt, soll diese Voraussetzung noch nicht erfüllt sein[5]. Aus Sicherheitsgründen sollte die Schwelle von 20 % nicht überschritten werden; eine geltungserhaltende Reduktion wird ausscheiden[6]. Auch eine Mandantenübernahmeklausel darf einen Bindungszeitraum von zwei Jahren nicht überschreiten; die geltungserhaltende Reduktion einer Klausel, die eine längere Bindung vorsieht, auf zwei Jahre ist nicht möglich[7]. Eine Mandantenübernahmeklausel ist jedenfalls dann unwirksam, wenn sie auch im Fall der Eingehung eines neuen Arbeitsverhältnisses gelten soll. Diese Rechtsfolge ergibt sich aus § 75d Satz 2 HGB[8]. Ob einer Auskunftspflicht § 43a Abs. 2 BRAO entgegensteht, konnte deshalb dahin stehen[9].

13 Eine **Sperrabrede** beinhaltet die gegenseitige Verpflichtung zweier (oder mehrerer) Arbeitgeber, einen Arbeitnehmer, der bei einem von ihnen angestellt war, nicht oder nur unter gewissen Voraussetzungen einzustellen. § 75f HGB versagt solchen Vereinbarungen den Rechtsschutz. Das gilt auch für eine vereinbarte Vertragsstrafe[10]. Das Rücktrittsrecht ist unabdingbar[11]. Für den mittelbar betroffenen Arbeitnehmer besteht aber weder ein Unterlassungsanspruch, noch kann er die Ausübung des Rücktrittsrechts verlangen[12]. Die Vorschrift erfasst auch die Verpflichtung, einen Arbeitnehmer nach seinem Ausscheiden nicht als selbständigen Unternehmer zu beschäftigen[13]. In die Nähe des § 75f HGB kommt eine Vereinbarung zwischen Arbeitgeber und Arbeitnehmer, wonach sich der Arbeitnehmer verpflichtet, nach seinem Aus-

---

1 MünchKommHGB/*von Hoyningen-Huene*, § 74 Rz. 25; Heymann/*Henssler*, § 74 HGB Rz. 13.
2 LAG Bremen 25.2.1994 – 4 Sa 309/93, NZA 1994, 889.
3 Musterformulierung: *Grimm/Brock/Windeln*, ArbRB 2005, 92 (94). Zu den Anforderungen an die Transparenz und die Angemessenheit der Klauselbedingungen ausführlich *Meier*, NZA 2013, 253.
4 LAG Köln 14.4.2008 – 5 Sa 413/08, AE 2009, 155; *Michalski/Römermann*, ZIP 1994, 433 (446 f.); *Grimm/Brock/Windeln*, ArbRB 2005, 92.
5 Vgl. nur *Bauer*, Anm. zu BAG 7.8.2002 – 10 AZR 586/01, AP Nr. 4 zu § 75d HGB; aA LAG Düsseldorf 28.6.2001 – 11 Sa 532/01, DB 2002, 150.
6 *Grimm/Brock/Windeln*, ArbRB 2005, 92 (94).
7 BAG 7.8.2002 – 10 AZR 586/01, NZA 2002, 1282; LAG Köln 24.8.2007 – 11 Sa 241/07, NZA-RR 2008, 10; 14.4.2008 – 5 Sa 413/08, AE 2009, 155; für geltungserhaltende Reduktion: *Bauer*, Anm. zu BAG 7.8.2002 – 10 AZR 586/01, AP Nr. 4 zu § 75d HGB.
8 BAG 11.12.2013 – 10 AZR 286/13, NZA 2014, 433.
9 Bej. LAG Nds. 8.2.2013 – 12 Sa 904/12, NZA-RR 2013, 347 (Vorinstanz zu BAG 11.12.2013 – 10 AZR 286/13, NZA 2014, 433).
10 BGH 13.10.1972 – I ZR 88/71, AP Nr. 1 zu § 75f HGB.
11 MünchKommHGB/*von Hoyningen-Huene*, § 75f Rz. 6; GK-HGB/*Etzel*, § 75c Rz. 4.
12 Heymann/*Henssler*, § 75f HGB Rz. 27; MünchKommHGB/*von Hoyningen-Huene*, § 75f Rz. 7.
13 BGH 27.9.1983 – VI ZR 294/81, BGHZ 88, 260.

scheiden aus dem Betrieb des Arbeitgebers eine bestimmte Zeit hindurch andere Arbeitnehmer dieses Unternehmens nicht zu beschäftigen[1]. Unter den Anwendungsbereich des § 75f HGB fallen im Grundsatz **Abwerbeverbote**, also Vereinbarungen, die ein Zugehen des möglichen künftigen Arbeitgebers auf den Arbeitnehmer verbieten[2]. Der durch § 75f HGB bezweckte Schutz des Arbeitnehmers wird nämlich auch durch die Vereinbarung eines Abwerbeverbots zwischen Unternehmen in einem Ausmaß beeinträchtigt, dass es rechtfertigt, eine derartige Vereinbarung dem Anwendungsbereich des § 75f HGB zu unterstellen[3]. Von diesem Grundsatz soll es aber Ausnahmen geben und sollen dann Abwerbeverbote einklagbar sein[4]. Ein solcher Ausnahmefall soll vorliegen, wenn das Abwerbeverbot nur eine Nebenbestimmung der Vereinbarung ist und einem besonderen Vertrauensverhältnis der Parteien oder einer besonderen Schutzbedürftigkeit einer der beiden Seiten Rechnung trägt[5]. Das gilt für Abwerbeverbote, die anlässlich einer Due Diligence vereinbart werden oder wenn die Parteien aufgrund einer eingegangen Kooperation den beiderseitigen Mitarbeiterstamm genau kennen. Auch in einem solchen Ausnahmefall darf das Abwerbeverbot aber in aller Regel einen Zeitraum von zwei Jahren nicht überschreiten. **Ob** im Arbeitsvertrag vereinbarte **nachvertragliche Abwerbeverbote** als nachvertragliche Wettbewerbsverbote anzusehen sind, ist umstritten[6]. Jedenfalls bei dem Verbot der eigennützigen Abwerbung handelt es sich um ein nachvertragliches Wettbewerbsverbot[7]. Ein Verbot fremdnützigen Abwerbens soll demgegenüber ohne Karenzentschädigungszusage zulässig sein[8]. Sperrabreden, durch die ein mit gewerblicher **Arbeitnehmerüberlassung** befasstes Unternehmen die Abwerbung seiner Arbeitnehmer durch Entleiher zu verhindern sucht, sind nach § 9 Nr. 3 AÜG unwirksam.

IV. Rechtsnatur der Wettbewerbsabrede

Das nachvertragliche Wettbewerbsverbot ist ein **gegenseitiger Vertrag**, auf den die §§ 320 ff. BGB zur Anwendung kommen. Leistung des Arbeitnehmers ist die Unterlassung von Wettbewerb, Gegenleistung des Arbeitgebers die Karenzentschädigung. Die Auslegung der Wettbewerbsabrede richtet sich nach den §§ 133, 157 BGB. 14

V. Formelle Wirksamkeitsvoraussetzungen

Das Wettbewerbsverbot bedarf nach § 74 Abs. 1 HGB der **Schriftform** iSd. § 126 BGB. Es kann im Arbeitsvertrag enthalten sein; eine gesonderte Urkunde braucht nicht erstellt zu werden. Eine nicht unterzeichnete Wettbewerbsvereinbarung genügt dem Schriftformerfordernis, wenn sie fest mit dem unterschriebenen Arbeitsvertrag verbunden ist und im Arbeitsvertrag auf die Wettbewerbsvereinbarung verwiesen wird[9]. Die Verbindung mittels einer Heftklammer genügt[10], wobei allerdings die Gesamt- 15

---

1 Preis/*Stoffels*, Der Arbeitsvertrag, II W 10, Rz. 77.
2 BGH 30.4.2014 – I ZR 245/12, DB 2014, 2223; aA: MünchKommHGB/*von Hoyningen-Huene*, § 75f Rz. 5; Ebenroth/Boujong/Joost/Strohn/*Boecken*, § 75f HGB Rz. 9; ErfK/*Oetker*, § 75f HGB Rz. 1; offen gelassen in BGH 13.10.1972 – I ZR 88/71, BB 1973, 427.
3 BGH 30.4.2014 – I ZR 245/12, DB 2014, 2223.
4 BGH 30.4.2014 – I ZR 245/12, DB 2014, 2223.
5 BGH 30.4.2014 – I ZR 245/12, DB 2014, 2223; *Wolf*, NZA 2004, 366 (Anstellungs- und Abwerbeverbote in Due-Dilligence-Prozessen).
6 Bej. *Busch/Dendorfer*, BB 2002, 301 (305/306).
7 ArbG Berlin 11.2.2005 – 9 Ca 144/05, EzA-SD 2005, Heft 12, 13; *Salger/Breitfeld*, BB 2004, 2574 (2580, 2581); *Bauer/Diller*, Wettbewerbsverbote, Rz. 129.
8 *Salger/Breitfeld*, BB 2004, 2574 (2580, 2581); *Schloßer*, BB 2003, 1382 (1386, 1387); *Bauer/Diller*, Wettbewerbsverbote, Rz. 129.
9 BAG 30.10.1984 – 3 AZR 213/82, AP Nr. 46 zu § 74 HGB.
10 BAG 6.8.1985 – 3 AZR 117/84; aA LAG Köln 14.12.1983 – 5 Sa 819/83, EzA § 74 HGB Nr. 43.

urkunde zerstört wird, wenn die Verbindung – und sei es nur zum kopieren – gelöst wird[1]. Bei mehreren gleich lautenden Urkunden genügt nach § 126 Abs. 2 Satz 2 BGB, dass die Partei die für die andere bestimmte Urkunde unterzeichnet. Weder reicht ein bloßer Briefwechsel noch ein vom Arbeitgeber unterzeichnetes Bestätigungsschreiben. Auch ein Telefax wahrt die gesetzliche Schriftform nicht. Es ist darauf zu achten, dass das Wettbewerbsverbot auf Seiten des Arbeitgebers **rechtwirksam unterzeichnet** wird; nicht ausreichend ist die Unterschrift nur eines gesamtvertretungsberechtigten Geschäftsführers oder eines Gesamtprokuristen[2]. Teilweise wird sogar die Unterzeichnung durch einen Prokuristen nur dann als ausreichend angesehen, wenn dieser den Vertretungszusatz „ppa" anbringt[3]. Ist das Wettbewerbsverbot in einem Tarifvertrag, einer Betriebsvereinbarung oder einer Richtlinie nach dem SprAuG geregelt, ist die Schriftform damit gewahrt, doch ist erforderlich, dass der Tarifvertrag, die Betriebsvereinbarung bzw. die Richtlinie dem Arbeitnehmer ausgehändigt werden[4]. Haben die Parteien im Arbeitsvertrag zB ein sechsmonatiges Wettbewerbsverbot vereinbart und treffen sie während des Arbeitsverhältnisses eine Vereinbarung über eine Verlängerung der Laufzeit, die formunwirksam ist, besteht das Wettbewerbsverbot mit der ursprünglich vereinbarten Laufzeit fort[5]. Wird ein schriftlicher befristeter Arbeitsvertrag, der ein nachvertragliches Wettbewerbsverbot enthält, nach seinem Ablauf mündlich verlängert, ist das Wettbewerbsverbot mangels Einhaltung der Schriftform hinfällig[6]. Das Schriftformerfordernis schützt beide Vertragsparteien, so dass sich grundsätzlich beide Teile auf die Verletzung des Schriftformerfordernisses berufen können. Nach § 126 Abs. 3 BGB kann die schriftliche Form auch durch die elektronische ersetzt werden. Für die im Gesetz vorgesehene Aushändigung der Urkunde gilt das allerdings nicht, so dass es letztlich doch bei der „Papierform" verbleibt[7]. Die Schriftform kann auch durch notarielle Beurkundung (§ 126 Abs. 4 BGB) oder durch Gerichtsprotokoll (§ 127a BGB) ersetzt werden.

> ⊃ **Hinweis:** Entsteht Streit darüber, ob ein nachvertragliches Wettbewerbsverbot verbindlich zustande gekommen ist, kann der Arbeitgeber die Einhaltung der gesetzlichen Schriftform nicht durch Vorlage eingescannter Dokumente beweisen, egal ob sie elektronisch signiert sind oder nicht[8].

16 Dem Arbeitnehmer muss eine Urkunde mit der Unterschrift des Arbeitgebers ausgehändigt werden; erst damit wird das Wettbewerbsverbot wirksam. Es bedarf der Originalunterschrift des Arbeitgebers bzw. bei elektronischer Form der qualifiziert elektronischen Signatur nach dem Signaturgesetz. Das BAG ordnet die Verpflichtung des Arbeitgebers zur Aushändigung der Urkunde nicht als Formvorschrift iSd. §§ 125 ff. BGB ein. Vielmehr handele es sich um eine „Dokumentationsregelung"[9]. Die **Aushändigung** einer Vertragsurkunde setzt Übergabe und Überlassung des Schriftstückes auf Dauer an den Arbeitnehmer voraus; die Aushändigung einer Urkunde kann nicht durch elektronische Vorgänge ersetzt werden[10]. Im Falle der Herstellung einer einzigen, von beiden Parteien unterzeichneten Urkunde, muss diese – oder im Falle

---

1 Vgl. LAG Hamm 6.7.2000 – 4 Sa 233/00, EWiR 2000, 125 (mit Anm. *Grimm*).
2 BAG 30.10.1984 – 3 AZR 213/82, AP Nr. 46 zu § 74 HGB; LAG Sachs. 10.3.1998 – 9 Sa 1297/97; *Bauer/Diller*, Wettbewerbsverbote, Rz. 193.
3 LAG Hamm 10.1.2005 – 7 Sa 1480/04, NZA-RR 2005, 428; GK-HGB/*Etzel*, §§ 74–75d Rz. 21; krit. *Bauer/Diller*, Wettbewerbsverbote, Rz. 193.
4 MünchKommHGB/*von Hoyningen-Huene*, § 74 Rz. 35; GK-HGB/*Etzel*, §§ 74–75d Rz. 21b.
5 LAG Köln 8.6.2005 – 7 Sa 679/04, EzA-SD 2006, Heft 6 S. 7.
6 LAG Hamm 14.2.2007 – 14 Sa 141/07, LAGE § 74 HGB Nr. 21.
7 *Kramer*, DB 2006, 502 (507).
8 *Diller/Schuster*, DB 2008, 928 (932).
9 BAG 23.11.2004 – 9 AZR 595/03, NZA 2005, 411; krit. zu dieser dogmatischen Einordnung: *Diller*, RdA 2006, 45.
10 *Bauer/Diller*, Wettbewerbsverbote, Rz. 207; GroßkommHGB/*Weber*, § 74 Rz. 4; *Kramer*, DB 2005, 502 (507).

der notariellen Beurkundung der Vereinbarung eine Ausfertigung – dem Arbeitnehmer ausgehändigt werden. Die Aushändigung der Urkunde muss im unmittelbaren Zusammenhang mit dem Vertragsschluss geschehen[1]. Der Arbeitnehmer ist zur Entgegennahme der ihm angebotenen Urkunde verpflichtet. Lehnt er diese ab, muss er sich nach § 162 BGB so behandeln lassen, als sei die Übergabe erfolgt[2]. Bei einer späteren Aushändigung kann das Wettbewerbsverbot nur dann noch wirksam werden, wenn der Arbeitnehmer der nachträglichen Aushändigung ausdrücklich oder stillschweigend zustimmt[3]. Bei verspätetem Zugang sollte der Arbeitnehmer, wenn er nicht mehr an das Wettbewerbsverbot gebunden sein will, unverzüglich gegenüber dem Arbeitgeber erklären, dass er die Urkunde nicht annimmt. Das Aushändigungserfordernis schützt den Arbeitnehmer. Deshalb kann sich der Arbeitgeber auf die Verletzung dieser Vorschrift nicht berufen. Für den Anspruch des Arbeitnehmers auf Karenzentschädigung ist die Verletzung der Dokumentationsregelung folgenlos. Der Arbeitnehmer hat ein Wahlrecht, ob er das Verbot einhalten und die Karenzentschädigung verlangen oder ob er sich vom Verbot lösen will[4].

In die Urkunde müssen **sämtliche den vertraglichen Inhalt des Wettbewerbsverbots betreffende Regelungen** aufgenommen werden (vgl. Rz. 21 ff.). Unter Umständen kann auf die gesetzlichen Bestimmungen verwiesen werden. Enthält die Wettbewerbsvereinbarung keine Entschädigungszusage, ist das Verbot nichtig[5]. Unterschreitet der zugesagte Betrag die Mindestsumme des § 74 Abs. 2 HGB, ist das Verbot unverbindlich mit der Folge, dass der Arbeitnehmer ein Wahlrecht hat: Er kann sich vom Verbot lossagen oder es einhalten. 17

VI. Zeitlicher Geltungsbereich der Schutzvorschriften

Es ist grundsätzlich zulässig, wenn die Parteien zunächst einen **Vorvertrag** abschließen, in dem der Arbeitnehmer verpflichtet wird, auf Wunsch des Arbeitgebers zu einem späteren Zeitpunkt ein Wettbewerbsverbot zu vereinbaren[6]. Der Vorvertrag unterliegt der gesetzlichen Schriftform, wobei dem Arbeitnehmer eine unterschriebene Urkunde mit dem Inhalt des Vorvertrages ausgehändigt werden muss[7]. Er muss den Anforderungen der §§ 74 ff. HGB genügen. Die Wirksamkeit des Vorvertrages ist nicht davon abhängig, dass die inhaltliche Reichweite des abzuschließenden Wettbewerbsverbots schon feststeht. Auch wenn der Vorvertrag nicht die gleiche Vollständigkeit aufweisen muss, die für den Hauptvertrag zu verlangen ist, muss aber der Inhalt der Verpflichtung wenigstens bestimmbar sein[8]. Problematisch ist ein Vorvertrag jedenfalls dann, wenn keine zeitliche Grenze für den Anspruch des Arbeitgebers auf Abschluss des Wettbewerbsverbots festgelegt wird. Es ergibt sich dann die gleiche Wirkung wie bei einem bedingten Wettbewerbsverbot. Der Vorvertrag darf nicht eingesetzt werden, um wettbewerbsbeschränkende Wirkungen zu Lasten des Arbeitnehmers zu erzielen, ohne die Karenzentschädigung zu gewährleisten[9]. Der Arbeitgeber kann sein Optionsrecht deshalb nicht mehr ausüben, sobald das Arbeitsverhältnis gekündigt ist. Jedenfalls dann, wenn eine derartige Einschränkung nicht vereinbart ist, 18

---

1 AA *Hunold*, NZA-RR 2007, 617.
2 MünchKommHGB/*von Hoyningen-Huene*, § 74 Rz. 39; Heymann/*Henssler*, § 74 HGB Rz. 23.
3 LAG Nürnberg 21.7.1994 – 5 Sa 391/94, NZA 1995, 532; aA *Hunold*, NZA-RR 2007, 617.
4 BAG 23.11.2004 – 9 AZR 595/03, NZA 2005, 411.
5 BAG 18.1.2000 – 9 AZR 929/98, nv.
6 BAG 14.7.2010 – 10 AZR 291/09, NZA 2011, 413; *Bauer/Diller*, Wettbewerbsverbote, Rz. 488/495; Heymann/*Henssler*, § 74 HGB Rz. 7; zur gerichtlichen Durchsetzung des Vorvertrages: *Bauer/Diller*, Wettbewerbsverbote, Rz. 529.
7 *Laskawy*, NZA 2012, 1011 (1016).
8 BAG 14.7.2010 – 10 AZR 291/09, NZA 2011, 413; Muster eines Vorvertrags bei: *Laskawy*, NZA 2012, 1011 (1016, 1017).
9 BAG 14.7.2010 – 10 AZR 291/09, NZA 2011, 413.

ist der Vertrag für den Arbeitnehmer unverbindlich[1]. Ob und ggf. unter welchen Voraussetzungen eine unbillige Erschwerung des Fortkommens auch dann vorliegen kann, wenn die Option des Arbeitgebers bis zu diesem Zeitpunkt beschränkt ist, musste das BAG nicht entscheiden. Der Arbeitgeber kann auch dann den Abschluss eines Wettbewerbsverbots nicht mehr verlangen, wenn der Arbeitnehmer bereits einen Arbeitsvertrag mit einem Wettbewerber abgeschlossen hat[2]. Bei Fehlen einer ausdrücklichen zeitlichen Begrenzung der Rechte des Arbeitgebers aus dem Vorvertrag hat der Arbeitnehmer das Recht, sich bei seinem Ausscheiden für die Wettbewerbsunterlassung zu entscheiden und die Karenzentschädigung zu verlangen, auch wenn der Arbeitgeber den Abschluss des Wettbewerbsverbots nie verlangt hat. Die Rechtsfolge des unverbindlichen Vorvertrags ist keine andere als die des unzulässig bedingten Wettbewerbsverbots[3].

19 Das Inkrafttreten des Wettbewerbsverbots kann von einer **aufschiebenden Bedingung** abhängig gemacht werden. Das Eingreifen des Verbots kann davon abhängen, dass der Arbeitnehmer die Probezeit erfolgreich übersteht[4] oder dass er später bestimmte, mit näherem Einblick in wichtige Unternehmensgeheimnisse verbundene Aufgaben übertragen bekommt[5]. Es kann auch vereinbart werden, dass das Wettbewerbsverbot erst mit dem Ablauf eines bestimmten Vertragsjahres wirksam wird[6]. Wenn innerhalb einer im Arbeitsvertrag enthaltenen Wettbewerbsklausel alle dieses Verbot regelnden Einzelelemente enthalten und keine Regelungen getroffen sind, die damit in keinem Zusammenhang stehen, ist eine dort vorgesehene aufschiebende Bedingung keine „überraschende Klausel" iSv. § 305c Abs. 1 BGB[7].

20 Umstritten ist die Beurteilung **der mit einem Aufhebungsvertrag kombinierten Wettbewerbsabreden**[8]. Nach Auffassung des BAG sind die §§ 74 ff. HGB anwendbar, solange das Wettbewerbsverbot noch im Zusammenhang mit dem Arbeitsverhältnis und seiner Abwicklung vereinbart wird. Die Ansicht, Vereinbarungen im Rahmen eines Aufhebungsvertrages würden vom Schutz der §§ 74 ff. HGB nicht erfasst, ist abzulehnen[9], auch bei sofort wirkenden Aufhebungsverträgen[10]. Das gilt auch im Rahmen eines **Prozessvergleichs**[11]. Entschädigungslos zulässig soll aber eine im Rahmen eines Prozessvergleichs oder eines Aufhebungsvertrages getroffene Wettbewerbsabrede sein, wenn das Arbeitsverhältnis rückwirkend beendet wird[12]. Sicher ist das nach der Rechtsprechung des BAG nicht[13]. Wenn die Wettbewerbsabrede nach erfolgter fristgemäßer **Kündigung**, aber noch vor Beendigung des Arbeitsverhältnisses erfolgt, oder auch gleichzeitig mit einer auf fristloser Kündigung beruhenden Auflösung des Arbeitsverhältnisses, gelten die §§ 74 ff. HGB. Auf Vereinbarungen, die nach Beendigung des Arbeitsverhältnisses getroffen werden, finden hingegen die Bestimmun-

---

1 BAG 14.7.2010 – 10 AZR 291/09; NZA 2011, 413; *Laskawy*, NZA 2012, 1011 (1016).
2 BAG 18.4.1969 – 3 AZR 154/68, BB 1969, 1351; ArbG Halle 27.8.1999 – 2 GA 21/99.
3 BAG 14.7.2010 – 10 AZR 291/09, NZA 2011, 413; *Bauer/Diller*, Wettbewerbsverbote, Rz. 494.
4 BAG 27.4.1982 – 3 AZR 814/79, DB 1982, 2406; 28.6.2006 – 10 AZR 407/05, DB 2006, 2181.
5 Preis/*Stoffels*, Der Arbeitsvertrag, II W 10, Rz. 88.
6 BAG 13.7.2005 – 10 AZR 532/04, AP Nr. 78 zu § 74 HGB.
7 BAG 13.7.2005 – 10 AZR 532/04, AP Nr. 78 zu § 74 HGB; *Hunold*, NZA-RR 2006, 113 (122, 123); aA LAG Hamm 10.9.2004 – 7 Sa 918/04, LAGE § 305c BGB Nr. 2.
8 *Hoß*, DB 1997, 1818 (1819); *Wertheimer*, BB 1996, 1714.
9 BAG 3.5.1994 – 9 AZR 606/92, DB 1995, 50; Heymann/*Henssler*, § 74 HGB Rz. 6; MünchKommHGB/*von Hoyningen-Huene*, § 74 Rz. 22; GK-HGB/*Etzel*, §§ 74–75d Rz. 6.
10 AA *Bauer/Diller*, Wettbewerbsverbote, Rz. 77.
11 MünchKommHGB/*von Hoyningen-Huene*, § 74 Rz. 22; GroßkommHGB/*Weber*, § 74 Rz. 11.
12 BAG 11.3.1968 – 3 AZR 37/67, BB 1968, 1120; LAG München 12.2.1986 – 5 Sa 539/85, DB 1986, 2191; MünchKommHGB/*von Hoyningen-Huene*, § 74 Rz. 22; GK-HGB/*Etzel*, §§ 74–75d Rz. 6; Heymann/*Henssler*, § 74 HGB Rz. 5; GroßkommHGB/*Weber*, § 74 Rz. 11; *Hoß*, DB 1997, 1818 (1820); aA *Wertheimer*, BB 1996, 1714 (1716).
13 BAG 3.5.1994 – 9 AZR 606/92, DB 1995, 50.

gen der §§ 74ff. HGB keine Anwendung; derartige Wettbewerbsabreden sind entschädigungslos zulässig[1]. Prüfungsmaßstab ist lediglich § 138 BGB. Im **Weiterbeschäftigungszeitraum** nach erfolgreichem erstinstanzlichen Kündigungsschutzprozess sind die §§ 74ff. HGB anzuwenden, ohne dass es auf den rechtskräftigen Ausgang des Rechtsstreits ankommt[2].

VII. Inhaltliche Anforderungen

1. Verbotsumfang

a) Gegenständlicher Verbotsumfang

Die Wettbewerbsabrede muss den **gegenständlichen Verbotstatbestand** in zumindest bestimmbarer Weise umschreiben. Die Wettbewerbsenthaltungspflicht besteht nur innerhalb dieser Festlegung[3]. 21

Beispiel:
Der ehemalige Arbeitgeber bietet Autohändlern die Aufbereitung von Gebrauchtwagen an. Ist dem ehemaligen Arbeitnehmer die Tätigkeit für Konkurrenzunternehmen verboten, so fällt darunter nicht die Tätigkeit für ein Autohaus, auch wenn diese ebenfalls die Aufbereitung von Gebrauchtfahrzeugen zum Inhalt hat. Der ehemalige Arbeitgeber und das Autohaus sind keine Konkurrenzunternehmen[4].

Bei einer dem Bestimmtheitsgebot nicht genügenden Formulierung ist die Wettbewerbsabrede unwirksam[5]. Zunächst ist allerdings zu versuchen, die Wettbewerbsabrede nach §§ 133, 157 BGB eng auszulegen, wobei bei **vorformulierten Verträgen** nach §§ 305 Abs. 2, 307 Abs. 1 Satz 2 BGB Zweifel zu Lasten des Arbeitgebers gehen[6]. Besonderheiten des Arbeitsrechts stehen der Transparenzkontrolle eines in Allgemeinen Geschäftsbedingungen enthaltenen Wettbewerbsverbots nicht entgegen. Verwender von Allgemeinen Geschäftsbedingungen sind verpflichtet, Rechte und Pflichten ihrer Vertragspartner möglichst klar und durchschaubar darzustellen. Ein Verstoß gegen das Transparenzgebot des § 307 BGB liegt aber nicht vor, wenn der Gegenstand des nachvertraglichen Wettbewerbsverbots mit der Beendigung des Arbeitsverhältnisses objektiv feststellbar ist[7]. Die Frage, ob ein erkennbar sehr weit reichendes Wettbewerbsverbot unverbindlich ist, ist keine Frage der Transparenz[8], sondern Gegenstand der Prüfung der Verbindlichkeit des Wettbewerbsverbots nach § 74a HGB[9] (vgl. Rz. 25ff.). 21a

Beispiel:
Weder die Verwendung des Begriffs „indirekter Wettbewerb" noch des Begriffs „verbundene Unternehmen" oder des Begriffs „in sonstiger Weise" führen zu einer Intransparenz eines als Allgemeine Geschäftsbedingung vereinbarten nachvertraglichen Wettbewerbsverbots. Der Arbeitnehmer soll sich im Falle seines Ausscheidens jeglicher Form von Wettbewerb enthalten. Es handelt sich um die übliche Auslegung und Subsumtion, wenn eine konkrete Tätigkeit des Arbeitnehmers darauf hin zu beurteilen ist, ob sie unerlaubten Wettbewerb darstellt[10].

---

1 BAG 11.3.1968 – 3 AZR 37/67 u. 5.8.1968 – 3 AZR 128/67, AP Nr. 23 u. 24 zu § 74 HGB.
2 *Wertheimer*, BB 1996, 1714 (1716); *Bauer/Diller*, Wettbewerbsverbote, Rz. 91.
3 BAG 21.1.1997 – 9 AZR 778/95, BB 1997, 1796.
4 Das Wettbewerbsverbot hätte aber so formuliert werden können, dass es auch „Abnehmer" umfasst: *Bauer/Diller*, Wettbewerbsverbote, Rz. 252.
5 LAG Düsseldorf 28.8.1996 – 4 Sa 729/96, LAGE § 74 HGB Nr. 15.
6 GK-HGB/*Etzel*, §§ 74–75d Rz. 29; MünchKommHGB/*von Hoyningen-Huene*, § 74 Rz. 27.
7 LAG Nds. 8.12.2005 – 7 Sa 1871/05, NZA-RR 2006, 426.
8 LAG BW 30.1.2008 – 10 Sa 60/07, NZA-RR 2008, 508.
9 LAG Hamm 4.11.2008 – 14 Sa 818/08.
10 LAG Hamm 1.12.2009 – 14 SaGa 59/09, ArbRAktuell 2010, 176.

22 Es wird zwischen unternehmensbezogenen (auch allgemeinen) und tätigkeitsbezogenen (auch partiellen) Wettbewerbsverboten unterschieden[1]. **Unternehmensbezogene Verbote** knüpfen an die Unternehmen an, für die der Arbeitnehmer nach seinem Ausscheiden gesperrt sein soll. Anstelle einer generalklauselartigen Umschreibung sind häufig die Fachgebiete, die das Unternehmen zu einem konkurrierenden machen, genannt (Bezugnahme auf eine Branche); teilweise werden bestimmte Unternehmen genau bezeichnet. Vielfach sind die Klauseln zweistufig aufgebaut: Zunächst wird geregelt, dass der Arbeitnehmer nach Beendigung des Arbeitsverhältnisses nicht für ein Konkurrenzunternehmen tätig werden darf; in einem zweiten Schritt wird der Begriff des Konkurrenzunternehmens näher bestimmt[2]. Unternehmensbezogene Wettbewerbsverbote sind zumindest bei Führungskräften grundsätzlich möglich[3]. Durch ein **tätigkeitsbezogenes Konkurrenzverbot** wird dem Arbeitnehmer die Verpflichtung auferlegt, sich in bestimmten Arbeits- oder Fertigungsbereichen nicht zu betätigen. Sie knüpfen regelmäßig an das bisherige Arbeitsgebiet des Arbeitnehmers an. Bei einem tätigkeitsbezogenen Wettbewerbsverbot ist dem Unterworfenen also nicht die Tätigkeit für ein Konkurrenzunternehmen schlechthin untersagt. Vielmehr darf er dort lediglich nicht in dem Bereich tätig werden, der in dem Verbot genannt wird, und in dem Bereich, der den konkurrierenden konkret unterstützt[4]. Eine „Umdeutung" eines tätigkeitsbezogenen Wettbewerbsverbots in ein unternehmensbezogenes Verbot kommt idR nicht in Betracht[5]. Bei der Abfassung von Wettbewerbsverboten ist die Motivationslage des durch das Verbot zu schützenden Unternehmens zu klären und entsprechend umzusetzen. Vielfach wird dem Arbeitnehmer ganz allgemein verboten, für Konkurrenzunternehmen oder sonst konkurrierend tätig zu werden. Gegen die Anerkennung derart ausgedehnter und unkonkreter Verbote werden Bedenken angemeldet[6]. Dem Arbeitnehmer kann eine selbständige Tätigkeit ebenso wie eine abhängige gewerbliche Tätigkeit, aber auch beides gleichzeitig, untersagt werden. Das Verbot, einen Arbeitsvertrag mit einem Konkurrenzunternehmen abzuschließen, umfasst im Zweifel nicht das Verbot freiberuflicher Tätigkeit[7]. Ebenso kann sich der Arbeitnehmer in diesem Fall selbständig machen[8]. Ist dem Arbeitnehmer nur eine gewerbliche Tätigkeit untersagt, kann er gelegentliche einzelne Konkurrenzgeschäfte vorbereiten und auch durchführen, wobei es aber auf die Größenordnung des Geschäfts und die Gefährdung der Arbeitgeberinteressen ankommt[9]. Grundsätzlich kann das Wettbewerbsverbot vorsehen, dass dem Arbeitnehmer auch die Tätigkeit für ein solches Unternehmen, das mit einem dem Arbeitgeber in Konkurrenz stehenden Unternehmen lediglich verbunden ist, untersagt wird (vgl. im Einzelnen Rz. 28 f.)[10]. Eine Reduzierung des gegenständlichen Verbotsinhalts kann sich aus § 74a Abs. 1 HGB ergeben. Ist das der Fall, ist das Wettbewerbsverbot insoweit unverbindlich. Es handelt sich um eine **geltungserhaltende Reduktion**.

---

1 MünchKommHGB/*von Hoyningen-Huene*, § 74 Rz. 24.
2 *Wertheimer*, Nachvertragliche Wettbewerbsverbote, S. 35, 36.
3 BAG 16.12.1968 – 3 AZR 434/67 u. 30.1.1970 – 3 AZR 348/69, AP Nr. 21, 24 zu § 133f GewO; LAG Hamm 19.2.2008 – 14 SaGa 5/08; 1.12.2009 – 14 SaGa 59/09, ArbR 2010, 176; *Bauer/Diller*, Wettbewerbsverbote, Rz. 233, 315.
4 BAG 30.1.1970 – 3 AZR 348/69, AP Nr. 24 zu § 133f GewO; LAG Hess. 10.2.1997 – 10 SaGa 2269/96, LAGE § 74a HGB Nr. 1.
5 LAG Hess. 10.2.1997 – 10 SaGa 2269/96, LAGE § 74a HGB Nr. 1; im Einzelfall anders: BAG 30.1.1970 – 3 AZR 348/69, AP Nr. 24 zu § 133f GewO.
6 Preis/*Stoffels*, Der Arbeitsvertrag, II W 10, Rz. 36.
7 LAG Hamburg 20.9.1968 – 1 Sa 106/68, BB 1969, 362.
8 Preis/*Stoffels*, Der Arbeitsvertrag, II W 10, Rz. 38.
9 Schaub/*Vogelsang*, § 55 Rz. 67.
10 *Bauer/Diller*, Wettbewerbsverbote, Rz. 259/264.

b) Räumlicher Verbotsumfang

Ein Wettbewerbsverbot sollte eine Regelung darüber enthalten, für welches räumliche Gebiet es gilt. Enthält die Wettbewerbsklausel keine Angaben zum räumlichen Verbotsumfang, beansprucht sie eine örtlich unbegrenzte Wirkung. Nur ausnahmsweise kann sich aus Einzelfallumständen ein anderes Ergebnis ergeben. Ist ein Wettbewerbsverbot für das frühere Gebiet der BRDeutschland (einschl. Berlin-West) vereinbart worden, kann es im Wege der ergänzenden Vertragsauslegung auf das gesamte heutige Gebiet der BRDeutschland erstreckt werden[1]. Auch hinsichtlich des räumlichen Verbotsumfangs gilt der Grundsatz der **geltungserhaltenden Reduktion**. Ist der Verbotsumfang in der Abrede so weit gefasst, dass er eine unbillige Erschwerung des Fortkommens der Arbeitnehmer enthält, ist das Verbot insoweit unverbindlich und auf einen angemessenen räumlichen Verbotsumfang zu reduzieren (§ 74a Abs. 1 HGB). Bei der Beurteilung der Frage, ob gegen den räumlichen Verbotsumfang verstoßen wird, ist entscheidend der Ort der tatsächlichen Entfaltung der Konkurrenztätigkeit, nicht die Nationalität oder der Sitz des neuen Arbeitgebers[2]. Es ist nicht zulässig, von einem nicht erfassten Ort aus Geschäfte im verbotenen Gebiet zu tätigen[3]. Eine Tätigkeit im verbotenen Gebiet ist zulässig, wenn sie sich ausschließlich außerhalb dieses Gebietes auswirkt[4].

23

c) Zeitlicher Verbotsumfang

Der zeitliche Verbotsumfang eines nachvertraglichen Wettbewerbsverbots kann nach § 74a Abs. 1 Satz 3 HGB **nicht auf einen Zeitraum von mehr als zwei Jahren** von der rechtlichen Beendigung des Dienstverhältnisses an erstreckt werden. Fehlt jede zeitliche Begrenzung, hat eine Rückführung auf einen angemessenen Zeitraum stattzufinden[5]. Erst recht gilt das, wenn das Wettbewerbsverbot zwar ein Zeitlimit enthält, dieses aber den Zwei-Jahres-Zeitraum überschreitet[6]. Dass eine mehr als zweijährige Verbotsdauer untersagt ist, bedeutet nicht, dass ein Zeitraum von zwei Jahren in jedem Fall anzuerkennen ist. Die Zwei-Jahres-Frist ist eine Maximalfrist und es ist nach dem Maßstab des § 74a Abs. 2 Satz 2 HGB zu prüfen, ob sich bereits durch die Ausschöpfung dieser Maximalfrist eine unbillige Fortkommenserschwer ergibt. Das ist bei einer zweijährigen ebenso wie bei einer kürzeren Dauer denkbar, zB wenn der Arbeitnehmer längere Zeit von der Arbeitspflicht freigestellt war. Zu Unrecht akzeptiert die Rechtsprechung häufig ohne nähere Prüfung die zweijährige Verbotsdauer[7]. Allerdings kann sich der Arbeitnehmer auch über zwei Jahre hinaus auf die Vereinbarung einer längeren Verbotsdauer berufen[8]. Das Wahlrecht muss erst nach Ablauf der zwei Jahre ausgeübt werden. Eine Ausnahme von dem Grundsatz, dass das Wettbewerbsverbot mit der rechtlichen Beendigung des Arbeitsverhältnisses beginnt, muss in dem Fall gemacht werden, dass zunächst ein Kündigungsschutzprozess geführt, der Arbeitnehmer während des Prozesses (freiwillig oder erzwungen) weiterbeschäftigt und alsdann die Kündigungsschutzklage abgewiesen wird. Hier wird die Frist erst ab der tatsächlichen Beendigung des Arbeitsverhältnisses laufen[9].

24

---

1 LAG Berlin 26.3.1991 – 9 Sa 7/91, DB 1991, 1286.
2 Vgl. auch *Bauer/Diller*, Wettbewerbsverbote, Rz. 271.
3 Heymann/*Henssler*, § 74 HGB Rz. 45; *Bauer/Diller*, Wettbewerbsverbote, Rz. 271.
4 *Bauer/Diller*, Wettbewerbsverbote, Rz. 271.
5 Preis/*Stoffels*, Der Arbeitsvertrag, II W 10, Rz. 47; aA *Reinfeld*, S. 112.
6 BAG 19.5.1983 – 2 AZR 171/81, BB 1984, 533 (535); LAG Düsseldorf 4.3.1997 – 3 Sa 1644/96, NZA-RR 1998, 58.
7 *Reinfeld*, S. 163, 164; GroßkommHGB/*Weber*, § 74a Rz. 15, 16.
8 LAG Düsseldorf 4.3.1997 – 3 Sa 1644/96, NZA-RR 1998, 58; GroßkommHGB/*Weber*, § 74a Rz. 27; *Bauer/Diller*, Wettbewerbsverbote, Rz. 359.
9 Schaub/*Vogelsang*, § 55 Rz. 64.

d) Prüfungsmaßstäbe

25 Der vereinbarte Umfang des Wettbewerbsverbots ist unter Berücksichtigung von **zwei Prüfungsmaßstäben** einer Kontrolle zu unterziehen: Unverbindlich ist die Abrede insoweit, als das Verbot nicht einem **berechtigten geschäftlichen Interesse** des Arbeitgebers dient (§ 74a Abs. 1 Satz 1 HGB). Das berechtigte geschäftliche Interesse muss im Zeitpunkt der Geltendmachung der Rechte aus dem Wettbewerbsverbot bestehen[1] und ist sowohl hinsichtlich des sachlichen Inhalts des Wettbewerbsverbots als auch bzgl. dessen räumlicher und zeitlicher Ausdehnung zu prüfen. Das Wettbewerbsverbot darf sich zB nicht auf Handelszweige erstrecken, die überhaupt nicht im Geschäft des Arbeitgebers betrieben werden. Vorausgesetzt ist ein konkreter Bezug zwischen der bisherigen Tätigkeit und dem Gegenstand des Wettbewerbsverbots[2]. Ein berechtigtes Interesse ist nur anzuerkennen, wenn das Wettbewerbsverbot entweder dem Schutz von Betriebsgeheimnissen dient oder den Einbruch in den Kunden- oder Lieferantenkreis unter Ausnutzung besonderer Kenntnisse oder persönlicher Kontakte verhindern soll[3], wobei eine Gefährdung genügt[4]; es fehlt, wenn der Arbeitgeber mit dem Wettbewerbsverbot ohne ein solches Interesse nur das Ziel verfolgt, jede Stärkung der Konkurrenz durch den Arbeitsplatzwechsel zu verhindern[5]. Eine Vertriebstätigkeit auf einer anderen Handelsstufe stellt regelmäßig keine unerlaubte Konkurrenztätigkeit dar, an deren Untersagung ein berechtigtes geschäftliches Interesse durch den vormaligen Arbeitgeber besteht[6]. § 74a Abs. 1 Satz 1 HGB umfasst mehr als nur ein Willkürverbot. Im Streitfall ist es Sache des (früheren) Arbeitgebers, das geschäftliche Interesse an der Aufrechterhaltung und Durchsetzung des Wettbewerbsverbots darzulegen; die ganz herrschende Meinung ist allerdings anderer Ansicht. Sie hält § 74a Abs. 1 HGB für eine rechtshindernde Einwendung, für die grundsätzlich der Arbeitnehmer darlegungs- und beweispflichtig ist[7]. Auch nach der herrschenden Meinung ist der Arbeitgeber aber im Rahmen der sekundären Behauptungslast auf der Grundlage des § 138 Abs. 2 ZPO zu einem substantiierten Tatsachenvortrag verpflichtet, soweit es um die Gefährdung berechtigter Interessen geht[8]. Ein zu weit gefasstes Wettbewerbsverbot ist nicht insgesamt, sondern nur insoweit unwirksam, als es im Einzelfall über das berechtigte Interesse des Arbeitgebers hinausgeht. Es wird aufgrund der tatsächlichen Umstände des Einzelfalles auf das erlaubte Maß zurückgeführt. Es findet eine **geltungserhaltende Reduktion** statt. Das Wettbewerbsverbot bleibt in dem Umfang wirksam, dem dem Schutz eines berechtigten geschäftlichen Interesses des Arbeitgebers dient[9]. Ein Wahlrecht des Arbeitnehmers macht nur Sinn, wenn das Wettbewerbsverbot für eine zu lange Zeit vereinbart wurde (vgl. Rz. 24). Ansonsten tritt die teilweise Unwirksamkeit kraft Gesetzes von selbst ein[10]. Wenn aber überhaupt kein berechtigtes Interesse des Arbeitgebers besteht, hat der Arbeitnehmer

---

1 BAG 28.1.1966 – 3 AZR 374/65, BB 1966, 496; 21.4.2010 – 10 AZR 288/09, DB 2010, 1889; LAG BW 30.1.2008 – 10 Sa 60/07, NZA-RR 2008, 508; LAG Nds. 16.7.2009 – 4 SaGa 697/09, NZA-RR 2010, 68; GroßkommHGB/*Weber*, § 74a Rz. 6; MünchKommHGB/*von Hoyningen-Huene*, § 74a Rz. 4.
2 GK-HGB/*Etzel*, §§ 74–75d Rz. 48; Heymann/*Henssler*, § 74a HGB Rz. 5.
3 BAG 21.4.2010 – 10 AZR 288/09, DB 2010, 1889.
4 LAG Hessen 10.2.1997 – 10 Sa GA 2269/96, LAGE § 74a HGB Nr. 1.
5 BAG 24.6.1966 – 3 AZR 501/65, DB 1966, 1360; 16.12.1968 – 3 AZR 434/67, DB 1969, 973; 1.8.1995 – 9 AZR 884/93, DB 1996, 481; LAG Thür. 11.6.2001 – 8 Sa 418/00, ZIP 2002, 587; *Bauer/Diller*, Wettbewerbsverbote, Rz. 305; GK-HGB/*Etzel*, §§ 74–75d Rz. 48; Baumbach/Hopt, § 74a HGB Rz. 1; Heymann/*Henssler*, § 74a HGB Rz. 4.
6 BAG 21.4.2010 – 10 AZR 288/09, DB 2010, 1889.
7 LAG BW 30.1.2008 – 10 Sa 60/07, NZA-RR 2008, 508; LAG Nds. 16.7.2009 – 4 SaGa 697/09, NZA-RR 2010, 68; *Bauer/Diller*, Wettbewerbsverbote, Rz. 331; GroßkommHGB/*Weber*, § 74a Rz. 2.
8 LAG Nds. 16.7.2009 – 4 SaGa 697/09, NZA-RR 2010, 68.
9 BAG 21.4.2010 – 10 AZR 288/09, DB 2010, 1889.
10 *Bauer/Diller*, Wettbewerbsverbote, Rz. 336.

VII. Inhaltliche Anforderungen

ein Wahlrecht, ob er entschädigungslos eine Wettbewerbstätigkeit aufnehmen oder sich an das Wettbewerbsverbot halten und die Karenzentschädigung beanspruchen will[1]. Das berechtigte geschäftliche Interesse des Arbeitgebers kann auch nachträglich entfallen; dann ist das Wettbewerbsverbot von diesem Zeitpunkt an unverbindlich.

Selbst wenn ein berechtigtes geschäftliches Interesse vorliegt, darf das Wettbewerbsverbot im Zeitpunkt der beabsichtigten Aufnahme der Wettbewerbstätigkeit **nicht** zu einer **unbilligen Erschwernis des Fortkommens** des Arbeitnehmers führen (§ 74a Abs. 1 Satz 2 HGB). Maßgebend sind die Umstände des Einzelfalles. Durch Zahlung einer höheren Entschädigung kann der Arbeitgeber seinen Interessen Vorrang verschaffen. Gegenständlicher, räumlicher und zeitlicher Verbotsumfang stehen in Beziehung zueinander und sind gegeneinander abzuwägen. Das entscheidende Kriterium bildet die Billigkeit der Beschränkung. In die Interessenabwägung fließen neben der Höhe der Entschädigung, dem räumlichen, gegenständlichen und zeitlichen Verbotsumfang auch die persönlichen Verhältnisse der am Verbot beteiligten Personen ein[2]. Die Wettbewerbsabrede ist nur insoweit unverbindlich, als sie den Arbeitnehmer unbillig beschwert oder die angemessene zeitliche Grenze überschreitet; im Übrigen ist sie verbindlich. Das Wettbewerbsverbot wird auf das erlaubte Maß zurückgeführt (geltungserhaltende Reduktion). 26

Nur der Arbeitnehmer kann sich auf die (Teil-)Unverbindlichkeit berufen[3]. Gänzlich frei wird er nur in Ausnahmefällen. 26a

Das **Schuldrechtsreformgesetz** hat den in § 74a Abs. 1 HGB gesetzlich angeordneten Fall der geltungserhaltenden Reduktion nicht aufgehoben. Auch wenn nachvertragliche Wettbewerbsverbote **Allgemeine Geschäftsbedingungen** iSd. §§ 305 ff. BGB sein können, greifen die Rechtsfolgen der §§ 307–309 BGB nicht ein, sobald im gewissen Umfang die Unverbindlichkeit der Wettbewerbsvereinbarung festgestellt werden sollte. Vielmehr gilt zumindest sinngemäß § 307 Abs. 3 BGB; nach anderer Auffassung fehlt es bei einem nachvertraglichen Wettbewerbsverbot schon an der von § 307 Abs. 3 BGB vorausgesetzten „Abweichung vom Gesetz". Die Verbindlichkeit bzw. Unverbindlichkeit bleibt Rechtsfolge der eigenständigen Wirksamkeitskontrolle nach §§ 74a Abs. 1 HGB[4]. Nach anderer Meinung ist zu differenzieren: Ein Verstoß gegen § 307 Abs. 1 BGB ist anzunehmen, wenn sich das vereinbarte Wettbewerbsverbot bereits im Zeitpunkt des Vertragsschlusses als Verstoß gegen Treu und Glauben darstellt. Erweist es sich hingegen erst nachträglich als unangemessen, verbleibt es bei der in § 74a Abs. 1 HGB vorgesehenen geltungserhaltenden Reduktion[5]. 26b

Der Arbeitnehmer kann eine **Feststellungsklage** erheben, um den Umfang der etwaigen Unverbindlichkeit zu klären[6], wobei eine solche Klage allerdings erst dann zulässig ist, wenn der Arbeitnehmer sein Recht zur Aufnahme einer genau bestimmten Tä- 27

---

1 GroßkommHGB/*Weber*, § 74a Rz. 23; vgl. auch *Bauer/Diller*, Wettbewerbsverbote, Rz. 337: „Systembruch".
2 Heymann/*Henssler*, § 74a HGB Rz. 11; aA Ebenroth/Boujong/Joost/Strohn/*Boecken*, § 74a HGB Rz. 12.
3 BAG 28.6.2006 – 10 AZR 407/05, DB 2006, 2181.
4 LAG Hamm 14.4.2003 – 7 Sa 1881/02, NZA-RR 2003, 513; LAG Rh.-Pf. 3.8.2012 – NZA-RR 2013,15; *Gaul/Khanian*, MDR 2006, 181 (182 f.); *Willemsen/Grau*, RdA 2003, 321 (326 f.); *Diller*, NZA 2005, 250 (251 f.); Preis/*Stoffels*, Der Arbeitsvertrag, II W 10 Rz. 29, 32; vgl. auch: *Thüsing/Leder*, BB 2004, 42 (46 f.); LAG BW 30.1.2008 – 10 Sa 60/07, NZA-RR 2008, 508; aA *Däubler/Bonin/Deinert*, AGB-Kontrolle im Arbeitsrecht, 3. Aufl. 2010, Anh. zu § 307 BGB Rz. 74: Die in § 74a Abs. 1 HGB vorgesehene geltungserhaltende Reduktion ist nicht für Standardverträge gedacht.
5 *Koch*, RdA 2006, 28 ff.
6 Heymann/*Henssler*, § 74a HGB Rz. 17.

tigkeit festgestellt haben will; eine allgemeine gutachterliche Bewertung kann nicht begehrt werden[1]. Er kann jedoch auch bei von ihm angenommener (Teil-)Unverbindlichkeit ohne Weiteres der Abrede insoweit zuwiderhandeln. Er geht allerdings bei Zuwiderhandlung das Risiko ein, dass ein späterer Rechtsstreit zu einem anderen Ergebnis kommt.

e) Schutz von Drittunternehmen

28 Will der Arbeitgeber den Konkurrenzschutz auf mit ihm verbundene Unternehmen ausdehnen, bedarf das grundsätzlich einer ausdrücklichen Regelung[2]. Auch ohne ausdrückliche Vereinbarung soll ein **konzerndimensionaler Wettbewerbsschutz** allerdings gelten, wenn das Arbeitsverhältnis laut arbeitsvertraglicher Regelung „konzernoffen" praktiziert wird, wenn also der mit der Konzernobergesellschaft geschlossene Arbeitsvertrag vorsieht, dass der Arbeitnehmer in einer anderen Konzerngesellschaft eingesetzt werden kann und das auch praktiziert wird oder wenn das Konkurrenzverbot mit einer Gesellschaft geschlossen wird, die nicht selbst unmittelbar am Markt beteiligt ist[3]. Das ist aber umstritten. Nach anderer Auffassung gibt es bei Fehlen einer ausdrücklichen Erweiterung im Zweifel keine konzernbezogene Geltung, jedenfalls nicht bei Formularverträgen[4]. Die Ausdehnung des Verbots-Schutzbereiches auf Drittunternehmen muss für den Arbeitnehmer jedenfalls bei Arbeitsvertragsschluss erkennbar sein. Wird der Arbeitsplatz des Arbeitnehmers auf eine Tochtergesellschaft ausgegliedert, wird, wenn nicht § 613a BGB das Konkurrenzverbot überleitet, eine ausdrückliche Vertragsänderung zu fordern sein, um die Konkurrenzklausel auf das Arbeitsgebiet der Tochtergesellschaft auszudehnen.

29 Die ausdrückliche Aufnahme von Drittunternehmen in nachvertragliche Konkurrenzverbote ist jedenfalls insoweit zulässig, als damit der **Schutz verbundener Unternehmen bezweckt** wird[5]. Welche Qualität die Verbindung zwischen Vertragsarbeitgeber und Drittunternehmen haben muss, damit Letztere wirksam in den Schutzbereich des Konkurrenzverbots einbezogen sind, ist noch nicht geklärt. Zum Teil wird eine strukturell verfestigte Beziehung verlangt[6], teilweise wird eine losere (Kooperations-)Beziehung mit einem weit gehenden Erfahrungsaustausch für ausreichend gehalten[7]. Maßgeblich ist die notwendige Qualität der Beziehung zwischen Vertragsarbeitgeber und Drittunternehmen im Rahmen der Prüfung nach § 74a Abs. 1 Satz 1 HGB. Das berechtigte Geschäftsinteresse, das ein eigenes des Arbeitgebers sein muss[8], ist nur dann auf dritte Unternehmen auszudehnen, wenn deren Interessen mit denen des Arbeitgebers im Wesentlichen korrespondieren[9]. Wettbewerbsverbote zugunsten **außenstehender Dritter** sind unzulässig. Im Übrigen bleiben wesentlich für die Bestimmung des berechtigten Interesses die tatsächlichen Möglichkeiten des Arbeitnehmers, von den Geschäftspraktiken und Interna der Drittunternehmen Kenntnis zu erlangen.

---

1 LAG Hamm 14.4.2003 – 7 Sa 1881/02, NZA-RR 2003, 513; GroßkommHGB/*Weber*, § 74a Rz. 25.
2 LAG Hamm 8.2.2001 – 16 Sa 1243/00, LAGE § 74 HGB Nr. 17.
3 LAG Berlin 17.4.1998 – 6 Sa 4/98, LAGE § 74a HGB Nr. 2; LAG Hamm 8.2.2001 – 16 Sa 1243/00, LAGE § 74 HGB Nr. 17; Preis/*Stoffels*, Der Arbeitsvertrag, II W 10, Rz. 42; Ebenroth/Boujong/Joost/Strohn/*Boecken*, § 74a HGB Rz. 9.
4 *Gaul/Khanian*, MDR 2006, 181 (186).
5 LAG Berlin 17.4.1998 – 6 Sa 4/98, LAGE § 74a HGB Nr. 2.
6 *Windbichler*, Arbeitsrecht im Konzern (1989), S. 131.
7 *Kracht*, BB 1970, 584.
8 Heymann/*Henssler*, § 74a HGB Rz. 7; MünchKommHGB/*von Hoyningen-Huene*, § 74a Rz. 8; Ebenroth/Boujong/Joost/Strohn/*Boecken*, § 74a HGB Rz. 9.
9 Heymann/*Henssler*, § 74a HGB Rz. 7.

2. Entschädigungszusage

Zentraler Bestandteil eines durchsetzbaren Wettbewerbsverbots ist die Entschädigungszusage. § 74a Abs. 2 HGB enthält den Grundsatz der bezahlten Karenz, wobei sich der Arbeitgeber zur Zahlung der **Hälfte der zuletzt bezogenen vertragsmäßigen Leistungen** verpflichten muss. Die Vereinbarung muss so eindeutig formuliert sein, dass aus Sicht des Arbeitnehmers kein vernünftiger Zweifel über den Anspruch auf Karenzentschädigung bestehen kann[1]. Der Arbeitgeber sollte den Text des § 74 Abs. 2 HGB in die Vertragsurkunde übernehmen. Die Angabe eines bestimmten Betrages verbietet sich wegen der wahrscheinlichen Gehaltsentwicklung. Die vertragliche Festlegung der Karenzentschädigung auf die Hälfte der monatlich zuletzt erhaltenen Bezüge führt zu einer unzureichenden Entschädigungszusage, wenn darüber hinaus Leistungen (zB Gratifikationen, Sonderzuwendungen, Tantiemen) bezogen wurden (vgl. auch Rz. 31)[2]. Anders ist es, wenn sich das Wort „monatlich" nach seiner Stellung im Satz nicht auf die Berechnungsgrundlage, sondern auf die monatliche Zahlung der Karenzentschädigung bezieht[3]. Die Zusage einer Karenzentschädigung, bei der nach dem Vertragstext zur Berechnung der Höhe auf den Durchschnitt der Vergütungsleistungen innerhalb eines abweichend von § 74 Abs. 2, § 74b Abs. 2 HGB bestimmten Zeitraums abgestellt und lediglich die Hälfte dieses Durchschnitts zugesagt wird, entspricht nicht der in § 74 Abs. 2 HGB vorgeschriebenen Höhe[4]. In zwei Entscheidungen hat das BAG die Formulierung: „Im Übrigen gelten für das Wettbewerbsverbot die Bestimmungen der §§ 74 ff. HGB." genügen lassen[5]. UU kann sich der Arbeitnehmer bei vorformulierten Vertragsbestimmungen auf einen Verstoß gegen das Transparenzgebot des § 307 Abs. 1 Satz 2 BGB berufen, wenn er in Wettbewerb treten will[6]. Auch die Unklarheitenregel des § 305c BGB ist bei der Formulierung der Höhe der Karenzentschädigung anzuwenden[7]. **Fehlt die Entschädigungszusage**, ist das nachvertragliche Wettbewerbsverbot nichtig[8]; uU kann der Arbeitnehmer, wenn er den Rechtsmangel des Verbots nicht erkennt und das Verbot einhält, einen Ausgleich über das Bereicherungsrecht erhalten[9]. Ob bei einem Wettbewerbsverbot ohne Karenzentschädigungszusage sich der Arbeitnehmer, der das Wettbewerbsverbot einhalten will, auf die im Arbeitsvertrag enthaltene salvatorische Klausel berufen kann und so zu einem wirksamen Wettbewerbsverbot und einem Anspruch auf Karenzentschädigung gelangt, ist sehr zweifelhaft[10]. Der Anspruch scheitert auf jeden Fall an der Formvorschrift des § 74 Abs. 1 HGB. **Unterschreitet die Entschädigungszusage die Mindestsumme** des § 74 Abs. 2 HGB, ist das Verbot unverbindlich mit der Folge, dass der Arbeitnehmer ein Wahlrecht hat (zur Ausübung des Wahlrechts vgl. Rz. 34). Er kann sich von dem Verbot lossagen oder es einhalten. Ob ihm beim Ein-

30

---

1 BAG 5.9.1995 – 9 AZR 718/93, DB 1996, 784.
2 LAG Hess. 10.2.1997 – 10 Sa Ga 2269/96, LAGE § 74a HGB Nr. 1; GroßkommHGB/*Weber*, § 74b Rz. 19; aA *Bauer/Diller*, Wettbewerbsverbote, Rz. 463.
3 LAG Hamm 10.1.2002 – 16 Sa 1217/01.
4 LAG Hamm 23.3.2010 – 14 SaGa 68/09, EzA-SD 2010, Nr. 10, 7.
5 BAG 31.7.2002 – 10 AZR 513/01, NZA 2003, 100; 28.6.2006 – 10 AZR 407/05, DB 2006, 2181; ebenso: LAG Nürnberg 16.6.2005 – 8 Sa 986/04, LAGE § 74 HGB Nr. 21; abl. zum BAG: *A.C. Gravenhorst*, NJW 2006, 3609; zust. zum BAG: GK-HGB/*Etzel*, §§ 74–75d Rz. 32; Ebenroth/Boujong/Joost/Strohn/*Boecken*, § 74 HGB Rz. 43.
6 Offen gelassen in BAG 28.6.2006 – 10 AZR 407/05, DB 2006, 2181.
7 LAG Hamm 4.11.2008 – 14 Sa 818/08.
8 BAG 12.2.1959 – 2 AZR 298/55, AP Nr. 1 zu § 74 HGB; 18.1.2000 – 9 AZR 929/98, nv.; 15.1.2014 – 10 AZR 243/13, NZA 2014, 536.
9 *Bauer/Diller*, Wettbewerbsverbote, Rz. 173; offen gelassen in BAG 18.1.2000 – 9 AZR 929/98, nv.
10 So aber LAG Hamm 18.2.2014 – 14 Sa 806/13, ArbR 2014, 208 (Revision anhängig unter BAG 10 AZR 181/14); ähnlich LAG Köln 28.5.2010 – 10 Sa 162/10, ArbR 2011, 126; abl. *Diller*, NZA 2014, 1184.

halten lediglich die versprochene vertragliche Entschädigung zusteht[1] oder ob er einen Anspruch auf Zahlung der gesetzlich vorgesehenen Mindestentschädigung hat[2], ist umstritten[3], aber im Sinne der zuerst genannten Auffassung zu beantworten[4]. Wird die Höhe der Karenzentschädigung in das Ermessen des Arbeitgebers gestellt, ohne dass die Mindesthöhe iSv. § 74 Abs. 2 HGB vereinbart wird, ist das Wettbewerbsverbot für den Arbeitnehmer ebenso unverbindlich, wie wenn eine zu niedrige Karenzentschädigung vereinbart worden wäre. Entscheidet sich der Arbeitnehmer für die Einhaltung des Wettbewerbsverbots, ist die Entschädigung wegen § 74 Abs. 2 HGB auf mindestens das dort geregelte Maß festzusetzen[5]. Eine für den Verlust des Arbeitsplatzes zugesagte Abfindung ist keine Karenzentschädigung iSv. § 74 Abs. 2 HGB[6]. In der Literatur wird grundsätzlich eine Vereinbarung für zulässig gehalten, die die Abgeltung der Karenzentschädigung durch Betriebsrentenzahlungen in entsprechender Höhe vorsieht[7]. Das BAG ist wohl anderer Ansicht[8].

31 Die Entschädigung muss **in der Wettbewerbsabrede** zugesagt werden; eine nachträgliche (einseitige) schriftliche Zusage des Arbeitgebers macht die Abrede nicht verbindlich[9]. Es muss eine neue Wettbewerbsabrede getroffen werden. Verspricht der Arbeitgeber in der Vertragsklausel ausdrücklich die Zahlung einer Entschädigung, kann er hinsichtlich der Entschädigungshöhe auf den Gesetzesinhalt verweisen. Wird aber lediglich generell auf die „Gesetzeslage" verwiesen, ohne die Vorschriften über die Entschädigungspflicht zu nennen, fehlt es in aller Regel an einer hinreichenden Entschädigungszusage[10]. Wird in der Vertragsformulierung auf die Bestimmungen des HGB über das Wettbewerbsverbot hingewiesen und werden dabei die Vorschriften der §§ 74 ff. HGB ausdrücklich erwähnt, wird man eine Entschädigungszusage mit der neueren Rechtsprechung des BAG bejahen können[11]. Vereinbarungen über die Höhe der Entschädigung sind der Auslegung zugänglich; das gilt auch, wenn die Parteien zu Unrecht 50 % der zuletzt gewährten Monatsbezüge vereinbart haben[12]. Eine solche Auslegung ist aber nicht möglich, wenn die Parteien in einer Vertragsergänzung zum Anstellungsvertrag im Gegensatz zur ursprünglichen Vereinbarung (50 % der zuletzt bezogenen Leistungen) nunmehr auf „die Hälfte der zuletzt bezogenen vertragsmäßigen monatlichen Leistungen" abstellen[13]. Die Formulierung „für jeden Monat" statt „für jedes Jahr" in einer ansonsten ausreichenden Entschädigungszusage ist kein Verstoß gegen die gesetzlichen Mindestanforderungen[14]. Bei der Berücksichti-

---

1 BAG 5.8.1966 – 3 AZR 154/66, AP Nr. 19 zu § 74 HGB; LAG BW 27.1.1997 – 15 Sa 105/96, LAGE § 74 Nr. 16; *Bauer/Diller*, Wettbewerbsverbote, Rz. 172; GroßkommHGB/*Weber*, § 74 Rz. 45; Heymann/*Henssler*, § 74 HGB Rz. 34; Preis/*Stoffels*, Der Arbeitsvertrag, II W 10 Rz. 57.
2 MünchKommHGB/*von Hoyningen-Huene*, § 74 Rz. 53; ArbG Siegburg 18.12.1996 – 1 Ca 956/96.
3 In BAG 9.1.1990 – 3 AZR 110/88, AP Nr. 59 zu § 74 HGB, offen gelassen; das Revisionsverfahren zu LAG BW 27.1.1997 – 15 Sa 105/96 (BAG – 9 AZR 134/97) ist durch Vergleich erledigt worden.
4 BAG 18.1.2000 – 9 AZR 929/98, nv.; LAG Hamm 20.12.2001 – 16 Sa 414/01, nv.
5 BAG 15.1.2014 – 10 AZR 243/13, NZA 2014, 536.
6 BAG 3.5.1994 – 9 AZR 606/92, BB 1994, 2282; LAG Bremen 25.2.1994 – 4 Sa 309/93, NZA 1994, 889; MünchKommHGB/*von Hoyningen-Huene*, § 74 Rz. 43.
7 *Bauer/Diller*, BB 1997, 990 (994).
8 BAG 26.2.1985 – 3 AZR 162/84, BB 1985, 1467; 15.6.1993 – 9 AZR 558/91, BB 1994, 1078.
9 LAG BW 12.3.1969 – 6 Sa 14/69, BB 1969, 404; Heymann/*Henssler*, § 74 HGB Rz. 29.
10 LAG Berlin 8.5.2003 – 16 Sa 261/03, LAGReport 2003, 253; Preis/*Stoffels*, Der Arbeitsvertrag, II W 10, Rz. 50; *A. C. Gravenhorst*, NJW 2006, 3609, 3611.
11 BAG 14.8.1975 – 3 AZR 333/74, AP Nr. 35 zu § 74 HGB; 31.7.2002 – 10 AZR 513/01, NZA 2003, 100; 28.6.2006 – 10 AZR 407/05, DB 2006, 2181.
12 LAG Hess. 10.2.1997 – 10 Sa Ga 2269/96, LAGE § 74a HGB Nr. 1.
13 LAG Düsseldorf 10.12.2002 – 8 Sa 1151/02, NZA-RR 2003, 570.
14 LAG Hamm 10.1.2002 – 16 Sa 1217/01, AE 2002, 104.

gung mündlicher Erörterungen zur Auslegung als Entschädigungszusage ist mit Blick auf das Formerfordernis des § 74 Abs. 1 HGB größte Zurückhaltung geboten.

Ob **salvatorische Klauseln** dem Arbeitgeber helfen, das nachvertragliche Wettbewerbsverbot bei einer unzureichenden Entschädigungszusage aufrechtzuerhalten, ist umstritten. Teilweise wird verlangt, dass die Bezugnahme auf die gesetzlichen Regelungen auch hierfür erfolgt; bestimmt die Vereinbarung lediglich nach einer ausdrücklichen, aber unzureichenden Entschädigungszusage: „Im Übrigen gelten die §§ 74 ff. HGB.", genügt das nicht und tritt an die Stelle der unverbindlichen Regelung nicht die gesetzliche Mindestbestimmung[1]. Nach anderer Auffassung wird man mit einer salvatorischen Klausel nicht dem Schriftformerfordernis des § 74 Abs. 1 HGB gerecht[2]. 32

Handelt es sich bei dem nachvertraglichen Wettbewerbsverbot um eine dem AGB-Recht unterfallende Vertragsbedingung, ist die Frage, ob eine ausreichend klare Entschädigungszusage vorliegt, anhand der §§ 307, 305c BGB zu prüfen[3]. Verstößt die Zusage gegen das Transparenzgebot des § 307 Abs. 1 Satz 2 BGB, kann sich der Arbeitgeber als Verwender der AGB hierauf nach § 305c Abs. 2 BGB nicht berufen[4]. Er kann also die Zahlung der geforderten Karenzentschädigung nicht verweigern. Demgegenüber hat der Arbeitnehmer ein Wahlrecht. Welche Klauseln dem Transparenzgebot nicht genügen, ist in der Rechtsprechung im Einzelnen noch nicht geklärt. In der Literatur werden die Klauseln „Im Übrigen gelten die einschlägigen gesetzlichen Bestimmungen", „Im Übrigen gelten die Bestimmungen der §§ 74 bis 75c HGB" und „Im Übrigen gelten die Bestimmungen der §§ 74 ff. HGB" nicht für ausreichend gehalten[5]. Für die beiden zuletzt genannten Klauseln ist diese Auffassung aber angesichts der neueren Rechtsprechung des BAG[6] sehr zweifelhaft. 32a

3. Bedingte Wettbewerbsverbote

Von bedingten Wettbewerbsverboten wird gesprochen, wenn die Wettbewerbsvereinbarung mit Klauseln versehen ist, wonach die Tätigkeit des Arbeitnehmers von einer Zustimmung bzw. die Geltung des Wettbewerbsverbots von einer Erklärung des Arbeitgebers abhängen soll oder in denen dem Arbeitgeber ein Verzichtsvorbehalt eingeräumt wird[7]. Derartige Vereinbarungen sind für den Arbeitnehmer problematisch, weil für ihn in der Endphase des alten Arbeitsverhältnisses, aber auch nachher während des Laufs der Karenzzeit nicht vorhersehbar ist, wie der Arbeitgeber auf die Aufnahme einer bestimmten Tätigkeit reagieren wird. Bedingte Wettbewerbsverbote bewirken eine **Umgehung des Schutzsystems der §§ 74 ff. HGB**, insbesondere des § 74 Abs. 2 HGB. Ein bedingtes Wettbewerbsverbot liegt vor, wenn 33

– der Arbeitgeber es sich ausdrücklich vorbehält, das Wettbewerbsverbot in Anspruch zu nehmen[8],

– die Vereinbarung eine Verzichtsklausel zugunsten des Arbeitgebers enthält, mit deren Ausübung eine Entschädigungszahlung entfällt[9],

---

1 LAG Hamm 12.3.1980 – 15 Sa 6/80, DB 1980, 1125.
2 *Bauer/Diller*, Wettbewerbsverbote, Rz. 445.
3 *Diller*, NZA 2005, 250 (252); *Straube*, BB 2013, 117 (118, 119).
4 LAG Nürnberg 16.6.2005 – 8 Sa 986/04, LAGE § 74 HGB Nr. 21.
5 Vgl. *Diller*, NZA 2005, 250 (252, 253); *Straube*, BB 2013, 117 (118, 119).
6 BAG 31.7.2002 – 10 AZR 513/01, NZA 2003, 100; 28.6.2006 – 10 AZR 407/05, DB 2006, 2181; LAG Hamm 14.2.2012 – 14 Sa 1385/11, AuA 2012, 144.
7 *Bauer/Diller*, DB 1997, 94.
8 BAG 2.5.1970 – 3 AZR 134/69, AP Nr. 26 zu § 74 HGB.
9 BAG 2.8.1971 – 3 AZR 12/71, AP Nr. 27 zu § 74 HGB; 31.7.2002 – 10 AZR 558/01, AP Nr. 48 zu § 611 BGB – Konkurrenzklausel.

- der Arbeitgeber berechtigt ist, vor oder nach Beendigung des Arbeitsvertrages auf die Wettbewerbsabrede zu verzichten (vgl. auch Rz. 38)[1],
- es dem Arbeitnehmer während der ersten beiden Jahre nach Beendigung des Arbeitsverhältnisses ohne vorherige Zustimmung des Arbeitgebers nicht gestattet ist, in einem Konkurrenzunternehmen tätig zu sein[2],
- der Arbeitgeber den Arbeitnehmer bei Austritt verpflichten kann, für die Dauer von zwei Jahren nach Beendigung des Arbeitsverhältnisses nicht für ein Konkurrenzunternehmen tätig zu werden[3].

34 Bedingte Wettbewerbsverbote sind für den Arbeitnehmer unverbindlich, und er hat ein **Wahlrecht**; es steht ihm frei, am Verbot festzuhalten und die Entschädigung zu fordern oder sich auf die Unwirksamkeit der Wettbewerbsabrede zu berufen und eine Konkurrenztätigkeit aufzunehmen[4]. Grundsätzlich muss der Arbeitnehmer sein Wahlrecht bei Beginn der Karenzzeit ausüben[5]. Dazu genügt es, wenn er sich zu Beginn der Karenzzeit endgültig für das Wettbewerbsverbot entscheidet und seiner Unterlassungsverpflichtung nachkommt. Einer darüber hinausgehenden Erklärung gegenüber dem Arbeitgeber bedarf es nicht; es ist auch unerheblich, ob der Arbeitnehmer von der Verbindlichkeit des tatsächlich aber unverbindlichen Wettbewerbsverbots ausgegangen ist[6]. Der Arbeitgeber hat allerdings in Anwendung des Rechtsgedankens aus § 264 Abs. 2 Satz 1 BGB das Recht, den wahlberechtigten Arbeitnehmer unter Bestimmung einer angemessenen Frist zur Vornahme der Wahl aufzufordern. Mit Ablauf der Frist geht das Wahlrecht auf den Arbeitgeber über[7]. Angemessen dürfte eine Frist von etwa zwei bis drei Wochen sein. Ausnahmsweise kann der Arbeitnehmer die Ausübung seines Wahlrechts hinausschieben und das Wettbewerbsverbot zunächst einhalten, wenn und solange über die Wirksamkeit der Beendigung des Arbeitsverhältnisses oder über die Wirksamkeit des Wettbewerbsverbots ein Rechtsstreit geführt wird. Übt er dann sein Wahlrecht nach Beginn des Verbotszeitraums aus, behält er den Karenzentschädigungsanspruch für die Zeit bis dahin[8]. Die Ausübung des Wahlrechts ist bindend. Das gilt auch in dem Fall, dass der Arbeitnehmer keine ausdrückliche Erklärung abgibt und ab Beginn des Verbotszeitraums seiner Unterlassungspflicht nachkommt[9]. Die Zubilligung des Wahlrechts ist in der Literatur nicht unumstritten[10]. Handelt es sich bei einem Wettbewerbsverbot nur teilweise um ein bedingtes Verbot (zB hinsichtlich der selbständigen Tätigkeit), erfasst die teilweise Unverbindlichkeit idR nicht den Teil des Wettbewerbsverbots, der nicht zu beanstanden ist (zB hinsichtlich der abhängigen Tätigkeit)[11].

35 Zulässig ist der Vorbehalt des Arbeitgebers, das Wettbewerbsverbot hinsichtlich seines sachlichen und örtlichen Umfangs erst bei Beendigung des Arbeitsverhältnisses zu **konkretisieren**, wenn davon seine Verpflichtung zur Zahlung der Karenzentschädigung zweifelsfrei nicht berührt wird. Es obliegt dem Arbeitgeber, zur Vermeidung von Unklarheiten unmissverständlich zu formulieren, dass **Freigabeerklärungen** oder Einschränkungen des Wettbewerbsverbots nicht zum Wegfall des Anspruchs

---

1 BAG 19.1.1978 – 3 AZR 573/77, AP Nr. 36 zu § 74 HGB.
2 BAG 4.6.1985 – 3 AZR 265/83, AP Nr. 50 zu § 74 HGB.
3 BAG 22.5.1990 – 3 AZR 647/88, AP Nr. 60 zu § 74 HGB.
4 BAG 16.12.1986 – 3 AZR 73/86, AP Nr. 53 zu § 74 HGB.
5 BAG 19.1.1978 – 3 AZR 573/77, DB 1978, 543; aA LAG Hamm 14.2.2012 – 14 Sa 1385/11, AuA 2012, 144.
6 BAG 22.5.1990 – 3 AZR 647/88, AP Nr. 60 zu § 74 HGB.
7 BAG 22.5.1990 – 3 AZR 647/88, AP Nr. 60 zu § 74 HGB; aA Ebenroth/Boujong/Joost/Strohn/*Boecken*, § 74 HGB Rz. 54: kein Wahlrecht des Arbeitgebers, endgültige Unverbindlichkeit.
8 BAG 24.4.1980 – 3 AZR 1047/77, DB 1080, 1652; 16.12.1986 – 3 AZR 73/86, DB 1987, 592; GK-HGB/*Etzel*, §§ 74–75d Rz. 19b.
9 BAG 22.5.1990 – 3 AZR 647/88, AP Nr. 60 zu § 74 HGB.
10 Vgl. GroßkommHGB/*Weber*, § 74 Rz. 51/54.
11 LAG Hamm 10.1.2002 – 16 Sa 1217/01, AE 2002, 104.

auf Karenzentschädigung führen. Zweifel gehen zu seinen Lasten und machen das Wettbewerbsverbot unverbindlich[1]. Vereinbaren die Parteien in einer Mandantenschutzklausel, dass der Arbeitnehmer mit Zustimmung seines Arbeitgebers die Betreuung einzelner Mandanten übernehmen darf, liegt darin kein unzulässiges bedingtes Wettbewerbsverbot, wenn trotz Zustimmung im Einzelfall der volle Karenzentschädigungsanspruch unberührt bleibt[2].

VIII. Wegfall des Wettbewerbsverbots

1. Verzicht des Arbeitgebers

Bis zur rechtlichen Beendigung des Arbeitsverhältnisses kann der Arbeitgeber durch einseitige schriftliche Erklärung (auch § 126a BGB ist möglich) auf das Wettbewerbsverbot mit der Wirkung **verzichten**, dass er mit Ablauf eines Jahres seit Zugang der Erklärung von der Verpflichtung zur Zahlung der Entschädigung frei wird; der Arbeitnehmer wird mit sofortiger Wirkung von seinen Pflichten aus dem Wettbewerbsverbot entbunden (§ 75a HGB). Die Verzichtserklärung muss deutlich und zweifelsfrei sein.

Eine Verzichtserklärung könnte wie folgt formuliert werden:

Formulierungsbeispiel:

In Ihrem Arbeitsvertrag vom ... ist in § ... ein nachvertragliches Wettbewerbsverbot vereinbart. Hiermit verzichten wir nach § 75a HGB auf dieses Verbot. Der Verzicht hat die Wirkung, dass wir mit Ablauf eines Jahres seit dem Zugang dieses Verzichts von der Verpflichtung zur Zahlung der Karenzentschädigung frei werden. Sie werden sofort von Ihren Verpflichtungen aus dem nachvertraglichen Wettbewerbsverbot frei.

In einer Änderungskündigung mit dem Angebot zum Abschluss eines neuen Arbeitsvertrages ohne Wettbewerbsverbot liegt keine Verzichtserklärung[3]. Die Kündigung des Wettbewerbsverbots zum Zeitpunkt der in § 75a HGB geregelten Jahresfrist beinhaltet nicht die Verzichtserklärung nach § 75a HGB[4]. Die Verzichtserklärung ist auch möglich, wenn es sich um ein unverbindliches Wettbewerbsverbot handelt[5]. Die Rechtsfolgen ergeben sich hier ebenfalls aus § 75a HGB; auf die Ausübung des dem Arbeitnehmer grundsätzlich bei unverbindlichen Wettbewerbsverboten zustehenden Wahlrechts kommt es nicht an[6]. Ein teilweiser Verzicht (zB in zeitlicher Hinsicht) fällt nicht unter § 75a HGB[7]. Vorzeitige Anfragen des Arbeitnehmers, ob er eine Verzichtserklärung abgibt, muss der Arbeitgeber nicht beantworten[8]. Vereinbarungen, durch die der Arbeitnehmer verpflichtet werden soll, Auskunft über seine zukünftige Tätigkeit zu geben, sind unwirksam[9]. Ausreichend ist bei einer ordentlichen Kündigung auch ein Verzicht, der nach der Kündigungserklärung, aber vor Ablauf der Kündigungsfrist abgegeben wird, und zwar selbst dann, wenn der Arbeitgeber sich zu-

---

1 BAG 5.9.1995 – 9 AZR 718/93, DB 1996, 784; LAG Düsseldorf 10.2.1993 – 4 Sa 1669/92, NZA 1993, 849; aA LAG Düsseldorf 3.8.1993 – 8 Sa 787/93, DB 1994, 1041, aufgehoben durch BAG 5.9.1995 – 9 AZR 718/93, DB 1996, 784.
2 LAG München 19.8.1986 – 4 Sa 293/85, DB 1987, 1444.
3 BAG 10.9.1985 – 3 AZR 490/83, AP Nr. 49 zu § 74 HGB.
4 LAG Hamm 11.7.2003 – 7 Sa 674/03, LAGReport 2004, 187.
5 BAG 19.1.1978 – 3 AZR 573/77, AP Nr. 36 zu § 74 HGB; GK-HGB/*Etzel*, §§ 74–75d Rz. 67.
6 LAG Köln 16.12.1999 – 5 Sa 1221/99, MDR 2000, 960.
7 GroßkommHGB/*Weber*, § 75a Rz. 6; GK-HGB/*Etzel*, §§ 74–75d Rz. 69.
8 BAG 26.10.1978 – 3 AZR 649/77, AP Nr. 3 zu § 75a HGB.
9 BAG 2.12.1968 – 3 AZR 402/67, AP Nr. 3 zu § 74a HGB.

nächst bei der Kündigung gem. § 75 Abs. 2 HGB bereit erklärt hat, dem Arbeitnehmer den vollen Betrag der zuletzt bezogenen Leistungen zu gewähren[1]. Der Verzicht kann nicht in der Weise erklärt werden, dass das Wettbewerbsverbot erst zu einem späteren Zeitpunkt als dem der Beendigung des Arbeitsverhältnisses wegfällt. § 75a HGB kann nicht zum Nachteil des Arbeitnehmers abgeändert werden. Eine Klausel, nach der zwar der Verzicht nur bis zur Beendigung des Arbeitsverhältnisses erklärt werden darf, aber entgegen § 75a HGB die Entschädigung sofort entfallen soll, führt nicht zu einem unverbindlichen Wettbewerbsverbot, sondern zur Anwendung der gesetzlichen Regelung[2]. Für den Arbeitnehmer vorteilhaftere Vereinbarungen, durch die die Rechte des Arbeitgebers aus § 75a HGB ausgeschlossen oder verkürzt werden, sind zulässig. Im Einzelfall und unter besonderen Umständen kann die Ausübung des Verzichtsrechts gegen Treu und Glauben verstoßen[3]. Verzichtet der Arbeitgeber gem. § 75a HGB, kann der Arbeitnehmer die Karenzentschädigung auch dann verlangen, wenn er im Anschluss an das Arbeitsverhältnis für ein Konkurrenzunternehmen tätig wird[4]. Kündigt der Arbeitgeber im Anschluss an einen Verzicht berechtigt außerordentlich, verliert der Arbeitnehmer den Anspruch auf Karenzentschädigung, ohne dass der Arbeitgeber eine weitere Erklärung abzugeben braucht[5]. Die Jahresfrist des § 75a HGB gilt auch dann, wenn die Dauer des nachvertraglichen Wettbewerbsverbots auf ein Jahr begrenzt war; der Arbeitgeber wird vor Ablauf der Frist des § 75a HGB nur dann frei, wenn eine kürzere Wettbewerbsverbotsdauer vereinbart war[6]. Ein erst nach Beendigung des Arbeitsverhältnisses ausgesprochener Verzicht ist im Hinblick auf die Karenzentschädigung wirkungslos.

2. Außerordentliche Kündigung des Arbeitnehmers

39 Endet das Arbeitsverhältnis aufgrund einer vom Arbeitnehmer rechtswirksam ausgesprochenen fristlosen Kündigung wegen **vertragswidrigen Verhaltens des Arbeitgebers**, kann er nach § 75 Abs. 1 HGB binnen eines Monats nach Zugang seiner Kündigung schriftlich erklären, dass er sich an die Vereinbarung nicht gebunden erachtet. In diesem Fall wird der Arbeitnehmer sofort von den Beschränkungen des Wettbewerbsverbots frei, verliert jedoch auch sofort den Anspruch auf die Karenzentschädigung. § 75 Abs. 1 HGB fordert nicht, dass der Arbeitgeber sein vertragswidriges Verhalten verschuldet haben muss[7]. Unerheblich ist, ob der Arbeitnehmer die außerordentliche Kündigung fristlos oder mit Auslauffrist erklärt. Sein Lösungsrecht setzt nicht voraus, dass er überhaupt eine außerordentliche Kündigung erklärt. Auch eine fristgerechte Kündigung oder eine einvernehmliche Beendigung des Arbeitsverhältnisses genügen[8]. Er muss nur zum Ausspruch einer außerordentlichen Kündigung **berechtigt** gewesen sein[9]. Bei anderer Beendigung als durch außerordentliche Kündigung muss der Arbeitnehmer jedoch klar zu erkennen geben, dass die Beendigung des Arbeitsverhältnisses gerade aufgrund des vertragswidrigen Verhaltens des Arbeitgebers

---

1 GroßkommHGB/*Weber*, § 75a Rz. 8.
2 *Bauer/Diller*, Wettbewerbsverbote, Rz. 507; aA: BAG 31.7.2002 – 10 AZR 558/01, AP Nr. 48 zu § 611 BGB – Konkurrenzklausel; *Karlsfeld*, ArbRB 2007, 248.
3 BAG 26.10.1978 – 3 AZR 649/77, AP Nr. 3 § 75a HGB; Heymann/*Henssler*, § 75a HGB Rz. 6.
4 BAG 25.10.2007– 6 AZR 662/06, DB 2008, 589; ArbG Stuttgart 30.11.1995 – 5 Ca 7609/95, NZA-RR 1996, 165; LAG BW 4.11.1997 – 7 Sa 29/97; *Diller*, Anm. zu BAG 25.10.2007 – 6 AZR 662/06, RdA 2008, 299 (300).
5 BAG 17.2.1987 – 3 AZR 59/86, AP Nr. 4 zu § 75a HGB.
6 LAG Rh.-Pf. 26.2.1998 – 7 Sa 297/97, LAGE § 75a HGB Nr. 1.
7 MünchKommHGB/*von Hoyningen-Huene*, § 75 Rz. 5, 6; aA Heymann/*Henssler*, § 75 HGB Rz. 7.
8 BAG 26.9.1963 – 5 AZR 2/63, AP Nr. 1 zu § 75 HGB; gegen die hM bei einvernehmlicher Aufhebung des Arbeitsvertrages MünchKommHGB/*von Hoyningen-Huene*, § 75 Rz. 20, 22 und *Wertheimer*, NZA 1997, 522.
9 BAG 26.9.1963 – 5 AZR 2/63, AP Nr. 1 zu § 75 HGB.

erfolgt[1]. Bei Abschluss eines Aufhebungsvertrages ist aber zu prüfen, ob die Parteien nach dem Inhalt des Vertrages eine spätere Lösungserklärung nicht ausschließen wollten[2].

Auch bei anderen Beendigungstatbeständen als einer außerordentlichen Kündigung ist die **Zwei-Wochen-Frist** des § 626 Abs. 2 BGB zu beachten. Strebt der Arbeitnehmer einen Aufhebungsvertrag an, soll es für die Einhaltung der Zwei-Wochen-Frist aber genügen, dass er innerhalb der Frist an den Arbeitgeber mit dem Begehren nach Auflösung des Arbeitsverhältnisses herantritt und dabei ausdrücklich auf die Pflichtwidrigkeit hinweist[3]. Die **Monatsfrist** beginnt aber nicht erst mit dem Abschluss des Aufhebungsvertrages, sondern bereits in dem Moment, in dem der Arbeitnehmer sich auf die Vertragsverletzung des Arbeitgebers beruft und den Wunsch nach Auflösung des Arbeitsverhältnisses äußert[4]. Die in § 75 HGB geregelten Folgen richten sich also nach dem Anlass und nicht nach der Form der Beendigung des Arbeitsverhältnisses. Bei einer fristlosen Kündigung hat die Lösungserklärung Rückwirkung[5], wenn der Arbeitnehmer zwischenzeitlich eine Wettbewerbstätigkeit aufgenommen hat. Ob ihm zwischen dem Ende des Arbeitsverhältnisses und der Lösungserklärung eine Karenzentschädigung zusteht, wenn er sich in der Zwischenzeit an das Wettbewerbsverbot gehalten hat, ist zweifelhaft[6]. 40

3. Außerordentliche Kündigung des Arbeitgebers

Die Folgen einer außerordentlichen Arbeitgeberkündigung für das Wettbewerbsverbot sind in § 75 Abs. 3 HGB geregelt. Danach soll das Wettbewerbsverbot bestehen bleiben, während der Anspruch des Arbeitnehmers auf die Karenzentschädigung entfällt. Das BAG hat § 75 Abs. 3 HGB für verfassungswidrig und nichtig erklärt[7]. Die dadurch entstandene Lücke wird durch eine **Analogie zum Lösungsrecht des Arbeitnehmers** nach § 75 Abs. 1 HGB geschlossen. Der Arbeitgeber kann sich binnen eines Monats nach Zugang seiner aus wichtigem Grund wegen vertragswidrigen Verhaltens – nicht notwendig fristlos – erklärten Kündigung von dem Wettbewerbsverbot durch schriftliche Erklärung lossagen[8]. Das Lösungsrecht besteht auch hier nicht nur, wenn der Arbeitgeber eine außerordentliche Kündigung ausspricht, sondern auch, wenn er stattdessen ordentlich kündigt oder mit dem Arbeitnehmer einen Aufhebungsvertrag schließt (zu den Fristen vgl. Rz. 40)[9]. Immer muss der Arbeitgeber aber klar zum Ausdruck bringen, dass er nicht nur keine Karenzentschädigung zahlen, sondern auch den Arbeitnehmer mit sofortiger Wirkung von dessen Pflichten aus dem Wettbewerbsverbot entbinden will[10]. Die Lossagung muss eindeutig erfolgen[11]. Sagt sich der Arbeitgeber vor Ablauf eines Monats nach Ausspruch der außerordentlichen Kündigung von der Wettbewerbsvereinbarung los, kann nach Ausspruch einer Wiederholungskündigung eine erneute Lösungserklärung entbehrlich sein[12]. Ein Wahlrecht besteht nicht mehr, wenn der Arbeitgeber zuvor wirksam gem. § 75a HGB auf die Einhaltung des Wettbewerbsverbots verzichtet hat. Der Entschädigungsanspruch entfällt in einem 41

---

1 BAG 24.9.1965 – 3 AZR 223/65, AP Nr. 3 zu § 75 HGB; *Bauer/Diller*, Wettbewerbsverbote, Rz. 628; GroßkommHGB/*Weber*, § 75 Rz. 14; GK-HGB/*Etzel*, §§ 74–75d Rz. 72.
2 *Bauer/Diller*, Wettbewerbsverbote, Rz. 628.
3 *Bauer/Diller*, Wettbewerbsverbote, Rz. 631.
4 *Bauer/Diller*, Wettbewerbsverbote, Rz. 633; aA GK-HGB/*Etzel*, §§ 74–75d Rz. 734.
5 AA MünchKommHGB/*von Hoyningen-Huene*, § 75 Rz. 12.
6 Vern.: Heymann/*Henssler*, § 75 HGB Rz. 13; bej. *Bauer/Diller*, Wettbewerbsverbote, Rz. 636.
7 BAG 23.2.1977 – 3 AZR 620/75, AP Nr. 6 zu § 75 HGB.
8 BAG 19.5.1998 – 9 AZR 595/03, NZA 1999, 37.
9 BAG 15.1.2014 – 10 AZR 243/13, NZA 2014, 537.
10 BAG 13.4.1978 – 3 AZR 822/76, AP Nr. 7 zu § 75 HGB.
11 ErfK/*Oetker*, § 75 HGB Rz. 5.
12 BAG 19.5.1998 – 9 AZR 327/96, NZA 1999, 37.

solchen Fall aber nicht erst mit Ablauf der Jahresfrist, sondern automatisch sofort mit Wirksamwerden der Beendigung. Es bedarf nicht einer eigenen, über den Verzicht hinausgehenden Lossagungserklärung des Arbeitgebers[1].

4. Ordentliche Kündigung des Arbeitgebers

42 Die ordentliche Kündigung des Arbeitgebers löst für den Arbeitnehmer das **Recht zur schriftlichen Lossagung** aus, wenn er für die Beendigung des Arbeitsverhältnisses in seiner Person keinen erheblichen Anlass gegeben hat oder sich der Arbeitgeber bei der Kündigung nicht bereit erklärt, während der Dauer der Wettbewerbsbeschränkung ihm die vollen zuletzt von ihm bezogenen vertragsmäßigen Leistungen zu gewähren (§ 75 Abs. 2 HGB). Der Arbeitnehmer muss die Monatsfrist nach Zugang der Kündigung zur Lossagung von dem Wettbewerbsverbot auch dann (vorsorglich) einhalten, wenn er Kündigungsschutzklage erhebt[2]. Eine von § 75 Abs. 2 HGB abweichende vertragliche Abrede, wonach ein nachvertragliches Wettbewerbsverbot nicht gelten soll, wenn der Arbeitgeber ordentlich kündigt, nimmt dem Arbeitnehmer sein Wahlrecht, ist deswegen nach § 75d HGB für ihn unverbindlich und gibt ihm in entsprechender Anwendung des § 75 HGB ein Wahlrecht[3]. Ein **erheblicher Anlass** in der Person des Arbeitnehmers liegt vor, wenn personen- oder verhaltensbedingte Kündigungsgründe iSd. § 1 Abs. 2 KSchG gegeben sind[4]. Der Grund muss dem Arbeitnehmer bei der Kündigung zwar nicht ausdrücklich mitgeteilt werden, ihm aber zumindest erkennbar geworden sein. Darlegungs- und beweisbelastet dafür, dass ein erheblicher Anlass zur Kündigung in der Person des Arbeitnehmers vorlag, ist der Arbeitgeber. Ohne solche Gründe kann der Arbeitgeber den Arbeitnehmer dadurch an der Wettbewerbsvereinbarung festhalten, dass er sich bei der Kündigung bereit erklärt, für den Zeitraum des Verbots die vollen zuletzt bezogenen vertragsmäßigen Leistungen zu gewähren. Die Erklärung muss zumindest zeitgleich mit der Kündigung erfolgen und muss sich auf die gesamte Zeitdauer des Wettbewerbsverbots erstrecken. Sie kann formlos abgegeben werden[5]. Eine später abgegebene Erklärung des Arbeitgebers kann das Lossagungsrecht nicht beseitigen[6]. Auch für die erhöhte Karenzentschädigung gilt § 74c HGB[7]. Zweifelhaft ist, ob der Arbeitgeber die erhöhte Karenzentschädigung vorsorglich für den Fall anbieten kann, dass kein erheblicher Anlass besteht[8]. Ein auf Veranlassung des Arbeitgebers geschlossener Aufhebungsvertrag steht einer ordentlichen Kündigung gleich.

5. Beendigung durch Urteil nach § 9 KSchG

43 Wird das Arbeitsverhältnis durch Urteil nach § 9 KSchG aufgelöst, ist bei einseitigem Auflösungsantrag von Arbeitgeber oder Arbeitnehmer § 75 HGB analog heranzuziehen. Bei einem Auflösungsantrag des Arbeitgebers ist § 75 Abs. 2 HGB analog anzuwenden, bei einem Auflösungsantrag des Arbeitnehmers § 75 Abs. 1 HGB analog. Bei beiderseitigen Auflösungsanträgen gilt § 75 HGB aber nicht entsprechend[9].

---

[1] BAG 17.2.1987 – 3 AZR 59/86, AP Nr. 4 zu § 75a HGB.
[2] LAG Nürnberg 23.9.1992 – 4 (2) Sa 417/91, LAGE § 75 HGB Nr. 1.
[3] BAG 4.7.1995 – 9 Sa 484/95, AP Nr. 9 zu § 75 HGB; 7.9.2004 – 9 AZR 612/03, EzA § 74 HGB Nr. 66.
[4] Ebenroth/Boujong/Joost/Strohn/*Boecken*, § 75 HGB Rz. 13.
[5] Formulierungsvorschlag bei *Bauer/Lingemann/Diller/Haußmann*, M 25.5.
[6] GK-HGB/*Etzel*, §§ 74–75d Rz. 78; Heymann/*Henssler*, § 75 HGB Rz. 17.
[7] GK-HGB/*Etzel*, §§ 74–75d Rz. 77; Ebenroth/Boujong/Joost/Strohn/*Boecken*, § 75 HGB Rz. 15; GroßkommHGB/*Weber*, § 75 Rz. 36.
[8] Bej. *Bauer/Diller*, Wettbewerbsverbote, Rz. 673.
[9] Ausführlich *Wertheimer*, NZA 1997, 522 (523); *Karlsfeld*, ArbRB 2007, 248 (251).

6. Aufhebungsvertrag

Das Wettbewerbsverbot kann jederzeit durch **Aufhebungsvertrag** beseitigt werden[1]. 44
Der Aufhebungsvertrag ist genau zu formulieren. Die Regelung, dass der Arbeitgeber auf das Wettbewerbsverbot verzichtet, führt nicht zum Wegfall der Karenzentschädigungspflicht, sondern zu den Rechtsfolgen des § 75a HGB. Ein Aufhebungsvertrag muss klarstellen, dass auch die Pflicht zur Zahlung der Karenzentschädigung ab sofort aufgehoben wird[2]. Es kann nach Ende des Arbeitsverhältnisses auch vereinbart werden, dass die Jahresfrist des § 75a HGB nicht eingehalten werden muss. Der Aufhebungsvertrag kann mündlich geschlossen werden. Dies gilt selbst dann, wenn in dem der Wettbewerbsabrede zugrunde liegenden Arbeitsvertrag bestimmt ist, dass Änderungen der Schriftform bedürfen, die Parteien aber die Maßgeblichkeit der mündlichen Vereinbarung übereinstimmend gewollt haben[3].

7. Ausgleichsklausel

Die einvernehmliche Aufhebung des Arbeitsvertrages als solche berührt das Wett- 45
bewerbsverbot regelmäßig nicht, jedoch kann sich die Erstreckung der Aufhebungswirkung auf das Wettbewerbsverbot aus einer Vertragsauslegung nach den Regeln der §§ 133, 157 BGB ergeben[4]. **Ausgleichsklauseln in Aufhebungsverträgen** sind im Interesse klarer Verhältnisse grundsätzlich weit auszulegen[5]. Fehlt eine entsprechende Einschränkung, erfassen sie idR auch Ansprüche aus einem nachvertraglichen Wettbewerbsverbot[6]. Diesem Ergebnis kann nur im Einzelfall das Transparenzgebot des § 307 Abs. 1 Satz 2 BGB und die Unklarheitenregel des § 305c Abs. 2 BGB entgegenstehen[7]. Eine andere Auslegung kann sich auch aus Umständen vor oder bei Abschluss der Vereinbarung oder dem Verhalten der Parteien danach ergeben[8]. Verzichtet ein Arbeitnehmer mit einer Ausgleichsklausel auf finanzielle Ansprüche aus Anlass der Beendigung des Arbeitsverhältnisses, liegt hierin grundsätzlich der Verzicht auf Karenzentschädigung. Da mit dieser Erklärung das Wettbewerbsverbot nicht insgesamt aufgehoben wird, würde eine derartig einseitige Auslegung zu einem widersprüchlichen Ergebnis, nämlich zu einem entschädigungslosen Wettbewerbsverbot führen. Eine interessengerechte Auslegung dieser Ausgleichsklausel führt deshalb zu der Feststellung, dass das nachvertragliche Wettbewerbsverbot umfassend fortbesteht[9]. Bei einer **bloßen Ausgleichsquittung**, die im Wesentlichen den Erhalt von

---

1 BAG 8.3.2006 – 10 AZR 349/05, DB 2006, 1433.
2 *Hoß*, DB 1997, 1818 (1820).
3 BAG 10.1.1989 – 3 AZR 460/87, BB 1989, 1124; 31.7.2002 – 10 AZR 558/01, AP Nr. 26 zu § 779 BGB.
4 LAG BW 22.9.1995 – 5 Sa 28/95, NZA-RR 1996, 163; GK-HGB/*Etzel*, §§ 74–75d Rz. 62; MünchKommHGB/*von Hoyningen-Huene*, § 74 Rz. 68.
5 BAG 8.3.2006 – 10 AZR 349/05, DB 2006, 1433; 24.6.2009 – 10 AZR 707/08 (F), NZA-RR 2010, 536.
6 BAG 19.11.2003 – 10 AZR 174/03, EzA § 611 BGB 2002 – Aufhebungsvertrag Nr. 2; 31.7.2002 – 10 AZR 513/01, NZA 2003, 100; 7.9.2004 – 9 Sa 612/03, EzA § 74 HGB Nr. 66; 22.10.2008 – 10 AZR 617/07, NZA 2009, 139; 24.6.2009 – 10 AZR 707/08 (F) NZA-RR 2010, 536; vgl. auch LAG Hess. 25.4.2007 – 6 Sa 32/07; OLG Köln 25.3.1997 – 22 U 225/96, BB 1997, 1328; *Hoß*, DB 1997, 1818: nur ganz ausnahmsweise; *Hunold*, NZA-RR 2013, 174 (177, 178); *Diller*, FA 2000, 270 (271) mwN aus der Rspr.; *Gravenhorst*, Anm. zu BAG 31.7.2002 – 10 AZR 513/01 und 10 AZR 558/01, EzA § 74 HGB Nr. 63 und 64; *Bauer/Diller*, BB 2004, 1274 (keine allg. Auslegungsregel, Auslegung im Einzelfall).
7 BAG 19.11.2008 – 10 AZR 671/07, NZA 2009, 318; *W. Gravenhorst*, Anm. zu LAG Hess. 4.4.2007 – 6 Sa 928/06, jurisPR – ArbR 13/2008, Nr. 3; *Däubler/Bonin/Deinert*, AGB-Kontrolle im Arbeitsrecht, § 305c BGB Rz. 36, die aber im Regelfall eine ausdrückliche Einbeziehung verlangen.
8 BAG 31.7.2002 – 10 AZR 558/01, AP Nr. 8 zu § 611 BGB – Konkurrenzklausel.
9 BAG 8.3.2006 – 10 AZR 349/05, DB 2006, 1433; LAG Hamm 22.4.2005 – 7 Sa 2220/04, EzA-SD 2005, Heft 13, 5.

Arbeitspapieren bestätigt und dann mit der Formulierung schließt, der Arbeitnehmer bestätige, „keine weiteren Ansprüche aus dem Arbeitsverhältnis sowie dessen Beendigung zu haben", wird ein Ausschluss von Ansprüchen aus einem nachvertraglichen Wettbewerbsverbot nicht angenommen werden können[1]. Es kann nur geraten werden, das Schicksal des Wettbewerbsverbots ausdrücklich und klar zu regeln.

8. Rücktritt

46 Das Wettbewerbsverbot erlischt mit dem wirksamen Rücktritt vom Vertrag. Auf das nachvertragliche Wettbewerbsverbot sind die Regeln über **Leistungsstörungen** im gegenseitigen Vertrag anzuwenden. Rücktrittsmöglichkeiten eröffnet § 323 BGB (vgl. Rz. 72 ff., 78).

9. Insolvenz des Arbeitgebers

47 Die Eröffnung des Insolvenzverfahrens über das Vermögen des Arbeitgebers lässt das nachvertragliche Wettbewerbsverbot grundsätzlich unberührt. Unerheblich ist, ob die Insolvenz erst während der Karenzzeit oder schon während des Bestandes des Arbeitsverhältnisses eröffnet wird. Voraussetzung für den Fortbestand ist aber die Fortführung des Unternehmens. Bei Betriebsstilllegung in der Insolvenz ist ein Wettbewerb nicht mehr möglich. Der Arbeitnehmer ist dann aus der Wettbewerbsenthaltungspflicht entlassen, der Anspruch auf die Karenzentschädigung bleibt ihm erhalten[2]. Auch nach Insolvenzeröffnung gelten für beide Parteien die Lösungsrechte nach § 75 HGB.

48 Daneben hat der Insolvenzverwalter das **Wahlrecht gem. § 103 InsO**, und zwar sowohl dann, wenn bei der Insolvenzeröffnung das Wettbewerbsverbot bereits läuft, als auch, wenn das Arbeitsverhältnis erst durch ihn gekündigt wird[3]. § 108 InsO schließt das Wahlrecht nach § 103 InsO nicht aus, weil das nachvertragliche Wettbewerbsverbot kein Dienstverhältnis iSd. § 108 InsO ist. Wählt der Verwalter Erfüllung des Wettbewerbsverbotes, bleibt der Arbeitnehmer an das Wettbewerbsverbot gebunden, kann die Wettbewerbsvereinbarung aber fristlos kündigen, wenn die vorhandene Masse voraussichtlich zur Erfüllung seines Anspruchs auf Karenzentschädigung, der für die Zeit ab Insolvenzeröffnung gem. § 55 Abs. 1 Nr. 2 InsO zur Masseschuld gehört, nicht ausreicht[4]. Lehnt der Verwalter die Erfüllung ab, wird der Arbeitnehmer von der Unterlassungspflicht frei. Er hat Schadensersatzansprüche wegen Wegfalls der Karenzentschädigung, die er als einfache Insolvenzforderung gem. § 103 Abs. 2 InsO geltend machen kann. Für die Ausübung des Wahlrechts nach § 103 InsO läuft keine Frist. Der Arbeitnehmer kann aber gem. § 103 Abs. 2 Satz 2 InsO den Verwalter zur Ausübung seines Wahlrechts **auffordern**. Übt der Verwalter das Wahlrecht nicht aus, kann er gem. § 103 Abs. 2 Satz 3 InsO auf Erfüllung nicht bestehen, so dass das Wettbewerbsverbot für den Arbeitnehmer unverbindlich wird. § 103 InsO ist dann nicht anwendbar, wenn der Verwalter selbst das nachvertragliche Wettbewerbsverbot eingegangen ist.

10. Auflösende Bedingung

49 Das Wettbewerbsverbot kann aufgrund einer vereinbarten auflösenden Bedingung enden. Der **Entzug eines bestimmten Aufgabenbereichs** kommt als auflösende Bedin-

---

[1] BAG 20.10.1989 – 3 AZR 1013/78, EzA § 74 HGB Nr. 39; *Gravenhorst*, Anm. zu BAG 31.7.2002 – 10 AZR 513/01 und 10 AZR 558/01, EzA § 74 HGB Nr. 63 und 64.
[2] *Wertheimer*, Nachvertragliche Wettbewerbsverbote, S. 235.
[3] Ebenroth/Boujong/Joost/Strohn/*Boecken*, § 74 HGB Rz. 37/39; aA *Moog*, AE 2007, 196.
[4] MünchKommHGB/*von Hoyningen-Huene*, § 74 Rz. 79.

gung in Frage. Dann wird der Arbeitnehmer nicht schon mit Aufgabe dieses Arbeitsbereiches wettbewerbsmäßig frei, vielmehr wirkt die Wettbewerbsenthaltungspflicht noch für den im Verbot vorgesehenen Zeitraum ab Aufgabe der bestimmten Tätigkeit. Zulässig ist die Bedingung, dass das Arbeitsverhältnis während der Probezeit oder mit ihrem Ablauf beendet oder in der Probezeit gekündigt wird[1]. Es kann vereinbart werden, dass das Konkurrenzverbot bei Eintritt des Arbeitnehmers in den **Ruhestand**[2] oder – eindeutiger formuliert und deshalb unbedingt zu empfehlen – bei **Erreichen eines bestimmten Lebensalters** oder mit dem **Erwerb eines Anspruches auf Altersrente** aus der gesetzlichen Rentenversicherung oder auf Betriebsrente[3] nicht gilt. Ohne eine solche Bestimmung tritt die Wettbewerbsvereinbarung im Zweifel mit dem Ruhestand des Arbeitnehmers nicht außer Kraft, auch nicht bei Bestehen einer Versorgungszusage bzw. dem Bezug eines betrieblichen Ruhegeldes[4].

11. Unmöglichkeit der Konkurrenztätigkeit

Auch wenn dem Arbeitnehmer eine Konkurrenztätigkeit unmöglich ist, bleibt das Wettbewerbsverbot grundsätzlich bestehen und entfällt die Karenzentschädigung nicht[5]. Zu denken ist zB an die Aufgabe des Betriebes durch den Arbeitgeber. In diesem Fall wird allerdings idR kein berechtigtes geschäftliches Interesse des Arbeitgebers an dem nachvertraglichen Wettbewerbsverbot mehr bestehen, so dass das **Wettbewerbsverbot für den Arbeitnehmer unverbindlich** ist. Kommt eine Konkurrenztätigkeit aus in der Person des Arbeitnehmers liegenden Gründen nicht in Betracht (Berufswechsel, Studium[6], Wehrdienst, Arbeitsunfähigkeit[7]), bleibt das nachvertragliche Wettbewerbsverbot und damit die Verpflichtung zur Zahlung der Karenzentschädigung bestehen. Voraussetzung für das Entstehen und den Fortbestand des Anspruchs auf Karenzentschädigung ist lediglich, dass der Arbeitnehmer keine Konkurrenz betreibt. Aus welchem Grund das geschieht, ist gleichgültig[8]. Etwas anderes ergibt sich auch nicht aus den Grundsätzen des Wegfalls oder der Störung der Geschäftsgrundlage (§ 313 Abs. 1 BGB)[9]. Der Ausnahmefall ist in § 74c Abs. 1 Satz 3 HGB geregelt; der Anspruch auf Entschädigung entfällt während der Verbüßung einer Freiheitsstrafe.

12. Nichtantritt des Arbeitsverhältnisses

Nach der erkennbaren Interessenlage des Arbeitgebers bestimmen sich die Rechtsfolgen, wenn ein Arbeitnehmer das **Arbeitsverhältnis vertragsbrüchig nicht** antritt[10] oder wenn der Arbeitgeber vor Dienstaufnahme unter gleichzeitiger Freistellung kündigt[11]. Im erst-

---

1 BAG 27.4.1982 – 3 AZR 814/79, DB 1982, 2406; GK-HGB/*Etzel*, §§ 74–75d Rz. 4.
2 BAG 30.10.1984 – 3 AZR 213/82, AP Nr. 46 zu § 74 HGB; 26.2.1985 – 3 AZR 162/84, AP Nr. 30 zu § 611 BGB – Konkurrenzklausel; abl. *Bauer/Diller*, Wettbewerbsverbote, Rz. 509.
3 *Bauer/Diller*, BB 1997, 990 (993) fordern zu Recht, dass von vornherein feststehen muss, zu welchem Zeitpunkt das Verbot entfallen wird.
4 BAG 26.2.1985 – 3 AZR 162/84, AP Nr. 30 zu § 611 BGB – Konkurrenzklausel; GK-HGB/*Etzel*, §§ 74–75d Rz. 63.
5 BAG 9.8.1974 – 3 AZR 350/73, AP Nr. 5 zu § 74c HGB; 23.11.2004 – 9 AZR 595/03, NZA 2005, 411.
6 BAG 13.2.1996 – 9 AZR 931/94, DB 1996, 1527.
7 BAG 23.11.2004 – 9 AZR 595/03, NZA 2005, 411; LAG Hamm 19.9.2003 – 7 Sa 863/03, LAGE § 74 HGB Nr. 18; LAG Köln 17.3.2011 – 6 Sa 1413/10, NZA-RR 2011, 513.
8 BAG 3.7.1990 – 3 AZR 96/89, AP Nr. 61 zu § 74 HGB; 18.10.1976 – 3 AZR 376/75, AP Nr. 1 zu § 74b HGB; 8.2.1974 – 3 AZR 519/73 und 9.8.1974 – 3 AZR 350/73, AP Nr. 4 und 5 zu § 74c HGB; 23.11.2004 – 9 AZR 595/03, NZA 2005, 411.
9 BAG 23.11.2004 – 9 AZR 595/03, NZA 2005, 411; *Diller*, RdA 2006, 45 (47, 48).
10 BAG 3.2.1987 – 3 AZR 523/85, AP Nr. 54 zu § 74 HGB.
11 BAG 19.5.1983 – 2 AZR 171/81, AP Nr. 25 zu § 123 BGB; LAG Köln 31.10.1990 – 5 Sa 715/90, LAGE § 74 Nr. 4.

genannten Fall tritt das Wettbewerbsverbot in Kraft, wenn der Arbeitnehmer bereits vor Vertragsbeginn in seine neuen Aufgaben eingewiesen wurde und dabei schützenswerte Informationen erhalten hat. Im zweitgenannten Sachverhalt wird das Wettbewerbsverbot nicht in Kraft treten, da der Arbeitnehmer keine Gelegenheit hatte, betriebliche Abläufe uÄ kennen zu lernen. So erlangt ein tätigkeitsbezogenes Wettbewerbsverbot regelmäßig keine Geltung, wenn das Arbeitsverhältnis nicht aktualisiert wird[1].

13. Anfechtung des Arbeitsvertrages

51a Die Anfechtung des Arbeitsvertrages durch den Arbeitgeber führt nicht immer zur Nichtigkeit auch des Wettbewerbsverbots. Es muss danach differenziert werden, ob das Arbeitsverhältnis schon in Vollzug gesetzt worden war oder nicht. Bei bereits vollzogenem Arbeitsverhältnis ist im Zweifel davon auszugehen, dass das Wettbewerbsverbot trotz erfolgreicher Anfechtung des Arbeitsvertrages gelten soll. Im Hinblick auf die mit § 75 Abs. 3 HGB vergleichbare Interessenlage ist eine analoge Anwendung des § 75 Abs. 1 HGB auch im Rahmen des § 123 BGB sachgerecht[2].

IX. Betriebsübergang

52 Probleme kann ein nachvertragliches Wettbewerbsverbot im Rahmen eines **Betriebsübergangs nach** § 613a BGB aufwerfen. Dabei ist zu unterscheiden, ob das Arbeitsverhältnis im Zeitpunkt des Betriebsübergangs noch besteht oder ob der Arbeitnehmer schon ausgeschieden ist und nur noch die Wettbewerbsvereinbarung gilt.

52a **Besteht das Arbeitsverhältnis noch**, geht beim Betriebsübergang das Arbeitsverhältnis als Ganzes auf den Betriebserwerber über, wenn der Arbeitnehmer nicht widerspricht. Das schließt den Übergang der Rechte und Pflichten aus dem Wettbewerbsverbot ein, auch wenn der Betriebsveräußerer in ihm genau genannt wird[3]. In welchem Umfang die Wettbewerbsbeschränkung ihre Wirksamkeit behält, richtet sich nicht nach der Interessenlage, die zum Zeitpunkt des Vertragsschlusses zwischen Arbeitnehmer und Betriebsveräußerer bestand. Entscheidend sind im Rahmen des § 74a HGB die schutzwerten Interessen des Betriebserwerbers[4]. Rechtfertigen diese das nachvertragliche Wettbewerbsverbot nicht, verliert es seine Verbindlichkeit[5]. Will der Betriebserwerber das Wettbewerbsverbot veränderten räumlichen oder sachlichen Gegebenheiten anpassen, bedarf es hierzu je nach Formulierung des Wettbewerbsverbots einer neuen Vereinbarung mit dem Arbeitnehmer[6]. Ansonsten – wenn der Wortlaut nicht entgegensteht – kommt es zu einer dynamischen Überleitung des nachvertraglichen Wettbewerbsverbots; das Wettbewerbsverbot ist im Wege der ergänzenden Vertragsauslegung an die berechtigten geschäftlichen Interessen des neuen Inhabers anzupassen[7]. Die Rechte und Pflichten aus einer Wettbewerbsabrede gehen auch dann auf den Erwerber eines Betriebsteils über, wenn die von der Wettbewerbsbeschränkung erfass-

---

1 BAG 26.5.1992 – 9 AZR 27/91, NZA 1992, 976.
2 LAG München 3.12.2008 – 11 Sa 538/08, FA 2008, 107; *Bauer/Diller*, Wettbewerbsverbote, Rz. 653, *Hunold*, NZA-RR 2013, 174 (178, 179).
3 GK-HGB/*Etzel*, §§ 74–75d Rz. 64 (mit Einschränkung, wenn das Wettbewerbsverbot sich auf einen Bereich bezieht, den der Betriebsveräußerer in einem anderen Betrieb fortsetzt und der Betriebserwerber auf diesem Gebiet überhaupt nicht tätig ist); Heymann/*Henssler*, § 74 HGB Rz. 36; MünchKommHGB/*von Hoyningen-Huene*, § 74 Rz. 73; *Bauer/Diller*, Wettbewerbsverbote, Rz. 986, 989; *Gaul/Ludwig*, NZA 2013, 489 (489, 490).
4 GroßkommHGB/*Weber*, § 74 Rz. 70.
5 *Bauer/Diller*, Wettbewerbsverbote, Rz. 993.
6 Ebenroth/Boujong/Joost/Strohn/*Boecken*, § 74 HGB Rz. 30; *Bauer/Diller*, Wettbewerbsverbote, Rz. 995.
7 *Willemsen/Hohenstatt/Schweibert/Seibt*, Umstrukturierung und Übertragung von Unternehmen, 4. Aufl. 2011, Rz. G 184; *Bauer/Diller*, Wettbewerbsverbote, Rz. 994.

ten Geschäftsbereiche beim Veräußerer verbleiben und dem Betriebsteilerwerber somit in den von dem Wettbewerbsverbot erfassten Geschäftsbereichen keinerlei Konkurrenz gemacht werden kann[1]. Verbleibt zB infolge Widerspruchs ein Arbeitnehmer beim Betriebsveräußerer, ist zu prüfen, ob das Wettbewerbsverbot noch berechtigten geschäftlichen Interessen des Arbeitgebers nach § 74a HGB dient[2]. UU muss der Betriebsveräußerer für das gegenstandslos gewordene Wettbewerbsverbot die Karenzentschädigung zahlen, obwohl er an dem Verbot überhaupt kein Interesse hat[3]. Ist das Arbeitsverhältnis und damit das Wettbewerbsverbot auf den Betriebserwerber übergegangen, hat der Betriebsveräußerer aus dem Wettbewerbsverbot gegenüber dem Arbeitnehmer keine Rechte mehr[4]. Ob sich der Betriebserwerber zur Rechtfertigung seines berechtigten geschäftlichen Interesses iSd. § 74a HGB auch auf eine etwaige vertragliche Pflicht dem Betriebsveräußerer gegenüber, dessen wettbewerbliche Belange mitzuvertreten, berufen kann, ist zweifelhaft[5].

Eine besondere Problemstellung konnte sich bei einem Widerspruch des Arbeitnehmers gegen den Übergang seines Arbeitsverhältnisses und Erlöschen des bisherigen Rechtsträgers im Rahmen einer **Verschmelzung** oder einer **Aufspaltung** ergeben. Die früher gestellte Frage, ob der Widerspruch zu einem sofortigen Wegfall des nachvertraglichen Wettbewerbsverbots führt, ist heute obsolet, weil das BAG bei Erlöschen des bisherigen Arbeitgebers nach Gesellschaftsrecht ein Widerspruchsrecht verneint[6]; uU kann der Arbeitnehmer in solchen Fällen von einem fristlosen Kündigungsrecht Gebrauch machen[7]. 52b

Für die vom Betriebsübergang nicht mehr betroffenen, **bereits zuvor ausgeschiedenen Arbeitnehmer** tritt eine Überleitung der Rechte und Pflichten aus dem Wettbewerbsverbot nicht ein. Für eine entsprechende Anwendung des § 613a BGB ist in diesen Fällen kein Raum[8]. Allerdings kann die Betriebsveräußerung inhaltliche Konsequenzen für den Fortbestand des Wettbewerbsverbots entfalten. Wenn nämlich das durch § 74a Abs. 1 HGB geforderte berechtigte geschäftliche Interesse bei dem früheren Arbeitgeber infolge des Betriebsübergangs nicht mehr fortbesteht, wird das nachvertragliche Wettbewerbsverbot mit dem Betriebsübergang gem. § 74a HGB unverbindlich. Der Arbeitnehmer braucht es nicht weiter einzuhalten. Dagegen steht dem Arbeitgeber kein Lösungsrecht zu. Der Arbeitnehmer kann sich aber im Voraus (zB bereits in der Wettbewerbsabrede, auch in einem Formularvertrag) mit einem Übergang der Wettbewerbsvereinbarung bei einer Betriebsveräußerung einverstanden erklären, woran der Betriebserwerber aber ohne besonderen Verpflichtungstatbestand (zB Betriebsübernahmevertrag) nicht gebunden ist[9]. Zulässig ist die Übernahme des Wettbewerbs- 53

---

1 LAG BW 6.8.1998 – 19 Sa 10/98, LAGE § 613a BGB Nr. 70; MünchKommHGB/*von Hoyningen-Huene*, § 74 Rz. 73; aA GK-HGB/*Etzel*, §§ 74–75d Rz. 64.
2 GK-HGB/*Etzel*, §§ 74–75d Rz. 49.
3 *Willemsen/Hohenstatt/Schweibert/Seibt*, Umstrukturierung und Übertragung von Unternehmen, 4. Aufl. 2011, Rz. G 185.
4 MünchKommHGB/*von Hoyningen-Huene*, § 74 Rz. 73.
5 LAG BW 6.8.1998 – 19 Sa 10/98, LAGE § 613a BGB Nr. 70.
6 BAG 21.2.2008 – 8 AZR 157/07, NZA 2008, 815.
7 *Willemsen* in Kallmeyer, UmwG, 4. Aufl. 2010, § 324 Rz. 44.
8 LAG Hess. 3.5.1993 – 10 SaGa 345/93, NZA 1994, 1033; LAG Köln 8.7.2011 – 10 Sa 398/11, ZIP 2012, 243; *Bauer/Diller*, Wettbewerbsverbote, Rz. 1001, 1004; GK-HGB/*Etzel*, §§ 74–75d Rz. 65; MünchKommHGB/*von Hoyningen-Huene*, § 74 Rz. 77; Ebenroth/Boujong/Joost/Strohn/*Boecken*, § 74 HGB Rz. 31; *Fuhlrott*, FA 2012, 162 (164); *Gaul/Ludwig*, NZA 2013, 489 (491, 492); aA ErfK/*Preis*, § 613a BGB Rz. 80; Heymann/*Henssler*, § 74 HGB Rz. 37: Abtretung des Unterlassungsanspruches möglich, sofern mit der Abtretung keine Inhaltsänderung verbunden ist.
9 GK-HGB/*Etzel*, §§ 74–75d Rz. 65; *Bauer/Diller*, Wettbewerbsverbote, Rz. 1006, 1011; *Bauer/Diller*, NJW 2002, 1609 (1615).

verbots durch den Betriebserwerber durch dreiseitigen Vertrag[1]. Die isolierte Abtretung des Unterlassungsanspruchs an den Betriebserwerber ist nicht möglich[2].

X. Pflichten des Arbeitnehmers aus der Wettbewerbsabrede

1. Wettbewerbsenthaltungspflicht

54 Mit der Beendigung des Arbeitsverhältnisses tritt – wenn kein Grund für einen Wegfall des Wettbewerbsverbots vorliegt – die **Wettbewerbsabrede in Kraft**. Der Arbeitnehmer ist verpflichtet, in dem vertraglich festgelegten, ggf. nach § 74a HGB modifizierten Umfang Wettbewerb zu unterlassen. Auch ein nur faktisches Arbeitsverhältnis löst im Zweifel das wirksam vereinbarte Wettbewerbsverbot aus, zB ein bereits in Vollzug gesetztes, dann aber vom Arbeitgeber wirksam angefochtenes Arbeitsverhältnis[3].

55 Bei einem **unternehmensbezogenen Verbot** liegt ein Verstoß vor, wenn der Arbeitnehmer für ein Unternehmen tätig wird, dessen Herstellungsprogramm oder Dienstleistungsangebot sich nicht nur unerheblich mit dem des ehemaligen Arbeitgebers überschneidet[4]. Unterhalb von 10 % des jeweiligen Umsatzvolumens fehlt es idR an der Erheblichkeit[5]. Unternehmen stehen im Wettbewerb, wenn der erfolgreiche Geschäftsabschluss eines Unternehmens zu Lasten des anderen Unternehmens geht. Nicht nötig ist, dass sich das Geschäft der Unternehmen auf das gleiche Produkt bezieht. Für die Annahme einer Wettbewerbssituation reicht es aus, dass der konkrete Bedarf des Kunden befriedigt und damit das vom anderen Unternehmen angebotene Produkt verdrängt oder ersetzt wird[6]. Ob Konkurrenz nur dann vorliegt, wenn die Unternehmen der gleichen **Handels- oder Herstellungsstufe** angehören, ist umstritten[7]. Nach Auffassung des BAG stellt eine Vertriebstätigkeit auf einer anderen Handelsstufe regelmäßig keine unerlaubte Konkurrenztätigkeit dar, an deren Untersagung ein berechtigtes geschäftliches Interesse durch den vormaligen Arbeitgeber besteht[8] (vgl. Rz. 25). Eine als Schuhverkäuferin mit Personalbefugnis in einem Einzelhandelsgeschäft beschäftigte Arbeitnehmerin betreibt eine andere Tätigkeit, wenn sie nunmehr Geschäfte zwischen Schuhherstellern und Schuheinzelhändlern vermittelt[9]. Keine Bedeutung hat, ob das Unternehmen von Anfang an oder erst später zum Konkurrenten des bisherigen Arbeitgebers wird. Bei einem **tätigkeitsbezogenen Verbot** kann eine ausreichende Gefährdung schon dann gegeben sein, wenn beide Unternehmen sich zwar verschiedener Vertriebswege bedienen, die Endverbraucher der konkurrierenden Produkte aber identisch sind und überdies in Teilbereichen die unterschiedlichen Vertriebswege sich im Wettbewerb nicht mehr auswirken[10].

---

1 MünchKommHGB/*von Hoyningen-Huene*, § 74 Rz. 77; Ebenroth/Boujong/Joost/Strohn/*Boecken*, § 74 HGB Rz. 32.
2 *Bauer/Diller*, Wettbewerbsverbote, Rz. 1006, 1013; GroßkommHGB/*Weber*, § 74 Rz. 67; offen: *B. Gaul*, Das Arbeitsrecht der Betriebs- und Unternehmensspaltung, § 13 Rz. 103.
3 LAG München 19.12.2007 – 11 Sa 294/07, LAGE § 74 HGB Nr. 22; GroßkommHGB/*Weber*, § 74 Rz. 15.
4 BAG 16.12.1968 – 3 AZR 434/67, BB 1969, 675 u. 21.1.1997 – 9 AZR 778/95, BB 1997, 1796; LAG BW 30.1.2008 – 10 Sa 60/07, NZA-RR 2008, 508.
5 LAG Nds. 16.7.2009 – 4 SaGa 697/09, NZA-RR 2010, 68; vgl. aber LAG BW 30.1.2008 – 10 Sa 60/07, NZA-RR 2008, 508: Die Zahl von 10 % ist keine feststehende Vorgabe.
6 LAG Hamm 19.3.2001 – 16 Sa 322/01; ArbG Mönchengladbach 5.6.2008 – 4 Ga 24/08, AE 2008, 190.
7 Für die Notwendigkeit der gleichen Handelsstufe: GroßkommHGB/*Weber*, § 74 Rz. 28; Heymann/*Henssler*, § 74 HGB Rz. 44; aA *Bauer/Diller*, Wettbewerbsverbote, Rz. 241.
8 BAG 21.4.2010 – 10 AZR 288/09, DB 2010, 1889.
9 BAG 8.3.2006 – 10 AZR 349/05, DB 2006, 1433.
10 LAG Hess. 10.2.1997 – 10 Sa Ga 2269/96, LAGE § 74a HGB Nr. 1; ArbG Mönchengladbach 5.6.2008 – 4 Ga 24/08, AE 2008, 190.

2. Auskunftsverpflichtung

Nach § 74c Abs. 2 HGB schuldet der ausgeschiedene Arbeitnehmer **Auskunft über die Höhe seines anderweitigen Arbeitseinkommens**, wenn ihn der ehemalige Arbeitgeber dazu auffordert[1]. Der Auskunftsanspruch stellt einen Hilfsanspruch dar, der es einem zur Zahlung der Karenzentschädigung verpflichteten Arbeitgeber ermöglichen soll, seine Anrechnungsrechte zu verwirklichen. Der Anspruch wird somit nur dann fällig, wenn der Arbeitgeber überhaupt mit einer Forderung auf Zahlung von Karenzentschädigung konfrontiert wird[2]. Die Auskunftspflicht erstreckt sich auf die vollständige und wahrheitsgemäße Mitteilung des tatsächlich erzielten Erwerbs, nicht aber auch darauf, was der Arbeitnehmer hätte erwerben können[3]. Jedenfalls mehr als eine monatliche Auskunft kann der Arbeitgeber nicht verlangen. Liegt der anderweitige Erwerb unter der Anrechnungsgrenze, kann sich der Arbeitnehmer auf diese Mitteilung beschränken[4]. Eine bestimmte Form schreibt das Gesetz für die Auskunft nicht vor; wegen ihrer Bedeutung ist sie idR aber schriftlich zu erteilen, wobei die Auskunftserteilung per E-Mail aber genügt[5]. Angehörige freier Berufe können sich gegenüber dem Auskunftsanspruch nicht auf die Verschwiegenheitspflichten des Standesrechts berufen[6].

56

Aus der Verpflichtung des Arbeitnehmers zur Auskunftserteilung folgt das Recht des Arbeitgebers, **Nachweise** zu verlangen. Der Umfang der Nachweispflicht bestimmt sich nach § 242 BGB. Ist der Arbeitnehmer in der Karenzzeit abhängig beschäftigt, kommt er der Nachweispflicht am verlässlichsten durch die Vorlage der Vergütungsabrechnungen oder der Eintragungen in die Lohnsteuerkarte nach[7]. Den Arbeitsvertrag braucht der Arbeitnehmer nicht vorzulegen[8]. Zur Auskunft über den Namen und die Adresse seines neuen Arbeitgebers soll er verpflichtet sein[9]. Bei einer selbständigen Tätigkeit soll nach hM die Vorlage des jährlichen Steuerbescheides genügen, wohingegen die Vorlage der Bilanz und der Gewinn- und Verlustrechnung nicht verlangt werden kann[10]. Da auch Selbständige einen Anspruch auf monatliche Entschädigungszahlungen haben, kann der frühere Arbeitgeber bei einem entsprechenden Begehren zur Berechnung der Abschlagszahlungen vorläufige Auskünfte über die monatlichen Geschäftsergebnisse verlangen[11].

57

Der Arbeitnehmer ist **vorleistungspflichtig**. Solange er die erforderlichen Auskünfte nicht erteilt hat, ist der Arbeitgeber berechtigt, die Zahlung der Karenzentschädigung zu verweigern[12]. Eine Verurteilung Zug um Zug scheidet deshalb aus. Dem Arbeitgeber steht darüber hinaus auch die Klage auf Erteilung der Auskunft offen; die Zwangsvollstreckung aus dem der Klage entsprechenden Urteil erfolgt nach § 888

57a

---

1 Formulierungsvorschlag bei *Bauer/Lingemann/Diller/Haußmann*, M 25.7.
2 LAG Köln 8.6.2005 – 7 Sa 679/04, EzA-SD 2006, Nr. 6, 7.
3 Heymann/*Henssler*, § 74c HGB Rz. 22; GroßkommHGB/*Weber*, § 74c Rz. 28; MünchKommHGB/*von Hoyningen-Huene*, § 74c Rz. 30; aA *Bauer/Diller*, Wettbewerbsverbote, Rz. 828 (auch böswillig unterlassener Erwerb).
4 *Bauer/Diller*, Wettbewerbsverbote, Rz. 830.
5 LAG Nds. 9.3.2005 – 15 Sa 1884/04, AE 2005, 172; Heymann/*Henssler*, § 74c HGB Rz. 23.
6 BAG 27.9.1988 – 3 AZR 59/87, AP Nr. 35 zu § 611 BGB – Konkurrenzklausel.
7 BAG 25.2.1975 – 3 AZR 148/74, AP Nr. 6 zu § 74c HGB.
8 *Bauer/Diller*, Wettbewerbsverbote, Rz. 834.
9 Ebenroth/Boujong/Joost/Strohn/*Boecken*, § 74c HGB Rz. 30.
10 BAG 25.2.1975 – 3 AZR 148/74, AP Nr. 6 zu § 74c HGB; LAG Nürnberg 9.4.1987 – 5 Sa 104/84, LAGE § 74c HGB Nr. 2; GK-HGB/*Etzel*, §§ 74–75d Rz. 101; krit. zu Recht *Bauer/Diller*, Wettbewerbsverbote, Rz. 836, 837.
11 BAG 2.6.1987 – 3 AZR 626/85, AP Nr. 13 zu § 74c HGB.
12 BAG 12.1.1978 – 3 AZR 57/76, AP Nr. 8 zu § 74c HGB (§ 320 BGB); § 273 BGB: GroßkommHGB/*Weber*, § 74c Rz. 30; LAG Nds. 9.3.2005 – 15 Sa 1884/04, AE 2005, 172; MünchKommHGB/*von Hoyningen-Huene*, § 74c Rz. 28; *Bauer/Diller*, Wettbewerbsverbote, Rz. 839; Heymann/*Henssler*, § 74c HGB Rz. 20.

Abs. 1 ZPO[1]. Die Abgabe einer Versicherung an Eides statt kann der Arbeitgeber verlangen, wenn Grund zu der Annahme besteht, dass die Angaben des Arbeitnehmers unvollständig sind[2]. Eine vertragliche Verschärfung der Auskunfts- und Nachweispflichten aus § 74c Abs. 2 HGB ist wegen § 75d HGB nicht zulässig.

XI. Pflichten des Arbeitgebers aus der Wettbewerbsabrede

1. Karenzentschädigung

a) Zu berücksichtigendes Einkommen

58 Aufgrund eines wirksamen oder nur unverbindlichen Wettbewerbsverbots[3] kann der Arbeitnehmer die Karenzentschädigung verlangen, wenn er seine Pflicht zur Wettbewerbsunterlassung erfüllt, die ihm nach § 74c Abs. 2 HGB obliegenden Auskünfte bei Verlangen des Arbeitgebers erteilt und die entsprechenden Nachweise gibt. Bei einem nach § 74a Abs. 1 HGB teilweise verbindlichen und teilweise unverbindlichen Wettbewerbsverbot setzt der Anspruch auf Karenzentschädigung voraus, dass der Arbeitnehmer das Wettbewerbsverbot insoweit einhält, als es nach § 74a Abs. 1 HGB verbindlich ist; die Einhaltung auch in seinem unverbindlichen Teil ist nicht erforderlich[4]. Zur **Berechnung der Karenzentschädigung** ist von dem vom Arbeitnehmer vor seinem Ausscheiden bezogenen Bruttoverdienst auszugehen. Dazu zählen alle Einkommensbestandteile, die als Vergütung für geleistete Arbeit gezahlt werden, also neben der monatlichen Bruttovergütung sämtliche Leistungszulagen, vermögenswirksame Leistungen, Provisionen, Gewinnbeteiligungen, Urlaubsgeld, Weihnachtsgeld, Gehaltsumwandlungsversicherungen gem. § 1 Abs. 2 Nr. 3 BetrAVG, ferner Naturalleistungen, sonstige einmalige Zuwendungen sowie Aktienoptionen. Auch freiwillige Sozialleistungen und jederzeit widerrufliche Zahlungen bleiben bei der Berechnung der Karenzentschädigung nicht schon deshalb außer Betracht, weil der Arbeitnehmer sie unter Ausschluss eines Rechtsanspruches erhalten hat[5]. Für die Berechnung der Entschädigung ist nicht entscheidend, mit welchen Zahlungen der Arbeitnehmer in Zukunft hätte rechnen können, sondern welche Zahlungen er für seine Arbeitsleistung zuletzt bezogen hat.

58a Auszugehen ist zunächst von den **festen Bezügen**, wobei die im letzten Bezugszeitraum vor Vertragsbeendigung fällig gewordene feste Vergütung maßgeblich ist[6]. Dementsprechend findet zB eine Tariferhöhung im letzten Monat vor dem Ausscheiden bei der Berechnung der gesetzlichen Karenzentschädigung in vollem Umfang Berücksichtigung.

59 **Sachbezüge** sind mit ihrem entsprechenden Wert umzurechnen. Mit welchem Betrag der Vorteil bei einem **Dienstwagen**, der **auch privat genutzt** werden darf, in Ansatz zu bringen ist, ist umstritten: Nutzungsausfalltabelle von *Küppersbusch*, Kostentabellen des ADAC oder geldwerter Vorteil nach dem Lohnsteuerrecht[7]. Das BAG hat bisher

---

1 GroßkommHGB/*Weber*, § 74c Rz. 32; GK-HGB/*Etzel*, §§ 74–75d Rz. 101.
2 AA Heymann/*Henssler*, § 74c HGB Rz. 23; wie hier: *Bauer/Diller*, Wettbewerbsverbote, Rz. 842; GK-HGB/*Etzel*, §§ 74–75d Rz. 101 unter Hinweis auf BAG 29.7.1993 – 2 AZR 110/93, NZA 1994, 116 (zu § 615 Satz 2 BGB); GroßkommHGB/*Weber*, § 74c Rz. 31.
3 Vgl. zur Höhe der Karenzentschädigung, wenn die Entschädigungszusage die Mindestsumme des § 74a Abs. 2 HGB unterschreitet, Rz. 30.
4 BAG 21.4.2010 – 10 AZR 288/09, DB 2010, 1089.
5 BAG 16.11.1973 – 3 AZR 61/73, AP Nr. 34 zu § 74 HGB.
6 *Bauer/Diller*, Wettbewerbsverbote, Rz. 402; MünchKommHGB/*von Hoyningen-Huene*, § 74b Rz. 14.
7 Für die Kostentabelle des ADAC: GroßkommHGB/*Weber*, § 74b Rz. 17; für die Tabelle von *Küppersbusch*: GK-HGB/*Etzel*, §§ 74–75d Rz. 43a; *Dombrowski/Zettelmeyer*, NZA 1995, 155; auf Basis der Steuerpauschalen *Bauer/Diller*, Wettbewerbsverbote, Rz. 394.

diese Frage offen gelassen[1]. Beim Schadensersatz wegen unterbliebener Überlassung eines Dienstwagens auch zur privaten Nutzung geht das BAG von der steuerlichen Bewertung der privaten Nutzungsmöglichkeit aus[2]. Bei der Karenzentschädigung kann dann nichts anderes gelten[3]. Kein Abzug ist dafür zu machen, dass das Fahrzeug nicht unbeschränkt zur Privatnutzung während der Dauer des Arbeitsverhältnisses zur Verfügung stand[4]. Musste der Arbeitnehmer bestimmte Kosten bei der Privatnutzung des Fahrzeuges selbst tragen, müssen diese angemessen mindernd berücksichtigt werden, wenn man auf die Kostentabellen des ADAC oder die Tabelle von *Küppersbusch* zurückgreift.

Wechselnde Bezüge sind bei der Berechnung der Entschädigung nach dem Durchschnitt der letzten drei Jahre vor dem Ausscheiden des Arbeitnehmers zu berücksichtigen (§ 74b Abs. 2 Satz 1 HGB). Dieser Berechnungsmodus gilt aber nur für die variablen Vergütungsbestandteile. Für den fixen Teil der Vergütung muss die Höhe nach § 74 Abs. 2 HGB berechnet werden. Hat die für die Bezüge bei der Beendigung des Arbeitsverhältnisses maßgebende Vertragsbestimmung noch nicht drei Jahre bestanden, erfolgt der Ansatz nach dem Durchschnitt des Zeitraums, für den die Bestimmung in Kraft war (§ 74b Abs. 2 Satz 2 HGB). In die Berechnung einzubeziehen ist, was dem Arbeitnehmer für den Drei-Jahres-Zeitraum zusteht. Es kommt nicht darauf an, wann der Anspruch fällig geworden ist oder die Leistung tatsächlich gezahlt wurde[5]. **60**

Keine vertragsmäßigen Leistungen sind die Arbeitgeber-Anteile zur gesetzlichen Kranken- und Rentenversicherung, der Krankenversicherungszuschuss des Arbeitgebers nach § 257 SGB V, die von ihm freiwillig ausgezahlten Beiträge zu einer ersetzenden Lebensversicherung[6], eine Urlaubsabgeltung[7] und eine Abfindung. Eine Vergütung für Arbeitnehmer-Erfindungen und Verbesserungsvorschläge ist ebenfalls nicht in die Bemessung der Karenzentschädigung einzubeziehen[8]. **61**

Nach § 74b Abs. 3 HGB bleiben bei der Berechnung der Entschädigung solche Beträge, die nur dem **Ersatz der Auslagen** des Arbeitnehmers dienen, unberücksichtigt. Bei Aufwandsentschädigungen und Reisespesen ist aber der Teil, der die tatsächlich entstandenen Auslagen übersteigt und deshalb Vergütungscharakter hat, bei der Berechnung zu berücksichtigen. Bei Spesenpauschalen ist mithin zu prüfen, ob und ggf. inwieweit diesen Leistungen ein Vergütungscharakter zukommt[9]. Umgekehrt ist eine Kürzung der Vergütung um den Aufwendungsanteil vorzunehmen, wenn in der einheitlich gezahlten Vergütung ein Aufwendungsersatz enthalten ist[10]. **61a**

b) Anrechnung anderweitigen oder böswillig unterlassenen Erwerbs

Die Anrechnung anderweitigen oder böswillig unterlassenen Erwerbs aus selbständiger oder unselbständiger Tätigkeit des Arbeitnehmers während der Zeit des Wettbewerbsverbots richtet sich nach § 74c Abs. 1 HGB. Sie findet auch statt, wenn in der Wettbewerbsvereinbarung nicht ausdrücklich auf die Vorschriften des HGB **62**

---

1 BAG 17.6.1997 – 9 AZR 801/95, AP Nr. 2 zu § 74b HGB.
2 BAG 27.5.1999 – 8 AZR 415/98, EzA § 249 BGB Nr. 24; 21.3.2012 – 5 AZR 651/10, NZA 2012, 616; abl. *Meier*, NZA 1999, 1083.
3 LAG Hamm 30.3.2000 – 16 Sa 1684/99, EzA-SD 2000, Nr. 12, 9.
4 BAG 23.6.1994 – 8 AZR 537/92, DB 1994, 2239.
5 BAG 9.1.1990 – 3 AZR 110/88, DB 1990, 991.
6 BAG 21.7.1981 – 3 AZR 666/78, DB 1982, 1227; GroßkommHGB/*Weber*, § 74b Rz. 14; GK-HGB/*Etzel*, §§ 74–75d Rz. 43a.
7 LAG Hamm 30.3.2000 – 16 Sa 1684/99, EzA-SD 2000, Nr. 12, 9–12.
8 GK-HGB/*Etzel*, §§ 74–75d Rz. 43a; MünchKommHGB/*von Hoyningen-Huene*, § 74b Rz. 11; ErfK/*Oetker*, § 74b HGB Rz. 4; ausführlich *Bengelsdorf*, DB 1989, 1024.
9 LAG Köln 29.10.1997 – 2 Sa 794/97, LAGE § 74c HGB Nr. 6.
10 LAG Hamm 7.12.1983 – 5 Sa 1568/83, DB 1984, 623.

über Wettbewerbsverbote verwiesen ist[1]. Anzurechnen sind nur die Einnahmen aus einer Tätigkeit, die durch die Beendigung des Arbeitsverhältnisses erst möglich wurde[2]. Für die Höhe der anzurechnenden Vergütung ist nur die Dauer der Arbeitszeit zugrunde zu legen, die der Arbeitnehmer seinem ehemaligen Arbeitgeber zur Verfügung zu stellen hatte[3]. Einnahmen aus einer Nebentätigkeit, die bereits während des Bestandes des Arbeitsverhältnisses ausgeübt wurde, berühren den Anspruch auf Karenzentschädigung nicht, weil kein Zusammenhang zwischen dem Erwerb und dem Wettbewerbsverbot besteht[4]. Alle Einkommensbestandteile, die in die Berechnung der Höhe der Karenzentschädigung einfließen, bestimmen auch den Umfang der anrechenbaren Leistungen[5]. Ersparte Aufwendungen sind dem anzurechnenden Einkommen hinzuzuzählen; zusätzliche Aufwendungen vom anzurechnenden Arbeitseinkommen abzuziehen[6]. Ruhegeldzahlungen aus betrieblichen Versorgungszusagen sind nicht anzurechnen, weil das Ruhegeld nicht durch anderweitige Verwertung der Arbeitskraft während der Karenzzeit erzielt wird[7]. Das Gleiche gilt für Altersrenten aus der gesetzlichen Sozialversicherung[8]. Arbeitslosengeld ist als Lohnersatzleistung wie anderweitiger Erwerb zu berücksichtigen. Es ist somit nur insoweit anzurechnen, als die in § 74c Abs. 1 HGB gezogenen Anrechnungsgrenzen überschritten werden[9]. Eine Hochrechnung des Arbeitslosengeldes zu einem fiktiven Bruttoeinkommen ist nicht zulässig[10]. Krankengeld seitens der Krankenkasse ist auf die Karenzentschädigung als Lohnersatz anrechenbar[11]. Nicht anzurechnen ist das Übergangsgeld nach den §§ 20, 21 SGB VI[12]. Gleiches gilt für eine vom nachfolgenden Arbeitgeber gezahlte Abfindung[13]. Der gem. § 93 SGB III geleistete „Gründungszuschuss" ist demgegenüber auf die Karenzentschädigung anzurechnen[14]. Jede Anrechnung kann **ausgeschlossen** werden. Ein konkludenter Ausschluss liegt vor, wenn die Parteien der Wettbewerbsvereinbarung verabreden, dass die Entschädigung für die gesamte Dauer des Verbots im Voraus zu zahlen ist[15]. Ist in der Wettbewerbsvereinbarung eine zu Lasten des Arbeitnehmers gegen § 74c HGB verstoßende Anrechnung anderweitigen Erwerbs vorgenommen worden, hat dies die Unwirksamkeit

---

1 BAG 21.3.1974 – 3 AZR 259/73, AP Nr. 3 zu § 74c HGB.
2 LAG Nürnberg 9.4.1987 – 5 Sa 104/84, LAGE § 74c HGB Nr. 2.
3 LAG Köln 2.10.1986 – 10 Sa 647/86, LAGE § 74c HGB Nr. 1.
4 LAG Rh.-Pf. 25.11.2004 – 4 Sa 618/04, AE 2006, 97.
5 BAG 9.1.1990 – 3 AZR 110/88, DB 1990, 991.
6 GK-HGB/*Etzel*, §§ 74–75d Rz. 98.
7 Offen gelassen in BAG 26.2.1988 – 3 AZR 162/84, AP Nr. 30 zu § 611 BGB – Konkurrenzklausel; wie hier: LAG Nds. 26.1.2005 – 6 Sa 1306/04 B, AE 2007, 133; GroßkommHGB/*Weber*, § 74c Rz. 6; Heymann/*Henssler*, § 74c HGB Rz. 5; *Bauer/Diller*, Wettbewerbsverbote, Rz. 786 und BB 1997, 990 (994); Ebenroth/Boujong/Joost/Strohn/*Boecken*, § 74c HGB Rz. 10.
8 BAG 30.10.1984 – 3 AZR 213/82, NZA 1985, 429.
9 BAG 25.6.1985 – 3 AZR 305/83, NZA 1986, 194; 22.5.1990 – 3 AZR 373/88, DB 1991, 451; offen gelassen, ob Arbeitslosengeld bei der Anrechnungsvorschrift weiterhin dem Arbeitsentgelt gleichzustellen ist: BAG 23.11.2004 – 9 AZR 595/03, NZA 2005, 411 u. 14.9.2011 – 10 AZR 198/10, NZA 2012, 98; aA: BGH 15.4.1991 – II ZR 214/89, DB 1991, 1508 in einer auf Organmitglieder bezogenen Entscheidung; LAG Köln 30.1.2014 – 13 Sa 744/13, NZS 2014, 396.
10 BAG 27.11.1991 – 4 AZR 211/91, NZA 1992, 800; 23.11.2004 – 9 AZR 595/03, NZA 2005, 411; 14.9.2011 – 10 AZR 198/10, NZA 2012, 98; LAG München 14.8.2007 – 4 Sa 189/07; aA *Bauer/Diller*, Wettbewerbsverbote, Rz. 534/537; *Diller*, BB 2008, 1680.
11 GK-HGB/*Etzel*, §§ 74–75d Rz. 95.
12 BAG 7.11.1989 – 3 AZR 769/87, BB 1990, 854.
13 LAG Hamm 30.3.2000 – 16 Sa 1684/99, EzA-SD 2000, Nr. 12, 9; GK-HGB/*Etzel*, §§ 74–75d Rz. 95a.
14 BAG 16.11.2005 – 10 AZR 152/05, EzA § 74c HGB Nr. 35 (seinerzeit: „Überbrückungsgeld").
15 LAG Hamm 19.2.1992 – 15 Sa 1728/91, BB 1992, 1856; ErfK/*Oetker*, § 74c HGB Rz. 1; *Mückl/Otto*, FA 2008, 297 (299).

der Anrechnungsregelung, nicht aber die Unverbindlichkeit des Wettbewerbsverbots zur Folge[1].

Unterlässt der Arbeitnehmer während der Karenzzeit die Verwertung seiner Arbeitskraft in böswilliger Weise, muss er sich die Einnahmen, die er hätte erzielen können, auf die Karenzentschädigung wie anderweitiges Arbeitseinkommen anrechnen lassen. Ein **böswilliges Unterlassen anderweitigen Erwerbs** liegt vor, wenn der Arbeitnehmer in Kenntnis der objektiven Umstände, nämlich der Arbeitsmöglichkeit, Zumutbarkeit der Arbeit und Nachteilsfolge für den Arbeitgeber, vorsätzlich untätig bleibt oder gegen eine zu geringe Vergütung arbeitet[2]. Der Arbeitnehmer muss sich der Schädigung des Arbeitgebers bewusst sein. Schädigungsabsicht ist aber nicht erforderlich. Andererseits genügt ein grob oder leicht fahrlässiges Verhalten nicht. Die Zumutbarkeit einer Erwerbsgelegenheit beurteilt sich nach Treu und Glauben[3] und der durch Art. 12 Abs. 1 GG gewährleisteten Freiheit der Arbeitsplatzwahl. Deshalb ist es nicht böswillig, wenn der Arbeitnehmer in der Karenzzeit eine selbständige Existenz aufbaut, obwohl er in dieser Aufbauphase weniger verdient als in einer abhängigen Beschäftigung[4], wenn er ein Weiterbeschäftigungsangebot des Arbeitgebers nach Erreichen der vorgezogenen Altersgrenze ablehnt[5], wenn er nicht sein Interesse am angemessenen beruflichen Fortkommen dem Interesse des Arbeitgebers nachordnet[6], wenn er eine gering bezahlte Ausbildung oder ein Studium beginnt, sofern nur die Entscheidung dafür von vernünftigen Erwägungen getragen wird[7]. Verliert der Arbeitnehmer in einem nachfolgenden Arbeitsverhältnis deshalb bereits entstandene Arbeitsentgeltansprüche gegen seinen nachfolgenden Arbeitgeber, weil er im Rahmen eines gerichtlichen Vergleichs das Ende des Arbeitsverhältnisses vorverlegt, liegt ein böswilliges Unterlassen anderweitigen Erwerbs vor[8]. Der Arbeitgeber ist dafür darlegungspflichtig, dass sein früherer Arbeitnehmer es unterlassen hat, eine mögliche, nach den gesamten Umständen zumutbare anderweitige Tätigkeit aufzunehmen[9]. Er trägt die Darlegungs- und Beweislast für das böswillige Unterlassen.

63

Anderweitiger bzw. böswillig unterlassener Erwerb wird auf die monatliche Karenzentschädigung nicht voll angerechnet, sondern nur, sofern und soweit die Summe aus Karenzentschädigung und Erwerb die in § 74c Abs. 1 HGB bezeichneten **Anrechnungsgrenzen überschreitet**. Im Normalfall liegt diese Grenze bei 110 % der zuletzt bezogenen vertragsmäßigen Leistungen. Die Anrechnungsgrenze erhöht sich auf 125 %, wenn der Arbeitnehmer infolge des Wettbewerbsverbots zu einer Verlegung seines Wohnsitzes gezwungen wurde. An die Darlegungs- und Beweislast, die den Arbeitnehmer trifft, dürfen keine überspannten Anforderungen gestellt werden. Ein Zwang zum **Wohnsitzwechsel** besteht, wenn der Arbeitnehmer wegen des Wettbewerbsverbots nur außerhalb seines bisherigen Wohnorts eine Tätigkeit ausüben kann, die nach Art, Vergütung und beruflichen Chancen seiner bisherigen Tätigkeit nahe kommt. Hätte dagegen der Arbeitnehmer am bisherigen Wohnort eine entsprechende Arbeitsstelle bei einem Nicht-Konkurrenzunternehmen finden können, fehlt

64

---

1 LAG Hamm 20.12.2001 – 16 Sa 414/01.
2 BAG 23.1.1967 – 3 AZR 253/66, AP Nr. 1 zu § 74c HGB; MünchKommHGB/*von Hoyningen-Huene*, § 74c Rz. 14; *Bauer/Diller*, Wettbewerbsverbote, Rz. 801; Heymann/*Henssler*, § 74c HGB Rz. 9.
3 BAG 13.11.1975 – 3 AZR 38/75, AP Nr. 7 zu § 74c HGB.
4 BAG 13.11.1975 – 3 AZR 38/75 u. 2.6.1987 – 3 AZR 626/85, AP Nr. 7 und 13 zu § 74c HGB; LAG Nürnberg 9.4.1987 – 5 Sa 104/84, LAGE § 74c HGB Nr. 2.
5 BAG 18.10.1976 – 3 AZR 376/75, AP Nr. 1 zu § 74b HGB; 3.7.1990 – 3 AZR 96/89, AP Nr. 61 zu § 74 HGB.
6 BAG 8.2.1974 – 3 AZR 519/73, AP Nr. 4 zu § 74c HGB.
7 BAG 8.2.1974 – 3 AZR 519/73 u. 9.8.1974 – 3 AZR 350/73, AP Nr. 4 u. 5 zu § 74c HGB; 13.2.1996 – 9 AZR 931/94, DB 1996, 1527.
8 LAG Hamm 30.3.2000 – 16 Sa 1684/99, EzA-SD 2000, Nr. 12, 9.
9 BAG 13.2.1996 – 9 AZR 931/94, DB 1996, 1527.

es an einem erzwungenen Wohnsitzwechsel. Das Wettbewerbsverbot muss für den Wohnsitzwechsel ursächlich sein[1]. Ist am bisherigen Wohnsitz ein Unternehmen ansässig, bei dem die Aufnahme einer Tätigkeit dem Arbeitnehmer verboten ist, so muss er nicht nachweisen, dass er – das nachvertragliche Wettbewerbsverbot hinweggedacht – bei diesem auch tatsächlich eine Anstellung gefunden hätte. Wenn der Arbeitgeber dem Arbeitnehmer vertraglich untersagt, bei einem Konkurrenzunternehmen tätig zu werden, kann er nicht gleichzeitig von ihm erwarten, dass dieser sich dort trotzdem bewirbt, nur um den Nachweis der Ursächlichkeit iSd. § 74c Abs. 1 Satz 2 HGB zu erbringen. Es genügt die Darlegung und ggf. der Nachweis, dass die Stellensuche bei den nicht vom Wettbewerbsverbot erfassten, am Ort ansässigen Unternehmen, die vergleichbare Arbeitsplätze vorhalten, erfolglos war[2]. Ausreichend erscheint, wenn der Arbeitnehmer Bewerbungsschreiben nebst den dazu erfolgten Absagen vorlegt. Der Ursachenzusammenhang zwischen Verbot und Wohnsitzverlegung entfällt nur dann, wenn ein Verstoß am Ort des alten Wohnsitzes nicht in Betracht kommen kann, weil dort überhaupt kein Wettbewerber ansässig ist, oder zwar ein Unternehmer ansässig ist, dieser aber keine für den Arbeitnehmer geeigneten und vom Geltungsbereich des Verbots erfassten Arbeitsstellen vorhält[3]. Ein Zwang zum Wohnsitzwechsel besteht auch dann, wenn sich der neue Arbeitsplatz des Arbeitnehmers zunächst am gleichen Ort wie die alte Arbeitsstelle befindet und erst eine Versetzung eine Wohnsitzverlegung erfordert. Voraussetzung ist jedoch, dass die Möglichkeit der örtlichen Veränderung bereits bei Abschluss des Arbeitsvertrages durch einen Versetzungsvorbehalt angelegt war. Ein später vollzogener Umzug wirkt dann für die Anrechnungsfreigrenze zurück. Es reicht aus, wenn er darlegt, dass er mit Rücksicht auf das Wettbewerbsverbot eine seiner früheren Tätigkeit vergleichbare Beschäftigung nur bei einem branchenfremden ortsansässigen Arbeitgeber unter dem Vorbehalt der späteren Versetzung aufnehmen konnte[4].

c) Berechnung

65 Bei der Berechnung der Karenzentschädigung ist zwischen den festen Vergütungsbestandteilen und den Einmalzahlungen/Variablen Gehaltsbestandteilen zu unterscheiden.

65a Für die **Berechnung bei festen Vergütungsbestandteilen** enthält § 74b HGB keine ausdrückliche Regelung. Aus § 74 Abs. 2 HGB und dem monatlichen Zahlungszeitraum nach § 74b Abs. 1 HGB folgt aber, dass die im letzten Bezugszeitraum vor Vertragsbeendigung fällig gewordene feste Vergütung auf ein Jahr hochzurechnen ist. Die Hälfte der zuletzt bezogenen vertragsmäßigen Leistungen iSd. § 74 Abs. 2 HGB darf also nicht mit der Hälfte der zuletzt bezogenen Jahresvergütung gleichgesetzt werden. Die **letzte Monatsvergütung** ist durch Multiplikation auf ein Jahr hochzurechnen und anschließend durch 24 zu dividieren. Das ist die monatlich zu zahlende Rate der Mindestentschädigung nach § 74 Abs. 2 HGB aus den festen Vergütungsbestandteilen (vorbehaltlich einer Anrechnung)[5]. Die Berechnungsgrundsätze gelten auch bei einer **Teilzeitbeschäftigung**; die Karenzentschädigung ist aus der Teilzeitvergütung zu be-

---

1 BAG 17.12.1973 – 3 AZR 283/73, 23.2.1982 – 3 AZR 676/79 u. 10.9.1985 – 3 AZR 31/84, AP Nr. 2, 9, 12 zu § 74c HGB; 8.11.1994 – 9 AZR 4/93, DB 1995, 1569; 23.2.1999 – 9 AZR 739/97, BB 1999, 1603.
2 BAG 23.2.1999 – 9 AZR 739/97, BB 1999, 1603.
3 BAG 23.2.1999 – 9 AZR 739/97, BB 1999, 1603.
4 BAG 8.11.1994 – 9 AZR 4/93, DB 1995, 1569.
5 GroßkommHGB/*Weber*, § 74b Rz. 16; MünchKommHGB/*von Hoyningen-Huene*, § 74b Rz. 14; Heymann/*Henssler*, § 74b HGB Rz. 2; Ebenroth/Boujong/Joost/Stohn/*Boecken*, § 74b HGB Rz. 11; *Bauer/Diller*, Wettbewerbsverbote, Rz. 403; aA LAG Hess. 5.3.1990 – 10/2 Sa 1114/89, LAGE § 74 Nr. 5.

rechnen[1]. Auch wenn der Arbeitnehmer zuvor beim Arbeitgeber vollzeitbeschäftigt war, kommt es nur auf den aktuellen Teilzeitverdienst an[2]. Das gilt auch, wenn der zunächst Vollzeit tätige Arbeitnehmer während der Elternzeit in einem ansonsten unveränderten Arbeitsverhältnis[3] Teilzeit arbeitet und während dieser Teilzeitarbeit aus dem Arbeitsverhältnis ausscheidet. Es ist unerheblich, dass der Arbeitnehmer, wäre das Arbeitsverhältnis nicht von ihm während der Elternzeit aus einem Teilzeitarbeitsverhältnis heraus beendet worden, mit Ablauf der Elternzeit wiederum sich in einem Vollzeitarbeitsverhältnis befinden würde[4]. Umgekehrt ist bei einem Vollzeitarbeitnehmer der letzte Verdienst unabhängig davon zugrunde zu legen, ob er zuvor Teilzeitarbeitnehmer war und erst kurz vor seinem Ausscheiden auf einen Vollzeitarbeitsplatz gewechselt ist.

Für die Berechnung bei **wechselnden Vergütungen oder Vergütungsbestandteilen** enthält § 74b Abs. 2 HGB eine Regelung. Für den insoweit zu zahlenden Monatsbezug ist der Durchschnitt der letzten 36 Monate zugrunde zu legen (vgl. Rz. 60)[5]. 65b

Auf die monatlich zu zahlende Karenzentschädigung ist nur **der in dem jeweiligen Monat erzielte anderweitige Erwerb** anzurechnen (pro rata temporis-Anrechnung); der Arbeitnehmer darf nicht auf einen Ausgleich seines geringeren Verdienstes in einem Monat durch andere Monate mit höherem Verdienst verwiesen werden[6]. Die Zahlung ist grundsätzlich auf den Zeitraum umzulegen, für den sie gezahlt wird[7]; so sind Weihnachtsgelder oder Jahrestantiemen grundsätzlich zu zwölfteln. Für die Anrechnung von Einkünften aus selbständiger Tätigkeit ist aber das kalenderjährliche steuerpflichtige Einkommen zu ermitteln. Der frühere Arbeitnehmer kann monatliche Abschlagszahlungen verlangen, muss dann aber vorläufige Auskünfte über das Geschäftsergebnis erteilen. Die endgültige Abrechnung erfolgt am Jahresende[8]. Entsprechendes soll allgemein bei Provisionen gelten[9]. Häufig steht im Zeitpunkt der Fälligkeit der Karenzentschädigung der anrechenbare Erwerb noch nicht fest. Die Entschädigung ist dann zunächst in vollem Umfang zur Zahlung fällig. Nach endgültiger Feststellung des anrechenbaren Erwerbs steht dem Arbeitgeber ggf. ein Bereicherungsanspruch zu[10]. 65c

d) Modalitäten der Auszahlung

Nach § 74b Abs. 1 HGB ist die **Karenzentschädigung jeweils am Ende eines Monats zu zahlen**. Fällt der Beginn der Laufzeit des Verbots nicht mit einem Monatsbeginn 66

---

1 MünchKommHGB/*von Hoyningen-Huene*, § 74b Rz. 12; krit. *Bauer/Diller*, Wettbewerbsverbote, Rz. 413.
2 MünchKommHGB/*von Hoyningen-Huene*, § 74b Rz. 12; ErfK/*Oetker*, § 74b HGB Rz. 3; GroßkommHGB/*Weber*, § 74b Rz. 15; aA *Bauer/Diller*, Wettbewerbsverbote, Rz. 414 (Anwendung des § 74b Abs. 2 HGB).
3 BAG 23.4.1996 – 9 AZR 696/94, NZA 1997, 160.
4 BAG 22.10.2008 – 10 AZR 360/08, NZA 2009, 962; zust. *Boewer* in Gaul, AktuellAR 2009, S. 253; *Hunold*, NZA-RR 2013, 174 (177); aA *Hahn*, FA 2010, 41; gegen das BAG könnten die Grundsätze des EuGH 22.10.2009 – Rs. C-116/08, NZA 2010, 29 und des LAG Nds. 27.6.2013 – 7 Sa 696/12, ArbR 2014, 31 (Revision unter BAG 1 AZR 826/13) sprechen.
5 MünchKommHGB/*von Hoyningen-Huene*, § 74b Rz. 15, 16; Heymann/*Henssler*, § 74b HGB Rz. 4, 5.
6 BAG 16.11.1973 – 3 AZR 61/73, AP Nr. 34 zu § 74 HGB; 16.11.2005 – 10 AZR 152/05, EzA § 74c HGB Nr. 35; LAG Köln 15.9.1994 – 5 (2) Sa 856/94, LAGE § 74c HGB Nr. 5; Heymann/*Henssler*, § 74c HGB Rz. 14; *Bauer/Diller*, Wettbewerbsverbote, Rz. 816; Ebenroth/Boujong/Joost/Strohn/*Boecken*, § 74c HGB Rz. 23.
7 *Bauer/Diller*, Wettbewerbsverbote, Rz. 820.
8 BAG 2.6.1987 – 3 AZR 626/85, NZA 1988, 130; *Mückl/Otto*, FA 2008, 297 (299).
9 *Bauer/Diller*, Wettbewerbsverbote, Rz. 823.
10 Ebenroth/Boujong/Joost/Strohn/*Boecken*, § 74c HGB Rz. 24.

zusammen, läuft die Monatsfrist vom Verbotsbeginn an[1]. Abweichungen von der gesetzlichen Vorgabe haben sich am Maßstab des § 75d Satz 1 HGB zu orientieren. Durchgreifende Bedenken bestehen gegen Regelungen, nach denen bereits **während des laufenden Arbeitsverhältnisses** besondere Zuwendungen an den Arbeitnehmer erbracht werden, die Entschädigung für eine künftige Wettbewerbsenthaltung sein sollen. Zum einen ist ungewiss, ob der Arbeitnehmer die in § 74 Abs. 2 HGB garantierte Mindestentschädigung erhält, zum anderen verliert der Sicherungsaspekt der Karenzentschädigung bei einer derartigen Bevorschussung entscheidend an Gewicht[2]. Die Auszahlung der gesamten Karenzentschädigung als Einmalbetrag bei Ende des Arbeitsverhältnisses ist zulässig. Dabei darf der Gesamtbetrag jedoch nicht niedriger sein als die Summe der Einzelansprüche, weshalb eine Abzinsung unzulässig ist.

e) Verfall- und Verjährungsfristen

67 Der monatliche Entschädigungsanspruch unterliegt der dreijährigen **Verjährungsfrist** des § 195 BGB. Eine Abkürzung der Verjährungsfrist ist angesichts von § 75d Satz 1 HGB zweifelhaft. Ob der Anspruch einer **Ausschlussfrist** unterliegt, richtet sich nach deren Wortlaut, Sinn und Zweck[3]. Unter „Ansprüche aus dem Arbeitsverhältnis" werden in aller Regel auch die Karenzentschädigungsansprüche fallen[4].

Nicht erfasst wird der Entschädigungsanspruch aber von einer tariflichen Ausschlussklausel, die als spätesten Fristbeginn zur Geltendmachung ausnahmslos das Ende des Arbeitsverhältnisses festlegt[5]. Anders ist es, wenn die Ausschlussfrist jeweils mit der Fälligkeit des Anspruches beginnt[6]. Ggf. muss der Arbeitnehmer, der einen Kündigungsschutzrechtsstreit führt, im Wege einer Eventualklage die Karenzentschädigung geltend machen[7]. Eine Ausschlussfrist für die Geltendmachung von Karenzentschädigungsansprüchen kann auch in einem Formulararbeitsvertrag vereinbart werden[8].

⊃ **Hinweis:** Die Aufforderung, künftig Karenzentschädigung in bestimmter Höhe zu zahlen, stellt keine ausreichende Geltendmachung des jeweiligen monatlichen, erst später fälligen Zahlungsanspruchs auf Karenzentschädigung dar. Dies gilt zumindest dann, wenn sich der Arbeitnehmer entsprechend § 74c HGB monatlich anderweitigen Verdienst anrechnen lassen muss. Die Konstellation ist mit der Geltendmachung von Annahmeverzugsansprüchen, die von der streitigen Wirksamkeit einer Kündigung abhängen, nicht vergleichbar, weil hinsichtlich des anderweitigen Verdienstes bei der Karenzentschädigung keine vergleichende Gesamtberechnung durchzuführen ist[9].

f) Ausgleichsklausel

68 Eine vom Arbeitnehmer erteilte bloße Ausgleichsquittung bezieht sich im Zweifel **nicht** auf den Entschädigungsanspruch. Anders kann es sein, wenn in einem Vertrag das gesamte Arbeitsverhältnis abgewickelt wird (vgl. Rz. 45).

---

1 GroßkommHGB/*Weber*, § 74b Rz. 4; Heymann/*Henssler*, § 74b HGB Rz. 8; aA *Bauer/Diller*, Wettbewerbsverbote, Rz. 737.
2 BAG 14.7.1981 – 3 AZR 414/80, AP Nr. 38 zu § 74 HGB; Preis/*Stoffels*, Der Arbeitsvertrag, II W 10, Rz. 62.
3 BAG 22.6.2005 – 10 AZR 459/04, ZTR 2006, 140; grds. abl. unter Hinweis auf § 75d HGB: Ebenroth/Boujong/Joost/Strohn/*Boecken*, § 74b HGB Rz. 6.
4 BAG 22.6.2005 – 10 AZR 459/04, ZTR 2006, 140; 17.6.1997 – 9 AZR 801/95, DB 1998, 426; LAG Nürnberg 21.2.2007 – 6 Sa 576/04, NZA-RR 2007, 428; GK-HGB/*Etzel*, §§ 74–75d Rz. 106.
5 BAG 24.4.1970 – 3 AZR 328/69, AP Nr. 25 zu § 74 HGB.
6 BAG 18.12.1984 – 3 AZR 383/82, AP Nr. 87 zu § 4 TVG – Ausschlussfristen; 27.11.1991 – 4 AZR 211/91, NZA 1992, 800.
7 BAG 18.12.1984 – 3 AZR 383/82, AP Nr. 87 zu § 4 TVG – Ausschlussfristen.
8 BAG 17.6.1997 – 9 AZR 801/95, DB 1998, 426.
9 LAG Nürnberg 21.2.2007 – 6 Sa 576/04, NZA-RR 2007, 428.

g) Pfändungsschutz

Die Karenzentschädigung ist Arbeitseinkommen iS der **Lohnpfändungsvorschriften** (§ 850 Abs. 3a ZPO). Sie ist in demselben Umfang unpfändbar wie Arbeitseinkommen. Ein üblicher Pfändungs- und Überweisungsbeschluss erstreckt sich auf die Karenzentschädigung[1]. Karenzentschädigungen genießen den Schutz nur, wenn sie **wiederkehrend** gezahlt werden. Einigen sich die Arbeitsvertragsparteien auf eine einmalige Kapitalabfindung, richtet sich der Pfändungsschutz nach § 850i Abs. 1 ZPO. Wird die Entschädigung monatlich gezahlt und erhält der Arbeitnehmer eine Arbeitsvergütung aus einem neuen Arbeitsverhältnis, sind die Bezüge auf Antrag des Arbeitnehmers oder des Gläubigers seitens des Vollstreckungsgerichts zusammenzurechnen (§ 850e Nr. 2 ZPO). Die Pfändung des Arbeitseinkommens bei dem neuen Arbeitgeber erfasst die Karenzentschädigung nicht. Schließen die Arbeitsvertragsparteien erst nach der Beendigung des Arbeitsverhältnisses eine Wettbewerbsabrede, dürfte der innere Zusammenhang mit dem Arbeitsverhältnis fehlen, und der Gläubiger wird erneut pfänden müssen, um die Kapitalabfindung bzw. die monatlich gezahlten Entschädigungen überwiesen zu erhalten[2]. Soweit die Karenzentschädigung unpfändbar ist, ist sie nach § 400 BGB nicht abtretbar und der ehemalige Arbeitgeber kann gem. § 394 BGB gegen sie nicht aufrechnen.

69

h) Insolvenzverfahren

Die InsO kennt keine Insolvenzvorrechte für Ansprüche von Arbeitnehmern. Noch nicht erfüllte Entschädigungsraten aus der Zeit vor Insolvenzeröffnung sind also nicht privilegiert. Die Arbeitnehmer werden nach § 38 InsO als Insolvenzgläubiger behandelt. Ob der Arbeitnehmer Anspruch auf Zahlung von Insolvenzgeld nach den §§ 165 ff. SGB III für rückständige Entschädigungsraten hat, ist umstritten[3].

70

2. Keine Erstattung von Leistungen an die Bundesagentur für Arbeit

Der Arbeitgeber hatte der früheren Bundesanstalt für Arbeit nach § 148 SGB III aF 30 % des **Arbeitslosengeldes zu erstatten**, das die Bundesanstalt für die Dauer des nachvertraglichen Wettbewerbsverbots an den Arbeitnehmer erbringt. Die Vorschrift wurde zum 1.1.2004 ersatzlos aufgehoben.

71

XII. Rechtsfolgen bei Vertragsverletzungen

1. Rechte des ehemaligen Arbeitgebers

Verletzt der Arbeitnehmer das Wettbewerbsverbot, kann der Arbeitgeber die Erfüllung des Wettbewerbsverbots mit einer **Unterlassungsklage** durchsetzen[4]. Verlangt werden kann nicht jede Unterlassung anderweitiger Arbeitsleistung, sondern allein die Unterlassung der Arbeit beim konkreten Konkurrenten, soweit durch sie gegen das Wettbewerbsverbot verstoßen wird. Der konkrete Konkurrent ist im Rahmen des Antrages zu nennen. Es ist nicht zulässig, einen Globalantrag in der Form zu stel-

72

---

1 GK-HGB/*Etzel*, §§ 74–75d Rz. 109.
2 *Bengelsdorf*, Pfändung und Abtretung von Lohn, 2. Aufl. 2002, Rz. 306.
3 Abl.: *Peters-Lange* in Gagel, § 165 SGB III Rz. 91; bej.: GroßkommHGB/*Weber*, § 74b Rz. 23; *Bauer/Diller*, Wettbewerbsverbote, Rz. 1017.
4 Zum Streitwert: LAG Nürnberg 25.6.1999 – 2 Ta 56/99, BB 1999, 1929; BGH 19.9.1990 – VIII ZR 117/90, WM 1990, 2058; ArbG München 30.10.2000 – 36 Ca 15656/99; LAG München 13.5.2002 – 10 Ta 6/02, AE 2002, 139; LAG Köln 12.11.2007 – 7 Ta 295/07, AE 2008, 154; LG Magdeburg 5.12.2011 – 2 S 449/11, AE 2012, 190; zur grenzüberschreitenden Durchsetzung nachvertraglicher Wettbewerbsverbote: *Diller/Wilske*, DB 2007, 1866.

len, „nicht für Unternehmen tätig zu werden, welche mit der Klägerin in Konkurrenz stehen"[1]. Einem Globalantrag fehlt die Vollstreckungsfähigkeit. In gleicher Weise zu global soll auch die Antragstellung „oder sonstige angehörige Unternehmen der X-Gruppe" sein[2]. Der Antrag ist zeitlich auf die Laufzeit des Wettbewerbsverbotes zu begrenzen. Mit dem Unterlassungsantrag sollte der Antrag auf Festsetzung von Ordnungsmitteln für den Fall der Zuwiderhandlung verbunden werden. Eine **vorbeugende Unterlassungsklage** ist möglich, wenn der Arbeitgeber aufgrund besonderer Umstände befürchten muss, dass der ehemalige Arbeitnehmer die Wettbewerbsvereinbarung nicht einhält[3]. Läuft die Karenzzeit vor Erlass eines rechtskräftigen Urteils ab, muss der Arbeitgeber entweder die Hauptsache für erledigt erklären oder zur Feststellung, **Klage auf Feststellung** übergehen, dass der Arbeitnehmer zur Unterlassung verpflichtet war. Das Feststellungsinteresse ist wegen der möglichen Schadensersatz- oder Vertragsstrafenansprüche idR gegeben. Gegenüber der Erledigungserklärung hat die Feststellungsklage für den Arbeitgeber den Vorteil, dass eine rechtskräftige Entscheidung über die Unterlassungspflicht ergeht[4]. Wird rechtskräftig festgestellt, dass ein Unterlassungsanspruch bestand, ist in dem darauf folgenden Schadensersatzprozess davon auszugehen, dass der Verstoß gegen die Unterlassungspflicht rechtswidrig war.

73 Der Erfüllungsanspruch aus dem Wettbewerbsverbot kann über eine **einstweilige Verfügung** durchgesetzt werden, auch wenn es sich um eine Leistungsverfügung handelt[5]. Nur so lässt sich eine Wettbewerbstätigkeit effektiv unterbinden. Der Antrag unterscheidet sich hinsichtlich der verlangten Unterlassung nicht vom Antrag im Klageverfahren. Ob allein in der Verletzung des Wettbewerbsverbots ein ausreichender Verfügungsgrund liegt, ist zweifelhaft[6]. Der Arbeitgeber sollte deshalb unbedingt versuchen darzulegen, dass ihm erhebliche Nachteile drohen. Er hat die Voraussetzungen des § 74a Abs. 1 Satz 1 HGB glaubhaft zu machen[7] (vgl. Rz. 25). Aus einem Verstoß gegen das Wettbewerbsverbot folgt die Wiederholungsgefahr[8]. Mit dem Antrag darf nicht zu lange gewartet werden; die Grenze dürfte bei einem Monat ab Kenntniserlangung liegen. Es ist auf die Vollziehung der einstweiligen Verfügung innerhalb der Frist des § 929 Abs. 2 ZPO zu achten. Wird diese Frist versäumt, verliert die einstweilige Verfügung ihre Wirkung und ist aufzuheben. Ggf. kommt der Antrag und Erlass einer Zweitverfügung in Betracht[9]. Ist in einem Urteil auf Erlass einer einstweiligen Verfügung die Androhung von Ordnungsgeld bereits erhalten, soll die Amtszustellung des Urteils mit Strafandrohung an den Antragsgegner zum Vollzug genügen[10]. UU kann durch einstweilige Verfügung auch die Beseitigung einer fortbestehenden Störung verlangt werden.

---

1 LAG Hamm 12.9.2006 – 7 Sa 1356/06, AE 2007, 56.
2 LAG Hamm 12.9.2006 – 7 Sa 1356/06, AE 2007, 56.
3 LAG BW 28.2.1986 – 13 Sa 19/85, NZA 1986, 641; Heymann/*Henssler*, § 74 HGB Rz. 39; MünchKommHGB/*von Hoyningen-Huene*, § 74 Rz. 58.
4 BAG 2.2.1968 – 3 AZR 462/66, BB 1968, 504; MünchKommHGB/*von Hoyningen-Huene*, § 74 Rz. 57.
5 *Korinth*, Einstweiliger Rechtsschutz im Arbeitsgerichtsverfahren, Teil I Rz. 36 ff.; Formulierungsvorschlag bei *Bauer/Lingemann/Diller/Haußmann*, M 25.11; Formulierungsvorschlag für eine Schutzschrift bei *Bauer/Lingemann/Diller/Haußmann*, M 25.12; zum Streitwert: LAG Köln 24.5.2005 – 6 Ta 145/05, NZA-RR 2005, 547.
6 Bej.: LAG Berlin 26.3.1991 – 9 Sa 7/91, BB 1991, 1196; vgl. auch LAG Köln 14.11.1989 – 11 Sa 930/89, LAGE § 611 BGB Treuepflicht Nr. 1; aA: *Bauer/Diller*, Wettbewerbsverbote, Rz. 892; LAG BW 24.11.1967 – 7 Sa 106/67, BB 1968, 708; LAG Hamm 12.9.2006 – 7 Sa 1356/06, AE 2007, 56; LAG Nds. 16.7.2009 – 4 SaGa 697/09, NZA-RR 2010, 68.
7 LAG Sachs. 10.3.1998 – 9 Sa 1297/97.
8 LAG Nds. 8.12.2005 – 7 Sa 1871/05, LAGE § 74a HGB Nr. 3.
9 LAG Hamm 5.1.1995 – 16 Sa 2094/94, DB 1995, 1871; 10.6.1998 – 14 Sa 883/98, LAGE § 611 BGB – Berufssport Nr. 9.
10 LAG Nürnberg 31.7.2001 – 6 Sa 408/01, NZA-RR 2002, 272.

XII. Rechtsfolgen bei Vertragsverletzungen

Die **Vollstreckung** des Unterlassungsanspruches erfolgt gem. § 890 ZPO[1]. **74**

Der Arbeitgeber hat hinsichtlich der örtlichen **Zuständigkeit** des Arbeitsgerichts nach § 35 ZPO ein Wahlrecht zwischen dem allgemeinen Gerichtsstand des – möglicherweise neuen – Arbeitnehmerwohnsitzes und dem besonderen Gerichtsstand des Erfüllungsortes, also dem Ort der ehemaligen Arbeitsstätte[2]. **74a**

Einen **Auskunftsanspruch** hat der Arbeitgeber, wenn entweder ein Wettbewerbsverstoß bereits gegeben ist oder mindestens der objektive Verdacht eines Wettbewerbsverstoßes besteht[3]. Der Anspruch geht auf Nennung des neuen Arbeitgebers und Aufklärung über die getätigten Geschäfte. Er kann im Wege der Stufenklage verfolgt werden, uU auch im Wege einer einstweiligen Verfügung[4]. **74b**

Im Übrigen sind die Regeln über **Leistungsstörungen im gegenseitigen Vertrag** anzuwenden. Für den Zeitraum der verbotenen Konkurrenztätigkeit wird dem Arbeitnehmer die Wettbewerbsunterlassung unmöglich und der Arbeitgeber insoweit von der Karenzentschädigungspflicht befreit. Der **Wegfall der Entschädigungspflicht für die Zeit des Verstoßes** setzt nicht die Ausübung der Gestaltungsrechte nach § 323 BGB voraus[5]. Eine bereits gezahlte Karenzentschädigung kann er zurückfordern[6]. Auf die Intensität des Wettbewerbsverstoßes kommt es dabei nicht an. Der Entschädigungsanspruch lebt auf, wenn der Arbeitnehmer das nachvertragliche Wettbewerbsverbot wieder einhält[7]. Die Entschädigungspflicht erlischt also nur für den Zeitraum der Zuwiderhandlung. Der Arbeitgeber kann aber vom Wettbewerbsverbot zurücktreten, wenn er aufgrund des erfolgten Verstoßes an der weiteren Teilleistung kein Interesse mehr hat (§ 323 Abs. 5 Satz 1 BGB)[8]. Nach § 323 Abs. 1 BGB ist der Rücktritt zulässig, wenn der Arbeitgeber dem (ehemaligen) Arbeitnehmer eine angemessene Frist zur Einhaltung des Verbots gesetzt hat und sich der Arbeitnehmer trotzdem nicht vertragstreu verhält. Ist der Wettbewerbsverstoß bereits beendet, kommt – wenn nicht ein Fall des § 323 Abs. 5 BGB vorliegt – ein Rücktritt nur unter den Voraussetzungen des § 323 Abs. 2 Nr. 3 BGB in Betracht[9]. Der **Rücktritt** schließt die Geltendmachung von Schadensersatzansprüchen wegen Verletzung der Leistungspflicht (§ 280 Abs. 1 BGB) nicht aus (§ 325 BGB). Der Arbeitgeber kann unter den Voraussetzungen der §§ 280, 281 BGB **Schadensersatz** verlangen. Auch unter der Regelung des § 619a BGB gibt es keinen überzeugenden Grund, dem Arbeitgeber die Beweislast für das Verschulden des Arbeitnehmers zuzuweisen[10]. Der Schadensersatzanspruch umfasst den ihm entgehenden Gewinn. Ein Anspruch auf Herausgabe des von dem Arbeitnehmer erzielten Gewinns besteht hingegen nicht; es fehlt an einer dem § 61 HGB entsprechenden Vorschrift. **75**

Ein Wettbewerbsverbot kann durch eine **Vertragsstrafenregelung** gesichert werden. Bei der Formulierung ist auf Bestimmtheit und Eindeutigkeit zu achten; sowohl die Pflichtverletzung als auch die Höhe der zu leistenden Strafe ist so präzise wie möglich zu bestimmen[11]. Macht der Arbeitgeber die Vertragsstrafe geltend, wird dadurch der Erfüllungsanspruch ausgeschlossen (§ 75c Abs. 1 Satz 1 HGB iVm. § 340 Abs. 1 **76**

---

1 LAG Düsseldorf 21.3.1994 – 7 Ta 359/93, LAGE § 890 ZPO Nr. 3 (auch wenn Verbotszeitraum zwischenzeitlich abgelaufen ist).
2 *Bengelsdorf*, DB 1992, 1340.
3 BAG 22.4.1967 – 3 AZR 347/66, AP Nr. 12 zu § 242 BGB-Auskunftspflicht.
4 Ebenroth/Boujong/Joost/Strohn/*Boecken*, § 74 HGB Rz. 56.
5 *Bauer/Diller*, Wettbewerbsverbote, Rz. 899.
6 BAG 5.8.1968 – 3 AZR 128/67, AP Nr. 24 zu § 74 HGB.
7 BAG 10.9.1985 – 3 AZR 490/83, AP Nr. 49 zu § 74 HGB.
8 Formulierungsvorschlag bei *Bauer/Lingemann/Diller/Haußmann*, M 25.8.
9 *Bauer/Diller*, NJW 2002, 1609 (1612).
10 *Bauer/Diller*, NJW 2002, 1609 (1611).
11 Vgl. dazu *Schramm*, NJW 2008, 1494.

Satz 2 BGB). Der Unterlassungsanspruch wird durch die Geltendmachung einer sich nicht auf die gesamte Karenzzeit beziehenden Vertragsstrafe aber nur für den Zeitraum ausgeschlossen, für den die Strafe verlangt wird[1]. Verwirkt der Arbeitnehmer bei jedem Fall der Zuwiderhandlung die Vertragsstrafe, hat der Arbeitgeber bei jedem neuen Verstoß die Wahl, ob er die Vertragsstrafe oder die Unterlassung von Wettbewerb verlangen will. Ob die Vertragsstrafe für jede einzelne Zuwiderhandlung bzw. für die Zuwiderhandlung in einem bestimmten Zeitraum (zB Monat) vereinbart worden ist oder ob sie sich einheitlich auf die gesamte Karenzzeit bezieht, muss, soweit keine klare Vereinbarung vorliegt, durch Auslegung ermittelt werden[2]. Auch in einem **Formulararbeitsvertrag** ist eine Vertragsstrafe zur Absicherung eines nachvertraglichen Wettbewerbsverbots zulässig. § 309 Nr. 6 BGB erfasst die Nichterfüllung von Unterlassungspflichten nicht[3]. Da bei Wettbewerbsverboten eine Vertragsstrafe vor allem dazu dient, den Arbeitnehmer zur Einhaltung des Verbots anzuhalten, liegt kein pauschalierter Schadensersatzanspruch iSv. § 309 Nr. 5 BGB vor[4]. Auch gehören Vertragsstrafen zu den „Besonderheiten des Arbeitsrechts"[5], wie bei Wettbewerbsverboten § 75c HGB zeigt. Ist die Vertragsstrafe allerdings unverhältnismäßig hoch, ist sie nach § 307 Abs. 1 Satz 1 BGB unwirksam; eine geltungserhaltende Reduktion kommt nach der Rechtsprechung grundsätzlich nicht in Betracht[6]. In der Literatur wird aber zu Recht vertreten, dass die Rechtsprechung für Vertragsstrafen, die zur Sicherung eines Wettbewerbsverbots vereinbart werden, nicht passt, insbesondere weil § 75c Abs. 1 HGB ausdrücklich auf § 343 BGB verweise und das Unterlassungsinteresse des Arbeitgebers erst bei Inkrafttreten des Wettbewerbsverbots angemessen zu bewerten ist[7]. Deshalb müsse § 307 Abs. 1 BGB hinter die arbeitsrechtlichen Besonderheiten nach § 310 Abs. 4 Satz 2 BGB zurückzutreten und § 343 BGB sei anwendbar[8]. Eine Vertragsstrafe in Höhe von einem Bruttomonatsgehalt für jeden Fall der Zuwiderhandlung wird regelmäßig angemessen sein[9]. Nach der Rechtsprechung ist eine Regelung unangemessen, wonach eine Vertragsstrafe im Falle eines Verstoßes in jedem Einzelfall in Höhe des ein- bis dreifachen Monatsgehaltes verwirkt wird[10]. Der Begriff einer **dauerhaften Vertragsverletzung** muss in der Vertragsstrafenregelung präzise definiert sein; sonst ist die Regelung wegen Verstoßes gegen das Transparenzgebot (§ 307 Abs. 1 Satz 2 BGB) unwirksam[11].

77 Eine Zusage des neuen Arbeitgebers an den Arbeitnehmer, dass er ihn bei Wettbewerbsverstößen von etwaigen Sanktionen des ehemaligen Arbeitgebers **freistellt**, verstößt gegen § 138 BGB[12].

---

1 BAG 26.1.1973 – 3 AZR 233/72, AP Nr. 4 zu § 75 HGB.
2 ErfK/*Müller-Glöge*, §§ 339–345 BGB Rz. 18.
3 BAG 18.8.2005 – 8 AZR 65/05, NZA 2006, 34; *Bauer/Diller*, NJW 2002, 1609 (1614); *Thüsing/Leder*, BB 2004, 42 (47); *Diller*, NZA 2005, 250 (253).
4 *Diller*, NZA 2005, 250 (253); *Gaul/Khanian*, MDR 2006, 181 (187).
5 BAG 4.3.2004 – 8 AZR 196/03, DB 2004, 1616; *Gaul/Khanian*, MDR 2006, 181 (186f.).
6 BAG 4.3.2004 – 8 AZR 196/03, DB 2004, 1616; *Thüsing/Leder*, BB 2004, 42 (47); aA LAG Hamm 14.4.2003 – 7 Sa 1881/02, NZA-RR 2003, 513; abl. zu LAG Hamm: *Gaul/Khanian*, MDR 2006, 181 (187).
7 AA ErfK/*Müller-Glöge*, §§ 339–345 BGB Rz. 20 (maßgebend allein der Zeitpunkt des Vertragsschlusses).
8 *Diller*, NZA 2005, 250 (253, 254).
9 Vgl. auch *Diller*, NZA 2005, 250 (254): Grenze der Angemessenheit darf nicht zu niedrig gezogen werden. ErfK/*Müller-Glöge*, §§ 339–345 BGB Rz. 20: im Einzelfall kann das Strafversprechen deutlich über einen Bruttomonatsverdienst hinausgehen.
10 BAG 18.8.2005 – 8 AZR 65/05, NZA 2006, 34; vgl. auch LAG Nds. 15.9.2011 – 7 Sa 1908/10, AE 2012, 13.
11 BAG 14.8.2007 – 8 AZR 973/06, DB 2008, 66; Formulierungsvorschlag bei *Diller*, NZA 2008, 574 (576) und bei *Bauer/Lingemann/Diller/Haußmann*, M 25.1; *Schwarz/Spielberger*, AuA 2008, 542.
12 GK-HGB/*Etzel*, §§ 74–75d Rz. 94.

2. Rechte des ehemaligen Arbeitnehmers

Gerät der Arbeitgeber mit der Zahlung der Karenzentschädigung in Verzug, der ohne Mahnung eintritt (§ 286 Abs. 2 Nr. 1 BGB), hat der Arbeitnehmer die Rechte aus den §§ 281, 323 BGB. Er kann also **Erfüllung**[1] und Ersatz des **Verzugsschadens** (§ 288 BGB) verlangen, aber auch nach Fristsetzung gem. § 323 Abs. 1 BGB von der Wettbewerbsvereinbarung **zurücktreten**[2]. Damit entfallen die gegenseitigen Rechte und Pflichten für die Zukunft. § 325 BGB stellt klar, dass der Rücktritt nicht ausschließt, daneben noch Schadensersatz wegen Verletzung der Leistungspflicht nach § 280 BGB zu verlangen. Ein Verzug des Arbeitgebers mit der Entschädigungszahlung hat aber nicht zur Folge, dass der Arbeitnehmer nunmehr ohne Rücktritt Konkurrenz betreiben kann[4]. Die Unterlassungspflicht des Arbeitnehmers kann bei Zahlungsverzug des Arbeitgebers nicht Gegenstand eines Zurückbehaltungsrechts sein, wenn der Arbeitnehmer trotz des Zahlungsverzuges des Arbeitgebers an der Wettbewerbsvereinbarung festhalten will.

---

[1] Formulierungsvorschlag für eine Klage auf Zahlung von Karenzentschädigung bei *Bauer/Lingemann/Diller/Haußmann*, M 25.10.
[2] Formulierungsvorschlag bei *Bauer/Lingemann/Diller/Haußmann*, M 25.9: Eine Frist von drei Wochen ist stets angemessen, meist dürften auch zwei Wochen genügen.
[3] *Bauer/Diller*, NJW 2002, 1609 (1610).
[4] BAG 5.10.1982 – 3 AZR 451/80, DB 1983, 834; Heymann/*Henssler*, § 74 HGB Rz. 52; aA Ebenroth/Boujong/Joost/Strohn/*Boecken*, § 74 HGB Rz. 61, 62.

G. Betriebsübergang

	Rz.
I. Normzweck und Entstehungsgeschichte	1
II. Tatbestandliche Voraussetzungen	
1. Betrieb oder Betriebsteil	4
a) Rechtsprechungsentwicklung	5
b) Betriebsbegriff	10
c) Betriebsteilbegriff	12
d) Wirtschaftliche Tätigkeit	16
e) Auf Dauer angelegt	18
2. Übergang des Betriebes bzw. Betriebsteils auf einen anderen Rechtsträger	19
a) Übernahme einer wirtschaftlichen Einheit	24
b) Betriebsübergang bei Übernahme von Arbeitnehmern?	46
c) Besonderheiten nach dem Gegenstand des übertragenen Betriebs oder Betriebsteils	54
aa) Produktion	55
bb) Handel, Dienstleistung	56
d) Funktionsnachfolge – Outsourcing	58
aa) Bloße Auftragsvergabe	59
bb) Übernahme wesentlicher Betriebsmittel	63
e) Tatsächliche Weiterführung oder Wiederaufnahme der Geschäftstätigkeit	69
f) Unterbrechung, Verlegung und Stilllegung	71
g) Wiedereinstellungsanspruch	85
3. Übergang durch Rechtsgeschäft	97
4. Exkurs: Umwandlungsgesetz und Betriebsübergang	109
5. Zeitpunkt des Übergangs	112
III. Rechtsfolgen des Betriebsübergangs	
1. Individualrechtliche Folgen	114
a) Übergehende Arbeitsverhältnisse	116
b) Zuordnung von Arbeitnehmern	125
c) Wirkungen des Eintritts in bestehende Arbeitsverhältnisse	132
aa) Auswirkungen für den Arbeitnehmer	148
bb) Auswirkungen für den Betriebserwerber	150
(1) Haftung des Betriebserwerbers im Insolvenzfall des Betriebsveräußerers	152
(2) Eröffnung des Insolvenzverfahrens und Versorgungsanwartschaften	156
cc) Betriebsübergang und Betriebsübung	159
dd) Betriebsübergang und Gleichbehandlung	161
2. Kollektivrechtliche Folgen	
a) Überblick: Regelungsbereich der Transformationsanordnung für Betriebsvereinbarungen und Tarifverträge	165
b) Ausnahmen vom Regelungsbereich des § 613a Abs. 1 Satz 2 BGB	
aa) Ausnahmen von der Transformation bei Tarifverträgen	167
bb) Ausnahmen von der Transformation bei Betriebsvereinbarungen	171
c) Transformation von Betriebsvereinbarungen gem. § 613a Abs. 1 Satz 2 BGB	180
aa) Grundsatz: Einjährig einseitig zwingende Weitergeltung	185
bb) Ausnahmen von der einjährigen Bindungsfrist	186
cc) Statische Weitergeltung	188
dd) Kollektivvertragsoffene Regelung, § 613a Abs. 1 Satz 3 BGB	189
ee) Rechtslage nach Ablauf der einjährigen Bindungsfrist	192
ff) Mehrfache Betriebsübergänge	193
gg) Regelungsabreden	194
d) Transformation von tarifvertraglichen Regelungen gem. § 613a Abs. 1 Satz 2 BGB	
aa) Rechtsnormen eines Tarifvertrages, § 4 Abs. 1 TVG	195
bb) Rechtsnormen eines Tarifvertrages gem. § 613a Abs. 1 Satz 2 BGB	196
cc) Kollektivrechtliche Tarifbindung	201
(1) Begründung der Tarifbindung	202
(2) Tarifbindung und Austritt aus dem Verband, § 3 Abs. 3 TVG	207
(3) Nachwirkung des Tarifvertrages, § 4 Abs. 5 TVG	210
dd) Normativ wirkender Tarifvertrag und Betriebsübergang	211
(1) Fortbestand der kollektiven Tarifgebundenheit auch nach Betriebsübergang	212

	Rz.
(2) Fehlende Tarifgebundenheit nach Betriebsübergang und Transformation	215
(3) Ausnahmen von der einjährigen Bindungsfrist	222
(a) Nachwirkender Tarifvertrag	223
(b) Ausscheiden aus Geltungsbereich des Tarifvertrages	232
(4) Kollektivvertragsoffene Regelung	
(a) Bei normativ wirkendem Tarifvertrag im Erwerberbetrieb	233
(b) Bei vereinbartem Tarifvertrag im Erwerberbetrieb	241
e) Arbeitsvertragliche Bezugnahmeklauseln auf Tarifverträge	244
aa) Rechtslage für bis zum 31.12. 2001 abgeschlossene Arbeitsverträge („Altvertrag")	252
bb) Rechtslage für ab dem 1.1. 2002 abgeschlossene Arbeitsverträge („Neuvertrag")	260
f) Betriebliche Altersversorgung und Betriebsübergang	269
aa) Ansprüche aus einer Direktversicherung	273
bb) Ansprüche gegen eine Pensionskasse	274
cc) Ansprüche gegen die Unterstützungskasse	275
dd) Erlassverträge über Versorgungsanwartschaften	277
ee) Konkurrenz zwischen alter und neuer betrieblicher Altersversorgung	278
IV. Kontinuität des Betriebsrats und Überblick über sonstige betriebsverfassungsrechtliche Fragen	
1. Fortbestand von Arbeitnehmervertretungen	304
2. Betriebsübergang als Betriebsänderung?	311
3. Informations-/Unterrichtungspflichten	314
V. Das Haftungsregime beim Betriebsübergang	
1. Rechtliche Einordnung	315
2. Haftung des Betriebserwerbers	317

	Rz.
3. Haftung des Betriebsveräußerers	318
4. Dispositivität der Regelung	320
VI. Vereinbarungen und Kündigungen im Zusammenhang mit dem Betriebsübergang	
1. Vereinbarungen im Zusammenhang mit dem Betriebsübergang	322
a) Abschluss von Aufhebungsverträgen	323
b) Einschaltung von Transfergesellschaften	325
c) Befristungsabreden	333
d) Veränderungen der arbeitsvertraglichen Inhalte	335
2. Kündigungen im Zusammenhang mit dem Betriebsübergang	336
a) Kündigung durch den bisherigen Arbeitgeber	337
b) Kündigung durch den Betriebserwerber	344
c) Kündigung aus anderen Gründen	346
d) Beweislast	350
e) Geltendmachung der Unwirksamkeit	351
f) Wirkung und Gestaltung von Vergleichen	363
3. Betriebsübergänge vermeidende Rechtsgestaltung?	366
VII. Unterrichtung und Widerspruch	
1. Unterrichtungspflicht gem. § 613a Abs. 5 BGB	371
a) Grundlegendes	372
b) Rechtsnatur der Unterrichtungspflicht	380
c) Zeitpunkt der Unterrichtung	383
d) Inhalt und Anforderungen an die Unterrichtung	384
e) Einzelfälle und Kasuistik zum Unterrichtungsumfang	394
f) Nachunterrichtung	396
2. Widerspruchsrecht gem. § 613a Abs. 6 BGB	400
a) Formale Aspekte des Widerspruchs	403
b) Widerspruchsfrist	408
c) Verwirkung des Widerspruchsrechts	415
d) Widerspruchsrecht bei Umwandlungsvorgängen	423
e) Verzicht auf das Widerspruchsrecht	426
f) Folgen des Widerspruchs	429

Schrifttum:

Monographien: *Annuß/Lembke*, Arbeitsrechtliche Umstrukturierung in der Insolvenz, 2012; *Beseler/Düwell/Göttling*, Arbeitsrechtliche Probleme bei Betriebsübergang, Betriebsänderung, Unternehmensumwandlung, 4. Aufl. 2011; *Boecken*, Unternehmensumwandlungen und Arbeitsrecht, 1996; *D. Gaul*, Der Betriebsübergang, 2. Aufl. 1993; *Göpfert* (Hrsg.), Handbuch Arbeitsrecht in Restrukturierung und Insolvenz, 2013; *Grau*, Unterrichtung und Widerspruchsrecht der Arbeitnehmer bei Betriebsübergang gemäß § 613a Abs. 5 und 6 BGB, 2005; *Gussen/Dauck*, Die Weitergeltung von Betriebsvereinbarungen und Tarifverträgen bei Betriebsübergang und Umwandlung, 2. Aufl. 1997; *Harrer*, Mitarbeiterbeteiligungen und Stock-Options-Pläne, 2004; *Müller-Ehlen*, Der Übergang von Arbeitsverhältnissen im Umwandlungsrecht, 1999; *Schiefer/Doublet/Hartmann*, Outsourcing, Auftragsvergabe, Betriebsübergang, 4. Aufl. 2013; *Seiter*, Betriebsinhaberwechsel, in: Schriften zur Arbeitsrechtsblattei Band 9, 1980; *Willemsen/Hohenstatt/Schweibert/Seibt*, Umstrukturierung und Übertragung von Unternehmen, 4. Aufl. 2011.

Aufsätze: *Ahlborn*, Europäisierung des Arbeitsrechts, ZfA 2005, 109; *Annuß*, Tarifbindung durch arbeitsvertragliche Bezugnahme?, ZfA 2005, 405 *Baeck/Winzer/Kramer*, Unterrichtung beim Betriebsübergang, NZG 2014, 652; *Bauer/Diller*, Flucht aus Tarifverträgen, DB 1993, 1085; *Bauer/Göpfert/von Steinau-Steinrück*, Aktienoptionen bei Betriebsübergang, ZIP 2001, 1129; *Bauer/von Medem*, § 613a BGB: Übergang von Leiharbeitsverhältnissen bei Übertragung dess Entleiherbetriebs?, NZA 2011, 20; *Bauer/von Steinau-Steinrück*, Das Schicksal freiwilliger Betriebsvereinbarungen beim Betriebsübergang, NZA 2000, 505; *Bepler*, Tarifverträge in Betriebsübergang, RdA 2009, 65; *Boecken*, Der Übergang von Arbeitsverhältnissen bei Spaltung nach dem neuen Umwandlungsrecht, ZIP 1994, 1087; *Boewer*, Der Wiedereinstellungsanspruch – Teil 2, NZA 1999, 1177; *Clemenz*, Arbeitsvertragliche Bezugnahme auf Tarifverträge – ein Paradigmenwechsel mit offenen Fragen, NZA 2007, 769; *Cohnen*, Betriebsverlagerungen in Ausland und § 613a BGB, in: Arbeitsgemeinschaft Arbeitsrecht – Festschrift zum 25-jährigen Bestehen, S. 585; *Commandeur/Kleinebrink*, Gestaltungsoptionen im Anwendungsbereich des § 613a BGB, NZA-RR 2004, 303; *Däubler*, Das Arbeitsrecht im neuen Umwandlungsgesetz, RdA 1995, 136; *Düwell*, Auswirkungen von Umwandlung und Betriebsübergang auf den Arbeitsgerichtsprozess, NZA 2012, 761; *Düwell*, Umwandlung von Unternehmen und arbeitsrechtliche Folgen, NZA 1996, 393; *Elking*, Zuordnungsentscheidung und Versetzung vor Betriebsübergang, NZA 2014, 295; *Forst*, Betriebsübergang: Ende der Dynamik einer arbeitsvertraglichen Bezugnahme auf einen Tarifvertrag?, DB 2013, 1847; *Forst*, Leiharbeitnehmer im Betriebsübergang, RdA 2011, 228; *Fuhlrott*, Aktuelle Rechtsprechung zum Betriebsübergang – ein Überblick, ArbRAktuell 2014, 431; *Fuhlrott*, „Freie Stellen" bei betriebsbedingter Kündigung – Grenzen der Weiterbeschäftigungspflicht, DB 2014, 1198; *Fuhlrott*, Die Übernahme von know-how-Trägern ohne Eingehung von Arbeitsverhältnissen als Betriebsübergang, NZA 2013, 183; *Fuhlrott*, Erwerberkonzeptkündigungen als Alternative zum BQG-Modell bei Betriebsübergängen, BB 2013, 2042; *Fuhlrott*, Transfergesellschaften bei Betriebsübergängen, FA 2013, 165; *Fuhlrott*, Übergangsfähiger Betriebsteil und Arbeitnehmerzuordnung bei § 613a BGB, FA 2013, 196; *Fuhlrott*, Reichweite und Grenzen des betriebsübergangsrechtlichen Kündigungsverbots, FA 2013, 258; *Fuhlrott*, Das Schicksal von Wettbewerbsverboten bei Betriebsübergängen, FA 2012, 162; *Fuhlrott*, Das Haftungsregime gem. § 613a Abs. 2 BGB, FA 2012, 231; *Fuhlrott*, Zwischengeschaltete Transfergesellschaften zur Vermeidung von Betriebsübergängen, NZA 2012, 549; *Fuhlrott*, Die Beendigung von Arbeitsverhältnissen in der Insolvenz, FA 2011, 166; *Fuhlrott/Chwalisz*, Transfergesellschaften und Betriebsübergang, FA 2011, 38; *Fuhlrott/Fabritius*, Das Schicksal arbeitgebergebundener Rechtspositionen beim Betriebsübergang, BB 2013, 1592; *Fuhlrott/Hecht*, Verwirkung des Widerspruchsrechts durch eigene Prozessführung, FA 2014, 133; *Fuhlrott/Hoppe*, Betriebsübergang vs. Funktionsnachfolge – Abgrenzungen bei § 613a BGB, AuA 2013, 88; *Fuhlrott/Hoppe*, Die Amtszeit des Betriebsrats, ArbRAktuell 2010, 81; *Fuhlrott/Ritz*, Anforderungen an Unterrichtungsschreiben bei Betriebsübergängen, BB 2012, 2689; *Fuhlrott/Salamon*, Vermeidungsstrategien und Gestaltungsmöglichkeiten bei Betriebsübergängen, BB 2012, 1793; *Gaul*, Aktuelles Arbeitsrecht 1/2001, 2/2001, 1/2002, 2/2002, 1/2004, 2/2004, 1/2005, 1/2006, 1/2007, 2/2008, 1/2009, 1/2010, 2/2010, 1/2011; *Gaul*, Sozialauswahl nach Widerspruch gegen Betriebsübergang, NZA 2005, 730; *Gaul*, Die einzelvertragliche Bezugnahme auf einen Tarifvertrag beim Tarifwechsel des Arbeitgebers, NZA 1998, 9; *Gaul/Krause*, Sorgfalt wird (endlich) belohnt: Zur ordnungsgemäßen Unterrichtung über den Betriebsübergang gem. § 613a Abs. 5 BGB, RdA 2013, 39; *Gaul/Mückl*, Off-Shoring – Freier Gestaltungsspielraum oder § 613a BGB?, DB 2011, 2318; *Hildalgo/Kobler*, Die betriebsverfassungsrechtlichen Folgen des Widerspruchs bei einem Betriebsübergang, NZA 2014, 290; *Hohenstatt*, Die Fortgeltung von Tarifnormen nach § 613a I 2 BGB, NZA 2010, 24; *Jacobs/Frieling*, Keine dynamische Weitergeltung von kleinen dynamischen Bezugnahmeklauseln nach Betriebsübergängen, EuZW 2013, 737; *Jüchser*, Auswirkungen des Betriebsübergangs auf den Zeugnisanspruch des Arbeitnehmers nach § 109

GewO, NZA 2012, 244; *Junker*, Die auf einer Betriebsvereinbarung beruhende Altersversorgung beim Betriebsübergang, RdA 1993, 203; *Kempter*, Verweisungsklauseln – alles neu nach Alemo-Herron?, BB 2014, 1785; *Krause*, Betriebsfortführung als Erfordernis des Betriebsübergangs, ZfA 2001, 60; *Lakies*, Die Anwendung von Tarifverträgen nach einem Betriebsübergang, ArbRAktuell 2013, 564; *Langenbucher*, Der Wiedereinstellungsanspruch des Arbeitnehmers beim Betriebsübergang, ZfA 1999, 299; *Latzel*, Unternehmerische Freiheit als Grenze des Arbeitnehmerschutzes – vom Ende dynamischer Bezugnahmen nach Betriebsübergang, RdA 2014, 110; *Lingemann*, Richtig unterrichtet beim Betriebsübergang – neue Hilfestellung des BAG, NZA 2012, 546; *Löwisch/Neumann*, Betriebserwerber als richtiger Kündigungsschutz-Beklagter bei vor Betriebsübergang ausgesprochener Kündigung, DB 1996, 474; *Löwisch/Göpfert/ Siegrist*, Verwirkung des Widerspruchsrechts beim Betriebsübergang, DB 2007, 2538; *Menke/ Wolf*, Alles hat ein Ende …? Betriebsübergang vs. Betriebsstilllegung in der Insolvenz, BB 2011, 1461; *Meyer*, Der Fortsetzungsanspruch bei Betriebsübergang, BB 2000, 1032; *Moll*, Bedeutung und Voraussetzungen des Betriebsübergangs im Wandel, NZA 1999, 233; *Mückl*, Alemo-Herron – Ende der Dynamik einer Bezugnahmeklausel bei Betriebsübergang?, ZIP 2014, 207; *Müller-Glöge*, Bestandsschutz beim Betriebsübergang nach § 613a BGB, NZA 1999, 449; *Nehls/ Sudmeyer*, Das Schicksal von Aktienoptionen beim Betriebsübergang ZIP 2002, 201; *Nicolai*, EuGH bestätigt statische Weitergeltung von Tarifnomen nach Betriebsübergang, Anmerkung zu EuGH vom 9.3.2006 – C-499/04, Werhof, DB 2006, 670; *Oetker*, Anm. zu BAG 18.3.1992, 27.11.1991 EzA § 4 TVG Nachwirkung Nr. 15; *Ohlendorf/Fuhlrott*, Interessenausgleichsfreie Umstrukturierungen, ArbR Aktuell 2011, 654; *Pils*, Umgehung von § 613a BGB durch Einsatz einer Transfergesellschaft, NZA 2013, 125; *Preis/Greiner*, Vertragsgestaltung bei Bezugnahmeklauseln nach Rechtsprechungsänderung, NZA 2007, 1073; *Preis/Willemsen* (Hrsg.), Kölner Tage des Arbeitsrechts, Umstrukturierung von Betrieben und Unternehmen im Arbeitsrecht, 1999 (zit.: *Verfasser* in Preis/Willemsen); *Reinhard*, Die Pflicht zur Unterrichtung über wirtschaftliche Folgen eines Betriebsübergangs – ein weites Feld, NZA 2009, 63; *Rieder* (Hrsg.), Betriebsänderung und Personalreduzierung, 1993 (zit.: KuR10/*Verfasser*); *Rieder* (Hrsg.), Betriebsübergang (§ 613a BGB), 1994 (zit.: *Verfasser* in Beseler/Düwell u.a.); *Rieder*, Betrieb ohne Tarifvertrag, 2. Aufl. 2002 (zit.: *Verfasser* in: Betrieb ohne Tarifvertrag); *Sagan*, Das Verschlechterungsverbot bei Ablösung von Kollektivverträgen nach einem Betriebsübergang, EuZA 2012, 247; *Salamon*, Die Fortgeltung von Gesamtbetriebsvereinbarungen beim Betriebsübergang, RdA 2007, 103; *Salamon*, Der Betriebsbegriff des § 613a BGB, Justierungen des BAG im Fall „Klarenberg", NZA 2012, 482; *Schiefer*, Outsourcing, Auftragsvergabe, Betriebsübergang – nach geänderter Rechtsprechung, NZA 1998, 1095; *Schiefer/Hartmann*, Ende der Dynamik einer arbeitsvertraglichen Bezugnahme im Falle eines Betriebsübergangs, BB 2013, 2613; *Schnitker/Grau*, Übergang und Anpassung von Rechten aus Aktienoptionsplänen bei Betriebsübergang nach § 613a BGB, BB 2002, 2497; *Schreiber*, Das Arbeitsverhältnis beim Übergang des Betriebs, RdA 1982, 137; *Sieger/Hasselbach*, Veräußererkündigung mit Erwerberkonzept, DB 1999, 430; *Steffan*, Neues vom EuGH zum Betriebsübergang. Was folgt aus „Scattolon"?, NZA 2012, 473; *Tappert*, Auswirkungen eines Betriebsübergangs auf Aktienoptionsrechte von Arbeitnehmern, NZA 2002, 1188; *Thüsing*, Europarechtliche Bezüge der Bezugnahmeklausel, NZA 2006, 473; *Völksen*, Beendigung fortgeltender freiwilliger Betriebsvereinbarungen nach einem Betriebsübergang, NZA 2013, 1182; *Wellenhofer*, Tarifwechsel durch Unternehmensumstrukturierung, ZfA 1999, 239; *Willemsen*, Aufhebungsverträge bei Betriebsübergang – ein „Erfurter Roulette", NZA 2013, 242; *Willemsen*, Europäisches und deutsches Arbeitsrecht im Widerstreit? Aktuelle „Baustellen" im Recht des Betriebsübergangs, NZA Beilage 4/2008, 155; *Willemsen*, Erneute Wende im Recht des Betriebsübergangs – ein „Christel Schmidt II"-Urteil des EuGH?, NZA 2009, 289; *Willemsen/Grau*, Zurück in die Zukunft – Das europäische Aus für dynamische Bezugnahmen nach Betriebsübergang?, NJW 2014, 12; *Willemsen/Annuß*, Auftragsnachfolge – jetzt doch ein Betriebsübergang?, DB 2004, 135; *Wißmann*, Leitlinien aktueller Rechtsprechung zur Betriebsverfassung, NZA 2003, 1; *Wlotzke*, Arbeitsrechtliche Aspekte des neuen Umwandlungsrechts, DB 1995, 40; *Wollenschläger/Pollert*, Rechtsfragen des Betriebsübergangs, ZfA 1996, 547.

I. Normzweck und Entstehungsgeschichte

§ 613a BGB enthält eine gesetzliche Regelung des Betriebsübergangs und seiner Auswirkungen auf das Arbeitsverhältnis. Die Norm ist eine **Schutzvorschrift zugunsten der Arbeitnehmer**, die bei rechtsgeschäftlichem Inhaberwechsel eines Betriebs bzw.

1

Betriebsteiles greift und daher zu Lasten der Arbeitnehmer nicht abdingbar ist[1]. Mit der Einfügung dieser Bestimmung 1972 in das BGB sollten mehrere Hauptziele verfolgt werden:
- Schutz des sozialen Besitzstandes des Arbeitnehmers (Arbeitsplatzerhalt),
- Kontinuität des amtierenden Betriebsrats,
- Aufrechterhaltung kollektivrechtlich geregelter Arbeitsbedingungen und
- Haftungsverteilung zwischen dem alten und dem neuen Betriebsinhaber[2].

1980 wurde § 613a BGB ergänzt. Damit setzte der Gesetzgeber die **Richtlinie 77/187/EWG** des Rates der Europäischen Gemeinschaften vom 14.2.1977 in innerstaatliches Recht um. Denn nach Art. 3 Abs. 1 dieser Richtlinie gehen die

„Rechte und Pflichten des Veräußerers aus einem zum Zeitpunkt des Übergangs im Sinne des Art. 1 Abs. 1 bestehenden Arbeitsvertrag oder Arbeitsverhältnis ... aufgrund des Übergangs auf den Erwerber über. Die Mitgliedstaaten können vorsehen, dass der Veräußerer auch nach dem Übergang im Sinne des Art. 1 Abs. 1 neben dem Erwerber für Pflichten aus einem Arbeitsvertrag oder Arbeitsverhältnis einzustehen hat".

2 Diese Richtlinie wurde durch die **Richtlinie 98/50/EG** vom 29.6.1998 geändert. Diese Richtlinie definiert den Betriebsübergang als den

„Übergang einer ihre Identität bewahrenden wirtschaftlichen Einheit im Sinne einer organisierten Zusammenfassung von Ressourcen zur Verfolgung einer wirtschaftlichen Haupt- oder Nebentätigkeit"[3].

Die **Richtlinie 2001/23/EG** vom 12.3.2001[4] verpflichtet die an einem Betriebsübergang bzw. einer Umwandlung beteiligten Rechtsträger zur Information der von einem Übertragungsvorgang betroffenen Arbeitnehmer; diese Richtlinie wurde durch die Einfügung der § 613a Abs. 5 und Abs. 6 BGB umgesetzt.

3 § 613a BGB will letztlich sicherstellen, dass dem einzelnen Arbeitnehmer anlässlich eines Betriebsübergangs sein tatsächlicher Tätigkeitsbereich nicht entzogen wird. Die **Einheit von Arbeitsverhältnis und Arbeitsplatz** soll bei einem Betriebsübergang **nicht aufgehoben** werden; die organisatorische Zuordnung eines Arbeitnehmers zu einem bestimmten Betrieb oder Betriebsteil soll bei einem Betriebsübergang nicht beendet werden[5]. Der Kern des Betriebsübergangs ist die Ausnutzung der vom bisherigen Inhaber aufgebauten Organisation für eigene Zwecke[6]. Dieses Schutzes bedarf der Arbeitnehmer auch und insbesondere bei Veräußerungen „insolvenzreifer" Betriebe sowie nach Eröffnung des Insolvenzverfahrens. § 613a BGB findet auch in derartigen Konstellationen Anwendung[7], wenngleich der Insolvenzverwalter selbst mangels rechtsgeschäftlicher Fortführung des Betriebs der Insolvenzschuldnerin nicht in die Arbeitsverhältnisse der dort beschäftigten Arbeitnehmer eintritt, sondern diese weiterhin zur Insolvenzschuldnerin bestehen bleiben.

II. Tatbestandliche Voraussetzungen

1. Betrieb oder Betriebsteil

4 § 613a Abs. 1 Satz 1 BGB erfordert den rechtsgeschäftlichen Übergang eines **Betriebs** oder eines **Betriebsteils**, was die identitätswahrende Übertragung einer wirtschaftli-

---

1 BAG 20.3.2014 – 8 AZR 1/13, NJW 2014, 2604.
2 BAG 12.7.1990 – 2 AZR 39/90, EzA § 613a BGB Nr. 90.
3 ABl. EG Nr. L 201 v. 17.7.1998, 88, zit. auch in ZIP 1998, 1329 ff.
4 ABl. EG Nr. L 82 v. 22.3.2001, 16 ff.
5 *Müller-Ehlen*, S. 24.
6 *Krause*, ZfA 2001, 98.
7 BAG 20.11.1984 – 3 AZR 584/83, EzA § 613a BGB Nr. 41; *Menke/Wolf*, BB 2011, 1461 (1462) mwN; zu den Ausnahmen bei Ansprüchen aus betrieblicher Altersvorsorge s. noch Rz. 152 ff.

chen Einheit auf einen Dritten voraussetzt. Dies ist begründet in Art. 1 I b der RL 2001/23/EG, der Betriebe und Betriebsteile unter dem **Oberbegriff der wirtschaftlichen Einheit** zusammenfasst.

a) Rechtsprechungsentwicklung

Nach der früheren ständigen Rechtsprechung des BAG[1] war für den Betriebsbegriff, abweichend vom betriebsverfassungsrechtlichen Betriebsbegriff, vom **allgemeinen Betriebsbegriff** auszugehen. Danach gehörten zu einem Betrieb nur die sächlichen und immateriellen Betriebsmittel; sie machten einen Betrieb dann aus, wenn der neue Inhaber mit ihnen und den Arbeitnehmern bestimmte arbeitstechnische Zwecke verfolgen konnte[2]. **Zum Betrieb gehörten** mithin anders als im Betriebsverfassungsrecht **nicht die Arbeitsverhältnisse**, da diese kraft Gesetzes auf den Betriebserwerber übergingen. Nach dieser Rechtsauffassung war der Übergang der Arbeitsverhältnisse Rechtsfolge, nicht aber Tatbestandsvoraussetzung des Betriebsübergangs[3]. Bestanden allerdings im Zeitpunkt des Betriebsübergangs keine Arbeitsverhältnisse, lag ein Betriebsübergang nicht vor[4].

Demgegenüber definiert das BAG seit der Entscheidung vom 22.5.1997[5] – ausgehend von der Rechtsprechung des EuGH[6] – den Betrieb als eine **organisierte Gesamtheit von Personen und Sachen zur Ausübung einer wirtschaftlichen Tätigkeit mit eigener Zielsetzung**. Das BAG stellt für die Beurteilung eines Betriebsübergangs damit nur noch die Frage nach der **Übertragung einer wirtschaftlichen Einheit durch Wahrung ihrer Identität**, wobei die Identität dieser Einheit bei einem Betriebsübergang dann gewahrt bleibt, wenn der Betrieb im Sinne einer wirtschaftlichen Einheit von dem Erwerber **tatsächlich weitergeführt oder wieder aufgenommen** wird.

Dabei darf die Einheit nicht als bloße Tätigkeit verstanden werden; ihre Identität ergibt sich u.a. aus ihrem Personal, ihren Führungskräften, ihrer Arbeitsorganisation, ihren Betriebsmethoden und ggf. den ihr zur Verfügung stehenden Betriebsmitteln. Den für das Vorliegen eines Übergangs maßgeblichen Kriterien kommt notwendigerweise **je nach der ausgeübten Tätigkeit** und selbst nach den Produktions- und Betriebsmethoden, die in dem betreffenden Unternehmen, Betrieb oder Betriebsteil angewendet werden, **unterschiedliches Gewicht**[7] bei. Ob ein Betriebsübergang vorliegt, kann also nicht schematisch beantwortet werden. Bei der Prüfung, ob eine Einheit übergegangen ist, müssen sämtliche den betreffenden Vorgang kennzeichnenden Tatsachen berücksichtigt werden.

Als Arbeitshilfe zur Ausfüllung dieser abstrakten Definition dient die folgende

Checkliste:

Als Teilaspekte der abschließend immer vorzunehmenden Gesamtwürdigung sind nachfolgende sieben Kriterien zu prüfen, denen indizielle Wirkung zukommt, nämlich

☐ die Art des betreffenden Unternehmens oder Betriebes,
☐ der etwaige Übergang der materiellen Betriebsmittel,
☐ der Wert der immateriellen Aktiva im Zeitpunkt des Übergangs,

---

1 BAG 21.3.1996 – 8 AZR 156/95, EzA § 613a BGB Nr. 141; *Wollenschläger/Pollert*, ZfA 1996, 551.
2 BAG 22.5.1985 – 5 AZR 173/84, EzA § 613a BGB Nr. 46.
3 BAG 16.10.1987 – 7 AZR 519/86, EzA § 613a BGB Nr. 66.
4 BAG 12.2.1987 – 2 AZR 247/86, EzA § 613a BGB Nr. 64.
5 BAG 22.5.1997 – 8 AZR 101/96, DB 1997, 1720.
6 Statt aller EuGH 11.3.1997 – Rs. C-13/95, DB 1997, 628 ff.
7 BAG 26.6.1997 – 8 AZR 426/95, EzA § 613a BGB Nr. 151; *Schiefer*, NZA 1998, 1095 (1097).

- ☐ die etwaige Übernahme der Hauptbelegschaft,
- ☐ der etwaige Übergang der Kundschaft sowie
- ☐ der Grad der Ähnlichkeit zwischen den vor und nach dem Übergang verrichteten Tätigkeiten und
- ☐ die Dauer einer eventuellen Unterbrechung dieser Tätigkeit[1].

9 Hierbei ist zu beachten, dass keinem der vorgenannten Kriterien absolute oder sperrende Wirkung zukommt und auch eine rein quantitative Betrachtung („vier von sieben Kriterien sind erfüllt, also liegt ein Betriebsübergang vor") nicht statthaft ist. Ebenfalls variiert die den Kriterien beizumessende Bedeutung je nach **Art des Betriebs** (vgl. zur Differenzierung zwischen betriebsmittelarmen und betriebsmittelreichen Betrieben noch sogleich unter Rz. 26). Nicht zu vernachlässigen ist zudem die stets vorzunehmende Gesamtwürdigung. Diese ermöglicht es der Rechtsprechung, einzelfallbezogene Entscheidungen zu treffen. Zwar erlaubt dies eine hohe Einzelfallgerechtigkeit, geht aber in Ermangelung genau subsumierbarer tatbestandlicher Kriterien zu Lasten der Rechtssicherheit.

b) Betriebsbegriff

10 § 613a Abs. 1 Satz 1 BGB verlangt den Übergang eines **Betriebs oder Betriebsteils**. Der Betrieb ist von dem **Unternehmen** (zB GmbH, AG etc.) zu unterscheiden, mit dem im Gegensatz zum Betrieb ein **wirtschaftlicher** und nicht ein arbeitstechnischer Zweck verfolgt wird. Diese Unterscheidung spielt im Betriebsverfassungsrecht eine entscheidende Rolle, nicht dagegen bei der Anwendung des § 613a BGB, da diese Vorschrift auch bei der Übertragung von Unternehmen bzw. Unternehmensteilen anzuwenden ist[2], wenn damit gleichzeitig ein Betrieb im Sinne einer wirtschaftlichen Einheit auf einen anderen Rechtsträger übertragen wird.

11 Für den Betriebsbegriff ist es **unerheblich, welcher arbeitstechnische Zweck** verfolgt wird. Deshalb ist es ohne Belang, welchem Wirtschaftszweig der Betrieb zuzurechnen ist, so dass auch karitativ, erzieherisch, künstlerisch oder religiös ausgerichtete Einrichtungen den Anforderungen der Betriebseigenschaft genügen können.

Beispiele für Betriebe:

Ladengeschäft, Apotheke, Krankenhaus, Kindergarten, Theater, Rechtsanwaltskanzlei, Arztpraxis, land- und forstwirtschaftliche Betriebe, Produktionsbetrieb, fremdgenützte Miethäuser, vom Bundesvermögensamt verwaltetes Kasernengelände[3], Tierpark, Reinigungsbetrieb, Seeschiff[4], Rettungsdienst[5].

c) Betriebsteilbegriff

12 **Betriebsteile sind Teileinheiten** (Teilorganisationen) des Betriebs. Bei der übertragenen wirtschaftlichen Teileinheit muss es sich um eine organisatorische Untergliederung des Gesamtbetriebs handeln, mit der innerhalb des betrieblichen Gesamtzwecks ein Teilzweck verfolgt wird. Es muss sich um eine **selbständige, abtrennbare Einheit** handeln, die Gegenstand einer Veräußerung sein kann[6]. Ein Betriebsteilüber-

---

[1] St. Rspr. des BAG, die sich zwischenzeitlich als standardmäßige Definition in fast jedem Urteil findet, vgl. statt aller BAG 11.9.1997 – 8 AZR 555/95, EzA § 613a BGB Nr. 153.
[2] *Wollenschläger/Pollert*, ZfA 1996, 553.
[3] BAG 2.12.1998 – 7 AZR 579/97, DB 1999, 1560.
[4] BAG 18.3.1997 – 3 AZR 729/95, EzA § 613a BGB Nr. 150.
[5] BAG 10.5.2012 – 8 AZR 434/11, EzA § 613a BGB 2002 Nr. 135.
[6] BAG 7.4.2011 – 8 AZR 730/09, EzA § 613a BGB 2002 Nr. 124; 7.11.1975 – 1 ABR 78/74, EzA § 118 BetrVG 1972 Nr. 7.

II. Tatbestandliche Voraussetzungen

gang setzt damit voraus, dass die übertragenden Betriebsmittel bereits beim Veräußerer die Qualität eines Betriebsteils innehatten[1] und diese **Identität auch beim Erwerber** – jedenfalls in Form der wesentlichen funktionellen Verknüpfung der Betriebsmittel – erhalten bleibt[2]. Zur Annahme des Übergangs eines Betriebsteils reicht es damit nicht aus, wenn lediglich Einzelgegenstände veräußert werden, ohne dass eine organisatorische Zusammenfassung vorliegt[3].

Folglich liegt ein Betriebsteil nicht vor, wenn lediglich ein einzelner Lastkraftwagen oder bei einem Taxiunternehmen ein einzelnes Taxi[4] veräußert wird, weil es insoweit an einer betrieblichen Teilorganisation mangelt[5]. Hingegen handelt es sich bei einem in Dienst befindlichen Seeschiff eines Seefahrtsunternehmens nicht bloß um ein einzelnes Betriebsmittel, sondern um einen Betriebsteil[6], da hier mehrere Betriebsmittel miteinander in organisatorischer Abgrenzung verknüpft und organisatorisch verselbständigt sind. Auch die Übernahme von Leiharbeitnehmern eines Zeitarbeitsunternehmens allein stellt keinen Betriebsteilübergang dar, da die Leiharbeitskräfte keinen übergangsfähigen Betriebsteil darstellen[7]. 13

Beispiele:

1. Die C-GmbH übernimmt von der A-GmbH aus einer größeren Gesamtheit von Produktionsmaschinen eine Maschine. Mangels organisatorischer Zusammenfassung dieses Einzelgegenstandes liegt jedenfalls zu einem Betriebsteil kein Betriebs(teil)übergang iSd. § 613a BGB nicht vor. Dagegen wäre ein Betriebsteil veräußert worden, wenn der Produktionsteil des Gesamtbetriebes nur mit dieser einen Maschine bestückt wäre und damit ein Teilzweck des Gesamtbetriebes verfolgt wurde und ein solcher Betriebsteil im Sinne einer wirtschaftlichen Teileinheit übertragen worden wäre.

2. Werden einzelne Mitarbeiter des „Wareneingangs" von einem anderen Arbeitgeber übernommen und in dessen Abteilung „Wareneingang und Logistik" unter völliger Auflösung der bisherigen Struktur eingegliedert, so wird die wirtschaftliche Einheit „Wareneingang" nicht im Wesentlichen unverändert übernommen[8].

Es ist für einen Betriebsübergang **nicht** erforderlich, dass der übergegangene Bestandteil des Betriebs **selbst am Markt** tätig werden, also fremde Aufträge annehmen kann. Ebenso wenig steht es der Annahme eines Betriebsteils nicht entgegen, wenn die abgrenzbare Teileinheit für den Betrieb nur eine völlig untergeordnete Hilfsfunktion erfüllt[9] oder im Teilbetrieb keine andersartigen Zwecke als im übrigen Betrieb verfolgt werden[10]. 14

Auch braucht der übertragene Betrieb bzw. Betriebsteil **keine bestimmte Mindestgröße** – etwa eine bestimmte Arbeitnehmerzahl – aufzuweisen. Es reicht, wenn mit den übernommenen Betriebsmitteln betriebliche Teilzwecke weiterverfolgt werden können. So ist zB eine fremdgenutzte Wohnanlage mit mehreren Mietwohnungen, die von einem Hausmeister betreut wird, ein Betrieb. Zumindest stellt sie dann, wenn der Eigentümer noch weitere Mietshäuser betreibt, einen Betriebsteil dar. 15

---

1 BAG 24.4.1997 – 8 AZR 848/94, NZA 1998, 253; 16.5.2002 – 8 AZR 319/01, NZA 2003, 93.
2 BAG 10.11.2011 – 8 AZR 556/10, DB 2012, 831; 22.1.2009 – 8 AZR 158/07, DB 2009, 1878; 22.5.2014 – 8 AZR 1069/12, ZIP 2014, 750 = EWiR 2014, 633 m. Anm. *Fuhlrott*.
3 KR/*Treber*, § 613a BGB Rz. 23.
4 LAG Köln 28.3.2006 – 9(13) Sa 1361/05, AE 2006, 251.
5 BAG 26.8.1999 – 8 AZR 718/98, NZA 2000, 144.
6 BAG 18.3.1997 – 3 AZR 729/95, DB 1997, 2228.
7 BAG 12.12.2013 – 8 AZR 1023/12, NZA 2014, 436.
8 BAG 17.4.2003 – 8 AZR 253/02, EzA § 613a BGB 2002 Nr. 11.
9 BAG 16.10.1987 – 7 AZR 519/86, EzA § 613a BGB Nr. 66.
10 BAG 26.8.1999 – 8 AZR 718/98, EzA § 613a BGB Nr. 185. *Gaul* verweist in diesem Zusammenhang auch auf § 4 Abs. 1 Satz 1 Nr. 2 BetrVG, *Gaul*, AktuellAR 2010, S. 228.

d) Wirtschaftliche Tätigkeit

16 Zudem muss es sich um eine **wirtschaftliche Einheit** handeln. Wirtschaftliche Tätigkeiten werden von der Rechtsprechung jedoch weit verstanden und umfassen Haupt- und Nebentätigkeiten ungeachtet davon, ob sie Erwerbszwecken oder öffentlichen Interessen dienen[1]. Ausreichend ist ein **wirtschaftlicher Charakter** der Tätigkeit, den die Rechtsprechung auch bei einem Truppenübungsplatz[2], einer auf dem Gebiet der Drogenhilfe tätigen gemeinnützigen Stiftung[3] oder im Falle einer kommunalen Leistungsverwaltung im Bereich der Arbeitsförderung[4] angenommen hat.

17 Keine wirtschaftliche Tätigkeit ist allerdings in **hoheitlichen Tätigkeiten** zu erblicken, so dass ein Betriebsübergang ausscheidet, wenn eine hoheitliche Tätigkeit auf einen anderen Hoheitsträger übertragen wird[5]. Umstrukturierungen im Kernbereich öffentlicher Verwaltungen stellen daher keinen Betriebsübergang dar. Dies ist dann der Fall, wenn die Tätigkeit mit der **Ausübung öffentlicher Gewalt** verbunden ist[6]. Anders ist es jedoch, wenn der öffentliche Arbeitgeber eine wirtschaftliche Verwaltungsaufgabe auf einen anderen öffentlichen Träger überträgt[7]. In diesem Fall kann ein Betriebsübergang vorliegen.

> **Hinweis:** Die Rechtsprechung stellt insoweit auf die konkrete Tätigkeit ab, die vom übertragenen Betriebsteil ausgeübt worden ist. Gefeit vor einem Betriebsübergang ist der Veräußerer nur, wenn es sich um „klassisch-hoheitliche" Aufgaben handelt und diese im konkreten Betriebsteil auch wahrgenommen werden. Sobald es sich nur um unterstützende Aufgaben bzw. Tätigkeiten handelt, die private Dritte übernehmen können, scheidet eine Privilegierung aus.

e) Auf Dauer angelegt

18 Die Qualifikation als Betriebs(teil)übergang verlangt zudem die Übertragung einer **auf Dauer angelegten** Einheit. Die wahrgenommene Tätigkeit darf folglich nicht auf die Ausführung eines bestimmten Vorhabens beschränkt sein. Unerheblich hierfür ist, ob die vom Arbeitnehmer übernommene Tätigkeit selbst auf Dauer, befristet oder nur zur Probe erledigt wird.

Beispiel:

Die Baufirma A soll für Bauherrn B auf dessen Grundstück ein Haus bauen. Nach Beginn der Bauarbeiten überträgt A mit Zustimmung des B die Arbeiten zwecks Fertigstellung an die Baufirma C, die neben den auf dem Grundstück gelagerten Materialien auch zwei von drei für das Bauvorhaben eingesetzte Arbeitnehmer zwecks Fertigstellung des Bauvorhabens übernimmt. Da die Arbeiten auf dem Baugelände nur zur Fertigstellung übernommen wurden und damit der Übergang nicht eine auf Dauer angelegte wirtschaftliche Einheit betrifft, liegt ein Betriebsübergang nicht vor[8].

---

1 BAG 15.11.2012 – 8 AZR 683/11, DB 2013, 1419; HWK/Willemsen/Müller-Bonanni, § 613a BGB Rz. 22.
2 BAG 27.4.2000 – 8 AZR 260/99, BeckRS 2000, 30784558.
3 EuGH 19.5.1992 – Rs. C-29/91, NZA 1994, 207.
4 BAG 22.5.2014 – 8 AZR 1069/12, ZIP 2014, 750 = EWiR 2014, 633 m. Anm. *Fuhlrott*.
5 EuGH 15.10.1996 – Rs. C-298/94, NZA 1996, 1279; BAG 22.5.2014 – 8 AZR 1069/12, ZIP 2014, 750 = EWiR 2014, 633 m. Anm. *Fuhlrott*.
6 BAG 10.5.2012 – 8 AZR 434/11, EzA § 613a BGB 2002 Nr. 135.
7 EuGH 6.9.2011 – Rs. C-108/10, NZA 2011, 1077; BAG 10.5.2012 – 8 AZR 434/11, EzA § 613a BGB 2002 Nr. 135.
8 EuGH 19.9.1995 – Rs. C-48/94, NZA 1995, 1031; *Schiefer*, NZA 1998, 1095 (1096).

2. Übergang des Betriebes bzw. Betriebsteils auf einen anderen Rechtsträger

Ein Betriebsübergang liegt weiterhin nur vor, wenn ein Betrieb bzw. Betriebsteil auf einen **anderen Rechtsträger** übergeht. Der Inhaber des Betriebs wechselt, wenn unter **Wahrung der Betriebs(teil)identität** an die Stelle des Veräußerers der Erwerber tritt. Entscheidend sind der tatsächliche Übergang und die Nutzung der wesentlichen Betriebsmittel[1]. 19

Ein Betriebsübergang ist damit nicht gegeben, wenn der Arbeitgeber nur die Rechtsform wechselt (zB vormals GmbH – jetzt AG), weil hier die juristische Person bestehen bleibt und ihre Identität nicht einbüßt (§ 613a Abs. 3 BGB). Auch fällt die reine Anteilsübertragung („**share deal**" = Anteilskauf) nicht unter einen Betriebsübergang, kommt es doch zumindest formell nicht zu einem Wechsel des Arbeitgebers; § 613a BGB ist deshalb auf den sog. **asset deal** (Kauf von Aktivposten) beschränkt[2]. Wird lediglich innerhalb eines Unternehmens ein Betriebsteil mit einem anderen Betrieb verschmolzen, kann zwar eine Betriebsänderung iSd. § 111 BetrVG vorliegen (vgl. zu den betriebsverfassungsrechtlichen Beteiligungsrechten noch unter Rz. 311 ff.); ein Betriebsübergang ist jedoch nicht gegeben. Auch ist ein Betriebsübergang nicht erfolgt, wenn der Gesellschafter einer Kommanditgesellschaft wechselt, selbst wenn der „Ruf der Firma" mit der Person des ausscheidenden Gesellschafters verbunden ist und die Arbeitsverhältnisse auf ihn „zugeschnitten" sind[3]. 20

Hingegen liegt ein Betriebsübergang vor, wenn ein **Einzelkaufmann** einen weiteren Gesellschafter aufnimmt und beide nunmehr eine **GbR** bilden und den Betrieb weiterführen. Denn die GbR ist nach der Rechtsprechung[4] als rechtsfähig anzusehen, so dass in diesem Fall der Betrieb von dem Einzelkaufmann auf eine andere Rechtspersönlichkeit übergegangen ist[5]. Weiterhin liegt ein Betriebsübergang vor, wenn im Rahmen einer **Betriebsaufspaltung** das Unternehmen in eine Besitz- und in eine Betriebs- und Produktionsgesellschaft aufgespalten und der Betrieb an die neu gegründete Produktionsgesellschaft verpachtet oder in einem Konzern ein Betrieb auf ein Schwester- oder Tochterunternehmen übertragen wird. 21

Wiederum kein Betriebsübergang liegt vor, wenn **mehrere Unternehmen vereinzelt Betriebsmittel erwerben** oder nutzen. § 613a BGB führt nicht zur Schaffung eines rechtlichen Zusammenhangs zwischen diesen Unternehmen. Ein Arbeitsverhältnis des Arbeitnehmers zu einer Arbeitgebergruppe ist daraus nicht herzuleiten[6]. 22

Für die Übernahme eines Teilbetriebs iSd. § 613a Abs. 1 BGB ist es zudem rechtlich nicht erforderlich, dass der verbliebene Betrieb fortgesetzt werden könnte[7]. Der Übergang des Betriebes folgt aus der Wahrung der Identität des Betriebes beim Erwerber und nicht aus dem Untergang der Identität des früheren Gesamtbetriebes, wenn ein Betriebsteil von ihm übergeht[8] und vom Erwerber fortgeführt wird. 23

a) Übernahme einer wirtschaftlichen Einheit

Bei der Übernahme einer wirtschaftlichen Einheit muss die **Identität der fraglichen Einheit bewahrt** bleiben, wobei eine Gesamtbewertung vorzunehmen ist[9], vgl. bereits 24

---

1 BAG 15.12.2005 – 8 AZR 202/05, NZA 2006, 597.
2 *Schiefer*, NZA 1998, 1095 (1105); *Sieger/Hasselbach*, DB 1999, 430.
3 BAG 12.7.1990 – 2 AZR 39/90, EzA § 613a BGB Nr. 90.
4 BGH 29.1.2001 – II ZR 331/80, NJW 2001, 1056 ff.
5 ArbG Kassel 27.9.2005 – 6 Ca 315/05, AuA 2006, 97; *Mareck*, AuA 2006, 97.
6 BAG 16.2.2006 – 8 AZR 211/05, NZA 2006, 592.
7 BAG 7.4.2011 – 8 AZR 730/09, EzA § 613a BGB 2002 Nr. 124.
8 BAG 13.11.1997 – 8 AZR 375/96, DB 1998, 372.
9 EuGH 11.3.1997 – Rs. C-13/95 – Ayse Süzen, EzA § 613a BGB Nr. 145.

Rz. 6 ff. Die übernommenen Betriebsmittel bzw. die Gesamtbelegschaft müssen es dem Erwerber zum einen ermöglichen, den Betrieb oder Betriebsteil im Wesentlichen so fortzuführen, wie es der bisherige Inhaber ohne den Betriebsübergang getan hätte, zum anderen muss er auch den Betrieb fortführen. **Unerheblich sind hingegen seine Erwerbsmotive**[1].

25 Nicht notwendig ist es, dass der Erwerber alle Betriebsmittel übernimmt, es müssen aber die nach der **Eigenart des Betriebs oder Betriebsteils wesentlichen** sein; die für die Wahrung der Identität der wirtschaftlichen Einheit erforderlichen Betriebsmittel müssen übergehen[2]. Werden nur einzelne Betriebsmittel übernommen, führt dies nur dann zum Betriebsübergang, wenn diese Betriebsmittel die Identität eines bereits zuvor beim Arbeitgeber organisatorisch verselbständigten Teilbetriebes prägten[3].

26 Für die Betrachtung der Eigenart des Betriebes wird insbesondere darauf abgestellt, ob es sich um einen sog. **betriebsmittelarmen oder einen betriebsmittelreichen bzw. betriebsmittelgeprägten Betrieb** handelt. Betriebsmittelarme Betriebe sind solche, bei denen die menschliche Arbeitskraft, also die Kenntnisse der Arbeitnehmer und deren Organisation im Vordergrund stehen und den Kern der Wertschöpfung bilden. In betriebsmittelreichen oder betriebsmittelgeprägte Betrieben kommt vornehmlich den materiellen Betriebsmitteln die wertschöpfende Bedeutung zu.

Beispiel:

Betriebsmittelarme Betriebe sind etwa Callcenter[4], Reinigungsbetriebe[5], Leiharbeitsunternehmen[6], Bewachungsdienstleister[7] oder Verwaltungseinheiten[8].

Betriebsmittelreiche Betriebe sind vornehmlich Produktionsstätten mit Fertigungsstraßen oder wertschöpfungsrelevanten Maschinen wie etwa ein Druckereigewerbe[9]. Aber auch Busverkehrsbetriebe[10], Hafenumschlagslager[11], einen Rettungsdienst[12] oder Gefahrstoffgutlager[13] hat die Rechtsprechung als betriebsmittelintensiv bewertet.

27 In einem betriebsmittelarmen Betrieb muss bei der Übernahme der Gesamtbelegschaft ein nach **Zahl und Sachkunde wesentlicher Teil** vom Erwerber übernommen werden, so dass die vom Veräußerer bisher durch die Belegschaft erledigten Aufgaben nunmehr vom Erwerber im Wesentlichen erfüllt werden können. ZB liegt kein Betriebsübergang wegen der Übernahme der Belegschaft vor, wenn nur zwölf von insgesamt 42 Arbeitnehmern übernommen werden[14].

Beispiel:

Die A-GmbH unterhält ein Ladengeschäft. Die C-GmbH übernimmt die Ladeneinrichtung und richtet damit in einer anderen Stadt ein Ladenlokal ein. Ein Betriebsübergang liegt nicht vor. Der arbeitstechnische Zweck eines Ladengeschäfts besteht darin, mit Hilfe von Arbeitnehmern Ware vom Großhändler oder Erzeuger anzukaufen und an den Endverbraucher zu verkaufen. Entscheidend für den Betrieb eines Ladengeschäfts sind damit zum einen die Lie-

---

1 KR/*Treber*, § 613a BGB Rz. 76.
2 APS/*Steffan*, § 613a BGB Rz. 27 ff.
3 BAG 16.2.2006 – 8 AZR 211/05, EzA § 613a BGB 2002 Nr. 47.
4 BAG 25.6.2009 – 8 AZR 258/08, NZA 2009, 1412.
5 BAG 13.11.1997 – 8 AZR 295/95, NZA 1998, 251.
6 EuGH 13.9.2007 – Rs. C-458/05, NZA 2007, 1151.
7 BAG 22.1.1998 – 8 AZR 775/96, NZA 1998, 638.
8 BAG 15.11.2012 – 8 AZR 683/11, DB 2013, 1419.
9 BAG 10.12.1998 – 8 AZR 763/97, n.v.
10 EuGH 25.1.2001 – Rs. C-172/99, NZA 2001, 249; so auch jüngst LAG Hess. 19.2.2013 – 13 Sa 1029/12, GWR 2013, 213 m. Anm. *Fuhlrott*.
11 BAG 22.8.2013 – 8 AZR 521/12, DB 2014, 848.
12 BAG 10.5.2012 – 8 AZR 434/11, EzA § 613a BGB 2002 Nr. 135.
13 BAG 22.7.2004 – 8 AZR 350/03, NZA 2004, 1383.
14 LAG Köln 20.1.2006 – 4 Sa 1069/05.

II. Tatbestandliche Voraussetzungen

ferverträge und zum anderen die Rechtsbeziehungen zu der Kundschaft, die jeweils die angebotene Ware kauft. Die wirtschaftliche Einheit eines Einzelhandelsgeschäfts oder Ladengeschäfts ergibt sich aus den Geschäftsräumen, dem Warensortiment, dem Personal und der Betriebsform, da sie darüber entscheiden, ob der Kundenkreis erhalten bleibt. Die Übernahme der Ladeneinrichtung ist von untergeordneter Bedeutung[1].

Es reicht für den Betriebsübergang aus, dass ein **verselbständigungsfähiger Teilzweck**[2] vom Erwerber weiterverfolgt werden kann. 28

Beispiel:

Die A-GmbH produziert Fahrräder und verkauft sie. Der Verkaufsbereich (verselbständigungsfähiger Teilzweck) wird an die C-GmbH veräußert. Die C-GmbH tritt in die Arbeitsverhältnisse der im Verkaufsbereich beschäftigten Arbeitnehmer gem. § 613a BGB ein.

Nicht erforderlich ist der Übergang des Eigentums. Es genügt der Übergang der zur Weiterführung des Betriebes erforderlichen **Nutzungs-, Verfügungs- und Entscheidungsbefugnisse**. 29

Die zur Wahrung des Betriebscharakters gehörenden **Betriebsmittel** können materieller und immaterieller Art sein. Zu den übernommenen Betriebsmitteln **materieller Art** gehören Grundstücke, Räumlichkeiten, Maschinen, Werkzeuge, Rohstoffe etc., zu den **immateriellen** Lieferverträge, Produktionsverfahren, das Know-how, Kundenbeziehungen, der gute Ruf (Goodwill) des Unternehmens, öffentlich-rechtliche Konzessionen, gewerbliche Schutzrechte und die Einführung des Unternehmens auf dem Markt[3]. So kann bei der Neuvergabe eines Auftrags zur Erbringung von umfassenden Sicherheitsdienstleistungen ein Betriebsübergang nach § 613a BGB vorliegen, wobei im Rahmen der Gesamtwürdigung ein entscheidendes Kriterium darin liegen kann, dass der bisherige Auftragnehmer ein speziell auf die Bedürfnisses des Auftraggebers entwickeltes DV-Sicherheitssystem eingesetzt hat, dieses System unverzichtbare Voraussetzung für die effiziente Wahrnehmung des Auftrags ist und der neue Auftragnehmer dieses DV-System weiterhin verwendet[4]. 30

In Branchen, in denen es im Wesentlichen auf die **menschliche Arbeitskraft** ankommt, kann auch eine **Gesamtheit von Arbeitnehmern**, die durch ihre gemeinsame Tätigkeit dauerhaft **verbunden** sind, eine **wirtschaftliche Einheit darstellen**, so dass in diesen Fällen der Übernahme des Personals ein gleichwertiger Rang neben den anderen möglichen Kriterien zur Annahme eines Betriebsübergangs zukommt[5]. Bei der Übernahme der Leiharbeitnehmer eines Leiharbeitsunternehmens hat das BAG den Übergang einer wirtschaftlichen Einheit allerdings kürzlich abgelehnt, da es an einer Verbundenheit der Arbeitnehmer untereinander iS einer abgrenzbaren Organisationseinheit fehlte[6], bei der Einstellung von Mitarbeitern einer öffentlichen Verwaltung indes aufgrund der Beibehaltung des Abteilungsgefüges und damit der Verbundenheit der Arbeitnehmer einen Betriebs(teil)übergang angenommen[7]. 31

Ob ein betriebsmittelarmer oder ein betriebsmittelintensiver Betrieb oder Betriebsteil vorliegt, kann nicht abstrakt-generell beurteilt werden; diese Frage muss unter Berücksichtigung der konkret innerhalb der in Rede stehenden organisatorischen Ein- 32

---

1 BAG 13.12.2007 – 8 AZR 937/06, NZA 2008, 1021; 18.5.1995 – 8 AZR 741/94, EzA § 613a BGB Nr. 139; 22.5.1997 – 8 AZR 101/96, DB 1997, 1720; 2.12.1999 – 8 AZR 796/98, DB 2000, 622.
2 KR/*Treber*, § 613a BGB Rz. 23.
3 BAG 9.2.1994 – 2 AZR 781/93, EzA § 613a BGB Nr. 115.
4 LAG BW 20.1.2012 – 17 Sa 61/11; s. auch jüngst BAG 23.5.2013 – 8 AZR 207/12, BB 2014, 61.
5 BAG 22.5.2014 – 8 AZR 1069/12, ZIP 2014, 750 = EWiR 2014, 633 m. Anm. *Fuhlrott*; 22.5.1997 – 8 AZR 101/96, DB 1997, 1720.
6 BAG 12.12.2013 – 8 AZR 1023/12, NZA 2014, 436; 23.9.2010 – 8 AZR 567/09, NZA 2011, 197.
7 BAG 22.5.2014 – 8 AZR 1069/12, ZIP 2014, 750 = EWiR 2014, 633 m. Anm. *Fuhlrott*.

heit ausgeübten Tätigkeit entschieden werden. So können Logistiktätigkeiten je nach ihrer Ausgestaltung im konkreten Fall in beide Kategorien fallen[1]. **Der Nichtübernahme von Personal kann grundsätzlich nur bei betriebsmittelarmen Betrieben eine den Tatbestand des Betriebsübergangs ausschließende Bedeutung zukommen.** Ist ein Fortbestand der betrieblichen Identität bei den nicht betriebsmittelarmen Betrieben schon aufgrund anderer Kriterien zu bejahen, kommt der Nichtübernahme kein Ausschlusscharakter im Hinblick auf den Betriebsübergang zu. Andererseits muss bei einem betriebsmittelreichen Betrieb der Erwerber die wesentlichen und damit das Gewerbe prägende Teile der materiellen Aktiva vom bisherigen Inhaber übernehmen, damit ein Betriebsübergang vorliegt[2]. Steht der Betriebsübergang fest, ist der Übergang der Arbeitsverhältnisse Rechtsfolge, nicht Voraussetzung.

Beispiele:

1. Ein Reinigungsunternehmen, das für einen Dritten in einem Bürogebäude die Reinigungsarbeiten übernommen hat, überträgt diese Reinigungsarbeiten auf ein anderes Unternehmen. Ein Großteil (mehr als 75 %) der in dem Bürogebäude eingesetzten Reinigungskräfte wird vom Erwerber unter Beibehaltung der Arbeitsorganisation des bisherigen Betriebes übernommen. Ausgenommen sind die Schwangeren, Schwerbehinderten, älteren Mitarbeiter und Betriebsratsmitglieder. Da die in dem Bürogebäude eingesetzte Teilbelegschaft einschließlich deren Arbeitsorganisation (zB Aufteilung in Gruppen mit Teamleitern, evtl. Schichtdiensteinteilung) eine wirtschaftliche Einheit darstellt, sind auch die Arbeitsverhältnisse der Mitarbeiter, die von der Übernahme ausgenommen wurden, gem. § 613a BGB auf das neue Unternehmen übergegangen[3].

2. Bei der Übernahme eines Callcenters, bei der die Tätigkeit der Mitarbeiter und nicht sächliche Betriebsmittel für die wirtschaftliche Wertschöpfung im Vordergrund stehen, liegt ein Betriebsübergang dann vor, wenn ein nach Zahl und Sachkunde wesentlicher Teil des Personals übernommen wird, selbst wenn die übernommenen Mitarbeiter – aufbauend auf ihren bisherigen Fähigkeiten und Kenntnissen – noch zusätzlich geschult werden müssen, um die neuen Aufgaben erledigen zu können[4].

⊃ **Hinweis:** Wenn ein Reinigungsauftrag gekündigt wird und der Auftrag an ein anderes Unternehmen fremdvergeben wird, sollte bei der anwaltlichen Beratung des neuen Auftragnehmers genau geprüft werden, ob das in dem Reinigungsobjekt beschäftigte Personal teilweise (Hauptbelegschaft = mehr als 75 %) von dem neuen Reinigungsunternehmen mit den bisherigen Reinigungsarbeiten weiterbeschäftigt werden soll, da dann ein Betriebsübergang vorliegen kann und damit auch die Reinigungskräfte von dem neuen Auftragnehmer weiterbeschäftigt werden müssen, die nicht übernommen wurden (zur Abgrenzung zur Funktions-/Auftragsnachfolge s. unter Rz. 58 ff.).

33 Es liegt kein Betriebsübergang nach § 613a BGB vor, wenn nach der Übertragung der Betriebsmittel eine vom bisherigen Inhaber **nur geplante**, aber noch nicht verwirklichte Produktion aufgenommen wird. Das gilt auch, wenn die Belegschaft schon für die Produktionsumstellung geschult worden ist. Denn es lag mangels aufgenommener Produktion noch keine wirtschaftliche Einheit vor, die auf den Erwerber übertragen wurde.

34 Es reicht für einen Betriebsübergang nicht aus, wenn der **Erwerber** mit einzelnen, bislang nicht teilbetrieblich organisierten Betriebsmitteln **erst einen Betrieb oder Betriebsteil gründet**[5]. Auch eine **Sicherungsübereignung** zB eines Gaststättenbetriebes an eine Bank führt für sich genommen nicht zu einem Betriebsübergang. Ein solcher

---

1 BAG 22.7.2004 – 8 AZR 350/03, NZA 2004, 1382.
2 LAG Schl.-Holst. 19.4.2012 – 5 Sa 466/11, EzA-SD 2012, Nr. 15, 13.
3 BAG 11.12.1997 – 8 AZR 729/96, NZA 1998, 534.
4 BAG 25.6.2009 – 8 AZR 258/08, NZA 2009, 1412.
5 BAG 13.11.1997 – 8 AZR 52/96, EzA § 613a BGB Nr. 166.

II. Tatbestandliche Voraussetzungen

kann nur angenommen werden, wenn der Sicherungsnehmer zusätzlich die Betriebsmittel im eigenen Namen nutzt[1].

Schließlich kann von einem Betriebsübergang nicht gesprochen werden, wenn dem Erwerber, der mit den Anlage- und Umlaufgütern eines Betriebes die Produktion an einem anderen Ort fortsetzen will, dort der wesentliche Teil der **bisherigen Belegschaft**, insbesondere die „Leistungsträger", **nicht zur Verfügung steht** und er mit neuem Personal eine funktionsfähige Betriebsorganisation aufbauen muss. Diese Konstellation ist regelmäßig gegeben, wenn die Betriebsgüter an einen weit entfernten Ort (zB ins Ausland) verbracht werden[2] (sog. **off-shoring**, vgl. hierzu auch Rz. 83). Außerdem kann eine erhebliche räumliche Entfernung zwischen alter und neuer Betriebsstätte die Wahrung der Identität zweifelhaft erscheinen lassen. Kann die Wegstrecke zur neuen Betriebsstätte von den Arbeitnehmern in weniger als einer Autostunde bewältigt werden, so handelt es sich nicht um eine erhebliche räumliche Entfernung[3]. Eine Strecke von 59 km reicht ebenfalls noch nicht aus[4].

Ausnahmsweise liegt ein Betriebsübergang selbst bei Übertragung des gesamten Betriebes dann **nicht** vor, **wenn der Erwerber ihn für eine ganz andere Tätigkeit nutzt als sein Vorgänger.** Denn § 613a BGB will den Übergang von Arbeitsverhältnissen sichern, wenn zwar der Betriebsinhaber wechselt, der Arbeitsplatz aber unverändert erhalten bleibt.

Beispiel:

Ein Gaststättenbetrieb mit gutbürgerlicher deutscher Küche, welcher im Rahmen eines Pachtvertrages mit dem Eigentümer des Grundstückes betrieben wurde, wird eingestellt; an seiner Stelle wird, nach einem Umbau, aufgrund eines neuen Pachtverhältnisses mit dem Eigentümer des Grundstücks ein arabisches Spezialitätenrestaurant eröffnet. Der Annahme eines Betriebsübergangs steht in einem solchen Fall entgegen, dass sich der Charakter des betriebenen Gaststättenbetriebes so geändert hat, dass von einer Fortführung des alten Betriebes nicht mehr gesprochen werden kann[5].

Hier hat ein Wechsel der Betriebsmethoden und der Arbeitsorganisation stattgefunden. Zudem hängt bei einer Gaststätte die Wahrung der wirtschaftlichen Identität auch von ihrem kundenorientierten Leistungsangebot sowie der Übernahme der Führungskräfte oder des sonstigen Personals, insbesondere der Hauptbelegschaft, ab[6]. Allein der Umstand, dass eine Arbeitnehmerin wie früher im alten Restaurant ihre vertraglich geschuldete Arbeitsleistung erbringen kann, reicht für die Wahrung der Identität der wirtschaftlichen Einheit nicht aus.

Gegen eine Identität der wirtschaftlichen Einheit spricht auch, wenn der Betriebszweck sich dadurch ändert, dass statt der ursprünglichen Massenproduktion von Schuhen nunmehr die überwiegend handwerklich ausgerichtete Musterfertigung von Schuhen im Vordergrund steht[7] oder bei einem Möbeleinzelhandelsunternehmen das Einkaufs- und Verkaufskonzept und damit der Betriebszweck dadurch geändert

---

1 BAG 20.3.2003 – 8 AZR 312/02, EzA § 613a BGB 2002 Nr. 7.
2 LAG Düsseldorf 16.2.1995 – 12 Sa 1925/94, LAGE § 613a BGB Nr. 45.
3 BAG 26.5.2011 – 8 AZR 37/10, EzA § 613a BGB 2002 Nr. 125 = EWiR 2011, 699 m. Anm. Rossa/Fuhlrott.
4 BAG 26.5.2011 – 8 AZR 37/10, EzA § 613a BGB 2002 Nr. 125 = EWiR 2011, 699 m. Anm. Rossa/Fuhlrott.
5 LAG Düsseldorf 10.5.1995 – 4 (6) Sa 99/95, LAGE § 613a BGB Nr. 41.
6 BAG 11.9.1997 – 8 AZR 555/95, NZA 1998, 31, mit dem das Urteil des LAG Düsseldorf 10.5. 1995 – 4 (6) Sa 99/95, LAGE § 613a BGB Nr. 41, bestätigt wurde.
7 BAG 13.5.2004 – 8 AZR 331/03, EzA § 613a BGB 2002 Nr. 26.

wird, dass statt des Verkaufs und der Lieferung von Markenmöbeln über einen Möbeleinkaufsverband nunmehr der Verkauf von Möbeln zum Selbstabholen und Selbstaufbau zu Discountpreisen entscheidend ist[1].

39 Ein Betriebsübergang lag nach der **früheren Rechtsprechung des BAG** auch dann nicht vor, wenn die bisherige Betriebsorganisation beim Erwerber zerschlagen wird, indem die Strukturen, die bisher beim Betriebsveräußerer bestanden, durch die Eingliederung in die neue Organisationsstruktur beim Erwerber aufgelöst wurden. Denn für einen Betriebsübergang ist entscheidend, dass eine wirtschaftliche Einheit unter Wahrung ihrer Identität beim Erwerber fortgeführt wird.

Beispiel:

Eine Bistrowirtschaft wird vollständig in die eigene Organisationsstruktur eines anderen Unternehmens – hier Bahn – eingegliedert[2], so dass sich damit die Betriebsorganisation so erheblich ändert, dass von ihrer Fortführung durch den neuen Inhaber nicht gesprochen werden kann.

40 Diese Rechtslage hat sich durch **Urteil des EuGH** vom 12.2.2009[3] **geändert**. Nach Auffassung des EuGH reicht es für die Wahrung der wirtschaftlichen Identität des übergegangenen Betriebs oder Betriebsteils aus, wenn zwar der übertragene Unternehmens- oder Betriebsteil seine organisatorische Selbständigkeit nicht bewahrt, die **funktionelle Verknüpfung** zwischen den übergegangenen Produktionsfaktoren aber beibehalten wird und sie es dem Erwerber erlaubt, diese Faktoren zu nutzen, um derselben oder einer gleichartigen wirtschaftlichen Tätigkeit nachzugehen. Notwendig ist mithin[4], dass der Arbeitnehmer bei dem Veräußerer jedenfalls in einer selbständigen, abtrennbaren organisatorischen Einheit tätig war[5], in der ein Teilzweck verfolgt wurde, und dieser Betriebsteil kraft Rechtsgeschäfts auf den Erwerber übergegangen ist, wobei Betriebsmittel, die nur von untergeordneter Bedeutung sind, nicht übergehen müssen. Es ist allerdings nicht (mehr) notwendig, dass diese organisatorische Einheit beim Erwerber wie bisher fortgeführt wird; es muss aber der Betriebszweck im Wesentlichen weitergeführt werden und es muss die funktionelle Verknüpfung zwischen den übernommen Betriebsmitteln beibehalten werden, wobei im Rahmen einer Gesamtwürdigung aller den Vorgang kennzeichnenden Umstände festzustellen ist, ob die Identität der übernommenen wirtschaftlichen Einheit gewahrt wurde.

41 Allerdings ist die **Übernahme der bloßen Tätigkeit iS einer Aufgabe nicht ausreichend**. Der Betriebserwerber muss mithin die funktionelle Verknüpfung zwischen den übertragenen Produktionsfaktoren beibehalten; es muss ihm derart ermöglicht werden, unter Nutzung dieser Faktoren derselben oder einer gleichartigen wirtschaftlichen Tätigkeit nachzugehen[6]. Ein Betriebsübergang scheidet deshalb aus, wenn die funktionelle Verknüpfung der Wechselbeziehung und gegenseitigen Ergänzung zwischen den Produktionsfaktoren beim anderen Unternehmer verloren geht[7]. Die Möglichkeit der Vermeidung eines Betriebsübergangs durch die bloße Zerstörung der organisatorischen Selbständigkeit beim Erwerber ist mithin aufgrund dieser EuGH-Ent-

---

1 BAG 13.7.2006 – 8 AZR 331/05, NZA 2006, 1557; 24.4.2008 – 8 AZR 268/07, NZA 2008, 132 ff.
2 BAG 6.4.2006 – 8 AZR 249/04, NZA 2006, 1039.
3 EuGH 12.2.2009 – Rs. C-466/07 – Klarenberg, EzA EG-Vertrag 1999 Richtlinie 2001/93 Nr. 2.
4 LAG Düsseldorf 11.12.2009 – 9 Sa 303/07, LAGE § 613a BGB 2002 Nr. 28 (in Sachen Klarenberg); in der Sache Klarenberg wurde auf die Revision des Arbeitgebers die Klage schließlich abgewiesen, weil nach Auffassung des BAG beim Betriebsveräußerer kein Betriebsteil vorlag, in dem der Kläger beschäftigt war und der auf den neuen Arbeitgeber übergegangen ist, vgl. BAG 13.10.2011 – 8 AZR 455/19, NZA 2012, 504; *Gaul*, AktuellAR 2011, S. 224.
5 Vgl. hierzu näher *Salomon*, NZA 2012, 482. S.a. BAG 7.4.2011 – 8 AZR 730/09, NZA 2011, 1231; 10.11.2011 – 8 AZR 546/10, NZA 2012, 309.
6 BAG 7.4.2011 – 8 AZR 730/09, EzA § 613a BGB 2002 Nr. 124.
7 BAG 21.6.2012 – 8 AZR 181/11, DB 2012, 2584.

II. Tatbestandliche Voraussetzungen

scheidung entfallen (zu anderen Einwirkungs- und Gestaltungsmöglichkeiten s. Rz. 366 ff.).

Beispiel:

Ein Speditionsunternehmen übernimmt von einem anderen Unternehmen dessen Speditionsabteilung mit deren Fuhrpark, den Mitarbeitern und den Kundenbeziehungen und gliedert ihn in sein Unternehmen ein. Von einem Betriebsübergang konnte nach der früheren Rechtsprechung des BAG nur dann gesprochen werden, wenn die bisherige Speditionsabteilung beim neuen Arbeitgeber weiter als Betriebsteil mit der früheren Organisationsstruktur geführt wird. Geht der frühere Betriebsteil voll in dem neuen Betrieb auf, so dass es keine Abteilung mit dem bisherigen Mitarbeiterkreis, Fahrzeugpark und Kundenstamm mehr gibt, fehlte es nach der früheren Rechtsprechung des BAG an einem Betriebsübergang. Dagegen reicht es nach der Auffassung des EuGH aus, dass der Betriebserwerber den bisherigen Kundenstamm und die Fahrzeuge übernimmt und die übernommenen Mitarbeiter weiter als Kraftfahrer eingesetzt werden; es ist nicht mehr notwendig, dass die Organisationsstruktur erhalten bleibt. Wenn die Kraftfahrer aber noch weitere Aufgaben übernehmen und sich damit die Arbeitsbedingungen wesentlich ändern, kann von einem Betriebs(teil)übergang nicht mehr gesprochen werden[1].

Voraussetzung für einen Betriebsübergang im Sinne dieser Rechtsprechung ist jedoch, dass ein Betrieb oder Betriebsteil auf einen anderen Arbeitgeber übergeht und die im Betrieb oder Betriebsteil geleistete Tätigkeit durch den Erwerber **im Wesentlichen unverändert fortgeführt** wird; die bloße Möglichkeit der Weiterführung reicht nicht aus[2]. Auch muss trotz der vorbenannten Entscheidung des EuGH in Sachen **Klarenberg** beim Veräußerer eine abtrennbare organisatorische Einheit vorhanden gewesen sein, damit diese Einheit auf den Erwerber übergehen kann[3]. 42

Übernimmt der Erwerber aus einem betriebsmittelarmen Betriebsteil keinen nach Zahl und Sachkunde wesentlichen Teil des Personals, indiziert dieser Umstand allerdings, dass die operativen Ressourcen des Betriebsteils nicht weiter genutzt werden und daher das Identitätsmerkmal „**Funktionalität und Nutzung der bisherigen Einheit**" im Erwerberbetrieb nicht gewahrt ist[4]. Auch liegt kein Betriebsübergang vor, wenn der Erwerber das Betriebskonzept durch die Änderung der Organisationsstruktur und der Personalstruktur so ändert, dass in einer **Gesamtschau** keine Fortführung des früheren Betriebes anzunehmen ist und der neue Betreiber deshalb eine andere Leistung erbringt. Dies liegt zB dann vor, wenn eine Betriebskantine, in der das Essen vor Ort frisch zubereitet wird, durch einen Caterer übernommen wird, der das Essen nicht vor Ort zubereitet und auch nicht die bisherigen Betriebsmittel und Funktionsräume weiter nutzt[5]. 43

Vereinbaren der Veräußerer und der Erwerber in einem Übernahmevertrag ausdrücklich nur die Übernahme wesentlicher Betriebsmittel aus bestimmten Betriebsteilen – hier gewerbliche Arbeitnehmer –, geht eine hiervon organisatorisch abgegrenzte selbständige Verwaltungsabteilung nicht auf den Erwerber mit über[6]. Auch reicht es nach der Rechtsprechung des BAG für einen Betriebsübergang nicht aus, dass der Erwerber einzelner Betriebsmittel mit ihnen einen Betrieb oder einen Betriebsteil **erst gründet**[7]. 44

Es kann von einem Betriebsübergang nicht gesprochen werden, wenn nach dem **Ausscheiden eines Notars** ein neuer Notar bestellt wird und dieser die Kanzlei und das 45

---

1 *Gaul*, AktuellAR 2009, S. 334.
2 *Gaul*, AktuellAR 2010, S. 229.
3 BAG 13.10.2011 – 8 AZR 455/10, NZA 2012, 504.
4 LAG Düsseldorf 18.2.2009 – 12 Sa 1544/08, NZA-RR 2009, 414–419.
5 BAG 17.12.2009 – 8 AZR 1019/08, EzA § 613a BGB 2001 Nr. 117 = EWiR 2010, 241 m. Anm. *Fuhlrott*.
6 BAG 24.8.2006 – 8 AZR 556/05, EzA § 613a BGB 2002 Nr. 59.
7 BAG 10.10.1996 – 2 AZR 651/95, NZA 1997, 92.

Personal des aus dem Amt entlassenen Notars übernimmt. Denn wesentliches Substrat des Notariats ist die höchstpersönliche Notarbefugnis[1]. Daher liegt auch kein Betriebsübergang vor, wenn mehrere Rechtsanwälte eine Anwaltskanzlei als Gesellschaft des bürgerlichen Rechts betreiben, die Anwaltskanzlei durch Beschluss der Gesellschafter stillgelegt wird, sich nach erfolgter Einstellung der Kanzleitätigkeit ein Teil der bisherigen Gesellschafter zu einer neuen Anwaltssozietät in anderen Geschäftsräumen zusammenschließt, die übrigen Gesellschafter in eine andere Anwaltskanzlei eintreten oder sich als Rechtsanwälte selbständig machen und jeder Gesellschafter seinen bisherigen Mandantenstamm weiterbetreut, ohne dass er das bisherige Büropersonal oder einen wesentlichen Teil desselben übernimmt[2]. Das Gleiche gilt, wenn eine Rechtsanwaltskanzlei, die in der Form einer GbR betrieben wird, in der Weise aufgelöst wird, dass die Kanzleitätigkeit eingestellt wird, die einzelnen Rechtsanwälte sich selbständig machen und ihren jeweiligen Mandantenstamm weiterbetreuen, ohne das bisherige Büropersonal oder einen wesentlichen Teil davon zu übernehmen. Hier fehlt es an der Übernahme eines Betriebsteils, weil der einzelne Gesellschafter mit seinem Mandantenstamm nicht als organisatorisch abtrennbarer Betriebsteil der bisherigen Kanzlei definiert werden kann[3]. Die gleiche Rechtslage liegt vor, wenn ein Kassenarzt lediglich seine kassenärztliche Zulassung überträgt, ohne dass die für die Arztpraxis wesentlichen Betriebsmittel übernommen und/oder das identitätsbildende Personal übernommen werden[4].

b) Betriebsübergang bei Übernahme von Arbeitnehmern?

46 Nach der früheren ständigen Rechtsprechung des BAG[5] gehörten Arbeitnehmer nicht zu den Betriebsmitteln, weil die Übernahme der Belegschaft nach § 613a BGB Rechtsfolge des Betriebsübergangs war. Inzwischen hat das BAG[6] erkannt und sich damit dem EuGH angeschlossen, dass der Übernahme des Personals ein **gleichwertiger Rang neben anderen möglichen Kriterien** eines Betriebsübergangs zukommt und deshalb in Branchen, in denen es im Wesentlichen auf die menschliche Arbeitskraft ankommt, eine Gesamtheit von Arbeitnehmern, die durch ihre gemeinsame Tätigkeit verbunden sind – eine organisierte Arbeitnehmergesamtheit –[7], eine wirtschaftliche Einheit darstellen kann.

47 Die bloße Übernahme von Arbeitnehmern durch den Betriebserwerber stellt bei betriebsmittelarmen Betrieben mithin noch keinen Betriebsübergang dar. Entscheidend ist, dass bei **Übernahme einzelner Arbeitnehmer oder der Belegschaft die Identität der wirtschaftlichen Einheit** erhalten bleibt. Die Wahrung der Identität ist dann anzunehmen, wenn der neue Betriebsinhaber nicht nur die betreffende Tätigkeit weiterführt, sondern auch einen nach Zahl und Sachkunde wesentlichen Teil des Personals, mithin die Hauptbelegschaft übernimmt, die sein Vorgänger gezielt bei dieser Tätigkeit eingesetzt hat. Es hängt von der Struktur des Betriebes oder Betriebsteils ab, welcher nach Zahl und Sachkunde zu bestimmende Teil der Belegschaft übernommen werden muss, um von der Übernahme einer bestehenden Arbeitsorganisation ausgehen zu können[8]. Haben die Arbeitnehmer einen geringen Qualifikationsgrad, muss eine hohe Anzahl von ihnen beschäftigt werden, um auf einen Fortbestand der vom Vorgänger geschaffenen Arbeitsorganisation schließen zu können. Ist ein Betrieb stärker durch das Spezialwissen und die Qualifikation der Arbeitnehmer geprägt, kann neben

---

1 BAG 26.8.1999 – 8 AZR 827/98, EzA § 613a BGB Nr. 187.
2 BAG 30.10.2008 – 8 AZR 397/07, EzA § 613a BGB 2002 Nr. 103.
3 BAG 30.10.2008 – 8 AZR 397/07, DB 2008, 910; *Gaul*, AktuellAR 2009, S. 338 ff.
4 BAG 22.6.2011 – 8 AZR 107/10, EzA § 613a BGB 2002 Nr. 126.
5 BAG 29.9.1988 – 2 AZR 107/88, EzA § 613a BGB Nr. 85.
6 BAG 22.5.1997 – 8 AZR 101/96, DB 1997, 1720.
7 BAG 10.12.1998 – 8 AZR 676/97, NZA 1999, 420.
8 BAG 22.5.2014 – 8 AZR 1069/12, ZIP 2014, 750 = EWiR 2014, 633 m. Anm. *Fuhlrott*.

II. Tatbestandliche Voraussetzungen

anderen Kriterien ausreichen, dass wegen ihrer Sachkunde wesentliche Teile der Belegschaft übernommen werden. So kann von einem Betriebsübergang gesprochen werden, wenn ein Arbeitnehmer das Know-how dieses Arbeitgebers verkörpert und auch andere wesentlichen Betriebsmittel übergegangen sind[1].

Beispiel:

Ein Reinigungsauftrag für ein Universitätsgebäude wird an ein anderes Unternehmen vergeben, das 60 von 70 Arbeitnehmern einschließlich der Vorarbeiterin des bisherigen Auftragnehmers im Wesentlichen unverändert mit der Reinigung der Universität beschäftigt. Die Arbeitnehmerin A wurde nicht übernommen und verlangt die Fortsetzung des Arbeitsverhältnisses mit dem neuen Inhaber. Hier ist von einem Betriebsübergang nach § 613a BGB auszugehen, da in Branchen, in denen es im Wesentlichen auf die menschliche Arbeitskraft ankommt, die Übernahme einer organisierten Gesamtheit von Arbeitnehmern, und zwar der Hauptbelegschaft, einen rechtsgeschäftlichen Betriebs- oder Teilbetriebsübergang darstellt. Da der neue Auftragnehmer kraft eigenen Willensentschlusses die mit der Reinigung befasste Hauptbelegschaft einstellt und im Wesentlichen unverändert einsetzt, ist diese Voraussetzung erfüllt[2].

Doch selbst die Übernahme von 100 % der Belegschaft muss noch kein Betriebsübergang sein, wenn der neue Arbeitgeber die Mitarbeiter an anderen Arbeitsplätzen einsetzt, die bisherige Arbeitsorganisation mithin nicht weitestgehend beibehalten wird[3]. 48

Beispiel:

Ein Entleiher hat von einem Arbeitnehmerüberlassungsunternehmen Arbeitnehmer entliehen und in seinem Betrieb eingesetzt. Er beendet den Arbeitnehmerüberlassungsvertrag und beauftragt einen anderen Verleiher. Dieser stellt einen größeren Teil der beim Entleiher tätigen Leiharbeitnehmer des bisherigen Verleihers ein. Arbeitnehmer aus der die Leiharbeitnehmer steuernden und einsetzenden Personalabteilung und sonstige Betriebsmittel werden nicht übernommen. Hier liegt ein Betriebsübergang von dem einen Verleiher auf den anderen Verleiher nicht vor[4].

Ein Betriebsübergang liegt aber vor, wenn ein Arbeitgeber eine Service-GmbH gründet und diese alle Reinigungskräfte des bisherigen Arbeitgebers übernimmt; es liegt ein Betriebsübergang auf die Service-GmbH vor, wenn diese die übernommenen Reinigungskräfte an den früheren Arbeitgeber „zurück verleiht" und diese dort die gleichen Tätigkeiten wie bisher verrichten[5]. Wenn eine Behörde von einer anderen Behörde das Personal, das mit Hilfstätigkeiten an Schulen, darunter insbesondere mit der Instandhaltung und Hilfstätigkeiten in der Verwaltung betraut ist, übernimmt[6], liegt ebenfalls ein Betriebsübergang vor. 49

Hält allerdings der neue Auftragnehmer die frühere Arbeitsorganisation – als Teil der wirtschaftlichen Einheit – nicht aufrecht, übernimmt er auch keine materiellen oder immateriellen Betriebsmittel und/oder den oder die „Know-how-Träger" und stellen die Arbeitsplätze keine hohen Anforderungen an die Qualifikation der Arbeitnehmer, genügt **nicht ein Anteil von 75 % der früheren Beschäftigten** (wohl aber von 85 %), um die Übernahme der Hauptbelegschaft feststellen zu können[7]. Übernimmt der neue Betriebsinhaber mehr als die Hälfte der in einem IT-Service-Betrieb beschäftigten IT-Servicetechniker, EDV-Servicemitarbeiter und Führungskräfte, so kann auf- 50

---

1 BAG 9.2.1994 – 2 AZR 781/93, EzA § 613a BGB Nr. 115.
2 BAG 11.12.1997 – 8 AZR 729/96, NZA 1998, 534.
3 BAG 3.11.1998 – 3 AZR 484/97.
4 BAG 12.12.2013 – 8 AZR 1023/12, NZA 2014, 436; 23.9.2010 – 8 AZR 567/09, NZA 2011, 197.
5 BAG 21.5.2008 – 8 AZR 481/07, EzA § 613a BGB 2002 Nr. 96.
6 EuGH 6.9.2011 – Rs. C-108/10, EzA EG-Vertrag Richtlinie 2011/23 Nr. 7.
7 BAG 10.12.1998 – 8 AZR 676/97, NZA 1999, 420.

grund des hohen Qualifikationsgrades dieser Beschäftigten die Übernahme eines nach Zahl und Sachkunde wesentlichen Teils des Personals angenommen werden[1]. Bei einem Arbeitnehmerüberlassungsunternehmen ist die Besonderheit zu berücksichtigen, dass es insbesondere durch das Fehlen einer Betriebsorganisation gekennzeichnet ist[2].

51 Gerade in **betriebsmittelarmen Betrieben** kann die Anwendbarkeit des § 613a BGB durch den Erwerber durch die Zahl und den Inhalt der Beschäftigungsangebote an die Arbeitnehmer des bisherigen Arbeitgebers gesteuert werden; darin liegt keine Umgehung des § 613a BGB[3]. Zu weiteren Gestaltungsmöglichkeiten s. unter Rz. 366 ff.

52 Liegt ein **betriebsmittelintensiver Betrieb bzw. Betriebsteil** vor, ist der Übergang der Arbeitsverhältnisse nur Rechtsfolge und nicht zwingende Voraussetzung eines Betriebsübergangs.

53 Ob es für den Betriebs- bzw. Betriebsteilübergang allein ausreicht, wenn die Hauptbelegschaft übertragen wird, oder ob auch sächliche Mittel auf den Betriebserwerber übertragen werden müssen, hängt von dem **jeweiligen Betrieb oder Betriebsteil** ab. Sächliche Betriebsmittel sind im Rahmen einer Auftragsneuvergabe wesentlich, wenn bei wertender Betrachtungsweise ihr Einsatz den eigentlichen Kern des zur Wertschöpfung erforderlichen Funktionszusammenhangs ausmacht[4] und sie somit unverzichtbar zur auftragsgemäßen Verrichtung der Tätigkeiten, auf dem freien Arbeitsmarkt nicht erhältlich sind oder ihr Gebrauch vom Auftraggeber zwingend vorgeschrieben werden[5].

c) Besonderheiten nach dem Gegenstand des übertragenen Betriebs oder Betriebsteils

54 Hinsichtlich der Anforderungen an den Betriebsübergang differenziert das BAG zwischen einem Produktionsbetrieb oder -betriebsteilen und einem Handels- oder Dienstleistungsbetrieb. Wird nur ein Betriebsteil übertragen, kommt es auf den Betriebszweck des Betriebsteils an. Allerdings ist die Unterscheidung zwischen Produktions-, Handels- und Mischbetrieb nicht schematisch zu sehen; entscheidend ist immer, welche **Betriebsmittel** und welche sonstigen Personen und Sachen **für die Fortführung des jeweiligen Betriebes** erforderlich sind[6]; es ist zu fragen, ob durch den Betriebsübergang die **Identität der wirtschaftlichen Einheit** bewahrt wird. Es kommt mithin auf die **Eigenart des jeweiligen Betriebs** an, welche Betriebsmittel etc. für seine Fortführung wesentlich sind, so dass selbst alle Dienstleistungsbetriebe nicht schematisch einheitlich behandelt werden dürfen[7]. Eine Gesamtbetrachtung ist vorzunehmen (vgl. dazu bereits Rz. 6 ff.). Wesentliche Änderungen in der Organisation, der Struktur oder im Konzept der betrieblichen Tätigkeit können einer Identitätswahrung entgegenstehen. So spricht eine Änderung des Betriebszwecks gegen eine im Wesentlichen unveränderte Fortführung des Betriebs und damit gegen die für einen Betriebsübergang erforderliche Wahrung der Identität der wirtschaftlichen Einheit[8].

---

1 BAG 21.6.2012 – 8 AZR 181/11, DB 2012, 2584; zur Bedeutung des Wechsels von Know-how-Trägern s.a. *Fuhlrott*, NZA 2013, 183.
2 EuGH 13.9.2007 – Rs. C-458/05, NZA 2007, 1151; hierzu BAG 12.12.2013 – 8 AZR 1023/12, NZA 2014, 436.
3 *Gaul*, AktuellAR 2012, S. 519.
4 BAG 15.2.2007 – 8 AZR 431/06, EzA § 613a BGB 2002 Nr. 64.
5 BAG 15.12.2011 – 8 AZR 197/11, EzA § 613a BGB 2002 Nr. 130.
6 BAG 27.7.1994 – 7 AZR 37/93, EzA § 613a BGB Nr. 123.
7 BAG 27.7.1994 – 7 AZR 37/93, EzA § 613a BGB Nr. 123.
8 BAG 21.6.2012 – 8 AZR 181/11, DB 2012, 2584.

aa) Produktion

Bei einem Produktionsbetrieb und -betriebsteil setzt der Betriebsübergang iSd. Übertragung einer wirtschaftlichen Einheit die **Übertragung von Produktionsmitteln** auf den neuen Inhaber voraus. Werden nicht alle Produktionsmittel übertragen, so müssen zumindest so viele übergehen, dass eine **sinnvolle Weiterführung der Produktion erst möglich ist** und die Produktion auch tatsächlich weitergeführt oder wieder aufgenommen wird. Wenn allerdings die Ersetzung von Produktionsmitteln ohnehin im Rahmen der Modernisierung vorgesehen ist, brauchen sächliche Mittel nicht überzugehen. **Denn entscheidend ist, wie der bisherige Inhaber den Betrieb fortgesetzt hätte, wenn er ihn weiter behalten hätte.** Daher erfasst § 613a BGB auch den Fall, in dem der bisherige Inhaber ein wesentliches Betriebsmittel – zB eine Produktionsanlage – erneuern will, in der Zwischenzeit jedoch den Betrieb veräußerte und zum Zeitpunkt des Übergangs nicht mehr im Besitz der alten und noch nicht im Besitz der neuen Anlage ist[1]. Selbst wenn Investitionen in Millionenhöhe notwendig sind, scheitert daran nicht der Betriebsübergang[2]. Allerdings liegt nach der früheren Rechtsprechung des BAG kein Betriebsübergang vor, wenn der neue Inhaber die Produktion mittels der in seinem Betrieb bereits bestehenden Organisation fortführt, mithin die alte Betriebsorganisation zerschlägt[3] und die übernommenen Wirtschaftsgüter in die vorhandene Organisation seiner Produktion eingliedert; denn hier führt der neue Rechtsträger nicht die wirtschaftliche Einheit unter Wahrung von deren Identität fort[4]. Nach Auffassung des EuGH reicht es für den Betriebsübergang aus, dass die funktionelle Verknüpfung zwischen den übertragenen Produktionsfaktoren beibehalten wird und sie es dem Erwerber erlaubt, diese Faktoren zu nutzen (vgl. Rz. 40 f.).

bb) Handel, Dienstleistung

Bei Handels- und Dienstleistungsbetrieben spielen **immaterielle Betriebsmittel** häufig eine entscheidende Rolle. So besteht bei diesen Betrieben das Betriebsvermögen hauptsächlich aus Rechtsbeziehungen sowie aus dem Kundenstamm, aus den Kundenlisten, Warenzeichen, dem Know-how, dem Goodwill des Betriebes. Neben diesen immateriellen Betriebsmitteln bilden **das durch die gemeinsame Tätigkeit dauerhaft verbundene Personal allein oder/und die immateriellen Betriebsmittel etc. eine wirtschaftliche Einheit**. Zu den wesentlichen Betriebsmitteln zählen auch die Geschäftsräume und die Geschäftslage, sofern diese Bestandteile es ermöglichen, den bisherigen Kundenkreis zu halten und auf den neuen Betriebsinhaber überzuleiten, und der neue Inhaber den Betrieb auch tatsächlich weiterführt oder wieder aufnimmt. Bei Betrieben, die längerfristige Dienst- oder Werkverträge abschließen, setzt die Überleitung der Beziehungen zu den Kunden in der Regel auch den Eintritt des Erwerbers in die mit dem Kunden bestehenden Verträge voraus. Hiervon kann abgesehen werden, wenn die Verträge ohnehin auslaufen und der bisherige Inhaber die Kunden zur Anwerbung durch den neuen Betriebsinhaber „freigibt"[5]. Unwesentlich für einen Dienstleistungsbetrieb ist die beliebig austauschbare Büroeinrichtung[6].

Beispiele:

1. Bei der Neuvergabe des Auftrages, eine Bundeswehrkaserne zu bewachen, hat das BAG[7] entscheidend auf die Kundenbeziehungen abgestellt. Nachdem der bisherige Bewachungsauftrag durch Zeitablauf geendet hatte, war er neu ausgeschrieben und an ein anderes Unternehmen

---

1 BAG 3.7.1986 – 2 AZR 68/85, EzA § 613a BGB Nr. 53.
2 BAG 22.9.1994 – 2 AZR 54/94, DB 1995, 432.
3 *Gaul*, AktuellAR 2008, S. 598.
4 BAG 16.5.2002 – 8 AZR 319/01, EzA § 613a BGB Nr. 210.
5 *Wißmann*, in Beseler/Düwell u.a., S. 27.
6 BAG 9.2.1994 – 2 AZR 781/93, EzA § 613a BGB Nr. 115.
7 BAG 29.9.1988 – 2 AZR 107/87, EzA § 613a BGB Nr. 85.

vergeben worden. Dieses hatte das Wachlokal sowie bestimmte Gerätschaften übernommen. Die Übernahme sächlicher Betriebsmittel hat das BAG in einem derartigen Fall als nicht ausreichend angesehen. Vielmehr sei bei Dienstleistungsbetrieben wie Bewachungsunternehmen, die mit ihren Kunden längerfristige vertragliche Beziehungen eingingen, für einen Betriebsübergang auch die Überleitung der Beziehungen zu den Kunden zu fordern. Daran hat es hier aber gefehlt, weil der Bewachungsauftrag neu vergeben wurde, ohne dass dabei das bisher beauftragte Unternehmen irgendeine Rolle gespielt hatte. Dagegen würde ein Betriebsübergang vorliegen, wenn das neue Bewachungsunternehmen den Großteil des Personals eingestellt hätte, das bisher die Bundeswehrkaserne bewacht hatte[1].

2. Die Firma A verwaltete ein ihr gehörendes Büro- und Geschäftshaus. Diese Immobilie wurde von der Mieterin B des Gebäudes erworben, das den einzigen Grundbesitz der A darstellte. B übernahm nicht den Hausmeister. Die Firma A wurde liquidiert. Ein Betriebsübergang lag nicht vor, weil der Betriebszweck der A einzig die Verwaltung der in ihrem Eigentum stehenden Immobilie war; sie war demnach ein Dienstleistungsbetrieb. Diesen hat B nicht dadurch übernommen, dass sie das von der Firma A. verwaltete Gebäude erworben hat[2].

57 Kommt es bei einem Kantinenbetrieb zum **Wechsel des Pächters**, wobei der neue Pächter alle **Räume, Einrichtungen und Geräte übernimmt und die Kantine fortführt**, liegt hierin ein Betriebsübergang. Dem steht nicht entgegen, wenn der Übernehmer das Kleininventar neu anschaffen muss, denn dieses muss erfahrungsgemäß ohnehin regelmäßig ersetzt werden[3]. Kündigt der Zwangsverwalter eines Grundstücks den Pachtvertrag über ein auf dem Grundstück betriebenes Hotel und **führt er den Hotelbetrieb dann selbst weiter**, so liegt ebenfalls ein Betriebsübergang durch Rechtsgeschäft iSd. § 613a Abs. 1 Satz 1 BGB vom früheren Pächter auf den Zwangsverwalter vor[4].

d) Funktionsnachfolge – Outsourcing

58 Ein Hauptproblem des § 613a BGB ist die **Abgrenzung des Betriebsübergangs von verwandten Vorgängen**, die nicht unter § 613a BGB fallen. Im Mittelpunkt steht das Problem der Auftragsvergabe bzw. der Auftragsneuvergabe sowie die sog. Funktionsnachfolge[5].

aa) Bloße Auftragsvergabe

59 Das **BAG** hatte in ständiger Rechtsprechung[6] angenommen, dass eine bloße Funktionsnachfolge (zB Auftragsvergabe an Dritte entweder zur weiteren Erfüllung der Aufgabe im Betrieb – Inhouse-Outsourcing – oder zur Erledigung der Aufgabe außerhalb des Betriebs – Outhouse-Outsourcing[7]; Neuvergabe eines Auftrages an ein anderes Unternehmen[8]) noch keinen Betriebsübergang darstellt; entscheidend sei, ob der Dritte auch die **für die Fortführung des Betriebes oder Betriebsteils wesentlichen Betriebsmittel** durch Rechtsgeschäft übernimmt.

Beispiel:

Die A-GmbH kündigt das Arbeitsverhältnis mit der Reinigungskraft B, um künftig die Reinigungsarbeiten von einem Reinigungsunternehmen durchführen zu lassen. Nach der frühe-

---

1 BAG 25.9.2008 – 8 AZR 607/07, NZA-RR 2009, 469; 15.12.2011 – 8 AZR 197/11, EzA § 613a BGB 2002 Nr. 130.
2 BAG 15.11.2012 – 8 AZR 683/11, DB 2013, 1419.
3 BAG 25.2.1981 – 5 AZR 991/78, EzA § 613a BGB Nr. 28.
4 BAG 18.8.2011 – 8 AZR 230/10, EzA § 613a BGB 2002 Nr. 127.
5 *Schiefer*, NZA 1998, 1095 (1099); *Fuhlrott/Hoppe*, AuA 2013, 88.
6 BAG 4.3.1993 – 2 AZR 507/92, EzA § 613a BGB Nr. 107.
7 *Schiefer/Doublet/Hartmann*, S. 54 f.
8 BAG 18.10.1990 – 2 AZR 172/90, EzA § 613a BGB Nr. 91.

II. Tatbestandliche Voraussetzungen

ren (und heutigen) Meinung des BAG liegt mangels Übertragung einer wirtschaftlichen Einheit (zB sächlicher oder immaterieller Mittel) kein Betriebsübergang vor.

Demgegenüber hatte der **EuGH**[1] im Fall *Christel Schmidt* geurteilt, dass schon die Übertragung einer betriebsinternen Dienstleistungseinrichtung an ein Fremdunternehmen, zB der Erledigung der im Betrieb anfallenden Reinigungsaufgaben auf ein Reinigungsunternehmen, auch ohne Übertragung sächlicher Betriebsmittel als Übergang eines Betriebsteils iSd. RL 77/187 angesehen werden kann. Nach dieser Rechtsprechung war die Wahrung der „Identität der wirtschaftlichen Einheit" entscheidend, so dass **jede Form der Fremdvergabe** in den unmittelbaren Anwendungsbereich des § 613a BGB fiel. 60

Der EuGH hat 1997[2] seine **Rechtsprechung aufgrund der hierzu geäußerten Kritik modifiziert**. Er hat geurteilt, dass bei der Prüfung, ob eine wirtschaftliche Einheit übergegangen ist, sämtliche den betreffenden Vorgang kennzeichnenden Tatsachen zu berücksichtigen sind, vgl. bereits Rz. 6 ff. **Allein die Übertragung eines Auftrages an einen Dritten** ohne zB Übernahme der Hauptbelegschaft oder eines nach Zahl und Sachkunde wesentlichen Teils des Personals **stellt daher noch keinen Übergang im Sinne der Richtlinie dar**. 61

Aufgrund dieser Entscheidung reicht idR die bloße Funktionsnachfolge ohne Übernahme materieller und immaterieller Betriebsmittel oder eines erheblichen Teils der Gesamtbelegschaft für einen Betriebsübergang nicht aus[3]; es muss eine wirtschaftliche Einheit auf den Erwerber übertragen werden. Das an die Rechtsprechung des EuGH gebundene **BAG** hat sich in seiner Entscheidung vom 22.5.1997[4] dem angeschlossen und mit seinem Urteil vom 13.11.1997[5] die **Funktionsnachfolge** im Sinne einer Fortführung der Tätigkeit durch einen neuen Auftragnehmer noch **nicht als für einen Betriebsübergang ausreichend** angesehen. 62

Beispiel:

Nach Kündigung des von einer Schule erteilten Reinigungsauftrages kündigte A der Klägerin sowie sieben weiteren Arbeitnehmerinnen, die alle für die Reinigung der Schule eingesetzt waren. Den Auftrag übernahm B, der den zuvor bei A beschäftigten Arbeitnehmern kein Übernahmeangebot machte. Die Kündigung war nicht nach § 613a Abs. 4 BGB wegen erfolgten Betriebsübergangs unwirksam, da der bloße Verlust eines Auftrages nicht als Betriebsübergang zu qualifizieren ist. Denn das zuvor beauftragte Dienstleistungsunternehmen verliert zwar einen Kunden, besteht aber im vollen Umfang weiter, ohne dass einer seiner Betriebe oder Betriebsteile auf den neuen Arbeitgeber übertragen worden wäre[6]. Die rechtliche Bewertung wäre eine andere, wenn neben der bloßen Funktionsnachfolge weitere Kriterien, wie zB Übernahme der Belegschaft, hinzukämen.

bb) Übernahme wesentlicher Betriebsmittel

Geht die **Auftragsvergabe mit der Übernahme wesentlicher Betriebsmittel** einher[7], kann sie als Betriebsübergang zu qualifizieren sein. 63

---

1 EuGH 14.4.1994 – Rs. C-392/92 – Christel Schmidt, EzA § 613a BGB Nr. 114; aA LAG Düsseldorf 22.8.1995 – 16 Sa 364/95, ZIP 1995, 1922; s.a. *Fuhlrott/Hoppe*, AuA 2013, 88.
2 EuGH 11.3.1997 – Rs. C-13/95 – Ayse Süzen, EzA § 613a BGB Nr. 145.
3 BAG 13.11.1997 – 8 AZR 295/95, NZA 1998, 251.
4 BAG 22.5.1997 – 8 AZR 101/96, DB 1997, 1720.
5 BAG 13.11.1997 – 8 AZR 295/95, NZA 1998, 251.
6 EuGH 11.3.1997 – Rs. C-13/95 – Ayse Süzen, EzA § 613a BGB Nr. 145.
7 In Branchen, in denen es im Wesentlichen auf die menschliche Arbeitskraft ankommt, kann hierzu auch ausschließlich die Hauptbelegschaft zählen.

Beispiel:

Die A-GmbH will künftig die bisher von Christel Schmidt erledigten Reinigungsarbeiten von einem Reinigungsunternehmen durchführen lassen. Es wurde bereits dargelegt, dass mangels Übertragung einer wirtschaftlichen Einheit kein Betriebsübergang vorliegt. Stellt jedoch das Reinigungsunternehmen Frau Schmidt ein und erledigt sie die gleichen Arbeiten wie bisher, liegt ein Betriebs(teil)übergang mit der Folge vor, dass Christel Schmidt vom Reinigungsunternehmen ihre Weiterbeschäftigung zu den bisherigen Arbeitsbedingungen verlangen kann. Denn als einzige Arbeitnehmerin war sie automatisch prägender Arbeitnehmer[1].

64 Ist zur Erfüllung des jeweiligen Auftrages die Nutzung von Arbeitsmitteln und Einrichtungen notwendig, die vom Auftraggeber gestellt werden, hatte nach der **früheren Auffassung des BAG** eine **wertende Betrachtung zu erfolgen**, ob diese dem Betrieb des Auftragnehmers als eigene Betriebsmittel zugeordnet werden können. Nur dann waren sie in die Gesamtabwägung, ob ein Betriebsübergang stattgefunden hat, einzubeziehen[2]. Wesentliches Kriterium war danach, dass dem Berechtigten die Betriebsmittel zur eigenwirtschaftlichen Nutzung überlassen waren[3].

Beispiele:

1. Nach Kündigung des Auftragsverhältnisses mit A wird B mit der Bewachung eines Objekts beauftragt, wobei er zwecks Bewachung auf installierte Sicherheitseinrichtungen des zu bewachenden Objektes zurückgreifen kann. Von einem Betriebsübergang kann nicht gesprochen werden, weil die installierten Sicherheitseinrichtungen nicht Betriebsmittel des A, sondern solche des nunmehr von B bewachten Unternehmens sind. Sie dienen allein der Auftragserfüllung[4]. In diesem Fall lag – so das BAG – nur eine bloße Funktionsnachfolge vor. Der EuGH[5] ist dieser Auffassung in einem Fall nicht gefolgt, in dem beim Düsseldorfer Flughafen die dortigen Sicherheitseinrichtungen von dem Flughafen dem Auftragsnachfolger zur Verfügung gestellt wurden. Inzwischen hat sich das BAG dieser Auffassung angeschlossen[6].

2. Das Unternehmen A-AG entschließt sich, Druckaufträge nicht mehr durch eigenes Personal durchführen zu lassen, sondern sie an eine Drittfirma mit der Maßgabe zu übertragen, dass die Arbeiten in den eigenen Räumen an den Druckmaschinen der A-AG erledigt werden. Mit der Nutzungsvereinbarung über die Druckmaschinen und der Auftragsvergabe wird kein Teilbetrieb an die Drittfirma übertragen. Allein die Auftragsvergabe reicht, so das BAG früher, für einen Betriebsübergang nicht aus. Der Drittfirma waren – so das BAG früher – auch keine Betriebsmittel zur Erfüllung ihres Betriebszwecks übertragen worden. Bei einer für einen Betriebsübergang ausreichenden Nutzungsvereinbarung mussten nach dieser Auffassung dem Berechtigten Betriebsmittel **zur eigenwirtschaftlichen Nutzung** überlassen worden sein. Erbringt dagegen der Auftragnehmer nur eine Dienstleistung an fremden Geräten und Maschinen innerhalb fremder Räume, ohne dass ihm die Befugnis eingeräumt ist, über Art und Weise der Nutzung der Betriebsmittel in eigenwirtschaftlichem Interesse zu entscheiden, konnten ihm diese Betriebsmittel nicht als eigene zugerechnet werden[7].

65 Maßgebliches Unterscheidungskriterium für die Frage, ob im Eigentum des Auftraggebers stehende Arbeitsmittel Betriebsmittel des sie nutzenden Auftragnehmers sind, **war nach dieser Auffassung des BAG die Art der vom Auftragnehmer am Markt an-**

---

1 So zu Recht *Langenbucher*, ZfA 1999, 299 (320); *Fuhlrott/Hoppe*, AuA 2013, 88. Ein Betriebsübergang scheidet nicht etwa aus, weil Christel Schmidt die einzige Arbeitnehmerin war. Die Auftragsfremdvergabe beweist gerade, dass es sich bei der von ihr verrichteten Tätigkeit um einen abgrenzbaren Betriebsteil iSd. § 613a BGB handelte, der fremdvergeben werden konnte, so *Langenbucher*, ZfA 1999, 299 (320).
2 BAG 11.12.1997 – 8 AZR 426/94, EzA § 613a Nr. 160; 22.1.1998 – 8 AZR 775/96, EzA § 613a BGB Nr. 162.
3 BAG 11.12.1997 – 8 AZR 426/94, EzA § 613a Nr. 160; 14.5.1998 – 8 AZR 328/96; 17.9.1998 – 8 AZR 276/97; 25.5.2000 – 8 AZR 337/99; 29.6.2000 – 8 AZR 520/99.
4 BAG 22.1.1998 – 8 AZR 775/96, NZA 1998, 638.
5 EuGH 15.12.2005 – C 232, 233/04, NZA 2006, 29 = EWiR 2006, 55 m. Anm. *Thüsing/Fuhlrott*.
6 BAG 13.6.2006 – 8 AZR 271/05, NZA 2006, 1101.
7 BAG 11.12.1997 – 8 AZR 426/94, BAGE 87, 296 (300f.), zu B 1 d. Gr. (Catering-Fall).

II. Tatbestandliche Voraussetzungen

gebotenen Leistung. Handelt es sich um eine Tätigkeit, für die regelmäßig Maschinen, Werkzeuge, sonstige Geräte oder Räume innerhalb eigener Verfügungsmacht und aufgrund eigener Kalkulation eingesetzt werden müssen (zB Pächter einer Kantine), sind auch nur zur Nutzung überlassene Arbeitsmittel dem Betrieb oder dem Betriebsteil des Auftragnehmers zuzurechnen. Ob diese Betriebsmittel für die Identität des Betriebes wesentlich sind, ist Gegenstand einer gesonderten Bewertung. War dagegen vom Auftragnehmer eine Leistung angeboten, **die er an den jeweiligen** Einrichtungen des Auftraggebers zu erbringen bereit ist, ohne dass er daraus einen zusätzlichen wirtschaftlichen Vorteil erzielen und ohne dass er typischerweise über Art und Umfang ihres Einsatzes bestimmen könnte, gehörten diese Einrichtungen nicht zu den Betriebsmitteln des Auftragnehmers[1].

Dieser Auffassung, die zwischen Betriebs- und Arbeitsmitteln differenziert, kann nicht gefolgt werden. Maßgeblich ist, ob der neue Rechtsträger in der Lage ist, die Verwendung der Arbeitsmittel durch seine Arbeitnehmer auf der Grundlage seines Direktionsrechts zu steuern[2]. Insoweit muss ein Handeln im eigenen Namen gegeben sein. Ob die Arbeitsmittel durch Dritte mit einer bestimmten Zweckbindung zur Verfügung gestellt werden oder ob der Betriebsinhaber diese Betriebsmittel anderweitig für die eigene Verwendung beschafft hat, spielt keine Rolle. Nur die bloße Betriebsführung im Namen eines Dritten begründet keine Betriebsinhaberschaft. Um den Zweck von § 613a BGB verwirklichen zu können, wird man mithin auch die Überlassung solcher Betriebsmittel in die Gesamtabwägung einbeziehen, ohne die der bisherige Betriebsinhaber und der übernehmende Rechtsträger die Tätigkeit nicht verrichten können, falls ihre Einbindung in die durch den übernehmenden Rechtsträger gesteuerte Organisation beabsichtigt ist[3]. Entscheidend ist daher, ob der Einsatz der Betriebsmittel den eigentlichen Kern des **zur Wertschöpfung erforderlichen Funktionszusammenhangs** ausmacht und sie somit unverzichtbar zur auftragsgemäßen Verrichtung der Tätigkeit sind[4]. Nur wenn dies der Fall ist, kommt ein Betriebsübergang iSv. § 613a BGB ggf. auch ohne gleichzeitige freiwillige Übernahme von Personal in Betracht.

Der **EuGH** vertritt diese Sicht in mehreren Entscheidungen[5]; das Gericht hat erkannt, dass zB bei einem Catering-Unternehmen dann von einem Betriebsübergang gesprochen werden muss, wenn das neue Catering-Unternehmen vom Auftraggeber zur Verfügung gestellte wesentliche Betriebsmittel nutzt. Zu beantworten ist daher, ob die Küchen- und sonstigen Einrichtungen den identitätsbildenden Kern des für die Wertschöpfung erforderlichen Funktionszusammenhangs ausmachen oder ob dieser bei wertender Betrachtung schwerpunktmäßig im Know-how des Personals oder sonstigen immateriellen Betriebsmitteln liegt. Bei einer **gewöhnlichen Betriebskantine kommt nach Auffassung des EuGH den Betriebsmitteln ausschlaggebende Bedeutung** zu[6]. Bei einer solchen Kantine handelt es sich bei dem Koch – anders als bei einem Spezialitätenrestaurant – nicht um einen relevanten Know-how-Träger[7]. Dieser Auffassung hat sich das **BAG angeschlossen** und geurteilt, dass das Merkmal der eigenwirtschaftlichen Nutzung hinsichtlich der materiellen Betriebsmittel, die im Eigentum eines Dritten stehen und von dem neuen Auftragnehmer übernommen werden, für das Vorliegen eines Betriebsübergangs nach § 613a BGB nicht mehr heranzuziehen ist[8].

---

1 BAG 25.5.2000 – 8 AZR 337/99, nv.; 11.12.1997 – 8 AZR 426/94, BAGE 87, 296 (300f.).
2 In diese Richtung auch BAG 23.5.2013 – 8 AZR 207/12, ArbRAktuell 2013, 523.
3 *Gaul*, AktuellAR 2004, S. 322.
4 BAG 15.12.2011 – 8 AZR 197/11, EzA § 613a BGB 2002 Nr. 130.
5 EuGH 15.12.2005 – Rs. C-232, 233/04 – Güney-Görres/Demir, DB 2006, 395; 20.11.2003 – Rs. C-340/01 – Carlito Abler u.a./Sodecho MM Catering GmbH, DB 2003, 2654.
6 *Willemsen/Annuß*, DB 2004, 135.
7 Vgl. auch *Ahlborn*, ZfA 2005, 109 (142).
8 BAG 23.5.2013 – 8 AZR 207/12, BB 2014, 61; 6.4.2006 – 8 AZR 222/04, NZA 2006, 723; 13.6.2006 – 8 AZR 271/05, EzA § 613a BGB 2002 Nr. 53.

Beispiel:

Die Bundesrepublik Deutschland hält an einem Flughafen das zur Durchführung der Fluggastkontrollen gem. § 29c Abs. 1 LuftVG notwendige Luftsicherheitsgerät wie zB Torsonden und Gepäckprüfanlage bzw. Durchleuchtungsgerät bereit. Zunächst war die Firma A mit der Fluggastkontrolle beauftragt. Später übernahm die Firma B die Fluggastkontrolle an diesem Flughafen und nutzte ebenfalls das im Eigentum der Bundesrepublik Deutschland stehende Luftsicherheitsgerät. In diesem Fall gehen die Arbeitnehmer der Firma A auf die Firma B gem. § 613a BGB über. Denn der Einsatz des von der BRD zur Verfügung gestellten Prüfgerätes macht den eigentlichen Kern des zur Wertschöpfung erforderlichen Funktionszusammenhangs aus, so dass darin die wirtschaftliche Einheit zu sehen ist. Führt in einem solchen Fall nach einer Neuvergabe des Auftrags der spätere Auftragnehmer die Kontrolltätigkeit unverändert und ohne zeitliche Unterbrechung fort, ist von einem Betriebsübergang auszugehen. Auf die eigenwirtschaftliche Nutzung der sächlichen Betriebsmittel und auf Übernahme von Personal kommt es nicht an[1].

68 Bei einem Betriebsübergang ist immer eine **Gesamtwürdigung** notwendig. So hat das BAG[2] entschieden, dass bei der Neuvergabe eines Auftrages, technische Anlagen zu betreuen, kein Betriebsübergang vorliegt. Denn für die nur „an" den Anlagen zu erbringenden Tätigkeiten machen die Anlagen selbst bei wertender Betrachtungsweise nicht den eigentlichen **Kern des zur Wertschöpfung erforderlichen Funktionszusammenhangs** aus und stellen für diese Tätigkeit keine sächlichen Betriebsmittel dar. Anders als in dem Fall des Einsatzes an den Sicherheitsschleusen eines Flughafens (vgl. Rz. 64), die zur Erledigung der Arbeiten notwendig waren, sind im Fall der Betreuung von Anlagen diese nur Objekt und nicht Hilfsmittel zur Erledigung der Arbeiten. Einfache Handwerkszeuge haben bei Wartungs- und Reparaturarbeiten nur eine untergeordnete Hilfsfunktion; die Räumlichkeiten, in denen der Auftraggeber Reinigungs-, Reparatur- und Bewachungstätigkeiten durchführt und die nur Objekt seiner Leistungen sind, dienen in gleicher Weise nicht der für einen Betriebsübergang zu fordernden Wertschöpfung und damit der von dem Veräußerer auf den Betriebserwerber übergehenden **Wertschöpfungskette**[3].

Beispiel:

In einer Großschlachterei ist anders als in einem kleinen Schlachtbetrieb ohne nennenswerte maschinelle Ausstattung, in dem die umfassende Einsetzbarkeit und die Fachkunde des Personals von besonderer Bedeutung ist, die vorhandene technische Einrichtung erheblich. Maßgebend ist also, auf welche Weise und mit welchen Mitteln die Schlachtung und Zerlegung im konkreten Betrieb durchgeführt wird[4].

↻ **Hinweis:** In der anwaltlichen Beratungspraxis ist darauf zu achten, dass bei der Neuvergabe eines Auftrags bei Übernahme von wesentlichen Betriebsmitteln, zu denen auch die Belegschaft zählen kann, ein Betriebsübergang vorliegen kann. Unbedenklich ist es jedoch, wenn der neue Auftragnehmer zwar von dem früher beauftragten Personal übernimmt, es aber nicht im gleichen Bereich wie bisher einsetzt. In diesem Fall wird nicht die Belegschaft zur Erfüllung der bisherigen Aufgaben weiterbeschäftigt.

e) Tatsächliche Weiterführung oder Wiederaufnahme der Geschäftstätigkeit

69 Während früher für den Betriebsübergang entscheidend war, ob der Erwerber nach objektiver Betrachtungsweise die Möglichkeit hat, die betriebliche Organisations- und Leitungsmacht über den funktionsfähigen Betrieb zu übernehmen[5], hat das BAG

---

1 BAG 13.6.2006 – 8 AZR 271/05, NZA 2006, 1101.
2 BAG 14.8.2007 – 8 AZR 1043/06, NZA 2007, 1431.
3 *Willemsen*, NZA Beilage 4/2008, 156.
4 BAG 15.2.2007 – 8 AZR 431/07, NZA 2007, 793.
5 BAG 16.10.1987 – 7 AZR 519/86, DB 1988, 712.

II. Tatbestandliche Voraussetzungen

seine Rechtsprechung mit dem Urteil vom 12.11.1998[1] an die des EuGH[2] angepasst. Danach ist wesentliches Kriterium für den Übergang eines Betriebes auf einen anderen Rechtsträger der Wechsel in der Person des Inhabers und die **tatsächliche Weiterführung oder Wiederaufnahme der Geschäftstätigkeit** durch den neuen Rechtsträger, der für den Betrieb verantwortlich ist. Der bisherige Inhaber muss seine wirtschaftliche Betätigung in dem Betrieb oder Betriebsteil einstellen; der neue Inhaber muss den Betrieb im Wesentlichen unverändert fortführen und bestimmungsgemäß nutzen. Einer besonderen Übertragung einer Leitungsmacht bedarf es daneben nicht. Den Zeitpunkt des Inhaberwechsels können der alte und der neue Inhaber steuern, indem zB der Erwerber erst zu einem späteren Zeitpunkt den Betrieb tatsächlich identitätswahrend fortführt und damit erst zu diesem Zeitpunkt der Betrieb auf ihn übergeht[3], s. hierzu auch Rz. 112.

Beispiele:

1. Der Unternehmer A überträgt wesentliche Betriebsmittel an den Unternehmer B, der sie nicht nutzt, sondern verschrottet. Ein Betriebsübergang liegt mangels Fortführung des Betriebes nicht vor[4]. Der bisherige Betriebsinhaber hat den Betrieb stillgelegt, indem er Betriebsmittel über A verschrotten lässt. Es ist im Gegensatz zur früheren Rechtsprechung des BAG nicht mehr entscheidend, dass der Betriebserwerber den Betrieb hätte fortsetzen können; er muss ihn auch tatsächlich weiterführen.

2. Der Pächter eines Betriebes gibt nach Beendigung des Pachtverhältnisses den verpachteten Betrieb an den Verpächter zurück. Will der Verpächter den Betrieb überhaupt nicht weiterführen, liegt ein Betriebsübergang nicht vor. Führt nämlich der Verpächter den an ihn zurückgefallenen Betrieb auch nicht vorübergehend, können zwar materielle und immaterielle Betriebsmittel auf ihn übergehen; er übt aber die wirtschaftliche Tätigkeit mit eigener Zielsetzung nicht aus[5]. Wird der Betrieb nicht auf Dauer stillgelegt, bleibt der Pächter dennoch Inhaber des Betriebs, auch wenn er die betriebliche Tätigkeit eingestellt hat. Nimmt der Verpächter die Betriebstätigkeit trotzdem nach nicht längerer Unterbrechung später auf, liegt nunmehr ein Betriebsübergang vor, von dem auch die beim bisherigen Pächter beschäftigten Arbeitnehmer erfasst werden[6]. Andererseits liegt selbst bei Weiterverpachtung des Betriebes kein Betriebsübergang vor, wenn der Erstpächter im Anschluss an die Beendigung des Pachtvertrages und die Rückgabe der Gaststätte in unmittelbarer Nachbarschaft eine neue Gaststätte einrichtet bzw. übernommen hatte, um mit dem gleichen Angebot an Getränken und Speisen die bisherigen Kunden weiter an sich zu binden[7].

Bei der Übertragung von Betriebsmitteln muss der neue Inhaber mit diesen Betriebsmitteln einen Betrieb bzw. einen Betriebsteil **im Wesentlichen unverändert** fortführen. Die bloße vertragliche Möglichkeit zu einer unveränderten Fortführung des Betriebs genügt nicht[8]. Für den Betriebsübergang ist maßgeblich die **Geschäftstätigkeit durch diejenige Person**, die nunmehr für den Betrieb nach außen **als Inhaber „verantwortlich"** ist. Verantwortlich ist die Person, die den Betrieb im eigenen Namen führt. Dabei ist es nicht erforderlich, dass der neue Inhaber den Betrieb auf eigene Rechnung führt. Es ist unschädlich, wenn der Gewinn an einen anderen abgeführt wird. Die wirtschaftlichen Geschicke des Betriebes kann auch ein anderer bestimmen, sofern er im Namen des Betriebsinhabers handelt[9]. 70

---

1 BAG 12.11.1998 – 8 AZR 282/97, DB 1999, 337.
2 EuGH 10.12.1998 – Rs. C-127/96, C-229/96 u. C-74/97, NZA 1999, 253 ff.
3 Vgl. hierzu näher *Commandeur/Kleinebrink*, NZA-RR 2004, 449 (463).
4 BAG 18.3.1999 – 8 AZR 159/98, DB 1999, 1223.
5 BAG 18.3.1999 – 8 AZR 159/98, DB 1999, 1223; *Krause*, ZfA 2001, 92.
6 *Krause*, ZfA 2001, 92 (93).
7 BAG 29.9.1988 – 2 AZR 107/88, AP Nr. 76 zu § 613a BGB; *Gaul*, AktuellAR 2004, S. 323.
8 BAG 21.2.2008 – 8 AZR 77/07, NZA 2008, 825.
9 BAG 15.12.2005 – 8 AZR 203/05, EzA § 613a BGB 2002 Nr. 45.

f) Unterbrechung, Verlegung und Stilllegung

71 Schließlich ist bei der Prüfung, ob eine wirtschaftliche Einheit übergegangen ist, die Dauer einer eventuellen **Unterbrechung der betrieblichen Tätigkeit** zu berücksichtigen. So kann eine wirtschaftlich erhebliche Zeitspanne der Betriebsruhe der Annahme eines Betriebsübergangs entgegenstehen. Denn in einem solchen Falle steht die Betriebsstilllegung und nicht der Betriebsübergang im Vordergrund. Demgegenüber spricht bei einer **alsbaldigen Wiedereröffnung des Betriebes** oder bei alsbaldiger Wiederaufnahme der Produktion durch einen Erwerber eine tatsächliche Vermutung gegen die ernsthafte Absicht, den Betrieb stillzulegen[1].

Beispiel:

Infolge Schließung eines Modegeschäfts wurde den Arbeitnehmern betriebsbedingt gekündigt. Elf Monate nach Ausspruch dieser Kündigung und ca. neun Monate nach tatsächlicher Einstellung jeder Verkaufstätigkeit eröffnete ein anderes Unternehmen in den Geschäftsräumen des Modegeschäfts. Der Annahme eines Betriebsübergangs stand u.a. die wirtschaftlich erhebliche Zeitspanne der Betriebsruhe entgegen[2]. Feste Zeitspannen, wann in jedem Fall eine Stilllegung anzunehmen ist, erkennt die Rechtsprechung indes nicht an.

72 Ein Betrieb oder Betriebsteil, der nicht mehr besteht, kann auf einen anderen Inhaber nicht mehr übergehen. Betriebsstilllegung und Betriebsübergang **schließen sich gegenseitig aus**[3].

⊃ **Hinweis:** Hiervon ist allerdings dann eine Ausnahme zu machen, wenn der Erwerber eines Unternehmens, welches der bisherige Inhaber stillgelegt hat, trotz der geplanten und unter Umständen auch durchgeführten Stilllegung noch dieselbe Geschäftstätigkeit übernehmen kann und sie weiterführt; in einem solchen Fall ist aus dem Zweck des § 613a BGB, bei Erhalt der Arbeitsplätze durch den neuen Geschäftsinhaber auch die Arbeitsverhältnisse zu erhalten, trotz Stilllegung ein Betriebsübergang denkbar[4].

73 Die Stilllegung erfordert die Auflösung der zwischen dem Arbeitgeber und dem Arbeitnehmer bestehenden Betriebs- und Produktions- oder Dienstleistungsgemeinschaft[5]. Sie liegt dann vor, wenn der Unternehmer die bisherige wirtschaftliche Betätigung in der ernsten Absicht einstellt, den bisherigen Betriebszweck dauernd oder für eine ihrer Dauer nach unbestimmte, wirtschaftlich erhebliche Zeitspanne nicht mehr weiterzuverfolgen. So spricht eine Unterbrechung von lediglich zwei Monaten gegen eine ernsthafte Stilllegung[6]. Der Arbeitgeber muss endgültig entschlossen sein, den Betrieb stillzulegen. Die bloße Einstellung der Produktion reicht nicht aus, vielmehr muss die Auflösung der dem Betriebszweck dienenden Organisation hinzukommen[7]. Entscheidend ist die tatsächliche Stilllegung.

74 Die **Stilllegung kann auf einen Betriebsteil beschränkt** werden; die dort beschäftigten Arbeitnehmer gehen nicht auf den Erwerber des Restbetriebes über[8]. Wird andererseits aus einem Betrieb eine wirtschaftliche Einheit übernommen und ist es infolge der Übernahme einer solchen Teileinheit nicht möglich, den verbleibenden Betrieb sinnvoll zu führen, hat das nicht zur Folge, dass der Erwerber der Teileinheit in die

---

1 BAG 27.4.1995 – 8 AZR 197/94, BB 1995, 1800.
2 BAG 22.5.1997 – 8 AZR 101/96, DB 1997, 1720; *Schiefer*, NZA 1998, 1095 (1101).
3 BAG 28.4.1988 – 2 AZR 623/87, AP Nr. 74 zu § 613a BGB.
4 *Langenbucher*, ZfA 1999, 299 (322).
5 BAG 18.5.1995 – 8 AZR 741/94, EzA § 613a BGB Nr. 139.
6 BAG 27.9.1984 – 2 AZR 309/83, EzA § 613a BGB Nr. 40.
7 BAG 12.2.1987 – 2 AZR 247/86, EzA § 613a BGB Nr. 64; *Wißmann*, S. 30.
8 BAG 13.11.1986 – 2 AZR 771/85, EzA § 613a BGB Nr. 55.

Rechte und Pflichten aus den Arbeitsverhältnissen aller Arbeitnehmer des früheren Betriebes eintritt; er übernimmt nur die Arbeitsverhältnisse der Arbeitnehmer, die in dieser Teileinheit tätig waren[1].

Die Betriebsstilllegung schließt einen Betriebsübergang nach § 613a BGB nur aus, wenn sie schon **vor der Veräußerung** erfolgt ist. Im Gegensatz zur früheren Auffassung des BAG ist es für den Betriebsübergang nicht ausreichend, dass der Betrieb zum Zeitpunkt des Übergangs noch funktionsfähig war[2]. Entscheidend muss hinzukommen, dass der Betrieb auch weitergeführt wird. Wird deshalb ein Betrieb nur übernommen, um ihn anschließend sofort stillzulegen und lediglich die noch vorhandenen Roh- und Hilfsstoffe zu verwerten, liegt eine Betriebsstilllegung vor. In einem solchen Fall kann der bisherige und bleibende Betriebsinhaber die Arbeitsverhältnisse betriebsbedingt kündigen. 75

Nicht ausreichend für eine Betriebsstilllegung ist die bloße Gewerbeabmeldung, der Abschluss und die Durchführung eines Sozialplans, der Antrag auf Eröffnung des Insolvenzverfahrens und auch nicht die Kündigung des Miet- und Pachtvertrages, weil hier der Betrieb auf den Vermieter bzw. Verpächter übergehen könnte[3]. Es liegt auch keine Stilllegung vor, wenn den Arbeitnehmern gekündigt und gleichzeitig versprochen wird, dass ein Großteil von ihnen vom neuen Erwerber übernommen wird (vgl. hierzu noch unter Rz. 323). 76

Die **Veräußerung oder Verpachtung** des Betriebs ist allein keine Betriebsstilllegung, weil die Identität des Betriebs gewahrt bleibt und lediglich ein Betriebsinhaberwechsel stattfindet. Ein Betrieb oder Betriebsteil, der nicht mehr besteht, kann allerdings auf einen anderen Inhaber nicht mehr übergehen. 77

Bei alsbaldiger Wiedereröffnung eines Ladengeschäfts durch einen Erwerber spricht eine **tatsächliche Vermutung** gegen die ernsthafte Absicht, den Betrieb stillzulegen. Ein vom Veräußerer zuvor durchgeführter Räumungsverkauf spricht nicht für eine den Betriebsübergang ausschließende Betriebsstilllegung; werden während des Räumungsverkaufs die Übernahmeverhandlungen fortgeführt, spricht dies gegen die Absicht des Betriebsinhabers, den Betrieb endgültig stillzulegen[4], so dass eine deshalb ausgesprochene Kündigung gegen § 613a Abs. 4 BGB verstoßen kann. 78

Kommt es allerdings trotz der endgültig beschlossenen Betriebsstilllegung nach Ausspruch der Kündigung noch zu einer Betriebsveräußerung, so kann die Unwirksamkeit der Kündigung nicht aus dem Gesichtspunkt der Umgehung des § 613a Abs. 1 BGB hergeleitet werden[5]. 79

Beruht die Führung eines Betriebes auf einem Pachtvertrag, so ist zu berücksichtigen, dass der Pächter nicht berechtigt ist, das Betriebsgrundstück und die Betriebsmittel samt Inventar zu veräußern, also den Betrieb so zu zerschlagen, wie dies der Eigentümer tun könnte. Aus diesem Grund genügt es für eine **Betriebsstilllegung durch den Pächter**, wenn dieser die Stilllegungsabsicht unmissverständlich kundgibt, die Betriebstätigkeit vollständig einstellt, allen Arbeitnehmern kündigt, den Pachtvertrag zum nächstmöglichen Termin kündigt und die Betriebsmittel, über die er verfügt, veräußert[6]. 80

---

1 BAG 13.11.1997 – 8 AZR 375/96, EzA § 613a BGB Nr. 156.
2 BAG 29.11.1988 – 3 AZR 250/87, EzA § 613a BGB Nr. 81.
3 KR/*Treber*, § 613a BGB Rz. 63.
4 BAG 18.5.1995 – 8 AZR 741/94, EzA § 613a BGB Nr. 139, so dass eine deshalb ausgesprochene Kündigung gegen § 613a Abs. 4 BGB verstoßen würde.
5 BAG 19.6.1991 – 2 AZR 127/91, EzA § 1 KSchG Betriebsbedingte Kündigung Nr. 70.
6 BAG 26.2.1987 – 2 AZR 768/85, EzA § 613a BGB Nr. 57.

81 Bei einem **Handelsvertreter**, der nur ein Unternehmen vertritt und in seinem Bezirk das alleinige Recht hat, für dieses Unternehmen Kunden zu werben, sind in diesen Rechten und in dem geworbenen Kundenkreis die wesentlichen – immateriellen – Betriebsmittel zu sehen. Stellt der Vertreter seine Betriebstätigkeit vollständig ein und kündigt er den Arbeitnehmern sowie den Vertrag über die Nutzung der Betriebsräume und des Betriebsinventars, ist dieses für eine Betriebsstilllegung nicht ausreichend. Denn mit der Beendigung des Handelsvertretervertrages ist das **Recht zur Kundenbetreuung** und damit das wesentliche immaterielle Betriebsmittel auf das vertretene Unternehmen **zurückgefallen**. Da außerdem die Nutzungsberechtigung für die sächlichen Betriebsmittel auf dieses Unternehmen übergegangen war, hatte das Unternehmen nach Auffassung des BAG einen funktionsfähigen Betrieb übernommen[1]. In ähnlicher Weise hat der EuGH einen Betriebsübergang in dem Fall anerkannt, dass ein Unternehmen, das eine Berechtigung zum Vertrieb von Kraftfahrzeugen für ein bestimmtes Gebiet besitzt, seine Tätigkeit einstellt und die **Vertriebsberechtigung** sodann auf ein anderes Unternehmen **übertragen** wird, das – ohne Übertragung von Aktiva – einen Teil der Belegschaft übernimmt und für das bei der Kundschaft geworben wird[2].

82 Die **Verlegung eines Betriebes** ist für sich keine Stilllegung. Sie ist aber dann eine Stilllegung, wenn der bisherige Betriebszweck zwar weiterverfolgt wird, die räumliche Verlegung aber so erheblich ist, dass die alte Betriebsgemeinschaft tatsächlich aufgelöst und eine im Wesentlichen neue aufgebaut wird. Dies ist der Fall, wenn im Zeitpunkt des Übergangs keine Arbeitsverhältnisse mehr oder jedenfalls nicht mehr so viele bestehen, dass die Identität der Betriebsgemeinschaft noch gewahrt ist.

Beispiel:

Die A-GmbH, die in Hamburg ansässig ist, überträgt ihren Betrieb an die in München ansässige C-GmbH; gleichzeitig wird der Betrieb nach München verlagert. Die Arbeitnehmer weigern sich, nach München umzuziehen. Ein Betriebsübergang liegt nicht vor, wohl aber eine evtl. mitbestimmungspflichtige Betriebsänderung iSd. § 111 BetrVG.

83 Bei **Betriebsverlegungen ins Ausland** (sog. **off-shoring**) stellt sich ebenfalls die Frage, ob eine solche Änderung einen Betriebsübergang darstellen kann[3]. Das BAG vertritt hierzu die Ansicht, dass eine Verlegung – selbst ins außereuropäische Ausland – der Annahme eines Betriebsübergangs per se nicht entgegensteht[4]. Dessen Vorliegen sei nach den bekannten Kriterien und damit allein danach zu beurteilen, ob die wirtschaftliche Identität gewahrt bleibe. Bei großen räumlichen Entfernungen und betriebsmittelarmen Betrieben wird ein Betriebsübergang hiernach zwar zumeist am Unwillen der Arbeitnehmer zum Wechsel an den neuen Standort zu folgen, scheitern; zumal nach der Rechtsprechung der Arbeitgeber weder im Wege des Direktionsrechts verpflichtet ist, ausländische Arbeitsplätze zuzuweisen bzw. die Arbeitsplätze bei einem im Ausland gelegenen Konzernunternehmen im Rahmen der verpflichtenden Weiterbeschäftigungsmöglichkeiten des Arbeitgebers unberücksichtigt bleiben[5]. Aufgrund der fehlenden Übernahme eines nach Zahl und Sachkunde wesentlichen Teils der Belegschaft scheidet dann der Übergang einer wirtschaftlichen Einheit aus.

---

1 BAG 21.1.1988 – 2 AZR 480/87, EzA § 613a BGB Nr. 73, wobei allerdings seit dem Urteil des BAG 12.11.1998 – 8 AZR 282/97, DB 1999, 337, hinzukommen muss, dass das Unternehmen den Betrieb auch weiterführt.
2 EuGH 7.3.1996 – Rs. C-171/94 u. Rs. C-172/94 – Albert Mercks und Patrick Neuhuys, EzA § 613a BGB Nr. 138.
3 *Gaul/Mückl*, DB 2011, 2318; *Cohnen*, S. 595 ff.
4 BAG 26.5.2011 – 8 AZR 37/10, EzA § 613a BGB 2002 Nr. 125 m. Anm. *Rossa/Fuhlrott*, EWiR 2011, 699.
5 BAG 29.8.2013 – 2 AZR 809/12, NZA 2014, 739; s. hierzu *Fuhlrott*, DB 2014, 1198.

Bleibt die wirtschaftliche Einheit hingegen erhalten – was zB der **Verlagerung eines betriebsmittelgeprägten Produktionsunternehmens** durchaus vorstellbar ist – wäre nach dem BAG ein Betriebsübergang anzunehmen. Eine gegenüber den betroffenen Arbeitnehmern ausgesprochene Kündigung wäre gem. § 613a Abs. 4 BGB unwirksam. Gem. Art. 8 Rom I-Verordnung wäre nämlich auf die betroffenen Arbeitsverhältnisse weiterhin deutsches Arbeitsrecht einschließlich § 613a BGB anwendbar. Ungelöst bleibt allerdings, welche Ansprüche die betroffenen Arbeitnehmer gegen das ausländische Unternehmen geltend machen können – insbesondere wenn es sich auf ein außereuropäisches Land bezieht, in dem die Betriebsübergangsrichtlinie 2001/23/EG keine Anwendung findet[1].

g) Wiedereinstellungsanspruch

Das BAG kennt in ständiger Rechtsprechung einen **Anspruch auf Wiedereinstellung**, wenn sich nach dem Ausspruch einer Kündigung, aber noch **während des Laufs der Kündigungsfrist** unvorhergesehen eine Weiterbeschäftigungsmöglichkeit für den gekündigten Arbeitnehmer ergibt[2]. Die zur betriebsbedingten Kündigung entwickelte Rechtsprechung stellt auf den **Zeitpunkt des Kündigungsausspruchs** ab. Die hinreichend begründete Prognose zum Wegfall der Beschäftigungsmöglichkeit genügt und die spätere tatsächliche Entwicklung bleibt grundsätzlich unberücksichtigt. Diese „Vorverlagerung" des Prüfungszeitpunkts vom Ende des Arbeitsverhältnisses auf den oft viele Monate früher liegenden und nicht nur von der Dauer der Kündigungsfrist, sondern auch vom Willensentschluss des Arbeitgebers abhängigen Zeitpunkt des Ausspruchs der Kündigung verlangt in den Fällen nach einem Korrektiv, in denen sich die maßgeblichen Umstände entgegen der ursprünglichen Prognose nachträglich ändern. Seine Grundlage hat dieser Anspruch in § 611 iVm. § 242 BGB[3].

Ein Wiedereinstellungsanspruch **nach Ablauf der Kündigungsfrist** ist hingegen grundsätzlich abzulehnen. Denn bei einer beabsichtigten Betriebs- bzw. Betriebsteilstilllegung durch den **bisherigen Inhaber** und der – ohne Verstoß gegen § 613a Abs. 4 BGB – rechtswirksamen **Kündigung** der Arbeitnehmer wegen dieser Stilllegung und der **späteren Übernahme** dieses Betriebes bzw. Betriebsteils durch einen anderen Unternehmer liegt ein Betriebsübergang zum Zeitpunkt des Zugangs der Kündigung nicht vor. Auch **der spätere Betriebsübergang kann die einmal gegebene Wirksamkeit der Kündigung nicht mehr berühren**. So kann der Arbeitnehmer, dessen Kündigungsschutzklage gegen den bisherigen Arbeitgeber rechtskräftig abgewiesen wurde, grundsätzlich nicht anschließend gegenüber einem möglichen neuen Betriebserwerber das Fortbestehen seines Arbeitsverhältnisses geltend machen. Eine Kündigung kann nämlich nicht im Verhältnis zum Veräußerer wirksam, hingegen im Verhältnis zum Erwerber (relativ) unwirksam sein[4].

In bestimmten Fällen ist hiervon allerdings – um den Schutzzweck des unveränderten Fortbestands des Arbeitsverhältnisses bei Betriebsübergängen gerecht zu werden – eine Ausnahme zu machen. Diesem Schutzzweck wird nämlich nur dann ausreichend Rechnung getragen, wenn der von der beabsichtigten und evtl. schon verwirklichten **Stilllegung betroffene Arbeitnehmer von dem neuen Arbeitgeber seine Weiterbeschäftigung bzw. Wiedereinstellung zu unveränderten Bedingungen verlangen kann**. Voraussetzung hierfür ist allerdings, dass während des Laufs der Kündigungsfrist der Betriebsübergang zwar beschlossen wurde, er aber noch nicht innerhalb der

---

1 *Rossa/Fuhlrott*, EWiR 2011, 699; *Schiefer/Doublet/Hartmann*, S. 284; zu den weiteren Folgen wie zB der Unterrichtungspflicht s. *Gaul/Mückl*, DB 2011, 2318 (2320 f.).
2 BAG 27.2.1997 – 8 AZR 295/95, NZA 1998, 251; ErfK/*Preis*, § 613a BGB Rz. 30, 163 ff. mwN.
3 BAG 25.10.2007 – 8 AZR 989/06, NZA 2008, 357.
4 LAG Düsseldorf 10.6.2011 – 6 Sa 327/11, LAGE § 613a BGB 2002 Nr. 33 mit dem Hinweis auf einen möglichen Anspruch auf Wiedereinstellung gegen den Betriebserwerber.

Kündigungsfrist vollzogen ist. In diesem Falle entsteht noch während des Bestandes des Arbeitsverhältnisses ein Anspruch des Arbeitnehmers auf Wiedereinstellung, der **ab dem Zeitpunkt des Betriebsübergangs gem. § 613a Abs. 1 BGB gegen den Erwerber gerichtet ist.**[1] Dieses bedeutet aber auch, dass der Arbeitnehmer keinen Wiedereinstellungsanspruch gegen den Betriebserwerber hat, wenn er vor dem beschlossenen Betriebsübergang bereits aus dem Arbeitsverhältnis ausgeschieden ist. Im Falle eines während der Kündigungsfrist erfolgten Betriebsübergangs oder jedenfalls beschlossenen Betriebsübergangs bewirkt § 613a BGB einen gesetzlich veranlassten Kontrahierungszwang des Betriebsnachfolgers[2]. Das Fortsetzungsverlangen darf nicht von Bedingungen abhängig gemacht werden, deren Eintritt vom Betriebserwerber nicht beeinflusst werden können, und es muss **während des Bestehens des Arbeitsverhältnisses oder zumindest unverzüglich nach Kenntniserlangung von den den Betriebsübergang ausmachenden tatsächlichen Umständen** geltend gemacht werden[3]. Dabei ist dem Arbeitnehmer eine Erklärungsfrist von höchstens **einem Monat** zuzubilligen[4]. Der Arbeitnehmer muss allerdings das Fortsetzungsverlangen nicht binnen dieser Frist geltend machen, wenn das Arbeitsverhältnis **ungekündigt** auf den Betriebserwerber übergeht[5]. Erfolgt eine **Unterrichtung** über den Betriebsübergang, ist die Frist, binnen derer der Anspruch auf Fortsetzung des Arbeitsverhältnisses geltend gemacht werden muss, zu beachten, die der Arbeitnehmer für einen Widerspruch gegen den Übergang seines Arbeitsverhältnisses einzuhalten hätte und damit eine Frist von einem Monat. Wird der Arbeitnehmer **nicht unterrichtet**, muss er diese Frist nicht beachten; allerdings können die entsprechenden Erklärungen uU verwirkt sein[6].

88 Der bisherige Betriebsinhaber muss das Arbeitsverhältnis gekündigt haben. Da die Arbeitsvertragsparteien jederzeit die einvernehmliche Beendigung ihres Arbeitsvertrages vereinbaren können, besteht ein **solcher Fortsetzungsanspruch nicht bei einem Ausscheiden aufgrund eines Aufhebungsvertrages**, solange nicht die Wirksamkeit des Aufhebungsvertrages wegen Anfechtung, Wegfalls der Geschäftsgrundlage oder aus anderen Gründen beseitigt worden ist[7]. Dieses gilt auch dann, wenn der gekündigte Arbeitnehmer zunächst Kündigungsschutzklage erhoben hatte, der Betrieb anschließend von einem Dritten übernommen wurde, und der Arbeitnehmer mit dem Betriebsveräußerer sodann einen gerichtlichen Vergleich abschließt und der Betriebserwerber diesen Vergleich zumindest stillschweigend nach § 177 BGB genehmigt[8].

89 Entscheidend für einen solchen Wiedereinstellungsanspruch[9] ist zum einen, dass der Erwerber (uU trotz der erfolgten Stilllegung) **die bisherige Geschäftstätigkeit weiterführt**. Ob der bisherige und der neue Inhaber dieselbe Geschäftstätigkeit ausführen, ist nach dem angebotenen Produkt, dessen Herstellung, der Kundschaft und ähnlichen Merkmalen zu beurteilen[10]. Zum Zweiten muss der **neue Betriebsinhaber die bisherige Wirtschaftseinheit nutzen**, er muss also die charakteristischen Betriebsmittel bzw. die prägenden Arbeitnehmer übernehmen bzw. einstellen und sie zu einer

---

1 BAG 15.12.2011 – 8 AZR 197/11, EzA § 613a BGB 2002 Nr. 130.
2 *Boewer*, NZA 1999, 1177 (1180).
3 BAG 12.11.1998 – 8 AZR 265/97, BB 1999, 376.
4 BAG 21.8.2008 – 8 AZR 201/07, NZA 2009, 29 in entsprechender Anwendung des § 613a Abs. 6 BGB; LAG Hamm 27.3.2003 – 4 Sa 189/02, NZA-RR 2003, 653; ErfK/*Preis*, § 613a BGB Rz. 165; aA drei Wochen: *Boewer*, NZA 1999, 1177, 1180. Nach Auffassung von *Ahlborn*, ZfA 2005, 109 (160) läuft die Frist erst nach Unterrichtung der Arbeitnehmer.
5 BAG 18.12.2003 – 8 AZR 621/02, EzA § 613a BGB 2002 Nr. 20.
6 BAG 27.1.2011 – 8 AZR 326/09, EzA § 613a BGB 2002 Nr. 123.
7 BAG 10.12.1998 – 8 AZR 324/97, NZA 1999, 422.
8 BAG 24.8.2006 – 8 AZR 574/05, EzA § 613a BGB 2002 Nr. 58.
9 Das BAG 12.11.1998 – 8 AZR 265/97, DB 1999, 485, spricht von einem Anspruch auf Abschluss eines Fortsetzungsvertrages.
10 *Langenbucher*, ZfA 1999, 299 (317).

ähnlichen Tätigkeit wie bisher einsetzen. Hier wird im Regelfall eine Gesamtbetrachtung notwendig sein. Im Rahmen dieser Gesamtbewertung ist zB das Arbeitgeberkonzept, das zu einer veränderten Situation im Beschäftigtenbedarf führt, zu berücksichtigen. Das kann je nach Gewicht der identitätsbestimmenden Merkmale (zB neuer Maschinenpark, andere Produktionsmethoden) dazu führen, dass überhaupt kein Betriebsübergang vorliegt. So hat das BAG keine Wahrung der Identität der wirtschaftlichen Einheit angenommen, als eine mit anderen Maschinen nach einem anderen Herstellungsverfahren arbeitende Druckerei „auf der grünen Wiese" neu errichtet wurde und deren Betreiber nur einen Teil der bisherigen Druckaufträge und einen Teil der bisherigen Belegschaft übernahm[1]. Zum Dritten kann dem Wiedereinstellungsanspruch entgegenstehen, dass die Merkmale eines Anforderungsprofils einen nachvollziehbaren Bezug zur Organisation und zum Inhalt der auszuführenden Arbeiten haben; in diesem Fall kann der Betriebsübernehmer ein geändertes Anforderungsprofil gegenüber dem Wiedereinstellungsanspruch einwenden[2].

Beispiel:

Nach Verlust eines Auftrages zur Reinigung eines Krankenhauses kündigte der Unternehmer A den 86 Arbeitnehmern, die er zur Reinigung des Krankenhauses eingesetzt hatte. Zum Zeitpunkt des Zugangs der Kündigung war nicht abzusehen, ob der neue Auftragnehmer B Arbeitnehmer des A übernehmen werde. Der neue Auftragnehmer schloss schließlich während des Laufs der Kündigungsfrist oder unmittelbar nach Beendigung ihrer Verträge mit A mit mehr als 75 Arbeitnehmern, die bislang bei A beschäftigt waren, Arbeitsverträge zum Zwecke der Reinigung des Krankenhauses. Zwar waren die Kündigungen wegen Verlustes des Auftrages und fehlender Weiterbeschäftigungsmöglichkeit wirksam, weil nicht davon ausgegangen werden kann, dass zum Zeitpunkt des Zugangs der Kündigung greifbare Anhaltspunkte für die Annahme vorlagen, der neue Auftragnehmer werde kraft eigenen Willensentschlusses eine organisierte Gesamtheit von Arbeitnehmern übernehmen. Kommt es allerdings nach Zugang der Kündigung innerhalb der Kündigungsfrist zu einem Betriebsübergang oder wird jedenfalls ein solcher beschlossen, indem von dem neuen Arbeitgeber B die organisierte Hauptbelegschaft eingestellt und auf ihren alten Arbeitsplätzen eingesetzt wird, so haben die übrigen gekündigten Arbeitnehmer einen Anspruch gegen den neuen Auftragnehmer, zu unveränderten Arbeitsbedingungen unter Wahrung des Besitzstandes eingestellt zu werden[3].

Voraussetzung ist allerdings immer, dass der neue Auftragnehmer bei Branchen, in denen es im Wesentlichen auf die menschliche Arbeitskraft ankommt und bei denen eine Gesamtheit von Arbeitnehmern die wirtschaftliche Einheit ausmacht, die **bisherige Hauptbelegschaft im Wesentlichen unverändert einsetzt**. In diesen betriebsmittelarmen Branchen erfolgt der Betriebsübergang typischerweise erst nach Beendigung des Arbeitsverhältnisses[4]. Setzt der neue Auftragnehmer allerdings die Arbeitnehmer nicht zur Fortsetzung der bisher geleisteten Arbeit ein, kann von einer Wahrung der Identität der wirtschaftlichen Einheit nicht gesprochen werden.

Beispiel:

Nach Verlust des Reinigungsauftrages kündigt der Unternehmer A sämtlichen im Krankenhaus eingesetzten Arbeitnehmern. Der neue Auftragnehmer B stellt später die Hauptbelegschaft ein, setzt sie aber überwiegend in anderen Objekten ein. Ein nachträglicher Betriebsübergang liegt mangels Wahrung der Identität der wirtschaftlichen Einheit nicht vor. Der Erwerber hat es also in der Hand, das Vorliegen oder Nichtvorliegen eines Betriebsübergangs zu steuern[5].

---

1 BAG 10.12.1998 – 8 AZR 309/98, zit. bei *Müller-Glöge*, NZA 1999, 449 (456).
2 BAG 4.5.2006 – 8 AZR 299/05, ZIP 2006, 1545.
3 BAG 13.11.1997 – 8 AZR 295/95, NZA 1998, 251; zur Personalgestellung s.a. BAG 20.3.2014 – 8 AZR 1/13, NJW 2014, 2604.
4 *Krause*, ZfA 2001, 100.
5 So zu Recht *Schiefer*, NZA 1998, 1095 (1099).

⊃ **Hinweis:** Gerade dieses Beispiel zeigt, wie wichtig der anwaltliche Rat sein kann, die Arbeitnehmer, die nach Beendigung eines Auftrages von dem neuen Auftragnehmer eingestellt werden, nicht auf den bisherigen Arbeitsplätzen, sondern in anderen Bereichen einzusetzen. Die Arbeitnehmer hätten sonst Anspruch auf Beschäftigung zu den früheren Arbeitsbedingungen; auch könnten die nicht eingestellten Arbeitnehmer einen Anspruch auf Wiedereinstellung haben.

91 Bei einem Produktionsbetrieb müsste der neue Inhaber die **charakteristischen Sachmittel** erwerben. Erwirbt also nach der beabsichtigten und evtl. verwirklichten Stilllegung der neue Geschäftsinhaber alle wesentlichen materiellen Betriebsmittel und setzt er damit die aufgegebene Geschäftstätigkeit fort, kann hierin ein Betriebsübergang liegen mit der Folge, dass die von dem bisherigen Betriebsinhaber entlassenen Arbeitnehmer wegen Fortbestands des Arbeitsplatzes einen Anspruch auf Wiedereinstellung haben. Ein solcher Betriebsübergang liegt vor, wenn der Übernehmer dieselbe Geschäftstätigkeit ausführt und die bisherige Wirtschaftseinheit hierfür nutzt. Die bisherige Wirtschaftseinheit wird genutzt, wenn die charakteristischen Betriebsmittel und die prägenden Arbeitnehmer übergehen sowie die weiterhin erbrachte Arbeitsleistung der bisher verrichteten Arbeit ähnlich ist[1]. Unerheblich dürfte auch hier sein, ob der neue Betriebsinhaber den Produktionsbetrieb während oder erst nach Ablauf der Kündigungsfrist der Arbeitnehmer übernimmt[2].

92 Dagegen liegt ein **Betriebsübergang nicht vor** und die gekündigten Arbeitnehmer haben auch nach Ablauf der Kündigungsfrist keinen Anspruch auf Wiedereinstellung gegenüber dem neuen Inhaber, wenn nicht nur der Betrieb stillgelegt wurde, sondern die **Sachmittel schon weitgehend veräußert** sind, sich **der Großteil der Arbeitnehmer schon anderweitig verpflichtet** hat und deshalb der Betrieb auch tatsächlich stillgelegt wurde. Denn in diesem Fall werden Arbeitsplätze durch den neuen Inhaber nicht erhalten[3].

93 Setzt der Arbeitnehmer das Arbeitsverhältnis mit dem neuen Inhaber des Betriebes fort, hat der bisherige Arbeitgeber den **Urlaub des Arbeitnehmers** selbst dann nicht abzugelten, wenn er wirksam betriebsbedingt gekündigt hatte[4]. Wird nämlich ohne Unterbrechung die wirtschaftliche Einheit von einem Betriebserwerber fortgeführt – im Entscheidungsfall ein Reinigungsauftrag mit denselben Arbeitnehmern –, hat der Arbeitnehmer Anspruch auf Fortsetzung des alten Arbeitsverhältnisses mit dem Betriebsnachfolger. Es kommt in diesem Fall nicht darauf an, ob die Kündigung des bisherigen Arbeitgebers wirksam war oder nicht. Die Rechtslage dürfte anders zu beurteilen sein, wenn die bisherige Belegschaft erst einige Zeit nach Beendigung der Arbeitsverhältnisse mit dem früheren Arbeitgeber gem. § 613a BGB übernommen wurde; denn in diesem Fall hat der Arbeitnehmer gegenüber dem Betriebsnachfolger lediglich einen Wiedereinstellungsanspruch zu den früheren Arbeitsbedingungen, so dass er von seinem bisherigen Arbeitgeber Urlaubsabgeltung verlangen kann.

94 Ein Fortsetzungsanspruch bzw. ein Anspruch auf Wiedereinstellung zu den bisherigen Arbeitsbedingungen des wirksam entlassenen Arbeitnehmers bei einem Betriebsübergang nach Beendigung des Arbeitsverhältnisses **besteht nicht bei einem im Insolvenzverfahren** vollzogenen Betriebsübergang[5]. Insoweit fehlen entsprechende europarechtliche Vorgaben, die in das deutsche Recht umgesetzt werden müssten. Denn gem. Teil I Art. 4a Abs. 1 der RL 98/50/EG vom 29.6.1998 findet die Richtlinie im Insolvenzverfahren nur Anwendung, wenn die Mitgliedstaaten dies vorsehen. Eine derartige Regelung zum Wiedereinstellungs- und Vertragsfortsetzungsanspruch eines

---

1 *Langenbucher*, ZfA 1999, 299 (319).
2 So richtig *Krause*, ZfA 2001, 100.
3 *Langenbucher*, ZfA 1999, 299 (322).
4 BAG 2.12.1999 – 8 AZR 774/98, NZA 2000, 480.
5 BAG 10.12.1998 – 8 AZR 324/97, NZA 1999, 422.

wirksam entlassenen Arbeitnehmers ist für Fälle der Betriebsübernahme im Insolvenzfall weder vom Gesetz vorgesehen noch von der Rechtsprechung entwickelt worden[1].

Der Wiedereinstellungsanspruch des Arbeitnehmers ist mit einer auf Abgabe einer Willenserklärung gerichteten **Leistungsklage iSv. § 894 ZPO** gegen den Arbeitgeber geltend zu machen, wobei der Klageantrag ausreichend bestimmt sein muss. Mit Rechtskraft eines entsprechenden Urteils gilt die Annahmeerklärung des Arbeitgebers als abgegeben. 95

Der Anspruch auf Wiedereinstellung kann jedoch **verwirkt** sein. Der Anspruch ist als Verstoß gegen Treu und Glauben nur bei einer illoyalen Verspätung der Rechtsausübung verwirkt, wobei die konkreten Umstände des Einzelfalles entscheidend sind[2]. 96

↪ **Hinweis:** In der anwaltlichen Beratungspraxis muss der den Arbeitnehmer vertretende Anwalt bei einer wegen Betriebsstilllegung ausgesprochenen Kündigung prüfen, ob nicht etwa der Betrieb nach Zugang der Kündigung weiterveräußert wurde und deshalb die Notwendigkeit zur Weiterbeschäftigung besteht. In einem solchen Fall ist zwar uU die Kündigung nicht wegen Verstoßes gegen § 613a BGB unwirksam; der Arbeitnehmer kann aber seine Weiterbeschäftigung bzw. Wiedereinstellung vom Betriebserwerber verlangen, weil der Arbeitsplatz entgegen der Prognose des Arbeitgebers nicht weggefallen ist.

3. Übergang durch Rechtsgeschäft

Ein Betriebsübergang fällt nur dann unter § 613a BGB, wenn er sich „durch Rechtsgeschäft" vollzieht, wobei der **Begriff des Rechtsgeschäfts weit auszulegen** ist; es muss ein Wechsel des Arbeitgebers im Rahmen vertraglicher Beziehungen erfolgen. Das Rechtsgeschäft muss sich auf den **Übergang der tatsächlichen Nutzungs- und Verfügungsgewalt** über die sächlichen und immateriellen Betriebsmittel[3] bzw. auf den Übergang der Belegschaft iSd. Übertragung **des Direktionsrechts** beziehen. Gleichgültig ist die Art des Rechtsgeschäfts. In Betracht kommen Kaufvertrag, Pachtvertrag, Mietvertrag, Nießbrauch, Schenkung, Gesellschaftsvertrag und einvernehmliche Übertragung der Arbeitgeberposition, aber auch eine öffentlich-rechtliche Verwaltungsvereinbarung[4] etc. Dabei muss sich das Rechtsgeschäft nicht auf die Übernahme der bestehenden Arbeitsverhältnisse beziehen, da insoweit ein Übergang kraft Gesetzes eintritt. Gleichgültig ist auch, ob der Betriebsübergang mit dem Rechtsgeschäft bezweckt war. 97

Als für den Betriebsübergang maßgebliches Geschäft ist folglich die **einvernehmliche Übertragung der wirtschaftlichen Einheit auf den Erwerber anzusehen**[5], wobei allerdings ein Betriebsübergang nur dann vorliegt, wenn auch der Erwerber den Betrieb fortführt oder den Betrieb wieder aufnimmt. Wenn in der Übernahme bzw. der Mitübernahme der Belegschaft die Übertragung einer wirtschaftlichen Einheit und damit ein Betriebsübergang zu erblicken ist, wird als das für den Betriebsübergang wesentliche Rechtsgeschäft (auch) die Übertragung der Arbeitgeberposition anzusehen sein. Bei Neuvergabe eines Reinigungsauftrages genügt deshalb für den rechtsgeschäftlichen Übergang die Ausführung der Reinigungsarbeiten auf vertraglicher Grundlage in Verbindung mit der einvernehmlichen Weiterbeschäftigung der Arbeitnehmer[6]. 98

---

1 *Boewer*, NZA 1999, 1177 (1180); *Meyer*, BB 2000, 1034.
2 Näher *Ahlborn*, ZfA 2005, 109 (161).
3 BAG 16.10.1987 – 7 AZR 519/86, EzA § 613a BGB Nr. 66.
4 BAG 7.9.1995 – 8 AZR 928/93, EzA § 613a BGB Nr. 136.
5 BAG 8.11.1988 – 3 AZR 85/87, EzA § 613a BGB Nr. 83.
6 BAG 11.12.1997 – 8 AZR 729/96, NZA 1998, 534.

99 Der Betriebsübergang muss weder durch ein unmittelbares Rechtsgeschäft zwischen früherem und neuem Betriebsinhaber noch durch ein einheitliches auf den Erwerb des gesamten Betriebes gerichtetes Rechtsgeschäft vermittelt werden. Der Erwerber kann den Betrieb auch aufgrund einer Vielzahl von Rechtsgeschäften mit verschiedenen Dritten erlangen, sofern die Rechtsgeschäfte insgesamt auf den Übergang eines funktionsfähigen Betriebes ausgerichtet sind[1]. Es genügt für die Anwendung des § 613a BGB mithin ein **Bündel von Rechtsgeschäften**, wenn diese in ihrer Gesamtheit auf die Übernahme eines funktionsfähigen Betriebes gerichtet ist[2]. Entscheidend ist, ob der Übergang des Betriebes oder Betriebsteils auf dem Willen der betroffenen Betriebsinhaber beruht.

Beispiel:

Die C-GmbH will einen Produktionsbetrieb übernehmen. Dazu erwirbt sie von dem Zwangsverwalter das Betriebsgrundstück, sie least von verschiedenen Leasinggebern die notwendigen Maschinen und von einer Bank weitere, in deren Sicherungseigentum stehende Produktionsmittel[3]. Ein Betriebsübergang liegt dann vor, wenn der Betrieb als funktionsfähige, organisatorische Einheit von sächlichen und immateriellen Betriebsmitteln zur Erreichung des Betriebszwecks erhalten bleibt und im Wesentlichen vom Erwerber fortgeführt wird. Da die C-GmbH einen funktionsfähigen Betrieb übernimmt, liegen die Voraussetzungen des § 613a BGB vor. Wäre allerdings die Betriebstätigkeit eingestellt worden und hätte dann die C-GmbH die charakteristischen Betriebsmittel erworben und die bisherige Geschäftstätigkeit fortgesetzt, hätten die von der beabsichtigten Stilllegung betroffenen Arbeitnehmer Anspruch auf Wiedereinstellung zu den bisherigen Arbeitsbedingungen[4]. Ob bei dieser Übernahme der bisherigen Wirtschaftseinheit eine endgültige Betriebsstilllegung vorliegt, mag zweifelhaft sein. Entscheidend ist aber nicht, ob der Betrieb stillgelegt wurde oder nicht, sondern die Fortsetzung der bisherigen Geschäftstätigkeit und die Nutzung der wirtschaftlichen Einheit durch den neuen Geschäftsinhaber. Bei einer längeren Unterbrechung der Geschäftstätigkeit wird allerdings nicht mehr von der Nutzung der bisherigen Wirtschaftseinheit durch den neuen Betriebsinhaber gesprochen werden können.

100 Nicht erforderlich ist, dass das Rechtsgeschäft ausdrücklich auf die Übertragung des Betriebs oder Betriebsteils gerichtet ist.

101 So kann selbst ein **Rückfall eines verpachteten Betriebes** auf den Verpächter zu einem Betriebsübergang führen[5]. Im Gegensatz zur früheren Rechtsauffassung des BAG, wonach ein Betriebsübergang auch vorliegt, wenn der Verpächter die Leitungsmacht zuvor nicht ausgeübt hatte und selbst keine entsprechenden Betriebe führt[6], muss der Verpächter nach der heutigen BAG-Rechtsprechung den Betrieb jedoch tatsächlich selbst weiterführen[7].

Beispiel:

Der Verpächter A hatte seine Gaststätte an den B befristet bis zum 31.12. verpachtet. Mit der Beendigung des Pachtverhältnisses ging der Betrieb „Gaststätte" auf den Pächter, mit Beendigung des Pachtverhältnisses gem. § 613a BGB auf den Verpächter über, wenn er die Gaststätte auch weiterführt. Dagegen liegt kein Betriebsübergang wegen Beendigung der Pacht vor, wenn der Pächter zuvor die Gaststätte stillgelegt hatte und/oder der Verpächter die Gaststätte nicht fortführt.

⊃ **Hinweis:** Gerade dieses Beispiel macht deutlich, wie wichtig es sein kann, dass vor der Beendigung eines Miet- oder Pachtvertrages zB über eine Gaststätte oder ein Ladengeschäft

---

1 BAG 18.5.1995 – 8 AZR 741/94, EzA § 613a BGB Nr. 139.
2 Vgl. statt aller BAG 18.2.1999 – 8 AZR 485/97, NZA 1999, 648 (649).
3 Beispiel bei KR/*Treber*, § 613a BGB Rz. 88.
4 BAG 13.11.1997 – 8 AZR 295/95, NZA 1998, 251.
5 BAG 26.2.1987 – 2 AZR 768/85, EzA § 613a BGB Nr. 57.
6 BAG 27.4.1995 – 8 AZR 197/94, EzA § 613a BGB Nr. 126.
7 BAG 18.3.1999 – 8 AZR 159/98, DB 1999, 1223.

der Betrieb tatsächlich stillgelegt wird. Die Arbeitsverhältnisse würden sonst auf den Vermieter/Verpächter übergehen. Aber Achtung: Besteht die wirtschaftliche Einheit in der organisierten Gesamtheit von Arbeitnehmern (zB Reinigungspersonal in einem Reinigungsobjekt), haben die vom früheren Auftragnehmer gekündigten Arbeitnehmer Anspruch auf Einstellung gegen den neuen Auftragnehmer, wenn dieser die Hauptbelegschaft trotz vorheriger Kündigung durch den bisherigen Arbeitgeber übernimmt und sie wie bisher zB in den gleichen Reinigungsobjekten einsetzt.

Da ein unmittelbares Rechtsgeschäft zwischen dem bisherigen und dem neuen Inhaber des Betriebes nicht erforderlich ist, liegt ein Betriebsübergang auch in dem Fall vor, dass ein Pächter **im Anschluss an die beendete Pacht** eines früheren Pächters einen Betrieb (Kantine) pachtet und ihn **mit gleichem Betriebszweck fortführt**[1]. Anders hat das BAG erkannt, wenn ein Bewachungsunternehmen durch Neuausschreibung des Objektträgers wechselt, weil in diesem Fall abweichend vom Fall des Pächterwechsels nicht der Kundenstamm, sondern nur die einzige für den Betrieb wesentliche Kundenbeziehung, abgeleitet vom bisherigen Betriebsinhaber, auf den Erwerber übergeht[2]. Dagegen liegt ein Betriebsübergang dann vor, wenn das neue Bewachungsunternehmen nicht bloß die vom Auftraggeber eingebauten Sicherungseinrichtungen nutzt[3], sondern auch das wesentliche Personal übernimmt. 102

Ein Betriebsübergang liegt auch dann vor, wenn zwei Gesellschaften im Rahmen **eines Gesellschaftsvertrages eine Auffanggesellschaft** gründen, die dann mit den eingebrachten Betriebsmitteln den Betrieb bzw. Betriebsteil fortsetzt. 103

Liegt ein Betriebsübergang mit der Verpflichtung zur Wiedereinstellung zu den bisherigen Arbeitsbedingungen bereits dann vor, wenn ein Unternehmen die Hauptbelegschaft des bisherigen Arbeitgebers auf den alten Arbeitsplätzen einstellt, so ist das in § 613a BGB geforderte Rechtsgeschäft in der **Übertragung eines Auftrags** zu erblicken, in deren **Zusammenhang die Hauptbelegschaft von dem neuen Geschäftsinhaber wieder eingestellt** wird. Dies ist zB dann der Fall, wenn der bisherige Arbeitgeber entweder die Arbeiten nicht mehr selbst erledigt, sondern sie kraft Funktionsnachfolge auf die Drittfirma überträgt und diese dann die Hauptbelegschaft einstellt, oder den mit der Hauptbelegschaft erledigten Auftrag verloren hat und der Auftraggeber ihn an der Drittfirma übertragen hat, die ihrerseits mit der Hauptbelegschaft neue Arbeitsverträge zur Erledigung der bisherigen Arbeiten abschließt. 104

Selbst wenn der **Übernahmevertrag nichtig** ist, geht der Betrieb über, da entscheidend der willentliche Übergang des Betriebes ist; einer besonderen Übertragung der Leitungs- und Organisationsmacht[4] bedarf es nicht mehr[5]. Umstritten ist, ob dies auch bei der Übernahme durch eine nicht oder nicht voll geschäftsfähige Person gilt[6]. Wegen des durch §§ 104 ff. BGB gewährleisteten Schutzes der Geschäftsunfähigen und Minderjährigen ist dieses zu verneinen. Ist lediglich der Veräußerer geschäftsunfähig oder minderjährig, findet § 613a BGB Anwendung. 105

Dagegen liegt ein Betriebsübergang nicht vor, wenn sich der Betriebsübergang unabhängig von dem Willen der betroffenen Betriebsinhaber **aufgrund einer Norm oder eines Verwaltungsaktes** automatisch vollzieht. ZB liegt kein Betriebsübergang vor bei der gesetzlichen Überleitung von Arbeitsverhältnissen im Rahmen der deutschen 106

---

1 BAG 25.2.1981 – 5 AZR 991/78, EzA § 613a BGB Nr. 28; vgl. auch EuGH 10.2.1988 – Rs. C-324/86, Slg. 1988, 739.
2 BAG 29.8.1988 – 2 AZR 107/88, DB 1989, 2176.
3 Dies reicht – wie aufgezeigt – für einen Betriebsübergang noch nicht aus. BAG 11.12.1997 – 8 AZR 426/94, EzA § 613a BGB Nr. 160; 22.1.1998 – 8 AZR 775/96, AP Nr. 174 zu § 613a BGB.
4 BAG 6.2.1985 – 5 AZR 411/83, EzA § 613a BGB Nr. 44.
5 BAG 12.11.1998 – 8 AZR 282/97, DB 1999, 337.
6 Verneinend: KR/*Treber*, § 613a BGB Rz. 80; aA BAG 6.2.1985 – 5 AZR 411/83, EzA § 613a BGB Nr. 44.

Wiedervereinigung. Auch ist kein Betriebsübergang gegeben, wenn der Betriebsinhaberwechsel aufgrund eines Zuschlags bei einer Zwangsversteigerung erfolgt[1]; zudem ist nicht der Betrieb als solcher Gegenstand der Zwangsversteigerung. Dieses wird für den Fall der Gesamtrechtsnachfolge durch § 324 UmwG durchbrochen. Danach bleibt § 613a Abs. 1, 4–6 BGB durch die Wirkungen der Eintragung einer Verschmelzung, Spaltung oder Vermögensübertragung unberührt.

107 Nach Auffassung des BAG[2] gilt § 613a BGB nicht in dem Fall, in dem sich der Betriebsübergang **kraft Gesamtrechtsnachfolge** (zB Erbschaft), **kraft Gesetzes oder sonstigem Hoheitsakt**[3] vollzieht. Ein rechtsgeschäftlicher Übergang scheidet allerdings nicht bei gesetzlich angeordneter Übernahme des Betriebes von vornherein aus[4].

108 Die **Rechtsfolgen** des § 613a BGB können zwischen den Beteiligten (alter Arbeitgeber, neuer Arbeitgeber und übertretenden Arbeitnehmer) auch dann **vereinbart** werden, wenn die Voraussetzungen des Betriebsübergangs an sich nicht vorliegen[5]. Übernimmt aber der neue Arbeitgeber einen nach Zahl und Sachkunde erheblichen Teil der Belegschaft und damit eine wirtschaftliche Einheit, liegt schon kraft Gesetzes ein Betriebsübergang iSd. § 613a BGB vor; diese zwingende gesetzliche Folge kann weder ausgeschlossen noch abgewandelt werden[6].

4. Exkurs: Umwandlungsgesetz und Betriebsübergang

109 Nach dem Wortlaut des § 613a Abs. 1 Satz 1 BGB muss der Betriebsübergang durch Rechtsgeschäft erfolgen. Auf die Fälle der Gesamtrechtsnachfolge war deshalb früher § 613a BGB nicht anzuwenden. Durch das Umwandlungsgesetz vom 28.10.1994 ist die Anwendbarkeit des § 613a BGB auf die Umwandlung von Unternehmen neu geregelt worden. Während diese Bestimmung auf die formwechselnde Umwandlung von Unternehmen mangels Betriebsübergangs nicht anzuwenden ist, bestimmt § 324 UmwG, dass § 613a Abs. 1, 4–6 BGB durch die Wirkung einer Eintragung einer Verschmelzung, Spaltung und Vermögensübertragung unberührt bleibt. Nach hM[7] ist damit gemeint, dass **für diese Umwandlungen** § 613a Abs. 1, 4–6 BGB **anzuwenden ist**.

110 Voraussetzung ist aber der **Übergang eines Betriebs bzw. Betriebsteils**. Kommt ein solcher arbeitsrechtlicher Übergang nach § 613a Abs. 1 Satz 1 BGB nicht in Betracht, weil im Rahmen einer Spaltung Arbeitsverhältnisse übertragen werden, ohne dass ein Betrieb oder Betriebsteil übergehen soll oder zB mit dem Übergang eines Betriebs bzw. Betriebsteils zusätzlich solche Arbeitsverhältnisse übertragen werden, die einem zurückbleibenden Betrieb bzw. Betriebsteil zugehören, erfolgt die Übertragung der Arbeitsverhältnisse umwandlungsrechtlich allein im Wege der (partiellen) Gesamtrechtsnachfolge[8].

111 Auch ohne § 324 UmwG würde das Arbeitsverhältnis bei einer Verschmelzung und Vermögensvollübertragung übergehen. Der **Übergang des Arbeitsverhältnisses** vollzieht sich bei einem damit einhergehenden Betriebs(teil)übergang nicht allein um-

---

1 KR/*Treber*, § 613a BGB Rz. 97.
2 BAG 8.11.1988 – 3 AZR 85/87, DB 1989, 1526.
3 BAG 8.5.2001 – 9 AZR 95/00, EzA § 613a BGB Nr. 198.
4 BAG 25.1.2001 – 8 AZR 336/00, NZA 2001, 840.
5 LAG Hamm 24.4.1986 – 10 Sa 1722/85, LAGE § 613a BGB Nr. 5.
6 BAG 20.3.2014 – 8 AZR 1/13, NJW 2014, 2604. Allerdings kann natürlich auf tatbestandlicher Seite dahingehend gestaltend eingewirkt werden, so dass die Voraussetzungen eines Betriebsübergangs gar nicht erst vorliegen (vgl. hierzu *Fuhlrott/Salamon*, BB 2012, 1793 sowie noch unter Rz. 366 ff.).
7 *Wollenschläger/Pollert*, ZfA 1996, 557 mwN.
8 Vgl. hierzu im Einzelnen *Boecken*, S. 52 ff.

wandlungsrechtlich, sondern auch nach § 613a Abs. 1 Satz 1 BGB. Im praktischen Ergebnis ist individualrechtlich für die Verschmelzung und die Vermögensvollübertragung das Kündigungsverbot des § 613a Abs. 4 BGB von Bedeutung; für die Spaltung und Vermögensteilübertragung ist u.a. das Widerspruchsrecht des Arbeitnehmers wichtig.

5. Zeitpunkt des Übergangs

Der Betriebsübergang ist dann vollzogen, wenn der bisherige Inhaber seine wirtschaftliche Betätigung in dem Betrieb oder Betriebsteil einstellt und der neue Inhaber den Betrieb fortführt[1]. Entscheidend ist also die tatsächliche Betriebsfortführung[2], auf vertraglich fixierte Zeitpunkte (zB ein vereinbartes closing) kommt es damit nicht an. Die bloße Fortführungsmöglichkeit allein genügt damit nicht. Damit scheidet ein Wechsel des Betriebsinhabers aus, wenn der neue Inhaber die tatsächliche Leitungsmacht nicht ausübt, selbst wenn er es könnte[3].

Beispiel:

Die A-GmbH erwirbt von der in Insolvenz befindlichen B-GmbH die wesentlichen Betriebsmittel. Vertraglich vorgesehen für die Übertragung der Betriebsmittel ist der 1.1. Aufgrund von Zahlungsschwierigkeiten verschiebt sich der Zeitpunkt der Übertragung und erfolgt am 10.1. Der Betrieb der B-GmbH befindet sich in einem von der C-GmbH betriebenen umzäunten und gesicherten Chemiepark, auf den Unbefugte keinen Zutritt haben. Da die B-GmbH noch Außenstände bei der C-GmbH hat, verweigert diese den Mitarbeitern der A-GmbH bis zur Begleichung der Zahlungen den Zutritt zum Chemiepark. Erst am 30.1. dürfen die Mitarbeiter der A-GmbH das Chemieparkgelände betreten. Am 2.2. betreten sodann die Mitarbeiter der A-GmbH den Chemiepark und nehmen die Produktion wieder auf. Maßgeblicher Zeitpunkt für die Annahme des Betriebsübergangs ist der 2.2., da erst an diesem Tag die Leitungsmacht tatsächlich ausgeübt wird.

Gehen Betriebsmittel etc. in einzelnen Schritten auf den Erwerber über, so ist der Betriebsübergang jedenfalls in dem Zeitpunkt erfolgt, in dem die **wesentlichen zur Fortführung des Betriebs erforderlichen Betriebsmittel** etc. und damit die **wirtschaftliche Einheit** übergegangen sind, die Entscheidung über den Betriebsübergang nicht mehr rückgängig gemacht werden kann[4] und der neue Inhaber den Betrieb fortführt[5].

III. Rechtsfolgen des Betriebsübergangs

1. Individualrechtliche Folgen

Der Betriebserwerber **tritt nach § 613a Abs. 1 BGB in die im Zeitpunkt des Betriebsübergangs bestehenden Arbeitsverhältnisse ein**. Der Betriebsübergang ist mithin mit dem gesetzlichen Übergang des unveränderten Arbeitsverhältnisses auf den neuen Inhaber verbunden[6]. Es erfolgt ein Austausch der Arbeitgeberposition. Wer Arbeitnehmer ist, richtet sich allein nach nationalem Recht[7].

---

1 BAG 15.12.2005 – 8 AZR 202/05, NZA 2006, 597; 18.3.1999 – 8 AZR 159/98, DB 1999, 1223.
2 Früher hatte das BAG geurteilt, der Betriebsübergang sei bereits dann vollzogen, wenn der Betriebserwerber rechtlich nicht mehr gehindert ist, die betriebliche Leitungs- und Organisationsgewalt anstelle des Betriebsveräußerers auszuüben (vgl. BAG 16.2.1993 – 3 AZR 347/92, DB 1993, 1274).
3 ErfK/*Preis*, § 613a BGB Rz. 50 mwN.
4 BAG 16.2.1993 – 3 AZR 347/92, EzA § 613a BGB Nr. 106.
5 BAG 18.3.1999 – 8 AZR 159/98, DB 1999, 1223.
6 BAG 30.10.1986 – 2 AZR 101/85, EzA § 613a BGB Nr. 54.
7 BAG 16.5.2012 – 5 AZR 268/11, DB 2012, 2048; EuGH 15.9.2010 – Rs. C-386/09, AP Richtlinie 2001/23/EG Nr. 6.

115 ⊃ **Hinweis:** In der Übernahme von Arbeitnehmern aufgrund eines Betriebsübergangs liegt keine **beteiligungspflichtige Einstellung** iSd. § 99 BetrVG, da der Übergang der Arbeitsverhältnisse unabhängig vom Willen des neuen Arbeitgebers eintritt[1].

a) Übergehende Arbeitsverhältnisse

116 Vom Betriebsübergang werden nur **Arbeitsverhältnisse** erfasst, und zwar ohne Rücksicht darauf, ob die Arbeitnehmer voll- oder teilzeit-, befristet oder unbefristet im Innen- oder Außendienst beschäftigt sind. Auch bloß faktische Arbeitsverhältnisse (zB Arbeitsverhältnisse mit Minderjährigen ohne Zustimmung der gesetzlichen Vertreter) werden von dem Betriebsübergang erfasst. Es ist unerheblich, ob die Arbeitnehmer tatsächlich beschäftigt sind oder das Arbeitsverhältnis wegen Elternzeit oder aus anderen Gründen ruht oder sich der Arbeitnehmer in Altersteilzeit befindet. Ist das Arbeitsverhältnis vor Betriebsübergang gekündigt worden und ist diese Kündigung wirksam, tritt der neue Betriebsinhaber in das gekündigte Arbeitsverhältnis ein.

117 Zu den auf den Betriebserwerber übergehenden **Arbeitnehmern** zählen auch leitende Angestellte, Auszubildende, Volontäre und Praktikanten.

118 Dagegen tritt der neue Betriebsinhaber **nicht** in die Rechtsverhältnisse von **freien Mitarbeitern, Handelsvertretern** und anderen **arbeitnehmerähnlichen Personen** (zB Heimarbeitern[2]) ein. Ist allerdings das als freies Mitarbeiterverhältnis bezeichnete Beschäftigungsverhältnis tatsächlich ein Arbeitsverhältnis, wird es von dem Betriebsübergang erfasst. Dienstverträge von (Fremd-)Geschäftsführern oder Vorständen, die als Organ Arbeitgeberfunktionen wahrnehmen, gehen nicht auf den Betriebserwerber über[3].

Beispiel:

Die A-GmbH beschäftigt die B als „freie Mitarbeiterin". Übernimmt die C-GmbH den Betrieb der A-GmbH, tritt die neue Arbeitgeberin zwar in die Arbeitsverhältnisse der Arbeitnehmer, nicht aber in das Dienstverhältnis der „freien Mitarbeiterin" ein. Sollte diese trotzdem meinen, die C-GmbH habe sie übernommen, müsste gerichtlich geklärt werden, ob B entgegen dem Vertragswortlaut tatsächlich Arbeitnehmerin ist, was sie zu beweisen hätte.

119 Der Betriebserwerber tritt nur in **bestehende** Arbeitsverhältnisse ein[4].

120 Der neue Betriebsinhaber übernimmt deshalb **nicht** die **Ruhestandsverhältnisse** und muss deshalb nicht die Pensionsansprüche der bereits vor Betriebsübergang ausgeschiedenen Arbeitnehmer übernehmen und weiterhin erfüllen[5]. Zum einen haben diese Betriebsrentner mit dem Betriebsveräußerer kein Arbeitsverhältnis mehr. Zudem dient § 613a BGB nicht dazu, den Rentnern mit der Veräußerung des Betriebes einen neuen Schuldner zu verschaffen. Die Vorschrift verfolgt vielmehr das Ziel, die Arbeitsplätze der aktiven Arbeitnehmer zu erhalten.

---

1 LAG Düsseldorf 23.1.2003 – 11 TaBV 73/03, AiB 2003, 435.
2 BAG 24.3.1998 – 9 AZR 218/97, EzA § 613a BGB Nr. 165; ErfK/*Preis*, § 613a BGB Rz. 67 f.; s.a. *Fuhlrott*, NZA 2013, 183 (186).
3 BAG 13.2.2003 – 8 AZR 654/01, NZA 2003, 552; OLG Celle 15.6.1977 – 3 U 96/76, DB 1977, 1840. In seiner *Danosa*-Entscheidung (11.2.2010 – C-232/09, DB 2011, 2270) hat der EuGH eine Fremdgeschäftsführerin als Arbeitnehmerin im unionsrechtlichen Sinne angesehen. Auch wenn eine Erstreckung des Arbeitnehmerbegriffs auf Organmitglieder derzeit abgelehnt wird, bleibt die weitere Entwicklung insoweit abzuwarten.
4 BAG 1.12.2004 – 7 AZR 37/04, DB 2005, 1392; 22.5.2005 – 3 AZR 499/03, DB 2005, 954.
5 BAG 11.11.1986 – 3 AZR 194/85, EzA § 613a BGB Nr. 61; ebenso: ErfK/*Preis*, § 613a BGB Rz. 69.

III. Rechtsfolgen des Betriebsübergangs

Beispiel:

In einem Tarifvertrag ist geregelt, dass ausgeschiedene Arbeitnehmer unter bestimmten Voraussetzungen Anspruch auf Wiedereinstellung haben. Nach Ausscheiden des Arbeitnehmers A aus dem Unternehmen B findet ein Betriebsübergang auf C statt. A und B fielen unter den Geltungsbereich dieses Tarifvertrages; auch waren die Voraussetzungen für eine Wiedereinstellung erfüllt. A kann nicht von C die Wiedereinstellung verlangen, weil von § 613a BGB nur die Arbeitsverhältnisse erfasst werden, die im Zeitpunkt des Betriebsübergangs bestanden, nicht jedoch Arbeitsverhältnisse, die im Zeitpunkt des Betriebsübergangs bereits beendet waren[1].

⊃ **Hinweis:** In der anwaltlichen Beratungspraxis spielen die Probleme der Übernahme von Versorgungsansprüchen eine erhebliche Rolle. Es sollte genau geprüft werden, welche Mitarbeiter bereits vor Betriebsübergang ausgeschieden sind und für welchen Personenkreis in Zukunft auf den Betriebserwerber Versorgungsverpflichtungen zukommen. Andererseits ist es auch für die betroffenen Arbeitnehmer von ganz erheblicher Bedeutung zu erfahren, wer künftig für diese Versorgungsverbindlichkeiten einzutreten hat.

Die Arbeitsverhältnisse von **Leiharbeitnehmern** sind grundsätzlich nur dann von einem Betriebsübergang erfasst, wenn der sie beschäftigende Verleiherbetrieb auf einen Erwerber übergeht. Anknüpfungspunkt ist auch hier das formale Bestehen eines Arbeitsverhältnisses. Dieses fehlt zum Entleiherbetrieb, so dass dort eingesetzte Leiharbeitnehmer nicht auf einen Erwerber des Entleiherbetriebs übergehen. In der **Albron-Catering-Entscheidung**[2] hat der EuGH allerdings für im Konzernverbund eingesetzte Leiharbeitnehmer entschieden, dass ein Übergang der im Entleiherbetrieb eingesetzten Leiharbeitnehmer bei Veräußerung des Entleiherbetriebs ausnahmsweise dann möglich ist, wenn

— die Leiharbeitnehmer dorthin ständig abgestellt waren und
— dem formalen Vertragsarbeitgeber aufgrund der Konzernverbundenheit mit dem veräußernden Entleiherbetrieb die Betriebsveräußerung zuzurechnen ist.

121

In diesen Fällen kann also ausnahmsweise die **formale und vertragliche Arbeitgeberstellung** zugunsten einer **faktischen bzw. tatsächlichen Beschäftigung im Einsatzbetrieb auseinanderfallen**. In Fällen „normaler" Leiharbeit, bei dem Arbeitnehmer einem Dritten ausgeliehen werden, bleibt es jedoch dabei, dass die Rechtsverhältnisse mit Leiharbeitnehmern bei einem Betriebsübergang von dem Entleiherbetrieb nicht auf den Erwerber übergehen[3].

122

Schließlich werden Leiharbeitnehmer von einem Betriebsübergang des Entleiherbetriebs erfasst, wenn der Verleiher keine Arbeitnehmerüberlassungserlaubnis hatte und deshalb ein Arbeitsverhältnis zwischen dem Entleiher und dem Leiharbeitnehmer nach § 10 Abs. 1 AÜG fingiert wird[4]. In diesem Fall handelt es sich aber formaljuristisch bereits nicht mehr um Leiharbeitnehmer, sondern um reguläre Arbeitnehmer des (vormaligen) Entleihers.

123

Auch Arbeitnehmer, die sich in **Altersteilzeitverhältnissen** befinden, gehen bei einem Betriebsübergang auf den Erwerber über. Der sich noch in der **aktiven Arbeitsphase** befindliche Arbeitnehmer steht in einem „richtigen" Arbeitsverhältnis zum Arbeitgeber. Wird in einer solchen Situation der Betrieb oder der Betriebsteil, dem der Altersteilzeitler zugeordnet ist, auf einen anderen Rechtsträger übertragen, so geht dieses Arbeitsverhältnis gem. § 613a Abs. 1 BGB auf den Inhaber über. Aber auch Altersteil-

124

---
1 BAG 1.12.2004 – 7 AZR 37/04, nv.
2 EuGH 21.10.2010 – Rs. C-242/09, NZA 2010, 1225; kritisch insbesondere im Hinblick auf § 613a Abs. 5 BGB: *Gaul*, AktuellAR 2010, S. 580; s.a. *Forst*, RdA 2011, 228.
3 *Bauer/von Medem*, NZA 2011, 20 (23); *Schiefer/Doublet/Hartmann*, S. 99 f.
4 ErfK/*Preis*, § 613a BGB Rz. 67.

zeitler in der **Freistellungsphase** gehen auf den Betriebserwerber über[1]. Das BAG[2] vertritt die Auffassung, dass es allein darauf ankommt, in welchem Bereich der Arbeitnehmer in der Arbeitsphase beschäftigt war.

b) Zuordnung von Arbeitnehmern

125 Geht ein gesamter Betrieb über, stellt sich die Frage der Zuordnung der Arbeitnehmer zu einzelnen Betriebsteilen des Veräußerers nicht. **Zuordnungsprobleme** entstehen jedoch bei der Übernahme eines Betriebsteils, wenn der Arbeitnehmer entweder infolge seiner Aufgaben oder seiner Stellung nicht dem einen oder anderen abtrennbaren Betriebsteil zweifelsfrei zugeordnet werden kann (zB bei einer Tätigkeit in verschiedenen Betriebsteilen oder der Ausübung einer Querschnitts- bzw. Stabsstellenfunktion) oder mehrere Betriebe oder Betriebsteile organisatorisch verknüpft sind[3]. Auf den Betriebserwerber gehen bei einem Betriebs(teil)übergang nämlich nur die Arbeitnehmer über, die dem übergehenden Betrieb bzw. Betriebsteil zuzuordnen sind. Ausgangspunkt hierfür ist zunächst die **tatsächliche Beschäftigung** des Arbeitnehmers in einem Betriebsteil. Die tatsächliche Beschäftigung darf jedoch der rechtlichen Zugehörigkeit nicht widersprechen, was etwa bei einer unwirksamen Versetzung in einen Betriebsteil bzw. einen Betrieb der Fall wäre[4].

Beispiel:

Wem sind bei einem Teilbetriebsübergang die Mitarbeiter der Buchhaltung, der Personalabteilung und Kalkulation, die Arbeitnehmer mit Sonderfunktionen wie „Springer", Hausmeister und Pförtner, oder die Mitglieder eines Reparaturteams, die übergreifend als Querschnittsaufgabe auch für die übergehenden Betriebsteile zuständig sind, zuzuordnen? Ein Ausweg wäre gegeben, wenn der Arbeitgeber vor Betriebs- bzw. Teilbetriebsübergang kraft Direktionsrechts die Arbeitnehmer unter Beachtung des § 315 BGB, § 106 GewO dem Betrieb bzw. Betriebsteil zuordnen könnte, der übertragen werden soll, bzw. in Abteilungen bzw. Betriebe versetzen dürfte, die auf Dritte nicht übertragen werden sollen.

126 § 613a BGB setzt voraus, dass **jedes Arbeitsverhältnis nur einem Betrieb oder Betriebsteil zugeordnet** werden kann[5]. Der Schutzzweck des § 613a BGB gebietet, dass eine eindeutige Zuordnung erreicht wird, die der Funktion der Betriebsveräußerung genügt und den betroffenen Arbeitnehmern ihre Arbeitsplätze und ihre sozialen Besitzstände erhält. Der Arbeitgeber kann deshalb im Vorfeld des Betriebsübergangs Arbeitnehmer umsetzen und versetzen und hierdurch eine Zuordnung zu Betriebsteilen vornehmen, solange er sich **im Rahmen der arbeitsvertraglichen Vorgaben** – einschließlich § 315 BGB, § 106 GewO – hält, zumal der Arbeitgeber dem betroffenen Arbeitnehmer einen vollwertigen Arbeitsplatz zur Verfügung stellen muss[6]. Muss er hierzu eine Änderungskündigung aussprechen, hat er § 613a Abs. 4 BGB zu beachten.

127 Ordnet der Arbeitgeber nicht in dieser Weise zu und ist der Arbeitnehmer für mehrere Betriebe bzw. Betriebsteile oder auch in einem stillgelegten Betriebsteil tätig gewesen, ist entscheidend, für welchen Betrieb bzw. Betriebsteil der Arbeitnehmer vor der Ver-

---

1 LAG Düsseldorf 22.10.2003 – 12 Sa 1202/01, NZA-RR 2004, 288; ErfK/*Rolfs*, § 8 ATG Rz. 22; *Leisbrock*, Altersteilzeitarbeit, 2001, S. 379; aA *Hanau*, RdA 2003, 231; offen lassend BAG 19.10.2004 – 9 AZR 645/03, NZA 2005, 527.
2 BAG 31.1.2008 – 8 AZR 27/07, ZIP 2008, 1133; so auch ErfK/*Rolfs*, § 8 ATG Rz. 22.
3 Zur Zuordnungsproblematik bei Spaltung und Teilübertragung von Unternehmen nach dem UmwG *Düwell*, NZA 1996, 393; *Boecken*, S. 51.
4 *Schiefer/Doublet/Hartmann*, S. 101.
5 BAG 21.2.2013 – 8 AZR 877/11, NZA 2013, 617; 20.7.1982 – 3 AZR 261/80, EzA § 613a BGB Nr. 33.
6 BAG 21.2.2013 – 8 AZR 877/11, NZA 2013, 617; *Fuhlrott*, FA 2013, 196 (198); *Schiefer/Doublet/Hartmann*, S. 101.

III. Rechtsfolgen des Betriebsübergangs

äußerung **überwiegend gearbeitet** hat[1], wobei als Beurteilungskriterien u.a. folgende Gesichtspunkte in Betracht kommen[2]:
- Arbeitsart,
- Arbeitsaufwand,
- Anbindung an die Betriebsorganisation,
- Zuordnung von Vorgesetzten sowie
- die Bedeutung der Tätigkeit für den Gesamtbetrieb.

Werden allerdings verschiedenartige Betriebsteile unterschiedlichen Betriebsteilerwerbern übertragen, kann der Gesamtbetriebsleiter nicht einem der Betriebsteile zugeordnet werden, weil sonst der Arbeitsvertrag in seinem Inhalt so geändert würde, dass der Gesamtbetriebsleiter nicht mehr Leiter des gesamten Betriebs wäre, sondern nur einen übergegangenen Betriebsteil leiten würde[3]. Dabei erübrigt sich eine Zuordnung des Arbeitnehmers, wenn die Beteiligten hinsichtlich der Zuordnung einig sind; denn der **Wille der Beteiligten** muss beachtet werden[4].

Fehlt ein entsprechender Wille der Beteiligten, kommt es für die Zuordnung nicht auf die tatsächliche Beschäftigung, sondern auf die **rechtliche Zugehörigkeit** zu diesem Betrieb bzw. Betriebsteil an[5].

Beispiel:

Die A-GmbH hat zwei Betriebe. B wird gegen seinen Willen vom Betrieb Düsseldorf in den Kölner Betrieb versetzt, ohne dass der Düsseldorfer Betriebsrat zugestimmt hat (§ 99 BetrVG). Wird der Düsseldorfer Betrieb auf die C-GmbH übertragen, geht das Arbeitsverhältnis mit B auf die C-GmbH über, weil die Versetzung unwirksam war.

Erst wenn auch dieser Weg nicht gangbar ist, wird man dem Arbeitgeber nach § 613 Satz 2 BGB das Recht einräumen müssen, unter Beachtung des § 315 BGB, § 106 GewO die Arbeitnehmer **auch noch nach Betriebsübergang** zuzuordnen[6]. Gem. § 38 BetrVG von ihrer Tätigkeit freigestellte Betriebsratsmitglieder sind dem Betriebsteil zuzuordnen, dem sie vor ihrer Freistellung zugehörten[7].

Checkliste: Zuordnung von Arbeitnehmern in Zweifelsfällen

- ☐ Zuordnung zu einem Betriebs(teil) aufgrund tatsächlicher Beschäftigung möglich und keine entgegenstehende rechtliche Zuordnung?
- ☐ Bei mehreren in Frage kommenden Betriebs(teilen): Wo lag die überwiegende Beschäftigung? Bei Unklarheit:
  - ☐ Wille der Arbeitsvertragsparteien (ausdrücklich/konkludent)?
  - ☐ Zuordnungsentscheid des Arbeitgebers aufgrund Direktionsrechts

Bei Arbeitnehmern, die in zentralen Unternehmensbereichen in **Querschnittsfunktionen** tätig sind, setzt der Übergang des Arbeitnehmers voraus, dass dieser dem übergehenden Betriebsteil zugeordnet war[8]. Hiernach gilt für Arbeitnehmer in organisatorisch eigenständigen und abgegrenzten **Stabs- oder Querschnittsabteilungen**, dass diese nur übergehen, wenn der Erwerber die Querschnittsabteilung an sich über-

---

1 BAG 25.6.1985 – 3 AZR 254/83, EzA § 613a BGB Nr. 48.
2 *Wollenschläger/Pollert*, ZfA 1996, 553.
3 LAG Düsseldorf 18.11.2005 – 10 Sa 994/05, nv.
4 BAG 25.6.1985 – 3 AZR 254/83, EzA § 613a BGB Nr. 48.
5 LAG Düsseldorf 21.11.1995 – 16 (15) Sa 428/95, ARST 1996, 69; LAG Hess. 7.3.1995 – 4 Sa Ga 1740/94, ArbuR 1995, 369; LAG Sachs. 8.3.1996 – 3 Sa 77/96, BB 1996, 1334.
6 *Müller-Ehlen*, S. 48; zur Umgehungsproblematik s. *Elking*, NZA 2014, 295.
7 BAG 19.9.1997 – 2 ABR 15/97, NZA 1998, 189.
8 BAG 17.10.2013 – 8 AZR 763/12, NZA 2014, 392; 21.2.2013 – 8 AZR 877/11, NZA 2013, 617.

nimmt. Dies gilt auch dann, wenn ein einzelner Arbeitnehmer innerhalb der eigenständig organisierten Querschnittsabteilung nur Tätigkeiten für den übergehenden Betriebsteil verrichtet hat. Wenn kein **eigenständiges Organisationsgefüge** der Querschnittsabteilung vorliegt, muss der betroffene Arbeitnehmer bei Geltendmachung eines Betriebsteilübergangs darlegen, dass er dem übergehenden Betriebsteil zugeordnet war[1].

c) Wirkungen des Eintritts in bestehende Arbeitsverhältnisse

132 Der neue Betriebsinhaber tritt **in vollem Umfang** an die Stelle des bisherigen Arbeitgebers des Arbeitsverhältnisses, wobei das Arbeitsverhältnis so übernommen wird, wie es im Zeitpunkt des Betriebsübergangs tatsächlich und rechtlich bestanden hat (sog. **status quo**). Damit sind auch die beim Betriebsveräußerer erbrachten Beschäftigungszeiten bei der Berechnung der Wartezeit nach § 1 Abs. 1 KSchG für eine vom Betriebsübernehmer ausgesprochene Kündigung selbst dann zu berücksichtigen, wenn zum Zeitpunkt des Betriebsübergangs das Arbeitsverhältnis kurzfristig unterbrochen war, die Arbeitsverhältnisse aber in einem engen sachlichen Zusammenhang stehen[2]. Allerdings geht bei einem Betriebsübergang nicht der gesetzliche Kündigungsschutz auf den Erwerber über[3], da es sich hierbei um keine vertragliche Rechtsposition, sondern eine Folge der Anwendung gesetzlicher Vorschriften handelt.

133 Bei Betriebsübergang noch **vorhandene Mängel** bei Abschluss des Arbeitsvertrages (zB arglistige Täuschung des Arbeitnehmers oder des Arbeitgebers) bestehen wie vor dem Betriebsübergang fort. Da durch den Betriebsübergang individualrechtlich ein Austausch der Arbeitgeberstellung eingetreten ist, muss der Betriebsnachfolger auch in vollem Umfang die Gestaltungsrechte des bisherigen Inhabers geltend machen können[4].

134 Der Arbeitnehmer und der neue Betriebsinhaber werden nach § 613a Abs. 1 Satz 1 BGB so behandelt, als habe schon immer zwischen ihnen ein Arbeitsverhältnis bestanden. Es ist deshalb der Betriebserwerber an die **bisherige Betriebszugehörigkeit** des Arbeitnehmers zB für die Berechnung der Kündigungsfristen, für Treueprämien und Ruhegeldanwartschaften gebunden. Die früheren Beschäftigungszeiten sind im Rahmen des § 622 BGB selbst dann zu berücksichtigen, wenn zum Zeitpunkt des Betriebsübergangs das Arbeitsverhältnis kurzfristig unterbrochen war, die Beschäftigungszeiten aber in einem engen sachlichen Zusammenhang stehen[5]. Für Ausschluss- und Verjährungsfristen wird die bisherige Beschäftigungszeit berücksichtigt. Denn durch den Betriebsübergang wird die Dauer der Betriebszugehörigkeit nicht unterbrochen[6]. Führt allerdings der Betriebserwerber eigene betriebliche Zusatzleistungen ein (zB Versorgungsordnung), muss er die frühere Beschäftigungszeit nicht anrechnen[7]. Insoweit kann der neue Arbeitgeber danach differenzieren, ob die betroffenen Arbeitnehmer ihre Betriebstreue ihm selbst oder noch dem früheren Betriebsinhaber erbracht haben.

135 **Abmahnungen**, Mahnungen, innerbetriebliche Beurteilungen, Zwischenzeugnisse vor Betriebsübergang **gelten nach Betriebsübergang weiter**. Der übernommene Arbeitnehmer kann deshalb von dem neuen Arbeitgeber verlangen, dass unberechtigte Abmahnungen des Betriebsveräußerers aus der Personalakte entfernt werden.

---

1 *Fuhlrott*, ArbRAktuell 2014, 431.
2 BAG 27.6.2002 – 2 AZR 270/01, NZA 2003, 145 f.
3 BAG 15.2.2007 – 8 AZR 397/06, NZA 2007, 739.
4 So auch *Schiefer*, S. 63.
5 BAG 18.9.2003 – 2 AZR 330/02, EzA § 622 BGB 2002 Nr. 2.
6 BAG 20.7.1993 – 3 AZR 99/93, EzA § 613a BGB Nr. 110.
7 BAG 30.8.1979 – 3 AZR 98/78, EzA § 613a BGB Nr. 23.

Der neue Arbeitgeber wird von dem alten Arbeitgeber die **Herausgabe der Personalakten** verlangen können, damit der übernommene Arbeitnehmer auch beim Betriebsnachfolger Einsicht in die Personalakte nehmen kann, § 83 BetrVG.

136

Der vom Betriebsübergang erfasste Arbeitnehmer kann von dem bisherigen Arbeitgeber auch noch nach Betriebsübergang aufgrund dessen Fürsorgepflicht die **Erstellung eines Zwischenzeugnisses** verlangen. Nur so wird sichergestellt, dass der übernommene Arbeitnehmer gegenüber dem Betriebsnachfolger die Qualität seiner Leistungen in der Vergangenheit belegen kann, was insbesondere bei späteren innerbetrieblichen Bewerbungen von Bedeutung sein kann.

137

Nach Betriebsübergang kann der Arbeitnehmer von dem Betriebserwerber gem. § 109 GewO ein qualifiziertes Zeugnis bei seinem Ausscheiden verlangen. Der Betriebsnachfolger kann von dem Betriebsveräußerer Auskunft über die Führung und das Verhalten des übernommenen Arbeitnehmers vor Betriebsübergang verlangen und notfalls gerichtlich einklagen[1].

138

Soweit es auf die **Kenntnis von Kündigungsgründen** (§ 626 Abs. 2 BGB) oder der Schwerbehinderteneigenschaft eines Arbeitnehmers[2] ankommt, muss sich der Betriebserwerber die Kenntnis des alten Arbeitgebers zurechnen lassen.

139

Spätere Vereinbarungen zwischen Betriebsveräußerer und Arbeitnehmer rückwirkend auf den Zeitpunkt des Betriebsübergangs können allerdings die übernommenen Arbeitsverhältnisse nicht mehr erfassen.

140

Umstritten ist, ob der neue Betriebsinhaber auch in einen **Darlehensvertrag** des Betriebsveräußerers eintritt. Dies wird jedenfalls dann anzunehmen sein, wenn das Arbeitgeberdarlehen in unmittelbarem rechtlichen und wirtschaftlichem Bezug zum Arbeitsverhältnis steht, der Arbeitgeber berechtigt ist, das Darlehen bei Beendigung des Arbeitsverhältnisses zu kündigen und vom Zeitpunkt der Beendigung des Arbeitsverhältnisses an schlechtere Konditionen zur Anwendung kommen[3]. Der neue Arbeitgeber tritt auf jeden Fall in einen vom alten Arbeitgeber gewährten Lohnvorschuss ein.

141

Besonderheiten gelten bei **Aktienoptionen**, die der bisherige Arbeitgeber seinen Mitarbeitern gegen Entgelt oder unentgeltlich überlassen hat. Denn bei einem Betriebsübergang (§ 613a BGB) kann der Betriebserwerber im Regelfall die Option nicht in eine Aktie umwandeln. Es ist streitig, ob oder in welcher Konstellation ein Anspruch aus einem Aktienoptionsplan des Arbeitgebers überhaupt ein Anspruch aus dem Arbeitsverhältnis iSv. § 613a BGB ist[4] und ob ggf. übergehende Ansprüche aus einem Aktienoptionsplan nach den Regeln ergänzender Vertragsauslegung oder nach § 313 BGB wegen **Störung der Geschäftsgrundlage** anzupassen sind, weil dem Erwerber die im Regelfall mit einem Aktienoptionsplan verbundene Kapitalerhöhung und Ausgabe neuer Aktien nach § 275 Abs. 1 BGB rechtlich unmöglich ist[5]. Da der Erwerber nicht verpflichtet ist, ein eigenes Aktienoptionsprogramm aufzulegen oder sich Aktien des Veräußerers am Kapitalmarkt zu besorgen, um die Ansprüche aus einem übergehenden Optionsgewährungsplan zu erfüllen, kann der Betriebserwerber nur verpflichtet sein, eine **Anpassung der Vertragsbedingungen** nach den Grundsätzen des Wegfalls der Geschäftsgrundlage vorzunehmen zB durch Aufnahme in beim Erwerber beste-

142

---

1 *Jüchser*, NZA 2012, 245.
2 BAG 11.12.2008 – 2 AZR 395/07, NZA 2009, 556.
3 Vgl. näher *Gaul*, AktuellAR 2001, S. 254.
4 Dagegen: *Bauer/Göpfert/von Steinau-Steinrück*, ZIP 2001, 1129; dafür: *Gaul*, Das Arbeitsrecht der Betriebs- und Unternehmensspaltung, § 13 Rz. 42; *Tappert*, NZA 2002, 1188; *Nehls/Sudmeyer*, ZIP 2002, 201.
5 Vgl. *Gaul*, Das Arbeitsrecht der Betriebs- und Unternehmensspaltung, § 13 Rz. 43 ff.; *Schnitker/Grau*, BB 2002, 2497 (2500); *Tappert*, NZA 2002, 1188 (1194).

hende Mitarbeiterbeteiligungsprogramme oder vergleichbare variable Vergütungsmodelle oder durch eine finanzielle Abfindung[1].

143 Schließt allerdings der Arbeitnehmer eine Vereinbarung über die Gewährung von Aktienoptionen nicht mit seinem Arbeitgeber, sondern mit einem anderen Konzernunternehmen ab, so können Ansprüche aus dieser Vereinbarung grundsätzlich nur gegenüber dem vertragschließenden Konzernunternehmen geltend gemacht werden und nicht gegenüber einer Tochtergesellschaft, die Arbeitgeberin dieses Arbeitnehmers ist. Der Vertrag über die Gewährung von Aktienoptionen steht rechtlich selbständig neben dem Arbeitsvertrag des Arbeitnehmers mit der Tochtergesellschaft. Geht bei einer solchen Vertragskonstellation das Arbeitsverhältnis nach § 613a BGB über, ist ein Eintritt des Erwerbers in die Rechte und Pflichten aus der Aktienoptionsvereinbarung ausgeschlossen[2].

144 Die Einräumung eines sog. **Personalrabatts** steht jedoch regelmäßig unter dem vertraglichen Vorbehalt, dass der Arbeitgeber die preisgeminderten Waren selbst herstellt. Denn erst der Kauf des Produkts vermittelt dem Arbeitnehmer seinen wirtschaftlichen Vorteil, indem er das Produkt preisgemindert erhält. Bei Aufgabe der Produktion entfällt diese Möglichkeit. Ein Anspruch des Arbeitnehmers auf verbilligten Bezug dieser Waren geht daher nicht ohne Weiteres nach § 613a Abs. 1 Satz 1 BGB bei einem (Teil-)Betriebsübergang über[3].

145 § 613a BGB ist **nicht anzuwenden auf handelsrechtliche Vollmachten**[4] wie Prokura und Handlungsvollmacht und auch nicht auf Pflichten aus dem Sozialversicherungs- (für rückständige Sozialversicherungsbeiträge[5]) und Steuerverhältnis (für die Lohnsteuer)[6].

146 Der Betriebserwerber braucht **nicht die Provisionsansprüche** vor Betriebsübergang **ausgeschiedener Arbeitnehmer** zu erfüllen, selbst wenn diese erst nach Betriebsübergang fällig und abgewickelt werden[7].

147 Der Betriebserwerber ist **nicht** an **Wettbewerbsabreden** des alten Betriebsinhabers mit bereits vor Betriebsübergang **ausgeschiedenen Arbeitnehmern** gebunden und braucht deshalb nicht die vereinbarte Karenzentschädigung zu zahlen[8]. Die vormals in der Literatur geäußerte gegenteilige und eine analoge Anwendung bejahende Ansicht[9] wird sich aufgrund der zwischenzeitlich gefestigten landesarbeitsgerichtlichen Rechtsprechung nicht mehr durchsetzen lassen[10].

aa) Auswirkungen für den Arbeitnehmer

148 Widerspricht der Arbeitnehmer dem Betriebsübergang nicht, dann erlischt seine Arbeitspflicht gegenüber dem alten Betriebsinhaber. Er ist jetzt **ausschließlich gegenüber dem Betriebserwerber verpflichtet**. Hierzu gehört nicht nur die Erfüllung der Arbeitspflicht und der arbeitsvertraglichen Nebenpflichten, sondern auch von Scha-

---

1 *Schiefer/Doublet/Hartmann*, S. 127 f.; *Fuhlrott/Fabritius*, BB 2013, 1592 (1594 f.).
2 BAG 12.2.2003 – 10 AZR 299/02, DB 2003, 1065 f.
3 BAG 7.9.2004 – 9 AZR 631/03, NZA 2005, 941.
4 *Seiter*, S. 77 mwN; *Gaul*, Das Arbeitsrecht der Betriebs- und Unternehmensspaltung, 2002, § 13 Rz. 147; aA *D. Gaul*, Der Betriebsübergang, S. 182.
5 LSG Bayern 28.1.2011 – L 5 R 848/10 B ER, NZS 2011, 708.
6 *Palandt/Weidenkaff*, § 613a BGB Rz. 26.
7 BAG 11.11.1986 – 3 AZR 179/85, EzA § 613a BGB Nr. 60.
8 *Fuhlrott*, FA 2012, 162; *Gaul*, AktuellAR 2012, S. 532; *D. Gaul*, Der Betriebsübergang, S. 152 f.
9 KR/*Pfeiffer*, § 613a BGB Rz. 15; *Seiter*, S. 80, 81 mwN.
10 LAG Köln 8.7.2011 – 10 Sa 398/11, ZIP 2012, 243 = EWiR 2012, 135 m. Anm. *Fuhlrott*; LAG Hess. 3.5.1993 – 10 SaGa 345/93, NZA 1994, 1033; s.a. *Fuhlrott*, FA 2012, 162.

densersatz- und Rückzahlungsansprüchen des früheren Arbeitgebers. Andererseits kann er gegenüber dem neuen Arbeitgeber alle Ansprüche geltend machen, gleichgültig ob sie vor oder nach dem Betriebsübergang entstanden sind[1].

Das während eines bestehenden Arbeitsverhältnisses als Ausfluss der arbeitnehmerseitigen Treue- und Loyalitätspflicht automatisch geltende **vertragliche Wettbewerbsverbot** gilt jetzt ausschließlich gegenüber dem Betriebserwerber, während – zB bei einem Betriebsteilübergang – der bisherige Arbeitgeber keine Ansprüche gegenüber seinem bisherigen Mitarbeiter hat[2]. Bei Vereinbarung eines **nachvertraglichen Wettbewerbsverbots** ist der Arbeitnehmer bei einem Ausscheiden nach Betriebsübergang ausschließlich gegenüber dem Betriebserwerber verpflichtet.

bb) Auswirkungen für den Betriebserwerber

Der neue Betriebsinhaber hat gegenüber dem übernommenen Arbeitnehmer die **gleichen Rechte** einschließlich des Weisungsrechts wie der bisherige Inhaber. Damit weicht § 613a BGB zum Schutz des Arbeitnehmers von dem Grundsatz des § 613 BGB ab, wonach der Anspruch auf die Arbeitsleistung im Zweifel nicht übertragbar ist.

Beispiel:

B ist bei der A-GmbH als Angestellte beschäftigt. Aufgrund besonderer Umstände hat sich das Arbeitsverhältnis auf die Tätigkeit einer Sekretärin konkretisiert. Die den Betrieb übernehmende C-GmbH kann A künftig nur als Sekretärin einsetzen.

Der Betriebsübernehmer muss wie der bisherige Inhaber dieselben Löhne und Gehälter einschließlich aller Nebenleistungen zahlen. Auch rückständige Lohnansprüche müssen von ihm erfüllt werden. Er tritt in die **Versorgungsanwartschaften** der übernommenen und noch nicht ausgeschiedenen Mitarbeiter[3] ein. Er tritt auch ein in die Anpassungsverpflichtungen nach § 16 BetrAVG[4].

(1) Haftung des Betriebserwerbers im Insolvenzfall des Betriebsveräußerers

Ist der **Betrieb nach Eröffnung des Insolvenzverfahrens** an einen Dritten übertragen worden, ist § 613a BGB einschränkend dahin gehend auszulegen (teleologische Reduktion), dass diese Bestimmung für die bei Eröffnung des Insolvenzverfahrens bereits entstandenen Ansprüche nicht anzuwenden ist. Denn für die Abwicklung aller Ansprüche, die **zur Zeit der Eröffnung des Insolvenzverfahrens** bereits entstanden sind, sieht die Insolvenzordnung ein Verfahren vor, das von dem Grundsatz der gleichmäßigen Gläubigerbefriedigung beherrscht wird. Würde die bei der Veräußerung eines Betriebes übernommene Belegschaft einen neuen zahlungskräftigen Haftungsschuldner für bereits entstandene Ansprüche erhalten, wäre sie im Vergleich zu anderen Gläubigern und vor allem gegenüber den ausgeschiedenen Arbeitnehmern unangemessen bevorzugt. Dieser Vorteil müsste von den übrigen Gläubigern insoweit finanziert werden, als der Betriebserwerber den Kaufpreis mit Rücksicht auf die übernommene Haftung mindern könnte. Eine so ungleiche Verteilung der Lasten wäre mit dem geltenden Insolvenzrecht nicht vereinbar[5].

---

1 BAG 18.8.1976 – 5 AZR 95/75, EzA § 613a BGB Nr. 7.
2 KuR10/*Beseler*, S. 95.
3 BAG 20.7.1982 – 3 AZR 261/80, EzA § 613a BGB Nr. 33.
4 BAG 21.2.2006 – 3 AZR 216/05, NZA 2007, 931.
5 BAG 13.11.1986 – 6 AZR 771/85, EzA § 613a BGB Nr. 55 zur Konkursordnung, für die Insolvenzverordnung BAG 20.6.2002 – 8 AZR 459/01, NZA 2003, 318.

153 Im Falle der **Freistellungsphase in der Altersteilzeit** tritt der Betriebsnachfolger nicht in die Verpflichtungen des Betriebsveräußerers ein. Im **Blockmodell** der Altersteilzeit tritt nämlich der Arbeitnehmer während der Arbeitsphase mit seinen vollen Arbeitsleistungen im Hinblick auf die anschließende Freistellungsphase in Vorleistung. Er hat hierdurch Entgelt erarbeitet, das nicht im Monat der Arbeitsphase ausgezahlt, sondern für die spätere Freistellungsphase angespart wird. Der Arbeitnehmer erarbeitet sich damit im Umfange seiner Vorleistungen zum einen Ansprüche auf die spätere Zahlung der Bezüge und zum anderen einen entsprechenden Anspruch auf Freistellung von der Arbeitsleistungspflicht. Das während der Freistellungsphase ausgezahlte Entgelt ist daher Gegenleistung für die bereits während der Arbeitsphase geleistete, über die verringerte Arbeitszeit hinausgehende Arbeit. Ansprüche aus dem Arbeitsverhältnis werden nach § 108 Abs. 3 InsO Insolvenzforderungen, wenn es sich um solche für die Zeit vor Eröffnung des Insolvenzverfahrens handelt. Seine während der Freistellungsphase fällig gewordenen Forderungen sind deshalb lediglich Insolvenzforderungen, für die der Betriebserwerber nicht einzustehen hat[1]. Dies bedeutet, dass das Altersteilzeitverhältnis zwar auf den Betriebserwerber übergeht, dieser aber die vom betroffenen Arbeitnehmer bis zur Eröffnung des Insolvenzverfahrens erworbenen Ansprüche nicht zu erfüllen braucht[2].

154 Vom Grundsatz der Haftungsbeschränkung eines Betriebserwerbers in der Insolvenz werden jedoch **Urlaubsansprüche** nicht erfasst, soweit sie nicht einem Zeitpunkt vor Eröffnung des Insolvenzverfahrens zugeordnet werden können; dies gilt auch für Ansprüche für verfallenen Urlaub. Denn Urlaubsansprüche werden nicht monatlich verdient und können keinem bestimmten Zeitraum im Jahr zugeordnet werden, wenn sie noch nicht zeitlich nach § 7 Abs. 1 BUrlG festgelegt sind[3].

155 Ist der **Betrieb vor Eröffnung des Insolvenzverfahrens** veräußert worden oder ist der Betrieb auf einen neuen Betriebsinhaber übertragen worden, bevor oder nachdem der Antrag auf Eröffnung des Insolvenzverfahrens **mangels Masse** (§ 26 InsO)[4] zurückgewiesen wurde, bleibt es bei der Anwendung des § 613a BGB, wonach der Betriebserwerber für die bis zum Betriebsübergang entstandenen Ansprüche neben dem Betriebsveräußerer haftet.

(2) Eröffnung des Insolvenzverfahrens und Versorgungsanwartschaften

156 Wird im Rahmen eines Insolvenzverfahrens der Betrieb veräußert, verdrängt das insolvenzrechtliche Verteilungsverfahren die Haftung des Betriebserwerbers für die vor Betriebsübergang entstandenen Versorgungsanwartschaften, und zwar ohne Rücksicht darauf, ob sie verfallbar oder unverfallbar sind. Der Betriebserwerber soll bei einem Betriebsübergang im Zuge eines Insolvenzverfahrens im Versorgungsfall nicht die volle Betriebsrente schulden.

157 Denn war die Versorgungsanwartschaft im Zeitpunkt der Betriebsübernahme **unverfallbar**, haftet der Träger des Insolvenzschutzes – der Pensionssicherungsverein – für den bereits erdienten Teil zeitanteilig (§ 7 Abs. 2 BetrAVG). Nur für den noch zu erdienenden Teil der Anwartschaft tritt ein Schuldnerwechsel ein.

---

1 BAG 30.10.2008 – 8 AZR 54/07, BB 2008, 2514; 19.10.2004 – 9 AZR 645/03, NZA 2005, 527.
2 BAG 30.10.2008 – 8 AZR 54/07, NZA 2009, 432.
3 BAG 18.11.2003 – 9 AZR 347/03, NZA 2004, 1972 und 18.11.2003 – 9 AZR 95/03, NZA 2004, 651.
4 BAG 22.5.1985 – 5 AZR 173/84, EzA § 613a BGB Nr. 46 zur Konkursordnung.

Das Gleiche gilt, wenn die Versorgungsanwartschaft im Insolvenzfall noch **verfallbar** und damit nicht insolvenzgeschützt ist. Auch diese Anwartschaft ist hinsichtlich ihres bereits erdienten Wertes dem Insolvenzfall des Veräußerers und nicht der Haftung des Betriebserwerbers zuzuordnen[1].

cc) Betriebsübergang und Betriebsübung

Ist vor dem Betriebsinhaberwechsel eine betriebliche Übung entstanden und damit der Arbeitsvertrag der einzelnen Mitarbeiter um die üblich gewordenen Vergünstigungen ergänzt worden[2], **tritt der Betriebserwerber** gem. § 613a BGB **in diese betriebliche Übung** ein. Sind zB Regelungen über die Anwendung eines Tarifvertrages, Fahrtkostenerstattung, Telefonkostenübernahme und Spesenersatz kraft betrieblicher Übung beim früheren Betriebsinhaber Inhalt des Arbeitsvertrages geworden, muss der Betriebserwerber diese gegen sich gelten lassen.

Da der Betriebserwerber sich nicht nur rechtliche, sondern auch im gewissen Umfang tatsächliche Gegebenheiten, die als Tatbestandsmerkmale für spätere Rechtsfolgen bedeutsam sind, zurechnen lassen muss[3], entsteht im Erwerberbetrieb selbst dann eine betriebliche Übung, wenn der Vorgänger eine Übung in Gang gesetzt hat, die **der Betriebserwerber erst vollendet**.

Beispiel:

Hat zB der bisherige Betriebsinhaber zweimal hintereinander ohne Vorbehalt eine Gratifikation gezahlt, haben die Arbeitnehmer dann einen Anspruch aus betrieblicher Übung für die Zukunft erworben, wenn der Betriebserwerber ebenfalls ohne Vorbehalt und in Unkenntnis der früheren Zahlungen die gleiche und damit dritte Gratifikation leistet[4]. Der Betriebserwerber kann das Entstehen der betrieblichen Übung verhindern, indem er die Gratifikation „freiwillig und ohne Rechtsanspruch" zahlt.

↳ Hinweis: Da der Betriebserwerber auch an ungeschriebene betriebliche Übungen gebunden ist, die im veräußerten Betrieb entstanden sind oder die der neue Arbeitgeber erst vollendet, ist in den Verhandlungen über die Übernahme eines Betriebes sorgfältig zu prüfen, ob und welche weiteren Rechtsverpflichtungen über den schriftlichen Arbeitsvertrag hinaus der alte Betriebsinhaber eingegangen ist oder in Gang gesetzt hat. Ggf. sollten hierzu Garantieerklärungen des Veräußerers eingeholt bzw. entsprechende Regelungen im Kaufvertrag zwischen Veräußerer und Erwerber aufgenommen werden.

dd) Betriebsübergang und Gleichbehandlung

Ist zB ein Betriebsteil gem. § 613a BGB übernommen und in einen Betrieb des Erwerbers eingegliedert worden, muss der Betriebserwerber die **übernommenen** und die bereits vor Betriebsübergang beim neuen Betriebsinhaber **beschäftigten Arbeitnehmer** hinsichtlich der im Zeitpunkt des Betriebsübergangs bestandenen arbeitsvertraglichen Bedingungen **nicht gleichbehandeln**. Denn der Arbeitgeber vollzieht lediglich die gesetzlichen Rechtsfolgen und trifft keine verteilende Entscheidung als Voraussetzung für die Anwendung des Gleichbehandlungsgrundsatzes. Weder haben die übernommenen Mitarbeiter Anspruch, die gleichen Leistungen wie die bereits beschäftigten zu erhalten, noch können die bereits beschäftigten Arbeitnehmer die gleichen Leistungen wie die übernommenen verlangen. Der übernommene Arbeitnehmer hat deshalb bei einer entsprechenden Erklärung des neuen Betriebsinhabers auch keinen Anspruch aus einer betrieblichen Übung, die bereits bei Betriebsübergang im Erwerberbetrieb bestand.

---

1 BAG 29.10.1985 – 3 AZR 485/83, EzA § 613a BGB Nr. 52.
2 BAG 28.7.1988 – 6 AZR 349/87, EzA § 242 BGB – Betriebliche Übung Nr. 23.
3 *Seiter*, S. 76f.
4 *Seiter*, S. 81f.; ErfK/*Preis*, § 613a BGB Rz. 74; KuR10/*Beseler*, S. 98.

162 Das arbeitsrechtliche **Gebot zur Gleichbehandlung** verwehrt es dem Arbeitgeber nur, in seinem Betrieb einzelne oder Gruppen von Arbeitnehmern ohne sachlichen Grund von allgemein begünstigenden Regelungen des Arbeitsverhältnisses auszunehmen und sie schlechter zu stellen. Muss der Arbeitgeber allerdings einer Gruppe von Arbeitnehmern aus Gründen der Besitzstandswahrung höhere Leistungen gewähren, ist dies ein sachliches Differenzierungsmerkmal[1]. Ein sachlicher Grund für die **Differenzierung zB von Gehaltserhöhungen** kann in der Anpassung unterschiedlicher Arbeitsbedingungen der Stammbelegschaft und der durch § 613a Abs. 1 Satz 2 BGB begünstigten Arbeitnehmer liegen. Die Herstellung einheitlicher Arbeitsbedingungen durch den Ausgleich von Nachteilen und die Angleichung an die Bedingungen der übernommenen Belegschaft rechtfertigt nämlich eine differenzierte Behandlung der verschiedenen Gruppen. Die Angleichung ist selbst dann legitim, wenn sie durch den Gleichbehandlungsgrundsatz nicht zwingend gefordert wird. Denn das Bestehen unterschiedlicher Arbeitsbedingungen in einem Betrieb kann zu vielfältigen Problemen führen und die Zusammenarbeit der Arbeitnehmer erschweren[2]. Voraussetzung dafür, dass ein Verstoß gegen das Gebot der Gleichbehandlung nicht vorliegt, ist, dass solche unterschiedliche Arbeitsbedingungen der übernommenen und der bereits beschäftigten Arbeitnehmer bestehen. Der Arbeitgeber muss deshalb die Entgeltungleichheit beweisen; es ist ein Gesamtvergleich der Vergütungssysteme notwendig[3]. Der Grundsatz der Gleichbehandlung ist daher nicht als Meistbegünstigungsklausel zu verstehen[4].

163 Der neue Arbeitgeber ist auch nicht aus dem Gebot zur **Gleichbehandlung** verpflichtet, bei der Gewährung und Berechnung von **Versorgungsleistungen** aufgrund einer eigenen Versorgungszusage diejenigen Beschäftigungszeiten anzurechnen, welche die übernommenen Arbeitnehmer bei dem Veräußerer des Betriebes verbracht haben. Der Betriebserwerber kann in diesem Fall ohne Verstoß gegen den Gleichbehandlungsgrundsatz danach unterscheiden, ob die betroffenen Arbeitnehmer ihre Betriebstreue ihm selbst oder noch dem früheren Betriebsinhaber erbracht haben[5].

164 Will der neue Arbeitgeber eine **einheitliche Regelung** für alle – übernommenen und bereits im Zeitpunkt des Betriebsübergangs bei ihm beschäftigten – Mitarbeiter erreichen, ist er auf die hierfür vorgesehenen rechtlichen Möglichkeiten wie vertragliche Vereinbarung oder Änderungskündigung angewiesen, wobei allerdings die bloße Berufung des Arbeitgebers auf den Gleichbehandlungsgrundsatz noch kein dringendes betriebliches Erfordernis iSd. §§ 2, 1 Abs. 2 KSchG für eine Änderungskündigung darstellt[6]. Während der Jahresfrist des § 613a Abs. 1 Satz 2 BGB ist zudem eine einvernehmliche Änderung der bisher kollektivrechtlich geregelten Vergütung unwirksam. Eine Vereinbarung, die vor Ablauf der Jahresfrist geschlossen wird, erlangt nicht mit Ablauf der Jahresfrist Wirksamkeit.

2. Kollektivrechtliche Folgen

a) Überblick: Regelungsbereich der Transformationsanordnung für Betriebsvereinbarungen und Tarifverträge

165 Rechte und Pflichten aus Betriebsvereinbarungen und Tarifverträgen gehen nicht gem. § 613a Abs. 1 Satz 1 BGB auf den Betriebserwerber über. Vielmehr richtet sich

---

1 BAG 28.4.1982 – 7 AZR 1139/79, EzA § 2 KSchG Nr. 4.
2 BAG 14.3.2007 – 5 AZR 420/06, NZA 2007, 862.
3 BAG 14.3.2007 – 5 AZR 420/06, NZA 2007, 862.
4 *Seiter*, S. 83.
5 BAG 30.8.1979 – 3 AZR 58/78, EzA § 613a BGB Nr. 23.
6 BAG 31.8.2005 – 5 AZR 517/04, NZA 2006, 265; 28.4.1982 – 7 AZR 1139/79, EzA § 2 KSchG Nr. 4; vgl. hierzu auch *Jacobs*, BB 2011, 2037 (2040); *Hertzfeld*, NZA-RR 2010, 169 ff.

deren Fortgeltung nach § 613a Abs. 1 Sätze 2–4 BGB. Diese Vorschriften stellen sicher, dass der von dem Betriebsübergang erfasste Arbeitnehmer keinen Rechtsnachteil erfährt, wenn der Betriebserwerber **kraft Kollektivrechts** nicht an die im bisherigen Betrieb geltenden kollektiven Regelungen (Betriebsvereinbarungen, Tarifverträge) gebunden ist. Für den übergehenden Arbeitnehmer sollen die im Zeitpunkt des Betriebsübergangs bestehenden Kollektivvereinbarungen in das jeweilige Arbeitsverhältnis **transformiert** werden und die Rechten und Pflichten so weiter fortgelten (**normative Fortgeltungsanordnung**). Eines solchen Schutzes bedarf es jedoch nicht, wenn die Betriebsvereinbarungen oder Tarifverträge kollektivrechtlich weitergelten.

◯ **Hinweis:** Bleibt also die Identität des Betriebes nach dem Betriebsübergang erhalten, gelten damit auch bestehende Betriebsvereinbarungen kollektivrechtlich fort (Einzelheiten s. Rz. 171 ff.).

Ist der Betriebserwerber an den gleichen Tarifvertrag wie der Betriebsveräußerer gebunden und der Arbeitnehmer tarifgebunden, gilt der Tarifvertrag auch nach dem Betriebsübergang kollektivrechtlich weiter (Einzelheiten s. Rz. 167 ff.). Die kollektivrechtliche Weitergeltung setzt u.a. beiderseitige Tarifgebundenheit voraus, es sei denn, der Tarifvertrag ist als allgemeinverbindlich erklärt worden.

In derartigen Fällen kollektivrechtlicher Fortgeltung bedarf es keiner Transformation und damit keines Rückgriffs auf **§ 613a Abs. 1 Satz 2 BGB**, so dass der Vorschrift eine **Auffangfunktion** zukommt[1]. Die Fälle, bei denen es aufgrund kollektivrechtlicher Fortgeltung keines Rückgriffs auf § 613a Abs. 1 Satz 2 BGB bedarf, werden nachfolgend dargestellt. 166

b) Ausnahmen vom Regelungsbereich des § 613a Abs. 1 Satz 2 BGB

aa) Ausnahmen von der Transformation bei Tarifverträgen

Eine kollektivrechtliche Weitergeltung statt Transformation eines **Verbandstarifvertrages** tritt ein, wenn der Erwerber und die übernommenen Arbeitnehmer kongruent tarifgebunden sind. Entsprechendes gilt, wenn der Tarifvertrag für **allgemeinverbindlich** erklärt worden ist, es sei denn, der Erwerber fällt durch Änderung des Betriebszwecks aus dem fachlichen Geltungsbereich des Tarifvertrages heraus[2]. Ein **Firmentarifvertrag** wirkt nicht aufgrund eines Betriebsübergangs nach § 3 Abs. 1 TVG, wohl aber nach seiner Transformation in das Arbeitsverhältnis in seiner Wirkungsweise wie nach § 3 Abs. 3 TVG kollektivrechtlich weiter[3]. Bei einem Betriebsübergang im Weg der Einzelrechtsnachfolge kann allerdings der Erwerber durch Vertragsübernahme (Erklärung gegenüber der zuständigen Gewerkschaft) oder durch Neuabschluss des Firmentarifvertrages eine kollektivrechtliche Wirkung des Firmentarifvertrages herbeiführen. 167

Da § 613a Abs. 1 Sätze 2–4 BGB die Absicherung der Kollektivvereinbarungen nach Betriebsübergang sicherstellen wollen, finden diese Bestimmungen dann keine Anwendung, wenn **auch ohne Betriebsübergang keine normative Bindung** an den Tarifvertrag (mehr) besteht. So ist nicht auf § 613a Abs. 1 Sätze 2–4 BGB zurückzugreifen, wenn schon vor Betriebsübergang individualrechtliche Ansprüche des Arbeitnehmers aus Tarifvertrag entstanden sind; in einem solchen Fall gilt vielmehr § 613a Abs. 1 Satz 1 BGB. Voraussetzung für das Greifen der Auffangregelung des § 613a Abs. 1 Satz 2 BGB ist daher, dass die kollektivvertraglichen Regelungen im Zeitpunkt des 168

---
1 BAG 26.8.2009 – 4 AZR 280/08, NZA 2010, 238; 5.2.1991 – 1 ABR 32/90, EzA § 613a BGB Nr. 93; *Löwisch/Rieble*, § 3 TVG Rz. 412.
2 BAG 5.10.1993 – 3 AZR 586/92, NZA 1994, 848.
3 BAG 20.6.2001 – 4 AZR 295/00, NZA 2002, 517.

Übergangs beim Betriebsveräußerer kollektivrechtlich anwendbar waren, es bei dem neuen Betriebsinhaber aber nicht mehr wären.

169 Die Bestimmungen des § 613a Abs. 1 Sätze 2–4 BGB finden daher keine Anwendung, wenn ein **nicht tarifgebundener Arbeitgeber** und seine Arbeitnehmer die Geltung eines Tarifvertrages „kraft Bezugnahme", also im Arbeitsvertrag vereinbart haben, so dass der Tarifvertrag nicht normativ wirkt (zu Bezugnahmeklauseln im Einzelnen s. noch Rz. 244 ff.). Wenn daher der frühere **nicht tarifgebundene Arbeitgeber** mit einem Arbeitnehmer die Geltung des für ihn einschlägigen Tarifvertrages einzelvertraglich durch Bezugnahme im Arbeitsvertrag vereinbart hat, so gelten nicht die Schutzbestimmungen des § 613a Abs. 1 Sätze 2–4 BGB, sondern gilt § 613a Abs. 1 Satz 1 BGB. Rechtsgrundlage ist in diesem Fall – vor und nach dem Betriebsübergang – der arbeitsvertragliche Verweis auf den Tarifvertrag und damit ausschließlich der Arbeitsvertrag.

170 Die einzelvertraglich in Bezug genommenen Tarifverträge werden auch nicht durch einen – für den Arbeitnehmer ungünstigeren – (Haus-)Tarifvertrag abgelöst, der kraft beiderseitiger Tarifgebundenheit für Arbeitnehmer und Arbeitgeber gilt, da das Verhältnis zwischen einzelvertraglichen und tarifvertraglichen Ansprüchen nach dem Günstigkeitsprinzip zu ermitteln ist[1].

bb) Ausnahmen von der Transformation bei Betriebsvereinbarungen

171 Für Betriebsvereinbarungen ist die Auffangnorm des § 613a Abs. 1 Satz 2 BGB nicht zu bemühen, wenn der Erwerber den übernommenen Betrieb fortführt oder als selbständigen Betrieb in sein Unternehmen übernimmt. Denn bei einem **Betriebsinhaberwechsel** gelten bei Wahrung der Identität des Betriebes die im Zeitpunkt des Betriebsübergangs geltenden Betriebsvereinbarungen **kollektivrechtlich** unmittelbar und zwingend (§ 77 Abs. 4 Satz 1 BetrVG) fort, ohne dass die Regelungen in Individualarbeitsrecht gem. § 613a Abs. 1 Satz 2 BGB transformiert werden[2]. Das Rechtsmerkmal der Identität des Betriebes ist Rechtsgrund für die Weitergeltung der Betriebsnormen. Entscheidend für die Wahrung der Identität und damit der Fortgeltung von Betriebsvereinbarungen ist, ob die Organisation der Arbeitsabläufe, der Betriebszweck und die Leitungsstruktur, welche die Betriebsidentität prägen, nach der erfolgten Zusammenfassung von Betrieben zu neuen Organisationseinheiten im Wesentlichen unverändert geblieben sind[3].

172 Das Gleiche gilt im Ergebnis nach der Rechtsprechung des BAG bei **Gesamt- und Konzernbetriebsvereinbarungen**. Führt der Betriebsübergang dazu, dass das Unternehmen oder der Konzern in seinen betrieblichen Strukturen unverändert auf einen anderen Rechtsträger übergeht, gelten die Gesamtbetriebsvereinbarungen wie auch die Konzernbetriebsvereinbarungen in den übergegangenen Betrieben kollektivrechtlich weiter fort[4].

173 **Gesamtbetriebsvereinbarungen** können aber auch dann kollektivrechtlich weiter fortgelten, wenn nur ein Betrieb auf den Betriebserwerber übertragen wird und der Betriebserwerber im Zeitpunkt des Übergangs noch keinen Betrieb „besaß" – die Gesamtbetriebsvereinbarung gilt dann als Einzelbetriebsvereinbarung fort[5]. Etwas anderes kann aber dann gelten, wenn die betreffende Regelung nach ihrem Inhalt die Zu-

---

1 BAG 22.2.2012 – 4 AZR 24/10, ZTR 2012, 438.
2 BAG 5.2.1991 – 1 ABR 32/90, NZA 1991, 639; *Wißmann*, NZA 2003, 1 (5).
3 BAG 7.6.2011 – 1 ABR 110/09, NZA 2012, 110.
4 BAG 18.9.2002 – 1 ABR 54/01, NZA 2003, 670; *Salamon*, RdA 2007, 103; nach aA soll eine Transformation in das Arbeitsverhältnis erfolgen, so etwa *Düwell* in Beseler/Düwell u.a., S. 208; *Müller-Ehlen*, S. 136; *Gussen/Dauck*, Rz. 80 ff.; *Boecken*, Rz. 160.
5 BAG 18.9.2002 – 1 ABR 54/01, NZA 2003, 670.

III. Rechtsfolgen des Betriebsübergangs

gehörigkeit zum bisherigen Unternehmen zwingend voraussetzt und nach dem Betriebsübergang gegenstandslos wird[1]. Diese Ansicht überzeugt, da auch der Gesamtbetriebsrat „einfache" Betriebsvereinbarungen abschließen kann. Für **Konzernbetriebsvereinbarungen** wird man die gleichen Grundsätze anzuwenden haben[2].

Die kollektivrechtliche Fortgeltung einer Gesamtbetriebsvereinbarung wird selbst dann angenommen, wenn ein **betriebsratsloser Betrieb** übertragen wurde und für diesen Betrieb eine Gesamtbetriebsvereinbarung gem. § 50 Abs. 1 Satz 1 Halbs. 2 BetrVG getroffen wurde. Allerdings soll es dem Erwerber sodann möglich sein, diese **Gesamtbetriebsvereinbarung** gegenüber jedem einzelnen Arbeitnehmer zu kündigen[3]. 174

Beispiel:

Die D-GmbH hat drei Betriebe, es sind jeweils örtliche Betriebsräte und für das Unternehmen ein Gesamtbetriebsrat gebildet. Der Betrieb in Leverkusen soll auf die E-GmbH übertragen werden, die Identität bleibt unverändert. Die E-GmbH ist ein neugegründetes Unternehmen ohne bisher eigene Betriebe. Bei der D-GmbH bestehen eine GBV „Bonuszahlung" sowie eine GBV „Dienstkleidung im D-Unternehmen", in Leverkusen besteht zudem eine örtliche BV „Schichtarbeit". Nach dem Betriebsübergang gilt die BV „Schichtarbeit" aufgrund Identitätswahrung als BV weiter, die GBV „Bonuszahlung" gilt als Einzel-BV ebenfalls bei der E-GmbH fort. Die GBV „Dienstkleidung" ist offensichtlich an das D-Unternehmen gekoppelt, so dass sie nach dem Übergang gegenstandslos wird und nicht fortgilt.

Wird nur ein Betrieb übernommen, können also die bis dahin für ihn geltenden Gesamtbetriebsvereinbarungen als Einzelbetriebsvereinbarungen fortbestehen[4]. In diesem Fall kann es dazu kommen, dass die weitergeltende Betriebsvereinbarung mit einer im Unternehmen des Erwerbers bestehenden Gesamtbetriebsvereinbarung kollidiert. In diesem Fall verdrängt eine im Rahmen der originären Zuständigkeit des Gesamtbetriebsrates (§ 50 Abs. 1 BetrVG) abgeschlossene Gesamtbetriebsvereinbarung eine auf betrieblicher Ebene bestehende Betriebsvereinbarung über denselben Regelungsgegenstand. Allerdings gilt dies nur dann, wenn die Geltung der Gesamtbetriebsvereinbarung nicht zulässig auf die im Zeitpunkt des Abschlusses zum Unternehmen gehörenden Betriebe beschränkt ist. 175

Die kollektivrechtliche Fortgeltung gilt auch für Gesamt- und Konzernbetriebsvereinbarungen, die **im Auftrag des Betriebes** gem. § 50 Abs. 2 bzw. § 58 Abs. 2 BetrVG abgeschlossen wurden. Diese nur im Auftrag abgeschlossenen Betriebsvereinbarungen unterscheiden sich nicht von den von dem Betriebsrat selbst vereinbarten mit der Folge, dass sie bei Fortbestand des Betriebes trotz Untergangs des Unternehmens (zB durch Verschmelzung durch Aufnahme oder Neugründung) kollektivrechtlich fortbestehen[5]. 176

Allerdings finden bei einer Gesamtbetriebsvereinbarung nach § 50 Abs. 1 BetrVG § 613a Abs. 1 Sätze 2–4 BGB dann Anwendung, wenn der Betriebsteil in einen vorhandenen Betrieb eingegliedert wurde und seine Identität verliert. 177

Wird ein Betriebsteil vom Erwerber als **selbständiger Betrieb fortgeführt**, gelten die bisherigen Betriebsvereinbarungen und damit die Gesamtbetriebsvereinbarungen – jetzt als Betriebsvereinbarungen – kollektivrechtlich weiter und werden nicht nach § 613a Abs. 1 Satz 2 BGB in das Arbeitsverhältnis transformiert[6]. Auch der vorüber- 178

---

1 BAG 18.9.2002 – 1 ABR 54/01, NZA 2003, 670.
2 HWK/*Willemsen*/*Müller-Bonanni*, § 613a BGB Rz. 259; ErfK/*Preis*, § 613a BGB Rz. 115.
3 *Gaul*, AktuellAR 2002, S. 609; so wohl auch BAG 19.9.2002 – 1 ABR 54/01, EzA § 613a BGB 2002 Nr. 5.
4 BAG 18.9.2002 – 1 ABR 54/01, NZA 2003, 670.
5 *Düwell* in Beseler/Düwell u.a., S. 208.
6 BAG 18.9.2002 – 1 ABR 54/01, EzA § 613a BGB 2002 Nr. 5; aA *Gaul*, AktuellAR 2002, S. 610.

gehende oder endgültige Wegfall des Betriebsrats lässt die bestehenden Betriebsvereinbarungen in ihrer normativen Wirkung unberührt. Es gibt dann allerdings kein handlungsfähiges Betriebsverfassungsorgan mehr, so dass eine inhaltliche Änderung der Betriebsvereinbarung nicht in Frage kommt. Der Arbeitgeber kann ihre Wirkung jedoch dadurch beenden, dass er einheitlich gegenüber allen betroffenen Arbeitnehmern des Betriebs die Kündigung der Betriebsvereinbarung erklärt[1]. Das Gleiche gilt bei einem Zusammenschluss des übernommenen Betriebs oder Betriebsteils mit einem beim Erwerber bestehenden Betrieb, wenn der Betriebsrat des abgebenden Arbeitgebers das Übergangsmandat gem. § 21a BetrVG hat.

179 § 613a BGB ist schließlich von vornherein nicht anzuwenden, wenn es **zu keiner Änderung des Rechtsträgers** gekommen ist, sondern zB innerhalb eines Unternehmens ein Betriebsteil ausgegliedert und zu einem selbständigen Betrieb (zB nach § 4 BetrVG) oder in einen anderen Betrieb desselben Unternehmens eingegliedert wird.

c) Transformation von Betriebsvereinbarungen gem. § 613a Abs. 1 Satz 2 BGB

180 Wird bei einem Betriebsübergang ein Betrieb in einen anderen Betrieb unter Aufgabe seiner Identität eingegliedert oder erfolgt eine Betriebsteilübertragung auf einen anderen Rechtsträger, ohne dass der Betrieb von dem Betriebsnachfolger als eigenständiger Betrieb fortgeführt wird, sondern in einen bereits beim Erwerber bestehenden Betrieb eingegliedert wird, und bestehen deshalb die Betriebsvereinbarungen mangels Betriebsidentität kollektivrechtlich nicht fort, werden die im bisherigen Betrieb geltenden Betriebsvereinbarungen gem. § 613a Abs. 1 Satz 2 BGB in das Arbeitsverhältnis zwischen dem neuen Inhaber und dem Arbeitnehmer übertragen (transformiert)[2]. Trotz Transformation werden die Regelungen damit nicht zu einer rein individualrechtlichen Bestimmung, sondern behalten ihren kollektivrechtlichen Charakter[3]. Dadurch unterscheiden sich die transformierten Normen gegenüber „normalen" einzelvertraglichen Inhalten aufgrund ihres vormals kollektivrechtlichen Charakters. So ist zB ein Verzicht auf vormalige tarifvertragliche, gem. § 613a Abs. 1 Satz 2 BGB transformierte tarifliche Regelungen weiterhin nicht möglich[4].

181 Von der Transformation gem. § 613a Abs. 1 Satz 2 BGB sind nur die Betriebsvereinbarungen betroffen, die **gegenüber dem bisherigen Betriebsinhaber bestanden**. Dagegen haben Betriebsrat und der bisherige Arbeitgeber nicht die Möglichkeit, in einer Betriebsvereinbarung zu regeln, welche Rechte und Pflichten beim Betriebserwerber gelten sollen. Vor Betriebsübergang können Betriebsrat und Arbeitgeber mithin nicht vereinbaren, dass die transformierten Betriebsvereinbarungen ohne Rücksicht auf § 613a Abs. 1 Satz 3 und 4 BGB fortbestehen. Insoweit haben die Betriebsparteien keine Regelungsbefugnis zulasten des neuen Inhabers. Auch ginge eine solche Betriebsvereinbarung nicht in das Arbeitsverhältnis nach § 613a Abs. 1 Satz 2 BGB über, da nur solche Betriebsvereinbarungen transformiert werden, die gegenüber dem früheren Betriebsinhaber bestanden[5].

Beispiel:

182 Im Zusammenhang mit einem bevorstehenden Betriebsübergang vereinbarten Arbeitgeber und Betriebsrat, dass „alle Ansprüche der Arbeitnehmer, die zum Zeitpunkt des Betriebsübergangs in Betriebsvereinbarungen geregelt sind, auch nach dem Betriebsübergang erhalten bleiben." Diese Betriebsvereinbarung ist unwirksam, weil der Betriebsveräußerer und der Be-

---

1 BAG 18.9.2002 – 1 ABR 54/01, EzA § 613a BGB 2002 Nr. 5.
2 Zur begrifflichen und dogmatischen Einordung im Einzelnen ErfK/*Preis*, § 613a BGB Rz. 112 mwN.
3 BAG 22.4.2009 – 4 AZR 100/08, NZA 2010, 41; 23.9.2009 – 4 AZR 331/08, NZA 2010, 513.
4 BAG 12.2.2014 – 4 AZR 317/12, NZA 2014, 613.
5 BAG 1.4.1987 – 4 AZR 77/86, DB 1987, 1643.

III. Rechtsfolgen des Betriebsübergangs

triebsrat nicht dafür zuständig sind, die Arbeitsbedingungen der Arbeitnehmer des Betriebserwerbers nach dem Betriebsübergang unmittelbar zu regeln. Allerdings kann eine solche Vereinbarung rechtswirksam zwischen dem alten und dem neuen Arbeitgeber mit Zustimmung des alten und des neuen Betriebsrats bzw. Gesamtbetriebsrats zB in einem Personalüberleitungsvertrag getroffen werden.

Auch werden in das Arbeitsverhältnis nicht Betriebsvereinbarungen transformiert, **die betriebliche**[1] **oder betriebsverfassungsrechtliche Regelungen betreffen**[2], da sie notwendigerweise nur betriebseinheitlich gelten können. Es gehen mithin in Individualrecht nur Abschluss-, Inhalts- und Beendigungsnormen wie zB Regelungen über die Zahlung von Weihnachtsgeld, Prämien und Sozialplanabfindungen über. **183**

Beispiele:

1. In einer Betriebsvereinbarung wurde für eine bestimmte Abteilung ein Rauchverbot vereinbart; in einer weiteren Betriebsvereinbarung wurde die Lage der Arbeitszeit geregelt. Bei beiden Betriebsvereinbarungen handelt es sich um Betriebsnormen, die bei einem Betriebsübergang nicht in den Arbeitsvertrag transformiert werden.

2. Durch eine Betriebsvereinbarung wurde gem. § 102 Abs. 6 BetrVG vereinbart, dass die arbeitgeberseitige Kündigung der Zustimmung des Betriebsrats bedarf. Geht ein Betriebsteil auf einen anderen Arbeitgeber über, wird diese Betriebsvereinbarung nicht in Individualrecht transformiert.

Zweifelhaft ist das Rechtsschicksal **freiwilliger Betriebsvereinbarungen** bei Betriebsübergang. Vorzugswürdig erscheint es, dem Erwerber das Recht zuzugestehen, die transformierten Normen freiwilliger Betriebsvereinbarungen in gleicher Weise zu kündigen, wie die Betriebsvereinbarung selbst, wobei neben dem Kündigungsrecht auch die zB in der Betriebsvereinbarung geregelte Kündigungsfrist in das Arbeitsverhältnis transformiert wird[3]. **184**

aa) Grundsatz: Einjährig einseitig zwingende Weitergeltung

Die in das Individualarbeitsrecht transformierten ehemaligen kollektiven Bestimmungen zur Regelung der Rechte und Pflichten zwischen Arbeitgeber und Arbeitnehmer dürfen **vor Ablauf eines Jahres** nach dem Zeitpunkt des Betriebsübergangs zum Nachteil des Arbeitnehmers nicht geändert werden (sog. **Veränderungssperre**). Zugunsten des Arbeitnehmers besteht damit eine **einseitig zwingende Wirkung**. Damit ist sowohl gesetzlich ausgeschlossen, dass Arbeitgeber und Arbeitnehmer diese transformierten Rechte einvernehmlich zu Lasten des Arbeitnehmers abändern, als auch dass der Arbeitgeber einseitig zur für den Arbeitnehmer nachteiligen Abänderung innerhalb der Jahresfrist eine Änderungskündigung ausspricht[4]. **185**

bb) Ausnahmen von der einjährigen Bindungsfrist

Der Arbeitnehmer soll durch den Betriebsübergang nicht besser gestellt werden, als er ohne Betriebsübergang stünde. Die einjährige Bindungsfrist gilt deshalb dann nicht, wenn die Betriebsvereinbarung vor Ablauf des Jahres, zB als freiwillige Betriebsvereinbarung, **durch Kündigung durch den Betriebsveräußerer oder wegen Befristung endet** oder wenn sie als mitbestimmte Betriebsvereinbarung nur nach § 77 Abs. 6 BetrVG **186**

---

1 Allerdings ist auch hier zu fragen, ob es sich bei der Betriebsnorm um „wohlerworbene Rechte" handelt, die bei einem Betriebsübergang individualrechtlich weitergelten. Vgl. hierzu *Gussen/Dauck*, Rz. 140.
2 HM, *Gussen/Dauck*, Rz. 45 mwN.
3 *Bauer/von Steinau-Steinrück*, NZA 2000, 505 (509); zum Meinungsstand s. auch *Völksen*, NZA 2013, 1182.
4 APS/*Steffan*, § 613a BGB Rz. 128.

nachwirkt[1]. Wirkt die Betriebsvereinbarung nur nach, kann die transformierte Regelung im Nachwirkungszeitraum bereits vor Ablauf der Jahresfrist einvernehmlich oder durch Änderungskündigung aufgehoben oder geändert werden.

187 Außerdem kann die Betriebsvereinbarung keine individualrechtliche Geltung mehr für den übernommenen Arbeitnehmer beanspruchen, wenn der Arbeitnehmer nach Betriebsübergang **aus dem Geltungsbereich der Betriebsvereinbarung** fällt, weil er zB leitender Angestellter wird.

cc) Statische Weitergeltung

188 § 613a Abs. 1 Satz 2 BGB sorgt, ausgehend von den Verhältnissen im Zeitpunkt des Betriebsübergangs, für eine **Besitzstandswahrung** auf arbeitsvertraglicher Ebene[2]. Die Betriebsvereinbarung geht deshalb so in das Arbeitsverhältnis zwischen Arbeitnehmer und neuem Inhaber über, wie sie im Zeitpunkt des Betriebsübergangs bestanden hat. Spätere Änderungen der Betriebsvereinbarung können die inzwischen durch Transformation eingetretene arbeitsvertragliche Regelung nicht mehr berühren. Der bisherige Betriebsinhaber wird deshalb vor Betriebsübergang zu entscheiden haben, ob er die dann in das Arbeitsverhältnis übergehenden Betriebsvereinbarungen noch vor Betriebsübergang kündigt oder inhaltlich gemeinsam mit dem Betriebsrat ändert.

dd) Kollektivvertragsoffene Regelung, § 613a Abs. 1 Satz 3 BGB

189 Die transformierte Betriebsvereinbarung ist kollektivvertragsoffen, § 613a Abs. 1 Satz 3 BGB. Gibt es im Erwerberbetrieb im Zeitpunkt des Betriebsübergangs bereits Betriebsvereinbarungen oder werden sie später abgeschlossen, gehen sie **bei gleichem Regelungsgegenstand** den transformierten Betriebsvereinbarungen vor. Das Günstigkeitsprinzip gilt in diesem Fall nicht, so dass eine neue Betriebsvereinbarung im Erwerberbetrieb eine transformierte Betriebsvereinbarung im gleichen Regelungsbereich vernichtet, selbst wenn die alte Betriebsvereinbarung günstiger ist[3].

190 Dies gilt auch dann, wenn der neue Inhaber und der Arbeitnehmer die **Anwendung des vom Geltungsbereich einschlägigen Tarifvertrages vereinbaren**, § 613a Abs. 1 Satz 4 BGB, **oder sie beide tarifgebunden sind**; diese Tarifverträge haben Vorrang vor der transformierten Betriebsvereinbarung, soweit der gleiche Regelungsgegenstand betroffen ist und nicht die Betriebsvereinbarung bereits nach § 77 Abs. 3 BetrVG unwirksam ist oder geworden ist.

191 Es ist dabei ausreichend, wenn die Neuregelung erst nach dem Betriebsübergang geschaffen wird und nicht bei dem Betriebsübergang vorhanden ist. Insoweit ist § 613a Abs. 1 Satz 2 BGB teleologisch darauf zu reduzieren, dass die jetzt individualrechtlich als Inhalt des Arbeitsverhältnisses geltenden kollektivrechtlichen Regelungen lediglich entsprechend ihrem kollektivrechtlichen Ursprung geschützt sind[4].

ee) Rechtslage nach Ablauf der einjährigen Bindungsfrist

192 Nach Ablauf der Jahresfrist des § 613a Abs. 1 Satz 2 BGB können die Arbeitsvertragsparteien die transformierte Betriebsvereinbarung durch arbeitsvertragliche Vereinbarung ändern bzw. kann der Arbeitgeber unter den Voraussetzungen des KSchG

---

1 Bepler, RdA 2009, 65 (66); APS/Steffan, § 613a BGB Rz. 130f.
2 BAG 13.9.1994 – 3 AZR 148/94, NZA 1995, 740.
3 BAG 28.6.2005 – 1 AZR 213/04, NZA 2005, 1431; zu etwaigen Änderungen infolge des Scattolon-Urteils des EuGH 6.9.2011 – Rs. C-108/10, NZA 2011, 1077 s. noch unter Rz. 237.
4 BAG 14.8.2001 – 1 AZR 619/00, EzA § 613a BGB Nr. 200.

III. Rechtsfolgen des Betriebsübergangs

eine Änderungskündigung aussprechen. Es ist deshalb ein Rechtsirrtum, wenn in der täglichen Betriebspraxis immer wieder die Meinung vertreten wird, die transformierten Regelungen beständen nur für ein Jahr fort. Vielmehr gelten die transformierten Regelungen auch über den Jahreszeitraum hinfort, solange keine rechtswirksame Änderung – **einvernehmlich im Wege eines Änderungsvertrages** oder **einseitig im Wege einer** (im Anwendungsbereich des KSchG sozial gerechtfertigten) **Änderungskündigung** erfolgt[1].

ff) Mehrfache Betriebsübergänge

§ 613a Abs. 1 Satz 1 BGB findet auch keine Anwendung bei **mehrfachen Betriebsübergängen** zuvor bereits transformierter kollektivrechtlicher Normen. Auch wenn die kollektivrechtliche Norm nach dem ersten Betriebsübergang in das Arbeitsverhältnis transformiert wurde, tritt ein erneuter Erwerber nach einem weiteren Betriebsübergang nicht gem. § 613a Abs. 1 Satz 1 BGB, sondern gem. § 613a Abs. 1 Satz 2 BGB in deren Rechte und Pflichten ein. Andernfalls würde die Veränderungssperre des § 613a Abs. 1 Satz 2 BGB keine Anwendung mehr finden, was im Hinblick auf die Vorgaben der Richtlinie 2001/23/EG problematisch ist. Die Weitergeltung, Veränderung und Ablösung kollektivrechtlicher Normen unterliegt daher auch bei mehrfachen Betriebsübergängen den Regelungen des § 613a Abs. 1 Sätze 2–4 BGB[2].

193

Beispiel:

Im Betrieb der A-GmbH findet eine BV „Bonus" Anwendung. Ein Teil dieses Betriebs wird unter Identitätsverlust an den Betrieb der B-GmbH veräußert. Die BV „Bonus" wird in die Arbeitsverhältnisse der übergehenden Mitarbeiter gem. § 613a Abs. 1 Satz 2 BGB transformiert. Wenig später erfolgt ein weiterer Betriebsübergang dieses Betriebes an die C-GmbH. Obwohl die BV „Bonus" bereits in die Arbeitsverhältnisse der ursprünglich von der A-GmbH stammenden Mitarbeiter transformiert wurde, gehen deren Inhalte erneut gem. § 613a Abs. 1 Satz 2 BGB über. Die einjährige Regelungssperre bleibt bestehen, so dass die C-GmbH nicht – auch nicht einverständlich – verschlechternde Regelungen mit den ursprünglichen A-Mitarbeitern vereinbaren darf. Gleichermaßen können die Regelungen im Betrieb der C-GmbH jedoch gem. § 613a Abs.1 Satz 3 BGB abgelöst werden, wenn dort eine Betriebsvereinbarung zum gleichen Regelungsgegenstand Anwendung findet.

gg) Regelungsabreden

Regelungsabreden werden bereits nach dem Wortlaut des § 613a Abs. 2 Sätze 2–4 nicht von der Transformationswirkung erfasst[3]. Dies ist richtig, da die Regelungsabrede nur schuldrechtliche Ansprüche zwischen Arbeitgeber und Betriebsrat und nicht Ansprüche der Arbeitnehmer gegenüber dem Arbeitgeber regelt. Selbst in mitbestimmungspflichtigen Angelegenheiten iSd. § 87 BetrVG ist Transformation der in einer Regelungsabrede festgelegten Punkte insbesondere dann abzulehnen, wenn es wie bei betrieblichen Regelungen keiner Umsetzung der Regelungsabrede in Individualrecht mehr bedarf.

194

⊃ **Hinweis:** Sind allerdings infolge der Durchführung der Regelungsabrede individualrechtliche Ansprüche der Arbeitnehmer im Wege betrieblicher Übung oder einer Gesamtzusage entstanden, so tritt der Betriebserwerber in diese Verpflichtungen gem. § 613a Abs. 1 Satz 1 BGB ein.

---

1 APS/*Steffan*, § 613a BGB Rz. 129.
2 HM, vgl. APS/*Steffan*, § 613a BGB Rz. 127; *Bepler*, RdA 2009, 65 (70); KR/*Pfeiffer*, § 613a BGB Rz. 161; aA und eine Anwendung von § 613a Abs. 1 Satz 1 BGB insoweit bejahend: *Wiedemann*, § 3 TVG Rz. 242.
3 HM, s. nur HWK/*Willemsen/Müller-Bonanni*, § 613a BGB Rz. 263.

d) Transformation von tarifvertraglichen Regelungen gem. § 613a Abs. 1 Satz 2 BGB

aa) Rechtsnormen eines Tarifvertrages, § 4 Abs. 1 TVG

195 § 4 TVG regelt die Rechtsnormen, die die Tarifvertragsparteien setzen können. Das Gesetz unterscheidet bei tarifvertraglichen Inhalten zwischen Abschluss-, Inhalts- und Beendigungsnormen, Betriebsnormen und betriebsverfassungsrechtliche Normen sowie Normen über gemeinsame Einrichtungen (vgl. Teil 4 C Rz. 120 ff.).

bb) Rechtsnormen eines Tarifvertrages gem. § 613a Abs. 1 Satz 2 BGB

196 Gem. § 613a Abs. 1 Satz 2 BGB werden im Fall eines Betriebsübergangs bei fehlender oder vom Betriebsveräußerer abweichender Tarifbindung des Betriebserwerbers trotz Tarifbindung der übernommenen Arbeitnehmer die Rechtsnormen der beim Betriebsveräußerer bisher geltenden Tarifverträge Inhalt des Arbeitsvertrages zwischen übernommenem Arbeitnehmer und Betriebsnachfolger; sie werden in den Arbeitsvertrag transformiert. Zum tarifvertraglichen und damit übergangsfähigen Regelungsbestand im Rahmen des § 613a BGB gehören von vornherein nur solche Rechte und Pflichten aus bereits zum Zeitpunkt des Betriebsübergangs in Kraft getretenen Tarifverträgen, selbst wenn diese bereits zuvor abgeschlossen wurden[1]. Vom **Wortlaut** des § 613a Abs. 1 Satz 2 BGB werden unmittelbar nur die **Inhaltsnormen des Tarifrechts** erfasst[2]. *Steuerer*[3] meint dagegen unter Hinweis auf Art. 3 Abs. 2 der EG-Richtlinie v. 14.2.1977, dass der gesamte normative Teil eines Tarifvertrages einschließlich der Bestimmungen über gemeinsame Einrichtungen (idR nur bei einem Verbandstarifvertrag) und von Betriebsnormen bei einem Betriebsübergang Inhalt des einzelnen Arbeitsverhältnisses mit dem Erwerber würden. Die genannte EG-Richtlinie[4] spricht jedoch von „Arbeitsbedingungen", mithin von Rechten und Pflichten, die von Arbeitnehmer und Arbeitgeber zu beachten sind. Es wird deshalb ganz überwiegend[5] die Auffassung vertreten, dass **Inhalts- und Beendigungsnormen**, nicht dagegen Abschluss-[6], Betriebs- und betriebsverfassungsrechtliche Normen und Normen über gemeinsame Einrichtungen in das auf den Betriebsnachfolger übergehende Arbeitsverhältnis **transformiert werden**.

Beispiel:

Es versteht sich von selbst, dass Tarifbestimmungen über die Lohnhöhe und Tarifnormen über die Dauer der Kündigungsfrist bei einem Betriebsübergang in den Einzelarbeitsvertrag übertragen werden. Denn § 613a Abs. 1 BGB will den betroffenen Arbeitnehmer davor schützen, dass evtl. von den Tarifbestimmungen abweichende ungünstigere einzelvertragliche Bestimmungen nach Betriebsübergang wieder gelten.

---

1 BAG 16.5.2012 – 4 AZR 320/10, ZInsO 2012, 1895.
2 ErfK/*Preis*, § 613a BGB Rz. 118, wonach Inhaltsnormen weitergelten; HWK/*Willemsen/Müller-Bonanni*, § 613a BGB Rz. 264. Es ist aber jeweils zu prüfen, ob die Betriebsnormen den Inhaltsnormen fast gleichstehen und sie als „wohlerworbene Rechte" anzusehen sind. In diesem Fall werden sie von § 613a BGB erfasst (vgl. hierzu *Gussen/Dauck*, Rz. 215); MünchKommBGB/*Müller-Glöge*, § 613a Rz. 155: Tarifnormen über betriebsverfassungsrechtliche Fragen werden nicht erfasst.
3 KuR10/*Steuerer*, S. 117.
4 Es heißt dort: „(2) Nach dem Übergang im Sinne des Artikels 1 Absatz 1 erhält der Erwerber die in einem Kollektivvertrag vereinbarten Arbeitsbedingungen bis zu der Kündigung oder dem Ablauf des Kollektivvertrags bzw. bis zum Inkrafttreten oder bis zu der Anwendung eines anderen Kollektivvertrags in dem gleichen Maße aufrecht, wie sie in dem Kollektivvertrag für den Veräußerer vorgesehen waren. Die Mitgliedstaaten können den Zeitraum der Aufrechterhaltung der Arbeitsbedingungen begrenzen, sofern dieser nicht weniger als ein Jahr beträgt."
5 D. Gaul, Der Betriebsübergang, S. 290. Versteht man jedoch unter „Arbeitsbedingungen" alle kollektivvertragliche Regelungen, wird man versuchen müssen, auch Betriebsnormen und betriebsverfassungsrechtliche Normen übergehen zu lassen – so *Seiter*, S. 93.
6 Ausnahme zB Wiedereinstellungsanspruch nach einer lösenden Aussperrung.

Abschlussnormen wirken sich dagegen idR[1] nur auf neu zu begründende Arbeitsverträge aus. Der Arbeitnehmer, der übernommen wird und der durch § 613a Abs. 1 BGB geschützt wird, hat aber bereits einen Arbeitsvertrag. 197

Betriebliche Normen werden nur dann in den Arbeitsvertrag übertragen, wenn sie zugleich als Inhaltsnormen gelten. 198

Beispiel:
In einem Tarifvertrag ist als Betriebsnorm die Einrichtung einer Kantine geregelt. Geht ein Betriebsteil auf einen Betriebsnachfolger über, muss der Betriebserwerber nicht zugunsten der übernommenen Arbeitnehmer eine Kantine einrichten.

Tarifnormen über betriebsverfassungsrechtliche Fragen können nicht in das Arbeitsverhältnis übertragen werden, weil sie begriffsnotwendig[2] betriebseinheitlich gelten; die EG-Richtlinie führt hierbei auch nicht zu einem anderen Ergebnis, weil diese nur die übernommenen, nicht aber die bereits beim Betriebsnachfolger beschäftigten Arbeitnehmer schützen will. 199

Beispiel:
Wird durch Tarifvertrag das Mitbestimmungsrecht des Betriebsrats bei Kündigungen gem. § 102 Abs. 6 BetrVG dahin gehend erweitert, dass die Kündigung nur wirksam ist, wenn der Betriebsrat ihr zustimmt, kann bei einem Betriebsübergang diese tarifliche Regelung jedenfalls dann nicht in das Arbeitsverhältnis eingehen, wenn bei dem Betriebserwerber bereits Arbeitnehmer beschäftigt sind; auch hier ist darauf hinzuweisen, dass diese betriebsverfassungsrechtlichen Normen notwendigerweise für alle Belegschaftsmitglieder gelten und gelten müssen.

Tarifnormen über gemeinsame Einrichtungen verpflichten nur dann den Betriebsnachfolger, wenn er in alle Rechte und Pflichten gegenüber der gemeinsamen Einrichtung eintritt, ohne dass eine „spezielle Tarifbindung" geschaffen werden kann. 200

cc) Kollektivrechtliche Tarifbindung

Nach § 613a Abs. 1 Satz 2 BGB werden die Normen eines Tarifvertrages Inhalt des Arbeitsverhältnisses und dürfen nicht vor Ablauf eines Jahres nach dem Zeitpunkt des Übergangs zum Nachteil des Arbeitnehmers geändert werden (sog. **Veränderungssperre**). Diese Bestimmung macht es erforderlich, nach der Tarifbindung der Arbeitsvertragsparteien zu fragen. Arbeitnehmer und Arbeitgeber haben Anspruch aus einem Tarifvertrag, wenn sie tarifgebunden sind und ihr Arbeitsverhältnis unter den Geltungsbereich ihres Tarifvertrages fällt. 201

(1) Begründung der Tarifbindung

§ 3 TVG unterscheidet bei der Tarifgebundenheit zwischen den Individualnormen, also tariflichen Regelungen über Inhalt, Abschluss und Beendigung des Arbeitsverhältnisses (§ 3 Abs. 1 TVG) und den Rechtsnormen über betriebliche und über betriebsverfassungsrechtliche Fragen (§ 3 Abs. 2 TVG). 202

Betriebsnormen und betriebsverfassungsrechtliche Normen gelten für alle Betriebe, deren Arbeitgeber tarifgebunden ist, der also gem. § 2 Abs. 1 TVG entweder selbst Tarifvertragspartei (sog. Haus- oder Firmentarifvertrag) ist oder Mitglied einer Vereinigung von Arbeitgebern ist, die wiederum Tarifvertragspartei ist. Nach herrschender 203

---

1 HWK/*Willemsen/Müller-Bonanni*, § 613a BGB Rz. 264. Vgl. zu Ausnahmefällen MünchKommBGB/*Müller-Glöge*, § 613a Rz. 154.
2 So richtig ErfK/*Preis*, § 613a BGB Rz. 118.

Auffassung[1] ist es nicht notwendig, dass im Betrieb des Arbeitgebers wenigstens ein Arbeitnehmer Mitglied der tarifschließenden Gewerkschaft ist.

204 Dagegen ist bei **Abschluss-, Inhalts- und Beendigungsnormen** bei einem Verbandstarifvertrag die beiderseitige Mitgliedschaft von Arbeitnehmer und Arbeitgeber in ihren Verbänden (Gewerkschaft bzw. Arbeitgeberverband) notwendig; bei einem Haus- oder Firmentarifvertrag muss nur der Arbeitnehmer Mitglied der vertragsschließenden Gewerkschaft sein, da der Arbeitgeber Normsetzer und gleichzeitig Normunterworfener[2] ist.

Beispiele:

1. Ein Arbeitnehmer macht Ansprüche aus dem Tarifvertrag der Metall verarbeitenden Industrie NW geltend. Ein solcher Anspruch besteht kollektivrechtlich allenfalls dann, wenn er Mitglied der IG-Metall als vertragsschließende Partei auf Arbeitnehmerseite und der Arbeitgeber Mitglied im Arbeitgeberverband ist, die mit dieser Gewerkschaft den Tarifvertrag abgeschlossen hat.

2. Ein Arbeitnehmer tritt erst während eines bestehenden Arbeitsverhältnisses in die Gewerkschaft ein. Er wird damit aus dem Tarifvertrag berechtigt und verpflichtet, wenn der Arbeitgeber Mitglied des Arbeitgeberverbandes ist, der wiederum mit der Gewerkschaft dieses Arbeitnehmers einen Tarifvertrag abgeschlossen hat.

205 Doch allein die Tarifgebundenheit – sei es einseitig bei den Rechtsnormen über betriebliche und betriebsverfassungsrechtliche Fragen, sei es beidseitig bei den Abschluss-, Inhalts- und Beendigungsnormen – führt noch nicht dazu, dass der Arbeitnehmer Ansprüche aus einem Tarifvertrag geltend machen kann. Nach § 4 Abs. 1 TVG müssen die Tarifgebundenen auch unter den **räumlichen, betrieblichen, fachlichen, persönlichen und zeitlichen Geltungsbereich** des Tarifvertrages fallen; erst dann gelten die Tarifbestimmungen unmittelbar und zwingend.

206 Während nur die nach § 3 Abs. 1 TVG Tarifgebundenen aus einem Tarifvertrag, unter dessen Geltungsbereich sie nach § 4 Abs. 1 TVG fallen, berechtigt und verpflichtet sind, erfassen nach § 5 Abs. 4 TVG die Rechtsnormen eines Tarifvertrages bei einer **Allgemeinverbindlichkeitserklärung** (vgl. näher Teil 4 C Rz. 236 ff.) auch die bisher nicht tarifgebundenen Arbeitnehmer und Arbeitgeber.

Beispiel:

Die Tarifverträge des Einzelhandels waren früher idR allgemeinverbindlich. Selbst wenn im Einzelhandel ein Arbeitnehmer nicht in der zuständigen Gewerkschaft und der Arbeitgeber nicht im Arbeitgeberverband waren, waren sie nach diesen Tarifverträgen sogar gegen ihren Willen berechtigt und verpflichtet. So hatten zB beide Parteien die tariflichen Ausschlussfristen zu beachten.

(2) Tarifbindung und Austritt aus dem Verband, § 3 Abs. 3 TVG

207 Geht man von § 3 Abs. 1 TVG aus, müsste die Tarifgebundenheit enden, wenn entweder die beiderseitige Mitgliedschaft in der jeweiligen Tarifvertragspartei oder der Tarifvertrag selbst endet. Hiervon macht § 3 Abs. 3 TVG die wichtige Ausnahme, dass der **Austritt oder der Ausschluss aus dem Berufsverband** Gewerkschaft bzw. Arbeitgeberverband bis zum Ablauf des Tarifvertrages **nichts an der bestehenden Tarifbindung ändert**. Das Gesetz regelt mithin die fehlende Verbandsmitgliedschaft auf Zeit und stellt damit eine atypische Tarifgebundenheit für diesen Zeitraum her[3]; der Tarifvertrag bleibt also als **kollektive quasi-gesetzliche Norm**[4] bestehen. Für Ar-

---

1 BAG 5.9.1990 – 4 AZR 59/90, NZA 1991, 202 mwN; aA *Löwisch/Rieble*, § 3 TVG Rz. 207.
2 *Wiedemann*, § 3 TVG Rz. 16 f.
3 BAG 4.8.1993 – 4 AZR 499/92, DB 1994, 104.
4 *Bauer/Diller*, S. 1085.

beitnehmer, die erst nach dem Austritt des Arbeitgebers aus seinem Verband in die Gewerkschaft eintreten und damit tarifgebunden werden, gelten die Tarifverträge im vollen Umfang.

Beispiel:

Die A-GmbH, die bisher Mitglied des B-Arbeitgeberverbandes war, tritt zum 1.1. aus dem Verband aus. Der Gehaltstarifvertrag endet durch Kündigung am 30.6. Die A-GmbH bleibt weiterhin an diesen Tarifvertrag gebunden. Tritt nach dem 1.1. ein bei der A-GmbH beschäftigter Arbeitnehmer C der Gewerkschaft bei, die mit dem B-Arbeitgeberverband diesen Gehaltstarifvertrag abgeschlossen hatte, hat C bis zum 30.6. Anspruch aus dem Gehaltstarifvertrag.

§ 3 Abs. 3 TVG will in erster Linie **verhindern**, dass der **Arbeitgeber** dadurch, dass er aus seinem Arbeitgeberverband ausscheidet, aus dem **Tarifvertrag flieht**[1]; die zwingende Wirkung eines Tarifvertrages soll nicht durch einseitige Maßnahmen des Arbeitgebers oder Arbeitnehmers beendet werden[2]. Er bleibt an den Tarifvertrag gebunden, bis das Tarifwerk von einer der Tarifvertragsparteien durch Kündigung oder aber durch Zeitablauf endet. Wird der Tarifvertrag nur in einzelnen Punkten für die Zukunft geändert, wird die Tarifvertragsänderung als Neuabschluss iSd. § 3 Abs. 3 TVG angesehen[3]. Die von *Löwisch/Rieble*[4] geäußerte Rechtsmeinung, dass die Tarifbindung bis zu dem auf den Austritt folgenden nächsten Kündigungstermin endet, findet im Gesetz keine Stütze[5]. 208

Doch nicht nur der Arbeitgeber, sondern **auch der Arbeitnehmer**, der aus der Gewerkschaft austritt, bleibt bis zum Ablauf des Tarifvertrages an dieses Tarifwerk **gebunden**. 209

Beispiel:

C tritt am 1.4. aus der Gewerkschaft aus; trotzdem hat er weiterhin bis zum 30.6. Ansprüche aus dem Gehaltstarifvertrag; andererseits muss er aber auch eventuelle tarifliche Ausschlussfristen beachten.

(3) Nachwirkung des Tarifvertrages, § 4 Abs. 5 TVG

Nach dieser Bestimmung gelten die Normen eines Tarifvertrages **nach Ablauf des Tarifvertrages statisch** weiter, bis sie durch eine **andere Abmachung ersetzt** werden. Im Interesse der Arbeitnehmer soll mit dieser Nachwirkung die Zeit zwischen der Beendigung des alten und dem Inkrafttreten des neuen Tarifvertrages überbrückt werden; es soll ein tarifloser Zustand und ein „inhaltsloses Arbeitsverhältnis"[6] verhindert werden. Diese Nachwirkung gilt auch für Außenseiter bei beendeten Tarifverträgen, die für allgemeinverbindlich erklärt worden waren (vgl. Teil 4 C Rz. 116, 164 ff.). 210

dd) Normativ wirkender Tarifvertrag und Betriebsübergang

§ 613a Abs. 1 BGB will sicherstellen, dass bei einem Betriebsübergang nicht nur die individualrechtlichen, sondern auch die kollektivrechtlichen Bestimmungen fortgelten. 211

---

1 *Löwisch/Rieble*, § 3 TVG Rz. 228.
2 *Wiedemann*, § 3 TVG Rz. 60.
3 *Gaul*, AktuellAR 2001, S. 248 mwN.
4 *Löwisch/Rieble*, § 3 TVG Rz. 265 ff.
5 So zu Recht *Wiedemann*, § 3 TVG Rz. 89 mwN.
6 BAG 27.11.1991 – 4 AZR 211/91, NZA 1992, 800.

(1) Fortbestand der kollektiven Tarifgebundenheit auch nach Betriebsübergang

212 Bei einem Betriebsübergang iSd. § 613a BGB gelten sowohl der Verbands- als auch der Firmentarifvertrag kollektivrechtlich weiter, wenn die Tarifbindung fortbesteht, wenn also Arbeitnehmer, Betriebsveräußerer und Betriebsnachfolger tarifgebunden sind[1]. In diesem Fall gelten § 613a Abs. 1 Sätze 2–4 BGB nicht. Einer gesetzlichen Regelung über das Schicksal dieser Tarifnormen im Fall eines Betriebsübergangs bedurfte es nicht[2]. Denn § 613a BGB ist nur als Auffangtatbestand für solche Fälle anzusehen, in denen tatsächlich eine tarifrechtliche Lücke für den Arbeitnehmer entsteht[3].

Beispiel:

Die A-AG betreibt Warenhäuser; sie verkauft ihren Einzelhandelsbetrieb in B an den C-Konzern, der ebenfalls Warenhäuser unterhält; der Einzelhandelsbetrieb in B wird mit dem Warenhaus des C-Konzerns in B vereinigt. Unterstellt, die Tarifverträge des Einzelhandels sind allgemeinverbindlich, und wiederum unterstellt, die Betriebe in B würden vom Geltungsbereich der gleichen Einzelhandelstarifverträge erfasst, findet § 613a BGB insoweit keine Anwendung.

213 Bei einem **Verbandstarifvertrag** müssen der Arbeitnehmer, der Betriebsveräußerer und der Betriebserwerber im gleichen Tarifzweig tarifgebunden sein oder der im räumlichen und betrieblichen Geltungsbereich einschlägige Tarifvertrag muss allgemeinverbindlich ist.

214 Bei einem **Firmentarifvertrag** gelten die Tarifnormen nur dann kollektivrechtlich nach § 3 Abs. 1 TVG weiter, wenn der Betriebsnachfolger in die Rechtsposition des alten Arbeitgebers eintritt. Dies kann in der Weise geschehen, dass der Betriebsübernehmer entweder eine entsprechende Vereinbarung mit dem alten Arbeitgeber und der Gewerkschaft des Firmentarifvertrages abschließt (rechtsgeschäftliche Vertragsübernahme[4]), der Betriebserwerber mit der Gewerkschaft einen gleichlautenden Firmentarifvertrag vereinbart[5] oder der Betriebsübergang nach dem UmwG erfolgte und deshalb der neue Rechtsträger kraft Gesetzes in den Firmentarifvertrag eintritt.

(2) Fehlende Tarifgebundenheit nach Betriebsübergang und Transformation

215 Etwas anderes gilt, wenn der Betriebserwerber nicht tariflich im gleichen Verband organisiert ist oder der neue Betriebsinhaber zwar kraft Verbandsmitgliedschaft tarifgebunden ist, der Arbeitnehmer aber nicht in der entsprechenden Gewerkschaft Mitglied ist, oder schließlich auch nicht der Tarifvertrag im Erwerberbetrieb für allgemeinverbindlich erklärt wurde.

Beispiel:

Der Betriebsveräußerer ist Mitglied des Arbeitgeberverbandes A, die mit der Gewerkschaft C einen Tarifvertrag geschlossen hat. Der Betriebserwerber ist Mitglied des Verbandes B, die mit der Gewerkschaft D ein Tarifwerk vereinbart hat. Ist der Arbeitnehmer E Mitglied der Gewerkschaft C, ist er nicht an den Tarifvertrag zwischen dem Verband B und der Gewerkschaft D gebunden. § 613a Abs. 1 Satz 2 BGB will diese Lücke schließen.

---

1 Es ist zu beachten, dass mit der Errichtung der Gewerkschaft ver.di Mitte 2001 die vormaligen Gewerkschaften, zB IG Medien und ÖTV, untergegangen sind und Tarifvertragspartei der von der Gewerkschaft ÖTV abgeschlossenen Tarifverträge nur die Gewerkschaft ver.di ist, BAG 11.5.2005 – 4 AZR 315/04, EzA § 613a BGB 2002 Nr. 34.
2 MünchKommBGB/*Müller-Glöge*, § 613a Rz. 129; KuR10/*Steuerer*, S. 120 mwN.
3 HM; vgl. statt aller *Wellenhofer-Klein*, ZfA 1999, 239 (254) mwN.
4 *Seiter*, S. 91.
5 Eine gesetzliche Rechtsnachfolge in Firmentarifverträgen gem. § 613a Abs. 1 BGB wird überwiegend verneint, vgl. ErfK/*Preis*, § 613a BGB Rz. 113b.

III. Rechtsfolgen des Betriebsübergangs

Nach § 613a Abs. 1 Satz 2 BGB werden nämlich die durch **Tarifvertrag** – sei es durch Verbands- oder Firmentarifvertrag – **geregelten Rechte und Pflichten Inhalt des Arbeitsverhältnisses zwischen dem neuen Inhaber und dem Arbeitnehmer**. Die kollektivrechtlichen Normen **verlieren** zwar durch diese Transformation ihre bis zum Betriebsübergang bestehende **unmittelbare und zwingende Wirkung (§ 4 Abs. 1 TVG)**; ihre zwingende Regelung wird transformiert, jedoch entsprechend **§ 3 Abs. 3 TVG aufrechterhalten**[1]. Die Wirkungsweise der nach § 613a Abs. 1 Satz 2 BGB in das Arbeitsverhältnis zwischen Betriebserwerber und Arbeitnehmer transformierten Normen entspricht nämlich regelmäßig derjenigen, die bei einem Austritt des Veräußerers aus dem tarifschließenden Arbeitgeberverband hinsichtlich der zur Zeit des Austritts geltenden Verbandstarifvertrages nach § 3 Abs. 3 TVG eintreten würde. Dabei entspricht das Ende der Sperrfrist nach § 613a Abs. 1 Sätze 2 und 4 BGB dem Ende des nachbindenden Tarifvertrages. Die bisherigen **Tarifnormen gelten** entgegen der landläufigen Meinung **nicht individualrechtlich dh. wie arbeitsvertraglich vereinbarte Regelungen**; die transformierten Regelungen sind deshalb individualvertraglichen Vereinbarungen nicht gleichartig – das Günstigkeitsprinzip gilt.

216

Beispiel:

In einem Arbeitsvertrag ist von den Vertragsparteien Bezug genommen worden auf den Tarifvertrag A. Dort ist ein Urlaubsgeld vorgesehen. Der Arbeitgeber, der nicht tarifgebunden ist, schließt anschließend mit der zuständigen Gewerkschaft einen Sanierungstarifvertrag, in dem das Urlaubsgeld gestrichen wurde. Der Arbeitnehmer ist tarifgebunden. Es kommt zu einem Betriebsübergang; der neue Arbeitgeber ist nicht an diesen Tarifvertrag gebunden. Die in Bezug genommene tarifliche Regelung geht nach § 613a Abs. 1 Satz 1 BGB auf den neuen Arbeitgeber über. Die vor dem Betriebsübergang unmittelbar und zwingend geltenden Tarifnormen sind Mindestbedingungen, die gegenüber einzelvertraglichen Vereinbarungen mit für die Arbeitnehmer günstigeren Bedingungen zurücktreten, § 4 Abs. 3 TVG. Der kollektivrechtliche Charakter der transformierten Normen bleibt erhalten und bedingt deren Stellung beim Erwerber in Kollisionsfällen.

Nach § 4 Abs. 4 TVG nur nachwirkende Tarifnormen werden Inhalt des Arbeitsverhältnisses zwischen dem neuen Inhaber und dem Arbeitnehmer[2].

Allerdings bestehen nach Betriebsübergang die Tarifbestimmungen transformiert, aber entsprechend § 3 Abs. 3 TVG weiter, die bereits bei Betriebsübergang unmittelbar und zwingend galten, und sie bestehen nur so nach § 3 Abs. 3 TVG fort, wie sie beim Betriebsübergang bestanden (sog. **statische Weitergeltung**[3]). Erst nach Betriebsübergang abgeschlossene Arbeitsverhältnisse werden mithin von der gesetzlichen Weitergeltung nicht erfasst. Evtl. ergeben sich aber für diesen Personenkreis Ansprüche aus dem Gesichtspunkt der Gleichbehandlung.

217

Beispiel:

Die A-GmbH hatte mit der zuständigen Gewerkschaft einen Firmentarifvertrag abgeschlossen. Für die A-GmbH und B, der Mitglied der vertragsschließenden Gewerkschaft ist, wirkt der Firmentarifvertrag unmittelbar und zwingend. Geht der Betrieb auf die C-GmbH über und übernimmt diese nicht in Absprache mit der A-GmbH und der Gewerkschaft den Firmentarifvertrag und schließt sie auch nicht zum Zeitpunkt des Betriebsübergangs einen gleich lautenden Firmentarifvertrag mit der Gewerkschaft ab, besteht der Firmentarifvertrag nur nach § 613a Abs. 1 Satz 2 BGB in das Arbeitsverhältnis transformiert, aber entsprechend § 3 Abs. 3 TVG für ein Jahr fort, so dass B weiterhin einen kollektivrechtlichen Anspruch gegen die C-GmbH auf Beachtung der Bestimmungen des bisherigen Firmentarifvertrages hat.

---

1 BAG 22.4.2009 – 4 AZR 100/08, NZA 2010, 41; *Hohenstatt*, NZA 2010, 24.
2 BAG 12.12.2007 – 4 AZR 996/06, NZA 2008, 892.
3 Vgl. KuR10/*Steuerer*, S. 132; *Gaul*, AktuellAR 2001, S. 546f.

218 Aufgrund dieser gesetzlichen Regelung bestehen die Inhalts- und Beendigungsnormen (sowohl des Verbands- als auch des Firmentarifvertrages) in den Arbeitsvertrag transformiert, in ihrer Wirkungsweise entsprechend § 3 Abs. 3 TVG für ein Jahr fort.

219 **Mit der Transformation** der tariflichen Regelungen und der Weiterwirkung der in den Arbeitsvertrag übergegangenen Tarifnomen entsprechend § 3 Abs. 3 TVG gehen auch diejenigen Rechte und Pflichten des Arbeitsverhältnisses auf den Betriebserwerber über, die in den Tarifbestimmungen geregelt sind. Spätere Änderungen der Kollektivnormen haben auf die Weitergeltung nach § 613a Abs. 1 Satz 2 BGB keinen Einfluss. Die Tarifverträge gelten zwar **statisch fort**, aber eine in der (statisch) fortgeltenden Norm selbst angelegte **Dynamik bleibt aufrechterhalten**. Bereits in dem Tarifvertrag vereinbarte Abschmelzungen bleiben ebenso erhalten wie bereits geregelte Erhöhungen. Auflösende oder aufschiebende Bedingungen von Rechten und Pflichten gehen genauso über wie Anwartschaften, wenn es ausschließlich auf den Zeitablauf ankommt[1]. Es gibt keinen Grund, die in das Arbeitsverhältnis transformierten bisherigen und entsprechend § 3 Abs. 3 TVG fortgeltenden Kollektivnormen anders zu behandeln als individuell vereinbarte Stufensteigerungen zB nach dem Lebensalter[2].

220 Die Rechtslage ist anders, wenn die Stufenregelung nicht in dem zwingend geltenden Tarifvertrag angelegt ist, sondern nur in dem Tarifvertrag, auf den ein Firmentarifvertrag des Veräußerers im Sinne eines **Anerkennungstarifvertrages** verwiesen hatte. In diesem Fall gelten die Tarifnormen, auf die der Firmentarifvertrag verweist, ohne die Stufenregelung nur statisch weiter[3].

Beispiel:

In einem Tarifvertrag ist geregelt, dass das Entgelt in den kommenden drei Jahren jeweils zum 1.3. eines Jahres um 3 % angehoben wird. Kommt es im ersten Jahr bereits zu einem Betriebsübergang, hat der Arbeitnehmer, in dessen Arbeitsverhältnis der Tarifvertrag transformiert wird und entsprechend § 3 Abs. 3 TVG fortwirkt, auch in den kommenden Jahren gegen den nicht tarifgebundenen Betriebserwerber Anspruch auf die Tariferhöhungen. Denn die Tariferhöhung war bereits vor dem Betriebsübergang in dem später transformierten Tarifvertrag vereinbart.

221 Bei einem Betriebsübergang, bei dem der bisher geltende Tarifvertrag in das Arbeitsverhältnis zwischen dem Betriebserwerber und dem übernommenen Arbeitnehmer transformiert, mithin übertragen wird, kann der Arbeitgeber diese nunmehr arbeitsvertraglichen Regelungen **nicht** (auch nicht einvernehmlich mit dem Arbeitnehmer) **vor Ablauf eines Jahres zum Nachteil des Arbeitnehmers** ändern (§ 613a Abs. 1 Satz 2 BGB); die transformierten Tarifnormen haben deshalb **einseitig zwingende Wirkung**; für sie gilt das Günstigkeitsprinzip, dh. nur günstigere abweichende Regelungen sind zulässig. Nach Ablauf dieses Jahres gelten die transformierten und zunächst entsprechend § 3 Abs. 3 TVG kollektivrechtlich fortgeltenden Regelungen wie arbeitsvertragliche Bestimmungen weiter; sie können jetzt aber einvernehmlich oder – bei Vorliegen eines Kündigungsgrundes iSd. § 2 KSchG – auch durch Änderungskündigung geändert werden.

(3) Ausnahmen von der einjährigen Bindungsfrist

222 Wie bei Betriebsvereinbarungen, die bei einem Betriebsübergang dann in den Arbeitsvertrag übergehen (transformiert werden), wenn die Identität des Betriebes nicht erhalten bleibt, und bei denen in Einzelfällen auch vor Ablauf der einjährigen Bindungsfrist ein Abweichen von den transformierten Regelungen rechtlich zulässig ist, kön-

---

1 BAG 19.9.2007 – 4 AZR 711/06, EzA § 613a BGB 2002 Nr. 78.
2 BAG 14.11.2007 – 4 AZR 828/06, NZA 2008, 420.
3 BAG 26.8.2009 – 5 AZR 969/08, NZA 2010, 173.

nen auch Tarifverträge, an die der Veräußerer und der Arbeitnehmer vor Betriebsübergang kollektivrechtlich gebunden waren und die mit Betriebsübergang in den Arbeitsvertrag mangels Fortbestand der kollektivrechtlichen Tarifbindung transformiert wurden, in Einzelfällen vom Betriebserwerber und übernommenen Arbeitnehmer vor Ablauf der Jahresfrist des § 613a Abs. 1 Satz 2 BGB geändert werden.

(a) Nachwirkender Tarifvertrag

Ein Tarifvertrag wirkt gem. § 4 Abs. 5 TVG nach, wenn er gekündigt und seine Nachwirkung nicht ausgeschlossen wurde. Auch wirkt ein Tarifvertrag nach, wenn der Arbeitgeber durch Betriebsänderungen aus dem tariflichen Geltungsbereich des Tarifvertrags herausfällt. 223

Beispiel:

Ein Arbeitgeber der Automobilindustrie gliederte aus mehreren Betrieben jeweils die Datenverarbeitungsabteilung aus und legte diese Betriebsabteilungen zu einem Betrieb zusammen, um ihn später an ein Dienstleistungsunternehmen veräußern zu können. Zum Zeitpunkt der Betriebsveräußerung fiel der neu gebildete Betrieb nicht mehr in den Geltungsbereich des für die Fahrzeugherstellung geltenden Manteltarifvertrages. Hier ist § 4 Abs. 5 TVG anzuwenden, so dass beim Betriebsübergang der nachwirkende Tarifvertrag der Fahrzeugherstellungsindustrie in Vertragsrecht transformiert wird[1].

Wird ein **Firmentarifvertrag** gekündigt, kommt es für die Qualität der Fortgeltung dieses Tarifvertrages nach Betriebsübergang darauf an, ob der Arbeitgeber dieses Tarifwerk vor oder nach Betriebsübergang aufkündigt: 224

Vor Betriebsübergang kann der bisherige Betriebsinhaber seinen Firmentarifvertrag unter Einhaltung der vereinbarten Fristen mit der Folge kündigen, dass der Betriebsnachfolger nur in den gekündigten Tarifvertrag nach § 613a Abs. 1 Satz 2 BGB eintritt. 225

Beispiel:

Die A-GmbH hat ihren Firmentarifvertrag, an den der Mitarbeiter B kraft Organisationszugehörigkeit tarifgebunden war, am 31.12. zum 31.3. gekündigt. Am 1.2. geht der Betrieb auf die C-GmbH über. Der Firmentarifvertrag wird damit in den Arbeitsvertrag zwischen B und der Betriebsnachfolgerin nach § 613a Abs. 1 Satz 2 BGB, in ihrer Wirkungsweise entsprechend § 3 Abs. 3 TVG aber kollektivrechtlich wirkend transformiert: die C-GmbH ist einseitig zwingend bis zum Ablauf des Tarifvertrages am 31.3. an diesen früheren Firmentarifvertrag kollektivrechtlich gebunden. Anschließend wirkt der Firmentarifvertrag entsprechend § 4 Abs. 5 TVG nach.

Ist der Betrieb übergegangen und besteht damit der Firmentarifvertrag gem. § 613a Abs. 1 Satz 2 BGB, aber in seiner Wirkungsweise entsprechend nach § 3 Abs. 3 TVG zwischen dem übernommenen Arbeitnehmer und dem Betriebsnachfolger fort, kann der **Betriebsveräußerer** – und nicht etwa der Betriebserwerber – diesen Tarifvertrag **trotzdem** zugunsten des Betriebserwerbes **aufkündigen**[2] **und damit den Firmentarifvertrag beenden**, da die Kündigungsmöglichkeit (nicht die einvernehmliche Änderung) bereits im Tarifvertrag angelegt war, so dass dieser an den Firmentarifvertrag **nicht für ein Jahr einseitig zwingend**, sondern nach Ablauf der Kündigungsfrist entsprechend § 4 Abs. 5 TVG nur nachwirkend gebunden ist. Während der Kündigungsfrist und danach wirkt der Firmentarifvertrag beim Betriebserwerber nur statisch weiter, so dass eine im Tarifvertrag vereinbarte Stufenregelung für die Zeit nach Betriebsübergang – anders bei einem in Bezug genommenen Anerkennungstarifvertrag – dyna- 226

---

1 *Düwell*, in: Betrieb ohne Tarifvertrag, S. 261.
2 BAG 22.4.2009 – 4 AZR 100/08, NZA 2010, 41; aA *Gaul*, AktuellAR 2001, S. 546.

misch gilt[1]. Die zum schuldrechtlichen Teil eines Tarifvertrages gehörende Kündigungsmöglichkeit geht nicht auf den Betriebserwerber über.

227 Der bisherige Betriebsinhaber und der Betriebsnachfolger sind kollektivrechtlich – der Betriebsveräußerer nach § 3 Abs. 1 TVG, der Betriebsnachfolger nach § 613a Abs. 1 Satz 2 BGB (entsprechend nach § 3 Abs. 3 TVG kollektivrechtlich) – bis zum Ablauf des transformierten Firmentarifvertrages an diesen gebunden. Da aber § 4 TVG und damit auch § 4 Abs. 5 TVG für den Firmentarifvertrag gilt, wirkt er nach seinem Ablauf nach, bis er durch eine andere Abmachung ersetzt wird, die durch Tarifvertrag, Betriebsvereinbarung oder einzelvertragliche Abrede getroffen werden kann[2], es sei denn, das Verbot der sog. Überkreuzlösung greift. Im Nachwirkungszeitraum wird jedoch aus einer dynamischen Tarifverweisungsklausel eine statische[3]. Natürlich konnte die Nachwirkung in dem Tarifvertrag ausdrücklich ausgeschlossen worden sein[4].

228 Die **Rechtsfolgen eines nur nachwirkenden Firmentarifvertrages** bei einem Betriebsübergang sind in § 613a Abs. 1 Satz 4 BGB geregelt. Der nur nachwirkende Tarifvertrag kann gem. § 4 Abs. 5 TVG jederzeit durch eine andere Abmachung zugunsten und zulasten des Arbeitnehmers ersetzt werden. Da durch den Betriebsübergang der betroffene Arbeitnehmer nicht besser gestellt werden soll als ohne Betriebsübergang, behalten nämlich gem. § 613a Abs. 1 Satz 4 BGB auch nach Betriebsübergang die in das Arbeitsverhältnis transformierten, nur noch nachwirkenden Tarifbestimmungen ihren dispositiven Charakter[5] (wie nach § 4 Abs. 5 TVG) und können deshalb vor Ablauf der Jahresfrist des § 613a Abs. 1 Satz 2 BGB auch zum Nachteil des Arbeitnehmers geändert werden. Fällt allerdings der Arbeitnehmer unter das Kündigungsschutzgesetz oder genießt er aus anderen Gründen erhöhten Kündigungsschutz (zB MuSchG, SGB IX), muss der Arbeitgeber bei einer Änderungskündigung diese Schutzbestimmungen beachten[6].

Beispiel:

In dem vorherigen Fall war der Betriebsnachfolger für die Zeit bis zum 31.3. einseitig zwingend an den in das Arbeitsverhältnis mit B transformierten Firmentarifvertrag gebunden. Nach dem 31.3. wirkte der Tarifvertrag nur nach. Der Betriebsnachfolger war deshalb ab dem 1.4. nicht nach § 613a Abs. 1 Satz 2 BGB gehindert, die transformierten Tarifbestimmungen auch vor Ablauf der Jahresfrist des § 613a Abs. 1 Satz 2 zum Nachteil des B zu verändern. Wollte er dies einseitig durchsetzen, muss er die Kündigungsschutzbestimmungen beachten.

229 Bei einem **Verbandstarifvertrag** ist der einzelne Arbeitgeber trotz Kündigung seiner Mitgliedschaft im Arbeitgeberverband: er bleibt bis zur Beendigung des Tarifvertrages an diesen gebunden. Dieses gilt auch für den Arbeitnehmer bei einem Firmentarifvertrag, wenn dieser aus seiner Gewerkschaft ausgetreten ist. Entscheidendes Kriterium für die Beendigung der Tarifbindung von Arbeitnehmer und Arbeitgeber ist mithin einzig der Ablauf des Tarifvertrages und nicht das Ende der Mitgliedschaft in dem Berufsverband.

230 Geht kraft Rechtsgeschäfts der Betrieb auf einen Betriebsnachfolger über, dann führt dies bei einem Verbandstarifvertrag kraft Gesetzes über die Transformation in das Arbeitsverhältnis nach § 613a Abs. 1 Satz 2 BGB, jedoch entsprechend § 3 Abs. 3 TVG zur Fortgeltung des Tarifvertrages. Da bei einem Betriebsübergang § 613a Abs. 1

---

1 BAG 14.11.2007 – 4 AZR 828/06, NZA 2008, 420; 20.6.2001 – 4 AZR 295/00, NZA 2002, 517; zweifelnd *Hohenstatt*, NZA 2010, 24 (26).
2 BAG 27.11.1991 – 4 AZR 211/91, DB 1992, 1294.
3 BAG 24.11.1999 – 4 AZR 666/98, NZA 2000, 435.
4 BAG 22.4.2009 – 4 AZR 100/08, NZA 2010, 41 ff.
5 *Oetker*, Anm. zu BAG 18.3.1992, 27.1.1991, EzA § 4 TVG Nachwirkung Nr. 15.
6 Vgl. auch KuR10/*Steuerer*, S. 133.

III. Rechtsfolgen des Betriebsübergangs

Satz 2 BGB die übernommenen Arbeitnehmer schützen, sie jedoch nicht besser stehen will, als sie ohne den Betriebsübergang ständen, enden die in das Arbeitsverhältnis übernommenen Tarifbestimmungen mit Ablauf des Tarifvertrages, ohne dass es einer Änderungskündigung seitens des Arbeitgebers bedarf, wenn der Tarifvertrag nach Kündigung ausgelaufen ist und die Nachwirkung des ausgelaufenen Tarifvertrages ausgeschlossen wurde. In diesem Fall ist mangels Fortgeltung des Tarifvertrages kein Raum für eine Änderung der transformierten Regelungen.

Beispiel:

Die D-GmbH hat den Betrieb der A-GmbH, in dem das Gewerkschaftsmitglied B beschäftigt ist, zum 1.5. erworben. Der für die A-GmbH und B kraft beiderseitiger Tarifbindung geltende Urlaubsgeldtarifvertrag wird mit Betriebsübergang in das Arbeitsverhältnis zwischen der D-GmbH und B kraft Gesetzes übertragen und besteht nach § 613a Abs. 1 Satz 2 BGB transformiert, aber entsprechend § 3 Abs. 3 TVG kollektivrechtlich weiter. War die A-GmbH bereits am 1.12. zum 31.3. aus dem Arbeitgeberverband ausgetreten, der Urlaubsgeldtarifvertrag aber erst zum 30.6. gekündigt worden, endete die in das Arbeitsverhältnis mit B transformierte Urlaubsgeldregelung zum 30.6., ohne dass es einer Änderungskündigung durch die D-GmbH bedurfte, wenn die Tarifvertragsparteien die Nachwirkung ausgeschlossen hatten.

Wurde jedoch die **Nachwirkung des Tarifvertrages nicht** ausgeschlossen, wirkt der Tarifvertrag trotz Austritt aus dem Verband über den Zeitpunkt der Beendigung des Tarifvertrages nach, § 4 Abs. 5 TVG. In diesem Fall behalten die nur nachwirkenden Tarifnormen auch nach ihrer Transformation in das Arbeitsverhältnis ihren positiven Charakter und können deshalb nach § 613a Abs. 1 Satz 4 BGB bereits vor Ablauf der Jahresfrist des § 613a Abs. 1 Satz 2 BGB zulasten des Arbeitnehmers geändert werden. 231

Beispiel:

War beim Urlaubsgeldtarifvertrag die Nachwirkung nicht ausgeschlossen worden, so wirkte er nach dem 30.6. nach; die Tarifregelungen, die aufgrund des Betriebsübergangs nach § 613a Abs. 1 Satz 2 BGB entsprechend § 3 Abs. 3 TVG kollektivrechtlich fortgalten, können nach § 613a Abs. 1 Satz 4 BGB bereits vor Ablauf der einjährigen Bindungsfrist geändert werden. Die Parteien können mithin im oder für den Nachwirkungszeitraum eine Kürzung des Urlaubsgeldes vereinbaren, was vor dem 30.6. wegen der einseitig zwingenden Wirkung des Tarifvertrages (§ 3 Abs. 3 TVG) gem. § 613a Abs. 1 Satz 2 BGB unzulässig gewesen wäre.

(b) Ausscheiden aus Geltungsbereich des Tarifvertrages

Die transformierte Tarifregelung hat bereits vor Ablauf der einjährigen Bindungsfrist keine Wirkungen mehr, wenn der Arbeitnehmer nach Betriebsübergang aus dem Geltungsbereich des Tarifvertrages fällt, weil er zB als AT-Angestellter oder leitender Angestellte nicht mehr unter den persönlichen Geltungsbereich des Tarifvertrages fällt oder weil er den räumlichen und sachlichen Geltungsbereich des Tarifvertrages verlassen hat. 232

(4) Kollektivvertragsoffene Regelung

(a) Bei normativ wirkendem Tarifvertrag im Erwerberbetrieb

§ 613a Abs. 1 Satz 3 BGB will den Konflikt lösen, dass bei Betriebsübergang die bisherigen Tarifverträge des Betriebsveräußerers nach § 613a Abs. 1 Satz 2 BGB transformiert, aber entsprechend § 3 Abs. 3 TVG für ein Jahr kollektivrechtlich fortgelten, andererseits aber bei dem Betriebsnachfolger bereits ein anderer Tarifvertrag oder eine andere Betriebsvereinbarung (Kollektivvertrag) besteht oder ein solcher Tarifvertrag bzw. eine solche Betriebsvereinbarung abgeschlossen wird, an den/die Arbeitnehmer und Arbeitgeber – sei es kraft beiderseitiger Tarifbindung, sei es aufgrund erklärter Allgemeinverbindlichkeit des Tarifvertrages oder wegen Eingliederung in einen Be- 233 trieb bei dort bei Betriebsübergang bestandener oder später vereinbarter Betriebsvereinbarung – gebunden sind; in diesen Fällen geht nach § 613a Abs. 1 Satz 3 BGB die beim Betriebserwerber bestehende kollektivrechtliche Regelung dem § 613a Abs. 1 Satz 2 BGB in seiner Wirkungsweise zunächst entsprechend § 3 Abs. 3 TVG bis zum Ablauf der Jahresfrist und anschließend gänzlich in das Arbeitsverhältnis transformierten Tarifvertrag vor und **verdrängt** ihn. Das bedeutet: Die umgewandelten Regelungen sind zwar gegenüber anderen einzelvertraglichen Regelungen wie nach § 3 Abs. 3 TVG einseitig zwingend, nicht aber gegenüber einem anderen Kollektivvertrag[1]; sie sind somit **kollektivvertragsoffen**.

Beispiel:

In einem Tarifvertrag ist eine Weihnachtsgratifikation von einem Monatshalt geregelt. Die A-GmbH und der bei ihr beschäftigte B sind beide tarifgebunden. Geht der Betrieb auf die C-GmbH über und ist diese nicht im selben Verband tarifgebunden, sondern hat sie einen Firmentarifvertrag abgeschlossen, wonach den Mitarbeitern nur ein halbes Gehalt als Weihnachtsgratifikation zusteht, und ist B in der Gewerkschaft, die den Firmentarifvertrag abgeschlossen hat, verdrängt dieser Firmentarifvertrag die sonst bei Betriebsübergang transformierten günstigeren Tarifregelungen der A-GmbH.

234 Der neue Verbands- oder Firmentarifvertrag verdrängt auch dann die bei Betriebsübergang in das Arbeitsverhältnis zunächst transformierten früheren Tarifverträge, wenn die Tarifbindung an den neuen Tarifvertrag **erst Monate nach dem Betriebsübergang** entsteht, zB der bisher nicht tarifgebundene Betriebsnachfolger im Nachhinein einen Firmentarifvertrag abschließt[2] und der Arbeitnehmer tarifgebunden ist.

Beispiel:

Der Arbeitnehmer B ist bei der Kaufhaus AG in deren Einzelhandelsbetrieb in C und dort im Restaurant beschäftigt. Das Arbeitsverhältnis fällt unter den allgemeinverbindlichen Einzelhandels- und damit unter den dortigen Lohntarifvertrag. Das Restaurant wird ausgegliedert und der Gaststättenbetriebs-GmbH übertragen. Der Einzelhandelslohntarifvertrag wird mit Betriebsübergang in das Arbeitsverhältnis zwischen B und der Gaststättenbetriebs-GmbH transformiert und gelten nur wie nach § 3 Abs. 3 TVG längstens für ein Jahr weiter. Tritt dieser Betriebsnachfolger dem Gaststättenverband bei, verdrängen die dortigen Lohntarifverträge die transformierten Kollektivnormen, wenn auch B durch Mitgliedschaft in der den Gaststättentarifvertrag abschließenden Gewerkschaft tarifgebunden wird. Ist dieses nicht der Fall, würden die neuen Lohntarifverträge die transformierten Tarifnormen nur verdrängen, wenn der Gaststättenlohntarifvertrag allgemeinverbindlich wäre.

235 Die an sich nach § 613a Abs. 1 Satz 2 BGB ins Arbeitsverhältnis transformierten Rechtsnormen werden auch dann verdrängt, wenn beim neuen Betriebsinhaber ein anderer Tarifvertrag schon abgelaufen ist und **nur noch kraft Nachwirkung** (§ 4 Abs. 5 TVG) bis zur Ersetzung durch eine andere Abmachung gilt[3].

236 Allerdings verdrängt der Tarifvertrag des Betriebserwerbers, sofern auch der Arbeitnehmer tarifgebunden oder das Tarifwerk allgemeinverbindlich[4] ist, den in das Arbeitsverhältnis sonst oder bereits transformierten Tarifvertrag nur, wenn der neue Tarifvertrag einen **entsprechenden Regelungsgegenstand** betrifft[5], wobei eine Nichtregelung keine Regelung darstellt.

237 Der Tarifvertrag im Erwerberbetrieb verdrängt nur dann den transformierten Tarifvertrag im gleichen Regelungsbereich, wenn neben dem Arbeitgeber auch der Arbeitneh-

---

1 Vgl. KuR10/*Steuerer*, S. 125; BAG 21.2.2000 – 4 AZR 18/00, NZA 2001, 1318.
2 BAG 19.3.1986 – 4 AZR 640/84, NZA 1986, 687.
3 *Düwell* in: Betrieb ohne Tarifvertrag, S. 246.
4 BAG 7.7.2010 – 4 AZR 1023/08, NZA-RR 2011, 30.
5 MünchKommBGB/*Müller-Glöge*, § 613a Rz. 142.

III. Rechtsfolgen des Betriebsübergangs

mer **tarifgebunden** ist. Dies ist zu fordern, weil sonst für den übernommenen Arbeitnehmer ein tarifloser Zustand bestünde[1].

⊃ **Hinweis:** Bei unmittelbarer Anwendung eines neuen Tarifvertrages nach Betriebsübergang war nach bisheriger Rechtsprechung aufgrund der Regelung des § 613a Abs. 1 Satz 3 BGB anerkannt, dass nicht das Günstigkeitsprinzip, sondern das Ablösungsprinzip Anwendung findet. Verschlechterungen des Status des Arbeitnehmers waren daher möglich, wenn ein neuer Tarifvertrag beim Betriebserwerber unmittelbar zur Anwendung gelangte[2]. Durch die **Scattolon-Entscheidung** des EuGH v. 6.9.2011[3] muss diese Rechtsprechung und die Europarechtskonformität des § 613a Abs. 1 Satz 3 BGB auf den Prüfstand gestellt werden, da nach dem EuGH die Möglichkeit,

„die für die übergegangenen Arbeitnehmer nach dem beim Veräußerer geltenden Tarifvertrag vorgesehenen Arbeitsbedingungen mit sofortiger Wirkung durch die zu ersetzen, die nach dem beim Erwerber geltenden Tarifvertrag vorgesehen sind, (...) nicht zum Ziel oder zur Folge haben (darf), dass diesen Arbeitnehmern insgesamt schlechtere Arbeitsbedingungen als die vor dem Übergang geltenden auferlegt werden".

Es ist daher nicht ausgeschlossen, dass eine Ablösungsmöglichkeit künftig auch durch einen wirksam geltenden neuen Tarifvertrag beim Betriebserwerber nicht mehr ohne Weiteres möglich sein wird[4]. Gegen eine solche Auffassung spricht, dass sie eine Besserstellung der vom Betriebsübergang betroffenen Arbeitnehmer darstellte.

Die zuvor aufgezeigten Rechtsgrundsätze gelten nicht zwischen einer **Betriebsvereinbarung** im Betrieb des Betriebserwerbers und einem transformierten und zunächst für ein Jahr wie nach § 3 Abs. 3 TVG kollektivrechtlich fortbestehenden Anspruch aus einem Tarifvertrag im Betrieb des Betriebsveräußerers; in der Literatur wird die Meinung vertreten, hier gehe die neue Betriebsvereinbarung dem transformierten Anspruch vor[5], falls dem nicht § 77 Abs. 3 BetrVG entgegensteht[6]. Demgegenüber vertritt das BAG[7] die Auffassung, eine tarifliche Regelung könne durch eine betriebsverfassungsrechtliche Regelung nicht nach § 613a Abs. 1 Satz 3 BGB verdrängt werden (Ablehnung der sog. **Überkreuzablösung**).

Das BAG begründet seine Auffassung damit, dass gegen die Möglichkeit einer Ablösung vormals tariflicher Regelungen durch verschlechternde Regelungen einer Betriebsvereinbarung entscheidend systematische und teleologische Gründe sprechen. Könnten ungünstigere Regelungen einer beim Erwerber geltenden Betriebsvereinbarung die Transformation tariflicher Regelungen in die Arbeitsverhältnisse nach § 613a Abs. 1 Satz 2 BGB verhindern oder später beseitigen, so würden die Betriebsparteien aus Anlass eines Betriebsübergangs in die Lage versetzt, tarifliche Arbeitsbedingungen zu verschlechtern. Außerhalb eines Betriebsübergangs verstieße dies gegen § 4 Abs. 3 TVG. Auch eine gem. § 4 Abs. 5 TVG nur nachwirkende Tarifnorm kann zumindest außerhalb des Bereichs der zwingenden Mitbestimmung nicht durch

---

1 BAG 21.2.2001 – 4 AZR 18/00, EzA § 613a BGB Nr. 195; 20.4.1994 – 4 AZR 342/93, EzA § 613a BGB Nr. 118; LAG Berlin 9.10.1998 – 8 Sa 51/98, nv.; vgl. hierzu auch *Wellenhofer-Klein*, ZfA 1999, 239 (256) mwN. Ihr Hinweis, der Arbeitnehmer könne ja in die Gewerkschaft eintreten oder mit dem Arbeitgeber die Geltung des neuen Tarifvertrages vereinbaren, überzeugt nicht. Denn § 613a BGB will gerade erreichen, dass die bisherigen tariflichen Regelungen erhalten bleiben. Für den Arbeitnehmer besteht nach der Konzeption des § 613a BGB keine Veranlassung, etwas von sich aus zu veranlassen.
2 BAG 16.5.1995 – 3 AZR 535/94, NZA 1995, 1166; 22.4.2009 – 4 AZR 100/08, NZA 2010, 41.
3 EuGH 6.9.2011 – Rs. C-108/10, NZA 2011, 1077; hierzu *Sagan*, EuZA 2012, 247; *Steffan*, NZA 2012, 473.
4 Ausdrücklich offen gelassen von BAG 16.11.2011 – 4 AZR 822/09, nv. sowie von ErfK/*Preis*, § 613a BGB Rz. 125a und HWK/*Willemsen/Müller-Bonanni*, § 613a BGB Rz. 270.
5 Vgl. hierzu weiter KuR10/*Steuerer*, S. 128.
6 So auch *Gaul*, AktuellAR 2001, S. 560.
7 BAG 3.7.2013 – 4 AZR 961/11, NZA-RR 2014, 80; 6.11.2007 – 1 AZR 862/06, NZA 2008, 542; 13.11.2007 – 3 AZR 191/06, NZA 2008, 600; s.a. ErfK/*Preis*, § 613a BGB Rz. 126 mwN.

eine ungünstigere Betriebsvereinbarung abgelöst werden. Eine solche Betriebsvereinbarung ist wegen des Günstigkeitsprinzips auch unabhängig von § 77 Abs. 3 Satz 1 BetrVG keine wirksame „andere Abmachung" iSv. § 4 Abs. 5 TVG, die in die aus dem ehemals normativ wirkenden Tarifvertrag abgeleiteten Rechtspositionen der Arbeitnehmer verschlechternd eingreifen könnte[1].

240 Dem widerspräche es, wenn die Betriebsparteien im Zusammenhang mit einem Betriebsübergang eine solche Befugnis besäßen. Dies wird besonders deutlich, wenn die Betriebsvereinbarung erst einige Zeit nach dem Betriebsübergang geschlossen wird, so dass zunächst eine Transformation der beim Veräußerer normativ geltenden Tarifregelungen in die Arbeitsverhältnisse mit dem Erwerber iSv. § 613a Abs. 1 Satz 2 BGB stattgefunden hat. In die auf diese Weise entstandene individualrechtliche Position der Arbeitnehmer vermag eine Betriebsvereinbarung grundsätzlich nicht verschlechternd einzugreifen. Etwas anderes folgt auch nicht aus dem Umstand, dass die Rechtspositionen der Arbeitnehmer einen kollektivrechtlichen Ursprung haben. Dieser Umstand berechtigt zwar zu einer Ablösung von zuvor auf einer Betriebsvereinbarung beruhenden individualrechtlichen Positionen iSv. § 613a Abs. 1 Satz 2 BGB durch eine spätere, ungünstigere Betriebsvereinbarung beim Erwerber. Er vermag aber eine Ablösung individualrechtlicher Positionen, die auf einer Transformation von Tarifnormen gem. § 613a Abs. 1 Satz 2 BGB beruhen, durch eine spätere, verschlechternde Betriebsvereinbarung beim Erwerber nicht zu rechtfertigen.

Beispiel:

Im Betrieb des Veräußerers galt kraft beiderseitiger Tarifbindung ein Tarifvertrag über betriebliche Altersversorgung. Im Erwerberbetrieb gab es eine entsprechende Betriebsvereinbarung. Das BAG hat geurteilt, dass tarifvertraglich begründete Ansprüche auf Leistungen der betrieblichen Altersversorgung nicht durch eine beim Erwerber geltende Betriebsvereinbarung abgelöst werden können. Der Sinn und Zweck des § 613a BGB bestehe darin, dem Arbeitnehmer bei einem Betriebsübergang die bisherigen Arbeitsbedingungen zu erhalten. Betriebsvereinbarungen zur betrieblichen Altersversorgung seien nur teilmitbestimmt; der Arbeitgeber bestimme allein über die Dotierung. Schon aus diesem Grunde komme eine Ablösung tariflich begründeter Versorgungsansprüche durch Betriebsvereinbarung im Wege der sog. Überkreuzablösung nicht in Betracht.

(b) Bei vereinbartem Tarifvertrag im Erwerberbetrieb

241 Nach § 613a Abs. 1 Satz 4 BGB gehen bei fehlender beiderseitiger Tarifgebundenheit die im Erwerberbetrieb anzuwendenden Tarifverträge den transformierten Kollektivvereinbarungen vor, wenn die **Anwendung dieser Tarifverträge zwischen dem neuen Inhaber und dem Arbeitnehmer vereinbart** wurde. Die Parteien müssen allerdings auf den einschlägigen „anderen" Tarifvertrag Bezug nehmen. Zulässig ist es, in diesem Übernahmevertrag zu vereinbaren, dass günstigere Regelungen im bisherigen Tarifvertrag erhalten bleiben; mit diesem Zusatz wird es leichter sein, die Arbeitnehmer zu bewegen, der „Vereinheitlichungsvereinbarung" zuzustimmen. Der Grundsatz des Vorrangs der bisherigen Tarifregelung, soweit der gleiche Regelungsbereich durch den neuen Tarifvertrag nicht betroffen ist, gilt hier nicht.

242 Die Ablösungsvereinbarung muss sich auf den gesamten Inhalt des Tarifvertrages beziehen. Die Vereinbarung nur einzelner Regelungen („Rosinen") hat keine die Transformation ausschließende Wirkung[2]. Die „Vereinheitlichungsvereinbarung" kann auch dann getroffen werden, wenn der neue Arbeitgeber nicht tarifgebunden ist.

---

1 Im Fall der zwingenden Mitbestimmung bejaht das LAG Hess. (14.11.2011 – 16 Sa 721/11, LAGE § 4 TVG Nachwirkung Nr. 16) bei einem nachwirkenden Tarifvertrag und fehlender Tarifbindung des Arbeitgebers die Ablösung durch eine ungünstigere Betriebsvereinbarung.
2 *Düwell* in: Betrieb ohne Tarifvertrag, S. 250.

Da der neue Inhaber die Anwendung vereinbart haben muss, reicht eine individualrechtliche Bezugnahmeklausel im Arbeitsvertrag zwischen dem alten Arbeitgeber und dem Arbeitnehmer nicht aus. Liegt jedoch eine sog. große dynamische Bezugnahmeklausel vor, findet der neue Tarifvertrag bereits aufgrund dieser Verweisung Anwendung.

243

e) Arbeitsvertragliche Bezugnahmeklauseln auf Tarifverträge

In vielen Arbeitsverträgen finden sich Bezugnahmeklauseln auf Regelungen von Tarifverträgen. Tarifgebundene Arbeitgeber bedienen sich regelmäßig solcher Klauseln, einerseits damit innerhalb der Belegschaft die gleichen Konditionen Anwendung finden, anderseits um die Arbeitnehmer nicht zu einem Beitritt in die Gewerkschaft zu motivieren. Auch tarifungebundene Arbeitgeber verwenden Bezugnahmeklauseln bisweilen, um sich ohne eigene Tarifbindung an einem bestimmten Niveau gleichberechtigt ausgehandelter Arbeitsbedingungen zu orientieren.

244

Derartige Bezugnahmeklauseln können unterschiedlich ausgestaltet sein, so dass deren Reichweite nach einem Betriebsübergang Fragen aufwerfen kann. Sowohl hinsichtlich der sachlichen, als auch der zeitlichen Reichweite der Bezugnahmeklausel sind verschiedene Gestaltungsmöglichkeiten denkbar: Je nachdem ob nur auf einen bestimmten Tarifvertrag in einer bestimmten Fassung (sog. **statischer Verweis**) oder auf den jeweils für den Betrieb geltenden Tarifvertrag in seiner aktuellsten Fassung (sog. **große dynamische** oder auch **zeitlich-sachliche dynamische Bezugnahmeklausel**) Bezug genommen wird, kann die Dynamik gänzlich ausgeschlossen sein oder ungehindert bestehen und nach einem Betriebsübergang auch zu einem Tarifwechsel führen. Denkbar sind zudem „Mittelwege" wie etwa der Verweis auf einen bestimmten Tarifvertrag in seiner jeweils aktuellen Fassung (sog. **kleine dynamische** oder auch **zeitlich dynamische Bezugnahmeklausel**).

245

Formulierungsbeispiele:

246

Statischer Verweis

Auf das Arbeitsverhältnis finden die Vorschriften des MTV Bergbau, Chemie, Energie vom 24.6.1992 in der Fassung vom 16.3.2009 Anwendung.

Kleine dynamische Bezugnahmeklausel

Auf das Arbeitsverhältnis finden die jeweils geltenden tariflichen Bestimmungen für die metallverarbeitende Industrie im Lande NRW Anwendung.

Große dynamische Bezugnahmeklausel

Im Übrigen gelten die jeweils kraft gesetzlicher Tarifbindung des Arbeitgebers für den Betrieb verbindlichen Tarifverträge. Zurzeit finden deshalb die ...-Tarifverträge Anwendung.

Oder:

Auf das Arbeitsverhältnis sind die jeweils für den Betrieb geltenden Tarifverträge in jeweils gültiger Fassung anwendbar.

Neben der vertraglichen Ausgestaltung ist die konkrete betriebliche Handhabe mit zu berücksichtigen, da in vielen Unternehmen auch ohne ausdrücklich schriftlich im Arbeitsvertrag fixierte Bezugnahmeklauseln eine betriebliche Übung besteht, allen Arbeitnehmern unabhängig davon, ob sie organisiert sind oder nicht, **(mindestens) die Tarifbedingungen zu gewähren**[1]. Hat der Arbeitgeber wiederholt (wenigstens drei Mal) seinen Mitarbeitern vorbehaltlos die tariflichen Leistungen gewährt, so kann dadurch eine den Arbeitsvertrag ergänzende betriebliche Übung auf Weiterge-

247

---

1 *Wiedemann*, § 3 TVG Rz. 271; *Löwisch/Rieble*, § 3 TVG Rz. 528.

währung dieser Leistungen entstehen und damit die Folgen einer kleinen dynamische Bezugnahmeklausel eintreten[1]. Der Betriebsnachfolger tritt dann in den durch die betriebliche Übung ergänzten Arbeitsvertrag ein und ist damit auch an den so vereinbarten Tarifvertrag gem. § 613a Abs. 1 Satz 1 BGB gebunden.

248 Zu betonen ist, dass hinsichtlich der Folgen arbeitsvertraglicher Bezugnahmen auf Tarifverträge eine Anwendung des § 613a Abs. 1 Sätze 2–4 BGB ausscheidet, da es nur bei vormals bestehender normativer Tarifgeltung zu der in § 613a Abs. 1 Satz 2 BGB geregelten Transformation kommen kann. Die Rechtsfolgen arbeitsvertraglicher Bezugnahmeklauseln regeln sich folglich nach § 613a Abs. 1 Satz 1 BGB[2], so dass insbesondere § 613a Abs. 1 Satz 3 BGB nicht zur Anwendung kommt[3] und der einjährige Inhaltsschutz ebenfalls nicht greift[4]. Maßgeblich ist jedoch, dass die Vorschriften der in Bezug genommenen Tarifverträge bereits vor dem Zeitpunkt des Betriebsübergangs bestanden, da eine erst angesichts des Betriebsübergangs wirksam werdende Tarifeinigung von der arbeitsrechtlichen Bezugnahmeklausel nicht erfasst wird und daher nicht zu dem im Arbeitsverhältnis vorhandenen Regelungsbestand „im Zeitpunkt" des Betriebsübergangs gehört[5].

249 Die Rechtsprechung hat sich in den letzten Jahren ausführlich und kontrovers mit Bezugnahmeklauseln befasst: Als geklärt gilt zunächst, dass arbeitsvertragliche Bezugnahmeklauseln in Formularverträgen im Hinblick auf die AGB-rechtlichen Grundsätze der **Transparenz, Bestimmtheit** und **Verständlichkeit** gem. § 307 Abs. 1 Satz 2 BGB per se unbedenklich sind, wobei allerdings die Bezugnahmeklausel selbst verständlich sein muss[6]. Insbesondere ist bei dynamischen Klauseln durch Auslegung das Gewollte zu ermitteln: Zu hinterfragen ist, ob der Arbeitgeber bei Verwendung der Bezugnahmeklausel im Falle eines Betriebsinhaberwechsels eine fortlaufende Dynamik konstitutiv begründen wollte oder nicht vielmehr nur die nicht tarifgebundenen Arbeitnehmer den Arbeitnehmern gleichstellen wollte, für die der Tarifvertrag qua beiderseitiger Tarifgebundenheit gilt (sog. **Gleichstellungsabrede**[7]).

250 Die Rechtsprechung differenziert zur Beantwortung dieser Auslegungsfrage danach, ob es sich um Altarbeitsverträge (Abschluss vor dem 1.1.2002 vor Inkrafttreten der AGB-Vorschriften der §§ 305 ff. BGB) oder Neuverträge (Abschluss ab dem 1.1.2002) handelt[8].

251 Schwierigkeiten bereitet die Änderung von Altverträgen nach dem 1.1.2002: Wird ein Altvertrag nach dem 1.1.2002 geändert, so kommt es für dessen Einstufung als Alt- oder Neuvertrag darauf an, ob auch die Bezugnahmeklausel „zum Gegenstand der rechtsgeschäftlichen Willensbildung der Vertragsparteien gemacht worden ist"[9]. Regelmäßig wird es an einer ausdrücklichen Neuregelung der Bezugnahmeklausel fehlen, vielmehr findet sich bei Vertragsänderungen der Hinweis, dass es im Übrigen bei den bisherigen Arbeitsbedingungen bleibe. Ob mit einer solchen Formulierung die Bezugnahmeklausel zum Gegenstand der rechtsgeschäftlichen Willensbildung gewor-

---

1 BAG 19.1.1999 – 1 AZR 606/98, NZA 1999, 879. Ein nicht tarifgebundener Arbeitgeber will sich allerdings nur bei Vorliegen zusätzlicher deutlicher Anhaltspunkte für die Zukunft der Regelungsmacht der Tarifverbände unterwerfen, vgl. BAG 3.11.2004 – 5 AZR 622/03, EzA § 242 BGB 2002 Betriebliche Übung Nr. 4.
2 BAG 20.6.2012 – 4 AZR 657/10, BB 2012, 2816; 17.11.2010 – 4 AZR 391/09, NZA 2011, 356.
3 *Schipp*, NZA 1994, 865; *Wank*, NZA 1987, 505; APS/*Steffan*, § 613a BGB Rz. 141.
4 BAG 28.5.1997 – 4 AZR 663/95, NZA 1997, 1066; *Wank*, NZA 1987, 505.
5 BAG 20.6.2012 – 4 AZR 657/10, BB 2012, 2816.
6 BAG 14.4.2007 – 5 AZR 630/06, EzA § 307 BGB 2002 Nr. 18; *Löwisch/Rieble*, § 3 TVG Rz. 543 ff.
7 *Löwisch/Rieble*, § 3 TVG Rz. 459.
8 BAG 4.12.2005 – 4 AZR 536/04, NZA 2006, 2671.
9 BAG 18.11.2009 – 4 AZR 514/08, EzA § 3 TVG Bezugnahme auf Tarifvertrag Nr. 43; 19.10.2011 – 4 AZR 811/09, DB 2011, 2783; 24.2.2010 – 4 AZR 691/08, NZA-RR 2010, 530.

den ist, entscheidet die Rechtsprechung stark einzelfallbezogen unter Berücksichtigung der Begleitumstände[1].

Beispiele:

Die B-GmbH und Arbeitnehmer AN schließen im Jahr 2005 eine Änderungsvereinbarung über das Gehalt (§ 1) und die Verringerung der Arbeitszeit (§ 2) des Ursprungsvertrags vom 6.7.2000 ab, der auch eine Bezugnahmeklausel enthält. Weitere Vereinbarungen und Verweise enthält die Änderungsvereinbarung nicht. Der Arbeitsvertrag ist – unumstritten – weiterhin als Altvertrag zu behandeln, da mit keiner Formulierung die Bezugnahmeklausel zur Verhandlung gestellt wurde.

Abwandlung 1:

Wie Grundfall, es findet sich jedoch in der Änderungsvereinbarung die Formulierung, wonach

„*alle anderen Vereinbarungen aus dem Anstellungsvertrag unberührt bleiben*"[2].

Nach dem BAG haben die Parteien hiermit auch über die Bezugnahmeklausel disponiert, so dass der Vertrag als Neuvertrag zu behandeln ist. Die vorgenannte Formulierung hindert daher die Annahme eines Altvertrags und eine Rechtsfolgenkorrektur unter dem Gesichtspunkt des Vertrauensschutzes.

Abwandlung 2:

Wie Grundfall, hinter der Änderung findet sich diesmal der Zusatz:

„*Des Weiteren bleibt es bei den bisherigen Arbeitsbedingungen*"[3].

In diesem Fall lehnte das BAG einen Neuvertrag ab, da die Auslegung der Änderungsvereinbarung unter Berücksichtigung der Begleitumstände ergab, dass die Parteien weiterhin von einer Gleichstellungsabrede ausgingen und ein Änderungswille nicht vorlag.

aa) Rechtslage für bis zum 31.12.2001 abgeschlossene Arbeitsverträge („Altvertrag")

Bei Altverträgen kommt das BAG zu unterschiedlichen Auslegungsergebnissen wortlautgleicher Bezugnahmeklauseln, da es für die Ergebnisfindung darauf abstellt, ob der Arbeitgeber bei Vereinbarung der Bezugnahmeklausel tarifgebunden war[4]: Bestand für den Arbeitgeber bei Abschluss eines Altvertrags Tarifgebundenheit, so ist die Bezugnahmeklausel als rein deklaratorischer Verweis zu verstehen, mit der der Arbeitgeber bei Abschluss des Arbeitsvertrags die nicht-tarifgebundenen Arbeitnehmer lediglich den tarifgebundenen Arbeitnehmern gleichstellen wollte, solange der Arbeitgeber hieran selbst gebunden ist[5]. Von einer solchen Gleichstellungsabrede kann folglich nur gesprochen werden, **wenn der Arbeitgeber selbst tarifgebunden ist**, wobei es unerheblich ist, ob der Arbeitnehmer hiervon Kenntnis hat[6]. Hierfür reicht ein Anerkennungstarifvertrag aus[7]. Weiterhin muss in der Bezugnahmeklausel auf die tariflichen Bestimmungen, die im Falle einer arbeitnehmerseitigen Tarifbindung normativ gem. § 4 Abs. 1 Satz 1 TVG zur Anwendung kommen würde, als Ganzes Bezug genommen werden[8].

252

Tritt ein Arbeitgeber aus seinem Arbeitgeberverband aus und wirkt deshalb nach Ende der Tarifbindung (§ 3 Abs. 3 TVG) der Tarifvertrag nur noch statisch nach (§ 4 Abs. 5 TVG), so besteht bei den nicht tarifgebundenen Arbeitnehmern bei einer ein-

253

---

1 Auf die hiermit eintretende Rechtsunsicherheit weisen *Löwisch/Rieble*, § 3 TVG Rz. 464 zu Recht hin.
2 So die Formulierung bei BAG 18.11.2009 – 4 AZR 514/08, EzA § 3 TVG Bezugnahme auf Tarifvertrag Nr. 43.
3 So die Formulierung bei BAG 19.10.2011 – 4 AZR 811/09, DB 2011, 2783.
4 *Annuß/Lembke*, Rz. 168; APS/*Steffan*, § 613a BG Rz. 145f.
5 St. Rspr.; vgl. statt aller BAG 1.12.2004 – 4 AZR 50/04, NZA 2005, 478.
6 BAG 19.3.2003 – 4 AZR 331/02, NZA 2003, 805.
7 LAG Düsseldorf 17.9.2007 – 14 Sa 349/07.
8 LAG Nürnberg 29.10.2009 – 5 Sa 403/08, LAGE § 3 TVG Bezugnahme auf Tarifvertrag Nr. 17.

zelvertraglichen Bezugnahme auf den jeweiligen Tarifvertrag aufgrund des Charakters dieser Bezugnahmeklausel als Gleichstellungsabrede diese Verweisungsklausel in gleicher Weise wie bei einem tarifgebundenen Arbeitnehmer nur noch statisch weiter[1]. Denn mit der Bezugnahmeklausel verfolgt der Arbeitgeber wegen seiner Tarifgebundenheit typischerweise den Zweck, Arbeitnehmer ohne Rücksicht auf deren Tarifgebundenheit so zu stellen, als wären sie tarifgebunden[2].

254 Damit ist aber bereits eine wichtige Aussage gemacht: Ein Tarifvertrag, auf den in einem **Arbeitsvertrag Bezug genommen** und der damit Inhalt eines Arbeitsvertrages wird, wirkt **nicht unmittelbar und zwingend** (§ 4 Abs. 1 TVG); er kann jederzeit als Teil des Arbeitsvertrages ganz oder teilweise abbedungen werden.

Beispiel:

In einem Arbeitsverhältnis wird auf den Tarifvertrag der Metall verarbeitenden Industrie Bezug genommen. Dieser Tarifvertrag wird damit Inhalt des Arbeitsvertrages. Die Arbeitsvertragsparteien können von vornherein oder nachträglich die Anwendung bestimmter tariflicher Regelungen, zB Urlaubsdauer, ausschließen.

255 Bei einem **Betriebsübergang** iSd. § 613a BGB tritt der Betriebsnachfolger gem. § 613a Abs. 1 Satz 1 BGB in alle Rechte und Pflichten aus dem Arbeitsverhältnis ein, so dass der neue Betriebsinhaber auch an die einzelvertraglich vereinbarten Tarifverträge gebunden ist. Da es sich hierbei um einzelvertragliche Regelungen handelt, ist § 613a Abs. 1 Sätze 2–4 BGB und damit auch die Jahresfrist des § 613a Abs. 1 Satz 2 BGB nicht anzuwenden. Arbeitnehmer und der Betriebserwerber können jederzeit den Arbeitsvertrag auch hinsichtlich der in Bezug genommen Tarifbestimmungen ändern.

Beispiel:

In einem Arbeitsvertrag zwischen der A-GmbH und dem Angestellten B wird auf die Tarifverträge der Metall verarbeitenden Industrie NW Bezug genommen. Der Betrieb, in dem B beschäftigt ist, geht auf die C-GmbH iSd. § 613a BGB über. Diese kann jederzeit mit A vereinbaren, dass der arbeitsvertraglich in Bezug genommene Tarifvertrag ganz oder teilweise nicht mehr gelten soll.

256 Die Annahme, dass die Bezugnahmeklausel bei einem Tarifwechsel infolge Betriebsübergangs auch die nunmehr einschlägigen Tarifverträge umfassen soll, ist bei einem tarifgebundenen Arbeitgeber nur möglich, wenn bei Abschluss des Arbeitsvertrags besondere Umstände vorlagen, aus denen geschlossen werden kann, dass die Arbeitsvertragsparteien den Arbeitsvertrag auch anderen Tarifwerken unterstellen wollten, wenn der Arbeitgeber in deren Anwendungsbereich fällt[3].

257 Ist der Arbeitgeber hingegen **nicht tarifgebunden**, ist die **Verweisungsklausel wortlautgetreu (und damit nicht als Gleichstellungsabrede) auszulegen und anzuwenden**[4]. Ein Tarifwechsel ist dann also auch ohne Vorliegen besonderer Umstände möglich. Es verbleibt jedoch bei einer Auslegung im Sinne einer Gleichstellungsabrede, wenn der Arbeitgeber ein „tarifgebietsübergreifendes Unternehmen" ist und der Arbeitsvertrag generell auf die sachlich einschlägigen Tarifverträge eines bestimmten Tarifgebiets verweist[5]. In einem solchen Fall will der Arbeitgeber nämlich auch die nicht tarifgebundenen Arbeitnehmer den tarifgebundenen Arbeitnehmern eines bestimmten Tarifgebiets unabhängig von der eigenen Tarifbindung gleichstellen[6].

---

1 BAG 19.3.2003 – 4 AZR 331/02, NZA 2003, 668.
2 BAG 19.8.2001 – 4 AZR 332/00, EzA § 613a BGB Nr. 201.
3 BAG 25.10.2000 – 4 AZR 506/99, EzA § 3 TVG Bezugnahme auf Tarifvertrag Nr. 15.
4 *Annuß/Lembke*, Rz. 166.
5 *Annuß/Lembke*, Rz. 167.
6 BAG 21.8.2002 – 4 AZR 263/01, EzA § 3 TVG Bezugnahme auf Tarifvertrag Nr. 21; 25.9.2002 – 4 AZR 294/01, EzA § 3 TVG Bezugnahme auf Tarifvertrag Nr. 24.

III. Rechtsfolgen des Betriebsübergangs

Beispiel:

Die metallverarbeitende A-GmbH ist nicht tarifgebunden und unterhält einen Betrieb in Frankfurt. Die Altarbeitsverträge enthalten eine Bezugnahmeklausel, wonach die „jeweils einschlägigen Tarifverträge der Metallindustrie Anwendung finden". Der Betriebsteil „Lager" wird abgespalten und auf die B-GmbH, ein Logistikunternehmen, übertragen.

Die Klausel ist mangels Tarifgebundenheit nicht als Gleichstellungsabrede, sondern wortlautgetreu als kleine dynamische Bezugnahmeklausel auszulegen. Die Tarifverträge der Metallindustrie sind folglich weiterhin für die übergehenden Mitarbeiter qua Verweisung anzuwenden. Eine Auslegung der Bezugnahmeklausel der Altarbeitsverträge in Form einer Gleichstellungsabrede ist mangels Tarifgebundenheit des (vormaligen) Arbeitgebers A-GmbH nicht möglich.

Unproblematisch ist die Rechtslage, wenn der Erwerber demselben Tarifverband wie der Veräußerer angehört. Die kleine dynamische Bezugnahmeklausel gilt dann beim Erwerber individualrechtlich in gleicher Weise dynamisch weiter. Die dargestellten Probleme entstehen folglich nur, wenn bei dem Betriebserwerber ein anderer Tarifvertrag Anwendung findet. **258**

⊃ **Hinweis:** Die Grundsätze der Tarifkonkurrenz oder der Tarifpluralität mit der Folge der Geltung des spezielleren Tarifvertrags finden in den dargestellten Fällen keine Anwendung. Denn Tarifkonkurrenz und Tarifpluralität liegen nur dann vor, wenn der Arbeitnehmer unter den Geltungsbereich zweier konkurrierender Tarifverträge normativ fällt und nicht bloß kraft Bezugnahmeklausel unter einen dieser Tarifverträge[1].

Ist eine Klausel nach dem oben Gesagten als Gleichstellungsabrede zu behandeln, so gelangt das BAG bei fehlender oder anderweitiger Tarifbindung beim Betriebserwerber zu einer Fortgeltung der beim Betriebsveräußerer geltenden Bedingungen im gleichen Umfang wie für die dort unmittelbar tarifgebundenen Arbeitnehmer, was das BAG als Folge der normativen Fortgeltungsanordnung gem. § 613a Abs. 1 Satz 2 BGB begründet. Die für den Betriebserwerber einschlägigen Tarifverträge gelangen durch die Bezugnahmeklausel nicht zur Anwendung[2]. **259**

bb) Rechtslage für ab dem 1.1.2002 abgeschlossene Arbeitsverträge („Neuvertrag")

Das BAG hat mit Urteil vom 14.12.2005[3] angekündigt und am 18.4.2007[4] entschieden, dass es an seiner bisherigen Auffassung, eine einzelvertragliche Bezugnahmeklausel stelle bei einem tarifgebundenen Arbeitgeber eine Gleichstellungsabrede dar, bei Neuverträgen nicht mehr festhält[5]; **für die davor abgeschlossenen Verträge gilt (zeitlich unbegrenzt) Vertrauensschutz**[6]. Zur Begründung führt das BAG aus, es sei zunehmend zweifelhaft geworden, ob ohne konkrete Anhaltspunkte davon ausgegangen werden kann, dass dynamische Verweisungen auf einschlägige Tarifverträge typischerweise nur die Gleichstellung der nicht tarifgebundenen mit den tarifgebundenen Arbeitnehmern bezwecken. Auch der Umstand, dass aufgrund der veränderten wirtschaftlichen Rahmenbedingungen die Frage von Geltung und Anwendbarkeit von Tarifverträgen – auch im Rahmen der immer häufiger werdenden Betriebs- und Teilbetriebsübergänge – gesteigerte Aktualität erfahren habe, sei hinreichender Anlass, **260**

---

1 BAG 22.10.2008 – 4 AZR 784/07, NZA 2009, 151.
2 BAG 27.11.2002 – 4 AZR 661/01, NZA 2003, 1296; s.a. *Annuß/Lembke*, Rz. 169.
3 BAG 14.12.2005 – 4 AZR 536/04, EzA § 3 TVG Bezugnahme auf Tarifvertrag Nr. 3.
4 BAG 18.4.2007 – 4 AZR 652/05, NZA 2007, 965; s.a. BAG 14.12.2011 – 4 AZR 79/10, EzA-SD 2012, Nr. 10, 4–5 mit guter Zusammenfassung der eigenen Rspr.
5 In der Literatur wird problematisiert, ob die Auffassung des BAG mit Europarecht in Einklang steht; vgl. hierzu die Hinweise bei *Clemenz*, NZA 2007, 772.
6 Hieran hält die Rspr. weiter fest, vgl. BAG 14.12.2011 – 4 AZR 79/10, EzA-SD 2012, Nr. 10, 4–5; *Löwisch/Rieble*, § 3 TVG Rz. 464.

bei der Gestaltung von Bezugnahmeklauseln die gewollten Rechtsfolgen **auch ausdrücklich zu formulieren**.

261 Darüber hinaus müssten auch die Wertungen des Rechts der Allgemeinen Geschäftsbedingungen beachtet werden: Nicht nur die seit dem 1.1.2002 aufgrund der Schuldrechtsreform geltende Unklarheitenregel des § 305c Abs. 2 BGB, auch das Transparenzgebot des § 307 Abs. 1 Satz 2 BGB und das Verbot der geltungserhaltenden Reduktion in § 306 BGB würden als allgemeine Rechtsgrundsätze gegen eine wohlwollende Auslegung zugunsten des Klauselverwenders streiten. Dies spräche auch dagegen, eine durch das Ende einer ursprünglich bestehenden Tarifgebundenheit auflösend bedingte Dynamik in Bezug genommener Tarifverträge, an die der Klauselverwender bei Vertragsschluss gedacht haben mag, als Vertragsinhalt auch dann zu erkennen, wenn sich hierfür weder im Vertragswortlaut noch in den den Vertragsschluss begleitenden Umständen ein Anhaltspunkt findet.

262 Es gebe allerdings keine Rechtsgründe, welche die Vereinbarung einer Gleichstellungsabrede im Arbeitsvertrag ausschließen. Sie sei ebenso im Rahmen der Vertragsfreiheit des tarifgebundenen Arbeitgebers als Klauselverwender möglich, wie es dem Arbeitgeber frei stehe, sich von einer Arbeitgeberkoalition fernzuhalten, sich aber gleichwohl dem Ordnungsmodell für das Arbeits- und Sozialleben in der Bundesrepublik Deutschland dadurch anzupassen, dass er mit seinen Beschäftigten die Gestaltung der Arbeitsverhältnisse durch das einschlägige Tarifwerk in seiner jeweiligen Fassung vereinbart. Es sei daneben im Rahmen der Vertragsfreiheit auch rechtlich unbedenklich, Tarifverträge nur in einer bestimmten Fassung statisch in Bezug zu nehmen oder eine Tarifwechselklausel zu vereinbaren. Die Rechtsordnung verlange aber in jedem Fall von dem Verwender allgemeiner Vertragsbedingungen oder dem Unternehmer bei Abschluss eines einem Verbraucher gestellten Vertrages, dass das jeweilige Regelungsziel für den Vertragspartner mit **hinreichender Deutlichkeit** zum Ausdruck kommt. Dieses war bisher vom BAG anders gesehen worden mit der Begründung, der Arbeitnehmer könne sich bei seinem Arbeitgeber erkundigen, ob dieser tarifgebunden sei[1].

263 Die Konsequenz dieser Rechtsprechung ist, dass die Arbeitnehmer mit Neuverträgen, in denen nur auf die für den Betrieb einschlägigen namentlich benannten Tarifverträge einer bestimmten Branche im Wege einer kleinen dynamischen Bezugnahmeklausel verwiesen wird, auch nach einem Betriebsübergang Anspruch auf die dynamische Fortgeltung dieses Tarifvertrages haben (sog. **konstitutive Ewigkeitsklausel**). Indem der nicht tarifgebundene Erwerber an die Dynamik der Verweisungsklausel gebunden ist, wird er nicht in seiner negativen Koalitionsfreiheit verletzt. Ein solcher Verstoß käme nur in Betracht, wenn es um die von arbeitsvertraglichen Vereinbarungen unabhängige kollektivrechtliche Wirkungsweise von tariflichen Normen geht, was aber bei einer individualrechtlichen Bezugnahmeklausel gerade nicht der Fall ist[2]. Das BAG[3] hat sich in Folge der Werhof-Entscheidung des EuGH[4] mit der Europarechts- und Verfassungskonformität einer solchen konstitutiven Ewigkeitsbindung befasst und diese ausdrücklich bejaht.

Beispiel:
Die D-GmbH stellt Textilfarben her und ist Mitglied im Arbeitgeberverband der Chemischen Industrie. Der im Jahr 2004 abgeschlossene Arbeitsvertrag mit dem Lagerarbeiter A, der kein Gewerkschaftsmitglied ist, sieht folgende Regelung vor: „Es gelten die Tarifverträge der Chemischen Industrie in ihrer jeweils gültigen Fassung". Der Betriebsteil „Lager" wird abgespalten und auf das Logistikunternehmen C-GmbH übertragen, das Mitglied im AGV Verkehrs-

---

1 BAG 19.3.2003 – 4 AZR 331/02, NZA 2003, 668.
2 BAG 23.9.2009 – 4 AZR 331/08, NZA 2010, 514 ff.
3 BAG 24.2.2010 – 4 AZR 691/08, NZA-RR 2010, 530.
4 EuGH 9.3.2006 – Rs. C 499/04, DB 2006, 673 f. mit Anm. *Nicolai*.

wirtschaft und Logistik ist. Die Bezugnahmeklausel ist als „kleine dynamische" zu qualifizieren, so dass für A weiterhin die Tarifverträge der Chemischen Industrie Anwendung finden. Auf die Tarifbindung der D-GmbH kommt es nicht an, da es sich um einen Neuvertrag handelt, so dass eine Auslegung als Gleichstellungsabrede nicht möglich ist.

Durch die **Alemo-Herron-Entscheidung des EuGH**[1] sind diese – zwischenzeitlich bereits als gefestigt zu bezeichnenden Grundsätze – wieder ins Wanken geraten. Der EuGH hatte in dieser in London spielenden Rechtssache zu urteilen, ob eine fortgeltende Dynamik kollektiv verhandelter Arbeitsbedingungen nach einem Betriebsübergang aufgrund einer arbeitsvertraglichen Bezugnahmeklausel für den Erwerber zulässig ist, wenn dieser an den Verhandlungen nicht teilnehmen konnte. Der EuGH qualifizierte dies als **unzulässigen Eingriff in die unternehmerische Gestaltungsfreiheit**. Das BAG hat sich nach dieser Entscheidung noch nicht wieder zur Thematik äußern können. Ob es insoweit eine Übertragung auf Konstellationen annimmt, in denen durch arbeitsvertragliche Bezugnahmeklauseln von Tarifverträgen eine Dynamik eintritt, die durch einen Arbeitgeberverband ausgehandelt worden sind, dem der Erwerber nicht beitreten kann, bleibt abzuwarten und wird in der Literatur kontrovers diskutiert[2]. Teilweise wird eine Änderung der deutschen Rechtsprechung als nicht erforderlich angesehen, da normativ geltende Kollektivverträge nur statisch fortgälten und über § 613a Abs. 1 Satz 1 BGB übergehende vertragliche dynamische Klauseln durch Änderungsvereinbarung oder -kündigung angepasst werden könnten bzw. die Folgerungen des EuGH zum englischen Recht nicht auf das deutsche übertragbar seien[3]. Ein großer Teil der Literatur spricht sich jedoch für die Notwendigkeit einer Änderung aus[4], da der EuGH allgemein auf die Vertrags- und Unternehmensfreiheit des Erwerbers abgestellt habe und eine bloße objektive Beitrittsmöglichkeit zu einem tarifschließenden Arbeitgeberverband nicht ausreichend sei. Vielmehr komme es darauf an, ob der Erwerber an den Verhandlungen tatsächlich habe teilnehmen können – sei dies nicht der Fall, sei der Erwerber in seinen Rechten beeinträchtigt. Das BAG wird daher bei nächster Gelegenheit seine bisherige Rechtsprechung unter Berücksichtigung der Vorgaben des EuGH auf den Prüfstand stellen. 264

Findet sich im Arbeitsvertrag hingegen eine **große dynamische Verweisungsklausel**, so finden die Tarifbedingungen des für den Betriebserwerber geltenden Tarifwerks Anwendung, selbst wenn diesen keine Tarifbindung trifft. 265

Beispiel:

Wie zuvor, die Bezugnahmeklausel lautet nunmehr jedoch folgendermaßen: „Es gelten die jeweils einschlägigen Tarifverträge in ihrer aktuellen Fassung". Die Bezugnahmeklausel ist hier als „große dynamische" zu qualifizieren, so dass für A nunmehr die Tarifverträge der Verkehrswirtschaft und Logistik Anwendung finden, wenn diese für den Betrieb der C-GmbH einschlägig sind. Unerheblich ist, ob die C-GmbH selbst tarifgebunden ist.

In der Beratungspraxis kann versucht werden, das Entstehen einer konstitutiven Ewigkeitsklausel in neu abzuschließenden Arbeitsverträgen zu verhindern, in dem die Bezugnahmeklausel so formuliert wird, dass die Gleichstellung der nicht tarifgebundenen Arbeitnehmer mit den tarifgebundenen **unzweideutig** zum Ausdruck kommt. 266

---

1 EuGH 18.7.2013 – C 426/11, NZA 2013, 835.
2 Offen lassend HWK/*Willemsen*/*Müller-Bonanni*, § 613a BGB Rz. 280a.
3 ErfK/*Preis*, § 613a BGB Rz. 127; *Forst*, DB 2013, 1847; *Lakies*, ArbRAktuell 2013, 565.
4 *Mückl*, ZIP 2014, 207; *Kempter*, BB 2014, 1785; *Latzel*, RdA 2014, 110; vorsichtiger *Willemsen*/*Grau*, NJW 2014, 12; *Schiefer*/*Hartmann*, BB 2013, 2613; *Jacobs*/*Frieling*, EuZW 2013, 737.

Formulierungsbeispiele:

Kleine dynamische Bezugnahmeklausel[1]

Ihr Arbeitgeber ist zurzeit tarifgebunden. Um die tarifgebundenen mit den tarifungebundenen Arbeitnehmern gleichzustellen, wird die Anwendung der Tarifverträge der ...-Industrie in der jeweiligen Fassung vereinbart. Gilt für die tarifgebundenen Arbeitnehmer kraft Gesetzes der Tarifvertrag nur statisch, gilt dieses in gleicher Weise für die nicht tarifgebundenen Arbeitnehmer. Hat bei den tarifgebundenen Arbeitnehmern nach einem Betriebsübergang oder aus anderen Gründen ein anderer Tarifvertrag Vorrang, gilt dieses auch für die nicht tarifgebundenen Arbeitnehmer.

Große dynamische Bezugnahmeklausel

Im Übrigen gelten die jeweils kraft gesetzlicher Tarifbindung des Arbeitgebers für den Betrieb verbindlichen Tarifverträge. Zurzeit finden deshalb die ...-Tarifverträge Anwendung.

Oder:

Auf das Arbeitsverhältnis sind die jeweils für den Betrieb oder Betriebsteil geltenden Tarifverträge in jeweils gültiger Fassung anwendbar.

Oder:

Auf das Arbeitsverhältnis sind die jeweils einschlägigen Tarifverträge anzuwenden[2].

267 Sollte der Arbeitgeber **nicht tarifgebunden** sein, empfiehlt es sich, eine **statische Bezugnahmeklausel mit Änderungsvorbehalt** in den Vertrag aufzunehmen:

Formulierungsbeispiel:

Auf das Arbeitsverhältnis ist der XY-Tarifvertrag in seiner Fassung vom ... anzuwenden. Änderungen dieses Tarifvertrags wirken sich auf das vorliegende Arbeitsverhältnis aus, wenn nicht der Arbeitgeber innerhalb von vier Wochen nach Inkrafttreten der Änderungen diesen ausdrücklich widerspricht.

268 Zu weitgehende Tarifwechselklauseln mit einseitigen Änderungsvorbehalten zugunsten des Arbeitgebers bergen jedoch die **Gefahr der Unwirksamkeit** wegen Verstoßes gegen AGB-rechtliche Vorschriften, da sie sowohl **intransparent** (§ 307 Abs. 1 Satz 2 BGB) sein, als auch eine **unzulässige einseitige Leistungsänderung** (§ 308 Nr. 4 BGB) darstellen können. Dies hat die Rechtsprechung[3] etwa bei einer Klausel bejaht, die den Arbeitgeber berechtigte, durch schriftliche Erklärung gegenüber dem Mitarbeiter die vereinbarten Tarifverträge jeweils für die Zukunft durch solche zu ersetzen, die von einem anderen für den Arbeitgeber zuständigen Arbeitgeberverband geschlossen wurden, wobei dann deren Inhalte sämtliche Regelungen des vormalig anwendbaren Tarifvertrags vollständig ersetzen sollten. Das zuvor dargestellte Formulierungsbeispiel begegnet dem durch den Verweis auf einen bestimmten Tarifvertrag, so dass die Regelung nicht intransparent ist. Dem Argument der einseitigen Leistungsänderung ist entgegenzuhalten, dass die Arbeitsvertragsparteien anerkanntermaßen auch betriebsvereinbarungsoffene Arbeitsverträge abschließen können, bei denen die Regelungen der Betriebsvereinbarungen den arbeitsvertraglichen Regelungen vorgehen, selbst wenn letztere sich als günstiger erweisen.

---

1 Zu weiteren Formulierungen auch *Preis/Greiner*, S. 1079.
2 *Jacobs* (BB 2011, 2037, 2042) warnt davor, auf die „jeweils normativ geltenden" Tarifverträge zu verweisen, weil bei einem für den Betriebserwerber nicht normativ geltenden Tarifvertrag diese Klausel als kleine dynamische Verweisung auf den beim Betriebsveräußerer geltenden Tarifvertrag zu verstehen ist.
3 LAG Rh.-Pf. 2.3.2012 – 9 Sa 627/11; s.a. LAG Bln.-Bbg. 20.9.2011 – 7 Sa 1318/11, DB 2012, 199; kritisch ebenfalls *Löwisch/Rieble*, § 3 TVG Rz. 543 ff., 551.

f) Betriebliche Altersversorgung und Betriebsübergang

Bei einem **rechtsgeschäftlichen Betriebsübergang** tritt der Erwerber eines Betriebes für die aktive Belegschaft im Fall einer individualrechtlich begründeten betrieblichen Altersversorgung nach § 613a Abs. 1 Satz 1 BGB in die Pflichten aus der zugesagten Altersversorgung ein; bei einer durch Betriebsvereinbarung bzw. Tarifvertrag geregelten Versorgung wird diese nach § 613a Abs. 1 Satz 2 BGB in den Arbeitsvertrag transformiert[1], falls die Kollektivregelung nicht kollektivrechtlich weiterhin wirksam ist[2]. Die Versorgungslasten der bereits ausgeschiedenen Arbeitnehmer gehen hingegen nicht auf den Betriebserwerber über, da diese Arbeitsverhältnisse nicht mehr vom Betriebsübergang erfasst werden. Zu den Besonderheiten bei Betriebsübergängen „aus der Insolvenz" s. Rz. 152 ff.

269

Erfolgt jedoch der Übergang des Betriebs auf einen neuen Betriebsinhaber durch **Verschmelzung, Spaltung oder Vermögensübertragung nach dem UmwG**, tritt der Rechtsnachfolger kraft Gesetzes gem. § 20 Abs. 1 Nr. 1 bzw. § 131 Abs. 1 Nr. 1 UmwG auch in die Pensionsverpflichtungen gegenüber den Pensionären ein; das Gleiche gilt gem. § 25 HGB, wenn der Erwerber die Firma des Betriebsveräußerers übernimmt[3].

270

Beispiel:

Im Betrieb des Veräußerers gab es eine Betriebsvereinbarung, wonach die Belegschaftsmitglieder nach zehnjähriger Betriebszugehörigkeit einen Anspruch auf unverfallbare Versorgungsanwartschaft erwarben; die Betriebsrente berechnet sich nach der Dauer der Betriebszugehörigkeit und dem fiktiven Gehalt im Zeitpunkt des Versorgungsfalls. Gibt es bei dem Betriebserwerber keine Versorgungsregelung, muss er im Versorgungsfall an die übernommenen Arbeitnehmer die vom Betriebsveräußerer zugesagte Altersversorgung zahlen.

Geht ein Arbeitsverhältnis durch Betriebsübergang auf einen anderen Arbeitgeber über, so hat der Arbeitnehmer nach § 613a Abs. 5 BGB keinen Anspruch auf **Auskunft über die Höhe seiner bis zu diesem Zeitpunkt erworbenen Anwartschaften** auf Betriebsrente, da diese Anwartschaften nicht Folge des Betriebsübergangs sind und im Rahmen des Betriebsübergangs keine „individuelle Rechtsberatung" des Arbeitnehmers geschuldet ist[4]. Der Auskunftsanspruch nach § 4a BetrAVG richtet sich nur gegen den Betriebserwerber, nicht den Veräußerer.

271

Ansprüche gegen den Betriebsveräußerer können sich jedoch nach Treu und Glauben (§ 242 BGB) ergeben. Dass gesetzlich oder tarifvertraglich im Einzelnen geregelte Auskunftsansprüche gegeben sind, steht nicht entgegen. Ein darauf gestützter Anspruch setzt jedoch voraus, dass es nicht oder nicht ohne besondere Erschwernisse möglich ist, beim Erwerber eine zuverlässige Auskunft zu erhalten, der Veräußerer diese Auskunft ohne größeren Aufwand erteilen kann und der Arbeitnehmer ein berechtigtes Interesse an der Auskunft hat, zB um Ansprüche gegen den Erwerber durchzusetzen[5].

272

---

1 BAG 5.5.1977 – 3 AZR 34/76, DB 1977, 1803.
2 Die Kollektivverträge würden kollektivrechtlich fortbestehen, wenn bei einem Tarifvertrag der Erwerber Mitglied des gleichen Arbeitgeberverbandes wie der Veräußerer ist und bei einer Betriebsvereinbarung die Betriebsidentität erhalten bleibt, weil der gesamte Betrieb (betr. Betriebsteil bei Bestehen eines Übergangsmandats des Betriebsrats des bisherigen Betriebs) auf einen Erwerber übergegangen ist.
3 BAG 24.3.1977 – 3 AZR 649/76, DB 1977, 1466.
4 BAG 10.11.2011 – 8 AZR 430/10, NZA 2012, 584.
5 BAG 25.5.2007 – 3 AZR 357/06, NZA 2007, 1285.

aa) Ansprüche aus einer Direktversicherung

273 Wenn der Arbeitgeber eine Betriebsrente im Wege der Direktversicherung zugesagt hat, ist zwischen dem Versorgungs- und Versicherungsverhältnis zu unterscheiden. Das zwischen dem Arbeitnehmer und dem Arbeitgeber bestehende **Versorgungsverhältnis** geht gem. § 613a BGB auf den Erwerber über. Demgegenüber wird das **Versicherungsverhältnis** zwischen dem Veräußerer als Versicherungsnehmer und dem Lebensversicherer von dem Betriebsübergang nicht berührt[1]. Will der Erwerber das Versicherungsverhältnis fortsetzen, bedarf es eines dreiseitigen Vertrages zwischen dem Veräußerer, dem Versicherungsunternehmen und dem Erwerber, zu dessen Abschluss keine Seite rechtlich verpflichtet ist. Kommt es nicht zur Einigung, kann der Veräußerer als Versicherungsnehmer den Versicherungsvertrag kündigen, § 168 VVG, und bei Verfallbarkeit der Anwartschaft den Rückkaufwert in Anspruch nehmen oder wahlweise die Versicherung in eine prämienfreie umwandeln, § 165 VVG.

bb) Ansprüche gegen eine Pensionskasse

274 Bei einer Pensionskassen-Versorgung ist im Regelfall vorgesehen, dass nur Arbeitnehmer eines bestimmten Unternehmens, Konzerns oder einer Unternehmensgruppe die Mitgliedschaft erwerben und aufrechterhalten können. Bei einem Betriebs- oder Betriebsteilübergang scheidet der Arbeitnehmer aus dem satzungsmäßig definierten Kreis der mitgliedschaftsberechtigten Arbeitnehmer aus; der Erwerber kann die zugesagte Pensionskassen-Versorgung nicht fortsetzen. Der Erwerber muss dann bei einer anderen Pensionskasse oder durch einen Wechsel zu einem Lebensversicherer der übernommenen Verpflichtung nachkommen. Der Arbeitnehmer ist verpflichtet, hierzu die Zustimmung zu erteilen. Das Versicherungsverhältnis zur Pensionskasse bleibt aber trotz des Betriebsübergangs entsprechend den von dem Arbeitnehmer und dem Arbeitgeber bisher erbrachten Beiträgen grundsätzlich bestehen[2].

cc) Ansprüche gegen die Unterstützungskasse

275 Bei einem Betriebsübergang wird die **Unterstützungskasse des Erwerbers** nicht Schuldner der individual- oder kollektivrechtlich übernommenen Versorgungsansprüche. Denn die Unterstützungskasse des Erwerbers muss nach ihrer Bestimmung nur diejenigen Leistungen gewähren, die sich aus ihrem Leistungsplan ergeben. Insoweit hat sie für die Versorgungszusagen des Trägerunternehmens einzutreten. Sie würde dagegen ihre satzungsmäßigen Rechte überschreiten, wenn sie Versorgungsansprüche erfüllen würde, in die das Trägerunternehmen aufgrund einer Betriebsübernahme kraft Gesetzes eingetreten ist. Doch das Trägerunternehmen kann solche Versorgungslasten seiner Unterstützungskasse zur Abwicklung übertragen[3].

276 Der Betriebsnachfolger erwirbt allerdings auch nicht Rechte an der **Unterstützungskasse des Veräußerers**. Der Erwerber tritt nämlich gem. § 613a BGB in die arbeitsvertraglichen Pflichten ein, die den Betriebsveräußerer selbst bei einer solchen Form der betrieblichen Altersversorgung den übernommenen Arbeitnehmern gegenüber trafen. Soweit die Unterstützungskasse nicht zahlt, muss der neue Arbeitgeber für Versorgungsleistungen einstehen, die die übernommenen Arbeitnehmer aufgrund der Zusage des alten Arbeitgebers erwarten durften[4].

---

1 BAG 22.5.2007 – 3 AZR 334/06, NZA 2007, 1169; *Rolfs*, NZA Beilage 4/2008, 166 mwN.
2 Hierzu weiter *Rolfs*, NZA Beilage 4/2008, 166.
3 BAG 30.8.1979 – 3 AZR 58/78, DB 1979, 2431.
4 BAG 5.5.1977 – 3 AZR 34/76, DB 1977, 1803.

dd) Erlassverträge über Versorgungsanwartschaften

Werden Arbeitnehmer mit dem Hinweis auf eine geplante Betriebsveräußerung veranlasst, **Erlassverträge** über ihre beim Veräußerer erdienten Versorgungsanwartschaften abzuschließen, um dann mit dem Erwerber neue Arbeitsverträge ohne Zusagen einer betrieblichen Altersversorgung abzuschließen, liegt darin eine **Umgehung des § 613a Abs. 1 Satz 1 BGB**. Es ist mit dem Schutzzweck des § 613a Abs. 1 Satz 1 BGB nicht vereinbar, den Arbeitnehmer allein aus Gründen des Betriebsübergangs einen Verzicht auf seine betriebliche Altersversorgung zuzumuten. Eine solche Gesetzesumgehung ist deshalb rechtswidrig; die Erlassverträge sind unwirksam[1].

ee) Konkurrenz zwischen alter und neuer betrieblicher Altersversorgung

Bei einer betrieblichen Altersversorgung, die auf **individualrechtlicher Grundlage** begründet wurde, und einer im Erwerberbetrieb bestehenden Versorgungsordnung aufgrund einer **Betriebsvereinbarung** muss der Erwerber die individualrechtlichen Verpflichtungen fortführen; zwischen der individualrechtlichen Zusage und der Betriebsvereinbarung gilt das Günstigkeitsprinzip. Allerdings kann der Erwerber bei einer Versorgungsregelung, die im Veräußererbetrieb individualrechtlich durch eine vertragliche Einheitsregelung, eine Gesamtzusage oder betriebliche Übung begründet wurde, durch eine umstrukturierende Betriebsvereinbarung, die bei kollektiver Beurteilung den Dotierungsrahmen nicht verringert, die bisherige individualrechtliche Zusage ablösen und damit ändern[2].

Beruht die Versorgungszusage beim Veräußerer auf einem **Tarifvertrag**, an den Veräußerer und Arbeitnehmer kraft Verbandsmitgliedschaft gebunden sind, und ist der Erwerber an den gleichen Tarifvertrag gebunden, entstehen keine Probleme: der Erwerber ist in gleicher Weise wie der Veräußerer verpflichtet. Besteht im **Erwerberbetrieb ein anderer Tarifvertrag** und ist der Arbeitnehmer kraft kongruenter Tarifbindung ebenfalls an ihn gebunden, gilt § 613a Abs. 1 Satz 3 BGB und damit für die Zukunft der neue Tarifvertrag. In diesen Fällen muss jedoch gemäß dem Vertrauensschutzprinzip und dem allgemeinen Verhältnismäßigkeitsgrundsatz die zum Zeitpunkt des Übergangs beim Veräußerer bereits erdiente Anwartschaft aufrechterhalten bleiben. Die Berechnung erfolgt analog § 2 BetrAVG im Verhältnis der Dauer des Arbeitsverhältnisses bis zum Betriebsübergang zur möglichen Dauer der Betriebszugehörigkeit bis zum Erreichen der Altersgrenze, und zwar unabhängig davon, ob es sich um verfallbare oder unverfallbare Anwartschaften handelt[3].

Hat der Arbeitnehmer im **Veräußererbetrieb** einen Versorgungsanspruch aufgrund eines für Arbeitnehmer und Arbeitgeber kraft Verbandsmitgliedschaft bindenden **Tarifvertrages** und gibt es im **Erwerberbetrieb eine Betriebsvereinbarung** über eine Altersversorgung, vermag diese Betriebsvereinbarung den in das Arbeitsverhältnis transformierten tariflichen Anspruch nicht zu Fall zu bringen; der neue Arbeitgeber ist weiterhin an die tariflichen Regelungen gebunden. Hier gilt das **Verbot der sog. Überkreuzlösung** (vgl. Rz. 238).

Haben die Betriebsparteien im Veräußererbetrieb in einer **Betriebsvereinbarung** eine Versorgungsregelung getroffen und gibt es im Erwerberbetrieb einen **Tarifvertrag**, an den der übernommene Arbeitnehmer und der neue Arbeitgeber kraft Verbandsmitgliedschaft gebunden sind, ist die transformierte Betriebsvereinbarung nach § 77 Abs. 3 BetrVG bzw. § 613a Abs. 1 Satz 3 BGB unwirksam. Hier findet die Überkreuz-

---

1 BAG 12.5.1992 – 3 AZR 247/91, DB 1992, 2038.
2 *Rolfs*, NZA Beilage 4/2008, 169 mwN.
3 BAG 27.7.2001 – 3 AZR 660/00, NZA 2002, 520; *Rolfs*, NZA Beilage 4/2008, 167.

lösung statt. Allerdings sind die bis zum Betriebsübergang erworbenen Anwartschaften analog § 2 BetrAVG aufrechtzuerhalten[1].

282 Besteht im Betrieb des Erwerbers eine auf einer **Betriebsvereinbarung** beruhende betriebliche Altersversorgung, die für die übernommenen Arbeitnehmer im Vergleich zu der beim Veräußerer bestehenden **Betriebsvereinbarung** ungünstiger ist, so kann sie nach § 613a Abs. 1 Satz 3 BGB an sich die günstigere Regelung ablösen. Dies könnte zur Folge haben, dass die neue Betriebsvereinbarung in bereits erdiente Versorgungsanwartschaften eingreifen und die ungünstigere Betriebsvereinbarung auch zukünftige Versorgungserwartungen der übernommen Arbeitnehmer beeinträchtigen würde. Schließlich wäre die Position der übernommenen Arbeitnehmer besser, wenn es in dem neuen Betrieb überhaupt keine Altersversorgung gäbe, als wenn zwar eine Betriebsvereinbarung über eine Altersversorgung existierte, diese aber schlechter wäre als die in dem veräußerten Betrieb. Diese Probleme lassen sich nur dadurch lösen, dass man anstelle des Untergangs der transformierten Betriebsvereinbarung nach § 613a Abs. 1 Satz 3 BGB die Grundsätze über die **Ablösung einer Betriebsvereinbarung durch eine neue Betriebsvereinbarung** anwendet. Der einzige Unterschied besteht darin, dass die Ablösung einer Betriebsvereinbarung durch eine neue Betriebsvereinbarung außerhalb des Betriebsübergangs auf einer Vereinbarung zwischen Arbeitgeber und Betriebsrat beruht, während sie im Falle des Betriebsübergangs gem. § 613a Abs. 1 Satz 3 BGB kraft Gesetzes erfolgt[2]. Bei der Ablösung einer Betriebsvereinbarung durch eine neue Betriebsvereinbarung müssen jedoch die Betriebspartner die Grundsätze des Vertrauensschutzes und der Verhältnismäßigkeit beachten, dh. sie müssen die **Änderungsgründe gegen die Bestandsschutzinteressen** abwägen. Je stärker in Besitzstände eingegriffen wird, umso schwerer müssen die Änderungsgründe wiegen.

283 Im Rahmen der betrieblichen Altersversorgung hat das BAG bei der Ablösung einer Betriebsvereinbarung durch eine neue Betriebsvereinbarung eine **Rangfolge unterschiedlich stark geschützter Besitzstände** entwickelt. Es hat sich dabei von der Erkenntnis leiten lassen, dass die betriebliche Altersversorgung neben Versorgungs- auch Entgeltcharakter hat und deshalb Versorgungsanwartschaften umso schutzwürdiger sind, je mehr der Arbeitnehmer dafür bereits vorgeleistet hat.

284 Der **erdiente Teil einer Versorgungsanwartschaft** ist besonders schützenswert. Der Arbeitnehmer hat hier seine Vorleistung erbracht und muss ähnlich wie ein Eigentümer vor einem entschädigungslosen Entzug der Anwartschaft geschützt werden. IdR ist deshalb ein Eingriff in den erdienten und nach den Grundsätzen des § 2 BetrAVG errechneten Teilbetrag der Versorgungsanwartschaft unverhältnismäßig und unbillig und damit unwirksam. Nur wenn zwingende Gründe vorliegen, darf in den erdienten Teilbetrag eingegriffen werden; solche Gründe liegen nur vor, wenn sich die Geschäftsgrundlage der ursprünglichen Versorgungsregelung wesentlich geändert hat oder gänzlich entfallen ist[3]. Erdient ist der Teil der Versorgungsanwartschaft, den der Arbeitnehmer als Versorgungsanwartschaft behalten würde, schiede er im Zeitpunkt der Abänderung der Versorgungsregelung bei seinem Arbeitgeber aus[4]. Hierbei ist es unerheblich, ob die Versorgungsanwartschaft bereits **unverfallbar** ist. Auch eine zum Zeitpunkt der Abänderung der Versorgungszusage noch verfallbare Anwartschaft ist in Höhe ihres Teilwerts bereits erdient und gegen Eingriffe des Arbeitgebers in besonderer Weise geschützt.

---

1 *Rolfs*, NZA Beilage 4/2008, 168.
2 *Junker*, RdA 1993, 203 (208).
3 Ein solcher Fall liegt zB bei einer planwidrigen Überversorgung vor (BAG 9.4.1991 – 3 AZR 598/89, DB 1991, 2040).
4 BAG 17.3.1987 – 3 AZR 64/84, DB 1987, 1639.

285 Für eine Ablösung einer Betriebsvereinbarung über eine betriebliche Altersversorgung kraft Gesetzes gem. § 613a Abs. 1 Satz 3 BGB kann insoweit nichts anderes gelten. Eine im **Betrieb des Erwerbers bestehende Betriebsvereinbarung** über eine betriebliche Altersversorgung kann für die übernommenen Arbeitnehmer also keine Wirkung für die Vergangenheit entfalten. Ihre im veräußerten Betrieb bereits erdienten Versorgungsanwartschaften blieben ihnen auch gegenüber dem Erwerber erhalten[1].

Beispiel:

Gibt es im Beispielsfall im Erwerberbetrieb eine Betriebsvereinbarung, wonach die Arbeitnehmer mit Erreichen des Versorgungsfalls eine einmalige Altersversorgung von 1 000 Euro erhalten, vermag diese Betriebsvereinbarung entgegen § 613a Abs. 1 Satz 3 BGB den erdienten Teilbetrag der beim Betriebsveräußerer erworbenen (auch verfallbaren) Anwartschaft nicht zu Fall zu bringen.

286 **Zuwächse, die sich aus variablen Berechnungsfaktoren ergeben**, können nur aus triftigen Gründen geschmälert werden, soweit sie zeitanteilig erdient sind. Zu diesem erdienten Anwartschaftsanteil gehören zB dienstzeitunabhängige Steigerungen, bei denen die Höhe der Betriebsrente abhängig ist von der Höhe des zuletzt bezogenen Gehalts. Der Eingriff muss erforderlich sein, um eine langfristige Substanzgefährdung des Unternehmens zu verhindern[2].

Beispiel:

Der Betriebserwerber will entgegen der übernommenen Versorgungsregelung die Betriebsrente nicht mehr nach dem fiktiven Gehalt im Zeitpunkt des Versorgungsfalls, sondern nach einem weit geringeren Festbetrag berechnen. Für die Zeit bis zum Abschluss der Betriebsvereinbarung hat der Arbeitnehmer einen durch die Betriebstreue erdienten Teilbetrag auch hinsichtlich der Bemessungsfaktoren erworben, in die nur bei triftigen Gründen eingegriffen werden kann.

287 Für Eingriffe in **Zuwachsraten, die noch nicht erdient** sind, wie zB dienstzeitabhängige Steigerungsraten, genügen sachliche, also willkürfreie, nachvollziehbare und anerkennenswerte Gründe; ein solcher Grund kann auf eine wirtschaftlich ungünstige Entwicklung des Unternehmens oder auch ein Fehlentwicklung im betrieblichen Versorgungswerk zurückgehen[3]. Zu diesen sachlichen Gründen dürfte auch das Interesse des Betriebserwerbers zählen, bei Zuwachsraten zu einer Gleichbehandlung zwischen den übernommenen und den bereits bei ihm beschäftigten Arbeitnehmern zu kommen. § 613a Abs. 1 Satz 3 BGB kann deshalb insoweit uneingeschränkt angewendet werden, als in noch nicht erdiente Versorgungserwartungen der übernommenen Arbeitnehmer im Interesse der Vereinheitlichung der Versorgungsregelungen beim Erwerber eingegriffen werden darf. Das Vereinheitlichungsinteresse des Erwerbers geht aber nicht so weit, dass um seinetwillen die in einzelnen Betrieben bestehende Versorgungsordnung für die Zukunft ersatzlos gestrichen werden darf[4].

Beispiel:

Würde in dem Beispielsfall im Zeitpunkt des Betriebsübergangs im Erwerberbetrieb eine Betriebsvereinbarung über Altersversorgung mit einer geringeren Steigerungsrate als der im Veräußererbetrieb in der dortigen Kollektivregelung geregelten bestehen, so müsste es der übernommene Arbeitnehmer aus Gründen der Gleichbehandlung gem. § 613a Abs. 1 Satz 3 BGB hinnehmen, dass seine Betriebsrente für die künftigen Jahre der Betriebstreue nur in gleicher Weise steigt wie die der bereits vor Betriebsübergang im Erwerberbetrieb beschäftigten Arbeitnehmer. Dagegen könnte die Betriebsvereinbarung im Erwerberbetrieb nicht eingreifen in den bereits erdienten Teilbetrag der betrieblichen Altersrente.

---

1 *Junker*, RdA 1993, 203 (208).
2 BAG 16.7.1996 – 3 AZR 398/95, DB 1997, 631.
3 BAG 16.7.1996 – 3 AZR 398/95, DB 1997, 631.
4 *Junker*, RdA 1993, 203 (208 f. mwN).

288–303 Einstweilen frei.

IV. Kontinuität des Betriebsrats und Überblick über sonstige betriebsverfassungsrechtliche Fragen

1. Fortbestand von Arbeitnehmervertretungen

304 Neben dem **Arbeitsplatzschutz** und der **Sicherung der Rechtspositionen** der übergehenden Arbeitnehmer sowie **Regelung der Haftung** soll die Vorschrift des § 613a BGB als weiteren Schutzzweck die **Kontinuität des bestehenden Betriebsrats** sichern[1]. Der Betriebsübergang an sich lässt damit den Bestand des Betriebsrats und die Rechtsstellung seiner Mitglieder unberührt[2]. Geht jedoch infolge des Betriebsübergangs die betriebliche Identität verlustig, endet das Amt des Betriebsrats. Maßgebliches Kriterium für die Wahrung der Identität ist nach einer jüngeren Entscheidung, ob die Organisation der Arbeitsabläufe, der Betriebszweck und die Leitungsstruktur unverändert geblieben sind[3]. Ein Identitätsverlust ist dann anzunehmen, wenn der übertragene (vollständige) **Betrieb** in einen neuen Betrieb eingegliedert wird, so dass er in diesem aufgeht oder mit diesem eine eigenständige neue betriebliche Einheit bildet[4]. Je nach Einzelfall kann dem Betriebsrat jedoch ein Rest- bzw. Übergangsmandat gem. §§ 21a Abs. 2 bzw. 21b BetrVG zukommen[5].

305 Wird nur ein **Betriebsteil** übertragen, bleibt im Rumpfbetrieb der bisherige Betriebsrat regulär im Amt, wenn die betriebliche Identität noch erhalten ist[6]; fällt diese weg, kommt insoweit ein **Restmandat** gem. § 21b BetrVG in Betracht. Für den übertragenen Betriebsteil kann der Betriebsrat des Rumpfbetriebs ein **Übergangsmandat** gem. § 21a Abs. 1 BetrVG ausüben, wenn der übertragene Teil als eigenständiger Betrieb fortgeführt wird,[7] sofern der Betriebsteil in einen anderen Betrieb eingegliedert wird und in diesem aufgeht, ist ein in diesem Betrieb bestehender Betriebsrat für die übergegangenen Mitarbeiter zuständig. Besteht im eingegliederten Betrieb kein Betriebsrat, so ist umstritten, ob das Restmandat des Betriebsrats auf den Ausgangsbetrieb beschränkt ist oder sich auch auf die übertragene Einheit erstreckt[8].

306 Ein **Restmandat soll in analoger Anwendung** von § 21b BetrVG vereinzelt vertretener Ansicht auch dann anzunehmen sein, wenn im Falle des Übergangs eines gesamten Betriebs zahlreiche Arbeitnehmer dem Übergang widersprechen: Der Betriebsrat behalte dann ein Restmandat, wenn der Veräußerer die Arbeitsverhältnisse der widersprechenden Arbeitnehmer kündigt[9]. Das BAG hat dem jedoch jüngst eine Absage erteilt und das Bestehen eines Restmandats oder Übergangsmandats des Betriebsrats des übergehenden Betriebs für die im Veräußererbetrieb aufgrund Widerspruchs verblei-

---

1 BAG 22.12.2009 – 3 AZR 814/07, EzA § 3 BetrAVG Nr. 12; s.a. bereits BAG 3.5.1983 – 3 AZR 1263/79, EzA § 1 BetrAVG Nr. 25.
2 BAG 5.2.1991 – 1 ABR 32/90, NZA 1991, 639; 8.5.2014 – 2 AZR 1005/12, GWR 2014, 487 m. Anm. *Fuhlrott*; APS/*Steffan*, § 613a BGB Rz. 151; HWK/*Willemsen/Müller-Bonanni*, § 613a BGB Rz. 284.
3 BAG 7.6.2011 – 1 ABR 110/09, NZA 2012, 110.
4 HWK/*Willemsen/Müller-Bonanni*, § 613a BGB Rz. 284; s.a. BAG 7.6.2011 – 1 ABR 110/09, EzA § 3 BetrVG 2001 Nr. 4 zur Kontinuität des Betriebsrats generell bei Zusammenfassung von Betrieben.
5 Vertiefend: *Willemsen/Hohenstatt/Schweibert/Seibt*, Rz. D 51; *Hidalgo/Kobler*, NZA 2014, 290; allgemein zum Übergangs-/Restmandat: *Fuhlrott/Hoppe*, ArbRAktuell 2010, 81.
6 LAG Düsseldorf 25.11.1997 – 8 Sa 1358/97, BB 1998, 1317; s.a. *Schiefer/Doublet/Hartmann*, S. 186.
7 HWK/*Willemsen/Müller-Bonanni*, § 613a BGB Rz. 285; *Schiefer/Doublet/Hartmann*, S. 186.
8 Zum Streitstand: Richardi/*Thüsing*, § 21b BetrVG Rz. 6.
9 LAG Rh.-Pf. 18.4.2005 – 2 TaBV 1505/05, NZA-RR 2005, 529.

benden Arbeitnehmer abgelehnt[1]. Dies überzeugt, da es an einer für eine Analogie notwendigen planwidrigen Gesetzeslücke fehlt, auch wenn ein lückenloser kollektivrechtlicher Schutz bei Umstrukturierungen wünschenswert erscheinen mag[2].

Betriebs(teil)übergänge können – sowohl bei dem Betriebserwerber als auch dem Betriebsveräußerer – zu erheblichen Veränderungen der Arbeitnehmerzahl im Betrieb mit der Folge **notwendiger Neuwahlen** führen[3], § 13 Abs. 2 BetrVG. 307

Hinsichtlich des Schicksals des **Gesamtbetriebsrats** ist danach zu differenzieren, ob sämtliche Betriebe übertragen werden und der Erwerber bislang noch keine Betriebe unterhält (Fall 1) oder ob nur ein Teil der Betriebe übertragen wird und/oder bereits Betriebe beim Erwerber bestehen (Fall 2). Im Fall 2 besteht der Gesamtbetriebsrat beim Erwerber nicht fort[4]. Der erstgenannte Fall ist von der höchstrichterlichen Rechtsprechung bislang nicht entschieden. Gegen einen Fortbestand wird vorgebracht, dass der Gesamtbetriebsrat von seinem Bestand her an den Rechtsträger gebunden ist, für den er gebildet worden sei[5]. Überzeugender erscheint es indes, in diesem Fall einen Fortbestand anzunehmen. Hierfür spricht die Parallelität zur Behandlung des örtlichen Betriebsrats, der bei unveränderten betrieblichen Strukturen ebenfalls fortbesteht[6]. 308

Hinsichtlich des Schicksals von **Konzernbetriebsräten** fehlt es ebenfalls an höchstrichterlicher Rechtsprechung. Nach dem Vorgesagten wird man dessen Fortbestand allenfalls annehmen können, wenn ein gesamter Konzern einschließlich aller zugehörigen Konzernunternehmen veräußert wird und sich dessen Struktur nicht verändert. Der Bestand des Konzernbetriebsrats im „abgebenden" Konzern wird zudem regelmäßig durch die Veräußerung eines Betriebs(teils) unberührt bleiben. Änderungen dürften lediglich in der Zusammensetzung des Konzernbetriebsrats beim Erwerberunternehmen zu erwarten sein, wenn in einen dort bereits bestehenden Konzernbetriebsrat weitere Mitglieder entsandt werden[7]. 309

Bei anhängigen Beschlussverfahren tritt der Betriebserwerber in die prozessuale Stellung des Betriebsveräußerers ein, wenn der Betriebsübergang während eines laufenden Verfahrens erfolgt[8]. 310

2. Betriebsübergang als Betriebsänderung?

Der **Betriebsübergang** alleine stellt bei Wahrung der betrieblichen Identität nach gefestigter Rechtsprechung **keine Betriebsänderung** gem. § 111 BetrVG dar, anderes kann dann gelten, wenn weitere Veränderungen auf betrieblicher Ebene hinzukommen[9]. Hingegen stellt die Übertragung eines Betriebsteils regelmäßig eine Betriebsspaltung gem. § 111 Satz 3 Nr. 3 Alt. 2 BetrVG dar, die Beteiligungsrechte gemäß den §§ 111 ff. BetrVG auslöst[10]. 311

---

1 BAG 8.5.2014 – 2 AZR 1005/12, GWR 2014, 487 m. Anm. *Fuhlrott*.
2 *Hidalgo/Kobler*, NZA 2014, 290 (291); *Schiefer/Doublet/Hartmann*, S. 186, 201 f.
3 Im Einzelnen: *Schiefer/Doublet/Hartmann*, S. 204.
4 Vgl. hierzu BAG 5.6.2002 – 7 ABR 17/01, NZA 2003, 336.
5 *Fitting*, BetrVG § 48 Rz. 18.
6 HWK/*Willemsen/Müller-Bonanni*, § 613a BGB Rz. 287; *Schiefer/Doublet/Hartmann*, S. 204 f.
7 Zum Schicksal des Konzernbetriebsrats s. *Schiefer/Doublet/Hartmann*, S. 206.
8 BAG 9.12.2008 – 1 ABR 75/07, NZA 2009, 254; HWK/*Willemsen/Müller-Bonanni*, § 613a BGB Rz. 372.
9 BAG 4.12.1979 – 1 AZR 843/76, EzA § 111 BetrVG 1972 Nr. 9; 31.1.2008 – 8 AZR 1116/06, EzA § 613a BGB 2002 Nr. 85; *Ohlendorf/Fuhlrott*, ArbRAktuell 2011, 654 mwN.; *Schiefer/Doublet/Hartmann*, S. 277 mwN.; APS/*Steffan*, § 613a BGB Rz. 153.
10 APS/*Steffan*, § 613a BGB Rz. 153.

312 Eine mitbestimmungspflichtige Betriebsspaltung kann jedoch vermieden werden, wenn ein **Gemeinschaftsbetrieb** zwischen Rumpfbetrieb und abgespaltenem Betriebsteil entsteht[1]. Ein Gemeinschaftsbetrieb liegt vor, wenn die in einer Betriebsstätte vorhandenen materiellen und immateriellen Betriebsmittel für einen einheitlichen arbeitstechnischen Zweck zusammengefasst, geordnet und gezielt eingesetzt werden und der Einsatz der menschlichen Arbeitskraft von einem einheitlichen Leitungsapparat gesteuert wird. Die einheitliche Leitung muss sich auf die wesentlichen Arbeitgeberfunktionen in personellen und sozialen Angelegenheiten erstrecken[2].

313 Die Entstehung eines solchen Gemeinschaftsbetriebs kann die Folge einer **Spaltung** (Aufspaltung oder Abspaltung) eines Unternehmens sein. Dem trägt § 1 Abs. 2 Nr. 2 BetrVG Rechnung. Nach dieser Bestimmung wird vermutet, dass der Betrieb von den an der Spaltung beteiligten Rechtsträgern gemeinsam geführt wird, sofern durch die Spaltung die Organisation des gespaltenen Betriebs nicht wesentlich geändert wird.

Beispiel:

Die zum C-Konzern zugehörige A-GmbH in Frankfurt mit 1 500 Beschäftigten produziert und vertreibt Textilfarben. Der Bereich der Baumwollfärbung wird auf die neugegründete und ebenfalls konzernzugehörige B-GmbH abgespalten, die am Standort in den Räumlichkeiten verbleibt und dort mit 200 Beschäftigten Baumwollfarbstoffe produziert und vertreibt. Geschäftsführer der B-GmbH wird der Produktionsleiter der A-GmbH, das Personal wird durch die Personalabteilung der A-GmbH gesteuert. Auch die weiteren betrieblichen Abläufe bleiben unverändert. Nach der Abspaltung bilden die beiden Unternehmen A-GmbH und B-GmbH in Frankfurt folglich einen gemeinsamen Betrieb iSd. BetrVG. Der Betriebsrat bleibt im Amt, ohne dass ein Übergangsmandat entsteht und Neuwahlen erforderlich sind.

3. Informations-/Unterrichtspflichten

314 Neben der individualrechtlichen Unterrichtungspflicht gem. § 613a Abs. 5 BGB gegenüber den Arbeitnehmern ist ein bestehender **Wirtschaftsausschuss** gem. § 106 Abs. 2, 3 Nr. 10 BetrVG umfassend und rechtzeitig zu unterrichten[3]. Unterrichtspflichten des Sprecherausschusses ergeben sich aus § 32 Abs. 1 SprAuG, die eines bestehenden Europäischen Betriebsrats aus § 30 Abs. 1 EBRG. Umstritten ist, ob der Betriebsrat zudem gem. §§ 80 Abs. 2, 92 bzw. 2 Abs. 1, 74 Abs. 1 BetrVG zu unterrichten ist. Nach teilweise vertretener Ansicht folgt eine solche Pflicht bereits aus dem Gebot vertrauensvoller Zusammenarbeit[4], während dies – zutreffend – von anderen Stimmen abgelehnt wird: Das Gebot vertrauensvoller Zusammenarbeit dürfe nicht dazu dienen, die gesetzliche Konzeption der Betriebsmitbestimmung beiseite zu schieben, so dass aus ihr keine Mitwirkungs- und Mitbestimmungsrechte für Angelegenheiten abgeleitet werden dürfen, die das Gesetz nicht ausdrücklich vorsieht[5].

V. Das Haftungsregime beim Betriebsübergang

1. Rechtliche Einordnung

315 Die Haftungsverteilung von Betriebsveräußerer und Betriebserwerber ist in § 613a Abs. 2 BGB geregelt. Es handelt sich hierbei um eine den Vorschriften des Allgemeinen Schuldrechts des Bürgerlichen Gesetzbuchs gegenüber vorrangige Regelung, die

---

1 *Ohlendorf/Fuhlrott*, ArbRAktuell 2011, 654 mwN.
2 BAG 22.10.2003 – 7 ABR 18/03, EzA § 1 BetrVG 2001 Nr. 1; 11.2.2004 – 7 ABR 27/03, NZA 2004, 618.
3 HWK/*Willemsen/Müller-Bonanni*, § 613a BGB Rz. 292; *Schiefer/Doublet/Hartmann*, S. 276.
4 ErfK/*Preis*, § 613a BGB Rz. 132; s. auch APS/*Steffan*, § 613a BGB Rz. 155.
5 *Richardi/Richardi*, § 2 BetrVG Rz. 21; HWK/*Willemsen/Müller-Bonanni*, § 613a BGB Rz. 293.

sich u.a. aus **Elementen des Schuldnerwechsels** gem. § 415 Abs. 1 Satz 1 BGB und des **limitierten Schuldbeitritts** zusammensetzt. Das Gesetz differenziert im Wesentlichen danach, ob ein Anspruch vor dem Zeitpunkt des Betriebsübergangs oder danach entsteht bzw. fällig wird. Grob vereinfacht haftet der Betriebserwerber für alle – also sowohl bereits entstandene als auch neu entstehende – Ansprüche aus übergehenden Arbeitsverhältnissen; der Betriebsveräußerer mit dem Betriebserwerber gesamtschuldnerisch nur für bereits entstandene und fällige und mit Einschränkungen für entstandene und fällig werdende Ansprüche.

Sinn und Zweck dieses besonderen Haftungsregimes ist es, die Werthaltigkeit der dem Arbeitnehmer bereits zustehenden Ansprüche nicht zu schmälern und hierbei gleichzeitig die Haftung des Betriebsveräußerers für zukünftige Ansprüche auszuschließen bzw. dessen Haftung für bereits entstandene, aber noch nicht fällig gewordene Ansprüche zeitlich zu begrenzen[1]. 316

2. Haftung des Betriebserwerbers

Da der **Betriebserwerber** durch den Betriebsübergang in alle Rechten und Pflichten aus den im Zeitpunkt des Übergangs bestehenden Arbeitsverhältnissen eintritt, wird dieser zum **Schuldner sämtlicher Ansprüche aus den auf ihn übergehenden Arbeitsverhältnissen**. Hiervon umfasst sind auch bereits vor dem Übergang entstandene Ansprüche ohne Rücksicht auf deren Fälligkeitszeitpunkt. Der Betriebserwerber haftet hingegen nicht für Ansprüche gegenüber Arbeitnehmern, die bereits vor dem Betriebsübergang aus den Diensten des Betriebsveräußerers ausgeschieden sind[2]. Für solche Ansprüche haftet der Betriebsveräußerer als vormaliger und alleiniger Arbeitgeber ausschließlich. 317

3. Haftung des Betriebsveräußerers

Der **Betriebsveräußerer** haftet zunächst gesamtschuldnerisch mit dem Betriebserwerber für alle Ansprüche, die bis zum Zeitpunkt des Betriebsübergangs entstanden und fällig sind, also zB rückständige Lohnforderungen, § 613a Abs. 2 Satz 1 BGB. Er haftet ebenso auch für solche Ansprüche, die bereits vor Betriebsübergang entstanden sind und binnen eines Jahres nach dem Betriebsübergang fällig werden. Die Fälligkeit richtet sich nach §§ 614, 271 BGB. Diese Haftung ist jedoch zusätzlich gem. § 613a Abs. 2 Satz 2 BGB noch dahin gehend beschränkt, dass sie nur anteilig entsprechend dem im Übergangszeitpunkt abgelaufenen Bemessungszeitraum erfolgt. 318

Der Betriebsveräußerer haftet etwa bei einer Weihnachtsgratifikation anteilig für den Teil des Jahres, der noch seiner Arbeitgeberstellung unterfiel[3]. Der Betriebsveräußerer haftet hingegen nicht, wenn der Arbeitnehmer erst bei dem neuen Arbeitgeber Urlaub erhält, weil der Zeitpunkt des Urlaubs von dem alten Arbeitgeber noch nicht gem. § 7 Abs. 1 BUrlG festgelegt worden war. Denn der noch nicht gewährte bzw. genehmigte Urlaub kann nicht einem bestimmten Zeitraum zugeordnet werden[4]. Bei Urlaubabgeltungsansprüchen kann eine zeitanteilige Haftung des Betriebsveräußerers in Betracht kommen[5]. 319

Beispiel:
Das Arbeitsverhältnis des Arbeitnehmers A geht im Wege des Betriebsübergangs zum 31.10. 2014 von der V-GmbH auf die E-GmbH. Im Arbeitsvertrag ist eine jährliche Sonderzahlung

---

1 *Fuhlrott*, FA 2012, 231; APS/*Steffan*, § 613a BGB Rz. 157.
2 APS/*Steffan*, § 613a BGB Rz. 159; *Schiefer/Doublet/Hartmann*, S. 206.
3 APS/*Steffan*, § 613a BGB Rz. 160; *Seiter*, Betriebsinhaberwechsel, S. 103.
4 BAG 18.11.2003 – 9 AZR 95/03, NZA 2004, 651.
5 ErfK/*Preis*, § 613a BGB Rz. 136.

("Weihnachtsgeld") in Höhe von 1200 Euro vorgesehen, die im Dezember fällig und mit der Dezember-Abrechnung ausgezahlt wird. A kann die Zahlung des Weihnachtsgelds in voller Höhe von der E-GmbH verlangen. A könnte aber auch anstelle der E-GmbH von der V-GmbH Zahlung des Weihnachtsgelds zeitanteilig für zehn Monate, also in Höhe von 1000 Euro verlangen. (Nur) in dieser Höhe haften E-GmbH und V-GmbH gesamtschuldnerisch.

4. Dispositivität der Regelung

320 Abweichungen von dem Haftungsregime des § 613a Abs. 2 BGB sind im **Außenverhältnis** gegenüber dem Arbeitnehmer zu dessen Lasten aufgrund des zwingenden Schutzcharakters der Vorschrift nicht möglich, Haftungserweiterungen zu Gunsten des Arbeitnehmers hingegen möglich. Auf bestehende Ausschlussfristen kann sich der Betriebserwerber berufen. Dies gilt allerdings nicht, wenn der Betriebserwerber zuvor einen Betriebsübergang bestritten hatte oder die Arbeitnehmer entgegen § 613a Abs. 5 BGB nicht unterrichtet worden sind[1].

321 Im **Innenverhältnis** zwischen altem und neuem Arbeitgeber erfolgt der **Ausgleich** nach § 426 Abs. 1 Satz 1 BGB zu gleichen Teilen, sofern nichts anderes ausdrücklich im Übernahmevertrag geregelt oder aus sonstigen Umständen zu entnehmen ist. Umstritten ist bei fehlender Regelung insbesondere, ob der Veräußerer für die vor Betriebsübergang fällig werdenden Verbindlichkeiten haftet[2] oder ob es eine solche Auslegungsregel nicht gibt[3]. Vorzugswürdig erscheint die vorherrschende erstgenannte Ansicht, da solche Ansprüche in den Kaufpreis regelmäßig „eingepreist" sind und der Betriebsveräußerer als Äquivalent bereits die Arbeitsleistung erhalten hat. Nach der Rechtsprechung des BGH[4] schuldet bei einem Betriebsübergang der bisherige Arbeitgeber dem neuen Arbeitgeber anteiligen Ausgleich in Geld für die vor dem Betriebsübergang entstandenen Ansprüche der Arbeitnehmer auf Urlaub, die der neue Arbeitgeber erfüllt hat. Allerdings haftet idR im Innenverhältnis der Betriebserwerber als neuer Arbeitgeber für Lohnansprüche nach dem Betriebsübergang[5].

⊃ **Hinweis:** Im Übernahmevertrag sollte ausdrücklich aufgenommen werden, ob der Betriebserwerber und/oder der alte Arbeitgeber für Verbindlichkeiten bis zum Betriebsübergang im Innenverhältnis einzutreten hat.

VI. Vereinbarungen und Kündigungen im Zusammenhang mit dem Betriebsübergang

1. Vereinbarungen im Zusammenhang mit dem Betriebsübergang

322 Der Übergang des Arbeitsverhältnisses kann (wie bei der Übernahme der Hauptbelegschaft) – aber muss nicht – Tatbestandsvoraussetzung des § 613a Abs. 1 BGB sein; er ist aber immer gesetzliche Rechtsfolge des Betriebsübergangs und zwingend[6]. **Betriebsveräußerer und Betriebserwerber können** deshalb **nicht vereinbaren**, dass einzelne, mehrere oder alle Arbeitnehmer vom Übergang der Arbeitsverhältnisse ausgeschlossen werden sollen[7].

---

1 BAG 22.8.2012 – 5 AZR 526/11, BB 2012, 3072.
2 OLG Brandenburg 6.5.2009 – 7 U 129/08, NZI 2009, 479; *Schiefer*, S. 94; HWK/*Willemsen/Müller-Bonanni*, § 613a BGB Rz. 299; ErfK/*Preis*, § 613a BGB Rz. 137.
3 *Schreiber*, RdA 1982, 137 (148); *Seiter*, Betriebsinhaberwechsel, S. 105.
4 BGH 4.7.1985 – IX ZR 172/84, NJW 1985, 2643; 25.3.1999 – III ZR 27/98, EzA § 613a BGB Nr. 180.
5 APS/*Steffan*, § 613a BGB Rz. 162; zu zusätzlichen Haftungsgründen vgl. APS/*Steffan*, § 613a BGB Rz. 163 mwN.
6 BAG 20.3.2014 – 8 AZR 1/13, NJW 2014, 2604.
7 BAG 30.10.1986 – 2 AZR 101/85, EzA § 613a BGB Nr. 54.

VI. Vereinbarungen und Kündigungen

a) Abschluss von Aufhebungsverträgen

Keine Bedenken bestehen dagegen gegen den Abschluss eines **Aufhebungsvertrags** zwischen **Betriebsveräußerer und Arbeitnehmer**, selbst wenn damit der Übergang des Arbeitsverhältnisses auf den Betriebserwerber verhindert wird[1]. Die Privatautonomie gebietet es, dass der Arbeitnehmer jederzeit freiwillig über sein Arbeitsverhältnis disponieren und damit auch Vereinbarungen zum Ausscheiden aus den Diensten des alten Betriebsinhabers treffen kann. Dies wird bereits daran deutlich, dass der Arbeitnehmer durch Ausübung seines Widerspruchsrechts dem Übergang des Anstellungsverhältnisses auf den Betriebserwerber widersprechen kann, was die Rechtsprechung bereits vor Normierung des Widerspruchsrechts in § 613a Abs. 6 BGB als Ausfluss grundgesetzlicher Wertungen anerkannt hat[2].

323

Eine unzulässige Gesetzesumgehung liegt hingegen vor, wenn Arbeitnehmer – und sei es auch „freiwillig" – mit dem Hinweis auf einen geplanten Betriebsübergang und Arbeitsplatzgarantien des Erwerbers veranlasst werden, ihre Arbeitsverhältnisse mit dem Betriebsveräußerer selbst fristlos zu kündigen oder Auflösungsverträgen zuzustimmen, um dann mit dem Betriebserwerber neue Arbeitsverträge abschließen zu können[3] (sog. **Lemgoer Modell**) bzw. dies zumindest verbindlich in Aussicht gestellt bekommen[4]. Mit einem derartigen Vorgehen soll lediglich die Kontinuität des Arbeitsverhältnisses bei gleichzeitigem Erhalt des Arbeitsplatzes beseitigt werden, so dass in diesem Fall sowohl die fristlose Kündigung bzw. der Aufhebungsvertrag als auch der Einstellungsvertrag mit dem Betriebserwerber zu neuen Konditionen unwirksam wären.

324

b) Einschaltung von Transfergesellschaften

Ein vom BAG in ständiger Rechtsprechung im Grundsatz für zulässig erachtetes Vorgehen ist hingegen die „**Zwischenschaltung**" einer **Transfergesellschaft** bzw. **Beschäftigungs- und Qualifizierungsgesellschaft (BQG)**, in der die Arbeitnehmer des Betriebsveräußerers aufgrund eines dreiseitigen Aufhebungsvertrages wechseln, auch wenn der Betriebserwerber diese sodann mit Neuverträgen einstellt[5].

325

Derartige Konstellationen tauchen in der Praxis regelmäßig bei Insolvenz oder wirtschaftlich notleidenden Betriebsveräußerern auf. Arbeitnehmer, Transfergesellschaft und Betriebsveräußerer schließen hierzu einen **dreiseitigen Vertrag**, der zu einer Aufhebung des Arbeitsverhältnisses mit dem Betriebsveräußerer zeitlich vor einem anstehenden Betriebsübergang unter gleichzeitiger Begründung eines befristeten Arbeitsverhältnisses mit einer Transfergesellschaft führt (sog. **Dörries-Scharmann-Modell**[6]). Ziel der Transfergesellschaft ist die Weitervermittlung der Arbeitnehmer in reguläre Beschäftigungsverhältnisse, was durch Qualifizierungsmaßnahmen gewährleistet werden soll. Vorteilhaft ist darüber hinaus die Möglichkeit für die Arbeitnehmer, durch die zunächst erfolgende Inanspruchnahme von Transferkurzarbeitergeld in der Transfergesellschaft den Bezugszeitraum für Lohnersatzleistungen insgesamt verlängern zu können. Der Betriebserwerber kann so den Betrieb „arbeitnehmerleer" übernehmen und nach dem erfolgten Betriebsübergang Arbeitnehmer aus der Trans-

326

---

1 BAG 18.8.2005 – 8 AZR 523/04, NZA 2006, 145; s.a. *Fuhlrott*, NZA 2012, 549 (551).
2 BAG 18.2.1960 – 5 AZR 472/57, BB 1960, 592; 2.10.1974 – 5 AZR 504/73, BB 1975, 468; vgl. auch die Gesetzesbegründung, BT-Drucks. 14/7760, 20.
3 BAG 28.4.1987 – 3 AZR 75/86, EzA § 613a BGB Nr. 67.
4 BAG 21.5.2008 – 8 AZR 481/07, NZA 2009, 144; 18.8.2005 – 8 AZR 523/04, NZA 2006, 145.
5 BAG 25.10.2012 – 8 AZR 572/11, GWR 2013, 97; 18.8.2011 – 8 AZR 312/10, EzA § 613a BGB 2002 Nr. 128; 18.8.2005 – 8 AZR 523/04, EzA § 613a BGB Nr. 40; 23.11.2005 – 8 AZR 349/20, EzA § 613a BGB 2002 Nr. 61; kritischer nunmehr BAG 25.10.2012 – 8 AZR 572/11, GWR 2013, 97 m. Anm. *Fuhlrott*.
6 BAG 10.12.1998 – 8 AZR 324/97, EzA § 613a BGB Nr. 175.

fergesellschaft zu neuen Konditionen mit neuen Verträgen und neuen Arbeitsbedingungen einstellen.

327 § 613a BGB wird bei derartigen Konstellationen nur **umgangen**, wenn der Aufhebungsvertrag die Beseitigung der Kontinuität des Arbeitsverhältnisses bei gleichzeitigem Erhalt des Arbeitsplatzes bezweckt, weil zugleich ein neues Arbeitsverhältnis vereinbart oder zumindest **verbindlich in Aussicht gestellt** wird. § 613a BGB gewährt nämlich nur einen Schutz vor einer Veränderung des Vertragsinhaltes ohne sachlichen Grund, nicht aber einen Schutz vor einer einvernehmlichen Beendigung des Arbeitsverhältnisses ohne sachlichen Grund[1]. Ist die Vereinbarung folglich auf ein **endgültiges Ausscheiden des Arbeitnehmers** gerichtet und macht sich dieser allenfalls Hoffnungen auf die Begründung eines neuen Arbeitsverhältnisses mit dem Erwerber, ist das Vorgehen **rechtlich zulässig**. Die Situation muss sich für den Arbeitnehmer also als **Risikogeschäft** darstellen[2].

⊃ **Hinweis:** Wann ein „endgültiges Ausscheiden" und wann hingegen eine „verbindliche Aussicht" auf einen neuen Arbeitsplatz beim Betriebserwerber besteht, ist oftmals schwierig voneinander abzugrenzen. Bloße Hoffnungen der Arbeitnehmer auf eine Neueinstellung des Erwerbers genügen nicht. Im Einzelnen ist aber umstritten, ob eine konkrete und auf den einzelnen Arbeitnehmer individualisierte Aussicht notwendig ist oder ob eine abstrakte Aussicht bereits genügt, wenn zB der Betriebserwerber mitteilt, er werde 90 % aller in die Transfergesellschaft gewechselten Arbeitnehmer neu einstellen und diese im Wege eines Losverfahrens ermitteln[3].

328 Eine Umgehung des § 613a Abs. 4 Satz 1 BGB liegt selbst dann nicht vor, wenn von vornherein vom alten und neuen Betriebsinhaber beabsichtigt war, dass der alte Betrieb „saniert" übernommen und nur eine begrenzte Zahl von Mitarbeitern aus der Beschäftigungsgesellschaft eingestellt wird[4]. Jedenfalls im Insolvenzfall hat der Arbeitnehmer in diesem Fall auch keinen Fortsetzungsanspruch gegenüber dem neuen Inhaber, weil zum einen ein solcher Anspruch für Fälle der Betriebsübernahme im Insolvenzverfahren des Veräußerers nicht anzuerkennen ist und zudem der Arbeitnehmer einvernehmlich aus den Diensten seines bisherigen Arbeitgebers ausgeschieden ist; § 613a Abs. 4 BGB schützt den Arbeitnehmer jedoch nur vor einer Kündigung wegen Betriebsübergangs, nicht vor Aufhebungsverträgen[5].

329 Eine **Umgehung** kann jedoch vorliegen, wenn die **Beschäftigungsgesellschaft zum Schein** vorgeschoben wird.

Beispiel:

Der Arbeitnehmer A unterzeichnet einen dreiseitigen Vertrag, mit dem er sein Arbeitsverhältnis mit der B-GmbH zum 31.12.2013, 24.00 Uhr aufhebt und zum 1.1.2014, 0.00 Uhr befristet in eine Transfergesellschaft TG wechselt. Am 1.1.2014, 0.00 Uhr findet der geplante Betriebsübergang der B-GmbH auf die C-GmbH statt. Zum 1.1.2014, 0.01 Uhr, wechselt A sodann aufgrund eines Neu-Vertrages in die Dienste der C-GmbH. War der einminütige Verbleib in der Transfergesellschaft vor dem Wechsel zur C-GmbH von vornherein geplant, so dass eine Qualifizierung in der TG nie stattfinden konnte, spricht viel für eine unzulässige Gesetzesumgehung[6].

---

1 BAG 23.11.2006 – 8 AZR 349/00, EzA § 613a BGB 2002 Nr. 61.
2 BAG 10.12.1998 – 8 AZR 324/97, EzA § 613a BGB Nr. 175; 23.11.2006 – 8 AZR 349/00, EzA § 613a BGB 2002 Nr. 61.
3 LAG Nds. 18.2.2010 – 7 Sa 779/09, BB 2010, 2181.
4 BAG 10.12.1998 – 8 AZR 324/97, NZA 1999, 422; aA noch LAG Düsseldorf 28.4.1997 – 10 Sa 1534/96, DB 1997, 1878.
5 BAG 10.12.1998 – 8 AZR 324/97, NZA 1999, 422.
6 S. auch Göpfert/*Sigle*, § 22 Rz. 22, die eine in jedem Fall einen Tag überdauernde Verweildauer in der BQG fordern und weitere Gestaltungshinweise geben.

Ob eine unzulässige Gestaltung auch dann vorliegt, wenn die **Sozialauswahl offensichtlich umgangen** werden soll, wird von der Rechtsprechung teilweise bejaht, ist aber noch nicht abschließend geklärt[1]. Dafür spricht, dass andernfalls ein die Sozialauswahl ausschließendes Umgehungsgeschäft erlaubt werde[2]. Dagegen spricht, dass der Wechsel in die Transfergesellschaft und damit die Aufgabe eines die Sozialauswahl beinhaltenden Kündigungsschutzes jeweils einverständlich erfolgt sind[3]. 330

Inwieweit das **BQG-Modell** in Zukunft aufgrund der strengen Vorgaben in der letzten diesbezüglichen Entscheidung des BAG[4] Bestand haben wird und weiterhin als Sanierungsinstrument eingesetzt werden wird, bleibt abzuwarten[5]. Bis eine weitere höchstgerichtliche Klärung erfolgt, spricht aufgrund der warnenden bzw. kritischen Stimmen[6] viel dafür, dass dessen Einsatz zunächst abnehmen wird. Als denkbare Gestaltungsalternative kann sich in der Praxis die **Kündigung aufgrund Erwerberkonzepts** erweisen, bei der der Veräußerer aufgrund eines Konzept des Erwerbers noch vor dem Betriebsübergang Kündigungen ausspricht[7], s. hierzu sogleich Rz. 347. 331

Ein Aufhebungsvertrag kann gem. §§ 142 Abs. 1, 123 Abs. 1 Alt. 1 BGB angefochten werden, wenn der Arbeitgeber dem Arbeitnehmer vorspiegelt, der Betrieb solle geschlossen werden, in Wahrheit jedoch ein Betriebsübergang geplant ist[8]. Die Darlegungs- und Beweislast für das Vorliegen einer Täuschung obliegt dem Arbeitnehmer. 332

c) Befristungsabreden

Eine Umgehung des § 613a Abs. 4 Satz 1 BGB liegt vor, wenn ein Arbeitnehmer im Hinblick auf einen bevorstehenden Betriebsübergang seitens des Betriebsveräußerers **befristet** eingestellt wird. Denn nach der Wertung des § 613a Abs. 1 Satz 1 BGB hat der Betriebsübergang außer der Auswechslung der Person des Arbeitgebers keine Auswirkungen auf das Arbeitsverhältnis. **Allein die beabsichtigte Veräußerung des Betriebes stellt daher keinen sachlichen Grund für die Befristung des Arbeitsvertrages dar**[9]. Gleichermaßen wäre eine arbeitsvertraglich vereinbarte auflösende Bedingung, die das Arbeitsverhältnis für den Fall eines Betriebsübergangs beendet, unwirksam. Die Möglichkeiten „regulärer" Befristung mit (§ 14 Abs. 1 TzBfG) oder ohne (§ 14 Abs. 2 TzBfG) Sachgrund bleiben aber unberührt. 333

Ein Arbeitsverhältnis kann auch dann auf einen Betriebserwerber übergehen, wenn es wirksam auf das Ende des Tages vor dem Betriebsübergang befristet ist und der Erwerber es nahtlos durch Abschluss eines neuen Arbeitsverhältnisses (ggf. zu verschlechterten Bedingungen) fortsetzt. Denn § 613a Abs. 1 BGB gewährt einen Inhaltsschutz und will insbesondere verhindern, dass eine Betriebsveräußerung zum Anlass genommen wird, die erworbenen Besitzstände der Arbeitnehmer abzubauen. Der Betriebsübernehmer ist deshalb so zu behandeln, als würden die arbeitsrechtlichen Beziehun- 334

---

1 Während vormalige Entscheidungen eine Sozialauswahl ausdrücklich einfordern (BAG 23.11. 2006 – 8 AZR 349/00, EzA § 613a BGB 2002 Nr. 61), findet sich in der jüngsten Entscheidung des BAG (BAG 18.8.2011 – 8 AZR 312/10, EzA § 613a BGB 2002 Nr. 128) kein Hinweis mehr auf ein solches Erfordernis, obwohl die Vorinstanz ihre Entscheidung hierauf maßgeblich gestützt hatte.
2 LAG Köln 25.2.2011 – 3 Sa 1470/09, ZIP 2011, 1633.
3 *Fuhlrott*, NZA 2012, 549 (552f.) mwN; *Göpfert/Sigle*, § 22 Rz. 23f.
4 BAG 18.8.2011 – 8 AZR 312/10, EzA § 613a BGB 2002 Nr. 128; 25.10.2012 – 8 AZR 572/11, GWR 2013, 97 m. Anm. *Fuhlrott*.
5 *Göpfert/Sigle*, § 22 Rz. 16; *Fuhlrott*, FA 2013, 165 (166).
6 *Fuhlrott*, NZA 2012, 549; *Willemsen*, NZA 2013, 242; *Pils*, NZA 2013, 125.
7 Hierzu *Fuhlrott*, BB 2013, 2042.
8 BAG 23.11.2006 – 8 AZR 349/00, EzA § 613a BGB 2002 Nr. 61; *Fuhlrott*, NZA 2012, 549 (553); *Fuhlrott/Chwalisz*, FA 2011, 38.
9 BAG 2.12.1998 – 7 AZR 579/97, NZA 1999, 926.

gen des Arbeitnehmers, die zum Betriebsveräußerer bestanden hatten, weiterhin bestehen, wenn ein hinreichend enger Zusammenhang zwischen beiden Arbeitsverhältnissen gegeben ist. Hierbei ist es unerheblich, dass der Arbeitnehmer gegen die Befristung keine Klage erhoben hat, so dass die Befristung als wirksam zu behandeln ist, § 17 TzBfG iVm. § 7 KSchG[1]. Dies hat zur Folge, dass die Beschäftigungszeit aus dem früheren Beschäftigungsverhältnis mit dem Betriebsveräußerer auf die Wartezeit des § 1 Abs. 1 KSchG beim Betriebserwerber angerechnet wird. Außerdem wird das alte Arbeitsverhältnis zu den Bedingungen des neuen Arbeitsvertrages mit dem Betriebserwerber fortgesetzt, so dass der Erwerber auch in die Anwartschaften aus betrieblicher Altersversorgung eintritt.

d) Veränderungen der arbeitsvertraglichen Inhalte

335 Der **Arbeitnehmer** kann mit dem **neuen Betriebsinhaber** vereinbaren, das Arbeitsverhältnis nicht fortzusetzen[2]. Auch können sie ihren Arbeitsvertrag für die Zukunft neu gestalten und einvernehmlich die Vergütung senken[3]. Da jedoch § 613a Abs. 1 BGB zum Schutz des betroffenen Arbeitsnehmers zwingendes Recht enthält und verhindern will, dass die Betriebsveräußerung zum Anlass eines Sozialabbaus der Belegschaft des Veräußererbetriebes genommen wird, ist es mit dem Schutzzweck des § 613a BGB nicht zu vereinbaren, wenn die Arbeitnehmer mit dem Betriebserwerber einen **Verzicht** auf rückständigen Arbeitslohn und freiwillig begründete betriebliche Sozialleistungen (Verzicht auf betriebliche Altersversorgung) vereinbaren[4]. Ein solcher Verzicht ist nur dann rechtens, wenn hierfür **sachliche Gründe** gegeben sind. So hat das BAG geurteilt[5], dass ein sachlicher Grund dann anzuerkennen ist, wenn der Verzicht für die dauerhafte Erhaltung von Arbeitsplätzen erforderlich ist, was vom Arbeitgeber zu beweisen wäre. Auch liegt eine Umgehung zwingenden Gesetzesrechts vor, wenn ein Arbeitnehmer in einem **Erlassvertrag mit dem alten Arbeitgeber** auf Lohnansprüche verzichtet, um einen Betriebsübergang erst zu ermöglichen[6].

Beispiel:
Die A-GmbH hat im Zeitpunkt des Betriebsübergangs gegenüber der Arbeitnehmerin B Lohnverpflichtungen in Höhe von 5 000 Euro. Ein Verzichtsvertrag der B mit der Betriebsnachfolgerin C-GmbH wäre nur bei einem sachlichen Grund rechtswirksam, etwa, weil damit die C-GmbH vor einem Insolvenzverfahren bewahrt würde. Rechtlich unbedenklich dagegen wäre eine Stundungsabrede.

2. Kündigungen im Zusammenhang mit dem Betriebsübergang

336 Nach § 613a Abs. 4 BGB ist die Kündigung des Arbeitsverhältnisses durch den bisherigen Arbeitgeber oder durch den neuen Betriebsinhaber **wegen des Übergangs** eines Betriebes oder Betriebsteils **unwirksam**; das Recht zur Kündigung aus anderen Gründen bleibt unberührt. Dieses **relative Kündigungsverbot** gilt für alle Arten von Kündigungen, also sowohl Beendigungs-, als auch Änderungskündigungen, sofern sie wegen eines Betriebsübergangs erfolgen[7]. Das Kündigungsverbot soll die Kontinuität der Arbeitsverhältnisse sichern. Damit ist zum einen geregelt, dass ein Betriebsübergang kein dringendes betriebliches Erfordernis iSv. § 1 Abs. 3 KSchG ausmacht, zum anderen aber auch ein **eigenständiges Kündigungsverbot** iSv. §§ 13 Abs. 3 KSchG, 134 BGB fixiert[8].

---

1 BAG 19.5.2005 – 3 AZR 649/03, DB 2005, 2362.
2 BAG 29.10.1975 – 5 AZR 444/74, EzA § 613a BGB Nr. 4.
3 BAG 7.11.2007 – 5 AZR 1007/06, NZA 2008, 530.
4 BAG 12.5.1992 – 3 AZR 247/91, EzA § 613a BGB Nr. 104.
5 BAG 17.1.1980 – 3 AZR 160/79, EzA § 613a BGB Nr. 24.
6 BAG 19.3.2009 – 8 AZR 722/07, NZA 2009, 1091.
7 ErfK/*Preis*, § 613a BGB Rz. 153; *Fuhlrott*, FA 2013, 258.
8 BAG 5.12.1985 – 2 AZR 3/85, EzA § 613a BGB Nr. 50; 31.1.1985 – 2 AZR 530/83, NZA 1985, 593.

VI. Vereinbarungen und Kündigungen

a) Kündigung durch den bisherigen Arbeitgeber

§ 613a Abs. 4 BGB gilt nur dann, wenn der Betriebsübergang jedenfalls **wesentlich mitbestimmend** war für die ordentliche oder fristlose Kündigung. Der Betriebsübergang muss die überwiegende Ursache, also Beweggrund, Motiv oder tragender Grund für die Kündigung gewesen sein[1]. Gibt es neben dem Betriebsübergang einen sachlichen, die Kündigung rechtfertigenden Grund, ist der Betriebsübergang nur äußerlicher Anlass, nicht aber tragender Grund[2]. Dabei ist ausschließlich auf die Verhältnisse im Zeitpunkt des Wirksamwerdens der Kündigung, also **bei Zugang der Kündigung abzustellen**. Die den Betriebsübergang ausmachenden Tatsachen müssen im Zeitpunkt des Zugangs der Kündigung bereits feststehen oder zumindest greifbare Formen angenommen haben. Die Kündigung ist regelmäßig wegen des Betriebsübergangs erfolgt, wenn sie im zeitlichen Zusammenhang mit ihm erfolgt[3]. Da die Vorschrift ein eigenständiges Kündigungsverbot darstellt, werden hiervon **alle Arbeitnehmer** geschützt, selbst wenn sie wegen nicht erfüllter Wartezeit (§ 1 Abs. 1 KSchG) oder mangels ausreichender Betriebsgröße (§ 23 Abs. 1 KSchG) keinen Kündigungsschutz genießen[4]. 337

Eine Kündigung wird selbst dann wegen des Betriebsübergangs ausgesprochen und ist unwirksam, wenn der Arbeitnehmer für den Betriebserwerber **zu teuer** ist und es bei Übernahme dieses Arbeitnehmers **nicht zum Betriebsübergang** gekommen wäre[5]. 338

> ⊃ **Hinweis:** In der Praxis wird die Übernahme eines Betriebes von einem notleidenden Unternehmen häufig an den Rechtsfolgen des § 613a BGB scheitern. Dabei hilft auch der Hinweis, der Betrieb hätte nicht fortgesetzt werden können, wenn alle – auch die teuren – Mitarbeiter hätten übernommen werden müssen, nicht weiter. Es bedarf deshalb sorgfältiger Abschätzung aller Risiken einer Betriebsübernahme. Hier wäre es wichtig, dass der alte Arbeitgeber ein Sanierungskonzept entwickelt und dieses umsetzt, bevor er den Betrieb veräußert. Kündigungen, die aufgrund eines solchen Konzept ausgesprochen werden, erfolgen dann nicht mehr „wegen" des Betriebsübergangs.

Unter § 613a BGB fällt auch eine Kündigung, die aus der Sicht des alten Arbeitgebers im Hinblick auf einen geplanten Betriebsübergang ausgesprochen wird, um den **Betriebsübergang vorzubereiten und zu ermöglichen**. Andererseits ist bei Anwendung des § 613a Abs. 4 BGB stets zu prüfen, ob es neben dem Betriebsübergang einen „sachlichen Grund" gibt, der „**aus sich heraus**" die Kündigung zu rechtfertigen vermag, so dass der Betriebsübergang nur äußerlicher Anlass, nicht aber der tragende Grund für die Kündigung gewesen ist[6]. So liegt eine Kündigung wegen Betriebsübergangs **nicht** vor, wenn sie der Rationalisierung (Verkleinerung) des Betriebes zur Verbesserung der Verkaufschancen dient. Eine **Rationalisierungsmaßnahme** liegt in der Verwirklichung eines Sanierungs- und Rationalisierungskonzepts vor, wenn der Betrieb ohne die Rationalisierung hätte stillgelegt werden müssen[7] oder die Rationalisierung unabhängig von dem Betriebsübergang erforderlich gewesen wäre. 339

Zu den „sachlichen Gründen" gehört auch die ernsthafte und endgültige **Stilllegungsabsicht**, wenn die betrieblichen Umstände bereits greifbare Formen angenommen haben. Die greifbaren Formen können je nach den Umständen des Einzelfalles die 340

---

1 BAG 27.9.1984 – 2 AZR 309/83, NZA 1985, 493; s. jüngst LAG Rh.-Pf. 19.3.2014 – 4 Sa 110/13, BeckRS 2014, 70348; *Fuhlrott*, FA 2013, 258 (259).
2 BAG 26.5.1983 – 2 AZR 477/81, EzA § 613a BGB Nr. 34; 18.7.1996 – 8 AZR 127/94, BB 1996, 2305.
3 BAG 18.3.1999 – 8 AZR 306/98, NZA 1999, 706.
4 BAG 31.1.1985 – 2 AZR 530/83, NZA 1985, 593; s.a. APS/*Steffan*, § 613a BGB Rz. 172; *Fuhlrott*, FA 2013, 258.
5 BAG 26.5.1983 – 2 AZR 477/81, EzA § 613a BGB Nr. 34.
6 BAG 5.12.1985 – 2 AZR 3/85, EzA § 613a BGB Nr. 50.
7 BAG 18.7.1996 – 8 AZR 127/94, DB 1996, 2288.

Gründe für die Stilllegungsabsicht oder auch ihre Durchführungsformen betreffen[1]. Der Arbeitgeber muss endgültig entschlossen sein, den Betrieb stillzulegen; es ist nicht notwendig, dass er zum Zeitpunkt der Kündigung bereits mit der Verwirklichung der beabsichtigten Stilllegung begonnen hat[2]. Ist der Arbeitgeber zum Zeitpunkt des Zugangs der Kündigung endgültig entschlossen, den Betrieb stillzulegen, so ist die Kündigung auch dann nicht gem. § 613a Abs. 4 BGB unwirksam, wenn es nachträglich doch noch infolge geänderter Umstände zu einem Betriebsübergang kommt. In einem solchen Fall kann aber der gekündigte Arbeitnehmer einen Anspruch auf Wiedereinstellung gegenüber dem Betriebserwerber haben, wenn sein Arbeitsplatz erhalten geblieben ist (vgl. Rz. 85 ff.).

Beispiel:

Die A-GmbH kündigte das Arbeitsverhältnis mit B am 15.3. zum 30.6. mit der erklärten Absicht, den Betrieb zum 30.6. stillzulegen; dementsprechend wurden der Mietvertrag über die Produktionsräume gekündigt und Verhandlungen über den Verkauf des Inventars geführt. Ohne dass es vorher geplant war, zeichnete sich am 1.6. die Möglichkeit ab, dass der Betrieb von der C-GmbH zum 1.7. übernommen wird, was auch geschah. Die Kündigung vom 15.3. ist trotz des späteren Betriebsübernahme nicht gem. § 613a Abs. 4 BGB unwirksam. Allerdings kann hier der Arbeitnehmer gegen den neuen Betriebsinhaber einen Anspruch auf Weiterbeschäftigung haben.

341 Kommt es allerdings noch **vor Ablauf der Kündigungsfrist** zu einem rechtsgeschäftlichen Betriebsübergang, spricht eine (widerlegbare) tatsächliche **Vermutung gegen eine ernsthafte und endgültige Stilllegungsabsicht**[3]. Auch spricht eine (widerlegbare) tatsächliche Vermutung gegen die Absicht des Betriebsinhabers, den Betrieb endgültig stillzulegen, wenn der Betrieb alsbald nach der Weiterveräußerung wieder eröffnet wird[4]. Auch liegt ein endgültiger Stilllegungsbeschluss nicht vor, wenn der bisherige Betriebsinhaber sich noch in **Übernahmeverhandlungen** befindet. Gleiches gilt, wenn die Übernahmeverhandlungen planmäßig abgebrochen werden, sodann ein Stilllegungsbeschluss gefasst, Kündigungen ausgesprochen und schließlich (planmäßig) die Verhandlungen wieder aufgenommen und erfolgreich beendet werden[5].

Beispiel:

Wurde im vorigen Fall der Betrieb bereits zum 1.6. übernommen, würde eine tatsächliche Vermutung gegen eine endgültige Stilllegungsabsicht sprechen. Die A-GmbH hätte diese Vermutung durch Tatsachen zu entkräften.

⊃ **Hinweis:** In der anwaltlichen Beratungspraxis sollte wegen dieser Konsequenzen ein besonderes Augenmerk auf den Zeitpunkt der Übernahme des Betriebes und/oder der Aufnahme der Betriebstätigkeit durch den neuen Betriebsinhaber gelegt werden. Hier sollte sich der Betriebserwerber vom Betriebsveräußerer darstellen lassen, ob er vor Betriebsübergang betriebsbedingt gekündigt hat und ob dieser Kündigung zB ein Sanierungskonzept zugrunde lag.

342 Dem **Insolvenzverwalter** bietet § 113 InsO eine besondere Berechtigung, zur beschleunigten Abwicklung des Insolvenzverfahrens unter Verkürzung vertraglich verlängerter Kündigungsfristen die mit den vom Gemeinschuldner beschäftigten Arbeitnehmern bestehenden Verträge zu kündigen[6], wobei gem. § 113 Satz 2 InsO die Kün-

---

1 BAG 19.6.1991 – 2 AZR 127/91, EzA § 1 KSchG – Betriebsbedingte Kündigung Nr. 70.
2 BAG 10.10.1996 – 2 AZR 651/95, NZA 1997, 92.
3 BAG 5.12.1985 – 2 AZR 3/85, EzA § 613a BGB Nr. 50.
4 BAG 18.5.1995 – 8 AZR 741/94, EzA § 613a BGB Nr. 139.
5 APS/*Steffan*, § 613a BGB Rz. 180, der in einem solchen Fall § 162 BGB (treuwidrige Herbeiführung des Bedingungseintritts) anwendet.
6 Zu den Besonderheiten der Beendigung von Arbeitsverhältnissen in der Insolvenz: *Fuhlrott*, FA 2011, 166.

digungsfrist maximal drei Monate beträgt. Insoweit begründet das Insolvenzrecht eine **eigenständige Kündigungsmöglichkeit.**

Allerdings hat der Insolvenzverwalter bei Ausübung seines besonderen Kündigungsrechts auch § 613a Abs. 4 Satz 1 BGB zu beachten[1]. Einigen sich jedoch Insolvenzverwalter und Betriebsrat auf einen **Interessenausgleich**, in dem die zu kündigenden Arbeitnehmer namentlich bezeichnet werden (§ 125 InsO), oder führt der Insolvenzverwalter das **Sammelverfahren** nach § 126 InsO durch, so wird vermutet, dass die späteren Kündigungen nicht wegen des Betriebsübergangs erfolgten, § 128 Abs. 2 InsO. Damit soll die Veräußerung von Betrieben und Betriebsteilen erleichtert werden[2]. Die durch § 125 InsO gegebene Möglichkeit zur Schaffung einer ausgewogenen Personal- und Altersstruktur durch die Erstellung eines Interessenausgleichs mit Namensliste ist europarechtskonform und stellt keinen Verstoß gegen Anti-Diskriminierungsvorschriften dar. Allerdings muss der kündigende Insolvenzverwalter im Falle einer Kündigungsschutzklage darlegen, welche Altersstruktur die Betriebspartner schaffen wollten und aus welchem Grund dies erforderlich war, wobei ein Sanierungskonzept deutlich werden muss[3]. § 128 InsO entfaltet zugunsten des Betriebserwerbers nur Wirkung, wenn der Insolvenzverwalter überhaupt die durch die §§ 125–127 InsO eröffneten Möglichkeiten nutzt. Spricht dagegen der Insolvenzverwalter ganz normale Kündigungen aus, greift § 128 InsO nicht ein. 343

b) Kündigung durch den Betriebserwerber

Die Kündigung des Betriebserwerbers ist ebenfalls dann unwirksam, wenn sie **wegen des Betriebsübergangs** erfolgt. Zwar ist es dem neuen Arbeitgeber nicht verwehrt, nach Übernahme des Betriebes aufgrund einer **neuen unternehmerischen Entscheidung** die Stilllegung des Betriebes oder eines Betriebsteils oder Rationalisierungsmaßnahmen zu beschließen und umzusetzen. Kündigt er dann das Arbeitsverhältnis von einem oder mehreren Mitarbeitern, wäre diese Kündigung jedenfalls nicht wegen des Betriebsübergangs ausgesprochen. Hatte allerdings der Betriebserwerber bereits bei Betriebsübergang die Absicht, die übernommenen Arbeitnehmer zu entlassen, wäre diese Kündigung wegen Verstoßes gegen § 613a Abs. 4 BGB unwirksam. Dies ist anders zu beurteilen, wenn der neue Betriebsinhaber schon bei Übernahme die Absicht hatte, den Betrieb stillzulegen und deshalb die Betriebstätigkeit überhaupt nicht aufzunehmen (hier fehlt das für die Anwendung des § 613a BGB geforderte Tatbestandsmerkmal der Weiterführung der Geschäftstätigkeit) oder den Personalbestand den betrieblichen Erfordernissen anzupassen, weil es sich hierbei um einen betriebsbedingten Grund iSd. § 1 Abs. 2 KSchG handelt. 344

Ob von vornherein eine solche Absicht bestand, wird häufig schwer nachzuweisen sein, zumal der sich hierauf berufende Arbeitnehmer darlegungs- und beweispflichtig ist[4]. Ein **enger zeitlicher Zusammenhang** zwischen dem Betriebsübergang und der späteren Kündigung kann aber ein Indiz dafür sein (Beweis des ersten Anscheins), dass die Kündigung wegen des Betriebsübergangs und nicht wegen neuer, nach Betriebsübergang eingetretener Umstände erfolgte[5]. 345

Beispiel:

B ist am 1.7. von der C-GmbH im Rahmen eines Betriebsübergangs übernommen worden. Bereits am 15.7. kündigt die C-GmbH das Arbeitsverhältnis mit B mit der Begründung, sie habe sich nunmehr entschlossen, den übernommenen Betrieb stillzulegen. Wegen des engen zeit-

---

1 *D. Gaul*, Der Betriebsübergang, S. 346 mwN.
2 ErfK/*Gallner*, § 125 InsO Rz. 1.
3 BAG 19.12.2013 – 6 AZR 790/12, NZA-RR 2014, 185.
4 BAG 5.12.1985 – 2 AZR 3/85, EzA § 613a BGB Nr. 50.
5 LAG Köln 3.3.1997 – 3 Sa 1063/96, EzA-SD 1997, Nr. 10, 5; KuR10/*Beseler*, S. 107.

lichen Zusammenhangs zwischen dem Betriebsübergang und der Kündigung spricht die tatsächliche Vermutung dafür, dass die C-GmbH von vornherein die Absicht hatte, den Betrieb von der A-GmbH zu übernehmen und ihn dann möglichst zügig stillzulegen. Die C-GmbH wird deshalb konkret diese tatsächliche Vermutung zu entkräften haben.

c) Kündigung aus anderen Gründen

346 § 613a Abs. 4 BGB lässt jedoch Kündigungen aus anderen Anlässen wie zB aus **personen- und verhaltensbedingten**, aber auch aus **betriebsbedingten** Gründen zu. § 613a Abs. 4 BGB will den von einem Betriebsübergang betroffenen Arbeitnehmer nämlich nicht besser gegenüber anderen **Arbeitnehmern** stellen. Allerdings wird hierbei im Einzelfall sorgfältig zu prüfen sein, ob andere Gründe nur vorgeschoben wurden, um einen Betriebsübergang zu verhindern, und es sich damit letztlich um eine Kündigung wegen des Betriebsübergangs handelt.

347 Der bisherige Betriebsinhaber kann aufgrund eines **Erwerberkonzepts** ohne Verstoß gegen § 613a Abs. 4 BGB kündigen, wenn ein verbindliches Konzept oder ein Sanierungsplan des Erwerbers vorliegt, dessen Durchführung im Zeitpunkt des Zugangs der Kündigung bereits greifbare Formen angenommen hat. Der Zulassung einer solchen Kündigung steht der Schutzgedanke des § 613a Abs. 4 BGB nicht entgegen, denn diese Regelung bezweckt keine „künstliche Verlängerung" des Arbeitsverhältnisses bei einer vorhersehbaren fehlenden Beschäftigungsmöglichkeit des Arbeitnehmers bei dem Erwerber[1]. Nach der Rechtsprechung sind derartige Kündigungen jedenfalls bei bestehender Insolvenz des Veräußerers bzw. wirtschaftlich notleidender Unternehmen möglich, wenn sich das **verbindlich festgelegte Erwerberkonzept** als **selbsttragend** erweist, also auch unabhängig von einer späteren Übernahme durch den Veräußerer erfolgreich hätte durchgeführt werden können[2]. In jüngeren landesarbeitsgerichtlichen Entscheidungen sind allerdings auch bereits Erwerberkonzeptkündigungen außerhalb von Insolvenzkonstellationen für wirksam angesehen worden[3]. Nicht ausreichend ist allerdings allein die Forderung des Erwerbers, die Belegschaft vor dem Betriebsübergang zu verkleinern[4]. Eine Kündigung nach Erwerberkonzept unterliegt im Weiteren den regulären gesetzlichen Anforderungen betriebsbedingter Kündigungen gem. § 1 KSchG. In die ua. notwendige Sozialauswahl sind alle vergleichbaren Arbeitnehmer des neuen Betriebs einzubeziehen. Endet allerdings das Arbeitsverhältnis des zu kündigenden Arbeitnehmers bis zum Wirksamwerden des Übertragungsvorgangs, ist die Sozialauswahl auf den gesamten – ursprünglich bestehenden Betrieb – zu beziehen[5].

348 Kündigt der alte Betriebsinhaber Arbeitnehmern aus **betrieblichen Gründen**, weil wegen einer durchgeführten Umstrukturierung kein Beschäftigungsbedarf mehr besteht, so gehen die Arbeitsverhältnisse dieser Mitarbeiter jedenfalls dann auf den Betriebserwerber über, wenn die Kündigung zB wegen nicht ordnungsgemäßer Anhörung des Betriebsrats gem. § 102 Abs. 1 BetrVG unwirksam ist und die Aufgaben weiterhin – wenn auch in anderer Weise – erledigt werden[6].

---

1 BAG 20.3.2003 – 8 AZR 97/02, NZA 2003, 1027; 26.5.1983 – 2 AZR 477/81, DB 1983, 1528; vgl. zum Meinungsstand *Sieger/Hasselbach*, DB 1999, 430 ff.; *Meyer*, BB 2000, 1035; ErfK/*Preis*, § 613a BGB Rz. 169.
2 *Fuhlrott*, BB 2013, 2042 mwN.
3 LAG Rh.-Pf. 11.3.2013 – 5 Sa 556/12, GWR 2013, 326 m. Anm. *Fuhlrott*; s.a. LAG Köln 11.9.2013 – 5 Sa 1128/12, ArbRAktuell 2014, 87.
4 ErfK/*Preis*, § 613a BGB Rz. 169.
5 Vgl. näher *Gaul*, AktuellAR 2003, S. 562 ff.; APS/*Steffan*, § 613a BGB Rz. 192 f.
6 LAG Düsseldorf 10.1.1997 – 10 Sa 1205/96, LAGE § 613a BGB Nr. 57.

◯ **Hinweis:** Um die wirtschaftlichen Nachteile für den Betriebserwerber zu mindern, empfiehlt es sich, in dem Übernahmevertrag auch das Tragen von Risiken aus anhängigen Kündigungsschutzprozessen gegen den Betriebsveräußerer zu regeln.

Dagegen wird eine Kündigung dann nicht wegen des Betriebsübergangs ausgesprochen, wenn der vom Betriebsübergang betroffene Arbeitnehmer dem Übergang seines Arbeitsverhältnisses **widerspricht** und der alte Arbeitgeber keine Beschäftigungsmöglichkeit mehr für diesen Mitarbeiter hat und daraufhin kündigt. 349

d) Beweislast

Macht der **Arbeitnehmer** den Umgehungstatbestand des § 613a Abs. 4 BGB geltend, muss er die Kausalität zwischen Kündigung und Betriebsübergang **vortragen** und evtl. beweisen, dass die Kündigung wegen des Betriebsübergangs erfolgte[1], wobei er sich bei einem engen zeitlichen Zusammenhang zwischen der Kündigung und dem Betriebsübergang auf den Beweis des ersten Anscheines berufen kann. 350

e) Geltendmachung der Unwirksamkeit

Will der Arbeitnehmer geltend machen, dass die Kündigung wegen des Betriebsübergangs erfolgte und damit nach § 613a Abs. 4 BGB unwirksam ist, kann er eine allgemeine **Feststellungsklage** nach § 256 ZPO erheben. 351

Der Arbeitnehmer muss die **dreiwöchige Klagefrist** des § 4 KSchG beachten, und zwar ohne Rücksicht darauf, ob die Kündigung wegen des Betriebsübergangs oder aus anderen Gründen ausgesprochen wurde[2]. Die frühere Auffassung[3], der Arbeitnehmer müsse innerhalb einer angemessenen Frist von seinem Klagerecht wegen der Kündigung aus Anlass eines Betriebsübergangs Gebrauch machen, wenn ihm nicht der Vorwurf der Verwirkung des Klagerechts gemacht werden solle, ist deshalb infolge der Neuregelung des § 4 KSchG überholt. 352

Die Klage ist **gegen den bisherigen Arbeitgeber** zu richten, der die Kündigung ausgesprochen hat, die nach Auffassung des Arbeitnehmers **aus welchen Gründen auch immer unwirksam ist**. Nur so können die Folgen des § 7 KSchG vermieden werden. Dies gilt selbst dann, wenn die Kündigungsschutzklage erst nach Betriebsübergang erhoben wurde[4]. Wurde allerdings die Kündigung **auch wegen des Betriebsübergangs nach** § 613a Abs. 4 BGB erklärt, kann der betroffene Arbeitnehmer daneben oder anstelle des alten Arbeitgebers gerichtlich auch gegen den Betriebserwerber vorgehen. 353

Der kündigende Betriebsveräußerer ist auch nach dem Zeitpunkt des Betriebsübergangs für das Kündigungsschutzverfahren **passivlegitimiert**,[5] es erfolgt kein Parteiwechsel kraft Gesetzes[6]. Da der Betriebserwerber ein gewichtiges Interesse am Ausgang dieses Kündigungsschutzprozesses hat, kann er mit Zustimmung des klagenden Arbeitnehmers als Rechtsnachfolger des Betriebsveräußerers das Kündigungsschutzverfahren übernehmen. Stimmt der Arbeitnehmer nicht zu, kann der Betriebserwerber nur als unselbständiger Streitgehilfe (§ 67 ZPO) des Betriebsveräußerers am Prozess teilnehmen. 354

---

1 BAG 5.12.1985 – 2 AZR 3/85, EzA § 613a BGB Nr. 50.
2 HWK/*Willemsen/Müller-Bonanni*, § 613a BGB Rz. 304.
3 BAG 5.12.1985 – 2 AZR 3/85, NZA 1986, 2008.
4 LAG MV 20.9.2011 – 5 Sa 333/10, LAGE § 613a BGB 2002 Nr. 33; hierzu krit. bei Klageerhebung nach Betriebsübergang: *Löwisch/Neumann*, DB 1996, 474; wie hier *Gaul*, AktuellAR 2001, S. 463.
5 BAG 18.3.1999 – 8 AZR 306/98, NZA 1999, 706; 27.9.1984 – 2 AZR 309/83, DB 1985, 1399.
6 *Düwell*, NZA 2012, 764.

○ **Hinweis:** Gerade wegen der Folgen eines Fristversäumnisses bei Erhebung einer Kündigungsschutzklage ist auf die Einhaltung der gesetzlichen Klagefristen ein besonderes Augenmerk zu richten.

Wird in dem Kündigungsschutzverfahren nach dem KSchG festgestellt, dass die Kündigung nach diesem Gesetz unwirksam ist, bedarf es allerdings keiner weiteren Prüfung mehr, ob die Kündigung auch wegen Verstoßes gegen § 613a Abs. 4 BGB unwirksam ist[1]. Das Arbeitsverhältnis geht **ungekündigt auf den Betriebserwerber** über.

355 Hat der Arbeitnehmer gegen den Arbeitgeber, der ihm gekündigt hat, eine Kündigungsschutzklage erhoben und wird nach deren Rechtshängigkeit der Betrieb veräußert, kann der Arbeitnehmer einen bisher nicht gestellten **Auflösungsantrag** nach § 9 KSchG mit Erfolg **nur** in einem Prozess gegen den ihm bekannten **Betriebserwerber** stellen. Der Auflösungsantrag stellt nämlich einen selbständigen Antrag und ein eigenständiges prozessuales Institut des Kündigungsschutzrechts dar. Da eine gerichtliche Auflösung nur in Betracht kommt, wenn das Arbeitsverhältnis zu dem gesetzlich zwingenden Auflösungszeitpunkt noch Bestand hatte, kann ein Auflösungsantrag nicht mehr gestellt werden, wenn bereits vorher der Betrieb auf einen anderen Arbeitgeber übergegangen ist. Denn in einem solchen Fall soll das Arbeitsverhältnis nicht zu dem früheren, sondern zu dem neuen Arbeitgeber aufgelöst werden[2]. Dagegen kann der bisherige Arbeitgeber den Auflösungsantrag stellen, wenn der Auflösungszeitpunkt zeitlich vor dem Betriebsübergang liegt[3]. Andererseits kann nur der neue Arbeitgeber Antrag auf Auflösung des Arbeitsverhältnisses stellen, wenn das Arbeitsverhältnis erst bei ihm enden würde.

356 Hat das Gericht die Kündigung als **sozial gerechtfertigt** anerkannt und die Kündigungsschutzklage abgewiesen und hat der betroffene Arbeitnehmer nicht geltend gemacht, dass die Kündigung auch nach § 613a Abs. 4 BGB unwirksam ist, geht das Arbeitsverhältnis gekündigt auf den Betriebserwerber über und endet dort mit Ablauf der Kündigungsfrist, ohne dass es einer erneuten Kündigung des Arbeitsverhältnisses durch den Betriebsnachfolger bedarf[4]. Allerdings kann der Arbeitnehmer uU einen Anspruch auf Wiedereinstellung gegenüber dem Betriebserwerber haben (vgl. Rz. 85 ff.).

357 Die **Rechtskraft** eines Urteils für und gegen den alten Arbeitgeber wirkt nach § 265 Abs. 2 iVm. § 325 ZPO auch für und gegen den neuen Betriebsinhaber, falls der Betriebsübergang nach Eintritt der Rechtshängigkeit der Kündigungsschutzklage eingetreten ist[5]. Voraussetzung ist allerdings, dass tatsächlich ein Betriebs(teil)übergang stattgefunden hat und das Arbeitsverhältnis des Arbeitnehmers von diesem Betriebs(teil)übergang erfasst wurde. Denn durch den Vorprozess wird nicht rechtskräftig festgestellt, ob der neue Arbeitgeber tatsächlich Rechtsnachfolger[6] und damit Betriebs(teil)übernehmer iSd. § 613a BGB ist, so dass in einem späteren Prozess immer noch von dem neuen Betriebsinhaber eingewandt werden kann, es liege ein Betriebs(teil)übergang nicht vor[7]. § 325 ZPO findet jedoch keine entsprechende Anwendung, wenn vor Rechtshängigkeit der Kündigungsschutzklage der Betriebsübergang stattgefunden hat[8].

---

1 BAG 27.9.1984 – 2 AZR 309/83, EzA § 613a BGB Nr. 40; 18.3.1999 – 8 AZR 306/98, BB 1999, 1334; *Gaul*, AktuellAR 2001, S. 463.
2 BAG 20.3.1997 – 8 AZR 769/95, EzA § 613a BGB Nr. 148.
3 BAG 24.5.2005 – 8 AZR 246/04, EzA § 613a BGB 2002 Nr. 32.
4 KuR10/*Beseler*, S. 108.
5 BAG 18.2.1999 – 8 AZR 485/97, BB 1999, 1221; s.a. *Düwell*, NZA 2012, 764.
6 *Baumbach/Lauterbach/Albers/Hartmann*, § 325 ZPO Rz. 5.
7 LAG Düsseldorf 10.1.1997 – 10 Sa 1205/96, LAGE § 613a BGB Nr. 57.
8 BAG 18.2.1999 – 8 AZR 485/97, BB 1999, 1221.

VI. Vereinbarungen und Kündigungen Rz. 360 Teil 2 G

▷ **Hinweis:** Bei Streit über das Vorliegen eines Betriebsübergangs und über die Rechtmäßigkeit einer vom bisherigen Arbeitgeber ausgesprochenen Kündigung empfiehlt es sich deshalb, gegen den **alten Arbeitgeber (Betriebsveräußerer) Kündigungsschutzklage** zu erheben und im **gleichen Verfahren gegen den (potentiell) neuen Arbeitgeber (Betriebserwerber) auf Feststellung** zu klagen, dass mit ihm das beim bisherigen Arbeitgeber begründete Arbeitsverhältnis mit **unveränderten Arbeitsbedingungen fortbesteht**[1]. In diesem Prozess wird rechtsverbindlich für den alten und den neuen Betriebsinhaber festgestellt, ob ein Betriebsübergang mit der Folge des § 613a BGB stattgefunden hat und die Kündigung unwirksam ist. Bei separaten Verfahren – einer isoliert betriebenen Kündigungsschutzklage gegen den Betriebsveräußerer und einer isoliert hiervon betriebenen Feststellungsklage auf Übergang des Arbeitsverhältnisses zum Betriebserwerber – droht aufgrund der inter-partes-Wirkung des arbeitsgerichtlichen Urteils für den Arbeitnehmer andernfalls die Gefahr, dass im Kündigungsschutzrechtsstreit die Kündigung mangels Betriebsübergangs für wirksam angesehen wird, im Verfahren gegen den Betriebserwerber jedoch ein Betriebsübergang bejaht wird. Das Arbeitsverhältnis würde dann zwar auf den Betriebserwerber übergehen, jedoch wirksam gekündigt sein.

Hat der Arbeitnehmer Kündigungsschutzklage gegen den bisherigen Betriebsinhaber und gleichzeitig Klage gegen den Betriebserwerber erhoben und begründet er die Kündigung gegen den Betriebsveräußerer mit der Unwirksamkeit nach § 1 Abs. 1 KSchG und nach § 613a BGB, muss der Arbeitnehmer bei einem insgesamt **klageabweisenden Urteil Berufung sowohl gegen den bisherigen als auch gegen den neuen Betriebsinhaber** einlegen. Legt er nur gegen das klageabweisende Urteil hinsichtlich des Betriebserwerbers Berufung ein, steht rechtskräftig fest, dass die Kündigung des Betriebsveräußerers rechtswirksam ist. Damit steht gleichzeitig fest, dass die Kündigung nicht gem. § 613a Abs. 4 BGB unwirksam ist. 358

Ist die Klage gegen den Betriebsveräußerer und gegen den Betriebserwerber erstinstanzlich erfolgreich, müssen sowohl der bisherige als auch der neue Arbeitgeber Berufung einlegen. Legt nur der Betriebserwerber Berufung ein, steht rechtskräftig fest, dass die Kündigung unwirksam ist. Der Betriebserwerber kann zwar einwenden, es liege ein Betriebsübergang tatsächlich nicht vor. Er kann aber nicht mehr mit dem Einwand durchdringen, die Kündigung sei entgegen der Auffassung der ersten Instanz nicht wegen des Betriebsübergangs ausgesprochen worden. 359

Hatte der alte Arbeitgeber das Arbeitsverhältnis nur **vorsorglich** gekündigt, weil er einerseits keine Beschäftigungsmöglichkeit unternehmensweit mehr hatte und andererseits meinte, es liege möglicherweise bereits bei Ausspruch der Kündigung ein Betriebs(teil)übergang mit der Folge des § 613a BGB vor, und stellt sich im Kündigungsschutzverfahren heraus, dass ein Betriebs(teil)übergang tatsächlich bereits vor Zugang der Kündigung erfolgte, ist die **Kündigungsschutzklage** mangels wirksamer Kündigung des Betriebsveräußerers **unbegründet**[2]. Die alleinige Behauptung des Arbeitnehmers, der Betrieb sei bereits vor seiner Kündigung auf einen Erwerber übergegangen, führt zur Unschlüssigkeit einer Kündigungsschutzklage gegen den Betriebsveräußerer, wenn nicht wenigstens das zum Sachvortrag des Arbeitnehmers in Widerspruch stehende Vorbringen des Arbeitgebers hilfsweise als Klagebegründung vorgebracht wird[3]. Denn nach dem eigenen Vorbringen des Arbeitnehmers kann die Kündigung das Arbeitsverhältnis nicht beendet haben, weil es mit dem bisherigen Arbeitgeber nicht mehr bestanden hat. Der Arbeitgeber kann ebenfalls seinen Klageabweisungsantrag damit begründen, es habe kein Arbeitsverhältnis mehr bestanden[4]. 360

---

1 BAG 4.3.1993 – 2 AZR 507/92, EzA § 613a BGB Nr. 107.
2 LAG Köln 18.3.1994 – 13 Sa 924/93, NZA 1994, 815.
3 BAG 15.12.2005 – 8 AZR 202/05, NZA 2006, 597; 20.3.2003 – 8 AZR 312/02, BB 2003, 1793; LAG Köln 18.3.1994 – 13 Sa 924/93, NZA 1994, 815.
4 BAG 18.3.1999 – 8 AZR 306/98, EzA § 613a BGB Nr. 179.

361 Um eine Kostenentscheidung gegen den Arbeitnehmer zu verhindern, bietet es sich an, dass der Arbeitnehmer im Kündigungsschutzverfahren die Erledigung der Hauptsache erklärt, um dann eine gerichtliche Entscheidung nach § 91a ZPO zu erreichen. Das Gericht wird im Regelfall dem Arbeitgeber die Kosten aufzuerlegen haben, weil er das Kündigungsschutzverfahren veranlasst hat und dessen Rechtsunsicherheit über den Betriebsübergang nicht zu Lasten des Arbeitnehmers gehen kann.

362 Hat der Arbeitnehmer dem Betriebsübergang widersprochen und hat aber der Betriebserwerber vor Ausübung des Widerspruchs das Arbeitsverhältnis gekündigt, so geht diese Kündigung ins Leere, weil das Arbeitsverhältnis rückwirkend auf den Betriebsveräußerer zurückgefallen ist. Trotzdem muss – so das LAG Köln[1] – der Arbeitnehmer binnen drei Wochen Klage erheben, falls der Betriebsveräußerer die Kündigung des Betriebserwerbers genehmigt hat.

f) Wirkung und Gestaltung von Vergleichen

363 Ein **zweiseitiger Beendigungsvergleich** zwischen Arbeitnehmer und Altarbeitgeber, der das Arbeitsverhältnis mit Wirkung vor dem Betriebsübergang beendet, schließt einen Betriebsübergang auf den Betriebserwerber aus; eine Einbeziehung des Betriebserwerbers ist hierzu nicht erforderlich. Ein zwischen dem Betriebsveräußerer und dem Arbeitnehmer geschlossener Beendigungsvergleich wirkt auch für und gegen den Betriebserwerber, wenn der Vergleichsabschluss nach dem Betriebsübergang erfolgte und dem Arbeitnehmer dieser auch bekannt war[2].

364 Bei unklaren Situationen und/oder Streitigkeiten über das Bestehen eines Betriebsübergangs bietet sich ein **dreiseitiger Vergleich** zwischen Arbeitnehmer, Betriebsveräußerer und Betriebserwerber an. Klassische Konstellation ist ein Rechtsstreit nach einer ausgesprochenen Kündigung des Betriebsveräußerers, in dem der Arbeitnehmer sich gegen die Unwirksamkeit der Kündigung wehrt und im Prozess geltend macht, sein Arbeitsverhältnis sei infolge Betriebsübergangs auf den Betriebserwerber übergegangen.

Beispiel:

In einer solchen Konstellation kann ein dreiseitiger Beendigungsvergleich zwischen Arbeitnehmer A, Betriebsveräußerer V-GmbH und Betriebserwerber E-GmbH nach arbeitgeberseitiger Kündigung des Betriebsveräußerers wie folgt lauten[3]:

„Zwischen den Parteien besteht Einigkeit, dass die tatsächlichen Voraussetzungen eines Betriebsübergangs des Anstellungsverhältnisses des A auf die E-GmbH mangels Übergangs einer wirtschaftlichen Einheit (Änderung des Betriebszwecks, keine Übernahme von Arbeitnehmern, geänderter Betriebszweck, veränderte Betriebsorganisation, Stilllegungsdauer, keine Übernahme von prägenden Betriebsmitteln) nicht vorliegen. Es besteht daher weder ein Arbeitsverhältnis des A zur E-GmbH, noch ist ein solches zum [Zeitpunkt, nach dem nach Ansicht des Klägers ein Betriebsübergang stattgefunden haben soll] entstanden. Das Anstellungsverhältnis des Klägers mit der V-GmbH endete daher unwiderruflich zum [Beendigungsdatum der Kündigung der V-GmbH].

A steht gegenüber der E-GmbH daher auch kein Wiedereinstellungsanspruch seit dem [Zeitpunkt des vermeintlichen Betriebsübergangs] zu.

Rein vorsorglich wird hiermit ein etwaig bestehendes Anstellungsverhältnis des A mit der E-GmbH zum [Beendigungsdatum der Kündigung der V-GmbH] unwiderruflich aufgehoben, die gerichtliche Protokollierung ersetzt die Schriftform."

---

1 LAG Köln 5.10.2007 – 11 Sa 257/07, NZA-RR 2008, 5.
2 BAG 24.8.2006 – 8 AZR 574/05, NZA 2007, 328.
3 Formulierung nach *Fuhlrott/Salamon*, BB 2012, 1793 (1797f.).

Wendet sich der Arbeitnehmer gegen den Betriebserwerber und den Betriebsveräußerer in zwei separaten Prozessen – was aufgrund der bestehenden inter-partes-Wirkung eines Urteils nicht anzuraten ist – oder klagt der Arbeitnehmer (zunächst) nur gegen den kündigenden Betriebsveräußerer, ist ein Beitritt der in diesem Verfahren unbeteiligten Partei (hier des Betriebserwerbers) zum Abschluss eines Vergleichs jederzeit möglich und ratsam.

3. Betriebsübergänge vermeidende Rechtsgestaltung?

Die durch einen Betriebsübergang resultierenden gesetzlichen Folgen – insbesondere der Übergang der Arbeitsverhältnisse im status quo auf den Erwerber – werden von Kaufinteressenten teilweise ausdrücklich erwünscht, oftmals aber auch als unerwünscht bzw. einen Unternehmenskauf sogar in Frage stellend (sog. **dealbreaker**) qualifiziert.

Beispiele:

1. Der Erwerber möchte einen IT-Betrieb mit hochspezialisierten Software-Entwicklern übernehmen. Darauf, dass die Arbeitnehmer zu ihm übergehen und dem Betriebsübergang nicht widersprechen, ist der Erwerber geradezu angewiesen.

2. Der Erwerber ist an den technischen Anlagen eines Produktionsbetriebs interessiert. An der Belegschaft, die über gewachsene tarifliche Strukturen und ein hohes Durchschnittsalter verfügt, ist er weniger interessiert.

Da die Vorschrift des § 613a BGB eine gesetzliche Schutzvorschrift darstellt, die zu Lasten der Arbeitnehmer unabdingbar ist und ihre Wirkungen unabhängig vom Willen der Beteiligten eintreten[1], stellt sich die Frage, inwieweit hier **gestaltende Einwirkungen** überhaupt zulässig sind. Auch wenn die gesetzlichen Folgen des Betriebsübergangs nicht zu Lasten der Arbeitnehmer abdingbar sind, bleibt es aber möglich, in tatsächlicher Hinsicht dergestalt tätig zu werden, dass entweder die tatbestandlichen Voraussetzungen eines Betriebsübergangs bereits gar nicht erfüllt werden bzw. im Einzelfall die Arbeitnehmer von dessen Rechtsfolgen nicht erfasst werden.

Beispiele:

1. Die an einem Erwerb von Teilen des Betriebs der B-GmbH interessierte A-AG erwirbt nur vereinzelt Betriebsmittel, die selbst keinen übergangsfähigen Betriebsteil ausmachen (Einwirkung auf tatbestandlicher Ebene bei den Voraussetzungen des Betriebsübergangs).

2. Der Erwerber wählt zur Gestaltung das vorgenannt beschriebene BQG-Modell, so dass die Arbeitnehmer vor Übernahme der Leitungsmacht aus dem Betrieb ausscheiden und nicht von den Rechtsfolgen des Betriebsübergangs erfasst werden (Einwirkung durch Herausnahme der Arbeitnehmer von den Rechtsfolgen des Betriebsübergangs).

Derartige Vorgehensweisen stellen **keine unzulässige Umgehung** des durch den Betriebsübergang vermittelten Arbeitnehmerschutzes dar, sondern sind als zulässige **Ausübung der rechtlichen Gestaltungsfreiheit** zu bewerten. Hiernach ist es im Zivilrechtsverkehr erlaubt, bewusst Gestaltungen zu wählen, bei denen eine bestimmte Rechtsfolge mangels Erfüllung deren tatbestandlicher Voraussetzungen nicht eintritt[2].

Als **denkbare Ansatzpunkte für eine gestaltende Einwirkung** zur Vermeidung des Vorliegens der Voraussetzungen eines Betriebsübergangs kann daher insbesondere an den nachfolgenden Punkten angesetzt werden[3] – die letztlich allesamt Teilaspekte der be-

---

1 BAG 20.3.2014 – 8 AZR 1/13, NJW 2014, 2604.
2 BAG 27.9.2007 – 8 AZR 941/06, NZA 2008, 1130; *Fuhlrott/Salamon*, BB 2012, 1792; *Menke/Wolf*, BB 2011, 1461 (1464).
3 S. hierzu auch *Fuhlrott/Salamon*, BB 2012, 1793 mwN sowie *Willemsen/Hohenstatt/Schweibert/Seibt*, Kap. G Rz. 107 ff.

reits zuvor behandelten tatbestandlichen Voraussetzungen eines Betriebsübergangs sind und nachfolgend unter dem Blickwinkel der rechtlichen Gestaltung dargestellt werden:

- Die **Zerschlagung der Einheit** bei der Übernahme dergestalt, dass weder ein Betriebs(teil) identitätswahrend übernommen wird, noch die funktionelle Verknüpfung der Betriebsmittel beim Erwerber erhalten bleibt. Gleiches gilt, wenn **Betriebsmittel nur so vereinzelt übernommen** werden, dass von keinem Übergang einer wirtschaftlichen Einheit gesprochen werden kann.
- Die **Stilllegung des Betriebs** durch Wahl eines so ausreichend bemessenen Zeitraumes, dass zB Kunden abwandern, kann zwar einen Betriebsübergang ausschließen, da sich Stilllegung und Betriebsübergang gegenseitig ausschließen. Allerdings begründet eine alsbaldige Aufnahme der Geschäftstätigkeiten nach erfolgter Stilllegung eine tatsächliche Vermutung gegen die ernsthafte Absicht der Stilllegung[1].
- Ein **Off-Shoring bzw. Standortwechsel** ist ebenfalls nur dann geeignet, einen Betriebsübergang sicher auszuschließen, wenn die räumliche Entfernung so erheblich ist, dass diese gegen eine Fortführung der betrieblichen Einheit spricht oder aufgrund des neuen Standortes zB bisherige Kundenbeziehungen komplett verlustig gehen und neu aufgebaut werden müssen. Anderes kann gelten, wenn der Betrieb räumlich an eine bestimmte Örtlichkeit gebunden ist – wie etwa bei einem Steinbruch[2]. Dann kann auch eine geringere Verlagerung gegen einen Betriebsübergang sprechen.
- Die **Nicht-Übernahme von Arbeitnehmern** kann nur dann einen Betriebsübergang ausschließen, wenn es sich um einen betriebsmittelarmen Betrieb handelt, bei dem der organisierten Hauptbelegschaft als wertschöpfungsrelevanter Kern maßgebliche Bedeutung zukommt. In Richtung der Nicht-Übernahme von Arbeitnehmern geht auch das vorgenannte **BQG-Modell** (vgl. Rz. 325 ff.), bei dem zwar ein Betriebsübergang erfolgt, die zuvor in die BQG gewechselten Arbeitnehmer allerdings hiervon ausgenommen werden.
- Die **Veränderung des Betriebszwecks** kann ebenfalls einen Betriebsübergang ausschließen. Selbst eine weitest gehende Übernahme aller sächlichen Betriebsmittel begründet keinen Betriebsübergang, wenn mit diesen eine abweichende betriebliche Zwecksetzung beim Erwerber erfolgt[3].
- Auch können Erwerber und Veräußerer sich im Vorfeld eines Betriebsübergangs Klarheit über die übergehenden Arbeitnehmer verschaffen, wenn diese den **Betriebsteilen konkret zugeordnet werden**. Steht folglich nur der Übergang eines Betriebsteils in Rede, können – sofern keine bewusste Umgehung erfolgt – die Arbeitsverhältnisse den jeweiligen Betriebsteilen zugeordnet werden. Folge ist dann der Übergang oder Nicht-Übergang der dem Betriebsteil zugeordneten bzw. nicht zugeordneten Mitarbeiter (vgl. hierzu bereits ausführlich Rz. 125 ff.).
- Natürlich ist auch die einverständliche Beendigung von Arbeitsverhältnissen vor einem Betriebsübergang durch den **Abschluss von Aufhebungsverträgen**, das rechtzeitige **Auslaufen von Befristungen** oder der Ausspruch von **Erwerberkonzeptkündigungen** möglich.

370 Umgekehrt ist es natürlich gleichsam möglich, bei gewünschter Herbeiführung eines Betriebsübergangs dafür Sorge zu tragen, dass die vorstehend genannten Punkte explizit erfüllt werden, um so auch in diese Richtung gestaltend eingreifen zu können.

---

1 BAG 27.4.1995 – 8 AZR 197/94, BB 1995, 1800.
2 *Fuhlrott/Salamon*, BB 2012, 1793 (1794).
3 BAG 17.12.2009 – 8 AZR 1019/08, BB 2010, 2192 = EWiR 2010, 241 m. Anm. *Fuhlrott*.

VII. Unterrichtung und Widerspruch

1. Unterrichtungspflicht gem. § 613a Abs. 5 BGB

Nach der **RL 2001/23/EG** des Rates vom 12.3.2001[1] zur Angleichung der Rechtsvorschriften der Mitgliedstaaten über die Wahrung von Ansprüchen der Arbeitnehmer beim Übergang von Unternehmen, Betrieben oder Unternehmens- oder Betriebsteilen muss der Arbeitgeber jedenfalls in den Betrieben bzw. Unternehmen, in denen es unabhängig vom Willen der Arbeitnehmer keine Arbeitnehmervertretung gibt, die Arbeitnehmer vor dem Übertragungsvorgang über den Betriebsübergang und seine Folgen informieren. 371

a) Grundlegendes

Anders als nach der RL 2001/23/EG muss diese Unterrichtung gem. § 613a BGB auch dann erfolgen, wenn es eine Arbeitnehmervertretung gibt. Die Information nach § 613a Abs. 5 BGB kann nicht durch eine **Information des Betriebsrats** ersetzt oder eingeschränkt werden[2]. 372

Die Unterrichtung nach § 613a BGB dient der Ermöglichung einer **informierten Entscheidung über das Widerspruchsrecht**; die Information soll vor einer „blinden" Widerspruchsentscheidung schützen[3] und eine ausreichende Wissensgrundlage verschaffen[4]. Aufgrund dieser **Unterrichtung** soll mithin der Arbeitnehmer ggf. veranlasst werden, dem **Übergang seines Arbeitsverhältnisses sachgerecht** zu **widersprechen**. Es sind deshalb nicht die Arbeitnehmer zu unterrichten, deren Arbeitsverhältnis nicht auf einen Betriebsnachfolger übergehen. 373

Zudem soll dem alten und dem neuen Arbeitgeber **Planungssicherheit**[5] gegeben werden, löst doch die ordnungsgemäße Unterrichtung der Arbeitnehmer die einmonatige Widerspruchsfrist des § 613a Abs. 6 BGB aus. 374

Die Unterrichtungspflicht besteht **unabhängig von der Betriebsgröße**. 375

Nach § 613a Abs. 5 BGB hat **der bisherige Arbeitgeber** oder **der neue Inhaber** die von einem Übergang betroffenen Arbeitnehmer **vor dem Übergang zu unterrichten** über 376

– den Zeitpunkt oder den geplanten Zeitpunkt des Übergangs (Nr. 1),
– den Grund für den Übergang (Nr. 2),
– die rechtlichen, wirtschaftlichen und sozialen Folgen des Übergangs für die Arbeitnehmer (Nr. 3) und
– die hinsichtlich der Arbeitnehmer in Aussicht genommenen Maßnahmen (Nr. 4).

Zur Unterrichtung verpflichtet sind der **alte und der neue Betriebsinhaber**. Es sollten deshalb beide Arbeitgeber sich untereinander verständigen und evtl. mit einer gemeinsamen Erklärung die Arbeitnehmer unterrichten. Denn der gute Glaube darauf, dass der jeweils andere Arbeitgeber seiner Unterrichtungspflicht nachkommt, wird durch § 613a Abs. 5 BGB nicht geschützt. Alter und neuer Arbeitgeber sind Gesamtschuldner nach §§ 421 ff. BGB. Dabei können der alte und der neue Arbeitgeber alle Arbeitnehmer in einem einheitlichen Schreiben (zB für tarifgebundene und tarifunge- 377

---

1 ABl. EG Nr. L 82 v. 22.3.2001, 16 ff.
2 *Grau*, S. 38 mwN.
3 *Grau*, S. 112; s.a. *Gaul/Krause*, RdA 2013, 39 (40).
4 BAG 14.11.2013 – 8 AZR 824/12, NZA 2014, 610 = GWR 2014, 182 m. Anm. *Fuhlrott*; *Baeck/Winzer/Kramer*, NZG 2014, 652 (653).
5 *Gaul*, AktuellAR 2001, S. 318.

bundene) unterrichten, so dass dann die Arbeitnehmer die Angaben mittels Subsumtion für ihr persönliches Arbeitsverhältnis umzusetzen haben[1].

378 Da sich die Information gem. § 613a Abs. 5 BGB auf „die" Arbeitnehmer bezieht, müssen die von § 613a Abs. 5 Nr. 3 und 4 BGB geforderten Angaben inhaltlich nicht auf die Person jedes einzelnen Adressaten zugeschnitten sein[2]; es müssen aber eventuelle Besonderheiten des Arbeitsverhältnisses erfasst werden, wobei der Bezug zum Arbeitsverhältnis maßgebend ist[3]. Die **konkrete betriebsbezogene Darstellung** muss in einer auch für einen juristischen Laien möglichst verständlichen Sprache erfolgen[4]. Der Arbeitgeber oder der Erwerber können die Folgen kollektiv für die Arbeitnehmer und die Arbeitnehmergruppen zB in einem gleich lautenden Text beschreiben; eine individuelle (Rechts-)Beratung kann nicht verlangt werden[5]. Allerdings kann eine unterschiedliche Unterrichtung verschiedener Arbeitnehmergruppen notwendig sein, wenn der Betriebsübergang zu unterschiedlichen Folgen führt oder verschiedene Maßnahmen hinsichtlich der Arbeitnehmer in Aussicht genommen werden, wie zB der Personalabbau nur in einer Abteilung.

Beispiel:
So müssen Erwerber bzw. Veräußerer die Arbeitnehmer zB auch unterrichten über die Rechtsprechung zur **Auslegung von „kleinen dynamischen" Bezugnahmeklauseln**. Hier wird der Arbeitgeber evtl. unterschiedliche Musterschreiben erstellen müssen, um zB **unterschiedliche Konsequenzen in Bezug auf die Tarifbindung als Folge unterschiedlicher Bezugnahmeklauseln darzustellen**[6]. Eine solche Unterrichtung nach „Arbeitnehmergruppen" genügt jedoch, notfalls muss sich der betroffene Arbeitnehmer selbst um weitere Informationen durch Einholung anwaltlichen oder gewerkschaftlichen Rechtsrats bemühen.

379 Die Unterrichtung muss **schriftlich** (in Textform, § 126b BGB) erfolgen, wobei eine Unterrichtung durch E-Mail zulässig ist[7]. Die Information darf dem Empfänger nicht nur flüchtig (mündlich) zugehen, sondern er muss die Möglichkeit haben, dass sie ihm dauerhaft verfügbar ist. Bei Bestreiten müsste jedoch der Zugang der Erklärung bewiesen werden. Es empfiehlt sich deshalb, sich von dem Arbeitnehmer den Erhalt des Schriftstückes über die Unterrichtung **schriftlich bestätigen zu lassen**. Eine Information auf einer Betriebsversammlung reicht nicht aus. Ein Aushang am Schwarzen Brett reicht ebenfalls nicht aus, weil der Zugang der Unterrichtung kaum nachweisbar sein dürfte. Denn beweisbelastet für die Erfüllung des Informationsanspruchs ist im Streitfall der alte bzw. der neue Betriebsinhaber[8]. Die Unterrichtung muss ggf. auch in der jeweiligen Landessprache erfolgen[9].

b) Rechtsnatur der Unterrichtungspflicht

380 Bei der Unterrichtungspflicht handelt es sich um eine echte Schuld des bisherigen Arbeitgebers bzw. des neuen Betriebsinhabers, und zwar um eine **Nebenpflicht**, die von dem betroffenen Arbeitnehmer eingeklagt werden kann[10]. Bei der Verletzung der Unterrichtungspflicht können sich der alte und der neue Betriebsinhaber gegenüber den

---

1 BAG 10.11.2011 – 8 AZR 430/10, NZA 2012, 584. In dieser Entscheidung hat das BAG erstmals eine Unterrichtung als ordnungsgemäß angesehen, vgl. hierzu näher *Gaul*, AktuellAR 2011, S. 229 ff.
2 *Grau*, S. 98 mwN.
3 BAG 13.7.2006 – 8 AZR 305/05, EzA § 613a BGB 2002 Nr. 56.
4 BAG 13.7.2006 – 8 AZR 305/05, EzA § 613a BGB 2002 Nr. 56.
5 BAG 10.11.2011 – 8 AZR 430/10, NZA 2012, 584.
6 *Gaul*, AktuellAR 2007, S. 293.
7 Ebenso: HWK/*Willemsen*/*Müller-Bonanni*, § 613a BGB Rz. 321; ErfK/*Preis*, § 613a BGB Rz. 91.
8 *Grau*, S. 219.
9 AA *Bauer*, NZA Beilage 1/2009, 12.
10 *Grau*, S. 82.

betroffenen Arbeitnehmern **gem. § 280 BGB schadensersatzpflichtig** machen zB mit der Folge, dass dem Arbeitnehmer, der wegen falscher Unterrichtung dem Betriebsübergang widersprochen hat, ein Einstellungsanspruch gegen den Betriebserwerber als Naturalrestitution zustehen kann.

Die fehlerhafte Unterrichtung muss kausal für den eingetretenen Schaden sein[1], was nicht der Fall ist, wenn der Arbeitnehmer wegen einer falschen Unterrichtung nur einen Abfindungsanspruch gegen den insolventen Betriebsübernehmer hat, hätte der Arbeitnehmer doch bei einem Widerspruch beim Betriebsveräußerer weiterarbeiten können und damit eine Verschlechterung seiner Rechtsposition vermeiden können[2]. Allerdings besteht kein Anspruch auf Schadensersatz gegen den bisherigen Arbeitgeber, solange bei einem Streit, ob das Arbeitsverhältnis auf den Betriebserwerber übergegangen ist oder ob das Arbeitsverhältnis infolge fehlerhafter Unterrichtung und nachfolgendem Widerspruch des Arbeitnehmers beim Betriebsveräußerer verblieben ist, der Arbeitnehmer seine Auffassung von der fehlerhaften Unterrichtung über den Betriebsübergang nach § 613a BGB selbst auf eine entsprechende Aufforderung des Betriebsveräußerers nicht erläutert[3].

381

Der Veräußerer und der Erwerber sind für die Erfüllung der Unterrichtungspflicht **darlegungs- und beweispflichtig**. Im Rahmen der abgestuften Darlegungslast hat jedoch zunächst der Arbeitnehmer einen Mangel näher darzulegen, wenn die Unterrichtung formal den gesetzlichen Anforderungen genügt und nicht offensichtlich fehlerhaft ist[4]. Diese Einwände müssen die Unterrichtungspflichtigen mit entsprechenden Darlegungen und Beweisantritten entkräften[5]. Einen offensichtlichen Mangel hat der Arbeitnehmer allerdings nicht darzulegen; hierauf muss der Arbeitgeber von sich aus eingehen[6].

382

c) Zeitpunkt der Unterrichtung

Die Unterrichtung muss **vor dem Übergang** erfolgen; sind sich der alte und der neue Arbeitgeber nicht bewusst, dass die Voraussetzungen des § 613a Abs. 1 BGB bereits erfüllt sind und unterbleibt deshalb die Unterrichtung vor dem Übertragungsstichpunkt, besteht das Recht aus § 613a Abs. 5 BGB mangels zeitlicher Begrenzung des Informationsanspruchs zugunsten der übergegangenen Arbeitnehmer grundsätzlich bis zu seiner Erfüllung fort.

383

d) Inhalt und Anforderungen an die Unterrichtung

Zudem ist der Betriebserwerber identifizierbar zu benennen und der **Gegenstand des Betriebsübergangs** anzugeben[7]. Es sind mithin die betroffenen Arbeitnehmer auch darüber zu unterrichten, wer der **neue Arbeitgeber** ist (mit Firmenbezeichnung und Anschrift)[8]. Der Vor- und Nachname des Geschäftsführers müssen richtig geschrieben werden (zB Jochen statt Joachim)[9]. Es reicht nicht aus, wenn lediglich eine Anschrift

384

---

1 BAG 20.3.2008 – 8 AZR 1022/06, NZA 2008, 1297.
2 BAG 20.3.2008 – 8 AZR 1022/06, NZA 2008, 1297; *Gaul*, AktuellAR 2008, S. 620.
3 BAG 22.1.2009 – 8 AZR 808/07, EzA § 613a BGB 2002 Nr. 105.
4 BAG 10.11.2011 – 8 AZR 430/10, NZA 2012, 584; *Baeck/Winzer/Kramer*, NZG 2014, 652 (653); *Gaul/Krause*, RdA 2013, 39 (41).
5 BAG 13.7.2006 – 8 AZR 305/05, EzA § 613a BGB 2002 Nr. 56.
6 BAG 10.11.2011 – 8 AZR 430/10, NZA 2012, 584; hierzu näher *Lingemann*, NZA 2012, 546.
7 BAG 13.7.2006 – 8 AZR 305/05, EzA § 613a BGB 2002 Nr. 56.
8 BAG 13.7.2007 – 8 AZR 305/05, EzA § 613a BGB 2002 Nr. 56.
9 Es reicht nicht aus, wenn lediglich eine Anschrift des Mitarbeiters der Personalabteilung des ehemaligen Arbeitgebers angegeben wird – bei dem das Widerspruchsschreiben eingereicht werden kann, LAG Düsseldorf 29.4.2008 – 6 Sa 148/08, ZIP 2008, 1695.

des Mitarbeiters der Personalabteilung des ehemaligen Arbeitgebers angegeben wird, bei dem das Widerspruchsschreiben eingereicht werden kann[1]. Denn die gem. § 613a Abs. 5 BGB Unterrichteten sollen in der Lage sein, Erkundigungen über den künftigen Betriebserwerber einzuholen.

385 Dazu gehört die Angabe eines Firmensitzes, um das zuständige Handelsregister einsehen zu können, die Angabe einer Geschäftsadresse, um ggf. einen Widerspruch gegenüber dem neuen Inhaber erklären zu können, und bei Gesellschaften, sofern eine vollständige gesetzliche Vertretung nicht angegeben wird oder angegeben werden kann, die Nennung einer identifizierbaren natürlichen Person mit Personalkompetenz als Ansprechpartner des Betriebserwerbers[2]. Hierzu gehören auch die Darstellung der bisherigen und künftigen Geschäftsaktivitäten und evtl. die Konzernverflechtungen des Betriebserwerbers[3] sowie die fehlerfreie Angabe der Firma des Erwerbers, der Handelsregisternummer und des Sitzes des zuständigen Handelsregisters[4].

Auch muss mitgeteilt werden, ob der Betrieb oder nur ein Betriebsteil (welcher?) übertragen wird.

386 Soweit der Arbeitnehmer über den **Zeitpunkt des Betriebsübergangs** informiert werden muss, müssen die Stichtage der Übertragung genannt werden. Entscheidend ist dabei das Datum, zu dem der neue Inhaber den Betrieb weiterführen will[5]. Der geplante Übergangszeitpunkt ist mitzuteilen, wenn exaktere Angaben nicht gemacht werden können wie zB in Umwandlungsfällen, in denen der Zeitpunkt der Registereintragung entscheidend ist. Da es auf den Kenntnisstand von Veräußerer und Erwerber zum Zeitpunkt der Unterrichtung ankommt, bedarf es keiner erneuten Unterrichtung, wenn sich der ursprünglich ins Auge gefasste Übertragungszeitpunkt nachträglich ändert[6].

387 Bei der Benennung des **Grundes für den Übergang** genügt nicht der bloße Hinweis auf den Rechtsgrund der Übertragung (zB Verkauf, Abschluss eines Betriebsführungsvertrages, Umwandlung, Verpachtung)[7]. Es müssen etwa weiter gehende Motive genannt werden wie zB die Übernahme zum Zwecke der Sanierung[8], soweit sie sich auf den Arbeitsplatz auswirken können[9], wobei eine schlagwortartige Angabe der wichtigsten betriebswirtschaftlichen, strategischen oder organisatorischen Überlegungen genügt. Denn nur in Kenntnis dieser Motive kann der Arbeitnehmer uU sachgerecht sein Widerspruchsrecht ausüben. Zu der Information über die Gründe des Übergangs gem. § 613a Abs. 5 Nr. 2 BGB gehört bei einer Ausgliederung eines Geschäftsbereichs auch der Hinweis darauf, dass es sich um eine völlig selbständige Neugründung einer OHG (mit beschränktem Haftungskapital) handelt[10].

388 Was den notwendigen Hinweis auf die **rechtlichen, wirtschaftlichen und sozialen Folgen** des Übergangs betrifft, reicht ein bloßer Hinweis auf die unveränderte Fortgeltung aller Rechte und Pflichten nach § 613a Abs. 1 BGB oder das bloße Abschreiben des

---

1 LAG Düsseldorf 29.4.2008 – 6 Sa 148/08, ZIP 2008, 1695.
2 BAG 23.7.2009 – 8 AZR 538/08, NZA 2010, 89.
3 BAG 23.7.2009 – 8 AZR 538/08, NZA 2010, 89.
4 BAG 14.11.2013 – 8 AZR 824/12, NZA 2014, 610 = GWR 2014, 182 m. Anm. *Fuhlrott*.
5 Der Hinweis auf den Zeitpunkt, zu dem der Betriebsnachfolger die Leitungsmacht über den neuen Betrieb erhält, ist nicht ausreichend, weil der Betriebsübergang erst mit der tatsächlichen Weiterführung des Betriebes vorliegt; anders hinsichtlich des Zeitpunkt des Betriebsübergangs *Grau*, S. 129.
6 LAG Düsseldorf 1.4.2005 – 18 Sa 1950/04, DB 2005, 1741; *Gaul*, AktuellAR 2005, S. 578.
7 So aber die wohl vorherrschende Lehre, vgl. *Gaul*, AktuellAR 2001, S. 319, aber *Grau*, S. 135.
8 *Grau*, S. 135; aA wohl LAG München 12.5.2005 – 2 Sa 1098/04, AuA 2006, 474; *Gaul*, AktuellAR 2005, S. 579.
9 BAG 13.7.2006 – 8 AZR 305/05, EzA § 613a BGB 2002, Nr. 56.
10 LAG Düsseldorf 29.4.2008 – 6 Sa 148/08, ZIP 2008, 1685.

VII. Unterrichtung und Widerspruch

Gesetzestextes nicht aus. Es muss deshalb auch darüber unterrichtet werden, dass die Betriebsimmobilie nicht übertragen wird[1]. Dagegen brauchen weitere Konsequenzen aus dem Betriebsübergang für einen etwaigen Anspruch auf Weiterbeschäftigung im Unternehmen oder Konzern oder eine Einschränkung der Haftungsmasse bei einem später vielleicht notwendig werdenden Sozialplan nicht mitgeteilt zu werden, wenn Kündigungen noch nicht geplant sind.

Beispiel:

Ein Unternehmen verkauft von acht Betrieben einen Betrieb. Es braucht die Mitarbeiter nicht darüber zu unterrichten, dass bei einer etwaigen Kündigung im Erwerberunternehmen eine Weiterbeschäftigung in einem der anderen bisherigen sieben Betriebe nicht mehr möglich ist.

Was das Rechtsschicksal der **Tarifverträge** betrifft, an die der Veräußerer kraft beiderseitiger Verbandsmitgliedschaft oder aufgrund der Allgemeinverbindlichkeit des Tarifvertrages zwingend gebunden ist, müssen die Arbeitnehmer darüber informiert werden, dass nach einem Betriebsübergang die bisherigen Tarifnormen in das Arbeitsverhältnis transformiert werden, sie aber in ihrer Wirkungsweise **entsprechend § 3 Abs. 3 TVG** für ein Jahr zwingend und nach Fristablauf nur nachwirkend entsprechend § 4 Abs. 5 TVG gelten[2]. Der bloße Hinweis auf eine Transformation der Tarifverträge reicht wegen der unterschiedlichen Rechtsfolgen bei einer bloß individualarbeitsvertraglichen Rechtsfolge und der dann fehlenden Anwendung des Günstigkeitsprinzips **nicht** aus. Es sollte also darauf hingewiesen werden, dass die Tarifverträge auch im Anschluss an den Übergang des Arbeitsverhältnisses ihren kollektivrechtlichen Charakter nicht verlieren[3]. 389

Der **Inhalt der Unterrichtung** richtet sich nach dem **Kenntnisstand** der Unterrichtungspflichten zum Zeitpunkt der Unterrichtung[4]. Da eine individuelle, rechtsverbindliche objektive Rechtsberatung des Arbeitnehmers nicht verlangt werden kann, werden allgemeine Angaben über die Rechtsfolgen des Betriebsübergangs ausreichen, wobei die Unterrichtung auf die erheblichen Auswirkungen des Übergangs beschränkt werden kann[5]. Beschäftigt der Arbeitgeber ausländische Arbeitnehmer, die der deutschen Sprache nicht ausreichend mächtig sind, wird jedenfalls in Betrieben, in denen eine größere Anzahl ausländischer Arbeitnehmer beschäftigt sind, die Unterrichtung zu übersetzen sein[6]. 390

Auch **wirtschaftliche Schwierigkeiten** und damit die mittelbaren Folgen eines Betriebsübergangs eines der am Übertragungsvorgang beteiligten Rechtsträger müssen uU genannt werden, wobei ein Kausalzusammenhang zwischen dem Betriebsübergang und den unmittelbaren oder mittelbaren Folgen für den Arbeitnehmer bestehen muss[7]. Wenn zB Arbeitsbedingungen im Anschluss an den Übergang geändert werden sollen, muss dies erkennbar und damit erwähnt werden[8]. Wenn aufgrund wirtschaftlicher Schwierigkeiten des Betriebserwerbers die Arbeitsplatzsicherheit beim Betriebserwerber betroffen ist, muss der vom Betriebsübergang betroffene Arbeitnehmer hierüber informiert werden[9]. 391

---

1 BAG 31.1.2008 – 8 AZR 1116/06, NZA 2008, 642.
2 BAG 22.4.2009 – 4 AZR 100/08, NZA 2010, 41; 20.3.2008 – 8 AZR 1016/06, NZA 2008, 1354.
3 *Gaul*, AktuellAR 2010, S. 236.
4 BAG 20.3.2008 – 8 AZR 1016/06, NZA 2008, 1354; 13.7.2006 – 8 AZR 305/05, EzA § 613a BGB 2002, Nr. 56; *Gaul/Krause*, RdA 2013, 39 (41).
5 *Grau*, S. 103.
6 Str.; ablehnend wohl *Grau*, S. 204.
7 Hierzu näher *Reinhard*, NZA 2009, 63 ff.
8 *Gaul*, AktuellAR 2007, S. 296.
9 LAG München 9.10.2008 – 4 Aa 412/08, LAGE § 613a BGB 2002 Nr. 26.

392 Über **mittelbare wirtschaftliche Folgen** eines Betriebsübergangs muss jedenfalls dann informiert werden, wenn die Information für eine sachgerechte Ausübung des Widerspruchsrechts durch den betroffenen Arbeitnehmer erforderlich ist, wie zB hinsichtlich etwaiger Sozialansprüche, die dem Arbeitnehmer bei einer Kündigung durch den Betriebsveräußerer zustehen können[1]. Auch muss der Arbeitnehmer darüber informiert werden, dass er bei einem Widerspruch gegen die Kündigung vom bisherigen Arbeitgeber freigestellt wird[2].

393 Eine Unterrichtung über **komplexe Rechtsfragen** ist im Rahmen des § 613a Abs. 5 BGB dann nicht fehlerhaft, wenn der Arbeitgeber bei angemessener Prüfung der Rechtslage, die ggf. die Einholung von Rechtsrat über die höchstrichterliche Rechtsprechung beinhaltet, rechtlich vertretbare Positionen gegen den Arbeitnehmer kund tut[3].

e) Einzelfälle und Kasuistik zum Unterrichtungsumfang

394 Die Unterrichtung soll den Arbeitnehmer in die Lage versetzen, sachgerecht über einen etwaigen Widerspruch zu entscheiden. Der alte und der neue Arbeitgeber müssen deshalb den Arbeitnehmer **auch informieren über**

- das Widerspruchsrecht nach § 613a Abs. 6 BGB, wobei auch auf die Schriftform und wem gegenüber es auszuüben ist, hingewiesen werden muss[4],
- bei einer Verschmelzung, Aufspaltung oder Vermögensübertragung über das fehlende Widerspruchsrecht[5] und die Möglichkeit der fristlosen Kündigung[6],
- die Mithaftung des alten Arbeitgebers für Forderungen bis zum Betriebsübergang bzw. die Gesamtschuldnerschaft des Übernehmers und des Veräußerers nach § 613a Abs. 2 BGB[7],
- über den Wegfall des Kündigungsschutzes nach § 23 Abs. 1 Satz 2 KSchG bei einem Übergang eines Betriebsteils auf einen Kleinbetrieb,
- über den Wegfall des Erfordernisses der Aufstellung eines Sozialplans beim Erwerber aufgrund Anwendung des Sozialplanprivilegs gem. § 112a Abs. 2 BetrVG bei unternehmerischen Neugründungen[8],
- über die wirtschaftliche Lage des Erwerbers, zB bei Kurzarbeit, Zahlungsunfähigkeit, wenn die Arbeitsplatzsicherheit beim Betriebserwerber maßgeblich betroffen ist[9], über die Notwendigkeit einer Kündigung wegen Wegfalls des Arbeitsplatzes, sollten die Arbeitnehmer dem Betriebsübergang widersprechen,
- über das Verbot der Kündigung durch den Arbeitgeber wegen Betriebsübergangs,
- über den Anspruch auf eine Sozialplanleistung, wenn dem widersprechenden Arbeitnehmer vom Betriebsveräußerer gekündigt werden sollte und dort ein Sozialplan abgeschlossen wurde oder noch vereinbart wird[10],
- über eine mit dem Betriebsübergang einhergehende Betriebsstättenverlagerung,
- über den Wegfall freiwilliger Leistungen beim Erwerber,
- über das Bestehen/Nichtbestehen von Sozialeinrichtungen (zB Kantine, Betriebskindergarten), wenn die Information hierüber für die Widerspruchsentscheidung relevant ist,

---

1 BAG 13.7.2006 – 8 AZR 303/05, EzA § 613a BGB 2002 Nr. 55.
2 *Gaul*, AktuellAR 2008, S. 612.
3 BAG 13.7.2006 – 8 AZR 303/05, EzA § 613a BGB 2002 Nr. 55.
4 BAG 20.3.2008 – 8 AZR 1016/06, NZA 2008, 1354.
5 BAG 21.2.2008 – 8 AZR 157/07, NZA 2008, 815.
6 BAG 21.2.2008 – 8 AZR 157/07, NZA 2008, 815.
7 BAG 13.7.2006 – 8 AZR 305/05, EzA § 613a BGB 2002 Nr. 56.
8 BAG 14.11.2013 – 8 AZR 824/12, NZA 2014, 610 = GWR 2014, 182 m. Anm. *Fuhlrott*.
9 BAG 31.1.2008 – 8 AZR 1116/06, NZA 2008, 642.
10 BAG 13.7.2006 – 8 AZR 305/05, EzA § 613a BGB 2002 Nr. 56.

- über das Bestehen/Nichtbestehen eines Betriebsrats beim Betriebsnachfolger,
- über das Rechtsschicksal von Versorgungszusagen,
- über die Geltung neuer Tarifverträge (welcher?) auf das Arbeitsverhältnis, verbunden mit dem Hinweis, wo sie eingesehen werden können[1],
- über das evtl. bestehende Übergangsmandat des Betriebsrats nach § 21a BetrVG,
- bei Betriebsratsmitgliedern über den Wegfall ihres Amtes und den nachwirkenden Kündigungsschutz.

Was die für die Arbeitnehmer **vorgesehenen Maßnahmen** anbelangt, so gehören hierzu der **Abschluss von Interessenausgleich und Sozialplan** einschließlich der Durchführung der dort geregelten Maßnahmen (zB Kündigung, Betriebsverlegung), Weiterbildungsmaßnahmen im Zusammenhang mit geplanten Produktionsumstellungen und andere die berufliche Entwicklung der Arbeitnehmer betreffende Maßnahmen. Die betreffenden Maßnahmen müssen im Zeitpunkt der Unterrichtung nach § 613a Abs. 5 BGB bereits konkret in Aussicht genommen sein. Hierbei reicht es aus, wenn darüber berichtet wird, dass wegen der Folgen einer etwaigen Betriebsänderung über einen Interessenausgleich und Sozialplan verhandelt werden soll[2]. Dagegen brauchen die Arbeitnehmer nicht darüber informiert zu werden, dass möglicherweise später Abteilungen zusammengelegt werden und dann ein Personalabbau oder Versetzungen notwendig werden. Arbeitnehmer brauchen anlässlich des Betriebsübergangs auch nicht über einen Sozialplan wegen betriebsbedingter Kündigungen des Veräußerers unterrichtet werden[3], wohl aber, dass sie von einem vorhandenen oder geplanten Interessenausgleich oder Sozialplan erfasst werden, sollten sie dem Betriebsübergang widersprechen. 395

Beispiel:

Für die ordnungsgemäße Unterrichtung der Arbeitnehmer reicht es nicht aus, lediglich auf § 613a BGB zu verweisen und/oder den Text zu zitieren. Vom alten und vom neuen Betriebsinhaber muss erwartet werden, dass sie zB darüber aufklären, dass das alte Arbeitsverhältnis mit dem Betriebserwerber fortbesteht, dass – bei Tarifbindung des alten und fehlender Tarifbindung des neuen Inhabers – die bisherigen Tarifverträge in ihrem bisherigen Stand kollektivrechtlich fortgesetzt werden und wer der neue Inhaber ist. Bei einem solchen Hinweis wissen zB die übernommenen Arbeitnehmer, dass sie einen neuen Arbeitsvertrag, der ihnen vom Erwerber vorgelegt wird, nicht zu unterzeichnen brauchen. Auch müssen die vom Betriebsübergang betroffenen Arbeitnehmer über die Haftungsregelung des § 613a Abs. 2 BGB aufgeklärt werden. Bei kleinen dynamischen Bezugnahmeklauseln müssen die Arbeitnehmer über die unterschiedlichen Konsequenzen je nach ihrem Eintrittsdatum vor dem 1.1.2002 und ab diesem Zeitpunkt informiert werden.

f) Nachunterrichtung

Erfolgt eine Unterrichtung **unvollständig und/oder falsch**, ist eine nachträgliche Korrektur oder Vervollständigung möglich. Sie muss aber den Anforderungen des § 613a Abs. 5 BGB genügen. Sie muss also als eine solche Unterrichtung bezeichnet werden, etwaige Lücken ergänzen oder Fehler korrigieren und den Arbeitnehmer darauf verweisen, dass die Frist zum Widerspruch nach § 613a Abs. 6 BGB erst mit Zugang der Unterrichtung beginnt. Sonstige Informationen, die der Arbeitnehmer in anderer Form zu einem späteren Zeitpunkt erhält, sind bedeutungslos[4]. 396

---

1 *Grau*, S. 122.
2 Wie hier *Gaul*, AktuellAR 2001, S. 320.
3 LAG Düsseldorf 1.4.2005 – 18 Sa 1950/04, DB 2005, 1741.
4 BAG 23.7.2009 – 8 AZR 538/08, NZA 2010, 89 ff.

397 Die Unterrichtungspflicht gegenüber dem betroffenen Arbeitnehmer besteht auch bei **Umwandlungsvorgängen** nach dem UmwG unabhängig von der Verpflichtung, den Betriebsrat zu informieren, § 324 UmwG.

398 Die Unterrichtung muss **erneut durchgeführt** werden, wenn der Betrieb auf einen anderen als den als Betriebserwerber genannten Rechtsträger übergeht. Bei einer bloß zeitlichen Verschiebung müssen die Arbeitnehmer nicht nochmals unterrichtet werden. Auch wird eine erneute Unterrichtung dann nicht notwendig, wenn geplante Maßnahmen, über die die Arbeitnehmer unterrichtet wurden, sich später ändern[1].

› **Hinweis:** In der anwaltlichen Beratungspraxis sollte wegen der erheblichen Rechtsfolgen einer unterbliebenen oder nicht ordnungsgemäßen Unterrichtung großer Wert auf eine vollständige Unterrichtung gelegt werden, zumal durch eine gute Unterrichtung Ängste bei den betroffenen Arbeitnehmern abgebaut werden können. Es empfiehlt sich deshalb, anhand einer Checkliste, die die gesetzlichen Vorgaben berücksichtigt, sämtliche erforderlichen Fragestellungen durchzugehen, die Antworten zusammenzufassen und das Unterrichtungsschreiben an die Arbeitnehmer gegen Empfangsbekenntnis oder bei Weigerung, das Empfangsbekenntnis zu unterzeichnen, in Anwesenheit von Zeugen auszuhändigen.

399 Eine **Kündigung** ist nicht bereits deshalb gem. § 242 BGB unwirksam, weil der Arbeitnehmer nicht ordnungsgemäß nach § 613a Abs. 5 BGB über den Betriebsübergang und seine Folgen unterrichtet wurde[2].

2. Widerspruchsrecht gem. § 613a Abs. 6 BGB

400 Der Übergang des Arbeitsverhältnisses hängt **nicht vom Willen des Erwerbers oder des bisherigen Inhabers** ab; auch der betroffene Arbeitnehmer muss nicht der Überleitung des Arbeitsverhältnisses auf den Betriebserwerber zustimmen, sondern die Arbeitsverhältnisse gehen in Abweichung von § 613 BGB, wonach der Anspruch des Arbeitgebers auf die Arbeitsleistung im Zweifel nicht übertragbar ist, kraft Gesetzes mit dem Betriebsübergang von dem Betriebsveräußerer auf den Betriebserwerber über. Andererseits wäre es mit der Würde und dem Persönlichkeitsrecht des Arbeitnehmers im Arbeitsverhältnis unvereinbar, gegen seinen Willen von einem Betriebsinhaber auf einen anderen übergeleitet zu werden. Zudem garantiert Art. 12 Abs. 1 Satz 1 GG neben der freien Wahl des Berufs als weiteres Schutzgut auch die freie Wahl des Arbeitsplatzes, so dass Regelungen zum Übergang eines Arbeitsverhältnisses auf einen anderen Arbeitgeber den Schutzbereich der durch Art. 12 Abs. 1 GG geschützten Arbeitsplatzfreiheit betreffen[3]. Das BAG hatte deshalb in ständiger Rechtsprechung[4] dem vom Betriebsübergang betroffenen Arbeitnehmer ein **nach Kenntnisnahme der geplanten Betriebsüberleitung auszuübendes Widerspruchsrecht** zuerkannt. Das BAG begründete seine Auffassung auch damit, dass der von dem Betriebsübergang betroffene Arbeitnehmer auf den zu seinem Schutz durch § 613a BGB gesetzlich angeordneten Übergang des Arbeitsverhältnisses verzichten kann. Das Arbeitsverhältnis geht danach bei einem Betriebsübergang auf den Erwerber über; diese Rechtsfolge tritt nicht ein, wenn der Arbeitnehmer widerspricht, so dass der **Arbeitnehmer bei dem alten Arbeitgeber beschäftigt** bleibt und dieser evtl. aus betrieblichen Gründen kündigen kann[5].

---

1 Zum gesamten Komplex *Grau*, S. 251 ff.
2 BAG 24.5.2005 – 8 AZR 398/04, EzA § 613a BGB 2002 Nr. 35.
3 BAG 2.3.2006 – 8 AZR 124/05, DB 2006, 1680.
4 Statt aller BAG 20.4.1989 – 2 AZR 431/88, EzA § 1 KSchG – Betriebsbedingte Kündigung Nr. 61; aber auch BAG 21.5.1992 – 2 AZR 449/91, EzA § 613a BGB Nr. 103.
5 BAG 20.4.1989 – 2 AZR 431/88, EzA § 1 KSchG – Betriebsbedingte Kündigung Nr. 61.

VII. Unterrichtung und Widerspruch

Der Gesetzgeber hat durch Art. 4 des Gesetzes zur Änderung des damaligen Seemannsgesetzes und anderer Gesetze[1] die Rechtsprechung des BAG aufgegriffen und **in § 613a Abs. 6 BGB, der über § 324 UmwG auch im Falle der Umwandlung gilt, gesetzlich das Widerspruchsrecht** des Arbeitnehmers geregelt[2]. 401

Das Widerspruchsrecht nach § 613a Abs. 6 BGB hängt nicht davon ab, dass der Arbeitnehmer zuvor nach § 613a Abs. 5 BGB unterrichtet wurde. Der Arbeitnehmer kann also dem Betriebsübergang widersprechen, wenn er – aus welcher Quelle auch immer – von dem bevorstehenden oder bereits vollzogenen Betriebsübergang Kenntnis erlangt[3]. 402

a) Formale Aspekte des Widerspruchs

Gem. § 613a Abs. 6 Satz 2 BGB kann der Widerspruch **sowohl gegenüber dem bisherigen** als auch **gegenüber dem neuen Inhaber** erklärt werden. Dies gilt unabhängig davon, ob der Widerspruch in der Zeit vor dem Übergang des Arbeitsverhältnisses oder danach ausgesprochen wird. 403

Ein Widerspruch ist nur gegen den letzten Betriebsübergang möglich. Ist das Arbeitsverhältnis in der Vergangenheit aufgrund mehrerer Betriebsübergänge wiederholt übergegangen, kann der Widerspruch nur gegenüber dem „neuen Inhaber" oder dem „bisherigen Arbeitgeber" erklärt und damit nur gegen den letzten Betriebsübergang gerichtet werden[4]. Gegenüber einem ehemaligen Arbeitgeber mit Bezug auf einen früheren Betriebsübergang kann ein Widerspruch daher nicht mehr erklärt werden. 404

Beispiel:

Arbeitnehmer AN war vormals bei der A-GmbH beschäftigt. 2007 wechselt er aufgrund eines Betriebsübergangs zur V-GmbH. Einen Widerspruch erhob er seinerzeit nicht. Im Oktober 2008 geht er im Wege eines erneuten Betriebsübergangs auf die T-GmbH über. Auch diesem Übergang widersprach der Kläger nicht. 2012 widersprach der Kläger dem Übergang seines Arbeitsverhältnisses gegenüber der A-GmbH auf die V-GmbH und beruft sich auf eine fehlerhafte Unterrichtung.

Unabhängig von der Frage, ob ein Widerspruch aufgrund Verwirkung noch möglich ist, kann AN keinen Widerspruch mehr gegenüber der A-GmbH geltend machen, da das Arbeitsverhältnis zwischenzeitlich von der V-GmbH auf die T-GmbH übergegangen ist.

Nach § 613a Abs. 6 Satz 1 BGB muss der Arbeitnehmer den Widerspruch **schriftlich** erklären, wobei der Widerspruch auch in elektronischer Form gem. § 126a BGB erfolgen kann[5]. Denn anders als in § 623 BGB ist nach § 613a Abs. 6 BGB die elektronische Form nicht ausgeschlossen. Inhaltlich muss im Widerspruch der Wille zum Ausdruck kommen, den Übergang des Arbeitsverhältnisses verhindern zu wollen (sog. Andeu- 405

---

1 BGBl. I 2002, 1163.
2 § 613a Abs. 6 BGB setzt den Übergang eines Betriebes durch Rechtsgeschäft voraus; damit sind Betriebsübergänge ausgeschlossen, die im Wege der Gesamtrechtsnachfolge kraft Gesetzes vollzogen werden (BAG 2.3.2006 – 8 AZR 124/05, DB 2006, 1680). Eine Ausnahme regelt § 324 UmwG.
3 Das Widerspruchsrecht gilt nicht bei gesetzlich angeordnetem Übergang eines Arbeitsverhältnisses, wenn ein Gesetz zur Überleitung von Arbeitsverhältnissen von einem Land auf eine Stiftung des öffentlichen Rechts ausdrücklich nur auf die Anwendung der rechtserhaltenden Regelungen gegen den neuen Arbeitgeber nach § 613a Abs. 1–4 BGB verweist. Der darin gleichzeitig enthaltene Ausschluss eines Widerspruchsrechts verstößt auch nicht gegen das Grundrecht der Berufsfreiheit (Art. 12 Abs. 1 GG), wenn überwiegende Belange des Gemeinwohls die Erhaltung der Funktionsfähigkeit des übergehenden Betriebes gebieten und die Interessen der Belegschaft hierdurch nicht unverhältnismäßig beeinträchtigt werden (BAG 2.3. 2006 – 8 AZR 124/05, NZA 2006, 848).
4 BAG 24.4.2014 – 8 AZR 369/13, GWR 2014, 378 m. Anm. *Fuhlrott*.
5 ErfK/*Preis*, § 613a BGB Rz. 98.

tungstheorie). Danach dürfen bei der Auslegung außerhalb der Urkunde liegende Umstände auch dann berücksichtigt werden, wenn der rechtsgeschäftliche Wille der Parteien in der Urkunde einen unvollkommenen oder andeutungsweisen Ausdruck gefunden hat[1].

406 Der Widerspruch ist eine **einseitige empfangsbedürftige Willenserklärung** des Arbeitnehmers gegenüber dem bisherigen als auch dem neuen Arbeitgeber, wobei wie bei einer Teilkündigung der Widerspruch nur wegen einzelner Bedingungen des Arbeitsvertrages bzw. des Betriebsübergangs unzulässig ist. Er muss nicht begründet werden. Der Widerspruch kann nicht an Bedingungen geknüpft werden[2]. Er kann jedoch nach §§ 119, 123 BGB angefochten werden[3], wobei bloß falsche Vorstellungen des Arbeitnehmers bei der Willensbildung als Motivirrtum für eine Irrtumsanfechtung ohne Belang sind. Der Widerspruch kann jedoch wegen arglistiger Täuschung angefochten werden, wenn bei der Unterrichtung über einen Betriebsübergang durch Verschweigen bestimmter Umstände ein falscher und für die Abgabe des Widerspruchs bedeutsamer Eindruck erweckt wird.[4] Diese Anfechtung hat zur Folge, dass das Arbeitsverhältnis trotz des Widerspruchs auf den Erwerber übergeht. Die Anfechtung kann gegenüber dem alten und dem neuen Betriebsinhaber erklärt werden (argumentum ex § 613a Abs. 6 Satz 2 BGB)[5]. Andererseits bedarf es keiner Irrtumsanfechtung, wenn ein Arbeitnehmer über einen Betriebsübergang informiert wird, der entgegen der tatsächlichen Sachlage in der Vergangenheit stattgefunden haben soll, und er sein Einverständnis mit einem solchen Betriebsübergang erklärt. Denn diese Erklärung geht ins Leere. Sie stellt hinsichtlich eines später und anders stattgefundenen Betriebsübergangs weder einen Verzicht des Arbeitnehmers auf sein Widerspruchsrecht noch ein für die Verwirkung desselben bedeutsames Umstandsmoment dar[6].

407 Der Widerspruch kann **nicht widerrufen** werden[7], selbst wenn der Betriebsveräußerer der Aufhebung des Widerspruchs zustimmt. Für den Widerspruch ist ein sachlicher Grund nicht erforderlich. Er kann auch durch die Mehrheit der Arbeitnehmer ausgeübt werden. Ein **kollektiver Widerspruch** kann gem. § 242 BGB rechtsmissbräuchlich und damit unwirksam sein, wenn er dazu eingesetzt wird, andere Zwecke – zB als Arbeitskampfmaßnahme – als die Sicherung der arbeitsvertraglichen Rechte und die Beibehaltung des bisherigen Arbeitgebers herbeizuführen; die Beweislast für die Unwirksamkeit trägt der Arbeitgeber[8].

Beispiel:
Der Betrieb der A-GmbH, in dem B arbeitete, wird von der C-GmbH übernommen; diese teilt B mit, dass er nunmehr nicht mehr in Hamburg, sondern in Lübeck eingesetzt werde. Da B mit der A-GmbH ein Wettbewerbsverbot für den Raum Hamburg vereinbart hatte, widerspricht er der Betriebsübernahme lediglich in Bezug auf das Wettbewerbsverbot, um dann von der A-GmbH eine Karenzentschädigung kassieren zu können. Dieser Widerspruch ist unzulässig, da er nur einzelne Bedingungen seines Arbeitsvertrages betrifft. B hätte der Betriebsübernahme durch die C-GmbH nur insgesamt widersprechen können.

b) Widerspruchsfrist

408 Der Widerspruch ist innerhalb **eines Monats nach Zugang der Unterrichtung** schriftlich zu erklären, § 613a Abs. 6 Satz 1 BGB; der Widerspruch braucht **nicht begründet**

---

1 BAG 13.7.2006 – 8 AZR 382/05, NJW 2007, 250.
2 *Gaul*, AktuellAR 2001, S. 327.
3 *Grau*, S. 305 ff. für die arglistige Täuschung.
4 BAG 15.12.2011 – 8 AZR 220/11, NZA 2012, 1101.
5 *Grau*, S. 310.
6 BAG 18.3.2010 – 8 AZR 840/08, DB 2010, 2172.
7 BAG 30.10.2003 – 8 AZR 491/02, NZA 2004, 481.
8 BAG 30.9.2004 – 8 AZR 462/04, EzA § 613a BGB 2002 Nr. 28.

VII. Unterrichtung und Widerspruch

zu werden. Die Widerspruchsfrist nach Zugang der Unterrichtung nach § 613a Abs. 5 BGB wird unabhängig davon in Gang gesetzt, ob der Zugangszeitpunkt vor oder nach dem Stichtag des Übergangs liegt. Die einmonatige Widerspruchsfrist beginnt mithin auch dann, wenn die **Unterrichtung erst nach dem Betriebsübergang** erfolgt. Der Widerspruch muss binnen der Einmonatsfrist dem Veräußerer und/oder dem Erwerber zugehen. Die Beweislast trägt der Arbeitnehmer.

Beispiel:

Der Arbeitgeber A beabsichtigt, seinen Betrieb zum 1.1. zu veräußern; er kann seine Arbeitnehmer hierüber bereits am 15.6. des Vorjahres unterrichten, so dass sie dann binnen eines Monats entscheiden müssen, ob sie dem Betriebsübergang schriftlich widersprechen wollen oder nicht. Versäumen sie diese Frist, kann der Widerspruch nicht mehr ausgeübt werden. Die frühere Auffassung des BAG, der Arbeitnehmer könne mit seinem Widerspruch bis zum Betriebsübergang zuwarten[1], ist vom Gesetzgeber nicht aufgegriffen worden.

Diese Einmonatsfrist kann nicht durch den Arbeitgeber einseitig gekürzt werden; es dürften jedoch gegen eine **einvernehmliche Verlängerung** dieser Frist keine rechtlichen Bedenken bestehen[2]. 409

Allerdings beginnt die **einmonatige Widerspruchsfrist** erst mit der vollständigen Unterrichtung über die in § 613a Abs. 5 BGB aufgeführten Inhalte. Es ist deshalb unerheblich, ob der Arbeitnehmer aus einer anderen Quelle, wie zB Presseberichten, vom Betriebsübergang erfahren hat. Entscheidend ist die **vollständige Unterrichtung durch den alten oder den neuen Arbeitgeber**. Da nicht ablaufen kann, was nicht *an*gelaufen ist, ist nur die in jeglicher Hinsicht vollständige und inhaltlich zutreffende Unterrichtung nach § 613a Abs. 5 BGB geeignet, den Fristbeginn für den Widerspruch auszulösen. Der Arbeitgeber kann die richtige Unterrichtung nachholen, sodass dann erneut die Widerspruchsfrist des § 613a Abs. 6 BGB beginnt[3]. 410

Genügt die Unterrichtung formal den Anforderungen des § 613a Abs. 5 BGB und ist sie **nicht offensichtlich fehlerhaft**, so ist es Sache des Arbeitnehmers, der sich auf die Unzulänglichkeit der Unterrichtung beruft, einen behaupteten Mangel näher darzulegen[4]. Eine offensichtlich fehlerhafte Unterrichtung liegt im Zweifel nur vor, wenn eine Unterrichtung über die Person des Betriebserwerbers und/oder in Bezug auf einen in § 613a Abs. 5 BGB genannten Umstand fehlt bzw. unverständlich oder auf den ersten Blick mangelhaft ist[5]. 411

Keine Rechtsprobleme entstehen, wenn der von einem Betriebsübergang betroffene Arbeitnehmer weder durch den Betriebserwerber noch von seinem bisherigen Arbeitgeber nach § 613a Abs. 5 BGB unterrichtet wurde. Denn bei **unterlassener Unterrichtung** wird die **Einmonatsfrist des § 613a Abs. 6 BGB nicht in Gang** gesetzt, so dass der Arbeitnehmer auch noch nach Betriebsübergang dem Übergang seines Arbeitsverhältnisses auf den neuen Inhaber widersprechen kann. Das Gleiche gilt, wenn der Arbeitnehmer nicht ordnungsgemäß unterrichtet wurde. *Gaul*[6] weist zu Recht darauf hin, dass man insoweit die Rechtsprechung des BAG zur fehlerhaften Betriebsratsanhörung nach § 102 Abs. 1 BetrVG heranziehen kann, wonach auch eine nicht ordnungsgemäße Anhörung des Betriebsrats zur Unwirksamkeit der Kündigung führt[7]. Andererseits ist die Unterrichtung nicht bereits deshalb fehlerhaft, weil der alte und der neue Arbeitgeber von falschen Tatsachen ausgehen. Wie in § 102 Abs. 1 BetrVG ist 412

---

1 BAG 22.4.1993 – 2 AZR 50/92, NZA 1994, 360.
2 So zu Recht *Gaul*, AktuellAR 2001, S. 330.
3 BAG 23.7.2009 – 8 AZR 538/08, NZA 2010, 89.
4 BAG 10.11.2011 – 8 AZR 430/10, NZA 2012, 584.
5 *Gaul*, AktuellAR 2011, S. 232.
6 *Gaul*, AktuellAR 2001, S. 335.
7 BAG 16.9.1993 – 2 AZR 267/93, NZA 1994, 311 (313).

die Unterrichtung „subjektiv determiniert", was bedeutet, dass der alte und der neue Arbeitgeber nur die Tatsachen mitteilen können, die sie auch kennen.

Beispiele:

1. Der Arbeitgeber will seinen Betrieb an B verkaufen. B plant, nach dem Betriebsübergang die Belegschaft erheblich zu reduzieren. A und/oder B müssen die im Betrieb tätigen Arbeitnehmer von dem Betriebsübergang unterrichten. Werden die Arbeitnehmer nur von A unterrichtet und weiß dieser nichts von der beabsichtigten Personalreduzierung bei B, dann ist zwar die Unterrichtung durch A nicht fehlerhaft. Da aber B die Arbeitnehmer von den geplanten Personalmaßnahmen hätte unterrichten müssen, ist insgesamt die Unterrichtung fehlerhaft mit der Folge, dass die betroffenen Arbeitnehmer auch noch nach dem Betriebsübergang widersprechen können.

2. Wie im vorigen Beispiel mit der Variante, dass B keine Personalreduzierung plant. Um nicht alle Arbeitnehmer übernehmen zu müssen, behauptet er jedoch, eine solche Personalmaßnahme zu beabsichtigen, und unterrichtet entsprechend die Arbeitnehmer. Ein Arbeitnehmer widerspricht daraufhin dem Betriebsübergang. Nach Aufdeckung des Sachverhalts kann dieser Arbeitnehmer seinen Widerspruch wegen arglistiger Täuschung anfechten mit der Folge, dass auch sein Arbeitsverhältnis auf den B übergeht.

413 Der **Arbeitnehmer kann den Widerspruch mit einer (schriftlichen) Kündigung verbinden** und damit auch das Arbeitsverhältnis mit seinem bisherigen Arbeitgeber unter Einhaltung der ordentlichen Kündigungsfrist – eine fristlose Kündigung wegen des Betriebsübergangs wäre unwirksam[1] – beenden. Um die Rechtsfolgen des § 615 Satz 2 BGB zu vermeiden und sich nicht den fiktiven Verdienst beim Betriebserwerber anrechnen lassen zu müssen, muss der Arbeitnehmer uU bei dem neuen Betriebserwerber arbeiten[2]. Denn der Arbeitnehmer handelt böswillig, wenn ihm der Vorwurf daraus gemacht werden kann, dass er während des Annahmeverzuges trotz Kenntnis aller objektiven Umstände (Arbeitsmöglichkeit, Zumutbarkeit der Arbeit, nachteilige Folgen für den Arbeitgeber) vorsätzlich untätig bleibt oder die Aufnahme der Arbeit bewusst verhindert.

414 Ein böswilliges Unterlassen des Erwerbs beim neuen Betriebsinhaber ist nicht schon deshalb ausgeschlossen, weil der Arbeitnehmer das Widerspruchsrecht wirksam ausgeübt hat[3]; denn der Widerspruch ist nicht an sachliche Gründe gebunden, sondern stellt lediglich die Erklärung dar, bei dem Erwerber nicht arbeiten zu wollen. Allerdings kann der alte Arbeitgeber den Arbeitnehmer nicht selbst entleihen, da dies gegen § 1 AÜG verstoßen würde[4].

Beispiel:

B, der von dem geplanten Betriebsübergang von seinem bisherigen Arbeitgeber, der A-GmbH, auf die C-GmbH von dem bisherigen Betriebsinhaber unterrichtet wurde, widerspricht dem Übergang seines Arbeitsverhältnisses. Kann die A-GmbH B nicht weiterbeschäftigen, kann sie das Arbeitsverhältnis aus betrieblichen Gründen kündigen. In dem Widerspruch von B liegt weder ein verhaltens- noch ein personenbedingter Grund zur Kündigung; ein Grund für eine fristlose Kündigung ist im Regelfall nicht gegeben. Da die A-GmbH keine Beschäftigungsmöglichkeit hat, kann sie B für die Dauer der ordentlichen Kündigungsfrist auf die Möglichkeit zur Arbeit bei der C-GmbH verweisen. Kommt B diesem Hinweis nicht nach, kann hierin ein böswilliges Unterlassen anderen Erwerbs iSd. § 615 Satz 2 BGB liegen, der die A-GmbH zur Reduzierung des Lohnanspruchs berechtigt[5]. Voraussetzung ist allerdings, dass

---

1 KuR10/*Beseler*, S. 106; aA *Gaul*, AktuellAR 2001, S. 325, der ein fristloses Kündigungsrecht bejaht, wobei allerdings gem. § 626 Abs. 2 BGB anders als beim Widerspruchsrecht die Zwei-Wochen-Frist ab Kenntnisnahme zu beachten ist.
2 So zu Recht *Seiter*, S. 69; BAG 19.3.1998 – 8 AZR 139/97, EzA § 613a BGB Nr. 163.
3 BAG 19.3.1998 – 8 AZR 139/97, EzA § 613a BGB Nr. 163.
4 So zu Recht *D. Gaul*, Der Betriebsübergang, S. 244.
5 BAG 19.3.1998 – 8 AZR 139/97, DB 1998, 1416.

es dem B aufgrund der Arbeitsbedingungen bei der C-GmbH zumutbar ist, bei diesem Unternehmen zu arbeiten.

◯ **Hinweis:** Bei der Beratung eines Arbeitgebers, der seinen Betrieb veräußert und dessen Arbeitnehmer dem Betriebsübergang widersprochen hat, sollte bei fehlender Weiterbeschäftigungsmöglichkeit dieses Arbeitnehmers im Veräußererbetrieb überlegt werden, ob dieser Arbeitnehmer in Hinblick auf § 615 BGB nicht aufgefordert werden sollte, bei dem Betriebserwerber zu arbeiten.

c) Verwirkung des Widerspruchsrechts

Das Recht des Arbeitnehmers zur Ausübung seines Widerspruchsrechts kann durch **Verwirkung** verlustig gehen. Die Verwirkung beruht auf dem Gedanken des Vertrauensschutzes (§ 242 BGB) und dient dem Bedürfnis nach Rechtssicherheit und Rechtsklarheit[1]. Verwirkung setzt neben dem bloßen Zeitablauf voraus, dass der betroffene Arbeitnehmer einen Vertrauenstatbestand beim Betriebsveräußerer oder -erwerber geschaffen hat, er werde den Widerspruch nicht mehr ausüben. Eine Kausalität zwischen der fehlerhaften Information und dem nicht ausgeübten Widerspruchsrecht ist nicht notwendig[2]. **415**

Starre Fristen, wann das für eine Verwirkung notwendige **Zeitmoment** erfüllt ist, existieren nicht. Vielmehr ist auf die Umstände des Einzelfalles abzustellen[3]. Dabei ist davon auszugehen, dass bei schwierigen Sachverhalten die Rechte des Arbeitnehmers erst nach längerer Untätigkeit verwirken können. Außerdem ist die Länge des Zeitablaufs in Wechselwirkung zu dem ebenfalls erforderlichen Umstandsmoment zu setzen. Je stärker das gesetzte Vertrauen oder die Umstände, die die Geltendmachung für den Anspruchsgegner unzumutbar machen, sind, desto schneller kann ein Anspruch verwirken. Umstands- und Zeitmoment stehen damit in einer Wechselwirkung. **416**

Es müssen letztlich besondere Verhaltensweisen sowohl des Berechtigten als auch des Verpflichteten vorliegen, die es rechtfertigen, die späte Geltendmachung des Rechts als mit Treu und Glauben unvereinbar und für den Verpflichteten als unzumutbar anzusehen. Liegen zwischen einer fehlerhaften Unterrichtung zum Betriebsübergang nach § 613a Abs. 5 BGB und der Erklärung des Widerspruchs gegen den Übergang des Arbeitsverhältnisses iSd. § 613a Abs. 5 BGB sechseinhalb Jahre, so ist von einem besonders schwerwiegend verwirklichten Zeitmoment auszugehen[4]. **417**

Für die Verwirkung kommt neben dem Zeitmoment dem **Umstandsmoment** besondere Bedeutung zu; je gewichtiger das Umstandsmoment ist, desto schneller kann ein Anspruch verwirken[5]. Eine bloße Untätigkeit des Arbeitnehmers reicht für die Verwirklichung des Umstandsmoments nicht aus[6]. Das Umstandsmoment ist erfüllt, wenn der Arbeitgeber davon ausgehen durfte, dass der Widerspruch nicht mehr ausgeübt werde. Dies ist dann der Fall, wenn er aufgrund des **Verhaltens des Arbeitnehmers** annehmen durfte, dieser habe den Übergang seines Arbeitsverhältnisses auf den Betriebserwerber und diesen damit als seinen neuen Arbeitgeber akzeptiert[7]. Dies ist regelmäßig dann der Fall, wenn der Arbeitnehmer über den **Bestand seines Arbeitsver-** **418**

---

1 BAG 15.3.2012 – 8 AZR 700/10, NZA 2012, 1097.
2 BAG 20.3.2008 – 8 AZR 1016/06, NZA 2008, 1354.
3 BAG 12.11.2009 – 8 AZR 530/07, NZA 2010, 761; 15.2.2007 – 8 AZR 431/06, EzA § 613a BGB 2002 Nr. 64.
4 BAG 15.3.2012 – 8 AZR 700/10, NZA 2012, 1097.
5 BAG 24.7.2008 – 8 AZR 205/07, EzA § 613a BGB 2002 Nr. 93.
6 BAG 22.2.2012 – 4 AZR 579/10, nv.
7 BAG 27.11.2008 – 8 AZR 188/07, NZA 2009, 752; 21.8.2008 – 8 AZR 407/07, AP BGB § 613a Nr. 34.

hältnisses gegenüber dem Betriebserwerber disponiert hat[1] und zB mit dem Betriebserwerber einen Aufhebungsvertrag und mit einem dritten Unternehmen einen Arbeitsvertrag abgeschlossen hat[2]. Allein der Umstand, dass der Arbeitnehmer (zunächst) widerspruchslos beim Betriebserwerber weiterarbeitet und von diesem die Arbeitsvergütung entgegennimmt, stellt ebenso wenig eine Disposition über den Bestand des Arbeitsverhältnisses dar[3] wie Vereinbarungen mit dem Betriebserwerber, durch welche einzelne Arbeitsbedingungen, zB Art und Umfang der zu erbringenden Arbeitsleistung, Höhe der Arbeitsvergütung, geändert bzw. angepasst werden.

419 Als **Disposition über den Bestand des Arbeitsverhältnisses** stellen sich nur solche Vereinbarungen oder Verhaltensweisen des Arbeitnehmers dar, durch welche es zu einer Beendigung des Arbeitsverhältnisses kommt, zB
- der Abschluss eines **Aufhebungsvertrages**[4],
- die Hinnahme einer vom Betriebserwerber ausgesprochenen Kündigung[5],
- die Stellung des Arbeitsverhältnisses auf eine völlig neue rechtliche Grundlage (zB die **Begründung eines Altersteilzeitarbeitsverhältnisses**) oder
- wenn der Arbeitnehmer die Kenntnis anders als durch eine Unterrichtung nach § 613a Abs. 3 BGB erhält und nicht widerspricht[6],
- in Einzelfällen auch die **Art der Prozessführung** und die Vereinbarung prozessbeendigender Vereinbarungen[7] oder
- der Ausspruch einer **Eigenkündigung** durch den Arbeitnehmer[8].

420 **Keine Verwirkung** ist hingegen in folgenden Konstellationen erblickt worden bzw. stellen die nachfolgenden Verhaltensweisen alleine keinen konkludenten Verzicht auf das Widerspruchsrecht dar:
- **Erhebung einer Zahlungs- oder Kündigungsschutzklage**[9] gegen den Erwerber, es sei denn, der Arbeitnehmer kennt sein Widerspruchsrecht und macht dies nicht geltend[10],
- bloße **Weiterarbeit beim Betriebserwerber**; dieses gilt jedenfalls dann, wenn der widersprechende Arbeitnehmer immer auf dem Standpunkt stand, Arbeitnehmer des Betriebsveräußerers zu sein[11],
- Rüge der Fehlerhaftigkeit des Unterrichtungsschreibens und **Eingehung eines neuen Arbeitsverhältnisses** durch den Arbeitnehmer, wenn dieser insbesondere im Hinblick auf § 615 Satz 2 BGB in der Wahrnehmung berechtigter Interessen handelt[12].

421 Eine Verwirkung ist auch ausgeschlossen, wenn der Arbeitnehmer den Betriebsveräußerer zu weiteren Informationen aufgefordert hat und er sich den Widerspruch aus-

---

1 BAG 27.11.2008 – 8 AZR 174/07, NZA 2009, 552; 20.3.2008 – 8 AZR 1016/06, NZA 2008, 1354.
2 BAG 12.11.2009 – 8 AZR 530/07, NZA 2010, 761; 2.4.2009 – 8 AZR 262/07, NZA 2009, 1149.
3 BAG 27.11.2008 – 8 AZR 225/07, AP Nr. 364 § 613a BGB; 24.7.2008 – 8 AZR 175/07, AP Nr. 347 zu § 613a BGB.
4 BAG 23.7.2009 – 8 AZR 357/08, NZA 2010, 393; 27.11.2008 – 8 AZR 174/07, NZA 2009, 552.
5 BAG 24.2.2011 – 8 AZR 469/09, EzA § 613a BGB 2002 Nr. 122; 9.12.2010 – 8 AZR 152/08, AP Nr. 395 zu § 613a BGB; 23.7.2009 – 8 AZR 357/08, NZA 2010, 393; 24.7.2008 – 8 AZR 175/07, AP Nr. 347 zu § 613a BGB.
6 *Hauck*, NZA Beilage 1/2009, 22.
7 BAG 17.10.2013 – 8 AZR 974/12, NZA 2014, 774; s. hierzu auch *Fuhlrott/Hecht*, FA 2014, 133.
8 LAG Düsseldorf 5.8.2008 – 6 Sa 469/08.
9 LAG Düsseldorf 19.9.2007 – 7(11)Sa 1068/06, LAGE § 613a BGB 2002 Nr. 16.
10 AA wohl BAG 20.3.2008 – 8 AZR 1016/06, BB 2008, 2072, der in diesem Verhalten des Arbeitnehmer einen Verwirkungstatbestand sieht; *Gaul*, AktuellAR 2008, S. 618.
11 BAG 19.2.2009 – 8 AZR 176/08, NZA 2009, 1095.
12 LAG Düsseldorf 20.8.2008 – 7 Sa 127/07, ZInsO 2009, 792.

drücklich vorbehält[1]. Andererseits kann das Recht zur **Ausübung des Widerspruchs verwirkt** sein, wenn der Arbeitnehmer erst 15 Monate nach der fehlerhaften Unterrichtung dem Übergang seines Arbeitsverhältnisses widerspricht und innerhalb dieser Zeitspanne schon selbst über den Bestand seines Arbeitsverhältnisses disponiert[2] oder bereits vorher das Arbeitsverhältnis gegenüber dem Betriebserwerber gekündigt hat[3]. Was die **Kenntnis von den Umständen** betrifft, die zur Verwirkung des Rechts zum Widerspruch führen, werden Betriebsveräußerer und Betriebserwerber als Einheit behandelt[4]. Eine Kausalität zwischen der fehlerhaften Information und dem nicht ausgeübten Widerspruch ist nicht notwendig[5]. Bei der sehr weitgehenden Unterrichtungspflicht des alten und des neuen Arbeitgebers schafft die Verwirkung jedenfalls gelegentlich ein Korrektiv für die beteiligten Arbeitgeber, auf das sie sich berufen können[6].

Auch können sich bei einer fehlerhaften Unterrichtung der alte Arbeitgeber aus dem Gesichtspunkt der positiven Forderungsverletzung bzw. aus §§ 280 ff. BGB und der Betriebserwerber wegen Pflichtverletzung des sich aus § 613a Abs. 5 BGB ergebenden gesetzlichen Schuldverhältnisses schadensersatzpflichtig machen[7]. 422

d) Widerspruchsrecht bei Umwandlungsvorgängen

Umstritten war das Widerspruchsrecht des Arbeitnehmers bei **Umwandlungsvorgängen**. Denn bei einer Aufspaltung, Verschmelzung und Vermögensvollübertragung erlischt der abgebende Rechtsträger. Daraus wurde gefolgert[8], dass in diesen Fällen bei Ausübung des Widerspruchsrechts das Arbeitsverhältnis mit Wirksamwerden des Umwandlungsvorganges erlischt. Dagegen bleibt bei einer Abspaltung und Ausgliederung bei Ausübung des Widerspruchsrechts das Arbeitsverhältnis mit dem übertragenden Rechtsträger bestehen[9]. 423

Diese Rechtslage ist inzwischen geklärt: Unterrichtungspflicht und Widerspruchsrecht bestehen daher auch, wenn ein Arbeitgeberwechsel qua Umwandlung gem. § 324 UmwG im Wege der Spaltung, Verschmelzung oder Vermögensübertragung erfolgt. In Fällen, in denen der vormalige Arbeitgeber rechtlich existent bleibt (zB bei einer Spaltung), war auch schon vor Einfügung der Verweisung auf § 613a BGB in § 324 UmwG anerkannt, dass der Arbeitnehmer dem Übergang seines Arbeitsverhältnisses widersprechen kann und zuvor ordnungsgemäß unterrichtet werden muss[10]. 424

Ebenso hat die Rechtsprechung entschieden, dass dem Arbeitnehmer kein Widerspruchsrecht zusteht, wenn bei einer Umwandlung (zB Verschmelzung) der ursprüngliche Arbeitgeber des Arbeitnehmers vollständig erlischt: Ein Widerspruchsrecht besteht in derartigen Konstellationen nicht, da der auf die Fortsetzung mit dem bisherigen Arbeitgebers gerichtete Widerspruch ins Leere ginge[11]. Allerdings steht dem Ar- 425

---

1 LAG Düsseldorf 1.8.2007 – 7 Sa 361/07, FA 2008, 59.
2 BAG 22.1.2009 – 8 AZR 808/07, NZA 2009, 547.
3 LAG Düsseldorf 5.8.2008 – 6 Sa 469/08.
4 BAG 22.1.2009 – 8 AZR 808/07, NZA 2009, 547; auch 17.11.2008 – 8 AZR 174/07, NZA 2009, 552.
5 BAG 20.3.2008 – 8 AZR 1016/06, NZA 2008, 1354.
6 Vgl. näher *Dzida*, NZA 2009, 641 ff.
7 Näher *Gaul*, AktuellAR 2001, S. 336 ff.
8 *Boecken*, ZIP 1994, 1092; *Däubler*, RdA 1995, 126; *Wlotzke*, DB 1995, 40; vgl. näher *Boecken*, S. 62.
9 *Boecken*, S. 64.
10 BAG 25.2.2000 – 8 AZR 416/99, NZA 2000, 1115; s.a. *Fuhlrott/Ritz*, BB 2012, 2689.
11 BAG 21.1.2008 – 8 AZR 157/07, BB 2008, 1739.

beitnehmer ein Recht zur fristlosen Kündigung zu[1] und ist er über die Verschmelzung und deren Folgen gem. § 613a Abs. 5 BGB zu unterrichten[2].

○ **Hinweis:** Wegen dieser Konsequenzen eines Widerspruchs gegen einen Betriebsübergang muss bei der anwaltlichen Beratung eines Arbeitnehmers sorgfältig geprüft werden, auf welcher rechtlichen Grundlage der Betriebsübergang erfolgt, insbesondere ob der bisherige Rechtsträger ersatzlos weggefallen ist. Ein Widerspruch wäre bei einer Verschmelzung oder einer Aufspaltung unwirksam.

e) Verzicht auf das Widerspruchsrecht

426 Da das Widerspruchsrecht als Individualrecht ausgestaltet ist, kann die Zustimmung der Arbeitnehmer zum Betriebsinhaberwechsel **weder durch Betriebsvereinbarung**[3] **noch durch Tarifvertrag**[4] ersetzt werden. Auf das Widerspruchsrecht kann auch nicht durch Tarifvertrag oder Betriebsvereinbarung verzichtet werden.

427 Der Arbeitnehmer kann auch nur **in Bezug auf eine konkrete Maßnahme** auf sein Widerspruchsrecht **verzichten**; ein genereller Verzicht etwa in einem Arbeitsvertrag ist wegen Verstoßes gegen Art. 1 und 2 GG unwirksam. Im Einzelfall kann der Arbeitnehmer einseitig oder durch Vereinbarung mit dem alten wie mit dem neuen Arbeitgeber auf sein Widerspruchsrecht verzichten[5]. Grundsätzlich ist für den Verzicht in gleicher Weise wie für den Widerspruch Schriftform erforderlich[6]. Von einem konkludenten Verzicht kann dann gesprochen werden, wenn der Arbeitnehmer nur noch gegenüber dem Betriebserwerber Ansprüche geltend macht und erst dann vollständig über den Betriebsübergang informiert wird.

428 Uneins wird beurteilt, ob ein Verzicht auf das Widerspruchsrecht nur dann möglich ist, wenn der Arbeitnehmer **zuvor fehlerfrei und ordnungsgemäß unterrichtet** worden ist[7] oder ob er auf eine Unterrichtung von vornherein – und damit auch im Falle etwaiger fehlerhafter Unterrichtung – wirksam verzichtet werden kann[8]. Überzeugender erscheint es, hier einen Verzicht auch ohne vorherige Unterrichtung bzw. bei fehlerhafter Unterrichtung für wirksam anzusehen, da der Verzicht auf den Widerspruch auch den Verzicht auf die ordnungsgemäße Erfüllung des Unterrichtungsanspruchs umfasst[9]. Im Falle vorsätzlicher Täuschungen bei der Unterrichtung ist der Arbeitnehmer zudem über die Anfechtungsregeln des § 123 BGB geschützt.

○ **Hinweis:** Es bietet sich daher aus Arbeitgebersicht an, in einem Unterrichtungsschreiben die Möglichkeit für den Arbeitnehmer vorzusehen, dem Übergang des Arbeitsverhältnisses auf den Erwerber ausdrücklich zuzustimmen und ggf. auch den Verzicht auf eine weitergehende Unterrichtung vorzusehen. Dies schafft zum einen frühzeitige Planungssicherheit für den Arbeitgeber und ermöglicht zum anderen, sich später auf einen (konkludenten) Verzicht des Widerspruchsrechts berufen zu können. Arbeitnehmerseitig empfiehlt es sich, lediglich die Empfangsbestätigung des Unterrichtungsschreibens zu quittieren und keine weitergehenden Erklärungen abzugeben, um etwaiger weiterer Rechte nicht verlustig zu gehen.

---

1 *Fuhlrott/Ritz*, BB 2012, 2689; HWK/*Willemsen/Müller-Bonanni*, § 613a BGB Rz. 343.
2 ErfK/*Oetker*, § 324 UmwG Rz. 7.
3 BAG 2.10.1974 – 5 AZR 504/73, EzA § 613a BGB Nr. 1 m. zust. Anm. *Birk*.
4 *Seiter*, S. 73.
5 ErfK/*Preis*, § 613a BGB Rz. 102.
6 HM, vgl. *Grau*, S. 355 mwN.
7 ArbG Arnsberg 13.5.2013 – 1 Ca 53/13, BeckRS 2013,69127; LAG Saarl. 12.8.2009 – 2 Sa 52/09, BeckRS 2011, 65207.
8 *Fuhlrott/Ritz*, BB 2012, 2689, 2693; *Fuhlrott*, ArbR Aktuell 2014, 431 – jeweils mwN.
9 Moll/*Cohnen*, Münchener Anwaltshandbuch Arbeitsrecht, § 55 Rz. 85.

VII. Unterrichtung und Widerspruch

f) Folgen des Widerspruchs

Ist der **Widerspruch nach Betriebsübergang** gegenüber dem Betriebserwerber bzw. -veräußerer ausgesprochen worden, wird durch die **rückwirkende** Beseitigung des durch § 613a BGB zunächst bestehenden Arbeitsvertrages zwischen dem seiner Vertragsüberleitung widersprechenden Arbeitnehmer und dem Betriebserwerber wieder ein Arbeitsverhältnis mit dem Betriebsveräußerer gem. § 611 BGB begründet, während in der Zwischenzeit ein faktisches Arbeitsverhältnis mit dem Betriebserwerber bestand[1]. Der Widerspruch wirkt mithin auf den Zeitpunkt des Betriebsübergangs zurück. Dem Arbeitnehmer stehen deshalb die Arbeitsentgeltansprüche gegenüber dem Betriebserwerber so zu, als habe der Vertrag wirksam bestanden. Eine Kündigung des Betriebsnachfolgers und des Arbeitnehmers gegenüber dem Betriebserwerber sowie ein von dem später dem Betriebsübergang widersprechenden Arbeitnehmer abgeschlossener Aufhebungsvertrag werden unwirksam[2]. Etwaige Zusagen oder Abmahnungen des Betriebserwerbers werden durch den Widerspruch des Arbeitnehmers unbeachtlich[3]. 429

⟳ **Hinweis:** In der anwaltlichen Beratungspraxis wird darauf zu achten sein, dass die von dem Betriebsübergang betroffenen Arbeitnehmer frühzeitig – im Idealfall mindestens einen Monat vor dem beabsichtigten Betriebsübergang – unterrichtet werden. Außerdem sollte darauf hingewiesen werden, dass bei einem Widerspruch das Arbeitsverhältnis uU betriebsbedingt gekündigt werden muss. Der Rat suchende Arbeitnehmer sollte über die Konsequenzen seines Widerspruchs (evtl. notwendig werdende Arbeitgeberkündigung nach Maßgabe der kündigungsschutzrechtlichen Vorgaben) aufgeklärt werden.

Hat der Arbeitnehmer dem Betriebsübergang nicht oder nicht rechtzeitig widersprochen, kann der Übergang des Arbeitsverhältnisses gem. § 613a Abs. 1 Satz 1 BGB nicht nachträglich zu Lasten des Betriebsveräußerers durch einen rückwirkenden Aufhebungsvertrag mit dem Betriebserwerber aufgehoben werden[4]. Gegen einen dreiseitigen rückwärtigen Aufhebungsvertrag bestehen jedoch keine Bedenken. 430

Kann der alte Arbeitgeber den widersprechenden Arbeitnehmer wegen Wegfalls des Arbeitsplatzes nicht mehr weiterbeschäftigen und muss deshalb der Arbeitgeber einem Arbeitnehmer betriebsbedingt kündigen, stellt sich die Frage nach der vom Arbeitgeber gem. § 1 Abs. 3 KSchG zu treffenden **Sozialauswahl**. Dieses Problem stellt sich nur, wenn ein Betriebsteil auf einen anderen Arbeitgeber übertragen wurde; denn die Sozialauswahl ist betriebs- und nicht unternehmensbezogen. Nach der **früheren Rechtsprechung des BAG**, die die Rechtslage der Sozialauswahl vor Änderung des Kündigungsschutzgesetzes am 1.1.2004 berücksichtigte, musste der Arbeitgeber in den Fällen, in denen der Arbeitnehmer dem Betriebsübergang widersprochen hatte, ohne dass für den Widerspruch objektiv vertretbare Gründe, mithin ein sachlicher Grund vorlag, und der widersprechende Arbeitnehmer sozial nicht ganz erheblich, sondern nur geringfügig schutzwürdiger als die vergleichbaren Arbeitnehmer war, nur eingeschränkt eine Sozialauswahl mit den im Restbetrieb beschäftigten Mitarbeitern durchführen; dagegen musste der Arbeitgeber uneingeschränkt eine Sozialauswahl unter den Arbeitnehmern durchführen, die dem Übergang ihrer Arbeitsverhältnisse auf den Betriebserwerber widersprochen hatten. Denn mangels Vorliegens sachlicher Gründe für seinen Widerspruch verdiente der widersprechende Arbeitnehmer keinen Vorrang[5]. 431

---

1 *D. Gaul*, Der Betriebsübergang, S. 257; KuR10/*Beseler*, S. 104.
2 *D. Gaul*, Der Betriebsübergang, S. 264.
3 *Gaul*, AktuellAR 2001, S. 335.
4 LAG Hamm 4.6.2002 – 4 Sa 81/02, BB 2003, 159.
5 BAG 18.3.1999 – 8 AZR 190/98, NZA 1999, 706.

432 Nachdem der Gesetzgeber zum 1.1.2004 die sozialen Auswahlgründe auf die Kriterien Alter, Dauer der Betriebszugehörigkeit, Unterhaltspflichten und Schwerbehinderung beschränkt hatte und deshalb weitere Gesichtspunkte nicht mehr berücksichtigt werden können[1], mithin nunmehr die Gründe und Motive für einen Widerspruch belanglos sind, hat das BAG erkannt, dass auch die Arbeitnehmer, die einem Übergang ihres Arbeitsverhältnisses auf einen Betriebserwerber nach § 613a Abs. 6 BGB widersprochen haben, sich bei einer nachfolgenden, vom Betriebsveräußerer erklärten Kündigung uneingeschränkt auf eine mangelhafte Sozialauswahl nach § 1 Abs. 3 Satz 1 KSchG berufen können[2]. Ist der Widerspruch rechtswirksam erfolgt, muss der Arbeitnehmer so gestellt werden, als habe der Betriebsübergang nicht stattgefunden. In diesem Fall steht er wieder im „Verteilungswettbewerb" um die vorhandenen Arbeitsplätze im Betrieb nach den von Gesetzes wegen vorgesehenen Kriterien. Das BAG deutet aber an, dass es durchaus Fälle geben kann, in denen § 1 Abs. 3 Satz 2 KSchG herangezogen werden kann. So sind Fälle denkbar, in denen durch den Widerspruch etwa einer größeren Anzahl von Arbeitnehmern gegen einen Betriebsteilübergang und der in ihrer Folge vom Arbeitgeber durchzuführenden Sozialauswahl tief greifende Umorganisationen notwendig werden, die zu schweren betrieblichen Ablaufstörungen führen können, so dass über § 1 Abs. 3 Satz 2 KSchG Teile der vom Betriebsteilübergang nicht betroffenen Arbeitnehmer nicht in die Sozialauswahl einzubeziehen wären.

---

1 So zu Recht *Gaul*, AktuellAR 2004, S. 635 ff.; *Gaul*, NZA 2005, 730 ff.
2 BAG 31.5.2007 – 2 AZR 276/06, NZA 2008, 33.

H. Recht am Arbeitsergebnis

	Rz.		Rz.
I. Überblick		3. Freie Erfindungen, Erfindungen im Hochschulbereich	55
1. Sacheigentum, Besitz	1	a) Originär freie Erfindungen	56
2. Immaterialgüterrechte	5	b) Frei gewordene Diensterfindungen	59
II. Arbeitnehmererfindungen und Verbesserungsvorschläge	12	c) Erfindungen im Hochschulbereich	60
1. Geltungsbereich des ArbNErfG	13	4. Verbesserungsvorschläge	61
2. Diensterfindungen	19		
a) Meldepflicht	20	**III. Urheberrecht**	65
b) Anmeldung zur Erteilung eines inländischen Schutzrechts	23	1. Nutzungsrechte	66
		a) Pflichtwerke	67
c) Inanspruchnahme durch den Arbeitgeber	30	b) Freie Werke	74
d) Auslandsanmeldung	31	2. Persönlichkeitsrechte	75
e) Aufgabe von Schutzrechten	38		
f) Vergütung	47	**IV. Streitigkeiten**	77

Schrifttum:

Balle, Der urheberrechtliche Schutz von Arbeitsergebnissen, NZA 1997, 868; *Bartenbach*, Grundzüge des Rechts der Arbeitnehmererfindungen, NZA Beilage 2/1990, 21; *Bartenbach/Volz*, Erfindungen an Hochschulen, GRUR 2002, 743; *Bartenbach/Volz*, 50 Jahre Gesetz über Arbeitnehmererfindungen, Beil. 1 zu GRUR 4/2008; *Bayreuther*, Zum Verhältnis zwischen Arbeits-, Urheber- und Arbeitnehmererfindungsrecht, GRUR 2003, 570; *Benecke*, Entwicklung von Computerprogrammen durch Arbeitnehmer, NZA 2002, 883; *Berger*, Grundfragen der „weiteren Beteiligung" des Urhebers nach § 32a UrhG, GRUR 2003, 675; *Brandi-Dohrn*, Arbeitnehmererfindungsschutz bei Softwareerstellung, CR 2001, 285; *Busche*, Der Schutz von Computerprogrammen – eine Ordnungsaufgabe für Urheberrecht und Patentrecht, Mitt. 2001, 49; *Erdmann*, Urhebervertragsrecht im Meinungsstreit, GRUR 2002, 923; *Fricke/Meier-Beck*, Der Übergang der Diensterfindung auf den Arbeitgeber, Mitt. 2000, 199; *Friemel/Kamlack*, Der Geschäftsführer als Erfinder, BB 2008, 613; *Gärtner/Simon*, Reform des Arbeitnehmererfinderrechts – Chancen und Risiken, BB 2011, 1909; *Gaul*, Künstlerische Leistung eines Arbeitnehmers, NJW 1986, 163; *Grobys/Foerstl*, Die Auswirkungen der Urheberrechtsreform auf Arbeitsverträge, NZA 2002, 1015; *Grunert*, Arbeitnehmererfindungen in der technischen Grauzone zwischen Patent- und Urheberrecht, Mitt. 2001, 234; *Heerma/Maierhöfer*, Drei Fragen zur Vergütung des Hochschulerfinders, GRUR 2010, 682; *Hoffmann*, Das Gesetz über Arbeitnehmererfindungen – Ein Exot auch für Arbeitsrechtler, NJ 2013, 361; *Hohagen/Burghart*, Incentive-Systeme für Arbeitnehmererfindungen in der betrieblichen Praxis, ArbRAktuell 2014, 429; *Jacobs*, Das neue Urhebervertragsrecht, NJW 2002, 1905; *Kellerhals*, Urheberpersönlichkeitsrechte im Arbeitsverhältnis, 2000; *Marly*, Der Schutzgegenstand des urheberrechtlichen Softwareschutzes, GRUR 2012, 773; *Meier-Beck*, Vergütungs- und Auskunftsanspruch des Arbeitnehmers bei der Nutzung einer Diensterfindung im Konzern, in: Festschrift für Winfried Tilmann, 2003, S. 539; *von Olenhusen*, Der Urheber- und Leistungsrechtsschutz der arbeitnehmerähnlichen Personen, GRUR 2002, 11; *von Olenhusen*, Der Arbeitnehmer-Urheber im Spannungsfeld zwischen Urheber-, Vertrags- und Arbeitsrecht, ZUM 2010, 474; *Oster*, Arbeitnehmererfindungen beim Betriebsübergang in der Insolvenz – Das Verhältnis von § 27 Nr. 1 ArbnErfG zu § 613a BGB, GRUR 2012, 467; *Paul*, Arbeitnehmererfindungen in der Insolvenz des Arbeitgebers, ZInsO 2009, 1839; *Sack*, Probleme der Auslandsverwertung inländischer Arbeitnehmererfindungen, RIW 1989, 612; *Sack*, Arbeitnehmer-Urheberrechte an Computerprogrammen nach der Urheberrechtsnovelle, UFITA 121 (1993), 15; *Schütt/Böhnke*, Rechtsfolgen bei erheblich verspäteter Erfindungsanmeldung, GRUR 2013, 789; *Schwab*, Erfindungen von Arbeitnehmern, AR-Blattei, SD 670; *Schwab*, Das Urheberrecht des Arbeitnehmers, AR-Blattei, SD 1630; *Schwab*, Der Arbeitnehmer als Erfinder, NZA-RR 2014, 281; *Sieber*, Der urheberrechtliche Schutz von Computerprogrammen, BB 1983, 977; *Ulrici*, Das Recht am Arbeitsergebnis, RdA 2009, 92; *von der Groeben*, Ausgleich unter Teilhabern nach frei gewordener Diensterfindung, GRUR 2014, 113; *Wandtke*, Zum Vergütungsanspruch des Urhebers im Arbeitsverhältnis, GRUR 1992, 139; *Weyand/Haase*, Anforderungen an einen Patentschutz für Computerprogramme, GRUR 2004, 198.

I. Überblick

1. Sacheigentum, Besitz

1 Der Arbeitgeber hat das Recht auf das Ergebnis der arbeitsvertraglich geschuldeten Arbeit[1]. Er wird deshalb **originär Eigentümer** der produzierten Sachen. Nur er ist **Hersteller** iSd. § 950 BGB[2]. Dies gilt auch für Zeichnungen, Manuskripte etc., in denen sich immaterielle schöpferische Leistungen verkörpern. Selbst wenn der Arbeitnehmer (zunächst) Urheber- oder andere Immaterialgüterrechte an diesen Leistungen erwirbt, bleibt der Arbeitgeber Sacheigentümer. Hierbei ist es ohne Bedeutung, ob der Arbeitnehmer damit einverstanden und ob der Arbeitsvertrag eventuell unwirksam[3] ist.

2 Der Arbeitgeber ist auch unmittelbarer **Besitzer** der hergestellten Sache und der Arbeitsmittel. Der Arbeitnehmer übt die tatsächliche Gewalt über die Sache für ihn aus und muss seinen Weisungen folgen, ist also nur Besitzdiener (§ 855 BGB)[4]. Besitzer ist der Arbeitnehmer jedoch dann, wenn er über den Einsatz und den Verbleib eines Arbeitsmittels eigenverantwortlich entscheiden soll oder ihm auch ein Recht auf Eigennutzung zusteht[5].

Beispiele:

3 Der Arbeitnehmer, der den Dienstwagen auch privat nutzen darf, ist kein Besitzdiener, sondern Besitzer. Der fachlich weisungsfrei forschende Hochschullehrer ist nicht nur Besitzer, sondern wird durch Verarbeitung nach § 950 Abs. 1 Satz 2 BGB auch Eigentümer der von ihm auf dem Papier der Universität geschriebenen Manuskripte.

4 In Sonderfällen kann der Arbeitnehmer noch nach Vertragsende ein **Recht auf Zugang** zur Sache haben, zB der Urheber nach § 25 UrhG[6]. Solche Zugangsrechte sind begrenzt durch die berechtigten Interessen des Arbeitgebers und können deshalb in Konkurrenzsituationen eingeschränkt sein[7].

2. Immaterialgüterrechte

5 Immaterialgüterrechte **(geistiges Eigentum)** entstehen durch besondere schöpferische Leistungen des Arbeitnehmers, zB:

6 – **Technische Erfindungen**, die patent- oder gebrauchsmusterfähig sind;

7 – Nicht schutzfähige technische Verbesserungsvorschläge;

8 – **Urheberrechtsfähige** Werke der Literatur, Wissenschaft und Kunst, auch Computerprogramme; vgl. hierzu §§ 69a–69g UrhG – die Konkretisierungen des Urheberrechtsschutzes für Computerprogramme sind auf Dienstverhältnisse entsprechend anzuwenden, § 69b UrhG;

9 – Ästhetische Schöpfungen **(das Design)** von Mustern und Modellen für gewerbliche Erzeugnisse, sofern sie neu sind und Eigenart haben (§ 2 GeschmMG). Zu den Erzeugnissen zählen auch typografische Schriftzeichen (§§ 1 Nr. 2, 61 GeschmMG). Die immateriellen **Persönlichkeitsrechte** stehen dem Arbeitnehmer als Urheber zu (vgl. zB § 10 GeschmMG). Die **Nutzungsrechte** an schutzfähigen Werken, die in Er-

---

1 Allgemeine Meinung, vgl. nur MünchArbR/*Bayreuther*, § 89 Rz. 1 ff.
2 BAG 24.11.1960 – 5 AZR 261/60, AP Nr. 1 zu § 11 LitUrhG; LAG Sachs. 17.1.2007 – 2 Sa 808/05, BB 2008, 844.
3 MünchArbR/*Bayreuther*, § 89 Rz. 1; BAG 31.1.2008 – 8 AZR 2/07, AP Nr. 339 zu § 613a BGB; 15.12.2005 – 8 AZR 202/05, AP Nr. 294 zu § 613a BGB; OLG Frankfurt/M. 19.4.2012 – 11 U 15/11, NJOZ 2013, 262.
4 MünchArbR/*Bayreuther*, § 89 Rz. 4.
5 BAG 17.9.1998 – 8 AZR 175/97, NZA 1999, 141; vgl. auch MünchArbR/*Bayreuther*, § 89 Rz. 6f.
6 BGH 26.10.1951 – I ZR 93/51, NJW 1952, 661 (662); 27.9.1990 – I ZR 244/88, GRUR 1991, 523.
7 *Sack*, BB 1991, 2171.

füllung der Arbeitspflicht geschaffen wurden, entstehen originär in der Person des Arbeitgebers, sofern nichts anderes vereinbart ist (§ 7 Abs. 2 GeschmMG). Besondere Vergütungsansprüche bestehen nicht[1]. Für Streitigkeiten sind die ordentlichen Gerichte zuständig (§ 52 GeschmMG), für Klagen auf Zahlung einer vereinbarten Sondervergütung jedoch die Arbeitsgerichte (Analogie zu § 104 Satz 2 UrhG)[2].

– Dreidimensionale Strukturen von mikroelektronischen Halbleitererzeugnissen (**Mikrochips**), deren selbständig verwertbare Teile und die Darstellungen zur Herstellung dieser „Topographien" (§ 1 HalbleiterschutzG). Hier entsteht das Schutzrecht originär beim Arbeitgeber (§ 2 Abs. 2 HalbleiterschutzG)[3]. Eine besondere Vergütungspflicht besteht nicht.

Wenn der Arbeitnehmer **außerhalb seiner Arbeitspflichten** ein Design oder eine Topographie entwickelt, erwirbt allein er alle Schutzrechte. Falls jedoch diese Werke betrieblich verwertbar sind, muss er dem Arbeitgeber nichtausschließliche Nutzungsrechte anbieten und hat dann Anspruch auf eine Sondervergütung[4].

II. Arbeitnehmererfindungen und Verbesserungsvorschläge

Das ArbNErfG[5] schafft als zentrale Rechtsgrundlage des Arbeitnehmererfinderrechts einen Ausgleich zwischen dem Recht des Arbeitgebers auf das Arbeitsergebnis und dem Recht des Arbeitnehmers, eine angemessene Zusatzvergütung dafür zu erhalten, dass seine technische Leistung dem Arbeitgeber **im Wettbewerb ein Monopol** verschafft. Das ArbNErfG ist weitgehend zwingend (§ 22 ArbNErfG). Soweit Vereinbarungen zulässig sind, unterliegen sie der Billigkeitskontrolle (§ 23 Abs. 1 ArbNErfG)[6]. Die etwaige Unbilligkeit muss binnen sechs Monaten nach dem Ende des Arbeitsverhältnisses als Erklärung in Textform geltend gemacht werden (§ 23 Abs. 2 ArbNErfG).

1. Geltungsbereich des ArbNErfG

Das ArbNErfG gilt für Arbeitsverhältnisse, die deutschem Recht unterliegen. **Kollisionsrechtliche** Fragen, die bei Auslandsbeziehungen auftreten, sind nach dem von den Parteien wirksam gewählten oder nach Art. 8 Abs. 2 Rom-I-VO iVm. Art. 3 EGBGB geltenden Arbeitsstatut zu entscheiden[7]. In den **neuen Bundesländern** gilt bei vor dem Beitritt fertig gestellten Erfindungen (vgl. Einigungsvertrag Anl. 1 Kap. III Sachgebiet E Abschn. II § 11 und ferner § 49 Erstreckungsgesetz – ErstrG)[8]:

– **materiell** das DDR-Recht; wenn jedoch bei unbeschränkter Inanspruchnahme einer Diensterfindung ein Vergütungsanspruch nach dem 1.5.1992 entstanden ist, gilt für sein Entstehen und seine Fälligkeit das ArbNErfG[9];

---

1 Vgl. *Eichmann/von Falckenstein*, § 7 GeschmMG Rz. 25.
2 Vgl. *Eichmann/von Falckenstein*, § 52 GeschmMG Rz. 2.
3 Vgl. MünchArbR/*Bayreuther*, § 92 Rz. 6.
4 BGH 11.11.1977 – I ZR 56/75, AP Nr. 30 zu § 612 BGB.
5 Zur geschichtlichen Entwicklung vgl. *Bartenbach/Volz*, Beilage 1 zu GRUR 4/2008; *Schwab*, Einleitung ArbNErfG Rz. 9. Guter Überblick bei *Schwab*, NZA-RR 2014, 281. Die Bedeutsamkeit des ArbNErfG für Arbeitsrechtler diskutiert *Hoffmann*, NJ 2013, 361.
6 Zur Frage der Anwendbarkeit der §§ 305 ff. BGB auf vorformulierte Vereinbarungen vgl. *Bartenbach/Volz*, FS Tilmann, S. 431 (442). Zur Umgehung des Verbots nachteiliger Vereinbarungen vgl. *Beyerlein*, Mitt. 2005, 153. S.a. *Hohagen/Burghart*, ArbRAktuell 2014, 429.
7 Ausführlich dazu *Sack*, FS Steindorff, 1990, S. 1343 ff.
8 Vgl. dazu *Rohnke*, BB Beilage 1/1991, 14 (15); *Gaul/Burgmer*, GRUR 1992, 283; *Bartenbach/Volz*, Beilage 1 zu GRUR 4/2008, 4 (5); MünchArbR/*Bayreuther*, § 90 Rz. 52.
9 *Schwab*, Einleitung ArbNErfG Rz. 15.

– **formell** das ArbNErfG für die Verfahren vor der Schiedsstelle und vor Gericht.

14 Das ArbNErfG gilt sachlich für **patent- oder gebrauchsmusterfähige Erfindungen und für technische Verbesserungsvorschläge** (§§ 1–3 ArbNErfG). Patentfähig ist eine Erfindung, die eine neue schöpferische Lehre zum technischen Handeln gibt und gewerblich anwendbar ist (vgl. im Einzelnen §§ 1–5 PatG und Art. 52–57 EPÜ). Patentfähig kann auch ein Computerprogramm sein[1]. Gebrauchsmusterfähig sind Erfindungen, wenn sie eine geringere Erfindungshöhe haben, aber auf einem „erfinderischen Schritt" beruhen (§ 1 GebrMG). Es ist streitig, ob eine Erfindung iSd. ArbNErfG auch dann vorliegt, wenn die Neuerung nur im Ausland schutzfähig ist[2]. Wer dies verneint, erreicht eine Vergütungspflicht des Arbeitgebers über § 20 Abs. 1 ArbNErfG, wertet die im Inland nicht schutzfähige technische Neuerung also als qualifizierten technischen Verbesserungsvorschlag[3].

14a Die durch das Patentrechtsmodernisierungsgesetz vom 31.7.2009[4] eingeführten Änderungen des ArbNErfG sind gemäß der Übergangsvorschrift (§ 43 Abs. 3 ArbNErfG) auf alle Erfindungen und technischen Verbesserungsvorschläge, die seit dem 1.10. 2009 gemeldet wurden, anzuwenden. Für Altfälle gilt weiter die frühere Rechtslage[5].

15 Persönlich gilt das ArbNErfG für **Arbeitnehmer**, Beamte und Soldaten[6]. Für die Bestimmung des Arbeitnehmerbegriffs gelten die allgemeinen arbeitsrechtlichen Grundsätze. Auch **Auszubildende** und **leitende Angestellte** werden vom Gesetz erfasst[7]. **Leiharbeitnehmer** iSd. § 1 AÜG gelten als Arbeitnehmer des Entleihers (§ 11 Abs. 7 AÜG). Bei unechten Leiharbeitsverhältnissen stehen somit Rechte und Pflichten aus dem ArbNErfG dem Entleiher zu. Dagegen ist bei echten Leiharbeitsverhältnissen der Verleiher Rechteinhaber[8]. Für Arbeitnehmer im öffentlichen Dienst, Beamte, Soldaten, Hochschullehrer und wissenschaftliche Assistenten bestehen die besonderen Regeln der §§ 40–43 ArbNErfG.

16 **Keine Arbeitnehmer** sind freie Mitarbeiter, arbeitnehmerähnliche Personen[9], Ruheständler[10] und Organe juristischer Personen[11]. Bei ihnen kann jedoch die Anwendung

---

1 Vgl. BGH 13.12.1999 – X ZB 11/98, BGHZ 143, 255; 20.1.2009 – X ZB 22/07, GRUR 2009, 479; 22.4.2010 – Xa ZB 20/08, GRUR 2010, 613; 26.10.2010 – X ZR 47/07, GRUR 2011, 125; 24.2.2011 – X ZR 121/09, GRUR 2011, 610; 22.3.2012 – X ZR 46/09, CR 2012, 768; 18.12.2012 – X ZR 3/12, GRUR 2013, 275; *Benecke*, NZA 2002, 883 (886); *Brandner*, GRUR 2001, 881 ff.; *Brandi-Dohrn*, CR 2001, 285 ff.; *Grunert*, Mitt. 2001, 234 ff., *Beckschulze/Henkel*, DB 2001, 1491 (1505); *Bayreuther*, GRUR 2003, 570 (578); *Weyand/Haase*, GRUR 2004, 198; BPatG 31.7.2012 – 23 W (pat) 29/07.
2 Bejahend MünchArbR/*Sack* (2. Aufl. 2000), § 101 Rz. 15, 16 mwN; verneinend *Bartenbach/Volz*, § 2 ArbNErfG, Rz. 25; *Reimer/Schade/Schippel*, § 2 ArbNErfG Rz. 8; *Volmer/Gaul*, § 2 ArbNErfG Rz. 82 ff.
3 Vgl. zB *Volmer/Gaul*, § 2 ArbNErfG Rz. 87, § 20 Rz. 37; *Bartenbach/Volz*, § 20 ArbNErfG Rz. 14.
4 BGBl. I, 2521.
5 Zur früheren Rechtslage Tschöpe/*Westhoff* (6. Aufl. 2009), Teil 2 H.
6 Ausführlich *Bartenbach/Volz*, § 1 ArbNErfG Rz. 7; *Schwab*, § 1 ArbNErfG Rz. 2 ff.
7 *Reimer/Schade/Schippel*, § 1 ArbNErfG Rz. 2.
8 *Volmer/Gaul*, § 1 ArbNErfG Rz. 70 ff.
9 Zu freien Mitarbeitern vgl. *Bartenbach/Volz*, § 1 ArbNErfG Rz. 44 ff.; *Volmer/Gaul*, § 1 ArbNErfG Rz. 78; *Schwab*, § 1 ArbNErfG Rz. 4; zu arbeitnehmerähnlichen Personen vgl. wie hier *Bartenbach/Volz*, § 1 ArbNErfG Rz. 25 ff.; aA *Gaul*, RdA 1982, 274; *Herschel*, DB 1977, 1185; BAG 18.4.2012 – 5 AZR 307/11, BeckRS 2012, 71258; zur Abgrenzung vgl. BAG 15.2.2012 – 10 AZR 301/10, NZA 2012, 731. S.a. BAG 25.9.2013 – 10 AZR 282/12, NZA 2013, 1348 und 9.4.2014 – 10 AZR 590/13, NZA-RR 2014, 522.
10 OLG Düsseldorf 10.6.1999 – 2 U 11/98, GRUR 2000, 49.
11 BGH 26.9.2006 – X ZR 181/03, NJW-RR 2007, 103; 22.10.1964 – Ia ZR 8/64, GRUR 1965, 302 (304); *Reimer/Schade/Schippel*, § 1 ArbNErfG Rz. 4; *Volmer*, GRUR 1978, 393 (403). Zu Organen vgl. *A. Bartenbach/Fock*, GRUR 2005, 384.

des ArbNErfG vereinbart werden. Dies geschieht häufig in Geschäftsführerverträgen durch eine pauschale Verweisung auf das ArbNErfG. Es gelten dann allerdings nur die materiellen Bestimmungen des ArbNErfG. Die Verfahrensvorschriften (§§ 28–39 ArbNErfG) und Insolvenzregelungen (§ 27 ArbNErfG) können für Geschäftsführer nicht vereinbart werden. Statt einer pauschalen Verweisung auf das ArbNErfG sind in den Geschäftsführerverträgen detaillierte Regelungen zur Übertragung der Rechte an schutzfähigen Arbeitsergebnissen und zur Verjährung sinnvoller[1]. Fehlt eine Vereinbarung, so verbleiben alle Rechte grundsätzlich beim Geschäftsführer; wenn er sie auf die Gesellschaft überträgt, steht ihm hierfür eine angemessene Vergütung nach § 612 BGB zu[2]. Es kann sich jedoch auch ohne ausdrückliche Vereinbarung allein aus der vertraglichen Aufgabenstellung des Geschäftsführers ergeben, dass er die materiellen Rechte aus einer dienstlichen Erfindung ohne gesonderte Vergütung auf die Gesellschaft übertragen muss[3].

Das ArbNErfG gilt nur für Erfindungen und technische Verbesserungsvorschläge, die **vor der rechtlichen Beendigung** des Arbeitsverhältnisses fertig gestellt sind[4]. Die Beweislast hierfür trägt der Arbeitgeber. Wird die Erfindung zwar noch während des bestehenden Arbeitsverhältnisses begonnen, aber erst unmittelbar nach seiner Beendigung bekanntgegeben, so wird vermutet, dass diese Erfindung noch während des Arbeitsverhältnisses gemacht worden sind[5]. Unerheblich ist, ob die Erfindung während des Urlaubs[6], der Krankheit, der Freistellung oder nach der Kündigung während vom Arbeitnehmer verlangter Weiterbeschäftigung fertig gestellt wurde[7]. **Fertiggestellt** ist eine Erfindung, wenn der Durchschnittsfachmann sie ohne Aufwand weiterer erfinderischer Überlegungen ausführen kann[8]. Wenn der Arbeitnehmer die Fertigstellung pflichtwidrig bis nach Vertragsende hinauszögert, hat der Arbeitgeber gegen ihn die Rechte aus dem ArbNErfG wegen Verletzung einer Vertragspflicht (§ 280 Abs. 1 BGB)[9]. Arbeitet der Arbeitnehmer an einer Erfindung und kündigt sein Arbeitsverhältnis kurz vor deren Fertigstellung, kann der Arbeitgeber unter den Voraussetzungen des § 162 BGB die Übertragung der Erfindung verlangen[10].

Beispiel:

Der Konstruktionsleiter eines Unternehmens für Palettieranlagen hat den Auftrag, eine Lösung für das Problem des Greifens von Kurzhalsflaschen zu finden. Er tut dies bewusst nicht. Unmittelbar nach seinem Ausscheiden konstruiert er eine entsprechende Vorrichtung und lässt ein entsprechendes Gebrauchsmuster für sich eintragen. Wegen Verletzung einer Vertragspflicht ist seine Erfindung wie eine Diensterfindung zu behandeln. Auf Verlangen des ehemaligen Arbeitgebers ist er zur Übertragung des Schutzrechts verpflichtet und hat dann entsprechende Vergütungsansprüche.

2. Diensterfindungen

Eine Diensterfindung (§ 4 Abs. 2 ArbNErfG) ist eine Erfindung, die entweder aus der dem Arbeitnehmer im Betrieb obliegenden Tätigkeit entstanden ist (**Auftragserfin-**

---

1 Vgl. *Friemel/Kamlack*, BB 2008, 613.
2 BGH 18.6.2013 – X ZR 103/11, BeckRS 2013, 13904; 17.10.2000 – X ZR 223/98, GRUR 2001, 226.
3 BGH 29.6.2006 – X ZR 181/03, NJW-RR 2007, 103.
4 Vgl. *Schwab*, § 26 ArbNErfG Rz. 1; zu den Rechtsfolgen des Betriebsübergangs im Bereich des ArbNErfG vgl. *Bartenbach/Volz*, Beilage 1 zu GRUR 4/2008, 9 ff. mwN.
5 MünchArbR/*Bayreuther*, § 90 Rz. 7.
6 BGH 18.5.1971 – X ZR 68/67, AP Nr. 1 zu § 4 ArbNErfG.
7 *Bartenbach/Volz*, § 4 ArbNErfG Rz. 12.
8 BGH 10.11.1970 – X ZR 54/67, AP Nr. 2 zu § 6 ArbNErfG; BFH 11.4.2003 – IV B 170/01, BFH NV 2003, 1406.
9 BGH 21.10.1980 – X ZR 56/78, AP Nr. 3 zu § 4 ArbNErfG.
10 S. ausführlich zu dieser Thematik *Schütt/Böhnke*, GRUR 2013, 789.

dung) oder maßgeblich auf den Erfahrungen oder Arbeiten des Betriebes beruht (**Erfahrungserfindung**)[1]. Andere Erfindungen sind frei, selbst wenn sie durch die betriebliche Tätigkeit angeregt wurden[2]. Sie müssen nur gem. §§ 18, 19 ArbNErfG mitgeteilt und angeboten werden.

a) Meldepflicht

20 Der Arbeitnehmer muss eine während der Dauer des Arbeitsverhältnisses gemachte Diensterfindung **unverzüglich**, dh. ohne schuldhaftes Zögern (§ 121 Abs. 1 Satz 1 BGB), **in Textform**[3] (§ 126b BGB) dem Arbeitgeber nach Fertigstellung („Patentreife") **gesondert** als Erfindung **melden**. Dies gilt auch dann, wenn er selbst bezweifelt, es sich um eine schutzwürdige Diensterfindung handelt[4]. Eine Arbeitnehmererfindungsmeldung per E-Mail ist nicht ausreichend[5]; allerdings kann der Arbeitgeber auf die Schriftform verzichten[6]. Es ist streitig, ob ein konkludenter Verzicht auf die Schriftform schon dann vorliegt, wenn der Arbeitgeber für eine ihm mündlich mitgeteilte Erfindung eine Patentanmeldung einreicht[7]. Zwar findet sich im ArbNErfG keine konkrete Umschreibung der Miterfindung; jedoch können mehrere Miterfinder gemeinsam eine Erfindung melden, wenn jeweils ein schöpferischer Beitrag zu der gemeinschaftlichen Erfindung vorliegt[8]. Der Arbeitgeber darf davon ausgehen, dass die in der Meldung genannten Erfindungsanteile der Miterfinder richtig sind[9]. Der Inhalt der Meldung ist in § 5 Abs. 2 ArbNErfG vorgeschrieben[10]. Auch wenn die Meldung den inhaltlichen Vorgaben des § 5 Abs. 2 ArbNErfG nicht entspricht, gilt sie als ordnungsgemäß, wenn der Arbeitgeber nicht binnen zwei Monaten Ergänzungen verlangt (§ 5 Abs. 3 ArbNErfG). Wer die Meldepflicht verletzt, kann nach § 823 Abs. 2 BGB oder wegen Vertragspflichtverletzung schadensersatzpflichtig werden[11]. Außerdem kann dann ein Grund für eine verhaltensbedingte, in manchen Fällen sogar für eine außerordentliche Kündigung[12] bestehen. Steht dem Arbeitgeber eine solche Schadensersatzforderung zu, kann er gegen Vergütungsansprüche im Rahmen der Pfändungsfreigrenzen aufrechnen[13].

21 Die Meldung soll den Arbeitgeber auf vom Arbeitnehmer getätigte Erfindungen hinweisen, um ihm die Frage einer Inanspruchnahme oder der Freigabe nahezubringen[14]. Der Arbeitgeber kann eine gemeldete Diensterfindung **unbeschränkt** in Anspruch nehmen (§ 6 Abs. 1 ArbNErfG). Diese Erklärung muss in Textform erfolgen, und zwar so bald wie möglich und spätestens bis zum Ablauf einer Ausschlussfrist von

---

1 Ausführlich dazu *Reimer/Schade/Schippel*, § 4 ArbNErfG Rz. 5f.; *Volmer/Gaul*, § 4 ArbNErfG Rz. 34ff.
2 *Reimer/Schade/Schippel*, § 4 ArbNErfG Rz. 7.
3 Bis zum 30.9.2009 musste die Meldung nach § 5 Abs. 1 Satz 1 ArbNErfG schriftlich erfolgen.
4 BGH 2.6.1987 – X ZR 97/86, GRUR 1987, 900; 5.10.2005 – X ZR 26/03, GRUR 2006, 141; 12.4.2011 – X ZR 72/10, GRUR 2011, 733; OLG München 10.5.2007 – 6 U 3150/06, InstGE 9, 9.
5 LG München I 8.7.2013 – 7 O 6031/12, GRUR-RR 2014, 8.
6 BGH 17.1.1995 – VI ZR 62/94, DB 1995, 1661.
7 So OLG Düsseldorf 18.9.2003 – 2 U 70/99, GRUR-RR 2004, 163; *Fricke/Meier-Beck*, Mitt. 2000, 199ff.; ablehnend *Hellebrand*, Mitt. 2001, 195ff.
8 BGH 16.9.2003 – X ZR 142/01, GRUR 2004, 50. Eine Erfindergemeinschaft führt je nach Sachlage zu einer Bruchteilsgemeinschaft, §§ 741ff. BGB, oder zu einer Gesamthandsgemeinschaft, §§ 705ff. BGB.
9 BGH 17.5.1994 – X ZR 82/92, AP Nr. 4 zu § 12 ArbNErfG.
10 Vgl. dazu BGH 17.1.1995 – VI ZR 62/94, DB 1995, 1661; OLG Frankfurt a. M. 22.1.2009 – 6 U 151/06, GRUR-RR 2009, 291.
11 Vgl. dazu auch BGH 19.5.2005 – X ZR 152/01, NZA 2005, 1246.
12 LAG BW 30.12.1966 – 4 Sa 64/66, AP ArbNErfG § 25 Nr. 1.
13 BAG 18.5.1972 – 3 AZR 478/71, AP ArbNErfG § 39 Nr. 2.
14 BGH 12.4.2011 – X ZR 72/10, NZA-RR 2011, 479.

vier Monaten nach ordnungsgemäßer Meldung (§ 6 Abs. 2 ArbNErfG). Eine ausdrückliche (formgebundene) Inanspruchnahmeerklärung seitens des Arbeitgebers ist seit der Neufassung des ArbNErfG nicht mehr erforderlich[1]. Auch wenn eine Meldung nicht erfolgt, kann diese Frist dann ablaufen, wenn der Arbeitgeber anderweitig Kenntnis davon erhalten hat, dass eine Diensterfindung entstanden, was deren Gegenstand und wer der Erfinder ist[2]. Die Frist kann **nach** der Meldung vertraglich verlängert werden (§ 22 Satz 2 ArbNErfG). Nach Ablauf der Frist wird die Erfindung im Gegensatz zur bisherigen Rechtslage (§ 8 Abs. 1 Nr. 3 ArbNErfG aF) nicht frei, sondern vielmehr die Annahme durch den Arbeitgeber fingiert[3].

Verfügungen, die der Arbeitnehmer über eine Diensterfindung getroffen hat, bevor sie frei geworden ist, sind gegenüber dem Arbeitgeber **unwirksam**, soweit sie nach Inanspruchnahme dessen Rechte beeinträchtigen (§ 7 Abs. 2 ArbNErfG)[4]. Sie werden jedoch mit Freigabe der Erfindung (§ 8 ArbNErfG) wirksam. Solange eine Diensterfindung nicht frei geworden ist, muss der Arbeitnehmer sie **geheim halten** (§ 24 Abs. 2 ArbNErfG). 22

b) Anmeldung zur Erteilung eines inländischen Schutzrechts

Nachdem der Arbeitnehmer eine Erfindung gemeldet hat, ist der Arbeitgeber allein berechtigt, aber auch verpflichtet, sie für sich zur Erteilung eines **inländischen Schutzrechts anzumelden** (§ 13 Abs. 1 ArbNErfG). Er muss dies unverzüglich und selbst dann tun, wenn er Zweifel an der Schutzfähigkeit hat[5]. Ihm steht zwar eine angemessene Prüfungs- und Überlegungsfrist zu[6]. Aber er darf mit der Anmeldung nicht warten, bis er sich für oder gegen die Inanspruchnahme entschieden hat. Denn die Anmeldepflicht ist unabhängig von der Inanspruchnahme. Hat statt dem Arbeitgeber der Arbeitnehmer eine Diensterfindung angemeldet und der Arbeitgeber diese anschließend in Anspruch genommen, muss die Diensterfindung übertragen werden. Eine Umschreibung der Anmeldung oder eines hierauf erteilten Patents auf den Arbeitgeber reicht nicht aus[7]. 23

Der Arbeitgeber haftet dem Arbeitnehmer auf **Schadensersatz** (§ 823 Abs. 2 BGB iVm. § 13 Abs. 1 ArbNErfG), wenn er die Anmeldung schuldhaft verzögert[8] oder die Schutzrechtsposition fallen lässt, ohne dies zuvor dem Arbeitnehmererfinder mitzuteilen bzw. anzubieten[9]. Wenn der Arbeitgeber die Erfindung schon unbeschränkt in Anspruch genommen, aber noch nicht angemeldet hat, kann ihm der Arbeitnehmer auch eine Nachfrist für die Anmeldung setzen und danach selbst auf Kosten und im Namen des Arbeitgebers anmelden (§ 13 Abs. 3 ArbNErfG). Er kann stattdessen dem Arbeitgeber auch durch einstweilige Verfügung unter den Voraussetzungen von §§ 935, 940 ZPO aufgeben lassen, das Schutzrecht anzumelden; die Pflicht, vorher die Schiedsstelle anzurufen, besteht hier nicht (§ 37 Abs. 4 ArbNErfG). 24

---

1 *Schwab*, NZA-RR 2014, 281 (283); vgl. auch OLG Karlsruhe 26.9.2012 – 6 U 126/11, GRUR-RR 2013, 47.
2 BGH 4.4.2006 – X ZR 155/03, GRUR 2006, 754.
3 Vgl. *Schwab*, § 8 ArbNErfG Rz. 1; MünchArbR/*Bayreuther*, § 90 Rz. 17.
4 Zu den Rechtsfolgen dieses relativen Verfügungsverbots vgl. MünchArbR/*Bayreuther*, § 90 Rz. 18.
5 BGH 2.6.1987 – X ZR 97/86, DB 1988, 700 (701); 12.4.2011 – X ZR 72/10, GRUR 2011, 733; OLG München 10.5.2007 – 6 U 3150/06, InstGE 9, 9; anders wohl BPatG 31.5.2012 – 2 Ni 1/11, BeckRS 2012, 17977.
6 Vgl. *Bartenbach/Volz*, § 13 ArbNErfG Rz. 8; *Reimer/Schade/Schippel*, § 13 ArbNErfG Rz. 4.
7 BGH 12.4.2011 – X ZR 72/10, NZA-RR 2011, 479.
8 BGH 9.1.1964 – Ia ZR 190/63, AP Nr. 1 zu § 10 ArbNErfG; ferner kommt eine Schadensersatzpflicht nach §§ 283, 280 Abs. 1 und 3, 286, 288 BGB in Frage, dazu MünchArbR/*Bayreuther*, § 90 Rz. 21.
9 BGH 6.2.2002 – X ZR 215/00, NJW-RR 2002, 978.

25 Beispiel:

Bei rechtzeitiger Anmeldung wäre für die Erfindung ein Schutzrecht erteilt worden. Jetzt hat jedoch ein außenstehender Dritter die gleiche Erfindung angemeldet und für sich ein Schutzrecht erhalten. Der Arbeitgeber, der die Erfindung benutzen wollte, dies jetzt aber nicht kann, haftet dem Arbeitnehmer auf Ersatz der Vergütungsansprüche, die andernfalls entstanden wären.

26 Der Arbeitgeber muss die Erfindung zur Erteilung des **erteilbaren Schutzrechts** anmelden (§ 13 Abs. 1 ArbNErfG), also entweder eines Patentes oder eines Gebrauchsmusters. Auch bei einer patentfähigen Erfindung kann es im Einzelfall zweckdienlicher und deshalb berechtigt sein, sie nur zur Eintragung des Gebrauchsmusters anzumelden (§ 13 Abs. 1 Satz 2 ArbNErfG). Hierüber entscheidet das Patentamt wesentlich schneller, weil weder Neuheit noch erfinderischer Schritt noch gewerbliche Verwertbarkeit geprüft werden (§ 8 Abs. 1 Satz 2 GebrMG).

27 Beispiel:

Artikel der Mode-, Spielzeug- oder Unterhaltungsindustrie haben wegen des schnellen Modewechsels oft nur einen kurzlebigen Markterfolg. Der Arbeitnehmer hat deshalb aus der kürzeren Schutzdauer des Gebrauchsmusters keinen Nachteil.

28 Der Arbeitgeber meldet zwar das Schutzrecht auf **seinen Namen und seine Kosten** an, hat jedoch den Arbeitnehmer als Erfinder zu benennen (§ 37 Abs. 1 PatG). Er muss den Arbeitnehmer über die Anmeldung informiert halten, und dieser muss ihn unterstützen (§ 15 ArbNErfG).

29 **Das Recht und die Pflicht zur Anmeldung entfallen**, wenn die Erfindung frei wird, weil der Arbeitgeber sie freigibt.

Das Anmelderecht und die Rechte aus einer bereits erfolgten Anmeldung gehen dann auf den Arbeitnehmer über (§ 13 Abs. 3 ArbNErfG). Die **Anmeldepflicht entfällt** ferner, wenn
– der Arbeitnehmer der Nichtanmeldung zustimmt (§ 13 Abs. 2 Nr. 2 ArbNErfG) oder
– die Erfindung geheimhaltungsbedürftig ist und der Arbeitgeber
  – entweder ihre Schutzfähigkeit anerkennt (§§ 13 Abs. 2 Nr. 3, 17 Abs. 1 ArbNErfG)
  – oder die Schiedsstelle beim Patentamt anruft, um eine Einigung über die Schutzfähigkeit herbeizuführen (§§ 13 Abs. 2 Nr. 3, 17 Abs. 2 ArbNErfG).[1]

c) Inanspruchnahme durch den Arbeitgeber

30 Durch die einseitige Erklärung der Inanspruchnahme (§ 6 Abs. 1 ArbNErfG) oder die Fiktion der Annahme durch Zeitablauf (§ 6 Abs. 2 ArbNErfG) erwirbt der Arbeitgeber **alle wirtschaftlichen Rechte** an der Erfindung (§ 7 Abs. 1 ArbNErfG). Er kann also die Erfindung selbst nutzen und auch Lizenzen an Dritte vergeben. Der Arbeitnehmer darf das Schutzrecht, das dem Arbeitgeber für die Erfindung erteilt wird, nicht angreifen[2]. Ihm bleiben jedoch die immateriellen Persönlichkeitsrechte (zB §§ 37, 63 PatG)[3]. Hat der Arbeitnehmer vor der Inanspruchnahme über die Erfindung verfügt,

---

1 BGH 29.9.1987 – X ZR 44/86, NJW 1988, 1216.
2 BGH 12.7.1955 – I ZR 31/54, AP Nr. 1 zu § 2 ArbNErfindVO; 2.6.1987 – X ZR 97/86, DB 1988, 700; 15.5.1990 – X ZR 119/88, GRUR 1990, 667; 10.7.2012 – X ZR 98/11, BeckRS 2012, 18756; 11.6.2013 – X ZR 38/12, BeckRS 2013, 16061; BPatG 31.5.2012 – 2 Ni 1/11, BeckRS 2012, 17977.
3 BGH 20.6.1978 – X ZR 49/75, AP Nr. 1 zu § 36 PatG; 9.12.2003 – X ZR 64/03, GRUR 2004, 272; BPatG 16.12.2010 – 10 W (pat) 27/09, BeckRS 2011, 01603.

so sind diese Verfügungen insoweit unwirksam, wie die Rechte des Arbeitgebers beeinträchtigt werden (§ 7 Abs. 2 ArbNErfG, § 135 BGB). Die Frist zur Inanspruchnahme einer Diensterfindung wird, wenn es an einer schriftlichen Erfindungsmeldung des Diensterfinders fehlt, grundsätzlich nur in Gang gesetzt, wenn der Arbeitgeber, insbesondere durch eine Patentanmeldung und die Benennung des Arbeitnehmers als Erfinder, dokumentiert, dass es keiner Erfindungsmeldung mehr bedarf, weil er über die Erkenntnisse bereits verfügt, die ihm der Diensterfinder durch die Erfindungsmeldung verschaffen soll[1]. Im Insolvenzverfahren über das Vermögen des Arbeitgebers muss der Insolvenzverwalter dem Arbeitnehmer die Diensterfindung zur Übernahme anbieten (§ 27 Nr. 3 ArbNErfG), es sei denn, die Diensterfindung wird mit dem Geschäftsbetrieb veräußert (§ 27 Nr. 1 ArbNErfG) oder im Unternehmen des Schuldners verwertet (§ 27 Nr. 2 ArbNErfG). In diesen Fällen steht dem Arbeitnehmer eine Vergütung durch den Erwerber (§ 27 Nr. 1 ArbNErfG) bzw. aus der Insolvenzmasse (§ 27 Nr. 2 ArbNErfG) zu[2]. In diesem Zusammenhang wurde außerdem entschieden, dass das Recht zur Inanspruchnahme einer Diensterfindung kein Anwartschaftsrecht, sondern ein Recht eigener Art ist. Es handelt sich dabei um ein höchstpersönliches Recht des Arbeitgebers, das als solches nicht übertragbar, verpfändbar oder pfändbar ist, und damit nicht in die Insolvenzmasse fällt[3].

Durch die Gesetzesänderung 2009 trug der Gesetzgeber der Praxis Rechnung und schaffte das Rechtsinstitut der beschränkten Inanspruchnahme ab[4].

d) Auslandsanmeldung

Nachdem er die Erfindung in Anspruch genommen hat, **darf** der Arbeitgeber sie auch im **Ausland zur Erteilung von Schutzrechten anmelden** (§ 14 Abs. 1 ArbNErfG)[5]. Hierzu ist er jedoch nicht verpflichtet. Allerdings muss er die Erfindung dann dem Arbeitnehmer unaufgefordert[6] und rechtzeitig (§ 14 Abs. 2 Satz 2 ArbNErfG) für die Auslandsstaaten freigeben, in denen er selbst keine Schutzrechte erwerben will[7]. Der sichere Zugang dieser Erklärung obliegt dem Arbeitgeber[8]. Hierbei kann er sich für alle oder einzelne Freigabestaaten ein nichtausschließliches Benutzungsrecht gegen angemessene Vergütung vorbehalten und verlangen, dass der Arbeitnehmer die Verpflichtungen des Arbeitgebers aus **bereits bestehenden Verträgen** berücksichtigt (§ 14 Abs. 3 ArbNErfG).

31

Beispiel:

32

Der Arbeitgeber hat mit einem ausländischen Unternehmer vereinbart, diesem nichtausschließliche Nutzungsrechte an zukünftigen Erfindungen auf einem bestimmten Gebiet einzuräumen. Dazu ist er nicht in der Lage, wenn er dem Arbeitnehmer die Erfindung für dieses Land ohne Vorbehalt freigibt. Er sollte deshalb gleichzeitig mit der Freigabe erklären, dass der Arbeitnehmer die Verpflichtungen des Arbeitgebers gegenüber dem ausländischen Unternehmer berücksichtigen müsse. Der Arbeitnehmer ist dann nach § 14 Abs. 3 ArbNErfG verpflichtet, dem Auslandsunternehmen eine entsprechende Lizenz zu gewähren. Hierfür erwirbt er einen Vergütungsanspruch gegen den Arbeitgeber.

---

1 BGH 12.4.2011 – X ZR 72/10, NZA-RR 2011, 479.
2 Vgl. *Schwab*, § 27 ArbNErfG Rz. 9 f.
3 OLG Karlsruhe 26.9.2012 – 6 U 126/11, GRUR-RR 2013, 47.
4 Vgl. BT-Drucks. 16/11339, 49; *Schwab*, § 6 ArbNErfG Rz. 1, § 7 Rz. 1; zur früheren Rechtslage Tschöpe/*Westhoff* (6. Aufl. 2009), Teil 2 H Rz. 41 ff.
5 Ausführlich zur Auslandsverwertung *Sack*, RIW 1989, 612.
6 BGH 31.1.1978 – X ZR 55/75, AP Nr. 1 zu § 11 ArbNErfG; 8.12.1981 – X ZR 50/80, GRUR 1982, 227 (229).
7 MünchArbR/*Bayreuther*, § 90 Rz. 49.
8 BGH 31.1.1978 – X ZR 55/75, GRUR 1978, 430.

33 Der Arbeitnehmer kann in den Freigabestaaten eigene Schutzrechte erwerben. Indessen kann er nicht verhindern, dass der Arbeitgeber dort selbst produziert oder dorthin exportiert, soweit der Arbeitgeber sich bei der Freigabe für diese Staaten ein **nichtausschließliches Benutzungsrecht** vorbehalten hat[1].

34 Soweit sich der Arbeitgeber in den Freigabestaaten ein Benutzungsrecht vorbehalten hat, besteht dies nach der **Rechtsprechung**[2] nur für ihn selbst. Er kann deshalb in den Freigabestaaten **keine Unterlizenzen** vergeben. Mit seinem Auslandsschutzrecht kann also der Arbeitnehmer verhindern, dass der ausländische Kunde eine vom Arbeitgeber gelieferte Anlage betreibt, wenn hierbei die für den Auslandsstaat freigegebene und dort für den Arbeitnehmer als **Verfahrenspatent** geschützte Erfindung genutzt wird[3].

35 **Beispiel:**

Der Arbeitnehmer hat ein Verfahren zur Herstellung von Polymeren erfunden. Der Arbeitgeber hat ihm für die Niederlande die Erfindung freigegeben und sich hierbei ein nichtausschließliches Benutzungsrecht vorbehalten. Der Arbeitnehmer hat in den Niederlanden ein Schutzrecht erworben. Der Arbeitgeber exportiert nun eine Anlage zur Herstellung von Polymeren dorthin. Da diese Anlage in der Produktion das geschützte Verfahren verwendet, kann der Arbeitnehmer gegen diese Art der Produktion des Auslandskunden mit seinem niederländischen Schutzrecht vorgehen.

36 ⊃ **Hinweis:** Bei der Auslandsfreigabe kann und sollte deshalb vereinbart werden, dass der Arbeitgeber in den Staaten, für die er sich ein nichtausschließliches Benutzungsrecht vorbehält, auch Unterlizenzen erteilen darf[4].

37 Zur Auslandsfreigabe ist der Arbeitgeber nicht verpflichtet, wenn er von der Auslandsanmeldung absieht, weil eine Erfindung **geheimhaltungsbedürftig** ist. Hier behält er unter den Voraussetzungen des § 17 ArbNErfG trotz Nichtanmeldung auch für das Ausland alle Rechte aus der Inanspruchnahme[5]. Er muss dann allerdings entweder die Schutzfähigkeit anerkennen oder die Schiedsstelle beim Patentamt anrufen, um eine Einigung über die Schutzfähigkeit herbeizuführen.

e) Aufgabe von Schutzrechten

38 Dem Arbeitgeber steht es frei,
– die Anmeldung eines Schutzrechts im Inland oder Ausland nicht weiterzuverfolgen oder
– ein bereits erteiltes Schutzrecht nicht aufrechtzuerhalten.

39 Diese Absicht muss er dem Arbeitnehmer jedoch vorher **mitteilen**. Dieser kann dann verlangen, dass der Arbeitgeber ihm das Recht aus der Anmeldung oder das schon erteilte Schutzrecht mit allen erforderlichen Unterlagen überträgt (§ 16 Abs. 1 ArbNErfG). Der Arbeitgeber darf seine Rechtspositionen nur aufgeben, wenn der Arbeitnehmer die **Übertragung** nicht binnen drei Monaten nach der Mitteilung verlangt (§ 16 Abs. 2 ArbNErfG). Andernfalls wird er dem Arbeitnehmer gegenüber schadens-

---

1 *Sack*, RIW 1989, 612 (613).
2 BGH 23.4.1974 – X ZR 4/71, AP Nr. 1 zu § 16 ArbNErfG; aA *Kraft*, GRUR 1970, 381 (385); *Sack*, RIW 1989, 612.
3 BGH 23.4.1974 – X ZR 4/71, AP Nr. 1 zu § 16 ArbNErfG.
4 *Reimer/Schade/Schippel*, § 14 ArbNErfG Rz. 7; *Gaul*, GRUR 1967, 518 (522, 523); *Volmer/Gaul*, § 14 ArbNErfG Rz. 122; *Bartenbach/Volz*, § 14 ArbNErfG Rz. 71 ff.
5 *Reimer/Schade/Schippel*, § 14 ArbNErfG Rz. 4; *Bartenbach/Volz*, § 14 ArbNErfG Rz. 38, § 17 Rz. 3.

ersatzpflichtig[1]. § 16 Abs. 1 ArbNErfG findet jedoch keine Anwendung, wenn der Arbeitgeber infolge Vermögenslosigkeit die Schutzrechtsanmeldung nicht durchführen kann[2].

Der Arbeitgeber kann sich bei der Mitteilung das nichtausschließliche Recht vorbehalten, die Erfindung gegen angemessene Vergütung zu benutzen. Im Übrigen kann er seine **Rechtspositionen ohne vorherige Mitteilung dann aufgeben**, wenn er zuvor alle Vergütungsansprüche des Arbeitnehmers vollständig erfüllt hat. 40

Einstweilen frei. 41–46

f) Vergütung

Der Arbeitnehmer hat für die Erfindung ein Recht auf angemessene Vergütung (§ 9 ArbNErfG)[3]. Der Erfindervergütungsanspruch ist ein Anspruch eigener (besonderer) Art und damit kein Arbeitsentgelt[4]. 47

Die Vergütung ist ab dem Zeitpunkt der ausdrücklich erklärten oder nach der gem. § 6 Abs. 2 ArbNErfG fingierten Inanspruchnahme zu zahlen. Es ist demnach eine vorläufige Vergütung zu zahlen, wenn der Arbeitgeber nach Inanspruchnahme die Produktion aufgenommen hat[5]. Die Zahlungspflicht besteht für die Dauer des Schutzrechts. Erweist sich die Erfindung als nicht schutzfähig, so endet die Zahlungspflicht nur für die Zukunft mit der Rechtskraft der Entscheidung über die mangelnde Schutzfähigkeit, der Vergütungsanspruch des Arbeitnehmererfinders für die Vergangenheit bleibt unberührt[6]. 48

Die Art und Höhe der Vergütung soll in angemessener Frist nach Inanspruchnahme **durch Vereinbarung festgestellt** werden. Bei mehreren Erfindern hat dies für jeden gesondert zu erfolgen (§ 12 Abs. 1 und 2 ArbNErfG), wobei das Gewicht der Einzelbeiträge zueinander und zur erfinderischen Gesamtleistung abzuwägen ist[7]. Wenn man sich nicht einigt, muss der Arbeitgeber die Vergütung **einseitig** durch begründete Erklärung in Textform **festsetzen** und zwar spätestens drei Monate nach Erteilung des Schutzrechtes (§ 12 Abs. 3 ArbNErfG). Die Festsetzung wird verbindlich, wenn nicht der Arbeitnehmer durch Erklärung in Textform binnen zwei Monaten (§ 12 Abs. 4 und 5 ArbNErfG) widerspricht. Der Arbeitgeber ist verpflichtet, bei der Festsetzung Rechnung zu legen und dem Arbeitnehmer Auskunft über die Berechnungsfaktoren zu geben, soweit dies für die Berechnung erforderlich und dem Arbeitgeber zumutbar ist[8]. Inwieweit der Arbeitnehmer seinen Auskunftsanspruch klagweise geltend ma- 49

---

1 BGH 6.2.2002 – X ZR 215/00, NJW-RR 2002, 978; *Bartenbach/Volz*, § 16 ArbNErfG Rz. 70, 74. Diese Schadensersatzansprüche verjähren gem. § 195 BGB in drei Jahren: OLG Frankfurt 19.12.1991 – 6 U 111/90, NJW-RR 1992, 1242.
2 BGH 10.5.1988 – X ZR 89/87, NJW-RR 1988, 1142.
3 Vgl. Schwab, § 9 ArbNErfG Rz. 1 ff mwN; BPatG 31.5.2012 – 2 Ni 1/11. § 9 ArbNErfG ist verfassungsgemäß: BVerfG 24.4.1998 – 1 BvR 587/88, NJW 1998, 3704.
4 BGH 25.11.1980 – X ZR 12/80, GRUR 1981, 263.
5 BGH 4.12.2007 – X ZR 102/06, NZA-RR 2008, 317; 28.6.1962 – I ZR 23/61 AP ArbNErfG § 12 Nr. 2.
6 BGH 28.6.1962 – I ZR 23/61, AP Nr. 2 zu § 12 ArbNErfG; 30.3.1971 – X ZR 8/68, AP Nr. 2 zu § 9 ArbNErfG; 6.2.2002– X ZR 215/00, NJW-RR 2002, 978; BPatG 31.5.2012 – 2 Ni 1/11.
7 BGH 22.11.2011 – X ZR 35/09, GRUR 2012, 380.
8 BGH 13.11.1997 – X ZR 132/95, NJW 1998, 3492; 13.11.1997 – X ZR 6/96, NZA 1998, 313; 16.4.2002 – X ZR 127/99, BB 2002, 1490; 6.2.2002 – X ZR 215/00, NJW-RR 2002, 978; 29.4.2003 – X ZR 186/01, NJW-RR 2003, 1710; OLG Düsseldorf 28.2.2014 – I-2 U 109/11, BeckRS 2014, 05729; OLG München 8.2.2001 – 6U 5650/99, GRUR-RR 2001, 103; *Rosenberger*, GRUR 2000, 1 ff.; LG Düsseldorf 12.7.2011 – 4a O 52/10.

chen kann, ist seit einer Rechtsprechungsänderung des BGH in 2009 ungewiss[1]; zumindest hinsichtlich des erzielten Gewinns des Arbeitgebers sowie der Gestehungs- und Vertriebskosten ist dies wohl nicht (mehr) der Fall, ebenso wenig wie für Nutzungshandlungen von konzernverbundenen Unternehmen[2].

50 Beide Parteien **können Änderungen der Vergütung verlangen**, wenn sich die für die Vergütung maßgeblichen Umstände unvorhergesehen[3] und wesentlich ändern (§ 12 Abs. 6 ArbNErfG)[4]. Das Ausscheiden eines Arbeitnehmers stellt hierbei per se noch keine wesentliche Änderung dar. Dies kann jedoch anders beurteilt werden, wenn die getroffene Vergütungsregelung an den Bestand des Arbeitsverhältnisses anknüpft, zB bei einer Pauschalabfindung, wenn die Parteien eine Koppelung mit dem Gehalt vorgesehen hatten und dabei von einer längeren Dauer des Arbeitsverhältnisses ausgegangen waren[5]. Vereinbarungen und Festsetzungen sind **unwirksam**, soweit sie in erheblichem Maße **unbillig** sind (§ 23 ArbNErfG)[6]. Eine solche Unbilligkeit liegt nach der Rechtsprechung ab einer Unterschreitung eines nach dem Gesetz iVm. den Vergütungsrichtlinien geschuldeten Betrags in Höhe von 50 % vor[7]. Die Unbilligkeit kann nur bis zum Ablauf von sechs Monaten nach Beendigung des Arbeitsverhältnisses geltend gemacht werden (§ 23 Abs. 2 ArbNErfG).[8]

51 Die Höhe der Vergütung ist grundsätzlich nach der **wirtschaftlichen Verwertbarkeit** der Erfindung, den Aufgaben und der Stellung des Arbeitnehmers im Betrieb und dem Anteil des Betriebes am Zustandekommen der Erfindung zu bemessen (§ 9 Abs. 2 ArbNErfG); in der Zeit vor Erteilung des Schutzrechtes ist jedoch statt der Verwertbarkeit die **tatsächliche Verwertung** vorläufig maßgeblich[9]. Der wirtschaftliche Wert kann weder mit dem Vertrieb eines erfindungsgemäßen Produkts noch mit dem Gewinn gleichgesetzt werden, den der Arbeitgeber aus dem Vertrieb dieses Produkts zieht[10]. Außerdem ist ein vorläufiger Abschlag für das Risiko zu machen, dass das Schutzrecht eventuell nicht erteilt wird[11]. Nach endgültiger Erteilung des Schutzrechts ist der einbehaltene Risikoabschlag nachzuzahlen; nach endgültiger Versagung des Schutzrechts ist die vorläufige Vergütung nicht zurückzuzahlen.

52 In der Praxis wird die Vergütung meist nach den – unverbindlichen[12] – **Vergütungsrichtlinien**[13] berechnet, die gem. § 11 ArbNErfG erlassen sind. Zuerst ist der Erfindungswert zu ermitteln:

– entweder nach der **Lizenzanalogie**, indem der Lizenzsatz festgestellt wird, der an einen unabhängigen Erfinder in vergleichbaren Fällen üblicherweise gezahlt wird[14];

---

1 BGH 17.11.2009 – X ZR 137/07, GRUR 2010, 223; s. aber OLG Düsseldorf 24.10.2013 – I-2 U 63/12, BeckRS 2013, 18744.
2 LG Düsseldorf 12.7.2011 – 4a O 52/10, BeckRS 2011, 18593.
3 BGH 17.4.1973 – X ZR 59/69, GRUR 1973, 649; *Meier-Beck*, FS Tilmann, S. 539.
4 *Bartenbach/Volz*, § 12 ArbNErfG Rz. 97 ff.; *Seiz*, BB 1985, 808.
5 LG Düsseldorf 25.3.2014 – 4a O 122/12, GRUR-Prax 2014, 504.
6 *Schwab*, NZA-RR 2014, 281.
7 *Bartenbach/Volz*, § 23 ArNErfG Rz. 22.1.
8 Vgl. *Schwab*, § 12 ArbNErfG Rz. 10.
9 BGH 30.3.1971 – X ZR 8/68, AP Nr. 2 zu § 9 ArbNErfG.
10 BGH 6.3.2012 – X ZR 104/09, NZA-RR 2012, 646.
11 BGH 28.6.1962 – I ZR 23/61, AP Nr. 2 zu § 12 ArbNErfG.
12 BGH 4.10.1988 – X ZR 71/86, NJW-RR 1989, 185 (186).
13 Richtlinien für die Vergütung von Arbeitnehmererfindungen im privaten Dienst vom 20.7.1959 (Beil. BAnz. Nr. 156); ausführlich dazu *Bartenbach/Volz*, Arbeitnehmererfindervergütung, sowie *Schwab*, NZA-RR 2014, 281 (284). Zu von den Richtlinien abweichenden Pauschalvergütungssystemen vgl. *Trimborn*, Mitt. 2006, 160; EuGH 5.7.2012 – Rs. C-509/10, GRUR Int 2012, 745.
14 BGH 13.11.1997 – X ZR 132/95, GRUR 1998, 689; 16.4.2002 – X ZR 127/99, GRUR 2002, 801; 29.4.2003 – X ZR 186/01, GRUR 2003, 789; 17.11.2009 – X ZR 137/07, GRUR 2010, 223. Zur Verfassungskonformität dieser Methode vgl. BVerfG 24.4.1998 – 1 BvR 587/88,

– oder nach dem **erfassbaren betrieblichen Nutzen**, der dem Betrieb aus der Benutzung der Erfindung entsteht;
– oder durch **Schätzung**.

Von diesem Erfindungswert wird der Wert des **betrieblich veranlassten Anteils** an der Erfindung abgezogen. Hierbei wird bewertet, inwieweit die Erfindung auf Eigeninitiative und eigener schöpferischer Leistung des Arbeitnehmers, inwieweit auf betrieblicher Erfahrung und Unterstützung beruht und inwieweit der Arbeitnehmer aufgrund seiner Position ohnehin großen oder nur geringen Einblick in die spezifische technische Entwicklung hatte. Die Multiplikation dieses „**Anteilsfaktors**"[1] mit dem Erfindungswert ergibt die Vergütung. Die Grundformel für die Berechnung lautet demnach: zu zahlende Vergütung = Erfindungswert (in Euro) × Anteilsfaktor (in Prozent).

53

Der Vergütungsanspruch bleibt auch **nach Beendigung des Arbeitsverhältnisses bestehen** (§ 25 ArbNErfG). Der Arbeitgeber kann gezahlte Vergütungen nicht mit der Begründung zurückverlangen, die Umstände hätten sich wesentlich geändert (§ 12 Abs. 6 Satz 2 ArbNErfG) oder die mangelnde Schutzfähigkeit der Erfindung sei rechtskräftig festgestellt[2]. Auch bei einer zwischenzeitlichen Beendigung des Arbeitsverhältnisses endet die Vergütungspflicht nicht (§ 26 ArbNErfG), selbst wenn diese auf einer außerordentlichen Kündigung des Arbeitgebers beruht[3]. Sonderregelungen für das Insolvenzverfahren enthält § 27 ArbNErfG[4]. Grundsätzlich kann der Arbeitnehmer seine Vergütungsansprüche nach den §§ 9–12 ArbNErfG nur als Insolvenzgläubiger geltend machen[5]. Der Vergütungsanspruch verjährt in drei Jahren nach den allgemeinen Regeln des BGB (§§ 195, 199 BGB)[6].

54

3. Freie Erfindungen, Erfindungen im Hochschulbereich

Freie Erfindungen sind während der Dauer des Arbeitsverhältnisses gemachte **originär freie Erfindungen**, die also nicht auf der betrieblichen Tätigkeit oder den betrieblichen Erfahrungen beruhen (§ 4 Abs. 2 und 3 ArbNErfG), und nach § 8 ArbNErfG **frei gewordene Diensterfindungen**.

55

a) Originär freie Erfindungen

Der Arbeitnehmer muss **unverzüglich durch Erklärung in Textform mitteilen**, dass er eine freie Erfindung gemacht habe. Die Mitteilung muss so abgefasst sein, dass der Arbeitgeber beurteilen kann, ob die Erfindung frei oder gebunden ist (§ 18 Abs. 1 ArbNErfG)[7]. Der Arbeitgeber kann binnen drei Monaten durch Erklärung in Textform bestreiten, dass die Erfindung frei sei. Andernfalls kann er die Erfindung nicht mehr als Diensterfindung in Anspruch nehmen (§ 18 Abs. 2 ArbNErfG).

56

DB 1998, 1460; BGH 6.3.2012 – X ZR 104/09, GRUR 2012, 959. S. auch zuletzt OLG Düsseldorf 7.8.2014 – I-2 U 91/13, GRUR-Prax 2014, 415 (Rz. 49).

1 Ausführlich dazu *Gaul*, BB 1984, 2069 (2071).
2 Vgl. *Schwab*, § 9 ArbNErfG Rz. 11.
3 MünchArbR/*Bayreuther*, § 90 Rz. 46.
4 Vgl. dazu *Paul*, KTS 2005, 445. S. außerdem OLG Düsseldorf 10.8.2010 – 4a O 132/09, NZI 2012, 627.
5 Zur Neufassung des § 27 ArbNErfG durch die Patentrechtsnovelle 2009 s. *Paul*, ZInsO 2009, 1839.
6 *Schwab*, § 9 ArbNErfG Rz. 62 ff.; *Bartenbach/Volz*, FS Tilmann, S. 431 (436). Zur Verwirkung vgl. BGH 10.9.2002 – X ZR 199/01, DB 2003, 993, sowie LG Düsseldorf 8.6.2006 – 2 U 28/05, NJOZ 2007, 1583.
7 BGH 25.2.1958 – I ZR 181/56, AP Nr. 1 zu § 43 ArbNErfG; *Bartenbach/Volz*, § 18 ArbNErfG Rz. 24 ff.; BGH 4.4.2006 – X ZR 155/03, GRUR 2006, 754.

57 Bevor der Arbeitnehmer eine freie Erfindung verwertet, die in den Arbeitsbereich des Betriebes fällt, muss er dem Arbeitgeber mindestens[1] ein nichtausschließliches Benutzungsrecht zu angemessenen Bedingungen anbieten. Dieses Angebot kann der Arbeitgeber nur binnen drei Monaten annehmen. Die Bedingungen werden, wenn eine Einigung hierüber scheitert, gerichtlich festgesetzt (§ 19 ArbNErfG). Die Vergütung gehört nicht zum Arbeitslohn[2].

58 Jede Mitteilungspflicht entfällt, wenn die freie Erfindung **offensichtlich nicht im Unternehmen**[3] verwendbar ist (§ 18 Abs. 3 ArbNErfG). Grundsätzlich besteht für den Arbeitnehmer für originär freie Erfindungen ein freies Verwertungsrecht ohne die Beschränkungen der §§ 18 und 19 ArbNErfG. Aufgrund der bestehenden arbeitsvertraglichen Treuepflicht und dem sich hieraus ergebenden Wettbewerbsverbot kann der Arbeitnehmer jedoch nicht mit der Selbstverwertung seiner Erfindung in Konkurrenz zu seinem eigenen Arbeitgeber treten[4].

b) Frei gewordene Diensterfindungen

59 Diensterfindungen werden frei[5], wenn der Arbeitgeber sie **in Textform freigibt** (§ 8 Satz 1 ArbNErfG). Der Arbeitnehmer kann dann über sie frei verfügen (§§ 8 Satz 2, 25 ArbNErfG) und muss sie nicht mehr geheim halten (§ 24 Abs. 2 ArbNErfG). An ein arbeitsvertragliches Wettbewerbsverbot bleibt er jedoch gebunden. Sind mehrere Miterfinder beteiligt, wird die Diensterfindung jedoch nicht gegenüber allen frei, so besteht zwischen diesen Arbeitnehmern und dem Arbeitgeber, sofern nichts anderes vereinbart worden ist, in Bezug auf ein auf die Erfindung erteiltes Patent eine Bruchteilsgemeinschaft, §§ 741 ff. BGB[6].

c) Erfindungen im Hochschulbereich

60 Bei Erfindungen der an einer Hochschule Beschäftigten gilt für bis zum 6.2.2002 gemachte Erfindungen das Hochschullehrerprivileg fort[7]. Für seitdem getätigte Erfindungen gilt nach §§ 42, 43 ArbNErfG[8] grundsätzlich das allgemeine Recht der Diensterfindung, also die Pflicht zur Meldung und das Recht des Dienstherrn auf Inanspruchnahme. Für sie gilt nach §§ 42, 43 ArbNErfG grundsätzlich das allgemeine Recht der Diensterfindung, also die Pflicht zur Meldung und das Recht des Dienstherrn auf Inanspruchnahme. Der Erfinder ist zwar zur Veröffentlichung der Erfindung berechtigt, muss jedoch die Veröffentlichungsabsicht rechtzeitig, in der Regel zwei Monate vorher mitteilen[9], um dem Dienstherrn die rechtzeitige vorsorgliche Anmeldung eines Schutzrechts zu ermöglichen. Nach Fristablauf darf die Publikation erscheinen, ohne dass der Dienstherr dies verhindern oder sie Einfluss nehmen kann (§ 42 Nr. 1 ArbNErfG)[10]. Wenn der Erfinder aufgrund seiner Forschungsfreiheit die Erfindung nicht offenbaren will, ist er zu einer Meldung nicht verpflichtet; er muss die Erfindung jedoch rechtzeitig melden, wenn er sich später doch zu einer Ver-

---

1 Vgl. dazu *Reimer/Schade/Schippel*, § 19 ArbNErfG Rz. 4, 5; *Bartenbach/Volz*, § 19 ArbNErfG Rz. 12–19.
2 BGH 29.11.1984 – X ZR 39/83, NJW 1985, 1031.
3 *Bartenbach/Volz*, § 18 ArbNErfG Rz. 28.
4 *Bartenbach/Volz*, § 18 ArbNErfG Rz. 5.
5 S. ausführlich *von der Groeben*, GRUR 2014, 113.
6 OLG Düsseldorf 25.8.2005 – 2 U 52/04, NZA-RR 2006, 205.
7 Zu diesen nunmehr obsoleten Fällen s. Voraufl., Teil 2 H Rz. 60, 60a.
8 Deren Verfassungsgemäßheit wurde in BGH 18.9.2007 – X ZR 167/05, GRUR 2008, 150 bestätigt.
9 Zur Regelfrist vgl. BGH 18.3.2007 – X ZR 167/05, GRUR 2008, 150; *Beyerlein*, Mitt. 2008, 67.
10 Zur Verfassungskonformität des § 42 ArbNErfG vgl. BGH 18.9.2007 – X ZR 167/05, GRUR 2008, 150.

öffentlichung entscheidet (§ 42 Nr. 2 ArbNErfG). Auch wenn der Dienstherr die Erfindung unbeschränkt in Anspruch nimmt, behält der Erfinder eine einfache Lizenz zur Benutzung der Erfindung im Rahmen seiner Hochschultätigkeit (§ 42 Nr. 3 ArbNErfG). Wenn der Dienstherr die Erfindung verwertet, erhält der Erfinder pauschal 30 % der hierdurch erzielten Einnahmen (§ 42 Nr. 4 ArbNErfG)[1].

4. Verbesserungsvorschläge

Verbesserungsvorschläge sind **Vorschläge für technische oder sonstige Neuerungen**, die nicht schutzrechtsfähig sind. Soweit sie aus der geschuldeten Arbeit entstanden sind oder im Zusammenhang mit der betrieblichen Tätigkeit stehen, sind sie dem Arbeitgeber mitzuteilen und dürfen von ihm verwertet werden[2]. Eine Sondervergütung muss er nur zahlen, wenn eine besondere schöpferische Leistung des Arbeitnehmers vorliegt und der Vorschlag dem Arbeitgeber einen nicht unerheblichen durch Verwertung realisierten Vorteil bringt[3]. Ein allgemeiner Vorschlag, bestehende Organisationsstrukturen zu ändern, genügt hierzu nicht[4]. Bei Regelungen über die Grundsätze des betrieblichen Vorschlagswesens steht dem **Betriebsrat ein Mitbestimmungsrecht**, auch Initiativrecht[5], zu (§ 87 Abs. 1 Nr. 12 BetrVG). Dies gilt nicht für die finanzielle Ausstattung des Prämienfonds und die Höhe der einzelnen Prämie[6]. Der Prämienanspruch unterliegt als „Anspruch aus dem Arbeitsverhältnis" einer entsprechend formulierten Verfallklausel[7].

61

Qualifizierte technische Verbesserungsvorschläge sind Vorschläge auf dem Gebiet der Technik, die dem Arbeitgeber eine ähnliche Vorzugsstellung gewähren wie ein gewerbliches Schutzrecht (§§ 3, 20 Abs. 1 Satz 1 ArbNErfG). Sie liegen vor, wenn durch sie der **betriebliche** Stand der Technik verbessert und hierdurch dem Arbeitgeber für gewisse Zeit eine faktische Monopolstellung gegenüber der Konkurrenz verschafft wird, er sie also tatsächlich allein verwerten kann[8]. Diese Möglichkeit besteht, wenn die technische Neuerung dem Wettbewerb unbekannt bleibt. Ein Betriebsgeheimnis iSd. § 17 UWG muss sie nicht sein. Umgekehrt liegt ein „qualifizierter" Vorschlag nicht schon dann vor, wenn der Wettbewerb die ihm bekannte Neuerung lediglich nicht nutzt[9].

62

Beispiele:

63

Der Arbeitnehmer hat durch einen technischen Verbesserungsvorschlag bewirkt, dass ein schweres Gerät zum Räumen von Grundstückstrümmern durch den Einsatz einer – an sich bekannten – Hydraulik leichter zu handhaben ist. Der Arbeitgeber hat dieses Gerät Interessenten vorgeführt. Dadurch ist es der Konkurrenz bekannt geworden. Schutzrechte können man-

---

1 OLG Düsseldorf 12.4.2012 – I-2 U 15/11, 2 U 15/11, BeckRS 2012, 09186; *Stallberg*, GRUR 2007, 1035; *Heerma/Maierhöfer*, GRUR 2010, 682.
2 BAG 20.1.2004 – 9 AZR 393/03, NZA 2004, 994; *Bartenbach*, NZA Beilage 2/1990, 23; MünchArbR/*Bayreuther*, § 90 Rz. 58. Vgl. auch BT-Drucks. II/1648, 38.
3 BAG 30.4.1965 – 3 AZR 291/63, AP Nr. 1 zu § 20 ArbNErfG; 28.4.1981 – 1 ABR 53/79, DB 1981, 1882; 20.1.2004 – 9 AZR 393/03, NZA 2004, 994; LAG Rh.-Pf. 1.12.2010 – 8 Sa 252/10, BeckRS 2011, 69962.
4 LAG Köln 18.11.2009 – 9 Sa 483/09, BeckRS 2010, 67354.
5 BAG 28.4.1981 – 1 ABR 53/79, DB 1981, 1882 (1885).
6 BAG 28.4.1981 – 1 ABR 53/79, DB 1981, 1882 (1885); 16.3.1982 – 1 ABR 63/80, DB 1982, 1468 (1470).
7 BAG 22.1.2008 – 9 AZR 416/07, NZA-RR 2008, 525.
8 BGH 26.11.1968 – X ZR 15/67, AP Nr. 2 zu § 20 ArbNErfG; *Grabinski*, GRUR 2001, 922 ff.; MünchArbR/*Bayreuther*, § 90 Rz. 59 f.; zum Verhältnis von Erfindung und technischem Verbesserungsvorschlag vgl. *Melullis*, GRUR 2001, 684 ff.; OLG München 10.5.2007 – 6 U 3150/06, InstGE 9, 9; OLG Düsseldorf 1.1.2010 – I – 2 U 41/07, OLG Report NRW 49/2010 Anm. 6.
9 BGH 26.11.1968 – X ZR 15/67, AP Nr. 2 zu § 20 ArbNErfG.

gels technischer Neuheit nicht erwirkt werden. Dennoch wird diese Methode von der Konkurrenz nicht genutzt. Da sie jedoch bekannt geworden ist und genutzt werden könnte, ist eine faktische Monopolstellung nicht entstanden. Ein „qualifizierter" technischer Verbesserungsvorschlag liegt nicht vor.

Der Arbeitnehmer entwickelt im Rahmen seiner Aufgaben ein besonderes Softwareprogramm für die dreidimensionale grafische Darstellung von Baulichkeiten in einer Kohlengrube, mit dessen Hilfe die Lagepläne stets aktuell gehalten werden können; dies ist vor allem für Katastrophenfälle wichtig. Ein Vergütungsanspruch für einen qualifizierten Verbesserungsvorschlag steht ihm jedoch nicht zu. Denn die Monopolstellung des Arbeitgebers ist keine faktische, sondern eine rechtliche. Sie beruht nicht auf dem eventuell vorliegenden Verbesserungsvorschlag, sondern gem. § 69b UrhG auf dem ausschließlich dem Arbeitgeber zustehenden Recht, das Programm wirtschaftlich zu verwerten[1]. Allerdings kann hier bei entsprechender Erfindungshöhe eine schutzrechtsfähige Diensterfindung vorliegen, die Meldepflichten, das Recht auf Inanspruchnahme, die Pflicht zur Anmeldung eines Schutzrechtes und Vergütungsansprüche auslöst. Auch Computerprogramme können patentierbar sein[2]. Laut § 69g UrhG sind Ansprüche auf Erfindungsvergütung nicht deshalb ausgeschlossen, weil § 69b UrhG die vermögensrechtlichen Befugnisse am urheberrechtsfähigen Programm ausschließlich dem Arbeitgeber zuordnet.

64 Der Arbeitnehmer muss qualifizierte technische Verbesserungsvorschläge unverzüglich **melden**. Schriftform ist nicht erforderlich[3]. Der Arbeitgeber muss qualifizierte technische Verbesserungsvorschläge **vergüten, sobald er sie in der betrieblichen Praxis verwertet** (§ 20 Abs. 1 Satz 1 ArbNErfG), nicht schon dann, wenn er sie nur erprobt oder prüft[4]. Die Verwertung steht in seinem Ermessen[5]. Für die Vergütung gelten die §§ 9, 12 ArbNErfG entsprechend (§ 20 Abs. 1 Satz 2 ArbNErfG). Maßstab für die Höhe sind also der Nutzen aus der Verwertung, die Aufgaben und die Stellung des Arbeitnehmers im Betrieb und der Anteil des Betriebs am Zustandekommen des Vorschlages (vgl. Rz. 51 und Vergütungsrichtlinien Nr. 29). Die Vergütung kann grundsätzlich auch durch Regelung in Tarifvertrag oder Betriebsvereinbarung bestimmt werden (§ 20 Abs. 2 ArbNErfG). Für die Feststellung oder Festsetzung der Vergütung gilt § 12 ArbNErfG (vgl. Rz. 49).

III. Urheberrecht

65 **Urheberrechtsfähig** sind Werke der Literatur, Wissenschaft und Kunst, sofern sie persönliche geistige Schöpfungen sind (§§ 1, 2 Abs. 2 UrhG)[6]. Dies gilt auch für **Computerprogramme** (§ 2 Abs. 1 Nr. 1 UrhG), ohne dass bei ihnen auf besondere qualitative oder ästhetische Kriterien abzustellen wäre (§ 69a Abs. 3 UrhG)[7]. Das Urheberrecht

---

1 BGH 23.10.2001 – X ZR 72/98, NJW-RR 2002, 339; *Rinkler*, MMR 2002, 102 ff.; vgl. auch BGH 24.10.2000 – X ZR 72/98, BB 2001, 66.
2 BGH 13.12.1999 – X ZB 11/98, BGHZ 143, 255; 24.2.2011 – X ZR 121/09, MMR 2011, 540; *Grunert*, Mitt. 2001, 234 ff.; *Brandi-Dohrn*, CR 2001, 285 ff.; *Brandner*, GRUR 2001 881 ff.; *Beckschulze/Henkel*, DB 2001, 1491 (1505); *Benecke*, NZA 2002, 883 (886); *Weyand/Haase*, GRUR 2004, 198; *Reichl*, Mitt. 2006, 6; EuGH 2.5.2012 – Rs. C-406/10, EuZW 2012, 584; *Marly*, GRUR 2012, 773.
3 *Grabinski*, GRUR 2001, 922 ff. (924).
4 BAG 30.4.1965 – 3 AZR 291/63, AP Nr. 1 zu § 20 ArbNErfG.
5 BAG 30.4.1965 – 3 AZR 291/63, AP Nr. 1 zu § 20 ArbNErfG; OLG München 26.6.2008 – 6 U 2022/07, InstGE 10, 87.
6 Vgl. dazu *Schwab*, Urheberrecht, Rz. 36 ff.
7 Vgl. dazu OLG München 25.11.1999 – 29 U 2437/97, NZA-RR 2000, 258; *Busche*, Mitt. 2000, 164 ff.; *Junker*, NJW 2002, 2992; BGH 3.3.2005 – I ZR 111/02, GRUR 2005, 860; KG 6.9.2010 – 24 U 71/10, ZUM-RD 2011, 544; zuletzt OLG Frankfurt a. M. 29.10.2013 – 11 U 47/13, GRUR-Prax 2014, 160; Fromm/Nordemann/*Czychowski*, § 69a UrhG Rz. 14.

III. Urheberrecht

entsteht vollständig immer **originär in der Person des Arbeitnehmer-Urhebers**[1]. Es besteht aus immateriellen Persönlichkeitsrechten und materiellen Nutzungsrechten (§§ 31 ff. UrhG). Der Arbeitgeber oder Diensther kann Rechte am Arbeitsergebnis nur im Wege der Einräumung von Nutzungsrechten erlangen.

1. Nutzungsrechte

Bei diesen Rechten auf materielle Verwertung muss zwischen Rechten aus Pflichtwerken und solchen aus freien Werken unterschieden werden.

a) Pflichtwerke

Der Arbeitnehmer hat ein Pflichtwerk „in Erfüllung seiner Verpflichtungen aus einem Arbeits- oder (beamtenrechtlichen) Dienstverhältnis geschaffen" (§ 43 UrhG), wenn er es während dessen Dauer vollendet hat[2] und

- er gerade zu einem solchen **Zweck** eingestellt wurde,
- der **Arbeitsvertrag** derartige Aufgaben vorsieht,
- die Herstellung des Werks dem **Berufsbild**, der betrieblichen Funktion oder Stellung des Arbeitnehmers entspricht,
- der Arbeitgeber ihn **angewiesen** hat, ein solches Werk zu erstellen,
- oder sonstige Umstände vorliegen, aus denen sich eine arbeitsrechtliche **Verpflichtung** oder ein enger innerer Zusammenhang mit der arbeitsvertraglichen Pflichterfüllung ergibt[3].

Durch § 43 UrhG ergibt sich die Nutzungsrechtseinräumung damit bereits aus dem Inhalt oder dem Wesen des Arbeits- oder Dienstverhältnisses. Eine gesonderte Vereinbarung über die Einräumung von Nutzungsrechten ist nicht notwendig[4]. Maßgeblich ist nicht nur der ursprüngliche Wortlaut des Arbeitsvertrages, sondern auch die spätere unter Umständen stillschweigende **Entwicklung des Arbeitsverhältnisses**. Wird zB ein Arbeitnehmer zunächst eingestellt, um aus vorhandenen Unterlagen ein druckreifes Manuskript fertig zu stellen, und entwickelt er dann hieraus einverständlich ein eigenschöpferisches Werk, so ist auch dieses Werk in Erfüllung arbeitsvertraglicher Pflichten geschaffen[5].

Der Arbeitnehmer ist **verpflichtet**, dem Arbeitgeber die **Nutzungsrechte** an solchen aus der Arbeitspflicht entstandenen Werken zu **übertragen**[6]. Grundlage für diese Pflicht sind der Arbeitsvertrag und das Recht des Arbeitgebers am Arbeitsergebnis. Der Umfang der Übertragungspflicht – unbefristete oder für die Dauer des Arbeitsverhältnisses befristete Nutzung, ausschließliches oder einfaches Nutzungsrecht – ergibt sich entweder aus ausdrücklichen vertraglichen Regelungen oder Tarifnormen[7] oder gem. §§ 43, 31 Abs. 5 UrhG aus dem Inhalt und Wesen des Arbeitsverhältnisses und

---

1 BGH 22.2.1974 – I ZR 128/72, AP Nr. 1 zu § 43 UrhG; 19.4.2001 – I ZR 283/98, GRUR 2001, 826; BAG 13.9.1983 – 3 AZR 371/81, AP Nr. 2 zu § 43 UrhG; KG 6.9.1994 – 5 U 2189/93, NJW-RR 1996, 1066; *Rehbinder*, Urheberrecht, Rz. 627; *Schack*, Rz. 303, 1114.
2 BGH 10.5.1984 – I ZR 85/82, AP Nr. 3 zu § 43 UrhG. Zu arbeitnehmerähnlichen Personen vgl. *von Olenhusen*, GRUR 2002, 11; OLG Hamm 7.6.2011 – 4 U 208/10, MMR 2012, 119; LG München 14.5.2012 – 21 O 14914/09; Fromm/Nordemann/*Axel Nordemann*, § 43 UrhG Rz. 8 ff.
3 Schricker/Loewenheim/*Rojahn*, § 43 UrhG Rz. 22 ff.
4 BGH 12.5.2010 – I ZR 209/07, GRUR 2011, 59; *Dreier/Schulze*, § 43 UrhG Rz. 1.
5 BGH 11.11.1977 – I ZR 56/75, AP Nr. 30 zu § 612 BGB; *Rehbinder*, Urheberrecht, Rz. 629; *Schack*, Rz. 1118; MünchArbR/*Bayreuther*, § 91 Rz. 6, 37 f.; s.a. OLG Düsseldorf 15.2.2008 – I-20 U 126/07, ZUM-RD 2009, 63; im Einzelfall aA BAG 13.9.1983 – 3 AZR 371/81, AP Nr. 2 zu § 43 UrhG.
6 BGH 22.2.1974 – I ZR 128/72, AP Nr. 1 zu § 43 UrhG; BAG 13.9.1983 – 3 AZR 371/81, AP Nr. 2 zu § 43 UrhG; LG München I 14.5.2012 – 21 O 14914/09, BeckRS 2012, 13691.
7 Vgl. die bei Hoeren/Sieber/*Ernst* (20. Aufl. 2008), 7.3 Rz. 33 ff. abgedruckten Tarifklauseln.

der Zweckbestimmung des geschaffenen Werks[1] (**Zweckübertragungstheorie**). Künftige Änderungen des Betriebszwecks sollen vom ursprünglichen Betriebszweck mit erfasst sein; dies soll jedoch nicht für die Erweiterung des Geschäftsfeldes auf neue Unternehmungen gelten[2].

70 Für **Computerprogramme**[3] bestimmt § 69b UrhG, dass dem Arbeitgeber **alle vermögensrechtlichen Befugnisse** zustehen, sofern nichts anderes vereinbart ist[4]. § 69b UrhG geht damit hinsichtlich Computerprogrammen § 43 UrhG vor[5]. Die Vorschrift gilt für privatrechtliche Arbeits- und öffentlich-rechtliche Dienstverhältnisse. Sie ermöglicht dem Arbeitgeber, das Computerprogramm inhaltlich unbeschränkt und zeitlich unbefristet zu verwerten und zu bearbeiten[6]. Auch bei anderen Werken wird sich aus der Zielsetzung des Arbeitsverhältnisses und der Zweckbestimmung des jeweiligen Werks meist ergeben, dass dem Arbeitgeber die Nutzungsrechte unbefristet und ausschließlich zu übertragen sind[7].

71 Die **Übertragung der Nutzungsrechte** erfolgt entweder bereits im Voraus ausdrücklich oder stillschweigend durch den Arbeitsvertrag[8] oder durch die Ablieferung des fertigen Werks, auch hier meist stillschweigend[9]. Wenn der Arbeitnehmer Nutzungsrechte nur eingeschränkt übertragen will, obwohl er zu einer weiter gehenden Übertragung verpflichtet ist, muss er seinen Vorbehalt deutlich erklären[10]. Andernfalls sind die Nutzungsrechte im vollen Umfang der Übertragungspflicht übertragen.

72 Für die **Leistungsschutzrechte** (§§ 74–78 UrhG) **ausübender Künstler** (§ 73 UrhG) in Arbeitsverhältnissen gilt nach den §§ 79 Abs. 2, 43, 31 Abs. 5 UrhG ebenfalls die Zweckübertragungstheorie[11]. Die materiellen Nutzungsrechte entstehen zunächst ebenfalls für den Arbeitnehmer (zB Schauspieler, Opernsänger, Chormitglied). Er muss sie auf den Arbeitgeber übertragen, soweit sich dies ausdrücklich aus Arbeits- oder Tarifverträgen oder aus dem Wesen des Arbeitsverhältnisses ergibt. Die Übertragung wird meist stillschweigend durch die künstlerische Darbietung der arbeitsvertraglich geschuldeten Leistung erfolgen. Soweit jedoch zB Theaterschauspieler oder Opernsänger vertraglich nicht verpflichtet sind, dem Arbeitgeber auch die Verwer-

---

1 BGH 12.5.2010 – I ZR 209/07, GRUR 2011, 59; 21.4.1953 – I ZR 110/52, BGHZ 9, 263 ff.; 22.2.1974 – I ZR 128/72, AP Nr. 1 zu § 43 UrhG; KG 6.9.1994 – 5 U 2189/93, NJW-RR 1996, 1066; OLG Jena 8.5.2002 – 2 U 764/01, GRUR-RR 2002, 379; LG München 14.5.2012 – 21 O 14914/09; MünchArbR/*Bayreuther*, § 91 Rz. 9ff.; *Dreier/Schulze*, § 43 Rz. 20; *Grobys/Foerstl*, NZA 2002, 1015 (1016).
2 Fromm/Nordemann/*Axel Nordemann*, § 43 UrhG Rz. 30; differenzierend *Dreier/Schulze*, § 43 UrhG Rz. 20.
3 Vgl. dazu BGH 24.10.2000 – X ZR 72/98, BB 2001, 66; 23.10.2001 – X ZR 72/98, NJW-RR 2002, 339; Spindler/Schuster/*Wiebe*, § 69b UrhG Rz. 4; *Benecke*, NZA 2002, 883; *Grobys/Foerstl*, NZA 2002, 1015 (1019).
4 Fromm/Nordemann/*Czychowski*, § 69b UrhG Rz. 2 sieht hierin eine Annäherung an die US-amerikanische *work-made-for-hire-doctrine*.
5 § 69b UrhG ist direkter Ausfluss der Computerprogrammschutz-Richtlinie (Art. 2 Abs. 3 Software-RL), vgl. BT-Drucks. 12/4022, 8.
6 BGH 24.10.2000 – X ZR 72/98, GRUR 2001, 155; 23.10.2001 – X ZR 72/98, GRUR 2002, 149; BT-Drucks. 12/4022, 10.
7 OLG Düsseldorf 27.4.2004 – I-2 U 67/95, BeckRS 2012, 10248; OLG Nürnberg 18.2.1997 – 3 U 3053/96, ZUM 1999, 656; MünchArbR/*Bayreuther*, § 91 Rz. 36 ff; aA *Schwab*, 50 Jahre Bundesarbeitsgericht, 2004, S. 213 ff. (223).
8 BGH 12.5.2010 – I ZR 209/07, GRUR 2011, 59; BAG 12.3.1997 – 5 AZR 669/95, NZA 1997, 765; KG 30.5.2012 – 24 U 14/11, ZUM 2012, 686; *Hubmann*, RdA 1987, 89; *Rehbinder*, Urheberrecht, Rz. 638; *Schwab*, Urheberrecht, Rz. 70; *Dreier/Schulze*, § 43 Rz. 19.
9 BGH 12.5.2010 – I ZR 209/07, GRUR 2011, 59; 22.2.1974 – I ZR 128/72, AP Nr. 1 zu § 43 UrhG.
10 BAG 13.9.1983 – 3 AZR 371/81, AP Nr. 2 zu § 43 UrhG.
11 Schricker/Loewenheim/*Rojahn* (3. Aufl. 2006), § 79 UrhG Rz. 21; MünchArbR/*Bayreuther*, § 91 Rz. 28 ff.

III. Urheberrecht

tung der Aufführung über Bild- oder Tonträger, Funk oder Bildschirm zu überlassen, kann der Arbeitgeber dies erst nach ausdrücklicher Einwilligung des Künstlers tun (§§ 77, 78 UrhG).

Die Leistung des Urhebers oder ausübenden Künstlers ist im Arbeitsverhältnis zwar grundsätzlich durch den Arbeitslohn abgegolten. Soweit der Arbeitslohn jedoch nicht „**angemessen**" ist, hat der Arbeitnehmer einen Anspruch auf Anpassung des Vertrages, damit die Angemessenheit hergestellt wird (§ 32 Abs. 1 Satz 3 UrhG)[1]. Angemessen ist die übliche und redliche Vergütung (§ 32 Abs. 2 Satz 2 UrhG). Der Vergütungsanspruch nach § 32 UrhG ist zwingend und den §§ 9, 23 UrhG mit ArbNErfG vergleichbar[2], wobei die Rechtsfolgen unterschiedliche sind (UrhG: Vertragsanpassung, ArbNErfG: Unwirksamkeit)[3]. Die Angemessenheit ist ex ante zu prüfen[4]. Der Arbeitslohn wird folglich nicht deshalb unangemessen, weil die Nutzung des Werkes dem Arbeitgeber nachträglich hohe Gewinne bringt. Bei gegenseitiger Tarifgebundenheit, § 3 Abs. 1 TVG,[5] findet eine Kontrolle auf Angemessenheit der tariflichen Vergütung nicht statt, soweit der Tarifvertrag eine Vergütung für die Nutzung der Werke bestimmt (§ 32 Abs. 4 UrhG). 73

Ein Anspruch auf **höhere Vergütung** kann sich außerdem aus § 32a UrhG ergeben[6]. Wenn nachträglich unter Berücksichtigung aller Umstände ein **auffälliges Missverhältnis** zwischen dem Arbeitslohn und den Erträgen aus der Nutzung des Werkes entsteht, kann der Arbeitnehmer eine Vertragsanpassung und mit ihr eine weitere angemessene Beteiligung verlangen (§ 32a Abs. 1 Satz 1 UrhG). Ein auffälliges Missverhältnis kann jedenfalls dann angenommen werden, wenn die vereinbarte Vergütung nur die Hälfte der angemessenen Vergütung beträgt[7]. Auf die Vorhersehbarkeit der Entwicklung kommt es bei dieser Ex-Post-Betrachtung nicht an (§ 32a Abs. 1 Satz 2 UrhG). Der Anspruch auf weitere Beteiligung kann auch gegenüber Dritten erhoben werden, wenn ihnen das Nutzungsrecht übertragen wurde und ihnen die entsprechend hohen Erträge zufließen; der Arbeitgeber haftet dann nicht (§ 32 Abs. 2 UrhG). Aus der arbeitsrechtlichen Treuepflicht kann sich jedoch ergeben, dass der Arbeitnehmer, um die Geschäftsbeziehungen des Arbeitgebers mit dem Dritten nicht zu stören, zunächst den Arbeitgeber zu einem finanziellen Ausgleich auffordern muss[8]. Im Tarifbereich ist der Anpassungsanspruch nur ausgeschlossen, wenn der auf den Arbeitsvertrag anwendbare Tarifvertrag ausdrücklich eine weitere angemessene Beteiligung bei einem auffälligen Missverhältnis vorsieht (§ 32a Abs.4 UrhG). Ist der Anspruch 73a

---

1 Vgl. dazu *Jacobs*, NJW 2002, 1905; *Grobys/Foerstl*, NZA 2002, 1015; *Dreier/Schulze*, § 43 Rz. 30–33. Ob aus § 32 Abs. 4 UrhG folgt, dass § 32 UrhG auch in Arbeitsverhältnissen gilt, ist nicht geklärt, s. hierzu Fromm/Nordemann/*Czychowski*, § 32 UrhG Rz. 28; dagegen *Bayreuther*, GRUR 2003, 570 (574); *Wimmers/Rode*, CR 2003, 399; Spindler/Schuster/*Wiebe*, § 32 UrhG Rz. 5 ff. Zuletzt LG Mannheim 2.8.2013 – 7 O 308/12, ZUM 2014, 155.
2 Fromm/Nordemann/*Czychowski*, § 32 UrhG Rz. 5, 13.
3 *Erdmann*, GRUR 2002, 923.
4 Vgl. § 32 Abs. 2 Satz 2 UrhG: „im Zeitpunkt des Vertragsschlusses"; BT-Drucks. 14/8058, 18; BGH 7.10.2009 – I ZR 38/07, GRUR 2009, 1148; ausführlich zur Angemessenheit *Erdmann*, GRUR 2002, 923 (925); *von Westphalen*, AfP 2008, 21.
5 LG Stuttgart 28.10.2008 – 17 O 710/06, ZUM 2009, 77.
6 Vgl. dazu *Erdmann*, GRUR 2002, 923 (927); *Berger*, GRUR 2003, 675.
7 BGH 22.9.2011 – I ZR 127/10, GRUR-Prax 2012, 173. Nach OLG München 14.6.2012 – 6 U 636/11, ZUM 2013, 47 kann unter besonderen Umständen auch eine geringere Abweichung bereits ein auffälliges Missverhältnis begründen. Greifbare Anhaltspunkte für ein auffälliges Missverhältnis diskutiert OLG München 21.3.2013 – 29 U 3312/09, GRUR-RR 2013, 276. S.a. BGH 10.5.2012 – I ZR 145/11, ZUM 2013, 39 für den Nachvergütungsanspruch eines Synchronsprechers und KG 30.5.2012 – 24 U 14/11, ZUM 2012, 686 für den Vertragsänderungsanspruch eines Filmregisseurs, sowie LG Nürnberg-Fürth 28.5.2014 – 3 O 3696/13, ZUM 2014, 907 für die angemessene Vergütung von Übersetzern von Jugendbüchern. Weitere Beispiele s. Fromm/Nordemann/*Czychowski*, § 32a UrhG Rz. 22 ff.
8 *Grobys/Foerstl*, NZA 2002, 1015 (1018).

auf Nachvergütung nach § 32a UrhG einmal verjährt, entsteht er regelmäßig auch durch die weitere Werknutzung nicht neu[1].

73b Diese Vergütungsregeln der §§ 32, 32a UrhG gelten für **alle ab dem 1.7.2002 geschlossenen Arbeitsverträge**[2]. Auch bei älteren Verträgen kann der Arbeitnehmer jedoch die weitere Beteiligung nach § 32a UrhG verlangen, wenn der Arbeitgeber nach dem 28.3. 2002 hohe Gewinne aus der Nutzung des Werkes zieht und deshalb ein auffälliges Missverhältnis entsteht (§ 132 Abs. 3 Satz 2 UrhG). Bei Verträgen, die zwischen dem 1.6.2001 und dem 30.6.2002 geschlossen wurden, kann der Arbeitnehmer außerdem nach § 32 UrhG eine Vertragsanpassung nach dem 30.6.2002 verlangen, wenn der Arbeitgeber das Werk nach dem 30.6.2002 nutzt und der Arbeitslohn nicht angemessen ist (§ 132 Abs. 3 Satz 3 UrhG). Für alle anderen Alt-Sachverhalte gilt das frühere Urheberrecht: Der Arbeitnehmer hat keinen Anpassungsanspruch nach § 32 UrhG wegen fehlender Angemessenheit[3]. Eine Anpassung kann er nach § 36 UrhG aF lediglich dann verlangen, wenn sich nachträglich und unerwartet ergibt, dass zwischen dem Arbeitslohn und den hohen Gewinnen, die der Arbeitgeber aus dem Werk zieht, ein grobes Missverhältnis entstanden ist; nur in diesem Fall steht ihm eine weitere Beteiligung an den unerwarteten Erträgen zu[4].

73c Unabhängig von den §§ 32, 32a UrhG können besondere Vergütungsansprüche[5] des Arbeitnehmers entstehen, wenn
– dies vereinbart ist;
– der Arbeitnehmer Mehrarbeit geleistet hat, um das Werk zu schaffen; hier kann ihm Mehrarbeitsvergütung zustehen;
– der Arbeitnehmer eine Sonderleistung erbracht hat, die qualitativ weit über die Leistungen hinausgeht, für die er vertraglich eingestellt und bezahlt wird[6]; diese Rechtsprechung kann allerdings nur noch für Alt-Sachverhalte (Rz. 73b) gelten, weil bei Neu-Sachverhalten die Rechte des Arbeitnehmers hinreichend durch die Ansprüche auf Anpassung und auf weitere Beteiligung nach §§ 32, 32a UrhG gewahrt sind;
– oder der Arbeitgeber das Werk über die vereinbarten Zwecke hinaus nutzt[7].

Ob §§ 32, 32a, 32b UrhG auch im Rahmen von § 69b UrhG zur Anwendung gelangen, ist nach wie vor nicht abschließend geklärt[8].

b) Freie Werke

74 Es ist umstritten, ob der Arbeitnehmer dem Arbeitgeber ein (nichtausschließliches) Nutzungsrecht für ein Werk anbieten muss, das zwar nicht in Erfüllung arbeitsvertrag-

---

1 OLG Schleswig 11.9.2014 – 6 U 74/10, GRUR-Prax 2014, 483.
2 Zum zeitlichen Anwendungsbereich vgl. *Grobys/Foerstl*, NZA 2002, 1015 (1019).
3 BAG 13.9.1983 – 3 AZR 371/81, AP Nr. 2 zu § 43 UrhG; 12.3.1997 – 5 AZR 669/95, NZA 1997, 765; zu Computerprogrammen vgl. BGH 24.10.2000 – X ZR 72/98, BB 2001, 66; 23.10.2001 – X ZR 72/98, NJW-RR 2002, 339; 22.9.2011 – I ZR 127/10, GRUR 2012, 496; *Brandner*, GRUR 2001, 883; *Grunert*, Mitt. 2001, 234; *Brandi-Dohrn*, CR 2001, 285; *Beckschulze-Henkel*, DB 2001, 1491 (1504).
4 BGH 27.6.1991 – I ZR 22/90, BGHZ 115, 93; 22.1.1998 – I ZR 189/95, BGHZ 137, 387; BAG 12.3.1997 – 5 AZR 669/95, NZA 1997, 765; zu Computerprogrammen vgl. BGH 23.10.2001 – X ZR 72/98, NJW-RR 2002, 339; *Benecke*, NZA 2002, 883 (886). Zu ausübenden Künstlern vgl. Schricker/Loewenheim/*Rojahn* (3. Aufl. 2006), § 79 UrhG Rz. 31–35; *Sack*, BB 1991, 2165 (2171); *Meiser*, NZA 1998, 291; OLG München 31.3.2011 – 29 U 2629/10, GRUR-RR 2011, 405.
5 Vgl. dazu *Bayreuther*, GRUR 2003, 570 (576).
6 BGH 11.11.1977 – I ZR 56/75, AP Nr. 30 zu § 612 BGB.
7 MünchArbR/*Bayreuther*, § 91 Rz. 25.
8 Vgl. hierzu Fromm/Nordemann/*Czychowski*, § 69b UrhG Rz. 22 ff. und § 32a UrhG Rz. 9.

III. Urheberrecht

licher Verpflichtungen geschaffen, aber doch **betrieblich verwertbar** ist[1]. Keine Anbietungspflicht besteht jedenfalls für Werke, die vor Beginn des Arbeitsverhältnisses geschaffen wurden[2]. Verwertet der Arbeitgeber arbeitsvertraglich nicht geschuldete Werke, so muss er eine **gesonderte Vergütung** zahlen, und zwar in entsprechender Anwendung des § 612 Abs. 1 BGB auch dann, wenn der Arbeitnehmer sich bei Übertragung des Nutzungsrechts nicht ausdrücklich eine Vergütung vorbehalten hat[3].

2. Persönlichkeitsrechte

Urheberpersönlichkeitsrechte sind zB das Veröffentlichungsrecht, das Recht auf Urheberanerkennung, der Schutz vor Entstellung und Änderung, das Zugangsrecht und die Rückrufrechte (§§ 12–14, 25, 39, 41, 42 UrhG). Diese Rechte sind nicht übertragbar, können jedoch bei arbeitsvertraglich geschuldeten Werken dem Arbeitgeber **zur Ausübung überlassen** oder anderweitig nach dem Zweck des Arbeitsverhältnisses **eingeschränkt** sein[4]. Auch § 69b UrhG führt nicht zu der Übertragung von Urheberpersönlichkeitsrechten des Programmierers[5].

So muss der Arbeitnehmer dem Arbeitgeber die **Veröffentlichung** überlassen, wenn er auch das parallele Nutzungsrecht übertragen muss[6]. Insbesondere bei der gemeinschaftlichen Entwicklung von Computerprogrammen durch zahlreiche Arbeitnehmer wird teilweise angenommen, dass das Recht auf **Urheberbenennung** stillschweigend abbedungen sein kann[7]. Ansonsten ist dies nicht zwingend der Fall[8]. Angesichts der ständigen Weiterentwicklung von Programmen besteht wohl auch kein **Änderungsschutz** nach § 39 UrhG[9]. Das **Zugangsrecht** nach § 25 UrhG kann nach Beendigung des Arbeitsverhältnisses zum Schutz vor Konkurrenz völlig ausgeschlossen oder eingeschränkt sein[10]. Das **Rückrufrecht wegen Nichtausübung** (§ 41 UrhG) besteht ohnedies nur im Rahmen berechtigter Interessen. Diese werden selten bestehen, ist doch der Arbeitnehmer für seine Leistung bereits bezahlt[11]. Gleiches muss für das

---

1 Bejahend zB BGH 27.9.1990 – I ZR 244/88, BGHZ 112, 243 (254); Schricker/Loewenheim/*Rojahn* (3. Aufl. 2006), § 43 UrhG Rz. 100–102; *Rehbinder*, RdA 1968, 309 (312); *Rehbinder*, Urheberrecht, Rz. 634; *Schack*, Rz. 1117; differenzierend für während und außerhalb der Arbeitszeit geschaffene freie Werke Fromm/Nordemann/*Nordemann*, § 43 UrhG Rz. 24 ff.; offen bei MünchArbR/*Bayreuther*, § 91 Rz. 26 f.; ausführlich zur Anbietungspflicht Hoeren/Sieber/*Ernst* (20. Aufl. 2008), 7.3 Rz. 22 ff.
2 BGH 10.5.1984 – I ZR 85/82, AP Nr. 3 zu § 43 UrhG.
3 BGH 10.5.1984 – I ZR 85/82, AP Nr. 3 zu § 43 UrhG; OLG München 25.11.1999 – 29 U 2437/97, NZA RR 2000, 258; aA anscheinend BAG 13.9.1983 – 3 AZR 371/81, AP Nr. 2 zu § 43 UrhG.
4 Ausführlich Hoeren/Sieber/*Ernst* (20. Aufl. 2008), 7.3 Rz. 105 ff.; *Kellerhals*, S. 153 ff.; *Rehbinder*, Urheberrecht, Rz. 647–654; MünchArbR/*Bayreuther*, § 91 Rz. 14 ff; *Schwab*, NZA 1999, 1254 (1258); uU auch bei arbeitnehmerähnlichen Mitarbeitern KG 9.2.2012 – 23 U 192/08, GRUR-RR 2012, 362 und nachfolgend BGH 17.10.2013 – I ZR 41/12, GRUR 2014, 556.
5 *Dreier/Schulze*, § 69b UrhG Rz. 3; Fromm/Nordemann/*Czychowski*, § 69b UrhG Rz. 4.
6 BGH 26.11.1954 – I ZR 266/52, BGHZ 15, 249 (258); so auch im Falle freier Journalisten bei vertraglicher Regelung OLG Rostock 9.5.2012 – 2 U 18/11, ZUM 2012, 706. Zur Einräumung von Nutzungsrechten an unbekannten Nutzungsarten vor Geltung des UrhG: BGH 28.10.2010 – I ZR 18/09, NJOZ 2011, 1729.
7 MünchArbR/*Bayreuther*, § 91 Rz. 45.
8 Fromm/Nordemann/*Czychowski*, § 69b UrhG Rz. 15.
9 OLG Koblenz 13.8.1981 – 6 U 294/80, BB 1983, 992; MünchArbR/*Bayreuther*, § 91 Rz. 46; vgl. auch KG 6.9.1994 – 5 U 2189/93, NJW-RR 1996, 1066. AA Fromm/Nordemann/*Axel Nordemann*, § 39 UrhG Rz. 11, der § 39 UrhG auch auf Computerprogramme anwendet, soweit nicht §§ 69a UrhG ff. Sonderbestimmungen enthalten.
10 *Sieber*, BB 1983, 977 (984); *Zeller*, BB 1989, 1545 (1547, 1548).
11 MünchArbR/*Bayreuther*, § 91 Rz. 18; *Rehbinder*, RdA 1968, 309 (314).

Rückrufrecht wegen gewandelter Überzeugung (§ 42 UrhG) dann gelten, wenn das Werk ohne Nennung des Urhebers erscheinen soll[1].

IV. Streitigkeiten

77 Für Streitigkeiten nach dem **ArbNErfG** über Erfindungen und ihre Vergütung sind die **Landgerichte** (Patentstreitkammern) zuständig (§ 39 Abs. 1 ArbNErfG, § 143 PatG). Für Streitigkeiten nach dem ArbNErfG über Ansprüche auf Zahlung einer bereits festgestellten oder festgesetzten Vergütung und über Ansprüche im Zusammenhang mit qualifizierten technischen Verbesserungsvorschlägen sind die **Arbeitsgerichte** zuständig (§ 39 Abs. 2 ArbNErfG, § 2 Abs. 1 Nr. 3 lit. a und Abs. 2 ArbGG)[2].

78 Eine Klage nach dem ArbNErfG ist erst zulässig, wenn ihr das **Schiedsverfahren vor der Schiedsstelle beim Patentamt** vorausgegangen ist (§ 37 Abs. 1 ArbNErfG). Dies gilt nicht in den Fällen des § 37 Abs. 2 und 4 ArbNErfG, insbesondere bei einer Klage nach Beendigung des Arbeitsverhältnisses. Das Schiedsverfahren ist in §§ 28–36 ArbNErfG geregelt.

79 Für Streitigkeiten über **Ansprüche aus dem Urhebergesetz** sind die **Zivilgerichte** zuständig (§ 104 Satz 1 UrhG)[3], hiervon abweichend jedoch die **Arbeitsgerichte**, wenn um die Zahlung einer bereits vereinbarten Vergütung an den Arbeitnehmerurheber gestritten wird (§ 104 Satz 2 UrhG). Für Ansprüche auf Vertragsanpassung nach § 32 UrhG und auf weitere Beteiligung nach § 32a UrhG bleiben die Zivilgerichte zuständig; dies sind keine Ansprüche auf Leistung einer „vereinbarten" Vergütung iSd. § 104 Satz 2 UrhG[4]. In Streitigkeiten um **einfache technische Verbesserungsvorschläge** sind die Arbeitsgerichte immer zuständig (§ 2 Abs. 2 lit. a ArbGG)[5]. Die Möglichkeit einer Auskunfts- oder Zahlungsklage vor Ausschöpfung des durch Betriebsvereinbarung vorgeschriebenen Verfahrens wird verneint[6].

---

1 MünchArbR/*Bayreuther*, § 91 Rz. 18; Schricker/Loewenheim/*Rojahn*, (3. Aufl. 2006) § 43 UrhG Rz. 92–94; Spindler/Schuster/*Wiebe*, § 42 UrhG Rz. 1.
2 BAG 30.4.1965 – 3 AZR 291/63, AP Nr. 1 zu § 20 ArbNErfG; Fromm/Nordemann/*Axel Nordemann*, § 43 UrhG Rz. 65.
3 BAG 21.8.1996 – 5 AZR 1011/94, NZA 1996, 1342; 12.3.1997 – 5 AZR 669/95, NZA 1997, 765.
4 LAG BW 31.5.2010 – 3 Ta 5/10, BeckRS 2010, 70923.
5 BAG 30.4.1965 – 3 AZR 291/63, NJW 1965, 1876.
6 LAG Hess. 24.8.2010 – 12 Sa 940/09, BeckRS 2011, 67821.

I. Arbeitnehmerhaftung

	Rz.		Rz.
I. Haftung für Sach- und Vermögensschäden beim Arbeitgeber		**III. Haftung für Sach- und Vermögensschäden bei Arbeitskollegen und Dritten**	
1. Anspruchsvoraussetzungen	1	1. Außenhaftung	64
a) Kausalität	2	2. Erstattungs- und Freistellungspflichten des Arbeitgebers	68
b) Schadensbegriff	3	3. Gesamtschuldnerschaft	71
c) Ersatzfähige Schäden	11	4. Pfändung	73
d) Verschulden	14	**IV. Haftung für Personenschäden**	74
2. Haftungsbeschränkung	18	1. Voraussetzungen des Haftungsausschlusses	77
a) Entwicklung der Rechtsprechung	19	a) Arbeitsunfall des Verletzten	78
b) Gliederung der Haftung	22	b) Betriebszugehörigkeit	85
c) Feststellung der Haftungsquote	28	c) Verursachung durch betriebliche Tätigkeit	95
d) Versicherungen	31	2. Vorsatztaten, Wegeunfälle	101
e) Abdingbarkeit	35	3. Bindung der Zivilgerichte	106
f) Öffentlicher Dienst	37	4. Regressansprüche der Sozialversicherung	108
3. Mitverschulden	38	5. Verhältnis mehrerer Schädiger	112
4. Beweislast	45		
5. Beteiligung Dritter	48		
II. Mankohaftung	49		
1. Haftung aus Mankovereinbarung	50		
2. Haftung ohne Mankovereinbarung	56		

Schrifttum:

Annuß, Die Haftung des Arbeitnehmers, 1998; *Baeck/Winzer*, BAG: Haftungsbegrenzung bei betrieblich veranlasstem Handeln – Grobe Fahrlässigkeit, NZG 2011, 342; *Baumann*, Die Haftung des Arbeitnehmers gegenüber Dritten, BB 1990, 1833; *Boudon*, Arbeitsunfall und sozialversicherungsrechtliche Haftungsbeschränkung, BB 1993, 2446; *Brose*, Haftung und Risiken nach den arbeitsrechtlichen Grundsätzen und dem SGB VII, RdA 2011, 205; *Brüggemeier*, Organisationshaftung, AcP 191 (1991), 33; *Busemann*, Die Haftung des Arbeitnehmers gegenüber dem Arbeitgeber und Dritten, 1999; *Deinert*, Mankohaftung, RdA 2000, 22; *Denck*, Der Schutz des Arbeitnehmers vor der Außenhaftung, 1980; *Denck*, Leasing und Arbeitnehmerhaftung, JZ 1990, 175; *Deutsch*, Das Verschulden als Merkmal der Arbeitnehmer-Haftung, RdA 1996, 1; *Didier*, Die Beweislastverteilung bei der Geltendmachung arbeitsrechtlicher Freistellungs- und Erstattungsansprüche, RdA 2013, 285; *Diederichsen*, Die Haftungsprivilegierungen des SGB VII mit Blick auf den Unternehmer, r+s-Beil. 2011, 20; *Gitter*, Schadensausgleich im Arbeitsunfallrecht, 1969; *Gotthardt*, Arbeitsrecht nach der Schuldrechtsreform, 2. Aufl. 2003; *Gross/Wesch*, Änderungen des Haftungsrechts im Arbeitsverhältnis?, NZA 2008, 849; *Henssler*, Arbeitsrecht und Schuldrechtsreform, RdA 2002, 129; *Hübsch*, Arbeitnehmerhaftung bei Versicherbarkeit des Schadensrisikos und bei grober Fahrlässigkeit, BB 1998, 690; *Joussen*, Die Berücksichtigung persönlicher Lebensumstände bei der Arbeitnehmerhaftung, AuR 2005, 432; *Joussen*, Der persönliche Anwendungsbereich der Arbeitnehmerhaftung, RdA 2006, 129; *Jung*, Mankohaftung aus dem Arbeitsvertrag, 1985; *Köhl*, Die Einschränkung der Haftung des GmbH-Geschäftsführers nach den Grundsätzen des innerbetrieblichen Schadensausgleichs, DB 1996, 2597; *von Koppenfels-Spies*, Der Risikobereich des Haftungsausschlusses gem. § 105 Abs. 1 SGB VII – Betrieb oder Unternehmen?, NZS 2006, 561; *Krasney*, Haftungsbeschränkungen bei Verursachung von Arbeitsunfällen, NZS 2004, 7, 68; *Krause*, Die Beschränkung der Außenhaftung des Arbeitnehmers, VersR 1995, 752; *Krause*, Geklärte und ungeklärte Probleme der Arbeitnehmerhaftung, NZA 2003, 577; *Krause*, Die Haftung des Arbeitnehmers für Mankoschäden – Bilanz und Perspektiven, RdA 2013, 129; *Marburger*, Haftung des Arbeitgebers oder eines Arbeitskollegen bei einem Verkehrsunfall eines Arbeitnehmers, NZV 2013, 475; *Motzer*, Die positive Vertragsverletzung des Arbeitnehmers, 1982; *Otten*, Rechtsstellung des Arbeitnehmers bei Beschädigung von Dritteigentum, DB 1997, 1618; *Pallasch*, Einschränkung der Arbeitnehmerhaftung für betriebliche Tätigkeiten, RdA 2013, 338; *Peifer*, Haftung des Arbeitnehmers, AR-Blattei SD 870.1; *Plagemann*, Sozialrechtliche Folgen bei der Regulierung von Personenhaftpflichtschäden, AnwBl. 1995, 174, 287; *Rolfs*, Der Personenschaden des Arbeitnehmers, AR-Blattei SD 860.2; *Sandmann*, Die Haftung von Arbeitnehmern, Geschäftsführern und leitenden Angestellten, 2001; *Schwab*, Die Schadenshaftung im Arbeitsverhältnis – Eine Übersicht, NZA-RR 2006, 449; *Schwirtzek*, Mankoabreden nach der Schuldrechtsreform – Zurück in die Zukunft!, NZA 2005, 437; *Sommer*, Arbeitnehmerhaftung und Kaskoversicherung, NZA 1990, 837; *Stoffels*, Mankohaftung, AR-Blattei SD 870.2; *Thüsing/Traut*, Angemessener Selbstbehalt bei D&O-Versicherungen – Ein Blick auf die Neuerungen nach dem VorstAG, NZA 2010, 140; *Waltermann*, Risikozuweisung nach den Grundsätzen der beschränkten Arbeitnehmerhaftung, RdA 2005, 98.

I. Haftung für Sach- und Vermögensschäden beim Arbeitgeber

1. Anspruchsvoraussetzungen

1 Der Arbeitnehmer haftet wegen einer Pflichtverletzung oder unerlaubten Handlung (§ 280 Abs. 1, §§ 823 ff. BGB) auf Ersatz des entstandenen Schadens, wenn er schuldhaft gegen seine Vertragspflichten verstößt oder ein absolut geschütztes Recht (§ 823 Abs. 1 BGB) des Arbeitgebers oder ein Schutzrecht verletzt.

a) Kausalität

2 Nach der **Äquivalenztheorie**, eingegrenzt durch die **Adäquanztheorie** und die Lehre vom **Schutzzweck der Norm**, ist ein Verhalten des Arbeitnehmers im rechtlichen Sinne kausal[1] für die Verletzung eines geschützten Interesses oder Rechtes des Arbeitgebers (**haftungsbegründende Kausalität**), wenn
– ohne ein solches Verhalten das Interesse oder Recht unverletzt wäre (Äquivalenz),
– und das Verhalten allgemein und nicht nur unter ganz unwahrscheinlichen Umständen zur Verletzung führen konnte (Adäquanz),
– und die übertretene Norm (Gesetz, Verhaltenspflicht) auch das konkret verletzte Interesse oder Recht schützen will (Schutzzwecklehre).

Dieselben Regeln[2] gelten für die Frage, ob die Verletzung beim Arbeitgeber einen Schaden verursacht hat (**haftungsausfüllende Kausalität**).

b) Schadensbegriff

3 Schaden ist jede Einbuße an Lebens- oder Vermögensgütern[3]. **Vermögensschäden** sind durch Naturalrestitution, Zahlung des Wiederherstellungsaufwandes oder Geldentschädigung zu ersetzen (§§ 249–252 BGB); bei **Nichtvermögensschäden** kann Geldentschädigung nur in den gesetzlichen bestimmten Fällen gefordert werden (§ 253 Abs. 1 BGB), zB Schmerzensgeld nach § 253 Abs. 2 BGB.

4 Ein Vermögensschaden ist die **Differenz zwischen zwei Vermögenslagen:** der Lage, die ohne das Haftungsereignis bestünde, und der jetzt bestehenden[4]. Dieses Rechenergebnis wird im Einzelfall korrigiert, die Ersatzpflicht also erweitert oder eingeschränkt, wenn der Schutzzweck der Haftung und die Ausgleichsfunktion des Schadensersatzes dies gebieten (**normativer Schadensbegriff**)[5].

5 So liegt nach der Rechtsprechung ein Schaden schon darin, dass der Eigentümer eine beschädigte Sache, auf deren ständige Verfügbarkeit man allgemein und typischerweise besonders angewiesen ist (Pkw, eigenes Haus), bis zu ihrer Reparatur nicht ge-

---

1 Ausführlich zum Kausalzusammenhang BGH 22.4.1958 – VI ZR 65/57, BGHZ 27, 139.
2 MünchArbR/*Reichold*, § 51 Rz. 5.
3 *Larenz*, § 27 IIa.
4 BGH 15.12.1982 – VIII ZR 315/80, BGHZ 86, 128 (130); 10.12.1986 – VIII ZR 349/85, BGHZ 99, 196.
5 BGH 9.7.1986 – GSZ 1/86, BGHZ 98, 212 (217).

brauchen kann[1]. **Reserveursachen**, die denselben Schaden kurz nach dem Haftungsereignis ebenfalls herbeigeführt hätten, beseitigen nur den Anspruch auf Ersatz des Folgeschadens, nicht den auf Ersatz des Objektschadens[2].

Beispiel: 6

Der Arbeitnehmer beschädigt eine zur Vermietung bestimmte Maschine des Arbeitgebers. Kurz darauf brennt die gesamte Maschinenhalle ab. Die Maschine wird zerstört. Der Arbeitnehmer muss hier die Kosten der (nicht mehr durchführbaren) Maschinenreparatur ersetzen, aber nicht den Mietausfall.

Beruft sich der Arbeitnehmer auf **rechtmäßiges Alternativverhalten**, so kann dies den 7 rechnerischen Ersatzanspruch einschränken. Entscheidend ist, ob die verletzte Pflicht gerade den eingetretenen Schaden verhindern sollte[3].

Beispiel: 8

Der vertragsbrüchige Arbeitnehmer haftet nicht auf Ersatz der Kosten für eine Stellenanzeige, wenn er ohnehin hätte fristgerecht kündigen können[4].

Will der Arbeitnehmer den Ersatzanspruch des Arbeitgebers um Vorteile mindern, die 9 diesem aus dem Schadensfall erwachsen sind (**Vorteilsausgleichung**), so ist wertend zu prüfen, ob die Anrechnung des Vorteils nach seiner Art und dem mit ihm verfolgten Zweck der Billigkeit entspricht[5].

Beispiel: 10

Freiwillige Zuwendungen Dritter an den Geschädigten mindern den Ersatzanspruch nicht[6].

c) Ersatzfähige Schäden

Ersatzfähig[7] sind: 11

- der **unmittelbare Objektschaden**, der durch Zerstörung oder Beschädigung der Sache entsteht;
- bei zum Verkauf bestimmten Sachen der **entgehende Verkaufsgewinn**;
- bei Produktionsmitteln der **Gewinn**, der ohne Ausfall der Sache durch die Produktion erzielt worden wäre;
- **mittelbare Schäden**, zB die Kosten für eine neue Schließanlage bei Verlust eines Schlüssels[8] oder Zusatzkosten für Versicherungsprämien, die wegen des Schadensfalls erhöht werden[9];
- anteilige **Vorhaltekosten** für eine Betriebsreserve, wenn durch das Vorhalten und den Einsatz von Ersatzgeräten der Schaden aus drittverursachten Ausfällen gering gehalten werden soll[10];

---

1 BGH 9.7.1986 – GSZ 1/86, BGHZ 98, 212. Vgl. zuletzt BGH 20.2.2014 – VII ZR 172/13, NJW 2014, 1374 und 24.1.2013 – III ZR 98/12, NJW 2013, 1072.
2 *Larenz*, § 30 I.
3 BAG 8.2.1957 – 1 AZR 169/55, NJW 1957, 647; *Larenz*, § 30 I.
4 BAG 22.5.1980 – 3 AZR 1103/77, NJW 1980, 2375; 23.3.1984 – 7 AZR 37/81, NJW 1984, 2846; MünchKommBGB/*Oetker*, § 249 Rz. 217 ff.
5 BGH 15.11.1967 – VIII ZR 150/65, BGHZ 49, 56 (62); 22.9.1970 – VI ZR 28/69, BGHZ 54, 269 (272); 16.2.1971 – VI ZR 147/69, BGHZ 55, 329 (334); 15.12.1988 – III ZR 110/87, NJW 1989, 2117; 28.6.2007 – VII ZR 81/06, NJW 2007, 2695.
6 BGH 15.11.1967 – VIII ZR 150/65, BGHZ 49, 56 (62).
7 Überblick über die ersatzfähigen Schäden bei MünchArbR/*Reichold*, § 51 Rz. 6, 7.
8 LAG Hess. 4.11.1987 – 10 Sa 1552/86, DB 1988, 2652.
9 BAG 23.6.1981 – 3 AZR 648/79, NJW 1982, 846 und zuletzt LAG Rh.-Pf. 8.1.2014 – 7 Sa 84/13, BeckRS 2014, 68454.
10 BGH 10.5.1960 – VI ZR 35/59, BGHZ 32, 280; 10.1.1978 – VI ZR 164/75, BGHZ 70, 199 (201); OLG Bremen 24.12.1980 – 3 U 34/80, VersR 1981, 850; zuletzt OLG Koblenz 1.9.2014 – 12 U

- notwendige und verhältnismäßige **Kosten der Überwachung** eines stehlenden oder schwarzarbeitenden Arbeitnehmers auf der Grundlage eines konkreten Verdachts[1];
- **Fangprämien** für die Aufdeckung von Diebstählen[2], nicht hingegen der allgemeine Verwaltungsaufwand für die Überwachung von Arbeitnehmern[3];
- **Nachbesserungskosten**, Gewährleistungsaufwendungen oder an Kunden zu zahlende Vertragsstrafen, falls solche Belastungen durch schuldhaft schlechte Arbeitsergebnisse oder Bummelei entstehen;
- in solchen Fällen auch die **Kosten der notwendigen Mehrarbeit** anderer Arbeitnehmer[4].

12 Soweit der Arbeitgeber selbst zur Schadensminderung tätig wird, ohne hierzu nach § 254 Abs. 2 BGB verpflichtet zu sein, ist der Schaden zu ersetzen, der ohne diesen **überpflichtgemäßen Einsatz** entstanden wäre[5].

13 Wenn der Arbeitnehmer schuldhaft bummelt oder schuldhaft schlechte Arbeit abliefert, ist eine solche **Minder- oder Schlechtleistung** wirtschaftlich den vollen Lohn nicht wert. Nach hM[6] ist der Arbeitgeber jedoch nicht schon deshalb berechtigt, den Lohn zu mindern oder als Schadensersatz teilweise zurückzufordern; Ersatz könne nur für Nachteile gefordert werden, die nicht im Lohnaufwand selbst liegen. Anders kann dies allerdings bei schuldhafter Minderleistung liegen[7].

d) Verschulden

14 Der Arbeitnehmer haftet für Vorsatz und Fahrlässigkeit (§ 276 Abs. 1 Satz 1 BGB). **Vorsatz** ist das Wollen oder das Inkaufnehmen des Erfolges. Vorsätzliches Handeln wird im Rahmen der Arbeitnehmerhaftung nur angenommen, wenn der Arbeitnehmer nicht nur gegen eine Handlungspflicht, zB eine Weisung oder eine Unfallverhütungsvorschrift verstoßen will, sondern auch den Erfolg, also den Schaden zumindest billigend in Kauf nimmt[8]. **Fahrlässigkeit** liegt vor, wenn der Arbeitnehmer die im Verkehr erforderliche Sorgfalt außer Acht lässt (§ 276 Abs. 2 BGB), und zwar bewusst, wenn er die Gefahr erkennt, aber hofft, der rechtswidrige Erfolg werde nicht eintreten, oder unbewusst, wenn er die Gefahr hätte erkennen müssen. Nach dem Wortlaut des

---

1136/12, BeckRS 2014, 17736 und OLG Frankfurt/M. 31.10.2013 – 15 U 127/13, SVR 2014, 140; aA *Larenz*, § 29 II f mwN in Fn. 92.

1 BAG 26.9.2013 – 8 AZR 1026/12, NJW 2014, 877; 28.5.2009 – 8 AZR 226/08, NZA 2009, 1300; 3.12.1985 – 3 AZR 277/84, BB 1987, 689; 17.9.1998 – 8 AZR 5/97, NZA 1998, 1334; LAG Hamm 7.11.1995 – 6 Sa 187/95, DB 1996, 278; LAG Rh.-Pf. 15.6.1999 – 5 Sa 540/99, BB 2000, 155; LAG Hamm 5.4.2000 – 10 Sa 2239/99, BB 2000, 1842; LAG Köln 10.10.2001– 7 Sa 932/00, DB 2002, 592; LAG Rh.-Pf. 4.11.2009 – 7 Sa 391/09, BeckRS 2010, 67385; *Lepke*, DB 1985, 1231; *Frölich*, NZA 1996, 464.
2 BGH 6.11.1979 – VI ZR 254/77, BGHZ 75, 230; OLG Hamburg 20.4.1977 – 8 U 31/76, NJW 1977, 1347; LAG Nürnberg 24.8.1992 – 7 Sa 551/91, NZA 1993, 413.
3 BAG 28.10.2010 – 8 AZR 547/09, NZA-RR 2011, 231; 3.12.1985 – 3 AZR 277/84, BB 1987, 699; BGH 6.11.1979 – VI ZR 254/77, BGHZ 75, 230.
4 BAG 24.4.1970 – 3 AZR 324/69, AP Nr. 5 zu § 60 HGB; vgl. auch *Kraft*, NZA 1989, 777 (779); *Heinze*, NZA 1994, 244 (247).
5 BGH 16.2.1971 – VI ZR 147/69, BGHZ 55, 329; dazu *Lieb*, JR 1971, 371.
6 BAG 6.6.1972 – 1 AZR 438/71, AP Nr. 71 zu § 611 BGB – Haftung des Arbeitnehmers; s.a. LAG Bln.-Bbg. 24.8.2011 – 15 Sa 980/11, BeckRS 2011, 77331 zur Täuschung über Berufsqualifikationen; Staudinger/*Richardi*/*Fischinger* (2011), § 611 Rz. 718; *Otto*/*Schwarze*, Rz. 104 ff.; aA zB *Bentheim*, ZfA 1972, 73 (74); ausführlich MünchArbR/*Blomeyer* (in der Voraufl.), § 58 Rz. 4 ff.; *Motzer*, S. 159 ff.
7 BAG 18.7.2007 – 5 AZN 610/07, NJOZ 2007, 3900.
8 BAG 18.4.2002 – 8 AZR 348/01, DB 2002, 2050; 18.1.2007 – 8 AZR 250/06, NZA 2007, 1230; MünchArbR/*Reichold*, § 51 Rz. 8; *Waltermann*, RdA 2005, 98, 105; aA *Otto*/*Schwarze*, Rz. 164 ff.; *Krause*, NZA 2003, 577 (583); *Otto*, FS 50 Jahre Bundesarbeitsgericht, 2004, S. 97, 103.

§ 276 Abs. 2 BGB muss die erforderliche Sorgfalt grundsätzlich nach einem **objektiven Maßstab** („im Verkehr erforderlich") ermittelt werden[1]. Dieser Maßstab richtet sich jedoch nach der vertraglich vereinbarten Arbeitsaufgabe des Arbeitnehmers und seinem persönlichen Leistungsvermögen[2]. Von einem leitenden Angestellten, einem erfahrenen Facharbeiter oder einem Spezialisten wird also eine andere Sorgfalt im Verkehr erwartet als von einem einfachen Arbeiter oder einem Jugendlichen.

Der Arbeitnehmer kann gegen die erforderliche Sorgfalt dadurch verstoßen, dass
- er eine Tätigkeit falsch ausübt,
- oder sie trotz mangelnder Eignung oder Erfahrung übernimmt[3],
- oder die ihm unterstellten Arbeitnehmer mangelhaft auswählt, anleitet oder beaufsichtigt[4].

Die Rechtsprechung unterscheidet bei der Arbeitnehmerhaftung leichte oder leichteste, mittlere (normale) und grobe Fahrlässigkeit[5]. **Leichteste Fahrlässigkeit** ist das typische Abirren, das sich Vergreifen und sich Vertun[6]. **Mittlere Fahrlässigkeit** ist dann anzunehmen, wenn der Arbeitnehmer ohne Vorwurf besonderer Schwere die im Verkehr erforderliche Sorgfalt nicht beachtet hat[7]. **Grobe Fahrlässigkeit** liegt vor, wenn die Sorgfalt besonders schwer verletzt und nicht einmal das beachtet wird, was jedem einleuchtet und auch dem Schädiger in seiner persönlichen Situation einleuchten musste[8]. Hier fließen also **subjektive Elemente** in die Wertung ein[9]. Es ist darauf abzustellen, ob der Schädigende nach seinen individuellen Fähigkeiten die objektiv gebotene Sorgfalt erkennen und erbringen konnte[10]. In Abgrenzung zu Vorsatz ist grobe Fahrlässigkeit damit dann gegeben, wenn der Arbeitnehmer den Schadenseintritt für möglich hält, aber darauf vertraut, der Schaden werde nicht eintreten. Daraus folgt, dass abweichend von den allgemeinen Grundsätzen des Schadensrechts grobe Fahrlässigkeit nur angenommen werden kann, wenn sie sich auch auf den Schaden und nicht nur auf die Pflicht- oder Rechtsverletzung bezieht[11].

Beispiele:

Der langjährig erfahrenen Säuglingsschwester gleitet ein Neugeborenes aus der Hand[12] (wohl leichteste Fahrlässigkeit).

---
1 BGH 13.12.1994 – VI ZR 283/93, DB 1995, 1606.
2 MünchArbR/*Reichold*, § 51 Rz. 10. „Der Arbeitnehmer muss tun, was er soll, und zwar so gut, wie er kann": BAG 11.12.2003 – 2 AZR 667/02, NJW 2004, 2545.
3 BAG 24.1.1974 – 3 AZR 488/72, AP Nr. 74 zu § 611 BGB – Haftung des Arbeitnehmers; 18.4.2002 – 8 AZR 348/01, DB 2002, 2050.
4 BAG 11.11.1976 – 3 AZR 266/75, NJW 1977, 598.
5 Zum Verschulden und den Verschuldensformen *Deutsch*, RdA 1996, 1; *Otto/Schwarze*, Rz. 173ff.
6 MünchKommBGB/*Henssler*, § 619a Rz. 35.
7 BAG 16.2.1995 – 8 AZR 493/93, NZA 1995, 565. Es kann für den Begriff der mittleren Fahrlässigkeit auf die gesetzliche Definition in § 276 Abs. 2 BGB zurückgegriffen werden, ErfK/*Preis*, § 619a BGB Rz. 16. Zur Abgrenzung mittlerer von grober Fahrlässigkeit bei der Arbeitnehmerhaftung für Verkehrsunfallschäden s. LAG Köln 5.4.2012 – 7 Sa 1334/11, BeckRS 2013, 67657.
8 BAG 28.5.1960 – 2 AZR 548/59, AP Nr. 19 zu § 611 BGB – Haftung des Arbeitnehmers; BGH 30.1.2001 – VI ZR 49/00, r+s 2001, 193; ausführlich *König*, Die grobe Fahrlässigkeit, 1998, S. 168ff.; MünchKommBGB/*Henssler*, § 619a Rz. 36.
9 BAG 18.4.2002 – 8 AZR 348/01, DB 2002, 2050; 18.1.2007 – 8 AZR 250/06, NZA 2007, 1230; LAG München 27.7.2011 – 11 Sa 319/11, AA 2011, 187.
10 BAG 12.11.1998 – 8 AZR 221/97, AP Nr. 117 zu § 611 BGB Haftung des Arbeitnehmers.
11 BAG 18.4.2002 – 8 AZR 348/01, DB 2002, 2050; 18.1.2007 – 8 AZR 250/06, NZA 2007, 1230; LAG Schl.-Holst. 14.9.2011 – 3 Sa 241/11; aA *Otto/Schwarze*, Rz. 164ff.; *Krause* NZA 2003, 577 (583).
12 BAG 12.2.1985 – 3 AZR 487/80, NZA 1986, 91.

Der Berufskraftfahrer missachtet die Vorfahrt und verursacht einen Unfall[1] (mittlere Fahrlässigkeit).

Der Busfahrer wechselt kurz vor der Bergkuppe zum Überholen auf die Gegenspur[2] (grobe Fahrlässigkeit).

Der Berufskraftfahrer lässt sich durch einen Anruf auf dem Mobiltelefon ablenken, übersieht die rote Ampel und verursacht so einen Unfall[3] (grobe Fahrlässigkeit).

Die Narkoseärztin gibt der Patientin eine tödliche Transfusion mit der falschen Blutgruppe und missachtet hierbei alle Sicherheitsvorschriften zur Überprüfung der Spender- und Empfängerblutgruppen[4] (gröbste Fahrlässigkeit).

2. Haftungsbeschränkung

18 Der Arbeitnehmer haftet nach geltender Rechtsprechung nur begrenzt für Sach- und Vermögensschäden des Arbeitgebers. Seine Haftung ist abhängig vom Grad seines Verschuldens.

a) Entwicklung der Rechtsprechung

19 Im Anschluss an eine Grundsatzentscheidung des Großen Senats aus dem Jahre 1957[5] entwickelte das BAG[6] die noch heute geltende **Gliederung der Haftung:** keine Haftung bei leichtester Fahrlässigkeit, anteilige Haftung bei normaler Fahrlässigkeit und grundsätzlich (aber nicht immer) volle Haftung bei grober Fahrlässigkeit, volle Haftung bei Vorsatz.

20 Diese Beschränkung galt zunächst aber nur für **gefahrgeneigte Arbeit**, also eine Tätigkeit, bei der auch dem sorgfältigen Arbeitnehmer gelegentlich Fehler unterlaufen, die an sich vermeidbar sind, mit denen aber angesichts der menschlichen Unzulänglichkeit als mit einem typischen Abirren der Dienstleistung erfahrungsgemäß zu rechnen ist[7]. Bei nicht gefahrgeneigter Arbeit sollte es bei der vollen Haftung auch für leichteste Fahrlässigkeit bleiben[8].

21 Im Jahre 1994 entschied dann der Große Senat des BAG mit Zustimmung des BGH[9], dass die Grundsätze über die Beschränkung der Haftung für **alle Tätigkeiten** gelten, die **durch den Betrieb veranlasst** sind und aufgrund eines Arbeitsverhältnisses geleistet werden, auch wenn sie nicht gefahrgeneigt sind[10]. Betrieblich veranlasst sind Tätigkeiten, die dem Arbeitnehmer für den Betrieb übertragen sind, und solche, die er im betrieblichen Interesse ausführt, wenn sie nahe mit dem Betrieb und seinem betrieb-

---

1   LAG Bremen 26.7.1999 – 4 Sa 116/99, NZA-RR 2000, 127.
2   BAG 28.5.1960 – 2 AZR 548/59, AP Nr. 19 zu § 611 BGB – Haftung des Arbeitnehmers.
3   BAG 12.11.1998 – 8 AZR 221/97, NZA 1999, 263; LAG Köln 9.11.2005 – 3 (7) Sa 369/05, NZA-RR 2006, 311.
4   BAG 25.9.1997 – 8 AZR 288/96, DB 1998, 476. Zur gröbsten Fahrlässigkeit s. zuletzt BAG 28.10.2010 – 8 AZR 418/09, NZA 2011, 345.
5   BAG 25.9.1957 – GS 4/56 u.a., NJW 1958, 235; zur historischen Entwicklung vgl. MünchArbR/*Reichold*, § 51 Rz. 20–24.
6   BAG 19.3.1959 – 2 AZR 402/55, 21.11.1959 – 2 AZR 547/58 u. 29.6.1964 – 1 AZR 434/63, AP Nr. 8, 14, 33 zu § 611 BGB – Haftung des Arbeitnehmers.
7   BAG 25.9.1957 – GS 4/56 u.a., NJW 1958, 235; ausführlich *Mayer-Maly*, FS Hilger/Stumpf, 1983, S. 467 ff. und *Brandt*, Geschichtliche Entwicklung und heutige Bedeutung des Begriffs der gefahrgeneigten Arbeit, 1998, S. 35 ff.
8   BAG 19.3.1959 – 2 AZR 402/55, NJW 1959, 1796.
9   BGH 21.9.1993 – GmS-OGB 1/93, NJW 1994, 856.
10 BAG 27.9.1994 – GS 1/89 (A), NZA 1994, 1083; *Pallasch*, RdA 2013, 338.

lichen Wirkungskreis zusammenhängen[1]. Durch diese Beschränkungen sollen die betrieblichen von den allgemeinen Lebensrisiken des Arbeitnehmers abgegrenzt werden; letztere sollen nicht dem Arbeitgeber aufgebürdet werden. Abgelehnt wurde die Betriebsbezogenheit bei der Fahrt zum Arbeitsplatz oder von dort nach Hause[2], bei der eigenmächtigen „Spaßfahrt" mit einem Gabelstapler[3] oder kürzlich beim Werfen eines Wurfgeschosses gegen einen Arbeitskollegen[4].

Im Jahre 1998 entschied das BAG, dass auch bei grober Fahrlässigkeit Haftungserleichterungen zugunsten des Arbeitnehmers nicht ausgeschlossen sind, wenn der Verdienst des Arbeitnehmers in einem deutlichen Missverhältnis zum verwirklichten Schadensrisiko der Tätigkeit steht[5]. Liegt der zu ersetzende Schaden nicht erheblich über einem Bruttomonatseinkommen des Arbeitnehmers, besteht nach Meinung des 8. Senats keine Notwendigkeit zu einer (summenmäßigen) Haftungsbegrenzung. Damit sind de facto **Haftungsobergrenzen** (bisher nur bei eventueller Existenzgefährdung/wirtschaftlichem Ruin) eingeführt. Eine allgemeine Haftungsbeschränkung auf drei Bruttomonatsverdienste des Arbeitnehmers besteht allerdings nicht[6], so dass nach Abwägung aller Umstände auch zB zur Haftung in Höhe von sechs Bruttomonatsverdiensten verurteilt werden kann[7]. Nach der Rechtsprechung des BAG können im Einzelfall Haftungserleichterungen deshalb ausscheiden, weil der Arbeitnehmer mit besonders grober (gröbster) Fahrlässigkeit handelte[8]. 21a

b) Gliederung der Haftung

Demnach wird heute die Haftung für Schäden aus betrieblich veranlasster Tätigkeit wie folgt verteilt[9]: Der Arbeitnehmer haftet nicht bei leichtester Fahrlässigkeit. Er haftet voll bei Vorsatz und „in aller Regel" voll bei grober Fahrlässigkeit[10], wenn sich Vorsatz oder grobe Fahrlässigkeit auch auf den eingetretenen Schaden beziehen[11]. Bei normaler Fahrlässigkeit ist der Schaden „in aller Regel" unter Berücksichtigung aller Umstände anteilig von ihm und dem Arbeitgeber zu tragen. Insbesondere bei grober Fahrlässigkeit kann jedoch die Abwägung aller zu berücksichtigender Umstände (Schadenshöhe, grobe oder gröbste Fahrlässigkeit, Höhe des Arbeitsentgelts) ergeben, dass der Arbeitnehmer nur anteilig[12] haftet. Hier wird von den Gerichten teilweise die 22

---

1 BAG 12.6.1992 – GS 1/89, NZA 1993, 547; zur betrieblichen Veranlassung BAG 18.4.2002 – 8 AZR 348/01, DB 2002, 2050; 28.10.2010 – 8 AZR 418/09, NZA 2011, 345; LAG Köln 24.6.1994 – 13 Sa 37/94, NZA 1995, 1163; *Koller*, SAE 1996, 5 (7); *Otto/Schwarze*, Rz.135; *Sandmann*, SAE 2003, 163.
2 LAG Köln 24.6.1994 – 13 SA 37/94, NZA 1995, 1163.
3 BAG 18.4.2002 – 8 AZR 348/01, NZA 2003, 37.
4 LAG Frankfurt 20.8.2013 – 13 Sa 269/13, UV-Recht Aktuell 2013, 1188, Revision nach Nichtzulassungsbeschwerde eingelegt unter BAG – 8 AZR 67/14.
5 BAG 12.11.1998 – 8 AZR 221/97, NZA 1999, 263.
6 BAG 15. 11. 2012 – 8 AZR 705/11, NJOZ 2013, 709.
7 LAG Rh.-Pf. 8.1.2014 – 7 Sa 84/13, BeckRS 2014, 68454.
8 BAG 25.9.1997 – 8 AZR 288/96, NZA 1998, 310; *Schwab*, NZA-RR 2006, 449; BAG 28.10.2010 – 8 AZR 418/09, NZA 2011, 345; 15.11.2012 – 8 AZR 705/11, NJOZ 2013, 709; s. zu diesem Thema *Baeck/Winzer*, NZG 2011, 342.
9 BAG 27.9.1994 – GS 1/89 (A), NZA 1994, 1083.
10 BAG 15.11.2001 – 8 AZR 95/01, NJW 2002, 2900 mwN; LAG München 27.7.2011 – 11 Sa 319/11, AA 2011, 187.
11 BAG 18.4.2002 – 8 AZR 348/01, DB 2002, 2050; aA *Otto/Schwarze*, Rz. 164ff.; *Krause*, NZA 2003, 577 (583).
12 BAG 12.10.1989 – 8 AZR 276/88, NZA 1990, 97; 23.1.1997 – 8 AZR 893/95, NZA 1998, 140; 22.5.1997 – 8 AZR 562/95, BB 1997, 2380; 12.11.1998 – 8 AZR 221/97, NZA 1999, 263; 18.4.2002 – 8 AZR 348/01, DB 2002, 2050; 18.1.2007 – 8 AZR 250/06, NZA 2007, 1230; 28.10.2010 – 8 AZR 418/09, NZA 2011, 345; *Gamillscheg*, ArbuR 1983, 317 (320); *Brox/Walker*, DB 1985, 1469 (1476); *Hanau/Preis*, JZ 1988, 1074; *Hübsch*, NZA-RR 1999, 393 (397).

sog. „Mittelwerttheorie" angewandt, die bei weder besonders schwerwiegenden noch besonders entlastenden Umständen zu 50% kommt[1].

23 Beispiele:

Ein Busfahrer, der grob fahrlässig bei Rot über die Kreuzung fährt, haftet für den Sachschaden von 110 000 DM eventuell nur anteilig. Denn ihm ist ein teures Arbeitsgerät anvertraut, an dem bei Unfällen typischerweise so hohe Schäden entstehen, dass eine volle Ersatzpflicht für ihn bei seinem Einkommen regelmäßig ruinöse Folgen hätte[2]. Ein Zugrestaurantleiter mit einem Monatsverdienst von 4 000 DM brutto, der grob fahrlässig die Kellnerbrieftasche mit 6 400 DM unverschlossen im Restaurantwagen zurücklässt, haftet hingegen voll für den Diebstahlsschaden von 6 400 DM[3].

24 Diese Regeln gelten für **alle Arbeitnehmer**, auch leitende Angestellte[4], für Auszubildende[5] und auch für Leiharbeitnehmer im Verhältnis zum Entleiher[6]; außerdem für arbeitnehmerähnliche Personen, wenn sie wie ein Arbeitnehmer über die wirtschaftliche Abhängigkeit hinaus in den Betrieb des „Arbeitgebers" eingegliedert sind[7]. Ansonsten sind freie Mitarbeiter und arbeitnehmerähnliche Personen, die nur wirtschaftlich, nicht aber persönlich abhängig sind, ausgenommen[8]. Für Geschäftsführer gelten die Grundsätze zur Haftungsbeschränkung trotz ihrer leitenden Position ebenfalls nicht[9].

25 ○ **Hinweis:** Der Anwalt eines „abhängigen" Geschäftsführers sollte bei der Vertragsgestaltung darauf hinwirken, dass, soweit nicht § 43 GmbHG entgegensteht, für die Haftung eine entsprechende Anwendung der „von der Rechtsprechung zur Beschränkung der Arbeitnehmerhaftung entwickelten Grundsätze" vereinbart wird[10].

26 Eine **summenmäßige Beschränkung** der Haftung lehnt das BAG[11] ab. Eine solche summenmäßige Begrenzung der Haftung des Arbeitnehmers ist dem Gesetzgeber vorbehalten. Nach der neueren Rechtsprechung kann grundsätzlich nicht von einer allgemeinen Haftungsbeschränkung auf drei Bruttomonatsverdienste des Arbeitneh-

---

1 Zuletzt LAG Schl.-Holst. 6.3.2014 – 4 Sa 295/13, BeckRS 2014, 69393.
2 BAG 12.10.1989 – 8 AZR 276/88, NZA 1990, 97; LAG Köln 9.11.2005 – 3 (7) Sa 369/05, NZA-RR 2006, 311.
3 BAG 15.11.2001 – 8 AZR 95/01, NJW 2002, 2900.
4 BAG 11.11.1976 – 3 AZR 266/75, NJW 1977, 598; BGH 25.6.2001 – II ZR 38/99, NJW 2001, 3123; *Otto/Schwarze*, Rz. 128; *Peifer*, AR-Blattei Rz. 100–104; *Joussen*, RdA 2006, 129 (132). S. jedoch gegenläufige Tendenz in BAG 25.10.2007 – 8 AZR 593/06, NZA 2008, 223.
5 BAG 18.4.2002 – 8 AZR 348/01, DB 2002, 2050; *Waltermann*, RdA 2005, 98 (100). Ausführlich zum personellen Anwendungsbereich der Haftungsbeschränkung *Joussen*, RdA 2006, 129.
6 BAG 15.2.1974 – 2 AZR 57/73, AP Nr. 7 zu § 637 RVO; *Otto/Schwarze*, Rz. 130; MünchArbR/*Reichold*, § 51 Rz. 64; zu arbeitnehmerähnlichen Personen vgl. *Otto/Schwarze*, Rz. 133.
7 So LAG Hess. 2.4.2013 – 13 Sa 857/12, BB 2013, 1726; die anschließende Revision führte unter BAG 21.5.2014 – 8 AZR 566/13, nv. zum Vergleich.
8 BGH 7.10.1969 – VI ZR 223/67, NJW 1970, 34; aA für arbeitnehmerähnliche Personen BSG 24.6.2003 – B 2 U 39/02 R, NJW 2004, 966.
9 BGH 4.11.2002 – II ZR 224/00, DB 2002, 2706; Scholz/*Schneider*, § 43 GmbHG Rz. 256; *Busemann*, Rz. 33; *Joussen*, RdA 2006, 129 (132); anders evtl. bei Verkehrsunfällen, vgl. Scholz/*Schneider*, § 43 GmbHG Rz. 257 mwN; zum abhängigen GmbH-Geschäftsführer vgl. *Köhl*, DB 1996, 2597; *Frisch*, Haftungserleichterung für GmbH-Geschäftsführer nach dem Vorbild des Arbeitsrechts, 1998.
10 Zu den Grenzen einer solchen Haftungsbeschränkung vgl. Scholz/*Schneider*, § 43 GmbHG Rz. 258–263; *Altmeppen*, DB 2000, 261.
11 BAG 12.10.1989 – 8 AZR 276/88, NZA 1990, 97; 23.1.1997 – 8 AZR 893/95, NZA 1998, 140; eine summenmäßige Beschränkung befürworten zB *Däubler*, NJW 1986, 867 (871); *Wohlgemuth*, DB 1991, 910 (912); *Lipperheide*, BB 1993, 720 (725); *Krause*, NZA 2003, 577 (583); sie wird abgelehnt von *Otto/Schwarze*, Rz. 433 und *Annuß*, S. 123 ff.

mers ausgegangen werden[1]. Insbesondere solange es dem Arbeitnehmer möglich und zumutbar ist, von seinem Lohn den verursachten Schaden voll umfänglich zu begleichen, ist auch keine Einschränkung der Haftung im Falle einer groben Fahrlässigkeit angezeigt.

Das BAG begründet die generelle Haftungsbeschränkung mit einer entsprechenden **Anwendung des** § 254 BGB[2]. Diese sei „bei strukturellen Ungleichgewichtslagen" verfassungsrechtlich (Art. 12 Abs. 1, Art. 2 Abs. 1 GG) geboten[3]. Der Arbeitgeber setze nicht nur das **Betriebsrisiko**[4], indem er uU mit gefährlichen Anlagen oder in risikobehafteten Produktionsprozessen eventuell schadensträchtige Produkte herstellen lasse (gefahrgeneigte Arbeit im engeren Sinne); er habe auch die **Organisation des Betriebes** in der Hand und gliedere in den von ihm gesteuerten Arbeitsprozess den Arbeitnehmer für diesen unausweichbar ein[5]. Dadurch werde das Haftungsrisiko des Arbeitnehmers geprägt. Weil und soweit er das Betriebsrisiko trägt, hat er bei der Entstehung des Schadens in zurechenbarer Weise mitgewirkt[6]. Folglich müssten dem Arbeitgeber solche Risiken über § 254 BGB zugerechnet werden und die Haftung des Arbeitnehmers mildern. Es ist streitig, ob heute nach der Schuldrechtsreform die Haftungsbeschränkung ihre Grundlage im neuen § 276 Abs. 1 Satz 1 BGB hat, sich also aus dem „sonstigen Inhalt des Schuldverhältnisses" ergibt[7]. 27

c) Feststellung der Haftungsquote

Die Rechtsprechung arbeitet **ohne feste Haftungsquoten**. Der Schaden ist nach **Billigkeit und Zumutbarkeit** zu verteilen. Hierbei sind die Gesamtumstände von Schadensanlass und Schadensfolgen zu berücksichtigen, insbesondere 28
– der Grad des Verschuldens,
– die Gefahrgeneigtheit der Arbeit,
– die Höhe des Schadens,
– ein vom Arbeitgeber einkalkuliertes oder durch Versicherung deckbares Risiko,
– die Stellung des Arbeitnehmers im Betrieb,
– die Höhe des Entgelts, in dem möglicherweise eine Risikoprämie enthalten ist,
– unter Umständen auch die persönlichen Verhältnisse des Arbeitnehmers, wie die Dauer der Betriebszugehörigkeit, sein Lebensalter, seine Familienverhältnisse und sein bisheriges Verhalten[8].

⮕ **Hinweis:** Weil die Rechtsprechung praktisch alle Umstände für die Schadensteilung berücksichtigt und außerdem der Verschuldensgrad nach dem Lebensalter, der beruflichen 29

---

1 BAG 15.11.2012 – 8 AZR 705/11, NJOZ 2013, 709; zuletzt LAG Rh.-Pf. 8.1.2014 – 7 Sa 84/13, BeckRS 2014, 68454.
2 BAG 27.9.1994 – GS 1/89 (A), NZA 1994, 1083; zustimmend *Waltermann*, RdA 2005, 98; kritisch zur Ableitung aus § 254 BGB *Ahrens*, DB 1996, 934 ff.; *Otto/Schwarze*, Rz. 36 ff. ausführlich zu den möglichen Begründungen für eine Einschränkung der Haftung *Sandmann*, S. 69 ff.; *Sandmann*, SAE 2003, 163; *Krause*, NZA 2003, 577.
3 Insoweit aA BGH 21.9.1993 – GmS-OGB 1/93, NZA 1994, 270; *Blomeyer*, JuS 1993, 903 (905); *Merhold*, JZ 1993, 910; *Hanau/Rolfs*, NJW 1994, 1439 (1440); *Richardi*, NZA 1994, 241; *Otto*, ArbuR 1995, 72.
4 Insoweit aA zB Staudinger/*Richardi/Fischinger* (2011), § 619a BGB Rz. 53 ff.; *Koller*, SAE 1996, 5.
5 Insoweit aA *Koller*, SAE 1996, 5.
6 ErfK/*Preis*, § 619a BGB Rz. 10.
7 So BT-Drucks. 14/6857, 48; *Reichold*, ZTR 2002, 202 (209); *Krause*, NZA 2003, 577 (581); aA *Richardi*, NZA 2002, 1004 (1010); *Peifer*, AR-Blattei, Rz. 10; *Preis*, 50 Jahre Bundesarbeitsgericht, S. 123 ff., 151.
8 BAG 27.9.1994 – GS 1/89 (A), NZA 1994, 1083; 18.4.2002 – 8 AZR 348/01, DB 2002, 2050; 18.1.2007 – 8 AZR 250/06, NZA 2007, 1230; 28.10.2010 – 8 AZR 418/09, NZA 2011, 345; zuletzt LAG Rh.-Pf. 14.8.2013 – 8 Sa 136/13, BeckRS 2014, 65489.

Erfahrung und der Position des Arbeitnehmers bemessen wird (vgl. Rz. 14), sollte der Anwalt im Haftungsprozess vorsorglich zu allen, auch entfernteren Umständen ausführlich vortragen.

30 In der Literatur wird die **unsystematische Fülle der Abwägungskriterien** zu Recht kritisiert[1]. Es dürfen nur solche Umstände beim Schadensausgleich berücksichtigt werden, die eine direkte Verbindung zum Haftungsereignis haben. Folglich sollten persönliche Verhältnisse wie Dauer der Betriebszugehörigkeit, Lebensalter, Familienverhältnisse und bisheriges Verhalten nicht generell berücksichtigt werden, sondern allenfalls dann, wenn sie im Ausnahmefall für das Maß der zuzurechnenden Verantwortung von direkter Bedeutung sind.

d) Versicherungen[2]

31 Der vorsätzlich handelnde Arbeitnehmer haftet immer voll, auch soweit der Schaden versichert ist; er wäre ohnehin dem **Regress des Versicherers** ausgesetzt. Ansonsten muss der Arbeitgeber bestehende Versicherungen vorrangig in Anspruch nehmen. Soweit sie den Schaden nicht decken, haftet der Arbeitnehmer abgestuft nach dem Grad seines Verschuldens[3]. Die zahlende Versicherung kann den Arbeitnehmer nur insoweit in Regress nehmen, als er dem Arbeitgeber anteilig haftet. Bestimmte **Körperschaften des öffentlichen Rechts** müssen keine Kfz-Haftpflichtversicherungen abschließen; sie haben jedoch ihre Arbeitnehmer so zu behandeln, als bestünde eine solche Versicherung (§ 2 Abs. 2 PflVG).

32 Selbst bei einem grob fahrlässig verursachten Verkehrsunfall muss der Arbeitnehmer den Arbeitgeber nicht von **Rückgriffsansprüchen der Haftpflichtversicherung** freistellen, wenn der Arbeitgeber ihn rechtswidrig ohne Fahrerlaubnis oder auf einem nicht versicherten oder nicht verkehrssicheren Fahrzeug eingesetzt hat. Denn die Rückgriffsansprüche gegen den Arbeitgeber beruhen auf dessen Versicherungsverstoß und nicht auf der groben Fahrlässigkeit des Arbeitnehmers[4].

33 Wenn der Arbeitgeber gesetzlich nicht vorgeschriebene, aber **übliche und zumutbare Versicherungen** (zB Kfz-Kasko, Elektronik- und sonstige Sachversicherungen, Betriebshaftpflicht, Betriebsunterbrechung) nicht abschließt, kann ihm dies nach Ansicht des BAG nicht als Mitverschulden iSd. § 254 BGB angelastet werden[5]. Es ist nur bei der verschuldensunabhängigen Zurechnung einer Haftungsquote entsprechend § 254 BGB zu seinen Lasten zu berücksichtigen[6]. Falls also zB eine Kaskoversicherung zwar fehlt, aber üblich und zumutbar ist, kann die Haftung des Arbeitnehmers bei normaler Fahrlässigkeit auf die Höhe der üblichen Selbstbeteiligung be-

---

1 *Gamillscheg*, ArbuR 1988, 354; *von Hoyningen-Huene*, BB 1989, 1889 (1895); *Schlachter*, Anm. zu BAG, AP-Nr. 103 zu § 611 BGB – Haftung des Arbeitnehmers; MünchArbR/*Reichold*, § 51 Rz. 44; *Otto/Schwarze*, Rz. 435; *Annuß*, NZA 1998, 1094; *Joussen*, AuR 2005, 432; *Pallasch*, RdA 2013, 338.
2 Ausführlich *Hübsch*, BB 1998, 690; *Otto/Schwarze*, Rz. 209 ff.; *Otto*, FS 50 Jahre Bundesarbeitsgericht, S. 97 ff., 107.
3 Zu möglichen Auswirkungen des seit dem 1.1.2008 neuen § 81 Abs. 2 VVG (anteilige Leistungspflicht des Versicherers auch bei grober Fahrlässigkeit) auf die Arbeitnehmerhaftung vgl. *Gross/Wesch*, NZA 2008, 849.
4 BAG 23.6.1988 – 8 AZR 300/85, NZA 1989, 181; *Otto/Schwarze*, Rz. 224.
5 BAG 22.3.1968 – 1 AZR 392/67, NJW 1968, 1846; 24.11.1987 – 8 AZR 66/82, NZA 1988, 584; 1.12.1988 – 8 AZR 65/84, NZA 1989, 796; aA LAG Bremen 31.1.1979 – 2 Sa 194/78, DB 1979, 1235; *Hanau/Preis*, JZ 1988, 1072 (1075); *Gamillscheg*, ArbuR 1990, 167; *Sieg*, BB 1996, 71 (73).
6 BAG 24.11.1987 – 8 AZR 66/82, NZA 1988, 584; 12.6.1992 – GS 1/89, BB 1993, 1009 (1011); 27.9.1994 – GS 1/89 (A), NZA 1994, 1083; LAG Köln 7.5.1992 – 5 Sa 448/91, NZA 1992, 1032; ausführlich *Hübsch*, BB 1998, 690.

schränkt sein[1]. Dies soll auch zugunsten von Angehörigen des Arbeitnehmers gelten, wenn er ihnen einen Dienstwagen befugter Weise zur Nutzung überlassen hat.[2]

Eine den Arbeitnehmer vor seiner Haftpflicht schützende **Pflichtversicherung** führt nach der Rechtsprechung dazu, dass – im Rahmen der Deckungssummen – seine Haftungsbeschränkung entfällt[3]. Gleiches gilt, wenn die Vertragsparteien den Abschluss einer Berufshaftpflichtversicherung vertraglich vereinbart haben und der Arbeitnehmer für diesen Zweck eine erhöhte Vergütung erhält; die Existenz des Versicherungsschutzes ist in die Abwägung mit einzubeziehen[4]. Hingegen kommt eine **freiwillige Haftpflichtversicherung** des Arbeitnehmers dem Arbeitgeber nicht zugute[5]. Eine freiwillig abgeschlossene private Haftpflichtversicherung haftet nur in dem Umfang, in dem der Arbeitnehmer selbst haftet. Der vom Grad des Verschuldens abhängige innerbetriebliche Schadensausgleich wird durch sie also nicht beeinflusst. Ob dies auch bei der D&O-Versicherung für leitende Angestellte gilt, ist umstritten[6]. 34

Gem. § 114 Abs. 2 Satz 2 VVG können das Versicherungsunternehmen und der Arbeitgeber für die Kfz-Haftpflichtversicherung einen Selbstbehalt vereinbaren. Diesen Selbstbehalt kann der Arbeitgeber jedoch nicht gegenüber dem als Fahrer mitversicherten Arbeitnehmer im Wege des Schadensersatzes geltend machen. Dahingehende vertragliche Vereinbarungen sind wegen Verstoßes gegen ein gesetzliches Verbot (§ 114 Abs. 2 VVG) gem. § 134 BGB unwirksam[7].

e) Abdingbarkeit

Die Regeln zur Haftungsbeschränkung sind nach der Rechtsprechung des BAG **einseitig zwingendes Arbeitnehmerschutzrecht** und deshalb nicht abdingbar, auch nicht durch Betriebsvereinbarungen oder Tarifverträge[8]. Dies bedeutet jedoch nur, dass das von der Rechtsprechung bestimmte Schutzniveau nicht unterschritten werden darf. Wenn eine vereinbarte Haftungsverschärfung durch Risikoprämien voll ausgeglichen wird, ist eine solche Vereinbarung zulässig[9]. Der Arbeitnehmer kann also auf der Grundlage einer Individualvereinbarung schon für leichteste Fahrlässigkeit haften, jedoch vertraglich begrenzt auf die Höhe der ihm gezahlten Risikoprämie. 35

➲ **Hinweis:** Individualvereinbarungen zur Haftungsverschärfung[10] gegen eine Risikoprämie sind **nicht sinnvoll**. Denn entweder haftet der Arbeitnehmer aufgrund Vorsatzes oder grober Fahrlässigkeit. Dann war die Risikoprämie für den Arbeitgeber überflüssig. Oder der Arbeitnehmer haftet, wie vereinbart, schon für leichteste Fahrlässigkeit. Dann erhält der 36

---

1 BAG 24.11.1987 – 8 AZR 66/82, NZA 1988, 584; LAG Bremen 26.7.1999 – 4 Sa 116/99, NZA-RR 2000, 127; LAG Schl.-Holst. 14.9.2011 – 3 Sa 241/11, BeckRS 2011, 78465; LAG Rh.-Pf. 26.3.2012 – 5 Sa 655/11.
2 LAG Köln 22.12.2004 – 75 Sa 859/04, BB 2006, 335.
3 BAG 25.9.1997 – 8 AZR 288/96, DB 1998, 476; BGH 3.12.1991 – VI ZR 378/90, BB 1992, 457; ausführlich *Hanau*, BB 1972, 4; *Sieg*, VersR 1973, 194; *Hirschberg*, VersR 1973, 786.
4 BAG 28.10.2010 – 8 AZR 418/09, NZA 2011, 345.
5 BAG 21.6.1963 – 1 AZR 386/62, NJW 1963, 1940; 25.9.1997 – 8 AZR 288/96, DB 1998, 476; 28.10.2010 – 8 AZR 418/09, NZA 2011, 345; LAG Berlin 30.5.1983 – 9 Sa 21/83, VersR 1983, 937; ErfK/*Preis*, § 619a BGB Rz. 20; *Otto/Schwarze*, Rz. 214; *Waltermann*, RdA 2005, 107.
6 Vgl. die unterschiedlichen Meinungen von *Otto*, FS 50 Jahre Bundesarbeitsgericht, 2004, S. 97 ff., und *Hanau*, FS E. Lorenz, 2004, S. 283 ff. *Thüsing/Traut*, NZA 2010, 140.
7 BAG 13.12.2012 – 8 AZR 432/11, NZA 2013, 622.
8 BAG 17.9.1998 – 8 AZR 175/97, NZA 1999, 141; 2.12.1999 – 8 AZR 386/98, NZA 2000, 715; 5.2.2004 – 8 AZR 91/03, DB 2004, 1266; MünchKommBGB/*Henssler*, § 619a BGB Rz. 13; aA ErfK/*Preis*, § 619a BGB Rz. 11; MünchArbR/*Reichold*, § 51 Rz. 68. Zu Schuldanerkenntnissen vgl. BAG 15.3.2005 – 9 AZR 502/03, NZA 2005, 682.
9 *Krause*, NZA 2003, 577 (585); vgl. auch *Walker*, JuS 2002, 736 (741); *Preis*, FS 50 Jahre Bundesarbeitsgericht, 2004, S. 123 ff., 151. Dies spielt fast ausschließlich bei der Mankohaftung eine Rolle, s. unten Rz. 49.
10 Formulierungsbeispiel bei Preis/*Stoffels*, Der Arbeitsvertrag, II H 20 Rz. 17.

Arbeitgeber allein das Geld zurück, das er vorher als Risikoprämie gezahlt hat; eine Belastung des Arbeitnehmers mit dem weiter gehenden Schaden wäre eine unzulässige und unwirksame Verschärfung seiner Haftung[1].

f) Öffentlicher Dienst[2]

37 Nach § 14 BAT iVm. § 46 BRRG, 75 BBG war die Haftung des Arbeitnehmers auf Vorsatz und grobe Fahrlässigkeit beschränkt[3]. Diese Haftungsbeschränkung ist im neuen TVöD nicht mehr enthalten, wohl dagegen in § 3 TV-L. Im Geltungsbereich des TVöD (Bund und Kommunen) haftet deshalb der Arbeitnehmer jetzt nach den allgemeinen Regeln der Rechtsprechung, im Geltungsbereich des TV-L (Länder) hingegen wie ein Beamter nur für Vorsatz und grobe Fahrlässigkeit[4].

3. Mitverschulden

38 Der Arbeitgeber beeinträchtigt seinen Ersatzanspruch, wenn er schuldhaft den Schaden mitverursacht, nicht abwendet oder nicht mindert. § 254 BGB ist also auch unmittelbar anzuwenden, nicht nur entsprechend bei der Berücksichtigung des Betriebs- und Organisationsrisikos (Rz. 27).

39 Das **Mitverschulden seiner Erfüllungsgehilfen** belastet den Arbeitgeber nach §§ 254 Abs. 2 Satz 2, 278 BGB. Erfüllungsgehilfe ist jeder, wer mit dem Willen des Arbeitgebers in dessen Pflichtenkreis als Hilfsperson tätig wird, also Arbeitnehmer, die er hinzuzieht, um sich vor Schaden zu bewahren[5]. § 254 Abs. 2 Satz 2 BGB ist als eigener Absatz zu lesen und gilt nicht nur im Rahmen des § 254 Abs. 2 BGB, sondern auch des § 254 Abs. 1 BGB, also auch, wenn der Erfüllungsgehilfe den Schaden mitverursacht[6]. Arbeitnehmer sind wegen ihrer Weisungsabhängigkeit typischerweise zugleich Verrichtungsgehilfen des Arbeitgebers [7], § 831 BGB ist damit entsprechend anwendbar. Dem Arbeitgeber ist das Verhalten von Verrichtungsgehilfen zuzurechnen, wenn er sich nicht exkulpieren kann.

40 Mitverschulden liegt vor, wenn der Betrieb oder die Arbeit **mangelhaft organisiert**[8] oder der Arbeitnehmer schlecht angeleitet[9], schlecht überwacht[10], überlastet[11] oder ihm schadhaftes Material zur Verfügung gestellt[12] wird. Bei erheblicher Verletzung der Arbeitszeitvorschriften kann die Haftung eines Kraftfahrers ausgeschlossen sein[13]. Mangelnde Kontrollmaßnahmen von Vorgesetzten wirken nach § 254 Abs. 2 Satz 2 BGB zu Lasten des Arbeitgebers. Wenn der Arbeitgeber durch sein Vertretungsorgan vorsätzlich geschädigt wird und der Arbeitnehmer fahrlässig mitwirkt, entfällt

---

1 Schaub/*Linck*, § 35 Rz. 73.
2 Vgl. *Otto/Schwarze*, Rz. 368 ff.; *Hübsch*, NZA-RR 1999, 393 ff.
3 Aufgehoben durch BeamtStG v. 17.6.2008, BGBl. I, 1010.
4 Vgl. ausführlicher *Conze/Karb*, Personalbuch Arbeits- und Tarifrecht öffentlicher Dienst, Rz. 1625 ff.
5 BGH 3.7.1951 – I ZR 44/50, BGHZ 3, 46.
6 HM, vgl. MünchKommBGB/*Oetker*, § 254 Rz. 126 mwN.
7 RG 28.6.1940 – III 155/39, RGZ 164, 264 (269); BAG 5.5.1988 – 8 AZR 484/85, NZA 1989, 340; ausführlich *Larenz*, § 31 I d; Palandt/*Sprau*, § 831 BGB Rz. 6; ErfK/*Preis*, § 619a BGB Rz. 58, 65.
8 BAG 27.2.1970 – 1 AZR 150/69, VersR 1970, 650; 18.6.1970 – 1 AZR 520/69, NJW 1970, 1861; 16.2.1995 – 8 AZR 493/93, AP Nr. 54, 57 und 106 zu § 611 BGB – Haftung des Arbeitnehmers; 18.1.2007 – 8 AZR 250/06, NZA 2007, 1230; LAG Hamm 3.8.2006 – 15 Sa 521/05, BeckRS 2006, 44361.
9 BAG 7.7.1970 – 1 AZR 507/69, AP Nr. 59 zu § 611 BGB – Haftung des Arbeitnehmers; LAG Sa.-Anh. 9.6.2011 – 3 Sa 95/10, BeckRS 2011, 77510.
10 BAG 16.2.1995 – 8 AZR 493/93, AP Nr. 106 zu § 611 BGB – Haftung des Arbeitnehmers.
11 BAG 18.1.1972 – 1 AZR 125/71, AP Nr. 69 zu § 611 BGB – Haftung des Arbeitnehmers.
12 BAG 18.12.1970 – 1 AZR 177/70, NJW 1971, 957.
13 BAG 18.1.1972 – 1 AZR 125/71, VersR 1972, 498.

jede Haftung des Arbeitnehmers, selbst wenn er hierbei als Prokurist mit dem nur gesamtvertretungsberechtigten Geschäftsführer handelt[1].

Beispiele: 41

Aus der vom Arbeitnehmer verwalteten Kasse fehlt Geld. Sie war jedoch nicht verschließbar. Auch andere Personen hatten Zugang. Es gab sogar einen allgemein zugänglichen zweiten Schlüssel (mangelnde Organisation).

Der Arbeitgeber lässt den jungen Auszubildenden, der seinen Führerschein erst wenige Monate hat, ohne sorgfältige Anleitung und Einweisung einen Lkw fahren. Der Auszubildende verursacht einen Unfall wegen überhöhter Geschwindigkeit (schlechte Anleitung).

Der Arbeitgeber hat zwar eine allgemeine Anweisung erlassen, wonach das fliegende Personal alle notwendigen Dokumente stets mit sich führen muss. Er hat dies jedoch nicht kontrolliert. Die Stewardess vergisst ihren Pass. Dem Arbeitgeber wird daraufhin von der amerikanischen Einreisebehörde eine Strafe von 3000 US-Dollar auferlegt (mangelnde Kontrolle)[2].

Der gesamtvertretungsberechtigte Geschäftsführer veruntreut das Firmenvermögen dadurch, dass er vorsätzlich erhebliche Beträge ohne Rechtsgrund an Dritte überweist. Die Prokuristin unterzeichnet mit ihm die Überweisungen, ohne sie zu prüfen (haftungsverdrängendes Eigenverschulden des Arbeitgebers).

Ein Assistenzarzt widersetzt sich nicht den fachlichen Weisungen eines ihm vorgesetzten, höher qualifizierten und wesentlich erfahreneren Oberarztes. Er handelt nicht grob fahrlässig, auch wenn diese grob falsch waren[3].

Hingegen **mindert es nicht** den Ersatzanspruch des Arbeitgebers, wenn der Arbeitnehmer mit Vorgesetzten oder mit Geschäftsführern kollusiv zusammenwirkt[4]. Ebenso wenig kann der haftende Arbeitnehmer, der neben einem gleichrangigen Kollegen einen Schaden verursacht, dem Arbeitgeber das Verschulden des Kollegen als Mitverschulden zurechnen. Gleiches gilt, wenn andere Mitarbeiter (zB die Krankenschwester) zwar auch gravierende Fehler gemacht haben, der haftende Arbeitnehmer (zB der Arzt) aber die alleinige Verantwortung trägt[5]. 42

Wenn der Arbeitnehmer mit dem **direkten Vorsatz**, den Arbeitgeber zu schädigen, handelt (Diebstahl, Untreue), ist ihm der Einwand der Mitverursachung nach § 254 Abs. 1 BGB regelmäßig verschlossen[6], nicht hingegen der Einwand der mangelnden Schadensminderung nach § 254 Abs. 2 BGB[7]. 43

Bei der **Abwägung der wechselseitigen Schadensbeiträge** ist darauf zu achten, dass dieselben Umstände nicht doppelt zu Lasten des Arbeitgebers gewertet werden[8]. Denn zumindest wenn der Arbeitnehmer ihn mit normaler Fahrlässigkeit schädigt, ist das Organisationsrisiko oder die besondere Gefährlichkeit seiner Produktionsmethoden bereits entsprechend § 254 BGB zu seinen Lasten in die Haftungsquote eingeflossen (Rz. 27) und darf ihm deshalb nicht noch einmal als echtes Mitverschulden zugerechnet werden. 44

---

1 BAG 19.2.1998 – 8 AZR 645/96, NZA 1998, 1051; vgl. dazu *Sandmann*, NZA 1999, 457; BGH 8.10.1991 – XI ZR 207/90, NJW 1991, 3208.
2 BAG 16.2.1995 – 8 AZR 493/93, AP Nr. 106 zu § 611 BGB – Haftung des Arbeitnehmers.
3 BAG 4.5.2006 – 8 AZR 311/05, NZA 2006, 1428.
4 BAG 19.4.1974 – 3 AZR 379/73, AP Nr. 75 zu § 611 BGB – Haftung des Arbeitnehmers.
5 BAG 25.9.1997 – 8 AZR 288/96, NZA 1998, 310.
6 BAG 18.6.1970 – 1 AZR 520/69, NJW 1970, 1861.
7 OLG Hamburg 20.4.1977 – 8 U 31/76, NJW 1977, 1347 (1349); MünchKommBGB/*Oetker*, § 254 Rz. 112.
8 *Krause*, NZA 2003, 577 (584).

4. Beweislast[1]

45 Anders als im allgemeinen Schuldrecht (§ 280 Abs. 1 BGB) trägt der Arbeitgeber die **vollständige Beweislast** für alle Voraussetzungen seines Anspruchs, also für die Pflichtverletzung, das Verschulden, den Verschuldensgrad sowie für die Art und Höhe des Schadens. Dies wird nunmehr in § 619a BGB ausdrücklich bestimmt[2], war jedoch schon vorher die Auffassung der Rechtsprechung[3].

46 Allerdings muss sich der Arbeitnehmer, falls entsprechend beweisnah, substantiiert äußern (**abgestufte Darlegungslast**)[4]. Vom Arbeitgeber vorgetragene Indizien sind sorgfältig zu würdigen. Bereits die Tatsache, dass dem Arbeitnehmer ein bestimmter Bereich zu alleiniger Kontrolle zugewiesen war, ist als ein solches Indiz zu werten. Falls sich der Arbeitnehmer zu Indizien nicht erklärt, können daraus entsprechende Schlüsse gezogen werden[5].

47 In der Literatur wird vertreten, dass die Beweislastregel des § 619a BGB durch individuell ausgestaltete Vereinbarungen abbedungen werden könne[6]. Das BAG definiert die Regeln zur Haftungsbeschränkung allerdings als **einseitig zwingendes Arbeitnehmerschutzrecht**[7]. Dennoch wird man eine vertragliche Änderung der Beweislast akzeptieren können, soweit diese Haftungsverschärfung durch eine Risikoprämie voll ausgeglichen wird. Denn dann wird das von der Rechtsprechung bestimmte Schutzniveau nicht unterschritten (vgl. Rz. 35). Auch in vorformulierten Arbeitsverträgen können solche Verschiebungen der Beweislast mit vollem Prämienausgleich entgegen § 309 Nr. 12 BGB als Besonderheit des Arbeitsrechts iSd. § 310 Abs. 4 Satz 2 BGB wirksam sein[8]. Eine Vereinbarung, dass der Arbeitnehmer gegen eine entsprechende Prämie und bis zu deren Höhe schon für leichteste Fahrlässigkeit hafte und deren Fehlen beweisen müsse, würde dann bedeuten: Der Arbeitnehmer haftet für einen durch Pflichtverletzung verursachten Schaden bis zur Prämienhöhe, wenn er sich nicht entlasten kann. Er haftet darüber hinaus, wenn ihm der Arbeitgeber grobe Fahrlässigkeit nachweist. Sinnvoll sind solche Vereinbarungen allerdings nicht (vgl. Rz. 36).

5. Beteiligung Dritter

48 Wenn ein außenstehender Dritter schuldhaft den Schaden mitverursacht, haften er und der Arbeitnehmer als **Gesamtschuldner**. Für den Dritten gelten die arbeitsrechtlich begründeten Regeln der Haftungsbeschränkung nicht. Er würde deshalb dem Arbeitgeber auch bei leichtester Fahrlässigkeit voll haften. Er könnte dann vom Arbeitnehmer nach §§ 426, 840 BGB einen internen Ausgleich verlangen. Damit wäre entweder dessen Haftungsbeschränkung zunichte gemacht, oder der Arbeitgeber müsste ihn freistellen (Rz. 68), soweit er diesem nicht haftet. Deshalb wird einerseits der Arbeitnehmer beim Gesamtschuldnerausgleich auch dem Dritten seine Haftungsbeschränkung entgegenhalten dürfen. Andererseits muss der Anspruch des Arbeit-

---

1 Ausführlich *Otto/Schwarze*, Rz. 195 ff.
2 *Oetker*, DB 2002, 43; *Henssler*, RdA 2002, 129 (132).
3 BAG 17.9.1998 – 8 AZR 175/97, NZA 1999, 141.
4 BAG 20.11.2003 – 8 AZR 580/02, NZA 2004, 489 mwN.
5 BAG 17.9.1998 – 8 AZR 175/97, NZA 1999, 141. Diese zur Mankohaftung entwickelten Grundsätze gelten auch unter § 619a BGB, BT-Drucks. 14/7052, 204. Vgl. auch MünchKommBGB/*Henssler*, § 619a BGB Rz. 52, 53.
6 ErfK/*Preis*, § 619a BGB Rz. 11; *Gotthardt*, Rz. 195, 200; *Henssler*, RdA 2002, 129.
7 BAG 17.9.1998 – 8 AZR 175/97, NZA 1999, 141; 2.12.1999 – 8 AZR 386/98, NZA 2000, 715.
8 AA Staudinger/*Richardi*/*Fischinger* (2011), § 619a BGB Rz. 3; *Gotthardt*, Rz. 320, die allerdings auf die Möglichkeit von Risikoprämien nicht eingehen.

gebers gegen den Dritten um den Betrag gekürzt werden, den der Dritte infolge der Haftungsbeschränkung nicht vom Arbeitnehmer ersetzt erhält[1].

II. Mankohaftung

Mankohaftung ist die Haftung des Arbeitnehmers für Fehlbestände einer von ihm zu verwaltenden Kasse oder ihm anvertrauter Waren oder Geräte[2] (zB Werkzeug des Monteurs im Außendienst). Kein Fall der Mankohaftung ist bspw. der Verlust eines dem Arbeitnehmer berufstypisch anvertrauten Schlüsselbundes[3]. Grundlage der Haftung können eine besondere **Haftungsvereinbarung**, ein Tarifvertrag, die allgemeinen **Regeln der Arbeitnehmerhaftung** und im besonderen Fall das **Verwahrungs- und Auftragsrecht** (§§ 688 ff., 662 ff. BGB) sein, wenn der Arbeitgeber „eine Tatsachenlage geschaffen hat, nach der er nicht mehr Besitzer der Sache ist"[4].

1. Haftung aus Mankovereinbarung

Mankovereinbarungen regeln, dass der Arbeitnehmer für ein Manko auch ohne Verschulden (Erfolgshaftung) oder schon bei leichter Fahrlässigkeit haften soll, oder legen ihm die Beweislast für sein fehlendes Verschulden auf[5]. Die allgemeinen Regeln zur Haftungsbeschränkung bei betrieblich veranlasster Tätigkeit sollen hierdurch abbedungen werden. Solche Vereinbarungen sind **nur in engen Grenzen zulässig**. Denn die richterrechtlichen Regeln der eingeschränkten Arbeitnehmerhaftung sind grundsätzlich einseitig zwingendes Arbeitnehmerschutzrecht[6]. Eine Mankovereinbarung ist nach der Rechtsprechung[7] nur wirksam, wenn folgende Bedingungen eingehalten werden:

Es muss ein **angemessenes Mankogeld**[8] vereinbart werden. Die Vereinbarung muss dem Arbeitnehmer die Chance geben, Überschüsse zu erwirtschaften. Positive Kassendifferenzen, die sich bei der (korrekten!) Abrechnung ergeben, müssen also vereinbarungsgemäß ihm zufließen. Seine **Haftung aus der Vereinbarung** muss vertraglich auf die Höhe des Mankogeldes beschränkt sein. Hierbei darf jedoch ein längerer Ausgleichszeitraum vorgesehen werden, zB ein Kalenderjahr[9]. Auch wenn dann der eingetretene Schaden das vereinbarte Mankogeld übersteigt, haftet der Arbeitnehmer, jedoch nur bis zur Höhe des in einem bestimmten Abrechnungszeitraum tatsächlich bezogenen Mankogeldes[10]. Der höhere Schaden ist von ihm zu ersetzen, falls der Ar-

---

1 *Däubler*, NJW 1986, 867 (873); MünchArbR/*Blomeyer* (2. Aufl. 2001), § 59 Rz. 69; MünchKommBGB/*Bydlinski*, § 426 Rz. 64.
2 ErfK/*Preis*, § 619a BGB Rz. 28; *Pauly*, BB 1996, 2038; *Krause*, RdA 2013, 129.
3 LAG Frankfurt/M. 4.11.1987 – 10 Sa 1552/86, DB 1988, 2652.
4 BAG 17.9.1998 – 8 AZR 175/97, NZA 1999, 141; 2.12.1999 – 8 AZR 386/98, NZA 2000, 715. Das zweiteilige Haftungskonzept des BAG ist nicht unumstritten und wird bspw. von ErfK/*Preis*, § 619a BGB Rz. 30 abgelehnt.
5 Zahlreiche Klauselbeispiele bei Preis/*Stoffels*, Der Arbeitsvertrag, II M 10.
6 BAG 17.9.1998 – 8 AZR 175/97, NZA 1999, 141 (144); 2.12.1999 – 8 AZR 386/98, NZA 2000, 715.
7 BAG 17.9.1998 – 8 AZR 175/97, NZA 1999, 141 (144); 2.12.1999 – 8 AZR 386/98, NZA 2000, 715.
8 BAG 9.4.1957 – 2 AZR 532/54, 27.2.1970 – 1 AZR 150/69 u. 29.1.1985 – 3 AZR 570/82, AP Nr. 4, 54, 87 zu § 611 BGB – Haftung des Arbeitnehmers; 17.9.1998 – 8 AZR 175/97, NZA 1999, 141 (144); *Bleistein*, DB 1971, 2213 (2215); Staudinger/*Richardi*/*Fischinger* (2011), § 619a BGB Rz. 97; *Otto*/*Schwarze*, Rz. 300.
9 BAG 17.9.1998 – 8 AZR 175/97, NZA 1999, 141 (144); vgl. auch *Bleistein*, DB 1971, 2213 (2215); *Krause*, RdA 2013, 129 (139).
10 BAG 2.12.1999 – 8 AZR 386/98, NZA 2000, 715.

beitgeber ihm eine schuldhafte Pflichtverletzung nachweist[1] (Haftung ohne Mankovereinbarung, vgl. Rz. 56 ff.). Enthält ein Tarifvertrag eine Mankoabrede, so darf diese nicht zur Tarifunterschreitung führen[2].

52 Nach früherer Rechtsprechung durfte die Mankovereinbarung nur für Bereiche getroffen werden, bei denen allein der Arbeitnehmer unbeobachtet auf Geld oder Waren des Arbeitgebers zugreifen kann[3]. Eine Mankovereinbarung sollte also unwirksam sein, wenn noch andere Mitarbeiter Zugang zu einer Kasse hatten, ohne unter ständiger Beobachtung des Arbeitnehmers zu stehen[4]. Heute begrenzt das BAG die Haftung aus der Mankovereinbarung strikt auf das vereinbarte Mankogeld[5]. Für den Arbeitnehmer entsteht deshalb durch die Mankovereinbarung kein zusätzliches Haftungsrisiko. Folgerichtig darf die Vereinbarung auch für Bereiche getroffen werden, die der Arbeitnehmer nicht vollständig beherrschen kann. Ihm darf in der Vereinbarung also auch die Garantiehaftung für Risiken aus der Beschäftigung von Mitarbeitern und Hilfskräften, die er beaufsichtigen soll, auferlegt werden[6]. Da nach der Rechtsprechung das Mankogeld das erhöhte Haftungsrisiko des Arbeitnehmers stets vollständig ausgleichen muss, wird man in der vom Arbeitgeber vorformulierten Umkehr der Beweislast auch keinen Verstoß gegen das Klauselverbot des § 309 Nr. 12 BGB sehen können (vgl. Rz. 47)[7]. Grundsätzlich bestehen gegen die formularmäßige Vereinbarung einer auf die gewährten Prämien begrenzten Garantiehaftung[8].

53 Die Mankovereinbarung muss **berechtigte Rechtspositionen des Arbeitgebers** sichern und darf seine Risiken nicht ungerechtfertigt auf den Arbeitnehmer verlagern[9]. Die Notwendigkeit der Vereinbarung und ihrer einzelnen Regelungen müssen also aus der Eigenart der Beschäftigung und der damit verbundenen erhöhten Risikolage des Arbeitgebers folgen[10]. Auch bei einer ansonsten wirksamen Umkehr der Beweislast darf dem Arbeitnehmer nicht zusätzlich der Beweis, dass ein bestimmter Dritter das Manko verursacht habe, aufgebürdet werden[11].

54 Die Mankovereinbarung darf dem Arbeitgeber **nur den Verschuldensnachweis erleichtern**, insoweit die Beweislast umkehren oder eine Erfolgshaftung ohne Verschulden vorsehen. Dem Arbeitgeber bleibt immer die Beweislast dafür, dass ein Schaden eingetreten ist und welche Höhe er hatte[12]. Auch der Einwand des Mitverschuldens (§ 254 BGB) des Arbeitgebers ist dem Arbeitnehmer nicht abgeschnitten[13], es sei denn, er begeht eine vorsätzliche strafbare Handlung oder absichtliche Schädigung[14].

---

1 BAG 2.12.1999 – 8 AZR 386/98, NZA 2000, 715.
2 LAG Frankfurt/M. 15.6.1955 – II LA 83/55, BB 1955, 961.
3 BAG 27.2.1970 – 1 AZR 150/69 u. 29.1.1985 – 3 AZR 570/82, AP Nr. 54, 87 zu § 611 BGB – Haftung des Arbeitnehmers; 22.11.1973 – 2 AZR 580/72, AP Nr. 67 zu § 626 BGB; 17.9.1998 – 8 AZR 175/97, NZA 1999, 141 (144).
4 BAG 27.2.1970 – 1 AZR 150/69, AP Nr. 54 zu § 611 BGB – Haftung des Arbeitnehmers; 22.11.1973 – 2 AZR 580/72, NJW 1974, 1155.
5 Ausführlich *Schwirtzek*, NZA 2005, 437.
6 BAG 2.12.1999 – 8 AZR 386/98, NZA 2000, 715.
7 *Oberthür*, ArbRB 2007, 369 (372); aA *Boemke*, SAE 2000, 6.
8 ErfK/*Preis*, §§ 305–310 BGB Rz. 85.
9 BAG 17.9.1998 – 8 AZR 175/97, NZA 1999, 141 (144).
10 BAG 29.1.1985 – 3 AZR 570/82, AP Nr. 87 zu § 611 BGB – Haftung des Arbeitnehmers.
11 BAG 22.11.1973 – 2 AZR 580/72, AP Nr. 67 zu § 626 BGB.
12 BAG 13.2.1974 – 4 AZR 13/73, AP Nr. 77 zu § 611 BGB – Haftung des Arbeitnehmers; ebenso trägt er Beweislast bzgl. haftungsausfüllender Kausalität, LAG München 2.4.2008 – 11 Sa 917/07.
13 BAG 26.1.1971 – 1 AZR 252/70, AP Nr. 64 zu § 611 BGB – Haftung des Arbeitnehmers.
14 BAG 27.2.1970 – 1 AZR 150/69, VersR 1970, 650; BAG 26.1.1971 – 1 AZR 252/70, VersR 1971, 529.

II. Mankohaftung

○ **Hinweis:** Mankovereinbarungen **sind nur selten sinnvoll**. Einerseits mag zwar das versprochene Mankogeld die Verlustquote gering halten und den Arbeitnehmer zu sorgfältigem Handeln anspornen, weil er so einen zusätzlichen Verdienst erzielen kann. Andererseits besteht für den Arbeitgeber immer die Gefahr, dass die Vereinbarung vom Gericht deshalb nicht anerkannt wird, weil der finanzielle Ausgleich nicht angemessen oder die Haftung nicht auf die Höhe des Mankogeldes vertraglich beschränkt sei oder keine erhöhte Risikolage des Arbeitgebers bestehe. In diesen Fällen hat der Arbeitgeber das Mankogeld vergeblich gezahlt und wegen Unwirksamkeit der Vereinbarung seine Beweislage nicht verbessert (vgl. auch Rz. 36).

2. Haftung ohne Mankovereinbarung

Der Arbeitnehmer haftet wegen Pflichtverletzung oder unerlaubter Handlung. Den Arbeitgeber trifft die **Beweislast** für konkrete Pflichtverletzungen, die Höhe des Mankos als Schaden, das Verschulden und den Verschuldensgrad des Arbeitnehmers[1].

Beispiel:
Schuldhaft handelt ein Busfahrer, der während der Pause das eingenommene Geld ungesichert im leicht zu öffnenden Bus zurücklässt[2].

Die **Beweislast**[3] für das Verschulden und den Verschuldensgrad sollte nach früherer Rechtsprechung[4] umgekehrt sein, wenn dem Arbeitnehmer Waren oder Gelder zur alleinigen Verwaltung übertragen waren und er den ausschließlichen Zugang hatte. Diese Rechtsprechung hat das BAG[5] geändert. Alleiniger Zugang, alleinige Kontrolle und alleinige Verantwortung reichen nicht mehr aus, um eine Umkehr der Beweislast zu rechtfertigen. Auch in diesen Fällen bleibt es bei der Beweislastregel des § 619a BGB (vgl. Rz. 45). Der Arbeitgeber muss alle Voraussetzungen seines Ersatzanspruchs nachweisen. Die von ihm vorgetragenen Indizien sind sorgfältig zu würdigen. Falls der Arbeitnehmer beweisnäher ist und sich dennoch nicht substantiiert äußert, können hieraus entsprechende Schlüsse gezogen werden.

Den von ihm behaupteten Fehlbestand muss der Arbeitgeber **tatsächlich nachweisen**, nicht nur buchmäßig. Wenn er sich auf Buchungen beruft, muss er beweisen, dass sie richtig und vollständig sind[6]. Wenn aber die Buchführung Sache des Arbeitnehmers war, kann der Arbeitgeber sich auf sie berufen. Der tatsächliche Fehlbestand ergibt sich dann zunächst aus dem buchmäßigen. Hier muss der Arbeitnehmer den Gegenbeweis führen, dass (und wie viel) weniger eingenommen oder geschäftlich mehr ausgegeben wurde als von ihm verbucht[7].

Die Mankohaftung ist **Haftung aus betrieblich veranlasster Tätigkeit**. Die allgemeinen Regeln zur Haftungsbeschränkung beim innerbetrieblichen Schadensausgleich (Rz. 22–24) gelten auch für sie[8]. Das Ausmaß der Haftung ist damit abhängig vom

---

1 BAG 6.6.1984 – 7 AZR 292/81, NZA 1985, 183; 29.1.1985 – 3 AZR 570/82, AP Nr. 87 zu § 611 BGB – Haftung des Arbeitnehmers; *Bleistein*, DB 1971, 2213.
2 BAG 28.9.1989 – 8 AZR 73/88, NZA 1990, 847.
3 Ausführlich *Stoffels*, AR-Blattei Rz. 36 ff.
4 BAG 11.11.1969 – 1 AZR 216/69 u. 3.8.1971 – 1 AZR 122/71, AP Nr. 49 und 67 zu § 611 BGB – Haftung des Arbeitnehmers; 6.6.1984 – 7 AZR 292/81, NZA 1985, 183.
5 BAG 22.5.1997 – 8 AZR 562/95 u. 17.9.1998 – 8 AZR 175/97, NZA 1997, 1279 und 1999, 141; BAG 2.12.1999 – 8 AZR 386/98, NZA 2000, 715; vgl. dazu *Groeger*, FA 1999, 38; *Lansnicker/Schwirtzek*, BB 1999, 259.
6 BAG 9.4.1957 – 2 AZR 532/54 u. 13.2.1974 – 4 AZR 13/73, AP Nr. 4 und 77 zu § 611 BGB – Haftung des Arbeitnehmers.
7 BAG 3.8.1971 – 1 AZR 122/71, AP Nr. 67 zu § 611 BGB – Haftung des Arbeitnehmers.
8 BAG 2.12.1999 – 8 AZR 386/98, NZA 2000, 715; *Reinecke*, ZfA 1976, 215 (221); *Jung*, BlStozArbR 1985, 289; *Stoffels*, AR-Blattei Rz. 69 ff.; Staudinger/*Richardi*/*Fischinger* (2011), § 619a BGB Rz. 95.

Grad des Verschuldens, den der Arbeitgeber nachweisen muss, und vor allem bei normaler Fahrlässigkeit von zahlreichen Gesichtspunkten der Billigkeit und Zumutbarkeit (Rz. 28).

61 Nach der neueren Rechtsprechung[1] ergibt sich nur noch unter sehr engen Voraussetzungen eine **Mankohaftung aus Auftrags- und Verwahrungsrecht** (§§ 667, 688, 280 Abs. 1, 283 BGB) wegen Unmöglichkeit der Rückgabe überlassener Gelder und Waren. In diesen Fällen muss der Arbeitgeber lediglich nachweisen, dass er dem Arbeitnehmer einen bestimmten Bestand überlassen hatte. Dem Arbeitnehmer obliegen die Rückgabe, die Abrechnung und, wenn er nicht vollständig zurückgeben kann, der Nachweis, dass ihn kein Verschulden trifft (§ 280 Abs. 1 Satz 2 BGB). Die Beweislastumkehr des § 619a BGB kann für diesen Fall nicht gelten. Denn die Haftung des Arbeitnehmers beruht hier nicht auf der Verletzung einer Pflicht aus dem Arbeitsverhältnis, sondern einer Pflicht aus dem Auftrags- oder Verwahrungsverhältnis. Es bleibt deshalb bei der Regel des § 280 Abs. 1 Satz 2 BGB. Dies gilt jedoch nur, wenn folgende Bedingungen erfüllt sind[2]:

62 Der Arbeitnehmer muss **unmittelbarer Besitzes** sein statt – wie im Regelfall – nur Besitzdiener. Er muss also den alleinigen Zugang zur Sache haben und sie selbständig verwalten dürfen. Ihm muss es obliegen, **wirtschaftliche Überlegungen** anzustellen und zu entscheiden, wie die Sache zu verwenden ist. Dazu muss seine Tätigkeit von kaufmännischen Aufgaben geprägt sein, zB von eigenen Vertriebsbemühungen und **selbständiger Kalkulation** der Preise, nicht nur ihrer Berechnung. Weder ein Kundendiensttechniker[3] noch – entgegen früherer Rechtsprechung[4] – ein Verkaufsfahrer oder eine verantwortliche Filialleiterin im Einzelhandel[5] wird demnach die Beweislast für das fehlende Verschulden tragen müssen, auch wenn sie den alleinigen Zugang zu ihrem Waren- und Geldbestand haben.

63 **Mitverschulden** des Arbeitgebers mindert nach § 254 BGB seinen Anspruch[6], zB bei Organisationsmängeln[7], unzureichender Kontrolle[8] oder Überforderung des Arbeitnehmers. Bei **absichtlicher Schädigung** kann der Arbeitnehmer hingegen nicht nach § 254 Abs. 1 BGB einwenden, der Arbeitgeber habe den Schaden mitverursacht[9].

III. Haftung für Sach- und Vermögensschäden bei Arbeitskollegen und Dritten

1. Außenhaftung

64 Der Arbeitnehmer haftet für alle Schäden, die er einem Arbeitskollegen oder Dritten zufügt, nach **allgemeinen Grundsätzen unbeschränkt**, insbesondere § 823 BGB[10] oder

---

1 BAG 22.5.1997 – 8 AZR 562/95 u. 17.9.1998 – 8 AZR 175/97, NZA 1997, 1279 und 1999, 141; 2.12.1999 – 8 AZR 386/98, NZA 2000 715; vgl. dazu *Sandmann*, S. 567 ff.
2 Vgl. BAG 17.9.1998 – 8 AZR 175/97, NZA 1999, 141; 2.12.1999 – 8 AZR 386/98, NZA 2000, 715; *Henssler*, RdA 2002, 129 (132); *Krause*, RdA 2013, 129. S.a. MünchKommBGB/*Henssler*, § 619a BGB Rz. 41.
3 BAG 29.1.1985 – 3 AZR 570/82, AP Nr. 87 zu § 611 BGB – Haftung des Arbeitnehmers.
4 BAG 26.1.1971 – 1 AZR 252/70, AP Nr. 64 zu § 611 BGB – Haftung des Arbeitnehmers.
5 BAG 2.12.1999 – 8 AZR 386/98, NZA 2000, 715.
6 BAG 26.1.1971 – 1 AZR 252/70, AP Nr. 64 zu § 611 BGB – Haftung des Arbeitnehmers; ausführlich *Bleistein*, DB 1971, 2213 (2214).
7 BAG 27.2.1970 – 1 AZR 150/69, AP Nr. 54 zu § 611 BGB – Haftung des Arbeitnehmers.
8 BAG 26.1.1971 – 1 AZR 252/70, AP Nr. 64 zu § 611 BGB – Haftung des Arbeitnehmers.
9 BAG 18.6.1970 – 1 AZR 520/69, AP Nr. 57 zu § 611 BGB – Haftung des Arbeitnehmers.
10 Zur Haftung für den Schaden aus dem Arbeitsplatzverlust des Kollegen, den der Arbeitnehmer durch einen falschen Verdacht verursacht hat, vgl. OLG Koblenz 23.1.2003 – 5 U 13/03, NZA 2003, 438.

III. Haftung für Sach- u. Vermögensschäden bei Arbeitskollegen u. Dritten Rz. 67 Teil 2

§ 18 StVG (Verkehrsunfall). Zwischen ihm und dem Geschädigten besteht regelmäßig keine schuldrechtliche (vertragliche) Sonderverbindung, die eine Haftungsbeschränkung rechtfertigen könnte[1]. Die Grundsätze des innerbetrieblichen Schadensausgleichs sind auf die Außenhaftung des Arbeitnehmers weder de lege lata noch durch Rechtsfortbildung übertragbar[2]. Vor allem beruht die Beschränkung der Innenhaftung auf Rechtsgedanken (Betriebs- und Organisationsrisiko, vgl. Rz. 27), die im Außenverhältnis keine tatsächliche Grundlage finden[3]. Demnach haftet der Arbeitnehmer unbeschränkt schon für leichteste Fahrlässigkeit. Dies gilt selbst dann, wenn er **Betriebsmittel** beschädigt, die im Dritteigentum stehen, zB geleaste, gemietete oder unter Eigentumsvorbehalt gelieferte Maschinen[4].

Ebenso wenig muss ein **Leasinggeber** seine Sachen deshalb **versichern**, weil er weiß, dass sie in der Produktion des Arbeitgebers verwendet werden und damit den üblichen betrieblichen Risiken ausgesetzt sind[5]. Eine solche Pflicht trifft ihn nur, wenn er sie mit dem Arbeitgeber vereinbart hat. Die Vereinbarung kann sich allerdings aus ergänzender Vertragsauslegung ergeben[6]. Falls der Dritte sich so zum Abschluss einer Kaskoversicherung verpflichtet hat, schützt er damit auch den Arbeitnehmer. Er handelt deshalb treuwidrig, wenn er im Schadensfall den Arbeitnehmer in Anspruch nimmt, obwohl dieser die Sache ohne grobe Fahrlässigkeit beschädigt hat[7]. 65

Wenn der **Arbeitgeber** dem Dritten nur **beschränkt haftet** (zB nach Nr. 22–28 ADSp), wird die Auslegung ihres Vertrages regelmäßig ergeben, dass auch Deliktsansprüche gegen den Arbeitnehmer entsprechend eingeschränkt sind[8]. Denn sonst könnte gerade bei leichtester Fahrlässigkeit der Dritte die vereinbarte Haftungsbeschränkung umgehen, indem er den internen Freistellungsanspruch des Arbeitnehmers (Rz. 68) pfändet und so aus gepfändetem Recht vollen Schadensersatz durchsetzt. Aus demselben Grund verjährt auch der Deliktsanspruch des Dritten gegen den Arbeitnehmer in der kürzeren Frist seines eventuellen vertraglichen Ersatzanspruchs gegen den Arbeitgeber (zB § 548 BGB)[9]. 66

Der Arbeitnehmer haftet dem Dritten nicht, wenn er ihn fahrlässig **mittelbar** dadurch **schädigt**, dass er zB durch Unachtsamkeit einen Diebstahl beim Arbeitgeber einge- 67

---

1 BGH 19.9.1989 – VI ZR 349/88, NZA 1990, 100; 21.12.1993 – VI ZR 103/93, NJW 1994, 852.
2 BGH 19.9.1989 – VI ZR 349/88, NZA 1990, 100 u. 21.12.1993 – VI ZR 103/93, DB 1994, 634, jeweils mit ausführlichen Nachweisen auch zur Gegenmeinung; BGH 14.11.2002 – III ZR 87/02, NJW 2003, 578; *Heinze*, NZA 1986, 545; *Krause*, VersR 1995, 752 (756); *Otten*, DB 1997, 1618; MünchArbR/*Reichold*, § 52 Rz. 1–13; *Sandmann*, S. 156 ff.
3 Unklar ist, ob auch das BAG dieser Auffassung folgt. In einer Entscheidung zum Mobbing eines Mitarbeiters durch einen Vorgesetzten begründet es dessen uneingeschränkte Haftung für psychische Folgeschäden (Schmerzensgeld) allein damit, dass die Grundsätze zum innerbetrieblichen Schadensausgleich deshalb nicht anwendbar seien, weil dann der nach § 278 BGB für das Verhalten des Vorgesetzten haftende Arbeitgeber ebenfalls nur eingeschränkt so haften würde wie der Vorgesetzte selbst; vgl. BAG 25.10.2007 – 8 AZR 593/06, DB 2008, 529 und die berechtigte Kritik von *Bieder*, DB 2008, 638. S. die instanzgerichtliche Rspr. im Anschluss daran, zB LAG Hess. 2.9.2013 – 16 TaBV 36/13, BeckRS 2013, 74896; LAG Düsseldorf 26.3.2013 – 17 Sa 602/12, BeckRS 2013, 67558.
4 BGH 19.9.1989 – VI ZR 349/88, BGHZ 108, 305; aA *Otto/Schwarze*, Rz. 493 ff.; *Denck*, S. 135 ff.; *Denck*, JZ 1990, 175; *Gamillscheg*, ArbuR 1970, 167; *Wohlgemuth*, DB 1991, 910; *Otto*, ArbuR 1995, 72 (76); *Krause*, VersR 1995, 952 (958); MünchArb/*Reichold*, § 52 Rz. 10–13; ErfK/*Preis*, § 619a BGB Rz. 24.
5 BGH 19.9.1989 – VI ZR 349/88, BGHZ 108, 305.
6 BGH 19.9.1989 – VI ZR 349/88, BGHZ 108, 305; *Krause*, VersR 1995, 952 (957).
7 BGH 19.9.1989 – VI ZR 349/88, BGHZ 108, 305.
8 BGH 7.12.1961 – VII ZR 134/60, NJW 1962, 388; 21.1.1971 – II ZR 147/68 u. 12.3.1985 – VI ZR 182/83, VersR 1971, 412 und VersR 1985, 595; *Krause*, VersR 1995, 752 (753); *Sieg*, BB 1996, 72; MünchArb/*Reichold*, § 52 Rz. 6, 7.
9 BGH 7.2.1968 – VIII ZR 179/65, BGHZ 49, 278.

2. Erstattungs- und Freistellungspflichten des Arbeitgebers

68 Falls der Arbeitnehmer den Drittschaden **bei betrieblich veranlasster Tätigkeit** verursacht, kann ihm, abhängig vom Grad seines Verschuldens, ein Ersatz- oder Freistellungsanspruch (Anspruchsgrundlage: Fürsorgepflicht oder §§ 670, 257 BGB)[2] gegen den Arbeitgeber zustehen[3]. Das Betriebs- und Organisationsrisiko des Arbeitgebers wirkt sich also auch hier zugunsten des Arbeitnehmers aus. Bei leichtester Fahrlässigkeit steht ihm volle Erstattung oder Freistellung zu, bei normaler Fahrlässigkeit anteilige, bei grober Fahrlässigkeit (nur) in aller Regel keine (vgl. Rz. 22). Falls sich der Arbeitgeber gegen Ansprüche Dritter durch eine Betriebshaftpflichtversicherung geschützt hat, unter deren Schutz nach § 101 Abs. 1 Satz 1 VVG auch der Arbeitnehmer steht, wird der Arbeitgeber diesen insoweit von der Außenhaftung frei stellen müssen, als die Versicherung eintritt. Seit dem 1.1.2008 ist das VVG dahin geändert, dass nach § 81 Abs. 2 VVG anteiliger Versicherungsschutz auch bei grober Fahrlässigkeit besteht. Deshalb wird der versicherte Arbeitgeber den Arbeitnehmer auch bei grober Fahrlässigkeit teilweise frei stellen müssen[4].

69 Die Erstattungsquote des Arbeitgebers erhöht sich bei eigenem **Mitverschulden** (mangelnde Organisation, mangelnde Überwachung, Überforderung des Arbeitnehmers) entsprechend § 254 BGB. Dem Arbeitgeber obliegt es, geleaste oder gemietete Betriebsmittel Dritter wie eigene (Rz. 33) im zumutbaren und üblichen Rahmen zu versichern[5]. Er kann deshalb verpflichtet sein, dem (nicht grobfahrlässigen) Arbeitnehmer alle Beträge zu erstatten bzw. ihn davon freizustellen, die oberhalb des üblichen Selbstbehalts einer Kaskoversicherung liegen[6]. Unterlässt er eine Betriebshaftpflichtversicherung, obwohl sie üblich ist, kann er auch dem grob fahrlässigen Arbeitnehmer insoweit zur Freistellung verpflichtet sein, als die Versicherung nach § 81 Abs. 2 VVG eingetreten wäre[7].

Der Freistellungsanspruch des Arbeitnehmers wird fällig, wenn feststeht, dass der schädigende Arbeitnehmer von dem Geschädigten mit Erfolg in Anspruch genommen werden kann.[8] Davon ist auszugehen, sobald die Verurteilung des Schädigers zur Zahlung von Schadensersatz in Rechtskraft erwachsen ist.[9] Haften mehrere Schädiger als Gesamtschuldner, kommt es für die Fälligkeit des Freistellungsanspruches nicht da-

---

1 BGH 16.6.1987 – IX ZR 74/86, ZIP 1987, 1260; ausführlich *Brüggemeier*, AcP 191 (1991), 33; *Sandmann*, S. 194 ff.; *Otto/Schwarze*, Rz. 460 ff. Allerdings ist die BGH-Rspr. hier uneinheitlich, s. BGH 28.4.1953 – I ZR 47/52, NJW 1953, 1180; 3.6.1975 – VI ZR 192/73, NJW 1975, 1827; 11.10.1990 – VII ZR 120/89, NJW 1991, 562 und 1.2.1996 – I ZR 90/94, NJW-RR 1996, 1121.
2 Die Rechtsgrundlage dieses Freistellungsanspruchs ist umstritten, die Rspr. sieht sie in der Fürsorgepflicht des Arbeitgebers (BAG 23.6.1988 – 8 AZR 300/85, NJW 1989, 854), die Literatur mehrheitlich in § 670 BGB (zB ErfK/*Preis*, § 619a BGB Rz. 26).
3 BAG 25.9.1957 – GS 4/56 u.a., NJW 1958, 235; 18.1.1966 – 1 AZR 247/63, AP Nr. 37 zu § 611 BGB – Haftung des Arbeitnehmers; 24.8.1983 – 7 AZR 670/79, AP Nr. 5 zu § 249 BGB – Vorteilsausgleichung; *Otto/Schwarze*, Rz. 475; *Bittner*, NZA 2002, 833. Zur Beweislastverteilung bei Freistellungsansprüchen s. instruktiv *Didier*, RdA 2013, 285.
4 *Gross/Wesch*, NZA 2008, 849.
5 BGH 19.9.1989 – VI ZR 349/88, BGHZ 108, 305; LAG Köln 7.5.1992 – 5 Sa 448/91, DB 1992, 2093; s.a. BAG 18.1.2007 – 8 AZR 250/06, NZA 2007, 1230.
6 LAG Köln 7.5.1992 – 5 Sa 448/91, DB 1992, 2093.
7 *Gross/Wesch*, NZA 2008, 849.
8 BAG 18.1.1966 – 1 AZR 247/63, AP BGB § 611 Haftung des Arbeitnehmers Nr. 37; 27.10.2005 – 8 AZR 3/05, AP BGB § 310 Nr. 5.
9 BAG 16.3.1995 – 8 AZR 58/92, AP BGB § 276 Nr. 17.

rauf an, ob oder wann der gesamtschuldnerische Innenausgleich stattfindet.[1] Tarifliche Ausschlussfristen (zB § 37 TVöD/TV-L), die für Ansprüche „aus dem Arbeitsverhältnis" gelten, erfassen auch den Freistellungsanspruch[2].

Bei **Insolvenz des Arbeitgebers** bleibt der Arbeitnehmer dem Geschädigten voll verhaftet[3]. Sein Freistellungs- oder Erstattungsanspruch gegen den Arbeitgeber ist Masseverbindlichkeit nach § 55 Abs. 1 Nr. 2 InsO, wenn die Erfüllung des Arbeitsverhältnisses für die Zeit nach der Eröffnung des Insolvenzverfahrens erfolgen muss; andernfalls ist der Arbeitnehmer nur Insolvenzgläubiger nach § 38 InsO.

3. Gesamtschuldnerschaft

Auch der Arbeitgeber kann dem Dritten nach § 278 BGB oder § 831 BGB aus der schädigenden Handlung des Arbeitnehmers haften. Beide haften dann als Gesamtschuldner iSd. § 840 Abs. 1 BGB, und zwar auch, soweit der Arbeitgeber über § 278 BGB vertraglich und der Arbeitnehmer deliktisch haftet[4]. Dem Arbeitgeber steht gem. § 831 BGB gegenüber dem Dritten der Entlastungsbeweis zu; im Falle des Gelingens kommt dies dem Arbeitnehmer gegenüber dem Dritten nicht zugute. Jedoch kann der Arbeitnehmer gegen den Arbeitgeber einen Freistellungsanspruch haben. Liegt im Außenverhältnis eine Haftung des Arbeitgebers nach § 831 BGB vor, gelten die Grundsätze über den innerbetrieblichen Schadensausgleich[5].

Der **Gesamtschuldnerausgleich** nach § 426 Abs. 1 BGB erfolgt auch dann, wenn der Arbeitgeber nur aus § 831 BGB haftet. § 840 Abs. 2 BGB (alleinige Haftung des Deliktstäters im Innenverhältnis zum Geschäftsherrn) gilt hier nicht. Denn sonst würden die Grundsätze der Haftungsbeschränkung des Arbeitnehmers gegenüber dem Arbeitgeber zunichte gemacht[6]. Die wechselseitigen Ausgleichsansprüche richten sich in ihrer Höhe nach dem Grad des Verschuldens des Arbeitnehmers und dem Betriebs- und Organisationsrisiko des Arbeitgebers; ggf. werden sie auch durch ein echtes Mitverschulden des Arbeitgebers (§ 254 BGB) beeinflusst (vgl. Rz. 38–44). Soweit der Arbeitgeber also mitverpflichtet ist, den Schaden zu tragen, erlangt der Arbeitnehmer im Innenverhältnis zum Arbeitgeber einen Freistellungsanspruch (§ 257 BGB) von der Haftung. Dieser kann schon geltend gemacht werden, bevor Ersatz an den geschädigten Dritten geleistet ist[7]. Der Freistellungsanspruch von Ansprüchen Dritter besteht unabhängig vom Ausgleichsanspruch schädigender Gesamtschuldner untereinander[8].

4. Pfändung

Der Geschädigte kann den **internen Freistellungsanspruch** des Arbeitnehmers gegen den Arbeitgeber pfänden und so von diesem Zahlung verlangen[9], selbst wenn er keinen unmittelbaren Anspruch (§§ 278, 831 BGB) gegen ihn hat. Folglich kann er ihn aus dem gepfändeten Freistellungsanspruch voll in Anspruch nehmen, wenn der Arbeitnehmer nur mit leichtester Fahrlässigkeit gehandelt hat und deshalb volle Frei-

---

1 BAG 25.6.2009 – 8 AZR 236/08, NZA-RR 2010, 224.
2 BAG 25.6.2009 – 8 AZR 236/08, NJOZ 2010, 455.
3 BGH 19.9.1989 – VI ZR 349/88, NJW 1989, 3273.
4 BGH 15.4.1969 – VI ZR 56/68, VersR 1969, 737; BAG 24.4.1986 – 8 AZR 577/84, NJW 1986, 3104.
5 ErfK/*Preis*, § 619a BGB Rz. 27.
6 Staudinger/*Richardi/Fischinger* (2011), § 619a BGB Rz. 84; MünchArbR/*Reichold*, § 52 Rz. 1.
7 BGH 21.2.1957 – VII ZR 216/56, BGHZ 23, 362.
8 BAG 25.6.2009 – 8 AZR 236/08, NJOZ 2010, 455.
9 BAG 11.2.1969 – 1 AZR 280/68, AP Nr. 45 zu § 611 BGB – Haftung des Arbeitnehmers; MünchArbR/*Reichold*, § 52 Rz. 16.

stellung verlangen kann. Hingegen hat der **grob fahrlässige** Arbeitnehmer regelmäßig keinen oder nur einen geringen Freistellungsanspruch, so dass der Geschädigte hier nicht oder nur mit einer geringen Forderung aus gepfändetem Recht gegen den Arbeitgeber vorgehen kann. Obendrein wird bei grobem Verschulden des Arbeitnehmers auch ein Direktanspruch des Geschädigten aus § 831 BGB gegen den Arbeitgeber häufig scheitern; dieser wird sich exkulpieren können. Das Ergebnis ist paradox: Je größer das Verschulden des Arbeitnehmers, desto schwächer die Sicherung des Geschädigten.

IV. Haftung für Personenschäden

74 Wenn der Arbeitnehmer den Arbeitgeber, einen Arbeitskollegen oder einen Dritten verletzt, kann er ihnen grundsätzlich nach Deliktsrecht, Straßenverkehrsrecht und sonstigen zivilrechtlichen Haftungsnormen auf Schadensersatz haften, dem Arbeitgeber auch aus Pflichtverletzung (§ 280 Abs. 1 BGB). Falls er die Verletzung bei einer **betrieblich veranlassten Tätigkeit** verursacht hat, können ihm, abhängig vom Grad seines Verschuldens, Freistellungsansprüche gegen den Arbeitgeber zustehen; diese richten sich nach den allgemeinen Regeln des innerbetrieblichen Schadensausgleichs (Rz. 22–24, 68). Bei **Arbeitsunfällen**, die der Arbeitnehmer durch eine betriebliche Tätigkeit verursacht, ist hingegen seine Haftung gegenüber dem Versicherten sowie dessen Angehörigen und Hinterbliebenen gem. § 105 Abs. 1 Satz 1 SGB VII von vornherein weitgehend ausgeschlossen, es sei denn, er hat den Arbeitsunfall vorsätzlich oder auf einem Weg zur oder von der Arbeit herbeigeführt.

75 Der **Haftungsausschluss bei Arbeitsunfällen** ist in den §§ 104–113 SGB VII geregelt; bis Ende 1996 galten die fast inhaltsgleichen §§ 636–642 RVO. Der Haftungsausschluss soll Streitigkeiten zwischen Betriebsangehörigen verhindern. Außerdem soll der Arbeitgeber nicht mit Freistellungsansprüchen belastet werden, die andernfalls nach den Regeln des innerbetrieblichen Schadensausgleichs (Rz. 22–24, 68) dem Arbeitnehmer zustehen könnten. Der Ausschluss privatrechtlicher Schadensersatzansprüche rechtfertigt sich durch die besondere Finanzierung der gesetzlichen Unfallversicherung sowie das Argument des Betriebsfriedens[1]. Der Verletzte wird durch die gesetzliche Unfallversicherung geschützt. Die aber wird vom Arbeitgeber allein finanziert (§ 150 SGB VII)[2].

76 Der Haftungsausschluss erfasst **alle Ansprüche** des Verletzten, seiner Angehörigen und seiner Hinterbliebenen aus Personenschäden, auch solche auf **Schmerzensgeld**[3] (obwohl die gesetzliche Unfallversicherung insoweit keine kongruenten Leistungen erbringt), Beerdigungskosten[4] oder auch Fahrtkosten[5]. Ansprüche auf Ersatz von Sachschäden[6], zB für beschädigte Kleidung, bleiben bestehen. Diesbezüglich haftet der Arbeitnehmer so, wie er auch anderen außerhalb des Arbeitsverhältnisses stehenden Dritten gegenüber einstandspflichtig ist. Zum Ausgleich der Verletzungen er-

---

1 BGH 30.4.2013 – VI ZR 155/12, NZA 2013, 1218.
2 Zu den Motiven für den Haftungsausschluss vgl. BAG 25.9.1957 – GS 4/56 u.a., NJW 1958, 235; BGH 10.12.1974 – VI ZR 73/73, DB 1975, 842; *Gitter*, S. 243 ff.; Schulin/*Gitter*/*Nunius*, S. 105 ff.; *Lepa*, VersR 1985, 8; *Rolfs*, AR-Blattei Rz. 18–24; *Waltermann*, NJW 2002, 1225 (1226); *Krasney*, NZS 2004, 7.
3 BAG 22.4.2004 – 8 AZR 159/03, NJW 2004, 3360; zuletzt LAG Rh.-Pf. 15.5.2014 – 5 Sa 72/14, BeckRS 2014, 70036. *Richardi*, NZA 2002, 1004 (1009), sieht im Ausschluss des Schmerzensgeldanspruchs wegen der jetzt generellen Schmerzensgeldregelung des § 253 Abs. 2 BGB einen Verfassungsverstoß; ebenso *Griese*, FS Küttner, 2006, S. 165; s. allerdings BVerfG 8.2.1995 – 1 BvR 753/94, NJW 1995, 1607 bezüglich der Vorgängerregelung in § 636 RVO.
4 BAG 24.5.1989 – 8 AZR 240/87, NZA 1989, 795.
5 LAG Rh.-Pf. 27.6.2014 – 7 Sa 112/14, BeckRS 2014, 72736.
6 Zur Abgrenzung von Sach- und Personenschäden vgl. Wussow/*Schneider*, Kap. 80 Rz. 26–30.

bringt die Unfallversicherung (Berufsgenossenschaft) die Leistungen nach §§ 26 ff., 56 ff. SGB VII: Heilbehandlung, Rehabilitation, Pflege, Geldleistungen und Renten[1].

1. Voraussetzungen des Haftungsausschlusses

Die Haftung des Arbeitnehmers ist nach §§ 105–107 SGB VII ausgeschlossen, wenn er – nicht vorsätzlich und nicht im allgemeinen Verkehr – durch betriebliche Tätigkeit den Versicherungsfall eines Versicherten verursacht. 77

a) Arbeitsunfall des Verletzten

Versicherungsfälle sind **Arbeitsunfälle und Berufskrankheiten**[2] (§ 7 Abs. 1 SGB VII). Arbeitsunfälle sind zeitlich begrenzte, von außen auf den Körper einwirkende Ereignisse, die infolge einer versicherten Tätigkeit des betroffenen Arbeitnehmers eintreten und zu einem Gesundheitsschaden, zum Tod oder zum Verlust oder zur Beschädigung eines Hilfsmittels (zB Prothese) führen (§ 8 Abs. 1 und 3 SGB VII). Der Unfall ist durch eine versicherte Tätigkeit verursacht, wenn sie **wesentliche Bedingung** für ihn war, also mit ihm in einem inneren Zusammenhang steht und zu ihm wesentlich beigetragen hat[3]. 78

Versichert ist die **Tätigkeit als oder wie ein Beschäftigter** (§ 2 Abs. 1 Nr. 1, Abs. 2 SGB VII). Der Unfall muss folglich aus einer Tätigkeit des Verletzten entstehen, die in oder wie[4] in einem Arbeitsverhältnis ausgeübt wird (§ 7 Abs. 1 SGB IV); hierzu zählen auch Unfälle bei den in § 8 Abs. 2 Nr. 5 SGB VII beschriebenen Nebentätigkeiten. Auch der Unternehmer, der vorübergehend persönlich auf einer gemeinsamen Betriebsstätte mehrerer Unternehmen tätig wird, kann privilegiert sein, soweit er „wie ein Beschäftigter" für das andere Unternehmen tätig wird[5]. 79

Auch bei **Unfällen des Arbeitgebers** (Unternehmers, vgl. § 136 Abs. 3 Nr. 1 SGB VII) ist die Haftung des schädigenden Arbeitnehmers wie bei Arbeitsunfällen ausgeschlossen, wenn die betriebliche Tätigkeit des Arbeitgebers wesentliche Bedingung für den Unfall war. Dies gilt ausdrücklich für den nicht versicherten Arbeitgeber (§ 105 Abs. 2 Satz 1 SGB VII). Es muss erst recht für freiwillig oder kraft Satzung versicherte Arbeitgeber (§§ 3 Abs. 1 Nr. 1, 6 Abs. 1 Nr. 1 SGB VII) gelten. Denn diese sind Versicherte iSd. § 105 Abs. 1 Satz 1 SGB VII[6]. 80

Schließlich sind durch § 105 Abs. 1 Satz 2 SGB VII auch Ansprüche der **versicherungsfreien Beamten** (§ 4 Abs. 1 Nr. 1 SGB VII) ausgeschlossen, wenn sie für ein Unternehmen (zB bei der privatisierten Post neben Arbeitnehmern) tätig sind und hierdurch verletzt werden[7]. Der Zweck dieser Neuregelung besteht darin, bestimmte ver- 81

---

[1] Ausführlicher Überblick bei *Plagemann*, AnwBl. 1995, 287 und NJW 1996, 3173.
[2] Zu den hier nicht dargestellten Berufskrankheiten vgl. § 9 SGB VII; Schulin/*Koch*, S. 671 ff. und *Plagemann*, NJW 1996, 3173.
[3] BSG 30.4.1985 – 2 RU 24/84, BSGE 58, 76; 28.6.1988 – 2/9b RU 28/87, NZA 1988, 894; ausführlich zu Kausalitätsfragen *Gitter*, S. 99 ff.; Schulin/*Schulin*, S. 555 ff.; Brackmann/*Krasney*, § 8 SGB VII Rz. 309 ff.; zu Beweisproblemen vgl. *Plagemann*, VersR 1997, 9.
[4] Zur Tätigkeit „wie" in einem Arbeitsverhältnis vgl. Schulin/*Schlegel*, S. 306 ff.; *Keller*, SozVers 1994, 323; BGH 23.3.2004 – VI ZR 160/03, NZV 2004, 349; OLG Hamm 15.6.1998 – 6 U 34/98, NJW 1998, 2832; 20.3.2002 – 13 U 229/01, NZV 2003, 238; BSG 27.3.2012 – B 2 U 5/11 R, WzS 2012, 217; 15.5.2012 – B 2 U 8/11 R, WzS 2012, 281.
[5] BGH 23.3.2004 – VI ZR 160/03, NZV 2004, 349.
[6] So auch *Kater/Leube*, § 105 SGB VII Rz. 24; *Stern-Krieger/Arnau*, VersR 1997, 408 (410); *Waltermann*, NJW 2002, 1225 (1227); aA *Rolfs*, DB 2001, 2294 (2299).
[7] Zum Regress des Dienstherrn bei Dienstunfall unter Beteiligung zweier Beamter und der Normenkonkurrenz zwischen § 105 SGB Abs. 1 Satz 2 SGB VII und § 46 Abs. 2 BeamtVG s. BGH 19.3.2013 – VI ZR 174/12, NJW 2013, 2351.

sicherungsfreie Personen, die für das Unternehmen tätig sind, den versicherten Unternehmensangehörigen gleichzustellen[1].

82 Beispiele:

Versichert ist nicht nur die eigentliche Tätigkeit im Betrieb, vielmehr sind dies auch die Betriebsratsarbeit[2], die Dienstreise[3], die betriebliche Gemeinschaftsveranstaltung, wenn sie von der Autorität des Arbeitgebers getragen und geprägt wird[4], in engen Grenzen der vom Betrieb organisierte Sport[5], eine betrieblich organisierte Weihnachtsfeier[6] und die berufliche Bildung im betrieblichen Auftrag[7].

83 Stets ist aber zu prüfen, ob die konkrete Tätigkeit, bei der sich der Unfall ereignet, noch wesentlich mit einer solchen versicherten Tätigkeit zusammenhängt oder der privaten Sphäre angehört[8], die versicherte Tätigkeit also durch eine **eigenwirtschaftliche Tätigkeit**[9] unterbrochen oder beendet war. Unfälle bei solchen eigenwirtschaftlichen Tätigkeiten des Verletzten sind keine Arbeitsunfälle; sie sind nicht versichert und können nicht zum Haftungsausschluss des Schädigers führen.

84 Beispiele:

Nach der Rechtsprechung ist die Haftung des Schädigers nicht ausgeschlossen, wenn sich der Unfall beim Essen oder Trinken ereignet[10], es sei denn, hier verwirklicht sich eine besondere betriebliche Gefahr[11] oder der Arbeitnehmer befindet sich auf dem notwendigen Wege zur Besorgung von Nahrungsmitteln auf dem Betriebsgelände oder außerhalb während der Arbeitszeit oder einer Arbeitspause[12]. Dies gilt ebenso, wenn der Arbeitnehmer auf einem Spaziergang verletzt wird, den er auf seiner Dienstreise unternimmt[13]. Bei einer Schlägerei im Betrieb ist zu unterscheiden[14], ob der Streit aus der Arbeit entstanden ist (Arbeitsunfall) oder ob es um private Fragen ging (kein Arbeitsunfall), ob der Verletzte den Streit besonders provoziert hat (niemals Arbeitsunfall) oder ob er ohne eigene Beteiligung Opfer wurde (immer Arbeitsunfall). Des Weiteren bezieht sich der Ausschluss nur auf Ansprüche des Geschädigten im Betrieb selbst, nicht aber auf Schockschäden von Angehörigen[15].

b) Betriebszugehörigkeit

85 Nach der amtlichen Begründung zu § 105 Abs. 1 SGB VII ist die Haftung immer dann ausgeschlossen, wenn jemand durch betriebliche Tätigkeit den Arbeitsunfall eines Versicherten verschuldet[16]. Eine arbeitsrechtliche Eingliederung des Schädigers

---

1 BT-Drucks. 13/2204, 100.
2 BSG 20.5.1976 – 8 RU 76/75, BSGE 42, 36; 20.2.2001 – B 2 U 7/00 R, NZS 2001, 496; Brackmann/*Krasney*, § 8 SGB VII Rz. 114; Kasseler Kommentar/*Ricke*, § 8 SGB VII Rz. 59.
3 BGH 2.3.1971 – VI ZR 146/69, AP Nr. 6 zu § 637 RVO; BSG 30.5.1985 – 2 RU 9/84, AP Nr. 15 zu § 539 RVO.
4 BSG 27.2.1985 – 2 RU 42/84, NZA 1985, 575; BGH 11.5.1993 – VI ZR 279/92, AP Nr. 23 zu § 637 RVO; OLG Hamm 30.9.1998 – 32 U 6/98, VersR 2000, 600; *Rolfs*, DB 2001, 2294 (2295).
5 BSG 19.3.1991 – 2 RU 23/90, NZA 1991, 823; 7.12.2004 – B 2 U 47/03 R, NZS 2005, 657.
6 BSG 26.6.2014 – B 2 U 7/13 R, BeckRS 2014, 73300.
7 Kasseler Kommentar/*Ricke*, § 8 SGB VII Rz. 56.
8 BSG 30.5.1985 – 2 RU 9/84, AP Nr. 15 zu § 539 RVO; 18.3.2008 – B 2 U 13/07 R, NZS 2009, 288.
9 Kasseler Kommentar/*Ricke*, § 8 SGB VII Rz. 41 ff.
10 BSG 10.10.2002 – B 2 U 6/02 R, NZS 2003, 268; 27.6.2000 – B 2 U 22/99 R, NZS 2001, 153.
11 BSG 10.10.2002 – B 2 U 6/02 R, NZS 2003, 268.
12 BSG 27.4.2010 – B 2 U 11/09 R, NJOZ 2011, 90; 24.2.2000 – B 2 U 20/99 R, NJW 2000, 2836.
13 BSG 30.5.1985 – 2 RU 9/84, AP Nr. 15 zu § 539 RVO; 11.8.1998 – B 2 U 17/97R, VersR 2000, 76.
14 BSG 30.10.1979 – 2 RU 60/79, SozR 2200 § 548 Nr. 48; BAG 22.4.2004 – 8 AZR 159/03, DB 2004, 1784; Kasseler Kommentar/*Ricke*, § 8 SGB VII Rz. 105.
15 BGH 6.2.2007 – VI ZR 55/06, NJW-RR 2007, 1395.
16 BT-Drucks. 13/2204, 100 zu § 105 Abs. 1 SGB VII; dazu *Marschner*, BB 1996, 2090 (2091); *Stern-Krieger/Arnau*, VersR 1997, 408 (410); OLG Karlsruhe 27.9.2012 – 4 U 256/11.

oder des Verletzten in den Betrieb ist nicht erforderlich. Für den Haftungsausschluss nach § 105 Abs. 1 Satz 1 SGB VII reicht es aus, dass **beide** für den Betrieb zumindest „wie" Arbeitnehmer tätig sind (§§ 2 Abs. 2 SGB VII, 7 Abs. 1 SGB IV)[1].

„Wie" ein Arbeitnehmer ist jemand tätig, wenn er eine **dem Unternehmen dienende Tätigkeit** mit dem mutmaßlichen Willen des Unternehmers ausübt, er hierbei nicht selbst unternehmerisch, sondern abhängig tätig sein wollte und die Tätigkeit typischerweise von Arbeitnehmern ausgeübt wird[2]. Diese Tätigkeit darf durchaus vorübergehend oder spontan und punktuell oder aus Gefälligkeit ausgeübt werden; auch dann liegt eine haftungsausschließende Tätigkeit als „Wie-Arbeitnehmer" vor[3]. Allerdings reicht es nicht aus, wenn sich seine Tätigkeit in einer bloßen Berührung mit den Arbeitsvorgängen des Unfallbetriebes erschöpft[4]. Ebenso wenig ist ein selbständiger Unternehmer, der für den Arbeitsunfall eines Mitarbeiters des Auftraggebers mitverantwortlich ist, nicht nach § 105 Abs. 1 SGB VII haftungsprivilegiert[5]. Im Einzelfall ist im Rahmen des § 105 Abs. 1 Satz 1 SGB VII zu prüfen, ob beide Personen Aufgaben des Unfallbetriebs wahrnehmen, ob also ihre Tätigkeit durch Aufgaben des Unfallbetriebes oder durch eine fremde Aufgabenstellung geprägt ist[6]. Dagegen ist kein „Wie-Arbeitnehmer", wer im Unfallbetrieb allein zur Wahrnehmung von Aufgaben seines Stammbetriebes eingesetzt wird.[7]

86

Beispiele:

87

Aus Gefälligkeit hilft jemand, einen festgefahrenen Lkw freizuschleppen und verletzt dabei den Lkw-Fahrer: Er wird durch seine Hilfe vorübergehend zum „Wie-Arbeitnehmer" des Betriebs, für den der Lkw-Fahrer arbeitet; seine Haftung ist also ausgeschlossen. Eine bloße Arbeitsberührung hat der Werkstattkunde, der in der Werkstatt seinen Pkw unaufgefordert zum Probelauf startet, um dem Mechaniker einen Mangel zu zeigen[8]. Wird er hierbei durch dessen Verschulden verletzt oder verletzt er ihn schuldhaft, so ist in keinem Fall die Haftung nach § 105 Abs. 1 Satz 1 SGB VII ausgeschlossen. Geht indessen der Kunde dem Mechaniker zur Hand, weil dieser ihn darum bittet, so greift der Haftungsausschluss ein[9].

Übernimmt der auf Wunsch des Unternehmers mitfahrende betriebsfremde Helfer auf Bitte der Lkw-Fahrerin die Führung des Lkw und verursacht dieser dann einen Unfall, bei dem die als Fahrerin Beauftragte verletzt wird, ist der Helfer als Schädiger auch dann nach § 105 Abs. 1 SGB VII haftungsprivilegiert, wenn er nur beim Abladen mithelfen sollte und die Übernahme der Führung des Lkw nicht dem mutmaßlichen Willen des Unternehmers entsprach[10].

Einstweilen frei.

88–90

Nach § 106 Abs. 3 Alt. 2 SGB VII kann die Haftung des Schädigers auch dann ausgeschlossen sein, wenn er und der Verletzte für **unterschiedliche Unternehmen** arbei-

91

---

1 Zur Frage, ob es ausreicht, wenn Schädiger und Verletzter für *ein* Unternehmen, nicht aber für *einen* Betrieb tätig sind, vgl. *von Koppenfeld-Spies*, NZS 2006, 561; zum Haftungsausschluss bei Mini-Jobbern vgl. LAG Köln 29.1.2008 – 9 Sa 1208/07, AE 2009, 35.
2 BSG 17.3.1992 – 2 RU 22/91, NZA 1992, 862; 15.5.2012 – B 2 U 8/11 R, WzS 2012, 281.
3 OLG Köln 5.6.2001 – 3 U 17/00, r+s 2001, 327; OLG Zweibrücken 30.9.1998 – 1 U 203/97, r+s 2000, 111.
4 BAG 15.1.1985 – 3 AZR 59/82, AP Nr. 16 zu § 637 RVO; *Lepa*, VersR 1985, 8 (11); Wussow/*Schneider*, Kap. 80 Rz. 37.
5 OLG Nürnberg 17.6.2014 – 4 U 1706/12, r+s 2014, 580.
6 BAG 28.2.1991 – 8 AZR 521/89, AP Nr. 21 zu § 637 RVO; 19.2.2009 – 8 AZR 188/08, NZA-RR 2010, 123; BGH 23.3.2004 – VI ZR 160/03, NJW-RR 2004, 884; OLG Hamm 17.1.2002 – 6 U 132/01, NJW-RR 2002, 1317.
7 BAG 19.2.2009 – 8 AZR 188/08, NZA-RR 2010, 123.
8 BGH 10.5.1983 – VI ZR 252/81, NJW 1983, 2883; vgl. auch OLG Rostock 4.6.1998 – 1 U 84/97, VersR 2000, 888.
9 OLG Stuttgart 8.10.2003 – 9 U 67/03, VersR 2004, 68; LSG Bayern 7.5.2014 – L 2 U 256/13, BeckRS 2014, 72868.
10 OLG Düsseldorf 1.3.2011 – 1 U 94/10, r+s 2012, 103.

ten und nicht über dasselbe Unternehmen versichert sind. Es reicht aus, dass beide auf einer **gemeinsamen Betriebsstätte** vorübergehend tätig sind und hierbei der eine den anderen verletzt. Eine gemeinsame Betriebsstätte ist allerdings mehr als „dieselbe" Betriebsstätte. Es ist mehr erforderlich als ein bloß zufälliges Aufeinandertreffen der Unfallbeteiligten, die an derselben Betriebsstätte für zwei verschiedene Betriebe nebeneinander arbeiten. Eine gemeinsame Betriebsstätte liegt erst vor, wenn ein bewusstes Miteinander im Arbeitsablauf besteht. Die Aktivitäten der Versicherten mehrerer Unternehmen müssen bei einzelnen Maßnahmen bewusst und gewollt ineinander greifen, miteinander verknüpft sein, sich ergänzen oder unterstützen. Ausdrückliche Vereinbarungen sind hierfür jedoch nicht erforderlich; eine Verständigung durch bloßes Tun reicht aus[1], ebenso wenig parallele Tätigkeiten, die sich beziehungslos nebeneinander vollziehen, oder eine bloße Arbeitsberührung[2], oder das bloße Zusammentreffen der Risikosphäre mehrerer Unternehmen[3]. Gesichtspunkte, die in den Fällen der §§ 104, 105 SGB VII eine Rolle spielen (Wahrung des Betriebsfriedens, Haftungsersetzung durch die an die Stelle des Schadensersatzes tretenden Leistungen der Unfallversicherung, die vom Unternehmer finanziert wird) kommen im Rahmen von § 106 Abs. 3 Alt. 2 SGB VII nicht zum Tragen[4].

92 **Beispiele:**

Ob auf der Baustelle der Maurer seinen Kollegen oder den Klempner eines Drittunternehmers verletzt, bleibt gleich; in diesen Fällen ist die Haftung des Schädigers ausgeschlossen, wenn er und der Verletzte gemeinsam und nicht nur nebeneinander arbeiten, ihre Tätigkeiten verknüpft sind und sich ergänzen. Denn dann arbeiten sie auf einer gemeinsamen Baustelle. Hingegen liegt ein reines Nebeneinander vor, wenn ein Auslieferungsfahrer auf dem Betriebshof des Zielunternehmens wartet und hierbei von einem anderen Auslieferungsfahrer verletzt wird, der dort für einen anderen Lieferanten ebenfalls Güter abladen will. Ebenso wenig ist die Haftung des Gerüstbauers ausgeschlossen, wenn er zunächst das Baugerüst aufstellt und später der Dachdecker abstürzt, weil ein Brett durchgefault war. Hier fehlt es am „wechselseitigen" Bezug der Tätigkeiten. Der Gerüstbauer hat nur die Arbeit des Dachdeckers gefördert, aber nicht der Dachdecker auch die des Gerüstbauers.

Belädt ein Mitarbeiter mit einem Gabelstapler einen fremden Lkw und verletzt dabei den Lkw-Fahrer, der die Aufgabe hat, in dem Zeitraum, in dem der Staplerfahrer neue Ware holt, jeweils das Ladegut auf der Ladefläche mit einem Spanngurt zu sichern, sind die Voraussetzungen für eine Haftungsbefreiung wegen einer Tätigkeit auf gemeinsamer Betriebsstätte gegeben[5].

Hilft ein Vereinsmitglied im Zuge der Umgestaltung der Vereinsanlage dem anliefernden Lkw-Fahrer beim Abladen von Pflanzkübeln, und wird das Vereinsmitglied dabei durch Verschulden des Fahrers verletzt, kann der Lkw-Fahrer nach § 106 Abs. 3 Alt. 3 SGB VII haftungsprivilegiert sein; es ist von einer Tätigkeit zweier Versicherter auf gemeinsamer Betriebsstätte auszugehen[6].

93 Nach § 105 Abs. 1 Satz 2 und Abs. 2 Satz 1 SGB VII ist es nicht immer erforderlich, dass der Verletzte unfallversichert ist. Vielmehr sind auch **Ansprüche des Arbeitgebers** und des versicherungsfreien Beamten ausgeschlossen, wenn sie betrieblich tä-

---

1 BGH 17.10.2000 – VI ZR 67/00, NZA 2001, 103; 30.4.2013 – VI ZR 155/12, NJW 2013, 2031; BAG 22.1.2008 – VI ZR 17/07, r+s 2008, 217; 12.12.2002 – 8 AZR 94/02, NZA 2003, 968; zuletzt zu den Anforderungen an eine gemeinsame Betriebsstätte OLG Saarbrücken 23.4.2014 – 1 U 455/12, r+s 2014, 370; *Krasney*, NZS 2004, 68 (70); LSG Bay. 29.4.2009 – L 2 U 17/08; *Waltermann*, NJW 2004, 901 (904) und NJW 2002, 1225 (1229); *Stöhr*, VersR 2004, 809. Zur umstrittenen Haftungsfreistellung des Arbeitnehmers gegenüber dem auf der gemeinsamen Betriebsstätte mitarbeitenden fremden Unternehmer vgl. BSG 26.6.2007 – B 2 U 17/06 R, SGb 2008, 418; BGH 17.6.2008 – VI ZR 257/06, NJW 2008, 2916; *Waltermann*, NJW 2008, 2895.
2 BGH 23.9.2014 – VI ZR 483/12, VersR 2014, 1395.
3 BGH 30.4.2013 – VI ZR 155/12, NJW 2013, 2031.
4 OLG München 2.7.2014 – 3 U 2931/13, NZS 2014, 704.
5 OLG Saarbrücken 23.4.2014 – 1 U 455/12, r+s 2014, 370.
6 OLG Jena 30.10.2012 – 5 U 573/11, r+s 2013, 150.

tig sind und durch Verschulden eines Arbeitnehmers einen Arbeitsunfall erleiden (Rz. 80, 81).

Auch **Ansprüche beliebiger Dritter**, die sich an der Unternehmensstätte nur aufhalten und dort nicht einmal betrieblich tätig sind, können nach § 106 Abs. 4 SGB VII ausgeschlossen sein. Sofern sie kraft Satzung gemäß § 3 Abs. 1 Nr. 2 SGB VII versichert sind[1], haftet der Arbeitnehmer, der sie bei einer betrieblichen Tätigkeit verletzt, ihnen nicht auf Ersatz des Personenschadens. Ihr Unfall muss für sie also nicht einmal ein „Arbeitsunfall" sein. 94

c) Verursachung durch betriebliche Tätigkeit

Ob ein **Arbeitsunfall** (Rz. 78–84) vorliegt, wird aus der **Sicht des Verletzten** beurteilt; ob er durch **betriebliche Tätigkeit** verursacht ist, hingegen aus der **Sicht des Schädigers**[2]. Seine Tätigkeit muss in dem Sinne ein **innerbetrieblicher Vorgang** sein, dass sie ihm entweder vom Betrieb oder für diesen übertragen ist oder von ihm im Interesse des Betriebes und im nahen Zusammenhang damit ausgeführt wird[3] und damit der Arbeit im Betrieb gleichsteht[4]. Der Begriff der betrieblichen Tätigkeit ist weit auszulegen[5]. 95

Beispiele: 96

Zur betrieblichen Tätigkeit zählt auch die Teilnahme am innerbetrieblichen Werksverkehr[6], wie überhaupt jede Teilnahme am innerbetrieblichen Verkehr, auch wenn der Schädiger bereits die Heimfahrt antritt, sich aber noch auf dem Betriebsgelände befindet[7]. Gleiches gilt für die zweckmäßige und vom Arbeitgeber erwünschte Mitnahme von Arbeitskollegen auf einer Dienstfahrt[8] sowie für das Zurverfügungstellen eines betriebseigenen Pkw[9].

Einen innerbetrieblichen Vorgang stellt es ebenfalls dar, wenn ein Arbeitgeber seinen Arbeitnehmern für die Heimfahrt von einer betriebsfernen Arbeitsstätte einen betriebseigenen Pkw zur Verfügung stellt und dabei auch die anfallenden Kosten trägt; dies selbst dann, wenn der Pkw lediglich von zwei Arbeitnehmern benutzt wird, die sich bei der Heimfahrt abwechseln[10].

Von der betrieblichen ist wiederum die **eigenwirtschaftliche Tätigkeit** (Rz. 83) abzugrenzen. In Grenzfällen, zB bei der Mitnahme eines Arbeitskollegen im Pkw zu einer Betriebsversammlung, ist zu prüfen, ob diese Mitnahme Privatsache oder **durch die Organisation des Betriebes geprägt** war[11]. Zwar wird der betriebliche Charakter einer Tätigkeit durch ihre fehlerhafte oder leichtsinnige Ausführung nicht aufgehoben[12]; zur privaten wird sie jedoch dann, wenn nur ein äußerer Zusammenhang mit der Erfüllung betrieblicher Aufgaben besteht und die schädigende Handlung lediglich bei Gelegenheit solcher Aufgaben erfolgt, zB aus Spieltrieb oder Rauflust[13]. 97

---

1 Vgl. *Kater/Leube*, § 106 SGB VII Rz. 21, § 3 SGB VII Rz. 30–39.
2 BAG 22.4.2004 – 8 AZR 159/03, NJW 2004, 3360; Wussow/*Schneider*, Kap. 80 Rz. 106.
3 BAG 22.4.2004 – 8 AZR 159/03, NJW 2004, 3360.
4 BAG 19.8.2004 – 8 AZR 349/03, VersR 2005, 1439. Maßgeblich ist hiernach, ob sich in dem Unfall „das betriebliche Verhältnis zwischen Schädiger und Geschädigtem manifestiert oder ob dieses Verhältnis zum Unfall keinen oder nur einen losen Zusammenhang hat".
5 BGH 2.3.1971 – VI ZR 146/69, AP Nr. 6 zu § 637 RVO; BAG 14.3.1974 – 2 AZR 155/73, AP Nr. 8 zu § 637 RVO.
6 BAG 14.3.1974 – 2 AZR 155/73, AP Nr. 8 zu § 637 RVO.
7 BAG 14.12.2000 – 8 AZR 92/00, NZA 2001, 549; LAG Rh.-Pf. 2.10.2012 – 3 Sa 272/12, BeckRS 2012, 76225.
8 BGH 2.3.1971 – VI ZR 146/69, AP Nr. 6 zu § 637 RVO.
9 BGH 25.10.2005 – VI ZR 334/04, VersR 2006, 221.
10 OLG Dresden 24.7.2013 – 7 U 2032/12, NJW-RR 2014, 143.
11 BGH 11.5.1993 – VI ZR 279/92, AP Nr. 23 zu § 637 RVO; *Neumann-Duesberg*, SGb 1993, 545.
12 BAG 22.4.2004 – 8 AZR 159/03, NJW 2004, 3360.
13 BAG 9.8.1966 – 1 AZR 426/65, NJW 1967, 220.

98 **Beispiel:**

Ein Auszubildender einer Kfz-Werkstatt baut einen Motor aus. Dabei schließt er den Benzinhahn nicht. Benzin läuft aus und durchtränkt seine Kleidung. Er will die Feuchtigkeit mit Pressluft beseitigen. Hierdurch bildet sich ein explosives Benzin-Luft-Gemisch als „Benzinglocke" um seinen Körper. Ein anderer 17-jähriger Auszubildender tritt „aus Spaß" an ihn heran und zündet sein Feuerzeug an. Der erste Auszubildende erleidet bei der Explosion schwere Verbrennungen[1].

99 Für den Verletzten mag hier ein versicherter Arbeitsunfall vorliegen; dennoch sind seine Ansprüche gegen den Schädiger nicht vollständig ausgeschlossen, sondern nur um die Leistungen der Sozialversicherung **gemindert** (§§ 105 Abs. 1 Satz 3, 104 Abs. 3 SGB VII). Entgegen § 116 SGB X gehen Ansprüche des Verletzten nicht auf den Träger der Sozialversicherung über (§§ 105 Abs. 1 Satz 3, 104 Abs. 1 Satz 2 SGB VII).

100 **Verursacht** sind der Unfall- und der aus ihm folgende Körperschaden (nach der sozialversicherungsrechtlichen **Theorie der wesentlichen Bedingung**[2]) durch die betriebliche Tätigkeit dann, wenn die Tätigkeit zum Unfall wesentlich beigetragen und der Unfall am Entstehen des Körperschadens oder der Verschlimmerung eines bereits bestehenden Körperschadens wesentlich mitgewirkt hat.

2. Vorsatztaten, Wegeunfälle

101 Die Haftung des Arbeitnehmers ist nicht ausgeschlossen, wenn er den Unfall **vorsätzlich** herbeiführt (§ 105 Abs. 1 Satz 1 SGB VII). Bedingter Vorsatz reicht aus[3]. Der Vorsatz muss sich allerdings auf das Unfallereignis und auf die konkrete Verletzungsfolge beziehen; nur wenn auch diese billigend in Kauf genommen wird, ist die Haftung entsperrt[4].

102 Die Haftung ist auch dann nach § 105 Abs. 1 Satz 1 SGB VII nicht ausgeschlossen, wenn es sich für den Verletzten um einen **Wegeunfall**[5] iSd. § 8 Abs. 2 Nr. 1–4 SGB VII handelt, vor allem um einen Unfall auf seinem privaten Weg zu oder von der Arbeit – dies zur Unterscheidung vom Werkverkehr, bei dem der Unternehmer Betriebsangehörige mit Rücksicht auf den Betrieb und ihre beruflichen Aufgaben im betriebseigenen Fahrzeug zum Arbeitsplatz (bzw. zurück) bringen lässt[6]. Der Verletzte befindet sich auf einer öffentlichen Straße und erleidet den Unfall als normaler Verkehrsteilnehmer. Der Aufenthalt auf der Straße und das damit verbundene Risiko sind kein Vollzug betrieblich geprägter Tätigkeiten und beruhen nicht auf betriebsbezogenen Umständen[7]. Der Verletzte ist hier zwar nach §§ 7, 8 Abs. 2 SGB VII unfallversichert. Dennoch stehen ihm gegen den Schädiger Ersatzansprüche zu.

103 Hingegen haftet der betrieblich tätige Schädiger nicht, wenn sich der Unfall für den Verletzten bei einer Fahrt auf dem Werksgelände, einer **Dienstfahrt** oder einer betrieb-

---

1 BAG 9.8.1966 – 1 AZR 426/65, NJW 1967, 220.
2 BSG 10.6.1955 – 10 RV 390/54, 30.6.1960 – 2 RU 86/56 u. 19.9.1974 – 8 RU 236/73, BSGE 1, 72 ff., 12, 242 ff. und 38, 127 ff.; 5.8.1987 – 9b RU 28/86, NZA 1988, 71 u. 28.6.1988 – 2/9b RU 28/87, NZA 1988, 894; LSG Sa.-Anh. 9.12.2010 – L 6 U 122/07, BeckRS 2011, 70350; Schulin/*Schulin*, S. 555 ff.; *Schulin*, FS Gitter, 1995, S. 911 ff.; Brackmann/*Krasney*, § 8 SGB VII Rz. 309 ff.; Kreikebohm/*Holtstraeter*, § 8 SGB VII Rz. 76–78.
3 ErfK/*Rolfs*, § 104 SGB VII Rz. 12.
4 BAG 10.10.2002 – 8 AZR 103/02, NJW 2003, 1890; 22.4.2004 – 8 AZR 159/03, NJW 2004, 3360; BGH 11.2.2003 – VI ZR 34/02, BB 2003, 966 mwN; BGH 8.3.2012 – III ZR 191/11, NZS 2012, 546; aA *Rolfs*, DB 2001, 2294 (2297).
5 Ausführlich *Kranig/Aulmann*, NZS 1995, 203; vgl. auch die Rspr.-Übersicht in AiB 1999, 456 ff.
6 S. näher ErfK/*Rolfs*, § 104 SGB VII Rz. 13.
7 BGH 8.5.1973 – VI ZR 148/72, AP Nr. 7 zu § 636 RVO; 10.3.1983 – III ZR 1/82, NJW 1983, 2021; vgl. auch *Marschner*, BB 1996, 2090 ff.; *Rolfs*, NJW 1996, 3177 ff.

IV. Haftung für Personenschäden

lich organisierten Fahrt zur Arbeitsstätte ereignet hat[1]. In diesem Fall wird also nicht von einer allgemeinen Verkehrsgefahr ausgegangen, sondern davon, dass der Verletzte der Unfallgefahr kraft **betrieblicher Organisation** ausgesetzt war.

Wenn der Schädiger wegen Vorsatz oder bei einem Wegeunfall haftet, **mindern** sich die Ansprüche des Verletzten um den Betrag, der durch Leistungen der Sozialversicherungen gedeckt ist (§§ 105 Abs. 1 Satz 3, 104 Abs. 3 SGB VII). Sein Restanspruch geht nicht auf den Träger der Sozialversicherung über (§§ 105 Abs. 1 Satz 3, 104 Abs. 1 Satz 2 SGB VII).

104

Dem Schädiger können **Freistellungs- und Ersatzansprüche** gegen seinen Arbeitgeber zustehen, wenn er betrieblich, zB auf einer Dienstfahrt, einen Wegeunfall des Verletzten ohne grobe Fahrlässigkeit verursacht hat (vgl. Rz. 68).

105

3. Bindung der Zivilgerichte

Durch § 108 SGB VII soll verhindert werden, dass zivil- und sozialrechtliche **Entscheidungen divergieren**. Hierzu käme es, wenn ein Zivil- oder Arbeitsgericht im Schadensersatzprozess einen Arbeitsunfall verneint und deshalb den Schädiger haften lässt, während die Berufsgenossenschaft oder das Sozialgericht einen Arbeitsunfall bejaht und dem Verletzten deshalb Leistungen nach dem SGB VII (zB Unfallrente) zuspricht. Das Zivil- oder Arbeitsgericht hat den Schadensersatzprozess verpflichtend **auszusetzen**, bis die entsprechende Entscheidung des Trägers der Unfallversicherung oder des Sozialgerichts unanfechtbar geworden ist (§ 108 Abs. 2 Satz 1 SGB VII)[2]. Es ist an deren Entscheidungen gebunden, soweit sie die Fragen betreffen, ob ein Arbeitsunfall vorliegt und welcher Träger der Sozialversicherung welche Leistungen zu erbringen hat (§ 108 Abs. 1 SGB VII). Jedoch findet § 108 Abs. 2 SGB VII keine Anwendung auf den Rückgriffsanspruch nach § 110 SGB VII[3]. Aus der Festlegung der Zuständigkeit eines bestimmten Sozialversicherungsträgers durch die Sozialgerichte folgt auch die Zuordnung des Unfallgeschehens zu einem bestimmten Betrieb. Sie steht der Anwendung eines anderen Versicherungstatbestandes durch die Zivilgerichte entgegen[4]. Die Aussetzungspflicht besteht auch dann, wenn ein Arbeitsunfall offensichtlich oder unstreitig ist. Indessen ist das Streitgericht nicht gebunden, soweit es entscheiden muss, ob der Schädiger zu den privilegierten Personen zählt, ob er den Arbeitsunfall bei betrieblicher Tätigkeit und ob er ihn vorsätzlich verursacht hat[5].

106

Der möglichen **Verzögerung**, die durch die Aussetzung des Schadensersatzprozesses entsteht, wirkt das Gesetz zweifach entgegen. Zum einen kann das Streitgericht beschließen, dass das ausgesetzte Verfahren fortzusetzen ist, falls nicht binnen bestimmter Frist das sozialrechtliche Verfahren auf Feststellung eines Arbeitsunfalls eingeleitet ist (§ 108 Abs. 2 Satz 2 SGB VII). Zum anderen kann dieses sozialrechtliche Verfahren nicht nur von den Geschädigten, ihren Angehörigen und Hinterbliebenen betrieben werden, sondern auch von dem, der als Schädiger in Anspruch genommen wird, aber bei Feststellung eines Arbeitsunfalls nicht haften würde (§ 109 SGB VII)[6].

107

---

1 BGH 9.3.2004 – VI ZR 439/02, NJW-RR 2004, 883; BAG 30.10.2003 – 8 AZR 548/02, DB 2004, 656; OLG Dresden 24.7.2013 – 7 U 2032/12, NJW-RR 2014, 143; *Ricke*, VersR 2002, 413.
2 ErfK/*Rolfs*, § 108 SGB VII Rz. 5.
3 BSG 31.1.2012 – B 2 U 12/11 R, NZS 2012, 548.
4 S. nur BGH 19.5.2009 – VI ZR 56/08, NJW 2009, 3235 sowie *Kampen*, NJW 2010, 2311 (2313f.).
5 Zum Umfang der Bindung BGH 4. 4.1995 – VI ZR 327/93, BGHZ 129, 195; 20.4.2004 – VI ZR 189/03, NJW-RR 2004, 1093; 20.11.2007 – VI ZR 244/06, VersR 2008, 225; OLG München 2.7. 2014 – 3 U 2931/13, NZS 2014, 704; *Boudon*, BB 1993, 2446; *Dahm*, SozVers 1996, 39; *Krasney*, NZS 2004, 68 (71); *Horst/Katzenstein*, VersR 2009, 165.
6 Vgl. *Krasney*, NZS 2004, 68 (72).

4. Regressansprüche der Sozialversicherung

108 Nach § 110 Abs. 1 SGB VII können die Träger der Sozialversicherung Regressansprüche gegen den schädigenden Arbeitnehmer wegen ihrer Aufwendungen haben, die ihnen aus dem Versicherungsfall entstehen. Dies gilt nur, wenn der Arbeitnehmer **vorsätzlich oder grob fahrlässig** gehandelt hat, er deshalb dem Verletzten nach allgemeinen zivilrechtlichen Maßstäben haften würde, seine Haftung aber wegen der Privilegierung aus §§ 105–107 SGB VII (betriebliche Tätigkeit) ausgeschlossen oder nach § 104 Abs. 3 SGB VII eingeschränkt ist[1]. Die grobe Fahrlässigkeit muss nicht nur objektiv vorliegen, sondern auch als subjektiv schlechthin unentschuldbare Pflichtverletzung[2]. Es reicht aber aus, wenn sich das grobe Verschulden des Arbeitnehmers nur auf den Arbeitsunfall als solchen bezieht; eine vorsätzliche oder grobfahrlässige Verursachung des Schadens ist für den Regressanspruch nicht erforderlich (§ 110 Abs. 1 Satz 3 SGB VII)[3]. So liegt grobe Fahrlässigkeit zu Lasten einer GmbH und ihres Geschäftsführers vor, wenn der Geschäftsführer einen Leiharbeiter veranlasst, ihm beim Transport eines ungesichert auf der Gabel eines Gabelstaplers liegenden 2 × 4 m großen, 200–260 kg schweren Metallrahmens zu helfen, und der Leiharbeiter dann beim plötzlichen Absenken der Gabel durch den herabfallenden Rahmen schwer verletzt wird[4]. Von grober Fahrlässigkeit kann allerdings nicht bei jedem objektiven Verstoß gegen Unfallverhütungsvorschriften ausgegangen werden. Jedoch handelt objektiv und auch subjektiv grobfahrlässig, wer entgegen einer eindeutigen Unfallverhütungsvorschrift, die vor tödlichen Gefahren schützen soll, alle Schutzvorkehrungen unterlässt[5]. Soweit auch der Arbeitgeber wegen eigenen groben Verschuldens oder des Verschuldens seiner Organe (§ 111 SGB VII) regressbelastet ist, haften er und der Arbeitnehmer als **Gesamtschuldner** mit gegenseitiger Ausgleichspflicht.

Fällt dem verletzten Arbeitnehmer ein Mitverschulden zur Last, so kann dies in Anwendung von § 254 BGB zu einer Kürzung des Anspruchs des Sozialversicherungsträgers gegen den Arbeitgeber führen. Für die Frage, inwieweit der Arbeitnehmer ein Verschulden an dem Arbeitsunfall trifft, sind spiegelbildlich die Grundsätze zur Arbeitnehmerhaftung anzuwenden[6]. Der Arbeitnehmer ist grundsätzlich verpflichtet, den Arbeitgeber über erkennbare Gefahren zu unterrichten. Verwirklicht sich die vom Arbeitnehmer erkannte Gefahr, ohne dass der Arbeitgeber etwas dagegen unternommen hat, ist das Verhalten des Arbeitnehmers, der die Gefahr in Kauf nehmen muss, nicht als ein Mitverschulden zu bewerten und haftet der Arbeitgeber in voller Höhe[7].

109 Der Anspruch auf Ersatz der Aufwendungen ist zwar ein **originärer Anspruch**. Dennoch beschränkt § 110 Abs. 1 Satz 1 SGB VII den Regress auf die Höhe des Schadensersatzanspruchs, den der Verletzte nach allgemeinem Zivilrecht hätte, falls dieser Anspruch nicht durch §§ 105–107 SGB VII ausgeschlossen wäre. Folglich kann gegenüber dem Regress der **Einwand des Mitverschuldens** erhoben werden[8]. Die Darlegungs- und Beweislast für die Höhe des fiktiven zivilrechtlichen Schadensersatzanspruchs liegt beim Träger der Sozialversicherung[9].

110 Wenn der Träger der Sozialversicherung eine laufende Rente zahlt, kann er vom Schädiger deren Kapitalwert fordern (§ 110 Abs. 1 Satz 2 SGB VII). Der Träger der Sozial-

---

1 BGH 18.11.1980 – VI ZR 147/78, NJW 1981, 869.
2 BGH 30.1.2001 – VI ZR 49/00, NJW 2001, 569.
3 *Stern-Krieger/Arnau*, VersR 1997, 408 (412).
4 OLG Frankfurt/M. 4.4.2014 – 2 U 93/13, r+s 2014, 477.
5 BGH 18.2.2014 – VI ZR 51/13, NZS 2014, 470; 30.1.2001 – VI ZR 49/00, NJW 2001, 569; OLG Schleswig 6.3.2014 – 11 U 74/13, VersR 2014, 1353.
6 OLG Bamberg 3.3.2008 – 1 U 207/07, VersR 2009, 132.
7 OLG Bamberg 3.3.2008 – 1 U 207/07, VersR 2009, 132.
8 OLG Naumburg 12.12.2007 – 6 U 200/06, VersR 2007, 704; *Stern-Krieger/Arnau*, VersR 1997, 408 (412); aA Geigel/*Kolb*, Kap. 32 Rz. 24.
9 BGH 29.1.2008 – VI ZR 70/07, r+s 2008, 172 mwN auch zur Gegenansicht.

IV. Haftung für Personenschäden

versicherung kann auf seinen Anspruch ganz oder teilweise **nach billigem Ermessen verzichten** (§ 110 Abs. 2 SGB VII). Hierbei hat er die wirtschaftlichen Verhältnisse des Arbeitnehmers, aber auch seinen Verschuldensgrad und ein Mitverschulden des Verletzten zu berücksichtigen[1].

Für die Durchsetzung der Regressansprüche sind die **Zivilgerichte** zuständig[2]. Auch ein Regressverfahren ist auszusetzen, bis die bindenden sozialrechtlichen Feststellungen über den Arbeitsunfall getroffen sind (§ 112 SGB VII). Für die **Verjährung** gilt § 113 SGB VII.

5. Verhältnis mehrerer Schädiger

Soweit die Haftung des Arbeitnehmers nach den §§ 105–107 SGB VII ausgeschlossen ist, können er und ein am Unfall beteiligter Drittschädiger nicht als Gesamtschuldner haften. Eine Pflicht des Arbeitnehmers zum Gesamtschuldnerausgleich widerspräche ohnehin dem Sinn seiner Haftungsfreistellung. Dies darf jedoch den Dritten nicht benachteiligen. Deshalb haftet er dem Verletzten – und auch dem Träger der Sozialversicherung nach § 116 SGB X – nur **in Höhe der internen Quote**, die er bei einem fiktiven Gesamtschuldnerausgleich, gemessen an der jeweiligen Verantwortung, tragen müsste[3]. Auch der Arbeitgeber haftet dem Verletzten nicht nach § 831 BGB, wenn die Haftung des Arbeitnehmers nach den §§ 105–107 SGB VII ausgeschlossen ist; ein fiktiver Freistellungsanspruch, den der Arbeitnehmer ohne Haftungsprivilegierung gegen den Arbeitgeber hätte (vgl. Rz. 68), wirkt hier nicht zu Gunsten des Verletzten[4].

Bei grobem Verschulden des Arbeitnehmers kann der Träger der Sozialversicherung ihn nach § 110 SGB VII und/oder den Drittschädiger nach § 116 SGB X in Anspruch nehmen[5]. Eine Gesamtschuld entsteht hierdurch nicht. Soweit jedoch der Arbeitnehmer mehr zahlt, als er bei einem **fiktiven Gesamtschuldnerausgleich** intern tragen müsste, ist der Drittschädiger ohne Rechtsgrund bereichert; er schuldet dem Arbeitnehmer entsprechenden Ausgleich nach § 812 BGB[6].

Mitunter hat der Arbeitgeber mit dem beteiligten Drittschädiger, zB in einem Subunternehmervertrag, vereinbart, dieser werde ihn von der **Haftung weitgehend entlasten**. Dies würde auch den mitschädigenden Arbeitnehmer begünstigen (Rz. 66), wäre seine Haftung nicht ohnehin nach § 105 SGB VII ausgeschlossen. Der fiktive Gesamtschuldnerausgleich (Rz. 112) führt dann dazu, dass der Dritte dem Verletzten oder dem Träger der Sozialversicherung nach § 116 SGB X in Höhe der Quote haftet, die sich aus seiner höheren vertraglichen Verantwortung, nicht nur seiner tatsächlichen Verantwortung, ergibt[7].

Umgekehrt können Arbeitgeber und Drittschädiger auch vereinbart haben, dass der Arbeitgeber den Drittschädiger intern weitgehend von der Haftung freistellen werde. Diese Vereinbarung kürzt die Ansprüche des Verletzten gegen den Drittschädiger nur insoweit, als die **interne Haftungsverteilung** auch den tatsächlichen Verantwortungsbereichen entspricht. Hatte also der Drittschädiger tatsächlich eine Pflicht zur Schadensverhütung, so kann er sich gegenüber dem Verletzten nicht darauf berufen, der Arbeitgeber sei ihm intern zur Entlastung verpflichtet[8].

---

1 Wussow/*Schneider*, Kap. 80 Rz. 155.
2 BSG 11.12.1973 – 2 RU 30/71, VersR 1974, 801.
3 BGH 22.1.2008 – VI ZR 17/07, r+s 2008, 217 mwN; MünchKommBGB/*Bydlinski*, § 426 Rz. 62; *Otto/Schwarze*, Rz. 618; Wussow/*Schneider*, Kap. 80 Rz. 123 ff.; *Luckey*, VersR 2002, 1213.
4 BGH 11.11.2003 – VI ZR 13/03, NJW 2004, 951.
5 BGH 19.10.1971 – VI ZR 91/70 und 7.4.1981 – VI ZR 251/78, VersR 1972, 171 und 1981, 649.
6 BGH 7.4.1981 – VI ZR 251/78, VersR 1981, 649.
7 BGH 2.4.1974 – VI ZR 193/72 u. 14.6.1976 – VI ZR 178/74, VersR 1974, 888 und 1976, 991.
8 BGH 17.2.1987 – VI ZR 81/86, NJW 1987, 2669; 23.1.1990 – VI ZR 209/89, DB 1990, 1185; OLG Hamm 3.6.1996 – 6 U 211/95, VersR 1998, 328; *Denck*, NZA 1988, 265; *Burkert/Kirchdörfer*, JuS 1988, 341.

J. Vertragsstrafe und verwandte Regelungen

	Rz.		Rz.
I. Vertragsstrafe		4. Formulierungsbeispiele	48
1. Allgemeines	1	**II. Pauschalierter Schadensersatz**	52
2. Vertragsstrafen im Arbeitsrecht	11	**III. Verfallregelungen**	55
3. Billigkeitskontrolle	20	**IV. Betriebsbußen**	62
a) Arbeitgeberinteresse	23		
b) Angemessene Höhe	27		
c) Formulararbeitsverträge	38		

Schrifttum:

Bengelsdorf, Schadenersatz bei Nichtantritt der Arbeit, BB 1989, 2390; *Berkowsky*, Schuldrecht – Was ändert die Reform im Arbeitsrecht, AuA 2002, 11; *Conein-Eikelmann*, Erste Rechtsprechung zur Wirksamkeit von Vertragsstrafenabreden nach der Schuldrechtsreform, DB 2003, 2547; *Däubler*, Die Auswirkungen der Schuldrechtsmodernisierung auf das Arbeitsrecht, NZA 2001, 1329; *Dollmann*, Vertragsstrafen in vorformulierten Arbeitsverträgen – Rechtsprechungsstand und Praxisfolgen, ArbRB 2004, 125; *Haas/Fuhlrott*, Ein Plädoyer für mehr Flexibilität bei Vertragsstrafen, NZA-Rechtsprechungsrecherche 2010, 1; *Heinze*, Konventionalstrafe und andere Sanktionsmöglichkeiten in der arbeitsrechtlichen Praxis, NZA 1994, 244; *Henssler/Preis*, Diskussionsentwurf eines Arbeitsvertragsgesetzes (ArbVG) 2. Fassung, Stand: August 2006, http://www.bertelsmann-stiftung.de/bst/de/media/Diskussionsentwurf_August2006.pdf; *Hoß*, Zulässigkeit von Vertragsstrafen im Arbeitsrecht, ArbRB 2002, 138; *Kraft*, Sanktionen im Arbeitsverhältnis, NZA 1989, 777; *Langheid*, Vertragsstrafenvereinbarungen in Arbeitsverträgen, DB 1980, 1219; *Lingemann*, Allgemeine Geschäftsbedingungen und Arbeitsvertrag, NZA 2002, 181; *Marschner*, Die Berechnung von Sozialversicherungsbeiträgen bei lohnmindernden Vertragsstrafen, NZA 1997, 300; *Preis*, Die verhaltensbedingte Kündigung, DB 1990, 685; *Preis/Stoffels*, Vertragsstrafe, AR-Blattei SD 1710, 1993; *Schmidt*, Die Abmahnung und ihre rechtliche Problematik, NZA 1985, 409; *Schwerdtner*, Grenzen der Vereinbarungsfähigkeit von Vertragsstrafen im Einzelarbeitsverhältnis, in: Festschrift für Marie-Luise Hilger und Hermann Stumpf, 1983, S. 631; *Stein*, Arbeitsvertragsbruch und formularmäßige Vertragsstrafe, 1985, 1402; *Thüsing/Leder*, Neues zur Inhaltskontrolle von Formulararbeitsverträgen, BB 2004, 42; *Zöllner*, Immanente Grenzen arbeitsvertraglicher Regelungen, RdA 1989, 152.

I. Vertragsstrafe

1. Allgemeines

1   Ein vertragliches Strafversprechen stellt ein **aufschiebend bedingtes Leistungsversprechen** dar[1]. Der Bedingungseintritt für die Leistung liegt in der **Nicht- oder Schlechterfüllung** einer Schuldnerpflicht. Bei einer Vertragsstrafe für den Fall der Nichterfüllung kann der Gläubiger Erfüllung oder die Vertragsstrafe und Ersatz des weiteren Schadens verlangen (§ 340 BGB), während neben einer Vertragsstrafe für den Fall einer Schlechterfüllung der Erfüllungsanspruch erhalten bleibt (§ 341 Abs. 1 BGB). Gegenstand des Strafversprechens kann nahezu jedes Handeln oder Unterlassen des Schuldners sein.

2   Zu unterscheiden ist das selbständige und das unselbständige Strafversprechen. Ein **selbständiges Strafversprechen** wird für den Fall einer bestimmten Handlung oder Unterlassung versprochen, ohne dass der Schuldner zu dieser verpflichtet ist[2]. Derartige

---

1 Vgl. MünchKommBGB/*Gottwald*, vor § 339 Rz. 1.
2 Vgl. Schaub/*Linck*, § 60 Rz. 2.

I. Vertragsstrafe

Strafversprechen sollen letztlich das enttäuschte Vertrauen auf das erwartete Schuldnerverhalten entschädigen[1].

Praktisch größere Bedeutung haben **unselbständige Strafversprechen**, die an eine Schuldnerpflicht anknüpfen und von deren Bestand abhängen (vgl. § 344 BGB). Diese bezwecken die Sicherung des Erfüllungsanspruchs[2]. Durch eine Verletzung der ihm obliegenden Primärpflicht löst der Schuldner die vereinbarte Sanktion aus[3]. Diesen unselbständigen Strafversprechen liegen die **§§ 339 ff. BGB** zugrunde. Auf selbständige Strafversprechen sind diese Regelungen teilweise entsprechend anwendbar.

Die Verwirkung der Vertragsstrafe setzt bei einem Verstoß gegen eine Leistungspflicht nach § 339 Satz 1 BGB zunächst voraus, dass der Schuldner in **Verzug** kommt. Bei einer Unterlassungspflicht reicht insoweit die **Zuwiderhandlung** aus (§ 339 Satz 2 BGB).

Trotz des in § 339 BGB scheinbar abweichenden Wortlauts ist weitere Voraussetzung das **Vertretenmüssen** des Schuldners[4]. Allerdings ist das Verschuldenserfordernis abdingbar[5]. Hier ist in AGB-Verträgen indessen Vorsicht geboten. Das BAG hat zwar zutreffend entschieden, dass die Vereinbarung einer „Vertragsstrafe" in AGB nicht unter dem Gesichtspunkt fehlender Transparenz unwirksam ist, wenn die Klausel nicht ausdrücklich ein Verschulden fordert, da der zulässigerweise verwendete juristische Fachbegriff der „Vertragsstrafe" nur unter den Voraussetzung des § 339 BGB, also bei Schuldnerverzug, zu einer Zahlungspflicht führt[6]. Die Begründung lässt aber vermuten, dass das BAG einer Abbedingung des Verschuldenserfordernisses in Formularverträgen kritisch gegenüberstünde. Hier liegt eine unangemessene Benachteiligung iSd. § 307 BGB nahe.

Es gilt der allgemeine Grundsatz, dass jede Schuldform zur Verwirkung einer Vertragsstrafe ausreicht. Obwohl ein „Vertragsbruch" dies begrifflich nicht voraussetzt[7], sollen Vertragsstrafen, die ohne weitere Konkretisierung „für Fälle des Arbeitsvertragsbruchs" vereinbart sind, nach verbreiteter Ansicht nur verwirkt werden, wenn die Pflichtverletzung vorsätzlich erfolgt, soweit durch diese Formulierung Fälle des Nichtantritts der Arbeit und des Fernbleibens von der Arbeit vor Ablauf der Kündigungsfrist erfasst werden[8]. Hält man Vertragsstrafenvereinbarungen, die ohne nähere Präzisierung eine Strafe für den Fall des „Vertragsbruchs" vorsehen, insoweit für wirksam, wie hierdurch die Fälle geregelt sind, dass der Arbeitnehmer die Arbeit rechtswidrig nicht aufnimmt oder das Arbeitsverhältnis vertragswidrig vorzeitig ohne wichtigen Grund beendet, wird man zumindest bedingten Vorsatz als Schuldform fordern müssen, um die rechtliche Wirksamkeit dieser ungenauen Vereinbarungen zu erhalten[9]. Ist indessen genau bestimmt, für welche Fälle des Vertragsbruchs die Strafe vereinbart wird und deren Voraussetzungen damit für den Schuldner genau erkennbar, besteht kein Grund, einfache Fahrlässigkeit nicht ausreichen zu lassen.

---

1 Vgl. *Larenz*, Lehrbuch des Schuldrechts. Bd. 1, § 24 IIb, S. 381; *Fikentscher*, Schuldrecht, § 25 II 2c, S. 99.
2 Vgl. Staudinger/*Rieble*, vor § 339 ff. BGB Rz. 4.
3 Vgl. Staudinger/*Rieble*, § 339 BGB Rz. 95.
4 Vgl. BGH 29.6.1972 – II ZR 101/70, DB 1973, 764.
5 Vgl. BGH 18.12.1981 – V ZR 233/80, BGHZ 82, 398 (402); Palandt/*Grüneberg*, § 339 BGB Rz. 3.
6 Vgl. BAG 19.8.2010 – 8 AZR 645/09, AP Nr. 49 zu § 307 BGB.
7 Vgl. Preis/*Stoffels*, Der Arbeitsvertrag, II V 30, Rz. 68.
8 Vgl. BAG 18.9.1991 – 5 AZR 650/90, AP Nr. 14 zu § 339 BGB; LAG Berlin 6.12.1966 – 5 Sa 98/66, AP Nr. 4 zu § 339 BGB; ErfK/*Müller-Glöge*, §§ 339–345 BGB Rz. 32; aA LAG Köln 15.5.1991 – 7 Sa 778/90, LAGE § 339 BGB Nr. 9.
9 Vgl. BAG 18.9.1991 – 5 AZR 650/90, AP Nr. 14 zu § 339 BGB; spätestens im Rahmen von Formularverträgen ist im Hinblick auf das im AGB-Recht geltende Verbot geltungserhaltender Reduktion eine solch unpräzise Regelung zu vermeiden; vgl. in diesem Sinne LAG Rh.-Pf. 18.11.2011 – 6 Sa 460/11.

7 Das Verschulden von **Erfüllungsgehilfen** ist dem Schuldner zuzurechnen[1]. Für das Vorliegen von Verschulden ist in einem Rechtsstreit nicht der Gläubiger beweisbelastet, sondern der Schuldner muss den Nachweis **fehlenden Verschuldens** führen[2].

8 **Zweck** der Vertragsstrafe ist in erster Linie die Sicherung des berechtigten Bedürfnisses des Gläubigers, einem vertragswidrigen und schuldhaften Verhalten des Schuldners möglichst effektiv entgegenzuwirken. Daneben eröffnet sie dem Gläubiger einen Schadensausgleich ohne Nachweis des Schadens[3]. Auch wenn der Gläubiger keinen konkreten Schaden erlitten hat, schließt dies demgemäß eine Vertragsstrafe nicht aus[4].

9 Vertragsstrafen können wegen mangelnder **Bestimmtheit** unwirksam sein. Nach den allgemeinen Grundsätzen zur Bestimmtheit und Klarheit ist erforderlich, dass die Vertragsstrafe erkennen lässt, welche Pflichten durch sie tatsächlich gesichert werden sollen[5]. Auch die zu leistende Strafe ist klar zu bezeichnen. Die Vertragsstrafe kann in einer Geldzahlung oder einer sonstigen Leistung bestehen. In letzterem Fall ist § 342 Halbs. 2 BGB zu beachten.

10 Die Zahlung der Strafe schließt die **Geltendmachung eines weiteren Schadens** nicht aus, so dass die Vertragsstrafe lediglich den Mindestbetrag des Schadensersatzes darstellt. Nur bei anderen als Geldstrafen gilt dies gem. § 342 BGB nicht.

2. Vertragsstrafen im Arbeitsrecht

11 Das Rechtsinstitut der Vertragsstrafe findet auch im Arbeitsrecht Anwendung[6]. Dementsprechend geht auch die Rechtsprechung von der grundsätzlichen Möglichkeit und Rechtmäßigkeit von Vertragsstrafenvereinbarungen zwischen den Arbeitsvertragsparteien aus[7]. Vertragsstrafen wegen Nichterfüllung der Arbeit sind auch nicht wegen Umgehung von § 888 Abs. 2 ZPO unzulässig[8]. Nicht zulässig sind hingegen Vertragsstrafen in Berufsausbildungsverhältnissen (§ 12 Abs. 2 Nr. 2 BBiG). Sie sind allerdings dann wirksam, wenn sie in einem während der letzten sechs Monate des Ausbildungsverhältnisses geschlossenen Anschlussarbeitsvertrag vereinbart werden und sich auf das Anschlussarbeitsverhältnis beziehen[9].

12 In der betrieblichen Praxis besteht regelmäßig das Bedürfnis, durch Nichterfüllung arbeitsvertraglicher Pflichten eingetretene Schäden auszugleichen bzw. hierdurch drohenden Schäden bereits im Vorfeld entgegenzuwirken. Die **Doppelfunktion der Vertragsstrafe** macht diese zu einem geeigneten Instrumentarium, mit dem arbeitsvertraglichem Fehlverhalten entgegengewirkt und dieses ggf. sanktioniert werden kann[10]. Vertragsstrafenvereinbarungen sind bedeutsam, weil die gesetzlichen Rechts-

---

1 Vgl. BGH 15.5.1985 – I ZR 25/83, NJW 1986, 127; Palandt/*Grüneberg*, § 339 BGB Rz. 3.
2 Vgl. BGH 29.6.1972 – II ZR 101/70, NJW 1972, 1893.
3 Vgl. BGH 27.11.1974 – VIII ZR 9/73, NJW 1975, 163; 18.11.1982 – VII ZR 305/81, NJW 1983, 385; 23.6.1988 – VII ZR 117/87, NJW 1988, 2536; 6.5.1993 – I ZR 144/92, NJW 1993, 2993.
4 Vgl. LAG Berlin 19.5.1980 – 9 Sa 19/80, AP Nr. 8 zu § 339 BGB; 24.6.1991 – 9 Sa 22/91, LAGE § 339 BGB Nr. 8.
5 Vgl. BAG 27.4.2000 – 8 AZR 301/99; 5.2.1986 – 5 AZR 564/84, AP Nr. 12 zu § 339 BGB; BGH 13.3.1975 – VII ZR 205/73, LM Nr. 19 zu § 339 BGB; LAG Hess. 5.9.1967, DB 1968, 987; Palandt/*Grüneberg*, vor § 339 BGB Rz. 3; Preis/*Stoffels*, Der Arbeitsvertrag, II V 30, Rz. 64 f.
6 Vgl. BAG 27.4.2000 – 8 AZR 301/99.; aA ArbG Herford 2.7.1981 – 1 Ca 217/81, NJW 1982, 1550; *Stein*, BB 1985, 1402.
7 Vgl. BAG 1.10.1963 – 5 AZR 24/63, AP Nr. 2 zu § 67 HGB; 23.5.1984 – 4 AZR 129/82, AP Nr. 9 zu § 339 BGB; LAG Köln 16.11.2001 – 11 Sa 752/01, MDR 2002, 830.
8 Vgl. BAG 23.5.1984 – 4 AZR 129/82, AP Nr. 9 zu § 339 BGB; *Schwerdtner*, FS Hilger/Stumpf, S. 631 (647 ff.); aA *Langheid*, DB 1980, 1219; LAG Schl.-Holst. 7.5.2008 – 6 TaBV 7/08.
9 Vgl. BAG 23.6.1982 – 5 AZR 168/80, MDR 1983, 347.
10 Vgl. *Moll* in Tschöpe, Anwalts-Handbuch Arbeitsrecht, 2. Aufl., Teil 2 D Rz. 2.

I. Vertragsstrafe

folgen von Verstößen des Arbeitnehmers gegen arbeitsvertragliche Pflichten praktisch oftmals keine Wirkung haben. Der Anspruch auf Erfüllung der Arbeitsleistung ist bei nicht vertretbaren Diensten nicht vollstreckbar (§ 888 Abs. 2 ZPO)[1]. Schadensersatzansprüche hängen von der Darlegung eines konkreten Schadens, insbesondere auch des Kausalzusammenhangs zwischen Vertragsbruch und Schaden ab (§§ 628, 280 BGB), was bei einem Verstoß gegen arbeitsvertragliche Pflichten häufig erhebliche Schwierigkeiten bereitet[2].

Vertragsstrafen können **einseitig** vereinbart werden. Es ist daher nicht erforderlich, dass dann, wenn Pflichtverletzungen des Arbeitnehmers mit Vertragsstrafen sanktioniert werden, dies auch für Pflichtverletzungen des Arbeitgebers geschehen müsste[3]. Insoweit ist kein Gleichgewicht innerhalb des Vertrags erforderlich.

13

Besondere praktische und rechtliche Bedeutung im Arbeitsrecht hat das unselbständige Strafversprechen. Selbständige Strafversprechen sind demgegenüber im Arbeitsrecht praktisch bedeutungslos. Denkbar sind sie bspw. im Rahmen von Verhandlungen vor Abschluss eines Arbeitsvertrages für den Fall, dass es nicht zum Vertragsabschluss kommt[4]. Übt der Arbeitgeber auf den Arbeitnehmer durch ein selbständiges Strafversprechen Druck aus, um etwas zu erreichen, worauf er keinen Anspruch hat, so ist dies aufgrund des fehlenden, im Arbeitsrecht erforderlichen Interesses des Arbeitgebers idR unwirksam[5].

14

Ist eine **Vertragsstrafe für den Fall der Nichterfüllung** vereinbart, verlangt § 340 Abs. 1 BGB, dass sich der Arbeitgeber wahlweise für die Entrichtung der Vertragsstrafe oder die Erfüllung entscheiden muss. Er kann für ein und denselben Verstoß nicht Unterlassung und Vertragsstrafe zugleich fordern[6]. Dies bedeutet jedoch nicht, dass die Entrichtung einer Vertragsstrafe generell die Freiwerdung des Schuldners von seiner Leistungspflicht nach sich zieht. Es kommt darauf an, auf welchen Verstoß sich die Vertragsstrafe bezieht. Bedeutung gewinnt dies insbesondere bei einer Vertragsstrafenregelung im Zusammenhang mit der Vereinbarung eines **nachvertraglichen Wettbewerbsverbotes** (§ 75c HGB). Entscheidend ist, festzustellen, wodurch die Vertragsstrafe verwirkt worden ist. Das Wahlrecht des Arbeitgebers bezieht sich hier allein auf die mit der einzelnen Pflichtverletzung konkret korrespondierende Vertragsstrafe. Um Klarheit zu erreichen, ist in der Vertragsstrafenklausel sinnvollerweise ausdrücklich vorzusehen, dass die Vertragsstrafe für einzelne Verstöße iSv. Zeiträumen oder einzelnen Zuwiderhandlungen neu verwirkt wird. Sind entsprechende Regelungen getroffen worden, bleibt der Erfüllungsanspruch in der Zukunft jenseits der Zeiträume oder einzelnen Zuwiderhandlungen, für die eine Vertragsstrafe verlangt wurde, unberührt. Das Wahlrecht besteht gesondert für jeden neuen Zeitraum bzw. für jede neue Zuwiderhandlung[7]. Die Abgabe einer strafbewehrten Unterlassungserklärung im Fall der Weitergabe von Geschäftsinterna stellt jedenfalls dann das Vertrauen des Arbeitgebers in die Loyalität des Arbeitnehmers nicht wieder her, mit der Folge dass eine spätere wegen des angedrohten Geheimnisverrats ausgesprochene verhaltensbedingte Kündigung sozial ungerechtfertigt wäre, wenn die Abgabe der Unterlassungserklärung erst unter dem Eindruck eines zugestellten einstweiligen

15

---

1 Vgl. *Moll* in GmbH-Handbuch, Rz. 186.2.
2 Vgl. BAG 23.3.1984 – 7 AZR 37/81, DB 1984, 1731 (Inseratskosten).
3 Vgl. LAG Berlin 19.5.1980 – 9 Sa 19/80, AP Nr. 8 zu § 339 BGB.
4 Vgl. Schaub/*Linck*, § 60 II 1.
5 Vgl. *Moll* in Tschöpe, Anwalts-Handbuch Arbeitsrecht, 2. Aufl., Teil 2 D Rz. 3.
6 Vgl. Palandt/*Grüneberg*, § 340 BGB Rz. 4.
7 Vgl. BAG 26.9.1963 – 5 AZR 2/63, AP Nr. 1 zu § 75 HGB (bei Dauerverstößen kann Auslegung ergeben, dass Vertragsstrafe für jeden Monat geschuldet ist); 26.1.1973 – 3 AZR 233/72, AP Nr. 4 zu § 75 HGB; Heymann/*Henssler*, § 75c HGB Rz. 4; MünchKommHGB/*von Hoyningen-Huene*, § 75c Rz. 3.

Verfügungsantrags auf Unterlassung erfolgt ist[1]. Es dürfte daher nicht ausgeschlossen sein, durch die Annahme eines Vertragsstrafenversprechens im Einzelfall die für eine verhaltensbedingte Kündigung erforderliche Wiederholungsgefahr des konkreten Vertragsverstoßes so zu beseitigen, dass eine nachfolgende verhaltensbedingte Kündigung unwirksam wäre. Es dürfte sich hier für den Arbeitgeber empfehlen, eine ggf. beabsichtigte Kündigung vor Annahme einer Vertragsstrafe auszusprechen.

16 Ohne ausdrückliche Regelung ist durch Auslegung des Strafversprechens zu klären, ob die Vertragsstrafe für **jeden einzelnen Fall oder für die gesamte Karenzzeit** vereinbart ist. Anhaltspunkte können sich aus dem Verhältnis zwischen Höhe der Vertragsstrafe und Schutzbedürfnis des Arbeitgebers ergeben. Ergibt die Auslegung, dass sich die Verwirkung der Vertragsstrafe auf die Nichterfüllung des Wettbewerbsverbots insgesamt bezieht, so führt das Bestehen des Arbeitgebers auf Zahlung der Vertragsstrafe zur Befreiung des Arbeitnehmers von der Unterlassungspflicht auch für die Zukunft[2].

17 Ist eine **Vertragsstrafe für eine Schlechterfüllung** vereinbart, kann der Gläubiger die verwirkte Strafe neben der Erfüllung verlangen (§ 341 BGB). Hier dürfen die von der Rechtsprechung entwickelten spezifischen arbeitsrechtlichen Haftungsprivilegien des Arbeitnehmers nicht umgangen werden[3]. Der Arbeitgeber darf die Leistung zudem noch nicht vorbehaltlos (§ 341 Abs. 3 BGB) angenommen haben.

18 Die Vertragsstrafenvereinbarung ist **grundsätzlich formfrei** möglich. Zu beachten sind jedoch mögliche Auswirkungen von Verstößen gegen die im NachwG vorgesehenen Dokumentationspflichten für die prozessuale Beweissituation[4]. Eine Ausnahme besteht für Vertragsstrafenversprechen zur Sicherung eines nachvertraglichen Wettbewerbsverbotes gem. § 75c HGB. Als Bestandteil der Vereinbarung über ein nachvertragliches Wettbewerbsverbot unterfällt ein solches Vertragsstrafenversprechen dem Schriftformerfordernis des § 74 Abs. 1 HGB und ist bei Verstoß nichtig.

19 Kürzungen des Arbeitsentgelts wegen verwirkter Vertragsstrafen haben keine Auswirkungen auf die Pflicht des Arbeitgebers zur Zahlung der vollen **Sozialabgaben** auf der Grundlage des vollen Bruttomonatsgehalts[5]. Der Arbeitgeber ist gem. § 28e Abs. 1 SGB IV verpflichtet, seine Sozialversicherungsbeitragspflicht in vollem Umfang auch bei eingeschränkter oder fehlender Auszahlung an den Arbeitnehmer zu erfüllen[6].

3. Billigkeitskontrolle

20 Vertragsstrafenregelungen stellen ein erhebliches Druckmittel dar und sind in Arbeitsverträgen nicht schrankenlos zulässig. Als Bestandteile von Verträgen mit Anzeichen für eine gestörte Vertragsparität unterfallen Vertragsstrafenklauseln in Arbeitsverträgen der gerichtlichen Kontrolle[7]. Diese Billigkeitskontrolle nach §§ 138 Abs. 1, 242 BGB ist von Verfassung wegen geboten[8]. Danach muss die Vertragsklausel einem **begründeten und billigenswerten Interesse** des Arbeitgebers entsprechen und dem Arbeitnehmer zumutbar sein[9].

---

1 Vgl. LAG Rh.-Pf. 15.5.2014 – 5 Sa 60/14.
2 Vgl. RG 23.1.1926 – I 152/25, RGZ 112, 361 (366).
3 Vgl. Staudinger/*Rieble*, § 339 BGB Rz. 78.
4 Vgl. näher *Moll* in Tschöpe, Anwalts-Handbuch Arbeitsrecht, 2. Aufl., Teil 1 C Rz. 138 f.
5 Vgl. *Moll* in Tschöpe, Anwalts-Handbuch Arbeitsrecht, 2. Aufl., Teil 2 D Rz. 18.
6 Vgl. BSG 21.5.1996 – 12 RK 64/94, SozR3 – 2500 § 226 SGB V Nr. 2; *Marschner*, NZA 1997, 300.
7 Vgl. BAG 23.5.1984 – 4 AZR 128/82, AP Nr. 9 zu § 339 BGB; LAG Köln 9.4.1998 – 10 Sa 1483/97, LAGE § 338 BGB Nr. 13.
8 Vgl. BAG 27.4.2000 – 8 AZR 301/99.
9 Vgl. BAG 27.4.2000 – 8 AZR 301/99; 23.5.1984 – 4 AZR 129/82, AP Nr. 9 zu § 339 BGB; 18.9.1991 – 5 AZR 650/90, AP Nr. 14 zu § 339 BGB; LAG Köln 15.5.1991 – 7 Sa 778/90, LAGE § 339 BGB.

Die Vertragsstrafenregelung darf zudem nicht gegen **gesetzliche Regelungen** oder arbeitsrechtliche Rechtsgrundsätze bzw. Schutzprinzipien[1] verstoßen. Im Hinblick auf Art. 12 Abs. 1 GG darf insbesondere das Kündigungsrecht des Arbeitnehmers nicht unbillig erschwert werden[2]. 21

Hinsichtlich der praktisch bedeutsamen Zulässigkeit und der gerichtlichen Überprüfung von Formularverträgen s. Rz. 38. 22

a) Arbeitgeberinteresse

Ein berechtigtes Interesse liegt vor, wenn durch das strafbewehrte Verhalten dem Arbeitgeber **typischerweise erheblicher Schaden** droht und ein **Schadensnachweis nur schwer möglich** ist[3]. 23

Anerkannte berechtigte Interessen des Arbeitgebers für Vertragsstrafenregelungen sind: Arbeitsantritt bei Arbeitsvertragsbeginn, Geheimnisschutz, Wettbewerbsverbote, Einhaltung der Kündigungsfrist im Falle der Beendigung der Tätigkeit[4]. Die Rechtsprechung hatte schwerpunktmäßig über Vertragsstrafen zu entscheiden, die sich auf die Einhaltung der Kündigungsfristen durch den Arbeitnehmer beziehen[5]. Daneben wurden von der Rechtsprechung insbesondere Vertragsstrafenregelungen zur Sicherung von Wettbewerbsverboten sowohl nach seiner Beendigung als auch während des Arbeitsverhältnisses behandelt[6]. Verschwiegenheitsvereinbarungen begegnen demgemäß unter der Geltung des AGB-Rechts rechtlichen Bedenken wegen unangemessener Benachteiligung nach § 307 Abs. 1 BGB, wenn sich die Pflicht pauschal etwa auf „alle Betriebsinterna" oder „alle betriebsinternen Vorgänge" bezieht[7]. Im letzteren Fall bestehen dann selbst gegen eine Individualvereinbarung wegen übermäßiger Vertragsbindung rechtliche Wirksamkeitsbedenken am Maßstab des § 138 BGB, sofern sich ein vernünftiger Umfang nicht durch einschränkende Auslegung feststellen lässt. Auch dann aber bedarf die Regelung zu ihrer Wirksamkeit zudem eines berechtigten Interesses des Arbeitgebers im Einzelfall[8]. Dieses berechtigte Interesse des Arbeitgebers fehlt nach Auffassung des BAG häufig dort, wo nicht lediglich die Nichteinhaltung der arbeitsvertraglichen Hauptleistungspflicht des Arbeitnehmers sanktioniert wird, sondern jegliches „schuldhaftes vertragswidriges Verhalten, das den Arbeitgeber zu einer fristlosen Kündigung veranlasst". In derartigen Fällen sei der erforderliche Interessenausgleich primär durch die Möglichkeit der fristlosen Kündigung des Arbeitgebers ermöglicht. Eine weitergehende Sanktionierung des Arbeitnehmers durch die Vertragsstrafe sei jedenfalls dann eine rechtswidrige Übersicherung, wenn sie nicht durch die Verletzung weiterer schutzwürdiger Interessen des Arbeitgebers gerechtfertigt sein. Insoweit kämen etwa bestimmte Eigentums- oder Vermögensverletzungen durch den Arbeitnehmer in Betracht[9]. 24

Der **Pflichtverstoß** des Arbeitnehmers, der sanktioniert werden soll, ist in der Vertragsstrafenklausel möglichst **präzise zu bezeichnen**. Es wird nur solches Verhalten 25

---

1 Vgl. BAG 23.5.1984 – 4 AZR 129/82, AP Nr. 9 zu § 339 BGB.
2 Vgl. BAG 11.3.1971 – 5 AZR 349/70, AP Nr. 9 zu § 622 BGB; 6.9.1989 – 5 AZR 586/88, AP Nr. 27 zu § 622 BGB.
3 Vgl. MünchArbR/*Reichold*, § 50 Rz. 6; BAG 21.4.2005 – 8 AZR 425/04, AP Nr. 3 zu § 307 BGB.
4 Vgl. *Henssler/Preis*, ArbVG 2006 § 90 Abs. 1.
5 Vgl. BAG 23.5.1984 – 4 AZR 129/82, AP Nr. 9 zu § 339 BGB; 18.9.1991 – 5 AZR 650/90, AP Nr. 14 zu § 339 BGB; LAG BW 14.5.1963 – 7 Sa 24/63, AP Nr. 2 zu § 339 BGB; LAG Berlin 6.12.1966 – 5 Sa 96/66, AP Nr. 4 zu § 339 BGB.
6 Vgl. BAG 21.5.1971 – 3 AZR 359/70, AP Nr. 5 zu § 339 BGB; 25.9.1980 – 3 AZR 133/80, AP Nr. 7 zu § 339 BGB.
7 Vgl. LAG Rh.-Pf. 21.2.2013 – 2 Sa 386/12.
8 Vgl. LAG Rh.-Pf. 21.2.2013 – 2 Sa 386/12.
9 Vgl. BAG 21.4.2005 – 8 AZR 425/04, NZA 2005, 1053 ff.; LAG Rh.-Pf. 6.5.2014 – 7 Sa 540/13.

sanktioniert, das sich konkret aus der Vertragsstrafenklausel ergibt. Unklarheiten gehen zu Lasten des Arbeitgebers[1]. Die Vereinbarung einer Vertragsstrafe allgemein „*für den Fall eines Vertragsbruchs durch den Arbeitnehmer*" oder für den Fall der Kündigung „*wegen schuldhaft vertragswidrigen Verhaltens des Arbeitnehmers*" ist in AGB wegen Verstoß gegen den Bestimmtheitsgrundsatz unwirksam[2].

26 Bereits früher ist das generelle Anknüpfen an einen Vertragsbruch sogar außerhalb von AGB als zu **unbestimmt** angesehen worden, um überhaupt Rechtsfolgen auszulösen[3]. Pflichtverletzungen, die von einer solch allgemeinen Formulierung jedenfalls nicht erfasst werden, sind insbesondere die Veranlassung des Arbeitgebers zur Kündigung aus wichtigem Grund und die Verletzung von Nebenpflichten durch den Arbeitnehmer. Sollen derartige Pflichtverletzungen strafbewehrt sein, muss sich dies ausdrücklich und eindeutig aus der entsprechenden Vereinbarung ergeben[4]. Liegt eine solche ausdrückliche Vereinbarung vor, dürfte eine Vertragsstrafe indessen für beide Fälle weiterhin in Individualvereinbarung zulässig sein[5], aus den zuvor in Rz. 25 geschilderten Gründen jedoch in AGB nur unter Beachtung des Bestimmtheitsgrundsatzes sowie zusätzlich bei Vorliegen eines besonderen (durch die Möglichkeit zur fristlosen Kündigung alleine nicht ausreichend sanktionierten) Interesses des Arbeitgebers.

b) Angemessene Höhe

27 Die Höhe der Vertragsstrafe kann zunächst in der Vertragsstrafenklausel selbst festgelegt werden. Daneben kann die Bestimmung aber auch einer Partei zugestanden werden (§ 315 Abs. 1 BGB). Schließlich kann ein Dritter die Höhe der Vertragsstrafe bestimmen (§ 317 Abs. 1 BGB). Ein Gericht kann nicht Dritter iSd. § 317 BGB sein[6].

28 Die angemessene Höhe der Vertragsstrafe kann nicht generell, sondern nur unter Berücksichtigung der **Umstände des Einzelfalls** ermittelt werden[7]. Dabei sind die Belastungen für den Arbeitnehmer auf der einen Seite und das Schutzinteresse des Arbeitgebers auf der anderen Seite gegeneinander abzuwägen. Demzufolge muss die Vertragsstrafe für den Arbeitnehmer noch zumutbar sein. Dessen Einkommen und Unterhaltsverpflichtungen sind daher zu berücksichtigen. Allerdings muss der Strafbetrag für den jeweiligen Arbeitnehmer spürbar sein, um die Interessen des Arbeitgebers effektiv schützen zu können, zB den Arbeitnehmer davon abzuhalten, vertragsbrüchig die Arbeit zu beenden. Dies gebietet es, für die Höhe der Vertragsstrafe keine zu niedrigen Maßstäbe anzulegen[8]. Entsprechend der Doppelfunktion der Vertragsstrafe ist bei der Bestimmung einer angemessenen Höhe sowohl der Aspekt der **Wiedergutmachung** als auch der **Präventivzweck** der Vertragsstrafe zu berücksichtigen. Im Hinblick auf die Wiedergutmachungsfunktion ist bei der Bemessung der Vertragsstrafe das jeweilige Schadenspotential eines Vertragsbruchs durch den Arbeitnehmer im konkreten Fall zu berücksichtigen[9]. Entscheidend ist, welcher Schaden möglich ist, nicht welcher tatsächlich entstanden ist, da die Vertragsstrafe bezweckt, einen wirkungsvollen Druck auf den Schuldner zur Einhaltung seiner Pflicht auszuüben[10]. Aufgrund der Präventivfunktion ist auch auf das konkret sanktionierte Ar-

---

1 Vgl. LAG Köln 9.4.1998 – 10 Sa 1483/97, LAGE § 339 BGB Nr. 13; vgl. auch BAG 18.8.2005 – 8 AZR 65/05, BB 2006, 720.
2 Vgl. BAG 21.4.2005 – 8 AZR 425/04, NZA 2005, 1053 ff.
3 Vgl. OLG Düsseldorf 18.10.1991 – 16 U 173/90, DB 1992, 86.
4 Vgl. BAG 18.9.1991 – 5 AZR 650/90, AP Nr. 14 zu § 339 BGB; 4.9.1964 – 5 AZR 511/63, AP Nr. 3 zu § 339 BGB mit Anm. von *Schnorr von Carolsfeld*.
5 Vgl. BAG 23.5.1984 – 4 AZR 129/82, AP Nr. 9 zu § 339 BGB (vertragswidriges Verhalten).
6 Vgl. BAG 25.9.1980 – 3 AZR 133/80, AP Nr. 7 zu § 339 BGB.
7 Vgl. BAG 25.10.1994 – 9 AZR 265/93.
8 Vgl. *Heinze*, NZA 1994, 244 (251).
9 Vgl. *Bengelsdorf*, BB 1989, 2390 (2393).
10 Vgl. BGH 1.6.1983 – I ZR 78/81, NJW 1984, 919.

I. Vertragsstrafe

beitnehmerverhalten abzustellen. So kann bei einem vereinbarten Wettbewerbsverbot nur eine hohe Vertragsstrafe den Präventivzweck erfüllen[1].

Im Falle einer Vertragsstrafe für die Nichteinhaltung der Kündigungsfrist kann auch die **Länge der ordentlichen Kündigungsfrist** als ein Bewertungskriterium für die Ermittlung einer angemessenen Höhe der Vertragsstrafe herangezogen werden. Je länger die Frist, umso höher ist das berechtigte Interesse des Arbeitgebers daran einzuschätzen, dass der Arbeitnehmer sich nicht vorzeitig seinen arbeitsvertraglichen Pflichten entzieht. Ebenso kann die Höhe der Arbeitnehmerbezüge bis zum Ablauf der ordentlichen Kündigungsfrist einen angemessenen Rahmen für die Bemessung der Höhe der Vertragsstrafe darstellen[2]. 29

Es gibt (noch[3]) keine Regelung, wonach die Vertragsstrafe die Höhe eines Bruttomonatsgehalts oder das während der Kündigungsfrist zu zahlende Gehalt nicht übersteigen darf[4]. Auch die Rechtsprechung hat **keine** derartigen **Grenzen** festgelegt. Nach dem BAG sei sogar die Festlegung einer Höchstgrenze für eine Vertragsstrafe in AGB ein Widerspruch gegen § 307 Abs. 1 Satz 1 BGB und § 310 Abs. 3 Nr. 3 BGB[5]. Das BAG sieht gleichwohl grundsätzlich Vertragsstrafen in Höhe eines Monatsgehalts als im Regelfall angemessen an („Faustformel")[6]. Jedoch ist im Falle des Nichtantritts der Arbeitsstelle bei anwendbarer Kündigungsfrist von 14 Tagen in der Probezeit bereits eine Vertragsstrafe in Höhe eines Bruttomonatsgehaltes nach der Rechtsprechung unangemessen[7], wobei der Beurteilungszeitpunkt die Vereinbarung der Regelung ist, nicht etwa die erst nach Jahren eintretenden Situation, zu der bereits längere Kündigungsfristen als die 14 Tage des § 622 Abs. 3 BGB gelten[8]. 30

Die Faustformel von in der Regel einem Monatsgehalt als angemessene Vertragsstrafe hat sich weitgehend etabliert und sollte nur aus sehr guten Gründen überschritten werden, auch wenn nach dem BAG kein starrer Grundsatz besteht, dass eine Vertragsstrafe ausnahmsweise die Höhe des während der Kündigungsfrist zu zahlenden Gehalts nicht übersteigen darf. Vielmehr sei die angemessene Höhe einer Vertragsstrafe stets nur unter Berücksichtigung der Umstände des Einzelfalles zu bestimmen[9]. 31

Beispiele aus der Rechtsprechung:

– Vertragsstrafe in Höhe eines Bruttomonatsgehalts für vorzeitiges Verlassen der Arbeit ohne Einhaltung der gesetzlichen Kündigungsfrist[10].

– Vertragsstrafe in Höhe eines doppelten Gehalts für Nichtantritt der Arbeit. Klage vom Arbeitgeber auf ein einfaches Monatsgehalt beschränkt[11].

– Vertragsstrafe in Höhe eines Bruttomonatsgehalts für schuldhafte Veranlassung zur fristlosen arbeitgeberseitigen Verdachtskündigung[12].

32

---

1 Vgl. *Moll* in Tschöpe, Anwalts-Handbuch Arbeitsrecht, 2. Aufl., Teil 2 D Rz. 13.
2 Vgl. *Heinze*, NZA 1994, 244 (251); BAG 4.3.2004 – 8 AZR 196/03 – NZA 2004, 727 unter III 2b aa d. Gr.
3 Vgl. *Henssler/Preis*, ArbVG 2006, dort § 90 Abs. 2, wonach eine in AGB vereinbarte Vertragsstrafe unwirksam ist, die ein Bruttomonatsgehalt übersteigt.
4 Vgl. Staudinger/*Rieble*, § 339 BGB Rz. 90; aA *Preis/Stoffels*, AR-Blattei SD 1710, 1993, Rz. 99.
5 Vgl. BAG 25.9.2008 – 8 AZR 717/07, NZA 2009, 370–378.
6 Vgl. BAG 25.9.2008 – 8 AZR 717/07, NZA 2009, 370–378 mwN; 23.5.1984 – 4 AZR 129/82, AP Nr. 9 zu § 339 BGB.
7 Vgl. BAG 23.9.2010 – 8 AZR 897/08, NZA 2011, 89; 4.3.2004 – 8 AZR 196/03, DB 2004, 1616; LAG Düsseldorf 5.10.2007 – 9 Sa 986/07, ArbuR 2008, 159.
8 Vgl. BAG 23.9.2010 – 8 AZR 897/08, NZA 2011, 89.
9 Vgl. BAG 25.10.1994 – 9 AZR 265/93.
10 Vgl. LAG Hamm 14.2.2001 – 14 Sa 1829/00, BuW 2001, 657.
11 Vgl. LAG Berlin 19.5.1980 – 9 Sa 19/80, AP Nr. 8 zu § 339 BGB.
12 Vgl. BAG 23.5.1984 – 4 AZR 129/82, AP Nr. 9 zu § 339 BGB.

- Vertragsstrafe von drei Bruttomonatsgehältern bei zweimonatiger Kündigungsfrist mit einmal jährlich festvereinbartem Kündigungstermin ist unwirksam[1].
- „Im Falle eines gravierenden Vertragsverstoßes": Vertragsstrafe in Höhe des ein- bis dreifachen Monatsgehalts, deren genaue Höhe vom Arbeitgeber nach Schwere des Verstoßes festgelegt wird, ist unwirksam[2].

33 Nach dem BAG bemisst sich die Höhe einer wirksamen Vertragsstrafenvereinbarung für den Fall der vertragswidrigen Auflösung des Arbeitsverhältnisses oder des Nichtantritts der Arbeit grundsätzlich nach dem Wert der entgangenen Arbeitsleistung für den Zeitraum vom Beginn des Verstoßes bis zum Ablauf der ordentlichen Kündigungsfrist. Die für den Arbeitnehmer geltende Kündigungsfrist und die für diesen Zeitraum zu zahlende Vergütung stellten im Regelfall die wirtschaftlichen Interessen des Arbeitgebers an der Arbeitskraft des Arbeitnehmers dar[3]. Eine höhere Strafe könne nur dann gerechtfertigt sein, wenn besondere Umstände dieses generelle Sanktionsbedürfnis des Arbeitgebers deutlich übersteigen[4]. Die gebotene Betrachtung des jeweiligen Einzelfalls kann ergeben, dass der potentielle Schaden des Arbeitgebers höher anzusetzen ist und nur eine höhere Vertragsstrafe einer Pflichtverletzung des Arbeitnehmers effektiv vorbeugt. So ist etwa bei Verrat von Geschäftsgeheimnissen eine Vertragsstrafe in Höhe des dreifachen Bruttomonatsgehalts als angemessen angesehen worden[5]. Auch kann im Einzelfall eine Vertragsstrafe, die höher ist, als die für den Zeitraum der Kündigungsfrist zu zahlende Vergütung, wirksam vereinbart werden, wenn sie Sanktion für den Verstoß gegen eine Kundenschutzklausel ist[6]. Eine Vertragsstrafe von zwei Bruttomonatsgehältern bei einer vereinbarten Kündigungsfrist von 30 Tagen zum Monatsende kann bei einem kleinen Dienstleistungsunternehmen wirksam sein[7].

34 Gerade in Fällen des **Geheimnisverrats** oder der untersagten **Kundenabwerbung** ist der drohende Schaden für den Arbeitgeber oftmals extrem hoch. Die Gefahr erheblicher Umsatzverluste des Arbeitgebers ist daher bei der Bemessung der zulässigen Höhe einer Vertragsstrafe besonders zu berücksichtigen. Dementsprechend hat das BAG auch bei einem Verstoß gegen ein nachvertragliches Wettbewerbsverbot erhebliche Summen als Vertragsstrafe anerkannt. Die Bemessung der Vertragsstrafe muss sich in diesen Fällen nicht ohne Weiteres an der Karenzentschädigung orientieren. So ist nicht erforderlich, dass Vertragsstrafe und Karenzentschädigung in einem ausgewogenen Verhältnis zueinander stehen[8]. Bereits eine kurze Wettbewerbstätigkeit kann mit einer hohen Strafe belegt werden, weil der Angestellte entscheidende Tatsachen schon in kurzer Zeit an ein Konkurrenzunternehmen weitergeben kann[9].

Beispiele zu Vertragsstrafen bei nachvertraglichem Wettbewerb:

35 - Bei einem monatlichen Gehalt von 1400 DM war ein nachvertragliches Wettbewerbsverbot von zwei Jahren bei einem Dauerverstoß für jeden angefangenen Monat neu strafbewehrt und auf 25 000 DM begrenzt[10]. Der Klage auf 12 500 DM wurde im Hinblick auf den großen potentiellen Schaden stattgegeben.

---

1 Vgl. BAG 25.9.2008 – 8 AZR 717/07, NZA 2009, 370–378.
2 BAG 18.8.2005 – 8 AZR 65/05, BB 2006, 720.
3 Vgl. BAG 19.8.2010 – 8 AZR 645/09, AP Nr. 49 zu § 307 BGB.
4 Vgl. BAG 18.12.2008 – 8 AZR 81/08, AP Nr. 4 zu § 309 BGB.
5 Vgl. LAG Berlin 28.10.1985 – 9 Sa 71/85, LAGE § 339 BGB Nr. 2, allerdings vor Geltung des AGB-Rechts für den Arbeitsvertrag.
6 Vgl. BAG 25.9.2008 – 8 AZR 717/07, AP Nr. 39 zu § 307 BGB; LAG Nds. 15.9.2011 – 7 Sa 1908/10, Rz. 34.
7 Vgl. LAG Schl.-Holst. 28.2.2012 – 1 Sa 235b/11.
8 Vgl. BAG 21.5.1971 – 3 AZR 359/70, AP Nr. 5 zu § 339 BGB.
9 Vgl. BAG 21.5.1971 – 3 AZR 359/70, AP Nr. 5 zu § 339 BGB.
10 Vgl. BAG 21.5.1971 – 3 AZR 353/70, AP Nr. 5 zu § 339 BGB.

I. Vertragsstrafe

- Ein Jahr nachvertragliches Wettbewerbsverbot war zulässigerweise mit einer Vertragsstrafe in Höhe von sechs Bruttomonatsgehältern sanktioniert[1].
- Bei einer zwei Jahre dauernden nachvertraglichen Mandantenschutzklausel war ein sechsfaches Jahreshonorar als Vertragsstrafe zu hoch[2].
- Eine Vertragsstrafe mit einem Geschäftsführer, die keine Grenze der Höhe nach beinhaltet und 100 000 Euro Mindesthöhe aufweist, ist nach § 138 BGB unwirksam[3].

Auch wenn die **individuell vereinbarte Vertragsstrafe** der Wirksamkeitskontrolle im Allgemeinen standhält und ein wirksames Vertragsstrafenversprechen vorliegt, kann der Arbeitnehmer vor Zahlung der Strafe deren **Herabsetzung durch das Gericht** nach § 343 Abs. 1 BGB begehren (wegen der Besonderheiten und abweichenden Rechtslage bei Formularvereinbarungen vgl. Rz. 38)[4]. Diese Herabsetzungsmöglichkeit besteht nur nach Verwirkung der Vertragsstrafe und kann vertraglich nicht ausgeschlossen werden[5]. Hierdurch unterscheidet sich diese Möglichkeit von der Inhalts- und Billigkeitskontrolle. Das BGB geht damit vom Grundgedanken der Wirksamkeit auch unverhältnismäßiger Vertragsstrafen aus. Dass der Arbeitnehmer durch dieses gerichtliche Verfahren mit Kosten belastet wird, ist nach der gesetzlichen Wertung hinzunehmen[6]. 36

Bei der auch im Verfahren nach § 343 BGB erforderlichen **Abwägung** sind alle berechtigten Interessen der Parteien, wie etwa potentieller Schaden sowie Schwere und Dauer der Zuwiderhandlung auf der einen Seite und wirtschaftliche Verhältnisse und Fortkommenserschwerungen auf der anderen Seite zu berücksichtigen. 37

c) Formulararbeitsverträge

Die notwendige vertragliche Strafvereinbarung kann im Einzelvertrag, in einer Betriebsvereinbarung oder in einem Tarifvertrag enthalten sein. Werden vorformulierte Arbeitsverträge verwendet, ist spätestens seit der Schuldrechtsmodernisierung Anfang 2002 besondere Vorsicht geboten. 38

Wenngleich Formulararbeitsverträge grundsätzlich der Klauselkontrolle unterliegen, gilt dies nicht uneingeschränkt. Gem. § 310 Abs. 4 Satz 2 BGB sind bei der gerichtlichen Kontrolle von Formulararbeitsverträgen die **im Arbeitsrecht geltenden Besonderheiten** angemessen zu berücksichtigen. Demgemäß heißt es in der Gesetzesbegründung, dass vor allem die **besonderen Klauselverbote ohne Wertungsmöglichkeit** im Arbeitsrecht nicht uneingeschränkt zur Anwendung kommen. Vielmehr sollen hier nach dem Willen des Gesetzgebers die besonderen Bedürfnisse eines Arbeitsverhältnisses berücksichtigt werden können[7]. 39

Vertragsstrafen werden nach Ansicht des BAG von **§ 309 Nr. 6 BGB** – grundsätzlich eine Klausel ohne Wertungsmöglichkeit – erfasst[8], obwohl § 309 Nr. 6 BGB auf andere als arbeitsvertragliche Vertragsverhältnisse zugeschnitten ist, insbesondere auf Warenlieferungen an schutzwürdige Verbraucher. Deutlich wird dies in § 309 Nr. 6 Alt. 1–3 BGB, die Vertragsstrafen in Fällen fehlerhafter Abnahme und des Zahlungsverzugs für unzulässig erklären. Arbeitsrechtlich relevant ist die letzte Alternative des § 309 Nr. 6 BGB, wonach Vertragsstrafenvereinbarungen für den Fall, dass der an- 40

---

1 Vgl. BAG 25.10.1994 – 9 AZR 265/93.
2 Vgl. LAG Nds. 15.9.2011 – 7 Sa 1908/10.
3 Vgl. OLG Nürnberg 25.11.2009 – 12 U 681/09.
4 Vgl. BAG 23.5.1984 – 4 AZR 129/82, AP Nr. 9 zu § 339 BGB; LAG Köln 9.4.1998 – 10 Sa 1483/97, LAGE § 339 BGB Nr. 13; Palandt/*Grüneberg*, § 343 BGB Rz. 3.
5 Vgl. LAG BW 5.12.1995 – 7 Sa 105/95, AiB 1996, 65.
6 Vgl. LAG Köln 26.9.1989 – 3 Sa 332/89, LAGE § 339 BGB Nr. 4.
7 Vgl. BT-Drucks. 14/6857, 53/54 zu Nr. 5.
8 Vgl. BAG 21.4.2005 – 8 AZR 425/04, DB 2005, 1913; 18.8.2005 – 8 AZR 65/05, NZA 2006, 34.

dere Vertragsteil sich von dem Vertrag löst, unwirksam sind. Dem Wortlaut nach erfasst § 309 Nr. 6 BGB auch Fälle, in denen der Arbeitnehmer sich unberechtigt seiner Arbeitspflicht durch Nichtantritt des Arbeitsverhältnisses oder Fernbleiben vor Ablauf der Kündigungsfrist entzieht und sich dadurch faktisch vom Vertrag löst. Das BAG hat § 309 Nr. 6 BGB dahingehend konkretisiert, dass Fälle, in denen der Arbeitgeber durch vertragswidriges Verhalten des Arbeitnehmers zur Lösung des Arbeitsverhältnisses veranlasst wird, nicht erfasst werden[1] und daher per se unwirksam sind. In einer Entscheidung aus 2014 hat es die restriktive Linie bei der Auslegung von formularmäßigen Vertragsstrafenversprechen aufrechterhalten und entschieden, dass eine Klausel nur dem Bestimmtheitserfordernis des § 307 Abs. 1 Satz 2 BGB genügt, wenn das in Bezug genommene Fehlverhalten des Arbeitnehmers dort genau beschrieben ist. Eine über den Wortlaut hinausgehende Auslegung, um zu einer wirksamen Regelung zu kommen, sei daher unzulässig[2]. So konnte im konkreten Fall eine Vertragsstrafenregelung für den Fall der rechtlichen Beendigung des Arbeitsverhältnisses durch den Arbeitnehmer nicht angewendet werden auf ein vertragswidriges Verhalten des Arbeitnehmers, das dann zu einer Kündigung durch den Arbeitgeber führte.

Die Anwendung des AGB-Rechts auf Arbeitsverträge hat anfangs zu erheblichen Rechtsunsicherheiten geführt. Wegen des gesamten Sach- und Streitstands vgl. die 7. Auflage, Teil 2 D Rz. 40 mwN.

41 Mittlerweile hat das BAG in mehreren Entscheidungen betont, dass es gerade wegen der im Arbeitsrecht geltenden Besonderheiten von einer **grundsätzlichen Zulässigkeit von Vertragsstrafen** ausgeht[3]. Diese Rechtsprechung des BAG ist zu begrüßen. Gerade in den Fällen des Nichtantrittes der Arbeitsstelle besteht im Arbeitsrecht ein besonderes Bedürfnis für Vertragsstrafen, was gegen eine Geltung des § 309 Nr. 6 BGB für entsprechende Regelungen in Arbeitsverträgen spricht[4]. Eine arbeitsrechtliche Besonderheit liegt darin, dass die Vertragsstrafe das **einzige wirksame Mittel** des Arbeitgebers darstellt, den Arbeitnehmer an den Vertrag zu binden und einen durch Entzug des Arbeitnehmers von seiner Arbeitspflicht entstehenden Schaden tatsächlich ersetzt zu bekommen, da Schadensersatzansprüche praktisch meist undurchsetzbar sind. In der Regel hat der Arbeitgeber erhebliche Beweisschwierigkeiten hinsichtlich eines konkreten Schadens. Teilweise entfällt dessen Ersatzfähigkeit wegen der Grundsätze rechtmäßigen Alternativverhaltens.

Die Möglichkeit, einen etwaigen Titel auch vollstreckungsrechtlich durchzusetzen, scheitert an § 888 Abs. 3 ZPO, dessen Geltung für die Arbeitsleistung als unvertretbare Handlung überwiegend angenommen wird[5]. Mit dem BAG ist daher gestützt auf § 888 Abs. 3 ZPO und die insoweit nach wie vor bestehenden Besonderheiten des Arbeitsrechts gem. § 310 Abs. 4 Satz 2 BGB von der grundsätzlich bestehenden Möglichkeit formularmäßiger Vertragsstrafenabreden bei unzulässiger Vertragslösung auszugehen. Trotz ihrer generellen Zulässigkeit dürfen Vertragsstrafenklauseln nicht gegen § 307 Abs. 1 Satz 1 und 2 BGB verstoßen und den Arbeitnehmer unangemessen benachteiligen[6].

42 Das Ergebnis entspricht auch den Bedürfnissen im Arbeitsverhältnis. Der Arbeitnehmer ist in dieser Situation nicht in gleichem Maße schutzwürdig wie der durch § 309

---

1 Vgl. BAG 21.4.2005 – 8 AZR 425/04, DB 2005, 1913.
2 Vgl. BAG 23.1.2014 – 8 AZR 130/13, NZA 2014, 777.
3 Vgl. BAG 18.8.2005 – 8 AZR 65/05, AP Nr. 8 zu § 307 BGB; 11.4.2006 – 9 AZR 610/05, DB 2006, 2241; 14.8.2007 – 8 AZR 973/06, DB 2008, 66; 19.8.2010 – 8 AZR 645/09, AP Nr. 49 zu § 307 BGB.
4 Vgl. *Zöllner*, RdA 1989, 152 (161); *Hoß*, ArbRB 2002, 138 (142).
5 Vgl. BAG 4.3.2004 – 8 AZR 196/03, DB 2004, 1616 (Vorinstanz: LAG Hamm 24.1.2003 – 10 Sa 1158/02, DB 2003, 2549); zum Meinungstand und aA: LAG Hess. 25.4.2003 – 17 Sa 1723/02.
6 Vgl. BAG 14.8.2007 – 8 AZR 973/06, DB 2008, 66.

I. Vertragsstrafe

Nr. 6 BGB typischerweise erfasste Verbraucher, da Vertragsstrafenklauseln in Arbeitsverträgen nicht unüblich sind[1] und der Arbeitnehmer als schwächere Vertragspartei, anders als der sonstige Verbraucher, bereits durch zwingende Arbeitnehmerschutzvorschriften und kollektive Vereinbarungen stärker geschützt ist. Diese besonderen arbeitsrechtlichen Bedürfnisse lagen schon der Bereichsausnahme für das Arbeitsrecht im AGBG zugrunde. Dementsprechend haben die Gerichte bei ihrer früheren allgemeinen Billigkeitskontrolle auch nicht § 11 Nr. 6 AGBG als Bewertungsmaßstab herangezogen[2]. Folgerichtig erscheint eine Anwendung des § 309 Nr. 6 BGB aufgrund der arbeitsrechtlichen Besonderheiten, jedenfalls aber der nach dem gesetzgeberischen Willen zu berücksichtigenden besonderen Bedürfnisse eines Arbeitsverhältnisses[3] bei Vertragsstrafenregelungen in Arbeitsverträgen nicht als zwingend.

Anwendung im Arbeitsrecht finden insbesondere § 307 Abs. 1 Satz 2 BGB (**Transparenzgebot**)[4], § 307 Abs. 1 Satz 2 BGB (**Benachteiligungsverbot**)[5] und § 305c BGB (**Verbot überraschender und mehrdeutiger Klauseln**)[6], an deren Vorgängervorschriften im AGBG die Gerichte auch schon früher bei der allgemeinen Billigkeitskontrolle anknüpften[7]. So ist eine Vertragsstrafenregelung als überraschende Klausel nach § 305c Abs. 1 BGB nicht Vertragsbestandteil geworden, die sich im Vertragstext unter dem Punkt „Verschiedenes" fand[8] und durch keinerlei drucktechnische Hervorhebung gekennzeichnet war[9]. 43

Ist die Vertragsstrafe unverhältnismäßig hoch, führt dies nach § 307 Abs. 1 Satz 1 BGB zur Unwirksamkeit. Raum für eine **geltungserhaltende Reduktion** über die Hintertür des § 343 BGB besteht dann **nicht** mehr[10]. Mangels wirksamer Vertragsstrafenabrede als solcher fehlte es bereits an der ersten Anwendungsvoraussetzung von § 343 BGB[11]. Wer als Arbeitgeber die Vertragsfreiheit nutze, um Vertragsstrafenregelungen in Arbeitsverträgen zu vereinbaren, müsse auch das Risiko einer Klauselunwirksamkeit tragen. Es könne nicht Sache der Gerichte sein, einen dem Arbeitgeber möglichst günstigen und gerade noch rechtlich zulässigen Umfang der Regelung zu finden[12]. Das BAG betont außerdem, dass für eine Vertragsstrafenregelung kein sog. **Blue-Pencil-Test** möglich ist, da dies voraussetzen würde, dass eine Vertragsstrafe logisch nach Grund und Höhe teilbar wäre[13]. Das **Verbot der geltungserhaltenden Reduktion** gilt auch im Falle einer sog. „Wiederbelebung", wenn eine Klausel zunächst unwirksam war, weil sie den Arbeitnehmer unangemessen benachteiligt hat, die Benachteiligung sich aber später nicht mehr auswirkt. Ein solcher Fall liegt etwa vor, wenn eine Strafe von mehreren Bruttomonatsvergütungen vereinbart ist, der Arbeitnehmer aber während der Probezeit mit einer Kündigungsfrist von wenigen Wochen kündigen kann. Die Klausel benachteiligt den Arbeitnehmer auch dann noch unangemessen, wenn er gar nicht in der Probezeit, sondern erst danach unter Missachtung der Kündigungs- 43a

---

1 Vgl. LAG Köln 16.11.2001 – 11 Sa 752/01, LAGReport 2002, 229.
2 Vgl. Ulmer/Brandner/Hensen/*Fuchs*, § 310 BGB Rz. 202; BAG 23.5.1984 – 4 AZR 129/82, NJW 1985, 91 f.
3 Vgl. BT-Drucks. 14/6857, 53/54 zu Nr. 5; *Conein-Eikelmann*, DB 2003, 2547 f.
4 Vgl. BAG 14.8.2007 – 8 AZR 973/06, DB 2008, 66.
5 Vgl. BAG 18.8.2005 – 8 AZR 65/05, BB 2006, 720; 21.4.2005 – 8 AZR 425/04, DB 2005, 1913.
6 Vgl. LAG Sa.-Anh. 22.8.2007 – 4 Sa 118/07.
7 Vgl. BAG 29.11.1995 – 5 AZR 447/94, NZA 1996, 702.
8 Vgl. ArbG Bremen 30.1.2003 – 6 Ca 6124/02 und 6 Ca 6001/03, LAGE § 309 BGB 2002 Nr. 3.
9 Vgl. LAG Sa.-Anh. 22.8.2007 – 4 Sa 118/07.
10 Vgl. BAG 18.12.2008 – 8 AZR 81/08, AP Nr. 4 zu § 309 BGB; ebenso LAG Nds. 15.9.2011 – 7 Sa 1908/10; früher bereits *Thüsing/Leder*, BB 2004, 47; LAG Nds. 17.11.2004 – 16 Sa 1400/03; LAG Hess. 3.11.2004 – 6 Sa 405/04; LAG Hamm 7.4.2004 – 7 Sa 85/04, NZA-RR 2005, 128.
11 Vgl. LAG Hamm 24.1.2003 – 10 Sa 1158/02, DB 2003, 2549; *Dollmann*, ArbRB 2004, 125.
12 Vgl. BAG 18.12.2008 – 8 AZR 81/08, AP Nr. 4 zu § 309 BGB, Rz. 61, 65.
13 Vgl. BAG 23.1.2007 – 9 AZR 482/06, NZA 2007, 748; 21.4.2005 – 8 AZR 425/04, DB 2005, 1913; auch: LAG Rh.-Pf. 28.6.2007 – 2 Sa 62/07.

frist von der Arbeit fernbleibt[1]. Für die Praxis empfiehlt sich daher eine eigene Vertragsstrafe für den Fall des Nichtantritts bzw. der eigenmächtigen Lösung vom Vertrag während der Probezeit.

Dagegen tritt keine **Verwirkung** ein, wenn der Arbeitgeber dem Arbeitnehmer zwar in der Vergangenheit bereits einen Aufhebungsvertrag angeboten hatte und der Arbeitnehmer ohne Einhaltung einer Kündigungsfrist nicht mehr zur Arbeit erscheint[2]. Durch das Angebot gibt der Arbeitgeber zwar evtl. zu erkennen, dass er an der Auflösung des Arbeitsverhältnisses interessiert ist, nicht aber, dass er kein Interesse an der Einhaltung von Kündigungsfristen hat.

44 Die Anwendung des AGB-Rechts auf Vertragsstrafen in Formulararbeitsverträgen führt dazu, dass erheblich höhere Anforderungen an Inhalt und Ausgestaltung zu stellen sind, als dies zuvor der Fall war. Die Vertragsstrafenklausel muss **klar und verständlich** abgefasst sein. Eine Klausel, die eine Strafe im Falle einer dauerhaften Verletzung der Schweigepflicht vorsieht, ist unwirksam, weil aus ihr nicht klar erkennbar hervorgeht, wann der Verwender von einer solchen dauerhaften Verletzung ausgeht[3]. Auch eine Vertragsstrafe, die im Falle eines gravierenden Vertragsverstoßes einsetzt und in Höhe des ein- bis dreifachen des Monatsgehalts vom Arbeitgeber festgelegt wird, ist wegen ihrer mangelnden Transparenz unwirksam[4]. Auch wird eine Regelung in einer vorformulierten Vertragsstrafenregelung dann wegen Verstoß gegen das Transparenzgebot des § 307 Abs. 1 Satz 2 BGB für unwirksam gehalten, wenn als Vertragsstrafe eine „Bruttomonatsvergütung" vereinbart ist und sich die vertragliche Vergütung aus einem Festgehalt und einer variablen Umsatzbeteiligung zusammensetzt[5].

Auch die Vereinbarung einer vorformulierten Vertragsstrafe für den Fall des „Vertragsbruchs in sonstiger Form", wobei durch Auflistung einzelner Beispielsverstöße präzisiert wird, dass „als Vertragsbruch (insbesondere) gilt ..." wird unter Hinweis auf die durch die „insbesondere"-Formulierung fehlende Abgeschlossenheit der Tatbestände wegen Verstoßes gegen das Transparenzgebot für unzulässig gehalten[6].

44a Zur Frage einer **angemessenen Höhe** einer Vertragsstrafe liegt mittlerweile umfangreiche **Rechtsprechung** vor. Das BAG betont, dass die Angemessenheit einer Vertragsstrafe nur im Rahmen einer Interessenabwägung unter Berücksichtigung und Bewertung der rechtlich anzuerkennenden Interessen der Vertragspartner zu ermitteln ist, hält aber eine Vertragsstrafe von einem Monatsgehalt für generell unbedenklich[7]. Im Falle einer kurzfristigeren Möglichkeit des Arbeitnehmers, sich vom Vertrag zu lösen, muss auch die Vertragsstrafe niedriger ansetzen[8]. Es lässt sich daher als Faustformel festhalten, dass zumindest eine Strafe in Höhe des Zeitraums bis zur ordnungsgemäßen Beendigung des Arbeitsverhältnisses zulässig ist und den Arbeitnehmer nicht unangemessen benachteiligt. Ob die Problematik durch eine Klausel mit flexibler Strafhöhe zu entschärfen ist[9], dürfte aufgrund der absehbaren Bestimmtheitsproblematik einer abschließenden Klärung durch das BAG vorbehalten bleiben.

Nach der Rechtsprechung des BAG ist indessen auch der schlichte Verweis auf gesetzliche Kündigungsregelungen innerhalb einer Vertragsstrafenregelung wie der nachfolgenden weder ein Verstoß gegen das Transparenzgebot des § 307 Abs. 1 Satz 2 BGB noch gegen die Unklarheitenregel des § 305c Abs. 2 BGB[10]. Die Klausel wurde viel-

---

1 Vgl. BAG 23.9.2010 – 8 AZR 897/08, NZA 2011, 89; LAG Rh.-Pf. 15.12.2006 – 8 Sa 677/06.
2 Vgl. LAG Nds. 28.3.2008 – 16 Sa 729/07.
3 Vgl. BAG 14.8.2007 – 8 AZR 973/06, DB 2008, 66.
4 Vgl. BAG 18.8.2005 – 8 AZR 65/05, NZA 2006, 34.
5 Vgl. LAG Bln.-Bbg. 12.11.2009 – 25 Sa 29/09, GWR 2010, 255 (rkr.).
6 Vgl. LAG München 24.9.2009 – 3 Sa 402/09, LAGE § 307 BGB 2002 Nr. 21.
7 Vgl. BAG 21.4.2005 – 8 AZR 425/04, DB 2005, 1913.
8 Vgl. BAG 4.3.2004 – 8 AZR 328/03, DB 2004, 1616.
9 Vgl. *Haas/Fuhlrott*, NZA-Rechtsprechungsrecherche, 2010, 1 (6).
10 Vgl. BAG 28.5.2009 – 8 AZR 896/07, AP Nr. 6 zu § 306 BGB.

I. Vertragsstrafe

mehr vom 8. Senat des BAG für wirksam erachtet, nachfolgend indessen unter dem Eindruck der früheren Entscheidung des 8. Senats des BAG aus 2005[1] bezüglich der Vertragsverstöße, die zur außerordentlichen Kündigung berechtigen, im Interesse größerer Klauselsicherheit konkretisiert:

Formulierungsbeispiel für eine Vertragsstrafenregelung bei bestimmten Verstößen, bei Nichtaufnahme oder frühzeitiger Beendigung der geschuldeten Tätigkeit:

§ z Vertragsstrafe ... Nimmt der Mitarbeiter die Arbeit nicht oder verspätet auf, verweigert er vorübergehend unberechtigt die Arbeit, oder löst er das Arbeitsverhältnis ohne Einhaltung der maßgeblichen Kündigungsfrist unberechtigt auf oder ist der Arbeitgeber wegen Verstößen des Arbeitnehmers gegen Geheimhaltungsverpflichtungen oder wegen der Verletzung von Eigentums- oder Vermögensinteressen des Arbeitgebers[2] zur außerordentlichen Kündigung aus wichtigem Grund berechtigt, so hat der Arbeitnehmer an den Arbeitgeber eine Vertragsstrafe zu zahlen. Als Vertragsstrafe wird für den Fall der verspäteten Aufnahme der Arbeit, der vorübergehenden Arbeitsverweigerung und der Auflösung des Arbeitsverhältnisses ohne Einhaltung der maßgeblichen Kündigungsfrist ein sich aus der Bruttomonatsvergütung nach vorstehendem § x, y Abs. 1 zu errechnendes Bruttotagegeld für jeden Tag der Zuwiderhandlung vereinbart, insgesamt jedoch nicht mehr als das in der gesetzlichen Mindestkündigungsfrist ansonsten zu zahlende Arbeitsentgelt. Im Übrigen beträgt die Vertragsstrafe ein Bruttomonatsentgelt gemäß vorstehendem § x, y Abs. 1.

Das Recht des Arbeitgebers, einen weitergehenden Schaden geltend zu machen, bleibt unberührt.

In einer formularmäßigen Aufhebungsvereinbarung mit einem Gesellschafter-Geschäftsführer kann auch eine Vertragsstrafe in Höhe von zwei Monatsgehältern für jeden Fall des Verstoßes gegen eine der ausdrücklich vereinbarten Pflichten des Geschäftsführers wirksam vereinbart werden[3].

Um aus dem Anwendungsbereich der §§ 305 ff. BGB herauszufallen, ist **echtes Aushandeln** erforderlich. Der Arbeitgeber muss die Klausel ernsthaft zur Disposition stellen. Den Arbeitgeber trifft als Verwender auch die Beweislast dafür, dass es sich um ausgehandelte Vertragsbedingungen handelt[4].

Mit **Tarifverträgen, Betriebs-** und **Dienstvereinbarungen übereinstimmende** vorformulierte **Klauseln** sind der gerichtlichen Inhaltskontrolle nicht unterworfen (§ 310 Abs. 4 Satz 3 iVm. § 307 Abs. 3 BGB). Der Arbeitgeber, der eine Vertragsstrafenregelung den vorgenannten Quellen nachbildet, ist daher zumindest vor einer AGB-rechtlichen Prüfung geschützt. Fraglich ist allein, ob dies nur gilt, wenn die Quelle auch unmittelbar zwischen den Arbeitsvertragsparteien Geltung hat oder ob eine entsprechende Vertragsstrafenregelung zB in einem nicht zur Anwendung kommenden Tarifvertrag eines anderen Gewerbes dazu führt, dass eine identische arbeitsvertragliche Klausel der Inhaltskontrolle gem. § 310 Abs. 4 Satz 3 iVm. § 307 Abs. 3 BGB entzogen ist. Für letztere Sichtweise spricht zum einen, dass auch im Falle der Existenz einer entsprechenden Klausel in einem Tarifvertrag einer anderen Branche eine Prüfung der Tarifvertragsparteien vorausgegangen ist, die eine erhöhte Gewähr für eine ausgewogene Regelung bietet. Zum anderen verbliebe ansonsten kaum ein sinnvoller Regelungsbereich, da eine ausdrückliche Vertragsstrafenregelung in einem Arbeitsvertrag entbehrlich wäre, hätte eine inhaltsgleiche Regelung bereits auf anderem

---

1 Vgl. BAG 21.4.2005 – 8 AZR 425/04, DB 2005, 1913.
2 Hier kommen auf der Linie der vorgenannten BAG Entscheidung auch sonstige, durch eine außerordentliche Kündigung alleine nicht ausreichend geschützte berechtigte Interessen in Betracht, die dann in der Klausel allerdings konkret zu benennen wären.
3 Vgl. LAG Schl.-Holst. 21.12.2009 – 3 Sa 255/09.
4 Vgl. BGH 3.4.1998 – V ZR 6/97, NJW 1998, 2600 (2601) mwN.

Wege Geltung zwischen den Parteien, etwa durch eine entsprechende Regelung in einem zwischen den Parteien Anwendung findenden Tarifvertrag.

47 Ungeachtet dieser Problematik stellt sich die Frage, ob eine Vertragsstrafe zugunsten des Betriebsrats auch für den Fall vereinbart werden kann, dass die **Beteiligungsrechte des Betriebsrats** aus §§ 99, 100 BetrVG verletzt werden. Landesarbeitsgerichtliche Rechtsprechung hielt dies für möglich, wenn die Strafe nicht an den nicht vermögensfähigen Betriebsrat, sondern an einen Dritten gezahlt werden soll[1]. Es ist anerkannt, dass der Betriebsrat keine Vertragsstrafenversprechen zu seinen Gunsten abschließen kann, weil er selbst nicht vermögensfähig ist[2]. Vereinbaren die Betriebsparteien hingegen keine Zahlung an den Betriebsrat, sondern an einen Dritten, steht die fehlende Vermögensfähigkeit des Betriebsrats nach Auffassung des LAG Hamm der Vereinbarung nicht entgegen, da eine Zahlung dem Betriebsrat nicht direkt oder indirekt zugute käme. Diese Rechtsprechung hat das BAG zwischenzeitlich zutreffend ausdrücklich für mit zwingenden Grundsätzen der betriebsverfassungsrechtlichen Ordnung unvereinbar erklärt[3]. Der Betriebsrat ist darauf beschränkt, die ihm gesetzlich eingeräumten Befugnisse zur Durchsetzung seiner Mitbestimmungsrechte im gerichtlichen Beschlussverfahren mit den dort vorgesehenen Zwangsmitteln zugunsten der Staatskasse durchzusetzen. Das Risiko, sich durch eine Vertragsstrafevereinbarung einen mitbestimmungswidrigen Zustand „abkaufen" zu lassen, ist mit der betrieblichen Mitbestimmung unvereinbar. Dies gilt auch dann, wenn der Betriebsrat keinen finanziellen Vorteil aus der Regelung zu erwarten hat. In Fällen gravierender oder wiederholter Verstöße steht dem Betriebsrat ergänzend zu § 101 BetrVG die Möglichkeit zu, einen Unterlassungsanspruch aus § 23 Abs. 3 BetrVG geltend zu machen[4]. Zur Einhaltung der Beteiligungsrechte des Betriebsrats vereinbarte Vertragsstrafenabreden zugunsten Dritter sind daher unwirksam.

4. Formulierungsbeispiele[5]

48 Eine Vertragsstrafenregelung[6] bei Nichtaufnahme oder frühzeitiger Beendigung der geschuldeten Tätigkeit könnte wie folgt lauten[7]:

---

1 Vgl. LAG Hamm 25.4.2008 – 13 TaBV 132/07.
2 Vgl. BAG 29.9.2004 – 1 ABR 30/03, NZA 2005, 123.
3 Vgl. BAG 19.1.2010 – 1 ABR 62/08, NZA 2010, 592 ff.
4 Vgl. BAG 19.1.2010 – 1 ABR 62/08, NZA 2010, 592 ff.
5 Vgl. *Bauer*, in Wurm/Wagner/Zartmann, Rechtsformularbuch, S. 1318; *Schaub/Neef/Schrader*, Formularsammlung, § 2 Rz. 30; Preis/*Stoffels*, Der Arbeitsvertrag, II V 30, Rz. 8 ff. Formulierungsbeispiele sind lediglich als Vorschlag gedacht und bedürfen im Einzelfall einer genauen Überprüfung. Die Vorschläge beziehen sich auf einen Individualarbeitsvertrag, auf den die §§ 305 ff. BGB keine Anwendung finden. In Formularverträgen ist bei der Formulierung zusätzlich den durch die arbeitsrechtlichen Besonderheiten modifizierten AGB-rechtlichen Anforderungen der §§ 305 ff. BGB Rechnung zu tragen. Insoweit wäre etwa die fehlende Klarstellung des (individuell abdingbaren) Verschuldenserfordernisses der Vertragsstrafe im Hinblick auf § 307 Abs. 2 Nr. 1 iVm. § 305c Abs. 2 BGB problematisch. Ergibt eine mögliche Auslegung das Vorliegen einer verschuldensunabhängigen Vertragsstrafenregelung, läge wohl ein Verstoß gegen wesentliche Grundgedanken der gesetzlichen Vertragsstrafenregeln vor. Ebenso wäre das Aufrechnungsverbot vor dem Hintergrund des § 309 Nr. 3 BGB anzupassen.
6 Nicht nur in Formularverträgen (vgl. § 305c Abs. 1 BGB) ist aus Wirksamkeitsgründen die Einordnung der Vertragsstrafe unter einer entsprechenden Überschrift oder die anderweitige Hervorhebung dieser für den Arbeitnehmer besonders belastenden Regelung zu empfehlen, vgl. LAG Berlin 22.5.1987 – 1 Sa 4/97, NZA-RR 1998, 53 (55); wegen der Höhe ist insbesondere bei kürzeren Kündigungsfristen, insbesondere während einer Probezeit, eine geringere Strafe oder eine abgestufte Regelung empfehlenswert, vgl. BAG 23.9.2010 – 8 AZR 897/08, NZA 2011, 89; LAG Hamm 24.1.2003 – 10 Sa 1158/02, DB 2003, 2549.
7 Vgl. hierzu bereits das Formulierungsbeispiel nach BAG 28.5.2009 – 8 AZR 896/07, AP Nr. 6 zu § 306 BGB, oben Rz. 44.

I. Vertragsstrafe

Formulierungsbeispiel:

Tritt der Arbeitnehmer seine Tätigkeit vertragswidrig nicht an oder beendet er sie vertragswidrig vorzeitig, so wird für jeden angefangenen Monat, in dem der Arbeitnehmer vertragswidrig nicht tätig ist, eine Vertragsstrafe in Höhe von $1/12$ seines Jahresverdienstes unter Berücksichtigung sämtlicher Verdienstbestandteile verwirkt.

Zugrunde zu legen sind diejenigen Bezüge, die der Arbeitnehmer in den dem Vertragsbruch vorausgegangenen 12 Monaten erhalten hat. Hat das Arbeitsverhältnis noch keine 12 Monate bestanden oder noch nicht begonnen, so ist der Betrag zugrunde zu legen, der vertragsmäßig bis zum Ablauf von 12 Monaten bei ordnungsgemäßer Fortsetzung des Arbeitsverhältnisses erzielt worden sein würde. Die Verpflichtung zur Zahlung der Vertragsstrafe durch den Arbeitnehmer besteht in gleicher Weise, wenn der Arbeitgeber das Arbeitsverhältnis fristlos kündigt, weil ein wichtiger Grund im Verhalten des Arbeitnehmers vorliegt. Weitergehende Ansprüche des Arbeitgebers und insbesondere die Geltendmachung von Schadensersatzansprüchen bleiben unberührt. Gegenüber den Ansprüchen des Arbeitgebers aus dieser Vertragsstrafenregelung kann der Arbeitnehmer nur mit unbestrittenen oder rechtskräftig festgestellten Forderungen aufrechnen[1].

Beendet der Arbeitnehmer seine Tätigkeit vertragswidrig während der vereinbarten Probezeit, so wird eine Vertragsstrafe in Höhe von $1/24$ seines Jahresverdienstes unter Berücksichtigung sämtlicher Verdienstbestandteile verwirkt.

Eine Vertragsstrafenregelung bei Verstoß gegen ein nachvertragliches Wettbewerbsverbot erfordert insoweit zunächst eine wirksame Regelung. Fehlt es an einer Karenzentschädigung, ist das Wettbewerbsverbot ebenso unwirksam, wie die Vertragsstrafe. Das gilt auch dann, wenn eine derartige Regelung in einem gerichtlichen Vergleich vereinbart wurde[2]. Eine Vertragsstrafenregelung bei **Verstoß gegen das Wettbewerbsverbot** kann wie folgt formuliert werden: 49

Formulierungsbeispiel:

Für jeden Fall der Zuwiderhandlung gegen das Wettbewerbsverbot wird eine Vertragsstrafe in Höhe von $1/12$ des Jahresverdienstes, welcher der Berechnung der Karenzentschädigung zugrunde liegt, verwirkt.

Bei einem Dauerverstoß (Beteiligung oder Tätigkeit von länger als einem Monat) ist die Vertragsstrafe für jeden angefangenen Monat neu verwirkt. Die Entrichtung der Vertragsstrafe befreit den Arbeitnehmer nicht von der Einhaltung des Wettbewerbsverbots im Übrigen. Weitergehende Ansprüche des Arbeitgebers und insbesondere die Geltendmachung von Schadensersatzansprüchen bleiben unberührt. Gegenüber den Ansprüchen des Arbeitgebers wegen Verstoßes gegen dieses Wettbewerbsverbot (Vertragsstrafe, Schadensersatz, Ansprüche sonstiger Art) kann der Arbeitnehmer nur mit unbestrittenen oder rechtskräftig festgestellten Forderungen aufrechnen[3].

Eine Vertragsstrafenregelung bei **unentschuldigtem Fehlen** kann wie folgt lauten: 50

---

1 In Formularverträgen ist diese Einschränkung wegen § 309 Nr. 3 BGB erforderlich. In dieser Form dürfte die Klausel wirksam sein, auch wenn der BGH in einem Architektenformularvertrag selbst eine derartige Regelung als eine gegen Treu und Glauben verstoßende Benachteiligung ansah (BGH 7.4.2011 – VII ZR 209/07). Allerdings wird man vorliegend wegen des besonderen Charakters der fälligen Zahlung (Straf- und Schadensausgleich) diesen beschränkten Aufrechnungsausschluss für zulässig erachten können.
2 Vgl. LAG München 4.10.2012 – 11 Sa 515/12.
3 Vgl. Fn. zuvor.

Formulierungsbeispiel:

Fehlt der Arbeitnehmer an einzelnen Tagen oder zusammenhängend unentschuldigt, so ist der Arbeitgeber unbeschadet seiner sonstigen Rechte, insbesondere zur Abmahnung, Kündigung oder Schadensersatzforderung, zur Forderung einer Vertragsstrafe berechtigt, die für jeden angefangenen Tag des Fehlens 1/30 eines Bruttomonatsverdienstes des Arbeitnehmers, wegen eines zusammenhängenden Fehlens jedoch nicht mehr als einem Bruttomonatsgehalt entspricht[1].

51 Eine Vereinbarung von Vertragsstrafen bietet sich auch in anderen Fällen an, bei denen typischerweise ein besonderes Interesse des Arbeitgebers an der Einhaltung der nämlichen Pflicht besteht, deren Sanktionierung oder Durchsetzung mit den gesetzlichen Mitteln schwierig oder uneffektiv ist. Je nach Einzelfall kann es zB sinnvoll sein, die **Herausgabepflicht von Unterlagen** des Arbeitnehmers bei Beendigung des Arbeitsverhältnisses strafbewehrt auszugestalten[2].

II. Pauschalierter Schadensersatz

52 Die Vereinbarung von Schadensersatzpauschalen soll dem Gläubiger die Durchsetzung seiner Ersatzforderung vereinfachen. Da die Darlegung der konkreten Schadenshöhe gerade im arbeitsrechtlichen Bereich oft mit erheblichen Schwierigkeiten verbunden ist, besteht ein Interesse an der Festlegung von Schadenspauschalen. Derartige Vereinbarungen sind auch im Arbeitsvertrag **grundsätzlich zulässig**[3]. Ein gesetzliches Verbot findet sich jedoch in § 12 Abs. 2 Nr. 4 BBiG für Berufsausbildungsverhältnisse.

53 Von einer hohen Schadensersatzpauschale geht regelmäßig ein erheblicher Erfüllungszwang aus. Eine Unterscheidung zwischen Schadensersatzpauschalen und Vertragsstrafen ist daher häufig schwierig. Es ist im Einzelfall nach den jeweiligen Umständen zu unterscheiden, welcher Zweck im Vordergrund steht. Soll eine Vereinbarung über eine Geldzahlung primär der vereinfachten Durchsetzung des Schadensausgleichs des Gläubigers dienen und diesem den konkreten Schadensnachweis ersparen, liegt eine Pauschalisierungsabrede vor. Steht hingegen die Sicherung einer Hauptleistungspflicht im Vordergrund, handelt es sich um eine Vertragsstrafenvereinbarung[4]. Für die Vereinbarung von Schadensersatzpauschalen gelten die §§ 339 ff. BGB nach herrschender Meinung nicht[5]. Derartige Vereinbarungen werden von der Rechtsprechung lediglich einer **Billigkeits- bzw. Inhaltskontrolle** unterworfen.

54 Im Arbeitsrecht werden Schadenspauschalisierungsabreden von der Rechtsprechung regelmäßig **als Vertragsstrafe aufgefasst**[6]. Dementsprechend sah schon der Diskussionsentwurf eines Arbeitsvertragsgesetzes 1992 vor, dass die Vereinbarung eines pauschalen Schadensersatzes als Vereinbarung einer Vertragsstrafe anzusehen ist (§ 101 Abs. 2 Satz 2 ArbVG 1992)[7]. Gleiches findet sich im 2. Diskussionsentwurf eines Ar-

---

1 Im Hinblick auf die bestehende Gefahr der Übersicherung und dadurch drohenden Unwirksamkeit der Klausel wurde diese im Falle des Dauerverstoßes auf ein Monatsgehalt beschränkt. Der Arbeitgeber dürfte hier im Regelfall nach entsprechender Abmahnung zur außerordentlichen fristlosen Kündigung und damit Beschränkung seines Schadens berechtigt sein.
2 Vgl. näher Preis/*Stoffels*, Der Arbeitsvertrag, II V 30, Rz. 54 ff.
3 Vgl. *Henze*, NZA 1994, 244 (248).
4 Vgl. MünchKommBGB/*Gottwald*, vor § 339 Rz. 2.
5 Vgl. Staudinger/*Rieble*, vor §§ 339 ff. BGB Rz. 55; BGH 6.11.1967 – VIII ZR 81/65, BGHZ 49, 84 (89); 24.4.1992 – V ZR 13/91, NJW 1992, 2625.
6 Vgl. ErfK/*Müller-Glöge*, §§ 339–345 BGB Rz. 5.
7 Vgl. Verhandlungen des 59. DJT Bd. 1, 1992, D 52.

beitsvertragsgesetzes 2006, dort § 90 Abs. 3 Satz 2[1]. Der Anwendungsbereich des § 309 Nr. 5 BGB, der inhaltliche Vorgaben für die Pauschalisierung von Schadensersatzansprüchen in Formularverträgen enthält, dürfte daher von vornherein im Arbeitsrecht gering sein. Liegt ausnahmsweise aufgrund ausdrücklicher Vereinbarung in Verbindung mit einer geringen Schadensersatzsumme offensichtlich dennoch eine Pauschalisierungsabrede vor, entfällt bei einem Verstoß gegen § 309 Nr. 5 BGB die Pauschale insgesamt[2]; eine Herabsetzung der Pauschale auf eine angemessene Höhe ist nicht möglich.

Ein typischer Anwendungsbereich eines pauschalierten Ersatzanspruches waren lange Zeit Rückzahlungsklauseln für Ausbildungs- und Studienkosten. Auch für diese Klauseln gilt das Bestimmtheits- und das Benachteiligungsverbot, so dass eine Klausel, in der der Arbeitnehmer verpflichtet wird, die vom Arbeitgeber übernommenen Studiengebühren zurückzuerstatten, unwirksam ist, wenn nicht berücksichtigt wird, in wessen Sphäre die Beendigung des Arbeitsverhältnisses fällt[3] und zusätzlich, die einzelnen angefallenen Kosten ausdrücklich aufgeführt sind, um Spielräume des Arbeitgebers bei der Bemessung der erstattungsfähigen Kosten zu vermeiden. Ansonsten liegt nach Auffassung des BAG ein Verstoß gegen das Transparenzgebot vor: *„Ohne dass zumindest Art und Berechnungsgrundlagen der ggf. zu erstattenden Kosten angegeben sind, kann der Arbeitnehmer sein Rückzahlungsrisiko nicht ausreichend abschätzen. Erforderlich ist die genaue und abschließende Bezeichnung der einzelnen Positionen, aus denen sich die Gesamtforderung zusammensetzen soll, und die Angabe, nach welchen Parametern die einzelnen Positionen berechnet werden"*[4]. Auf dieser Basis dürfte in AGB kaum noch Raum für Pauschalierungen bei Erstattungsabreden bzgl. Aus- und Fortbildungskosten bestehen.

III. Verfallregelungen

Anders als Vertragsstrafen sehen Verfallklauseln (oder Verwirkungsklauseln) als Sanktion keine zusätzliche Zahlung, sondern den **Verlust von Rechten** vor. Obwohl Verfallklauseln im Unterschied zu einer „echten" Vertragsstrafenvereinbarung keine aufschiebend bedingte Verpflichtung, sondern einen entsprechenden Rechtsverzicht beinhalten[5], gebietet die nach Inhalt und Zweck einer echten Vertragsstrafe nahe stehende Qualität einer Verfall- oder Verwirkungsklausel eine **entsprechende Anwendung der §§ 339 ff. BGB** und damit die Anwendung der für Vertragsstrafen geltenden Grundsätze[6]. Darüber hinaus unterliegen Verfallregelungen besonderen Anforderungen[7].

55

Die weit verbreitete **zweistufige Verfallregelung**, wonach zunächst eine schriftliche Geltendmachung bestehender Ansprüche binnen bestimmter Frist gefordert wird und sodann binnen weiterer Frist Klage zu erheben ist, begegnete in der Literatur im Hinblick auf **§ 309 Nr. 13 BGB** Bedenken[8]. Danach sind Regelungen, die Anzeigen oder Erklärungen über die Schriftform hinaus an eine besondere Form knüpfen, unwirksam. In einer zweistufigen Verfallklausel wird jedoch keine besondere Form vor-

56

---

1 Vgl. *Henssler/Preis*, ArbVG 2006.
2 Vgl. BGH 8.11.1984 – VII ZR 256/83, NJW 1985, 632.
3 Vgl. BAG 23.1.2007 – 9 AZR 482/06, NZA 2007, 748; 11.4.2006 – 9 AZR 610/05, NZA 2006, 1042.
4 Vgl. BAG 6.8.2013 – 9 AZR 442/12; BAG 21.8. 2012 – 3 AZR 698/10.
5 Vgl. Preis/*Stoffels*, Der Arbeitsvertrag, II V 30, Rz. 82.
6 Vgl. BGH 27.6.1960 – VII ZR 101/59, NJW 1960, 1568; 29.6.1972 – II ZR 101/70, NJW 1972, 1893; BAG 18.11.1960 – 1 AZR 238/59, AP Nr. 1 zu § 4 TVG – Vertragsstrafe; *Esser/Schmidt*, AT/1, § 16 III (S. 269); Preis/*Stoffels*, Der Arbeitsvertrag, II V 30, Rz. 82 mwN.
7 Vgl. näher MünchArbR/*Krause*, § 64 Rz. 12 ff.; Staudinger/*Rieble*, § 339 BGB Rz. 66 ff.
8 Vgl. *Däubler*, NZA 2001, 1329 (1336).

gegeben, sondern eine Frist. Im Übrigen sind derartige Klauseln im Arbeitsrecht sowohl in Individualarbeitsverträgen als auch in kollektiven Regelungen weit verbreitet[1], was gem. § 310 Abs. 4 BGB gegen die Geltung des § 309 Nr. 13 BGB spricht. Das BAG lässt offen, ob die Klage eine Anzeige oder Erklärung darstellt, die dem Verwender oder einem Dritten gegenüber abzugeben ist und ob damit eine strengere Form als die Schriftform oder ein besonderes Zugangserfordernis verbunden ist. Jedenfalls die angemessene Berücksichtigung der im Arbeitsrecht geltenden Besonderheiten (§ 310 Abs. 4 BGB) gebiete, die zweistufigen Ausschlussfristen zuzulassen. Denn zweistufige Ausschlussfristen begründeten die Obliegenheit, Ansprüche fristgerecht geltend zu machen. Sie dienten seit Langem der im Arbeitsleben anerkanntermaßen besonders gebotenen raschen Klärung von Ansprüchen und der Bereinigung offener Streitpunkte und verstießen somit nicht gegen § 309 Nr. 13 BGB[2].

57 Von der **Rechtsprechung** wurden Verfallklauseln der vorbeschriebenen Art früher bis zu zwei Monaten nach Fälligkeit (zwei plus zwei Monate bei zweistufiger Ausschlussfrist)[3] bzw. einer einmonatigen Klagefrist[4] noch für zulässig erachtet. Seit Geltung der §§ 305 ff. BGB ist diese Rechtsprechung jedoch nicht mehr maßgebend. Das BAG hat in seiner Entscheidung vom 25.5.2005 festgestellt, dass eine Frist für die gerichtliche Geltendmachung gegenseitiger Ansprüche von weniger als drei Monaten im Rahmen einer zweistufigen Ausschlussfrist mit wesentlichen Grundgedanken des gesetzlichen Verjährungsrechts nicht vereinbar ist und daher entgegen den Geboten von Treu und Glauben zu einer unangemessenen Benachteiligung führt. Sie ist daher nach § 307 Abs. 1 Satz 1 iVm. Abs. 2 Nr. 1 BGB unwirksam[5]. Die Drei-Monats-Frist ergibt sich nach dem BAG aus einer Gesamtschau der im Arbeitsrecht geltenden Fristen, insbesondere als Durchschnitt üblicher tariflicher Ausschlussfristen, aber auch der Regelung des § 61b Abs. 1 ArbGG[6]. Liegen keine zu wenigstens dreifacher Verwendung gedachten AGB vor, gelte Vorstehendes gem. § 310 Abs. 3 BGB gleichermaßen, da der Arbeitsvertrag typischerweise zwischen einem Unternehmer und einem Verbraucher abgeschlossen werde[7]. Das BAG geht allerdings von der Teilbarkeit einer doppelten Verfallfrist aus, so dass die Unwirksamkeit der zweiten Stufe nicht zwangsläufig die Unwirksamkeit der ersten Stufe nach sich zieht. Ist die Frist zur Geltendmachung ausreichend bemessen, also mindestens drei Monate lang, ist ein Arbeitnehmer auch dann mit seinem Anspruch ausgeschlossen, wenn die Klausel eine zu kurze Frist für die gerichtliche Geltendmachung vorsieht, aber der Arbeitnehmer es versäumt hat, seinen Anspruch in der ersten Frist geltend zu machen.

Ohne besonderen Hinweis oder drucktechnische Hervorhebung im Arbeitsvertrag geregelte Ausschlussfristen werden nicht Vertragsinhalt[8]. Verfallklauseln unterliegen darüber hinaus über § 138 BGB der gerichtlichen Inhaltskontrolle[9]. Eine individuell ausgehandelte zweistufige Ausschlussfrist von sechs Wochen Anzeigefrist und einer nach Ablehnung geltenden Klagefrist von vier Wochen kann wirksam sein[10].

58 Verfallklauseln können durch **Arbeitsvertrag, Betriebsvereinbarung** oder **Tarifvertrag** aufgestellt werden. Es handelt sich bei arbeitsvertraglich begründeten Verfallklauseln

---

1 Vgl. BAG 13.12.2000 – 10 AZR 168/00, NZA 2001, 723 (724).
2 Vgl. BAG 25.5.2005 – 5 AZR 572/04, DB 2005, 2136; 12.3.2008 – AZR 152/07, NZA 2008, 699.
3 Vgl. BAG 16.11.1965 – 1 AZR 160/65, AP Nr. 30 zu § 4 TVG; 18.3.2003 – 9 AZR 44/02, NZA 2003, 1359; 18.1.2004 – 6 AZR 651/03, NZA 2005, 516–520.
4 Vgl. BAG 13.12.2000 – 10 AZR 168/00, AP Nr. 2 zu § 241 BGB; 12.3.2008 – 10 AZR 152/07, NZA 2008, 699.
5 Vgl. BAG 25.5.2005 – 5 AZR 572/04, DB 2005, 2136 ff.
6 Vgl. BAG 25.5.2005 – 5 AZR 572/04, DB 2005, 2136 ff.
7 Vgl. BAG 25.5.2005 – 5 AZR 572/04, DB 2005, 2136 ff.
8 Vgl. BAG 29.11.1995 – 5 AZR 447/94, NZA 1996, 702.
9 Vgl. MünchArbR/*Krause*, § 64 Rz. 32 ff.
10 Vgl. BAG 25.5.2005 – 5 AZR 572/04, DB 2005, 2136 ff.

nicht um Verwirkungen oder Verzichte iSv. § 4 Abs. 4 TVG oder § 77 Abs. 4 BetrVG[1].

Teilweise fanden sich **spezialgesetzliche Restriktionen**. So untersagte § 134 Abs. 1 GewO aF für den Fall der rechtswidrigen Auflösung des Arbeitsverhältnisses durch den Arbeitnehmer, die Verwirkung des rückständigen Entgelts über den Betrag einer durchschnittlichen Wochenvergütung hinaus zu vereinbaren.

Aufgehoben wurde auch § 119a Abs. 1 GewO aF, der Lohneinbehaltungen zur Sicherung von Schadensersatz- und Vertragsstrafenforderungen aufgrund einer widerrechtlichen Auflösung des Arbeitsverhältnisses durch den Arbeitnehmer der Höhe nach begrenzte.

§ 64 Satz 2 HGB erklärt Vereinbarungen, nach denen die Zahlung des Gehalts später erfolgen soll, für nichtig.

Im Übrigen sind bei der Vereinbarung von Verfallklauseln die Pfändungsschutzvorschriften zu berücksichtigen. Das Arbeitseinkommen darf nicht über die Pfändungsfreigrenzen des Arbeitnehmers hinaus einbehalten werden[2].

IV. Betriebsbußen

Betriebsbußen sind von Vertragsstrafen zu unterscheiden. Der Rechtscharakter einer Strafvereinbarung ist im Zweifelsfall durch Auslegung zu ermitteln. Während die Vertragsstrafe individuelle arbeitsvertragliche Ansprüche sichert, soll die Betriebsbuße durch ihren **Straf- und Sühnecharakter** die **Störung der kollektiven betrieblichen Ordnung und Sicherheit** verhindern[3]. Sie kommt daher nur für solche Verstöße eines Arbeitnehmers in Betracht, die ein gemeinschaftswidriges Verhalten darstellen, mithin einen kollektiven Bezug haben[4]. Betriebsbußen haben heute ihre praktische Bedeutung weitgehend verloren. Näher zu Betriebsbußen s. die 7. Aufl., Teil 2 D Rz. 62 ff.

---

1 Vgl. BAG 18.11.1960 – 1 AZR 238/59, AP Nr. 1 zu § 4 TVG – Vertragsstrafe.
2 Vgl. LAG Berlin 14.7.1989 – 6 Sa 34/89, LAGE § 339 BGB Nr. 3; *Hueck/Nipperdey*, Bd. 1, § 45 VII 1, S. 377; Staudinger/*Richardi*, § 611 BGB Rz. 812 ff.
3 Vgl. BAG 23.9.1975 – 1 AZR 60, 61/74, DB 1975, 1946; *Fitting*, § 87 BetrVG Rz. 76 ff.; *Leinemann*, ArbuR 1970, 134.
4 Vgl. LAG Berlin 25.8.2004 – 9 Sa 877/04.

3. Teil
Änderung und Beendigung des Arbeitsverhältnisses

A. Änderung der Arbeitsbedingungen

	Rz.
I. Überblick	1
II. Einvernehmliche Änderung	4
1. Grundsatz	5
2. Grenzen der einvernehmlichen Änderung der Arbeitsbedingungen	9
a) Tarifbindung	10
b) Günstigkeitsprinzip	12
c) Vertragliche Einheitsregelungen	13
III. Direktionsrecht	14
1. Rechtsgrundlagen	16
2. Ausübung des Direktionsrechts	18
a) Form	19
b) Handelnde Personen	22
c) Mitbestimmungsrechte	23
3. Grenzen des Direktionsrechts	25
a) Vertragliche Vereinbarungen	26
b) Ausübung des Vorbehalts	29
c) Doppelte Schriftformklausel	30a
d) Abgrenzung zur Änderungskündigung	31
aa) Vom Direktionsrecht umfasste Weisungen	40b
bb) Vom Direktionsrecht nicht umfasste Weisungen	40c
e) Rechtsschutzmöglichkeiten	41
IV. Teilkündigung	44
V. Änderungskündigung	49
1. Begriff und Inhalt	50
a) Gegensatz zur Beendigungskündigung	51
b) Kündigung mit Änderungsangebot	52
aa) Zusammenhang und zeitliche Abfolge von Kündigung und Änderungsangebot	57
bb) Umdeutung einer unwirksamen Änderungskündigung gem. § 140 BGB	63a
c) Arten der Änderungskündigung	64
aa) Ordentliche Änderungskündigung	65
bb) Außerordentliche Änderungskündigung	66
cc) Änderungskündigung gem. § 1a KSchG	68a
2. Inhaltliche Voraussetzungen	68b
3. Abgrenzungsfragen	
a) Ausübung des Direktionsrechts	69
b) Änderungs- oder Widerrufsvorbehalt	71
c) Teilkündigung	73
d) Einverständliche Vertragsänderung	74
4. Voraussetzungen der Änderungskündigung	75
a) Grundsätzliche formelle Voraussetzungen	76
aa) Anhörung des Betriebsrats, § 102 BetrVG	77
bb) Eindeutigkeit der Kündigungserklärung	83
cc) Form und Frist	84
b) Allgemeine Rechtsunwirksamkeitsgründe	86
c) Soziale Rechtfertigung der fristgemäßen Kündigung	87
aa) Grundsatz und Besonderheiten	88
bb) Prüfungsmaßstab	89
cc) Struktur der Kündigungsgründe	95
dd) Sozialauswahl	108
d) Materielle Rechtfertigung der außerordentlichen Änderungskündigung gem. § 626 BGB	109
5. Beteiligung und Mitbestimmung des Betriebsrats	115
a) Voraussetzungen; Verbindung der beiden Beteiligungen gem. §§ 99, 102 BetrVG	116
aa) Mitbestimmung gem. § 99 BetrVG	118
bb) Folgen bei Nichtbeteiligung	124
b) Mitbestimmung gem. § 87 BetrVG	125
6. Annahme unter Vorbehalt	126
a) Ordentliche Änderungskündigung	127
aa) Vorbehaltserklärung, Form und Frist	128
bb) Auswirkungen der Vorbehaltserklärung	135
b) Außerordentliche Änderungskündigung	141
c) Taktische Fragen	144
7. Annahme ohne Vorbehalt	147a
a) Notwendigkeit der Annahmeerklärung	147b
b) Annahmefrist	147c
8. Prozessuale Besonderheiten der Änderungskündigungsschutzklage	148

	Rz.		Rz.
a) Antragstellung bei erklärtem Vorbehalt	149	c) Auflösungsantrag bei Änderungskündigungsschutzklagen	160
aa) Formulierung des Antrags	150	d) Streitwert bei Änderungskündigungsschutzklagen	162
bb) Weiterbeschäftigung	152		
b) Antragstellung bei fehlendem Vorbehalt	155		

Schrifttum:

Annuß, Der Vorrang der Änderungskündigung vor der Beendigungskündigung, NZA 2005, 443; *Bauer/Winzer,* Vom Personalleiter zum Pförtner? Änderungskündigung als Bürokratiemonster, BB 2006, 266; *Bepler,* Die „zweifelhafte Rechtsquelle" der betrieblichen Übung – Beharrungen und Entwicklungen, RdA 2005, 323; *Bergwitz,* Die Bedeutung des Nachweisgesetzes für die Darlegungs- und Beweislast beim Arbeitsvertrag, BB 2001, 2316; *Berkowsky,* Aktuelle Probleme der Versetzungs-Änderungskündigung: Der Arbeitgeber im Zangengriff von individuellem und kollektivem Arbeitsrecht, NZA 2010, 250; *Berkowsky,* Die betriebsbedingte Änderungskündigung, 2000; *Berkowsky,* Änderungskündigung, Direktionsrecht und Tarifvertrag – Zur Dogmatik der „überflüssigen Änderungskündigung", NZA 1999, 293; *Berkowsky,* Änderungskündigung zur Änderung von Nebenabreden, NZA 2003, 1130; *Berkowsky,* Die Änderungskündigung, NZA-RR 2003, 458; *Berkowsky,* Vorrang der Änderungskündigung vor der Beendigungskündigung, NZA 2006, 697; *Birk,* in: AR-Blattei D Direktionsrecht, Loseblatt; *Birk,* Das Nachweisgesetz zur Umsetzung der Richtlinie 91/533/EWG in das deutsche Recht, NZA 1996, 281; *Böhm,* Vereinbarte Formerfordernisse im Arbeitsrecht, ArbRB 2008, 91; *Borgmann/Faas,* Das Weisungsrecht zur betrieblichen Ordnung nach § 106 S. 2 GewO, NZA 2004, 241; *Caspers,* Rechtsfolgen des Formverstoßes bei § 623 BGB, RdA 2001, 28; *Hanau/Hromadka,* Richterliche Kontrolle flexibler Entgeltregelungen in Allgemeinen Arbeitsbedingungen, NZA 2005, 73; *Herbert/Oberrath,* Die soziale Rechtfertigung der betriebsbedingten Änderungskündigung, NJW 2008, 3177; *Hertzfeld/Isenhardt,* Vorrang der Änderungskündigung, DB 2011, 2034; *Hoß,* Das Schriftformerfordernis bei der Änderungskündigung, ArbRB 2003, 344; *Hromadka,* Das Leistungsbestimmungsrecht des Arbeitgebers, DB 1995, 1609; *Hromadka,* Möglichkeiten und Grenzen der Änderungskündigung, NZA 1996, 1; *Hromadka,* Die Änderungskündigung – eine Skizze, DB 2002, 1322; *Hromadka,* Grenzen des Weisungsrechts – zur Auslegung des § 106 GewO, NZA 2012, 233; *Hromadka,* Neues zur überflüssigen Änderungskündigung – Gebrauchsanweisung zu § 106 GewO, NZA 2012, 896; *Hunold,* Arbeitsort und Direktionsrecht bei Fehlen einer arbeitsvertraglichen Regelung, DB 2013, 636; *Hunold,* Die „überflüssige" Änderungskündigung, NZA 2008, 860; *Kappelhoff,* Die Änderung von Arbeitsbedingungen durch Änderungskündigung, ArbRB 2005, 244; *Kappelhoff,* Spielregeln der Änderungskündigung, ArbRB 2006, 183; *Karlsfeld,* Arbeitsplatzbeschreibung – strategischer Einsatz im Hinblick auf das Spannungsverhältnis zwischen Direktionsrecht und Sozialauswahl, ArbRB 2004, 379; *Karlsfeld,* Doppelte Schriftformklausel in AGB – seit dem 20.5.2008 nicht mehr möglich?, ArbRB 2008, 222; *Kleinebrink,* In der Krise: Arbeitsrechtliche Möglichkeiten zur Verringerung des Volumens der Arbeitszeit, DB 2009, 342; *Langemann/Gotham,* Freiwillige Leistungen des Arbeitgebers – es gibt sie noch!, DB 2008, 2307; *Lelley/Sabin,* Rechtsprechungsänderung zum Ultima-Ratio-Prinzip bei betriebsbedingten Kündigungen, DB 2006, 1110; *Leßmann,* Die Grenzen des arbeitgeberseitigen Direktionsrechts, DB 1992, 1137; *Lingemann,* Allgemeine Geschäftsbedingungen und Arbeitsvertrag, NZA 2002, 181; *Luke,* § 615 S. 3 BGB – Neuregelung des Betriebsrisikos?, NZA 2004, 244; *Preis/Lindemann,* „Änderungsvorbehalte – Das BAG durchschlägt den Gordischen Knoten", NZA 2006, 632; *Quecke,* Änderungskündigung mit tarifwidrigem Inhalt, NZA 2001, 812; *Ricken,* Betriebliche Übung und Vertragskontrolle im Arbeitsrecht, DB 2006, 1372; *Salamon/Fuhlrott,* Die Festlegung des Arbeitsplatzes als Vorfrage der AGB-Kontrolle, NZA 2011, 839; *Schimmelpfennig,* Inhaltskontrolle eines formularmäßigen Änderungsvorbehalts, NZA 2005, 603; *Schrader/Straube,* Die Änderungskündigung oder die Unzumutbarkeit der Zumutbarkeit, DB 2006, 1678; *Schulte,* Annahme einer Änderungskündigung – entbehrlich!, ArbRB 2006, 276; *von Steinau-Steinrück,* Das Weisungsrecht im öffentlichen Dienst, NJW-Spezial 2008, 658; *Voelzke,* Die Erstattungspflicht des Arbeitgebers bei Entlassung älterer Arbeitnehmer – Eine Bestandsaufnahme, DB 2001, 1990; *Willemsen/Grau,* Alternative Instrumente zur Entgeltflexibilisierung im Standardarbeitsvertrag, NZA 2005, 1137; *Willemsen/Schipp/Oberthür/Reinhard,* Der Streitwertkatalog für die Arbeitsgerichtsbarkeit – Eine ergänzende Stellungnahme des Deutschen Anwaltvereins für das Beschlussverfahren, NZA 2014, 356; *Worzalla*, Anm. zu BAG v. 16.5.2002 – 2 AZR 292/01, SAE 2003, 297, SAE 2003, 300; *Ziemann*, Klagen bei Änderung des Inhalts eines Arbeitsverhältnisses, ArbRB 2002, 62; *Ziemann*, Schuldrechtsreform 2001 – und Kontrolle vorformulierter Arbeitsbedingungen, ArbRB 2001, 46; *Zundel*, Wirksamkeit arbeitsvertraglicher Klauseln insbesondere unter dem Aspekt der AGB-Kontrolle, NJW 2006, 1237.

I. Überblick

In einer auf **Flexibilität** angewiesenen Arbeitswelt gewinnt die Anpassung der Arbeitsbedingungen an veränderte soziale und wirtschaftliche Umstände eine **immer größere Bedeutung**. Das existentielle Interesse der Beschäftigten an der Erhaltung ihrer Arbeitsplätze wird durch die arbeitsrechtlichen Vorschriften und deren Interpretation, zum Teil auch durch Rechtsfortbildung durch die höchstrichterliche Rechtsprechung, unterstützt, kann jedoch letztlich die Anpassung der Beschäftigtenzahl an das Beschäftigungsvolumen und die damit verbundene dauerhafte Vernichtung von Arbeitsplätzen nicht verhindern. Das hat die Vergangenheit gezeigt. An dieser – außerrechtlichen – Gesetzmäßigkeit wird sich auch in Zukunft nichts ändern lassen. Nüchtern betrachtet muss man feststellen, dass einmal im Rahmen betriebsbedingter Kündigungen verloren gegangene Arbeitsplätze ungeachtet schwankender konjunktureller Einflüsse und arbeitsrechtlicher Rahmenbedingungen nicht neu entstehen werden. Der Trend zur Verlagerung der Produktion in sog. Billiglohnländer hält zwar nicht mehr so stark an wie bislang, kehrt sich zum Teil sogar um. Dennoch sollte aus Arbeitnehmersicht die Änderung der Arbeitsbedingungen – in vertretbarem Rahmen – dem Verlust des Arbeitsplatzes vorzuziehen sein.

Aber auch die Arbeitgeber haben ein wohlverstandenes Interesse daran, nicht in jedem Fall die Beendigung des Arbeitsverhältnisses ins Auge zu fassen, wenn flexiblere Instrumente der Anpassung an die Beschäftigungssituation bestehen. Das gilt auch und insbesondere vor dem Hintergrund des immer deutlicher zutage tretenden Fachkräftemangels, insbesondere in den technischen Berufen. Für beide Parteien des Arbeitsverhältnisses steht deshalb die einvernehmliche Regelung durch **Änderungsvereinbarung** im Vordergrund. Kommt eine Einigung nicht zustande, bleibt für den Arbeitgeber nur die Möglichkeit, die Änderung der Arbeitsbedingungen einseitig durchzusetzen, entweder durch Ausübung des **Direktionsrechts** (vgl. Rz. 14 ff.) oder durch – ordentliche oder außerordentliche – **Änderungskündigung**[1] (vgl. Rz. 49 ff.).

Wenn dieses weniger einschneidende Mittel nicht in Betracht kommt, ist in vielen Fällen die Beendigung des Arbeitsverhältnisses unvermeidlich. Kündigungsschutzverfahren sind erfahrungsgemäß für Arbeitgeber – nach wie vor – unkalkulierbar[2]. Deshalb sind beide Seiten gut beraten – aus unterschiedlichen Gründen –, nach von ihnen selbst gestaltbaren Lösungsmöglichkeiten zu suchen.

Einstweilen frei.

---

1 Vgl. die kritische Anmerkung von *Kappelhoff*, ArbRB 2005, 244 (247) zu den spezifischen Schwierigkeiten der Änderungskündigung.
2 Dazu schon die kritischen Aufsätze von *Leisner*, „Abwägung überall" – Gefahr für den Rechtsstaat, NJW 1997, 636, insb. 638: „Die Abwägung ist zum Roulette der Prozesse geworden ..."; *Rüthers*, „Arbeitsrecht und ideologische Kontinuitäten", NJW 1998, 1433, insb. 1438: „Ultima Ratio" und Prognose im Kündigungsschutzrecht als methodischer „Blindflug"; *Rüthers*, NJW 2002, 1601, „Vom Sinn und Unsinn des Kündigungsschutzrechts": Insbes. Hinweis auf die „Sonderbarkeiten und Skurrilitäten" auf S. 1607, 1608.

II. Einvernehmliche Änderung

4 Das Arbeitsverhältnis kommt zustande durch Einigung über die wesentlichen Bedingungen, zu denen das Arbeitsverhältnis geführt werden soll, wie jeder andere Vertrag auch. Allerdings sind schon bei Vertragsschluss der **Privatautonomie** Grenzen gesteckt. Die Arbeitsvertragsparteien können weder von zwingenden gesetzlichen Vorschriften abweichen noch von tarifvertraglichen oder anderen kollektivrechtlichen zwingenden Vereinbarungen, zB in Betriebsvereinbarungen. Was für den Abschluss des Vertrages gilt[1], muss auch bei der Änderung der Vertragsbedingungen berücksichtigt werden. Allein die Ablehnung eines der Kündigung vorangehenden Angebots auf einvernehmliche Änderung des Arbeitsverhältnisses durch den Arbeitnehmer enthebt den Arbeitgeber jedoch nicht von der Pflicht, das Änderungsangebot mit einer nachfolgenden Beendigungskündigung erneut zu verbinden[2].

1. Grundsatz

5 Die Arbeitsvertragsparteien können sich grundsätzlich über die Art der Tätigkeit, die Arbeitszeit, die Vergütung einschließlich etwaiger Nebenleistungen, zB Vermögenswirksame Leistungen, Gratifikationen, Fahrtkosten, betriebliche Altersversorgungsleistungen, Versicherungsschutz, Dienstwagen oder sonstige geldwerte Vorteile sowie über die Dauer des Urlaubs verständigen. Ferner sind Nebenpflichten regelbar, wie zB das Verhalten im Krankheitsfall, Wettbewerbsverbote und sonstige vertragliche Bedingungen (vgl. im Einzelnen Teil 2 A, vor allem Rz. 187 ff., 771 ff.).

6 Änderungen dieser Vertragsbedingungen sind grundsätzlich auch durch **vertragliche Einigung** zwischen den Arbeitsvertragsparteien möglich. Dazu bedarf es einer vollständigen Einigung über alle zu regelnden Änderungen, zB Tätigkeit, Vergütung, Arbeitszeiten, insbesondere deren Lage und Dauer, evtl. Teilzeitarbeit, und sonstigen vertraglichen Bedingungen. Wenn nach den vertraglichen Vereinbarungen Änderungen der **Schriftform** bedürfen, ist darüber eine Vertragsurkunde aufzunehmen und von beiden Vertragspartnern zu unterzeichnen. Das gilt insbesondere für die sog. doppelte Schriftformklausel, in der auch die Abbedingung der Schriftform der Schriftform bedarf[3].

Nur wenn eine solche Schriftformklausel nicht vereinbart ist, können die Parteien auch durch **konkludentes Verhalten** eine Vertragsänderung bewirken, zB durch widerspruchslose Fortsetzung des Arbeitsverhältnisses nach einer vom Arbeitgeber angekündigten und anschließend vorgenommenen Änderung der Arbeitsbedingungen, zB eines Vergütungsanteils[4]. Gem. §§ 133, 157 BGB tritt diese Vertragsänderung im Arbeitsverhältnis unmittelbar ein, wenn sich die Vertragsänderung direkt im Arbeitsverhältnis auswirkt. Hat das Änderungsangebot ein ganzes Bündel von Vertragsänderungen zum Inhalt, so reicht es auch, wenn die Änderungen sich nur teilweise unmittelbar auswirken.

7 Soweit für Vertragsänderungen Schriftform weder vertraglich vereinbart noch normativ geregelt ist, zB tarifvertraglich, sind nicht nur für den erstmaligen Abschluss von Verträgen, sondern auch für Vertragsänderungen die Vorschriften des **Nachweisgesetzes** zu beachten. In § 2 Abs. 1 Satz 2 NachwG ist der Katalog des Mindestinhalts der schriftlichen Vertragsurkunde geregelt. Nach § 3 NachwG gilt dasselbe für die Änderung der wesentlichen Vertragsbedingungen, die ebenfalls spätestens einen Monat nach der Änderung schriftlich mitzuteilen sind. Gem. § 5 NachwG sind die Vorschrif-

---

1 Preis/*Preis*, Der Arbeitsvertrag, I C Rz. 1 f.
2 Vgl. zB LAG Rh.-Pf. 12.1.2012 – 10 Sa 533/11.
3 Vgl. dazu auch *Karlsfeld*, ArbRB 2008, 222 mit Hinweis auf die Entscheidung BAG 20.5.2008 – 9 AZR 382/07, NJW 2009, 316.
4 Vgl. BAG 1.8.2001 – 4 AZR 129/00, DB 2001, 255 f.

II. Einvernehmliche Änderung

ten des Gesetzes unabdingbar (uu den Anforderungen des NachwG vgl. im Einzelnen Teil 1 C Rz. 233 ff.).

Einstweilen frei. 8

2. Grenzen der einvernehmlichen Änderung der Arbeitsbedingungen

Aus dem allgemein anerkannten Schutzzweck des Arbeitsrechts zugunsten der Arbeitnehmer folgen zahlreiche Durchbrechungen der Privatautonomie. Das gilt auch für die Möglichkeit, einvernehmliche Änderungen der Arbeitsbedingungen zu vereinbaren. 9

a) Tarifbindung

Rechtsnormen eines Tarifvertrages gelten gem. § 4 Abs. 1 TVG „unmittelbar und zwingend zwischen den beiderseits Tarifgebundenen", die unter den Geltungsbereich des Tarifvertrages fallen. Tarifgebunden sind gem. § 3 TVG Mitglieder der Tarifvertragsparteien und der Arbeitgeber, der selbst Partei des Tarifvertrages ist. Tarifvertragsparteien sind in der Regel Gewerkschaften und Arbeitgeberverbände. 10

Ausnahmen vom grundsätzlichen Verbot abweichender Abmachungen sind gem. § 4 Abs. 3 TVG nur zulässig als sie durch sog. Öffnungsklauseln gestattet sind und nur dann, wenn für die Arbeitnehmer günstigere Regelungen darin enthalten sind.

Soweit **keine Tarifbindung** zwischen den Vertragsparteien besteht, können gleichwohl Tarifnormen verbindlich vereinbart werden. Die Tarifbindung tritt dann nicht kraft Gesetzes ein, sondern durch die Vereinbarung, die allerdings dann auch wieder geändert werden kann, so dass die Wirkung der Rechtsnormen des Tarifvertrages ebenfalls berührt wird. Einvernehmliche Änderungen des Arbeitsvertrages sind demzufolge möglich, und zwar auch Abweichungen von den zwingenden Tarifnormen, weil sie nämlich nicht unmittelbar zwischen den Arbeitsvertragsparteien gelten (vgl. dazu im Einzelnen Teil 4 C Rz. 206 ff.). 11

b) Günstigkeitsprinzip

Das Günstigkeitsprinzip ist auch bei sonstigen Änderungen zu beachten, besonders im Hinblick auf **kollektivrechtliche Regelungen in Betriebsvereinbarungen**. Soweit wechselseitige Rechte und Pflichten, vor allem Ansprüche der Arbeitnehmerseite, durch Betriebsvereinbarungen geregelt sind, dürfen davon nachteilig abweichende Regelungen nicht getroffen werden. Betriebsvereinbarungen gelten gem. § 77 Abs. 4 BetrVG unmittelbar und zwingend, also ebenso wie Tarifnormen. Der Verzicht auf solche Rechte ist nur mit Zustimmung des Betriebsrates zulässig, die in der Praxis in aller Regel nicht erteilt wird. Auch insoweit finden einvernehmliche Regelungen zur Änderung der Arbeitsbedingungen ihre Grenzen. 12

c) Vertragliche Einheitsregelungen

Soweit Ansprüche und Rechte in vertraglichen Einheitsregelungen enthalten sind, die abändernd allen Arbeitnehmern oder einer Gruppe im Wege der einvernehmlichen Änderung der Arbeitsbedingungen angeboten werden, unterliegen auch solche Regelungen einer Inhaltskontrolle. 13

Gem. § 310 Abs. 4 Satz 2 BGB sind die „im Arbeitsrecht geltenden Besonderheiten angemessen zu berücksichtigen". Was dies im Einzelnen für den Inhalt der Arbeitsverträge und die verbleibende Gestaltungsfreiheit auch bei der Änderung der Arbeitsbedingungen bedeutet, soll an dieser Stelle nicht weiter untersucht werden[1] (vgl. dazu ausführlich Teil 1 D).

III. Direktionsrecht

14 Einseitige Änderungsmaßnahmen kann die Arbeitgeberseite in vielen Fällen gestützt auf das Direktionsrecht umsetzen. Im Folgenden gilt es, neben den Grundlagen des Direktionsrechts auch dessen Grenzen zu bestimmen[2].

15 Im **öffentlichen Dienst** wird in aller Regel auf die für den öffentlichen Dienst geltenden Tarifverträge, nach der Tarifumstellung nach 2006 im Wesentlichen auf den TVöD, Bezug genommen. Dieser enthält in § 4 ein sehr weit gehendes Weisungsrecht, das in der Praxis durchaus häufig verkannt wird und in weiten Bereichen Änderungskündigungen überflüssig macht[3].

1. Rechtsgrundlagen

16 Bis zur Novellierung der Gewerbeordnung[4] und der gesetzlichen Regelung des Weisungsrechts des Arbeitgebers in § 106 GewO war die Rechtsgrundlage des Direktionsrechts streitig[5]. Der Arbeitgeber kann nach dieser Vorschrift „Inhalt, Ort und Zeit der Arbeitsleistung nach billigem Ermessen näher bestimmen ...". Dabei sind allerdings die Grenzen zu beachten, die durch den Arbeitsvertrag, Betriebsvereinbarungen, Tarifverträge oder gesetzliche Vorschriften vorgegeben werden[6]. Das gilt nach § 106 Satz 2 GewO auch hinsichtlich der Ordnung des Verhaltens der Arbeitnehmer im Betrieb. Nach Satz 3 dieser Vorschrift hat der Arbeitgeber bei der Ausübung seines Ermessens auch auf eine etwaige Behinderung des Arbeitnehmers Rücksicht zu nehmen.

Damit hat das Gesetz die Leitungs- oder Weisungsbefugnis, allgemein als Direktionsrecht bezeichnet, gesetzlich normiert und das in den Wortlaut des Gesetzes aufgenommen, was bislang schon nach herrschender Meinung das Direktionsrecht ausgemacht hat[7].

17 Die **einzelne Maßnahme**, die aufgrund des Direktionsrechts angeordnet wird, ist ihrem Rechtscharakter nach nach wie vor streitig. Es wird vertreten, es handele sich um eine geschäftsähnliche Handlung oder um ein einseitiges Rechtsgeschäft. Die Verbindlichkeit wird aber von niemandem in Frage gestellt, deshalb soll auch dieser Streit, der für die Praxis keine Bedeutung hat, an dieser Stelle nicht weiter vertieft werden (vgl. zum Meinungsstand und zu den Nachweisen Rz. 63a).

---

1 Vgl. zu den Änderungen durch die Schuldrechtsreform bzgl. nachvertraglicher Wettbewerbsverbote *Bauer/Diller*, Nachvertragliche Wettbewerbsverbote: Änderungen durch die Schuldrechtsreform, NJW 2002, 1609; vgl. allgemein *Preis*, Der Arbeitsvertrag, I C Rz. 1 ff.; Küttner/*Röller*, Arbeitsvertrag, Rz. 24 ff.
2 Vgl. dazu auch BAG 18.10.2012 – 6 AZR 86/11; vgl. auch den Kommentar in NJW-Spezial 2013, 51 mit „Ausblick".
3 Vgl. dazu auch *von Steinau-Steinrück*, NJW-Spezial 2008, 658 f. mwN.
4 3. Gesetz zur Änderung der GewO und sonstiger gewerberechtlicher Vorschriften, BGBl. I 2002, 3412.
5 Vgl. dazu die 4. Aufl., Teil 3 A Rz. 15 mwN.
6 Vgl. BAG 18.10.2012 – 6 AZR 86/11.
7 Vgl. *Borgmann/Faas*, NZA 2004, 241, 242; *Schulte*, ArbRB 2003, 245 ff.; Schaub/*Schaub*, § 31 Rz. 67 (ausführlicher noch 10. Aufl. 2002, § 31 Rz. 31).

III. Direktionsrecht

2. Ausübung des Direktionsrechts

Die Ausübung des Direktionsrechts erfolgt entweder durch Einzelweisung an den Arbeitnehmer oder als kollektive Anweisung an eine Gruppe von Beschäftigten oder an alle. Soweit eine kollektive Anordnung getroffen werden soll. Mitbestimmungsrechte des Betriebsrats sind zu beachten. 18

a) Form

Die Form der Ausübung ist **nicht festgelegt**. Sie kann in der Form einer ganz konkreten Arbeitsanweisung[1] oder in schriftlicher Form erfolgen. Die Einzelweisung, zB die Übertragung einer konkreten Arbeitsaufgabe oder die Vorgabe für die Reihenfolge auszuübender Tätigkeiten, ist in jedem Fall formlos möglich. Das gilt grundsätzlich auch für die Zuweisung einer konkreten Arbeitszeit, wenn sie nicht ausdrücklich – und ausnahmsweise – im Arbeitsvertrag oder in Betriebsvereinbarungen oder anderen kollektiven Normen festgelegt ist oder einen klaren Rahmen vorgibt wie zB das Arbeitszeitgesetz. 19

Da durch das Direktionsrecht die arbeitsvertraglichen Grundlagen gerade nicht angegriffen werden sollen, ist die in vielen Arbeitsverträgen anzutreffende **Schriftformklausel** nicht einschlägig. Soweit allerdings Mitbestimmungsrechte betroffen sind (vgl. Rz. 23 f.), muss beim Abschluss von Betriebsvereinbarungen die Schriftform gewahrt werden. Das hat aber nichts mit den Formerfordernissen an die Ausübung des Direktionsrechts selbst zu tun. 20

Ein den Arbeitsvollzug **begleitendes Verhalten**, insbesondere Verhaltensregelungen, die einen ungestörten Arbeitsablauf sichern sollen und das Zusammenleben und Zusammenwirken der Arbeitnehmer im Betrieb festlegen, werden zweckmäßigerweise schriftlich formuliert; notwendig ist dies jedoch nicht. Das gilt auch für die sonstigen organisationsbedingten Änderungen (zum Mitbestimmungsrecht des Betriebsrats vgl. sogleich Rz. 24). 21

b) Handelnde Personen

Die Ausübung des Direktionsrechts ist nicht dem Arbeitgeber selbst vorbehalten. Vielmehr kann er sie auch auf Vorgesetzte **delegieren**. Das wird in stark gegliederten Unternehmen mit hierarchischer Struktur in aller Regel der Fall sein. Hier sind auch die unmittelbaren Vorgesetzten befugt, selbst auf der untersten Leitungsebene konkrete Arbeitsanweisungen zu erteilen. Solche betreffen dann die Art der Arbeitsleistung, also die Ausführung der Arbeit selbst. 22

c) Mitbestimmungsrechte

Mitbestimmungsrechte des Betriebsrats – oder im Bereich der Personalvertretungsgesetze des Personalrats – kommen in Betracht bei **kollektivrechtlichen einseitigen Regelungen des Arbeitgebers** im Rahmen des Katalogs des § 87 BetrVG (oder der §§ 75–79 BPersVG oder entsprechender Landespersonalvertretungsgesetze). 23

Soweit es um die **Ordnung im Betrieb** und das Verhalten der Arbeitnehmer geht, auf die sich die Weisungen des Arbeitgebers beziehen, ist nach § 87 Abs. 1 Nr. 1 BetrVG ein originäres Mitbestimmungsrecht gegeben. Das bezieht sich ebenso auf die anderen Tatbestände, insbesondere der Nr. 2, 3, 5, wohl auch Nr. 7. Auch hier geht es um das konkrete Arbeitsverhalten und um die Ordnung im Betrieb, also die Art und Weise und die Ausgestaltung der Arbeitszeit. Hier findet die Ausübung des Direktionsrechts, auch Weisungsrecht genannt[2], ihre Grenzen. 24

---

1 MünchArbR/*Richardi*, § 12 Rz. 53 (zB das Arbeitskommando „hau ruck").
2 Staudinger/*Richardi*, § 611 BGB Rz. 245 ff.

24a Wird das Direktionsrecht gegenüber einer **Gruppe von Beschäftigten** ausgeübt, werden zB grundsätzlich neue Arbeitszeiten im Betrieb festgelegt, ist der Betriebsrat auf jeden Fall zu beteiligen gem. § 87 Abs. 1 Nr. 2 BetrVG. Die Einigung mit dem Betriebsrat erfolgt in der Regel durch Abschluss einer Betriebsvereinbarung, die natürlich gem. § 77 Abs. 2 Satz 1 BetrVG schriftlich abzuschließen ist. Das hat aber nichts mit den Formerfordernissen der Ausübung des Direktionsrechts selbst zu tun.

24b Wird eine **Versetzung** ausgesprochen, so sind ggf. Beteiligungsrechte des Betriebsrats zu wahren, § 99 BetrVG (wegen weiterer Einzelheiten vgl. Teil 4 A).

3. Grenzen des Direktionsrechts

25 Auch **individualarbeitsrechtlich** sind dem Direktionsrecht Grenzen gesetzt, die jedoch im Einzelfall schwer zu bestimmen sein können. Die Grenze ist immer überschritten, wenn eine wesentliche Veränderung des Synallagmas, also das Austauschverhältnis betroffen ist. Das Weisungsrecht darf grundsätzlich nicht in die private Lebensführung des Arbeitnehmers eingreifen. So kann die arbeitsvertragliche Vereinbarung, einen Arbeitnehmer zu zwingen, die Steuererklärung durch eine vom Arbeitgeber beauftragte Steuerberatungsgesellschaft erstellen zu lassen, als unangemessene Regelung gem. § 307 Abs. 1 Satz 1 BGB unwirksam sein[1].

a) Vertragliche Vereinbarungen

26 Der Arbeitgeber darf zwar in Regelungen des Anstellungsvertrages **einen Rahmen** für die Ausübung des Direktionsrechts mit dem Arbeitnehmer **vereinbaren**, zB einen Versetzungsvorbehalt auf verschiedene Betriebe innerhalb der Bundesrepublik oder auch im Ausland. Durch solche vertraglich vereinbarten Direktionsrechte des Arbeitgebers darf jedoch nicht in den kündigungsschutzrechtlich geschützten Kernbereich des Arbeitsverhältnisses eingegriffen werden[2].

27 Beispiel:

Der Arbeitgeber, eine kreisfreie Stadt, hatte in § 3 der Verträge folgende Vereinbarung getroffen: „Arbeitsleistungen sind nur nach Aufforderung durch die Musikschule zu erbringen. Die Zahl der zu erteilenden Unterrichtsstunden wird von Fall zu Fall im Einvernehmen mit dem Leiter festgelegt." Von diesem Vorbehalt wurde auch Gebrauch gemacht in unterschiedlicher Form. Das BAG hat bestätigt, dass das Direktionsrecht des Arbeitgebers sich niemals auf Umstände beziehen könne, durch die die Höhe der Vergütung bestimmt werde. Die in § 3 der Arbeitsverträge enthaltene Regelung stelle eine objektive Umgehung von zwingenden Vorschriften des Kündigungs- und Kündigungsschutzrechts dar und sei daher gem. § 134 BGB nichtig[3].

28 Vor der Neuregelung des § 310 Abs. 4 Satz 2 BGB wurden **Änderungs- oder Widerrufsvorbehalte** in Arbeitsverträgen allgemein für zulässig erachtet[4]. Das BAG hat jedoch inzwischen solchen Klauseln enge Grenzen gesetzt und entschieden, dass sie am Transparenzgebot des § 308 Nr. 4 BGB zu messen seien[5]. Sie halten dieser Prüfung nur stand, wenn die widerrufliche Leistung ihrer Art und Höhe nach eindeutig bestimmt ist, die Vertragsklausel mögliche konkrete Widerrufsgründe enthält, der wi-

---

1 BAG 23.8.2012 – 8 AZR 804/11, BB 2013, 179.
2 Vgl. auch das Beispiel LAG Berlin 2.2.1998 – 9 Sa 114/97, NZA-RR 1998, 437: Die Bestellung und Abberufung eines „leitenden Betriebsarztes" aufgrund des Direktionsrechts ist möglich.
3 BAG 12.12.1984 – 7 AZR 509/83, AP Nr. 6 zu § 2 KSchG 1969 unter II. d. Gr.
4 Vgl. 4. Aufl., Teil 3 A Rz. 28, 29 mwN.
5 Vgl. BAG 12.1.2005 – 5 AZR 364/04, NZA 2005, 465; aA wohl *Annuß*, BB 2002, 458 (462); *Lingemann*, NZA 2002, 181 (190). Das BVerfG hat keine verfassungsrechtlichen Bedenken geäußert, wenn das BAG allgemeine Vertragsbedingungen auch dann an §§ 306, 307–309 BGB misst, wenn sie nur zur einmaligen Verwendung bestimmt sind, vgl. BVerfG 23.11.2006 – 1 BvR 1909/06, NZA 2007, 85.

derrufliche Anteil nicht mehr als 25–30 % der Gesamtvergütung ausmacht und dem Arbeitnehmer danach mindestens noch der Tariflohn verbleibt. Das BAG hatte über die Wirksamkeit eines Widerrufsvorbehalts für übertarifliche Lohnbestandteile zu entscheiden und hat darüber hinaus für vor dem 1.1.2002 geschlossene Verträge die so entstandene Vertragslücke im Wege der ergänzenden Vertragsauslegung geschlossen. Für **ab dem 1.1.2002** geschlossene Verträge gibt es **keine geltungserhaltende Reduktion**[1].

Ebenfalls nach § 308 Nr. 4 iVm. § 307 BGB für unwirksam erklärt hat das BAG eine Klausel, mit der ein Dienstwagen aus jedem Anlass widerrufen werden konnte. Das Widerrufsrecht sei zu weitgehend und benachteilige den Arbeitnehmer unangemessen, wenn kein Sachgrund für den Widerruf angegeben werde[2].

Weiterer Prüfstein ist die Vorschrift des § 307 BGB. Danach sind Bestimmungen in Allgemeinen Geschäftsbedingungen unwirksam, wenn sie den Vertragspartner des Verwenders entgegen den Geboten von Treu und Glauben **unangemessen benachteiligen**. Davon ist im Zweifel auszugehen, § 307 Abs. 2 Nr. 1 BGB, wenn eine Bestimmung mit wesentlichen Grundgedanken der gesetzlichen Regelung, von der abgewichen wird, nicht zu vereinbaren ist[3]. So ist eine Bestimmung wegen Verstoßes gegen § 307 Abs. 1 Satz 1 BGB unwirksam, mit der sich zB der Arbeitgeber über einen Zeitraum von drei Monaten vorbehält, den Arbeitnehmer zur Arbeit abzurufen[4]. Der Arbeitgeber trägt gem. § 615 BGB das Beschäftigungsrisiko, ist also auch bei Auftragsmangel zur Entgeltfortzahlung verpflichtet[5].

28a

Diese Prüfung erfolgt nach der Rechtsprechung des BAG[6] **zweistufig**[7]:

Zunächst ist auf der **ersten Stufe** der Änderungsvorbehalt **inhaltlich** zu kontrollieren. Die Klausel verstößt nicht gegen § 308 Nr. 4 BGB, jedoch wegen der Abweichung von wesentlichen Grundgedanken der in § 615 BGB geregelten Verteilung des Wirtschaftsrisikos gegen § 307 Abs. 1 Satz 1 BGB. Führt diese inhaltliche Prüfung bereits zur Unwirksamkeit, kann die Klausel nicht Grundlage für ein Leistungsbestimmungsrecht des Arbeitgebers sein.

Auf der **zweiten Stufe** folgt die **Kontrolle der Ausübung** einer solchen Klausel im konkreten Fall (dazu sogleich Rz. 29).

Zunächst ist nach der vom BAG konturierten äußeren Grenze grundsätzlicher Veränderungen im Bereich gegenseitiger Hauptleistungspflichten die Angemessenheit und Transparenz der Regelungen festzustellen und im Anschluss daran, ob sie noch mit den wesentlichen Grundgedanken einer gesetzlichen Regelung vergleichbar sind[8]. Ferner ist das Interesse des Arbeitnehmers an einer festen, nicht flexiblen Regelung der Arbeitsbedingungen gegen das Interesse des Arbeitgebers an einer, ver-

28b

---

1 St. Rspr. BAG 27.7.2010 – 3 AZR 777/08, mwN; so auch BGH 3.11.1999 – VIII ZR 269/98, NJW 2000, 1110 u. 1144; weitere Nachweise und Ausführungen: in Teil 1 D Rz. 160, zu den Einschränkungen des Verbots der geltungserhaltenden Reduktion Teil 1 D Rz. 164,165 mwN zur Rspr. des BAG und des BGH.
2 Vgl. BAG 19.12.2006 – 9 AZR 294/06, NZA 2007, 809.
3 Vgl. BAG 14.9.2011 – 10 AZR 526/10, NZA 2012, 81.
4 Vgl. BAG 9.7.2008 – 5 AZR 810/07, NZA 2008, 1407.
5 Allg. Meinung: BAG 23.6.1994 – 6 AZR 853/93, NZA 1995, 468; bestätigt von BAG 7.12.2005 – 5 AZR 535/04, NZA 2006, 423 (unter Nr. 37 d. Gr.) mwN.
6 BAG 7.12.2005 – 5 AZR 535/04, NZA 2006, 423f. (Nr. 37 d. Gr.); ihm folgend: *Preis/Lindemann*, NZA 2006, 632f. (633 re. Sp.: „Dieser geniale juristische Coup ist auch dogmatisch richtig ...").
7 Die Auslegung des BAG ist auch verfassungsrechtlich nicht zu beanstanden: BVerfG 23.11.2006 – 1 BvR 1909/06, NZA 2007, 85.
8 Vgl. *Preis/Lindemann*, NZA 2006, 632f., insb. 636f. zu den Auswirkungen auf einzelne Änderungsvorbehalte (Widerrufsvorbehalt, Freiwilligkeitsvorbehalt, Direktionsklauseln, Teilkündigung und Befristung einzelner Arbeitsbedingungen).

änderten Umständen anzupassenden flexiblen Regelung, insbesondere beim Arbeitseinsatz und der Arbeitszeitdauer abzuwägen. Die Regelung muss einen angemessenen Ausgleich gewährleisten[1].

In der Vergangenheit sind bspw. folgende Regelungen für **zulässig** erachtet worden:
– Arbeitsvertragliche Vereinbarung, dass ein Organisationsplan in der jeweils gültigen Fassung zum Inhalt des Arbeitsverhältnisses wird[2].
– Das Unternehmen behält sich vor, die Arbeitnehmerin in allen seinen Filialen in der Bundesrepublik einzusetzen[3].
– Die Lage der Arbeitszeit wird jeweils nach betrieblichen Erfordernissen festgelegt, auch der Einsatz im Schichtbetrieb kommt in Betracht[4].

Dagegen für **unzulässig** erachtet:
– Vorbehalt der Zuweisung einer geringerwertigen Tätigkeit zu Lasten des Arbeitnehmers ist regelmäßig unangemessen[5].

b) Ausübung des Vorbehalts

29 Auch wenn ein Änderungs- oder Widerrufsvorbehalt wirksam vereinbart wurde, muss der Arbeitgeber die durch § 315 BGB gesetzten Schranken **billigen Ermessens** beachten, wenn er davon Gebrauch machen will[6].

Die beliebige Veränderung von auch wirksam getroffenen Vereinbarungen kann deshalb eine unangemessene Benachteiligung auf Arbeitnehmerseite darstellen. Das gilt natürlich erst recht für die Einschränkung der Verdienstmöglichkeiten des Arbeitnehmers. So kann gegen die Grundsätze billigen Ermessens verstoßen werden, wenn der Arbeitgeber den **Gleichbehandlungsgrundsatz** missachtet[7].

30 Liegen die – evtl. vereinbarten – Widerrufsgründe vor, bleibt zu prüfen, ob der Arbeitgeber bei der Ausübung eine **Frist** einzuhalten hat.

Einfach ist die Situation dann, wenn die Parteien eine Frist für die Ausübung **vereinbart** haben.

Ist sie nicht vereinbart und auch nicht aus den Umständen zu entnehmen, hält das BAG die Vereinbarung einer Widerrufsfrist nicht für erforderlich mit dem Hinweis darauf, dass es dafür „keinen Ansatz im Gesetz" gebe[8]. Regelmäßig wirkt der Widerruf fristlos[9]. Es kann aber geboten sein, eine am Einzelfall zu orientierende „**Ankündigungsfrist**" einzuhalten entsprechend der ordentlichen Kündigungsfrist[10].

---

1 So ausdrücklich Os. 4 in BAG 7.12.2005 – 5 AZR 535/04, NZA 2006, 423.
2 Vgl. auch LAG Hamm 3.2.1997 – 17 Sa 1224/93, nv.
3 Vgl. zum Auslandseinsatz eines Arbeitnehmers LAG Hamm 22.3.1974 – 2 Sa 128/74, DB 1974, 877; vgl. zur Festlegung des Arbeitsplatzes auch *Salamon/Fuhlrott*, NZA 2011, 839 (843) auch zur kritischen Auseinandersetzung mit der Rspr. des BAG.
4 Vgl. LAG Berlin 29.4.1991 – 9 Sa 9/91, LAGE § 611 BGB – Direktionsrecht Nr. 9.
5 BAG 26.8.2010 – 10 AZR 275/09, DB 2010, 2564.
6 Vgl. BAG 12.1.2005 – 5 AZR 364/04, NZA 2005, 465; so schon BAG 17.9.1998 – 8 AZR 791/96, nv., Leitsätze in AuR 1999, 111/112: Widerruf der Dienstwagennutzung bei überwiegender Nutzung für Dienstreisen; KR/*Rost*/*Kreft*, § 2 KSchG Rz. 49; aA Staudinger/*Neumann*, Vorbem. zu § 620 BGB Rz. 83. Zum Widerrufsrecht für übertarifliche Lohnbestandteile: LAG Hamm 11.5.2004 – 19 Sa 2132/03, LAGReport 2004, 294 (n. rkr.); ferner *Preis/Lindemann*, NZA 2006, 638.
7 Vgl. auch ErfK/*Preis*, §§ 305–310 BGB Rz. 61.
8 Vgl. BAG 12.1.2005 – 5 AZR 364/04, NZA 2005, 466ff. (467 re. Sp.); dazu auch *Schimmelpfennig*, NZA 2005, 606 (re. Sp.).
9 Vgl. dazu auch BAG 11.10.2006 – 5 AZR 721/05, NZA 2007, 87; ErfK/*Preis*, §§ 305–310 BGB Rz. 63 mwN.
10 Staudinger/*Neumann*, Vorbem. zu § 620 BGB Rz. 83 mwN; vgl. dazu auch *Schimmelpfennig*, NZA 2005, 606 (re. Sp.).

c) Doppelte Schriftformklausel

Schutz vor Veränderungen erhoffen sich viele Vertragsbeteiligte, insbesondere auch die Arbeitgeberseite, durch eine in den Vertrag aufgenommene Schriftformklausel. Schon lange ist geklärt, dass die einfache Klausel vor einer Änderung durch mündliche Abrede nicht schützt. Soweit deshalb in der Vergangenheit sog. doppelte Schriftformklauseln verwendet worden sind, hat das BAG die Verwendung und die Reichweite solcher Klauseln erheblich eingeschränkt[1]. Der 9. Senat hatte über die Wirksamkeit einer doppelten Schriftformklausel in Allgemeinen Vertragsbedingungen zu entscheiden und diese gem. § 307 Abs. 1 Satz 1 BGB für unwirksam erklärt, wenn sie beim Arbeitnehmer den – unzutreffenden – Eindruck erweckt, als sei eine nachfolgende Individualabrede, die der Schriftform gem. § 125 Satz 2 BGB nicht genügt, unwirksam. Vielmehr habe gem. § 305b BGB die Individualabrede immer Vorrang vor AGB. So hat auch der BGH bereits Klauseln in AGB für unzulässig und unwirksam gehalten, die für Vertragsänderungen die Einhaltung der Schriftform als konstitutives Formerfordernis gefordert haben[2].

30a

Gleichwohl behalten doppelte Schriftformklauseln insofern noch Bedeutung, als sie vor der Entwicklung **betrieblicher Übung** schützen[3].

Formulierungsbeispiel:

Änderungen oder Ergänzungen dieses Vertrages bedürfen der Schriftform. Das gilt auch für die Aufhebung dieser Schriftformabrede selbst. Unberührt bleibt der Vorrang individueller Vertragsabreden iSd. § 305b BGB[4].

d) Abgrenzung zur Änderungskündigung

Die **Grenzen solcher Änderungsvorbehalte** sind zum einen – wie schon dargestellt – dort erreicht, wo die Vergütung unmittelbar ändernd geregelt werden soll, aber auch dort, wo die Arbeitszeit und die Vergütung eng miteinander verknüpft sind, also eine arbeitszeitabhängige Vergütung gezahlt wird (s. Beispiel Rz. 27)[5].

31

Häufig werden auch Zulagen, Leistungszuschläge, Gratifikationen und sonstige Sonderleistungen mit dem **Vorbehalt des Widerrufs** vereinbart. Auch dafür gelten die vom BAG entwickelten Einschränkungen. Solche Klauseln sind unwirksam, wenn sie ihnen nicht genügen.

Soll ein anderer Tätigkeitsbereich übertragen werden, gestützt auf einen Vorbehalt im Arbeitsvertrag, stellt sich häufig die Frage, ob sich nur durch langjährige Tätigkeit auf demselben Arbeitsplatz ohne Ausübung des Direktionsrechts die Arbeitspflicht auf diesen einen Tätigkeitsbereich konkretisiert hat. Hat sich der Arbeitgeber im Arbeitsvertrag vorbehalten, Arbeitnehmer im gesamten Unternehmen, auch an anderen Orten einzusetzen, ist damit regelmäßig keine vertragliche Festlegung des Arbeitsorts verbunden. Auch über einen längeren Zeitraum entsteht kein Vertrauenstatbestand allein durch Nichtausübung des Direktionsrechts[6].

32

---

1 Vgl. BAG 20.5.2008 – 9 AZR 382/07, NZA 2008, 1233 f.
2 Vgl. BGH 21.9.2005 – XII ZR 312/02, NJW 2006, 138.
3 *Karlsfeld*, ArbRB 2008, 222 (223); vgl. dazu auch *Böhm*, ArbRB 2008, 93 f., die sich mit dem vom BAG bestätigten Berufungsurteil des LAG Düsseldorf 13.4.2007 – 9 Sa 143/07, befasst.
4 Vgl. den Vorschlag von *Karlsfeld*, ArbRB 2008, 223.
5 BAG 12.12.1984 – 7 AZR 509/83, AP Nr. 6 zu § 2 KSchG 1969; vgl. dazu auch ausführlich *Hunold*, DB 2013, 636 (638).
6 Vgl. BAG 13.6.2012 – 10 AZR 296/11, NJW 2013, 490: Zur Versetzung, Stationierung einer Purserette bei einer Fluggesellschaft.

33 Beispiele:

Vertraglich vereinbart war ein Einsatz im Ein- bis Dreischichtbetrieb. Der Arbeitnehmer war zehn Jahre ausschließlich in der Nachtschicht beschäftigt. Die Umsetzung in die Tagschicht erfolgte wirksam aufgrund des Direktionsrechts[1].

Der Kläger war vom 1.1.1972 bis zum 30.9.1985 als Pressesprecher eines großen, international tätigen Luftfahrtunternehmens tätig. Mit Wirkung vom 1.9.1985 entzog ihm die Beklagte die bisherigen Aufgaben und erklärte ihn zum Vorstandsreferenten „schriftliche Dienste". Der Arbeitsvertrag enthielt den Vorbehalt, ihn „mit einer im Interesse des Unternehmens liegenden Tätigkeit zu betrauen". Das LAG Köln[2] hat seine Klage abgewiesen mit dem Hinweis darauf, dass auch nach langjähriger Zuweisung einer bestimmten Tätigkeit die Leistungspflicht des Arbeitnehmers sich nicht auf die ihm bisher übertragenen Aufgaben konkretisiert habe. Die Beklagte habe ihr Direktionsrecht nicht überschritten[3].

34 Leider wird bei der Erörterung des Problems der **Konkretisierung** auf eine bestimmte Tätigkeit nicht immer differenziert[4] zwischen solchen Verträgen, in denen ein Änderungsvorbehalt vereinbart ist, und anderen mit konkret vereinbartem Tätigkeitsinhalt, in denen tatsächlich jedoch – entweder von Anfang an[5] oder aber im weiteren Verlauf des Arbeitsverhältnisses – eine andere Tätigkeit ausgeübt wird[6].

Beispiel:

35 Eine als kaufmännische Angestellte im Jahre 1976 eingestellte Mitarbeiterin wurde ab 1987 als Assistentin des Vertriebsleiters tätig und darüber hinaus als Leiterin der Schablonendisposition. Am 28.6.1990 erhielt sie ein Schreiben des Geschäftsführers der Beklagten, in dem die Auffassung vertreten wurde, dass sie als kaufmännische Sachbearbeiterin in der Garnveredelung zu unveränderten Gehaltsbedingungen weiterbeschäftigt werden sollte. Die Stellenbeschreibung wies sie als Assistentin des Bereichsleiters Garnausrüstung aus.

Das LAG Hamm[7] hat eine dauerhafte Absenkung des qualitativen Niveaus der Arbeitsleistung (sog. Sozialbild) als nicht mehr vom Direktionsrecht umfasst angesehen, auch wenn die bisherige Vergütung der Höhe nach erhalten bleibt, und eine Änderungskündigung für erforderlich gehalten.

36 Die Frage also, ob sich die Arbeitspflicht konkretisiert hat, hängt zunächst davon ab, welche Vereinbarungen getroffen worden sind. Ist der Arbeitsort nicht im Arbeitsvertrag festgelegt und auch kein Versetzungsvorbehalt vereinbart, kann sich aus der Art der Tätigkeit oder sogar aus der Tätigkeitsbeschreibung ein wechselnder Einsatzort ergeben, insbesondere natürlich bei Außendienstmitarbeitern[8]. Soweit Streit über die Frage besteht, ob es immer einer Versetzungsklausel bedarf, um den Arbeitnehmer in einen anderen Betrieb oder an einen anderen Ort zu versetzen[9], wird sich zum einen ein solcher Streit durch klare Formulierungen im Vertrag, insbesondere einem Versetzungsvorbehalt vermeiden lassen. Der Wortlaut und die neuere Rechtsprechung des

---

1 LAG Düsseldorf 23.10.1991 – 4 Sa 789/91, LAGE § 611 BGB – Direktionsrecht Nr. 10.
2 LAG Köln 23.2.1987 – 6 Sa 947/86, LAGE § 611 – Direktionsrecht Nr. 1; so auch LAG Rh.-Pf. 14.12.2005 – 10 Sa 721/05, nv.; vgl. dazu auch ausführlich *Hanau/Hromadka*, NZA 2005, 73 ff.; ferner *Willemsen/Grau*, NZA 2005, 1137 ff.
3 Vgl. im Hinblick auf die fehlende örtliche Konkretisierung auch bei längerer Beschäftigung auf einer bestimmten Stelle mit bestimmten Aufgaben: ErfK/*Preis*, § 106 GewO Rz. 16 mwN, auch zur Rspr. des BAG.
4 KR/*Rost*/*Kreft*, § 2 KSchG Rz. 40.
5 Vgl. LAG Hess. 4.12.1986 – 9 Sa 1013/85, LAGE § 611 BGB – Direktionsrecht Nr. 3.
6 Vgl. LAG Hamm 3.2.1994 – 17 Sa 1274/93, nv.
7 LAG Hamm 13.12.1990 – 16 Sa 1297/90, LAGE § 611 BGB – Direktionsrecht Nr. 7; KR/*Rost*/*Kreft*, § 2 KSchG Rz. 45.
8 Vgl. ErfK/*Preis*, § 106 GewO Rz. 16, 17 mwN; vgl. zum strategischen Einsatz der Arbeitsplatzbeschreibung auch *Karlsfeld*, ArbRB 2004, 379.
9 So *Hromadka*, NZA 2012, 233 (237, 238): Der Wortlaut des § 106 GewO ist nicht wörtlich zu nehmen; dagegen ErfK/*Preis*, § 106 GewO Rz. 16 u. Verweis auf *Wank*, RdA 2012, 139 (140).

III. Direktionsrecht

BAG, die sich gegen eine Konkretisierung der Arbeitspflicht auch nach Ablauf eines längeren Zeitraums wendet, sprechen dafür, den Wortlaut des § 106 GewO „wörtlich" zu nehmen und grundsätzlich die Veränderung von Arbeitsort und Arbeitsplatz zuzulassen und dann im Rahmen des Ermessens zu prüfen, ob im konkreten Fall neben dem Zeitmoment auch das Umstandsmoment dafür spricht, eine Beschränkung des Weisungsrechts anzunehmen[1].

Unter der Geltung der §§ 305–310 BGB kann die früher herrschende Auffassung, dass der Arbeitgeber auch bei der **inhaltlichen Bestimmung** der Tätigkeit problemlos einen Änderungsvorbehalt vereinbaren kann, nicht ungeprüft bleiben. Ist ein genereller Änderungsvorbehalt im Arbeitsvertrag enthalten, wird er in der Regel der AGB-Kontrolle unterliegen. Im Rahmen der Angemessenheitskontrolle der Klausel gilt das Transparenzgebot ebenso wie bei Regeln, die andere Leistungen unter einen Widerrufs- oder Änderungsvorbehalt stellen (s. Rz. 28). 37

Behält sich der Arbeitgeber in einer Änderungsklausel vor, die vertragliche Tätigkeit als solche zu ändern, kann das nur wirksam sein, wenn sie vorsieht, dass eine zumindest **gleichwertige Tätigkeit** zugewiesen werden kann. Andernfalls liegt eine unangemessene Benachteiligung gem. § 307 Abs. 1 Satz 1 BGB vor, die mit wesentlichen Grundgedanken des arbeitsgerichtlichen Inhaltsschutzes gem. § 2 KSchG nicht zu vereinbaren ist, § 307 Abs. 2 Nr. 1 BGB[2].

Soweit der Änderungsvorbehalt vorsieht, dass dem Arbeitnehmer eine andere **gleichwertige Tätigkeit** zugewiesen werden kann, werden im Ergebnis Bedenken im Hinblick auf das Transparenzgebot nicht bestehen können[3]. Die Grenze liegt auch nach der bisherigen Rechtsprechung dort, wo der Kündigungsschutz umgangen wird und das Gleichgewicht zwischen Leistung und Gegenleistung grundlegend gestört ist. Unproblematisch ist deshalb eine Klausel, die inhaltlich der Regelung des § 106 Satz 1 GewO entspricht[4].

Deshalb ist auch der bislang als unproblematisch angesehene Fall, dass der Arbeitgeber dem Arbeitnehmer – mit seinem Einverständnis – **vorübergehend** oder auch zunächst zur Probe eine **höherwertige** Tätigkeit übertragen will mit entsprechend höherer Vergütung, auch am Transparenzgebot zu messen. 38

Soweit der Arbeitgeber sich vorbehält, nach dem vereinbarten Zeitraum darüber zu entscheiden, ob die alte Tätigkeit mit verminderten Bezügen wieder zugewiesen wird, muss er deutlich machen, nach welchen Kriterien diese Entscheidung getroffen wird. Dann ist die Vereinbarung des Vorbehalts unproblematisch.

Vielfach wird das Problem schon dadurch zu lösen sein, dass einer solchen Fallgestaltung eine **individuelle**, mit dem Arbeitnehmer ausgehandelte Lösung zugrunde liegt. Damit entfallen von vornherein die AGB-Kontrolle und die dadurch geltenden engen Grenzen. 39

Aber auch insoweit kann die Ausübung des Änderungsvorbehalts gem. § 315 BGB überprüft werden.

Nicht vom Direktionsrecht umfasst sind Änderungen bei der dauerhaften Absenkung des qualitativen Niveaus der Arbeitsleistung und der Übertragung einer Stabsfunktion statt einer zuvor ausgeübten Linienfunktion. In solchen Fällen ist das sog. Sozialbild der Tätigkeit angesprochen. Eine Verschlechterung bedarf immer des Ausspruchs 40

---

1 Vgl. auch HWK/*Lembke*, § 106 GewO Rz. 63, 64 mwN in Fn. 15.
2 BAG 9.5.2006 – 9 AZR 424/05, NZA 2007, 145; Klausel unzulässig, mit der der Arbeitgeber „falls erforderlich nach Abstimmung der beiderseitigen Interessen Art und Ort der Tätigkeit" ändern kann.
3 Vgl. ErfK/*Preis*, § 611 BGB Rz. 281.
4 Vgl. BAG 13.4.2010 – 9 AZR 36/09, ArbRB 2010, 330.

einer Änderungskündigung und ist nie vom Direktionsrecht gedeckt. Ob dabei auch gleichzeitig die Vergütung abgesenkt wird, ist unerheblich. Die Verminderung der Vergütung bedarf ohnehin der Änderungskündigung[1].

Mithin ist das Direktionsrecht nur beschränkt einsetzbar als Rechtsgrundlage für einseitige Änderungen des Arbeitsverhältnisses durch den Arbeitgeber[2]. Der vermeintlich eindeutige § 106 GewO hat seit seiner Einführung zu erheblichen Irritationen geführt[3].

40a Die Rechtsprechung hat immer wieder die Grenzen des Direktionsrechts auszuloten. Dadurch kann die Abgrenzung zur Änderungskündigung an folgenden **Beispielsfällen** weiter konturiert werden:

aa) Vom Direktionsrecht umfasste Weisungen:

40b
- Ein Croupier kann – tarifliche Regelung vorausgesetzt – bei Eignung auch als Tischchef eingesetzt werden, sogar zeitlich unbegrenzt[4];
- Zuweisung eines anderen Verkaufsbezirks an einen Außendienstmitarbeiter[5];
- Versetzung einer stationierten Purserette bei einer Fluggesellschaft an einen anderen Ort zu im Übrigen unveränderten Bedingungen bei fehlender vertraglicher Festlegung des Arbeitsorts[6];
- Zuweisung von Tätigkeiten, die zur Hälfte einer geringeren Vergütungsgruppe als der mit dem Angestellten vereinbarten entspricht (im öffentlichen Dienst)[7];
- Vorübergehende Übertragung einer höher bewerteten Tätigkeit, weil die betreffende Arbeit bei einem anderen Arbeitgeber zu verrichten ist. Diese Ausübung des Direktionsrechts des Arbeitgebers entspricht billigem Ermessen[8];
- Verlegung des Arbeitsorts in die neuen Bundesländer bei gleichzeitiger Verlegung des Betriebssitzes im öffentlichen. Dienst[9];
- Versetzung an einen anderen Arbeitsort[10];
- Verteilung der Arbeitszeit[11], das kann trotz der Personensorgepflicht der Arbeitnehmerin für ihr Kind und auch trotz des Umstandes gelten, dass der Ehemann der Arbeitnehmerin ebenfalls bei der Beklagten beschäftigt ist. Bei der Bestimmung der Lage der Arbeitszeit muss der Arbeitgeber nämlich nach Möglichkeit auch auf die Personensorgepflichten der Arbeitnehmer Rücksicht nehmen, sofern betriebliche Belange oder berechtigte Belange anderer Arbeitnehmer nicht entgegenstehen. Das führt aber nicht zugleich zu einer Reduzierung des Arbeitgeberermessens „auf Null"[12];

---

1 Weitere Beispiele bei KR/*Rost/Kreft*, § 2 KSchG Rz. 45; umfassend auch *Birk*, in AR-Blattei D Direktionsrecht I B III 2.
2 Vgl. dazu ausführlich auch: *Schulte*, ArbRB 2003, 245 ff. mit zahlreichen Beispielen und Nachweisen sowie Beraterhinweisen.
3 Allgemein zu Grenzen des Weisungsrechts und zur Auslegung des § 106 GewO *Hromadka*, NZA 2012, 233.
4 BAG 12.10.2005 – 10 AZR 605/04, NZA 2006, 64.
5 Vgl. LAG Köln 29.11.2005 – 9 (7) Sa 657/05.
6 BAG 13.6.2012 – 10 AZR 296/11, NZA 2012, 1154, Bestätigung von BAG 19.1.2011 – 10 AZR 738/09, NZA 2011, 631.
7 BAG 10.3.2004 – 7 AZR 397/03, ArbRB 2004, 207, Abänderung des vorausgehenden Berufungsurteils des LAG Hamm 15.5.2003 – 11 Sa 705/02.
8 BAG 18.4.2012 – 10 AZR 134/11, NZA 2012, 927.
9 Vgl. LAG Köln 30.1.1995 – 3 Sa 1200/94, LAGE § 611 BGB – Direktionsrecht Nr. 21.
10 Vgl. BAG 13.4.2010 – 9 AZR 36/09, ArbRB 2010, 330; ferner BAG 17.8.2011 – 10 AZR 202/10, NZA 2012, 265.
11 BAG 15.9.2009 – 9 AZR 757/08, NZA 2009, 1333 f.
12 LAG Köln 27.3.2012 – 12 Sa 987/11.

III. Direktionsrecht

- Umsetzung eines Arbeitnehmers auf einen anderen Arbeitsplatz, wenn der Arbeitnehmer eine konfliktbehaftete Situation an seiner bisherigen Arbeitsstelle zumindest mit verursacht hat[1];
- im öffentlichen Dienst: Abordnung eines Gymnasiallehrers an eine regionale Schule bei Erfüllung von Merkmalen der vereinbarten Vergütungsgruppe[2];
- Anordnung längerer Ruhepausen als sie der Mindestdauer gesetzlicher Ruhepausen gem. § 4 Satz 1 ArbZG entsprechen[3];
- Öffentlicher Dienst: Direktionsrecht des Arbeitgebers eröffnet Zuweisung allgemein umschriebener Aufgaben, soweit sie den Merkmalen der vereinbarten Vergütungsgruppe entsprechen (Lehrtätigkeit an einer regionalen Schule grundsätzlich gleichwertig dem Lehramt an Gymnasien)[4];
- Öffentlicher Dienst: Versetzung einer Verwaltungsangestellten im Zuge der Verwaltungsreform an einen anderen Ort, weil die bisherige Zweigstelle aufgelöst wurde[5].

bb) Vom Direktionsrecht nicht umfasste Weisungen:

- im öffentlichen Dienst: vollständige Übertragung einer Tätigkeit mit geringerwertigen Qualifikationsmerkmalen, Verbleib in der bisherigen Gruppe nur über Bewährungsaufstieg möglich[6];
- Herabsetzung der Arbeitszeit[7];
- Versetzung einer Redakteurin in eine Service- und Entwicklungsredaktion, sofern sie dort ausschließlich Testbeiträge erarbeiten muss, selbst wenn der Arbeitgeber sich im Arbeitsvertrag vorbehalten hat, ihr andere redaktionelle oder journalistische Aufgaben zuweisen zu dürfen[8];
- Versetzung in einen Stellenpool bei Personalbank im Land Berlin[9];
- Versetzung aus dienstlichen Gründen bei unzulässiger Auswahlentscheidung[10].

Eine Erweiterung des Direktionsrechts durch tarifliche Vorschriften ist zulässig[11], zB § 4 TVöD.

S. zur Abgrenzung von Direktionsrecht und Änderungskündigung auch Rz. 69 ff.

e) Rechtsschutzmöglichkeiten

Der Rechtsschutz des Arbeitnehmers wird durch eine **Feststellungsklage, verbunden mit einer Leistungsklage auf Weiterbeschäftigung** auf dem bisherigen Arbeitsplatz, durchgesetzt[12]. In der Praxis hat sich folgende Antragstellung bewährt:

---

1 LAG Rh.-Pf. 3.3.2010 – 7 Sa 538/09.
2 Vgl. BAG 17.8.2011 – 10 AZR 322/10, NZA 2012, 176.
3 BAG 16.12.2009 – 5 AZR 157/09, NZA 2010, 505.
4 Vgl. BAG 17.8.2011 – 10 AZR 322/10, NZA 2010, 176.
5 Vgl. BAG 17.8.2011 – 10 AZR 202/10, DB 2012, 118 = NZA 2012, 265.
6 BAG 12.4.1996 – 4 AZR 976/94, EzA § 611 BGB – Direktionsrecht Nr. 17.
7 Vgl. LAG Bremen 20.5.1999 – 4 Sa 2/99, NZA-RR 2000, 14.
8 BAG 23.2.2010 – 9 AZR 3/09, ArbRB 2010, 334.
9 BAG 15.8.2006 – 9 AZR 571/05, auf die zugelassene Revision aufgehobenes Urteil des LAG Berlin 24.5.2005 – 3 Sa 2534/04; vgl. auch zur Wirksamkeit einer „Versetzung" in den Stellenpool als vorbereitende Verfahrenshandlung: BAG 13.3.2007 – 9 AZR 362/06, NZA 2007, 1016.
10 Vgl. BAG 10.7.2013 – 10 AZR 915/12, auch NJW-Spezial 2013, 628 = NZA 2013, 1142; zur Funktion der Arbeitsplatzbeschreibung im Spannungsverhältnis zwischen Direktionsrecht und Sozialauswahl vgl. ferner *Karlsfeld*, ArbRB 2004, 379.
11 Vgl. BAG 23.9.2004 – 6 AZR 442/03, NZA 2005, 475.
12 Ein Wahlrecht zwischen Feststellungsklage und Leistungsklage lässt das BAG zu: BAG 29.10.1997 – 5 AZR 563/96, AP Nr. 51 zu § 611 BGB – Direktionsrecht; vgl. auch LAG Hamm 8.3.2005 – 19 Sa 2128/04, nv.

> **Formulierungsbeispiel:**
>
> ... festzustellen, dass der einseitige Entzug der von der Klägerin bei der Beklagten zuletzt bis zum ... ausgeübten Tätigkeit/Tätigkeiten als ... durch die Beklagte gegenüber der Klägerin unwirksam ist. (Feststellungsantrag)
>
> ... die Beklagte zu verurteilen, die Klägerin weiterhin als ... zu den zwischen den Parteien zuletzt bis zum ... gültigen Bedingungen tatsächlich zu beschäftigen.

42 Ob der Arbeitnehmer **einstweiligen Rechtsschutz** in Anspruch nehmen kann, hängt davon ab, inwieweit die Wahrnehmung der neu übertragenen Tätigkeit bis zum Abschluss des Verfahrens in der Hauptsache zumutbar ist. Die Rechtsprechung der Instanzgerichte (höchstrichterliche Rechtsprechung fehlt notwendigerweise) ist nicht einheitlich und sehr stark auf den Einzelfall fixiert, lehnt aber – bis auf extreme Ausnahmefälle – einstweiligen Rechtsschutz in der Regel ab[1].

43 Auch einzelne **Maßnahmen zur Vorwegnahme einer Versetzung oder Umsetzung**, wie zB die Veränderung eines Verwaltungsgliederungsplans, die auf das Direktionsrecht gestützt werden, können gerichtlich angegriffen werden[2]. Ganz allgemein werden solche Entscheidungen nur erwirkt werden können, wenn die Maßnahme offensichtlich rechtswidrig ist. Die in aller Regel schwierige Grenzziehung zwischen zulässiger Ausübung des Direktionsrechts und notwendiger Änderungskündigung bleibt deshalb in der Regel dem Hauptsacheverfahren vorbehalten. Für die Arbeitnehmerseite ist das sehr häufig mit Ansehensverlust verbunden und führt in der Praxis nicht selten zur Beendigung des Arbeitsverhältnisses gegen Zahlung einer Abfindung[3].

Der Streit wird umso heftiger, je schwieriger die Änderungskündigung durchzusetzen ist, entweder wegen des Eingreifens von Sonderkündigungstatbeständen, zB Schwerbehinderter, Betriebsratsmitglieder oder bei älteren Beschäftigten, deren Arbeitsverhältnis aufgrund tariflicher Vorschriften nur noch aus wichtigem Grund kündbar ist.

IV. Teilkündigung

44 Begrifflich unterscheidet sich die Teilkündigung von den übrigen Kündigungsformen dadurch, dass nicht der Vertrag als ganzer, sondern nur eine oder mehrere einzelne Vertragsbedingungen wegfallen oder geändert werden sollen[4].

45 Grundsätzlich ist eine solche Teilkündigung **unzulässig** und **unwirksam**. Will der Arbeitgeber einzelne Bedingungen des Arbeitsvertrages ändern, muss er eine Kündigung

---

1 So hatten im Fall des LAG Hamm 13.12.1990 – 16 Sa 1297/90, LAGE § 611 BGB – Direktionsrecht Nr. 7 sowohl das ArbG wie das LAG Anträge auf einstweiligen Rechtsschutz zurückgewiesen; vgl. auch LAG Hamm 14.9.1990 – 16 Sa 1111/90, nv.; einstweiligen Rechtsschutz hat gewährt zB LAG Sachs. 11.9.1998 – 3 Sa 821/98, NJW 1999, 162; vgl. auch LAG Düsseldorf 1.6.2005 – 12 Sa 352/05, MDR 2005, 1419; vgl. aber auch ArbG Münster 17.12.1996 – 3 Ga 49/96, nv.: Die langjährige Leiterin der Statistischen Abteilung des beklagten Verbandes, einer Gebietskörperschaft öffentlichen Rechts, sollte versetzt werden. Bevor diese Maßnahme eingeleitet wurde, erschien die Mitarbeiterin nicht mehr im neuen sog. Verwaltungsgliederungsplan der Hauptverwaltung. Das Arbeitsgericht hat im einstweiligen Verfügungsverfahren dem Verband aufgegeben, die Klägerin wieder an der alten Stelle in den Verwaltungsgliederungsplan aufzunehmen.
2 Vgl. ArbG Münster 17.12.1996 – 3 Ga 49/96, nv.
3 So auch im Fall des LAG Hamm 13.12.1990 – 16 Sa 1297/90, LAGE § 611 BGB – Direktionsrecht Nr. 7.
4 Vgl. BAG 22.1.1997 – 5 AZR 658/95, NZA 1997, 711 (712).

aussprechen in Verbindung mit dem Angebot, das Arbeitsverhältnis zu geänderten Arbeitsbedingungen fortzuführen (Änderungskündigung, vgl. Rz. 49 ff.).

Soweit vereinzelt[1] diskutiert wird, dass die Teilkündigung evtl. ein flexibles Instrument zur Anpassung von Arbeitsbedingungen sein könne, wenn nur hinreichend sichergestellt sei, dass der Kündigungsschutz nicht umgangen werde, folgt dem die herrschende Meinung zu Recht nicht[2]. Das Arbeitsverhältnis ist als Einheit zu betrachten, das nur als Ganzes gekündigt werden kann. Weil damit auch immer unzulässigerweise einseitig in das vertragliche Austauschverhältnis eingegriffen würde[3], führt das in der Regel zwangsläufig zur Umgehung des Kündigungsschutzes.

Nur in eng begrenzten Ausnahmefällen hat die Rechtsprechung bisher bei ausdrücklichem, vertraglichem Vorbehalt eine Teilkündigung, zB im Arzt-Krankenhaus-Vertrag zugelassen[4]. Diese Fälle sind nicht verallgemeinerungsfähig.

46 Soweit in der Vergangenheit eher zur Vereinbarung eines Widerrufsvorbehalts als zum Vorbehalt einer Teilkündigung geraten wurde[5], kann daran nicht mehr festgehalten werden (vgl. Rz. 28). Der Widerrufsvorbehalt wird sich nur in engen Grenzen als Alternativlösung anbieten, wenn der Arbeitgeber die Voraussetzungen, unter denen der Widerruf erklärt werden soll, möglichst präzise beschreiben kann. Dabei sind Formulierungen zu wählen, die keinen Zweifel lassen, welches Gestaltungsmittel hier benutzt werden soll. In der Vergangenheit hat die Rechtsprechung zwar durch Auslegung der Vertragsbedingungen ermittelt, von welchem rechtlichen Gestaltungsmittel der Arbeitgeber Gebrauch machen wollte[6]. Diese geltungserhaltende Reduktion kommt für Bedingungen, die nach der Schuldrechtsreform formuliert werden, nicht mehr in Betracht[7].

Nur in eng begrenzten Ausnahmefällen sind solche Bedingungen durch ergänzende Vertragsauslegung zu retten[8].

47 Streng genommen stellt die Teilkündigung eines aus mehreren Teil-Rechtsverhältnissen bestehenden **zusammengesetzten Rechtsverhältnisses** nicht eine Teilkündigung, sondern die Kündigung der selbständigen Rechtsverhältnisse dar, zB eines Arbeitsvertrages, der mit einem Mietvertrag über eine Werkwohnung verbunden wird. Auch Darlehensverträge können neben Arbeitsverträgen abgeschlossen und selbstverständlich auch im Rahmen der geltenden Vorschriften gekündigt werden.

48 Keine Probleme ergeben sich, wenn die Parteien insoweit **ausdrücklich vereinbart** haben, dass die verschiedenen Rechtsgeschäfte selbständig kündbar sind. Dann wird hinreichend deutlich, dass die Verbindung zwischen den Verträgen nicht so eng ist, dass der eine Vertrag nicht ohne den anderen denkbar ist.

Das Gegenteil ist natürlich auch möglich: Die Parteien vereinbaren ausdrücklich, die verschiedenen Rechtsgeschäfte miteinander zu verknüpfen und zu vereinbaren, dass sie nicht unabhängig voneinander kündbar sind.

Wenn es an einer konkreten Regelung fehlt, ist durch Auslegung zu ermitteln, ob die unterschiedlichen Verträge eine Einheit bilden oder unabhängig voneinander gekündigt werden können. In der anwaltlichen Beratung wird man in Zweifelsfällen den si-

---

1 Vgl. *Preis* in Stahlhacke/Preis/Vossen, Rz. 167.
2 Vgl. KR/*Rost/Kreft*, § 2 KSchG Rz. 51 mwN.
3 Vgl. dazu auch ErfK/*Preis*, § 611 BGB Rz. 377 u. Verweis auf BAG 25.2.1988 – 2 AZR 346/87, NZA 1988, 769.
4 Vgl. BAG 14.11.1990 – 5 AZR 509/89, NZA 1991, 377.
5 Vgl. die 4. Aufl., Teil 3 A Rz. 45/46.
6 Vgl. BAG 7.10.1982 – 2 AZR 455/80, AP Nr. 5 zu § 620 BGB – Teilkündigung.
7 BAG 4.3.2004 – 8 AZR 196/03, AP Nr. 3 zu § 309 BGB; 12.1.2005 – 5 AZR 364/04, NZA 2005, 466 (468); vgl. auch ErfK/*Preis*, §§ 305–310 Rz. 104.
8 Vgl. dazu ErfK/*Preis*, §§ 305–310 Rz. 104 mwN.

chereren Weg wählen müssen und vorsorglich davon ausgehen müssen, dass beide Verträge zu kündigen sind[1].

⊃ **Hinweis zur Antragstellung:** Soweit eine Teilkündigung mit arbeitsgerichtlicher Klage angegriffen wird, hat der Kläger zu beantragen, festzustellen, dass ihm die durch die Teilkündigung entzogene vertragliche Leistung (genaue Bezeichnung) zustehe[2].

V. Änderungskündigung

49 Will ein Arbeitgeber einseitig Arbeitsbedingungen ändern, geht das, wie dargestellt, nur, wenn die Änderung wirksam vorbehalten ist, keine wesentliche Änderung der Vertragsbedingungen, erst recht kein Eingriff in das Austauschverhältnis stattfindet, sondern nur die Art und Weise der Erfüllung der Arbeitsleistung verändert werden soll.

Ist der Kernbereich der arbeitsvertraglichen Vereinbarungen betroffen, bedarf die Änderung einer Kündigung in Form der Änderungskündigung.

1. Begriff und Inhalt

50 Im Text der Vorschrift des § 2 KSchG wird der Begriff der Änderungskündigung, der nur in der Überschrift erscheint, die bekanntlich nicht zum Gesetzestext gehört, näher erläutert. Begrifflich ist die Änderungskündigung notwendigerweise eine Kündigung. Jede andere Form der Erklärung, mit der eine Änderung der Arbeitsbedingungen herbeigeführt werden soll, ist keine Änderungskündigung.

a) Gegensatz zur Beendigungskündigung

51 Sie unterscheidet sich nur dadurch von der Beendigungskündigung, dass sie verbunden wird mit dem Angebot auf **Fortsetzung des Arbeitsverhältnisses zu geänderten Bedingungen**[3]. Dieses Rechtsgeschäft setzt sich aus zwei Willenserklärungen zusammen[4]. Die Kündigungserklärung wird verknüpft mit einem zweiten Element, das ein bestimmtes bzw. bestimmbares und damit den Voraussetzungen des § 145 BGB entsprechendes Angebot zur Fortsetzung des Arbeitsverhältnisses zu geänderten Bedingungen enthalten muss. Im Übrigen müssen auch alle anderen formellen Voraussetzungen vorliegen, damit die Kündigung wirksam sein kann ungeachtet ihrer sozialen Rechtfertigung.

b) Kündigung mit Änderungsangebot

52 Sie muss zunächst die **Kündigungserklärung** enthalten und insoweit wie jede andere Kündigung auch inhaltlich eindeutig formuliert sein. Wird lediglich ein Angebot auf Änderung der Arbeitsbedingungen gemacht, ohne dass gleichzeitig eine Kündigung ausgesprochen wird, liegt schon begrifflich keine Änderungskündigung vor.

53 **Beispiel:**

Der Arbeitgeber hatte formuliert:

„Wie bereits in mehreren Aushängen mitgeteilt, hat eine Eingruppierungsüberprüfung ergeben, dass etliche Tätigkeiten nicht in die richtige Entgeltgruppe eingruppiert sind. Diese Ein-

---

1 Vgl. die allerdings etwas zweifelhafte Entscheidung des BAG 23.8.1989 – 5 AZR 569/88, NZA 1990, 191 und *Preis* in Stahlhacke/Preis/Vossen, Rz. 168.
2 Vgl. BAG 22.1.1997 – 5 AZR 658/95, AP Nr. 6 zu § 620 BGB – Teilkündigung.
3 Vgl. BAG 17.5.2001 – 2 AZR 460/00, NZA 2002, 54.
4 Vgl. BAG 17.5.2001 – 2 AZR 460/00, NZA 2002, 54 (unter II. 1. a) d. Gr.).

V. Änderungskündigung

gruppierungsfehler werden ab 1.4.1997 korrigiert. Leider war auch Ihre Position bisher zu hoch eingruppiert und wird dementsprechend in die neue Gehaltsgruppe ... eingruppiert. Bis zum 31.3.1997 besteht Ihre jetzige Eingruppierung fort und wird danach geändert. Das geschieht unter Einhaltung der gesetzlich vorgeschriebenen Fristen sowie unter Beteiligung des Betriebsrats nach § 99/§ 102 BetrVG.

Innerhalb einer Frist von drei Wochen nach Erhalt dieses Schreibens können Sie zu dieser Maßnahme ihre ausdrückliche oder stillschweigende Zustimmung geben. Falls Sie nicht einverstanden sein sollten, haben Sie die Möglichkeit, die geänderten Vertragsbedingungen unter Vorbehalt einer rechtlichen Prüfung anzunehmen. Lehnen Sie die Änderung hingegen vollständig ab, so ist aufgrund dieses Schreibens das mit Ihnen bestehende Arbeitsverhältnis zum 31.3.1997 gekündigt."

Das Arbeitsgericht[1] hat der vorsorglich innerhalb der Drei-Wochen-Frist erhobenen Kündigungsschutzklage stattgegeben und festgestellt, dass die Änderung der Arbeitsbedingungen im Zusammenhang mit dem Schreiben des Arbeitgebers rechtsunwirksam ist. Es werde im vorliegenden Fall dem Gebot nicht gerecht, bei der Änderungskündigung allen an eine Kündigung formal zu stellenden Anforderungen zu genügen, insbesondere deutlich und unmissverständlich den Willen zur Beendigung des Arbeitsverhältnisses zum Ausdruck zu bringen. Es bleibe offen, was aus Arbeitgebersicht für den vorliegenden relevanten Fall der Annahme des Änderungsangebotes unter Vorbehalt geschehen sollte.

In einem anderen Fall hatte der Arbeitgeber in einem als „Änderungskündigung" bezeichneten Schreiben die Arbeitnehmerin von der Qualitätssicherung in die Produktion versetzt und sie von Lohngruppe 3 in Lohngruppe 1 zurückgestuft[2]. Obwohl die Arbeitnehmerin den Vorbehalt des § 2 KSchG erklärte und Kündigungsschutzklage erhob, konnte nach Ansicht des LAG dieses Schreiben nicht als Änderungskündigung aufgefasst werden, da nicht deutlich werde, dass das Arbeitsverhältnis als solches beendet werden solle. Bei der Formulierung der Änderungskündigung muss zum Ausdruck kommen, dass die Änderung der Arbeitsbedingungen gerade durch **Kündigung** herbeigeführt werden soll.

Formulierungsbeispiel:

Wir kündigen den mit Ihnen bestehenden Arbeitsvertrag fristgerecht zum 31.12. ...

Gleichzeitig bieten wir Ihnen die Fortsetzung des Arbeitsverhältnisses ab 1.1. ... auf einem anderen Arbeitsplatz als ... an zu einem Bruttogehalt von monatlich ... Euro. Im Übrigen bleibt es bei den bisherigen Bedingungen Ihres Anstellungsvertrages, der unverändert ab 1.1. ... weiterhin gültig bleibt.

Bitte geben Sie uns zeitnah Nachricht, spätestens bis zum Ablauf von drei Wochen, ob Sie die Kündigung akzeptieren oder wie Sie sonst darauf reagieren wollen. Zu einem Gespräch stehen wir Ihnen jederzeit zur Verfügung.

Ist die Kündigungserklärung unverzichtbarer Bestandteil auch der Änderungskündigung, so darf auch das **Angebot auf Fortsetzung des Arbeitsverhältnisses zu geänderten Vertragsbedingungen** nicht fehlen. Neben der Kündigung ist die Unterbreitung eines Änderungsangebotes notwendiger Bestandteil der Änderungskündigung. Das Änderungsangebot muss wie jedes Angebot iSv. § 145 BGB bestimmt oder bestimmbar sein. Der Arbeitnehmer muss zweifelsfrei erkennen können, welche Arbeitsbedingungen künftig gelten sollen[3]. Die Änderungskündigung wird deshalb auch als „zusammengesetztes Rechtsgeschäft"[4] bezeichnet. Es ist deshalb anerkannt, dass beide

---
1 Vgl. ArbG Münster 5.3.1996 – 3 Ca 1797/95, nv.
2 LAG Köln 23.4.1999 – 11 Sa 1455/98, NZA-RR 1999, 522.
3 BAG 10.9.2009 – 2 AZR 822/07, NZA 2010, 333f.
4 KR/*Rost*/*Kreft*, § 2 KSchG Rz. 12.

Bestandteile zu einem einheitlichen Tatbestand gehören[1]. Somit erfasst die Unwirksamkeit des Änderungsangebots auch die Kündigungserklärung[2].

56 Ob man die Kündigung nun formuliert als Kündigung, die unter der Bedingung ausgesprochen wird, dass der Arbeitnehmer die geänderten Arbeitsbedingungen nicht annimmt oder als unbedingte Kündigung verbunden mit dem Fortsetzungsangebot, bleibt dem Formulierenden vorbehalten (vgl. zur Problematik bedingter Kündigungserklärungen unten Teil 3 D Rz. 138 ff.). Die gebräuchlichere Form ist jedoch die unbedingte Kündigung mit Änderungsangebot.

aa) Zusammenhang und zeitliche Abfolge von Kündigung und Änderungsangebot

57 Ob und inwieweit eine zeitliche Abfolge zwischen Kündigung und Änderungsangebot eingehalten werden muss, wird in § 2 KSchG nicht beantwortet. Unbestreitbar kann auf einen **Zusammenhang** zwischen beiden Erklärungen nicht verzichtet werden[3].

Die **Kündigung** kann dem Änderungsangebot **zeitlich nachfolgen**[4]. Zunächst können Verhandlungen geführt werden mit dem Ziel, die arbeitsvertraglichen Bedingungen einvernehmlich zu ändern. Erst wenn der Arbeitgeber mit diesem Versuch scheitert, muss er entscheiden, ob er die von ihm für notwendig gehaltenen Änderungen mit einer Änderungskündigung durchsetzen will und – vor allem – kann.

Einigen sich die Vertragsparteien, bedarf es keiner einseitigen Vertragsänderung durch Änderungskündigung. Der Vertrag wird einvernehmlich zu veränderten Arbeitsbedingungen fortgesetzt. Der Arbeitnehmer kann dann nicht noch zusätzlich mit einer Klage die soziale Rechtfertigung dieser vereinbarten Änderung überprüfen lassen[5].

58 Hat der Arbeitgeber bereits eine (Beendigungs-)Kündigung ausgesprochen, ist also der Beendigungswille nicht mit einem Angebot auf Änderung der Arbeitsbedingungen verknüpft, kann er diese **nicht nachträglich** in eine Änderungskündigung umwandeln, auch nicht durch Umdeutung.

Von der herrschenden Meinung wird zu Recht abgelehnt[6], zunächst eine Kündigung auszusprechen und dann ein Änderungsangebot zu unterbreiten. Zwar kann auch noch nach Ausspruch einer Kündigung – zB wenn im Anschluss daran eine andere Stelle frei wird – angeboten werden, im Anschluss an den Ablauf der Kündigungsfrist das Arbeitsverhältnis zu geänderten Arbeitsbedingungen fortzusetzen. Wenn der Arbeitnehmer dieses Änderungsangebot annimmt, wird damit die ausgesprochene Beendigungskündigung gegenstandslos, auch wenn die Drei-Wochen-Frist des § 4 KSchG schon verstrichen sein sollte. Der Arbeitgeber macht mit seinem Angebot gerade deutlich, dass er an der Beendigung des Arbeitsverhältnisses nicht festhalten will. Wenn der Arbeitnehmer annimmt, ändern sich einvernehmlich die Vertragsbedingungen. Lehnt er das Angebot ab, macht dies die ausgesprochene Beendigungskündigung nur unwirksam, wenn schon bereits bei Ausspruch der Kündigung das Änderungsangebot hätte unterbreitet werden können.

---

1 BAG 7.6.1973 – 2 AZR 450/72, BB 1973, 1212 (1213).
2 BAG 10.2.1999 – 2 AZR 422/98, NZA 1999, 657 (658).
3 Vgl. BAG 17.5.2001 – 2 AZR 460/00, BAGReport 2001, 44 (45).
4 Allg. Ansicht: *Mues/Eisenbeis/Legerlotz/Laber*, Teil 1 Rz. 396; Küttner/*Eisemann*, Änderungskündigung, Rz. 10.
5 BAG 13.3.2007 – 9 AZR 588/06, NZA 2007, 1016.
6 BAG 17.5.2001 – 2 AZR 460/00, NZA 2002, 54: Ein nach Zugang der Kündigungserklärung unterbreitetes Änderungsangebot ist nicht zu berücksichtigen; so schon BAG 10.12.1975 – 4 AZR 41/75, AP Nr. 90 zu §§ 22, 23 BAT; so auch KR/*Rost/Kreft*, § 2 KSchG Rz. 20 f. mwN auch zum Meinungsstand.

V. Änderungskündigung

Hat der Arbeitgeber versäumt, statt der Beendigungskündigung eine Änderungskündigung auszusprechen, kann die nachgeholt werden: Das erfordert schon die Schriftform, § 623 BGB (vgl. auch Rz. 84)[1].

Lehnt der Arbeitnehmer ein Änderungsangebot des Arbeitgebers ab oder reagiert er nicht auf eine vom Arbeitgeber gesetzte Frist zur Annahme (vgl. auch Rz. 147c), muss der Arbeitgeber die Frage entscheiden, ob er durch Änderungskündigung das Änderungsangebot wiederholen muss oder gleich eine Beendigungskündigung aussprechen kann. 59

Hat der Arbeitnehmer – zulässigerweise – die ihm angebotene Änderung der Arbeitsbedingungen gem. § 2 KSchG analog unter dem Vorbehalt, dass die Änderung der Arbeitsbedingungen sozial gerechtfertigt sei (zu den Anforderungen an die Vorbehaltserklärung vgl. Rz. 128 ff.), angenommen, kann der Arbeitgeber nur eine Änderungskündigung aussprechen[2].

Unter teilweiser Aufgabe seiner bisherigen Rechtsprechung hat das BAG den Arbeitgeber für verpflichtet gehalten, zunächst unter Beachtung des Grundsatzes der Verhältnismäßigkeit dem Arbeitnehmer einen anderen freien Arbeitsplatz zu geänderten Arbeitsbedingungen anzubieten. Dieses Angebot kann nur bei offensichtlich völlig unterwertiger Beschäftigung unterbleiben, also nur in Extremfällen. Von diesem Ausnahmefall abgesehen, der selten vorliegen wird (zB Angebot an den Personalleiter, Pförtner zu werden), muss der Arbeitgeber trotzdem eine Änderungskündigung aussprechen. Dabei kann er Angebot und Kündigung miteinander verbinden, also sofort eine Änderungskündigung aussprechen ohne vorherige Verhandlungen mit dem Arbeitnehmer[3]. 60

Wenn der Arbeitgeber ohne vorheriges oder gleichzeitiges Angebot, das Arbeitsverhältnis zu geänderten Arbeitsbedingungen fortzusetzen, eine Beendigungskündigung ausspricht, ist diese regelmäßig sozialwidrig.

Einstweilen frei. 61

◯ **Hinweis:** Hat der Arbeitgeber nach Ausspruch einer Beendigungskündigung die Möglichkeit, auf einem erst im Anschluss daran frei gewordenen Arbeitsplatz zu veränderten Arbeitsbedingungen den Gekündigten weiter zu beschäftigen, ist das zunächst für die Wirksamkeit der ausgesprochenen Beendigungskündigung ohne Bedeutung. Er kann an der Beendigungskündigung festhalten, da es für die Wirksamkeit einer Kündigung auf den Zeitpunkt des Ausspruchs der Kündigung ankommt. Zu denken ist aber auch im Fall der Änderungskündigung an einen möglichen Wiedereinstellungsanspruch (zu den Voraussetzungen vgl. im Einzelnen Teil 3 E Rz. 322 f.). 62

◯ **Weiterer Hinweis:** In der Praxis sollten aber regelmäßig das Änderungsangebot und die Kündigung gleichzeitig ausgesprochen werden (vgl. Formulierungsvorschlag in Rz. 54). Damit ersparen sich Arbeitgeber alle Verwicklungen, die durch das Auseinanderfallen von Änderungsangebot und Kündigung entstehen.

Geht das **Angebot erst nach Ausspruch der Kündigung** ein, so liegt also nach herrschender Meinung schon begrifflich keine Änderungskündigung vor. Dennoch gebietet es der Schutz des Arbeitnehmers, ihm die Möglichkeit zu geben, sogar nach Erhebung der Kündigungsschutzklage gegen die Beendigungskündigung innerhalb der Drei-Wochen-Frist die Änderung der Bedingungen anzunehmen unter dem Vorbehalt, 63

---

1 Vgl. Hoß, ArbRB 2003, 344 ff.; vgl. auch Küttner/Eisemann, Änderungskündigung, Rz. 11; Schaub/Linck, § 137 Rz. 10.
2 BAG 21.4.2005 – 2 AZR 244/04, NZA 2005, 1294.
3 Vgl. BAG 21.4.2005 – 2 AZR 132/04, NZA 2005, 1289 f.; ebenso BAG 21.4.2005 – 2 AZR 244/04, NZA 2005, 1294 f; zur überholten früheren Rspr.: BAG 27.9.1984 – 2 AZR 62/83, AP Nr. 8 zu § 2 KSchG 1969.

dass sie sozial gerechtfertigt sind. Zu Recht wird betont, dass es sich dabei nicht mehr um eine Änderungskündigung handelt[1], jedoch wird angenommen[2], dass in einem solchen Fall das Änderungsschutzverfahren entsprechend § 2 KSchG durchzuführen ist und der ursprüngliche Klageantrag auf Feststellung, dass die angegriffene Beendigungskündigung das Arbeitsverhältnis nicht beendet habe, unzulässig wird. Die Klage ist dann abzuändern entsprechend dem Kündigungsschutzantrag bei Änderungskündigungen (s. dazu Rz. 149 ff.).

Auf jeden Fall muss aber zuvor die **Kündigung bereits fristgerecht angegriffen** worden sein. Andernfalls kann die Sozialwidrigkeit der Beendigungskündigung ebenso wenig geltend gemacht werden wie die Änderung der Bedingungen, auch wenn der Vorbehalt zu späterem Zeitpunkt ausgesprochen worden ist. Die Parteien können über die Einhaltung dieser Frist nicht verfügen.

bb) Umdeutung einer unwirksamen Änderungskündigung gem. § 140 BGB

63a Ist eine Änderungskündigung unwirksam, zB, weil sie gar nicht erforderlich war und der Änderungserfolg auch durch Ausübung des Direktionsrechts eintreten könnte, kann die unwirksame Änderungskündigung in eine wirksame Ausübung des Direktionsrechts umgedeutet werden[3]. Die unwirksame Änderungskündigung enthält als nichtiges Rechtsgeschäft die Anforderungen an die Ausübung des Direktionsrechts. Mithin liegen in einem solchen Fall die Voraussetzungen des § 140 BGB vor. Damit hat das LAG Berlin gleichzeitig die Frage geklärt, ob die Ausübung des Direktionsrechts nur rechtsgeschäftliche Handlung (und damit nicht umdeutbar) oder Willenserklärung ist. Für die Rechtsqualität einer Willenserklärung spricht zum einen, dass sie verbindlich ist und die jeweilige, aus dem Vertrag entspringende Arbeitspflicht konkretisiert, und zum anderen, wie das LAG zu Recht betont, dass damit ein Gestaltungsrecht ausgeübt wird und die Tätigkeit, die der Arbeitnehmer schuldet, vom Vertragspartner konkretisiert und in bestimmter Form abgerufen wird[4].

Die Umdeutung kommt dort in Betracht, wo die Änderungskündigung über das Ziel „hinausschießt", also ein Regelungsinstrument für die beabsichtigte Änderung in Form einer Kündigung gar nicht erforderlich ist[5]. Die Ausübung des Direktionsrechts ist natürlich auch mit der Klage angreifbar, wie dargestellt (vgl. Rz. 41 f.).

c) Arten der Änderungskündigung

64 Die Änderungskündigung ist ebenso wie die Beendigungskündigung **als ordentliche und als außerordentliche Kündigung zulässig**[6]. Ebenso wie in § 1 KSchG nur die ordentliche Kündigung angesprochen ist, gilt dasselbe in § 2 KSchG für die Änderungskündigung. Von dieser Vorschrift wird nur die ordentliche Änderungskündigung erfasst. Da aber die Änderungskündigung immer auch gleichzeitig Kündigung ist, gelten für sie die Vorschriften des § 626 BGB in gleicher Weise wie für die Beendigungskündigung. Die Vorschriften sind auch mit den sogleich zu besprechenden Änderungen und Ergänzungen in gleicher Weise anwendbar.

---

1 KR/*Rost*/*Kreft*, § 2 KSchG Rz. 26.
2 LAG Hamm 13.10.1988 – 17 Sa 442/88, LAGE § 2 KSchG Nr. 7.
3 Vgl. LAG Berlin 29.11.1999 – 9 Sa 1277/99, NZA-RR 2000, 131–133.
4 LAG Berlin 29.11.1999 – 9 Sa 1277/99, NZA-RR 2000, 131 (133); vgl. auch *Hromadka*, DB 1995, 1609 (1610) mit Verweis auf *Söllner*, S. 29 („Muttergestaltungsrecht").
5 Vgl. zur Problematik der „überflüssigen" Änderungskündigung ErfK/*Oetker*, § 2 KSchG Rz. 14 u. 15 mit zahlreichen weiteren Nachweisen: Dort auch zu den „Zweifelsfällen", die gerade nicht zur Unwirksamkeit der Änderungskündigung wegen Unverhältnismäßigkeit führen sollen mit weiteren zahlreichen Nachweisen.
6 St. Rspr. BAG, zB BAG 28.5.2009 – 2 AZR 844/07, ArbRB 2009, 256; allg. Meinung: ErfK/*Oetker*, § 2 KSchG Rz. 8 mwN.

aa) Ordentliche Änderungskündigung

Für die ordentliche Änderungskündigung gelten **keine Besonderheiten**. Da eine Kündigung ausgesprochen wird, müssen alle Formen und Fristen für diese einseitig gestaltende Willenserklärung vorliegen. Die formellen Voraussetzungen sind dieselben wie bei der Beendigungskündigung auch. In materieller Hinsicht ist der Besonderheit Rechnung zu tragen, dass das Arbeitsverhältnis nicht beendet werden soll, vgl. Rz. 109 ff. Soweit auf das Arbeitsverhältnis ein Tarifvertrag oder auch Arbeitsvertragsrichtlinien Anwendung finden, ist auch zu prüfen, inwieweit ein dort geregelter Ausschluss der ordentlichen Kündigung auch die ordentliche Änderungskündigung umfasst[1].

65

bb) Außerordentliche Änderungskündigung

Auch die außerordentliche Änderungskündigung steht als Möglichkeit einer im Regelfall fristlosen einseitigen Änderung der Arbeitsbedingungen zur Verfügung. Zu beachten ist auch bei der Änderungskündigung ein etwaiger tariflicher Ausschluss ordentlicher Kündigungen. Der Prüfungsrahmen bei der außerordentlichen Änderungskündigung ist derselbe wie bei der ordentlichen, bei der außerordentlichen Kündigung gilt ein besonders strenger Maßstab für die Beachtung des Verhältnismäßigkeitsgrundsatzes[2]. Auch deswegen kommt bei der außerordentlichen Änderungskündigung nicht nur die fristlose, sondern auch eine solche mit sozialer Auslauffrist in Betracht[3]. Auch bei einer außerordentlichen Änderungskündigung muss das Änderungsangebot stets eindeutig bestimmt, jedoch mindestens bestimmbar sein, damit der Arbeitnehmer auf das mit der außerordentlichen Änderungskündigung verbundene Änderungsangebot sofort reagieren und sich entscheiden kann, ob er die Änderung der Arbeitsbedingungen annimmt, unter Vorbehalt annimmt oder ablehnt[4].

66

Zu den taktischen Besonderheiten der fristlosen Änderungskündigung vgl. unten Rz. 144.

Einstweilen frei.

67, 68

cc) Änderungskündigung gem. § 1a KSchG

Die Möglichkeit, eine ordentliche betriebsbedingte Kündigung gem. § 1a KSchG auszusprechen (vgl. dazu im Einzelnen Teil 3 E Rz. 344 f.), wird vom Gesetz nicht ausdrücklich auf die Änderungskündigung mitbezogen, aber auch nicht ausgeschlossen. Deshalb hat das BAG folgerichtig diese Möglichkeit auch bei einer betriebsbedingten Änderungskündigung für zulässig erachtet, wenn der Arbeitnehmer das Angebot nicht annimmt, auch nicht unter Vorbehalt und damit die als Änderungskündigung ausgesprochene betriebsbedingte Kündigung zur Beendigung des Arbeitsverhältnisses führt[5].

68a

2. Inhaltliche Voraussetzungen

Das Änderungsangebot, verbunden mit der Kündigung, muss bestimmt oder jedenfalls bestimmbar, also so klar und deutlich formuliert sein, dass sich sein Inhalt jeweils in vollem Umfang eindeutig bestimmen lässt.

68b

---

1 Vgl. BAG 22.4.2010 – 2 AZR 80/09, NZA-RR 2011, 75 zu § 15 Abs. 5 AVR.
2 BAG 28.10.2010 – 2 AZR 688/09, NZA 2011, 368.
3 Zum Begriff: KR/*Fischermeier*, § 626 BGB Rz. 29 mwN.
4 BAG 29.9.2011 – 2 AZR 617/10.
5 Vgl. BAG 13.12.2007 – 2 AZR 663/06, DB 2008, 1272.

Deshalb kann kein wirksames Angebot des Arbeitgebers vorliegen, wenn er dem Arbeitnehmer die Verschlechterung der Arbeitsbedingungen zu einem Zeitpunkt anbietet, der noch vor Ablauf der Kündigungsfrist liegt (vgl. dazu Rz. 57 mwN).

In der Praxis ergeben sich immer wieder Streitigkeiten im Zusammenhang mit der Frage, ob das Änderungsangebot **zumutbar** ist. Dazu folgende Beispiele:

– Die Änderungskündigung ist nur dann aus betriebsbedingten Gründen sozial gerechtfertigt, wenn der Arbeitgeber nur solche Änderungen anbietet, die dieser billigerweise hinnehmen muss, also verhältnismäßig sind[1].
– Soll durch ein mit der Kündigung verbundenes Änderungsangebot neben der vertraglichen Tätigkeit auch die Vergütung, also zwei wesentliche Elemente des Arbeitsverhältnisses geändert werden, müssen beide am Verhältnismäßigkeitsgrundsatz gemessen werden. Die Änderung der Vergütung muss aber nicht gesondert gerechtfertigt werden, wenn sich die neue Vergütung aus einem im Betrieb angewandten Vergütungssystem ergibt (sog. „Tarifautomatik")[2].
– Ausnahmslos alle angebotenen Änderungen müssen geeignet und erforderlich sein, um das angestrebte Ziel zu erreichen. Genügt auch nur eine dieser Änderungen den Anforderungen nicht, ist die Änderungskündigung insgesamt unwirksam[3].
– Die Änderungskündigung ist auch dann unwirksam, wenn das Angebot im Kündigungsschreiben und der beigefügte Änderungsvertrag in einem unauflöslichen Widerspruch stehen[4], zB für den Zeitpunkt, in dem die Änderungen wirksam werden sollen. Das Angebot ist dann weder eindeutig bestimmt noch bestimmbar.
– Allgemein gilt: Das Änderungsangebot des Arbeitgebers muss sich darauf beschränken, solche Änderungen vorzusehen, die der Arbeitnehmer billigerweise hinnehmen muss, unabhängig davon, ob der Arbeitnehmer das Änderungsangebot abgelehnt oder unter Vorbehalt angenommen hat[5]. Das Gebot, die Anpassung der Vertragsbedingungen auf das objektiv erforderliche Maß zu beschränken, überfordert den Arbeitgeber nicht mit der Folge, dass er zB statt eine geringer bewertete Vollzeitstelle anzubieten eine Teilzeitstelle mit einer höherwertigen Tätigkeit anbieten muss. Der höhere Gesamtverdienst auf der geringer bewerteten Vollzeitstelle wiege den objektiven Vorteil der Beschäftigung mit einer höherwertigen Teilzeittätigkeit in der Regel nicht auf[6].

3. Abgrenzungsfragen

a) Ausübung des Direktionsrechts

69 Bei der Erörterung des Direktionsrechts wurden die Schnittlinien zwischen der noch zulässigen Veränderung der Arbeitsbedingungen durch das Direktionsrecht und der Überschreitung der Grenze zur nur durch Änderungskündigung durchzusetzenden Änderung der Arbeitsbedingungen aufgezeigt. Umgekehrt bieten der **Grundsatz der Verhältnismäßigkeit und des Übermaßverbots** die Möglichkeit, eine Änderungskündigung in Fällen auszusprechen, in denen der Arbeitgeber zumutbarerweise durch Ausübung seines Direktionsrechts die von ihm für notwendig erachtete Änderung der Arbeitsbedingungen durchsetzen kann[7] (zur Umdeutung vgl. Rz. 63a). Kann der Arbeitgeber beabsichtigte Änderungen bereits durch Ausübung des Direktionsrechts

---

1 BAG 12.8.2010 – 2 AZR 945/08, NZA 2011, 460.
2 BAG 9.9.2010 – 2 AZR 936/08, NZA 2011, 894.
3 LAG Köln 16.8.2011 – 12 Sa 948/10, AE 2012, 108.
4 BAG 29.9.2011 – 2 AZR 523/10, NZA 2012, 628.
5 Vgl. BAG 10.4.2014 – 2 AZR 812/12, NZA 2014, 653.
6 BAG 10.4.2014 – 2 AZR 812/12, NZA 2014, 653 (Os. 5 u. 6).
7 Vgl. BAG 6.9.2007 – 2 AZR 368/06, NZA-RR 2008, 291; so schon BAG 26.1.1995 – 2 AZR 649/94, BB 1995, 308; vgl. auch *Hunold*, NZA 2008, 860f.; ferner zum Verhältnis von Änderungskündigung und Direktionsrecht vgl. ferner *Berkowsky*, NZA 1999, 293ff.

durchsetzen oder sind die Änderungen der Arbeitsbedingungen bereits auf anderem Wege eingetreten[1], stellt sich folgendes Problem:

Soll am bestehenden Vertragsinhalt materiell nichts geändert werden, liegt in Wirklichkeit kein Änderungsangebot vor. Die vermeintlich erst herbeizuführenden Vertragsbedingungen gelten bereits. Eine Änderungsschutzklage nach § 4 Satz 2 KSchG ist in einem solchen Falle notwendigerweise unbegründet[2]. Das BAG hat diese Rechtsprechung zur **"überflüssigen Änderungskündigung"** fortgeführt[3]. Erstrebte Änderungen, die sich im Rahmen der vertraglichen Vereinbarungen halten, stellen danach keine "Änderung der Arbeitsbedingungen" dar[4]. Eine überflüssige Änderungskündigung gefährdet nach Auffassung des BAG[5] das Arbeitsverhältnis unverhältnismäßig in seinem Bestand auch dann, wenn das Direktionsrecht die Änderung der Arbeitsbedingungen ermöglicht. Wer eine Kündigung bzw. Änderungskündigung ausspricht, trägt das Risiko, dass diese „überflüssig" ist und muss damit rechnen, dass diese Erklärung auf seine Kosten wieder aus der Welt zu schaffen ist. In dem vom BAG am 6.9.2007 entschiedenen Fall hatte der Arbeitgeber zunächst eine Versetzung auf das Direktionsrecht gestützt. Dagegen hatte sich der Arbeitnehmer bereits gewandt und die Frage mit dem Arbeitgeber erörtert, ob die Versetzung evtl. eine Änderungskündigung erfordere. Erst dann wurde die Änderungskündigung ausgesprochen, die der Arbeitnehmer nicht – auch nicht unter Vorbehalt – akzeptiert hat. Dieser hätte es in der Hand gehabt, das Arbeitsverhältnis zu den geänderten Bedingungen fortzusetzen. Das wollte er offenbar nicht. Der Verweis des BAG darauf, dass der Arbeitgeber in solchen Fällen nach einer Abmahnung verhaltensbedingt kündigen könne, verlagert das Problem in einen Bereich, den der Arbeitgeber gar nicht problematisieren wollte und mE auch nicht musste[6].

◯ **Hinweis:** Um dem Dilemma zu entgehen, das sich für den Arbeitgeber bei der oftmals schwierigen Abgrenzung zwischen noch zulässiger Ausübung des Direktionsrechts und Notwendigkeit der Änderungskündigung ergibt, empfiehlt sich trotz oder gerade wegen dieser Rechtsprechung des BAG, gleichwohl eine vorsorglich hilfsweise Änderungskündigung auszusprechen[7] und gleichzeitig die Änderung per Direktionsrecht anzuordnen. 70

b) Änderungs- oder Widerrufsvorbehalt

Dasselbe gilt dem Grundsatz nach für die Möglichkeit des Arbeitgebers, statt der Änderungskündigung von einem Widerrufsvorbehalt Gebrauch zu machen[8]. In einem solchen Fall ist die Änderungskündigung ebenfalls **unwirksam**. Auch hier kann die Konsequenz aus dieser Rechtsprechung nicht sein, dass zunächst einmal auf die Wirksamkeit des Widerrufsvorbehalts und der Ausübung dieses Widerrufsrechts vertraut wird. Das gilt erst recht mit Blick auf die Sonderproblematik des Widerrufsvorbehalts. Wenn die Voraussetzungen nicht präzise beschrieben sind (vgl. Rz. 26 ff.), was man in der Praxis sicher sehr häufig feststellen wird, entsteht eine zu große Un- 71

---

1 Vgl. dazu BAG 26.8.2008 – 1 AZR 353/07, BB 2009, 903.
2 BAG 26.1.2012 – 2 AZR 102/11, NZA 2012, 856.
3 Vgl. dazu auch BAG 28.8.2013 – 10 AZR 569/12: Die Änderungsschutzklage ist bei Annahme des Änderungsangebots des Arbeitgebers unter Vorbehalt unbegründet, weil die Parteien nicht über die Beendigung des Arbeitsverhältnisses, sondern nur über die Berechtigung des Angebots auf Änderung der Arbeitsbedingungen streiten, so ausdrücklich unter V. d. Entscheidungsgründe, Rz. 48.
4 BAG 19.7.2012 – 2 AZR 25/11, NZA 2012, 1038 ff.; vgl. zur Auseinandersetzung mit dem Streitgegenstand der Änderungskündigung auch *Hromadka*, NZA 2012, 896 ff.
5 Vgl. BAG 6.9.2007 – 2 AZR 368/06, NZA-RR 2008, 291; vgl. auch BAG 29.9.2011 – 2 AZR 523/10, NZA 2012, 628. Dort wird betont, selbst wenn eine Änderungskündigung überflüssig sei, könne eine dagegen gerichtete Klage keinen Erfolg haben.
6 Kritisch deshalb auch *Hunold*, NZA 2008, 861 f. (862).
7 Vgl. auch APS/*Künzl*, § 2 KSchG Rz. 116/117 mwN; ebenso *Hunold*, NZA 2008, 861 (863).
8 BAG 16.5.2002 – 2 AZR 292/01, NZA 2003, 147 (149).

sicherheit. Auch hier bietet sich deshalb die vorsorgliche Änderungskündigung an für den Fall, dass der Widerrufsvorbehalt unwirksam sein sollte.

72 ⊃ **Hinweis:** Dabei handelt es sich nicht um eine bedingte Kündigung, wie häufig, aber falsch argumentiert wird. Hier gelten keine anderen Grundsätze als bei jeder vorsorglichen Kündigung auch[1].

c) Teilkündigung

73 Nichts anderes wird anzunehmen sein für eine zulässige Teilkündigung, die allerdings nur unter sehr engen Voraussetzungen und grundsätzlich nur bei Vorliegen mehrerer, selbständig abgrenzbarer Vertragsverhältnisse in Betracht kommt (vgl. Rz. 44 ff.).

d) Einverständliche Vertragsänderung

74 Werden erfolgreich Verhandlungen mit der Arbeitnehmerseite geführt mit dem Ziel einer einverständlichen Änderung der Arbeitsbedingungen, stellt sich die Abgrenzungsfrage nicht. Kein verständiger Arbeitgeber wird die Änderungskündigung aussprechen, wenn er sich mit dem Arbeitnehmer geeinigt hat.

4. Voraussetzungen der Änderungskündigung

75 Die Änderungskündigung unterscheidet sich von der Beendigungskündigung allein durch die Verknüpfung der Kündigungserklärung mit einem Angebot auf künftige Änderung der Arbeitsbedingungen. Sie muss deshalb alle formellen und materiellen Voraussetzungen erfüllen, die jede andere Kündigung erfüllen muss, unabhängig davon, wie die Arbeitnehmerseite reagiert. Da alle Voraussetzungen einer Kündigung immer im Zeitpunkt des Ausspruchs vorliegen müssen, können spätere Reaktionen des Kündigungsempfängers – und die dadurch ausgelösten Folgen (vgl. ausführlich Rz. 126 f.) – nicht relevant sein.

a) Grundsätzliche formelle Voraussetzungen

76 Hinsichtlich der formellen Voraussetzungen gibt es nur wenige Besonderheiten, die beachtet werden müssen.

aa) Anhörung des Betriebsrats, § 102 BetrVG

77 Bei der Anhörung des Betriebsrats, die selbstverständlich auch bei der Änderungskündigung gem. § 102 BetrVG stattfinden muss, ist unbedingt zu beachten, dass neben der üblichen **Mitteilung der Kündigungsgründe** beim Ausspruch einer Beendigungskündigung auch über das **Änderungsangebot** informiert werden muss[2]. Das Änderungsangebot muss in der Form mitgeteilt werden, wie es in der Änderungskündigung dem Arbeitnehmer gegenüber gemacht werden soll. Dazu gehören Einzelheiten der konkreten Änderungsabsicht und, sofern zB Sonderleistungen reduziert werden sollen, auch die Kündigungsfristen der betroffenen Mitarbeiter, damit der Betriebsrat die Tragweite der geplanten personellen Maßnahmen, bezogen auf das laufende oder nachfolgende Kalenderjahr, ermitteln kann[3].

---

1 Vgl. dazu auch LAG Köln 6.10.2005 – 6 Sa 843/05, BB 2006, 1455 (nur Leitsätze).
2 BAG 10.3.1982 – 4 AZR 158/79, EzA § 2 KSchG Nr. 4; LAG Hamm 15.7.1997 – 6 Sa 403/97, BB 1997, 2053.
3 BAG 29.3.1990 – 2 AZR 420/89, EzA § 102 BetrVG 1972 Nr. 79 mit Anm. *Marhold*.

V. Änderungskündigung

Das BAG[1] hält die Kenntnis des Angebots gerade auch deswegen für unerlässlich, weil der Betriebsrat in der Lage sein muss, die Widerspruchsgründe gem. § 102 Abs. 3 Nr. 3–5 BetrVG zu formulieren.

Zeitpunkt und Inhalt der Anhörung sind unabhängig davon, wie der betroffene Arbeitnehmer reagiert, ob er die Änderungskündigung unter Vorbehalt annimmt oder die Änderung ablehnt oder die Frist verstreichen lässt. Da in jedem Fall schon nach dem Gesetzeswortlaut des § 102 Abs. 1 Satz 1 BetrVG die Anhörung **vor** Ausspruch der Kündigung zu erfolgen hat, können Tatsachen, die erst **nach** Ausspruch eine Rolle spielen, für den Inhalt der Anhörung nicht relevant sein[2]. Auch wenn der Arbeitnehmer in den vorhergehenden Verhandlungen bereits endgültig einen Vorschlag zur Änderung der Arbeitsbedingungen abgelehnt hat, ist der Arbeitgeber – entgegen der früheren hM[3] – nach der heftig kritisierten Änderung der Rechtsprechung des BAG[4] verpflichtet, im Regelfall statt der bislang für zulässig erachteten Beendigungskündigung dennoch eine Änderungskündigung auszusprechen[5]. Eine Beendigungskündigung soll danach nur zulässig sein, wenn der Arbeitnehmer das Angebot vorher abgelehnt und **unmissverständlich** zu erkennen gegeben hat, dass er unter **keinen Umständen** bereit ist, unter den geänderten Bedingungen zu arbeiten und das Angebot auch für den Fall einer Änderungskündigung vorbehaltlos ablehnt (Beispiel des BAG: „Pförtner statt Personalleiter"). 78

Der Arbeitgeber trägt die Beweislast für die endgültige und definitive Ablehnung des Änderungsangebots durch den Arbeitnehmer.

Da der Arbeitgeber sich aber auch, wenn so ein Angebot bereits abgelehnt wurde, statt zur Beendigungskündigung zum Ausspruch einer Änderungskündigung entschließen kann, uU auch sicherheitshalber entschließen sollte[6], gehört zu den Kündigungsgründen und Hintergründen auch, dem Betriebsrat **vom Angebot und der Ablehnung** zu berichten und zur Rechtfertigung der beabsichtigten Beendigungskündigung Stellung zu nehmen[7]. 79

Hat der Arbeitnehmer das Angebot vor Ausspruch der Kündigung bereits unter Vorbehalt angenommen, so ist auch diese Tatsache mitzuteilen und die Rechtfertigung der Änderung der Arbeitsbedingungen darzulegen[8] (vgl. zum Prüfungsmaßstab Rz. 89 ff. mwN).

Da der Arbeitgeber verpflichtet ist, den Betriebsrat auch darüber zu unterrichten, dass er im Falle der Ablehnung des Änderungsangebots eine Beendigungskündigung aussprechen werde[9], treten Probleme auf, wenn der Arbeitnehmer unentschlossen ist und der Arbeitgeber daraufhin nicht eindeutig und konsequent auseinanderhält, ob er nun eine Beendigungskündigung aussprechen will oder eine Änderungskündigung. Er wird im Regelfall eine Änderungskündigung aussprechen müssen, weil auch ein abgelehntes Angebot auf Änderung der Arbeitsbedingungen – von Ausnahmen abgesehen – die Möglichkeit der Beendigungskündigung nicht eröffnet. 80

---

1 BAG 29.3.1990 – 2 AZR 420/89, EzA § 102 BetrVG 1972 Nr. 79 mit Anm. *Marhold*.
2 KR/*Rost*/*Kreft*, § 2 KSchG Rz. 114.
3 KR/*Rost*/*Kreft*, § 2 KSchG Rz. 18a.
4 Vgl. insb. *Bauer*/*Winzer*, BB 2006, 266; ablehnend auch *Lelley*/*Sabin*, DB 2006, 1110.
5 Vgl. BAG 21.4.2005 – 2 AZR 132/04, NZA 2005, 1289 u. 21.4.2005 – 2 AZR 244/05, NZA 2005, 1294.
6 KR/*Rost*/*Kreft*, § 2 KSchG Rz. 18 und mit zutreffender Empfehlung in Rz. 115a.
7 Vgl. ErfK/*Oetker*, § 2 KSchG Rz. 20.
8 Vgl. ErfK/*Oetker*, § 2 KSchG Rz. 21.
9 Vgl. LAG Hamm 15.7.1997 – 6 Sa 403/97, BB 1997, 2053; dazu auch *Fitting*, § 102 BetrVG Rz. 9 aE mwN.

81 Beispiel:

Der Arbeitgeber beabsichtigte, eine außerordentliche, hilfsweise ordentliche Änderungskündigung auszusprechen und hat dazu den Betriebsrat angehört. Das zuvor dem Arbeitnehmer unterbreitete Versetzungsangebot hatte dieser abgelehnt. Mit der Unterbreitung eines neuen Angebotes hat der Arbeitgeber gleichzeitig den Betriebsrat zu der beabsichtigten außerordentlichen, hilfsweise ordentlichen Änderungskündigung angehört. Dieser widersprach. Der Arbeitnehmer lehnte das Angebot am 20.11. mit Schreiben vom 30.11. ab. Daraufhin kündigte der Arbeitgeber unter dem 7.12. außerordentlich, hilfsweise ordentlich mit der Begründung, der Arbeitnehmer habe auch das Weiterbeschäftigungsangebot vom 20.11. abgelehnt. Der Betriebsrat wurde nicht erneut angehört[1].

82 ⊃ **Hinweis:** Der Arbeitgeber muss sich **eindeutig** erklären, welche Art der Kündigung, Änderungskündigung oder Beendigungskündigung, er aussprechen will. Sofern er seine Absicht im Verlaufe des Anhörungsverfahrens oder danach aufgrund der Reaktion der Arbeitnehmerseite ändert, muss er diese Änderung auch bei der Anhörung des Betriebsrats nachvollziehen. Bei **unklaren Fällen** ist es generell besser, eine evtl. überflüssige Anhörung durchzuführen als eine notwendige zu versäumen.

bb) Eindeutigkeit der Kündigungserklärung

83 Die Kündigungserklärung selbst muss **eindeutig** erkennen lassen, ob ein Änderungsangebot gemacht werden soll ohne einseitig gestaltende Wirkung, ob von einem Widerrufsvorbehalt Gebrauch gemacht wird, ob der Arbeitgeber lediglich meint, aufgrund seines Direktionsrechts zur einseitigen Änderung der Arbeitsbedingungen berechtigt zu sein, ob eine Änderungskündigung oder ob eine Beendigungskündigung ausgesprochen werden soll. Unklarheiten gehen auch hier zu Lasten des formulierenden Arbeitgebers. Der Arbeitnehmer kann die Erklärung so verstehen, wie sie nach Treu und Glauben unter Berücksichtigung der Verkehrssitte verstanden werden muss[2]. Auf jeden Fall müssen mehrdeutige Erklärungen auch gerade bei der Formulierung der Änderungskündigung vermieden werden (vgl. das Beispiel einer missglückten Formulierung in Rz. 53).

cc) Form und Frist

84 Die Änderungskündigung bedarf, wie jede andere Kündigung auch, der **Schriftform des** § 623 BGB. Inhaltlich enthält die Änderungskündigung eine Kündigung verbunden mit dem Angebot auf Fortsetzung des Arbeitsverhältnisses zu geänderten Arbeitsbedingungen.

Welche Änderungen des Arbeitsvertrages dem Arbeitnehmer **zumutbar** sind, hat dieser nunmehr grundsätzlich selbst zu entscheiden. Nur wenn der Arbeitgeber vernünftigerweise nicht damit rechnen konnte, dass der Arbeitnehmer das Angebot annimmt, kann gleich die Beendigungskündigung ausgesprochen werden. Das wird

---

1 BAG 30.11.1989 – 2 AZR 197/89, NZA 1990, 529f. Das BAG hat der Kündigungsschutzklage stattgegeben mit der Begründung, die außerordentliche wie auch die ordentliche Kündigung seien deswegen unwirksam, weil der Betriebsrat nicht zu der vom Arbeitgeber letztlich ausgesprochenen Beendigungskündigung angehört worden sei. Der Arbeitgeber habe dem Betriebsrat das Änderungsangebot und die Gründe für die beabsichtigte Änderung der Arbeitsbedingungen mitzuteilen und, wenn er sich eine Beendigungskündigung vorbehalten habe und sich dazu eine erneute Anhörung ersparen wolle, zugleich zu verdeutlichen, dass er im Falle der Ablehnung des Änderungsangebotes durch den Arbeitnehmer die Beendigungskündigung beabsichtige. Bleibe offen, ob die Ablehnung des Änderungsangebotes die Beendigungskündigung zur Folge haben solle, fehle es an einer ordnungsgemäßen Anhörung des Betriebsrats zur ausgesprochenen Beendigungskündigung.
2 St. Rspr.; BGH 12.3.1992 – IX ZR 141/91, NJW 1992, 1446 zur Bürgschaftserklärung; BAG 13.1.1982 – 7 AZR 757/79, AP Nr. 2 zu § 620 BGB – Kündigungserklärung, zur Frage der Abgrenzung zwischen ordentlicher und außerordentlicher Kündigung.

V. Änderungskündigung

sich nur auf Extremfälle beschränken lassen, in denen das Angebot schon beleidigenden Charakter hat.

⊃ **Hinweis:** Arbeitgebern bleibt danach keine andere Möglichkeit, als vor Ausspruch einer Beendigungskündigung den Kündigungsempfängern **in jedem Fall** eine Änderungskündigung auszusprechen, falls ein anderer Arbeitsplatz frei ist, auch wenn selbst bei vernünftiger Betrachtung die Annahme höchst zweifelhaft wäre.

Der Arbeitgeber vergibt sich mit der Änderungskündigung nichts, läuft aber bei einer Beendigungskündigung ein hohes Risiko.

Taktisch kann das sog. **Abwehrangebot** jetzt sogar durch die Rechtsprechung des BAG gerechtfertigt werden.

Da die Änderungskündigung in § 623 BGB nicht ausdrücklich genannt wird, war in der Literatur umstritten, ob auch das **Änderungsangebot in schriftlicher Form** in einer einheitlichen Urkunde zugehen muss, oder ob es ausreicht, dass die Kündigungserklärung mit dem Inhalt der Beendigung des Arbeitsverhältnisses der Schriftform genügt[1]. 84a

Nach der Klärung durch das BAG[2] muss auch das Änderungsangebot, das Bestandteil der Kündigung ist und mit der Kündigungserklärung zusammen ein einheitliches Rechtsgeschäft darstellt, der Schriftform des § 623 BGB genügen[3]. Allerdings ist dem Schriftformerfordernis genügt, wenn der Inhalt des Änderungsangebots im Kündigungsschreiben selbst hinreichenden Anklang gefunden hat[4].

Für die Schriftform selbst gilt bei der Änderungskündigung dasselbe wie bei einer Beendigungskündigung[5] (vgl. ferner Teil 3 D Rz. 41 mwN).

Bei der fristgemäßen Kündigung sind die **Fristen** zu beachten wie bei jeder anderen Kündigung auch. Für die Beendigungskündigung gelten keine besonderen Fristen. Das ergibt sich schon aus dem Wortlaut des § 2 Satz 2 KSchG. 85

b) Allgemeine Rechtsunwirksamkeitsgründe

Neben den allgemeinen Unwirksamkeitsgründen, die selbstverständlich auch einer Änderungskündigung entgegengehalten werden können, wie zB unterlassene Anhörung des Betriebsrats, § 102 Abs. 1 BetrVG, Sittenwidrigkeit gem. § 138 BGB oder widersprüchliches Verhalten oder die Rechtsunwirksamkeit wegen Verstoßes gegen zwingende Rechtsnormen gem. § 134 BGB kommt die sonstige Treuwidrigkeit gem. § 242 BGB in Betracht. Wird das Risiko von Mindereinnahmen in einzelnen Monaten eines Jahres einseitig auf den Arbeitnehmer abgewälzt ohne Kompensationsmöglichkeiten in anderen Monaten, wird der Arbeitnehmer unangemessen benachteiligt. Eine vom Arbeitgeber wegen der Ablehnung eines solchen Angebots erklärte Kündigung des Arbeitsverhältnisses ist aber nicht gem. § 242 BGB unwirksam, wenn es keinen allgemeinen Kündigungsschutz gibt[6]. 86

Versucht der Arbeitgeber, mit einer Änderungskündigung den Abbau tariflich gesicherter Leistungen durchzusetzen, kann dies nichtig sein gem. § 13 Abs. 3 KSchG

---

1 Vgl. *Richardi/Annuß*, NJW 2000, 1231 (1233); *Preis/Gotthardt*, NZA 2000, 348 (351); *Hoß*, ArbRB 2003, 344 (345); wohl auch HWK/*Molkenbur*, § 2 KSchG Rz. 3; aA *Caspers*, RdA 2001, 28 (30 ff.).
2 BAG 16.9.2004 – 2 AZR 628/03, DB 2005, 395.
3 So schon die 4. Aufl., Teil 3 A Rz. 84.
4 BAG 16.9.2004 – 2 AZR 628/03, DB 2005, 395; vgl. ferner ErfK/*Glöge*, § 623 BGB Rz. 22; Küttner/*Eisemann*, Änderungskündigung Rz. 3.
5 Vgl. BGH 30.1.1997 – IX ZR 133/96, NJW-RR 1997, 684.
6 LAG Bln.-Bbg. 17.2.2012 – 6 Sa 2266/11.

iVm. einer tariflichen Vorschrift (zB § 4 MTV Schmuck- und Metallwarenindustrie im Kreis Birkenfeld), § 4 TVG und § 134 BGB[1].

Sieht der Arbeitgeber in einem Formulararbeitsvertrag eine Klausel vor, die ihn berechtigen soll, durch schriftliche Erklärung gegenüber dem Arbeitnehmer anstatt eines zunächst in Bezug genommenen Tarifvertrages einen anderen künftigen Tarifvertrag – der von einem für den Arbeitgeber zuständigen Arbeitgeberverband abgeschlossen wird – anzuwenden, verstößt diese Klausel gegen § 308 Nr. 4 BGB[2].

Versucht der Arbeitgeber, mit einer Änderungskündigung eine rechtsunwirksame Vertragsänderung durchzusetzen, die tarifwidrig ist, stellt die in der Änderungskündigung enthaltene Kündigungserklärung eine Drohung gegenüber dem Arbeitnehmer dar, das Arbeitsverhältnis zu beenden, falls er sich nicht mit der tarifwidrigen Veränderung der Arbeitsbedingungen einverstanden erkläre[3].

c) Soziale Rechtfertigung der fristgemäßen Kündigung

87 Die ordentliche Änderungskündigung muss ebenso **sozial gerechtfertigt** sein wie die ordentliche Beendigungskündigung auch. Die drei in § 1 Abs. 2 Satz 1 KSchG genannten Möglichkeiten, eine Kündigung sozial zu rechtfertigen, sind deshalb auch bei der Änderungskündigung zu prüfen. Bei einer betriebsbedingten Kündigung ist zu berücksichtigen, dass nach dem Gesetzeswortlaut die Kündigung sozial ungerechtfertigt ist, wenn sie nicht durch solche betrieblichen Gründe bedingt ist, „die einer Weiterbeschäftigung des Arbeitnehmers in diesem Betrieb entgegenstehen". Der Gesetzeswortlaut lässt dabei die Besonderheiten der Änderungskündigung nur scheinbar außer Betracht.

aa) Grundsatz und Besonderheiten

88 Um das Wesen der Änderungskündigung zu erfassen, müsste man hinzufügen, dass die dringenden betrieblichen Erfordernisse der Weiterbeschäftigung des Arbeitnehmers „auf dem bisherigen Arbeitsplatz" entgegenstehen oder „zu den bisherigen Arbeitsbedingungen", wenn der Arbeitsplatz als solcher nicht verändert werden soll[4]. **Besonderheiten** der Änderungskündigung ergeben sich dann nur noch aus der Frage, wie sich der von der Kündigung betroffene Arbeitnehmer verhält, ob er den Vorbehalt erklärt oder nicht und damit die beabsichtigte Änderungskündigung zu einer Beendigungskündigung werden lässt (vgl. Rz. 126 ff.).

bb) Prüfungsmaßstab

89 Welcher Prüfungsmaßstab grundsätzlich an eine Änderungskündigung im Hinblick auf die soziale Rechtfertigung gelegt wird, ist inzwischen höchstrichterlich geklärt. Nach Auffassung des BAG[5] ist die **Änderung der Arbeitsbedingungen**[6] auf die soziale Rechtfertigung zu prüfen und nicht die Beendigung, auch wenn der Arbeitnehmer den Vorbehalt nicht erklärt hat. Die betriebsbedingte Änderungskündigung insbesondere ist nur dann sozial gerechtfertigt, wenn der „Arbeitgeber sich bei einem an sich aner-

---

1 Vgl. BAG 10.2.1999 – 2 AZR 422/98, RdA 2000, 37 ff. mit abl. Anm. von *Rieble*, RdA 2000, 40; zust. dagegen *Quecke*, NZA 2001, 812.
2 LAG Rh.-Pf. 2.3.2012 – 9 Sa 627/11, AE 2012, 157.
3 BAG 10.2.1999 – 2 AZR 422/98, RdA 2000, 37 (39 li. Sp.).
4 MünchArbR/*Berkowsky*, § 145 Rz. 88.
5 BAG 19.5.1993 – 2 AZR 584/92, NZA 1993, 1075 mwN.
6 Vgl. *Hromadka*, NZA 1996, 1 (7); KR/*Rost*/*Kreft*, § 2 KSchG Rz. 98a; *Küttner*/*Eisemann*, Änderungskündigung, Rz. 17; aA *Annuß*, NZA 2005, 443 (444).

V. Änderungskündigung

kennenswerten Anlass zur Änderungskündigung darauf beschränkt hat, nur solche Änderungen vorzuschlagen, die der Arbeitnehmer billigerweise hinnehmen muss"[1].

Dieses Kriterium der Zumutbarkeit hat das BAG in der Entscheidung vom 23.6.2005 insoweit durchaus auf der Basis der bis dahin entwickelten Rechtsprechung[2] aus dem Grundsatz der Verhältnismäßigkeit entwickelt und weiter konkretisiert. Die Änderungen müssen geeignet und erforderlich sein, um den Inhalt des Arbeitsverhältnisses den geänderten Beschäftigungsmöglichkeiten anzupassen. Dabei müssen diese Voraussetzungen für alle Vertragsänderungen, also neben der Veränderung der Tätigkeit auch die Vergütung oder sonstige Gegenleistungen, vorliegen. Soll die Vergütung geändert werden, ist die gesonderte Rechtfertigung nur dann entbehrlich, wenn im Betrieb ein Vergütungssystem angewandt wird, aus dem sich ohne weiteres Zutun auch eine geänderte Vergütung ergibt, zB bei tariflichen Vergütungssystemen (Tarifautomatik)[3].

Gleichwohl bleiben für die Praxis auch mit Blick auf die vorangegangenen Urteile des 2. Senats des BAG[4] in der Beratungspraxis die bekannten Probleme, eine halbwegs sichere Prognose zu wagen, ob die beabsichtigte Vergütungsänderung noch diesen – engen – Grenzen genügt[5].

Die Leerformeln, die das BAG anbietet wie „Wert" der Arbeitsleistung oder – mit Bezug auf die neue Tätigkeit – „evident geringerer Marktwert", helfen nicht weiter. Man kann nur versuchen, möglichst objektive Gründe für das Änderungsangebot zu finden, um die Wirksamkeit der Änderungskündigung von der ausschließlich subjektiven Einschätzung des Arbeitnehmers zu lösen[6].

Sinngemäß gilt dies auch für die Änderungen des Arbeitsverhältnisses aus Gründen, die in der Person oder dem Verhalten des Arbeitnehmers liegen. Die Grundsätze bei der Prüfung einer fristgemäßen Beendigungskündigung sind auch auf die Änderungskündigung im Übrigen übertragbar, insbesondere muss der Verhältnismäßigkeitsgrundsatz beachtet werden[7].

Besteht die Änderung der Arbeitsbedingungen aus **mehreren** voneinander trennbaren und **getrennten Arbeitsbedingungen**, so muss jede einzelne Änderung im Änderungsangebot des Arbeitgebers darauf geprüft werden, ob sie sozial gerechtfertigt ist[8]. Der Arbeitgeber trägt auch hier, wie zu den Kündigungsgründen insgesamt, für jede angestrebte Änderung die Darlegungs- und Beweislast[9]. Ist auch nur eine der Änderungsbedingungen nicht sozial gerechtfertigt, ist damit die Änderungskündigung insgesamt unwirksam, auch wenn die anderen Bedingungen einer Prüfung standhalten[10]. 90

⊃ **Hinweis:** Viele Arbeitgeber erliegen der Versuchung, aus Anlass einer an sich sozial gerechtfertigten Änderung der Arbeitsbedingungen aus personenbedingten Gründen (zB Un- 91

---

1 Vgl. BAG 23.6.2005 – 2 AZR 642/04, DB 2006, 285.
2 Vgl. BAG 21.9.2006 – 2 AZR 120/06, NZA 2007, 435; dazu BAG 19.5.1993 – 2 AZR 584/92, NZA 1993, 1075 mwN unter Hinweis auf die st. Rspr. des BAG.
3 Vgl. BAG 29.11.2007 – 2 AZR 388/06, NZA 2008, 523; dazu auch BAG 29.3.2007 – 2 AZR 31/06, NZA 2007, 855.
4 BAG 21.4.2005 – 2 AZR 132/04 u. 21.4.2005 – 2 AZR 244/04, NZA 2005, 1289 und NZA 2005, 1294.
5 Vgl. dazu auch LAG Bln.-Bbg. 5.12.2007 – 15 Sa 1546/07, LAGE § 2 KSchG Nr. 61; zur Rechtfertigung der betriebsbedingten Änderungskündigung vgl. auch *Herbert/Oberrath*, NJW 2008, 3177.
6 Vgl. dazu auch *Schrader/Straube*, DB 2006, 1678 (1679).
7 Vgl. BAG 10.4.2014 – 2 AZR 812/12, NZA 2014, 653; KR/*Rost/Kreft*, § 2 KSchG Rz. 106a.
8 Vgl. BAG 23.6.2005 – 2 AZR 642/04, DB 2006, 285; so auch LAG Nürnberg 26.7.2005 – 6 Sa 26/05, LAGReport 2005, 361; LAG Hess. 18.1.1996 – 3 Sa 1623/93, nv.; LAG Bdb. 24.10.1996 – 3 Sa 393/96, NZA-RR 1997, 127–130; vgl. auch KR/*Rost/Kreft*, § 2 KSchG Rz. 106e mwN.
9 BAG 1.7.1999 – 2 AZR 826/98, EzA § 2 KSchG Nr. 35.
10 LAG Köln 16.8.2011 – 12 Sa 948/10, AE 2012, 108; KR/*Rost/Kreft*, § 2 KSchG Rz. 106e mwN.

fähigkeit zur Personalführung[1], vergeblicher Versuch der Weiterbildung) ein komplett neues Vertragsangebot zu unterbreiten, das nicht nur die Herabgruppierung enthält, sondern zB eine Verkürzung des Urlaubsanspruchs. Solche **„Komplettkorrekturen"** führen zur Unwirksamkeit der an sich gerechtfertigten Maßnahmen und müssen vermieden werden.

92 **Beispiel:**

Die Verkäuferin eines Filialbetriebes erhielt eine Änderungskündigung, mit der aus betriebsbedingten Gründen ihr Vollzeitarbeitsverhältnis in ein sog. flexibles Teilzeitarbeitsverhältnis umgewandelt werden sollte. Das Arbeitsvolumen sollte voraussichtlich im Jahresdurchschnitt um 20 % reduziert werden. Das Änderungsangebot sah nach einer kurzen Ankündigungsfrist eine monatlich variable Arbeitszeit im Umfang von 53 bis zu 169 Stunden vor. Der Arbeitgeber hatte sich vorbehalten, den Arbeitseinsatz im Umfang von 53 bis zu 169 Stunden pro Monat je nach Arbeitsanfall anzuordnen, ohne eine vertragliche Bestimmung der durchschnittlichen monatlichen Arbeitszeit anzugeben. Das LAG Brandenburg[2] hat die Änderungskündigung als eine objektive Umgehung des Kündigungsschutzrechts betrachtet und sie als gem. § 134 BGB nichtig angesehen. Auf der Basis des vorgetragenen betrieblichen Grundes sei nur eine verbindliche Festlegung der monatlich durchschnittlich zu erbringenden Arbeitsleistung gerechtfertigt, nicht jedoch ein einseitiges Leistungsbestimmungsrecht des Arbeitgebers, wie es die Änderung der Arbeitsbedingungen durch Änderungskündigung vorgesehen habe.

93 Bei der **Ablehnung des Änderungsangebotes** durch den Arbeitnehmer wird die vom Arbeitgeber beabsichtigte Änderungskündigung zur Beendigungskündigung. Der **Prüfungsmaßstab** ist bei der Änderungskündigung also ein anderer, weil das Arbeitsgericht nicht prüft, ob die Beendigung des Arbeitsverhältnisses gerechtfertigt ist, sondern die Änderung der Arbeitsbedingungen[3].

94 ⮕ **Hinweis:** Auch im Hinblick auf die Konsequenz, dass sich der Prüfungsmaßstab nicht verändert, wenn die Änderung der Arbeitsbedingungen nicht angenommen wird, empfiehlt sich regelmäßig, auch dann eine Änderungskündigung auszusprechen, wenn zuvor schon die Änderung der Arbeitsbedingungen im Zuge der Verhandlungen zwischen den Arbeitsvertragsparteien von der Arbeitnehmerseite abgelehnt wurde.

cc) Struktur der Kündigungsgründe

95 Im Folgenden soll eine kurze Übersicht über die **Struktur der Kündigungsgründe** entsprechend den drei in Betracht kommenden Bereichen der **personenbedingten**, der **verhaltensbedingten** und der **betriebsbedingten Gründe** gegeben werden.

Zunächst prüft das BAG im ersten Schritt, ob personen-, verhaltens- oder betriebsbedingte Gründe die Änderung der Arbeitsbedingungen rechtfertigen und im nächsten Schritt, ob der Inhalt der beabsichtigten Änderung vom Arbeitnehmer billigerweise hingenommen werden muss[4]. Geprüft wird also das „Ob" und das „Wie"[5].

96 Ebenso wie die Beendigungskündigung, kann auch die Änderungskündigung auf **personenbedingte Gründe** gestützt werden. Das kommt nur dann in Betracht, wenn der Arbeitnehmer die vertraglich geschuldete Leistung nicht mehr vollständig zu erbrin-

---

1 BAG 31.1.1996 – 2 AZR 158/95, NZA 1996, 581.
2 LAG Bdb. 24.10.1996 – 3 Sa 393/96, NZA-RR 1997, 127–130.
3 BAG 19.5.1993 – 2 AZR 584/92, NZA 1993, 1075 unter Hinweis auf BAG 7.6.1973 – 2 AZR 450/72, AP Nr. 1 zu § 626 BGB – Änderungskündigung; so auch KR/*Rost/Kreft*, § 2 KSchG Rz. 92 mwN.
4 Vgl. *Hromadka*, NZA 1996, 1 (7) mit Hinweis auf die schon zitierte Rspr. des BAG 19.5.1993 – 2 AZR 584/92, NZA 1993, 1075; vgl. auch *Preis* in Stahlhacke/Preis/Vossen, Rz. 1306.
5 Vgl. die klar strukturierte Entscheidung des LAG Berlin 31.3.1998 – 12 Sa 169/97, AuA 1998, 391 unter 1.2 d. Gr.

V. Änderungskündigung

gen vermag, das Restleistungsvermögen aber auch noch zu einer sinnvollen Beschäftigung auf einem freien Arbeitsplatz führen kann[1].

Beispiel: 97

Einer Gemeindereferentin im katholischen Kirchendienst wurde die für diese Tätigkeit erforderliche kanonische Beauftragung mit bischöflichem Dekret mit sofortiger Wirkung entzogen. Hier wurde eine Änderungskündigung ausgesprochen, die nach Auffassung des BAG durch Gründe in der Person iSd. § 2 iVm. § 1 Abs. 2 KSchG sozial gerechtfertigt sein könne, weil sie zu der nach dem Vertrag vorausgesetzten Arbeitsleistung ganz oder teilweise nicht mehr in der Lage gewesen sei[2].

Auch **verhaltensbedingte Gründe** kommen bei einer Änderungskündigung genauso in Betracht wie bei der Beendigungskündigung[3]. Allerdings wird der Arbeitgeber sorgfältig zu prüfen haben, ob bei solchen Gründen die Weiterführung des Arbeitsverhältnisses überhaupt noch zumutbar ist. Die Frage konkretisiert sich darauf, ob aufgrund des Verhaltens nur die Beschäftigung auf dem bisherigen Arbeitsplatz oder die Beschäftigung generell ausgeschlossen ist. Bei Gründen im Vertrauensbereich stellt sich die Frage, ob das Vertrauen so grundlegend erschüttert ist, dass auch eine Beschäftigung auf einem anderen Arbeitsplatz unzumutbar sein kann. 98

Beispiel: 99

In der Kasse einer Fahrkartenverkäuferin fehlen wiederholt höhere Beträge, ohne dass geklärt werden kann, ob die Kassenausfälle auf grober Nachlässigkeit oder Vorsatz beruhen. Trotz Abmahnungen wurden Anweisungen wiederholt missachtet. Ihr wird fristgerecht gekündigt. Sie wendet ein, dass sie als Verwaltungsangestellte auf einem freien Arbeitsplatz im sonstigen Innendienst beschäftigt werden könnte. Abgesehen von den Fehlbeständen in der Kasse habe sie ihre Aufgaben immer fehlerfrei wahrgenommen.

Das BAG hat in einem vergleichbaren Fall[4] ausgeführt, auch bei der Prüfung einer Beendigungskündigung aus verhaltensbedingten Gründen sei zu prüfen, ob der Arbeitnehmer nicht an einem anderen Arbeitsplatz in demselben Betrieb oder einem anderen Betrieb des Unternehmens weiterbeschäftigt werden könne. Bei personenbedingten und verhaltensbedingten Kündigungen gebe es viele Fallgestaltungen, in denen bereits eine Versetzung auf einen anderen Arbeitsplatz den Interessen des Arbeitgebers genüge, vorausgesetzt, er sei frei. Solange also objektive Anhaltspunkte dafür bestehen, dass das Fehlverhalten auf einem anderen Arbeitsplatz nicht mehr auftritt, kann nur eine Änderungskündigung ausgesprochen werden. Die Mitarbeiterin hat im Beispielsfall offenbar Schwierigkeiten im Umgang mit Geld. Im normalen Verwaltungsinnendienst kommt sie damit nicht in Berührung. Die Beendigungskündigung ist deshalb sozial nicht gerechtfertigt. 100

Auch in anderen Fällen, zB bei **Streit mit Kollegen**, kommt statt der Beendigungskündigung eine Änderungskündigung in Betracht[5].

---

1 KR/*Rost*/*Kreft*, § 2 KSchG Rz. 100 unter Verweis auf die st. Rspr. des BAG; vgl. dazu den anschaulichen Fall des BAG 3.11.1977 – 2 AZR 277/76, AP Nr. 1 zu § 75 BPersVG: Näherin mit Wollallergie wird aufgrund fachärztlicher Empfehlung als Küchenhilfe weiterbeschäftigt bei geringfügiger, monatlicher Gehaltseinbuße.
2 BAG 10.4.2014 – 2 AZR 812/12, NZA 2014, 653: Die Kündigung scheiterte daran, dass die Änderungskündigung des Arbeitgebers sich nicht darauf beschränkt hat, solche Änderungen vorzusehen, die die Arbeitnehmerin billigerweise hinnehmen musste (statt einer halben Stelle mit bisherigem Vergütungsniveau eine Stelle als Gemeindesekretärin in Vollzeit mit erheblich abgesenkter Vergütung).
3 Vgl. BAG 9.2.2006 – 6 AZR 47/05, NZA 2006, 1046.
4 BAG 22.7.1982 – 2 AZR 30/81, AP Nr. 5 zu § 1 KSchG 1969 – Verhaltensbedingte Kündigung.
5 Dieses Beispiel führt das BAG 22.7.1982 – 2 AZR 30/81, AP Nr. 5 zu § 1 KSchG 1969 – Verhaltensbedingte Kündigung, an (unter 4a d. Gr.).

Auch bei einer verhaltensbedingten Änderungskündigung bedarf es grundsätzlich einer vorherigen Abmahnung, schon der grundsätzlich erforderlichen negativen Zukunftsprognose wegen[1].

101 Im Regelfall wird aber eine Änderungskündigung als Alternative nur dann eine Beendigungskündigung ausschließen, wenn ein **anderer Arbeitsplatz** frei ist.

Davon hat das BAG[2] allerdings im Fall einer **krankheitsbedingten Beendigungskündigung** eine Ausnahme gemacht und dem Arbeitgeber die Obliegenheit auferlegt, einen „leidensgerechten" Arbeitsplatz freizukündigen, wenn dies durch Ausübung des Direktionsrechts möglich ist. Zu weiter gehenden Umorganisationen oder zur Durchführung eines Zustimmungsersetzungsverfahrens gem. § 99 Abs. 4 BetrVG ist der Arbeitgeber jedoch nicht verpflichtet, insbesondere ist der Arbeitgeber nicht verpflichtet, einen **neuen** Arbeitsplatz einzurichten[3].

102 Im Vordergrund stehen auch bei der Änderungskündigung die **betriebsbedingten Gründe** (vgl. dazu auch die Kurzfassung in Teil 3 E Rz. 338–342).

Inhaltliche Änderungen der Arbeitsbedingungen können darauf zurückzuführen sein, dass der Arbeitsplatz ganz wegfällt und stattdessen ein anderer Arbeitsplatz angeboten werden soll oder der Arbeitsplatz zwar erhalten bleibt, jedoch einen anderen Inhalt erhalten soll, insbesondere eine andere Vergütung[4].

103 **Fällt der Arbeitsplatz weg**, müssen die Gründe für die soziale Rechtfertigung wie bei der Beendigungskündigung auch dargelegt werden (vgl. im Einzelnen Teil 3 E Rz. 195 ff., 256 ff.). Der Arbeitgeber trifft die unternehmerische Entscheidung, ob die Tätigkeit fortgesetzt wird oder nicht. Dabei kann der Arbeitgeber im Rahmen seiner Unternehmerentscheidung den Standort bestimmen, an dem er seinen Betrieb führen oder errichten will[5].

Eine Änderungskündigung ist nicht schon deshalb unwirksam, weil sie auf eine **nachträgliche Befristung** eines auf unbestimmte Zeit eingegangenen Arbeitsverhältnisses zielt. Ein Grund zur Änderung der Arbeitsbedingungen kann nämlich vorliegen, wenn die Beschäftigungsmöglichkeiten zu den bisherigen Bedingungen entfallen sind und sachliche Gründe für das Angebot einer nur befristeten (Weiter-)Beschäftigung bestehen. Der sachliche Grund kann darin liegen, dass der Arbeitgeber dem Arbeitnehmer aus sozialen Erwägungen eine befristete Beschäftigung im Sinne einer Übergangsregelung ermöglichen will. Die sozialen Erwägungen müssen dann das überwiegende Motiv des Arbeitgebers für dieses Änderungsangebot sein[6].

103a Mit der Änderungskündigung kann auch die Versetzung eines Beschäftigten im öffentlichen Dienst an einen neuen **Dienstort** erreicht werden, wenn die Dienststelle an einen anderen Ort verlagert wird. Das stellt regelmäßig ein betriebliches Erfordernis für eine Änderungskündigung dar[7]. Der öffentliche Arbeitgeber habe eine rechtlich zulässige Organisationsentscheidung getroffen, die zum Wegfall der Arbeitsplätze an dem bisherigen Standort geführt hat. Es gehört zum Kern der unternehmerischen Freiheit, die betriebliche Organisation zu gestalten und festzulegen, an welchem Standort welche arbeitstechnischen Zwecke und Ziele verfolgt werden sollen[8].

---

1 Vgl. ErfK/*Oetker*, § 2 KSchG Rz. 46 mwN.
2 BAG 29.1.1997 – 2 AZR 9/96, EzA § 1 KSchG – Krankheit Nr. 42.
3 BAG 28.4.1998 – 9 AZR 348/97, NZA 1999, 152.
4 Vgl. zu dieser Unterscheidung auch MünchArbR/*Berkowsky*, § 145 Rz. 45; zur Entgeltabsenkung vgl. auch *Hromadka*, NZA 1996, 1 (8 ff.).
5 BAG 27.9.2001 – 2 AZR 246/00, EzA § 2 KSchG Nr. 41.
6 BAG 16.12.2010 – 2 AZR 576/09, NZA 2011, 1247.
7 Vgl. BAG 12.8.2010 – 2 AZR 558/09, EzA § 2 KSchG Nr. 78.
8 Vgl. BAG 12.8.2010 – 2 AZR 558/09, EzA § 2 KSchG Nr. 78, Rz. 17.

V. Änderungskündigung

Wird der **Inhalt der Tätigkeit** an die Entscheidung angepasst, die als Unternehmerentscheidung nur eingeschränkt überprüfbar ist (vgl. auch Teil 3 E Rz. 196 ff.), bleibt aber das Entgelt gleich, sind die Kriterien der Überprüfung andere, als wenn gleichzeitig auch das Entgelt geändert werden soll, weil die Tätigkeit geringerwertig ist oder einen geringeren Umfang haben soll. 103b

Die **Herabsetzung der Arbeitszeit** ist aber ebenso nur durch Änderungskündigung durchsetzbar wie die Heraufsetzung, zB von einer Teilzeit- auf eine Vollzeitbeschäftigung[1]. Das BAG räumt dem Arbeitgeber eine im Ermessen stehende unternehmerische Entscheidung ein, wenn er sich zu einer betrieblichen Umorganisation entschließt, die zu einer anderen zeitlichen Lage und zur Herabsetzung der Dauer der Arbeitszeit führt. Die Arbeitsgerichte können diese Entscheidung nicht auf Zweckmäßigkeit, sondern lediglich – zur Vermeidung von Missbrauch – „auf offenbare Unvernunft oder Willkür" überprüfen. Ein Missbrauch liege vor, wenn die Umgestaltung der Arbeitsabläufe als rechtswidrige Maßregelung, § 612a BGB, anzusehen ist. Dafür trägt aber der Arbeitnehmer die Beweislast. Das LAG Berlin betont, dass ein Änderungsangebot zunächst einmal ausgesprochen werden muss, wenn nicht von vornherein feststeht, dass der Teilzeitkraft dieses Änderungsangebot unter dem Druck der bevorstehenden Kündigung nicht angenommen hätte[2]. 103c

Streit besteht über die Frage, ob im Wege der Änderungskündigung eine **Entgeltkürzung bei gleich bleibender Tätigkeit und Arbeitszeit** möglich ist. 104

Zum Teil wird vertreten, dass eine Entgeltanpassung durch Änderungskündigung als eigenes Rechtsinstitut anzusehen und möglich sei, wenn sachliche Gründe vorliegen oder eine angemessene Rentabilität des Unternehmens nicht erreicht werde[3]. Zum Teil werden auch triftige Rentabilitätsinteressen als ausreichend angesehen, wenn das Unternehmen mit Verlust arbeitet[4].

Das **BAG** stellt einen **strengeren Maßstab** auf und lässt eine Änderungskündigung zur Entgeltsenkung nur dann zu, wenn sonst der **Betrieb stillgelegt** oder die **Belegschaft reduziert** werden müsste[5]. Dabei ist auf die wirtschaftliche Situation des Gesamtbetriebes und nicht nur auf die eines unselbständigen Betriebsteils abzustellen[6]. Regelmäßig bedarf es deshalb eines umfassenden Sanierungsplans, der alle gegenüber der beabsichtigten Änderungskündigung milderen Mittel ausschöpft[7]. Darüber hinaus hat der Arbeitgeber, der sich auf einen Sanierungsplan beruft, die dem Sanierungskonzept zugrunde gelegten wirtschaftlichen Daten soweit zu konkretisieren, dass der Arbeitnehmerseite eine sachliche Stellungnahme ebenso ermöglicht wird wie den Gerichten eine Nachprüfung.

Eine Ausnahme hat der 2. Senat des BAG für die Beseitigung einer irrtümlichen Eingruppierung eines einzelnen Arbeitnehmers in eine zu hohe Vergütungsgruppe gemacht und die Änderungskündigung aus dringenden betrieblichen Erfordernissen als gerechtfertigt angesehen[8]. Der Arbeitgeber, der alle Mitarbeiter grundsätzlich nach Tarif bezahle, müsse eine Möglichkeit haben, eine unbewusste und **zu Unrecht**

---

1 Vgl. BAG 22.4.2004 – 2 AZR 385/03, DB 2004, 1890 ff.; LAG Berlin 10.9.1996 – 12 Sa 66/96, LAGE § 2 KSchG Nr. 20; vgl. dazu auch *Kleinebrink*, DB 2009, 342 f.
2 LAG Berlin 10.9.1996 – 12 Sa 66/96, LAGE § 2 KSchG Nr. 20.
3 ZB *Preis*, NZA 1995, 241 (249); *Löwisch*, Anm. zu BAG 20.3.1986 – 2 AZR 294/85, EzA § 2 KSchG 1959 Nr. 6.
4 Vgl. *Preis* in Stahlhacke/Preis/Vossen, Rz. 1311.
5 BAG in st. Rspr.: Vgl. BAG 29.3.2007 – 2 AZR 31/06, NZA 2007, 855; 12.1.2006 – 2 AZR 126/05, NZA 2006, 587; grundlegend schon BAG 20.3.1986 – 2 AZR 294/85, NZA 1986, 824; LAG Berlin 30.6.1997 – 9 Sa 56/97, NZA-RR 1998, 257; LAG Düsseldorf 17.2.1998 – 3 Sa 1953/97, NZA-RR 1998, 534.
6 BAG 12.11.1998 – 2 AZR 91/98, NZA 1999, 471.
7 Vgl. BAG 10.9.2009 – 2 AZR 822/07, NZA 2010, 333 f.
8 BAG 15.3.1991 – 2 AZR 582/90, AP Nr. 28 zu § 2 KSchG 1969.

erfolgte **Höhergruppierung** auf das tarifgerechte Maß zurückzuführen. Das Gleiche gelte für die korrigierende Rückgruppierung nach einer Tarifvertragsänderung[1].

Anders liege der Fall nur bei einer bewusst vereinbarten übertariflichen Eingruppierung. Jeder Arbeitgeber habe ein legitimes Interesse daran, Unruhe und Missstimmungen bei ungerechtfertigter Höhergruppierung eines einzelnen Arbeitnehmers gar nicht erst aufkommen zu lassen. Er dürfe deshalb eine einheitliche Ausrichtung aller Vergütungen nach dem Tarif anstreben, ohne damit den Grundsatz zu verletzen, dass Tariflöhne Mindestlöhne sind. Einem privaten Arbeitgeber hat das BAG verwehrt, durch Änderungskündigung eine einzelvertraglich vereinbarte höhere Vergütung auf das Niveau der mit der Mehrzahl der Arbeitnehmer des Betriebes vereinbarten Tarifverträge des öffentlichen Dienstes (BAT) abzusenken unter Berufung auf den Gleichbehandlungsgrundsatz[2].

Dem **öffentlichen Arbeitgeber** war in einer anderen Entscheidung des BAG[3] die Möglichkeit eröffnet worden, mit Hinweis auf die Grundsätze **sparsamer Haushaltsführung** das dringende betriebliche Erfordernis der Änderungskündigung zu begründen.

Der 2. Senat verlangt regelmäßig einen umfassenden Sanierungsplan, bevor dem Arbeitgeber die Möglichkeit eröffnet wird, „einzelne Arbeitnehmer herauszugreifen und von ihnen einen überproportionalen Sanierungsbeitrag zu verlangen"[4].

104a Ebenso wenig kann der Arbeitgeber unter Berufung auf den **Gleichheitsgrundsatz** eine einzelvertraglich vereinbarte Vergütung, die über dem betrieblichen Lohnniveau liegt, dem Lohn der übrigen Arbeitnehmer anpassen. Dies folgt daraus, dass dem Grundsatz der Vertragsfreiheit immer noch Vorrang vor dem arbeitsrechtlichen Gleichbehandlungsgrundsatz einzuräumen ist[5].

Allein die Möglichkeit, aufgrund einer gesetzlichen Neuregelung vom Grundsatz des equal pay abweichende Vereinbarungen zu treffen, stellt noch kein dringendes betriebliches Erfordernis für eine Änderungskündigung dar, um eine solche Anpassung zu erreichen[6].

104b Der Wirksamkeit einer durch Änderungskündigung beabsichtigten Entgeltsenkung steht nach Auffassung des BAG[7] nicht entgegen, dass der Sanierungserfolg bereits durch **freiwillige Gehaltsreduzierungen** erreicht wurde. Auch in einem solchen Fall sei die Entgeltsenkung durch Änderungskündigung wirksam, wenn ein Sanierungsplan alle milderen Mittel bereits ausgeschöpft und die von den Arbeitnehmern zu tragenden Lasten gleichmäßig verteilt habe. Damit sollte die bisherige Personalstruktur aufrechterhalten, betrieblich nicht mehr auffangbare Verluste vermieden und die absehbare Reduzierung der Belegschaft oder sogar die Schließung des Betriebes verhindert werden. Habe sich die große Mehrheit der Arbeitnehmer bereits mit der Reduzierung der Vergütung freiwillig einverstanden erklärt, könne sich ein Arbeitnehmer, dem eine Änderungskündigung ausgesprochen wurde, zur Reduzierung der Vergütung nicht darauf berufen, dass das „Opfer" der anderen schon die Sanierung möglich gemacht habe.

105 Unter welchen Voraussetzungen **Zulagen, Gratifikationen oder sonstige Sonderleistungen** durch Änderungskündigung entzogen werden können, wird insbesondere in

---

1 BAG 16.2.2000 – 4 AZR 62/99, AP Nr. 3 zu § 2 NachwG.
2 BAG 1.7.1999 – 2 AZR 826/98, BB 1999, 2562 f.
3 BAG 9.7.1997 – 4 AZR 635/95, NZA 1998, 494 (496) u. 26.1.1995 – 2 AZR 371/94, NZA 1995, 626 (628).
4 BAG 1.7.1999 – 2 AZR 826/98, BB 1999, 2562 (2563).
5 BAG 12.1.2006 – 2 AZR 126/05, NZA 2006, 587; so auch schon BAG 1.7.1999 – 2 AZR 826/98, BB 1999, 2562 (2564).
6 Vgl. BAG 12.1.2006 – 2 AZR 126/05, NZA 2006, 587.
7 BAG 26.6.2008 – 2 AZR 139/07, DB 2008, 1272.

V. Änderungskündigung

der Rechtsprechung der Instanzgerichte[1] uneinheitlich beurteilt. Zum Teil wird der Gleichbehandlungsgrundsatz herangezogen, überwiegend aber als Grundlage für eine soziale Rechtfertigung nicht als ausreichend erachtet[2].

In zwei recht kurz aufeinander folgenden Entscheidungen hat das BAG[3] die Grundsätze, unter denen Nebenabreden entzogen werden können, konturiert und betont, dass auch in solchen Fällen dringende betriebliche Erfordernisse gem. § 1 Abs. 2 KSchG vorliegen müssen und die – isolierte – Reduzierung der vereinbarten Vergütung auch in Bezug auf Zulagen nur unter besonderen Voraussetzungen zulässig sei. Geldmangel allein könne den Schuldner nicht entlasten. Deshalb sei ein schwerwiegender Eingriff in das Leistungs-/Lohngefüge nur dann begründet, wenn bei Aufrechterhaltung der bisherigen Personalkostenstruktur weitere, betrieblich nicht mehr auffangbare Verluste entstehen. Diese müssten dann zu einer Reduzierung der Belegschaft oder sogar zur Schließung des Betriebes führen, bevor sie beachtet werden können. Letztlich fordert das BAG auch in diesen Fällen einen Sanierungsplan wie bei der generellen Entgeltabsenkung[4].

Angeblich soll nach der Entscheidung vom 27.3.2003[5] die Änderungskündigung zur **Anpassung vertraglicher Nebenabreden** in den Beispielsfällen der kostenlosen Beförderung zum Betriebssitz, Fahrtkostenzuschuss, Mietzuschuss an geänderte Umstände nicht den gleichen strengen Maßstäben wie Änderungskündigungen zur Entgeltabsenkung unterliegen. Gleichwohl fordert das BAG aber auch hier stets zu prüfen, „ob sich die der ursprünglichen Vereinbarung zugrunde liegenden Umstände so stark geändert haben, dass sie eine Änderung der Arbeitsbedingungen erforderlich machen, und ob sich der Arbeitgeber darauf beschränkt hat, dem Arbeitnehmer nur solche Änderungen vorzuschlagen, die dieser billigerweise hinnehmen muss"[6]. Das BAG will hier nicht dieselben strengen Maßstäbe ansetzen wie bei der Entgeltreduzierung. Zwar haben auch Nebenabreden einen gewissen Entgeltbezug, aber betreffen nur Randbereiche der vertraglichen Vereinbarungen. Es komme darauf an, ob sich die Umstände so stark geändert haben, dass ein dringendes betriebliches Erfordernis vorlag und – im Fall der unentgeltlichen Beförderung – Maßnahmen kostengünstiger zu regeln seien und deshalb derartige Sonderregelungen längerfristig auslaufen könnten[7].

Das BAG hat unter engen Voraussetzungen sogar eine **außerordentliche Änderungskündigung zur Entgeltreduzierung** zugelassen mit sozialer Auslauffrist[8]. Kann der Arbeitgeber ohne die angestrebte Senkung der Personalkosten einen Insolvenzantrag nicht vermeiden, ist nach den schon dargelegten Grundsätzen in einer derart existenzbedrohenden Situation eine Reduzierung der Jahressondervergütung möglich. Der Arbeitgeber muss aber darlegen, dass die Sanierung mit dem beabsichtigten Eingriff in die Arbeitsverträge „steht und fällt" und alle milderen Mittel ausgeschöpft sind[9].

Bei der **Verteilung der Arbeitszeit**, die nicht bereits im Wege des Direktionsrechts geändert werden kann (vgl. Rz. 25 ff.), sind dringende betriebliche Bedürfnisse und damit die soziale Rechtfertigung für die Änderungskündigung vom Arbeitgeber ebenso darzulegen wie bei allen anderen betriebsbedingten Änderungskündigungen auch. Die Arbeitsgerichte haben hier jedoch nur zu prüfen, ob diese Maßnahme offenbar unver-

106

---

1 Nachweise bei KR/*Rost/Kreft*, § 2 KSchG Rz. 109 und 110.
2 Dagegen auch BAG 28.4.1982 – 7 AZR 1139/79, AP Nr. 3 zu § 2 KSchG 1969.
3 BAG 16.5.2002 – 2 AZR 292/01, NZA 2003, 147 und 27.3.2003 – 2 AZR 74/02, NZA 2003, 1029; vgl. auch die Kommentierungen von *Berkowsky*, NZA 2003, 1130.
4 BAG 16.5.2002 – 2 AZR 292/01, NZA 2003, 147 (148 f.).
5 BAG 27.3.2003 – 2 AZR 74/02, NZA 2003, 1030.
6 Vgl. BAG 27.3.2003 – 2 AZR 74/02, NZA 2003, 1030 (Os. 4).
7 Kritisch dazu insb. *Berkowsky*, NZA 2003, 1130 (1132 f.).
8 Vgl. BAG 1.3.2007 – 2 AZR 580/05, NZA 2007, 1445.
9 Vgl. dazu auch BAG 29.11.2007 – 2 AZR 22/07, gegen LAG Rh.-Pf. 20.7.2007 – 6 Sa 1015/05, DB 2007, 1761, die Berufungsentscheidung.

nünftig oder willkürlich ist, dagegen nicht die sachliche Rechtfertigung oder Zweckmäßigkeit[1]. Allerdings prüft das Gericht, ob der Ausspruch der Änderungskündigung notwendig und unvermeidbar ist[2].

Nach einer Entscheidung des LAG Berlin[3] wird die Notwendigkeit einer Änderungskündigung vermutet, wenn die Änderung der Arbeitsbedingungen kollektivrechtlich durch einen Interessenausgleich oder eine Betriebsvereinbarung legitimiert wird.

107 ⊃ **Hinweis:** Prüft man entweder als Arbeitgeber, ob eine Änderungskündigung aus betriebsbedingten Gründen ausgesprochen werden, oder als Arbeitnehmer, ob die bereits ausgesprochene Änderungskündigung sozial gerechtfertigt sein kann, ist deshalb zunächst zu klären, ob überhaupt eine einseitige Änderung der Arbeitsbedingungen vorgenommen werden kann. Ist die Fortsetzung des Arbeitsverhältnisses zu den bisherigen Bedingungen unzumutbar, kommt es darauf an, ob der Inhalt der Änderung dem Arbeitnehmer zumutbar ist, also das „Wie" der Veränderung. Dabei sind die gegenseitigen Interessen gegeneinander abzuwägen, insbesondere ist zu prüfen, ob der Arbeitgeber aus Anlass der Änderungskündigung nur solche Bedingungen ändern will, die notwendig sind und vom Arbeitnehmer billigerweise hingenommen werden müssen[4].

dd) Sozialauswahl

108 Auch bei der betriebsbedingten Änderungskündigung hat eine **Sozialauswahl** stattzufinden[5]. Da mit der Änderungskündigung aber nicht eine Beendigung des Arbeitsverhältnisses, sondern nur die Änderung der Arbeitsbedingungen oder die Fortsetzung des Arbeitsverhältnisses auf einem anderen Arbeitsplatz durchgesetzt werden soll, muss dem auch die Sozialauswahl folgen. Sowohl die Belegschaftsmitglieder, die in der **bisherigen Position** vergleichbar waren, wie die anderen, die auf der **neuen Position** vergleichbar werden, sind einzubeziehen[6].

Nach diesem modifizierten Grundsatz gegenüber der ordentlichen betriebsbedingten Beendigungskündigung muss geprüft werden, welchem der in die Sozialauswahl einzubeziehenden Belegschaftsmitglieder unter den sozialen Kriterien des § 1 Abs. 3 KSchG am ehesten zugemutet werden kann, die Änderung der Arbeitsbedingungen hinzunehmen[7]. Dabei wird allgemein als unbefriedigend angesehen, dass in einem derartigen Prüfungsgang solche Arbeitnehmer eher mit einer Änderungskündigung rechnen müssen, denen aufgrund ihrer besseren und umfassenderen Ausbildung, schnelleren Auffassungsgabe und Anpassungsfähigkeit die Umstellung am ehesten gelingt[8].

Die Sozialauswahl ist deshalb nur dann richtig erfolgt, wenn der Arbeitgeber die Frage der Austauschbarkeit auch auf den mit der Änderungskündigung **angebotenen Arbeitsplatz** bezieht und im Rahmen der sozialen Auswahl darüber hinaus prüft, welcher der vergleichbaren Arbeitnehmer durch die angebotenen neuen Arbeitsbedingungen schwerer belastet wird als die anderen[9]. Bei der Änderungskündigung gilt also ein **abgewandelter** Maßstab.

---

1 BAG 27.9.2001 – 2 AZR 246/00, EzA § 2 KSchG Nr. 41; so schon BAG 24.4.1997 – 2 AZR 352/96, AuA 1998, 285.
2 BAG 18.1.1990 – 2 AZR 183/89, NZA 1990, 734f.
3 LAG Berlin 31.3.1998 – 12 Sa 169/97, AuA 1998, 391 (392) unter 1.6.
4 *Hromadka*, NZA 1996, 1 (7) mwN.
5 Allg. Ansicht, BAG 13.6.1986 – 7 AZR 623/84, EzA § 1 KSchG – Soziale Auswahl Nr. 23 mit Anm. *Reuter*.
6 KR/*Rost*/*Kreft*, § 2 KSchG Rz. 103a mwN unter Hinweis auf BAG 13.6.1986 – 7 AZR 623/84, AP Nr. 13 zu § 1 KSchG 1969 – Soziale Auswahl.
7 KR/*Rost*/*Kreft*, § 2 KSchG Rz. 103b.
8 BAG 13.6.1986 – 7 AZR 623/84, AP Nr. 13 zu § 1 KSchG 1969 – Soziale Auswahl.
9 Vgl. BAG 18.1.2007 – 2 AZR 796/05, DB 2007, 2097; so auch Küttner/*Eisemann*, Änderungskündigung, Rz. 27.

V. Änderungskündigung

Auch wenn in § 2 KSchG keine ausdrückliche Bezugnahme auf § 1 Abs. 5 KSchG zu finden ist, hat das BAG klargestellt, dass auch die Sozialauswahl bei einer Änderungskündigung für den Arbeitgeber erheblich erleichtert wird, wenn in einem Interessenausgleich zwischen Arbeitgeber und Betriebsrat die Arbeitnehmer namentlich bezeichnet sind, denen gekündigt werden soll, also eine **Namensliste** vereinbart wird. Die Sozialauswahl kann gem. § 1 Abs. 5 Satz 2 KSchG nur auf grobe Fehlerhaftigkeit überprüft werden, außerdem wird vermutet, dass die Kündigung durch dringende betriebliche Erfordernisse iSd. § 1 Abs. 2 KSchG bedingt ist mit der Maßgabe, dass es auf die Änderung der Arbeitsbedingungen ankommt und nicht auf die Beendigung des Arbeitsverhältnisses[1]. 108a

d) Materielle Rechtfertigung der außerordentlichen Änderungskündigung gem. § 626 BGB

Auch bei der außerordentlichen Änderungskündigung gelten grundsätzlich dieselben Voraussetzungen wie bei der Beendigungskündigung aus wichtigem Grund. Wie der **Prüfungsmaßstab** bei der außerordentlichen Änderungskündigung anzulegen ist, ist ebenso wie bei der ordentlichen Änderungskündigung nicht von der Reaktion des Arbeitnehmers abhängig[2]. 109

Auch bei der Änderungskündigung kommen **alle wichtigen Gründe** in Frage, eine Einschränkung findet nicht statt. Also grundsätzlich verhaltensbedingte und personenbedingte, aber auch betriebsbedingte Gründe. 110

Während bei den in der Person oder im Verhalten des Arbeitnehmers liegenden Gründen grundsätzlich keine Besonderheiten festzustellen sind, gelten **betriebliche Gründe** als wichtige Gründe iSd. § 626 Abs. 1 BGB ausnahmsweise als Möglichkeit, das praktische Bedürfnis für eine Änderung der Arbeitsbedingungen umzusetzen. Insofern ist zwischen drei Fällen zu differenzieren[3]:

Wenn **kurzfristige Änderungen der Arbeitsbedingungen** unumgänglich sind, jedoch lange tarifliche oder gesetzliche Kündigungsfristen eingehalten werden müssen, wird allgemein anerkannt, dass es eine Möglichkeit geben muss, kurzfristig solche Änderungen der Arbeitsbedingungen zu erreichen, um die Existenz des Betriebes nicht zu gefährden. Bedenkt man die Alternative, dass Beendigungskündigungen ausgesprochen werden müssten, leuchtet ein, dass die Änderungskündigung als „milderes Mittel" in besonders gravierenden Fällen auch außerordentlich ausgesprochen werden kann. Hier kommt sie als fristlose Änderungskündigung in Betracht. 111

Einige Tarifverträge, zB auch der BAT/TVöD/TV-L für das Tarifgebiet West, gewähren nach Erreichen eines bestimmten Lebensalters und einer längeren Betriebszugehörigkeit Schutz vor einer ordentlichen Kündigung, sie werden „unkündbar", wobei klar ist, dass die außerordentliche Kündigung nie ausgeschlossen werden kann. Die sog. **Unkündbarkeit** soll gerade den Arbeitnehmern einen einmal erreichten Status sichern. Der Ausschluss der ordentlichen Kündbarkeit verpflichtet den Arbeitgeber nicht nur im Hinblick auf den Bestand, sondern auch auf den Inhalt des Arbeitsverhältnisses, keine Änderungen vorzunehmen[4]. 112

Solche Vorschriften schützen allerdings nicht vor außerordentlichen Kündigungen. Eine außerordentliche Änderungskündigung ist deshalb auch in solchen Fällen möglich, wobei sorgfältig geprüft werden muss, ob eine fristlose außerordentliche Ände-

---

1 Vgl. BAG 19.6.2007 – 2 AZR 304/06, NZA 2008, 103.
2 *Preis* in Stahlhacke/Preis/Vossen, Rz. 532; KR/*Fischermeier*, § 626 Rz. 200.
3 Vgl. *Löwisch*, Die Änderung von Arbeitsbedingungen auf individualrechtlichem Wege, insbesondere durch Änderungskündigung, NZA 1988, 633 (640): „Fallgruppen".
4 Vgl. BAG 2.3.2006 – 2 AZR 64/05, DB 2006, 1740.

rungskündigung in Betracht kommt oder die längste gesetzliche oder tarifliche Kündigungsfrist als Auslauffrist beachtet werden muss[1].

Stützt der Arbeitgeber die außerordentliche Änderungskündigung eines ordentlich unkündbaren Arbeitnehmers auf eine Reorganisationsentscheidung, so muss diese Entscheidung gerade die vorgeschlagene Änderung erzwingen[2]. Aus dem Vorbringen des Arbeitgebers muss erkennbar sein, dass er alles Zumutbare unternommen hat, um die Anpassungen auf das Notwendigste zu beschränken.

113 Auch gegenüber **Betriebsratsmitgliedern, anderen Amtsträgern und Wahlbewerbern** kann eine außerordentliche Änderungskündigung ausgesprochen werden trotz des Schutzes des § 15 KSchG[3]. Natürlich sind bei tariflich oder aus sonstigen Gründen ausgeschlossener ordentlicher Kündigung besonders strenge Anforderungen an den wichtigen Grund iSd. § 626 Abs. 1 BGB zu stellen[4].

Geht es um die außerordentliche Änderungskündigung eines Mitglieds der Mitarbeitervertretung, zB eines Betriebsratsmitglieds, muss der Arbeitgeber zuvor die Zustimmung des Gremiums gem. § 103 BetrVG einholen. In der Regel wird nämlich kein Fall des § 15 Abs. 4 oder 5 KSchG vorliegen, sonst würde eine Beendigungskündigung auszusprechen sein[5]. Bei einer außerordentlichen Änderungskündigung ist – im Gegensatz zur außerordentlichen Beendigungskündigung – gegenüber Betriebsratsmitgliedern keine soziale Auslauffrist zu wahren[6].

114 Die Einhaltung der **Zwei-Wochen-Frist** des § 626 Abs. 2 BGB gilt auch für die außerordentliche Änderungskündigung. Der Beginn der Frist kann im Einzelfall schwer festzustellen sein.

Bei verhaltensbedingten Gründen gelten die allgemeinen Regeln für die Kenntnis des Kündigungsgrundes. Dasselbe gilt für personenbedingte Gründe als „wichtige" iSd. § 626 Abs. 1 BGB.

Kommt eine außerordentliche **betriebsbedingte** Änderungskündigung in Betracht, fragt sich, wann die Frist beginnt. Sie kann überhaupt erst dann beginnen, wenn der Arbeitnehmer nicht mehr weiterbeschäftigt werden kann, also am Ende der Auslauffrist, die bei Ausspruch der außerordentlichen betriebsbedingten Kündigung, also auch der Änderungskündigung, beachtet werden muss[7]. Man wird sogar annehmen können, dass hier ein **„Dauerstörtatbestand"** vorliegt[8], so dass die Frist eigentlich immer neu zu laufen beginnt mit jedem weiteren Monat, in dem wechselseitige Leistungspflichten im Arbeitsverhältnis ausgelöst werden, insbesondere die Zahlungspflicht des Arbeitgebers. Deshalb ist im Ergebnis kaum ein Fall denkbar, dass die Ausschlussfrist überhaupt in Lauf gesetzt werden kann[9].

5. Beteiligung und Mitbestimmung des Betriebsrats

115 In der Praxis wird häufig übersehen, dass die Anhörung gem. § 102 BetrVG vor dem Ausspruch von Änderungskündigungen nicht ausreicht, weil weitere **Mitbestim-**

---

1 KR/*Rost*/*Kreft*, § 2 KSchG Rz. 33 mit Verweis auf KR/*Fischermeier*, § 626 Rz. 29.
2 Vgl. BAG 2.3.2006 – 2 AZR 64/05, DB 2006, 1740.
3 BAG 21.6.1995 – 2 ABR 28/94, NZA 1995, 1157 ff.; vgl. auch KR/*Etzel*, § 15 KSchG Rz. 18 und 18a.
4 Vgl. *Mues/Eisenbeis/Legerlotz/Laber*, Handbuch zum Kündigungsrecht, Teil 2 Rz. 963 mit Praxistipp Rz. 964.
5 Vgl. zur außerordentlichen Kündigung eines tariflich unkündbaren Betriebsratsmitglieds BAG 18.9.1997 – 2 ABR 15/97, NZA 1998, 189; vgl. dazu auch *Hilbrandt*, NZA 1998, 1258 ff. (1260).
6 Vgl. BAG 21.6.1995 – 2 ABR 28/94, NZA 1995, 1157 (1159, 1160).
7 Vgl. BAG 21.6.1995 – 2 ABR 28/94, NZA 1995, 1157 (1161).
8 Vgl. *Mues/Eisenbeis/Legerlotz/Laber*, Handbuch zum Kündigungsrecht, Teil 2 Rz. 181.
9 Vgl. BAG 18.5.2006 – 2 AZR 207/05, DB 2006, 1851 (nicht amtlicher Os. zu Nr. 4).

V. Änderungskündigung

mungsrechte des Betriebsrats beachtet werden müssen[1]. In Betracht kommen die Mitbestimmungsrechte des Betriebsrats gem. §§ 99, 87 BetrVG.

a) Voraussetzungen; Verbindung der beiden Beteiligungen gem. §§ 99, 102 BetrVG

Da nicht jede Änderungskündigung das Beteiligungsrecht nach § 99 BetrVG auslöst, sondern voraussetzt, dass entweder eine **Umgruppierung**, eine **Versetzung** oder beides stattfindet, ist der Inhalt der Änderungskündigung zunächst zu prüfen und festzustellen, ob die Änderung der Arbeitsbedingungen einen dieser beiden Tatbestände erfüllt oder möglicherweise beide. 116

⊃ **Hinweis:** Zweckmäßigerweise sollten Anhörung gem. § 102 BetrVG und Beteiligung gem. § 99 BetrVG synchron laufen, grundsätzlich auch in Schriftform, obwohl die Schriftform in beiden Fällen nicht vorgeschrieben ist. Sie empfiehlt sich schon deshalb, weil dies in einem anschließenden Rechtsstreit in der Regel eine umständliche, auch unsichere Beweisaufnahme entbehrlich macht. (Zu den Einzelheiten der Betriebsratsanhörung gem. § 102 BetrVG Teil 3 J, zu § 99 BetrVG Teil 4 A.) 117

aa) Mitbestimmung gem. § 99 BetrVG

Die Unterrichtung nach § 99 BetrVG zwingt dazu, die Einzelheiten der Änderungen mitzuteilen. Das bewahrt den Arbeitgeber davor, das Angebot an den Arbeitnehmer nicht konkret genug darzustellen. **Auf jeden Fall** müssen jedoch **beide Mitbestimmungstatbestände angesprochen** werden, §§ 99 und 102 BetrVG, ausdrücklich also beide Vorschriften und der Zweck der Anhörung und Unterrichtung genannt werden. 118

Der Betriebsrat kann auch bei der Verbindung der beiden Beteiligungsformen **unterschiedliche Standpunkte** einnehmen. Hinsichtlich der Voraussetzungen und der Reaktionsmöglichkeiten des Betriebsrats decken sich die Vorschriften der §§ 102 und 99 BetrVG nicht. Kommt es im Rahmen des § 102 BetrVG in den in Abs. 3 Nr. 1–5 genannten Gründen in erster Linie auf die individuelle Rechtsposition und den Kündigungsschutz des betroffenen Arbeitnehmers an, sind die abschließend aufgezählten Widerspruchsgründe in § 99 Abs. 2 Nr. 1–6 BetrVG allein an den kollektiven betrieblichen Interessen orientiert. Der Betriebsrat kann deshalb durchaus zu unterschiedlichen Entscheidungen kommen, also Widerspruch gegen die Änderungskündigung einlegen, der Entscheidung gem. § 99 BetrVG jedoch zustimmen, wobei diese Variante in der Praxis weitaus häufiger anzutreffen ist als die umgekehrte[2]. 119

Der Betriebsrat kann entweder jeweils **getrennt** zustimmen oder ablehnen, seine Stellungnahme aber auch **einheitlich** abgeben. Ebenso wie der Arbeitgeber deutlich machen muss, welche Beteiligungsrechte angesprochen sein sollen, muss der Betriebsrat bei seiner Stellungnahme deutlich machen, zu welchem Mitbestimmungstatbestand er eine Stellungnahme und mit welchem Inhalt abgibt. Natürlich kann er in beiden Verfahren auch die Wochenfrist verstreichen lassen. In beiden Fällen gilt dann die Zustimmung als erteilt.

Aus dem **einheitlichen Fristenlauf** ergibt sich auch, dass die Verbindung beider Beteiligungsrechte des Betriebsrats für den Arbeitgeber den Vorteil hat, dass er nach Ablauf der Wochenfrist Klarheit gewinnt, welche Maßnahmen er ergreifen kann und wo es Probleme geben wird. Auf jeden Fall ist die Wochenfrist abzuwarten, bevor die Änderungskündigung und/oder die Versetzung durchgeführt wird[3]. 120

---

1 Vgl. BAG 26.5.1993 – 4 AZR 149/92, NZA 1994, 513; KR/*Rost*/*Kreft*, § 2 KSchG Rz. 122 ff.
2 Vgl. dazu auch BAG 30.9.1993 – 2 AZR 283/93, NZA 1994, 615 ff.; ablehnend *Wlotzke* in der Anm. zu BAG 30.9.1993 – 2 AZR 283/93, AP Nr. 33 § 2 KSchG 1969.
3 So auch KR/*Rost*/*Kreft*, § 2 KSchG Rz. 134.

121 Allein problematisch ist der Fall, dass der Betriebsrat **der Versetzung seine Zustimmung verweigert**. Wenn der Arbeitgeber dennoch die Änderungskündigung ausspricht, ist es zunächst unproblematisch, wenn der Arbeitnehmer das Änderungsangebot entweder ablehnt oder den Vorbehalt nicht fristgerecht erklärt. Dann geht es um die Beendigung des Arbeitsverhältnisses und nicht mehr um die Änderung, also auch nicht um eine Versetzung. Der Arbeitgeber kann also seine Absicht, eine Versetzung vorzunehmen, fallen lassen und dies dem Betriebsrat mitteilen.

122 Erklärt dagegen der Arbeitnehmer wirksam den **Vorbehalt**, tritt der soeben geschilderte Fall ein, dass die Änderungskündigung zwar ausgesprochen ist, aber nicht umgesetzt werden kann. Zum Teil wird dazu vertreten, dass die Zustimmung des Betriebsrats nach § 99 BetrVG selbständige Wirksamkeitsvoraussetzung der Änderungskündigung sei mit der Folge, dass erst nach positivem Ausgang des Beschlussverfahrens im Zustimmungsersetzungsverfahren die Wirksamkeit der Einzelmaßnahme eintreten kann[1]. Die hM, insbesondere das BAG[2], nimmt dagegen den Konflikt zwischen der möglichen Wirksamkeit der Änderungskündigung und der möglichen Folge, dass sie nach endgültiger Verweigerung der Zustimmung nicht durchgeführt werden kann, in Kauf. Selbst wenn der Zustimmungsersetzungsantrag des Arbeitgebers rechtskräftig abgewiesen wird, ist der Arbeitgeber nicht dauerhaft rechtlich gehindert, eine Versetzung wirksam anzuordnen. Es bleibt ihm unbenommen, einen neuen Antrag auf Zustimmungsersetzung an den Betriebsrat zu richten. Von einer dauernden Unmöglichkeit iSd. § 275 Abs. 1 BGB könne nur dann ausgegangen werden, wenn einem weiteren Zustimmungsersetzungsbegehren bspw. wegen Rechtsmissbrauchs der Erfolg versagt bleibe. Solange die Zustimmung des Betriebsrats nicht erteilt oder ersetzt ist, ist auch die Versetzung individualrechtlich unwirksam, so dass der Arbeitnehmer trotz an sich wirksamer Änderungskündigung nicht zu den geänderten Bedingungen arbeiten muss[3].

In solchen Fällen ist dem Arbeitnehmer aber häufig nicht gedient, weil ja schon wegen der Bestätigung der Änderungskündigung feststeht, dass die Änderung der Arbeitsbedingungen sozial gerechtfertigt war, dh. die Weiterbeschäftigung auf dem bisherigen Arbeitsplatz nicht in Betracht kam. Wenn nun der angebotene neue Arbeitsplatz aus betriebsverfassungsrechtlichen Gründen nicht besetzt werden darf, ist kein anderer Arbeitsplatz frei mit der Folge, dass die Beendigungskündigung durch den Arbeitgeber möglich ist (der Arbeitnehmer bekommt „Steine statt Brot"). Auch das ist der Grund dafür, dass, wie oben schon erwähnt, der Betriebsrat in der Regel der Versetzung zustimmen wird bis auf wenige Ausnahmefälle, zB betriebsbekannte Unverträglichkeit des Arbeitnehmers.

123 Für den anderen Fall des § 99 BetrVG, der durch Änderungskündigung gleichzeitig beabsichtigten **Umgruppierung**, führt die Ansicht, dass die Mitbestimmung des Betriebsrats nach § 99 BetrVG nicht Wirksamkeitsvoraussetzung ist, zur Wirksamkeit der Änderungskündigung, mit der eine Herabgruppierung ausgesprochen werden soll. Diese ist nicht von der Zustimmung des Betriebsrats gem. § 99 BetrVG abhängig[4].

bb) Folgen bei Nichtbeteiligung

124 Wegen der Konkurrenzprobleme zwischen den Mitbestimmungstatbeständen der §§ 99 und 102 BetrVG gibt es Streit über die Frage, welche Folgen die Nichtbetei-

---

1 Vgl. den Meinungsstand bei KR/*Rost*/*Kreft*, § 2 KSchG Rz. 138 und 139.
2 BAG 22.4.2010 – 2 AZR 491/09, ArbRB 2010, 330; 30.9.1993 – 2 AZR 283/93, NZA 1994, 615 (618 f.) mit ausführlicher Darstellung des Streitstandes S. 617.
3 So auch BAG 22.4.2010 – 2 AZR 491/09, ArbRB 2010, 330; 30.9.1993 – 2 AZR 283/93, NZA 1994, 615 (618 f.); so auch unter Aufgabe der entgegenstehenden Ansicht in der 3. Aufl. KR/*Rost*/*Kreft*, § 2 KSchG Rz. 141; vgl. dazu auch *Berkowsky*, NZA 2010, 250 ff.
4 Auch dazu BAG 30.9.1993 – 2 AZR 283/93, NZA 1994, 615 (619 re. Sp.).

V. Änderungskündigung

ligung insbesondere im Rahmen des § 99 BetrVG hat[1]. Für die Praxis gilt die ständige Rechtsprechung des BAG[2]. Beide Mitbestimmungsverfahren sind nebeneinander entsprechend den tatbestandlichen Voraussetzungen durchzuführen, auch, weil die Rechtsfolgen unterschiedlich sind.

Während die Änderungskündigung bei **unterlassener oder fehlerhafter Anhörung** gem. § 102 BetrVG unheilbar unwirksam ist (vgl. Rz. 77 ff.), lässt die **unterlassene Unterrichtung** nach § 99 Abs. 1 BetrVG die Wirksamkeit der Änderungskündigung unberührt. Allerdings kann die Maßnahme ohne Zustimmung des Betriebsrats nicht ausgeführt werden und die an sich wirksame Änderungskündigung rein tatsächlich nicht zur Veränderung des Arbeitsinhalts führen. Der Arbeitnehmer muss also auf seinem bisherigen Arbeitsplatz weiterbeschäftigt werden, bis entweder der Betriebsrat seine Zustimmung erteilt hat oder diese durch das Arbeitsgericht im Beschlussverfahren ersetzt worden ist, § 99 Abs. 4 BetrVG. Der Arbeitgeber kann aber gem. § 100 BetrVG vorläufige Regelungen treffen, wenn dies aus sachlichen Gründen dringend erforderlich ist. Insoweit gilt hier nichts anderes zum Verfahren nach § 99 BetrVG als sonst auch (vgl. Teil 4 A Rz. 739 ff.).

b) Mitbestimmung gem. § 87 BetrVG

Soweit die Änderung der Arbeitsbedingungen durch Änderungskündigung auch einen kollektiven Inhalt hat, zB bei **Gruppen- oder Massenänderungskündigungen**, kommen Mitbestimmungsrechte des Betriebsrats gem. § 87 BetrVG in Betracht, zB wenn der Arbeitgeber Schichtarbeit einführen will[3].

125

Bei der Einführung eines Entlohnungssystems, mitbestimmungspflichtig gem. § 87 Abs. 1 Nr. 10 BetrVG (wg. der Einzelheiten vgl. Teil 4 A Rz. 645), kommen zumindest bei verschlechternden Regelungen Änderungskündigungen in Betracht. Deren soziale Rechtfertigung hängt nach hM aber nicht von der Zustimmung des Betriebsrats ab. Die Wirksamkeit der Änderungskündigung beurteilt sich allein nach § 1 Abs. 2, 3 KSchG. Nach Ansicht des BAG[4] ist weder die kollektivrechtliche noch die individualrechtliche Maßnahme vorrangig. Allerdings ist die durch die Änderungskündigung grundsätzlich zulässige Vertragsänderung (Wirksamkeit unterstellt) solange nicht durchzusetzen, wie das Mitbestimmungsrecht des Betriebsrats nicht beachtet ist[5].

6. Annahme unter Vorbehalt

Der von einer Änderungskündigung betroffene Arbeitnehmer hat es durch das ihm in § 2 Satz 1 KSchG eingeräumte Recht, die geänderten Arbeitsbedingungen unter dem Vorbehalt anzunehmen, dass sie nicht sozial ungerechtfertigt seien, in der Hand, einerseits den Arbeitsplatz zu sichern, wenn auch zu veränderten Arbeitsbedingungen, andererseits aber die Möglichkeit offen zu halten, die Änderung auf die soziale Rechtfertigung durch das Arbeitsgericht prüfen zu lassen.

126

Er kann aber auch auf den Vorbehalt verzichten. Dann wird aus der vom Arbeitgeber beabsichtigten Änderungskündigung eine Beendigungskündigung. Wird die Kündi-

---

1 Vgl. ausführlich dazu KR/*Rost*/*Kreft*, § 2 KSchG Rz. 123–130.
2 Vgl. BAG 30.9.1993 – 2 AZR 283/93, NZA 1994, 615.
3 Vgl. BAG 28.10.1986 – 1 ABR 11/85, NZA 1987, 248.
4 Vgl. BAG 17.6.1998 – 2 AZR 336/97, NZA 1998, 1225; ferner 1.7.1999 – 2 AZR 826/98, DB 1999, 1320.
5 Vgl. dazu auch KR/*Rost*/*Kreft*, § 2 KSchG Rz. 144 mit zahlreichen Nachweisen; aA noch KR/*Rost*, 9. Aufl. § 2 KSchG Rz. 144, so auch die Vorauflage.

gungsschutzklage des Arbeitnehmers zurückgewiesen, verliert er seinen Arbeitsplatz und kann nicht, wie bei der Erklärung des Vorbehalts, den geänderten Arbeitsplatz behalten.

Die anwaltliche Beratung der Arbeitnehmerseite muss sich deshalb intensiv mit diesen Wahlmöglichkeiten und den Folgen einer innerhalb kurzer Frist zu treffenden Entscheidung auseinandersetzen und eine an den Vorstellungen und Interessen der Mandanten orientierte Taktik beachten. Dabei ist zu unterscheiden zwischen den Voraussetzungen und Folgen des Vorbehaltes sowie zwischen der ordentlichen und der außerordentlichen Änderungskündigung.

a) Ordentliche Änderungskündigung

127 Die gesetzliche Regelung in § 2 KSchG befasst sich dem Wortlaut nach nur mit der ordentlichen Änderungskündigung. Insoweit sind die Vorgaben und Auswirkungen der Vorbehaltserklärung problemlos zu fassen.

aa) Vorbehaltserklärung, Form und Frist

128 Im Gesetz ist **keine besondere Form** vorgeschrieben, der Vorbehalt kann deshalb auch mündlich erklärt werden, sogar durch schlüssiges Verhalten. Zur Sicherheit ist der Arbeitnehmerseite anzuraten, den Vorbehalt **schriftlich** zu erklären.

Die Schriftform ist auch deshalb vorzuziehen, weil die Vorbehaltserklärung dem Arbeitgeber zugehen muss. Der **Zugang** kann natürlich auch unter Anwesenden bei mündlicher Vorbehaltserklärung zB durch Zeugen gesichert werden. In der Beratung sollte man aber immer den sichersten Weg vorschlagen und deshalb die Schriftform wählen.

129 Gibt man die Vorbehaltserklärung als anwaltlicher Vertreter ab, so muss die **Vollmacht** des Mandanten beigefügt sein. Die Vorbehaltserklärung ist nämlich Willenserklärung, wobei streitig ist, ob der Vorbehaltserklärung lediglich prozessuale oder materiell-rechtliche Bedeutung zukommt[1]. Das BAG[2] geht von der Rechtsnatur einer materiell-rechtlichen Erklärung aus mit der Folge, dass, wenn der Vorbehalt nicht rechtzeitig erklärt wird, die Klage nicht als unzulässig, sondern als unbegründet abgewiesen wird, die Wirksamkeit der Änderungskündigung unterstellt[3].

130 Wird der Vorbehalt weder mündlich noch schriftlich erklärt, ist fraglich, ob aus der tatsächlichen Übernahme der neuen Position geschlossen werden kann, der Arbeitnehmer werde die Änderung akzeptieren. Die **vorbehaltlose Weiterarbeit** nach Ablauf der Kündigungsfrist, aber vor Ablauf der Drei-Wochen-Frist spricht jedenfalls mit großer Wahrscheinlichkeit für eine endgültige Annahme des Änderungsangebotes[4]. Die konkludente Annahme des Änderungsangebots ist auch dann zu bejahen, wenn sich das Änderungsangebot nicht in allen Punkten unmittelbar auf das Arbeitsverhältnis auswirkt[5]. Gleiches gilt bei widerspruchsloser Weiterarbeit nach einer fristlosen Änderungskündigung (zu den Besonderheiten dort vgl. Rz. 141); zur Annahmeerklärung ohne Vorbehalt unten Rz. 147a–e.

---

1 Vgl. KR/*Rost*/*Kreft*, § 2 KSchG Rz. 56 bis 58.
2 BAG 27.9.1984 – 2 AZR 62/83, NZA 1985, 455.
3 KR/*Rost*/*Kreft*, § 2 KSchG Rz. 59; *Vossen* in Stahlhacke/Preis/Vossen, Rz. 2188 „materiell-rechtliche Ausschlussfrist".
4 Vgl. KR/*Rost*/*Kreft*, § 2 KSchG Rz. 62 unter Hinweis auf die Entscheidung des BAG 18.4.1986 – 7 AZR 114/85, NZA 1987, 94.
5 BAG 1.8.2001 – 4 AZR 129/00, BB 2002, 258 (260).

V. Änderungskündigung

131 Nach einer Entscheidung des BAG[1] kommt eine **Anfechtung** gem. § 119 Abs. 1 BGB wegen Irrtums in Betracht, wenn dem Arbeitnehmer das Bewusstsein fehlt, dass in seinem stillschweigenden Weiterarbeiten eine Einverständniserklärung gesehen werden kann. Die Anfechtung muss dann jedoch unverzüglich iSd. § 121 Abs. 1 BGB erfolgen, nachdem dem Arbeitnehmer, evtl. auch nach anwaltlicher Beratung, klar geworden ist, wie sein Verhalten aufzufassen war und aufgefasst worden ist[2].

132 Die **Frist**, innerhalb derer der Vorbehalt dem Arbeitgeber gegenüber erklärt, dh. auch zugegangen sein muss, ergibt sich zunächst aus der Kündigungsfrist. Es gibt durchaus kürzere tarifvertragliche Kündigungsfristen als die Maximalfrist von drei Wochen gem. § 2 Satz 2 KSchG (vgl. zu den Kündigungsfristen Teil 3 D Rz. 144 ff.). In Probearbeitsverhältnissen wird häufig eine 14-Tage-Frist, die kürzeste zulässige gesetzliche Frist, vereinbart. In der Beratung muss deshalb zunächst diese Frist gesichert und ggf. auch eingehalten werden.

Auf jeden Fall ist die Drei-Wochen-Frist zu wahren. Für die Sicherung des Zugangs gelten dieselben Regeln, wie sie für die Zustellung einer Kündigungserklärung durch den Arbeitgeber unbedingt beachtet werden sollten (vgl. Teil 3 D Rz. 91).

133 ⊃ **Hinweis:** Wegen der existentiellen Bedeutung der Einhaltung der Vorbehaltsfrist für die Sicherung des Arbeitsplatzes, insbesondere auch für ältere Arbeitnehmerkreise, ist auf die Abklärung, Sicherung und Einhaltung der Vorbehaltserklärung im Rahmen der Abwehr einer Änderungskündigung größtmögliche Sorgfalt zu legen. Nach Fristablauf erlischt das Recht unwiederbringlich, weil es weder analog § 5 KSchG eine nachträgliche Zulassung des Vorbehaltsrechts gibt, noch eine Wiedereinsetzung in den vorigen Stand nach den §§ 230 ff. ZPO vorgesehen ist[3].

134 Manchmal wird in der Praxis der Fehler gemacht, den **Vorbehalt in der Klageschrift** zu formulieren, in der – **irrigen** – Annahme, dass analog § 167 ZPO nicht nur die Klagefrist des § 4 KSchG bereits mit dem Eingang bei Gericht gewahrt wird, sondern auch die Vorbehaltsfrist, wenn die Zustellung „demnächst" erfolgt. Der Vorbehalt muss innerhalb der Drei-Wochen-Frist **beim Arbeitgeber** eingegangen sein. Zwar ist die Frist gewahrt, wenn die Klageschrift dem Arbeitgeber innerhalb der Drei-Wochen-Frist vom Gericht zugestellt wird. Als Arbeitnehmer oder Vertreter hat man darauf aber in der Regel keinen Einfluss. Deshalb ist dringend zu **raten:**

⊃ **Hinweis:** Klage und Vorbehaltserklärung sind immer getrennt dem Gericht bzw. dem Arbeitgeber zuzuleiten.

bb) Auswirkungen der Vorbehaltserklärung

135 Wird der **Vorbehalt rechtzeitig erklärt**, muss, damit die Vorbehaltswirkung eintreten kann, auch innerhalb der Frist des § 4 KSchG von drei Wochen die **Kündigungsschutzklage** erhoben werden. Dasselbe gilt, wenn ein befristetes Arbeitsverhältnis angeboten wird[4]. Unterbleibt das, geht der Vorbehalt ins Leere, die Änderungskündigung wird wirksam.

Wird der **Vorbehalt nicht erklärt**, weil zB die Änderung der Arbeitsbedingungen für den Arbeitnehmer auch auf die Gefahr hin, dass der Arbeitsplatz ganz verloren geht, nicht akzeptabel ist, wird die als Änderungskündigung ausgesprochene Kündigung zur Beendigungskündigung. Die Kündigungsschutzklage ist dann, wie bei jeder ande-

---

1 BAG 18.4.1986 – 7 AZR 114/85, NZA 1987, 94.
2 Vgl. auch *Löwisch*, Die Änderung von Arbeitsbedingungen auf individualrechtlichem Wege, insbesondere durch Änderungskündigung, NZA 1988, 633 (635 li. Sp.).
3 Vgl. KR/*Rost*/*Kreft*, § 2 KSchG Rz. 70 mwN; vgl. auch *Vossen* in Stahlhacke/Preis/Vossen, Rz. 2190.
4 LAG Sa.-Anh. 16.6.1999 – 5 Sa 564/98, AE 2001, 72 Nr. 183.

ren Kündigung auch, innerhalb von drei Wochen seit Zugang der Kündigung einzureichen. Wird der Kündigungsschutzklage stattgegeben, besteht das Arbeitsverhältnis zu unveränderten Arbeitsbedingungen fort, im anderen Fall wird es fristgerecht beendet.

135a Ob der Arbeitgeber auch **nach Ablauf der Vorbehaltsfrist** (also maximal drei Wochen gem. § 2 KSchG) an sein Änderungsangebot gebunden bleibt, ist durch das Urteil des 2. Senats des BAG vom 6.2.2003[1], anders als nach bisher herrschender Meinung[2], für die Praxis geklärt. Entgegen der bisher herrschenden Meinung bleibt der Arbeitgeber an sein Änderungsangebot **gebunden**.

Dagegen ist die Frage offen geblieben, ob dem Arbeitnehmer die volle Kündigungsfrist zusteht oder lediglich die maximale Vorbehaltsfrist von drei Wochen, um die Entscheidung zu treffen, ob er den Vorbehalt erklären will oder nicht. Nach Ansicht des BAG[3] lässt sich die Annahmefrist des § 147 Abs. 2 BGB jedenfalls nicht durch die Frist zur Annahme des Vorbehalts nach § 2 Satz 2 KSchG einschränken. Danach hat es der Arbeitgeber selbst in der Hand, durch eine Fristsetzung nach § 148 BGB seinem Planungsinteresse Rechnung zu tragen. Er könne, so das BAG, regelmäßig nicht erwarten, dass der Arbeitnehmer „die existenzielle Entscheidung, ob er sein Arbeitsverhältnis aufgibt oder zu entscheidend geänderten Arbeitsbedingungen weiterarbeitet", nunmehr in kürzester Frist treffe. Das gelte insbesondere dann, wenn er lange vor dem Zeitpunkt kündige, zu dem er an sich unter Einhaltung der örtlichen Kündigungsfrist zu kündigen gezwungen gewesen wäre.

In der Literatur wird dazu vertreten, dass dem Arbeitnehmer auch die volle Kündigungsfrist für die Annahmeerklärung zur Verfügung stehen müsse[4]. Ob das BAG allerdings, wenn über diese Frage bei nächster Gelegenheit entschieden werden müsste, diese Auffassung teilt, bleibt zweifelhaft. Die grundsätzlichen Bedenken, die das BAG gegen die Frist des § 2 Satz 2 KSchG formuliert, können natürlich auch für Kündigungsfristen gelten. Das Argument, eine Frist zur Abgabe einer Willenserklärung, die im Gesetz für einen bestimmten Fall geregelt sei, lasse sich entgegen dem klaren Gesetzeswortlaut nicht auf andere Fälle übertragen, steht der Auffassung der Literatur, der Arbeitnehmer habe die volle Kündigungsfrist, entgegen.

Allerdings wird der Arbeitgeber dann, wenn er eine Frist gem. § 148 BGB zur vorbehaltlosen Annahme des Angebots setzt, die Mindestfrist des § 2 Satz 2 KSchG beachten müssen[5].

> **Hinweis: Arbeitgebermandanten** ist zu raten, in der Änderungskündigung selbst oder im Zusammenhang damit eine Frist zu setzen, innerhalb deren – unabhängig von der Erklärung des Vorbehalts – das Änderungsangebot spätestens angenommen sein muss.

136 Ob eine Ausnahme von der Einhaltung der Drei-Wochen-Frist für die Vorbehaltserklärung zu machen ist, wenn die **Kündigungsfrist länger als drei Wochen** ist, ist zumindest zweifelhaft. Zum Teil wird vertreten[6], dass ausnahmsweise die Frist gewahrt sein soll, wenn die Vorbehaltserklärung noch vor Ablauf der Kündigungsfrist zusammen mit der innerhalb der Drei-Wochen-Frist eingereichten Klageschrift dem Arbeitgeber zugeht. Die Ansicht der erweiternden Auslegung des § 2 Satz 2 KSchG[7] ist nicht überzeugend; sie schafft entgegen dem klaren Wortlaut des Gesetzes Unsicherheit,

---

1 BAG 6.2.2003 – 2 AZR 674/01, AP Nr. 71 zu § 2 KSchG 1969.
2 Vgl. LAG Hamm 30.1.1997 – 8 Sa 1148/96, LAGE § 2 KSchG Nr. 26; KR/*Rost*/*Kreft*, § 2 KSchG, Rz. 77a; ferner *Hromadka*, DB 2002, 1322 (1324).
3 Vgl. BAG 6.2.2003 – 2 AZR 674/01, AP Nr. 71 zu § 2 KSchG 1969 (unter II. 2. f).
4 Vgl. *Berkowsky*, NZA-RR 2003, 458.
5 Vgl. dazu auch KR/*Rost*/*Kreft*, § 2 KSchG Rz. 77a.
6 *Richardi*, ZfA 1971, 99.
7 Vgl. KR/*Rost*/*Kreft*, § 2 KSchG Rz. 72 unter Berufung auf LAG Hamm 13.10.1988 – 17 Sa 442/88, LAGE § 2 KSchG Nr. 7.

V. Änderungskündigung

die gerade durch die Einhaltung der Fristen vermieden werden soll. So ist auch die Berufung auf die Entscheidung des LAG Hamm[1] unzutreffend, weil dieser Entscheidung eine Konstellation zugrunde lag, in der der Arbeitnehmer nach Ablauf der Kündigungsfrist zu den geänderten Arbeitsbedingungen weitergearbeitet, jedoch Kündigungsschutzklage erhoben hatte und nur vor diesem Hintergrund die Vorbehaltserklärung als rechtzeitig angesehen wurde.

Solche Umstände sind anders zu deuten. Wer zB eine kurze Kündigungsfrist von 14 Tagen verstreichen lässt und anschließend zu geänderten Arbeitsbedingungen **weiterarbeitet**, erklärt sich durch schlüssiges Verhalten in der Regel damit einverstanden. Er ist dann gehindert, obwohl die Klagefrist des § 4 KSchG noch läuft, Kündigungsschutzklage zu erheben, weil sein Einverständnis mit der Vertragsänderung unterstellt wird[2], es sei denn, der Arbeitnehmer kann diese schlüssige Erklärung wirksam anfechten.

Der Arbeitgeber kann allerdings die nach Fristablauf abgegebene Vorbehaltserklärung aufgreifen und die verspätete Annahmeerklärung des Arbeitnehmers, die nach allgemeinen Grundsätzen als neues Angebot gilt, annehmen[3]. Dann kann die Kündigungsschutzklage des Arbeitnehmers als Änderungskündigungsschutzklage weitergeführt werden (zu den prozessualen Einzelheiten vgl. Rz. 148 ff.). **137**

Hat der Arbeitnehmer den Vorbehalt erklärt, ist er daran bis zum rechtskräftigen Abschluss des Kündigungsschutzverfahrens **gebunden**[4]. Damit ist die Situation anders als im Kündigungsschutzverfahren gegen eine Beendigungskündigung, bei der nach der bekannten Entscheidung des Großen Senats[5] zum allgemeinen Weiterbeschäftigungsanspruch auch schon vor Rechtskraft, nämlich nach Abschluss eines erfolgreichen erstinstanzlichen Kündigungsschutzverfahrens, die Weiterbeschäftigung bis zum rechtskräftigen Abschluss gesichert ist. **138**

Wird der Vorbehalt **vor Klageerhebung** erklärt, weil zB die Kündigungsfrist kürzer ist als die Drei-Wochen-Frist, gibt es keine weiteren Probleme bei der Erhebung der Kündigungsschutzklage, die sich gegen die Änderungskündigung richtet. **139**

Wird der Vorbehalt erst **nach Klageerhebung** erklärt, stellt sich das Problem, dass in der Erhebung der Kündigungsschutzklage mit dem normalen Feststellungsantrag nur ein Angriff auf die Wirksamkeit der Kündigung als Beendigungskündigung liegt, so dass der Arbeitgeber daraus nur schließen kann, dass der Vorbehalt nicht erklärt werden soll[6]. Das setzt aber voraus, dass die Klage vor Ablauf der Drei-Wochen-Frist und vor Eingang der Vorbehaltserklärung zugestellt wird. Geht erst der Vorbehalt ein, dann die zwar zuvor eingereichte, jedoch später zugestellte Kündigungsschutzklage, gibt es einen Widerspruch zwischen der Vorbehaltserklärung und dem normalen Kündigungsschutzantrag. **140**

Nach meiner Auffassung gilt der zunächst eingegangene Vorbehalt mit der Folge, dass die Kündigungsschutzklage in Bezug auf die Antragstellung umgestellt werden müsste auf den **Feststellungsantrag**, wie er im Änderungskündigungsschutzverfahren zu formulieren ist. Natürlich ist dann auch der Antrag anzupassen an die Wirkung der Vorbehaltserklärung (vgl. zur Formulierung des Antrags Rz. 150).

---

1 BAG 17.6.1998 – 2 AZR 336/97, EzA § 2 KSchG Nr. 30; aA wohl KR/*Rost*/*Kreft*, § 2 KSchG Rz. 72.
2 So richtig *Preis* in Stahlhacke/Preis/Vossen, Rz. 1299.
3 Vgl. KR/*Rost*/*Kreft*, § 2 KSchG Rz. 76 und 77a.
4 Vgl. KR/*Rost*/*Kreft*, § 2 KSchG Rz. 76a und 158a unter Hinweis auf BAG 18.1.1990 – 2 AZR 183/89, EzA § 1 KSchG – Betriebsbedingte Kündigung Nr. 65 und Rechtsprechung der Instanzgerichte sowie der hM in der Literatur.
5 BAG 27.2.1985 – GS 1/84, BAGE 48, 122.
6 Vgl. KR/*Rost*/*Kreft*, § 2 KSchG Rz. 74–75.

Ist die **Klage** dagegen **zugestellt**, bevor der Vorbehalt erklärt wird, ist damit von der Wahlmöglichkeit Gebrauch gemacht und die Änderung der Arbeitsbedingungen endgültig abgelehnt – und zwar nicht nur schlüssig[1]. Das Problem stellt sich nicht, wenn sich aus der Antragstellung und/oder der Klagebegründung entnehmen lässt, dass der Vorbehalt erklärt werden soll. Geht die Klageschrift noch innerhalb der Kündigungsfrist oder spätestens innerhalb der Drei-Wochen-Frist zu, ist damit der Vorbehalt auch rechtzeitig erklärt[2].

b) Außerordentliche Änderungskündigung

141 Die soeben dargestellten Grundsätze gelten auch bei der außerordentlichen Änderungskündigung mit Ausnahme der Ausführungen zur Einhaltung der Vorbehaltsfrist. Da es bei der fristlosen Änderungskündigung **keine Kündigungsfrist** gibt, muss die Frage beantwortet werden, in welcher „Frist" der Vorbehalt dann erklärt werden muss.

Obwohl die außerordentliche Änderungskündigung nicht in § 2 KSchG geregelt ist, ist man sich allgemein einig, dass § 2 KSchG mit den Besonderheiten der fristlosen Änderungskündigung anzuwenden ist[3].

Nach dieser für die Praxis maßgeblichen Rechtsprechung muss der Vorbehalt nach Zugang der außerordentlichen, fristlosen Änderungskündigung **unverzüglich** erklärt werden[4].

142 Diese **Rechtsprechung** hat zunächst den Konflikt deutlich gemacht, in den der Arbeitnehmer gerät, wenn er aufgrund der fristlosen Änderungskündigung von einem auf den anderen Tag entscheiden muss, ob er die ihm zugewiesene neue Aufgabe zu den geänderten Vertragsbedingungen weiterführt oder ob er sich weigert, diese Aufgabe zu übernehmen. In dem widerspruchslosen und ohne Vorbehalt übernommenen neuen Arbeitsplatz zu geänderten Arbeitsbedingungen könnte eine schlüssige Annahme des Angebots gesehen und daraus die einverständliche Änderung der Arbeitsbedingungen geschlossen werden[5]. Die Konsequenz, dass dann auch die Änderungskündigungsschutzklage, wenn sie fristgerecht erhoben worden ist, als unbegründet abzuweisen wäre, wird jedoch gemildert durch die zitierte Rechtsprechung des BAG, die in der vorbehaltlosen Weiterarbeit solange keine vorbehaltlose Annahme der Änderungskündigung sehen will, wie noch ohne schuldhaftes Zögern der Vorbehalt der Annahme der geänderten Arbeitsbedingungen erklärt werden kann[6].

143 ⊃ **Hinweis:** Nach Erhalt einer fristlosen Änderungskündigung muss der Arbeitnehmer sofort reagieren und als „Notfall" sofort anwaltlich beraten werden. Will man auf der sicheren Seite bleiben, so ist die geänderte Arbeit nur unter Hinweis darauf, dass man sich noch zur Annahme unter Vorbehalt äußern werde, aufzunehmen. Nach Möglichkeit sollte man zu einer Absprache mit dem Arbeitgeber darüber kommen, welche Frist eingeräumt wird, um den Vorbehalt zu erklären. Da der Arbeitgeber auch eine verfristet abgegebene Vorbehaltserklärung als neues Angebot annehmen kann, muss es auch möglich sein, eine Vereinbarung über die Frist selbst von vornherein zu treffen. Geht die Vorbehaltserklärung innerhalb der Frist ein, ist damit zumindest der Arbeitsplatz erst einmal gesichert, wenn auch zu veränderten Arbeitsbedingungen. Die Änderungskündigungsschutzklage muss innerhalb der Drei-Wochen-Frist seit Zugang der Kündigung erhoben werden.

---

1 Insoweit aA KR/*Rost/Kreft*, § 2 KSchG Rz. 74–75.
2 Vgl. zu den unterschiedlichen Abläufen bei Vorbehalt und ohne Vorbehalt und den notwendigen Folgen das sehr übersichtliche Schaubild von HWK/*Molkenbur*, § 2 KSchG Rz. 34.
3 Vgl. BAG 28.10.2010 – 2 AZR 688/09, NZA 2011, 368; ErfK/*Oetker*, § 2 KSchG Rz. 8 mwN.
4 BAG 27.3.1987 – 7 AZR 790/85, NZA 1988, 737; so auch HWK/*Molkenbur*, § 2 KSchG Rz. 55; ferner KR/*Rost/Kreft*, § 2 KSchG Rz. 33 mwN.
5 Vgl. BAG 18.4.1986 – 7 AZR 114/85, NZA 1987, 94; darauf weist auch *Preis* in Stahlhacke/Preis/Vossen, Rz. 533 hin.
6 Vgl. KR/*Rost/Kreft*, § 2 KSchG Rz. 33 mwN, unter Ablehnung der Ansicht von *Bopp*, es sei gerechtfertigt, auf die fiktive Kündigungsfrist abzustellen und Rz. 63b.

V. Änderungskündigung

c) Taktische Fragen

Wie die Probleme auf Arbeitnehmerseite zeigen, die mit der fristlosen Änderungskündigung ausgelöst werden, erhält mit dieser Kündigungsmöglichkeit die Arbeitgeberseite ein wirksames taktisches Instrument, die Änderung der Arbeitsbedingungen durchzusetzen und evtl. angestrebte Verhandlungslösungen vorzubereiten. Der Arbeitnehmer wird unter immensen **Entscheidungsdruck** gesetzt. Die Bereitschaft, zu einer einverständlichen Lösung zu kommen, wird dadurch möglicherweise gefördert.

Die Rechtsprechung geht immer davon aus, dass die Änderungskündigung dem Abfedern der sozialen Situation des Arbeitnehmers dienen soll, entsprechend dem Prinzip der **Subsidiarität der Beendigungskündigung** gegenüber der Änderungskündigung.

In der Praxis wird dieses Mittel aber auch häufig eingesetzt, um dem Arbeitnehmer ein Abwehrangebot zu machen in der Hoffnung, dass er es nicht annimmt oder der Vorbehalt nur als Notlösung erklärt wird, da dahinter doch nicht der ernsthafte Wille steht, das Arbeitsverhältnis zu den geänderten Arbeitsbedingungen auf Dauer fortzuführen. Deshalb besteht auf Arbeitgeberseite die Neigung, die geänderten Arbeitsbedingungen bei einem solchen taktischen Kalkül für den Arbeitnehmer so unattraktiv wie möglich zu machen. Der Arbeitgeber läuft allerdings Gefahr, dass, wie oben dargestellt (vgl. Rz. 89 ff.), die Verschlechterung der Arbeitsbedingungen über das betrieblich notwendige Maß hinaus dazu führt, dass die Kündigung dann insgesamt unwirksam wird. Auch hier gilt es also auf der sicheren Seite zu bleiben.

Das taktische Verhalten des Arbeitnehmers wird zunächst durch die Analyse bestimmt, welchen taktischen **Zweck** die Arbeitgeberseite mit der Änderungskündigung verfolgt. Steht dahinter das ernsthafte Bemühen, den Verlust des Arbeitsplatzes zu vermeiden und den Abstieg abzufedern, sieht das Verhalten anders aus, als wenn es darum geht, das Abwehrangebot des Arbeitgebers zu unterlaufen.

Kommt die Fortsetzung des Arbeitsverhältnisses zu den geänderten Arbeitsbedingungen **unter keinen Umständen** in Betracht, bleibt nichts anderes übrig, als den Vorbehalt nicht zu erklären, die Änderung abzulehnen und rechtzeitig Kündigungsschutzklage zu erheben.

Flexibler kann man reagieren, wenn man das taktische Kalkül des Arbeitgebers unterläuft und auf Arbeitnehmerseite zumindest **nicht erkennen lässt**, wie man letztlich reagieren wird und den Vorbehalt rechtzeitig erklärt. Man läuft dann allerdings Gefahr, auf den geänderten Arbeitsbedingungen festzusitzen und für den Lauf des Kündigungsrechtsstreits (vgl. Rz. 138) zu den geänderten Arbeitsbedingungen arbeiten zu müssen. Da dies in den „Abwehrfällen" aber auch nicht dem Interesse des Arbeitgebers entspricht, besteht die große Wahrscheinlichkeit, dass man sich spätestens in zweiter Instanz im Vergleichswege einigt und, wie in solchen Fällen unvermeidbar, gegen Zahlung einer Abfindung das Arbeitsverhältnis auflöst.

Wie in allen solchen Fällen gilt es, die **Kosten** genauestens zu ermitteln und das **Verhalten** des jeweils anderen Teils zu **analysieren**, und zwar nicht nur zu Beginn des Mandats, sondern es immer wieder während des Rechtsstreits auch zu prüfen und ggf. zu reagieren. Allerdings wird die spätere Taktik immer von der Vorbehaltserklärung oder der Ablehnung der geänderten Arbeitsbedingungen in der Anfangsphase des Mandatsverhältnisses bestimmt.

Da der Vorbehalt auch schon vor Ausspruch der Änderungskündigung bei der Abgabe des verbindlichen Änderungsangebots des Arbeitgebers ausgesprochen werden kann[1], beginnen die taktischen Überlegungen nicht erst nach Ausspruch der Kündigung, sondern, wenn das Mandatsverhältnis früh begründet wird, bereits im **Vorfeld**. Auch hier gilt es, so früh wie möglich die Ausgangsposition mitzugestalten.

---

[1] KR/*Rost*/*Kreft*, § 2 KSchG Rz. 18b.

7. Annahme ohne Vorbehalt

147a Im Gesetz ist lediglich geregelt, unter welchen Voraussetzungen und mit welchen Rechtsfolgen nach Ausspruch einer Änderungskündigung gem. § 2 KSchG der Vorbehalt erklärt werden kann. Unklar bleibt jedoch, ob der Arbeitnehmer überhaupt auf eine ihm gegenüber ausgesprochene Änderungskündigung ausdrücklich reagieren muss.

a) Notwendigkeit der Annahmeerklärung

147b Gibt ein Arbeitnehmer nach Ausspruch einer Änderungskündigung keine Erklärung ab, erhebt er auch nicht Kündigungsschutzklage, könnten **zwei mögliche Auswirkungen** in Betracht kommen:

Stellt man auf die Kündigung ab, die in der Änderungskündigung als „zusammengesetzte" Erklärung enthalten ist, wird diese wirksam mit Ablauf der Kündigungsfrist; gem. § 7 KSchG gilt sie als von Anfang an rechtswirksam. Damit wäre das Arbeitsverhältnis beendet, da kein Vorbehalt erklärt wurde.

Wenn man auf den anderen Teil der Erklärung abstellt, mit dem die Fortsetzung des Arbeitsverhältnisses zu veränderten Vertragsbedingungen angeboten wird, sucht man im Kündigungsschutzgesetz vergeblich nach einer Vorschrift, die sich mit der Frage befasst, ob die Änderungskündigung angenommen werden muss. Allerdings gelten auch im Arbeitsrecht die allgemeinen Vorschriften der §§ 145 ff. BGB, also auch § 147 Abs. 1 Satz 1 BGB. Danach bedarf ein Angebot der wie auch immer gearteten Annahme. Gibt es keine Annahmeerklärung, ist das Angebot obsolet, das Arbeitsverhältnis endet nach Ablauf der Kündigungsfrist.

Allgemein geht man deshalb davon aus, dass die **Annahme** auch **erklärt werden muss**[1]. Der Arbeitgeber hat ein berechtigtes Interesse daran zu erfahren, ob der Arbeitnehmer nun das Arbeitsverhältnis zu den geänderten Arbeitsbedingungen fortsetzt. Deshalb kann vom Arbeitnehmer verlangt werden, sich dazu gegenüber dem Arbeitgeber zu erklären. Andernfalls riskiert er, dass das Arbeitsverhältnis endet, obwohl er vielleicht bereit wäre, zu den geänderten Arbeitsbedingungen weiterzuarbeiten.

Die Annahme kann **konkludent** erfolgen durch Fortsetzung der Tätigkeit zu den geänderten Arbeitsbedingungen, zB auf dem durch Änderungskündigung zugewiesenen neuen Arbeitsplatz. Voraussetzung ist, dass das Angebot dann noch annahmefähig ist (vgl. dazu sogleich Rz. 147c–e). Wenn die Änderungskündigung nur eine Herabsetzung des Entgelts enthält, wird sich eine konkludente Annahme erst ergeben können, wenn das erste Mal das – verringerte – Gehalt gezahlt worden ist, also über den Zeitpunkt des Ablaufs der Kündigungsfrist hinaus.

Die Erklärung kann auch darin liegen, dass der Vorbehalt erklärt, dann aber anschließend nicht Kündigungsschutzklage erhoben wird. In diesem Fall erlischt der vom Arbeitnehmer nach § 2 KSchG erklärte Vorbehalt gem. § 7 KSchG mit der Folge, dass das Arbeitsverhältnis vorbehaltlos fortgeführt wird. Hier liegt immerhin eine Annahmeerklärung des Arbeitnehmers vor[2].

b) Annahmefrist

147c An sich kann ein Angebot unter Anwesenden nur gem. § 147 Abs. 1 Satz 1 BGB **sofort** angenommen werden. Bei der Änderungskündigung ist jedoch zu berücksichtigen, dass der Arbeitnehmer immerhin die Möglichkeit hat, den Vorbehalt gem. § 2 KSchG

---

1 Vgl. *Schulte*, ArbRB 2006, 276 ff. mwN.
2 Vgl. BAG 19.6.1986 – 2 AZR 565/85, NZA 1987, 94 f.; so schon BAG 20.5.1976 – 2 AZR 202/75, DB 1976, 2478 f.; vgl. auch *Berkowsky*, NZA-RR 2003, 449 f.

V. Änderungskündigung

zu erklären. Dazu räumt ihm das Gesetz eine Frist von drei Wochen nach Zugang der Kündigung ein. Also kann der Arbeitgeber nicht verlangen, dass der Arbeitnehmer sofort reagiert. Die Frist zur Annahme einer Änderungskündigung kann sich deshalb nur aus § 147 Abs. 2 BGB ergeben[1]. Die Frage, wann der Arbeitgeber auf sein gleichzeitig mit Kündigung ausgesprochenes Änderungsangebot „unter regelmäßigen Umständen" eine Erklärung des Arbeitnehmers erwarten darf, wird nicht einheitlich beurteilt.

Zunächst wurde vertreten, dass dem Arbeitnehmer nach § 147 Abs. 2 BGB eine **lange Überlegungsfrist** einzuräumen sei, mindestens die Kündigungsfrist[2]. Hier sah man regelmäßig in der Fortsetzung der Tätigkeit des Arbeitnehmers die konkludente Annahme des Änderungsangebots, Probleme gab es nach dieser Auffassung in der Vergangenheit nicht.

Nach insbesondere von den **Instanzgerichten** vertretener Ansicht verlangt das Handlungsinteresse des Arbeitgebers eine kurze Überlegungsfrist, die aus § 2 Satz 2 KSchG entnommen wurde, also von drei Wochen. Der Gesetzgeber habe nicht nur die Frist für den Vorbehalt darin geregelt, sondern auch gleichzeitig die Frist für die vorbehaltlose Annahme konkretisiert iSd. § 147 Abs. 2 BGB[3].

Das **BAG** hatte zunächst die Frage offengelassen, ob die Annahme innerhalb der Kündigungsfrist oder in kürzerer Regelfrist erklärt werden muss[4]. Der Arbeitgeber könne die Unsicherheit dadurch beseitigen, dass er gem. § 148 BGB dem Arbeitnehmer eine Frist zur Annahme setze. Der Arbeitnehmer könne jedenfalls nicht gezwungen sein, in kürzester Frist eine Entscheidung von existenzieller Bedeutung zu treffen.

Inzwischen hat das BAG die Frage geklärt und als Mindestannahmefrist die **Drei-Wochen-Frist** des § 2 Satz 2 KSchG bestimmt[5]. Ist die Annahmefrist zu kurz bestimmt, setzt das die gesetzliche Mindestannahmefrist von drei Wochen in Lauf, führt also nicht zur Unwirksamkeit der Kündigung[6]. Auch wenn der Arbeitgeber für die Annahme eine kürzere Frist bestimmt, kann der Arbeitnehmer stets das Änderungsangebot vorbehaltlos, aber auch unter Vorbehalt innerhalb der Frist des § 2 Satz 2 KSchG annehmen. Er muss diese Frist aber auch einhalten.

Setzt der Arbeitgeber keine Frist, ist der Arbeitnehmer grundsätzlich nicht an die Höchstfrist von drei Wochen nach Zugang der Kündigung gebunden. Die Fristbestimmung kann sich dabei auch aus den Umständen ergeben. Dabei reicht jede zeitliche Konkretisierung aus, durch die der Antragende zu erkennen gibt, er wolle von der gesetzlichen Regelung des § 147 BGB abweichen, wenn er zB eine „umgehende Antwort" verlangt[7]. Diese kann er allerdings nicht erwarten, sondern muss sich mindestens drei Wochen gedulden.

⊃ **Hinweis für Arbeitnehmervertreter:** Da in der Praxis ausgesprochen selten die Annahme einer Änderungskündigung ausdrücklich erklärt wird, gibt es hier ein potentielles **Regressrisiko**. Sofern der Arbeitnehmer nicht ohnehin den Vorbehalt erklärt, was ihm im Regelfall auch anzuraten ist, muss abgeklärt werden, ob die Änderungskündigung angenommen werden soll. Dann muss das auch ausdrücklich erklärt werden, und zwar möglichst unverzüglich, um dem Fristenstreit aus dem Wege zu gehen.

147d

---

1 Vgl. *Schulte*, ArbRB 2006, 277.
2 Vgl. die Nachweise zur Rspr. des RAG im Urt. d. BAG v. 6.2.2003 – 2 AZR 774/01, NZA 2003, 659 f. (660 re. Sp. unter c).
3 Vgl. LAG Köln 10.2.2000 – 5 Sa 1371/99, NZA-RR 2000, 303; so auch APS/*Künzl*, § 2 KSchG Rz. 173; ErfK/*Ascheid*, 5. Aufl., § 2 KSchG Rz. 36; dagegen ErfK/*Ascheid*, 6. Aufl. 2006, § 6 KSchG Rz. 36 mwN.
4 Vgl. BAG 6.2.2003 – 2 AZR 674/01, NZA 2003, 659 f. (661 li. Sp. unter aa) und bb) d. Gr.).
5 Vgl. BAG 18.5.2006 – 2 AZR 230/05, DB 2006, 1790; so schon *Schulte*, ArbRB 2006, 278.
6 BAG 1.2.2007 – 2 AZR 44/06, NZA 2007, 925 unter ausdr. Bestätigung des Senatsurteils v. 18.5.2006 – 2 AZR 230/05, DB 2006, 1790.
7 Vgl. BAG 1.2.2007 – 2 AZR 44/06, NZA 2007, 925 (Os. 3).

147e ○ **Hinweis für Arbeitgebervertreter:** Arbeitgeber brauchen Planungssicherheit, insbesondere beim Ausspruch von Kündigungen. Man sollte deshalb regelmäßig die Änderungskündigung mit einer Annahmefrist versehen. Reagiert der Arbeitnehmer nicht, hat er das Angebot auf Änderung der Arbeitsbedingungen abgelehnt. Es geht dann nur noch um die Beendigung des Arbeitsverhältnisses. Es ist wirksam beendet, wenn Kündigungsschutzklage nicht erhoben wurde, sonst wird im Rahmen des Kündigungsrechtsstreits über die Frage der wirksamen Beendigung entschieden[1].

8. Prozessuale Besonderheiten der Änderungskündigungsschutzklage

148 Die Änderungskündigung muss, wie jede andere Kündigung auch, innerhalb der Drei-Wochen-Frist des § 4 KSchG mit der Kündigungsschutzklage angegriffen werden. Deshalb gelten dieselben Grundsätze, es treten dieselben Probleme auf wie bei jeder anderen Kündigungsschutzklage auch (vgl. Teil 5 A Rz. 3 ff.). Folgende Besonderheiten sind dabei zu berücksichtigen (vgl. auch Teil 5 A Rz. 121 ff.):

a) Antragstellung bei erklärtem Vorbehalt

149 Wird der Vorbehalt rechtzeitig erklärt, so geht es bei dem Rechtsstreit nicht um den Bestand des Arbeitsverhältnisses, sondern um die Wirksamkeit der mit der Änderungskündigung beabsichtigten **Änderung der Arbeitsbedingungen**. Streitgegenstand ist also nicht der Bestand, sondern der Inhalt des fortzusetzenden Arbeitsverhältnisses und daher auch die Unwirksamkeit der Änderung[2]. Streitgegenstand sind damit nicht nur die Sozialwidrigkeit der Änderung der Arbeitsbedingungen, „sondern sämtliche Unwirksamkeitsgründe"[3]. Galt dies schon zur bisherigen Rechtslage, so muss das erst recht nach der Neufassung des § 4 KSchG gelten mit der Folge, dass die Klagefrist von drei Wochen in jedem Fall zu wahren ist. Dem muss die Formulierung des Feststellungsantrages auch Rechnung tragen.

aa) Formulierung des Antrags

150 Der Antrag lautet wie folgt:

Formulierungsbeispiel:

... festzustellen, dass die Änderung der Arbeitsbedingungen durch die Kündigung vom ... unwirksam ist[4].

---

151 Wie in jedem anderen Kündigungsrechtsstreit auch, sind **alle Unwirksamkeitsgründe** bis zum Schluss der mündlichen Verhandlung erster Instanz geltend zu machen und vom Gericht zu prüfen, also zB die Sittenwidrigkeit, fehlerhafte oder fehlende Anhörung des Betriebsrats gem. § 102 BetrVG. Das ergibt sich aus § 6 Satz 1 KSchG.

Auch im Rahmen der Änderungskündigungsschutzklage kann der **allgemeine Feststellungsantrag** gestellt werden, falls anzunehmen ist, dass weitere Änderungstat-

---
1 Vgl. dazu auch *Kappelhoff*, ArbRB 2006, 183 ff. (184); Musterformulierung bei *Schulte*, ArbRB 2006, 278.
2 So auch ausdrücklich KR/*Rost*/*Kreft*, § 2 KSchG Rz. 147–156 mwN.
3 So ausdrücklich BAG 21.1.1993 – 2 AZR 330/92, NZA 1993, 1099 re. Sp. unter Hinweis auf die ganz hM.
4 Vgl. *Ziemann*, ArbRB 2002, 62 (63) mit alternativen Gestaltungsvorschlägen, vgl. ferner *Vossen* in Stahlhacke/Preis/Vossen, Rz. 2194; ferner KR/*Rost*/*Kreft*, § 2 KSchG Rz. 147–156; aA wohl LAG Köln 9.12.1998 – 7 (2) Sa 1113/95, NZA-RR 1999, 521 f., aber nicht ganz klar mit dem Hinweis auf die Auslegung des erstinstanzlichen Klageantrags und das eigentliche Begehren des Klägers.

V. Änderungskündigung

bestände vom Arbeitgeber geltend gemacht werden (zur Situation im Rahmen der Kündigungsschutzklage gegen eine Beendigungskündigung vgl. Teil 5 A Rz. 19).

bb) Weiterbeschäftigung

Die Weiterbeschäftigung während des Kündigungsrechtsstreits **auf dem bisherigen Arbeitsplatz** entsprechend dem Weiterbeschäftigungsanspruch bei der Beendigungskündigung ist bei der Änderungskündigung **nicht möglich**, wenn der Vorbehalt wirksam erklärt wurde. Der Arbeitnehmer ist verpflichtet, zu den geänderten Arbeitsbedingungen während des laufenden Rechtsstreits um die Änderungskündigung, dh. um die wirksame Änderung der Arbeitsbedingungen auf dem neuen Arbeitsplatz oder zu den neuen, geänderten Bedingungen weiterzuarbeiten, und zwar bis zur Rechtskraft der Entscheidung[1]. Auch die Entscheidung des Großen Senats über den Weiterbeschäftigungsanspruch[2] ändert nach Auffassung des 2. Senats des BAG daran nichts. Der durch diese Entscheidung anerkannte Weiterbeschäftigungsanspruch regele allein die Folgen einer Beendigungskündigung für die Dauer eines Bestandsstreits. Die dort vorgetragenen Argumente würden im Fall einer Änderungskündigung nicht greifen, wenn der Arbeitnehmer die geänderten Bedingungen unter Vorbehalt angenommen habe, weil hier bis zum Ablauf der Kündigungsfrist tatsächlich weiterbeschäftigt werde, wenn auch zu anderen Arbeitsbedingungen. Damit sei den Beschäftigungsinteressen des Arbeitnehmers zunächst gedient. 152

Gleichwohl halte ich es für richtig, den **Weiterbeschäftigungsanspruch** auch im Änderungsschutzverfahren zu stellen, damit ggf. ein vollstreckbarer Titel erwirkt werden kann, aus dem durch Zwangsmittel die Weiterbeschäftigung zu den alten Bedingungen durchgesetzt werden kann, wenn die Unwirksamkeit der Änderungskündigung rechtskräftig festgestellt wird.

Ob die Parteien eine **Vereinbarung** treffen können oder sollten, den Arbeitnehmer bis zur rechtskräftigen Entscheidung im Änderungsverfahren zu den ursprünglichen Bedingungen tatsächlich weiterzubeschäftigen, hängt von der jeweiligen Situation im Einzelfall ab und insbesondere davon, ob sich die Arbeitgeberseite darauf einlässt. Das ist eher unwahrscheinlich, denn der Arbeitgeber hat kaum Vorteile aus solch einer Vereinbarung. Verliert er den Rechtsstreit, muss er allenfalls rückständige Vergütung zahlen, hat aber die ganze Zeit die Arbeitskraft des Arbeitnehmers in Anspruch nehmen können, evtl. sogar noch eine geringere Vergütung gezahlt und damit den Liquiditätsvorteil abgeschöpft. 153

Gewinnt er den Rechtsstreit um die Änderungskündigung, kann er die evtl. zu viel gezahlte Vergütung nicht zurückfordern, wenn die Weiterbeschäftigung auf dem bisherigen Arbeitsplatz vereinbart war und die Arbeitsleistung tatsächlich erbracht worden ist. Rückforderungen sind für die Vergangenheit abgeschnitten[3].

Die Weiterbeschäftigung während des Änderungskündigungsrechtsstreits ist ausgeschlossen, wenn um die **Sozialwidrigkeit** gestritten wird, nicht dagegen, wenn sonstige Unwirksamkeitsgründe vorliegen, zB wenn die Änderung der Arbeitsbedingungen aus betriebsverfassungsrechtlichen Gründen unwirksam ist. Dann kann ein sol- 154

---

1 BAG 28.5.2009 – 2 AZR 844/07, DB 2009, 2105; 18.1.1990 – 2 AZR 183/89, NZA 1990, 734 (736) unter Hinweis auf die nahezu einhellige Meinung in der arbeitsrechtlichen Literatur; vgl. ferner LAG Nürnberg 13.3.2001 – 6 Sa 768/00, NZA-RR 2001, 367: gilt auch bei einer außerordentlichen Änderungskündigung; aA ArbG Hamburg 17.9.2009 – 17 Ca 179/07, LAGE § 2 KSchG Nr. 64.
2 BAG 27.2.1985 – GS 1/84, BAGE 48, 122.
3 Darauf weist auch zu Recht KR/*Rost*/*Kreft*, § 2 KSchG Rz. 159, hin.

b) Antragstellung bei fehlendem Vorbehalt

155 Wird der Vorbehalt nicht oder nicht rechtzeitig erklärt, hängt die Antragstellung von dem Ziel ab, das mit der Klage verfolgt wird. Steht von vornherein fest, dass die geänderten Arbeitsbedingungen auch nicht unter Vorbehalt angenommen werden sollen, ist diese Situation von dem anderen Fall zu unterscheiden, dass der Vorbehalt vergessen wurde oder verspätet zugegangen ist.

156 Steht fest, dass um die **Beendigung des Arbeitsverhältnisses** gestritten wird, obwohl der Arbeitgeber nur die Änderung der Arbeitsbedingungen mit der Änderungskündigung durchsetzen wollte, ist der normale Kündigungsschutzantrag zu stellen (vgl. Rz. 135).

Will sich die Arbeitnehmerseite, obwohl der Vorbehalt nicht oder nicht rechtzeitig erklärt worden ist, nur gegen die **Änderung der Arbeitsbedingungen** zur Wehr setzen, und wird deshalb der Antrag für die Änderungskündigungsschutzklage gestellt, so kann damit konkludent der Vorbehalt erklärt sein, wenn die Klageschrift innerhalb der Drei-Wochen-Frist beim Arbeitgeber eingeht. Dann hat die Formulierung Bestand und braucht nicht geändert zu werden.

Ist die Frage im Streit, ob der **Vorbehalt wirksam**, insbesondere fristgerecht erklärt worden ist, so gerät die Arbeitnehmerseite in ein Dilemma, das jedoch lösbar ist.

157 ⊃ **Hinweis:** Ist die Frage, ob der Vorbehalt wirksam und fristgerecht erklärt worden ist, streitig, empfiehlt sich, den Änderungskündigungsschutzantrag zu stellen und hilfsweise den Antrag für die Kündigungsschutzklage im Normalfall[2].

158 Auf diese Weise kann der Arbeitnehmer auf der sicheren Seite bleiben, um sich sowohl gegen eine Änderungskündigung, falls der Vorbehalt wirksam erklärt worden ist oder wenn sich der Arbeitgeber nachträglich auf die verfristet abgegebene Vorbehaltserklärung einlässt (vgl. Rz. 137), aber auch für den Fall abzusichern, dass die Vorbehaltserklärung nicht berücksichtigt wird. Dann kann er sich gegen die zur Beendigungskündigung gewordene Änderungskündigung mit der normalen Kündigungsschutzklage zur Wehr setzen. Dabei besteht Einigkeit, dass analog § 6 KSchG die hilfsweise Kündigungsschutzklage auch noch erhoben werden kann, wenn die Drei-Wochen-Frist des § 4 KSchG abgelaufen ist[3]. Die Änderungsschutzklage muss jedoch innerhalb der Drei-Wochen-Frist, also rechtzeitig erhoben worden sein[4].

159 ⊃ **Hinweis:** Auf Arbeitnehmerseite ist die Stellung der richtigen Anträge besonders wichtig und auch noch nach Erhebung der Kündigungsschutzklage zu überprüfen, je nachdem wie sich ein möglicher Streit um die Vorbehaltserklärung entwickelt oder wie die Arbeitgeberseite auf einen verspätet erklärten Vorbehalt reagiert. Der Antrag kann noch bis zum Schluss der mündlichen Verhandlung in erster Instanz umgestellt werden, je nach dem dann aktuellen Klageziel[5].

---

1 LAG Düsseldorf 25.1.1993 – 19 Sa 1650/92, ArbuR 1993, 372.
2 So auch KR/*Rost/Kreft*, § 2 KSchG Rz. 164.
3 Vgl. BAG 23.3.1983 – 7 AZR 157/81, AP Nr. 1 zu § 6 KSchG 1969.
4 Vgl. KR/*Rost/Kreft*, § 2 KSchG Rz. 165.
5 BAG 23.3.1983 – 7 AZR 157/81, AP Nr. 1 zu § 6 KSchG 1969 unter I. 4. d. Gr. m. abl. Anm. *Bickel*.

V. Änderungskündigung

c) Auflösungsantrag bei Änderungskündigungsschutzklagen

Ob auch im Rahmen einer Kündigungsschutzklage gegen eine Änderungskündigung ein Auflösungsantrag gem. § 9 KSchG gestellt werden kann, hängt zunächst davon ab, ob auf Klägerseite der Vorbehalt gem. § 2 KSchG erklärt worden ist oder nicht.

Hat der Arbeitnehmer den Vorbehalt erklärt, war bislang streitig, ob in diesem Fall ein Auflösungsantrag zulässig ist. Die bisher wohl herrschende Meinung[1] lehnte eine entsprechende Anwendung des § 9 Abs. 1 KSchG in diesem Fall ab[2]. Das BAG hat sich inzwischen der herrschenden Meinung angeschlossen und entschieden, dass im Rahmen der Änderungsschutzklage nach § 4 Satz 2 KSchG die Vorschrift des § 9 Abs. 1 Satz 1 KSchG weder unmittelbar noch analog Anwendung finde[3]. Das Argument, bei der Annahme des Änderungsangebots unter Vorbehalt komme der Änderungskündigung keine das Arbeitsverhältnis beendende Wirkung zu, ist ebenso überzeugend wie der Hinweis darauf, dass der Arbeitgeber mit der Änderungskündigung auch bereits zum Ausdruck gebracht habe, das Arbeitsverhältnis fortsetzen zu wollen. Der Arbeitnehmer habe mit der Annahme des Änderungsangebots, wenn auch unter Vorbehalt, denselben Willen bekundet. Deshalb sei nicht ersichtlich, warum das Arbeitsgericht ein Arbeitsverhältnis, dessen Bestand nicht im Streit stehe, sollte auflösen können.

Keine Bedenken bestehen dagegen, den Auflösungsantrag zu stellen, wenn der **Vorbehalt nicht erklärt** worden ist[4]. Das muss auch gelten, wenn eine außerordentliche, insbesondere fristlose Änderungskündigung ausgesprochen wurde und der Vorbehalt nicht erklärt ist[5].

d) Streitwert bei Änderungskündigungsschutzklagen

Von welchem Streitwert für die Änderungsschutzklage auszugehen ist, war lange Zeit unklar und ist auch heute noch zwischen den Instanzgerichten streitig. Zum Teil wird angenommen, entsprechend § 12 Abs. 7 Satz 1 ArbGG aF sei die **Vergütungsdifferenz** zwischen dem Wert der alten Arbeitsbedingungen und den geänderten Bedingungen begrenzt auf den **Zeitraum von drei Monaten** anzusetzen[6]. Diese Ansicht ist abzulehnen, weil zum einen die Wertfestsetzung Schwierigkeiten machen kann, insbesondere wenn es keine Vergütungsdifferenzen zwischen alter und neuer Position gibt. Zum anderen wäre dabei außer Acht gelassen, dass das Arbeitsverhältnis nicht endet, sondern zunächst einmal zu veränderten Arbeitsbedingungen auf unabsehbare Zeit fortgeführt wird. Deshalb läge schon näher, § 42 Abs. 3 Satz 3 GKG anzuwenden und analog den Streitwert über Eingruppierungen gemäß dem **dreijährigen Unterschiedsbetrag** zwischen der bisherigen und der neuen Vergütung anzusetzen, jedoch die Obergrenze entsprechend § 42 Abs. 3 Satz 1 GKG mit der Vierteljahres-Bruttovergütung anzusetzen[7].

---

1 LAG Berlin 2.3.1984 – 10 Sa 122/83, DB 1984, 2464; LAG München 29.10.1987 – 6 (7) Sa 816/86, DB 1988, 866; vgl. *Keßler*, NZA 2002, 1 (6) mit zahlreichen Nachweisen; vgl. auch KR/*Rost*/*Kreft*, § 2 KSchG Rz. 166 mwN.
2 So auch HWK/*Molkenbur*, § 2 KSchG Rz. 117.
3 Vgl. BAG 24.10.2013 – 2 AZR 320/13, NZA 2014, 486.
4 BAG 29.1.1981 – 2 AZR 1055/78, AP Nr. 6 zu § 9 KSchG 1969 (Ls. 2).
5 BAG 29.1.1981 – 2 AZR 1055/78, AP Nr. 6 zu § 9 KSchG 1969; so auch mit der hM *Keßler*, Der Auflösungsantrag nach § 9 KSchG im Spiegel der Judikatur, NZA 2002, 1 ff.
6 Vgl. die Nachweise bei KR/*Rost*/*Kreft*, § 2 KSchG Rz. 174.
7 So BAG 23.3.1989 – 7 AZR 527/85, AP Nr. 1 zu § 17 GKG 1975; vgl. auch KR/*Rost*/*Kreft*, § 2 KSchG Rz. 174a mwN zur Rechtsprechung: zu Recht wird die Rechtseinheit als Grund angeführt, dieser Rechtsprechung zu folgen; aA LAG Berlin in den Beschlüssen 29.5.1998 – 7 Ta 129/97, NZA-RR 1999, 45 und 17.7.1998 – 7 Ta 17/98, NZA-RR 1998, 512: Streitwert ergibt sich ausschließlich aus § 12 Abs. 7 Satz 1 ArbGG (jetzt: § 42 Abs. 3 Satz 1 GKG); vgl. auch die Übersicht von HWK/*Molkenbur*, § 2 KSchG Rz. 129 mwN, der anmerkt, dass sich über den Streitwert „trefflich streiten" lasse (vgl. deshalb auch w.N. dort).

163 Falls eine Vergütungsdifferenz mit der Änderungskündigung nicht verbunden ist, sondern nur das Sozialbild verändert wird bei **gleich bleibender Vergütung**, bereitet die Ermittlung des richtigen Streitwerts nicht unerhebliche Schwierigkeiten[1]. Man sollte auch in solchen Fällen den Vierteljahresbezug analog § 42 Abs. 3 Satz 1 GKG ansetzen, da alle anderen Berechnungsmethoden mehr oder weniger willkürlich sind und dogmatisch viele widersprüchliche Ergebnisse begründbar sind. Aus Gründen der Einheitlichkeit und Praktikabilität sollte die Festsetzung unabhängig vom Inhalt der Änderung der Arbeitsbedingungen den Vierteljahresbruttobezug erreichen.

Keine Schwierigkeiten bereitet die Streitwertfestsetzung, wenn der Arbeitnehmer den Vorbehalt nicht erklärt und damit die beabsichtigte Änderungskündigung zur Beendigungskündigung hat werden lassen. In diesen Fällen gelten die allgemeinen Grundsätze bei der Streitwertfestsetzung für die Beendigungskündigung[2].

164 Inzwischen liegt die überarbeitete Fassung des „Streitwertkatalog für die Arbeitsgerichtsbarkeit" vor (Stand 9.7.2014)[3]. In Ziffer 4 „Urteilsverfahren" sind auch Gegenstandswerte für Streitigkeiten über eine Änderungskündigung angegeben.

Nach 4.1 soll eine Monatsvergütung (gemeint ist sicher brutto) bis zu einem Vierteljahresentgelt je nach dem Grad der Vertragsänderung anzusetzen sein. Obwohl das so ausdrücklich nicht formuliert ist, ergibt sich aus der sogleich zu zitierenden Regelung in 4.2, dass bei 4.1 keine Entgeltänderung Gegenstand des Streits sein soll.

Nach 4.2 wird als Mindestbetrag eine (Brutto-) Monatsvergütung anzusetzen sein, höchstens die Vergütung für ein Vierteljahr und sonst die dreifache Jahresdifferenz. Also wird man bei der Ermittlung zunächst von dieser dreifachen Jahresdifferenz ausgehen und dann prüfen, ob der Mindest- oder der Höchstbetrag dabei unter- bzw. überschritten würde.

In jedem Fall ist zu berücksichtigen, dass die „Streitwertkommission", der nur Vertreter der Arbeitsgerichtsbarkeit angehören, lediglich Empfehlungen für einen Streitwert erteilt, die Arbeitsgerichte aller Instanzen also mit guten Gründen auch andere Streitwertlösungen finden können.

---

1 Einzelheiten bei KR/*Rost/Kreft*, § 2 KSchG Rz. 175, wo unentschieden bleibt, welcher Streitwert in solchen Fällen anzusetzen ist.
2 LAG Köln 27.10.1999 – 6 Ta 257/99, AE 2000, 72 Nr. 218; MünchArbR/*Berkowsky*, § 146 Rz. 21.
3 Vgl. zB EzA SD Nr. 15/2014, 11 f.; vgl. dazu auch die kritischen Anmerkungen *Willemsen/Schipp/Oberthür/Reinhard*, NZA 2014, 356.

B. Teilzeit

	Rz.		Rz.
I. Grundlagen	1	e) Pflegezeitgesetz	35
1. Anwendungsbereich	2	f) Familienpflegezeitgesetz	38
2. Diskriminierungsverbot		11. Abweichende Vereinbarungen	39
a) Einleitung	5	**II. Teilzeitanspruch**	40
b) Pro-rata-temporis-Grundsatz	6	1. Allgemeine Voraussetzungen	41
c) Kausalzusammenhang	8	2. Antragstellung	46
d) Günstigkeitsvergleich	9	3. Verhandlungsphase	53
e) Rechtsfolgen	10	4. Verhandlungsergebnis	54
f) Prüfungsreihenfolge bei § 4 Abs. 1 TzBfG	12	5. Betriebliche Gründe	58
3. Benachteiligungsverbot	13	6. Änderungsverlangen des Arbeitgebers	62
4. Ausschreibung	14	7. Erneuter Verringerungsantrag des Arbeitnehmers	65
5. Informationspflichten	16		
6. Aus- und Weiterbildung	19	**III. Verlängerung der Arbeitszeit**	66
7. Kündigungsverbot	20	**IV. Mitbestimmungsrechte des Betriebsrats**	72
8. Arbeit auf Abruf	21		
9. Arbeitsplatzteilung (Job-Sharing)	24	**V. Prozessuales**	
10. Sonstige Bestimmungen	26	1. Klageart	75
a) Altersteilzeitgesetz	27	2. Einstweilige Verfügung	80
b) Bundeselterngeld- und Elternzeitgesetz	28	3. Darlegungs- und Beweislast	85
c) Schwerbehindertenrecht	33	4. Streitwert	86
d) Frauenförderung	34		

Schrifttum:

Annuß/Thüsing (Hrsg.), Teilzeit- und Befristungsgesetz, Kommentar, 3. Aufl. 2012; *Arnold/Gräfl/Imping/Lehner/Rambach/Spinner/Vossen*, TzBfG, 3. Aufl. 2012; *Bezani/Müller*, Das Gesetz über Teilzeitarbeit und befristete Arbeitsverträge, DStR 2001, 87; *Boecken/Joussen*, Handkommentar zum TzBfG, 3. Aufl. 2012; *Boewer*, Teilzeit- und Befristungsgesetz, Kommentar für die Praxis, 2002; *Bruns*, Teilzeit- und Befristungsrecht, 2013; *Ehler*, Unterlassene Ausschreibung als Teilzeitarbeitsplatz, BB 2001, 1146; *Eisemann*, Die einstweilige Verfügung zur Teilzeitbeschäftigung, in: Festschrift für Küttner, 2006, S. 155; *Ennemann*, Der „Streitwert" des neuen Teilzeitanspruchs, NZA 2001, 1190; *Flätten/Coeppicus*, „Betriebliche Gründe" im Sinne des Teilzeit- und Befristungsgesetzes, ZIP 2001, 1477; *Gotthardt/Preis*, Teilzeitanspruch und einstweiliger Rechtsschutz, NZA 2001, 1183; *Grobys*, Auswirkungen einer nachträglichen Arbeitszeitreduzierung auf das Arbeitsentgelt und andere Vergütungsbestandteile, DB 2001, 758; *Grobys/Bram*, Die prozessuale Durchsetzung des Teilzeitanspruchs, NZA 2001, 1175; *Gruber*, Gewährt § 8 TzBfG einen Anspruch auf eine zeitlich befristete Arbeitszeitverringerung?, DB 2007, 804; *H. Hanau*, Die „betrieblichen Gründe" des § 8 Abs. 4 S. 1 TzBfG im Licht aktueller Entscheidungen des BAG – Zum erforderlichen Gewicht der Ablehnungsgründe des Arbeitgebers gegenüber dem Teilzeitverlangen eines Arbeitnehmers, RdA 2005, 301; *P. Hanau*, Offene Fragen zum Teilzeitgesetz, NZA 2001, 1168; *Hartwig*, Aktuelles zur Teilzeitarbeit, FA 2001, 34; *Hunold*, Änderung, insbesondere Erhöhung der vertraglichen Arbeitszeit als Einstellung, NZA 2005, 910; *Laux/Schlachter*, Kommentar zum TzBfG, 2. Aufl. 2011; *Lindemann/Simon*, Neue Regelungen zur Teilzeitarbeit, BB 2001, 146; *Lorenz*, Fünf Jahre § 8 TzBfG – BAG-Rechtsprechungs-Update, NZA-RR 2006, 281; *Meinel/Heyn/Herms*, Teilzeit- und Befristungsgesetz, 4. Aufl. 2012; *Mühlmann*, Flexible Arbeitsvertragsgestaltung – Die Arbeit auf Abruf, RdA 2006, 356; *Pelzner/Scheddler/Widlak*, Flexibilität im Arbeitsverhältnis, Das neue Teilzeit- und Befristungsgesetz in der betrieblichen Praxis, 2001; *Rambach*, Teilzeit und Befristung, 2010; *Salamon/Reuße*, Grenzen der arbeitgeberseitigen Darlegungslast zur Ablehnung von Teilzeitarbeit nach der jüngsten Ausweitung durch das BAG, NZA 2013, 865; *Schloßer*, Stellenausschreibung auch als Teilzeitarbeitsplatz – ein Gebot ohne Sanktion, BB 2001, 411; *Schunder*, Der Teilzeitanspruch in der betrieblichen Praxis, NJW Spezial 2005, 369; *Sievers*, Kommentar zum TzBfG, 4. Aufl. 2012; *Stamm*, Arbeitszeitregelungen in Allgemeinen Geschäftsbedingungen: Reglementierung oder Flexibilisierung im Gefolge der Schuldrechtsreform?, RdA 2006, 288.

I. Grundlagen

1 Das Teilzeit- und Befristungsgesetz vom 21.12.2000 nimmt in §§ 1 und 6 die Ziele auf, die in der der EG-Richtlinie 97/81/EG[1] zugrunde liegenden Rahmenvereinbarung der Spitzenverbände benannt sind (s. allg. bereits Teil 1 B Rz. 92).

1. Anwendungsbereich

2 Das Gesetz enthält in § 2 Abs. 1 Satz 1 TzBfG eine Legaldefinition des Begriffs „teilzeitbeschäftigt". Danach ist Bezugsgröße die „regelmäßige Wochenarbeitszeit" eines vergleichbaren vollzeitbeschäftigten Arbeitnehmers. Fehlt die Vereinbarung einer regelmäßigen Wochenarbeitszeit, gilt ein längerer Zeitraum, längstens der Jahreszeitraum als Bemessungsgrundlage (§ 2 Abs. 1 Satz 2 TzBfG). Das Gesetz gilt für alle Arten flexibler Arbeitszeitmodelle, auch für Jahresarbeitszeitmodelle.

Beispiel:

In einem Unternehmen ist in einem Haustarifvertrag eine regelmäßige Jahresarbeitszeit von 1952 Stunden vereinbart. Wird mit einzelnen Arbeitnehmern eine Jahresarbeitszeit von 1951 Stunden vereinbart, so sind diese Mitarbeiter in dem Unternehmen bereits als teilzeitbeschäftigt anzusehen[2].

3 Für die Anwendung des Gesetzes reicht aber nicht allein die kürzere regelmäßige Wochenarbeitszeit anderer Arbeitnehmer des Unternehmens aus. Die **Vergleichsgruppe** (vollzeitbeschäftigte Arbeitnehmer) muss zudem eine vergleichbare Tätigkeit ausüben. Der Arbeitnehmer, für den die Anwendbarkeit des TzBfG festgestellt werden soll, kann nur mit denjenigen Arbeitnehmern des Betriebes verglichen werden, die dieselbe Art des Arbeitsverhältnisses und die gleiche oder eine ähnliche Tätigkeit (§ 2 Abs. 1 Satz 3 TzBfG) ausüben. Nur dann, wenn es im Betrieb keine vergleichbaren vollzeitbeschäftigten Arbeitnehmer gibt (etwa in Kleinbetrieben oder in Betrieben, die ausschließlich Teilzeitarbeitnehmer beschäftigen), ist zunächst der anwendbare Tarifvertrag maßgeblich, in Ermangelung eines solchen die Üblichkeit im jeweiligen Wirtschaftszweig, die sich nach dem Tarifvertrag bestimmt, der hypothetisch anwendbar wäre[3]. Wären hypothetisch mehrere Tarifverträge anwendbar, dann ist derjenige maßgeblich, der die größere Anzahl von Arbeitnehmern erfasst[4].

„Nicht zur selben Art" des im Wege des Vergleichs bezogenen Arbeitsverhältnisses gehören zB befristete und unbefristete Arbeitsverhältnisse; keine Unterscheidungskriterien sind jedoch der Status der Person, die Unterscheidung leitende/nicht leitende Angestellte oder Arbeiter/Angestellte. Gleiche Tätigkeit liegt vor, wenn die gleichen Arbeitsvorgänge verrichtet werden und die Arbeitnehmer einander ersetzen können[5]. Maßstab bei der Festlegung sind dabei die gleichen Kriterien, wie sie bei der Sozialauswahl im Kündigungsschutzrecht herangezogen werden[6].

---

1 V. 15.12.1997, ABl. Nr. L 8/9, ber. ABl. 1998 Nr. L 128/71.
2 So ausdrücklich das BAG in der Entscheidung v. 18.3.2003 – 9 AZR 126/02, DB 2004, 319 (320), in der eine Teilzeitbeschäftigung auch dann bejaht wird, wenn die regelmäßige Arbeitszeit nur geringfügig unterschritten wird, s.a. BAG 11.6.2013 – 9 AZR 786/11, DB 2013, 2091.
3 LAG Köln 15.6.2009 – 5 Sa 1454/08, NZA-RR 2010, 174; ErfK/*Müller-Glöge/Preis*, § 2 TzBfG Rz. 2.
4 So ErfK/*Müller-Glöge/Preis*, § 2 TzBfG Rz. 2; *Laux/Schlachter*, § 2 TzBfG Rz. 46.
5 So Annuß/Thüsing/*Annuß*, § 2 TzBfG Rz. 5.
6 So *Laux/Schlachter*, § 2 TzBfG Rz. 45.

I. Grundlagen

Der ausdrücklichen Feststellung des Gesetzes (in § 2 Abs. 2 TzBfG), dass auch **geringfügig Beschäftigte** nach § 8 SGB IV Teilzeitbeschäftigte sind, hätte es nicht bedurft. Dieser Schluss ist selbstverständlich, vor dem Hintergrund der früher verbreiteten Ungleichbehandlung geringfügig Beschäftigter jedoch gerechtfertigt[1].

2. Diskriminierungsverbot

a) Einleitung

Nach § 4 Abs. 1 TzBfG darf ein teilzeitbeschäftigter Arbeitnehmer wegen der Teilzeitarbeit nicht schlechter behandelt werden als ein vergleichbarer vollzeitbeschäftigter Arbeitnehmer, es sei denn, dass sachliche Gründe eine unterschiedliche Behandlung rechtfertigen. § 4 Abs. 1 Satz 2 TzBfG regelt dabei kein absolutes Benachteiligungsverbot im Entgeltbereich, sondern konkretisiert das allgemeine Benachteiligungsverbot des § 4 Abs. 1 Satz 1 TzBfG lediglich. Auch in § 4 Abs. 1 Satz 2 TzBfG ist eine Schlechterstellung von Teilzeitbeschäftigten zulässig, wenn ein sachlicher Grund vorliegt[2]. Dabei gilt das Benachteiligungsverbot des § 4 Abs. 1 TzBfG auch für tarifvertragliche Regelungen[3]. Die Vorschrift bekräftigt den allgemeinen Gleichbehandlungsgrundsatz auch für den Bereich der Teilzeitarbeit[4]. Während der Gleichheitssatz des Art. 3 GG darauf abzielt, eine Gleichstellung von Personen in vergleichbarer Lage sicherzustellen und eine gleichheitswidrige Gruppenbildung auszuschließen, ist es Ziel des § 4 Abs. 1 TzBfG, im Spannungsverhältnis zwischen Teilzeitbeschäftigten und Vollzeitbeschäftigten eine unterschiedliche ungerechtfertigte Behandlung von Teilzeitbeschäftigten zu verhindern. § 4 Abs. 1 TzBfG überschneidet sich damit notwendigerweise mit Art. 3 GG[5]. Daneben ist in einer ungleichen Entlohnung Teilzeitbeschäftigter häufig auch ein Verstoß gegen Art. 157 AEUV[6] zu sehen. Ob in Fällen der mittelbaren Diskriminierung von Frauen die Prüfung vor dem Hintergrund des EU-Vertrages oder vor dem Hintergrund von Art. 3 GG iVm. § 4 TzBfG vorgenommen wird, ist letztlich akademisch[7]. Rechtsprobleme, die aus der unterschiedlichen Behandlung einzelner Gruppen von Teilzeitbeschäftigten untereinander entstehen können, sind durch den allgemeinen Gleichbehandlungsgrundsatz zu lösen, § 4 Abs. 1 TzBfG tritt in diesem Fall zurück[8].

b) Pro-rata-temporis-Grundsatz

Das Gesetz verbietet lediglich eine Schlechterstellung teilzeitbeschäftigter Arbeitnehmer, eine Besserstellung stellt zumindest keinen Verstoß gegen § 4 TzBfG dar[9]. Bei einer Besserstellung von Vollzeitbeschäftigten wäre ein möglicher Verstoß gegen den allgemeinen Gleichbehandlungsgrundsatz gesondert möglich[10]. Eine schlechtere

---

1 Erinnert sei nur an den rechtsunwirksamen Ausschluss geringfügig Beschäftigter von der betrieblichen Altersversorgung allein aufgrund einer Teilzeitbeschäftigung; s.a. Annuß/Thüsing/*Annuß*, § 2 TzBfG Rz. 8.
2 BAG 5.8.2009 – 10 AZR 634/08, AP Nr. 21 zu § 4 TzBfG Rz. 16.
3 So BAG 5.8.2009 – 10 AZR 634/08, AP Nr. 21 zu § 4 TzBfG Rz. 16.
4 So Laux/Schlachter, § 4 TzBfG Rz. 17.
5 Vgl. Annuß/Thüsing/*Thüsing*, § 4 TzBfG Rz. 16.
6 Vgl. ErfK/*Preis*, § 4 TzBfG Rz. 14.
7 Vgl. zu der Auseinandersetzung, ob § 4 TzBfG auch die mittelbare Diskriminierung erfasst: Annuß/Thüsing/*Thüsing*, § 4 TzBfG Rz. 18; ErfK/*Preis*, § 4 TzBfG Rz. 17; Meinel/Heyn/Herms, § 4 TzBfG Rz. 8.
8 So Meinel/Heyn/Herms, § 4 TzBfG Rz. 21; ErfK/*Preis*, § 4 TzBfG Rz. 21; Boewer, § 4 TzBfG Rz. 19.
9 Arnold/Gräfl/*Rambach*, § 4 TzBfG Rz. 12; ErfK/*Preis*, § 4 TzBfG Rz. 10: „Keine Legitimation einer generellen Besserstellung."
10 Annuß/Thüsing/*Thüsing*, § 4 TzBfG Rz. 32.

Behandlung des Teilzeitbeschäftigten kann auch darin liegen, dass er aufgrund unterschiedlicher Vertragsgestaltung Nachteile erleidet, die ein Vollzeitbeschäftigter nicht hat[1]. In § 4 Abs. 1 Satz 2 TzBfG ist der Pro-rata-temporis-Grundsatz für geldwerte Leistungen festgeschrieben. Diese ausdrückliche Anordnung des Gesetzgebers ist einerseits zwingend für die Gestaltung von Vergütungsregelungen und zum anderen auch Programmsatz für alle sonstigen Leistungen im Rahmen des Arbeitsverhältnisses. Nach diesem Grundsatz ist einem teilzeitbeschäftigten Arbeitnehmer Arbeitsentgelt (oder eine andere teilbare geldwerte Leistung) mindestens in dem Umfang zu gewähren, der dem Anteil seiner Arbeitszeit an der Arbeitszeit eines vergleichbaren Vollzeitbeschäftigten entspricht[2]. § 4 Abs. 1 Satz 2 TzBfG verbietet aber eine Ungleichbehandlung von Teilzeit- und Vollzeitbeschäftigten beim Arbeitsentgelt nicht ausnahmslos. Allerdings rechtfertigt die unterschiedliche vertragliche Arbeitszeit nicht das Abweichen vom pro-rata-temporis-Grundsatz. Ein Abweichen kann aber bei Vorliegen bestimmter Sachgründe anderer Art gerechtfertigt sein, so zB in Bezug auf Arbeitsleistung, Qualifikation, Berufserfahrung oder auf unterschiedliche Anforderungen am Arbeitsplatz[3]. Eine Ungleichbehandlung wegen Teilzeitarbeit liegt dagegen vor, wenn die Dauer der Arbeitszeit das maßgebliche Kriterium für die unterschiedliche Behandlung darstellt[4].

Beispiele:

Ein Unternehmen schließt Teilzeitbeschäftigte mit einer Arbeitszeit von weniger als 50 % der Arbeitszeit vollzeitbeschäftigter Arbeitnehmer von der Nutzung des Betriebskindergartens aus[5].

Ein Unternehmen kürzt für bestimmte wichtige Gruppen im Außendienst nicht das Weihnachtsgeld entsprechend dem Umfang der Arbeitszeit (wie bei allen übrigen Mitarbeitern).

Es ist umstritten, ob derartige in den Beispielen angesprochene Regelungen mit § 4 Abs. 1 TzBfG vereinbar sind[6].

7 **Einzelfälle:**

- **Erholungsurlaub** kann pro rata temporis gekürzt werden. Dabei ist nicht das Verhältnis der Teilzeitarbeit zur Vollzeitarbeit maßgeblich, sondern allein die Frage, an wie vielen Werktagen pro Woche der Teilzeitbeschäftigte im Vergleich zum Vollzeitbeschäftigten regelmäßig arbeitet (dies kann auch über einen längeren Zeitraum ermittelt werden). Arbeitet der Teilzeitbeschäftigte zB an fünf Tagen in der Woche jeweils nur eine Stunde pro Tag, steht ihm der volle Jahresurlaubsanspruch eines Vollzeitbeschäftigten zu, arbeitet er jedoch lediglich an zwei Arbeitstagen jeweils neun Stunden, stehen ihm lediglich ⅖ des Urlaubsanspruchs eines Vollzeitbeschäftigten zu[7].

- **Funktionszulagen**, die dafür bezahlt werden, dass der Beschäftigte eine bestimmte Aufgabe ausübt, müssen dann auch an Teilzeitbeschäftigte gezahlt werden, wenn ihre Höhe in Relation zum Monatsgehalt oder zum Arbeitszeitrahmen ermittelt wird; bei

---

1 BAG 14.12.2011 – 5 AZR 457/10, NJW 2012, 2217 Rz. 28, im Falle der Erhöhung des Stundenvolumens eines Teilzeitlehrers.
2 So BAG 5.8.2009 – 10 AZR 634/08, AP Nr. 21 zu § 4 TzBfG Rz. 16.
3 BAG 18.3.2014 – 9 AZR 694/12, juris, Rz. 22.
4 BAG 25.9.2013 – 10 AZR 4/12, AP Nr. 24 zu § 4 TzBfG Rz. 15.
5 Annuß/Thüsing/*Thüsing*, § 4 TzBfG Rz. 33.
6 Dafür ErfK/*Preis*, § 4 TzBfG Rz. 12; *Kliemt*, NZA 2001, 63 (69); Annuß/Thüsing/*Thüsing*, § 4 TzBfG Rz. 47; dagegen *Däubler*, ZIP 2001, 217 (218). Nach *Thüsing* (aaO Rz. 47) liegt ein sachlicher Differenzierungsgrund vor, wenn die Unterscheidung einem legitimen Ziel dient, dafür erforderlich und angemessen ist. Problematisch ist aber die doppelte Diskriminierung in dem ersten Beispiel, zum einen generell in Bezug auf Teilzeitbeschäftigte, zum anderen innerhalb der Teilzeitbeschäftigten (weniger als 50 % der Arbeitszeit).
7 BAG 14.2.1991 – 8 AZR 97/90, AP Nr. 1 zu § 3 BUrlG – Teilzeit mwN; vgl. auch *Grobys*, DB 2001, 758 (760).

Zahlung absoluter Beträge als Funktionszulage ist eine Kürzung für Teilzeitbeschäftigte nicht gerechtfertigt[1]. Anders wäre dies bei einer Erschwerniszulage, mit der unabhängig von der Teilzeit- oder Vollzeittätigkeit eine bestimmte Arbeit zusätzlich vergütet wird[2].

- **Jährliche Einmalleistungen** orientieren sich in der Regel an dem geringeren Monatsgehalt der Teilzeitarbeitnehmer (insbesondere Weihnachtsgeld und Urlaubsgeld)[3].

- **Monatsentgelt** ist als teilbare Leistung unproblematisch; dies gilt jedoch nicht für Provisionen, da diese vom individuellen Erfolg abhängig sind und deshalb von einer Arbeitszeitreduzierung unberührt bleiben[4].

- **Sachmittel** (wie Computer und Dienstwagen) werden in der Regel ohne Rücksicht auf den im Einzelfall geleisteten Arbeitsumfang zur Verfügung gestellt und können daher nicht gekürzt werden. Möglich wäre es jedoch, zB Abstufungen bei der Wagenklasse des Dienstwagens vorzunehmen[5].

- Eine **Sozialauswahl** nach § 1 Abs. 3 KSchG zwischen Teilzeit- und Vollzeitbeschäftigten ist nach der Rechtsprechung unproblematisch, wenn die zugrunde liegende Arbeitgeberentscheidung auch einer strengen Prüfung im Hinblick auf eine etwa fehlende Vergleichbarkeit standhält[6].

- **Sozialplanabfindungen** können anteilig nach dem Maß der Teilzeitbeschäftigung berechnet werden. Dabei kann für die Berechnung der Abfindung im Sozialplan bei schwankender Arbeitszeit in der Vergangenheit eine die gesamte Betriebszugehörigkeit einbeziehende Durchschnittsberechnung zugrunde gelegt werden[7]. Dies gilt auch dann, wenn der Abfindungsanspruch sich nicht aus einem Sozialplan, sondern aus einer vertraglichen Vereinbarung ergibt. Es verstößt demnach nicht gegen das Diskriminierungsverbot, wenn der teilzeitbeschäftigte Arbeitnehmer entsprechend seiner Teilzeitquote und vollzeitbeschäftigte Arbeitnehmer entsprechend ihrer Vollzeitbeschäftigung unterschiedlich behandelt werden[8]. Unzulässig ist es jedoch, den Kinderzuschlag im Sozialplan für geringfügig Beschäftigte generell nach einem Faktor von 0,1 zu berechnen, wenn sich für die übrigen Teilzeitbeschäftigten der Faktor „pro rata temporis" berechnet[9].

- **Teilzeitbeschäftigte Lehrer**, die auf einer Klassenfahrt wie ihre vollzeitbeschäftigten Kollegen tätig sind, haben Anspruch auf das Vollzeitgehalt[10]. Anderseits kann von

---

1 BAG 17.4.1996 – 10 AZR 617/95, AP Nr. 18 zu §§ 22, 23 BAT Zulagen; s.a. ErfK/*Preis*, § 4 TzBfG Rz. 46.
2 Vgl. BAG 18.3.2009 – 10 AZR 293/08, AP Nr. 19 zu § 4 TzBfG Rz. 14.
3 Vgl. *Meinel/Heyn/Herms*, § 4 TzBfG Rz. 69. Das BAG hat im Urteil v. 15.4.2003 – 9 AZR 548/02, NZA 2004, 494, § 2 TV Urlaubsgeld Ang.-O als nicht diskriminierend angesehen, obwohl sich die Höhe des Urlaubsgeldes nach dem Umfang der Arbeitszeit richtet. Nach der Entscheidung des BAG ist aber das Urlaubsgeld zusätzliches Arbeitsentgelt, das lediglich aus Anlass des Urlaubs gewährt wird, tatsächlich aber zu behandeln ist wie Arbeitsvergütung.
4 *Laux/Schlachter*, § 4 TzBfG Rz. 131.
5 Vgl. dazu *Keller/Zeißig*, NZA 2001, 577 (579); *Annuß/Thüsing/Thüsing*, § 4 TzBfG Rz. 33.
6 Nach BAG 3.12.1998 – 2 AZR 341/98, NZA 1999, 431 ist die grundsätzliche Entscheidung, einen Arbeitsplatz mit einem Teilzeit- oder einem Vollzeitbeschäftigten zu besetzen, Gegenstand der gerichtlich nicht überprüfbaren Unternehmerentscheidung; nach der Literatur bedarf dies der Einschränkung, die unternehmerische Entscheidung müsse vor dem Hintergrund der Dringlichkeit standhalten, dies ergebe sich nicht nur aus den Wertungen des § 1 Abs. 2 Satz 2 KSchG, sondern auch im Hinblick auf das Diskriminierungsverbot des § 4 Abs. 1 TzBfG (so ErfK/*Preis*, § 4 TzBfG Rz. 52).
7 So ausdrücklich BAG 22.9.2009 – 1 AZR 316/08, AP Nr. 204 zu § 112 BetrVG 1972 Rz. 23; vgl. auch *Meinel/Heyn/Herms*, § 4 TzBfG Rz. 81.
8 BAG 13.2.2007 – 9 AZR 729/05, DB 2007, 1536.
9 LAG Bremen 27.4.2006 – 3 Sa 229/05, NZA-RR 2007, 69.
10 BAG 25.5.2005 – 5 AZR 566/04, AP Nr. 165 zu § 611 BGB Lehrer, Dozenten; Annuß/Thüsing/*Thüsing*, § 4 TzBfG Rz. 44.

diesen ohne das Risiko des Vorwurfs ungleicher Behandlung verlangt werden, auch außerhalb ihrer Arbeitszeit an Lehrerkonferenzen teilzunehmen[1].

- **Überstundenzuschläge** können aufgrund einer entsprechenden Regelung an Teilzeitbeschäftigte erst bei Überschreiten der betriebsüblichen Arbeitszeit eines vollzeitbeschäftigten Arbeitnehmers gezahlt werden[2].

- **Zusatzurlaub bei gesundheitsschädlichen Tätigkeiten**, der erst gewährt wird, wenn der Arbeitnehmer mehr als die Hälfte der betriebsüblichen Arbeitszeit mit derartigen Tätigkeiten befasst ist, ist gesetzeswidrig, da die Regelung Teilzeitbeschäftigte diskriminiert[3].

- **Zuschläge**, die **aufgrund bestimmter Arbeitsumstände** bezahlt werden (Schmutzzulagen, Sonntagszulagen), dürfen nicht gekürzt werden, wenn die damit abgegoltenen Erschwernisse in gleicher Weise Teilzeitbeschäftigte und Vollzeitbeschäftigte betreffen; etwas anderes kann nur dann gelten, wenn die „Schmutzarbeit" durch den Teilzeitvertrag so reduziert ist, dass auch nur eine anteilige Schmutzzulage gerechtfertigt erscheint[4]. Anders kann dies sein, wenn der Zuschlag primär Entgeltcharakter besitzt[5]. Wechselschicht- und Schichtzulagen können nach einer Entscheidung des BAG[6] für Teilzeitbeschäftigte nach dem pro-rata-temporis-Grundsatz gekürzt werden, weil die Belastungen aus der Schichtarbeit Teilzeitbeschäftigte im Vergleich zu Vollzeitbeschäftigten proportional geringer belasten.

c) Kausalzusammenhang

8 Voraussetzung für das Eingreifen des Diskriminierungsverbotes des § 4 Abs. 1 Satz 1 TzBfG ist die kausale Verknüpfung einer bestimmten Behandlung des Teilzeitbeschäftigten mit der Beschäftigung in Teilzeit. Arbeitnehmer werden wegen der Teilzeitarbeit gegenüber vollzeitbeschäftigten Arbeitnehmern diskriminiert, wenn die Dauer der Arbeitszeit das Kriterium darstellt, an welches die unterschiedliche Behandlung bei den Arbeitsbedingungen anknüpft[7]. Allein das unterschiedliche Arbeitspensum rechtfertigt nicht eine unterschiedliche Behandlung, entsprechende Sachgründe müssen anderer Art sein und (zB) auf unterschiedlicher Arbeitsbelastung, Qualifikation, Berufserfahrung oder unterschiedlichen Anforderungen am Arbeitsplatz beruhen[8]. Eine unterschiedliche Behandlung erfolgt „wegen der Teilzeit" dann, wenn die Dauer der Arbeitszeit das Kriterium darstellt, an welches die unterschiedliche Behandlung bei den Arbeitsbedingungen anknüpft[9].

---

1 LAG Hamm 27.1.2011 – 17 Sa 1365/10.
2 So EuGH 15.12.1994 – Rs. C-399/92, AP Nr. 7 zu § 611 BGB – Teilzeit; BAG 25.7.1996 – 6 AZR 138/94, AP Nr. 6 zu § 35 BAT; in diesem Sinne auch BAG 5.11.2003 – 5 AZR 8/03, NZA 2005, 222; *Laux/Schlachter*, § 4 TzBfG Rz. 138; Annuß/Thüsing/*Thüsing*, § 4 TzBfG Rz. 37 allerdings mit der Einschränkung, dass dies bei nur geringfügiger Unterschreitung der Wochenarbeitszeit diskriminierend sein kann; kritisch auch ErfK/*Preis*, § 4 TzBfG Rz. 30 ff.
3 BAG 19.3.2002 – 9 AZR 109/01, NZA 2002, 1231.
4 Vgl. BAG 29.1.1992 – 5 AZR 518/90, AP Nr. 18 zu § 2 BeschFG 1985; Spätarbeitszuschläge bei Wechselschicht können gegen § 4 TzBfG verstoßen, wenn sich nicht ermitteln lässt, ob die Zulage nur Belastungen der Wechselschicht ausgleichen soll, vgl. auch BAG 24.9.2003 – 10 AZR 675/02, NZA 2004, 611; 18.3.2009 – 10 AZR 293/08, AP Nr. 19 zu § 4 TzBfG Rz. 14 f.
5 ZB ein Zuschlag als Anerkennung der Betriebszugehörigkeit, bei dem das BAG Entgeltcharakter angenommen hat, BAG 16.4.2003 – 4 AZR 156/02, NZA 2004, 991.
6 BAG 25.9.2013 – 10 AZR 4/12, AP Nr. 24 zu § 4 TzBfG Rz. 17.
7 BAG 25.9.2013 – 10 AZR 4/12, AP Nr. 24 zu § 4 TzBfG Rz. 15; 25.4.2001 – 5 AZR 368/99, EzA § 2 BeschFG 1985 Nr. 64.
8 BAG 25.4.2001 – 5 AZR 368/99, EzA § 2 BeschFG 1985 Nr. 64; s.a. EuGH 6.2.1996 – Rs. C-457/93, NZA 1996, 319.
9 So BAG 5.8.2009 – 10 AZR 634/08, AP Nr. 21 zu § 4 TzBfG Rz. 24.

I. Grundlagen

d) Günstigkeitsvergleich

Die Ungleichbehandlung von Teilzeitbeschäftigten gegenüber einer Gruppe von Vollzeitbeschäftigten kann auch auf andere Weise als durch korrekte Berechnung gem. § 4 Abs. 1 Satz 2 TzBfG kompensiert werden. So kann einem Teilzeitbeschäftigten zum Ausgleich seiner entstandenen Nachteile auch ein Vorteil zugewendet werden. Als Kompensation kommen aber nur solche Leistungen in Betracht, die in einem sachlichen Zusammenhang mit dem entstandenen Nachteil stehen. Das BAG greift dabei auf die Grundsätze zurück, die es beim Günstigkeitsvergleich von tariflichen und vertraglichen Regelungen nach § 4 Abs. 3 TVG herausgearbeitet hat. Danach ist ein Sachgruppenvergleich vorzunehmen, der einen sachlichen Zusammenhang zwischen der kompensatorisch gewährten Leistung und der „Vergleichsleistung" zulässt[1]. Dabei ist entscheidend darauf abzustellen, ob die entsprechenden Leistungen funktional gleichwertig sind. Ist dies nicht der Fall, ist ein Günstigkeitsvergleich ausgeschlossen[2]. So kann zB eine kompensierende Wirkung dann nicht anerkannt werden, wenn die angeblich kompensierenden Leistungen auch Vollzeitbeschäftigten zukommen. Um ein weiteres Beispiel zu geben: Auch die Nichtgewährung einer Erschwerniszulage steht mit einer möglichen Beschäftigungsgarantie nicht in einem sachlichen Zusammenhang, damit ist auch auf diese Weise eine Kompensation von Nachteilen bei der Zahlung der Erschwerniszulage nicht zulässig.

e) Rechtsfolgen

Wurde der Teilzeitbeschäftigte unter Verstoß gegen das Diskriminierungsverbot benachteiligt, ist zunächst die beanstandete Regelung zu Lasten Teilzeitbeschäftigter unwirksam. Es erfolgt eine „Anpassung nach oben", dh. Teilzeitbeschäftigte haben die gleichen Ansprüche wie Vollzeitbeschäftigte[3]. Ob der Teilzeitbeschäftigte daneben auch einen **Schadensersatzanspruch** gegen den Arbeitgeber hat, hängt davon ab ob § 4 Abs. 1 TzBfG Schutzgesetz iSd. § 823 Abs. 2 BGB ist[4]. Das TzBfG verfolgt auch den individuellen Schutz der Teilzeitkräfte. Durch eine Ungleichbehandlung eintretende Vermögensnachteile sollen ausgeglichen werden können, damit sind Schadensersatzansprüche nicht ausgeschlossen.

Verstößt daher eine Vergütungsabrede gegen § 4 TzBfG, kann der Arbeitnehmer die übliche Vergütung verlangen. Dieser Anspruch kann aber zeitlich begrenzt sein, er besteht nur solange, wie eine Benachteiligung wegen der Teilzeitarbeit vorliegt. Liegt keine Benachteiligung mehr vor, ist für die Anwendung des § 612 Abs. 2 BGB kein Raum mehr, da die Vergütungshöhe dann arbeitsvertraglich wirksam bestimmt ist[5].

f) Prüfungsreihenfolge bei § 4 Abs. 1 TzBfG[6]

Bei der Prüfung eines möglichen Verstoßes gegen § 4 Abs. 1 TzBfG ist wie folgt vorzugehen:

Checkliste

☐ Zunächst ist die Feststellung erforderlich, ob der Arbeitnehmer wegen der Teilzeit gegenüber Vollzeitbeschäftigten unterschiedlich behandelt wird.

---

1 So BAG 5.8.2009 – 10 AZR 634/08, AP Nr. 21 zu § 4 TzBfG Rz. 27.
2 So BAG 5.8.2009 – 10 AZR 634/08, AP Nr. 21 zu § 4 TzBfG Rz. 27.
3 So ErfK/*Preis*, § 4 TzBfG Rz. 74; *Laux/Schlachter*, § 4 TzBfG Rz. 180.
4 So BAG 24.10.2001 – 5 AZR 32/00, NZA 2002, 209; dagegen ErfK/*Preis*, § 4 TzBfG Rz. 6 mit ausführlicher Auseinandersetzung mit der Literatur.
5 So BAG 17.4.2002 – 5 AZR 413/00, NZA 2002, 1334 (1335).
6 Vgl. BAG 24.9.2003 – 10 AZR 675/02, NZA 2004, 611.

- ☐ Dann ist in einem zweiten Schritt zu fragen, ob für eine Ungleichbehandlung ein sachlicher Grund iSd. § 4 Abs. 1 TzBfG vorliegt. Dieser kann sich (wenn der erste Prüfungsschritt bejaht wird) nur daraus ergeben, dass das Verhältnis von Leistungszweck zu dem Umfang der Teilzeitarbeit gerechtfertigt ist. Dabei ist unerheblich, ob die Ungleichbehandlung (zB) auf der korrekten Anwendung eines Tarifvertrages beruht.
- ☐ Die Ungleichbehandlung des Teilzeitbeschäftigten gegenüber Vollzeitbeschäftigten wird nicht auf andere Weise kompensiert.
- ☐ Ein sachlicher Grund, der die schlechtere Behandlung wegen der Teilzeitarbeit rechtfertigen könnte, ist nicht gegeben. Die möglichen Sachgründe, die eine unterschiedliche Behandlung rechtfertigen könnten, müssen bspw. auf Arbeitsleistung, Qualifikation, Berufserfahrung oder unterschiedlichen Anforderungen am Arbeitsplatz beruhen. Dabei hat sich die Prüfung der sachlichen Rechtfertigung der unterschiedlichen Behandlung am Zweck der Leistung zu orientieren[1]. Der mögliche sachliche Grund kann sich auch aus dem Verhältnis von Leistungszweck und Umfang der Teilzeitarbeit herleiten lassen. Dies gilt wiederum im Zusammenhang mit der Frage der Umsetzung des Pro-rata-temporis-Prinzipien. Eine tarifvertragliche Leistung (wie eine Erschwerniszulage), die eine Kompensation für die Tätigkeit als solcher zulässt, darf grundsätzlich nicht differenzieren nach dem Arbeitszeitvolumen, denn bestimmte Tätigkeiten rechtfertigen den Anfall dieser Leistungszulage (zB Erschwerniszulage). Etwas anderes kann gelten, wenn gerade die zeitliche Befassung mit dieser Tätigkeit die Erschwernis definiert[2].

3. Benachteiligungsverbot

13 Ergänzt wird das Gleichbehandlungsgebot durch die Verbotsnorm zu Lasten des Arbeitgebers, Arbeitnehmer wegen der Inanspruchnahme von Rechten nach dem Gesetz nicht zu benachteiligen. § 5 TzBfG bezieht sich auf die inhaltlich gleichlautende Bestimmung des § 612a BGB. Die praktische Wirkung des § 5 TzBfG ist deswegen begrenzt, sie bezieht sich auf Umsetzungen, Benachteiligungen beim beruflichen Aufstieg, Ausschluss von freiwilligen Leistungen oder gar Kündigungen (in Ergänzung zu § 11 TzBfG)[3]. Die Bestimmung ist einschränkend dahingehend auszulegen, dass die Inanspruchnahme von Rechten in zulässiger Weise erfolgt sein muss; der Tatbestand sieht diese Einschränkung nicht vor[4].

4. Ausschreibung

14 Gem. § 7 Abs. 1 TzBfG hat der Arbeitgeber einen Arbeitsplatz auch als Teilzeitarbeitsplatz auszuschreiben, wenn dieser sich hierfür eignet. Diese Verpflichtung ist **sanktionslos**[5]. Mit der Verpflichtung zur Ausschreibung ist keine Verpflichtung zur Einstellung eines Teilzeitarbeitnehmers verbunden, allerdings wird mit Recht darauf hingewiesen, dass eine Ausschreibung als Teilzeitplatz für den Arbeitgeber ein Präjudiz für einen späteren Prozess um die Reduzierung der Arbeitszeit bedeutet[6].

---

1 St. Rspr. des BAG, etwa BAG 5.8.2009 – 10 AZR 634/08, AP Nr. 21 zu § 4 TzBfG.
2 Wenn zB eine mit einer Erschwerniszulage versehene Leistung für eine Wochenarbeitszeit von 10 Stunden kaum ins Gewicht fällt, während mit zunehmender Wochenarbeitszeit die Erschwernis für den Arbeitnehmer in besonderer Weise merklich und damit auch belastend wird. In letzterem Fall wäre eine Abstufung der Erschwerniszulage je nach dem Arbeitszeitvolumen möglich.
3 Vgl. *Pelzner/Scheddler/Widlak*, S. 22; *Lindemann/Simon*, BB 2001, 146 (147); *Kliemt*, NZA 2001, 63 (70); *Arnold/Gräfl/Rambach*, § 5 TzBfG Rz. 1.
4 *Arnold/Gräfl/Rambach*, § 5 TzBfG Rz. 6; ErfK/*Preis*, § 5 TzBfG Rz. 1.
5 ErfK/*Preis*, § 7 TzBfG Rz. 4; *Laux/Schlachter*, § 7 TzBfG Rz. 28.
6 HM, *Pelzner/Scheddler/Widlak*, S. 25; *Hanau*, NZA 2001, 1168; *Wank*, EuroAS 2001, 186; s. dazu auch *Ehler*, BB 2001, 1146; *Schloßer*, BB 2001, 411.

I. Grundlagen

Dem Arbeitgeber dürfte es dann schwerer fallen, zu behaupten, die als Teilzeitstelle ausgeschriebene Stelle könne tatsächlich nur als Vollzeitstelle ausgeführt werden[1].

Diskutiert wird, ob der **Betriebsrat** berechtigt ist, nach § 99 Abs. 2 Nr. 5 BetrVG der Einstellung einer Vollzeitkraft mit dem Argument zu widersprechen, die Stelle sei auch für eine Teilzeitkraft geeignet und vom Arbeitgeber rechtswidrig nicht als solche ausgeschrieben worden[2]. Diese Rechtsansicht hat dann etwas für sich, wenn der Betriebsrat aufgrund des § 93 BetrVG eine innerbetriebliche Stellenausschreibung verlangt. Geschieht dies nicht, entfällt auch das Recht zur Beanstandung der Einstellung nach § 99 Abs. 2 Nr. 5 BetrVG[3]. 15

5. Informationspflichten

§ 7 Abs. 2 TzBfG normiert die Verpflichtung des Arbeitgebers, einen Arbeitnehmer, der ihm den Wunsch nach einer Veränderung von Dauer und Lage der Arbeitszeit angezeigt hat, über Arbeitsplätze zu informieren, die im Betrieb oder Unternehmen besetzt werden sollen. Da mit § 7 Abs. 2 TzBfG die Regelung von § 5 Nr. 3c der Rahmenvereinbarung zur Teilzeitarbeit[4] umgesetzt wurde, wird daraus allgemein gefolgert, dass die Informationsverpflichtung nur dazu dienen soll, den Teilzeitanspruch nach § 8 TzBfG vorzubereiten. Daher besteht die Informationsverpflichtung nur dann, wenn der Arbeitnehmer Veränderungswünsche hinsichtlich **der Dauer und der Lage** der Arbeitszeit angezeigt hat, also nicht lediglich eine anderweitige Verteilung der bestehenden Arbeitszeit gewünscht wird[5]. Nach § 7 Abs. 3 TzBfG ist der Arbeitgeber verpflichtet, den Betriebsrat über Teilzeitarbeit im Betrieb und Unternehmen umfassend zu informieren. Dabei spricht das Gesetz nicht ausschließlich Betriebsräte an, sondern auch Personalräte sowie die Mitarbeitervertretungen im kirchlichen Bereich[6]. 16

Der Arbeitgeber muss interessierte Arbeitnehmer über mögliche Teilzeitarbeitsplätze im Betrieb und im **gesamten Unternehmen** (also auch in anderen Betrieben als dem Beschäftigungsbetrieb) informieren[7]. Der Verpflichtung des Arbeitgebers aus § 7 Abs. 2 TzBfG steht die vertragliche Nebenpflicht des Arbeitnehmers gegenüber, dem Arbeitgeber Mitteilung zu machen, sobald kein Interesse mehr an einer Veränderung von Dauer und Lage der Arbeitszeit besteht. Diese Mitteilung lässt die Informationspflicht des Arbeitgebers für die Zukunft entfallen[8]. Eine schuldhafte Verletzung dieser Verpflichtung kann vor dem Hintergrund eines Verlängerungswunsches nach § 9 TzBfG Schadensersatzpflichten begründen[9]. 17

Anders als § 6 TzBfG ist § 7 TzBfG nicht sanktionslos. Zeigt ein Arbeitnehmer berechtigterweise den Wunsch nach einer Veränderung von Dauer und Lage seiner ver- 18

---

1 Darauf weisen *Pelzner/Scheddler/Widlak*, S. 25 mit Recht hin.
2 In diesem Sinne *Laux/Schlachter*, § 7 TzBfG Rz. 42 mwN; *Meinel/Heyn/Herms*, § 7 TzBfG Rz. 13; Verständnis für diese Auffassung äußert auch *Hanau*, NZA 2001, 1168.
3 Gegen die Widerspruchsmöglichkeit des Betriebsrats nach § 99 BetrVG Arnold/Gräfl/*Spinner*, § 7 TzBfG Rz. 12 ff.; *Pelzner/Scheddler/Widlak*, S. 25; *Lindemann/Simon*, BB 2001, 146; Annuß/Thüsing/*Mengel*, § 7 TzBfG Rz. 5; ErfK/*Preis*, § 7 TzBfG Rz. 4; HK-TzBfG/*Boecken*, § 7 Rz. 7.
4 Richtlinie 97/81 EG.
5 Dies ergibt sich schon aus dem Wortlaut „Dauer und Lage" – so auch Arnold/Gräfl/*Spinner*, § 7 TzBfG Rz. 17; ErfK/*Preis*, § 7 TzBfG Rz. 6; aA *Meinl/Heyn/Herms*, § 7 TzBfG Rz. 20: jede Veränderung von Dauer und/oder Lage.
6 So auch *Kliemt*, NZA 2001, 63 (70).
7 HM, so Annuß/Thüsing/*Mengel*, § 7 TzBfG Rz. 12.
8 In diesem Sinne auch *Hanau*, NZA 2001, 1168.
9 Ein Schaden wäre an entgangenen Einkünften aufgrund verweigerter Verlängerung der Arbeitszeit denkbar, so ErfK/*Preis*, § 7 TzBfG Rz. 8; Arnold/Gräfl/*Spinner*, § 7 Rz. 27; s.a. *Meinel/Heyn/Herms*, § 7 TzBfG Rz. 26; gegen Schadensersatzanspruch generell Annuß/Thüsing/*Mengel*, § 7 TzBfG Rz. 17.

traglich vereinbarten Arbeitszeit an und verweigert der Arbeitgeber eine Auskunft, obwohl der Informationsanspruch begründet wäre, können dem Arbeitnehmer Schadensersatzansprüche gem. § 280 Abs. 1 iVm. §§ 251, 252 BGB erwachsen[1]. Deliktische Ansprüche bestehen jedoch bei einer Verletzung der Informationspflicht nicht[2], da § 7 TzBfG ähnlich wie die übrigen Bestimmungen dieses Gesetzes kein Schutzgesetz iSd. § 823 Abs. 2 BGB ist[3].

6. Aus- und Weiterbildung

19 Der Arbeitgeber hat Entscheidungen über Aus- und Weiterbildungsmaßnahmen bei Teilzeitbeschäftigten nach billigem Ermessen gem. § 315 BGB zu treffen (§ 10 TzBfG)[4]. Die Bestimmung schafft keinen Anspruch auf Aus- und Weiterbildungsmaßnahmen, sie ist lediglich ein Ausfluss des Benachteiligungsverbotes in § 4 Abs. 2 TzBfG[5].

7. Kündigungsverbot

20 Das an den Arbeitgeber (in § 11 TzBfG) gerichtete Verbot, einem Arbeitnehmer wegen der Weigerung, von einem Vollzeit- in ein Teilzeitarbeitsverhältnis oder umgekehrt zu wechseln, zu kündigen, hat praktisch die gleiche Bedeutung wie das entsprechende Verbot in § 613a Abs. 4 BGB[6]. Es dürfte kaum eine Kündigung „wegen" der Weigerung eines Arbeitnehmers geben, etwa in ein Teilzeitverhältnis umzuwechseln. Dementsprechend heißt es auch in dieser Bestimmung, dass **Kündigungen aus anderen Gründen unberührt** bleiben (so insbesondere Kündigungen aus betriebsbedingten Gründen im Zusammenhang mit einer Umstrukturierung oder Änderungskündigungen)[7]. Dementsprechend handelt es sich um eine Sonderregelung zu § 5 TzBfG und § 612a BGB[8]. Das Kündigungsverbot gilt auch in Betrieben und für Arbeitsverhältnisse, die dem Kündigungsschutzgesetz nicht unterliegen[9], und für Arbeitsverhältnisse während der Wartezeit des § 23 KSchG[10]. Der Arbeitnehmer hat die dreiwöchige Klagefrist des § 4 Satz 1 KSchG zu beachten, wenn er sich gegen eine derartige Kündigung wehren will[11].

8. Arbeit auf Abruf

21 Ein Abrufarbeitsverhältnis iSd. § 12 TzBfG liegt vor, wenn arbeitsvertraglich vereinbart wird, dass der Arbeitnehmer seine Arbeitsleistung entsprechend dem Arbeitsanfall zu erbringen hat und wenn eine bestimmte Dauer der wöchentlichen und täglichen Arbeitszeit festgelegt ist. Lediglich die Lage der Arbeitszeit ist abhängig von dem jeweiligen Abruf durch den Arbeitgeber (s.a. Teil 1 B Rz. 91)[12]. Streit besteht

---

1 So ErfK/*Preis*, § 7 TzBfG Rz. 8; Arnold/Gräfl/*Spinner*, § 7 TzBfG Rz. 28; aA Annuß/Thüsing/*Mengel*, § 7 TzBfG Rz. 17.
2 HM, Arnold/Gräfl/*Spinner*, § 7 TzBfG Rz. 25; ErfK/*Preis*, § 7 TzBfG Rz. 8.
3 HK-TzBfG/*Boecken*, § 7 Rz. 19.
4 Arnold/Gräfl/*Spinner*, § 19 TzBfG Rz. 9.
5 Vgl. *Meinel/Heyn/Herms*, § 19 TzBfG Rz. 1; Arnold/Gräfl/*Spinner*, § 19 TzBfG Rz. 1; *Laux/Schlachter*, § 19 TzBfG Rz. 3.
6 Annuß/Thüsing/*Jacobs*, § 11 TzBfG Rz. 1.
7 ErfK/*Preis*, § 11 TzBfG Rz. 2; *Laux/Schlachter*, § 11 TzBfG Rz. 17.
8 Arnold/Gräfl/*Arnold*, § 11 TzBfG Rz. 2.
9 *Meinel/Heyn/Herms*, § 11 TzBfG Rz. 3.
10 Arnold/Gräfl/*Arnold*, § 11 TzBfG Rz. 5; ErfK/*Preis*, § 11 TzBfG Rz. 1.
11 *Meinel/Heyn/Herms*, § 11 TzBfG Rz. 4.
12 Vgl. *Busch*, NZA 2001, 593 (594); *Hanau*, NZA 2001, 1168 (1175); *Pelzner/Scheddler/Widlak*, S. 62.

in der Frage, ob diese gesetzliche Regelung ausschließlich für Teilzeitarbeitsverhältnisse[1] oder auch für Vollzeitarbeitsverhältnisse[2] gilt.

Der erstgenannten Meinung ist der Vorzug zu geben, da es für Vollzeitarbeitsverhältnisse ausreichenden Schutz gibt; einer Regelung wie der des § 12 TzBfG bedarf es für diese nicht. Typisches Merkmal der Abrufarbeit ist zum einen die vertraglich dem Arbeitgeber eingeräumte Möglichkeit, die Lage der Arbeitszeit festzulegen[3]. Daneben fallen aber auch Vereinbarungen unter diese Bestimmung, in denen Lage und Dauer der Arbeit vom Arbeitgeber bestimmt werden können. Dies ergibt sich aus der Legaldefinition in § 12 Abs. 1 und Abs. 2 TzBfG. **Nicht** unter § 12 TzBfG fallen damit folgende flexible **Arbeitszeitmodelle**: 21a

– die sog. ungleichmäßige Teilzeitarbeit, bei der die Lage der Arbeitszeit zwar fest bestimmt ist, jedoch ungleichmäßig verteilt wird[4];
– die Zeitsouveränität, deren Wesensinhalt ist, dass Dauer und Lage der Arbeitszeit vom Arbeitnehmer eigenverantwortlich und autark bestimmt werden;
– Gleitzeitvereinbarungen mit oder ohne feste Kernzeiten, da auch hier das Bestimmungsrecht über die Lage der Arbeitszeit nicht beim Arbeitgeber liegt[5];
– Jahresarbeitszeitmodelle mit unterschiedlicher bedarfsabhängiger Arbeitszeit, deren Wesensmerkmal es ist, dass die Verteilung der Arbeitszeit zweiseitig geregelt wird[6];
– Arbeitsbereitschaft, Bereitschaftsdienst und Rufbereitschaft, die einen Annex zu einer im Übrigen nach Lage und Dauer festbestimmten Arbeitszeit darstellen[7];
– bei Überstundenanordnung findet § 12 TzBfG gleichfalls keine Anwendung[8]. Eine Vereinbarung zur Leistung von Überstunden liegt vor, wenn sich der Arbeitnehmer verpflichtet, bei einem vorübergehenden zusätzlichen Arbeitsbedarf länger als vertraglich vereinbart zu arbeiten. Besteht dagegen für den Arbeitnehmer eine selbständige, nicht auf Unregelmäßigkeit oder Dringlichkeit beschränkte Verpflichtung, auf Anforderung des Arbeitgebers zu arbeiten, handelt es sich gerade nicht um Überstunden, sondern um Arbeit auf Abruf[9].

Da nach dem Wortlaut der Bestimmung eine bestimmte Dauer der wöchentlichen und täglichen Arbeitszeit durch Vereinbarung festgelegt sein muss, wurden in der Literatur einhellig sog. **Mindestarbeitszeitmodelle** (bei denen die wöchentliche Arbeitszeit zB auf mindestens 20 Stunden festgelegt war und der Arbeitgeber berechtigt war, ein darüber hinaus vertraglich eingeräumtes Volumen zusätzlich nach eigener Entscheidung abzurufen) als Verstoß gegen die gesetzliche Regelung abgelehnt[10]. Das BAG hat diese Auffassung abgelehnt, da eine derartige Auslegung des Geltungsbereichs der Bestimmung vom Wortlaut her nicht geboten sei. Sie berücksichtige nicht den gesetzlichen Zusammenhang und den Zweck der Regelung. Wesentliches Merkmal der gesetzlichen Bestimmung sei, dass der Arbeitgeber den Arbeitnehmer während des bestehenden Arbeitsverhältnisses zu einer bestimmten Mindestarbeitszeit heranzieht. Wenn darüber hinaus eine Schwankungsreserve in den Arbeitsvertrag 22

---

1 So *Boewer*, § 12 TzBfG Rz. 10; ErfK/*Preis*, § 12 TzBfG Rz. 4; *Meinel/Heyn/Herms*, § 12 TzBfG Rz. 7; Arnold/Gräfl/*Arnold*, § 12 TzBfG Rz. 13.
2 So Annuß/Thüsing/*Jacobs*, § 12 TzBfG Rz. 5; *Mühlmann*, RdA 2006, 356 (358); vermittelnd *Laux/Schlachter*, § 12 TzBfG Rz. 31.
3 Arnold/Gräfl/*Arnold*, § 12 TzBfG Rz. 16.
4 ErfK/*Preis*, § 12 TzBfG Rz. 8.
5 ErfK/*Preis*, § 12 TzBfG Rz. 9; Arnold/Gräfl/*Arnold*, § 12 TzBfG Rz. 24.
6 Arnold/Gräfl/*Arnold*, § 12 TzBfG Rz. 25. Hat jedoch der Arbeitgeber das Bestimmungsrecht über die Lage, liegt Abrufarbeit mit einem Jahresdeputat als Bezugszeitraum vor.
7 ErfK/*Preis*, § 12 TzBfG Rz. 10; Arnold/Gräfl/*Arnold*, § 12 TzBfG Rz. 26.
8 ErfK/*Preis*, § 12 TzBfG Rz. 11; Arnold/Gräfl/*Arnold*, § 12 TzBfG Rz. 27.
9 So BAG 7.12.2005 – 5 AZR 535/04, NZA 2006, 432; s. Anm. dazu von *Bauer/Günther*, DB 2006, 950.
10 S. zur früheren Literatur Annuß/Thüsing/*Jacobs*, § 12 TzBfG Rz. 24.

eingebaut sei, sei die Gültigkeit dieser Vereinbarung vor dem Hintergrund der Schuldrechtsmodernisierung zu prüfen, nicht aber als Verstoß gegen § 12 TzBfG von vornherein abzulehnen[1]. Denn nur bei einer vereinbarten Mindestdauer der wöchentlichen und der täglichen Arbeitszeit mache die nach § 12 Abs. 1 Satz 1 TzBfG zulässige Vereinbarung von Arbeit auf Abruf überhaupt Sinn. Die mit dieser Bestimmung bezweckte Flexibilisierung der Arbeitszeit könne nur erreicht werden, wenn hinsichtlich der Dauer der wöchentlichen und der täglichen Arbeitszeit keine starren gesetzlichen Vorgaben bestünden. Das Schrifttum führe mit der starren Auslegung der gesetzlichen Vorgaben zu einem „Aus" der Arbeit auf Abruf. Die vom Gesetz bezweckte Flexibilisierung sei ausgeschlossen, weil die nach § 12 Abs. 1 TzBfG zulässige Abrufarbeit nicht sinnvoll praktiziert werden könne[2]. Die Auffassung des BAG erweitert den Anwendungsbereich des § 12 TzBfG damit erheblich[3].

23 § 12 Abs. 3 TzBfG ermöglicht abweichende **tarifvertragliche Regelungen** und räumt schließlich auch die Möglichkeit ein, im Geltungsbereich einschlägiger Tarifverträge, die die Anforderungen des § 12 Abs. 3 TzBfG erfüllen, die Anwendung der tariflichen Regelungen auch mit nicht tarifgebundenen Arbeitnehmern zu vereinbaren[4].

9. Arbeitsplatzteilung (Job-Sharing)

24 § 13 TzBfG entspricht im Wesentlichen der früheren Regelung in § 5 BeschFG. Mehrere Arbeitnehmer können sich einen Arbeitsplatz teilen, der geteilte Arbeitsplatz muss kein Vollzeitarbeitsplatz sein[5]. Allerdings müssen die beim Job-Sharing beteiligten Arbeitnehmer Teilzeitler sein[6]. Die Job-Sharer müssen sich mit dem Arbeitgeber über die Arbeitsplatzteilung einigen, andernfalls kommt das Job-Sharing nicht zustande. Eine Ausgleichspflicht zwischen den Job-Sharern besteht grundsätzlich nicht, die gesetzlich zulässige Arbeitszeit nach dem Arbeitszeitgesetz darf nicht überschritten werden. Die Arbeitsverträge werden jeweils zwischen dem Arbeitgeber und den beteiligten Arbeitnehmern getrennt geschlossen. Zwischen den einzelnen Arbeitnehmern bestehen keine Rechtsbeziehungen. Dies ergibt sich auch aus § 13 Abs. 2 TzBfG[7]. In den Arbeitsverträgen muss neben dem Hinweis auf das Job-Sharing auch der Umfang der zu erbringenden Arbeitsleistung eines jeden Teilnehmers am Job-Sharing vereinbart werden. Dieser muss in den jeweiligen Verträgen nicht identisch sein. Es steht den Arbeitsvertragsparteien frei, den jeweiligen Bezugszeitraum festzulegen. Da Kern des Job-Sharing die selbständige Entscheidung der beteiligten Arbeitnehmer über die Lage der Arbeitszeit ist, wird diese regelmäßig vertraglich nicht festgelegt[8]. Wegen der Selbständigkeit der mit den einzelnen Teilnehmern geschlossenen Arbeitsverträge ist auch eine automatische Vertretungspflicht nicht zulässig (§ 13 Abs. 1 Satz 2 TzBfG). Ausnahmsweise gilt dies nur dann, wenn die Pflicht zur gegenseitigen Vertretung für den Fall eines dringenden betrieblichen Erfordernisses geregelt wird (§ 13 Abs. 1 Satz 3 TzBfG)[9]. Ebenso wie die Kündigung eines Job-Sharers im Falle

---

1 Wie dies die Literatur einstimmig getan habe; so BAG 7.12.2005 – 5 AZR 535/04, NZA 2006, 432; s.a. *Bauer/Günther*, DB 2006, 950.
2 So BAG 7.12.2005 – 5 AZR 535/04, NZA 2006, 432 = AP Nr. 4 zu § 12 TzBfG mit Anm. *Lindemann*.
3 Der neuen Rspr. hat sich die Kommentarliteratur inzwischen angeschlossen; so Annuß/Thüsing/*Jacobs*, § 12 TzBfG Rz. 24; *Meinel/Heyn/Herms*, § 12 TzBfG Rz. 28; ErfK/*Preis*, § 12 TzBfG Rz. 19; kritisch Arnold/Gräfl/*Arnold*, § 12 TzBfG Rz. 40.
4 Vgl. dazu ErfK/*Preis*, § 12 TzBfG Rz. 37 f.
5 Vgl. *Meinel/Heyn/Herms*, § 13 TzBfG Rz. 9.
6 *Sievers*, § 13 TzBfG Rz. 3; *Meinel/Heyn/Herms*, § 13 TzBfG Rz. 8; aA Arnold/Gräfl/*Arnold*, § 13 TzBfG Rz. 5.
7 Arnold/Gräfl/*Arnold*, § 13 TzBfG Rz. 10.
8 Arnold/Gräfl/*Arnold*, § 13 TzBfG Rz. 14.
9 Vgl. LAG München 15.9.1993 – 5 Sa 976/92, LAGE § 5 BeschFG 1985 Nr. 1; *Meinel/Heyn/Herms*, § 13 TzBfG Rz. 21.

I. Grundlagen

des Ausscheidens eines Teilnehmers am Job-Sharing ist auch die Vereinbarung einer auflösenden Bedingung mit den übrigen Job-Sharern unzulässig[1]. § 13 Abs. 2 TzBfG enthält ein eigenständiges Kündigungsverbot, eine gegen dieses Verbot verstoßende Kündigung ist nach § 134 BGB nichtig. Die Unwirksamkeit einer derartigen Kündigung ist innerhalb der Drei-Wochen-Frist des § 4 KSchG geltend zu machen[2]. Das Kündigungsverbot gilt aber nur für Beendigungskündigungen, da § 13 Abs. 2 Satz 2 TzBfG die Änderungskündigung aus Anlass des Ausscheidens eines Arbeitnehmers aus der Arbeitsplatzteilung ausdrücklich zulässt. Dabei ist der Grund für das Ausscheiden des Job-Sharing-Partners irrelevant[3].

Die grundlegenden Bestimmungen über Job-Sharing sind auch entsprechend anwendbar, wenn sich Gruppen von Arbeitnehmern auf bestimmten Arbeitsplätzen in festgelegten Zeitabschnitten abwechseln (sog. **Turnusarbeit**, § 13 Abs. 3 TzBfG). Das Gesetz sieht weiterhin die Möglichkeit vor, durch Tarifvertrag auch zuungunsten der Arbeitnehmer von den Bestimmungen dieses Paragraphen abzuweichen (§ 13 Abs. 4 TzBfG). 25

10. Sonstige Bestimmungen

In § 23 TzBfG heißt es (u.a.), dass besondere gesetzliche Regelungen über Teilzeitarbeit unberührt bleiben. Die allgemeinen Bestimmungen des Teilzeit- und Befristungsgesetzes gelten daneben auch im Bereich dieser sondergesetzlichen Regelungen. 26

a) Altersteilzeitgesetz

Der Wechsel eines Arbeitnehmers in ein Altersteilzeitverhältnis bedarf des Abschlusses eines Vertrages, für das TzBfG ist im Rahmen des Altersteilzeitverhältnisses regelmäßig kein Raum. Die allgemeinen Grundsätze wie § 4 Abs. 1 TzBfG sind jedoch anwendbar[4]. Der Antrag auf weitere Verringerung der Arbeitszeit während des Altersteilzeitverhältnisses führt zur Beendigung des Altersteilzeitverhältnisses, da die Arbeitszeit nach § 2 Abs. 1 Nr. 2 ATZG genau um die Hälfte der bisherigen wöchentlichen Arbeitszeit reduziert werden muss, wenn es sich um ein Altersteilzeitverhältnis handeln soll[5]. Einen Rechtsanspruch auf Abschluss eines Altersteilzeitvertrages räumen heute lediglich Tarifverträge oder Betriebsvereinbarungen ein. S. zur Altersteilzeit im Einzelnen Teil 7 B. 27

b) Bundeselterngeld- und Elternzeitgesetz

Zum Anspruch auf Teilzeitarbeit in der Elternzeit s. Teil 2 D Rz. 27 ff. 28

Einstweilen frei. 29–32

c) Schwerbehindertenrecht

Schwerbehinderte Menschen haben einen Anspruch auf Teilzeitbeschäftigung, wenn die kürzere Arbeitszeit wegen der Art oder der Schwere der Behinderung notwendig ist (gem. § 81 Abs. 5 Satz 3 SGB IX). Die Einschränkung der Tätigkeit durch Vollzeitarbeit muss aus medizinischer Sicht durch eine Teilzeitbeschäftigung zumindest re- 33

---

1 S. dazu § 21 TzBfG, vgl. auch ErfK/*Preis*, § 13 TzBfG Rz. 11.
2 Seit dem 1.1.2004 gilt die Drei-Wochen-Frist auch für die eigenständigen Kündigungsverbote wie § 13 Abs. 2 Satz 1 TzBfG.
3 Arnold/Gräfl/*Arnold*, § 13 TzBfG Rz. 37.
4 Annuß/Thüsing/*Kühn*, § 23 TzBfG Rz. 99.
5 Arnold/Gräfl/*Imping*, § 23 TzBfG Rz. 48.

duziert werden können. Dies muss der Schwerbehinderte beweisen[1]. Dieser Anspruch besteht nicht, soweit seine Erfüllung für den Arbeitgeber nicht zumutbar oder mit unverhältnismäßigen Aufwendungen verbunden ist oder soweit die staatlichen oder berufsgenossenschaftlichen Arbeitsschutzvorschriften oder beamtenrechtlichen Vorschriften entgegenstehen (§ 81 Abs. 5 Satz 3 letzter Halbs. iVm. Abs. 4 Satz 3 SGB IX). Auch in Bezug auf diese Bestimmung gilt, dass es das Recht des betroffenen Arbeitnehmers (hier des Schwerbehinderten) ist, zu wählen, auf welchem Wege er eine Änderung seiner Arbeitszeit durchsetzen will[2].

d) Frauenförderung

34 Ansprüche von Beschäftigten, die teilweise über die Vorschriften des TzBfG hinausgehen, enthält das Gesetz zur Gleichstellung von Frauen und Männern in der Bundesverwaltung und in den Gerichten des Bundes (Bundesgleichstellungsgesetz, §§ 12 ff. BGleiG)[3]. Landesgesetzliche Regelungen unterstützen den Anspruch von Frauen zur Durchsetzung der Gleichstellung[4].

e) Pflegezeitgesetz

35 Mit Gesetz vom 1.7.2008 wurde die sog. Pflegezeit eingeführt. Diese sieht in § 3 PflegeZG für die berechtigten Beschäftigten einen **Teilzeitanspruch** (neben einem Anspruch auf vollständige Freistellung von der Arbeitspflicht) vor. Der Anspruch ist § 15 BEEG nachgebildet. Ziel des Gesetzes ist es, dem Wunsch pflegebedürftiger Menschen nach Pflege durch ihre Angehörigen nachzukommen. S. dazu Teil 2 D Rz. 55 ff.

36, 37 Einstweilen frei.

f) Familienpflegezeitgesetz

38 Anders als etwa der Teilzeitanspruch in der Elternzeit gewährt das Familienpflegezeitgesetz vom 6.12.2011[5] keinen neuen Rechtsanspruch auf eine Teilzeittätigkeit zur Pflege eines nahen Angehörigen (§ 2 Abs. 1 FPfZG)[6]. Daher gibt es auch keine Mindestanforderungen an die Größe des Unternehmens oder an eine bestimmte Laufzeit des Arbeitsverhältnisses. Kern der Teilzeitregelung ist die Förderung der Teilzeit durch das Bundesamt für Familie und zivilgesellschaftliche Aufgaben (§ 3 FPfZG). Förderfähig sind Arbeitgeber, die mit ihren Arbeitnehmern eine Vereinbarung für längstens 24 Monate treffen, in der die bisherige Arbeitszeit (auch bisherige Teilzeit) auf mindestens 15 Stunden reduziert wird. Über einen Antrag auf Abschluss einer Vereinbarung muss der Arbeitgeber nach billigem Ermessen (gem. § 315 Abs. 3 BGB) entscheiden[7]. Der Arbeitgeber soll mit dem Förderbetrag (der als zinsloses Darlehen gezahlt wird) den Einkommensverlust des Arbeitnehmers (weitgehend) ausgleichen. Alleiniger Anlass für diese Vereinbarung darf lediglich der Wunsch des Arbeitnehmers sein, einen pflegebedürftigen nahen Angehörigen in häuslicher Umgebung zu pflegen. Dieser Anlass ist bei der Beantragung der Förderung nachzuweisen. Zu weiteren Einzelheiten s. Teil 2 D Rz. 81 ff.

---

1 LAG Köln 23.11.2009 – 5 Sa 601/09; s.a. *Laux/Schlachter*, § 23 Anh. 1 Rz. 6.
2 So auch *Rolfs*, RdA 2001, 129 (139); *Hanau*, NZA 2001, 1168 (1173); *Meinel/Heyn/Herms*, § 23 TzBfG Rz. 17.
3 Vgl. *Arnold/Gräfl/Imping*, § 23 TzBfG Rz. 58.
4 Die Landesgesetze sind aufgeführt bei *Meinel/Heyn/Herms*, § 23 TzBfG Rz. 14 und bei *Laux/Schlachter*, § 23 Anh. 1 Rz. 3 ff.
5 BGBl. I, 2564.
6 *Meinel/Heyn/Herms*, § 23 TzBfG Rz. 21; *Annuß/Thüsing/Kühn*, § 23 TzBfG Rz. 68.
7 *Meinel/Heyn/Herms*, § 23 TzBfG Rz. 21.

11. Abweichende Vereinbarungen

Vom Teilzeit- und Befristungsgesetz abweichende Vereinbarungen (betreffend die Teilzeit) sind grundsätzlich (außer bei den zur Arbeit auf Abruf und zur Arbeitsplatzteilung genannten Fällen in §§ 12 Abs. 2 und 13 Abs. 4 TzBfG) nur zu Gunsten des Arbeitnehmers möglich (§ 22 Abs. 1 TzBfG). Unberührt bleibt von diesem **Verschlechterungsverbot** die Möglichkeit, den Arbeitnehmer gegenüber der gesetzlichen Ausgangslage besser zu stellen[1]. Für den Bereich des öffentlichen Dienstes ist schließlich die Regelung in § 22 Abs. 2 TzBfG zu beachten. Zu den unabdingbaren Vorschriften iSd. § 22 Abs. 1 TzBfG gehört insbesondere der Teilzeitanspruch aus § 8 TzBfG. Die Tarifvertragsparteien sind nach § 8 Abs. 4 Satz 3 TzBfG lediglich befugt, die Gründe festzulegen, die den Arbeitgeber zur Ablehnung eines Verringerungsantrages berechtigen. Diese Bestimmung untersagt alle Regelungen, die vom gesetzlichen Verringerungsanspruch des Arbeitnehmers „abweichen". Erfasst werden Regelungen, die den Inhalt des Anspruchs zum Nachteil des Arbeitnehmers verändern[2].

39

II. Teilzeitanspruch

Das Kernstück der gesetzlichen Regelung der Teilzeitarbeitsverhältnisse bildet der Teilzeitanspruch aus § 8 TzBfG[3].

40

1. Allgemeine Voraussetzungen

Das Arbeitsverhältnis muss zum Zeitpunkt des Antrags des Arbeitnehmers auf Verringerung der Arbeitszeit **mindestens sechs Monate** bestanden haben (sog. Wartezeit). Diese Frist wird gem. §§ 188, 187 Abs. 2 BGB berechnet[4]. Insofern gelten für den Beginn des Arbeitsverhältnisses die gleichen Grundsätze wie für § 1 KSchG und § 4 BUrlG[5]. Der fehlende Hinweis auf das Erfordernis des ununterbrochen bestehenden Arbeitsverhältnisses ist auf ein Redaktionsversehen des Gesetzgebers zurückzuführen[6]. Bei der Anrechnung früherer Beschäftigungszeiten kommt es auf die Vereinbarung an[7]. Kurzfristige Ausfälle im Rahmen der Entgeltfortzahlung oder im Krankheitsfall bleiben unberücksichtigt[8].

41

Beispiel:

Beginn des Arbeitsverhältnisses 1. März, Antragstellung am 31. August.

Die Antragstellung ist verfrüht, der Antrag kann frühestens am 1. September gestellt werden.

---

1 Vgl. den Fall des LAG Düsseldorf 14.12.2005 – 12 Sa 1195/05, DB 2006, 510; s.a. Annuß/Thüsing/*Thüsing*, § 22 TzBfG Rz. 20; *Meinel/Heyn/Herms*, § 22 TzBfG Rz. 6; *Laux/Schlachter*, § 22 TzBfG Rz. 5.
2 BAG 14.10.2002 – 9 AZR 100/03, NZA 2004, 614 (616).
3 Zur Aufsatzliteratur vgl. nur *Gallner*, AE 2009, 307; *Bruns*, BB 2010, 956 und BB 2010, 1151; *Wisskirchen*, DB 2003, 277; *Feldhoff*, AIB 2003, 84; *Hunold*, NZA-RR 2004, 225; *Perreng*, AIB 2002, 764; *Reiserer/Penner*, BB 2002, 1694; *Range-Ditz*, ArbRB 2003, 374; *Salamon/Reuße*, NZA 2013, 865; *Hohenhaus*, DB 2003, 1954.
4 *Meinel/Heyn/Herms*, § 8 TzBfG Rz. 24.
5 Vgl. APS/*Dörner*, § 1 KSchG Rz. 30; KR/*Etzel*, § 1 KSchG Rz. 99; ErfK/*Preis*, § 8 TzBfG Rz. 8; Arnold/Gräfl/*Lehnen*, § 8 TzBfG Rz. 14.
6 Annuß/Thüsing/*Mengel*, § 8 TzBfG Rz. 27; *Meinel/Heyn/Herms*, § 8 TzBfG Rz. 21; ErfK/*Preis*, § 8 TzBfG Rz. 8.
7 Annuß/Thüsing/*Mengel*, § 8 TzBfG Rz. 29; diff. Arnold/Gräfl/*Lehnen*, § 8 TzBfG Rz. 16, die bei engerem sachlichen Zusammenhang zu früherem Arbeitsverhältnis zur Anrechnungspflicht kommen.
8 So *Bruns*, BB 2010, 956 (958).

42 Maßgeblich ist der **Zeitpunkt des Antrags** und nicht der Zeitpunkt, zu dem der Antrag wirksam werden soll. Den Antrag können auch Arbeitnehmer stellen, die bereits in Teilzeit arbeiten. § 8 TzBfG gilt auch für Teilzeitbeschäftigte. Diese Bestimmung gilt damit auch für flexible, sich über einen längeren Zeitraum (zB ein Jahr) erstreckende Arbeitszeitmodelle[1]. Sie können diesen Antrag mit dem Ziel stellen, eine erneute Verringerung der Arbeitszeit zu verlangen (jedoch unter Beachtung der Frist nach § 8 Abs. 6 TzBfG). Geht der Antrag vor Ablauf der Sechs-Monats-Frist beim Arbeitgeber ein, ist er unwirksam und kann auch nicht nachträglich rückwirkend geheilt werden. Folgerichtig läuft im Falle eines verfrühten Antrags auch nicht die Sperrfrist des § 8 Abs. 6 TzBfG[2]. Daher kann sofort ein neuer Antrag unter Wahrung der Frist gestellt werden.

43 Zweite Voraussetzung für eine wirksame Antragstellung ist, dass der Arbeitgeber **mehr als 15 Arbeitnehmer** beschäftigt. Auszubildende zählen dabei nicht mit (vgl. § 8 Abs. 7 TzBfG)[3]. Maßgeblich ist das Unternehmen, nicht der jeweilige Betrieb, in dem der antragstellende Arbeitnehmer tätig ist. Bei Betrieben, die von mehreren Unternehmen gemeinschaftlich geführt werden (sog. Gemeinschaftsbetrieben), ist jedes am Gemeinschaftsbetrieb beteiligte Unternehmen gesondert zu zählen, da sich der Antrag nicht gegen den „Betriebsinhaber" richtet, sondern gegen den jeweiligen Arbeitgeber[4].

Beispiel:

Die x-GmbH besitzt einen Betrieb in Köln mit zehn Arbeitnehmern und einen Betrieb in München mit acht Arbeitnehmern. Alle Arbeitnehmer in beiden Betrieben können den Antrag auf Verringerung der Arbeitszeit stellen, sofern sie die Voraussetzungen des § 8 Abs. 1 TzBfG (sechsmonatiges Bestehen des Arbeitsverhältnisses) im Übrigen erfüllen.

44 Bei der Prüfung, ob mindestens 15 Arbeitnehmer bei Geltendmachung des Anspruchs[5] beschäftigt sind, sind die gleichen Überlegungen wie bei der ähnlich gelagerten Problematik in § 23 Abs. 1 KSchG anzustellen. Maßgeblich für die Feststellung der „in der Regel" beschäftigten Arbeitnehmer sind eine Rückschau und eine Zukunftsprognose im Zeitpunkt der Antragstellung[6].

45 Anders als bei § 23 Abs. 1 KSchG zählt jeder Mitarbeiter des Unternehmens voll, gleichgültig, ob er in Teilzeit oder in Vollzeit arbeitet. Auch ruhende Arbeitsverhältnisse zählen mit, bei „Elternzeitlern" ist § 21 Abs. 7 BEEG zu beachten[7].

2. Antragstellung

46 Der Antrag kann **formlos**, also auch mündlich, gestellt werden. § 8 Abs. 2 TzBfG verlangt lediglich „Geltendmachung" (anders als § 15 Abs. 7 Nr. 5 BEEG). Der Antrag muss bis spätestens **drei Monate vor** dem gewünschten **Beginn** der Teilzeitarbeit gestellt werden. Der Tag der Geltendmachung ist nicht einzubeziehen. Die Geltendma-

---

1 BAG 13.11.2012 – 9 AZR 259/11, NZA 2013, 373 (374) Rz. 17.
2 *Meinel/Heyn/Herms*, § 8 TzBfG Rz. 25; Annuß/Thüsing/*Mengel*, § 8 TzBfG Rz. 35.
3 *Laux/Schlachter*, § 8 TzBfG Rz. 119.
4 So *Sievers*, § 8 TzBfG Rz. 50; Annuß/Thüsing/*Mengel*, § 8 TzBfG Rz. 6; aA *Laux/Schlachter*, § 8 TzBfG Rz. 77; *Bruns*, BB 2010, 956 (958): Bei einem Gemeinschaftsbetrieb mit über 15 Arbeitnehmern erfordere der Kleinunternehmerschutz der Überforderungsklausel (15 Arbeitnehmer) keine separate Berechnung der Kopfzahl.
5 BAG 21.6.2005 – 9 AZR 409/04, NZA 2006, 316.
6 Annuß/Thüsing/*Mengel*, § 8 TzBfG Rz. 11; ErfK/*Preis*, § 8 TzBfG Rz. 10; aA *Bruns*, BB 2010, 956 (958).
7 ErfK/*Preis*, § 8 TzBfG Rz. 10; Annuß/Thüsing/*Mengel*, § 8 TzBfG Rz. 7.

II. Teilzeitanspruch

chung kann auch per Fax erfolgen[1]. Dabei verlangt das Gesetz nicht, dass eine Arbeitszeitverringerung jeweils nur zum Monatsbeginn wirksam wird (obwohl dies aufgrund des administrativen Aufwands ratsam wäre). Da der Antrag auch formlos gestellt werden kann, wird diskutiert, inwieweit der Arbeitgeber Regeln aufstellen kann, wem gegenüber der Antrag gestellt werden muss. Derartige Regelungen (zB Antragstellung ausschließlich bei der Personalabteilung) sind nicht als nachteilige Abweichungen iSd. § 22 Abs. 1 TzBfG unwirksam. Der Arbeitgeber kann für den Antrag empfangsberechtigte Personen definieren[2].

Die Folgen der Nichteinhaltung der Antragsfrist von drei Monaten sind noch ungeklärt. Nach der Rspr. bleibt eine nicht fristgemäß beim Arbeitgeber eingehende Geltendmachung wirksam, wenn der Erklärung im Wege der Auslegung entnommen werden kann, dass der Arbeitnehmer in jedem Fall (dann zum nächstmöglichen Termin) die Verringerung der Arbeitszeit begehrt[3]. Es verschiebt sich damit nur der Zeitpunkt des Vollzugs der Reduzierung der Arbeitszeit[4]. Die Literatur wendet gegen diese Rechtsprechung ein, dass sich diese rechtliche Konsequenz nicht mit der Verpflichtung des Arbeitgebers nach § 8 Abs. 5 Satz 1 TzBfG vereinbaren lasse (schriftliche Mitteilung spätestens einen Monat vor dem gewünschten Beginn der Verringerung)[5]. Aus der Nichteinhaltung der Drei-Monats-Frist durch den Arbeitnehmer dürfen sich aber keine Nachteile für den Arbeitgeber ergeben. Der Arbeitgeber kann sich in den anschließenden Erörterungen auf die Nichteinhaltung der Frist berufen. Verbunden mit der Ablehnungsfrist nach § 8 Abs. 5 Satz 2 und 3 TzBfG werden dem Arbeitgeber mindestens zwei Monate Zeit gegeben, um feststellen zu können, ob das Teilzeitverlangen aus betrieblichen Gründen abgelehnt werden muss oder erfüllt werden kann. Diese Frist muss dem Arbeitgeber ungekürzt zur Verfügung stehen, wenn er sich darauf beruft. Allerdings steht ihm frei, sich auf das verspätet eingehende Verlangen des Arbeitnehmers ohne Vorbehalt einzulassen und dennoch zu dem vom Arbeitnehmer gewünschten Termin über den Teilzeitantrag zu entscheiden. In diesem Fall bleibt ihm die Berufung auf die Fristversäumnis des Arbeitnehmers verwehrt[6]. Die Auffassung der Rechtsprechung ist vorzugswürdig, stellt sie doch einen Ausfluss des Konsensgedankens dar, der in § 8 Abs. 3 TzBfG ausdrücklich betont wird.

Der Antrag ist formal nur dann wirksam gestellt, wenn die Verringerung der Arbeitszeit **konkret** und **für den Arbeitgeber nachvollziehbar** verlangt wird[7]. Dies ist vor dem Hintergrund bedeutsam, dass es in einem Rechtsstreit um die Abgabe der Annahmeerklärung des Arbeitgebers auf das Angebot des Arbeitnehmers geht, ab einem bestimmbaren Zeitpunkt nur noch mit verringerter Arbeitszeit zu arbeiten[8]. Vor dem Hintergrund der Fiktion des § 8 Abs. 5 Satz 2 TzBfG und der Vollstreckbarkeit eines Urteils sind die Anforderungen an den Inhalt des Teilzeitverlangens des Arbeitnehmers zu definieren[9]. Es war lange streitig, ob der Arbeitnehmer an einen einmal gestellten Antrag auf Verringerung der Arbeitszeit gebunden ist (s. Rz. 72)[10]. Selbstver-

---

1 §§ 126 ff. BGB gelten für die Antragstellung nicht, s. BAG 18.2.2003 – 9 AZR 356/02, NZA 2003, 911 (912).
2 Annuß/Thüsing/*Mengel*, § 8 TzBfG Rz. 76 f.; *Laux/Schlachter*, § 8 TzBfG Rz. 64.
3 BAG 16.12.2008 – 9 AZR 893/07, NZA 2009, 565 (568); 20.7.2004 – 9 AZR 626/03, NZA 2004, 1090 (1091).
4 BAG 20.7.2004 – 9 AZR 626/03, NZA 2004, 1090 (1091); so auch LAG Rh.-Pf. 4.6.2004 – 3 Sa 186/04, NZA-RR 2005, 123; aA Arnold/Gräfl/*Lehnen*, § 8 TzBfG Rz. 30; ErfK/*Preis*, § 8 TzBfG Rz. 13: Die Fristeinhaltung ist materielle Wirksamkeitsvoraussetzung; hält der Arbeitnehmer sie nicht ein, ist das Verlangen unwirksam.
5 ErfK/*Preis*, § 8 TzBfG Rz. 13; Annuß/Thüsing/*Mengel*, § 8 TzBfG Rz. 52.
6 So BAG 14.10.2003 – 9 AZR 636/02, NZA 2004, 975.
7 BAG 16.10.2007 – 9 AZR 239/07, BB 2008, 105.
8 BAG 16.10.2007 – 9 AZR 239/07, BB 2008, 105; 18.2.2003 – 9 AZR 164/02, NZA 2003, 1392.
9 BAG 18.5.2004 – 9 AZR 219/03, NZA 2005, 108.
10 S. BAG 23.11.2004 – 9 AZR 644/03, NZA 2005, 769.

ständlich kann der Arbeitnehmer den Antrag jederzeit zurücknehmen oder nicht mehr weiter betreiben, jedoch mit der Konsequenz, dass ein neuer Antrag frühestens nach Ablauf von zwei Jahren gestellt werden kann (gem. § 8 Abs. 6 TzBfG).

48a Da der Teilzeitantrag rechtlich ein Angebot auf Abschluss eines Änderungsvertrages iSd. § 145 BGB darstellt, muss ein solches Angebot nach allgemeinem Vertragsrecht so formuliert sein, dass es mit einem einfachen „Ja" angenommen werden kann[1]. Der Antrag auf Verringerung und Verteilung der Arbeitszeit ist auf den Abschluss eines Änderungsvertrages gerichtet und damit ein Angebot iSv. § 145 BGB[2]. Schon wegen der Gefahr des Eintritts der sog. Zustimmungsfiktion (gem. § 8 Abs. 5 Satz 2 TzBfG) muss der Arbeitgeber klar und transparent erkennen können, ob ein wirksames Verlangen vorliegt[3]. Vor diesem Hintergrund ist ein Antrag unzulässig, mit dem ein Arbeitnehmer lediglich für einen befristeten Zeitraum die Reduzierung der Arbeitszeit verlangt.

48b Eine **befristete Verringerung der Arbeitszeit** kann nur einvernehmlich erfolgen. Verlangt der Arbeitnehmer einseitig eine befristete Verringerung der Arbeitszeit, entspricht dies nicht den gesetzlichen Voraussetzungen des § 8 TzBfG; für einen derartigen Anspruch kennt das Gesetz keine Anspruchsgrundlage, dementsprechend ist in diesem Fall der Arbeitgeber auch nicht verpflichtet, das Verfahren nach § 8 TzBfG durchzuführen[4].

48c **Kern** des Anspruchs ist die **Verringerung der Arbeitszeit**. Auch eine sehr geringe Reduzierung beeinträchtigt nicht die Zulässigkeit des Teilzeitantrags. Das Gesetz macht keine Vorgaben hinsichtlich des Umfangs der Vertragsänderung und knüpft den Anspruch auf Verringerung der Arbeitszeit auch nicht an ein Mindestmaß der Arbeitszeitreduzierung[5].

Beispiel:

Ein Flugkapitän, der auf der Basis eines Jahresarbeitszeitkontos tätig ist, möchte regelmäßig in der Zeit vom 22.12. eines Jahres bis zum 2.1. des Folgejahres nicht arbeiten und verlangt damit eine Reduzierung des Jahresarbeitszeitkontos um genau 3,29 %[6].

Das BAG hat in dem vorgenannten Beispielsfall besondere Umstände geprüft, die darauf schließen lassen, dass der Arbeitnehmer das Recht auf Teilzeit zweckwidrig dazu nutzt, „unter Inkaufnahme einer unwesentlichen Verringerung der Arbeitszeit und der Arbeitsvergütung eine bestimmte Verteilung der Arbeitszeit zu erreichen, auf die er ohne die Arbeitszeitreduzierung keinen Anspruch hätte"[7]. Im Ergebnis wurde der Teilzeitanspruch des Flugkapitäns wegen Rechtsmissbrauchs abgelehnt.

49 Die **gewünschte Verteilung** der verringerten Arbeitszeit kann dem Direktionsrecht des Arbeitgebers (nach § 106 GewO) überlassen werden. Der Arbeitnehmer ist dabei nicht auf das Modell der bisherigen Arbeitszeitverteilung beschränkt (zB Fünf-Tage-Woche). Er kann auch hier bis zur Grenze des Rechtsmissbrauchs (§ 242 BGB)[8] eine neue Verteilung der verkürzten Arbeitszeit verlangen. Nach § 8 Abs. 2 Satz 2 TzBfG „soll" die gewünschte Verteilung angegeben werden. Damit wird deutlich, dass der Arbeitnehmer nicht verpflichtet ist, einen Verteilungswunsch zu äußern[9]. In der Re-

---

1 BAG 16.10.2007 – 9 AZR 239/07, BB 2008, 105.
2 BAG 15.11.2011 – 9 AZR 729/07.
3 Vgl. auch LAG Rh.-Pf. 19.8.2011 – 6 Sa 214/11.
4 BAG 12.9.2006 – 9 AZR 686/05, DB 2007, 525; so auch *Laux/Schlachter*, § 8 TzBfG Rz. 40.
5 BAG 11.6.2013 – 9 AZR 786/11, DB 2013, 2091.
6 Fall gebildet nach der Entscheidung des BAG 11.6.2013 – 9 AZR 786/11, DB 2013, 2091.
7 BAG 11.6.2013 – 9 AZR 786/11, DB 2013, 2091.
8 BAG 18.8.2009 – 9 AZR 517/08, AP Nr. 28 zu § 8 TzBfG Rz. 27.
9 Der Arbeitnehmer kann die Verteilung gem. § 106 GewO in das Ermessen des Arbeitgebers stellen, BAG 13.11.2012 – 9 AZR 259/11, NZA 2013, 373 Rz. 12; BAG 23.11.2004 – 9 AZR 644/03, NZA 2005, 769 (770).

II. Teilzeitanspruch

gel dürfte der Arbeitnehmer aber neben der Verringerung Klarheit über die Lage der verbleibenden Arbeitszeit haben wollen[1]. Die Verteilung der Arbeitszeit ist Ausfluss des Wunsches auf Verringerung und nicht etwa ein davon unabhängiges Aliud, das gesondert geltend gemacht werden könnte. Dementsprechend verbindet der Arbeitnehmer das Verlangen nach Verringerung der Arbeitszeit regelmäßig mit einem konkreten Verteilungswunsch in der Weise, dass er sein Änderungsangebot von der Festsetzung der gewünschten Arbeitszeitverteilung abhängig macht. Tut er dies eindeutig, kann das Änderungsangebot vom Arbeitgeber nur einheitlich angenommen oder abgelehnt werden (§ 150 Abs. 2 BGB)[2]. Üblicherweise ist der Teilzeitwunsch Ergebnis von Planungen, für die die Verteilung der Arbeitszeit von Bedeutung ist und nicht ausschließlich die abstrakte Verkürzung. Für eine gegenteilige Behandlung durch die Gerichte bedarf es besonderer Anhaltspunkte[3]. Damit geht der Arbeitnehmer allerdings das Risiko ein, dass sein Teilzeitwunsch allein wegen inakzeptabler Verteilung scheitert[4].

Es ist damit grundsätzlich nicht zulässig, isoliert ausschließlich eine andere Verteilung der Arbeitszeit zu verlangen. Dies widerspräche auch dem Ziel des Gesetzes, das nicht die anderweitige Verteilung der Arbeit fördern soll, sondern Teilzeitarbeit und damit die verkürzte Arbeit (gem. §§ 1, 6 TzBfG)[5]. Bei der Verteilung des verringerten Restvolumens kann keine Neuverteilung verlangt werden, sondern der Arbeitnehmer kann nur angeben, in welcher Weise das Verringerungsverlangen umgesetzt werden soll. Er kann die Verteilung aber auch offen lassen und damit dem Direktionsrecht des Arbeitgebers unterwerfen (gem. § 106 GewO). Die Rechtsprechung hat lediglich in dem Fall ein bislang isoliertes Verfahren um die Verteilung der verringerten Arbeitszeit zugelassen, in dem sich die Arbeitsvertragsparteien bereits auf eine Verkürzung der Arbeitszeit geeinigt hatten. In diesem Fall bestand ein unmittelbarer Zusammenhang iSv. § 8 Abs. 3 Satz 1 und Satz 2 sowie § 8 Abs. 4 Satz 1 TzBfG zwischen Verkürzung und Verteilung der Arbeitszeit. Der Arbeitnehmer soll in dieser Konstellation die Möglichkeit haben, auch eine isolierte Klage auf Neuverteilung der Arbeitszeit zu erheben[6].

50

Beispiele:

– Die Vollzeitarbeit beträgt 38,5 Stunden pro Woche, nämlich 7,7 Stunden von Montag bis Freitag. Will der Arbeitnehmer am Freitag nicht arbeiten, dann wird er die Verringerung der Wochenarbeitszeit um 7,7 Stunden verlangen müssen und gleichzeitig angeben, dass die Arbeitszeit weiterhin 7,7 Stunden von Montag bis Donnerstag betragen soll. Nicht zulässig wäre es, das verbleibende Wochen-Arbeitszeit-Volumen von 30,8 Stunden gleichzeitig umverteilen zu wollen.

51

– Der Arbeitnehmer wünscht eine Reduzierung des Jahresarbeitszeitkontos von 2002 auf 1500 Stunden. Gibt es im Unternehmen keine (individuelle oder kollektive) Regelung über die Verteilung, so kann der Arbeitnehmer auch angeben, wann er die 502 Stunden einbringen will (zB durch ein Sabbatical von mehreren Monaten).

⊃ **Hinweis:** Kern des Anspruchs ist die Verringerung der (täglichen, wöchentlichen, jährlichen) Arbeitszeit. Die Verteilung kann als Annex mitverlangt werden – oder sie wird dem Direktionsrecht des Arbeitgebers überlassen.

52

---

1 Vgl. BAG 24.6.2008 – 9 AZR 514/07, NZA 2008, 1289.
2 So BAG 18.2.2003 – 9 AZR 356/02, NZA 2003, 911 (912).
3 So BAG 18.2.2003 – 9 AZR 356/02, NZA 2003, 911 (912).
4 *Bruns*, BB 2010, 956 (958).
5 Der Verteilungswunsch ist ein unselbständiger Annex des Verringerungswunsches, vgl. *Meinel/Heyn/Herms*, § 8 TzBfG Rz. 30; ErfK/*Preis*, § 8 TzBfG Rz. 6; aA *Straub*, NZA 2001, 919 (920).
6 So BAG 16.12.2008 – 9 AZR 893/07, NZA 2009, 566 (567).

Eine andere Arbeitszeitverteilung *allein* (einschließlich einer Umverteilung der im Falle einer Reduzierung verbleibenden Arbeitszeit) kann mit dem Anspruch nach § 8 TzBfG grundsätzlich nicht verfolgt werden.

Werden die Ansprüche auf Verkürzung und Verteilung miteinander kombiniert, kann der Arbeitgeber dieses Vertragsangebot nur einheitlich annehmen oder ablehnen.

3. Verhandlungsphase

53 Das Gesetz geht ebenso wie die EG-Richtlinie 97/81/EG von einer Konsenslösung aus. Um zu einem Konsens zu kommen, muss der Arbeitgeber mit dem Arbeitnehmer die gewünschte Verringerung und (ggf.) die Verteilung der Arbeitszeit mit dem Ziel einer Einigung erörtern (§ 8 Abs. 3 TzBfG). Die **Erörterung** muss innerhalb der nach Antragstellung verbleibenden zwei Monate erfolgen und so rechtzeitig abgeschlossen sein, dass noch vor Ablauf dieser Frist (nach Antragstellung) das Ergebnis dem Arbeitnehmer gem. § 8 Abs. 5 Satz 1 TzBfG mitgeteilt werden kann. Inhaltliche Ansprüche an die Erörterung stellt das Gesetz nicht. Dennoch bedeutet die Verhandlungspflicht nach § 8 Abs. 3 TzBfG keinen rechtlich unverbindlichen Appell. In ihr kommt der Wille des Gesetzgebers zum Ausdruck, durch Begründung von Rechtspflichten eine einvernehmliche, innerbetriebliche Regelung zu begründen. So kann der Arbeitgeber dem Arbeitnehmer keine Einwendungen entgegenhalten, die im Rahmen einer Verhandlung hätten ausgeräumt werden können[1]. Der Arbeitnehmer kann nach der Verhandlung auch einen anderen Arbeitszeitwunsch einklagen, als er ursprünglich geltend gemacht hat, wenn er dabei neue Erkenntnisse berücksichtigt, die sich aus der Verhandlungsphase ergeben. Allerdings sieht das Gesetz nicht vor, dass die Ablehnung der gewünschten Arbeitszeitverteilung unwirksam ist, wenn der Arbeitgeber gegen seine Verhandlungsobliegenheit verstößt. Eine derart schwerwiegende Rechtsfolge hätte ausdrücklich angeordnet werden müssen[2]. Aus dem „Nichterörtern" kann keine Fiktion hergeleitet werden. Auch eine Verwirkung des Ablehnungsrechts wegen Rechtsmissbrauchs (§ 242 BGB) kommt nicht in Betracht, da das Gesetz ausreichend Sanktionen enthält und den Arbeitnehmer nicht rechtlos stellt[3]. Eine **Einigung** setzt voraus, dass sowohl der Umfang der Verringerung der Arbeitszeit als auch die Lage der verbleibenden Arbeitszeit (s. § 8 Abs. 3 Satz 2 TzBfG) festgelegt werden. Kommt es in einem dieser beiden Punkte nicht zu einer Einigung, obwohl der Arbeitnehmer zwischen beiden für den Arbeitgeber erkennbar ein Junktim hergestellt hat, ist die gesamte Regelung gescheitert und es greift dann das Prozedere des § 8 Abs. 5 TzBfG ein.

4. Verhandlungsergebnis

54 Der Arbeitgeber ist verpflichtet, das Verhandlungsergebnis über die Verringerung der Arbeitszeit und deren Verteilung dem Arbeitnehmer spätestens einen Monat vor dem gewünschten Beginn der Verringerung **schriftlich mitzuteilen** (§ 8 Abs. 5 Satz 1 TzBfG).

---

1 BAG 8.5.2007 – 9 AZR 1112/06, AP Nr. 21 zu § 8 TzBfG Rz. 24.
2 *Laux/Schlachter*, § 8 TzBfG Rz. 241.
3 So BAG 18.2.2003 – 9 AZR 356/02, NZA 2003, 911; s.a. BAG 19.8.2003 – 9 AZR 542/02, AP Nr. 4 zu § 8 TzBfG; aA ErfK/*Preis*, § 8 TzBfG Rz. 15; diff. *Laux/Schlachter*, § 8 TzBfG Rz. 241.

II. Teilzeitanspruch Rz. 56 Teil 3 B

Der zeitliche Ablaufplan ergibt sich aus nachfolgender **Übersicht:** 55

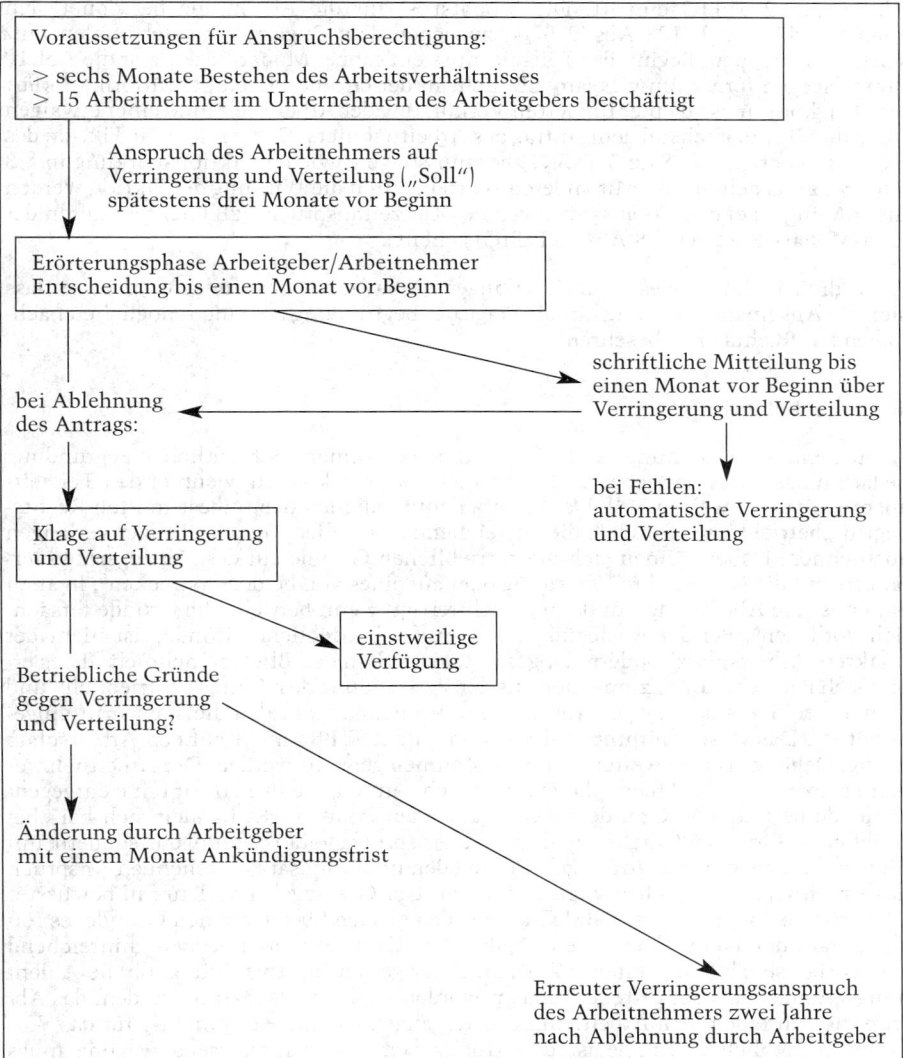

Als Entscheidung iSd. § 8 Abs. 5 Satz 1 TzBfG ist sowohl das Ergebnis der Einigung 56
zwischen Arbeitgeber und Arbeitnehmer als auch das Ergebnis des Scheiterns der Verhandlungen zu verstehen. Das Gesetz verlangt auch im Falle des Zustandekommens einer Einigung eine schriftliche Mitteilung des Arbeitgebers (in der Form des § 126 BGB). Für eine Ablehnung reicht ein einfaches „Nein" aus[1]. Besonders bedeutsam ist die **Schriftform** bei der Ablehnung des Antrages. Lehnt der Arbeitgeber den Antrag nur mündlich ab, kann sich der Arbeitnehmer auf den Formmangel berufen; diese Be-

---

1 BAG 18.2.2003 – 9 AZR 164/02, AP Nr. 7 zu § 8 TzBfG.

rufung stellt keinen Rechtsmissbrauch dar[1]. Die Schriftform dient der Transparenz. Der Arbeitnehmer muss Gewissheit haben, ob die Zustimmungsfiktion des § 8 Abs. 5 Satz 2 TzBfG eintritt. Die Monatsfrist für die Ablehnung berechnet sich nach §§ 187 Abs. 1, 188 Abs. 2 BGB; zwischen dem Zugang der ablehnenden Entscheidung und dem Beginn der Teilzeit muss ein ganzer Monat liegen[2]. Ist die Ablehnung dagegen formal unwirksam (zB nicht in der erforderlichen Schriftform) erklärt worden, kommt es zu einer fingierten Verkürzung der Arbeitszeit (und einer etwaigen Verteilung) entsprechend dem Antrag des Arbeitnehmers. Dabei reicht die Fiktion des § 8 Abs. 5 Satz 2 und Satz 3 TzBfG aber nur so weit, wie die Fiktionswirkung in § 8 Abs. 5 Satz 2 gelten soll. Mit anderen Worten, durch die Wirkung der Fiktion werden nicht Mängel bei den Voraussetzungen des Teilzeitanspruchs (zB Nichteinhalten der Drei-Monats-Frist des § 8 Abs. 2 TzBfG) geheilt[3].

57 Auch die Ablehnung des Teilzeitverlangens muss nicht begründet werden, so dass sich die Auseinandersetzung um die Frage der Begründung auf einen möglichen nachfolgenden Rechtsstreit beschränkt[4].

5. Betriebliche Gründe

58 Auch wenn die Ablehnung des Teilzeitverlangens keiner ausdrücklichen Begründung bedarf, muss der Arbeitgeber doch Gründe vorweisen können, wenn er den Teilzeitanspruch zurückweisen will. Das Gesetz nennt lediglich den unbestimmten Rechtsbegriff **„betriebliche Gründe"**, die ausreichend sein sollen, um das Teilzeitverlangen abzulehnen. Dabei können sich die betrieblichen Gründe auf das Verringerungsverlangen, auf die gewünschte Verteilung oder auf eines von beiden erstrecken[5]. In allen Fällen ist die Ablehnung nur dann gerechtfertigt, wenn betriebliche Gründe tatsächlich vorliegen[6]. Bei der Auslegung des Begriffs „betriebliche Gründe" ist nicht der konkrete Arbeitsplatz sondern der gesamte Betrieb in den Blick zu nehmen[7]. Dies ergibt sich nach dem BAG zum einen aus der Verwendung des Wortes „betrieblich" und zum anderen aus dem systematischen Zusammenhang, in den die Vorschrift eingebettet ist. Das Gesetz nimmt in § 8 Abs. 4 Satz 2 TzBfG nicht auf den Arbeitsplatz Bezug. Daher muss ein weiterer Prüfungsrahmen gewählt werden. Der Arbeitnehmer kann sich auf andere Arbeitsplätze im Betrieb berufen, die in Teilzeit ohne entgegenstehende betriebliche Gründe ausgefüllt werden können[8]. Es handelt sich bei „betrieblichen Gründen" nicht um negative Anspruchsvoraussetzungen, sondern um Einwendungen, die vom Arbeitgeber gegen den im Grundsatz bestehenden Anspruch des Arbeitnehmers erhoben werden können. Der Gesetzgeber verlangt in bewusster Abgrenzung von § 15 Abs. 7 BEEG keine „dringenden" betrieblichen Gründe, es reichen „rational nachvollziehbare Gründe". Die Gründe müssen jedoch „hinreichend gewichtig" sein[9]. Maßgeblicher Zeitpunkt der gerichtlichen Prüfung, ob die Ablehnungsgründe zu Recht geltend gemacht worden sind, ist das Datum, zu dem das Ablehnungsschreiben dem Arbeitnehmer zugegangen ist[10]. Beweispflichtig für das Vorliegen betrieblicher Gründe ist der Arbeitgeber[11]. Eine Interessenabwägung muss

---

1 BAG 18.5.2004 – 9 AZR 319/03, NZA 2005, 108.
2 Arnold/Gräfl/*Vossen*, § 8 TzBfG Rz. 126.
3 BAG 20.7.2004 – 9 AZR 626/03, NZA 2004, 1090 (1091); s.a. *Lorenz*, NZA-RR 2006, 281 (284).
4 So *Meinel/Heyn/Herms*, § 8 TzBfG Rz. 88.
5 BAG 16.3.2004 – 9 AZR 323/03, BB 2005, 1570.
6 BAG 18.2.2003 – 9 AZR 164/02, NZA 2003, 1392; *Meinel/Heyn/Herms*, § 8 TzBfG Rz. 55.
7 BAG 13.11.2012 – 9 AZR 259/11, NZA 2013, 373 Rz. 22 ff.
8 BAG 13.11.2012 – 9 AZR 259/11, NZA 2013, 373 Rz. 22 ff.; s. dazu auch *Salamon/Reuße*, NZA 2013, 865 (866).
9 So BAG 27.4.2004 – 9 AZR 522/03, NZA 2004, 1225 (1227).
10 BAG 18.2.2003 – 9 AZR 356/02, NZA 2003, 911.
11 BAG 23.11.2004 – 9 AZR 644/03, NZA 2005, 769 (771).

nicht stattfinden, da die Interessen des Arbeitnehmers hier unbeachtlich sind. Denn der Arbeitnehmer kann auch grundlos eine Verringerung seiner Arbeitszeit verlangen.

Als Regelgründe nennt das Gesetz eine **wesentliche Beeinträchtigung der Organisation, des Arbeitsablaufs** oder **der Sicherheit** im Betrieb sowie **unverhältnismäßige Kosten**. Der 9. Senat des BAG hat in zwei grundlegenden Entscheidungen vom 18.2.2003[1] die Prüfung der „betrieblichen Gründe" nach § 8 Abs. 4 TzBfG systematisiert und drei Prüfungsstufen entwickelt[2]:

Prüfungsreihenfolge

– **Erste Stufe:**

Liegt überhaupt ein (und wenn ja, welches) betriebliches **Organisationskonzept** der vom Arbeitgeber als erforderlich angesehenen Arbeitszeitregelung zugrunde? Organisationskonzept ist der Plan, mit dem die unternehmerische Aufgabenstellung im Betrieb verwirklicht werden soll. Allein der Vortrag des Arbeitgebers, ein bestimmter Arbeitsplatz müsse nach dem unternehmerischen Konzept mit einer Vollzeitkraft besetzt werden, stellt noch kein schlüssiges Organisationskonzept dar. Denn damit könnte der Teilzeitanspruch generell unterlaufen werden[3]. Nachvollziehbarer Vortrag wäre die Darlegung des Arbeitgebers, dass das unternehmerische Konzept durch die Teilzeit tatsächlich beeinträchtigt wird. Der Arbeitgeber könnte auch darlegen, welche konkreten Störungen durch die Teilung des Vollzeitarbeitsplatzes zu erwarten sind[4]. Die Darlegungslast dafür liegt beim Arbeitgeber. Die Richtigkeit des Vortrags ist arbeitsgerichtlich überprüfbar. Die dem Organisationskonzept zugrunde liegende unternehmerische Aufgabenstellung und die daraus abgeleiteten organisatorischen Entscheidungen sind jedoch hinzunehmen, sofern sie nicht willkürlich sind. Voll überprüfbar ist dagegen, ob das vorgetragene Konzept auch tatsächlich im Betrieb durchgeführt wird.

– **Zweite Stufe:**

Steht die Arbeitszeitregelung, die der Arbeitgeber in der ersten Stufe entwickelt hat, dem Arbeitszeitverlangen des Arbeitnehmers tatsächlich entgegen? Dabei ist auch der Frage nachzugehen, ob durch eine dem Arbeitgeber zumutbare Änderung von betrieblichen Abläufen oder des Personaleinsatzes der betrieblich als erforderlich angesehene Arbeitszeitbedarf unter Wahrung des Organisationskonzeptes mit dem individuellen Arbeitszeitwunsch des Arbeitnehmers zur Deckung gebracht werden kann.

– **Dritte Stufe (die nur dann zu prüfen ist, wenn Stufe 2 und Stufe 1 nicht zusammenpassen):**

Werden durch die vom Arbeitnehmer gewünschte Änderung seiner Arbeitszeit die in § 8 Abs. 4 Satz 2 TzBfG genannten besonderen betrieblichen Belange oder das betriebliche Organisationskonzept und die ihm zugrunde liegende unternehmerische Aufgabenstellung **wesentlich beeinträchtigt**? Dabei ist das Gewicht der entgegenstehenden betrieblichen Gründe mit den Argumenten des Arbeitnehmers abzuwägen. So ist zB von einer wesentlichen Beeinträchtigung des Organisationskonzeptes des Arbeitgebers auszugehen, wenn der Arbeitsplatz nicht teilbar ist, Arbeitskräfte für die Ausfallzeit nicht gefunden werden können und der Arbeitneh-

---

1 BAG 18.2.2003 – 9 AZR 164/02, NZA 2003, 1392 und 9 AZR 356/02, NZA 2003, 911, seither st. Rspr.; so zB BAG 8.5.2007 – 9 AZR 1112/06, AP Nr. 21 zu § 8 TzBfG Rz. 29; 13.10.2009 – 9 AZR 910/08, DB 2010, 340.
2 Kritisch zu diesem Drei-Stufen-Konzept des 9. Senats *Meinel/Heyn/Herms*, § 8 TzBfG Rz. 51.
3 BAG 30.9.2003 – 9 AZR 665/02, NJW 2004, 1474 (1476); 13.10.2009 – 9 AZR 910/08, DB 2010, 340 (341) Rz. 27.
4 BAG 13.10.2009 – 9 AZR 910/08, DB 2010, 340 (341).

mer mit der verringerten Arbeitszeit nicht eingeplant werden kann oder aufgrund äußerer Umstände keine Beschäftigungsmöglichkeit besteht[1].

60 Seit der Entwicklung dieses Drei-Stufen-Modells hat das BAG diese Systematik angewandt. Bedeutung und Auswirkungen dieses Modells lassen sich anhand entschiedener **Einzelfälle** erläutern:

- Der Entscheidung v. 20.7.2004[2] lag der Fall einer Mitarbeiterin in einer Verkaufsabteilung zugrunde, die für das Leeren von Parkuhren und Parkscheinautomaten zuständig war. Diese wollte ihre Arbeitszeit von 38,5 auf 33 Stunden wöchentlich verringern und die Arbeitszeit von Montag bis Donnerstag auf je 8,25 Stunden verteilen. Das BAG kam zu dem Ergebnis, dass dem Arbeitszeitverlangen der Arbeitnehmerin keine betrieblichen Gründe entgegenstanden. Dabei wurde unterstellt, dass die Durchführung der ersten Prüfungsstufe zugunsten der Arbeitgeberin ausging, dieser wurde ein Organisationskonzept unterstellt. Jedenfalls ging die zweite Stufe zu Lasten der Arbeitgeberin, da sie nicht in ausreichendem Maße darlegen konnte, inwieweit sie sich bemüht hatte, die durch die Arbeitszeitverringerung ausfallende Arbeitszeit durch Einstellung einer Ersatzkraft auszugleichen.

- Die Klägerin war in der „Versandabteilung Lager" bei einem Unternehmen des Groß- und Außenhandels in Vollzeit beschäftigt. Sie wollte nach Beendigung der Elternzeit lediglich von 8.00 Uhr morgens bis 12.15 Uhr (inkl. Pause) kalendertäglich von montags bis freitags arbeiten. Das BAG[3] stellte zunächst fest, dass die Drei-Stufen-Prüfung auch für die Verteilung der Arbeitszeit gelte. Das allgemeine Arbeitszeitmodell des Betriebes stehe einer Einzelfallregelung für die Klägerin nicht entgegen, da der Arbeitsablauf im Lager unter Einsatz von EDV vorbereitet werde, auch bei einem späteren Arbeitsbeginn sei dieser mit Hilfe der EDV planbar, das Organisationskonzept des Unternehmens könne daher problemlos mit den Arbeitszeitwünschen der Arbeitnehmerin in Übereinstimmung erbracht werden.

- Die Arbeitnehmerin war technische Assistentin am Institut des Arbeitgebers für Biophysikalische Chemie mit einer Arbeitszeit von 38,5 Stunden wöchentlich (Montag bis Freitag). Sie wünschte die Verkürzung der Wochenarbeitszeit auf 25 Stunden mit einer Arbeitszeit an den Wochentagen Montag bis Freitag (jeweils 5 Stunden täglich). Der Arbeitgeber trug dagegen vor, die Arbeitnehmerin sei hochgradig spezialisiert, ihre Tätigkeit erfordere eine lange Einarbeitungszeit. Das BAG nimmt den unbestimmten Rechtsbegriff „unverhältnismäßige Kosten" in § 8 Abs. 4 Satz 2 TzBfG auf und erläutert, dass zum finanziellen Aufwand, der mit der Arbeitsplatzteilung verbunden sei, die Kosten ins Verhältnis zu setzen seien, die üblicherweise mit dem eingerichteten Arbeitsplatz verbunden sind. Einarbeitungskosten seien in der Tat „Einmalkosten", die aber nur dann unverhältnismäßig seien, wenn der Arbeitgeber dazu konkret vortragen könne. Da aber im Einzelfall eine Einarbeitung wegen ihrer Auswirkung als Kostenfaktor oder als betriebliche Ablaufstörung die Ablehnung des Arbeitszeitverlangens rechtfertigen könne, konnte der Senat den Fall noch nicht entscheiden.

- Ein Pharmareferent im Außendienst wollte seine Arbeitszeit auf 30 Wochenstunden reduzieren. Die Arbeitgeberin machte geltend, dem Teilzeitbegehren stünden betriebliche Gründe entgegen, weil sie im Falle der Teilzeittätigkeit eine zusätzliche Teilzeitkraft einstellen müsse. Dies führe im ersten Jahr zu erheblichen Mehrkosten. Außerdem sei wegen der für Pharmareferenten erforderlichen Weiterbildungsmaßnahmen mit jährlichen Mehraufwendungen zu rechnen. Auf Basis der dreistufigen Prüfungsreihenfolge kommt das BAG[4] zu dem Ergebnis, dass die Ein-

---

1 *Bruns*, BB 2010, 956 (960).
2 BAG 20.7.2004 – 9 AZR 626/03, NZA 2004, 1090 (1091).
3 BAG 16.3.2004 – 9 AZR 323/03, BB 2005, 1570.
4 BAG 21.6.2005 – 9 AZR 409/04, DB 2006, 105; vgl. auch BAG 23.11.2004 – 9 AZR 644/03, NZA 2005, 769.

II. Teilzeitanspruch

schätzung der Arbeitgeberin grundsätzlich von der unternehmerischen Organisationsfreiheit gedeckt sei, wenn sie für die sachgerechte Betreuung des Verkaufsgebietes des Arbeitnehmers eine 37,5-stündige Akquisetätigkeit für erforderlich halte. Die Arbeitgeberin müsse auch das Anliegen des Arbeitnehmers nicht akzeptieren, sein bisheriges Arbeitsgebiet anstatt in 37,5 künftig in 30 Stunden zu betreuen, indem er seine Arbeitsleistung verdichte und außerhalb seiner Arbeitszeit seinen Kunden zur Verfügung stehe. Die vom Arbeitnehmer vorgeschlagene Erledigung seiner Aufgaben in der verringerten Arbeitszeit könne damit zwangsläufig nur durch eine weniger intensive Betreuung der Kunden oder durch eine Betreuung außerhalb der vereinbarten Arbeitszeit (mittels Überstunden) erreicht werden. Beides sei der Arbeitgeberin nicht zuzumuten. Damit steht der gewünschte Teilzeitantrag dem von der Arbeitgeberin praktizierten Organisationskonzept entgegen. Zwar könnte durch organisatorische Änderungen dem Arbeitnehmer die gewünschte Verringerung der Arbeitszeit ermöglicht werden (Prüfstufe 2), zu diesen Änderungen sei die Arbeitgeberin aber nicht verpflichtet, da sie mit einer wesentlichen Beeinträchtigung der Arbeitsorganisation und mit unverhältnismäßigen Kosten verbunden seien (Einstellung einer Teilzeitersatzkraft zur Sicherstellung der Kundenbetreuung, Prüfungstufe 3).

– Die Klägerin ist Hauswirtschaftsleiterin in einer Kindertagesstätte und möchte ihre Arbeitszeit auf 20 Stunden wöchentlich wegen der Betreuung ihrer eigenen Tochter reduzieren. Im hauswirtschaftlichen Bereich sind neben der Leiterin drei bis vier Mitarbeiter tätig. Die Arbeitgeberin verweigert dies mit Hinweis auf die betrieblichen Gründe, die nach ihrem eigenen Organisationskonzept vorsehen, dass wegen der zentralen Bedeutung der Hauswirtschaftsleitung eine lückenlose Information über alle Gegebenheiten dieses Bereichs von 7.00 bis 18.00 Uhr garantiert werden müsse. Das BAG[1] stellt zunächst fest, dass eine lückenlose Bedienung des Bereichs von 7.00 bis 18.00 Uhr mit einer Arbeitskraft sowieso nicht möglich sei, da dies einen Zeitaufwand von 55 Stunden wöchentlich erfordern würde. Die Notwendigkeit einer Überschneidung zwischen zwei Teilzeitkräften zwecks Informationsaustauschs sei zwangsläufige Folge der Beschäftigung von Teilzeitkräften und sei vom Arbeitgeber grundsätzlich hinzunehmen.

– Bei einer Luftfahrtgesellschaft ging es um den Verringerungsanspruch einer Mitarbeiterin auf 25 % der Arbeitszeit einer Vollzeitbeschäftigten. Der Arbeitgeber hat den Antrag abgelehnt, weil die Mitarbeiterin wegen der stark reduzierten Arbeitszeit nicht auf allen Umlaufketten eingeplant werden könne. Die Ablehnung des Arbeitgebers hat das BAG aufrechterhalten[2].

– In einem weiteren Fall ging es um ein pädagogisches Konzept einer Jugendhilfeeinrichtung, das der Arbeitgeber auch tatsächlich so durchführte und zu dessen Zielen es gehöre, im Interesse der Beziehungsfähigkeit des Kindes den Kreis der Erzieher möglichst klein zu halten. Das BAG hat betriebliche Gründe bejaht[3].

Wegen der Schwierigkeit, betriebliche Gründe justiziabel darzustellen, hat der Gesetzgeber vorgesehen, dass Ablehnungsgründe auch durch **Tarifvertrag** festgelegt werden können (§ 8 Abs. 4 Satz 3 TzBfG). Durch diese Öffnungsklausel können die Tarifvertragsparteien die in § 8 Abs. 4 Satz 2 TzBfG genannten Gründe für die Ablehnung eines Teilzeitverlangens konkretisieren. Dadurch können sie den spezifischen Anforderungen des jeweiligen Wirtschaftszweiges Rechnung tragen, zB durch die Kontingentierung der Teilzeitplätze mit Hilfe einer betrieblichen Teilzeitquote[4]. Diese Fest-

---

1 BAG 8.5.2007 – 9 AZR 1112/06, AP Nr. 21 zu § 8 TzBfG; zur sog. Unteilbarkeit eines Arbeitsplatzes führt das BAG im Falle einer Art Direktorin eines Verlages aus, dass allein die Absicht, die Position nicht aufteilen zu wollen, nicht ausreichend sei, s. BAG 13.10.2009 – 9 AZR 910/08, AP Nr. 29 zu § 8 TzBfG.
2 BAG 15.8.2006 – 9 AZR 30/06, DB 2007, 405.
3 BAG 16.10.2007 – 9 AZR 321/06, DB 2007, 2846.
4 So *Laux/Schlachter*, § 8 TzBfG Rz. 163.

legungen können auch in einem Haustarifvertrag erfolgen. Allerdings ist die Regelungsbefugnis der Tarifvertragsparteien nicht unbegrenzt, § 8 Abs. 4 Satz 3 TzBfG gestattet nicht, über das Gesetz hinausgehende, weitere Voraussetzungen für die Geltendmachung von Verringerungsansprüchen aufzustellen. Insofern bleibt es bei § 22 Abs. 1 TzBfG, der abweichende Regelungen zu Ungunsten des Arbeitnehmers untersagt[1]. Im Geltungsbereich eines derartigen Tarifvertrages können auch nicht tarifgebundene Arbeitgeber und Arbeitnehmer die Anwendung einzelvertraglich vereinbaren (§ 8 Abs. 4 Satz 4 TzBfG). Warum dies nicht generell oder zumindest in den Fällen des § 8 Abs. 4 Satz 4 TzBfG durch Betriebsvereinbarung möglich sein soll, ist unerfindlich. Denn einzelvertragliche Vereinbarungen über die Anwendung derartiger Tarifverträge wird es nach Entstehen einer Streitigkeit wohl nicht mehr geben. Vor diesem Zeitpunkt besteht in der Regel keine Veranlassung, einzelvertragliche Regelungen zu treffen. Praktisch relevant dürfte nur eine entsprechende kollektive Inbezugnahmeklausel im Arbeitsvertrag sein.

6. Änderungsverlangen des Arbeitgebers

62 § 8 Abs. 5 Satz 4 TzBfG gibt dem Arbeitgeber ein Sonderrecht zur nachträglichen einseitigen Korrektur der **Verteilung der verkürzten Arbeitszeit**. Der Arbeitgeber kann die festgelegte Verteilung der Arbeitszeit (also nicht die Dauer der verkürzten Arbeitszeit) wieder ändern, wenn sein betriebliches Interesse das Interesse des Arbeitnehmers an der Beibehaltung erheblich überwiegt und er die Änderung spätestens einen Monat vorher angekündigt hat (§ 8 Abs. 5 Satz 4 TzBfG). Dieses Recht gilt über den Gesetzeswortlaut hinaus für alle Fälle des § 8 TzBfG[2]. An dieser Stelle erst verlangt das Gesetz eine **Abwägung** zwischen den Interessen des Arbeitgebers an einer Änderung der Verteilung der Arbeitszeit und den Interessen des Arbeitnehmers daran, das durch Fiktion oder Einigung erzielte Ergebnis über die Verteilung der Arbeitszeit beizubehalten. Die Interessen des Arbeitgebers müssen erheblich diejenigen des Arbeitnehmers überwiegen, um zu einer einseitigen Änderung zu kommen. Der Umfang der Arbeitszeit bleibt von der Änderungsmöglichkeit nach § 8 Abs. 5 Satz 4 TzBfG unberührt[3].

63 **Beispiel:**

Der Arbeitgeber hat einer Reduzierung auf 50 % der Vollzeit nicht zugestimmt und es ist durch Fiktion zu einer 2,5-Tage-Woche gekommen (nach § 8 Abs. 5 Satz 3 TzBfG). Wenn die betrieblichen Interessen an einer Änderung dieser Regelung die Interessen des Arbeitnehmers an einer Beibehaltung der Verteilung erheblich überwiegen, kann nach einer Ankündigung von einem Monat der Arbeitgeber aus der 2,5-Tage-Woche wieder zu einer 5-Tage-Woche zurückkehren, wobei es jedoch bei der Reduzierung der Arbeitszeit auf 50 % bleibt. Dh., dass die Arbeitszeit insgesamt umverteilt werden muss. Die erfolgte Verringerung der Arbeitszeit selbst kann der Arbeitgeber nur gem. § 8 Abs. 6 TzBfG korrigieren.

64 Der Arbeitgeber kann sich auf § 8 Abs. 5 Satz 4 TzBfG nur dann berufen, wenn die Arbeitszeit zuvor entweder einvernehmlich nach § 8 Abs. 3 Satz 2 TzBfG oder durch Fiktion nach § 8 Abs. 5 Satz 3 TzBfG reduziert worden ist. Denn § 8 Abs. 5 Satz 4 TzBfG ist lediglich ein Korrektiv für das im Rahmen des Verringerungsverlangens regelmäßig zu erzielende Einvernehmen über die Verteilung der Arbeitszeit gem. § 8 Abs. 2 Satz 2 TzBfG und keine allgemeine Verlängerungsmöglichkeit selbst in Fällen,

---

1 BAG 21.11.2006 – 9 AZR 138/06, NJOZ 2007, 2458.
2 Dabei kann dahinstehen, ob es sich bei diesem Änderungsverlangen um eine gesetzlich legitimierte Teilkündigung (so ErfK/*Preis*, § 8 TzBfG Rz. 44) oder um ein einseitiges Gestaltungsrecht des Arbeitgebers handelt (so Arnold/Gräfl/*Vossen*, § 8 TzBfG Rz. 141); Annuß/Thüsing/*Mengel*, § 8 TzBfG Rz. 186.
3 Meinel/Heyn/Herms, § 8 TzBfG Rz. 101, 103; Annuß/Thüsing/*Mengel*, § 8 TzBfG Rz. 183; ErfK/*Preis*, § 8 TzBfG Rz. 44.

in denen die Teilzeit aufgrund einer gesonderten Vereinbarung außerhalb des TzBfG verringert worden ist[1].

7. Erneuter Verringerungsantrag des Arbeitnehmers

Hatte der Arbeitgeber einem Verringerungsverlangen zugestimmt und ist dementsprechend auch die Arbeitszeit verringert worden oder hatte er diesem Verlangen berechtigterweise widersprochen[2], kann der Arbeitnehmer einen erneuten Antrag auf Verringerung frühestens nach Ablauf von zwei Jahren stellen (§ 8 Abs. 6 TzBfG). Die Zwei-Jahres-Frist beginnt mit der Zustimmung zur Verringerung oder mit der Mitteilung der Ablehnung[3]. 65

III. Verlängerung der Arbeitszeit

§ 9 TzBfG begründet einen **einklagbaren Rechtsanspruch** des Arbeitnehmers auf Verlängerung seiner Arbeitszeit durch Vertragsänderung[4]. Eine Klage zielt auf Abgabe einer entsprechenden Willenserklärung, die auch mit Rückwirkung eingeklagt werden kann[5]. Ausdrückliches Ziel des TzBfG ist nach § 1 die Förderung der Teilzeitarbeit. Dazu dient der in § 8 TzBfG begründete Anspruch auf Verringerung der vertraglich vereinbarten Arbeitszeit. Als andere Seite der Medaille gehört dazu die Verlängerung der Arbeit nach § 9 TzBfG. Der Gesetzgeber geht davon aus, dass die Bereitschaft zum Wechsel in Teilzeit gesteigert wird, wenn dem Arbeitnehmer ein Anspruch auf Rückkehr in eine verlängerte Arbeitszeit eingeräumt wird[6]. 66

Der Anspruch auf Verlängerung der Arbeitszeit hat **drei Voraussetzungen:** 67
– Der anspruchstellende Arbeitnehmer ist im Augenblick der Antragstellung teilzeitbeschäftigt iSv. § 2 TzBfG[7], dh. seine regelmäßige vertragliche Arbeitszeit ist kürzer als die regelmäßige wöchentliche Arbeitszeit eines Vollzeitbeschäftigten und
– der antragstellende Arbeitnehmer zeigt dem Arbeitgeber an, dass er eine Verlängerung seiner vertraglichen Arbeitszeit wünscht[8] – höchstens jedoch bis zur regelmäßigen Arbeitszeit eines Vollzeitbeschäftigten[9].

Der Anspruch richtet sich auf einen „entsprechenden freien Arbeitsplatz". Dies ist ein Arbeitsplatz, der frei sein muss und nach dem Willen des Arbeitgebers auch zu besetzen ist. Der „entsprechende freie Arbeitsplatz" muss demjenigen Arbeitsplatz entsprechen, auf dem der Arbeitnehmer, der den Verlängerungswunsch angezeigt hat, seine vertraglich geschuldete Tätigkeit ausübt. Damit wird eine **Vergleichbarkeit der Arbeitsplätze** vorausgesetzt[10]. Diese liegt nach § 2 Abs. 1 Satz 3 TzBfG vor, wenn die Tätigkeit gleich oder zumindest ähnlich ist. Eine ausreichende Vergleichbarkeit ist nur dann gegeben, wenn beide Tätigkeiten die gleichen Anforderungen an die Eignung der Arbeitnehmer stellen. Es kommt allein auf arbeitsplatzbezogene Vergleichbarkeit an, nicht auf die uU vom Arbeitgeber beabsichtigte Abweichung in der Vergütung. 68

---

1 BAG 17.7.2007 – 9 AZR 819/06, NZA 2008, 118; *Meinel/Heyn/Herms*, § 8 TzBfG Rz. 97.
2 *Meinel/Heyn/Herms*, § 8 TzBfG Rz. 108; Arnold/Gräfl/*Vossen*, § 8 TzBfG Rz. 167.
3 Arnold/Gräfl/*Vossen*, § 8 TzBfG Rz. 170.
4 S. allgemein *Gallner*, AE 2009, 307.
5 BAG 21.6.2011 – 9 AZR 236/10, AP Nr. 7 zu § 9 TzBfG Rz. 64.
6 So BAG 8.5.2007 – 9 AZR 874/06, NZA 2007, 1349 Rz. 26.
7 BAG 21.6.2011 – 9 AZR 236/10, AP Nr. 7 zu § 9 TzBfG Rz. 66.
8 BAG 15.8.2006 – 9 AZR 8/06, NZA 2007, 255 Rz. 16; 8.5.2007 – 9 AZR 874/06, NZA 2007, 1349 Rz. 15.
9 BAG 21.6.2011 – 9 AZR 236/10, AP Nr. 7 zu § 9 TzBfG Rz. 68.
10 LAG Schl.-Holst. 19.9.2011 – 3 Sa 71/11, BeckRS 2011, 78775.

Der Arbeitsplatz muss entsprechend sein, nicht der Arbeitsvertrag. Arbeitsplatz ist die Beschäftigung in örtlicher, räumlicher und zugleich in funktionaler Hinsicht, der Tätigkeitsbereich des entsprechenden Arbeitsplatzes muss der Eignung und Qualifikation des Arbeitnehmers entsprechen[1]. Nur wenn die vorgenannten Voraussetzungen erfüllt sind, kann auch der Informationsanspruch des § 7 Abs. 2 TzBfG vom Arbeitgeber erfüllt werden. Denn der änderungswillige Arbeitnehmer soll die Möglichkeit erhalten, durch die Information des Arbeitgebers nicht nur den Verringerungsantrag, sondern uU auch den Erhöhungsantrag nach § 9 TzBfG durchzusetzen. Hat der Arbeitgeber bei der Besetzung der freien Stelle eine andere Vergütungsvorstellung, so ist diese uU erst bei Abschluss des entsprechenden Vertrages realisierbar oder gescheitert, dem Antrag des Arbeitnehmers auf Arbeitszeitverlängerung steht diese Vorstellung nicht entgegen. Der Arbeitgeber ist verpflichtet, die bisherige Vergütung des Arbeitnehmers nach dem Grundsatz „pro rata temporis" anzupassen[2].

69 Gegen den Wunsch des Arbeitnehmers kann der Arbeitgeber dann, wenn ein entsprechender freier Arbeitsplatz vorhanden ist, nur **dringende betriebliche Gründe** iSv. § 9 TzBfG einwenden. Diese müssen gleichsam zwingend sein, um eine Ablehnung zu rechtfertigen[3]. Einen dringenden betrieblichen Grund stellt nicht der Wunsch des Arbeitgebers dar, die Vergütung dieses entsprechenden freien Arbeitsplatzes abzusenken.

70 Auch ist der Arbeitgeber grundsätzlich nicht verpflichtet, eine uU vorhandene Vielzahl von Teilzeitarbeitsstellen so zusammenzulegen, dass daraus zumindest ein Vollzeitarbeitsplatz wird, den der Arbeitnehmer besetzen möchte, der seine Arbeitszeit erhöhen will. Grundsätzlich ist es allein Sache des Arbeitgebers, im Rahmen seines **Organisationsermessens** festzulegen, welche Arbeitsplätze er in Vollzeit und welche er in Teilzeit besetzen will[4]. Das BAG lässt aber das Organisationsermessen des Arbeitgebers nicht schrankenlos gelten. In bestimmten Einzelfällen soll dieses gegenüber dem Rechtsanspruch des Arbeitnehmers auf Arbeitszeitverlängerung zurücktreten. Diese Fälle sollen als Ausnahme dann greifen, wenn der Verdacht besteht, dass der Arbeitgeber mögliche Verlängerungswünsche von Arbeitnehmern dadurch unterläuft, dass er ohne Rücksicht auf arbeitsplatzbezogene Erfordernisse ausschließlich Teilzeitstellen einrichtet. Das BAG lässt dahinstehen, ob dies auch in einem Gewerbe gilt, in dem üblicherweise nahezu ausschließlich Teilzeitbeschäftigte tätig sind (zB im Reinigungsgewerbe). Ebenso wenig wie der Verringerungsanspruch nach § 8 TzBfG durch ein entsprechendes Organisationsermessen des Arbeitgebers unterlaufen werden darf, darf auch der Verlängerungsanspruch (zB dann, wenn der Arbeitgeber nicht schlüssig und zwingend darstellen kann, warum er keine Vollzeitstellen einrichtet) nicht dazu führen, dass der Vollzeiterhöhungsanspruch ins Leere läuft[5]. Eine schuldhafte Verletzung dieses Anspruchs durch den Arbeitgeber gibt dem Arbeitnehmer regelmäßig einen Schadensersatzanspruch wegen rechtlicher Unmöglichkeit der Stellenbesetzung. Dieser Schaden kann vor allem entgangene Einkünfte umfassen[6].

71 **Beispiel:**

Ein Arbeitnehmer arbeitet 50 % der regelmäßigen betrieblichen wöchentlichen Arbeitszeit von 38,5 Stunden und will diese sobald als möglich auf 75 % erhöhen. Er teilt diesen Wunsch dem Arbeitgeber mit, der nach § 9 TzBfG verpflichtet ist, bei einem freien Arbeitsplatz, den er

---

1 BAG 8.5.2007 – 9 AZR 874/06, NZA 2007, 1349 Rz. 23; auch BAG 16.9.2008 – 9 AZR 781/07, NZA 2008, 1285.
2 BAG 8.5.2007 – 9 AZR 874/06, NZA 2007, 1349 Rz. 27.
3 BAG 16.9.2008 – 9 AZR 781/07, NZA 2008, 1285 (1288).
4 BAG 15.8.2006 – 9 AZR 8/06, NZA 2007, 255 Rz. 27.
5 Vgl. BAG 15.8.2006 – 9 AZR 8/06, NZA 2007, 255 Rz. 36.
6 LAG Thür. 26.1.2012 – 6 Sa 393/10; *Gallner*, AE 2009, 307 (315).

mit einem 75%igen Teilzeitbeschäftigten besetzen will, diesen Teilzeitbeschäftigten bevorzugt zu berücksichtigen.

IV. Mitbestimmungsrechte des Betriebsrats

Das Verhältnis von individuellen Arbeitszeitverkürzungen zu dem kollektiven Anspruch des Betriebsrates, vom Arbeitgeber die Unterlassung von Maßnahmen zu verlangen, die den in einer Betriebsvereinbarung zur Arbeitszeit festgelegten Regelungen widersprechen, ist komplex und wirft noch viele Zweifelsfragen auf[1]. Das BAG hat apodiktisch festgestellt, dass eine Betriebsvereinbarung oder Regelungsabrede den Arbeitgeber berechtigen kann, den **Verteilungswunsch** des Arbeitnehmers abzulehnen, da § 8 TzBfG keinen Gesetzesvorbehalt im Sinne des Eingangssatzes von § 87 Abs. 1 BetrVG begründet. Der Teilzeitanspruch nach § 8 TzBfG lässt dem Arbeitgeber einen Regelungsspielraum. Hat die Verteilung der Arbeitszeit eines einzelnen Arbeitnehmers einen kollektiven Bezug, besteht ein vom Betriebsrat mitbestimmter Regelungsspielraum hinsichtlich der Beschäftigung im betrieblichen System der Arbeitszeitverteilung[2]. Eine nach Maßgabe von § 87 Abs. 1 Nr. 2 BetrVG geschlossene Betriebsvereinbarung kann den Arbeitgeber berechtigen, den Verteilungswunsch des Arbeitnehmers abzulehnen[3]. Dabei ist die Kernfrage, ob dadurch kollektive Interessen der Arbeitnehmer berührt werden. Nur dann wäre das Mitbestimmungsrecht des § 87 Abs. 1 Nr. 2 BetrVG gegeben, da es bei Einzelfallregelungen nicht besteht[4].

72

Der Betriebsrat hat schon vor dem Zeitpunkt mitzubestimmen, zu dem der Arbeitgeber einen Teilzeitwunsch eines Arbeitnehmers annimmt. Eine spätere Beteiligung liefe dem Zweck des Mitbestimmungsrechts entgegen. Eine Einigung zwischen den Arbeitsvertragsparteien schafft vollendete Tatsachen, die ein Mitbestimmungsrecht des Betriebsrats obsolet machen. Da das Mitbestimmungsrecht sich nur auf die gewünschte Verteilung der Arbeitszeit bezieht, nicht auf die Verkürzung als solche, fällt ein individueller Verkürzungswunsch nicht unter § 87 Abs. 1 Nr. 2 BetrVG. Hinsichtlich der Verteilung kann die Einigung zwischen den Arbeitsvertragsparteien unter den ausdrücklichen Vorbehalt der Zustimmung des Betriebsrats gestellt werden[5]. Anderseits kann der Arbeitgeber durch eine Betriebsvereinbarung auch verpflichtet sein, den Verteilungswunsch eines Arbeitnehmers abzulehnen[6].

73

Besitzt der Arbeitgeber keine Gestaltungsmöglichkeit, fehlt es an einem Ansatz für eine eigenständige Regelung durch die Betriebsparteien. § 8 TzBfG überlässt dem Arbeitgeber noch einen Regelungsspielraum, weil es ihm obliegt, seine betrieblichen Aufgabenstellungen festzulegen; das damit dem Arbeitgeber zustehende Bestimmungsrecht ermöglicht ein Mitbestimmungsrecht des Betriebsrats. Entscheidend ist aber, dass das Mitbestimmungsrecht nur bei kollektiven Tatbeständen greift und die Geltendmachung eines individuellen Teilzeitanspruches gerade kein kollek-

74

---

1 *Rieble/Gutzeit*, NZA 2002, 7 (8ff.); s. zum Verhältnis betrieblicher Mitbestimmung zum Teilzeitanspruch Annuß/Thüsing/*Mengel*, § 8 TzBfG Rz. 268ff. u. § 9 TzBfG Rz. 46ff.; Arnold/Gräfl/*Lehnen*, § 8 TzBfG Rz. 6f.; *Gallner*, AE 2009, 307ff.; *Meinel/Heyn/Herms*, § 8 TzBfG Rz. 11.
2 BAG 18.8.2009 – 9 AZR 517/08, AP Nr. 28 zu § 8 TzBfG Rz. 42; 16.12.2008 – 9 AZR 893/07, NZA 2009, 565 (569).
3 BAG 24.6.2008 – 9 AZR 313/07, NZA 2008, 1309; vgl. auch LAG Schl.-Holst. 4.10.2007 – 4 Sa 242/07, NZA-RR 2008, 301; BAG 16.3.2004 – 9 AZR 323/03, BB 2005, 1570 unter Berufung auf BAG 18.2.2003 – 9 AZR 164/01, AP Nr. 2 zu § 8 TzBfG.
4 ZB bei einer Teilzeit-BV einer Luftverkehrsgesellschaft, vgl. BAG 24.6.2008 – 9 AZR 313/07.
5 BAG 18.8.2009 – 9 AZR 517/08, AP Nr. 28 zu § 8 TzBfG Rz. 48; 16.12.2008 – 9 AZR 893/07, NZA 2009, 565 (569).
6 So BAG 16.12.2008 – 9 AZR 893/07, NZA 2009, 565 (569); so auch *Laux/Schlachter*, § 8 TzBfG Rz. 204ff.; Annuß/Thüsing/*Mengel*, § 8 TzBfG Rz. 275; ErfK/*Preis*, § 8 TzBfG Rz. 41.

tiver Vorgang ist[1]. Weiter offengelassen wird vom BAG die Frage, ob auch eine freiwillige Betriebsvereinbarung im Geltungsbereich des Betriebsverfassungsgesetzes aufgrund ihrer unmittelbaren und zwingenden Wirkung und der Durchführungspflicht des Arbeitgebers einem Neuverteilungsanspruch eines Arbeitnehmers entgegenstehen kann[2].

V. Prozessuales[3]

1. Klageart

75 Die Klage des Arbeitnehmers aus § 8 Abs. 5 TzBfG ist gerichtet auf die Zustimmung des Arbeitgebers zur Verringerung und ggf. zur gewünschten Lage der Arbeitszeit. Sie ist damit eine **Leistungsklage**, gerichtet **auf Abgabe einer Willenserklärung**[4]. Auch eine Feststellungsklage wäre möglich[5] und sollte zumindest hilfsweise mit erhoben werden. Rechtsdogmatisch handelt es sich bei dem Anspruch auf Verringerung der Arbeitszeit um ein Angebot zur Änderung des Arbeitsvertrages[6]. Da ein Leistungsurteil erstrebt wird, ist dieses erst nach rechtskräftiger Entscheidung vollstreckbar. Denn die Zustimmungserklärung des Arbeitgebers wird erst zu dem Zeitpunkt fingiert, zu dem das rechtskräftige Urteil vorliegt[7].

76 Ein **Klageantrag** könnte wie folgt aussehen:

Formulierungsbeispiel:

Die Beklagte wird verurteilt, das Angebot des Klägers auf Verringerung der wöchentlichen Arbeitszeit von bisher 38,5 Stunden auf nur noch 20 Stunden wöchentlich anzunehmen, wobei die Arbeitszeit auf die Wochentage Montag bis Freitag jeweils von 9.00 bis 13.00 Uhr verteilt wird.

Oder

..., wobei die Verteilung in das Ermessen der Beklagten gestellt wird.

Die Beklagte wird verurteilt, in das Angebot des Klägers zur Reduzierung der Jahresarbeitszeit von 2002 Stunden auf 1500 Stunden pro Jahr einzuwilligen.

---

77 Ein **Datum**, ab dem die Arbeitszeitverringerung greifen soll, muss nicht angegeben werden, da die Annahmeerklärung des Arbeitgebers erst mit Rechtskraft des Urteils als abgegeben gilt[8]. Der Beginn der reduzierten Arbeitszeit ergibt sich damit aus dem Gesetz[9]. Das Datum muss jedoch in der Klageschrift genannt werden, damit das Arbeitsgericht prüfen kann, ob die nach § 8 TzBfG geltenden Fristen eingehalten sind.

---

1 BAG 18.2.2003 – 9 AZR 164/02, NZA 2003, 1392.
2 BAG 24.6.2008 – 9 AZR 313/07, NZA 2008, 1309.
3 S. allgemein *Bruns*, DB 2010, 1151.
4 BAG 21.6.2005 – 9 AZR 409/04, NZA 2006, 316 (318); 18.2.2003 – 9 AZR 164/02, NZA 2003, 1392; *Preis/Gotthardt*, DB 2001, 145 (146); *Grobys/Bram*, NZA 2001, 1175.
5 Vgl. *Laux/Schlachter*, § 8 TzBfG Rz. 315; *Sievers*, § 8 TzBfG Rz. 141 empfiehlt eine Feststellungsklage und hilfsweise die Leistungsklage.
6 Vgl. auch *Grobys/Bram*, NZA 2001, 1175.
7 BAG 21.6.2005 – 9 AZR 409/04, NZA 2006, 316 (318).
8 Vollstreckung gem. § 894 ZPO; *Meinel/Heyn/Herms*, § 8 TzBfG Rz. 119; *Laux/Schlachter*, § 8 TzBfG Rz. 328.
9 BAG 23.11.2004 – 9 AZR 644/03, NZA 2005, 769 (770); 21.6.2005 – 9 AZR 409/04, NZA 2006, 316 (318). Zwar verlangt § 253 Abs. 2 Nr. 2 ZPO einen bestimmten Antrag, das Bestimmtheitserfordernis gebietet jedoch nicht, dass der Arbeitnehmer den Zeitpunkt benennt, zu dem die erstrebte Vertragsänderung wirksam wird.

IV. Mitbestimmungsrechte des Betriebsrats

Eine Klagefrist besteht nicht, insbesondere gelten keine tarifvertraglichen Ausschlussfristen[1] für die Geltendmachung des Teilzeitanspruches und damit auch für die entsprechende Leistungsklage. Wie bereits vorstehend erwähnt, bedarf es auch nicht der Angabe der **Verteilung der Arbeitszeit** in der Klage. Die Verteilung kann in das Direktionsrecht des Arbeitgebers gestellt werden[2]. Das verstößt nicht gegen das Bestimmtheitserfordernis gem. § 253 Abs. 2 Nr. 2 ZPO[3]. Die Angabe eines bestimmten Verteilungswunsches in der Klage birgt das Risiko, dass die Klage uU allein deshalb abgewiesen wird, weil gegen die Verteilung der reduzierten Arbeitszeit betriebliche Gründe sprechen (nicht gegen die Verkürzung allgemein). Daher kann der Arbeitnehmer uU besser beraten sein, die Verteilung dem Direktionsrecht des Arbeitgebers zu überlassen. Denn der Antrag auf Verringerung der Arbeitszeit ist kein Minus zu dem Kombinationsantrag Verringerung der Arbeitszeit/neue Arbeitszeitlage, so dass nicht damit gerechnet werden kann, dass das Gericht dem Antrag auf Verringerung stattgibt und lediglich den Antrag auf Verteilung abweist. Haben sich die Parteien aber über die Reduzierung der Arbeitszeit geeinigt und steht nur noch eine Einigung über die Verteilung aus, kann ausnahmsweise eine isolierte Klage erhoben werden[4]. Dies gilt auch bei vorangegangener separater Klage auf Verringerung, wenn zu der zweiten Klage auf Verteilung ein enger Zusammenhang besteht.

Die Frage, ob der klagende Arbeitnehmer an das Begehren gebunden ist, das er bei der Verhandlungsphase nach § 8 Abs. 3 TzBfG geäußert hat, oder ob er nach der (gescheiterten) Verhandlungsphase seinen Wunsch auf Verringerung/Arbeitszeitverteilung **abweichend formulieren** kann, war lange streitig. Mit der Entscheidung vom 24.6.2008[5] hat das BAG klargestellt, dass nach Ablehnung des Angebots auf eine bestimmte Verringerung und Verteilung das vorgerichtliche Verfahren abgeschlossen ist. Der Arbeitnehmer kann seinen Verteilungswunsch dann nicht mehr ändern. Dies folgt aus § 8 Abs. 6 TzBfG. Somit muss der Arbeitnehmer in diesem Fall insgesamt ein neues Verfahren in Gang setzen.

Umstritten ist der maßgebliche **Beurteilungszeitpunkt** für die Prüfung einer Klage auf Zustimmung nach § 8 TzBfG. Nach der Rechtsprechung kommt es auf den Zeitpunkt der Ablehnung des Arbeitszeitwunsches an, nicht jedoch auf den Zeitpunkt der letzten mündlichen Verhandlung in der Berufungsinstanz[6]. Seit der Schuldrechtsreform kann auch eine rückwirkende Verurteilung zur Verringerung der Arbeitszeit nach § 8 TzBfG prozessual durchgesetzt werden. Damit kann ein einmal gestellter Antrag prozessual bis zur Rechtskraft unverändert verfolgt werden, auch wenn damit eine rückwirkende Entscheidung ergeht[7]. Besteht zwischen den Arbeitsvertragsparteien Streit, ob sich die Arbeitszeit und/oder die Arbeitszeitlage zB aufgrund der Fiktion des § 8 Abs. 5 Satz 3 TzBfG geändert hat, ist eine Feststellungsklage anzuraten. Dieser unsichere Rechtszustand kann auch durch eine Feststellungsverfügung im Rahmen einstweiligen Rechtsschutzes geklärt werden[8]. Zur Vermeidung der Problematik, dass ein Teilzeiturteil erst mit Rechtskraft vollstreckbar ist, hat das LAG Baden-Württemberg einen im Wege der Klagehäufung neben dem Teilzeitwunsch erhobenen Klageantrag akzeptiert, mit dem dem Arbeitgeber untersagt wurde, von dem Arbeitnehmer bis zur rechtskräftigen Entscheidung über das Verlangen der Arbeitszeitver-

---

1 LAG Nds. 18.11.2002 – 17 Sa 487/02, DB 2003, 1064.
2 Vgl. BAG 23.11.2004 – 9 AZR 644/03, NZA 2005, 769 (770).
3 BAG 21.6.2005 – 9 AZR 409/04, NZA 2006, 316.
4 BAG 16.12.2008 – 9 AZR 893/07, AP Nr. 27 zu § 8 TzBfG Rz. 29.
5 BAG 24.6.2008 – 9 AZR 514/07, NZA 2008, 1289.
6 BAG 15.12.2009 – 9 AZR 72/09, NZA 2010, 447 (451); 18.2.2003 – 9 AZR 356/02, BB 2003, 1844 (1846); ErfK/*Preis*, § 8 TzBfG Rz. 43; aA MünchKommBGB/*Müller-Glöge*, § 8 TzBfG Rz. 28; *Diller*, NZA 2001, 589 (590 f.).
7 So BAG 27.4.2004 – 9 AZR 522/03, NZA 2004, 1225; ErfK/*Preis*, § 8 TzBfG Rz. 51.
8 ErfK/*Preis*, § 8 TzBfG Rz. 54.

ringerung im Rahmen der regelmäßigen Arbeitszeit Arbeitsleistungen außerhalb einer bestimmten Zeit zu verlangen. Dieser Untersagungsantrag war mit erstinstanzlichem Urteil vollstreckbar, so dass dies ein möglicher Weg wäre, den Instanzenweg bis zur Vollstreckbarkeit abzukürzen[1].

2. Einstweilige Verfügung

80 Eine einstweilige Verfügung auf Abgabe einer Willenserklärung ist erst nach Rechtskraft der Entscheidung vollstreckbar. Für einen **Verfügungsanspruch** müssen die tatsächlichen Voraussetzungen für den materiellen Anspruch auf Verkürzung der Arbeitszeit vom Arbeitnehmer dargelegt und glaubhaft gemacht werden. Der Antragsteller muss aber nicht glaubhaft machen, dass keine betrieblichen Gründe dem Anspruch entgegenstehen. Will der Arbeitgeber (Antragsgegner) betriebliche Gründe gegen den Anspruch einwenden, so muss er diese darstellen und glaubhaft machen[2].

81 **Bei dem Verfügungsgrund ist folgende Prüfungsreihenfolge vorzunehmen:**
– Ein Obsiegen des Verfügungsklägers in der Hauptsache muss überwiegend wahrscheinlich sein,
– die angestrebte einstweilige Regelung muss dringend geboten sein und
– eine Abwägung der beiderseitigen Interessen muss ergeben, dass dem Verfügungsbeklagten eher als dem Verfügungskläger das Risiko zuzumuten ist, dass die weitere Aufklärung des Sachverhalts im Hauptsacheverfahren zu einer abweichenden Beurteilung der Rechtslage führen kann[3].

82 Eine Einschränkung des Anspruchs auf einstweilige Verfügung lediglich auf **Notfälle** erscheint zu eng und ist daher abzulehnen[4]. Die Anforderungen an den Erlass einer einstweiligen Verfügung sind zu hoch, wenn verlangt wird, es müssten existenzielle und irreparable Schädigungen des Antragstellers vermieden werden[5].

Abzulehnen ist auch eine Entscheidung des LAG Hamburg[6], wonach der Anspruch auf Arbeitszeitreduzierung nur dann im Wege einer einstweiligen Verfügung durchgesetzt werden kann, wenn er **offensichtlich gegeben** ist und entgegenstehende betriebliche Gründe auf den ersten Blick ausscheiden[7].

83 Das LAG Hamm hat in einer Entscheidung v. 6.5.2002[8] für den praktisch wohl bedeutendsten Fall des vorläufigen Rechtsschutzes (Beendigung der Elternzeit und nachträgliche Umstellung der Arbeitszeit wegen der Kinderbetreuung) ausgeführt, dass für die Dringlichkeit im Rahmen des Verfügungsgrundes die Entscheidung des Arbeitnehmers respektiert wird, sich selbst um die Betreuung des Kindes zu kümmern und eine Fremdbetreuung im Rahmen einer Tageseinrichtung zu vermeiden. Müsste der Arbeitnehmer die Entscheidung im Hauptsacheverfahren abwarten, käme es zu ei-

---

1 LAG BW 16.2.2004 – 15 Sa 118/03, AiB 2004, 380; zust. auch *Laux/Schlachter*, § 8 TzBfG Rz. 322.
2 *Eisemann*, FS Küttner, S. 155 (162).
3 So LAG Hamburg 4.9.2006 – 4 Sa 41/06, NZA-RR 2007, 122.
4 In diesem Sinne jedoch LAG Berlin 20.2.2002 – 4 Sa 2243/01, NZA 2002, 858; so auch *Eisemann*, FS Küttner, S. 155 (161); wie hier *Laux/Schlachter*, § 8 TzBfG Rz. 352 und die überwiegende Rspr. der LAG; s. dazu die Angaben bei *Sievers*, § 8 TzBfG Rz. 182.
5 LAG Hamm 6.5.2002 – 8 Sa 641/02, NZA-RR 2003, 178; ähnlich auch LAG Rh.-Pf. 12.4.2002 – 3 Sa 161/02, NZA 2002, 856.
6 LAG Hamburg 10.10.2003 – 6 Sa 65/03, nv.
7 Diese Entscheidung lehnt die vorstehend zitierte Entscheidung des LAG Hamburg 4.9.2006 – 4 Sa 41/06, NZA-RR 2007, 122 ausdrücklich als zu restriktiv ab.
8 LAG Hamm 6.5.2002 – 8 Sa 641/02, NZA-RR 2003, 178; vgl. auch Arnold/Gräfl/*Vossen*, § 8 TzBfG Rz. 191.

nem endgültigen, gemessen am verfolgten Erziehungsziel nicht wieder gut zu machenden Nachteil bei der Kindererziehung[1].

Ein Antrag im Fall des vorläufigen Rechtsschutzes könnte wie folgt aussehen: 84

Formulierungsbeispiel:

Der Verfügungsbeklagte wird verurteilt, dem Angebot der Verfügungsklägerin auf Reduzierung der wöchentlichen Arbeitszeit der Verfügungsklägerin von derzeit 38 Wochenstunden auf 30,8 Wochenstunden bis zu einer Entscheidung in der Hauptsache zuzustimmen, wobei sich die Arbeitszeit von Montag bis einschließlich Donnerstag auf jeweils 7,7 Stunden täglich verteilt.

3. Darlegungs- und Beweislast

Nach allgemeinen Grundsätzen ist der Arbeitnehmer verpflichtet, die Voraussetzungen für den Teilzeitanspruch darzulegen und zu beweisen. Dies gilt insbesondere für die anspruchsbegründenden Voraussetzungen (sechsmonatiges Bestehen des Arbeitsverhältnisses und Beschäftigung von mehr als 15 Arbeitnehmern). Schließlich hat der Arbeitnehmer auch eine etwaige Sperrfrist nach § 8 Abs. 6 TzBfG zu widerlegen und daneben einen fristgerechten Antrag gem. § 8 Abs. 2 TzBfG nachzuweisen. Im Gegenzug hat dann der Arbeitgeber darzulegen und zu beweisen, dass er (bei Nichteinigung) rechtzeitig den Antrag des Arbeitnehmers nach § 8 Abs. 5 Satz 1 TzBfG abgelehnt hat und ob den Wünschen des Arbeitnehmers betriebliche Gründe (wenn ja, welche) entgegenstehen[2]. Abgesehen von den jeweils zu beweisenden Fristen liegt das Kernproblem in der Darlegung der betrieblichen Gründe. Die Darlegungs- und Beweislast für das Vorliegen entgegenstehender Gründe liegt in vollem Umfang beim Arbeitgeber[3]. Lässt sich der Arbeitnehmer auf diese inhaltlich ein, ist es wieder Sache des Arbeitgebers zu belegen, warum die Gegenargumente, die der Arbeitnehmer vorbringt, uU nicht stichhaltig sind. Vergleichbar ist die Beweislast der betrieblichen Gründe mit der Beweislast des Arbeitgebers im Rahmen einer Kündigung aus betriebsbedingten Gründen. Kann der Arbeitgeber keine betrieblichen Gründe vorbringen, braucht sich der Arbeitnehmer auf die Frage des Vorliegens solcher Gründe nicht einzulassen, da sein Teilzeitantrag grundsätzlich keiner Begründung bedarf[4]. 85

---

1 Auch das LAG Köln hält grds. für Ausnahmefälle die einstweilige Verfügung für das geeignete Rechtsmittel, Beschluss v. 5.3.2002 – 10 Ta 50/02, NZA-RR 2002, 635 und v. 23.12.2005 – 5 Ta 397/05, AuR 2006, 170. In die gleiche Richtung geht auch die Entscheidung des LAG Berlin 20.2.2002 – 4 Sa 2243/01, NZA 2002, 858, nach der zwar einstweilige Verfügungen nur ausnahmsweise zulässig sind, gesetzlich jedoch nicht ausgeschlossen sind. Im Rahmen der Interessenabwägung ist zu prüfen, ob der Erlass einer einstweiligen Verfügung zur Sicherung des effektiven Rechtsschutzes dringend geboten ist. In gleicher Weise auch das LAG Rh.-Pf. 12.4.2002 – 3 Sa 161/02, NZA 2002, 856, das an die Darlegung des Verfügungsanspruchs und des Verfügungsgrundes strenge Anforderungen stellt, da es sich bei der einstweiligen Verfügung um eine Leistungsverfügung handelt.
2 *Laux/Schlachter*, § 8 TzBfG Rz. 335 ff.; *Sievers*, § 8 TzBfG Rz. 179.
3 So BAG 8.5.2007 – 9 AZR 1112/06, AP Nr. 21 zu § 8 TzBfG; differenzierend *Salamon/Reuße*, NZA 2013, 865 (867 f.).
4 S. dazu auch LAG BW 16.2.2004 – 15 Sa 118/03, AiB 2004, 380.

4. Streitwert[1]

86 Über die Höhe des Streitwerts bestehen unterschiedliche Vorstellungen: So hat das Arbeitsgericht Stuttgart 60 % eines Vierteljahresverdienstes festgesetzt[2]. Andere Autoren wollen statt § 42 Abs. 3 Satz 1 GKG den Satz 2 dieser Bestimmung zugrunde legen und kommen damit zu dem Wert des dreijährigen Bezugs des Differenzbetrages[3]. Während das LAG Düsseldorf den Streitwert auf zwei Monatsverdienste festsetzt[4], geht das LAG Hessen zwar von dem 36fachen monatlichen Unterschiedsbetrag aus, begrenzt diesen aber gem. § 12 Abs. 7 Satz 1 ArbGG (jetzt § 42 Abs. 3 Satz 1 GKG) auf das Vierteljahresgehalt[5]. Die zuletzt genannte Auffassung verdient den Vorzug, weil es nicht nachvollziehbar ist, warum bei einem Streitwert um eine 50%ige Verringerung der Arbeitszeit (bei einer damit unterstellten Reduzierung des Gehalts von 5000 Euro auf 2500 Euro) der Streitwert plötzlich 90000 Euro sein soll, während der Streitwert bei einer Bestandsstreitigkeit lediglich 15000 Euro betrüge[6]. Die Festsetzung des Streitwertes in Anlehnung an Änderungsschutzverfahren hat sich inzwischen bei nahezu allen Landesarbeitsgerichten durchgesetzt[7].

---

1 S. dazu allgemein *Sieger*, Streitwertberechnung bei einer Klage auf Arbeitszeitverringerung gem. § 8 TzBfG, NZA 2005, 1276.
2 ArbG Stuttgart 5.7.2001 – 21 Ca 2762/01, NZA 2001, 968; ArbG Bonn 20.6.2001 – 2 Ca 1414/01, NZA 2001, 973; in diesem Sinne auch *Ennemann*, NZA 2001, 1190.
3 So *Kliemt*, NZA 2001, 63 (68); *Straub*, NZA 2001, 919 (925).
4 LAG Düsseldorf 12.11.2001 – 7 Ta 375/01, NZA-RR 2002, 103 unter Bezugnahme auf den Streitwert bei einer unter Vorbehalt angenommenen Änderungskündigung; so auch *Laux/Schlachter*, § 8 TzBfG Rz. 360.
5 LAG Hess. 28.11.2001 – 15 Ta 361/01, NZA 2002, 404; so auch *Annuß/Thüsing/Mengel*, § 8 TzBfG Rz. 267; *Meinel/Heyn/Herms*, § 8 TzBfG Rz. 126; *Sievers*, § 8 TzBfG Rz. 191.
6 In diesem Sinne auch *Ennemann*, NZA 2001, 1190.
7 S. dazu die Fundstellen im Einzelnen bei ErfK/*Preis*, § 8 TzBfG Rz. 55. Zum Streitwert eines Antrags nach § 9 TzBfG s. LAG Berlin 9.3.2004 – 7 Ta (Kost) 6006/04, NZA-RR 2004, 493; gleichfalls Betrag der dreijährigen Differenz, max. jedoch ein Vierteljahresverdienst; gegen eine Analogie zur Änderungsschutzklage spricht sich *Sieger*, NZA 2005, 1276, aus.

C. Arbeitsrechtlicher Aufhebungsvertrag

	Rz.
I. Allgemeines	
1. Rechtsgrundlage und Rechtsnatur arbeitsrechtlicher Beendigungsvereinbarungen	
a) Begriffsbestimmung	1
b) Vertragsfreiheit (§§ 241, 311 BGB)	2
c) Unwirksamkeit von Beendigungsvereinbarungen wegen Verstoßes gegen gesetzliche Bestimmungen	
aa) Verstoß gegen den Gleichbehandlungsgrundsatz	6
bb) Nichtigkeit gem. § 134 BGB	7
cc) Bedingte Aufhebungsverträge	8
dd) Nichtigkeit gem. § 138 BGB	11
ee) Teilnichtigkeit gem. § 139 BGB	13
ff) Nichtigkeit wegen Anfechtung, § 142 BGB	14a
2. Außergerichtliche und gerichtliche Beendigungsvereinbarungen (Prozessvergleiche)	15
3. Abgrenzung zu anderen Beendigungsgründen und -vereinbarungen	
a) Kündigung	17
b) Erlassvertrag und allgemeine Erledigungsklausel	19
c) Ausgleichsquittungen	20
II. Zustandekommen der Beendigungsvereinbarung	
1. Vertragsschluss gem. §§ 145 ff. BGB	24
2. Gesetzliche Schriftform für den Auflösungsvertrag, § 623 BGB	
a) Schriftform	25
b) Keine Schriftform gem. § 623 BGB für den Abwicklungsvertrag	27
c) Einzelheiten zur Schriftform	28
III. Inhalt von Beendigungsvereinbarungen	30
1. Zeitpunkt der Beendigung	31
2. Abfindungen	32
3. Freistellung von der Arbeit	35
4. Urlaub und Urlaubsabgeltung	36
5. Wettbewerbsverbot	
a) Vertragliches Wettbewerbsverbot, § 60 HGB	39
b) Nachvertragliches Wettbewerbsverbot	40
6. Zeugnis	42
7. Betriebliche Altersversorgung	45
8. Dienstwagen	46
9. Outplacement-Beratung	46a
10. Rückführung von Darlehen	46b
11. Ausgleichszahlungen gem. § 187a SGB VI	46c
12. Geheimhaltung	46d
13. Wiedereinstellungszusage (Rückkehrzusage)	46e
14. Rechtsanwaltskosten	46f
15. Allgemeine Ausgleichsklausel/ Verzichtserklärungen	47
16. Beendigungsvereinbarungen und Allgemeine Geschäftsbedingungen	47a
17. Musterformulierung	47b
IV. Aufklärungs- und Hinweispflichten des Arbeitgebers	49
V. Beseitigung von Beendigungsverträgen	
1. Rücktritt	52
2. Kein Widerrufsrecht gem. §§ 312, 355 BGB	52a
3. Tarifliches Widerrufsrecht	53
4. Anfechtung von Beendigungsvereinbarungen	
a) Anfechtung wegen Irrtums gem. § 119 BGB	57
b) Anfechtung wegen Täuschung oder Drohung gem. § 123 BGB	58
c) Anfechtungsfristen	61
d) Bestätigung des anfechtbaren Vertrages, § 164 Abs. 1 BGB	61a
VI. Prozessuales	62
VII. Rechtsfolgen	
1. Arbeitsrechtliche Folgen	66
2. Steuerrechtliche Folgen	
a) Abfindungen und sonstige Entschädigungen	67
b) Steuerliche Behandlung weiterer Zuwendungen	69
c) Outplacement-Beratung	69a
3. Sozialversicherungsrechtliche Folgen	69b
a) Beitragsfreiheit bei Abfindungszahlungen	70
b) Ruhen des Arbeitslosengeldbezuges	70a
aa) Ruhen gem. § 157 SGB III bei Arbeitsentgelt und Urlaubsabgeltung	70b
bb) Ruhen wegen Entlassungsentschädigung, § 158 SGB III	71
c) Ruhen des Anspruchs bei Sperrzeit, § 159 SGB III	75

	Rz.		Rz.
VIII. Besondere betriebliche Situationen		2. Betriebsübergang	88
1. Betriebsänderung und Aufhebungsvertrag	86		

Schrifttum:

Abele, Kein Rücktritt vom Aufhebungsvertrag nach Antragstellung auf Eröffnung des Insolvenzverfahrens, NZA 2012, 487; *Bauer*, Neue Spielregeln für Aufhebungs- und Abwicklungsverträge durch das geänderte BGB?, NZA 2002, 169; *Bauer/Diller*, Zur Inhaltskontrolle von Aufhebungsverträgen, DB 1995, 1810; *Bauer/Günther*, Neue Spielregeln für Klageverzichtsvereinbarungen, NJW 2008, 1617; *Bauer/Haußmann*, Der Rücktritt vom Aufhebungsvertrag, BB 1996, 901; *Bauer/Kock*, Arbeitsrechtliche Auswirkungen des neuen Verbraucherschutzrechts, DB 2002, 42; *Bauer/Krieger/Arnold*, Arbeitsrechtliche Aufhebungsverträge, 9. Aufl. 2014; *Bauer/Krieger*, Freistellungsvereinbarungen: Neue sozialversicherungsrechtliche Spielregeln – Rechtsfolgen, Kritik, Alternativen, DB 2005, 2242; *Bauer/Krieger*, Rien ne va plus – „Nachkarten" nach Abwicklungsvertrag ausgeschlossen, NZA 2006, 306; *Bauer/Lingemann/Diller/Haußmann*, Anwalts-Formularbuch Arbeitsrecht, 4. Aufl. 2011; *Bengelsdorf*, Aufhebungsvertrag und Abfindungsvereinbarungen, 5. Aufl. 2011; *Birnbaum*, Was sind die „im Arbeitsrecht geltenden Besonderheiten"?, NZA 2003, 944; *Boecken*, Entstehung und Fälligkeit eines Anspruchs auf Abfindung bei Frühpensionierung, NZA 2002, 421; *Boemke*, Höhe der Verzugszinsen für Entgeltforderungen des Arbeitnehmers, BB 2002, 96; *Böhm*, Aus für die Ausgleichsquittung/Ausgleichsklausel?, NZA 2008, 919; *Cecior/Dietz/Wallendar*, Das Personalvertretungsrecht in Nordrhein-Westfalen, Loseblatt; *Debler*, Altersteilzeit – „Störfälle" und andere unvorhergesehene Ereignisse, NZA 2001, 1285; *Ebert/Schar*, Freistellungsvereinbarungen im Aufhebungs-/Abwicklungsvertrag, ArbRB 2003, 215; *Freckmann*, Abwicklungs- und Aufhebungsverträge – in der Praxis noch immer ein Dauerbrenner, BB 2004, 1564; *Fröhlich*, Wiedereinstellungsanspruch nach Aufhebungsvertrag, ArbRB 2006, 214; *Gagel*, Sperrzeitfragen bei arbeitsgerichtlichen Vergleichen, NZA 2005, 1328; *B. Gaul*, Aufhebungs- und Abwicklungsvertrag: Aktuelle Entwicklungen im Arbeits- und Sozialversicherungsrecht, BB 2003, 2457; *Heuchemer/Insam*, Keine Bevorzugung von Abwicklungsverträgen gegenüber Aufhebungsverträgen bei der Verhängung von Sperrzeiten, BB 2004, 1679; *Heuchemer/Insam*, Keine Sperrzeit nach Freistellung im Aufhebungsvertrag, BB 2004, 1562; *Hoß*, Freistellung des Arbeitnehmers – welche Auswirkungen kann die Freistellung vertraglicher Ansprüche entfalten?, ArbRB 2001, 28; *Hoß*, Regelung von Störfällen in der Altersteilzeit, ArbRB 2002, 28; *Hoß*, Widerrufsrecht beim Abschluss von Aufhebungsverträgen, ArbRB 2002, 181; *Hümmerich*, Aufhebungsvertrag und Abwicklungsvertrag, 2. Aufl. 2003; *Hümmerich*, Sperrzeitrechtsprechung im Umbruch, NJW 2007, 1025; *Hümmerich/Holthausen*, Der Arbeitnehmer als Verbraucher, NZA 2002, 173; *Jahn*, Sozialgesetzbuch für die Praxis, 3. Buch Arbeitsförderung, Kommentar; *Joch/Klichowski*, Die Vereinbarung auflösender Bedingungen in Darstellerverträgen – Kunstfreiheit als Sachgrund, NZA 2004, 202; *Karlsfeld*, Abfindung aus Prozessvergleich – Praxisprobleme zum Entstehen und zur Fälligkeit, ArbRB 2004, 159; *Kern/Wege*, Zuwendungen an den Arbeitnehmer im Aufhebungsvertrag – Steuersparmodelle oder Haftungsfallen?, NZA 2008, 564; *Klar*, Die Fälligkeit von Abfindungen in arbeitsrechtlichen Vergleichen, NZA 2003, 542; *Kleinebrink*, Grundsätze der inhaltlichen Gestaltung außergerichtlicher Aufhebungsverträge, ArbRB 2008, 121; *Korinth*, Die Reichweite allgemeiner Ausgleichsklauseln in arbeitsgerichtlichen Vergleichen, ArbRB 2013, 321; *Kossens*, „Hartz III" – Durchblick im Paragrafendschungel, ArbRB 2004, 52; *Kröschel*, Die neuen Regeln bei Aufhebungs- und Abwicklungsvereinbarungen, NZA 2008, 560; *Lembke*, Aufhebungsverträge: Neues zur Sperrzeit, DB 2008, 292; *Lingemann*, Allgemeine Geschäftsbedingungen und Arbeitsvertrag, NZA 2002, 181; *Löwisch*, Die kündigungsrechtlichen Vorschläge der „Agenda 2010", NZA 2003, 689; *Marquardt*, Aufhebungsvertrag als Mittel zur Probezeitverlängerung, ArbRB 2003, 252; *Meinhof*, Neuerungen im modernisierten Verbrauchervertragsgesetz durch das OLG-Vertretungsänderungsgesetz, NJW 2002, 2273; *Meyer*, Der Freistellungsvertrag, NZA 2011, 1249; *Moderegger*, Aufhebungsvereinbarung oder Altersteilzeitvertrag?, ArbRB 2002, 177; *Moll/Reufels*, Aufhebungsverträge – Sozialversicherungsrechtliche und steuerrechtliche Aspekte, MDR 2001, 1024; *Mues*, Zum sinnvollen Umgang mit der Abmahnung, ArbRB 2003, 336; *Müller*, Besteuerung von Abfindungen, ArbRB 2002, 25; *Natzel*, Schutz des Arbeitnehmers als Verbraucher?, NZA 2002, 595; *Oberthür*, Die vollständige Freistellung in der Altersteilzeit – ein riskantes Trennungsmodell, NZA 2005, 377; *Opolony*, Aktuelles zum Annahmeverzugs-

I. Allgemeines

lohn im Rahmen von Kündigungsschutzverfahren, BB 2004, 1386; *Panzer*, Sozialversicherungsrechtliche Auswirkungen der Beendigung von Arbeitsverhältnissen, NJW 2010, 11; *Preis*, Arbeitsrecht, Verbraucherschutz und Inhaltskontrolle, NZA 2003, Sonderbeilage zu Heft 16, 19; *Preis*, Widerrufsvorbehalte auf dem höchstrichterlichen Prüfstand, NZA 2004, 1014; *Pröpper*, Die Übernahme der Rechtsanwaltskosten durch den Arbeitgeber – Arbeitsrechtliche, steuerrechtliche und sozialversicherungsrechtliche Gestaltung im Aufhebungsvertrag, NZA 2011, 837; *Reinecke*, Kontrolle allgemeiner Arbeitsbedingungen nach dem Schuldrechtsmodernisierungsgesetz, DB 2002, 583; *Reinfelder*, Der Rücktritt vom Aufhebungsvertrag und Prozessvergleich, NZA 2013, 62; *Reufels*, Aufklärungs- und Hinweispflichten des Arbeitgebers beim Abschluss von Aufhebungsverträgen, ArbRB 2001, 26; *Reufels/Schmülling*, Gestaltung von Aufhebungsverträgen mit Vorstandsmitgliedern, ArbRB 2004, 191; *Röger*, Gesetzliche Schriftform und Textform bei arbeitsrechtlichen Erklärungen, NJW 2004, 1764; *Rolfs/Witschen*, Die Spitzenverbände der Sozialversicherungsträger erneut auf Abwegen, NZA 2011, 881; *Schleusener*, Zur Widerrufsmöglichkeit von arbeitsrechtlichen Aufhebungsverträgen nach § 312 BGB, NZA 2002, 949; *Schneider*, Neuregelung der Gerichtskosten in Arbeitssachen – Erkenntnisverfahren, ArbRB 2004, 258; *Schrader*, Aufhebungsverträge und Ausgleichszahlungen, NZA 2003, 593; *Schrader*, Rentenversicherungsrechtliche und steuerliche Vorteile durch Ausgleichszahlungen nach § 187a SGB VI, ArbRB 2004, 283; *Schulte*, Hinweispflicht in Auflösungsverträgen – wann zwingend, wann sinnvoll, wann entbehrlich?, ArbRB 2004, 26; *Thomas/Weitmann*, Sozialversicherungsrechtliche Risiken als Folge einer unwiderruflichen Freistellung in Aufhebungsverträgen, NJW 2006, 257; *Voelzke*, Die Erstattungspflicht des Arbeitgebers bei Entlassung älterer Arbeitnehmer – Eine Bestandsaufnahme, DB 2001, 1990; *Weber/Ehrich/Burmester/Fröhlich*, Handbuch der arbeitsrechtlichen Aufhebungsverträge, 5. Aufl. 2009; *Zahn*, Keine Sperrzeit wegen eines Abfindungsvergleiches im Kündigungsschutzprozess, die neue Entscheidung des BSG vom 17.10.2007 (B 11a AL 51/06 R), AE 2008, 5.

I. Allgemeines

1. Rechtsgrundlage und Rechtsnatur arbeitsrechtlicher Beendigungsvereinbarungen

a) Begriffsbestimmung

Vereinbarungen zur oder im Zusammenhang mit der Beendigung des Arbeitsverhältnisses begegnen uns in der arbeitsrechtlichen Praxis auf Schritt und Tritt. Sie stellen das „klassische" Mittel zur streitlosen Beendigung eines Arbeitsverhältnisses dar[1]. Der **Oberbegriff** für solche Vereinbarungen ist in der wissenschaftlichen Diskussion der verwendeten Begriffe bislang noch nicht geklärt worden. Ohne weitere differenzierende Betrachtung wird der Aufhebungsvertrag wohl allgemein als der im Vordergrund stehende Begriff benutzt, vor allem in der Abgrenzung zum Abwicklungsvertrag[2]. Die gesetzliche Regelung in § 623 BGB verwendet den Begriff „Auflösungsvertrag", ebenso zB § 33 Abs. 1 TVöD/TV-L, der synonym mit dem Begriff „Aufhebungsvertrag" allgemein verwendet wird[3]. Eine einheitliche Bezeichnung für beide vertragliche Erscheinungsformen im Zusammenhang mit der Beendigung eines Arbeitsverhältnisses verlangt nach einem Oberbegriff, den das BAG in seinem Urteil vom 27.11.2003 geprägt hat und der hier übernommen werden soll[4], nämlich die **Beendigungsvereinbarung**. Die Unterschiede zwischen den Spielarten einer solchen Vereinbarung sind inzwischen allgemein geläufig, sollen aber noch einmal kurz dargestellt werden.

1

---

1 BAG 27.11.2003 – 2 AZR 135/02; vgl. auch *Freckmann*, BB 2004, 1564: „Dauerbrenner".
2 So verwenden *Bauer/Krieger/Arnold* in ihrem grundlegenden Handbuch den Titel „Aufhebungsverträge", obwohl sie sich auch mit dem Abwicklungsvertrag und den verschiedenen Erscheinungsformen der Auflösung auseinandersetzen, vgl. A II Rz. 20; auch bei *Hümmerich*, Rz. 11, fehlt ein Oberbegriff ebenso wie bei *Weber/Ehrich/Burmester/Fröhlich*, die sich nur im Hinblick auf die Konsequenzen mit der Alternative Abwicklungsvertrag auseinandersetzen, nicht jedoch mit dem Begriff, Teil 6 Rz. 143 ff.
3 Vgl. ErfK/*Müller-Glöge*, § 623 BGB Rz. 4.
4 Vgl. BAG 27.11.2003 – 2 AZR 135/02.

Der „klassische" Aufhebungsvertrag[1] liefert den Rechtsgrund für die Beendigung des Arbeitsverhältnisses. Im Gegensatz dazu steht der Abwicklungsvertrag in der Folge einer vom Arbeitgeber ausgesprochenen Kündigung. Die **nachfolgende** vertragliche Vereinbarung regelt die **Abwicklung des Arbeitsverhältnisses**, bestätigt insbesondere entweder den Zeitpunkt, zu dem die Kündigung ausgesprochen worden ist oder ändert ihn und legt die sonstigen inhaltlichen Bestimmungen fest, insbesondere die Abfindung (zum Inhalt von Aufhebungs- und Abfindungsverträgen vgl. im Übrigen Rz. 30 ff.).

Der Unterschied zwischen Aufhebungs- und Abwicklungsvertrag besteht also darin, dass im Gegensatz zum Abwicklungsvertrag, dem die Kündigung vorausgeht, der Aufhebungsvertrag das Arbeitsverhältnis ohne Ausspruch einer Kündigung auflöst[2]. Die Praxis hat diese Unterscheidung im Anschluss an *Hümmerich*[3] – nach anfänglichem Zögern – übernommen. Die weitere, von *Bauer*[4] entwickelte Unterscheidung zwischen „echtem" und „unechtem" Abwicklungsvertrag war bislang, ebenso wie die Unterscheidung zwischen Abwicklungsvertrag und Aufhebungsvertrag, wichtig, um die äußerst unerwünschten Folgen beim Bezug des Arbeitslosengeldes, also das Ruhen gem. § 158 (§ 143a aF) SGB III und die Sperrzeit gem. § 159 Abs. 3 (§ 144 aF) SGB III, zu vermeiden (zu den sozialversicherungsrechtlichen Folgen vgl. Rz. 70 ff.). Droht nach Ende des Arbeitsverhältnisses die Arbeitslosigkeit, sind Beendigungsvereinbarungen für Arbeitnehmer auch in Form des Abwicklungsvertrages problematisch geworden (vgl. Rz. 78 ff.).

Beide Vertragsformen können außergerichtlich abgeschlossen werden. Ist bereits ein Rechtsstreit anhängig, stellt die protokollierte Vereinbarung oder die Feststellung durch Beschluss gem. § 278 Abs. 6 ZPO gleichzeitig einen Vergleich iSd. § 779 BGB dar und auch eine Prozesshandlung, die, wie jede andere Prozesshandlung auch, den besonderen prozessualen Vorschriften genügen muss, insbesondere im Hinblick auf den Vertretungszwang vor dem LAG und dem BAG. Dabei spielt es keine Rolle, ob eine Kündigung vorausgegangen ist oder nicht. Sowohl der Vergleich in Form eines Aufhebungsvertrages (ohne Kündigung) als auch des Abwicklungsvertrages (nach Kündigung) kann gerichtlich protokolliert werden. Die Beendigung des Arbeitsverhältnisses wird im Fall der per Vergleich abgeschlossenen Auflösungsvereinbarung/ des Aufhebungsvertrages nicht Streitgegenstand des Prozesses. Der kann zunächst auf die Entfernung einer Abmahnung gerichtet sein[5].

⊃ **Hinweis:** Auch beim „unechten" Abwicklungsvertrag geht das BAG von zwei gültigen Rechtsgeschäften aus, so dass zu der vor Abschluss des Vertrages ausgesprochenen, in der Regel zwischen den Vertragsparteien „abgestimmten" Kündigung Betriebsrat oder Personalrat beteiligt werden müssen[6].

b) Vertragsfreiheit (§§ 241, 311 BGB)

Für den Abschluss des arbeitsrechtlichen Aufhebungsvertrages gilt grundsätzlich das Prinzip der Vertragsfreiheit[7]. Der Arbeitnehmer ist bei dem Beendigungstatbestand

---

1 Vgl. zum Begriff: *Bauer*, NZA 2002, 169, zur Abgrenzung: *Bauer/Krieger/Arnold*, A II Rz. 20 mwN.
2 Vgl. jüngst auch zur Abgrenzung zwischen Abwicklungsvertrag und Aufhebungsvertrag: LAG Rh.-Pf. 22.1.2014 – 7 Sa 431/13.
3 Vgl. *Hümmerich*, Einführung Rz. 5, § 1 Rz. 2.
4 *Bauer/Krieger/Arnold*, A II Rz. 20 mit graphischer Übersicht über die „Phänomenologie".
5 Häufig enden Abmahnprozesse durch Auflösung des Arbeitsverhältnisses, ein weiteres Argument gegen die unkritische gerichtliche Anfechtung von Abmahnungen, vgl. dazu *Mues*, ArbRB 2003, 336 (338).
6 Vgl. BAG 28.6.2005 – 1 ABR 25/04, ArbRB 2006, 43.
7 Vgl. dazu BAG 12.1.2000 – 7 AZR 48/99, AP Nr. 16 zu § 620 BGB – Aufhebungsvertrag (mit Anm. *Adam*); *Bengelsdorf*, S. 2 f.

I. Allgemeines

des Aufhebungsvertrages nämlich nicht in gleicher Weise schutzbedürftig wie bei der arbeitgeberseitigen Kündigung, weil er durch das **Prinzip der Freiwilligkeit** selbst Einfluss auf die Beendigung nehmen kann. Diese Freiwilligkeit ist jedoch zweifelhaft, wenn sich der Arbeitnehmer beim Abschluss des Aufhebungsvertrages in einer unterlegenen Situation befunden hat, in der Druck auf ihn ausgeübt worden ist (vgl. Rz. 58 f.). Dennoch unterliegt der arbeitsrechtliche Aufhebungsvertrag im Grundsatz **keinen rechtlichen Beschränkungen**. Insbesondere findet der allgemeine und besondere Kündigungsschutz im Allgemeinen keine Anwendung. Mit Schwerbehinderten kann somit ebenso wie mit Schwangeren im Grundsatz ohne Weiteres ein Aufhebungsvertrag geschlossen werden. Nichts anderes gilt für den Abschluss von arbeitsrechtlichen Aufhebungsverträgen mit Eltern in der Elternzeit.

Auch mit **Minderjährigen** kann ein Aufhebungsvertrag geschlossen werden, sofern der gesetzliche Vertreter den Minderjährigen ermächtigt hat, ein Arbeitsverhältnis einzugehen. In diesem Fall ist der Minderjährige gem. § 113 Abs. 1 BGB u.a. für solche Rechtsgeschäfte, wie die Eingehung oder Aufhebung des Arbeitsverhältnisses der gestatteten Art, unbeschränkt geschäftsfähig. Auch hier gilt aber, dass Rechtsgeschäfte, die zum Nachteil des Minderjährigen wesentlich vom Üblichen abweichen, nicht durch die Ermächtigung gedeckt sind; darüber hinaus gilt eine Ausnahme, wenn der Minderjährige zusammen mit seinem gesetzlichen Vertreter den Ausbildungsvertrag unterzeichnet hat oder auch wenn er ihn allein unterzeichnet hat[1]. In solchen Fällen ist der Minderjährige nicht ermächtigt, ohne Einwilligung oder Genehmigung des gesetzlichen Vertreters nach §§ 107, 108 BGB einen Aufhebungsvertrag abzuschließen[2]. **2a**

Grundsätzlich kann ein Aufhebungsvertrag mit einer längeren Auslauffrist als der Kündigungsfrist vereinbart werden, zB zur – praktischen – Verlängerung der Bewährungschance. Diese Frist muss aber angemessen und noch überschaubar sein[3]. Wenn allerdings im Aufhebungsvertrag zur Vermeidung einer betriebsbedingten Kündigung eine befristete Fortsetzung des Arbeitsverhältnisses über mehr als zwei Jahre vereinbart wird, hat das BAG eine **Umgehung des Kündigungsschutzes** angenommen[4]. **2b**

Zum Abschluss eines Aufhebungsvertrages bedarf es nicht der vorherigen Anhörung des **Betriebsrats** gem. § 102 Abs. 1 BetrVG oder des **Sprecherausschusses** gem. § 31 Abs. 2 SprAuG. Das gilt auch dann, wenn ein Aufhebungsvertrag mit einem Betriebsratsmitglied geschlossen werden soll; einer Zustimmung gem. § 103 BetrVG bedarf es nicht. **2c**

Beim Abschluss eines Aufhebungsvertrages mit einem **schwerbehinderten Menschen** ist der Arbeitgeber nicht verpflichtet, die Schwerbehindertenvertretung vor dem Abschluss eines Aufhebungsvertrages anzuhören. Dabei handelt es sich nämlich nicht um eine „Entscheidung" iSv. § 95 Abs. 2 Satz 1 Halbs. 1 SGB IX. Danach hat zwar der Arbeitgeber die Schwerbehindertenvertretung in allen Angelegenheiten, die einen Einzelnen oder die schwerbehinderten Menschen als Gruppe berühren, unverzüglich und umfassend zu unterrichten und vor einer Entscheidung anzuhören. Das bezieht sich aber nicht auf sämtliche schwerbehinderte Menschen betreffende Angelegenheiten[5].

Der Betriebsrat hat kein Beteiligungsrecht beim Abschluss einer Beendigungsvereinbarung. Dagegen ist im **öffentlichen Dienst** Vorsicht geboten, weil zB in Nordrhein-

---

1 *Bauer/Krieger/Arnold*, A I Rz. 3 unter Hinweis auf *Bengelsdorf*, S. 69.
2 Vgl. das von *Bauer* zitierte Urteil des LAG Bremen 15.10.1971 – 1 Sa 90/71, DB 1971, 2318: unwirksamer Aufhebungsvertrag mit einer schwangeren Minderjährigen.
3 Vgl. BAG 7.3.2002 – 2 AZR 93/01, ArbRB 2002, 258; vgl. auch *Marquardt*, ArbRB 2003, 252 mit Musterformulierungen 253 f.
4 BAG 12.1.2000 – 7 AZR 48/99, NZA 2000, 718.
5 Vgl. BAG 14.3.2012 – 7 ABR 67/10, BB 2012, 1855.

Westfalen der Personalrat gem. § 74 Abs. 2 LPVG NW vor dem Abschluss eines Aufhebungs- oder Beendigungsvertrages anzuhören ist. Er ist berechtigt, gem. § 74 Abs. 7 LPVG NW Einwände zu erheben, die binnen einer Woche schriftlich der Dienststelle zur Kenntnis zu bringen sind (so auch § 72a Abs. 2 Satz 1 der ursprünglichen Fassung, die zwischenzeitlich durch die Novelle von 2007 aufgehoben worden war)[1]. Die Beendigungsvereinbarung ist gem. § 74 Abs. 3 LPVG NW **unwirksam**, wenn der öffentliche Arbeitgeber dem Personalrat **nicht vorher angehört** hat[2].

3 Auch **Massenaufhebungsverträge** können anzeigepflichtige Entlassungen iSd. § 17 KSchG darstellen, Sie sind gem. § 17 Abs. 1 Satz 2 KSchG massenanzeigepflichtig, wenn anstelle des Aufhebungsvertrages eine sonst unvermeidbare betriebsbedingte Kündigung ausgesprochen worden wäre[3]. Nach wie vor ist streitig, ob der Aufhebungsvertrag nur dann als Massenentlassung anzusehen und deshalb anzeigepflichtig ist, wenn eine Abfindung gezahlt wird oder nicht[4]. Unterbleibt die erforderliche Anzeige, ist die Entlassung unwirksam[5] (zum Verfahren bei der Massenentlassung vgl. Teil 4 A Rz. 880ff.).

3a ⊃ **Hinweis:** Solange nicht höchstrichterlich geklärt ist, unter welchen Voraussetzungen Aufhebungsverträge als Massenentlassung anzuzeigen sind, empfiehlt sich in jedem Fall, den Abschluss des Aufhebungsvertrages in die Massenentlassungsanzeige aufzunehmen[6].

4 Schon bisher gab es Streit um die Frage, ob Aufhebungsverträge **richterlicher Inhalts- und Billigkeitskontrolle gem. §§ 305 ff. BGB** unterliegen[7]. Ausgangspunkt dieser Debatte war die Rechtsprechung des BVerfG[8] zum Wettbewerbsverbot von Handelsvertretern und zur Bürgschaft einkommensloser Familienangehöriger. Das BVerfG hat ein Grundrecht auf Privatautonomie und auf Schutz vor „diktierten" Verträgen entwickelt. Im Anschluss daran wurde kontrovers diskutiert, ob arbeitsrechtliche Aufhebungsverträge einer verstärkten richterlichen Inhaltskontrolle zu unterwerfen seien[9]. Solange die Arbeitnehmerseite über das „Ob", das „Wie" und das „Wann" beim Abschluss eines Vertrages über die Beendigung des Arbeitsverhältnisses uneingeschränkt entscheiden kann, fehlt es an einer strukturellen Unterlegenheit des Arbeitnehmers im Sinne der Rechtsprechung des BVerfG[10].

Ein weiterer Schutzgedanke gilt dem vor **Übereilung**. Zutreffend gingen *Bauer/Diller*[11] davon aus, dass das Übereilungsproblem das eigentliche Problem arbeitsrechtlicher Aufhebungsverträge sei und sahen eine Lösung nur in Rücktritts- oder Widerrufsrechten.

Die Diskussion, ob Beendigungsvereinbarungen der Parteien über § 310 Abs. 4 Satz 2 Halbs. 2 BGB seit dem 1.1.2002 einer richterlichen Inhaltskontrolle unterliegen, wurde in der Vergangenheit auch vor dem Hintergrund geführt, ob Arbeitnehmer Ver-

---

1 Vgl. dazu auch die Vorauflage, Teil 3 C Rz. 2c.
2 Im Bund fehlt eine solche Regelung, vgl. auch APS/*Koch*, § 79 BPersVG Rz. 6.
3 So ausdrücklich BAG 11.3.1999 – 2 AZR 461/98, NZA 1999, 761 f.; so auch KR/*Weigand*, § 17 KSchG Rz. 43, 43a; vgl. dazu auch *Bauer/Krieger/Arnold*, E Rz. 72 mwN: Die Entlassung müsse auf die individuell manifestierte „Entlassungsabsicht" zurückgehen unter Hinweis auf *von Hoyningen-Huene*, § 17 Rz. 31.
4 Vgl. zum Meinungsstreit KR/*Weigand*, § 17 KSchG Rz. 43b: Anzeigepflicht auch bei Aufhebungsvertrag ohne Abfindung, mE zutreffend.
5 So ausdrücklich BAG 11.3.1999 – 2 AZR 461/98, NZA 1999, 761.
6 So auch ausdrücklich *Bauer/Krieger/Arnold*, E III Rz. 73.
7 Vgl. dazu auch *Bauer*, NZA 2002, 169 f.
8 BVerfG 7.2.1990 – 1 BvR 26/84, DB 1990, 574; 19.10.1993 – 1 BvR 567/89 u.a., DB 1993, 2580.
9 Vgl. dazu *Dieterich*, Grundgesetz und Privatautonomie im Arbeitsrecht, RdA 1995, 129; *Bauer/Diller*, DB 1995, 1810 ff.; dazu die Erwiderung von *Dieterich*, DB 1995, 1813 ff.
10 BVerfG 19.10.1993 – 1 BvR 567/89 und 1 BvR 1044/89, DB 1993, 2580; vgl. auch BAG 14.2.1996 – 2 AZR 234/96, NZA 1996, 811 (812).
11 Vgl. *Bauer/Diller*, DB 1995, 1810 ff. (1812, 1813) (unter Nr. 5).

braucher iSd. § 13 BGB sind und damit die **Inhaltskontrolle** nach § 307 BGB stattfindet. Die Praxis bedient sich nämlich in aller Regel vorformulierter Entwürfe für Beendigungsvereinbarungen, zum Teil auch aus Formularbüchern entnommener Standardformulierungen[1].

Allein durch die Verwendung von Mustern wird nur der Rahmen für die in jedem Einzelfall auszuhandelnden Beendigungsbedingungen vorgegeben, nicht jedoch der Inhalt. Dieser wird von den Parteien in der Regel ausgehandelt, so dass der Grund für die Schutzwirkung der AGB-Kontrolle entfällt. Die Arbeitnehmerseite könnte auch dann, wenn sie unkritisch ein vom Arbeitgeber vorformuliertes Vertragsangebot annimmt, die Bedingungen der Aufhebung des Arbeitsverhältnisses frei aushandeln. Daran ändert sich nichts, wenn zuvor eine Kündigung ausgesprochen wurde und der Abschluss eines Abwicklungsvertrages ansteht. Auch die Kündigung könnte vom Arbeitnehmer gerichtlich angegriffen werden. Wer darauf verzichtet und stattdessen eine einvernehmliche Abwicklung des Vertragsverhältnisses mit dem Arbeitgeber vereinbart, verzichtet mehr oder weniger bewusst auf ein Gestaltungsrecht, das auszuüben nur in Ausnahmefällen – die ggf. zur Anfechtung berechtigen (vgl. Rz. 57 ff.) – die freie Entscheidung beeinflussen kann. Die in einem vom Arbeitgeber vorformulierten Aufhebungsvertrag vereinbarte einvernehmliche Beendigung des Arbeitsverhältnisses unterliegt auch keiner Angemessenheitskontrolle iSd. § 307 Abs. 1 Satz 1 BGB. Mit dem Aufhebungsvertrag wird das Arbeitsverhältnis beendet, aber nicht von Rechtsvorschriften abgewichen. Diese Beendigungsvereinbarung stellt ein selbständiges Rechtsgeschäft dar, bei dem die Hauptleistung in der Beendigung des Arbeitsverhältnisses liegt[2]. Mit der Rechtsqualität der Bedingungen eines Aufhebungsvertrages in Form Allgemeiner Geschäftsbedingungen hat das also nichts zu tun[3].

Im Übrigen kann auch aus dem Gesetzestext die Erkenntnis gewonnen werden, dass beim Abschluss eines Aufhebungsvertrages **kein strukturelles Ungleichgewicht** vorliegt. Die Arbeitnehmerposition ist durch zahlreiche Gesetze und durch die Rechtsprechung besonders geschützt. Dies stellt eine typische „im Arbeitsrecht geltende Besonderheit" dar, die gem. § 310 Abs. 4 Satz 2 BGB die Vorschriften der §§ 305–310 BGB auf den Aufhebungsvertrag keine Anwendung finden lässt[4].

Das **BAG** hat in einer der beiden Grundsatzentscheidungen vom 27.11.2003 zum Widerrufsrecht (vgl. dazu ausführlich Rz. 52a) im Sinne der Schuldrechtsreform auch diese Streitfrage für die Praxis geklärt: Beendigungsvereinbarungen der Parteien unterliegen nicht der Inhaltskontrolle der §§ 305 ff. BGB, weil sie keine Allgemeinen Geschäftsbedingungen iSd. § 307 Abs. 3 BGB seien, weil Abreden über den unmittelbaren Gegenstand der Hauptleistung aus Gründen der **Vertragsfreiheit** regelmäßig keiner Inhaltskontrolle unterlägen[5]. Die Beendigung als solche könne keiner vertraglichen Inhaltskontrolle oder einer entsprechenden Angemessenheitsprüfung unterzogen werden[6].

Damit erübrigt sich auch eine Diskussion der Frage, ob Arbeitnehmer als Verbraucher iSd. § 13 BGB anzusehen sind. Die dazu veranstaltete Kontroverse in der Literatur ist

---

1 ZB *Bauer/Lingemann/Diller/Haußmann*, M 23.1a und M 23.2 mit Aufhebungsvertrag und Abwicklungsvertrag; vgl. auch die Vertragsmuster bei *Weber/Ehrich/Burmester/Fröhlich*, Teil 2 Rz. 389 und insb. 390 (ausführlicher Aufhebungsvertrag).
2 Vgl. BAG 8.5.2008 – 6 AZR 517/07, DB 2008, 1974; vgl. auch BAG 22.4.2004 – 2 AZR 281/03, NZA 2004, 1295.
3 So im Ergebnis auch *Bauer*, NZA 2002, 172 (173); *Lingemann*, NZA 2002, 181 (185) mit zutreffendem Hinweis auf BAG 14.2.1996 – 2 AZR 234/95, NZA 1996, 811 f. (812 li. Sp.); *Bauer* ebenfalls folgend: *Gaul*, AktuellAR 2002, S. 149, 150.
4 So auch *Lingemann*, NZA 2002, 181 (185 li. Sp.).
5 BAG 27.11.2003 – 2 AZR 135/03, NZA 2004, 597.
6 Mit Verweis auf LAG Hamm 1.4.2003 – 19 Sa 1901/02, NZA-RR 2003, 401 (402) und auf *Stahlhacke/Preis/Vossen*, Rz. 34.

damit wohl für die Praxis endgültig irrelevant geworden, mithin auch die Unterscheidung zwischen einem absoluten und relativen Verbraucherbegriff[1].

5   Ob die Vertragsfreiheit ausschließt, die Aufhebung des Vertrages mit **rückwirkender Kraft** zu vereinbaren, ist streitig. Während zum Teil angenommen wird, ein Aufhebungsvertrag könne grundsätzlich nicht rückwirkend abgeschlossen werden[2], sieht die wohl herrschende Meinung keine Bedenken, das Arbeitsverhältnis auch rückwirkend durch einen Aufhebungsvertrag zu einem vereinbarten Termin aufzulösen[3]. Diese grundsätzliche Möglichkeit wird jedoch eingeschränkt werden müssen, wenn das Arbeitsverhältnis schon vollzogen ist und rückwirkend aufgehoben werden soll. Analog den Grundsätzen, die für das faktische Arbeitsverhältnis gelten, dürfte sich eine Rückabwicklung verbieten und damit auch eine Vereinbarung, die mit rückwirkender Kraft den Austausch bereits erbrachter Leistungen vorsehen würde[4].

c) Unwirksamkeit von Beendigungsvereinbarungen wegen Verstoßes gegen gesetzliche Bestimmungen

aa) Verstoß gegen den Gleichbehandlungsgrundsatz

6   Zahlt ein Arbeitgeber nach der Schließung eines Betriebes freiwillig an die Mehrzahl seiner ehemaligen Arbeitnehmer im Rahmen von Aufhebungsverträgen **Abfindungen**, so sind die Leistungen nach dem vom Arbeitgeber bestimmten Verteilungsschlüssel am **Gleichbehandlungsgrundsatz** zu messen. Sind die rechtlichen und wirtschaftlichen Folgen der Betriebsschließung für verschiedene Arbeitnehmergruppen gleich oder vergleichbar, so darf der Arbeitgeber nicht willkürlich der einen Gruppe eine Abfindung zahlen, während er die andere Gruppe von der Abfindungszahlung ausnimmt. Ist allerdings der für die Zahlung der Abfindungen zur Verfügung stehende Gesamtbetrag sehr gering und sind die Chancen der ausgeschiedenen Arbeitnehmer auf dem Arbeitsmarkt als ungünstig zu beurteilen, so kann es je nach den Umständen gerechtfertigt sein, die Arbeitnehmer ganz von einer Abfindungszahlung auszunehmen, die das Arbeitsverhältnis vorzeitig durch Aufhebungsvertrag aufgelöst haben, nachdem sie eine neue Beschäftigung gefunden hatten[5]. Es verstößt auch nicht gegen den Gleichheitssatz, wenn im Rahmen eines Sozialplans ein Höchstbetrag für Abfindungen festgeschrieben wird. Das BAG sah darin auch keinen Verstoß gegen § 75 Abs. 1 BetrVG, wenn sich die Begrenzung im Sozialplan ausschließlich zu Lasten der älteren Arbeitnehmer auswirke[6]. Mithin findet die Freiheit des Arbeitgebers, an gleiche oder vergleichbare Arbeitnehmergruppen unterschiedliche Abfindungen im Rahmen von Aufhebungsverträgen zu zahlen, ihre Grenze am Gleichbehandlungsgrundsatz (§ 242 BGB). Der Arbeitgeber verstößt aber nicht gegen den arbeitsrecht-

---

1 Zum relativen Verbraucherbegriff: *Bauer/Kock*, DB 2002, 42 (45); *Bauer*, NZA 2002, 169 (171); *Lingemann*, NZA 2002, 181 (184); zum absoluten Verbraucherbegriff: *Däubler*, Die Auswirkungen der Schuldrechtsmodernisierung auf das Arbeitsrecht, NZA 2001, 1329 ff.; vgl. auch *Boemke*, BB 2002, 96 ff. (97); ferner *Hümmerich/Holthausen*, NZA 2002, 173 f. (176 re. Sp.).
2 So *Bauer/Krieger/Arnold*, A I Rz. 1; vgl. auch die 4. Aufl. Teil 3 B Rz. 1; so auch MünchKommBGB/*Schwerdtner*, vor § 620 Rz. 16.
3 So ausdrücklich BAG 10.12.1998 – 8 AZR 324/97, NZA 1999, 422–425, unter Hinweis auf BAG 17.4.1986 – 2 AZR 308/85, AP Nr. 40 zu § 615 BGB; Staudinger/*Neumann*, Vorbem. zu §§ 620 ff. BGB Rz. 11.
4 Vgl. BAG 10.12.1998 – 8 AZR 324/97, NZA 1999, 422 (424, re. Sp.) unter Hinweis auf MünchKommBGB/*Schwerdtner*, vor § 620 Rz. 16; Schaub/*Linck*, § 122 Rz. 9, insoweit in Übereinstimmung mit BAG 10.12.1998 – 8 AZR 324/97, NZA 1999, 422.
5 BAG 25.11.1993 – 2 AZR 324/93, NZA 1994, 788.
6 BAG 19.10.1999 – 1 AZR 838/98, AP Nr. 135 zu § 112 BetrVG 72; ferner kein Verstoß gegen den Gleichbehandlungsgrundsatz, wenn bei der Zahlung einer Abfindung Zeiten eines Erziehungsurlaubsanspruchs mindernd berücksichtigt werden: LAG Berlin 18.1.1999 – 9 Sa 107/98, NZA-RR 1999, 179.

I. Allgemeines

lichen Gleichbehandlungsgrundsatz, wenn mit Beschäftigten individuelle Vereinbarungen über die Aufhebung eines Arbeitsverhältnisses getroffen und Abfindungen gezahlt werden, auch wenn sie dem Grunde und der Höhe nach in einer Betriebsvereinbarung geregelt sind, in der sich der Arbeitgeber die Zustimmung über das freiwillige Ausscheiden eines Arbeitnehmers vorbehalten hatte. In einem solchen Fall stellt der Arbeitgeber auch keine Regel auf über eine verteilende Entscheidung[1].

Ältere Arbeitnehmer werden nicht wegen ihres Alters diskriminiert, wenn ihnen – im Gegensatz zu jüngeren Arbeitnehmern – generell keine Aufhebungsverträge unter Zahlung attraktiver Abfindungen angeboten werden. Es ist schon fraglich, ob in einem solchen Fall eine unmittelbare Benachteiligung wegen des Alters iSd. § 3 Abs. 1 Satz 1 AGG vorliegt, jedenfalls wäre aber die Herausnahme älterer Arbeitnehmer gerechtfertigt iSd. § 10 AGG[2].

bb) Nichtigkeit gem. § 134 BGB

Es ist denkbar, dass ein Aufhebungsvertrag wegen **Umgehung zwingender gesetzlicher Vorschriften** gem. § 134 BGB rechtsunwirksam ist. So ist ein Aufhebungsvertrag gem. § 134 BGB iVm. § 613a Abs. 4 BGB nichtig, wenn damit objektiv die zwingenden Rechtsfolgen des § 613a Abs. 1 Satz 1 BGB umgangen werden sollen[3]. Das ist zB dann anzunehmen, wenn Arbeitnehmer veranlasst werden, selbst fristlos zu kündigen oder Aufhebungsverträgen mit dem alten Arbeitgeber zuzustimmen, um dann mit dem neuen Arbeitgeber neue Arbeitsverträge abschließen zu können[4]. Das gilt nach einer weiteren Entscheidung des BAG[5] dann nicht, wenn der Aufhebungsvertrag auf ein endgültiges Ausscheiden des Arbeitnehmers aus dem Betrieb gerichtet ist, also gerade keine Fortsetzung bei dem Betriebserwerber stattfinden soll. Vereinbart der Arbeitgeber allerdings in einem Aufhebungsvertrag mit einem ausländischen Arbeitnehmer, dass dieser für den Fall der endgültigen Rückkehr in seine Heimat nach Beendigung des Arbeitsverhältnisses eine Abfindung erhalten soll, so liegt allein darin noch keine Umgehung der §§ 9, 10 KSchG. Eine solche „Heimkehrklausel" kann jedoch wegen funktionswidriger Umgehung der §§ 111, 112 BetrVG unwirksam sein, wenn der Aufhebungsvertrag in Ausführung einer Betriebsvereinbarung geschlossen wird, im Rahmen eines größeren Personalabbaus, und diese Betriebsvereinbarung Sozialplancharakter hat[6].

7

cc) Bedingte Aufhebungsverträge

Nach der Rechtsprechung des BAG[7] steht jeder Aufhebungsvertrag idR unter der aufschiebenden Bedingung, dass das Arbeitsverhältnis bis zu dem vereinbarten Auflösungszeitpunkt fortgesetzt wird. Wenn, zB durch fristlose Kündigung des Arbeitgebers, das Arbeitsverhältnis vor dem vereinbarten Beendigungszeitpunkt sein Ende findet, wird der Aufhebungsvertrag gegenstandslos.

8

Der Versuch, in Aufhebungsverträgen die Beendigung des Arbeitsverhältnisses von einem zukünftigen, ungewissen Ereignis abhängig zu machen, scheitert, wenn dies dem Sinn und Zweck der Kündigungsschutzbestimmungen widerspricht[8]. Allerdings hat das BAG in engen Grenzen eine **auflösende Bedingung** für folgenden Fall zugelassen:

---

1 BAG 17.12.2009 – 6 AZR 242/09, NZA 2010, 273.
2 BAG 25.2.2010 – 6 AZR 911/08, ArbRB 2010, 169.
3 So BAG 11.7.1995 – 3 AZR 154/95, NZA 1996, 207.
4 Vgl. BAG 28.4.1987 – 3 AZR 75/86, NZA 1988, 198 ff. (199): darüber hinaus Verstoß gegen § 4 BetrAVG.
5 BAG 11.12.1997 – 8 AZR 654/95, NZA 1999, 262 f.
6 BAG 7.5.1987 – 2 AZR 271/86, AP Nr. 19 zu § 9 KSchG 1969.
7 BAG 29.1.1997 – 2 AZR 292/96, NZA 1997, 813.
8 *Weber/Ehrich/Burmester/Fröhlich*, Teil 1 Rz. 54 f.; vgl. auch *Bengelsdorf*, S. 8 f.; *Müller*, S. 105 ff.; MünchKommBGB/*Schwerdtner*, vor § 620 Rz. 12.

Beispiel:

Mit einer Schauspielerin war vertraglich die Übernahme einer bestimmten Rolle in einer Fernsehserie vereinbart worden geknüpft an die auflösende Bedingung, dass das Arbeitsverhältnis endet, wenn die Rolle aufgrund künstlerischer Erwägungen des Arbeitgebers nicht mehr in der Serie enthalten sei[1].

Die engen Grenzen gelten auch in zeitlicher Hinsicht, die auflösende Bedingung ist also zulässig, wenn binnen kurzer Zeit nach Abschluss des Aufhebungsvertrages feststeht, ob sie eintritt oder nicht[2].

Das BAG lässt also nur unter äußerst strengen Voraussetzungen auflösend bedingte Verträge zu, das gilt selbstverständlich auch für auflösend bedingte Aufhebungsverträge[3]. Zulässig sind dagegen Bedingungen, unter denen die Fortsetzung des Arbeitsverhältnisses stattfinden soll (sog. **Monte-Carlo-Modell**)[4].

8a Eine Umgehung des Kündigungsschutzes kann dort nicht in Betracht kommen, wo der Kündigungsschutz noch nicht einsetzt, insbesondere in den ersten sechs Monaten des Arbeitsverhältnisses. Sofern der Arbeitgeber die **Probezeit** als nicht bestanden ansieht, kann ein Aufhebungsvertrag abgeschlossen werden unter der auflösenden Bedingung, dass die geforderte Arbeitsleistung in vollem Umfang bis zum Ende der Befristung erbracht wird. Diese Frist muss allerdings überschaubar sein. Besser ist auch in solchen Fällen der Abschluss eines unbedingten Aufhebungsvertrages mit bedingter Wiedereinstellungszusage, die nicht stets einem auflösend bedingten Aufhebungsvertrag gleichzustellen ist[5].

9 Weiter ist ein solcher Aufhebungsvertrag unwirksam, nach dem ein **Berufsausbildungsverhältnis** endet, wenn das Berufsschulzeugnis des Auszubildenden in bestimmten Fächern die Note „mangelhaft" enthält[6].

10 Dasselbe gilt, wenn das Arbeitsverhältnis bei erneutem **Alkoholkonsum** des Arbeitnehmers beendet sein soll[7]. Schließlich ist zweifelhaft, ob ein Aufhebungsvertrag rechtswirksam ist, falls die Parteien im Anschluss an eine Kündigungsschutzklage die Beendigung des Arbeitsverhältnisses für den Fall vereinbaren, dass der Arbeitnehmer in einer bestimmten Zeitspanne mehr als 10 % der Arbeitstage arbeitsunfähig krank ist[8].

dd) Nichtigkeit gem. § 138 BGB[9]

11 Es ist denkbar, dass der Aufhebungsvertrag wegen **Sittenwidrigkeit** nichtig ist, § 138 BGB. Die Sittenwidrigkeit kann sich allerdings nicht allein auf die nach Auffassung des Arbeitnehmers vom Arbeitgeber ausgehende widerrechtliche Drohung beziehen. Denn die widerrechtliche Drohung hat durch § 123 BGB eine rechtliche Sonderregelung erfahren. Insofern müssen besondere Umstände hinzukommen, um die An-

---

1 Vgl. BAG 2.7.2003 – 7 AZR 612/02, DB 2003, 2392 (nur Ls.), EzA-SD 2003, Nr. 20, 11 (Ls.); *Joch/Klichowski*, NZA 2004, 302 ff.
2 Vgl. dazu auch *Bauer/Lingemann/Diller/Haußmann*, Kap. 23 Rz. 10.
3 *Weber/Ehrich/Burmester/Fröhlich*, Teil 1 Rz. 53 mwN.
4 Vgl. *Bauer/Krieger/Arnold*, A III Rz. 104 m.w.Bsp.
5 Vgl. BAG 7.3.2002 – 2 AZR 93/01, ArbRB 2002, 258 = AP Nr. 22 zu § 620 BGB – Aufhebungsvertrag, mit zust. Anm. von *Bauer*.
6 BAG 5.12.1985 – 2 AZR 61/85, AP Nr. 10 zu § 620 BGB – Bedingung.
7 *Schaub/Linck*, § 122 Rz. 17 unter Hinweis auf LAG München 29.10.1987 – 4 Sa 783/87, DB 1988, 506.
8 Vgl. dazu *Schaub/Linck*, § 122 Rz. 17 und die dortigen Nachweise unter Fn. 47.
9 Vgl. dazu ausführlich *Bengelsdorf*, S. 10; *Müller*, S. 112 und *Färber*, S. 239.

I. Allgemeines

nahme zu rechtfertigen, das Geschäft sei nach seinem Gesamtcharakter gem. § 138 BGB als sittenwidrig und damit als nichtig anzusehen[1].

Es ist jedoch denkbar, dass zum einen ein Anfechtungsgrund nach § 123 BGB vorliegt und zum anderen der abgeschlossene Aufhebungsvertrag gleichzeitig aus anderen Gründen sittenwidrig ist.

Eine solche Sittenwidrigkeit ist zB nicht allein deshalb anzunehmen, weil der Aufhebungsvertrag **rückdatiert** worden ist. Die Auflösung des Arbeitsverhältnisses ist nämlich auch bei falscher Angabe des Zeitpunktes des Vertragsschlusses an sich noch kein unerlaubtes Geschäft (zum Problem der Rückwirkung vgl. Rz. 5)[2].

Dagegen kann ein außergerichtlicher vergleichsweiser Aufhebungsvertrag, in dem ein Arbeitnehmer anerkennt, seinen Arbeitgeber durch strafbare Handlungen in Höhe eines bestimmten Betrages geschädigt zu haben und diesen Schaden ersetzen zu müssen, sittenwidrig und deshalb gem. § 138 BGB nichtig sein, wenn ein **auffälliges Missverhältnis** des beiderseitigen Nachgebens besteht, das auf eine verwerfliche Gesinnung des Arbeitgebers schließen lässt. Bei der danach notwendigen Bewertung des beiderseitigen Nachgebens kommt es darauf an, welcher Höchstschaden bei Abschluss des Vergleiches in Betracht gezogen und als Vergleichsrahmen angesehen worden ist. Ob der Höchstschaden und der zugestandene Betrag beweisbar gewesen wären, ist für die Frage der Sittenwidrigkeit des Vergleichs unerheblich[3].

12

Auch ein außergerichtlicher vergleichsweiser Aufhebungsvertrag, der die **Abfindung** einer Versorgungsanwartschaft durch einen Kapitalbetrag vorsieht, kann gegen die guten Sitten verstoßen und deshalb gem. § 138 BGB nichtig sein, wenn ein grobes Missverhältnis des beiderseitigen Nachgebens besteht. Bildet die Abfindungssumme nur einen geringfügigen Teil des zeitanteilig erdienten Anwartschaftswertes und ist für einen so weit gehenden Verzicht kein Grund ersichtlich, besteht dafür ein Indiz[4].

ee) Teilnichtigkeit gem. § 139 BGB

Ein Sonderproblem ergibt sich, wenn lediglich **einzelne Bestimmungen** des Aufhebungsvertrages **nichtig** sind. Gem. § 139 BGB ist das ganze Rechtsgeschäft nichtig, wenn ein Teil dieses Rechtsgeschäfts nichtig ist und nicht anzunehmen ist, dass es auch ohne den nichtigen Teil vorgenommen sein würde. Jedoch ist § 139 BGB dispositiv, also durch Individualvereinbarung, aber auch durch formularmäßige Regelungen abdingbar. Klauseln, wonach das Restgeschäft im Falle der Teilnichtigkeit gültig bleibt, sind aber unter Umständen einschränkend auszulegen und daher nicht anwendbar, wenn die sittenwidrigen oder sonst nichtigen Bestimmungen von grundlegender Bedeutung sind[5].

13

Durch **Parteivereinbarung** kann also eine salvatorische Klausel aufgenommen werden, wonach die Wirksamkeit des Vertrages im Übrigen von der Unwirksamkeit einzelner Bestimmungen unabhängig sein soll. Fehlt eine solche Bestimmung, greifen die Grundsätze der ergänzenden Vertragsauslegung; dann kommt es auf den mutmaßlichen Parteiwillen an, wobei nicht genügen soll, dass die Parteien auf jeden Fall einen Aufhebungsvertrag abgeschlossen hätten[6].

---

1 *Färber*, S. 239; BAG 10.3.1988 – 8 AZR 420/85, AP Nr. 99 zu § 611 BGB – Fürsorgepflicht.
2 Vgl. dazu auch BAG 25.4.2013 – 8 AZR 453/12, NZA 2013, 1206: Zahlung einer „Entschädigung" für die vorzeitige Aufhebung des Vertrages eines Berufsfußballers als Gegenleistung für die vorzeitige Vertragsaufhebung.
3 BAG 11.9.1984 – 3 AZR 184/82, AP Nr. 37 zu § 138 BGB.
4 BAG 30.7.1985 – 3 AZR 401/83, AP Nr. 39 zu § 138 BGB.
5 Palandt/*Ellenberger*, § 139 BGB Rz. 18 mwN.
6 Palandt/*Ellenberger*, § 139 BGB Rz. 14 mwN.

14 Ein typischer **Beispielsfall** der Teilnichtigkeit liegt vor, wenn im Rahmen eines Aufhebungsvertrages unter Verstoß gegen § 3 BetrAVG eine unverfallbare Anwartschaft auf betriebliche Altersversorgung finanziell abgegolten worden ist. Hier könnte zB anzunehmen sein, dass der Aufhebungsvertrag im Übrigen wirksam ist und an die Stelle der finanziellen Abgeltung der unverfallbaren Anwartschaft auf betriebliche Altersversorgung die gesetzliche Rechtsfolge des BetrAVG tritt. Im Übrigen ist es von grundsätzlicher Bedeutung, ob die Parteien von vornherein Kenntnis von der Teilnichtigkeit hatten. In einem solchen Falle gilt, dass hinsichtlich dieses Teils kein Rechtsfolgewille und daher kein Rechtsgeschäft vorliegt und das Rechtsgeschäft ohne den als nichtig erkannten Teil gilt, wenn beide Parteien den Aufhebungsvertrag mit diesem eingeschränkten Inhalt gewollt haben.

ff) Nichtigkeit wegen Anfechtung, § 142 BGB

14a Eine wirksame **Anfechtung** vernichtet, wie bei allen anderen Willenserklärungen auch, solche, die auf Abschluss eines Aufhebungsvertrages oder Abwicklungsvertrages gerichtet sind, § 142 BGB.

Unter welchen Voraussetzungen eine Anfechtung in Betracht kommt und zur Nichtigkeit des Vertrages führen kann, vgl. Rz. 57–61.

2. Außergerichtliche und gerichtliche Beendigungsvereinbarungen (Prozessvergleiche)[1]

15 Schließen die Parteien im Kündigungsrechtsstreit einen Vergleich gem. § 779 BGB, stellt diese Vereinbarung sowohl materiell-rechtlich einen Vergleich dar, gleichzeitig aber auch eine Prozesshandlung. Diese ist aufgrund der **Doppelnatur**[2] nach den Grundsätzen des Verfahrensrechts zu beurteilen. Der Prozessvergleich erledigt den Prozess und stellt gleichzeitig einen Vollstreckungstitel dar, wenn er einen vollstreckungsfähigen Inhalt hat[3].

Nach übereinstimmender Auffassung von BAG und BGH[4] führen **materiell-rechtliche Mängel**, die im **Zeitpunkt des Vergleichsschlusses** vorlagen, wegen der grundsätzlich untrennbaren Einheit zwischen Prozesshandlung und materiellem Vergleich nicht nur zur Unwirksamkeit des Vergleichs als vertraglicher Regelung, sondern auch als Prozesshandlung. Dabei spielt keine Rolle, ob solche Umstände zur Nichtigkeit des Vergleichs von Anfang an führen (zB §§ 134, 138, 306, 779 BGB) oder aufgrund einer wirksamen Anfechtung gem. §§ 119, 123 iVm. § 142 BGB zur rückwirkenden Nichtigkeit[5].

In einem solchen Fall ist der Ausgangsrechtsstreit weiterzuführen und der Streit über die Unwirksamkeit des Vergleichs nicht in einem Folgeprozess zu führen.

Führt ein erst **nachträglich eingetretener** Umstand zur Unwirksamkeit des Vergleichs, kann der alte Rechtsstreit nicht weitergeführt werden. Der Streit ist in einem neuen Verfahren zu klären, zB bei einem Rücktritt. Dasselbe gilt, wenn sich die Parteien nicht über die Frage streiten, ob der geschlossene Prozessvergleich den Rechtsstreit erledige habe, sondern darüber, welche materiellen Ansprüche der Vergleich erfasst[6].

---

1 Vgl. *Bauer/Krieger/Arnold*, A V Rz. 136 ff.; ausführlich *Bengelsdorf*, S. 4 f. und S. 16 ff. mwN; *Müller*, S. 49 ff. und S. 141 ff.; *Oßwald*, S. 25; vgl. ferner *Weber/Ehrich/Burmester/Fröhlich*, Teil 1 Rz. 81 ff.
2 HM, zB BAG 15.5.1997 – 2 AZR 43/96, AP Nr. 45 zu § 123 BGB; BGH 14.5.1987 – III ZR 277/85, NJW 1988, 65; vgl. auch *Bauer/Krieger/Arnold*, A V Rz. 139.
3 Vgl. auch *Bauer/Krieger/Arnold*, A V Rz. 138.
4 BAG 23.11.2006 – 6 AZR 394/06, NZA 2007; BGH 14.5.1987 – III ZR 277/85, NJW 1988, 65.
5 Vgl. *Weber/Ehrich/Burmester/Fröhlich*, Teil 1 Rz. 88; hM, auch in der Prozessrechtsliteratur, vgl. *Rosenberg/Schwab/Gottwald*, § 132 III.1.
6 Vgl. BAG 16.1.2003 – 2 AZR 316/01, DB 2003, 2500; so auch *Bauer/Krieger/Arnold*, A V Rz. 139 aE unter Hinweis u.a. auf diese Entscheidung.

Ist dagegen ein außergerichtlicher Vergleich abgeschlossen worden, der nur materiell-rechtliche Rechtsfolgen auslöst, also nicht gleichzeitig Prozesshandlung ist, auch wenn er auf Anregung eines Gerichts zustande kommt, bleibt die eventuelle Nichtigkeit der materiell-rechtlichen Regelung auf das Prozessgeschehen ohne Einfluss. 16

Haben die Parteien im Zusammenhang mit oder im Anschluss an den vergleichsweise abgeschlossenen Aufhebungs- oder Abwicklungsvertrag noch keine Prozesserklärungen abgegeben, wird der Prozess weitergeführt.

Häufig wird aber im Aufhebungs- oder Abwicklungsvertrag vereinbart, dass der Kläger/Arbeitnehmer nach Abschluss des außergerichtlichen Vergleichs die Klage zurücknimmt oder für erledigt erklärt, dies in Übereinstimmung mit dem Beklagten/Arbeitgeber. Nach der **Klagerücknahme** oder der übereinstimmenden **Erledigungserklärung** ist das Prozessrechtsverhältnis beendet. Treten im Anschluss an solche Erklärungen Unwirksamkeitsgründe zutage, gerät die Arbeitnehmerseite in eine schwierige Situation. Nach ganz herrschender Meinung sind nämlich auf Prozesshandlungen die Vorschriften des materiellen Rechts über die Anfechtung von Willenserklärungen auch nicht entsprechend anwendbar[1]. Eine Zurücknahme der Klagerücknahme kann nur erklärt werden, wenn keine schutzwürdigen Interessen der Gegenseite entgegenstehen[2]. 16a

Wenn die Verpflichtung zur Klagerücknahme eine der Abreden im außergerichtlichen Vergleich darstellt, ist natürlich auch diese Abrede unwirksam. Die Prozesshandlung selbst wird jedoch nicht dadurch unwirksam, dass sie in Erfüllung der Abrede vorgenommen wird.

Die Klagerücknahme kann auch schon im Text der Aufhebungs- oder Abwicklungsvereinbarung enthalten sein. Wird diese Klagerücknahmeerklärung, auch vom Prozessgegner, also hier dem Arbeitgeber, beim Gericht eingereicht, wird dadurch die Klagerücknahme erklärt. Jede weitere Erklärung des Klägers ist überflüssig. Reicht der Beklagte die Erklärung des Klägers ein, wird damit gleichzeitig eine etwaige notwendige Einwilligung konkludent erklärt.

Die einseitige Erledigungserklärung kann als Prozesshandlung frei widerrufen werden[3].

Auch über eine Restitutionsklage gem. § 580 ZPO wird den Arbeitnehmern in einer solchen Situation nicht zu helfen sein. In aller Regel liegt ein gesetzlicher Restitutionsgrund in einem solchen Fall nicht vor[4]. 16b

Damit steht fest, dass in aller Regel die erklärte Klagerücknahme nicht wieder beseitigt werden kann. Als wirksame Prozesshandlung hat sie das Prozessrechtsverhältnis beendet mit der Folge, dass die Kündigung des Arbeitgebers nicht mehr auf ihre Wirksamkeit überprüft werden kann. Somit können die prozessuale und die materielle Rechtslage auseinander fallen. Auch wenn die materielle Einigung im Beendigungsvertrag in Form eines Vergleichs gem. § 779 BGB nachträglich beseitigt werden kann, zB weil die Vergleichsgrundlage weggefallen ist, kann das prozessrechtlich nicht „repariert" werden. Auch die Störung der Geschäftsgrundlage, § 313 BGB, kann diese prozessrechtliche Stellung nicht beeinflussen.

Die **Wirksamkeitsfiktion** des § 7 KSchG lässt sich möglicherweise nur noch durchbrechen im Wege der nachträglichen Zulassung der Kündigungsschutzklage. Durch die Klagerücknahme wird das Prozessrechtsverhältnis beendet, der Rechtsstreit ist als nicht anhängig geworden anzusehen, § 269 Abs. 3 Satz 1 ZPO. Da die Klage als 16c

---

1 Vgl. Zöller/*Greger*, vor § 128 ZPO Rz. 21 mwN.
2 Zöller/*Greger*, vor § 128 ZPO Rz. 22.
3 Vgl. Zöller/*Vollkommer*, § 91a ZPO Rz. 35.
4 Vgl. Zöller/*Greger*, vor § 128 ZPO Rz. 24.

nicht anhängig, also auch nicht als erhoben fingiert wird, kann die Kündigungsschutzklage erneut erhoben werden. Ihr Erfolg wird aber regelmäßig wegen Versäumung der Frist des § 4 KSchG versagt bleiben. Ob eine nachträgliche Klagezulassung gem. § 5 KSchG in Betracht kommt, hängt davon ab, ob es als schuldhaft angesehen wird, die rechtzeitig erhobene Klage zurückgenommen zu haben. Das wird man in der Regel nicht annehmen können. Die Frage fokussiert sich deshalb darauf, ob es schuldhaft ist, eine außergerichtliche Vereinbarung abzuschließen, in der man sich zur Klagerücknahme verpflichtet, statt einen gerichtlichen Vergleich abzuschließen. Unabhängig davon, dass es zumindest nach herrschender Meinung[1] in der Regel nicht zulässig ist, Anwaltsverschulden Parteiverschulden im Rahmen des § 5 KSchG gleichzusetzen, kann man weder von Partei- noch von Anwaltsverschulden sprechen, wenn nachträglich erkennbar wird, dass der außergerichtliche Vergleich nichtig war oder geworden ist.

Diese Frage muss auch dann beantwortet werden, wenn aufgrund eines außergerichtlichen Abwicklungsvertrages die vom Arbeitgeber ausgesprochene Kündigung nicht innerhalb der Drei-Wochen-Frist angegriffen worden ist.

16d Dasselbe Problem stellt sich, wenn der Arbeitgeber den Vergleich nicht erfüllt, also eine Leistungsstörung eintritt und der Arbeitnehmer sich daraufhin von diesem Aufhebungsvertrag wieder lösen will. Ob das geht, ist jedoch streitig[2].

Die nachträgliche Klagezulassung wird häufig aber auch deshalb scheitern, weil die Sechs-Monats-Frist des § 5 Abs. 3 Satz 2 KSchG abgelaufen ist. Deshalb sollte gerade die Arbeitnehmerseite sehr vorsichtig damit umgehen, den Aufhebungsvertrag insbesondere durch eigene Erklärungen, wie Rücktritt etc. nachträglich zu beseitigen oder seine Wirksamkeit in Frage zu stellen[3].

> **Hinweis:** Außergerichtliche Vergleiche während eines Kündigungsrechtsstreits über den Streitgegenstand der Kündigung bergen auf Arbeitnehmerseite erhebliche Risiken, wenn nachträglich Unwirksamkeitsgründe des materiellen Aufhebungs-/Abwicklungsvertrages eintreten.

> **Hinweis: Besondere Vorsicht** ist geboten, wenn beide Parteien dem Gericht ohne Hinweis auf außergerichtliche Vergleichsverhandlungen mitgeteilt haben, dass der Gütetermin nicht wahrgenommen werde, und das Gericht daraufhin das Ruhen des Verfahrens angeordnet hat. Wird das Verfahren dann nicht innerhalb von sechs Monaten wieder aufgerufen, **gilt** die Klage gem. § 54 Abs. 5 Satz 4 ArbGG als **zurückgenommen**.

> Haben sich die Parteien bei einem außergerichtlichen Vergleich nicht über das Schicksal des noch anhängigen Rechtsstreits verständigt, ist in aller Regel die Vereinbarung gem. § 154 Abs. 2 BGB so auszulegen, dass der außergerichtliche Vergleich erst dann **wirksam** wird, wenn er **gerichtlich protokolliert** worden ist[4].

16e Abgesehen davon, dass gem. § 794 Abs. 1 Nr. 1 ZPO iVm. § 46 Abs. 2 ArbGG ein Vergleich vor **jedem deutschen Gericht** und nicht nur vor dem Prozessgericht protokolliert werden kann[5], gibt § 278 Abs. 6 ZPO[6] die Möglichkeit, das Gericht zu veranlassen, den Parteien einen Vergleichsvorschlag schriftlich zu unterbreiten. Dieser kann von beiden Seiten angenommen und damit der Vergleich zustande gebracht werden.

---

[1] Vgl. KR/*Friedrich*, § 5 KSchG Rz. 90a; ausführliche Übersicht über die LAG-Rechtsprechung, jeweils prägend für ihre Region: *Tschöpe/Fleddermann*, BB 1998, 157 ff.
[2] Vgl. *Bauer/Haußmann*, BB 1996, 901 ff.
[3] Vgl. *Bauer/Haußmann*, BB 1996, 901; vgl. auch *Bauer/Krieger/Arnold*, A X Rz. 265.
[4] BAG 16.1.1997 – 2 AZR 35/96, NZA 1997, 789; *Weber/Ehrich/Burmester/Fröhlich*, Teil 1 Rz. 84.
[5] HM, Zöller/*Stöber*, § 794 ZPO Rz. 5 mwN.
[6] Neu gefasst durch Art. 2 Abs. 1 Nr. 41 des Gesetzes zur Reform des Zivilprozesses v. 27.7. 2001, BGBl. I 2001, 1887.

In der Praxis wird fast durchweg von dieser Möglichkeit Gebrauch gemacht, wenn entweder vor dem Gütetermin bereits eine Einigung außergerichtlich ausgehandelt und abgesprochen wurde oder im Gütetermin sich beide oder nur eine Seite noch nicht binden wollen, aber einen Vorschlag des Gerichts mit Frist zur Annahme „mitnehmen". Das spart Zeit, Kosten und Aufwand für einen neuen Termin nur zur Protokollierung des Vergleichs.

Nach anfänglicher Unsicherheit hat das BAG die Frage, ob ein Prozessvergleich gem. § 278 Abs. 6 ZPO die für Aufhebungsverträge erforderliche Schriftform des § 623 BGB einhalte, für die Praxis geklärt: Aus der analogen Anwendung des § 127a BGB folgt, dass die Schriftform auf diese Weise auch außerhalb der mündlichen Verhandlung eingehalten wird[1].

3. Abgrenzung zu anderen Beendigungsgründen und -vereinbarungen

a) Kündigung

Im Gegensatz zum Beendigungsvertrag, mit dem beide Seiten einverstanden sein müssen, gibt die Kündigung als einseitige empfangsbedürftige Willenserklärung die Möglichkeit, sich **einseitig** vom Arbeitsverhältnis für die Zukunft zu lösen. 17

Diese Möglichkeit haben sowohl Arbeitgeber wie Arbeitnehmer. Die ordentliche Kündigung des Arbeitnehmers muss nur der Schriftform, § 623 BGB, genügen, während die Kündigung des Arbeitgebers an weitere, strenge Voraussetzungen gebunden ist. Zu den Anforderungen an eine wirksame Kündigung vgl. Teile 3 D–J, zur formellen Wirksamkeit einer Kündigungserklärung insbesondere Teil 3 D. 18

b) Erlassvertrag und allgemeine Erledigungsklausel

Sind sich die Parteien über die Beendigung des Arbeitsverhältnisses einig, bestehen aber noch wechselseitige Forderungen, über die man nicht mehr streiten will oder besteht Veranlassung, über den Erlass solcher Forderungen eine Einigung zu erzielen, bietet sich außerhalb des Aufhebungsvertrages der **Erlassvertrag** an. Beim Erlassvertrag gehen die Parteien vom Bestehen einer Forderung aus, sind sich jedoch darüber einig, dass ein Erlass stattfinden soll, auf die Forderung also verzichtet wird. Das kommt zB in Betracht, wenn der Arbeitnehmer noch Restansprüche auf Mehrarbeitsvergütung hat, und der Arbeitgeber Rückzahlungsansprüche wegen eines gewährten Darlehens. Hier kann eine Verrechnung stattfinden. Wenn die Forderungen etwa gleich hoch sind, bietet sich ein Erlassvertrag an, um für beide Seiten evtl. Streit oder auch nur Mühe bei der Ermittlung der exakten Anspruchshöhe zu vermeiden. 19

Bei einer Einigung in Form einer **allgemeinen Erledigungsklausel** (als Bestandteil des Aufhebungsvertrages vgl. ausführlich Rz. 47) besteht aber auch die Möglichkeit, dass beide Parteien nicht davon ausgehen, dass noch ein Restanspruch bestehe, aber zusätzliche Rechtssicherheit darüber schaffen und künftige Auseinandersetzungen abschneiden wollen.

Ein konstitutives **negatives Schuldanerkenntnis** iSd. § 397 Abs. 2 BGB liegt nur dann vor, wenn der Wille der Parteien darauf gerichtet ist, alle oder eine bestimmte Gruppe von bekannten oder unbekannten Ansprüchen zum Erlöschen zu bringen. Dagegen ist ein deklaratorisches Anerkenntnis anzunehmen, wenn die Parteien nur die von ihnen angenommene Rechtslage eindeutig dokumentieren und fixieren wollen[2].

Das BAG kommt im entschiedenen Fall zu der Auffassung, dass schon der Wortlaut „sind ... abgegolten" dagegen spreche, dass der Arbeitnehmer den Bestand seiner

---

1 Vg. BAG 23.11.2006 – 6 AZR 394/06, NZA 2007, 466f.
2 Vgl. dazu BAG 7.11.2007 – 5 AZR 880/06, NZA 2008, 355; vgl. dazu auch *Böhm*, NZA 2008, 919 mit kritischen Anm. zur Auslegung.

Rechte in irgendeiner Weise verändern und dabei auf seine Ansprüche verzichten wollte. An den Verzichtswillen sind ohnehin sehr hohe Anforderungen zu stellen. Im Zweifel liegt ein Erlass oder Verzicht nicht vor, selbst bei eindeutig erscheinender Erklärung des Gläubigers. Vielmehr müssen zum erklärten Vertragswillen weitere Begleitumstände hinzutreten. Obwohl dazu Veranlassung bestanden hätte[1] hat der 5. Senat des BAG das Ergebnis nur durch Auslegung erreicht. Der 5. Senat bestätigt diese Annahme[2] zwar, beschränkt dies aber auf den Umfang der Ausgleichsklausel, wenn die Rechtsqualität dem Grunde nach geklärt ist, und zwar durch Auslegung[3].

Problematisch ist eine solche wechselseitige Erledigungsklausel dann, wenn das Arbeitsverhältnis noch gar nicht beendet ist und beide Parteien nicht wissen können, welche Ansprüche bis zum Ende des Arbeitsverhältnisses noch entstehen können. Zwar wird man davon ausgehen müssen, dass die Einigung nur solche Ansprüche erfassen kann, die bis dahin überhaupt nur theoretisch in Betracht kommen konnten und nicht aus zukünftigen Ereignissen folgen. Hier besteht erhebliches Streitpotential. Deshalb sind solche Klauseln in der Regel erst **nach** Beendigung des Arbeitsverhältnisses sinnvoll.

⊃ **Hinweis:** Für jede Form der Erledigungsvereinbarung oder Klausel in Auflösungsvereinbarungen gilt: Mandanten – sowohl Arbeitgeber wie Arbeitnehmer – sind vor dem Abschluss solcher Vereinbarungen zu warnen, wenn nicht alle in Betracht kommenden Ansprüche „abgearbeitet" sind, zB Rückzahlung von Darlehen, Restansprüche aus gestundeter Vergütung, Rückgabe von Unterlagen und Arbeitsmitteln (Laptops, Handys, Arbeitskleidung etc.), Rückgabe von Dateien, Quittungen, Abrechnung von Spesen, Rückzahlung von Spesenvorschüssen.

c) Ausgleichsquittungen[4]

20 Ausgleichsklauseln sind zu unterscheiden von sog. Ausgleichsquittungen. Letztere werden, häufig von Arbeitgebern vorformuliert, Arbeitnehmern im Zusammenhang mit der Aushändigung der Arbeitspapiere vorgelegt mit der Aufforderung, sie zu unterzeichnen. Das ist keine vertragliche Vereinbarung, sondern lediglich eine **einseitige Erklärung**, deren Rechtsqualität je nach Formulierung ein lediglich deklaratorisches oder auch ein konstitutives **negatives Schuldanerkenntnis** sein kann[5].

Ihrem Inhalt nach kann die Ausgleichsquittung – ebenso wie die Ausgleichsklausel (vgl. Rz. 47) – auf die Bestätigung gerichtet sein, dass keine weiteren Ansprüche bestehen. Sie kann also entweder eine tatsächliche Erklärung enthalten oder auch ein Angebot auf Abschluss eines Verzichtsvertrages, insbesondere den Verzicht auf das Recht, den Fortbestand des Arbeitsverhältnisses – gleich aus welchem Rechtsgrund – gerichtlich geltend zu machen.

Sie kann auch eine **bloße Empfangsbestätigung** enthalten, dass die Lohnsteuerkarte, Sozialversicherungsnachweise, Arbeitsbescheinigung gem. § 312 SGB III, Urlaubsbescheinigung, Zeugnis und evtl. private Sachen in Empfang genommen worden

---

1 Vgl. *Böhm*, NZA 2008, 919f. (920 li. Sp.).
2 Vgl. BAG 7.11.2007 – 5 AZR 880/06, NZA 2008, 355f. unter II. 3. b) cc) d. Gr. unter Hinweis auf die Entscheidung des 10. Senats v. 9.11.2003 (vgl. 5. Aufl. Teil 3 C Rz. 20).
3 Nicht diskutiert im Urteil des 10. Senats des BAG v. 28.7.2004 – 10 AZR 661/03, BB 2004, 2134ff.
4 Vgl. allgemein zur Reichweite von Ausgleichsklauseln in arbeitsgerichtlichen Vergleichen: *Korinth*, ArbRB 2013, 321ff.; zum Begriff: *Müller*, S. 53ff.; *Oßwald*, S. 33.
5 Vgl. zur Unterscheidung Schaub/*Linck*, § 72 Rz. 7; Küttner/*Eisemann*, Ausgleichsquittung, Rz. 3.

I. Allgemeines

sind[1]. Auf diese **echte Quittung** hat der Arbeitgeber gem. § 368 Satz 1 BGB sogar einen Anspruch; deshalb kann die Zulässigkeit nicht fraglich sein[2].

Welchen Erklärungsgehalt und welche Rechtsqualität eine solche einseitige Erklärung hat, ist durch **Auslegung** zu ermitteln. Rechtstechnisch kann der Wille, die Rechtsbeziehung zu bereinigen, insbesondere durch Erlassvertrag, ein konstitutives oder deklaratorisches Schuldanerkenntnis erfolgen (vgl. dazu die Ausführungen in Rz. 19).

Ein Erlassvertrag kommt in Betracht, wenn die Parteien vom Bestehen einer bestimmten Schuld ausgehen, diese aber übereinstimmend als nicht mehr zu erfüllen ansehen.

Der 10. Senat des BAG hat in seinem Urteil vom 28.7.2004[3] zu einer noch vor der Schuldrechtsreform unterzeichneten Ausgleichsquittung entschieden, dass eine umfassende Ausgleichsquittung in der Regel auch den vertraglichen Anspruch des Arbeitnehmers auf ein anteiliges 13. Monatsgehalt umfasse, und darauf hingewiesen, dass nach der Rechtsprechung des Senats[4] Ausgleichsquittungen und Abgeltungserklärungen im Interesse klarer Verhältnisse grundsätzlich weit auszulegen seien. 21

Die früher heftig diskutierte Frage, ob solche einseitigen Erklärungen der **AGB-Kontrolle** zu unterwerfen sind und als überraschende Klausel, § 305c Abs. 1 BGB, oder wegen Verstoßes gegen das Transparenzgebot, § 305c Abs. 2 BGB, unwirksam seien oder einer Inhaltskontrolle gem. § 307 Abs. 1 Satz 1 BGB nicht standhielten[5], kann durch die Rechtsprechung des BAG als geklärt angesehen werden. Zwar unterliegen Abreden über den unmittelbaren Gegenstand der Hauptleistungspflichten keiner Inhaltskontrolle[6], Ausgleichsquittungen aber grundsätzlich dem Recht der Allgemeinen Geschäftsbedingungen iSd. §§ 305ff. BGB, wenn im Formular verwendet wird, auch wenn handschriftliche Eintragungen vorgenommen worden sind[7]. Je nach den Umständen der Verwendung einer solchen Ausgleichsquittung kann ein Verstoß gegen das Transparenzgebot des § 305c Abs. 1 BGB vorliegen, zB dann, wenn diese Klausel mit falscher oder missverständlicher Überschrift ohne besonderen Hinweis oder drucktechnische Hervorhebung in einen Gesamtzusammenhang eingefügt wird[8]. In solchen Fällen wird die Erklärung nicht Vertragsbestandteil. Damit sind die Fälle erfasst, in denen eine solche Erklärung „versteckt" zusammen mit einer Empfangsbestätigung über Arbeitspapiere etc. zur Unterschrift vorgelegt wird, sozusagen „en bloc"[9]. Auch dann, wenn Empfangsbestätigung und Verzichtserklärung deutlich voneinander getrennt zu unterzeichnen sind, kann ein solcher formularmäßiger Verzicht, zB auf die Erhebung der Kündigungsschutzklage, unwirksam sein. Eine solche Verzichtserklärung kann Aufhebungsvertrag, Vergleich, Klageverzichtsvertrag oder ein vertragliches Klagerücknahmeversprechen enthalten, wenn die Kündigungsschutzklage schon erhoben ist[10]. 22

Im Ergebnis wird man in der Klausel „Kündigung akzeptiert und mit Unterschrift bestätigt, auf Klage gegen die Kündigung wird verzichtet" einen Klageverzichtsvertrag

---

1 Zur manchmal unscharfen Verwendung des Begriffs „Ausgleichsquittung" vgl. auch Preis/*Rolfs*, Der Arbeitsvertrag, II V 50 Rz. 46.
2 So ausdrücklich auch BAG 28.7.2004 – 10 AZR 661/03, BB 2004, 2134ff. unter Verweis auf BAG 19.11.2003 – 10 AZR 174/03, AP Nr. 50 zu § 611 BGB – Konkurrenzklausel.
3 BAG 28.7.2004 – 10 AZR 661/03, BB 2004, 2134ff.
4 BAG 19.11.2003 – 10 AZR 174/03, BB 2004, 1280 mwN.
5 Vgl. BAG 23.9.2003 – 1 AZR 576/02, NZA 2004, 440 zum Anspruch auf Nachteilsausgleich, dagegen Schaub/*Linck*, § 72 Rz. 8.
6 Vgl. BAG 27.11.2003 – 2 AZR 135/03, BB 2004, 1852ff., insb. die Zitate unter Nr. B II. 3. d. Gr.
7 Vgl. BAG 7.11.2007 – 5 AZR 880/06, NZA 2008, 355f. (356) Rz. 13.
8 Vgl. BAG 23.2.2005 – 4 AZR 139/04, NZA 2005 1193 (1198).
9 So im Ergebnis auch *Böhm*, NZA 2008, 919 (920 li. Sp.).
10 Vgl. BAG 6.9.2007 – 2 AZR 722/06, NZA 2008, 219f. Rz. 28.

sehen müssen. Zwar ist nach Ausspruch der Kündigung ein Verzicht auf die Erhebung der Kündigungsschutzklage wirksam, der formularmäßige Verzicht ist jedoch als unangemessene Benachteiligung des Arbeitnehmers anzusehen, wenn diese einseitige Verzichtserklärung ohne kompensatorische Gegenleistung des Arbeitgebers, zB in Form einer Abfindung oder anderer Gegenleistungen des Arbeitgebers, eventueller Verzicht auf Ersatzansprüche, Verlängerung des Beendigungszeitpunkts oder Umwandlung einer fristlosen in eine fristgerechte Kündigung, bleibt[1].

23 ⊃ **Hinweis:** Soweit in der Praxis solche einseitigen Verzichtserklärungen nach Ausspruch einer Kündigung immer noch verwendet werden, muss Arbeitgebern klar sein, dass diese Klauseln unwirksam sind und Ansprüche nicht ausschließen können. Arbeitnehmern ist zu raten, in jedem Fall Kündigungsschutzklage zu erheben innerhalb der Drei-Wochen-Frist des § 4 KSchG. Die geradezu reflexartig abgegebenen Anfechtungserklärungen sind in aller Regel untauglich, aber auch unnötig, um die Rechtswirkungen einer solchen Erklärung zu vermeiden[2]. Die Praxis sollte jedenfalls auf die Verwendung solcher Klauseln verzichten[3].

II. Zustandekommen der Beendigungsvereinbarung

1. Vertragsschluss gem. §§ 145 ff. BGB

24 Beendigungsvereinbarungen – Aufhebungs- oder Abwicklungsvertrag – kommen als Verträge wie jeder andere zivilrechtliche Vertrag durch **Angebot und Annahme** zustande, § 145 BGB. Die Arbeitsvertragsparteien können ihr Arbeitsverhältnis mit sofortiger Wirkung oder auch zu einem zukünftigen oder vergangenen Zeitpunkt auflösen. Eine rückwirkende Auflösungsvereinbarung ist aber nur dann zulässig, wenn das Arbeitsverhältnis bereits außer Vollzug gesetzt war[4]. Durch das Schriftformerfordernis des § 623 BGB für den Auflösungsvertrag sind die Vorschriften, die sich mit den Fragen auseinandersetzen, wann jemand an sein Angebot oder der Annahme gebunden ist, in der Praxis nicht mehr relevant. Eine Einigung kann formgerecht erst dann konstatiert werden, wenn beide Parteien die auf dem Papier festgehaltenen Vereinbarungen durch Unterschrift akzeptiert haben. Durch das Schriftformerfordernis sollte gerade die praktisch häufig schwierige Frage gelöst werden, ob und wann eine Vereinbarung bereits getroffen wurde oder nicht, zB im Telefongespräch.

Beim Abwicklungsvertrag können diese Fragen noch eine Rolle spielen (vgl. sogleich Rz. 27), also auch, ob sich die Parteien schon über alle Punkte geeinigt haben, die auch nur nach der Erklärung einer Partei noch der Klärung bedurften, § 154 BGB.

Haben sich die Parteien dagegen noch nicht vollständig geeinigt, obwohl sie dieser Auffassung sind, gilt das Vereinbarte nur dann, wenn anzunehmen ist, dass der Vertrag auch ohne eine Bestimmung über diesen Punkt geschlossen sein würde, § 155 BGB. So kann zB die Frage unbewusst **offen geblieben** sein, ob der außergerichtliche Vergleich noch der **gerichtlichen Protokollierung** bedarf.

---

1 Vgl. LAG Schl.-Holst. 24.9.2013 – 1 Sa 61/13, ArbRB 2014, 39 (*Kühnel*); zur grundsätzlichen Zulässigkeit vgl. auch BAG 14.5.2013 – 9 AZR 944/11; ferner BAG 6.9.2007 – 2 AZR 722/06, NZA 2008, 219 (221), Rz. 29 f.; ebenso ErfK/*Preis*, §§ 305–310 BGB Rz. 77 mwN; vgl. auch *Kroeschell*, NZA 2008, 560 und *Bauer/Günther*, NJW 2008, 1617.
2 Vgl. dazu auch *Böhm*, NZA 2008, 919 (920, 921) unter 3. „Anfechtung".
3 Konsequent fehlen Formulierungsvorschläge bei *Bauer/Lingemann/Diller/Haußmann*, Anwalts-Formularbuch Arbeitsrecht; zur bisherigen Tragweite und Wirksamkeit vgl. die Nachweise bei Schaub/*Linck*, § 72 Rz. 9 mwN.
4 BAG 17.12.2009 – 6 AZR 242/09, NZA 2010, 273.

2. Gesetzliche Schriftform für den Auflösungsvertrag, § 623 BGB

a) Schriftform

§ 623 BGB verlangt für Auflösungsverträge, ebenso wie für die Kündigung, die Schriftform gem. § 126 BGB (zur Begriffsbestimmung und zur Auseinandersetzung mit dem Begriff des Aufhebungsvertrages vgl. sogleich Rz. 27). 25

Die **Schriftform** ist nicht nur für den Teil des Aufhebungsvertrages erforderlich, der die Beendigung des Arbeitsverhältnisses regelt, sondern muss alle Bestandteile der Vereinbarung erfassen, die in einer **Vertragsurkunde** nach dem Willen der Parteien enthalten sein sollten[1]. Dabei reicht es aus, dass der Arbeitnehmer das Angebot unterzeichnet mit dem Zusatz: „Mit der obigen Änderung einverstanden."[2].

Die fehlende Schriftform kann zwar gem. § 242 BGB überwunden werden, wenn durch die Erfüllung der an sich formunwirksamen Vereinbarung Verhältnisse eingetreten sind, die nicht mehr sachgerecht rückabgewickelt werden können oder wenn jedenfalls ein Teil nicht rückgängig zu machende Vorteile aus dem nichtigen Rechtsgeschäft gezogen hat[3]. Auch – grundsätzlich zulässige – Vorverträge zum Abschluss eines Aufhebungsvertrages bedürfen der Schriftform[4].

Allerdings setzt dies ein Verhalten voraus, das im anderen Teil die Erwartung geweckt hat, dass sich beide entsprechend dem auch nicht schriftlich fixierten Teil der Abrede verhalten werden[5].

Schon vor Inkrafttreten des § 623 BGB war die Praxis gut beraten, Aufhebungsverträge schriftlich abzufassen, allein wegen der **Beweisfunktion**. So war der konkludent geschlossene Aufhebungsvertrag schon wegen der häufig fehlenden Beweisbarkeit eine Rarität.

Die Schriftform des § 623 BGB gilt nicht für die Aufhebung von Umschulungsverträgen, da § 623 BGB ausschließlich Arbeitsverhältnisse betrifft[6]. 25a

Soweit **tarifvertraglich** Schriftformklauseln für den Abschluss von Aufhebungsverträgen vorhanden sind, wird deren Wirksamkeit durch die gesetzliche Neuregelung nicht berührt, sie haben jedoch keine selbständige rechtliche Bedeutung mehr, die gesetzliche Schriftform **überlagert** solche Regelungen. Dasselbe gilt für Schriftformerfordernisse in etwaigen **Betriebsvereinbarungen** (in der Praxis aber ohne Bedeutung geblieben). 26

b) Keine Schriftform gem. § 623 BGB für den Abwicklungsvertrag

Nach dem Wortlaut des § 623 BGB gilt die Schriftform für die Beendigung von Arbeitsverhältnissen durch Kündigung oder Auflösungsvertrag. Das Gesetz nennt damit nicht den in der Praxis geläufigen Begriff des Aufhebungsvertrages und unterscheidet auch nicht zwischen dem Aufhebungsvertrag und dem Abwicklungsvertrag, obwohl dem Gesetzgeber auch die in der Praxis – nicht mehr kontrovers – geführte Diskussion um die Begriffe Aufhebungsvertrag und Abwicklungsvertrag geläufig sein müsste. Deshalb stellt sich die Frage, ob der Abwicklungsvertrag als „Auflösungsvertrag" im Sinne der gesetzlichen Formvorschrift anzusehen ist. Da nach dem hier verwendeten Begriff des Abwicklungsvertrages **zwingend eine Kündigung** vorausgegangen sein muss, gibt es eine schriftliche Erklärung des Arbeitgebers, mit der die Beendigung des 27

---

1 LAG Köln 9.3.2001 – 11 Sa 1407/00, AE 2001, 107 (108).
2 Vgl. LAG Hess. 16.3.2005 – 2 Sa 1771/04.
3 LAG Köln 9.3.2001 – 11 Sa 1407/00, AE 2001, 108 li. Sp.
4 Vgl. dazu auch BAG 17.12.2009 – 6 AZR 242/09, NZA 2010, 273.
5 Vgl. dazu auch BAG 16.9.2004 – 2 AZR 659/03, NZA 2005, 162.
6 Vgl. BAG 19.1.2006 – 6 AZR 638/04, NZA 2007, 97.

Arbeitsvertrages bewirkt werden soll. Nach der Ansicht des BAG[1] und der auch schon zuvor hM[2] bedarf der Abwicklungsvertrag nur aus diesen Gründen nicht der Schriftform. Natürlich ist die Schriftform nur gewahrt, wenn die Kündigung schriftlich ausgesprochen wurde. Mit dem Abwicklungsvertrag, in der Regel ein Vergleich, wird lediglich die Ungewissheit über die Wirksamkeit der Kündigung beendet und Vereinbarungen über die Abwicklung des gekündigten Arbeitsverhältnisses getroffen. Auch deshalb bedürfen diese begleitenden Regelungen, die nicht zur Beendigung des Arbeitsverhältnisses führen, sondern mit denen die Beendigung hingenommen wird, nicht der Schriftform[3].

➲ **Hinweis:** Auch wenn die Streitfrage durch die Rechtsprechung des BAG für die Praxis geklärt ist, sollte jede Form einer Beendigungsvereinbarung, gleich ob Aufhebungsvertrag oder Abwicklungsvertrag, schriftlich abgeschlossen werden. Die Schriftform zwingt zur Genauigkeit, erfüllt die Beweisfunktion für den Inhalt und die Tatsache des Abschlusses und leistet auch im Hinblick auf eventuelle Formmängel der Kündigung zusätzliche Sicherheit.

Verabreden Arbeitgeber und Arbeitnehmer den Ausspruch einer Kündigung und den Abschluss einer Abwicklungsvereinbarung, so ist die Kündigung kein Scheingeschäft iSd. § 117 BGB, sondern führt zur Beendigung des Arbeitsverhältnisses[4].

c) Einzelheiten zur Schriftform

28 Wann die gesetzliche Schriftform erfüllt ist, wird in § 126 BGB abschließend geregelt. Auf **einer Urkunde** sind die eigenhändigen Namensunterschriften beider Vertragspartner erforderlich. Auch bei einer solchen Vereinbarung kann sich der Arbeitgeber vertreten lassen, natürlich auch durch Prokuristen. Dessen Unterschrift wahrt die Schriftform des § 623 BGB. Das soll nach einer Entscheidung des Hessischen LAG[5] die Schriftform nicht einhalten, wenn ein Gesamtprokurist den Aufhebungsvertrag unterzeichnet – neben der eingescannten Unterschrift der weiteren Gesamtprokuristin –, wenn dieser nicht nach außen deutlich macht, dass er nicht gleichzeitig in Vertretung der weiteren Gesamtprokuristin auftrete[6]. Es reicht aus, wenn ein Exemplar vorliegt, in der Regel wird aber die Vereinbarung in doppelter Ausfertigung von jeweils beiden Vertragspartnern unterzeichnet. Zwar lässt die gesetzliche Regelung in § 126 Abs. 2 Satz 2 BGB genügen, wenn bei mehreren gleich lautenden Vertragsurkunden jede Partei die für die andere Partei bestimmte Urkunde unterzeichnet, gleichwohl sollten beide Parteien beide Urkunden unterzeichnen, schon aus Beweisgründen.

Besteht die Urkunde aus **mehreren Seiten**, muss die Zusammengehörigkeit erkennbar gemacht werden[7]. Eine körperliche Verbindung der einzelnen Blätter der Urkunde soll nicht erforderlich sein, wenn die Einheit aus fortlaufender Paginierung, fortlaufender Nummerierung der einzelnen Bestimmungen, einheitlicher grafischer Gestaltung, in-

---

1 BAG 23.11.2006 – 3 AZR 394/06, NZA 2007, 466; ihm folgend Küttner/*Eisemann*, Aufhebungsvertrag, Rz. 5; vgl. auch LAG Rh.-Pf. 22.1.2014 – 7 Sa 431/13, dort auch zur Auslegung, ob eine Vereinbarung einen formlosen Abwicklungsvertrag oder einen schriftformgebundenen Aufhebungsvertrag enthält.
2 Vgl. LAG Köln 21.4.2005 – 6 Sa 87/05; LAG Hamm 25.10.2001 – 8 Sa 956/01; ferner ErfK/*Müller-Glöge*, § 623 BGB Rz. 14 mit zahlreichen Nachweisen zum Meinungsstand.
3 So mit überzeugender Begründung *Bauer/Krieger/Arnold*, A II Rz. 27 mwN; vgl. auch Palandt/*Weidenkaff*, § 623 BGB Rz. 5.
4 Vgl. BAG 18.6.2005 – 1 ABR 25/04, NZA 2006, 48; ablehnend: *Bauer/Krieger*, NZA 2006, 306.
5 LAG Hess. 4.3.2013 – 17 Sa 633/12 mwN zur uneinheitlichen Rspr.; vgl. auch LAG Thür. 27.1.2009 – 7 Sa 597/07, LAGE § 623 BGB 2002 Nr. 7; gegen die Vorinstanz: ArbG Frankfurt a.M. 5.4.2012 – 20 Ca 7822/11.
6 Vgl. BGH 4.4.2004 – V ZR 107/03, NJW 2004, 2382; ferner OLG Karlsruhe 8.9.2005 – 8 U 57/05, OLGR Karlsruhe 2006, 40; OLG Köln 28.4.2005 – 1 W 10/05, MDR 2006, 145 Rz. 10.
7 Vgl. BGH 24.9.1997 – XII ZR 234/95, BGHZ 136, 357 ff.

II. Zustandekommen der Beendigungsvereinbarung

haltlichem Zusammenhang des Textes oder vergleichbaren Merkmalen zweifelsfrei erkennbar wird[1].

⊃ **Hinweis:** In der Praxis wird eine feste Verklammerung mit Heftklammer oder Öse ausreichen, bei mehrseitigen Vereinbarungen empfiehlt sich aber der Transparenz und der Kontrolle wegen, die einzelnen Seiten jeweils von den Vertragspartnern paraphieren zu lassen. Das stellt auch sicher, dass keine Seite verloren geht und sich die Zeichnenden noch einmal mit dem Text befassen. Häufig werden die Texte per E-Mail zwischen beiden Verhandlungsparteien ausgetauscht, bearbeitet und wieder zurückgesandt. Die ausgetauschten, ergänzten oder veränderten Texte sollten dabei jeweils deutlich markiert werden, sonst geht der Überblick verloren.

Bei der **abschließenden Fixierung** muss jedoch sichergestellt sein, dass das zuletzt verhandelte Exemplar unterzeichnet wird. Darauf ist besondere Sorgfalt zu verwenden angesichts des regen Mail-Verkehrs, der solchen Einigungen manchmal vorausgeht und bei dem die Übersicht zu behalten durchaus schwierig sein kann.

Weder der Austausch von **Faxerklärungen**[2] noch der Austausch von ausformulierten und per Mail übermittelten Verträgen kann die Schriftform erfüllen; § 126 Abs. 3 BGB lässt zwar die elektronische Form zu, sofern sich aus dem Gesetz nicht ein anderes ergibt – § 623 BGB schließt jedoch die elektronische Form ausdrücklich aus. **29**

Werden Beschäftigte, bislang im Arbeitsverhältnis tätig, zu Vorständen oder Geschäftsführern bestellt, mit ihnen also auch – zweckmäßigerweise – ein neuer Dienstvertrag abgeschlossen, war lange Zeit streitig, ob damit das alte Arbeitsverhältnis formwirksam beendet worden ist. Das BAG hat schließlich mit zutreffender Begründung entschieden, dass der schriftliche Geschäftsführer-Dienstvertrag regelmäßig das Formerfordernis des § 623 BGB für den Vertrag über die Auflösung des Arbeitsverhältnisses wahre[3]. Zwar liege in dem Abschluss eines Geschäftsführer-Dienstvertrages im Zweifel die konkludente Aufhebung des bisherigen Arbeitsverhältnisses, diese erfülle aber nicht die Schriftform des § 623 BGB. Die Schriftform für die Auflösung des vorangehenden Arbeitsverhältnisses kann aber nur dann gewahrt sein, wenn dieser Geschäftsführer-Dienstvertrag auch mit demselben Arbeitgeber zustande kommt. Ist dagegen der Geschäftsführer-Anstellungsvertrag mit einem anderen Unternehmen als dem bisherigen Arbeitgeber abgeschlossen worden, besteht das Arbeitsverhältnis zum bisherigen Arbeitgeber fort[4]. **29a**

Einen Sonderfall hatte das LAG Düsseldorf zu entscheiden. Im Intranet war von der Arbeitgeberin eine „interne Mitteilung" hinterlegt worden, mit der die durch eine tarifvertragliche Regelung vorgesehene Möglichkeit, gegen Zahlung einer Abfindung aus dem Arbeitsverhältnis bis zu einem bestimmten Termin auszuscheiden, aufgegriffen worden war. Darin sahen LAG und Arbeitsgericht[5] eine verbindliche Gesamtzusage, die die Klägerin wirksam und fristgerecht angenommen habe. Damit war nach Auffassung beider Instanzgerichte der Aufhebungsvertrag zu den tariflichen Bedingungen zustande gekommen. **29b**

---

1 BGH 24.9.1997 – XII ZR 234/95, BGHZ 136, 357 ff. (Ls. 1).
2 Vgl. LAG Düsseldorf 27.5.2003 – 16 Sa 1453/02, LAGE § 623 BGB 2002 Nr. 1.
3 BAG 3.2.2009 – 5 AZB 100/08, ArbRB 2009, 171 (*Schewiola*).
4 BAG 24.10.2013 – 2 AZR 1078/12, ArbRB 2014, 167 (*Kappelhoff*); anders noch BAG 14.6.2006 – 5 AZR 592/05 u. Rz. 18, NZA 2006, 1154, jedoch noch zur alten Rechtslage vor dem 1.5.2000, also vor Inkrafttreten des § 623 BGB, damals noch konkludente Aufhebung möglich.
5 Vgl. LAG Düsseldorf 11.9.2003 – 11 (18) Sa 308/03 (ArbG Düsseldorf 5.2.2003 – 4 Ca 9634/02); die vom LAG zugelassene Revision wurde am 15.9.2004 vor dem BAG verhandelt, der Rechtsstreit aber ohne streitiges Urteil erledigt.

III. Inhalt von Beendigungsvereinbarungen

30 Was die Parteien im Zusammenhang mit der Vereinbarung über die Auflösung oder die Abwicklung eines Arbeitsverhältnisses regeln wollen, wird im Rahmen der **Privatautonomie** von ihnen selbst festgelegt.

Kernpunkte einer jeden Regelung sind der Zeitpunkt, zu dem das Arbeitsverhältnis enden soll, und – in den allermeisten Fällen – die Zahlung einer Abfindung. Darüber hinaus gibt es zahlreiche Punkte, die einer Regelung bedürfen und im Folgenden näher untersucht werden, zB Freistellung, Urlaub, Wettbewerbsverbot, Zeugnis, betriebliche Altersversorgung, Dienstwagen, Geheimhaltung, Arbeitnehmererfindungen, Darlehensansprüche, Outplacement-Beratung, Übertragung von Direktversicherungen zur Weiterführung, Ausgleichszahlungen gem. § 187a SGB VI etc.[1]. Die Aufzählung kann nicht abschließend sein[2] (vgl. auch nachfolgende Rz. 31–47a).

⊃ **Hinweis:** Aus taktischer Sicht lassen sich nur alle Streitpunkte zusammen verhandeln und abschließend klären. **Taktisch grob fehlerhaft** wäre, zunächst Einigung über den Zeitpunkt der Beendigung verbindlich herbeizuführen und dann weitere Punkte, insbesondere Abfindungen, zu regeln. Dazu besteht dann insbesondere auf Seiten des Arbeitgebers sicher keine Neigung mehr.

1. Zeitpunkt der Beendigung

31 Nach zutreffender und herrschender Auffassung ist eine **rückwirkende Auflösung** eines in Vollzug gesetzten Arbeitsverhältnisses wegen dessen Dauerschuldcharakters **nicht zulässig**. Hat also der Arbeitnehmer seine Tätigkeit bereits aufgenommen und wurde das Arbeitsverhältnis dadurch in Vollzug gesetzt, kann es nach herrschender Meinung nicht mehr rückwirkend aufgehoben werden[3]. Demgemäß ist die Auflösung des vollzogenen Arbeitsverhältnisses **frühestens** ab dem Zeitpunkt der tatsächlichen Beendigung des Arbeitsverhältnisses möglich[4]. Demgegenüber bestehen keine Bedenken gegen eine Vereinbarung, durch die nach dem Ausspruch einer Kündigung, über deren Wirksamkeit die Vertragsparteien streiten, das Arbeitsverhältnis zum Kündigungstermin oder zu einem späteren Zeitpunkt aufgelöst wird[5].

Kriterien für die Frage, wann das Arbeitsverhältnis einvernehmlich enden soll, sind in der Praxis u.a.:
– Vertragliche, tarifliche oder gesetzliche Kündigungsfrist, ggf. soziale Auslauffrist;
– Arbeitnehmerinteresse an der Bewerbung aus noch bestehendem Arbeitsverhältnis;
– Interesse des Unternehmens an einem geordneten Wechsel;
– Stichtagsregelungen, zB für den Bezug des Arbeitslosengeldes, Sperrfristen, Erstattungspflichten des Arbeitgebers;
– steuerliche Überlegungen;
– Ablauf von Wettbewerbsverboten, Fernhalten des Arbeitnehmers vom Markt;
– sozialversicherungsrechtliche Überlegungen, insbesondere zum Rentenbezug.

---

1 Vgl. *Freckmann*, BB 2004, 1564 ff.; *Schrader*, ArbRB 2004, 283 ff.
2 Vgl. das „Klausalalphabet" von *Hümmerich*, § 9; *Weber/Ehrich/Burmester/Fröhlich*, Teil 2 Rz. 31 ff.; vgl. ferner *Kleinebrink*, ArbRB 2008, 121 f.; vgl. ferner *Sommer/Staffelbach*, AE 2008, 8 f.
3 St. Rspr. des BAG seit BAG 13.3.1961 – 2 AZR 509/59, AP Nr. 6 zu § 15 Schwerbeschädigtengesetz mit Verweis auf BAG 5.12.1957 – 1 AZR 594/56, AP Nr. 2 zu § 123 BGB; *Weber/Ehrich/Burmester/Fröhlich*, Teil 2 Rz. 29; Schaub/*Linck*, § 122 Rz. 16; aA Staudinger/*Neumann*, vor § 620 BGB Rz. 12.
4 BAG 13.3.1961 – 2 AZR 509/59, NJW 1961, 1278.
5 Vgl. BAG 15.2.2007 – 6 AZR 286/06, NZA 2007, 614; LAG Nds. 17.3.1976 – 8 Sa 803/75, DB 1976, 1385 f.

2. Abfindungen

Maßgeblicher Streitpunkt fast jeder Auflösungsvereinbarung ist die Zahlung einer Abfindung und deren Höhe. Dieser Betrag ist frei aushandelbar und nicht etwa vorbestimmt durch die allgemein bekannte Formel: **32**

½ Bruttomonatsgehalt × Jahre der Betriebszugehörigkeit.

Zwar gehen die Gerichte – auch nicht überall – von dieser „**Faustformel**" bei ihren Vorschlägen zu einer Abfindungslösung aus. Häufig werden bei diesen Vorschlägen bereits Zu- oder Abschläge vorgenommen analog dem vermuteten Prozessrisiko.

Die Parteien sind jedoch frei und sollten diesen Freiraum nutzen, um in jedem Fall in direkter Verhandlung zu ermitteln, wie groß der Druck auf Arbeitgeberseite ist, den Arbeitnehmer „loszuwerden", auf der anderen Seite das Bedürfnis des Arbeitnehmers, sich aus dem Arbeitsverhältnis zu lösen, wenn der Arbeitgeber schon durch seine Kündigung zu erkennen gegeben hat, dass er mit ihm nicht weiter zusammenarbeiten will. Wie man **taktisch** bei der Verhandlung über die Höhe der Abfindung vorgeht, hängt entscheidend davon ab, wen man vertritt und auf welcher tatsächlichen und rechtlichen Basis die Verhandlungen geführt werden müssen[1].

Die Abfindung kann flexibel gestaltet werden, je nachdem, wann sie fällig ist. Sie kann in Teilbeträgen (**Vorsicht:** steuerliche Auswirkungen prüfen!) und auch schon vor Ablauf des Arbeitsverhältnisses gezahlt werden. Die Parteien sind an keine Vorgaben gebunden. Deshalb kann eine Abfindung praktisch unbegrenzt über die Vorgaben hinausgehen, die in § 10 KSchG bei der gerichtlichen Festlegung einer Abfindung nach vorausgehendem Auflösungsantrag gem. § 9 KSchG einzuhalten sind.

In der Praxis entbrennt immer wieder Streit über die Frage, wann die Abfindung **entsteht** und wann sie **fällig** wird und ob sie **vererblich** ist. **33**

Grundsätzlich entsteht ein Anspruch mit dem Zeitpunkt der Vereinbarung. Die Abfindung wird aber regelmäßig gezahlt für den Verlust des Arbeitsplatzes, der erst dann eintritt, wenn das Arbeitsverhältnis endet. Wird also die Abfindungsvereinbarung vor dem vereinbarten Ende des Arbeitsverhältnisses getroffen, könnte sie auch dann erst entstehen und fällig werden, wenn dieser Zeitpunkt gekommen ist.

Während unstreitig ist, dass nach einer fristlosen Kündigung des Arbeitsverhältnisses im Anschluss an den Abschluss eines Aufhebungsvertrages mit längerer Kündigungsfrist der Anspruch auf die Abfindung wegfällt, bleibt umstritten, ob die Abfindung **vererblich** ist, wenn die Arbeitnehmerpartei des Aufhebungsvertrags vor dem vereinbarten Ende des Arbeitsverhältnisses verstirbt.

Während der 9. Senat des BAG bislang die Auffassung vertreten hat, dass der Anspruch auf Zahlung der Abfindung erst mit der rechtlichen Beendigung des Arbeitsverhältnisses fällig und damit auch vererbbar wird, falls nichts anderes vereinbart ist[2], hält der 2. Senat des BAG[3] die Abfindung auch schon vor dem vereinbarten Ende des Arbeitsverhältnisses bereits für fällig und damit auch für vererbbar. Das soll jedenfalls gelten, wenn im gerichtlichen Vergleich der Abfindungsanspruch tituliert worden ist. Das entscheidende Argument sei, dass schuldrechtliche Ansprüche regelmäßig mit Abschluss des Rechtsgeschäfts, durch das die Rechtsbeziehungen der Vertragschließenden geregelt werden, entstünden. Über allen von Menschen abgeschlossenen Ver-

---

1 Vgl. dazu das ausführliche Kapitel „Verhandeln von Aufhebungs- und Abwicklungsverträgen" bei *Hümmerich*, § 2.
2 Vgl. BAG 26.8.1997 – 9 AZR 227/96, AP Nr. 8 zu § 620 BGB – Aufhebungsvertrag; 16.5.2000 – 9 AZR 277/99, NZA 2000, 1236 ff.; so auch das Berufungsurteil des LAG München 8.12.1998 – 6 Sa 920/98, nv. (im Zusammenhang mit der Vererbbarkeit des Anspruchs); so auch LAG Düsseldorf 23.5.1989 – 16 Sa 475/89, DB 1989, 2031; Schaub/*Linck*, § 141 Rz. 28, *Bauer/Krieger/Arnold*, C III Rz. 33 ff.
3 BAG 22.5.2003 – 2 AZR 250/02, EzA § 611 BGB 2002 – Aufhebungsvertrag Nr. 1.

trägen liege eine gewisse Unsicherheit über die Lebensdauer des Vertragspartners angesichts der stets vom Tode bedrohten Existenz des Menschen. Unter Hinweis auf sein Urteil vom 16.10.1969[1] führt das BAG aus, dass der Arbeitnehmer davon ausgehen könne, dass ein Abfindungsvergleich Bestand habe, auch wenn er den Auflösungstermin nicht erlebe. Es existiere kein Erfahrungssatz für das Gegenteil[2].

Die Argumentation des 2. Senats lässt erkennen, dass dieselben Grundsätze auch bei einer außergerichtlichen Beendigungsvereinbarung gelten, gleich ob in der Form des Aufhebungs- oder Abwicklungsvertrages. Die Interessenlage dürfte insoweit keine andere sein als beim gerichtlichen Vergleich.

Nur dann, wenn die Parteien ausdrücklich im Beendigungsvertrag vereinbaren, dass der Abfindungsanspruch erst entstehen soll, wenn das Arbeitsverhältnis zu dem vereinbarten Zeitpunkt ende, ist die Abfindung nicht vererbbar[3].

33a Auch wenn der 2. Senat des BAG der – arbeitnehmerfreundlichen – Auffassung zuneigt, dass ohne gesonderte Vereinbarung die Abfindung vererblich sei, gilt nach wie vor die Empfehlung, diese Frage im Aufhebungs- oder Abwicklungsvergleich ausdrücklich anzusprechen, zB mit der folgenden Formulierung:

Formulierungsbeispiel:

Der Arbeitgeber zahlt an ... entsprechend den §§ 9, 10 KSchG eine Abfindung in Höhe von ... Euro brutto. Der Anspruch entsteht mit Abschluss dieser Vereinbarung und ist fällig zum Zeitpunkt der rechtlichen Beendigung des Arbeitsverhältnisses. Der Anspruch ist vererblich[4].

Die Vererblichkeit des Anspruchs muss geregelt werden, sonst macht sich der anwaltliche Vertreter **regresspflichtig**.

34 Seit Änderung des § 3 Nr. 9 EStG spielt die Steuerfreiheit, die Abfindungen früher teilweise hatten, keine Rolle mehr. Deshalb empfiehlt sich – der Klarstellung wegen – die Angabe „brutto" beim Abfindungsvertrag.

Nach der ständigen Rechtsprechung des BSG bleibt jeder Abfindungsbetrag sozialabgabenfrei, § 17 SGB IV iVm. der Arbeitsentgeltverordnung[5].

3. Freistellung von der Arbeit

35 Wenn sich die Vertragsparteien über das Ende des Arbeitsverhältnisses geeinigt haben, bleibt die Arbeitnehmerseite verpflichtet, die Arbeitsleistung bis zum vereinbarten Ende des Arbeitsverhältnisses zu erbringen. Auf beiden Seiten besteht häufig das Bedürfnis, das durch die Kündigung gestörte Arbeitsverhältnis faktisch durch eine **Freistellung** von der Verpflichtung zur Arbeitsleistung zu beenden. Insbesondere in leitenden Positionen hat die Arbeitgeberseite häufig daran ein höheres Interesse als die Arbeitnehmerseite[6]. Es kann aber auch umgekehrt sein, so dass die Freistellung als Vorteil der Arbeitnehmerseite angeboten werden kann.

---

1 BAG 16.10.1969 – 2 AZR 373/68, AP Nr. 20 zu § 794 ZPO.
2 So auch schon BAG 25.6.1987 – 2 AZR 504/86, EzA § 9 KSchG 1969 Nr. 23 (die Entscheidung des 2. Senats v. 22.5.2003 bestätigt exemplarisch die Erfahrung, dass gelegentlich mit der Zuständigkeit auch die Senatsrechtsprechung wechselt).
3 Vgl. BAG 22.5.2003 – 2 AZR 250/02, EzA § 611 BGB 2002 – Aufhebungsvertrag Nr. 1 unter 4b d. Gr.; ebenso LAG Hamm 16.5.1991 – 8 Ta 181/91, NZA 1991, 940; ebenso *Boecken*, NZA 2002, 421 ff.
4 Vgl. auch unten, Formulierungsbeispiel für einen Aufhebungsvertrag, Rz. 48.
5 Vgl. BSG 21.2.1990 – 12 RK 20/88, EzA § 9 KSchG nF Nr. 35; vgl. auch BAG 9.11.1988 – 4 AZR 433/88, AP Nr. 6 zu § 10 KSchG 1969.
6 Zu Recht weist darauf *Meyer* hin, NZA 2011, 1249 in der Vorbemerkung.

III. Inhalt von Beendigungsvereinbarungen

Dies bedarf einer **Vereinbarung**, bei der nicht nur die Tatsache der Freistellung zu regeln ist, sondern auch die Vergütung, insbesondere bei variablen Vergütungsanteilen, und die Erfüllung der Urlaubsansprüche oder Ausgleichsansprüche wegen Mehrarbeit im Freistellungszeitraum[1].

Die häufig – unreflektiert – in der Praxis zu findende Formulierung, dass der Arbeitnehmer unter Fortzahlung aller Vergütungsbestandteile bis zum vereinbarten Ende des Arbeitsverhältnisses **unwiderruflich** von der Arbeitsverpflichtung freigestellt wird oder bleibt, beseitigt den Annahmeverzug des Arbeitgebers[2] in Bezug auf die Arbeitsleistung des Arbeitnehmers mit der Folge, dass während der Zeit der Freistellung erzielter Zwischenverdienst nicht angerechnet wird, § 615 Satz 2 BGB. Die Anrechnung setzt Annahmeverzug voraus, der gerade nicht vorliegt[3].

Für Arbeitgeber **gefährlich** ist diese Erklärung aber auch noch unter dem Aspekt des **gesetzlichen Wettbewerbsverbots**. Nach der Rechtsprechung des 5. Senats des BAG[4] entfällt in solchen Fällen nicht nur die Anrechnung anderweitigen Verdienstes gem. § 615 Satz 2 BGB, darüber hinaus kann der Arbeitnehmer regelmäßig davon ausgehen, dass er in der Verwertung seiner Arbeitsleistung frei und nicht mehr an ein vertragliches Wettbewerbsverbot gebunden sei. Einen abweichenden Willen muss der Arbeitgeber in der Freistellungserklärung zum Ausdruck bringen. Was der Arbeitgeber erklärt hat und was er erklären wollte, ist dabei durch Auslegung, §§ 133, 157 BGB, zu ermitteln.

Will der Arbeitgeber erreichen, dass sich der Arbeitnehmer sowohl zwischenzeitlich erzielten **Zwischenverdienst** anrechnen lassen muss als auch während der Freistellung etwa verbliebener Resturlaub abgegolten sein soll, hat er zwei Möglichkeiten, dieses Ergebnis zu erreichen. Er kann zunächst die Freistellung widerruflich aussprechen bzw. vereinbaren. Dann ist Zwischenverdienst anzurechnen, weil der Arbeitgeber damit rechnen muss, seine Arbeitsleistung jederzeit wiederaufnehmen zu müssen. Gleichzeitig hat der Arbeitgeber dann aber auch den Zeitraum festzulegen, in dem der Urlaub während der Freistellung genommen werden soll. Geschieht das nicht, wird der Urlaub nicht angerechnet und bleibt evtl. als Urlaubsabgeltungsanspruch bestehen, es sei denn, der Arbeitgeber würde die Freistellung widerrufen und stattdessen Urlaub anordnen. Dasselbe gilt für das Problem des Freizeitausgleichs bei noch abzugeltender Mehrarbeit.

Spricht der Arbeitgeber die Freistellung unwiderruflich aus, muss das Problem des Zwischenverdienstes angesprochen und geregelt werden. Hier müssen sich die Parteien also ausdrücklich einigen, sonst ist Zwischenverdienst nicht anrechenbar. Dasselbe gilt für das vertragliche Wettbewerbsverbot (zur Regelung des vertraglichen wie des nachvertraglichen Wettbewerbsverbots vgl. Rz. 39 f., „Wettbewerbsverbot").

Lässt der Arbeitgeber offen, ob die Freistellung unwiderruflich oder widerruflich erfolgt, gilt sie als unwiderruflich[5], deshalb nachfolgendes

---

1 Zu den dogmatischen Grundlagen der Freistellung auch *Meyer*, NZA 2011, 1249 (1250 u. II. 1).
2 BAG 19.3.2002 – 9 AZR 16/01, ArbRB 2003, 133 (*Kappelhoff*); 23.1.2001 – 9 AZR 26/00, AP Nr. 93 zu § 615 BGB; so im Ergebnis auch BAG 6.9.2006 – 5 AZR 703/05, NZA 2007, 36 f.: Der 5. Senat nimmt Annahmeverzug gem. § 293 BGB an, weil der Arbeitgeber durch die Freistellung die Erklärung abgebe, die Annahme der vom Arbeitnehmer geschuldeten Arbeitsleistung abzunehmen.
3 Vgl. BAG 19.3.2002 – 9 AZR 16/01, ArbRB 2003, 133 (*Kappelhoff*); 23.1.2001 – 9 AZR 26/00, AP Nr. 93 zu § 615 BGB.
4 BAG 6.9.2006 – 5 AZR 703/05, NZA 2007, 36 f.; so auch *Meyer*, NZA 2011, 1249 (1252 u. II. 1 d); aA *Bauer/Krieger/Arnold*, C III Rz. 87 mwN.
5 Vgl. *Ebert/Schar*, ArbRB 2003, 215 ff. (216).

Formulierungsbeispiel bei unwiderruflicher Freistellung, Anrechnung des Zwischenverdienstes und Festhalten am vertraglichen Wettbewerbsverbot:

Frau/Herr ... wird unter Fortzahlung aller Vergütungsbestandteile bis zum ..., dem vereinbarten Ende des Arbeitsverhältnisses, von jeglicher Verpflichtung zur Arbeitsleistung unwiderruflich freigestellt, wobei zwischen den Parteien Einigkeit besteht, dass sich Frau/Herr ... in dieser Zeit erzielten Zwischenverdienst anrechnen lassen muss. In der Zeit vom ... bis zum ... wird Frau/Herrn ... Urlaub/Freizeitausgleich für Mehrarbeit gewährt. Außerdem gilt bis zum vereinbarten Ende des Arbeitsverhältnisses das vertragliche Wettbewerbsverbot fort.

Formulierungsbeispiel bei widerruflicher Freistellung:

Frau/Herr ... wird unter Fortzahlung aller Vergütungsbestandteile bis zum ..., dem vereinbarten Ende des Arbeitsverhältnisses, von der Verpflichtung zur Arbeitsleistung widerruflich freigestellt. Die Parteien sind sich aber einig, dass in der Zeit vom ... bis zum ... Frau/Herrn ... Urlaub/Freizeitausgleich für Mehrarbeit gewährt wird.

Allein eine klare und unmissverständliche Regelung vermeidet die Probleme, die sonst in der Praxis unausweichlich sind[1].

35a Soweit in der Vergangenheit durch die unwiderrufliche Freistellung von der Arbeitsverpflichtung, nicht nur in Aufhebungsverträgen, sondern auch in Altersteilzeitverträgen in der sog. Freiphase, sozialrechtliche Probleme aufgetreten sind[2], können diese inzwischen als entschärft gelten, wenngleich offenbar noch nicht abschließend gelöst[3].

Das Bundessozialgericht[4] hat zwar entschieden, dass die Freistellung eines Arbeitnehmers von der Arbeitsverpflichtung bei gleichzeitiger Weiterzahlung der vertraglich vereinbarten Vergütung auch dann nicht zur Beseitigung des Beschäftigungsverhältnisses in sozialversicherungsrechtlicher Hinsicht führt, wenn die Freistellung unwiderruflich ist und nicht dazu führt, dass die Tätigkeit noch einmal aufgenommen wird.

Zwar setze die Versicherungspflicht eine Beschäftigung iSd. § 7 Abs. 1 SGB VI voraus. Deshalb fordere das Gesetz auch den tatsächlichen Vollzug eines Beschäftigungsverhältnisses durch tatsächliche Erbringung der versprochenen Dienste.

Dieser „Vollzug" könne aber ausnahmsweise auch durch andere Umstände ersetzt werden, zB, wenn das rechtliche Band durch besondere vertragliche Abrede durch einseitige Befreiung von einer Leistungspflicht, die an sich weiterbesteht, befreit wird. Unter Hinweis auf die Durchbrechungen der Beschäftigung an zahlreichen Stellen im Arbeitsrecht, etwa im Bereich der Entgeltfortzahlung bei Krankheit, bei Urlaubsgewährung und im Fall des Annahmeverzugs, halte der Gesetzgeber den **Fortbestand der Sozialversicherungspflicht** auch ohne ausdrückliche Anordnung für selbstverständlich. Deshalb könne nichts anderes bei einer einvernehmlich vereinbarten Frei-

---

1 So auch der Rat von *Bauer/Krieger/Arnold*, C III Rz. 96; zu den Praxisproblemen auch *Karlsfeld*, ArbRB 2004, 159 ff.; *Hoß*, ArbRB 2001, 28 f.
2 BSG 17.11.2005 – B 11a/11 AL 69/04 R, ArbRB 2006, 74.
3 Vgl. dazu auch die Hinweise von *Rolfs/Witschen*, NZA 2011, 881 zum neuerlichen Rundschreiben der Spitzenverbände der Sozialversicherungsträger v. 31.3.2009, abrufbar unter http:\\www.aok-business.de: Gem. Titel 3.2.1 Rundschreiben 09 a – Beschäftigung nach § 7 Abs. 1 SGB IV Abs. 6, Ende der versicherungspflichtigen Beschäftigung nach § 7 Abs. 1 SGB IV in der Freistellung nach Ablauf eines Monats; vgl. dazu auch *Giesen/Ricken*, Blick ins Sozialversicherungs- und Arbeitsförderungsrecht, NZA 2010, 1056.
4 BSG 24.9.2008 – B 12 KR 27/07 R, NJW-Spezial 2009, 242.

stellung gelten, sofern am vertraglichen Band festhalten und die Freistellung lediglich als Ersatz für die Arbeitspflicht betrachtet werde. Ausdrücklich wird festgehalten, dass das auch dann gelte, wenn die Rückkehr des Arbeitnehmers an den Arbeitsplatz nach der Freistellung nicht beabsichtigt sei.

Deshalb sei auch in solchen Fällen eine Beschäftigung im beitragsrechtlichen Sinne nicht ausgeschlossen.

Die Sozialversicherungsträger hatten das schon in der Vergangenheit anders gesehen und die unwiderrufliche Freistellung, insbesondere auch bei der Freistellung in der sog. Aktivphase der Altersteilzeit, als Lösung des Beschäftigungsverhältnisses betrachtet.

Ob allerdings die zunächst entstandene Unsicherheit nach dieser Entscheidung des 12. Senats des BSG als beseitigt angesehen werden kann, wurde zunächst noch einmal im Anschluss an die Besprechung des GKV-Spitzenverbandes der Deutschen Rentenversicherung Bund und der Bundesagentur für Arbeit über Fragen des gemeinsamen Beitragseinzugs vom 30./31.3.2009 (abrufbar unter www.deutsche-rentenversicherung.de) in Frage gestellt[1].

Für die Versicherungspflicht in der Rentenversicherung, der Krankenversicherung, der Arbeitslosenversicherung und der Pflegeversicherung kann die weiterbestehende Versicherungspflicht im Fall der unwiderruflichen Freistellung als gesichert gelten, für die Unfallversicherung dagegen nicht. Für die Zeiten unwiderruflicher Freistellung von der Arbeitsleistung bis zum Ende des Beschäftigungsverhältnisses sind keine Daten zur Unfallversicherung zu melden, denn dabei handelt es sich ihrem Charakter nach um eine Haftpflichtversicherung. Die Dispositionsbefugnis des Unternehmers ist bei einer solchen unwiderruflichen Freistellung endgültig entfallen, deshalb liegt insoweit auch kein zu versicherndes Risiko mehr vor[2].

4. Urlaub und Urlaubsabgeltung

Die vereinbarte Beendigung des Arbeitsverhältnisses berührt nicht den vertraglichen Urlaubsanspruch. Zunächst ist zu prüfen, ob und inwieweit der Arbeitgeber den Urlaubsanspruch bereits durch Gewährung von Urlaubstagen erfüllt hat. Der Anspruch des Arbeitnehmers auf die **restlichen Urlaubstage** entfällt nicht dadurch, dass der Arbeitnehmer aus dem Arbeitsverhältnis ausscheidet. Vielmehr wandelt sich der noch nicht erfüllte Urlaubsanspruch des Arbeitnehmers mit der Beendigung des Arbeitsverhältnisses, ohne dass es dafür weiterer Handlungen des Arbeitgebers oder des Arbeitnehmers bedarf, in einen **Abgeltungsanspruch** um. Der Umfang dieses Abgeltungsanspruchs erfasst nicht nur den gesetzlichen Mindesturlaub, sondern auch den vertraglichen Urlaub des Arbeitnehmers, soweit dieser bei der Beendigung des Arbeitsverhältnisses noch nicht erfüllt ist[3].

Auf dieser Grundlage wird in arbeitsrechtlichen Aufhebungsverträgen häufig vereinbart, dass der **Resturlaub** während der Kündigungsfrist vom Arbeitnehmer zu nehmen ist. Der Arbeitnehmer ist jedoch nicht – insbesondere auch nicht im Rahmen der Kündigungsfrist – befugt, seinen Urlaub selbst zu nehmen. Der Arbeitgeber erteilt grundsätzlich den Urlaub. Eine gleichwohl vorgenommene **unrechtmäßige Selbstbeurlaubung** kann einen wichtigen Grund zur außerordentlichen Kündigung iSv. § 626 BGB darstellen. Da der Urlaubsanspruch jedoch regelmäßig im Rahmen des bestehenden Arbeitsverhältnisses zu erfüllen ist und der Arbeitnehmer deshalb nicht ohne

---

1 Vgl. dazu *Rolfs/Witschen*, NZA 2011, 881 u. vorher schon *Giesen/Ricken*, NZA 2010, 1056 (s.o.); keine Probleme sehen allerdings auch *Bauer/Krieger/Arnold*, C III Rz. 99 m. Formulierungsvorschlag.
2 Vgl. dazu auch Küttner/*Schlegel*, Freistellung von der Arbeit, Rz. 47–49 mwN.
3 BAG 17.1.1995 – 9 AZR 664/93, AP Nr. 66 zu § 7 BUrlG – Abgeltung.

Weiteres auf seinen Urlaubsabgeltungsanspruch verwiesen werden darf, kann der Arbeitnehmer seinen noch offenen Urlaubsanspruch während der Kündigungsfrist ggf. mit einer einstweiligen Verfügung durchsetzen. Derartige Streitigkeiten werden vermieden, wenn im Rahmen des Aufhebungsvertrages vereinbart wird, dass der verbleibende Urlaubsanspruch während der Kündigungsfrist zu erfüllen ist.

Dasselbe gilt für die eventuelle **Abgeltung von Mehrarbeitsausgleich** durch Freizeit.

Zu beachten ist bei einer etwaigen Freistellung (vgl. Rz. 35), dass die Ausgleichszeiträume kalendermäßig fixiert werden sollten.

38 Sind sich die Parteien darüber einig, dass eine Urlaubsabgeltung nicht stattfinden soll, so kann nicht einfach auf die Gewährung des Urlaubs verzichtet werden. Ein solcher **Verzicht** wäre unwirksam, wenn er auch den gesetzlichen oder tariflichen Mindesturlaub erfassen würde[1].

Bislang löste man dieses Problem durch einen **Tatsachenvergleich**. Dieser setzt ein Unsicherheitsmoment voraus, denn eine völlig unstreitige Forderung kann nicht Gegenstand eines wirksamen Tatsachenvergleichs sein. Problematisch ist ein solcher Tatsachenvergleich also in den Fällen, in denen die Parteien einig sind, dass dem Arbeitnehmer noch Resturlaub zusteht, der jedoch durch Erhöhung des Abfindungsbetrages „abgegolten" wird[2]. Ist das Arbeitsverhältnis beendet, kann auch auf den wegen des Resturlaubs nach Beendigung grundsätzlich bestehenden Abgeltungsanspruch entgegen § 13 Abs. 1 Satz 3 BUrlG verzichtet werden[3]. Das BAG hat in der zitierten Entscheidung die Frage, ob auch vor Ende des Arbeitsverhältnisses im Rahmen eines Auflösungsvertrages ein solcher Verzicht wirksam erklärt werden kann, offen gelassen. Das LAG Köln[4] hat unter Hinweis auf die Aufgabe der Surrogatstheorie des BAG[5] einen solchen Verzicht für wirksam erachtet. Solange also ohne endgültige Entscheidung des BAG Unsicherheit besteht, kann dies zu Protokoll erklärt werden, damit später auch dokumentiert werden kann, warum der Vergleich eine bestehende Unsicherheit beseitigt hat[6].

Formulierungsbeispiel:

Die Parteien sind sich darüber einig, dass Frau/Herr ... (der Kläger) den ihr/ihm zustehenden Urlaub tatsächlich hat nehmen können und weitere Urlaubsansprüche bis zum vereinbarten Ende des Arbeitsverhältnisses nicht bestehen. Dasselbe gilt für einen etwaigen Anspruch auf Mehrarbeitsausgleich.

---

5. Wettbewerbsverbot

a) Vertragliches Wettbewerbsverbot, § 60 HGB

39 Während des Arbeitsverhältnisses, über dessen Auflösung die Parteien verhandeln, besteht selbstverständlich das vertragliche Wettbewerbsverbot gem. § 60 HGB. Verstöße dagegen können Ansprüche auf Unterlassung, Auskunft und Schadensersatz

---

1 BAG 20.1.1998 – 9 AZR 812/96, AP Nr. 45 zu § 13 BUrlG.
2 Vgl. *Korinth*, ArbRB 2003, 316 (317) und das dort genannte Praxisbeispiel.
3 Vgl. BAG 14.5.2013 – 9 AZR 844/11.
4 LAG Köln 8.11.2012 – 7 Sa 767/12: Die vom LAG Köln zugelassene Revision ist durch Vergleich vor dem BAG am 2.10.2014 ohne Entscheidung erledigt worden.
5 Vgl. dazu auch *Neumann*, Urlaubsrecht im Wechselbad, DB 2014, 484 (485), dort auch zu den nach wie vor bestehenden Zweifelsfragen, insbes. mit Blick auf die Entscheidung des EuGH 20.1.2009 – Rs. C-350/06 und C-520/06 – Schultz-Hoff und Stringer u.a., DB 2009, 234; EuGH 22.11.2011 – Rs. C-214/10 – KHS/Schulte, DB 2011, 2722; vgl. dazu auch EuGH 12.6.2014 – Rs. C-118/13 – Gülay Bollacke./.K+K Klaas u. Kock B.V. & Co. KG, DB 2014, 1437.
6 So auch der Beraterhinweis von *Korinth*, ArbRB 2003, 317.

auslösen und darüber hinaus einen wichtigen Grund zur fristlosen außerordentlichen Kündigung darstellen.

Verständigen sich die Parteien darauf, dass der Arbeitnehmer bis zum vereinbarten Ende des Arbeitsverhältnisses freigestellt wird, ist zu differenzieren zwischen widerruflicher und unwiderruflicher Freistellung. Diese Differenzierung ist, wenn weitere Abreden nicht getroffen werden, für das Fortbestehen des vertraglichen Wettbewerbsverbots entscheidend (vgl. Rz. 35).

b) Nachvertragliches Wettbewerbsverbot

Ist ein nachvertragliches Wettbewerbsverbot vereinbart, müssen beide Seiten wissen, ob sie daran festhalten oder eine andere, auf die konkrete Situation zugeschnittene Lösung finden wollen. Die Arbeitnehmerseite kann ein Interesse daran haben, sich auch bei Konkurrenzunternehmen zu bewerben; Arbeitgeber müssen klären, ob der Ausscheidende besser von der Konkurrenz ferngehalten oder die uU teure Zahlung der Karenzentschädigung vermieden werden sollte.

Für Arbeitnehmer und Arbeitgeber gibt es Möglichkeiten, sich von diesem nachvertraglichen Wettbewerbsverbot zu lösen, allerdings unter zum Teil unterschiedlichen Voraussetzungen.

Arbeitnehmer und Arbeitgeber können sich gem. § 75 Abs. 1 HGB bei einer **berechtigten fristlosen Kündigung** von dem nachvertraglichen Wettbewerbsverbot sofort lösen. Dies geschieht durch Erklärung gegenüber dem anderen Vertragspartner, auf Seiten des Arbeitnehmers gem. § 75 Abs. 1 HGB; der Arbeitgeber löst sich gem. § 75 Abs. 1 HGB analog durch Erklärung gegenüber dem Arbeitnehmer (weil die Vorschrift des § 75 Abs. 3 HGB, die eigentlich diesen Tatbestand regelt, verfassungswidrig ist)[1].

Arbeitnehmer können sich darüber hinaus gem. § 75 Abs. 2 HGB vom nachvertraglichen Wettbewerbsverbot lösen, wenn der Arbeitgeber ordentlich kündigt oder außerordentlich, obwohl **kein wichtiger Grund** in der Person des Arbeitnehmers vorlag[2].

Der Arbeitgeber kann darüber hinaus gem. § 75a HGB auf das Wettbewerbsverbot **verzichten**. Das setzt aber voraus, dass das Arbeitsverhältnis noch andauert, und hat zur Folge, dass mit Zugang der Erklärung die Pflicht des Arbeitnehmers zur Unterlassung des Wettbewerbs unmittelbar entfällt, der Arbeitgeber aber noch weitere zwölf Monate seit Zugang seiner Erklärung zur Zahlung der Karenzentschädigung verpflichtet bleibt. Da nur während des Arbeitsverhältnisses die Lösungserklärung durch den Arbeitgeber abgegeben werden kann, wird ein Teil dieses Zwölf-Monats-Zeitraums durch das fortbestehende Arbeitsverhältnis und damit durch das vertragliche Wettbewerbsverbot abgedeckt. Das nachvertragliche Wettbewerbsverbot und damit die Pflicht zur Zahlung der Karenzentschädigung besteht dann nur während der Restlaufzeit des Gesamtzeitraums von zwölf Monaten[3].

Der Verzicht gem. § 75a HGB kann auch noch am letzten Tag des Arbeitsverhältnisses erklärt werden. Es kommt nicht auf die Kündigungsfrist des Arbeitsverhältnisses an.

Hat der Arbeitgeber durch schriftliche Erklärung auf das Wettbewerbsverbot während des Arbeitsverhältnisses verzichtet, kann umgekehrt der Arbeitnehmer auf die Zahlung der Karenzentschädigung für den Zwölf-Monats-Zeitraum verzichten[4].

---

1 Vgl. BAG 19.5.1998 – 9 AZR 327/96, NJW 1999, 1885f. unter I 2 a mwN, wegen der Ungleichbehandlung der Arbeitgeber, § 75 Abs. 3 HGB, und der Arbeitnehmer, § 75 Abs. 1 HGB.
2 Vgl. ErfK/*Oetker*, § 75 HGB Rz. 2 u. 3 mwN.
3 Vgl. auch BAG 25.10.2007 – 6 AZR 662/06, DB 2008, 589f.
4 Vgl. BAG 10.1.1989 – 3 AZR 460/87, BB 1989, 1124.

Das Wettbewerbsverbot kann auch jederzeit sogar formlos **einvernehmlich aufgehoben** werden. Damit erlöschen alle gegenseitigen Rechte und Pflichten mit sofortiger Wirkung, im Gegensatz zu der Lösungserklärung gem. § 75a HGB[1].

41 Sind sich die Parteien einig, dass das nachvertragliche Wettbewerbsverbot fortgelten, möglicherweise auch erst begründet oder „repariert", dh. mit wirksamer und verbindlicher Wirkung neu formuliert werden soll, so ist auch dies in den Beendigungsvertrag aufzunehmen, gleich ob in der Form des Aufhebungs- oder Abwicklungsvertrages. Natürlich ist die gesetzlich vorgeschriebene Mindestentschädigung zu vereinbaren. Fehlt eine solche Vereinbarung über die Zahlung der Karenzentschädigung, ist der Arbeitnehmer in seiner Konkurrenztätigkeit frei, kann aber auch selbst dann, wenn er dem Wettbewerbsverbot nachkommt, vom Arbeitgeber keine Karenzentschädigung verlangen. In diesem Fall kommt die Unverbindlichkeit der Klausel der Nichtigkeit gleich[2].

Vorsicht ist geboten, wenn eine Karenzentschädigung nicht ausdrücklich für das bestätigte oder ggf. auch neu begründete nachvertragliche Wettbewerbsverbot ausgewiesen ist. Wenn die „klassische" **Abfindung** für den Verlust des Arbeitsplatzes entsprechend §§ 9, 10 KSchG vereinbart wird, kann dies **nicht** die **Karenzentschädigung** iSd. § 74 Abs. 2 HGB kompensieren. Es bedarf deshalb eines ausdrücklichen Hinweises im Vertragstext, dass die Karenzentschädigung in der Abfindung enthalten ist. Das setzt jedoch voraus, dass der Mindestbetrag der Karenzentschädigung, auf die Zeit des Wettbewerbsverbots, maximal zwei Jahre hochgerechnet, erreicht wird.

Werden diese unverzichtbaren Kriterien nicht beachtet, ist das Wettbewerbsverbot nichtig, falls für die Karenzentschädigung auch nicht ein Teilbetrag in der Abfindung enthalten ist, und unverbindlich, wenn die Karenzentschädigung den Mindestbetrag unterschreitet. Ist das Wettbewerbsverbot unverbindlich, kann der Arbeitnehmer entscheiden, ob er sich daran hält – und damit die Zahlung der Karenzentschädigung verlangen kann – oder zur Konkurrenz geht[3].

Ist das Arbeitsverhältnis bereits beendet, uU auch durch Aufhebungsvertrag, kann ein Wettbewerbsverbot auch ohne Karenzentschädigung vereinbart werden[4].

Zum nachvertraglichen Wettbewerbsverbot s.a. Teil 2 F.

6. Zeugnis

42 Gem. § 109 GewO, der für Arbeitsverhältnisse gem. § 630 Satz 4 BGB die zuvor geltende Vorschrift des § 630 BGB verdrängt hat, steht dem Arbeitnehmer gegenüber dem Arbeitgeber ein **Anspruch** auf Erteilung eines Zeugnisses zu. Weitere Anspruchsgrundlagen finden sich in den §§ 16 BBiG und 73 HGB. Das **Zeugnis** hat sich nicht mehr auf „die Leistungen und die Führung im Dienst zu erstrecken", sondern „auf Leistung und Verhalten im Arbeitsverhältnis", sofern es sich um ein sog. qualifiziertes Zeugnis handelt. Weitere inhaltliche Vorgaben sind in § 109 Abs. 2 GewO enthalten; nach Abs. 3 dieser Vorschrift ist die Erteilung eines Zeugnisses in elektronischer Form ausgeschlossen. Das Zeugnis muss also vollständig schriftlich abgefasst und vom Arbeitgeber unterzeichnet werden. Wer das bei einer juristischen Person ist, ob in jedem Fall das zuständige Organ oder ein anderer leitender Mitarbeiter, gibt in der Praxis immer wieder Anlass zu Streit. Der Wert des Zeugnisses wird natürlich

---

1 Vgl. BAG 10.1.1989 – 3 AZR 460/87, BB 1989, 1124.
2 BAG 3.5.1994 – 9 AZR 606/92, AP Nr. 65 zu § 74 HGB; ganz überwiegende Ansicht: vgl. statt aller MünchKommHGB/*von Hoyningen-Huene*, § 74 Rz. 49 mwN; aA *Bauer/Krieger/Arnold*, C III Rz. 338 f.
3 Vgl. auch *Bauer/Krieger/Arnold*, C III Rz. 302 aE mwN; vgl. auch *Färber*, S. 232.
4 Vgl. BAG 11.3.1968 – 3 AZR 37/67, AP Nr. 23 zu § 74 HGB mit Anm. *Weidnauer*, ihm folgend *Bauer/Krieger/Arnold*, C III Rz. 334.

auch dadurch bestimmt, dass der Unterzeichner des Zeugnisses einer möglichst hohen Hierarchieebene angehört. In der Regel dürfte es in größeren Betrieben ausreichen, dass Prokuristen, insbesondere der Personalleiter, das Zeugnis unterschreiben.

Es lohnt die Mühe, den **Zeugnisinhalt** bereits im Rahmen der Verhandlungen über den Abschluss der Auflösungsvereinbarung zu **konkretisieren**. So kann ein Entwurf zum Inhalt der Vereinbarung gemacht werden. Arbeitgeber sind natürlich in der Verhandlungsphase eher geneigt, Konzessionen zum Zeugnisinhalt zu machen als nach Abschluss der Verhandlungen. Ob Arbeitnehmer allerdings sich wirklich einen Gefallen tun, wenn sie ein überschwängliches Zeugnis auch bei mäßigen Leistungen erstreiten, ist fraglich. Auch hier gilt häufig der Grundsatz: „less is more". Listige Arbeitgeber lassen deshalb häufig die Arbeitnehmerseite das Zeugnis formulieren. Diese sollte sich davor hüten zu übertreiben. Auf Arbeitgeberseite muss bedacht werden, dass Übertreibungen schadensersatzpflichtig machen können.

Zu beachten ist ferner, dass das **Datum des Schlusszeugnisses** grundsätzlich nicht auffällig weit vor oder nach dem Zeitpunkt der Beendigung des Arbeitsverhältnisses liegen darf. Das ist in der Praxis vor allem von Bedeutung bei Aufhebungsverträgen mit längerer Kündigungsfrist und Freistellung von der Arbeit. In einem solchen Falle kann zum einen ein Zwischenzeugnis und zum anderen ein Schlusszeugnis verlangt werden. Der Arbeitnehmer hat sich das Zeugnis beim Arbeitgeber abzuholen[1]. 43

Arbeitnehmer haben Anspruch darauf, dass die konkret ausgeübte Tätigkeit präzise und umfassend beschrieben wird. Betriebsratsmitglieder haben ein Wahlrecht, ob sie ihre **Betriebsratstätigkeit** im Zeugnis wiederfinden wollen oder nicht. Der Arbeitgeber darf diese Tätigkeit, da sie nicht in Erfüllung einer arbeitsvertraglichen Pflicht übernommen worden ist, sondern als Ehrenamt, nur auf Verlangen des Betriebsratsmitglieds in das Zeugnis aufnehmen. Für das Betriebsratsmitglied problematisch ist die Situation, wenn es freigestellt war und damit eine konkrete Beschreibung der arbeitsvertraglichen Aufgaben in den letzten Jahren der Tätigkeit nicht möglich ist[2]. 44

Vgl. zum Arbeitszeugnis auch Teil 3 K.

7. Betriebliche Altersversorgung

Ansprüche oder Anwartschaften auf betriebliche Altersversorgung sind ebenfalls vor dem Abschluss eines Aufhebungsvertrages zu prüfen. Die Möglichkeiten, im Rahmen des „Gesamtpakets" auch die Ansprüche aus betrieblicher Altersversorgung zu regeln, bleiben grundsätzlich beschränkt auf verfallbare Anwartschaften. 45

Haben Beschäftigte unverfallbare Ansprüche erworben, enthält § 3 BetrAVG ein **Abfindungsverbot**. Davon werden nicht nur Anwartschaften, sondern auch laufende Leistungen, also Rentenleistungen aus der betrieblichen Altersversorgung erfasst, §§ 3 Abs. 1 iVm. Abs. 2 Satz 2 BetrAVG, auch aufrechterhaltene unverfallbare Anwartschaften ausgeschiedener Arbeitnehmer[3].

Vom Abfindungsverbot sind Ausnahmen nur unter eng begrenzten Voraussetzungen möglich. So haben Arbeitgeber – nicht Arbeitnehmer! – ein einseitiges Abfindungsrecht bei **geringfügigen Anwartschaften** unter den in § 3 Abs. 2 BetrAVG genannten Grenzen (Stand 2012: 26,25 Euro bei Kapitalleistungen bis zu 3 150,00 Euro in den alten, 22,40 Euro bei Kapitalleistungen bis zu 2 688,00 Euro in den neuen Bundesländern). Oberhalb der Bagatellgrenze gilt ein striktes Abfindungsverbot. Gestaltungs-

---

[1] BAG 8.3.1995 – 5 AZR 848/93, AP Nr. 21 zu § 630 BGB.
[2] *Bauer/Krieger/Arnold*, C III Rz. 239 mwN.
[3] *Bauer/Krieger/Arnold*, C III Rz. 400; vgl. auch *Höfer*, Betriebliche Altersversorgung, § 3 Rz. 3557.

spielraum wird nur im Rahmen des § 3 Abs. 3 BetrAVG eröffnet, wenn die Beiträge zur gesetzlichen Rentenversicherung erstattet worden sind.

Der **Insolvenzverwalter** kann auch ohne Zustimmung des Arbeitnehmers den Teil der Anwartschaft, der während eines Insolvenzverfahrens verdient worden ist, unter den Voraussetzungen des § 3 Abs. 4 BetrAVG abfinden. Das setzt voraus, dass die Betriebstätigkeit vollständig eingestellt und das Unternehmen liquidiert wird, § 3 Abs. 4 BetrAVG.

Im Übrigen genießen die Leistungen der betrieblichen Altersversorgung nach § 7 BetrAVG Insolvenzschutz.

Zur betrieblichen Altersversorgung im Allgemeinen s. Teil 2 E.

8. Dienstwagen[1]

46 Ist dem Arbeitnehmer, wie häufig bei Führungskräften oder im Außendienst, ein Dienstwagen auch zur privaten Nutzung überlassen, entsteht häufig der Bedarf, die Frage der Nutzung und/oder Übernahme im Beendigungsvertrag zu regeln. So kann der Dienstwagen zum Verhandlungsgegenstand werden, wenn der ausscheidende Arbeitnehmer den Dienstwagen „**mitnehmen**" will. Wird der Pkw unentgeltlich überlassen, ist der geldwerte Vorteil zu versteuern. Hier muss der Bewertungsmaßstab im Auflösungsvertrag festgehalten werden, damit eine Grundlage für die Versteuerung besteht. Spätestens bei der Betriebsprüfung werden solche Regelungen überprüft. Ist der Bewertungsmaßstab nicht plausibel, gibt es Streit und ggf. auch noch eine Steuernachzahlung. Beide Seiten haben dann ein ggf. nicht bedachtes Risiko. Als Bewertungsmaßstab hat sich der DAT-Schätzwert bewährt.

Arbeitgebern muss jedoch von einer solchen Fallgestaltung **abgeraten** werden vor folgendem Hintergrund: Die entgeltliche Überlassung des Pkw im Auflösungsvertrag stellt einen **Verbrauchsgüterkauf** nach § 474 BGB dar, denn der Arbeitgeber fällt unter den Unternehmerbegriff des § 14 BGB mit der Folge, dass bei diesem Kaufvertrag die Gewährleistung nach § 476 BGB nicht ausgeschlossen, sondern nur auf ein Jahr verkürzt werden kann[2]. Diese Konsequenz ist an sich widersinnig, weil der Arbeitgeber ja kein Gebrauchtwagenhändler ist. Es reicht aber aus, dass der Verkauf des Pkw zum „Betrieb" gehört. Das sind alle nicht rein privaten, sondern das Unternehmen und sein Vermögen betreffenden Geschäfte. Insbesondere kommt es nicht darauf an, ob es sich um ungewöhnliche oder gewöhnliche Geschäfte, Hilfs- oder Nebengeschäfte handelt. Ein Funktionszusammenhang zwischen dem Rechtsgeschäft und dem unternehmerischen Geschäftsbetrieb genügt[3].

Ob die unentgeltliche Übertragung das Haftungsrisiko ausschließt, ist ebenfalls nicht klar. Natürlich verschenkt der Arbeitgeber den Dienstwagen nicht – dies würde den gesamten Beendigungsvertrag gem. § 518 Abs. 1 BGB beurkundungspflichtig machen! –, weil die Übertragung natürlich auf der Grundlage eines Leistungsaustausches stattfindet und der Arbeitnehmer als Gegenleistung auf die Fortführung des Arbeitsverhältnisses und die daraus folgenden Ansprüche verzichtet.

⊃ **Hinweis:** Solange die Rechtsprechung die Frage nicht geklärt hat, ob tatsächlich, wie zunächst aus dem Gesetzeswortlaut und der bisher vorliegenden Kommentierung zu schließen ist, ein gewährleistungspflichtiger Verbrauchsgüterkauf nach § 474 BGB, gleich ob ein Kaufpreis ausgewiesen wird oder nicht, anzunehmen ist, sollte von Übernahmeverein-

---

1 Vgl. dazu umfassend *Nägele*, Der Dienstwagen, 2003.
2 Vgl. Palandt/*Weidenkaff*, § 476 Rz. 11; der Rat von *Bauer/Krieger/Arnold*, C III Rz. 267, einen Gewährleistungsausschluss zu vereinbaren, lässt diese Problematik außer Acht; *Weber/Ehrich/Burmester/Fröhlich*, Teil 2 Rz. 258, sprechen sie leider nicht an, obwohl dringend regelungsbedürftig.
3 Vgl. MünchKommHGB/*Karsten Schmidt*, Rz. 14.

barungen vorsorglich abgeraten werden. Zu wünschen wäre eine rasche Klärung, da die Praxis zeigt, dass ein großes Bedürfnis besteht, den Dienstwagen zu übernehmen.

Der Erfüllungsort für die Rückgabe des Dienstwagens sollte ebenfalls vereinbart werden. Wird nichts vereinbart, ist der Wohnsitz des Arbeitnehmers beim Außendienstler und im Übrigen die Betriebsstätte des Unternehmens als Erfüllungsort anzusehen[1].

Zu regeln ist auch der **Zeitpunkt** der Rückgabe, wenn der Arbeitnehmer von der Verpflichtung zur Arbeitsleistung freigestellt wird. Häufig enthält der Arbeitsvertrag für solche Fälle keine Regelung. Dann ist der Pkw zurückzugeben. Hier kann allerdings häufig die Nutzung bis zum Ende durchgesetzt werden, selbst wenn eine entgegenstehende Regelung im Arbeitsvertrag zu finden ist. Der Arbeitgeber hat insoweit etwas anzubieten, um Zugeständnisse in anderen Bereichen, zB bei der Höhe der Abfindung, zu erreichen.

Regelungsbedürftig ist auch die Frage, was mit dem **Schadensfreiheitsrabatt** geschieht, den der Arbeitnehmer möglicherweise dem Arbeitgeber bei der Nutzung des Dienstwagens zur Verfügung gestellt hat oder den er während der Nutzung des Dienstwagens als **persönlichen** Schadensfreiheitsrabatt erworben hat. Auch hier sollte der Beendigungsvertrag eine Regelung enthalten, um Streit über diese Frage zu vermeiden. Besser wäre aber noch, bei der Dienstwagenregelung diese Frage vorab zu klären[2].

Unwirksam ist eine Vereinbarung, mit der sich die Parteien darauf verständigen, nach Ende des Arbeitsverhältnisses das Fahrzeug auf Kosten des Arbeitgebers, zB bei einem Leasingvertrag, weiterzubenutzen[3].

9. Outplacement-Beratung

Gerade für Führungskräfte wird häufig, schon bevor eine Kündigung ausgesprochen wird, eine sog. **Outplacement-Beratung** angeboten. Diese Beratung bieten spezialisierte Beratungsunternehmen an, um in aufwendigen Analysen und Testverfahren nicht nur Schwächen, sondern insbesondere auch Stärken der Arbeitnehmer, die das Unternehmen verlassen sollen, zu ermitteln. Viele seriöse Anbieter verfügen im Übrigen über exzellente Kontakte zum Arbeitsmarkt und können aufgrund der ihnen bekannten Anforderungsprofile ihrer Beratungskunden Stellen vermitteln. In der Praxis spielen solche Beratungsangebote eine immer größere Rolle. Die Beratungsleistungen, die häufig den Betrag von 30 000 Euro erreichen oder überschreiten, sind zudem für das Unternehmen Kosten und deshalb für Arbeitnehmer **kein** – zu versteuernder – **geldwerter Vorteil**. Auf Arbeitnehmerseite gibt es deshalb keine Steuerlast wie zwangsläufig bei Abfindungen.

46a

10. Rückführung von Darlehen

In der Praxis kommen gerade in letzter Zeit nicht nur die typischen **Arbeitgeberdarlehen** als zu regelnde Fragen im Auflösungsverhältnis vor, sondern auch **Arbeitnehmerdarlehen** an Arbeitgeber, zB Stundungen von Sonderleistungen, Gehaltsanteilen etc. Auch diese Fragen müssen dringend geklärt werden. In aller Regel wird vereinbart, dass die Darlehen zurückzuzahlen sind, wenn das Arbeitsverhältnis endet. Auch hier gibt es Gestaltungsmöglichkeiten, an die man denken muss. So könnten Darlehen weiter gewährt werden, evtl. aber zu veränderten Konditionen, wenn die

46b

---

1 Vgl. *Bauer/Krieger/Arnold*, C III Rz. 268; so auch *Weber/Ehrich/Burmester/Fröhlich*, Teil 2 Rz. 255.
2 Vgl. *Bauer/Krieger/Arnold*, C III Rz. 267 mit Hinweis auf die Regelungsbedürftigkeit.
3 BAG 9.9.2003 – 9 AZR 574/02, NZA 2004, 484.

Rückzahlung dem Arbeitnehmer oder dem Arbeitgeber zum Ende des Arbeitsverhältnisses nicht möglich sein sollte oder evtl. auch beide Seiten ein Interesse an der Fortführung des Darlehens haben, der Darlehensnehmer das Liquiditätsinteresse, der Darlehensgeber ein Interesse an den Zinseinnahmen.

11. Ausgleichszahlungen gem. § 187a SGB VI[1]

46c Um die **Steuerlast** bei höheren Abfindungen zu **mindern**, insbesondere für ältere Arbeitnehmer, die evtl. beim Ausscheiden aus dem Arbeitsverhältnis Rentenkürzungen erleiden, bietet für die Fälle der vorzeitigen Inanspruchnahme einer Rente wegen Alters die Vorschrift des § 187a Abs. 1, Abs. 2 Satz 1 SGB VI die Möglichkeit, bis zum Erreichen der Regelaltersgrenze auf das Rentenversicherungskonto der gesetzlichen Rentenversicherung Beiträge einzuzahlen.

Ob sich das lohnt, muss in jedem Einzelfall geklärt werden durch einen Antrag auf besondere Rentenauskunft gem. § 109 Abs. 4 Nr. 4 SGB VI. Auch wenn diese Auskünfte nicht rechtsverbindlich sind, § 109 Abs. 2 SGB VI, sind sie doch eine wertvolle Hilfe, um die sozialrechtlichen und steuerlichen Auswirkungen zu optimieren (s.a. Teil 7 C Rz. 3 ff.)[2].

12. Geheimhaltung

46d Auch ohne besondere Regelung wirkt die Pflicht zur Geheimhaltung über alle geschäftlichen Vorfälle, die in der Regel auch arbeitsvertraglich noch einmal gesondert gefasst werden sollte, über das Ende des Arbeitsverhältnisses hinaus. Vielen Arbeitgebern liegt daran, diese Geheimhaltungspflicht auch im Auflösungsvertrag noch einmal ausdrücklich hervorzuheben. Sie kann kombiniert werden mit einer **Vertragsstrafe** für den Fall der Verletzung, wenn ein besonderes Interesse des Arbeitgebers daran besteht, Mitarbeiter in die Pflicht zu nehmen, die Zugang zu geheimen Daten und Entwicklungen hatten. Ist die Vertragsstrafe schon im Arbeitsvertrag nicht als Verstoß gegen § 309 Nr. 6 BGB anzusehen[3], so gilt das erst recht für den Auflösungsvertrag.

13. Wiedereinstellungszusage (Rückkehrzusage)

46e Es gibt Fälle, in denen man die „ausgetretenen Pfade" verlassen und eine auf den Einzelfall zugeschnittene, den besonderen Interessen der Parteien entsprechende Lösung finden muss. Dazu kann auch sinnvoll sein, mit dem Arbeitnehmer in bestimmten Fällen die Voraussetzungen einer Wiedereinstellung oder Rückkehrzusage zu regeln. Das kommt zB in Frage, wenn im Falle einer betriebsbedingten Beendigung möglicherweise sogar der Arbeitgeber ein Interesse daran haben könnte, bei einer Veränderung der Beschäftigungssituation einen fähigen Mitarbeiter neu zu gewinnen.

Auch bei einer personenbedingten Kündigung, zB wegen Alkoholkrankheit, muss man an eine solche Regelungsmöglichkeit denken mit Blick auch auf die Schwierigkeiten, die auf Arbeitgeberseite die Durchsetzung einer solchen Kündigung auslöst. Hier könnte eine Lösung darin bestehen, dem Arbeitnehmer eine Wiedereinstellung zuzusagen, falls er erfolgreich an einer Alkoholentwöhnungskur teilgenommen hat und dies auch nachweist, ggf. dem Arbeitgeber weitgehende Möglichkeiten der Überprüfung einräumt, was den Alkoholkonsum nach Wiedereinstellung angeht. Solche Vereinbarungen kommen auch immer wieder in der Praxis vor, wobei entschieden

---

[1] Wegen der Einzelheiten vgl. *Schrader*, NZA 2003, 593; ferner *Schrader*, ArbRB 2004, 283 ff. mit Beraterhinweisen und Musterformulierungen.
[2] Vgl. im Einzelnen *Schrader*, NZA 2003, 593 ff.
[3] BAG 4.3.2004 – 8 AZR 196/03, NZA 2004, 727 (728).

werden muss, ob der Arbeitnehmer ein völlig neues, also auch mit einer vorgeschalteten Probezeit versehenes Arbeitsverhältnis eingeht, oder die bisherigen Beschäftigungszeiten angerechnet werden[1]. Dies ist durch Auslegung zu ermitteln. Räumt deshalb ein Arbeitgeber dem zu einem anderen Arbeitgeber wechselnden Arbeitnehmer unter bestimmten Voraussetzungen ein Rückkehrrecht ein, hat dieser einen Anspruch auf die Neubegründung eines Arbeitsverhältnisses mit dem bisherigen Arbeitgeber, wenn die in der Rückkehrzusage genannten Bedingungen erfüllt sind[2].

14. Rechtsanwaltskosten

Grundsätzlich findet nach der gesetzlichen Regelung, die auch für die außergerichtliche Gebührenerstattung analog gilt, bis einschließlich erster Instanz für eigene Anwaltsgebühren keine Erstattung durch den Gegner statt. Arbeitgeber verweisen häufig auf diese Situation und lehnen die Erstattung der durch die Beratung und Vertretung im Zusammenhang mit der Beendigungsvereinbarung entstehenden Anwaltsgebühren ab.

46f

Fehlt eine Rechtsschutzversicherung oder lehnt diese die Regulierung ab, macht es gleichwohl Sinn, im Rahmen eines „Gesamtpakets" auch über die Erstattung der Anwaltsgebühren des Mandanten zu verhandeln. Auch auf die Abfindung besteht kein Anspruch, dennoch wird darüber verhandelt, so dass mit diesem Argument auch eine Erstattung der Anwaltsgebühren verhandelbar ist.

Das kann insbesondere auch steuerliche und sozialversicherungsrechtliche Vorteile bieten. Der Arbeitgeber kann die Anwaltsgebühren übernehmen einschließlich der in Rechnung gestellten Umsatzsteuer und diese als Betriebsausgaben nach § 4 Abs. 4 EStG abziehen. Werden die dabei erforderlichen Vorgaben, Rechnungsstellung an den Arbeitgeber etc., eingehalten, können beide Seiten von einer solchen Übernahme profitieren[3].

15. Allgemeine Ausgleichsklausel/Verzichtserklärungen

Mit dem Aufhebungsvertrag soll in aller Regel ein Schlussstrich unter das Arbeitsverhältnis gezogen werden. Beide Parteien, in vielen Fällen insbesondere der Arbeitgeber, haben ein berechtigtes Interesse daran, nicht nach dem Abschluss des Arbeitsverhältnisses und des Vertrages noch mit Forderungen belastet zu werden, die die Gesamtkalkulation, die immer stattfindet, nachträglich empfindlich stören.

47

Diesem Interesse steht in vielen Fällen der Schutz vor Übereilung entgegen. Wenn es lediglich darum geht, das Arbeitsverhältnis zu einem bestimmten Zeitpunkt zu beenden und eine Abfindung auszuhandeln, im Übrigen aber der Struktur des Arbeitsverhältnisses nach keine anderen Probleme bestehen können, wie zB Nutzung oder Rückgabe eines Dienstwagens, Regelung eines Wettbewerbsverbots, Regelung über betriebliche Altersversorgung und die weiteren, bisher behandelten Punkte, wird eine Ausgleichsklausel in der Regel keine Probleme bereiten.

Probleme bereitet die Abwicklung von **Arbeitgeberdarlehen** oder **Schadensersatzansprüchen**, die entweder schon in den Verhandlungen angesprochen worden sind oder erst nachträglich erhoben werden, manchmal auch erst nachträglich zutage treten. Ohne weitere Anhaltspunkte erfasst die im Aufhebungsvertrag vereinbarte Ausgleichsklausel nicht Zins- und Rückzahlungsansprüche eines Arbeitgebers gegen seinen Arbeitnehmer aus einem diesem gewährten Arbeitgeberdarlehen[4].

---

1 Vgl. dazu auch *Fröhlich*, ArbRB 2006, 214 (215).
2 Vgl. BAG 15.10.2013 – 9 AZR 572/12, BB 2014, 562.
3 Vgl. im Einzelnen dazu auch *Pröpper*, NZA 2011, 837 (839).
4 BAG 19.1.2011 – 10 AZR 173/08, NJW 2011, 2381.

Problembehaftet sind ebenfalls **Urlaubs- oder Urlaubsabgeltungsansprüche**, Ansprüche auf **betriebliche Altersversorgung** oder **tarifliche Ansprüche**, über die die Parteien nicht frei disponieren können. Dasselbe gilt für **Karenzentschädigungen**, wenn ein Wettbewerbsverbot aufrechterhalten bleibt. Soweit für Urlaubsansprüche ein Tatsachenvergleich in Betracht kommt, ist diese Problematik bereits behandelt worden (vgl. Rz. 38).

Schließlich bieten Ausgleichsklauseln **vor dem Ende** des Arbeitsverhältnisses **Risiken** insofern, als während der Weiterführung des Arbeitsverhältnisses bis zum vereinbarten Ende ebenfalls Ansprüche entstehen können, deren Regelung an sich gar nicht vorweggenommen werden kann.

Bevor deshalb eine Ausgleichsklausel formuliert und in einen Aufhebungsvertrag oder Abwicklungsvertrag aufgenommen wird, muss eine **vollständige Klärung** der Anspruchssituation, soweit möglich, erfolgen und, soweit das nicht möglich ist, insbesondere, weil das Arbeitsverhältnis noch fortbesteht, solche Ansprüche ausgenommen werden, die erst in Zukunft entstehen können.

Zur **Reichweite** vertritt das BAG[1] die Auffassung, dass im Regelfall die Ausgleichs- oder Erledigungsklausel alle verzichtbaren Ansprüche erfasst. Dazu gehören auch unbekannte Ansprüche, also solche, die die Parteien nicht kennen konnten oder an die eine oder beide Parteien nicht gedacht haben. Mithin sind auch solche Ansprüche von dieser Klausel erfasst, die zum Zeitpunkt des Vergleichsschlusses schon entstanden, aber noch nicht fällig waren. Dagegen sind ausgeschlossen solche Ansprüche, die im Zeitpunkt des Vergleichsschlusses noch gar nicht entstanden waren.

In dem vom BAG entschiedenen Fall ging es um einen Anspruch auf Nachteilsausgleich gem. § 113 Abs. 3 BetrVG. Dieser war nach Ansicht des BAG von der Erledigungsklausel erfasst. Auch dieses Beispiel zeigt, wie wichtig eine umfassende Prüfung evtl. bestehender Ansprüche ist, auch, ob sie unverzichtbar sind[2].

16. Beendigungsvereinbarungen und Allgemeine Geschäftsbedingungen

47a In der Regel werden Aufhebungsverträge im jeweiligen Einzelfall ausgehandelt und auch in Absprache unter den Vertragsparteien formuliert. Gleichwohl kann es sich dabei, zumindest bei einzelnen Formulierungen, um Allgemeine Geschäftsbedingungen handeln mit der Folge, dass die Klauseln einer AGB-Kontrolle unterliegen, zB die vereinbarte Freistellung oder, insbesondere, auch die Ausgleichsklauseln.

In vielen Fällen gibt der Arbeitgeber im Rahmen des Entwurfs eines Aufhebungsvertrages Formulierungen vor, die er grundsätzlich auch in vergleichbaren Fällen vorgibt. Dabei spielen dann auch vorangehende Freistellungsklauseln im Arbeitsvertrag eine Rolle[3].

Insbesondere bei Ausgleichsklauseln ist Vorsicht auf Arbeitgeberseite geboten. Solche Klauseln enthalten eine unangemessene Benachteiligung iSd. § 307 Abs. 1 Satz 1 BGB, wenn für die Aufgabe des Arbeitsverhältnisses keine Gegenleistung gewährt wird[4].

Das gilt insbesondere, wenn in der vom Arbeitgeber gestellten Ausgleichsquittung ein Anspruchsverzicht[5] in Form eines negativen Schuldanerkenntnisses enthalten ist

---

1 BAG 23.9.2003 – 1 AZR 576/02, NZA 2004, 440.
2 Küttner/*Eisemann*, Ausgleichsquittung, Rz. 8 mwN zur Rspr. des BAG; vgl. auch *Naumann/Mosch*, Ausgleichsquittungen in der arbeitsrechtlichen Praxis – Vorsicht!, NJW-Spezial 2014, 50/51.
3 Vgl. wegen der Einzelheiten auch *Bauer/Krieger/Arnold*, C III Rz. 98 mwN m. Formulierungsvorschlag für Arbeitsverträge.
4 Vgl. BAG 21.6.2011 – 9 AZR 203/10, NZA 2011, 1338.
5 Vgl. dazu LAG Schl.-Holst. 24.9.2013 – 1 Sa 61/13, ArbRB 2014, 39 (*Kühnel*).

III. Inhalt von Beendigungsvereinbarungen

oder der Arbeitnehmer auf „Bedenkzeit, Möglichkeit eines Widerrufs" verzichtet[1]. Darüber hinaus wäre eine solche Verzichtserklärung auch unangemessen benachteiligend iSd. § 307 Abs. 1 Satz 1 BGB und nicht nur intransparent iSd. § 307 Abs. 1 Satz 2 BGB[2].

17. Musterformulierung

Hier können nur die wichtigsten inhaltlichen Fragen der Auflösungsvereinbarung angesprochen werden. Über mögliche weitere Inhalte müssen die Parteien sich jeweils verständigen, insbesondere auch über die steuerliche Optimierung, die Handhabung sozialversicherungsrechtlicher Probleme, soweit sie dispositiv sind, Behandlung von Arbeitnehmererfindungen, Werk-, Miet- oder Dienstwohnungen, Rückforderungsansprüche des Arbeitgebers aus Aus- und Fortbildungsverträgen (vgl. zur Zulässigkeit Teil 2 A Rz. 541 ff.) und sonstige Sonderprobleme (Rückgabe von Arbeitsmitteln wie Laptop, Unterlagen, Handy, Datenbeständen, Uniformen etc.)[3]. 47b

Das folgende **Beispiel** eines Aufhebungsvertrages und die Eingangsformulierung des Abwicklungsvertrages, der sich im Übrigen inhaltlich nicht vom Aufhebungsvertrag unterscheidet, erhebt keinen Anspruch auf Vollständigkeit, sondern soll nur die **Struktur** solcher Vereinbarungen wiedergeben: 48

Formulierungsbeispiel für einen Aufhebungsvertrag:

Die ... *(genaue Arbeitgeberbezeichnung)* – im Folgenden Arbeitgeberin –

und

Frau/Herr ... *(auch hier genaue Parteibezeichnung)*

treffen zur einvernehmlichen Auflösung des zwischen ihnen begründeten Arbeitsverhältnisses folgende Vereinbarungen:

1. Beendigung

Die Parteien sind sich darüber einig, dass das zwischen ihnen begründete Arbeitsverhältnis aus dringenden betrieblichen Gründen mit Ablauf des ... sein Ende finden wird/sein Ende gefunden hat.

2. Abfindung

Die Arbeitgeberin zahlt an Frau/Herrn ... eine Abfindung entsprechend den §§ 9, 10 KSchG in Höhe von ... Euro brutto. Der Anspruch entsteht mit Abschluss dieser Vereinbarung und ist fällig zum Zeitpunkt der rechtlichen Beendigung des Arbeitsverhältnisses.

Der Anspruch ist vererblich/nicht vererblich.

3. Freistellung

Frau/Herr ... wird unter Fortzahlung aller Vergütungsbestandteile bis zum ..., dem vereinbarten Ende des Arbeitsverhältnisses, von jeglicher Verpflichtung zur Arbeitsleistung unwiderruflich freigestellt, wobei zwischen den Parteien Einigkeit besteht, dass sich Frau/Herr ... in dieser Zeit erzielten Zwischenverdienst anrechnen lassen muss. In der Zeit vom ... bis zum ... wird Frau/Herrn ... Urlaub/Freizeitausgleich für Mehrarbeit gewährt[4]. Außerdem gilt bis zum vereinbarten Ende des Arbeitsverhältnisses das vertragliche Wettbewerbsverbot fort.

---

1 Vgl. LAG Hamm 7.11.2013 – 16 Sa 879/13.
2 Vgl. LAG Hamm 7.11.2013 – 16 Sa 879/13.
3 Vgl. das „Klauselalphabet" bei *Hümmerich*, § 9 Rz. 11 ff.
4 S. dazu aber auch die sozialversicherungsrechtlichen Probleme oben Rz. 35a und die Vorschläge zu Alternativformulierungen von *Bauer/Krieger*, DB 2005, 2244 (2245).

4. Urlaub

Die Parteien sind sich darüber einig, dass Frau/Herr ... noch einen Resturlaubsanspruch in Höhe von ... Tagen hat, davon ... Tage aus dem Vorjahr. Ferner besteht Einvernehmen, dass dieser Urlaub in der Zeit vom ... bis ... genommen wird.

oder

Die Parteien sind sich darüber einig, dass wegen der von Frau/Herrn ... noch zu erledigenden Restarbeiten bis zum vereinbarten Ende des Arbeitsverhältnisses Jahresurlaub nicht genommen werden kann und noch ein Resturlaubsanspruch in Höhe von ... Tagen, davon ... Tage aus dem Vorjahr, besteht. Frau/Herr ... ist damit einverstanden, dass dieser Resturlaub abgegolten und zum rechtlichen Ende des Arbeitsverhältnisses mit der letzten Gehaltszahlung ausgezahlt wird.

5. Wettbewerbsverbot

Die Parteien sind sich darüber einig, dass das zwischen ihnen vereinbarte nachvertragliche Wettbewerbsverbot unverändert gilt und wirksam ist.

oder

Die Parteien sind sich darüber einig, dass das zwischen ihnen vereinbarte nachvertragliche Wettbewerbsverbot mit sofortiger Wirkung aufgehoben wird und keinerlei wechselseitige Verpflichtungen mehr auslöst.

6. Zeugnis

Die Arbeitgeberin erteilt Frau/Herrn ... ein qualifiziertes Zeugnis gem. dem in der Anlage beigefügten Entwurf. *(Falls das Arbeitsverhältnis noch nicht beendet ist:)* Ferner erteilt sie ein qualifiziertes Zwischenzeugnis.

7. Betriebliche Altersversorgung

Die Parteien sind sich darüber einig, dass Frau/Herrn ... ein unverfallbarer Anspruch aus der betrieblichen Altersversorgung des Unternehmens zusteht. Die Bescheinigung nach § 2 Abs. 6 BetrAVG wird am vereinbarten Ende des Arbeitsverhältnisses gesondert erteilt.

8. Dienstwagen

Frau/Herr ... verpflichtet sich, den Dienstwagen mit Blick auf die in Ziffer 3 vereinbarte Freistellung umgehend nach Abschluss dieser Vereinbarung an die Arbeitgeberin einschließlich sämtlicher Fahrzeugpapiere, Gebrauchsanleitungen, Schlüssel, allem Zubehör und sonstiger Unterlagen, die zur Nutzung des Dienstwagens überlassen worden sind, zurückzugeben.

oder

Auch während der Freistellung ist Frau/Herr ... berechtigt, den zur privaten Nutzung überlassenen Dienstwagen weiter zu nutzen. Jedoch wird die Erstattungspflicht der Arbeitgeberin für die Verbrauchskosten (Benzin, Schmiermittel, Waschzusätze etc.) auf einen Betrag von ... Euro monatlich begrenzt.

Im Übrigen erfolgt die Abrechnung dieser Kosten wie bisher.

oder

Frau/Herr ... hat das Recht, den ihr/ihm überlassenen Dienstwagen zum Zeitpunkt der Beendigung des Arbeitsverhältnisses zu erwerben. Der Kaufpreis wird auf der Basis des DAT-Schätzwertes ermittelt anhand der Kriterien, wie sie im Zeitpunkt des Endes des Arbeitsverhältnisses ermittelt werden. *(Vgl. zur Problematik der Gewährleistung im Rahmen eines Verbrauchsgüterkaufs oben Rz. 46.)*

evtl. ergänzend:

Frau/Herr ... ist berechtigt, die mit dem Dienstwagen zurückgelegten Versicherungszeiten nach Beendigung des Arbeitsverhältnisses auch weiterhin selbst in Anspruch zu nehmen (Erwerb eines persönlichen Schadensfreiheitsrabatts). Beide Parteien verpflichten sich wechselseitig, die für die Übertragung des persönlichen Schadensfreiheitsrabatts gegenüber der Versicherungsgesellschaft erforderlichen Erklärungen abzugeben.

9. Frau/Herr ... verzichtet auf Hinweise zu den rechtlichen und wirtschaftlichen Konsequenzen, die sich aus dieser Vereinbarung für sie/ihn ergeben könnten. Sie/Er hat sich vor Abschluss dieses Vertrages darüber informiert *(wenn Veranlassung dazu besteht)*.

10. Ausgleichsklausel *(Zurückhaltung bei noch nicht beendetem Arbeitsverhältnis üben!)*

Die Parteien sind sich darüber einig, dass mit Abschluss dieser Vereinbarung alle wechselseitigen Ansprüche aus dem beendeten Arbeitsverhältnis ausgeglichen und abgegolten sind und keine Tatsachen vorliegen, die weitergehende Ansprüche rechtfertigen könnten, insbesondere der Urlaub tatsächlich gewährt worden ist (*zusätzlich bei evtl. noch bestehendem Arbeitsverhältnis:* Mit dieser Vereinbarung sind nicht solche Ansprüche erfasst, die sich aus solchen Umständen ergeben können, die erst in der Zukunft liegen).

11. Frau/Herr ... bestätigt, dass sie/er von der Arbeitgeberin darauf hingewiesen wurde, dass sie/er sich nach Abschluss dieses Vertrages unverzüglich bei der Bundesagentur für Arbeit zu melden hat und verpflichtet ist, eigenverantwortlich und aufgrund eigener Aktivitäten nach einer anderen Beschäftigung zu suchen[1].

(Ort, Datum) (Unterschriften der Parteien)[2]

Formulierungsbeispiel für einen Abwicklungsvertrag:

Parteibezeichnungen *(wie beim Aufhebungsvertrag)*

Die Arbeitgeberin hat das mit Frau/Herrn ... bestehende Arbeitsverhältnis aus dringenden betrieblichen Gründen am ... zum ... ordentlich gekündigt. Zur Abwicklung des Arbeitsvertrages treffen die Parteien die folgenden Vereinbarungen:

1. Die Parteien sind sich darüber einig, dass das zwischen ihnen begründete Arbeitsverhältnis aufgrund ordentlicher, betriebsbedingter Kündigung der Arbeitgeberin vom ... zum ... sein Ende finden wird/sein Ende gefunden hat. Frau/Herr ... verpflichtet sich, die beim Arbeitsgericht ... *(Ort)* zum Aktenzeichen ... erhobene Klage zurückzunehmen, sobald die Abfindung gem. Nr. 2 dieser Vereinbarung an sie/ihn ausgezahlt ist.

(Falls noch nicht Kündigungsschutzklage erhoben wurde:) Frau/Herr ... verzichtet darauf, die Kündigung der Arbeitgeberin gerichtlich anzugreifen; die Arbeitgeberin nimmt diesen Verzicht an.

2.

...

(Wie Muster des Aufhebungsvertrages; zu den problematischen sozialversicherungsrechtlichen Folgen solcher außergerichtlichen Beendigungsvereinbarungen vgl. unten Rz. 78.)

IV. Aufklärungs- und Hinweispflichten des Arbeitgebers

Nach herrschender Auffassung trifft den **Arbeitgeber** im Rahmen des Abschlusses eines Aufhebungsvertrages grundsätzlich **keine Verpflichtung**, den daran beteiligten Arbeitnehmer über die sich daraus ergebenden rechtlichen Folgen aufzuklären[3]. Vor Abschluss des Aufhebungsvertrages muss sich nämlich der Arbeitnehmer, dessen Arbeitsverhältnis aufgelöst werden soll, grundsätzlich selbst über die rechtlichen Folgen dieses Schrittes Klarheit verschaffen. Dies gilt auch für den Verlust einer Versorgungsanwartschaft. Nur **ausnahmsweise** ist der Arbeitgeber verpflichtet, den Arbeitnehmer zB über den Verlust einer Versorgungsanwartschaft **aufzuklären**.

49

Mittlerweile treten klarere Konturen hervor, in welchen Fällen der Arbeitgeber die Arbeitnehmerseite aufklären und wann er Hinweise darauf geben muss, dass durch den Abschluss des Aufhebungsvertrages nachteilige Folgen für die Arbeitnehmerseite eintreten[4].

---

1 Vgl. *Schulte*, ArbRB 2004, 26 ff. mit Formulierungsbeispielen.
2 Zu weiteren Regelungen und Formulierungsvorschlägen vgl. *Bauer/Lingemann/Diller/Haußmann*, Anwalts-Formularbuch Arbeitsrecht, M 23.1a, 23.2.
3 Vgl. *Reufels*, ArbRB 2001, 26 ff. unter Hinweis auf BAG 17.10.2000 – 3 AZR 605/99, AP Nr. 116 zu § 611 BGB – Fürsorgepflicht.
4 Vgl. BAG 21.2.2002 – 2 AZR 749/00, EzA § 1 KSchG Wiedereinstellungsanspruch Nr. 7, insb. Os. 3; *Schulte*, ArbRB 2004, 26 ff. mit Formulierungsvorschlägen.

So gibt es diese Aufklärungs- und Hinweispflicht in den Fällen, in denen der Arbeitnehmer aufgrund **besonderer Umstände** darauf vertrauen durfte, dass der Arbeitgeber bei der vorzeitigen Beendigung des Arbeitsverhältnisses die Interessen des Arbeitnehmers wahren und ihn redlicherweise vor unbedachten nachteiligen Folgen des vorzeitigen Ausscheidens, insbesondere bei der Versorgung, bewahren werde[1]. Eine gesteigerte Aufklärungspflicht besteht insbesondere dann, wenn der Arbeitgeber den Rat gibt, im Rahmen der Regelungen im Aufhebungsvertrag die geltende Kündigungsfrist nicht einzuhalten und aus diesem Grunde die Abfindung erhöht halten. Das führt zum **Ruhen des Anspruchs auf Arbeitslosengeld** und zur Anrechnung von Teilen der Abfindung gem. § 158 SGB III.

Nur ausnahmsweise erkennt die inzwischen gefestigte Rechtsprechung eine Aufklärungs- und Hinweispflicht an unter der Voraussetzung, dass der Aufhebungsvertrag auf **Veranlassung des Arbeitgebers** zustande kommt und der Arbeitgeber erkennen kann, dass der Vertragspartner ahnungslos und offenkundig auf die Sachkunde insbesondere einer professionellen Personalabteilung vertraut[2].

Selbst im Regelfall, in dem der Arbeitgeber den Auflösungsvertrag initiieren wird, kann er davon ausgehen, dass die Arbeitnehmer sich selbst über die rechtlichen Folgen einer Auflösungsvereinbarung Klarheit verschaffen, und zwar über alle Folgen, nicht nur über die sozialversicherungsrechtlichen beim Bezug des Arbeitslosengeldes, sondern auch über den Verlust etwaiger Versorgungsanwartschaften[3].

Auch im **öffentlichen Dienst** braucht der Arbeitgeber grundsätzlich die versorgungsrechtliche Situation beim Abschluss des Vertrages nicht zu überprüfen und deshalb auch nicht aufzuklären, sondern nur dann, wenn wegen besonderer Umstände der Eindruck auf Arbeitnehmerseite entstanden ist, der Arbeitgeber werde sich um die Ansprüche aus der Altersversorgung kümmern[4].

50 Erteilt jedoch der Arbeitgeber – insbesondere des öffentlichen Dienstes – vor der einvernehmlichen Beendigung des Arbeitsverhältnisses dem Arbeitnehmer auf dessen Frage hin Auskünfte, zB über die Folgen der Vertragsauflösung für das Arbeitslosenversicherungsrecht oder die spätere Rentenversorgung, so müssen diese **Auskünfte richtig** sein. Beruht das Zustandekommen des Aufhebungsvertrages auf einer falschen Auskunft, so schuldet der Arbeitgeber dem Arbeitnehmer Ersatz für den durch die vorzeitige Beendigung des Arbeitsverhältnisses entstandenen Schaden[5]. Die Wirksamkeit des Vertrages wird davon nicht berührt[6].

51 Aus seiner Verantwortung wird der Arbeitgeber dann entlassen, wenn die Arbeitnehmerseite **anwaltlich oder gewerkschaftlich vertreten** ist[7]. Der Arbeitgeber kann davon ausgehen, dass über alle Folgen, auch die nachteiligen, eine umfassende und professionelle Beratung stattfindet. Das gilt sowohl für den Inhalt als auch für die Formulierungen der Beendigungsvereinbarung, gleich ob in Form des Aufhebungs- oder Abwicklungsvertrages, gleich ob die Initiative vom Arbeitgeber oder vom Arbeitnehmer

---

1 BAG 3.7.1990 – 3 AZR 382/89, NZA 1990, 971.
2 So schon LAG Hamburg 20.8.1992 – 2 Sa 16/92, LAGE § 611 BGB – Aufhebungsvertrag Nr. 9 mit Anm. *Welslau* und *Schwarze*.
3 Vgl. die Entscheidungen des 3. Senats des BAG v. 17.10.2000 – 3 AZR 69/99 u. 3 AZR 605/99, NZA 2001, 203 ff. und 206 ff.; ferner LAG Düsseldorf 10.7.2001 – 8 Sa 515/01, EzA-SD 2001, Nr. 17, 7 (nur Ls.); weitere Nachweise bei *Schulte*, ArbRB 2004, 28 Fn. 12.
4 Vgl. BAG 10.3.1988 – 8 AZR 420/85, AP Nr. 99 zu § 611 BGB – Fürsorgepflicht.
5 Vgl. BAG 17.10.2000 – 3 AZR 605/99, DB 2001, 286 f. (391); so auch schon BAG 13.11.1984 – 3 AZR 255/84, AP Nr. 5 zu § 1 BetrAVG – Zusatzversorgungskassen; vgl. ferner *Reufels*, ArbRB 2001, 26 ff. (27).
6 So ausdrücklich *Bauer/Krieger/Arnold*, A VI Rz. 179.
7 Vgl. für die Vertretung durch einen Fachanwalt für Arbeitsrecht: LAG Berlin 31.1.2006 – 13 Sa 1957/05, NZA-RR 2006, 327.

IV. Aufklärungs- und Hinweispflichten des Arbeitgebers

ausgegangen ist[1]. Sollte – ausnahmsweise – im Gerichtsverfahren die Arbeitnehmerseite nicht anwaltlich oder durch gewerkschaftliche Vertreter beraten und vertreten werden, wird das Gericht die nötigen Hinweise zu geben haben, so dass konsequenterweise auch in einem solchen Fall Arbeitgeber weder über erkennbare oder potentielle Nachteile aufklären oder Hinweise geben müssen[2].

Eine **gesetzliche Hinweispflicht** wird Arbeitgebern durch § 2 SGB III auferlegt. Nach § 2 Abs. 5 SGB III sind Arbeitnehmer verpflichtet, eigenverantwortlich nach einer neuen Beschäftigung zu suchen (Nr. 2) oder eine zumutbare Beschäftigung aufzunehmen (Nr. 3). Auf diese Pflichten hat der Arbeitgeber gem. § 2 Abs. 2 Satz 2 Nr. 3 SGB III den Arbeitnehmer **vor** der Beendigung des Arbeitsverhältnisses hinzuweisen und ferner auf die Pflicht, sich unverzüglich bei der Agentur für Arbeit zu melden. Zwar als Sollvorschrift formuliert, enthält sie dennoch eine **Verpflichtung**[3]. Allerdings löst die Verletzung dieser Pflicht zur Aufklärung keinen Schadensersatzanspruch des Arbeitnehmers gegen den Arbeitgeber aus[4]. Ob man deshalb als Arbeitgeber diesen Hinweis geben sollte oder nicht, muss jeder selbst entscheiden. Wer auf der sicheren Seite bleiben will – Rechtsprechung des BAG ändert sich manchmal! –, sollte eine solche Klausel auch im Aufhebungsvertrag wie folgt formulieren: 51a

Formulierungsbeispiel:

Der Arbeitgeber weist darauf hin, dass der Arbeitnehmer verpflichtet ist, sich unverzüglich nach Abschluss dieser Vereinbarung mit der Agentur für Arbeit an seinem Wohnort in Verbindung zu setzen und sich arbeitsuchend zu melden und zu informieren. Ferner besteht mit Abschluss der Vereinbarung die Pflicht, eigenverantwortlich nach einer neuen Beschäftigung zu suchen.

Ob schließlich der Arbeitgeber der Auflösungsvereinbarung eine **Widerrufsbelehrung gem. § 355 Abs. 2 BGB** anzufügen hat, hängt davon ab, ob ein solches Widerrufsrecht besteht. Nach inzwischen wohl gefestigter Auffassung besteht ein solches Widerrufsrecht nicht. Deshalb kann auch die Belehrung entfallen (vgl. Rz. 52a ff. mwN). 51b

Wegen der **Regressgefahr**, der sich die Arbeitgeberseite aussetzt, falls Hinweis und Aufklärung ausnahmsweise erforderlich sind und unterlassen wurden, empfiehlt sich, dieses Problem im Auflösungsvertrag anzusprechen und entweder Hinweise zu geben, auch wenn das nicht zwingend erforderlich ist, oder sich bestätigen zu lassen, dass ein solcher Hinweis gegeben wurde. Gibt man den Hinweis, läuft man Gefahr, dass aufgrund des Hinweises der Vertragsschluss in der vorgeschlagenen Form unterbleibt. Gibt man den Hinweis nicht, setzt man sich der Regressgefahr aus. Hier muss man auch als Berater Farbe bekennen und eine Risikoabwägung vornehmen. 51c

Als Arbeitgeber sollte man sich möglichst **absichern** durch eine Klausel, mit der die Arbeitnehmerseite auf Hinweise zu den rechtlichen und wirtschaftlichen Konsequenzen einer Beendigungsvereinbarung verzichtet mit dem Hinweis darauf, sich selbst zu informieren oder informiert zu haben (vgl. die Musterformulierung unter Nr. 9 des Formulierungsbeispiels für den Aufhebungsvertrag in Rz. 48). Nach ganz hM ist diese Hinweispflicht abdingbar, so dass eine solche Formulierung rechtlich zulässig sein

---

1 Allgemeine Meinung: *Bauer/Krieger/Arnold*, A VI Rz. 175; *Weber/Ehrich/Burmester/Fröhlich*, Teil 1 Rz. 105.
2 Vgl. *Bauer/Krieger/Arnold*, A VI Rz. 177; *Färber*, S. 234; *Hoß/Ehrich*, DB 1997, 625 (626); *Weber/Ehrich/Burmester/Fröhlich*, Teil 1 Rz. 105.
3 Vgl. *Gaul*, BB 2003, 2457 ff. (2459 li. Sp.); *Hümmerich*, § 3 Rz. 90; *Schulte*, ArbRB 2004, 26.
4 Vgl. BAG 29.9.2005 – 8 AZR 571/04, NZA 2005, 1406.

müsste[1]. Sinngemäß kann solch eine Formulierung auch für andere mögliche Nachteile verwendet werden.

Wird der Arbeitnehmer „**überrumpelt**" und weiß der Arbeitgeber genau, dass die von ihm vorformulierten, vom Arbeitnehmer bestätigten Umstände unrichtig sind, gibt die Klausel nur eine Scheinsicherheit. Kann der Arbeitnehmer die Unrichtigkeit und die „Überrumpelungsstrategie" des Arbeitgebers beweisen – was manchmal aufgrund des unstreitig feststehenden Zeitablaufs nicht unmöglich ist –, bleibt es bei der Verletzung einer Aufklärungs- und Hinweispflicht mit der Folge des Schadensersatzes[2].

51d ⊃ **Hinweis: Regressgefahr auf Arbeitnehmerseite:** Arbeitnehmerberater können also nicht damit rechnen, dass Arbeitgeber ihnen bei drohenden Nachteilen auf Arbeitnehmerseite Hinweise geben, insbesondere zu Nachteilen bei Versorgungsansprüchen. Kommen solche Ansprüche in Betracht, ist dringend anzuraten, sich die Versorgungsvorschriften genau anzusehen und insbesondere zu prüfen, ab wann Ansprüche unverfallbar werden und wann, zB bei den Versorgungswerken des öffentlichen Dienstes (zB VBL oder ZKW), bei Auflösung des Arbeitsverhältnisses vor Eintritt des Versicherungsfalls erhebliche Einbußen auftreten zwischen Versorgungsrente und Versichertenrente.

V. Beseitigung von Beendigungsverträgen

1. Rücktritt

52 Ein Rücktrittsrecht kann sich aus Gesetz oder vertraglicher Vereinbarung ergeben. Da in Aufhebungsverträgen in aller Regel kein Rücktrittsrecht vereinbart wird, weil beide Seiten ein Ende des Arbeitsverhältnisses vereinbaren wollen, bleibt zu prüfen, ob nach den allgemeinen Vorschriften, also gem. § 323 BGB, ein Rücktrittsrecht gegeben sein kann.

Insbesondere in Fällen, in denen keine gerichtliche Protokollierung stattgefunden hat und deshalb kein Vollstreckungstitel vorliegt, kann das Rücktrittsrecht für Arbeitnehmer in Betracht kommen, wenn der Arbeitgeber die vereinbarte Abfindung nicht zahlt[3].

In einem solchen Fall ist nach der Rechtsprechung des BAG der Rücktritt für den Arbeitnehmer gem. § 323 Abs. 1 BGB grundsätzlich möglich. Vorausgesetzt wird jedoch, dass die Zahlung der Abfindung noch durchsetzbar ist. Ist das nicht der Fall, zB in der Insolvenz, ist das Rücktrittsrecht ausgeschlossen[4].

Ob man Arbeitnehmern raten soll, den Rücktritt zu erklären, bedarf sorgfältiger Abwägung. Solange Arbeitnehmer nämlich den Rücktritt nicht erklären, ist – nach Beendigung des Arbeitsverhältnisses – die Voraussetzung für den Annahmeverzug nicht erfüllt, so dass in der Zwischenzeit keine Vergütung nachverlangt werden kann.

Auch aus diesem Gesichtspunkt wird häufig abzuraten sein.

Ein **vereinbartes** Rücktrittsrecht wird in der Regel als Widerrufsvorbehalt ausgestaltet, insbesondere in gerichtlichen Vergleichen. Geht man als Prozessvertreter ohne den Mandanten in die Verhandlung und bietet sich – zB trotz entgegenstehender Abrede mit ihm – eine Vergleichsmöglichkeit, die günstig erscheint, sollte ein solcher Vergleich nur unter Widerruf geschlossen werden. Ein weiterer Grund für einen Wi-

---

1 *Bauer/Krieger/Arnold*, A VI Rz. 181; *Weber/Ehrich/Burmester/Fröhlich*, Teil 1 Rz. 120 mit Formulierungsvorschlag.
2 Vgl. *Bauer/Krieger/Arnold*, A VI Rz. 178; *Schulte*, ArbRB 2004, 26 ff. (29).
3 Zum Rücktritt von Aufhebungsvertrag und Prozessvergleich vgl. auch *Reinfelder*, NZA 2013, 62 ff.
4 Vgl. BAG 10.11.2011 – 6 AZR 357/10, NZA 2012, 205 f.; so auch *Abele*, NZA 2012, 487 f. mit Überlegungen zu alternativen Gestaltungsmöglichkeiten, insb. auf 490 f. unter IV.

derrufsvorbehalt sind evtl. noch zu klärende Fragen, die mit den Folgen des Vergleichs zu tun haben, auf Arbeitgeberseite insbesondere die Frage der Erstattungspflicht nach § 147a SGB III aF, für die Arbeitnehmerseite die Abklärung einer eventuellen Sperrfrist mit der Bundesagentur für Arbeit[1].

In aller Regel ist ein Vergleich, aber auch ein außergerichtlicher Auflösungsvertrag nicht deswegen unwirksam, weil der Arbeitgeber dem Arbeitnehmer weder eine Bedenkzeit noch ein Rücktritts- bzw. Widerrufsrecht eingeräumt hat, und zwar auch dann nicht, wenn in einem Gespräch am Arbeitsplatz das Thema Auflösung des Arbeitsverhältnisses nicht vorher mitgeteilt worden ist[2], unabhängig von der sogleich zu erörternden Frage, ob ein Widerrufsrecht gem. §§ 312, 355 BGB besteht.

2. Kein Widerrufsrecht gem. §§ 312, 355 BGB

Die im Zusammenhang mit der Schuldrechtsreform lebhaft diskutierte Frage, ob Arbeitnehmern ein gesetzliches Widerrufsrecht – mit entsprechender Widerrufsbelehrungspflicht des Arbeitgebers – gem. §§ 312, 355 BGB beim Abschluss von Auflösungsvereinbarungen zustehe, gleich in welcher Form, ob als Aufhebungs- oder Abwicklungsvertrag[3], ist jedenfalls für die Fälle, in denen Auflösungsvereinbarungen am Arbeitsplatz abgeschlossen werden, vom BAG wohl abschließend geklärt: Das **Widerrufsrecht nach § 312 BGB besteht nicht**[4].

52a

Da auch die Landesarbeitsgerichte bislang einheitlich die Auffassung vertreten haben, dass arbeitsrechtliche Auflösungsverträge keine Haustürwiderrufsgeschäfte seien, ist die entgegenstehende Auffassung, die auch bisher schon weder in der Begründung noch gar im Ergebnis überzeugen konnte, endgültig für die Praxis irrelevant[5]. Das BAG hat sich eingehend mit den in Rechtsprechung und Literatur vorgetragenen, teilweise kontroversen Argumenten auseinandergesetzt und sein Ergebnis mit überzeugender Begründung gestützt. Danach ist eine Beendigungsvereinbarung kein „Haustürgeschäft". Es widerspreche der Gesetzessystematik, § 312 BGB auf arbeitsrechtliche Beendigungsvereinbarungen anzuwenden. Diese Vorschrift findet sich im Untertitel 2 „Besondere Vertriebsformen". Dazu gehöre der Abschluss einer Beendigungsvereinbarung nicht. Auch die Umsetzung der Richtlinie 85/577/EWG habe den deutschen Gesetzgeber bei der Umsetzung nicht veranlasst, die Richtlinie auch über deren Anwendungsbereich hinaus auf arbeitsrechtliche Beendigungsvereinbarungen anzuwenden und solche Verträge einem Widerrufsrecht zugänglich zu machen[6]. Außerdem habe der Gesetzgeber die Anwendung der gesetzlichen Regelungen des Untertitels 2 auf das Arbeitsrecht – im Gegensatz zB zu § 310 Abs. 4 Satz 2 BGB – nicht angeordnet.

Allerdings betont das BAG auch[7], dass der „allgemeinen Gefahr einer möglichen Überrumpelung des Arbeitnehmers", zB durch Verhandeln zu ungewöhnlichen Zei-

---

1 Vgl. die ausführlichen, sehr konkreten Hinweise von *Bauer/Krieger/Arnold*, A VII Rz. 234, 235.
2 Vgl. BAG 30.9.1993 – 2 AZR 268/93, AP Nr. 37 zu § 123 BGB.
3 Vgl. dazu ausführlich *Bauer*, NZA 2002, 169 ff.; *Bauer/Kock*, DB 2002, 42; *Preis*, NZA 2003, Sonderbeilage zu Heft 16, 19 ff. (30).
4 Vgl. BAG 27.11.2003 – 2 AZR 135/03, NZA 2004, 597, Bestätigung des Urt. des LAG Bdb. 30.10.2002 – 7 Sa 386/02, NZA 2004, 503; ferner Urteil des 2. Senats vom selben Tag: BAG 27.11.2003 – 2 AZR 177/03, BB 2004, 1858 ff.; so schon vorher die Instanzgerichte, zB LAG Köln 18.12.2002 – 8 Sa 979/02, DB 2003, 1447; LAG Hamm 4.1.2003 – 19 Sa 1901/02, DB 2003, 1443; LAG Rostock 29.1.2003 – 2 Sa 492/02, EzA-SD 2003, Nr. 9, 7 (nur Ls.); LAG Rh.-Pf. 19.12.2003 – 8 Sa 772/03.
5 Vgl. zB *Däubler*, Die Auswirkungen der Schuldrechtsmodernisierung auf das Arbeitsrecht, NZA 2001, 1329; *Hümmerich/Holthausen*, NZA 2002, 173; nicht überzeugend auch *Hoß*, ArbRB 2002, 181 ff. (183), der § 312 BGB analog anwenden will, wenn Auflösungsverträge nicht im Rahmen „fairer" Verhandlungen am Arbeitsplatz geschlossen werden.
6 Vgl. BAG 27.11.2003 – 2 AZR 135/03, NZA 2004, 597.
7 Vgl. BAG 27.11.2003 – 2 AZR 135/03, NZA 2004, 597.

ten oder an ungewöhnlichen Orten, über Informationspflichten und mit dem Gebot fairen Verhandelns begegnet werden könne.

Was unter „ungewöhnlicher Ort" zu verstehen ist, wird vom BAG nicht ausgeführt. In Betracht kommen aber zB Umkleide- oder Aufenthaltsräume etc. Als ungewöhnliche Zeit sind sicher die späten Abendstunden zu sehen, wenn im Einschichtbetrieb die reguläre Arbeitszeit nur bis 18.00 Uhr geht. Arbeitgeber können und sollten solche Risiken vermeiden und entweder in neutralen Besprechungsräumen im Betrieb oder zB auch im Büro der anwaltlichen Vertretung die Beendigungsverträge treffen.

52b Das Urteil des 2. Senats vom 27.11.2003 ist zur Frage eines arbeitsrechtlichen Aufhebungsvertrages, also einer außergerichtlichen Vereinbarung, ergangen. Wird schon in solchen Fällen kein Widerrufsrecht angenommen, so gilt das in besonderer Weise für **gerichtliche Vergleiche**. Obwohl schon aufgrund der Doppelnatur der Beendigungsvereinbarung als materiell-rechtliche vertragliche Regelung und Prozesshandlung das Widerrufsrecht auch für solche gerichtlich protokollierten Vereinbarungen hätte diskutiert werden müssen, hat in der Praxis niemand im Ernst daran gedacht, in den gerichtlichen Vergleich eine Widerrufsbelehrung aufnehmen zu lassen[1]. Einen zumindest für Arbeitnehmer geschützteren Raum für Vertragsverhandlungen als den Gerichtssaal kann man sich wohl auch kaum vorstellen.

3. Tarifliches Widerrufsrecht

53 Tarifvertragsparteien können insbesondere der Arbeitnehmerseite einen **Widerrufsvorbehalt** einräumen im Zusammenhang mit dem Abschluss einer Auflösungsvereinbarung[2]. So ist in mehreren Tarifverträgen eine Widerrufsmöglichkeit vorgesehen, zB in § 10 Abs. 10 MTV Einzelhandel Nordrhein-Westfalen, § 23 MTV Einzelhandel Baden-Württemberg, § 18 Abs. 9 MTV Einzelhandel Bayern. Die Widerrufsfristen sind sehr kurz: Der MTV Einzelhandel NRW gibt eine Bedenkzeit von drei Tagen, die Regelungen in Bayern und Baden-Württemberg geben sogar nur eine Widerrufsfrist von einem Werktag (unterschiedlich formuliert).

Die Frist beginnt unabhängig davon zu laufen, ob der Arbeitgeber die Arbeitnehmerseite auf ihr Widerrufsrecht hingewiesen hat oder nicht[3]. Auf das Widerrufsrecht kann, wenn auch nach tariflicher Vorschrift nur schriftlich, verzichtet werden[4]. Der Verzicht muss nicht einmal in einer gesonderten Urkunde erfolgen, sondern kann Teil des Auflösungsvertrages sein[5].

Bislang ging die Rechtsprechung vom Abschluss eines Auflösungsvertrages iSd. Tarifnorm schon dann aus, wenn ein Arbeitnehmer ohne wichtigen Grund fristlos oder mit kürzerer Frist als der gesetzlichen oder vereinbarten gekündigt hat und der Arbeitgeber sich damit einverstanden erklärt hatte[6]. Diese Auffassung lässt sich seit der Einführung der Schriftform für Auflösungsverträge gem. § 623 BGB nicht mehr halten. Für die Praxis wird diese Frage allerdings keine Rolle spielen, weil in einer Kündigung des Arbeitnehmers fristlos oder mit zu kurzer Frist im Wege der Umdeutung eine ordentliche Kündigungserklärung gesehen werden kann mit der Folge, dass das Arbeitsverhältnis dann aufgrund der Arbeitnehmerkündigung zum „richtigen" Zeitpunkt endet.

---

1 Vgl. die Feststellung in der 4. Aufl. Teil 3 B Rz. 55.
2 Zum – unwirksamen – Verzicht auf eine solche Widerrufsmöglichkeit vgl. auch LAG Hamm 7.11.2013 – 16 Sa 879/13.
3 LAG Köln 11.4.1990 – 7 Sa 67/90, BB 1990, 2047; allg. Meinung: *Weber/Ehrich/Burmester/Fröhlich*, Teil 3 Rz. 77; *Bauer/Krieger/Arnold*, A VII Rz. 185.
4 Vgl. auch BAG 24.1.1985 – 2 AZR 67/84, AP Nr. 7 zu § 1 TVG – Tarifverträge: Einzelhandel.
5 BAG 24.1.1985 – 2 AZR 317/84, AP Nr. 8 zu § 1 TVG – Tarifverträge: Einzelhandel.
6 BAG 24.1.1985 – 2 AZR 67/84, AP Nr. 7 zu § 1 TVG – Tarifverträge: Einzelhandel.

V. Beseitigung von Beendigungsverträgen

Einstweilen frei. 54–56

4. Anfechtung von Beendigungsvereinbarungen

a) Anfechtung wegen Irrtums gem. § 119 BGB

Wer bei der Abgabe einer auf Abschluss eines Aufhebungsvertrages gerichteten Willenserklärung über deren Inhalt im Irrtum war oder eine Erklärung dieses Inhalts überhaupt nicht abgeben wollte, kann die Erklärung anfechten, wenn anzunehmen ist, dass er sie bei Kenntnis der Sachlage und bei verständiger Würdigung des Falles nicht abgegeben haben würde, § 119 Abs. 1 BGB. Als Irrtum über den Inhalt der Erklärung gilt auch ein Irrtum über solche Eigenschaften der Person oder der Sache, die im Verkehr als wesentlich angesehen werden, § 119 Abs. 2 BGB. Somit kann grundsätzlich die auf Abschluss eines Aufhebungsvertrages gerichtete Willenserklärung ebenso wie jede andere Willenserklärung gem. § 119 BGB angefochten werden[1]. 57

Die Unkenntnis einer Arbeitnehmerin von einer im Zeitpunkt des Ausspruchs einer Eigenkündigung bestehenden Schwangerschaft rechtfertigt in der Regel keine Irrtumsanfechtung[2]. Irrt sich demgemäß eine schwangere Arbeitnehmerin über die mutterschutzrechtlichen Folgen eines Aufhebungsvertrages, so berechtigt dieser bloße Rechtsfolgenirrtum grundsätzlich nicht zu einer Anfechtung gem. § 119 BGB[3].

b) Anfechtung wegen Täuschung oder Drohung gem. § 123 BGB

Wer zur Abgabe einer auf den Abschluss eines Aufhebungsvertrages gerichteten Willenserklärung durch arglistige Täuschung oder widerrechtlich durch Drohung bestimmt worden ist, kann die Erklärung anfechten, § 123 BGB. 58

Die arglistige Täuschung iSd. § 123 BGB setzt eine **Täuschung** zum Zwecke der Erregung oder Aufrechterhaltung eines Irrtums voraus. Sie erfordert weder eine Bereicherungsabsicht des Täuschenden noch eine Schädigung des Vermögens des Getäuschten. Die Täuschung kann durch positives Tun oder durch Unterlassen[4] begangen werden. Sie muss widerrechtlich sein und erfordert in subjektiver Hinsicht **Arglist**, also einen Täuschungswillen. Der Handelnde muss somit die Unrichtigkeit seiner Angaben kennen, wobei bedingter Vorsatz genügt. Es reicht aus, wenn der Handelnde, obwohl er mit der möglichen Unrichtigkeit seiner Angaben rechnet, sozusagen ins Blaue hinein unrichtige Behauptungen aufstellt[5].

Immer wieder werden Beendigungsvereinbarungen angegriffen, zum Teil auch angefochten mit der Begründung, der Arbeitgeber habe den Arbeitnehmer **unter Druck** gesetzt. Soweit eine Drohung ausgesprochen wird, kann das ggf. ein Anfechtungsrecht ebenso wie bei der Täuschung auslösen (dazu sogleich Rz. 59). Allein die Tatsache, dass Arbeitnehmer unter **Zeitdruck** gesetzt werden, stellt keinen Anfechtungsgrund dar[6]. Das gilt erst recht, wenn der Arbeitnehmer nicht um eine Überlegungsfrist bittet[7]. Das hat das BAG sogar in einem Fall entschieden, in dem eine schwangere Arbeitnehmerin beim Abschluss eines Aufhebungsvertrages vergeblich um eine Be-

---

1 LAG Düsseldorf 22.6.2001 – 14 Sa 491/01, NZA-RR 2002, 12 ff.; *Bauer/Krieger/Arnold*, A VII Rz. 203.
2 BAG 6.2.1992 – 2 AZR 408/91, AP Nr. 13 zu § 119 BGB.
3 BAG 16.2.1983 – 7 AZR 134/81, AP Nr. 6 zu § 119 BGB.
4 Vgl. BAG 22.4.2004 – 2 AZR 281/03, EzA § 312 BGB 2002 Nr. 2: Anfechtung auch bei Unterlassung bei Verletzung einer Aufklärungspflicht, keine Aufklärungspflicht allerdings bei noch nicht abgeschlossenen Sozialplanverhandlungen.
5 Vgl. Palandt/*Ellenberger*, § 123 BGB Rz. 11.
6 BAG 30.9.1993 – 2 AZR 268/93, DB 1994, 279 ff.; aA LAG Hamburg 3.7.1991 – 5 Sa 20/91, NZA 1992, 309.
7 BAG 30.1.1986 – 2 AZR 196/85, NZA 1987, 91.

denkzeit gebeten hatte. Der gleichwohl abgeschlossene Aufhebungsvertrag konnte wirksam nicht wegen des Zeitdrucks angefochten werden[1].

59 Reut die Arbeitnehmerseite, gleich aus welchen Gründen, der Abschluss des Auflösungsvertrages, gleich ob in der Form des Aufhebungs- oder Abwicklungsvertrages, hört man beinahe regelmäßig das Argument, der Arbeitgeber habe den Abschluss des Vertrages erreicht unter **Androhung** einer **Kündigung**. Die Frage, ob sich daraus ein Anfechtungsrecht ergibt, ist schon seit über 40 Jahren Gegenstand der Rechtsprechung des BAG. Schon in der grundlegenden Entscheidung vom 30.3.1960[2] hatte die Arbeitnehmerseite den Vertrag angefochten, weil der Arbeitgeber mit einer fristlosen Entlassung gedroht hatte. Der vom BAG entwickelte Grundsatz, dass eine Drohung mit fristloser Entlassung „zum Zwecke der Beendigung des Arbeitsverhältnisses" nicht widerrechtlich sei, wenn ein „verständiger Arbeitgeber" eine Kündigung ausgesprochen hätte, gilt im Prinzip auch noch bis heute fort und ist als Standardformel der Beurteilung solcher Fälle zugrunde gelegt[3].

Das BAG hat schon früh anerkannt[4], dass es nicht darauf ankommt, ob die Kündigung wirksam gewesen wäre. Vielmehr wird im Nachhinein geprüft, ob nicht nur nach dem tatsächlichen subjektiven, sondern nach dem objektiv möglichen und damit hypothetischen Wissensstand des Arbeitgebers eine Kündigung ernsthaft zu erwägen war[5]. Seither gibt es eine Fülle höchstrichterlicher Urteile, die zu der Abgrenzung und zu den Voraussetzungen des Anfechtungsrechts in solchen Fällen ergangen sind[6]. Der Anfechtungsprozess nach § 123 BGB darf nicht wie ein fiktiver Kündigungsschutzprozess behandelt werden; deshalb braucht auch die Rechtsgewissheit, die sich erst mit dem Abschluss eines Kündigungsschutzprozesses ergibt, zur Zeit der Drohung nicht vorgelegen zu haben[7]. Das ist wichtig insbesondere für die Beurteilung von **Verdachtsfällen**. Wenn lediglich ein vager und letztlich halloser Verdacht zum Anlass für die Drohung mit der Kündigung, ggf. der Strafanzeige genutzt wird, ist die Drohung widerrechtlich und die Anfechtung begründet. Sprechen dagegen schwerwiegende Verdachtsmomente gegen den Arbeitnehmer, greift die Anfechtung nicht[8]. Die Rechtsprechung des BAG ist auch anwendbar auf Fälle, in denen nicht ein Aufhebungsvertrag abgeschlossen, sondern eine Eigenkündigung des Arbeitnehmers durch Anfechtung angegriffen worden ist[9]. Es soll aber nicht darauf ankommen, ob die Arbeitgeberkündigung, wenn sie denn ausgesprochen worden wäre, sich im – fiktiven – Kündigungsschutzprozess als wirksam erwiesen hätte[10].

Der Arbeitgeber braucht nicht selbst die widerrechtliche Drohung ausgesprochen zu haben. Es reicht aus, wenn der Vorgesetzte den Arbeitnehmer, der daraufhin einen Aufhebungsvertrag abgeschlossen hat, widerrechtlich bedroht, und zwar auch dann, wenn der Vorgesetzte ersichtlich nicht selbst kündigungsberechtigt war[11].

Ohne das Hinzutreten weiterer Umstände ändert auch eine dem Arbeitnehmer eingeräumte Bedenkzeit nichts an der Ursächlichkeit der Drohung für den späteren Ab-

---

1 BAG 16.2.1983 – 7 AZR 134/81, AP Nr. 6 zu § 119 BGB; zur unzulässigen Rechtsausübung wegen „Überrumpelung" auch: *Weber/Ehrich/Burmester/Fröhlich*, Teil 3 Rz. 58.
2 BAG 30.3.1960 – 3 AZR 201/58, AP Nr. 46 zu § 626 BGB.
3 St. Rspr. d. BAG: BAG 15.12.2005 – 6 AZR 197/05, Rz. 23, NZA 2006, 841; so auch BAG 5.12.2002 – 2 AZR 478/01, DB 2003, 1685; zur Rspr. der Instanzgerichte: LAG Rh.-Pf. 12.12.2013 – 2 Sa 326/13; ferner *Bauer/Krieger/Arnold*, A VII Rz. 205: „bloße Fiktion"; skeptisch *Weber/Ehrich/Burmester/Fröhlich*, Teil 3 Rz. 33 „nichtssagende Leerfloskel".
4 BAG 20.11.1969 – 2 AZR 51/69, AP Nr. 16 zu § 123 BGB.
5 Vgl. dazu auch LAG Rh.-Pf. 24.4.2012 – 3 Sa 545/11.
6 Vgl. die beispielhafte Aufzählung bei *Weber/Ehrich/Burmester/Fröhlich*, Teil 3 Rz. 47 mwN.
7 Vgl. dazu BAG 30.1.1986 – 2 AZR 196/85, NZA 1987, 91.
8 *Weber/Ehrich/Burmester/Fröhlich*, Teil 3 Rz. 54.
9 Vgl. dazu BAG 30.1.1986 – 2 AZR 196/85, NZA 1987, 91.
10 So auch BAG 12.8.1999 – 2 AZR 832/98, NZA 2000, 27 ff.
11 Vgl. BAG 15.12.2005 – 6 AZR 197/05, NZA 2006, 841 ff.

V. Beseitigung von Beendigungsverträgen

schluss des Aufhebungsvertrages. Die Ursächlichkeit entfällt, die Drohung ist nicht mehr maßgeblich für die Willensbildung, wenn der Anfechtende die Bedenkzeit dazu benutzt hat, die zwischen den Parteien getroffene Vereinbarung durch eigene Angebote erheblich zu seinen Gunsten zu beeinflussen. Das gilt umso mehr, wenn er selbst rechtskundig ist oder zuvor Rechtsrat hat einholen können[1].

Ob auch die Drohung mit einer ordentlichen Kündigung zur Anfechtung berechtigen kann, hängt davon ab, ob der Arbeitnehmer damit in eine Zwangslage versetzt wird. Davon kann zB keine Rede sein, wenn die Kündigung zunächst ausgesprochen wurde und erst anschließend ein Aufhebungsvertrag in Form eines gerichtlichen Vergleichs abgeschlossen wurde. Dann fehlt es bereits begrifflich an einer Drohung[2]. Zudem fehlt es dann an einem relevanten Kausalzusammenhang von Drohung und Willenserklärung[3]. Nach der Rechtsprechung des BAG spielt es keine Rolle, ob der Arbeitgeber vor Abschluss des Aufhebungsvertrages mit einer ordentlichen oder außerordentlichen Kündigung gedroht hat[4]. Auch die Drohung mit einer ordentlichen Kündigung könne das Anfechtungsrecht des § 123 Abs. 1 BGB auslösen[5], wenn ein verständiger Arbeitgeber eine – also auch ordentliche – Kündigung nicht ernsthaft in Erwägung ziehen durfte[6]. 60

Ebenso hat das BAG[7] keine rechtswidrige Drohung im Angebot des Arbeitgebers gesehen, das durch Fristablauf endende Arbeitsverhältnis – objektiv unwirksam – befristet fortzusetzen. Dieses Angebot sei kein Übel, sondern biete dem Arbeitnehmer die Möglichkeit, seiner Erwerbstätigkeit weiter nachgehen zu können.

Der Gedanke von *Bauer*[8], die Drohung mit einer ordentlichen Kündigung, die möglicherweise sozial nicht gerechtfertigt sein könnte, sei schon deshalb nicht widerrechtlich, weil alternativ dazu auch das Arbeitsverhältnis durch einen Auflösungsantrag nach §§ 9, 10 KSchG hätte enden können, lohnt eine vertiefende Betrachtung, insbesondere deshalb, weil sich, soweit ersichtlich, das BAG mit dieser Überlegung noch nicht auseinandergesetzt hat.

In der Insolvenz wird häufig zwischen Insolvenzverwalter, Transfergesellschaft und Arbeitnehmer – auch um einen Betriebsübergang auf einen möglichen Investor (übertragende Sanierung) zu vermeiden – ein dreiseitiger Vertrag nach Eröffnung des Verfahrens abgeschlossen. Mit diesem Vertrag wird das Arbeitsverhältnis zum Insolvenzverwalter einerseits beendet, andererseits ein – befristetes – Arbeitsverhältnis mit der Transfergesellschaft abgeschlossen. Wird im Zusammenhang damit mit dem Betriebsrat beim Insolvenzverwalter ein Interessenausgleich abgeschlossen, so liegt weder ein Fall des Wegfalls der Geschäftsgrundlage gem. § 313 BGB vor noch besteht ein Grund für die Anfechtung wegen arglistiger Täuschung gem. § 123 Abs. 1 BGB, wenn dieser Interessenausgleich möglicherweise unwirksam ist[9].

---

1 Vgl. BAG 28.11.2007 – 6 AZR 1108/06, NZA 2008, 348 im 2. Ls.
2 BAG 23.11.2006 – 6 AZR 394/06, ArbRB 2007, 109 (*Kappelhoff*) mwN.
3 BAG 23.11.2006 – 6 AZR 394/06, ArbRB 2007, 109 (unter I. 3.d der Entscheidungsgründe).
4 Vgl. BAG 16.1.1992 – 2 AZR 412/91, NZA 1992, 1023.
5 Unter Hinweis auf BAG 24.1.1985 – 2 AZR 317/84, AP Nr. 8 zu § 1 TVG Tarifverträge: Einzelhandel, zu III 2 u. 3 d. Entscheidungsgründe.
6 Ablehnend *Bauer/Krieger/Arnold*, A VII Rz. 207: Ordentliche Kündigung löst „keinen unzumutbaren psychischen und psychologischen Druck aus", dem Arbeitnehmer könne zugemutet werden „nein" zu sagen.
7 BAG 13.12.2007 – 6 AZR 200/07, ArbRB 2008, 135.
8 *Bauer/Krieger/Arnold*, A VII Rz. 215 mit Hinweis auf *Bauer*, NJW 1994, 980.
9 Hess. LAG 16.9.2013 – 16 Sa 782/13.

c) Anfechtungsfristen

61 Die Anfechtungsfristen ergeben sich aus dem BGB. Die Anfechtung nach § 119 BGB, soweit sie möglich ist, muss „**unverzüglich**" erfolgen. Was dies im konkreten Fall bedeutet, kann man nicht sicher prognostizieren. Hier ist auf die allgemeinen Grundsätze zu verweisen[1].

Im Gegensatz zu der Pflicht, gem. § 121 BGB alsbald die Anfechtung zu erklären, gibt § 124 BGB die Möglichkeit, die Anfechtung wegen arglistiger Täuschung oder Drohung gem. § 123 BGB innerhalb der Frist von **einem Jahr** auszusprechen. Die Frist beginnt immer in dem Zeitpunkt, in dem der Anfechtungsberechtigte den Anfechtungsgrund erfährt.

Auch im Arbeitsrecht ist der Anfechtende darlegungs- und beweispflichtig für die der Anfechtung zugrunde liegenden Tatsachen.

d) Bestätigung des anfechtbaren Vertrages, § 164 Abs. 1 BGB

61a Auch im Arbeitsrecht kommt natürlich eine Bestätigung der anfechtbaren Auflösungsvereinbarung gem. § 164 Abs. 1 BGB in Betracht. Nach Auffassung des BAG ist das nur dann der Fall, wenn der Anfechtungsberechtigte eine Erklärung abgibt, die seinen Willen zum Ausdruck bringt, ein ihm bekanntes Anfechtungsrecht nicht ausüben zu wollen. Das sei zwar auch durch schlüssige Handlung möglich, jedoch müsse das Verhalten den eindeutigen Willen offenbaren, trotz der Anfechtbarkeit an dem Rechtsgeschäft festhalten zu wollen[2].

Wenn der Arbeitgeber dem Arbeitnehmer nach Abschluss eines Aufhebungsvertrages weniger Arbeit zuweist, kann eine Bestätigung nicht darin gesehen werden, dass der Arbeitnehmer es unterlässt, mehr Arbeit zu verlangen[3].

VI. Prozessuales

62 Gem. § 2 Abs. 1 Nr. 3b ArbGG sind die **Gerichte für Arbeitssachen** ausschließlich zuständig für bürgerliche Rechtsstreitigkeiten zwischen Arbeitnehmern und Arbeitgebern über das Bestehen oder Nichtbestehen eines Arbeitsverhältnisses. Damit fällt unter diese Vorschrift auch der sog. Aufhebungsstreit, ob also eine Beendigungsvereinbarung das Arbeitsverhältnis wirksam aufgelöst hat oder nicht.

63 Dieser Streit wird prozessual im Wege der **Feststellungsklage** geklärt; beide Vertragspartner können diese Klage erheben, zusätzlich kann die Arbeitgeberseite **Leistungsklage auf Weiterbeschäftigung** erheben. Diese kann auch isoliert erhoben werden. Dann wird die Frage der Beendigung des Arbeitsverhältnisses durch einen Vertrag inzident als Vorfrage geprüft.

Klagt die Arbeitnehmerseite auf Feststellung, dass die Beendigungsvereinbarung unwirksam sei und hilfsweise auf Weiterbeschäftigung oder Wiedereinstellung, handelt es sich um zwei voneinander unabhängige Streitgegenstände.

Weist das Arbeitsgericht die Klage ab mit der Begründung, die Beendigungsvereinbarung sei wirksam und auch ein Wiedereinstellungsanspruch bestehe nicht, muss deshalb der Berufungskläger das Urteil auch im Blick auf beide Streitgegenstände in der Berufungsbegründung angreifen, sonst ist die Berufung zum Teil unzulässig[4].

---

1 Statt aller Palandt/*Ellenberger*, § 121 BGB Rz. 3.
2 Vgl. BAG 28.11.2007 – 6 AZR 1108/06, NZA 2008, 348.
3 Vgl. BAG 28.11.2007 – 6 AZR 1108/06, NZA 2008, 348 (4. Os. unter IV. d. Gr.).
4 Vgl. BAG 8.5.2008 – 6 AZR 517/07, DB 2008, 1974.

VI. Prozessuales

Für diese Klagen ist die Frist des § 4 KSchG nicht zu beachten. Wie jedes – auch prozessuale – Recht, kann Verwirkung eintreten. Soweit vertreten wird, dass die Konkretisierung des Zeitmoments durch eine analoge Anwendung des § 4 KSchG eintritt, ist das nicht einleuchtend. Hier gelten die allgemeinen Grundsätze, wonach Umstands- und Zeitmoment in einer Wechselwirkung stehen. Je gewichtiger das Umstandsmoment, desto schneller kann ein Anspruch verwirken[1].

Für die Praxis kann das nur heißen, so schnell wie möglich zu reagieren, wenn eine Beendigungsvereinbarung angegriffen werden soll.

Die **Darlegungs- und Beweislast** für die Beendigung des Arbeitsverhältnisses aufgrund eines Aufhebungs- oder Abwicklungsvertrages liegt beim Arbeitgeber[2]. Dazu gehören alle Tatsachen, aus denen sich der Vertragsschluss ergibt. In der Regel genügt der Arbeitgeber der Beweislast durch Vorlage eines vom Arbeitnehmer und – ggf. von ihm – unterzeichneten Vertragsoriginals. 64

Lässt sich der Abschluss und der Inhalt des Vertrages über die Beendigung des Arbeitsverhältnisses nicht leugnen, weil das Original vorgelegt werden kann, hat derjenige, der sich auf die Unwirksamkeit beruft, in der Regel der Arbeitnehmer, alle Tatsachen und Umstände darzulegen und zu beweisen, aus denen sich die Unwirksamkeit ergeben soll[3].

Wird der Aufhebungs- oder Abwicklungsvertrag wirksam angegriffen, zB angefochten oder wirksam ein Widerruf erklärt, so muss für die Folgen, die sich daraus ergeben, differenziert werden. 65

Ist der **Kündigungsschutzprozess** durch gerichtlichen Vergleich erledigt worden und wird der Vergleich materiell-rechtlich wirksam angegriffen, also der gleichzeitig mit ihm abgeschlossene Aufhebungsvertrag als Rechtsgrundlage für die Beendigung des Arbeitsverhältnisses beseitigt, ist die Kündigungsschutzklage nach wie vor rechtshängig, der Kündigungsschutzprozess fortzusetzen[4].

Wird in Erfüllung des Aufhebungs- oder Abwicklungsvertrages eine gegen die ausgesprochene Kündigung bereits erhobene Kündigungsschutzklage zurückgenommen, entfällt die Rechtshängigkeit der Kündigungsschutzklage, der Prozess ist beendet. Auf Arbeitnehmerseite können dadurch erhebliche Probleme auftreten (vgl. Rz. 16a).

⊃ **Hinweis:** Außergerichtliche Aufhebungs- oder Abwicklungsverträge zu beseitigen, bedarf immer einer sorgfältigen Abwägung zwischen Vor- und Nachteilen und der Folgen für das Arbeitsverhältnis. Beim Aufhebungsvertrag wird das Arbeitsverhältnis fortgesetzt, jedoch fehlt es am Annahmeverzug des Arbeitgebers mit der Arbeitsleistung des Arbeitnehmers bis zum Zeitpunkt der Beseitigung des Aufhebungsvertrages.

Beim Abwicklungsvertrag und der notwendigerweise zuvor ausgesprochenen Kündigung beendet die Kündigung das Arbeitsverhältnis! Eine nachträgliche Klagezulassung gem. § 5 KSchG wird nur in seltenen Ausnahmefällen zulässig sein.

Ist bereits im Zuge der Einigung über die Auflösung des Arbeitsverhältnisses die anhängige Kündigungsschutzklage zurückgenommen worden, kann sie nicht neu erhoben werden. Bei fehlerhafter Beratung über diese Zusammenhänge droht ein **Regress**.

---

1 Vgl. BAG 24.7.2008 – 8 AZR 205/07, NZA 2008, 1294f., Rz. 30.
2 Vgl. BAG 12.8.1999 – 2 AZR 832/98, DB 1999, 2574f.; vgl. auch *Bauer/Krieger/Arnold*, A IX Rz. 262, 263.
3 *Bauer/Krieger/Arnold*, A IX Rz. 263 mit Verweis auf *Bengelsdorf*, 72.
4 Vgl. *Weber/Ehrich/Burmester/Fröhlich*, Teil 3 Rz. 124 mwN.

VII. Rechtsfolgen

1. Arbeitsrechtliche Folgen

66 Das Arbeitsverhältnis wird **beendet** zu dem zwischen den Parteien vereinbarten Zeitpunkt. Mit der Beendigung sind alle vereinbarten Leistungen abzuwickeln. Dazu gehören Ansprüche auf restliche Vergütung, Urlaubsabgeltung, Abrechnung über noch ausstehende Restlohnansprüche, Mehrarbeitvergütung, Tantieme, Abfindung und sonstige finanzielle Ansprüche. Außerdem sind Anwartschaften auf betriebliche Altersvorsorung zu klären, das Zeugnis zu erteilen und, soweit Entgeltfortzahlung wegen Krankheit während der Restlaufzeit zu leisten ist, auch eine Abrechnung über diese Ansprüche zu erteilen. Diese Entgeltfortzahlungsansprüche können dem Arbeitgeber nicht rechtswirksam erlassen werden, wenn sie noch nicht entstanden und fällig geworden sind. Deshalb ist auch eine am letzten Tag des Arbeitsverhältnisses zwischen den Arbeitsvertragsparteien getroffene Abrede, das Entgelt nicht fortzuzahlen, unwirksam[1].

2. Steuerrechtliche Folgen[2]

a) Abfindungen und sonstige Entschädigungen

67 Während bis zum 31.12.2005 in engen Grenzen Abfindungen steuerfrei waren, gilt dies seit dem 1.1.2006 nicht mehr. Auch die Übergangsregelungen sind inzwischen abgelaufen[3]. Eine – häufig nur marginale – Steuerbegünstigung kann gem. §§ 34, 24 Nr. 1 EStG eintreten. Danach kann sich für **außerordentliche Einkünfte** iSd. § 34 Abs. 1 EStG durch die Anwendung der sog. **Fünftelungsmethode**, eine Progressionsmilderung ergeben. Voraussetzung ist das Vorliegen einer Entschädigung iSd. § 24 Nr. 1 EStG, was bei Abfindungen im Zusammenhang mit vom Arbeitgeber veranlassten Beendigungstatbeständen angenommen werden kann (Fall des § 24 Nr. 1a EStG). Generell gilt dabei, dass der Entlastungseffekt umso spürbarer wird, je geringer das sonstige Einkommen und damit die Steuerprogression des Arbeitnehmers im Veranlagungsjahr ist.

Hier spielt auch die Frage der „**Zusammenballung von Einnahmen**" eine entscheidende Rolle, so dass in der Regel die Abfindung als Einmalbetrag zu zahlen ist, keinesfalls aber auf mehrere Steuerjahre verteilt werden darf[4].

Denkbar ist allerdings, dass der Steuerfreibetrag in einem Kalenderjahr und der übersteigende steuerbegünstigte Entschädigungsbetrag im nächsten Kalenderjahr gezahlt wird[5]. Aber auch dabei ist Vorsicht geboten und eine enge Abstimmung mit dem Steuerberater des Mandanten zu empfehlen. Man sollte in jedem Fall auch mit dem steuerlichen Berater abklären, wie die Zahlung der Abfindungen gestaltet werden muss, damit dieser Vorteil in Anspruch genommen werden kann.

68 Der Vollständigkeit halber ist noch auf die steuerliche Behandlung von Entschädigungen für die Aufgabe oder Nichtausübung einer Tätigkeit, § 24 Nr. 1b EStG, hinzuweisen. Auch für die Nutzung dieser steuerrechtlichen Möglichkeiten ist dringend der Rat des Steuerberaters gefragt.

---

1 BAG 28.11.1979 – 5 AZR 955/77, DB 1980, 1448; bestätigt durch BAG 20.8.1980 – 5 AZR 759/78, DB 1981, 221; vgl. auch BAG 20.8.1980 – 5 AZR 218/78, BB 1982, 1302.
2 Vgl. *Kern/Wege*, NZA 2008, 564f.; HWK/*Fischer*, § 3 Nr. 9 EStG Rz. 39ff.; vgl. auch *Müller*, ArbRB 2002, 25ff.; *Moll/Reufels*, MDR 2001, 1024ff.
3 Vgl. dazu die 5. Aufl. Teil 3 C Rz. 67 mwN.
4 Vgl. *Müller*, ArbRB 2002, 26; *Moll/Reufels*, MDR 2001, 1031.
5 *Färber*, S. 241.

b) Steuerliche Behandlung weiterer Zuwendungen

Seit Abfindungen voll zu versteuern sind, sucht man nach Leistungen, die möglichst steuerfrei zugewendet werden können im Zuge der Gesamtlösung. Es kommt zB die Übernahme der beim Arbeitnehmer angefallenen Anwaltskosten durch den Arbeitgeber in Betracht. **69**

Die Übernahme von Kosten durch den Arbeitgeber, die eigentlich auf Arbeitnehmerseite anfallen, stellen grundsätzlich einen **geldwerten Vorteil** dar, der Lohn iSd. § 19 Abs. 1 Satz 1 Nr. 1 EStG ist. Auf Seiten des Arbeitnehmers sind das Werbungskosten und damit abzugsfähig. Aufwendungen sind unter bestimmten Voraussetzungen auch abzugsfähig, wenn sie ein Dritter trägt, hier der Arbeitgeber. Er muss dann für Rechnung des steuerpflichtigen Arbeitnehmers leisten, dessen bestehende Schuld tilgen. Damit liegt ein sog. Fall des abgekürzten Zahlungsweges vor, der steuerlich im Ergebnis zur Befreiung von der Lohnsteuer führt[1].

Auch umsatzsteuerrechtlich soll das ohne Bedenken sein[2].

c) Outplacement-Beratung

Insbesondere bei der Vertretung der Führungskräfte spielt die sog. Outplacement-Beratung in der Praxis eine zunehmend wichtige Rolle. Die Konstruktion wird in der Praxis regelmäßig so gewählt, dass der Arbeitgeber den Vertrag mit dem Berater abschließt und die Beratungsleistung dem Arbeitnehmer zugute kommt. Die Rechnung wird an den Arbeitgeber gerichtet, der sie auch ausgleicht. **69a**

Lohnsteuerrechtlich muss die Frage der Zurechnung geklärt werden. Hier liegt eindeutig ein Vertrag zugunsten Dritter gem. § 328 BGB vor. Zum Teil wird von der finanzgerichtlichen Rechtsprechung die vom Arbeitgeber getragene Aufwendung dem steuerpflichtigen Arbeitnehmer zugerechnet[3].

Auch hier werden im Ergebnis die vom Arbeitgeber aufgewendeten Kosten zugunsten des Arbeitnehmers als dessen Werbungskosten anerkannt, wohl mit der Folge, dass sie lohnsteuerrechtlich neutral bleiben[4].

Umsatzsteuerrechtlich gibt es kein Problem, weil der Leistungsaustausch zwischen dem Berater und dem Arbeitgeber stattfindet, auch wenn der Arbeitnehmer Nutznießer der Beratungsleistungen ist.

➲ **Hinweis:** Um zu vermeiden, dass die Kosten als geldwerter Vorteil vom Arbeitnehmer zu versteuern sind, sollten Beraterverträge nicht als Dauerschuldverhältnisse ausgestaltet, sondern im Wege der Einmalzahlung abgewickelt werden[5].

3. Sozialversicherungsrechtliche Folgen

Insbesondere auf Arbeitnehmerseite sind die sozialrechtlichen Folgen einer Beendigungsvereinbarung zu beachten. Für Arbeitnehmer kommen grundsätzlich neben dem Vorteil der Beitragsfreiheit von Abfindungszahlungen nachteilige Folgen durch Ruhen des Arbeitslosengeldbezuges bzw. anteilige Anrechnung beim Bezug des Arbeitslosengeldes in Betracht. **69b**

---

1 Vgl. *Kern/Wege*, NZA 2008, 564 f. (565 li. Sp.) mwN zur Rspr. des BFH, insb. in Fn. 10 u. 17.
2 Vgl. *Kern/Wege*, NZA 2008, 564 (565/566).
3 Vgl. *Kern/Wege*, NZA 2008, 564 (566) unter II. u. d. Nachw. in Fn. 27, 28, 29.
4 Vgl. *Kern/Wege*, NZA 2008, 566.
5 Vgl. *Kern/Wege*, NZA 2008, 567 unter III.

Im Einzelnen gilt:

a) Beitragsfreiheit bei Abfindungszahlungen

70 Eine Abfindung, die **wegen Beendigung einer versicherungspflichtigen Beschäftigung** als Entschädigung für die Zeit danach gezahlt wird, ist kein beitragspflichtiges Arbeitsentgelt. Dagegen gehören Einnahmen, die sich zeitlich der versicherungspflichtigen Beschäftigung zuordnen lassen, zum beitragspflichtigen Arbeitsentgelt[1].

Abfindungen, die im **Zusammenhang mit einer Änderungskündigung** gezahlt werden, sind dagegen in vollem Umfang beitragspflichtiges Arbeitsentgelt[2].

Somit ist eine Abfindung, die lediglich als Entschädigung für den Verlust des Arbeitsplatzes und des sozialen Besitzstandes gezahlt wird, nicht beitragspflichtig, soweit sie kein **verdecktes Arbeitsentgelt** darstellt. Das ist nur dann der Fall, wenn die Abfindung auf die Zeit der Beschäftigung rückzubeziehen ist. Ein solcher typischer Fall liegt vor, wenn vereinbart wird, dass die aus dem Beschäftigungsverhältnis noch ausstehende Vergütung als Abfindung gezahlt wird.

Ferner ist die Abfindung nicht sozialabgabenfrei, wenn sie wegen einer Rückführung auf die **tarifliche Einstufung** oder wegen **Verringerung der Wochenarbeitszeit** bei weiterbestehendem versicherungspflichtigem Beschäftigungsverhältnis gezahlt wird, denn auch dann stellt sie ein verdecktes Arbeitsentgelt dar.

b) Ruhen des Arbeitslosengeldbezuges

70a Das SGB III ordnet das Ruhen des Arbeitslosengeldbezugs in drei Fällen an, die geregelt sind in den §§ 157, 158 und 159 (das Ruhen bei Arbeitskämpfen, § 160 SGB III, spielt in dem hier erörterten Zusammenhang keine Rolle)[3].

aa) Ruhen gem. § 157 SGB III bei Arbeitsentgelt und Urlaubsabgeltung

70b In der Praxis wird häufig übersehen, dass der Anspruch auf Arbeitslosengeld während der Zeit, für die der Arbeitslose Arbeitsentgelt zu beanspruchen hat, § 157 Abs. 1 (§ 143 aF) SGB III, vor allem, wenn noch Urlaub abzugelten ist und **Urlaubsabgeltung** gezahlt wird. Das kann auch im Zusammenhang mit dem Abschluss einer Beendigungsvereinbarung zu beachten sein. Da auf den gesetzlichen oder tariflichen Urlaubsanspruch nicht verzichtet werden kann, besteht keine Möglichkeit, in diesem Rahmen den Urlaubsabgeltungsanspruch zu kompensieren um eine erhöhte Abfindung. Möglicherweise hilft hier aber ein Tatsachenvergleich[4].

bb) Ruhen wegen Entlassungsentschädigung, § 158 SGB III

71 Nach der zwingenden Rechtsfolge des § 158 SGB III ruht der Anspruch auf Arbeitslosengeld, falls das Arbeitsverhältnis ohne Einhaltung der für eine ordentliche Kündigung einzuhaltenden Frist beendet wird. Sie beginnt entweder mit der Kündigung, die der Beendigung des Arbeitsverhältnisses vorausgegangen ist, oder mit dem Tag der Vereinbarung über die Beendigung, § 158 Abs. 1 Satz 2 (§ 143a aF) SGB III.

War die ordentliche Kündigung durch den Arbeitgeber ausgeschlossen, gilt gem. § 158 Abs. 1 Satz 3 Nr. 1 SGB III eine Kündigungsfrist von **18 Monaten**. War der Ausschluss nur zeitlich begrenzt, gilt die Kündigungsfrist, die ohne den Ausschluss der ordentlichen Kündigung maßgebend gewesen wäre, Nr. 2 dieser Vorschrift.

---

1 BSG 21.2.1990 – 12 RK 20/88, NZA 1990, 751.
2 BSG 18.1.1999 – B 12 KR 6/98, BB 1999, 1928 ff.
3 Vgl. dazu auch *Panzer*, Sozialversicherungsrechtliche Auswirkungen der Beendigung von Arbeitsverhältnissen, NJW 2010, 11 ff.
4 Zu dieser Möglichkeit und deren Grenzen vgl. *Korinth*, Die Tücken des Tatsachenvergleiches, ArbRB 2003, 316/317.

VII. Rechtsfolgen

Kann nur gekündigt werden bei Zahlung einer Entlassungsentschädigung, gilt eine Kündigungsfrist von **einem Jahr**, § 158 Abs. 1 Satz 4 SGB III. Solche Fälle sind zB denkbar im öffentlichen Dienst, wenn im Rahmen einer Rationalisierungsmaßnahme ordentlich betriebsbedingt gekündigt wird und eine Arbeitsplatzsicherung nach § 3 des „Tarifvertrags über den Rationalisierungsschutz für Angestellte" (RatSchTV) gescheitert ist, vgl. § 7 RatSchTV.

Der Anspruch ruht gem. § 158 Abs. 2 Satz 1 SGB III längstens ein Jahr. Zu unterscheiden sind der Beginn der Kündigungsfrist, der sich nach § 158 Abs. 1 Satz 2 SGB III richtet, und der Beginn des Ruhenszeitraums, der stets am Tage nach dem Ende des Arbeitsverhältnisses beginnt unabhängig davon, ob durch arbeitsgerichtliche Entscheidung nachträglich ein abweichendes Ende bestimmt wird[1].

Die Maximalfrist von einem Jahr wird unterschritten, wenn die ordentliche Kündigungsfrist abgelaufen ist oder eine der Alternativen nach § 158 Abs. 2 Satz 2 SGB III vorliegt, zB bei der Befristung des Arbeitsverhältnisses. Hier ist das Ende der Frist maßgeblich, § 158 Abs. 2 Satz 2 Nr. 2 SGB III, aber nicht über den Tag hinaus, an dem der Arbeitgeber zur fristlosen Kündigung aus wichtigem Grund berechtigt war, § 158 Abs. 2 Satz 2 Nr. 3 SGB III.

Die Vorschriften in § 158 Abs. 2 Satz 2 Nr. 1 und Satz 3–5 SGB III bestimmen eine komplizierte Berechnung in pauschalierter Form, die, gestaffelt nach Lebensalter des Arbeitslosen und der Dauer der Betriebszugehörigkeit, jeweils in Fünf-Jahres-Schritten folgende Übersicht darstellt[2]: 71a

	Lebensalter am Ende des Arbeitsverhältnisses					
	unter 40 Jahre	ab 40 Jahre	ab 45 Jahre	ab 50 Jahre	ab 55 Jahre	ab 60 Jahre
Betriebszugehörigkeit weniger als 5 Jahre	60 %	55 %	50 %	45 %	40 %	35 %
5 und mehr Jahre	55 %	50 %	45 %	40 %	35 %	30 %
10 und mehr Jahre	50 %	45 %	40 %	35 %	30 %	25 %
15 und mehr Jahre	45 %	40 %	35 %	30 %	25 %	25 %
20 und mehr Jahre	40 %	35 %	30 %	25 %	25 %	25 %
25 und mehr Jahre	35 %	30 %	25 %	25 %	25 %	25 %
30 und mehr Jahre		25 %	25 %	25 %	25 %	25 %
35 und mehr Jahre			25 %	25 %	25 %	25 %

Die Vorschrift des § 158 Abs. 1 Satz 1 SGB III ordnet das **Ruhen** des Anspruchs auf Arbeitslosengeld nur dann an, wenn neben der Verkürzung der einzuhaltenden Kündigungsfrist (vgl. dazu Rz. 71) an den arbeitslosen Arbeitnehmer eine „Entlassungsentschädigung" gezahlt werden soll oder gezahlt worden ist. Nach dem Gesetzeswortlaut ist entscheidend, dass die Entlassungsentschädigung **wegen** der Beendigung des Beschäftigungsverhältnisses gezahlt wird, gleich, ob diese Zahlung schon zuvor für den Fall der Beendigung vorgesehen war, uU auch durch tarifliche Regelung oder Betriebsvereinbarung, oder erst im Zusammenhang mit der individuellen Vereinbarung oder aufgrund freiwilliger Leistung gezahlt wird[3]. Wenn also keine Entschädigungsleistung erfolgt, entfällt die Rechtsfolge des Ruhens. 72

---

1 *Jahn*, § 143a SGB III Rz. 17 (*Sauer*).
2 S. Tabelle bei *Rockstroh/Polduwe*, DB 1999, 529 (531).
3 Vgl. BSG 20.1.2000 – B 7 AL 48/99 R, EzA § 143a SGB III Nr. 1; vgl. *Jahn*, § 143a SGB III Anm. 8 (*Sauer*).

Liegen die Voraussetzungen der Norm vor, wird vermutet, dass eine Entlassungsentschädigung Arbeitsentgelt im Rechtssinne des § 157 Abs. 1 SGB III enthält, wenn bei der Beendigung des Arbeitsverhältnisses die vom Arbeitgeber einzuhaltende Kündigungsfrist unterschritten wird[1].

Die Entlassungsentschädigung wird aber nicht in voller Höhe, sondern in Höhe der in der Tabelle dargestellten Teilbeträge auf das Arbeitslosengeld angerechnet. Die Vorschrift will den Doppelbezug von Arbeitsentgelt und Arbeitslosengeld verhindern sowie Manipulationen zur Umgehung dieses Zwecks erschweren[2]. Solange der Anspruch auf Arbeitslosengeld ruht, hat der Arbeitslose **keinen Krankenversicherungsschutz** und erhält keine zuzurechnenden Versicherungszeiten für seine Rentenansprüche, weil während des Ruhens des Anspruchs von der Bundesagentur für Arbeit Beiträge in die Sozialversicherung **nicht gezahlt** werden.

Ruht der Bezug des Arbeitslosengeldes gem. § 158 Abs. 1 Satz 1 SGB III, tritt – im Gegensatz zur Situation bei der Verhängung einer Sperrzeit, vgl. §§ 159, 148 Abs. 1 Nr. 4 SGB III – eine Verkürzung des Bezugszeitraums nicht ein, weil der Arbeitslose im Ruhenszeitraum als nicht arbeitslos behandelt wird.

⊃ **Hinweis:** Arbeitnehmer müssen auf diese Rechtsfolgen hingewiesen werden, wenn durch die Beendigungsvereinbarung Kündigungsfristen verkürzt werden, sonst droht **Regress**!

73 § 158 Abs. 1 Satz 1 SGB III unterscheidet nicht danach, aus welchem Grund das Arbeitsverhältnis aufgelöst wurde, wer gekündigt oder wer sonst die Initiative zur Auflösung des Arbeitsverhältnisses ergriffen hat. Jeder Arbeitnehmer, der einen Aufhebungsvertrag gegen Zahlung einer Abfindung ohne die Einhaltung der ordentlichen oder fiktiven Kündigungsfrist abschließt, muss damit rechnen, dass er für einen gewissen Zeitraum die Abfindung für seinen Lebensunterhalt zu verbrauchen hat, weil er für einen bestimmten Zeitraum **kein Arbeitslosengeld** erhält[3]. Schließt ein Arbeitgeber mit einem unkündbaren Arbeitnehmer einen Aufhebungsvertrag, der im Hinblick auf die Regelung des § 158 Abs. 1 Satz 2 SGB III **rückdatiert** wird, so ist dieser Vertrag **sittenwidrig**[4].

74 ⊃ **Hinweis:** Noch immer versuchen Arbeitgeber und Arbeitnehmer, durch Gestaltung der Abwicklungsverträge diese Rechtsfolgen zu vermeiden. Im Ergebnis kann das nicht gelingen, schon gar nicht durch nachträgliche „erfundene" Kündigungen oder sonstige Beendigungstatbestände. Davor kann nur dringend gewarnt werden, auch wegen der möglichen strafrechtlichen Implikationen.

c) Ruhen des Anspruchs bei Sperrzeit, § 159 SGB III

75 Verhält sich der Arbeitnehmer „versicherungswidrig", ruht der Anspruch für die Dauer einer Sperrzeit, idR von zwölf Wochen, § 159 Abs. 3 (§ 144 aF) Satz 1 SGB III (mit den Verkürzungsmöglichkeiten nach Satz 2 Nr. 1 und 2 lit. a und b). Der Eintritt dieser Sperrzeit setzt gem. § 159 Abs. 1 SGB III die Erfüllung eines der Tatbestände in Satz 2 dieser Vorschrift, Nr. 1–7, voraus. Hier interessiert nur die Nr. 1, wonach versicherungswidriges Verhalten vorliegt, wenn der Arbeitslose das Arbeitsverhältnis gelöst hat oder Anlass für die Lösung durch vertragswidriges Verhalten gegeben hat. Diese **Sperrzeit bei Arbeitsaufgabe** setzt voraus, dass der Arbeitnehmer entweder selbst gekündigt hat oder aktiv an der Auflösung mitgewirkt hat. Deshalb findet eine Arbeitsaufgabe nicht nur durch Abschluss eines Auflösungsvertrages statt, sondern auch durch eine der Arbeitgeberkündigung vorangegangene schriftliche oder

---

1 Vgl. *Jahn*, § 158 SGB III Anm. 9 (*Sauer*).
2 BSG 29.8.1991 – 7 RAr 130/90, NZA 1992, 387.
3 *Färber*, S. 243.
4 ArbG Mannheim 20.7.1990 – 2 Ca 208/90, EzA § 611 BGB – Aufhebungsvertrag Nr. 8.

VII. Rechtsfolgen

mündliche Vereinbarung, die auch dann einen Beteiligungssachverhalt auslöst, wenn die Kündigung nach § 1a KSchG ausgesprochen wird und die Höhe der Abfindung von der gesetzlichen Regelung abweicht[1].

Auch der **Abwicklungsvertrag** wird inzwischen als Beteiligungssachverhalt angesehen, wenn er die Zahlung einer Abfindung zum Gegenstand hat[2]. Das gilt auch dann, wenn der Arbeitnehmer die Kündigung des Arbeitgebers selbst initiiert hat, also um eine Kündigung bittet[3].

Eine Sperrzeit tritt unter keinen Umständen ein, wenn ein **arbeitsgerichtlicher Vergleich** abgeschlossen wird[4].

Wann ein **wichtiger Grund** für die Lösung des Arbeitsverhältnisses vorliegt, hat die sozialgerichtliche Rechtsprechung eher kasuistisch als systematisch in zahlreichen Entscheidungen beantwortet und nicht immer einheitlich beurteilt[5]. Hilfreiche Orientierung bieten auch die von der Bundesagentur veröffentlichten und ständig aktualisierten „Durchführungsanweisungen GA zu § 159 SGB III", abzurufen unter der Internetadresse: www.arbeitsagentur.de, Suchfeld: § 159 SGB III.

Die Agenturen für Arbeit prüfen die allgemeinen wichtigen Gründe zunächst nach dieser Durchführungsanweisung. Regelbeispiele sind angeführt unter 9.1.1.   76

So liegt insbesondere ein **wichtiger Grund** vor, wenn die vom Arbeitnehmer erwartete oder verlangte Arbeit gegen gesetzliche Bestimmungen verstößt[6], die Entlohnung sittenwidrig ist[7], Insolvenz des Arbeitgebers eingetreten ist[8], Mobbing am Arbeitsplatz stattfindet oder eine sexuelle Belästigung vorliegt[9]. Auch familiäre Belastungen, zB doppelte Haushaltsführung[10], Aufrechterhaltung oder Wiederherstellung der ehelichen Gemeinschaft/eingetragene Lebenspartnerschaft und Wiederherstellung einer Erziehungsgemeinschaft mit einem gemeinsamen Kind[11], aber auch die Fortsetzung einer eheähnlichen Gemeinschaft[12], stellen einen wichtigen Grund für die Arbeitsaufgabe dar.

Für die Praxis sehr wichtig sind auch die weiteren, in den Ziffern 159.96–100 aufgeführten Fallgestaltungen. Hat zB das Integrationsamt der Kündigung eines schwerbehinderten Menschen zugestimmt oder ist damit zu rechnen, ist das ebenso ein wichtiger Grund wie der Abschluss eines Aufhebungsvertrages, um in eine Transfergesellschaft zu wechseln, die gem. § 111 SGB III gefördert wird. Gestützt auf eine Entscheidung des 7. Senats des BSG[13] kann auch die Aufgabe einer unbefristeten zugunsten einer befristeten Beschäftigung als wichtiger Grund anerkannt werden, wenn die neue Beschäftigung voraussichtlich in ein dauerhaftes Beschäftigungsverhältnis umgewandelt wird.

Neu ist, dass für die einvernehmliche Beendigung des Arbeitsverhältnisses auch dann ein wichtiger Grund[14] vorliegt, wenn ein Arbeitnehmer eine Pflege nach § 3 Abs. 1 Satz 1 PflegeZG übernehmen will. Vgl. zum PflegeZG im Einzelnen Teil 2 D Rz. 34ff.

---

1 Vgl. Nr. 159.102 der Geschäftsanweisung (GA) § 159 SGB III.
2 Nr. 159.102 GA.
3 Nr. 159.15 GA.
4 Nr. 159.19 GA.
5 Vgl. *Hümmerich*, NJW 2007, 1025f.; *Lembke*, DB 2008, 293f.; ferner *Weber/Ehrich/Burmester/Fröhlich*, Teil 6 Rz. 130 mwN zur Rspr.
6 Nr. 159.84 GA.
7 Nr. 159.85 GA.
8 Nr. 159.87 GA.
9 Nr. 159.88 GA.
10 Nr. 159.90 GA.
11 Nr. 159.94 GA.
12 Nr. 159.95 GA.
13 BSG 26.10.2004 – B 7 AL 98/03, NJW 2005, 381.
14 Nr. 159.100a GA.

Geklärt ist die gesetzlich nicht geregelte Frage, dass eine Kündigung gem. § 1a KSchG die Sperrzeit nicht auslöst[1]. Arbeitnehmer sind also nicht verpflichtet, eine solche Kündigung anzugreifen.

Generell gilt, dass die bloße **Hinnahme einer Kündigung** nicht ausreicht, um eine Beteiligung des Arbeitnehmers an der Auflösung zu unterstellen[2]. Dann kommt es erst gar nicht auf den wichtigen Grund an. Das gilt allerdings nicht, wenn die Kündigung **offensichtlich rechtswidrig** war, Nr. 144.17 DA (dort auch zu den weiteren Voraussetzungen).

77 Ein **leitender Angestellter** iSd. § 14 Abs. 2 KSchG muss nicht den Ausspruch einer ansonsten zu erwartenden Kündigung abwarten, sondern kann gleich einen Aufhebungsvertrag abschließen. Der Arbeitgeber könnte nämlich im Fall einer sozial nicht gerechtfertigten Kündigung dennoch einen Auflösungsantrag gem. § 9 Abs. 1 KSchG stellen, für den er gem. § 14 Abs. 2 Satz 2 KSchG keine Begründung angeben muss. Die drohende Kündigung stellt somit einen wichtigen Grund für den Abschluss eines Aufhebungsvertrages dar, der damit für den leitenden Angestellten **keine Sperrzeit** auslöst[3].

78 Die Rechtsprechung des BSG zur Frage, wann sich Arbeitnehmer an der Arbeitsaufgabe durch Abschluss eines Auflösungs- oder Abwicklungsvertrages beteiligen und wann ein wichtiger Grund vorliegt, der eine Sperrzeit verhindert, hat die Praxis stark verunsichert und dazu geführt, dass das „Aus" des Abwicklungsvertrages allgemein konstatiert wurde[4]. Inzwischen hat sich auch die Verwaltungspraxis der neueren Rechtsprechung des BSG angepasst und nimmt einen **wichtigen Grund für den Abschluss eines Aufhebungs- oder Abwicklungsvertrages**[5] an, wenn
- eine Abfindung von 0,25–0,5 Monatsentgelten pro Beschäftigungsjahr gezahlt wird,
- der Arbeitgeber betriebsbedingt unter Einhaltung der Kündigungsfrist zum selben Zeitpunkt gekündigt hätte,
- die Kündigungsfrist eingehalten worden wäre und
- der Arbeitnehmer nicht unkündbar war[6].

Zwischen Aufhebungs- und Abwicklungsverträgen wird nicht mehr unterschieden, sie sind gleich zu bewerten[7].

Auch wenn das BSG in seinem Urteil vom 12.7.2006 nur angekündigt hat, in seiner Rechtsprechung zur Sperrzeit bei Arbeitsaufgabe im Fall des Abschlusses eines Aufhebungsvertrages – dasselbe gilt beim Abwicklungsvertrag – auf die Prüfung der Rechtmäßigkeit der Arbeitgeberkündigung zu verzichten, wenn die Abfindungshöhe die in § 1a Abs. 2 KSchG vorgesehene Höhe nicht überschreitet, ist die Praxis dem bereits gefolgt. Wenn man also im Rahmen dieser Bedingungen bei der Verhandlung über die Auflösung des Arbeitsverhältnisses bleibt, kann die Sperrzeit vermieden werden.

Häufig sind Arbeitnehmer nicht bereit, zu den Bedingungen einer „Regelabfindung" das Arbeitsverhältnis aufzugeben. Dann bleibt nur, entweder die Kündigungsfrist zu verlängern und damit das Volumen insgesamt den Vorstellungen der Arbeitnehmerseite so anzupassen, dass ein Vergleich zustande kommen kann, oder aber – was in der

---

1 Vgl. Nr. 9.12 GA.
2 Vgl. Nr. 159.16 GA.
3 Vgl. BSG 17.11.2005 – B 11a/11 AL 69/04 R, ArbRB 2006, 74.
4 Vgl. die 5. Aufl., Teil 3 C Rz. 79 mwN und dort den „Hinweis" in Rz. 82 mwN in Fn. 1 (S. 1446).
5 Nr. 159 109 GA.
6 Vgl. GA Nr. 159 101/102 und „Aktualisierung Stand 10/2007" unter ausdrücklichem Hinweis auf BSG 27.2.2006 – B 11a AL 47/05 R, DB 2006, 2521; dazu auch *Hümmerich*, NJW 2007, 1025.
7 Vgl. Nr. 159 109 GA.

VII. Rechtsfolgen

Praxis auch häufig geschieht – die Verluste durch die Sperrzeit durch Erhöhung des Abfindungsbetrages zu kompensieren. Das macht die Lösung für den Arbeitgeber auf jeden Fall teurer, für den Arbeitnehmer auch risikoreicher.

Kein Zweifel kann daran bestehen, dass die Höhe der Abfindung entsprechend den gesetzlichen Vorgaben des § 1a Abs. 2 iVm. § 10 Abs. 3 KSchG zu berechnen ist, auch wenn dazu weder im Urteil des BSG vom 12.7.2006 noch in der DA klare Anweisungen zu finden sind[1]. Durch die zitierte Rechtsprechung des BSG sind damit andere Beendigungsvereinbarungen nicht ausgeschlossen. Bei der beschriebenen Gestaltung der Bedingungen, insbesondere der Abfindungszahlung für die einvernehmliche Auflösung des Arbeitsverhältnisses, prüft die Arbeitsverwaltung nicht mehr die Rechtmäßigkeit einer alternativen Kündigung oder – beim Abwicklungsvertrag – der ausgesprochenen Kündigung. Das schließt andere Gestaltungen der Auflösungsbedingungen nicht aus, insbesondere auch nicht eine Erhöhung der Abfindung in Fällen, in denen der Arbeitgeber eine rechtmäßige Kündigung hätte aussprechen können oder ausgesprochen hat. Auch wenn die Abfindung den Rahmen des § 1a KSchG übersteigt, hat der Arbeitnehmer keinen wichtigen Grund für die Auflösung des Arbeitsverhältnisses gesetzt, wenn zB eine rechtmäßige Arbeitgeberkündigung aus nicht verhaltensbedingten Gründen zum gleichen Zeitpunkt gedroht hätte[2]. Dabei kommt es allerdings nicht auf die subjektiven Vorstellungen des gekündigten Arbeitnehmers an, sondern auf die objektive Rechtslage. Es sei nicht zumutbar, die drohende rechtmäßige Arbeitgeberkündigung abzuwarten. Dasselbe muss gelten, wenn eine rechtmäßige Arbeitgeberkündigung ausgesprochen worden ist, er aber gleichwohl bereit ist, das Arbeitsverhältnis streitlos aufzuheben gegen Zahlung einer Abfindung.

Wenn auch etwas mehr risikobehaftet, kann also auch in solchen Fällen eine Auflösungsvereinbarung abgeschlossen werden[3].

Seit der Entscheidung des 11. Senats des BSG v. 18.12.2003[4] kommt es nicht mehr entscheidend darauf an, ob eine Abwicklungsvereinbarung oder eine Auflösungsvereinbarung abgeschlossen worden ist, denn Gegenstand dieser Entscheidung war ein sog. echter Abwicklungsvertrag, ihm war also eine Kündigung vorausgegangen. An der Lösung des Arbeitsverhältnisses hat sich nach dieser Rechtsprechung der Arbeitnehmer beteiligt und deshalb den Ruhenstatbestand ausgelöst.

Die in der früheren Vergangenheit häufig gewählte Lösung des Abwicklungsvertrages, um die Sperrzeit zu umgehen, kann diesen Zweck nicht mehr erfüllen[5].

Auch wenn durch die Ankündigung im Urteil des BSG v. 12.7.2006[6] und durch die bereits in der Verwaltungspraxis aufgegriffene Maßgabe sowohl Auflösungs- wie Abwicklungsverträge abgeschlossen werden können, wird damit nicht allen Fallgestaltungen, die in der Praxis eine Lösung finden müssen, genügt. In anderen Fällen muss entweder die Sperrzeit in Kauf genommen oder eine Lösung auf die Fälle beschränkt bleiben, in denen der Arbeitgeber rechtmäßig kündigen könnte. Seine Neigung, in solchen Fällen eine Abfindung zu zahlen, die sogar noch über der Regelabfindung liegt, wird sich in Grenzen halten. Erfahrungsgemäß ist die Einschätzung, eine Kündigung sei wirksam, auch häufig so klar nicht zu treffen.

---

1 Vgl. auch *Lembke*, DB 2008, 293.
2 Vgl. BSG 12.7.2006 – B 11a AL 47/05 R, NJW 2006, 3514 ff. unter Hinweis auf BSGE 95, 232.
3 Vgl. dazu auch *Ricken*, Anm. zum Urteil des BSG 12.7.2006 – B 11a AL 47/05 R, NJW 2006, 3516 (3517).
4 BSG 18.12.2003 – B 11 AL 35/03 R, NZA 2004, 661.
5 Vgl. auch die bestätigende Entscheidung des BSG 17.11.2005 – B 11a/11 AL 69/04, ArbRB 2006, 74 (zu dieser Schlussfolgerung und gleichzeitigen Kritik an dieser Rechtsprechung vgl. auch die weiteren Nachweise in der 5. Aufl., Teil 3 C S. 1444 in Fn. 5).
6 BSG 12.7.2006 – B 11a AL 47/05, DB 2006, 2521 (Ls. 2).

80 Weil die Frage der Rechtmäßigkeit einer statt einer Auflösungsvereinbarung auszusprechenden oder im Zusammenhang mit einem Abwicklungsvertrag ausgesprochenen Kündigung für die Verhängung der Sperrzeit eine so große Rolle spielt, ist die Verteilung der **Darlegungs- und Beweislast** für die Rechtmäßigkeit einer Arbeitgeberkündigung aus nicht verhaltensbedingten Gründen von entscheidender Bedeutung. Dieselbe Frage stellt sich im Zusammenhang mit dem wichtigen Grund für die Arbeitsaufgabe. Die Bundesagentur für Arbeit muss von Amts wegen die Voraussetzungen für den Eintritt der Sperrzeit feststellen[1]. Sie kann dafür Auskünfte von den Beteiligten verlangen und auch Gerichtsakten einsehen. In der Praxis wird jedoch recht unterschiedlich von diesen Erkenntnismöglichkeiten Gebrauch gemacht. Auch örtlich gibt es große Unterschiede in der praktischen Handhabung dieser Fälle, sicher zum Teil auch durch unterschiedliche Belastungen der Beschäftigten der Agenturen für Arbeit bedingt.

Leichter zu erfüllen ist die Darlegungs- und in deren Folge auch die Beweislast, wenn offenkundige **Fehler** beim Ausspruch der Kündigung gemacht worden sind, zB bei der Anhörung des Betriebsrats gem. § 102 Abs. 3 BetrVG, Außerachtlassen von Sonderkündigungsschutztatbeständen, Kündigung von Funktionsträgern ohne Zustimmung des zuständigen Vertretungsorgans oder Missachtung eines durch Tarifvorschriften gewährten Altersschutzes vor ordentlichen Kündigungen (zum Sonderkündigungsschutz vgl. im Übrigen Teil 3 F).

Geht es um die Anwendung tariflicher Vorschriften, können diese als wirksam unterstellt werden.

81 Aufgrund der Gesetzesänderung zum 1.1.2004 trägt der Arbeitnehmer dagegen die Darlegungs- und Beweislast für den **wichtigen Grund**. Das ergibt sich aus § 159 Abs. 1 Satz 2 SGB III, wonach die wichtigen Gründe in „seiner Sphäre oder in seinem Verantwortungsbereich liegen" müssen. Bis zum 31.12.2003 musste die Bundesagentur für Arbeit alle Voraussetzungen für den Eintritt der Sperrzeit beweisen, also auch, dass ein wichtiger Grund vorlag.

82 Häufig wird übersehen, dass nicht nur eine Sperrzeit eintritt, sondern der Zeitraum der Zahlung des Arbeitslosengeldes **verkürzt** wird um **ein Viertel** gem. § 148 Abs. 1 Nr. 4 SGB III.

Außerdem ruht nicht nur für die Dauer der Sperrzeit der Leistungsanspruch, § 159 Abs. 1 SGB III, sondern auch der Anspruch auf Zahlung eines **Krankengeldes**, falls der Arbeitslose während der Sperrzeit erkrankt, § 49 Nr. 3a SGB V.

Unangenehme Folgen kann auch die Tatsache haben, dass der Arbeitslose gem. § 5 Abs. 1 Nr. 2 SGB V während des ersten Monats einer Sperrzeit in der **Krankenversicherung** nicht mehr pflichtversichert ist, also für seine eigene Versicherung sorgen muss. Der Anspruch auf die Sachleistungen bleibt allerdings während des ersten Monats bestehen, § 19 Abs. 2 SGB V.

Die Versicherungspflicht in der Krankenversicherung setzt allerdings nach Ablauf des ersten Monats wieder ein bis zum Ende der Sperrzeit, also bis zur zwölften Woche.

Verluste treten auch bei der Rentenversicherung auf dadurch, dass bei der **Rentenversicherung** ein voller Kalendermonat während der Sperrzeit nicht als Anrechnungsjahr berücksichtigt wird[2].

83 Durch eine – bislang kaum beachtete – Entscheidung des BSG vom 25.4.2002[3] wird, soweit ersichtlich, der **Beginn der Sperrzeit** nicht nur auf das Ende des Arbeitsverhält-

---

1 Vgl. BSG 25.4.2002 – B 11 AL 65/01 R, NZA-RR 2003, 105.
2 Vgl. BSG 24.3.1988 – 5/5b RJ 84/86, BB 1988, 1964; vgl. darüber hinaus auch die Ausführungen bei Küttner/*Voelzke*, Sperrzeit, Rz. 41–43.
3 BSG 25.4.2002 – B 11 Al 65/01 R, NZA-RR 2003, 105.

nisses und damit den Beginn der möglichen Arbeitslosigkeit fixiert, sondern auf den Zeitpunkt der tatsächlichen **Beschäftigungslosigkeit**, also mit dem Zeitpunkt, in dem der Arbeitnehmer – in aller Regel unter Fortzahlung der Bezüge – freigestellt wird. Diese Freistellung muss aber wohl unwiderruflich ausgesprochen oder vereinbart werden. Damit hat das BSG klargestellt, dass die Beschäftigungslosigkeit nicht davon abhängig ist, dass noch kein Arbeitsverhältnis besteht, sondern dass Arbeitnehmer tatsächlich nicht beschäftigt werden, so dass im rechtlichen Sinne schon Arbeitslosigkeit mit der Freistellung eintrete. Abgestellt wird also auf die faktische Beschäftigungslosigkeit[1].

Damit eröffnet sich den Arbeitsvertragsparteien bei der Gestaltung der Beendigungsvereinbarungen eine erfreuliche Variante, die geeignet ist, die Zwölf-Wochen-Sperrfrist am **Beginn** der Arbeitslosigkeit zu vermeiden. Allerdings darf nicht übersehen werden – was in der Praxis jedoch häufig geschieht –, dass in den Fällen, in denen eine Sperrzeit verhängt wird, gleichzeitig auch eine **Minderung der Anspruchsdauer** gem. § 148 Abs. 1 Nr. 4 SGB III um die Anzahl von Tagen einer Sperrzeit wegen Arbeitsaufgabe eintritt, bei einer Sperrzeit von zwölf Wochen mindestens um ¼ der Anspruchsdauer. Diese Folge wird von der Entscheidung des BSG nicht tangiert[2].

Die Entscheidung des BSG ist von der Bundesagentur für Arbeit umgesetzt worden. In der GA Stand 9/2012 findet sich die Umsetzung in der Nr. 159.121, die sich mit dem „Sperrzeitablauf" befasst, die sich aber entgegen dem irreführenden Begriff auch mit dem **Sperrzeitbeginn** auseinander setzt. Er findet statt am Tag, ab dem „Beschäftigungslosigkeit vorliegt". Klarstellend wird hinzugefügt: „Dies gilt auch für Fälle, in denen das Beschäftigungsverhältnis beendet wird, das Arbeitsverhältnis aber fortbesteht."

Einstweilen frei. 84, 85

VIII. Besondere betriebliche Situationen

1. Betriebsänderung und Aufhebungsvertrag

Eine **Betriebsänderung** iSd. § 111 BetrVG löst in Unternehmen mit idR mehr als 20 wahlberechtigten Arbeitnehmern, sofern ein Betriebsrat eingerichtet ist, die Pflicht zu Verhandlungen mit dem Betriebsrat über einen Interessenausgleich und Sozialplan gem. § 112 BetrVG aus (vgl. Teil 4 A Rz. 856 ff., dort auch zu den Voraussetzungen eines erzwingbaren Sozialplans bei Personalabbau gem. § 112a BetrVG). 86

Eine Betriebsänderung liegt u.a. auch dann vor, wenn Entlassungen im Rahmen des Maßstabs des § 17 Abs. 1 KSchG beabsichtigt sind, also die Betriebsänderung lediglich durch Personalabbau stattfindet (wegen des Begriffs der Massenentlassung und der Voraussetzungen des § 17 Abs. 1 KSchG vgl. Teil 4 A Rz. 882 „Übersicht zu § 17 Abs. 1 KSchG").

In erster Linie wird das Unternehmen Kündigungen aussprechen. Der Begriff **Entlassung** iSd. § 17 KSchG ist zu unterscheiden vom Begriff der Kündigung. Deshalb ist man sich einig, dass eine Entlassung auch dann vorliegt, wenn betroffene Arbeitnehmer aufgrund von Aufhebungsverträgen ausscheiden, natürlich nur dann, wenn sie aus betriebsbedingten Gründen vom Arbeitgeber veranlasst sind[3]. Es kommt also

---

1 Vgl. dazu auch *Heuchemer/Insam*, BB 2004, 1562 (1563) mit Hinweis auf weitere Entscheidungen des BSG, u.a. BSG 17.10.2002 – B 7 AL 96/00, ZfS 2003, 25.
2 So auch *Heuchemer/Insam*, BB 2004, 1562 (1564).
3 Vgl. BAG 4.7.1989 – 1 ABR 35/88, AP Nr. 27 zu § 111 BetrVG 1972; so auch *Fitting*, § 111 BetrVG Rz. 78 mwN.

nicht auf die Form der Beendigung an, entscheidend ist, dass die durch Personalabbau herbeigeführte Einschränkung des Betriebs zu einer Entlassung führt.

Damit ist klar, dass auch im Rahmen einer Betriebsänderung Aufhebungsverträge abgeschlossen werden können.

87 Scheidet jemand aufgrund eines Aufhebungsvertrages in der Situation, in der eine Betriebsänderung stattfindet, aus, muss die Frage geklärt werden, in welchem **Verhältnis** die im Aufhebungsvertrag vereinbarte Abfindung zu einer **Abfindung** aus einem möglicherweise noch nicht endgültig verhandelten **Sozialplan** steht. In aller Regel wird man vereinbaren, dass eine evtl. dem Arbeitnehmer aus dem Sozialplan zustehende Abfindung auf die individuell ausgehandelte Abfindung angerechnet wird. Eine solche Regelung ist natürlich nur dann sinnvoll, wenn die Sozialplanabfindung unter dem individuell ausgehandelten Betrag bleibt. Es gibt deshalb in dieser Situation ein **taktisches** Problem, dessen Lösung für beide Seiten wichtig ist. Wird im Aufhebungsvertrag eine höhere Abfindung vereinbart als im – evtl. späteren – Sozialplan mit dem Betriebsrat ausgehandelt wird, gilt natürlich der höhere Betrag im Aufhebungsvertrag. Probleme bereitet der Fall, wenn die Abfindung niedriger ausfällt. Dann stellt sich die Frage, ob der durch Aufhebungsvertrag Ausgeschiedene nachträglich eine höhere Abfindung verlangen kann.

Ein solcher Anspruch ist ausgeschlossen, wenn vor Aufnahme von Verhandlungen über den Abschluss eines Interessenausgleichs- und Sozialplans Arbeitnehmer aufgrund eines Aufhebungsvertrages „freiwillig" aus dem Arbeitsverhältnis ausscheiden. In solchen Fällen besteht grundsätzlich auch keine Auskunftspflicht des Arbeitgebers, dass weitere Entlassungen beabsichtigt sind und uU zu einer sozialplanpflichtigen Betriebseinschränkung führen können[1]. Außerdem können Betriebspartner solche Beschäftigten von der Geltung des Sozialplans ausnehmen, die bereits vor Abschluss oder vor dem Spruch der Einigungsstelle aufgrund eines Aufhebungsvertrages aus dem Arbeitsverhältnis ausgeschieden sind.

⊃ **Hinweis:** Die Lösung des Problems sollte auch der Klarheit wegen durch eine Klausel im Aufhebungsvertrag gefunden werden, nach der dem ausscheidenden Arbeitnehmer mindestens die Sozialplanabfindung gewährt wird.

Formulierungsbeispiel:

Sollte in einem noch abzuschließenden Sozialplan von den Betriebspartnern eine Abfindung vereinbart oder durch Spruch der Einigungsstelle festgesetzt werden, hat Frau/Herr ... evtl. einen Anspruch auf Zahlung eines weiteren Abfindungsbetrages in Höhe der Differenz zwischen der hier vereinbarten und der später festgesetzten Abfindung aus dem Sozialplan.

---

2. Betriebsübergang

88 Findet ein **Betriebsübergang** statt, gehen die Arbeitsverhältnisse der vom Betriebsübergang betroffenen Beschäftigten gem. § 613a Abs. 1 BGB auf den neuen Arbeitgeber über, es sei denn, die Beschäftigten erklären den Widerspruch fristgerecht.

Dem bisherigen Arbeitgeber steht es frei, vor dem Betriebsübergang mit den Beschäftigten einen Aufhebungsvertrag abzuschließen. Täuscht der Arbeitgeber beim Abschluss eines Aufhebungsvertrages die Absicht vor, den Betrieb stilllegen zu wollen oder zu müssen, hat in Wahrheit aber schon die Veräußerung vorbereitet oder gar ab-

---

[1] Vgl. BAG 13.11.1996 – 10 AZR 340/96, DB 1997, 936ff.; vgl. ferner Küttner/*Eisemann*, Sozialplan, Rz. 23 mwN.

geschlossen, berechtigt dies die betroffenen Beschäftigten, den Aufhebungsvertrag wegen **arglistiger Täuschung** nach § 123 BGB anzufechten[1].

Eine **Umgehung** der zwingenden Folge des § 613a Abs. 4 Satz 1 BGB, wonach eine Kündigung wegen des Betriebsübergangs unwirksam ist, hat die Rechtsprechung angenommen, wenn Arbeitnehmer mit dem Hinweis auf einen geplanten Betriebsübergang und mit Blick auf eine Arbeitsplatzgarantie des Erwerbers veranlasst werden, ihre Beschäftigungsverhältnisse mit dem Betriebsveräußerer fristlos zu kündigen oder Auflösungsverträgen zuzustimmen[2] (sog. Lemgoer Modell). Gleichzeitig kann darin möglicherweise auch eine Umgehung der Vorschrift des § 4 Abs. 1 Satz 2 BetrAVG gesehen werden, soweit nämlich unverfallbare Versorgungsanwartschaften vermieden werden sollen. Wegen weiterer Einzelheiten vgl. Teil 2 G „Betriebsübergang".

---

1 Vgl. BAG 23.11.2006 – 8 AZR 349/06, NZA 2007, 866.
2 Vgl. BAG 10.12.1998 – 8 AZR 324/97, NZA 1999, 422 ff.; so schon der 3. Senat des BAG: BAG 28.4.1987 – 3 AZR 75/86, NZA 1988, 198; das „Modell" ist offenbar immer noch aktuell: Vgl. LAG Köln 7.3.2012 – 9 Sa 1310/11, ArbRB 2012, 302.

D. Arbeitgeberkündigung, Formen und Fristen

	Rz.
I. Kündigungserklärung	
1. Allgemeines	1
2. Abgrenzung zu anderen Maßnahmen und Beendigungsgründen	7
a) Abmahnung	8
b) Anfechtung	9
c) Aufhebungsvertrag	10
d) Eintritt einer auflösenden Bedingung	11
e) Betriebsbuße	12
f) Direktionsrecht	13
g) Freistellung/Suspendierung	14
h) Nichtfortsetzungserklärung	15
i) Nichtigkeit	17
j) Rücktritt	18
k) Störung der Geschäftsgrundlage, § 313 BGB	19
3. Inhalt der Kündigungserklärung	
a) Allgemeines	20
b) Angabe des Kündigungsgrundes	22
c) Nachschieben von Kündigungsgründen	25
4. Zeit und Ort der Kündigung, Kündigung zur Unzeit und vor Dienstantritt	
a) Zeit und Ort der Kündigung	28
b) Kündigung zur Unzeit	29
c) Kündigung vor Dienstantritt	30
5. Form der Kündigungserklärung	
a) Schriftform, § 623 BGB	38
b) Sonstige Formvorschriften	39
c) Anforderungen an die gesetzliche Schriftform, § 126 BGB	41
6. Vertretung und Kündigungserklärung	
a) Gesetzliche Vertretung	51
b) Kündigungsvollmacht und Zurückweisung gem. § 174 BGB	57
c) Empfangsvertreter	69
d) Die Vertretungsmacht des Prozessvertreters	71
7. Zugang der Kündigungserklärung	79
a) Kündigung unter Anwesenden	89
b) Kündigungserklärung gegenüber Abwesenden	92
8. Umdeutung der Kündigungserklärung	107
a) Umdeutung einer ordentlichen in eine außerordentliche Kündigung	110
b) Umdeutung einer außerordentlichen in eine ordentliche Kündigung	111
c) Umdeutung einer Änderungskündigung in eine Beendigungskündigung und umgekehrt	116a
d) Umdeutung einer Kündigungs- in eine Anfechtungserklärung	117
e) Umdeutung einer Kündigung in eine Freistellung	119
f) Umdeutung einer Kündigung in ein Angebot auf Abschluss eines Aufhebungsvertrages	120
g) Umdeutung einer ordentlichen Kündigung mit zu kurzer in eine mit der zutreffenden längeren Kündigungsfrist	120a
h) Umdeutung einer Kündigung in eine Nichtfortsetzungserklärung nach § 12 KSchG	121
i) Einführung der Umdeutung in den Kündigungsschutzprozess	122
9. Anfechtung und Rücknahme der Kündigungserklärung	
a) Anfechtung der Kündigungserklärung	127
b) „Rücknahme" der Kündigungserklärung	128
II. Kündigungsarten	132
1. Beendigungs- und Änderungskündigung	
a) Beendigungskündigung	133
b) Änderungskündigung	135
2. Ordentliche und außerordentliche Kündigung	135a
3. Vorsorgliche Kündigung	136
4. Bedingte Kündigung	138
5. Teilkündigung	142
6. Druck- und Verdachtskündigung	143
III. Kündigungsfristen und -termine	
1. Allgemeines	144
2. Sonderregelungen	150
3. Berechnung der Kündigungsfrist	151
4. Mindestkündigungsfristen	
a) Zwingende Kündigungsfristen und Ausnahmen	157
b) Altverträge	159
5. Vertragliche Verlängerung und Verkürzung der Kündigungsfristen	
a) Verlängerung der Kündigungsfristen	160
b) Verkürzung der Kündigungsfristen	167
aa) Vereinbarung einer Probezeit	168
bb) Vorübergehende Einstellung zur Aushilfe und Kleinunternehmen	173
cc) Bezugnahme auf Tarifverträge	177
6. Tarifvertragliche Bestimmungen	178
a) Möglicher und notwendiger Inhalt des Tarifvertrages	179

	Rz.		Rz.
b) Beschränkte Bezugnahme auf „einschlägige" Tarifverträge	180	d) Günstigkeitsvergleich	182
		e) Bedeutung des Vorrangprinzips	183
c) Form der Vereinbarung	181		

Schrifttum:

Annuß, Das Verbot der Altersdiskriminierung als unmittelbar geltendes Recht, BB 2006, 325; *Bender/J. Schmidt*, KSchG 2004: Neuer Schwellenwert und einheitliche Klagefrist, NZA 2004, 358; *Böhm*, § 623 BGB: Risiken und Nebenwirkungen, NZA 2000, 561; *Caspers*, Rechtsfolgen des Formverstoßes bei § 623 BGB, RdA 2001, 28; *Dübbers*, Das neue „Einwurf-Einschreiben" der Deutschen Post AG und seine juristische Einordnung, NJW 1997, 2503; *Eberle*, Geltendmachung der Unwirksamkeit der mündlichen Kündigung, NZA 2003, 1121; *Eisemann*, Kündigungsfrist und Klagefrist, NZA 2011, 601; *Fischer*, Die Rücknahme der Arbeitgeberkündigung vor und im Kündigungsschutzprozess – Rechtliche und taktische Überlegungen, NZA 1999, 459; *Gaul/Otto*, Zugangsprobleme bei Kündigungen, ArbRB 2003, 306; *Hansen/Meier*, Welcher Weg ist der sicherste für die Zustellung?, AuA 1999, 262; *Kramer*, Kündigungsvereinbarungen im Arbeitsvertrag, 1994; *Kursawe*, Die verlängerten Kündigungsfristen des § 622 II BGB – Durch den EuGH zu neuer Relevanz, ArbRAktuell 2010, 110; *Legerlotz*, Das ungewollte Arbeitsverhältnis – Kündigung vor Dienstantritt, ArbRB 2003, 92; *Lohr*, Kündigung des Arbeitsvertrags – Zurückweisung wegen fehlender Vollmachtsurkunde, MDR 2000, 620; *Mauer*, Zugangsfiktionen für Kündigungserklärungen in Arbeitsverträgen, DB 2002, 1442; *Mauer*, Anmerkung zu BAG v. 7.11.2002 – 2 AZR 475/03, BB 2003, 1178, BB 2003, 1182; *Meyer/Reufels*, Prozesstaktische Erwägungen bei Vollmachtsproblemen, NZA 2011, 5; *Mörsdorf*, Diskriminierung jüngerer Arbeitnehmer – Unanwendbarkeit von § 622 II 2 BGB wegen Verstoßes gegen das Unionsrecht, NJW 2010, 1046; *Mrosk*, Der Nachweis des Zugangs von Willenserklärungen im Rechtsverkehr, NJW 2013, 1481; *Preis*, Verbot der Altersdiskriminierung als Gemeinschaftsgrundrecht, NZA 2006, 401; *Richardi/Annuß*, Der neue § 623 BGB – Eine Falle im Arbeitsrecht?, NJW 2000, 1231; *Scheuring/Lang/Hoffmann/Jeske/Scheuring*, BMT-G – G II Bundesmanteltarifvertrag für Arbeiter gemeindlicher Verwaltungen und Betriebe; *Schleusener*, Europarechts- und Grundgesetzwidrigkeit von § 622 II 2 BGB, NZA 2007, 358; *Zimmer*, Kündigung im Management: § 623 BGB gilt nicht für GmbH-Geschäftsführer und AG-Vorstände, BB 2003, 1175.

I. Kündigungserklärung

1. Allgemeines

Die Kündigung als einseitig empfangsbedürftiges Rechtsgeschäft beendet das Arbeitsverhältnis, gleich, ob sie vom Arbeitgeber oder vom Arbeitnehmer ausgesprochen wird. Da die Arbeitnehmerkündigung in der Regel unproblematisch ist, es sei denn, die Kündigungsfristen werden nicht eingehalten[1], liegt eines der zentralen Probleme des Arbeitsrechts in der Frage, ob die **Arbeitgeberkündigung wirksam** ist oder nicht. 1

Häufig scheitert die Kündigung bereits daran, dass die für die Erklärung erforderliche Form nicht eingehalten wird, die Kündigung nicht ordnungsgemäß zugestellt worden ist, bei der – ausnahmsweise erforderlichen – Angabe von Kündigungsgründen Fehler auftreten oder Kündigungsfristen nicht eingehalten werden. Auch bei der Formulierung einer Änderungskündigung werden häufig Fehler gemacht (vgl. dazu Teil 3 A Rz. 54).

Nicht nur wegen der Regressgefahr bedarf deshalb die Vorbereitung der Kündigung in formeller Hinsicht größtmöglicher Sorgfalt und Aufmerksamkeit bei der Beratung, ggf. auch der Vertretung.

---

1 Vgl. dazu BAG 29.8.2001 – 4 AZR 337/00, DB 2002, 538 f.

2 Die Kündigungserklärung muss **eindeutig** sein. Sie muss insbesondere erkennen lassen, zu welchem **Zeitpunkt** das Arbeitsverhältnis beendet sein soll. Es reicht allerdings aus, wenn sich aus dem Text der Kündigungserklärung entnehmen lässt, wann dieser Zeitpunkt sein wird, zB durch die Erklärung, dass zum „nächstmöglichen" Zeitpunkt gekündigt werde oder „fristgerecht".

Bei einer solchen Erklärung lässt sich der Zeitpunkt, zu dem das Arbeitsverhältnis aufgrund der Kündigung enden soll, durch **Auslegung** ermitteln[1]. In manchen Fällen scheitert aber die Auslegung, dann wird das Arbeitsverhältnis nicht zu dem in der Kündigung genannten Zeitpunkt beendet, wäre also insoweit unwirksam. In diesen Fällen kommt aber eine Umdeutung in Betracht (vgl. zu den weiteren Einzelheiten Rz. 120a).

Von der Frage, ob die Kündigungsfrist im Kündigungsschreiben richtig angegeben ist, ist die weitere zu unterscheiden, ob dem **Betriebsrat** bei seiner Anhörung gem. § 102 Abs. 1 BetrVG die richtige Kündigungsfrist und sogar der richtige Kündigungstermin genannt werden muss (vgl. dazu Teil 3 J Rz. 33–35 mwN).

3 Auch im Übrigen können Kündigungserklärungen, wie alle anderen Willenserklärungen auch, **ausgelegt** werden[2]. Wegen ihrer einseitig gestaltenden Wirkung muss sich aus der Erklärung jedoch der eindeutige und zweifelsfreie Wille entnehmen lassen, das Arbeitsverhältnis durch Kündigung zu beenden. Zwar muss der Begriff „Kündigung" im Kündigungsschreiben nicht benutzt werden, der Wille, das Arbeitsverhältnis zu beenden, muss sich aber zweifelsfrei aus der Erklärung ergeben[3]. Zum zweifelsfreien Inhalt der Kündigungserklärung gehört auch zu bestimmen, **welche Art Kündigung** ausgesprochen wird, eine außerordentliche oder ordentliche Kündigung, eine Beendigungskündigung oder eine Änderungskündigung. Bei der außerordentlichen Kündigung kann noch differenziert werden zwischen der fristlosen und der außerordentlichen Kündigung mit sozialer Auslauffrist (zu dieser Möglichkeit und zur Möglichkeit der Umdeutung der Kündigungserklärungen vgl. Rz. 107 ff.; zur außerordentlichen Kündigung mit sozialer Auslauffrist Teil 3 F Rz. 3).

Im Übrigen stellt die Kündigung ein ganz normales einseitiges Rechtsgeschäft dar, für das die Regeln des **Allgemeinen Teils des BGB** gelten, also auch zB im Hinblick auf Geschäftsfähigkeit und sonstige Wirksamkeitsvoraussetzungen.

4 Das **Kündigungsrecht** steht den Parteien des Arbeitsvertrages zu. Nur sie haben die Befugnis, von diesem unselbständigen, wenn auch nicht höchstpersönlichen Gestaltungsrecht Gebrauch zu machen. Daher können Kündigungen auf beiden Seiten des Arbeitsvertrages nur durch die Parteien selbst oder deren gesetzliche bzw. rechtsgeschäftliche Vertreter ausgesprochen werden.

Mit dem **Übergang des Arbeitsverhältnisses** – etwa nach § 613a BGB – geht auch das Kündigungsrecht über[4]. Der Erwerber kann sich nach dem Betriebsübergang bei der von ihm auszusprechenden Kündigung auf Gründe berufen, die noch vor dem Betriebsübergang liegen. Das gilt sowohl für die fristlose wie für die fristgerechte Kündigung. Allerdings muss er auch die Erklärungsfrist des § 626 Abs. 2 BGB beachten. Es kommt auf die Kenntnis des Betriebsveräußerers an, die sich der Erwerber zurechnen lassen muss[5].

---

[1] So auch BAG 25.9.2002 – 10 AZR 7/02, DB 2003, 156; vgl. auch KR/*Spilger*, § 623 BGB Rz. 134; Bender/*J. Schmidt*, NZA 2004, 358 (363).
[2] Vgl. dazu BAG 22.10.2009 – 8 AZR 865/08, DB 2010, 452.
[3] Vgl. BAG 13.1.1982 – 7AZR 757/79, AP Nr. 2 zu § 620 BGB – Kündigungserklärung, sogar für den Fall der außerordentlichen Kündigung; im Übrigen Staudinger/*Neumann*, vor §§ 620 ff. BGB Rz. 35 mit weiteren Beispielen.
[4] Vgl. ErfK/*Preis*, § 613a BGB Rz. 79.
[5] Vgl. ErfK/*Preis*, § 613a BGB Rz. 79.

I. Kündigungserklärung

Wenn der Betriebsübergang stattfindet, nachdem die Kündigungserklärung – vom Veräußerer unterzeichnet – auf den Weg gebracht worden ist, sie aber beim Empfänger erst nach dem Übergang ankommt, muss der Erwerber die Kündigung erneut aussprechen, weil es für die Kündigungsbefugnis auf den Zeitpunkt des Zugangs der Kündigung ankommt[1].

Zur Wahl des richtigen Klagegegners beim Betriebsübergang s. allgemein Teil 5 A Rz. 85 ff.

Bei **Arbeitnehmerüberlassung** im Rahmen der Konzernleihe kommt es häufig vor, dass nicht der – formale – Arbeitgeber, sondern die Gesellschaft kündigt, bei der der Arbeitnehmer zuletzt beschäftigt war. In einem solchen Fall hat nicht der Arbeitgeber gekündigt mit der Folge, dass das zur Konzern-Verleihgesellschaft bestehende Arbeitsverhältnis nicht wirksam gekündigt worden ist. Der „richtige" Arbeitgeber muss dann erneut kündigen. Der Auslegung der Kündigung sind hier doch sehr enge Grenzen gesetzt. Die Arbeitgeberseite hat es in der Hand, von vornherein für Klarheit zu sorgen.

Besondere Aufmerksamkeit verdient die Frage, mit wem das Arbeitsverhältnis bei einer durch **Betriebsaufspaltung** entstandenen GmbH & Co. KG oder AG & Co. KG besteht, der KG oder der persönlich haftenden Gesellschafterin. Führt die KG, wie häufig, den Betrieb weiter, findet – möglicherweise von den Vertragsparteien unbeachtet – ein **Betriebsübergang** statt. Wenn die KG als neue Arbeitgeberin kündigt, fehlt es an der Kündigungsbefugnis. Die Kündigung ist unwirksam, weil nicht die Arbeitgeberin gekündigt hat. Dann stellt sich auch die Frage, ob eine wirksame Widerspruchsbelehrung stattgefunden hat (in den meisten solcher Fälle den Parteien nicht bewusst!) und der Arbeitnehmer keinen Widerspruch erklärt hat. Dann könnte die Berufung auf die fehlende Kündigungsbefugnis allerdings treuwidrig sein (vgl. auch zur Verwirkung des Widerspruchsrechts beim Betriebsübergang Teil 2 G Rz. 134 f.).

Auf Arbeitgeberseite ist deshalb immer sorgfältig zu prüfen, welche Gesellschaft Arbeitgeber ist: Nur diese kann auch kündigen. Auf Arbeitnehmerseite muss die Klage gegen den richtigen Klagegegner gerichtet sein, in der Regel die Gesellschaft, die die Kündigung ausgesprochen hat, auch wenn sie nicht Arbeitgeber ist. Wird in einem solchen Fall die Klage nicht gegen die vertretene Gesellschaft, sondern gegen die vertretende Gesellschaft gerichtet, bleibt das unschädlich, wenn die Klage schließlich der richtigen Gesellschaft zugestellt oder letztlich an die richtige Adresse übermittelt wird und jedenfalls aus der Klage oder aus dem der Klage beigefügten Kündigungsschreiben oder dem Arbeitsvertrag der richtige Arbeitgeber – und damit der an sich zu Verklagende – zu entnehmen ist. Das BAG ist insbesondere auch in Konzernzusammenhängen großzügig und betrachtet die Frist auch als gewahrt, wenn die Parteiidentität nicht gewahrt ist[2].

⇨ **Hinweis:** Bestehen **Zweifel an der Arbeitgeberfunktion** und an der Kündigungsberechtigung, kann die Klage zunächst gegen sämtliche in Betracht kommenden juristischen Personen gerichtet werden. Wenn sich im Laufe des Rechtsstreits herausstellt, wer Arbeitgeber ist, kann die Klage – vor Antragstellung! – gegen die Übrigen zurückgenommen werden ohne Kostenfolgen im arbeitsgerichtlichen Verfahren erster Instanz.

2. Abgrenzung zu anderen Maßnahmen und Beendigungsgründen

Die Kündigungserklärung ist bei der Prüfung ihrer Rechtswirksamkeit von anderen rechtsgeschäftlichen Erklärungen abzugrenzen, bei denen es sich lediglich um ver-

---
1 Vgl. LAG Berlin 6.8.1991 – 11 Sa 34/91, LAGE § 130 BGB Nr. 15.
2 BAG 15.3.2001 – 2 AZR 141/00, NZA 2001, 1267; vgl. auch Küttner/*Eisemann*, Kündigungsschutz Rz. 89.

meintlich ähnliche Maßnahmen handelt oder die einen Bezug zur Beendigung des Arbeitsverhältnisses haben. Zu nennen sind insbesondere:

a) Abmahnung

8 Die Abmahnung stellt nur die **Androhung einer Kündigung** für den Fall eines sich wiederholenden Fehlverhaltens dar und soll dem Vertragspartner lediglich verdeutlichen, dass ein vertragswidriges Verhalten in Zukunft nicht mehr hingenommen wird. Die Abmahnung stellt in der Praxis regelmäßig eine notwendige Vorstufe zu einer verhaltensbedingten Kündigung dar (vgl. näher Teil 3 E Rz. 160ff.).

b) Anfechtung

9 Das Arbeitsverhältnis kann auch durch Anfechtung beendet werden, die anstelle der Kündigung oder selbständig neben die Kündigung treten kann. In Betracht kommen die Anfechtung wegen **Inhalts- oder Erklärungsirrtums**, § 119 Abs. 1 Satz 1 BGB, wegen des Irrtums über eine **Eigenschaft** in der Person des Bewerbers, § 119 Abs. 2 BGB, oder wegen **arglistiger Täuschung** oder **Drohung**, § 123 BGB.

Die Abgrenzung der Tatbestände und der insoweit ebenfalls auslegungsfähigen Erklärungen kann auf Seiten des Arbeitnehmers dadurch gelöst werden, dass neben der Kündigungsschutzklage auch eine **allgemeine Feststellungsklage** eingereicht wird, dass das Arbeitsverhältnis über den Zeitpunkt des Zugangs der Anfechtungserklärung hinaus fortbesteht.

Die Anfechtung vernichtet das Arbeitsverhältnis – im Gegensatz zur ordentlichen Kündigung – mit sofortiger Wirkung, einer Anhörung des Betriebsrats bedarf es nicht. Das Recht zur Anfechtung wird auch nicht durch das Recht zur außerordentlichen Kündigung verdrängt[1]. Der Anfechtungsberechtigte **kann wählen**, ob er eine Kündigung oder eine Anfechtung erklärt[2], er kann aber auch die Anfechtung und hilfsweise die Kündigung erklären oder umgekehrt.

9a ⊃ **Hinweis:** Kommt sowohl eine Kündigung als auch eine Anfechtung in Betracht, ist dringend zu raten, von beiden Möglichkeiten Gebrauch zu machen und das Arbeitsverhältnis aus allen in Betracht kommenden Gründen zu beenden. Das muss in den Erklärungen deutlich formuliert werden, wobei in der Regel die Kündigung hilfsweise zu erklären ist, weil die Anfechtung, wenn die Voraussetzungen vorliegen, das Arbeitsverhältnis sofort beenden kann und eine Anhörung des Betriebsrats nicht erforderlich ist.

c) Aufhebungsvertrag

10 Von der einseitigen Beendigung des Arbeitsverhältnisses durch die Kündigung ist zu unterscheiden die **einvernehmliche Aufhebung** des Arbeitsverhältnisses unter Beteiligung beider Arbeitsvertragsparteien. Handelt es sich unzweifelhaft um einen Aufhebungsvertrag, so ist sofort zu prüfen, ob dieser noch widerrufen werden kann. So räumt bspw. § 10 Abs. 10 des Manteltarifvertrages für den Einzelhandel in Nordrhein-Westfalen den Arbeitsvertragsparteien das – verzichtbare – Recht ein, einen Auflösungsvertrag innerhalb von drei Werktagen zu widerrufen. Besteht ein solches Widerrufsrecht nicht oder nicht mehr, kann die Rechtswirksamkeit des Aufhebungsvertrages – abgesehen von Mängeln im Zusammenhang mit der Geschäftsfähigkeit – im Regelfall nur noch durch eine begründete Anfechtungserklärung erfolgreich angegriffen werden.

---

1 BAG 16.12.2004 – 2 AZR 148/04, DB 2005, 892 (Verschweigen einer Stasi-Tätigkeit im Personalfragebogen).
2 Vgl. BAG 16.12.2004 – 2 AZR 148/04, DB 2005, 892.

I. Kündigungserklärung   Rz. 14   Teil 3 D

Zum Aufhebungsvertrag s. allgemein Teil 3 C.

d) Eintritt einer auflösenden Bedingung

Auch der Eintritt einer auflösenden Bedingung kann das Arbeitsverhältnis beenden. 11
Deren Vereinbarung darf jedoch nicht objektiv funktionswidrig dazu verwendet werden, dem Arbeitnehmer den zwingenden Schutz des gesetzlichen Kündigungsrechts zu nehmen[1]. Die auflösende Bedingung bedarf deshalb eines **sachlichen Grundes**, den das BAG im Fall einer Schauspielerin angenommen hat, deren Rolle in einer Fernsehserie im Drehbuch wegfiel. Das Arbeitsverhältnis war unter der auflösenden Bedingung eingegangen worden, dass die zu besetzende Rolle auch weiterhin in der Serie vorkam[2]. Das Arbeitsverhältnis endet jedoch nicht bereits mit dem Eintritt der auflösenden Bedingung, sondern erst nach Ablauf der jeweils einschlägigen **Mindestkündigungsfrist** als Auslauffrist[3].

Das gilt jedoch nicht im Fall der auflösenden Bedingung durch **Renteneintritt wegen Erwerbsminderung** gem. § 33 Abs. 2–4 TVöD/TV-L (früher § 59 BAT). Hier endet das Arbeitsverhältnis nach §§ 21, 15 Abs. 2 TzBfG frühestens zwei Wochen nach Zugang der schriftlichen Unterrichtung des Angestellten durch den Arbeitgeber über den Eintritt der auflösenden Bedingung[4].

e) Betriebsbuße

Die Betriebsbuße ahndet **Verstöße gegen die betriebliche Ordnung** mit der Mahnung, 12
der Verwarnung oder dem Verweis, einer Geldstrafe oder der Entlassung als Betriebsstrafe[5]. Als Form der Betriebsbuße ist eine Kündigung unzulässig. Die Beendigung des Arbeitsverhältnisses im Rahmen einer sonst zulässigen kollektiven Bußordnung ist nicht möglich, da dies dem zwingenden Kündigungs- und Kündigungsschutzrecht widerspricht. Will der Arbeitgeber das Arbeitsverhältnis kündigen, weil der Arbeitnehmer gegen die betriebliche Ordnung verstoßen hat, so kann dies je nach Lage des Falles sozial gerechtfertigt sein oder auf einem wichtigen Grund gem. § 626 Abs. 1 BGB beruhen. Der Arbeitnehmer hat nach allgemeinen Grundsätzen die Möglichkeit, die Wirksamkeit der aus einem dieser Gründe ausgesprochenen Kündigung gerichtlich überprüfen zu lassen[6].

f) Direktionsrecht

Während die Kündigung auf die Beendigung des Arbeitsverhältnisses abzielt, **konkre-** 13
tisiert der Arbeitgeber durch die Ausübung seines Direktionsrechtes das weiterhin bestehende **Arbeitsverhältnis** lediglich in Bezug auf die vertragliche Leistungspflicht des Arbeitnehmers bzgl. Ort, Zeit und Art, vgl. dazu Teil 3 A Rz. 14 ff.

g) Freistellung/Suspendierung

Von der Kündigung des Arbeitsverhältnisses ist die bloße Freistellung bzw. Suspen- 14
dierung von der Arbeitspflicht zu unterscheiden. Erklärt der Arbeitgeber lediglich die Freistellung bzw. Suspendierung des Arbeitnehmers von der Arbeit, so **besteht**

---

1 BAG 11.10.1995 – 7 AZR 119/95, BB 1996, 1441 (1442).
2 BAG 2.7.2003 – 7 AZR 612/02, BB 2004, 384 ff.
3 BAG 25.8.1999 – 7 AZR 75/98, BB 1999, 1926.
4 Vgl. BAG 15.3.2006 – 7 AZR 332/05, AP Nr. 14 zu § 59 BAT; so schon BAG 23.6.2004 – 7 AZR 440/03, NZA 2005, 520.
5 Küttner/*Kreitner*, Betriebsbuße, Rz. 1.
6 *Preis* in Stahlhacke/Preis/Vossen, Rz. 17 mwN.

das **Arbeitsverhältnis fort**. Insbesondere im Rahmen von Streitigkeiten bzw. Auseinandersetzungen zwischen den Arbeitsvertragsparteien muss aus anwaltlicher Sicht auch unter Berücksichtigung der Begleitumstände sorgfältig geprüft werden, ob der Arbeitgeber etwa eine Kündigung ausgesprochen oder ob er den Arbeitnehmer (zunächst) lediglich von der Arbeit freigestellt bzw. suspendiert hat, zB im Zusammenhang mit der beabsichtigten Klärung eines bestimmten Vorfalls. Bestehen Zweifel, sollte vorsorglich – und rechtzeitig – Kündigungsschutzklage erhoben werden.

h) Nichtfortsetzungserklärung

15 Gem. § 12 KSchG hat der Arbeitnehmer das Recht, **nach einem obsiegenden Kündigungsschutzprozess** binnen einer Woche nach Rechtskraft des Urteils durch Erklärung gegenüber dem Arbeitgeber die Fortsetzung des Arbeitsverhältnisses zu verweigern, wenn er inzwischen ein neues Arbeitsverhältnis eingegangen ist. Macht er hiervon wirksam Gebrauch, so erlischt das Arbeitsverhältnis mit dem Zugang der Nichtfortsetzungserklärung beim Arbeitgeber. Demgegenüber besteht das Arbeitsverhältnis bei einer ordentlichen Kündigung über deren Zugangszeitpunkt hinaus bis zum Ablauf der Kündigungsfrist fort.

Als Nichtfortsetzungserklärung iSd. § 12 KSchG ist dabei auch eine Kündigungserklärung des bisherigen Arbeitsverhältnisses durch den Arbeitnehmer anzusehen, die innerhalb der Wochenfrist des § 12 Satz 1 KSchG abgegeben wird[1]. Deshalb ist auch die Schriftform des § 623 BGB einzuhalten[2].

Die gesetzliche Regelung ist nur anwendbar, wenn ein neues **Arbeitsverhältnis** aufgenommen wird, **nicht** dagegen eine **selbständige** Tätigkeit. Auf diesen Fall ist § 12 KSchG weder unmittelbar noch analog anwendbar[3]. Allerdings ist eine derartige Erklärung in eine ordentliche Kündigung des Arbeitnehmers umzudeuten[4].

16 Im Übrigen kommt es in der arbeitsrechtlichen Praxis gelegentlich zu folgender Konstellation: Der Arbeitgeber spricht gegenüber einer Arbeitnehmerin eine Kündigung zu einem bestimmten Termin aus oder erklärt, dass er das Arbeitsverhältnis zu einem bestimmten Termin beenden will. Die Arbeitnehmerin wendet sich sodann gegen diese Erklärung mit dem Einwand, sie sei bereits **schwanger** gewesen, als ihr diese Erklärung zugegangen sei. Steht dies unzweifelhaft fest, wendet der Arbeitgeber gelegentlich ein, seine Erklärung sei überhaupt nicht als Kündigungserklärung zu qualifizieren. Zwischen den Parteien sei ein befristetes Arbeitsverhältnis vereinbart worden. Mit seiner Erklärung habe er der Arbeitnehmerin lediglich mitteilen wollen, dass für ihn eine Fortsetzung des Arbeitsverhältnisses über das Ende der Befristung hinaus nicht in Betracht komme.

Als **Reaktion** auf diese Erklärung kann mit der **allgemeinen Feststellungsklage** reagiert werden. Ist auf andere Weise keine Klarheit zu erzielen, muss diese Klage erhoben werden. Das gilt auch für die erhobene Kündigungsschutzklage, solange der Arbeitgeber nicht klarstellt, dass er keine Kündigung ausgesprochen habe. Das in der Vergangenheit gelegentlich auftretende Problem ist im Übrigen durch die Schriftform der Kündigung gem. § 623 BGB entschärft.

---

1 LAG Düsseldorf 13.6.1979 – 3 Sa 253/79, EzA § 12 KSchG nF Nr. 2.
2 Vgl. ErfK/*Müller-Glöge*, § 623 BGB Rz. 3 mwN, auch zur Gegenansicht.
3 Vgl. BAG 25.10.2007 – 6 AZR 662/06, DB 2008, 589.
4 Vgl. BAG 25.10.2007 – 6 AZR 662/06, DB 2008, 589; LAG Nds. 2.5.2006 – 13 Sa 1585/05; ferner *von Hoyningen-Huene/Linck*, § 12 KSchG Rz. 2; aA KR/*Rost*, § 12 KSchG Rz. 8a.

i) Nichtigkeit

Erweist sich der Arbeitsvertrag als nichtig, zB wegen Geschäftsunfähigkeit eines Vertragspartners oder aufgrund wirksamer Anfechtung des Arbeitsvertrages oder gem. § 138 BGB, so geht eine daneben auf die Beendigung dieses Arbeitsverhältnisses gerichtete Kündigungserklärung regelmäßig ins Leere, kann jedoch aus taktischen Gründen und, um den sichersten Weg zu wählen, dennoch sinnvoll oder gar erforderlich sein. Das gilt insbesondere bei zweifelhafter Geschäftsfähigkeit und Zweifeln an der Wirksamkeit der Anfechtung.

17

Es liegt in der Natur des Arbeitsverhältnisses als Dauerschuldverhältnis, dass der Vertragspartner, der sich auf die Nichtigkeit berufen will, dies gegenüber dem anderen Vertragspartner auch formulieren muss. Diese „**Lösungserklärung**"[1] muss auch zugehen.

Die Schriftform des § 623 BGB gilt für diese Erklärung ebenso wenig wie sonstige Kündigungs- und Kündigungsschutzbestimmungen[2].

⊃ **Hinweis:** Schon aus Beweisgründen sollte die Erklärung aber schriftlich abgegeben werden, auch wenn bisher niemand vertritt, dass auf diese Erklärung ggf. § 623 BGB analog anzuwenden wäre. Die Schriftform ist auch erforderlich, wenn, wie regelmäßig, hilfsweise eine Kündigung ausgesprochen wird.

17a

j) Rücktritt

Ein Rücktritt kommt **weder vor noch nach Dienstantritt** in Betracht. Er ist aufgrund der Möglichkeit zum Ausspruch einer (außerordentlichen oder ordentlichen) Kündigung des Arbeitsverhältnisses und aufgrund des allgemeinen Kündigungsschutzes ausgeschlossen, und zwar selbst dann, wenn dem Arbeitnehmer die Erfüllung der vertraglichen Arbeitsleistung auf Dauer unmöglich geworden ist. Auch in der Zeit vor dem erstmaligen Arbeitsantritt ist bereits eine Kündigung möglich. Die Erklärung des Rücktritts kann aber unter Umständen in eine Kündigung umgedeutet werden[3].

18

k) Störung der Geschäftsgrundlage, § 313 BGB

Wird der ganze **Vertrag gegenstandslos**, weil der Zweck des Arbeitsverhältnisses durch äußere Ereignisse endgültig oder doch für unabsehbare Zeit, für den Arbeitgeber wie für die Arbeitnehmerseite erkennbar, unerreichbar geworden ist, kann das Arbeitsverhältnis auch ohne eine rechtsfeststellende oder rechtsgestaltende Erklärung ausnahmsweise beendet werden. Dann liegt ein Fall der Störung der Geschäftsgrundlage gem. § 313 BGB vor. Der Arbeitnehmer kann sich nicht auf das Fehlen einer Kündigungserklärung oder eines anderen Beendigungstatbestandes berufen[4]. So hat das BAG den Wegfall der Geschäftsgrundlage (nach damaligem Recht, heute § 313 BGB) angenommen im Falle eines Betriebsmonteurs, der aus der DDR in die Bundesrepublik abgeschoben worden war und nach der Wiedervereinigung vergeblich seine Weiterbeschäftigung in dem früheren Unternehmen verlangte[5].

19

---

1 Oder „Lossagung", vgl. HWK/*Quecke*, § 1 KSchG Rz. 43.
2 Vgl. KR/*Griebeling*, § 1 KSchG Rz. 47 m. Verw. auf das faktische Arbeitsverhältnis; *Stahlhacke* in Stahlhacke/Preis/Vossen, Rz. 1363; HWK/*Quecke*, § 1 KSchG Rz. 43 mwN in Fn. 18.
3 Vgl. *Preis* in Stahlhacke/Preis/Vossen, Rz. 60.
4 Vgl. noch zur alten Rechtsgrundlage zum Wegfall der Geschäftsgrundlage gem. § 242 BGB: BAG 21.5.1963 – 3 AZR 138/62, BB 1963, 1018; 24.8.1995 – 8 AZR 134/94, BB 1995, 2584.
5 BAG 24.8.1995 – 8 AZR 134/94, BB 1995, 2584.

Verändern sich die Umstände, die zur Grundlage des Vertrages geworden sind, wie in einem solchen Fall nach Vertragsschluss schwerwiegend, so ist ggf. dem Arbeitgeber nicht zuzumuten, an dem unveränderten Vertrag festzuhalten. Der Kündigungsschutz wird damit nicht umgangen.

3. Inhalt der Kündigungserklärung

a) Allgemeines

20 Für den Empfänger der Kündigungserklärung muss ohne jeden Zweifel feststehen, dass ihm gegenüber eine Kündigung ausgesprochen wird. Der Kündigende braucht zu einer wirksamen Kündigung nicht die Worte „kündigen" oder „Kündigung" zu verwenden. Es genügt jedes Verhalten, durch das er dem anderen Teil **eindeutig** seinen Willen kundgibt, das **Arbeitsverhältnis lösen** zu wollen. Entscheidend für die Auslegung einer Willenserklärung als Kündigung ist der objektive Empfängerhorizont unter Berücksichtigung von Treu und Glauben mit Rücksicht auf die Verkehrssitte. Eine Kündigungserklärung, die jemandem zugeht, kann diesem nur mit dem Inhalt als zugegangen zugerechnet werden, wie er sie vernünftigerweise verstehen konnte[1]. Es kommt also nicht darauf an, wie der Empfänger der Erklärung diese subjektiv verstehen will. Es genügt damit für eine wirksame Kündigung jedes Verhalten, mit dem die eine Partei der anderen eindeutig ihren Willen kundgibt, das Arbeitsverhältnis lösen zu wollen.

Aus Gründen der Rechtsklarheit ist die Kündigung grundsätzlich **bedingungsfeindlich**. Sog. Potestativbedingungen sind aber zulässig, weil ihr Eintritt ausschließlich vom Willen des Kündigungsempfängers abhängt[2]. So sind vorsorglich hilfsweise Kündigungen, zB die ordentliche Kündigung bei zuvor oder gleichzeitig ausgesprochener außerordentlicher Kündigung zulässig.

Zunächst muss immer geklärt werden, ob eine außerordentliche Kündigung aus wichtigem Grund ausgesprochen werden soll oder nur eine ordentliche. Ist die Erklärung nicht eindeutig, zB bei Ausspruch einer „fristlosen" Kündigung, weil der Kündigende eine sog. soziale Auslauffrist mit der außerordentlichen Kündigung verbunden hat, kommen auch sonstige Umstände der Erklärung selbst, insbesondere einer beigefügten Begründung als **Auslegungshilfe**, in Betracht[3]. Unklarheiten oder Zweifel gehen zu Lasten des Erklärenden[4]. Bislang konnte man in der Praxis davon ausgehen, dass die Angabe einer zu kurzen Kündigungsfrist im Kündigungsschreiben die Wirksamkeit der Kündigung unberührt lässt[5]. Regelmäßig wurde vom BAG im Wege der Auslegung oder Umdeutung – dies ist häufig offen geblieben – die Kündigung so aufgefasst, dass sie zum nächstmöglichen Kündigungstermin wirksam werden sollte[6].

---

1 BAG 11.6.1959 – 2 AZR 334/57, BB 1959, 814.
2 BAG 28.4.1994 – 2 AZR 730/93, DB 1994, 1730; 27.6.1968 – 2 AZR 329/67, DB 1968, 1588; 10.11.1994 – 2 AZR 207/94, BB 1995, 364.
3 BAG 13.1.1982 – 7 AZR 757/79, BB 1983, 964.
4 Schaub/*Linck*, § 123 Rz. 38 unter Verweis auf BAG 11.6.1959 – 2 AZR 334/57, AP Nr. 1 zu § 130 BGB mit Anm. *Larenz*.
5 Vgl. BAG 15.12.2005 – 2 AZR 148/05, NZA 2006, 791 ff. (bestätigt durch BAG 6.7.2006 – 2 AZR 215/05, Rz. 15, AP Nr. 57 zu § 4 KSchG 1969; ihm folgend der 6. Senat im Urt. v. 9.2.2006 – 6 AZR 283/05, BAGE 117/68 Rz. 32; ausdr. offen gelassen vom 8. Senat im Urt. v. 21.8.2008 – 8 AZR 201/07, Rz. 31, AP Nr. 353 zu § 613a BGB; vgl. zum Meinungsstand auch APS/*Ascheid-Hesse*, § 4 KSchG Rz. 10b und APS/*Linck*, § 622 BGB Rz. 66 ff. mwN), mit Verweis in Rz. 23 u.a. auf BAG 13.7.1989 – 2 AZR 509/88.
6 So insbesondere auch BAG 13.7.1989 – 2 AZR 509/88, unter II.2.; ferner KR/*Friedrich*, § 13 KSchG Rz. 287 (für Verstoß gegen die verkürzte Kündigungsfrist des § 113 Satz 2 InsO) und 315 (Nichteinhaltung tarifvertraglicher Kündigungsfristen): Verstoß führt dazu, dass die Kündigung als eine unter Einhaltung der „richtigen" Frist ausgesprochen gilt, § 140 BGB; vgl. dazu auch *Eisemann*, NZA 2011, 601 f.

I. Kündigungserklärung

Dies lässt sich nach der neueren und neuesten Rechtsprechung des BAG in dieser allgemeinen Form nicht mehr halten. Nach Ansicht des 2. Senats[1] soll im Regelfall bei einer fehlerhaft zugrunde gelegten, zu kurzen Kündigungsfrist die Erklärung mit dem Inhalt auszulegen sein, dass in jedem Fall eine fristwahrende Kündigung ausgesprochen werden sollte, also mit zulässiger Kündigungsfrist. In solchen Fällen sei eine Umdeutung nach § 140 BGB nicht erforderlich (vgl. dazu Rz. 120a). Der Wille des Arbeitgebers sei im Regelfall darauf gerichtet, die Kündigung zum – zulässigen – Termin auszusprechen.

20a

Nur dann, wenn der Kündigungstermin ausnahmsweise integraler Bestandteil der Willenserklärung ist, scheidet eine Umdeutung aus ebenso wie eine Auslegung, weil dann der anderslautende „klar artikulierte Wille" des Arbeitgebers keinen Schluss auf einen etwaigen mutmaßlichen Willen zulässt[2]. Einen solchen Fall einer „**atypischen Willenserklärung**" hat der 5. Senat des BAG in seinem Urteil vom 1.9.2010 angenommen[3]. Er hält die im konkreten Fall ausgesprochene Kündigung mit einer zu kurzen Frist nicht für auslegungsfähig in der Weise, dass die „richtige" Kündigungsfrist eingehalten werden sollte[4]. Der Wortlaut der Kündigungserklärung und die außerhalb der Kündigungserklärung liegenden Umstände, also die Auslegungskriterien, hätten nicht erkennen lassen, dass aus Sicht des Arbeitnehmers die Kündigung des Arbeitgebers zum späteren Zeitpunkt erkennbar gewollt sein sollte[5].

Wörtlich führt der 5. Senat aus, dass es nicht Aufgabe des Arbeitnehmers sei, „darüber zu rätseln, zu welchem anderen als in der Kündigungserklärung angegebenen Termin der Arbeitgeber die Kündigung gewollt haben könnte"[6]. Auch eine Umdeutung scheide aus, weil der Arbeitnehmer die fehlerhafte Kündigungsfrist nicht mit der fristgebundenen Klage nach § 4 Satz 1 KSchG angegriffen habe und deshalb die Fiktionswirkung des § 7 KSchG eingetreten sei[7].

Ist die Kündigung aus diesem Grund unwirksam, muss sie auch innerhalb der Drei-Wochen-Frist des § 4 KSchG angegriffen werden[8].

⊃ **Hinweis:** Nach der jüngsten Rechtsprechung des BAG ergeben sich bei Angabe einer zu kurzen Kündigungsfrist im Kündigungsschreiben zwei wichtige Schlussfolgerungen:

20b

> Um zu verhindern, dass die Kündigung aus diesem Grund unwirksam ist, ist vorsorglich bei der Angabe des Kündigungstermins anzufügen: „... bzw. zum nächstzulässigen Termin." Nur in diesem Fall kann und muss die Kündigungserklärung als zum nächstzulässigen Termin gewollt angesehen werden, entweder durch Auslegung oder Umdeutung.

> Für Arbeitnehmer ergibt sich daraus die zwingende Konsequenz, die Kündigung auch dann, wenn lediglich die Kündigungsfrist angegriffen werden soll, innerhalb der Drei-Wochen-Frist gem. § 4 KSchG anzugreifen.

Die in der Praxis immer wieder aufgetretenen Schwierigkeiten zu entscheiden, ob mit bestimmten Bemerkungen oder einem Verhalten eine Kündigung ausgesprochen werden sollte, sind durch das **Schriftformerfordernis** des § 623 BGB beseitigt. Das war auch der Sinn der gesetzlichen Regelung, so dass sich das Problem nur noch darauf beschränkt zu entscheiden, wie schriftliche Erklärungen auszulegen, zu deuten oder umzudeuten sind.

21

---

1 Vgl. BAG 15.12.2005 – 2 AZR 148/05, NZA 2006, 791 Rz. 28.
2 Vgl. BAG 15.12.2005 – 2 AZR 148/05, NZA 2006, 791 ff. (794 li. Sp., Rz. 28).
3 Vgl. BAG 1.9.2010 – 5 AZR 700/09, DB 2010, 2620.
4 Vgl. BAG 1.9.2010 – 5 AZR 700/09, DB 2010, 2620 Rz. 23.
5 Vgl. BAG 1.9.2010 – 5 AZR 700/09, DB 2010, 2620 Rz. 25.
6 Vgl. BAG 1.9.2010 – 5 AZR 700/09, DB 2010, 2620 Rz. 27.
7 BAG 1.9.2010 – 5 AZR 700/09, DB 2010, 2620 Rz. 30; vgl. dazu ausführlich auch *Eisemann*, NZA 2011, 601 f., dort auch zu den Grenzen der Auslegung und Umdeutung (604/605) mwN.
8 Vgl. BAG 1.9.2010 – 5 AZR 700/09, DB 2010, 2620 Rz. 13 ff.

Teilt der Arbeitgeber schriftlich mit, dass das **Personal wegen schlechter Auftragslage vorübergehend reduziert** werden müsse, weshalb einzelne Belegschaftsmitglieder nunmehr rückständigen Urlaub nehmen oder ihren Wehrdienst anträten, und schließt er daran die Bitte an, sich nach der Wiedergenesung für einige Zeit arbeitslos zu melden, so kann darin mangels hinreichender Abgrenzung von der bloßen Suspendierung keine Kündigung gesehen werden, wenn dem Arbeitnehmer überdies in Aussicht gestellt wird, im Falle der Geschäftsbelebung umgehend benachrichtigt zu werden[1].

Dasselbe gilt für eine Mitteilung des Arbeitgebers, Arbeitnehmer hätten zu einem bestimmten Zeitpunkt die Arbeit **einzustellen** verbunden mit der Erklärung, er betrachte damit das Arbeitsverhältnis zu diesem Zeitpunkt als beendet[2].

b) Angabe des Kündigungsgrundes

22 Grundsätzlich besteht **keine Verpflichtung, die Kündigung zu begründen**. Deshalb müssen die Kündigungsgründe im Regelfall nicht zugleich im Rahmen der Kündigungserklärung mitgeteilt werden.

Davon zu unterscheiden ist das Erfordernis, dass die Kündigungsgründe **vorliegen müssen** und, sofern die Kündigung angegriffen wird, selbstverständlich auch im Kündigungsrechtsstreit substantiiert vorzutragen sind. Ferner müssen natürlich dem Betriebsrat vor Ausspruch der Kündigung die Kündigungsgründe gem. § 102 Abs. 1 BetrVG vorgetragen werden, übrigens auch bei einer Kündigung, die noch nicht auf ihre soziale Rechtfertigung geprüft werden kann. Auch in einem solchen Fall hat der Arbeitgeber dem Betriebsrat zumindest die subjektive Wertung, die ihn zur Kündigung veranlasst hat, mitzuteilen[3].

23 Von dem Grundsatz, dass im Kündigungsschreiben keine Gründe genannt werden müssen, gibt es **Ausnahmen**, zB in § 22 Abs. 3 BBiG, § 9 Abs. 3 Satz 2 MuSchG (hier sogar mit der Einschränkung auf die der Behördenentscheidung zugrunde gelegten zulässigen Kündigungsgründe) und auch in tariflichen Vorschriften, zB § 54 BMT-G II, der den gesetzlichen Regelung in § 22 Abs. 3 BBiG nachgebildet ist. Die Kündigungsgründe im Kündigungsschreiben müssen in diesen Fällen so genau bezeichnet sein, dass im Prozess klar ist, auf welchen Lebenssachverhalt die Kündigung gestützt werden soll[4]. Dabei muss das Kündigungsschreiben selbst oder ihm beigefügte Anlagen konkrete und nachvollziehbare Tatsachen enthalten, auf die der Kündigende seinen Beendigungswillen stützt[5].

Die bloße Bezugnahme auf eine im Ausbildungsvertrag genannte Pflicht des Auszubildenden genügt nicht dem Formerfordernis des § 22 Abs. 3 BBiG[6].

Werden diese Formvorschriften nicht beachtet, ist die Kündigung **nichtig**.

Inwieweit in solchen Fällen Kündigungsgründe **nachgeschoben** werden können (vgl. Rz. 25 ff.), ist nicht ganz geklärt. Man könnte annehmen, dass dem Formerfordernis der Angabe der Kündigungsgründe im Kündigungsschreiben nachträglich entsprochen werden kann entweder durch ein weiteres Schreiben oder den Begründungsschriftsatz im Kündigungsrechtsstreit[7]. Dabei wird aber außer Acht gelassen, dass hier Kündigungserklärung und die unverzichtbare Angabe der Kündigungsgründe aus-

---

1 LAG Hamm 7.7.1994 – 8 Ta 303/94, BB 1994, 1714.
2 LAG Nürnberg 8.2.1994 – 2 Sa 766/93, BB 1994, 1290.
3 BAG 3.12.1998 – 2 AZR 234/98, NZA 1999, 477; LAG Schl.-Holst. 30.10.2002 – 5 Sa 345/02, NZA-RR 2003, 310.
4 BAG 10.2.1999 – 2 AZR 176/98, NZA 1999, 602 (603).
5 LAG Köln 8.1.2003 – 7 Sa 852/02, EzA-SD 2003, Nr. 10, 16 (Ls.).
6 Vgl. LAG Köln 18.2.2004 – 3 Sa 1392/03.
7 LAG Bremen 2.9.1953 – Sa 123/53, BB 1954, 162; vgl. auch *Scheuring/Lang/Hoffmann*, § 54 Erläuterung 6 f. und 7. zum Nachschieben der Gründe bei § 54 BMT-G.

I. Kündigungserklärung

einanderfallen. Damit fehlt schon der Kündigungserklärung selbst die notwendige Klarheit und Eindeutigkeit. Schon im Zeitpunkt der Kündigung muss eindeutig feststellbar sein, ob sie wirksam ist oder nicht. Fehlt die – ausnahmsweise erforderliche – Angabe der Kündigungsgründe, ist die Kündigung unwirksam.

Davon zu unterscheiden ist das Problem, ob Kündigungsgründe generell nachgeschoben werden können (vgl. Rz. 25 ff.).

Keine Formvorschrift zur Angabe von Kündigungsgründen in der Kündigungserklärung enthält § 626 Abs. 2 Satz 3 BGB nach Ausspruch einer außerordentlichen Kündigung. Danach hat der Arbeitgeber dem Arbeitnehmer auf Verlangen die Kündigungsgründe unverzüglich schriftlich mitzuteilen. Damit ergibt sich schon aus dem Gesetzeswortlaut, dass die Kündigungsgründe nachgereicht werden können. Die Sanktion ist im Gesetz ebenfalls beschrieben: Der Arbeitgeber macht sich schadensersatzpflichtig, wenn er dieser Verpflichtung nicht nachkommt. Der Schaden kann in den Kosten eines unnötig geführten Kündigungsrechtsstreits liegen, **in der Praxis** spielt diese Schadensersatzpflicht so gut wie **keine Rolle**, weil es in der Regel an der Kausalität zwischen Pflichtverletzung und Entscheidung, die Kündigung anzugreifen, fehlen dürfte. 24

c) Nachschieben von Kündigungsgründen

Es ist denkbar, dass der Arbeitgeber, nachdem er den Zugang der Kündigungserklärung bei dem Arbeitnehmer bewirkt hat, seinen Sachvortrag hinsichtlich der bereits mitgeteilten **Kündigungsgründe erweitert** oder nunmehr einen ganz **anderen Kündigungsgrund** nennt oder sich zusätzlich zu den bereits mitgeteilten nunmehr auf **weitere Kündigungsgründe stützt** (sog. Nachschieben von Kündigungsgründen). Für das Nachschieben von Kündigungsgründen kommen nur solche Kündigungsgründe in Betracht, die zum Zeitpunkt des Ausspruchs der Kündigung bereits vorgelegen haben. Die Beurteilung, ob das Nachschieben von Kündigungsgründen zulässig ist, hängt entscheidend davon ab, ob eine Anhörung des Betriebsrats gem. § 102 Abs. 1 BetrVG erforderlich ist oder nicht. Insoweit ist das Nachschieben von Kündigungsgründen unter dem materiell-rechtlichen Aspekt einerseits und dem betriebsverfassungsrechtlichen Aspekt andererseits zu betrachten. 25

In **materiell-rechtlicher Hinsicht** können Kündigungsgründe, die im Zeitpunkt der Kündigung bestanden haben, im Kündigungsschutzprozess **uneingeschränkt nachgeschoben** werden[1]. Unter dem materiell-rechtlichen Aspekt ist es daher unschädlich, wenn der Arbeitgeber dem Arbeitnehmer zunächst im Kündigungsschreiben zu wenige oder die falschen Kündigungsgründe nennt. Entscheidend ist dann allein die objektive Rechtslage. Wenn die Kündigungsgründe tatsächlich bestehen, so ist die Kündigung wirksam. Liegen die Kündigungsgründe nicht vor, ist die Kündigung rechtsunwirksam. Die Wirksamkeit bzw. Unwirksamkeit hängt nicht davon ab, welche Gründe der Arbeitgeber dem Arbeitnehmer beim Ausspruch der Kündigung oder zu einem späteren Zeitpunkt zunächst mitgeteilt hat[2]. Allerdings ist die Möglichkeit des Nachschiebens von Kündigungsgründen nach der Rechtsprechung des BAG dann fraglich, wenn der Kündigende die Kündigungsgründe im Prozess völlig auswechselt[3]. Diese Auffassung des BAG ist jedoch in der Literatur auf Kritik gestoßen: Entscheidend sei allein die Existenz der Kündigungsgründe im Zeitpunkt der Abgabe der Kündigungserklärung; auf dieser Grundlage sei zu prüfen, ob der Sachverhalt die Kündigung nach der jeweils in Betracht kommenden Norm zu tragen in der Lage sei. 26

---

1 BAG 11.4.1985 – 2 AZR 239/84, AP Nr. 39 zu § 102 BetrVG 1972; bestätigt durch BAG 4.6.1997 – 2 AZR 362/96, AP Nr. 5 zu § 626 – Nachschieben von Kündigungsgründen.
2 MünchArbR/*Wank*, § 120 Rz. 117.
3 BAG 18.1.1980 – 7 AZR 260/78, EzA § 626 BGB nF Nr. 71.

Dass die Kündigung von einem ganz anderen Grund ausgelöst worden sei, müsse ohne Bedeutung bleiben¹.

27 Sofern ein **Betriebsrat** zu den Kündigungsgründen gem. § 102 Abs. 1 BetrVG anzuhören ist, können Kündigungsgründe nicht beliebig nachgeschoben werden. Es kommt darauf an, wann sie dem Arbeitgeber bekannt geworden sind.

Waren sie bereits **vor Ausspruch der Kündigung bekannt** und sind sie absichtlich oder versehentlich im Rahmen der Anhörung dem Betriebsrat nicht vorgetragen worden, bleibt der Arbeitgeber mit diesen Kündigungsgründen ausgeschlossen, sie können auch nicht nachgeschoben werden, auch wenn der Betriebsrat schon aufgrund der mitgeteilten Gründe zugestimmt hat². Erfährt der Arbeitgeber dagegen die Kündigungsgründe erst **nach Ausspruch der Kündigung**, können sie im Kündigungsrechtsstreit nachgeschoben werden. Zuvor muss jedoch der Betriebsrat zu den Kündigungsgründen erneut angehört werden, auch wenn die Kündigung bereits ausgesprochen worden ist³. Die Ausschlussfrist des § 626 Abs. 2 BGB gilt hier nicht⁴.

Erst **nach Ausspruch** der Kündigung **auftretende** Kündigungsgründe können nicht zur nachträglichen Rechtfertigung einer bereits ausgesprochenen Kündigung vorgetragen werden, sie erfordern den Ausspruch einer weiteren Kündigung, uU einer vorsorglich hilfsweisen. Natürlich muss vor Ausspruch einer solchen Kündigung der Betriebsrat ebenfalls angehört werden (vgl. im Übrigen Teil 3 J Rz. 135 ff.).

4. Zeit und Ort der Kündigung, Kündigung zur Unzeit und vor Dienstantritt

a) Zeit und Ort der Kündigung

28 Gesetzliche Vorschriften über Zeit und Ort der Kündigung existieren nicht. Deshalb kann die Kündigung, soweit im Tarifvertrag, einer (wirksamen) Betriebsvereinbarung oder im Arbeitsvertrag nichts anderes vereinbart worden ist, **zu jeder Zeit und an jedem Ort** ausgesprochen werden. Die Kündigung darf also nicht nur während der Arbeitszeit oder lediglich am Arbeitsplatz ausgesprochen werden. Sie muss deshalb nicht unbedingt an einem Werktag, sondern kann auch zB an einem Sonntag oder gesetzlichen Feiertag erfolgen. Demgemäß muss auch keine besondere Bereitschaft des Empfängers der Kündigung zu deren Entgegennahme bestehen. Dies gilt jedenfalls in aller Regel. Nur ausnahmsweise kann der Empfänger die Kündigung **zurückweisen**. Treffen sich die Arbeitsvertragsparteien zB auf einem Jahrmarkt oder einer Karnevalsveranstaltung und wird bei dieser Gelegenheit von einer Vertragspartei eine Kündigung ausgesprochen, so kann die jeweils andere Vertragspartei diese Kündigungserklärung zurückweisen. Die Kündigung muss in diesem Falle wiederholt werden. Fehlt es jedoch an der Zurückweisung, so ist die Kündigung nicht aus diesem Grunde unwirksam⁵.

b) Kündigung zur Unzeit

29 Allein durch ihren Zugang am 24. Dezember („Heiligabend") wird eine Kündigung nicht unwirksam. Zusätzliche, den Arbeitnehmer besonders beeinträchtigende Um-

---

1 Vgl. KR/*Fischermeier*, § 626 BGB Rz. 192, 180 mwN, auch zur gegenstehenden älteren BAG-Rechtsprechung, so auch *Preis* in Stahlhacke/Preis/Vossen, Rz. 542.
2 BAG 26.9.1991 – 2 AZR 132/91, AP Nr. 28 zu § 1 KSchG 1969 – Krankheit unter Hinweis auf BAG 2.4.1987 – 2 AZR 418/86, AP Nr. 96 zu § 626 BGB.
3 BAG 11.4.1985 – 2 AZR 239/84, AP Nr. 39 zu § 102 BetrVG 1972; vgl. im Übrigen *Weber/Ehrich/Burmester/Fröhlich*, Teil 1 Rz. 651 mwN.
4 BAG 18.1.1980 – 7 AZR 260/78, AP Nr. 1 zu § 626 BGB – nachgeschobener Kündigungsgrund; KR/*Fischermeier*, § 626 BGB Rz. 180 mwN.
5 Vgl. *Preis* in Stahlhacke/Preis/Vossen, Rz. 120.

stände müssen hinzutreten, damit allein wegen des Kündigungszeitpunkts die Kündigung als ungehörig und damit rechtsunwirksam angesehen werden kann[1]. Das ist in einer vom BAG auch zitierten Entscheidung des LAG Bremen angenommen worden bei einer Kündigung, die einem Arbeitnehmer nach einem schweren Arbeitsunfall am selben Tag im Krankenhaus unmittelbar vor einer auf dem Unfall beruhenden Operation ausgehändigt wurde. Diese ist auch dann als „Kündigung zur Unzeit" gem. § 242 BGB nichtig, wenn Motiv für die Kündigung nicht der Unfall, sondern betriebsbedingte Gründe waren, zu denen zuvor der Betriebsrat angehört wurde. Dies gilt auch dann, wenn der zur Kündigung Berechtigte sich eines Erklärungsboten bedient, bei dessen Beauftragung er den Unfall noch nicht kannte. Der Empfänger einer solchen Kündigung muss diese nicht unverzüglich zurückweisen. Ihm ist eine **angemessene Erklärungsfrist** zuzubilligen, deren Länge vom Einzelfall abhängt. Bei einem längeren Krankenhausaufenthalt des Kündigungsempfängers mit vorhergehender Operation ist eine Zurückweisung, die dem Kündigenden 14 Tage nach dem Ausspruch der Kündigung zugeht, nicht verspätet[2].

c) Kündigung vor Dienstantritt

Häufig liegt der Vertragsschluss weit vor Dienstantritt, zB aufgrund langer Kündigungsfristen des Arbeitnehmers im bestehenden Arbeitsverhältnis. In der Praxis stellt sich dann die Frage, ob das Arbeitsverhältnis vor dem vereinbarten Dienstantritt gekündigt werden kann – vom Arbeitgeber oder Arbeitnehmer – und ab wann ggf. die Kündigungsfrist zu laufen beginnt, ab Ausspruch der Kündigung oder ab Zeitpunkt des Dienstantritts. 30

Diese Fragen bedürfen einer Klärung möglichst bereits im Text des Arbeitsvertrages, sie unterliegen nämlich der **Dispositionsfreiheit** der Parteien[3]. 31

In vielen Fällen haben die Parteien dieses Problem entweder nicht gesehen oder nicht regeln wollen oder keinen schriftlichen Arbeitsvertrag abgeschlossen. In einem solchen Fall fehlt es regelmäßig an einer Regelung.

Eine gesetzliche Regelung dieser Fragen fehlt.

Deshalb kann man zunächst davon ausgehen, dass nichts dagegen spricht, eine Kündigung auch schon vor Dienstantritt für **zulässig** zu halten. Nur wenn klar erkennbare, besondere Umstände vorliegen, kann ausnahmsweise eine Kündigung vor Aufnahme der Tätigkeit auf der Basis des bereits abgeschlossenen Arbeitsvertrages unzulässig sein. So kann die Unzulässigkeit für eine Kündigung des Arbeitgebers vor Dienstantritt aus einem Verhalten des Arbeitgebers zu entnehmen sein, mit dem er **besonderes Vertrauen** auf Arbeitnehmerseite geweckt hat, zB eine Lebens- oder Dauerstellung zusagt und den Arbeitnehmer damit aus einem anderen, sicheren Arbeitsverhältnis abwirbt. Auch die Vereinbarung einer **Vertragsstrafe** für den Fall der Nichtaufnahme der Tätigkeit spricht dafür, dass die Kündigung vor Dienstantritt unzulässig ist[4].

In diesem Zusammenhang spielt es keine Rolle, ob eine ordentliche oder außerordentliche Kündigung vor Dienstantritt möglich sein soll[5].

---

1 BAG 5.4.2001 – 2 AZR 185/00, BB 2001, 942; aA wohl LAG Hamm 3.2.2004 – 19 Sa 1956/03, ArbRB 2004, 233.
2 LAG Bremen 29.10.1985 – 4 Sa 151/85, BB 1986, 393.
3 So BAG 25.3.2004 – 2 AZR 324/03, EzA § 620 BGB 2002 – Kündigung Nr. 1; vgl. auch KR/*Spilger*, § 622 BGB Rz. 127.
4 Vgl. *Preis* in Stahlhacke/Preis/Vossen, Rz. 143; KR/*Spilger*, § 622 BGB Rz. 127; Schaub/*Linck*, § 123 Rz. 75.
5 Vgl. BAG 2.11.1978 – 2 AZR 74/77, BB 1979, 1038; 22.8.1964 – 1 AZR 64/64, BB 1964, 1341.

32 Häufig treffen die Parteien eine Regelung, nach der die Kündigung vor Antritt des Arbeitsvertrages möglich sein soll, lassen aber die Frage offen, wann der **Lauf der Kündigungsfrist beginnen** soll. Haben die Parteien keine Regelung getroffen, beginnt im Zweifel die Kündigungsfrist mit dem Zugang der Kündigungserklärung[1]. Zunächst aber müssen die zwischen den Parteien getroffenen Vereinbarungen und Umstände vor dem Hintergrund der Interessenlage und des Vertragsverständnisses redlicher Vertragspartner ausgelegt werden. Auch hier sind die Auslegungskriterien zu berücksichtigen, die bereits bei der Frage eine Rolle spielen, ob überhaupt die Kündigung vor Dienstantritt zulässig sein soll. Vereinbaren die Parteien zB die kürzeste zulässige Kündigungsfrist, spricht dies eindeutig für den Beginn der Kündigungsfrist mit dem Ausspruch der Kündigung vor Dienstantritt[2].

33 Nach der **ständigen Rechtsprechung** des BAG ist für die Praxis die Lösung zweifelhafter Fälle relativ klar: Die Kündigung vor Dienstantritt ist zulässig, die Kündigungsfrist beginnt mit dem Zugang der Kündigungserklärung. Sicherheit haben die Parteien damit allerdings nicht. Durch Auslegung könnte im konkreten Rechtsstreit ausnahmsweise auch ein anderes Ergebnis zustande kommen.

34 ➲ **Hinweis:** Bei der Vertragsgestaltung muss deshalb das Problem der Kündigung vor Dienstantritt geregelt und gestaltet werden. Ein Interesse daran haben sowohl die Arbeitgeber- wie die Arbeitnehmerseite. Die Interessenlagen sind nicht immer gleich, die Lösung ist deshalb danach auszurichten, wen man vertritt und welches Interesse der Mandant haben könnte. Bei Vertragsabschluss kann übrigens häufig zu dieser Frage noch ein Konsens herbeigeführt werden.

35 Haben die Parteien lediglich eine **Probezeit von sechs Wochen** vereinbart, während der das Arbeitsverhältnis mit einer Monatsfrist zum Monatsende gekündigt werden kann, so folgt daraus weder der Ausschluss einer Kündigung vor Arbeitsantritt noch, dass bei einer vor Arbeitsantritt erfolgten Kündigung nicht die verkürzte Kündigungsfrist von einem Monat, sondern die – nach früherer Rechtslage – gesetzliche Kündigungsfrist von sechs Wochen zum Quartal gelten soll[3].

36 Ein **Berufsausbildungsvertrag** kann entsprechend § 22 Abs. 1 BBiG bereits vor Beginn der Berufsausbildung von beiden Vertragsparteien ordentlich entfristet gekündigt werden, wenn die Parteien keine abweichende Regelung vereinbart haben und sich der Ausschluss der Kündigung vor Beginn der Ausbildung für den Ausbilder auch nicht aus den konkreten Umständen (zB der Abrede oder dem ersichtlichen gemeinsamen Interesse, die Ausbildung jedenfalls für einen bestimmten Teil der Probezeit tatsächlich durchzuführen) ergibt[4].

37 Folgende **Besonderheiten** sind insbesondere auch bei einer Kündigung vor Arbeitsantritt aus anwaltlicher Sicht zu beachten:
– Das Kündigungsverbot des § 9 MuSchG gilt auch dann, wenn der Arbeitgeber das Arbeitsverhältnis einer Schwangeren vor dessen Beginn fristgemäß kündigt[5].
– Der Arbeitgeber hat den **Betriebsrat** nach § 102 Abs. 1 BetrVG vor jeder Kündigung anzuhören, dh. auch vor einer Kündigung, die der Arbeitgeber vor Vertragsbeginn ausspricht[6].

---

1 Vgl. BAG 25.3.2004 – 2 AZR 324/03, EzA § 620 BGB 2002 – Kündigung Nr. 1.
2 Vgl. BAG 25.3.2004 – 2 AZR 324/03, EzA § 620 BGB 2002 – Kündigung Nr. 1.
3 LAG BW 8.12.1976 – 8 Sa 184/76, DB 1977, 918.
4 BAG 17.9.1987 – 2 AZR 654/86, BB 1988, 1426.
5 LAG Düsseldorf 30.9.1992 – 11 Sa 1049/92, NZA 1993, 1041.
6 Vgl. LAG Hess. 18.4.1979 – 10/7 Sa 788/78, nv. und 31.5.1985 – 13 Sa 833/84, DB 1985, 2689.

5. Form der Kündigungserklärung

a) Schriftform, § 623 BGB

Die Kündigung bedarf gem. § 623 BGB der Schriftform. Die Formvorschrift wurde eingeführt, um die Arbeitsgerichte zu entlasten, und aus Gründen der Rechtssicherheit[1]. **38**

Damit ist für die Praxis der Streit um die Frage, ob eine Kündigung ausgesprochen worden ist oder nicht, in aller Regel erledigt. Die früher taktisch oft schwierig zu lösende Frage, ob man sich gegen eine – vermeintliche – Arbeitgeberkündigung zur Wehr setzen sollte – und damit erst einen möglichen Streit auslöste – oder der Arbeitgeber darauf vertrauen durfte, dass die Erklärung des Arbeitnehmers als Kündigung aufzufassen war, hat sich erledigt. Allerdings bleibt immer noch die Frage, inwieweit die Berufung auf die fehlende Schriftform **treuwidrig** sein kann[2]. So kann zB ein besonderer Vertrauenstatbestand geschaffen worden sein, der den Formmangel ausnahmsweise gem. § 242 BGB unbeachtlich sein lässt. Das soll nur ausnahmsweise gelten, damit die Formvorschriften des bürgerlichen Rechts nicht ausgehöhlt werden[3].

Das Formproblem unter dem Aspekt der Verwirkung ist allerdings nicht neu und hat grundsätzlich nichts mit § 623 BGB zu tun. Auch früher gab es schon in einzelnen tariflichen oder gesetzlichen Vorschriften **Formerfordernisse**, so zB die konstitutiv wirkenden Schriftformerfordernisse in § 9 Abs. 3 MuSchG, § 22 Abs. 3 BBiG und § 65 Abs. 2 SeeArbG (zu weiteren Problemen mit dem gesetzlichen Formerfordernis vgl. Rz. 41 ff.)[4].

Muss zB, wie bei einer Gesellschaft bürgerlichen Rechts, die Kündigung grundsätzlich von allen Gesellschaftern ausgesprochen werden, so gilt das auch für das Schriftformerfordernis, so dass alle Erklärenden die schriftliche Willenserklärung zu unterzeichnen haben[5].

b) Sonstige Formvorschriften

Vor Inkrafttreten des § 623 BGB mit der Anordnung der gesetzlichen Schriftform gab **39** es Formvorschriften für Kündigungen in Tarifverträgen oder Betriebsvereinbarungen, die in ihrer Wirkung zwar durch die gesetzliche Einführung der Schriftform nicht aufgehoben wurden, jedoch weitgehend obsolet sind.

Nur dort, wo in tariflichen Vorschriften, wie zB in § 54 BMT-G, inzwischen weitgehend abgelöst durch den TVöD, die **Gründe für die Kündigung** im Kündigungsschreiben angegeben werden müssen, behält sie ihre selbständige Bedeutung. Die ohne Begründung ausgesprochene Kündigung ist dann auch formnichtig gem. § 125 Abs. 1 BGB[6].

Soweit die gesetzliche Schriftform des § 126 BGB, die in § 623 BGB angesprochen **39a** wird, in manchen tariflichen Formvorschriften noch dadurch verschärft wird, dass Kündigungen per **Einschreiben** zugestellt werden müssen, gibt es zwei Möglichkeiten der Auslegung:

Zunächst einmal muss geklärt werden, welche Art der Einschreiben – einfache (Übergabe-)Einschreiben, Einwurf-Einschreiben und Einschreiben gegen Rückschein – ge-

---

1 Vgl. amtl. Begr. zu Art. 2 Arbeitsgerichtsbeschleunigungsgesetz, BT-Drucks. 14/626, 11.
2 Vgl. ErfK/*Müller-Glöge*, § 623 BGB Rz. 14; vgl. *Caspers*, RdA 2001, 28 (29); Küttner/*Eisemann*, Kündigung allgemein Rz. 32; für den besonderen Fall der Faxkündigung vgl. ArbG Berlin 1.3.2002 – 24 Ca 19544/01, NZA-RR 2002, 522 (523).
3 Vgl. BAG 16.9.2004 – 2 AZR 659/03, NZA 2005, 162.
4 Vgl. *Böhm*, NZA 2000, 561 ff. und *Richardi/Annuß*, NJW 2000, 1231 ff.
5 BAG 21.4.2005 – 2 AZR 162/04, NZA 2005, 865.
6 BAG 25.8.1977 – 3 AZR 707/75, BB 1978, 405.

meint sein können, zum anderen aber auch, ob diese ergänzende Formvorschrift konstitutiv sein soll oder nur beweissichernde Funktion hat. An sich ist regelmäßig davon auszugehen, dass diese Schriftform nur Beweiszwecken, insbesondere auch zum **Beweis des Zugangs** dienen soll[1]. Die Versendungsart per Einschreiben kann nicht losgelöst vom Zweck beurteilt werden. Hält ein Brief die gesetzliche Schriftform ein, kommt es nicht darauf an, auf welche Weise er dem Empfänger zugeht. Ist der Zugang geklärt, tritt die Frage, auf welche Weise er zum Empfänger gelangt ist, in seiner Bedeutung völlig zurück. Es macht keinen Sinn, dass der Zugang durch Übergabe des Kündigungsschreibens am Arbeitsplatz (die bevorzugte Zustellungsform, vgl. auch Rz. 79 ff.) daran scheitern soll, dass es nicht per Einschreiben versandt wurde.

40 In vielen Arbeitsverträgen ist – auch schon vor dem 1.5.2000 – die Formulierung zu finden, dass die Kündigung der Schriftform bedarf ebenso wie die Änderung vertraglicher Bestimmungen. Auch die Versendung der Kündigung per Einschreiben wird teilweise vereinbart. Für diese **individualrechtlichen Regelungen** gilt dasselbe wie für tarifrechtliche Regelungen mit der Besonderheit, dass bislang solche Regelungen auch einverständlich aufgehoben werden konnten. Das konnte auch konkludent geschehen, es sei denn, die Schriftformklausel bezog sich auch auf die Abänderung dieser Klausel selbst (sog. erweiterte oder qualifizierte Schriftformklausel).

Diese Möglichkeit schließt § 623 BGB aus. Nach allgemeiner Ansicht[2] ist die Einhaltung der gesetzlichen Formvorschriften gerade im Hinblick auf die Rechtssicherheit grundsätzlich unerlässlich. Deshalb haben allgemeine Billigkeitserwägungen gegenüber diesen Vorschriften zurückzutreten. Was gilt, wenn beide Seiten den Formverstoß kennen, beantwortet sich aus dem allgemeinen Prinzip der **Verwirkung**. Eine konkludente abändernde Vereinbarung kann darin nicht mehr gesehen werden[3].

c) Anforderungen an die gesetzliche Schriftform, § 126 BGB

41 Die Anforderungen an die gesetzliche Schriftform ergeben sich aus § 126 BGB: Das Kündigungsschreiben muss eigenhändig durch **Namensunterschrift** oder durch **notariell beglaubigtes Handzeichen** unterzeichnet werden. In dieser Form muss es auch dem Kündigungsempfänger zugehen[4].

An die **Lesbarkeit des Namenszuges** stellt das BAG keine hohen Anforderungen. Es genüge, die Identität des Unterschreibenden ausreichend aus dem Schriftzug entnehmen zu können. Dieser könne individuelle und entsprechend charakteristische Merkmale aufweisen, die die Nachahmung erschweren. Der Unterzeichnende solle aufgrund dieser eigenhändigen Unterschrift nur identifiziert werden können. Die gesetzliche Vorschrift verlange nicht, dass die Person des Unterzeichnenden bei Abgabe der schriftlichen Erklärung für den Erklärungsempfänger feststehen müsse[5].

Das Schriftformerfordernis erfüllen **nicht** die Unterzeichnung mit einer **Paraphe**, Übermittlung per **Telefax**, erst recht nicht per **Computerfax** oder **E-Mail**, per **Telegramm**, per **SMS**, Mitteilung über **Intranet** oder sonstiger neuer Übermittlungstechniken[6].

---

1 Vgl. BAG 20.9.1979 – 2 AZR 967/77, AP Nr. 8 zu § 125 BGB; *Bauer/Krieger/Arnold*, B I Rz. 8; so auch *Weber/Ehrich/Burmester/Fröhlich*, Teil 1 Rz. 135 mwN.
2 Vgl. MünchKommBGB/*Einsele*, § 125 Rz. 52.
3 MünchKommBGB/*Einsele*, § 125 Rz. 56 unter Berufung auf die Rspr. des BGH, dort Fn. 156.
4 BAG 21.4.2005 – 2 AZR 162/04, NZA 2005, 865; LAG Düsseldorf 27.5.2003 – 16 Sa 1453/02, EzA-SD 2003, Nr. 18, 9 (Ls.).
5 Vgl. BAG 24.1.2008 – 6 AZR 519/07, NZA 2008, 521.
6 Vgl. KR/*Spilger*, § 623 BGB Rz. 119–126, jeweils mwN; *Küttner/Eisemann*, Kündigung allgemein, Rz. 31.

Ob eine Unterschrift mit dem **Zusatz „i.A."** als Vertretererklärung gilt und damit dem Arbeitgeber zuzurechnen ist, hängt von den Umständen des Einzelfalls ab[1]. Allein dieser Zusatz lässt noch nicht darauf schließen, dass der Erklärende lediglich als Bote gehandelt hat. Wenn der rechtsgeschäftliche Vertretungswille in der Urkunde jedenfalls andeutungsweise Ausdruck gefunden hat, kommt auch – ausnahmsweise – eine Vertretererklärung in Betracht, die dem Arbeitgeber zuzurechnen ist, wenn der Erklärende eine Vollmacht vorlegt oder der Arbeitgeber bzw. das Arbeitgeberorgan den Erklärungsempfänger über die Vollmacht vorab unterrichtet hatte, § 174 BGB. Bei der nach §§ 133, 157 BGB gebotenen Auslegung muss auch berücksichtigt werden, dass im nicht juristischen Bereich zwischen „Auftrag" und „Vertretung" nicht klar unterschieden werde, vielfach seien die Zusätze lediglich auf unterschiedliche Hierarchieebenen zurückzuführen. Ergibt sich aus den Gesamtumständen, dass eine Vertretererklärung abgegeben werden sollte, ist der Zusatz „i.A." durchaus auch als Vertretererklärung anzusehen[2].

Mitunter neigen Prozessbevollmächtigte des Arbeitgebers dazu, eine Kündigung **in einem Schriftsatz** „zu verstecken". Die Schriftform des § 623 BGB wird in einer solchen Schriftsatzkündigung grundsätzlich nur dann gewahrt, wenn die dem Arbeitnehmer zugehende Abschrift auch vom Prozessbevollmächtigten des Arbeitgebers unterzeichnet ist, wobei auch eine beglaubigte Abschrift, vom Prozessbevollmächtigten unterzeichnet, ausreichen soll[3].

Der Gesetzgeber hat sich in § 623 letzter Halbs. BGB entschlossen, die **elektronische Form** für Kündigungen nicht zuzulassen. Diese Form kann also nicht gem. § 126 Abs. 3 iVm. § 126a BGB die gesetzliche Schriftform erfüllen, weil § 623 BGB die elektronische Form ausdrücklich ausschließt.

Ob ausnahmsweise die gesetzliche Schriftform des § 126 Abs. 1 BGB gewahrt ist, wenn dem Arbeitnehmer versehentlich das Original des Kündigungsschreibens zur Empfangsbestätigung vorgelegt wird, er vom Inhalt Kenntnis erlangt hat und ihm nach Unterzeichnung eine **Fotokopie** zum Verbleib ausgehändigt wird, wurde mittlerweile höchstrichterlich entschieden. Das BAG hat zu Recht darauf hingewiesen, dass es zwar auch um die Schriftform gehe, ebenso aber auch um die Frage, ob das Kündigungsschreiben, das ja der Schriftform im Original genügt hat, dem Empfänger auch zugegangen sei, wenn dem Arbeitnehmer lediglich eine Kopie ausgehändigt wurde, ihm das Original aber zumindest vorgelegt worden ist und er vom Inhalt Kenntnis nehmen konnte. In diesem Fall sei dem Arbeitnehmer wegen Verwirkung der Einwand fehlender Schriftform und des fehlenden Zugangs abgeschnitten[4] (vgl. auch die Ausführungen in Rz. 79 ff., insb. Rz. 89).

42

Einstweilen frei.

43–50

6. Vertretung und Kündigungserklärung

a) Gesetzliche Vertretung

Die Kündigung kann nur vom Vertragspartner erklärt werden. Die **juristische Person** wird durch das gesetzliche Organ vertreten, zB bei der AG durch den Vorstand, bei der GmbH durch den oder die Geschäftsführer. Für die nach außen eintretende Wirksamkeit einer von einer juristischen Person erklärten Kündigung kommt es nur darauf an,

51

---

1 Vgl. BAG 13.12.2007 – 6 AZR 145/07, NZA 2008, 403.
2 Vgl. BAG 13.12.2007 – 6 AZR 145/07, NZA 2008, 403.
3 Vgl. LAG Nds. 30.11.2001 – 10 Sa 1046/01, NZA-RR 2002, 242 (243).
4 Vgl. BAG 4.11.2004 – 2 AZR 17/04, NZA 2005, 513; so schon LAG Hamm 4.12.2003 – 4 Sa 900/03, NZA-RR 2004, 189 (mit zT abweichender Begründung) mit zust. Anm. *von Steinau-Steinrück*, NJW-Spezial 2004, 36/37.

ob die Kündigungserklärung dem Gesetz und der Satzung entspricht, nicht aber auch darauf, ob die vorangegangene innere Willensbildung der juristischen Person frei von rechtlichen Mängeln ist. Beim mehrköpfigen Vorstand einer juristischen Person unterliegt es keinen rechtlichen Bedenken, dass ein Vorstandsmitglied oder mehrere Vorstandsmitglieder vom Gesamtvorstand ermächtigt werden, die Vorstandsgeschäfte zu führen und die juristische Person zu vertreten[1]. Zwei Geschäftsführer, die nur zusammen zur Vertretung einer GmbH berechtigt sind, können ihre Gesamtvertretung in der Weise ausüben, dass ein Gesamtvertreter den anderen intern formlos zur Abgabe einer Willenserklärung ermächtigt und der zweite Gesamtvertreter allein die Willenserklärung abgibt. Diese Ermächtigung ist allerdings eine Erweiterung der gesetzlichen Vertretungsmacht, auf die die Vorschriften über die rechtsgeschäftliche Stellvertretung entsprechend anzuwenden sind.

51a Haben also mehrere Geschäftsführer einer **GmbH** nur eine gemeinschaftliche Vertretungsmacht nach § 35 Abs. 2 Satz 1 GmbHG, so kann der Kündigungsempfänger in entsprechender Anwendung des § 174 BGB die von nur einem Geschäftsführer ausgesprochene Kündigung, auch wenn er intern formlos ermächtigt worden ist, mit der Begründung zurückweisen, dass eine Ermächtigungsurkunde nicht vorgelegt worden sei[2]. Handelt einer der Geschäftsführer gleichzeitig im Namen des zweiten Geschäftsführers, fehlt die zweite Unterschrift mit der Folge, dass die Kündigung dann auch nicht die Schriftform der §§ 623, 126 Abs. 1 BGB erfüllt[3]. Die Vorschrift gilt auch im **öffentlichen Dienst**, wenn zB zwei Vorstandsmitglieder gesamtvertretungsberechtigt sind und nur ein Vorstandsmitglied des öffentlichen Unternehmens kündigt und keine Vollmacht des weiteren Vorstandsmitglieds vorlegt[4].

51b Auch bei Personenhandelsgesellschaften wie der **OHG**, der **KG**, aber auch der **Partnerschaftsgesellschaft**, die ja ins Partnerschaftsregister einzutragen ist, sind die Grundsätze der §§ 174, 180 BGB anwendbar. Wenn also nach den Satzungsbestimmungen Gesamtvertretung der geschäftsführenden Gesellschafter angeordnet ist, kann die nur von einem geschäftsführenden Gesellschafter ausgesprochene Kündigung unter Hinweis auf § 174 BGB zurückgewiesen werden. Ist dagegen Alleinvertretungsmacht eingeräumt, kann die Kündigung allein ausgesprochen werden, sie ist auch ohne Vorlage einer Vollmachtsurkunde nach § 174 Satz 1 BGB wirksam. Dasselbe gilt für den besonderen Vereinsvertreter iSd. § 30 BGB[5].

51c Ob dieselben Grundsätze für die **Gesellschaft bürgerlichen Rechts** gelten, ist zweifelhaft. Denn die Erwägung des BAG, jeder, der eine Erklärung des Vertreters entgegennehme, könne durch Einblick in ein öffentliches Register die Vertretungsmacht überprüfen, gilt bei der GbR nicht, weil sie nicht im Handelsregister oder, wie die Partnergesellschaft, im Partnerschaftsregister eingetragen ist[6]. Die Vorschrift des § 714 BGB stellt auf die Regelung der Geschäftsführung im Gesellschaftsvertrag ab. Ist danach einem Gesellschafter die Befugnis zur Geschäftsführung eingeräumt, ist er im Zweifel auch ermächtigt, die anderen Gesellschafter Dritten gegenüber zu vertreten. Ist im Gesellschaftsvertrag nichts geregelt, müssen alle Gesellschafter der GbR die Kündigung unterschreiben. Unterzeichnet ein Vertreter, so muss dies in der Urkunde durch einen das Vertretungsverhältnis anzeigenden Zusatz hinreichend deutlich zum Ausdruck kommen und natürlich auch die Vollmacht unterzeichnet sein[7].

---

1 ErfK/*Müller-Glöge*, § 620 BGB Rz. 27.
2 BAG 18.12.1980 – 2 AZR 980/78, BB 1981, 791; vgl. auch *Lohr*, MDR 2000, 620 ff. (621); so auch ErfK/*Müller-Glöge*, § 620 BGB Rz. 27.
3 Vgl. *Lohr*, MDR 2000, 620 (621 in Fn. 17).
4 Vgl. LAG Bln.-Bbg. 9.12.2010 – 25 Sa 1801/10, AE 2011, 185.
5 Vgl. BAG 18.1.1990 – 2 AZR 358/89, NZA 1990, 520 ff.
6 Vgl. einerseits LAG Hess. 25.3.1997 – 9 Sa 2097/96, ARST 1997, 238: keine Vollmacht erforderlich; vgl. auch *Lohr*, MDR 2000, 620 (621).
7 Vgl. BAG 21.4.2005 – 2 AZR 162/04, NZA 2005, 865.

I. Kündigungserklärung

Ist eine Regelung im Gesellschaftsvertrag enthalten, die den kündigenden Gesellschafter zur rechtsgeschäftlichen Vertretung ermächtigt, kann dieser die Kündigung wirksam aussprechen. Ist dem Kündigungsempfänger dagegen von der Ermächtigung nichts bekannt, besteht die Möglichkeit der Zurückweisung entsprechend § 174 BGB. Gleichwohl sollten, um jedes Problem von vornherein zu meiden, alle Gesellschafter einer GbR die Kündigung unterzeichnen, es sei denn, dem Kündigenden ist bekannt, wer geschäftsführender Gesellschafter ist.

Ist der Gesellschafter einer GmbH zugleich deren Arbeitnehmer, so kann in seinem Arbeitsvertrag mit der GmbH wirksam vereinbart werden, dass zu seiner Kündigung die vorherige **Zustimmung der Gesellschafterversammlung** erforderlich ist. Eine solche Regelung stellt keine unzulässige Beschränkung der Vertretungsbefugnis des GmbH-Geschäftsführers dar[1]. Ist bei einer aus einem persönlich haftenden Gesellschafter und einer Kommanditistin bestehenden Kommanditgesellschaft im Gesellschaftsvertrag bestimmt, dass es zu Geschäften, die über den gewöhnlichen Betrieb hinausgehen, der **Zustimmung der Kommanditisten** bedarf, dann gilt das u.a. auch für Arbeitsverträge. Die fristlose Kündigung des einzigen Prokuristen der Gesellschaft, der der Ehemann der Kommanditistin ist, ist ein solch ungewöhnliches Geschäft. Kündigt der persönlich haftende Gesellschafter dem Prokuristen ohne Zustimmung der Kommanditistin fristlos, dann ist diese Kündigung nicht nur gegenüber der Kommanditistin, sondern auch gegenüber dem Prokuristen rechtsunwirksam. Darin liegt keine unzulässige Einschränkung des Rechts der Kommanditgesellschaft auf fristlose Kündigung von Arbeitsverträgen aus wichtigem Grund[2]. 52

Betriebsratsmitgliedern kann nur aus wichtigem Grund nach vorheriger Zustimmung des Betriebsrats gem. § 103 BetrVG gekündigt werden. Nach einer bis zur Klärung durch das BAG vertretenen Meinung hatte der Arbeitgeber die in schriftlicher Form vom Betriebsrat erteilte Zustimmung der Kündigung beizufügen, § 182 Abs. 1, insbes. Abs. 3 iVm. § 111 Satz 2 und 3 BGB[3]. Gegen die Anwendung der §§ 182, 111 BGB spreche bereits der Wortlaut des Gesetzes. Die Zustimmung des Betriebsrats nach § 103 BetrVG könne nur vor der Kündigung erteilt werden, während die Zustimmung iSd. § 182 BGB sowohl vor als auch nach der zustimmungsbedürftigen Erklärung erfolgen könne[4]. Ferner spreche gegen die Anwendung dieser Vorschrift, dass nach § 182 Abs. 1 BGB die Möglichkeit eröffnet sei, die Zustimmung sowohl dem Erklärungsgegner, also hier dem Arbeitnehmer, als auch gegenüber demjenigen abzugeben, dessen Willenserklärung der Zustimmung bedürfe, also dem Arbeitgeber im Fall des § 103 BetrVG. Zwar seien Einschränkungen des § 182 Abs. 1 BGB gelegentlich im Gesetz vorgesehen (vgl. etwa §§ 1245 Abs. 1, 1255 Abs. 2 BGB), eine solche Anordnung fehle jedoch in § 103 BetrVG, so dass diese Vorschrift eine eigenständige kollektivrechtliche Sonderregelung darstelle. Auch diene das Zustimmungserfordernis in § 103 BetrVG nicht dem Schutz des Erklärenden, also des Arbeitgebers, sondern dem Schutz des zu kündigenden Betriebsratsmitglieds und auch dem Schutz des Betriebsrats. Deshalb könnten über § 182 Abs. 3 BGB die Vorschriften des § 111 Satz 2 und 3 BGB keine entsprechende Anwendung finden. 53

Ein **Minderjähriger** dagegen kann im Falle der §§ 112, 113 BGB selbst kündigen und bedarf ansonsten der Einwilligung des gesetzlichen Vertreters nach § 107 BGB. Andernfalls ist die Kündigung gem. § 111 BGB unwirksam[5]. Ist ein Auszubildender min- 54

---
1 BAG 28.4.1994 – 2 AZR 730/93, DB 1994, 1730; 11.3.1998 – 2 AZR 287/97, AP Nr. 144 zu § 626 BGB.
2 BAG 20.10.1960 – 2 AZR 554/59, BB 1961, 95.
3 LAG Hamm 22.7.1998 – 3 Sa 766/98, LAGE § 103 BetrVG 1972 Nr. 13; KR/*Etzel*, § 103 BetrVG Rz. 89 – ausdrücklich gegen BAG 4.3.2004 – 2 AZR 147/03, DB 2004, 1370.
4 BAG 4.3.2004 – 2 AZR 147/03, DB 2004, 1370 (1371).
5 Vgl. MünchArbR/*Wank*, § 118 Rz. 15.

derjährig, kann der Ausbilder eine außerordentliche Kündigung grundsätzlich nur **gegenüber** dem gesetzlichen Vertreter des Minderjährigen wirksam erklären. Diesem sind auch die Tatsachen mitzuteilen, die die Kündigung begründen sollen. Es reicht nicht aus, wenn dem Minderjährigen selbst die Kündigungsgründe bekannt gegeben werden[1].

So hat das BAG nur deshalb ein an den Auszubildenden, gesetzlich vertreten durch seine Eltern, adressiertes, am letzten Tag der Probezeit zugegangenes Kündigungsschreiben als zugegangen erachtet, weil es durch Boten in den gemeinsamen Hausbriefkasten des minderjährigen Auszubildenden und seiner ihn gesetzlich vertretenden Eltern eingeworfen wurde. Gleichzeitig wird aber betont, dass der Ausbildende bei einer solchen Adressierung das Risiko trägt, dass der Zusteller bei postalischer Übermittlung ein solches Schreiben in einen evtl. vorhandenen eigenen Briefkasten des Minderjährigen einwirft und es dann nicht zugeht[2].

55 Eine **Partei kraft Amtes** (zB Insolvenzverwalter oder Testamentsvollstrecker) erklärt die Kündigung anstelle des Gemeinschuldners bzw. Verstorbenen[3]. Der Insolvenzverwalter kann sich, wie ein gesetzlicher Vertreter, beim Ausspruch der Kündigung vertreten lassen. Führt er den Betrieb längere Zeit fort und beschäftigt er den bisherigen Personalleiter in gleicher Funktion weiter, so kann dieser kündigen, ohne dass er eine Vollmacht vorlegen müsste[4].

56 Im **öffentlichen Dienst** bestehen vielfach besondere Vorschriften über die Vertretungsmacht, vor allem nach den Gemeindeordnungen; Kompetenzzuweisungen an den Rat bedeuten eine Beschränkung der Vertretungsmacht des Bürgermeisters[5]. Der Referatsleiter innerhalb einer Personalabteilung gehört nicht zum Personenkreis, der nach § 174 Satz 2 BGB – wie der Personalabteilungsleiter – als Bevollmächtigter des Arbeitgebers gilt[6]. Die von ihm ausgesprochene Kündigung kann deshalb nach § 174 Satz 1 BGB unverzüglich zurückgewiesen werden.

56a **Tückisch** sind auch Formvorschriften im **kirchlichen Arbeitsrecht.** So sieht § 14 Satz 2 VermVerwG (Gesetz über die Verwaltung des katholischen Kirchenvermögens vom 24.7.1924[7]) für verpflichtende Willenserklärungen des Kirchenvorstands zunächst vor, dass neben dem Vorsitzenden des Kirchenvorstands oder seinem Stellvertreter zwei weitere Mitglieder eine solche Willenserklärung unterzeichnen und darüber hinaus das Amtssiegel beidrücken. Ähnliche Bestimmungen finden sich auch in der evangelischen Kirche, so zB in § 2 Abs. 3 Satz 2 und 3 Kirchenverwaltungsgesetz der Evangelischen Kirche in Hessen und Nassau. Danach ist neben den erforderlichen Unterschriften die Kündigung mit dem Dienstsiegel zu versehen. Ähnliche Bestimmungen finden sich auch in anderen Kirchenkreisen der evangelischen Kirche (hier sind jeweils die Regionen sorgfältig zu ermitteln und die danach geltenden Vorschriften zu beachten).

Wird diese kirchenrechtlich vorgeschriebene Vertretungsform verletzt, kann die Kündigung gem. § 174 BGB zurückgewiesen werden (vgl. dazu sogleich Rz. 57f.).

---

1 BAG 25.11.1976 – 2 AZR 751/75, BB 1977, 547.
2 Vgl. BAG 8.12.2011 – 6 AZR 354/10, NZA 2012, 495f., Os. 2 und 3.
3 Zur Kündigung des Insolvenzverwalters unter Einhaltung der Formfrist des § 623 BGB: BAG 4.11.2004 – 2 AZR 17/04, NZA 2005, 513.
4 BAG 22.1.1998 – 2 AZR 267/97, NZA 1998, 699ff. (700) (dort noch entschieden zum Gesamtvollstreckungsverwalter).
5 Vgl. MünchArbR/*Wank*, § 118 Rz. 15; BAG 14.11.1984 – 7 AZR 133/83, AP Nr. 89 zu § 626 BGB; 15.3.1990 – 2 AZR 440/89, AP Nr. 1 zu § 101 Gemeindeordnung NW; vgl. wegen weiterer Einzelheiten auch KR/*Fischermeier*, § 626 BGB Rz. 352 mwN.
6 Vgl. BAG 20.8.1997 – 2 AZR 518/96, NZA 1997, 1343ff.
7 GS S. 585/SGVNR W 222.

b) Kündigungsvollmacht und Zurückweisung gem. § 174 BGB

Die Kündigung kann auch durch einen **Bevollmächtigten** erklärt werden. Die Vollmacht ist grundsätzlich nicht formbedürftig (vgl. aber die nachfolgenden Ausführungen zu § 174 BGB, insb. Rz. 62). Sie kann gem. § 167 BGB durch Erklärung gegenüber dem Kündigungsempfänger sowie auch gegenüber dem Vertreter abgegeben werden und ist häufig auch in einer umfassenden Vollmacht (etwa Prokura oder Generalvollmacht) enthalten. Auch die Handlungsvollmacht gem. § 54 Abs. 1 HGB enthält, jedenfalls für den Bereich, für den sie erteilt wird, die Kündigungsvollmacht.

Ein **Prokurist** – ein die Prokura andeutender Zusatz muss dem Namen nicht beigefügt werden[1] – und/oder **Leiter der Personalabteilung** ist regelmäßig als vom Arbeitgeber zum Ausspruch einer Kündigung bevollmächtigt anzusehen, auch wenn ihm keine Prokura erteilt wurde[2]. Dann muss der Arbeitgeber dem Kündigungsempfänger vor Ausspruch der Kündigung mitgeteilt haben, dass der die Kündigung Unterzeichnende zum Personalleiter bestellt worden ist, andernfalls kann die Kündigung zurückgewiesen werden[3]. Das gilt aber nicht ohne Weiteres für einen Referatsleiter[4] oder Sachbearbeiter/Personalreferent der Personalabteilung. Auch der kaufmännische Leiter der Niederlassung eines Automobilherstellers oder der Serviceleiter eines solchen Unternehmens sind nicht üblicherweise bevollmächtigt, Werkstattpersonal zu entlassen[5]. In der Praxis wird, auch von den Gerichten, häufig der einfache Satz aufgestellt, dass derjenige zur Kündigung befugt sei, der auch den **Arbeitsvertrag unterschrieben** habe. Es gibt jedoch keinen allgemeinen Erfahrungssatz, dass die Befugnis zur Einstellung und die Befugnis zur Kündigung zusammenfallen[6]. Mithin kann also auch dann der Personalleiter als zum Ausspruch der Kündigung bevollmächtigt gelten, wenn nicht er, sondern der Arbeitgeber den Arbeitsvertrag unterschrieben hat.

Auf welchem Wege die **Mitteilung gem.** § 174 Satz 2 BGB erfolgt, dass jemand zum Ausspruch einer Kündigung bevollmächtigt ist, bleibt dem Einzelfall überlassen. So kann ein Bevollmächtigter des Insolvenzverwalters bei einer Betriebsversammlung vom Insolvenzverwalter bevollmächtigt werden, Kündigungen auszusprechen. Zweifelhaft ist, ob im Regelfall eine solche allgemeine Kundgabe auch diejenigen Beschäftigten gegen sich gelten lassen müssen, die auf der Versammlung, zB wegen Krankheit, nicht anwesend waren[7]. Gegen eine solche Form des Inkenntnissetzens spricht auch die Rechtsprechung des BAG, wonach der Arbeitnehmer nicht verpflichtet ist, eigene Nachforschungen über die Bevollmächtigung des Erklärenden anzustellen[8]. Die bloße **Mitteilung im Arbeitsvertrag**, der jeweilige Inhaber einer bestimmten Stelle dürfe kündigen, reicht nach Auffassung des BAG nicht aus, um den Arbeitnehmer von dessen Bevollmächtigung in Kenntnis zu setzen. Vielmehr sei ein zusätzliches Handeln des Vollmachtgebers erforderlich, die dem Arbeitnehmer ermöglicht, die Person des jeweiligen Stelleninhabers der im Arbeitsvertrag genannten Funktion zuzuordnen[9]. Dabei ist nicht erforderlich, dass der Kündigungsberechtigte zwingend im Ar-

---

1 BAG 11.7.1991 – 2 AZR 107/91, DB 1992, 895 f.
2 BAG 29.10.1992 – 2 AZR 460/92, NZA 1993, 307; LAG Köln 17.3.2006 – 4 Sa 85/05; Küttner/*Eisemann*, Kündigung allgemein, Rz. 44, allgemeine Meinung.
3 Vgl. LAG Hamm 29.5.2009 – 7 Sa 1643/08.
4 BAG 20.8.1997 – 2 AZR 518/96, AP Nr. 11 zu § 620 BGB – Kündigungserklärung.
5 LAG Hess. 4.9.1997 – 3 Sa 1360/96, NZA-RR 1998, 396.
6 BAG 30.5.1972 – 2 AZR 298/71, DB 1972, 1680; gilt auch bei interner Vollmachtsbeschränkung: BAG 29.10.1992 – 2 AZR 460/92, NJW 1993, 1286 ff.; so auch KR/*Friedrich*, § 13 KSchG Rz. 345 mit zahlreichen weiteren Nachweisen.
7 So aber LAG Köln 7.7.1993 – 2 Sa 280/93, NZA 1994, 419.
8 Vgl. dazu auch BAG 14.4.2011 – 6 AZR 727/09, NZA 2011, 683 f. (684 re. Sp. unter B I 3a) d. Gr.), Rz. 23 mit dem Hinweis darauf, dass § 174 BGB dazu diene, klare Verhältnisse zu schaffen; vgl. dazu auch Schaub/*Linck*, § 123 Rz. 21 mwN.
9 Vgl. BAG 14.4.2011 – 6 AZR 727/09, NZA 2011, 683 f., Os. 3.

beitsvertrag namentlich genannt wird. Vielmehr muss der Arbeitgeber dem Arbeitnehmer einen Weg aufzeigen, auf dem dieser vor Zugang der Kündigung immer unschwer erfahren kann, welche Person diese Position innehat, die nach dem Arbeitsvertrag mit dem Kündigungsrecht verbunden ist[1]. Die Vorlage einer Vollmachtsurkunde ist im Regelfall notwendig, es genügt aber auch eine konkludente Mitteilung, nicht jedoch die Kenntnisnahme auf andere Art und Weise[2].

58b Kann die Kündigungserklärung nur von **Gesamtvertretern** ausgesprochen werden, muss die Vollmacht aller beigefügt werden, sonst kann die Kündigung nach § 174 BGB zurückgewiesen werden. Ein Hinweis am „schwarzen Brett" auf die Vollmacht der Gesamtvertreter soll die Zurückweisung gem. § 174 Satz 2 BGB nicht ausschließen[3].

59 Natürlich kann auch der **Anwalt** des Arbeitnehmers oder Arbeitgebers zum Ausspruch einer Kündigung bevollmächtigt werden. Ob die allgemeine Prozessvollmacht ausreicht, insbesondere im Kündigungsschutzprozess, hängt von den Umständen des Einzelfalls ab. Durch Auslegung ist zu ermitteln, zu welchen konkreten Rechtsgeschäften die anwaltliche Vollmacht berechtigen soll. Ergibt sich aus dem Kontext des Kündigungsschutzprozesses, zB durch ungerechtfertigte Angriffe in Schriftsätzen des Arbeitnehmers, ein Anlass zum Ausspruch einer Kündigung, kann die Vollmacht ausreichen. Darauf sollte man sich nicht verlassen und sich – zweckmäßigerweise – schon bei Annahme des Mandats eine schriftliche Vollmacht erteilen lassen, für alle Fälle, insbesondere für den Ausspruch einer Kündigung.

Zur Empfangsvertretung des Arbeitnehmervertreters vgl. Rz. 69 f.

60 Eine **Prozessvollmacht** gem. § 81 ZPO ermächtigt zu materiell-rechtlichen Willenserklärungen, die in einem Prozess abzugeben sind. Dazu kann also auch eine Kündigung gehören[4]. Auch wenn Kündigungen außerhalb des Prozesses abgegeben werden, können sie Prozesshandlungen sein, sofern die Erklärung im Dienste der Rechtsverfolgung oder Rechtsverteidigung des jeweiligen Rechtsstreites steht. Die Prozesspartei kann den Umfang der ihrem Prozessbevollmächtigten erteilten Vollmacht über den gesetzlichen Rahmen hinaus erweitern. Ob das im Einzelfall geschehen ist, muss durch Auslegung nach § 133 BGB ermittelt werden. Waren etwa zwei auf denselben Grund gestützte Kündigungen mit Formfehlern behaftet und deshalb unwirksam, so kann die im Rechtsstreit um die Wirksamkeit der zweiten Kündigung dem Prozessbevollmächtigten des Arbeitgebers erteilte Prozessvollmacht auch eine dritte Kündigung decken, die der Prozessbevollmächtigte während des Rechtsstreites um die zweite Kündigung erklärt, wenn die dritte Kündigung wiederum auf denselben Kündigungsgrund gestützt wird[5].

◌ **Hinweis:** Auch hier gilt wie in allen anderen Fällen: Die anwaltliche Vertretung muss den sichersten Weg gehen, sich also auch in solchen Fällen unbedingt vor Ausspruch der Kündigung eine schriftliche Vollmacht erteilen lassen und diese der Kündigung beifügen.

61 Die Kündigung durch einen **Vertreter ohne Vertretungsmacht** ist „unzulässig" (§ 180 Satz 1 BGB)[6]. Hat jedoch der Kündigende die Vertretungsmacht behauptet und der

---

1 Vgl. BAG 14.4.2011 – 6 AZR 727/09, NZA 2011, 683 f., Os. 4; insoweit wohl anders LAG Berlin 25.7.2002 – 16 Sa 823/02, nv. (Kurzfassung in AE 2/2003, 57).
2 Vgl. BAG 12.1.2006 – 2 AZR 179/05, DB 2006, 1566; vgl. auch ArbG Darmstadt 5.8.2009 – 5/3 Ca 472/08, LAGE § 174 BGB 2002 Nr. 1 zur Frage, wann das In-Kenntnis-Setzen iSd. § 174 Satz 2 BGB vorliegt.
3 LAG Berlin 28.6.2006 – 15 Sa 632/06, BB 2007, 163.
4 Vgl. LAG Hamm 7.12.1999 – 4 Sa 327/99, NZA-RR 2000, 494.
5 BAG 10.8.1977 – 5 AZR 394/76, BB 1978, 207; vgl. dazu auch *Preis* in Stahlhacke/Preis/Vossen, Rz. 200 mwN., dort ausdrücklich in Fn. 36 unter Hinweise auf die BAG-Entscheidung.
6 Vgl. dazu und zum Gesamtkomplex der Vollmachtsprobleme auch *Meyer/Reufels*, NZA 2011, 5 f., insb. 6, 7.

I. Kündigungserklärung

Kündigungsempfänger sie **nicht beanstandet**, könnte die nachträgliche Genehmigung wie bei Verträgen zulässig sein (§ 180 Satz 2 BGB). Ob das möglich ist, wird nicht einheitlich beurteilt.

Zum Teil wird darauf hingewiesen, dass Gestaltungsrechte die Rechtslage eindeutig klären müssten. Einseitig gestaltende Willenserklärungen wie die Kündigung duldeten auch nicht vorübergehend den durch eine schwebende Unwirksamkeit hervorgerufenen Zustand der Unklarheit im Hinblick auf die vielfältigen, mit dem Dauerschuldverhältnis verbundenen gegenseitigen Rechte und Pflichten[1].

Dagegen wird mE zu Recht eingewandt, dass für empfangsbedürftige Willenserklärungen wie die Kündigung die Vorschriften der §§ 177 ff. BGB entsprechend gelten. Wird also die Kündigungserklärung ohne Vertretungsmacht abgegeben und wird sie nicht zurückgewiesen gem. § 174 BGB, besteht die Möglichkeit des Vertretenen, durch Genehmigung die Kündigungserklärung „an sich zu ziehen"[2].

Die Kündigung wird in diesem Falle endgültig unwirksam, wenn die Genehmigung verweigert wird. Der Vertretene kann die Genehmigung nach § 177 Abs. 2 BGB innerhalb von zwei Wochen seit Aufforderung durch den Kündigungsempfänger erklären[3].

Die ohne Vertretungsmacht erklärte außerordentliche Kündigung kann, wenn sie nicht ohnehin schon vom Kündigungsempfänger gem. § 174 Satz 1 BGB unverzüglich zurückgewiesen worden ist, mit rückwirkender Kraft nach § 184 BGB nur innerhalb der zweiwöchigen Ausschlussfrist des § 626 Abs. 2 BGB genehmigt werden[4].

⊃ **Hinweis:** Wird einem Rechtsanwalt der Auftrag erteilt, eine Kündigung auszusprechen, muss die schriftlich erteilte Vollmacht der Kündigung im Original beigefügt werden.

⊃ **Hinweis:** Nicht nur aus Gründen der Fristwahrung, sondern auch wegen der unverzüglichen Zurückweisung gem. § 174 BGB, muss **jeder Schriftsatz** des Prozessgegners in einem Kündigungsrechtsstreit **sofort** daraufhin überprüft werden, ob darin eine Kündigung ausgesprochen wird.

Unabhängig davon, ob Vertretungsmacht besteht oder nicht, ist die Kündigung unwirksam, wenn der Gekündigte die Kündigung **unverzüglich** (§ 121 BGB) **wegen fehlenden Nachweises der Vollmacht zurückweist** (§ 174 BGB). Nach Ansicht des BAG ersetzt das Dienstsiegel nicht das Beifügen einer schriftlichen Vollmacht[5]. Auch hier kann die Kündigung unter Hinweis auf § 174 Satz 1 BGB unverzüglich zurückgewiesen werden. Das gilt zB dann, wenn eine Gemeindeordnung vorschreibt, dass eine schriftliche außerordentliche Kündigung gegenüber einem Angestellten nur rechtsverbindlich ist, wenn das Kündigungsschreiben vom Bürgermeister und einem weiteren Gemeindebeamten handschriftlich unterzeichnet und mit dem Dienstsiegel versehen ist. Eine solche Regelung ist keine gesetzliche Formvorschrift, sondern eine Vertretungsregelung[6].

Die Vollmachtsurkunde ist gem. § 174 Satz 1 BGB immer im **Original** oder in **Ausfertigung** vorzulegen[7]. Kann schon eine beglaubigte Abschrift der Vollmacht nicht aus-

---

1 LAG Köln 16.11.2005 – 8 Sa 832/05.
2 Vgl. LAG Nürnberg 15.3.2004 – 9 (5) Sa 841/02.
3 *Preis* in Stahlhacke/Preis/Vossen, Rz. 106.
4 BAG 4.2.1987 – 7 AZR 583/85, AP Nr. 24 zu § 626 BGB – Ausschlussfrist m. Anm. von *Krückhans*; ferner BAG 26.3.1986 – 7 AZR 585/84, BB 1986, 2340; KR/*Fischermeier*, § 626 BGB Rz. 346 mwN.
5 Vgl. BAG 20.8.1997 – 2 AZR 518/96, NZA 1997, 1343 ff., vgl. dazu auch den Os. der Richterinnen und Richter am BAG zu diesem Problem.
6 BAG 29.6.1988 – 7 AZR 180/87, NZA 1989, 143.
7 Vgl. BGH 17.10.2000 – X ZR 97/99, NJW 2001, 289 (291); BAG 29.10.1992 – 2 AZR 460/92, NZA 1993, 307; Staudinger/*Schilken*, § 174 BGB Rz. 3.

reichen, weil sie keine Echtheitsprüfung ermöglicht, so gilt das erst recht für eine Fotokopie oder Telefaxkopie[1].

Für die Vorlage der Urkunde gelten § 172 BGB und die dazu entwickelten Grundsätze. Wer die Vollmacht vorlegt, gilt auch als bevollmächtigt[2].

62a ⟳ **Hinweis:** Vollmachten müssen deshalb immer im Original vorgelegt werden. Falls mehrere Kündigungen oder Kündigungen mehreren Empfängern gegenüber auszusprechen sind, müssen genügend Vollmachtsexemplare vom Vertretenen erstellt und dem Vertreter ausgehändigt werden.

63 Der Grundsatz, dass es bei der Kündigung durch den **Leiter einer Personalabteilung** nicht der Vorlage einer Vollmachtsurkunde bedarf, gilt auch dann, wenn die Vollmacht des Abteilungsleiters im Innenverhältnis, zB aufgrund einer internen Geschäftsordnung, eingeschränkt ist[3]. Dies ist jedoch nicht auf einen Sachbearbeiter der Personalabteilung übertragbar, und zwar selbst dann nicht, wenn dieser den Arbeitsvertrag unterzeichnet hat[4]. Mithin kann die lediglich vom Sachbearbeiter der Personalabteilung unterzeichnete Kündigungserklärung gem. § 174 BGB zurückgewiesen werden, wenn ihr keine Originalvollmacht beigefügt war. Etwas anderes gilt nur dann, wenn es für den Arbeitnehmer zweifelsfrei feststeht, dass der Personalsachbearbeiter zur selbständigen Abgabe von Kündigungserklärungen bevollmächtigt ist[5]. Diese Voraussetzungen muss, wie hinsichtlich aller Voraussetzungen für die Wirksamkeit der Kündigung, der Arbeitgeber darlegen und beweisen[6].

64 Demnach ist die **Kündigung unwirksam**, wenn
– der Bevollmächtigte mit der Kündigung kein Original der Vollmachtsurkunde vorlegt;
– die vorgelegte Originalvollmacht sich nicht auf den Ausspruch einer Kündigung bezieht, sondern nur auf den Abschluss anderer Rechtsgeschäfte;
– der Kündigungsempfänger aus diesem Grunde die Kündigung unverzüglich zurückweist, § 174 Satz 1 BGB, und
– der Vollmachtgeber den anderen von der Bevollmächtigung nicht in Kenntnis gesetzt hatte, § 174 Satz 2 BGB.

65 Die **Erklärung, mit der** die Kündigung unter Hinweis auf § 174 BGB **zurückgewiesen wird**, ist **empfangsbedürftige Willenserklärung** und kann entweder dem als Vollmachtgeber benannten oder dem angeblich Bevollmächtigten gegenüber abgegeben werden[7].

65a ⟳ **Hinweis:** Im Zweifel sollte die Zurückweisungserklärung beiden gegenüber abgegeben werden.

Zwar muss die Kündigung nicht ausdrücklich wegen der fehlenden Vollmachtsurkunde zurückgewiesen werden, die Begründung muss sich aber aus anderen Umständen eindeutig und für den Kündigenden zweifelsfrei entnehmen lassen[8].

---
1 Vgl. auch Küttner/*Eisemann*, Kündigung allgemein, Rz. 47; vgl. im Übrigen einerseits LAG Düsseldorf 12.12.1994 – 12 Sa 1574/94, NZA 1995, 968; 22.2.1995 – 4 Sa 1817/94, DB 1995, 1036; andererseits LAG Hamm 7.12.1999 – 4 Sa 327/99, NZA-RR 2000, 494 (495).
2 Vgl. Staudinger/*Schilken*, § 172 BGB Rz. 3 ff.
3 BAG 29.10.1992 – 2 AZR 460/92, NZA 1993, 307.
4 BAG 29.6.1989 – 2 AZR 482/88, NZA 1990, 63.
5 BAG 30.5.1978 – 2 AZR 633/78, BB 1979, 166; vgl. auch BAG 30.5.1972 – 2 AZR 298/71, DB 1972, 1680; 29.6.1989 – 2 AZR 482/88, NZA 1990, 63.
6 Vgl. für alle für den Zugang maßgeblichen Tatsachen: KR/*Friedrich*, § 4 KSchG Rz. 133a mit zahlreichen wN.
7 Staudinger/*Schilken* (2001), § 174 BGB Rz. 7; MünchKommBGB/*Schramm*, § 174 Rz. 5.
8 BAG 18.12.1980 – 2 AZR 980/78, BB 1981, 791.

I. Kündigungserklärung

66 Was **unverzüglich** iSd. § 174 Satz 1 BGB heißt, wird im Gesetz nicht definiert. Die Rechtsprechung der Instanzgerichte – auch der allgemeinen Zivilgerichte – war bislang uneinheitlich. Inzwischen kann jedoch als gefestigte herrschende Meinung für die Praxis gelten, dass eine Frist von einer Woche für den Zugang der Zurückweisungserklärung einzuhalten ist und nur bei Vorliegen besonderer Umstände des Einzelfalls diese Zeitspanne – sicher auch nur unwesentlich – überschritten werden darf[1].

In keinem Fall reicht es aus, die Zurückweisungserklärung erst mit der Kündigungsschutzklage abzugeben, die dem Arbeitgeber erst über das Gericht zugestellt wird[2]. Gegenüber einem **Anwesenden** muss die Erklärung sofort abgegeben werden. Notwendigerweise kann das nur der – vermeintliche – Vertreter sein[3].

67 Der Vertretene muss eine **neue Kündigung aussprechen**, wenn sein Bevollmächtigter bei der ersten Kündigung das Bestehen der Vollmacht nicht nachgewiesen und der andere deshalb die Kündigung unverzüglich zurückgewiesen hat[4].

68 Wird die Erklärung, mit der die Kündigung zurückgewiesen wird, durch den Anwalt des Kündigungsempfängers, in der Regel des Arbeitnehmers, ausgesprochen, bedarf auch diese Erklärung als einseitig gestaltende Willenserklärung einer Vollmacht, die durch **Vollmachtsurkunde** nachzuweisen und der Erklärung beizufügen ist. Die Zurückweisung per Fax, wie häufig anzutreffen, reicht nicht aus. Der Kündigungsempfänger selbst kann die Erklärung auch formlos abgeben, zB per Telefax, Telefon oder E-Mail oder auf sonstigem Kommunikationswege. Auch hier empfiehlt sich wegen der Beweislast regelmäßig die Schriftform[5].

⊃ **Hinweis:** Anwaltliche Vertreter auf beiden Seiten des Arbeitsverhältnisses müssen sich bei der ersten persönlichen Kontaktaufnahme eine, besser noch mehrere Vollmachten unterzeichnen lassen, um sich beim Ausspruch von Kündigungen oder deren Zurückweisung gem. § 174 Satz 1 BGB legitimieren zu können. Ein Verstoß gegen diese eiserne Regel löst die Gefahr eines Regresses aus.

c) Empfangsvertreter

69 Nicht nur der Kündigende kann beim Ausspruch der Kündigung vertreten werden, sondern auch der Kündigungsempfänger. Letztlich ist das ein Problem des Zugangs der Kündigung (vgl. dazu sogleich Rz. 79 f.).

Ist Kündigungsempfänger eine Gesellschaft, gleich ob Personen- oder Kapitalgesellschaft oder sonstige rechtlich verselbständigte Personenmehrheit, zB eine BGB-Gesellschaft, stellt sich dieses Problem ebenso wie gegenüber sonstigen gesetzlichen Vertretern, wie zB im Fall der Kündigung gegenüber einem Minderjährigen oder einem Geschäftsunfähigen.

---

1 Vgl. BAG 8.12.2011 – 6 AZR 354/10, NZA 2012, 495 f.; vgl. auch BAG 11.7.1991 – 2 AZR 107/91, NZA 1992, 449; KR/*Friedrich*, § 13 KSchG Rz. 344 mwN zu Fristen im Einzelfall und zur instanzgerichtlichen Rechtsprechung.
2 Vgl. BAG 11.3.1999 – 2 AZR 427/98, EzA § 626 nF Nr. 177; wegen weiterer konkreter Zeiträume vgl. BAG 30.5.1978 – 2 AZR 633/78, BB 1979, 166 u. 30.5.1978 – 2 AZR 633/76 u. 31.8.1979 – 7 AZR 674/77, EzA § 174 BGB Nrn. 2 und 3 sowie LAG Nürnberg 10.8.1992 – 7 Sa 18/92, LAGE § 174 BGB Nr. 5 und LAG Hess. 27.11.1991 – 2 Sa 884/91, nv.
3 MünchKommBGB/*Schramm*, § 174 Rz. 5.
4 BAG 29.6.1989 – 2 AZR 482/88, NZA 1990, 63.
5 Vgl. BGH 27.10.2000 – V ZR 172/99, NJW 2001, 220; zu prozesstaktischen Überlegungen vgl. insb. *Meyer/Reufels*, NZA 2011, 5 f.

Darüber hinaus gibt es die gesetzliche Vertretung kraft Organstellung oder Partei kraft Amtes. Auch hier ist der Kündigungsempfänger definiert. Anderen gegenüber kann die Kündigung nicht wirksam ausgesprochen werden[1]. Die Kündigung kann in diesen Fällen auch nicht mit rückwirkender Kraft wirksam werden, § 131 Abs. 1 BGB[2].

70 Wird für den Empfang einer Kündigung rechtsgeschäftliche Vollmacht erteilt, kann der Kündigende dennoch gegenüber dem anderen Vertragspartner direkt kündigen. Dieser ist nicht befugt, an seinen Bevollmächtigten zu verweisen[3].

Weil die gegenüber einem Nichtberechtigten ausgesprochene Kündigung nicht genehmigt werden kann, muss sie stets neu gegenüber dem tatsächlichen Empfangsvertreter ausgesprochen werden. Ausnahmsweise geht die Kündigung zu, wenn der Nichtberechtigte sie einem zum Empfang Berechtigten weitergibt und wenn eindeutig ist, wem gegenüber die Kündigung ausgesprochen werden sollte (vgl. dazu Rz. 54).

d) Die Vertretungsmacht des Prozessvertreters

71 Stellt sich während des Rechtsstreits, zB durch vom Arbeitnehmer-Kläger geltend gemachte Formmängel der Kündigung, heraus, dass die bislang ausgesprochene Kündigung formell unwirksam ist oder sein kann, muss die Frage erörtert werden, ob **erneut hilfsweise gekündigt** werden soll.

Wird die Kündigung – nach Vorbereitung der Kündigung durch evtl. Anhörung des Betriebsrats oder bei Sonderkündigungstatbeständen durch Einholung erforderlicher Zustimmungen – erneut ausgesprochen und übernimmt diese Aufgabe der Prozessvertreter, muss er selbstverständlich der Kündigung eine Originalvollmacht des Kündigenden beifügen.

Bei der Frage, wem diese Kündigung zuzustellen ist, kommt es darauf an, ob der Prozessbevollmächtigte des Klägers eine Prozessvollmacht vorgelegt hat, aus der sich möglicherweise die Befugnis, Willenserklärungen entgegenzunehmen, ergibt.

Wird eine solche **Prozessvollmacht** erteilt, kann die Kündigung auch dem Bevollmächtigten zugestellt werden mit der Folge, dass die Kündigung bereits mit dem Zugang beim Prozessbevollmächtigten wirksam wird[4].

Tückisch, aber nicht ungewöhnlich ist das Vorgehen, eine solche erneute hilfsweise Kündigung in einem Schriftsatz „zu verstecken". Auf Klägerseite empfiehlt sich deshalb, Schriftsätze sofort vollständig zu lesen, um dann ggf. solche Kündigungen unverzüglich zurückzuweisen, wenn eine Originalvollmacht des Kündigenden nicht angefügt war (vgl. Rz. 65).

72 Ob es ausreicht, dass der Vertreter des Klägers erklärt, er sei bevollmächtigt, ist zweifelhaft. Auch die Empfangsvollmacht muss beim Zugang der Kündigung vorliegen. Deshalb geht die Kündigung nicht bereits beim Bevollmächtigten zu. Man sollte sich auch nicht auf den Streit über die Frage einlassen, ob beim Einwand, trotz Ankündigung sei der Prozessbevollmächtigte nicht empfangsbevollmächtigt gewesen, ein Verstoß gegen § 242 BGB wegen widersprüchlichen Verhaltens vorliegt.

73 Im Zusammenhang mit der Prozessvollmacht spielt dann noch die Frage eine Rolle, ob die Kündigungsschutzklage gem. § 4 KSchG mit einer allgemeinen Feststellungs-

---
1 Vgl. zur Kündigung gegenüber Minderjährigen MünchArbR/*Wank*, § 115 Rz. 16; gegenüber Partei kraft Amtes MünchArbR/*Wank*, § 118 Rz. 16.
2 ArbG Mannheim 1.10.1991 – 1 Ca 593/90, NZA 1992, 511.
3 *Preis* in Stahlhacke/Preis/Vossen, Rz. 107.
4 Vgl. BAG 21.1.1988 – 2 AZR 581/86, NZA 1988, 651; vgl. auch BAG 31.8.1979 – 7 AZR 674/77, BB 1980, 108; zur Prozessvollmacht des Arbeitnehmervertreters, weitere Kündigungen entgegenzunehmen: LAG Düsseldorf 13.1.1999 – 12 Sa 1810/98, RzK I 10c Nr. 42.

I. Kündigungserklärung

klage gem. § 256 ZPO verbunden worden ist (sog. **„Schleppnetz"-Antrag**). Nach dem punktuellen Streitgegenstandsbegriff des BAG[1] greift die Kündigungsschutzklage nur die konkret ausgesprochene einzelne Kündigung an. Die allgemeine Feststellungsklage bezieht den Fortbestand des Arbeitsverhältnisses schlechthin in den Streit ein.

Wird isolierte Kündigungsschutzklage erhoben, umfasst die Prozessvollmacht – im Gegensatz zur allgemeinen Feststellungsklage – die Entgegennahme weiterer Kündigungen nicht[2]. Ihre Reichweite ist daher beschränkt.

Man wird deshalb sorgfältig prüfen müssen, ob weitere Kündigungen dem Prozessbevollmächtigten des Klägers zugestellt werden können oder – auf jeden Fall sicherer! – dem Arbeitnehmer als Kündigungsempfänger unmittelbar.

Einstweilen frei.   74–78

7. Zugang der Kündigungserklärung

Die Kündigung als einseitige empfangsbedürftige Willenserklärung muss dem Empfänger zugehen. Gesetzlich geregelt ist nur der Zugang unter Abwesenden, § 130 Abs. 1 Satz 1 BGB. Für den Zugang unter Anwesenden kann insoweit nichts anderes gelten, als unter Abwesenden: Die Willenserklärung wird im Zeitpunkt des Zugangs wirksam. Zugegangen ist die Willenserklärung, wenn sie derart in den Machtbereich des Erklärungsempfängers gelangt ist, dass vom Inhalt Kenntnis genommen werden kann (vgl. im Einzelnen Rz. 89 ff. und 92 ff.).

Dieses Problem stellt sich sowohl bei der Arbeitgeber- wie der Arbeitnehmerkündigung. Für die Kündigung der Arbeitnehmer stellt sich bei Personenmehrheiten als Arbeitgebern oder bei mehreren Organen einer juristischen Person die Frage, **wem gegenüber** die Kündigung ausgesprochen werden muss.

Bei den **Handelsgesellschaften** ist diese Frage durchweg gesetzlich geregelt, und zwar wie folgt:

- Bei der Kündigung gegenüber einer **OHG** genügt gem. § 125 Abs. 2 Satz 3 HGB die Abgabe der Erklärung gegenüber einem zur Mitwirkung bei der Vertretung berechtigten Gesellschafter, also einem der Komplementäre.
- Dasselbe gilt für die **KG** wegen der Verweisung in § 161 Abs. 2 HGB.
- Ist ein **Verein** Arbeitgeber, genügt gem. § 26 Abs. 2 Satz 2 BGB die Abgabe der Willenserklärung gegenüber einem Mitglied des Vorstands.
- Bei den **Kapitalgesellschaften** findet sich im Ergebnis dieselbe Regelung, und zwar für die **GmbH** in § 35 Abs. 2 Satz 2 GmbHG, in § 78 Abs. 2 Satz 2 AktG für die **AG**, für die **Genossenschaft** in § 25 Abs. 1 Satz 3 GenG: In allen Fällen genügt die Abgabe der Erklärung gegenüber einem Vorstandsmitglied.
- Für die **BGB-Gesellschaft** ist das gesetzlich nicht geregelt. Aus den schon zitierten Vorschriften, die für die Handelsgesellschaft gelten, hat der **BGH** den allgemeinen Rechtssatz abgeleitet, dass es auch bei einer Personengesellschaft ausreicht, die Willenserklärung gegenüber einem der – grundsätzlich gesamtvertretungsberechtigten – Gesellschafter abzugeben[3].

Einem **Geschäftsunfähigen** gegenüber wird die Kündigung nur wirksam, wenn sie dem gesetzlichen Vertreter zugeht, § 131 BGB. Dabei reicht es nicht aus, dass die Kündigung zufällig in den Herrschaftsbereich des gesetzlichen Vertreters gelangt.

---

1 St. Rspr. des BAG, zB BAG 18.3.1999 – 8 AZR 306/98, AP Nr. 44 zu § 4 KSchG 1969.
2 Vgl. BAG 21.1.1988 – 2 AZR 581/86, NZA 1988, 651; so auch LAG Düsseldorf 13.1.1999 – 12 Sa 1810/98, ZInsO 1999, 544.
3 Vgl. BGH 10.9.1997 – VIII ARZ 1/97, NJW 1997, 3437 ff.

Vielmehr muss sie auch an ihn gerichtet oder zumindest für ihn bestimmt sein. Die Kündigung muss also den Willen erkennbar werden lassen, dass sie auch den gesetzlichen Vertreter erreicht. Die bloß faktische Kenntnisnahme durch den Betreuer als gesetzlichen Vertreter reicht jedenfalls dann nicht aus, wenn dieser im Zeitpunkt der Abgabe der Willenserklärung noch nicht bestellt war und die Erklärung keinerlei Hinweis darauf enthält, dass sie für den gesetzlichen Vertreter des Adressaten bestimmt war[1].

80 Der Zugang der Willenserklärung muss im Streitfall auch **nachgewiesen** werden. Kann die Aushändigung des Schriftstücks bewiesen werden, ist damit auch der Zugang bewiesen, denn dem Informationsbedürfnis des Empfängers ist auch dann genügt, wenn er in der Lage ist, vom Inhalt des Schriftstücks Kenntnis zu nehmen. Deshalb geht die Kündigung im Ergebnis dem Empfänger auch dann zu, mindestens muss er sich den Zugang zurechnen lassen, wenn ihm statt des Originals nur eine Kopie ausgehändigt, das Original aber vorgelegt worden ist[2]. Dass darin auch gleichzeitig ein Problem der Einhaltung der Schriftform gesehen wird, liegt daran, dass zwischen der Schriftform und dem Zugang ein unlösbarer Zusammenhang besteht (vgl. auch Rz. 42).

81 Eine weitere Bedeutung kommt dem **Zeitpunkt des Zugangs** der Kündigung als Voraussetzung für die Einhaltung oder den Beginn von **Fristen** zu, insbesondere in folgenden Fällen:

Der allgemeine Kündigungsschutz ist an eine **Wartezeit** geknüpft. Das Arbeitsverhältnis muss in demselben Betrieb oder Unternehmen länger als sechs Monate bestanden haben (§ 1 KSchG). Das KSchG kommt also nicht zur Anwendung, wenn das Arbeitsverhältnis im Zeitpunkt des Zugangs der Kündigungserklärung ohne Unterbrechung noch nicht länger als sechs Monate bestanden hat. Grundsätzlich hat der Arbeitgeber dabei auch das Recht, den sechsmonatigen Zeitraum der Kündigungsfreiheit voll auszuschöpfen[3]. Allerdings ist Vorsicht geboten bei Kündigungen, die nur wenige Tage vor Ablauf der Frist erklärt werden. In solchen Fällen ist der Arbeitnehmer entsprechend § 162 BGB oder wegen Rechtsmissbrauchs, § 242 BGB, so zu behandeln, als sei die Wartezeit bereits zurückgelegt. Das kommt allerdings nur dann in Betracht, wenn der Arbeitgeber die Kündigung nur deshalb vor Ablauf der Wartefrist erklärt hat, um den Eintritt des Kündigungsschutzes zu verhindern, und dieses Vorgehen gegen Treu und Glauben verstößt[4]. Wenn auch mit unterschiedlicher Begründung, ist man sich im Wesentlichen einig, dass die Arbeitgeberkündigung unwirksam sein kann, wenn ohne Not kurz vor Ablauf der Wartezeit gekündigt wird[5]. Die Beweislast für die Treuwidrigkeit der Kündigung am Ende, aber noch innerhalb der Wartezeit, trägt die Arbeitnehmerseite.

82 Will ein Arbeitnehmer geltend machen, dass die Kündigung **sozial ungerechtfertigt** oder aus sonstigen Gründen unwirksam ist, so muss er innerhalb von drei Wochen **nach Zugang** der Kündigung Klage beim Arbeitsgericht auf Feststellung erheben, dass das Arbeitsverhältnis durch die Kündigung nicht aufgelöst ist. Wird die Frist ver-

---

1 Vgl. BAG 28.10.2010 – 2 AZR 794/09, NZA 2011, 340, Os. 1–3 im Anschluss an BGH 13.4.1989 – V ZR 145/88, BGHR BGB § 131 Abs. 1/Zugang 1; vom BAG offen gelassen ist die Frage, ob die Kündigung aufgrund der Schriftform auch notwendigerweise an den gesetzlichen Vertreter adressiert sein muss.
2 Vgl. BAG 4.11.2004 – 2 AZR 17/04, NZA 2005, 513.
3 Vgl. aber *Preis* in Stahlhacke/Preis/Vossen, Rz. 867.
4 Vgl. BAG 18.8.1982 – 7 AZR 437/80, BAGE 40, 42 ff. mwN zur Rspr. des BAG; KR/*Griebeling*, § 1 KSchG Rz. 103; ErfK/*Ascheid*, § 1 KSchG Rz. 92.
5 BAG 5.3.1987 – 2 AZR 187/86, RzK I 4d Nr. 7 (im Ergebnis die Treuwidrigkeit abgelehnt).

I. Kündigungserklärung

säumt, kommt eine nachträgliche Zulassung der Kündigungsschutzklage gem. § 5 KSchG in Betracht (vgl. im Einzelnen Teil 5 A Rz. 57 ff.)[1].

Maßgebliche Beurteilungsgrundlage für die Rechtmäßigkeit einer Kündigung sind die objektiven Verhältnisse im **Zeitpunkt des Zugangs** der Kündigungserklärung (vgl. auch Teil 3 E Rz. 97)[2]. 83

Die Ausschlussfrist des § 626 Abs. 2 BGB, innerhalb der eine außerordentliche Kündigung „erfolgen" muss, ist nur dann gewahrt, wenn die **Kündigungserklärung innerhalb der Frist** dem Kündigungsgegner **zugegangen** ist. Es genügt nicht, dass die Kündigungserklärung den Machtbereich des Erklärenden innerhalb der Frist verlassen hat[3]. 84

Unkündbarkeitsregelungen – zB § 34 Abs. 2 TVöD – greifen in der Regel nur ein, wenn deren Voraussetzungen bereits beim Zugang der Kündigungserklärung vorliegen. Es genügt nicht, dass diese Voraussetzungen erst in dem Zeitpunkt gegeben sind, zu dem die Kündigung das Arbeitsverhältnis beenden soll[4]. 85

Der **schwerbehinderte Mensch** genießt erst dann besonderen Kündigungsschutz, wenn das Arbeitsverhältnis im Zeitpunkt des Zugangs der Kündigungserklärung ohne Unterbrechung länger als sechs Monate bestanden hat (§ 90 Abs. 1 Nr. 1 SGB IX). Erteilt das Integrationsamt die Zustimmung zur ordentlichen Kündigung, kann der Arbeitgeber diese nur innerhalb eines Monats nach Zustellung erklären (§ 88 Abs. 3 SGB IX). Entscheidend für diese Kündigungserklärung ist deren Zugang. Die Zustimmung des Integrationsamts zur außerordentlichen Kündigung kann nur innerhalb von zwei Wochen beantragt werden; maßgebend ist der **Eingang** des Antrags bei dem Integrationsamt. Die Frist beginnt mit dem Zeitpunkt, in dem der Arbeitgeber von den für die Kündigung maßgebenden Tatsachen Kenntnis erlangt (§ 91 Abs. 2 Satz 2 SGB IX). Erteilt das Integrationsamt die Zustimmung zur außerordentlichen Kündigung, so kann diese auch nach Ablauf der Frist des § 626 Abs. 2 Satz 1 BGB erfolgen, wenn sie unverzüglich nach Erteilung der Zustimmung erklärt wird (§ 91 Abs. 5 SGB IX). Die außerordentliche Kündigung ist jedoch nur dann in diesem Sinne unverzüglich „erklärt", wenn sie innerhalb dieses Zeitraums dem Schwerbehinderten nach den allgemeinen Regeln zugegangen ist; die Absendung der Kündigungserklärung innerhalb dieses Zeitraums genügt nicht[5] (vgl. im Einzelnen Teil 3 H Rz. 47 ff.). 86

⊃ **Hinweis:** Die Kündigung darf erst zugestellt werden, wenn die Zustimmung des Integrationsamts erteilt ist. Wann sie als erteilt gilt, hängt davon ab, ob die Zustimmung zu einer außerordentlichen oder ordentlichen Kündigung beantragt und erteilt wird. 86a

Bei der **außerordentlichen Kündigung** reicht es nach dem Sinn und Zweck der gesetzlichen Regelung des § 91 Abs. 3 SGB IX aus, wenn die Zustimmungsentscheidung vom Integrationsamt „getroffen" worden ist und das Integrationsamt sie dem Arbeitgeber mündlich oder fernmündlich, in der Praxis regelmäßig durch Telefax, bekannt gibt[6]. Das muss innerhalb der gesetzlichen Zwei-Wochen-Frist geschehen, andernfalls

---

1 Vgl. zB LAG Berlin 4.1.1982 – 9 Ta 5/81, EzA § 5 KSchG Nr. 13, wonach solche besonderen Umstände etwa vorliegen, wenn ein Familienmitglied die Kündigungserklärung in der Absicht bewusst zurückhält, um den erkrankten Empfänger vor einer die Krankheit verschlimmernden Aufregung einige Zeit zu bewahren.
2 BAG 15.8.1984 – 7 AZR 536/82, BB 1985, 800, wonach die objektiven Kriterien, nach denen der Arbeitgeber seine Zukunftsprognose zur weiteren Dauer der Arbeitsunfähigkeit des Arbeitnehmers anzustellen hat, beim Zugang der Kündigungserklärung vorliegen müssen; die spätere Entwicklung ist nicht entscheidend.
3 BAG 9.3.1978 – 2 AZR 529/76, BB 1978, 1064.
4 BAG 16.10.1987 – 7 AZR 204/87, BB 1988, 1393.
5 BAG 3.7.1980 – 2 AZR 340/78, BB 1982, 1115.
6 BAG 19.6.2007 – 2 AZR 226/06, NZA 2007, 1153; vgl. auch ErfK/*Rolfs*, § 91 SGB IX Rz. 5.

gilt sie ohnehin als erteilt. Dann muss die Kündigung aber auch sofort ausgesprochen werden, der Arbeitgeber darf nicht die schriftliche Zustellung des zustimmenden Bescheids abwarten[1].

Bei der **ordentlichen Kündigung** muss der schriftliche Bescheid der Behörde abgewartet werden. Erst dann kann die Kündigung wirksam ausgesprochen werden[2]. Einige Landesarbeitsgerichte stellen für den Beginn der Kündigungsmöglichkeit nicht auf die tatsächliche Zustellung ab, sondern auf die landesrechtlichen Vorschriften über die Verwaltungszustellung, zB § 4 Abs. 2 LZG NRW[3]. Geht der förmliche Bescheid nicht zu oder zu einem späteren Zeitpunkt, gilt die Fiktion nicht. Die Behörde muss den Tag der Abgabe zur Post in den Akten vermerken. Dann beginnt die Drei-Tages-Frist zu laufen. Im Zweifelsfall hat die Behörde den Nachweis zu führen.

Geht der Bescheid früher ein, muss nach den zitierten Entscheidungen des LAG Hamm und des LAG Baden-Württemberg die Drei-Tages-Frist abgewartet werden. Das kann nicht richtig sein, weil eine Fiktion Unklarheiten im Zusammenhang mit dem Zustellungsvorgang beseitigen soll. Wenn aber eindeutig ein Zustellungsdatum feststeht, bleibt kein Raum für eine Fiktion.

Auch wenn man der Instanzrechtsprechung zur Fiktion der Zustellung nicht folgt, sollte man vorsorglich bei der ordentlichen Kündigung die Drei-Tages-Frist abwarten, sich vorsorglich auch in Zweifelsfällen bei der Behörde rückversichern, wann das Schreiben zur Post gegeben worden ist, der Poststempel dürfte hier auf jeden Fall den Fristbeginn markieren (vgl. zu den weiteren Einzelheiten Teil 3 H Rz. 58).

87 Eine **zum Monatsende mit Monatsfrist ausgesprochene Kündigung** muss spätestens bis zum Ablauf des letzten Tages des vorangegangenen Monats (24.00 Uhr) zugegangen sein. Eine wenn auch nur kurz nach Mitternacht im neuen Monat zugegangene Kündigung wirkt dann erst zum Schluss des darauf folgenden Monats. Das gilt auch dann, wenn ein Arbeitnehmer in der Spätschicht arbeitet, die erst nach Mitternacht endet[4].

Eine Kündigung, die „**in letzter Minute**", im konkreten Fall um 16.00 Uhr in den Wohnungsbriefkasten des Arbeitnehmers gelegt worden ist, geht jedenfalls nach einer Entscheidung des LAG Berlin[5] noch rechtzeitig zu, wenn der Arbeitnehmer mit dem Arbeitgeber über einen Aufhebungsvertrag verhandelt hatte, aber noch nicht zum Abschluss gekommen war. In diesem Fall soll der Arbeitnehmer damit rechnen müssen, dass der Arbeitgeber das Kündigungsschreiben noch durch Boten überbringen lässt. Gegen Ende der Probezeit hatte der Arbeitnehmer vom Arbeitgeber eine lange Auslauffrist angeboten erhalten und eine spätere Vertragsverlängerung in Aussicht gestellt bekommen. Er hatte sich am letzten Tag der Probezeit krankgemeldet, ohne sich zu dem Angebot zu erklären. Daraufhin ließ der Arbeitgeber die Kündigung noch am Nachmittag per Boten zustellen, die nach Auffassung des LAG Berlin rechtzeitig zugegangen ist.

In Übereinstimmung mit einer Entscheidung des LAG Hamm[6] geht ein Kündigungsschreiben in dem Zeitpunkt zu, in dem ein Arbeitnehmer üblicherweise von der Ar-

---

1 Vgl. BAG 19.6.2007 – 2 AZR 226/06, NZA 2007, 1153.
2 Vgl. BAG 16.10.1991 – 2 AZR 332/91, NZA 1992, 503; ErfK/*Rolfs*, § 91 SGB IX, Rz. 8 aE.
3 Vgl. LAG Hamm 9.11.2000 – 8 Sa 1116/08, LAGE § 18 SchwbG 1986 Nr. 3; wiederholt durch Urt. v. 19.11.2009 – 8 Sa 771/08, LAGE § 88 SGB IX Nr. 1; ferner LAG BW 22.9.2006 – 18 Sa 28/06, www.lag-baden-wuerttemberg.de.
4 BAG 15.7.1969 – 2 AZR 367/68, AP Nr. 6 zu § 130 BGB.
5 LAG Berlin 11.12.2003 – 16 Sa 1926/03, DB 2004, 824.
6 Vgl. LAG Hamm 26.5.2004 – 14 Sa 182/04, LAGE § 130 BGB 2002, Nr. 1; vgl. auch LAG Bln.-Bbg. 11.6.2010 – 6 Sa 747/10, nv., wonach eine Kündigungserklärung, die um 10.15 Uhr in den Hausbriefkasten des Arbeitnehmers geworfen wird, ihm auch noch dann am selben Tag zugeht, wenn die Post bei ihm üblicherweise schon zwischen 8.00 Uhr und 8.30 Uhr zugestellt wird.

I. Kündigungserklärung

beit nach Hause kommt, zumal, wenn ihm bereits eine Kündigung angedroht wurde. Er muss dann mit dem Zugang der Kündigung rechnen. Eine zeitliche Grenze anzugeben, ist schwierig (beim LAG Hamm um 12.40 Uhr). Heute wird man damit rechnen müssen, dass im Laufe des Tages bis zum Ende des Nachmittags, also **gegen 18.00 Uhr**, Schriftstücke in den Briefkasten eingeworfen werden können[1]. Soweit das **BAG** im Jahre 1983[2] unter Hinweis auf die damalige Verkehrsanschauung in der Empfangnahme von Briefen vertreten hat, dass ein gegen 16.30 Uhr zugestelltes Kündigungsschreiben an diesem Tag nicht mehr zugehe, lässt sich das heute nicht mehr halten angesichts zahlreicher privater Anbieter, die während des Tages Briefe zustellen. Gleichwohl stellt das BAG auf die „gewöhnlichen Verhältnisse" und die „Gepflogenheit des Verkehrs" unter Hinweis auf die Entscheidung im Jahre 1983 ab und hält ein in den Briefkasten eingeworfenes Kündigungsschreiben für zugegangen, sobald nach der **Verkehrsanschauung** mit der nächsten Entnahme zu rechnen ist[3]. Was demnach „verkehrsüblich" ist, muss wohl nach dem Verständnis des BAG nach offenbar unveränderter Rechtsprechung im konkreten Fall für den Zustellungsort durch Beweisaufnahme geklärt werden[4].

Es bleibt also dabei, dass ein erst am späten Abend zugestelltes Kündigungsschreiben am nächsten Tag zugeht[5].

⊃ **Hinweis:** Wird die Zustellung durch Boten als – neben der Gerichtsvollzieherzustellung – einzig sichere Art der Zustellung gewählt und kann die Zustellung erst am Nachmittag oder im Verlauf des Abends erfolgen, sollte der Bote instruiert werden, auf jeden Fall den Zustellungsempfänger oder einen Familienangehörigen selbst zu erreichen, statt die Kündigung ohne einen solchen Versuch in den Briefkasten einzulegen. Wird die Kündigung dem Empfänger selbst überreicht, ggf. auch am späten Abend vor 24.00 Uhr, gilt sie als unter **Anwesenden** zugestellt. Empfängern potenzieller Kündigungen ist wohl zu raten, die Tür nicht zu öffnen, der Zugang wird dadurch nicht vereitelt (vgl. dazu Rz. 105 mit weiteren Beispielen). 87a

Für den Zugang der Kündigungserklärung kommt es darauf an, ob dem Kündigungsempfänger die alsbaldige Kenntnisnahme möglich und diese nach der Verkehrsanschauung zu erwarten ist. Dafür ist derjenige **darlegungs- und beweispflichtig**, der sich auf den Zugang der Kündigung an einem bestimmten Tag beruft[6]. Bestreitet somit ein Arbeitnehmer mit Nichtwissen, dass die Kündigung ihm vor einem bestimmten Datum zugegangen ist, hat der Arbeitgeber die volle Darlegungs- und Beweislast auch für den Zeitpunkt des Zugangs der Kündigungserklärung. Dieses Bestreiten des Arbeitnehmers ist mit § 138 Abs. 1 ZPO vereinbar und als „Erklärung mit Nichtwissen" iSd. § 138 Abs. 4 ZPO anzusehen, wenn der Arbeitnehmer gleichzeitig erklärt, er könne sich nicht daran erinnern, wann das Schreiben zugegangen sei. Es gibt nämlich keinen Beweis des ersten Anscheins, dass eine vom Arbeitgeber als gewöhnlicher Brief abgesandte Kündigung den Empfänger binnen drei Tagen erreicht[7]. 88

---

1 Vgl. Palandt/*Ellenberger*, § 130 BGB Rz. 6 mwN; ohne Position zu beziehen: ErfK/*Müller-Glöge*, § 620 BGB Rz. 53.
2 BAG 8.12.1983 – 2 AZR 337/82, NJW 1984, 1651.
3 Vgl. BAG 22.3.2012 – 2 AZR 224/11, Os. 2.
4 Vgl. auch KR/*Friedrich*, § 4 KSchG Rz. 103 mwN; *gegen* eine „allgemein übliche Postzustellzeit" offenbar LAG Hamm 26.5.2004 – 14 Sa 182/04, LAGE § 130 BGB 2002, Nr. 1.
5 BAG 8.12.1983 – 2 AZR 337/82, BB 1984, 855; allgemeine Meinung, vgl. auch Küttner/*Eisemann*, Kündigung allgemein, Rz. 52.
6 BAG 8.12.1983 – 2 AZR 337/82, NZA 1984, 31.
7 Vgl. BAG 14.7.1960 – 2 AZR 173/59, NJW 1961, 2132; LAG Bremen 5.9.1986 – 4 Ta 47/86, BB 1986, 1992.

a) Kündigung unter Anwesenden

89 Wird einem Anwesenden eine formwirksam schriftliche Kündigungserklärung übergeben, so geht diese Kündigung dem Empfänger **regelmäßig sofort** zu und wird damit wirksam[1]. Es kommt nicht darauf an, ob der Empfänger das Kündigungsschreiben liest. Deshalb geht eine Kündigung unter Anwesenden auch dann zu, wenn der Kündigende oder der Bote erklärt, dass das – auch im verschlossenen Umschlag – überreichte Schreiben eine Kündigung enthalte und wenn der Kündigungsempfänger die Kündigung ungelesen „vor die Füße wirft". Entscheidend ist die **Möglichkeit**, von der Kündigungserklärung Kenntnis zu nehmen. Es kommt nicht darauf an, ob der Empfänger das Kündigungsschreiben auch tatsächlich gelesen hat[2]. Der Empfänger trägt das „Kenntnisnahmerisiko"[3].

90 Die Frage, wann bei einem nicht hinreichend der deutschen Sprache mächtigen **ausländischen Arbeitnehmer** oder **Analphabeten** die schriftliche Kündigung zugeht, wird nicht einheitlich beantwortet. Nach wohl richtiger Auffassung, trägt der Arbeitgeber nur das Übermittlungsrisiko, nicht aber das Risiko der Verständlichkeit der Kündigung für den Empfänger[4]. Das hat das LAG Hamm im Fall eines ausländischen Analphabeten anders gesehen und dieses Risiko dem Kündigenden zugeordnet[5]. In der Praxis sollte man diesem Streit aus dem Wege gehen und in Zweifelsfällen der Kündigung eine – einfache – Übersetzung beifügen[6].

91 Die schriftliche Kündigungserklärung sollte dem Anwesenden übergeben werden. Den **sichersten Weg** schlägt man ein, wenn zwei Originale ausgefertigt werden, eines davon dem Arbeitnehmer ausgehändigt wird und das andere, von ihm gegengezeichnet, zur Personalakte genommen wird. Lehnt er eine solche schriftliche Bestätigung ab – häufig aus Angst oder falsch verstandenem anwaltlichen Rat –, sollte ein zuverlässiger Zeuge zugezogen werden, wenn möglich aus dem Betriebsrat. Der Zeuge sollte von dem Vorgang einen Vermerk fertigen und unterzeichnen.

b) Kündigungserklärung gegenüber Abwesenden

92 Da die Kündigungserklärung gegenüber Abwesenden gem. § 130 BGB wirksam wird, wenn sie dem Kündigungsempfänger zugeht, muss die Kündigungserklärung in verkehrsüblicher Weise in die **tatsächliche Verfügungsgewalt** des Empfängers oder eines anderen, der ihn in der Entgegennahme von Briefen vertreten konnte (zB Ehegatte oder Vermieter), gelangen, um ihm dadurch die Möglichkeit der Kenntnisnahme zu verschaffen. Die Kündigung muss also derart in den Machtbereich des Empfängers gelangt sein, dass bei Annahme gewöhnlicher Verhältnisse damit zu rechnen war, dass er von ihr Kenntnis nehmen konnte. Demgegenüber kommt es nicht darauf an, wann der Empfänger vom Kündigungsschreiben tatsächlich Kenntnis genommen hat oder daran aus besonderen Gründen zunächst gehindert war[7].

Folglich müssen für den Zugang einer Kündigungserklärung **zwei Voraussetzungen** erfüllt sein:
- Die Erklärung muss in verkehrsüblicher Weise in die **tatsächliche Verfügungsgewalt** des Empfängers oder eines empfangsberechtigten Dritten gelangen **und**
- der Empfänger muss unter gewöhnlichen Umständen **Kenntnis nehmen können**.

---

1 Weitere Hinweise bei *Hansen/Meier*, AuA 1999, 262.
2 Vgl. BAG 4.11.2004 – 2 AZR 17/04, NZA 2005, 513.
3 Vgl. *Weber/Ehrich/Burmester/Fröhlich*, Teil I Rz. 145.
4 So LAG Köln 24.3.1988 – 8 Ta 46/88, NJW 1988, 1870.
5 So LAG Hamm 4.1.1979 – 8 Ta 105/78, NJW 1979, 2488.
6 So der Rat von *Bauer/Krieger/Arnold*, B I Rz. 18 m. Hinw. darauf, dass die Grundsätze auch für Analphabeten gelten; so auch: *Weber/Ehrich/Burmester/Fröhlich*, Teil 1 Rz. 142.
7 BAG 16.1.1976 – 2 AZR 619/74, EzA § 130 BGB Nr. 5.

I. Kündigungserklärung

Den Absender trifft fast **jedes Risiko**, wenn eine schriftliche Kündigungserklärung nicht den Empfänger erreicht, zB wegen ungenügender Frankierung, falscher oder unvollständiger Anschrift. Wenn ein Bote den Brief mit der Kündigung nach vergeblichem Klingeln an der Haustür zwischen Glasscheibe und Metallgitter der von der Straße aus nicht einsehbaren Haustür des Einfamilienhauses des Empfängers steckt, ist der Zugang bejaht worden[1]. Es genügt auch ein Einwurf in den Briefschlitz der Haus- oder Wohnungstür; ferner kann das Kündigungsschreiben unter der Tür durchgeschoben werden[2].

93

Es spricht **keine Vermutung** dafür, dass ein nachweislich abgesandter **normaler Brief** den Empfänger während der üblichen Postlaufzeit erreicht. Alle Versuche also, Nachweis darüber zu führen, dass man den Brief ordnungsgemäß in den Postgang gegeben hat, helfen dem Absender nichts[3].

Auf der Basis dieser Grundsätze wird eine **angemessene Verteilung des Übermittlungsrisikos** erreicht. Der Erklärende trägt das Übermittlungsrisiko so lange, bis er das nach den Umständen Erforderliche getan hat, um dem Empfänger die hinreichend sichere Möglichkeit der Kenntnisnahme zu verschaffen[4]. Gibt der Kündigungsempfänger eine postlagernde oder eine Postfachanschrift an, ist der Zeitpunkt maßgeblich, zu dem noch damit gerechnet werden kann, dass die Post abgeholt bzw. das Postfach geleert wird[5].

94

Es genügt der Zugang an eine Person, die **nach der Verkehrsauffassung zur Entgegennahme der Kündigung berechtigt** ist. Insoweit kommen nicht nur Familienangehörige[6], der Lebensgefährte[7], der Vermieter[8] oder eine Hausangestellte[9], sondern jede Person in Betracht, die sich mit der Erlaubnis des Erklärungsempfängers in dessen Wohnung aufgehalten hat, auf die näheren Umstände kommt es insoweit nicht an[10]. Lehnt ein als Empfangsbote anzusehender Familienangehöriger des abwesenden Arbeitnehmers jedoch die Annahme eines Kündigungsschreibens des Arbeitgebers ab, so muss der Arbeitnehmer die Kündigung nur dann als zugegangen gegen sich gelten lassen, wenn er auf die Annahmeverweigerung, etwa durch vorherige Absprache mit dem Angehörigen, Einfluss genommen hat[11]. Ebenso geht etwa dem angestellten Leiter eines Hotels, dem die Organisation des Hotelbetriebs obliegt und der dem gesamten Hotelpersonal gegenüber weisungsbefugt ist, eine schriftliche Willenserklärung zu, sobald sie dem Buchhalter des Hotels in dem Hotelbetrieb übergeben wird. Dabei spielt es keine Rolle, ob dem Buchhalter eine Empfangsvollmacht erteilt worden ist oder nicht. Das gilt selbst dann, wenn sich der Hotelleiter vorübergehend nicht im Hotel aufhält,

95

---

1 LAG Hamm 25.2.1993 – 8 Ta 333/91, NZA 1994, 32.
2 Vgl. LAG Düsseldorf 19.9.2000 – 16 Sa 925/00, MDR 2001, 145; das Schreiben muss „voll" hindurchgeschoben sein, weil sonst Dritte die Möglichkeit haben, den Brief zu entfernen; vgl. dazu auch KR/*Friedrich*, § 4 KSchG Rz. 103a mwN.
3 Vgl. dazu auch *Mrosk*, NJW 2013, 1481 (1482 re.Sp. mwN).
4 BAG 13.10.1976 – 5 AZR 510/75, EzA § 130 BGB Nr. 7.
5 Vgl. BAG 24.10.1985 – 2 AZR 521/84, NZA 1986, 338; ebenso Küttner/*Eisemann*, Kündigung allgemein, Rz. 52.
6 Zum Zugang der Kündigung gegenüber einem Ehegatten als Empfangsboten: BAG 9.6.2011 – 6 AZR 687/09, NZA 2011, 847 f.: Leben Ehegatten in einer gemeinsamen Wohnung, sind sie grundsätzlich füreinander als Empfangsboten anzusehen; auch außerhalb der Wohnung gelangt die Kündigung in den Machtbereich des Adressaten, wenn diese an einen Empfangsboten abgegeben wird, dann erst Zugang nach Ablauf der Zeit, die der Empfangsbote für die Übermittlungstätigkeit unter den obwaltenden Umständen normalerweise benötigt; vgl. Os. 3.
7 LAG Bremen 17.2.1988 – 3 Ta 79/87, DB 1988, 814.
8 BAG 16.1.1976 – 2 AZR 619/74, BB 1976, 696.
9 BAG 13.10.1976 – 5 AZR 510/75, AP Nr. 8 zu § 130 BGB.
10 Vgl. LAG Berlin 6.11.2002 – 9 Sa 892/02, AE 2/2003, Nr. 157, 65 (Ls.).
11 BAG 11.11.1992 – 2 AZR 328/92, BB 1993, 1290.

weil er sich für einige Tage in stationäre Krankenhausbehandlung begeben hat. Gibt der Hotelbuchhalter das ihm ausgehändigte Schriftstück später wieder an die Post zurück, ohne dem Hotelleiter vom Inhalt Kenntnis zu geben, so ist dies für die Frage des Zugangs ohne Bedeutung[1].

Dagegen sind **nicht empfangsberechtigte Personen**, wie zB Kinder, Nachbarn, Handwerker, die sich zufällig in der Wohnung des Empfängers aufhalten, nicht Empfangsboten des Kündigungsempfängers, sondern Erklärungsboten des Kündigenden. In diesen Fällen geht die Erklärung nur zu, wenn sie dem Empfänger richtig übermittelt worden ist. Bis dahin trägt der Erklärende die Gefahr des fehlenden oder verspäteten Zugangs[2].

96 Unterhält der Arbeitnehmer einen **Zweitwohnsitz**, so geht ihm die Kündigung an diesem Wohnsitz zu, und zwar selbst dann, wenn er sich zB wegen einer Krankheit im Zeitpunkt des Zugangs des Kündigungsschreibens nicht am Zweitwohnsitz aufhält. In diesem Fall gilt die Zimmervermieterin als ermächtigt, das Kündigungsschreiben in Empfang zu nehmen, und zwar unabhängig davon, ob der Arbeitnehmer die Kündigung tatsächlich zur Kenntnis nehmen konnte[3].

97 Ein Arbeitnehmer, der seine Wohnung wechselt, kann die **Anschriftenänderung** dem Arbeitgeber in der Weise mitteilen, dass er während seiner Erkrankung eine ärztliche Arbeitsunfähigkeitsbescheinigung einreicht, in der die neue Anschrift eingetragen ist. Es bedarf dann nicht noch seines ausdrücklichen Hinweises auf den Wohnungswechsel. Schickt der Arbeitgeber in einem solchen Falle sein Kündigungsschreiben an die frühere Anschrift des Arbeitnehmers und verzögert sich deshalb der Zugang der Kündigung, dann handelt der Arbeitnehmer nicht treuwidrig, wenn er sich auf den späteren Zugang beruft[4].

98 Zieht der Arbeitnehmer um und entfernt er am **Briefkasten** seiner bisherigen Wohnung nicht sein Namensschild, gehört der Briefkasten noch zum Machtbereich des Arbeitnehmers jedenfalls dann, wenn der Arbeitnehmer keinen Postnachsendeauftrag gestellt hat. In einem solchen Falle hat der Arbeitnehmer nämlich den Zustellungsversuch des Postbediensteten veranlasst und muss sich so behandeln lassen, als sei der Zugang ordnungsgemäß erfolgt[5]. Das gilt auch, wenn der vorhandene Briefkasten, zB wegen Beschädigung, nur noch als Restbriefkasten vorhanden ist, sofern noch ausreichend erkennbar ist, zB durch Namensaufschrift, dass das „Briefkastenfragment" zur Aufnahme von Briefsendungen bestimmt war[6].

99 **Einschreibebriefe** gibt es in mehreren Varianten. Neben dem „klassischen" Einschreiben, das als Übergabe-Einschreiben bezeichnet wird, und dem Einschreiben gegen Rückschein gibt es auch das Einwurf-Einschreiben. Die Rechtsprechung des BAG zum Zugang von Einschreibebriefen lässt sich ohne Weiteres auf das Übergabe-Einschreiben übertragen. Danach ist das **Übergabe-Einschreiben** nicht schon dann zugegangen, wenn der Postbote bei der Zustellung niemanden antrifft, aber gem. den postalischen Bestimmungen einen Benachrichtigungszettel hinterlässt. Der Übergabe-Einschreibebrief ist vielmehr erst dann zugegangen, wenn er dem Empfänger oder seinem Bevollmächtigten **ausgehändigt** wird. Dies gilt jedenfalls dann, wenn der Empfänger von der Lagerung der Sendung ordnungsgemäß benachrichtigt worden ist. In diesem Fall tritt die Zugangsfiktion ein, wenn der Absender den Zustellversuch

---

1 BAG 13.10.1976 – 5 AZR 510/75, AP Nr. 8 zu § 130 BGB.
2 Vgl. *Gaul*, ArbRB 2003, 306 (307); ferner Palandt/*Ellenberger*, § 130 BGB Rz. 9.
3 ArbG Stade 6.8.1990 – 2 Ca 270/90, BB 1991, 625; vgl. auch BAG 16.1.1976 – 2 AZR 619/74, BB 1976, 696 u. 16.3.1988 – 7 AZR 587/87, BB 1989, 150.
4 BAG 18.2.1977 – 2 AZR 770/75, DB 1977, 1194.
5 Vgl. ArbG Gelsenkirchen 31.8.1994 – 4 Ca 778/94, BB 1995, 362.
6 Vgl. zu den Einzelheiten KR/*Friedrich*, § 4 KSchG Rz. 103 mwN.

unverzüglich wiederholt, sobald erkennbar wird, dass die Sendung den Empfänger nicht erreicht hat[1].

Holt der Adressat einen solchen, zunächst unzustellbaren Übergabe-Einschreibebrief nicht von der Post ab, handelt er rechtsmissbräuchlich und muss sich so behandeln lassen, als sei die Sendung zugegangen[2]. Auch ist ein Übergabe-Einschreibebrief dem Empfänger schon dann zugegangen, wenn seinem Vermieter kein Benachrichtigungszettel, sondern der Brief selbst ausgehändigt wird[3]. Steht aber der Zugang des Benachrichtigungsscheines einer Übergabe-Einschreibesendung an den Arbeitnehmer fest, so reicht es nicht mehr aus, wenn dieser pauschal bestreitet, von dem **Benachrichtigungsschein tatsächlich Kenntnis** erlangt zu haben. Er muss vielmehr konkrete Umstände vortragen, aus denen sich ergibt, dass er von dem Benachrichtigungsschein ohne sein Verschulden keine Kenntnis erlangt hat[4]. Kommt hinzu, dass ein Arbeitnehmer vom Inhalt einer ihm zugesandten Übergabe-Einschreibesendung (Kündigung) aufgrund weiterer Vorkehrungen des Arbeitgebers tatsächlich Kenntnis erlangt hat, so ist seine Berufung darauf, der Inhalt der Übergabe-Einschreibesendung sei ihm nicht zugegangen, jedenfalls dann treuwidrig, wenn er den Zugang dieser per Übergabe-Einschreiben versandten Kündigungserklärung dadurch selbst vereitelt, dass er die Sendung während der postalischen Aufbewahrungsfrist nicht abholt. Das gilt erst recht, wenn die Zusendung einer schriftlichen Kündigung mündlich und schriftlich angekündigt war[5].

Das **Einwurf-Einschreiben** ist demgegenüber hinsichtlich des Zugangs der Willenserklärung zu behandeln wie ein gewöhnlicher Brief[6]. Es gelangt mit Einwurf in den Hausbriefkasten unabhängig davon in den Machtbereich des Empfängers, ob dieser anwesend ist oder nicht[7]. Es geht daher dem Empfänger zu, sofern und sobald mit der Leerung des Hausbriefkastens zu rechnen ist[8]. Der Nachweis, dass das Einwurf-Einschreiben in den Hausbriefkasten oder in das Postfach des Empfängers gelegt worden ist, kann nicht durch den Auslieferungsbeleg geführt werden, sondern nur durch Vernehmung des Zustellers als Zeugen (vgl. Rz. 93). Mit wie viel Unsicherheiten das behaftet ist, weiß jeder, der Zeugenvernehmungen erlebt hat. Die Belege werden oftmals schludrig ausgefüllt, Monate verwechselt etc.[9]. Wenn deshalb die Ansicht vertreten wird[10], das Einwurf-Einschreiben habe einen relativ hohen Beweiswert für den „Sachverhalt Einwurf", hilft das in der Praxis nicht weiter. Wir **brauchen Gewissheit**.

99a

Auch ein **Einschreiben mit Rückschein** kommt für den Transport des Kündigungsschreibens in Betracht. Wird der (rote) Rückschein, vom Empfänger unterzeichnet, an den Absender zurückgesandt, kann das als Beleg für die Auslieferung des Schreibens angesehen werden. Kommt der Rückschein dagegen nicht zurück oder wird der Brief mit dem aufgeklebten Rückschein zurückgesandt mit dem Hinweis, dass der Empfänger das Schreiben nicht abgeholt hat, bleibt nur, als Beweis für den Zugang den Mitarbeiter der Deutschen Post AG als Zeugen zu benennen.

99b

---

1 Vgl. LAG Köln 1.3.2002 – 11 Sa 1188/01, NZA-RR 2003, 20 (Ls.); vgl. auch *Gaul*, ArbRB 2003, 306 (309).
2 BAG 15.11.1962 – 2 AZR 301/62, BB 1963, 142; ferner LAG Hamm 22.5.2002 – 3 Sa 847/01.
3 BAG 16.1.1976 – 2 AZR 619/74, DB 1976, 1018.
4 BAG 3.4.1986 – 2 AZR 258/85, NZA 1986, 640.
5 Vgl. BAG 7.11.2002 – 2 AZR 475/01, BB 2003, 1178 ff.; vgl. ferner Besprechung von *Lunk*, ArbRB 2003, 135 (136); so schon LAG Hess. 31.7.1986 – 12 Sa 341/86, NZA 1987, 62.
6 Vgl. LAG München 8.11.2004 – 8 Ta 7/04; aA ArbG Karlsruhe 9.3.2004 – 6 Ca 569/03.
7 *Dübbers*, NJW 1997, 2503 (2504).
8 *Dübbers*, NJW 1997, 2503 (2504).
9 Vgl. dazu auch das Beispiel LAG Hamm 22.5.2002 – 3 Sa 847/01, (10. Mai statt 10. Juni 2000 und „Kreuz" an falscher Stelle, die Kammer hat ihm gleichwohl bei seiner Aussage geglaubt, vgl. II.4. c (1) d. Gr.).
10 So *Dübbers*, NJW 1997, 1503 (2504).

Zwar sollen alle Einschreiben mit einem computerlesbaren Etikett mit Streifenmuster versehen sein. Das soll ermöglichen, dass der Absender drei Tage nach Einlieferung der Sendung in den Postgang sicher nachfragen kann, ob die Sendung angekommen ist.

Zum einen können drei Tage viel zu lang sein, zum anderen gibt das noch keine Sicherheit, dass die Sendung tatsächlich den Empfänger erreicht hat. Auch hier wird wohl mit der herrschenden Meinung anzunehmen sein, dass den von dem privaten Unternehmen Deutsche Post AG zur Verfügung gestellten Belegen keine Indizwirkung zukommt[1].

100 Viel sicherer ist der Auftrag an einen **Gerichtsvollzieher**, die Kündigungserklärung förmlich gem. § 132 BGB im Wege der **Ersatzzustellung** zuzustellen gem. §§ 178 ff. ZPO. In § 179 ZPO ist geregelt, wann das Schriftstück bei Annahmeverweigerung in der Wohnung oder im Geschäftsraum zugestellt gilt und wie die Zustellung zu bewirken ist, wenn das Schriftstück in den Briefkasten eingelegt wird, § 180 ZPO oder durch Niederlegung, § 181 ZPO. Mit allen anderen postalischen Zustellungsformen erhält der Kündigende keinen **sicheren Nachweis** für den ordnungsgemäßen Zugang der Kündigungserklärung. Der ist **unverzichtbar**, zB zur Absicherung des Zugangs einer außerordentlichen Kündigung in der Frist des § 626 Abs. 2 BGB.

Ferner lässt sich mit der postalischen Zustellung der Nachweis nicht führen, welchen Inhalt der Brief hatte, also welches konkrete Schriftstück in dem zugestellten Brief lag. Der Einwand, es sei zwar ein Brief zugestellt worden, jedoch mit unverständlichem Inhalt oder einem Blankobogen (alles schon da gewesen!), lässt sich am ehesten durch den Gerichtsvollzieher ausschließen, dem der Inhalt des Briefes bekannt ist.

Stellt der Gerichtsvollzieher nicht persönlich zu und verstößt er bei der Ersatzzustellung durch Einlegen in den Briefkasten gegen zwingende Zustellungsvorschriften, ist das zuzustellende Dokument iSd. § 189 ZPO in dem Zeitpunkt dem Empfänger erst tatsächlich dann zugegangen, wenn er das Schriftstück in die Hand bekommt[2].

101 ⮕ **Hinweis:** Wie man sieht, sind alle Zustellungsformen mit Fehlern behaftet, selbst die an sich sicherste Form durch Gerichtsvollzieherzustellung und die Möglichkeiten der Ersatzzustellung. Wegen der Schriftform der Kündigung kommt keine Form der elektronischen Übermittlung in Frage. Deshalb bleibt, will man nicht nur sicher sein, dass zugestellt worden ist, sondern auch eine umgehende Rückmeldung erhalten, einen zuverlässigen Boten mit der Zustellung zu beauftragen. Er muss das Kündigungsschreiben lesen, in den Umschlag legen und diesen dann persönlich aushändigen, in den Briefkasten werfen oder sonst zuverlässig in den Machtbereich des Empfängers bringen (Schulung des Boten erforderlich!). Zur Gedächtnisstütze, nicht als Beweismittel, ist anschließend ein schriftlicher Vermerk anzufertigen und zu unterzeichnen.

102 Sodann fragt sich, ob die Kündigung dem Empfänger auch dann zugeht, wenn dieser **längere Zeit wegen Urlaub, Krankheit, Kur oder aus anderen Gründen (zB Inhaftierung)** abwesend ist. In solchen Fällen ändert sich nach der Rechtsprechung des BAG grundsätzlich nichts am Zugang der Kündigung, die an die normale Anschrift des Arbeitnehmers gerichtet ist. Insbesondere geht ein an die Heimatanschrift des Arbeitnehmers gerichtetes Kündigungsschreiben grundsätzlich auch dann zu, wenn dem Arbeitgeber bekannt ist, dass der Arbeitnehmer während seines Urlaubs verreist ist[3].

---

1 AA wohl LAG Köln 14.8.2009 – 10 Sa 84/09; ferner LAG Köln 22.11.2010 – 5 Sa 900/10, NZA-RR 2011, 244; so wohl auch KR/*Friedrich*, § 4 KSchG Rz. 112 mwN.
2 Vgl. BFH 6.5.2010 – GrS 2/13, NJW 2014, 2524: Der Gerichtsvollzieher hatte entgegen § 180 Satz 3 ZPO auf dem Umschlag des zuzustellenden Schriftstücks das Datum der Zustellung nicht vermerkt.
3 Vgl. BAG 22.3.2012 – 2 AZR 224/11, www.arbrb.de m. zahlr. wN zur bisherigen Rspr., auch des BGH, zB 21.1.2004 – XII ZR 214/00, EzA BGB 2002, § 130 Nr. 3; vgl. schon BAG 16.3.1988 – 7 AZR 587/87, NZA 1988, 875; Küttner/*Eisemann*, Kündigung allgemein, Rz. 53.

I. Kündigungserklärung

Die Kündigung geht also schon dann zu, wenn sie zu Hause eingeht unabhängig davon, wann der Empfänger dies erfährt[1]. Das gilt in aller Regel selbst dann, wenn der Arbeitnehmer seine Urlaubsanschrift dem Arbeitgeber mitgeteilt hat. Lediglich bei besonderen Umständen kann sich aus § 242 BGB eine abweichende Würdigung ergeben[2]. Das ist zB der Fall, wenn der Arbeitnehmer seine Urlaubsanschrift dem Arbeitgeber mitgeteilt und mit ihm die **Vereinbarung** getroffen hat, die – evtl. auszusprechende oder gar erwartete – Kündigung nicht an die Heimatanschrift, sondern an den Urlaubsort zu übersenden. Praktisch wird dies insbesondere bei ausländischen Beschäftigten, wenn sie in ihr Heimatland reisen. Arbeitgeber sollten sich jedoch auf eine solche Vereinbarung nicht einlassen, denn die Zustellung im Ausland ist mit ganz erheblichen Zugangsrisiken verbunden. Ein ohne Wissen des Mitarbeiters an seine Adresse im Ausland zugesandtes Kündigungsschreiben geht ihm grundsätzlich erst dann zu, wenn es ihm durch seine Mutter ausgehändigt wird[3]. Aber auch dann, wenn die Heimatadresse als Urlaubsanschrift angegeben ist, müssen sich Beschäftigte die Entgegennahme eines Kündigungsschreibens durch die dort lebende Schwiegermutter nicht als Zugangsdatum anrechnen lassen, wenn sie den Heimatort nach einem kurzen Besuch bereits wieder verlassen haben, um den Rest des Urlaubs mit ihrer Familie in anderen Landesteilen zu verbringen und das von der Schwiegermutter weitergeleitete Kündigungsschreiben aus diesen Gründen erst fünf Tage später zugeht[4].

Bei einem **Anschriftenwechsel** ist der Arbeitnehmer grundsätzlich verpflichtet, seine neue Anschrift dem Arbeitgeber unverzüglich mitzuteilen. Ob das nur dann gilt, wenn er jederzeit mit rechtsgeschäftlichen Erklärungen des Arbeitgebers, insbesondere einer Kündigung, rechnen muss, oder generell bei jedem Wohnungswechsel, wird nicht einheitlich beurteilt[5]. Richtigerweise muss man vom Arbeitnehmer bei einem Umzug verlangen, dass er dem Arbeitgeber die neue Anschrift mitteilt, jedenfalls dann, wenn der Umzug bereits vollzogen ist. Wird die neue Anschrift nicht unmittelbar nach Einzug in die neue Wohnung mitgeteilt, verletzt der Arbeitnehmer eine arbeitsvertragliche Nebenpflicht und kann sich nicht darauf berufen, dass die Kündigung nicht zugegangen sei, wenn sie noch an die alte Adresse zugestellt wird[6]. 103

Im Zusammenhang mit der Verhinderung bzw. Vereitelung des Zugangs der Kündigungserklärung ist zu differenzieren zwischen **berechtigter** oder **unberechtigter Annahmeverweigerung**. 104

Fehlt es an der **ordnungsgemäßen Frankierung oder Adressierung**, so darf der Kündigungsempfänger die Annahme der Erklärung grundsätzlich verweigern. Die ordnungsgemäße Frankierung und Adressierung sind Sache des Erklärenden. Fehler gehen zu seinen Lasten.

Wird die **Annahme** dagegen **zu Unrecht verweigert**, so geht die Erklärung dem Empfänger im Zeitpunkt des ersten ordnungsgemäßen Angebotes zur Aushändigung zu.

---

1 So auch BAG 2.3.1989 – 2 AZR 275/88, DB 1989, 2619.
2 BAG 16.3.1988 – 7 AZR 587/87, NZA 1988, 875; vgl. auch LAG Hamm 30.7.1981 – 8 Ta 87/81, EzA § 130 BGB Nr. 11 und LAG Berlin 16.11.1987 – 9 Sa 78/87, BB 1988, 484.
3 LAG Hess. 22.1.1981 – 9 Ta 215/80, nv.
4 LAG Hamm 25.2.1988 – 8 Ta 321/87, DB 1988, 1123.
5 Offen gelassen vom BAG 18.2.1977 – 2 AZR 770/75: Mitteilungspflicht jedenfalls erfüllt, wenn eine Arbeitsunfähigkeitsbescheinigung überreicht wird, aus der sich die neue Anschrift ergibt, vgl. dazu auch BAG 22.9.2005 – 2 AZR 366/04, NZA 2006, 2004: Arbeitsunfähigkeitsbescheinigung hatte ebenfalls falsche Adresse ausgewiesen (vgl. dazu auch Beispiel 2 in Rz. 105).
6 Vgl. LAG Köln 17.8.2001 – 7 Ta 47/01; vgl. auch LAG Rh.-Pf. 26.11.2007 – 9 Ta 240/07: Auch eine vom Arbeitnehmer vorgelegte Arbeitsunfähigkeitsbescheinigung wies noch die alte Anschrift aus.

Im Grundsatz besteht zwar keine Obliegenheit des Kündigungsempfängers, durch geeignete Vorkehrungen sicherzustellen, dass die von ihm erwartete Kündigungserklärung ihn auch erreicht. Scheitert der Zugang jedoch an einem Verhalten des Empfängers, so muss dieser sich uU nach Treu und Glauben so behandeln lassen, als sei die Erklärung ihm rechtzeitig zugegangen. Das ist anzunehmen, wenn der Empfänger durch vorherige Absprache mit dem Empfangsboten auf die Annahmeverweigerung Einfluss genommen hat[1].

Dagegen ist nach einem Urteil des LAG Bremen[2] nicht anzunehmen, dass der Zugang des Kündigungsschreibens arglistig vereitelt worden ist, wenn sich am Briefkasten und am Klingelschild des mit einer Kündigung rechnenden Arbeitnehmers zwar keine Namensschilder befinden, der regelmäßige Zusteller jedoch die Post dem Empfänger ständig zustellt und lediglich ein am Tag der Zustellung des Kündigungsschreibens per Einschreiben eingesetzter Aushilfszusteller den Brief mit dem Vermerk „Empfänger unbekannt" zurücksendet.

105 Beispiele für die **Zugangsvereitelung** liefern zwei vom BAG entschiedene Fälle:

Beispiel 1[3]**:**

Der Arbeitgeber hatte einem schwerbehinderten Arbeitnehmer unmittelbar nach Erteilung der Zustimmung der Hauptfürsorgestelle (jetzt Integrationsamt) vom 19.8.1983 noch am selben Tage per Einschreiben gegen Rückschein gekündigt. Da das Kündigungsschreiben nicht zugestellt, sondern bei der Post niedergelegt wurde und vom Empfänger nicht abgeholt worden ist, wurde es unter dem 30.8.1983 mit dem Vermerk „nicht abgeholt" an die Arbeitgeberin zurückgesandt. Diese beauftragte daraufhin am 1.9.1983 einen Gerichtsvollzieher mit der Zustellung des Kündigungsschreibens, der es am 4.9.1983 zur Post gab. Am 5.9.1983 wurde es dem Arbeitnehmer zugestellt. Der Arbeitnehmer hat den Benachrichtigungsschein über die Niederlegung des Kündigungsschreibens unstreitig erhalten.

Das BAG hat angenommen, dass der Arbeitnehmer den Zugang vereitelt habe. Werde bei einem Einschreiben ein Zustellversuch vorgenommen und das Schreiben anschließend bei der Post niedergelegt, ein Benachrichtigungsschein über den Eingang des Einschreibens in den Hausbriefkasten des Empfängers geworfen, gehe das Schreiben dem Adressaten gem. § 130 Abs. 1 BGB zwar erst dann zu, wenn der Brief dem Empfänger oder seinem Bevollmächtigten ausgehändigt werde. Der Benachrichtigungsschein könne nicht den Zugang des Einschreibebriefes ersetzen oder vermitteln. Erst bei einer erneuten Zustellung, wie hier durch den Gerichtsvollzieher, gehe das Kündigungsschreiben zu. Dem Empfänger sei es jedoch nach Treu und Glauben verwehrt, sich auf den verspäteten Zeitpunkt der Kündigung zu berufen. Im Beispielsfall habe der Empfänger damit rechnen müssen, dass eine Kündigung eingehe wegen des vorausgegangenen Zustimmungsersetzungsverfahrens bei der Hauptfürsorgestelle (jetzt Integrationsamt). Es sei treuwidrig, einerseits vom Benachrichtigungsschein Kenntnis zu erlangen und dann dennoch das niedergelegte Einschreiben nicht abzuholen. Zwar gebe es keine allgemeine Pflicht, Empfangsvorkehrungen zu treffen und ein für den Empfänger niedergelegtes Schriftstück abzuholen. Aus den Rechtsbeziehungen zwischen dem Erklärenden und dem Erklärungsempfänger und deren besonderer Art könne sich aber ergeben, dass er sich so behandeln lassen müsse, dass das niedergelegte Schriftstück in seinen Machtbereich gelangt sei[4].

Beispiel 2[5]**:**

Der Arbeitnehmer hat während des Arbeitsverhältnisses eine falsche Adresse angegeben und diese auf der Arbeitsunfähigkeitsbescheinigung vom Arzt wiederholen lassen. Das zunächst an die falsche Adresse gerichtete Schreiben wurde – verzögert – an die neue Adresse geleitet.

---

1 BAG 11.11.1992 – 2 AZR 328/92, BB 1993, 1290.
2 LAG Bremen 17.9.2001 – 4 Sa 43/01, EzA-SD 1/2002 Nr. 2.
3 BAG 3.4.1986 – 2 AZR 258/85, AP Nr. 9 zu § 18 SchwbG.
4 BAG 3.4.1986 – 2 AZR 258/85, AP Nr. 9 zu § 18 SchwbG; bestätigt durch ähnlichen Fall: BAG 7.11.2002 – 2 AZR 475/01, BB 2003, 1178 ff. mit zust. Anm. *Mauer*, BB 2003, 1182.
5 BAG 22.9.2005 – 2 AZR 366/04, NZA 2006, 2004.

I. Kündigungserklärung

Das BAG hat entschieden, dass der Arbeitnehmer die Zugangsverzögerung selbst zu vertreten habe und sich nach Treu und Glauben nicht auf den verspäteten Zugang berufen dürfe.

Die **Darlegungs- und Beweislast** für den Zugang der Kündigungserklärung trifft den Kündigenden. Das gilt darüber hinaus nicht nur für den Zeitpunkt des Zugangs, sondern auch für alle Tatsachen, die den Einwand begründen, der Empfänger berufe sich treuwidrig auf den verspäteten Zugang der Kündigung[1]. 106

Unterhält der Arbeitnehmer dagegen unter seiner früheren Anschrift einen Hausbriefkasten mit seinem Namen, muss er den Einwurf des Kündigungsschreibens in diesen Briefkasten gegen sich gelten lassen, weil er noch in seinem Empfangsbereich liegt. Will er einwenden, dass Wohnungswechsel und Anschriftenänderung dem Arbeitgeber rechtzeitig vor Ausspruch der Kündigung mitgeteilt worden seien, trägt er insoweit die Darlegungs- und Beweispflicht[2].

8. Umdeutung der Kündigungserklärung

Wenn sich herausstellt, dass die ausgesprochene Kündigung unwirksam ist, kann sie vielfach dennoch im Wege der Umdeutung aufrechterhalten werden. Grundlage für die Umdeutung ist der in § 140 BGB zum Ausdruck kommende allgemeine Rechtsgedanke: Erfüllt ein nichtiges Rechtsgeschäft die Erfordernisse eines anderen, wirksamen, so gilt das wirksame, wenn anzunehmen ist, dass die Parteien dies gewollt hätten, falls ihnen die Nichtigkeit bekannt gewesen wäre. Objektive Voraussetzung ist stets, dass das nichtige Rechtsgeschäft den **Erfordernissen des Ersatzgeschäfts** formal und inhaltlich voll entspricht. Dazu muss der von den Parteien mit dem nichtigen Geschäft erstrebte Erfolg mit dem Ersatzgeschäft im Wesentlichen erreicht werden können. Auch darf das Ersatzgeschäft in seinen Rechtswirkungen nicht weiter reichen als das unwirksame Rechtsgeschäft. Die rechtliche Tragweite muss also mindestens gleichartig sein. In subjektiver Hinsicht hätte das Ersatzgeschäft als rechtliches Mittel gewollt sein müssen, um die beabsichtigten Ziele ganz oder teilweise zu verwirklichen, wenn die Nichtigkeit bekannt gewesen wäre. Es kommt also auf den dem Empfänger erkennbaren, vom Kündigenden gewollten Erfolg an. Deshalb ist auch auf den hypothetischen Willen abzustellen. 107

Bevor eine Erklärung umgedeutet werden kann, ist durch **Auslegung** zu ermitteln, ob der Inhalt einer Kündigungserklärung eindeutig bestimmbar ist[3]. So sind insbesondere die verschiedenen Erscheinungsformen der Kündigung gegeneinander abzugrenzen, also ordentliche gegen außerordentliche, Änderungskündigung gegen Beendigungskündigung. Ferner sind bloße Absichtserklärungen von dem Ausspruch einer Kündigung zu unterscheiden (vgl. im Einzelnen Rz. 21). 108

Steht der Inhalt der Kündigungserklärung fest, also zB die evtl. durch Auslegung erreichte Deutung als außerordentliche Kündigung, so kommt eine Umdeutung nur in Betracht, wenn diese als außerordentliche Kündigung abgegebene Erklärung, aus welchen Gründen auch immer, **unwirksam** ist. 109

Mit der Umdeutung gem. § 140 BGB kann man dem Erklärenden nur dann helfen, wenn in der nichtigen oder unwirksamen Kündigung ein anderes Rechtsgeschäft enthalten ist, dessen Anforderungen erfüllt sind (vgl. zur Darlegungslast sogleich Rz. 111).

---

1 BAG 3.4.1986 – 2 AZR 258/85, AP Nr. 9 zu § 18 SchwbG: Arbeitgeber trägt die Beweislast für den Zugang der Benachrichtigung in den Empfangsbereich des Empfängers, allerdings keine strengen Anforderungen; vgl. zur Beweislast auch *Gaul/Otto*, ArbRB 2003, 306 ff. (309).
2 Vgl. dazu auch BAG 18.2.1977 – 2 AZR 770/75.
3 Vgl. auch KR/*Friedrich*, § 13 KSchG Rz. 78 mwN.

a) Umdeutung einer ordentlichen in eine außerordentliche Kündigung

110 Der Anwendungsbereich einer solchen Umdeutung beschränkt sich auf diejenigen Fälle, in denen die ausgesprochene ordentliche Kündigung durch Gesetz, Tarifvertrag, Betriebsvereinbarung oder Arbeitsvertrag ausgeschlossen ist, zB bei den sog. altersgesicherten Arbeitnehmern, jedoch gleichzeitig ein wichtiger Grund iSv. § 626 BGB vorliegt. Wird in solchen Fällen gleichwohl nur eine ordentliche Kündigung ausgesprochen, kann diese nicht in eine **außerordentliche Kündigung als Ersatzgeschäft** umgedeutet werden. Dieses Ersatzgeschäft ginge nämlich in seinen Rechtswirkungen weiter als das nichtige Geschäft. Die fristlose Kündigung würde bereits mit ihrem Zugang vor Ablauf der Kündigungsfrist zu einer Beendigung des Arbeitsverhältnisses führen. Auch die sog. **außerordentliche Kündigung mit Auslauffrist** (außerordentliche befristete Kündigung) kommt wegen ihrer weiter gehenden Wirkungen als Ersatzgeschäft nicht in Betracht. Bei ihr wäre der Arbeitnehmer hinsichtlich der sozialen Rechtfertigung über § 13 Abs. 1 KSchG an die dreiwöchige Klagefrist des § 4 KSchG gebunden, während er die Nichtigkeit der gegen zwingendes Recht verstoßenden ordentlichen Kündigung ohne diese Fristbindung geltend machen könnte. Regelt demgemäß zB ein Tarifvertrag, dass Beschäftigte nach einer bestimmten Dauer des Arbeitsverhältnisses „nur bei Vorliegen eines wichtigen Grundes" kündbar seien, so kann **nur durch außerordentliche Kündigung** gekündigt werden. In einem solchen Falle muss der Kündigende erkennbar zum Ausdruck bringen, dass er eine außerordentliche Kündigung erklären will. Unerheblich ist, ob bei einer als ordentlich ausgesprochenen Kündigung ein wichtiger Grund vorgelegen hat. Ebenso kann eine tarifvertraglich unzulässige ordentliche Kündigung nicht in eine außerordentliche Kündigung umgedeutet werden[1].

Diese Situation tritt durchaus häufiger auf bei durch Tarifvorschriften altersgeschützten Beschäftigten, deren Arbeitsverhältnis ausnahmsweise außerordentlich mit sozialer Auslauffrist in Höhe der längsten zulässigen tariflichen Kündigungsfrist kündbar ist. Zweifel gehen zu Lasten des Erklärenden. Er hat es in der Hand, für Klarheit zu sorgen.

b) Umdeutung einer außerordentlichen in eine ordentliche Kündigung

111 Die Umdeutung einer außerordentlichen in eine ordentliche Kündigung zum nächstmöglichen Termin ist nur dann zulässig, wenn aus der Kündigungserklärung oder sonstigen Umständen dem Gekündigten bereits im Zeitpunkt des Zugangs der Kündigungserklärung eindeutig erkennbar ist, dass der Kündigende das Arbeitsverhältnis **in jedem Falle**, dh. auch bei Nichtdurchgreifen der außerordentlichen Kündigung, beenden will[2]. Es kommt also entscheidend darauf an, dass der Kündigende gegenüber dem Kündigungsempfänger im Rahmen des Kündigungsschreibens seinen **unbedingten Beendigungswillen** erkennbar zum Ausdruck bringt[3]. Ob dabei das Arbeitsgericht im Kündigungsschutzprozess die Umdeutung von Amts wegen vornehmen darf[4] oder sich der Arbeitgeber zumindest konkludent auf die Umdeutung berufen muss[5], wird im praktischen Ergebnis nur in seltenen Fällen zu divergierenden Entscheidungen

---

1 LAG Köln 29.4.1994 – 4 Sa 1171/93, DB 1994, 2632.
2 BAG 25.7.1968 – 2 AZR 360/67, BB 1968, 1201; so auch BAG 13.8.1987 – 2 AZR 599/86, NZA 1988, 102 f.
3 So BAG 13.8.1987 – 2 AZR 599/86, AP Nr. 3 zu § 6 KSchG 1969.
4 So ausdrücklich LAG Sa.-Anh. 25.1.2000 – 8 Sa 354/99, NZA-RR 2000, 472 ff.; auch ErfK/*Müller-Glöge*, § 626 BGB Rz. 238; aA wohl (entgegen Zitat von ErfK/*Müller-Glöge* aaO) Kasseler Handbuch/*Isenhardt*, 6.3 Rz. 267.
5 So ausdrücklich Kasseler Handbuch/*Isenhardt*, 6.3 Rz. 267 unter Hinweis auf frühere BAG-Rechtsprechung.

I. Kündigungserklärung

führen. Es reicht aus, alle Tatsachen vorzutragen, die das Gericht in die Lage versetzt, den Sachvortrag unter die gesetzlichen Voraussetzungen der Umdeutung gem. § 140 BGB zu subsumieren[1].

⊃ **Hinweis:** Auf Arbeitgeberseite ist im Kündigungsrechtsstreit **immer** die **Umdeutung** im Blick zu halten und ggf. dazu vorzutragen, um den Streit über die Frage zu umgehen, inwieweit die Berufung auf die Umdeutung erforderlich ist. 111a

Umdeutungsprobleme werden zuverlässig auch dadurch vermieden, dass, nachdem Klarheit herrscht, welche Art von Kündigung ausgesprochen werden soll, bei einer außerordentlichen Kündigung regelmäßig eine **hilfsweise ordentliche Kündigung** gleichzeitig ausgesprochen wird, es sei denn, dass ohnehin nur eine außerordentliche Kündigung das Arbeitsverhältnis beenden kann (vgl. dazu auch Teil 3 F Rz. 93 mwN).

Ob der Arbeitgeber sich noch in der **Berufungsinstanz** auf die Umdeutung berufen – wenn er überhaupt muss – und Tatsachen vortragen kann, aus denen sich die Umdeutung ergibt, ist streitig. Die wohl herrschende Meinung bejaht diese Frage und hält es für zulässig, den Gesichtspunkt der Umdeutung in der Berufungsinstanz zu berücksichtigen, auch wenn dazu in erster Instanz noch nichts vorgetragen worden ist[2]. 112

Scheitert die Umdeutung der fristlosen Kündigung in eine ordentliche Kündigung aus formellen Gründen und hat sich das Gericht deshalb mit den sachlichen Kündigungsgründen nicht befasst, so ist der Arbeitgeber mit diesen Gründen für die soziale Rechtfertigung einer später ausgesprochenen, den formellen Anforderungen entsprechenden Kündigung nicht ausgeschlossen[3]. Hat sich der Arbeitnehmer demgegenüber für den Fall der Unwirksamkeit der außerordentlichen Kündigung damit einverstanden erklärt, dass das Arbeitsverhältnis mit Ablauf der bei einer ordentlichen Kündigung einzuhaltenden Kündigungsfrist endet, bleibt bei der Umdeutung der außerordentlichen in eine ordentliche Kündigung für die Verlängerung der Anrufungsfrist nach § 6 Satz 1 KSchG kein Raum[4].

Obwohl nicht mehr von entscheidender Bedeutung, könnte die Kündigungsschutzklage gem. § 5 KSchG nachträglich zugelassen werden[5].

Klagt ein Arbeitnehmer auf Feststellung der Unwirksamkeit einer fristlosen Kündigung und auf Gehaltszahlung, und stellt das Arbeitsgericht zunächst durch **Teilurteil** die Unwirksamkeit dieser Kündigung fest, will alsdann der Arbeitgeber geltend machen, seine unwirksame fristlose Kündigung sei in eine ordentliche Kündigung umzudeuten und als solche wirksam, so muss er die zu diesem Vorbringen erforderlichen Tatsachen in dem sich auf die Kündigung beziehenden Verfahrensabschnitt (Beru- 113

---

1 Vgl. BAG 15.11.2001 – 2 AZR 310/00, EzA § 140 BGB Nr. 24; Anknüpfung an BAG 13.8.1987 – 2 AZR 599/86, AP Nr. 3 zu § 6 KSchG 1969; LAG Sa.-Anh. 25.1.2000 – 8 Sa 354/99, NZA-RR 2000, 472 ff. (Vorinstanz zu BAG 15.11.2001); ErfK/*Müller-Glöge*, § 626 BGB Rz. 238 mwN; KR/*Fischermeier*, § 626 BGB Rz. 366; – dagegen nicht ganz eindeutig –: KR/*Friedrich*, § 13 KSchG Rz. 82 f. – Umdeutung nicht von Amts wegen zu berücksichtigen –, Rz. 83: kein ausdrücklicher Hinweis auf die Umdeutung oder kein ausdrücklicher Antrag des Arbeitgebers erforderlich.
2 KR/*Friedrich*, § 13 KSchG Rz. 85 unter Hinweis auf BAG 15.11.1984 – 2 AZR 613/83, NZA 1985, 661; aA *Schmidt*, Die Umdeutung der außerordentlichen Kündigung im Spannungsverhältnis zwischen materiellem und Prozessrecht, NZA 1989, 661; dazu differenzierend: *Molkenbur/Krasshöfer-Pidde*, Zur Umdeutung im Arbeitsrecht, RdA 1989, 337 (345 f.): Der ergänzende Sachvortrag muss zulässig sein, wenn der Gesichtspunkt der Umdeutung in der Berufungsinstanz auf Arbeitgeberseite noch berücksichtigt werden kann.
3 BAG 25.11.1982 – 2 AZR 21/81, DB 1984, 883.
4 BAG 13.8.1987 – 2 AZR 599/86, AP Nr. 3 zu § 6 KSchG 1969.
5 *Vollkommer*, Anm. zu BAG 14.8.1974 – 5 AZR 497/73, AP Nr. 3 zu § 13 KSchG 1969.

fungsverfahren gegen das Teilurteil) vortragen; anderenfalls ist er mit diesem Vorbringen ausgeschlossen[1].

114 Hat das Integrationsamt lediglich die Zustimmung zur außerordentlichen **Kündigung eines schwerbehinderten Menschen** erteilt, dann kann die daraufhin ausgesprochene außerordentliche Kündigung nicht in eine ordentliche Kündigung umgedeutet werden[2].

115 Falls der Arbeitgeber die erforderliche **Anhörung des Betriebsrats** gem. § 102 Abs. 1 BetrVG ausschließlich zu einer beabsichtigten **außerordentlichen Kündigung** durchgeführt hat, kommt eine Umdeutung in eine ordentliche Kündigung grundsätzlich nicht in Betracht, weil die Anhörung zu einer außerordentlichen Kündigung die Anhörung zu einer ordentlichen Kündigung nicht ersetzt[3]. Eine Ausnahme ist nur dann zu machen, wenn der Betriebsrat der beabsichtigten außerordentlichen Kündigung ausdrücklich und vorbehaltlos zugestimmt hat und auch aus sonstigen Umständen nicht zu ersehen ist, dass der Betriebsrat für den Fall der Unwirksamkeit der außerordentlichen Kündigung der dann verbleibenden ordentlichen Kündigung entgegengetreten wäre und die ordentliche Kündigung auf denselben Sachverhalt gestützt wird, den der Betriebsrat bereits im Rahmen der Anhörung zur außerordentlichen Kündigung beurteilt hat[4]. In der Zustimmung zur beabsichtigten außerordentlichen Kündigung liegt nämlich im Regelfall zugleich auch die Zustimmung zu der in ihren Rechtswirkungen schwächeren fristgerechten Kündigung.

115a ⊃ **Hinweis:** Will der Arbeitgeber sicherstellen, dass im Falle der Unwirksamkeit einer von ihm beabsichtigten fristlosen Kündigung die Umdeutung in eine fristgerechte oder vorsorgliche ordentliche Kündigung nicht an der fehlenden Anhörung des Betriebsrats scheitert, so sollte er den Betriebsrat deutlich darauf hinweisen, dass die geplante außerordentliche Kündigung hilfsweise als ordentliche Kündigung gelten soll.

116 Im umgekehrten Fall, wenn der Arbeitgeber den **Betriebsrat nur zu einer beabsichtigten ordentlichen Kündigung angehört** und sodann eine außerordentliche Kündigung ausgesprochen hat, ist die außerordentliche Kündigung unwirksam, weil sich die Anhörung zu einer ordentlichen Kündigung nicht auf eine außerordentliche Kündigung erstreckt. Die unwirksame außerordentliche Kündigung kann demnach nicht in eine wirksame ordentliche Kündigung umgedeutet werden, weil der Arbeitgeber eine ordentliche Kündigung, zu der er das Anhörungsverfahren durchgeführt hat, nicht ausgesprochen hat[5].

c) Umdeutung einer Änderungskündigung in eine Beendigungskündigung und umgekehrt

116a Die Umdeutung einer **Änderungskündigung** in eine Beendigungskündigung ist ebenso wenig möglich wie umgekehrt die einer Beendigungskündigung, gleich ob außerordentliche oder ordentliche, in eine Änderungskündigung. In einem solchen Fall sind die Inhalte der Erklärungen nicht deckungsgleich. Das unwirksame Rechtsgeschäft muss **alle** Voraussetzungen eines wirksamen Rechtsgeschäfts enthalten, also die eine Kündigungsform die Voraussetzungen der anderen. Die Änderungskündigung unterscheidet sich von der Beendigungskündigung dadurch, dass nicht nur die Beendigung des Arbeitsverhältnisses durch Kündigung ausgesprochen wird, sondern

---

1 BAG 14.8.1974 – 5 AZR 497/73, AP Nr. 3 zu § 13 KSchG 1969.
2 LAG Berlin 9.7.1984 – 12 Sa 18/84, NZA 1985, 95; vgl. auch LAG Köln 11.8.1998 – 3 Sa 100/98, NZA-RR 1999, 415 (416).
3 BAG 16.3.1978 – 2 AZR 424/76, AP Nr. 15 zu § 102 BetrVG 1972.
4 BAG 16.3.1978 – 2 AZR 424/76, AP Nr. 15 zu § 102 BetrVG 1972.
5 BAG 12.8.1976 – 2 AZR 311/75, AP Nr. 10 zu § 102 BetrVG 1972.

das Angebot auf Fortsetzung zu veränderten Arbeitsbedingungen. Somit können die Erklärungen nicht inhaltlich zusammenpassen[1].

Folgende Umdeutungsmöglichkeiten werden diskutiert:

d) Umdeutung einer Kündigungs- in eine Anfechtungserklärung

Die Kündigungserklärung ist nicht nur an die Schriftform des § 623 BGB gebunden, sondern an viele andere formelle Voraussetzungen, u.a. im Fall der §§ 9 MuSchG, 85 SGB IX an eine in einem vorausgehenden Verfahren erteilte Zustimmung. Wird eine Kündigung ohne diese Zustimmungserklärung ausgesprochen, ist sie unwirksam. Dabei handelt es sich um gesetzliche Kündigungsverbote mit Erlaubnisvorbehalt. Eine Umdeutung in eine Anfechtungserklärung, die weder einer bestimmten Form bedarf noch einer vorausgehenden Zustimmung Dritter in den genannten Beispielsfällen (vgl. weitere Teil 3 H), kann überhaupt nur in Betracht kommen, wenn die Anfechtung nicht weiter reichende Folgen hat als das ursprüngliche, aber nichtige Rechtsgeschäft. Da die Anfechtungserklärung das Arbeitsverhältnis sofort beendet, kommt für die Umdeutung einer Kündigungserklärung in eine Anfechtungserklärung zunächst einmal nur die **fristlose** Kündigung in Betracht und auch nur dann, wenn die Erklärung unzweideutig den Willen erkennen lässt, das Arbeitsverhältnis sofort zu beenden. Außerdem müssen die Anfechtungsgründe vorliegen, weil ja die Voraussetzungen des Rechtsgeschäfts, in das umgedeutet werden soll, allesamt vorliegen müssen. Ist das der Fall, kann eine außerordentliche fristlose Kündigung umgedeutet werden in eine Anfechtungserklärung[2].

Lässt sich durch **Auslegung**[3] des hypothetischen Willens erkennen, dass das Arbeitsverhältnis sofort beendet werden sollte, scheitert die Umdeutung einer ordentlichen Kündigung in eine Anfechtungserklärung regelmäßig bereits an der durch die fristgerechte Beendigung eintretenden weiter reichenden Folge. Das Ersatzgeschäft – die Anfechtung – geht in seinen Rechtswirkungen deshalb über die Wirkungen der ordentlichen Kündigung hinaus. Bei der außerordentlichen Kündigung dagegen besteht eine Übereinstimmung zu den Rechtswirkungen einer Anfechtung. In der Praxis spricht deshalb viel für die Annahme, dass dieser Erfolg vom Kündigenden auch bezweckt wird – die Art und Weise, wie dieser Erfolg herbeigeführt wird, ist, insbesondere aus Sicht des Arbeitgebers in den genannten Beispielsfällen, von untergeordneter Bedeutung. Entscheidend ist deshalb, ob Anfechtungsgründe vorliegen entsprechend den Tatbeständen der §§ 119, 123 BGB (vgl. Teil 3 C Rz. 57 ff.).

e) Umdeutung einer Kündigung in eine Freistellung

Die Kündigung beendet durch einseitig gestaltende Willenserklärung das Arbeitsverhältnis, falls sie wirksam ist. Schon daran scheitert die Umdeutung in eine Freistellungserklärung, die das Arbeitsverhältnis nicht beendet, sondern einseitig die Verpflichtung des Arbeitnehmers zur Arbeitsleistung – widerruflich oder unwiderruflich – aussetzt. Die Freistellung ist im Übrigen keine einseitig gestaltende Willenserklärung, sondern grundsätzlich ein Verstoß des Arbeitgebers gegen die Verpflichtung, nicht nur die Vergütung an den Arbeitnehmer zu zahlen, sondern auch die Arbeitsleistung entgegenzunehmen.

---

1 *Mues/Eisenbeis/Legerlotz/Laber*, Teil 1 Rz. 396.
2 Vgl. BAG 14.12.1979 – 7 AZR 38/78, DB 1980, 739; so bereits BAG 14.10.1975 – 2 AZR 365/74, AP Nr. 4 zu § 9 MuschG 1968; *Mues/Eisenbeis/Legerlotz/Laber*, Teil 1 Rz. 446; HWK/*Thüsing*, § 119 BGB Rz. 12 und 13.
3 BAG 6.10.1962 – 2 AZR 360/61, BB 1962, 1435.

Die Kündigung als einseitig gestaltende Willenserklärung ist also ein **Aliud** gegenüber dem – möglicherweise ein als Minus darin enthaltenes Angebot auf Freistellung, das der Arbeitnehmer – konkludent oder ausdrücklich – annehmen kann.

Der Empfänger einer Kündigung kann aber regelmäßig nicht auf den Willen des Kündigenden schließen, auf die Entgegennahme der Arbeitsleistung einseitig zu verzichten.

Die Umdeutung der Kündigung in eine Suspendierung – Befreiung von der Arbeitspflicht – scheitert regelmäßig daran, dass die Suspendierung unter Fortzahlung der Vergütung in ihren Rechtsfolgen für den Arbeitgeber **weiter geht** als die Kündigungserklärung. Die Suspendierung/Freistellung beendet das Arbeitsverhältnis nicht, sondern setzt einseitig die Verpflichtung des Arbeitnehmers zur Arbeitsleistung aus, entweder widerruflich oder unwiderruflich. Die Vergütung wird weitergezahlt. Die Rechtsfolgen sind also nicht identisch, sondern von qualitativ anderer Art.

Die Freistellung von der Arbeitsverpflichtung führt ausnahmslos nicht zum Wegfall der Vergütungspflicht des Arbeitgebers. Eine unwirksame Kündigungserklärung kann deshalb regelmäßig auch nicht als ein Angebot auf Abschluss eines **Suspendierungsvertrages** unter Wegfall der Vergütung umgedeutet werden. Die Kündigung ist eine einseitige Willenserklärung, die nicht der Annahme bedarf. Dagegen ist eine Vertragserklärung darauf gerichtet, eine Einigung auf den Vertragsinhalt mit dem Adressaten der Erklärung herbeizuführen. Der Angebotscharakter einer Erklärung muss deshalb auch für den Empfänger erkennbar sein. Daran fehlt es regelmäßig bei einer Kündigungserklärung. Der Empfänger einer solchen Erklärung kann daraus nicht den rechtsgeschäftlichen Willen des Kündigenden auf eine einvernehmliche inhaltliche Änderung des bestehenden Vertrages entnehmen.

f) Umdeutung einer Kündigung in ein Angebot auf Abschluss eines Aufhebungsvertrages

120 Es kommt auch hier auf den **mutmaßlichen Willen** des Erklärenden an. Da es auf die Sicht des Adressaten der Erklärung ankommt, kann eine – unwirksame – Kündigungserklärung nur dann als Vertragsangebot gewertet werden, wenn der Empfänger der Erklärung die Unwirksamkeit der Kündigung erkannt hat. Nur dann kann er auf einen mutmaßlichen Willen des Kündigenden schließen, das Arbeitsverhältnis zu beenden[1].

Hat der Arbeitnehmer die Nichtigkeit der Kündigung erkannt, kommt für ihn zwar grundsätzlich die Annahme der Kündigung als Angebot auf Abschluss eines Aufhebungsvertrages in Betracht. In der Praxis kann daraus ein wirksamer Vertrag aber nur dann werden, wenn diese Einigung auch sofort schriftlich fixiert wird, denn der Auflösungsvertrag bedarf gem. § 623 BGB der Schriftform. Scheitert die Kündigung zB an der Einhaltung der Schriftform, kommt deswegen auch kein Auflösungsvertrag zustande, weil derselbe Unwirksamkeitsgrund beide Rechtsgeschäfte erfassen würde.

Wird schriftlich gekündigt, ist denkbar, dass der Auflösungsvertrag dadurch zustande kommt, dass der Arbeitnehmer auf die schriftliche Kündigung seine Unterschrift mit einem Vermerk setzt, der den Einigungswillen erkennen lässt, zB „einverstanden". Dann besteht eigentlich kein Grund, an der Wirksamkeit eines Auflösungsvertrages zu zweifeln. Aber auch hier bedarf die Erklärung immer der Auslegung, weil aus der „Einverständnis-Erklärung" des Arbeitnehmers auch ein Verzicht auf die Anfechtung der Kündigung entnommen werden könnte.

Ein weiteres Hindernis für die Annahme, dass die unwirksame Kündigung ein Angebot auf Abschluss eines Auflösungsvertrages – als Minus – vollständig enthält, ist der

---

1 BAG 13.4.1972 – 2 AZR 243/71, BB 1972, 1095.

I. Kündigungserklärung

Umstand, dass die Kündigung, die unter Anwesenden ausgesprochen worden ist, nur sofort als Vertragserklärung auf Auflösung des Arbeitsverhältnisses angenommen werden kann. Dies kommt zB in Betracht, wenn der Arbeitnehmer fristlos dem Arbeitgeber kündigt, der Arbeitgeber erkennt, dass diese fristlose Kündigung unwirksam ist, sie aber als Angebot auf sofortige Auflösung des Arbeitsverhältnisses annimmt[1]. In einem solchen Fall spricht nichts dagegen, die Erklärungen in eine Auflösungserklärung umzudeuten.

g) Umdeutung einer ordentlichen Kündigung mit zu kurzer in eine mit der zutreffenden längeren Kündigungsfrist

Gibt der Arbeitgeber bei einer ordentlichen Kündigung eine unzutreffend kurze Frist an, stellt sich die Frage, ob die Kündigung unwirksam ist, ob durch Auslegung die – zutreffende – längere Kündigungsfrist ermittelt und verbindlich festgelegt werden kann oder ob eine **Umdeutung** möglich ist.

120a

Zunächst ist festzuhalten, dass allgemein die Auslegung der Umdeutung vorgeht[2]. In Fällen, in denen die gesetzliche oder vertragliche, ggf. auch tarifvertragliche Kündigungsfrist mit der Kündigungserklärung nicht gewahrt wurde, wurde angenommen, dass die **Kündigung zum nächstzulässigen Termin** wirken sollte und sie als wirksam angesehen, ohne sich dogmatisch festzulegen, ob sich dieses Ergebnis durch Auslegung oder Umdeutung ergab. Der zweite Senat des BAG hat in einem Urteil vom 15.12.2005[3] angenommen, dass bei Angabe einer Frist regelmäßig keine außerordentliche Kündigung gewollt sein kann und regelmäßig für den Kündigungsadressaten erkennbar sei, dass der Kündigende die einzuhaltende Kündigungsfrist, an die er kraft Gesetzes, tariflicher oder einzelvertraglicher Regelung gebunden sei, wahren wolle[4].

Nur dann, wenn der **Kündigungstermin „integraler Bestandteil der Willenserklärung"** sei, scheide eine Auslegung aus. Dann scheitere aber auch eine Umdeutung regelmäßig an dem klar artikulierten Willen des Arbeitgebers und lasse keinen Schluss auf einen mutmaßlichen Willen zu, wie das in § 140 BGB vorausgesetzt sei[5]. Darüber hinaus setzt die Umdeutung voraus, dass die Kündigung nicht gem. § 7 KSchG als rechtswirksam gilt[6]. Sei die Kündigung nicht als Kündigungserklärung zum nächstzulässigen Termin auszulegen, sei sie unwirksam. In diesem Fall geht es um den Bestand des Arbeitsverhältnisses und nicht darum, ob die Kündigung zu einem späteren Zeitpunkt das Arbeitsverhältnis auflöse. Werde auf Arbeitnehmerseite die Klagefrist des § 4 KSchG nicht eingehalten, scheide die Umdeutung aus, weil § 140 BGB ein nichtiges Rechtsgeschäft und damit die Unwirksamkeit der erklärten Kündigung erfordere. Werde eine unwirksame Kündigung aber nicht fristgerecht gem. § 4 Satz 1 KSchG angegriffen, trete die Funktionswirkung des § 7 KSchG ein. Die Kündigung werde als wirksam behandelt, also liege kein nichtiges Rechtsgeschäft vor. Eine Umdeutung scheide daher aus[7].

Kommen für den Arbeitgeber mehrere Kündigungsfristen in Betracht, zB beim Insolvenzverwalter die „normale" vertragliche oder gesetzliche Kündigungsfrist oder die verkürzte Kündigungsfrist des § 113 Satz 2 InsO, ist also die evtl. kürzere Frist nur

---

1 Vgl. LAG Düsseldorf 24.11.1995 – 17 Sa 1181/95, BB 1996, 1119; LAG Berlin 22.3.1989 – 14 Sa 10/89, BB 1989, 1121.
2 Vgl. BGH 6.12.2000 – XII ZR 219/98, NJW 2001, 1217; Palandt/*Ellenberger*, 140 BGB Rz. 4; für das Arbeitsrecht: BAG 15.12.2005 – 2 AZR 148/05, NZA 2006, 791 ff. Rz. 24 mwN.
3 BAG 15.12.2005 – 2 AZR 148/05, NZA 2006, 791 ff. Rz. 25 ff.
4 BAG 15.12.2005 – 2 AZR 148/05, NZA 2006, 791 ff. Rz. 26 mwN; vgl. dazu auch KR/*Friedrich*, § 13 KSchG Rz. 287–290 mwN.
5 BAG 15.12.2005 – 2 AZR 148/05, NZA 2006, 791 ff. Rz. 28.
6 Vgl. BAG 1.9.2010 – 5 AZR 700/09, NZA 2010, 1409 = ArbRB 2010, 359 (*Suberg*).
7 BAG 15.12.2005 – 2 AZR 148/05, NZA 2006, 791 ff. Rz. 30; vgl. dazu ausführlich auch *Eisemann*, NZA 2011, 601 (605 unter V.).

möglich, aber nicht zwingend, stellt sich die Frage nach der Auslegung bei Unklarheiten. Im Regelfall wird man davon ausgehen können, dass der Insolvenzverwalter mit der rechtlich zulässigen Kündigungsfrist das Arbeitsverhältnis so schnell wie möglich beenden will[1].

h) Umdeutung einer Kündigung in eine Nichtfortsetzungserklärung nach § 12 KSchG

121 Die Umdeutung einer unwirksamen Kündigung des Arbeitnehmers in eine Nichtfortsetzungserklärung gem. § 12 KSchG **kommt nicht in Betracht**. Aufgrund dieser Bestimmung hat der Arbeitnehmer das Recht, nach einem Obsiegen im Kündigungsschutzprozess binnen einer Woche nach Rechtskraft des Urteils durch Erklärung gegenüber dem Arbeitgeber die Fortsetzung des Arbeitsverhältnisses zu verweigern, wenn er inzwischen ein neues Arbeitsverhältnis eingegangen ist. Macht der Arbeitnehmer hiervon wirksam Gebrauch, so erlischt das Arbeitsverhältnis mit dem Zugang dieser Erklärung beim Arbeitgeber. Demgegenüber besteht das Arbeitsverhältnis bei einer ordentlichen Kündigung über deren Zugangszeitpunkt hinaus bis zum Ablauf der Kündigungsfrist fort.

i) Einführung der Umdeutung in den Kündigungsschutzprozess

122 Hinsichtlich der Einführung der Umdeutung einer Kündigung in den Kündigungsschutzprozess gelten folgende **Besonderheiten:**

Spricht der Arbeitgeber eine außerordentliche Kündigung gegenüber dem Arbeitnehmer aus, so wird dieser im Regelfall seinen Klageantrag zunächst nur gegen die ausgesprochene außerordentliche Kündigung richten. Wird dann im Laufe des erstinstanzlichen Verfahrens deutlich, dass die außerordentliche Kündigung uU in eine ordentliche umzudeuten ist, so kann der Arbeitnehmer sich auch außerhalb der Drei-Wochen-Frist des § 4 KSchG bis zum Schluss der mündlichen Verhandlung erster Instanz darauf berufen, dass die dahin **umgedeutete ordentliche Kündigung sozial ungerechtfertigt** ist. Das folgt aus § 6 KSchG. Ist die Unwirksamkeit der außerordentlichen Kündigung rechtskräftig festgestellt, so kann der Arbeitgeber sich in einem späteren Verfahren nicht darauf berufen, dass die außerordentliche Kündigung im Wege der Umdeutung als wirksame ordentliche Kündigung aufrechtzuerhalten sei. Etwas anderes gilt – wie oben bereits dargelegt (vgl. Rz. 112) – nur dann, wenn der Arbeitnehmer nur die außerordentliche Kündigung angegriffen hat, und damit ist zu erkennen gegeben hat, mit der ordentlichen Kündigung einverstanden zu sein. Dann kann er nach Treu und Glauben gehindert sein, im ersten oder einem weiteren Prozess die Rechtsunwirksamkeit der ordentlichen Kündigung noch geltend zu machen[2].

123 Wird jedoch die Feststellung begehrt, dass die außerordentliche Kündigung unwirksam ist und das Arbeitsverhältnis fortbesteht oder nicht aufgelöst ist, so soll über die Wirksamkeit der Kündigung unter allen rechtlichen Gesichtspunkten entschieden werden. Auch wenn es an einem solchen Antrag fehlt, kann sich aus dem Zusammenhang ergeben, dass die **Kündigung insgesamt angegriffen** und auch einer ordentlichen Kündigung entgegengetreten wird. Das ist zB der Fall, wenn Zahlungsansprüche über den Zeitpunkt der fristgemäßen Beendigung hinaus geltend gemacht werden. Erstreckt sich der Streitgegenstand dennoch auf die Wirksamkeit der außerordentlichen Kündigung, hindert der Grundsatz der materiellen Rechtskraft grundsätzlich

---

1 BAG 20.6.2013 – 6 AZR 805/11, DB 2013, 2093: Fristgerechte oder ordentliche Kündigung „zum nächstmöglichen Zeitpunkt" ist hinreichend bestimmt.
2 Vgl. KR/*Fischermeier*, § 626 BGB Rz. 396–402 mwN zu allen insoweit in Betracht kommenden Fallgestaltungen.

I. Kündigungserklärung

nicht eine erneute gerichtliche Überprüfung der außerordentlichen Kündigung unter dem Aspekt der Umdeutung in eine ordentliche Kündigung.

Dies gilt nicht, wenn es der Arbeitgeber im ersten Prozess unterlässt, die Tatsachen vorzutragen, aus denen sich für den Arbeitnehmer erkennbar der hypothetische Wille zur Umdeutung ergibt.

Werden die Umdeutungsvoraussetzungen dagegen einschließlich der entsprechenden Anträge vollständig vorgetragen und beschränkt sich das Arbeitsgericht dennoch auf die Überprüfung der Rechtswirksamkeit der außerordentlichen Kündigung, so liegt materiell ein **Teilurteil** vor. Hinsichtlich der ordentlichen Kündigung bleibt der Rechtsstreit in erster Instanz zunächst rechtshängig. Das Teilurteil kann auf Antrag binnen zwei Wochen ergänzt werden (§ 321 ZPO iVm. § 46 Abs. 2 ArbGG). Wird der Antrag aber nicht rechtzeitig gestellt, so endet die Rechtshängigkeit in erster Instanz.

Beispiel:

Das Arbeitsgericht hat der Kündigungsschutzklage des Arbeitnehmers gegen eine außerordentliche Kündigung des Arbeitgebers stattgegeben, der Arbeitgeber macht in zweiter Instanz erstmals geltend, die außerordentliche Kündigung sei in eine ordentliche umzudeuten.

Obwohl es sich an sich um neues Vorbringen nach § 67 ArbGG iVm. § 529 Abs. 1 Nr. 2 ZPO handelt, wird dieses Vorbringen praktisch nicht wie neues Vorbringen behandelt, da die materiellen Umdeutungsvoraussetzungen bereits im Zeitpunkt des Ausspruchs der außerordentlichen Kündigung vorgelegen haben und es an sich keines Sachvortrags bedurft hätte, allerdings schon des Hinweises, dass der Arbeitgeber die unwirksame außerordentliche Kündigung im Wege der Umdeutung als ordentliche behandelt wissen wollte.

Beschränkt der Arbeitnehmer sein Klagebegehren hinsichtlich der außerordentlichen Kündigung in erster Instanz auf die Einhaltung der Kündigungsfrist, so gelten keine Besonderheiten. Gem. § 6 KSchG kann das Fehlen der sozialen Rechtfertigung der ordentlichen Kündigung **bis zum Schluss der mündlichen Verhandlung erster Instanz** geltend gemacht werden. Diese Vorschrift findet aber keine Anwendung, wenn der Arbeitnehmer sich mit der ordentlichen Kündigung einverstanden erklärt hat[1].

9. Anfechtung und Rücknahme der Kündigungserklärung

a) Anfechtung der Kündigungserklärung

Arbeitnehmer können ihre eigene Kündigungserklärung gem. § 123 Abs. 1 BGB wegen **Drohung des Arbeitgebers** mit einer außerordentlichen oder ordentlichen Kündigung anfechten, wenn die Drohung **widerrechtlich** war. Davon geht das BAG in ständiger Rechtsprechung[2] aus, wenn ein verständiger Arbeitgeber die Kündigung nicht ernsthaft in Erwägung gezogen hätte. Dabei kommt es nicht darauf an, ob im nachfolgenden Kündigungsschutzprozess die Kündigung Bestand gehabt hätte oder nicht. Maßgeblich ist der objektiv mögliche und damit hypothetische Wissensstand des Arbeitgebers[3]. Im Übrigen gelten dieselben Grundsätze bei der Anfechtung der Kündigungserklärung wie bei der Anfechtung eines Auflösungsvertrages (vgl. Teil 3 C Rz. 57–61).

b) „Rücknahme" der Kündigungserklärung

Eine Kündigung wird als einseitige, empfangsbedürftige Willenserklärung mit Zugang an den Kündigungsempfänger wirksam, es sei denn, diesem geht vorher oder gleich-

---
1 BAG 13.8.1987 – 2 AZR 599/86, AP Nr. 3 zu § 6 KSchG 1969.
2 Vgl. BAG 5.12.2002 – 2 AZR 478/01, DB 2003, 1685.
3 So schon BAG 16.11.1979 – 2 AZR 1041/77, BB 1980, 1213.

zeitig ein **Widerruf** zu (§ 130 Abs. 1 Satz 2 BGB). Daher kann der Kündigende die Kündigung nach deren Zugang beim Erklärungsempfänger nicht mehr einseitig zurücknehmen. Das Wirksamwerden iSd. § 130 Abs. 1 Satz 1 BGB, der zum Allgemeinen Teil des BGB gehört, betrifft aber nur die Wirksamkeit der Kündigung in ihrer Eigenschaft als Willenserklärung. Davon zu unterscheiden sind die materiell-rechtlichen Wirksamkeitsvoraussetzungen einer Kündigung, insbesondere die soziale Rechtfertigung bei der ordentlichen und der wichtige Grund bei der außerordentlichen Kündigung. Ist die Kündigung also nicht nur in ihrer Eigenschaft als Willenserklärung, sondern materiell-rechtlich unwirksam, würde eine „Rücknahme" ohnehin ins Leere gehen. Durch die Änderung des § 4 KSchG, wonach die Drei-Wochen-Frist auch wegen aller anderen Unwirksamkeitsgründe als der fehlenden sozialen Rechtfertigung oder des Fehlens eines wichtigen Grundes iSd. § 626 Abs. 1 BGB eingehalten werden muss, hat sich gegenüber der früheren Situation nichts verändert. Wird die Kündigung nicht innerhalb der Drei-Wochen-Frist angegriffen, so gilt sie gem. § 7 KSchG als von Anfang an rechtswirksam. Mit dem Ablauf der Frist tritt eine Heilung aller Mängel, also nicht nur der Sozialwidrigkeit der Kündigung ein[1]. Also kommt auch dann eine Rücknahme nicht mehr in Betracht. Die Wirkung der Kündigung kann also nur durch eine einvernehmliche „Rücknahme", nicht jedoch durch einseitige Erklärung beseitigt werden.

129 Erklärt der Arbeitgeber die „**Kündigungsrücknahme**", so liegt darin das Vertragsangebot an den Arbeitnehmer, das Arbeitsverhältnis durch die Kündigung als nicht beendet anzusehen[2]. Nimmt der Arbeitnehmer dieses Angebot an, kommt ein Vertrag über die Aufhebung der Kündigung zustande, dessen Rechtsfolge die unveränderte Fortsetzung des Arbeitsverhältnisses ist[3]. In der bloßen Erhebung der Kündigungsschutzklage liegt allerdings noch keine konkludente Zustimmung des Arbeitnehmers zur Rücknahme der Kündigung des Arbeitgebers. Das in der Rücknahmeerklärung des Arbeitgebers liegende Angebot auf Fortsetzung des alten Arbeitsverhältnisses kann der Arbeitnehmer zB auch annehmen durch die Ankündigung, den Rechtsstreit nach Rücknahme der Kündigungserklärung durch den Arbeitgeber in der Hauptsache für erledigt zu erklären, verbunden mit dem Antrag, dem Arbeitgeber die Kosten des Verfahrens aufzuerlegen[4]. Hat der Arbeitnehmer das Rücknahmeangebot des Arbeitgebers wirksam angenommen, kann er auch die Kündigungsschutzklage der Einfachheit halber zurücknehmen. Die Klagerücknahme vor streitiger Verhandlung ist nämlich gem. Nr. 8210 Kostenverzeichnis zum GKG privilegiert. Hier fallen nur – sehr geringe – Zustellgebühren an, die sich besonders „kostenbewusste" Kläger von der Beklagtenseite erstatten lassen können. Um jeden Streit zu vermeiden, kann auch ein **Vergleich mit folgendem Inhalt** abgeschlossen werden:

Formulierungsbeispiel:

Die Parteien sind sich darüber einig, dass die Kündigung der Beklagten (Arbeitgeberin) vom ... gegenstandslos ist und das zwischen ihnen begründete Arbeitsverhältnis zu unveränderten Arbeitsbedingungen fortbesteht. Damit ist der Rechtsstreit ... (Az.) erledigt.

---

130 Es ist ferner denkbar, dass der Arbeitgeber nicht nur die Kündigung „zurücknimmt", sondern auch den **Feststellungsantrag** auf Unwirksamkeit der Kündigung **ausdrücklich und förmlich anerkennt**. Dann kann der Kläger den Antrag auf Erlass eines Anerkenntnisurteils stellen. Stellt der Kläger keine Anträge, muss er mit einem klageabweisenden Versäumnisurteil rechnen.

---

1 HWK/*Quecke*, § 4 KSchG Rz. 3.
2 Vgl. dazu auch die Überlegungen von *Fischer*, NZA 1999, 459.
3 Vgl. BAG 19.8.1982 – 2 AZR 230/80, BB 1983, 704; 24.1.1985 – 2 AZR 67/84, NZA 1986, 28.
4 BAG 17.4.1986 – 2 AZR 308/85, NZA 1987, 17.

Ist der Arbeitnehmer nicht an einer Fortsetzung des Arbeitsverhältnisses interessiert, kann er im Anschluss an die „Rücknahme" der Kündigung durch den Arbeitgeber einen **Auflösungsantrag** gem. §§ 9, 10 KSchG stellen. In der Stellung des Auflösungsantrags gem. § 9 KSchG durch den Arbeitnehmer nach der erklärten „Kündigungsrücknahme" durch den Arbeitgeber liegt in der Regel die Ablehnung des Arbeitgeberangebotes, die Wirkungen der Kündigung einverständlich rückgängig zu machen und das Arbeitsverhältnis fortzusetzen[1]. Die „Rücknahme" der Kündigung durch den Arbeitgeber nimmt dem Arbeitnehmer nicht das Recht, nach § 9 KSchG die Auflösung des Arbeitsverhältnisses zu verlangen, zumal durch die „Rücknahme" der Kündigung durch den Arbeitgeber nicht das Rechtsschutzbedürfnis für die anhängige Kündigungsschutzklage entfällt[2].

131

⊃ **Hinweis:** Allerdings ist im Prozess dann unbedingt Folgendes zu beachten: Der Arbeitnehmer darf sich nicht nur auf den Antrag beschränken, mit dem die Zahlung einer Abfindung begehrt wird. Er muss weiterhin die Rechtsunwirksamkeit der Kündigung geltend machen. Lässt er nämlich den ursprünglichen Kündigungsschutzantrag erkennbar fallen und beschränkt sich auf ein Abfindungsbegehren, so kann er dadurch einerseits zum Ausdruck bringen, dass er die Rücknahme der Kündigung akzeptiert, womit er andererseits die Rechtsgrundlage für das Auflösungsbegehren entfallen lässt. Wenn die Kündigung nicht mehr im Streit ist, bleibt kein Raum für einen Auflösungsantrag gem. §§ 9, 10 KSchG.

131a

Verfolgt der Arbeitnehmer seinen Kündigungsschutzantrag weiter und stellt er einen Auflösungsantrag, muss dieser natürlich auch begründet werden (vgl. im Einzelnen Teil 5 A Rz. 196 ff.).

131b

Für diese Fallgestaltung kommt die Alternative, dass beide Seiten einen Auflösungsantrag stellen und damit die Begründung entbehrlich wird, nicht in Betracht, weil der Arbeitgeber ja schon zuvor die Kündigung zurückgenommen hat und dann auch keinen Auflösungsantrag mehr stellen kann.

⊃ **Hinweis:** Aus § 4 KSchG iVm. § 7 KSchG ergibt sich, dass die Kündigung **in jedem Fall** innerhalb der **Drei-Wochen-Frist** angegriffen werden muss. Davon ausgenommen ist lediglich die Unwirksamkeit der Kündigung, weil die Schriftform des § 623 BGB nicht eingehalten wurde. Einen schweren, äußerst **regresstächtigen Fehler** macht der anwaltliche Vertreter auf Arbeitnehmerseite, wenn allein schon aufgrund der **Ankündigung** des Arbeitgebers, er werde die Kündigung „zurücknehmen", die Kündigungsschutzklage nicht oder nicht rechtzeitig erhoben wird. Erst wenn die Rücknahmeerklärung zugegangen ist **und** die Annahmeerklärung, also eine Einigung über die Fortsetzung des Arbeitsverhältnisses, zustande gekommen ist, ist die Kündigungsschutzklage nicht nur entbehrlich, sondern würde, falls sie erhoben wurde, unzulässig.

131c

Deshalb: Im Zweifel zunächst Kündigungsschutzklage erheben!

II. Kündigungsarten

Je nach Begriffszusammenhang differenziert man bei der Beschreibung der Kündigungen nicht nur nach ordentlicher und außerordentlicher, sondern auch zum Teil nach deskriptiven Zusammenhängen.

132

---

1 BAG 19.8.1982 – 2 AZR 230/80, BB 1983, 704.
2 BAG 29.1.1981 – 2 AZR 1055/78, DB 1981, 2438; 19.8.1982 – 2 AZR 230/80, BB 1983, 704.

1. Beendigungs- und Änderungskündigung

a) Beendigungskündigung

133 Beendigungskündigungen kommen als ordentliche oder außerordentliche Kündigungen in Betracht. Sie unterscheiden sich im Hinblick auf die Voraussetzungen wie auf die Rechtsfolgen.

Die **ordentliche**, auch fristgerechte Kündigung genannt, wird mit der gesetzlichen, vereinbarten oder tariflichen Kündigungsfrist ausgesprochen, die Wirkung tritt am Ende der Kündigungsfrist ein. Die außerordentliche Kündigung wird in der Regel als fristlose ausgesprochen, die also das Arbeitsverhältnis mit Zugang der Kündigung sofort auflöst. Die **außerordentliche Kündigung** kann aber auch mit sog. sozialer Auslauffrist ausgesprochen werden, die entweder frei gestaltet werden kann, übrigens auch im Interesse des Arbeitgebers (um die Arbeitsaufgabe kontinuierlich erfüllen zu können) oder, wie zB beim – einzelvertraglichen oder tariflichen – Ausschluss der ordentlichen Kündbarkeit eines Arbeitsverhältnisses[1] (sog. Unkündbarkeit, vgl. Teil 3 F Rz. 57 ff.). Ausnahmsweise kann auch eine ordentliche Kündigung ohne Einhaltung einer Kündigungsfrist ausgesprochen werden, zB § 22 Abs. 1 BBiG.

134 Auch hinsichtlich der Voraussetzungen an den **Kündigungsgrund** unterscheiden sich ordentliche und außerordentliche Kündigungen. Ordentliche Kündigungen von Arbeitsverhältnissen, für die das Kündigungsschutzgesetz nicht gilt, weil entweder die Voraussetzungen des § 1 oder des § 23 KSchG nicht vorliegen, bedürfen keines eigentlichen Kündigungsgrundes. Sie dürfen nur nicht willkürlich sein und müssen, zB bei der betriebsbedingten Kündigung in Kleinbetrieben ein Mindestmaß an sozialen Gesichtspunkten berücksichtigen (vgl. Teil 3 E Rz. 51 zu den Entscheidungen des BVerfG).

Die ordentliche Kündigung muss im Übrigen sozial gerechtfertigt sein gem. § 1 Abs. 2 KSchG.

Die außerordentliche Kündigung bedarf eines „wichtigen Grundes" iSd. § 626 Abs. 1 BGB, ebenso zB § 22 Abs. 2 BBiG (vgl. im Einzelnen Teil 3 F Rz. 18 ff.).

b) Änderungskündigung

135 Änderungskündigungen setzen sich aus zwei Teilen zusammen, nämlich zum einen aus einer ganz normalen **Beendigungskündigung** und zum anderen aus dem **Angebot auf die Fortsetzung des Arbeitsverhältnisses zu geänderten Arbeitsbedingungen** (vgl. § 2 KSchG). Die im Rahmen einer solchen Änderungskündigung ausgesprochene Beendigungskündigung wird dabei in der Regel als ordentliche Kündigung ausgesprochen. Es ist aber auch eine außerordentliche/fristlose Kündigung denkbar, sofern ein wichtiger Grund vorhanden ist. – Zu den Einzelheiten vgl. Teil 3 A Rz. 49 ff.

2. Ordentliche und außerordentliche Kündigung

135a Gravierende Unterschiede bestehen im Hinblick auf die Voraussetzungen wie auf die Rechtsfolgen zwischen ordentlichen, auch fristgerechten Kündigungen und außerordentlichen (vgl. zur außerordentlichen Kündigung Teil 3 F).

Bei der außerordentlichen Kündigung unterscheidet man solche, die fristlos ausgesprochen werden oder mit einer Frist, die in der Regel als **soziale Auslauffrist** beachtet wird (insbesondere bei betriebsbedingten außerordentlichen Kündigungen, vgl. dazu Teil 3 F).

---

1 BAG 5.2.1998 – 2 AZR 227/97, NZA 1998, 771.

II. Kündigungsarten

Darüber hinaus können nicht nur Beendigungs-, sondern auch **Änderungskündigungen** als ordentliche und außerordentliche ausgesprochen werden.

3. Vorsorgliche Kündigung

Stellt man als Berater des Arbeitgebers fest, dass zumindest **Zweifel an der Wirksamkeit** einer zuvor – ohne Beratung – ausgesprochenen Kündigung bestehen, stellt sich die Frage, ob man, zB im Rahmen eines laufenden Kündigungsrechtsstreits, nicht vorsorglich erneut eine Kündigung aussprechen sollte, um zB formelle Mängel bei der Anhörung des Betriebsrats auszuräumen. Diese Frage stellt sich auch, wenn zunächst eine außerordentliche Kündigung ausgesprochen worden ist und Zweifel am wichtigen Grund bestehen, so dass überlegt werden muss, ob die Kündigungsgründe nicht auch für eine vorsorgliche ordentliche Kündigung taugen, zB als verhaltensbedingte Kündigung. 136

Diese in der Praxis außerordentlich wichtige und häufig vorkommende Situation ergibt sich zudem in allen Fällen, in denen während des Kündigungsrechtsstreits **neue Kündigungsgründe** entstehen oder bekannt werden. Hier ist abzugrenzen, ob die Kündigungsgründe geeignet sind, die bereits ausgesprochene Kündigung zusätzlich zu rechtfertigen, sog. Nachschieben von Kündigungsgründen, oder erst nach Ausspruch der ersten Kündigung entstanden sind. Dann kommt nur der Ausspruch einer weiteren Kündigung in Betracht, die auch als vorsorgliche Kündigung bezeichnet werden kann.

Denkbar ist auch, dass die **Zahl der Beschäftigten** so weit **absinkt**, dass das Kündigungsschutzgesetz nicht mehr anwendbar ist. Auch und gerade dann sollte eine weitere vorsorgliche Kündigung auf jeden Fall ausgesprochen werden. Sie bedarf dann keines materiellen Grundes mehr.

Das Instrument der **vorsorglichen, hilfsweisen Kündigung** – idR vom Arbeitgeber ausgesprochen – ist im Hinblick auf die rechtliche Wirksamkeit unbedenklich. Zwar wird die Kündigung ausgesprochen für den Fall, dass die erste ausgesprochene Kündigung, gleich aus welchem Grund, unwirksam sein sollte. Darin liegt jedoch keine rechtlich unzulässige Bedingung[1]. 137

Auch solche vorsorglich hilfsweisen Kündigungen müssen mit der Klage angegriffen werden. Auch hier hilft in aller Regel der **allgemeine Feststellungsantrag**, der vermeidet, dass, zB aus Unkenntnis des Arbeitnehmers, der die Kündigung erhält, die weiteren, vorsorglich hilfsweisen Kündigungen nicht innerhalb der Frist des § 4 KSchG angegriffen werden.

⊃ **Hinweis:** Bei der Vertretung des Arbeitgebers muss jederzeit darüber nachgedacht werden, ob nicht eine weitere, vorsorglich hilfsweise Kündigung auszusprechen ist, entweder wegen Zweifeln an der Wirksamkeit der bereits ausgesprochenen ersten Kündigung oder weil neue Kündigungsgründe oder -situationen entstanden sind nach Ausspruch der ersten Kündigung. 137a

4. Bedingte Kündigung

Die Kündigungserklärung ist, weil es sich bei ihr um ein einseitiges gestaltendes Rechtsgeschäft handelt, im **Grundsatz bedingungsfeindlich**. Es ist daher unbedingt davor zu **warnen**, Kündigungen zu veranlassen, die unter einer Bedingung ausgesprochen werden. Bspw. sind demgemäß Kündigungen rechtsunwirksam, die etwa unter der Bedingung ausgesprochen werden, dass 138

---

1 Vgl. auch LAG Köln 6.2.2002 – 8 Sa 1059/01; so auch Staudinger/*Neumann*, Vorb. zu §§ 620 ff. BGB Rz. 60.

- die künftige Leistung des Arbeitnehmers nicht zur Zufriedenheit des Arbeitgebers ausfällt[1] oder
- künftig nicht in hinreichendem Umfang beim Arbeitgeber bestimmte Aufträge eingehen[2].

139 In diesen Fällen steht nicht zweifelsfrei fest, ob und ggf. wann die Voraussetzungen für die Wirksamkeit dieser bedingten Kündigung vorliegen, obwohl es Sache des Kündigenden ist, die Voraussetzungen für die eindeutige Wirksamkeit der von ihm ausgesprochenen Kündigung klarzustellen.

140 Zulässig ist eine der Kündigung beigefügte Bedingung nur dann, wenn deren Eintritt allein vom **Willen des Kündigungsempfängers** abhängt. Nur dann, wenn er es in der Hand hat, sofort zu entscheiden, ob er die Bedingung erfüllen will oder nicht, kann die Ungewissheit über die Wirksamkeit der Kündigung durch eigene Entscheidung beseitigt werden[3].

Ein praktisch sehr wichtiges **Beispiel** stellt die **Änderungskündigung** dar. Sie wird mit dem Angebot auf Fortsetzung des Arbeitsverhältnisses zu geänderten Bedingungen verknüpft, wobei die Annahme des Angebots dem Arbeitnehmer obliegt durch Erklärung des sog. Vorbehalts oder durch widerspruchslose Weiterführung des Arbeitsverhältnisses zu den bisherigen Arbeitsbedingungen. Sie stellt sich deshalb als Kündigung unter der aufschiebenden Bedingung dar, dass der Gekündigte die mit der Kündigung zugleich angebotene Änderung des Vertrages ablehnt (s.a. Teil 3 A Rz. 56)[4].

141 Selbst dann, wenn der Arbeitgeber eine **Kündigung unter einer Potestativbedingung** ausspricht, muss er bereits beim Ausspruch dieser Kündigung zB das Anhörungsverfahren nach § 102 BetrVG abgeschlossen und eine evtl. erforderliche Zustimmung der Behörde, zB bei Schwangeren und Schwerbehinderten, eingeholt haben. Wann die **Kündigungsfrist** beginnt, ob bereits mit dem Zugang der Kündigungserklärung oder mit dem Eintritt der Bedingung, wird nicht einheitlich beurteilt. Nach richtiger Auffassung kann die Frist jedoch erst mit dem Eintritt der Bedingung oder einer dem Arbeitnehmer gesetzten Entscheidungsfrist beginnen[5].

5. Teilkündigung

142 Unter einer Teilkündigung ist eine Kündigung zu verstehen, die eine Partei des Arbeitsvertrages nur in Bezug auf einzelne oder mehrere Regelungen im Arbeitsvertrag ausspricht. Die Teilkündigung ist **grundsätzlich rechtsunwirksam**. Zu den Einzelheiten vgl. Teil 3 A Rz. 44 ff.

6. Druck- und Verdachtskündigung

143 Druck- und Verdachtskündigungen sind ganz normale Kündigungen aus bestimmten und unter bestimmten Voraussetzungen anerkannten Kündigungsgründen[6] (vgl. ausführlich Teil 3 F Rz. 31 ff., 43 ff.).

---

1 BAG 27.6.1968 – 2 AZR 329/67, AP Nr. 1 zu § 626 BGB – Bedingung.
2 BAG 15.3.2001 – 2 AZR 705/99, BB 2001, 1960 ff.
3 BAG 15.3.2001 – 2 AZR 705/99, BB 2001, 1960 ff.; vgl. KR/*Rost*, § 2 KSchG Rz. 15.
4 Vgl. *Preis* in Stahlhacke/Preis/Vossen, Rz. 162 mwN.
5 MünchArbR/*Wank*, § 115 Rz. 45; aA *Preis* in Stahlhacke/Preis/Vossen, Rz. 164.
6 *Preis* in Stahlhacke/Preis/Vossen, Rz. 703, 970 f.

III. Kündigungsfristen und -termine

1. Allgemeines

Neben den Kündigungsgründen sind in der Praxis regelmäßig die **Kündigungsfristen** wichtige Prüfungsgesichtspunkte, gleich, ob man als Arbeitgebervertreter eine Kündigung noch auszusprechen hat oder als Arbeitnehmervertreter die Wirksamkeit einer Kündigung auch im Hinblick auf die Einhaltung der Kündigungsfristen zu überprüfen hat.

Die jeweils maßgebliche Kündigungsfrist muss beim Ausspruch einer ordentlichen Kündigung grundsätzlich **von beiden Parteien des Arbeitsvertrages eingehalten** werden. Kündigt eine Partei ohne Einhaltung der auf das Arbeitsverhältnis anzuwendenden Kündigungsfrist, bedarf ein vorzeitiges Ausscheiden der Zustimmung der jeweils anderen Partei des Arbeitsvertrages. Nur wenn diese Zustimmung vorliegt, ist die Vertragsbeendigung zu dem von beiden Parteien gewollten Termin unbeschadet der Bezeichnung des Rechtsgeschäfts als Kündigung nach der wahren Rechtslage durch Vertrag herbeigeführt worden[1].

Die **gesetzlichen Kündigungsfristen** sind in § 622 BGB geregelt. Die **Grundkündigungsfrist** des § 622 Abs. 1 BGB beträgt vier Wochen zum 15. oder zum Ende eines Kalendermonats. Sie gilt ausnahmslos für beide Vertragsparteien, sofern nicht etwas anderes vertraglich oder tarifvertraglich vereinbart ist.

Die gesetzlichen Kündigungsfristen, die für alle **ordentlichen Beendigungs- und Änderungskündigungen** gelten, sind auch für alle Unternehmen maßgeblich, insbesondere auch für Kleinunternehmen, wie § 622 Abs. 5 Nr. 2 BGB erkennen lässt. Nach dieser Vorschrift können kürzere Kündigungsfristen aufgrund einzelvertraglicher Vereinbarungen in Betracht kommen (vgl. Rz. 178 ff.).

Die **verlängerten Kündigungsfristen** gelten grundsätzlich nur für die Kündigung des **Arbeitgebers**. Für Arbeitnehmerkündigungen bleibt es bei der Grundkündigungsfrist, es sei denn, die Parteien hätten etwas anderes vereinbart.

Nach § 622 Abs. 2 Satz 1 BGB gelten folgende verlängerte Kündigungsfristen – jeweils zum **Ende eines Kalendermonats** –, wenn das Arbeitsverhältnis mit dem kündigenden Arbeitgeber seit

- 2 Jahren bestanden hat, ein Monat,
- 5 Jahren bestanden hat, zwei Monate,
- 8 Jahren bestanden hat, drei Monate,
- 10 Jahren bestanden hat, vier Monate,
- 12 Jahren bestanden hat, fünf Monate,
- 15 Jahren bestanden hat, sechs Monate,
- 20 Jahren bestanden hat, sieben Monate.

Zeiten einer rechtlichen Unterbrechung des Arbeitsverhältnisses – nicht einer tatsächlichen im ruhenden Arbeitsverhältnis – sind bei der Beschäftigungsdauer nicht zu berücksichtigen, auch nicht die vor der Unterbrechung zurückgelegten Beschäftigungszeiten beim selben Arbeitgeber[2].

Nach § 622 Abs. 2 Satz 2 BGB werden Zeiten, die vor der **Vollendung des 25. Lebensjahres** des Arbeitnehmers liegen, bei der Berechnung der Beschäftigungsdauer gem. § 622 Abs. 2 Satz 1 BGB nicht berücksichtigt. Diese Vorschrift hat der EuGH für eu-

---
1 BAG 24.1.1985 – 2 AZR 67/84, DB 1985, 1484.
2 BAG 17.6.2003 – 2 AZR 257/02, EzA-SD 2003, Nr. 25, 19 (Ls.); LAG Nds. 25.11.2002 – 5 Sa 1183/02, NZA-RR 2003, 531.

roparechtswidrig erklärt[1]. Wie die Kündigungen zu beurteilen sind, die vor dieser Entscheidung mit der Beschränkung des § 622 Abs. 2 Satz 2 BGB ausgesprochen worden sind, ist vom BAG in der Entscheidung des 5. Senats vom 1.9.2010 bereits entschieden worden[2]: Das BAG weist – zu Recht – darauf hin, dass der EuGH den Tenor seiner Entscheidung zeitlich nicht begrenzt und damit keinen Vertrauensschutz gewährt habe. Deshalb sei die Entscheidung für alle Kündigungen maßgeblich, die nach Ablauf der Umsetzungsfrist für das Merkmal „Alter" der Richtlinie 2000/78/EG vom 2.12.2006 ausgesprochen worden seien (unter Hinweis auf EuGH v. 15.3.2005 – Rs. C-209/03 – Bidar, Rz. 66 Slg. 2005, I-2119). Die Frist ist deshalb ggf. im Kündigungsschreiben unwirksam, wenn sie kürzer ist als sie an sich ohne Anwendung des § 622 Abs. 2 Satz 2 BGB wäre. Ob dies die Kündigung unwirksam macht oder nicht, ist durch Auslegung zu ermitteln (vgl. zur Auslegung Rz. 20 aE). Wenn durch Auslegung die „richtige" Kündigungsfrist nicht zu ermitteln ist, kommt ggf. noch die Umdeutung in Betracht (vgl. dazu Rz. 120a mwN.). Grundsätzlich kommt eine Umdeutung in Betracht, mit der der hypothetische Wille des Kündigenden zu ermitteln ist. Unbeachtlich ist dabei die Überzeugung des Arbeitgebers, mit richtiger Frist gekündigt zu haben. Auch dann kommt eine Umdeutung in Betracht[3].

148a ⮕ **Hinweis:** Von § 622 BGB werden grundsätzlich **alle Arbeitnehmer** sowohl hinsichtlich der Grundkündigungsfrist als auch bzgl. der verlängerten Kündigungsfristen erfasst. Diese Vorschrift gilt also sowohl für Voll- als auch für Teilzeitbeschäftigte sowie insbesondere auch für geringfügig Beschäftigte.

149 Bei **arbeitnehmerähnlichen Personen** sind die Kündigungsfristen des § 621 Nr. 3 BGB maßgeblich, wenn sie aufgrund eines Dienstvertrages beschäftigt werden. Es ist streitig, ob für **Geschäftsführer** einer GmbH § 621 Nr. 3 BGB gilt oder § 622 BGB unmittelbar oder analog anzuwenden ist. Nach herrschender Meinung[4] gilt § 622 Abs. 2 BGB mit den verlängerten Kündigungsfristen für die ordentliche Kündigung eines Geschäftsführers, sofern er keinen beherrschenden Einfluss auf die Gesellschaft hat.

2. Sonderregelungen

150 Bei der ordentlichen Kündigung gelten in bestimmten Beschäftigungsverhältnissen für Kündigungsfristen folgende Sonderregelungen:
- Bei **Berufsausbildungsverhältnissen** gilt § 22 BBiG[5].
- Für **schwerbehinderte Menschen** gilt – soweit diese nicht nach Gesetz oder Tarifvertrag bessergestellt sind – § 86 SGB IX, wenn deren Arbeitsverhältnis im Zeitpunkt des Zugangs der Kündigungserklärung ohne Unterbrechung länger als sechs Monate besteht (§ 90 Abs. 1 Nr. 1 SGB IX).
- Nehmen Arbeitnehmer **Elternzeit** in Anspruch, gilt § 19 BEEG: Kündigungsfrist für Arbeitnehmerkündigung drei Monate zum Ende der Elternzeit.
- Für **Heimarbeiter** gilt § 29 Abs. 3, Abs. 4 HAG.
- Für **Heuerverhältnisse** gilt § 66 SeeArbG.
- In **Leiharbeitsverhältnissen** gilt § 11 Abs. 4 Satz 1 AÜG: § 622 Abs. 5 Satz 1 Nr. 1 BGB ist nicht anwendbar.
- In der **Insolvenz** gilt § 113 Satz 2 InsO, maximal drei Monate zum Monatsende (vgl. im Einzelnen Teil 3 I Rz. 19 ff.).

---

1 EuGH 19.1.2010 – Rs. C-555/07 – Kücükdeveci, NZA 2010, 85.
2 Vgl. BAG 1.9.2010 – 5 AZR 700/09, DB 2010, 2620.
3 Vgl. BAG 1.9.2010 – 5 AZR 700/09, DB 2010, 2620, Rz. 29.
4 BGH 29.1.1981 – II ZR 92/80, AP Nr. 14 zu § 622 BGB; ferner Scholz/*Uwe H. Schneider*, § 35 GmbHG Rz. 226 mwN; aA *Hümmerich*, NJW 1995, 1177 (1180) mit ausführlicher Begründung.
5 Vgl. zur vorzeitigen Kündigung von Berufsausbildungsverhältnissen *Richter/Mitsch*, AuA 1998, 303.

– Für **Hausangestellte/Hausgehilfen** gilt nur die Grundkündigungsfrist des § 622 Abs. 1 BGB unabhängig von der Beschäftigungsdauer, weil sie weder in einem Betrieb noch in einem Unternehmen tätig sind, wie § 622 Abs. 2 BGB voraussetzt[1].

3. Berechnung der Kündigungsfrist

Maßgeblich sind die **§§ 186 ff. BGB**. Der Tag, an dem die Kündigung zugeht, wird nicht mitgerechnet. Die Frist läuft erst ab dem Folgetag (§ 187 Abs. 1 BGB). § 193 BGB findet auf Kündigungsfristen keine Anwendung. Deshalb ist es unerheblich, ob der letzte Tag, an dem noch gekündigt werden kann, auf einen Sonnabend, Sonntag oder Feiertag fällt. Es kommt auch nicht darauf an, ob der Tag, an dem der Arbeitsvertrag laut Kündigung sein Ende finden soll, ein Sonnabend, Sonntag oder Feiertag ist[2]. 151

Während uU bei Kleinunternehmen im Rahmen der Geltung von § 622 Abs. 5 Satz 1 Nr. 2 BGB nur eine vierwöchige Kündigungsfrist ohne bestimmten **Endtermin** maßgeblich ist, muss im Anwendungsbereich von § 622 Abs. 1 BGB (Grundkündigungsfrist) zum einen eine vierwöchige Frist eingehalten werden und zum anderen darf nur zum 15. des Monats oder zum Monatsende gekündigt werden. 152

Vier Wochen sind 28 Tage. Das bedeutet, dass die **vierwöchige Kündigungsfrist** unterschiedlich ist, je nachdem ob es sich um Monate mit 30 Tagen oder um Monate mit 31 Tagen handelt. Abgesehen davon gelten für den kürzeren Monat Februar ohnehin Besonderheiten. Wird in Monaten mit 30 Tagen zum 15. des Folgemonats gekündigt, so muss die Kündigung bis zum 17. des Vormonats erfolgen. Wird die Kündigung in solchen Monaten mit 30 Tagen zum Monatsende ausgesprochen, so muss sie bis zum 2. dieses Monats zugehen. In Monaten mit 31 Tagen und einer Kündigung zum 15. des Folgemonats muss die Kündigung spätestens am 18. des Vormonats und bei Kündigungen zum Monatsende in Monaten mit 31 Tagen spätestens am 3. des Monats zugehen. 153

Fehlt es am rechtzeitigen Zugang oder wird die Kündigung auf der Basis einer zu kurzen Frist erklärt, so gilt die Kündigung im Zweifel als **zum nächsten zulässigen Kündigungstermin** erklärt[3]. 154

↪ **Hinweis:** Für die Praxis wird dringend davon abgeraten, gerade dann, wenn der rechtzeitige Zugang nicht ohne Weiteres gewährleistet ist, mit dem Ausspruch der Kündigung **bis zum letzten Tag** vor Beginn der Frist zum danach möglichen Kündigungstermin zu warten. So droht zB die Gefahr, dass das KSchG Anwendung findet, wenn der Zeitraum von sechs Monaten überschritten wird (vgl. § 1 Abs. 1 KSchG). 155

Dieser Gefahr kann auch nicht durch eine Regelung, wonach der Tag der Absendung des Kündigungsschreibens als Tag der Erklärung gelten soll, entgegengetreten werden, weil eine solche Vereinbarung unzulässig ist[4]. 156

4. Mindestkündigungsfristen

a) Zwingende Kündigungsfristen und Ausnahmen

Die Grundkündigungsfrist des § 622 Abs. 1 BGB kann, bis auf die folgenden **Ausnahmen**, nicht unterschritten werden, sie ist **Mindestkündigungsfrist**: 157
– Im Rahmen einer **Probezeitvereinbarung** gilt § 622 Abs. 3 BGB (s. Rz. 168 ff.);

---

1 Allg. Meinung: KR/*Spilger*, § 622 BGB Rz. 55; Staudinger/*Preis*, § 622 BGB Rz. 13.
2 Vgl. BAG 5.3.1970 – 2 AZR 112/69 u. BGH 28.9.1972 – VII ZR 186/71, AP Nr. 1 und Nr. 2 zu § 193 BGB.
3 Vgl. BAG 18.4.1985 – 2 AZR 197/84, EzA § 622 BGB nF Nr. 21.
4 BAG 13.10.1976 – 5 AZR 638/75, EzA § 130 BGB Nr. 6.

- im **Geltungsbereich eines Tarifvertrages** gilt die tarifliche Frist, auch wenn einzelvertraglich darauf Bezug genommen wird, § 622 Abs. 4 Satz 2 BGB (s. Rz. 177 ff.);
- für **vorübergehende Aushilfstätigkeiten** greift § 622 Abs. 5 Satz 1 Nr. 1 BGB ein (s. Rz. 173 ff.);
- für **Kleinunternehmen** gilt § 622 Abs. 5 Satz 1 Nr. 2 BGB.

Auch die verlängerten Kündigungsfristen des § 622 Abs. 2 Satz 1 BGB sind für den Arbeitgeber grundsätzlich **zwingend**. Nach § 622 Abs. 6 BGB darf für die Kündigung des Arbeitsverhältnisses durch den Arbeitnehmer keine längere Frist vereinbart werden als die, die für die Kündigung des Arbeitgebers gilt.

Zusätzliche **Endtermine** als Kündigungstermine für die Kündigung des Arbeitgebers können nicht vereinbart werden[1].

158 ⊃ **Hinweis:** Diesen Besonderheiten und Grenzen müssen anwaltliche Berater bei der Gestaltung von Arbeitsverträgen Rechnung tragen, insbesondere in allen Bezügen und Folgen bedenken, ob die vom Mandanten gewünschte Regelung zulässig oder sinnvoll ist und welche Ziele mit Regelungen verfolgt werden sollen, die von den gesetzlichen oder tariflichen Vorgaben abweichen. Soweit der anwaltliche Auftrag lautet, eine arbeitsvertragliche Kündigungsregelung zu formulieren, empfiehlt sich eine genaue Interessenabwägung. Ist der Arbeitgeber, wie in der Regel, der Auftraggeber, so kann auf die Mindestkündigungsfristen abgehoben werden mit der Formulierung:

Das Arbeitsverhältnis kann von beiden Parteien unter Einhaltung der gesetzlichen Kündigungsfristen in ihrer jeweils gültigen Fassung gekündigt werden.

⊃ **Hinweis:** Häufig hat der Arbeitgeber ein Interesse daran, dass Arbeitnehmer nicht zu früherem Zeitpunkt kündigen können als der Arbeitgeber. In solchen Fällen empfiehlt sich folgende Ergänzungsregelung:

Soweit für den Arbeitgeber gemäß den gesetzlichen Vorschriften verlängerte Kündigungsfristen gelten, sind diese auch vom Arbeitnehmer einzuhalten.

---

b) Altverträge

159 In Verträgen, die vor dem 15.10.1993 abgeschlossen worden sind, sog. **Altverträge**[2], sind vielfach Verweisungen auf früher geltende Kündigungsfristen enthalten, entweder durch Verweis auf die „gesetzlichen Vorschriften" oder durch die Angabe der – damals noch geltenden – Grundkündigungsfrist von sechs Wochen zum Quartalsende. In der Praxis stellt sich auch heute noch die Frage, ob diese Klauseln eine konstitutive oder lediglich deklaratorische Verweisung enthalten. Wird – ohne weiteren Zusatz – auf die **gesetzlichen Vorschriften** Bezug genommen, gilt das Gesetz in der im Zeitpunkt der Kündigung geltenden Fassung. Wird nur eine Kündigungsfrist von **sechs Wochen zum Quartalsende** vereinbart, ohne dass das Wort „Gesetz" vorkommt, verbleibt es bei der Gültigkeit der sechswöchigen Kündigungsfrist zum Quartalsende. Wird eine konkrete Kündigungsfrist, zB sechs Wochen zum Quartalsende, vereinbart und in diesem Zusammenhang auf die „gesetzliche Kündigungsfrist" verwiesen, überwiegt das Vereinbarungselement. Ob es in einem solchen Fall bei der sechswöchi-

---

1 *Kramer*, S. 109.
2 Vgl. BGBl. I 1993, 1668.

gen Kündigungsfrist zum Quartalsende bleibt, ist fraglich. Hier kommt auch ein **Günstigkeitsvergleich** in Betracht[1].

5. Vertragliche Verlängerung und Verkürzung der Kündigungsfristen

a) Verlängerung der Kündigungsfristen

Die einzelvertragliche Vereinbarung **längerer** als der in Abs. 1–3 des § 622 BGB genannten **Kündigungsfristen** ist grundsätzlich zulässig. Ferner kann vereinbart werden, dass nur zu bestimmten Endterminen das Arbeitsverhältnis gekündigt werden kann, zB Quartal, Halbjahr oder Kalenderjahr. Das lässt sich ohne Weiteres aus § 622 Abs. 5 Satz 1 BGB herleiten (Gegenschluss). Für die Kündigung des Arbeitsverhältnisses durch den Arbeitnehmer darf allerdings keine längere Frist vereinbart werden als für die Kündigung durch den Arbeitgeber (§ 622 Abs. 6 BGB).

160

Für die Kündigung des Arbeitsverhältnisses **durch den Arbeitgeber** kann eine beliebig lange Kündigungsfrist vereinbart werden. Dies folgt aus der Zulässigkeit der Vereinbarung eines Kündigungsausschlusses, wobei die Möglichkeit einer außerordentlichen Kündigung bestehen bleibt[2].

161

Es gibt Fälle, in denen der Arbeitgeber daran interessiert ist, den Arbeitnehmer möglichst lange zu binden, zB bei besonders qualifizierten oder unentbehrlichen Beschäftigten oder solchen mit teurer interner Spezialausbildung. Im Hinblick auf § 624 BGB darf der Arbeitnehmer jedoch nicht länger als **maximal 5 Jahre** an den Arbeitsvertrag gebunden werden. Insoweit ist jedoch zu beachten, dass ein evtl. vereinbarter Kündigungstermin in die Bindungsdauer mit einzubeziehen und damit bei der Berechnung zu berücksichtigen ist. Das hat zur Folge, dass zB eine fünfjährige Kündigungsfrist mit einem Kündigungstermin zum Jahresende unwirksam ist, weil während jeweils der ersten Jahreshälfte die zulässige Gesamtbindungsdauer von 5 ½ Jahren überschritten wird[3].

162

Im Übrigen hängt es bei einer einzelvertraglichen – und vom Arbeitnehmer nach dem Vertrag einzuhaltenden – Kündigungsfrist, die zwar unter Beachtung von § 624 BGB vereinbart wurde, aber wesentlich länger als die gesetzliche Kündigungsfrist ist, von der Abwägung aller Umstände des Einzelfalles ab, ob eine solche Klausel das **Grundrecht des Arbeitnehmers auf freie Wahl des Arbeitsplatzes** (Art. 12 GG) verletzt oder eine **sittenwidrige Beschränkung seiner beruflichen oder wirtschaftlichen Bewegungsfreiheit** (§ 138 BGB) darstellt[4].

163

Im Hinblick auf die notwendige Betrachtung sämtlicher Umstände des **Einzelfalles** ist es nicht möglich, eine bestimmte vom Arbeitnehmer einzuhaltende Kündigungsfrist festzulegen, die von der Rechtsprechung in jedem Fall entweder als zulässig oder unzulässig angesehen wird. Zunächst einmal ist der konkrete Arbeitsplatz zu berücksichtigen. Je komplexer und verantwortungsvoller er ist, desto eher dürfen längere Kündigungsfristen vereinbart werden.

Das BAG hat sich schon einmal mit dieser Frage befasst[5]. Danach werden von der Rechtsprechung vom Arbeitnehmer einzuhaltende Kündigungsfristen für seine eigene Kündigung von weit über einem Jahr im Regelfall anzuerkennen sein. Das BAG hatte in seinem Fall zu entscheiden, ob der Arbeitsvertrag für die Dauer von fünf Jahren mit anschließender Option von weiteren fünf Jahren von den Parteien,

---

1 Vgl. LAG Nürnberg 13.4.1999 – 6 (5) Sa 182/98, NZA-RR 2000, 80 (81); andererseits *Kramer*, S. 119 ff.
2 *Kramer*, S. 112 ff.
3 *Kramer*, S. 112 ff.
4 Vgl. *Preis* in Stahlhacke/Preis/Vossen, Rz. 453.
5 BAG 19.12.1991 – 2 AZR 363/91, EzA § 624 BGB Nr. 1.

also auch dem Arbeitnehmer, ordentlich unkündbar sein sollte. Das BAG hat die vereinbarte einjährige Kündigungsfrist zum Ablauf des Fünf-Jahres-Vertrages ausdrücklich als **nicht unangemessen** angesehen.

164 Stellt sich heraus, dass für die Kündigung des Arbeitsverhältnisses **durch den Arbeitnehmer** eine überlange und deshalb unwirksame Kündigungsfrist vereinbart worden ist, so stellt sich die Frage, ob diese unwirksame Klausel vollständig unwirksam ist oder ob sie geltungserhaltend mit noch zulässigem Inhalt aufrechtzuerhalten ist. Im ersteren Falle entsteht eine Vertragslücke, die durch die gesetzlichen Kündigungsfristen zu schließen ist. Im zweiten Falle ist eine geltungserhaltende Reduzierung der betreffenden Klausel auf die gerade noch zulässige Fristlänge denkbar[1].

165 Es begegnet keinen Bedenken, wenn die Arbeitsvertragsparteien vereinbaren, dass der **Arbeitgeber** eine **längere Kündigungsfrist** einhalten muss als der Arbeitnehmer. Umgekehrt können Arbeitgeber mit den Arbeitnehmern nicht vereinbaren, dass für ihre Kündigung eine kürzere Frist gilt als für die der Arbeitnehmerseite, § 622 Abs. 6 BGB. Was in diesem Falle gilt, wird nicht ganz einheitlich beurteilt. Die hM leitet aus dem Rechtsgedanken des § 89 Abs. 2 HGB ab, dass an die Stelle der unwirksamen kurzen Kündigungsfrist für den Arbeitgeber die längere, für den Arbeitnehmer gedachte Kündigungsfrist tritt[2].

Besteht die Differenz in der Kündigungsfrist – auch – darin, dass sie nur zu **bestimmten Terminen** (Quartals-, Halbjahres- oder Jahresschluss) ausgesprochen werden kann und hat sich die Arbeitgeberseite jeweils Beendigungszeitpunkte zum Monatsende ausbedungen, tritt also auch insoweit eine Verschlechterung auf Arbeitnehmerseite ein, gilt sinngemäß dasselbe. Soweit die Frist für die Arbeitgeberseite kürzer ist, gilt die für die Arbeitnehmerseite vereinbarte längere Kündigungsfrist[3].

166 Zusammenfassung: Den Parteien steht bei der Vereinbarung von Kündigungsfristen grundsätzlich ein **breiter Vertragsgestaltungsspielraum** zu. Für die Kündigung des Arbeitsverhältnisses durch den Arbeitgeber kann sogar eine beliebig lange Kündigungsfrist vereinbart werden. Wird für die Kündigung des Arbeitsverhältnisses durch den Arbeitnehmer eine überlange Kündigungsfrist vereinbart, so kann dies uU zu einer geltungserhaltenden Reduktion, aber auch dazu führen, dass eine solche Klausel vollständig unwirksam ist und durch die gesetzliche Kündigungsfrist ersetzt wird. Grundsätzlich erscheint es jedoch unbedenklich, wenn ein Arbeitnehmer weit über ein Jahr vertraglich gebunden wird. Es hat wenig Sinn, die Bindung des Arbeitnehmers dadurch herbeizuführen, dass Kautionsklauseln oder Abfindungsregelungen vereinbart werden oder etwa lediglich die Kündigung des Arbeitnehmers vor Dienstantritt ausgeschlossen wird. Derartige Klauseln sind geeignet, auf den Kündigungsentschluss des Arbeitnehmers Einfluss zu nehmen, und können unzulässig sein[4].

b) Verkürzung der Kündigungsfristen

167 Während die Verlängerung der Kündigungsfristen für den Arbeitgeber, aber auch – in begrenztem Umfang – für Arbeitnehmerkündigungen möglich ist, kommt die Verkürzung der Mindestkündigungsfristen durch **einzelvertragliche Vereinbarung** nur unter ganz engen Voraussetzungen in Betracht.

---

1 Vgl. *Kramer*, S. 113, 119.
2 KR/*Spilger*, § 622 BGB Rz. 202; Schaub/*Linck*, § 124 Rz. 44 mwN; *Preis* in Stahlhacke/Preis/Vossen, Rz. 459; Staudinger/*Preis*, § 622 BGB Rz. 57; aA *Hueck/Nipperdey*, I, 571, Anm. 29.
3 Vgl. KR/*Spilger*, § 622 BGB Rz. 205, ebenfalls aus der Analogie zu § 89 Abs. 2 Satz 2 BGB hergeleitet; so auch Staudinger/*Preis*, § 622 BGB Rz. 57 u. 58.
4 Vgl. BAG 11.3.1971 – 5 AZR 349/70, AP Nr. 9 zu § 622 BGB; 6.9.1989 – 5 AZR 586/88, EzA § 622 BGB nF Nr. 26 und LAG Hamm 15.3.1989 – 15 (17) Sa 1127/88, LAGE § 622 BGB Nr. 14.

aa) Vereinbarung einer Probezeit

In einer zwischen den Arbeitsvertragsparteien vereinbarten Probezeit kann die Kündigungsfrist gem. § 622 Abs. 3 BGB auf **zwei Wochen** verkürzt werden. Die Vereinbarung der Probezeit kann sowohl im befristeten – § 14 Abs. 1 Nr. 5 TzBfG – als auch im unbefristeten Arbeitsverhältnis vereinbart werden. Sie ist auf die Dauer von sechs Monaten beschränkt entsprechend dem Vorbild des § 1 Abs. 1 KSchG[1]. Ein befristetes Probearbeitsverhältnis bedarf, wie jede andere Art der Befristung auch, zu ihrer Wirksamkeit der Schriftform, § 14 Abs. 4 TzBfG.

168

Formulierungsbeispiel für ein befristetes Probearbeitsverhältnis:

Das Arbeitsverhältnis wird gem. § 14 Abs. 1 Nr. 5 TzBfG auf die Dauer von sechs Monaten zur Erprobung abgeschlossen. Es endet also mit dem ... (*Datum*), ohne dass es einer Kündigung bedarf. In der Probezeit kann das Arbeitsverhältnis von beiden Parteien mit einer Frist von 14 Tagen gekündigt werden.

⊃ **Hinweis:** Die Möglichkeit, während des befristeten Probearbeitsverhältnisses, wie bei jedem anderen befristeten Arbeitsverhältnis auch, eine ordentliche Kündigung auszusprechen, muss gem. § 15 Abs. 3 TzBfG ausdrücklich einzelvertraglich vereinbart werden. Das wird in der Praxis häufig vergessen, weil dies im unbefristeten Probearbeitsverhältnis bereits kraft Gesetzes gilt (vgl. dazu sogleich Rz. 171)[2].

169

Natürlich kann auch in einem unbefristeten Arbeitsverhältnis eine Probezeit **vorgeschaltet** werden. Diese Abrede, die auch ohne schriftliche Fixierung wirksam ist, sollte aber ebenfalls, schon aus Beweisgründen, in Schriftform abgefasst werden. Sie könnte etwa wie folgt lauten:

170

Formulierungsbeispiel:

Das Arbeitsverhältnis beginnt am ... (*Datum*) und wird auf unbestimmte Zeit abgeschlossen. Die ersten sechs Monate gelten als Probezeit. In der Probezeit kann das Arbeitsverhältnis von beiden Parteien mit einer Frist von 14 Tagen gekündigt werden.

Grundsätzlich gilt während einer vereinbarten Probezeit gem. § 622 Abs. 3 BGB eine Kündigungsfrist von zwei Wochen, nicht gebunden an einen Endtermin. Sie kann nur bei einem unbefristeten Arbeitsverhältnis ohne ausdrückliche Vereinbarung gelten. Die Kündbarkeit des befristeten Arbeitsverhältnisses muss gesondert vereinbart werden, andernfalls ist es während der Befristung nicht kündbar[3]. Auch deswegen empfiehlt sich, in der Probezeit ausdrücklich die Kündigungsfrist von 14 Tagen zu erwähnen, auch unter dem Gesichtspunkt des Transparenzgebots des § 307 Abs. 1 Satz 2 BGB und der Unklarheitenregel, § 305c Abs. 2 BGB[4].

171

⊃ **Hinweis:** Auch dann, wenn gem. § 622 Abs. 3 BGB die verkürzte Frist bei Vereinbarung einer Probezeit gilt, sollte in der Praxis **auf jeden Fall** eine klare Vereinbarung getroffen werden. Ein weiteres Argument für eine solche Regelung ergibt sich mit Blick auf das **Nachweisgesetz**, das – selbstverständlich – auch für Probearbeitsverhältnisse gilt[5].

172

---

1 Vgl. ErfK/*Müller-Glöge*, § 14 TzBfG Rz. 49f.
2 Vgl. KR/*Spilger*, § 622 BGB Rz. 153.
3 Vgl. BAG 13.12.2007 – 6 AZR 145/07, NZA 2008, 403; ErfK/*Müller-Glöge*, § 622 BGB Rz. 15.
4 Vgl. ErfK/*Preis*, §§ 305–310 BGB Rz. 31, 44.
5 Schaub/*Schaub*, § 40 Rz. 16.

bb) Vorübergehende Einstellung zur Aushilfe und Kleinunternehmen

173 Außerdem kann die gesetzliche Mindestkündigungsfrist des § 622 Abs. 1 BGB einzelvertraglich gem. § 622 Abs. 5 BGB verkürzt werden, wenn
- ein Arbeitnehmer zur **vorübergehenden Aushilfe** eingestellt ist; dies gilt nicht, wenn das Arbeitsverhältnis über die Zeit von drei Monaten hinaus fortgesetzt wird;
- der Arbeitgeber in der Regel **nicht mehr als 20 Arbeitnehmer** ausschließlich der zu ihrer Berufsausbildung Beschäftigten beschäftigt und die Kündigungsfrist vier Wochen nicht unterschreitet. Für die Feststellung der Zahl gilt dieselbe Regelung wie in § 23 Abs. 1 Satz 4 KSchG (**Vorsicht**, zum Regelungsgehalt vgl. Rz. 176).

174 Das Aushilfsarbeitsverhältnis kann dabei wie das Probearbeitsverhältnis als befristetes Arbeitsverhältnis oder als unbefristetes Aushilfsarbeitsverhältnis mit abgekürzter Kündigungsfrist vereinbart werden. In den schriftlichen Vertrag ist eine **Aushilfsklausel** aufzunehmen, unabhängig von der Vereinbarung über die Begründung eines befristeten oder unbefristeten Probearbeitsverhältnisses[1]. Die Vereinbarung allein reicht aber nicht aus, der vorübergehende Personalbedarf muss auch **objektiv vorliegen**[2]. Welche Mindestfrist einzuhalten ist, regelt § 622 Abs. 5 Satz 1 Nr. 1 BGB nicht. In den ersten drei Monaten kann deshalb auch eine Kündigungsfrist von einem Tag vereinbart werden, so dass im Ergebnis die sofortige Beendigung des Arbeitsverhältnisses möglich ist, ohne dass die Voraussetzungen des § 626 BGB vorzuliegen brauchen[3].

175 ⊃ **Hinweis:** Im Aushilfsarbeitsverhältnis gibt es keine Mindestkündigungsfrist. Bei der unbedingt schriftlich abzuschließenden Vereinbarung über die Begründung eines **Aushilfsarbeitsverhältnisses** ist, um Streit zu vermeiden, die Vereinbarung einer eindeutigen Kündigungsfrist, zB von drei Tagen, unverzichtbar.

176 Für **Kleinunternehmen** scheint die Vorschrift des § 622 Abs. 5 Satz 1 Nr. 2 BGB eine begünstigende Sonderregelung zu enthalten. Diese ist jedoch marginal und spielt für die Praxis so gut wie keine Rolle. Das liegt daran, dass nur die Mindestkündigungsfrist des § 622 Abs. 1 BGB von vier Wochen zum 15. eines Monats und zum Monatsende auf vier Wochen abgekürzt wird ohne Fixierung des Endtermins[4]. Das bringt so gut wie keinen Effekt. Vor allem gelten aber nach zwei Jahren die verlängerten Fristen des § 622 Abs. 2 BGB; sie sind nicht abzukürzen[5].

cc) Bezugnahme auf Tarifverträge

177 Tarifverträge gelten gemäß der klaren Regel des § 4 Abs. 1 Satz 1 TVG unmittelbar und zwingend nur zwischen den beiderseits Tarifgebundenen, die unter den Geltungsbereich des Tarifvertrages fallen. Unter den sogleich darzustellenden Voraussetzungen und mit dem noch zu erörternden Inhalt (vgl. sogleich Rz. 178 ff.) kann auch unter Bezugnahme auf tarifliche Bestimmungen eine **Verkürzung** der gesetzlichen Mindestkündigungsfristen zwischen den Arbeitsvertragsparteien vereinbart und damit wirksam werden.

6. Tarifvertragliche Bestimmungen

178 Gem. § 622 Abs. 4 BGB können von den Absätzen 1–3 **abweichende Regelungen** durch Tarifvertrag vereinbart werden. Im Geltungsbereich eines solchen Tarifvertrages gelten die abweichenden tarifvertraglichen Bestimmungen zwischen nicht tarif-

---

1 LAG Hess. 25.10.1988 – 7 Sa 953/88, DB 1989, 734.
2 KR/*Spilger*, § 622 BGB Rz. 160.
3 BAG 22.5.1986 – 2 AZR 392/85, AP Nr. 23 zu § 622 BGB.
4 Vgl. dazu auch LAG Hess. 14.6.2010 – 16 Sa 1036/09.
5 KR/*Spilger*, § 622 BGB Rz. 170.

gebundenen Arbeitgebern und Arbeitnehmern, wenn ihre Anwendung zwischen ihnen vereinbart ist. Im Einzelnen:

a) Möglicher und notwendiger Inhalt des Tarifvertrages

Zunächst ist ausdrücklich darauf hinzuweisen, dass die **gesetzlichen Mindestkündigungsfristen** des § 622 Abs. 1 und 2 BGB weder durch Einzelarbeitsvertrag noch durch Betriebsvereinbarung, sondern allein durch Tarifvertrag abgekürzt werden können. Durch Tarifvertrag können geregelt werden 179

– die Kündigungsfristen,
– die Kündigungstermine und
– die Voraussetzungen der Entstehung eines Anspruchs auf verlängerte Kündigungsfristen[1].

b) Beschränkte Bezugnahme auf „einschlägige" Tarifverträge

Sind die Arbeitsvertragsparteien tarifgebunden, gelten die Tarifnormen zwingend und unmittelbar. Welche Tarifnormen bei nicht tarifgebundenen Parteien durch Bezugnahme vereinbart werden können, wird nicht einheitlich beurteilt. 180

Zur Problematik der Bezugnahmeregelungen im Arbeitsvertrag auf Tarifverträge vgl. ausführlich Teil 4 C Rz. 250 ff.

c) Form der Vereinbarung

Diese Bezugnahme kann sich dabei auf den gesamten Tarifvertrag erstrecken. Sie kann aber bspw. auch auf die Bestimmungen über die Kündigung beschränkt werden. Die Bezugnahmevereinbarung sollte ausdrücklich erfolgen. Sie kann aber auch stillschweigend oder durch betriebliche Übung geschehen[2]. 181

d) Günstigkeitsvergleich

Kommt es zu Kollisionen zwischen einzelvertraglichen, tariflichen und/oder Regelungen in Betriebsvereinbarung über die Kündigungsfrist, muss der Günstigkeitsvergleich angestellt werden. 182

Sind die Parteien des Arbeitsvertrages nicht tarifgebunden, und ist der Tarifvertrag auch nicht allgemein verbindlich, so gelten die einzelvertraglichen Regelungen.

Gilt der Tarifvertrag zwischen den Parteien, kommt es darauf an, ob die tarifliche oder die einzelvertragliche Regelung in der **konkreten Situation** für den Arbeitnehmer günstiger ist, § 4 Abs. 3 TVG. Dabei hat auch ein sog. Sachgruppenvergleich im Hinblick auf die Gesamtbindungsdauer stattzufinden, und zwar bezogen auf den Zeitpunkt des Vertragsabschlusses. Im Einzelfall muss deshalb auch geprüft werden, ob das Bestandsschutzinteresse oder das Mobilitätsinteresse im Vordergrund steht; im Regelfall überwiegt das Bestandsschutzinteresse[3].

---

[1] Vgl. zum möglichen und notwendigen Inhalt auch KR/*Spilger*, § 622 BGB Rz. 184 ff.
[2] KR/*Spilger*, § 622 BGB Rz. 189.
[3] Vgl. dazu auch BAG 23.1.1992 – 2 AZR 470/91, NZA 1992, 739; 4.3.1993 – 2 AZR 355/92, NZA 1993, 995; vgl. ferner Schaub/*Linck*, § 126 Rz. 49 mwN in Fn. 82.

e) **Bedeutung des Vorrangprinzips**

183 Das Bundesverfassungsgericht hat in seinen bekannten Entscheidungen[1] zur gleichheitswidrigen Differenzierung zwischen Arbeitern und Angestellten in den gesetzlichen Vorschriften über die Kündigungsfristen den Takt vorgegeben, dem der Gesetzgeber gefolgt ist, er hat die Differenzierung aufgegeben.

Die Tarifvertragsparteien differenzieren bei tariflichen Kündigungsfristen allerdings immer noch zwischen gewerblichen Arbeitnehmern und Angestellten. Das Bundesverfassungsgericht hat ausdrücklich offengelassen, ob tariflich vereinbarte unterschiedliche Kündigungsfristen zwischen diesen Beschäftigtengruppen Art. 3 GG verletzen. Als sachlicher Grund für die Differenzierung sind branchenspezifische Regelungen möglich, die Arbeitsgerichte prüfen dann in eigener Kompetenz, ob diese Regelungen verfassungsgemäß sind[2]. Dabei ist aber zu unterscheiden zwischen konstitutiven und lediglich deklaratorischen Tarifvorschriften.

184 Für einen **rein deklaratorischen Charakter der Übernahme** spricht, wenn einschlägige gesetzliche Vorschriften wörtlich oder inhaltlich unverändert übernommen werden. In einem derartigen Fall ist bei Fehlen gegenteiliger Anhaltspunkte davon auszugehen, dass es den Tarifvertragsparteien bei der Übernahme des Gesetzestextes darum gegangen ist, im Tarifvertrag eine unvollständige Darstellung der Rechtslage zu vermeiden. Sie haben dann die unveränderte gesetzliche Regelung im Interesse der Klarheit und Übersichtlichkeit deklaratorisch in den Tarifvertrag aufgenommen, um die Tarifgebundenen möglichst umfassend über die zu beachtenden Rechtsvorschriften zu unterrichten[3]. Von einer nur deklaratorischen Tarifregelung ist insbesondere auch dann auszugehen, wenn der Tarifvertrag nur auf den jeweiligen Gesetzeswortlaut des § 622 BGB verweist. Vereinbaren die Tarifpartner lediglich eine eigenständige tarifliche Grundkündigungsfrist und verweisen sie hinsichtlich der verlängerten Kündigungsfrist auf das Gesetz, so spricht dies im Zweifel dafür, dass die Tarifpartner auch die Entscheidung darüber, ab welcher Beschäftigungszeit verlängerte Kündigungsfristen eingreifen sollen, dem Gesetzgeber überlassen wollten.

185 Demgegenüber handelt es sich um **konstitutive tarifliche Kündigungsfristen**, wenn die Tarifvertragsparteien eine im Gesetz nicht oder anders enthaltene Regelung treffen oder eine gesetzliche Regelung übernehmen, die sonst nicht für die betroffenen Arbeitnehmer gelten würde. Durch Auslegung ist zu ermitteln, ob die Tarifvertragsparteien eine selbständige, dh. in ihrer normativen Wirkung von der außertariflichen Norm unabhängige eigenständige Regelung treffen wollten[4]. Dieser Wille muss im Tarifvertrag einen hinreichend erkennbaren Ausdruck gefunden haben[5]. Behalten die Tarifvertragsparteien die früheren tariflichen Regelungen der Kündigungsfristen (nach Inkrafttreten des Kündigungsfristengesetzes im Jahre 1993) bei, führt das nicht automatisch zu einer konstitutiven Weitergeltung, sofern die Tarifvertragsparteien ihren Regelungswillen nicht noch einmal, wie auch immer, bestätigt haben[6].

186 **Konsequenz für die Praxis:** Liegt eine lediglich deklaratorische tarifliche Regelung vor, gelten die gesetzlichen Vorschriften.

Ergibt die Auslegung, dass der Tarifvertrag eine konstitutive Kündigungsvereinbarung enthält, so bedarf die Differenzierung zwischen Arbeitern und Angestellten einer **sachlichen Rechtfertigung**. Das BAG ist in seiner bisherigen Rechtsprechung da-

---

1 Vgl. BVerfG 30.5.1990 – 1 BvL 2/83 u.a., AP Nr. 28 zu § 622 BGB.
2 Vgl. Schaub/*Linck*, § 126 Rz. 47 mwN in Fn. 77.
3 KR/*Spilger*, § 622 BGB Rz. 210a.
4 KR/*Spilger*, § 622 BGB Rz. 210.
5 Vgl. BAG 5.10.1995 – 2 AZR 1028/94, BB 1996, 220; 21.7.1993 – 4 AZR 468/92, BB 1994, 75; 10.5.1994 – 3 AZR 721/93, BB 1994, 1644.
6 Vgl. BAG 7.3.2002 – 2 AZR 610/00, NZA 2003, 64.

von ausgegangen, dass in Branchen, die aufgrund verschiedener Einflüsse sehr starken Auftragsschwankungen unterworfen sind, das Bedürfnis nach personalwirtschaftlicher Flexibilität als Sachgrund ausreichen kann[1]. Deshalb sollen kürzere Kündigungsfristen für Arbeiter gerechtfertigt sein[2]. Auch bei einem Arbeiteranteil von 75 % in der Produktion eines Unternehmens hält das BAG kürzere tarifliche Kündigungsfristen für Arbeiter für sachlich gerechtfertigt[3].

Das BAG hat seine Rechtsprechung relativiert und eine tarifliche Regelung wegen Verstoßes gegen das Gleichheitsgebot des Art. 3 Abs. 1 GG für verfassungswidrig gehalten – und den Rechtsstreit ausgesetzt –, in der die Wartefristen für die Kündigung älterer Arbeiter im Gegensatz zu der Regelung für Angestellte verschlechtert hatten[4]. Bei älteren Arbeitern mit längerer Betriebszugehörigkeit sei gegenüber gleichaltrigen Angestellten mit gleich langer Betriebszugehörigkeit in der gleichen Branche eine sachlich gerechtfertigte Differenzierung nicht zu ersehen[5].

Soweit das BAG einen relativ weiten Rahmen für die Differenzierung zulässt[6], hat es deutlich Kritik ausgelöst. Richtigerweise wird die Unterscheidung zwischen Arbeitern und Angestellten auch in diesem Zusammenhang für unzulässig gehalten und stattdessen eine unterschiedliche Qualifikation und Ausbildung oder mit Blick auf die Tätigkeit in einem Produktionssektor, der eine erhöhte personalwirtschaftliche Flexibilität erfordert, als Anknüpfungspunkt für richtig gehalten[7]. Deshalb wird in der Zukunft für die Praxis wegen der richtigerweise gestellten hohen Anforderungen die Differenzierung nicht mehr möglich sein[8].

Sofern die Prüfung ergibt, dass die Differenzierung verfassungswidrig ist, entsteht eine Tariflücke. Diese ist durch die gesetzlichen Kündigungsbestimmungen gem. § 622 BGB zu schließen[9].

---

1 BAG 23.1.1992 – 2 AZR 470/91, AP Nr. 37 zu § 622 BGB.
2 BAG 29.10.1998 – 2 AZR 683/97, EzA-SD 1999, Nr. 2.
3 BAG 4.3.1993 – 2 AZR 355/92, AP Nr. 40 zu § 622 BGB (mit Anm. *Hergenröder*).
4 BAG 29.8.1991 – 2 AZR 220/92, NZA 1992, 166.
5 So auch ErfK/*Müller-Glöge*, § 622 BGB Rz. 30.
6 Vgl. BAG 16.9.1993 – 2 AZR 697/92, AP Nr. 42 zu § 622 BGB mit Anm. *Jansen*.
7 Vgl. *Preis/Kramer*, Das neue Kündigungsfristengesetz, DB 1993, 2125 (2129).
8 So auch ErfK/*Müller-Glöge*, § 622 BGB Rz. 30/31.
9 Vgl. BAG 10.3.1994 – 2 AZR 323/84 (C), NZA 1994, 799; so auch Schaub/*Linck*, § 126 Rz. 50.

E. Kündigungsschutz nach dem KSchG

	Rz.
I. Einführung	
1. Zweck und Systematik des KSchG	1
2. Einseitig zwingender Charakter	3
a) Bindung des Arbeitgebers	4
b) Zulässigkeit günstigerer Abreden	5
c) Möglichkeit des Verzichts	6
3. Räumlicher Anwendungsbereich des KSchG	6a
4. Kündigungsschutz und AGG	6b
II. Anwendungsvoraussetzungen	
1. Geschützter Personenkreis	7
a) Arbeitnehmerbegriff	8
b) Leitende Angestellte	11
c) Geschäftsführer	
aa) Grundsätzlich freies Dienstverhältnis	13
bb) Zwei Rechtsverhältnisse	14
cc) Weiterbeschäftigung und Ende der Organstellung	15
dd) Ruhendes Arbeitsverhältnis	17
ee) Fehlende Bestellung, Eintragung Handelsregister	18
d) Gesellschafter	20
e) Familienangehörige	22
f) Franchisenehmer	27
g) Freie Mitarbeiter	30
h) Handelsvertreter	34
2. Betrieblicher Geltungsbereich	37
a) Betriebsbegriff	38
aa) Betriebsteile	39
bb) Gemeinschaftsbetrieb	44
b) Betriebsgröße	48
aa) Kleinbetrieb	50
bb) Schwellenwert	52a
(1) In der Regel Beschäftigte	53
(2) Berechnung des Schwellenwerts	58
(3) Besitzstandswahrung	59
cc) Beweislast	62
3. Wartezeit	
a) Berechnung	65
b) Abkürzung	69
c) Unterbrechung des Arbeitsverhältnisses	71
d) Beweislast	76
e) Betriebsübergang	76a
III. Personenbedingte Kündigung	
1. Begriff	78
2. Krankheit	80
a) Fallgruppen und Prüfungsaufbau	81
b) Prävention und Eingliederungsmanagement	83
aa) Prävention bei schwerbehinderten Menschen	83a
bb) Betriebliches Eingliederungsmanagement	83b
c) Dauerhafte Arbeitsunfähigkeit	84
aa) Sichere Arbeitsunfähigkeit auf Dauer	85
bb) Ungewissheit der Wiedergenesung	89
d) Langandauernde Erkrankung	90
e) Häufige Kurzerkrankung	
aa) Negative Prognose	93
(1) Beurteilungszeitpunkt	97
(2) Darlegungs- und Beweislast	98
bb) Erhebliche Beeinträchtigung betrieblicher Interessen	103
(1) Betriebsablaufstörungen	104
(2) Erhebliche wirtschaftliche Belastungen	106
(3) Kausalität	108
(4) Darlegungs- und Beweislast	109
cc) Interessenabwägung	111
(1) Belastungsgrad Arbeitgeber	112
(2) Abwägungsfaktoren Arbeitnehmerseite	115
f) Krankheitsbedingte Minderleistung	118
g) Außerordentliche Kündigung wegen Krankheit	120
h) Wiedereinstellungsanspruch nach Prognoseänderung	125
i) Sonderfälle	
aa) Alkohol/Drogen	126
bb) HIV-Infektion	129
j) Krankheitsbedingte Kündigung und AGG	129a
3. Sonstige Fälle personenbedingter Kündigung	130
IV. Verhaltensbedingte Kündigung	
1. Begriff	146
2. Prüfungsaufbau	148
3. Kündigungsgrund an sich	152
a) Verschuldensprinzip	153
b) Aufklärungsobliegenheit des Arbeitgebers	155
c) Darlegungs- und Beweislast	156
d) Fristen	159
4. Abmahnung	
a) Grundsätzliche Abmahnungsobliegenheit	160
b) Hinweis- und Warnfunktion	165
c) Form	169
d) Abmahnungsberechtigter Personenkreis	170
e) Anhörung des Arbeitnehmers	172
f) Fristen und Wirkungsdauer	175
g) Rechtsschutz des Arbeitnehmers	

E. Kündigungsschutz nach dem KSchG

	Rz.
aa) Entfernung aus Personalakte	178
bb) Gegendarstellung	182
cc) Widerruf	183
dd) Beschwerderecht	184
ee) Prozessvergleich	185
h) Abgrenzung zur Ermahnung	186
5. Interessenabwägung	187
6. Kündigungsgründe von A–Z	191
V. Betriebsbedingte Kündigung	
1. Begriff	192
2. Prüfungsaufbau	193
3. Dringende betriebliche Erfordernisse (1. Stufe)	195
a) Gestaltende Unternehmerentscheidung	196
b) Außerbetrieblich veranlasste Gründe	232
c) Außerordentliche betriebsbedingte Gründe	234
4. Fehlen eines gleichwertigen, freien Arbeitsplatzes (2. Stufe)	235
a) Prüfungsebene	236
b) Begriff des „gleichwertigen" Arbeitsplatzes	239
c) Begriff des freien Arbeitsplatzes	241
d) Bewerberüberhang bei mehreren freien Arbeitsplätzen	245
5. Fehlen eines geringerwertigen, freien Arbeitsplatzes (3. Stufe)	246
a) Zumutbarkeit des Arbeitsplatzes	247
aa) Zumutbarkeit für Arbeitgeber	248
bb) Zumutbarkeit auf Arbeitnehmerseite	249
cc) Vorgabe Anforderungsprofil durch Arbeitgeber	250
dd) Geringstmögliche Belastung für Arbeitnehmer	251
b) Verfahren	252
aa) Mögliche Verhandlungen mit Arbeitnehmer	253
bb) Keine automatische Erklärungsfrist	254
cc) Reaktionsmöglichkeiten des Arbeitnehmers	255
6. Sozialauswahl (4. Stufe)	256
a) Räumliche Prüfungsebene	257
b) Vergleichbarer Personenkreis	260
aa) Qualifikationsmäßige Austauschbarkeit	261
bb) Arbeitsvertragliche Austauschbarkeit	262
cc) Teilzeitkräfte	264
dd) Gesetzliche Kündigungsverbote	267
ee) Tarifliche Unkündbarkeit	268
ff) Betriebsvereinbarung	270
gg) Vertragliche Unkündbarkeit	271
c) Sozialauswahlkriterien	
aa) Mögliche Kriterien	272
(1) Alter	273
(2) Betriebszugehörigkeit	275
(3) Unterhaltspflichten	277
(4) Schwerbehinderung	280
(5) Sonstige Kriterien	282
bb) Gewichtung	284
d) Berücksichtigung betrieblicher Belange	285
aa) Leistungsträger	287
bb) Sicherung einer ausgewogenen Personalstruktur	289
cc) Positive Abgrenzung	289b
e) Auswahlrichtlinie (§ 1 Abs. 4 KSchG)	
aa) Kollektivrechtliche Regeln	290
bb) Einseitiges Punktesystem	292
cc) Mitbestimmungsrecht des Betriebsrats	293
f) Interessenausgleich mit Namensliste (§ 1 Abs. 5 KSchG)	294
aa) Anwendungsfall	295
bb) Formelle Anforderungen	297
cc) Inhaltliche Anforderungen	300
dd) Rechtsfolgen	
(1) Vermutung der Betriebsbedingtheit	301
(2) Eingeschränkte Überprüfung der Sozialauswahl	302
ee) Wesentliche Änderung der Sachlage	305
ff) Darlegungs- und Beweislast	307
gg) Massenentlassung/Betriebsratsanhörung	310
g) Ordnungsgemäße Sozialauswahl trotz Auswahlfehlers	311
h) Sozialauswahl und Teilbetriebsübergang	312
7. Darlegungs- und Beweislast	
a) Wegfall des Arbeitsplatzes	315
aa) Außerbetrieblich veranlasste Gründe	316
bb) Gestaltende Unternehmerentscheidung	317
cc) Personalreduzierung	318
b) Freie Arbeitsplätze	320
c) Sozialauswahl	321
8. Wiedereinstellungsanspruch	
a) Allgemeines	322
b) Voraussetzungen des Wiedereinstellungsanspruchs	
aa) Beendigung des Arbeitsverhältnisses	323
bb) Fehlerhafte Prognose	326
cc) Zeitliche Schranke	329
dd) Frist	330
c) Antrag	331
aa) Verpflichtung zur Angebotsabgabe	332

	Rz.		Rz.
bb) Angebotsannahme	333	f) Sozialauswahl	342
d) Inhaltliche Grenze		VI. Abfindungsoption nach § 1a KSchG	344
aa) Anderweitige Disposition	335	1. Voraussetzungen im Einzelnen	
bb) Sozialauswahl	336	a) Ordentliche betriebsbedingte Kündigung	345
9. Betriebsbedingte Änderungskündigung		b) Hinweis des Arbeitgebers	346
a) Bestimmtheit des Änderungsangebotes	337a	c) Verstreichen der Klagefrist	350
b) Reaktionsmöglichkeiten und Fristen	338	2. Entstehung und Fälligkeit	351
		3. Wegfall des Abfindungsanspruchs	353
aa) Vorbehaltlose Annahme	338a	4. Höhe des Abfindungsanspruchs	356
bb) Ablehnung	338c	5. Durchsetzung des Abfindungsanspruchs/Insolvenz	359
cc) Annahme unter Vorbehalt	338d		
c) Prüfungsmaßstab	339	6. Folgewirkungen	
d) „Überflüssige" Änderungskündigung	340a	a) Steuerrechtliche Folgen	361
		b) Arbeitsförderungsrecht/Sperrfrist nach § 159 SGB III	362
e) Änderungskündigung und Entgeltreduzierung	341	aa) Offensichtlich rechtswidrige Kündigung	364
aa) Isolierte Entgeltreduzierung	341a		
bb) Umstrukturierungsbedingte Vergütungsabsenkung	341b	bb) Abfindung nicht „gemäß § 1a KSchG"	365

Schrifttum:

Zur personenbedingten Kündigung: *Adam*, Religionsfreiheit im Arbeitsrecht, NZA 2003, 1375; *Bengelsdorf*, Alkoholkonsum und personenbedingte Kündigung, NZA-RR 2002, 57; *Brose*, Die Auswirkungen des § 84 Abs. 1 SGB IX auf den Kündigungsschutz bei verhaltensbedingten, betriebsbedingten und personenbedingten Kündigungsgründen, RdA 2006, 149; *Horcher*, Vorrang der Änderungskündigung und betriebliches Eingliederungsmanagement, RdA 2009, 31; *Joussen*, Verhältnis von betrieblichem Eingliederungsmanagement und krankheitsbedingter Kündigung, DB 2009, 286; *Kohte*, Betriebliches Eingliederungsmanagement und Bestandsschutz, DB 2008, 582; *Lepke*, Trunksucht als Kündigungsgrund, DB 2001, 269; *Linsenmaier*, Das Verbot der Diskriminierung wegen Alters, Sonderbeilage RdA 2003, Heft 5, 22; *Tschöpe*, „Low Performer" im Arbeitsrecht, BB 2006, 213; *Tschöpe*, Krankheitsbedingte Kündigung und betriebliches Eingliederungsmanagement, NZA 2008, 398.

Zur verhaltensbedingten Kündigung: *Bengelsdorf*, Alkoholkonsum und verhaltensbedingte Kündigung, NZA 2001, 983; *Bengelsdorf*, Illegale Drogen im Betrieb, NZA-RR 2004, 113; *Braun*, Die arbeitsrechtliche Abmahnung, RiA 2005, 26; *Eylert*, Die Anhörung des Arbeitnehmers zur Verdachtskündigung, DB 2007, 2203; *Friemel/Walk*, Die Kündigung wegen Schlecht- und Minderleistung, NJW 2005, 3669; *Gilberg*, Statt Tat- und Verdachtskündigung: Die Vertrauenskündigung, DB 2006, 1555; *Insam*, Ist die Druckkündigung nur als außerordentliche Kündigung zulässig?, DB 2005, 2298; *Kleinebrink*, Verhaltensbedingte Kündigung – die prozessuale Bedeutung der Arbeitsunfähigkeitsbescheinigung, ArbRB 2003, 317; *Kopke*, Beweislast bei Klagen auf Entfernung einer Abmahnung aus der Personalakte, NZA 2007, 1211; *Reufels/Schmülling*, Spesenbetrug als Kündigungsgrund, ArbRB 2005, 21; *Sasse*, Kündigung wegen Selbstbeurlaubung, ArbRB 2003, 342; *Schrader*, Abmahnung und „Vertrauenskapital" NJW 2012, 342; *Tschöpe*, Verhaltensbedingte Kündigung – Eine systematische Darstellung im Lichte der BAG-Rechtsprechung, BB 2002, 778; *Wendeling-Schröder*, Kündigung wegen Straftanzeige, RdA 2004, 374; *Wisskirchen/Schumacher*, „Vorweggenommene Abmahnung" – statt des Mantras der unentbehrlichen Abmahnung, BB 2012, 1473.

Zur betriebsbedingten Kündigung: *Annuß*, Die rechtsmissbräuchliche Unternehmerentscheidung im Konzern, NZA 2003, 783; *Bader*, Die gerichtsfeste betriebsbedingte Kündigung, NZA Beilage 2/2010, 85; *Bauer/Winzer*, Vom Personalleiter zum Pförtner?, BB 2006, 266; *Berkowsky*, Aktuelle Entwicklungen im Recht der Änderungskündigung, NZA-RR 2008, 338; *Boecken*, Entgeltreduzierung infolge Umstrukturierung, AnwBl. 2003, 681; *Dathe*, Die Auswirkung ausgewählter Vereinbarungen auf die Sozialauswahl, NZA 2007, 1205; *Emmert/Pohlmann*, Altersgruppenbildung und Altersdiskriminierung, FA 2008, 130; *Eylert*, Sozialauswahl nach Widerspruch des Arbeitnehmers gegen einen (Teil-)Betriebsübergang, BB 2008, 50; *Freckmann*, Betriebsbedingte Kündigungen und AGG – was ist noch möglich?, BB 2007, 1049; *Gaul*, Betriebsübergreifende Sozialauswahl und die Bedeutung von Versetzungsklauseln, NZA 2006, 289; *Gaul*, Betriebsbedingte Kündigung mit Namensliste – Anforderungen und Formulierungsbeispiel für die Praxis, ArbRB 2004, 224; *Gaul/Bonanni/Kulejewski*, Sozialauswahl zwischen Teilzeit- und Vollzeitbeschäftigten, ArbRB 2005, 112; *Gaul/Bonanni/Naumann*, Mitbestimmungsrecht des Betriebsrats bei der Anwendung von Punkteschemata für die Sozialauswahl, BB 2006, 549; *Gaul/Emmert/Kulejewski*, Kündigung nach Auflösung eines gemeinsamen Betriebes, ArbRB 2004, 251; *Gaul/Lunk*, Gestaltungsspielraum bei Punkteschemata zur betriebsbedingten Kündigung, NZA 2004, 184; *Gelhaar*, Kündigungsschutz: Befristete Arbeitsverhältnisse als „freie" Arbeitsplätze, DB 2008, 2831; *Hiekel*, Kündigung nach Erwerberkonzept außerhalb der Insolvenz, BAGReport 2005, 161; *Houben*, Weiterbeschäftigungspflicht auf höherwertigen Arbeitsplätzen – ein Tabubruch im Kündigungsrecht?, NZA 2008, 851; *Hunold*, Die „überflüssige" Änderungskündigung, NZA 2008, 860; *Kappelhoff*, Die Änderung von Arbeitsbedingungen durch Änderungskündigung, ArbRB 2005, 244; *Kögel*, Der Abfindungsanspruch nach § 1a KSchG, RdA 2009, 585; *Lingemann/Beck*, Auswahlrichtlinie, Namensliste, Altersgruppenbildung und Altersdiskriminierung, NZA 2009, 577; *Matthes*, Auswahlrichtlinien und Namensliste, in: Festschrift für Peter Kreutz zum 70. Geburtstag, 2010, S. 301; *Nicolai*, Die Kündigung widersprechender Arbeitnehmer nach Betriebsübergang, BB 2006, 1162; *Peters-Lange/Gagel*, Arbeitsförderungsrechtliche Konsequenzen aus § 1a KSchG, NZA 2005, 740; *Quecke*, Punkteschema und Sozialauswahl, RdA 2007, 335; *Raab*, Der Abfindungsanspruch gem. § 1a KSchG, RdA 2005, 1; *Rolfs*, Die betriebsbedingte Kündigung mit Abfindungsangebot (§ 1a KSchG), ZIP 2004, 333; *Rost*, Beendigung von Arbeitsverhältnissen bei Umstrukturierung, NZA Beilage 1/2009, 23; *Sasse/Stelzer*, Zwischen Betriebsstilllegung und Betriebsfortführung in der Insolvenz, ArbRB 2006, 114; *Schiefer*, Betriebsbedingte Kündigung – Kündigungsursache und Unternehmerentscheidung, NZA-RR 2005, 1; *Schrader*, Die Änderungskündigung oder die Unzumutbarkeit der Zumutbarkeit, DB 2006, 1678; *Spinner*, Die Rechtsprechung des Bundesarbeitsgerichts zur Sozialauswahl, RdA 2008, 153; *von Steinau-Steinrück/Hurek*, Widerspruch nach § 613a BGB und Sozialauswahl?, NJW-Spezial 2005, 417; *Strybny/Biswas*, Punkteschema – Mitbestimmung des Betriebsrats, FA 2006, 165; *Thüsing/Wege*, Sozialauswahl nach neuem Recht, RdA 2005, 12; *Wank*, Arbeitgebervortrag zur ausgewogenen Personalstruktur, RdA 2006, 238; *Windeln*, Zur Sozialauswahl im Rahmen des InsO § 125 Abs. 1 S. 1, EWiR 2006, 121; *Wisskirchen*, Der Umgang mit dem Allgemeinen Gleichbehandlungsgrundsatz – Ein „Kochrezept" für Arbeitgeber, DB 2006, 1491; *Wortmann*, Krankheitsbedingte Kündigung und betriebliches Eingliederungsmanagement, ArbRB 2009, 16.

Zum Wiedereinstellungsanspruch: *Boewer*, Der Wiedereinstellungsanspruch, Teil I, NZA 1999, 1121, Teil II, NZA 1999, 1177; *Lepke*, Zum Wiedereinstellungsanspruch nach krankheitsbedingter Kündigung, NZA-RR 2002, 617; *Luke*, Gilt die dreiwöchige Klagefrist des § 4 KSchG auch für den Wiedereinstellungsanspruch?, NZA 2005, 92; *Oberhofer*, Der Wiedereinstellungsanspruch, RdA 2006, 92.

I. Einführung

1. Zweck und Systematik des KSchG

Das Kündigungsschutzgesetz[1] basiert im Wesentlichen auf dem Kündigungsschutzgesetz des Wirtschaftsrats der Bizone (WRG)[2] und den sog. Hattenheimer Entschließungen[3]. Es verfolgt in erster Linie den Zweck, den Arbeitnehmer vor sozial ungerechtfertigten, ordentlichen Kündigungen zu schützen (§ 1 Abs. 2 KSchG) und den Bestand des Arbeitsverhältnisses zu gewährleisten. Es hat also **Bestandsschutzcharakter**[4].

Die rechtstechnische Ausgestaltung des Kündigungsschutzes erfolgt im Wege einer **nachträglichen Unwirksamkeitskontrolle** durch die Arbeitsgerichte, indem der Ar-

---

1 Zuletzt geändert durch Art. 3 Abs. 2 des Gesetzes zur Umsetzung des Seearbeitsübereinkommens 2006 der IAO vom 20.4.2013 (BGBl. I 868).
2 RdA 1949, 331 (von der Militärregierung nicht genehmigt).
3 RdA 1950, 63.
4 Vgl. kritisch: *Rühle*, DB 1991, 1378 ff.

beitnehmer verpflichtet wird, rechtzeitig (§§ 4f. KSchG) Klage gegen eine von ihm als rechtunwirksam angesehene arbeitgeberseitige Kündigung zu erheben. In rechtstatsächlicher Hinsicht scheidet der Arbeitnehmer also zunächst aus dem Arbeitsverhältnis aus und kann seinen Arbeitsplatz grundsätzlich erst dann wieder erlangen, wenn rechtskräftig die Unwirksamkeit der arbeitgeberseitigen Kündigung feststeht[1].

2. Einseitig zwingender Charakter

3 Der allgemeine Kündigungsschutz ist zwingendes Recht mit der Folge, dass vorherige abweichende Vereinbarungen zum Nachteil des Arbeitnehmers unwirksam sind[2].

a) Bindung des Arbeitgebers

4 Wenngleich der in den §§ 1 ff. KSchG geregelte allgemeine Kündigungsschutz kein Schutzgesetz iSd. § 823 Abs. 2 BGB darstellt[3], ist der Arbeitgeber an die Normen des allgemeinen Kündigungsschutzes gebunden. Unzulässig sind daher der völlige Ausschluss des allgemeinen Kündigungsschutzes sowie jegliche Beschränkungen wie bspw. die Verlängerung der in § 1 Abs. 1 KSchG vorgesehenen Wartezeit oder die Festlegung eines Mindest- oder Höchstalters. Das gilt auch für kollektiv-rechtliche Regelungen in Tarifverträgen oder in Betriebsvereinbarungen. Unwirksam sind danach auch Vereinbarungen über die automatische Beendigung des Arbeitsverhältnisses etwa für den Fall, dass der Arbeitnehmer nach seinem Urlaub nicht am vorgesehenen Tage die Arbeit wieder aufnimmt[4].

b) Zulässigkeit günstigerer Abreden

5 Da im Gegensatz zu § 626 BGB der allgemeine Kündigungsschutz nur einseitig – zu Gunsten des Arbeitnehmers – zwingend ausgestaltet ist, können die Arbeitsvertragsparteien für den Arbeitnehmer günstigere Vereinbarungen treffen. Denkbar ist der Verzicht auf die Wartefrist nach § 1 Abs. 1 KSchG mit der Folge, dass der Arbeitnehmer schon mit Beginn des Arbeitsverhältnisses Kündigungsschutz genießt[5]. Eine solche Abrede kann auch stillschweigend – je nach den Umständen des Einzelfalls – erfolgen, etwa in der Zusage einer Dauer- oder Lebensstellung[6]. Auch im Anstellungsvertrag des Geschäftsführers einer GmbH kann vereinbart werden, dass die materiellen Regeln des Kündigungsschutzgesetzes zu Gunsten des Organmitglieds gelten sollen. In einem solchen Fall ist durch Auslegung des Vertrags festzustellen, ob sich die Gesellschaft in Anlehnung an §§ 9f. KSchG gegen Abfindung aus dem Vertrag lösen kann[7].

c) Möglichkeit des Verzichts

6 Nach Zugang der Kündigung kann der Arbeitnehmer allerdings auf seine Ansprüche aus dem Kündigungsschutzgesetz wirksam verzichten[8]. Der Verzicht muss eindeutig formuliert sein. Als **nicht ausreichend** hat die Rechtsprechung folgende Erklärungen angesehen:

---

1 Vgl. zu dieser Problematik APS/*Dörner*/*Vossen*, § 1 KSchG Rz. 3.
2 KR/*Griebeling*, § 1 KSchG Rz. 31; APS/*Dörner*/*Vossen*, § 1 KSchG Rz. 5.
3 KR/*Griebeling*, § 1 KSchG Rz. 37.
4 BAG 19.12.1974 – 2 AZR 565/73, BAGE 26, 417.
5 BAG 8.6.1972 – 2 AZR 285/71, BB 1972, 1370.
6 BAG 24.10.1996 – 2 AZR 874/95, RzK. I 8l, Nr. 22.
7 BGH 10.5.2010 – II ZR 70/09, NZG 2010, 827.
8 BAG 3.5.1979 – 2 AZR 679/77, AP Nr. 6 zu § 4 KSchG 1969.

- Mein Arbeitsverhältnis mit der Firma ... ist mit dem ... beendet. Es bestehen nunmehr keinerlei Rechte aus dem Arbeitsverhältnis[1].
- Ich erkläre hiermit, keine Rechte aus dem Arbeitsverhältnis und seiner Beendigung mehr zu haben[2].
- Sämtliche Ansprüche aus dem Arbeitsverhältnis und seiner Beendigung sind ausgeglichen[3].

3. Räumlicher Anwendungsbereich des KSchG

Trotz der von Teilen des Schrifttums[4] erhobenen Einwendungen hält das BAG[5] an seiner Auffassung fest, das Kündigungsschutzgesetz gelte – vorbehaltlich von Sonderregelungen des Gemeinschaftsrechts – nur für Betriebe, die **im Gebiet der Bundesrepublik Deutschland** liegen. Begründet wird dies damit, dass nicht nur Wortlaut und systematischer Zusammenhang des § 23 Abs. 1 KSchG für diese Sichtweise sprächen; insbesondere sei im Rahmen der historischen Auslegung zu beachten, dass der Gesetzgeber trotz mehrfacher Änderungen des § 23 Abs. 1 KSchG in den letzten Jahren in Kenntnis der Rechtsprechung des Senats keine Änderung des Wortlauts vorgenommen und damit die Rechtsprechung des Senats zur territorialen Begrenzung des Kündigungsschutzgesetzes gebilligt habe.

6a

4. Kündigungsschutz und AGG

Ausweislich des Wortlauts in § 2 Abs. 4 AGG gelten für Kündigungen ausschließlich die Bestimmungen zum allgemeinen und besonderen Kündigungsschutz. Welche Bedeutung dieser gesetzlichen Anordnung im Einzelnen zukommt, ist umstritten[6]. Das BAG[7] sieht den Zweck des § 2 Abs. 4 AGG darin, sicherzustellen, dass durch das AGG neben das bisherige nicht ein „zweites" Kündigungsrecht, also eine besondere „Diskriminierungsklage" neben die Kündigungsschutzklage treten soll. Deshalb seien die Diskriminierungsverbote des AGG (§§ 1–10 AGG) im Rahmen der Sozialwidrigkeit von Kündigungen zu beachten. Das BAG implementiert aber das AGG in das Kündigungsschutzrecht.

6b

II. Anwendungsvoraussetzungen

1. Geschützter Personenkreis

Das Kündigungsschutzgesetz will nur **Arbeitnehmer** und nicht andere am Wirtschaftsleben teilnehmende Personen oder Personengruppen schützen.

7

a) Arbeitnehmerbegriff

Arbeitnehmer ist, wer aufgrund eines privatrechtlichen Vertrages im Dienste eines anderen zur Leistung weisungsgebundener, fremdbestimmter Arbeit in persönlicher Abhängigkeit verpflichtet ist[8]. Selbständig ist demgegenüber, wer im Wesentlichen

8

---

1 BAG 29.6.1978 – 2 AZR 681/76, AP Nr. 5 zu § 4 KSchG 1969.
2 BAG 3.5.1979 – 2 AZR 679/77, AP Nr. 6 zu § 4 KSchG 1969.
3 BAG 16.12.1980 – 6 AZR 947/78, nv.
4 *Gravenhorst*, FA 2005, 34; *Junker*, FS Konzen, 2006, S. 367; *Maurer*, FS Leinemann, 2006, S. 733.
5 BAG 17.1.2008 – 2 AZR 902/06, NZA 2008, 872.
6 Zum Streitstand *Bauer/Göpfert/Krieger*, § 2 AGG Rz. 55 ff.
7 BAG 6.11.2008 – 2 AZR 523/07, NZA 2009, 361.
8 BAG 16.2.2000 – 5 AZB 71/99, BAGE 93, 310 (314); 25.1.2007 – 5 AZB 49/06, NZA 2007, 580; vgl. *Brammsen*, Der Arbeitnehmerbegriff, RdA 2010, 267.

frei seine Tätigkeit entfalten und seine Arbeitszeit bestimmen kann. Insoweit enthält § 84 Abs. 1 Satz 2 HGB ein typisches Abgrenzungsmerkmal. Zu den wesentlichen Merkmalen selbständigen Tätigwerdens gehört das Recht, Dienstleistungen nicht in Person, sondern durch Dritte erbringen zu lassen, die der zur Dienstleistung Verpflichtete frei auswählen und einstellen kann[1].

9 Als **Indizien** für den Grad der persönlichen Abhängigkeit können – nach BAG – herangezogen werden:
   – der Umfang der Weisungsgebundenheit des Dienstleistenden;
   – wie weitgehend der Dienstleistende in die betriebliche Organisation eingebunden ist;
   – in welchem Umfang er über seine Arbeitszeit frei disponieren kann;
   – in welchem Maße er vom Dienstberechtigten wirtschaftlich abhängig ist (ob also der Dienstleistende seine Arbeitsleistung gegenüber mehreren Berechtigten erbringt oder erbringen kann).

10 Abgrenzungsfragen ergeben sich insbesondere zu folgenden Personen/Personengruppen:

b) Leitende Angestellte

11 Nach § 14 Abs. 2 KSchG sind leitende Angestellte mit den sich aus dieser Bestimmung ergebenden Besonderheiten grundsätzlich in den allgemeinen Kündigungsschutz einbezogen. § 14 Abs. 2 KSchG verwendet den Begriff des leitenden Angestellten, ohne im Einzelnen seinen Inhalt festzulegen. Im Unterschied zu § 5 Abs. 3 BetrVG bedient sich der Gesetzgeber in § 14 Abs. 2 KSchG der typologischen Methode, indem er als Beispiel den **Geschäftsführer** und den **Betriebsleiter** nennt und sodann den Bezug zu diesen rechtstatsächlichen Prototypen des leitenden Angestellten durch das Merkmal der **Ähnlichkeit** herstellt. Es sind also nur diejenigen Personen, die eine ähnlich leitende Funktion haben wie ein Geschäftsführer oder Betriebsleiter, leitende Angestellte im Sinne dieser Bestimmung. Sofern Arbeitnehmer nach anderen Gesetzen (§ 5 Abs. 3 BetrVG, § 18 Abs. 1 Nr. 1 ArbZG, § 22 Abs. 2 Nr. 2 ArbGG, § 2 Abs. 2 Nr. 2 der 2. DEVO zum ArbNErfG) leitende Angestellte sind, gilt der allgemeine Kündigungsschutz uneingeschränkt, es sei denn, die auch nach anderen Gesetzen definierten leitenden Angestellten sind auch leitende Angestellte iSv. § 14 Abs. 2 KSchG. Voraussetzung für einen leitenden Angestellten nach § 14 Abs. 2 KSchG ist, dass dieser **alternativ** entweder zur **selbständigen Einstellung** oder zur **selbständigen Entlassung** von Arbeitnehmern berechtigt ist, wobei es genügt, wenn der leitende Angestellte in zumindest einer Betriebsabteilung zur selbständigen Einstellung oder Entlassung von Arbeitnehmern berechtigt ist oder sich die Einstellungs- oder Entlassungsbefugnis nur auf Arbeiter oder Angestellte oder eine bestimmte Gruppe von Arbeitnehmern bezieht[2]. Das Recht zur selbständigen Einstellung oder Entlassung von Arbeitnehmern muss sich auf eine bedeutende Anzahl von Arbeitnehmern im Betrieb beziehen[3].

12 Daneben muss der leitende Angestellte eine dem Geschäftsführer oder Betriebsleiter **vergleichbare Funktion** ausüben. Dh., er muss unternehmensbezogene Aufgaben wahrnehmen, einen eigenen erheblichen Entscheidungsspielraum besitzen und sich in einem funktional bedingten Interessengegensatz zu den übrigen Arbeitnehmern befinden[4].

---

1 BAG 16.7.1997 – 5 AZR 312/96, BAGE 86, 170; 12.12.2001 – 5 AZR 253/00, NZA 2002, 787 sowie BGH 21.10.1998 – VIII ZB 54/97, NZA 1999, 110.
2 BAG 18.10.2000 – 2 AZR 465/99, NZA 2001, 437.
3 BAG 11.3.1982 – 6 AZR 136/79, BB 1982, 1729; 28.9.1961 – 2 AZR 428/60, NJW 1962, 73.
4 LAG Berlin 18.8.1986 – 12 Sa 55/86, DB 1987, 179.

c) Geschäftsführer

aa) Grundsätzlich freies Dienstverhältnis

Grundsätzlich wird durch den Anstellungsvertrag mit einem GmbH-Geschäftsführer materiell-rechtlich ein freies Dienstverhältnis begründet[1]. Die negative Fiktion des § 14 Abs. 1 Nr. 1 KSchG schließt nach Auffassung des BGH die Anwendung des KSchG für organschaftliche Anstellungsverträge aus. Das BAG[2] hat demgegenüber darauf hingewiesen, dass im Einzelfall auch das Anstellungsverhältnis eines GmbH-Geschäftsführers materiell-rechtlich ein Arbeitsverhältnis sein könne. Letzteres hänge nicht vom Umfang der Vertretungsbefugnis im Innenverhältnis nach § 37 Abs. 1 GmbHG ab, sondern richte sich nach den allgemeinen Kriterien zur Abgrenzung von freien Dienstverhältnissen. Allerdings ist der Geschäftsführer der Komplementär-GmbH einer KG kraft Gesetzes zur Vertretung dieser Personengesamtheit berufen und gilt daher nach § 5 Abs. 1 Satz 3 ArbGG (also verfahrensrechtlich) nicht als Arbeitnehmer iSd. Arbeitsgerichtsgesetzes[3].

13

Zwar kann im Anstellungsvertrag eines Geschäftsführers die Anwendung materiellen Arbeitsrechts, insbesondere der Regelungen des KSchG vereinbart werden, dies ändert aber nichts an dem Charakter seines Anstellungsvertrages als Dienstverhältnis und der Zuständigkeit der ordentlichen Gerichte für Streitigkeiten aus diesem Vertrag[4].

13a

bb) Zwei Rechtsverhältnisse

Wenn zwischen der GmbH und dem Geschäftsführer zwei Rechtsverhältnisse bestehen, von denen eines ein rechtlich abgrenzbares Arbeitsverhältnis ist, besteht auch ein Arbeitsverhältnis. Es muss aber eine klar unterscheidbare und trennbare **Doppelstellung als Arbeitnehmer und Organvertreter** vorliegen[5]. Behauptet etwa ein gekündigter Geschäftsführer, es hätten zwei schuldrechtliche Rechtsverhältnisse bestanden (Geschäftsführerdienstverhältnis und ruhendes Arbeitsverhältnis) hat er im Einzelnen die Tatsachen darzulegen, aus denen sich dieses ergeben soll[6].

14

Beispiel:

14a

Von zwei getrennten Rechtsverhältnissen ist u.a. dann auszugehen, wenn zB der Prokurist einer KG später Geschäftsführer der persönlich haftenden GmbH wird und es bei der Eintragung als Prokurist im Handelsregister bleibt. Durch die Bestellung zum Geschäftsführer allein erlischt nicht das Arbeitsverhältnis zur KG. Kündigt diese das Anstellungsverhältnis, sind die Gerichte für Arbeitssachen zuständig[7].

Dies gilt auch für einen Angestellten (Prokuristen), der zusätzlich die Aufgaben eines Geschäftsführers einer in der Rechtsform der GmbH betriebenen Tochterfirma seines Arbeitgebers oder der Komplementär GmbH übernimmt. In diesen Fällen liegt idR ein einheitliches Rechtsverhältnis vor, das als Arbeitsverhältnis gewertet wird[8].

---

1 BGH 29.1.1981 – II ZR 92/80, BGHZ 79, 291.
2 BAG 26.5.1999 – 5 AZR 664/98, NZA 1999, 987.
3 BAG 20.8.2003 – 5 AZB 79/02, DB 2003, 2183.
4 BGH 10.5.2010 – II ZR 70/09, NZG 2010, 827 = NJW 2010, 2343.
5 BAG 17.1.1985 – 2 AZR 96/84, NZA 1986, 68; 14.6.2006 – 5 AZR 592/05, NZA 2006, 1154.
6 BAG 25.10.2007 – 6 AZR 1045/06, NZA 2008, 168.
7 BAG 20.10.1995 – 5 AZB 5/95, NJW 1996, 1076.
8 BAG 13.7.1995 – 5 AZB 37/94, DB 1995, 2271; OLG Frankfurt/M. 5.6.1997 – 5 W 4/97, BB 1997, 2341 – Organvertreterklage gegen Muttergesellschaft (Doppelstellung); s. aber auch BAG 31.8.1998 – 5 AZB 21/98, nv.

cc) Weiterbeschäftigung und Ende der Organstellung

15 Außerdem ist der nicht beteiligte Geschäftsführer dann Arbeitnehmer, wenn er und die GmbH nach Beendigung der Organstellung ausdrücklich oder konkludent durch Weiterbeschäftigung ein Arbeitsverhältnis begründet haben[1].

16 Allerdings verwandelt sich mit dem Verlust der Organstellung der zu Grunde liegende Geschäftsführer-Dienstvertrag nicht (wieder) in einen Arbeitsvertrag. Ein wirksam aufgehobenes früheres Arbeitsverhältnis lebt durch die Abberufung als Geschäftsführer nicht – jedenfalls nicht ohne Weiteres – wieder auf, ebenso wenig entsteht ein neues Arbeitsverhältnis. Vielmehr müssen weitere Umstände hinzutreten, aus denen sich ergibt, dass entweder neben dem Geschäftsführer-Dienstvertrag noch ein Arbeitsvertrag – ruhend – fortbestanden hat und nach der Abberufung wieder aufleben soll oder dass nach der Abberufung ein Arbeitsverhältnis neu begründet worden ist[2].

dd) Ruhendes Arbeitsverhältnis

17 Während nach früherer Auffassung des BAG[3] neben dem organschaftlichen Verhältnis „im Zweifel" ein ruhendes Arbeitsverhältnis möglich sein sollte, ist seit geraumer Zeit[4] im Zweifel davon auszugehen, dass die Vertragsparteien mit Abschluss des Geschäftsführeranstellungsvertrages den alten Arbeitsvertrag aufheben und künftig nur noch ein einheitliches (organschaftliches) Rechtsverhältnis vereinbaren wollten. Die Aufhebung eines Arbeitsverhältnisses bedarf allerdings der Schriftform (§ 623 BGB). Nach Auffassung des BAG[5] ist jedoch regelmäßig im Abschluss des neuen **schriftlichen**[6] Geschäftsführeranstellungsvertrages gleichzeitig die formgerechte Aufhebung des ursprünglichen Anstellungsvertrages zu sehen. Einer gesonderten Aufhebung des Arbeitsvertrages bedarf es daneben nicht. Begründet wird dies damit, dass dem Arbeitnehmer im Regelfall klar sein müsse, dass er, wenn nichts anderes vereinbart werde, mit dem Abschluss eines Geschäftsführer-Dienstvertrages seinen Status als Arbeitnehmer aufgebe. Die vertraglichen Beziehungen würden auf eine neue Grundlage gestellt. Die bisherige Grundlage verliere ihre Bedeutung. Eine andere Auslegung komme nur in Ausnahmefällen in Betracht, für die zumindest deutliche Anhaltspunkte vorliegen müssten[7].

ee) Fehlende Bestellung, Eintragung Handelsregister

18 Die unterbliebene Bestellung des berufenen GmbH-Geschäftsführers macht diesen nicht zum Arbeitnehmer[8].

19 Ebenso steht die fehlende Eintragung im Handelsregister der Annahme eines Organverhältnisses nicht entgegen. Die Eintragung hat keine konstitutive Wirkung[9].

---

1 BAG 24.11.2005 – 2 AZR 614/04, DB 2006, 728; 22.2.1974 – 2 AZR 289/73, AP Nr. 19 zu § 5 ArbGG 1953.
2 BAG 5.6.2008 – 2 AZR 754/06, NZA 2008, 1002.
3 BAG 12.3.1987 – 2 AZR 336/86, BB 1988, 208.
4 BAG 10.12.1996 – 5 AZB 20/96, NZA 1997, 674; 8.6.2000 – 2 AZR 207/99, BB 2000, 2154; 25.4.2002 – 2 AZR 352/01, EzA § 543 ZPO Nr. 11.
5 BAG 19.7.2007 – 6 AZR 774/06, NZA 2007, 1095.
6 BAG 15.3.2011 – 10 AZB 32/10, NZA 2011, 874; mdl. Geschäftsführer-Vertrag hebt Arbeitsvertrag nicht konkludent auf.
7 BAG 3.2.2009 – 5 AZB 100/08, DB 2009, 907.
8 BAG 25.6.1997 – 5 AZB 41/96, NZA 1997, 1363.
9 LAG BW 14.9.1994 – 3 Ta 6/94, nv.

d) Gesellschafter

Auch Gesellschafter einer GmbH können Arbeitnehmer ihrer eigenen Gesellschaft sein. Die Abgrenzung, ob ein Arbeits- oder Dienstvertrag vorliegt, richtet sich danach, ob die geleistete Arbeit in **persönlicher Abhängigkeit** erbracht wird. Dies muss nach der tatsächlichen Ausgestaltung des Rechtsverhältnisses beurteilt werden. Nicht maßgebend ist die bloße Bezeichnung, vielmehr ob der mitarbeitende Gesellschafter weisungsgebunden ist. Dies ist dann nicht der Fall, wenn er über eine Sperrminorität verfügt[1]. 20

Auch ein Kommanditist kann Arbeitnehmer sein. Bejaht wurde dies unter den Voraussetzungen, dass er über keine Sperrminorität verfügt, ihm im Gesellschaftsvertrag keine Vertretungs- oder Geschäftsführungsbefugnis eingeräumt ist und sich sein Entgelt lediglich als Vorwegnahme seines Gewinns nach seinem Gesellschaftsanteil bemisst und in keiner Beziehung zu seiner im Gesellschaftsvertrag nicht geregelten Tätigkeit steht[2]. 21

e) Familienangehörige

Der Annahme eines Beschäftigungsverhältnisses mit einem Familienangehörigen steht nicht entgegen, dass die Abhängigkeit innerhalb der Familie im Allgemeinen weniger stark ausgeprägt ist und deshalb das Weisungsrecht möglicherweise mit gewissen Einschränkungen ausgeübt wird. 22

Die Grenze zwischen einem abhängigen Beschäftigungsverhältnis mit Entgeltzahlung und einer sozialversicherungspflichtigen Beschäftigung aufgrund eines Gesellschaftsverhältnisses oder der familienhaften Zusammengehörigkeit ist nicht immer leicht zu ziehen und kann nur nach Lage der jeweiligen Umstände entschieden werden. 23

Hierbei sind insbesondere die Eingliederung des Ehegatten bzw. des nichtehelichen Lebenspartners in den Betrieb, die vertragliche Regelung über Höhe der Geld- und Sachbezüge und ihr Verhältnis zu Umfang und Art der im Betrieb verrichteten Tätigkeit sowie zu der Bezahlung vergleichbarer Fremdarbeitskräfte und die steuerliche Behandlung wesentlich[3]. 24

Dabei kommt es nicht nur auf die Vereinbarung eines Beschäftigungsverhältnisses gegen Entgelt, sondern grundsätzlich auch auf die tatsächliche Auszahlung eines angemessenen Arbeitsentgeltes an. Wurden dagegen dem in der Familiengemeinschaft lebenden Angehörigen im Rahmen seines freien Unterhalts neben Wohnung und Kleidung nur geringfügige Barbeträge („Taschengeld") gewährt, so liegt im Allgemeinen kein Arbeitsverhältnis vor[4]. 25

Aufgrund seiner Rechtsprechung zum Arbeitsverhältnis des mitarbeitenden Ehegatten grenzt sich das Bundessozialgericht vom Bundesfinanzhof ab, der als Voraussetzung über die Annahme eines Arbeitsverhältnisses unter Ehegatten bestimmt, dass das Arbeitsentgelt auf ein Konto überwiesen wird, über das jeder der beiden Ehegatten allein verfügungsberechtigt ist[5]. 26

---

1 BAG 28.11.1990 – 4 AZR 198/90, NZA 1991, 392; LAG Köln 29.9.2003 – 13 Ta 77/03, NZA-RR 2004, 553.
2 LAG Berlin 26.3.2003 – 5 Ta 1306/01, LAGReport 2003, 191.
3 OLG Frankfurt 11.1.1996 – 22 W 55/95, NZA-RR 1996, 229.
4 BSG 21.4.1993 – RAr 67/92, NJW 1994, 341.
5 BFH 27.11.1989 – GrS 1/88, NJW 1990, 853.

f) Franchisenehmer

27 Der Franchisevertrag schließt die für die Annahme eines Arbeitsverhältnisses persönliche Abhängigkeit nicht aus. Ob jemand selbständig oder Arbeitnehmer ist, richtet sich allein danach, ob er weisungsgebunden und abhängig ist oder ob er seine Chance auf dem Markt selbständig und im Wesentlichen weisungsfrei suchen kann[1].

28 Bei den sog. **Scheinselbständigen** handelt es sich um Dienstleister, die häufig allein (also ohne eigene Arbeitnehmer) und häufig auch nur für einen Auftraggeber tätig sind (zB Kurierfahrer, Programmierer, Schlachter etc.). Die Zuordnung dieser Gruppe zu den Selbständigen führt dazu, dass sie nicht der Sozialversicherungspflicht unterliegen (§ 5 Abs. 1 Nr. 1 SGB V Krankenversicherung; § 1 Abs. 1 Nr. 1 SGB VI Rentenversicherung; §§ 25–28 SGB III Arbeitslosenversicherung).

29 Das BAG bestimmt die Stellung auch dieser Gruppe nach dem Arbeitnehmerbegriff (s. Rz. 8 ff.)[2].

g) Freie Mitarbeiter

30 Die Abgrenzung zwischen Arbeitnehmern und freien Mitarbeitern richtet sich nach den allgemeinen Abgrenzungskriterien zur Arbeitnehmereigenschaft.

31 Hierbei sind allerdings Besonderheiten im Bereich von **Funk und Fernsehen** zu beachten. Bei der Arbeit der **programmgestaltenden Mitarbeiter** ist zu unterscheiden zwischen einem vorbereitenden Teil, einem journalistisch-schöpferischen oder künstlerischen Teil und dem technischen Teil der Ausführung. Je größer die gestalterische Freiheit ist, desto mehr wird die Gesamttätigkeit von der journalistisch-schöpferischen Tätigkeit geprägt.

32 So sind etwa bei einem weitgehend selbständig arbeitenden Regisseur die vorbereitenden Tätigkeiten wie die Recherchen oder die Kontaktaufnahme und die Realisierung des Vorhabens nur unselbständige Teile dieser schöpferischen Tätigkeit, auch wenn sie in zeitlicher Hinsicht häufig überwiegen. Ein Arbeitsverhältnis liegt insbesondere dann vor, wenn ein Rundfunksender innerhalb eines bestimmten zeitlichen Rahmens über die Arbeitsleistung des programmgestalteten Mitarbeiters verfügen kann. Das ist etwa dann der Fall, wenn ständige Dienstbereitschaft erwartet wird, wenn der Mitarbeiter in nicht unerheblichem Umfang ohne Abschluss dahingehender Vereinbarungen zur Arbeit herangezogen wird, ihm also die Arbeiten letztlich „zugewiesen" werden.

33 Eine solche **ständige Dienstbereitschaft** kann sich aus dem Vertrag, aber auch aus der praktischen Durchführung ergeben. Dass der Mitarbeiter ein Arbeitszimmer (mit)benutzen kann, hat für sich allein keine Bedeutung. Anders verhält es sich dann, wenn der Mitarbeiter in Dienstplänen aufgeführt ist. Dies ist ein starkes Indiz für die Arbeitnehmereigenschaft. Eine ständige Dienstbereitschaft kann auch darin liegen, dass ein Mitarbeiter seinen Urlaub nicht nur „anzuzeigen" hat, sondern ihn jeweils genehmigen lassen muss. Ein Arbeitsverhältnis kann andererseits dann vorliegen, wenn ein Mitarbeiter zwar das Programm (mit)gestaltet, jedoch weitgehend inhaltlichen Weisungen unterliegt, ihm also bei seiner Arbeit nur ein geringes Maß an Gestaltungsfreiheit, Eigeninitiative und Selbständigkeit bleibt[3].

---

1 BAG 16.7.1997 – 5 AZB 29/96, EzA § 5 ArbGG Nr. 24 (Eismann-Entscheidung).
2 BAG 19.11.1997 – 5 AZR 653/96, DB 1998, 624 (TNT-Entscheidung).
3 BAG 9.6.1993 – 5 AZR 123/92, NZA 1994, 169.

h) Handelsvertreter

34 Handelsvertreter sind selbständige Kaufleute, wenn sie im Wesentlichen frei ihre Tätigkeit gestalten und ihre Arbeitszeit bestimmen können, § 84 Abs. 1 HGB. Ist das nicht der Fall, sind sie kaufmännische Angestellte und damit ohnehin Arbeitnehmer. Die Abgrenzung zwischen dem selbständigen Handelsvertreter und dem Arbeitnehmer erfolgt unter Berücksichtigung aller Umstände des Einzelfalls[1].

35 Für die Entscheidung, ob ein Handelsvertreter als **Arbeitnehmer iSd. § 5 Abs. 3 ArbGG** anzusehen ist, mit der Folge der Eröffnung des Rechtsweges zu den Arbeitsgerichten, kommt es für die Entgeltgrenze von 1 000 Euro auf den tatsächlichen Verdienst (Zufluss) an.

36 Für die durchschnittliche Vergütung in diesem Sinne dürfen nur diejenigen Bezüge berücksichtigt werden, die der Vertreter aufgrund des Vertragsverhältnisses und aufgrund der von ihm ausgeübten Vermittlungstätigkeit bezogen hat, die ihm also bis zur Beendigung seines Vertrages tatsächlich zugeflossen sind. Darauf, ob ihm noch weitere Ansprüche zustehen, kommt es nicht an[2].

2. Betrieblicher Geltungsbereich

37 Das Kündigungsschutzgesetz ist – wie sich aus § 23 Abs. 1 Satz 1 KSchG ergibt – grundsätzlich **betriebsbezogen**.

a) Betriebsbegriff

38 Da das Kündigungsschutzgesetz eine eigene Definition des Betriebes nicht enthält, wird hier weitgehend der Betriebsbegriff verwendet, den insbesondere das Betriebsverfassungsgesetz prägt. Danach ist ein Betrieb „die organisatorische Einheit, innerhalb derer ein Arbeitgeber allein oder mit seinen Arbeitnehmern mit Hilfe von technischen und immateriellen Mitteln bestimmte, arbeitstechnische Zwecke fortgesetzt verfolgt, die sich nicht in der Befriedigung von Eigenbedarf erschöpfen"[3].

Der in § 23 Abs. 1 KSchG verwendete Begriff des „Betriebes" bezeichnet (nur) **in Deutschland** gelegene Betriebe[4]. Das gilt selbst dann, wenn ein grenzüberschreitender Gemeinschaftsbetrieb vorliegt. Das BAG begründet dies im Kern damit, dass die Auslegung des Betriebsbegriffes müsse im Hinblick auf die Prüfung der Sozialwidrigkeit einer Kündigung – also auf deutsches Kündigungsschutzrecht – erfolgen. Deshalb komme eine Zusammenrechnung mit den im Ausland beschäftigten Arbeitnehmern jedenfalls nicht in Betracht, wenn diese nicht deutschem Arbeitsrecht unterfielen[5].

aa) Betriebsteile

39 Betriebsteile gelten nach § 4 Abs. 1 Satz 1 BetrVG als selbständige Betriebe. Dies muss im Verhältnis zu den §§ 1 und 23 KSchG nicht in gleichem Maße gelten.

---

1 BAG 21.2.1990 – 5 AZR 162/89, AP Nr. 57 zu § 611 BGB – Abhängigkeit.
2 LAG Hess. 12.4.1995 – 7 Ta 127/95, NZA 1995, 1071; zur Abgrenzung selbständiger und angestellter Handelsvertreter: BGH 4.3.1998 – VIII ZB 25/97, NJW 1998, 2057.
3 Vgl. BAG 17.1.2008 – 2 AZR 902/06, NZA 2008, 872.
4 BAG 26.3.2009 – 2 AZR 883/07, DB 2009, 1409; 8.10.2009 – 2 AZR 654/08, DB 2010, 230.
5 Vgl. schon BAG 17.1.2008 – 2 AZR 902/06, DB 2008, 1501; kritisch: *Kappelhoff*, ArbRB 2008, 235; *B. Otto/Mückl*, BB 2008, 1231; *Pomberg*, EWiR 2008, 667; *Boemke*, JuS 2008, 751; *Straube*, BB 2009, 1406.

40 § 23 KSchG differenziert nicht zwischen Betrieb und räumlich weit entferntem Betriebsteil, der schon alleine wegen der räumlichen Entfernung als selbständiger Betrieb nach § 4 Satz 1 Nr. 1 BetrVG anzusehen ist[1].

41 Betriebsteile sind nur dann eigenständige Betriebe iSv. § 23 KSchG, wenn eine **organisatorische Einheit** vorliegt, mit der der Unternehmer allein oder in Gemeinschaft mit seinen Mitarbeitern mit Hilfe von sachlichen oder immateriellen Mitteln bestimmte arbeitstechnische Zwecke fortgesetzt verfolgt. Die Betriebsteile müssen **eigenorganisiert** sein.

42 Diese Differenzierung hat einerseits Einfluss auf den Anwendungsbereich des § 23 KSchG und auf die in die Sozialauswahl einzubeziehende Zahl der Arbeitnehmer nach § 1 Abs. 3 KSchG.

43 Ein **eigenständiger Aufgabenbereich** liegt vor, wenn die dem Betriebsteil obliegenden Aufgaben von den sonst im Betrieb verfolgten Aufgaben deutlich abgegrenzt und verselbständigt sind. Nicht notwendig ist, dass die Leitung des Betriebes berechtigt ist, selbständig Entlassungen vorzunehmen[2].

bb) Gemeinschaftsbetrieb

44 Mehrere Unternehmen können einen einheitlichen Betrieb bilden. Ein **Gemeinschaftsbetrieb mehrerer Unternehmen** liegt vor, wenn
- in einer von mehreren Unternehmen unterhaltenen Betriebsstätte die vorhandenen materiellen und immateriellen Betriebsmittel für einen einheitlichen arbeitstechnischen Zweck zusammengefasst, geordnet und gezielt eingesetzt werden und der Einsatz der menschlichen Arbeitskraft in einem einheitlichen Leitungsapparat gesteuert wird und
- sich die beteiligten Unternehmen zumindest stillschweigend zu einer gemeinsamen Führung rechtlich verbunden haben[3].
  - Ergeben die Umstände des Einzelfalles, dass der Kern der Arbeitgeberfunktion im **sozialen und personellen** Bereich von derselben institutionellen Leitung ausgeübt wird, so deutet dies regelmäßig darauf hin, dass eine Führungsvereinbarung vorliegt.
  - Dies trifft nicht schon dann zu, wenn die Unternehmen zB auf der Grundlage von Organ- oder Beherrschungsverträgen lediglich unternehmerisch zusammenarbeiten. Vielmehr muss die Vereinbarung auf eine einheitliche Leitung für die Aufgaben gerichtet sein, die vollzogen werden müssen, um die in der organisatorischen Einheit zu verfolgenden arbeitstechnischen Zwecke erfüllen zu können[4].
  - Für die Frage, ob der Kern der Arbeitgeberfunktion in sozialen und personellen Angelegenheiten von derselben institutionalisierten Leitung ausgeübt wird, ist vor allem entscheidend, ob ein arbeitgeberübergreifender Personaleinsatz praktiziert wird, der charakteristisch für den normalen Betriebsablauf ist[5].

---

1 BAG 31.5.2007 – 2 AZR 276/06, NZA 2008, 33.
2 Vgl. EuGH 7.12.1995 – Rs. C-449/93, NZA 1996, 471; dazu auch BAG 19.2.2002 – 1 ABR 26/01, NZA 2002, 1300.
3 BAG 21.2.2002 – 7 ABR 9/02, nv. („Eltern"-Fall); 22.10.2003 – 7 ABR 18/03, BAGReport 2004, 165.
4 Vgl. BAG 18.1.1990 – 2 AZR 355/89, AP Nr. 9 zu § 23 KSchG 1969; 29.1.1987 – 6 ABR 23/85, DB 1987, 1539; 13.6.1985 – 2 AZR 452/84, DB 1986, 1287; gegen die Voraussetzungen eines einheitlichen Leitungsapparates: LAG Nds. 23.4.1990 – 3 TaBV 27/90, LAGE Nr. 3 zu § 1 BetrVG 1972; *Sick*, BB 1992, 1129.
5 BAG 22.6.2005 – 7 ABR 57/04, EzA § 1 BetrVG 2001 Nr. 4.

Folge der Annahme eines gemeinsamen Betriebes ist kündigungsschutzrechtlich die Addition der den beteiligten Unternehmen angehörigen Arbeitnehmer. Deshalb wird in vielen Fällen zum einen erst dadurch das notwendige Quorum des § 23 Abs. 1 Satz 2 KSchG erreicht; zum anderen sind insbesondere bei der im Rahmen der betriebsbedingten Kündigung notwendigen Sozialauswahl die vergleichbaren Arbeitnehmer beider Unternehmen einzubeziehen. 45

Deshalb kommt auch der Frage besondere Bedeutung zu, wann und wie ein Gemeinschaftsbetrieb wieder **aufgelöst** werden kann. Trotz noch nicht ganz ausgeräumter Differenzen im Detail[1] wird jedenfalls ein Gemeinschaftsbetrieb zweier Unternehmen regelmäßig dann aufgelöst, wenn 46

- über das Vermögen des einen Unternehmens das **Insolvenzverfahren** eröffnet wird und der Insolvenzverwalter den von ihm nunmehr geführten Betriebsteil stilllegt[2];
- eines der beiden Unternehmen seine **betriebliche Tätigkeit einstellt** und die Vereinbarung über die gemeinsame Führung des Betriebes aufgehoben wird[3];
- einer der einen Gemeinschaftsbetrieb bildenden Teile **stillgelegt** wird oder aber zumindest fest steht, dass der Gemeinschaftsbetrieb bei Ablauf der Kündigungsfrist des Arbeitnehmers stillgelegt sein wird[4].

Die **betriebsverfassungsrechtlich verbindliche Entscheidung** über das Vorliegen eines Gemeinschaftsbetriebes im Rahmen eines Abgrenzungsverfahrens nach § 18 Abs. 2 BetrVG ist für das Kündigungsschutzverfahren idR nicht bindend. Das BAG[5] begründet dies damit, dass es im Rahmen des Kündigungsschutzverfahrens nicht um eine kollektivrechtliche, sondern eine individualrechtliche Vorfrage (Betriebsbegriff iSv. §§ 1, 23 KSchG) gehe. 47

b) Betriebsgröße

In § 23 Abs. 1 Sätze 3–4 KSchG wird die Abhängigkeit des allgemeinen Kündigungsschutzes von einer bestimmten Betriebsgröße normiert. 48

Das trägt den besonderen Verhältnissen kleinerer Betriebe und Verwaltungen Rechnung. Die damit verbundene Benachteiligung von Arbeitnehmern in Kleinbetrieben ist grundsätzlich sachlich gerechtfertigt, weil diese Betriebe typischerweise durch enge persönliche Zusammenarbeit, geringere Finanzausstattung und einen Mangel an Verwaltungskapazität geprägt sind. § 23 KSchG will es dem Arbeitgeber ermöglichen, sich von einem Arbeitnehmer in der typischen Situation eines Kleinbetriebes, der geprägt ist von enger Zusammenarbeit und dem „Klima" im Team, das sich regelmäßig auf die Qualität der Leistung und damit auf den Geschäftserfolg niederschlägt, leichter zu lösen. Deshalb ist es auch grundsätzlich unschädlich, wenn sich ein Unternehmen in mehrere Kleinbetriebe gliedert, in dem insgesamt mehr als zehn bzw. fünf Arbeitnehmer beschäftigt werden. Relevant würde das erst dann, wenn „eine alle Umstände des Einzelfalls einbeziehende, wertende Gesamtbetrachtung ergibt, dass seine (des allgemeinen Betriebsbegriffs) Beachtung angesichts der tatsächlichen Verhältnisse vor dem allgemeinen Gleichheitssatz nicht zu rechtfertigen wäre"[6]. Zutreffenderweise stellt das BAG dabei auch nicht auf Art. 30 GrCh ab, wonach jeder Arbeitnehmer und jede Arbeitnehmerin nach dem Unionsrecht und den einzelstaatli- 49

---

1 Vgl. Rspr. des 2. BAG-Senats 5.3.1987 – 2 AZR 623/85, DB 1987, 2363 sowie Rspr. des 1. BAG-Senats 11.11.1997 – 1 ABR 6/97, EzA § 111 BetrVG Nr. 36; s.a. BAG 22.6.2005 – 7 ABR 57/04, EzA § 1 BetrVG 2001 Nr. 4.
2 BAG 17.1.2002 – 2 AZR 57/01, BAGReport 2002, 321.
3 BAG 19.11.2003 – 7 AZR 11/03, NZA 2004, 435.
4 BAG 24.2.2005 – 2 AZR 214/04, NZA 2005, 867.
5 BAG 18.10.2006 – 2 AZR 434/05, NZA 2007, 552.
6 BAG 28.10.2010 – 2 AZR 392/08, DB 2011, 118.

chen Rechtsvorschriften und Gepflogenheiten Anspruch auf Schutz vor ungerechtfertigter Entlassung haben. Die Charta gilt nach ihrem Art. 51 nämlich nur für Organe und Einrichtungen der Union unter Einhaltung des Subsidiaritätsprinzips. Erst wenn spezielle europäische Richtlinien den Kündigungsschutz erfassten[1], könnte das eine Rolle spielen.

aa) Kleinbetrieb

50 Arbeitnehmer eines die Quoren des § 23 Abs. 1 KSchG nicht erreichenden Kleinbetriebes genießen also nicht den allgemeinen Kündigungsschutz. Dort gibt es nur einen (rudimentären) Kündigungsschutz.

51 Der kündigende Arbeitgeber muss ein nach Art. 12 GG gebotenes „Mindestmaß an sozialer Rücksichtnahme" wahren. Dazu gehört, dass der Grund für Kündigungen gegenüber langjährig beschäftigten Arbeitnehmern zumindest „einleuchten" muss. Einmalige, nicht ins Gewicht fallende Fehler eines seit Jahrzehnten beanstandungsfrei beschäftigten Arbeitnehmers können eine Kündigung nicht begründen[2].

52 Ist bei einem Vergleich der grundsätzlich von dem gekündigten Arbeitnehmer vorzutragenden Sozialdaten evident, dass dieser erheblich sozial schutzbedürftiger ist als ein vergleichbarer weiterer beschäftigter Arbeitnehmer, spricht dies dafür, dass der Arbeitgeber das gebotene Mindestmaß an sozialer Rücksichtnahme außer Acht gelassen hat[3]. Aus dem Vortrag des gekündigten Arbeitnehmers muss sich allerdings ergeben, dass er mit den nicht gekündigten Arbeitnehmern auf den ersten Blick vergleichbar ist[4].

bb) Schwellenwert

52a Die Bestandsschutzvorschriften des Kündigungsschutzgesetzes finden auch nur in Betrieben einer gewissen personellen Größenordnung Anwendung. § 23 Abs. 1 Satz 2 KSchG nimmt Betriebe aus, in denen in der Regel fünf oder weniger Arbeitnehmer beschäftigt werden. Das gilt nur für solche Arbeitnehmer, die bis zum 31.12.2003 eingestellt worden sind. Für später eingestellte Arbeitnehmer gilt der Kündigungsschutz nur, wenn das Quorum von mehr als zehn Arbeitnehmern erreicht ist (§ 23 Abs. 1 Satz 3 KSchG).

(1) In der Regel Beschäftigte

53 § 23 Abs. 1 Satz 2 KSchG stellt auf die „in der Regel ... Beschäftigten" zum Zeitpunkt der Kündigung ab. Maßgeblich ist nicht die zufällige tatsächliche Beschäftigtenzahl, sondern die für den Betrieb allgemein kennzeichnende. Dies ergibt sich aus einer vergangenheits- und zukunftsbezogenen Betrachtung[5]. Im Fall einer Betriebsstilllegung kommt nur ein Rückblick auf die Belegschaftsstärke in Betracht[6].

54 **Mitzuzählen** ist dabei auch der gekündigte Arbeitnehmer – selbst dann, wenn Kündigungsgrund die unternehmerische Entscheidung ist, den betreffenden Arbeitsplatz nicht mehr neu zu besetzen[7].

---

1 Vgl. *Hanau*, NZA 2010, 1.
2 BAG 28.8.2003 – 2 AZR 333/02, AP Nr. 17 zu § 242 BGB – Kündigung.
3 BAG 21.2.2001 – 2 AZR 15/00, BB 2001, 1683 unter Hinweis auf BVerfG 27.1.1998 – 1 BvL 15/87, BVerfGE 97, 169.
4 BAG 6.2.2003 – 2 AZR 672/01, BB 2003, 1437 (Kundendienstmonteur).
5 BAG 31.1.1991 – 2 AZR 356/90, BB 1991, 1047.
6 BAG 16.11.2004 – 1 AZR 642/03, AP Nr. 58 zu § 111 BetrVG 1972.
7 BAG 22.1.2004 – 2 AZR 237/03, NZA 2004, 479.

II. Anwendungsvoraussetzungen

Soweit die den Betrieb kennzeichnende regelmäßige Personalstärke auch auf dem Einsatz von **Leiharbeitnehmern** beruht, sind diese mitzuzählen[1]. 54a

Nicht mitzuzählen sind Arbeitnehmer, die sich in **Elternzeit** befinden, **solange** für sie ein Vertreter oder eine Vertreterin eingestellt ist (§ 21 Abs. 7 Satz 1 BEEG). Das gilt nur dann nicht, wenn der Vertreter oder die Vertreterin selbst nicht mitzuzählen ist (§ 21 Abs. 7 Satz 2 BEEG). Gleiches gilt für Arbeitnehmer, die seit langer Zeit so erkrankt sind, dass mit einer Rückkehr an den Arbeitsplatz nicht mehr zu rechnen ist und deshalb das Arbeitsverhältnis nur noch formal besteht[2]. 55

Werden Arbeitnehmer nicht ständig, sondern lediglich zeitweilig beschäftigt, kommt es für die Frage der regelmäßigen Beschäftigung darauf an, ob sie normalerweise während des größten Teils des Jahres beschäftigt werden. Dies gilt auch für **Saisonbetriebe**, die jeweils für einige Wochen oder Monate im Jahr einen erhöhten Arbeitskräftebedarf haben. Die für diese Zeit vorübergehend eingestellten Arbeitnehmer zählen nicht zu den „in der Regel" Beschäftigten. 56

Etwas anderes gilt dagegen für reine **Kampagnebetriebe**, die überhaupt nur während eines Teils des Jahres arbeiten; dazu zählen insbesondere landwirtschaftliche Betriebe, in diesen ist die Beschäftigtenzahl während der Kampagne maßgebend[3].

Beschäftigt der Arbeitgeber regelmäßig **Aushilfskräfte**, mit denen er bei Bedarf täglich befristete Arbeitsverträge abschließt, zählt die durchschnittliche Anzahl der an einem Arbeitstag beschäftigten Aushilfskräfte zu den „in der Regel" Beschäftigten[4].

Auszubildende werden bei der Ermittlung des Quorums überhaupt nicht berücksichtigt (§ 23 Abs. 1 Satz 2 KSchG); ebenso wenig Betriebspraktikanten[5]. 57

(2) Berechnung des Schwellenwerts

Neben den Vollzeitbeschäftigten werden auch **Teilzeitbeschäftigte** je nach ihrer regelmäßigen wöchentlichen Arbeitszeit anteilig berücksichtigt, und zwar nach folgendem Modus: 58

- $\leq$ 20 Stunden = Faktor 0,5
- $\leq$ 30 Stunden = Faktor 0,75
- $>$ 30 Stunden = Faktor 1,0

(3) Besitzstandswahrung

Arbeitnehmer, die bis zum 31.12.2003 in einem Betrieb mit mehr als fünf, aber nicht mehr als zehn Arbeitnehmern eingestellt wurden, genießen auch nach dem 1.1.2004 Kündigungsschutz nach dem früheren Recht (§ 1 Abs. 1 Satz 3 KSchG)[6]. 59

Beispiele:

Am 31.12.2003 werden im A-Betrieb der B-GmbH fünf Vollzeit-Arbeitnehmer („Altarbeitnehmer") beschäftigt. Zum 1.1.2004 stellt die B dort fünf weitere Vollzeit-Arbeitnehmer („Neuarbeitnehmer") ein.

---

1 BAG 24.1.2013 – 2 AZR 140/12, NZA 2013, 726.
2 LAG Köln 22.5.2009 – 4 Sa 1024/09, NZA-RR 2009, 583.
3 BAG 16.11.2004 – 1 AZR 642/03, AP Nr. 58 zu § 111 BetrVG 1972.
4 BAG 7.5.2008 – 7 ABR 17/07, NZA 2008, 1142 zum Thema: Betriebsratswahl.
5 BAG 22.1.2004 – 2 AZR 237/03, NZA 2004, 479.
6 Vgl. auch § 23 Abs. 1 Satz 4 KSchG 1996, der für eine Übergangszeit von drei Jahren den Arbeitnehmern die bisherige kündigungsrechtliche Stellung bewahrte. Dabei fanden die geänderten Regelungen über die Sozialauswahl (§ 1 Abs. 3–5 KSchG) Anwendung.

Keiner dieser Arbeitnehmer genießt den Kündigungsschutz nach §§ 1–14 KSchG, weil der A-Betrieb sowohl nach altem als auch nach neuem Recht ein Kleinbetrieb ist. Die „Neuarbeitnehmer" zählen für den Bestandsschutz der „Altarbeitnehmer" nicht mit[1].

Am 31.12.2003 werden bei A sechs Vollzeit-Arbeitnehmer („Altarbeitnehmer") beschäftigt. Zum 1.1.2004 werden vier weitere Vollzeit-Arbeitnehmer („Neuarbeitnehmer") eingestellt.

Die sechs Altarbeitnehmer genießen weiter den Kündigungsschutz nach §§ 1–14 KSchG; die Neuarbeitnehmer kommen noch nicht in den Genuss, da das Quorum „zehn" noch nicht überschritten ist.

Am 31.12.2003 werden bei A sechs Vollzeit-Arbeitnehmer („Altarbeitnehmer") beschäftigt. Zum 1.1.2004 werden fünf weitere Vollzeit-Arbeitnehmer („Neuarbeitnehmer") eingestellt.

Alle elf Arbeitnehmer genießen den Kündigungsschutz nach §§ 1–14 KSchG, da das Quorum von „zehn" überschritten ist.

60 Die Besitzstandsklausel des § 23 Abs. 1 Satz 3 KSchG hilft dann nicht, wenn die Zahl der Altarbeitnehmer nach dem 1.1.2004 unter 5,25 gesunken ist, der Betrieb aber – durch Neueinstellungen – durchgängig regelmäßig mehr als fünf Arbeitnehmer beschäftigt[2].

Beispiele:

Am 31.12.2003 werden im Betrieb A acht Vollzeit-Arbeitnehmer („Altarbeitnehmer") beschäftigt. Zum 1.1.2004 stellt die B für den Betrieb A zwei weitere Vollzeit-Arbeitnehmer („Neuarbeitnehmer") ein.

Nur die Altarbeitnehmer genießen den Kündigungsschutz nach §§ 1–14 KSchG.

Zum 31.7.2004 scheiden drei Altarbeitnehmer und ein Neuarbeitnehmer aus.

Ab 1.8.2004 genießt keiner der verbleibenden Arbeitnehmer (fünf Alt-; ein Neuarbeitnehmer) Kündigungsschutz nach §§ 1–14 KSchG, weil keine Altarbeitnehmer über dem alten Schwellenwert „fünf" beschäftigt werden und die Gesamtarbeitnehmerzahl unter dem neuen Quorum „zehn" liegt.

Zum 1.9.2004 werden drei neue Vollzeit-Arbeitnehmer eingestellt.

Keiner genießt Kündigungsschutz nach §§ 1–14 KSchG, weil nur fünf Altarbeitnehmer und insgesamt nur neun Arbeitnehmer beschäftigt werden.

Zum 1.12.2004 werden zwei weitere neue Vollzeit-Arbeitnehmer eingestellt.

Die Gesamtarbeitnehmerzahl überschreitet damit den neuen Schwellenwert von „zehn". Alle genießen den Kündigungsschutz nach §§ 1–14 KSchG.

61 Arbeitgeber werden also ihre Arbeitnehmer in zwei Kategorien führen müssen, bis die Zahl der Altarbeitnehmer unter den alten Schwellenwert „fünf" sinkt: Für Neuarbeitnehmer gilt nur der neue Schwellenwert „zehn"; für Altarbeitnehmer ist so lange das alte und das neue Quorum zu beachten.

cc) Beweislast

62 Die Beweislast für den betrieblichen Anwendungsbereich des Kündigungsschutzgesetzes ist nach wie vor umstritten: Nach einer Auffassung[3] obliegt die Darlegungs- und Beweislast für das Vorliegen des betrieblichen Geltungsbereichs des KSchG grundsätzlich dem Arbeitnehmer. Der muss im Einzelnen darlegen und ggf. beweisen, in einem Betrieb tätig zu sein, in dem in der Regel mehr als fünf (bzw. zehn) Arbeitnehmer tätig sind.

---

1 BAG 17.1.2008 – 2 AZR 512/06, BB 2008, 1391.
2 BAG 21.9.2006 – 2 AZR 840/05, DB 2007, 691 m. Anm. *Niklas*, NZA 2006, 1395.
3 BAG 15.3.2001 – 2 AZR 151/00, EzA § 23 KSchG Nr. 23 unter II 1c d. Gr.

II. Anwendungsvoraussetzungen

Andere[1] gehen von einer Beweislast des Arbeitgebers aus; dies wird im Wesentlichen aus dem Umstand gefolgert, die Kleinbetriebsklausel sei als Einwendung gefasst („die Vorschriften des 1. Abschnitts **gelten nicht** in Betrieben ..."). Verstärkt für die Beweislast des Arbeitgebers spreche, dass die Neufassung des § 23 KSchG durchweg an der negativen Konstruktion einer Einwendung festgehalten habe („gilt nicht", „ist nicht zu berücksichtigen"). Das gelte insbesondere auch für die Besitzstandswahrung. Danach müsste der Arbeitgeber für neue Arbeitnehmer beweisen, dass das Arbeitsverhältnis nach dem 31.12.2003 begonnen hat und im Betrieb nicht mehr als zehn Arbeitnehmer beschäftigt werden; für Altarbeitnehmer: Dass im Betrieb weder mehr als fünf Alt-Arbeitnehmer noch insgesamt mehr als zehn Arbeitnehmer beschäftigt werden[2]. 63

Zwar hat das BAG[3] seine grundsätzliche Auffassung zur Beweislastpflicht des Arbeitnehmers bestätigt, für diesen aber gewisse Erleichterungen über die Darlegungslastverteilung geschaffen. Danach genügt der Arbeitnehmer seiner Darlegungslast bereits dann, wenn er die ihm bekannten Anhaltspunkte dafür vorträgt, dass kein Kleinbetrieb vorliegt. Der Arbeitgeber muss sich daraufhin vollständig zur Anzahl der Beschäftigten erklären. Bleibt auch nach Beweiserhebung unklar, ob die für den Kündigungsschutz erforderliche Beschäftigtenzahl erreicht ist, geht erst dieser Zweifel zu Lasten des Arbeitnehmers[4]. 64

3. Wartezeit

a) Berechnung

Kündigungsschutz besteht nur bei einer mehr als sechsmonatigen ununterbrochenen[5] Betriebs- oder Unternehmenszugehörigkeit (§ 1 Abs. 1 KSchG). Ansonsten ist der Arbeitnehmer nur vor einer sitten- und treuwidrigen Kündigung des Arbeitgebers geschützt[6] (vgl. § 2 Abs. 4 AGG). Der Sechs-Monats-Zeitraum beginnt mit dem Tag des vereinbarten Dienstantritts, unabhängig davon, ob das Arbeitsverhältnis tatsächlich sofort vollzogen wird. 65

Etwas anderes gilt dann, wenn der Arbeitnehmer aus Gründen, die von ihm zu vertreten sind, nicht zum vereinbarten Termin die Arbeit aufnimmt. In diesem Fall beginnt die Wartezeit des § 1 Abs. 1 KSchG erst mit dem Zeitpunkt der tatsächlichen Arbeitsaufnahme[7]. § 193 BGB findet auf die Berechnung der Wartezeit iSv. § 1 Abs. 1 KSchG keine Anwendung. Der Zeitraum von sechs Monaten verlängert sich deshalb nicht, wenn sein letzter Tag auf einen Sonntag, einen allgemeinen Feiertag oder einen Sonnabend fällt[8]. 66

Für die Erfüllung der Wartezeit spielt es keine Rolle, in welcher Funktion und in welchem zeitlichen Umfang der Arbeitnehmer tätig ist. Als die Wartezeit erfüllende Beschäftigungszeit werden auch das Berufsausbildungsverhältnis[9] und Arbeitsbeschaffungsmaßnahmen[10] angesehen. 67

---

1 KR/*Bader*, § 23 KSchG Rz. 54a; *Quecke*, RdA 2004, 86 (105).
2 *Quecke*, RdA 2004, 86 (106).
3 BAG 24.2.2005 – 2 AZR 373/03, NZA 2005, 764.
4 BAG 26.6.2008 – 2 AZR 264/07, BB 2008, 1505.
5 BAG 7.7.2011 – 2 AZR 12/10, NZA 2012, 148.
6 BVerfG 21.6.2006 – 1 BvR 1659/04, NZA 2006, 913.
7 Vgl. KR/*Griebeling*, § 1 KSchG Rz. 100.
8 BAG 24.10.2013 – 2 AZR 1057/12, NZA 2014, 725.
9 Vgl. BAG 23.9.1976 – 2 AZR 309/75, AP Nr. 1 zu § 1 KSchG 1969 – Wartezeit; 26.8.1976 – 2 AZR 377/75, AP Nr. 68 zu § 626 BGB.
10 Vgl. BAG 12.2.1981 – 2 AZR 1108/78, AP Nr. 1 zu § 5 BAT.

68 Dagegen findet **keine Anrechnung**:
- die Beschäftigung eines im Rahmen einer beruflichen Fortbildungsmaßnahme abgeleisteten Praktikums, soweit der Praktikant nicht zur Leistung abhängiger Arbeit verpflichtet und auch keine Entgeltverpflichtung vereinbart war[1];
- die Beschäftigung in sonstigen Vertragsbeziehungen, etwa als Handelsvertreter;
- die Zeit, während derer ein Leiharbeitnehmer in den Betrieb des Entleihers eingegliedert war[2].

b) Abkürzung

69 Die Arbeitsvertragsparteien können eine zeitliche Vorverlagerung des allgemeinen Kündigungsschutzes vereinbaren. Eine solche Vereinbarung kann auch stillschweigend erfolgen. Erklärt etwa ein Arbeitnehmer, bevor er seine bisherige Stelle aufgrund eines Angebots des neuen Arbeitgebers aufgibt, diesem gegenüber, er lege Wert auf eine Dauerstellung, so kann je nach den Umständen der Zusage einer Dauer- oder Lebensstellung eine stillschweigende Einigung über einen vorzeitig einsetzenden Kündigungsschutz liegen[3]. Auch im Verzicht auf eine Probezeitvereinbarung kann, zumindest dann, wenn der Arbeitnehmer dem Arbeitgeber aufgrund einer früheren Beschäftigung bekannt ist und seine Anstellung auf Wunsch eines Kunden des Arbeitgebers erfolgt, ein stillschweigend vereinbarter Ausschluss der gesetzlichen Wartezeit des § 1 Abs. 1 KSchG liegen[4].

Allein die Tatsache, dass den Vertragsparteien bei den Einstellungsverhandlungen erkennbar war, dass der Arbeitnehmer eine Festanstellung bei einem anderen Arbeitgeber aufgab und es ihm deshalb um eine Dauerstellung ging, reicht nicht zur Annahme einer stillschweigenden Vereinbarung des sofort einsetzenden Kündigungsschutzes[5].

70 Einigen sich die Parteien nach Kündigung eines Geschäftsführervertrages auf Fortsetzung des Vertragsverhältnisses als „Assistent" der Geschäftsleitung und „entsprechend dem Arbeitsvertrag (als Geschäftsführer)", lässt dies regelmäßig auf den Parteiwillen schließen, die Beschäftigungszeit als Geschäftsführer auf das neu begründete Arbeitsverhältnis anzurechnen. Der abberufene Geschäftsführer hat deshalb regelmäßig keine Wartezeit nach § 1 Abs. 1 KSchG zu erfüllen[6].

c) Unterbrechung des Arbeitsverhältnisses

71 Die Ableistung der sechsmonatigen Wartezeit setzt einen ununterbrochenen rechtlichen Bestand des Arbeitsverhältnisses voraus.

72 Eine Ausnahme gilt bei rechtlicher Beendigung des Arbeitsverhältnisses und **zeitlich nahe liegendem Neuabschluss**. Besteht hier ein enger sachlicher Zusammenhang zwischen den Arbeitsverhältnissen, findet eine Anrechnung der ersten Betriebszugehörigkeit statt[7].

73 Ein enger sachlicher Zusammenhang wird dann **bejaht**, wenn das Arbeitsverhältnis allein auf Veranlassung des Arbeitgebers für einen verhältnismäßig kurzen Zeitraum

---

1 Vgl. BAG 18.11.1999 – 2 AZR 89/99, DB 2000, 772.
2 BAG 20.2.2014 – 2 AZR 859/11, NZA 2014, 1083.
3 Vgl. BAG 24.10.1996 – 2 AZR 874/95, nv.; 8.6.1972 – 2 AZR 285/71, AP Nr. 1 zu § 1 KSchG 1969.
4 LAG Köln 15.12.2006 – 9 Ta 467/06, AuR 2007, 144.
5 Vgl. BAG 24.10.1996 – 2 AZR 874/95, nv.
6 BAG 24.11.2005 – 2 AZR 614/04, DB 2006, 728.
7 BAG 20.8.1998 – 2 AZR 83/98, AP Nr. 10 zu § 1 KSchG 1969 – Wartezeit; 16.3.2000 – 2 AZR 828/98, DB 2000, 1871.

unterbrochen worden ist¹. **Verneint** wird der enge sachliche Zusammenhang dagegen bei langfristigen rechtlichen Unterbrechungen (von mehreren Wochen oder Monaten), sofern sich die Anrechnung nicht bereits aus gesetzlichen Bestimmungen (zB nach § 10 Abs. 2 MuSchG) ergibt².

Ausnahmsweise kann dann, wenn der Arbeitgeber **treuwidrig** die Erfüllung der Wartezeit verhindert, von deren Erfüllung ausgegangen werden. 74

Beispiel:

Der Arbeitgeber praktiziert ein „Personalkarussell" zur planmäßigen, zeitlichen Unterbrechung des Arbeitsverhältnisses mit dem Ziel der Verhinderung des Kündigungsschutzes.

In diesem Fall muss der Arbeitnehmer aber für ein treuwidriges Verhalten **darlegen** 75 (und ggf. beweisen), dass das Einstellungs-, Beschäftigungs- und Entlassungsverhalten des Arbeitgebers gezielt am Nichterreichen der Sechs-Monats-Grenze des § 1 Abs. 1 KSchG orientiert war³.

d) Beweislast

Der **Arbeitnehmer** ist darlegungs- und beweispflichtig dafür, dass er die sechsmonatige Wartezeit des § 1 KSchG erfüllt hat⁴. 76

e) Betriebsübergang

Wechselt der Inhaber des Betriebs oder Unternehmens, in dem der Arbeitnehmer beschäftigt ist, hat dies regelmäßig keinen Einfluss auf den Lauf der Wartefrist. Selbst dann, wenn das Arbeitsverhältnis mit dem Veräußerer im Zuge des Betriebs(teil)übergangs durch Kündigung oder Aufhebungsvertrag aufgelöst und anschließend ein neues Arbeitsverhältnis mit dem Erwerber begründet wird, schließt dies die Anrechnung der beim früheren Betriebsinhaber erbrachten Beschäftigungszeiten des Arbeitnehmers nicht von vorneherein aus⁵. 76a

Ob im Fall des Betriebsübergangs der beim Betriebsveräußerer bestehende Kündigungsschutz mit dem Arbeitsverhältnis auf den Betriebserwerber übergeht, auch wenn im Erwerberbetrieb die Voraussetzungen des § 23 Abs. 1 KSchG nicht vorliegen, war lange offen. Das BAG⁶ vertritt die Auffassung, das Vorhandensein einer bestimmten Beschäftigtenzahl gem. § 23 KSchG sei kein gem. § 613a BGB übergangsfähiges Recht. Wenn daher infolge eines Betriebsübergangs die Beschäftigtenzahl auf nicht mehr als zehn Arbeitnehmer insgesamt bzw. auf nicht mehr als fünf Altarbeitnehmer sinkt, erlischt auch der Kündigungsschutz. 77

---

1 BAG 27.6.2002 – 2 AZR 270/01, BB 2003, 583: dreitägige Unterbrechung im Rahmen eines Betriebsinhaberwechsels; BAG 19.6.2007 – 2 AZR 94/06, NZA 2007, 1103: Unterbrechung während der Schul-Sommerferien.
2 BAG 22.5.2003 – 2 AZR 426/02, EzA § 242 BGB Nr. 2 (sieben Wochen).
3 BAG 22.9.2005 – 6 AZR 607/04, NZA 2006, 429.
4 Vgl. BAG 16.3.1989 – 2 AZR 407/88, NZA 1989, 884; aA LAG Hamm für Betriebsgröße 6.2.2003 – 8 Sa 1614/02, EzA-SD 17/03, 12.
5 BAG 20.2.2014 – 2 AZR 859/11, NZA 2014, 1083.
6 BAG 15.2.2007 – 8 AZR 397/06, NZA 2007, 739.

III. Personenbedingte Kündigung

1. Begriff

78 In § 1 Abs. 2 KSchG wird von Gründen gesprochen, die in der Person des Arbeitnehmers liegen. Eine weitere gesetzliche Definition des personenbedingten Kündigungsgrundes gibt es nicht.

79 Es muss sich dabei jedoch um Gründe handeln, die in der Person des Arbeitnehmers liegen. Als solche sind nur Umstände anzuerkennen, die auf einer in der Sphäre des Arbeitnehmers liegenden „Störquelle" beruhen[1].

2. Krankheit

80 Hauptanwendungsfall der personenbedingten Kündigung ist die sog. krankheitsbedingte Kündigung[2].

a) Fallgruppen und Prüfungsaufbau

81 Anlass für eine krankheitsbedingte Kündigung kann entweder die dauerhafte Unfähigkeit des Arbeitnehmers sein, seinen vertraglichen Pflichten nachzukommen, eine langandauernde Erkrankung, häufige Kurzerkrankungen oder schließlich die krankheitsbedingte Minderleistung.

82 Grundsätzlich erfolgt die Prüfung der sozialen Rechtfertigung in jeder Form der krankheitsbedingten Kündigung in **drei Stufen**[3]:
  – Danach ist zunächst eine **negative Prognose** hinsichtlich des voraussichtlichen Gesundheitszustandes erforderlich.
  – Die bisherigen und nach der Prognose zu erwartenden Auswirkungen des Gesundheitszustandes des Arbeitnehmers müssen weiter zu einer **erheblichen Beeinträchtigung der betrieblichen Interessen** führen. Sie können durch Störungen im Betriebsablauf oder wirtschaftliche Belastungen hervorgerufen werden.
  – In der dritten Stufe bei der **Interessenabwägung** ist dann zu prüfen, ob die erheblichen betrieblichen Beeinträchtigungen zu einer billigerweise nicht mehr hinzunehmenden Belastung des Arbeitgebers führen.

---

1 BAG 13.3.1987 – 7 AZR 724/85, NZA 1987, 629; umfassend *Berkowsky*, NZA-RR 2001, 393 und 449.
2 *Kock*, BB 2005, 2350.
3 BAG 19.4.2007 – 2 AZR 239/06, NZA 2007, 1041; 29.4.1999 – 2 AZR 431/98, EzA § 1 KSchG Nr. 46 – Krankheit; vgl. ferner BAG 29.7.1993 – 2 AZR 155/93, EzA § 1 KSchG Nr. 40 – Krankheit.

III. Personenbedingte Kündigung

Verkürzt sieht das Prüfungsschema so aus: 82a

Krankheitsbedingte Kündigung

Prüfungs-stufen \ Grund	Dauerhafte AU oder Wiedereinstellung völlig ungewiss	Lang anhaltende Erkrankung	Häufige Kurzerkrankungen	Krankheitsbedingte Minderleistung
1. Negative Gesundheitsprognose (Zeitpunkt: Kündigungszugang)	gegeben	AU auf nicht absehbare Zeit	Fehlquoten	Minderleistung
2. Beeinträchtigung betrieblicher Interessen	gegeben	wirtschaftliche Belastung Überbrückungsmaßnahmen nicht mehr möglich oder zumutbar	Ablaufstörungen Entgeltfortzahlung sonstige Kosten (zB Mehrarbeit)	nicht mehr im Leistungslohn einsetzbar für vollen Zeitlohn keine adäquate Leistung
3. Interessenabwägung	grundsätzlich entbehrlich	unzumutbare Belastung des Arbeitsverh.	unzumutbare Belastung des Arbeitsverh.	unzumutbare Belastung des Arbeitsverh.

b) Prävention und Eingliederungsmanagement

Umstritten ist, welche kündigungsschutzrechtlichen Auswirkungen es hat, wenn die in § 84 Abs. 1 und Abs. 2 SGB IX vorgesehenen Präventiv- oder Eingliederungsmanagement-Maßnahmen vor Ausspruch der Kündigung nicht durchgeführt wurden. 83

aa) Prävention bei schwerbehinderten Menschen

Im Rahmen des **§ 84 Abs. 1 SGB IX**, der schwerbehinderte Menschen betrifft, ging das Meinungsspektrum von „Unwirksamkeit einer Kündigung per se"[1] bis zu genereller „Folgenlosigkeit"[2]. Das BAG vertritt eine vermittelnde Meinung[3]. Danach ist die Durchführung des Präventionsverfahrens nach § 84 Abs. 1 SGB IX keine formelle Wirksamkeitsvoraussetzung für den Ausspruch einer Kündigung. Ebenso wenig ist § 84 Abs. 1 SGB IX eine reine Ordnungsvorschrift mit bloßem Appellativcharakter, deren Missachtung in jedem Fall folgenlos bliebe. Ziel der gesetzlichen Prävention sei die frühzeitige Klärung, ob und welche Maßnahmen zu ergreifen seien, um eine möglichst dauerhafte Fortsetzung des Beschäftigungsverhältnisses zu erreichen. Das Präventionsverfahren stelle damit eine Konkretisierung des den gesamten Kündigungsschutz inne wohnenden Verhältnismäßigkeitsgrundsatzes dar. Deshalb könne wegen Verstoßes gegen das Verhältnismäßigkeitsprinzip eine Kündigung sozial ungerechtfertigt sein, wenn bei gehöriger Durchführung des Präventionsverfahrens Möglichkeiten bestanden hätten, die Kündigung zu vermeiden. Im Umkehrschluss stehe 83a

---

1 *Brose*, RdA 2006, 149; *Schimanski*, Behindertenrecht 2002, 121.
2 KR/*Etzel*, 7. Aufl., Vor §§ 85–92 SGB IX Rz. 36; *Preis* in Stahlhacke/Preis/Vossen, Kündigung und Kündigungsschutz im Arbeitsverhältnis, 9. Aufl., Rz. 1230a.
3 BAG 7.12.2006 – 2 AZR 182/06, DB 2007, 1089.

das Unterbleiben des Präventionsverfahrens einer Kündigung dann nicht entgegen, wenn die Kündigung auch durch das Präventionsverfahren nicht hätte verhindert werden können.

bb) Betriebliches Eingliederungsmanagement

83b Ob und mit welchen Folgewirkungen das Gebot eines betrieblichen Eingliederungsmanagements (BEM) nach **§ 84 Abs. 2 SGB IX** auch für nicht schwer behinderte Menschen gilt, ist ebenfalls umstritten. Das Meinungsspektrum in der Literatur reicht auch hier von „appellativem Charakter"[1] bis zu „genereller Unwirksamkeit"[2]. Richtig ist, dass die Nichtdurchführung eines BEM im Rahmen des ohnehin zu beachtenden Ultima-ratio-Prinzips zu prüfen ist[3] und Folgen für die Darlegungs- und Beweislast im Rahmen der Prüfung der betrieblichen Auswirkungen von erheblichen Fehlzeiten hat[4].

83c Im Einzelnen gilt Folgendes:
- Hat der Arbeitgeber **kein** oder kein ordnungsgemäßes BEM durchgeführt, muss er darlegen, warum keine Alternativen zur Kündigung bestanden.
- Hat ein ordnungsgemäßes BEM zu einem **negativen** Ergebnis geführt, muss der Arbeitnehmer darlegen, warum es trotzdem eine Alternative zur Kündigung gab.
- Führt ein ordnungsgemäßes BEM zu einem **positiven** Ergebnis, muss der Arbeitgeber die Empfehlung umsetzen. Kündigt er gleichwohl, muss er darlegen, warum die Empfehlung undurchführbar war oder selbst bei Durchführung keine Reduzierung der Ausfallzeiten festzustellen gewesen wäre[5]. Der Arbeitgeber kann sich dann nicht pauschal darauf berufen, ihm seien keine alternativen, der Erkrankung angemessenen, Einsatzmöglichkeiten bekannt.

83d Die **Mindestanforderungen für die ordnungsgemäße Durchführung** eines BEM finden sich in § 84 Abs. 2 SGB IX. Das BAG betont, dass das Gesetz weder konkrete inhaltliche Anforderungen noch bestimmte Verfahrensschritte für das BEM vorschreibt. Es besteht auch keine Verpflichtung, eine Verfahrensordnung für ein BEM aufzustellen. Das BAG benennt lediglich die zu beteiligenden Personen und Stellen und fordert vom Arbeitgeber, mit diesen die Möglichkeit zu klären, wie die Arbeitsunfähigkeit möglichst überwunden wird und mit welchen Leistungen oder Hilfen erneuter Arbeitsunfähigkeit vorgebeugt und der Arbeitsplatz erhalten werden kann[6]. Das bedeutet: Jedes BEM, das die zu beteiligenden Personen und Stellen unterrichtet und sie – ggf. abhängig von ihrer Zustimmung – einbezieht, kein vernünftigerweise in Betracht zu ziehendes Ergebnis ausschließt und in dem die von diesen Personen und Stellen eingebrachten Ergebnisse erörtert werden, entspricht den gesetzlichen Vorgaben des § 84 Abs. 2 SGB IX; dabei verlangt das BAG die Durchführung des BEM auch dann, wenn keine betriebliche Interessenvertretung iSv. § 93 SGB IX gebildet ist[7].

83e Grundsätzliche Voraussetzung für die Durchführung des BEM ist die **Zustimmung** des betroffenen Beschäftigten, die spätestens im Informationsgespräch einzuholen ist. Hat der Arbeitgeber ein BEM nicht durchgeführt, weil der Arbeitnehmer nicht ein-

---

1 *Schlewing*, ZfA 2005, 485 (494 ff.).
2 *Gaul/Süßbrich/Kulejewski*, ArbRB 2004, 308.
3 LAG Nds. 25.10.2006 – 6 Sa 974/05, BB 2007, 719.
4 BAG 12.7.2007 – 2 AZR 716/06, NZA 2008, 173; 23.4.2008 – 2 AZR 1012/06, DB 2008, 2091; vgl. auch *Arnold/Fischer*, BB 2007, 1894; *Kohte*, DB 2008, 582 sowie *Tschöpe*, NZA 2008, 398 ff.
5 BAG 10.12.2009 – 2 AZR 400/08, DB 2010, 621.
6 BAG 10.12.2009 – 2 AZR 198/09, DB 2010, 1015.
7 BAG 30.9.2010 – 2 AZR 88/09, DB 2011, 535.

III. Personenbedingte Kündigung

gewilligt hat, kommt es darauf an, ob der Arbeitgeber den Betroffenen zuvor hinreichend informiert hat über die Ziele des BEM sowie Art und Umfang der hierfür erhobenen und verwendeten Daten.

Die **Belehrung** nach § 84 Abs. 2 Satz 3 SGB IX gehört zu einem regelkonformen Ersuchen des Arbeitgebers um Zustimmung des Arbeitnehmers zur Durchführung eines BEM. Nur dann, wenn der Arbeitnehmer trotz ordnungsgemäßer Aufklärung nicht zustimmt, ist das Unterlassen eines BEM „kündigungsneutral". Ohne ausdrückliche Zustimmung des Betroffenen darf keine Stelle unterrichtet oder eingeschaltet werden[1].

Das LAG Hamm[2] sieht in § 84 Abs. 2 SGB IX ein Schutzgesetz iSd. § 823 Abs. 2 BGB, welches unmittelbare Pflichten des Arbeitgebers begründen soll. Ein Verstoß gegen diese Pflichten (zB Verweigerung einer Wiedereingliederungsmaßnahme) kann zu einem Schadenersatzanspruch des betroffenen Arbeitnehmers führen. Schaden in diesem Sinne kann ausbleibender Lohn nach Ablauf des Entgeltfortzahlungszeitraums sein.

c) Dauerhafte Arbeitsunfähigkeit

Hier werden zwei Fälle unterschieden:

aa) Sichere Arbeitsunfähigkeit auf Dauer

Ist ein Arbeitnehmer unstreitig auf Dauer nicht in der Lage, die vertraglich geschuldete Arbeitsleistung zu erbringen, ist im Regelfall eine Kündigung sozial gerechtfertigt. Nur in extremen Ausnahmefällen (zB bei einem vom Arbeitgeber verschuldeten Arbeitsunfall) könnte eine Sozialwidrigkeit der Kündigung angenommen werden[3].

Fehlt dem Gericht selbst die erforderliche Fachkunde, ob zB bei einer Küchenhilfskraft eine Wirbelsäulenerkrankung auf Dauer zur Leistungsunmöglichkeit führt, so ist zur Klärung dieser Frage idR das **Gutachten** eines Arbeitsmediziners einzuholen[4].

Allerdings ist der Arbeitnehmer, der auf Dauer krankheitsbedingt die geschuldete Arbeit nicht erbringen kann, zur Vermeidung einer Kündigung auf einem **leidensgerechten Arbeitsplatz** weiter zu beschäftigen, falls ein solcher gleichwertiger oder zumutbarer Arbeitsplatz frei und der Arbeitnehmer für die dort zu leistende Arbeit geeignet ist[5]. Das kann auch ein geringerwertiger, nicht aber ein höherwertiger Arbeitsplatz sein[6].

Als **frei** betrachtet das BAG auch einen an sich besetzten Arbeitsplatz, wenn der dort tätige Mitarbeiter kraft Direktionsrechts auf einen anderen Arbeitsplatz (etwa den des Dauerkranken) versetzt werden kann. Dabei ist der Arbeitgeber – soweit der Betriebsrat einer entsprechenden Versetzung widerspricht – idR nicht gehalten, ein Zustimmungsersetzungsverfahren nach § 99 Abs. 4 BetrVG zu führen. Lediglich bei Vorliegen besonderer Umstände (offensichtlich unbegründeter Widerspruch, kollusives Zusammenwirken zwischen Arbeitgeber und Betriebsrat) ist er zur Durchführung eines Zustimmungsverfahrens verpflichtet[7].

---

1 BAG 24.3.2011 – 2 AZR 170/10, DB 2011, 344.
2 LAG Hamm 4.7.2011 – 8 Sa 726/11, AE 2012, 103.
3 BAG 18.1.2007 – 2 AZR 759/05, PatR 2008, 34; 29.4.1999 – 2 AZR 431/98, EzA § 1 KSchG Nr. 46 – Krankheit; 12.7.1995 – 2 AZR 762/94, NZA 1995, 1100.
4 Vgl. BAG 28.2.1990 – 2 AZR 401/89, NZA 1990, 727.
5 BAG 29.1.1997 – 2 AZR 9/96, DB 1997, 1039.
6 BAG 19.4.2007 – 2 AZR 239/06, NZA 2007, 1041.
7 BAG 22.9.2005 – 2 AZR 519/04, DB 2006, 952.

88 Auch eine ärztlich bescheinigte dauernde Leistungsunfähigkeit reicht für eine krankheitsbedingte Kündigung dann nicht aus, wenn der Arbeitnehmer seine Arbeit in den Monaten vor Ausspruch der Kündigung ohne Einschränkungen verrichtet und damit ein zuvor erstelltes ärztliches Gutachten entkräftet hat[1]. Eine Kündigung wegen dauerhafter Leistungsunfähigkeit ist nur dann möglich, wenn der Arbeitnehmer seine Leistung auf Dauer tatsächlich nicht mehr erbringen kann. Dies gilt auch dann, wenn der Arbeitnehmer zum Kündigungszeitpunkt zur Arbeitsleistung in der Lage ist, ihm ein ärztliches Gutachten jedoch bescheinigt, dass eine Weiterarbeit zu bisherigen Bedingungen zu einer wesentlichen Verschlechterung seines Gesundheitszustandes führen könne[2].

bb) Ungewissheit der Wiedergenesung

89 In seiner Ausgangsentscheidung vom 21.5.1992 hatte das BAG festgestellt, dass dann, wenn ein Arbeitnehmer bereits längere Zeit (in jenem Fall 1 ½ Jahre) arbeitsunfähig krank ist und im Zeitpunkt der Kündigung die Wiederherstellung der Arbeitsfähigkeit noch völlig ungewiss sei, diese Ungewissheit wie eine feststehende dauernde Arbeitsunfähigkeit zu behandeln sei[3]. In einer weiteren Entscheidung (Bauamts-Leiterin-Fall) hat es seine Rechtsprechung modifiziert. Danach soll die Ungewissheit der Wiederherstellung der Arbeitsfähigkeit nur dann einer krankheitsbedingten dauernden Leistungsunfähigkeit gleichstehen, wenn in den **nächsten 24 Monaten** mit einer anderen Prognose nicht gerechnet werden könne[4]. Die 24-Monats-Grenze wird in der instanzgerichtlichen Rechtsprechung teilweise sehr ernst genommen. So will das LAG MV eine Ungewissheit von „nur" 22 Monaten zur Rechtfertigung einer krankheitsbedingten Kündigung jedenfalls nicht ausreichen lassen, wenn keine weitere Beeinträchtigung der betrieblichen Interessen konkret dargelegt werden kann[5].

d) Langandauernde Erkrankung

90 Eine Kündigung bei lang anhaltender Arbeitsunfähigkeit ist nur dann sozial gerechtfertigt, wenn zum Zeitpunkt des Kündigungszugangs aufgrund der objektiven Umstände auf eine Arbeitsunfähigkeit auf nicht absehbare Zeit zu schließen ist und gerade diese Ungewissheit zu unzumutbaren betrieblichen oder wirtschaftlichen Belastungen führt. Dabei ist die Beeinträchtigung der betrieblichen Interessen Teil des Kündigungsgrundes.

91 Zu den vom Arbeitgeber in Erwägung zu ziehenden Überbrückungsmaßnahmen gehört auch die **Einstellung einer Aushilfskraft** auf unbestimmte Zeit. Der Arbeitgeber hat konkret darzulegen, weshalb ggf. die Einstellung einer Aushilfskraft nicht möglich oder nicht zumutbar sein soll[6].

92 Im Übrigen folgt die Prüfung der Rechtmäßigkeit einer Kündigung wegen lang anhaltender Erkrankung den Regeln für die Kündigung wegen häufiger Kurzerkrankungen[7].

---

1 LAG Köln 13.11.2006 – 14 Sa 750/06, AuR 2007, 144.
2 LAG Hess. 27.11.2006 – 18 (16) Sa 340/06, nv.
3 BAG 21.5.1992 – 2 AZR 399/91, EzA § 1 KSchG Nr. 38 – Krankheit.
4 BAG 29.4.1999 – 2 AZR 431/98, EzA § 1 KSchG Nr. 46 – Krankheit; 12.4.2002 – 2 AZR 148/01, DB 2002, 1943.
5 LAG MV 14.2.2007 – 2 Sa 253/06, nv.
6 BAG 25.11.1982 – 2 AZR 140/81, BAGE 40, 361; 21.2.1985 – 2 AZR 72/84, AP Nr. 16 zu § 1 KSchG 1969 – Krankheit.
7 BAG 21.5.1992 – 2 AZR 399/91, EzA § 1 KSchG Nr. 38 – Krankheit; 29.4.1999 – 2 AZR 431/98, EzA § 1 KSchG Nr. 46 – Krankheit.

e) Häufige Kurzerkrankung

aa) Negative Prognose

Bei der Kündigung wegen häufiger Kurzerkrankungen kann die **negative Gesundheitsprognose** zunächst durch krankheitsbedingte Fehlzeiten in der Vergangenheit indiziert sein[1]. Dabei können (für eine negative Prognose noch nicht ausreichend gewesene) Fehlzeiten, die bereits zur Begründung einer früheren krankheitsbedingten Kündigung dienten, grundsätzlich auch zur Begründung einer erneuten negativen Prognose und krankheitsbedingten Kündigung herangezogen werden[2].

Für die Darlegung der Fehlzeiten in der Vergangenheit ist nicht auf einen „starren" Zeitraum abzustellen. Ausreichend für eine Indizwirkung sind hinreichend prognosefähige Fehlzeitenräume[3]. Andererseits können bei einem sehr kurzen Arbeitsverhältnis aufgetretene Kurzerkrankungen mit einer Fehlquote von ca. 50 % eine negative Prognose rechtfertigen[4].

Das gilt aber grundsätzlich nur insoweit, als die in der Vergangenheit aufgetretenen Fehlzeiten tatsächlich indizielle Wirkung für auch künftige Erkrankungen haben können. Deshalb müssen die auf Betriebsunfällen beruhenden krankheitsbedingten Fehlzeiten ebenso für eine negative Prognose außer Betracht bleiben wie die auf einmaligen Ursachen oder ausgeheilten Krankheiten beruhenden Fehltage[5].

Allerdings konzediert das BAG, dass Fehlzeiten, die auf unterschiedlichen prognosefähigen Erkrankungen beruhen, den Schluss auf eine gewisse Krankheitsanfälligkeit des Arbeitnehmers zulassen und damit eine negative Prognose begründen[6].

(1) Beurteilungszeitpunkt

Ausschließlicher Beurteilungszeitpunkt für die negative Prognose ist der **Zugang der Kündigung** bei dem Arbeitnehmer; die spätere Entwicklung einer Krankheit nach Ausspruch einer Kündigung kann zur Bestätigung oder Korrektur der Prognose nicht verwertet werden[7]. Diese Grundsätze gelten auch bei einer Kündigung wegen **Trunksucht**. Ist der Arbeitnehmer insbesondere im Zeitpunkt der Kündigung nicht therapiebereit, kann davon ausgegangen werden, dass er von dieser Krankheit in absehbarer Zeit nicht geheilt wird. Der Arbeitgeber muss den Arbeitnehmer aber idR vor einer personenbedingten Kündigung die Chance zu einer Entziehungskur geben[8]. Eine von dem Arbeitnehmer nach Ausspruch der Kündigung durchgeführte Therapie und ihr Ergebnis können nicht zur Korrektur der Prognose herangezogen werden[9]. Allerdings ist bei einer noch im Kündigungsfristzeitraum festgestellten positiven Prognose ein Wiedereinstellungsanspruch denkbar (vgl. auch Rz. 125)[10]. Jedenfalls im Fall einer Mehrfachrückfälligkeit nimmt die Rechtsprechung in aller Regel eine negative Prog-

---

1 BAG 24.11.1983 – 2 AZR 347/82, NZA 1984, 93; 12.1.1995 – 2 AZR 366/94, nv.
2 BAG 10.11.2005 – 2 AZR 44/05, NZA 2006, 655.
3 BAG 10.11.2005 – 2 AZR 44/05, NZA 2006, 655.
4 BAG 19.5.1993 – 2 AZR 598/92, nv. bei 15-monatiger Beschäftigung.
5 BAG 7.11.2002 – 2 AZR 599/01, EzA § 1 KSchG Nr. 50 – Krankheit; vgl. BAG 14.1.1993 – 2 AZR 343/92, NZA 1994, 309.
6 BAG 10.11.2005 – 2 AZR 44/05, NZA 2006, 655.
7 BAG 29.4.1999 – 2 AZR 431/98, EzA § 1 KSchG Nr. 46 – Krankheit; ebenso BAG 17.6.1999 – 2 AZR 639/98, EzA § 1 KSchG Nr. 4 – Wiedereinstellungsanspruch im Hinblick auf die Absolvierung einer Entziehungstherapie eines Alkoholikers nach Ausspruch der Kündigung; 21.2.2001 – 2 AZR 558/99, NZA 2001, 1071.
8 BAG 17.6.1999 – 2 AZR 639/98, EzA § 1 KSchG Nr. 4 – Wiedereinstellungsanspruch.
9 BAG 29.4.1999 – 2 AZR 431/98, EzA § 1 KSchG Nr. 46 – Krankheit.
10 BAG 17.6.1999 – 2 AZR 639/98, EzA § 1 KSchG Nr. 4 – Wiedereinstellungsanspruch.

nose an, ohne dass der Arbeitgeber verpflichtet wäre, weitere Entziehungskuren hinzunehmen[1].

(2) Darlegungs- und Beweislast

98 Hinsichtlich der negativen Gesundheitsprognose ist folgende Darlegungs- und Beweislastverteilung zu beachten:
- Zunächst muss der **Arbeitgeber** häufige Kurzerkrankungen in der Vergangenheit als Indiz für weitere Fehlzeiten in der Zukunft vortragen. Hierbei gibt es keine festen Anhaltspunkte dafür, wann „häufige Fehlzeiten" vorhanden sind.
- Nach entsprechender Darlegung des Arbeitgebers muss der **Arbeitnehmer** im Rahmen seiner Mitwirkungspflicht nach § 138 Abs. 2 ZPO dartun, weshalb die Besorgnis weiterer Erkrankungen unberechtigt sein soll. Dieser Mitwirkungspflicht genügt der Arbeitnehmer schon dann, wenn er die Behauptung des Arbeitgebers bestreitet und die Ärzte von der Schweigepflicht entbindet, die ihn behandelt haben, **soweit** darin die Darstellung liegt, die **Ärzte** hätten die künftige gesundheitliche Entwicklung ihm gegenüber bereits tatsächlich positiv beurteilt. Trägt er selbst konkrete Umstände vor, wie zB die Krankheitsursachen, so müssen diese geeignet sein, die Indizwirkung der bisherigen Fehlzeiten zu erschüttern[2]. Dazu reicht es aber nicht aus, wenn der Arbeitnehmer behauptet, die Leiden hätten sich gebessert[3].

99 Die letztendliche Beweislast für eine negative Gesundheitsprognose trägt der **Arbeitgeber**. Maßgeblich ist die objektive Prognose eines sachverständigen Dritten, der idR ein Arzt sein muss. Die Einholung eines vom Arbeitnehmer geforderten Sachverständigengutachtens über die Ursache einzelner Erkrankungen ist jedenfalls dann nicht erforderlich, wenn der Beweisantritt allein auf die Ursachen in der Vergangenheit liegender Erkrankungen bezieht und der Arbeitnehmer sich unter Berufung auf die behandelnden Ärzte die fehlende Kenntnis über den weiteren Verlauf seiner Erkrankung erst verschaffen will, nicht jedoch vorträgt, die Erkrankungen hätten sich gebessert[4].

100 Der Hinweis des Arbeitnehmers, die den Fehlzeiten in der Vergangenheit zu Grunde liegenden Erkrankungen seien nicht chronisch, beseitigt die Indizwirkung nicht. **„Nicht chronische" Erkrankungen** stehen ausgeheilten Krankheiten nicht gleich. Die Tatsache, dass eine Krankheit „nicht chronisch" ist, bedeutet nämlich allein, dass diese Krankheit nicht dauerhaft vorhanden ist. Dies schließt aber gerade nicht aus, dass dieselbe (nicht dauerhafte) Erkrankung immer wieder von neuem als **Akuterkrankung** auftritt und verantwortlich für die Fehlzeiten ist[5].

101 Das BAG erleichtert dem Arbeitgeber zwar zunächst die Darlegung, indem es häufigen Fehlzeiten in der Vergangenheit eine indizielle Wirkung für eine negative gesundheitliche Konstitution in der Zukunft zugesteht. Eine darüber hinausgehende Beweiserleichterung für die Feststellung der negativen Prognose mit Hilfe des Anscheinsbeweises – gestützt auf „Erfahrungssätze" – lehnt es aber ab[6]. Auch sieht das BAG die Indizwirkung der Krankheitszeiten in der Vergangenheit als ausreichend erschüttert an, wenn sich aus den Auskünften der behandelnden Ärzte jedenfalls **Zweifel** an der Negativprognose ergeben[7].

---

1 BAG 16.9.1999 – 2 AZR 123/99, NZA 2000, 141.
2 Vgl. BAG 6.9.1989 – 2 AZR 19/89, NZA 1990, 307; 29.7.1993 – 2 AZR 155/93, NZA 1994, 67.
3 BAG 10.11.2005 – 2 AZR 44/05, NZA 2006, 655; LAG Hamm 1.9.1993 – 9 Sa 79/92, nv.
4 BAG 10.11.2005 – 2 AZR 44/05, NZA 2006, 655; LAG Düsseldorf 19.11.2004 – 7 (11) Sa 1292/04, LAGE § 1 KSchG Nr. 35 – Krankheit.
5 BAG 10.11.2005 – 2 AZR 44/05, NZA 2006, 655.
6 BAG 24.11.1983 – 2 AZR 347/82, NZA 1984, 93; 6.9.1989 – 2 AZR 19/89, NZA 1990, 307.
7 BAG 7.11.2002 – 2 AZR 599/01, EzA § 1 KSchG Nr. 50 – Krankheit.

III. Personenbedingte Kündigung

Die ärztliche Auskunft, das Leiden des Arbeitnehmers habe sich nicht verschlimmert, reicht aber für eine negative Zukunftsprognose aus[1]. 102

bb) Erhebliche Beeinträchtigung betrieblicher Interessen

Die Fehlzeiten des Arbeitnehmers müssen zu einer erheblichen Beeinträchtigung betrieblicher Interessen führen. Diese Beeinträchtigung ist Teil des Kündigungsgrundes. Zu berücksichtigen sind insoweit sowohl **betriebliche Belastungen** (Betriebsablaufstörungen) als auch **wirtschaftliche Belastungen**, zu denen grundsätzlich auch Entgeltfortzahlungskosten gehören, die jährlich jeweils für einen Zeitraum von mehr als sechs Wochen aufzuwenden sind. Die betrieblichen und wirtschaftlichen Beeinträchtigungen können alternativ oder kumulativ vorliegen[2]. 103

(1) Betriebsablaufstörungen

Zu den betrieblichen Beeinträchtigungen gehören insbesondere Organisationsschwierigkeiten, Gefährdung des Betriebsfriedens, Schwierigkeiten, Ersatzkräfte zu beschaffen, etc. Kann der Arbeitgeber den (häufig erkrankten) Arbeitnehmer schon aus betriebsbedingten Gründen ohnehin nicht mehr beschäftigen, fehlt es allerdings an kündigungsrelevanten Betriebsablaufstörungen[3]. Im Übrigen können die aufgrund wiederholter kurzfristiger Ausfallzeiten des Arbeitnehmers entstehenden Störungen im Produktionsprozess nur dann berücksichtigt werden, wenn sie nicht durch mögliche **Überbrückungsmaßnahmen** vermieden werden können. Hierzu gehören sowohl Maßnahmen, die anlässlich des konkreten Ausfalls des Arbeitnehmers ergriffen werden können, als auch der Einsatz eines Arbeitnehmers aus der vorzuhaltenden Personalreserve. Können auf diese Weise Ausfallzeiten überbrückt werden, liegt bereits objektiv keine Betriebsablaufstörung und damit kein zur sozialen Rechtfertigung geeigneter Grund vor. Lassen sich Störungen im Produktionsprozess auf diese Weise nicht vermeiden, so muss die Störung darüber hinaus erheblich sein. 104

Insbesondere bei sehr hohen krankheitsbedingten Fehlquoten ist der Nachweis für derart erhebliche betriebliche Auswirkungen kaum zu führen. Allerdings nimmt die Rechtsprechung eine erhebliche Störung des Betriebsablaufs an, wenn der Arbeitnehmer infolge seiner Erkrankung **nicht mehr einplanbar** ist und deshalb selbst Überbrückungsmaßnahmen unmöglich werden[4]. Es reicht aber nicht aus, wenn der Arbeitgeber lediglich pauschal vorträgt, wegen der Erkrankung des gekündigten Arbeitnehmers müssten andere Arbeitnehmer Überstunden leisten[5], es sei wegen des Fehlens eingearbeiteter Ersatzkräfte zu betrieblichen Ablaufstörungen gekommen[6] oder der häufig kranke Arbeitnehmer sei in keiner Weise einplanbar gewesen[7]. 105

(2) Erhebliche wirtschaftliche Belastungen

Zu den wirtschaftlichen Beeinträchtigungen gehören insbesondere erhebliche Entgeltfortzahlungskosten, Kosten für Überstundenzuschläge anderer Mitarbeiter, Kosten für einzustellende Ersatzkräfte, Produktionsausfallkosten etc. **Entgeltfortzahlungskosten** gelten als erheblich, wenn sie für mehr als sechs Wochen pro Kalenderjahr gezahlt werden mussten. Dabei ist nur auf die Kosten des betroffenen Arbeitsver- 106

---

1 BAG 10.11.1983 – 2 AZR 291/82, BB 1984, 917.
2 BAG 16.2.1989 – 2 AZR 299/88, DB 1989, 2075; 29.7.1993 – 2 AZR 155/93, NZA 1994, 67.
3 LAG Berlin 25.1.2007 – 6 Sa 1245/06, NZA 2007, 465.
4 Vgl. BAG 6.2.1992 – 2 AZR 364/91, nv.
5 S. LAG Rh.-Pf. 30.8.2004 – 7 Sa 447/04, NZA-RR 2005, 368.
6 S. LAG Hamm 3.9.2004 – 15 (19) Sa 507/04, nv.
7 S. LAG Hamm 6.5.2004 – 8 (2) Sa 1615/03, AuA 2004, Nr. 11, 47.

hältnisses abzustellen[1]. Dabei können auch dann Entgeltfortzahlungskosten als wirtschaftliche Belastung zu berücksichtigen sein, wenn sie zum Teil aus einem Tronc bezahlt werden und damit zugleich die Vergütungsansprüche anderer Arbeitnehmer schmälern[2].

107 Die entstandenen und künftig zu erwartenden Entgeltfortzahlungskosten, die jeweils für einen Zeitraum von mehr als sechs Wochen aufzuwenden sind, stellen bereits für sich allein eine erhebliche Beeinträchtigung betrieblicher Interessen bei der Beurteilung der sozialen Rechtfertigung der Kündigung dar. Dies gilt auch dann, wenn der Arbeitgeber Betriebsablaufstörungen nicht darlegt und eine Personalreserve nicht vorhält[3].

(3) Kausalität

108 Es muss schließlich ein Kausalzusammenhang zwischen betrieblicher Beeinträchtigung und den krankheitsbedingten Ausfallzeiten vorhanden sein. Das soll nicht der Fall sein, wenn der Arbeitnehmer auf einen anderen freien Arbeitsplatz umgesetzt werden kann, auf dem keine betrieblichen Beeinträchtigungen mehr zu erwarten sind[4].

(4) Darlegungs- und Beweislast

109 Der **Arbeitgeber** trägt auch die Darlegungs- und Beweislast der eingetretenen und zu erwartenden erheblichen betrieblichen Beeinträchtigungen (strenge Anforderungen). Er muss insbesondere mögliche betriebliche Überbrückungsmaßnahmen darlegen. An seine Darlegungslast sollen aber geringere Anforderungen gestellt werden, wenn hinreichende Personalreserven vorhanden sind. Das soll dann der Fall sein, wenn die durchschnittliche Arbeitsunfähigkeitsquote im Betrieb abgedeckt ist[5]. Bei krankheitsbedingter dauernder Leistungsunfähigkeit ist in aller Regel ohne Weiteres von einer erheblichen Beeinträchtigung der betrieblichen Interessen auszugehen[6].

110 Der **Arbeitnehmer** seinerseits muss zunächst nur die Angaben des Arbeitgebers (wegen fehlender Sachnähe) bestreiten. Die Einlassung soll jedoch nach § 138 Abs. 2 ZPO davon abhängig sein, wie substantiiert der Arbeitgeber darlegt und wie gut der Arbeitnehmer den Betrieb kennt.

cc) Interessenabwägung

111 Im Rahmen der schließlich vorzunehmenden Interessenabwägung müssen die betrieblichen und/oder wirtschaftlichen Beeinträchtigungen zu einer unzumutbaren Belastung des Arbeitsverhältnisses für den Arbeitgeber führen. Ob das zutrifft, soll nicht generell, insbesondere nicht aufgrund allgemein zu beachtender bestimmter Fehlquoten, sondern allein aufgrund einer auf die konkreten Umstände des Einzelfalls bezogenen abschließenden Interessenabwägung zu prüfen sein.

---

1 Vgl. BAG 5.7.1990 – 2 AZR 154/90, EzA zu § 1 KSchG Nr. 32 – Krankheit; 29.7.1993 – 2 AZR 155/93, NZA 1994, 67.
2 BAG 8.11.2007 – 2 AZR 292/06, NZA 2008, 593.
3 Seit BAG 29.7.1993 – 2 AZR 155/93, NZA 1994, 67.
4 BAG 9.4.1987 – 2 AZR 210/86, AP Nr. 18 zu § 1 KSchG 1969 – Krankheit; bestätigt durch: BAG 5.7.1990 – 2 AZR 154/90, EzA § 1 KSchG Nr. 32 – Krankheit.
5 BAG 12.4.1984 – 2 AZR 77/83, DB 1985, 873.
6 BAG 29.4.1999 – 2 AZR 431/98, EzA § 1 KSchG Nr. 46 – Krankheit.

III. Personenbedingte Kündigung

(1) Belastungsgrad Arbeitgeber

Bei der Prüfung, ob eine ungewöhnlich hohe Belastung durch Entgeltfortzahlungskosten vorliegt, ist auf die Kosten des Arbeitsverhältnisses des gekündigten Arbeitnehmers und nicht auf die Gesamtbelastung des Arbeitgebers mit Entgeltfortzahlung und seine wirtschaftliche Belastbarkeit abzustellen. 112

Ob die finanziellen Belastungen dem Arbeitgeber noch zumutbar sind, hängt insbesondere von der Dauer des ungestörten Bestandes des Arbeitsverhältnisses, der Ursache der Erkrankung und davon ab, ob die Fehlzeiten des gekündigten Arbeitnehmers deutlich höher sind als die der Arbeitnehmer mit vergleichbaren Tätigkeiten[1]. 113

Entgeltfortzahlungskosten, die den Sechs-Wochen-Zeitraum um das Doppelte überschreiten, sind außergewöhnlich hoch und können die weitere Beschäftigung des Arbeitnehmers unzumutbar machen[2]. 114

In einer Entscheidung über eine Nichtzulassungsbeschwerde hat das BAG darauf hingewiesen, dass die vom Arbeitgeber in der Vergangenheit für jährliche Ausfallzeiten aufgewendeten Entgeltfortzahlungskosten im Rahmen der Interessenabwägung nur einer der für die Gesamtabwägung erheblichen Umstände sei. Ein Grundsatz, wonach Entgeltfortzahlungskosten, die bezogen auf die Gesamtdauer des Bestehens des Arbeitsverhältnisses durchschnittlich den Umfang einer Vergütung für sechs Wochen jährlich nicht übersteigen, idR keine unzumutbare wirtschaftliche Belastung des Arbeitgebers darstellen, weichen daher von der Rechtsprechung des BAG zur krankheitsbedingten Kündigung ab[3].

(2) Abwägungsfaktoren Arbeitnehmerseite

Auf Seiten des Arbeitnehmers will das BAG in die Interessenabwägung eine etwaige Schwerbehinderung und Daten wie Alter, Betriebszugehörigkeit und Unterhaltsverpflichtungen eingestellt wissen[4]. 115

Zudem ist im Rahmen der Interessenabwägung besonders zu berücksichtigen, ob die Erkrankungen des Arbeitnehmers auf betriebliche Ursachen zurückzuführen sind[5]. 116

Wartet der Arbeitgeber mit dem Ausspruch der Kündigung sehr lange (krankheitsbedingte Fehlzeiten über 20 Jahre), so kann dies nicht entscheidend zu seinen Lasten berücksichtigt werden[6]. 117

f) Krankheitsbedingte Minderleistung

Die Minderleistung eines Arbeitnehmers kann ihre Ursache entweder in (krankheitsbedingt) persönlichen Umständen haben, aber auch auf Pflichtverletzungen beruhen[7]. Soweit die Minderleistung auf einem Nachlassen der körperlichen oder geistigen 118

---

1 BAG 16.2.1989 – 2 AZR 299/88, DB 1989, 2075; 10.5.1990 – 2 AZR 580/89, EzA § 1 KSchG Nr. 31 – Krankheit.
2 BAG 5.7.1990 – 2 AZR 154/90, EzA § 1 KSchG Nr. 32 – Krankheit; 29.7.1993 – 2 AZR 155/93, NZA 1994, 67.
3 BAG 13.8.1992 – 2 AZN 231/92, EzA § 1 KSchG Nr. 36 – Krankheit.
4 BAG 7.11.1985 – 2 AZR 657/84, DB 1986, 863; bestätigt durch BAG 20.1.2000 – 2 AZR 378/99, BB 2000, 1300; zu der vielfältigen Kritik hieran: vgl. *Petereck*, Anm. zu BAG in EzA § 1 KSchG Nr. 13 – Krankheit; *Schwerdtner*, DB 1990, 375.
5 BAG 5.7.1990 – 2 AZR 154/90, EzA § 1 KSchG Nr. 32 – Krankheit.
6 BAG 12.12.1996 – 2 AZR 7/96, EzA § 1 KSchG Nr. 41 – Krankheit.
7 Zur Abgrenzung verhaltens- und personenbedingter Kündigung: BAG 11.12.2003 – 2 AZR 667/02, DB 2004, 1506; vgl. auch BAG 17.1.2008 – 2 AZR 536/06, NZA 2008, 693.

Kräfte beruht, also personenbedingt ist, gilt ebenfalls die für krankheitsbedingte Kündigungen maßgebliche dreistufige Prüfungssystematik (vgl. Rz. 82).

119 Danach ist auch in diesen Fällen eine **negative Prognose** hinsichtlich des zukünftigen Gesundheitszustandes erforderlich. Die bisherigen und nach der Prognose zu erwartenden Auswirkungen des Gesundheitszustandes müssen dann zu einer **erheblichen Beeinträchtigung der betrieblichen Interessen** führen. Hier ergeben sich für die Kündigung wegen Minderleistung Unterschiede gegenüber der Kündigung wegen häufiger Kurzerkrankung. Bei Letzterer kommt es idR zu Störungen im Betriebsablauf oder zu wirtschaftlichen Belastungen mit Lohnfortzahlungskosten. Demgegenüber treten bei einer krankheitsbedingt eingeschränkten Leistungsfähigkeit des Arbeitnehmers in erster Linie wirtschaftliche Belastungen des Arbeitgebers auf, weil dieser den Arbeitnehmer etwa nicht mehr im Leistungslohn einsetzen kann und der Zahlung des vollen Zeitlohns keine nach betriebswirtschaftlichen und arbeitswissenschaftlichen Grundsätzen ausgerichtete adäquate Arbeitsleistung gegenübersteht. In der dritten Stufe schließlich ist wie in den anderen Fallgruppen der krankheitsbedingten Kündigung die **Interessenabwägung** vorzunehmen[1]. Die vom LAG in diesem Fall als erhebliche Beeinträchtigung des Leistungsgleichgewichts bewertete Minderleistung um ein Drittel der Normalleistung ließ das BAG unbeanstandet.

g) Außerordentliche Kündigung wegen Krankheit

120 Krankheit ist zwar nicht als wichtiger Grund iSd. § 626 Abs. 1 BGB generell ungeeignet. Da aber schon an eine ordentliche Kündigung wegen Erkrankung ein strenger Maßstab anzulegen ist, kommt eine außerordentliche Kündigung nur in eng zu begrenzenden Ausnahmefällen in Betracht. Das ist jedenfalls dann der Fall, wenn die Erkrankung von einem solchen Gewicht ist, dass sie einer dauernden Arbeitsunfähigkeit gleichsteht, da dann das Arbeitsverhältnis als Austauschverhältnis auf Dauer erheblich gestört ist[2]. Für den Mischtyp häufiger krankheitsbedingter Fehlzeiten/Langzeiterkrankung hat das BAG das Vorliegen eines wichtigen Grundes in einem konkreten Einzelfall (noch 15 Jahre bis zum Ablauf des 65. Lebensjahres) bejaht[3].

121 Für den Fall einer außerordentlichen Kündigung wegen häufiger krankheitsbedingter Fehlzeiten aufgrund von Kurzerkrankungen stellt das BAG **besonders hohe Anforderungen.** Die prognostizierten Fehlzeiten und die sich aus ihnen ergebende Beeinträchtigung der betrieblichen Interessen müssen deutlich über das Maß hinausgehen, welches eine ordentliche Kündigung sozial zu rechtfertigen vermöchte. Es bedarf eines gravierenden Missverhältnisses zwischen Leistung und Gegenleistung. Ein solches ist gegeben, wenn zu erwarten steht, dass der Arbeitgeber bei Fortsetzung des Arbeitsverhältnisses – ggf. über Jahre hinweg – erhebliche Entgeltzahlungen zu erbringen hätte, ohne dass dem eine nennenswerte Arbeitsleistung gegenüberstände. Die Aufrechterhaltung eines solchermaßen „sinnentleerten" Arbeitsverhältnisses kann dem Arbeitgeber auch im Falle eines ordentlich nicht kündbaren Arbeitnehmers unzumutbar sein. Das Arbeitsverhältnis ist nach Auffassung des BAG noch nicht „sinnentleert", wenn der Arbeitnehmer noch zu fast zwei Dritteln seiner Jahresarbeitszeit arbeitsfähig wäre[4]. Auch muss der Arbeitgeber bei tarifrechtlich ordentlich nicht mehr kündbaren Arbeitnehmern schon zur Vermeidung einer Kündigung von sich aus alle in Betracht kommenden Einsatzmöglichkeiten des Betroffenen prüfen und sondieren. Dabei ist dem betroffenen Arbeitnehmer eine Weiterbeschäftigung zu geänderten Arbeitsbedingungen (im Wege der außerordentlichen Änderungskündigung)

---

1 Vgl. BAG 26.9.1991 – 2 AZR 132/91, NZA 1992, 1073.
2 BAG 12.7.1995 – 2 AZR 762/94, AP Nr. 7 zu § 626 BGB – Krankheit; 25.3.2004 – 2 AZR 399/03, NZA 2004, 1216; 13.5.2004 – 2 AZR 36/04, DB 2004, 2273.
3 BAG 9.9.1992 – 2 AZR 190/92, AP Nr. 3 zu § 626 BGB – Krankheit.
4 BAG 23.1.2014 – 2 AZR 582/13, NZA 2014, 962.

insbesondere dann zumutbar, wenn diese die einzige Möglichkeit darstellt, ihn weiter zu beschäftigen[1]. Grundsätzlich ist hier eine der ordentlichen Kündigungsfrist entsprechende Auslauffrist einzuhalten[2]. Die krankheitsbedingte Minderleistung des Arbeitnehmers ist idR aber nicht geeignet, einen wichtigen Grund für eine außerordentliche Kündigung darzustellen[3].

Allerdings kommt bei krankheitsbedingten Beeinträchtigungen infolge **Alkoholismus** anstelle einer nicht zulässigen ordentlichen eine außerordentliche Kündigung iSv. § 54 BAT, § 34 Abs. 2 TVöD, § 626 BGB in Betracht. Will sich der Arbeitnehmer bei einem aufgrund objektiver Anhaltspunkte bestehenden Verdacht einer Alkoholisierung im Dienst mit Hilfe eines Alkoholtests entlasten, muss er idR einen entsprechenden Wunsch von sich aus an den Arbeitgeber herantragen[4]. 122

Für den Fall eines langjährig beschäftigten, ordentlich unkündbaren Arbeitnehmers, der in absehbarer Zeit wegen Erreichens des gesetzlichen Rentenalters aus dem Unternehmen ausscheiden wird, hat das LAG Hamm die Fortsetzung des Arbeitsverhältnisses für den Arbeitgeber für zumutbar gehalten, da der Arbeitnehmer nicht dauerhaft leistungsunfähig war. Die vorzunehmende Interessenabwägung falle zu Gunsten des Arbeitnehmers aus, wenn dieser lediglich noch 20 bzw. 26 Monate bis zum Rentenalter habe und der Arbeitgeber im Hinblick auf die zu erwartenden Fehlzeiten bzw. Entgeltfortzahlungstage ca. 7500 Euro pro Jahr zu leisten habe, da dem Arbeitnehmer die Inanspruchnahme der Möglichkeit, gem. § 237 SGB VI vorzeitig in Rente zu gehen, aufgrund der „fühlbaren Abschläge" nicht zumutbar sei[5]. 123

Für die Einhaltung der Zwei-Wochen-Frist gem. § 626 Abs. 2 BGB ist es ausreichend, wenn der krankhafte Zustand auch in den letzten zwei Wochen vor Ausspruch der Kündigung noch vorliegt (Dauertatbestand)[6]. 124

h) Wiedereinstellungsanspruch nach Prognoseänderung

Auch im Rahmen der krankheitsbedingten Kündigung kommt grundsätzlich ein Wiedereinstellungsanspruch in Betracht[7]. Voraussetzung ist aber einerseits nicht die bloße Erschütterung der negativen Gesundheitsprognose, sondern eine – vom Arbeitnehmer zu beweisende – positive Gesundheitsprognose[8]. Zudem sind Umstände, die erst nach Ablauf der Kündigungsfrist eintreten, nicht mehr zu berücksichtigen[9]. 125

i) Sonderfälle

aa) Alkohol/Drogen

Bei einer Kündigung wegen Alkohol- oder Drogenkonsums ist zu differenzieren zwischen der Alkohol- bzw. Drogensucht im Sinne einer behandlungsbedürftigen Krankheit und dem Verstoß gegen ein betriebliches Alkohol- und Drogenverbot, der zu einer verhaltensbedingten Kündigung führen kann[10]. Ist im Zeitpunkt der Kündigung die Prognose gerechtfertigt, der Arbeitnehmer biete aufgrund einer **Alkoholsucht** dauerhaft nicht die Gewähr, in der Lage zu sein, die vertraglich geschuldete Tätigkeit ord- 126

---

1 BAG 28.10.2010 – 2 AZR 688/09, NZA-RR 2011, 155.
2 BAG 18.10.2000 – 2 AZR 627/99, NZA 2001, 219.
3 BAG 12.7.1995 – 2 AZR 762/94, NZA 1995, 1100.
4 BAG 16.9.1999 – 2 AZR 123/99, EzA § 626 BGB Nr. 2 – Krankheit.
5 LAG Hamm 26.2.2004 – 8 Sa 1897/03, LAGReport 2005, 11; 14.7.2004 – 2 Sa 1512/03, nv.
6 BAG 25.3.2004 – 2 AZR 399/03, NZA 2004, 1216; 13.5.2004 – 2 AZR 36/04, DB 2004, 2273.
7 BAG 29.4.1999 – 2 AZR 431/98, EzA § 1 KSchG Nr. 46 – Krankheit.
8 BAG 17.6.1999 – 2 AZR 639/98, EzA § 1 KSchG Nr. 4 – Wiedereinstellungsanspruch.
9 BAG 27.6.2001 – 7 AZR 662/99, DB 2001, 2201.
10 BAG 9.4.1987 – 2 AZR 210/86, DB 1987, 2156.

nungsgemäß zu erbringen, kann eine ordentliche **personenbedingte** Kündigung des Arbeitsverhältnisses gerechtfertigt sein. Voraussetzung ist, dass daraus eine erhebliche Beeinträchtigung der betrieblichen Interessen folgt, diese durch mildere Mittel nicht abgewendet werden kann und sie auch bei einer Abwägung gegen die Interessen des Arbeitnehmers vom Arbeitgeber billigerweise nicht mehr hingenommen werden muss.

126a Für die Prognose im Hinblick auf die weitere Entwicklung einer Alkoholerkrankung kommt es entscheidend darauf an, ob der Arbeitnehmer **bereit** ist, eine **Entziehungskur bzw. Therapie durchzuführen**. Die Bereitstellung einer sozialtherapeutischen Einrichtung oder die **Ermöglichung einer Entziehungskur** kann von einem Arbeitgeber regelmäßig verlangt werden, weitergehende Zugeständnisse in der Regel aber nicht[1]. Lehnt der Arbeitnehmer eine Entziehungskur ab, kann erfahrungsgemäß davon ausgegangen werden, dass er von seiner Alkoholabhängigkeit in absehbarer Zeit nicht geheilt wird[2]. Ist der Arbeitnehmer hingegen bis zum Zugang der Kündigung bereit, an einer Entziehungsmaßnahme teilzunehmen, ist es regelmäßig geboten, den Erfolg dieser Maßnahme abzuwarten[3].

127 Der Arbeitnehmer ist regelmäßig nicht verpflichtet, im laufenden Arbeitsverhältnis routinemäßigen **Blutuntersuchungen** zur Klärung, ob er alkohol- oder drogenabhängig ist, zuzustimmen[4].

128 Einstweilen frei.

bb) HIV-Infektion

129 Die bloße HIV-Infektion rechtfertigt keine krankheitsbedingte Kündigung[5]. Vielmehr müssen weitere Umstände hinzutreten, um eine Kündigung sozial gerechtfertigt erscheinen zu lassen. Das ist etwa dann der Fall, wenn der Arbeitnehmer – ungeachtet seiner Infektion – allgemein die Voraussetzungen für eine krankheitsbedingte Kündigung erfüllt oder die Voraussetzungen einer Druckkündigung vorliegen[6]. Ob eine HIV-Infektion eine **Behinderung** iSd. AGG darstellt und damit eine ansonsten nicht angreifbare Kündigung (zB während der Probezeit) Schadenersatzansprüche auslöst, ist offen[7].

j) Krankheitsbedingte Kündigung und AGG

129a Krankheit ist nach dem AGG kein Diskriminierungsmerkmal. Problematisch ist allerdings die Abgrenzung zwischen einer Krankheit und einer Behinderung im Sinne des AGG. Der EuGH definiert dabei Behinderung als „jede physische oder psychische Beeinträchtigung, die ein Hindernis für die Teilhabe am Berufsleben bildet und wahrscheinlich von längerer Dauer ist"[8].

129b Daran anknüpfend meint das BAG, dass der Begriff der **Behinderung** den gesetzlichen Definitionen nach § 2 Abs. 1 Satz 1 SGB IX und § 3 AGG entspricht. Danach sind Menschen behindert, wenn ihre körperliche Funktion, geistige Fähigkeit oder seelische Gesundheit mit hoher Wahrscheinlichkeit länger als sechs Monate von dem

---

1 BAG 9.4.1987 – 2 AZR 210/86, NZA 1987, 811.
2 BAG 20.3.2014 – 2 AZR 565/12, NZA 2014, 602.
3 BAG 17.6.1999 – 2 AZR 639/98, NZA 1999, 1328.
4 BAG 12.8.1999 – 2 AZR 55/99, FA 2000, 25.
5 BAG 17.6.1999 – 2 AZR 639/98, NZA 1999, 1328.
6 LAG Düsseldorf 10.5.1988 – 8 Sa 314/88, NZA 1988, 658; ArbG Berlin 16.6.1987 – 24 Ca 319/86, NZA 1987, 637.
7 Vgl. LAG Bln.-Bbg. 13.1.2012 – 6 Sa 2159/11, NZA-RR 2012, 183.
8 EuGH 11.7.2006 – Rs. C-13/05 – Chacon Navas, DB 2006, 617.

III. Personenbedingte Kündigung

für das Lebensalter typischen Zustand abweichen und daher ihre Teilhabe am Leben an der Gesellschaft beeinträchtigt ist[1].

Abgestellt wird dabei auf die Teilhabe am Leben in der Gesellschaft **insgesamt**. Dies ist mit der Arbeitsunfähigkeit nicht gleichzusetzen. Eine Behinderung kann also auch bei kürzeren Arbeitsunfähigkeitszeiten vorliegen. Im Gegenteil können sogar chronische Erkrankungen, die überhaupt zu keinen Ausfallzeiten führen, als Behinderungen zu werten sein[2]. 129c

Die Behinderung muss dabei nicht einmal beim Arbeitnehmer selbst vorliegen. Eine Diskriminierung nach Art. 2 Abs. 2 lit. a der Richtlinie 2000/78/EG liegt nämlich immer dann vor, wenn eine Person u.a. wegen einer Behinderung in einer vergleichbaren Situation eine weniger günstige Behandlung erfährt, als eine andere Person erfahren hat oder erfahren würde. Zweck der Richtlinie ist, jede Form der Diskriminierung aus Gründen der Behinderung zu bekämpfen. Geschützt werden daher nicht nur Arbeitnehmer, die selbst behindert sind. Auch die **Benachteiligung wegen der Behinderung eines Kindes**, für das der Arbeitnehmer im Wesentlichen die Pflegeleistungen erbringt, verstößt gegen das Diskriminierungsverbot gem. Art. 2 Abs. 2 lit. b Richtlinie 2000/78/EG[3]. 129d

Ein Verstoß gegen das im AGG normierte Diskriminierungsverbot wegen Behinderung kann nach nunmehr ständiger Rechtsprechung zur **Sozialwidrigkeit** einer Kündigung nach § 1 KSchG führen. Die Diskriminierungsverbote des AGG einschließlich der gesetzlich vorgesehenen Rechtfertigungen sind nämlich bei der Auslegung des Kündigungsschutzgesetzes in der Weise zu beachten, als sie Konkretisierungen des Sozialwidrigkeitsbegriffs darstellen[4]. 129e

Ausdrücklich offen gelassen hat das BAG, ob die Ausschließlichkeitsanordnung des § 2 Abs. 4 AGG den Entschädigungsanspruch nach § 15 Abs. 2 AGG sperrt, weil dessen Voraussetzungen im konkreten Fall nicht erfüllt waren. Eine Entschädigung, so das BAG, erscheine jedenfalls nicht systemwidrig, weil auch bisher auf § 823 Abs. 1 BGB gestützte Entschädigungen bei Persönlichkeitsrechtsverletzungen im Zusammenhang mit rechtswidrigen Kündigungen nicht ausgeschlossen waren[5]. 129f

3. Sonstige Fälle personenbedingter Kündigung

Neben der krankheitsbedingten Kündigung gibt es eine Reihe anderer, personenbedingter Kündigungsgründe. Dazu gehören im Wesentlichen die Folgenden: 130

- **Arbeits- und Berufserlaubnis, Beschäftigungsverbote**

Ist einem ausländischen Arbeitnehmer die nach § 284 SGB III erforderliche **Arbeitserlaubnis nicht erteilt** worden, führt dies nicht zur Nichtigkeit des Arbeitsvertrages[6]. Das Arbeitsverhältnis kann aber durch Kündigung beendet werden. Wurde die **Arbeitserlaubnis rechtskräftig versagt oder widerrufen**[7], ist der Arbeitnehmer zur Leistung der vertraglich geschuldeten Dienste dauerhaft außerstande. Er unterliegt einem Beschäftigungsverbot. In diesem Fall ist eine personenbedingte ordentliche Kündigung gerechtfertigt[8]. Ist hingegen über die von dem ausländischen Arbeitnehmer be- 131

---

1 BAG 22.10.2009 – 8 AZR 642/08, NZA 2010, 280.
2 BAG 17.12.2009 – 8 AZR 670/08, NZA 2010, 383 (Morbus Bechterew).
3 EuGH 17.7.2008 – Rs. C-303/06 – Coleman, NZA 2008, 932.
4 BAG 22.10.2009 – 8 AZR 642/08, NZA 2010, 280.
5 BAG 22.10.2009 – 8 AZR 642/08, NZA 2010, 280.
6 BAG 13.1.1977 – 2 AZR 423/75, BAGE 29, 1.
7 Vgl. §§ 6, 7 ArGV
8 LAG Nürnberg 21.9.1994 – 3 Sa 1176/93, NZA 1995, 228; BAG 7.2.1990 – 2 AZR 359/89, NZA 1991, 341.

antragte Arbeitserlaubnis noch nicht rechtskräftig entschieden, ist darauf abzustellen, ob für den Arbeitgeber bei objektiver Beurteilung im Zeitpunkt des Zugangs der Kündigung mit der Erteilung der Erlaubnis in absehbarer Zeit zu rechnen war und der Arbeitsplatz für den Arbeitnehmer ohne erhebliche betriebliche Beeinträchtigungen nicht offen gehalten werden konnte[1]. Die gleichen Grundsätze gelten dann, wenn für die Ausübung des Berufs eine Erlaubnis erforderlich ist, bspw. bei Ärzten[2], Rechtsanwälten und Lehrern[3].

131a Auch der Verlust der gesetzlich vorgeschriebenen **Fahrerlaubnis**[4] oder einer notwendigen **Fluglizenz**[5] kann eine personenbedingte Kündigung rechtfertigen.

Einem kirchlichen Arbeitgeber kann nach Maßgabe seines Selbstverständnisses eine Weiterbeschäftigung einer Arbeitnehmerin als Gemeindereferentin unmöglich sein, nachdem dieser ihre **kanonische Beauftragung entzogen** worden ist. Die Ausgestaltung des innerkirchlichen Dienst- und Amtsrechts unterliegt nach Art. 140 GG iVm. Art. 137 Abs. 3 Satz 2 WRV dem kirchlichen Selbstbestimmungsrecht und ist der Gerichtsbarkeit des Staates entzogen. Das kirchliche Selbstbestimmungsrecht und die in Art. 137 Abs. 3 Satz 2 WRV ausdrücklich gewährleistete Ämterautonomie umfassen das Recht festzulegen, welche Kirchenämter einzurichten, wie diese zu besetzen und welche Anforderungen an die Amtsinhaber zu stellen sind[6].

• **Aufenthaltserlaubnis**

132 Im Rahmen der Prüfung über die Zulässigkeit einer Befristung hat das BAG entschieden, dass die **Befristung einer Aufenthaltserlaubnis** des Arbeitnehmers nur dann einen sachlichen Grund für die Befristung des Arbeitsverhältnisses darstellt, wenn im Zeitpunkt des Vertragsabschlusses eine hinreichend zuverlässige Prognose erstellt werden kann, eine Verlängerung der Aufenthaltserlaubnis werde nicht erfolgen[7]. Entsprechendes gilt für die Wirksamkeit einer personenbedingten Kündigung wegen Nichtverlängerung einer Aufenthaltserlaubnis.

• **Eignungsmängel**

133 Fehlende Eignung des Arbeitnehmers für die vertraglich von ihm geschuldete Arbeitsleistung ist grundsätzlich ein personenbedingter Kündigungsgrund[8]. Dem Ultima-ratio-Prinzip kommt bei einer Kündigung wegen fehlender Eignung besondere Bedeutung zu[9].

134 Strafbares außerdienstliches Verhalten des Arbeitnehmers kann Zweifel an der Zuverlässigkeit und Vertrauenswürdigkeit eines Beschäftigten begründen. Die Zweifel können dazu führen, dass es ihm – abhängig von seiner Funktion – an der Eignung für die künftige Erledigung seiner Aufgaben mangelt. Ob daraus ein in der Person liegender Kündigungsgrund folgt, hängt von der Art des Delikts, den konkreten Arbeitspflichten des Arbeitnehmers und seiner Stellung im Betrieb ab. So können außerdienstlich begangene Straftaten eines im öffentlichen Dienst mit hoheitlichen Auf-

---

1 BAG 7.2.1990 – 2 AZR 359/89, NZA 1991, 341; LAG Hamm 9.2.1999 – 6 Sa 1700/98, NZA-RR 1999, 240.
2 BAG 6.3.1974 – 5 AZR 313/73, AP Nr. 29 zu § 615 BGB mit Anm. von *Küchenhoff*.
3 BAG 31.1.1996 – 2 AZR 68/95, NZA 1996, 819; 11.7.1980 – 7 AZR 552/78, AP Nr. 18 zu § 611 BGB – Lehrer, Dozenten mit Anm. von *von Hoyningen-Huene*.
4 BAG 25.4.1996 – 2 AZR 74/95, NZA 1996, 1201; 31.1.1996 – 2 AZR 68/95, NZA 1996, 819; nicht bei bloß „betrieblicher Fahrerlaubnis", BAG 5.6.2008 – 2 AZR 984/06, BB 2008, 1337.
5 BAG 7.12.2000 – 2 AZR 459/99, NZA 2001, 1304.
6 BAG 10.4.2014 – 2 AZR 812/12, NZA 2014, 653.
7 BAG 12.1.2000 – 7 AZR 863/98, BB 2000, 933.
8 BAG 28.9.1989 – 2 AZR 317/86, AP Nr. 24 zu § 1 KSchG 1969 – Verhaltensbedingte Kündigung; 30.3.1995 – 2 AZR 835/93, nv.
9 Vgl. BAG 7.12.2000 – 2 AZR 459/99, DB 2001, 1567 (Co-Piloten-Fall).

gaben betrauten Arbeitnehmers auch dann zu einem Eignungsmangel führen, wenn es an einem unmittelbaren Bezug zum Arbeitsverhältnis fehlt. Generelle Wertungen lassen sich nicht treffen. Maßgebend sind die Umstände des Einzelfalls[1]. So ist der private – illegale – Vertrieb von Rauschmitteln mit der Bewilligung von Leistungen nach dem SGB II als Arbeitnehmer der Bundesagentur für Arbeit nicht vereinbar, weil der Arbeitnehmer in hoheitlicher Funktion tätig wird und die Wahrnehmung hoheitlicher Aufgaben in der öffentlichen Verwaltung eine jederzeit integre und gewissenhafte Ausübung der Tätigkeit erfordert[2].

Mangelnde Eignung hat das BAG in Einzelfällen – zB – auch im Zusammenhang mit einer früheren exponierten Tätigkeit in der DDR angenommen[3].

Wenn im Einzelfall zahlreiche Lohnpfändungen oder Abtretungen einen derartigen Arbeitsaufwand des Arbeitgebers verursachen, dass dies zu wesentlichen Störungen im Arbeitsablauf oder in der betrieblichen Organisation führt, soll ebenfalls ein personenbedingter Kündigungsgrund vorliegen[4].

Das Hessische LAG hielt eine als Kindergartenleiterin eingestellte Arbeitnehmerin aufgrund ihres Umgangs mit den Mitarbeiterinnen des Kindergartens wegen eines autoritären und menschenverachtenden Führungsstils, aufgrund ihres Verhältnisses zu den Eltern, wegen ihrer Unfähigkeit zur Zusammenarbeit und zur sachlichen Kommunikation sowie aufgrund ihrer Unfähigkeit, auf die Belange der Kinder einzugehen sowie den Kindergarten sachgerecht zu organisieren, zur Leitung des Kindergartens für persönlich ungeeignet[5].

- **Geschlechtsumwandlung**

Einer personenbedingten Kündigung wegen der Geschlechtsumwandlung eines Arbeitnehmers steht Art. 5 Abs. 1 der Richtlinie 76/207/EWG des Rates vom 9.2.1996 zur Verwirklichung des Grundsatzes der Gleichbehandlung von Männern und Frauen hinsichtlich des Zugangs zur Beschäftigung, zur Berufsbildung und zum beruflichen Aufstieg sowie in Bezug auf die Arbeitsbestimmungen entgegen[6].

- **Glaubens- oder Gewissensgründe**

Weigert sich ein Arbeitnehmer, eine an sich von ihm geschuldete Arbeit auszuüben mit der Begründung, dies verbiete ihm sein Glauben oder sein Gewissen, kann darin ein in der Person des Arbeitnehmers liegender Grund gegeben sein, das Arbeitsverhältnis zu kündigen – jedenfalls dann, wenn eine andere Beschäftigungsmöglichkeit für den Arbeitnehmer nicht besteht[7]. Ob derartige Fälle den personen- oder eher verhaltensbedingten Kündigungsgründen zuzuordnen sind, ist nicht endgültig geklärt. Während die Formulierungen im „Kopftuchfall"[8] eher auf einen verhaltensbedingten Kündigungsgrund hinweisen, lässt der 2. Senat dies in einer neueren Entscheidung[9] offen.

In der Sache selbst ist das BAG der Auffassung, im Rahmen des billigen Ermessens nach § 315 Abs. 1 BGB habe der Arbeitgeber einen ihm offenbarten Gewissenskonflikt des Arbeitnehmers zu berücksichtigen. Das bedeutet allerdings nicht, dass das

---

1 BAG 20.6.2013 – 2 AZR 583/12, NZA 2013, 1345; 10.9.2009 – 2 AZR 257/08, BAGE 132, 72.
2 BAG 10.4.2014 – 2 AZR 684/13, BB 2014, 2611.
3 BAG 13.10.1994 – 2 AZR 201/93, NZA 1995, 577.
4 BAG 15.10.1992 – 2 AZR 188/92, EzA § 1 KSchG 1969 Nr. 45 – Verhaltensbedingte Kündigung.
5 LAG Hess. 19.10.2004 – 1 Sa 19/04, AuA 2005, 311.
6 EuGH 30.4.1996 – Rs. C-13/94, NZA 1996, 695.
7 BAG 24.5.1989 – 2 AZR 285/88, NZA 1990, 144.
8 BAG 10.10.2003 – 2 AZR 472/01, NZA 2002, 483.
9 Moslem-Fall, BAG 24.2.2011 – 2 AZR 636/09, NZA 2011, 1087.

Grundrecht des Mitarbeiters dem des Arbeitgebers grundsätzlich und uneingeschränkt vorgeht und eine Einschränkung der Grundrechtsausübung immer nur auf der Arbeitgeberseite erfolgen kann oder muss[1].

- **Haft**

140 Grundsätzlich kommt die Verbüßung einer Freiheitsstrafe als personenbedingter Kündigungsgrund in Betracht. Das BAG[2] sieht in der Verbüßung einer **Freiheitsstrafe von mehr als zwei Jahren** die negative Prognose als gegeben an. Der Arbeitgeber ist dann auch nicht mehr verpflichtet, konkrete Betriebsablaufstörungen darzulegen. Jedenfalls bei der Regelgrenze von zwei Jahren Haft geht die Interessenabwägung in der Regel auch zu Gunsten des Arbeitgebers aus.

141 Aufgrund seiner **Fürsorgepflicht** kann der Arbeitgeber gehalten sein, bei der Erlangung des Freigängerstatus mitzuwirken, wenn der Arbeitnehmer ihn über die Umstände der Strafhaft aufklärt und keine weiteren Störungen des Arbeitsverhältnisses zu befürchten sind[3].

- **Mangelnde Sprachkenntnisse**

142 Mangelnde Sprachkenntnisse können eine personenbedingte (oder auch betriebsbedingte[4]) Kündigung rechtfertigen, wenn das Anforderungsprofil für den Arbeitsplatz sich so ändert, dass Sprachkenntnisse erforderlich sind, um bspw. den Inhalt von Begleitpapieren zu verstehen bzw. Maschinen oder EDV-Anlagen ordnungsgemäß bedienen zu können. Der Arbeitgeber ist in solchen Fällen gehalten, dem Mitarbeiter die Möglichkeit zu verschaffen, sich bislang fehlende, zur künftigen ordnungsgemäßen Durchführung der Arbeitsaufgaben erforderliche Kenntnisse der deutschen Sprache anzueignen. Dies ergibt sich schon aus der Notwendigkeit, zumutbare Umschulungs- und Fortbildungsmaßnahmen nach § 1 Abs. 2 Satz 3 KSchG zu ermöglichen[5].

143 Eine auf fehlende Sprachkenntnisse gestützte Kündigung verstößt auch nicht gegen das **AGG**. Verlangt ein Arbeitgeber von seinen Arbeitnehmern Kenntnisse der deutschen Schriftsprache, damit sie schriftliche Arbeitsanweisungen verstehen und die betrieblichen Aufgaben so gut wie möglich erledigen können, so verfolgt er ein sachlich gerechtfertigtes Ziel, das Mittel ist erforderlich und angemessen. Jedenfalls dann, wenn er dem Arbeitnehmer Zeit gegeben hat, seine persönlichen Fähigkeiten den geänderten betrieblichen Anforderungen anzupassen, kann eine personenbedingte Kündigung gerechtfertigt sein. Der Arbeitnehmer kann nicht verlangen, dass ein Arbeitgeber seinen betrieblichen Ablauf allein deswegen entgegen seinen rechtmäßigen Interessen organisiert, weil der Arbeitnehmer auf einem vertragswidrigen, wenn auch möglicherweise menschlich verständlichen Standpunkt beharrt, sich nicht fortbilden zu müssen[6].

- **Scheidung**

144 Die Ehescheidung eines Arbeitnehmers ist grundsätzlich kein Kündigungsgrund, auch wenn zwischen den Ehegatten ein Arbeitsverhältnis besteht. Eine personenbedingte Kündigung kommt aber dann in Betracht, wenn sich aus der durch die Scheidung bestätigte Ehezerrüttung eine derart konkrete Beeinträchtigung des Arbeitsver-

---

1 So zutreffend: *Hunold*, DB 2011, 1580.
2 BAG 25.11.2010 – 2 AZR 984/08, NZA 2011, 686; 24.3.2011 – 2 AZR 790/09, NZA 2011, 1084.
3 BAG 9.3.1995 – 2 AZR 497/94, NZA 1995, 777; vgl. auch LAG Rh.-Pf. 12.4.1999 – 7 Sa 61/99, EzA-SD 1999, Nr. 21/1999, 7 (rkr.), das im Einzelfall und aufgrund der dort vorzunehmenden Interessenabwägung die soziale Rechtfertigung einer ordentlichen Kündigung wegen Verbüßung einer Freiheitsstrafe verneint.
4 LAG Hess. 19.7.1999 – 16 Sa 1898/98, MDR 2000, 403.
5 LAG Hess. 19.7.1999 – 16 Sa 1898/98, MDR 2000, 403.
6 BAG 28.1.2010 – 2 AZR 764/08, BB 2010, 51.

hältnisses ergibt, dass es dem Arbeitgeber-Ehegatten nicht mehr zumutbar ist, das Arbeitsverhältnis fortzuführen[1].

- **Sicherheitsbedenken**

Liegen dem Arbeitgeber **konkrete Anhaltspunkte** dafür vor, dass der Arbeitnehmer Betriebs- oder Geschäftsgeheimnisse verraten könnte, rechtfertigt dies eine personenbedingte Kündigung. Dies gilt insbesondere dann, wenn ein Arbeitnehmer in Vertrauensstellung mit den Inhabern oder Mitarbeitern eines Konkurrenzunternehmens verwandtschaftlich oder freundschaftlich eng verbunden ist und eine Um- oder Versetzung unmöglich ist. Zu einem Geheimnisbruch selbst muss es noch nicht gekommen sein. Erforderlich sind aber konkrete Tatsachen, die erkennen lassen, dass der Arbeitnehmer durch sein Verhalten und die Verbindung mit dem Konkurrenten berechtigte Sicherheitsinteressen des Arbeitgebers beeinträchtigen wird[2].

IV. Verhaltensbedingte Kündigung

1. Begriff

Aus § 1 Abs. 2 KSchG ergibt sich lediglich, dass eine Kündigung auch dann sozial ungerechtfertigt sein kann, wenn sie nicht durch Gründe, die in dem Verhalten des Arbeitnehmers liegen, bedingt ist.

Aus dieser gesetzlichen Definition hat insbesondere die Rechtsprechung im Laufe der Jahrzehnte den Rechtssatz entwickelt, dass eine verhaltensbedingte Kündigung sozial gerechtfertigt sei, wenn der Arbeitnehmer mit dem ihm vorgeworfenen Verhalten eine Vertragspflicht – schuldhaft – verletzt, das Arbeitsverhältnis konkret beeinträchtigt wird, eine zumutbare Möglichkeit einer anderen Beschäftigung nicht besteht und die Lösung des Arbeitsverhältnisses in Abwägung der Interessen beider Vertragsparteien billigenswert und angemessen erscheint[3].

2. Prüfungsaufbau

Daraus und der Betonung, dass auch für die verhaltensbedingte Kündigung das sog. **Prognoseprinzip** gilt[4] ergibt sich ein zweistufiger Prüfungsaufbau, der systematisch auch für den Fall der außerordentlichen Kündigung gilt[5]:

So ist zunächst zu prüfen, ob der Sachverhalt ohne seine besonderen Umstände „an sich", dh. typischerweise als Kündigungsgrund geeignet ist (1. Stufe), alsdann bedarf es der Prüfung, ob dem Kündigenden die Fortsetzung des Arbeitsverhältnisses unter Berücksichtigung der konkreten Umstände des Falles und unter Abwägung der Interessen beider Vertragsteile zumutbar ist oder nicht (2. Stufe).

Im Rahmen der Interessenabwägung wiederum ist zunächst zu prüfen, ob es keinen angemessenen Weg gibt, das Arbeitsverhältnis fortzusetzen. Das berührt die Frage der erforderlichen oder entbehrlichen Abmahnung. Schließlich sind sonstige Umstände zu berücksichtigen, welche die Interessenabwägung beeinflussen können.

---

1 BAG 9.2.1995 – 2 AZR 389/94, NZA 1996, 249; vgl. auch ArbG Passau 14.9.1995 – 2 Ca 77/95, BB 1996, 115 mit geringeren Anforderungen.
2 BAG 20.7.1989 – 2 AZR 114/87, NJW 1990, 597.
3 BAG 12.1.2006 – 2 AZR 21/05, DB 2006, 1566.
4 BAG 12.1.2006 – 2 AZR 179/05, DB 2006, 1566.
5 BAG 9.6.2011 – 2 AZR 381/10, NZA 2011, 1027.

151 Der **Prüfungsablauf** sieht schematisch also so aus:

Verhaltensbedingte Kündigung

1. Kündigungsgrund „an sich"
2. Interessenabwägung
   - Abmahnung (nur ausnahmsweise entbehrlich)
   - Sonstige Umstände der Interessenabwägung

3. Kündigungsgrund an sich

152 Verhaltensbedingte Kündigungsgründe können sich aus der Verletzung vertraglicher Haupt- und Nebenpflichten ergeben. Denkbar sind Störungen im Leistungsbereich (Schlecht- oder Fehlleistungen), Verstöße gegen die betriebliche Ordnung (zB Rauch- und Alkoholverbot), Störungen im personellen Vertrauensbereich (Vermögensdelikte, Vollmachtsmissbrauch etc.) oder die Verletzung von arbeitsvertraglichen Nebenpflichten (zB Verstöße gegen die betriebliche Ordnung, Treue oder Geheimhaltungspflichten). Vgl. im Einzelnen Teil 3 G Kündigungen von A–Z.

a) Verschuldensprinzip

153 Zu den allgemeinen, von der Rechtsprechung entwickelten Grundsätzen gehört das Postulat des Verschuldens. Eine ordentliche Kündigung ist idR dann durch Gründe im Verhalten des Arbeitnehmers gerechtfertigt, wenn dieser **schuldhaft** gegen die ihm obliegenden Vertragspflichten verstoßen hat.

154 Allerdings können auch **schuldlose Pflichtverletzungen** des Arbeitnehmers ausnahmsweise einen wichtigen Grund zur verhaltensbedingten Arbeitgeberkündigung darstellen[1], wenn der Arbeitnehmer durch fortlaufendes Fehlverhalten die betriebliche Ordnung und den Betriebsfrieden bzw. die Sicherheitsvorschriften derart erheblich und nachhaltig verletzt, dass dem Arbeitgeber die Aufrechterhaltung dieses Zustands nicht zumutbar ist[2].

b) Aufklärungsobliegenheit des Arbeitgebers

155 Auch im Anwendungsbereich des Kündigungsschutzgesetzes hängt die Wirksamkeit einer verhaltensbedingten Kündigung – von der Ausnahme einer Verdachtskündigung abgesehen – **nicht** von der vorherigen **Anhörung des Arbeitnehmers** ab[3]. Nicht einmal vor einer außerordentlichen Kündigung gem. § 626 BGB bedarf es einer solchen Anhörung. Maßgeblich ist nur, ob dem Arbeitgeber objektiv die Fortsetzung des Arbeitsverhältnisses bis zum Fristablauf unzumutbar ist[4]. Eine andere Frage ist, ob es nicht zweckmäßig erscheint, vor Ausspruch einer verhaltensbedingten Kündigung die betroffenen Arbeitnehmer anzuhören. Dies ist allein deshalb grundsätzlich zu bejahen, weil dem Arbeitgeber damit die Möglichkeit eröffnet wird, die Risiken einer Kündigung besser abschätzen zu können[5].

---

1 BAG 21.1.1999 – 2 AZR 665/98, NZA 1999, 863 – Beleidigungs-Fall.
2 LAG Schl.-Holst. 9.6.2011 – 5 Sa 509/10, NZA-RR 2011, 572.
3 BAG 18.9.1997 – 2 AZR 36/97, AP Nr. 138 zu § 626 BGB.
4 BAG 21.2.2001 – 2 AZR 579/99, EzA § 242 BGB Nr. 2 – Kündigung.
5 Vgl. auch *Gilberg*, DB 2006, 1555.

IV. Verhaltensbedingte Kündigung

c) Darlegungs- und Beweislast

Ebenso wie bei der personen- und betriebsbedingten Kündigung obliegt dem **Arbeitgeber** im Kündigungsschutzprozess die Darlegungs- und Beweislast für die verhaltensbedingten Kündigungsgründe (§ 1 Abs. 2 Satz 4 KSchG). Das bezieht sich auch auf das „Verschulden" des Arbeitnehmers. Damit ist der Arbeitgeber auch für das Nichtvorhandensein von Rechtfertigungsgründen beweispflichtig[1].

Dies bedeutet aber nicht, dass er zB bei einem Arbeitsversäumnis, das er zum Anlass für eine Kündigung nimmt, im Kündigungsrechtsstreit von vornherein alle denkbaren Rechtfertigungsgründe widerlegen muss. Seine Darlegungslast hängt vielmehr davon ab, wie sich der **Arbeitnehmer** auf den Vorwurf des unentschuldigten Fehlens im Prozess einlässt. Dieser muss den Vorwurf unter genauer Angabe der Gründe, die ihn an der Arbeitsleistung gehindert haben, bestreiten. Wenn er bspw. eine Erkrankung geltend macht, muss er nicht notwendig auf ein ärztliches Attest verweisen. Liegt ein solches aber nicht vor, muss er substantiieren, warum er woran erkrankte und weshalb er nicht zur Arbeit erscheinen konnte[2].

Zu beachten ist auch, ob der Beweisführung des Arbeitgebers ggf. ein **Beweisverwertungsverbot** entgegensteht[3].

d) Fristen

Die Geltendmachung eines Kündigungsgrundes an sich ist – anders als bei der außerordentlichen Kündigung nach § 626 Abs. 1 BGB – nicht von der Einhaltung einer Frist abhängig. Selbst bei einer außerordentlichen Kündigung bedarf es für das Nachschieben nachträglich bekannt gewordener Kündigungsgründe nicht der Einhaltung der Zwei-Wochen-Frist des § 626 Abs. 2 BGB[4].

4. Abmahnung

a) Grundsätzliche Abmahnungsobliegenheit

Eine Kündigung wegen Vertragspflichtverletzung setzt regelmäßig eine Abmahnung voraus. Dies jedenfalls dann, wenn der Arbeitnehmer mit vertretbaren Gründen annehmen konnte, sein Verhalten sei nicht vertragswidrig oder werde vom Arbeitgeber nicht als ein erhebliches, den Bestand des Arbeitsverhältnisses gefährdendes, Fehlverhalten angesehen[5]. Dies ist Ausdruck des **Verhältnismäßigkeitsgrundsatzes**. Eine verhaltensbedingte Kündigung ist nicht gerechtfertigt, wenn es andere geeignete mildere Mittel gibt, um eine künftige Vertrauensstörung zu beseitigen und zu vermeiden. Dieser Aspekt hat durch die gesetzliche Regelung des § 314 Abs. 2 BGB eine gesetzgeberische Bestätigung gefunden[6].

Eine Abmahnung ist aber **entbehrlich**, wenn es um schwere Pflichtverletzungen geht, deren Rechtswidrigkeit dem Arbeitnehmer ohne Weiteres erkennbar ist und bei de-

---

1 BAG 12.8.1976 – 2 AZR 237/75, EzA § 1 KSchG Nr. 33; 24.11.1983 – 2 AZR 327/82, EzA § 626 BGB Nr. 88.
2 Vgl. BAG 23.9.1992 – 2 AZR 199/92, EzA § 1 KSchG Nr. 44 – Verhaltensbedingte Kündigung; bei zweifelhafter Arbeitsunfähigkeitsbescheinigung: BAG 7.12.1995 – 2 AZR 849/94, RzK I 10h Nr. 37 (Aufbau und Hilfe im Imbiss der Ehefrau); auch: BAG 19.2.1997 – 5 AZR 747/93, BB 1997, 524.
3 BAG 10.12.1998 – 8 AZR 366/97, nv.; 29.10.1997 – 5 AZR 508/96, BB 1998, 431 (heimliches Mithören eines Telefonats); vgl. auch BAG 27.3.2003 – 2 AZR 51/02, NZA 2003, 1193.
4 BAG 4.6.1997 – 2 AZR 362/96, BAGE 86, 88.
5 BAG 1.7.1999 – 2 AZR 676/98, EzA § 15 BBiG Nr. 13.
6 BAG 12.1.2006 – 2 AZR 21/05, NZA 2006, 917.

nen eine Hinnahme des Verhaltens durch den Arbeitgeber offensichtlich ausgeschlossen ist bzw. es dem Arbeitnehmer bewusst sein muss, dass er seinen Arbeitsplatz aufs Spiel setzt[1]. So ist eine Abmahnung entbehrlich bei einem auf Heimlichkeit angelegten, systematischen Verstoß gegen die Verpflichtung des Arbeitnehmers, Arbeitszeiten korrekt zu dokumentieren[2]. Ein mit möglichst großer Heimlichkeit einhergehender Täuschungsversuch durch Aktenmanipulation im öffentlichen Dienst zur Vertuschung eigener Fehler wird auch durch jahrzehntelange pflichtgemäße Aufgabenerfüllung nicht aufgewogen, eine Kündigung ist auch hier ohne Abmahnung gerechtfertigt[3]. **Erforderlich** ist eine Abmahnung aber insbesondere dann, wenn der Arbeitgeber eine betriebsinterne Verbotsregelung nicht konsequent handhabt und der Arbeitnehmer mit vertretbaren Gründen annehmen durfte, ihm werde wegen eines Verstoßes gegen diese Regelung jedenfalls nicht gekündigt[4].

162 Ist nach diesen Grundsätzen eine erforderliche Abmahnung ordnungsgemäß erfolgt und verletzt der Arbeitnehmer erneut seine vertraglichen Pflichten, kann regelmäßig davon ausgegangen werden, es werde auch künftig zu weiteren Vertragsstörungen kommen. Dabei ist es für diese negative Prognose ausreichend, wenn die jeweiligen Pflichtverletzungen aus demselben Bereich stammen und somit Abmahnung und Kündigungsgrund in einem **inneren Zusammenhang** stehen[5].

163 Vor der fristlosen Kündigung des Dienstverhältnisses eines **GmbH-Geschäftsführers** ist ebenfalls regelmäßig eine Abmahnung entbehrlich[6].

164 Auch außerhalb des Anwendungsbereichs des Kündigungsschutzgesetzes ist nach der Rechtsprechung des BAG[7] eine fruchtlose Abmahnung vor der verhaltensbedingten Kündigung nicht erforderlich.

164a Umgekehrt **schließt** eine **Abmahnung** eine auf denselben Sachverhalt gestützte **Kündigung aus**. Im Ausspruch einer Abmahnung liegt nämlich regelmäßig der konkludente Verzicht auf das Recht zur Kündigung aus den in ihr gerügten Gründen[8]. Treten weitere Gründe zu den abgemahnten hinzu oder werden sie erst nach dem Ausspruch der Abmahnung bekannt, sind diese vom Kündigungsverzicht nicht erfasst. Kündigt ein Arbeitgeber im unmittelbaren zeitlichen Zusammenhang mit einer vorangegangenen Abmahnung, muss er im Einzelnen darlegen, dass neue oder später bekannt gewordene Gründe hinzu getreten sind und erst diese den Kündigungsentschluss bestimmt haben. Dann kann er sie zur Begründung der Kündigung heranziehen und dabei auf die schon abgemahnten Gründe unterstützend zurückgreifen[9].

b) Hinweis- und Warnfunktion

165 Mit einer Abmahnung übt der Arbeitgeber seine arbeitsvertraglichen Gläubigerrechte in doppelter Hinsicht aus. Zum einen weist er den Arbeitnehmer als seinen Schuldner auf dessen vertragliche Pflichten hin und macht ihn auf die Verletzung dieser Pflichten aufmerksam (**Rüge- und Dokumentationsfunktion**). Zum anderen fordert er ihn

---

1 BAG 12.1.2006 – 2 AZR 179/05, DB 2006, 1566; 10.6.2010 – 2 AZR 451/09, DB 2010, 2395; 9.6.2011 – 2 AZR 381/10, NZA 2011, 1027.
2 BAG 9.6.2011 – 2 AZR 381/10, NZA 2011, 1027.
3 BAG 23.1.2014 – 2 AZR 638/13, NZA 2014, 965.
4 BAG 23.6.2009 – 2 AZR 474/07, NZA 2009, 1136 (Sachbezugsregelung).
5 BAG 13.12.2007 – 2 AZR 818/06, NZA 2008, 589.
6 BGH 14.2.2000 – II ZR 218/98, BB 2000, 844; bestätigt durch BGH 10.9.2001 – II ZR 14/00, NJW-RR 2002, 173.
7 BAG 21.2.2001 – 2 AZR 579/99, BB 2001, 1902.
8 BAG 26.11.2009 – 2 AZR 751/08, NJW 2010, 1398; 2.2.2006 – 2 AZR 222/05, AP Nr. 52 zu § 1 KSchG 1969 verhaltensbedingte Kündigung.
9 BAG 26.11.2009 – 2 AZR 751/08, NJW 2010, 1398.

IV. Verhaltensbedingte Kündigung

für die Zukunft zu einem vertragstreuen Verhalten auf und kündigt, sofern ihm dies angebracht erscheint, individualrechtliche Konsequenzen für den Fall einer erneuten Pflichtverletzung an (**Warnfunktion**)[1]. Eine Abmahnung, die diesen Anforderungen nicht entspricht, ist unwirksam. Die Androhung „arbeitsrechtlicher Konsequenzen" kann allerdings eine hinreichende Warnung vor einer Bestandsgefährdung des Arbeitsverhältnisses sein. Mit einer solchen Formulierung wird ausgedrückt, dass der Arbeitnehmer im Wiederholungsfall mit allen denkbaren arbeitsrechtlichen Folgen bis hin zu einer Beendigung des Arbeitsverhältnisses rechnen muss. Eine ausdrückliche Kündigungsandrohung ist dafür nicht erforderlich. Es ist ausreichend, wenn der Arbeitnehmer erkennen kann, der Arbeitgeber werde im Wiederholungsfall möglicherweise auch mit einer Kündigung reagieren[2].

Auch eine **formell unwirksame Abmahnung** (zB wegen fehlender Anhörung des Arbeitnehmers oder teilweise unzutreffender Vorwürfe) kann die erforderliche Warnfunktion haben. Aus der formellen Unwirksamkeit einer Abmahnung kann der Arbeitnehmer nämlich nicht entnehmen, der Arbeitgeber billige das abgemahnte Verhalten[3]. 165a

Schließlich kann eine **unwirksame Kündigung** die Funktion einer Abmahnung erfüllen. Das setzt voraus, dass die Tatsachen, auf die diese Kündigung gestützt wird, feststehen und die Kündigung aus anderen Erwägungen für unwirksam erachtet wird (etwa aus Gründen der Betriebsratsanhörung oder der Interessenabwägung)[4]. Das Gleiche soll für eine später zurückgenommene Kündigung gelten[5]. 166

Eine Abmahnung muss – jedenfalls nach Auffassung des LAG Köln – **nicht persönlich adressiert** sein. Sie kann danach insbesondere auch in einem betriebsöffentlichen Aushang enthalten sein („Abmahnung an den, den es angeht"). Für die Warnfunktion einer Abmahnung genüge es auch, dass der Arbeitgeber auf die Kündigung als eine nur mögliche Konsequenz hinweise; es sei nicht erforderlich, dass die Kündigung nach einem Wiederholungsfall als einzige Alternative und als gewiss folgend dargestellt werde[6]. 167

Die Frage, ob es einer „**wiederholten**" Abmahnung vor Ausspruch einer Kündigung bedarf, ist nicht eindeutig zu beantworten. Bei geringfügigen Pflichtverletzungen oder länger zurückliegenden Abmahnungen kann es zur Erhaltung der Warnfunktion erforderlich sein, den Arbeitnehmer erneut abzumahnen. Grundsätzlich bedarf es aber nicht einer zweiten oder dritten Abmahnung, zumal durch eine nicht dringend gebotene Wiederholung die Erinnerungs- und Warnfunktion der Abmahnung wieder abgeschwächt wird und es dann vor einer Kündigung einer nochmaligen „letzten" Abmahnung bedarf[7]. Allerdings kann in aller Regel bei drei vorangegangenen Abmahnungen nicht bereits die dritte als „entwertet" angesehen werden. Das BAG[8] begründet dies mit der Erwägung, dass ansonsten gerade der ruhig und verständig abwägende im Zweifel eher zur Nachsicht neigende Arbeitgeber benachteiligt wäre. 168

---

1 BAG 19.7.2012 – 2 AZR 782/11, DB 2012, 2939.
2 BAG 19.4.2012 – 2 AZR 258/11, DB 2012, 2404.
3 BAG 19.2.2009 – 2 AZR 603/07, DB 2009, 1822.
4 BAG 31.8.1989 – 2 AZR 13/89, EzA § 1 KSchG Nr. 27 – Verhaltensbedingte Kündigung.
5 LAG Hamburg 28.11.1991 – 2 Sa 49/91, LAGE Nr. 37 § 1 KSchG – Verhaltensbedingte Kündigung.
6 LAG Köln 6.8.1999 – 11 Sa 1085/98, NZA-RR 2000, 24 („Zuwiderhandlung in den oben genannten drei Fällen werden als Diebstahl geahndet. Die Geschäftsleitung behält sich vor, bei solchen Zuwiderhandlungen entsprechend personelle Konsequenzen bis hin zur Kündigung zu ergreifen.").
7 Vgl. KR/*Fischermeier*, § 626 BGB Rz. 274 mwN; zur Abschwächungswirkung BAG 15.11.2001 – 2 AZR 609/00, DB 2002, 689; dazu *Kammerer*, BB 2002, 1747.
8 BAG 16.9.2004 – 2 AZR 406/03, EzA § 1 KSchG Nr. 64 – Verhaltensbedingte Kündigung.

c) Form

169 Die Abmahnung ist nicht formgebunden. Sie bedarf insbesondere keiner Schriftform. Zweckmäßig ist es aber, die Abmahnung umfassend mündlich vorzunehmen und unter Bezug hierauf schriftlich zu bestätigen. Den Empfang einer schriftlichen Abmahnung sollte der Arbeitgeber sich aus Beweisgründen quittieren lassen oder diese unter Zeugen übergeben[1].

d) Abmahnungsberechtigter Personenkreis

170 Abmahnungsberechtigt sind alle Mitarbeiter, die aufgrund ihrer Aufgabenstellung befugt sind, verbindliche Anweisungen bzgl. des Ortes, der Zeit sowie der Art und Weise der vertraglich geschuldeten Arbeitsleistung zu erteilen[2]. Zu beachten ist vor allem, dass der Arbeitgeber einen etwaigen Kündigungsgrund idR „verbraucht", wenn er den zugrunde liegenden Sachverhalt nur mit einer Abmahnung ahndet[3]. Dies gilt allerdings dann nicht, wenn der Abmahnung selbst oder den Umständen zu entnehmen ist, dass der Arbeitgeber die Sache mit der Abmahnung nicht als „erledigt" ansieht[4].

171 Deshalb sollte für „Deckungsgleichheit" zwischen Kündigungs- und Abmahnungsbefugnis gesorgt werden. Wird nämlich die Abmahnungsbefugnis im Betrieb hierarchisch weit nach unten delegiert, ohne dass die Kündigungsbefugnis dem folgt, beschränkt sich der Arbeitgeber selbst in der Prüfung, ob ein bestimmter Sachverhalt nicht sogar zur Kündigung gereicht hätte.

e) Anhörung des Arbeitnehmers

172 Eine Anhörung des Arbeitnehmers vor Ausspruch einer Abmahnung ist nicht erforderlich. Die früher für den Bereich des öffentlichen Dienstes in § 13 Abs. 2 Satz 1 BAT zu findende Anhörungspflicht ist von den Ländern in § 3 Abs. 6 Satz 4 TV-L übernommen worden. Dagegen ist sie in dem für Bund und kommunale Arbeitgeber geltenden TVöD nicht mehr vorgesehen.

173, 174 Einstweilen frei.

f) Fristen und Wirkungsdauer

175 Es gibt **keine Regelausschlussfrist** zum Ausspruch einer Abmahnung, insbesondere nicht eine Zwei-Wochen-Frist in Anlehnung an § 626 Abs. 2 BGB[5]. Allerdings unterliegt das Recht der Abmahnung auch dem Rechtsinstitut der Verwirkung[6]. Das BAG hat es ebenfalls abgelehnt, eine Regelfrist anzuerkennen, nach deren Ablauf eine Abmahnung grundsätzlich unwirksam wäre. Es komme insoweit auf die Umstände des Einzelfalls an[7].

176 Demgegenüber schließt die instanzgerichtliche Rechtsprechung eine bestimmte zeitliche Grenze für die Wirkungsdauer einer Abmahnung nicht aus[8]. Ob dies nach der

---

1 Vgl. auch LAG Köln 8.3.1996 – 11 (13) Sa 1164/95, nv. (zit. nach juris).
2 BAG 18.1.1980 – 7 AZR 75/78, AP Nr. 3 zu § 1 KSchG 1969 – Verhaltensbedingte Kündigung.
3 BAG 10.11.1988 – 2 AZR 215/88, BB 1989, 1483.
4 BAG 13.12.2007 – 6 AZR 145/07, FA 2008, 53.
5 BAG 15.1.1986 – 5 AZR 70/84, BB 1986, 943; 12.1.1988 – 1 AZR 219/86, NZA 1988, 474.
6 LAG Köln 28.3.1988 – 5 Sa 90/88, RzK I1. Nr. 29.
7 BAG 21.5.1987 – 2 AZR 313/86, DB 1987, 2367.
8 So etwa LAG Hamm 14.5.1986 – 2 Sa 320/86, DB 1986, 1628 (Abmahnung nach zwei Jahren wirkungslos, wenn nicht innerhalb dieses Zeitraums eine weitere Abmahnung wegen einer gleichen oder gleichartigen Pflichtverletzung erteilt wurde).

IV. Verhaltensbedingte Kündigung

„Emmely"-Entscheidung des BAG[1] noch aufrechtzuerhalten sein wird, ist fraglich. Denn wenn man der These des BAG folgt, wonach in einem länger andauernden, beanstandungsfreien Arbeitsverlauf der Arbeitnehmer ein **„Vertrauenskapital"** aufbauen können soll, muss es dem Arbeitgeber gestattet sein, den etwaig nicht beanstandungsfreien Arbeitsverlauf bis zum Vertragsende zu dokumentieren. Es besteht dann auch kein Anspruch des Arbeitnehmers mehr, eine (berechtigte) Abmahnung aus der Personalakte zu entfernen[2].

Umstritten ist, ob **tarifliche Ausschlussfristen** auch für einen Anspruch auf Entfernung einer Abmahnung aus den Personalakten gelten[3]. 177

g) Rechtsschutz des Arbeitnehmers

aa) Entfernung aus Personalakte

Die Rechtsprechung gesteht dem Arbeitnehmer einen Anspruch auf Entfernung einer Abmahnung aus der Personalakte zu, wenn die Abmahnung formell nicht ordnungsgemäß zustande gekommen ist, sie unrichtige Tatsachenbehauptungen enthält, sie den Grundsatz der Verhältnismäßigkeit verletzt oder kein schutzwürdiges Interesse des Arbeitgebers am Verbleib der Abmahnung in der Personalakte mehr besteht[4]. Dabei will das BAG bisher nur schriftliche Abmahnungen einer gerichtlichen Kontrolle zugänglich machen, weil die Persönlichkeitsbeeinträchtigung des Arbeitnehmers gerade in der durch die Schriftlichkeit fortwirkenden Dokumentationsfunktion der Abmahnung liege[5]. 178

Demgegenüber wird in der Literatur mit unterschiedlichen Begründungen das Recht des Arbeitnehmers anerkannt, auch gegen mündliche Abmahnungen vorzugehen[6].

Nach Beendigung des Arbeitsverhältnisses hat der Arbeitnehmer regelmäßig keinen Anspruch mehr auf Entfernung einer zu Unrecht erteilten Abmahnung aus der Personalakte. Ein solcher Anspruch kann aber dann gegeben sein, wenn objektive Anhaltspunkte dafür bestehen, dass die Abmahnung dem Arbeitnehmer auch noch nach Beendigung des Arbeitsverhältnisses schaden kann. Dafür ist der Arbeitnehmer darlegungs- und beweispflichtig[7]. Jedenfalls im Bereich des öffentlichen Dienstes ist auch nach Beendigung des Arbeitsverhältnisses regelmäßig wegen der Transparenz der Personalakte ein Rechtsschutzinteresse für das Entfernungs-Verlangen gegeben[8]. 179

Allerdings gibt es für den Arbeitnehmer **keine Klagepflicht**. Er kann vielmehr im nachfolgenden Kündigungsschutzprozess noch geltend machen, die Abmahnung sei sachlich nicht gerechtfertigt gewesen[9]. Freilich unterliegt auch das Recht des Arbeitnehmers, die Richtigkeit des der Abmahnung zugrunde liegenden Sachverhalts zu bestreiten, den allgemeinen Verwirkungsgrundsätzen[10]. Konsequenz dieser Rechtsprechung ist, dass der Arbeitgeber aus Beweissicherungsgründen mit einer Feststellungs- 180

---

1 BAG 10.6.2010 – 2 AZR 541/09, NZA 2010, 1227.
2 *Novara/Knierim*, NJW 2011, 1175.
3 Dafür: LAG Berlin 4.7.1994 – 9 Sa 137/93, BB 1994, 2075 (rkr.); dagegen: BAG 14.12.1994 – 5 AZR 137/94, NZA 1995, 676 mwN.
4 BAG 30.5.1996 – 6 AZR 537/95, NZA 1997, 145; 11.12.2001 – 9 AZR 464/00, EzA § 611 BGB Nr. 6 – Nebentätigkeit.
5 BAG 13.4.1988 – 5 AZR 537/86, DB 1988, 1702.
6 Vgl. *Fromm*, DB 1989, 1409 mwN.
7 BAG 14.9.1994 – 5 AZR 632/93, DB 1995, 732; LAG Hamm 26.11.1998 – 4 (19) Sa 1360/98, ZInsO 1999, 363.
8 Vgl. *Falkenberg*, NZA 1988, 489 (491).
9 BAG 13.3.1987 – 7 AZR 601/85, NZA 1987, 518.
10 LAG Hess. 31.10.1986 – 13 Sa 613/86, RzK I 10. h) Nr. 11; vgl. auch BAG 13.3.1987 – 7 AZR 601/85, NZA 1987, 518 (519).

klage die Wirksamkeit der erteilten Abmahnung feststellen lassen kann. Das gilt nur dann nicht, wenn der Arbeitnehmer ausdrücklich die Wirksamkeit der erteilten Abmahnung (beweisbar) anerkennt[1].

181 Werden in einer Abmahnung **mehrere Pflichtverletzungen** gerügt und ist auch nur eine der vermeintlichen Pflichtverletzungen seitens des Arbeitgebers nicht beweisbar, ist die Abmahnung insgesamt aus der Personalakte zu entfernen. Es ist aber zulässig, die in einem Abmahnungsprozess als berechtigt angesehenen Rügepunkte unter Fortlassung der nicht beweisbaren neu zusammenzufassen und in die Personalakte aufzunehmen[2].

bb) Gegendarstellung

182 Neben der Möglichkeit, Klage auf Entfernung der Abmahnung aus der Personalakte zu erheben, hat der Arbeitnehmer das Recht auf Gegendarstellung. Nach § 83 Abs. 2 BetrVG kann er einer zu seiner Personalakte genommenen Abmahnung eine Stellungnahme beifügen. Dieses Recht können auch die Arbeitnehmer für sich in Anspruch nehmen, die nicht vom Geltungsbereich des Betriebsverfassungsgesetzes erfasst sind[3]. Die Gegendarstellung genügt, um den drohenden Einwand der unzulässigen Rechtsausübung zu entgehen[4]. Damit ist auch einem wesentlichen Argument des BAG[5] Rechnung getragen. Das BAG wollte gerade wegen der Vermeidung unnötiger Prozesse dem Arbeitnehmer nicht das Recht abschneiden, im Kündigungsschutzverfahren Einwendungen gegen eine Abmahnung erheben zu können.

cc) Widerruf

183 Neben dem Anspruch auf Entfernung einer Abmahnung aus der Personalakte kann der Arbeitnehmer auch einen Anspruch auf Widerruf der in der Abmahnung abgegebenen Tatsachenbehauptungen gerichtlich geltend machen[6]. Voraussetzung ist allerdings eine **fortdauernde Rechtsbeeinträchtigung**. Die liegt dann nicht vor, wenn der Arbeitgeber etwa ausdrücklich erklärt, er werde die Abmahnung nicht zur Begründung späterer arbeitsrechtlicher Maßnahmen heranziehen.

dd) Beschwerderecht

184 Dem Arbeitnehmer steht auch nach § 84 Abs. 1 BetrVG das Recht zu, sich bei seinem Vorgesetzten über die Erteilung der Abmahnung zu beschweren. Die Beschwerde kann auch gegenüber dem Betriebsrat erhoben werden. Sofern dieser die Abmahnung für fehlerhaft oder für unwirksam hält, hat er bei dem Arbeitgeber auf Abhilfe hinzuwirken. Hilft dieser nicht ab, kann die Einigungsstelle nicht angerufen werden[7] (weil es sich bei der Frage der Entfernung einer Abmahnung aus der Personalakte um einen Rechtsanspruch, nicht um einen Regelungsstreit handelt).

---

1 Vgl. *Tschöpe*, NZA Beilage 2/1990, 10.
2 BAG 13.3.1991 – 5 AZR 133/90, DB 1991, 1527.
3 BVerfG 16.10.1998 – 1 BvR 1685/92, NZA 1999, 77.
4 *Tschöpe*, NZA Beilage 2/1990, 10.
5 BAG 13.3.1987 – 7 AZR 601/85, NZA 1987, 518.
6 BAG 15.4.1999 – 7 AZR 716/97, DB 1999, 1810.
7 LAG Rh.-Pf. 17.1.1985 – 5 TaBV 36/84, NZA 1985, 190; LAG Berlin 18.2.1980 – 9 TaBV 5/79, AP Nr. 1 zu § 98 ArbGG 1979; aA LAG Köln 16.11.1984 – 7 TaBV 40/84, NZA 1985, 191.

ee) Prozessvergleich

Klagt ein Arbeitnehmer auf Rücknahme einer Abmahnung und deren Entfernung aus der Personalakte[1] und schließt dann mit dem Arbeitgeber einen Prozessvergleich des Inhalts, dass die Abmahnung nach Ablauf eines bestimmten Zeitraums seit ihrer Erteilung aus der Personalakte zu entfernen ist, so liegt darin mangels einer entsprechenden ausdrücklichen Erklärung des Arbeitnehmers keine Anerkennung, dass die Abmahnung begründet sei. Er kann daher das der Abmahnung zugrunde liegende Fehlverhalten in einem nachfolgenden Kündigungsschutzprozess nach wie vor bestreiten[2].

185

h) Abgrenzung zur Ermahnung

Von der Abmahnung ist die Ermahnung zu unterscheiden. Die Ermahnung ist eine **einfache Vertragsrüge**. Da die Ermahnung keinen kündigungsvorbereitenden Charakter hat, entbehrt sie einer Warnfunktion. Das Urteil des BAG vom 27.11.1985[3] gibt keinen Anlass anzunehmen, dass das BAG in dieser Entscheidung auch einen Anspruch auf Entfernung einer Ermahnung aus der Personalakte zuerkennen wollte. Mit dem Arbeitsgericht Freiburg[4] ist ein Rechtsschutzbedürfnis für die Rücknahme einer auch sachlich unzutreffenden schriftlichen Rüge oder Verwarnung nur dann gegeben, wenn es sich hierbei um eine Abmahnung im kündigungsrechtlichen Sinne handelt. Etwas anderes gilt möglicherweise dann, wenn die missbilligende Äußerung des Arbeitgebers zu den Personalakten genommen wird *und* geeignet ist, den Arbeitnehmer in seinem beruflichen Fortkommen zu behindern, weil sie Grundlage einer falschen Beurteilung sein kann[5].

186

5. Interessenabwägung

Nach Beantwortung der Frage, ob eine Abmahnung (wirksam) ausgesprochen worden ist oder ausnahmsweise entbehrlich war, ist in einer Gesamtwürdigung das Interesse des Arbeitgebers an der Beendigung des Arbeitsverhältnisses gegen das Interesse des Arbeitnehmers an dessen Fortbestand abzuwägen. Die Umstände, anhand derer dies zu beurteilen ist, lassen sich nicht abschließend festlegen. Zu berücksichtigen sind aber regelmäßig das Gewicht und die Auswirkungen einer Vertragspflichtverletzung – etwa im Hinblick auf das Maß eines durch sie bewirkten Vertrauensverlustes und ihrer wirtschaftlichen Folge –, der Grad des Verschuldens des Arbeitnehmers, eine mögliche Wiederholungsgefahr sowie die Dauer des Arbeitsverhältnisses und dessen störungsfreier Verlauf[6].

187

Einstweilen frei.

188–190

6. Kündigungsgründe von A–Z

Gerade die Rechtsprechung zur verhaltensbedingten Kündigung ist am Einzelfall orientiert. Eine wirklich „systemgerechte" Strukturierung der verhaltensbedingten Kündigungsgründe gibt es (noch) nicht[7]. Dennoch lassen sich die einzelnen Judikate nach Lebenssachverhalten systematisieren, die für die betriebliche Praxis von erheblicher Bedeutung sind. S. im Einzelnen Teil 3 G Kündigungen von A–Z.

191

---

1 Zur Beweislastverteilung s. *Kopke*, NZA 2007, 1211.
2 LAG Hamm 5.2.1990 – 2 Sa 1487/89, NZA 1990, 540.
3 BAG 27.11.1985 – 5 AZR 101/84, DB 1986, 489.
4 ArbG Freiburg 27.1.1987 – 2 Ca 386/86, DB 1987, 748.
5 BAG 18.8.1982 – 5 AZR 310/80, nv.
6 BAG 9.6.2011 – 2 AZR 381/10, NZA 2011, 1027.
7 *Berkowsky*, NZA-RR 2001, 1 (2); vgl. auch die Beispiele bei *Schiefer*, FA Spezial, 1/2001.

V. Betriebsbedingte Kündigung

1. Begriff

192 Nach § 1 Abs. 2 KSchG ist eine Kündigung auch dann sozial ungerechtfertigt, wenn sie nicht durch dringende betriebliche Erfordernisse, die einer Weiterbeschäftigung des Arbeitnehmers in dem Betrieb entgegenstehen, bedingt ist. Ein dringendes betriebliches Erfordernis wird nur dann angenommen, wenn anhand überprüfbarer Daten die fehlende Beschäftigungsmöglichkeit für den oder die betroffenen Arbeitnehmer belegt wird[1].

2. Prüfungsaufbau

193 Nach ständiger Rechtsprechung des BAG[2] findet bei der betriebsbedingten Kündigung eine **Vier-Stufen-Prüfung** statt: Danach müssen zur sozialen Rechtfertigung der Kündigung dringende betriebliche Erfordernisse die Kündigung bedingen, es darf kein anderer, gleichwertiger oder geringerwertiger freier Arbeitsplatz vorhanden sein; schließlich muss die Sozialauswahl ordnungsgemäß erfolgt sein.

194 Verkürzt sieht das **Prüfungsschema** so aus:

Betriebsbedingte Kündigung

1. Stufe: Führen dringende betriebliche Erfordernisse zum Wegfall eines oder mehrerer Arbeitsplätze?
2. Stufe: Ist kein anderer freier, gleichwertiger Arbeitsplatz vorhanden?
3. Stufe: Ist kein anderer freier, geringerwertiger Arbeitsplatz vorhanden?
4. Stufe: Ist die Sozialauswahl ordnungsgemäß getroffen?

3. Dringende betriebliche Erfordernisse (1. Stufe)

195 Die Notwendigkeit zum Abbau von Arbeitsplätzen kann grundsätzlich zwei Ursachen haben: Zum einen eine gestaltende Unternehmerentscheidung auf technischem oder organisatorischem Gebiet, aus der sich Auswirkungen für die Beschäftigung ergeben; zum zweiten außerbetriebliche Umstände, wie etwa ein Rückgang der Auftragsmenge, aus der sich unmittelbar die Anpassung des Personalbestandes ergibt[3].

a) Gestaltende Unternehmerentscheidung

196 Der gestaltenden Unternehmerentscheidung liegt regelmäßig ein unternehmerisches Motiv zu Grunde, zB der Gewinnverfall des Unternehmens, ein Mangel an Rentabilität und Wettbewerbsfähigkeit oder schlicht der Wunsch nach höherer Profitabilität. Diese Motivlage hat zunächst keine Folgen für die Beschäftigung im Betrieb. Erst wenn der Arbeitgeber den Entschluss fasst, wegen dieser oder anderer Motive im Betrieb zu reagieren, also zB Organisationsentscheidungen trifft und damit entweder auf technischem oder organisatorischem Gebiet Veränderungen vornimmt, können sich Auswirkungen auf die Beschäftigung ergeben. Derartige Unternehmerentscheidungen unterliegen lediglich einer gerichtlichen Missbrauchskontrolle, sie sind nicht

---

1 Zu den Grundfragen der betriebsbedingten Kündigung *Stahlhacke*, DB 1994, 1361 ff.
2 BAG seit 24.3.1983 – 2 AZR 21/82, AP Nr. 12 zu § 1 KSchG 1969 – Betriebsbedingte Kündigung; Übersicht bei *Spinner*, BB 2006, 154.
3 Zu Letzterem BAG 15.6.1989 – 2 AZR 600/88, NZA 1990, 65.

V. Betriebsbedingte Kündigung

auf ihre sachliche Rechtfertigung oder unternehmerische Zweckmäßigkeit zu prüfen[1]. Die folgenden **Beispiele**[2] sollen die Problematik verdeutlichen:

- **Abteilungsschließung**

Trifft der Arbeitgeber die unternehmerische Entscheidung, eine bestimmte Abteilung seines Betriebes zu schließen, so ist auch dies eine von den Arbeitsgerichten nur auf Missbrauch zu überprüfende, ansonsten freie Unternehmerentscheidung. Nachprüfbar ist allerdings, ob durch die innerbetriebliche Umsetzung der Unternehmerentscheidung das Bedürfnis für die Weiterbeschäftigung eines oder mehrerer Arbeitnehmer tatsächlich entfallen ist[3].

197

- **Altersteilzeit**

Die Stilllegung eines Betriebes stellt keinen betriebsbedingten Kündigungsgrund für die Kündigung eines Arbeitnehmers dar, mit dem Block-Altersteilzeit vereinbart ist und der sich bereits in der Freistellungsphase befindet. Das gilt auch für eine Kündigung durch den Insolvenzverwalter[4].

198

- **Anforderungsprofil**

Dann, wenn aufgrund einer unternehmerischen Entscheidung das Arbeitsplatzprofil gravierend geändert wird, ohne dass die Stelle selbst wegfällt, ist eine betriebsbedingte Kündigung grundsätzlich zulässig[5]. Dabei unterliegt die Gestaltung des Anforderungsprofils der jeweiligen Arbeitsplätze der unternehmerischen Organisation des Arbeitgebers. Soweit für die sachgerechte Erledigung der Arbeitsaufgabe bestimmte persönliche oder sachliche Voraussetzungen erforderlich sind, kann die unternehmerische Entscheidung nur auf offenbare Unsachlichkeit gerichtlich überprüft werden. Erhöhte Anforderungen an die Darlegungslast sind aber dann zu stellen, wenn der Arbeitgeber das Anforderungsprofil für Arbeitsplätze ändert, die bereits mit langjährig beschäftigten Arbeitnehmern besetzt sind[6]. Er muss darlegen, dass es sich hinsichtlich der zusätzlich geforderten Qualifikationen nicht nur um „wünschenswerte Voraussetzungen", sondern um nachvollziehbare, arbeitsplatzbezogene Kriterien für eine Stellenprofilierung handelt[7].

199

- **Austauschkündigung**

Werden bislang von Arbeitnehmern des Betriebes ausgeführte Tätigkeiten auf Mitarbeiter eines Drittunternehmens übertragen, verbleibt es aber bei dem bisherigen Direktionsrecht und einer Eingliederung im (bisherigen) Betrieb, kann dies eine betriebsbedingte Kündigung der bisherigen Arbeitsplatzinhaber nicht rechtfertigen. Es handelt sich insoweit um eine unzulässige Austauschkündigung (s.a. Rz. 225)[8].

200

---

1 St. Rspr., zB BAG 10.11.1994 – 2 AZR 242/94, EzA § 1 KSchG Nr. 77 – Betriebsbedingte Kündigung; 22.9.2005 – 2 AZR 208/05, BB 2006, 1572; vgl. auch *Preis*, NZA 1995, 241 (243).
2 Weitere Beispiele bei *Bitter*, DB 2000, 1760.
3 BAG 5.10.1995 – 2 AZR 269/95, DB 1996, 281 (zuvor bereits BAG 10.11.1994 – 2 AZR 242/94, EzA § 1 KSchG Nr. 77 – Betriebsbedingte Kündigung).
4 BAG 5.12.2002 – 2 AZR 571/01, DB 2003, 1334.
5 Vgl. bereits BAG 7.5.1968 – 1 AZR 407/67, BAGE 21, 6; 21.9.2000 – 2 AZR 440/99, NZA 2001, 255; s.a. – mit weiteren Beispielen – *Mauer/Holthausen*, NZA 2003, 1370.
6 BAG 7.7.2005 – 2 AZR 399/04, DB 2006, 341 (Akademieleiter musikalische Bildungsstätte mit Neuprofil eines abgeschlossenen musikpädagogischen Studiums).
7 BAG 10.7.2008 – 2 AZR 1111/06, DB 2009, 350.
8 BAG 16.12.2004 – 2 AZR 66/04, NZA 2005, 761 (Team-Dispatcher); ebenso schon BAG 26.9.1996 – 2 AZR 200/96, BAGE 84, 209 (Crewing/Kapitän); 13.3.2008 – 2 AZR 1037/06, NZA 2008, 878 (Moskito-Anschläger).

- **Bedarfsschlüssel (öffentlicher Dienst)**

201 Der Ratsbeschluss einer kleinen Stadtgemeinde, den Personalbedarf für Kindergartentageseinrichtungen nach dem Bedarfsschlüssel eines Kindergartengesetzes zu berechnen und dem sich danach ergebenden (reduzierten) Bedarf anzupassen, rechtfertigt eine betriebsbedingte Kündigung, wenn keine Anhaltspunkte für fortbestehenden Beschäftigungsbedarf oder Überforderung des verbleibenden Personals vorliegen.

202 Auch kann ein sog. **kw-Vermerk** im öffentlichen Dienst das betriebliche Erfordernis für eine betriebsbedingte Kündigung darstellen. Wird also eine konkrete Stelle im Haushaltsplan gestrichen, muss der öffentliche Arbeitgeber – von Anhaltspunkten für einen Missbrauch des Kündigungsrechts abgesehen – grundsätzlich nicht mehr im Einzelnen zur organisatorischen Umsetzbarkeit vortragen[1].

- **Belegschaftsstärke**

203 Von einer unternehmerischen Entscheidung ist auch dann auszugehen, wenn der Arbeitgeber sich entschließt, mit dem noch vorhandenen Personal die vorhandene Arbeitsmenge zu bewältigen. Das BAG stützt sich auf folgende Erwägung:

„Es gehört zur Organisation und Gestaltung des Betriebes, neben der Anschaffung von Maschinen, Gerätschaften sowie Vorrichtungen und der Gestaltung der Arbeitsabläufe, die Stärke der Belegschaft, mit das Betriebsziel erreicht werden soll, festzulegen. Dazu gehört auch die Entscheidung über die Kapazität an Arbeitskräften und an Arbeitszeit und wie diese Kapazitäten – bezogen auf die Ladenöffnungszeiten – verteilt werden sollen. Dabei kann die Unternehmerentscheidung auch darin liegen, künftig auf Dauer mit weniger Personal zu arbeiten. (...) Soweit dadurch eine Leistungsverdichtung eintritt, wird sie als Konzept gewollt und dadurch notwendig werdende Änderungen sind in Kauf genommen; der rationelle Einsatz des Personals ist Sache der Unternehmerentscheidung."[2]

- **Betriebsstilllegung/-verlagerung**

204 Der Entschluss des Arbeitgebers, ab sofort keine neuen Aufträge mehr anzunehmen, allen Arbeitnehmern zum nächstmöglichen Kündigungstermin zu kündigen, zur Abarbeitung der vorhandenen Aufträge eigene Arbeitnehmer nur noch während der jeweiligen Kündigungsfristen einzusetzen und so den Betrieb schnellstmöglich stillzulegen, ist eine unternehmerische Entscheidung, die grundsätzlich geeignet ist, die entsprechenden Kündigungen sozial zu rechtfertigen[3].

205 Voraussetzung ist aber eine im Zeitpunkt des Kündigungszugangs getroffene **endgültige Entscheidung** zur Betriebsstilllegung. Das ist dann nicht der Fall, wenn der Arbeitgeber noch in Verhandlungen über eine Betriebsveräußerung steht[4]. Wenn aber der Arbeitgeber im Zeitpunkt des Zugangs der Kündigung die Betriebsstilllegung endgültig geplant und bereits eingeleitet hat, er sich aber lediglich eine Betriebsveräußerung vorbehält, falls sich eine entsprechende Chance bieten sollte, bleibt es bei der sozialen Rechtfertigung der Kündigung.

206 Gleiches gilt für die Entscheidung, den Betrieb **an einen anderen Standort zu verlagern**. In diesem Fall ist eine (Änderungs-)Kündigung im Sinne des Verhältnismäßigkeitsgrundsatzes erforderlich, wenn es dem Arbeitgeber nicht möglich ist, durch andere technische, organisatorische oder wirtschaftliche Maßnahmen zu erreichen, am bisherigen Standort festzuhalten. Dabei sind nur solche Mittel bei der Erforderlichkeitsprüfung zu berücksichtigen, die gleich wirksam sind, um das unternehmerische

---

1 BAG 23.11.2004 – 2 AZR 38/04, DB 2005, 1225.
2 BAG 24.4.1997 – 2 AZR 352/96, BAGE 85, 358.
3 BAG 18.1.2001 – 2 AZR 514/99, DB 2001, 1370.
4 BAG 29.9.2005 – 8 AZR 647/04, NZA 2006, 720.

V. Betriebsbedingte Kündigung

Ziel zu erreichen. Zum Vergleich können nicht solche Mittel herangezogen werden, die zur beabsichtigten Zweckerreichung weniger oder sogar ungeeignet sind[1].

Schließlich gilt nichts anderes, wenn die unternehmerische Entscheidung nicht zu einer völligen Betriebsstilllegung führt, sondern der Arbeitgeber sich entschließt, die Produktion zwar schnellstmöglich stillzulegen, eine kleinere Betriebsabteilung jedoch zunächst fortzuführen. Aus einem solchen Stilllegungskonzept folgt ohne Weiteres, dass der Zeitpunkt, zu dem die längste Kündigungsfrist eines betroffenen Arbeitnehmers ausläuft, gleichzeitig den Zeitpunkt darstellt, zu dem der Arbeitgeber („schnellstmöglich") seinen Betrieb stilllegen will[2]. 207

Ist der Arbeitgeber eine juristische Person (zB eine GmbH oder AG), bedarf es keines Beschlusses des für die Auflösung einer Gesellschaft zuständigen Organs, es reicht ein Beschluss der Geschäftsführung zur Stilllegung des Betriebs[3]. 208

- **Drittmittelfinanzierung**

Ist ein Arbeitsplatz durch Drittmittel finanziert, liegt ein betriebsbedingter Kündigungsgrund schon dann vor, wenn der Drittmittelgeber entschieden hat, die Fördermittel zu streichen oder zu kürzen. Führt der Drittmittelempfänger (Arbeitgeber) die bisher geförderte Maßnahme nicht – etwa aus eigenen Mitteln – fort, liegt für die dort beschäftigten Arbeitnehmer ein Grund für eine betriebsbedingte Kündigung vor[4]. 209

- **Erwerber- und Veräußererkonzept**

Die Kündigung des Betriebsveräußerers aufgrund eines Erwerberkonzepts verstößt – jedenfalls im Rahmen des Insolvenzverfahrens – dann nicht gegen § 613a Abs. 4 BGB, wenn ein verbindliches Konzept oder ein Sanierungsplan des Erwerbers vorliegt, dessen Durchführung im Zeitpunkt des Zugangs der Kündigungserklärung bereits greifbare Formen angenommen hat. Gleiches gilt für die Kündigung aufgrund eines eigenen Sanierungskonzeptes des Veräußerers[5]. 210

Für die Wirksamkeit einer betriebsbedingten Kündigung des Veräußerers nach dem Sanierungskonzept des Erwerbers kommt es – jedenfalls in der Insolvenz – nicht darauf an, ob das Konzept auch bei dem Veräußerer hätte durchgeführt werden können[6].

- **Leiharbeitnehmer**

Ob die Substituierung von Arbeitnehmern durch Leiharbeitnehmer ein dringendes betriebliches Erfordernis iSd. § 1 Abs. 2 KSchG darstellt, ist umstritten[7]. Die obergerichtliche Rechtsprechung erkennt überwiegend[8] die Absicht des Arbeitgebers, einen Arbeitsplatz künftig nur noch mit Leiharbeitnehmern besetzen zu wollen, nicht als dringenden betriebsbedingten Kündigungsgrund an. Auch das BAG scheint auf dieser Linie zu liegen. So hat der 7. Senat[9] in der Absicht des Arbeitgebers, eine Tätigkeit 211

---

1 BAG 27.9.2001 – 2 AZR 246/00, EzA § 2 KSchG Nr. 41.
2 BAG 7.7.2005 – 2 AZR 447/04, EzA § 1 KSchG Nr. 139 – Betriebsbedingte Kündigung.
3 BAG 11.3.1998 – 2 AZR 414/97, FA 1998, 197.
4 BAG 7.11.1996 – 2 AZR 811/95, NZA 1997, 253.
5 BAG 20.9.2006 – 6 AZR 249/05, EzA-SD 2007 Nr. 5, 10–14.
6 BAG 20.3.2003 – 8 AZR 97/02, NZA 2003, 1027, s. hierzu auch *Hiekel*, BAGReport 2005, 161.
7 Grds. dafür: *Feudner*, DB 2007, 2034; *von Hoyningen-Huene/Linck*, § 1 KSchG Rz. 751; grds. dagegen: *Düwell/Dahl*, DB 2007, 1699; KR/*Griebeling*, § 1 KSchG Rz. 528; APS/*Kiel*, § 1 KSchG Rz. 568; Preis in *Stahlhacke/Preis/Vossen*, 10. Aufl. 2010, Rz. 947, 1007.
8 LAG Hamm 24.7.2007 – 12 Sa 320/07, NZA-RR 2008, 239; LAG Hamm 23.3.2009 – 8 Sa 313/08, ArbR 2009, 242; LAG Bln.-Bbg. 3.3.2009 – 12 Sa 2468/08, LAGE § 1 KSchG Betriebsbedingte Kündigung Nr. 85; LAG Hess. 6.3.2012 – 19 Sa 1342/11, AE 2012, 233; aA LAG Nds. 9.8.2006 – 15 TaBV 53/05, EzAÜG BetrVG Nr. 94.
9 BAG 17.1.2007 – 7 AZR 20/06, DB 2007, 863.

zukünftig von Leiharbeitnehmern ausüben zu lassen, keinen eine Befristung rechtfertigenden Sachgrund gesehen[1].

211a Deckt allerdings das Stammpersonal den regelmäßigen Beschäftigungsbedarf und werden Leiharbeitnehmer nur zur Überbrückung von Ausfällen aufgrund von Krankheit bzw. Urlaub oder Auftragsspitzen eingesetzt, besetzen sie keinen (Dauer-)Arbeitsplatz und sind damit kündigungsrechtlich nicht relevant[2].

• **Personalreduzierung**

212 Die tatsächliche Umsetzung der unternehmerischen Entscheidung und ihre betrieblichen Auswirkungen waren schon bisher vom Arbeitsgericht im Rahmen der Kündigungsschutzklage voll überprüfbar. Erschöpft sich die unternehmerische Entscheidung deshalb in einer bloßen Personalreduzierung, lässt sich also die eigentliche Organisationsentscheidung von der darauf beruhenden Kündigung nicht mehr oder kaum noch unterscheiden, gelten besondere Regeln[3]; s.a. Rz. 227.

213 So hatte der 2. Senat des BAG in drei Urteilen vom 17.6.1999[4] darüber zu befinden, ob die unternehmerische Entscheidung zu mehr oder weniger dauerhafter Personalreduzierung als solche ohne Weiteres hinzunehmen sei. Das BAG hat in diesen Fällen die bloße Reduzierungsentscheidung als solche zur Rechtfertigung der Kündigung nicht ausreichen lassen. Es postuliert, dass dann, wenn die Organisationsentscheidung des Arbeitgebers und sein Kündigungsentschluss ohne nähere Konkretisierung nicht voneinander getrennt werden können, die bisher von der Rechtsprechung angenommene Vermutung, die Unternehmerentscheidung sei aus sachlichen Gründen erfolgt, nicht von Vornherein greifen können. Vielmehr müsse der Arbeitgeber, je näher sich die eigentliche Organisationsentscheidung und die Kündigung als solche sind, desto mehr durch Tatsachenvortrag verdeutlichen, dass ein Beschäftigungsbedürfnis für den Arbeitnehmer entfallen sei.

214 Die Urteile des BAG vom 17.6.1999 haben in der instanzgerichtlichen Rechtsprechung vielfach dazu geführt, dass die Anforderungen an die Darlegungslast des Arbeitgebers so hoch geschraubt wurden, dass eine auf innerbetriebliche Ursachen gestützte Kündigung nur unter äußersten Schwierigkeiten darzulegen war. In seiner jüngeren Rechtsprechung stellt das BAG aber klar, dass die Darlegungslast an den Arbeitgeber hier nicht überspannt werden darf. Es verwendet in diesem Zusammenhang stets den gleichen Textbaustein:

„Dass der Arbeitgeber regelmäßig zur organisatorischen Durchführbarkeit und Nachhaltigkeit der unternehmerischen Entscheidung vortragen muss, wenn die Organisationsentscheidung nahe an den Kündigungsentschluss herangerückt ist, ist weder Selbstzweck noch dient es dazu, dass die Gerichte in die betrieblichen Organisationsabläufe eingreifen können. Der Sinn eines solchen Vortrages besteht vielmehr darin, einen Missbrauch des Kündigungsrechts auszuschließen. Vermieden werden soll zum einen eine betriebsbedingte Kündigung, die zu einer rechtswidrigen Überforderung und Benachteiligung des im Betrieb verbliebenen Personals, insbesondere durch rechtswidrige Mehrarbeit bzw. Erhöhung der vertraglichen Arbeitszeit der weiterbeschäftigten Arbeitnehmer führt. Verhindert werden soll zum anderen, dass die unternehmerische Entscheidung lediglich als Vorwand genutzt wird, um einen Arbeitnehmer aus dem Betrieb zu drängen, obwohl Beschäftigungsbedarf und Beschäftigungs-

---

1 Differenzierend: LAG Köln 10.8.2009 – 2 Sa 380/08, nv.
2 BAG 15.12.2011 – 2 AZR 42/10, DB 2012, 1445.
3 S. dazu auch *Bitter*, DB 2000, 1760 und *Quecke*, DB 2000, 2429.
4 BAG 17.6.1999 – 2 AZR 456/98 (Drucker), – 2 AZR 522/98 (Bauhilfsarbeiter) und – 2 AZR 141/99 (Baufacharbeiter), DB 1999, 2117 und DB 1999, 1909 und 1910, bestätigt durch BAG 21.9.2000 – 2 AZR 385/99, BB 2001, 1152.

möglichkeit fortbestehen und lediglich die arbeitsvertraglichen Inhalte und die gesetzlichen Kündigungsschutzbestimmungen als zu belastend angesehen werden[1]."

Daran hält das BAG auch in seiner neueren Rechtsprechung fest[2].

Zwar sind die Anforderungen an den Vortrag des Arbeitgebers damit nach wie vor hoch. Allerdings gibt das BAG doch recht deutlich die Richtung vor, die für einen derartigen Vortrag gilt. Der Arbeitgeber wird insbesondere vorzutragen haben, dass die Kündigung des klagenden Arbeitnehmers nicht zu überobligationsmäßigen Belastungen der im Betrieb verbliebenen Mitarbeiter führt. Bei dieser Darlegung gibt das BAG dem Arbeitgeber aber insoweit Hilfestellung, als es judiziert, dass es für die Beurteilung der sozialen Rechtfertigung einer Kündigung zwar auf die Rechtslage im Zeitpunkt des Kündigungszugangs ankomme, dies jedoch nicht ausschließe, dass der tatsächliche Eintritt der prognostizierten Entwicklung Rückschlüsse auf die Ernsthaftigkeit und Plausibilität der Prognose zulässt. In diesem Sinne, so das BAG, könnten Entwicklungen nach der Kündigung berücksichtigt werden[3].

Die **Entwicklung nach Ausspruch der Kündigung** kann daher für beide Arbeitsvertragsparteien im Kündigungsschutzprozess von nicht unerheblicher Bedeutung sein. Kommt es nach dem Ausscheiden des gekündigten Arbeitnehmers aus dem Betrieb nicht zu einer signifikanten Anzahl von Mehrarbeit der noch dort beschäftigten Mitarbeiter, kann dies als Indiz dafür gewertet werden, dass gerade keine überobligationsmäßigen Belastungen vorliegen. Umgekehrt dürfte das Vorliegen signifikanter Mehrarbeit eher gegen die Willkürfreiheit der unternehmerischen Entscheidung sprechen.

- **Organisationsentscheidung**

Auch Organisationsentscheidungen des Arbeitgebers können zum Wegfall des Arbeitsplatzes führen. So kann sich etwa ein öffentlich-rechtlicher Arbeitgeber dazu entscheiden, künftig den Vertretungsbedarf an Schulen grundsätzlich mit pädagogischen Mitarbeitern und nicht mehr mit Lehrkräften abzudecken. Das kann zum Wegfall des Bedürfnisses für eine Beschäftigung von Vertretungslehrern führen[4].

- **Rationalisierung**

Führt der Arbeitgeber eine Rationalisierungsmaßnahme durch, die zum Wegfall von Arbeitsplätzen führt (zB Investition in weniger beschäftigungsintensive Maschinen, Outsourcing), bedarf es hierfür ebenfalls keines sachlichen Grundes. Das BAG stellt zwar zunächst einen Zusammenhang zwischen Rationalisierungsmaßnahmen und Kostengesichtspunkten als sachlichen Grund her, sagt dann aber wörtlich:

„Wie zur Klarstellung zu betonen ist, hängt nicht bereits die Bindung an eine unternehmerische Entscheidung primär davon ab, ob für sie ein sachlicher Grund vorliegt, sondern diese Prüfung wird erst im Rahmen der Missbrauchskontrolle erheblich, wenn der Arbeitgeber auf den Einwand des Rechtsmissbrauchs auf die Gründe verweist, die für die Ausübung seines Gestaltungsrechts maßgeblich gewesen sind"[5].

- **Rechtsmissbrauch**

Zwar ist die Unternehmerentscheidung, bestimmte Teilbereiche (hier: Küche, Reinigungsdienst) auszugliedern und durch Drittunternehmen durchführen zu lassen, grundsätzlich zulässig und kann zur betriebsbedingten Kündigung der insoweit betroffenen Arbeitnehmer führen. Es ist jedoch rechtsmissbräuchlich, wenn der Arbeit-

---

1 BAG 6.7.2006 – 2 AZR 442/05, NZA 2007, 139; 9.11.2006 – 2 AZR 509/05, DB 2007, 861.
2 BAG 27.1.2011 – 2 AZR 9/10, NZA 2011, 1248; 24.5.2012 – 2 AZR 124/11, NZA 2012, 1223.
3 BAG 27.11.2003 – 2 AZR 48/03, NZA 2004, 477; 7.7.2005 – 2 AZR 447/04, AP Nr. 136 zu § 1 KSchG 1969 – Betriebsbedingte Kündigung.
4 BAG 29.11.2007 – 2 AZR 388/06, NZA 2008, 523.
5 BAG 19.5.1993 – 2 AZR 584/92, NZA 1993, 1075.

geber ein unternehmerisches Konzept wählt, das zum Wegfall aller Arbeitsplätze führt, ohne dass jedoch der Beschäftigungsbedarf entfällt und sich die Organisationsabläufe ändern (Gründung einer eingegliederten Organgesellschaft)[1].

- **Reorganisation**

219 Der 2. BAG-Senat[2] hat auch eine unternehmerische Entscheidung akzeptiert, die zum zeitgleichen Ausspruch von Beendigungs- und Änderungskündigungen geführt hat. Diesen lag ein aus zwei gleichzeitig umzusetzenden Teilen bestehendes unternehmerisches Gesamtkonzept zugrunde. Zum einen wurde die Erfüllung des bisherigen Beschäftigungsbedarfs reorganisiert, indem die Verteilung der anfallenden Aufgaben auf die Arbeitsplätze verändert wurde. Statt der bisherigen Bearbeitung der Tätigkeit auf Spezialarbeiten sah die neue Struktur die grundlegende Zuständigkeit aller Arbeitnehmer auf alle anfallenden Arbeiten auf sog. Allround-Arbeitsplätze vor.

220 Zum anderen hatte der Arbeitgeber – in dem gleichzeitig eingreifenden Schritt der Unternehmerentscheidung – eine Reduzierung der für die betrieblichen Aufgaben zur Verfügung gestellten Arbeitskapazität vorgenommen; er sah vor, dass die bisherigen Tätigkeiten in Zukunft nur noch in dem Umfang ausgeführt würden, in dem die von ihm festgelegte personelle Kapazität dies ermögliche.

221 Dieses Konzept hat das BAG nicht beanstandet. Weder könne dem Arbeitgeber vorgehalten werden, er müsse die verbliebene Arbeit auf alle Arbeitnehmer verteilen und deshalb allen Arbeitnehmern Änderungskündigungen aussprechen. Das Gesetz verlange darüber hinaus auch nicht, eine Reorganisation so zu gestalten, dass zunächst nach den Grundsätzen der Sozialauswahl die schutzwürdigsten Arbeitnehmer ermittelt und die Reorganisation dann dem nach den sozialen Gesichtspunkten verbliebenen Arbeitskräftepotenzial angepasst werden müsse. Vielmehr bilde – umgekehrt – das betriebliche Bedürfnis die Grundlage für die Weiterbeschäftigungsmöglichkeit und diese ihrerseits die Grundlage für die Sozialauswahl. Der Arbeitgeber müsse eine Reorganisationsmaßnahme auch nicht dergestalt zeitlich abstufen, dass zunächst Änderungskündigungen ausgesprochen und abgewartet werden müsse, wie die hiervon betroffenen Arbeitnehmer reagierten, um erst danach die noch notwendigen Beendigungskündigungen auszusprechen.

- **Stellenumwandlung (öffentlicher Dienst)**

222 Die Organisationsentscheidung des öffentlichen Arbeitgebers, eine Angestelltenstelle, auf der hoheitliche Aufgaben erledigt werden (zB Veterinäramt), in eine Beamtenstelle umzuwandeln und mit einem Beamten zu besetzen, kann ein dringendes betriebliches Erfordernis zur Kündigung des bisherigen Stelleninhabers darstellen, wenn dieser die Voraussetzungen für eine Übernahme dieses Beamtenverhältnisses nicht erfüllt[3].

223 Auch der Ratsbeschluss einer Stadtgemeinde, den Personalbedarf nach einem gesetzlich festgelegten Bedarfsschlüssel (hier: Mitarbeiter in Kindergärten) zu berechnen und den sich danach ergebenden (reduzierten) Bedarf anzupassen, ist eine kündigungsschutzrechtlich zulässige arbeitgeberseitige Entscheidung[4].

224 Wie bereits zuvor das LAG hatte das BAG es ausreichen lassen, dass die durch ein Landesparlament beschlossene Stellenstreichung anhand der auf die einzelnen Institute einer Hochschule bezogenen Personalbedarfsberechnung zu den erwarteten Studentenzahlen umgesetzt worden waren[5].

---

1 BAG 26.9.2002 – 2 AZR 636/01, AuA 2002, 517; vgl. dazu *Annuß*, NZA 2003, 783.
2 BAG 22.9.2005 – 2 AZR 208/05, BB 2006, 1572.
3 BAG 21.9.2000 – 2 AZR 440/99, BB 2001, 416.
4 BAG 22.5.2003 – 2 AZR 326/02, AP Nr. 128 zu § 1 KSchG 1969 – Betriebsbedingte Kündigung.
5 BAG 18.11.1999 – 2 AZR 77/99, DB 2000, 883 und – 2 AZR 357/99, FA 2000, 65.

V. Betriebsbedingte Kündigung

- **Umgestaltung der Arbeitsabläufe**

Gestaltet der Arbeitgeber den bisherigen Arbeitsverlauf lediglich um und verlagert bestimmte (nach wie vor weiter notwendige) Arbeiten in andere Betriebsabteilungen, so rechtfertigt dies keine betriebsbedingte Kündigung der bisher mit diesen Arbeiten beschäftigten Arbeitnehmer[1]. 225

- **Umstellung auf Handelsvertreter**

Eine nicht zu beanstandende Unternehmerentscheidung liegt auch in der Umstellung des bisher angestellten Außendienstes auf ein System selbständiger Handelsvertreter[2] oder Subunternehmer[3]. 226

- **Wegfall einer Hierarchieebene**

Auch die Entscheidung des Arbeitgebers, die Führungsstrukturen umzugestalten und die bisherige Leitung eines Unternehmensbereichs durch einen leitenden Angestellten auf ein Kollegialgremium den Mitarbeitern einer niedrigeren Funktionsgruppe zu übertragen, ist eine unternehmerische Organisationsmaßnahme, die zum Wegfall des Beschäftigungsbedarfs des bisherigen Leiters führen kann. 227

Allerdings bedarf diese unternehmerische Entscheidung einer Konkretisierung, ob der Arbeitsplatz des betroffenen leitenden Angestellten tatsächlich weggefallen ist. Dazu muss der darlegungspflichtige Arbeitgeber aufgrund seiner unternehmerischen Vorgaben die zukünftige Entwicklung der Arbeitsmenge anhand einer näher konkretisierten Prognose darstellen und angeben, wie die anfallenden Arbeiten vom verbleibenden Personal ohne überobligatorische Leistung erledigt werden können[4]. 228

- **„Vorrats"-Kündigung**

Eine betriebsbedingte Kündigung kommt grundsätzlich nur in Betracht, wenn bei Ausspruch der Kündigung aufgrund einer vernünftigen betriebswirtschaftlichen Prognose davon auszugehen ist, dass zum Zeitpunkt des Kündigungstermins eine Beschäftigungsmöglichkeit nicht mehr besteht. Das soll dann nicht der Fall sein, wenn sich (zB) ein Reinigungsunternehmen, dessen noch laufender Reinigungsvertrag nicht verlängert worden ist, an der Neuausschreibung beteiligt und bei Ausspruch der Kündigung die Neuvergabe noch offen ist. Dies selbst dann, wenn der Reinigungsauftrag dann tatsächlich nicht an das betreffende Unternehmen neu vergeben wird. Das BAG meint, ein Zwang zur Einhaltung längerer Kündigungsfristen rechtfertige grundsätzlich keine andere Beurteilung[5]. 229

- **Witterungsgründe**

Längerfristige witterungsbedingte Arbeitseinstellungen können Grundlage für eine betriebsbedingte Kündigung sein[6]. Die Möglichkeit saison- bzw. witterungsbedingter Kündigungen wird **vom Gesetzgeber grundsätzlich anerkannt** (§ 22 KSchG, § 90 Abs. 2 SGB IX). Sie sind in bestimmten Branchen (zB Baugewerbe, Gartenbau usw.) üblich und Gegenstand tariflicher Regelungen geworden. 230

Das BAG hat offen gelassen, ob bei einer grundsätzlich zulässigen witterungsbedingten Kündigung ein **Wiedereinstellungsanspruch** besteht, wenn die Witterungsverhält- 231

---

1 BAG 10.11.1994 – 2 AZR 242/94, EzA § 1 KSchG Nr. 77 – Betriebsbedingte Kündigung; aber zur Umorganisation BAG 22.4.2004 – 2 AZR 385/03, DB 2004, 1890.
2 BAG 9.5.1996 – 2 AZR 438/95, NZA 1996, 1145 (Weight-Watchers-Entscheidung).
3 BAG 13.3.2008 – 2 AZR 1037/06, NZA 2008, 1575 (Moskito-Anschläger).
4 BAG 16.2.2010 – 2 AZR 770/09, DB 2011, 879; 24.5.2012 – 2 AZR 124/11, NZA 2012, 1223.
5 BAG 12.4.2002 – 2 AZR 256/01, RdA 2002, 171; bestätigt BAG 13.2.2008 – 2 AZR 543/06, BB 2008, 1391; 13.2.2008 – 2 AZR 79/06, NZA 2008, 821 (Rettungsdienst).
6 BAG 7.3.1996 – 2 AZR 180/95, BB 1996, 1557.

nisse die Fortsetzung der Arbeit zulassen. Ergänzend hat es aber darauf hingewiesen, dass der Arbeitgeber einen witterungsabhängigen Auftragsrückgang nicht dazu nutzen darf, unter dem Etikett einer witterungsbedingten Kündigung im Ergebnis die gesamte Belegschaft auszutauschen[1].

b) Außerbetrieblich veranlasste Gründe

232 Wirkt sich ein außerbetrieblicher Umstand, wie etwa ein Rückgang der Auftragsmenge, unmittelbar auf die aktuell verfügbare Arbeitsmenge aus und entschließt sich der Arbeitgeber deshalb, den Personalbestand dem reduzierten Beschäftigungsbedarf anzupassen, ist dies keine gestaltende Unternehmerentscheidung im o.g. Sinn[2].

233 Begründet der Arbeitgeber eine betriebsbedingte Kündigung (allein) mit außerbetrieblichen Kündigungsgründen, wie zB einem Auftragsmangel, stellt er einen unmittelbaren Zusammenhang zwischen Auftragsmenge und Beschäftigung her. Er bindet sich für den Fall eines nachfolgenden Kündigungsschutzprozesses selbst an diesen Zusammenhang. Das Arbeitsgericht hat deshalb im Einzelnen festzustellen, ob und in welchem Ausmaß sich der Umsatzrückgang auf die Arbeitsmenge und damit auf die notwendige Zahl von Arbeitnehmern auswirkt. Nur in diesem Rahmen sind betriebsbedingte Kündigungen gerechtfertigt[3]. Der Arbeitgeber muss beweisen, dass es sich um einen dauerhaften Zustand handelt. Dazu kann die Entwicklung des Geschäfts in vergleichbaren Referenzperioden davor liegender Jahre konkret – in Zahlen ausgedrückt – vorgetragen werden. „Unübliche" Schwankungen des Auftragseingangs in einer bestimmten, verhältnismäßig kurzen Periode belegen hingegen keinen nachhaltigen Einbruch[4].

c) Außerordentliche betriebsbedingte Gründe

234 In Ausnahmefällen kann bei **tariflichem Ausschluss der ordentlichen Kündigung** wegen Wegfalls der Beschäftigungsmöglichkeit auch eine außerordentliche betriebsbedingte Kündigung ausgesprochen werden. Ein solcher Fall liegt vor, wenn der Arbeitnehmer im Unternehmen nicht mehr weiterbeschäftigt werden kann und der Arbeitgeber ohne die Kündigungsmöglichkeit gezwungen wäre, ein sinnentleertes Arbeitsverhältnis über viele Jahre hinweg allein noch durch entsprechende Gehaltszahlungen aufrechtzuerhalten[5]. Der Arbeitgeber muss allerdings auch dann alle zumutbaren, eine Weiterbeschäftigung ermöglichenden Mittel ausschöpfen, wenn der Arbeitnehmer einem Übergang seines Arbeitsverhältnisses auf einen Betriebserwerber widersprochen hat[6]. Legt der „unkündbare" Arbeitnehmer dar, wie er sich eine anderweitige Beschäftigung vorstellt, so genügt es nicht, dass der Arbeitgeber das Bestehen entsprechender freier Arbeitsplätze in Abrede stellt; er muss vielmehr zB unter Vorlegung von Stellenplänen substantiiert darlegen, weshalb das Freimachen eines geeigneten Arbeitsplatzes oder dessen Schaffung durch eine entsprechende Umorganisation nicht möglich oder nicht zumutbar gewesen sein soll. Auch das zu erwartende Freiwerden eines geeigneten Arbeitsplatzes aufgrund üblicher Fluktuation ist zu berücksichtigen[7].

---

1 BAG 7.3.1996 – 2 AZR 180/95, BB 1996, 1557.
2 BAG 15.6.1989 – 2 AZR 600/88, NZA 1990, 65.
3 BAG 15.6.1989 – 2 AZR 600/88, NZA 1990, 65; zur Darlegungslast *Löwisch/Buschbaum*, BB 2010, 1789.
4 BAG 20.2.2014 – 2 AZR 346/12, NZA 2014, 1069.
5 BAG 5.2.1998 – 2 AZR 227/97, EzA § 626 BGB Nr. 2 – Unkündbarkeit (Sekretärinnen-Fall).
6 BAG 17.9.1998 – 2 AZR 419/97, NZA 1999, 258.
7 BAG 17.9.1998 – 2 AZR 419/97, NZA 1999, 258.

4. Fehlen eines gleichwertigen, freien Arbeitsplatzes (2. Stufe)

Als Ausfluss des Ultima-ratio-Prinzips ist eine Beendigungskündigung dann nicht gerechtfertigt, wenn eine anderweitige Beschäftigung des betroffenen Arbeitnehmers in demselben Betrieb oder in einem anderen Betrieb des Unternehmens möglich ist[1]. Damit ist eine betriebsbedingte Kündigung jedenfalls dann sozial ungerechtfertigt, wenn der Mitarbeiter innerhalb des Unternehmens auf einem anderen, gleichwertigen und freien Arbeitsplatz beschäftigt werden kann.

a) Prüfungsebene

Die Prüfung der Weiterbeschäftigungsmöglichkeit ist unternehmens-, nicht konzernbezogen. Dies entspricht der überwiegenden Ansicht der Rechtsprechung und Literatur[2].

Ein **Konzernbezug** kommt nur in Ausnahmefällen in Betracht. Dies kann etwa dann der Fall sein, wenn ein anderes Konzernunternehmen sich ausdrücklich zur Übernahme des betroffenen Arbeitnehmers bereit erklärt hat oder aber der Arbeitnehmer bereits nach seinem Arbeitsvertrag von vornherein für den Unternehmens- und Konzernbereich eingestellt worden ist und sich arbeitsvertraglich mit einer Versetzung innerhalb der Konzerngruppe einverstanden erklärt hat. Gleiches gilt dann, wenn der Arbeitgeber dem Arbeitnehmer eine Übernahme durch einen anderen Konzernbetrieb in Aussicht stellt. Die vom BAG hier konstatierte konzernbezogene „Versetzungspflicht" kann im Rahmen einer betriebsbedingten Kündigung aber nur dann relevant werden, wenn dem Beschäftigungsbetrieb aufgrund einer Abstimmung mit dem herrschenden Unternehmen oder dem anderen Konzernbetrieb ein bestimmender Einfluss auf diese Versetzung eingeräumt worden ist und die Entscheidung darüber nicht allein dem grundsätzlich zur Übernahme bereiten Unternehmen vorbehalten ist[3].

Denkbar ist auch eine **tarifvertragliche Verpflichtung** des Arbeitgebers, dem Arbeitnehmer bei Wegfall seines Arbeitsplatzes die Weiterbeschäftigung auf einen anderen freien Arbeitsplatz im Konzern zu verschaffen. Danach ist regelmäßig eine Kündigung unzulässig, wenn eine Weiterbeschäftigung des Arbeitnehmers unter geänderten angemessenen Vertragsbedingungen auf einem anderen zumutbaren Arbeitsplatz im Konzern möglich ist und der Arbeitnehmer hierzu sein Einverständnis erklärt[4].

Will sich ein Arbeitnehmer allerdings auf eine Weiterbeschäftigungsmöglichkeit in einem anderen Konzernunternehmen berufen, so muss er konkret darlegen, wie er sich seine Weiterbeschäftigung in diesem Unternehmen vorstellt. Hierzu ist er gehalten, sich etwa auch beim Betriebsrat um die notwendigen Informationen zu bemühen[5].

b) Begriff des „gleichwertigen" Arbeitsplatzes

Gleichwertig ist ein Arbeitsplatz dann, wenn der Arbeitgeber den Arbeitnehmer einseitig auf der Basis seines Direktionsrechts, also ohne die Notwendigkeit einer Ände-

---

1 BAG 15.12.1994 – 2 AZR 320/94, EzA § 1 KSchG Nr. 76 – Betriebsbedingte Kündigung.
2 Vgl. BAG 27.11.1991 – 2 AZR 255/91, AP Nr. 6 zu § 1 KSchG 1969 – Konzern; *Ascheid*, Kündigungsschutzrecht, Rz. 303; BAG 23.11.2004 – 2 AZR 24/04, DB 2005, 1174.
3 Vgl. BAG 27.11.1991 – 2 AZR 255/91, AP Nr. 6 zu § 1 KSchG 1969 – Konzern; bestätigt durch BAG 23.11.2004 – 2 AZR 24/04, AP Nr. 132 zu § 1 KSchG 1969 – Betriebsbedingte Kündigung; 23.3.2006 – 2 AZR 162/05, NZA 2007, 30.
4 BAG 10.5.2007 – 2 AZR 626/05, DB 2007, 2488 ff.
5 BAG 20.1.1994 – 2 AZR 489/93, NZA 1994, 653.

rungskündigung, auf den anderen Arbeitsplatz um- oder versetzen kann[1]. Der Arbeitnehmer hat insbesondere keinen Anspruch auf Beförderung und damit auf Weiterbeschäftigung auf einem höherwertigen Arbeitsplatz[2].

240 Allerdings hat das BAG auch entschieden, dass das Arbeitsverhältnis des bisherigen Arbeitsplatzinhabers auch dann Bestandsschutz genießt, wenn die Arbeit, die an dem neuen Arbeitsplatz zu verrichten wäre, höher vergütet wird, sofern sie nur dieselbe oder zumindest ganz überwiegend gleich geblieben ist[3].

c) Begriff des freien Arbeitsplatzes

241 – Frei sind zunächst solche Arbeitsplätze, die zum Zeitpunkt des Zugangs der Kündigung unbesetzt sind.

241a – Sofern der Arbeitgeber aber bei Ausspruch der Kündigung mit hinreichender Sicherheit vorhersehen kann, dass ein Arbeitsplatz bis zum Ablauf der Kündigungsfrist zur Verfügung stehen wird, ist ein derartiger Arbeitsplatz ebenfalls als frei anzusehen[4].

242 – Weiter sind auch solche Arbeitsplätze als frei anzusehen, bei denen im Zeitpunkt der Kündigung bereits feststeht, dass sie in absehbarer Zeit nach Ablauf der Kündigungsfrist frei werden, sofern die Überbrückung dieses Zeitraums dem Arbeitgeber zumutbar ist. Als zumutbar hat das BAG dabei einen Zeitraum angesehen, den ein anderer Stellenbewerber zur Einarbeitung benötigen würde[5].

243 – Ein Arbeitgeber kann sich – folgend aus dem Rechtsgedanken des § 162 BGB – auch nicht auf einen von ihm selbst treuwidrig durch eine vorgezogene Stellenbesetzung verursachten Wegfall freier Arbeitsplätze im Kündigungszeitpunkt berufen[6]. Er kann also den Kündigungsschutz des Arbeitnehmers nicht dadurch leer laufen lassen, dass er zunächst einen freien Arbeitsplatz besetzt und erst später eine Beendigungskündigung wegen einer fehlenden Weiterbeschäftigungsmöglichkeit ausspricht. Erfolgen die Besetzung der freien Stelle und die Kündigung aufgrund eines einheitlichen Entschlusses, sind beide Erklärungen des Arbeitgebers bei Prüfung der Voraussetzungen des § 1 Abs. 2 Satz 2 KSchG auch als Einheit zu würdigen[7]. Das soll auch für den Wegfall eines Arbeitsplatzes infolge arbeitnehmerseitigen Widerspruchs nach Teilbetriebsinhaberwechsel gelten. Danach ist der Arbeitgeber verpflichtet, dem von einem Teilbetriebsinhaberwechsel betroffenen Arbeitnehmer die Weiterbeschäftigung auf einem freien Arbeitsplatz anzubieten, sobald er damit rechnen muss, der Arbeitnehmer werde dem Übergang seines Arbeitsverhältnisses widersprechen. „Rechnen" muss der Arbeitgeber damit jedenfalls ab Unterrichtung von dem bevorstehenden Betriebsübergang. Wie lange der Arbeitgeber dann wegen eines möglichen Widerspruchs eine zu besetzende Stelle offen halten muss, ist offen. Das BAG meint – ohne sich festzulegen – es biete sich der Ablauf der Frist des § 613a Abs. 6 Satz 1 BGB (ein Monat) an[8].

243a – Bei Prüfung einer anderweitigen Beschäftigungsmöglichkeit (ggf. auch zu schlechteren Bedingungen) sollen auch Arbeitsplätze einzubeziehen sein, auf denen der Arbeitgeber im Zeitpunkt des Auslaufens der Kündigungsfrist den betrieblichen

---

1 Vgl. BAG 15.6.1989 – 2 AZR 580/88, BAGE 62, 116 (123) und 29.3.1990 – 2 AZR 369/89, BAGE 65, 61 (76), jeweils zur Sozialauswahl.
2 BAG 29.3.1990 – 2 AZR 369/89, AP Nr. 50 zu § 1 KSchG 1969 – Betriebsbedingte Kündigung; 15.12.1994 – 2 AZR 327/94, EzA § 1 KSchG Nr. 75 – Betriebsbedingte Kündigung.
3 BAG 5.10.1995 – 2 AZR 269/95, DB 1996, 281.
4 BAG 29.3.1990 – 2 AZR 369/89, AP Nr. 50 § 1 KSchG 1969 – Betriebsbedingte Kündigung.
5 BAG 15.12.1994 – 2 AZR 327/94, EzA § 1 KSchG Nr. 75 – Betriebsbedingte Kündigung.
6 BAG 21.9.2000 – 2 AZR 440/99, BAGE 95, 350; 5.6.2008 – 2 AZR 107/07, NZA 2008, 1180; dazu Lunk/Möller, NZA 2004, 9.
7 BAG 25.4.2002 – 2 AZR 260/01, AP Nr. 121 zu § 1 KSchG 1969 – Betriebsbedingte Kündigung.
8 BAG 15.8.2002 – 2 AZR 195/01, EzA § 1 KSchG Nr. 123 – Betriebsbedingte Kündigung.

Weisungsrechten unterstehende **Leiharbeitnehmer** einsetzt. Der Abbau von Leiharbeit sei eine anderweitige Beschäftigungsmöglichkeit zur Vermeidung einer Kündigung iSd. Ultima-ratio-Grundsatzes[1]. Allerdings steht die Beschäftigung von Leiharbeitnehmern einer betriebsbedingten Kündigung nicht generell entgegen. Es muss geprüft werden, welche unternehmerische Entscheidung der Besetzung des Arbeitsplatzes mit einem Leiharbeitnehmer zugrunde liegt. Nur dann, wenn **Dauerarbeitsplätze** mit Leiharbeitnehmern besetzt sind, sind diese als „frei" anzusehen[2]. Etwas anderes gilt allerdings, wenn die Leiharbeitnehmer gerade nicht mit Daueraufgaben betraut sind, sondern nur zur Überbrückung von durch Krankheit, Urlaub oder Auftragsspitzen entstehende Personalengpässe eingesetzt werden, der Arbeitgeber aber in der Lage ist, mit seinem Stammpersonal den Beschäftigungsbedarf grundsätzlich zu decken[3].

Als **nicht frei** anzusehen ist ein Arbeitsplatz, der an sich von einem anderen, aber krankheitsbedingt abwesenden Arbeitnehmer besetzt ist, auch dann, wenn wahrscheinlich ist oder feststeht, dass der erkrankte Arbeitnehmer nicht zurückkehren wird. Solange der Arbeitsvertrag besteht, ist der Arbeitsplatz nicht frei[4]. **244**

Die Stellen eines internen Qualifizierungs- und Vermittlungscenters, die Arbeitnehmern angeboten werden, für die nach Wegfall ihrer bisherigen Aufgaben ein anderweitiger Arbeitsplatz im Unternehmen nicht oder nicht absehbar zur Verfügung steht, und die ausschließlich der Qualifikation und der Vermittlung an andere Unternehmen innerhalb und außerhalb des arbeitgeberseitigen Konzerns dienen, sind nach Auffassung des BAG **nicht freie** Arbeitsplätze iSv. § 1 Abs. 2 Satz 2, Satz 3 KSchG. Der Arbeitgeber ist kündigungsrechtlich nicht verpflichtet, dem Arbeitnehmer eine dieser Stellen zur Vermeidung einer Beendigung des Arbeitsverhältnisses im Wege der Änderungskündigung anzubieten, denn er ist nach den gesetzlichen Vorgaben nicht verpflichtet, den Arbeitnehmer allein zum Zwecke der Qualifikation weiter zu beschäftigen, ohne dass ein geeigneter Arbeitsplatz im Betrieb oder Unternehmen (absehbar) alsbald frei würde[5]. **244a**

d) Bewerberüberhang bei mehreren freien Arbeitsplätzen

Sind von einer Organisationsmaßnahme des Arbeitgebers mehrere vergleichbare Arbeitnehmer betroffen und konkurrieren diese um anderweitige Beschäftigungsmöglichkeiten **in demselben Betrieb** – besteht also ein Bewerberüberhang – hat der Arbeitgeber durch eine Sozialauswahl nach den Grundsätzen des § 1 Abs. 3 Satz 1 KSchG zu entscheiden, welchen Arbeitnehmer er auf dem freien Arbeitsplatz weiterbeschäftigt[6]. Entsprechendes gilt, wenn sich der Arbeitgeber in Kenntnis anstehender Kündigungen zur Besetzung freier Arbeitsplätze im Betrieb oder Unternehmen iSv. § 1 Abs. 2 Satz 2 KSchG entschließt[7]. Diese Grundsätze finden auch dann Anwendung, wenn nicht in demselben, sondern in einem anderen Betrieb des Unternehmens freie Arbeitsplätze zur Verfügung stehen und sich ein Bewerberüberhang ergibt. Stehen also freie Arbeitsplätze an anderen Orten zur Verfügung, die vom bisherigen Arbeits- **245**

---

1 LAG Hamm 5.3.2007 – 11 Sa 1338/06, DB 2007, 1701; 21.12.2007 – 4 Sa 1892/06, LAGE § 1 KSchG Betriebsbedingte Kündigung Nr. 81.
2 LAG Bln.-Bbg. 3.3.2009 – 12 Sa 2468/08, DB 2009, 1353; für die Übernahme von Jugend- und Auszubildendenvertretern nach § 78a Abs. 4 BetrVG: BAG 17.2.2010 – 7 ABR 89/08, DB 2010, 1355.
3 BAG 15.12.2011 – 2 AZR 42/11, DB 2012, 1445.
4 BAG 2.2.2006 – 2 AZR 38/05, AP Nr. 142 zu § 1 KSchG 1969 – Betriebsbedingte Kündigung.
5 BAG 8.5.2014 – 2 AZR 1001/12, BB 2014, 2547.
6 BAG 22.9.2005 – 2 AZR 544/04, AP Nr. 59 zu § 15 Kündigungsschutz 1969 Rz. 41 mwN; 24.5.2012 – 2 AZR 163/11, BB 2013, 116.
7 BAG 12.8.2010 – 2 AZR 945/08, DB 2011, 597.

ort räumlich unterschiedlich weit entfernt liegen, hat der Arbeitgeber – wenn die Zahl der am näher gelegenen Arbeitsort zur Verfügung stehenden Arbeitsplätze geringer als die Zahl der insgesamt zu versetzenden Arbeitnehmer ist – im Rahmen einer sozialen Auswahl analog § 1 Abs. 3 KSchG zu entscheiden, welchem Arbeitnehmer er die Weiterbeschäftigung an dem näher gelegenen Ort anbietet[1].

5. Fehlen eines geringerwertigen, freien Arbeitsplatzes (3. Stufe)

246 Auch dann, wenn ein anderer, geringerwertiger Arbeitsplatz im Unternehmen frei ist, kommt eine Beendigungskündigung nicht ohne Weiteres in Betracht.

a) Zumutbarkeit des Arbeitsplatzes

247 Maßgeblich sind insoweit nur **zumutbare** Arbeitsplätze mit (zB) geringerer Vergütung, auf niedrigerer hierarchischer Ebene oder in Teilzeit.

aa) Zumutbarkeit für Arbeitgeber

248 Auf Arbeitgeberseite ist die Beschäftigung des Arbeitnehmers, dessen ursprünglicher Arbeitsplatz betriebsbedingt wegfällt, auf einen anderen Arbeitsplatz regelmäßig zumutbar. Lediglich bei verschuldeten, erheblichen Vertragsverletzungen des Arbeitnehmers soll eine Weiterbeschäftigung zu anderen Bedingungen nicht zumutbar sein[2].

bb) Zumutbarkeit auf Arbeitnehmerseite

249 An die Zumutbarkeit auf Seiten des Arbeitnehmers werden äußerst geringe Anforderungen gestellt. Vorausgesetzt wird nur, dass der Arbeitnehmer über die für den anderen Arbeitsplatz notwendigen objektiv erforderlichen Fähigkeiten und Kenntnisse verfügt, wobei eine gewisse Einarbeitungszeit zugestanden wird[3]. Die neue Tätigkeit muss für den Arbeitnehmer – zumindest grob gesehen – nach ihrem sozialen wirtschaftlichen Status überhaupt in Betracht kommen. Deshalb ist der Arbeitgeber nicht verpflichtet, dem Arbeitnehmer eine **völlig unterwertige Beschäftigung** anzubieten. Angebote, mit deren Annahme der Arbeitgeber bei vernünftiger Betrachtung nicht rechnen muss und die eher „beleidigenden Charakter" aufweisen, bedarf es daher nicht (Beispiel: vakante Pförtnerstelle für den Personalchef). Dabei kann allerdings der Arbeitnehmer selbst entscheiden, ob er eine Weiterbeschäftigung unter erheblich verschlechterten Bedingungen für zumutbar hält oder nicht, ohne dass es Sache des Arbeitgebers wäre, sich über die insoweitige Zumutbarkeit Gedanken zu machen[4]. Es ist deshalb für Arbeitgeber empfehlenswert, jedweden freien geringerwertigen Arbeitsplatz anzubieten (zum Verfahren s. Rz. 252 f.).

249a Das BAG betont, eine fehlende Zumutbarkeit könne nur in **Extremfällen** angenommen werden. Insbesondere darf der Arbeitgeber ein erheblich verschlechterndes Angebot nicht allein mit der Begründung unterlassen, mit dem zu erzielenden Einkommen könne der Arbeitnehmer seine Familie nicht ernähren oder verdiene weniger als er Sozialleistungen erhalten würde, wenn er aus dem Arbeitsverhältnis ausschiede[5]. Ein wesentliches Indiz für das Vorliegen einer solchen „Extremsituation" ist aber auch das Verhalten des Arbeitnehmers nach Ausspruch einer Beendigungskündigung

---

1 BAG 12.8.2010 – 2 AZR 945/08, DB 2011, 597.
2 BAG 27.9.1984 – 2 AZR 62/83, BAGE 47, 26.
3 BAG 21.4.2005 – 2 AZR 244/04, DB 2005, 2250; dazu auch *Bauer/Winzer*, BB 2006, 266.
4 BAG 21.4.2005 – 2 AZR 244/04, DB 2005, 2250.
5 BAG 21.9.2006 – 2 AZR 607/05, NZA 2007, 431.

ohne gleichzeitigen Angebots einer Weiterbeschäftigung zu erheblich verschlechternden Bedingungen. Beruft sich der Arbeitnehmer trotz Kenntnis von einer freien, in der betrieblichen Hierarchie weit entfernten Stelle, nicht zeitnah auf eine solche, sondern erst lange nach Beginn der Auseinandersetzung im Laufe eines Kündigungsschutzprozesses, spricht vieles dafür, dass er selbst von einer unzumutbaren Situation ausgeht. Sein Verhalten indiziert dann, dass er selbst bei Angebot einer derartigen Stelle vor Ausspruch der Kündigung in keinem Fall die Annahme eines solchen Angebots – auch nicht unter Vorbehalt – erklärt hätte. Ein Arbeitnehmer, der sich dann im Kündigungsschutzprozess auf eine solche Stelle beruft, verhält sich widersprüchlich[1].

cc) Vorgabe Anforderungsprofil durch Arbeitgeber

Die Gestaltung des Anforderungsprofils für den freien Arbeitsplatz unterliegt der Disposition des Arbeitgebers; diese ist nur auf offenbare Unsachlichkeit zu überprüfen. Seine Entscheidung, bestimmte Tätigkeiten nur von Arbeitnehmern mit bestimmten Qualifikationen ausführen zu lassen, ist jedenfalls dann zu respektieren, wenn die Qualifikationsmerkmale einen nachvollziehbaren Bezug zur Organisation der auszuführenden Arbeiten haben. So kann eine vom Arbeitgeber geforderte „mehrjährige Berufserfahrung für die zu besetzende Stelle" ein solches nachvollziehbares, sachliches Kriterium für eine Stellenprofilierung sein[2].

dd) Geringstmögliche Belastung für Arbeitnehmer

Allerdings muss der Arbeitgeber – soweit ihm dies zumutbar ist – dem Arbeitnehmer eine diesen am wenigsten belastende Änderung anbieten, wenn mehrere Möglichkeiten der Änderung der Arbeitsbedingungen zur Verfügung stehen (weitere Hinweise unter Rz. 339f.)[3].

b) Verfahren

Ist ein freier Arbeitsplatz im o.g. Sinne vorhanden und zumutbar, bestimmt die Haltung des Arbeitnehmers das Verhältnis zwischen Beendigungs- und Änderungskündigung:

aa) Mögliche Verhandlungen mit Arbeitnehmer

Der Arbeitgeber ist berechtigt, aber nicht verpflichtet, vor Ausspruch einer Kündigung mit dem Arbeitnehmer über die Aufnahme einer anderweitigen Beschäftigung zu verhandeln. Der Arbeitgeber könnte also eine Änderungskündigung auch direkt aussprechen. Sucht er die einvernehmliche Lösung, muss sein Angebot hinsichtlich des neuen Arbeitsplatzes eindeutig, vollständig und unter Hinweis darauf ergehen, dass der bisher innegehaltene Arbeitsplatz in Wegfall gerät und dementsprechend eine Änderungs- oder Beendigungskündigung droht.

bb) Keine automatische Erklärungsfrist

Entgegen früherer Rechtsprechung will das BAG dem Arbeitnehmer in diesem Fall keine zeitlich fest umrissene Überlegungsfrist (früher: eine Woche) einräumen. Die Annahme eines Arbeitgeberangebotes soll nach den §§ 145ff. BGB zu beurteilen sein.

---

1 BAG 21.9.2006 – 2 AZR 607/05, NZA 2007, 431.
2 BAG 24.6.2004 – 2 AZR 326/03, NZA 2004, 1268.
3 BAG 17.3.2005 – 2 ABR 2/04, AP Nr. 58 zu § 15 KSchG 1969; 21.4.2005 – 2 AZR 132/04, DB 2005, 2250; vgl. *Schrader*, DB 2006, 1678; *Kühn*, BB 2011, 1851.

Insbesondere kann aber dem Arbeitnehmer eine Frist nach § 148 BGB zur Annahme gesetzt werden[1].

cc) Reaktionsmöglichkeiten des Arbeitnehmers

255
- Nimmt der Arbeitnehmer den neu angebotenen Arbeitsplatz an, bedarf es keiner Kündigung. Das Arbeitsverhältnis wird zu neuen Bedingungen nach Ablauf der Kündigungsfrist fortgesetzt.
- Nur dann, wenn der Arbeitnehmer das Angebot **unmissverständlich**, **vorbehaltlos** und **endgültig** ablehnt[2], kann der Arbeitgeber eine **Beendigungskündigung** aussprechen.
- Schweigt der Arbeitnehmer auf das Angebot, ist der Arbeitgeber gehalten, eine **Änderungskündigung** auszusprechen. Sofern allerdings der Arbeitgeber bereits aufgrund seines **Direktionsrechts** die in Aussicht genommenen, geänderten Arbeitsbedingungen durchsetzen kann, wäre eine Änderungskündigung „überflüssig" und damit generell unwirksam[3]. Es empfiehlt sich deshalb in Zweifelsfällen, **doppelgleisig** vorzugehen: Der Arbeitgeber weist den geänderten Arbeitsplatz unter Hinweis auf sein Direktionsrecht zu und spricht vorsorglich eine entsprechende Änderungskündigung aus.
- Äußert sich der Arbeitnehmer zum Angebot indifferent (zB mit Vorbehalt), kommt ebenfalls nur eine Änderungskündigung in Betracht[4].

6. Sozialauswahl (4. Stufe)[5]

256 Mit Wirkung vom 1.1.2004 war der Gesetzgeber im Wesentlichen wieder zu der zwischen dem 1.10.1996 und dem 31.12.1998 geltenden Fassung der Sozialauswahlvorschriften in § 1 Abs. 3–5 KSchG zurückgekehrt. Transparenter und vor allem rechtssicherer ist die Sozialauswahl damit nicht geworden. Wesentlich erscheinen folgende Aspekte:

a) Räumliche Prüfungsebene

257 Die Sozialauswahl erfolgt **betriebsbezogen**, sie ist nicht auf Betriebsteile oder Betriebsabteilungen beschränkt. Eine mögliche betriebsverfassungsrechtliche Eigenständigkeit einzelner **Betriebsteile** steht einer betriebsübergreifenden Sozialauswahl deshalb nicht entgegen. Lässt deshalb der Arbeitsvertrag des zu kündigenden Arbeitnehmers eine Tätigkeit in mehreren oder allen Betriebsteilen zu oder enthält er keine örtlichen Einsatzbeschränkungen, sind in die Sozialauswahl alle Arbeitnehmer aller Betriebsteile eines Betriebes mit einzubeziehen[6].

258 Andererseits erfolgt die Sozialauswahl nicht unternehmens- oder konzernbezogen. Sie hat auch dann grundsätzlich betriebsbezogen zu erfolgen, wenn sich der Arbeitgeber ein betriebsübergreifendes Versetzungsrecht vorbehalten hat[7].

---

1 BAG 21.4.2005 – 2 AZR 132/04, DB 2005, 2528.
2 BAG 21.4.2005 – 2 AZR 244/04, DB 2005, 2250.
3 BAG 6.9.2007 – 2 AZR 368/06, NZA-RR 2008, 291.
4 Die Frist zur Erklärung des Vorbehalts nach § 2 Satz 2 KSchG gilt als Mindestfrist auch für die Erklärung der vorbehaltlosen Annahme des Änderungsangebots: BAG 18.5.2006 – 2 AZR 230/05, BB 2006, 1803.
5 Zu den Reformvorschlägen u.a. Stellungnahme Bundesrechtsanwaltskammer zum RefE, AE 2003, XVII, NZA 2003, IX, *Däubler*, NZA 2004, 177; *Zimmer*, FA 2004, 34; instruktiv auch *Thüsing/Wege*, RdA 2005, 12; *Bröhl*, BB 2006, 1050.
6 BAG 3.6.2004 – 2 AZR 577/03, NZA 2005, 175.
7 BAG 2.6.2005 – 2 AZR 158/04, NZA 2005, 1175; bestätigt durch BAG 15.12.2005 – 6 AZR 199/05, NJW 2006, 1757; 18.10.2006 – 2 AZR 678/05, NZA 2007, 798; dazu *Gaul/Bonanni*, NZA 2006, 290.

V. Betriebsbedingte Kündigung

Betreiben mehrere Unternehmen einen einheitlichen Betrieb, sind im Rahmen der Sozialauswahl alle vergleichbaren Arbeitnehmer dieses einheitlichen Betriebes zu berücksichtigen, auch wenn sie in unterschiedlichen Unternehmen beschäftigt sind[1]. **259**

b) Vergleichbarer Personenkreis

In die Sozialauswahl werden nur Mitarbeiter einbezogen, die zu dem im Verhältnis des zu kündigenden Arbeitnehmers vergleichbaren Personenkreis gehören[2]. Der Kreis der in die soziale Auswahl einzubeziehenden Arbeitnehmer ist nach den Verhältnissen zum Zeitpunkt der beabsichtigten Kündigung zu bilden[3]. **260**

aa) Qualifikationsmäßige Austauschbarkeit[4]

Zunächst müssen die Mitarbeiter gegeneinander austauschbar sein, was sich in erster Linie nach arbeitsplatzbezogenen Merkmalen bestimmt, dh. nach der ausgeübten Tätigkeit; Austauschbarkeit ist allerdings nicht nur bei völliger Identität der Arbeitsplätze, sondern auch dann zu bejahen, wenn der Beschäftigte aufgrund seiner bisherigen Aufgaben im Betrieb und angesichts seiner beruflichen Qualifikation dazu in der Lage ist, die andersartige, aber gleichwertige Arbeit eines Kollegen zu verrichten[5]. **261**

Eine Austauschbarkeit ist erst ausgeschlossen, wenn die betriebliche Spezialisierung und die aktuellen besonderen Umstände einen solchen Grad erreicht haben, dass ein Einsatz der zu kündigenden Arbeitnehmer auf dem Arbeitsplatz des „Spezialisten" auch nach einer angemessenen Einarbeitungsfrist nicht möglich ist. Dafür ist es aber noch nicht ausreichend, dass der Arbeitnehmer nur einen bestimmten, insbesondere untergeordneten Arbeitsvorgang nicht ausüben kann. Sein Arbeitseinsatz muss insgesamt nicht mehr – wirtschaftlich – erfolgen können[6]. Deshalb kann das bloße Vorliegen eines Berufsabschlusses nur dann maßgeblich sein, wenn der fehlende Berufsabschluss einer Austauschbarkeit auch tatsächlich entgegensteht. Werden also nach dem Organisationskonzept des Arbeitgebers Arbeitnehmer mit und ohne abgeschlossene Berufsausbildung für die gleiche Tätigkeit eingesetzt, sind sie auch miteinander vergleichbar[7]. **261a**

Zum Betrieb eines im Bereich des AÜG tätigen Verleihers gehören alle unter einer einheitlichen Leitung zusammengefassten, zu dem Zweck ihrer Überlassung an Dritte beschäftigten Arbeitnehmer. Der Betrieb umfasst nicht nur die einsatzfreien, sondern auch die im Einsatz befindlichen Arbeitnehmer. Soweit das Recht des Verleihers zum Austausch der eingesetzten Leiharbeitnehmer nicht vertraglich oder nach Treu und Glauben (§ 242 BGB) ausgeschlossen ist, sind in die Sozialauswahl im Verleiherbetrieb grundsätzlich auch diejenigen Arbeitnehmer einzubeziehen, die Unternehmen zur Arbeitsleistung auf vergleichbaren Arbeitsplätzen überlassen sind[8]. **261b**

bb) Arbeitsvertragliche Austauschbarkeit

Unabhängig von der so definierten Austauschbarkeit muss auch eine arbeitsvertragliche Austauschbarkeit gegeben sein. Daran fehlt es, wenn der Arbeitgeber den Ar- **262**

---

1 BAG 5.5.1994 – 2 AZR 917/93, NZA 1994, 1023; 13.9.1995 – 2 AZR 954/94, NZA 1996, 307.
2 BAG 22.5.1986 – 2 AZR 612/85, NZA 1987, 125.
3 BAG 21.4.2005 – 2 AZR 241/04, DB 2005, 2527.
4 Zu den Begrifflichkeiten, BAG 2.3.2006 – 2 AZR 23/05, NZA 2006, 1350.
5 BAG 3.12.1998 – 2 AZR 341/98, DB 1999, 487; 23.11.2004 – 2 AZR 38/04, DB 2005, 1225; 5.6.2008 – 2 AZR 907/06, NZA 2008, 1120.
6 BAG 5.6.2008 – 2 AZR 907/06, NZA 2008, 1120.
7 BAG 6.7.2006 – 2 AZR 442/05, NZA 2007, 139.
8 BAG 20.6.2013 – 2 AZR 271/12, NZA 2013, 837.

beitnehmer nicht einseitig auf einen anderen Arbeitsplatz um- oder versetzen kann[1]. Das kann schon dann der Fall sein, wenn Arbeitnehmer in unterschiedlichen Tarifgruppen tätig sind[2].

263 Das bedeutet eine nur **horizontale** Sozialauswahl[3]. Wird also etwa einem Arbeitnehmer unter Abänderung seines Arbeitsvertrages die Leitung eines konkreten Arbeitsbereichs übertragen und kündigt der Arbeitgeber später betriebsbedingt, weil dieser Arbeitsbereich wegfällt, so sind die ehemals vergleichbaren, ohne Leitungsfunktion in anderen Arbeitsbereichen beschäftigten Arbeitnehmer idR nicht in die soziale Auswahl einzubeziehen[4].

cc) Teilzeitkräfte

264 Ob bei der Kündigung teilzeitbeschäftigter Arbeitnehmer Vollzeitbeschäftigte und bei der Kündigung vollzeitbeschäftigter Arbeitnehmer Teilzeitbeschäftigte in die Sozialauswahl einzubeziehen sind, soll von der **betrieblichen Organisation** abhängig sein:
- Wenn der Arbeitgeber eine Organisationsentscheidung getroffen hat, aufgrund derer für bestimmte Arbeiten Vollzeitkräfte vorgesehen sind, so kann diese Entscheidung als sog. freie Unternehmerentscheidung nur darauf überprüft werden, ob sie offenbar unsachlich, unvernünftig oder willkürlich ist. Liegt danach eine bindende Unternehmerentscheidung vor, sind bei der Kündigung einer Teilzeitkraft die Vollzeitkräfte nicht in die Sozialauswahl einzubeziehen.
- Will dagegen der Arbeitgeber in einem bestimmten Bereich lediglich die Zahl der insgesamt geleisteten Arbeitsstunden abbauen, ohne dass eine Organisationsentscheidung vorliegt, sind sämtliche in diesem Bereich beschäftigten Arbeitnehmer ohne Rücksicht auf ihr Arbeitszeitvolumen in die Sozialauswahl einzubeziehen[5].

265 Danach muss bei der Vollzeit-/Teilzeit-Konstellation jeweils konkret vorgetragen werden, aus welchen jedenfalls nicht offenbar unsachlichen Gründen eine bestimmte Stelle als Vollzeitstelle etabliert oder beibehalten werden soll.

266 Diese Grundsätze gelten auch für die soziale Auswahl zwischen Teilzeitbeschäftigten mit unterschiedlichen Arbeitszeiten[6].

dd) Gesetzliche Kündigungsverbote

267 Arbeitnehmern, denen gegenüber eine ordentliche Kündigung aufgrund **gesetzlicher** Sonderkündigungsvorschriften ausgeschlossen ist, sind in die Sozialauswahl nicht einzubeziehen[7]. Auch ein absehbarer Wegfall des Sonderkündigungsschutzes begründet keine Pflicht des Arbeitgebers zur Verschiebung des Ausspruchs der Kündigung, um auf diese Weise den aktuellen, noch besonders geschützten Arbeitnehmer in die Sozialauswahl einzubeziehen.

---

1 BAG 17.9.1998 – 2 AZR 725/97, DB 1998, 2534; 3.12.1998 – 2 AZR 341/98, DB 1999, 487; bestätigt durch BAG 17.2.2000 – 2 AZR 142/99, BB 2000, 1148 (begrenzte Versetzbarkeit einer Redakteurin); 18.10. 2006 – 2 AZR 676/05, nv. zur unzulässigen vertraglichen Herbeiführung der Vergleichbarkeit anlässlich des Kündigungsereignisses; BAG 5.6.2008 – 2 AZR 907/06, DB 2008, 2143.
2 LAG Berlin 7.11.2003 – 6 Sa 1391/03, NZA-RR 2004, 353.
3 So schon BAG 29.3.1990 – 2 AZR 369/89, AP Nr. 50 zu § 1 KSchG 1969 – Betriebsbedingte Kündigung.
4 BAG 17.9.1998 – 2 AZR 725/97, DB 1998, 2534.
5 BAG 3.12.1998 – 2 AZR 341/98, DB 1999, 487; 7.12.2006 – 2 AZR 748/05, FA 2007, 60.
6 BAG 15.7.2004 – 2 AZR 376/03, DB 2004, 2375.
7 BAG 21.4.2005 – 2 AZR 241/04, BB 2005, 2471 (Betriebsratsmitglied); 17.11.2005 – 6 AZR 118/05, NZA 2006, 370.

ee) Tarifliche Unkündbarkeit

Strittig ist die Frage, ob die durch Tarifvertrag besonders geschützten Arbeitnehmer (sog. Unkündbarkeit) im Rahmen der Sozialauswahl mit (noch) kündbaren Arbeitnehmern vergleichbar sind. Das Arbeitsgericht Cottbus[1] will auch tariflich unkündbare Arbeitnehmer in die Sozialauswahl einbeziehen. Andererseits wird vertreten, dass von vornherein nur ordentlich kündbare mit ordentlich kündbaren und ordentlich unkündbare mit ordentlich unkündbaren Arbeitnehmern vergleichbar seien[2].

268

In der Literatur wird schließlich vertreten, dass zwar grundsätzlich tariflich unkündbare Arbeitnehmer nicht in die Sozialauswahl einzubeziehen seien; etwas anderes könne aber dann gelten, wenn die Sozialauswahl damit grob fehlerhaft iSd. § 1 Abs. 4 KSchG würde. In diesem Fall sei grundsätzlich der Weg zu einer außerordentlichen Kündigung eröffnet[3].

269

ff) Betriebsvereinbarung

Nach Auffassung des LAG Köln[4] kann auch der Abschluss einer Betriebsvereinbarung Einfluss auf die „Vergleichbarkeit" haben. Danach soll eine Betriebsvereinbarung, die einen zeitlich befristeten Kündigungsschutz für Mitarbeiter festlegt, die einer Arbeitszeitverkürzung zugestimmt haben, nicht den Auswahlbereich der Sozialauswahl zu Lasten der Mitarbeiter verkürzen, die sich einer Arbeitszeitverkürzung nicht angeschlossen hatten.

270

gg) Vertragliche Unkündbarkeit

Für den Fall der vertraglich vereinbarten Unkündbarkeit muss nach Auffassung des LAG Sachsen ein sozial stärkerer Arbeitnehmer mit individueller „Unkündbarkeits-Zusage" jedenfalls dann in die Sozialauswahl einbezogen werden, wenn die Beschäftigungsgarantie die Sozialauswahl im Rahmen zu erwartender Entlassungswellen steuern sollte und zur Herausnahme des sozial schwächeren Arbeitnehmers aus dem auswahlrelevanten Personenkreis führen würde[5].

271

c) Sozialauswahlkriterien

aa) Mögliche Kriterien

Nach der seit dem 1.1.2004 geltenden Fassung des § 1 Abs. 3 KSchG wird die Festlegung des sozialen Status auf vier Kriterien begrenzt, nämlich die Dauer der Betriebszugehörigkeit[6], das Lebensalter, die Unterhaltspflichten und die Schwerbehinderung des Arbeitnehmers[7] (§ 1 Abs. 3 Satz 1 KSchG).

272

---

1 AG Cottbus 17.5.2000 – 6 Ca 38/00, DB 2000, 1817.
2 BAG 17.9.1998 – 2 AZR 419/97, DB 1999, 154.
3 *Zwanziger*, DB 2000, 2166.
4 LAG Köln 20.12.2004 – 2 Sa 695/04, NZA-RR 2005, 473.
5 LAG Sachs. 10.10.2001 – 2 Sa 744/00, NZA 2002, 905; vgl. auch *Dathe*, NZA 2007, 1205.
6 Vgl. dazu BAG 6.2.2003 – 2 AZR 623/01, ZTR 2003, 507: Entscheidend für das Sozialdatum der Betriebszugehörigkeit ist die Beschäftigung bei demselben Arbeitgeber, auch wenn sie in verschiedenen Betrieben stattfand.
7 Das Kriterium der Schwerbehinderung war im RegE nicht enthalten, BT-Drucks. 15/1204, Art. 1a) aa) des Entwurfs. Es wurde erstmals in der Beschlussempfehlung des Ausschusses für Wirtschaft und Arbeit, BT-Drucks. 15/1587, 8 und 27, eingefügt.

(1) Alter

273 Mit dem Auswahlkriterium „Alter" sollen nicht junge Arbeitnehmer, sondern ältere Arbeitnehmer geschützt werden, weil ein fortgeschrittenes biologisches Alter die Chancen auf dem Arbeitsmarkt für den Einzelnen verschlechtern.

274 Auch wenn die Berücksichtigung des Lebensalters in der Tendenz deshalb zu einer unmittelbaren Benachteiligung jüngerer Arbeitnehmer führt, ist dies – sofern nicht willkürlich oder tendenziös auf bestimmte Personen zielend – sowohl mit dem AGG als auch mit dem Unionsrecht zu vereinbaren. Die Einbeziehung des Lebensalters in die Sozialauswahl verfolgt ein im Allgemeininteresse liegendes legitimes Ziel aus dem Bereich der Sozialpolitik[1].

(2) Betriebszugehörigkeit

275 Die Betriebszugehörigkeit ist ein im Verhältnis zu den anderen Kriterien gleichgewichtiger Gesichtspunkt. Ihr kommt kein ausschlaggebendes Gewicht zu[2]. An sich nicht anrechnungsfähige frühere Beschäftigungszeiten bei demselben Arbeitgeber oder einem anderen Unternehmen können bei der Dauer der Betriebszugehörigkeit durch eine vertragliche Vereinbarung der Arbeitsvertragsparteien berücksichtigt werden. Zwar sind die Regelungen über die Sozialauswahl nicht dispositiv, sie stehen aber einer mittelbaren Verschlechterung der kündigungsrechtlichen Position eines Arbeitnehmers nicht entgegen (kein Verbot eines Vertrages zu Lasten Dritter). Eine zu Lasten anderer zu kündigender Arbeitnehmer sich auswirkende Individualvereinbarung darf nur nicht rechtsmissbräuchlich sein und nicht allein zum Zwecke der Umgehung der Sozialauswahl abgeschlossen werden. Dies ist dann nicht der Fall, wenn für eine individuelle Anrechnung früherer Beschäftigungszeiten bei einem anderen Unternehmen ein sachlicher Grund besteht. Einen solchen hat das BAG[3] anerkannt, wenn die Anrechnung früherer Betriebszugehörigkeitszeiten in einem Prozessvergleich vereinbart wird, der vor dem Hintergrund eines streitigen Betriebsübergangs des Arbeitsverhältnisses des vergleichbaren Mitarbeiters auf den Arbeitgeber geschlossen wurde.

276 Demgegenüber kann insbesondere bei einem engen zeitlichen Zusammenhang zwischen der Individualvereinbarung zur Anrechnung früherer Betriebszugehörigkeitszeiten und dem Kündigungsereignis ein starkes Indiz für einen fehlenden sachlichen Grund und eine mögliche Absicht zur Umgehung des Kündigungsschutzes liegen.

(3) Unterhaltspflichten

277 Nach Auffassung des LAG Düsseldorf[4] ist die Berücksichtigung des sog. **Doppelverdienstes** sachlich gerechtfertigt, weil man zur näheren Bestimmung der Höhe der Unterhaltspflicht auch mögliche Unterhaltsansprüche aus § 1360 BGB gegenüber dem mitverdienenden Ehegatten beachten müsse. Insofern soll dem Arbeitgeber auch eine Erkundigungspflicht bei den für eine Kündigung in Betracht kommenden Arbeitnehmern obliegen. Dieses Verständnis der Anforderungen an die Sozialauswahl stellt eine kündigungsrechtliche Hürde mit erheblicher praktischer Auswirkung dar, zumal viele Arbeitgeber bei betriebsbedingten Kündigungen dazu neigen, die bloße Anzahl der Unterhaltsberechtigten zu berücksichtigen oder allenfalls eine Differenzierung nach Steuerklassen vorzunehmen.

---

1 BAG 15.12.2011 – 2 AZR 42/10, DB 2012, 1445.
2 BAG 2.6.2005 – 2 AZR 480/04, ArbRB 2006, 6.
3 BAG 2.6.2005 – 2 AZR 480/04, ArbRB 2006, 6.
4 LAG Düsseldorf 4.11.2004 – 11 Sa 957/04, DB 2005, 454 (rkr.).

V. Betriebsbedingte Kündigung

Das LAG Niedersachsen[1] weist demgegenüber darauf hin, dass der Doppelverdienst den Status eines verheirateten Arbeitnehmers gegenüber einem Ledigen nur insofern neutralisieren könne, als bei entsprechend eigenem Einkommen des Ehegatten kein oder nur ein geringfügiger Anspruch auf Ehegattenunterhalt nach § 1360 BGB bestehen könne. Eine weitergehende Berücksichtigung des Doppelverdienstes zu Lasten des verheirateten Arbeitnehmers aber sei eine sachlich nicht gerechtfertigte mittelbare Diskriminierung von Frauen nach § 611a BGB und Art. 1 der EG-Richtlinie 76/207. Zudem sei die Benachteiligung verheirateter Ehepartner ein Verstoß gegen Art. 6 GG. Auf die Revision gegen diese Entscheidung stellte das BAG[2] immerhin fest:

„Auch für den Umstand des Doppelverdienstes sind keine abstrakten Vorgaben zu machen. Die Frage, ob der Arbeitgeber berechtigt ist, den Doppelverdienst zu Lasten des Arbeitnehmers zu berücksichtigen, stellt sich vorliegend nicht, weil die Beklagte eine derartige Wertung nicht vorgenommen hat. Jedenfalls ist der Arbeitgeber nicht verpflichtet, diesen Umstand zu Lasten des Arbeitnehmers zu berücksichtigen.

Abzustellen ist auf Art. 6 I GG. Diese Vorschrift stellt die Familie unter den besonderen Schutz der staatlichen Ordnung. Sie ist eine verbindliche Wertentscheidung für das den gesamten Bereich der Familie betreffende Recht. Art. 6 I GG bindet auch die Gerichte, die das einfache Recht nicht in einer Weise anwenden und auslegen dürfen, die geeignet ist, den Bestand der Familie zu beeinträchtigen (…). Daraus kann zwar nicht gefolgert werden, dass jede Auslegung einer Vorschrift des einfachen Rechts, die für den betroffenen Familienangehörigen nachteilig ist, Art. 6 I GG widerspricht (…). Es wäre jedoch mit der Wertentscheidung des Grundgesetzes unvereinbar, § 1 III KSchG dahingehend auszulegen, dass der Arbeitgeber im Ergebnis verpflichtet würde, einen verheirateten Arbeitnehmer nur wegen seiner familiären Bindung zu kündigen."

Damit ist nach wie vor offen, ob nicht doch der Doppelverdienst zumindest eine gewisse Mit-Berücksichtigung finden kann[3].

Das LAG Rh.-Pf.[4] vertritt die Auffassung, dass sich der Arbeitgeber hinsichtlich der Unterhaltspflichten nicht auf die **Angaben in der Lohnsteuerkarte** verlassen dürfe, da diese oftmals nicht die tatsächlichen Verhältnisse wiedergäben. Der Arbeitgeber müsse daher zur Vermeidung von Fehlern bei Durchführung der Sozialauswahl die vergleichbaren Arbeitnehmer nach bestehenden Unterhaltsverpflichtungen fragen. Auch das BAG neigt offenbar dazu, es auf die tatsächlichen, nicht aber auf die in der Lohnsteuerkarte eingetragenen Daten ankommen zu lassen[5], meint jedoch, den Bedürfnissen der Praxis sei ausreichend dadurch Rechnung getragen, dass der Arbeitgeber auf die ihm bekannten Daten vertrauen könne, wenn er keinen Anlass zu der Annahme habe, sie könnten nicht zutreffen.

(4) Schwerbehinderung

Ob mit Schwerbehinderung nur die Behinderung iSd. § 2 Abs. 2 SGB IX oder auch die Gleichstellung iSv. § 2 Abs. 3 SGB IX gemeint ist, lässt sich dem Wortlaut des § 1 Abs. 3 Satz 1 KSchG nicht entnehmen; die herrschende Meinung bejaht dies aber[6].

---

1 LAG Nds. 11.6.2001 – 5 Sa 1832/00, LAGE § 1 Nr. 37 – Soziale Auswahl.
2 BAG 5.12.2002 – 2 AZR 549/01, NZA 2003, 791.
3 BAG 28.6.2012 – 6 AZR 682/10, NZA 2012, 1090, der zumindest bei einem Interessenausgleich mit Namensliste nach § 125 InsO die gesetzliche Verpflichtung zur Gewährung von Familienunterhalt gem. § 1360 BGB nicht gänzlich außer Betracht lassen will.
4 LAG Rh.-Pf. 12.7.2006 – 10 Sa 121/06, NZA-RR 2007, 247.
5 BAG 17.1.2008 – 2 AZR 405/06, DB 2008, 1688.
6 KR/*Griebeling* § 1 KSchG Rz. 678a mwN; APS/*Kiel*, § 1 KSchG Rz. 730.

281 Ob nur die nach § 69 SGB IX festgestellte oder eine tatsächlich vorliegende Schwerbehinderung berücksichtigungsfähig ist, wird unterschiedlich gesehen[1].

Zu § 1 Abs. 3 Satz 1 KSchG aF („ausreichende Berücksichtigung sozialer Gesichtspunkte") hatte das BAG entschieden, dass nicht nur eine festgestellte Schwerbehinderung des Arbeitnehmers zu berücksichtigen sei, sondern auch andere „Behinderungen", die einer weiteren Arbeitsvermittlung erheblich entgegenstehen könnten[2], – was gegen die Notwendigkeit der formellen Anerkennung spricht. Nach ausdrücklicher Aufnahme des Kriteriums der Schwerbehinderung in den Gesetzestext sprechen aber die besseren Gründe für die Notwendigkeit einer behördlich festgestellten Anerkennung; dies schon deshalb, weil der Arbeitgeber die Schwerbehinderung nur zu berücksichtigen braucht, wenn sie ihm bekannt, also entweder offensichtlich oder nachgewiesen ist[3].

(5) Sonstige Kriterien

282 Nach der Gesetzesbegründung[4] ist die Sozialauswahl nicht zwingend auf die genannten vier Kriterien beschränkt. Diese schlössen die Beachtung unbilliger Härten im Einzelfall nicht aus. „Zusätzlich erfassbare Tatsachen" müssten jedoch in einem „unmittelbaren spezifischen Zusammenhang" mit den Grunddaten stehen oder sich aus solchen „betrieblichen Gegebenheiten" herleiten, die „evident einsichtig" seien. Dies soll bspw. Berufskrankheiten und einen vom Arbeitnehmer nicht verschuldeten Arbeitsunfall betreffen.

283 Danach wird man also davon ausgehen müssen, dass der Arbeitgeber über die im Gesetz vorgegebenen Grunddaten hinaus weitere Sozialauswahlkriterien heranziehen darf, soweit sie im „unmittelbaren spezifischen Zusammenhang" mit den Grunddaten stehen und sich aus betrieblichen Gegebenheiten herleiten, die „evident einsichtig" sind. Ein Arbeitgeber ist deshalb gut beraten, dies zu berücksichtigen, solange höchstrichterlich nicht geklärt ist, was man sich unter diesen Formulierungen vorstellen muss.

bb) Gewichtung

284 Jedem der vier Kriterien kommt – so die Gesetzesbegründung[5] – das gleiche Gewicht zu. Der Arbeitnehmer muss die vier Grunddaten „ausreichend" berücksichtigen. Es steht ihm deshalb bei der Gewichtung der Sozialkriterien ein Wertungsspielraum zu. Die tatsächlich getroffene Auswahlentscheidung muss nur vertretbar sein und nicht unbedingt der Entscheidung entsprechen, die das Gericht getroffen hätte, wenn es eigenverantwortlich soziale Erwägungen hätte anstellen müssen. Der dem Arbeitgeber vom Gesetz eingeräumte Wertungsspielraum führt dazu, dass nur deutlich schutzwürdigere Arbeitnehmer mit Erfolg die Fehlerhaftigkeit einer sozialen Auswahl rügen können[6].

---

1 Für festgestellte Schwerbehinderung: APS/*Kiel*, § 1 KSchG Rz. 731aE; für Verzicht auf formelle Anerkennung: KR/*Griebeling* § 1 KSchG Rz. 678a, der aber bei Gleichstellung formelle Anerkennung verlangt.
2 BAG 17.3.2005 – 2 AZR 4/04, AP Nr. 71 zu § 1 KSchG 1969 – Soziale Auswahl.
3 So im Ergebnis auch HWK/*Quecke*, § 1 KSchG Rz. 379.
4 Vgl. RegE, BT-Drucks. 15/1204, 11.
5 RegE, BT-Drucks. 15/1204, 11.
6 BAG 2.6.2005 – 2 AZR 480/04, ArbRB 2005, 194; 5.12.2002 – 2 AZR 549/01, EzA § 1 KSchG Nr. 49 – Soziale Auswahl mwN auch zur uneinheitlichen früheren Senats-Rechtsprechung.

V. Betriebsbedingte Kündigung

d) Berücksichtigung betrieblicher Belange

§ 1 Abs. 3 Satz 2 KSchG entspricht wortgleich der früheren Gesetzesformulierung nach dem ArbRBeschFG von 1996[1]: Arbeitnehmer, deren Weiterbeschäftigung, insbesondere wegen ihrer Kenntnisse, Fähigkeiten und Leistungen oder zur Sicherung einer ausgewogenen Personalstruktur des Betriebes, im berechtigten betrieblichen Interesse[2] liegt, sind in die Sozialauswahl nicht einzubeziehen. Gegenüber der zwischen 1998 und dem 31.12.2003 geltenden Gesetzesfassung, nach der „betriebliche Bedürfnisse" die Weiterbeschäftigung bestimmter Arbeitnehmer „bedingen" mussten, ist nunmehr lediglich Voraussetzung, dass die Weiterbeschäftigung bestimmter Arbeitnehmer „im berechtigten betrieblichen Interesse liegt". 285

Die Ausklammerung aus der Sozialauswahl ist dabei nicht auf die im Gesetz genannten Gründe beschränkt; diese sind nur Beispiele[3]. 286

aa) Leistungsträger

Auszuklammern sind also zunächst sog. „Leistungsträger"; auf eine nähere Begriffsdefinition verzichtet das Gesetz. Deshalb gewinnt die Gesetzesbegründung möglicherweise Bedeutung: Danach sind Mitarbeiter aus der Sozialauswahl herauszunehmen, wenn deren Weiterbeschäftigung aus den drei genannten Gründen „notwendig" ist[4]. An anderer Stelle der Entwurfsbegründung heißt es, der Leistungsträger müsse sich für den Betrieb „unentbehrlich" gemacht haben, damit der Arbeitgeber ihn aus der Sozialauswahl herausnehmen könne[5]. 287

Allerdings steht das BAG wie bisher auf dem Standpunkt, dass es ausreiche, wenn die Weiterbeschäftigung eines bestimmten Arbeitnehmers im Interesse eines geordneten Betriebsablaufs erforderlich sei[6]. Klargestellt ist zwischenzeitlich[7], dass es bei der bisherigen „Leistungsträger"-Rechtsprechung des Senats bleibt[8]. Danach muss der Arbeitgeber das Interesse des sozial schwächeren Arbeitnehmers gegen das betriebliche Interesse an der Herausnahme des Leistungsträgers abwägen. Je schwerer dabei das soziale Interesse wiegt, umso gewichtiger müssen die Gründe für die Ausklammerung des Leistungsträgers sein[9]. 288

Zulässig ist die Modifikation der Sozialauswahl allerdings nur im Hinblick auf positive Abgrenzungsmerkmale. Aus Arbeitgebersicht negative Aspekte wie etwa die besonders hohe Krankheitsanfälligkeit eines Arbeitnehmers begründen für sich noch kein berechtigtes betriebliches Interesse iSv. § 1 Abs. 3 Satz 2 KSchG, den anderen, vergleichbaren, weniger schutzbedürftigen Arbeitnehmer weiterzubeschäftigen[10]. 288a

bb) Sicherung einer ausgewogenen Personalstruktur

Anders als der Insolvenzverwalter (§ 125 Abs. 1 Satz 1 Nr. 2 InsO) kann der Arbeitgeber nach § 1 Abs. 3 Satz 2 KSchG nur zur Sicherung, nicht aber zur Schaffung einer 289

---

1 Art. 1 Nr. 1a) bb) ArbRBeschFG 25.9.1996, BGBl. I, 1476.
2 Vgl. auch BAG 23.11.2000 – 2 AZR 533/99, NZA 2001, 601.
3 BAG 7.12.2006 – 2 AZR 748/05, FA 2007, 60.
4 RegE, BT-Drucks. 15/1204, 9.
5 RegE, BT-Drucks. 15/1204, 11.
6 BAG 7.12.2006 – 2 AZR 748/05, NZA-RR 2007, 460 – Weiterbeschäftigung Reinigungskraft, deren jederzeitiger Einsatz als Mitglied der freiwilligen Feuerwehr sichergestellt werden kann.
7 BAG 31.5.2007 – 2 AZR 306/06, BAGE 123, 20.
8 BAG 12.4.2002 – 2 AZR 706/00, NZA 2003, 42.
9 BAG 19.7.2012 – 2 AZR 352/11, DB 2013, 51 (nur anderweitiger Leitsatz).
10 BAG 31.5.2007 – 2 AZR 306/06, NZA 2007, 1362.

ausgewogenen Personalstruktur[1] des Betriebs, Arbeitnehmer aus der Sozialauswahl herausnehmen[2]. Danach ist es dem Arbeitgeber gestattet, zur Sicherung einer ausgewogenen Altersstruktur vorab **Altersgruppen** zu bilden und lediglich innerhalb dieser Altersgruppen die Sozialauswahl vorzunehmen[3]. Allerdings muss auch innerhalb der jeweiligen Vergleichsgruppe eine proportionale Berücksichtigung der Altersgruppen möglich sein. Sollen bspw. innerhalb einer Vergleichsgruppe bei Vorhandensein von drei Altersgruppen nur zwei Personen entlassen werden, ist eine proportionale Beteiligung aller Altersgruppen nicht möglich. Dann muss die Sozialauswahl (jedenfalls in dieser Vergleichsgruppe) ohne Rücksicht auf Altersgruppen erfolgen[4].

289a Da es sich auch bei der Sicherung einer ausgewogenen Personalstruktur um ein berechtigtes betriebliches Bedürfnis iSd. § 1 Abs. 3 Satz 2 KSchG handelt, bleibt es jedoch bei der **Darlegungs- und Beweislast** des Arbeitgebers für das Vorliegen solcher betrieblichen Bedürfnisse. Es gehört deshalb zum schlüssigen Sachvortrag des Arbeitgebers, im Einzelnen darzulegen, welche konkreten Nachteile sich ergeben würden, wenn er die zu kündigenden Arbeitnehmer allein nach dem Maßstab des § 1 Abs. 3 Satz 1 KSchG auswählen würde. Für die Sicherung einer ausgewogenen Altersstruktur bedeutet dies, dass der Arbeitgeber vortragen muss, inwieweit sich die Durchführung der Sozialauswahl allein an Hand der Kriterien des § 1 Abs. 3 Satz 1 KSchG nachteilig auf die Personalstruktur und den Betrieb ausgewirkt hätte und ob und inwieweit eine solche soziale Auswahl zu einer erheblichen Verzerrung dieser Personalstruktur geführt hätte[5]. Gelingt eine solche Darlegung und kann bspw. dargelegt werden, dass ohne eine Altersgruppenbildung das Durchschnittsalter der Belegschaft erheblich angestiegen wäre – das BAG hat jedenfalls bei einem Durchschnittsalter von 50 Jahren das Bedürfnis zur Altersgruppenbildung bejaht[6] –, muss in einem zweiten Schritt die Altersgruppenbildung selbst in zulässiger Weise erfolgen. Dabei hält das BAG eine Altersgruppenbildung nach abstrakten Vorgaben (etwa in fünf oder zehn Jahresschritten) auch dann für rechtmäßig, wenn die gebildeten Gruppen nicht gleich stark sind und es in den Randbereichen von Gruppen zu gewissen „Verzerrungen" kommt[7].

cc) Positive Abgrenzung

289b Zulässig ist die Modifikation der Sozialauswahl allerdings nur im Hinblick auf positive Abgrenzungsmerkmale. Aus Arbeitgebersicht negative Aspekte wie etwa die besonders hohe Krankheitsanfälligkeit eines Arbeitnehmers begründen für sich noch kein berechtigtes betriebliches Interesse iSv. § 1 Abs. 3 Satz 2 KSchG, den anderen, vergleichbaren, weniger schutzbedürftigen Arbeitnehmer weiterzubeschäftigen[8].

e) Auswahlrichtlinie (§ 1 Abs. 4 KSchG)

aa) Kollektivrechtliche Regeln

290 Durch Tarifvertrag, Betriebsvereinbarung oder Richtlinie nach dem Personalvertretungsgesetz kann festgelegt werden, wie die genannten sozialen Gesichtspunkte im

---

1 Vgl. auch KR/*Griebeling*, § 1 KSchG Rz. 640ff., Rz. 649 zur Ausgewogenheit der Personalstruktur nach Geschlechtern.
2 So schon zu § 1 Abs. 3 Satz 2 KSchG 1996: BAG 23.11.2000 – 2 AZR 533/99, NZA 2001, 601.
3 BAG 23.11.2000 – 2 AZR 533/99, NZA 2001, 601; vgl. auch LAG Köln 2.2.2006 – 6 Sa 1287/05, LAGE § 1 KSchG – Soziale Auswahl Nr. 51a, das bei bloßer Beibehaltung der bisherigen Altersstruktur das berechtigte betriebliche Interesse ohne Weiteres bejaht.
4 BAG 19.7.2012 – 2 AZR 352/11, BB 2013, 51 (nur Ls.).
5 BAG 20.4.2005 – 2 AZR 201/04, NZA 2005, 877; 18.3.2010 – 2 AZR 468/08, NZA 2010, 1059.
6 BAG 6.7.2006 – 2 AZR 442/05, NZA 2007, 130.
7 BAG 20.4.2005 – 2 AZR 201/04, NZA 2005, 877; 6.7.2006 – 2 AZR 442/05, NZA 2007, 130.
8 BAG 31.5.2007 – 2 AZR 306/06, NZA 2007, 1362.

V. Betriebsbedingte Kündigung

Verhältnis zueinander zu bewerten sind. Derartige Auswahlrichtlinien können also die gesetzlichen Anforderungen an die Sozialauswahl und insbesondere die Vergleichbarkeit von Arbeitnehmern nicht verdrängen. Sie betreffen eben nur die Gewichtung der Auswahlkriterien und nicht die Zusammensetzung des auswahlrelevanten Personenkreises (oder die Konkretisierung des entgegenstehenden betrieblichen Interesses iSv. § 1 Abs. 3 Satz 2 KSchG)[1].

Solche Richtlinien enthalten oftmals **Punktesysteme**, anhand derer die soziale Gewichtung erfolgt.

Bei Anwendung eines solchen Punktesystems bedarf es zur finalen sozialen Auswahl keiner individuellen Abschlussprüfung mehr[2]. Mit seiner Entscheidung vom 6.11.2008[3] bestätigt das BAG, dass auch unter Geltung des AGG die Bildung von Altersgruppen bei der Sozialauswahl zur Erhaltung der Altersstruktur grundsätzlich zulässig ist und gibt Leitlinien dafür, unter welchen Umständen ggf. eine Diskriminierung wegen des Alters vorliegen könnte; insbesondere darf das Lebensalter im Hinblick auf die anderen Sozialauswahlkriterien nicht überbewertet werden[4]. Auch unter Berücksichtigung des Unionsrechts ist die Bildung von Altersgruppen nicht zu beanstanden[5].

Grob fehlerhaft ist die Bewertung, wenn eines der Kriterien gar nicht oder völlig unausgewogen, also eindeutig unzureichend oder eindeutig überproportional, berücksichtigt wird[6].

bb) Einseitiges Punktesystem

§ 1 Abs. 3 KSchG erlaubt dem Arbeitgeber auch dann die Verwendung eines Punktesystems, wenn keine förmliche Vereinbarung gem. § 1 Abs. 4 KSchG vorliegt.

cc) Mitbestimmungsrecht des Betriebsrats

Der für betriebsverfassungsrechtliche Fragen zuständige 1. Senat des BAG vertritt die Auffassung, dass ein Mitbestimmungsrecht des Betriebsrates nach § 95 Abs. 1 BetrVG schon dann eingreift, wenn es um eine Punkteschema geht, das der Arbeitgeber nicht nur generell auf alle künftigen betriebsbedingten Kündigungen, sondern nur auf konkret bevorstehende Kündigungen anwenden will[7]. Verletzt der Arbeitgeber in einem solchen Fall das Mitbestimmungsrecht, kann ihm auf Antrag des Betriebsrats die Wiederholung des mitbestimmungswidrigen Verhaltens auf der Grundlage des allgemeinen Unterlassungsanspruchs gerichtlich untersagt werden. Der für das Kündigungsschutzrecht zuständige 2. Senat des BAG hat allerdings klargestellt, dass eine Verletzung dieser Mitbestimmungsrechte mangels einer § 102 Abs. 1 Satz 3 BetrVG entsprechenden Norm nicht zur Unwirksamkeit der in Anwendung eines einseitigen Punkteschemas ausgesprochenen Kündigung führt[8]. Das Fehlen einer solchen Norm war auch gerade Grund für den 1. Senat des BAG, dem Betriebsrat einen Unterlassungsanspruch zu gewähren. Gründe dafür, die mitbestimmungsrechtliche Stellung des Betriebsrats zusätzlich dadurch zu verstärken, dass auch individualrechtlich die ausgesprochene Kündigung im Wege der Rechtsfortbildung für unwirksam erklärt wird, gibt es nicht. Solange also der Betriebsrat einen insoweit gegebenen Ver-

---

1 BAG 5.6.2008 – 2 AZR 907/06, DB 2008, 2143.
2 BAG 9.11.2006 – 2 AZR 812/05, DB 2007, 1087.
3 BAG 6.11.2008 – 2 AZR 523/07, NZA 2009, 361.
4 Vgl. auch *Lingemann/Beck*, NZA 2009, 577; BAG 5.11.2009 – 2 AZR 676/08, NZA 2010, 1395.
5 BAG 15.12.2011 – 2 AZR 42/10, DB 2012, 1445.
6 BAG 18.10.2006 – 2 AZR 473/05, DB 2007, 922.
7 BAG 26.7.2005 – 1 ABR 29/04, NZA 2005, 1372; dazu *Gaul/Bonanni/Naumann*, BB 2006, 549; auch *Strybny/Biswas*, FA 2006, 165.
8 BAG 6.7.2006 – 2 AZR 742/05, NZA 2007, 139; 9.11.2006 – 2 AZR 812/05, FA 2007, 25.

stoß gegen sein Mitbestimmungsrecht nicht geltend macht, ist es dem Arbeitgeber nicht verwehrt, sich auf das Punkteschema zu berufen. Für eine solche Geltendmachung reicht es jedenfalls auch nicht aus, dass der Betriebsrat sich im Anhörungsverfahren nach § 102 BetrVG darauf beruft, das Punktesystem entspreche nicht den gesetzlichen Auswahlkriterien[1].

f) Interessenausgleich mit Namensliste (§ 1 Abs. 5 KSchG)

294 Eine aus Arbeitgebersicht weitergehende Erleichterung der Sozialauswahl ergibt sich dann, wenn die zu kündigenden Arbeitnehmer nach Maßgabe des § 1 Abs. 5 KSchG in einer Namensliste zusammengefasst sind. Die Vorschrift verstößt weder gegen Art. 12 Abs. 1 GG noch gegen das aus Art. 20 Abs. 3 GG abzuleitende Gebot des fairen Verfahrens[2].

aa) Anwendungsfall

295 Erfolgt eine betriebsbedingte Kündigung aufgrund einer „echten"[3] Betriebsänderung (§ 111 BetrVG[4]) und sind die zu kündigenden Arbeitnehmer im Interessenausgleich namentlich bezeichnet, gilt zu Gunsten des Arbeitgebers Folgendes: Es wird vermutet, dass die Kündigung betriebsbedingt ist (§ 1 Abs. 5 Satz 1 KSchG); die Sozialauswahl kann nur noch auf grobe Fehlerhaftigkeit überprüft werden (§ 1 Abs. 5 Satz 2 KSchG). Beruht das Zustandekommen einer Namensliste auf einem Verstoß gegen Vorschriften des AGG, kann dies zwar zur groben Fehlerhaftigkeit der Sozialauswahl führen, hat aber nicht die „Unwirksamkeit" der Namensliste und damit den Wegfall der Vermutungswirkung nach § 1 Abs. 5 KSchG zur Folge[5].

296 Umstritten ist, ob § 1 Abs. 5 KSchG auch auf betriebsbedingte **Änderungskündigungen** Anwendung findet[6]. Das BAG[7] bejaht dies und hat die gleichen Rechtsfolgen wie bei der Beendigungskündigung angenommen.

Allerdings findet auf **außerordentliche Kündigungen** – seien es Beendigungs- oder Änderungskündigungen – die Vermutungswirkung des § 1 Abs. 5 KSchG **keine Anwendung**[8].

bb) Formelle Anforderungen

297 Der Arbeitgeber kann eine Namensliste nicht erzwingen. Wenn er sich mit dem Betriebsrat im Rahmen der Verhandlungen über einen Interessenausgleich nicht einigt, kann er die Möglichkeiten des § 1 Abs. 5 KSchG nicht in Anspruch nehmen. Einigen sich die Betriebspartner, sind gewisse **formelle Anforderungen** zu beachten:

298 Die Namensliste muss **Bestandteil des Interessenausgleichs**, also in ihm enthalten sein. Sie kann aber auch in einer **Anlage** zum Interessenausgleich aufgenommen wer-

---

1 BAG 9.11.2006 – 2 AZR 812/05, FA 2007, 25.
2 BAG 6.9.2007 – 2 AZR 715/06, BB 2008, 727 m. Anm. von *Dornbusch*.
3 Die Vermutungsbasis, dass tatsächlich eine Betriebsänderung iSd. § 111 BetrVG vorlag und kausal für die Kündigung war, hat der Arbeitgeber substantiiert darzulegen und ggf. zu beweisen, BAG 3.4.2008 – 2 AZR 879/06, DB 2008, 1577.
4 § 111 BetrVG gilt seit dem BetrVGRefG, BGBl. I 2001, 2518 in Unternehmen mit mehr als zwanzig wahlberechtigten Arbeitnehmern.
5 BAG 6.11.2008 – 2 AZR 523/07, NZA 2009, 361.
6 Dafür: ErfK/*Oetker*, § 1 KSchG Rz. 363; zum KSchG 1996: *Giesen*, ZfA 1997, 145 (173); dagegen: *Gaul*, AktuellAR 2/2003, A. I offen gelassen; *Löwisch*, NZA 2003, 689 (692).
7 BAG 19.6.2007 – 2 AZR 304/06, NZA 2008, 103.
8 BAG 28.5.2009 – 2 AZR 844/07, NZA 2009, 954.

den. Dann muss aber zweifelsfrei feststehen, dass beide eine Urkunde bilden[1], zB wenn sie mittels Heftklammer fest miteinander verbunden sind[2]. Sind beide nicht derart fest miteinander verbunden, tragen aber eine abschließende Namensunterschrift, kann sich die Einheit aus der fortlaufenden Paginierung, der fortlaufenden Nummerierung der einzelnen Bestimmungen, der einheitlichen grafischen Gestaltung, dem inhaltlichem Zusammenhang des Textes oder vergleichbaren Merkmalen ergeben[3]. Wird die Namensliste getrennt vom Interessenausgleich erstellt, reicht es aus, dass im Interessenausgleich auf die zu erstellende Namensliste verwiesen wird, die erstellte Namensliste – ebenso wie zuvor der Interessenausgleich – von allen Betriebsparteien unterschrieben worden ist und die Liste ihrerseits eindeutig auf den Interessenausgleich Bezug nimmt[4]. Ist die Namensliste nicht unterzeichnet, muss sie mit dem Interessenausgleich, der auf sie verweist, fest verbunden sein, **bevor** der Interessenausgleich unterschrieben wird[5].

Ein Interessenausgleich kann, um die Wirkungen des § 1 Abs. 5 KSchG auszulösen, noch nach seinem Abschluss **zeitnah** um eine Namensliste ergänzt werden. Bis zu welchem Zeitpunkt eine „zeitnahe" Ergänzung vorliegt, lässt sich nicht durch eine starre Regelfrist bestimmen. Entscheidend sind die Umstände des Einzelfalls, wie zB die fortdauernde Verhandlung der Betriebsparteien über die Erstellung einer Namensliste[6]. Danach kann zwischen Unterzeichnung des Interessenausgleichs und der Erstellung der dazugehörigen Namensliste durchaus ein Zeitraum von mehr als einem Monat liegen[7].

In der Namensliste müssen die einzelnen Arbeitnehmer mit **Vor- und Nachnamen** bezeichnet sein. 299

Ein Interessenausgleich mit Namensliste ist an geeigneter Stelle im Betrieb **auszulegen**[8].

cc) Inhaltliche Anforderungen

Ein Interessenausgleich mit Namensliste bildet nur dann eine ausreichende Vermutungsbasis iSd. § 1 Abs. 5 Satz 1 KSchG, wenn in der Namensliste **ausschließlich** Arbeitnehmer aufgeführt werden, denen aus Sicht der Betriebspartner aufgrund der Betriebsänderung zu kündigen sind. Werden auch andere Arbeitnehmer unter Umständen auch gefälligkeitshalber mit dem Ziel, eine Sperrzeit auszuschließen, aufgenommen, bildet die Namensliste nicht die vom Gesetz vorgesehene Gewähr dafür, dass der Betriebsrat seiner Verantwortung gegenüber allen Arbeitnehmern gerecht geworden ist[9]. Auch sog. „**Teil-Namenslisten**", die nur einen Teil der zu kündigenden Arbeitnehmer erfassen und die von einem Teil der Literatur für zulässig erachtet werden[10], hält das BAG für zulässig, wenn die Betriebsänderung in mehreren „Wellen" 300

---

1 BAG 7.5.1998 – 2 AZR 55/98, AP Nr. 1 zu § 1 KSchG 1969 – Namensliste; 6.7.2006 – 2 AZR 520/05, ZIP 2006, 2329.
2 BAG 6.12.2001 – 2 AZR 422/00, EzA § 1 KSchG Nr. 9 – Interessenausgleich; 7.5.1998 – 2 AZR 55/98, EzA § 1 KSchG Nr. 6 – Interessenausgleich; 6.7.2006 – 2 AZR 520/05, ZIP 2006, 2329.
3 BAG 7.5.1998 – 2 AZR 55/98, EzA § 1 KSchG Nr. 6 – Interessenausgleich.
4 BAG 21.2.2002 – 2 AZR 581/00, EzA § 1 KSchG Nr. 10 – Interessenausgleich; 19.7.2012 – 2 AZR 352/11, nv.
5 BAG 6.7.2006 – 2 AZR 520/05, ZIP 2006, 2329.
6 BAG 26.3.2009 – 2 AZR 296/07, DB 2009, 1882.
7 BAG 26.3.2009 – 2 AZR 296/07, DB 2009, 1882; Abschluss Interessenausgleich am 12.7.2005, Unterzeichnung Namensliste am 19.8. bzw. 26.8.2005.
8 BAG 7.5.1998 – 2 AZR 55/98, AP Nr. 1 zu § 1 KSchG 1969 mwN.
9 BAG 26.3.2009 – 2 AZR 296/07, NZA 2009, 1152.
10 *Kappenhagen*, NZA 1998, 969; *Matthes*, RdA 1999, 178.

erfolgt und die Betriebsparteien für jeden Abschnitt eine abschließende Einigung über sämtliche in diesem zu kündigenden Arbeitnehmer herbeigeführt haben[1].

dd) Rechtsfolgen

(1) Vermutung der Betriebsbedingtheit

301 Die Vermutung, dass die Kündigung durch dringende betriebliche Erfordernisse bedingt ist (§ 1 Abs. 5 Satz 1 KSchG), bezieht sich sowohl auf den Wegfall der bisherigen Beschäftigung als auch auf das Fehlen anderer Beschäftigungsmöglichkeiten im Betrieb oder Unternehmen[2]. Diese Vermutung wird auch nicht dadurch beseitigt, wenn das Zustandekommen der Namensliste auf einem Verstoß gegen die Vorschriften des AGG beruht. Dies kann zwar zur groben Fehlerhaftigkeit der Sozialauswahl führen, hat aber noch nicht die „Unwirksamkeit" der Namensliste insgesamt und damit den Wegfall der Vermutungswirkung nach § 1 Abs. 5 KSchG zur Folge[3].

(2) Eingeschränkte Überprüfung der Sozialauswahl

302 Die Überprüfung der Sozialauswahl auf **grobe** Fehlerhaftigkeit (§ 1 Abs. 5 Satz 2 KSchG) betrifft die Richtigkeit der Sozialauswahl in jeder Hinsicht, also auch die Frage der Vergleichbarkeit der Arbeitnehmer und der Herausnahme bestimmter Arbeitnehmer aus der Sozialauswahl nach § 1 Abs. 3 Satz 2 KSchG[4] oder der Bildung auswahlrelevanter Gruppen[5] (anders bei § 1 Abs. 4 KSchG).

303 Grob fehlerhaft ist eine soziale Auswahl, wenn ein evidenter, ins Auge springender schwerer Fehler vorliegt und der Interessenausgleich jede Ausgewogenheit vermissen lässt[6]. Der vom Gesetzgeber weit gefasste Beurteilungsspielraum der Betriebspartner lässt es auch zu, bei der Gewichtung der Sozialkriterien das Schwergewicht auf die Unterhaltspflichten der betroffenen Arbeitnehmer zu legen. Der Dauer der Betriebszugehörigkeit kam bereits nach der Rechtsprechung des BAG zu § 1 Abs. 3 Satz 2 KSchG (1996) unter den Sozialkriterien keine Priorität zu[7].

304 Grob fehlerhaft ist die Sozialauswahl nach der umstrittenen „Leistungsträger"-Rechtsprechung[8] auch dann, wenn bei der Herausnahme eines Leistungsträgers die Gewichtung der sozialen Belange einerseits und der betrieblichen Interessen andererseits jede Ausgewogenheit vermissen lässt[9].

304a Entscheidend ist die **Ergebnisbezogenheit** der Sozialauswahl. Dh., die getroffene Auswahl ist in der Regel nur dann grob fehlerhaft, wenn sich das Ergebnis als grob fehlerhaft erweist. Dagegen ist regelmäßig nicht maßgebend, ob das gewählte Auswahlverfahren beanstandungsfrei ist. Ein mangelhaftes Auswahlverfahren kann also zu einem richtigen – nicht grob fehlerhaften – Auswahlergebnis führen[10].

---

1 BAG 19.7.2012 – 2 AZR 352/11, nv.
2 RegE, BT-Drucks. 15/1204, 11; BAG 7.5.1998 – 2 AZR 536/97, NZA 1998, 933.
3 BAG 5.11.2009 – 2 AZR 676/08, NZA 2010, 417.
4 RegE, BT-Drucks. 15/1204, 12; BAG 12.4.2002 – 2 AZR 706/00, NZA 2003, 42 mwN.
5 BAG 21.9.2006 – 2 AZR 760/05, DB 2007, 1141; bestätigt durch BAG 3.4.2008 – 2 AZR 879/06, DB 2008, 1577.
6 BAG 17.1.2008 – 2 AZR 405/06, BB 2008, 1688; 19.7.2012 – 2 AZR 352/11, nv.
7 BAG 2.12.1999 – 2 AZR 757/98, NZA 2000, 531.
8 BAG 12.4.2002 – 2 AZR 706/00, NZA 2003, 42.
9 BAG 12.4.2002 – 2 AZR 706/00, NZA 2003, 42.
10 BAG 10.6.2010 – 2 AZR 420/09, NZA 2010, 1352.

ee) Wesentliche Änderung der Sachlage

Die Vermutung und der eingeschränkte Prüfungsmaßstab gelten nicht mehr, wenn sich die Sachlage nach Zustandekommen des Interessenausgleichs wesentlich geändert hat (§ 1 Abs. 5 Satz 3 KSchG). Das ist der Fall, wenn die Geschäftsgrundlage weggefallen ist[1], weil zB die Betriebsänderung nicht mehr durchgeführt oder die Zahl der im Interessenausgleich vorgesehenen Kündigungen erheblich verringert werden soll. Weder das freiwillige Ausscheiden von Arbeitnehmern[2] noch das Freiwerden eines anderen Arbeitsplatzes[3] nach Abschluss des Interessenausgleichs stellen jedoch eine wesentliche Änderung der Sachlage dar. 305

Beurteilungszeitpunkt ist der des Zugangs der Kündigung[4]. Ändert sich die Sachlage erst danach, kommt nur ein Wiedereinstellungsanspruch in Betracht[5]. 306

ff) Darlegungs- und Beweislast

Die Darlegungs- und Beweislast des **Arbeitgebers** beschränkt sich zunächst darauf, zur Betriebsänderung, der darauf beruhenden Kündigung[6] und zum (materiell und formell) wirksamen Zustandekommen der Namensliste vorzutragen[7]. 307

Dem **Arbeitnehmer** obliegt es hingegen, darzulegen und zu beweisen, dass keine dringenden betrieblichen Erfordernisse für die Kündigung vorliegen[8], also insbesondere sein Arbeitsplatz nicht weggefallen ist oder eine anderweitige Beschäftigungsmöglichkeit besteht[9]. 308

Die **abgestufte Darlegungs- und Beweislast** bei der Sozialauswahl gilt unverändert, da § 1 Abs. 5 KSchG an diesen Grundsätzen nichts ändert[10]. Der Arbeitnehmer kann mithin verlangen, dass der Arbeitgeber die Gründe angibt, die zu der getroffenen sozialen Auswahl geführt haben[11]. Kommt der Arbeitgeber diesem Verlangen nicht nach, ist die streitige Kündigung ohne Weiteres als sozialwidrig anzusehen; auf den Prüfungsmaßstab der groben Fehlerhaftigkeit der sozialen Auswahl kommt es dann nicht an[12]. Auch im Anwendungsbereich des § 1 Abs. 5 KSchG obliegt dem Arbeitgeber weiterhin die Darlegungs- und Beweislast dafür, warum bestimmte Arbeitnehmer nach § 1 Abs. 3 Satz 1 KSchG nicht in die Sozialauswahl einbezogen worden sind, ihre Weiterbeschäftigung, insbesondere wegen ihrer Kenntnisse, Fähigkeiten und Leistungen, im berechtigten betrieblichen Interesse liegt[13]. Sodann hat der Arbeitnehmer darzutun, warum diese Sozialauswahl grob fehlerhaft ist. 309

---

1 BAG 21.2.2002 – 2 AZR 581/00, EzA § 1 KSchG Nr. 10 – Interessenausgleich; LAG Köln 1.8. 1997 – 11 Sa 355/97, LAGE § 1 KSchG Nr. 1 – Interessenausgleich.
2 BAG 12.3.2009 – 2 AZR 418/07, NZA 2009, 1023.
3 BAG 23.10.2008 – 2 AZR 163/07, BB 2009, 1758.
4 BAG 21.2.2001 – 2 AZR 39/00, EzA § 1 KSchG Nr. 8 – Interessenausgleich.
5 BAG 21.2.2001 – 2 AZR 39/00, EzA § 1 KSchG Nr. 8 – Interessenausgleich; 21.2.2002 – 2 AZR 581/00, EzA § 1 KSchG Nr. 10.
6 BAG 24.2.2000 – 8 AZR 180/99, NZA 2000, 785.
7 BAG 6.12.2001 – 2 AZR 422/00, EzA § 1 KSchG Nr. 9 – Interessenausgleich.
8 BAG 7.5.1998 – 2 AZR 536/97, NZA 1998, 933.
9 BAG 7.5.1998 – 2 AZR 536/97, NZA 1998, 933; 21.2.2002 – 2 AZR 581/00, EzA § 1 KSchG Nr. 10.
10 BAG 7.5.1998 – 2 AZR 536/97, NZA 1998, 933; KR/*Griebeling*, § 1 KSchG Rz. 703p.
11 BAG 21.2.2002 – 2 AZR 581/00, EzA § 1 KSchG Nr. 10 – Interessenausgleich; 12.4.2002 – 2 AZR 706/00, NZA 2003, 42; 10.2.1999 – 2 AZR 716/98, NZA 1999, 702.
12 BAG 10.2.1999 – 2 AZR 716/98, NZA 1999, 702.
13 BAG 21.2.2002 – 2 AZR 581/00, EzA § 1 KSchG Nr. 10 – Interessenausgleich; 10.2.1999 – 2 AZR 716/98, NZA 1999, 702.

gg) Massenentlassung/Betriebsratsanhörung

310 Ein Interessenausgleich mit Namensliste ersetzt nach § 1 Abs. 5 Satz 4 KSchG die Stellungnahme des Betriebsrats zur Massenentlassungsanzeige (§ 17 Abs. 3 Satz 2 KSchG), nicht jedoch dessen Anhörung nach § 102 BetrVG[1]. Die Anhörung kann der Arbeitgeber aber mit den Verhandlungen über den Interessenausgleich verbinden. Soweit der Betriebsrat den Kündigungssachverhalt schon aus den Verhandlungen über den Interessenausgleich kennt, braucht der Arbeitgeber ihn bei der Anhörung nach § 102 BetrVG nicht erneut mitzuteilen[2]. Zur Darlegung einer ordnungsgemäßen Betriebsratsanhörung reicht es zunächst aus, wenn der Arbeitgeber weitgehend auf den dem Betriebsrat aus den Verhandlungen über den Interessenausgleich und die Namensliste bekannten Sachverhalt Bezug nimmt. Erst wenn der Arbeitnehmer diesen Sachvortrag konkret bestreitet, muss der Arbeitgeber in diesem Punkt ggf. die Vorkenntnisse des Betriebsrats weiter substantiieren und beweisen[3]. Zur Massenentlassung s.a. Teil 4 A Rz. 880ff. sowie Teil 3 G Rz. 42a, 42b.

g) Ordnungsgemäße Sozialauswahl trotz Auswahlfehlers

311 Nach der früheren Rechtsprechung des BAG konnte sich bei einem Auswahlfehler des Arbeitgebers (zB Nichtberücksichtigung eines vergleichbaren Arbeitnehmers) jeder von der Kündigung betroffene Arbeitnehmer individuell auf die Fehlerhaftigkeit der Sozialauswahl mit der Begründung berufen, anstatt seiner habe jener Dritte (nicht einbezogene) und sozial weniger schutzbedürftige Arbeitnehmer gekündigt werden müssen[4]. Diese als **Dominoeffekt** beschriebene Konsequenz hat das BAG zwischenzeitlich aufgegeben[5]. Damit kann der Arbeitgeber auf die gerügte nicht ordnungsgemäße Sozialauswahl mit Erfolg einwenden, der gerügte Auswahlfehler habe sich auf die Kündigungsentscheidung nicht ausgewirkt, weil der Arbeitnehmer nach der Punktetabelle auch bei Vorliegen des Auswahlfehlers zur Kündigung angestanden hätte.

h) Sozialauswahl und Teilbetriebsübergang

312 Nach § 613a Abs. 5 BGB steht es jedem von einem (Teil-)Betriebsübergang betroffenen Arbeitnehmer frei, dem Übergang seines Arbeitsverhältnisses ohne Angabe von Gründen zu widersprechen. Das Risiko, das der Arbeitnehmer damit eingeht, ist, dass der Arbeitgeber, der ihn wegen des Teilbetriebsübergangs nicht mehr weiterbeschäftigen kann, betriebsbedingt kündigt. Dieser Kündigung steht nicht § 613a Abs. 4 Satz 1 BGB entgegen. Die Vorschrift schützt nur vor Kündigungen wegen des Betriebsübergangs, sie greift nicht ein, wenn der Arbeitnehmer dem Übergang seines Arbeitsverhältnisses widersprochen hat und der Betriebsveräußerer das Fehlen einer Beschäftigungsmöglichkeit geltend macht[6].

313 Der Arbeitnehmer kann aber geltend machen, die Kündigung sei sozial nicht gerechtfertigt. Die Frage ist, ob er sich in diesem Zusammenhang auch auf eine fehlerhafte Sozialauswahl nach § 1 Abs. 3 KSchG berufen kann. Diese Frage hat das BAG bejaht. Während es ursprünglich allerdings (für die bis zum 31.12.2003 geltende Fassung des § 1 Abs. 3 Satz 1 KSchG) die Auffassung vertrat, in bestimmten Konstellationen komme es auf die Gründe des widersprechenden Arbeitnehmers an[7], soll dies seit

---

1 BAG 20.5.1999 – 2 AZR 532/98, NZA 1999, 1101.
2 BAG 21.2.2002 – 2 AZR 581/00, EzA § 1 KSchG Nr. 10 – Interessenausgleich; 20.5.1999 – 2 AZR 532/98, NZA 1999, 1101.
3 BAG 21.2.2002 – 2 AZR 581/00, EzA § 1 KSchG Nr. 10 – Interessenausgleich.
4 BAG 18.10.1984 – 2 AZR 543/83, BAGE 47, 80; 18.1.1990 – 2 AZR 357/89, BAGE 64, 34.
5 BAG 9.11.2006 – 2 AZR 812/05, DB 2007, 1087.
6 Vgl. nur BAG 18.3.1999 – 8 AZR 190/98, EzA § 1 KSchG Nr. 40 – Soziale Auswahl.
7 BAG 18.3.1999 – 8 AZR 190/98, EzA § 1 KSchG Nr. 40 – Soziale Auswahl.

V. Betriebsbedingte Kündigung

dem 1.1.2004 nicht mehr gelten, weil der Gesetzgeber die Auswahlkriterien abschließend benannt habe[1].

Hält der Arbeitgeber eine Sozialauswahl wegen des Widerspruchs des Arbeitnehmers für überflüssig, so hat er die sozialen Gesichtspunkte vergleichbarer Arbeitnehmer weder dem Betriebsrat mitzuteilen, noch ist er im Kündigungsschutzprozess insoweit präkludiert[2]. 314

7. Darlegungs- und Beweislast

a) Wegfall des Arbeitsplatzes

Hier ist zu unterscheiden: 315

aa) Außerbetrieblich veranlasste Gründe

Soll die Kündigung auf außerbetriebliche Ursachen (Auftragsmangel, Umsatzrückgang) gestützt werden, muss der Arbeitgeber den Wegfall der Beschäftigungsmöglichkeit substantiiert darlegen und beweisen[3]. 316

bb) Gestaltende Unternehmerentscheidung

Wird die Kündigung auf eine innerbetriebliche Organisationsmaßnahme gestützt, hat der Arbeitgeber ebenfalls darzulegen und zu beweisen, wie sich diese betriebliche Wendung auf den Arbeitsplatz des gekündigten Arbeitnehmers auswirkt, also weshalb deshalb sein Arbeitsplatz entfallen sein soll[4]. Zum sachlichen Grund seiner Entscheidung braucht der Arbeitgeber dann nichts weiter vorzutragen[5]. 317

cc) Personalreduzierung

Eine Besonderheit ergibt sich, wenn sich die unternehmerische Entscheidung in dem Wunsch nach Personalreduzierung erschöpft, also der Entschluss zur Kündigung nicht mehr klar von einer Organisationsentscheidung abgrenzbar ist. In diesem Fall sind die Grundsätze zur abgestuften Darlegungs- und Beweislast zu beachten: 318

Danach hat der Arbeitgeber zunächst darzulegen, dass und wie die von ihm getroffene Maßnahme durchgeführt werden soll (1. Stufe). Dann ist es Sache des Arbeitnehmers vorzutragen, warum die getroffene Maßnahme unsachlich, unvernünftig oder willkürlich ist (2. Stufe); schließlich hat alsdann der Arbeitgeber sich darauf weiter einzulassen (3. Stufe)[6]. 319

b) Freie Arbeitsplätze

Für das Fehlen einer anderweitigen Weiterbeschäftigungsmöglichkeit ist gem. § 1 Abs. 2 Satz 4 KSchG der Arbeitgeber darlegungs- und beweispflichtig. Dabei gilt eine abgestufte Darlegungslast. Bestreitet der Arbeitnehmer lediglich den Wegfall seines bisherigen Arbeitsplatzes, genügt der Vortrag des Arbeitgebers, wegen der betrieblichen Notwendigkeiten sei eine Weiterbeschäftigung zu den gleichen Bedingungen 320

---

1 BAG 31.5.2007 – 2 AZR 276/06, NZA 2008, 33; vgl. dazu auch *Eylert/Spinner*, BB 2008, 50.
2 BAG 24.2.2000 – 8 AZR 145/99, EzS 2/107 und – 8 AZR 167/99, DB 2000, 1420.
3 BAG 15.6.1989 – 2 AZR 600/88, NZA 1990, 65.
4 BAG 15.6.1989 – 2 AZR 600/88, NZA 1990, 65.
5 *Kleinebeck*, FA 2000, 70; zustimmend *Bitter*, DB 2000, 1760.
6 Vgl. im Einzelnen *Bitter*, DB 2000, 1760 (1762, 1767).

nicht möglich. Macht der Arbeitnehmer geltend, es sei eine Beschäftigung an anderer Stelle möglich, obliegt es ihm darzulegen, wie er sich seine anderweitige Beschäftigung vorstellt. Erst daraufhin muss der Arbeitgeber eingehend erläutern, aus welchen Gründen eine solche Beschäftigung nicht möglich war[1].

c) Sozialauswahl

321 Nach § 1 Abs. 3 Satz 3 KSchG muss der **Arbeitnehmer** die Tatsachen beweisen, die zur Sozialwidrigkeit der Kündigung wegen unzutreffender Sozialauswahl führen. Gleichzeitig erlegt § 1 Abs. 3 Satz 1 Halbs. 2 KSchG dem **Arbeitgeber** die Verpflichtung auf, dem Arbeitnehmer auf Verlangen die Gründe mitzuteilen, die für die von ihm getroffene Sozialauswahl maßgeblich waren. Diese gesetzliche Regelung führt nach Auffassung des BAG zu einer **abgestuften Darlegungs- und Beweislast**:

– Bestreitet der Arbeitnehmer die vorgenommene Sozialauswahl nicht, muss der Arbeitgeber hierzu nicht Stellung nehmen.

– Bestreitet der Arbeitnehmer die Richtigkeit der Sozialauswahl und nennt andere Arbeitnehmer, die weniger schutzbedürftig sein sollen als er, reicht es aus, wenn der Arbeitgeber dies substantiiert bestreitet. Dem Arbeitnehmer obliegt dann letztlich die Beweispflicht.

– Nur wenn der Arbeitnehmer geltend macht, er könnte mangels Kenntnis der Kriterien zur sozialen Auswahl nicht substantiiert Stellung nehmen und den Arbeitgeber deshalb auffordert, die Gründe für seine Entscheidung zu benennen, fällt die Darlegungslast auf den Arbeitgeber. Dieser muss dann zunächst die für ihn maßgeblichen Kriterien sowie die von ihm in die Auswahl einbezogenen Personen darlegen. Legt der Arbeitgeber die für ihn maßgeblichen Entscheidungskriterien nicht oder nicht vollständig offen, ist der Arbeitnehmer von der ihm nach § 1 Abs. 3 KSchG obliegenden Darlegungs- und Beweislast befreit. Erteilt der Arbeitgeber die Auskunft, wechselt die Darlegungslast erneut zum Arbeitnehmer, der dann vortragen muss, welche vom Arbeitgeber in die Auswahl einbezogenen weniger schutzbedürftig sein sollen bzw. welche weiteren vom Arbeitgeber nicht genannten Arbeitnehmer bei der Auswahl zusätzlich zu berücksichtigen sind[2]. Ergibt sich aus der Auskunft des Arbeitgebers, dass er die Sozialauswahl nicht nach dem Vortrag des Arbeitnehmers auf weitere vergleichbare Arbeitnehmer erstreckt hat (Nichtberücksichtigung der Arbeitnehmer einer vergleichbaren anderen Betriebsabteilung) und ergänzt der Arbeitgeber im Prozess seinen Vortrag hinsichtlich dieser Arbeitnehmer nicht, so ist die Behauptung des Arbeitnehmers, der Arbeitgeber habe soziale Gesichtspunkte insoweit nicht ausreichend berücksichtigt, als unstreitig anzusehen[3].

– Ist der Arbeitgeber dagegen seiner Mitteilungspflicht nach § 1 Abs. 2 Satz 1 Halbs. 2 KSchG nachgekommen und beruft er sich im Prozess darauf, dass es keine weiteren Arbeitnehmer auf der betrieblichen Ebene des Klägers gibt, mit denen er vergleichbar wäre, ist es Aufgabe des Arbeitnehmers, im Einzelnen darzulegen, welche Aufgaben für seinen arbeitsvertraglichen Tätigkeitsbereich charakteristisch waren, welche betriebliche Stellung er dementsprechend innehatte und auf welcher betrieblichen Ebene die seiner Ansicht nach vergleichbaren Arbeitnehmer nach den für ihre Arbeitsplätze typischen Aufgaben tätig waren[4].

---

1 BAG 29.8.2013 – 2 AZR 721/12, NZA-RR 2014, 325.
2 BAG 5.5.1994 – 2 AZR 917/93, DB 1994, 1827.
3 Vgl. BAG 15.6.1989 – 2 AZR 580/88, NZA 1990, 226.
4 Vgl. BAG 4.2.1993 – 2 AZR 463/92, nv.

8. Wiedereinstellungsanspruch

a) Allgemeines

Das BAG hat im Jahre 1997 mit einer ganzen Reihe von Urteilen einen sog. Wiedereinstellungsanspruch für gekündigte Arbeitnehmer begründet[1]. Die einzelnen Urteile beruhen im Wesentlichen auf denselben Überlegungen und basieren auf den tragenden Entscheidungsgründen des Urteils vom 27.2.1997[2].

322

Dem dortigen Verfahren lag eine Kündigungsschutzklage eines Arbeitnehmers zugrunde, dem wegen beabsichtigter Betriebsstilllegung gekündigt worden war. Mit dem Betriebsrat war ein Interessenausgleich und Sozialplan vereinbart. Danach sollte der Betrieb stillgelegt und über den Zeitpunkt hinaus nur noch die zur Abwicklung benötigten Arbeitnehmer beschäftigt werden. Dem Kläger, wie auch anderen Mitarbeitern, war gekündigt worden. Nach der Kündigung, aber vor Beendigung des Arbeitsverhältnisses, konnte ein Teil des Anlage- und Vorratsvermögens des Unternehmens veräußert werden. Die Produktion wurde ohne Unterbrechung durch den Betriebserwerber fortgesetzt. Der Kläger erhob Kündigungsschutzklage und beanspruchte die Weiterbeschäftigung gegenüber dem Betriebserwerber. Das BAG kam zum Ergebnis, dass die Kündigung sozial gerechtfertigt, aber gleichzeitig ein Weiterbeschäftigungsanspruch gegenüber dem Betriebserwerber gegeben war.

b) Voraussetzungen des Wiedereinstellungsanspruchs

aa) Beendigung des Arbeitsverhältnisses

Ein Wiedereinstellungsanspruch ist nur dann gegeben, wenn das Arbeitsverhältnis beendet ist. Regelmäßig wird eine **Kündigung durch den Arbeitgeber** vorgelegen haben, wobei es unbeachtlich ist, ob es sich um eine betriebsbedingte, personenbedingte oder verhaltensbedingte Kündigung handelt[3]. Vom Grundsatz her steht auch der **Abschluss eines Aufhebungsvertrags** oder ein gerichtlicher Vergleich einem Wiedereinstellungsanspruch nicht entgegen[4]. Die Auslegung des Abfindungsvergleichs kann dem Wiedereinstellungsanspruch entgegenstehen, und zwar insbesondere dann, wenn die Arbeitsvertragsparteien einen angemessenen wirtschaftlichen Ausgleich für den Verlust des mit dem Arbeitsverhältnis verbundenen Besitzstandes vereinbaren und so zum Ausdruck bringen, das Arbeitsverhältnis nicht im Anschluss an seine Beendigung fortsetzen zu wollen. Das BAG ist der Auffassung, dass in einem solchen Fall die Interessenwahrungspflicht des Arbeitgebers regelmäßig auch bei nachträglicher Änderung des bei Ausspruch der Kündigung zugrunde gelegten Sachverhalts nicht den Abschluss eines Fortsetzungsvertrags rechtfertigt[5]. Zur Vermeidung etwaiger Auslegungsprobleme empfiehlt es sich, eine ausdrückliche Regelung in den Vergleich aufzunehmen, wonach ein Wiedereinstellungsanspruch ausgeschlossen ist. Eine solche Regelung ist zulässig[6]. Der Aufhebungsvertrag steht einem Wiedereinstellungsanspruch allerdings dann nicht entgegen, wenn der Abfindungsvergleich entweder nach § 779 BGB unwirksam ist oder nach den zum Wegfall der Geschäftsgrundlage entwickelten Grundsätzen beseitigt wird. Ein solcher Wegfall der Geschäftsgrundlage kann ggf. dann in Betracht kommen, wenn es bei Abschluss des Aufhebungsvertrages die gemeinsame Vorstellung der Parteien war, dass bis zu dem vereinbarten Ende des Arbeitsverhältnisses sich keine anderweitige Beschäfti-

323

---

1 Vgl. *Nägele*, BB 1998, 2686; *Boewer*, NZA 1999, 1121 und 1177.
2 BAG 27.2.1997 – 2 AZR 160/96, NZA 1997, 757.
3 BAG 27.2.1997 – 2 AZR 160/96, NZA 1997, 757; 6.8.1997 – 7 AZR 557/96, NZA 1998, 254; 4.12.1997 – 2 AZR 140/97, NZA 1998, 701; 17.6.1999 – 2 AZR 639/98, NZA 1999, 1328.
4 BAG 4.12.1997 – 2 AZR 140/97, NZA 1998, 701.
5 BAG 28.6.2000 – 7 AZR 904/98, BB 2001, 573.
6 BAG 28.6.2000 – 7 AZR 904/98, BB 2001, 573.

gungsmöglichkeit ergeben wird und der Arbeitnehmer keinen als angemessen erscheinenden Ausgleich in Form einer Abfindung erhält[1]. Ist der Aufhebungsvertrag wegen Wegfalls der Geschäftsgrundlage an die geänderte betriebliche Situation anzupassen, ist der Arbeitnehmer wieder einzustellen und weiter zu beschäftigen. Eine etwa an den Arbeitnehmer gezahlte Abfindung ist zurückzuzahlen. Darüber hinaus kommt ein Wiedereinstellungsanspruch in Betracht, wenn ein **Arbeitnehmer** aufgrund der Mitteilung des Arbeitgebers, den Betrieb oder einen Teil hiervon zu schließen, von sich aus das Arbeitsverhältnis **kündigt**, im Hinblick darauf, dass der Arbeitsplatz entfallen wird.

324 Auf **befristete Arbeitsverträge** ist die Rechtsprechung des BAG zum Wiedereinstellungsanspruch nach betriebsbedingter Kündigung nicht übertragbar. Es besteht kein Anspruch auf Wiedereinstellung, wenn sich nach dem Ablauf eines wirksam befristeten Arbeitsverhältnisses entgegen der ursprünglichen Prognose herausstellt, dass eine Möglichkeit zur Weiterbeschäftigung besteht[2].

325 Ein Wiedereinstellungsanspruch scheidet auch dann aus, wenn das KSchG im Zeitpunkt des Zugangs der Kündigung nicht zur Anwendung kommt, entweder weil die Wartezeit nach § 1 Abs. 1 KSchG nicht erfüllt oder das Arbeitsverhältnis vom betrieblichen Geltungsbereich nach § 23 Abs. 1 KSchG nicht erfasst ist[3].

bb) Fehlerhafte Prognose

326 Jeder Kündigung liegt eine Prognose zugrunde. Für die Beurteilung der Kündigung ist der Sachverhalt im Zeitpunkt des Zugangs maßgeblich. Eine im Zeitpunkt ihres Ausspruchs wirksame Kündigung kann nicht nachträglich wegen Veränderung der Umstände, also zB wegen Wegfalls eines bei Ausspruch der Kündigung vorliegenden Kündigungsgrunds, unwirksam werden. Folgende Beispielfälle sollen dies verdeutlichen:

Beispiel 1: Personenbedingte Kündigung

Einem Arbeitnehmer wird krankheitsbedingt gekündigt. Im Zeitpunkt der Kündigung war die negative Prognose gerechtfertigt. Nach der Kündigung wird eine neue Behandlungsmethode bekannt, aufgrund deren die Genesung des Arbeitnehmers erreicht werden kann.

Beispiel 2: Verhaltensbedingte Kündigung

Einem Arbeitnehmer wird wegen einer Straftat oder wegen des Verdachts einer Straftat gekündigt. Im nachfolgenden Strafverfahren stellt sich heraus, dass der Arbeitnehmer die Straftat nicht begangen hat oder die Verdachtsmomente auf einem fehlerhaften Sachverhalt beruhen haben[4].

Beispiel 3: Betriebsbedingte Kündigung

Ein Arbeitgeber fasst den Entschluss, seinen Betrieb einzustellen, und kündigt sämtlichen dort beschäftigten Arbeitnehmern. Später gelingt es dem Arbeitgeber, seinen Betrieb zu veräußern. Der Betriebserwerber entschließt sich zur Fortführung des Betriebs[5].

327 Ist die der Kündigung zugrunde liegende Prognose hinfällig, kann ein Wiedereinstellungsanspruch gerechtfertigt sein. Die geänderte Prognose muss positiv feststehen, dh., es genügt nicht, dass der Arbeitnehmer Tatsachen vorträgt, die die ursprüngliche Prognose erschüttern, vielmehr setzt der Wiedereinstellungsanspruch voraus, dass ein positiver Geschehensablauf vorliegt. Das BAG hat dies im Verhältnis zur krankheitsbedingten Kündigung dargestellt[6] und ausgeführt, dass eine in der Kündigungsfrist

---

1 BAG 28.6.2000 – 7 AZR 904/98, BB 2001, 573.
2 BAG 20.2.2002 – 7 AZR 600/00, NZA 2002, 896.
3 LAG Hamm 26.8.2003 – 5 (11) Sa 589/03, NZA-RR 2004, 76.
4 Im Einzelnen *Lepke*, NZA-RR 2002, 617.
5 BAG 13.5.2004 – 8 AZR 198/03, DB 2004, 2107; 25.10.2007 – 8 AZR 989/06, NZA 2008, 357.
6 BAG 17.6.1999 – 2 AZR 639/98, NZA 1999, 1328; 27.6.2001 – 7 AZR 662/99, NZA 2001, 1135.

durchgeführte Entziehungstherapie eines alkoholabhängigen Arbeitnehmers zwar die ursprünglich gegebene positive Prognose erschüttert habe, jedoch keine positive Prognose dahin begründen könne, die fortbestehende Alkoholkrankheit des Arbeitnehmers werde künftig nicht mehr zum Ausbruch kommen und zu Fehlzeiten führen.

Im Falle der betriebsbedingten Kündigung muss deshalb feststehen, dass ein freier Arbeitsplatz vorhanden ist, auf dem der Arbeitnehmer weiter beschäftigt werden kann, bei der personenbedingten Kündigung muss feststehen, dass das Hindernis der Beschäftigung beseitigt ist (im Falle der krankheitsbedingten Kündigung die Genesung; im Falle des Verlustes der Fahrerlaubnis die Wiedererteilung der Fahrerlaubnis) und im Falle der verhaltensbedingten Kündigung muss feststehen, dass das vertrags- oder pflichtwidrige Verhalten nicht mehr zutage treten wird. 328

cc) Zeitliche Schranke

Der Wiedereinstellungsanspruch kann nur auf einen geänderten Geschehensablauf gestützt werden, der **innerhalb der Kündigungsfrist** liegt[1]. Grundsätzlich kann deshalb ein Wiedereinstellungsanspruch nicht mehr nach Ablauf der Kündigungsfrist geltend gemacht werden. Allerdings hat der 8. Senat einen Wiedereinstellungsanspruch dann bejaht, wenn ein Betriebsübergang zwar erst am Tag nach Ablauf der Kündigungsfrist stattgefunden hat, die Weiterbeschäftigungsmöglichkeit jedoch schon während des Laufs der Kündigungsfrist entstanden und damit die ursprünglich bei Ausspruch der Kündigung anzustellende Prognose dadurch während des Laufs der Kündigungsfrist unzutreffend geworden war[2]. 329

dd) Frist

Der Arbeitnehmer hat den Wiedereinstellungsanspruch unverzüglich **nach Kenntniserlangung** der maßgeblichen tatsächlichen Umstände geltend zu machen. Schon in der Entscheidung vom 13.11.1997[3] hatte das BAG anklingen lassen, dass der Arbeitnehmer aus Gründen der Rechtssicherheit verpflichtet sein könnte, seinen Anspruch auf Wiedereinstellung unverzüglich nach Kenntniserlangung der tatsächlichen Voraussetzungen für einen solchen Anspruch geltend zu machen, die Entscheidung dieser Rechtsfrage jedoch wegen fehlender Entscheidungserheblichkeit offen gelassen. In einem nachfolgenden Urteil vom 12.11.1998[4] hat das BAG den Begriff der „Unzulässigkeit" dahingehend konkretisiert, dass in Anschluss an die §§ 4, 7 KSchG eine Frist von höchstens drei Wochen anzunehmen sei. Nunmehr[5] soll der Arbeitnehmer entsprechend § 613a BGB seinen Wiedereinstellungsanspruch binnen Monatsfrist nach Kenntniserlangung vom Betriebsinhaberwechsel geltend machen können. 330

c) Antrag

Der Wiedereinstellungsanspruch ist grundsätzlich im Wege einer **Leistungsklage** geltend zu machen. Er richtet sich auf Abgabe einer Willenserklärung (des Arbeitgebers), wobei der Anspruch auf Wiedereinstellung auch rückwirkend geltend gemacht werden kann. § 894 ZPO steht dem nicht entgegen[6]. Der den Wiedereinstellungsanspruch geltend machende Kläger kann allerdings unterschiedliche Ziele verfolgen: 331

---

1 BAG 27.2.1997 – 2 AZR 160/96, NZA 1997, 757; 6.8.1997 – 7 AZR 557/96, NZA 1998, 254; 4.12.1997 – 2 AZR 140/97, NZA 1998, 701; 17.6.1999 – 2 AZR 639/98, NZA 1999, 1328; 28.6.2000 – 7 AZR 904/98, BB 2001, 573; 27.6.2001 – 7 AZR 662/99, NZA 2001, 1135.
2 BAG 25.10.2007 – 8 AZR 989/06, NZA 2008, 357; 21.8.2008 – 8 AZR 201/07, NZA 2009, 29.
3 BAG 13.11.1997 – 8 AZR 295/95, NZA 1998, 251.
4 BAG 12.11.1998 – 8 AZR 265/97, NZA 1999, 311.
5 BAG 25.10.2007 – 8 AZR 989/06, NZA 2008, 357; 21.8.2008 – 8 AZR 201/07, NZA 2009, 29.
6 BAG 9.11.2006 – 2 AZR 509/05, DB 2007, 861.

aa) Verpflichtung zur Angebotsabgabe

332 Ein Ziel ist es, den (ehemaligen) Arbeitgeber zur Abgabe eines Vertragsangebots zu verpflichten, dessen Annahme sich der Kläger selbst noch vorbehalten will – etwa weil er zwischenzeitlich eine andere Beschäftigung gefunden hat. Dann müsste der Antrag lauten:

Formulierungsbeispiel:

Den Beklagten zu verurteilen, dem Kläger mit Wirkung vom … ein Angebot auf Abschluss eines Arbeitsverhältnisses zu unterbreiten, wobei der Kläger als vollzeitbeschäftigter Arbeitnehmer in Vergütungsgruppe … des … Tarifvertrages und im Übrigen zu den Arbeitsbedingungen zu beschäftigen ist, die Anwendung fänden, wenn er von der Beklagten ohne Unterbrechung seit … beschäftigt worden wäre.

Wählt der Kläger diesen Weg, hat dies **zur Folge**, dass er keinen Annahmeverzugsanspruch geltend machen kann, wenn sich der Wiedereinstellungsanspruch als begründet erweist. Denn es steht ja noch nicht fest, ob der Kläger das klageweise durchgesetzte Angebot annimmt. Aber: Denkbar ist ein Schadenersatzanspruch gem. §§ 253 Abs. 2 Nr. 2, 260 ZPO iVm. § 286 Abs. 1 BGB. Diesen müsste der Kläger dann allerdings ausdrücklich geltend machen.

bb) Angebotsannahme

333 Der Kläger kann auch die unmittelbare Verurteilung des (ehemaligen) Arbeitgebers zur Annahme eines Vertragsangebots, das er selbst mit der Zustellung der Klage abgegeben hat, verfolgen. Dann müsste der Antrag lauten:

Formulierungsbeispiel:

Die Beklagte wird verurteilt, dem Abschluss eines Arbeitsvertrages ab dem … zu den Bedingungen des Arbeitsvertrages vom … und einem Bruttomonatsverdienst von … zuzustimmen.[1]

334 Die Folge dieser Antragstellung ist allerdings, dass sich der Arbeitnehmer – mangels einer nach § 12 Satz 1 KSchG entsprechenden Regelung – zunächst (fristgemäß) von einem evtl. inzwischen eingegangenen anderen Arbeitsverhältnis lösen muss. Gelingt ihm das nicht kurzfristig, riskiert er eine neue fristlose Kündigung, von dem zur Wiedereinstellung verurteilten (Alt-)Arbeitgeber. Bei dieser Form der Antragstellung kann andererseits der Arbeitnehmer Annahmeverzugsansprüche geltend machen[2].

d) Inhaltliche Grenze

aa) Anderweitige Disposition

335 Ein Arbeitnehmer kann nur dann einen Weiterbeschäftigungsanspruch geltend machen, wenn der Arbeitgeber im Hinblick auf die Bedingungen des Arbeitsverhältnisses nicht schon andere Dispositionen getroffen hat. Bei der krankheits- oder verhaltensbedingten Kündigung eines Arbeitnehmers versteht es sich von selbst, dass der Arbeitgeber an der anderweitigen Besetzung des Arbeitsplatzes nach Ablauf der Kün-

---
1 BAG 21.8.2008 – 8 AZR 201/07, NZA 2009, 29.
2 BAG 19.10.2011 – 7 AZR 672/10, DB 2012, 226.

digung interessiert ist und entsprechende Maßnahmen ergreifen wird. Aber auch im Falle einer betriebsbedingten Kündigung sind Dispositionen des Arbeitgebers im Hinblick auf das Arbeitsverhältnis denkbar. Grundsätzlich akzeptiert das BAG, dass der Arbeitgeber entsprechende Dispositionen treffen kann, die der Wiedereinstellung des Arbeitnehmers entgegenstehen[1]. Dennoch soll es dem Arbeitgeber verwehrt sein, vor Ablauf der Kündigungsfrist Dispositionen zu treffen, die die Interessenabwägung zu Lasten des Wiedereinstellungsanspruchs des Arbeitnehmers beeinflussen können. Das BAG stellt dar, dass der Arbeitgeber kein schutzwertes Interesse daran hat, seinen eigenen Irrtum bei der Beurteilung der weiteren betrieblichen Entwicklung für sich auszunutzen und nunmehr frei zu entscheiden, ob er anstatt des zunächst wirksam gekündigten Arbeitnehmers einen jüngeren Arbeitnehmer zu einem geringeren Lohn einstellen möchte[2]. Das BAG räumt dem Arbeitgeber grundsätzlich die Möglichkeit ein, anderweitig zu disponieren, verweigert aber die Möglichkeit, sich hierauf zu berufen. So reduziert sich dieser Einwand des Arbeitgebers auf die Fälle der personen- und verhaltensbedingten Kündigung, da die „Fehlprognose" nicht in der Sphäre des Arbeitgebers begründet ist.

bb) Sozialauswahl

Hat ein Arbeitgeber wegen beabsichtigter Stilllegung des Betriebs oder einer Betriebsabteilung mehreren Arbeitnehmern gekündigt und entschließt sich der Arbeitgeber dann während der Kündigungsfrist, den Betrieb oder die Betriebsabteilung mit einer geringeren Anzahl von Arbeitnehmern fortzuführen, stellt sich die Frage, wer von den gekündigten Arbeitnehmern den Wiedereinstellungsanspruch geltend machen kann. Das BAG hat im Urteil vom 4.12.1997[3] darauf hingewiesen, dass der Senat bisher eine analoge Anwendung des § 1 Abs. 3 KSchG auf den Wiedereinstellungsanspruch abgelehnt hat. Im Folgesatz wird aber davor gewarnt, auf den Fortbestand dieser Rechtsauffassung zu vertrauen. Das BAG führt hierzu aus:

336

„Jedenfalls wenn die betroffenen Arbeitnehmer für eine Weiterbeschäftigung innerhalb des geänderten Unternehmenskonzepts gleichermaßen geeignet sind, kann der Arbeitgeber nicht frei wählen, welchem der gekündigten Arbeitnehmer er die nach wie vor bestehenden Arbeitsplätze anbietet, er hat vielmehr, wenn auf derartige Fälle nicht überhaupt – was der Senat offen lassen kann – § 1 Abs. 3 KSchG analog anzuwenden ist, zumindest unter den betroffenen Arbeitnehmern eine den §§ 242, 315 BGB genügende Auswahlentscheidung anhand betrieblicher Belange und sozialer Gesichtspunkte vorzunehmen."

Diese Rechtsauffassung wurde mit Urteil vom 28.6.2000[4] konkretisiert. Wenn es für einen frei gewordenen Arbeitsplatz mehrere Bewerber gibt, die die Wiedereinstellung verlangen, darf der Arbeitgeber unter diesen nicht willkürlich auswählen, sondern hat anhand betrieblicher Belange und sozialer Gesichtspunkte eine den §§ 242, 315 BGB genügende Auswahlentscheidung zu treffen.

337

9. Betriebsbedingte Änderungskündigung

a) Bestimmtheit des Änderungsangebotes

Die betriebsbedingte Kündigung beinhaltet die Kündigung des Arbeitsverhältnisses, verbunden mit dem Angebot, es zu anderen Bedingungen fortzusetzen. Dieses Änderungsangebot muss – wie jedes Angebot iSv. § 145 BGB – eindeutig bestimmt oder

337a

---

1 BAG 27.2.1997 – 2 AZR 160/96, NZA 1997, 757; 28.6.2000 – 7 AZR 904/98, BB 2001, 573.
2 BAG 27.2.1997 – 2 AZR 160/96, NZA 1997, 757.
3 BAG 4.12.1997 – 2 AZR 140/97, NZA 1998, 701.
4 BAG 28.6.2000 – 7 AZR 904/98, BB 2001, 573.

doch bestimmbar sein. Fehlt es an der Bestimmtheit einer solchen Erklärung, ist die Änderungskündigung insgesamt unwirksam. Dies gilt insbesondere dann, wenn der Arbeitgeber gegenüber einem Arbeitnehmer zur selben Zeit mehrere Änderungskündigungen erklärt und jede für sich das Angebot zur Änderung nur einer Arbeitsbedingung und den Hinweis enthält, die übrigen Vertragsbedingungen blieben unverändert, der Arbeitnehmer erhalte aber weitere Änderungskündigungen. Ein solches Verhalten ist widersprüchlich. Es fehlt an der Bestimmtheit der Erklärung, weil sie das enthaltene Änderungsangebot mit dem Hinweis auf zu erwartende weitere Änderungskündigungen in Frage stellt, ohne gleichzeitig klarzustellen, um welche Änderungen es gehen soll und in welcher Beziehung die einzelnen Kündigungen und die mit ihnen verbundenen Änderungsangebote zueinander stehen sollen[1].

b) Reaktionsmöglichkeiten und Fristen

338 Der Arbeitnehmer hat drei Möglichkeiten, auf eine Änderungskündigung zu reagieren: Er kann das Änderungsangebot vorbehaltlos annehmen, es ablehnen oder aber die Annahme unter Vorbehalt der sozialen Rechtfertigung (§ 2 Satz 2 KSchG) erklären.

aa) Vorbehaltlose Annahme

338a Will der Arbeitnehmer das Änderungsangebot vorbehaltlos annehmen, kann er dies – mangels Fristsetzung durch den Arbeitgeber – im Rahmen der §§ 145 ff. BGB tun. An die Höchstfrist des § 2 Satz 2 KSchG („spätestens jedoch innerhalb von drei Wochen …") ist er in diesem Fall nicht gebunden. Vielmehr kann die Änderungskündigung vorbehaltlos grundsätzlich bis zu dem Tag angenommen werden, an dem der Arbeitgeber letztmalig unter Einhalt der ordentlichen Kündigungsfrist hätte kündigen können. Offen ist, ob diese Zeitspanne voll oder eine kürzere Regelfrist als Überlegungsfrist zur Verfügung steht, wenn sich aus dem Planungsinteresse des Arbeitgebers eine Erklärungsverpflichtung (eine angemessene Zeit) vor Ablauf der Kündigungsfrist ergibt[2].

338b Wird vom Arbeitgeber jedoch eine Annahmefrist bestimmt, soll § 2 Satz 2 KSchG – analog – auch auf die vorbehaltlose Annahme als Mindestfrist anzuwenden sein[3]. Eine solche Fristbestimmung iSd. § 148 BGB muss nicht durch einen konkreten Termin oder Zeitraum erfolgen. Ausreichend ist jede zeitliche Konkretisierung (zB „umgehend", „sofort" oder „rasch"). Setzt der Arbeitgeber aber eine in diesem Sinne zu kurze Frist, führt das nicht zu einer Unwirksamkeit der Kündigung; sie setzt vielmehr die gesetzliche Frist (§ 2 Satz 2 KSchG analog) in Lauf[4].

bb) Ablehnung

338c Für die Ablehnung des Änderungsgebotes als solcher bestehen keine Fristen. Schweigen des Arbeitnehmers reicht aus. Er muss jedoch, will er seine Rechte wahren, nach § 4 Satz 1 KSchG innerhalb von drei Wochen Kündigungsschutzklage erheben.

cc) Annahme unter Vorbehalt

338d Bei der Annahme unter Vorbehalt gilt die gesetzliche Frist des § 2 Satz 2 KSchG unmittelbar. Sie ist zwingend und kann zu Lasten des Arbeitnehmers weder einvernehmlich noch einseitig durch den Arbeitgeber abgeändert werden[5]. Auch hier führt

---

1 BAG 10.9.2009 – 2 AZR 822/07, DB 2010, 563.
2 BAG 6.2.2003 – 2 AZR 674/01, NZA 2003, 659.
3 BAG 18.5.2006 – 2 AZR 230/05, DB 2006, 1790.
4 BAG 18.5.2006 – 2 AZR 230/05, DB 2006, 1790.
5 BAG 18.5.2006 – 2 AZR 230/05, DB 2006, 1790.

V. Betriebsbedingte Kündigung

eine zu kurze Fristsetzung durch den Arbeitgeber nicht zur Unwirksamkeit der Kündigung, sondern setzt nur die gesetzliche Frist in Lauf.

c) Prüfungsmaßstab

Eine betriebsbedingte Änderungskündigung ist wirksam, wenn sich der Arbeitgeber bei einem an sich anerkennenswerten Anlass darauf beschränkt hat, lediglich solche Änderungen vorzuschlagen, die der Arbeitnehmer billigerweise hinnehmen muss[1]. — 339

Dieser Maßstab gilt unabhängig davon, ob der Arbeitnehmer das Änderungsangebot abgelehnt oder unter Vorbehalt angenommen hat[2]. Die Änderungskündigung des Arbeitgebers ist also daran zu messen, — 340

– ob das Beschäftigungsbedürfnis für den betreffenden Arbeitnehmer zu den bisherigen Vertragsbedingungen entfallen ist[3]

und

– ob die Änderungen geeignet und erforderlich waren, um den Inhalt des Arbeitsvertrages den geänderten Beschäftigungsmöglichkeiten anzupassen. Diese Voraussetzungen müssen für alle Vertragsänderungen vorliegen[4]. Die angebotenen Änderungen dürfen sich nicht weiter vom Inhalt des bisherigen Arbeitsverhältnisses entfernen, als dies zur Erreichung des angestrebten Zwecks erforderlich ist[5].

d) „Überflüssige" Änderungskündigung

Ist die mit einer Änderungskündigung verfolgte Änderung der Arbeitsbedingungen bei deren Zugang schon auf anderem Wege – etwa aufgrund wirksamer Ausübung des Direktionsrechts – eingetreten, erweist sie sich als „überflüssig" und damit unwirksam[6]. Dennoch ist in einem solchen Fall die Änderungskündigungsschutzklage unbegründet, wie Streitgegenstand einer (unter Vorbehalt angenommenen) Änderungskündigung nicht die Wirksamkeit der Kündigung an sich, sondern der Inhalt der für das Arbeitsverhältnis geltenden Arbeitsbedingungen ist[7]. — 340a

e) Änderungskündigung und Entgeltreduzierung

Insbesondere im Fall der Unrentabilität eines Betriebes wird häufig eine betriebsbedingte Änderungskündigung mit dem Ziel der Entgeltherabsetzung in Erwägung gezogen. Dabei ist zu unterscheiden zwischen der Änderungskündigung mit dem alleinigen Ziel der Entgeltherabsetzung und einer Änderungskündigung, bei der die Vergütungsabsenkung mit Umstrukturierungsmaßnahmen zusammenhängt. — 341

aa) Isolierte Entgeltreduzierung

Grundsätzlich ist eine im Wege der Änderungskündigung bewirkte Entgeltherabsetzung möglich, wenn durch die Senkung der Personalkosten die Stilllegung des Betriebes oder die Reduzierung der Belegschaft verhindert werden kann und die Kosten — 341a

---

1 BAG 23.6.2005 – 2 AZR 642/04, EzA § 2 KSchG Nr. 54.
2 St. Rspr. seit BAG 19.5.1993 – 2 AZR 584/92, BAGE 73, 151; 18.1.2007 – 2 AZR 796/05, DB 2007, 2097.
3 BAG 18.5.2006 – 2 AZR 230/05, AP Nr. 83 zu § 2 KSchG 1969.
4 BAG 3.7.2003 – 2 AZR 617/02, BAGE 107, 56.
5 BAG 18.1.2007 – 2 AZR 796/05, DB 2007, 2097; 26.6.2008 – 2 AZR 147/07, nv.
6 BAG 24.8.2004 – 1 AZR 419/03, BAGE 111, 361 zu B I d. Gr.; offen gelassen aber BAG 6.12.2007 – 2 AZR 368/06, EzA § 2 KSchG Nr. 68.
7 BAG 26.8.2008 – 1 AZR 353/07, DB 2009, 461; 26.1.2012 – 2 AZR 102/11, BB 2012, 1728.

durch andere Maßnahmen nicht zu senken sind[1]. Dabei muss der Arbeitgeber einerseits mit dem Ausspruch der Änderungskündigung nicht so lange warten, bis sein Ruin unmittelbar bevorsteht; andererseits kann ihn bloßer Geldmangel nicht entlasten. Regelmäßig ist deshalb die Erstellung eines **Sanierungsplans** erforderlich, der alle gegenüber der beabsichtigten Änderungskündigung mildernen Maßnahmen und Mittel ausschöpft[2]. Liegen diese Voraussetzungen vor und hat sich eine große Mehrheit der Arbeitnehmer mit der Reduzierung der Vergütung einverstanden erklärt, so kann sich der Arbeitnehmer, demgegenüber die Reduzierung durch Änderungskündigung erfolgt ist, nicht darauf berufen, die Änderungskündigung sei ihm gegenüber nicht mehr erforderlich, weil der Sanierungserfolg schon durch die freiwilligen Gehaltsreduzierungen erreicht sei[3].

bb) Umstrukturierungsbedingte Vergütungsabsenkung[4]

341b Von der isolierten Entgeltreduzierung zu unterscheiden ist der Fall, in dem der Arbeitgeber eine betriebsbedingte Änderungskündigung zur (tatsächlichen) Änderung der Arbeitsbedingungen bei gleichzeitiger Absenkung der Vergütung ausspricht[5]. Auch hier muss sich der Arbeitgeber – bei Wegfall des bisherigen Beschäftigungsbedürfnisses – darauf beschränken, lediglich solche Änderungen vorzuschlagen, die der Arbeitnehmer billigerweise hinnehmen muss. Diese Frage prüft das BAG hinsichtlich beider Elemente des Änderungsangebots; nämlich sowohl hinsichtlich des geänderten Tätigkeitsangebots als auch hinsichtlich der Vergütungshöhe. Letzteres erübrige sich nur dann, wenn die Vergütung sich aus einem im Betrieb angewandten Vergütungssystem ergebe. Mit Ausnahme also dieser „Tarifautomatik" muss der Arbeitgeber in Fällen wie diesen darlegen, wie sich der (objektive) „Wert" der Arbeitsleistung gegenüber dem bisherigen Zustand verändert hat. Sind die Gehälter aller vergleichbaren Arbeitnehmer frei ausgehandelt, soll geprüft werden, ob die dem Arbeitnehmer konkret angebotene Vergütung dessen Änderungsschutz „hinreichend berücksichtigt"[6]. Das bedeutet keineswegs, dass der Arbeitgeber dem von einer Änderungskündigung betroffenen Arbeitnehmer die höchste für vergleichbare Tätigkeiten gezahlte Vergütung anbieten müsste. Bietet er dem Arbeitnehmer aber eine Vergütung an, die die durchschnittlich gezahlte Vergütung merklich unterschreitet, muss er darlegen, welche weiteren Gesichtspunkte ihn zu dieser niedrigeren Vergütungsfestsetzung bewogen haben und inwiefern dabei der bestehende Änderungsschutz hinreichend berücksichtigt ist. Bewegt sich demgegenüber die angebotene Vergütung verglichen mit der der anderen Arbeitnehmer im oberen Bereich, so spricht zunächst eine Vermutung dafür, dass die angebotene Vergütung vom Arbeitnehmer billigerweise hinzunehmen ist. Dann muss der Arbeitnehmer im Rahmen der abgestuften Darlegungslast weitere Gesichtspunkte vortragen, die es gerade bei ihm unter Berücksichtigung seines Änderungsschutzes erfordern, die geänderte Tätigkeit noch höher zu vergüten. Richtigerweise muss es ankommen auf die für die angebotene Position übliche Vergütung, unabhängig davon, ob das Unternehmen selbst einem tariflichen Regelungssystem unterworfen ist oder nicht. Branchenüblichkeit reicht hier aus[7].

---

1 BAG 12.1.2006 – 2 AZR 126/05, DB 2006, 1114; ebenso zur außerordentlichen Änderungskündigung BAG 1.3.2007 – 2 AZR 580/05, DB 2007, 1413.
2 BAG 27.9.2001 – 2 AZR 236/00, BB 2002, 1914; vgl. ebenso zur außerordentlichen Änderungskündigung BAG 1.3.2007 – 2 AZR 580/05, DB 2007, 1413; bestätigt: BAG 10.9.2009 – 2 AZR 822/07, NZA 2010, 333.
3 BAG 26.6.2008 – 2 AZR 139/07, NZA 2008, 1182.
4 Vgl. dazu *Schrader/Straube*, DB 2006, 1678.
5 BAG 23.6.2005 – 2 AZR 642/04, DB 2006, 285.
6 BAG 3.4.2008 – 2 AZR 500/06, NZA 2008, 1686.
7 Vgl. zur Interpretation der BAG-Rspr.: *Bauer/Winzer*, BB 2006, 266.

f) Sozialauswahl

Hinsichtlich der Sozialauswahl folgt die betriebsbedingte Änderungskündigung weitgehend den Regeln der betriebsbedingten Beendigungskündigung. 342

Besonderheit: Die Vergleichbarkeit muss sich auch auf den in Aussicht genommenen Arbeitsplatz beziehen[1], dh., für eine Vergleichbarkeit der Arbeitnehmer im Rahmen einer Änderungskündigung müssen die Arbeitnehmer auch für die Tätigkeit, die Gegenstand des Änderungsangebotes ist, wenigstens annähernd gleich geeignet sein. Die Austauschbarkeit bezieht sich also auch auf den mit der Änderungskündigung angebotenen Arbeitsplatz[2]. 343

VI. Abfindungsoption nach § 1a KSchG

Kündigt der Arbeitgeber betriebsbedingt und erhebt der Arbeitnehmer bis zum Ablauf der Drei-Wochen-Frist des § 4 Satz 1 KSchG keine Kündigungsschutzklage, hat er mit dem Ablauf der Kündigungsfrist Anspruch auf eine Abfindung (§ 1a Abs. 1 Satz 1 KSchG). Voraussetzung dafür ist, dass der Arbeitgeber den Arbeitnehmer in der Kündigungserklärung darauf hinweist, dass die Kündigung auf dringende betriebliche Erfordernisse gestützt sei und der Arbeitnehmer bei Verstreichenlassen der Klagefrist die Abfindung beanspruchen könne (§ 1a Abs. 1 Satz 2 KSchG). Die Höhe der Abfindung beträgt 0,5 Monatsverdienste für jedes Jahr des Bestehens des Arbeitsverhältnisses (§ 1a Abs. 2 Satz 1 KSchG). 344

1. Voraussetzungen im Einzelnen

a) Ordentliche betriebsbedingte Kündigung

Der Abfindungsanspruch nach § 1a KSchG kann nur bei einer ordentlichen[3] betriebsbedingten Kündigung entstehen. Das gilt auch für eine betriebsbedingte **Änderungskündigung**, soweit diese wegen Nichtannahme oder vorbehaltloser Ablehnung des Änderungsangebots zur Beendigung des Arbeitsverhältnisses führt[4]. Kündigt der Arbeitgeber personen- oder verhaltensbedingt, bleibt den Parteien nur die Möglichkeit, eine (außer-)gerichtliche Abfindungslösung herbeizuführen. 345

b) Hinweis des Arbeitgebers

Wenn der Arbeitgeber bereit ist, die gesetzliche Abfindung zu zahlen, hat er einen Hinweis zu erteilen, bei dem es sich rechtsdogmatisch nach einer Auffassung um ein Angebot[5] für den Abschluss eines Abwicklungsvertrags[6], nach anderer Auffassung um eine rechtsgeschäftsähnliche Handlung handelt, für die die Vorschriften über Willenserklärungen entsprechend gelten[7]. 346

---

1 BAG 13.6.1986 – 7 AZR 623/84, NZA 1987, 155.
2 BAG 18.1.2007 – 2 AZR 796/05, DB 2007, 2097.
3 RegE, BT-Drucks. 15/1204, 12; *Nägele*, ArbRB 2003, 274; aA *Grobys*, DB 2003, 2174.
4 BAG 13.12.2007 – 2 AZR 663/06, DB 2008, 1272.
5 So Stellungnahme des Ausschusses Arbeitsrecht der BRAK zum ArbMRefG, NZA 2003, Heft 13, S. IX.
6 So *Grobys*, DB 2003, 2174; *Bauer/Preis/Schunder*, NZA 2003, 704 (705); *Löwisch*, NZA 2003, 689 (694); aA *Thüsing/Stelljes*, BB 2003, 1673 (1677).
7 *Maschmann*, AuA 2003, 6; zum Streitstand KR/*Spilger*, § 1a KSchG Rz. 34.

347 Folgende formelle Anforderungen sind nach § 1a Abs. 1 Satz 2 KSchG zu erfüllen: In der schriftlichen Kündigungserklärung (§§ 623 Halbs. 2, 126 BGB[1]) muss der Arbeitgeber als Kündigungsgrund dringende betriebliche Erfordernisse nach § 1 Abs. 2 Satz 1 KSchG angeben. Es reicht aber aus, wenn er die Kündigung als betriebsbedingt bezeichnet[2]. Eine nähere Begründung ist nicht erforderlich. Erklärt der Arbeitgeber dem Arbeitnehmer aber nur mündlich, dass die Kündigung betriebsbedingt sei, greift § 1a KSchG nicht ein[3]. Darüber hinaus muss er den Arbeitnehmer darauf hinweisen, dass dieser die gesetzliche Abfindung (§ 1a Abs. 2 KSchG) nach Beendigung des Arbeitsverhältnisses beanspruchen kann, wenn er die dreiwöchige Frist für die Erhebung der Kündigungsschutzklage nach § 4 Satz 1 KSchG verstreichen lässt.

Formulierungsbeispiel:

Hinweis nach § 1a KSchG: Die Kündigung ist auf dringende betriebliche Erfordernisse gestützt. Lassen Sie die Klagefrist des § 4 KSchG verstreichen, können Sie mit Ablauf der Kündigungsfrist eine Abfindung gem. § 1a Abs. 2 KSchG beanspruchen. § 1a Abs. 2 KSchG lautet: „Die Höhe der Abfindung beträgt 0,5 Monatsverdienste für jedes Jahr des Bestehens des Arbeitsverhältnisses. § 10 Abs. 3 gilt entsprechend. Bei der Ermittlung der Dauer des Arbeitsverhältnisses ist ein Zeitraum von mehr als sechs Monaten auf ein volles Jahr aufzurunden."

348 Hält der Arbeitgeber diese Formalien nicht ein[4], ist der Hinweis jedenfalls in ein Angebot auf Abschluss eines Abwicklungsvertrags[5] umzudeuten (§ 140 BGB)[6], das nach allgemeinen Regeln angenommen oder abgelehnt werden kann[7].

349 Will der Arbeitgeber eine niedrigere Abfindung für den Fall des Klageverzichts anbieten, muss sich dieser Wille des Arbeitgebers eindeutig und unmissverständlich ergeben[8]. Er sollte deshalb in sein Angebot klarstellend den Zusatz aufnehmen:

Formulierungsbeispiel:

Dies ist kein Angebot nach § 1a KSchG.

Die Entstehung des Abfindungsanspruchs nach § 1a KSchG wird im Übrigen nicht dadurch gehindert, dass der Arbeitgeber den Arbeitnehmer im Kündigungsschreiben über den zu erwartenden Betrag (informatorisch) unterrichtet und dieser niedriger ist als der sich gesetzlich ergebende. Was wirklich gewollt ist, muss durch Auslegung ermittelt werden. Ein bloßer Irrtum des Arbeitgebers bei der Berechnung spielt also für die Anspruchsentstehung keine Rolle[9].

---

1 Die elektronische Form ist ausgeschlossen, da der Hinweis „in der Kündigungserklärung" zu erfolgen hat (§ 1a Abs. 1 Satz 2 KSchG).
2 Die Voraussetzungen des § 1 Abs. 2 KSchG (dringende betriebliche Erfordernisse) müssen nicht erfüllt sein. Beruht die Kündigung indes tatsächlich auf verhaltens- oder personenbedingten Gründen, entsteht nicht der gesetzliche, sondern nur ein vertraglicher Abfindungsanspruch, wenn der Arbeitnehmer aufgrund des Hinweises des Arbeitgebers die Klagefrist verstreichen lässt.
3 *Grobys*, DB 2003, 2174 (2176).
4 Indem er zB separat schriftlich oder nur mündlich den Hinweis erteilt oder auf eine niedrigere oder höhere Abfindung hinweist.
5 Solche Vereinbarungen sind weiterhin möglich: RegE, BT-Drucks. 15/1204, 12.
6 *Thüsing/Stelljes*, BB 2003, 1673 (1677).
7 *Grobys*, DB 2003, 2174 (2176); *Nägele*, ArbRB 2003, 274 (276). Abzulehnen: *Meinel*, DB 2003, 1438 (1439), der von einem gesetzlichen Mindestabfindungsanspruch ausgeht, wenn der Arbeitgeber auf einen zu niedrigen Abfindungsbetrag hinweist.
8 BAG 13.12.2007 – 2 AZR 807/06, AP Nr. 6 zu § 1a KSchG.
9 BAG 19.6.2007 – 1 AZR 340/06, NZA 2007, 1357.

c) Verstreichen der Klagefrist

Der Arbeitnehmer muss – wenn er die Abfindungslösung wählen möchte – auf den Hinweis des Arbeitgebers keine Erklärung abgeben; es reicht aus, wenn er die Klagefrist des § 4 KSchG verstreichen lässt[1]. Erhebt der Arbeitnehmer zunächst Kündigungsschutzklage, nimmt diese aber anschließend zurück, kann er keinen Abfindungsanspruch nach § 1a KSchG verlangen. Nach dem nicht auslegungsfähigen Wort von § 1a Abs. 1 Satz 1 KSchG ist das Unterlassen der Klageerhebung zwingende Voraussetzung für den Abfindungsanspruch. Ein solcher Anspruch lebt auch nicht etwa wieder auf, wenn der Arbeitnehmer die erhobene Kündigungsschutzklage gem. § 46 Abs. 2 Satz 1 ArbGG, § 269 ZPO zurücknimmt. Zwar ist nach § 269 Abs. 3 Satz 1 ZPO eine zurückgenommene Klage als nicht anhängig geworden anzusehen, womit die Kündigung gem. § 7 KSchG als von Anfang an rechtswirksam gilt. Die prozessuale Fiktion des § 269 Abs. 3 ZPO ist aber für den materiell-rechtlichen Tatbestand des § 1a KSchG ohne jede Bedeutung. Das gesetzgeberische Ziel des § 1a KSchG ist es, einen Abfindungsanspruch bei betriebsbedingter Kündigung unter Vermeidung eines Kündigungsschutzprozesses zu begründen. Dieser Sinn und Zweck wird nicht durch die Erhebung der Kündigungsschutzklage vereitelt. Eine spätere Klagerücknahme kann diesen Vorgang nicht mehr ungeschehen machen, so dass der Arbeitnehmer insoweit nicht „mit doppelten Karten spielen"[2] kann.

350

2. Entstehung und Fälligkeit

Die Entstehung des Abfindungsanspruchs nach § 1a KSchG setzt voraus, dass das Arbeitsverhältnis durch die betriebsbedingte Kündigung beendet worden ist. Endet das Arbeitsverhältnis vorher – etwa durch außerordentliche Kündigung oder Tod[3] des Arbeitnehmers –, entsteht der Abfindungsanspruch nicht und kann deshalb auch nicht auf die Erben nach § 1922 Abs. 1 BGB übergehen.

351

Kündigt der Insolvenzverwalter mit der kurzen Kündigungsfrist des § 113 InsO innerhalb der Kündigungsfrist erneut und endet das Arbeitsverhältnis aus diesem Grund vorher, entsteht der Anspruch ebenfalls nicht[4].

352

3. Wegfall des Abfindungsanspruchs

Befindet sich der Arbeitnehmer bei Zugang einer betriebsbedingten Kündigung mit Hinweis gem. § 1a KSchG im Urlaub und kehrt erst drei Wochen später zurück, ist der Anspruch auf die Abfindung nach dem Gesetzeswortlaut entstanden. Beantragt der Arbeitnehmer nun unter Berufung auf seine urlaubsbedingte Abwesenheit mit Erfolg die nachträgliche Zulassung seiner Kündigungsschutzklage (§ 5 KSchG), entfällt die Fiktion des § 7 KSchG rückwirkend[5] – die Klage gilt als rechtzeitig erhoben; ein Abfindungsanspruch nach § 1a KSchG ist deshalb nicht entstanden.

353

Gleiches gilt für folgenden Fall: Erhebt der Arbeitnehmer nach Zugang der Kündigung innerhalb von drei Wochen Leistungsklage auf Entgeltzahlung, hat er nach der früheren Rechtsprechung des BAG zu § 6 KSchG (1999)[6] die Möglichkeit, sich noch in der ersten Instanz auf die Sozialwidrigkeit der Kündigung zu berufen. Nach dem Wortlaut des § 1a KSchG könnte er die Abfindung beanspruchen, weil er binnen der Drei-Wo-

354

---

1 RegE, BT-Drucks. 15/1204, 12.
2 So wörtlich: LAG Sa.-Anh. 28.9.2005 – 3 Sa 840/04, LAGE § 1a KSchG Nr. 9 (rkr.); BAG 13.12.2007 – 2 AZR 971/06, NZA 2008, 696.
3 BAG 10.5.2007 – 2 AZR 45/06, DB 2007, 1930.
4 *Nägele*, ArbRB 2003, 274 (275).
5 Zur Kritik im Vorfeld vgl. *Löwisch*, NZA 2003, 689 (694); vgl. auch *Grobys*, DB 2003, 2174 f.
6 BAG 28.6.1973 – 2 AZR 378/72, DB 1973, 2100.

chen-Frist keine **Kündigungsschutzklage** erhoben hat. Auch das lässt sich mit dem Sinn und Zweck des § 1a KSchG nicht vereinbaren: Der Anspruch entfällt rückwirkend mit der Geltendmachung, die Kündigung sei unwirksam[1].

355 Hat der Arbeitgeber die Abfindung ausgezahlt und entfällt der Anspruch rückwirkend, ist nach Bereicherungsrecht (§§ 812 ff. BGB) rückabzuwickeln. Der Arbeitnehmer kann sich auf die Einrede der Entreicherung (§ 818 Abs. 3 BGB) berufen[2].

4. Höhe des Abfindungsanspruchs

356 Die Höhe der Abfindung ist gesetzlich auf einen halben Monatsverdienst für jedes Jahr des Bestehens des Arbeitsverhältnisses festgelegt (§ 1a Abs. 2 Satz 1 KSchG). Diese Formel entspreche – so die Begründung des Gesetzesentwurfs – dem durchschnittlichen Abfindungsbetrag, den die Arbeitsgerichte bei der Auflösung des Arbeitsverhältnisses nach den §§ 9, 10 KSchG zugrunde legten und an dem sich auch gerichtliche und außergerichtliche Abfindungsvergleiche orientierten[3].

357 Als Monatsverdienst gilt, was dem Arbeitnehmer bei der für ihn maßgebenden regelmäßigen Arbeitszeit in dem Monat an Geld und Sachbezügen zusteht, in dem das Arbeitsverhältnis endet. § 10 Abs. 3 KSchG gilt entsprechend (§ 1a Abs. 2 Satz 2 KSchG), so dass auf die diesbezügliche Rechtsprechung und Literatur verwiesen werden kann.

358 Bei der Ermittlung der Dauer des Arbeitsverhältnisses ist ein Zeitraum von mehr als sechs Monaten auf ein volles Jahr aufzurunden (§ 1a Abs. 2 Satz 3 KSchG). Dadurch soll sichergestellt werden, dass auch diejenigen Arbeitnehmer eine Abfindung beanspruchen können, die nach Ablauf der für den Kündigungsschutz maßgebenden sechsmonatigen Wartezeit, aber vor Ablauf des ersten Beschäftigungsjahres ausscheiden[4].

5. Durchsetzung des Abfindungsanspruchs/Insolvenz

359 Zahlt der Arbeitgeber die Abfindung nicht, muss der Arbeitnehmer diese einklagen. Der gerichtliche Vergleich (§ 85 ArbGG, § 794 Abs. 1 Nr. 1 ZPO) oder der Anwaltsvergleich (§ 796a ZPO) sind hingegen ihrerseits Vollstreckungstitel und insoweit dem gesetzlichen Abfindungsanspruch aus Arbeitnehmersicht überlegen.

360 Im Falle der späteren Insolvenz des Arbeitgebers ist der Anspruch auf die Abfindung nur eine einfache Insolvenzforderung (§§ 38, 108 Abs. 2 InsO). Nur wenn der Abfindungsanspruch, zB aufgrund langer Kündigungsfrist, erst nach Eröffnung des Insolvenzverfahrens entsteht, ist er eine Masseverbindlichkeit (§ 55 Abs. 1 Nr. 2 Alt. 2 InsO)[5]. Droht dem Arbeitgeber eine Insolvenz, ist der Arbeitnehmer also gut beraten, Kündigungsschutzklage zu erheben. Resultiert der Abfindungsanspruch nämlich aus einem mit dem Insolvenzverwalter geschlossenen Vergleich, ist er eine Masseverbindlichkeit (§§ 53, 55 Abs. 1 Nr. 1 InsO)[6].

---

1 *Löwisch*, NZA 2003, 689 (694); *Grobys*, DB 2003, 2174 (2176).
2 *Grobys*, DB 2003, 2174 (2175). Zur berechtigten Kritik im Vorfeld: *Bauer*, Sonderbeilage zu NZA Heft 21/2003, 47 (50) und *Löwisch*, NZA 2003, 689 (694).
3 RegE, BT-Drucks. 15/1204, 12; zur Kritik im Vorfeld vgl. Stellungnahme der BDA zum RegE (BT-Drucks. 15/1204) v. 22.8.2003, S. 9.
4 RegE, BT-Drucks. 15/1204, 12.
5 *Nägele*, ArbRB 2003, 274 (275).
6 *Löwisch*, NZA 2003, 689 (694); APS/*Hesse*, § 1a KSchG Rz. 12.

6. Folgewirkungen

a) Steuerrechtliche Folgen

Als echte Abfindung unterliegt der Anspruch nach § 1a KSchG den steuerlichen Privilegien, die sich freilich zwischenzeitlich auf die §§ 24, 34 und 39b EStG reduziert haben. Damit ist auch eine Abfindung nach § 1a KSchG generell zu versteuern. 361

b) Arbeitsförderungsrecht/Sperrfrist nach § 159 SGB III

Die reine Hinnahme einer – auch rechtswidrigen – Kündigung konnte nach der Durchführungsanweisung der Bundesagentur für Arbeit (DA) zur inhaltlich gleichlautenden Vorgängervorschrift des § 144 SGB III (hier: DA 144.16) **nicht** zum Eintritt einer Sperrfrist führen. 362

Ausdrücklich wird in DA 144.18 seit dem 1.1.2004 klargestellt, dass auch dann kein Sperrzeittatbestand gegeben ist, wenn die **nicht offensichtlich rechtswidrige** arbeitgeberseitige Kündigung auf betriebsbedingte Gründe gestützt wird und eine **Abfindung gem. § 1a KSchG** gezahlt wird. 363

aa) Offensichtlich rechtswidrige Kündigung

Zu prüfen ist allerdings, ob nicht doch eine offensichtlich rechtswidrige arbeitgeberseitige Kündigung vorliegt. Davon ist nach DA 144.17 auszugehen, wenn der Arbeitnehmer ohne Weiteres erkennen musste, dass die Kündigung des Arbeitgebers gegen arbeitsvertragliche, tarifvertragliche oder gesetzliche Bestimmungen verstößt. Das ist insbesondere dann der Fall, wenn 364

- die maßgebliche Kündigungsfrist nicht eingehalten ist,
- der Arbeitslose nach tarif- oder einzelvertraglichen Bestimmungen nur noch aus wichtigem Grund (§ 626 BGB) kündbar war oder
- der Arbeitslose besonderen Kündigungsschutz genießt und die Kündigung deshalb nichtig ist (§ 9 MuSchG, § 10 BEEG, § 85 SGB IX, § 15 KSchG, § 5 PflegeZG).

bb) Abfindung nicht „gemäß § 1a KSchG"

Offen ist, was passiert, wenn die vom Arbeitgeber angebotene Abfindung nicht der Größenordnung des § 1a KSchG entspricht: 365

Ist sie **niedriger**, tritt keine Sperrfrist ein, weil die reine Hinnahme einer (nicht offensichtlich rechtswidrigen) Kündigung, bei der gar keine Abfindung angeboten wurde, schon keinen Sperrfristtatbestand darstellt. 366

Liegt dagegen das Abfindungsangebot **höher** als in § 1a KSchG vorgesehen, könnte darin schon die „Lösung" des Arbeitsverhältnisses iSv. § 159 Abs. 1 Satz 2 Nr. 1 SGB III mit der Sperrfristfolge gesehen werden. 367

F. Außerordentliche Kündigung

	Rz.
I. Grundlagen	1
II. Arten der außerordentlichen Kündigung	
1. Außerordentliche Kündigung mit Auslauffrist	3
2. Außerordentliche Kündigung bei ordentlich unkündbaren Arbeitnehmern	4
III. Abgrenzung der außerordentlichen Kündigung von anderen Beendigungstatbeständen	
1. Anfechtung	5
2. Rücktritt	7
3. Störung der Geschäftsgrundlage	8
4. Aufhebungsvertrag	9
5. Suspendierung	10
6. Nichtfortsetzungserklärung gem. § 12 KSchG	11
IV. Allgemeine Grundsätze zur außerordentlichen Kündigung	
1. Anhörung des Arbeitnehmers/Aufklärung	12
2. Beurteilungszeitpunkt	13
3. Nachschieben von Kündigungsgründen	14
4. Verzicht auf die außerordentliche Kündigung	16
5. Nachträglicher Wegfall des Kündigungsgrundes	17
6. Darlegungs- und Beweislast	17a
V. Außerordentliche Kündigung durch den Arbeitgeber/Merkmale des wichtigen Grundes	
1. Grundsätze	18
2. Kündigungsgründe an sich	22
3. Konkrete Beeinträchtigung des Arbeitsverhältnisses	23
4. Interessenabwägung	24
5. Prognoseprinzip	25
6. Verhältnismäßigkeit (Ultima-ratio-Prinzip)	27
7. Verschulden	28
8. Verhältnis zur ordentlichen Kündigung	29
9. Beteiligung von Betriebs- und Personalrat	30a
VI. Besondere Arten der außerordentlichen Kündigung	
1. Verdachtskündigung	31
a) Begriff	32
b) Voraussetzungen	
aa) Objektiver Tatverdacht	34
bb) Dringender, schwerwiegender Verdacht	34a
cc) Erhebliches Fehlverhalten	34b
dd) Aufklärung/Anhörung	35
c) Nachschieben von Gründen, neue Erkenntnisse	38
d) Besonderheiten der Betriebsratsbeteiligung	41
e) Übersicht zur Verdachtskündigung	42
2. Druckkündigung	
a) Begriff	43
b) Voraussetzungen	43a
aa) Vorliegen von Kündigungsgründen	45
bb) Fehlen von Kündigungsgründen	46
c) Ordentliche oder außerordentliche Kündigung	46c
d) Schadensersatzanspruch des Arbeitnehmers	47
3. Außerordentliche Änderungskündigung	
a) Voraussetzungen	48
b) Vorbehalt gem. § 2 KSchG	55
4. Außerordentliche Kündigung von ordentlich unkündbaren Arbeitnehmern	57
a) Interessenabwägung	57a
b) Sonstige Besonderheiten bei der außerordentlichen Kündigung mit Auslauffrist	57c
c) Betriebsbedingte außerordentliche Kündigung	58
d) Krankheitsbedingte außerordentliche Kündigung	60
e) Sonstige personenbedingte außerordentliche Kündigung	61
f) Besonderheiten bei nach § 15 KSchG geschützten Arbeitnehmern	62
g) Auflösungsantrag bei außerordentlicher Kündigung mit Auslauffrist?	64a
VII. Außerordentliche Kündigung durch den Arbeitnehmer	
1. Grundsätze	65
2. Einzelfälle	67
VIII. Ausschlussfrist des § 626 Abs. 2 BGB	
1. Allgemeines	71
2. Beginn der Ausschlussfrist	
a) Grundsätze	74
b) Dauergründe	75
c) Fortwirkende Tatbestände	76
d) Kündigungsberechtigter	77
3. Hemmung der Ausschlussfrist	80
4. Besonderheiten bei der Verdachtskündigung	82

	Rz.		Rz.
5. Besonderheiten bei der Kündigung wegen einer Straftat	83	**XI. Minderung der Vergütung und Schadensersatz nach § 628 BGB**	
6. Besonderheiten bei der außerordentlichen Kündigung von Betriebs- und Personalräten	84	1. Minderung der Vergütung nach § 628 Abs. 1 Satz 2 BGB	94
7. Besonderheiten bei der außerordentlichen Kündigung schwerbehinderter Menschen	91a	2. Schadensersatz nach § 628 Abs. 2 BGB	99
IX. Mitteilung der Kündigungsgründe	92	a) Kündigung iSd. § 628 Abs. 2 BGB	100
X. Umdeutung einer unwirksamen außerordentlichen Kündigung	93	b) Vertragswidriges Verhalten des Gekündigten	102
		c) Schaden	103

Schrifttum:

Bredemeier, Außerordentliche Verdachtskündigung – aktuelle Übersicht der Rechtsprechung, öAT 2014, 29; *Dzida*, Tat- und Verdachtskündigung bei komplexen Sachverhalten, NZA 2014, 809; *Fischer*, Die Anhörung des Arbeitnehmers vor der Verdachtskündigung, BB 2003, 522; *Hamacher*, Neues zur betriebsbedingten Druckkündigung – Bedrückend?, NZA 2014, 134; *Hamer*, Außerordentliche betriebsbedingte Kündigung unkündbarer Arbeitnehmer, PersR 2000, 144; *Howald*, Die außerordentliche (personenbedingte) Arbeitgeberkündigung bei Unkündbarkeit, öAT 2013, 1; *Kappelhoff*, Die außerordentliche betriebsbedingte Kündigung, ArbRB 2002, 369; *Kleinebrink*, Arbeitgeberseitige Strategien zur Verhinderung eines Aufbaus und zum Abbau eines Vertrauenskapitals, BB 2011, 2617; *Kliemt/Vollstädt*, Unverschuldeter Rechtsirrtum – Wunderwaffe bei beharrlicher Arbeitsverweigerung?, NZA 2003, 357; *Lunk*, Die Verdachtskündigung: Eine Rechtsfigur vor dem Aus?, NJW 2010, 2753; *Mennemeyer/Dreymüller*, Verzögerungen der Arbeitnehmeranhörung bei der Verdachtskündigung, NZA 2005, 382; *Rost*, Verhaltensbedingte Kündigung, in: Henssler/Moll (Hrsg.), Kündigung und Kündigungsschutz in der betrieblichen Praxis, 2000, S. 35; *Sasse/Freihube*, Die Anhörung bei der Verdachtskündigung, ArbRB 2006, 15; *Schönfeld*, Effektiver Rechtsschutz bei straftatbegründeter Kündigung?, NZA 1999, 299; *Schulte Westenberg*, Die außerordentliche Kündigung im Spiegel der Rechtsprechung, NZA-RR 2009, 401, NZA-RR 2012, 169 und NZA-RR 2014, 225; *Stoffels*, Die Emmely-Entscheidung des BAG – bloß eine Klarstellung von Missverständnissen?, NJW 2011, 118; *Straube/Schrader*, Dürfen „Alte" klauen? Wirksamkeit einer außerordentlichen Kündigung bei Vermögensdelikten, ArbRAktuell 2009, 7.

I. Grundlagen

Nach § 626 Abs. 1 BGB kann das Arbeitsverhältnis von jedem Vertragsteil aus wichtigem Grund ohne Einhaltung einer Kündigungsfrist gekündigt werden, wenn Tatsachen vorliegen, wonach dem Kündigenden die **Fortsetzung des Arbeitsverhältnisses** bis zum Ablauf der ordentlichen Kündigungsfrist oder bis zur vereinbarten Beendigung des Arbeitsverhältnisses **unzumutbar** ist. Nach dem Gesetzestext sind dabei alle Umstände des Einzelfalles zu berücksichtigen und die Interessen beider Vertragsparteien abzuwägen. 1

Das Recht zur außerordentlichen Kündigung kann weder durch einzelvertragliche noch durch kollektive Regelungen beseitigt, eingeschränkt oder auch erweitert werden: § 626 BGB ist für beide Parteien **zwingendes Recht**[1]. 2

---

[1] HWK/*Sandmann*, § 626 BGB Rz. 47; BAG 5.2.1998 – 2 AZR 227/97, AP Nr. 143 zu § 626 BGB.

II. Arten der außerordentlichen Kündigung

1. Außerordentliche Kündigung mit Auslauffrist

3   Die außerordentliche Kündigung erfolgt üblicherweise ohne Einhaltung einer Frist („fristlos"). Möglich ist auch eine außerordentliche Kündigung mit Auslauffrist, wodurch der **Kündigungstermin hinausgeschoben** wird (außerordentliche befristete Kündigung). Das Einhalten einer Auslauffrist ist grundsätzlich **freiwillig**, und die **Gründe** hierfür sind **unerheblich**. Seitens des Kündigenden ist es dabei wichtig klarzustellen, dass es sich um eine außerordentliche Kündigung handelt, so dass der Gekündigte dies erkennen kann. Unterbleibt die Klarstellung, kann der Gekündigte darauf vertrauen, dass nur eine ordentliche Kündigung gewollt war[1]. Die Auslauffrist braucht nicht der gesetzlichen oder vereinbarten Kündigungsfrist zu entsprechen[2]. Der Gekündigte ist nicht verpflichtet, die Auslauffrist zu akzeptieren, vielmehr kann er sie auch ablehnen. Dann endet das Vertragsverhältnis bei Vorliegen eines wichtigen Grundes mit sofortiger Wirkung[3]. Umgekehrt hat der Arbeitnehmer auch keinen Anspruch auf ein derartiges soziales Entgegenkommen[4].

2. Außerordentliche Kündigung bei ordentlich unkündbaren Arbeitnehmern

4   Ferner gibt es die außerordentliche Kündigung **unter Einhaltung der (fiktiven) gesetzlichen oder tariflichen Kündigungsfrist (Auslauffrist)**. Die Einhaltung einer Auslauffrist bei Ausspruch einer außerordentlichen Kündigung kommt in solchen Fällen in Betracht, in denen die ordentliche Kündigung gesetzlich, tarif- oder einzelarbeitsvertraglich ausgeschlossen ist, das mildere Mittel der ordentlichen Kündigung also nicht gewählt werden kann, jedoch ein Festhalten am Arbeitsverhältnis für die Dauer des Ausschlusses der ordentlichen Kündbarkeit unzumutbar wäre (vgl. im Einzelnen Rz. 57 ff.). Diese Art der außerordentlichen Kündigung ist der ordentlichen stark angenähert, da der Betriebsrat wie bei einer ordentlichen Kündigung anzuhören ist[5] und der Arbeitgeber zur sozialen Auswahl nach § 1 Abs. 3 KSchG verpflichtet bleibt[6].

III. Abgrenzung der außerordentlichen Kündigung von anderen Beendigungstatbeständen

1. Anfechtung

5   Die Anfechtung nach den §§ 119, 123 BGB und die außerordentliche Kündigung sind **wahlweise und nebeneinander zulässig**[7]. In dem Fall ist für die Anfechtung gem. § 119 BGB die in § 626 Abs. 2 BGB enthaltene zweiwöchige Ausschlussfrist zur zeitlichen Konkretisierung des in § 121 Abs. 1 BGB verwendeten unbestimmten Rechtsbegriffes der „unverzüglichen" Anfechtung heranzuziehen[8], nicht dagegen für die Anfechtung nach § 123 BGB[9]. Ficht der Arbeitgeber den Arbeitsvertrag wegen arglistiger Täuschung an (zB im Anschluss an eine Arbeitsunfähigkeit des Arbeitnehmers und unter Verweigerung der Entgeltfortzahlung), besteht kein Grund, von der Regelfolge rück-

---

1   ErfK/*Müller-Glöge*, § 626 BGB Rz. 188 f.
2   BAG 8.8.2002 – 8 AZR 574/01, NZA 2002, 1323.
3   Staudinger/*Preis*, § 626 BGB Rz. 252 mwN.
4   BAG 20.1.2005 – 2 AZR 500/03, NZA 2005, 687.
5   BAG 5.2.1998 – 2 AZR 227/97, NZA 1998, 771; 12.1.2006 – 2 AZR 242/05, AP Nr. 13 zu § 626 BGB – Krankheit.
6   BAG 5.2.1998 – 2 AZR 227/97, NZA 1998, 771.
7   BAG 28.3.1974 – 2 AZR 92/73, AP Nr. 3 zu § 119 BGB.
8   BAG 14.12.1979 – 7 AZR 38/78, EzA § 119 BGB Nr. 11.
9   BAG 19.5.1983 – 2 AZR 171/81, AP Nr. 25 zu § 123 BGB.

wirkender Anfechtung (§ 142 BGB) abzuweichen[1]; seine entgegenstehende Rechtsprechung[2] hat das Bundesarbeitsgericht aufgegeben.

Eine Kündigung kann in aller Regel **nicht** nach § 140 BGB in eine Anfechtung **umgedeutet** werden[3]. Wird allerdings in einer außerordentlichen Kündigung auf mögliche Anfechtungsgründe hingewiesen, kann diese im Einzelfall nach § 133 BGB auch als Anfechtung ausgelegt werden[4].

2. Rücktritt

Gegenüber dem Rücktritt nach §§ 323, 324, 326 Abs. 5 BGB stellt die außerordentliche Kündigung mit Rücksicht auf das Arbeitsverhältnis als Dauerschuldverhältnis eine **abschließende Spezialregelung** dar. Dies gilt auch für eine Beendigung vor der Arbeitsaufnahme[5].

3. Störung der Geschäftsgrundlage

Der Wegfall der Geschäftsgrundlage kommt grundsätzlich **als Beendigungsgrund** für ein Arbeitsverhältnis **nicht in Betracht**. So verdrängen die Kündigungsvorschriften bei Vertragsänderungen und -beendigungen das insoweit nur subsidiär anwendbare Institut der Störung der Geschäftsgrundlage[6]; das Kündigungsrecht ist gegenüber Anpassung nach § 313 BGB lex specialis[7]. Tatbestände, die für eine Störung oder den Wegfall der Geschäftsgrundlage herangezogen werden könnten, sind im Rahmen der §§ 2, 1 KSchG zu würdigen[8]. Ausnahmen gelten für Extremsituationen wie Kriegswirren oder Naturkatastrophen. Zusätzlich ist Voraussetzung, dass eine außerordentliche Kündigung nicht möglich war[9].

4. Aufhebungsvertrag

Ein Aufhebungsvertrag, durch den das Arbeitsverhältnis **mit sofortiger Wirkung** beendet wird, ist **zulässig**. Hierin liegt insbesondere auch keine Umgehung zwingenden Kündigungsschutzes (vgl. jedoch Teil 3 C Rz. 2 ff.).

5. Suspendierung

Mit der Suspendierung werden einzelne oder alle **Rechte aus dem Arbeitsverhältnis** einseitig zum **Ruhen** gebracht. Sie kommt am häufigsten vor in Form der Entbindung des Arbeitnehmers von der Verpflichtung zur Arbeitsleistung (Freistellung). Gegenüber der fristlosen Kündigung ist sie im Regelfall kein milderes Mittel[10]. An die Zulässigkeit sind hohe rechtliche Anforderungen zu stellen (vgl. im Einzelnen Teil 2 A Rz. 747 ff.). Im Zusammenhang mit einer fristlosen Kündigung wird der häufigste Anwendungsfall die Verdachtskündigung (dazu Rz. 31 ff.) sein, wenn der Arbeitnehmer bis zur Klärung, ob der Verdacht einer strafbaren Handlung begründet ist, freigestellt

---

1 BAG 3.12.1998 – 2 AZR 754/97, NZA 1999, 584.
2 BAG 18.4.1968 – 2 AZR 145/67, AP Nr. 32 zu § 63 HGB; 16.9.1982 – 2 AZR 228/80, AP Nr. 24 zu § 123 BGB; 20.2.1986 – 2 AZR 244/85, AP Nr. 31 zu § 123 BGB.
3 BAG 14.10.1975 – 2 AZR 365/74, AP Nr. 4 zu § 9 MuSchG 1968.
4 BAG 6.10.1962 – 2 AZR 360/61, AP Nr. 24 zu § 9 MuSchG.
5 Staudinger/*Preis*, § 626 BGB Rz. 13.
6 BAG 25.3.2004 – 2 AZR 153/03, AP Nr. 60 zu § 138 BGB.
7 BAG 8.10.2009 – 2 AZR 235/08, NZA 2010, 465.
8 BAG 8.10.2009 – 2 AZR 235/08, NZA 2010, 465.
9 BAG 3.10.1961 – 3 AZR 138/60, AP Nr. 4 zu § 242 BGB – Geschäftsgrundlage; 12.3.1963 – 3 AZR 60/62, AP Nr. 5 zu § 242 BGB – Geschäftsgrundlage.
10 BAG 5.4.2001 – 2 AZR 217/00, NZA 2001, 837.

wird. Darüber hinaus empfiehlt sich eine Freistellung bei der auf ein Fehlverhalten gegründeten außerordentlichen Kündigung, wenn diese unter Gewährung einer Auslauffrist (s.a. Rz. 3) erfolgt. In allen anderen Fällen dürfte die Suspendierung im Zusammenhang mit einer außerordentlichen Kündigung wegen der Zwei-Wochen-Frist des § 626 Abs. 2 BGB und der aus ihr folgenden sofortigen Beendigung des Arbeitsverhältnisses kaum praktische Relevanz haben.

6. Nichtfortsetzungserklärung gem. § 12 KSchG

11 Die Nichtfortsetzungserklärung nach § 12 KSchG verschafft dem Arbeitnehmer **nach gewonnenem Kündigungsschutzprozess** die Möglichkeit, das Arbeitsverhältnis zum bisherigen Arbeitgeber **binnen einer Woche** nach Rechtskraft des Urteils **zu beenden**. Durch Ausübung dieses Rechtes kann sich der Arbeitnehmer ohne Einhaltung von Kündigungsfristen mit sofortiger Wirkung (Zugang der Nichtfortsetzungserklärung) von dem alten Arbeitsverhältnis lösen[1]. § 626 BGB bleibt unberührt[2].

IV. Allgemeine Grundsätze zur außerordentlichen Kündigung

1. Anhörung des Arbeitnehmers/Aufklärung

12 Die Anhörung des Arbeitnehmers vor Ausspruch einer außerordentlichen Kündigung ist **keine Wirksamkeitsvoraussetzung**[3]. Ebenso wenig ist die Aufklärung des zur Kündigung berechtigenden Sachverhalts durch den Arbeitgeber Wirksamkeitsvoraussetzung[4]. **Anders** ist dies bei der **Verdachtskündigung**, die ohne vorherige Anhörung des Arbeitnehmers schon aus formellen Gründen unwirksam ist; ferner trifft den Arbeitgeber eine besondere Aufklärungspflicht (vgl. Rz. 35 ff.). Dennoch empfiehlt sich die Anhörung des Arbeitnehmers und eine gründliche Aufklärung des Sachverhaltes in allen Fällen der außerordentlichen Kündigung, um dem Arbeitgeber eine umfassende Beurteilung aller für und gegen die Kündigung sprechenden Umstände zu ermöglichen[5]. Verweigert der Arbeitnehmer eine aktive Beteiligung an der Aufklärung von Vorwürfen, kann dies zwar den Schluss rechtfertigen, er sei an einer Aufklärung des gegen ihn gerichteten Verdachts und der Beseitigung des daraus resultierenden Vertrauenswegfalls nicht interessiert, jedoch kann die fehlende Mitwirkung selbst nicht die Kündigung rechtfertigen[6].

2. Beurteilungszeitpunkt

13 Als Zeitpunkt für die Beurteilung der Wirksamkeit einer außerordentlichen Kündigung ist – wie bei der ordentlichen Kündigung – der **Ausspruch der Kündigung** maßgeblich. Entstehen zwischen Abgabe und Zugang der Kündigung neue Kündigungsgründe, kommt es auf den Zeitpunkt des **Zugangs beim Empfänger** an[7]. Fehlverhalten des Arbeitnehmers, das sich **nach dem Zugang der Kündigung** ereignet (zB im Rahmen späteren Prozessverhaltens[8]), kann zur Stützung der Kündigung nicht herangezogen werden; will der Arbeitgeber hieraus Folgen herleiten, bedarf es des erneuten Ausspruchs einer außerordentlichen Kündigung. Ereignisse oder Umstände, die **vor Be-**

---

1 BAG 19.10.1972 – 2 AZR 150/72, AP Nr. 1 zu § 12 KSchG 1969.
2 Staudinger/*Preis*, § 626 BGB Rz. 17.
3 BAG 21.2.2001 – 2 AZR 579/99, NZA 2001, 951; 18.9.1997 – 2 AZR 36/97, AP Nr. 138 zu § 626 BGB; HWK/*Sandmann*, § 626 BGB Rz. 138.
4 BAG 18.9.1997 – 2 AZR 36/97, AP Nr. 138 zu § 626 BGB.
5 BAG 17.3.2005 – 2 AZR 245/04, NZA 2006, 101.
6 BAG 23.10.2008 – 2 AZR 483/07, NZA-RR 2009, 362.
7 APS/*Dörner*/*Vossen*, § 626 BGB Rz. 8; HWK/*Sandmann*, § 626 BGB Rz. 145.
8 BAG 10.6.2010 – 2 AZR 541/09, NZA 2010, 1227 („Emmely").

IV. Allgemeine Grundsätze zur außerordentlichen Kündigung

ginn des Arbeitsverhältnisses liegen, können eine außerordentliche Kündigung rechtfertigen, wenn sie das Arbeitsverhältnis weiterhin erheblich beeinträchtigen und dem Kündigenden nicht schon bei Vertragsschluss bekannt waren[1].

3. Nachschieben von Kündigungsgründen

Kündigungsgründe, die dem Kündigenden bei **Ausspruch der Kündigung noch nicht bekannt** waren, können uneingeschränkt nachträglich zu deren Begründung herangezogen („nachgeschoben") werden, wenn sie **vor Ausspruch der Kündigung entstanden** sind und das Nachschieben den Charakter der Kündigung nicht völlig verändert[2] (zu den Besonderheiten bei der Verdachtskündigung vgl. Rz. 38 f.). Der nachgeschobene Kündigungsgrund muss nicht innerhalb der Zwei-Wochen-Frist des § 626 Abs. 2 BGB ab Bekanntwerden in einen laufenden Kündigungsschutzprozess eingeführt werden, denn die Zwei-Wochen-Frist gilt nur hinsichtlich der Ausübung des Kündigungsrechts[3]. Das Vorliegen eines wichtigen Grundes und die Unzumutbarkeit der Weiterbeschäftigung des Arbeitnehmers bis zum Ablauf einer ordentlichen Kündigungsfrist hängen allein von dem **objektiven Vorliegen entsprechender Tatsachen** ab, ohne dass es auf den subjektiven Kenntnisstand des Kündigenden ankommt, so dass der Kündigende sich im Kündigungsschutzprozess auch auf zur Zeit der Kündigung ihm unbekannte, aber **bereits vorliegende** und erst nachträglich bekannt werdende Gründe berufen kann. Gleiches gilt für die Feststellung von Tatsachen mit Hilfe von Beweismitteln: Dem Arbeitgeber kann es nicht verwehrt werden, ihm erst im Laufe des Rechtsstreits um eine außerordentliche Kündigung bekanntwerdende Beweismittel „nachzuschieben"[4]. **Nach Ausspruch der Kündigung entstandene Gründe** können **nicht nachgeschoben**, sondern nur zur Begründung einer erneuten Kündigung herangezogen werden.

Besteht ein **Betriebsrat**, ist dieser hinsichtlich der Gründe, die der Arbeitgeber im Kündigungsschutzprozess **nachzuschieben beabsichtigt**, vorher gem. § 102 BetrVG **zu hören**[5]. Die Anhörung des Betriebsrates muss **nicht** innerhalb bestimmter Fristen (zB der Zwei-Wochen-Frist des § 626 BGB), gerechnet ab dem nachträglichen Bekanntwerden der Gründe, erfolgen. Vor der Einführung der Gründe in den Prozess muss der Arbeitgeber die Frist des § 102 Abs. 2 Satz 3 BetrVG abwarten, oder es muss ihm eine abschließende Stellungnahme des Betriebsrates zu den nachgeschobenen Gründen vorliegen. Der Arbeitgeber darf die erneute Anhörung des Betriebsrates nicht dazu verwenden, bei der ersten Anhörung geschehene Versäumnisse nachzuholen. Er ist deshalb bei der erneuten Betriebsratsanhörung auf die **bei Ausspruch der Kündigung unbekannten Gründe** beschränkt. Der Arbeitgeber ist nicht gehindert, im Kündigungsschutzprozess Tatsachen nachzuschieben, die ohne wesentliche Veränderung des Kündigungssachverhaltes lediglich der Erläuterung und Konkretisierung der dem Betriebsrat mitgeteilten Kündigungsgründe dienen[6], und muss hierzu den Betriebsrat auch nicht erneut anhören.

4. Verzicht auf die außerordentliche Kündigung

Auf die Ausübung des Rechts zur außerordentlichen Kündigung kann **nach Entstehen des Kündigungsgrundes** verzichtet werden. Spricht der Arbeitgeber **vor Ablauf der Zwei-Wochen-Frist** eine **ordentliche Kündigung** aus, kann dies je nach Lage des Falles

---

1 BAG 5.4.2001 – 2 AZR 159/00, AP Nr. 171 zu § 626 BGB; HWK/*Sandmann*, § 626 BGB Rz. 145.
2 BAG 6.9.2007 – 2 AZR 264/06, NZA 2008, 636.
3 BAG 4.6.1997 – 2 AZR 362/96, NZA 1997, 1158.
4 BAG 18.9.1997 – 2 AZR 36/97, AP Nr. 138 zu § 626 BGB.
5 BAG 4.6.1997 – 2 AZR 362/96, NZA 1997, 1158.
6 BAG 11.4.1985 – 2 AZR 239/84, AP Nr. 39 zu § 102 BetrVG 1972.

einen schlüssigen Verzicht auf die Ausübung seines außerordentlichen Kündigungsrechts darstellen. Ein Verzicht liegt nach ständiger höchstrichterlicher Rechtsprechung vor, wenn **derselbe Verstoß**, auf den die außerordentliche Kündigung gestützt wird, zuvor **Gegenstand einer Abmahnung** war[1]. Der Arbeitgeber gibt nach Auffassung des BAG mit einer Abmahnung zu erkennen, dass er das Arbeitsverhältnis noch nicht als so gestört ansieht, als dass er es nicht mehr fortsetzen könnte[2]. In der Literatur wird die Auffassung vertreten, dieser Verzicht gelte zugleich für **alle weiteren Verstöße**, die dem Arbeitgeber zum **Zeitpunkt der Abmahnung bekannt** gewesen seien, auch wenn sie nicht Gegenstand der Abmahnung gewesen seien[3].

5. Nachträglicher Wegfall des Kündigungsgrundes

17 Entfällt der Kündigungsgrund nachträglich, macht dies die Kündigung nicht rechtsunwirksam. Dem Arbeitnehmer steht in solchen Fällen aber ein **Anspruch auf Wiedereinstellung** zu. Dieser ist im Bereich der außerordentlichen Kündigung für die Verdachtskündigung anerkannt (vgl. im Einzelnen Rz. 40).

6. Darlegungs- und Beweislast

17a Wer eine außerordentliche Kündigung **ausspricht**, trägt in einem nachfolgenden Prozess die **Darlegungs- und Beweislast** insbesondere für das Vorliegen des wichtigen Grundes. Dementsprechend hat bei einer vom Arbeitnehmer ausgesprochenen Kündigung dieser die Darlegungs- und Beweislast zu tragen[4]. Spricht der Arbeitgeber eine außerordentliche Kündigung aus, trifft ihn auch die Darlegungs- und Beweislast dafür, dass solche Tatsachen nicht vorgelegen haben, die die Handlung des Arbeitnehmers als **gerechtfertigt** erscheinen lassen[5].

17b Besitzt der Arbeitnehmer aufgrund seiner unmittelbaren Beteiligung an einem Vorgang weitergehende Kenntnisse als der Arbeitgeber, kann eine **abgestufte Vortragslast** zum Tragen kommen. Ist etwa eine tätliche Auseinandersetzung zweier Arbeitskollegen vorgefallen und liegen gewichtige, objektive Anhaltspunkte für eine erhebliche aktive Beteiligung des Arbeitnehmers hieran vor, darf sich der Arbeitgeber, der keine eigene Sachkenntnis hat, zunächst hierauf stützen. Dem Arbeitnehmer ist es dann zumutbar, sich im Kündigungsrechtsstreit im Rahmen einer **sekundären Vortragslast** so weit wie möglich zum Anlass und zum Verlauf der Auseinandersetzung zu erklären und ggf. seine Behauptung, er sei lediglich das Opfer der Auseinandersetzung geworden bzw. habe sich in Notwehr verteidigt, zu substantiieren[6].

17c Sind kündigungsbegründende Umstände streitig, können vom Arbeitgeber in rechtswidriger Weise erlangte Beweismittel einem **Beweisverwertungsverbot** unterliegen. Zwar sind die Gerichte befugt, Erkenntnisse zu verwerten, die sich eine Prozesspartei durch Eingriffe in das allgemeine Persönlichkeitsrecht verschafft hat, wenn eine **Abwägung der beteiligten Belange** ergibt, dass das Interesse an einer Verwertung der Beweise trotz der damit einhergehenden Rechtsverletzung das Interesse am Schutz der Daten überwiegt. Das allgemeine Interesse an einer funktionstüchtigen Rechtspflege und das Interesse, sich ein Beweismittel für zivilrechtliche Ansprüche zu sichern, rei-

---

1 HWK/*Sandmann*, § 626 BGB Rz. 69; BAG 6.3.2003 – 2 AZR 128/02, AP Nr. 30 zu § 611 BGB – Abmahnung.
2 BAG 2.2.2006 – 2 AZR 222/05, AP Nr. 52 zu § 1 KSchG – Verhaltensbedingte Kündigung; 26.11.2009 – 2 AZR 751/08, NZA 2010, 823.
3 RGRK/*Corts*, § 626 BGB Rz. 235.
4 Staudinger/*Preis*, § 626 BGB Rz. 237; BAG 25.7.1963 – 2 AZR 510/62, AP Nr. 1 zu § 448 ZPO.
5 BAG 6.8.1987 – 2 AZR 226/87, AP Nr. 97 zu § 626 BGB; 28.8.2008 – 2 AZR 15/07, NZA 2009, 192.
6 BAG 18.9.2008 – 2 AZR 1039/06, DB 2009, 964.

chen aber für sich betrachtet nicht aus, dem Verwertungsinteresse den Vorzug zu geben. Dementsprechend kann nach Auffassung des BAG der prozessualen Verwertung von Beweismitteln, die der Arbeitgeber aus einer in Abwesenheit und ohne Einwilligung des Arbeitnehmers durchgeführten Kontrolle von dessen Schrank erlangt hat, schon die Heimlichkeit der Durchsuchung entgegenstehen[1]. Das aus einer verdeckten Videoüberwachung öffentlich zugänglicher Arbeitsplätze gewonnene Beweismaterial unterliegt nicht allein deshalb einem prozessualen Beweisverwertungsverbot, weil es unter Verstoß gegen das Gebot in § 6b Abs. 2 BDSG gewonnen wurde, bei Videoaufzeichnungen öffentlich zugänglicher Räume den Umstand der Beobachtung und die verantwortliche Stelle durch geeignete Maßnahmen kenntlich zu machen[2]. Falls die betreffenden Tatsachen von der Gegenseite **nicht bestritten** werden, also unstreitig geworden sind, bedarf es nicht ihres Beweises, so dass ein **Beweisverwertungsverbot von vornherein nicht in Betracht kommt**. Das Zivilprozessrecht kennt grundsätzlich kein Verbot der „Verwertung" von Sachvortrag. Dennoch kann rechtswidriges Verhalten einer Prozesspartei bei der Informationsgewinnung zu einem Verwertungsverbot führen. Das ist der Fall, wenn eine solche Sanktion unter Beachtung des Schutzzwecks der verletzten Norm zwecks Vermeidung eines Eingriffs in höherrangige Rechtspositionen der anderen Partei **zwingend geboten** erscheint[3].

V. Außerordentliche Kündigung durch den Arbeitgeber/Merkmale des wichtigen Grundes

1. Grundsätze

Nach § 626 Abs. 1 BGB bedarf die außerordentliche Kündigung eines wichtigen Grundes. Hierbei handelt es sich um einen **unbestimmten Rechtsbegriff**[4], der im Gesetz nur generalklauselartig umschrieben ist[5]. Das Gesetz selbst stellt zum einen ab auf das **objektive Vorliegen** kündigungsrelevanter Tatsachen. Zum anderen sind die **Umstände des Einzelfalles** zu berücksichtigen sowie die **beiderseitigen Interessen** abzuwägen, was die Vorhersehbarkeit gerichtlicher Entscheidungen entsprechend erschwert.

18

Das **BAG** prüft das Vorliegen des wichtigen Kündigungsgrundes **abgestuft in zwei** systematisch zu trennenden **Abschnitten**[6]:
- **Stufe 1:** Ist ein bestimmter Kündigungssachverhalt unabhängig von den Besonderheiten des Einzelfalles „an sich", also objektiv geeignet, einen wichtigen Grund zur fristlosen Kündigung abzugeben (vgl. Rz. 22)?
- **Stufe 2:** Ist dies zu bejahen, sind alle konkreten Umstände des Einzelfalles, die für oder gegen die außerordentliche Kündigung sprechen, und die beiderseitigen Interessen daraufhin zu bedenken und abzuwägen, ob diese die Fortsetzung des Arbeitsverhältnisses bis zum Ablauf der ordentlichen Kündigungsfrist unzumutbar machen (vgl. Rz. 24)[7].

19

Dabei wird seitens des BAG auf folgende **weitere Grundsätze** abgestellt:
- Das Fehlverhalten des Arbeitnehmers muss zu einer **konkreten Beeinträchtigung des Arbeitsverhältnisses** geführt bzw. sich konkret auf das Arbeitsverhältnis aus-

20

---

1 BAG 20.6.2013 – 2 AZR 546/12, NZA 2014, 143.
2 BAG 21.6.2012 – 2 AZR 153/11, NZA 2012, 1025.
3 BAG 16.12.2010 – 2 AZR 485/08, NZA 2011, 571.
4 BAG 2.3.2006 – 2 AZR 53/05, NZA-RR 2006, 636.
5 HWK/*Sandmann*, § 626 BGB Rz. 73.
6 BAG 12.8.1999 – 2 AZR 923/98, NZA 2000, 421; 17.5.1984 – 2 AZR 3/83, AP Nr. 14 zu § 626 BGB – Verdacht strafbarer Handlung.
7 BAG 7.7.2005 – 2 AZR 581/04, NZA 2006, 98.

- gewirkt haben. Fehlt es hieran, ist das Verhalten des Arbeitnehmers schon nicht geeignet, einen wichtigen Kündigungsgrund abzugeben (vgl. Rz. 23)[1].
- Es kommt auf den **Grad der Wahrscheinlichkeit künftiger Störungen** des Arbeitsverhältnisses und deren **Schwere** an. Hierzu bedarf es einer **objektiven Prognose** im Hinblick auf **künftige Belastungen**[2], wobei bisherige Störungen hierfür ein Indiz darstellen[3]. Die negative Prognose ist Voraussetzung für die Auflösung des Arbeitsverhältnisses (vgl. Rz. 25)[4].
- Der **Grundsatz der Verhältnismäßigkeit** muss gewahrt sein – Ultima-ratio-Prinzip (vgl. Rz. 27)[5].

21 Einstweilen frei.

2. Kündigungsgründe an sich

22 Wie vorstehend ausgeführt, prüft das BAG zunächst, ob ein bestimmter Vorgang **ohne die besonderen Umstände des Einzelfalls an sich geeignet** ist, einen wichtigen Kündigungsgrund zu bilden[6]. Dies soll die rechtliche Möglichkeit eröffnen, für die Frage, ob ein bestimmter Grund eine außerordentliche Kündigung zu rechtfertigen vermag, allgemeine Grundsätze aufstellen zu können[7]. Das BAG weist ausdrücklich darauf hin, dass diese damit **nicht zu absoluten Kündigungsgründen erhoben** werden, es vielmehr zusätzlich – auf der zweiten Stufe – stets der fallbezogenen Abwägung aller Umstände des Einzelfalls bedarf[8]. Eine **schwere, regelmäßig schuldhafte Vertragspflichtverletzung** kann eine außerordentliche Kündigung aus wichtigem Grund an sich rechtfertigen. Dabei kann ein wichtiger Grund an sich nicht nur in einer erheblichen Verletzung der vertraglichen **Hauptleistungspflichten** liegen. Auch die erhebliche Verletzung von vertraglichen **Nebenpflichten**, insbesondere eine Verletzung der vertraglichen **Rücksichtnahmepflichten** gem. § 241 Abs. 2 BGB, die dem Schutz und der Förderung des Vertragszwecks dienen, kann ein wichtiger Grund an sich zur außerordentlichen Kündigung sein. Die vertragliche Rücksichtnahmepflicht verlangt von den Arbeitsvertragsparteien, gegenseitig auf die Rechtsgüter und die Interessen des jeweils anderen Rücksicht zu nehmen[9].

3. Konkrete Beeinträchtigung des Arbeitsverhältnisses

23 Nach der Rechtsprechung des BAG[10] ist ein Umstand nur dann geeignet, eine außerordentliche Kündigung zu rechtfertigen, wenn er sich konkret nachteilig auf das Arbeitsverhältnis auswirkt. Dies wird vor allem gesondert zu prüfen sein, wenn es um **außerdienstliches Verhalten** (zB regelmäßiger Besuch einer Spielbank, Diebstahl in der Freizeit) oder um **Meinungsäußerungen bzw. politische Betätigungen** geht (vgl. hierzu auch Teil 3 G Rz. 18, 43, 46). Fehlt es an der konkreten Beeinträchtigung, ist der Kündigungsgrund schon „an sich" ungeeignet und die Interessenabwägung nicht mehr erforderlich[11]. Die Fortsetzung des Arbeitsverhältnisses muss durch objektive

---

1 BAG 20.9.1984 – 2 AZR 633/82 u. 17.3.1988 – 2 AZR 576/87, AP Nr. 80, 99 zu § 626 BGB.
2 BAG 9.3.1995 – 2 AZR 497/94, AP Nr. 123 zu § 626 BGB.
3 BAG 9.1.1986 – 2 ABR 24/85, AP Nr. 20 zu § 626 BGB – Ausschlussfrist.
4 BAG 4.10.1990 – 2 AZR 201/90, AP Nr. 12 zu § 626 BGB – Druckkündigung.
5 BAG 17.2.1994 – 2 AZR 616/93, AP Nr. 116 zu § 626 BGB.
6 BAG 27.4.2006 – 2 AZR 386/05, NZA 2006, 977; 9.6.2011 – 2 AZR 323/10, NZA 2011, 1342; 7.7.2011 – 2 AZR 355/10, NZA 2011, 1412.
7 BAG 17.5.1984 – 2 AZR 3/83, AP Nr. 14 zu § 626 BGB – Verdacht strafbarer Handlung.
8 BAG 15.11.1984 – 2 AZR 613/83, AP Nr. 87 zu § 626 BGB.
9 BAG 2.3.2006 – 2 AZR 53/05, NZA-RR 2006, 636.
10 BAG 21.6.2001 – 2 AZR 325/00, NZA 2002, 1030; 20.9.1984 – 2 AZR 633/82, AP Nr. 80 zu § 626 BGB.
11 BAG 17.3.1988 – 2 AZR 576/87, AP Nr. 99 zu § 626 BGB.

Umstände wie das Verhalten im **Leistungsbereich**, im Bereich der **betrieblichen Verbundenheit aller Mitarbeiter** (Betriebsordnung, Betriebsfrieden), im **persönlichen Vertrauensbereich** oder im **Unternehmensbereich** (Betriebsgefährdung) beeinträchtigt sein[1]. Bei Verstößen gegen Pflichten aus einem **Aufsichtsratsmandat** (Verschwiegenheitspflicht) kommen zunächst die Sanktionen des Gesellschaftsrechts in Betracht; eine außerordentliche Kündigung ist nur zulässig, wenn zugleich eine arbeitsvertragliche Pflichtverletzung vorliegt und die Auswirkungen auf das Arbeitsverhältnis so schwer sind, dass jede weitere Zusammenarbeit mit dem betreffenden Arbeitnehmer unzumutbar erscheint[2]. – Auch **vor Beginn** des Arbeitsverhältnisses liegende Ereignisse oder Umstände können eine außerordentliche Kündigung rechtfertigen, sofern sie das Arbeitsverhältnis erheblich beeinträchtigen und dem Kündigenden nicht schon bei Vertragsschluss bekannt waren[3].

4. Interessenabwägung

Ist ein Kündigungsgrund „an sich" geeignet, bedarf es – auf der zweiten Stufe – der weiteren Prüfung, ob die **Fortsetzung des Arbeitsverhältnisses** unter Berücksichtigung der **konkreten Umstände des Einzelfalles** und der **Abwägung der Interessen** beider Vertragsteile **bis zum Ablauf der Kündigungsfrist zumutbar** ist oder nicht[4]. Das Beendigungsinteresse des Arbeitgebers muss das Bestandsinteresse des Arbeitnehmers überwiegen[5]. Dabei ist auf die Zumutbarkeit der **tatsächlichen Beschäftigung** abzustellen, so dass eine außerordentliche Kündigung nicht deswegen unwirksam ist, weil der Arbeitgeber den Arbeitnehmer unter Fortzahlung der Bezüge bis zum Ablauf der ordentlichen Kündigungsfrist oder der vereinbarten Beendigung hätte **freistellen** können[6]. Die **Freistellung des Arbeitnehmers** unter Fortzahlung der Bezüge stellt im Regelfall **kein milderes Mittel** gegenüber dem Ausspruch der fristlosen Kündigung dar; sie ist allerdings als einer der maßgeblichen Gesichtspunkte der Interessenabwägung zu berücksichtigen[7]. – Bei der **Zumutbarkeitsprüfung** der Kündigung **ordentlich unkündbarer Arbeitnehmer** ist auf die (fiktive) Kündigungsfrist abzustellen, die ohne den besonderen Kündigungsschutz bei einer ordentlichen Kündigung gelten würde[8] (nähere Einzelheiten unter Rz. 57f.). – Kommen **mehrere, verschiedenartige Gründe** in Betracht, ist zunächst eine Prüfung **jedes einzelnen Kündigungsgrundes** vorzunehmen. Ist danach ein wichtiger Grund nicht gegeben, ist zu prüfen, ob nicht die Kündigungsgründe in ihrer Gesamtheit das Arbeitsverhältnis unzumutbar belasten[9]. Als weitere **Umstände** sind bei **der Interessenabwägung** zu berücksichtigen die Dauer des Arbeitsverhältnisses und dessen beanstandungsfreier Bestand, das Maß der dem Arbeitgeber entstandenen Schädigung[10], der Grad des Schuldvorwurfs[11], Art und Auswirkungen der Störung des zu Kündigenden[12], das bisherige Verhalten des Arbeitnehmers[13] und die Wiederholungsgefahr[14]. So kann nach Auffassung des BAG eine **langjährig** (im konkreten Fall über drei Jahrzehnte) ohne rechtlich relevante Störungen **verlaufene Beschäftigung** zum Erwerb eines **hohen Maßes an Vertrauen** führen, wel-

---

1 BAG 17.3.1988 – 2 AZR 576/87, AP Nr. 99 zu § 626 BGB.
2 BAG 23.10.2008 – 2 ABR 59/07, NZA 2009, 855.
3 BAG 5.4.2001 – 2 AZR 159/00, NZA 2001, 954.
4 BAG 27.4.2006 – 2 AZR 386/05, NZA 2006, 977; 9.6.2011 – 2 AZR 381/10, NZA 2011, 1027.
5 BAG 27.4.2006 – 2 AZR 415/05, NZA 2006, 1033.
6 BAG 27.4.2006 – 2 AZR 386/05, NZA 2006, 977.
7 BAG 5.4.2001 – 2 AZR 217/00, NZA 2001, 837.
8 BAG 18.2.1993 – 2 AZR 526/92, AP Nr. 35 zu § 15 KSchG.
9 BAG 17.3.1988 – 2 AZR 576/87, AP Nr. 99 zu § 626 BGB.
10 BAG 27.4.2006 – 2 AZR 415/05, NZA 2006, 1033.
11 BAG 25.4.1991 – 2 AZR 624/90, AP Nr. 104 zu § 626 BGB.
12 BAG 17.3.1988 – 2 AZR 576/87, AP Nr. 99 zu § 626 BGB.
13 BAG 31.3.1993 – 2 AZR 492/92, AP Nr. 32 zu § 626 BGB – Ausschlussfrist.
14 BAG 26.3.1992 – 2 AZR 519/91, AP Nr. 23 zu § 626 BGB – Verdacht strafbarer Handlung.

ches auch durch ein – auf Sachen von geringem Wert bezogenes – Eigentums- und Vermögensdelikt nicht vollständig zerstört werde[1]. Die Berücksichtigung der Dauer des Arbeitsverhältnisses und seines störungsfreien Verlaufs bei der Interessenabwägung im Rahmen von § 626 Abs. 1 BGB verstößt nicht gegen das Gebot einer unionsrechtskonformen Auslegung des nationalen Rechts[2]. Die bei der Interessenabwägung zu berücksichtigenden Umstände können im einzelnen Fall zu dem Ergebnis führen, dass eine Abmahnung als milderes Mittel zur Wiederherstellung des für die Fortsetzung des Vertrags notwendigen Vertrauens in die Redlichkeit des Arbeitnehmers ausreichend ist[3]. Auch die persönlichen Verhältnisse des Gekündigten wie Unterhaltspflichten und Familienstand können von Bedeutung sein. Dies gilt insbesondere, wenn sie einen konkreten Bezug zum Kündigungsgrund haben[4]. Sie können aber auch im Einzelfall in den Hintergrund treten und im Extremfall völlig vernachlässigt werden[5].

5. Prognoseprinzip

25 Die Kündigung hat keinen **Straf- oder Sanktionscharakter** oder soll die Vergangenheit bereinigen, sondern ist ein Instrument zur Regulierung der Zukunft, also zur **Verhinderung künftiger Störungen**[6]. Sie stellt die Möglichkeit dar, sich von einem Dauerschuldverhältnis zu lösen, an dem man für die Zukunft zumutbar nicht festhalten kann[7]. Der Kündigungsgrund ist seiner Natur nach zukunftsbezogen[8]. Dies ergibt sich bereits aus § 626 BGB selbst, wonach die Fortsetzung des Arbeitsverhältnisses für den Kündigenden unzumutbar sein muss[9]. Außerdem kann die Kündigung nur für die Zukunft („ex nunc") und nicht in die Vergangenheit wirken. Es kommt also auf die **Auswirkungen des Kündigungsgrundes für die Zukunft** an. Die Kündigung ist nur dann gerechtfertigt, wenn die Prognose einen hohen Grad der Wahrscheinlichkeit künftiger Störungen des Arbeitsverhältnisses ergibt (**negative Prognose**)[10]. Dabei wirken sich die vergangenen Ereignisse entweder als negatives Indiz für die Zukunft aus, indem sie auf eine Wiederholungsgefahr schließen lassen, oder haben eine Dauerwirkung in die Zukunft[11]. Auf eine Wiederholungsgefahr kommt es bei schwerwiegenden Pflichtverletzungen, die zu einer bleibenden Störung des Vertrauensverhältnisses führen, nicht an[12]. Dagegen sind zurückliegende Ereignisse, die das Arbeitsverhältnis nicht mehr belasten, unerheblich, auch wenn sie zunächst schwerwiegend waren[13]. Die negative Prognose ist also Voraussetzung für die Auflösung des Arbeitsverhältnisses durch eine Kündigung[14].

26 Bezogen auf die negative Prognose kommt der **Abmahnung maßgebliche Bedeutung** zu: Die negative Prognose kann der Arbeitgeber nur damit begründen, in Zukunft sei mit weiteren Störungen zu rechnen. Regelmäßig liegen diese Voraussetzungen dann vor, wenn der Arbeitnehmer nach einer vorangegangenen Abmahnung ein bean-

---

1 BAG 10.6.2010 – 2 AZR 541/09, NZA 2010, 1227.
2 BAG 7.7.2011 – 2 AZR 355/10, NZA 2011, 1412.
3 BAG 25.10.2012 – 2 AZR 495/11, NZA 2013, 319.
4 BAG 2.3.1989 – 2 AZR 280/88, AP Nr. 101 zu § 626 BGB.
5 BAG 27.4.2006 – 2 AZR 415/05, NZA 2006, 1033.
6 BAG 19.4.2007 – 2 AZR 180/06, NZA-RR 2007, 571.
7 BVerfG 2.7.2001 – 1 BvR 2049/00, NZA 2001, 888.
8 BAG 9.1.1986 – 2 ABR 24/85, AP Nr. 20 zu § 626 BGB – Ausschlussfrist.
9 *Herschel*, Anm. zu BAG 29.11.1983 – 1 AZR 469/82, AP Nr. 78 zu § 626 BGB.
10 BAG 9.3.1995 – 2 AZR 497/94, AP Nr. 123 zu § 626 BGB; 9.1.1986 – 2 ABR 24/85, AP Nr. 20 zu § 626 BGB – Ausschlussfrist; *Herschel*, Anm. zu BAG 29.11.1983 – 1 AZR 469/82, AP Nr. 78 zu § 626 BGB.
11 *Herschel*, Anm. zu BAG 29.11.1983 – 1 AZR 469/82, AP Nr. 78 zu § 626 BGB.
12 BAG 5.4.2001 – 2 AZR 159/00, NZA 2001, 954.
13 BAG 9.1.1986 – 2 ABR 24/85, AP Nr. 20 zu § 626 BGB – Ausschlussfrist.
14 BAG 4.10.1990 – 2 AZR 201/90, AP Nr. 12 zu § 626 BGB – Druckkündigung.

standetes Verhalten weiter fortsetzt. Die Abmahnung dient der Objektivierung der negativen Prognose[1]. Beruht die Vertragspflichtverletzung auf steuerbarem Verhalten des Arbeitnehmers, ist grundsätzlich davon auszugehen, dass sein künftiges Verhalten schon durch die Androhung von Folgen für den Bestand des Arbeitsverhältnisses positiv beeinflusst werden kann. Einer Abmahnung bedarf es nach Maßgabe des auch in § 314 Abs. 2 iVm. § 323 Abs. 2 BGB zum Ausdruck kommenden Verhältnismäßigkeitsgrundsatzes nur dann nicht, wenn bereits ex ante erkennbar ist, dass eine Verhaltensänderung in Zukunft auch nach Abmahnung nicht zu erwarten steht, oder es sich um eine so schwere Pflichtverletzung handelt, dass selbst deren erstmalige Hinnahme dem Arbeitgeber nach objektiven Maßstäben unzumutbar und damit offensichtlich – auch für den Arbeitnehmer erkennbar – ausgeschlossen ist[2].

6. Verhältnismäßigkeit (Ultima-ratio-Prinzip)

Nach dem Grundsatz der Verhältnismäßigkeit, unter dem jede Kündigung steht, kommt eine außerordentliche Kündigung, und zwar gleichgültig, auf welche Gründe sie gestützt wird, erst in Betracht, wenn **kein milderes Mittel** zur Verfügung steht, sie also die **unausweichlich letzte Maßnahme** (ultima ratio) ist. Als mildere Mittel werden angesehen die Abmahnung[3], die Versetzung, die Umsetzung, die außerordentliche Änderungskündigung wie die ordentliche Kündigung. Besteht die Möglichkeit einer **zumutbaren anderweitigen Beschäftigung** auf einem **freien Arbeitsplatz**, unter Umständen auch zu ungünstigeren Bedingungen, muss der **Arbeitgeber** bei Vorliegen einer solchen Möglichkeit die Weiterbeschäftigung **von sich aus anbieten**[4]. Die Möglichkeit der Versetzung (oder der Änderungskündigung) ist regelmäßig nur bei **arbeitsplatzbezogenen**, dagegen nicht bei arbeitsplatzunabhängigen **Kündigungsgründen** zu prüfen[5]. 27

7. Verschulden

Die außerordentliche Kündigung erfordert als solche nicht zwingend **ein Verschulden** des Arbeitnehmers. Anders ist dies bei einer außerordentlichen Kündigung aus einem **verhaltensbedingten** Grund. Diese erfordert in der Regel, dass der Gekündigte die Pflichtverletzung auch rechtswidrig und schuldhaft begangen hat, was zu verneinen ist, wenn der Arbeitnehmer sich in einem unverschuldeten Rechtsirrtum befunden hat[6]. Unter besonderen Umständen genügt bei einer verhaltensbedingten Kündigung auch eine **schuldlose Pflichtverletzung**, wenn hiermit eine **nachhaltige Störung der betrieblichen Ordnung oder der Sicherheit des Betriebes** verbunden ist[7]. Im Übrigen spielt der Grad des Schuldvorwurfs eine Rolle bei der **Interessenabwägung** (vgl. Rz. 24) und der **Prognose für die Zukunft** des Arbeitsverhältnisses[8] (vgl. Rz. 25). 28

Besonderheiten im Hinblick auf Rechtsirrtum und Verschulden gelten bei **beharrlicher Arbeitsverweigerung**. In solchen Fällen ist die **objektive Rechtslage maßgebend**. Der Arbeitnehmer kann sich einem vertragsgemäßen Verlangen des Arbeit- 28a

---

1 BAG 19.4.2007 – 2 AZR 180/06, NZA-RR 2007, 571; *Preis*, NZA 1997, 1073 (1077).
2 BAG 9.6.2011 – 2 AZR 284/10, DB 2011, 2724; 24.3.2011 – 2 AZR 282/10, NZA 2011, 1029; 31.5.2007 – 2 AZR 200/06, AP Nr. 57 zu § 1 KSchG 1969 – Verhaltensbedingte Kündigung; 12.1.2006 – 2 AZR 179/05, AP Nr. 54 zu § 1 KSchG 1969 – Verhaltensbedingte Kündigung.
3 BAG 17.2.1994 – 2 AZR 616/93, AP Nr. 116 zu § 626 BGB; 13.9.1995 – 2 AZR 587/94, AP Nr. 25 zu § 626 BGB – Verdacht strafbarer Handlung.
4 BAG 4.10.1990 – 2 AZR 201/90, AP Nr. 12 zu § 626 BGB – Druckkündigung; 30.4.1987 – 2 AZR 283/86, AP Nr. 19 zu § 626 BGB – Verdacht strafbarer Handlung.
5 BAG 8.6.2000 – 2 AZR 638/99, NZA 2000, 1282, unter B III 1 d. Gr.
6 BAG 17.5.1984 – 2 AZR 3/83, AP Nr. 14 zu § 626 BGB – Verdacht strafbarer Handlung.
7 BAG 21.1.1999 – 2 AZR 665/98, NZA 1999, 863.
8 Staudinger/*Preis*, § 626 BGB Rz. 64.

gebers nicht dadurch – vorläufig – entziehen, dass er ein gerichtliches Verfahren zur Klärung der umstrittenen Frage einleitet. Verweigert der Arbeitnehmer die geschuldete Arbeitsleistung in der Annahme, er handele rechtmäßig, hat grundsätzlich **er selbst das Risiko zu tragen**, dass sich seine Rechtsauffassung als fehlerhaft erweist. Unverschuldet ist sein Rechtsirrtum nur, wenn er mit einem Unterliegen im Rechtsstreit nicht zu rechnen brauchte. Der Umstand, dass der Arbeitnehmer sich seine eigene Rechtsauffassung nach sorgfältiger Prüfung und sachgemäßer Beratung gebildet hat, schließt nicht bereits ein Verschulden aus[1].

8. Verhältnis zur ordentlichen Kündigung

29   Zwischen außerordentlicher und ordentlicher Kündigung besteht ein **Stufenverhältnis:** Ist ein bestimmter Sachverhalt schon nicht geeignet, eine ordentliche Kündigung zu begründen, kommt eine außerordentliche Kündigung erst recht nicht in Betracht. Umgekehrt ist jeder außerordentliche gleichzeitig als ordentlicher Kündigungsgrund geeignet[2]. Eine außerordentliche Kündigung kommt danach erst in Betracht, wenn der Kündigungssachverhalt ein solches Gewicht aufweist, dass ausnahmsweise auch eine sofortige Beendigung des Arbeitsverhältnisses gerechtfertigt ist[3]. Im Übrigen ist die ordentliche Kündigung gegenüber der außerordentlichen Kündigung die **mildere Maßnahme**[4].

30   Im Rahmen der Prüfung des wichtigen Grundes lehnt sich das BAG an die **Dreiteilung der Kündigungsgründe** in § 1 KSchG an: So stellt das BAG zur betriebs- sowie personenbedingten Kündigung fest, dass diese nur ganz ausnahmsweise geeignet sind, eine außerordentliche Kündigung zu rechtfertigen[5] (vgl. Rz. 58, 60). Ebenso wendet es bei der krankheitsbedingten außerordentlichen Kündigung dieselben Grundsätze an wie bei der ordentlichen[6]. In den meisten Fällen erfolgt die außerordentliche Kündigung ohnehin aus verhaltensbedingten Gründen.

9. Beteiligung von Betriebs- und Personalrat

30a   Vor Ausspruch einer außerordentlichen Kündigung ist gem. § 102 BetrVG ein beim Arbeitgeber gebildeter Betriebsrat zu hören bzw. im öffentlichen Dienst der Personalrat nach den jeweils einschlägigen Bundes- oder Landespersonalvertretungsgesetzen zu beteiligen. Der Betriebsrat hat Bedenken gegen eine außerordentliche Kündigung gem. § 102 Abs. 2 Satz 3 BetrVG dem Arbeitgeber innerhalb von **drei Tagen** mitzuteilen. Die Ausschlussfrist des § 626 Abs. 2 BGB wird **nicht** um die Anhörungsfrist von drei Tagen verlängert[7]. Im Falle einer außerordentlichen Kündigung **mit Auslauffrist** gegenüber einem tariflich unkündbaren Arbeitnehmer steht dem Betriebsrat **eine Woche** zur Stellungnahme gem. § 102 Abs. 2 Satz 1 BetrVG zur Verfügung[8]. Vor Ablauf der Anhörungsfrist kann eine außerordentliche Kündigung nur wirksam erfolgen, wenn der Betriebsrat zuvor eine **abschließende Stellungnahme** abgegeben hat. Eine

---

[1] BAG 29.8.2013 – 2 AZR 273/12, NZA 2014, 533.
[2] Staudinger/*Preis*, § 626 BGB Rz. 6; *Preis*, Prinzipien des Kündigungsrechts, S. 482.
[3] Staudinger/*Preis*, § 626 BGB Rz. 56.
[4] BAG 19.4.2007 – 2 AZR 180/06, NZA-RR 2007, 571.
[5] BAG 28.3.1985 – 2 AZR 113/84, AP Nr. 86 zu § 626 BGB (zur außerordentlichen betriebsbedingten Kündigung); 9.9.1992 – 2 AZR 190/92 u. 12.7.1995 – 2 AZR 762/94, AP Nr. 3, 7 zu § 626 BGB – Krankheit; 18.2.1993 – 2 AZR 526/92, AP Nr. 35 zu § 15 KSchG (zur außerordentlichen Kündigung wegen Krankheit).
[6] BAG 9.9.1992 – 2 AZR 190/92, AP Nr. 3 zu § 626 BGB – Krankheit.
[7] BAG 18.8.1977 – 2 ABR 19/77, AP Nr. 10 zu § 103 BetrVG 1972.
[8] BAG 12.1.2006 – 2 AZR 242/05, AP Nr. 13 zu § 626 BGB – Krankheit.

solche abschließende Stellungnahme liegt nicht vor, wenn ein Betriebsratsmitglied lediglich „sinngemäß äußert", dass es „seitens des Betriebsrates" gegen die Kündigung keine Bedenken habe[1].

Hört der Arbeitgeber den Betriebsrat lediglich zum beabsichtigten Ausspruch einer außerordentlichen Kündigung an, nicht aber zu einer ordentlichen, kann die außerordentliche Kündigung später **grundsätzlich nicht** wirksam in eine ordentliche **umgedeutet** werden. **Stimmt** jedoch der Betriebsrat der **außerordentlichen Kündigung ausdrücklich und vorbehaltlos zu** und ist auch aus den sonstigen Umständen nicht erkennbar, dass er einer umgedeuteten ordentlichen Kündigung entgegengetreten wäre, so scheitert eine Umdeutung nicht an der fehlenden Beteiligung des Betriebsrates zur ordentlichen Kündigung[2]. Die gleichen Grundsätze gelten, wenn der Personalrat eines Arbeitgebers des öffentlichen Dienstes einer außerordentlichen Kündigung vorbehaltlos zustimmt. Selbst dann, wenn der Personalrat nach dem einschlägigen Landespersonalvertretungsgesetz zu einer außerordentlichen Kündigung nur anzuhören ist, bei einer ordentlichen Kündigung hingegen ein echtes Mitbestimmungsrecht hat, steht dies der beschriebenen Umdeutung nach Auffassung des BAG nicht entgegen[3]. 30b

VI. Besondere Arten der außerordentlichen Kündigung

1. Verdachtskündigung

In der Rechtsprechung des BAG ist seit Langem anerkannt, dass nicht nur eine erwiesene Verletzungshandlung, sondern auch bereits der schwerwiegende **Verdacht**, eine **Vertragsverletzung oder strafbare Handlung** begangen zu haben, einen wichtigen Grund für eine außerordentliche Kündigung des verdächtigen Arbeitnehmers darstellen kann[4]. Trotz einiger dagegen in der Literatur geäußerter Bedenken[5] hält das BAG mit Unterstützung der hM in der Literatur[6] hieran mit der Begründung fest, das Arbeitsverhältnis setze ein gewisses gegenseitiges Vertrauen voraus, dessen Verlust daher einen wichtigen Grund iSv. § 626 BGB darstellen könne[7]. Art. 6 Abs. 2 der Europäischen Menschenrechtskonvention steht der Zulässigkeit einer Verdachtskündigung nach Auffassung des BAG nicht im Wege[8]. Wegen des Risikos, dass einem Unschuldigen gekündigt werde, stellt das BAG an die Rechtmäßigkeit der Verdachtskündigung hohe Anforderungen[9]. Eine Verdachtskündigung ist sozial gerechtfertigt, wenn sich starke Verdachtsmomente auf objektive Tatsachen gründen, die Verdachtsmomente geeignet sind, das für die Fortsetzung des Arbeitsverhältnisses erforderliche Vertrauen zu zerstören und der Arbeitgeber die zumutbaren Maßnahmen ergriffen hat, um den Sachverhalt aufzuklären, insbesondere dem Arbeitnehmer Gelegenheit zur Stellungnahme gegeben hat[10]. 31

---

1 BAG 3.4.2008 – 2 AZR 965/06, NZA 2008, 807.
2 BAG 16.3.1978 – 2 AZR 424/76, AP Nr. 15 zu § 102 BetrVG 1972; 20.9.1984 – 2 AZR 633/82, NZA 1985, 286.
3 BAG 23.10.2008 – 2 AZR 388/07, AP Nr. 217 zu § 626 BGB.
4 BAG 10.2.2005 – 2 AZR 189/04, NZA 2005, 1056.
5 *Schütte*, NZA Beilage 2/1991, 17; APS/*Dörner/Vossen*, § 626 BGB Rz. 374 ff.
6 ErfK/*Müller-Glöge*, § 626 BGB Rz. 173 mwN; *Busch*, MDR 1995, 217; *Lücke*, BB 1997, 1842; aA APS/*Dörner/Vossen*, § 626 BGB Rz. 374 ff.
7 BAG 5.4.2001 – 2 AZR 217/00, NZA 2001, 837.
8 BAG 6.12.2001 – 2 AZR 496/00, NZA 2002, 847.
9 BAG 18.11.1999 – 2 AZR 852/98, NZA 2000, 381; 13.9.1995 – 2 AZR 587/94, AP Nr. 25 zu § 626 BGB – Verdacht strafbarer Handlung.
10 BAG 6.9.2007 – 2 AZR 264/06, NZA 2008, 636; 27.11.2008 – 2 AZR 98/07, NZA 2009, 604.

a) Begriff

32 Eine Verdachtskündigung ist gegeben, wenn und soweit der Arbeitgeber seine Kündigung damit begründet, gerade der **Verdacht eines nicht erwiesenen** oder vom Arbeitgeber nicht für sicher gehaltenen **Verhaltens** habe das für die Fortsetzung des Arbeitsverhältnisses erforderliche Vertrauen zerstört[1]. Eine Verdachtskündigung liegt daher **nicht** vor, wenn der Arbeitgeber das strafbare oder vertragswidrige **Verhalten als sicher hinstellt** und mit dieser Begründung die Kündigung erklärt, obwohl er nur einen Verdacht hat[2]. Der bloße Verdacht einer strafbaren Handlung ist gegenüber dem Vorwurf, die Tat begangen zu haben, ein **eigenständiger Kündigungsgrund**, der in dem Tatvorwurf nicht enthalten ist[3]. Die Verdachtskündigung ist kein Unterfall der Tatkündigung (zu dem Umstand, dass sie dennoch nicht beziehungslos nebeneinander stehen, s. nachfolgend Rz. 33 aE).

33 Hieraus folgt, dass ein Gericht die Kündigung nur dann unter dem Gesichtspunkt der Verdachtskündigung beurteilen darf, wenn die **Kündigung gerade auf den Verdacht gestützt** wird[4]. Dies kann allerdings auch **hilfsweise** und – **durch Nachschieben** – sowohl nach Auspruch der Kündigung wie auch noch im Prozess (in den Tatsacheninstanzen) geschehen[5]. Der Verdacht kann als Kündigungsgrund **nicht nachgeschoben** werden, wenn der Arbeitgeber vor Ausspruch der Kündigung keine hinreichende Aufklärung betrieben, insbesondere nicht den Arbeitnehmer zum Tatvorwurf angehört hat. Ebenfalls ist ein Nachschieben nicht zulässig, wenn der Arbeitgeber dem **Betriebsrat nicht** bereits im Rahmen des Anhörungsverfahrens **mitgeteilt** hat, (auch) wegen des Verdachts einer schwerwiegenden Pflichtwidrigkeit kündigen zu wollen[6]. Die Kündigung kann ferner, und zwar **gleichzeitig**, sowohl **auf die Begehung wie auf den Verdacht einer Straftat** gestützt werden[7]. Wurde die Verdachtskündigung rechtskräftig für unwirksam erklärt, kann der Arbeitgeber noch wegen der Tatbegehung kündigen, wenn sich aufgrund weiterer Umstände, zB durch Strafurteil, herausstellt, dass der Arbeitnehmer die Straftat tatsächlich begangen hat[8] (zur Problematik der Zwei-Wochen-Frist in diesen Fällen vgl. Rz. 83). Die Kündigungsgründe des Verdachts und des Vorwurfs einer Pflichtwidrigkeit stehen nicht beziehungslos nebeneinander. Wird daher die Kündigung nur mit dem Verdacht begründet, steht jedoch die Pflichtwidrigkeit zur Überzeugung des Gerichts fest, hat der Tatsachenrichter stets zu prüfen, ob die nachgewiesene Pflichtwidrigkeit als wichtiger Grund anzuerkennen ist, auch ohne dass der Arbeitgeber die Tatkündigung ausdrücklich nachschiebt[9]. Es ist auch nicht erforderlich, dass der Arbeitgeber sich während des Prozesses darauf berufen hat, er stütze die Kündigung auch auf die erwiesene Tat[10]. Hat der Arbeitgeber den Betriebsrat lediglich zu einer beabsichtigten Verdachtskündigung angehört, schließt dies die Anerkennung einer nachgewiesenen Pflichtwidrigkeit als Kündigungsgrund dann nicht aus, wenn dem Betriebsrat alle Tatsachen mitgeteilt worden sind, die – ggf. auch im Rahmen eines zulässigen Nachschiebens von Kündigungsgründen – nicht nur den Verdacht, sondern den Tatvorwurf selbst begründen[11].

---

1 BAG 5.4.2001 – 2 AZR 217/00, NZA 2001, 837 mwN.
2 BAG 3.4.1986 – 2 AZR 324/85, AP Nr. 18 zu § 626 BGB – Verdacht strafbarer Handlung.
3 BAG 6.11.2003 – 2 AZR 613/02, NZA 2004, 919; 23.4.2008 – 2 ABR 71/07, NZA 2008, 1081.
4 BAG 8.6.2000 – 2 ABR 1/00, NZA 2000, 91.
5 BAG 26.3.1992 – 2 AZR 519/91, AP Nr. 23 zu § 626 BGB – Verdacht strafbarer Handlung.
6 BAG 3.4.1986 – 2 AZR 324/85, AP Nr. 18 zu § 626 BGB – Verdacht strafbarer Handlung.
7 BAG 30.4.1987 – 2 AZR 283/86, AP Nr. 19 zu § 626 BGB – Verdacht strafbarer Handlung.
8 BAG 29.7.1993 – 2 AZR 90/93, AP Nr. 31 zu § 626 BGB – Ausschlussfrist.
9 BAG 3.7.2003 – 2 AZR 437/02, NZA 2004, 307; 23.6.2009 – 2 AZR 474/07, NZA 2009, 1136.
10 BAG 27.1.2011 – 2 AZR 825/09, NZA 2011, 798.
11 BAG 23.6.2009 – 2 AZR 474/07, NZA 2009, 1136.

Die Verdachtskündigung kommt nicht nur beim **Verdacht einer Straftat mit Bezug zum Arbeitsverhältnis**, sondern auch beim Verdacht einer **schweren Pflichtverletzung** in Betracht[1]. Als schwere Pflichtverletzungen können zB angesehen werden[2]:

- unsittliche Annäherung an Patienten;
- Manipulationen der Stempeluhr;
- Privateinkäufe eines Buchhalters über die Firma;
- Vortäuschen einer Krankheit.

33a

Die Verdachtskündigung ist nicht nur als außerordentliche Kündigung möglich, wenn die besonderen Voraussetzungen des § 626 BGB vorliegen, sondern auch **als ordentliche Kündigung**[3]. Eine ordentliche Verdachtskündigung ist insbesondere in Betracht zu ziehen, wenn die Zwei-Wochen-Frist des § 626 Abs. 2 BGB versäumt wurde. Jedoch ist eine Verdachtskündigung auch als ordentliche Kündigung sozial nur gerechtfertigt, wenn Tatsachen vorliegen, die zugleich eine außerordentliche, fristlose Kündigung gerechtfertigt hätten. Ist der Arbeitnehmer hingegen eines Verhaltens verdächtig, das selbst als erwiesenes nur eine ordentliche Kündigung zu stützen vermöchte, so ist dem Arbeitgeber die Fortsetzung des Arbeitsverhältnisses deshalb trotz des entsprechenden Verdachts zuzumuten[4].

33b

b) Voraussetzungen

aa) Objektiver Tatverdacht

§ 626 Abs. 1 BGB lässt im Fall des Verdachts einer Straftat oder einer Vertragspflichtverletzung eine außerordentliche Kündigung zu, wenn **im Zeitpunkt der Kündigung objektive (Indiz-)Tatsachen** vorliegen, die **starke Verdachtsmomente begründen**. Die subjektive Ansicht des kündigenden Arbeitgebers ist unbeachtlich. Maßgebend ist die Frage, ob die vom Arbeitgeber zur Begründung des Verdachts vorgetragenen Tatsachen den Verdacht rechtfertigen (Rechtsfrage, Schlüssigkeit des Vortrags) und, falls ja, ob sie zutreffen (Tatsachenfrage, Beweiserhebung und -würdigung). Bloße, auf mehr oder weniger haltbare Vermutungen gestützte Verdächtigungen des Arbeitgebers reichen nicht aus. Der Verdacht muss vielmehr auf **konkrete Tatsachen** gestützt sein. Er muss sich aus Umständen ergeben, die einen verständigen und gerecht abwägenden Arbeitgeber zum Ausspruch der Kündigung veranlassen können[5]. Die Tatsachen müssen ferner geeignet sein, das zur Fortsetzung des Arbeitsverhältnisses notwendige **Vertrauen des Arbeitgebers** in die Rechtschaffenheit des Arbeitnehmers zu erschüttern, zu zerstören oder auf andere Weise eine **unzumutbare Belastung des Arbeitsverhältnisses** darzustellen[6]. Dabei ist auch der Verdacht als solcher hinsichtlich seiner Dringlichkeit und seiner Auswirkung auf das Arbeitsverhältnis mit in die Betrachtung einzubeziehen[7].

34

bb) Dringender, schwerwiegender Verdacht

Der Verdacht muss **dringend** sein, dh. die Tatsachen, auf die der Verdacht gestützt wird, müssen mit großer Wahrscheinlichkeit darauf hinweisen, dass der Arbeitnehmer die vorgeworfene Pflichtwidrigkeit bzw. Straftat begangen hat. An die Darlegung

34a

---

1 BAG 12.8.1999 – 2 AZR 923/98, NZA 2000, 421; 21.6.2012 – 2 AZR 694/11, NZA 2013, 199.
2 Vgl. die Rechtsprechungshinweise bei *Busch*, MDR 1995, 217.
3 BAG 3.7.2003 – 2 AZR 437/02, NZA 2004, 307; ErfK/*Müller-Glöge*, § 626 BGB Rz. 173; aA *Belling*, RdA 1996, 234.
4 BAG 21.11.2013 – 2 AZR 797/11, NZA 2014, 243.
5 BAG 10.2.2005 – 2 AZR 189/04, NZA 2005, 1056.
6 BAG 5.4.2001 – 2 AZR 217/00, NZA 2001, 837.
7 BAG 3.4.1986 – 2 AZR 324/85, AP Nr. 18 zu § 626 BGB – Verdacht strafbarer Handlung.

und Qualität der schwerwiegenden Verdachtsmomente sind besonders strenge Anforderungen zu stellen, weil immer die Gefahr besteht, dass Unschuldige betroffen sind. Allein die Einleitung eines **staatsanwaltlichen Ermittlungsverfahrens** und eine richterliche **Durchsuchungsanordnung** begründen noch keinen dringenden Tatverdacht[1]. Der dringende Verdacht darf sich nicht nur auf den **objektiven Tatbestand** beziehen, sondern es müssen auch dringende Verdachtsmomente bzgl. des **Verschuldens** vorliegen[2]. Der wegen eines dringenden Tatverdachts kündigende Arbeitgeber hat bestimmte Tatsachen darzulegen, die unmittelbar als solche den Schluss zulassen, der Arbeitnehmer sei eines bestimmten, die Kündigung rechtfertigenden, Verhaltens dringend verdächtig. Zu diesem Zweck ist es ihm zwar unbenommen, sich Ermittlungsergebnisse der Strafverfolgungsbehörden zu eigen zu machen und sie im Prozess – zumindest durch Bezugnahme – als eigene Behauptungen vorzutragen. Es genügt aber nicht, anstelle von unmittelbar verdachtsbegründenden Tatsachen lediglich den Umstand vorzutragen, auch die Strafverfolgungsbehörden gingen von einem Tatverdacht aus[3].

cc) Erhebliches Fehlverhalten

34b Der Verdacht muss eine **Verletzungshandlung** des Arbeitnehmers betreffen, die als solche – **im Fall ihres Begehens** – als **wichtiger Grund** für eine außerordentliche Kündigung geeignet ist[4]. Dass die zuständige Staatsanwaltschaft ein gegen den Arbeitnehmer eingeleitetes **Ermittlungsverfahren** nach § 170 Abs. 2 Satz 1 StPO **eingestellt hat**, steht der Wirksamkeit einer Verdachtskündigung nicht entgegen. Diese hängt nicht ab von der strafrechtlichen Würdigung, sondern ausschließlich von der Beeinträchtigung des für das Arbeitsverhältnis erforderlichen Vertrauens durch den Verdacht[5].

dd) Aufklärung/Anhörung

35 Der Arbeitgeber muss **alle zumutbaren Anstrengungen zur Aufklärung des Sachverhalts** unternommen, insbesondere dem Arbeitnehmer Gelegenheit zur Stellungnahme gegeben haben[6]. Ferner haben die Arbeitsgerichte entlastendem Vorbringen des Arbeitnehmers im Prozess durch vollständige Aufklärung des Sachverhalts nachzugehen[7]. Solange zumutbare Aufklärungsmaßnahmen die Unschuld des Verdächtigten und dessen Vertrauenswürdigkeit ergeben können, ist die Kündigung nicht letztes Mittel[8]. Die **vorherige Anhörung des Arbeitnehmers** ist **formelle Wirksamkeitsvoraussetzung** der Verdachtskündigung[9]. Eine nach Ausspruch der Kündigung erfolgte Anhörung kann die Kündigung nicht heilen[10]. Der Arbeitnehmer soll durch die vorherige Anhörung die Möglichkeit erhalten, die Verdachtsgründe bzw. Verdachtsmomente zu beseitigen bzw. zu entkräften und ggf. Entlastungstatsachen geltend zu machen[11]. Dies erfordert es jedoch nicht, dass der Arbeitgeber dem betroffenen Arbeitnehmer **Belastungszeugen** gegenüberstellt[12] oder ihm Gelegenheit geben

---

1 BAG 29.11.2007 – 2 AZR 724/06, ArbRB 2008, 136.
2 *Schütte*, NZA Beilage 2/1991, 17.
3 BAG 25.10.2012 – 2 AZR 700/11, NZA 2013, 371.
4 BAG 23.2.1961 – 2 AZR 187/59, AP Nr. 9 zu § 626 BGB – Verdacht strafbarer Handlung.
5 BAG 5.4.2001 – 2 AZR 217/00, NZA 2001, 837.
6 BAG 3.4.1986 – 2 AZR 324/85, 30.4.1987 – 2 AZR 283/86, 26.3.1992 – 2 AZR 519/91 u. 14.9.1994 – 2 AZR 164/94, AP Nr. 18, 19, 23, 24 zu § 626 BGB – Verdacht strafbarer Handlung.
7 BAG 18.11.1999 – 2 AZR 743/98, NZA 2000, 418.
8 *Fischermeier*, FS ARGE Arbeitsrecht im DAV, S. 275 (282).
9 BAG 30.4.1987 – 2 AZR 283/86 u. 13.9.1995 – 2 AZR 587/94, AP Nr. 19, 25 zu § 626 BGB – Verdacht strafbarer Handlung mwN.
10 *Fischer*, BB 2003, 522.
11 BAG 13.9.1995 – 2 AZR 587/94, AP Nr. 25 zu § 626 BGB – Verdacht strafbarer Handlung.
12 BAG 18.9.1997 – 2 AZR 36/97, AP Nr. 138 zu § 626 BGB.

muss, an deren Befragungen teilzunehmen[1]. Der Arbeitnehmer muss Gelegenheit erhalten, zu dem Verdacht **qualifiziert Stellung zu nehmen** und so zur Aufhellung der für den Arbeitgeber im Dunkeln liegenden Geschehnisse beizutragen. Dass die Anhörung des Arbeitnehmers erst nach Abschluss der sonstigen Aufklärungsbemühungen erfolgt, ist nicht erforderlich. Auch muss die Anhörung des Arbeitnehmers nicht den Anforderungen einer Anhörung des Betriebsrats gem. § 102 BetrVG entsprechen. Der **Sachverhalt muss** soweit **konkretisiert sein**, dass sich der Arbeitnehmer substantiiert einlassen kann. Es reicht dementsprechend nicht aus, wenn der Arbeitgeber den Arbeitnehmer im Rahmen einer Anhörung zu einer Verdachtskündigung lediglich mit einer allgemein gehaltenen Wertung konfrontiert. Der Arbeitnehmer muss die Möglichkeit haben, bestimmte zeitlich und räumlich eingegrenzte Tatsachen zu bestreiten oder den Verdacht entkräftende Tatsachen zu bezeichnen[2]. Auch darf der Arbeitgeber keine wesentlichen Erkenntnisse vorenthalten, die er im Anhörungszeitpunkt bereits gewonnen hat, andernfalls ist der Arbeitgeber hiermit im Prozess ausgeschlossen. Der Arbeitgeber kann die **Anhörung schriftlich wie mündlich** durchführen. Wünscht der Arbeitgeber eine mündliche Stellungnahme, kann der Arbeitnehmer sich trotzdem schriftlich äußern. Gleiches gilt im umgekehrten Fall[3]. Der Arbeitnehmer kann ein Betriebsratsmitglied zur Anhörung hinzuziehen; der Arbeitgeber muss den Arbeitnehmer hierauf jedoch nicht hinweisen. Die Teilnahme eines Betriebsratsmitglieds kann die Anhörung nach § 102 BetrVG nicht ersetzen, da das Betriebsratsmitglied auch gegenüber den anderen Mitgliedern zum Stillschweigen verpflichtet ist[4]. Kennt der Arbeitnehmer die gegen ihn erhobenen Vorwürfe einschließlich der den Verdacht begründenden Indiztatsachen, bedarf es insoweit keiner weiteren Einzelbefragung. Vielmehr genügt es, dem Arbeitnehmer Gelegenheit zum Vorbringen entlastender Gesichtspunkte zu geben[5].

Verletzt der **Arbeitgeber** die aus der Aufklärungspflicht resultierende **Anhörungspflicht schuldhaft**, kann er sich im Prozess **nicht** auf den **Verdacht** einer strafbaren Handlung bzw. eines pflichtwidrigen Verhaltens des Arbeitnehmers berufen, dh. die hierauf gestützte **Kündigung** ist **unwirksam**. Unerheblich ist, dass die Anhörung des Arbeitnehmers objektiv zu keinem anderen Ergebnis geführt hätte oder die Möglichkeit ausgeschlossen ist, dass sie für den Arbeitgeber neue, den Arbeitnehmer entlastende Momente ergeben hätte[6]. Unterbleibt die Anhörung, weil der Arbeitnehmer **von vornherein nicht bereit** war, sich auf die gegen ihn erhobenen Vorwürfe einzulassen und nach seinen Kräften an der Aufklärung mitzuwirken, steht dies der **Wirksamkeit der Verdachtskündigung** nicht entgegen, weil **keine schuldhafte Verletzung** der Anhörungspflicht vorliegt[7]. Eine solche Anhörung wäre **überflüssig**. Sie könnte zur Aufklärung des Sachverhalts und zur Willensbildung des Arbeitgebers nichts beitragen[8]. Gleiches gilt, wenn der Arbeitnehmer die Vorwürfe **pauschal bestreitet**. Die Anhörung ist nicht dazu bestimmt, als verfahrensrechtliche Erschwernis die Aufklärung zu verzögern und die Wahrheit zu verdunkeln[9]. Den Arbeitnehmer trifft keine arbeitsvertragliche Nebenpflicht[10], aber eine Obliegenheit zur Mitwirkung. Die Ablehnung des Arbeitnehmers, an der Aufklärung mitzuwirken, kann sich auch indiziell aus dessen späterem Verhalten – nach Ausspruch der Kündigung oder im Prozess – ergeben[11].

36

---

1 BAG 27.11.2008 – 2 AZR 98/07, NZA 2009, 604.
2 BAG 13.3.2008 – 2 AZR 961/06, NZA 2008, 809.
3 *Fischer*, BB 2003, 522.
4 *Sasse/Freihube*, ArbRB 2006, 15 (16).
5 BAG 28.11.2007 – 5 AZR 952/06, NZA-RR 2008, 344.
6 BAG 13.9.1995 – 2 AZR 587/94, AP Nr. 25 zu § 626 BGB – Verdacht strafbarer Handlung.
7 BAG 13.3.2008 – 2 AZR 961/06, NZA 2008, 809.
8 BAG 20.3.2014 – 2 AZR 1037/12, NZA 2014, 1015.
9 BAG 13.3.2008 – 2 AZR 961/06, NZA 2008, 809.
10 BAG 23.10.2008 – 2 AZR 483/07, NZA-RR 2009, 362.
11 BAG 30.4.1987 – 2 AZR 283/86, AP Nr. 19 zu § 626 BGB – Verdacht strafbarer Handlung.

Der Verstoß gegen die Mitwirkungspflicht kann auch zu einer Verstärkung der Verdachtsmomente führen, weil hierdurch das Vertrauensverhältnis weiter erschüttert wird mit der Folge, dass der Vertrauensverlust zur eigenständigen Kündigung berechtigt[1]. Einen eigenständigen Kündigungsgrund bildet die fehlende Mitwirkung des Arbeitnehmers an der Aufklärung eines gegen ihn gerichteten Verdachts aber nicht. Der Arbeitnehmer muss sich weder selbst belasten, noch kann er gezwungen werden, dem Arbeitgeber Tatsachenmaterial zu liefern, um dessen Kündigung „schlüssig" zu machen[2]. Der Arbeitnehmer ist nicht gehindert, ihn **entlastende Hinweise erst im Prozess** vorzubringen[3]. Fordert der Arbeitgeber den Arbeitnehmer zu einem **Gespräch** auf, **ohne** den **Grund** hierfür **mitzuteilen** und erscheint der Arbeitnehmer daraufhin nicht, hat der Arbeitgeber der Anhörungspflicht nicht genügt[4]. Dies gilt ebenso, wenn die **Anhörung unter** für den Arbeitnehmer **unzumutbaren Umständen** (zB in Anwesenheit von Kunden) erfolgt[5]. Ein Unterlassen der Anhörung kann hingegen unschädlich sein, wenn der Arbeitgeber dem Arbeitnehmer – im Rahmen des Zumutbaren – **Gelegenheit zur Stellungnahme** gegeben, und dieser sich innerhalb der gesetzten – **angemessenen** – Frist gleichwohl **nicht geäußert** hat. Dies gilt einmal, wenn der Arbeitnehmer **vorsätzlich schweigt**, kann aber selbst bei unfreiwilligem Schweigen gelten. Ist etwa der Arbeitnehmer **krankheitsbedingt** nicht nur an einem persönlichen Gespräch, sondern längerfristig auch an einer schriftlichen Stellungnahme auf ihm übermittelte Fragen **verhindert**, muss der Arbeitgeber **nicht notwendig** die Zeit **abwarten**, zu der sich der Arbeitnehmer wieder äußern kann. Zwar mag die Frist des § 626 Abs. 2 BGB noch nicht zu laufen beginnen, solange der Arbeitgeber entsprechend zuwartet. Wartet der Arbeitgeber diesen Zeitpunkt aber nicht ab, führt das nicht automatisch dazu, dass ihm eine Verletzung seiner Aufklärungspflicht vorzuwerfen wäre[6].

37 Lässt sich der Arbeitnehmer zu den vorgehaltenen Verdachtsmomenten konkret ein, so dass der Verdacht zunächst zerstreut wird, und führen die weiteren Ermittlungen zu einer **Widerlegung des Entlastungsvorbringens**, ist der Arbeitnehmer vor Ausspruch der Verdachtskündigung **erneut anzuhören**[7]. Werden im Prozess **Gründe nachgeschoben**, die sich zum Zeitpunkt des Zugangs der Kündigung bereits ereignet hatten, dem Arbeitgeber damals aber noch nicht bekannt waren, so bedarf es weder bei lediglich verdachtserhärtenden neuen Tatsachen noch bei Tatsachen, die den Verdacht einer weiteren Pflichtverletzung begründen, einer erneuten Anhörung des Arbeitnehmers. Er kann sich gegen den verstärkten bzw. neuen Verdacht ohne Weiteres im anhängigen Kündigungsschutzverfahren verteidigen[8].

c) Nachschieben von Gründen, neue Erkenntnisse

38 Maßgeblich für die rechtliche Beurteilung der Verdachtskündigung sind, wie auch bei anderen Kündigungen (vgl. Rz. 13), die **Umstände im Zeitpunkt der Kündigung**. Zur Be- oder Entlastung **nach Ausspruch der Kündigung gewonnene Erkenntnisse** oder vorgetragene **Tatsachen** sind nach der Rechtsprechung des BAG zu berücksichtigen, soweit die ihnen zugrunde liegenden Umstände **im Zeitpunkt der Kündigung** bereits objektiv **vorlagen**. Maßgeblich ist insoweit der Erkenntnisstand zum Schluss der mündlichen Verhandlung in der Berufungsinstanz. Ob die nachgeschobenen Tatsa-

---

1 BAG 5.5.1994 – 2 AZR 799/93, nv.; 14.9.1994 – 2 AZR 164/94, NZA 1995, 269; Busch, MDR 1995, 217; aA Fischer, BB 2003, 522 (524).
2 BAG 23.10.2008 – 2 AZR 483/07, NZA-RR 2009, 362.
3 Fischermeier, FS ARGE Arbeitsrecht im DAV, S. 275 (283).
4 BAG 11.4.1985 – 2 AZR 239/84, AP Nr. 39 zu § 102 BetrVG 1972.
5 LAG Köln 15.4.1997 – 13 (2) Sa 812/96, NZA 1998, 203; Fischermeier, FS ARGE Arbeitsrecht im DAV, S. 275 (282).
6 BAG 20.3.2014 – 2 AZR 1037/12, NZA 2014, 1015.
7 BAG 13.9.1995 – 2 AZR 587/94, AP Nr. 25 zu § 626 BGB – Verdacht strafbarer Handlung.
8 BAG 23.5.2013 – 2 AZR 102/12, NZA 2013, 1416.

VI. Besondere Arten der außerordentlichen Kündigung

chen bei Ausspruch der Kündigung bekannt waren oder nicht, ist unerheblich[1]. Daneben können selbst solche Tatsachen in den Prozess eingeführt werden, die den Verdacht eines eigenständigen – neuen – Kündigungsvorwurfs begründen. Voraussetzung ist, dass sich der neue Kündigungsgrund bei Ausspruch der Kündigung schon ereignet hatte. Neu bekannt gewordene, bei Kündigungsausspruch objektiv aber bereits gegebene Gründe können auch im Rahmen einer Verdachtskündigung noch nach Ablauf der Zwei-Wochen-Frist in den Prozess eingeführt werden. Die Frist gilt nach dem Wortlaut allein für die Ausübung des Kündigungsrechts[2]. **Unberücksichtigt** bleiben dagegen solche Umstände, die erst **nach der Kündigung entstanden** sind[3]. Nach aA[4] ist bei einer Verdachtskündigung nur der **Wissensstand des Dienstherrn zum Zeitpunkt der Kündigung** zu berücksichtigen, während danach bekannt gewordene Umstände, die der Be- oder auch Entlastung dienen, keine Berücksichtigung finden, unabhängig davon, ob sie bei der Kündigung bereits vorgelegen haben.

Praktisch relevant werden diese Unterschiede, wenn sich **im Verlauf des Prozesses neue Erkenntnisse** ergeben, die geeignet sind, den **Verdacht** zu **be- oder entkräften** bzw. sogar die **Unschuld des Arbeitnehmers** zu belegen. Nach der Auffassung des BAG[5] wirkt sich dies unmittelbar auf die Wirksamkeit der auf den Verdacht gestützten Kündigung aus, soweit die Tatsachen, wenn auch unerkannt, im Kündigungszeitpunkt bereits vorgelegen haben[6]. Das gilt auch für entlastende Umstände, die der Arbeitnehmer bei der Anhörung nicht erwähnt hat. Nach anderer Auffassung[7] hat der Arbeitnehmer lediglich einen – in die Zukunft gerichteten – Anspruch auf Wiedereinstellung, sofern sich seine Unschuld erweist.

Wird im Kündigungsschutzverfahren festgestellt, dass die Verdachtskündigung unwirksam ist, und wird dem Arbeitnehmer in einem anschließenden Strafverfahren rechtskräftig eine Schuld nachgewiesen, kann der Arbeitgeber – nunmehr nicht wegen des Verdachts, sondern der Tatbegehung, nachgewiesen durch die rechtskräftige Verurteilung – **erneut kündigen**. Der Arbeitgeber darf auch die nicht rechtskräftige **Verurteilung des Arbeitnehmers** zum Anlass der außerordentlichen **Kündigung wegen der Tatbegehung** nehmen[8]. Da beide Kündigungen, die Verdachts- wie die Tatkündigung, auf unterschiedlichen Gründen beruhen, liegen unterschiedliche Streitgegenstände vor, so dass die Rechtskraft des Urteils über die Verdachtskündigung nicht entgegensteht[9].

Einigkeit besteht darüber, dass der Arbeitnehmer einen **Anspruch auf Wiedereinstellung** hat, wenn sich nach Abschluss des – zuungunsten des Arbeitnehmers entschiedenen – Kündigungsschutzprozesses seine **Unschuld erweist**[10] oder zumindest nachträglich Umstände bekannt werden, die den bestehenden Verdacht beseitigen. Die bloße **Einstellung des staatsanwaltschaftlichen Ermittlungsverfahrens** nach § 170 Abs. 2 Satz 1 StPO begründet **keinen Wiedereinstellungsanspruch**[11]. Eine zeitliche

---

1 BAG 24.5.2012 – 2 AZR 206/11, NZA 2013, 137.
2 BAG 23.5.2013 – 2 AZR 102/12, NZA 2013, 1416.
3 BAG 6.11.2003 – 2 AZR 631/02, NZA 2004, 919; KR/*Fischermeier*, § 626 BGB Rz. 233.
4 BGH 13.7.1956 – VI ZR 88/55, AP Nr. 2 zu § 611 BGB – Fürsorgepflicht; *Belling/Künster*, Anm. zu BAG 14.9.1994 – 2 AZR 164/94, AP Nr. 24 zu § 626 BGB – Verdacht strafbarer Handlung.
5 BAG 14.9.1994 – 2 AZR 164/94, AP Nr. 24 zu § 626 BGB – Verdacht strafbarer Handlung.
6 So auch KR/*Fischermeier*, § 626 BGB Rz. 233.
7 BGH 13.7.1956 – VI ZR 88/55, AP Nr. 2 zu § 611 BGB – Fürsorgepflicht; *Belling/Künster*, Anm. zu BAG 14.9.1994 – 2 AZR 164/94, AP Nr. 24 zu § 626 BGB – Verdacht strafbarer Handlung.
8 BAG 18.11.1999 – 2 AZR 852/98, NZA 2000, 381.
9 BAG 12.12.1984 – 7 AZR 575/83, BB 1985, 1734; *Schütte*, NZA Beil. 2/1991, 17.
10 BAG 20.8.1997 – 2 AZR 620/96, BB 1997, 2484.
11 BAG 20.8.1997 – 2 AZR 620/96, BB 1997, 2484.

Grenze für das Entstehen des Wiedereinstellungsanspruchs (Nachweis der Unschuld) bis zum Ende der ordentlichen Kündigungsfrist soll es nach Auffassungen in der Literatur[1] nicht geben. Der Wiedereinstellungsanspruch wird gestützt auf die nachwirkende Fürsorgepflicht des Arbeitgebers. Über sein Bestehen ist nach Auffassung des BAG in jedem einzelnen Fall unter Beachtung der Grundsätze von Treu und Glauben und der Treue- und Fürsorgepflicht nach der jeweils gegebenen besonderen Sachlage zu entscheiden[2]. Dabei sind alle in Betracht kommenden Umstände zu berücksichtigen und eine beiderseitige Interessenabwägung vorzunehmen. Auf Seiten des Arbeitnehmers sind das Rehabilitationsinteresse, die Dauer des früheren Arbeitsverhältnisses, die persönliche und soziale Lage, die wirtschaftlichen Verhältnisse sowie anderweitige Verdienstmöglichkeiten zu berücksichtigen. Zugunsten des Arbeitgebers kann es sprechen, wenn dieser den Arbeitsplatz zwischenzeitlich wieder besetzen musste; allerdings ist es ihm nach Auffassung des BAG zumutbar, den Arbeitnehmer auf einem anderen geeigneten Arbeitsplatz des Betriebes zu verwenden.

40a Gegen diese Rechtsprechung, wonach die Frage der fortbestehenden Beschäftigungsmöglichkeit des Arbeitnehmers nur im Rahmen der Interessenabwägung zu berücksichtigen ist, werden in der Literatur Bedenken erhoben. So kann dies uU dazu führen, dass dem Arbeitnehmer ein Wiedereinstellungsanspruch zuerkannt wird, obgleich der Arbeitgeber objektiv dem Arbeitnehmer keinen Arbeitsplatz mehr zur Verfügung stellen kann. Der Arbeitgeber hat aber, nachdem eine Kündigung rechtskräftig für wirksam befunden wurde, keine nachwirkende Verpflichtung, den Arbeitsplatz für den durch die Kündigung ausgeschiedenen Arbeitnehmer freizuhalten. Dies hat nach einer Auffassung in der Literatur zur Konsequenz, dass unabdingbare Voraussetzung für den Wiedereinstellungsanspruch die fort- oder wiederbestehende Beschäftigungsmöglichkeit sein muss. Ist also der Arbeitsplatz zwischenzeitlich anderweitig besetzt und kommt eine Versetzung des Arbeitnehmers auf einen anderen Arbeitsplatz nicht in Betracht, entfällt nach dieser Auffassung der Wiedereinstellungsanspruch des Arbeitnehmers[3].

d) Besonderheiten der Betriebsratsbeteiligung

41 Will der Arbeitgeber eine **Kündigung (auch) auf den Verdacht** strafbarer oder vertragswidriger Handlungen stützen, hat er dies dem Betriebsrat **im Rahmen der Anhörung nach** § 102 BetrVG mitzuteilen[4]. Die Mitteilung der Absicht, dem Arbeitnehmer wegen einer für nachgewiesen erachteten Straftat zu kündigen, genügt nicht. Auch kann der nachgeschobene Kündigungsgrund der Verdachtskündigung bei fehlender Anhörung des Betriebsrats im Kündigungsschutzprozess nicht verwertet werden[5]. Es ist nicht notwendig, dass die beabsichtigte Kündigung bei der Anhörung des Betriebsrats ausdrücklich als Verdachts- und/oder Tatkündigung qualifiziert wird. Entscheidend ist, dass der Betriebsrat dies aus den Mitteilungen des Arbeitgebers **hinreichend entnehmen** kann[6]. Ebenso ist der Betriebsrat über das **Ergebnis der Anhörung** des Arbeitnehmers zu unterrichten. **Schiebt der Arbeitgeber** bei einer von vornherein auf Verdachtsmomente gestützten Kündigung im Prozess **Belastungsvorbringen nach**, ist der **Betriebsrat zuvor erneut** gem. § 102 BetrVG zu hören. Dies kommt allerdings nur in Betracht, soweit die Tatsachen bei Ausspruch der Kündigung noch nicht be-

---

[1] KR/*Griebeling*, § 1 KSchG Rz. 741; *Fischermeier*, FS ARGE Arbeitsrecht im DAV, S. 275 (287).
[2] BAG 14.12.1956 – 1 AZR 29/55, BAGE 3, 332 (339).
[3] *Bram/Rühl*, NZA 1990, 753 (755).
[4] BAG 23.4.2008 – 2 ABR 71/07, NZA 2008, 1081.
[5] BAG 3.4.1986 – 2 AZR 324/85, AP Nr. 18 zu § 626 BGB – Verdacht strafbarer Handlung; 23.4.2008 – 2 ABR 71/07, NZA 2008, 1081.
[6] *Fischermeier*, FS ARGE Arbeitsrecht im DAV, S. 275 (285).

kannt waren[1], andernfalls können sie mangels ordnungsgemäßer Anhörung des Betriebsrats ohnehin keine Berücksichtigung finden.

e) Übersicht zur Verdachtskündigung

1. Die **Kündigung** ist **auf den Verdacht** eines strafbaren bzw. vertragswidrigen Verhaltens **zu stützen**, und zwar **ausdrücklich**. Die Verdachtskündigung kann zusätzlich zu einer Tatkündigung geschehen, meist wird die Verdachts- hilfsweise zur Tatkündigung erklärt. Der Betriebsrat ist ausdrücklich darüber zu unterrichten, dass der Arbeitgeber sowohl eine Tat- als auch eine Verdachtskündigung auszusprechen beabsichtigt.
2. Der Kündigungsgrund der Verdachtskündigung kann **im Prozess nachgeschoben** werden. Dies ist ausgeschlossen, wenn die Anhörung des Arbeitnehmers unterblieben ist oder ein Betriebsrat besteht und dieser zum Kündigungsgrund der Verdachtskündigung nicht angehört wurde.
3. Es müssen **objektive Tatsachen** vorliegen, die **starke Verdachtsmomente** begründen. Diese Verdachtsmomente müssen geeignet sein, das zur Fortsetzung des Arbeitsverhältnisses notwendige **Vertrauen** des Arbeitgebers zu **zerstören**.
4. Der Arbeitgeber muss **alle zumutbaren Anstrengungen zur Aufklärung** des Sachverhalts unternommen haben.
5. Der Arbeitgeber hat den **Arbeitnehmer vor Ausspruch** der Kündigung **anzuhören** und dazu den Sachverhalt soweit zu konkretisieren, dass sich der Arbeitnehmer substantiiert einlassen kann. Die Anhörungspflicht entfällt, wenn der Arbeitnehmer nicht bereit ist, sich zu äußern. Bei schuldhafter Verletzung der Anhörungspflicht ist die Kündigung aus formellen Gründen unwirksam.
6. Der **Arbeitnehmer** ist **erneut anzuhören**, wenn weitere Ermittlungen des Arbeitgebers zu einer Widerlegung des (zunächst entlastenden) Vorbringens des Arbeitnehmers führen.
7. Im Prozess kann **Be- oder Entlastungsvorbringen nachgeschoben** werden, soweit dieses bei Ausspruch der Kündigung objektiv gegeben war. Hierzu sollte eine **erneute vorherige Anhörung** des **Arbeitnehmers** erfolgen. Besteht ein **Betriebsrat**, ist dieser ebenfalls zuvor erneut anzuhören. War das Be- oder Entlastungsvorbringen bei Ausspruch der Kündigung dem Arbeitgeber bekannt und wurde der Betriebsrat hierzu nicht angehört, ist der Arbeitgeber damit im Prozess ausgeschlossen.
8. Erweist sich der **Verdacht nachträglich**, insbesondere nach rechtskräftigem Unterliegen des Arbeitnehmers im Kündigungsschutzprozess, als **unbegründet**, kann ein **Wiedereinstellungsanspruch** des Arbeitnehmers gegeben sein.

2. Druckkündigung

a) Begriff

Eine Druckkündigung liegt vor, wenn die Kündigung erfolgt, weil **Dritte** unter Androhung von Nachteilen für den Arbeitgeber von diesem die **Entlassung eines bestimmten Arbeitnehmers** verlangen[2]. Zum Kreis der Dritten zählen die Belegschaft, der Betriebsrat, eine im Betrieb vertretene Gewerkschaft, Kunden des Arbeitgebers oder sonstige Personen, die auf den Arbeitgeber Druck ausüben können, zB der Entleiher im Leiharbeitsverhältnis[3].

---

1 ErfK/*Müller-Glöge*, § 626 Rz. 79.
2 BAG 8.6.2000 – 2 ABR 1/00, NZA 2001, 91.
3 BAG 19.6.1986 – 2 AZR 563/85, NZA 1987, 21.

b) Voraussetzungen

43a Der Dritte muss einen **maßgeblichen Druck** auf den Arbeitgeber ausüben können und für den Fall, dass der Arbeitgeber dem Entlassungsbegehren des Dritten nicht nachkommt, dem Arbeitgeber einen **Nachteil androhen**. Als Nachteil kann u.a. in Betracht kommen:
- **bei Kunden:** die Nichterteilung des Auftrages oder der Verlust einer Kundenbeziehung;
- **bei Mitarbeitern:** die Kündigung anderer Mitarbeiter, die für den Fortbestand des Betriebs notwendig sind oder die Kündigung einer Mehrzahl von Mitarbeitern;
- **beim Betriebsrat:** die Verweigerung der vertrauensvollen Zusammenarbeit oder die Verweigerung der Zustimmung zu einer notwendigen betrieblichen Maßnahme.

44 Bei der Druckkündigung kommen alternativ **zwei Fallgestaltungen** in Betracht[1]: Das Verlangen des Dritten ist gegenüber dem Arbeitgeber durch ein Verhalten des Arbeitnehmers oder einen in der Person des Arbeitnehmers liegenden Grund objektiv gerechtfertigt. Oder: Es fehlt an einer objektiven Rechtfertigung der Drohung.

aa) Vorliegen von Kündigungsgründen

45 Ist das **Verlangen des Dritten objektiv gerechtfertigt**, liegt es im Ermessen des Arbeitgebers, ob er eine **personen- bzw. verhaltensbedingte Kündigung** ausspricht[2]. Allein die Tatsache, dass nicht der Arbeitgeber, sondern **Dritte** sich auf das Vorliegen von personen- und verhaltensbedingten Gründen berufen, führt nicht dazu, dass die Druckkündigung sozial ungerechtfertigt ist. Der Arbeitgeber darf sich aber im Rahmen einer Druckkündigung nicht auf die Beurteilung der Kündigungsgründe durch Dritte verlassen, sondern muss **eigenverantwortlich prüfen**, ob Kündigungsgründe bestehen[3]. – Autoritärer Führungsstil und mangelnde Fähigkeit zur Menschenführung können bei einem sog. unkündbaren Arbeitnehmer eine außerordentliche personenbedingte (Änderungs-)Druckkündigung rechtfertigen[4].

bb) Fehlen von Kündigungsgründen

46 **Fehlt es an der objektiven Rechtfertigung der Drohung**, kommt nach Auffassung des BAG eine **Kündigung aus betriebsbedingten Gründen** in Betracht[5]. Die Zulässigkeit dieser Alternative der Druckkündigung wird in der Literatur bestritten[6]. So vertritt *Berkowsky*[7] die Ansicht, dass eine Drucksituation weder einen wichtigen Grund iSv. § 626 BGB noch einen Kündigungsgrund iSv. § 1 Abs. 2 KSchG darstellen könne, mit der Folge, dass eine ausschließlich auf den Druck Dritter gestützte Kündigung unwirksam sei.

46a An die Zulässigkeit einer betriebsbedingten Druckkündigung sind **strenge Anforderungen** zu stellen. Allein das Verlangen Dritter, eines Teils oder auch der gesamten Belegschaft, einem bestimmten Arbeitnehmer zu kündigen, ist nicht ohne Weiteres geeignet, eine Kündigung zu rechtfertigen[8]. Der Arbeitgeber hat sich aufgrund seiner arbeitsvertraglichen Fürsorgepflicht zunächst **schützend vor den betroffenen Arbeit-**

---

1 BAG 31.1.1996 – 2 AZR 158/95, AP Nr. 13 zu § 626 BGB – Druckkündigung.
2 BAG 31.1.1996 – 2 AZR 158/95, AP Nr. 13 zu § 626 BGB – Druckkündigung.
3 BAG 18.9.1975 – 2 AZR 311/74, BAGE 27, 263; 21.2.1957 – 2 AZR 410/54, BB 1957, 330.
4 BAG 31.1.1996 – 2 AZR 158/95, AP Nr. 13 zu § 626 BGB – Druckkündigung.
5 BAG 31.1.1996 – 2 AZR 158/95, AP Nr. 13 zu § 626 BGB – Druckkündigung.
6 Ablehnend zu dieser Alternative der Druckkündigung etwa Staudinger/*Preis*, § 626 BGB Rz. 235.
7 MünchArbR/*Berkowsky*, § 143 Rz. 15 ff.
8 BAG 31.1.1996 – 2 AZR 158/95, AP Nr. 13 zu § 626 BGB – Druckkündigung.

nehmer zu stellen** und durch umfassende Aufklärung des Sachverhalts oder organisatorische Maßnahmen alles Zumutbare zu versuchen, um die Belegschaft von ihrer Drohung abzubringen. Unterlässt er dies, ist die Kündigung von vornherein rechtsunwirksam. Erst wenn daraufhin trotzdem ein Verhalten wie **Streik oder Massenkündigung in Aussicht gestellt** oder ernsthaft die **Zusammenarbeit** mit dem betroffenen Arbeitnehmer **verweigert** wird und dadurch **schwere wirtschaftliche Schäden** für den Arbeitgeber **drohen**, kann die Kündigung gerechtfertigt sein. Die Kündigung muss schließlich das einzige in Betracht kommende Mittel sein, um die Schäden abzuwenden. Als milderes Mittel kommt bspw. die Änderungskündigung oder die Versetzung in Betracht. Ggf. ist der Arbeitnehmer verpflichtet, in seine Versetzung einzuwilligen[1]. Bei der Bewertung der Rechtmäßigkeit einer Druckkündigung ist auch zu berücksichtigen, ob und inwieweit der Arbeitgeber die Drucksituation selbst in vorwerfbarer Weise herbeigeführt hat[2]. Die vorherige **Anhörung des Arbeitnehmers** ist keine Wirksamkeitsvoraussetzung für eine Druckkündigung[3].

Nach teilweise vertretener Auffassung sollen die Grundsätze zur Druckkündigung auch dann gelten, wenn ein **HIV-Infizierter** im Betrieb arbeitet und seine Entlassung von der Belegschaft, von Teilen der Belegschaft oder von Kunden des Arbeitgebers gefordert wird[4]. Gerade dieses Beispiel zeigt, dass das Instrumentarium der Druckkündigung **mit Vorsicht anzuwenden** ist, da ansonsten die Gefahr besteht, dass eine Gruppe gleich gesinnter Arbeitnehmer ihre persönlichen, politischen oder weltanschaulichen Interessen zu Lasten anders orientierter Arbeitnehmer im Betrieb durchsetzen kann. In jedem Fall hat der Arbeitgeber alle zumutbaren Maßnahmen zu ergreifen, um den betroffenen Arbeitnehmer zu schützen. Eine Druckkündigung kommt daher nur in Betracht, wenn dem Arbeitgeber unzumutbare Nachteile entstehen, er wirtschaftlich schwer geschädigt wird oder sogar in seiner Existenz bedroht ist (Androhung von wichtigen Kunden, die Geschäftsbeziehungen abzubrechen)[5]. Dies muss erst recht vor dem Hintergrund des Verbots einer Benachteiligung wegen einer Behinderung nach § 7 AGG gelten. Der Verstoß einer außerordentlichen oder ordentlichen Kündigung gegen die Diskriminierungsverbote des AGG (§§ 1–10 AGG) kann zu ihrer Unwirksamkeit führen; dem steht § 2 Abs. 4 AGG nicht entgegen[6].

46b

c) Ordentliche oder außerordentliche Kündigung

In Literatur und Rechtsprechung[7] wird überwiegend die Ansicht vertreten, dass eine Druckkündigung sowohl in Form der **außerordentlichen fristlosen Kündigung** als auch in der Form der **ordentlichen fristgerechten Kündigung** in Betracht kommt. Hiervon abweichend vertritt *Blaese*[8] die Ansicht, dass die Kündigung nur in der Form der außerordentlichen fristlosen Kündigung in Erscheinung treten könne und meint ergänzend, dass zum Ausgleich für die dem Arbeitnehmer widerfahrende Ungerechtigkeit eine Abfindung in entsprechender Anwendung der §§ 9, 10 KSchG zu bezahlen sei (vgl. dazu auch Rz. 47).

46c

---

1 BAG 11.2.1960 – 5 AZR 210/58, BAGE 9, 53.
2 BAG 4.10.1990 – 2 AZR 201/90 u. 31.1.1996 – 2 AZR 158/95, AP Nr. 12, 13 zu § 626 BGB – Druckkündigung mwN.
3 BAG 4.10.1990 – 2 AZR 201/90 u. 31.1.1996 – 2 AZR 158/95, AP Nr. 12, 13 zu § 626 BGB – Druckkündigung.
4 *Knorr/Bichlmeier/Kremhelmer*, Kap. 4 Rz. 32; aA ArbG Berlin 16.6.1987 – 24 Ca 319/86, NZA 1987, 637.
5 ErfK/*Oetker*, § 1 KSchG Rz. 280.
6 BAG 6.11.2008 – 2 AZR 523/07, NZA 2009, 361; 5.11.2009 – 2 AZR 676/08, NZA 2010, 457.
7 BAG 31.1.1996 – 2 AZR 158/95, DB 1996, 990.
8 *Blaese*, DB 1988, 178.

d) Schadensersatzanspruch des Arbeitnehmers

47 Umstritten ist, ob der **Arbeitgeber** in Fällen der betriebsbedingten Druckkündigung verpflichtet sein kann, **dem Arbeitnehmer** den durch die Kündigung entstandenen **Schaden zu ersetzen**. Dies wird als Aufopferungsanspruch, also ohne Verletzungshandlung, analog § 904 BGB von einem Teil der Literatur bejaht, wenn der Arbeitnehmer selbst keinen Anlass für die Drucksituation gegeben hat[1]. Das BAG hat einen Schadensersatzanspruch nach § 823 BGB in einem konkreten Fall verneint. Als verletztes absolutes Rechtsgut iSv. § 823 Abs. 1 BGB komme allenfalls das „Recht am Arbeitsplatz" oder das „Recht am Arbeitsverhältnis" in Betracht. Selbst wenn man ein solches Recht bejahe, was bezweifelt werde, könne allein die tatbestandsmäßige Verletzung nicht die Rechtswidrigkeit indizieren. Vielmehr bedürfe diese der gesonderten Feststellung anhand der zu missbilligenden Art der Schädigung. Ein Kündigungsverlangen von Kollegen sei erst dann rechtswidrig, wenn diese nicht mehr aus objektiv begründeten berechtigten Interessen handeln[2]. Zu denken ist allerdings an eine Entschädigung oder einen Schadensersatz nach § 15 AGG, sofern die Druckkündigung im Zusammenhang mit einem der Benachteiligungsverbote nach §§ 7, 1 AGG erfolgt ist; dieser Anspruch besteht allerdings nur gegenüber dem Arbeitgeber. Dem gekündigten Arbeitnehmer kann darüber hinaus nach den §§ 823, 826 BGB ein **Schadensersatzanspruch gegen den Dritten** zustehen, wenn die Kündigung aufgrund des unabwendbaren Druckes dieses Dritten erfolgte und die Kündigung sonst nicht gerechtfertigt gewesen wäre[3].

3. Außerordentliche Änderungskündigung

a) Voraussetzungen

48 Eine Änderungskündigung ist auch **als außerordentliche Kündigung möglich**. Voraussetzung ist das Vorliegen eines wichtigen Grundes iSv. § 626 Abs. 1 BGB.

49 Der wichtige Grund für eine außerordentliche Änderungskündigung ist nicht unabhängig vom Änderungsangebot, aber zunächst unabhängig von den Auswirkungen der Änderungen für den Arbeitnehmer zu prüfen[4]. Voraussetzung ist, dass für den Kündigenden die **Fortsetzung des Arbeitsverhältnisses unter den bisherigen Bedingungen unzumutbar** geworden ist, dh. die **alsbaldige Änderung** muss **unabweisbar notwendig** sein[5]. Dabei ist nicht auf die vorzeitige Beendigung des Arbeitsverhältnisses, sondern auf dessen (vorzeitige) Inhaltsänderung abzustellen[6]. Darüber hinaus müssen die **neuen Bedingungen dem Gekündigten zumutbar** sein. Beide Voraussetzungen müssen **kumulativ** vorliegen[7]. Ob der Arbeitnehmer das Angebot unter Vorbehalt angenommen oder abgelehnt hat, verändert die an die Wirksamkeit einer außerordentlichen Änderungskündigung zu richtenden Maßstäbe nicht[8].

50 Wegen dieser engen Voraussetzungen kommt die außerordentliche Änderungskündigung im Wesentlichen gegenüber **ordentlich unkündbaren Arbeitnehmern** in Betracht und kann aus **betriebsbedingten Gründen** – dem Hauptanwendungsbereich der außer-

---

1 ErfK/*Oetker*, § 1 KSchG Rz. 285.
2 BAG 4.6.1998 – 8 AZR 786/96, AP Nr. 7 zu § 823 BGB.
3 KR/*Fischermeier*, § 626 BGB Rz. 209.
4 BAG 21.6.1995 – 2 ABR 28/94, AP Nr. 36 zu § 15 KSchG 1969.
5 BAG 31.1.1996 – 2 AZR 158/95, AP Nr. 13 zu § 626 BGB – Druckkündigung; 21.6.1995 – 2 ABR 28/94, AP Nr. 36 zu § 15 KSchG 1969.
6 BAG 31.1.1996 – 2 ABR 158/95, AP Nr. 13 zu § 626 BGB – Druckkündigung mwN; 21.6.1995 – 2 ABR 28/94, AP Nr. 36 zu § 15 KSchG 1969.
7 BAG 31.1.1996 – 2 AZR 158/95, AP Nr. 13 zu § 626 BGB – Druckkündigung; 21.6.1995 – 2 ABR 28/94, AP Nr. 36 zu § 15 KSchG 1969.
8 KR/*Fischermeier*, § 626 BGB Rz. 200.

ordentlichen Änderungskündigung[1] – gerechtfertigt sein, wenn der Arbeitgeber dadurch die Arbeitsbedingungen einer Gruppe von Arbeitnehmern anpassen will, zu der auch der ordentlich nicht kündbare Arbeitnehmer gehört[2]. Im Übrigen muss die Änderung der Arbeitsbedingungen für den Arbeitgeber unabweisbar notwendig sein. Eine **Entgeltabsenkung** kommt nur in Betracht, wenn der Arbeitgeber ohne diese konkret insolvenzbedroht ist. Zusätzlich ist darzulegen, dass die Sanierung mit den Eingriffen in die Arbeitsverträge steht und fällt und alle milderen Mittel ausgeschöpft sind[3]. In derartigen Fällen hat die außerordentliche Kündigung nicht fristlos, sondern unter Einhaltung einer der ordentlichen Kündigungsfrist eines vergleichbaren Arbeitnehmers entsprechenden **notwendigen Auslauffrist** zu erfolgen (vgl. auch Rz. 57b). Im Übrigen müssen die vorgeschlagenen Änderungen wie bei der ordentlichen betriebsbedingten Änderungskündigung geeignet und erforderlich sein, um den Inhalt des Arbeitsvertrages den geänderten Beschäftigungsmöglichkeiten anzupassen. Darüber hinaus ist entscheidend, dass die zugrunde liegende Organisationsentscheidung die vorgeschlagene Änderung erzwingt. Außerdem muss der Arbeitgeber bereits beim unternehmerischen Konzept den Sonderkündigungsschutz berücksichtigen[4].

Wie bei der ordentlichen, so ist auch bei der außerordentlichen Änderungskündigung stets sorgfältig zu prüfen, ob die vom Arbeitgeber erstrebten Änderungen sich nicht schon durch die **Ausübung des Weisungsrechts** gemäß § 106 Satz 1 GewO durchsetzen lassen. Ist Letzteres der Fall, halten sich die Änderungen also im Rahmen der vertraglichen Vereinbarungen, so liegt keine „Änderung der Arbeitsbedingungen" iSv. §§ 2 Satz 1, 4 Satz 2 KSchG vor. Eine außerordentliche Änderungskündigung ist dann „überflüssig"[5]. Welche Folgen der Ausspruch einer **überflüssigen außerordentlichen Änderungskündigung** hat, hängt von der Reaktion des Arbeitnehmers ab. Nimmt er die (vermeintliche) Änderung der Arbeitsbedingungen unter Vorbehalt an und setzt er sich mit einer Änderungsschutzklage zur Wehr, so ist diese Klage schlicht unbegründet, denn Streitgegenstand der Änderungsschutzklage gem. § 4 Satz 2 KSchG ist nicht die Wirksamkeit der Kündigung, sondern der Inhalt der für das Arbeitsverhältnis geltenden Vertragsbedingungen[6]. Lehnt der Arbeitnehmer das Änderungsangebot hingegen vollständig ab und erhebt er folgerichtig Beendigungskündigungsschutzklage (§§ 13 Abs. 1 Satz 2, 4 Satz 1 KSchG), wird das Gericht die Unwirksamkeit der außerordentlichen Kündigung feststellen, da der Arbeitgeber mit ihr den Bestand des Arbeitsverhältnisses zu Unrecht in Frage gestellt hat.

51

Nach der Ablösung des Bundes-Angestellten-Tarifvertrages (BAT) zum 1.10.2005 durch den Tarifvertrag des öffentlichen Dienstes im Bereich der kommunalen Arbeitgeber (TVöD-VkA) und des Bundes (TVöD-Bund) sowie zum 1.11.2006 durch den Tarifvertrag des öffentlichen Dienstes der Länder (TV-L) ist die Bedeutung des BAT gesunken, zT findet er aber noch, zB kraft arbeitsvertraglicher Verweisung, Anwendung. Nach § 55 Abs. 1 BAT kann nach § 53 Abs. 3 BAT unkündbaren Angestellten aus in seiner Person oder in seinem Verhalten liegenden wichtigen Gründen fristlos gekündigt werden. Andere wichtige Gründe, insbesondere dringende betriebliche Erfordernisse, die einer Weiterbeschäftigung des Angestellten entgegenstehen, berechtigen den Arbeitgeber nach § 55 Abs. 2 Unterabs. 1 Satz 1 BAT **nicht** zur Kündigung. Nach § 55 Abs. 2 Unterabs. 1 Satz 2 BAT kann der Arbeitgeber das Arbeitsverhältnis in diesen Fällen jedoch, wenn eine Beschäftigung zu den bisherigen Vertragsbedingungen aus dienstlichen Gründen nachweisbar nicht möglich ist, zum Zwecke der **Herabgruppierung um eine Vergütungsgruppe** kündigen, wobei die Kündigungsfrist sechs

52

---

1 *Zirnbauer*, NZA 1995, 1073 (1074).
2 BAG 6.3.1986 – 2 ABR 15/85 u. 21.6.1995 – 2 ABR 28/94, AP Nr. 19, 36 zu § 15 KSchG 1969.
3 BAG 1.3.2007 – 2 AZR 580/05, NZA 2007, 1445.
4 BAG 18.5.2006 – 2 AZR 207/05, DB 2006, 1851.
5 BAG 19.7.2012 – 2 AZR 25/11, NZA 2012, 1038.
6 BAG 19.7.2012 – 2 AZR 25/11, NZA 2012, 1038.

Monate zum Schluss eines Kalendervierteljahres beträgt (§ 55 Abs. 2 Unterabs. 3 BAT). Diese in § 55 Abs. 2 Unterabs. 1 BAT vorgesehene Beschränkung einer Änderungskündigung auf die Herabgruppierung um maximal eine Gehaltsgruppe ist von § 34 Abs. 2 TVöD **nicht übernommen worden**[1].

53 Gem. § 34 Abs. 2 Satz 1 TVöD können Arbeitsverhältnisse von Beschäftigten, die das 40. Lebensjahr vollendet haben und für die die Regelungen des Tarifgebiets West Anwendung finden, nach einer Beschäftigungszeit von mehr als 15 Jahren durch den Arbeitgeber nur aus einem wichtigen Grund gekündigt werden. Der **Ausschluss der ordentlichen Kündigung** gem. § 34 Abs. 2 Satz 1 TVöD gilt auch für eine Änderungskündigung. Ein wichtiger Grund zur außerordentlichen Änderungskündigung setzt auch im Rahmen des § 34 Abs. 2 Satz 1 TVöD voraus, dass die alsbaldige Änderung der Arbeitsbedingungen unabweisbar notwendig ist und die geänderten Bedingungen dem gekündigten Arbeitnehmer zumutbar sind. Wenn neben der Tätigkeit auch die Vergütung des Arbeitnehmers geändert werden soll, sind beide Elemente des Änderungsangebots am Verhältnismäßigkeitsgrundsatz zu messen[2].

54 Einstweilen frei.

b) Vorbehalt gem. § 2 KSchG

55 § 2 KSchG ist auf die außerordentliche Änderungskündigung **entsprechend anwendbar**. Folglich muss der Arbeitnehmer **unverzüglich**, also ohne schuldhaftes Zögern, erklären, ob er das Änderungsangebots ablehnt oder es mit oder ohne den Vorbehalt des § 2 KSchG annimmt[3]. Dies muss nicht sofort geschehen, an den Begriff der Unverzüglichkeit sind keine zu hohen Anforderungen zu stellen[4]. Der Arbeitgeber ist auch nicht berechtigt, dem Arbeitnehmer eine Frist zu setzen, innerhalb deren sich der Arbeitnehmer abschließend auf das Änderungsangebot erklären muss, wenn diese Frist diesen zeitlichen Spielraum („unverzüglich") verkürzt[5].

56 In der **widerspruchs- und vorbehaltlosen Weiterarbeit zu geänderten Arbeitsbedingungen** kann eine Annahme des Änderungsangebots gesehen werden, wenn sich die neuen Arbeitsbedingungen alsbald auf das Arbeitsverhältnis auswirken[6]. Allein die sofortige widerspruchslose Weiterarbeit des Arbeitnehmers auf dem neuen Arbeitsplatz ist allerdings in der Regel so lange nicht als vorbehaltlose Annahme und damit als Verzicht auf die Geltendmachung der Unwirksamkeit der Änderungskündigung zu verstehen, wie der Arbeitnehmer noch rechtzeitig, also ohne schuldhaftes Zögern, den Vorbehalt entsprechend § 2 KSchG erklären kann[7].

4. Außerordentliche Kündigung von ordentlich unkündbaren Arbeitnehmern

57 Die **ordentliche Kündigung** des Arbeitsverhältnisses kann **gesetzlich, einzel- oder tarifvertraglich ausgeschlossen** sein. Die nachfolgenden Grundsätze sind auf einen einzelvertraglichen Ausschluss der ordentlichen Kündigung nicht anwendbar, soweit sich dieser Ausschluss nur auf einen vorübergehenden Zeitraum erstreckt. Gleiches gilt für ein befristetes Arbeitsverhältnis, das innerhalb des Befristungszeitraums ordentlich nicht kündbar ist[8]. Bei einem einzelvertraglichen Ausschluss der Arbeit-

---

1 BAG 27.11.2008 – 2 AZR 757/07, NZA 2009, 481.
2 BAG 28.10.2010 – 2 AZR 688/09, DB 2011, 476.
3 BAG 19.6.1986 – 2 AZR 565/85 u. 27.3.1987 – 7 AZR 790/85, AP Nr. 16, 20 zu § 2 KSchG 1969.
4 BAG 22.5.1985 – 4 AZR 88/84, AP Nr. 10 zu § 2 KSchG 1969.
5 BAG 27.3.1987 – 7 AZR 790/85, AP Nr. 20 zu § 2 KSchG 1969.
6 BAG 19.6.1986 – 2 AZR 565/85, AP Nr. 16 zu § 2 KSchG 1969.
7 BAG 27.3.1987 – 7 AZR 790/85, AP Nr. 20 zu § 2 KSchG 1969.
8 BAG 7.3.2002 – 2 AZR 173/01, NZA 2002, 963.

geberkündigung für einen **längeren Zeitraum** oder sogar **auf Lebenszeit** sind dem Arbeitgeber weitergehende Belastungen zumutbar als bei einer pauschalen, für alle Arbeitsverhältnisse einer Branche geltenden Tarifregelung[1]. Im Fall des gesetzlichen bzw. einzel- oder tarifvertraglichen Ausschlusses der ordentlichen Kündigung ist eine **Beendigung** des Arbeitsverhältnisses nur noch **aus wichtigem Grund** möglich. Bei einem Ausschluss der ordentlichen Kündbarkeit ergeben sich folgende Probleme: Nach dem Gesetzeswortlaut des § 626 Abs. 1 BGB kommt es bei der Prüfung des wichtigen Grundes im Rahmen der Interessenabwägung u.a. darauf an, ob die Fortsetzung des Arbeitsverhältnisses unter Berücksichtigung aller Umstände bis zum Ablauf der Kündigungsfrist unzumutbar ist. Bei ordentlich nicht kündbaren Arbeitnehmern wäre dies grundsätzlich das maßgebliche Ende des Arbeitsverhältnisses (meist in Gestalt einer Befristung zum Erreichen des Regelrentenalters). Andererseits wird eine ordentliche Beendigung des Arbeitsverhältnisses uU umso eher unzumutbar, je länger die Vertragsbindung dauert. Hieraus könnte sich für ordentlich unkündbare Arbeitnehmer die widersprüchliche Situation ergeben, dass an das Vorliegen eines wichtigen Grundes unter Umständen geringere Anforderungen zu stellen sind als bei einem ordentlich kündbaren Arbeitnehmer. Zudem kommt für eine Lösung des Arbeitsverhältnisses wegen des Ausschlusses der ordentlichen Kündigung nur die außerordentliche Kündigung in Betracht. Wäre diese fristlos möglich, würde der besonders geschützte Arbeitnehmer schlechter gestellt als ein normaler Arbeitnehmer. Zur Lösung dieser Widersprüche haben Rechtsprechung und Literatur daher die nachfolgenden Regelungen entwickelt.

a) Interessenabwägung

Prüfungsmaßstab für den wichtigen Grund zur **fristlosen außerordentlichen Kündigung** ist bei einem ordentlich unkündbaren Arbeitnehmer, ob dem Arbeitgeber bei einem vergleichbaren ordentlich kündbaren Arbeitnehmer die Weiterbeschäftigung bis zum Ablauf der ordentlichen Kündigungsfrist (**fiktive Kündigungsfrist**) unzumutbar wäre. Die Interessenabwägung entspricht also jener bei einem vergleichbaren Arbeitnehmer ohne Sonderkündigungsschutz und orientiert sich daran, ob bei diesem unter denselben Umständen und entsprechender Interessenlage ein wichtiger Grund zur außerordentlichen Kündigung gegeben wäre. Daneben ist die ordentliche Unkündbarkeit des Arbeitnehmers nicht zu dessen Gunsten zu berücksichtigen. Es besteht kein Anlass, den ordentlich unkündbaren Arbeitnehmer bei der fristlosen Kündigung besser zu stellen als einen Arbeitnehmer ohne diesen Sonderkündigungsschutz bei entsprechenden Einzelfallumständen und beiderseitigen Interessen[2].

57a

Ist danach eine fristlose außerordentliche Kündigung ausgeschlossen, weil bei einem vergleichbaren Arbeitnehmer lediglich eine ordentliche Kündigung gerechtfertigt wäre, so ist zu prüfen, ob bei dem ordentlich nicht kündbaren Arbeitnehmer eine **außerordentliche Kündigung unter Einhaltung einer Auslauffrist**, die der (fiktiven) gesetzlichen oder tariflichen Kündigungsfrist entspricht (notwendige Auslauffrist), möglich ist. Die Auslauffrist ist immer dann einzuhalten, wenn einem vergleichbaren Arbeitnehmer ohne Sonderkündigungsschutz bei gleicher Sachlage nur fristgerecht gekündigt werden könnte[3]. Die außerordentliche Kündigung mit Auslauffrist kommt also dann in Betracht, wenn ein **wichtiger Grund gerade darin zu sehen** ist, dass wegen des tariflichen Ausschlusses der ordentlichen Kündigung der Arbeitgeber den Arbeitnehmer **notfalls bis zum Ende der Vertragsbindung weiterbeschäftigen** müsste und dies unter Berücksichtigung aller Umstände des Einzelfalls sowie unter Abwägung der Interessen beider Vertragsteile dem Arbeitgeber unzumutbar ist[4]. Im Rahmen der Inte-

57b

---

1 BAG 25.3.2004 – 2 AZR 153/03, AP Nr. 60 zu § 138 BGB.
2 BAG 27.4.2006 – 2 AZR 386/05, NZA 2006, 977.
3 BAG 21.6.2001 – 2 AZR 325/00, NZA 2002, 1031.
4 BAG 11.6.2001 – 2 AZR 30/00, NZA 2002, 232; 13.4.2000 – 2 AZR 259/99, NZA 2001, 277; 12.8.1999 – 2 AZR 923/98, NZA 2000, 421; 11.3.1999 – 2 AZR 427/98, NZA 1999, 818.

ressenabwägung ist sodann nicht auf die fiktive Frist für die ordentliche Kündigung, sondern auf die tatsächliche künftige Vertragsbindung abzustellen. Für den wichtigen Grund kann es ausreichen, wenn dem Arbeitgeber die Fortsetzung des Arbeitsverhältnisses zwar für einen bestimmten Zeitraum, nicht jedoch bis zum Ende der Vertragsbindung zumutbar ist[1]. Bei der außerordentlichen Kündigung eines unkündbaren Arbeitnehmers mit notwendiger Auslauffrist ist – anders als bei der fristlosen Kündigung (vgl. Rz. 57a) – im Rahmen der Interessenabwägung der **besondere Kündigungsschutz zusätzlich zu dessen Gunsten zu berücksichtigen**[2].

b) Sonstige Besonderheiten bei der außerordentlichen Kündigung mit Auslauffrist

57c   Wird die außerordentliche Kündigung mit einer der ordentlichen Kündigungsfrist entsprechenden notwendigen Auslauffrist erklärt, ist der **Betriebs- bzw. Personalrat** wie bei einer ordentlichen Kündigung zu beteiligen, so dass nicht die Drei-Tages-Frist, sondern die Wochenfrist abzuwarten ist[3]. Ebenso ist § 102 Abs. 3–5 BetrVG entsprechend anzuwenden[4]. Andernfalls wäre der kollektivrechtliche Schutz bei einer solchen außerordentlichen Kündigung geringer als bei einer fristgerechten Kündigung, und der Zweck des besonderen Kündigungsschutzes würde verfehlt[5]. § 1a KSchG ist analog anwendbar, wenn einem ordentlich unkündbaren Arbeitnehmer aus betriebsbedingten Gründen außerordentlich mit Auslauffrist gekündigt wird[6].

57d   Grundsätzlich kommt auch eine **Umdeutung** der außerordentlichen fristlosen Kündigung in eine außerordentliche Kündigung mit notwendiger Auslauffrist in Betracht. Hält es der Arbeitgeber schon für unzumutbar, den Arbeitnehmer bis zum Ablauf einer fiktiven Kündigungsfrist weiterzubeschäftigen, so muss er regelmäßig geltend, es sei ihm erst recht unzumutbar, den Arbeitnehmer über einen längeren Zeitraum weiterzubeschäftigen. Hierfür ist nicht erforderlich, dass der Arbeitgeber dies ausdrücklich geltend gemacht hat, sofern die Umdeutungstatsachen (unbedingter Beendigungswille etc.) vorgetragen sind[7]. Allerdings erfordert dies zusätzlich eine Beteiligung des Betriebs- bzw. Personalrats nach den für eine ordentliche Kündigung geltenden Bestimmungen[8].

57e   Die **Zwei-Wochen-Frist** gem. § 626 Abs. 2 BGB kommt auch bei der außerordentlichen Kündigung mit Auslauffrist zur Anwendung. Soweit der Kündigungssachverhalt allerdings einen Dauertatbestand (vgl. Rz. 75) darstellt, beginnt die Zwei-Wochen-Frist nicht zu laufen[9].

57f   ⊃ **Hinweis:** Bei der außerordentlichen Kündigung gegenüber einem ordentlich unkündbaren Arbeitnehmer wird zur Vermeidung von Rechtsnachteilen empfohlen, zweigleisig zu fahren und die fristlose außerordentliche Kündigung stets hilfsweise mit einer außerordentlichen Kündigung unter Einhaltung einer der einschlägigen ordentlichen Kündigungsfrist entsprechenden Auslauffrist zu verbinden. Ferner ist der Betriebs- bzw. Personalrat nach den für eine außerordentliche fristlose sowie für eine ordentliche Kündigung geltenden Bestimmungen zu beteiligen.

---

1   BAG 13.4.2000 – 2 AZR 259/99, NZA 2001, 277.
2   BAG 18.10.2000 – 2 AZR 627/99, NZA 2001, 219.
3   BAG 12.1.2006 – 2 AZR 242/05, AP Nr. 13 zu § 626 BGB – Krankheit.
4   BAG 5.2.1998 – 2 AZR 227/97, AP Nr. 143 zu § 626 BGB.
5   BAG 11.6.2001 – 2 AZR 30/00, NZA 2002, 232.
6   APS/*Hesse*, § 1a KSchG Rz. 4a mwN.
7   BAG 25.3.2004 – 2 AZR 153/03, AP Nr. 60 zu § 138 BGB.
8   BAG 18.10.2000 – 2 AZR 627/99, NZA 2001, 219.
9   BAG 12.1.2006 – 2 AZR 242/05, AP Nr. 13 zu § 626 BGB – Krankheit; 18.5.2006 – 2 AZR 207/05, DB 2006, 1851.

c) Betriebsbedingte außerordentliche Kündigung

Zu dem vom Arbeitgeber zu tragenden **Wirtschaftsrisiko** gehört auch die Einhaltung der **Kündigungsfrist**. Daher kann eine außerordentliche fristlose Kündigung aus betriebsbedingten Gründen nur ausnahmsweise zulässig sein[1]. Dringende betriebliche Erfordernisse rechtfertigen regelmäßig nur eine ordentliche Kündigung, da bei solchen Gründen dem Arbeitgeber die Einhaltung der Kündigungsfrist zumutbar ist[2]. Selbst im Insolvenzfall ist es dem Arbeitgeber zumutbar, wenigstens die Kündigungsfrist einzuhalten. Die Weiterbeschäftigung des Arbeitnehmers kann dem Arbeitgeber aber insbesondere dann unzumutbar sein, wenn die ordentliche Kündigung tariflich ausgeschlossen ist[3]. Sodann kommt eine **außerordentliche Kündigung mit notwendiger Auslauffrist** in Betracht, wenn ein wichtiger Grund zur Kündigung gerade darin zu sehen ist, dass wegen des tariflichen Ausschlusses der ordentlichen Kündigung der Arbeitgeber den Arbeitnehmer notfalls bis zum Erreichen der Pensionsgrenze weiterbeschäftigen müsste und ihm dies unzumutbar ist. Ein wichtiger Grund für eine betriebsbedingte außerordentliche Kündigung eines ordentlich unkündbaren Arbeitnehmers kann sich auch aus dem Wegfall der Beschäftigungsmöglichkeit **aufgrund innerbetrieblicher Maßnahmen** des Arbeitgebers ergeben[4]. Eine solche außerordentliche Kündigung mit Auslauffrist ersetzt die tariflich ausgeschlossene ordentliche Kündigung[5]. Dies gilt allerdings nur in extremen Ausnahmefällen, so wenn der Arbeitgeber andernfalls gezwungen wäre, ein sinnentleertes Arbeitsverhältnis über viele Jahre aufrechtzuerhalten, weil eine Arbeitsleistung nicht mehr erbracht werden kann und deshalb auf **unzumutbar lange Zeit Vergütung ohne Gegenleistung** gezahlt werden müsste („Heizer auf der E-Lok"). Bei einer noch verbleibenden Vertragsdauer von deutlich unter fünf Jahren kann grundsätzlich kein auf Dauer sinnentleertes Arbeitsverhältnis angenommen werden, es sei denn, es treten besondere Gründe hinzu[6]. In erheblich weiterem Umfang als bei einer ordentlichen Kündigung ist es dem Arbeitgeber in diesen Fällen zumutbar, die Kündigung durch andere geeignete Maßnahmen zu vermeiden. Zunächst ist die tarifliche Ausgestaltung des Sonderkündigungsschutzes als solche zu berücksichtigen; stellt schon diese dem Arbeitgeber bestimmte Reaktionsmöglichkeiten zur Verfügung, um sich bei dringenden betrieblichen Gründen aus einem unzumutbar gewordenen vertraglichen Zustand zu lösen, so hat er zunächst von diesen Gebrauch zu machen[7]. Besteht noch irgendeine Möglichkeit der Fortsetzung des Arbeitsverhältnisses durch anderweitige Weiterbeschäftigung, ggf. nach entsprechender Umschulung oder Umorganisation des Betriebes, ist es dem Arbeitgeber regelmäßig zumutbar, diese Lösung zu wählen[8]. Den Arbeitgeber trifft also auch die **Verpflichtung zur Schaffung eines neuen Arbeitsplatzes**[9]. Des Weiteren ist ordentlich kündbaren Arbeitnehmern grundsätzlich vorrangig zu kündigen, um einen Arbeitsplatz freizumachen, den der unkündbare Arbeitnehmer nach einer Einarbeitungszeit, die der Länge der Einarbeitungszeit eines qualifizierten Stellenbewerbers entspricht[10], wahrnehmen könnte. Dies gilt auch, wenn der unkündbare Arbeitnehmer dem Übergang seines Arbeitsverhältnisses auf den Betriebserwerber zuvor widersprochen hat[11]. Erst wenn alle Lösungsversuche gescheitert sind, kann ein wichtiger

---

1 BAG 25.3.2004 – 2 AZR 153/03, AP Nr. 60 zu § 138 BGB.
2 BAG 31.1.2008 – 8 AZR 2/07, NZA 2009, 1232.
3 BAG 24.1.2013 – 2 AZR 453/11, NZA 2013, 959.
4 BAG 20.6.2013 – 2 AZR 379/12, NZA 2014, 139; 22.11.2012 – 2 AZR 673/11, NZA 2013, 730.
5 BAG 8.4.2003 – 2 AZR 355/02, NZA 2003, 856; BAG 23.1.2014 – 2 AZR 372/13, NZA 2014, 895.
6 BAG 6.10.2005 – 2 AZR 362/04, NZA-RR 2006, 416: drei Jahre.
7 BAG 22.11.2012 – 2 AZR 673/11, NZA 2013, 730.
8 BAG 8.4.2003 – 2 AZR 355/02, NZA 2003, 856.
9 BAG 5.2.1998 – 2 AZR 227/97, AP Nr. 143 zu § 626 BGB.
10 BAG 18.5.2006 – 2 AZR 207/05, DB 2006, 1851.
11 BAG 17.9.1998 – 2 AZR 419/97, AP Nr. 148 zu § 626 BGB.

Grund zur außerordentlichen betriebsbedingten Kündigung mit notwendiger Auslauffrist vorliegen. Gerade hierin konkretisiert sich der wesentliche Unterschied zwischen der ordentlichen und der außerordentlichen Kündigung mit notwendiger Auslauffrist[1]. Diesen hohen Anforderungen an den Kündigungsgrund entspricht auch eine **gesteigerte Darlegungs- und Beweislast des Arbeitgebers**. Es genügt also nicht, wenn der Arbeitgeber zunächst nur darlegt, eine Weiterbeschäftigung sei infolge Arbeitsplatzwegfalls nicht mehr möglich, und abwartet, wie sich der betroffene Arbeitnehmer seine Weiterbeschäftigung vorstellt. Vielmehr zählt bei der außerordentlichen betriebsbedingten Kündigung bereits das Fehlen jeglicher, auch anderweitiger Beschäftigungsmöglichkeiten schon zum wichtigen Grund iSv. § 626 BGB und ist vom Arbeitgeber darzulegen[2].

58a Diese Grundsätze gelten auch bei der **außerordentlichen betriebsbedingten Änderungskündigung** (vgl. auch Rz. 48 ff.) **gegenüber einem ordentlich unkündbaren Arbeitnehmer** unter Einhaltung einer Auslauffrist. So geht der Arbeitgeber mit dem Ausschluss der ordentlichen Kündbarkeit gegenüber dem Arbeitnehmer eine besondere Verpflichtung nicht nur hinsichtlich des Bestandes, sondern auch in Bezug auf den Inhalt des Arbeitsverhältnisses ein. Ist Grundlage einer solchen Änderungskündigung eine Reorganisationsentscheidung des Arbeitgebers, ist entscheidend, ob das geänderte unternehmerische Konzept die Änderung erzwingt oder ob es auch ohne oder mit weniger einschneidenden Änderungen für den Gekündigten durchsetzbar wäre[3].

58b Der Arbeitgeber kann bei einer außerordentlichen betriebsbedingten Kündigung eines ordentlich unkündbaren Arbeitnehmers nicht durch Vereinbarung einer Namensliste erreichen, dass der auf dringenden betrieblichen Erfordernissen beruhende wichtige Grund vermutet wird. § 1 Abs. 5 Satz 1 KSchG findet auf außerordentliche Kündigungen – seien es Beendigungs-, seien es Änderungskündigungen – keine Anwendung[4].

59 Zusätzlich ist stets die **besondere Ausgestaltung des tariflichen Sonderkündigungsschutzes** zu berücksichtigen. Regeln die Tarifpartner im Einzelnen, unter welchen Voraussetzungen einem sonst tariflich unkündbaren Arbeitnehmer aus betriebsbedingten Gründen durch Beendigungs- oder Änderungskündigung gekündigt werden kann, so sollen nach dem Willen der Tarifvertragsparteien zunächst diese Lösungsmöglichkeiten in Betracht kommen. Erst wenn feststeht, dass diese tariflichen Möglichkeiten versagen, kann die außerordentliche Kündigung mit Auslauffrist in Betracht kommen[5]. Ferner bleibt der Arbeitgeber zu einer **sozialen Auswahl** entsprechend § 1 Abs. 3 KSchG verpflichtet, da in derartigen Fällen die außerordentliche Kündigung die ausgeschlossene ordentliche Kündigung ersetzt[6].

d) Krankheitsbedingte außerordentliche Kündigung

60 Bei einer Kündigung wegen krankheitsbedingter Fehlzeiten ist schon bei der ordentlichen Kündigung ein strenger Maßstab anzulegen. Die Arbeitsunfähigkeit kann dennoch in besonderen Fällen einen wichtigen Grund zur außerordentlichen Kündigung abgeben. Krankheit ist nicht grundsätzlich als wichtiger Grund ungeeignet. Die krankheitsbedingte außerordentliche Kündigung ist jedoch eng zu begrenzen auf Ausnahmefälle[7]. Dies gilt auch, wenn **die ordentliche Kündigung tariflich oder vertraglich**

---

1 BAG 6.10.2005 – 2 AZR 362/04, NZA-RR 2006, 416.
2 BAG 8.4.2003 – 2 AZR 355/02, NZA 2003, 856; 18.3.2010 – 2 AZR 337/08, EzA-SD 2010, Nr. 17, 3; 23.1.2014 – 2 AZR 372/13, NZA 2014, 895.
3 BAG 2.3.2006 – 2 AZR 64/05, NZA 2006, 985.
4 BAG 28.5.2009 – 2 AZR 844/07, NZA 2009, 954.
5 BAG 8.4.2003 – 2 AZR 355/02, NZA 2003, 856.
6 BAG 5.2.1998 – 2 AZR 227/97, AP Nr. 143 zu § 626 BGB.
7 BAG 12.1.2006 – 2 AZR 242/05, AP Nr. 13 zu § 626 BGB – Krankheit.

ausgeschlossen ist. Zusätzlich ist dem Arbeitnehmer in diesen Fällen wie bei der betriebsbedingten außerordentlichen Kündigung (vgl. Rz. 58) grundsätzlich eine **Auslauffrist** zu gewähren, die in ihrer Länge der sonst einschlägigen ordentlichen Kündigungsfrist entspricht[1]. Ein krankheitsbedingter außerordentlicher Kündigungsgrund wird von der Rechtsprechung angenommen bei **dauernder Unfähigkeit, die vertraglich geschuldete Arbeitsleistung zu erbringen**. Die **krankheitsbedingte Minderung der Leistungsfähigkeit**, also die Unfähigkeit des Arbeitnehmers, einen Teil der geschuldeten Leistung zu erbringen, kann dagegen **keinen wichtigen Grund** für eine außerordentliche Kündigung darstellen. Gerade im Fall einer tariflichen Unkündbarkeit ist es dem Arbeitgeber regelmäßig zumutbar, einen krankheitsbedingten Leistungsabfall des Arbeitnehmers durch andere Maßnahmen auszugleichen[2]. Auch bei **häufigen Kurzerkrankungen** kommt eine außerordentliche Kündigung grundsätzlich in Betracht; allerdings müssen die prognostizierten Fehlzeiten und die sich aus ihnen ergebende Beeinträchtigung der betrieblichen Interessen deutlich über das Maß hinausgehen, welches eine ordentliche Kündigung sozial zu rechtfertigen vermöchte. Es bedarf eines **gravierenden Missverhältnisses zwischen Leistung und Gegenleistung**. Ein solches „**sinnentleertes Arbeitsverhältnis**" ist gegeben, wenn zu erwarten steht, dass der Arbeitgeber bei Fortsetzung des Arbeitsverhältnisses – ggf. über Jahre hinweg – erhebliche Entgeltzahlungen zu erbringen hätte, ohne dass dem eine nennenswerte Arbeitsleistung gegenüberstände. Das Arbeitsverhältnis ist nach Auffassung des BAG dann noch nicht „sinnentleert", wenn der Arbeitnehmer voraussichtlich noch zu fast zwei Dritteln seiner Jahresarbeitszeit arbeitsfähig sein wird[3]. Im Übrigen sind zur rechtlichen Beurteilung die **Grundsätze der krankheitsbedingten ordentlichen Kündigung** zugrunde zu legen, die auch bei einer außerordentlichen Kündigung gelten, dh., die Prüfung hat in drei Stufen zu erfolgen (vgl. Teil 3 E Rz. 81 ff.), wobei der Prüfungsmaßstab auf allen drei Stufen erheblich verschärft ist. Ggf. hat der Arbeitgeber einen leidensgerechten Arbeitsplatz für den kranken Arbeitnehmer durch Ausübung seines Direktionsrechts frei zu machen[4]. – Die anhaltende krankheitsbedingte Unfähigkeit, die geschuldete Arbeitsleistung zu erbringen, stellt einen Dauertatbestand dar; daher reicht es für die Einhaltung der **Zwei-Wochen-Frist** gem. § 626 Abs. 2 BGB aus, dass der Zustand auch in den letzten zwei Wochen vor Ausspruch der Kündigung angehalten hat[5].

e) Sonstige personenbedingte außerordentliche Kündigung

Büßt der Arbeitnehmer – ohne dass eine Erkrankung vorliegt – seine Eignung zur Ausübung einer vertraglich vereinbarten Tätigkeit ein und ist deshalb eine ordentliche personenbedingte Kündigung sozial gerechtfertigt, kann je nach Lage der Dinge statt dessen auch eine außerordentliche Kündigung in Betracht kommen. Das ist vor allem dann der Fall, wenn der Wegfall einer erforderlichen Erlaubnis oder sonstigen Eignungsvoraussetzung vom Arbeitnehmer **selbst verschuldet** ist und dazu führt, dass er die vertraglich geschuldeten Leistungen **überhaupt nicht mehr** erbringen kann. Bei einem Kraftfahrer kann der Verlust der Fahrerlaubnis nicht nur einen personenbedingten Grund zur ordentlichen, sondern sogar einen wichtigen Grund zur außerordentlichen Kündigung darstellen[6]. Ein grobes Fehlverhalten eines Arbeitnehmers gegenüber einem anderen, mit dem Arbeitgeber konzernrechtlich verbundenen Unternehmen (zB im Rahmen einer Entsendung) kann sich dahin auswirken, dass der

---

1 BAG 18.1.2001 – 2 AZR 616/99, NZA 2002, 455; 18.10.2000 – 2 AZR 627/99, NZA 2001, 218.
2 BAG 12.7.1995 – 2 AZR 762/94, AP Nr. 7 zu § 626 BGB – Krankheit.
3 BAG 23.1.2014 – 2 AZR 582/13, NZA 2014, 962.
4 BAG 18.1.2001 – 2 AZR 616/99, NZA 2002, 455.
5 BAG 25.3.2004 – 2 AZR 399/03, NZA 2004, 1216.
6 BAG 5.6.2008 – 2 AZR 984/06, AP Nr. 212 zu § 626 BGB; 30.5.1978 – 2 AZR 630/76, BAGE 30, 309.

Arbeitgeber nicht mehr mit einer sachgerechten Arbeitsvertragserfüllung durch den Arbeitnehmer rechnen kann, und damit aufgrund mangelnder Eignung des Arbeitnehmers einen personenbedingten Grund zur – ggf. auch außerordentlichen – Kündigung abgeben[1]. Aber auch vom Arbeitnehmer **nicht zu vertretende Umstände** in seiner Person können geeignet sein, eine außerordentliche fristlose Kündigung zu rechtfertigen. Das gilt etwa, wenn einem tariflich unkündbaren Arbeitnehmer des öffentlichen Dienstes die Zugangsermächtigung zum Umgang mit Verschlusssachen entzogen wird, weil der Schwager des Arbeitnehmers, zu dem dieser privaten Kontakt unterhält, Delikte im Bereich der organisierten Kriminalität begeht[2].

f) Besonderheiten bei nach § 15 KSchG geschützten Arbeitnehmern

62 Bei einer außerordentlichen **fristlosen** Kündigung gegenüber einem nach § 15 KSchG geschützten Arbeitnehmer stellt die Rechtsprechung für die **Zumutbarkeitsprüfung** wie bei der außerordentlichen fristlosen Kündigung eines ordentlich unkündbaren Arbeitnehmers auf die **fiktive Kündigungsfrist** ab, die ohne den besonderen Kündigungsschutz bei einer ordentlichen Kündigung gilt[3]. Dies gilt bei verhaltensbedingten[4] sowie personenbedingten Kündigungsgründen[5]. Umstände, die in die Risikosphäre des Arbeitgebers fallen, sind in aller Regel nicht als wichtige Gründe für eine außerordentliche Kündigung geeignet.

63 In den Fällen, in denen eine verhaltensbedingte fristlose Kündigung gegenüber der nach § 15 KSchG geschützten Person ausgeschlossen ist, ist eine verhaltensbedingte außerordentliche Kündigung mit notwendiger **Auslauffrist**, die der einschlägigen Kündigungsfrist entspricht, unzulässig[6]. Sie würde die Grenzen zwischen dem kündbaren und dem nach § 15 KSchG geschützten Arbeitnehmer verwischen und in Fällen, in denen die Fortsetzung des Arbeitsverhältnisses bis zum Ablauf der fiktiven Kündigungsfrist, nicht aber bis zum Auslaufen des Sonderkündigungsschutzes zumutbar ist, zur Zulässigkeit einer Kündigung führen, die im Ergebnis der – eigentlich ausgeschlossenen – ordentlichen Kündigung gleichkäme[7]. Dagegen kommt eine außerordentliche **betriebsbedingte Änderungskündigung** mit notwendiger Auslauffrist in Betracht, wenn ohne die Änderung ein sinnlos gewordenes Arbeitsverhältnis über einen erheblichen Zeitraum nur durch Vergütungszahlungen fortgesetzt werden müsste. In einem solchen Fall ist bei einem Mandatsträger nach § 15 Abs. 1 Satz 1 KSchG unverändert die Zustimmung des Betriebsrats bzw. deren Ersetzung gem. § 103 BetrVG erforderlich[8].

64 Handelt es sich um die außerordentliche betriebsbedingte Kündigung eines **tariflich ordentlich unkündbaren Betriebsratsmitglieds nach § 15 Abs. 4 bzw. 5 KSchG**, bedarf es der **vorherigen Zustimmung des Betriebsrats** nach § 103 BetrVG nicht[9]. Zu beachten ist, dass die außerordentliche Kündigung auch in diesem Fall unter **Einhaltung einer der ordentlichen Kündigungsfrist** entsprechenden Auslauffrist auszusprechen ist.

---

1 BAG 27.11.2008 – 2 AZR 193/07, NZA 2009, 671.
2 BAG 26.11.2009 – 2 AZR 272/08, NZA 2010, 628.
3 BAG 17.1.2008 – 2 AZR 821/06, NZA 2008, 777.
4 BAG 10.2.1999 – 2 ABR 31/98, AP Nr. 42 zu § 15 KSchG 1969.
5 KR/*Fischermeier*, § 626 BGB Rz. 133; ErfK/*Müller-Glöge*, § 626 BGB Rz. 76.
6 BAG 17.1.2008 – 2 AZR 821/06, NZA 2008, 777.
7 BAG 17.1.2008 – 2 AZR 821/06, NZA 2008, 777.
8 BAG 7.10.2004 – 2 AZR 481/04, NZA 2005, 158.
9 BAG 18.9.1997 – 2 ABR 15/97, AP Nr. 35 zu § 103 BetrVG 1972.

g) Auflösungsantrag bei außerordentlicher Kündigung mit Auslauffrist?

Ist einem tariflich ordentlich unkündbaren Arbeitnehmer außerordentlich gekündigt worden und erweist sich die Kündigung als unwirksam, vermag auch ein hilfsweise gestellter arbeitgeberseitiger Auflösungsantrag das Arbeitsverhältnis nicht zu beenden. Eine analoge Anwendung von § 9 Abs. 1 Satz 2 KSchG auf Fälle der für unwirksam erklärten außerordentlichen arbeitgeberseitigen Kündigung kommt selbst in Fällen, in denen das Recht des Arbeitgebers, das Arbeitsverhältnis ordentlich zu kündigen, tariflich ausgeschlossen ist, nicht in Betracht. Der Ausschluss des Antragsrechts gilt auch im Zusammenhang mit einer für unwirksam erkannten außerordentlichen Kündigung, die unter Einhaltung einer der ordentlichen Kündigung entsprechenden Auslauffrist ausgesprochen worden ist[1].

64a

VII. Außerordentliche Kündigung durch den Arbeitnehmer

1. Grundsätze

Für die außerordentliche Kündigung des Arbeitnehmers gelten grundsätzlich dieselben Maßstäbe wie für die arbeitgeberseitige Kündigung[2]. So bedarf es im Rahmen der Prüfung des wichtigen Grundes auch einer **Interessenabwägung**, und die **Zwei-Wochen-Frist** des § 626 Abs. 2 BGB ist einzuhalten[3]. Ebenso ist die **vorherige Abmahnung** erforderlich[4]. Diese ist ausnahmsweise entbehrlich, wenn keine Aussicht auf Rückkehr des Arbeitgebers zu vertragskonformem Verhalten besteht[5]. Der Arbeitnehmer trägt die **Darlegungs- und Beweislast** für die Gründe[6]. Der Arbeitnehmer kann die außerordentliche Kündigung nicht nur fristlos, sondern auch mit einer Auslauffrist (vgl. Rz. 3) aussprechen[7].

65

Der Arbeitgeber kann die Unwirksamkeit der Kündigung durch **Feststellungsklage** nach § 256 ZPO geltend machen. Das Feststellungsinteresse ist gegeben, wenn der Arbeitgeber durch die fristlose Kündigung in seinem Ansehen betroffen ist[8]. Ein Feststellungsinteresse des Arbeitgebers besteht auch, wenn er aufgrund Vertragsbruchs des Arbeitnehmers Schadensersatzansprüche in Form von Inseratskosten und Umsatzeinbußen geltend machen will und den Endzeitpunkt des Arbeitsverhältnisses auch in Bezug auf weitergehende Folgen, zB für die Ausfüllung der Arbeitspapiere, die Erstellung eines Beschäftigungsnachweises oder Zeugnisses usw., geklärt wissen möchte[9]. Der Arbeitgeber braucht die dreiwöchige Klagefrist gem. § 4 KSchG nicht einzuhalten[10]. Der **Arbeitnehmer selbst** kann sich im Nachhinein **nicht** auf die Unwirksamkeit einer schriftlich erklärten fristlosen Eigenkündigung berufen, da dies regelmäßig treuwidrig ist[11].

66

---

1 BAG 30.9.2010 – 2 AZR 160/09, NZA 2011, 349.
2 Staudinger/*Preis*, § 626 BGB Rz. 237; LAG Berlin 22.3.1989 – 14 Sa 10/89, NZA 1989, 968.
3 BAG 26.7.2007 – 8 AZR 796/06, NZA 2007, 1419; ErfK/*Müller-Glöge*, § 626 BGB Rz. 248.
4 BAG 9.9.1992 – 2 AZR 142/92, nv.; 19.6.1967 – 2 AZR 287/66, EzA § 124 GewO Nr. 1.
5 BAG 26.7.2007 – 8 AZR 796/06, NZA 2007, 1419.
6 Staudinger/*Preis*, § 626 BGB Rz. 237; BAG 25.7.1963 – 2 AZR 510/62, AP Nr. 1 zu § 448 ZPO.
7 BAG 8.8.2002 – 8 AZR 574/01, NZA 2002, 1323.
8 BAG 20.3.1986 – 2 AZR 296/85, AP Nr. 9 zu § 256 ZPO 1977.
9 BAG 9.9.1992 – 2 AZR 142/92, nv.
10 BAG 9.9.1992 – 2 AZR 142/92, nv.
11 BAG 12.3.2009 – 2 AZR 894/07, NZA 2009, 840; 9.6.2011 – 2 AZR 418/10, NZA-RR 2012, 129.

2. Einzelfälle

67 **Vergütungsrückstände** können grundsätzlich die außerordentliche Kündigung rechtfertigen. Diese ist bei einem Rückstand für erhebliche Zeit oder mit einem erheblichen Betrag gerechtfertigt[1]. Es reichen auch geringe Rückstände aus, wenn die Vergütung willkürlich oder ohne Grund hartnäckig verweigert wird[2] oder der Arbeitgeber zum wiederholten Mal in Verzug kommt, wobei es keine Rolle spielt, ob der Arbeitgeber leistungsunwillig oder -unfähig ist. In jedem Fall ist zuvor eine Abmahnung erforderlich[3]. Das Kündigungsrecht entfällt, sobald der Arbeitgeber die rückständige Vergütung nachgezahlt hat. Dies gilt jedoch nicht, wenn der Arbeitgeber über längere Zeit immer wieder verspätet zahlt[4]. Die Aussicht auf künftige Gewährung von Insolvenzausfallgeld führt nicht zum Wegfall des Kündigungsrechts[5].

68 Die **unterbliebene Bestellung zum Geschäftsführer** kann bei vertraglich vereinbarter Bestellung ebenso wie deren vertragswidriger Widerruf eine erhebliche Pflichtverletzung darstellen und daher eine außerordentliche Kündigung durch den Arbeitnehmer rechtfertigen[6]. Der **Widerruf** einer erteilten **Prokura** oder die Verweigerung einer vertraglich zugesagten Prokura rechtfertigen allein noch keine außerordentliche Kündigung. Vielmehr kommt es entscheidend darauf an, ob die Vorenthaltung der Prokura nach den gesamten Umständen eine wesentliche Vertragspflichtverletzung des Arbeitgebers darstellt[7].

69 Ebenso wie dem Insolvenzverwalter bzw. dem Arbeitgeber steht dem Arbeitnehmer allein aufgrund der **Insolvenz des Arbeitgebers** ein außerordentliches Kündigungsrecht **nicht** zu[8].

70 Ein vom Arbeitnehmer beabsichtigter **Arbeitsplatzwechsel** berechtigt diesen nicht zu einer außerordentlichen Kündigung, auch wenn die in Aussicht stehende Position wesentlich günstigere Bedingungen bietet[9].

70a Wird das Arbeitsverhältnis eines Arbeitnehmers kraft Gesetzes von einer öffentlich-rechtlichen Gebietskörperschaft auf eine neue rechtsfähige Anstalt des öffentlichen Rechts übergeleitet, steht ihm nach der Rechtsprechung des BAG kein Widerspruchsrecht gem. § 613a BGB zu. Er besitzt jedoch wegen dieses ihm aufgezwungenen Arbeitgeberwechsels gem. § 626 Abs. 1 BGB das Recht zur außerordentlichen Kündigung ohne Einhaltung einer Kündigungsfrist[10].

VIII. Ausschlussfrist des § 626 Abs. 2 BGB

1. Allgemeines

71 Die außerordentliche Kündigung kann nur innerhalb von **zwei Wochen** erfolgen, § 626 Abs. 2 Satz 1 BGB. Die Frist beginnt mit dem Zeitpunkt zu laufen, in dem der Kündigungsberechtigte **von den für die Kündigung maßgebenden Tatsachen Kenntnis erlangt**, § 626 Abs. 2 Satz 2 BGB. Die Vorschrift enthält eine **materiell-**

---

1 BAG 26.7.2007 – 8 AZR 796/06, NZA 2007, 1419.
2 BAG 26.7.2001 – 8 AZR 739/00, NZA 2002, 325.
3 BAG 17.1.2002 – 2 AZR 494/00, NZA 2003, 816; Staudinger/*Preis*, § 626 BGB Rz. 245.
4 KR/*Fischermeier*, § 626 BGB Rz. 467.
5 BAG 26.7.2007 – 8 AZR 796/06, NZA 2007, 1419.
6 BAG 8.8.2002 – 8 AZR 574/01, NZA 2002, 1323.
7 BAG 17.9.1970 – 2 AZR 439/69, AP Nr. 5 zu § 628 BGB; 11.2.1981 – 7 AZR 12/79, AP Nr. 8 zu § 4 KSchG 1969.
8 ErfK/*Müller-Glöge*, § 113 InsO Rz. 12.
9 ErfK/*Müller-Glöge*, § 626 BGB Rz. 159.
10 BAG 18.12.2008 – 8 AZR 660/07, AP Nr. 366 zu § 613a BGB.

VIII. Ausschlussfrist des § 626 Abs. 2 BGB

rechtliche Ausschlussfrist für die Kündigungserklärung und regelt sachlich den Tatbestand einer Verwirkung des wichtigen Grundes wegen des reinen Zeitablaufs. Nach ihrem Ablauf greift die unwiderlegliche gesetzliche Vermutung ein, dass auch ein möglicherweise erheblicher wichtiger Grund nicht mehr geeignet ist, die Fortsetzung des Arbeitsverhältnisses unzumutbar zu machen[1]. Ziel der Ausschlussfrist ist es, innerhalb begrenzter Zeit für den betroffenen Vertragspartner Klarheit darüber zu schaffen, ob ein Sachverhalt zum Anlass für eine außerordentliche Kündigung genommen wird[2]; sie soll den Arbeitnehmer davor bewahren, dass sich der Arbeitgeber einen Kündigungsgrund aufspart, um den Arbeitnehmer unter einen gewissen Druck zu setzen[3].

Der Zwei-Wochen-Frist unterliegt **jede außerordentliche Kündigung** eines Arbeitsverhältnisses nach § 626 Abs. 1 BGB. Sie gilt also auch für die außerordentliche Änderungskündigung[4], die außerordentliche Kündigung mit notwendiger Auslauffrist, eine vom Arbeitnehmer erklärte außerordentliche Kündigung[5], die außerordentliche Kündigung eines schwerbehinderten Menschen[6] und bei suspendierter Arbeitspflicht (zB Elternzeit)[7]. Ein **nachgeschobener Kündigungsgrund** muss nicht innerhalb der Zwei-Wochen-Frist nach Kenntnis vom Arbeitgeber in den Kündigungsschutzprozess eingeführt werden[8]; der Kündigende darf jedoch von dem nachgeschobenen Grund nicht länger als zwei Wochen vor Ausspruch der Kündigung Kenntnis gehabt haben[9] (vgl. auch Rz. 14). Bei Versäumung der Zwei-Wochen-Frist kann derselbe Grund grundsätzlich noch zur Begründung einer **ordentlichen Kündigung** herangezogen werden[10]. 72

Der **Kündigende** hat **darzulegen und zu beweisen**, dass er von den für die Kündigung maßgebenden Tatsachen innerhalb der Zwei-Wochen-Frist des § 626 Abs. 2 BGB erfahren hat. Er braucht aber hierzu erst Stellung zu nehmen, wenn die Wahrung der Ausschlussfrist **zweifelhaft** erscheint oder **der Gekündigte geltend macht**, die Kündigungsgründe seien verfristet[11]. Sodann muss er die Umstände schildern, aus denen sich ergibt, wann und wodurch er von den maßgebenden Tatsachen erfahren hat und angeben, wie es zu der Aufdeckung des Kündigungsgrundes gekommen ist. Wurden weitere Ermittlungen durchgeführt, ist darzulegen, welche Tatsachen ermittlungsbedürftig waren und welche weiteren Ermittlungen zur Klärung von Zweifeln angestellt wurden[12]. 73

2. Beginn der Ausschlussfrist

a) Grundsätze

Gemäß § 626 Abs. 2 Satz 2 BGB beginnt die zweiwöchige Ausschlussfrist, innerhalb derer die außerordentliche Kündigung erfolgen muss, mit der Kenntnis des Arbeitgebers von den für die Kündigung maßgebenden Tatsachen. Für den Fristbeginn kommt es auf die **zuverlässige und möglichst vollständige positive Kenntnis des Kün-** 74

---

1 BAG 9.1.1986 – 2 ABR 24/85, AP Nr. 20 zu § 626 BGB – Ausschlussfrist; HWK/*Sandmann*, § 626 BGB Rz. 423.
2 BAG 1.2.2007 – 2 AZR 333/06, NZA 2007, 744.
3 BAG 4.6.1997 – 2 AZR 362/96, NZA 1997, 1158; 25.2.1983 – 2 AZR 298/81, AP Nr. 14 zu § 626 BGB – Ausschlussfrist.
4 BAG 21.6.1995 – 2 ABR 28/94, AP Nr. 36 zu § 15 KSchG 1969.
5 HM: KR/*Fischermeier*, § 626 BGB Rz. 311; aA *Gamillscheg*, FS BAG, 1979, S. 125.
6 BAG 2.3.2006 – 2 AZR 46/05, NZA 2006, 1211.
7 BAG 22.6.1989 – 8 AZR 164/88, AP Nr. 11 zu § 628 BGB.
8 BAG 4.6.1997 – 2 AZR 362/96, NZA 1997, 1158.
9 ErfK/*Müller-Glöge*, § 626 BGB Rz. 230.
10 BAG 15.8.2002 – 2 AZR 514/01, NZA 2003, 795.
11 BAG 31.3.1993 – 2 AZR 492/92, AP Nr. 32 zu § 626 BGB – Ausschlussfrist.
12 BAG 1.2.2007 – 2 AZR 333/06, NZA 2007, 744.

digungssachverhalts an; selbst **grob fahrlässige Unkenntnis ist ohne Bedeutung**[1]. Es ist auf die Kenntnis der Tatsachen abzustellen, die dem Kündigenden die Entscheidung darüber ermöglichen, ob ihm die Fortsetzung des Arbeitsverhältnisses zumutbar ist oder nicht. Es genügt somit **nicht** die Kenntnis des konkreten, die Kündigung auslösenden Anlasses, dh. des „Vorfalls", der einen wichtigen Grund darstellen könnte, sondern **aller für und gegen die außerordentliche Kündigung sprechenden Umstände**, die im Rahmen der Zumutbarkeitsprüfung in die Gesamtwürdigung einzubeziehen sind. Solange der Kündigungsberechtigte die zur Aufklärung des Sachverhalts nach pflichtgemäßem Ermessen notwendig erscheinenden Maßnahmen durchführt, kann die Ausschlussfrist nicht beginnen[2]. Die erforderlichen Ermittlungen sind allerdings **mit der gebotenen Eile** durchzuführen[3]. Zur Aufklärung des Sachverhalts gehört auch die Anhörung des Arbeitnehmers[4]. Die Anhörung des Arbeitnehmers ist nach der Rechtsprechung des BAG innerhalb einer Regelfrist von einer Woche, nachdem dem Arbeitgeber die wesentlichen Umstände des den Kündigungsvorwurf begründenden Vorfalles bekannt geworden sind, durchzuführen[5]. Bei Vorliegen besonderer Umstände (urlaubsbedingte Abwesenheit; Erkrankung, die auch eine schriftliche Stellungnahme ausschließt; Untersuchungshaft[6]) darf die Wochenfrist auch überschritten werden[7] (vgl. Rz. 81). Sind die Ermittlungen abgeschlossen und hat der Kündigungsberechtigte hinreichende Kenntnis vom Kündigungssachverhalt und von den erforderlichen Beweismitteln, so beginnt der Lauf der Ausschlussfrist. Unerheblich ist, ob die Ermittlungen zur Aufklärung beigetragen haben oder überflüssig waren. Für weitere Ermittlungen besteht hingegen **kein Anlass** mehr, wenn der Sachverhalt geklärt ist oder der Gekündigte ihn zugestanden hat[8].

b) Dauergründe

75 Handelt es sich um einen echten Dauergrund oder Dauertatbestand, findet die Ausschlussfrist ebenfalls Anwendung[9]. Diese beginnt mit der **Beendigung dieses Zustandes**[10]; dies ist der Abschluss der Tatsachen, die den Kündigungsgrund hervorrufen. Bei **nicht abgeschlossenen Dauerzuständen** ist die Zwei-Wochen-Frist gewahrt, wenn der Dauerzustand **in den letzten zwei Wochen** vor Ausspruch der Kündigung angehalten hat und damit die Störung noch nicht abgeschlossen war[11]. Bei einem echten Dauergrund treten fortlaufend neue Tatsachen ein, die zur Störung des Arbeitsverhältnisses führen und für die Kündigung maßgebend sind[12].

Beispiele:

Der Arbeitnehmer bleibt unberechtigt und unentschuldigt längere Zeit der Arbeit fern; mit jedem Tag des Fernbleibens entsteht eine neue, für die Kündigung maßgebliche Tatsache, und dieser Tatbestand dauert bis zur Wiederaufnahme der Arbeit an[13].

---

1 BAG 17.3.2005 – 2 AZR 245/04, NZA 2006, 101; 5.6.2008 – 2 AZR 234/07, NZA-RR 2008, 630.
2 BAG 29.7.1993 – 2 AZR 90/93, AP Nr. 31 zu § 626 BGB – Ausschlussfrist.
3 BAG 31.3.1993 – 2 AZR 492/92, AP Nr. 32 zu § 626 BGB – Ausschlussfrist.
4 BAG 14.11.1984 – 7 AZR 133/83, AP Nr. 89 zu § 626 BGB; 10.6.1988 – 2 AZR 25/88, AP Nr. 27 zu § 626 BGB – Ausschlussfrist; KR/*Fischermeier*, § 626 BGB Rz. 331.
5 BAG 10.6.1988 – 2 AZR 25/88 u. 31.3.1993 – 2 AZR 492/92, AP Nr. 27, 32 zu § 626 BGB – Ausschlussfrist.
6 *Mennemeyer/Dreymüller*, NZA 2005, 382 (384 f.).
7 BAG 2.3.2006 – 2 AZR 46/05, NZA 2006, 1211.
8 BAG 17.3.2005 – 2 AZR 245/04, NZA 2006, 101.
9 BAG 18.5.2006 – 2 AZR 207/05, DB 2006, 1851.
10 BAG 25.2.1983 – 2 AZR 298/81 u. 22.1.1998 – 2 ABR 19/97, AP Nr. 14 und 38 zu § 626 BGB – Ausschlussfrist.
11 BAG 21.3.1996 – 2 AZR 455/95, DB 1996, 1574.
12 BAG 25.2.1983 – 2 AZR 298/81 u. 22.1.1998 – 2 ABR 19/97, AP Nr. 14 und 38 zu § 626 BGB – Ausschlussfrist.
13 BAG 28.4.1994 – 2 AZR 730/93, AP Nr. 117 zu § 626 BGB.

VIII. Ausschlussfrist des § 626 Abs. 2 BGB

Der betrieblich bedingte Wegfall des Arbeitsplatzes[1] oder betriebliche Änderungserfordernisse der Arbeitsbedingungen[2] sind als Dauertatbestand anerkannt.

Ein Dauertatbestand ist ferner der eigenmächtige Urlaubsantritt. Hier beginnt die Ausschlussfrist mit der Rückkehr des Arbeitnehmers in den Betrieb[3]. Der Verdacht strafbarer Handlungen oder die begangene Straftat stellen keinen Dauergrund dar[4].

Als Dauertatbestand ist in der Rechtsprechung ferner die **dauernde krankheitsbedingte Leistungsunfähigkeit** anerkannt[5]. Auch **häufige Kurzerkrankungen** können einen Dauertatbestand darstellen. Kündigungsgrund ist dabei nicht die Erkrankung als solche, sondern die negative Gesundheitsprognose und eine daraus resultierende erhebliche Beeinträchtigung der betrieblichen Interessen. Sie kann sowohl auf einer einheitlichen Krankheitsursache als auch auf unterschiedlichen prognosefähigen Erkrankungen beruhen. Die verschiedenen Erkrankungen können den Schluss auf eine dauerhafte Krankheitsanfälligkeit des Arbeitnehmers zulassen und damit eine negative Prognose begründen. Der Dauertatbestand beginnt in dem Zeitpunkt, zu welchem die bis dahin aufgetretenen Kurzerkrankungen einen solchen Schluss zum ersten Mal zulassen. Er **endet** in dem Zeitpunkt, zu welchem die zurückliegenden Kurzerkrankungen zum ersten Mal eine entsprechende **negative Prognose nicht mehr stützen**. Das Ende des Dauertatbestands tritt folglich nicht schon mit dem Ende der letzten Arbeitsunfähigkeit ein, an die sich ein entsprechend langer Zeitraum ohne Ausfälle anschließt. Es tritt erst mit dem Erreichen einer ausreichenden Länge eben dieses Zeitraums ein, weil erst dieser die Prognosetauglichkeit der Vergangenheit beendet[6].

c) Fortwirkende Tatbestände

Von den Dauertatbeständen zu unterscheiden sind die Tatbestände, die zwar bereits abgeschlossen sind, jedoch im Hinblick auf den **Vertrauensverlust** beim Arbeitgeber fortwirken. Hierzu gehören zB mehrere Vertragspflichtverletzungen wie wiederholte Unpünktlichkeiten. Sind solche Vorfälle verfristet, können sie noch **unterstützend verwertet** werden, wenn sie mit neueren, innerhalb der Ausschlussfrist bekannt gewordenen Vorgängen in einem **so engen sachlichen und inneren Zusammenhang** stehen, dass die neuen Vorgänge ein weiteres und letztes Glied in der Kette der Ereignisse bilden, die zum Anlass der Kündigung genommen werden[7]. Das gilt insbesondere dann, wenn der Arbeitgeber die früheren – gleichartigen oder zumindest ähnlichen – Vertragspflichtverletzungen des Arbeitnehmers zeitnah und wirksam abgemahnt hat.

d) Kündigungsberechtigter

Nach § 626 Abs. 2 Satz 2 BGB ist maßgeblich die Kenntnis des Kündigungsberechtigten. Kündigungsberechtigt ist der **Arbeitgeber bzw. dessen gesetzlicher Vertreter**. Neben den Mitgliedern der Organe von juristischen Personen und Körperschaften gehören zu den Kündigungsberechtigten auch die Mitarbeiter, denen der Arbeitgeber das Recht zur außerordentlichen Kündigung übertragen hat. Dagegen ist die Kenntnis anderer Personen für den Lauf der Ausschlussfrist nach § 626 Abs. 2 BGB grundsätzlich unbeachtlich[8].

Nur ausnahmsweise muss sich der Arbeitgeber die Kenntnis anderer Personen nach Treu und Glauben zurechnen lassen. Dazu müssen diese Personen eine herausgeho-

---

1 BAG 5.2.1998 – 2 AZR 227/97, NZA 1998, 771.
2 BAG 19.7.2012 – 2 AZR 25/11, NZA 2012, 1038; 5.10.1995 – 2 AZR 25/95, RzK I 6g Nr. 26.
3 BAG 25.2.1983 – 2 AZR 298/81 u. 22.1.1998 – 2 ABR 19/97, AP Nr. 14 und 38 zu § 626 BGB – Ausschlussfrist.
4 BAG 29.7.1993 – 2 AZR 90/93, AP Nr. 31 zu § 626 BGB – Ausschlussfrist.
5 BAG 12.1.2006 – 2 AZR 242/05, AP Nr. 13 zu § 626 BGB – Krankheit.
6 BAG 23.1.2014 – 2 AZR 582/13, NZA 2014, 962.
7 BAG 2.4.1987 – 2 AZR 418/86 u. 17.3.1988 – 2 AZR 576/87, AP Nr. 96, 99 zu § 626 BGB.
8 BAG 21.2.2013 – 2 AZR 433/12, NZA-RR 2013, 515.

bene Position und Funktion im Betrieb haben sowie tatsächlich und rechtlich in der Lage sein, einen Sachverhalt, der Anhaltspunkte für eine außerordentliche Kündigung bietet, so umfassend zu klären, dass mit ihrer Mitteilung der Kündigungsberechtigte ohne weitere eigene Nachforschungen seine (Kündigungs-) Entscheidung abgewogen treffen kann. Dementsprechend müssen diese Mitarbeiter in einer **ähnlich selbständigen Stellung** sein, wie ein gesetzlicher oder rechtsgeschäftlicher Vertreter des Arbeitgebers. **Zusätzliche Voraussetzung** für eine Zurechenbarkeit der Kenntnisse dieser Personen zum Arbeitgeber ist, dass die **Verzögerung bei der Kenntniserlangung** in dessen eigener Person auf einer **unsachgemäßen Organisation des Betriebes** beruht, obwohl eine andere betriebliche Organisation sachgemäß und zumutbar gewesen wäre[1].

79 Eine **ohne hinreichende Vertretungsmacht** erklärte außerordentliche Kündigung kann – wenn die Kündigung nicht vom Kündigungsempfänger gem. § 174 BGB wegen Nichtvorlage einer Vollmachtsurkunde zurückgewiesen wird – vom Vertretenen mit rückwirkender Kraft nach § 184 BGB genehmigt werden[2], dies ist allerdings nur innerhalb der zweiwöchigen Ausschlussfrist des § 626 BGB möglich.

3. Hemmung der Ausschlussfrist

80 Der Beginn der zweiwöchigen Ausschlussfrist des § 626 Abs. 2 BGB ist gehemmt, wenn der **Kündigungsberechtigte** aus verständigen Gründen mit der gebotenen Eile, also **zügig, Ermittlungen durchführt**, die ihm nach pflichtgemäßem Ermessen eine umfassende und zuverlässige Kenntnis des Kündigungssachverhalts verschaffen sollen[3]. Hält der Arbeitgeber einen bestimmten Kenntnisstand für ausreichend, muss er binnen zwei Wochen kündigen, nachdem er diesen Kenntnisstand erlangt hat[4]. Beginn und Hemmung der Ausschlussfrist aufgrund weiterer Ermittlungen werden also durch die Gründe bestimmt, auf die der Arbeitgeber die Kündigung im Prozess stützt.

81 Dem **Kündigungsgegner** kann Gelegenheit zur Stellungnahme gegeben werden. Eine solche **Anhörung** hat innerhalb einer kurz bemessenen Frist zu erfolgen, die regelmäßig nicht länger als **eine Woche** sein darf. Es handelt sich um eine **Regelfrist**, die nur bei Vorliegen bestimmter Umstände (sachlich erhebliche bzw. verständige Gründe) überschritten werden darf[5]. Unerheblich ist, ob die Ermittlungsmaßnahmen tatsächlich zur Aufklärung des Sachverhalts beigetragen haben oder nicht[6]. Die einwöchige Regelfrist beginnt ihrerseits mit Kenntnis des Arbeitgebers von dem Vorgang, der zur außerordentlichen Kündigung führen könnte[7]. Die Regelfrist wird ausdrücklich nur auf die Anhörung des Kündigungsgegners bezogen[8]. **Für die übrigen Ermittlungen** gilt **keine Regelfrist**. Bei diesen ist fallbezogen zu beurteilen, ob sie mit der gebotenen Eile betrieben wurden[9].

---

1 BAG 23.10.2008 – 2 AZR 388/07, AP Nr. 217 zu § 626 BGB; 21.2.2013 – 2 AZR 433/12, NZA-RR 2013, 515.
2 BAG 26.3.1986 – 7 AZR 585/84, AP Nr. 2 zu § 180 BGB; 4.2.1987 – 7 AZR 583/85, AP Nr. 24 zu § 626 BGB – Ausschlussfrist.
3 BAG 28.4.1994 – 2 AZR 730/93, AP Nr. 117 zu § 626 BGB.
4 BAG 28.4.1994 – 2 AZR 730/93, AP Nr. 117 zu § 626 BGB.
5 BAG 10.6.1988 – 2 AZR 25/88 u. 31.3.1993 – 2 AZR 492/92, AP Nr. 27, 32 zu § 626 BGB – Ausschlussfrist.
6 BAG 20.3.2014 – 2 AZR 1037/12, NZA 2014, 1015.
7 *Mennemeyer/Dreymüller*, NZA 2005, 382 (383).
8 BAG 10.6.1988 – 2 AZR 25/88, AP Nr. 27 zu § 626 BGB – Ausschlussfrist.
9 BAG 10.6.1988 – 2 AZR 25/88 und 31.3.1993 – 2 AZR 492/92, AP Nr. 27, 32 zu § 626 BGB – Ausschlussfrist.

VIII. Ausschlussfrist des § 626 Abs. 2 BGB

Der mit der beabsichtigten Anhörung verbundene Fristaufschub iSv. § 626 Abs. 2 BGB **entfällt nicht nachträglich**, wenn der Arbeitgeber das **ergebnislose Verstreichen** der Frist zur Stellungnahme für den Arbeitnehmer zum Anlass nimmt, nunmehr auf dessen Anhörung zu **verzichten**. Ein solcher nachträglicher Wegfall des ursprünglichen Aufschubs käme nur in Frage, wenn der betreffende Entschluss des Arbeitgebers auf Willkür beruhte. Davon kann nicht die Rede sein, wenn Anlass für den neuen Entschluss der Umstand ist, dass sich der Arbeitnehmer innerhalb einer ihm gesetzten, angemessenen Frist nicht geäußert hat[1].

81a

4. Besonderheiten bei der Verdachtskündigung

Wird die fristlose Kündigung wegen Verdachts einer schwerwiegenden arbeitsvertraglichen Pflichtverletzung (insbesondere einer strafbaren Handlung) ausgesprochen, gilt hinsichtlich der Zwei-Wochen-Frist Folgendes: Hat der Arbeitgeber nur einen nicht beweisbaren Verdacht, fehlt ihm die Kenntnis der für die Kündigung maßgebenden Tatsachen, was bedeutet, dass die Zwei-Wochen-Frist noch nicht zu laufen begonnen hat. Der Arbeitgeber kann mit der gebotenen Eile weitere Ermittlungen anstellen. Sobald dem Kündigungsberechtigten durch seine Ermittlungen die den Verdacht begründenden – beweisbaren – Umstände bekannt sind, die ihm die nötige Interessenabwägung und die Entscheidung darüber ermöglichen, ob ihm die Fortsetzung des Arbeitsverhältnisses zumutbar ist oder nicht, beginnt die Ausschlussfrist des § 626 Abs. 2 BGB[2]. Dies gilt gleichermaßen, wenn der Arbeitgeber einen bestimmten Kenntnisstand für ausreichend hält. In dem Fall muss er binnen zwei Wochen kündigen, nachdem er diesen Kenntnisstand erlangt hat[3]. Das verdachtsbegründete Defizit in die Vertrauenswürdigkeit des Arbeitnehmers ist kein Dauertatbestand[4].

82

5. Besonderheiten bei der Kündigung wegen einer Straftat

Will der Arbeitgeber eine **auf die Tatbegehung** selbst **gestützte außerordentliche Kündigung** oder eine **Verdachtskündigung wegen einer Straftat** aussprechen, kann er grundsätzlich selbst entscheiden, an welches Verfahrensstadium er mit seinem Kündigungsentschluss anknüpfen will. Es kann im Lauf des Aufklärungszeitraums nicht nur einen, sondern mehrere Zeitpunkte geben, in denen ein Verdacht „dringend" genug ist, um eine Verdachtskündigung darauf zu stützen. Es kommt nicht auf absolut gedachte Zeitpunkte an, sondern darauf, ob der Kündigungsberechtigte ohne sachlichen Grund untätig blieb und der Gekündigte aus der Untätigkeit schließen konnte, der Kündigungsberechtigte werde von seinem Recht keinen Gebrauch machen[5]. Der Arbeitgeber darf den Ausgang der staatsanwaltlichen Ermittlungen abwarten[6] und die Kündigung nach Anklageerhebung aussprechen[7]. Er darf auch die nicht rechtskräftige Verurteilung des Arbeitnehmers zum Anlass der außerordentlichen Kündigung nehmen. Schließlich kann er mit der Kündigung auch bis zum Eintritt der Rechtskraft der strafgerichtlichen Verurteilung abwarten. Der Arbeitgeber kann auch mehrere im Haupt- und Hilfsverhältnis stehende Kündigungen aussprechen und hierbei an den Abschluss des jeweiligen strafrechtlichen Verfahrensabschnitts anknüpfen. Jedem Ereignis im Fortgang des Ermittlungsverfahrens kann eine die Vertragsstörung intensivierende Wirkung zukommen, das die Gewissheit, der Vertragspartner könne die

83

---

1 BAG 20.3.2014 – 2 AZR 1037/12, NZA 2014, 1015.
2 BAG 29.7.1993 – 2 AZR 90/93, AP Nr. 31 zu § 626 BGB – Ausschlussfrist.
3 BAG 29.7.1993 – 2 AZR 90/93, AP Nr. 31 zu § 626 BGB – Ausschlussfrist; 28.4.1994 – 2 AZR 730/93, AP Nr. 117 zu § 626 BGB.
4 *Fischermeier*, FS ARGE Arbeitsrecht im DAV, S. 275 (284).
5 BAG 5.6.2008 – 2 AZR 234/07, NZA-RR 2008, 630.
6 BAG 18.11.1999 – 2 AZR 852/98, NZA 2000, 381; 22.11.2012 – 2 AZR 732/11, NZA 2013, 665.
7 BAG 5.6.2008 – 2 AZR 234/07, NZA-RR 2008, 630.

Pflichtverletzung begangen haben oder habe sie begangen, erhöht[1]. Die Frist gem. § 626 Abs. 2 BGB beginnt ab Kenntniserlangung des Arbeitgebers von dem Akt, der den jeweiligen Verfahrensabschnitt beendet (Anklageerhebung, Verurteilung), zu laufen[2], diese Akte lösen also jeweils die Frist von § 626 Abs. 2 BGB neu aus[3]. Auch im Hinblick auf die Tatsache der rechtskräftigen Verurteilung ist keine Ausnahme von dem Grundsatz zu machen, dass nur positive Kenntnis die Kündigungserklärungsfrist in Gang setzt, so dass auch der öffentliche Arbeitgeber, auch wenn ihm die Eröffnung des Ermittlungsverfahrens bekannt ist, keine eigenen Nachforschungen über den Stand der Sache anstellen muss[4]. Entschließt sich der Arbeitgeber hingegen zunächst, den Ausgang des Ermittlungs- bzw. Strafverfahrens abzuwarten, nimmt dann jedoch zu einem willkürlich gewählten Zeitpunkt Monate später eigene Ermittlungen auf, ohne dass sich neue Tatsachen ergeben haben, ist die Zwei-Wochen-Frist nicht gewahrt, auch wenn er zwei Wochen nach Abschluss dieser Ermittlungen die Verdachtskündigung vornimmt[5].

⊃ **Hinweise:** Hat der Arbeitgeber die Zwei-Wochen-Frist bei der Verdachtskündigung versäumt, hindert ihn dies nicht, später – nach Abschluss des Strafverfahrens – eine außerordentliche Kündigung wegen der **Tatbegehung** auszusprechen[6].

Auch bei dem Ergebnis eines **beamtenrechtlichen Disziplinarverfahrens** handelt es sich um einen Umstand, der als „für die Kündigung maßgebende Tatsache" Berücksichtigung finden und damit den Lauf der Kündigungserklärungsfrist in Gang setzen kann, wenn es dem kirchlichen Arbeitgeber auf das Werturteil ankommt, das mit dem Ergebnis des Verfahrens verbunden ist[7].

6. Besonderheiten bei der außerordentlichen Kündigung von Betriebs- und Personalräten

84 Auch im Regelungsbereich des § 103 BetrVG findet die **Ausschlussfrist** des § 626 Abs. 2 BGB grundsätzlich Anwendung. Die **Frist beginnt** wie in den sonstigen Fällen (vgl. Rz. 74) **mit der Kenntnis des Arbeitgebers** von den für die Kündigung maßgebenden Tatsachen[8]. Dies sieht zwar § 103 BetrVG nicht vor; man kann jedoch dem Gesetzgeber, der durch § 103 BetrVG einen besonderen kollektiven Schutz einräumen wollte, nicht unterstellen, dass damit zugleich die dem individualrechtlichen Schutz dienende Vorschrift des § 626 Abs. 2 BGB beseitigt werden sollte[9].

85 Der Arbeitgeber muss **innerhalb der Zwei-Wochen-Frist** zum einen das **Zustimmungsverfahren** beim Betriebsrat **einleiten**[10]. Dabei hat der Betriebsrat in entsprechender Anwendung des § 102 Abs. 2 Satz 3 BetrVG lediglich eine Überlegungsfrist von drei Tagen[11].

86 Verweigert der Betriebsrat die Zustimmung oder gilt diese wegen Ablaufs der dreitägigen Erklärungsfrist als verweigert, hat der Arbeitgeber ebenfalls noch **innerhalb der Zwei-Wochen-Frist** den **Ersetzungsantrag beim Arbeitsgericht** zu stellen[12]; die Frist

---

1 BAG 27.1.2011 – 2 AZR 825/09, NZA 2011, 798; 5.6.2008 – 2 AZR 234/07, NZA-RR 2008, 630.
2 BAG 18.11.1999 – 2 AZR 852/98, NZA 2000, 381.
3 BAG 8.6.2000 – 2 AZR 638/99, NZA 2000, 1282.
4 BAG 5.6.2008 – 2 AZR 25/07, NZA-RR 2009, 69.
5 BAG 29.7.1993 – 2 AZR 90/93, AP Nr. 31 zu § 626 BGB – Ausschlussfrist.
6 BAG 12.12.1984 – 7 AZR 575/83, AP Nr. 19 zu § 626 BGB – Ausschlussfrist.
7 BAG 26.9.2013 – 2 AZR 741/12, NZA 2014, 529.
8 BAG 9.1.1986 – 2 ABR 24/85, AP Nr. 20 zu § 626 BGB – Ausschlussfrist.
9 BAG 22.8.1974 – 2 ABR 17/74, AP Nr. 1 zu § 103 BetrVG 1972.
10 BAG 9.1.1986 – 2 ABR 24/85, AP Nr. 20 zu § 626 BGB – Ausschlussfrist.
11 BAG 18.8.1977 – 2 ABR 19/77, AP Nr. 10 zu § 103 BetrVG 1972.
12 BAG 9.1.1986 – 2 ABR 24/85, AP Nr. 20 zu § 626 BGB – Ausschlussfrist.

beginnt also nicht erneut zu laufen. Die Zustimmung ist so rechtzeitig zu beantragen, dass der Ersetzungsantrag ebenfalls noch innerhalb der Zwei-Wochen-Frist beim Arbeitsgericht eingereicht werden kann. Es genügt nicht, dass der Arbeitgeber kurz vor Ablauf der Zwei-Wochen-Frist die Zustimmung beantragt und den Ersetzungsantrag erst nach Ablauf der Frist einreicht[1]. – Da das Ersetzungsverfahren bis zum Ablauf der Zwei-Wochen-Frist regelmäßig nicht abgeschlossen ist und folglich die Kündigung nicht innerhalb der Ausschlussfrist ausgesprochen werden kann, tritt im Regelungsbereich des § 103 BetrVG der Ersetzungsantrag an das Arbeitsgericht an die Stelle der Kündigung[2].

Die außerordentliche Kündigung ist **unverzüglich nach rechtskräftiger Entscheidung über die Ersetzung der Zustimmung** auszusprechen[3]. Dies leitet sich ab aus § 91 Abs. 5 SGB IX, den das BAG wegen der vergleichbaren Sach- und Interessenlage entsprechend anwendet. Die Zwei-Wochen-Frist beginnt also nicht erneut zu laufen. Maßgeblich ist der Zeitpunkt, zu dem die Entscheidung über die Ersetzung der Zustimmung rechtskräftig wird. Dieser kann auch schon vor Eintritt der formellen Rechtskraft wegen **offensichtlicher Unstatthaftigkeit eines weiteren Rechtsmittels** erreicht sein[4]. 87

Erteilt der Betriebsrat die zunächst verweigerte **Zustimmung** im Rahmen des fristgemäß eingeleiteten Ersetzungsverfahrens noch **nachträglich**, muss der Arbeitgeber die Kündigung unverzüglich aussprechen, nachdem er von der nachträglichen Zustimmung Kenntnis erlangt hat[5]. 88

Bei einer vom Betriebsrat erteilten Zustimmung ist die Kündigung noch innerhalb der Zwei-Wochen-Frist auszusprechen. 89

Endet das Amt des Betriebsrates, so wird der Antrag des Arbeitgebers auf Zustimmung zur außerordentlichen Kündigung unzulässig. Das gilt auch, wenn das Betriebsratsamt aufgrund einer erfolgreichen Anfechtung der Betriebsratswahl endet. Der Arbeitgeber ist nunmehr berechtigt, ohne Zustimmung des Betriebsrats die außerordentliche Kündigung auszusprechen[6]. Auch hier muss der Arbeitgeber die Kündigung unverzüglich aussprechen, nachdem er von den Tatsachen, die das Ende des Betriebsratsamtes bedeuten, Kenntnis erlangt hat. Ist nicht klar, ob der Betriebsrat sein Amt tatsächlich verloren hat, kann der Arbeitgeber – auch während eines laufenden Zustimmungsersetzungsverfahrens – eine außerordentliche Kündigung vorsorglich für den Fall aussprechen, dass der Sonderkündigungsschutz entfallen ist[7]. Eine Kündigung, die der Arbeitgeber während des Verfahrens nach § 103 Abs. 2 BetrVG gegenüber dem beteiligten Arbeitnehmer ausspricht, ist jedenfalls dann nicht als Rücknahme des Zustimmungsersuchens gegenüber dem Betriebsrat zu verstehen, wenn die Kündigung nur vorsorglich für den Fall ausgesprochen wurde, dass es einer Zustimmung des Betriebsrats nicht (mehr) bedarf[8]. 89a

Die vorstehenden Grundsätze (vgl. Rz. 84 ff.) gelten ebenso für die **außerordentliche Kündigung eines Mitglieds des Personalrats**[9], dh. es ist zunächst innerhalb der Zwei- 90

---

1 BAG 8.6.2000 – 2 AZR 375/99, NZA 2001, 212.
2 *Schmidt*, Anm. zu BAG 21.10.1983 – 7 AZR 281/82, AP Nr. 16 zu § 626 BGB – Ausschlussfrist.
3 BAG 2.2.2006 – 2 AZR 57/05, NZA-RR 2006, 440.
4 BAG 25.1.1979 – 2 AZR 983/77, AP Nr. 12 zu § 103 BetrVG 1972.
5 BAG 17.9.1981 – 2 AZR 402/79, AP Nr. 14 zu § 103 BetrVG 1972.
6 BAG 12.3.2009 – 2 ABR 24/08, NZA-RR 2010, 180; 27.6.2002 – 2 ABR 22/01, BAGE 102, 30.
7 Näher zu den möglichen Zeitpunkten des Ausspruchs vorsorglicher Kündigungen gegenüber Betriebsratsmitgliedern *Diller*, § 103 BetrVG – Der Wahnsinn hat Methode, NZA 1998, 1163; sowie *Diller*, Der Wahnsinn hat Methode, Teil 2, NZA 2004, 579.
8 BAG 27.1.2011 – 2 ABR 114/09, NZA-RR 2011, 348.
9 BAG 21.10.1983 – 7 AZR 281/82, AP Nr. 16 zu § 626 BGB – Ausschlussfrist; ausdrücklich bestätigt durch BAG 8.6.2000 – 2 AZR 375/99, NZA 2001, 212.

Wochen-Frist das personalvertretungsrechtliche Mitbestimmungsverfahren einschließlich der Einleitung eines eventuellen gerichtlichen Zustimmungsersetzungsverfahrens durchzuführen und nach dessen Abschluss unverzüglich, in entsprechender Anwendung des § 91 Abs. 5 SGB IX, die außerordentliche Kündigung auszusprechen.

91 Verweigert der Betriebsrat bei einem **schwerbehinderten Menschen**, der **zugleich Mitglied des Betriebsrats** ist, die Zustimmung zu einer außerordentlichen Kündigung, ist das Beschlussverfahren auf Ersetzung der Zustimmung in entsprechender Anwendung von § 91 Abs. 5 SGB IX unverzüglich nach Erteilung der Zustimmung durch das Integrationsamt oder nach Eintritt der Zustimmungsfiktion des § 91 Abs. 3 SGB IX einzuleiten[1].

7. Besonderheiten bei der außerordentlichen Kündigung schwerbehinderter Menschen

91a Gemäß §§ 85, 91 Abs. 1 SGB IX hat der Arbeitgeber auch vor der außerordentlichen Kündigung eines schwerbehinderten Menschen zuvor die **Zustimmung des Integrationsamtes** einzuholen. Die Antragstellung hat innerhalb der Zwei-Wochen-Frist des § 91 Abs. 2 SGB IX zu erfolgen. Das Integrationsamt trifft seinerseits die Entscheidung binnen zwei Wochen, gerechnet vom Eingang des Antrages an (§ 91 Abs. 3 SGB IX). Aufgrund dieses Verfahrensganges ist deshalb in der Praxis oft die Zwei-Wochen-Frist des § 626 Abs. 2 Satz 1 BGB nach Erteilung der Zustimmung des Integrationsamts abgelaufen. Für solche Fälle gestattet § 91 Abs. 5 SGB IX den Ausspruch der Kündigung auch nach Ablauf der Frist des § 626 Abs. 2 Satz 1 BGB, wenn dies unverzüglich nach Erteilung der Zustimmung des Integrationsamtes geschieht. Nach erteilter Zustimmung beginnt hingegen keine neue Ausschlussfrist iSv. § 626 Abs. 2 BGB zu laufen[2].

91b „Erteilt" iSv. § 91 Abs. 5 SGB IX ist die Zustimmung, sobald eine solche Entscheidung innerhalb der Frist des § 91 Abs. 3 Satz 1 SGB IX getroffen und der antragstellende Arbeitgeber hierüber in Kenntnis gesetzt oder wenn eine Entscheidung innerhalb der Frist des § 91 Abs. 3 Satz 1 SGB IX nicht getroffen worden ist; in diesem Fall gilt die Zustimmung mit Ablauf der Frist gem. § 91 Abs. 3 Satz 2 SGB IX als erteilt. Entsprechend der Legaldefinition des § 121 Abs. 1 BGB bedeutet „unverzüglich" auch im Rahmen von § 91 Abs. 5 SGB IX „ohne schuldhaftes Zögern"[3]. Solange derjenige, dem unverzügliches Handeln abverlangt wird, nicht weiß, dass er die betreffende Rechtshandlung vornehmen muss, oder mit vertretbaren Gründen annehmen kann, er müsse sie noch nicht vornehmen, liegt kein „schuldhaftes" Zögern vor. In diesem Zusammenhang besteht zwar eine Obliegenheit des Arbeitgebers, sich beim Integrationsamt zu erkundigen, ob es innerhalb der Frist des § 91 Abs. 3 Satz 1 SGB IX eine Entscheidung getroffen hat, weil anderenfalls die Zustimmung fingiert wird. Dem Arbeitgeber ist es aber nicht zuzumuten, darauf zu dringen, ggf. auch über den Inhalt der getroffenen Entscheidung schon vorab in Kenntnis gesetzt zu werden. Die Bekanntgabe der Entscheidung hat vielmehr durch Zustellung zu erfolgen (§ 88 Abs. 2, § 91 Abs. 1 SGB IX). Teilt das Integrationsamt lediglich mit, dass es innerhalb der Frist eine Entscheidung getroffen habe, darf der Arbeitgeber die Zustellung des entsprechenden Bescheids eine – nicht gänzlich ungewöhnliche – Zeit lang abwarten[4].

---

1 BAG 22.1.1987 – 2 ABR 6/86, AP Nr. 24 zu § 103 BetrVG 1972.
2 BAG 19.4.2012 – 2 AZR 118/11, FA 2012, 336.
3 BAG 19.4.2012 – 2 AZR 118/11, FA 2012, 336.
4 BAG 19.4.2012 – 2 AZR 118/11, FA 2012, 336.

IX. Mitteilung der Kündigungsgründe

Nach § 626 Abs. 2 Satz 3 BGB ist der **Kündigungsgrund auf Verlangen unverzüglich schriftlich mitzuteilen**. Ein Verstoß berührt die Wirksamkeit der Kündigung nicht[1]. Werden die Kündigungsgründe nicht, nicht vollständig oder wahrheitswidrig angegeben, hat der Kündigende dem Gekündigten den Vertrauensschaden zu ersetzen[2]. Dieser dürfte sich im Wesentlichen auf die Prozesskosten beschränken. Voraussetzung ist, dass der Gekündigte bei ordnungsgemäßer Mitteilung der Kündigungsgründe nicht geklagt hätte und nach Mitteilung der Gründe die Klage zurücknimmt[3]. **Zu beachten:** Bei einer außerordentlichen Kündigung eines **Berufsausbildungsverhältnisses** nach der Probezeit (§ 22 Abs. 3 BBiG) ist bei fehlender Begründung die Kündigung bereits aus formellen Gründen unwirksam.

92

X. Umdeutung einer unwirksamen außerordentlichen Kündigung

Die Umdeutung einer unwirksamen außerordentlichen in eine ordentliche Kündigung kommt unter den Voraussetzungen des § 140 BGB in Betracht. Dies setzt voraus, dass sich der **Arbeitgeber** ausdrücklich **auf die Umdeutung beruft**, die Umdeutung in eine ordentliche Kündigung nach den gegebenen Umständen **dem mutmaßlichen Willen** des Arbeitgebers **entspricht** und dieser Wille **dem Arbeitnehmer erkennbar** geworden ist[4]. Dies trifft insbesondere zu, wenn der Kündigende das Arbeitsverhältnis in jedem Fall beenden wollte[5], was bei der außerordentlichen Kündigung in aller Regel zu bejahen ist. Eine tatsächliche Vermutung hierfür gibt es jedoch nicht[6]. Die Umdeutung ist **im Prozess von Amts wegen** zu beachten, wenn die dazu erheblichen Tatsachen vorgetragen sind[7]. Fehlt es hieran, hat eine Amtsermittlung zu unterbleiben. Die Einwendung der Umdeutung muss jedoch nicht ausdrücklich erhoben werden[8]. Die Umdeutung scheidet aus, wenn der **Betriebsrat** nur zur außerordentlichen Kündigung angehört wurde, da die Anhörung zur außerordentlichen Kündigung die zur ordentlichen nicht ersetzt. Eine Ausnahme gilt für den Fall, dass der Betriebsrat der außerordentlichen Kündigung ausdrücklich und vorbehaltlos zugestimmt hat und einer ordentlichen Kündigung erkennbar nicht entgegengetreten wäre[9].

93

XI. Minderung der Vergütung und Schadensersatz nach § 628 BGB

1. Minderung der Vergütung nach § 628 Abs. 1 Satz 2 BGB

Nach § 628 Abs. 1 Satz 2 BGB kann eine Minderung der Vergütung erfolgen, wenn der Arbeitnehmer eine außerordentliche Kündigung vornimmt, ohne hierzu durch vertragswidriges Verhalten des Arbeitgebers veranlasst zu sein oder – dies ist die 2. Alternative des § 628 Abs. 1 Satz 2 BGB – der Arbeitgeber wegen vertragswidrigen Verhaltens des Arbeitnehmers außerordentlich kündigt. In beiden Fällen hat der Arbeitnehmer keinen Anspruch auf Vergütung, wenn und soweit seine bisherigen Leistungen infolge der Kündigung kein Interesse für den Arbeitgeber haben.

94

---

1 BAG 18.9.1997 – 2 AZR 36/97, AP Nr. 138 zu § 626 BGB; Staudinger/*Preis*, § 626 BGB Rz. 257.
2 BAG 17.8.1972 – 2 AZR 415/71, AP Nr. 65 zu § 626 BGB; Staudinger/*Preis*, § 626 BGB Rz. 258.
3 Staudinger/*Preis*, § 626 BGB Rz. 258.
4 BAG 20.9.1984 – 2 AZR 633/82, AP Nr. 80 zu § 626 BGB; 31.3.1993 – 2 AZR 492/92, AP Nr. 32 zu § 626 BGB – Ausschlussfrist.
5 BAG 31.3.1993 – 2 AZR 492/92, AP Nr. 32 zu § 626 BGB – Ausschlussfrist.
6 ErfK/*Müller-Glöge*, § 626 BGB Rz. 292.
7 BAG 15.11.2001 – 2 AZR 310/00, AP Nr. 13 zu § 140 BGB.
8 ErfK/*Müller-Glöge*, § 626 BGB Rz. 293.
9 BAG 6.7.1978 – 2 AZR 810/76, EzA § 102 BetrVG 1972 Nr. 37.

95 Der **Arbeitnehmer** darf zu der außerordentlichen Kündigung **nicht durch vertragswidriges Verhalten des Arbeitgebers veranlasst** worden sein (1. Alt. des § 628 Abs. 1 Satz 2 BGB). Eine Kündigung ohne Veranlassung durch Verhalten des Arbeitgebers liegt bspw. vor, wenn der Arbeitnehmer das Arbeitsverhältnis ohne Einhaltung der ordentlichen Kündigungsfrist beendet, weil er einen neuen Arbeitsplatz gefunden hat. Gleiches gilt, wenn die Beendigung des Arbeitsverhältnisses durch persönliche Umstände des Arbeitnehmers wie schwere Erkrankungen, Unglücksfälle und dergleichen veranlasst ist. Ein vertragswidriges Verhalten des Arbeitgebers setzt voraus, dass der Arbeitgeber dieses auch zu vertreten hat[1].

96 Ob § 628 Abs. 1 Satz 2 Alt. 1 BGB eine **gem. § 626 Abs. 1 BGB wirksame** außerordentliche Kündigung des Arbeitnehmers voraussetzt, ist höchstrichterlich bislang ungeklärt[2]. Dies wird von der hM in der Literatur mit der Begründung verneint, der Arbeitnehmer, der wirksam, also bspw. aus wichtigen persönlichen Gründen kündige, könne nicht schlechter gestellt sein als derjenige, dessen Kündigungsgründe nicht als solche gem. § 626 Abs. 1 BGB anzuerkennen sind[3].

97 Die Rechtsfolgen des § 628 Abs. 1 Satz 2 BGB treten nach dessen 2. Alternative ferner ein, wenn der **Arbeitgeber dem Arbeitnehmer wegen vertragswidrigen Verhaltens außerordentlich kündigt**. Das vertragswidrige Verhalten des Arbeitnehmers muss **schuldhaft** sein[4].

98 Sind die vorstehenden Voraussetzungen zu bejahen, **entfällt** nach beiden Alternativen für den Arbeitnehmer die **Vergütung** insoweit, als die **bisherigen Leistungen** des Arbeitnehmers für den Arbeitgeber **infolge der Kündigung kein Interesse** mehr haben. Das Interesse des Arbeitgebers an der bereits erbrachten Arbeitsleistung des Arbeitnehmers muss gerade infolge der tatsächlichen Beendigung der Tätigkeit des Arbeitnehmers entfallen sein. Damit ist Anspruchsvoraussetzung, dass der Arbeitnehmer im fraglichen Zeitraum, für den der Vergütungsanspruch ganz oder teilweise entfallen soll, Leistungen zu erbringen hatte, die für den Fall der Fortsetzung seiner Tätigkeit für den Dienstberechtigten von Interesse gewesen wären[5].

Beispiel:

Probe eines Musikers oder Schauspielers, wenn dieser vor der – tatsächlich stattfindenden – Aufführung unter den Voraussetzungen des § 628 Abs. 1 Satz 2 BGB aus dem Arbeitsverhältnis ausscheidet.

2. Schadensersatz nach § 628 Abs. 2 BGB

99 Nach § 628 Abs. 2 BGB kann der Kündigende Ersatz des ihm durch die Beendigung des Arbeitsverhältnisses entstehenden Schadens verlangen, wenn die Kündigung durch ein **vertragswidriges Verhalten des Gekündigten** veranlasst wurde. § 628 Abs. 2 BGB gilt für Arbeits- wie für freie Dienstverhältnisse[6] und für die Arbeitgeber- wie die Arbeitnehmerkündigung.

---

1 Staudinger/*Preis*, § 628 BGB Rz. 24.
2 Ausdrücklich offen gelassen in: BAG 21.10.1983 – 7 AZR 285/82, AP Nr. 2 zu § 628 BGB – Teilvergütung.
3 Staudinger/*Preis*, § 628 BGB Rz. 22.
4 Staudinger/*Preis*, § 628 BGB Rz. 25.
5 BAG 21.10.1983 – 7 AZR 285/82, AP Nr. 2 zu § 628 BGB – Teilvergütung.
6 BAG 8.8.2002 – 8 AZR 574/01, NZA 2002, 1323.

a) Kündigung iSd. § 628 Abs. 2 BGB

Es muss sich um eine **außerordentliche Kündigung** nach § 626 BGB handeln. Dabei kommt es nicht auf die Form der Beendigung des Arbeitsverhältnisses, sondern auf den **Anlass** an. Deshalb ist § 628 Abs. 2 BGB **auch anwendbar**, wenn das Arbeitsverhältnis **auf andere Weise** als durch fristlose Kündigung (zB durch ordentliche Kündigung oder durch Aufhebungsvertrag) beendet worden ist, sofern der andere Vertragsteil durch vertragswidriges schuldhaftes Verhalten Anlass für die Beendigung gegeben hat. Fehlt ein zur fristlosen Kündigung berechtigender Grund, scheidet ein Schadensersatzanspruch wegen der durch die Auflösung entstehenden Nachteile aus[1]. 100

Ebenso muss die **Zwei-Wochen-Frist** des § 626 Abs. 2 BGB eingehalten sein[2]. Dies gilt auch, wenn das Arbeitsverhältnis nicht durch eine außerordentliche Kündigung beendet wurde. Wird die gesetzliche Ausschlussfrist versäumt, endet das Recht zur außerordentlichen Kündigung; die Versäumung der Zwei-Wochen-Frist schließt den wichtigen Grund selbst aus. Kann ein pflichtwidriges Verhalten nicht mehr zum Anlass einer vorzeitigen Beendigung des Arbeitsverhältnisses genommen werden, entfällt damit auch der Schadensersatzanspruch nach § 628 Abs. 2 BGB wegen dieses Verhaltens. § 628 Abs. 2 BGB ist kein Auffangtatbestand für eine misslungene außerordentliche Kündigung[3]. 101

b) Vertragswidriges Verhalten des Gekündigten

Der Gekündigte muss durch vertragswidriges Verhalten Anlass für die Beendigung gegeben haben, und dieses Verhalten muss **schuldhaft** gewesen sein. Das Auflösungsverschulden muss den Merkmalen des wichtigen Grundes iSv. § 626 Abs. 1 BGB entsprechen[4]. Zwischen der schuldhaften Vertragsverletzung und der Auflösung des Arbeitsverhältnisses muss **Kausalität** bestehen. Ein dem Arbeitnehmer erst später bekannt gewordener, zum Kündigungszeitpunkt bereits objektiv bestehender wichtiger Grund kann nicht ursächlich für dessen Kündigung sein und begründet daher keinen Schadenersatzanspruch[5]. Allein die **Nichtbeschäftigung** eines Arbeitnehmers, der einem Übergang seines Arbeitsverhältnisses nach § 613a BGB wirksam widersprochen hat, durch den Betriebsveräußerer stellt jedenfalls solange keine schwerwiegende Vertragsverletzung dar, wie der Arbeitnehmer seine Auffassung zur fehlerhaften Unterrichtung gem. § 613a Abs. 5 BGB auch auf entsprechende Aufforderung des Betriebsveräußerers diesem nicht näher erläutert, so dass dem Arbeitnehmer kein Schadensersatzanspruch gem. § 628 Abs. 2 BGB zusteht[6]. 102

c) Schaden

Derjenige, der durch sein vertragswidriges Verhalten den anderen Teil zur Kündigung des Vertragsverhältnisses herausfordert, muss auch den in der Vertragsauflösung liegenden Schaden ersetzen. Der Vertragsteil, der die Vertragsauflösung verschuldet hat, muss gem. § 249 Satz 1 BGB den anderen so stellen, als wäre das Arbeitsverhältnis ordnungsgemäß durch fristgemäße Kündigung beendet worden[7]. Der Anspruch ist auf das **Erfüllungsinteresse** gerichtet, der Anspruchsinhaber ist also so zu stellen, wie er bei Fortbestand des Arbeitsverhältnisses gestanden hätte. Der Schaden ist 103

---

1 BAG 26.7.2001 – 8 AZR 739/00, NZA 2002, 325.
2 BAG 8.8.2002 – 8 AZR 574/01, NZA 2002, 1323.
3 BAG 22.6.1989 – 8 AZR 164/88, AP Nr. 11 zu § 628 BGB.
4 BAG 22.6.1989 – 8 AZR 164/88, AP Nr. 11 zu § 628 BGB mwN; 14.12.2011 – 5 AZR 439/10, DB 2012, 864.
5 BAG 17.1.2002 – 2 AZR 494/00, ArbRB 2002, 295.
6 BAG 22.1.2009 – 8 AZR 808/07, NZA 2009, 547.
7 BAG 17.1.2002 – 2 AZR 494/00, ArbRB 2002, 295.

nach der **Differenzmethode** zu berechnen. Dem durch die Kündigung eingetretenen Zustand ist also der Zustand gegenüberzustellen, der ohne die Kündigung bestanden hätte[1]. Dabei bildet die ordentliche Kündigungsfrist die zeitliche Grenze des Schadensersatzanspruchs.

104 Der **Schadensersatzanspruch des Arbeitnehmers** umfasst zum einen die **Vergütung**, die **durch** die **Kündigung entfallen** ist, und zwar einschließlich aller besonderen Zuwendungen sowie einer etwaigen Naturalvergütung bis zum Ablauf der (fiktiven) ordentlichen Kündigungsfrist. Dabei ist von der sog. Bruttolohnmethode auszugehen und der entgangene Bruttoverdienst des Geschädigten anzusetzen. Der Schadenersatz ist kein echter Vergütungsanspruch, sondern entspricht diesem lediglich. Wegen seiner Lohnersatzfunktion unterliegt er dem **Pfändungsschutz**. Der Arbeitgeber hat dem Arbeitnehmer auch die **Aufwendungen** (zB Umzugskosten) zu ersetzen, soweit diese ohne die vorzeitige Beendigung des Arbeitsverhältnisses nicht entstanden wären[2]. Zu dem Ersatz des Vergütungsausfalls tritt kumulativ eine angemessene **Entschädigung für den Verlust des** durch das KSchG vermittelten **Bestandsschutzes** hinzu. Voraussetzung ist, dass der Arbeitnehmer in einem durch das KSchG bestandsgeschützten Arbeitsverhältnis stand. Die Entschädigung hängt weiter davon ab, dass der Arbeitgeber im Zeitpunkt der Arbeitnehmerkündigung nicht selbst hätte kündigen können. Unerheblich ist, ob der Arbeitgeber sich hierauf beruft und beweist, dass er selbst gekündigt hätte. Grund ist, dass nach dem Schutzzweck von § 628 Abs. 2 BGB ein über den Verdienstausfall hinausgehender Schaden nicht besteht, wenn der Arbeitgeber ordentlich kündigen kann[3]. Die Höhe der Entschädigung orientiert sich an § 10 KSchG[4]. Die Entschädigung ist nach Auffassung der Literatur, anders als der Ersatzanspruch selbst, **nicht an ein Auflösungsverschulden** geknüpft. Es genügt also ein objektiv rechtswidriges Verhalten des Arbeitgebers[5].

105 Bei dem Schadenersatz nach § 628 Abs. 2 BGB in der **Insolvenz des Arbeitgebers** handelt es sich nur dann um eine Masseverbindlichkeit, wenn der Schaden durch eine Handlung des Insolvenzverwalters begründet ist[6]. Kündigt also der Arbeitnehmer wegen eines vom Insolvenzverwalter zu verantwortenden Grundes berechtigt außerordentlich, so ist der Schadensersatzanspruch Masseverbindlichkeit nach § 55 Abs. 1 Nr. 1 InsO. In allen übrigen Fällen kann der Arbeitnehmer Schadenersatzansprüche nur als Insolvenzgläubiger gem. § 38 InsO geltend machen.

106 Der **Schaden des Arbeitgebers** liegt in den **Kosten**, die bei einem vertragstreuen Verhalten des Arbeitnehmers unterblieben wären. Dieser ist begrenzt auf diejenigen Kosten, deren Anfall auf der vorzeitigen Vertragsbeendigung beruht und die bei Einhaltung der ordentlichen Kündigungsfrist nicht entstanden wären[7].

Beispiele:

Mehrkosten einer teureren Ersatzkraft; Überstundenvergütung; Verzugsschaden oder Vertragsstrafen, die dem Arbeitgeber durch verspätete Lieferung der Ware entstanden sind[8]; dem Arbeitgeber entgangener Gewinn[9]; bei Verlust des Konkurrenzschutzes nach § 60 HGB der Ausgleich der damit für den Arbeitgeber verbundenen Vermögenseinbußen[10].

---

1 HWK/*Sandmann*, § 628 BGB Rz. 53.
2 HWK/*Sandmann*, § 628 BGB Rz. 55.
3 BAG 26.7.2007 – 8 AZR 796/06, NZA 2007, 1419.
4 BAG 26.7.2001 – 8 AZR 739/00, NZA 2002, 325.
5 HWK/*Sandmann*, § 628 BGB Rz. 63.
6 Staudinger/*Preis*, § 628 BGB Rz. 60.
7 HWK/*Sandmann*, § 628 BGB Rz. 66.
8 Staudinger/*Preis*, § 628 BGB Rz. 49.
9 Staudinger/*Preis*, § 628 BGB Rz. 51.
10 BAG 9.5.1975 – 3 AZR 352/74, AP Nr. 8 zu § 628 BGB.

G. Kündigungen von A–Z

	Rz.		Rz.
Abkehrwille	1	a) Kündigung wegen Krankheit	33
→ Wettbewerbsverbot		b) Krankheitsbedingte Leistungsminderung	37
Abwerbung	2	c) Vortäuschen einer Krankheit	38
Alkohol- und Drogenmissbrauch	3	d) Missachtung der Verpflichtung zu genesungsförderndem Verhalten	39
→ Alkohol- und Drogensucht		e) Außerordentliche Kündigung wegen Krankheit	40
Alkohol- und Drogensucht	7	f) Verletzung von Nachweis- und Mitteilungspflichten	41
Alter	8	Kritik des Arbeitnehmers am Arbeitgeber	
Anzeige gegen Arbeitgeber („Whistleblowing")	9	→ Meinungsäußerung	
Arbeitserlaubnis		Lebenswandel	
→ Beschäftigungsverbot		→ Außerdienstliches Verhalten	
Arbeitskampf	11	Leistungsminderung sowie -unfähigkeit	
Arbeitsschutz	12	→ Einigungs-, Leistungsmangel	
Arbeitsversäumnis	13	Lohnpfändungen	42
→ Arbeitsverweigerung		Massenentlassung	42a
Arbeitsverweigerung	14	Mehrarbeit	
→ Arbeitsversäumnis		→ Arbeitsverweigerung	
Ausländerfeindlichkeit		Meinungsäußerung	43
→ Meinungsäußerung		→ Politische Betätigung	
Außerdienstliches Verhalten	18	Minderleistung	
→ Diebstahl		→ Schlecht- und Minderleistung	
Austauschkündigung	19	Mobbing	43b
Beleidigung		Nachweis- und Mitteilungspflichten	44
→ Meinungsäußerung		Nebenpflichtverletzung	44a
Beschäftigungsverbot	19a	→ Außerdienstliches Verhalten	
→ Einigungs-/leistungsmanager		Nebentätigkeit	45
Betriebsfrieden/betriebliche Ordnung	20	Ordnungsverstöße	
→ Meinungsäußerung		→ Betriebsfrieden/betriebliche Ordnung	
Betriebsgeheimnisse	20a	Politische Betätigung	46
→ Sicherheitsbereich		→ Meinungsäußerung	
Betriebsstilllegung	21	Rauchverbot	47
Betriebsveräußerung	22	Religiöse Betätigung	47a
Diebstahl	23	Schlecht- und Minderleistung	48
Drogensucht		→ Alkohol- und Drogensucht	
→ Alkohol- und Drogensucht		Schmiergelder	49
Druckkündigung	25	Scientology-Mitgliedschaft	49a
Ehe, Zerrüttung	26	Sexuelle Belästigung	50
→ Kirche		Sicherheitsbereich	51
Ehrenämter	27	Spesenbetrug	52
Eignungs-/Leistungsmangel	28	Stalking	52a
→ Beschäftigungsverbot		Stempeluhren	53
Elternzeit	28a	Strafbare Handlung	54
E-Mail-Nutzung		→ Diebstahl	
→ Internet-, E-Mail-, Telefonnutzung		Strafhaft	
Fahrerlaubnis, Entzug	29	→ Freiheitsstrafe/Haft	
Fehltage		Streik	
→ Arbeitsversäumnis		→ Arbeitskampf	
Freiheitsstrafe/Haft	30	Tätlichkeiten	55
Insolvenz	31	Telefonnutzung	
Internet-, E-Mail-, Telefonnutzung	31a	→ Internet-, E-Mail-, Telefonnutzung	
Kirche	32	Trunkenheit am Steuer	
Konkurrenztätigkeit		→ Alkohol- und Drogenmissbrauch	
→ Wettbewerbsverbot		Trunksucht	
Kontrolleinrichtungen		→ Alkohol- und Drogensucht	
→ Stempeluhren			
Krankheit			
→ Nebentätigkeit			

	Rz.		Rz.
Überschuldung		Verdachtskündigung	57
→ Lohnpfändungen		Verschwiegenheitspflicht	58
Überstunden		Wehrdienstableistung	58a
→ Arbeitsverweigerung		→ Nachweis- und Mitteilungspflichten	
Unentschuldigtes Fehlen		Wettbewerbsverbot	59
→ Arbeitsversäumnis		Whistleblowing	
Unpünktlichkeit		→ Anzeige gegen Arbeitgeber	
→ Zuspätkommen		Witterungsbedingte Kündigung	60
Untersuchungshaft		Zeugenaussage gegen Arbeitgeber	60a
→ Freiheitsstrafe/Haft		Zuspätkommen	61
Urlaub	56	→ Arbeitsversäumnis	

• **Abkehrwille**

→ s.a. Wettbewerbsverbot, Rz. 59

1 Allein der **erkennbare Wille** des Arbeitnehmers, **den Arbeitsplatz zu wechseln**, rechtfertigt **weder eine außerordentliche noch eine ordentliche Kündigung**. Erfüllt der Arbeitnehmer seine arbeitsvertraglichen Pflichten ordnungsgemäß und wirkt sich der Abkehrwille nicht konkret nachteilig auf das Arbeitsverhältnis aus, so ist eine Kündigung ausgeschlossen[1]. Dies gilt auch, wenn der Arbeitnehmer **Kenntnis über Betriebs- und Geschäftsgeheimnisse** hat und zu einem **Konkurrenten** wechseln will[2]. Auch durch den Abschluss eines Arbeitsvertrages mit einem weiteren Arbeitgeber verletzt der Arbeitnehmer keine vertraglichen Pflichten im schon bestehenden Arbeitsverhältnis. Erst wenn es aufgrund dessen zu Leistungsstörungen im alten Arbeitsverhältnis kommt, können daraus Kündigungsgründe erwachsen[3].

• **Abwerbung**

2 Eine unzulässige Abwerbung ist gegeben, wenn ein Arbeitnehmer auf Arbeitskollegen **ernsthaft und beharrlich einwirkt** mit dem **Ziel**, diese zur **Aufgabe des Arbeitsverhältnisses** zu bewegen, um ein **neues mit dem Abwerbenden oder einem anderen Arbeitgeber zu begründen**[4]. Dass die Abwerbung mit unlauteren Mitteln erfolgt oder sittenwidrig ist, ist nicht erforderlich. Die Abwerbung kann nur in **schwerwiegenden Fällen** die **außerordentliche Kündigung** rechtfertigen[5]. Ein solcher Fall ist gegeben, wenn der Abwerbende eine **Vergütung für die Abwerbung** empfängt oder den Abzuwerbenden zum **Vertragsbruch** zu verleiten versucht[6]. Führt ein Arbeitnehmer zur Förderung seines mit dem Arbeitgeber konkurrierenden Geschäfts ein Abwerbegespräch mit einem Kollegen, soll nach Auffassung des BAG nicht ohne Weiteres angenommen werden können, dass die Kündigungsrelevanz dieses Gesprächs für den Arbeitnehmer erkennbar ist[7]. Da die Abgrenzung zwischen erlaubter Vorbereitung einer späteren Selbständigkeit und unerlaubter Konkurrenz fließend ist, kann der Arbeitgeber jedenfalls bei einem einmaligen Vorfall nicht davon ausgehen, dass eine Abmahnung entbehrlich sei. Weist ein Arbeitnehmer Arbeitskollegen lediglich darauf hin, dass er sich selbständig machen will, ist dies noch keine Abwerbung[8].

---

1 HWK/*Quecke*, § 1 KSchG Rz. 214.
2 KR/*Fischermeier*, § 626 BGB Rz. 405.
3 BAG 5.11.2009 – 2 AZR 609/08, NZA 2010, 277.
4 KR/*Fischermeier*, § 626 BGB Rz. 406; Staudinger/*Preis*, § 626 BGB Rz. 127.
5 LAG Rh.-Pf. 7.2.1992 – 6 Sa 528/91, LAGE § 626 BGB Nr. 64.
6 KR/*Fischermeier*, § 626 BGB Rz. 406; Staudinger/*Preis*, § 626 BGB Rz. 128.
7 BAG 26.6.2008 – 2 AZR 190/07, NZA 2008, 1415.
8 HWK/*Quecke*, § 1 KSchG Rz. 249.

- **Alkohol- und Drogenmissbrauch**

→ s.a. Alkohol- und Drogensucht, Rz. 7; Außerdienstliches Verhalten, Rz. 18; Fahrerlaubnis, Entzug, Rz. 29

Liegt bei einem Arbeitnehmer alkoholbedingtes Fehlverhalten im Betrieb vor, ist zunächst zu prüfen, ob dieses auf **krankhaftem Alkoholismus (Alkoholabhängigkeit)** beruht. Von krankhaftem Alkoholismus ist auszugehen, wenn infolge psychischer und physischer Abhängigkeit gewohnheits- und übermäßiger Alkoholgenuss trotz besserer Einsicht nicht aufgegeben oder reduziert werden kann. Sodann kommt nur eine personenbedingte Kündigung in Betracht (vgl. Rz. 7), und eine verhaltensbedingte Kündigung ist mangels Schuldvorwurfs in aller Regel sozialwidrig[1]. 3

Beruht die Pflichtverletzung wegen Alkoholisierung im Betrieb **nicht** auf **Alkoholabhängigkeit**, kommt – in aller Regel nach erfolgloser Abmahnung – eine **verhaltensbedingte Kündigung** in Betracht[2]. Hierzu gilt Folgendes: 4

Besteht die Pflichtverletzung des Arbeitnehmers in einem **Verstoß gegen** ein vom Arbeitgeber angeordnetes oder vereinbartes **absolutes Alkoholverbot, ohne** dass hiermit eine **Gefährdung oder Beeinträchtigung** der Arbeitsleistung verbunden ist, sind an eine verhaltensbedingte Kündigung erhöhte Anforderungen zu stellen, da hierin lediglich die Verletzung einer Nebenpflicht liegt. Besteht ein **eingeschränktes Alkoholverbot** oder ist **keine Regelung** getroffen, ist es dem Arbeitnehmer dennoch verboten, sich durch Alkoholverzehr in einen Zustand zu versetzen, in dem er sich oder andere gefährdet oder seine Pflichten aus dem Arbeitsverhältnis nicht erfüllen kann. 5

Ob der Arbeitnehmer bereits alkoholisiert zur Arbeit erscheint oder den Alkohol erst im Betrieb trinkt, ist unerheblich[3]. Starre **Promillegrenzen** wie im Strafrecht gelten nicht. Die Frage der arbeitsrechtlichen Pflichtverletzung richtet sich im Einzelfall nach der **auszuübenden Tätigkeit sowie regionalen und branchenspezifischen Gesichtspunkten**. Während bei einem operierenden Unfallchirurgen oder einem Piloten schon eine geringe Alkoholisierung als arbeitsvertragliche Pflichtverletzung anzusehen ist, wird dies bei einem Bauarbeiter nicht so schnell anzunehmen sein, zumindest solange keine Unfallgefahren drohen. Zum **Nachweis der Alkoholisierung** reicht es aus, wenn der Arbeitgeber darlegt, aufgrund welcher Indizien (Alkoholfahne, lallende Sprache, schwankender Gang, aggressives Verhalten) er subjektiv den Eindruck einer Alkoholisierung gewonnen hat und den entsprechenden Beweis durch Zeugenaussage führt. Ein **Alkoholtest** (Untersuchung des Blutalkoholwertes oder Atemalkoholanalyse durch Alkomat) kommt wegen des verfassungsmäßig garantierten Grundrechts auf körperliche Integrität nur in Betracht, wenn der Arbeitnehmer sich damit einverstanden erklärt. Sind im Betrieb entsprechende Möglichkeiten vorhanden und ist die Alkoholisierung nicht offensichtlich (zB bei erkennbarer Volltrunkenheit), ist dem Arbeitnehmer Gelegenheit zu geben, durch objektive Tests (Alkomat oder Blutprobe) den Verdacht einer Alkoholisierung auszuräumen. Einen entsprechenden Wunsch muss der Arbeitnehmer von sich aus an den Arbeitgeber herantragen[4]. In der Verweigerung der Überprüfung eines mittels Alkomat durchgeführten Tests durch eine Blutprobe kann ein Indiz für einen erheblichen Alkoholkonsum gesehen werden[5]. 6

---

1 BAG 26.1.1995 – 2 AZR 649/94, AP Nr. 34 zu § 1 KSchG 1969 – Verhaltensbedingte Kündigung; LAG Hamm 15.1.1999 – 10 Sa 1235/98, NZA 1999, 1221.
2 BAG 26.1.1995 – 2 AZR 649/94, AP Nr. 34 zu § 1 KSchG 1969 – Verhaltensbedingte Kündigung; *Künzl*, Alkohol im Betrieb, BB 1993, 1581.
3 BAG 26.1.1995 – 2 AZR 649/94, AP Nr. 34 zu § 1 KSchG 1969 – Verhaltensbedingte Kündigung.
4 BAG 16.9.1999 – 2 AZR 123/99, NZA 2000, 141.
5 BAG 26.1.1995 – 2 AZR 649/94, AP Nr. 34 zu § 1 KSchG 1969 – Verhaltensbedingte Kündigung.

6a Die vorstehenden Grundsätze finden auch bei **Drogenmissbrauch** Anwendung. Wirkt ein Heimerzieher trotz eines generellen Drogenverbots am Arbeitsplatz am Cannabisverbrauch eines der ihm anvertrauten Heiminsassen mit, so ist dies als wichtiger Kündigungsgrund an sich geeignet[1].

- **Alkohol- und Drogensucht**

7 Von **krankhaftem Alkoholismus oder Alkoholabhängigkeit** ist auszugehen, wenn infolge **psychischer und physischer Abhängigkeit** gewohnheits- und übermäßiger Alkoholgenuss trotz besserer Einsicht nicht aufgegeben oder reduziert werden kann. Beruht ein Alkoholmissbrauch im Betrieb auf krankhaftem Alkoholismus, ist eine verhaltensbedingte Kündigung mangels Schuldvorwurfs sozialwidrig. Alkoholabhängigkeit wird von der Rechtsprechung als Krankheit im medizinischen Sinne behandelt, es sind also die Maßstäbe der **personenbedingten Kündigung** wegen Krankheit zugrunde zu legen[2] (Näheres unter **Krankheit**, Rz. 33 ff.). Eine Alkoholerkrankung eines Arbeitnehmers kann bereits zu einer erheblichen Beeinträchtigung betrieblicher Interessen führen, wenn die vertraglich geschuldete Tätigkeit mit einer nicht unerheblichen Gefahr für den Arbeitnehmer selbst als auch für Dritte verbunden ist[3]. Auch kann eine Beeinträchtigung der betrieblichen Interessen bei einem Therapeuten in einer Suchtklinik darin bestehen, dass wegen der auch künftig nicht auszuschließenden Alkoholauffälligkeiten während der Arbeitszeit eine sachgerechte Behandlung der Patienten nicht gewährleistet ist[4]. Da es sich um eine Suchterkrankung handelt, sind geringere Anforderungen an die negative Gesundheitsprognose zu stellen[5]. Nach dem Grundsatz der Verhältnismäßigkeit ist der Arbeitgeber verpflichtet, dem Arbeitnehmer zunächst die Durchführung einer **Entziehungskur** zu ermöglichen[6]. Weigert sich der Arbeitnehmer, rechtfertigt dies eine negative Gesundheitsprognose[7]. Eine nach Ausspruch der Kündigung durchgeführte Entziehungskur kann in solchen Fällen nicht zur Korrektur der Prognose herangezogen werden[8]. Eine außerordentliche Kündigung wegen Alkoholkrankheit kommt nur bei einem tariflich unkündbaren Arbeitnehmer und nur in Ausnahmefällen in Betracht[9] und wird in der Regel unter Einhaltung einer der fiktiven Kündigungsfrist entsprechenden sozialen Auslauffrist erfolgen müssen. – Dieselben Grundsätze finden auch bei **Drogensucht** Anwendung[10].

- **Alter**

8 Das Lebensalter allein kann **keinen Kündigungsgrund** darstellen. Etwas anderes gilt, wenn sich dieses leistungsmindernd auswirkt (**Eignungsmangel**, Rz. 28). Gem. § 41 Satz 1 SGB VI rechtfertigt ein Anspruch auf Altersrente die Kündigung nicht. Auch die Inanspruchnahme von Altersteilzeit vermag eine Kündigung nicht zu rechtfertigen, § 8 Abs. 1 ATZG. Das **Verbot der Altersdiskriminierung** (§§ 1, 10 AGG) ist auch im Rahmen des KSchG zu berücksichtigen. Eine Kündigung, die das Diskriminierungsverbot verletzt, kann sozialwidrig und damit unwirksam sein (§ 1 KSchG).

8a Die Staffelung der Kündigungsfristen nach der Dauer der Betriebszugehörigkeit in § 622 Abs. 2 Satz 1 BGB verletzt das Verbot der mittelbaren Altersdiskriminierung

---

1 BAG 18.10.2000 – 2 AZR 131/00, NZA 2001, 383.
2 BAG 26.1.1995 – 2 AZR 649/94, AP Nr. 34 zu § 1 KSchG 1969 – Verhaltensbedingte Kündigung.
3 BAG 20.3.2014 – 2 AZR 565/12, NZA 2014, 602.
4 BAG 20.12.2012 – 2 AZR 32/11, DB 2013, 882.
5 BAG 16.9.1999 – 2 AZR 123/99, NZA 2000, 141.
6 BAG 17.6.1999 – 2 AZR 639/98, NZA 1999, 1328.
7 BAG 20.3.2014 – 2 AZR 565/12, NZA 2014, 602.
8 BAG 17.6.1999 – 2 AZR 639/98, NZA 1999, 1328.
9 LAG Köln 4.5.1995 – 5 Sa 186/95, LAGE § 626 BGB Nr. 85.
10 HWK/*Thies*, § 1 KSchG Rz. 119.

nicht[1]. Die in § 1 Abs. 3 Satz 1 KSchG vorgesehene Berücksichtigung des Lebensalters als Sozialdatum stellt zwar eine an das Alter anknüpfende unterschiedliche Behandlung dar, ist jedoch nach den gesetzlichen Bestimmungen in § 10 Satz 1 und 2 AGG – die nach Auffassung des BAG gemeinschaftskonform sind – gerechtfertigt[2]. Das Lebensalter darf daher trotz des Verbots der Altersdiskriminierung nach Auffassung des BAG als **Auswahlkriterium bei der Sozialauswahl** berücksichtigt werden[3]. Eine Berücksichtigung von vor dem 45. Lebensjahr liegenden Zeiten erscheint allerdings problematisch und sollte in der Praxis der Sozialauswahl zurückhaltend angegangen werden, da sich das Lebensalter bei den Chancen auf dem Arbeitsmarkt jedenfalls vor dem 45. Lebensjahr nicht auswirkt, wie statistische Kennzahlen belegen[4]. Auch die **Bildung von Altersgruppen** kann nach § 10 Satz 1, 2 AGG durch legitime Ziele gerechtfertigt sein[5]. Allerdings hat der Arbeitgeber im Prozess darzulegen, welche konkreten Nachteile sich ergäben, wenn die Sozialauswahl allein nach Maßgabe von § 1 Abs. 3 Satz 1 KSchG vorgenommen würde[6]. An diese Darlegungslast des Arbeitgebers sind erleichterte Anforderungen zu stellen, wenn die Altersgruppenbildung bei Massenkündigungen aufgrund einer Betriebsänderung erfolgt[7], während in den Fällen, in denen die Anzahl der Kündigungen unter den Schwellenwerten des § 17 KSchG bleibt, zwar ein berechtigtes betriebliches Interesse an der Sicherung der bestehenden Altersstruktur in dem von Kündigungen betroffenen Bereich nicht von vornherein ausgeschlossen ist, es jedoch eines eingehenden, die nachteiligen Wirkungen einer veränderten Altersstruktur konkret und schlüssig aufzeigenden Vortrages des Arbeitgebers bedarf[8]. Eine Vorlage an den EuGH betreffend die Fragen von Zulässigkeit und Umfang der Berücksichtigung des Sozialkriteriums Alter und die Bildung von Altersgruppen ist gegenwärtig nicht anhängig, aber wohl über kurz oder lang zu erwarten.

- **Anzeige gegen Arbeitgeber („Whistleblowing")**

Eine gesetzliche Regelung der Problematik existiert gegenwärtig nicht[9]. Allerdings fallen Strafanzeigen von Arbeitnehmern gegen ihren Arbeitgeber mit dem Ziel, Missstände in ihren Unternehmen oder Institutionen offenzulegen („Whistleblowing"), in den Geltungsbereich des Art. 10 EMRK. Nach Auffassung des EGMR ist in einer demokratischen Gesellschaft das öffentliche Interesse an Informationen über Mängel zB in der institutionellen Altenpflege in einem staatlichen Unternehmen so wichtig, dass es gegenüber dem Interesse dieses Unternehmens am Schutz seines Rufes und seiner Geschäftsinteressen überwiegt[10]. Es drängt sich allerdings bei Betrachtung des Falles die Frage auf, ob der EGMR den berechtigten Interessen des Arbeitgebers, nicht mit unzutreffenden öffentlichen Behauptungen über vermeintliche Missstände

---

1 BAG 18.9.2014 – 6 AZR 636/13, Pressemitteilung 44/14.
2 BAG 6.11.2008 – 2 AZR 523/07, NZA 2009, 361; 12.3.2009 – 2 AZR 418/07, NZA 2009, 1023; 15.12.2011 – 2 AZR 42/10, NZA 2012, 1044.
3 BAG 5.11.2009 – 2 AZR 676/08, NZA 2010, 457; 22.3.2012 – 2 AZR 167/11, NZA 2012, 1040; 28.6.2012 – 6 AZR 682/10, NZA 2012, 1090.
4 Für eine vollständige Herausnahme des Lebensalters aus der Sozialauswahl unter ausführlicher Darstellung statistischer Arbeitslosenkennzahlen *Kaiser/Dahm*, Sozialauswahl ohne Lebensalter!, NZA 2010, 473.
5 BAG 12.3.2009 – 2 AZR 418/07, NZA 2009, 1023.
6 BAG 18.3.2010 – 2 AZR 468/08, NZA 2010, 1059.
7 BAG 6.11.2008 – 2 AZR 523/07, NZA 2009, 361.
8 BAG 18.3.2010 – 2 AZR 468/08, NZA 2010, 1059.
9 Zur Frage der Notwendigkeit bzw. Sinnhaftigkeit einer gesetzlichen Regelung des Anzeigerechts (§ 612a BGB) existieren kontroverse Auffassungen; Entwürfe eines eigenständigen „Hinweisgeberschutzgesetzes" bzw. eines „Whistleblower-Schutzgesetzes" sind im Februar 2012 – BT-Drucks. 17/8567 – bzw. im Mai 2012 – BT-Drucks. 17/9782 – vorgeschlagen bzw. in den Bundestag eingebracht worden.
10 EGMR 21.7.2011 – 28274/08 – Heinisch, NZA 2011, 1269.

überzogen zu werden, ausreichende Beachtung geschenkt hat. Richtigerweise wird man auch nach der Heinisch-Entscheidung des EGMR den Arbeitnehmer mit Recht darauf verweisen können und müssen, seine Beanstandungen ausschließlich den dafür zuständigen öffentlichen Stellen (Staatsanwaltschaft und zuständige Behörden, wie Gewerbeaufsichtsamt etc.) kundzugeben und nicht damit an die Presse bzw. Öffentlichkeit zu treten. Dies folgt aus der Rücksichtnahmepflicht des Arbeitnehmers (§ 241 Abs. 2 BGB), die Geschäftsinteressen des Arbeitgebers nicht voreilig und ohne Prüfung durch eine dazu berufene staatliche Institution zu beschädigen.

10 In systematischer Hinsicht sind bei der Beurteilung von „Whistleblowing"-Fällen zunächst die Beanstandungen des Arbeitnehmers näher zu betrachten. Erfolgt die **Anzeige** gegen den Arbeitgeber oder Vorgesetzten aufgrund **wissentlich unwahrer oder leichtfertig falscher Angaben**, rechtfertigt dies eine ordentliche, uU (bei völlig haltlosen Vorwürfen aus verwerflicher Motivation) auch eine außerordentliche Kündigung[1]. Eine vorherige Abmahnung ist in dem Fall nicht erforderlich. Aber auch dann, wenn der Arbeitnehmer die Anzeige erstattet, ohne dabei wissentlich oder leichtfertig falsche Angaben zu machen, kann eine Anzeige unabhängig vom Nachweis der mitgeteilten Verfehlung und ihrer Strafbarkeit ein Grund zur Kündigung sein, wenn sie sich als eine **unverhältnismäßige Reaktion** auf das Verhalten des Arbeitgebers oder eines seiner Repräsentanten darstellt[2]. – Weiter ist zu prüfen, ob der Arbeitnehmer zunächst innerbetriebliche Abhilfe gesucht hat, bzw., ob ihm ein solches Vorgehen zumutbar war. Erstattet der Arbeitnehmer Strafanzeige gegen seinen Arbeitgeber, ohne zuvor die **innerbetriebliche Klärung** zu versuchen, kann dies eine Kündigung rechtfertigen. Ob die Strafanzeige zur Verurteilung geführt hat, ist unerheblich[3]. Eine vorherige innerbetriebliche Klärung kann unterbleiben, wenn sich der Arbeitnehmer durch die Nichtanzeige selbst einer Strafverfolgung aussetzt. Dies gilt ebenso bei schwerwiegenden bzw. vom Arbeitgeber selbst begangenen Straftaten oder wenn Abhilfe nicht zu erwarten ist[4]. Ist der Arbeitnehmer für die Sicherheit gefährlicher Anlagen verantwortlich, ist er berechtigt, Sicherheitsbedenken bei allen zuständigen Stellen in gehöriger Form zu erheben[5]. Will ein Kraftfahrer den Arbeitgeber anzeigen, muss er vorher vergeblich versucht haben, den Arbeitgeber zur Herstellung der Verkehrstüchtigkeit des Fahrzeugs zu veranlassen; andernfalls kann dies die ordentliche Kündigung rechtfertigen[6]. Gibt ein Arbeitnehmer Informationen an seine Gewerkschaft über Arbeitsabläufe im Betrieb weiter, die zu einem Verfahren nach dem OWiG führen können, so soll nach Auffassung des LAG Baden-Württemberg der Arbeitgeber das Arbeitsverhältnis mit ordentlicher Frist kündigen können, wenn durch die Gewerkschaft eine Anzeige an das Gewerbeaufsichtsamt erfolgt. Dies soll selbst dann gelten, wenn die Arbeitsabläufe mit den geltenden Arbeitsschutzvorschriften nicht in Einklang stehen, wenn andererseits den Arbeitnehmer zugemutet werden kann, an Stelle einer Anzeige zunächst andere Maßnahmen zu ergreifen[7]. Zu beachten ist allerdings, dass **selbst innerbetriebliche „Anzeigen" gewissen Einschränkungen unterliegen**. Auch unterhalb der Schwelle eines strafbaren Verhaltens muss ein Arbeitnehmer bei der Mitteilung vermeintlicher Missstände im Betrieb angemessen auf **Persönlichkeitsrechte** seiner Arbeitskollegen und Vorgesetzten Rücksicht nehmen. Das folgt schon aus dem berechtigten Interesse des Arbeitgebers an der Wahrung

---

1 BAG 3.7.2003 – 2 AZR 235/02, NZA 2004, 427.
2 BAG 27.9.2012 – 2 AZR 646/11, AP Nr. 240 zu § 626 BGB.
3 BAG 7.12.2006 – 2 AZR 400/05, NZA 2007, 502.
4 BAG 3.7.2003 – 2 AZR 235/02, NZA 2004, 427; für eine generelle innerbetriebliche Klärung: P. Preis, Die verhaltensbedingte Kündigung (1 und 2), DB 1990, 630 (633).
5 BAG 14.12.1972 – 2 AZR 115/72, AP Nr. 8 zu § 1 KSchG – Verhaltensbedingte Kündigung.
6 LAG Köln 23.2.1996 – 11 (13) Sa 976/95, LAGE § 626 BGB Nr. 94.
7 LAG BW 20.10.1976 – 6 Sa 51/76, EzA § 1 KSchG – Verhaltensbedingte Kündigung Nr. 8 mit abl. Anm. von *Weiss*.

des **Betriebsfriedens**[1]. – Sagt ein Arbeitnehmer im Rahmen eines **Ermittlungsverfahrens** gegen den Arbeitgeber aus und übergibt der Staatsanwaltschaft Unterlagen, ohne den Arbeitgeber zu informieren, führt die darin liegende Wahrnehmung staatsbürgerlicher Rechte regelmäßig nicht zu einer Verletzung arbeitsvertraglicher Pflichten[2]. Eine **Strafanzeige des Betriebsrats** gegen den Arbeitgeber ist auch dann kein Grund für eine außerordentliche Kündigung, wenn keiner der Tatbestände nach § 119 Abs. 2 BetrVG gegeben ist, der Betriebsrat jedoch davon ausgehen durfte[3].

- **Arbeitserlaubnis**

→ Beschäftigungsverbot, Rz. 19a

- **Arbeitskampf**

Die Teilnahme an einem **rechtswidrigen Streik** ist Arbeitsvertragsbruch und kann daher nach wiederholter Aufforderung zur Arbeitsleistung eine außerordentliche Kündigung rechtfertigen. Dabei sind einerseits der Grad der Beteiligung des Arbeitnehmers, die Erkennbarkeit der Rechtswidrigkeit der Maßnahme, andererseits ein etwaiges rechtswidriges Verhalten des Arbeitgebers zu berücksichtigen[4]. Ist der rechtswidrige Streik **von der Gewerkschaft geführt** und daher die Rechtswidrigkeit des Streiks für den Arbeitnehmer nicht ohne Weiteres erkennbar, scheidet eine Kündigung im Allgemeinen aus[5]. Die Teilnahme an einem **rechtmäßigen Streik** rechtfertigt keine Kündigung.

11

- **Arbeitsschutz**

Der schuldhafte Verstoß gegen arbeitsschutzrechtliche Bestimmungen kann nach vorheriger Abmahnung die außerordentliche Kündigung rechtfertigen. Entscheidend ist die objektive Gefahr, die durch den Verstoß hervorgerufen wurde[6].

12

- **Arbeitsversäumnis**

→ s.a. Arbeitsverweigerung, Rz. 14; Zuspätkommen, Rz. 61

Wiederholtes unberechtigtes und unentschuldigtes Fehlen oder verspäteter Arbeitsantritt eines Arbeitnehmers (in gut eineinhalb Jahren viermal einen ganzen Tag und trotz dreier Abmahnungen im letzten Monat vor der Kündigung zweimal) stellt einen Verstoß gegen die arbeitsvertragliche Pflicht zur Erbringung der geschuldeten Arbeitsleistung dar und ist daher nach Abmahnung an sich geeignet, eine ordentliche verhaltensbedingte Kündigung zu rechtfertigen. Ob der Verstoß sich auch **konkret nachteilig auf den Betriebsablauf oder den Betriebsfrieden** ausgewirkt hat, ist nicht für die Eignung als Kündigungsgrund, sondern nur (zusätzlich) für die **Interessenabwägung erheblich**[7]. Ebenso ist **unbefugtes vorzeitiges Verlassen des Arbeitsplatzes** nach vorheriger Abmahnung an sich geeignet, einen wichtigen Grund zur außerordentlichen Kündigung des Arbeitgebers abzugeben[8]. Der Arbeitnehmer ist gehalten, den Vorwurf, unberechtigt gefehlt zu haben, unter genauer Angabe der Gründe, die ihn an der Arbeitsleistung gehindert haben, zu bestreiten. Macht er geltend, er sei

13

---

1 BAG 27.9.2012 – 2 AZR 646/11, AP Nr. 240 zu § 626 BGB.
2 BVerfG 2.7.2001 – 1 BvR 2049/00, NZA 2001, 888.
3 KR/*Fischermeier*, § 626 BGB Rz. 408.
4 BAG 29.11.1983 – 1 AZR 469/82, AP Nr. 78 zu § 626 BGB.
5 HWK/*Quecke*, § 1 KSchG Rz. 222.
6 LAG Köln 17.3.1993 – 7 Sa 13/93, LAGE § 626 BGB Nr. 71.
7 BAG 23.9.1992 – 2 AZR 199/92, EzA § 1 KSchG – Verhaltensbedingte Kündigung Nr. 44.
8 BAG 24.11.1983 – 2 AZR 327/82, AP Nr. 76 zu § 626 BGB.

krank gewesen, ist kein ärztliches Attest erforderlich. Der Arbeitnehmer muss aber, wenn er kein ärztliches Attest vorlegen kann, substantiiert darlegen, warum er krank war und weshalb er deswegen nicht zur Arbeit erscheinen konnte[1].

- **Arbeitsverweigerung**

→ s.a. Arbeitsversäumnis, Rz. 13

14 Die Kündigung wegen Arbeitsverweigerung setzt voraus, dass der Arbeitnehmer nicht nur **objektiv**, sondern auch **rechtswidrig und schuldhaft** gegen die Arbeitspflicht verstoßen hat[2]. Dies ist zu verneinen, wenn der Arbeitnehmer **berechtigt ist, Arbeiten abzulehnen**, weil

- er hierzu nach seinem Vertrag nicht verpflichtet ist. Bei einer **objektiv vertragswidrigen Tätigkeit** sind jedoch die Umstände des Einzelfalls zu berücksichtigen. Neben der Art der Arbeit sind dies die sonstigen Arbeitsbedingungen im Vergleich zur bisherigen Arbeit sowie die Gründe, aus denen der Arbeitgeber keine vertragsgemäße Arbeit anbietet[3]; oder
- der Arbeitgeber ihm diese unter Überschreitung des Direktionsrechts nach Art, Zeit und Ort zuweist; oder
- der Arbeitgeber bei der Ausübung seines Direktionsrechts die Grundsätze billigen Ermessens nicht gewahrt hat[4]; oder
- der Arbeitnehmer eine Tätigkeit ausüben soll, die gegen das Gesetz, einen Tarifvertrag, eine Betriebsvereinbarung oder die guten Sitten verstößt[5]; oder
- der Arbeitnehmer in einen Gewissenskonflikt versetzt wird, der unter Abwägung der beiderseitigen Interessen vermeidbar gewesen wäre[6] (Druck eines kriegsverherrlichenden Werbebriefes durch einen Kriegsdienstverweigerer; Schwangerschaftsabbruch durch einen Arzt; Entwicklung einer chemischen Substanz für militärische Zwecke); der Gewissenskonflikt darf nicht schon bei Abschluss des Arbeitsvertrages vorhersehbar gewesen sein; besteht allerdings keine anderweitige Beschäftigungsmöglichkeit, kann dies uU eine personenbedingte Kündigung wegen Nichteignung rechtfertigen[7]; oder
- der Arbeitnehmer sich gegenüber einer Arbeitsanweisung des Arbeitgebers auf einen ihr entgegenstehenden, ernsthaften inneren Glaubenskonflikt beruft (Weigerung einer „Ladenhilfe", alkoholische Produkte ein- und auszuräumen, da ihr ihr muslimischer Glaube den Umgang mit Alkohol verbiete); nach Auffassung des BAG hat der Arbeitgeber zu prüfen, welche Einsatzmöglichkeiten verbleiben. Dazu hat der Arbeitnehmer aufzuzeigen, worin die religiösen Bedenken bestehen und welche vom Arbeitsvertrag umfassten Tätigkeiten ihm seine religiöse Überzeugung verbietet. Der Arbeitgeber hat den Arbeitnehmer sodann ausschließlich mit den mit dessen Glaubensüberzeugungen vereinbaren Tätigkeiten zu beschäftigen. Eine personenbedingte Kündigung kommt nur in Frage, wenn es dem Arbeitgeber nicht ohne größere Schwierigkeiten möglich ist, den Arbeitnehmer anderweit sinnvoll einzusetzen[8]; oder
- der Arbeitgeber oder einer seiner Repräsentanten (§ 278 BGB) die Gesundheit des Arbeitnehmers oder dessen Persönlichkeitsrecht in erheblicher Weise verletzt (→ s.a. Mobbing, Rz. 43b), und mit weiteren Verletzungen zu rechnen ist, da hierin ein

---

1 BAG 23.9.1992 – 2 AZR 199/92, EzA § 1 KSchG – Verhaltensbedingte Kündigung Nr. 44.
2 BAG 25.10.1989 – 2 AZR 633/88, EzA § 1 KSchG – Verhaltensbedingte Kündigung Nr. 30.
3 BAG 7.2.2007 – 5 AZR 422/06, NZA 2007, 561.
4 BAG 25.10.1989 – 2 AZR 633/88, EzA § 1 KSchG – Verhaltensbedingte Kündigung Nr. 30.
5 BAG 20.12.1984 – 2 AZR 436/83, AP Nr. 27 zu § 611 BGB – Direktionsrecht, mit zust. Anm. von *Brox*.
6 BAG 24.5.1989 – 2 AZR 285/88, AP Nr. 1 zu § 611 BGB – Gewissensfreiheit.
7 BAG 24.5.1989 – 2 AZR 285/88, AP Nr. 1 zu § 611 BGB – Gewissensfreiheit.
8 BAG 24.2.2011 – 2 AZR 636/09, EzA § 1 KSchG – Personenbedingte Kündigung Nr. 28.

Verstoß gegen die vertraglich geschuldete Rücksichtnahmepflicht liegt (§ 241 Abs. 2 BGB)[1]; oder
- dem Arbeitnehmer ein Zurückbehaltungsrecht an seiner Arbeitsleistung (§ 273 BGB) zusteht; oder
- der Arbeitnehmer ein Leistungsverweigerungsrecht nach § 275 Abs. 3 BGB (vgl. Teil 2 A Rz. 123 ff.) oder konkret nach § 45 Abs. 1 Satz 3 SGB V (vgl. Teil 2 B Rz. 98 ff.) bzw. § 2 PflegeZG (vgl. Teil 2 D Rz. 40 ff.) hat.

Maßgebend für die Frage, ob das Verhalten des Arbeitnehmers eine beharrliche Arbeitsverweigerung und damit eine erhebliche Vertragspflichtverletzung darstellt, ist die **objektive Rechtslage**. Der Arbeitnehmer kann sich einem vertragsgemäßen Verlangen des Arbeitgebers nicht dadurch – vorläufig – entziehen, dass er ein gerichtliches Verfahren zur Klärung der umstrittenen Frage einleitet. Verweigert der Arbeitnehmer die geschuldete Arbeitsleistung in der Annahme, er handele rechtmäßig, hat grundsätzlich **er selbst das Risiko zu tragen, dass sich seine Rechtsauffassung als fehlerhaft erweist**[2]. Unverschuldet ist ein Rechtsirrtum nur, wenn der Arbeitnehmer mit einem Unterliegen im Rechtsstreit nicht zu rechnen brauchte. Es reicht nach der Rechtsprechung des BAG nicht aus, dass sich der Arbeitnehmer seine eigene Rechtsauffassung nach sorgfältiger Prüfung und sachgemäßer Beratung gebildet hat[3].

14a

Die vorstehenden Grundsätze gelten gleichermaßen für die **Verweigerung von Überstunden**. Lehnt der Arbeitnehmer zulässig angeordnete Überstunden ab, so kann – nach einschlägiger Abmahnung – eine Kündigung des Arbeitsverhältnisses gerechtfertigt sein. Eine außerordentliche Kündigung kommt nur ausnahmsweise in Betracht, da die Ableistung von Überstunden eine Sonderverpflichtung darstellt, die über den Regelumfang der Arbeitsverpflichtung hinausgeht[4].

14b

Ein **Zurückbehaltungsrecht** kommt gem. §§ 273 Abs. 1, 618 Abs. 1 BGB in Betracht, wenn sich der **Arbeitsplatz** in einem **ordnungswidrigen Zustand** befindet, weil er bspw. über das übliche Maß hinaus **schadstoffbelastet** ist[5] oder bestimmte gesetzliche Grenzwerte für Schadstoffe überschritten werden und ohne Schutzkleidung gearbeitet wird[6]. Ein Zurückbehaltungsrecht steht dem Arbeitnehmer ferner zu, wenn der **Arbeitgeber fällige Ansprüche nicht erfüllt**. Das Zurückbehaltungsrecht muss dem Arbeitgeber gegenüber ausdrücklich erklärt werden, damit dieser in die Lage versetzt wird, Abhilfe zu schaffen. Zur wirksamen Ausübung des Zurückbehaltungsrechts gehört es deshalb auch, dass der Arbeitnehmer die Gegenforderung bzw. den Grund für die Zurückbehaltung der Arbeitskraft genau bezeichnet[7]. Der Arbeitnehmer muss sein Zurückbehaltungsrecht gem. § 242 BGB unter Beachtung des Grundsatzes von Treu und Glauben ausüben; er darf also die Arbeit nicht verweigern, wenn ein Lohnrückstand geringfügig ist, eine kurzfristige Verzögerung zu erwarten ist, dem Arbeitgeber ein unverhältnismäßig hoher Schaden entstehen kann, oder der Lohnanspruch auf andere Weise gesichert ist. Als eine solche Sicherung gelten nicht zu erwartende Ansprüche auf Insolvenzausfallgeld, wenn das Insolvenzverfahren noch nicht eröffnet ist[8]. – Eigenmächtiges Fernbleiben vom Arbeitsplatz wegen **Kinderbetreuung**[9] ist nach vorheriger Abmahnung an sich geeignet, eine verhaltensbedingte Kündigung zu rechtfertigen. Aufgrund der Personensorge für das Kind kann allerdings ein **Leistungsverweigerungsrecht wegen unverschuldeter Pflichtenkollision** bestehen. Der

15

---

1 BAG 13.3.2008 – 2 AZR 88/07, EzA § 1 KSchG – Verhaltensbedingte Kündigung Nr. 73.
2 BAG 29.8.2013 – 2 AZR 273/12, NZA 2014, 533.
3 BAG 29.8.2013 – 2 AZR 273/12, NZA 2014, 533.
4 LAG Köln 27.4.1999 – 13 Sa 1380/98, NZA 2000, 39.
5 BAG 8.5.1996 – 5 AZR 315/95, NZA 1997, 86.
6 BAG 2.9.1997 – 5 AZR 982/94, AP Nr. 24 zu § 618 BGB.
7 BAG 13.3.2008 – 2 AZR 88/07, EzA § 1 KSchG – Verhaltensbedingte Kündigung Nr. 73.
8 BAG 25.10.1984 – 2 AZR 417/83, AP Nr. 3 zu § 273 BGB.
9 BAG 21.5.1992 – 2 AZR 10/92, AP Nr. 29 zu § 1 KSchG 1969 – Verhaltensbedingte Kündigung.

Arbeitnehmer muss alles ihm Mögliche getan haben, um den Konfliktfall abzuwenden. Hinsichtlich der Rechtfertigungs- bzw. Entschuldigungsgründe trägt der Arbeitnehmer die Darlegungslast[1]. – Bei **Erkrankung eines Kindes** hat der Arbeitnehmer gem. § 45 Abs. 3 Satz 1 SGB V nicht nur einen Anspruch auf Freistellung, sondern darf der Arbeit auch **eigenmächtig fernbleiben**, wenn ihm dieses rechtswidrig verweigert wird. Eine daraufhin ausgesprochene Kündigung ist gem. § 612a BGB nichtig[2].

16 Eine **Arbeitsverweigerung ist zu verneinen**, wenn dem Arbeitnehmer die **Erfüllung der Arbeitspflicht unzumutbar** ist. Verlangt der Arbeitgeber bei einem Streik von einem nicht streikenden Arbeitnehmer, Arbeit zu leisten, die nicht zu dessen vertraglichem Tätigkeitsbereich gehört (sog. direkte Streikarbeit), kann der Arbeitnehmer diese Arbeit rechtmäßig verweigern[3] (vgl. auch Rz. 14).

17 **Beharrliche Verstöße** gegen arbeitsvertragliche Pflichten rechtfertigen in aller Regel eine außerordentliche Kündigung. Beharrlich ist die Arbeitsverweigerung, wenn sie trotz Abmahnung **wiederholt begangen** wird und sich daraus der Wille des Arbeitnehmers ergibt, den arbeitsvertraglichen Pflichten in Zukunft **bewusst und nachhaltig** nicht nachkommen zu wollen[4]. Es genügt nicht, dass der Arbeitnehmer eine Weisung unbeachtet lässt, vielmehr muss eine **intensive Weigerung** vorliegen[5]. Das ist dann der Fall, wenn der Arbeitnehmer sich bewusst und willentlich der für ihn erkennbaren und eindeutigen Arbeitsaufforderung des Arbeitgebers widersetzt[6]. Das Moment der Beharrlichkeit kann ggf. auch schon darin zu sehen sein, dass der Arbeitnehmer in einem einmaligen Fall eine Anweisung nicht befolgt; das muss dann aber zB durch eine vorhergehende erfolglose Abmahnung verdeutlicht werden[7]. Erst wenn der Arbeitnehmer also in einem solchen Fall auch nach Abmahnung und erneuter Aufforderung, der Anweisung zu folgen, dies erneut verweigert, kommt der Ausspruch einer Kündigung in Betracht.

17a Bleibt ein Betriebsratsmitglied unentschuldigt seinem Arbeitsplatz fern für ein Gruppenfoto zur Betriebsratswahl, um Wahlflyer zu verteilen und an der Stimmenauszählung der Betriebsratswahl teilzunehmen, erfüllt dies nicht den Tatbestand der beharrlichen Arbeitsverweigerung[8].

- **Ausländerfeindlichkeit**

→ Meinungsäußerung, Rz. 43

- **Außerdienstliches Verhalten**

→ s.a. Diebstahl, Rz. 23 f.; Ehrenämter, Rz. 27; Kirche, Rz. 32; Lohnpfändungen, Rz. 42; Nebenpflichtverletzung, Rz. 44a; Politische Betätigung, Rz. 46; Religiöse Betätigung, Rz. 47a; Strafbare Handlung, Rz. 54

18 Ein der **Privatsphäre des Arbeitnehmers** zuzuordnendes außerdienstliches Verhalten, das nur reflexartig Auswirkungen auf das Arbeitsverhältnis hat, berechtigt in aller Regel nicht zu einer Kündigung. Die Verpflichtungen des Arbeitnehmers gegenüber seinem Arbeitgeber enden grundsätzlich dort, wo der private Bereich beginnt. Dies gilt erst recht, wenn die Umstände dem **Intimbereich des Arbeitnehmers** zuzuordnen sind. So hat der Arbeitnehmer die Freiheit, das private Geschlechtsleben nach eigener

---

1 BAG 21.5.1992 – 2 AZR 10/92, AP Nr. 29 zu § 1 KSchG 1969 – Verhaltensbedingte Kündigung.
2 LAG Köln 10.11.1993 – 7 Sa 690/93, LAGE § 612a BGB Nr. 5.
3 BAG 25.7.1957 – 1 AZR 194/56, AP Nr. 3 zu § 615 BGB – Betriebsrisiko.
4 BAG 21.11.1996 – 2 AZR 357/95, NZA 1997, 487; LAG Düsseldorf 9.2.2012 – 4 Sa 1112/11.
5 LAG Hess. 29.4.2011 – 3 Sa 1630/10.
6 LAG Rh.-Pf. 9.12.2011 – 9 Sa 427/11, AuA 2012, 675.
7 BAG 5.4.2001 – 2 AZR 580/99, NZA 2001, 893; LAG Hamm 10.2.2012 – 13 Sa 1300/11.
8 Hess. LAG 13.7.2011 – 6 Sa 1957/10.

Entscheidung zu gestalten, eine Kündigung wegen Homosexualität ist unwirksam[1] und verstößt nunmehr auch gegen § 7 Abs. 1, § 3 Abs. 1, § 1 AGG. Auch die Aufnahme sexueller Beziehungen durch einen Arbeitnehmer mit einer verheirateten Frau desselben Betriebes berechtigt den Arbeitgeber nicht zur Kündigung[2].

Die Gestaltung des Privatlebens wird durch den Arbeitsvertrag nur insoweit eingeschränkt, als sich das **private Verhalten des Arbeitnehmers auf den betrieblichen Bereich auswirkt** und dort zu **Störungen** führt oder solche Auswirkungen befürchten lässt[3]. 18a

Es muss sich ferner um **nachhaltige, schwerwiegende Beeinträchtigungen** des Arbeitsverhältnisses handeln[4]. Beispiele hierfür sind:

- eine übermäßige Verschuldung eines Kassierers,
- private Trunkenheitsfahrten eines Berufskraftfahrers. Allerdings soll nach Auffassung des BAG auch eine **hochgradige Alkoholisierung im Privatbereich** nicht ohne Weiteres Rückschlüsse auf die Zuverlässigkeit eines Berufsfahrzeugführers (U-Bahn-Zugführer) zulassen[5],
- ein bei privaten Besuchen erfolgter sexueller Missbrauch der minderjährigen Kinder von Kollegen. Diese haben negative Auswirkungen auf das betriebliche Miteinander, wenn der/die Kollegen daraufhin gegenüber dem Arbeitgeber erklären, mit dem betreffenden Arbeitnehmer nicht mehr zusammenarbeiten zu können[6]. Der Arbeitnehmer verstößt damit schwer und schuldhaft gegen vertragliche Nebenpflichten (§ 241 Abs. 2 BGB), so dass ein wichtiger Grund für eine außerordentliche Kündigung vorliegt.

Bei **Arbeitnehmern in kirchlichen Diensten** können weitergehende Anforderungen an das private Verhalten gelten (s. **Kirche**, Rz. 32). Ebenso können die außerbetrieblichen Aktivitäten eines **Tendenzträgers** einen Verstoß gegen dessen arbeitsvertragliche Pflicht beinhalten, nicht gegen die Tendenz des Arbeitgebers zu verstoßen (Schreiben von Lied-Texten für eine Punk-Band durch den Mitarbeiter einer politischen Stiftung; vgl. auch **Meinungsäußerung**, Rz. 43)[7]. Die außerdienstliche Verbreitung von ausländerfeindlichen Pamphleten durch einen Beschäftigten des **öffentlichen Dienstes** war jedenfalls unter der Geltung des BAT nach Auffassung des BAG an sich geeignet, eine außerordentliche Kündigung zu begründen[8]. Allerdings gelten nun für nicht hoheitlich tätige Arbeitnehmer des öffentlichen Dienstes nach § 41 Satz 1 TVöD-BT-V keine weitergehenden vertraglichen Nebenpflichten mehr als für die Beschäftigten der Privatwirtschaft. Die früher in § 8 Abs. 1 Satz 1 BAT und § 8 Abs. 8 MTArb vorgesehenen besonderen Anforderungen an das außerdienstliche Verhalten der Arbeitnehmer sind von den Tarifvertragsparteien aufgehoben worden[9]. 18b

• **Austauschkündigung**

Diese ist gegeben, wenn der Arbeitgeber einem Arbeitnehmer nur deswegen kündigt, um an dessen Stelle einen anderen Beschäftigten einsetzen zu können. 19

---

1 BAG 23.6.1994 – 2 AZR 617/93, EzA § 242 BGB Nr. 39 mit abl. Anm. *von Hoyningen-Huene*.
2 KR/*Fischermeier*, § 626 BGB Rz. 414.
3 BAG 23.6.1994 – 2 AZR 617/93, EzA § 242 BGB Nr. 39 mit abl. Anm. *von Hoyningen-Huene*.
4 LAG Rh.-Pf. 18.12.1978 – 7 Sa 638/78, EzA § 1 KSchG – Verhaltensbedingte Kündigung Nr. 5.
5 BAG 4.6.1997 – 2 AZR 526/96, AP Nr. 137 zu § 626 BGB.
6 BAG 27.1.2011 – 2 AZR 825/09, EzA § 626 BGB 2002 – Verdacht strafbarer Handlung Nr. 10.
7 BAG 28.8.2003 – 2 ABR 48/02, NZA 2004, 501.
8 BAG 14.2.1996 – 2 AZR 274/95, NZA 1996, 873.
9 BAG 10.9.2009 – 2 AZR 257/08, NZA 2010, 220.

Beispiele:

Freikündigen eines leistungsgerechten Arbeitsplatzes für einen behinderten Arbeitnehmer; Kündigung eines Lehrers in Nebentätigkeit, um einen arbeitslosen Lehrer einzustellen[1]; Kündigung eines Schiffsoffiziers, um dessen Arbeitsplatz nach ausländischem Recht besetzen zu lassen[2]; Ersatz des Produktionsleiters bei der Herstellung einer Zeitung durch sog. Team-Dispatcher unter Beibehaltung des Direktionsrechts[3]; Änderungskündigung eines Lehrers, der eine Reduzierung seiner Arbeitszeit im Rahmen eines Lehrerpersonalkonzeptes nicht hinnehmen will, bei gleichzeitiger Neueinstellung zweier Kräfte in dem von diesem Lehrer unterrichteten Fach[4].

Die Austauschkündigung ist grundsätzlich **sozial ungerechtfertigt**[5]. Die Ersetzung von Arbeitnehmern durch freie Mitarbeiter stellt keine Austauschkündigung dar, weshalb eine betriebsbedingte Kündigung in diesen Fällen grundsätzlich möglich ist[6]; es ist aber jeweils zu prüfen, ob es sich bei den neubegründeten Vertragsverhältnissen tatsächlich um freie Mitarbeiterverhältnisse und nicht etwa um Fälle von Scheinselbständigkeit handelt. Keine Austauschkündigung liegt vor, wenn die bislang von den Arbeitnehmern des Betriebs ausgeführten Arbeiten auf ein anderes Unternehmen zur **selbständigen Durchführung** übertragen werden[7]. Auch bei der Kündigung einer Gleichstellungsbeauftragten einer Gemeinde aufgrund der Entscheidung, diese Funktion in Zukunft durch eine ehrenamtliche Kraft wahrnehmen zu lassen, handelt es sich nicht um eine Austauschkündigung[8].

- **Beleidigung**

→ Meinungsäußerung, Rz. 43

- **Beschäftigungsverbot**

→ s.a. Eignungs-/Leistungsmangel, Rz. 28

19a Besteht aus Gründen, die in der Sphäre des Arbeitnehmers liegen, jedoch nicht von ihm verschuldet sein müssen, ein Beschäftigungsverbot, kann eine **ordentliche Kündigung aus personenbedingten Gründen** gerechtfertigt sein. So ist der Arbeitnehmer in diesen Fällen in aller Regel zur Leistung der vertraglich geschuldeten Dienste **dauerhaft außerstande**[9]. Beispiel: Fehlen eines Aufenthaltstitels zur Ausübung der Erwerbstätigkeit (früher: Arbeitserlaubnis) gem. § 4 Abs. 2 AufenthG. Ist hierüber noch nicht rechtskräftig entschieden, ist darauf abzustellen, ob für den Arbeitgeber bei objektiver Beurteilung im Zeitpunkt der Kündigung mit der Erteilung des Aufenthaltstitels **in absehbarer Zeit** zu rechnen war und der Arbeitsplatz für den Arbeitnehmer ohne erhebliche betriebliche Beeinträchtigung nicht offen gehalten werden konnte[10]. Da eine Vergütungspflicht aufgrund des Beschäftigungsverbots (§ 4 Abs. 3 AufenthG) nicht besteht, wird eine **außerordentliche Kündigung nur ausnahmsweise** in Betracht kommen, wenn der Arbeitgeber den Arbeitsplatz sofort wieder besetzen

---

1 BAG 13.3.1987 – 7 AZR 724/85, EzA § 1 KSchG – Betriebsbedingte Kündigung Nr. 44.
2 BAG 26.9.1996 – 2 AZR 200/96, NZA 1997, 202.
3 BAG 16.12.2004 – 2 AZR 66/04, NZA 2005, 761.
4 BAG 26.11.2009 – 2 AZR 658/08, EzA § 2 KSchG Nr. 76.
5 BAG 26.9.1996 – 2 AZR 200/96, NZA 1997, 202.
6 „Moskito-Anschläger", BAG 13.3.2008 – 2 AZR 1037/06, NZA 2008, 878; „Weight-Watcher"-Fall, BAG 9.5.1996 – 2 AZR 438/95, NZA 1996, 1145; vgl. auch *Preis*, Aktuelle Tendenzen im Kündigungsschutzrecht, NZA 1997, 1073 (1079).
7 *Boewer* in Gaul, AktuellAR 2008, S. 179.
8 BAG 18.9.2008 – 2 AZR 560/07, NZA 2009, 142.
9 BAG 24.2.2005 – 2 AZR 211/04, NZA 2005, 759.
10 BAG 7.2.1990 – 2 AZR 359/89, EzA § 1 KSchG – Personenbedingte Kündigung Nr. 8.

muss[1]. Die gleichen Grundsätze gelten, wenn für die Ausübung eines Berufs eine Erlaubnis erforderlich ist (zB bei Ärzten) oder wenn zwar nicht die vertragliche Tätigkeit selbst gegen ein Verbot verstößt, aber der Arbeitgeber gesetzliche Verpflichtungen, die mit der Beschäftigung verbunden sind, aus Gründen, die in der Sphäre des Arbeitnehmers liegen, nicht erfüllen kann (Unmöglichkeit der Gewährung eines Ersatzruhetages nach dem ArbZG für Arbeit am Sonntag, weil der Arbeitnehmer an allen übrigen Tagen der Woche in einem anderen Arbeitsverhältnis arbeitet)[2].

- **Betriebsfrieden/betriebliche Ordnung**

→ s.a. Meinungsäußerung, Rz. 43; Politische Betätigung, Rz. 46

Nach der Definition des BAG ist der Betriebsfrieden abhängig und wird bestimmt von der Summe aller derjenigen Faktoren, die das Zusammenleben und Zusammenwirken der in einem Betrieb tätigen Betriebsangehörigen ermöglichen, erleichtern oder auch nur erträglich machen. Der Betriebsfrieden als ein **die Gemeinschaft aller Betriebsangehörigen umschließender Zustand** ist daher immer dann gestört, wenn das störende Ereignis einen **kollektiven Bezug** aufweist[3]. Wird eine Kündigung auf die Störung des Betriebsfriedens gestützt, reicht dessen abstrakte Gefährdung nicht, vielmehr muss dieser **tatsächlich gestört** sein; es genügt, dass es erfahrungsgemäß zu einer Störung kommen wird[4]. Ferner muss der Betriebsfriedensstörung eine dem Arbeitnehmer vorwerfbare Pflichtverletzung vorausgehen[5]. Eine Störung des Betriebsfriedens kommt insbesondere im Rahmen politischer Betätigung (s. Rz. 46) oder bei Meinungsäußerungen (s. Rz. 43) im Betrieb während der Arbeitszeit in Betracht. Verstöße gegen die betriebliche Ordnung sind zB die Verletzung des Rauch- oder Alkoholverbots (s. Rz. 5 und 47). 20

- **Betriebsgeheimnisse**

→ s.a. Sicherheitsbereich, Rz. 51; Wettbewerbsverbot, Rz. 59

Die Mitteilung von Informationen aus dem Geschäftsbereich des Arbeitgebers an Konkurrenten ist in der Regel eine Verletzung der dem Arbeitnehmer obliegenden Verschwiegenheitspflicht; dies gilt erst recht, wenn diese den Charakter von **Betriebs- oder Geschäftsgeheimnissen** besitzen. Ein diesbezüglicher dringender Verdacht ist an sich geeignet, eine Verdachtskündigung zu rechtfertigen (→ s.a. Verdachtskündigung, Rz. 57). Wer es als Arbeitnehmer mit Einblick in wichtige Geschäftsvorgänge als mit seinen Pflichten vereinbar ansieht, trotz Ehe, Verwandtschaft oder enger Freundschaft zu dem Inhaber eines Konkurrenzunternehmens tätig sein zu können, erhöht damit nicht die Anforderungen seines Arbeitgebers an die Darlegungslast von Kündigungsgründen[6]. Zu dem Geheimnisbruch muss es nicht schon gekommen sein. Erforderlich sind aber konkrete Tatsachen, die erkennen lassen, dass der Arbeitnehmer durch sein Verhalten berechtigte Geheimhaltungsinteressen des Arbeitgebers beeinträchtigt. So muss der Arbeitgeber zB, falls der Arbeitnehmer E-Mails mit vertraulichen Daten auf sein privates E-Mail-Konto weiterleitet, hinreichenden Sachvortrag für ein „eigennütziges" Handeln des Arbeitnehmers erbringen[7]. 20a

In Unternehmen mit erhöhten Sicherheitsrisiken, zB in Rüstungsunternehmen, können auch **Sicherheitsbedenken** eine Kündigung rechtfertigen. Voraussetzung sind greifbare Tatsachen dafür, dass der Arbeitnehmer berechtigte Sicherheitsinteressen 20b

---

1 BAG 13.1.1977 – 2 AZR 423/75, AP Nr. 2 zu § 19 AFG.
2 BAG 24.2.2005 – 2 AZR 211/04, NZA 2005, 759.
3 BAG 9.12.1982 – 2 AZR 620/80, AP Nr. 73 zu § 626 BGB.
4 BAG 26.5.1977 – 2 AZR 632/76, EzA § 611 BGB – Beschäftigungspflicht Nr. 2.
5 BAG 24.6.2004 – 2 AZR 63/03, NZA 2005, 158.
6 BAG 26.9.1990 – 2 AZR 602/89, RzK I 8c Nr. 20.
7 LAG Sa.-Anh. 2.9.2011 – 6 Sa 469/10.

des Unternehmens beeinträchtigt[1]. Führt die Sicherheitsüberprüfung eines tariflich ordentlich unkündbaren Mitarbeiters des Bundesamtes für Verfassungsschutz zum Entzug der Zugangsermächtigung zum Umgang mit Verschlusssachen, kann dies wegen eines in seiner Person liegenden wichtigen Grundes eine außerordentliche Kündigung mit Auslauffrist rechtfertigen. Voraussetzung ist, dass im gesamten Zuständigkeitsbereich des Vertragsarbeitgebers keine Möglichkeiten zur anderweitigen Beschäftigung bestehen. Hat die Kündigung ihre Ursache in der Sphäre des Arbeitnehmers, ist sowohl bei der Prüfung von Beschäftigungsmöglichkeiten als auch im Rahmen der Interessenabwägung zu berücksichtigen, inwieweit den Arbeitnehmer an der Unmöglichkeit, ihn mit seinen bisherigen Aufgaben weiter zu betrauen, ein Verschulden trifft[2].

- **Betriebsstilllegung**

21 Unter Betriebsstilllegung ist die **Auflösung** der zwischen Arbeitgeber und Arbeitnehmer bestehenden **Betriebs- und Produktionsgemeinschaft** zu verstehen, die ihre Veranlassung und zugleich ihren unmittelbaren Ausdruck darin findet, dass der Arbeitgeber die bisherige **wirtschaftliche Betätigung** in der ernstlichen Absicht **einstellt**, den **bisherigen Betriebszweck** dauernd oder **für** eine ihrer Dauer nach **unbestimmte**, wirtschaftlich nicht unerhebliche **Zeitspanne nicht weiter zu verfolgen**. Der Arbeitgeber muss endgültig entschlossen sein, den Betrieb stillzulegen[3]. Bei der Betriebsstilllegung ist der Arbeitgeber nicht gehalten, eine Kündigung erst nach deren Durchführung auszusprechen. Eine **Kündigung wegen beabsichtigter Stilllegung** kommt in Betracht, wenn die betrieblichen Umstände einer Betriebsstilllegung schon greifbare Formen angenommen haben und eine vernünftige, betriebswirtschaftliche Betrachtung die Prognose rechtfertigt, dass bis zum Ablauf der Kündigungsfrist die Stilllegung durchgeführt sein wird. Daran fehlt es, wenn der Arbeitgeber im Zeitpunkt der Kündigung noch in Verhandlungen über eine Veräußerung des Betriebs steht und gleichwohl wegen Betriebsstilllegung kündigt. Auch allein das bloße Auslaufen eines alten Auftrages (zB Beauftragung mit der Durchführung des Rettungsdienstes) rechtfertigt eine Kündigung der Arbeitnehmer des Auftragnehmers aus dringenden betriebsbedingten Gründen nicht[4]. Ist andererseits bei Zugang der Kündigung die Betriebsstilllegung endgültig geplant und bereits eingeleitet, behält sich der Arbeitgeber aber eine Betriebsveräußerung vor, falls sich eine Chance bietet, und gelingt später eine Betriebsveräußerung, bleibt es bei der sozialen Rechtfertigung der Kündigung[5]. Der Stilllegungsabsicht steht nicht entgegen, dass der Arbeitgeber die gekündigten Arbeitnehmer während der Kündigungsfrist zur Abarbeitung vorhandener Aufträge einsetzen will, statt die Arbeiten sofort einzustellen[6]. – Der Arbeitnehmer hat einen Anspruch auf **Wiedereinstellung** (dies ist der Abschluss eines neuen Vertrages zu bisherigen Bedingungen unter Anrechnung der Betriebszugehörigkeit), wenn der **betriebsbedingte Kündigungsgrund** (Betriebsstilllegung) nach Ausspruch der Kündigung **während der Kündigungsfrist wegfällt** (zB wegen Betriebsübernahme)[7]. Voraussetzung ist, dass der Arbeitgeber mit Rücksicht auf die Wirksamkeit der Kündigung noch **keine Dispositionen getroffen** hat und ihm die unveränderte Fortsetzung des Arbeitsverhältnisses **zumutbar** ist[8]. Letzteres ist **während des Laufs der Kündigungsfrist** regelmäßig zu bejahen. In dem Klageantrag auf Wiedereinstellung liegt das Angebot des

---

1 BAG 26.10.1978 – 2 AZR 24/77, NJW 1979, 2063.
2 BAG 26.11.2009 – 2 AZR 272/08, NZA 2010, 628.
3 BAG 18.1.2001 – 2 AZR 514/99, NZA 2001, 719.
4 BAG 13.2.2008 – 2 AZR 75/06, nv.
5 BAG 29.9.2005 – 8 AZR 647/04, NZA 2006, 720.
6 BAG 7.7.2005 – 2 AZR 447/04, NZA 2005, 1351.
7 BAG 28.6.2000 – 7 AZR 904/98, NZA 2000, 1097.
8 BAG 6.8.1997 – 7 AZR 557/96 u. 4.12.1997 – 2 AZR 140/97, AP Nr. 2 und 4 zu § 1 KSchG 1969 – Wiedereinstellung.

Arbeitnehmers auf Abschluss eines Vertrages über die Fortsetzung des Arbeitsverhältnisses nach Ablauf der Kündigungsfrist[1]. Ein Wiedereinstellungsanspruch besteht nicht, wenn die betriebsbedingte Kündigung **sozial gerechtfertigt** ist und die anderweitige Beschäftigungsmöglichkeit erst **nach Ablauf der Kündigungsfrist** entsteht. Ebenso kann dem Wiedereinstellungsanspruch ein Abfindungsvergleich entgegen stehen[2]. – Wird im Rahmen einer Betriebsstilllegung allen Arbeitnehmern gekündigt, kommt eine Auswahl der Arbeitnehmer unter sozialen Gesichtspunkten nicht mehr in Betracht[3]. Bei einer **etappenweisen Betriebsstilllegung** ist dagegen weiterhin eine Sozialauswahl notwendig. Die Betriebsstilllegung rechtfertigt in aller Regel nur eine **ordentliche Kündigung**, da der Arbeitgeber nicht das Wirtschaftsrisiko auf den Arbeitnehmer abwälzen darf. Ganz **ausnahmsweise** kann eine Betriebsstilllegung eine **außerordentliche Kündigung** rechtfertigen, nämlich wenn die ordentliche Kündigung ausgeschlossen und eine Versetzung in einen anderen Betrieb des Unternehmens nicht möglich ist. Allerdings ist die außerordentliche Kündigung in diesen Fällen nur unter Einhaltung der ordentlichen (tariflichen oder gesetzlichen) Kündigungsfrist (notwendige Auslauffrist) möglich[4]. Grund ist, dass dem geschützten Arbeitnehmer aus der Unkündbarkeit kein Nachteil gegenüber den anderen Arbeitnehmern entstehen darf[5], der bei einer außerordentlichen Kündigung ohne Einhaltung einer Frist eintreten würde.

- **Betriebsveräußerung**

Kündigungen wegen einer Betriebsveräußerung sind gem. § 613a Abs. 4 Satz 1 BGB **generell rechtsunwirksam**. Die Bestimmung enthält ein eigenständiges Kündigungsverbot und stellt nicht nur die Sozialwidrigkeit der Kündigung klar[6]. Das Recht zur **Kündigung aus anderen Gründen** (zB wegen Arbeitsmangels oder aufgrund eines Sanierungskonzepts des Veräußerers oder Erwerbers) bleibt nach § 613a Abs. 4 Satz 2 BGB unberührt. Die Wirksamkeit der Kündigung bemisst sich sodann nach den allgemeinen Kündigungsschutzbestimmungen. Eine **Kündigung** erfolgt **wegen des Betriebsübergangs**, wenn dieser der **tragende Grund, nicht nur** der **äußere Anlass** für die Kündigung ist. Maßgeblich sind die **Verhältnisse bei Zugang der Kündigung**, so dass die den Betriebsübergang ausmachenden Tatsachen zu diesem Zeitpunkt bereits **feststehen oder greifbare Formen angenommen** haben müssen[7]. Problematisch ist die **Abgrenzung** der **Kündigung wegen einer Betriebsveräußerung** von der Kündigung wegen einer bislang nur **geplanten Betriebsstilllegung** (zur Definition der Betriebsstilllegung s. Rz. 21). Für eine Kündigung wegen einer demnächst erfolgenden Betriebsstilllegung genügt es, wenn sich diese zum Kündigungszeitpunkt konkret und greifbar abzeichnet. Dies ist zu bejahen, wenn mit einiger Sicherheit der Eintritt eines die Entlassung erforderlich machenden dringenden betrieblichen Grundes gegeben ist. Das Merkmal „dringend" kann sich sowohl aus der Motivation wie auch der Durchführung des Stilllegungsbeschlusses ergeben[8]. Wird eine **Betriebsveräußerung** erst **nach Ausspruch einer Kündigung** durchgeführt, liegt eine Kündigung wegen Betriebsübergangs nicht vor. Sodann kann die Unwirksamkeit der Kündigung auch nicht aus dem Gesichtspunkt der Umgehung des § 613a BGB hergeleitet werden[9]. Gegen eine ernsthafte Stilllegungsabsicht spricht eine tatsächliche Vermutung, wenn der **Betrieb**

---

1 BAG 27.2.1997 – 2 AZR 160/96, AP Nr. 1 zu § 1 KSchG 1969 – Wiedereinstellung.
2 BAG 28.6.2000 – 7 AZR 904/98, NZA 2000, 1097.
3 BAG 10.10.1996 – 2 AZR 651/95, NZA 1997, 92.
4 BAG 7.6.1984 – 2 AZR 602/82, AP Nr. 5 zu § 22 KO.
5 BAG 28.3.1985 – 2 AZR 113/84, AP Nr. 86 zu § 626 BGB.
6 BAG 18.7.1996 – 8 AZR 127/94, NZA 1997, 148.
7 BAG 3.9.1998 – 8 AZR 306/97, NZA 1999, 147.
8 BAG 19.6.1991 – 2 AZR 127/91, AP Nr. 53 zu § 1 KSchG 1969 – Betriebsbedingte Kündigung.
9 BAG 19.6.1991 – 2 AZR 127/91, AP Nr. 53 zu § 1 KSchG 1969 – Betriebsbedingte Kündigung.

oder Betriebsteil alsbald wieder eröffnet wird[1]. Auch kann ein Anspruch auf Fortsetzung des Arbeitsverhältnisses (**Wiedereinstellung**) bestehen, wenn die Betriebsübernahme nach Ausspruch der Kündigung und noch während der Kündigungsfrist erfolgt und der Arbeitgeber mit Rücksicht auf die Wirksamkeit der Kündigung noch keine Dispositionen getroffen hat, die ihm die unveränderte Fortsetzung des Arbeitsverhältnisses unzumutbar machen[2] (Näheres unter Betriebsstilllegung Rz. 21). Eine im Zusammenhang mit einer Betriebsveräußerung stehende nur **vorübergehende Betriebsunterbrechung** ist keine Betriebsstilllegung.

- **Diebstahl**

23 Handelt es sich um einen **Diebstahl außerhalb des Beschäftigungsbetriebes und der Arbeitszeit**, kann dieser eine Kündigung grundsätzlich nur dann rechtfertigen, wenn sich daraus gleichwohl Beeinträchtigungen oder Auswirkungen auf das Arbeitsverhältnis ergeben[3]. Diese sind zB gegeben, wenn der Diebstahl in einem anderen, räumlich entfernten Betrieb des Arbeitgebers begangen wurde[4].

24 Die rechtswidrige und schuldhafte **Entwendung einer im Eigentum des Arbeitgebers stehenden Sache** durch den Arbeitnehmer ist an sich geeignet, einen wichtigen Grund zur außerordentlichen Kündigung abzugeben[5]. Dies gilt auch im Fall des Versuchs und wenn die entwendete Sache von geringem Wert ist[6] (Diebstahl von Kraftstoff zum Nachteil des Arbeitgebers[7]; Diebstahl eines Stücks Bienenstich durch eine Bäckereiverkäuferin[8]). Der Arbeitnehmer bricht durch eine Eigentumsverletzung unabhängig vom Wert des Schadens in erheblicher Weise das Vertrauen des Arbeitgebers[9]. Der Umfang des dem Arbeitgeber zugefügten Schadens ist nach der Stellung des Arbeitnehmers, der Art der entwendeten Ware und den besonderen Verhältnissen des Betriebes zu beurteilen; der objektive Wert des entwendeten Gegenstandes ist dagegen von untergeordneter Bedeutung[10]. So ist die Entwendung einer Zigarette aus einer Besucherschatulle – bei Gelegenheit der Arbeitsleistung – anders zu beurteilen als die Entwendung einer gleichwertigen Ware durch einen Arbeitnehmer, dem sie gerade auch zur Obhut anvertraut ist[11], also die Straftat mit der vertraglich geschuldeten Tätigkeit des Arbeitnehmers zusammenhängt (Entwendung von zwei Packungen Schinken durch einen Zugrestaurantmitarbeiter)[12]. In einem Handelsunternehmen, dessen Waren den Arbeitnehmern anvertraut sind, kann es allein aus Gründen der Abschreckung erforderlich sein, bei Eigentumsdelikten hart durchzugreifen[13]. Eine Abmahnung ist entbehrlich, wenn es um eine schwere Pflichtverletzung geht, deren Rechtswidrigkeit für den Arbeitnehmer ohne Weiteres erkennbar und deren Hinnahme durch den Arbeitgeber offensichtlich ausgeschlossen ist (Verkauf von erkennbar im Eigentum des Arbeitgebers stehendem Schrott an einen Dritten ohne entsprechende Befugnis)[14]. Andererseits sind auch im Fall eines Eigentums- oder Vermögensdeliktes

---

1 BAG 27.9.1984 – 2 AZR 309/83, EzA § 613a BGB Nr. 40.
2 BAG 28.6.2000 – 7 AZR 904/98, NZA 2000, 1097.
3 BAG 20.9.1984 – 2 AZR 633/82, AP Nr. 80 zu § 626 BGB.
4 BAG 3.4.1986 – 2 AZR 324/85, AP Nr. 18 zu § 626 BGB – Verdacht strafbarer Handlung.
5 BAG 21.6.2012 – 2 AZR 153/11, NZA 2012, 1025; 10.2.1999 – 2 ABR 31/98, AP Nr. 42 zu § 15 KSchG 1969.
6 BAG 11.12.2003 – 2 AZR 36/03, NZA 2004, 486.
7 BAG 13.12.1984 – 2 AZR 454/83, AP Nr. 81 zu § 626 BGB.
8 BAG 17.5.1984 – 2 AZR 3/83, AP Nr. 14 zu § 626 BGB – Verdacht strafbarer Handlung.
9 BAG 12.8.1999 – 2 AZR 923/98, NZA 2000, 421.
10 BAG 13.12.1984 – 2 AZR 454/83, AP Nr. 81 zu § 626 BGB; 17.5.1984 – 2 AZR 3/83, AP Nr. 14 zu § 626 BGB – Verdacht strafbarer Handlung.
11 BAG 17.5.1984 – 2 AZR 3/83, AP Nr. 14 zu § 626 BGB – Verdacht strafbarer Handlung.
12 BAG 12.8.1999 – 2 AZR 923/98, NZA 2000, 421.
13 BAG 11.12.2003 – 2 AZR 36/03, NZA 2004, 486.
14 BAG 10.2.1999 – 2 ABR 31/98, NZA 1999, 708; 12.8.1999 – 2 AZR 923/98, NZA 2000, 421.

alle für das jeweilige Vertragsverhältnis in Betracht kommenden Gesichtspunkte zu bewerten. Dazu gehören das gegebene Maß der Beschädigung des Vertrauens, das Interesse an der korrekten Handhabung der Geschäftsanweisungen, das vom Arbeitnehmer in der Zeit seiner unbeanstandeten Beschäftigung erworbene „Vertrauenskapital" ebenso wie die wirtschaftlichen Folgen des Vertragsverstoßes. Unter Umständen kann – gerade wenn der wirtschaftliche Schaden gering ist (rechtswidriges Einlösen von Pfandbons im Wert von 1,30 Euro) – nach neuerer Rechtsprechung des BAG eine Abmahnung als milderes Mittel zur Wiederherstellung des für die Fortsetzung des Vertrags notwendigen Vertrauens in die Redlichkeit des Arbeitnehmers ausreichen[1].

- **Drogensucht**

→ Alkohol- und Drogensucht, Rz. 7

- **Druckkündigung**

Diese liegt vor, wenn **Dritte** (Belegschaft oder Teile derselben, Betriebsrat, Gewerkschaft, Kunden des Arbeitgebers) unter **Androhung von Nachteilen** vom Arbeitgeber die **Entlassung** eines bestimmten Arbeitnehmers **verlangen**[2]. Dabei sind **zwei Fallgruppen** zu unterscheiden: Ist das **Verlangen des Dritten** durch einen in der Person oder dem Verhalten des Arbeitnehmers liegenden Grund **objektiv gerechtfertigt**, steht es im Ermessen des Arbeitgebers, ob er eine **personen- oder verhaltensbedingte Kündigung** ausspricht[3]. **Fehlt es an der objektiven Rechtfertigung**, kommt eine **betriebsbedingte Kündigung** in Betracht, an deren Zulässigkeit **strenge Anforderungen** zu stellen sind. So muss der Arbeitgeber zunächst alles Zumutbare versuchen, um den Dritten von der Drohung abzubringen. Unterlässt er dies, ist die Kündigung von vornherein unwirksam. Erst wenn daraufhin trotzdem ein Verhalten in Aussicht gestellt wird, wodurch schwere wirtschaftliche Schäden für den Arbeitgeber drohen (die Belegschaft verweigert ernsthaft die Zusammenarbeit mit dem betroffenen Arbeitnehmer; der Kunde droht mit dem Entzug des Auftrags), kann die Kündigung berechtigt sein[4]. Nähere Einzelheiten s. Teil 3 F Rz. 43 ff. 25

- **Ehe, Zerrüttung**

→ s.a. Kirche, Rz. 32

Verstößt die **Eheschließung** eines Arbeitnehmers der Kirche gegen fundamentale Grundsätze der kirchlichen Glaubens- und Sittenlehre oder gegen Bestimmungen des kirchlichen Rechts, kann eine personenbedingte Kündigung gerechtfertigt sein, sofern der Mitarbeiter eine Aufgabe wahrnimmt, die in spezifischer Nähe zu der kirchlichen Institution steht[5] (Rz. 32). 26

Die Kündigung durch einen Arbeitgeber-Ehegatten nach **Zerrüttung bzw. Scheitern der Ehe** ist nur sozial gerechtfertigt, wenn sich die ehelichen Auseinandersetzungen so auf das Arbeitsverhältnis auswirken, dass der Arbeitgeber nachvollziehbare Gründe zu der Annahme hat, der Arbeitnehmer werde seine arbeitsvertraglichen Pflichten nicht mit der geschuldeten Sorgfalt erfüllen bzw. die Fortsetzung der ehe- 26a

---

1 BAG 10.6.2010 – 2 AZR 541/09, NZA 2010, 1227.
2 BAG 8.6.2000 – 2 ABR 1/00, NZA 2001, 91; 4.10.1990 – 2 AZR 201/90 u. 31.1.1996 – 2 AZR 158/95, AP Nr. 12, 13 zu § 626 BGB – Druckkündigung.
3 BAG 4.10.1990 – 2 AZR 201/90 u. 31.1.1996 – 2 AZR 158/95, AP Nr. 12, 13 zu § 626 BGB – Druckkündigung.
4 BAG 4.10.1990 – 2 AZR 201/90 u. 31.1.1996 – 2 AZR 158/95, AP Nr. 12, 13 zu § 626 BGB – Druckkündigung.
5 KR/*Griebeling*, § 1 KSchG Rz. 298.

lichen Streitigkeiten werde sich auf das Arbeitsverhältnis negativ auswirken und damit zu einer Störung des Betriebsfriedens führen[1].

- **Ehrenämter**

27 Die Ausübung eines Ehrenamtes ist kündigungsrechtlich nur dann relevant, wenn der Arbeitnehmer deswegen seine **Arbeitspflicht versäumt**; dies kann auch durch die Übernahme einer **Überzahl von Ehrenämtern** geschehen. Bei der kündigungsrechtlichen Beurteilung ist auch zu unterscheiden zwischen privaten und öffentlichen Ehrenämtern. **Private Ehrenämter** hat der Arbeitnehmer grundsätzlich in seiner **Freizeit** auszuüben[2]. Die Ausübung **öffentlicher Ehrenämter** – als Mitglied eines Gemeinderats oder eines Kreistages oder als Landtags- oder Bundestagsabgeordneter – unterliegt dagegen **Sonderregelungen**, wonach der Arbeitnehmer ein **Recht auf die erforderliche**, aber üblicherweise **unbezahlte Zeit** zur Ausübung seines Amtes hat. Darüber hinaus besteht nach Art. 48 Abs. 2 GG, § 2 Abs. 3 AbgG, den Länderverfassungen und den Gemeinde- und Kreisordnungen für die Abgeordneten in deren Arbeitsverhältnis ein **Sonderkündigungsschutz**[3].

- **Eignungs-/Leistungsmangel**

→ s.a. Beschäftigungsverbot, Rz. 19a; Fahrerlaubnis, Entzug, Rz. 29; Krankheit, Rz. 33 ff.; Politische Betätigung, Rz. 46; Schlecht- und Minderleistung, Rz. 48

28 Der Eignungs- oder Leistungsmangel, das ist die **dauernde oder auch zeitlich begrenzte Unfähigkeit oder Unmöglichkeit zur Erbringung der vertraglich geschuldeten Leistung**, kann beruhen auf Krankheit, Alter, mangelnder fachlicher Qualifikation, politischer Betätigung sowie dem Verlust bestimmter Beschäftigungsvoraussetzungen (Führerschein, Fluglizenz, Aufenthaltstitel zur Ausübung der Erwerbstätigkeit, Ermächtigung zum Umgang mit Verschlusssachen[4]), teilweise auch ohne dass der Arbeitnehmer diese verschuldet hat. In solchen Fällen kann der Arbeitgeber aus **personenbedingten Gründen** zur **ordentlichen Kündigung** berechtigt sein[5]. Grundsätzlich bedarf es der vorherigen Abmahnung; bei **unbehebbaren Mängeln** ist die Abmahnung entbehrlich[6]. – Vor Ausspruch einer personenbedingten Kündigung hat der Arbeitgeber den Arbeitnehmer **auf einem anderen Arbeitsplatz** im Betrieb oder Unternehmen **weiterzubeschäftigen**, falls ein gleichwertiger oder jedenfalls zumutbarer Arbeitsplatz frei und der Arbeitnehmer für die dort zu leistende Arbeit geeignet ist. Falls die Möglichkeit besteht, hat der Arbeitgeber einen solchen Arbeitsplatz durch Ausübung seines Direktionsrechts (Versetzung des auf diesem Arbeitsplatz eingesetzten Arbeitnehmers) frei zu machen. Ebenso muss sich der Arbeitgeber um die evtl. erforderliche Zustimmung des Betriebsrats bemühen. Der Arbeitgeber ist jedoch weder zur Durchführung eines Zustimmungsersetzungsverfahrens noch zu einer weiter gehenden Umorganisation verpflichtet, ebenso scheidet das Freikündigen eines anderweitig besetzten leidensgerechten Arbeitsplatzes aus[7]. – Ein **altersbedingter Eignungsmangel** kann die Kündigung rechtfertigen, wenn der Arbeitnehmer nicht mehr in der Lage ist, seine Arbeitsleistung in quantitativer, zeitlicher und qualitativer Hinsicht zu erfüllen. Der Arbeitgeber muss jedoch den normalen altersbedingten Abfall der Leistungsfähigkeit hinnehmen[8]. – **Fachliche Mängel** können eine ordentliche

---
1 BAG 9.2.1995 – 2 AZR 389/94, NZA 1996, 249.
2 Staudinger/*Preis*, § 626 BGB Rz. 167.
3 Staudinger/*Preis*, § 626 BGB Rz. 168.
4 BAG 26.11.2009 – 2 AZR 272/08, NZA 2010, 628.
5 BAG 28.2.1990 – 2 AZR 401/89, AP Nr. 25 zu § 1 KSchG 1969 – Krankheit.
6 KR/*Griebeling*, § 1 KSchG Rz. 304 mwN.
7 BAG 29.1.1997 – 2 AZR 9/96, DB 1997, 1039.
8 KR/*Griebeling*, § 1 KSchG Rz. 388.

Kündigung aus personenbedingten Gründen rechtfertigen, wenn der Arbeitnehmer nicht in der Lage ist, die notwendigen Fachkenntnisse zu erwerben[1]. Beruht eine mangelhafte Leistung nicht auf unzureichender persönlicher oder fachlicher Eignung, kommt eine ordentliche verhaltensbedingte Kündigung in Betracht (**Schlecht- und Minderleistung**, Rz. 48). – Verlangt der Arbeitgeber von seinen Arbeitnehmern Kenntnisse der deutschen Schriftsprache, damit sie schriftliche Arbeitsanweisungen verstehen und die betrieblichen Aufgaben so gut wie möglich erledigen können, so verfolgt er ein sachlich gerechtfertigtes Ziel; eine Diskriminierung iSd. § 3 Abs. 2 AGG liegt nicht vor. Eine Kündigung wegen **mangelnder Kenntnisse der deutschen Sprache** ist daher wirksam, wenn der Arbeitgeber den Arbeitnehmer mehrfach darauf hingewiesen hat, dass er seine Sprachkenntnisse zur Erfüllung der betrieblichen Arbeitsaufgaben verbessern müsse, und ihm mehrfach Sprachkurse angeboten hat, der Arbeitnehmer hierauf jedoch nicht eingegangen ist[2]. Sie ist dagegen unwirksam, wenn diese Kenntnisse erst nachträglich durch Einführung eines Qualitätsmanagement-Systems erforderlich werden und der Arbeitgeber dem Mitarbeiter nicht die Möglichkeit gegeben hat, sich die erforderlichen Sprachkenntnisse anzueignen[3].

- **Elternzeit**

Sind die Voraussetzungen für die Elternzeit erfüllt und hat der Arbeitnehmer ein § 16 Abs. 1 Satz 1 BEEG genügendes schriftliches Verlangen, das sich auf Beginn und Dauer der Elternzeit erstreckt, rechtzeitig gestellt, kann der Arbeitnehmer zum vorgesehenen Beginn der Elternzeit und für die begehrte Dauer der Arbeit fernbleiben; einer Einverständniserklärung des Arbeitgebers bedarf es nicht. Ist das Verlangen nicht ordnungsgemäß (nicht rechtzeitig, fehlende Schriftform, Beginn und Dauer gehen weder daraus noch aus den sonstigen Umständen hervor), darf der Arbeitnehmer die Elternzeit auch nicht antreten. Bleibt er der Arbeit dennoch fern, liegt hierin eine arbeitsvertragliche Pflichtverletzung, aufgrund derer der Arbeitgeber – im Regelfall nach einer erfolglosen Abmahnung[4] – eine Kündigung aussprechen kann.

28a

- **E-Mail-Nutzung**

→ Internet-, E-Mail-, Telefonnutzung, Rz. 31a

- **Fahrerlaubnis, Entzug**

Die Entziehung der Fahrerlaubnis eines als **Kraftfahrer** beschäftigten Arbeitnehmers bzw. der **Fluglizenz** bei einem Piloten kann für den Arbeitgeber einen personenbedingten Grund zur Kündigung und sogar einen wichtigen Grund zur **außerordentlichen Kündigung** darstellen[5]. Dem Arbeitnehmer ist durch den Verlust der Fahrerlaubnis bzw. der Fluglizenz das Erbringen der geschuldeten Arbeitsleistung rechtlich unmöglich geworden, denn er kann und darf seine Arbeitspflicht aufgrund des daraus resultierenden Beschäftigungsverbots nicht mehr erfüllen[6]. Das gilt auch dann, wenn die Entziehung des Führerscheins wegen Trunkenheit im Verkehr bei einer Privatfahrt erfolgt[7]. Allein der **Verlust der Fahrerlaubnis** reicht jedoch nicht: Vielmehr ist zu berücksichtigen,

29

---

1 KR/*Griebeling*, § 1 KSchG Rz. 384.
2 BAG 28.1.2010 – 2 AZR 764/08, NZA 2010, 625.
3 LAG Hess. 19.7.1999 – 16 Sa 1898/98, LAGE § 1 KSchG – Betriebsbedingte Kündigung Nr. 55; kritisch dazu *Hunold*, Die Kündigung wegen mangelhafter Kenntnisse des Mitarbeiters, NZA 2000, 802.
4 BAG 17.2.1994 – 2 AZR 616/93, AP Nr. 116 zu § 626 BGB (noch zum BErzGG).
5 BAG 5.6.2008 – 2 AZR 984/06, EzA § 1 KSchG – Personenbedingte Kündigung Nr. 22.
6 BAG 7.12.2000 – 2 AZR 459/99, NZA 2001, 1304; 7.12.2000 – 2 AZR 460/99, NZA 2001, 607.
7 BAG 30.5.1978 – 2 AZR 630/76, EzA § 626 BGB nF Nr. 66.

- inweweit zum Zeitpunkt des Zugangs der Kündigung mit der **Erteilung einer neuen Erlaubnis in absehbarer Zeit** zu rechnen ist; so muss der Arbeitgeber dem Arbeitnehmer je nach Lage des Falles zunächst Gelegenheit geben, die Prüfung zu wiederholen[1],
- ob nicht das Arbeitsverhältnis zu **geänderten Bedingungen** fortgesetzt werden kann[2],
- ob und inwieweit in der Zwischenzeit **Überbrückungsmaßnahmen** in Betracht kommen[3].

War die Umsetzung des Arbeitnehmers auf einen anderen freien Arbeitsplatz möglich, kommt es nicht darauf an, ob sich der Arbeitnehmer dazu bereit erklärt hat; es genügt, wenn sich aus sonstigen Umständen entnehmen lässt, dass der Arbeitnehmer hierzu bereit ist[4]. – Wird einem **Außendienstmitarbeiter**, der zur Erfüllung seiner vertraglich geschuldeten Tätigkeit **auf die Benutzung eines Firmenfahrzeugs unabdingbar angewiesen** ist, für eine erhebliche Zeit (hier: neun Monate) die Fahrerlaubnis entzogen, so ist der Arbeitgeber grundsätzlich zur außerordentlichen Kündigung berechtigt[5]. Dies gilt nicht, wenn der Außendienstmitarbeiter nicht zwingend auf den Führerschein angewiesen ist. Zugunsten des betreffenden Arbeitnehmers ist auch jeweils zu berücksichtigen, dass ein Vergütungsanspruch regelmäßig mangels Annahmeverzugs des Arbeitgebers nicht besteht[6]. – Wird einem **U-Bahn-Zugführer** aufgrund hochgradiger Alkoholisierung bei einer Privatfahrt der **Pkw-Führerschein entzogen** und bleibt der Arbeitnehmer weiterhin als Zugführer einsetzbar, vermag nach Auffassung des BAG allein die **Alkoholisierung im Privatbereich** nicht ohne Weiteres eine außerordentliche oder auch ordentliche Kündigung zu rechtfertigen[7]. – Der Verlust einer **innerbetrieblichen Fahrberechtigung** (Kraftomnibusfahrer mit Personenbeförderung) steht dem Verlust einer behördlichen bzw. gesetzlichen Fahrerlaubnis nicht gleich und berechtigt daher nicht ohne Weiteres zu einer Kündigung[8].

• **Fehltage**

→ Arbeitsversäumnis, Rz. 13

• **Freiheitsstrafe/Haft**

30 Eine Arbeitsverhinderung des Arbeitnehmers, die auf einer Straf- oder Untersuchungshaft beruht, kann ein Grund zur Kündigung des Arbeitsverhältnisses sein. Regelmäßig kann hierin nur ein personenbedingter Grund liegen[9], es sei denn, die der Strafhaft **zugrunde liegende Tat** hat einen solchen **Bezug zum Arbeitsverhältnis**, dass sie selbst als – verhaltensbedingter – Kündigungsgrund in Betracht kommt[10]. Allerdings kann nicht jede Freiheitsstrafe ohne Rücksicht auf ihre Dauer und ihre Auswirkungen zum Verlust des Arbeitsplatzes führen[11]. Da der Arbeitgeber im Fall der haftbedingten Verhinderung des Arbeitnehmers typischerweise von der Lohnzahlungspflicht befreit ist, hängt es von Art und Ausmaß der betrieblichen Auswirkungen ab, ob die Inhaftierung geeignet ist, eine Kündigung zu rechtfertigen[12]. Zumindest

---

1 BAG 7.12.2000 – 2 AZR 460/99, NZA 2001, 607.
2 BAG 7.12.2000 – 2 AZR 459/99, NZA 2001, 1304; 7.12.2000 – 2 AZR 460/99, NZA 2001, 607.
3 BAG 31.1.1996 – 2 AZR 68/95, NZA 1996, 819.
4 BAG 30.5.1978 – 2 AZR 630/76, EzA § 626 BGB nF Nr. 66.
5 LAG Schl.-Holst. 16.6.1986 – 4 (5) Sa 684/85, NZA 1987, 669.
6 Staudinger/*Preis*, § 626 BGB Rz. 216.
7 BAG 4.6.1997 – 2 AZR 526/96, NZA 1997, 1281.
8 BAG 5.6.2008 – 2 AZR 984/06, EzA § 1 KSchG – Personenbedingte Kündigung Nr. 22.
9 BAG 15.11.1984 – 2 AZR 613/83, NZA 1985, 661.
10 BAG 9.3.1995 – 2 AZR 497/94, AP Nr. 123 zu § 626 BGB.
11 BAG 24.3.2011 – 2 AZR 790/09, NZA 2011, 1084.
12 BAG 22.9.1994 – 2 AZR 719/93, NZA 1995, 119.

dann, wenn im Kündigungszeitpunkt noch eine Haftstrafe von mehr als zwei Jahren zu verbüßen ist und eine Entlassung vor Ablauf von zwei Jahren nicht sicher zu erwarten steht, kann dem Arbeitgeber regelmäßig nicht zugemutet werden, lediglich Überbrückungsmaßnahmen zu ergreifen und auf eine dauerhafte Neubesetzung des Arbeitsplatzes zu verzichten[1]. Grundlage für die Prognose der Haftdauer muss nicht zwingend eine bereits erfolgte – rechtskräftige – strafgerichtliche Verurteilung sein. Die Erwartung, der Arbeitnehmer werde für längere Zeit an der Erbringung seiner Arbeitsleistung gehindert sein, kann auch im Fall der Untersuchungshaft berechtigt sein. Dann kommt es darauf an, ob die der vorläufigen Inhaftierung zugrunde liegenden Umstände bei objektiver Betrachtung mit hinreichender Sicherheit eine solche Prognose rechtfertigen[2]. Auch in diesem Fall ist aber eine abschließende Interessenabwägung vorzunehmen[3]. Dem Arbeitgeber sind zur Überbrückung **geringere Anstrengungen und Belastungen zuzumuten als bei einer krankheitsbedingten Kündigung**[4], was dafür sprechen könnte, dass grundsätzlich auch Inhaftierungszeiten, die sich (im Zeitpunkt des Zugangs der Kündigung) über keine zwei Jahre mehr erstrecken werden, einen Grund für eine personenbedingte Kündigung darstellen könnten. Ist die Kündigungsfrist allerdings länger als die voraussichtliche Freiheitsstrafe, wird dies in aller Regel der Kündigung entgegenstehen[5]. Weiter ist stets zu berücksichtigen, dass sich aus § 241 Abs. 2 BGB eine Verpflichtung des Arbeitgebers ergeben kann, bei der Erlangung des Freigängerstatus des Arbeitnehmers mitzuwirken, wenn dies für den Arbeitgeber nicht risikobehaftet ist. Die Pflicht des Arbeitgebers, den Arbeitnehmer in seinem Resozialisierungsbemühen zu unterstützen, geht jedoch nicht so weit, diesem auf die vage Aussicht hin, in ferner Zukunft eine Vollzugslockerung zu erreichen, den Arbeitsplatz bis zu einer Klärung ggf. über Monate hinweg freizuhalten[6].

Nach älterer BAG-Rechtsprechung soll die Unmöglichkeit der Arbeitsleistung für nicht unerhebliche Zeit infolge der Verbüßung einer Strafhaft je nach Art und Ausmaß der betrieblichen Auswirkungen grundsätzlich auch eine **außerordentliche Kündigung** des Arbeitsverhältnisses rechtfertigen können[7]. In Anbetracht des Umstandes, dass der Arbeitgeber während der für die ordentliche Kündigung einzuhaltenden Frist nicht mit Lohnzahlungspflichten belastet ist, dürfte ihm das Festhalten am Arbeitsverhältnis für diese Zeitspanne zumutbar sein, so dass Zweifel am Fortbestand dieser Auffassung angebracht sind.

- **Insolvenz**[8]

Weder die **Gefahr der Insolvenz** des Arbeitgebers noch die **Insolvenzeröffnung** selbst berechtigen den Arbeitgeber bzw. den Insolvenzverwalter zu einer außerordentlichen oder ordentlichen Kündigung. Auch der Insolvenzverwalter hat weiterhin das Kündigungsschutzgesetz und die sonstigen einschlägigen kündigungsschutzrechtlichen Bestimmungen zu beachten, so dass Kündigungen nur bei Vorliegen entsprechender Gründe (zB Betriebseinschränkung, Betriebsstilllegung) in Betracht kommen. Erleichterungen gelten nur hinsichtlich der vom **Insolvenzverwalter** einzuhaltenden **Kündigungsfrist**, die nach § 113 InsO drei Monate beträgt, wenn nicht eine kürzere Frist maßgeblich ist. Diese verkürzte Kündigungsfrist gilt sowohl bei längeren Kündi-

---

1 BAG 24.3.2011 – 2 AZR 790/09, NZA 2011, 1084.
2 BAG 23.5.2013 – 2 AZR 120/12, NZA 2013, 1211.
3 BAG 25.11.2010 – 2 AZR 984/08, NZA 2011, 686.
4 BAG 9.3.1995 – 2 AZR 497/94, AP Nr. 123 zu § 626 BGB.
5 BAG 15.11.1984 – 2 AZR 613/83, NZA 1985, 661.
6 BAG 24.3.2011 – 2 AZR 790/09, NZA 2011, 1084; vgl. auch *Tschöpe*, Personenbedingte Kündigung, BB 2001, 2110.
7 BAG 15.11.1984 – 2 AZR 613/83, NZA 1985, 661.
8 Vgl. zum Kündigungsschutz in der Insolvenz auch Teil 3 I.

gungsfristen wie bei Befristungen oder Unkündbarkeitsregelungen, unabhängig davon, ob diese auf Gesetz, Tarifvertrag, Betriebsvereinbarung[1] oder Einzelarbeitsvertrag beruhen. Die verkürzte Frist findet ebenso bei **Änderungskündigungen** Anwendung[2]. Allerdings kann der Arbeitnehmer wegen der vorzeitigen Beendigung des Arbeitsverhältnisses **Schadensersatz** verlangen, § 113 Satz 3 InsO; den Schadensersatzanspruch kann er jedoch lediglich als Insolvenzgläubiger (§ 38 InsO) geltend machen.

- **Internet-, E-Mail-, Telefonnutzung**

31a Die **vom Arbeitgeber verbotene private Nutzung** des Internetanschlusses[3], E-Mail-Verkehrs oder des dienstlichen Telefonanschlusses kann nach vorangegangener erfolgloser Abmahnung eine verhaltensbedingte außerordentliche oder ordentliche Kündigung rechtfertigen, wenn
- hierdurch dem Arbeitgeber Kosten entstehen können und der Arbeitnehmer die Betriebsmittel unberechtigt in Anspruch genommen hat;
- die private Nutzung während der Arbeitszeit erfolgt, weil der Arbeitnehmer seine vertraglich geschuldete Arbeitsleistung nicht erbringt und dadurch seine Arbeitspflicht verletzt;
- hiermit das Herunterladen einer erheblichen Datenmenge auf betriebliche Datensysteme verbunden ist („unbefugter Download") und dies zu Vireninfizierungen oder anderen Störungen des betrieblichen Systems führen kann;
- es sich bei heruntergeladenen Daten um solche handelt, deren Rückverfolgung zu Rufschädigungen des Arbeitgebers führen kann, weil es sich um strafbare oder pornografische Darstellungen handelt[4].

Der Verstoß gegen ein ausdrückliches Verbot jeglicher privater Nutzung des dienstlichen Internetanschlusses sowie das Herunterladen von pornografischem Bildmaterial schaffen allerdings keinen absoluten Kündigungsgrund. Auch bei einem solchen Sachverhalt ist die Verhältnismäßigkeit einer Kündigung anhand aller relevanten Umstände des Einzelfalls und unter Abwägung der Interessen beider Vertragsteile zu prüfen[5]. Das Verbot erstreckt sich auch auf Pausen[6]. **Fehlt** es an einem ausdrücklichen **Verbot**, ist die Privatnutzung dennoch grundsätzlich nicht erlaubt[7]. So hat der Arbeitnehmer grundsätzlich keinen Anspruch auf private Mitbenutzung von E-Mail, Internet und Telefon[8]. Ist das private Telefonieren gestattet, schließt dies die private Internetnutzung nicht ein[9]. – Bei **erlaubter Privatnutzung** (aufgrund ausdrücklicher Regelung oder durch Duldung) sind die vom Arbeitgeber gesetzten Regeln einzuhalten. Die Erlaubnis erstreckt sich allenfalls auf eine Nutzung im angemessenen Umfang oder während der Pausen. Steht die Nutzung im Zusammenhang mit Straftatbeständen, Abruf von Pornografie[10], sexueller Belästigung von Arbeitskollegen oder der Verletzung von Betriebs- und Geschäftsgeheimnissen, finden die dazu entwickelten allgemeinen Grundsätze Anwendung (→ **Strafbare Handlung**, Rz. 54, **Sexuelle Belästigung**, Rz. 50, **Verschwiegenheitspflicht**, Rz. 58). – Durch die unerlaubte **Installation einer Anonymisierungssoftware** auf dem betrieblichen Rechner verletzt der Arbeitnehmer wegen der hiermit verbundenen eigenmächtigen Veränderung von

---

1 BAG 22.9.2005 – 6 AZR 526/04, NZA 2005, 658.
2 *Schrader*, Übergangsregelungen zum Konkursrecht, NZA 1997, 70.
3 Vgl. auch *Kramer*, BAG zur Kündigung wegen privater Internetnutzung, NZA 2007, 1338.
4 BAG 31.5.2007 – 2 AZR 200/06, NZA 2007, 922; 27.4.2006 – 2 AZR 386/05, NZA 2006, 977; *Beckschulze/Henkel*, Der Einfluss des Internets auf das Arbeitsrecht, DB 2001, 1491 (1496).
5 BAG 19.4.2012 – 2 AZR 186/11, NZA 2013, 27.
6 *Beckschulze/Henkel*, DB 2001, 1491 (1496).
7 BAG 7.7.2005 – 2 AZR 581/04, NZA 2006, 98.
8 *Vehslage*, Privates Surfen am Arbeitsplatz, AnwBl. 2001, 145.
9 *Kossens*, Internetnutzung durch Arbeitnehmer, ArbRB 2004, 215 (216).
10 BAG 7.7.2005 – 2 AZR 581/04, NZA 2006, 98.

technischen Arbeitsmitteln des Arbeitgebers seine arbeitsvertragliche Rücksichtnahmepflicht (§ 241 Abs. 2 BGB) schwer[1]. Keine arbeitsvertragliche Pflichtverletzung stellt es dar, wenn ein Arbeitnehmer von zu Hause aus E-Mails an alle Kollegen verschickt, mit denen er für einen Gewerkschaftsbeitritt wirbt[2]. – **Kontrolle der Nutzung:** Bei **erlaubter Privatnutzung** (gleich ob aufgrund ausdrücklicher Regelung oder durch Duldung) ist der Arbeitgeber Diensteanbieter gem. § 88 Abs. 2 Satz 1 TKG und zur Wahrung des Fernmelde- bzw. Telekommunikationsgeheimnisses verpflichtet[3]. In solchen Fällen darf der Arbeitgeber keine Kenntnis vom Inhalt und von den Beteiligten einer privaten Kommunikation erhalten, es sei denn, der Arbeitnehmer hat eingewilligt. Nach hM darf der Arbeitgeber zur Missbrauchskontrolle zeitliche Verbindungsdaten erheben[4] und unter Wahrung der Anonymität der Benutzer Kontrollen durchführen. Der Arbeitgeber kann die Gestattung der privaten Nutzung davon abhängig machen, dass der Arbeitnehmer in Kontrollmaßnahmen einwilligt[5]. Bei **unerlaubter Privatnutzung** sowie **dienstlicher Nutzung** findet das TKG keine Anwendung[6]. Auch dann sind die Grenzen des allgemeinen Persönlichkeitsrechts sowie des Datenschutzes zu beachten. Die Zulässigkeit unterliegt daher dem Verhältnismäßigkeitsprinzip; der Arbeitgeber muss also mit der Überwachung einen billigenswerten Zweck verfolgen und hierfür das mildeste Mittel einsetzen[7]. Überschreitet der Arbeitgeber diese Grenzen, hängt die Verwertbarkeit der von ihm erlangten Daten davon ab, wie sich der Arbeitnehmer im Prozess hierzu einlässt. Unstreitigen Sachvortrag muss das erkennende Gericht berücksichtigen, denn ein „Sachvortragsverwertungsverbot" kennt das deutsche Zivilrecht nicht[8]. Bestreitet der Arbeitnehmer die Herkunft bzw. Authentizität der Daten, ist die Frage, ob ein Beweisverwertungsverbot besteht, durch Abwägung des durch Art. 2 Abs. 1 GG geschützten allgemeinen Persönlichkeitsrechts des Arbeitnehmers mit den schutzwürdigen Interessen des Arbeitgebers zu klären; dabei sind insbesondere auch die Schwere der Vorwürfe und die Frage zu berücksichtigen, ob dem Arbeitgeber weniger einschneidende Mittel zur Aufklärung zur Verfügung standen[9]. – **Umfangreiche und heimlich geführte Privattelefonate** auf Kosten des Arbeitgebers kommen als wichtiger Grund für eine außerordentliche Kündigung in Betracht. Dies gilt erst recht, wenn der betreffende Arbeitnehmer es zulässt, dass unschuldige Kollegen in Verdacht geraten[10].

- **Kirche**

Ein Arbeitnehmer, dessen Tätigkeit eine solche **Nähe zu spezifisch kirchlichen Aufgaben** hat, dass die Glaubwürdigkeit der Kirche berührt wird, wenn er sich in seiner **privaten Lebensführung** nicht an die **tragenden Grundsätze der kirchlichen Glaubens- und Sittenlehre** hält, hat sich mit den Lehren der Kirche zu identifizieren[11]. Dabei obliegt es allein der Kirche, aufgrund ihres **kirchlichen Selbstbestimmungsrechts** gem. Art. 140 GG iVm. Art. 137 Abs. 3 WRV festzulegen, was im Einzelnen **Inhalt der Glaubenslehre und der Loyalitätspflichten des kirchlichen Arbeitnehmers** ist[12]. Das kirchliche Selbstbestimmungsrecht und die in Art. 137 Abs. 3 Satz 2 WRV ausdrück-

---

1 BAG 12.1.2006 – 2 AZR 179/05, NZA 2006, 980.
2 LAG Schl.-Holst. 1.12.2000 – 6 Sa 562/99, AuR 2001, 71.
3 *Ernst*, Der Arbeitgeber, die E-Mail und das Internet, NZA 2002, 585 (587); *Beckschulze/Henkel*, Der Einfluss des Internets auf das Arbeitsrecht, DB 2001, 1491 (1497); BAG 2.6.1982 – 2 AZR 1237/79, DB 1983, 1827.
4 *Vehslage*, AnwBl. 2001, 145 (147).
5 *Beckschulze*, Internet-, Intranet- und E-Mail-Einsatz am Arbeitsplatz, DB 2003, 2777 f.
6 *Ernst*, NZA 2002, 585 (588); *Vehslage*, AnwBl. 2001, 145 (147).
7 *Vehslage*, AnwBl. 2001, 145 (147 f.).
8 BAG 13.12.2007 – 2 AZR 537/06, NZA 2008, 1008.
9 BAG 27.3.2003 – 2 AZR 51/02, NZA 2003, 1193 zur heimlichen Videoüberwachung.
10 BAG 4.3.2004 – 2 AZR 147/03, NZA 2004, 717.
11 BAG 21.10.1982 – 2 AZR 591/80, AP Nr. 14 zu Art. 140 GG.
12 BAG 21.2.2001 – 2 AZR 139/00, NZA 2001, 1136.

lich gewährleistete Ämterautonomie **umfassen auch das Recht** festzulegen, **welche Kirchenämter** einzurichten, wie diese zu besetzen und **welche Anforderungen** an die **Amtsinhaber** zu stellen sind[1]. An diese Vorgaben sind die Arbeitsgerichte gebunden, soweit sie nicht in Widerspruch zu den Grundprinzipien der Rechtsordnung stehen oder im Einzelfall unannehmbare Anforderungen an die Loyalität der Arbeitnehmer stellen[2]. Liegt danach eine Pflichtverletzung vor, ist die weitere Frage, ob sie im Einzelfall eine Kündigung rechtfertigt, nach den §§ 1 KSchG, 626 BGB zu beantworten[3]. Diese Prüfungskompetenz der staatlichen Gerichte ist durch das Selbstbestimmungsrecht der Kirchen nicht ausgeschlossen[4]. Bei der Frage, ob die Kündigung eines kirchlichen Arbeitnehmers rechtmäßig war, müssen die Arbeitsgerichte nach Auffassung des EGMR die Art der Tätigkeit des Arbeitnehmers berücksichtigen und eine Interessenabwägung zwischen den Rechten des Arbeitnehmers und des Arbeitgebers vornehmen. Das Recht des Arbeitnehmers auf Achtung seines Privat- und Familienlebens gem. Art. 8 EMRK ist zu beachten. Bei einem Arbeitnehmer in leitender Position (Gebietsdirektor Öffentlichkeit für Europa der Mormonenkirche)[5] können höhere Anforderungen an den privaten Lebenswandel gestellt werden, als wenn seine Position weder mit seelsorgerischen noch mit klerikalen Aufgaben verbunden ist (Organist und Chorleiter bei der katholischen Kirche)[6]. Eine Erzieherin und Gruppenleiterin, die in der Kindertagesstätte einer evangelischen Kirchengemeinde tätig und zugleich aktives Mitglied der „Universalen Kirche" (einer Sekte) ist, erfüllt nicht ihre arbeitsvertraglichen Loyalitätspflichten[7]. – Ein in einem katholischen Krankenhaus beschäftigter Arzt ist verpflichtet, sich **öffentlicher Stellungnahmen** für den **legalen Schwangerschaftsabbruch** zu enthalten. Ein Verstoß gegen diese Loyalitätspflicht kann einen Grund zur sozialen Rechtfertigung einer ordentlichen Kündigung abgeben[8]. Es kann einen wichtigen Grund zur fristlosen Kündigung eines Chefarztes in einem katholischen Krankenhaus darstellen, wenn dieser mit seinen Behandlungsmethoden (**homologe Insemination**) gegen tragende Grundsätze des geltenden Kirchenrechts verstößt[9]. Die **standesamtliche Heirat** einer im Kirchendienst stehenden katholischen Lehrerin **mit einem geschiedenen Mann** kann die außerordentliche Kündigung rechtfertigen[10]. Die **erneute Heirat** eines nach kirchlichem Verständnis verheirateten katholischen **Chefarztes in einem katholischen Krankenhaus** ist zwar ein schwerer und ernster Verstoß gegen die Loyalitätsanforderungen der kirchlichen Einrichtung, die stets erforderliche Abwägung des Selbstverständnisses der Kirchen einerseits und des Rechts des Arbeitnehmers auf Achtung seines Privat- und Familienlebens andererseits kann aber im Einzelfall zu dem Ergebnis führen, dass dem Arbeitgeber die Weiterbeschäftigung des Arbeitnehmers zumutbar und die Kündigung deshalb unwirksam ist[11]. – Der **Austritt aus der katholischen Kirche** kann bei einem in einem katholischen Krankenhaus beschäftigten Assistenzarzt einen personenbedingten Grund für eine ordentliche Kündigung darstellen[12]. Ebenso kann ein **Kirchen-**

---

1 BAG 10.4.2014 – 2 AZR 812/12, NZA 2014, 653.
2 BAG 24.4.1997 – 2 AZR 268/96, AP Nr. 27 zu § 611 BGB – Kirchendienst.
3 BVerfG 4.6.1985 – 2 BvR 1703/83 u.a., AP Nr. 24 zu Art. 140 GG; BAG 21.2.2001 – 2 AZR 139/00, NZA 2001, 1136.
4 BAG 21.10.1982 – 2 AZR 591/80, AP Nr. 14 zu Art. 140 GG.
5 EGMR 23.9.2010 – 425/03, NZA 2011, 277; zuvor BAG 24.4.1997 – 2 AZR 268/96, NZA 1998, 145.
6 EGMR 23.9.2010 – 1620/03, NZA 2011, 279; zuvor BAG 16.9.1999 – 2 AZR 712/98, NZA 2000, 208; zu dem von der Bundesrepublik Deutschland in dieser Sache zu zahlenden Schadensersatz bzw. Entschädigung EGMR 28.6.2012 – 1620/03 – Schüth, NZA 2013, 1425.
7 EGMR 3.2.2011 – 18136/02, NZA 2012, 199; zuvor BAG 21.2.2001 – 2 AZR 139/00, NZA 2001, 1136.
8 BAG 21.10.1982 – 2 AZR 591/80, AP Nr. 14 zu Art. 140 GG.
9 BAG 7.10.1993 – 2 AZR 226/93, AP Nr. 114 zu § 626 BGB.
10 BAG 18.11.1986 – 7 AZR 274/85, AP Nr. 35 zu Art. 140 GG.
11 BAG 8.9.2011 – 2 AZR 543/10, NZA 2012, 443.
12 BAG 12.12.1984 – 7 AZR 418/83, AP Nr. 21 zu Art. 140 GG.

austritt bei einer im Bereich der Kirche beschäftigten und ordentlich nicht mehr kündbaren Sozialpädagogin ohne vorherige Abmahnung eine außerordentliche Kündigung rechtfertigen[1]. Der **Austritt eines im verkündigungsnahen Bereich eingesetzten Mitarbeiters** einer ihrer Einrichtungen **aus der katholischen Kirche** – hier: bei der Caritas angestellter und in einem Projekt der Erziehungshilfe eingesetzter Sozialpädagoge – kann die – ggf. außerordentliche – Kündigung des Arbeitsverhältnisses rechtfertigen[2]. Auch kann einem Erzbistum nach Maßgabe seines kirchlichen Selbstverständnisses eine Weiterbeschäftigung einer Arbeitnehmerin als Gemeindereferentin unmöglich sein, nachdem dieser ihre **kanonische Beauftragung entzogen** worden ist[3]. – **Sexuelle Handlungen** eines **Kirchenmusikers**, dessen Tätigkeit im direkten Zusammenhang mit dem Verkündigungsauftrag der Kirche steht, mit einer Minderjährigen können auch ohne vorherige Abmahnung einen wichtigen Grund iSv. § 626 Abs. 1 BGB für eine außerordentliche Kündigung darstellen[4]. – Bei der Kündigung kirchlicher Mitarbeiter sind die **Beteiligungsrechte der besonderen Mitarbeitervertretungsorgane** nach dem kirchlichen Mitarbeitervertretungsrecht zu beachten (ev. Kirche: Mitarbeitervertretungsgesetz; diakonische Einrichtungen: Mitarbeitervertretungsordnung; kath. Kirche: Rahmenordnung für eine Mitarbeitervertretungsordnung). Das Betriebsverfassungs- und das Personalvertretungsrecht finden keine Anwendung.

- **Konkurrenztätigkeit**

→ Wettbewerbsverbot, Rz. 59

- **Kontrolleinrichtungen**

→ Stempeluhren, Rz. 53

- **Krankheit**[5]

→ s.a. Nebentätigkeit, Rz. 45

a) Kündigung wegen Krankheit

Krankheit als solche ist kein Kündigungsgrund, sondern nur dann, wenn sie sich störend auf das Arbeitsverhältnis auswirkt[6]. Die **Überprüfung** einer Kündigung wegen Krankheit erfolgt nach der Rechtsprechung des BAG **in drei Stufen**; dies gilt sowohl für häufige Kurzerkrankungen, für langanhaltende Erkrankungen[7], für die dauerhafte Arbeitsunfähigkeit[8] wie für die krankheitsbedingte Leistungsminderung[9]. Auch bei außerordentlichen krankheitsbedingten Kündigungen ist der dreistufige Prüfungsaufbau – dort allerdings mit erheblich höheren Anforderungen, vgl. Rz. 40 – durchzuführen[10]. 33

- **Stufe 1:** Es ist eine **negative Prognose hinsichtlich des zukünftigen Gesundheitszustandes** erforderlich. Es müssen zum Zeitpunkt der Kündigung objektive Tatsachen vorliegen, die aufgrund der bisherigen und prognostizierten Fehlzeiten die

---

1 LAG Rh.-Pf. 9.1.1997 – 11 Sa 428/96, NZA 1998, 149.
2 BAG 25.4.2013 – 2 AZR 579/12, NZA 2013, 1131.
3 BAG 10.4.2014 – 2 AZR 812/12, NZA 2014, 653.
4 BAG 26.9.2013 – 2 AZR 741/12, NZA 2014, 529.
5 Vgl. zur Kündigung wegen Krankheit auch die Erläuterungen in Teil 3 E Rz. 80 ff. sowie *Ebert*, Krankheitsbedingte Kündigung – Checkliste, ArbRB 2007, 363.
6 ErfK/*Oetker*, § 1 KSchG Rz. 110.
7 BAG 19.4.2007 – 2 AZR 239/06, NZA 2007, 1041.
8 BAG 11.8.1994 – 2 AZR 9/94, AP Nr. 31 zu § 1 KSchG 1969 – Krankheit.
9 BAG 26.9.1991 – 2 AZR 132/91, AP Nr. 28 zu § 1 KSchG 1969 – Krankheit.
10 BAG 18.1.2001 – 2 AZR 616/99, NZA 2002, 455.

ernsthafte Besorgnis weiterer Erkrankungen im bisherigen Umfang begründen. Hierzu genügt der Arbeitgeber seiner Darlegungslast zunächst, wenn er die bisherigen Krankheitszeiten nach Zahl, Dauer, zeitlicher Folge sowie ihm bekannte Krankheitsursachen darlegt und behauptet, in Zukunft seien Krankheitszeiten in entsprechendem Umfang zu erwarten. Die genaue datumsmäßige Bezeichnung der einzelnen Fehltage bzw. – bei Fehlzeiten von mehreren Tagen – des ersten und des letzten Fehltages ist erforderlich. Der bisherigen Dauer der Fehlzeiten kann eine gewisse Indizwirkung hinsichtlich der Gefahr künftiger Erkrankungen entnommen werden, wenn dem nicht die objektiven Verhältnisse bei Zugang der Kündigung entgegenstehen. Ausreichend für eine Indizwirkung sind hinreichend prognosefähige Fehlzeiten, die sowohl kürzer als auch länger als drei Jahre sein können. Der negativen Prognose steht nicht entgegen, dass die Fehlzeiten auf unterschiedlichen prognosefähigen Erkrankungen beruhen. Solche verschiedenen Erkrankungen können den Schluss auf eine gewisse Krankheitsanfälligkeit zulassen. – Sodann hat der Arbeitnehmer darzulegen, weshalb mit einer baldigen und endgültigen Genesung zu rechnen ist, wobei er seiner prozessualen Mitwirkungspflicht genügt, wenn er nicht nur die Behauptungen des Arbeitgebers bestreitet, sondern vorträgt, die ihn behandelnden Ärzte hätten die gesundheitliche Entwicklung bzgl. aller prognosefähigen Krankheiten positiv beurteilt, und wenn er diese von der Schweigepflicht entbindet. – Dem Arbeitgeber obliegt dann der Beweis für die negative Prognose, den er durch einen **Sachverständigen** erbringen kann[1]. Handelt es sich um eine **Suchtkrankheit**, sind geringere Anforderungen an die negative Gesundheitsprognose zu stellen. Maßgebend für die Prognose sind ausschließlich die **objektiven Verhältnisse bei Zugang der Kündigung**[2]. Auf eine nachträgliche Veränderung kommt es nicht an. Seine frühere Auffassung, dass bis zum Schluss der letzten mündlichen Verhandlung in der Tatsacheninstanz eingetretene Entwicklungen der Krankheit zur Korrektur oder Bestätigung der Prognose noch berücksichtigt werden können, hat das BAG aufgegeben[3]. Erweist sich die ursprüngliche **Prognose** als **falsch**, kommt uU ein **Wiedereinstellungsanspruch** in Betracht, wenn der Wiedereinstellung keine berechtigten Interessen des Arbeitgebers entgegen stehen, etwa weil er zwischenzeitlich anderweitige Dispositionen getroffen hat. Die Prognose darf in den Fällen der Geltendmachung des Wiedereinstellungsanspruchs nicht lediglich zweifelhaft sein, vielmehr muss die Besorgnis weiterer Erkrankungen ausgeräumt, also eine **positive Gesundheitsprognose** gegeben sein, wofür der Arbeitnehmer die Darlegungs- und Beweislast trägt. Ein Wiedereinstellungsanspruch besteht nicht, wenn die Änderung erst nach Beendigung des Arbeitsverhältnisses eintritt[4]. – Im Fall einer **nachträglichen weiteren Verschlechterung** oder auch Fortdauer der gesundheitlichen Beeinträchtigungen des Arbeitnehmers ist zur Vermeidung von Risiken eine **erneute Kündigung** empfehlenswert[5].

– **Stufe 2:** Die bisherigen und die nach der Prognose zu erwartenden Auswirkungen des negativen Gesundheitszustandes müssen zu einer **erheblichen Beeinträchtigung der betrieblichen Interessen** führen; diese können durch Störungen im Betriebsablauf oder wirtschaftliche Belastungen hervorgerufen werden. Hierzu gehören insbesondere auch außergewöhnlich hohe Entgeltfortzahlungskosten von jährlich mehr als sechs Wochen[6] (vgl. auch Rz. 34). Es darf **keine Möglichkeit** bestehen, den Arbeitnehmer auf einen **anderen freien Arbeitsplatz** umzusetzen, für den der Arbeitnehmer geeignet ist und auf dem keine betrieblichen Beeinträchtigungen

---

1 BAG 10.11.2005 – 2 AZR 44/05, NZA 2006, 655.
2 BAG 29.4.1999 – 2 AZR 431/98, NZA 1999, 978; 17.6.1999 – 2 AZR 639/98, NZA 1999, 1328.
3 BAG 29.4.1999 – 2 AZR 431/98, NZA 1999, 978, entgegen BAG 10.11.1983 – 2 AZR 291/82, AP Nr. 11 zu § 1 KSchG 1969 – Krankheit.
4 BAG 27.6.2001 – 7 AZR 662/99, NZA 2001, 1135.
5 Vgl. BAG 29.4.1999 – 2 AZR 431/98, NZA 1999, 978.
6 BAG 10.11.2005 – 2 AZR 44/05, NZA 2006, 655.

mehr zu erwarten sind[1]; ein solcher Arbeitsplatz ist ggf. durch Wahrnehmung des Direktionsrechts freizumachen, soweit hierdurch nicht in die Rechtsposition des bisherigen Arbeitsplatzinhabers eingegriffen werden muss[2]. Als anderweitige Beschäftigungsmöglichkeiten kommen nur solche in Betracht, die entweder gleichwertig oder geringer bewertet sind[3]. Im Prozess genügt zunächst der allgemeine Vortrag des Arbeitgebers, eine Weiterbeschäftigung auf einem anderen leidensgerechten Arbeitsplatz sei nicht möglich. Sodann hat der Arbeitnehmer konkret darzustellen, wie er sich eine anderweitige Beschäftigung vorstellt[4]. Im Rahmen der zweiten Stufe hat der Arbeitgeber auch zu prüfen, ob die Voraussetzungen für die Durchführung eines **betrieblichen Eingliederungsmanagements** (§ 84 Abs. 2 SGB IX; „BEM") vorliegen. Das betriebliche Eingliederungsmanagement soll dazu dienen, Möglichkeiten zu ermitteln, wie die Arbeitsunfähigkeit möglichst überwunden werden und mit welchen Leistungen oder Hilfen erneuter Arbeitsunfähigkeit vorgebeugt und der Arbeitsplatz erhalten werden kann. Zur regelgerechten Durchführung des BEM und zu den Folgen seiner Unterlassung vgl. sogleich Rz. 33a f.

– **Stufe 3:** Bei der **Interessenabwägung** ist zu prüfen, ob die betrieblichen Beeinträchtigungen aufgrund der Besonderheiten des Einzelfalles zu einer billigerweise nicht mehr hinzunehmenden **Belastung des Arbeitgebers** führen. Dabei ist zu berücksichtigen, ob die Erkrankung auf betrieblichen Ursachen beruht, ob bzw. wie lange das Arbeitsverhältnis ungestört verlaufen ist, ob der Arbeitgeber eine Personalreserve vorhält und neben Betriebsablaufstörungen auch hohe Entgeltfortzahlungskosten aufzuwenden hat. Ferner sind das Alter des Arbeitnehmers, dessen familiäre Verhältnisse, insbesondere Unterhaltspflichten sowie eine Schwerbehinderteneigenschaft zu berücksichtigen[5]. Behauptet der Arbeitnehmer, dass die Erkrankung auf betrieblichen Ursachen beruht, hat der Arbeitgeber darzulegen und zu beweisen, dass dies nicht der Fall ist (sachverständiges Zeugnis des behandelnden Arztes; Sachverständigengutachten)[6].

aa) Betriebliches Eingliederungsmanagement

Vor einer Kündigung wegen Krankheit ist nach § 84 Abs. 2 SGB IX ein **betriebliches Eingliederungsmanagement**[7] („BEM") durchzuführen, sofern ein Arbeitnehmer innerhalb eines Jahres **mehr als sechs Wochen** ununterbrochen oder wiederholt arbeitsunfähig war. Die Vorschrift findet sich zwar im Schwerbehindertenrecht; ein BEM ist jedoch vor **jeder** Art von krankheitsbezogener Kündigung durchzuführen, insbesondere auch vor Kündigungen wegen häufiger Kurzerkrankungen, wenn die dadurch verursachten Fehlzeiten jährlich sechs Wochen überschreiten. Die Bestimmung ist kein Verbotsgesetz, sondern die Konkretisierung des Verhältnismäßigkeitsgrundsatzes. Ein **unterlassenes BEM** allein bedeutet noch keinen Verstoß gegen diesen Grundsatz. Das Unterlassen steht einer Kündigung jedoch dann entgegen, wenn diese durch das BEM hätte verhindert werden können, weil bei Durchführung des BEM im Vergleich zur Kündigung mildere Mittel, zB Umgestaltung des Arbeitsplatzes oder Weiterbeschäftigung zu geänderten Bedingungen, hätten erkannt oder entwickelt werden können. Die regelwidrige Unterlassung eines BEM führt damit zu einer zum Nachteil des Arbeitgebers geänderten Darlegungs- und Beweislast. Der Arbeitgeber muss konkret

33a

---

1 BAG 5.7.1990 – 2 AZR 154/90, AP Nr. 26 zu § 1 KSchG 1969 – Krankheit.
2 BAG 29.1.1997 – 2 AZR 9/96, AP Nr. 32 zu § 1 KSchG 1969 – Krankheit.
3 BAG 19.4.2007 – 2 AZR 239/06, NZA 2007, 1041.
4 BAG 29.10.1998 – 2 AZR 666/97, AP Nr. 77 zu § 615 BGB.
5 BAG 10.11.2005 – 2 AZR 44/05, NZA 2006, 655.
6 BAG 5.7.1990 – 2 AZR 154/90, AP Nr. 26 zu § 1 KSchG 1969 – Krankheit.
7 Vgl. *Tschöpe*, Krankheitsbedingte Kündigung und betriebliches Eingliederungsmanagement, NZA 2008, 398.

darlegen, dass sich auch bei Durchführung des BEM keine Möglichkeit für eine leidensgerechte Beschäftigung ergeben hätte[1]. Es bedarf eines umfassenden konkreten Sachvortrages zu einem nicht mehr möglichen Einsatz des Arbeitnehmers auf dem bisher innegehabten Arbeitsplatz einerseits und warum andererseits eine leidensgerechte Anpassung und Veränderung ausgeschlossen ist oder der Arbeitnehmer nicht auf einem (alternativen) anderen Arbeitsplatz bei geänderter Tätigkeit eingesetzt werden kann[2].

33b Die **ordnungsgemäße Durchführung eines BEM** setzt zunächst voraus, dass neben Arbeitgeber und Arbeitnehmer und – soweit existent – Betriebsrat die weiteren gesetzlich aufgeführten internen und externen Stellen, Ämter und Personen mit einbezogen werden. Soweit erforderlich, ist der Werks- oder Betriebsarzt hinzuzuziehen. Die örtlichen gemeinsamen Servicestellen sind zu beteiligen, falls Leistungen zur Teilhabe oder begleitende Hilfen im Arbeitsleben in Betracht kommen. Bei schwerbehinderten Beschäftigten sind das Integrationsamt und – falls existent – eine beim Arbeitgeber gebildete Schwerbehindertenvertretung hinzuzuziehen. Das BEM ist ein nicht formalisiertes Verfahren, das den Beteiligten jeden denkbaren Spielraum lässt, um zu erreichen, dass keine der vernünftigerweise in Betracht kommenden zielführenden Möglichkeiten ausgeschlossen wird[3]. Es geht um die Etablierung eines unverstellten, verlaufs- und ergebnisoffenen Suchprozesses, der keine vernünftigerweise in Betracht zu ziehende Anpassungs- und Änderungsmöglichkeit ausschließt und die von den Teilnehmern eingebrachten Vorschläge sachlich erörtert[4]. Hat das BEM zu einem positiven Ergebnis geführt, ist der Arbeitgeber grundsätzlich verpflichtet, die empfohlene Maßnahme[5] oder auch einen Vorschlag, auf den sich die Teilnehmer des BEM verständigt haben[6] – soweit dies in seiner alleinigen Macht steht –, vor Ausspruch einer krankheitsbedingten Kündigung als milderes Mittel umzusetzen. Die Durchführung einer durch ein BEM empfohlenen Rehabilitationsmaßnahme muss der Arbeitgeber in die Wege leiten. Bedarf es dazu der Einwilligung oder der Initiative des Arbeitnehmers, muss der Arbeitgeber um diese nachsuchen oder den Arbeitnehmer hierzu auffordern. Dazu kann er dem Arbeitnehmer dabei eine Frist setzen. Der Arbeitgeber muss den Arbeitnehmer dabei deutlich darauf hinweisen, dass er im Weigerungsfall mit einer Kündigung rechnen müsse. Lehnt der Arbeitnehmer die Maßnahme dennoch ab oder bleibt er trotz Aufforderung untätig, braucht der Arbeitgeber die Maßnahme vor Ausspruch der Kündigung nicht mehr als milderes Mittel zu berücksichtigen[7].

bb) Häufige Kurzerkrankungen/hohe Lohnfortzahlungskosten

34 Bei der Prognose (Stufe 1) kann eine entsprechende Entwicklung in der Vergangenheit für künftige häufige Kurzerkrankungen sprechen; dies gilt nicht, wenn die Krankheiten ausgeheilt sind[8]. Für eine erhebliche Beeinträchtigung betrieblicher Interessen (Stufe 2) genügt ein **unausgewogenes Verhältnis zwischen der Arbeits- und Lohnfortzahlungspflicht**, um unter dem Gesichtspunkt der wirtschaftlichen Belastung mit Lohnfortzahlungskosten eine Kündigung sozial zu rechtfertigen. Davon ist auszugehen, wenn die entstandenen und künftig zu erwartenden Lohnfortzahlungskosten außergewöhnlich hoch sind, indem sie **jährlich mehr als sechs Wochen** betragen[9]. Ob der Arbeitgeber zusätzlich eine Personalreserve vorhält oder Betriebsablaufstörungen

---

1 BAG 12.7.2007 – 2 AZR 716/06, NZA 2008, 173.
2 BAG 23.4.2008 – 2 AZR 1012/06, NZA-RR 2008, 515.
3 BAG 10.12.2009 – 2 AZR 198/09, NZA 2010, 639.
4 BAG 10.12.2009 – 2 AZR 400/08, NZA 2010, 398.
5 BAG 10.12.2009 – 2 AZR 400/08, NZA 2010, 398.
6 BAG 10.12.2009 – 2 AZR 198/09, NZA 2010, 639.
7 BAG 10.12.2009 – 2 AZR 400/08, NZA 2010, 398.
8 BAG 29.7.1993 – 2 AZR 155/93, AP Nr. 27 zu § 1 KSchG 1969 – Krankheit.
9 BAG 8.11.2007 – 2 AZR 292/06, NZA 2008, 593.

eintreten, ist in dem Zusammenhang unerheblich; beides kann lediglich im Rahmen der Interessenabwägung (Stufe 3) zugunsten des Arbeitgebers Berücksichtigung finden[1].

cc) Lang anhaltende Erkrankung

Auch bei einer lang anhaltenden Krankheit ist die Überprüfung der sozialen Rechtfertigung grundsätzlich in drei Stufen, wie oben dargestellt (vgl. Rz. 33), vorzunehmen[2]. Für den Begriff „lang anhaltend" gibt es keine starren Grenzen; eine acht Monate andauernde Erkrankung ist jedenfalls als lang anhaltend anzusehen[3]. Bezogen auf die Prognose gibt es keinen Erfahrungssatz des Inhalts, dass bei lang anhaltenden Erkrankungen mit ungewisser Fortdauer der Krankheit zu rechnen ist. Die **Ungewissheit der Wiederherstellung der Arbeitsfähigkeit** steht der (feststehenden) dauernden Arbeitsunfähigkeit gleich, wenn in den nächsten 24 Monaten mit einer anderen Prognose nicht gerechnet werden kann. Vor der Kündigung liegende Krankheitszeiten sind in diesen Prognosezeitraum nicht einzurechnen. Sodann kann in aller Regel von einer erheblichen Beeinträchtigung betrieblicher Interessen (Stufe 2) ausgegangen werden[4]. 35

dd) Dauerhafte Arbeitsunfähigkeit

Steht fest, dass der Arbeitnehmer in Zukunft die **geschuldete Arbeitsleistung überhaupt nicht mehr erbringen** kann, ist schon aus diesem Grund das Arbeitsverhältnis ganz erheblich gestört. Steht die dauernde Leistungsunfähigkeit objektiv aufgrund medizinischer Befunde fest, kommt es auf das subjektive Befinden des Arbeitnehmers, er könne die Arbeit verrichten, nicht an[5]. Die **betriebliche Beeinträchtigung** (Stufe 2) besteht darin, dass der Arbeitgeber damit rechnen muss, der Arbeitnehmer sei auf Dauer außerstande, die vertraglich geschuldete Arbeitsleistung zu erbringen. Auf damit verbundene wirtschaftliche Belastungen für den Arbeitgeber kommt es nicht an[6]. 36

b) Krankheitsbedingte Leistungsminderung

Die krankheitsbedingte Leistungsminderung des Arbeitnehmers ist geeignet, einen in der Person des Arbeitnehmers liegenden Kündigungsgrund abzugeben (vgl. auch Schlecht- und Minderleistung, Rz. 48). Auch hier hat die Prüfung in drei Stufen zu erfolgen. Die Beeinträchtigung der betrieblichen Interessen (Stufe 2) muss erheblich sein, so dass **nicht jede geringfügige Minderleistung** genügt; erforderlich ist eine **längerfristige und deutliche Unterschreitung** der Leistungen aller mit vergleichbaren Arbeiten Beschäftigten. Ferner ist zu prüfen, ob der Arbeitnehmer auf einem anderen freien Arbeitsplatz eingesetzt werden kann, auf dem keine betrieblichen Beeinträchtigungen mehr zu erwarten sind[7]. 37

c) Vortäuschen einer Krankheit

Es kann einen Grund zur **fristlosen oder ordentlichen verhaltensbedingten Kündigung** darstellen, wenn der Arbeitnehmer unter Vorlage eines Attestes der Arbeit fernbleibt und sich Lohnfortzahlung gewähren lässt, obwohl es sich in Wahrheit nur um eine 38

---

1 BAG 29.7.1993 – 2 AZR 155/93, AP Nr. 27 zu § 1 KSchG 1969 – Krankheit.
2 BAG 19.4.2007 – 2 AZR 239/06, NZA 2007, 1041.
3 BAG 29.4.1999 – 2 AZR 431/98, NZA 1999, 978.
4 BAG 19.4.2007 – 2 AZR 239/06, NZA 2007, 1041.
5 BAG 29.10.1998 – 2 AZR 666/97, AP Nr. 77 zu § 615 BGB.
6 BAG 21.5.1992 – 2 AZR 399/91, AP Nr. 30 zu § 1 KSchG 1969 – Krankheit.
7 BAG 26.9.1991 – 2 AZR 132/91, AP Nr. 28 zu § 1 KSchG 1969 – Krankheit.

vorgetäuschte Krankheit handelt[1]. Ebenso kann schon der dringende Verdacht, der Arbeitnehmer habe sich eine Arbeitsunfähigkeitsbescheinigung mit unlauteren Mitteln erschlichen, einen wichtigen Grund darstellen[2] (**Verdachtskündigung**, Rz. 57). Erklärt der Arbeitnehmer, er werde krank, wenn der Arbeitgeber ihm den Urlaub nicht gewähre oder verlängere, obwohl er im Zeitpunkt dieser Ankündigung nicht krank war und sich aufgrund bestimmter Beschwerden auch noch nicht krank fühlen konnte, ist ein solches Verhalten, unabhängig davon, ob der Arbeitnehmer später tatsächlich erkrankt, an sich geeignet, einen wichtigen Grund zur außerordentlichen Kündigung abzugeben[3]. Die Pflichtwidrigkeit der Ankündigung einer Krankschreibung bei **objektiv nicht bestehender** Erkrankung im Zeitpunkt der Ankündigung liegt in erster Linie darin, dass der Arbeitnehmer mit einer solchen Erklärung zum Ausdruck bringt, er sei notfalls bereit, seine Rechte aus dem Entgeltfortzahlungsrecht zu missbrauchen, um sich einen unberechtigten Vorteil zu verschaffen[4]. War der Arbeitnehmer im Zeitpunkt der Ankündigung eines künftigen, krankheitsbedingten Fehlens hingegen **bereits objektiv erkrankt** und durfte er davon ausgehen, auch am Tag des begehrten Urlaubs (weiterhin) wegen Krankheit arbeitsunfähig zu sein, kann nach Auffassung des BAG nicht mehr angenommen werden, sein fehlender Arbeitswille und nicht die bestehende Arbeitsunfähigkeit sei Grund für das spätere Fehlen am Arbeitsplatz. Allerdings kann auch in den letztgenannten Fällen eine Pflichtverletzung vorliegen, wenn der Arbeitnehmer den Arbeitgeber nach Ablehnung eines Urlaubsgesuchs darauf hinweist, „dann sei er eben krank", da es auch bei tatsächlich bestehender Erkrankung dem Arbeitnehmer aufgrund des Rücksichtnahmegebotes verwehrt ist, die Krankheit und ein sich daraus ergebendes Recht, der Arbeit fern zu bleiben, gegenüber dem Arbeitgeber als „Druckmittel" einzusetzen, um diesen zu einem vom Arbeitnehmer gewünschten Verhalten zu veranlassen[5]. Wegen der im Vergleich geringeren Schwere des Pflichtenverstoßes wird allerdings in solchen Fällen zunächst eine Abmahnung ausreichend und erforderlich sein.

d) Missachtung der Verpflichtung zu genesungsförderndem Verhalten

39 Ein arbeitsunfähig krankgeschriebener Arbeitnehmer ist verpflichtet, sich so zu verhalten, dass er möglichst bald wieder gesund wird, und hat **alles zu unterlassen**, was seine **Genesung verzögern** könnte. Die Verletzung dieser Rücksichtnahmepflicht (§ 241 Abs. 2 BGB) ist uU geeignet, eine Kündigung zu rechtfertigen, in der Regel jedoch nur nach vorgängiger einschlägiger Abmahnung. Gefährdet der Arbeitnehmer bei bescheinigter Arbeitsunfähigkeit den Heilungserfolg durch gesundheitswidriges Verhalten (Freizeitaktivität, die sich mit der Arbeitsunfähigkeit nur schwer vereinbaren lässt; Tätigkeit für einen anderen Arbeitgeber), verstößt er nicht nur gegen seine Leistungspflicht, sondern zerstört auch das Vertrauen des Arbeitgebers in seine Redlichkeit[6].

e) Außerordentliche Kündigung wegen Krankheit

40 Krankheit ist nicht grundsätzlich als wichtiger Grund für eine außerordentliche Kündigung **ungeeignet**[7]. Ist allerdings eine ordentliche Kündigung möglich, so ist die Fortsetzung des Arbeitsverhältnisses bis zum Ablauf der Kündigungsfrist normalerweise

---

1 BAG 23.6.2009 – 2 AZR 532/08, NZA-RR 2009, 622.
2 BAG 26.8.1993 – 2 AZR 154/93, AP Nr. 112 zu § 626 BGB.
3 BAG 17.6.2003 – 2 AZR 123/02, NZA 2004, 564.
4 BAG 12.3.2009 – 2 AZR 251/07, NZA 2009, 779.
5 BAG 12.3.2009 – 2 AZR 251/07, NZA 2009, 779.
6 BAG 2.3.2006 – 2 AZR 53/05, NZA-RR 2006, 636.
7 BAG 9.9.1992 – 2 AZR 190/92 u. 12.7.1995 – 2 AZR 762/94, AP Nr. 3 und 7 zu § 626 BGB – Krankheit.

zumutbar. Bei einem **Ausschluss der ordentlichen Kündigung** aufgrund gesetzlicher, tarifvertraglicher oder vertraglicher Vorschriften kann im Ausnahmefall auch eine krankheitsbedingte außerordentliche Kündigung in Betracht kommen, wenn die weitere betriebliche Beeinträchtigung für die Dauer der tatsächlichen künftigen Vertragsbindung für den Arbeitgeber unzumutbar ist, wobei in diesen Fällen grundsätzlich eine der ordentlichen Kündigungsfrist entsprechende **Auslauffrist** einzuhalten ist. Es sind die allgemeinen Grundsätze der krankheitsbedingten ordentlichen Kündigung unter Berücksichtigung des besonderen Maßstabs des § 626 BGB zugrunde zu legen. Die Prüfung in drei Stufen muss ebenfalls diesen hohen Anforderungen Rechnung tragen[1]; zusätzlich ist bei der Interessenabwägung der besondere Kündigungsschutz zugunsten des Arbeitnehmers zu berücksichtigen[2]. Ein krankheitsbedingter wichtiger Kündigungsgrund ist gegeben bei **dauernder Unfähigkeit**, die vertraglich geschuldete Arbeitsleistung zu erbringen. Die **krankheitsbedingte Leistungsminderung** ist in der Regel **nicht geeignet**, einen wichtigen Grund für eine außerordentliche Kündigung darzustellen. So ist es dem Arbeitgeber regelmäßig zumutbar, einen krankheitsbedingten Leistungsabfall des Arbeitnehmers durch andere Maßnahmen auszugleichen[3]. Das Arbeitsverhältnis eines Betriebsratsmitglieds kann in aller Regel nicht wegen häufiger krankheitsbedingter Fehlzeiten außerordentlich gekündigt werden[4].

f) Verletzung von Nachweis- und Mitteilungspflichten

Zur Verletzung der Pflicht zur Vorlage der Arbeitsunfähigkeitsbescheinigung sowie der Verpflichtung, die Arbeitsunfähigkeit unverzüglich anzuzeigen, § 5 Abs. 1 EFZG, vgl. Nachweis- und Mitteilungspflichten, Rz. 44.

- **Kritik des Arbeitnehmers am Arbeitgeber**

→ Meinungsäußerung, Rz. 43

- **Lebenswandel**

→ Außerdienstliches Verhalten, Rz. 18

- **Leistungsminderung sowie -unfähigkeit**

→ Eignungs-/Leistungsmangel, Rz. 28; Krankheit, Rz. 33 ff.; Schlecht- und Minderleistung, Rz. 48

- **Lohnpfändungen**

Allein die **Überschuldung** des Arbeitnehmers stellt keinen zur Kündigung geeigneten Grund dar[5]. Auch einzelvertragliche Vereinbarungen, wonach die schuldhaft herbeigeführte Verschuldung den Arbeitgeber zu einer außerordentlichen Kündigung berechtigt, sind nicht bindend[6]. Da der **Kündigung wegen häufiger Lohnpfändungen** in aller Regel ein außerdienstliches Verhalten des Arbeitnehmers zugrunde liegt, kommt diese nur in Betracht, wenn das Arbeitsverhältnis konkret berührt wird[7]. Überschuldung kann die **Eignung für die vertraglich geschuldete Tätigkeit** entfallen lassen und damit eine **personenbedingte Kündigung** rechtfertigen, wenn der Arbeit-

---

1 BAG 18.1.2001 – 2 AZR 616/99, NZA 2002, 455; 16.9.1999 – 2 AZR 123/99, NZA 2000, 141.
2 BAG 18.10.2000 – 2 AZR 62/99, NZA 2001, 218.
3 BAG 9.9.1992 – 2 AZR 190/92 u. 12.7.1995 – 2 AZR 762/94, AP Nr. 3 und 7 zu § 626 BGB – Krankheit.
4 BAG 18.2.1993 – 2 AZR 526/92, AP Nr. 35 zu § 15 KSchG 1969.
5 BAG 4.11.1981 – 7 AZR 264/79, EzA § 1 KSchG – Verhaltensbedingte Kündigung Nr. 9.
6 BAG 15.10.1992 – 2 AZR 188/92, EzA § 1 KSchG – Verhaltensbedingte Kündigung Nr. 45.
7 BAG 4.11.1981 – 7 AZR 264/79, EzA § 1 KSchG – Verhaltensbedingte Kündigung Nr. 9.

nehmer eine Vertrauensstellung hat, die Möglichkeit des direkten oder indirekten Zugriffs auf das Vermögen des Arbeitgebers hat, die Verschuldung nicht durch eine Notlage verursacht ist, sie in relativ kurzer Zeit zu häufigen Lohnpfändungen führte und sich aus Art und Höhe der Schulden ergibt, dass der Arbeitnehmer voraussichtlich noch längere Zeit in ungeordneten wirtschaftlichen Verhältnissen leben wird[1]. Es müssen greifbare Tatsachen dafür vorliegen, dass der Arbeitnehmer berechtigte Sicherheitsinteressen des Unternehmens beeinträchtigen wird[2]. Im Rahmen einer **verhaltensbedingten Kündigung** kann das Vorliegen mehrerer Lohnpfändungen oder -abtretungen eine ordentliche Kündigung allenfalls dann rechtfertigen, wenn **zahlreiche Lohnpfändungen** einen derartigen **Arbeitsaufwand** des Arbeitgebers verursachen, dass dies zu wesentlichen Störungen im Arbeitsablauf (Lohnbuchhaltung oder Rechtsabteilung) oder in der betrieblichen Organisation führt. Hierfür sind folgende Faktoren maßgeblich: Anzahl der Pfändungen, unterschiedliche Rangfolge der Forderungen, Zusammentreffen von Pfändungen und Abtretungen, Höhe der einzelnen Verbindlichkeiten, zeitliche Abfolge der Pfändungen, Drittschuldnerprozesse[3]. Bei Kündigungen wegen zahlreicher Lohnpfändungen bedarf es nach Auffassung des BAG **keiner vorherigen Abmahnung**[4], da das außerdienstliche Verhalten des Arbeitnehmers keiner Abmahnung zugänglich sei. Hinzu kommt, dass der Arbeitnehmer rechtlich nicht in der Lage ist, seinen Gläubigern verbindliche Weisungen zu erteilen. Im Rahmen der **Interessenabwägung** sind auf Arbeitgeberseite Art und Ausmaß des Arbeitsaufwandes sowie Größe und Struktur des Betriebes zu berücksichtigen. Auf Arbeitnehmerseite sind einzubeziehen Anzahl der Lohnpfändungen im Verhältnis zur Dauer der Betriebszugehörigkeit, Lebensalter, Unterhaltspflichten, Wiedereinstellungschancen, finanzielle Notlage. Eine **verhaltensbedingte Kündigung wegen** des Vorwurfs der **Verletzung arbeitsvertraglicher Nebenpflichten** scheidet von vornherein aus. In der Gestaltung der eigenen Vermögenssphäre ist der Arbeitnehmer frei[5]. – Die fristgemäße Kündigung eines erst kurzfristig beschäftigten Arbeitnehmers soll zulässig sein, wenn **innerhalb Jahresfrist mehr als zehn Lohnpfändungen** vorliegen und **keine Notsituation** besteht[6].

- **Massenentlassung**

42a Der Arbeitgeber ist gem. § 17 KSchG verpflichtet, der **Agentur für Arbeit Anzeige** zu erstatten, wenn er mehrere Arbeitnehmer aufgrund eines einheitlichen Entschlusses innerhalb von 30 Kalendertagen entlassen will und hierbei die in § 17 Abs. 1 Satz 1 Nr. 1 bis 3 KSchG aufgestellten Grenzen erreicht bzw. überschritten werden (sog. Massenentlassung). Bei der Ermittlung der Zahl der Arbeitnehmer sind **leitende Angestellte** entgegen der unionsrechtswidrigen Regelung des § 17 Abs. 5 Nr. 3 KSchG mitzuzählen[7]. Zu der Frage, ob und inwieweit auch **Fremdgeschäftsführer** entgegen § 17 Abs. 5 Nr. 1 KSchG als Arbeitnehmer mitzuzählen sind, ist eine Vorlage beim EuGH anhängig[8]. Den Entlassungen stehen gem. § 17 Abs. 1 Satz 2 KSchG **andere Beendigungen** von Arbeitsverhältnissen gleich, die vom Arbeitgeber veranlasst werden. Auch **Änderungskündigungen** sind „Entlassungen" iSv. § 17 KSchG, und zwar unabhängig davon, ob der Arbeitnehmer das ihm mit der Kündigung unterbreitete Ände-

---

1 BAG 15.10.1992 – 2 AZR 188/92, EzA § 1 KSchG – Verhaltensbedingte Kündigung Nr. 45.
2 BAG 15.10.1992 – 2 AZR 188/92, EzA § 1 KSchG – Verhaltensbedingte Kündigung Nr. 45; LAG Rh.-Pf. 18.12.1978 – 7 Sa 638/78, EzA § 1 KSchG – Verhaltensbedingte Kündigung Nr. 5.
3 BAG 4.11.1981 – 7 AZR 264/79, EzA § 1 KSchG – Verhaltensbedingte Kündigung Nr. 9; kritisch: *P. Preis*, Die verhaltensbedingte Kündigung (1 und 2), DB 1990, 630 (632).
4 BAG 4.11.1981 – 7 AZR 264/79, EzA § 1 KSchG – Verhaltensbedingte Kündigung Nr. 9; aA *P. Preis*, DB 1990, 630 (632).
5 BAG 4.11.1981 – 7 AZR 264/79, EzA § 1 KSchG – Verhaltensbedingte Kündigung Nr. 9.
6 LAG Berlin 10.9.1975 – 4 Sa 103/74, DB 1975, 2327.
7 Vgl. EuGH 13.2.2014 – Rs. C-596/12, BeckRS 2014, 81554 (betr. die ital. „dirigenti").
8 ArbG Verden 6.5.2014 – 1 Ca 35/13, NZA 2014, 665, anhängig EuGH Rs. C-229/14 – Balkaya.

rungsangebot ablehnt oder – und sei es ohne Vorbehalt – annimmt[1]. Das BAG verstand zunächst in langjähriger Rechtsprechung[2] unter Entlassung iSd. §§ 17, 18 KSchG nicht die Kündigungserklärung, sondern erst die damit beabsichtigte tatsächliche Beendigung des Arbeitsverhältnisses, mit der Folge, dass der Arbeitgeber, der eine Massenentlassung beabsichtigte, deshalb die Anzeige bei der Agentur für Arbeit grundsätzlich erst nach dem Ausspruch der Kündigungserklärungen und zwar in der Regel ca. ein bis zwei Monate vor dem beabsichtigten Beendigungstermin erstattete. Nachdem der EuGH entschieden hatte, die Richtlinie 98/59/EG sei dahingehend auszulegen, dass die **Kündigungserklärung** des Arbeitgebers das Ereignis sei, das als Entlassung gelte[3], hat das BAG sich dem angeschlossen, gleichzeitig allerdings für Altfälle Vertrauensschutz gewährt[4]. Über die Gewährung von Vertrauensschutz hätte das BAG jedoch nach Auffassung des BVerfG nicht selbst entscheiden dürfen, sondern dem EuGH die Frage vorlegen müssen, ob es mit Art. 288 Abs. 3 AEUV bzw. Art. 4 Abs. 3 EUV vereinbar ist, bei der Anwendung der §§ 17 ff. KSchG eine rückwirkende Berücksichtigung der Rechtsprechung des EuGH aus Vertrauensschutzgesichtspunkten auszuschließen[5]. Seit der Junk-Entscheidung des EuGH hat der Arbeitgeber, der eine Massenentlassung beabsichtigt, stets zunächst das **Konsultationsverfahren** mit dem Betriebsrat nach § 17 Abs. 2 KSchG durchzuführen und der **Agentur für Arbeit** gem. § 17 Abs. 1 und 3 KSchG die **Massenentlassung anzuzeigen**. Hat der Betriebsrat eine Stellungnahme zu den Ergebnis der mit § 17 Abs. 2 KSchG mit dem Arbeitgeber geführten Beratungen abgegeben, ist diese gem. § 17 Abs. 3 Satz 2 KSchG der Anzeige der Massenentlassung gegenüber der örtlichen Agentur für Arbeit beizufügen, wobei die in einen Interessenausgleich integrierte Stellungnahme den gesetzlichen Anforderungen genügt[6]. Bei betriebsübergreifender Betriebsänderung ersetzt der vom Insolvenzverwalter mit dem Gesamtbetriebsrat abgeschlossene Interessenausgleich mit Namensliste gem. § 125 Abs. 2 InsO die ansonsten gem. § 17 Abs. 3 Satz 2 KSchG erforderlichen Stellungnahmen der örtlichen Betriebsräte[7]. **Erst nach** erfolgter Anzeige darf der Arbeitgeber die Kündigungen aussprechen, **ansonsten** sind diese **unwirksam**[8], ohne dass noch die Möglichkeit der Heilung durch Nachholung der Anzeige bestünde. Auch der bestandskräftige Verwaltungsakt der Arbeitsverwaltung nach § 18 Abs. 1 oder 2 KSchG vermag eine fehlerhafte Massenentlassungsanzeige nicht zu heilen[9]. Die durch eine ordnungsgemäße Massenentlassungsanzeige eröffnete Kündigungsmöglichkeit wird mit der Erklärung dieser Kündigung verbraucht, dh., für jede weitere Kündigungserklärung ist, soweit auch diese nach § 17 KSchG anzeigepflichtig ist, eine neue Massenentlassungsanzeige erforderlich[10].

Nach **§ 18 Abs. 1 KSchG** werden Entlassungen, die nach § 17 KSchG anzuzeigen sind, vor Ablauf eines Monats nach Eingang der Anzeige bei der Agentur für Arbeit nur mit deren Zustimmung wirksam. **„Entlassung" iSd. § 18 Abs. 1 KSchG** versteht das BAG auch in aktueller Rechtsprechung iSv. **tatsächlicher Beendigung** des Arbeitsverhältnisses. Es ist deshalb der Auffassung, die Entlassungssperre nach § 18 Abs. 1 KSchG hindere weder den Ausspruch einer Kündigung nach Anzeige der Massenentlassung bei der Agentur für Arbeit während des Laufs der Sperrfrist nach § 18 Abs. 1 oder

42b

---

1 BAG 20.2.2014 – 2 AZR 346/12, NZA 2014, 1069.
2 Zuletzt BAG 18.9.2003 – 2 AZR 79/02, NZA 2004, 375; 24.2.2005 – 2 AZR 207/04, NZA 2005, 766.
3 EuGH 27.1.2005 – Rs. C-188/03 – Junk, NZA 2005, 213.
4 BAG 23.3.2006 – 2 AZR 343/05, NZA 2006, 971 und öfter.
5 BVerfG 10.12.2014 – 2 BvR 1549/07.
6 BAG 21.3.2012 – 6 AZR 596/10, ZIP 2012, 1259.
7 BAG 7.7.2011 – 6 AZR 248/10, NZA 2011, 1108.
8 BAG 28.5.2009 – 8 AZR 273/08, NZA 2009, 1267.
9 BAG 28.6.2012 – 6 AZR 780/10, NZA 2012, 1029.
10 BAG 22.4.2010 – 6 AZR 948/08, NZA 2010, 1057.

Abs. 2 KSchG noch verlängere die Sperrfrist die gesetzlichen Kündigungsfristen[1]. Ob der EuGH diese Auffassung, falls ihm die Frage vorgelegt wird, bestätigen wird, bleibt abzuwarten. Demgegenüber soll „Entlassung" iSd. **§ 18 Abs. 4 KSchG** wiederum – wie bei § 17 KSchG – iSv. **Kündigungserklärung** zu verstehen sein, so dass eine „**erneute Anzeige**" nach § 18 Abs. 4 KSchG nach Auffassung des BAG **nicht erforderlich** ist, wenn Kündigungen nach einer ersten Anzeige vor Ablauf der Freifrist von 90 Tagen ausgesprochen werden, die Arbeitsverhältnisse wegen langer Kündigungsfristen aber erst nach Ablauf der Freifrist enden[2]. – Vgl. zur Massenentlassung im Einzelnen Teil 4 A Rz. 880 ff.

- **Mehrarbeit**

→ Arbeitsverweigerung, Rz. 14 ff.

- **Meinungsäußerung**

→ s.a. Politische Betätigung, Rz. 46

43 Das **Grundrecht der Meinungsfreiheit** (Art. 5 Abs. 1 GG) prägt auch die Beziehungen der Arbeitsvertragsparteien. Doch findet es seine **Schranken** sowohl in den allgemeinen Gesetzen wie **im Recht der persönlichen Ehre** (Art. 5 Abs. 2 GG) und muss mit diesen in ein ausgeglichenes Verhältnis gebracht werden. Dies gilt nicht nur beim Arbeitgeber und dessen Vertretern, sondern auch bei Arbeitskollegen und den Mitgliedern des Betriebsrats[3]. Die durch Art. 12 GG geschützte wirtschaftliche Betätigungsfreiheit des Arbeitgebers wird auch durch eine Störung des Arbeitsablaufs und des Betriebsfriedens berührt; dabei kann der Wahrung des Betriebsfriedens uU ein Vorrang vor der Meinungsäußerung zukommen[4]. Das Grundrecht auf Meinungsfreiheit muss ferner regelmäßig zurücktreten, wenn sich die Äußerung als **Angriff auf die Menschenwürde**, als **Formalbeleidigung**[5], **Schmähung** oder **bewusst wahrheitswidrige Äußerung** und damit als erheblicher Verstoß gegen die Pflicht zur Rücksichtnahme (§ 241 Abs. 2 BGB) darstellt[6]. Geht es um das **Aufstellen wahrer Behauptungen und kritischer Werturteile**, gewährleistet Art. 5 Abs. 1 GG weitgehend die sachliche Auseinandersetzung. Führt dies zur Störung des Betriebsfriedens oder sind wertende Meinungsäußerungen betroffen, ergibt sich die Berechtigung einer Kündigung erst aus einer Abwägung[7]. Erfolgt die **Meinungsäußerung im Rahmen einer (betriebs-) öffentlichen Auseinandersetzung**, spricht eine Vermutung zugunsten der Freiheit der Äußerung[8]. Bei Äußerungen, die im Zuge einer privaten Auseinandersetzung gefallen sind, gilt hingegen eine solche Vermutungsregel nicht[9]. – **Provozierende parteipolitische Betätigung im Betrieb** (Flugblatt zur Betriebsratswahl mit Aufruf für eine revolutionäre Gewerkschaftsopposition sowie die Abschaffung der Lohnsklaverei) ist zu unterlassen[10]. – **Grobe Beleidigungen**[11] **des Arbeitgebers** oder seines Stellvertreters, die nach Form und Inhalt eine **erhebliche Ehrverletzung** bedeuten, können gegen die

---

1 BAG 6.11.2008 – 2 AZR 935/07, NZA 2009, 1013.
2 BAG 23.2.2010 – 2 AZR 268/08, NZA 2010, 944.
3 BAG 26.5.1977 – 2 AZR 632/76, EzA § 611 BGB – Beschäftigungspflicht Nr. 2.
4 BAG 24.6.2004 – 2 AZR 63/03, NZA 2005, 158.
5 Vgl. auch *Häcker*, Beleidigungen durch Arbeitnehmer im Betrieb – Ab wann darf gekündigt werden?, ArbRB 2008, 118.
6 BAG 24.11.2005 – 2 AZR 584/04, NZA 2006, 650; 12.1.2006 – 2 AZR 21/05, NZA 2006, 917.
7 Anm. *Dütz* zu BAG 26.5.1977 – 2 AZR 632/76, EzA § 611 BGB – Beschäftigungspflicht Nr. 2.
8 BAG 12.1.2006 – 2 AZR 21/05, NZA 2006, 917; BVerfG 9.10.1991 – 1 BvR 1555/88, BVerfGE 85, 1.
9 BAG 24.6.2004 – 2 AZR 63/03, NZA 2005, 158; BVerfG 9.10.1991 – 1 BvR 1555/88, BVerfGE 85, 1.
10 BAG 15.12.1977 – 3 AZR 184/76, EzA § 626 BGB nF Nr. 61.
11 Vgl. dazu *Häcker*, ArbRB 2008, 118.

Pflicht zur Rücksichtnahme (§ 241 Abs. 2 BGB) verstoßen und sind an sich geeignet, eine außerordentliche Kündigung zu rechtfertigen. Arbeitnehmer dürfen zwar auch unternehmensöffentlich Kritik am Arbeitgeber, ihren Vorgesetzten und den betrieblichen Verhältnissen üben und sich dabei auch überspitzt äußern. **In grobem Maße unsachliche Angriffe**, die zur Untergrabung der Position eines Vorgesetzten führen können, muss der Arbeitgeber aber nicht hinnehmen[1]. Dies gilt auch für Einträge über den Arbeitgeber in sozialen Internet-Netzwerken wie zB Facebook, selbst wenn der Eintrag nur für einen begrenzten Personenkreis sichtbar ist[2]. Gleiches gilt **gegenüber Arbeitskollegen**, wenn die groben Beleidigungen in ihrer Beharrlichkeit eine ernsthafte Störung verursachen[3]. Auch bewusst wahrheitswidrig aufgestellte **Tatsachenbehauptungen**, etwa wenn sie den Tatbestand der üblen Nachrede erfüllen, können den Arbeitgeber zur fristlosen Kündigung berechtigen[4]. Auf die **strafrechtliche Bewertung** der Handlung kommt es **nicht entscheidend** an[5]. Werden die Beleidigungen **vertraulich unter Kollegen** abgegeben, kann die außerordentliche Kündigung uU nicht gerechtfertigt sein[6]. Nach Auffassung des BAG gilt hier der Erfahrungssatz, dass angreifbare Bemerkungen über Vorgesetzte, die im kleineren Kollegenkreis erfolgen, in der sicheren Erwartung geäußert werden, sie würden nicht über den Kreis der Gesprächsteilnehmer hinausdringen, worauf der Arbeitnehmer auch regelmäßig vertrauen dürfe[7]. – **Antisemitische Äußerungen über einen Geschäftsführer** („Judenschwein, das vergessen wurde zu vergasen") stellen eine ernstliche Störung des Betriebsfriedens dar, verletzen die persönliche Ehre und berechtigen daher auch ohne vorherige Abmahnung zur außerordentlichen Kündigung[8]. Ebenso können **ausländerfeindliche Äußerungen** die außerordentliche Kündigung rechtfertigen[9], die zu einer Störung des Betriebsfriedens führen. Gleiches gilt im Fall der **Verbreitung ausländerfeindlicher Schriften** während der Arbeit (Weitergabe von Texten mit Hetze gegen Ausländer, Aussiedler und Asylbewerber im Rahmen der Tätigkeit eines Außendienstmitarbeiters)[10]. Der Vergleich betrieblicher Verhältnisse und Vorgehensweisen des Arbeitgebers mit dem nationalsozialistischen Terrorsystem oder mit Verbrechen in Konzentrationslagern bildet in der Regel einen wichtigen Grund zur Kündigung[11]. – **Werkszeitungen** genießen den Schutz der Pressefreiheit gem. Art. 5 Abs. 1 Satz 2 GG (Abdruck anonymer Zuschriften von Arbeitnehmern)[12].

In Presseunternehmen und anderen Tendenzbetrieben gelten für die Redakteure (**Tendenzträger**) hinsichtlich der Freiheit der Meinungsäußerung Einschränkungen. Ein Tendenzträger hat sich – auch außerdienstlich – solcher Äußerungen und Handlungen zu enthalten, die der Tendenz des Unternehmens nachhaltig zuwiderlaufen und damit betriebliche Interessen erheblich berühren. Ein Tendenzträger kann seine vertraglichen Rücksichtnahmepflichten etwa dadurch verletzen, dass er sich gegen eine Veröffentlichung in der Presse des eigenen Arbeitgebers mit einer Gegendarstellung wendet und sich diese als eine unverhältnismäßige Reaktion auf einen Pressebe-

43a

---

1 BAG 27.9.2012 – 2 AZR 646/11, AP Nr. 240 zu § 626 BGB.
2 LAG Hamm 10.10.2012 – 3 Sa 644/12, BB 2012, 2688; ArbG Duisburg 26.9.2012 – 5 Ca 949/12, NZA-RR 2012, 18; ArbG Hagen 16.5.2012 – 3 Ca 1597/11, ArbRB 2012, 365.
3 BAG 12.1.2006 – 2 AZR 21/05, NZA 2006, 917.
4 BAG 10.12.2009 – 2 AZR 534/08, NZA 2010, 698.
5 BAG 1.7.1999 – 2 AZR 676/98, NZA 1999, 1270.
6 BAG 10.10.2002 – 2 AZR 418/01, NZA 2003, 1295.
7 BAG 10.12.2009 – 2 AZR 534/08, NZA 2010, 698.
8 ArbG Bremen 29.6.1994 – 7 Ca 7160/94, BB 1994, 1568.
9 LAG Hamm 11.11.1994 – 10 (19) Sa 100/94, BB 1995, 678; vgl. auch BAG 1.7.1999 – 2 AZR 676/98, DB 1999, 2216, mit dem Hinweis, dass es den besonderen Kündigungsgrund „Ausländerfeindlichkeit" nicht gibt.
10 ArbG Hannover 22.4.1993 – 11 Ca 633/92, BB 1993, 1218.
11 BAG 24.11.2005 – 2 AZR 584/04, NZA 2006, 650.
12 BVerfG 8.10.1996 – 1 BvR 1183/90, BB 1997, 205.

richt darstellt; ein solches Verhalten kann einer weiteren Zusammenarbeit des Unternehmens mit dem Tendenzträger entgegenstehen[1].

- **Minderleistung**

→ Schlecht- und Minderleistung, Rz. 48

- **Mobbing**

43b Bei der Prüfung, ob ein Sachverhalt als Mobbing[2] zu bewerten ist, ist zu berücksichtigen, dass Mobbing **kein eigener Rechtsbegriff** und damit auch keine Anspruchsgrundlage ist. Der als Mobbing bezeichnete Sachverhalt muss daher arbeitsrechtliche Pflichten oder ein Recht bzw. Rechtsgut gem. §§ 823 ff. BGB verletzen. Dabei führt in aller Regel nicht eine einzelne, abgrenzbare Handlung, sondern die Zusammenfassung mehrerer Einzelakte in einem Prozess zu einer Verletzung des Persönlichkeitsrechts oder der Gesundheit des Betroffenen, wobei die einzelnen Teilakte für sich betrachtet rechtlich neutral sein können. Die Zusammenfassung der einzelnen Verhaltensweisen erfolgt durch die ihnen zugrundeliegende Systematik und Zielrichtung, Rechte und Rechtsgüter – Persönlichkeitsrecht und/oder Gesundheit – zu beeinträchtigen. Wesensmerkmal der als Mobbing bezeichneten Rechtsverletzung ist daher die **systematische, sich aus vielen Einzelhandlungen zusammensetzende Verletzungshandlung**, wobei den einzelnen Handlungen bei isolierter Betrachtung eine rechtliche Bedeutung oft nicht zukommt. Aber auch einzelne Handlungen oder Verhaltensweisen mit rechtsverletzendem Charakter können Mobbing sein[3]. Der Begriff „Mobbing" entspricht dem der „Belästigung" in § 3 Abs. 3 AGG, und zwar auch inhaltlich, ohne dass allerdings die Benachteiligung auf einem der in § 1 AGG genannten Gründe beruhen muss[4]. Nicht als Mobbing zu qualifizieren sind

- Weisungen von Vorgesetzten im Rahmen des Direktionsrechts, die nicht eindeutig schikanös sind,
- Weisungen von Vorgesetzten unter Überschreitung des Direktionsrechts, wenn sachlich nachvollziehbare Erwägungen zugrunde liegen,
- Einzelhandlungen verschiedener, zeitlich aufeinander folgender Vorgesetzter (Kritik, schlechte Beurteilungen), die bei dieser Kritik nicht zusammenwirken,
- Verhaltensweisen, die eine Reaktion auf Provokationen durch den vermeintlich gemobbten Arbeitnehmer darstellen[5].

Ist Mobbing festgestellt, ist der Arbeitgeber in analoger Anwendung von § 12 AGG verpflichtet, hiergegen die zur Beseitigung der Störung erforderlichen Maßnahmen wie Abmahnung, Umsetzung, Versetzung oder Kündigung zu ergreifen. Einen Anspruch auf eine bestimmte Maßnahme hat der Arbeitnehmer nicht. Vielmehr hat der Arbeitgeber insoweit einen Ermessensspielraum. Die Entlassung des Störers kann der gemobbte Arbeitnehmer vom Arbeitgeber daher nur beanspruchen, wenn dies die einzige Maßnahme ist, die der Arbeitgeber bei pflichtgemäßer Ermessensausübung hätte treffen müssen[6]. Verletzen der Arbeitgeber oder einer seiner Repräsentanten (§ 278 BGB) die Gesundheit des Arbeitnehmers oder dessen Persönlichkeitsrecht in erheblicher Weise und ist mit weiteren Verletzungen zu rechnen, kann der Arbeitnehmer berechtigt sein, ein Zurückbehaltungsrecht an seiner Arbeitskraft auszuüben[7].

---

1 BAG 23.10.2008 – 2 AZR 483/07, NZA-RR 2009, 362.
2 Vgl. *Sasse*, Rechtsprechungsübersicht zum Mobbing, BB 2008, 1450.
3 BAG 16.5.2007 – 8 AZR 709/06, NZA 2007, 1154; 25.10.2007 – 8 AZR 593/06, NZA 2008, 223.
4 BAG 25.10.2007 – 8 AZR 593/06, NZA 2008, 223.
5 BAG 16.5.2007 – 8 AZR 709/06, NZA 2007, 1154.
6 BAG 25.10.2007 – 8 AZR 593/06, NZA 2008, 223.
7 BAG 13.3.2008 – 2 AZR 88/07, EzA § 1 KSchG – Verhaltensbedingte Kündigung Nr. 73.

- **Nachweis- und Mitteilungspflichten**

Sowohl bei der Verpflichtung zur unverzüglichen **Anzeige der Arbeitsunfähigkeit** und deren voraussichtlicher Dauer (Mitteilungspflicht nach § 5 Abs. 1 Satz 1 EFZG) als auch bei der Pflicht zur **Vorlage der Arbeitsunfähigkeitsbescheinigung** (Nachweispflicht gem. § 5 Abs. 1 Satz 2 EFZG) handelt es sich um **arbeitsvertragliche Nebenpflichten**, deren Verletzung in aller Regel keinen **außerordentlichen Kündigungsgrund** darstellt, es sei denn, aus der beharrlichen Nichtbeachtung dieser Pflichten ergibt sich die fehlende Bereitschaft des Arbeitnehmers zur ordnungsgemäßen Vertragserfüllung überhaupt[1]. – Die schuldhafte, vergeblich abgemahnte Verletzung der Pflicht zur unverzüglichen **Anzeige der Arbeitsunfähigkeit** kann eine **ordentliche Kündigung** sozial rechtfertigen, auch wenn es dadurch nicht zu einer Störung der Arbeitsorganisation oder des Betriebsfriedens gekommen ist. Kommt der Arbeitnehmer seiner Arbeitspflicht nicht nach, stellt dies unmittelbar eine Störung im Leistungsbereich dar, auch wenn mit der Nichtanzeige nur eine Nebenpflicht verletzt wird. Ob auch **Betriebsablaufstörungen** verursacht worden sind, ist allerdings für die **Interessenabwägung** erheblich[2]. Der Arbeitnehmer muss sicherstellen, dass der Arbeitgeber am ersten Tag der Erkrankung unterrichtet wird. Dabei hat der Arbeitnehmer die voraussichtliche Dauer mitzuteilen und nach seinem subjektiven Kenntnisstand zu schätzen[3]. Die Anzeigepflicht betrifft nicht nur die Ersterkrankung, sondern auch die Fortdauer der Erkrankung[4]. – Die schuldhafte **Verletzung der Nachweispflicht**, also der Pflicht zur Vorlage einer Arbeitsunfähigkeitsbescheinigung nach § 5 Abs. 1 Satz 2–4 EFZG, kann unter Umständen im Wiederholungsfall nach vorheriger Abmahnung ebenfalls die ordentliche Kündigung rechtfertigen. Dabei ist allerdings zu berücksichtigen, dass dem Arbeitgeber bei Verletzung der Nachweispflicht (im Gegensatz zur Verletzung der Anzeigepflicht) als Sanktion bereits ein Leistungsverweigerungsrecht zusteht, § 7 Abs. 1 Nr. 1 EFZG. – Türkische Arbeitnehmer sind vor **Ableistung** des **Kurzwehrdienstes in der Türkei** verpflichtet, den Arbeitgeber unverzüglich über den Zeitpunkt der Einberufung zu unterrichten und diesen auf Verlangen nachzuweisen. Verletzt der Arbeitnehmer diese Pflicht schuldhaft und gerät der Arbeitgeber hierdurch in eine durch zumutbare Überbrückungsmaßnahmen nicht behebbare Zwangslage, kann dies, je nach den Umständen des Einzelfalls, eine ordentliche oder auch außerordentliche Kündigung rechtfertigen[5].

44

- **Nebenpflichtverletzung**

Aus § 241 Abs. 2 BGB wird die Verpflichtung des Arbeitnehmers abgeleitet, den Arbeitgeber nicht zu schädigen bzw. in den Grenzen der Möglichkeiten des Arbeitnehmers Schaden von ihm abzuwenden. Diese Nebenpflicht besteht grundsätzlich auch in einem **ruhenden Arbeitsverhältnis** fort; der Arbeitnehmer hat auch während dieser Zeit besonders schädigende Verhaltensweisen zu unterlassen[6]. Ist der Arbeitnehmer etwa während des ruhenden Arbeitsverhältnisses zu einem anderen, mit dem Arbeitgeber konzernrechtlich verbundenen Unternehmen entsandt, kann ein erhebliches Fehlverhalten des Arbeitnehmers gegenüber diesem anderen Unternehmen, wenn es auch das Arbeitsverhältnis konkret und erheblich beeinträchtigt, eine außerordentliche Kündigung aus wichtigem Grund an sich rechtfertigen[7]. Aus der Art der Tätig-

44a

---

1 BAG 15.1.1986 – 7 AZR 128/83, AP Nr. 93 zu § 626 BGB.
2 BAG 16.8.1991 – 2 AZR 604/90, EzA § 1 KSchG – Verhaltensbedingte Kündigung Nr. 41, in ausdrücklicher Abweichung von seiner früheren Rspr. (BAG 7.12.1988 – 7 AZR 122/88, EzA § 1 KSchG – Verhaltensbedingte Kündigung Nr. 26) m. krit. Anm. *Rüthers/Müller*.
3 BAG 31.8.1989 – 2 AZR 13/89, AP Nr. 23 zu § 1 KSchG 1969 – Verhaltensbedingte Kündigung.
4 BAG 16.8.1991 – 2 AZR 604/90, EzA § 1 KSchG – Verhaltensbedingte Kündigung Nr. 41.
5 BAG 7.9.1983 – 7 AZR 433/82, AP Nr. 7 zu § 1 KSchG 1969 – Verhaltensbedingte Kündigung.
6 BAG 27.11.2008 – 2 AZR 193/07, NZA 2009, 671.
7 BAG 27.11.2008 – 2 AZR 193/07, NZA 2009, 671.

keit eines Arbeitnehmers können **besondere Verhaltenspflichten** erwachsen, deren Einhaltung der Arbeitgeber insbesondere bei genauer vertraglicher Fixierung fordern kann. So kann die einzelarbeitsvertraglich ausdrücklich untersagte Gewährung von Darlehen an Gäste einer Spielbank durch einen Spielbankmitarbeiter an sich einen wichtigen Grund zur außerordentlichen Kündigung abgeben[1]. Die Schadensabwendungs- bzw. Anzeigepflicht besteht grundsätzlich auch dann, wenn es um Eigenschädigungen des Arbeitgebers geht, also auch dann, wenn der Arbeitnehmer eine von ihm bemerkte, laufende **offenkundige Lohnüberzahlung** gegenüber dem Arbeitgeber nicht anzeigt. Bei einem Arbeitnehmer, der über nahezu drei Jahre hinweg Lohnzahlungen ohne Gegenleistung erhält, ohne dies der Geschäftsführung anzuzeigen, liegt jedoch keine den Arbeitgeber zur Kündigung berechtigende Pflichtverletzung vor, wenn der Arbeitnehmer gegenüber dem Personalleiter mehrfach seine Arbeit angeboten hat[2]. Wer als Arbeitnehmer eine ihm eingeräumte **Dispositionsmöglichkeit** missbraucht, indem er unter Inanspruchnahme einer ihm als **Sachbezug** zugewendeten Geldgutschrift einen Einkauf ausschließlich in der Absicht tätigt, auf dem Weg eines sofortigen Umtauschs der gekauften Ware statt einer Sachzuwendung **Bargeld** zu erhalten, verletzt seine Pflicht aus § 241 Abs. 2 BGB zur Rücksichtnahme auf die Rechtsgüter und Interessen seines Vertragspartners. Die bewusste Zuwiderhandlung gegen eine solche Regelung kann an sich geeignet sein, einen wichtigen Grund zur außerordentlichen Kündigung zu begründen; es kann aber auch zunächst eine Abmahnung erforderlich sein, wenn etwa durch anderweitige Handhabungen des Arbeitgebers bei dem Arbeitnehmer der Eindruck entstehen konnte, es komme dem Arbeitgeber nicht in jedem Fall auf eine konsequente Durchsetzung bestehender Barauszahlungsverbote an[3]. Rücksichtnahmepflichten aus § 241 Abs. 2 BGB treffen regelmäßig auch Betriebsratsmitglieder während der Zeit, in der sie unter Freistellung von der Arbeitspflicht Betriebsratstätigkeiten nachgehen. So kann eine – im konkreten Fall verneinte – vorsätzliche Verletzung des Briefgeheimnisses (§ 202 StGB) eine Nebenpflichtverletzung darstellen, die den Arbeitgeber zur Kündigung berechtigt[4].

→ s.a. Außerdienstliches Verhalten, Rz. 18

• **Nebentätigkeit**

45   Nebentätigkeit[5] ist jede selbständige oder unselbständige **Erwerbstätigkeit zur Erzielung von Einkünften**; das **reine Freizeitverhalten** ist also nicht hierzu zu rechnen. Haupt- und Nebentätigkeit unterscheiden sich dadurch, dass Letztere zeitlich zurücksteht[6]. Dem Arbeitnehmer ist nicht jede **Nebentätigkeit** verboten, auch dann nicht, wenn ein **Verbot Inhalt des Arbeitsvertrages** ist. Derartige Klauseln sind mit Rücksicht auf Art. 12 Abs. 1 Satz 1 GG verfassungskonform **einschränkend auszulegen**[7]. Die Freiheit der Berufswahl schließt es ein, mehreren Erwerbstätigkeiten nachzugehen[8]. Ein Arbeitnehmer darf keine Nebentätigkeit verrichten, die den **Interessen seines Arbeitgebers aus Gründen des Wettbewerbs** zuwider läuft oder dazu führt, dass er seine **Hauptleistungspflichten nicht mehr ordnungsgemäß erfüllen** kann[9]. Es ist ein Arbeitsvertragsverstoß, wenn der Arbeitnehmer eine Nebentätigkeit aufnimmt, deren zeitliches Ausmaß zu einer Überschreitung der gesetzlichen Höchstarbeitszei-

---

1   BAG 26.3.2009 – 2 AZR 953/07, AP Nr. 220 zu § 626 BGB.
2   BAG 28.8.2008 – 2 AZR 15/07, NZA 2009, 192.
3   BAG 23.6.2009 – 2 AZR 103/08, NZA 2009, 1198.
4   BAG 12.5.2010 – 2 AZR 587/08, EzA § 15 nF KSchG 1969 Nr. 67.
5   Vgl. dazu auch *Lorenz*, Allgemeine und arbeitsvertragliche Beschränkungen von Nebentätigkeiten, ArbRB 2008, 26.
6   *Berning*, Anm. zu BAG 26.8.1993 – 2 AZR 154/93, AP Nr. 112 zu § 626 BGB.
7   BAG 13.11.1979 – 6 AZR 934/77, EzA § 1 KSchG – Verhaltensbedingte Kündigung Nr. 6.
8   *Berning*, Anm. zu BAG 26.8.1993 – 2 AZR 154/93, AP Nr. 112 zu § 626 BGB mwN.
9   BAG 13.11.1979 – 6 AZR 934/77, EzA § 1 KSchG – Verhaltensbedingte Kündigung Nr. 6.

ten führt[1]. Die fortgesetzte und vorsätzliche Ausführung offensichtlich nicht genehmigungsfähiger Nebentätigkeiten in Unkenntnis des Arbeitgebers stellt bei einem Arbeitnehmer des öffentlichen Dienstes regelmäßig bereits ohne das Hinzutreten besonderer Umstände an sich einen wichtigen Grund zur außerordentlichen Kündigung dar[2]. – **Nebenbeschäftigungen während der Arbeitsunfähigkeit** sind arbeitsrechtliche Pflichtverstöße, wenn sie den **Heilungsprozess verzögern**[3]. Die **Gefahr einer Verzögerung** genügt[4]. Arbeitet ein Arbeitnehmer während einer ärztlich bescheinigten Arbeitsunfähigkeit in Nachtschicht bei einem anderen Arbeitgeber, kann auch ohne vorherige Abmahnung eine Kündigung gerechtfertigt sein. In derartigen Fällen ist der Beweiswert des ärztlichen Attestes erschüttert bzw. entkräftet, und der Arbeitnehmer hat konkret darzulegen, weshalb er krankheitsbedingt gefehlt hat und trotzdem der Nebenbeschäftigung nachgehen konnte[5].

- **Ordnungsverstöße**
→ Betriebsfrieden/betriebliche Ordnung, Rz. 20

- **Politische Betätigung**
→ s.a. Meinungsäußerung, Rz. 43

Bei **außerdienstlicher** politischer Betätigung eines im öffentlichen Dienst tätigen Arbeitnehmers kommt eine **ordentliche personenbedingte Kündigung** unter dem Gesichtspunkt der **mangelnden Eignung** in Betracht, wenn **begründete Zweifel an der Verfassungstreue** des Arbeitnehmers bestehen. Diese können sich ergeben aus Mitgliedschaft und aktivem Eintreten des Arbeitnehmers für eine verfassungsfeindliche Organisation (Kandidatur für die DKP bei einer Kommunalwahl; Verfassen von „Newslettern" für die NPD mit Einladungen zu deren Veranstaltungen). Zusätzlich muss die außerdienstliche politische Betätigung grundsätzlich auch **in die Dienststelle hineinwirken** und entweder die **allgemeine Aufgabenstellung** des öffentlichen Arbeitgebers oder **das konkrete Aufgabengebiet** des Arbeitnehmers berühren[6]. Das Maß der einem Arbeitnehmer des öffentlichen Dienstes obliegenden Treuepflicht ergibt sich aus seiner Stellung und dem Aufgabenkreis, der ihm laut Arbeitsvertrag übertragen ist. Er schuldet (nur) diejenige politische Loyalität, die für die funktionsgerechte Amtsausübung unverzichtbar ist. Je nach Stellung und Aufgabenkreis kann er die Verfassung schon dadurch „wahren", dass er die freiheitliche demokratische Grundordnung jedenfalls nicht aktiv bekämpft[7]. Beschäftigte dürfen demgegenüber nicht darauf abzielen, den Staat, die Verfassung oder deren Organe zu beseitigen, zu beschimpfen oder verächtlich zu machen, zB durch Weiterverbreitung eines Demonstrationsaufrufs, der für einen gewaltsamen Umsturz eintritt[8]. 46

Eine **verhaltensbedingte Kündigung wegen politischer Aktivitäten in der Freizeit** kommt nur in Betracht, wenn das Arbeitsverhältnis konkret beeinträchtigt ist. Arbeitsablauf oder Betriebsfrieden müssen also konkret gestört sein; eine Gefährdung genügt nicht. Die subjektive Besorgnis, ein angestellter Lehrer könne die Schüler indoktrinieren, ist noch keine konkrete nachteilige Auswirkung von politischen Akti- 46a

---

1 BAG 11.12.2001 – 9 AZR 464/00, NZA 2002, 965.
2 BAG 18.9.2008 – 2 AZR 827/06, NZA-RR 2009, 393.
3 BAG 13.11.1979 – 6 AZR 934/77, EzA § 1 KSchG – Verhaltensbedingte Kündigung Nr. 6.
4 *Berning*, Anm. zu BAG 26.8.1993 – 2 AZR 154/93, AP Nr. 112 zu § 626 BGB.
5 BAG 26.8.1993 – 2 AZR 154/93, AP Nr. 112 zu § 626 BGB.
6 BAG 6.6.1984 – 7 AZR 456/82, EzA § 1 KSchG – Verhaltensbedingte Kündigung Nr. 12; 12.5.2011 – 2 AZR 479/09, EzA § 123 BGB 2002 Nr. 10.
7 BAG 12.5.2011 – 2 AZR 479/09, EzA § 123 BGB 2002 Nr. 10.
8 BAG 6.9.2012 – 2 AZR 372/11, NZA-RR 2013, 441.

vitäten[1]. – Zur Kündigung wegen **politischer Aktivitäten während der Dienstzeit** und **im Betrieb des Arbeitgebers** → vgl. **Meinungsäußerung**, Rz. 43.

- **Rauchverbot**

47 Der Arbeitgeber **hat** die erforderlichen **Maßnahmen** zu treffen, damit die nicht rauchenden Beschäftigten in Arbeitsstätten wirksam vor den Gesundheitsgefahren durch Tabakrauch **geschützt** sind. Soweit erforderlich, hat der Arbeitgeber ein allgemeines oder auf einzelne Bereiche der Arbeitsstätte beschränktes **Rauchverbot** zu erlassen (§ 5 Abs. 1 ArbStättVO). Ein **absolutes** betriebliches Rauchverbot ist statthaft aus Hygiene- oder Sicherheitsgründen sowie aus Gründen des Nichtraucherschutzes. Verstöße gegen ein Rauchverbot können – wie bei allen Verstößen gegen vertragliche Nebenpflichten – eine ordentliche Kündigung nur rechtfertigen, wenn hierdurch entweder eine **konkrete Störung im Betriebsablauf oder im Betriebsfrieden** eingetreten oder hiermit eine konkrete Gefährdung des Lebens oder der Gesundheit anderer verbunden ist. Bei Verstößen gegen ein **zwingend vorgeschriebenes Rauchverbot** (zB Frischfleischverarbeitung, Lebensmittelbetrieb, Schreinerei) kann eine Kündigung auch bei langjähriger Betriebszugehörigkeit sozial gerechtfertigt sein[2]. In jedem Fall bedarf es der vorherigen Abmahnung. In einem feuergefährdeten Betrieb kann ein nachhaltiger Verstoß gegen ein Rauchverbot auch eine außerordentliche[3], sonst idR lediglich eine ordentliche Kündigung[4] rechtfertigen.

- **Religiöse Betätigung**

47a **Während der Dienstzeit** kann sich ein **Anspruch auf Arbeitsbefreiung zur Ausübung der Religion** aus § 616 BGB und § 242 BGB ergeben. Hierzu sind vorrangige religiöse Verpflichtungen zu rechnen (Ausübung der Pflichtgebete nach den Regeln des Islams), soweit sie gem. Art. 4 GG unter Verfassungsschutz stehen. Der Arbeitnehmer darf den Arbeitsplatz jedoch nur nach vorheriger Rücksprache mit dem Arbeitgeber verlassen, andernfalls begeht er einen Verstoß gegen seine arbeitsvertraglichen Pflichten, der nach vorheriger Abmahnung eine Kündigung rechtfertigen kann[5]. – Das **Tragen eines islamischen Kopftuchs** allein rechtfertigt nach Auffassung des BAG regelmäßig weder die verhaltens- noch die personenbedingte ordentliche Kündigung einer Verkäuferin. Mit dem Tragen des Kopftuchs macht die Arbeitnehmerin von ihrem Grundrecht nach Art. 4 GG Gebrauch. Der Arbeitgeber muss konkrete Umstände vortragen, mit welchen er der Verletzung der durch Art. 12 Abs. 1 GG geschützten Unternehmerfreiheit entgegenhalten[6]. Für Lehrer im öffentlichen Schuldienst können andere Regeln gelten. So verstößt es gegen das Neutralitätsgebot des § 57 Abs. 4 NWSchulG und kann nach Abmahnung eine Kündigung rechtfertigen, wenn eine Lehrerin ein Kopftuch trägt, weil sie dem von ihr als maßgeblich angesehenen Religionsbrauch folgen will[7]. Nach Auffassung des EGMR dürfen Bodenangestellte von Fluggesellschaften während der Arbeitszeit sichtbar eine Kette mit Kreuz tragen, während Krankenschwestern in der Altenpflege jedenfalls keine Kette mit Kreuz tragen dürfen, an dem Patienten hängen bleiben können. Zudem erachtete der EGMR eine Standesbeamtin, die sich aus religiöser Überzeugung weigerte, gleichgeschlecht-

---

1 BAG 28.9.1989 – 2 AZR 317/86, EzA § 1 KSchG – Verhaltensbedingte Kündigung Nr. 28.
2 LAG Düsseldorf 17.6.1997 – 16 Sa 346/97, LAGE § 1 KSchG – Verhaltensbedingte Kündigung Nr. 58.
3 BAG 27.9.2012 – 2 AZR 955/11, NZA 2013, 425; LAG Düsseldorf 9.11.2011 – 12 Sa 956/11, AuA 2012, 114.
4 LAG Schl.-Holst. 19.5.2010 – 3 Sa 30/10; LAG Köln 20.1.2011 – 7 Sa 848/10.
5 LAG Hamm 26.2.2002 – 5 Sa 1582/01, NZA 2002, 1090.
6 BAG 10.10.2002 – 2 AZR 472/01, NZA 2003, 483; bestätigt durch BVerfG 30.7.2003 – 1 BvR 792/03, NZA 2003, 959.
7 BAG 10.12.2009 – 2 AZR 55/09, NZA-RR 2010, 383.

liche Partnerschaften im Rahmen von Verpartnerungen einzutragen, und einen Paartherapeuten, der sich aus religiösen Gründen weigerte, auch homosexuelle Paare im Rahmen einer psychosexuellen Therapie zu betreuen, und die beide daraufhin gekündigt worden waren, als nicht in ihren Rechten aus Art. 9 EMRK verletzt[1].

Die religiöse Betätigung **außerhalb der Dienstzeit** oder die Zugehörigkeit zu einer Religionsgemeinschaft kann nur dann eine Kündigung rechtfertigen, wenn hiermit auch konkrete Auswirkungen auf das Arbeitsverhältnis verbunden sind (→ Scientology-Mitgliedschaft, Rz. 49a). 47b

• **Schlecht- und Minderleistung**

→ s.a. Alkohol- und Drogensucht, Rz. 7; Eignungs-/Leistungsmangel, Rz. 28

Die Kündigung eines Arbeitnehmers wegen Schlecht- oder Minderleistung kann sowohl aus verhaltens- wie aus personenbedingten Gründen gerechtfertigt sein. Ob die Leistung des Arbeitnehmers als Schlecht- bzw. Minderleistung anzusehen ist, beurteilt sich nach dem Arbeitsvertrag. Enthält dieser hinsichtlich Qualität und Menge keine Angaben, ist maßgeblich zum einen der per Direktionsrecht festzulegende Arbeitsinhalt, zum anderen das persönliche subjektive Leistungsvermögen des Arbeitnehmers. Für die Leistungspflicht gilt kein objektiver Maßstab, diese ist vielmehr dynamisch und orientiert sich an der Leistungsfähigkeit des Arbeitnehmers. Andererseits muss der Arbeitnehmer unter angemessener Ausschöpfung seiner persönlichen Leistungsfähigkeit arbeiten. – Im Kündigungsschutzprozess genügt der Arbeitgeber zunächst seiner Darlegungslast, wenn er anhand **objektiv messbarer Arbeitsergebnisse** vorträgt, dass die **Leistungen** des betreffenden Arbeitnehmers **deutlich und längerfristig die Durchschnittsleistung vergleichbarer Arbeitnehmer unterschreiten**, also das Verhältnis von Leistung und Gegenleistung stark beeinträchtigt ist. Sodann ist es Sache des Arbeitnehmers, das Zahlenwerk und dessen Aussage zu bestreiten und/oder darzulegen, warum er mit seiner unterdurchschnittlichen Leistung dennoch seine persönliche Leistungsfähigkeit ausschöpft, weil altersbedingte Leistungsdefizite, Krankheit oder sonstige Umstände ihn beeinträchtigen[2]. Bei einer **Minderleistung** des Arbeitnehmers, **die nicht auf persönliche Verhältnisse oder Eigenschaften** des Arbeitnehmers gestützt oder mit sonstigen besonderen Umständen entschuldigt werden kann, ist davon auszugehen, dass der Arbeitnehmer seine Leistungsfähigkeit nicht ausschöpft. Damit steht in aller Regel fest, dass der Arbeitnehmer die übliche Sorgfalt außer Acht gelassen hat, sein Verhalten also als schuldhaft anzusehen ist, so dass nach vorheriger Abmahnung eine **ordentliche verhaltensbedingte Kündigung** gerechtfertigt sein kann[3]. Beruhen hingegen die unterdurchschnittlichen Leistungen **auf persönlichen Verhältnissen oder Eigenschaften des Arbeitnehmers**, kommt eine **personenbedingte Kündigung** in Betracht, sofern die Arbeitsleistung die berechtigte Erwartung des Arbeitgebers von der Gleichwertigkeit der beiderseitigen Leistungen in einem Maß unterschreitet, dass ein Festhalten an dem Arbeitsvertrag unzumutbar ist, auch für die Zukunft nicht mit Wiederherstellung des Gleichgewichts zu rechnen ist und kein milderes Mittel (zumutbare Beschäftigung zu geänderten Bedingungen; Vergütungsreduzierung) zur Verfügung steht[4]. 48

Vor Ausspruch einer Kündigung ist zusätzlich das Verbot einer Benachteiligung wegen einer Behinderung nach § 7 AGG zu berücksichtigen, das für alle Behinderungen gem. § 2 SGB IX gilt. Daher muss die Schlechtleistung damit verbunden sein, dass der betreffende Arbeitnehmer über einen längeren Zeitraum hinweg eine wesentliche 48a

---

1 EGMR 15.1.2013 – 48420/10, 59842/10, 51671/10 und 36516/10, NJW 2014, 1935.
2 BAG 17.1.2008 – 2 AZR 536/06, NZA 2008, 693.
3 BAG 11.12.2003 – 2 AZR 667/02, NZA 2005, 784; 3.6.2004 – 2 AZR 386/03, NZA 2005, 1380.
4 BAG 11.12.2003 – 2 AZR 667/02, NZA 2005, 784; 3.6.2004 – 2 AZR 386/03, NZA 2005, 1380.

und entscheidende berufliche Anforderung der auszuübenden Tätigkeit oder der Bedingungen ihrer Ausübung nicht erfüllt und diese Anforderungen auch angemessen sind (§ 8 Abs. 1 AGG)[1]. – Im **künstlerischen Bereich** steht dem Arbeitgeber im Rahmen des Art. 5 Abs. 3 GG die **freie Bestimmung** der von ihm erstrebten **künstlerischen Inhalte** zu. Bei Beanstandungen muss der Arbeitgeber auf der Grundlage seiner künstlerischen Auffassung nachvollziehbar darlegen, weshalb der Arbeitnehmer diesen Anforderungen nicht genügt[2].

48b Eine Schlechtleistung kann auch in der nicht pflichtgemäßen Art und Weise der Arbeitserbringung bestehen, wenn zB bei **anspruchsvollen Tätigkeiten** mit der Gefahr der Erzeugung hoher Schäden für Personen oder Sachen **gegen Schutzvorschriften verstoßen** oder nicht mit der **gebotenen Sorgfalt** gearbeitet wird. In solchen Fällen beruht die Pflichtverletzung allerdings regelmäßig auf **steuerbarem Verhalten** des Arbeitnehmers. Es ist grundsätzlich davon auszugehen, dass das künftige Verhalten des Arbeitnehmers schon durch die Androhung von Folgen für den Bestand des Arbeitsverhältnisses in Gestalt einer **Abmahnung** positiv beeinflusst werden kann. In Anwendung dieser Grundsätze meint das BAG, die außerordentliche Kündigung eines **Chefarztes** wegen – wenigen und kurzen – **privaten Telefonaten im Operationssaal** mit dem schnurlosen Handapparat seines Diensttelefons und/oder seinem Mobiltelefon **während laufender Operationen** sei jedenfalls dann ohne vorherige Abmahnung unverhältnismäßig, wenn der Arbeitgeber zuvor unter den gleichen Bedingungen dienstlich veranlasste Telefongespräche geduldet hat[3].

• **Schmiergelder**

49 Wer als Arbeitnehmer bei der Ausführung vertraglicher Aufgaben sich **Vorteile versprechen** lässt oder entgegennimmt, die dazu bestimmt oder geeignet sind, ihn in seinem geschäftlichen Verhalten zugunsten Dritter und/oder **zum Nachteil seines Arbeitgebers zu beeinflussen**, und damit gegen das sog. Schmiergeldverbot verstößt, handelt den Interessen seines Arbeitgebers zuwider und gibt diesem damit regelmäßig einen Grund zur **außerordentlichen Kündigung**. Ob der Arbeitgeber dabei **geschädigt** wird, ist **unerheblich**. Es reicht aus, dass der gewährte Vorteil allgemein die Gefahr begründet, der Annehmende werde nicht allein die Interessen des Geschäftsherrn wahrnehmen. Durch ein solches Verhalten zerstört der Arbeitnehmer das Vertrauen in seine Zuverlässigkeit und Redlichkeit[4]. Handelt es sich um einen **Arbeitnehmer des öffentlichen Dienstes**, kann die Interessenabwägung nur in besonderen Ausnahmefällen zur Unwirksamkeit der außerordentlichen Kündigung führen[5]. Dass ein solches Verhalten die außerordentliche Kündigung rechtfertigt, liegt nicht so sehr in der Verletzung vertraglicher Pflichten, sondern in der damit zutage getretenen Einstellung des Arbeitnehmers, unbedenklich eigene Vorteile bei der Erfüllung von Aufgaben wahrnehmen zu wollen, obwohl er sie allein im Interesse des Arbeitgebers durchzuführen hat[6].

• **Scientology-Mitgliedschaft**

49a Scientologen werden in Deutschland bislang weder als Religion noch als Weltanschauung anerkannt[7]. Angesichts der Behandlung in anderen EU-Ländern ist jedoch nicht auszuschließen, dass der EuGH, dessen Auslegung allein maßgeblich

---

1 *Gaul*, AktuellAR 2006, S. 302 f.
2 *Wolf*, Anm. zu BAG 15.8.1984 – 7 AZR 228/82, AP Nr. 8 zu § 1 KSchG 1969.
3 BAG 25.10.2012 – 2 AZR 495/11, NZA 2013, 319.
4 BAG 21.6.2001 – 2 AZR 30/00, NZA 2002, 232.
5 BAG 17.3.2005 – 2 AZR 245/04, NZA 2006, 101.
6 BAG 21.6.2001 – 2 AZR 30/00, NZA 2002, 232.
7 BAG 22.3.1995 – 5 AZB 21/94, NZA 1995, 823.

ist, dies anders beurteilt. Dies bedeutet, dass ggf. auch Scientologen einzubeziehen sind in den Schutz des AGG[1], dessen Wertungen, trotz § 2 Abs. 4 AGG, auch im Geltungsbereich des KSchG zu berücksichtigen sind[2]. Vor diesem Hintergrund kann allein die **Zugehörigkeit zur Scientology-Organisation** eine Kündigung nicht rechtfertigen[3]. Anders ist dies, wenn entweder die auszuübende Tätigkeit sich nicht mit einer Scientology-Mitgliedschaft vereinbaren lässt oder das Mitglied auf Mitarbeiter oder Kunden Einfluss zu nehmen versucht und hierdurch das Arbeitsverhältnis konkret beeinträchtigt wird.

- **Sexuelle Belästigung**

Sexuelle Belästigung am Arbeitsplatz ist nach § 3 Abs. 4 AGG ein **unerwünschtes, sexuell bestimmtes Verhalten**, das die Würde von Beschäftigten verletzt. Dazu gehören unerwünschte sexuelle Handlungen und Aufforderungen zu diesen, sexuell bestimmte **körperliche Berührungen, Bemerkungen sexuellen Inhalts** sowie unerwünschtes Zeigen und sichtbares Anbringen von pornographischen Darstellungen. Ob ein Verhalten **unerwünscht** ist, ist aus Sicht eines objektiven Beobachters zu beurteilen. Auf die Unerwünschtheit muss der Betroffene nicht zuvor hingewiesen haben. Hat er dies aber, so ergibt sich diese auch für einen objektiven Beobachter[4]. Beteiligt sich hingegen die betroffene Arbeitnehmerin häufig aktiv und initiativ an Gesprächen mit sexuellem Bezug, fehlt es regelmäßig an der Unerwünschtheit der dem Arbeitnehmer vorgeworfenen sexuell bestimmten Äußerungen[5]. Eine außerordentliche Kündigung ist angemessen, wenn der Umfang und die Intensität der sexuellen Belästigungen sowie die Abwägung der beiderseitigen Interessen diese Maßnahme rechtfertigen[6]. – Bei der **sexuellen Belästigung von Arbeitnehmerinnen** an ihrem Arbeitsplatz **durch einen Vorgesetzten** kommt grundsätzlich dessen außerordentliche Kündigung in Betracht[7]. Dabei ist nicht allein auf die Beurteilung des Verhaltens durch die Betroffenen, sondern auch darauf abzustellen, ob das Vertrauensverhältnis, das zwischen einem als Ausbilder eingesetzten Arbeitnehmer und dem Arbeitgeber hinsichtlich der moralischen Integrität des Ausbilders bestehen muss, durch ein solches Verhalten erschüttert wird. Einer vorherigen Abmahnung bedarf es nicht. Für den Arbeitgeber ist die Fortsetzung des Arbeitsverhältnisses regelmäßig dann unzumutbar, wenn durch das Verhalten des Vorgesetzten eine weitere Verschlechterung des Betriebsklimas zu befürchten ist[8]. – Eine Kündigung wegen des **bloßen Verdachts** einer sexuellen Belästigung kommt nur unter den Voraussetzungen der Verdachtskündigung (vgl. Rz. 57) in Betracht[9].

- **Sicherheitsbereich**

Sicherheitsbedenken gegen einen Arbeitnehmer können grundsätzlich eine **ordentliche Kündigung aus personenbedingten oder aus dringenden betrieblichen Gründen** rechtfertigen. Der Arbeitgeber muss allerdings greifbare Tatsachen dafür vortragen, dass der betreffende Arbeitnehmer berechtigte Sicherheitsinteressen des Unternehmens beeinträchtigt bzw. voraussichtlich beeinträchtigen wird[10]. Entscheidend sind die betrieblichen Auswirkungen, wozu die **Auswirkung auf die Belegschaft sowie das**

---

1 *Gaul*, AktuellAR 2006, S. 297.
2 BAG 6.11.2008 – 2 AZR 523/07, NZA 2009, 361.
3 So vor dem Inkrafttreten des AGG: LAG Berlin 11.6.1997 – 13 Sa 19/97, DB 1997, 2542.
4 HWK/*Rupp*, § 3 AGG Rz. 13.
5 ArbG Nienburg 19.4.2012 – 2 Ca 460/11 Ö, nv.
6 BAG 6.7.2007 – 2 AZR 264/06, NZA 2008, 636.
7 BAG 25.3.2004 – 2 AZR 341/03, NZA 2004, 1214.
8 BAG 9.1.1986 – 2 ABR 24/85, AP Nr. 20 zu § 626 BGB – Ausschlussfrist.
9 BAG 8.6.2000 – 2 ABR 1/00, NZA 2001, 91.
10 BAG 26.10.1978 – 2 AZR 24/77, AP Nr. 1 zu § 1 KSchG 1969 – Sicherheitsbedenken.

betriebliche Sicherheitsbedürfnis zählen[1]. Auch wenn ein Unternehmen (Versorgungswerk einer großen Stadt) gegen Terroranschläge besonders anfällig ist, stellt die Ansicht des Arbeitgebers, es bestünden gegen einen seiner Arbeitnehmer Sicherheitsbedenken (die Lebensgefährtin hat engen Kontakt zu Mitgliedern einer terroristischen Vereinigung), für sich allein noch keinen Kündigungsgrund dar.

- **Spesenbetrug**

52 Ein erwiesener Spesenbetrug bildet an sich einen wichtigen Grund zur **außerordentlichen Kündigung**. Dies gilt grundsätzlich auch, wenn es sich um einen geringen Betrag und einen einmaligen Vorfall handelt[2]. Einer vorherigen Abmahnung bedarf es nicht. Der Arbeitnehmer muss jedoch vorsätzlich und in Bereicherungsabsicht gehandelt haben[3]. Bewusstes und damit vorsätzliches Handeln liegt bereits dann vor, wenn die Unrichtigkeit und der auf ihr beruhende rechtswidrige Erfolg für möglich gehalten und billigend in Kauf genommen werden[4]. Die Interessenabwägung kann allerdings ergeben, dass auch eine ordentliche Kündigung unwirksam ist (56 Jahre alter Arbeitnehmer, gegenüber zwei Personen unterhaltspflichtig, seit 17 Jahren beanstandungsfrei beschäftigt), wenn der Arbeitnehmer den einmaligen Verstoß zugegeben und wieder gutgemacht hat und aus seinem gesamten Verhalten hervorgeht, dass eine weitere Verfehlung nicht wieder vorkommen wird[5]. Abzugrenzen ist der Spesenbetrug von der **formalen Unkorrektheit, die auf bloßer Unachtsamkeit beruht**. Ebenso wenig ist dem Arbeitnehmer das **Versehen seiner Sekretärin** zuzurechnen, auch wenn er die Spesenabrechnung selbst unterzeichnet hat.

- **Stalking**

52a Stellt ein Arbeitnehmer einer Kollegin unter bewusster Missachtung ihres entgegenstehenden Willens im Betrieb oder im Zusammenhang mit der geschuldeten Tätigkeit beharrlich nach, ist dies an sich als wichtiger Grund für eine außerordentliche Kündigung iSv. § 626 Abs. 1 BGB geeignet. Dabei kommt es nicht entscheidend auf die strafrechtliche Würdigung an (vgl. § 238 StGB), sondern auf die mit diesem Verhalten verbundene Störung des Betriebsfriedens. In einem derartigen Verhalten liegt nicht nur eine Verletzung des Persönlichkeitsrechts der Betroffenen, sondern zugleich eine erhebliche Verletzung der Pflicht zur Rücksichtnahme auf die berechtigten Interessen des Arbeitgebers gem. § 241 Abs. 2 BGB. Ob das Nachstellen zur außerordentlichen Kündigung berechtigt, ist abhängig von den Umständen des Einzelfalls, insbesondere vom Ausmaß und von der Intensität der Pflichtverletzung und deren Folgen – vor allem für die betroffenen Mitarbeiter –, einer etwaigen Wiederholungsgefahr und dem Grad des Verschuldens[6].

- **Stempeluhren**

53 Veranlasst ein Arbeitnehmer das **Stempeln** seiner Stechkarte **durch einen Dritten**, berechtigt dies den Arbeitgeber in aller Regel zu einer außerordentlichen, zumindest aber fristgerechten Kündigung[7]. Diese Sanktion ist auch gegenüber demjenigen **Arbeitnehmer** möglich, der die **Stechuhr für einen Kollegen** betätigt. Ebenso ist der vor-

---

1 *Herschel*, Anm. zu BAG 26.10.1978 – 2 AZR 24/77, AP Nr. 1 zu § 1 KSchG 1969 – Sicherheitsbedenken.
2 BAG 6.9.2007 – 2 AZR 264/06, NZA 2008, 636.
3 *Reufels*, Spesenbetrug als Kündigungsgrund, ArbRB 2005, 217 (218).
4 BAG 11.7.2013 – 2 AZR 994/12, NZA 2014, 250.
5 LAG Hess. 5.7.1988 – 5 Sa 585/88, ARST 1988, 188.
6 BAG 19.4.2012 – 2 AZR 258/11, DB 2012, 2404.
7 LAG Berlin 6.6.1988 – 9 Sa 26/88, LAGE § 1 KSchG – Verhaltensbedingte Kündigung Nr. 18.

sätzliche Verstoß des Arbeitnehmers gegen seine Verpflichtung, die abgeleistete Arbeitszeit korrekt zu erfassen, an sich geeignet, einen wichtigen Grund zur außerordentlichen Kündigung darzustellen. Dabei kommt es weniger auf die strafrechtliche Würdigung als auf den mit der Pflichtverletzung verbundenen Vertrauensbruch an. Überträgt der Arbeitgeber den Nachweis der geleisteten Arbeitszeit dem Arbeitnehmer, stellt jede Manipulation und Täuschung in aller Regel einen schweren Vertrauensbruch dar[1] und rechtfertigt auch ohne vorherige Abmahnung den Ausspruch einer außerordentlichen Kündigung[2]. Grundsätzlich unerheblich und lediglich im Rahmen der einzelfallbezogenen Abwägung zu berücksichtigen ist die Höhe der dadurch zu Unrecht vergüteten Arbeitszeit bzw. der angestrebte Vorteil[3]. – Betätigt ein Arbeitnehmer die Stempeluhr und verlässt anschließend den Betrieb zur Erledigung privater Zwecke, ist ein solches Verhalten grundsätzlich geeignet, eine außerordentliche Kündigung zu rechtfertigen[4].

• **Strafbare Handlung**

→ s.a. Diebstahl, Rz. 23 f.; Spesenbetrug, Rz. 52; Tätlichkeiten, Rz. 55

Strafbare Handlungen des Arbeitnehmers sind nur dann kündigungsrelevant, wenn sie irgendeinen Bezug zum Arbeitsverhältnis haben[5]. Zunächst ist zu differenzieren, ob diese sich im **dienstlichen** oder im **außerdienstlichen Bereich** ereignet haben. **Straftaten gegen den Arbeitgeber, Kollegen oder Kunden** (Vermögensdelikte, Körperverletzung, Beleidigung) während der Dienstzeit sind in aller Regel schwere Vertragspflichtverletzungen und rechtfertigen ohne vorherige Abmahnung die außerordentliche Kündigung[6] (s.a. **Diebstahl**, Rz. 23 f. sowie **Tätlichkeiten**, Rz. 55). Ein **versuchter Prozessbetrug** zu Lasten des Arbeitgebers ist ein Vermögensdelikt und kann einen wichtigen Grund gem. § 626 BGB bilden. Ebenso können falsche Erklärungen in einem Prozess gegen den Arbeitgeber an sich geeignet sein, eine fristlose Kündigung zu rechtfertigen. Die strafrechtliche Einordnung ist bei alledem nicht entscheidend[7]. **Die rechtskräftige strafgerichtliche Verurteilung wegen einer im Betrieb begangenen Straftat** ist an sich geeignet, eine außerordentliche Kündigung zu begründen, weil sie den Betriebsfrieden ernsthaft gefährden kann[8]. Dies gilt insbesondere, wenn wegen der Auswirkungen der rechtskräftigen Verurteilung auf Kunden, Kollegen etc. ein regulärer Einsatz des Arbeitnehmers auf unabsehbare Zeit unmöglich wird[9]. Reicht die Verurteilung nicht aus, kann auf die eigentlichen Tatvorwürfe zurück gegriffen werden[10]. Bestreitet der Arbeitnehmer trotz **rechtskräftiger Verurteilung** die Tatbegehung, hat das Arbeitsgericht die erforderlichen Feststellungen **selbst zu treffen**, denn es ist an die tatsächlichen Feststellungen des strafgerichtlichen Urteils nicht gebunden, sondern muss sich eine eigene Überzeugung bilden. Es genügt allerdings nicht, wenn der Arbeitnehmer nur pauschal seine Unschuld behauptet, erforderlich ist substantiierter Vortrag[11]. Die Verwertung der Ergebnisse des Strafverfahrens im Wege des Urkundenbeweises ist zulässig (zB Protokolle über Zeugeneinvernahmen). Die Parteien haben das Recht, unmittelbare Zeugen- und Sachverständigenbeweise anzutreten[12].

54

---

1 BAG 24.11.2005 – 2 AZR 39/05, NZA 2006, 484; Staudinger/*Preis*, § 626 BGB Rz. 145.
2 BAG 21.4.2005 – 2 AZR 255/04, NZA 2005, 991.
3 LAG BW 16.3.2004 – 18 Sa 41/03, ArbRB 2004, 364.
4 BAG 27.1.1977 – 2 ABR 77/76, EzA § 103 BetrVG 72 Nr. 16.
5 BAG 6.11.2003 – 2 AZR 631/02, NZA 2004, 919.
6 BAG 30.9.1993 – 2 AZR 188/93, EzA § 626 BGB nF Nr. 152.
7 BAG 8.11.2007 – 2 AZR 528/06, AP Nr. 209 zu § 626 BGB.
8 BAG 16.9.1999 – 2 ABR 68/98, NZA 2000, 158.
9 BAG 8.6.2000 – 2 ABR 1/00, NZA 2001, 91.
10 BAG 16.9.1999 – 2 ABR 68/98, NZA 2000, 158.
11 BAG 8.6.2000 – 2 ABR 1/00, NZA 2001, 91.
12 BAG 26.3.1992 – 2 AZR 519/91, AP Nr. 23 zu § 626 BGB – Verdacht strafbarer Handlung.

54a **Straftaten im außerdienstlichen Bereich** sind grundsätzlich nur dann an sich geeignet, einen wichtigen Grund abzugeben, wenn durch sie das Arbeitsverhältnis **konkret beeinträchtigt** wird. Dabei kommt es nicht allein auf die strafrichterliche Wertung an, sondern darauf, ob dem Arbeitgeber nach dem gesamten Sachverhalt die Fortsetzung des Arbeitsverhältnisses noch zumutbar ist[1]. Es handelt sich um einen personenbedingten Kündigungsgrund, soweit es nicht zugleich um eine Verletzung von arbeitsvertraglichen Pflichten geht, wozu allerdings auch die Verletzung von vertraglichen Nebenpflichten (§ 241 Abs. 2 BGB) gehört, die das BAG weit interpretiert. Ist die vorgeworfene **Tat „bei Gelegenheit" der dienstlichen Tätigkeit** ausgeübt worden (Sittlichkeitsdelikt eines Bauleiters an einer Person, zu der dienstlicher Kontakt bestand), ist die Verletzung einer vertraglichen Nebenpflicht und damit ein dienstlicher Bezug nicht auszuschließen[2]. Nutzt der Arbeitnehmer betriebliche Gegebenheiten, um Straftaten zu begehen (Verkauf von gestohlenen Handys auf dem Betriebsgelände), liegt darin regelmäßig eine beachtliche Nebenpflichtverletzung[3]. Der bei privaten Besuchen erfolgte Missbrauch der minderjährigen Kinder eines Kollegen, der zur Ablehnung der Zusammenarbeit mit dem betreffenden Arbeitnehmer führt, stellt auch gegenüber dem Arbeitgeber eine Nebenpflichtverletzung dar[4]. Ein Bezug außerdienstlicher Straftaten zur dienstlichen Tätigkeit kann auch dadurch entstehen, dass der Arbeitnehmer durch seine auch in der Presse wiedergegebenen Äußerungen in einem Strafverfahren eine Verbindung zwischen seiner angeblich zu geringen Vergütung und seinem Tatmotiv herstellt[5].

54b Ein **Angestellter des öffentlichen Dienstes** muss sein außerdienstliches Verhalten so einrichten, dass das Ansehen des öffentlichen Arbeitgebers nicht beeinträchtigt wird. Nach der Ablösung der § 8 Abs. 1 Satz 1 BAT und § 8 Abs. 8 MTArb durch § 41 Satz 1 TVöD-BT-V gilt dieser gegenüber der Privatwirtschaft strengere Maßstab allerdings nur noch für hoheitlich tätige Arbeitnehmer[6]. Ob aus einer außerdienstlichen Straftat ein personenbedingter Kündigungsgrund iSv. § 1 Abs. 2 KSchG folgt, hängt von der **Art des Delikts**, den **konkreten Arbeitspflichten** des Arbeitnehmers und seiner **Stellung im Betrieb** ab; sie kann dann nach neuerer Rechtsprechung des BAG auch dann zu einem Eignungsmangel führen, wenn es an einem **unmittelbaren Bezug** zum Arbeitsverhältnis **fehlt**[7]. Ein **vorsätzliches Tötungsdelikt** macht es dem öffentlichen Arbeitgeber idR unzumutbar, den Arbeitnehmer weiter zu beschäftigen. Es genügt, dass das Fehlverhalten geeignet ist, einen Achtungs- und Vertrauensschaden herbeizuführen[8]. Die Steuerhinterziehung eines Angestellten der Finanzverwaltung ist an sich geeignet, eine außerordentliche Kündigung zu rechtfertigen[9]. Die ordentliche personenbedingte Kündigung eines bei der Bundesagentur für Arbeit im Bereich der Bewilligung von Leistungen nach dem SGB II und damit in hoheitlicher Funktion mit Publikumsverkehr tätigen Arbeitnehmers ist gerechtfertigt, wenn dieser wegen eines im privaten Bereich begangenen Betäubungsmitteldelikts (im konkreten Fall: bereits zum zweiten Mal) zu einer Freiheitsstrafe auf Bewährung verurteilt wird[10].

- **Strafhaft**
→ Freiheitsstrafe/Haft, Rz. 30

---

1 BAG 5.11.1992 – 2 AZR 147/92, AP Nr. 4 zu § 626 BGB – Krankheit.
2 BAG 26.3.1992 – 2 AZR 519/91, AP Nr. 23 zu § 626 BGB – Verdacht strafbarer Handlung.
3 BAG 6.11.2003 – 2 AZR 631/02, NZA 2004, 919.
4 BAG 27.1.2011 – 2 AZR 825/09, NZA 2011, 798.
5 BAG 28.10.2010 – 2 AR 293/09, NZA 2011, 112.
6 BAG 10.9.2009 – 2 AZR 257/08, NZA 2010, 220.
7 BAG 20.6.2013 – 2 AZR 583/12, NZA 2013, 1345.
8 BAG 8.6.2000 – 2 AZR 638/99, NZA 2000, 1282.
9 BAG 21.6.2001 – 2 AZR 325/00, NZA 2002, 1030.
10 BAG 10.4.2014 – 2 AZR 684/13, BB 2014, 2611.

• **Streik**

→ Arbeitskampf, Rz. 11

• **Tätlichkeiten**

Der **tätliche Angriff auf einen Arbeitskollegen** stellt eine schwerwiegende Verletzung der arbeitsvertraglichen Nebenpflichten des Arbeitnehmers zur Rücksichtnahme auf die Rechte und Interessen des anderen Arbeitnehmers dar und rechtfertigt daher die außerordentliche, zumindest aber eine ordentliche verhaltensbedingte Kündigung[1]. Der Arbeitgeber ist nicht nur allen Arbeitnehmern gegenüber verpflichtet, dafür Sorge zu tragen, dass sie keinen Tätlichkeiten ausgesetzt sind, sondern hat auch ein eigenes Interesse daran, dass die betriebliche Zusammenarbeit nicht durch tätliche Auseinandersetzungen beeinträchtigt wird und nicht durch Verletzungen Arbeitskräfte ausfallen. Dabei kann der Arbeitgeber auch berücksichtigen, wie sich ein solches Verhalten auf die übrigen Arbeitnehmer auswirkt, wenn er keine Maßnahmen ergreifen würde. Im Fall einer **erheblich verschuldeten Tätlichkeit** ist dem Arbeitgeber eine Versetzung bzw. Umsetzung grundsätzlich nicht zumutbar; dies hängt ab von den Ursachen, der Schwere sowie von der Intensität und den Folgen des Angriffs[2]. Bei Tätlichkeiten unter Arbeitskollegen bedarf es vor Ausspruch einer Kündigung grundsätzlich keiner Abmahnung. – Der tätliche Angriff mit einem Schlachtermesser auf einen Vorgesetzten rechtfertigt die außerordentliche Kündigung. Hierin liegt eine erhebliche Störung des Betriebsfriedens, die es dem Arbeitgeber unzumutbar macht, das Arbeitsverhältnis fortzusetzen[3]. – Ereignen sich die Tätlichkeiten zwar unter Kollegen, jedoch **außerhalb des Dienstes**, ist deswegen in aller Regel eine Kündigung nicht gerechtfertigt.

55

Der Arbeitgeber hat bei der arbeitsrechtlichen Bewertung einer körperlichen Auseinandersetzung zweier Arbeitnehmer im Betrieb stets zu berücksichtigen, dass nach Auffassung des BAG **nicht jede Handlung**, die **zur Eskalation einer verbalen Auseinandersetzung beiträgt**, unter dem Gesichtspunkt einer daraus resultierenden tätlichen Auseinandersetzung für sich genommen geeignet ist, eine außerordentliche Kündigung zu rechtfertigen. Liegen gewichtige, objektive Anhaltspunkte für eine erhebliche aktive Beteiligung des Arbeitnehmers an einer tätlichen Auseinandersetzung vor, darf sich der Arbeitgeber, der keine eigene Sachkenntnis hat, zunächst hierauf stützen. Unter einer solchen Voraussetzung ist es dem unmittelbar an dem Konflikt beteiligten Arbeitnehmer regelmäßig zumutbar, sich im Kündigungsrechtsstreit im Rahmen einer sekundären Vortragslast so weit wie möglich zum Anlass und zum Verlauf der tätlichen Auseinandersetzung zu erklären und ggf. seine Behauptung, er sei lediglich das Opfer der Auseinandersetzung geworden bzw. habe sich in Notwehr verteidigt, zu substantiieren[4].

55a

• **Telefonnutzung**

→ Internet-, E-Mail-, Telefonnutzung, Rz. 31a

• **Trunkenheit am Steuer**

→ Alkohol- und Drogenmissbrauch, Rz. 3 ff.; Fahrerlaubnis, Entzug, Rz. 29

• **Trunksucht**

→ Alkohol- und Drogensucht, Rz. 7

---

1 BAG 30.9.1993 – 2 AZR 188/93, EzA § 626 BGB nF Nr. 152.
2 BAG 6.10.2005 – 2 AZR 280/04, NZA 2006, 431.
3 LAG Hamm 20.9.1995 – 18 Sa 124/95, LAGE § 626 BGB Nr. 89.
4 BAG 18.9.2008 – 2 AZR 1039/06, DB 2009, 964.

- **Überschuldung**

→ Lohnpfändungen, Rz. 42

- **Überstunden**

→ Arbeitsverweigerung, Rz. 14 ff.

- **Unentschuldigtes Fehlen**

→ Arbeitsversäumnis, Rz. 13

- **Unpünktlichkeit**

→ Zuspätkommen, Rz. 61

- **Untersuchungshaft**

→ Freiheitsstrafe/Haft, Rz. 30

- **Urlaub**

56 Tritt der Arbeitnehmer eigenmächtig einen **nicht genehmigten Urlaub** an, verletzt er seine arbeitsvertraglichen Pflichten, und ein solches Verhalten ist an sich geeignet, eine außerordentliche Kündigung zu rechtfertigen[1]. Ein Recht des Arbeitnehmers, sich selbst zu beurlauben, wird von der Rechtsprechung abgelehnt. Wurde **kein Urlaub erteilt**, verletzt der Arbeitnehmer bei eigenmächtigem Urlaubsantritt seine Arbeitspflicht; wurde der **Urlaub** ausdrücklich **abgelehnt**, ist regelmäßig sogar eine beharrliche Arbeitsverweigerung gegeben. Ob eine Abmahnung erforderlich ist, hängt vom Inhalt einer vorherigen Unterredung zwischen Arbeitgeber und Arbeitnehmer ab. Es ist allerdings bei der Interessenabwägung zugunsten des Arbeitnehmers zu berücksichtigen, wenn der Arbeitgeber zu Unrecht einen Urlaubsantrag des Arbeitnehmers abgelehnt und von vornherein den Betriebsablauf nicht so organisiert hat, dass die Urlaubsansprüche des Arbeitnehmers nach den gesetzlichen Vorschriften erfüllt werden konnten[2]. – Bei **Urlaubsüberschreitung** ohne Rechtfertigungs- oder Entschuldigungsgrund kommt eine außerordentliche Kündigung in Betracht, wenn die Zeit erheblich ist[3]. Erklärt der Arbeitnehmer, er werde **krank, wenn** der Arbeitgeber ihm den **Urlaub nicht verlängere**, obwohl er im Zeitpunkt dieser Ankündigung **nicht krank war** und sich aufgrund bestimmter Beschwerden auch noch nicht krank fühlen konnte, ist ein solches Verhalten, unabhängig davon, ob der Arbeitnehmer später tatsächlich erkrankt, an sich geeignet, einen wichtigen Grund zur außerordentlichen Kündigung abzugeben (→ s.a. Krankheit, Rz. 38)[4].

- **Verdachtskündigung**

57 Nicht nur eine erwiesene Straftat oder Vertragspflichtverletzung, sondern auch bereits der Verdacht, eine solche begangen zu haben, kann einen wichtigen Grund für eine außerordentliche Kündigung darstellen. Eine Verdachtskündigung ist nur gegeben, wenn der Arbeitgeber diese gerade und ausdrücklich auf den **Verdacht eines strafbaren bzw. vertragswidrigen Verhaltens** stützt[5]. Dies kann auch hilfsweise, also

---

1 BAG 16.3.2000 – 2 AZR 75/99, NZA 2000, 1332.
2 BAG 22.1.1998 – 2 ABR 19/97, AP Nr. 38 zu § 626 BGB – Ausschlussfrist.
3 HWK/*Sandmann*, § 626 BGB Rz. 232.
4 BAG 5.11.1992 – 2 AZR 147/92, AP Nr. 4 zu § 626 BGB – Krankheit.
5 BAG 5.4.2001 – 2 AZR 217/00, NZA 2001, 837.

gleichzeitig mit der Tatkündigung, oder durch Nachschieben im Prozess geschehen[1]. Letzteres ist ausgeschlossen, wenn ein Betriebsrat besteht und dieser zur Verdachtskündigung nicht angehört wurde[2]. Für die Begründetheit der Verdachtskündigung müssen **objektive Tatsachen** vorliegen, die **starke Verdachtsmomente** begründen, wodurch das zur Fortsetzung des Arbeitsverhältnisses notwendige Vertrauen des Arbeitgebers zerstört wird[3]. Der Verdacht muss dringend sein und eine Verletzungshandlung betreffen, die – im Fall ihres Begehens – geeignet ist, eine Kündigung zu begründen. Vor Ausspruch der Kündigung hat der Arbeitgeber den **Arbeitnehmer zu den Verdachtsgründen anzuhören**; bei schuldhafter Verletzung dieser Pflicht ist die Verdachtskündigung bereits aus formellen Gründen rechtsunwirksam[4], das Gericht hat aber in jedem Falle zu prüfen, ob die vom Arbeitgeber vorgetragenen Verdachtsmomente geeignet sind, die Überzeugung von einer entsprechenden Tat zu gewinnen und damit die Kündigung unter dem Gesichtspunkt einer Tatkündigung zu rechtfertigen[5]. Im Prozess kann **Be- oder Entlastungsvorbringen nachgeschoben** werden, soweit dieses bei Ausspruch der Kündigung objektiv gegeben war[6]. Stellt sich der **Verdacht im Nachhinein als falsch** heraus, hat der Arbeitnehmer einen **Wiedereinstellungsanspruch**[7]. Vgl. zur Verdachtskündigung im Einzelnen Teil 3 F Rz. 31 ff.

- **Verschwiegenheitspflicht**

Eine außerordentliche Kündigung ist nur bei **schweren Verstößen** gegen die Verschwiegenheitspflicht gerechtfertigt; diese müssen außerdem **schuldhaft** sein. Der **Umfang der Verschwiegenheitspflicht** richtet sich nach arbeitsvertraglichen sowie gesetzlichen Bestimmungen. In jedem Fall darf der Arbeitnehmer keine **Betriebs- oder Geschäftsgeheimnisse** verraten oder **vertrauliche Angaben** nach außen tragen, wobei sich die Vertraulichkeit aus einer entsprechenden Bezeichnung oder aus der Natur der Sache ergeben kann. Ist der Arbeitnehmer gleichzeitig Aufsichtsratsmitglied und verstößt er gegen seine **Verschwiegenheitspflicht** aus dem **Aufsichtsratsmandat**, kommt (neben der Abberufung aus dem Aufsichtsrat gem. § 103 Abs. 3 AktG) eine Kündigung des Arbeitsverhältnisses nur in Betracht, wenn zugleich eine arbeitsvertragliche Pflichtverletzung vorliegt und die Auswirkungen auf das Arbeitsverhältnis so schwer sind, dass jede weitere Beschäftigung des Arbeitnehmers dem Arbeitgeber unzumutbar erscheinen muss[8].

58

- **Wehrdienstableistung**

→ s.a. Nachweis- und Mitteilungspflichten, Rz. 44

Zu unterscheiden ist zwischen deutschen Arbeitnehmern und Angehörigen eines EU-Mitgliedstaates einerseits und sonstigen ausländischen Arbeitnehmern andererseits. Letztere, für die das ArbPlSchG nicht gilt, haben kein Leistungsverweigerungsrecht, wenn sie in ihrem Heimatstaat einen längeren Wehrdienst ableisten müssen. Sodann kommt eine ordentliche personenbedingte Kündigung in Betracht, sofern damit eine erhebliche Beeinträchtigung betrieblicher Interessen verbunden ist und diese nicht durch zumutbare Maßnahmen überbrückt werden kann. Zu den zumutbaren Überbrückungsmaßnahmen kann auch eine überbetriebliche Stellenausschreibung für eine Aushilfskraft gehören. Eine Wehrdienstdauer von zwölf Monaten kann eine per-

58a

---

1 BAG 26.3.1992 – 2 AZR 519/91, AP Nr. 23 zu § 626 BGB – Verdacht strafbarer Handlung.
2 BAG 3.4.1986 – 2 AZR 324/85, AP Nr. 18 zu § 626 BGB – Verdacht strafbarer Handlung.
3 BAG 14.9.1994 – 2 AZR 164/94, AP Nr. 24 zu § 626 BGB – Verdacht strafbarer Handlung.
4 BAG 13.9.1995 – 2 AZR 587/94, AP Nr. 25 zu § 626 BGB – Verdacht strafbarer Handlung.
5 BAG 23.6.2009 – 2 AZR 474/07, NZA 2009, 1136.
6 BAG 14.9.1994 – 2 AZR 164/94, AP Nr. 24 zu § 626 BGB – Verdacht strafbarer Handlung.
7 BAG 20.8.1997 – 2 AZR 620/96, BB 1997, 2484.
8 BAG 23.10.2008 – 2 ABR 59/07, NZA 2009, 855.

sonenbedingte Kündigung rechtfertigen[1]. Dagegen rechtfertigt ein Wehrdienst von zwei Monaten in aller Regel keine Kündigung[2].

Für deutsche Arbeitnehmer gilt das Verbot der ordentlichen Kündigung gem. § 2 Abs. 1 ArbPlSchG von der Zustellung des Einberufungsbescheids an; weitere Kündigungsbeschränkungen ergeben sich aus § 2 Abs. 2 ArbPlSchG. Diese Regelungen finden auch auf Arbeitnehmer der EU-Mitgliedstaaten Anwendung[3].

- **Wettbewerbsverbot**

59 Dem Arbeitnehmer ist **während des rechtlichen Bestandes seines Arbeitsverhältnisses jede Konkurrenztätigkeit** zum Nachteil des Arbeitgebers **untersagt**, auch wenn dies nicht ausdrücklich vertraglich vorgesehen ist; dies ergibt sich für Handlungsgehilfen unmittelbar aus § 60 HGB, für alle übrigen Arbeitnehmer aus dem Rechtsgedanken dieser Vorschrift sowie aus § 241 Abs. 2 BGB und für Auszubildende aus § 10 Abs. 2 BBiG sowie der Treuepflicht[4]. Erlaubt ist dagegen die **Ausübung einer Nebentätigkeit**, mit der der Arbeitnehmer **nicht in Wettbewerb zu seinem Arbeitgeber** tritt (Näheres s. unter → **Nebentätigkeit**, Rz. 45). Die Verletzung eines Wettbewerbsverbotes kann an sich einen wichtigen Grund für die **außerordentliche Kündigung** darstellen, wobei es regelmäßig der vorherigen Abmahnung bedarf[5]. Gleiches gilt für **Wettbewerbshandlungen**, die der Arbeitnehmer **im Anschluss an eine unwirksame außerordentliche Kündigung** des Arbeitgebers begeht, falls dem Arbeitnehmer unter Berücksichtigung der besonderen Umstände des konkreten Falles ein Verschulden anzulasten ist. Ein Arbeitnehmer wird vom vertraglichen Wettbewerbsverbot nicht schon dann befreit, wenn der Arbeitgeber eine außerordentliche Kündigung ausspricht, die der Arbeitnehmer für unwirksam hält und deswegen gerichtlich angreift[6]. Er ist in der Regel auch während des Kündigungsschutzprozesses an das vertragliche Wettbewerbsverbot gebunden, unabhängig davon, ob eine Karenzentschädigung angeboten oder er vorläufig weiterbeschäftigt wird[7]; auch entfällt das Wettbewerbsverbot nicht mit der **Freistellung des Arbeitnehmers**[8]. – **Vorbereitungshandlungen** eines Arbeitnehmers, der sich im selben Handelszweig selbständig machen will, sind unschädlich (Abschluss von Franchise-Vorverträgen, Ausstattung von Räumen, Gründung des Unternehmens). Auch der Erwerb einer Handelsgesellschaft und die Veranlassung einer Eintragung in das Handelsregister sind – für sich genommen – regelmäßig erlaubte Vorbereitungshandlungen und bedeuten keinen Verstoß gegen ein vertragliches Wettbewerbsverbot. Gleiches gilt für die bloße Umfirmierung, weil die Gesellschaft hierdurch noch nicht werbend nach außen auftritt[9]. Verboten ist die Aufnahme werbender Tätigkeit, also das Vorbereiten der Vermittlung und des Abschlusses von Konkurrenzgeschäften[10]. Die **Lebensgemeinschaft** einer Arbeitnehmerin **mit einem Kollegen**, der **zur Konkurrenz** wechselt, ist für sich allein kein Grund zur Kündigung[11].

---

1 BAG 20.5.1988 – 2 AZR 682/87, NZA 1989, 464.
2 BAG 7.9.1983 – 7 AZR 433/82, NJW 1984, 575.
3 EuGH 15.10.1969 – Rs. 15/69, Slg. 1969, 3633.
4 BAG 29.6.2006 – 10 AZR 439/05, NZA 2007, 977; 28.1.2010 – 2 AZR 1008/08, BB 2010, 1916.
5 BAG 26.6.2008 – 2 AZR 190/07, NZA 2008, 1415.
6 BAG 25.4.1991 – 2 AZR 624/90, AP Nr. 104 zu § 626 BGB; aA LAG Köln 4.7.1995 – 9 Sa 484/95, AP Nr. 9 zu § 75 HGB: nur bei gleichzeitiger Zahlung der Karenzentschädigung.
7 BAG 28.1.2010 – 2 AZR 1008/08, BB 2010, 1916.
8 BAG 30.5.1978 – 2 AZR 598/76, EzA § 60 HGB Nr. 11.
9 BAG 26.6.2008 – 2 AZR 190/07, NZA 2008, 1415.
10 BAG 26.6.2008 – 2 AZR 190/07, NZA 2008, 1415.
11 LAG Hamm 29.1.1997 – 14 Sa 1862/96, NZA 1999, 656.

G. Kündigungen von A–Z

• **Whistleblowing**

→ Anzeige gegen Arbeitgeber, Rz. 9

• **Witterungsbedingte Kündigung**

Längere witterungsbedingte Arbeitseinstellungen können ein Grund für eine betriebsbedingte Kündigung sein. Voraussetzung ist jedoch, dass im Zeitpunkt der Kündigung **nicht absehbar** ist, wann der betreffende Arbeitsplatz nach Ablauf der Kündigungsfrist erneut zur Verfügung stehen wird, und die **Überbrückung** dieses Zeitraums für den Arbeitgeber **nicht zumutbar** ist. Die Länge des Zeitraums, die dem Arbeitgeber zur Überbrückung zugemutet werden kann, richtet sich nach den jeweiligen betrieblichen Verhältnissen und den Besonderheiten des einzelnen Arbeitsverhältnisses[1]. 60

• **Zeugenaussage gegen Arbeitgeber**

Sagt ein Arbeitnehmer im Rahmen eines staatsanwaltlichen Ermittlungsverfahrens gegen seinen Arbeitgeber aus und übergibt auf Aufforderung der Staatsanwaltschaft Unterlagen, so ist ein solches Verhalten grundsätzlich nicht geeignet, eine fristlose Kündigung zu rechtfertigen. Die Aussage darf jedoch nicht wissentlich unwahr oder leichtfertig falsch sein. 60a

• **Zuspätkommen**

→ s.a. Arbeitsversäumnis, Rz. 13; Arbeitsverweigerung, Rz. 14 ff.

Erscheint ein Arbeitnehmer ohne rechtfertigenden Grund **überhaupt nicht oder verspätet** zur Arbeit, dann erbringt er die von ihm **geschuldete Arbeitsleistung teilweise nicht** oder – sofern nachholbar – **nicht zur rechten Zeit**. Dies ist ein Verstoß gegen die arbeitsvertragliche Verpflichtung, die Arbeit mit Beginn der betrieblichen Arbeitszeit aufzunehmen und sie im Rahmen der betrieblichen Arbeitszeit zu erbringen oder während dieses Zeitraums zur Zuweisung von oder zur Aufnahme der Arbeit zur Verfügung zu stehen. Erscheint ein Arbeitnehmer häufig zu spät zur Arbeit und verletzt daher damit seine Verpflichtungen aus dem Arbeitsverhältnis, kann der Arbeitgeber das Arbeitsverhältnis in der Regel nur durch eine **ordentliche Kündigung** lösen[2]. Eine **außerordentliche Kündigung** kommt ausnahmsweise in Betracht, wenn die Unpünktlichkeit des Arbeitnehmers den Grad und die Auswirkung einer beharrlichen Arbeitsverweigerung (s. Rz. 14 ff.) erreicht hat. Im Rahmen der Interessenabwägung ist zu berücksichtigen, ob es **neben der Störung im Leistungsbereich** auch noch zu **nachteiligen Auswirkungen im Bereich der betrieblichen Verbundenheit** (Betriebsordnung, Betriebsfrieden) gekommen ist[3]. 61

---

1 BAG 7.3.1996 – 2 AZR 180/95, DB 1996, 1523.
2 BAG 17.3.1988 – 2 AZR 576/87, AP Nr. 99 zu § 626 BGB.
3 BAG 17.3.1988 – 2 AZR 576/87, AP Nr. 99 zu § 626 BGB.

H. Sonderkündigungsschutz

	Rz.
I. Sonderkündigungsschutz nach MuSchG	
1. Kündigungsverbot des § 9 MuSchG	1
a) Geltungsbereich	2
b) Schwangerschaft	3
c) Entbindung	4
d) Feststellung des Schwangerschaftsbeginns	5
e) Mitteilung an den Arbeitgeber	6
2. Zulässige Kündigung in besonderen Fällen	9
a) Besonderer Fall	10
b) Zulassung durch die Verwaltungsbehörde	12
c) Formerfordernis der Kündigung	16
d) Klagefrist	16a
3. Eigenkündigung der Arbeitnehmerin	
a) Besonderes Kündigungsrecht	17
b) Eigenkündigung in Unkenntnis der Schwangerschaft	19
4. Aufhebungsvertrag	21
5. Befristung	22
6. Annahmeverzug	23
II. Sonderkündigungsschutz in der Elternzeit	
1. Kündigungsverbot	24
a) Geltungsbereich	25
b) Maßgeblicher Zeitraum	26
2. Zulässige Kündigung in besonderen Fällen	27
a) Besonderer Fall	28
b) Verwaltungsvorschriften	29
c) Zuständige Behörde	31
3. Eigenkündigung des Elternzeitlers	32
III. Kündigungsschutz für schwerbehinderte Menschen	33
1. Geltungsbereich des Zustimmungserfordernisses gem. SGB IX	
a) Räumlicher Geltungsbereich	34
b) Persönlicher Geltungsbereich	35
c) Zeitlicher Geltungsbereich	38
d) Ausnahmen vom Geltungsbereich	39
2. Nachweis-/Antragserfordernis	41a
3. Verwirkung des Sonderkündigungsschutzes	42
4. Entscheidung des Integrationsamts bei ordentlicher Kündigung	46a
5. Ausspruch der ordentlichen Kündigung	50
6. Entscheidung des Integrationsamts bei außerordentlicher Kündigung	54
a) Antragsfrist	55
b) Entscheidungskriterien	57
c) Zustimmungsfiktion	58
7. Ausspruch der außerordentlichen Kündigung	59
8. Betriebsratsanhörung	61
9. Erweiterter Bestandsschutz	63
10. Prozessuale Besonderheiten	63a
IV. Sonderkündigungsschutz für betriebliche Funktionsträger	64
1. Geltungsbereich	65
2. Umfang des Kündigungsschutzes	67
3. Inhalt des Kündigungsschutzes	68
a) Beginn des Kündigungsschutzes	69
aa) Wahlvorstandsmitglieder	70
bb) Wahlbewerber	71
cc) Betriebsrats- und Personalratsmitglieder	72
dd) Ersatzmitglieder	74
ee) Initiatoren einer Betriebsratswahl	74a
b) Ende des Kündigungsschutzes für Amtsträger	75
c) Nachwirkender Kündigungsschutz	78
4. Zulässigkeit der außerordentlichen Kündigung	82
a) Wichtiger Grund	83
b) Interessenabwägung	85
c) Ausschlussfrist des § 626 Abs. 2 BGB	87
5. Zustimmung des Betriebsrats	88
6. Zustimmungsersetzung durch das Arbeitsgericht	91
7. Sonderfall: Kündigung bei Betriebsstilllegung und -einschränkung	95
a) Ordentliche Kündigung gem. § 15 Abs. 4 und 5 KSchG	96
b) Übernahme eines Amtsträgers bei Stilllegung einer Betriebsabteilung	101
8. Versetzungsschutz	101a
V. Kündigungsschutz für Mitglieder kirchlicher Mitarbeitervertretungen	101b
VI. Sonderkündigungsschutz für Betriebsbeauftragte	102
1. Immissionsschutzbeauftragte	103
2. Störfallbeauftragte	107
3. Gewässerschutzbeauftragte	108
4. Abfallbeauftragte	110
5. Strahlenschutzbeauftragte	110a
6. Beauftragte für biologische Sicherheit	110b
7. Betriebsärzte	110c
8. Sicherheitsbeauftragte und Fachkraft für Arbeitssicherheit	110d

	Rz.
9. Tierschutzbeauftragte	110f
10. Betriebliche Datenschutzbeauftragte	110g
11. Frauen- und Gleichstellungsbeauftragte	110h
VII. Arbeitsplatzschutz für Wehrdienstleistende	111
1. Geltungsbereich des ArbPlSchG	112
2. Ordentliche Kündigung	114
3. Außerordentliche Kündigung	115
4. Klagefrist	117
VIII. Kündigungsschutz im Berufsausbildungsverhältnis	119
1. Kündigung während der Probezeit	120
2. Kündigung nach Ablauf der Probezeit	121
3. Schriftform	123
4. Schlichtungsausschuss	124
IX. Sonderkündigungsschutz nach Teilzeit- und Befristungsgesetz	126

	Rz.
X. Sonderkündigungsschutz für Bergmannversorgungsscheininhaber	129
XI. Sonderkündigungsschutz nach Pflegezeitgesetz	131
1. Anwendungsbereich	132
2. Sonderkündigungsschutz bei kurzzeitiger Arbeitsverhinderung nach § 2 PflegeZG	133
3. Sonderkündigungsschutz bei Pflegezeit nach § 3 PflegeZG	135
4. Zulässige Kündigung in besonderen Fällen	138
a) Besonderer Fall	139
b) Verwaltungsvorschriften	140
XII. Sonderkündigungsschutz nach Familienpflegezeitgesetz	141
1. Besonderer Kündigungsschutz	142
2. Dauer und Ende des Kündigungsschutzes	143
3. Zulässige Kündigung in besonderen Fällen	144

Schrifttum:

Zum Mutterschutz: *Buchner/Becker*, Mutterschutzgesetz und Bundeselterngeld- und Elternzeitgesetz, 8. Aufl. 2008; *Eisel/Adomaitis*, Mutterschutzgesetz, Erläuterungen und Materialien, Loseblatt; *Eylert/Sänger*, Der Sonderkündigungsschutz im 21. Jahrhundert, RdA 2010, 24; *Gröninger/Thomas*, Mutterschutzgesetz einschließlich Erziehungsurlaub, Loseblatt; *Kittner*, § 9 MuSchG, § 16 BEEG – Prüfungsumfang und Entscheidung bei betrieblich veranlassten Kündigungen, NZA 2010, 198; *Nägele*, Auflösungsantrag bei besonderem Kündigungsschutz, ArbRB 2005, 143; *Zeising/Kröpelin*, Die Geltung der Drei-Wochen-Frist des § 4 Satz 1 KSchG bei behördlichen Zustimmungserfordernissen – Realität oder bloße Fiktion?, DB 2005, 1626.

Zur Elternzeit: *Hambüchen*, Kindergeld, Erziehungsgeld, Elternzeit, Kommentar, Loseblatt; *Kittner*, § 9 MuSchG, § 16 BEEG – Prüfungsumfang und Entscheidung bei betrieblich veranlassten Kündigungen, NZA 2010, 198.

Zum Schwerbehindertenschutz: *Christians/Großmann/Lampe/Löschau/Maschner/Schimanski/Spiolek/Wendt*, Loseblatt, Stand: August 2012; *Cramer/Fuchs/Hirsch/Ritz*, SGB IX – Kommentar zum Recht schwerbehinderter Menschen 6. Aufl. 2011; *Dörner*, Schwerbehindertengesetz, Loseblatt; *Etzel*, Die unendliche Geschichte des Sonderkündigungsschutzes für Schwerbehinderte, in: Festschrift zum 25-jährigen Bestehen der Arbeitsgemeinschaft Arbeitsrecht im DAV, 2006, S. 241; *Eylert/Sänger*, Der Sonderkündigungsschutz im 21. Jahrhundert, RdA 2010, 24; *Ganz*, Nicht gleich das Kind mit dem Bade ausschütten, Überlegungen zur Reform des Kündigungsschutzes für schwerbehinderte Menschen, NZA 2006, 24; *Griebeling*, Neues im Sonderkündigungsschutz schwerbehinderter Menschen, NZA 2005, 494; *Grimm/Brock/Windeln*, Einschränkung des besonderen Kündigungsschutzes für Schwerbehinderte im SGB IX, DB 2005, 282; *Kossens/von der Heide/Maaß*, SGB IX, 3. Aufl. 2009; *Knittel*, SGB IX, Loseblatt, Stand 1.4.2012; *Laber/Roos*, Negativattest und nun? – Zur Auslegung des § 90 Abs. 2 a SGB IX in der Praxis, ArbRB 2005, 368; *Neumann/Pahlen/Majerski-Pahlen*, Sozialgesetzbuch IX, 12. Aufl. 2010; *Oelkers*, Kündigung schwerbehinderter Arbeitnehmer, NJW-Spezial 2009, 82; *Powietzka*, Aktuelle Rechtsprechung zum Kündigungsschutz schwerbehinderter Arbeitnehmer, BB 2007, 2118; *Schlewing*, Der Sonderkündigungsschutz schwerbehinderter Menschen nach der Novelle des SGB IX, Zur Auslegung des neu eingefügten § 90 Abs. 2a SGB IX, NZA 2005, 1218; *Striegel*, Der Kündigungsschutz der Schwerbehinderten gem. §§ 85, 90 Abs. 2a SGB IX, FA 2005, 12.

Zu betrieblichen Funktionsträgern: *Bröhl*, Aktuelle Tendenzen der BAG-Rechtsprechung zu ordentlich unkündbaren Arbeitnehmern, RdA 2010, 170; *Eylert/Sänger*, Der Sonderkündigungsschutz im 21. Jahrhundert, RdA 2010, 24; *Grimm/Brock/Windeln*, Betriebsratswahlen: Vorzeitige Bestellung des Wahlvorstandes – Sonderkündigungsschutz ohne Funktion, DB

2006, 156; *Kleinebrink*, Wirtschaftskrise: Beendigung des Arbeitsverhältnisses eines Betriebsratsmitglieds, FA 2009, 194; *Laber*, Fallstricke beim Zustimmungsverfahren gem. § 103 BetrVG, ArbRB 2005, 314; *Ziegler/Mosch*, Sonderkündigungsschutz im Rahmen von Betriebsratswahlen, NJW-Spezial 2010, 242.

Zu Beauftragten: *Bongers*, Der Kündigungs- und Bestellungsschutz des betrieblichen Datenschutzbeauftragten, ArbR 2010, 139; *Eylert/Sänger*, Der Sonderkündigungsschutz im 21. Jahrhundert, RdA 2010, 24; *Gehlhaar*, Der Kündigungsschutz des betrieblichen Datenschutzbeauftragten, NZA 2010, 373; *Vogel*, Sonderkündigungsrechte im Überblick, ArbRB 2010, 83.

Zum Berufsbildungsrecht: *Braun/Mühlhausen/Munk/Stück*, Berufsbildungsgesetz, 2004; *Laber*, Besonderheiten bei der vorzeitigen Auflösung von Berufsausbildungsverhältnissen, ArbRB 2005, 182; *Lakies*, Berufsbildung, AR-Blattei SD 400; *Opolony*, Das Recht der Berufsausbildung nach dem Berufsausbildungsreformgesetz, DB 2005, 1050; *Taubert*, Neuregelungen im Berufsbildungsrecht, NZA 2005, 503.

Zum Pflegezeitgesetz: *Freihube/Sasse*, Was bringt das neue Pflegezeitgesetz?, DB 2008, 1320; *Müller*, Das Pflegezeitgesetz (PflegeZG) und seine Folgen für die arbeitsrechtliche Praxis, BB 2008, 1058; *Novara*, Sonderkündigungsschutz nach dem Pflegezeitgesetz, DB 2010, 503; *Preis/Nehring*, Das Pflegezeitgesetz, NZA 2008, 729.

I. Sonderkündigungsschutz nach MuSchG

1. Kündigungsverbot des § 9 MuSchG

1 Das Mutterschutzgesetz in der Fassung der Bekanntmachung vom 17.1.1997 ist am 1.1.1997 in Kraft getreten[1]. Durch Art. 5 des Zweiten Gesetzes zur Änderung des Mutterschutzrechtes v. 16.6.2002 ist das MuSchG neu bekannt gemacht worden[2].

Das Kündigungsverbot, welches in § 9 Abs. 1 MuSchG niedergelegt ist, gilt im Wesentlichen unverändert fort. Es verbietet die Kündigung des Arbeitsverhältnisses einer Frau **während der Schwangerschaft und bis zum Ablauf von vier Monaten nach der Entbindung**. Neu ist die Gleichstellung von Hausangestellten im Kündigungsschutz. Für sie gilt nun wie für alle anderen Arbeitnehmerinnen der allgemeine kündigungsrechtliche Mutterschutz. Der in der früheren Gesetzesfassung für im Familienhaushalt Beschäftigte vorgesehene Ausnahmetatbestand wurde beseitigt[3]. Das Kündigungsverbot nach § 9 Abs. 1 MuSchG besteht **neben** dem des § 18 BEEG, so dass der Arbeitgeber bei Vorliegen von Mutterschaft und Elternzeit für eine Kündigung der Zustimmung der Arbeitsschutzbehörde nach beiden Vorschriften bedarf[4]. § 1 MuSchG bestimmt, dass das Gesetz nur für Frauen gilt, die in einem Arbeitsverhältnis stehen. Dennoch greift das Kündigungsverbot des § 9 Abs. 1 MuSchG auch dann ein, wenn der Arbeitgeber das Arbeitsverhältnis einer Schwangeren fristgemäß kündigt, bevor die Tätigkeit aufgenommen worden ist. § 9 MuSchG gilt mit dem Abschluss des Arbeitsvertrages, gleichgültig zu welchem Zeitpunkt die Arbeit tatsächlich aufgenommen werden soll[5].

Der Verstoß gegen das Kündigungsverbot des § 9 Abs. 1 MuSchG muss seit dem 1.1. 2004 innerhalb der Drei-Wochen-Frist des § 4 KSchG geltend gemacht werden[6].

---

1 Vgl. Art. 6 des Änderungsgesetzes v. 20.12.1996, BGBl. I, 2110; vgl. auch BT-Drucks. 13/2763, 13 zu Art. 7.
2 BGBl. I, 22.
3 *Zmarzlik*, DB 1997, 474.
4 BAG 31.3.1993 – 2 AZR 595/92, EzA § 9 MuSchG nF Nr. 32; LAG Bln.-Bbg. 6.4.2011 – 15 Sa 2454/10, DB 2011, 1587.
5 LAG Düsseldorf 30.9.1992 – 11 Sa 1049/92, NZA 1993, 1041.
6 Gesetz v. 24.12.2003, BGBl. I, 3002.

I. Sonderkündigungsschutz nach MuSchG

a) Geltungsbereich

§ 9 MuSchG stellt **alle Arbeitnehmerinnen und Heimarbeiterinnen** einschließlich der zu ihrer Ausbildung beschäftigten Frauen unter besonderen Kündigungsschutz, soweit ein rechtswirksamer Arbeitsvertrag abgeschlossen worden ist[1]. Unabhängig von der Zeitdauer ihres Bestehens werden alle Arbeitsverhältnisse erfasst. Unerheblich ist, ob die betroffene Frau vollzeit- oder teilzeitbeschäftigt wird oder als Aushilfe eingestellt worden ist. In Heimarbeit beschäftigte Frauen und die diesen Gleichgestellten dürfen gem. § 9 Abs. 4 MuSchG während der Schwangerschaft und bis zum Ablauf von vier Monaten nach der Entbindung nicht gegen ihren Willen bei der Ausgabe von Heimarbeit ausgeschlossen werden. Das Gesetz findet keine Anwendung auf Organvertreter juristischer Personen[2].

b) Schwangerschaft

Der besondere Kündigungsschutz des § 9 Abs. 1 MuSchG beginnt mit der Schwangerschaft. Ob eine solche vorliegt, ist allein nach medizinischen Grundsätzen festzustellen. Eine Schwangerschaft (Gravidität) **beginnt** daher **im Augenblick der Befruchtung der Eizelle und endet mit dem Abschluss der Entbindung**. Eine krankhafte Scheinschwangerschaft, die uU zu einer Arbeitsunfähigkeit der Arbeitnehmerin führen kann, löst nicht den besonderen Kündigungsschutz des § 9 Abs. 1 MuSchG aus. Ob eine krankhaft verlaufende Schwangerschaft (zB Bauchhöhlenschwangerschaft) den besonderen Kündigungsschutz des § 9 Abs. 1 MuSchG auslöst, ist höchstrichterlich bislang nicht entschieden, wird aber in der Literatur zutreffend bejaht[3].

c) Entbindung

Der Kündigungsschutz dauert nur dann über die Zeit der Schwangerschaft für weitere vier Monate an, wenn die Schwangerschaft zu einer Entbindung führt. Entbindung iSd. Gesetzes ist **jede Lebendgeburt** (auch Frühgeburt), dh. wenn das Kind lebend geboren wurde oder nach der Trennung vom Mutterleib entweder das Herz des Kindes geschlagen oder die Nabelschnur pulsiert oder die natürliche Lungenatmung eingesetzt hat.

Eine **Totgeburt** erfüllt in Anlehnung an die praktische Handhabung zu § 21 PStG gem. § 31 PStG-AusführungsVO[4] nur dann den Begriff der Entbindung, wenn das Gewicht der Leibesfrucht mindestens 500g beträgt. Dies gilt auch für den Fall einer medizinisch indizierten vorzeitigen Beendigung der Schwangerschaft[5]. Eine Entbindung iSd. § 9 MuSchG liegt deshalb dann nicht vor, wenn die Schwangerschaft zu einer Fehlgeburt führt, wenn also das Gewicht der Leibesfrucht bei der Geburt weniger als 500g beträgt und keine der o.g. Lebenszeichen festgestellt werden können[6]. Der mutterschutzrechtliche Kündigungsschutz endet dann mit der Fehlgeburt. Die Arbeitnehmerin ist verpflichtet, den Arbeitgeber unverzüglich über das vorzeitige Ende der Schwangerschaft zu unterrichten[7]. Stirbt dagegen das Kind nach der Geburt,

---

1 Vgl. für Auszubildende LAG Berlin 1.7.1985 – 9 Sa 28/85, LAGE § 9 MuSchG Nr. 6; BAG 10.12.1987 – 2 AZR 385/87, NZA 1988, 428.
2 LAG Düsseldorf 15.7.1998 – 12 Sa 700/98, LAGE § 9 MuSchG Nr. 24.
3 Offen gelassen: BAG 3.3.1966 – 2 AZR 179/65, ArbuR 1966, 153; bejahend: *Meisel/Sowka*, § 3 MuSchG Rz. 4b; KR/*Bader/Gallner*, § 9 MuSchG Rz. 29 mwN.
4 BGBl. I 2008, 2263.
5 BAG 15.12.2005 – 2 AZR 462/04, NZA 2006, 994.
6 KR/*Bader/Gallner*, § 9 MuSchG Rz. 31.
7 BAG 18.1.2000 – 9 AZR 932/98, DB 2000, 2276.

so bleibt der besondere Kündigungsschutz des § 9 Abs. 1 MuSchG für die Zeit von vier Monaten nach der Geburt erhalten[1].

d) Feststellung des Schwangerschaftsbeginns

5 Für den Beginn der Schwangerschaft ist der vom Arzt oder einer Hebamme festgelegte **Termin der Niederkunft** maßgebend. Nach § 5 Abs. 1 MuSchG sollen werdende Mütter dem Arbeitgeber ihre Schwangerschaft und den mutmaßlichen Tag der Entbindung mitteilen, sobald ihnen ihr Zustand bekannt ist. Auf Verlangen des Arbeitgebers sollen sie das Zeugnis eines Arztes oder einer Hebamme vorlegen. Von dem sich aus dem Zeugnis ergebenden Tag ist für den Beginn der Schwangerschaft um **280 Tage zurückzurechnen**, wobei der Tag der angegebenen Entbindung nicht mitzuzählen ist[2]. Gegen die Rückrechnung um 280 Tage ist eingewandt worden, dass die durchschnittliche Schwangerschaft lediglich 266 Tage andauert. Aus Rechtssicherheitsgründen ist jedoch unabhängig von der tatsächlichen Dauer der Schwangerschaft der Beginn des Kündigungsschutzes durch Rückrechnung um 280 Tage von dem vom Arzt bzw. der Hebamme angegebenen voraussichtlichen Entbindungsdatum zu ermitteln. Dabei kann allerdings das Datum der voraussichtlichen Entbindung durch während der Schwangerschaft vorgelegte aktuellere Zeugnisse korrigiert werden. Der Tag der tatsächlichen Entbindung ist aber in keinem Fall maßgebend[3]. Das BAG hat klargestellt, dass das ärztliche Zeugnis für den Beginn der Schwangerschaft einen Beweiswert besitzt, den der Arbeitgeber allerdings erschüttern kann. Hier gilt eine abgestufte Darlegungs- und Beweislast. Kann der Arbeitgeber Umstände vortragen, die eine Schwangerschaft als nach wissenschaftlichen Erkenntnissen zum Zeitpunkt der Kündigung unwahrscheinlich erscheinen lassen, muss die Arbeitnehmerin weiteren Beweis führen. Sie ist dann uU gehalten, ihre Ärzte von der Schweigepflicht zu entbinden[4]. Für den Ablauf des besonderen Kündigungsschutzes richtet sich die Berechnung der Dauer des Vier-Monats-Zeitraums nach §§ 187 Abs. 1, 188 Abs. 2, Abs. 3, 191 BGB. § 193 BGB findet keine Anwendung.

e) Mitteilung an den Arbeitgeber

6 Der besondere Kündigungsschutz für werdende Mütter greift nur ein, wenn der Arbeitgeber entweder **bei Ausspruch der Kündigung von der Schwangerschaft oder Entbindung wusste** oder die Schwangere ihm **innerhalb von zwei Wochen nach Zugang der Kündigung** von der Schwangerschaft oder einer im maßgeblichen Zeitpunkt liegenden Entbindung **Mitteilung macht**. Nachdem das Bundesverfassungsgericht entschieden hatte[5], dass die Überschreitung der Zwei-Wochen-Frist unschädlich ist, wenn die Arbeitnehmerin den Arbeitgeber unverschuldet nicht innerhalb von zwei Wochen nach Zugang der Kündigung unterrichtet, dies aber unverzüglich nachholt, ist § 9 Abs. 1 Satz 1 MuSchG entsprechend ergänzt worden. Die Mitteilung der Schwangerschaft kann nach dem Gesetzeswortlaut außerhalb der Zwei-Wochen-Frist nachgeholt werden, wenn das Überschreiten der Frist auf einem Umstand beruht, der von der Frau nicht zu vertreten ist, und die Mitteilung unverzüglich nachgeholt wird. Wann von einem „unverzüglichen Nachholen" der Anzeige gem. § 9 Abs. 1 Satz 1 Halbs. 2 MuSchG auszugehen ist, kann weder mit einer Mindest- oder Höchstfrist allgemeingültig festgelegt werden. Es ist unter Berücksichtigung sämtlicher Umstände des Einzelfalls zu prüfen, ob die Nachmeldung der Schwangerschaft nach der persönlichen Kenntnisnahme der schwangeren Arbeitnehmerin ohne schuldhaftes Ver-

---

[1] KR/*Bader/Gallner*, § 9 MuSchG Rz. 32.
[2] BAG 12.12.1985 – 2 AZR 82/85, DB 1986, 1579.
[3] BAG 12.12.1985 – 2 AZR 82/85, DB 1986, 1579.
[4] BAG 7.5.1998 – 2 AZR 417/97, NZA 1998, 1049.
[5] BVerfG 13.11.1979 – 1 BvL 24/77 u.a., AP Nr. 7 zu § 9 MuSchG 1968.

zögern iSd. § 121 BGB erfolgt ist[1]; danach kann eine Meldung nach 13 Tagen noch rechtzeitig sein[2]. Die Rechtsprechung billigt der werdenden Mutter zusätzlich einen gewissen Überlegungszeitraum zu, um qualifizierten Rechtsrat einholen zu können[3]. Die Mitteilung kann ggf. auch durch die Klageerhebung geschehen, soweit sie innerhalb der Frist des § 9 Abs. 1 Satz 1 MuSchG zugestellt wird. Das Überschreiten der Zwei-Wochen-Frist ist nach Auffassung des LAG Köln dann unverschuldet, wenn die Arbeitnehmerin noch am Tage der Kündigung Klage erhebt und darin auf die Schwangerschaft hinweist[4].

Schuldhaft ist die **Versäumung der Zwei-Wochen-Frist** dann, wenn sie auf einem gröblichen Verstoß gegen das von einem verständigen Menschen im eigenen Interesse billigerweise zu erwartende Verhalten zurückzuführen ist[5]. Kennt die Arbeitnehmerin die Schwangerschaft oder hat sie zumindest Anhaltspunkte dafür, ist das Verstreichenlassen der Zwei-Wochen-Frist schuldhaft. Das Untätigsein beim Vorliegen einer bloßen Schwangerschaftsvermutung führt hingegen nicht zum Verlust des Kündigungsschutzes[6]. Schuldhaft soll die Arbeitnehmerin auch dann nicht handeln, wenn sie alsbald nach Kenntnis von der Schwangerschaft einen Rechtsanwalt mit der Erhebung einer Kündigungsschutzklage beauftragt und die Schwangerschaft nur in der Klageschrift mitgeteilt wird. Ein etwaiges Verschulden des Prozessbevollmächtigten wird ihr nicht zugerechnet[7]. Hat die Arbeitnehmerin vor Zugang der Kündigung ihrem Dienstvorgesetzten die Schwangerschaft mitgeteilt, so kann sie ohne Sorgfaltspflichtverletzung davon ausgehen, dass diese Mitteilung an den Arbeitgeber gelangt. Wenn sie nach Zugang der Kündigung nicht noch einmal auf ihre Schwangerschaft verweist, ist ihr kein Verschulden anzulasten[8]. Das Zuwarten trotz Kenntnis der Schwangerschaft soll auch dann nicht schuldhaft sein, wenn die Frau zunächst von ihrem Arzt die Schwangerschaftsbestätigung erhalten will, aus der sie den Beginn der Schwangerschaft entnehmen kann[9]. Die schwangere Arbeitnehmerin trägt nicht das Risiko des Zugangs der von ihr mit einfacher Post an den Arbeitgeber versandten Mitteilung über die Schwangerschaft und muss auch nicht ohne Weiteres mit einem Verlust der Mitteilung an den Arbeitgeber auf dem Postwege rechnen[10]. 7

Die nachträgliche Mitteilung der Schwangerschaft nach § 9 Abs. 1 Satz 1 MuSchG muss das Bestehen einer Schwangerschaft im **Zeitpunkt des Zugangs der Kündigung** oder die Vermutung einer solchen Schwangerschaft beinhalten. Die bloße Mitteilung ohne Rücksicht darauf, ob der Arbeitgeber aus ihr auch das Bestehen dieses Zustands im Zeitpunkt des Kündigungszuganges entnehmen kann, genügt nicht. Teilt die Arbeitnehmerin ausdrücklich nur das Bestehen einer Schwangerschaft mit, so ist anhand der Begleitumstände des Falles zu ermitteln, ob dies so zu verstehen ist, dass eine Schwangerschaft schon bei Zugang der Kündigung bestanden haben soll[11]. Bestreitet der Arbeitgeber, innerhalb der gesetzlichen Fristen Kenntnis von der Schwangerschaft erhalten zu haben, so trägt die Arbeitnehmerin für die rechtzeitige Mitteilung die Darlegungs- und Beweislast[12]. 8

---

1 LAG Thür. 20.9.2007 – 3 Sa 78/07, LAGE Nr. 3 zu § 242 BGB 2002 Kündigung.
2 LAG Hamm 17.10.2006 – 9 Sa 1503/05, LAGE Nr. 26 zu § 9 MuSchG.
3 BAG 26.9.2002 – 2 AZR 392/01, DB 2003, 255.
4 LAG Köln 16.6.1997 – 3 Sa 300/97, LAGE § 9 MuSchG Nr. 22.
5 BAG 6.10.1983 – 2 AZR 368/82, DB 1984, 1044.
6 BAG 20.5.1988 – 2 AZR 739/87, DB 1988, 2107.
7 BAG 27.10.1983 – 2 AZR 214/82, DB 1984, 1203.
8 LAG München 23.8.1990 – 5 Sa 840/89, LAGE § 9 MuSchG Nr. 13.
9 LAG Nürnberg 17.3.1993 – 7 Ta 170/92, BB 1993, 1009.
10 BAG 16.5.2002 – 2 AZR 730/00, DB 2002, 2602.
11 BAG 15.11.1990 – 2 AZR 270/90, EzA § 9 MuSchG nF Nr. 28.
12 LAG Berlin 5.7.1993 – 9 Sa 9/93, LAGE § 9 MuSchG Nr. 19.

2. Zulässige Kündigung in besonderen Fällen

9 Der Kündigungsschutz nach § 9 Abs. 1 MuSchG ist absolut. Auch Gründe, die sonst zur fristlosen Kündigung berechtigen, werden vom Kündigungsverbot erfasst. Der Arbeitgeber kann nur in besonderen Fällen nach § 9 Abs. 3 MuSchG die **Zustimmung der für den Arbeitsschutz zuständigen obersten Landesbehörde** oder der von ihr bestimmten Stelle zur Kündigung beantragen. Die Kündigung ist nur zulässig, wenn die Zustimmung vor Ausspruch der Kündigung eingeholt worden ist.

a) Besonderer Fall

10 Das Gesetz definiert nicht, was unter einem „besonderen Fall" iSd. des § 9 Abs. 3 MuSchG zu verstehen ist. Es handelt sich um einen unbestimmten Rechtsbegriff, der der vollen verwaltungsgerichtlichen Überprüfung unterliegt[1]. Ein „besonderer Fall" iSd. § 9 Abs. 3 MuSchG ist nicht gleichbedeutend mit einem „wichtigen Grund" iSd. § 626 Abs. 1 BGB. Auch sind die Voraussetzungen des § 9 Abs. 3 MuSchG graduell strenger als die des § 18 BEEG, da sich der Schutzbereich des MuSchG auf Leib und Leben der Arbeitnehmerin und des (ungeborenen) Kindes bezieht, während das BEEG in erster Linie eine ungestörte Pflege und Erziehung des Kindes ermöglichen soll[2]. Die Zulassung einer Kündigung nach § 9 Abs. 3 MuSchG kommt nur dann in Betracht, wenn **außergewöhnliche Umstände** es rechtfertigen, die vom Gesetz in besonderer Weise geschützten Interessen der Frau hinter die des Arbeitgebers zurücktreten zu lassen[3], zB bei Diebstählen, Unterschlagungen, tätlichen Bedrohungen des Arbeitgebers oder Stilllegung des Betriebes. So überwiegen die Interessen der Arbeitnehmerin an der Weiterbeschäftigung auch dann, wenn ein katholischer Arbeitgeber (Domkapitel) wegen der Heirat mit einem geschiedenen Mann kündigen will[4] oder bei überzogener und ausfälliger Kritik[5]. Zu prüfen ist auch, ob mit der Kündigung zumutbar bis zum Ablauf des Mutterschutzes zugewartet werden kann[6]. Die Kündigungsmöglichkeit in besonderen Fällen bedeutet nicht, dass stets ein wichtiger Grund vorliegen müsste. Es kommen sowohl außerordentliche wie auch ordentliche Kündigungen (zB bei Betriebsstilllegung[7]) in Betracht.

11 Die seit dem 1.1.1997 gültige Gesetzesfassung verlangt, dass der besondere Fall **nicht mit dem Zustand der Frau während der Schwangerschaft oder ihrer Lage bis zum Ablauf von vier Monaten nach der Entbindung im Zusammenhang** stehen darf. Mit dieser Regelung wird das Ermessen der Verwaltungsbehörde, einer beabsichtigten Kündigung zuzustimmen, eingeschränkt. Besteht ein Zusammenhang mit dem Zustand der Frau während der Schwangerschaft oder ihrer Lage nach der Entbindung, darf die Verwaltungsbehörde nicht zustimmen. Im Umkehrschluss kann daraus aber nicht geschlossen werden, dass dann, wenn ein solcher Zusammenhang fehlt, die Zustimmung zu erteilen ist. Vielmehr verbleibt es auch dann dabei, dass es außergewöhnlicher Umstände bedarf, die die besonders geschützten Interessen der Frau hinter die ihres Arbeitgebers zurücktreten lassen.

---

1 BVerwG 18.8.1977 – BVerwG VC 8.77, AP Nr. 5 zu § 9 MuSchG 1968.
2 VG Darmstadt 26.3.2012 – 5 K 1830/11. DA, nv.; vgl. BVerwG 30.9.2009 – 5 C 32.08, BVerwGE 135, 67.
3 BVerwG 30.9.2009 – 5 C 32.08, BVerwGE 135, 67.
4 OLG Düsseldorf 17.10.1991 – 18 U 78/91, DB 1992, 1193.
5 BayVGH 29.2.2012 – 12 C 12.264, NZA-RR 2012, 302.
6 VG Darmstadt 26.3.2012 – 5 K 1830/11. DA, nv.
7 BAG 20.1.2005 – 2 AZR 500/03, NJW 2005, 2109 zu § 18 BErzGG; OVG Sachs. 7.12.2011 – 5 A 513/09, nv.

b) Zulassung durch die Verwaltungsbehörde

Der Antrag nach § 9 Abs. 3 Satz 1 MuSchG ist nicht fristgebunden. Soweit eine außerordentliche Kündigung erklärt werden soll, genügt es, wenn der Antrag auf Zustimmung zur Kündigung innerhalb der zweiwöchigen Frist des § 626 Abs. 2 BGB bei der Behörde eingeht. Nach Erteilung der Zustimmung muss unverzüglich gekündigt werden. Gleiches gilt, wenn dem Antragsteller der Wegfall des Zustimmungserfordernisses (etwa bei Beendigung der Schwangerschaft durch Fehlgeburt) bekannt wird[1].

12

Die Zulassung einer Kündigung im Besonderen Fall nach § 9 Abs. 2 MuSchG kann die für den Arbeitsschutz zuständige oberste Landesbehörde erklären. Die **Zuständigkeit der Behörden** ist in den Bundesländern wie folgt geregelt:

13

Baden-Württemberg: Regierungspräsidien

Bayern: Gewerbeaufsichtsämter

Berlin: Landesamt für Arbeitsschutz, Gesundheitsschutz und technische Sicherheit

Brandenburg: Landesamt für Arbeitsschutz

Bremen: Gewerbeaufsichtsamt

Hamburg: Behörde für Soziales, Familie, Gesundheit und Verbraucherschutz; Amt für Arbeitsschutz

Hessen: Regierungspräsidien

Mecklenburg-Vorpommern: Landesamt für Gesundheit und Soziales

Niedersachsen: Gewerbeaufsichtsamt

Nordrhein-Westfalen: Bezirksregierungen

Rheinland-Pfalz: Regionalstellen Gewerbeaufsicht in den Struktur- und Genehmigungsdirektionen Nord und Süd

Saarland: Landesamt für Umwelt- und Arbeitsschutz

Sachsen: Regierungspräsidien, Abteilung Arbeitsschutz

Sachsen-Anhalt: Landesamt für Verbraucherschutz

Schleswig-Holstein: Landesamt für Gesundheit und Arbeitssicherheit

Thüringen: Thüringer Landesbetrieb für Arbeitsschutz und technischen Verbraucherschutz

Die Behörde entscheidet – wie bei § 18 BEEG (vgl. Rz. 30) – durch **Verwaltungsakt**. Nach Erteilung der Zustimmung kann gekündigt werden. Eine vorher erklärte Kündigung ist unheilbar unwirksam[2]. Die Bestandskraft des Verwaltungsaktes muss allerdings nicht abgewartet werden. Allerdings ist die Kündigung bis zur Bestandskraft nur schwebend wirksam[3]. Gegen die Entscheidung der Verwaltungsbehörde ist nach Durchführung eines verwaltungsrechtlichen Vorverfahrens der Rechtsweg zu den Verwaltungsgerichten eröffnet. Widerspruch und Anfechtungsklage führen nicht zur Unwirksamkeit der Kündigung. Erst die endgültige Aufhebung der Zulässigkeitserklärung führt zur Unwirksamkeit der Kündigung[4]. Falls bis dahin ein arbeitsgerichtliches Kündigungsschutzverfahren schon rechtskräftig abgeschlossen sein sollte,

14

---

1 LAG Köln 21.1.2000 – 11 Sa 1195/99, NZA-RR 2001, 303; LAG Hamm 3.10.1986 – 17 Sa 935/86, BB 1986, 2419.
2 LAG Köln 12.3.2012 – 2 Sa 999/11, nv.
3 BAG 17.6.2003 – 2 AZR 245/02, BB 2003, 2692.
4 BAG 25.3.2004 – 2 AZR 295/03, BAGReport 2004, 319.

kann die Klägerin im Wege der Restitutionsklage gem. § 586 ZPO die Abänderung des arbeitsgerichtlichen Urteils erreichen[1].

15 Wenn die Zustimmung zur Kündigung nach MuSchG versagt wird, kann die Zustimmung nach BEEG wegen des geringeren Schutzumfangs erst recht nicht erteilt werden. Da das MuSchG auch die psychische Belastung der Mutter vermeiden will, sperrt die Versagung der Zustimmung nach MuSchG nach teilweise vertretener Auffassung sogar das Verwaltungsverfahren über einen Antrag nach § 18 Abs 1 BEEG auf Erteilung der Zustimmung zur Kündigung **nach** Ende des Mutterschutzes[2]; das Verfahren wäre einzustellen. Diese Auffassung ist zu weitgehend, da auch der EuGH nicht die Vorbereitung einer Kündigung allgemein, sondern nur aus Gründen der Geburt eines Kindes während des Mutterschutzes verbietet[3].

c) Formerfordernis der Kündigung

16 § 9 Abs. 3 Satz 2 MuSchG stellt ein über § 623 BGB hinausgehendes Formerfordernis für die auszusprechende Kündigung auf. Sie bedarf nicht nur der **Schriftform**, sondern muss auch den **zulässigen Kündigungsgrund angeben**. Daraus wird gefolgert, dass nicht nur die mündliche, sondern auch die schriftlich nicht begründete Kündigung gegenüber einer Schwangeren unwirksam ist[4]. Allerdings nennt das Gesetz anders als § 623 BGB keine Sanktion, wenn eine Begründung für die Kündigung fehlt. Es erscheint deshalb zweifelhaft, ob die mangelnde Begründung auch die Unwirksamkeit der Kündigung nach sich zieht.

d) Klagefrist

16a §§ 4, 7, 13 Abs. 3 KSchG beziehen sich auf alle Unwirksamkeitsgründe mit Ausnahme des Schriftformmangels. Eine schwangere Arbeitnehmerin ist daher grundsätzlich gehalten, die Klagefrist des § 4 Satz 1 KSchG einzuhalten, um den Nichtigkeitsgrund nach § 134 BGB iVm. § 9 Abs. 1 MuSchG geltend zu machen[5].

Umstritten war in diesem Zusammenhang der Anwendungsbereich des § 4 Satz 4 KSchG, wonach die Drei-Wochen-Frist zur Anrufung des Arbeitsgerichts erst dann beginnt, wenn die Entscheidung der Behörde über die Zulässigkeit einer Kündigung dem Arbeitnehmer bekannt gemacht worden ist. Die Kündigung einer schwangeren Arbeitnehmerin ist nach § 9 Abs. 1 MuSchG ohne behördliche Zustimmung zulässig, wenn **dem Arbeitgeber die Schwangerschaft zum Zeitpunkt der Kündigung nicht bekannt** war und sie ihm auch nicht später oder von der Arbeitnehmerin verschuldet verspätet nach Kündigungszugang mitgeteilt worden ist. In einem solchen Fall kommt § 4 Satz 4 KSchG – auch wenn der Arbeitgeber nach Zugang der Kündigung doch noch Kenntnis von der Schwangerschaft erlangt – nicht zur Anwendung[6]. **Kündigt der Arbeitgeber hingegen einer Arbeitnehmerin in Kenntnis ihrer Schwangerschaft**, so kann diese das Fehlen der nach § 9 MuSchG erforderlichen Zustimmung gem. § 4 Satz 4 KSchG bis zur Grenze der Verwirkung jederzeit geltend machen, wenn ihr eine entsprechende Entscheidung der zuständigen Behörde nicht bekannt gegeben worden ist[7].

---

1 BAG 17.6.2003 – 2 AZR 245/02, BB 2003, 2692.
2 VG Darmstadt 26.3.2012 – 5 K 1830/11. DA (nv.) unter Hinweis auf EuGH 11.10.2007 – Rs. C-460/06 – Paquay, NZA 2007, 1271.
3 EuGH 11.10.2007 – Rs. C-460/06 – Paquay, NZA 2007, 1271.
4 KR/*Bader*/*Gallner*, § 9 MuSchG Rz. 132b.
5 BAG 19.2.2009 – 2 AZR 286/07, NZA 2009, 980.
6 BAG 19.2.2009 – 2 AZR 286/07, NZA 2009, 980.
7 BAG 19.2.2009 – 2 AZR 286/07, NZA 2009, 980.

Weiß eine Frau bei Zugang der Kündigung selbst noch nichts von ihrer Schwangerschaft (und damit erst recht nicht der Arbeitgeber), fehlt denknotwendigerweise eine behördliche Zustimmung zur Kündigung. Dieser Fall wird von § 5 Abs. 1 Satz 2 KSchG geregelt[1], der über keinen Anwendungsbereich mehr verfügte, wenn bei einer grundsätzlich fehlenden behördlichen Zustimmung bereits § 4 Satz 4 KSchG anwendbar wäre. Nach Auffassung des LAG Schleswig-Holstein ist einer Arbeitnehmerin, die ohne von ihr zu vertretenden Grund erst nach Erhalt einer Kündigung, aber noch kurz vor Ablauf der Klagefrist von ihrer Schwangerschaft erfährt, eine Überlegungszeit von drei Werktagen zuzubilligen, um abzuwägen, ob sie angesichts der für sie neuen Situation und des nun entstandenen Sonderkündigungsschutzes Kündigungsschutzklage erheben will[2].

3. Eigenkündigung der Arbeitnehmerin

a) Besonderes Kündigungsrecht

§ 10 MuSchG erlaubt es einer Frau, während der Schwangerschaft und während der Schutzfrist nach der Entbindung, also bis zum Ablauf von acht Wochen nach der Niederkunft, das Arbeitsverhältnis ohne Einhaltung einer Frist zum Ende der Schutzfrist nach der Entbindung zu kündigen. Die Frau hat insoweit ein **Sonderkündigungsrecht**, welches unabhängig davon gilt, ob sie tatsächlich eine Berufstätigkeit nach der Entbindung einstweilen nicht entfalten will oder aber eine anderweitige, ihr lukrativ erscheinende Beschäftigung gefunden hat. 17

Wird das Arbeitsverhältnis aufgrund einer solchen Eigenkündigung aufgelöst und wird die Frau innerhalb eines Jahres nach der Entbindung bei ihrem bisherigen Arbeitgeber **wieder eingestellt**, so legt § 10 Abs. 2 MuSchG fest, dass sie, soweit Rechte aus dem Arbeitsverhältnis von der Dauer der Betriebs- oder Berufszugehörigkeit oder von der Dauer der Beschäftigung oder Dienstzeit abhängen, so zu stellen ist, als sei das Arbeitsverhältnis nicht unterbrochen gewesen. Diese **gesetzliche Fiktion** greift gem. § 10 Abs. 2 Satz 2 MuSchG aber dann nicht ein, wenn die Frau in der Zwischenzeit nach der Auflösung des Arbeitsverhältnisses bis zu ihrer Wiedereinstellung bei einem anderen Arbeitgeber beschäftigt war. 18

b) Eigenkündigung in Unkenntnis der Schwangerschaft

Spricht die Arbeitnehmerin in Unkenntnis ihrer Schwangerschaft eine Eigenkündigung aus, so kann sie später aus diesem Grund ihre Erklärung regelmäßig **nicht wegen Irrtums anfechten**[3]. An die Eindeutigkeit einer Kündigungserklärung werden strenge Anforderungen gestellt. Dies soll in besonderer Weise für Erklärungen einer schwangeren Arbeitnehmerin, die Mutterschutz genießt, gelten[4]. So soll aus unbedachten Äußerungen einer Arbeitnehmerin in einem Streit mit ihrem Arbeitgeber nicht ohne Weiteres auf eine Eigenkündigung geschlossen werden können. Da aber auch die Schwangere wegen § 623 BGB schriftlich kündigen muss, wird es auf den Erklärungsinhalt der schriftlichen Äußerung ankommen. 19

Erklärt eine Schwangere die Kündigung ihres Arbeitsverhältnisses, ist der Arbeitgeber gem. §§ 9 Abs. 2, 5 Abs. 1 Satz 3 MuSchG verpflichtet, die Aufsichtsbehörde unverzüglich zu unterrichten. Die Verletzung dieser **Anzeigepflicht** hat keine Auswirkungen auf die Wirksamkeit einer erklärten Eigenkündigung der Arbeitnehmerin. Ebenso wenig ist der Arbeitgeber wegen Verletzung eines Schutzgesetzes (§ 823 Abs. 2 BGB 20

---
1 BAG 19.2.2009 – 2 AZR 286/07, NZA 2009, 980.
2 LAG Schl.-Holst. 13.5.2008 – 3 Ta 56/08, BB 2008, 1729.
3 BAG 6.2.1992 – 2 AZR 408/91, EzA § 119 BGB Nr. 16.
4 LAG Hess. 19.7.1989 – 9 Sa 20/89, LAGE § 9 MuSchG Nr. 10.

iVm. § 9 Abs. 2 MuSchG) verpflichtet, die Arbeitnehmerin über den durch ihre Kündigung bestimmten Termin hinaus weiter zu beschäftigen.

4. Aufhebungsvertrag

21 Aufhebungsverträge fallen **nicht** unter den Schutz des § 9 Abs. 1 MuSchG. Der Aufhebungsvertrag mit einer schwangeren Arbeitnehmerin ist deshalb nicht wegen unzulässigen Verzichts auf den Mutterschutz nichtig. Die Vorschrift soll die werdende Mutter ausschließlich gegen unberechtigte Kündigungen durch den Arbeitgeber schützen[1]. Allein der Umstand, dass einer schwangeren Arbeitnehmerin ein Aufhebungsvertrag angeboten und die von ihr erbetene Einräumung einer Bedenkzeit abgelehnt wird, begründet kein Anfechtungsrecht nach § 123 Abs. 1 BGB wegen widerrechtlicher Drohung[2].

5. Befristung

22 Auch das wirksam befristete Arbeitsverhältnis mit einer Schwangeren **endet mit Ablauf der Zeit, für die es eingegangen ist**. In einigen Tarifverträgen ist vorgesehen, dass ein befristetes Arbeitsverhältnis fortdauert, wenn eine Nichtverlängerungsanzeige unterbleibt (so zB Tarifvertrag Tanz). Zeigt ein Arbeitgeber einer schwangeren Arbeitnehmerin an, dass ihr Arbeitsverhältnis nicht verlängert werden soll, so liegt darin keine nach § 9 MuSchG unwirksame Kündigung[3]. Aus Art. 6 Abs. 4 GG ist nicht herzuleiten, dass die Möglichkeit einer Schwangerschaft die Befristung eines Arbeitsverhältnisses mit einer Frau in gebärfähigem Alter ausschließt[4]. Unter besonderen Umständen ist ein Arbeitgeber aber dann ausnahmsweise verpflichtet, aus Gründen des Vertrauensschutzes ein wirksam befristetes Probearbeitsverhältnis als unbefristetes Arbeitsverhältnis fortzusetzen. Ein solcher nach § 242 BGB zu beachtender **Vertrauensschutz** kann sich etwa darauf gründen, dass der zunächst abgeschlossene Vertrag von seiner Ausgestaltung her bei Bewährung auf ein unbefristetes Arbeitsverhältnis zugeschnitten war und die Arbeitnehmerin anhand ihres ausgestellten Zeugnisses mangelfreie Leistungen in der Probezeit nachweisen kann. Wird ihr die Nichtverlängerung des Arbeitsvertrages dann im unmittelbar zeitlichen Zusammenhang mit der Anzeige über den Eintritt einer Schwangerschaft erklärt, kann der Arbeitgeber zur unbefristeten Fortsetzung des Arbeitsverhältnisses verpflichtet sein[5].

6. Annahmeverzug

23 Da die Kündigung in vielen Fällen praktisch ausgeschlossen ist, hat die Rechtsprechung nach **Korrekturmöglichkeiten** gesucht. So soll der Arbeitgeber dann nicht in Annahmeverzug geraten, wenn die Schwangere ihre Arbeitskraft in einer Weise anbietet, die Leib, Leben, Freiheit, Gesundheit, Persönlichkeitsrechte oder das Eigentum des Arbeitgebers, seiner Angehörigen oder anderer Betriebsangehöriger nachteilig gefährdet. Maßgebend soll das Gesamtverhalten der Arbeitnehmerin sein[6]. Die Rechtsprechung handhabt dieses Korrektiv jedoch ausgesprochen restriktiv. Nur in ganz außergewöhnlichen Fällen kann sich der Arbeitgeber deshalb trotz Fortbestands des Arbeitsverhältnisses von der Verpflichtung zur Fortzahlung der Vergütung befreien[7].

---

1 BAG 10.5.1984 – 2 AZR 112/83, nv.; 16.2.1983 – 7 AZR 134/81, AP Nr. 22 zu § 123 BGB.
2 BAG 16.2.1983 – 7 AZR 134/81, AP Nr. 22 zu § 123 BGB.
3 BAG 23.1.1991 – 7 AZR 56/91, EzA § 9 MuSchG nF Nr. 29.
4 BVerfG 24.9.1990 – 1 BvR 938/90, AP Nr. 136a zu § 620 BGB – Befristeter Arbeitsvertrag.
5 LAG Hamm 6.6.1991 – 16 Sa 1558/90, LAGE § 620 BGB Nr. 25.
6 BAG 26.4.1956 – GS 1/56, DB 1956, 798; 29.10.1987 – 2 AZR 144/87, BB 1988, 914.
7 BAG 30.4.1987 – 2 AZR 299/86, RzK I.13a Nr. 20.

II. Sonderkündigungsschutz in der Elternzeit

1. Kündigungsverbot

Das Bundeserziehungsgeldgesetz (BErzGG) wurde durch Gesetz vom 12.10.2000 mit Wirkung ab dem 1.1.2001 neu gefasst[1] und durch Gesetz vom 9.2.2004 neu bekannt gemacht[2]. Der Kündigungsschutz wurde zeitlich noch weiter nach vorn verlagert. Durch Gesetz vom 30.11.2000[3] wurde der Begriff Erziehungsurlaub durch den Begriff **Elternzeit** ersetzt. Bundestag und Bundesrat haben als Art. 1 des Gesetzes zur Einführung des Elterngeldes vom 5.12.2006 das Bundeselterngeld- und Elternzeitgesetz (BEEG) beschlossen, das aber keine Änderung des Kündigungsschutzes in der Sache beinhaltet[4].

Nach § 18 Abs. 1 BEEG ist das Arbeitsverhältnis während der Elternzeit nicht kündbar. Das Kündigungsverbot besteht **neben den Vorschriften des § 9 Abs. 1 MuSchG**, so dass ein Arbeitgeber bei Bestehen von gleichzeitigem Sonderkündigungsschutz nach dem Mutterschutzgesetz und dem Elterngeldgesetz vor Ausspruch einer Kündigung die Zustimmung der Arbeitsbehörde nach beiden Vorschriften einzuholen hat[5]. Nach teilweise vertretener Auffassung darf während der Zeit, in der Kündigungsschutz nach § 9 Abs. 1 MuSchG besteht, auch das Verfahren nach § 18 Abs. 1 Satz 2 BEEG nicht betrieben werden, wenn sich dieses auf eine Kündigung nach Ablauf des Mutterschutzes bezieht[6]; diese Ansicht ist zu weitgehend (Rz. 15). Nach Auffassung des LAG Köln darf eine Kündigungserklärung noch nicht einmal abgegeben werden, solange der Kündigungsschutz nach § 18 Abs. 1 BEEG besteht, selbst wenn die Erklärung erst mit oder nach Beendigung des Kündigungsschutzes zugeht[7]. Dieses ist weder nach dem Wortlaut noch dem Sinn und Zweck der Vorschrift geboten.

Der Verstoß gegen das Kündigungsverbot des § 18 Abs. 1 BEEG muss innerhalb der Drei-Wochen-Frist des § 4 KSchG geltend gemacht werden[8]. Das Recht, sich auf das Fehlen der nach § 18 Abs. 1 Satz 2 BEEG erforderlichen Zulässigkeitserklärung zu berufen, unterliegt darüber hinaus der Verwirkung. Bei Vorliegen besonderer Umstände ist es dem Arbeitgeber nicht zumutbar, sich auf die erhobene Rüge, § 18 Abs. 1 BEEG sei verletzt, einzulassen (insbesondere nach einer mehrjährigen Prozessdauer, Rüge in der letzten mündlichen Verhandlung erhoben)[9].

a) Geltungsbereich

Vom besonderen Kündigungsschutz werden **alle Arbeitnehmer** wie auch Auszubildende (§ 20 Abs. 1 BEEG) und die in Heimarbeit Beschäftigten sowie die ihnen Gleichgestellten, soweit sie am Stück mitarbeiten (§ 20 Abs. 2 BEEG), erfasst. Das gilt auch dann, wenn während der Elternzeit beim alten Arbeitgeber Teilzeit geleistet wird oder wenn der Arbeitnehmer von vornherein nur Teilzeitarbeit leistet, ohne Elternzeit in Anspruch zu nehmen, jedoch Anspruch auf Elterngeld hat. Auch bereits ein durch die Annahme des Elternteilzeitbegehrens bedingtes Verlangen der Elternzeit[10] löst den

---

1 BGBl. I, 1426.
2 BGBl. I, 206.
3 BGBl. I, 1638.
4 BGBl. I, 2748; s.a. den Gesetzentwurf der Fraktionen der CDU/CSU und SPD, BT-Drucks. 16/1889.
5 BAG 31.3.1993 – 2 AZR 595/92, NZA 1993, 646.
6 VG Darmstadt 26.3.2012 – 5 K 1830/11. DA (nv.) unter Hinweis auf EuGH 11.10.2007 – Rs. C-460/06 – Paquay, NZA 2007, 1271.
7 LAG Köln 29.1.2010 – 4 Sa 943/08, nv.
8 Gesetz v. 24.12.2003, BGBl. I, 3002; zur Problematik, wenn überhaupt keine Genehmigung beantragt wurde oder bei verweigerter Zustimmung gekündigt wurde, vgl. Rz. 16a.
9 BAG 25.3.2004 – 2 AZR 295/03, BAGReport 2004, 319; LAG MV 21.10.2009 – 2 Sa 204/09, nv.
10 BAG 5.6.2007 – 9 AZR 82/07, BAGE 123, 30.

Kündigungsschutz nach § 18 BEEG aus. Das Kündigungsverbot greift auch dann, wenn der Erziehungsberechtigte in einem zweiten Arbeitsverhältnis den Rest der beim früheren Arbeitgeber noch nicht genommenen Elternzeit in Anspruch nimmt[1]. Sonderkündigungsschutz besteht hingegen nicht für das während der Elternzeit bei einem anderen Arbeitgeber ausgeübte Arbeitsverhältnis[2]. Die den Kündigungsschutz auslösende Elternzeit kann abschnittsweise, abwechselnd und sogar von beiden Elternteilen gemeinsam in Anspruch genommen werden.

b) Maßgeblicher Zeitraum

26 Das Kündigungsverbot gilt ab dem Zeitpunkt, von dem an **Elternzeit verlangt** worden ist bzw. die Voraussetzungen des § 18 Abs. 2 Nr. 2 BEEG vorliegen. Der Kündigungsschutz beginnt aber **höchstens acht Wochen vor Beginn** der **Elternzeit** und dauert bis zu deren Beendigung an. Erfolgt das Verlangen früher als acht Wochen vor Beginn der Elternzeit, so setzt der Kündigungsschutz nach § 18 Abs. 1 Satz 1 BEEG nicht bereits mit dem Verlangen ein, sondern erst ab dem Beginn der Acht-Wochen-Frist vor Beginn der Elternzeit. Anknüpfungspunkt für die Fristberechnung ist also in jedem Fall der Beginn der Elternzeit, der sich grundsätzlich nach § 16 Abs. 1 Satz 1 BEEG richtet[3]. In besonderen Fällen kommt eine Verkürzung der Elternzeit wegen der Geburt eines weiteren Kindes in Betracht, mit der Folge, dass die Zeit der Verkürzung an die folgende Elternzeit angeschlossen werden kann[4]. Für den Sonderfall, dass das Elternzeitverlangen durch die gleichzeitige Gewährung von Elternteilzeit bedingt ist, kann bei einer Ablehnung der Elternteilzeit durch den Arbeitgeber erwogen werden, den Kündigungsschutz während der Dauer eines gerichtlichen Verfahrens über die Elternteilzeit fortdauern zu lassen[5].

2. Zulässige Kündigung in besonderen Fällen

27 In besonderen Fällen kann nach § 18 Abs. 1 Satz 2 BEEG gekündigt werden, wenn die für den Arbeitsschutz zuständige **oberste Landesbehörde** oder eine von ihr bestimmte Stelle die Kündigung zuvor für zulässig erklärt hat. Die Frist des § 88 Abs. 3 SGB IX, wonach eine Kündigung nur innerhalb eines Monats nach Zustellung einer vom Integrationsamt erklärten Zustimmung erfolgen darf, findet auf die Kündigung während der Elternzeit keine entsprechende Anwendung[6].

a) Besonderer Fall

28 Das Gesetz regelt selbst nicht, was unter einem „besonderen Fall" iSd. § 18 Abs. 1 Satz 2 BEEG zu verstehen ist. Wie bei § 9 Abs. 3 MuSchG handelt es sich um einen unbestimmten Rechtsbegriff, der nicht mit dem Begriff des „wichtigen Grundes" in § 626 BGB gleichzusetzen ist[7]. Der Schutz des BEEG greift dabei wegen des dort geltenden außergewöhnlich hohen Schutzstandards graduell kürzer als der Schutz nach MuSchG[8]. Für eine soziale Auslauffrist bis zum Ende des Erziehungsurlaubes gibt es keine gesetzliche Grundlage[9]. Wegen der näheren Einzelheiten wird auf die Ausführungen zum Mutterschutz verwiesen (Rz. 10).

---

1 BAG 11.3.1999 – 2 AZR 507/98, ArbuR 1999, 239.
2 BAG 2.2.2006 – 2 AZR 596/04, DB 2006, 1223.
3 BAG 17.2.1994 – 2 AZR 616/93, EzA § 611 BGB – Abmahnung Nr. 30.
4 BAG 21.4.2009 – 9 AZR 391/08, NZA 2010, 155.
5 LAG Köln 29.1.2010 – 4 Sa 943/08, nv.
6 BAG 22.6.2011 – 8 AZR 107/10, DB 2011, 2553.
7 OVG NRW 17.2.2011 – 12 A 1975/09, nv.
8 VG Darmstadt 26.3.2012 – 5 K 1830/11. DA, nv.
9 BAG 20.1.2005 – 2 AZR 555/03, NJW 2005, 2109.

b) Verwaltungsvorschriften

§ 18 Abs. 1 Satz 4 BEEG ermächtigt die Bundesregierung, mit Zustimmung des Bundesrates allgemeine Verwaltungsvorschriften zur Durchführung des § 18 Abs. 1 Satz 2 BEEG zu erlassen. Von dieser Ermächtigung ist im Gegensatz zur Regelung in § 9 Abs. 3 MuSchG aF durch Erlass der **allgemeinen Verwaltungsvorschriften zum Kündigungsschutz bei Elternzeit vom 3.1.2007**[1] Gebrauch gemacht worden. § 2 dieser allgemeinen Verwaltungsvorschriften lautet: 29

„2.1 Bei der Prüfung nach Maßgabe der Nummer 1 hat die Behörde davon auszugehen, dass ein besonderer Fall im Sinne des § 18 Abs. 1 Satz 2 des Gesetzes insbesondere dann gegeben ist, wenn

2.1.1 der Betrieb, in dem der Arbeitnehmer oder die Arbeitnehmerin beschäftigt ist, stillgelegt wird und der Arbeitnehmer oder die Arbeitnehmerin nicht in einem anderen Betrieb des Unternehmens weiterbeschäftigt werden kann;

2.1.2 die Betriebsabteilung, in der der Arbeitnehmer oder die Arbeitnehmerin beschäftigt ist, stillgelegt wird und der Arbeitnehmer oder die Arbeitnehmerin nicht in einer anderen Betriebsabteilung des Betriebes oder in einem anderen Betrieb des Unternehmens weiterbeschäftigt werden kann;

2.1.3 der Betrieb oder die Betriebsabteilung, in denen der Arbeitnehmer oder die Arbeitnehmerin beschäftigt ist, verlagert wird und der Arbeitnehmer oder die Arbeitnehmerin an dem neuen Sitz des Betriebes oder der Betriebsabteilung oder auch in einer anderen Betriebsabteilung oder in einem anderen Betrieb des Unternehmens nicht weiterbeschäftigt werden kann;

2.1.4 der Arbeitnehmer oder die Arbeitnehmerin in den Fällen der Nummern 2.1.1 bis 2.1.3 eine ihm vom Arbeitgeber angebotene, zumutbare Weiterbeschäftigung auf einem anderen Arbeitsplatz ablehnt;

2.1.5 durch die Aufrechterhaltung des Arbeitsverhältnisses nach Beendigung der Elternzeit die Existenz des Betriebes oder die wirtschaftliche Existenz des Arbeitgebers gefährdet wird;

2.1.6 besonders schwere Verstöße des Arbeitnehmers oder die Arbeitnehmerin gegen arbeitsvertragliche Pflichten oder vorsätzliche strafbare Handlungen des Arbeitnehmers oder die Arbeitnehmerin dem Arbeitgeber die Aufrechterhaltung des Arbeitsverhältnisses unzumutbar machen.

2. Ein besonderer Fall im Sinne des § 18 Abs. 1 Satz 2 des Gesetzes kann auch dann gegeben sein, wenn die wirtschaftliche Existenz des Arbeitgebers durch die Aufrechterhaltung des Arbeitsverhältnisses nach Beendigung der Elternzeit unbillig erschwert wird, so dass er in die Nähe der Existenzgefährdung kommt. Eine solche unbillige Erschwerung kann auch dann angenommen werden, wenn der Arbeitgeber in die Nähe der Existenzgefährdung kommt, weil

2.2.1 der Arbeitnehmer in einem Betrieb mit in der Regel fünf oder weniger Arbeitnehmern oder Arbeitnehmerinnen ausschließlich der zu ihrer Berufsausbildung Beschäftigten beschäftigt ist und der Arbeitgeber zur Fortführung des Betriebes dringend auf eine entsprechend qualifizierte Ersatzkraft angewiesen ist, die er nur einstellen kann, wenn er mit ihr einen unbefristeten Arbeitsvertrag abschließt; bei der Feststellung der Zahl der beschäftigten Arbeitnehmer und Arbeitnehmerinnen sind teilzeitbeschäftigte Arbeitnehmer und Arbeitnehmerinnen mit einer regelmäßigen wöchentlichen Arbeitszeit von nicht mehr als 20 Stunden mit 0,5 und nicht mehr als 30 Stunden mit 0,75 zu berücksichtigen.

2.2.2 der Arbeitgeber wegen der Aufrechterhaltung des Arbeitsverhältnisses nach Beendigung des Erziehungsurlaubes keine entsprechend qualifizierte Ersatzkraft für einen nur befristeten Arbeitsvertrag findet und deshalb mehrere Arbeitsplätze wegfallen müssten."

Nach Ziff. 3 der allgemeinen Verwaltungsvorschriften muss die zuständige Behörde dann, wenn sie zu dem Ergebnis kommt, dass ein besonderer Fall iSd. § 18 Abs. 1 Satz 2 BEEG vorliegt, im Rahmen ihres pflichtgemäßen Ermessens entscheiden, ob das Interesse des Arbeitgebers an einer Kündigung während der Elternzeit so erheblich 30

---

1 BAnz. 2007, Nr. 5, S. 247.

überwiegt, dass ausnahmsweise die vom Arbeitgeber beabsichtigte Kündigung für zulässig zu erklären ist. Daraus folgt, dass nicht schon dann, wenn ein besonderer Fall im Sinne der Verwaltungsvorschriften vorliegt, stets eine Kündigung für zulässig erklärt wird; es ist vielmehr im Rahmen der Verwaltungsentscheidung eine **Interessenabwägung** vorzunehmen[1]. Die Verwaltungsbehörde entscheidet – wie bei § 9 MuSchG (vgl. Rz. 14) – durch Verwaltungsakt. Dieser kann die Kündigung unter der „Bedingung" für zulässig erklären, dass der Betrieb stillgelegt worden und das fragliche Arbeitsverhältnis nicht von einem Betriebsübergang erfasst ist; dabei handelt es sich nur um einen unschädlichen Hinweis auf die Rechtslage[2]. Nach Durchführung eines verwaltungsrechtlichen Vorverfahrens ist der Rechtsweg zu den Verwaltungsgerichten eröffnet. An den bestandskräftigen Verwaltungsakt sind die Arbeitsgerichte gebunden[3].

c) Zuständige Behörde

31 Durch landesrechtliche Bestimmungen ist geregelt, welche Behörde für die Zuständigkeitserklärung nach § 18 Abs. 1 Satz 3 BEEG zuständig ist. Die Zuständigkeit entspricht derjenigen zu § 9 MuSchG (Rz. 13).

3. Eigenkündigung des Elternzeitlers

32 Nach § 19 BEEG kann der Arbeitnehmer das Arbeitsverhältnis **zum Ende der Elternzeit** unter Einhaltung einer Kündigungsfrist von drei Monaten kündigen. Obwohl im Gesetz nicht ausdrücklich geregelt, ist davon auszugehen, dass mit dieser Vorschrift kein Kündigungsverbot für die Fälle eingeführt werden sollte, in denen die gesetzlichen oder vertraglich vereinbarten Kündigungsfristen kürzer als die Sonderkündigungsfristen sind, so dass der Arbeitnehmer unabhängig von § 19 BEEG von dem für ihn uU geltenden kurzfristigen Kündigungsrecht Gebrauch machen kann[4].

III. Kündigungsschutz für schwerbehinderte Menschen

33 Der besondere Kündigungsschutz für schwerbehinderte Menschen ist im SGB IX[5] geregelt. Das SGB IX hat das bis dahin geltende SchwbG abgelöst, dabei aber den bisher geltenden Kündigungsschutz nicht wesentlich verändert. Ausgetauscht wurden lediglich Bezeichnungen: Der Begriff des Schwerbehinderten wurde durch den des **schwerbehinderten Menschen** ersetzt; die früheren Hauptfürsorgestellen tragen nun die Bezeichnung **Integrationsamt**. Sowohl die ordentliche als auch die außerordentliche Kündigung eines schwerbehinderten Menschen bedürfen der vorherigen **Zustimmung des Integrationsamtes**.

1. Geltungsbereich des Zustimmungserfordernisses gem. SGB IX

a) Räumlicher Geltungsbereich

34 Der besondere Kündigungsschutz des SGB IX erfasst das Gebiet der Bundesrepublik Deutschland. Er erfasst **keine reinen Auslandsarbeitsverhältnisse**. Daher bedarf die Kündigung eines Arbeitsverhältnisses mit einem Schwerbehinderten, das nach Vertrag und Abwicklung auf den Einsatz des Arbeitnehmers bei ausländischen Baustellen

---

1 KR/*Bader*, § 18 BEEG Rz. 34d.
2 BAG 22.6.2011 – 8 AZR 107/10, DB 2011, 2553.
3 BAG 20.1.2005 – 2 AZR 555/03, NJW 2005, 2109.
4 AA KR/*Bader*, § 19 BEEG Rz. 12.
5 Gesetz v. 19.6.2001, BGBl. I, 1046.

beschränkt ist und keinerlei Ausstrahlung auf den inländischen Betrieb des Arbeitgebers hat, keiner Zustimmung des Integrationsamtes, wenn die Arbeitsvertragsparteien die Anwendung deutschen Rechts vereinbart haben und die Kündigung im Bundesgebiet ausgesprochen wird[1]. Der besondere Kündigungsschutz für schwerbehinderte Menschen gilt auch für Kündigungen, die nach Anl. 1 Kap. XIX Sachgeb. A Abschn. 3 Nr. 1 Abs. 5 Nr. 2 des Einigungsvertrages ausgesprochen werden können[2]. Sinn und Zweck der Kündigungsregelungen im Einigungsvertrag ist es, die Trennung von politisch vorbelasteten Arbeitnehmern zu erleichtern, Personal einzusparen und den raschen Aufbau einer leistungsfähigen Verwaltung zu gewährleisten. Diesen gesetzlichen Zielvorstellungen steht der besondere Kündigungsschutz für schwerbehinderte Menschen nicht entgegen[3].

b) Persönlicher Geltungsbereich

Schwerbehindert iSd. SGB IX ist ein Arbeitnehmer mit einem **Grad der Behinderung von wenigstens 50**. Die Anerkennung als schwerbehinderter Mensch ist bei dem zuständigen Versorgungsamt zu beantragen. Der Antrag kann formlos gestellt werden. Gegen den ablehnenden Bescheid ist der Widerspruch zulässig. Nach erfolglosem Widerspruch ist der Rechtsweg zu den Sozialgerichten eröffnet. 35

Unter den Sonderkündigungsschutz fallen auch sog. **Gleichgestellte**. Die Gleichstellung erfolgt durch Antrag bei der zuständigen Arbeitsagentur, wobei ein **Grad der Behinderung von mindestens 30** erforderlich ist. Gegen die ablehnende Entscheidung der Arbeitsagentur ist ebenfalls der Widerspruch zulässig. Danach kann Klage vor dem Sozialgericht erhoben werden. Im Gleichstellungsverfahren ist der Arbeitgeber zu hören. Der Arbeitgeber wird im Gleichstellungsverfahren zwar beteiligt, hat aber keine eigene Klagebefugnis gegen einen positiven Bescheid[4]. 36

Auch **Auszubildende** werden vom Geltungsbereich des SGB IX erfasst, wenn sie schwerbehindert iSd. Gesetzes bzw. gem. § 2 Abs. 3 SGB IX einem Schwerbehinderten gleichgestellt sind[5]. 37

Mit Urteil vom 11.7.2006 hat der EuGH klargestellt, dass eine ausschließlich wegen **Krankheit** ausgesprochene Kündigung nicht durch die Antidiskriminierungs-Richtlinie 2000/78/EG[6] erfasst sei. Der Begriff der „Behinderung" werde durch die Richtlinie nicht definiert, sei aber in der Gemeinschaft autonom und einheitlich auszulegen. Es handle sich um eine Einschränkung, die insbesondere auf physische, geistige und psychische Beeinträchtigungen zurückzuführen sei und die ein Hindernis für die Teilhabe des Betreffenden am Berufsleben bilde. Von den Mitgliedstaaten seien Vorkehrungen zu treffen, um die Anwendung des Gleichbehandlungsgrundsatzes auf Menschen mit Behinderung zu gewährleisten. Eine Gleichsetzung mit dem Begriff der „Krankheit" sei nicht möglich, da die für eine Behinderung zu fordernde Einschränkung nach der Prognose von längerer Dauer sein müsse. 37a

Behinderung iSd. Gemeinschaftsrechtes ist nicht gleichbedeutend mit Schwerbehinderung iSd. SGB IX. Ob angesichts des gemeinschaftlichen Diskriminierungsverbotes für Behinderte die **Bereichsausnahme in § 2 Abs. 4 AGG** (zum AGG vgl. Teil 1 F Rz. 5 ff.) für Kündigungen unwirksam oder richtlinienkonform zu reduzieren ist, ist offen[7].

---

1 BAG 30.4.1987 – 2 AZR 192/86, NZA 1988, 135.
2 BAG 16.3.1994 – 8 AZR 688/92, DB 1994, 2402.
3 BAG 16.3.1994 – 8 AZR 688/92, DB 1994, 2402.
4 LSG Rh.-Pf. 19.9.2000 – 7 Ar 150/98, Behindertenrecht 2001, 29.
5 BAG 10.12.1987 – 2 AZR 385/87, EzA § 18 SchwbG Nr. 8.
6 ABl. EG Nr. L 303/16.
7 BAG 28.4.2011 – 8 AZR 515/10, NJW 2011, 2458.

Der Sonderkündigungsschutz nach § 85 SGB IX gilt ggf. neben § 15 Abs. 4 und 5 KSchG[1]. Auch in den Fällen einer Betriebsstilllegung bzw. der Stilllegung einer Betriebsabteilung ist zur Kündigung eines schwerbehinderten Betriebsratsmitglieds die Zustimmung des Integrationsamts einzuholen. Gleichzeitig ist die Kündigung nur unter den in § 15 Abs. 4 und 5 KSchG genannten Voraussetzungen zulässig.

c) Zeitlicher Geltungsbereich

38 Der Sonderkündigungsschutz für schwerbehinderte Menschen greift nur dann ein, wenn das Arbeitsverhältnis des schwerbehinderten Menschen im Zeitpunkt des Zugangs der Kündigungserklärung ohne Unterbrechung **länger als sechs Monate** bestanden hat (§ 90 Abs. 1 Nr. 1 SGB IX). Für die Beurteilung, ob diese Wartezeit erfüllt ist, sind die zum Kündigungsschutzgesetz entwickelten Rechtsgrundsätze heranzuziehen[2]. Ein sachlicher Zusammenhang zwischen mehreren Arbeitsverhältnissen, der die Wartezeit nicht unterbricht, ist anzunehmen, wenn ein sachlicher und zeitlicher Zusammenhang der Arbeitsverhältnisse besteht; eine Unterbrechung durch Schulferien zwischen zwei Arbeitsverhältnissen eines Lehrers wäre danach unschädlich[3].

d) Ausnahmen vom Geltungsbereich

39 § 90 SGB IX macht vom besonderen Kündigungsschutz für schwerbehinderte Menschen Ausnahmen:
- Personen, deren Beschäftigung nicht in erster Linie dem Erwerb dient, sondern aus **religiösen oder karitativen Beweggründen** erfolgt sowie bei **Beschäftigung zur Heilung** etc.; Teilnehmer an Maßnahmen zur **Arbeitsbeschaffung** nach dem SGB III; Personen, die nach ständiger Übung in ihre Stellen gewählt werden, sind nicht durch das SGB IX gegen Kündigungen geschützt (§ 90 Abs. 1 Nr. 2 SGB IX). Damit sind vom Sonderkündigungsschutz ausgenommen bspw. Rotkreuzschwestern und Arbeitnehmer, die in Arbeitsförderungsmaßnahmen beschäftigt werden.
- Personen, deren Arbeitsverhältnis durch Kündigung beendet wird, sofern sie das **58. Lebensjahr vollendet** und **Anspruch auf eine Abfindung, Entschädigung oder ähnliche Leistungen** aufgrund eines Sozialplans etc. haben, genießen ebenfalls keinen Sonderkündigungsschutz (§ 90 Abs. 1 Nr. 3 SGB IX). Das gilt aber nur, wenn der Arbeitgeber den Arbeitnehmern die Kündigungsabsicht rechtzeitig mitteilt und sie der beabsichtigten Kündigung bis zu deren Ausspruch nicht widersprochen haben. Gegen den Willen der Arbeitnehmer kann der Sonderkündigungsschutz nicht ausgeschaltet werden; widerspricht der Arbeitnehmer der Kündigung vor deren Ausspruch, so ist die Zustimmung des Integrationsamtes einzuholen.
- **Organmitglieder juristischer Personen** werden vom gesetzlichen Sonderkündigungsschutz nicht erfasst.

Bei **Entlassungen aus Witterungsgründen** bedarf die Kündigung nicht der Zustimmung des Integrationsamtes (§ 90 Abs. 2 SGB IX), wenn die Wiedereinstellung sichergestellt ist. Unter diesen Ausnahmetatbestand können insbesondere Saisonarbeitskräfte und Arbeitnehmer im Baugewerbe fallen, die häufig in den Wintermonaten entlassen werden.

40 Der Ablauf einer wirksam vereinbarten **Befristung** des Arbeitsverhältnisses wird durch den Sonderkündigungsschutz des SGB IX nicht berührt.

---

1 BAG 23.1.2014 – 2 AZR 372/13, NZA 2014, 895; LAG München 3.8.2006 – 3 Sa 459/06; KR/Etzel, § 15 KSchG Rz. 151, 152; APS/Linck, § 15 KSchG Rz. 197.
2 BAG 19.6.2007 – 2 AZR 94/06, NZA 2007, 1103; KR/Etzel/Gallner, §§ 85–90 SGB IX Rz. 38.
3 BAG 19.6.2007 – 2 AZR 94/06, NZA 2007, 1103.

III. Kündigungsschutz für schwerbehinderte Menschen

Ein schwerbehinderter Mensch, der nach § 16d SGB II im Rahmen einer Arbeitsgelegenheit zur Eingliederung beschäftigt wird, genießt nicht den besonderen Kündigungsschutz nach den §§ 85, 91 Abs. 1 SGB IX. Nach Auffassung des BAG ist zwar die Ausnahmevorschrift des § 90 Abs. 1 Nr. 2 iVm. § 73 Abs. 2 Nr. 3 oder 4 SGB IX auf diese Fälle weder unmittelbar noch entsprechend anwendbar[1]. Nach § 16d SGB II wird ein Arbeitsverhältnis iSd. Arbeitsrechts indes nicht begründet; entsprechend anwendbar sind lediglich die Vorschriften über den Arbeitsschutz und das BUrlG, nicht dagegen diejenigen über den Kündigungsschutz.

41

2. Nachweis-/Antragserfordernis

§ 90 Abs. 2a SGB IX, der gem. § 68 SGB IX auch für den schwerbehinderten Menschen gleichgestellte behinderte Menschen gilt[2], soll missbräuchlichen Anträgen auf Anerkennung als schwerbehinderter Mensch im Zusammenhang mit unmittelbar bevorstehenden Kündigungen entgegenwirken. Der besondere Kündigungsschutz gilt nicht, wenn zum Zeitpunkt der Kündigung die Eigenschaft als schwerbehinderter Mensch nicht nachgewiesen ist oder das Versorgungsamt bzw. die nach Landesrecht sonst zuständige Behörde nach Ablauf der Frist des § 69 Abs. 1 Satz 1 SGB IX wegen fehlender Mitwirkung des schwerbehinderten Menschen eine Feststellung über die Schwerbehinderteneigenschaft nicht treffen konnte. Die Vorschrift hat also zwei Alternativen: Entweder gilt der Sonderkündigungsschutz dann, wenn der Nachweis der Schwerbehinderung zum Zeitpunkt der Kündigung vorliegt oder wenn der Antrag des Arbeitnehmers auf Feststellung seiner Eigenschaft als schwerbehinderter Mensch vom Versorgungsamt ohne sein Verschulden nicht rechtzeitig beschieden wurde und nachträglich eine Schwerbehinderung festgestellt wird[3].

41a

Ziel des Gesetzgebers war es, oftmals nur aus taktischen Gründen eingeleitete Anerkennungsverfahren zurückzudrängen und den Schutz des Gesetzes auf die tatsächlich schwerbehinderten Menschen zu begrenzen[4]. Allerdings ist die Gesetzesformulierung wenig geglückt und eröffnet weite Auslegungsspielräume[5]. Der Arbeitgeber ist deshalb gut beraten, wenn er ggf. vorsorglich ein Zustimmungsverfahren einleitet. Der Kündigungsschutz besteht aber auch ohne behördliche Anerkennung, wenn die Schwerbehinderung offensichtlich ist[6].

Was unter **Nachweis** zu verstehen ist, verschweigt der Gesetzgeber. Einigkeit herrscht lediglich insoweit, als bei offenkundiger Schwerbehinderung ein Nachweis nicht notwendig ist[7]. Strittig ist insbesondere, ob der Nachweis vor Ausspruch der Kündigung dem Arbeitgeber gegenüber erbracht werden muss[8]. Nach einer Meinung muss der schwerbehinderte Mensch, sobald seine Schwerbehinderung festgestellt wird, diese gegenüber dem Arbeitgeber durch Vorlage des Feststellungsbescheides oder Schwerbehindertenausweises offenbaren, um seine Rechte zu wahren[9]. Die wohl herrschende Auffassung hält die tatsächliche Feststellung der Schwerbehinderteneigenschaft oder das Vorliegen eines Gleichstellungsbescheides der Agentur für Arbeit

41b

---

1 BAG 4.2.1993 – 2 AZR 416/92, EzA § 20 SchwbG 1986 Nr. 1.
2 BAG 1.3.2007 – 2 AZR 217/06, NZA 2008, 302.
3 *Etzel*, FS 25 Jahre Arge Arbeitsrecht im DAV, S. 241 (252); vgl. auch OVG NRW 13.6.2006 – 12 A 1778/06, nv.
4 Vgl. BT-Drucks. 15/2357, 24.
5 Vgl. *Laber/Roos*, ArbRB 2005, 368; *Schulze*, AuR 2005, 252.
6 Vgl. *Cramer*, NZA 2004, 698 (704).
7 BAG 13.2.2008 – 2 AZR 864/06, DB 2008, 1920; *Cramer*, NZA 2004, 698 (704); *Grimm u.a.*, DB 2005, 282.
8 Vgl. dazu *Striegel*, FA 2005, 12 f.; *Rolfs/Barg*, BB 2005, 1679; *Griebeling*, NZA 2005, 494 (495 ff.).
9 *Böhm*, ArbRB 2004, 377.

für ausreichend[1]. Letzterer Auffassung ist zuzustimmen. Diese entspricht dem erkennbaren Willen des Gesetzgebers, denn in den Gesetzestext ist entgegen dem Vorschlag des Bundesrats nicht die Verpflichtung aufgenommen worden, dass der Nachweis gegenüber dem Arbeitgeber zu erbringen ist[2]. Ist also im Zeitpunkt des Zugangs der Kündigung die **Schwerbehinderteneigenschaft weder festgestellt noch ein entsprechender Antrag gestellt**, bedarf die Kündigung nicht der Zustimmung des Integrationsamts[3]. Auch bei **offenkundiger Schwerbehinderteneigenschaft** ist eine Kündigung nur mit Zustimmung des Integrationsamtes zulässig, selbst wenn die Schwerbehinderteneigenschaft nicht festgestellt und vor Zugang der Kündigung kein entsprechender Antrag gestellt worden ist[4]. Offenkundig muss dann aber nicht nur die Schwerbehinderung, sondern auch der Grad der Behinderung von mindestens 50 sein[5]. Weiß im Übrigen der Arbeitgeber um die körperliche Beeinträchtigung des Arbeitnehmers und dass dieser beabsichtigt, die Feststellung der Schwerbehinderteneigenschaft zu beantragen, soll sich der Arbeitgeber so behandeln lassen müssen, als sei der Anerkennungsantrag bereits gestellt[6].

41c Die zweite Alternative des § 90 Abs. 2a SGB IX regelt die Konstellation, dass über den Antrag auf Feststellung einer Schwerbehinderung bei Zugang der Kündigung noch kein Bescheid des Versorgungsamtes ergangen ist. Insoweit kommt ein Eingreifen des Sonderkündigungsschutzes grundsätzlich erst in Betracht, wenn die Frist des § 69 Abs. 1 Satz 2 SGB IX abgelaufen ist[7]. Diese Vorschrift nimmt Bezug auf die Fristen des § 14 Abs. 2 Satz 2 und 4 sowie Abs. 5 Satz 2 und 5 SGB IX. Das Versorgungsamt hat, wenn keine Einholung eines Gutachtens erforderlich ist, innerhalb von drei Wochen ab Antragstellung zu entscheiden. Falls ein Gutachten erforderlich ist, verlängert sich die Frist auf maximal sieben Wochen. Das BAG folgert daraus, dass der Arbeitnehmer, der in den Genuss des Sonderkündigungsschutzes kommen möchte, seinen **Antrag** auf Feststellung der Schwerbehinderteneigenschaft **mindestens drei Wochen vor Zugang der Kündigung** gestellt haben muss[8]. Die Behörde darf bis zur Kündigung keine Feststellung getroffen haben und dieser Umstand darf nicht auf eine unzureichende Mitwirkung des Arbeitnehmers zurückzuführen sein[9].

Ist diese dreiwöchige Vorfrist bei Zugang der Kündigung noch nicht abgelaufen, besteht auch kein Sonderkündigungsschutz, wenn das Versorgungsamt später eine Schwerbehinderung feststellt. Das war gerade Sinn der gesetzlichen Regelung (Verhinderung von Missbrauchsfällen). Ist dagegen die Frist verstrichen, kann sich der Arbeitnehmer (bei späterer Feststellung der Schwerbehinderung) dann auf den Sonderkündigungsschutz berufen, wenn er die Verzögerung nicht zu vertreten hat, weil er seinen Mitwirkungspflichten nach § 60 Abs. 1 Satz 1–3 SGB IX genügte. Dies gilt auch dann, wenn das Versorgungsamt die Schwerbehinderteneigenschaft zunächst (nicht rechtskräftig) verneint hat[10].

Zur Wahrung der Frist genügt zwar ein zunächst rechtzeitig gestellter Antrag des Arbeitnehmers. Wenn dieser aber durch bestandskräftigen Bescheid abgewiesen wird und erst danach auf einen **neuen, nach Zugang der Kündigung gestellten Antrag** hin anerkannt wird, dass zum Zeitpunkt des Zugangs der Kündigung bereits ein Grad der

---

1 *Moderegger*, ArbRB 2004, 248; *Grimm u.a.*, DB 2005, 282 (285); *Etzel*, FS 25 Jahre Arge Arbeitsrecht im DAV, S. 241 (249).
2 *Düwell*, FA 2004, 200; *Striegel*, FA 2005, 12 (13).
3 BAG 7.3.2002 – 2 AZR 612/00, NZA 2002, 1145.
4 BAG 11.12.2008 – 2 AZR 395/07, NZA 2009, 556.
5 *Großmann*, NZA 1992, 242.
6 BAG 7.3.2002 – 2 AZR 612/00, NZA 2002, 1145.
7 BAG 1.3.2007 – 2 AZR 217/06, NZA 2008, 302; *Bauer/Powietzka*, NZA-RR 2004, 505 (507).
8 BAG 1.3.2007 – 2 AZR 217/06, BAGE 121, 335; 29.11.2007 – 2 AZR 613/06, NZA 2008, 361.
9 *Eylert/Sänger*, RdA 2010, 24 (35).
10 BAG 6.9.2007 – 2 AZR 324/06, NZA 2008, 407; *Eylert/Sänger*, RdA 2010, 24 (35).

Behinderung von 50 bestand, vermag dies keinen Sonderkündigungsschutz mehr zu begründen[1].

Ist ein Arbeitnehmer mit einem Grad der Behinderung von 30 oder 40 anerkannt und hat er bei der Bundesagentur für Arbeit einen Antrag auf Gleichstellung mit den schwerbehinderten Menschen gestellt, muss der Gleichstellungsantrag ebenfalls mindestens drei Wochen vor Zugang der Kündigung gestellt worden sein[2]. Die hierin liegende kündigungsrechtlich unterschiedliche Behandlung von Arbeitnehmern mit einem Grad der Behinderung von weniger als 50 und schwerbehinderten Arbeitnehmern iSv. § 2 Abs. 2 SGB IX stellt keine Diskriminierung der weniger stark behinderten Arbeitnehmer nach Art. 2 Abs. 1 der Richtlinie 2000/78/EG des Rates vom 27. November 2000 zur Festlegung eines allgemeinen Rahmens für die Verwirklichung der Gleichbehandlung in Beschäftigung und Beruf (ABl. Nr. L 303 S. 16) dar. Die weniger stark behinderten Arbeitnehmer erfahren nicht „wegen ihrer Behinderung" eine ungünstigere Behandlung. Sie werden nicht weniger günstig als nicht behinderte Arbeitnehmer behandelt, sondern weniger günstig als stärker behinderte[3]. 41d

Nach Auffassung des LAG Düsseldorf[4] ist der Arbeitgeber, der sich auf die Ausnahmeregelung des § 90 Abs. 2a Alt. 2 SGB IX beruft, darlegungs- und beweispflichtig dafür, dass die Drei-Wochen-Frist für eine Entscheidung des Versorgungsamtes nach §§ 69 Abs. 2 Satz 2, 14 Abs. 2 Satz 2 SGB IX verstrichen ist, weil der behinderte Mensch pflichtwidrig nicht mitgewirkt habe und deshalb die Entscheidung des Versorgungsamtes verzögert worden sei. Nach den Grundsätzen der abgestuften Darlegungs- und Beweislast müsse sich der Arbeitnehmer jedoch nach § 138 ZPO substantiiert zur Erfüllung seiner Mitwirkungspflichten erklären, wenn der Arbeitgeber bei feststehender Fristüberschreitung pauschal die Verletzung der Mitwirkungspflichten behaupte. Nach anderer – zutreffender – Ansicht ist der Arbeitnehmer vollumfänglich für das Vorliegen der Voraussetzungen des Sonderkündigungsschutzes darlegungs- und beweisbelastet. Dies betrifft konsequenterweise auch die Tatbestandsmerkmale des § 90 Abs. 2a SGB IX[5]. 41e

Übersicht zum Kündigungsschutz schwerbehinderter Menschen 41f

Zusammengefasst eröffnet § 90 Abs. 2a SGB IX den **besonderen Kündigungsschutz für schwerbehinderte Menschen** in folgenden Fällen[6]:
- bei Vorliegen einer offensichtlichen Schwerbehinderung im Zeitpunkt der Kündigung,
- bei objektivem Vorhandensein eines Feststellungsbescheides über eine Schwerbehinderung mit einem Grad ab 50 oder eines Feststellungsbescheides über einen Grad der Behinderung ab 30 zuzüglich eines Gleichstellungsbescheides im Zeitpunkt der Kündigung,
- bei Nichtvorliegen eines Bescheides trotz Antragstellung beim Versorgungsamt drei Wochen vor Ausspruch der Kündigung, fehlender schuldhafter Verletzung der Mitwirkungspflichten des Antragstellers und nachträglicher Anerkennung als schwerbehinderter Mensch (auch nach Widerspruchs- bzw. Klageverfahren[7]).

Ein besonderer Kündigungsschutz schwerbehinderter Menschen kommt hingegen **nicht** in Betracht:

---

[1] BAG 16.8.1991 – 2 AZR 241/90, EzA § 15 SchwbG 1986 Nr. 5.
[2] BAG 1.3.2007 – 2 AZR 217/06, BAGE 121, 335; 29.11.2007 – 2 AZR 613/06, NZA 2008, 361.
[3] BAG 10.4.2014 – 2 AZR 647/13, BB 2014, 2676.
[4] LAG Düsseldorf 22.3.2005 – 6 Sa 1938/04, LAGE § 90 SGB IX Nr. 1.
[5] So im Ergebnis auch *Etzel*, FS 25 Jahre Arge Arbeitsrecht im DAV, S. 241 (256); *Griebeling*, NZA 2005, 494 (499); *Schlewing*, NZA 2005, 1218 (1222).
[6] Vgl. *Etzel*, FS 25 Jahre Arge Arbeitsrecht im DAV, S. 241 (246 ff.); *Schlewing*, NZA 2005, 1218.
[7] BAG 6.9.2007 – 2 AZR 324/06, NZA 2008, 407.

- bei Vorliegen eines Grades der Behinderung von weniger als 50 und fehlendem Antrag auf Höherbewertung,
- bei Antragstellung später als drei Wochen vor Ausspruch der Kündigung (§ 14 SGB IX).

3. Verwirkung des Sonderkündigungsschutzes

42 Für den Sonderkündigungsschutz aus dem SGB IX kommt es wie dargestellt zunächst allein darauf an, ob objektiv eine Schwerbehinderung oder Gleichstellung vorliegt. Sowohl die Kenntnis des Arbeitgebers als auch die des schwerbehinderten Menschen von einer tatsächlich bestehenden Schwerbehinderung ist daher grundsätzlich unerheblich[1].

43 Dennoch spielt die Kenntnis des Arbeitgebers nach der Rechtsprechung des BAG eine wesentliche Rolle. Ist die Schwerbehinderung zwar vor Zugang der Kündigung festgestellt, aber dem Arbeitgeber unbekannt, muss sich der Arbeitnehmer zur **Erhaltung seines Sonderkündigungsschutzes** nach § 85 SGB IX nämlich binnen einer Frist von **drei Wochen** ab Zugang der Kündigung gegenüber dem Arbeitgeber **auf die anerkannte Schwerbehinderung berufen** und den besonderen Kündigungsschutz geltend machen. Gleiches gilt, wenn der Arbeitnehmer vor Zugang der Kündigung lediglich den **Antrag auf Feststellung der Schwerbehinderteneigenschaft** gestellt hat. Teilt der Arbeitnehmer dem Arbeitgeber seinen Schwerbehindertenstatus bzw. Antrag auf Feststellung eines solchen Status nicht innerhalb der Drei-Wochen-Frist mit, kann sich der Arbeitnehmer auf den Sonderkündigungsschutz regelmäßig nicht mehr berufen, da dieser **verwirkt** ist[2]. Die Drei-Wochen-Frist konkretisiert als Regelfrist den Verwirkungstatbestand. Ihre Überschreitung führt danach regelmäßig, aber nicht zwingend zur Verwirkung[3]. **Keine Verwirkung** tritt ein, wenn der Arbeitnehmer innerhalb der Drei-Wochen-Frist **Kündigungsschutzklage** erhoben hat[4], auch wenn die Klage mit der Mitteilung über die Schwerbehinderteneigenschaft erst nach Ablauf der Frist zugestellt wird[5]. Wenn der Hinweis auf die Schwerbehinderung in der Klageschrift vergessen wird, muss sich der Arbeitnehmer das Verschulden seines Prozessbevollmächtigten zurechnen lassen (§ 85 ZPO)[6].

44 Auch bei **beantragter Gleichstellung vor Zugang der Kündigung** ist der Arbeitnehmer verpflichtet, den Arbeitgeber innerhalb der Regelfrist von drei Wochen über diesen Antrag zu unterrichten, da die Gleichstellung ebenfalls auf den Zeitpunkt der Antragstellung zurückfällt. Diese Unterrichtungsverpflichtung des Schwerbehinderten gilt auch dann, wenn bereits ein Bescheid über die Schwerbehinderteneigenschaft vorliegt, der Arbeitgeber hiervon aber keine Kenntnis hat[7].

45 Eine zeitliche Begrenzung der Geltendmachung des besonderen Kündigungsschutzes unter dem Gesichtspunkt der Verwirkung fordert das BAG nur in Fällen, in denen der Arbeitgeber tatsächlich **schutzwürdig** ist. Dies sei dann zu **verneinen**, wenn die **Schwerbehinderung offensichtlich** oder aus der Stellungnahme des Betriebsrates gem. § 102 BetrVG erkennbar oder aus anderen Quellen wie einem Vorprozess **positiv bekannt** sei und er deshalb vorsorglich einen Feststellungsantrag beim Integrations-

---

1 KR/*Etzel/Gallner*, §§ 85–90 SGB IX Rz. 13.
2 BAG 13.2.2008 – 2 AZR 864/06, DB 2008, 1920.
3 BAG 23.2.2010 – 2 AZR 659/08, MDR 2010, 1471.
4 BAG 23.2.2010 – 2 AZR 659/08, MDR 2010, 1471; 12.1.2006 – 2 AZR 539/05, DB 2006, 1503; 6.9.2007 – 2 AZR 324/06, NZA 2008, 407.
5 LAG Düsseldorf 8.9.2011 – 5 Sa 672/11, ArbuR 2011, 503.
6 LAG Rh.-Pf. 20.3.2012 – 3 Sa 505/11, nv.
7 BAG 5.7.1990 – 2 AZR 8/90, NZA 1991, 667.

amt stellen könne[1]. Gleiches gilt, wenn der Arbeitgeber nur den Anerkennungsantrag kennt[2]. Der Arbeitgeber muss sich auch die **Kenntnis eines Betriebsveräußerers zurechnen** lassen, wenn das Arbeitsverhältnis nach § 613a BGB übergegangen ist[3].

Adressat der Mitteilung von der festgestellten oder beantragten Schwerbehinderteneigenschaft oder Gleichstellung kann auch ein Vertreter des Arbeitgebers sein, der kündigungsberechtigt ist oder eine ähnlich selbständige Stellung bekleidet, nicht aber ein untergeordneter Vorgesetzter mit rein arbeitstechnischen Befugnissen[4]. 46

4. Entscheidung des Integrationsamts bei ordentlicher Kündigung

Der Arbeitgeber kann und wird einen Antrag beim Integrationsamt nur dann stellen, wenn ihm die Schwerbehinderteneigenschaft des Arbeitnehmers bekannt ist, etwa weil der Arbeitnehmer diesen Umstand von sich aus offenbart hat. Bei Einstellung des Arbeitnehmers hat der Arbeitgeber kein Recht, nach einer bestehenden Schwerbehinderung zu fragen. Zudem würde eine solche Frage dann nicht helfen, wenn der Arbeitnehmer die Schwerbehinderteneigenschaft erst im Verlauf des Arbeitsverhältnisses erworben hat. Der Arbeitgeber befand sich damit in einem gewissen Dilemma. Abhilfe schafft jedoch eine neuere Entscheidung des 6. Senats des BAG. Danach ist die Frage des Arbeitgebers nach der Schwerbehinderung bzw. einem diesbezüglich gestellten Antrag im bestehenden Arbeitsverhältnis jedenfalls nach sechs Monaten, dh. ggf. nach Erwerb des Behindertenschutzes gem. §§ 85 ff. SGB IX, zulässig. Das gilt insbesondere zur Vorbereitung von beabsichtigten Kündigungen[5]. 46a

Nach § 88 Abs. 1 SGB IX **soll** das Integrationsamt die Entscheidung über die Zustimmung zur beantragten Kündigung innerhalb eines Monats nach Eingang des Antrags treffen. Maßgebend für ihre Entscheidung ist der historische **Sachverhalt, der der Kündigung zugrunde liegt**, um deren Zustimmung es geht. Das Integrationsamt hat bei seiner Entscheidung allein zu prüfen, ob der Sachverhalt, der für die Kündigung in Anspruch genommen wird, auch die Kündigung eines Schwerbehinderten rechtfertigt. Die Behörde kann daher Kündigungsgründe, die der Arbeitgeber nicht geltend gemacht hat oder die mit dem geltend gemachten nicht in Beziehung stehen, nicht zur Entscheidungsfindung heranziehen. Auch in einem Verwaltungsgerichtsverfahren, in dem die Entscheidung des Integrationsamts angefochten wird, ist allein darauf abzustellen, ob die im Zeitpunkt der Kündigungserklärung existierenden Kündigungsgründe die Zustimmung unter der besonderen Berücksichtigung der Schwerbehinderteneigenschaft zu tragen vermochten[6]. Das Integrationsamt hat nach § 87 Abs. 2 SGB IX die Stellungnahme des Betriebsrates und der Schwerbehindertenvertretung einzuholen sowie den schwerbehinderten Menschen selbst zu hören. Dem schwerbehinderten Arbeitnehmer obliegt die sozialrechtliche Mitwirkungspflicht, der Zustimmungsbehörde rechtzeitig die in seiner Sphäre liegenden, aus seiner Sicht relevanten Umstände, wenn sie nicht offen zutage treten, anzuzeigen. Kommt er seiner Mitwirkungspflicht nicht nach, kann er im verwaltungsgerichtlichen Verfahren etwa mit gesundheitlichen Einwänden gegen die Eignung einer Ersatztätigkeit regelmäßig nicht mehr durchdringen[7]. 47

---

1 BAG 20.1.2005 – 2 AZR 675/03, BAGReport 2005, 233; 6.9.2007 – 2 AZR 324/06, NZA 2008, 407.
2 BAG 9.6.2011 – 2 AZR 703/09, NZA-RR 2011, 516.
3 BAG 11.12.2008 – 2 AZR 395/07, NZA 2009, 556.
4 BAG 5.7.1990 – 2 AZR 8/90, NZA 1991, 667.
5 BAG 16.2.2012 – 6 AZR 553/10, NZA 2012, 555.
6 BVerwG 7.3.1991 – 5 B 114/89, BB 1991, 1121.
7 OVG NRW 23.1.1992 – 13 A 297/91, NZA 1992, 844.

48 Das Integrationsamt entscheidet nach freiem pflichtgemäßen **Ermessen**, das jedoch nach § 89 SGB IX begrenzt ist. Dabei kommt es auf die Sachlage spätestens zum Zeitpunkt des Erlasses des Widerspruchsbescheides an[1]:

- Das Integrationsamt muss bei **Betriebsstilllegungen** und einer eingehaltenen Kündigungsfrist von mindestens drei Monaten die Zustimmung erteilen; hier besteht ein Anspruch auf die Erteilung einer Zustimmung. Wird innerhalb der einmonatigen Frist, innerhalb derer das Integrationsamt entscheiden soll, keine Entscheidung getroffen, tritt seit dem 1.5.2004[2] gem. § 88 Abs. 5 Satz 2 SGB IX eine **Zustimmungsfiktion** ein, dh. die Zustimmung **gilt** dann **als erteilt**. Die Zustimmungsfiktion greift auch dann ein, wenn über das Vermögen des Arbeitgebers das **Insolvenzverfahren** eröffnet ist und das Integrationsamt die Zustimmung aus den in § 89 Abs. 3 Nr. 1–4 SGB IX genannten Gründen erteilen soll.
- Das Integrationsamt soll die Zustimmung bei **Betriebseinschränkungen** erteilen, wenn die Gesamtzahl der verbleibenden Schwerbehinderten der Beschäftigungspflicht des Arbeitgebers gem. § 71 SGB IX noch entspricht.
- Die Einschränkung des Ermessens gilt nicht, wenn eine **Weiterbeschäftigung** auf einem anderen Arbeitsplatz desselben Betriebes oder eines anderen Betriebes desselben Arbeitgebers mit Einverständnis des Schwerbehinderten möglich und für den Arbeitgeber zumutbar ist.
- Das Integrationsamt soll die Zustimmung aber dennoch erteilen, wenn dem Schwerbehinderten ein **angemessener und zumutbarer anderer Arbeitsplatz gesichert** ist. Damit kommt auch ein Beschäftigungsangebot eines anderen Arbeitgebers in Betracht. Dabei berücksichtigt das Gesetz allerdings nicht, dass der schwerbehinderte Mensch bei dem neuen Arbeitgeber zunächst die Wartezeit von sechs Monaten zurücklegen muss, um erneut in den Genuss des Schwerbehindertensonderkündigungsschutzes zu gelangen.

49 Das Integrationsamt ist berechtigt, auch bei noch ungewisser, weil zwar **beantragter, aber noch nicht festgestellter Schwerbehinderteneigenschaft** des Arbeitnehmers über die Anträge des Arbeitgebers auf Zustimmung zur Kündigung zu entscheiden. Derartige Entscheidungen des Integrationsamts sind als vorsorgliche Verwaltungsakte zu qualifizieren, denen der Vorbehalt immanent ist, dass das Verfahren vor dem Versorgungsamt zu einer Feststellung der Schwerbehinderteneigenschaft des Arbeitnehmers führt bzw. eine Gleichstellung durch das Arbeitsamt erfolgt[3]. Gegen die Entscheidung des Integrationsamts ist der Widerspruch zulässig. Das gilt auch für die kraft Fiktion erteilte Zustimmung. Danach ist der Rechtsweg zu den Verwaltungsgerichten eröffnet. Rechtsbehelfe gegen Entscheidungen des Integrationsamts haben keine aufschiebende Wirkung. Der Arbeitgeber kann also nach erteilter Zustimmung kündigen und muss nicht deren Rechtskraft abwarten[4].

49a Die Zustimmung zur Kündigung betrifft nur den Arbeitgeber, der den Antrag gestellt hat. Im Fall eines **Betriebsübergangs** kann sich der Betriebserwerber nicht auf die Zustimmung des Integrationsamts berufen. Dies gilt jedenfalls in Fällen, in denen der Insolvenzverwalter die Zustimmung beantragt hat[5]. Dabei soll die Möglichkeit bestehen, dass der Betriebsveräußerer die Zustimmung vorsorglich ausdrücklich auch schon für den Betriebserwerber einholt[6].

---

1 BVerwG 10.11.2008 – 5 B 79/08, nv.; OVG Rh.-Pf. 29.5.1998 – 12 A 12950/97, FEVS 49, 326.
2 Gesetz v. 23.4.2004, BGBl. I, 606.
3 BVerwG 15.12.1988 – 5 C 67/85, NZA 1989, 554.
4 KR/*Etzel*/*Gallner*, §§ 85–90 SGB IX Rz. 105 mwN.
5 LAG Hamm 11.5.2011 – 2 Sa 309/11, nv.
6 LAG Hamm 11.5.2011 – 2 Sa 309/11, nv.

5. Ausspruch der ordentlichen Kündigung

Nach erteilter Zustimmung muss der Arbeitgeber **innerhalb eines Monats** nach Zustellung des Bescheides die Kündigung aussprechen (§ 88 Abs. 3 SGB IX). Geschieht dies nicht, so bedarf es einer erneuten Zustimmung des Integrationsamts, um zu einem späteren Zeitpunkt kündigen zu können. Bei gleichbleibendem Sachverhalt können innerhalb des Monats auch wiederholt Kündigungen ausgesprochen werden, ohne dass es einer erneuten Zustimmung des Integrationsamtes bedarf[1]. 50

Wenn die Kündigung nicht nur der Zustimmung des Integrationsamts, sondern auch einer Zustimmung der zuständigen Behörde nach § 18 Abs. 1 Satz 2 BEEG bedarf, kann die Kündigung auch noch nach Ablauf der Frist des § 88 Abs. 3 SGB IX ausgesprochen werden. Voraussetzung ist aber, dass das Verfahren nach BEEG noch innerhalb der Monatsfrist eingeleitet ist und die Kündigung nach Erteilung der Zustimmung unverzüglich erklärt wird[2]. 50a

Die ordentliche Kündigung kann aber erst dann wirksam erklärt werden, wenn der Zustimmungsbescheid des Integrationsamts dem Arbeitgeber **förmlich zugestellt** worden ist. Diese Auslegung des § 88 Abs. 3 SGB IX steht nach Auffassung des BAG nicht in Widerspruch zur Rechtsprechung im Falle der außerordentlichen Kündigung eines schwerbehinderten Menschen. Die Besonderheit, dass im letzteren Fall die Kündigung erklärt werden kann, wenn das Integrationsamt innerhalb der Zwei-Wochen-Frist ihre Entscheidung mündlich oder fernmündlich bekannt gegeben hat, sei durch die Besonderheiten der Regelungen des § 91 SGB IX bestimmt[3]. 51

Problematisch kann sein, ob ein Arbeitgeber bereits dann kündigen kann, wenn das Integrationsamt der Kündigung mit der „**Bedingung**" zugestimmt hat, dass zwischen dem Tag der Kündigung und dem Tag, bis zu dem Gehalt und Lohn bezahlt wird, mindestens drei Monate liegen. In solchen Fällen ist durch Auslegung zu ermitteln, ob es sich um eine Bedingung oder um eine Auflage iSd. § 32 SGB X handelt. Ergibt die Auslegung, dass die Zustimmung dem Integrationsamt nicht unter der aufschiebenden Bedingung der Fortzahlung der Vergütung erteilt worden ist, kann der Arbeitgeber wirksam kündigen, solange die Zustimmung nicht nach § 47 SGB X widerrufen ist[4]. 52

Nach § 86 SGB IX muss die **Kündigungsfrist mindestens vier Wochen** betragen.

Die vorherige Durchführung des **Präventionsverfahrens nach § 84 Abs. 1 SGB IX** ist keine formelle Wirksamkeitsvoraussetzung für den Ausspruch der Kündigung. Das gesetzliche Präventionsverfahren stellt vielmehr eine Konkretisierung des Verhältnismäßigkeitsgrundsatzes dar. Die Kündigung ist danach sozial ungerechtfertigt, wenn bei gehöriger Durchführung des Präventionsverfahrens Möglichkeiten bestanden hätten, die Kündigung zu vermeiden. Wenn das Integrationsamt allerdings nach Prüfung zu dem Ergebnis gelangt ist, dass die Zustimmung zur Kündigung zu erteilen ist, kann nur bei besonderen Anhaltspunkten davon ausgegangen werden, dass ein Präventionsverfahren die Kündigung hätte verhindern können[5]. 53

6. Entscheidung des Integrationsamts bei außerordentlicher Kündigung

Auch bei außerordentlichen Kündigungen aus wichtigem Grund (§ 626 BGB) bedarf es der vorherigen **Zustimmung** des Integrationsamts. 54

---

1 BAG 8.11.2007 – 2 AZR 425/06, NJW 2008, 1757.
2 BAG 24.11.2011 – 2 AZR 429/10, NZA 2012, 610.
3 BAG 16.10.1991 – 2 AZR 332/91, EzA § 18 SchwbG 1986 Nr. 2.
4 BAG 12.7.1990 – 2 AZR 35/90, DB 1991, 1731; 12.8.1999 – 2 AZR 748/98, nv.
5 BAG 7.12.2006 – 2 AZR 182/06, NZA 2007, 617.

a) Antragsfrist

55 Die Zustimmung zur außerordentlichen Kündigung kann nur innerhalb von **zwei Wochen** beantragt werden. Die Frist beginnt – wie bei § 626 BGB – mit dem Zeitpunkt, in dem der Arbeitgeber von den für die Kündigung maßgebenden Tatsachen Kenntnis erlangt. Ist der Arbeitnehmer nicht als schwerbehinderter Mensch anerkannt, so gilt dasselbe wie bei der ordentlichen Kündigung (vgl. Rz. 42 ff.). Hat er noch keinen Antrag gestellt, bedarf es der Zustimmung des Integrationsamts nicht, es sei denn, dem Arbeitgeber war die körperliche Beeinträchtigung und die Absicht, beim Versorgungsamt einen Anerkennungsantrag zu stellen, bekannt[1]. Hat er ihn gestellt, muss er innerhalb von drei Wochen den Arbeitgeber unterrichten. Auch hier kann der Arbeitnehmer die Frist voll ausschöpfen[2].

56 Erst wenn der Arbeitgeber **Kenntnis** von der – zumindest behaupteten – Schwerbehinderteneigenschaft des Arbeitnehmers hat, beginnt die Zwei-Wochen-Frist des § 91 Abs. 2 SGB IX. Der schwerbehinderte Mensch kann also den Ausspruch einer außerordentlichen Kündigung nicht dadurch vereiteln, indem er dem Arbeitgeber die bis dahin unbekannte Schwerbehinderteneigenschaft erst nach Ablauf der Frist des § 626 Abs. 2 BGB, aber innerhalb der dreiwöchigen (früher: einmonatigen) Regelfrist, mitteilt[3].

b) Entscheidungskriterien

57 Das Integrationsamt hat die Entscheidung nach pflichtgemäßem Ermessen zu treffen. Auch bei der außerordentlichen Kündigung ist dieses Ermessen unter bestimmten Voraussetzungen eingeschränkt. Das Integrationsamt muss die Zustimmung erteilen, wenn die Kündigung aus einem Grund erfolgt, der **nicht in Zusammenhang mit der Behinderung** steht[4]. Nur bei Vorliegen von Umständen, die den Fall als atypisch erscheinen lassen, darf das Integrationsamt nach pflichtgemäßem Ermessen entscheiden. Ob ein **atypischer Fall vorliegt**, der eine Ermessensentscheidung ermöglicht und gebietet, ist als Rechtsvoraussetzung im Rechtsstreit von den Gerichten zu überprüfen und zu entscheiden. Ein atypischer Fall liegt vor, wenn die außerordentliche Kündigung den Schwerbehinderten in einer die Schutzzwecke des SGB IX berührenden Weise besonders hart trifft. Das Integrationsamt hat dabei nicht über das Vorliegen eines wichtigen Grundes iSd. § 626 Abs. 1 BGB zu urteilen[5]. Das Bundesverwaltungsgericht hat bislang offen gelassen, ob etwas anderes dann gilt, wenn die vom Arbeitgeber geltend gemachten Gründe eine außerordentliche Kündigung aus arbeitsrechtlichen Gründen offensichtlich nicht zu rechtfertigen vermögen[6].

c) Zustimmungsfiktion

58 Die Zustimmung durch das Integrationsamt gilt als erteilt, wenn es nicht **innerhalb von zwei Wochen** eine anderweitige Entscheidung trifft (§ 91 Abs. 3 SGB IX). Eine Entscheidung gilt dann als getroffen, wenn der (ablehnende) Bescheid innerhalb der Zwei-Wochen-Frist den Machtbereich des Integrationsamts verlassen hat[7]. Das

---

1 BAG 7.3.2002 – 2 AZR 612/00, NZA 2002, 1145.
2 BAG 14.5.1982 – 7 AZR 1221/79, DB 1982, 1778.
3 BAG 14.5.1982 – 7 AZR 1221/79, DB 1982, 1778.
4 BVerwG 10.9.1992 – 5 C 80/88, NZA 1994, 420; VGH Mannheim 24.11.2005 – 9 S 2178/05, NZA-RR 2006, 183.
5 BVerwG 2.7.1992 – 5 C 31/91, NZA 1993, 123.
6 BVerwG 2.7.1992 – 5 C 39/90, BVerwGE 90, 275; OVG Hamburg 14.11.1986 – Bf I 1/86, NZA 1987, 566; OVG NRW 5.9.1989 – 13 A 2300/88, BB 1990, 1909; bejaht hat diese Frage das VGH Mannheim 24.11.2005 – 9 S 2178/05, NZA-RR 2006, 183.
7 BAG 9.2.1994 – 2 AZR 720/93, BB 1994, 1074; 16.3.1983 – 7 AZR 96/81, DB 1984, 1045.

BAG begründet dies zum einen damit, dass im Gesetzgebungsverfahren auf Antrag des Bundesrates die ursprünglich vorgesehene Wochenfrist auf zehn Tage (jetzt zwei Wochen) verlängert wurde, weil es nicht möglich sei, innerhalb einer Woche das Anhörungsverfahren durchzuführen. Darüber hinaus stützt sich das BAG darauf, dass zwischen dem Treffen einer Entscheidung (interner Vorgang) und dem Zustellen derselben (externer Vorgang) unterschieden werden müsse. Entscheidend ist damit die Absendung bzw. mündliche Mitteilung der Ablehnung. Die Zustimmungsfiktion des § 91 Abs. 3 Satz 2 SGB IX greift daher nicht ein, wenn die ablehnende Erklärung innerhalb der Frist zur Post gegeben worden ist[1]. Obwohl es sich bei der Fiktion der Zustimmung nach § 91 Abs. 3 Satz 2 SGB IX nicht um einen Verwaltungsakt handelt, sind Widerspruch und Anfechtungsklage zulässig[2].

7. Ausspruch der außerordentlichen Kündigung

Wegen des durchzuführenden Anhörungsverfahrens vor dem Integrationsamt wird die Frist des § 626 Abs. 2 BGB häufig überschritten sein. Deshalb sieht § 91 Abs. 5 SGB IX vor, dass die außerordentliche Kündigung auch **nach Ablauf der Frist des § 626 Abs. 2 BGB** erklärt werden kann, wenn dies **unverzüglich nach Erteilung der Zustimmung** erfolgt. Stimmt das Integrationsamt der außerordentlichen Kündigung eines Schwerbehinderten zu, so kann der Arbeitgeber die Kündigung zumindest dann nach § 91 Abs. 5 SGB IX erklären, wenn das Integrationsamt ihm seine Entscheidung innerhalb der Zwei-Wochen-Frist des § 91 Abs. 3 SGB IX mündlich oder fernmündlich bekannt gegeben hat[3]. Die Zustimmungsentscheidung des Integrationsamtes muss im Zeitpunkt ihrer mündlichen Mitteilung an den Arbeitgeber nicht schriftlich vorliegen; es reicht aus, wenn sie tatsächlich „getroffen" worden ist[4]. Beschränkt sich das Integrationsamt aber darauf, dem Arbeitgeber mitzuteilen, dass man die Frist des § 91 Abs. 3 Satz 2 SGB IX verstreichen lassen werde, stellt diese Mitteilung noch keine „getroffene" Entscheidung zur Zustimmung dar[5]. Ist die Zwei-Wochen-Frist des § 626 Abs. 2 BGB zum Zeitpunkt, zu dem die Entscheidung getroffen wird, bereits abgelaufen, so muss der Arbeitgeber unverzüglich kündigen, sobald er sichere Kenntnis von der Erteilung der Zustimmung hat; hierfür reicht die mündliche Bekanntgabe aus[6]. Entsprechend der Legaldefinition des § 121 Abs. 1 BGB bedeutet „unverzüglich" auch im Rahmen von § 91 Abs. 5 SGB IX „ohne schuldhaftes Zögern". Schuldhaft ist ein Zögern dann, wenn das Zuwarten durch die Umstände des Einzelfalls nicht geboten ist. Dabei ist nicht allein die objektive Lage maßgebend. Solange derjenige, dem unverzügliches Handeln abverlangt wird, nicht weiß, dass er die betreffende Rechtshandlung vornehmen muss, oder mit vertretbaren Gründen annehmen kann, er müsse sie noch nicht vornehmen, liegt kein „schuldhaftes" Zögern vor[7].

Fraglich ist, wann die Kündigung auszusprechen ist, wenn die Fiktion des § 91 Abs. 3 Satz 2 SGB IX eingreift. Die Fiktion tritt ein, wenn der **ablehnende Bescheid nicht innerhalb der Zwei-Wochen-Frist zur Post gegeben** worden ist. Damit steht kalendermäßig fest, zu welchem Zeitpunkt die Zustimmungsfiktion eintritt. Der Arbeitgeber kann die Zustellung einer Entscheidung nicht abwarten; denn bei Eintritt der Fiktion ist gerade nicht mit einer Entscheidung des Integrationsamts zu rechnen. Man wird dem Arbeitgeber deshalb keine längere Frist zugestehen können, um die Zustellung eines Bescheides des Integrationsamts abzuwarten, aus dem sich ergibt, dass noch innerhalb der Frist eine Entscheidung getroffen worden ist. Dem Arbeitgeber wird man

---
1 OVG NRW 5.9.1989 – 13 A 2300/88, BB 1990, 1909.
2 BVerwG 10.9.1992 – 5 C 39/88, NZA 1993, 76.
3 BAG 15.11.1990 – 2 AZR 255/90, EzA § 21 SchwbG 1986 Nr. 3.
4 BAG 12.5.2005 – 2 AZR 159/04, NZA 2005, 1173.
5 BAG 16.9.2007 – 2 AZR 226/06, NZA 2007, 1153.
6 BAG 21.4.2005 – 2 AZR 255/04, NZA 2005, 991.
7 BAG 19.4.2012 – 2 AZR 118/11, NZA 2013, 507.

deshalb anraten müssen, sich alsbald nach Beantragung der Zustimmung beim Integrationsamt nach dem Tag des Eingangs des Antrags zu erkundigen und am ersten Arbeitstag nach Ablauf der Zwei-Wochen-Frist des § 91 Abs. 3 Satz 1 SGB IX beim Integrationsamt zu erfragen, ob es eine Entscheidung getroffen hat oder nicht[1]. Dem Arbeitgeber ist es aber nicht zuzumuten, darauf zu dringen, ggf. auch über den Inhalt der getroffenen Entscheidung schon vorab in Kenntnis gesetzt zu werden. Zu einer solchen Auskunft ist das Integrationsamt nicht verpflichtet. Die Bekanntgabe der Entscheidung hat vielmehr durch Zustellung zu erfolgen (§ 88 Abs. 2, § 91 Abs. 1 SGB IX). Teilt das Integrationsamt lediglich mit, dass es innerhalb der Frist eine Entscheidung getroffen habe, darf der Arbeitgeber die Zustellung des entsprechenden Bescheids eine – nicht gänzlich ungewöhnliche – Zeit lang abwarten[2]. Erfragt der Arbeitgeber hingegen mündlich den Inhalt der getroffenen Entscheidung und ergibt die Auskunft, dass die Zustimmung erteilt worden ist oder aber ein ablehnender Bescheid erst nach Ablauf der Zwei-Wochen-Frist zur Post gegeben worden ist, muss unverzüglich gekündigt werden. Gibt das Integrationsamt nach Ablauf der Zwei-Wochen-Frist, aber vor Ausspruch der Kündigung dem Arbeitgeber eine ablehnende Entscheidung bekannt, so verbleibt es bei der Fiktion des § 91 Abs. 3 Satz 2 SGB IX. Die Kündigung kann ausgesprochen werden[3].

⊃ **Hinweis:** Zu beachten ist, dass die (ggf. auch fingierte) Zustimmung zur außerordentlichen Kündigung in keinem Fall die Zustimmung zur ordentlichen Kündigung miteinschließt. Auch eine Umdeutung der Zustimmungserklärung ist nicht möglich[4].

8. Betriebsratsanhörung

61 Das Anhörungsverfahren nach § 102 Abs. 1 BetrVG kann der Arbeitgeber vor Einleitung des Zustimmungsverfahrens beim Integrationsamt **parallel zu diesem Verfahren oder nach dessen Beendigung** einleiten[5]. Nach Auffassung des LAG Berlin[6] muss ein Arbeitgeber, dem bei Ausspruch der Kündigung nicht bekannt war, dass der Arbeitnehmer einen Antrag auf Anerkennung als Schwerbehinderter gestellt hatte, das Verfahren zur Anhörung des Betriebsrates nach § 102 Abs. 1 BetrVG nicht wiederholen. Ebenso ist bei unverändertem Sachverhalt eine erneute Personalratsanhörung dann nicht erforderlich, wenn der Arbeitgeber vor Einschaltung des Integrationsamts den Personalrat zur fristlosen Kündigung des schwerbehinderten Arbeitnehmers bereits angehört hat und die Zustimmung des Integrationsamts erst nach jahrelangem verwaltungsgerichtlichen Verfahren erteilt wird[7].

62 Wartet der Arbeitgeber die Entscheidung des Integrationsamts ab, muss er bei einer **außerordentlichen Kündigung** sofort nach Bekanntgabe der Zustimmungsentscheidung oder Ablauf der Zwei-Wochen-Frist das Anhörungsverfahren einleiten und sofort nach Eingang der Stellungnahme des Betriebsrats oder nach Ablauf der Drei-Tages-Frist die Kündigung erklären[8]. Das BAG begründet dies damit, dass bei einem schwerbehinderten Betriebsratsmitglied sonst das Zustimmungsersetzungsverfahren gem. § 103 BetrVG bereits eingeleitet werden müsste, bevor das Integrationsamt entschieden hätte und sich möglicherweise bei negativer Entscheidung des Integrations-

---

1 LAG Hamm. 16.7.2009 – 15 Sa 242/09, nv.
2 BAG 19.4.2012 – 2 AZR 118/11, NZA 2013, 507.
3 KR/*Etzel/Gallner*, § 91 SGB IX Rz. 16 ff.
4 BAG 7.7.2011 – 2 AZR 355/10, NZA 2011, 1412; 23.1.2014 – 2 AZR 372/13, NZA 2014, 895.
5 BAG 3.7.1980 – 2 AZR 340/78, AP Nr. 2 zu § 18 SchwbG; 1.4.1981 – 7 AZR 1003/78, EzA § 102 BetrVG 1972 Nr. 45; für das Personalvertretungsrecht: BAG 5.9.1979 – 4 AZR 875/77, AP Nr. 6 zu § 12 SchwbG.
6 LAG Berlin 24.6.1991 – 9 Sa 20/91, BB 1991, 2160.
7 BAG 18.5.1994 – 2 AZR 626/93, NZA 1995, 65.
8 BAG 3.7.1980 – 2 AZR 340/78, EzA § 18 SchwbG Nr. 3.

9. Erweiterter Bestandsschutz

§ 92 SGB IX sieht einen erweiterten Bestandsschutz vor. Arbeitsrechtlich ist es zulässig, die Beendigung eines Arbeitsverhältnisses für den Fall der vollen oder teilweisen Erwerbsminderung zu vereinbaren. Entsprechende Regelungen finden sich auch in Tarifverträgen, so zB im BAT bzw. TVöD. § 92 SGB IX bestimmt, dass bei einer **Berufs- oder Erwerbsunfähigkeit auf Zeit und einer vollen oder teilweisen Erwerbsminderung** die Beendigung des Arbeitsverhältnisses eines Schwerbehinderten der Zustimmung des Integrationsamtes bedarf. Dies gilt auch für Gleichgestellte nach § 2 Abs. 3 SGB IX[2]. Aufgrund der parallelen Zielsetzung des § 92 SGB IX gelten die von der Rechtsprechung geforderten Voraussetzungen für den Erhalt des Sonderkündigungsschutzes auch für den Erhalt des erweiterten Beendigungsschutzes. Das bedeutet: War dem Arbeitgeber weder die Schwerbehinderteneigenschaft noch eine darauf gerichtete Antragstellung bekannt, muss ihn der Schwerbehinderte regelmäßig innerhalb eines Monats[3] bzw. nach neuerer Rechtsprechung binnen drei Wochen[4] unterrichten. Anderenfalls kann er sich auf die fehlende Zustimmung des Integrationsamts nicht berufen[5]. Bei einem vereinbarten Ende des Arbeitsverhältnisses wegen Erwerbsunfähigkeit auf Dauer ist keine Zustimmung des Integrationsamts erforderlich. Gleiches gilt bei einer wirksamen Befristung.

10. Prozessuale Besonderheiten

Wird ohne Zustimmung oder fingierte Zustimmung gekündigt, ist die Kündigung unwirksam. Auch dieser Unwirksamkeitsgrund muss seit dem 1.1.2004 innerhalb der **Klagefrist des § 4 KSchG** (Drei-Wochen-Frist) geltend gemacht werden[6], wenn dem Arbeitgeber die Schwerbehinderteneigenschaft oder die Gleichstellung **nicht bekannt** ist; dies gilt auch dann, wenn der Arbeitnehmer den Arbeitgeber nach Kündigung über seinen besonderen Status in Kenntnis setzt[7]. Wenn der Arbeitgeber allerdings **in Kenntnis** der Schwerbehinderteneigenschaft kündigt, **ohne** zuvor die nach § 85 SGB IX erforderliche Zustimmung des Integrationsamts zur Kündigung einzuholen, kann der Arbeitnehmer die Unwirksamkeit der Kündigung **bis zur Grenze der Verwirkung** geltend machen. Die Klagefrist beginnt in diesen Fällen gem. § 4 Satz 4 KSchG erst ab Bekanntgabe der Entscheidung der Behörde[8]. Hat es der Arbeitgeber unterlassen, die Zustimmung des Integrationsamtes einzuholen, kann sie dem Arbeitnehmer auch nicht bekanntgegeben werden.

Der Arbeitnehmer kann die Rechtmäßigkeit des Zustimmungsbescheids des Integrationsamtes im **Verwaltungsrechtsweg** klären lassen. Für die Berechtigung des Arbeitgebers, auf der Grundlage des Zustimmungsbescheids die Kündigung zunächst zu erklären, ist es ohne Bedeutung, ob die Zustimmung vom Widerspruchsausschuss oder einem Gericht aufgehoben wird, solange die betreffende Entscheidung nicht bestands-

---

1 BAG 22.1.1987 – 2 ABR 6/86, AP Nr. 25 zu § 15 KSchG 1969.
2 BAG 28.6.1995 – 7 AZR 555/94, NZA 1996, 374.
3 BAG 28.6.1995 – 7 AZR 555/94, NZA 1996, 374.
4 BAG 12.1.2006 – 2 AZR 539/05, DB 2006, 1503; 6.9.2007 – 2 AZR 324/06, NZA 2008, 407.
5 BAG 28.6.1995 – 7 AZR 555/94, NZA 1996, 374.
6 Gesetz v. 24.12.2003, BGBl. I, 3002; BAG 13.2.2008 – 2 AZR 864/06, DB 2008, 1920.
7 Gesetz v. 24.12.2003, BGBl. I, 3002; BAG 13.2.2008 – 2 AZR 864/06, DB 2008, 1920.
8 BAG 13.2.2008 – 2 AZR 864/06, DB 2008, 1920.

bzw. rechtskräftig ist. Die durch das Integrationsamt erteilte Zustimmung zur Kündigung entfaltet deshalb für den arbeitsgerichtlichen **Kündigungsschutzprozess** solange Wirksamkeit, wie sie nicht im Verwaltungsrechtsweg bestands- oder rechtskräftig aufgehoben worden ist (es sei denn, sie wäre nichtig)[1].

IV. Sonderkündigungsschutz für betriebliche Funktionsträger

64 Betriebliche Funktionsträger genießen einen Sonderkündigungsschutz nach §§ 15 KSchG, 103 BetrVG. Danach ist ihre Kündigung grundsätzlich unzulässig, wenn nicht Tatsachen vorliegen, die den Arbeitgeber zu einer **Kündigung aus wichtigem Grund** ohne Einhaltung einer Kündigungsfrist berechtigen und in den Fällen des § 15 Abs. 1–3 KSchG der **Betriebsrat** nach § 103 BetrVG oder der **Personalrat** nach personalvertretungsrechtlichen Bestimmungen der Kündigung **zustimmt** oder die Zustimmung durch eine arbeitsgerichtliche Entscheidung **ersetzt** worden ist. Außerhalb der genannten Bestimmungen soll eine Kündigung auch dann unwirksam sein, wenn der Arbeitgeber sie ausspricht, um die aktive oder passive Beteiligung des betroffenen Arbeitnehmers bei der Betriebsratswahl oder die Durchführung der Wahl zu behindern. Die Kündigung verstoße dann gegen das gesetzliche Verbot des § 20 Abs. 1 BetrVG und sei gem. § 134 BGB nichtig[2].

1. Geltungsbereich

65 Nach § 15 KSchG sind Mitglieder eines **Betriebsrats**, einer **Jugend- und Auszubildendenvertretung**, einer **Bordvertretung** und eines **Seebetriebsrats** in besonderer Weise gegen Kündigungen geschützt. Gleiches gilt für Mitglieder einer **Personalvertretung** sowie für Mitglieder eines **Wahlvorstandes und Wahlbewerber**. **Vertrauenspersonen der schwerbehinderten Menschen** unterfallen gem. § 96 Abs. 3 Satz 1 SGB IX dem besonderen Kündigungsschutz des § 15 KSchG. Der Zustimmung der Schwerbehindertenvertretung bedarf ihre Kündigung aber nicht[3]. Gleiches gilt für die in Heimarbeit beschäftigten Mitglieder des Betriebsrats gem. § 29a HAG. Der Kündigungsschutz für Betriebsratsmitglieder besteht auch während des Übergangsmandats nach § 21a BetrVG.

65a Für die **Mitglieder eines Europäischen Betriebsrats**, die im Inland beschäftigt sind, finden nach § 40 Abs. 1 EBRG insbesondere die §§ 103 BetrVG, 15 Abs. 1 und 3–5 KSchG entsprechende Anwendung. Gleiches gilt für die Mitglieder des sog. Besonderen Verhandlungsgremiums nach §§ 8 ff. EBRG, das die Aufgabe hat, mit der zentralen Unternehmensleitung eine Vereinbarung über eine grenzüberschreitende Unterrichtung und Anhörung der Arbeitnehmer abzuschließen, und die Arbeitnehmervertreter im Rahmen eines Verfahrens zur Unterrichtung und Anhörung.

65b Nach § 44 des Gesetzes über die Beteiligung der Arbeitnehmer und Arbeitnehmerinnen in einer Europäischen Genossenschaft (SCE-Beteiligungsgesetz – SCEBG)[4] genießen die dort aufgeführten Arbeitnehmervertreter (**SCE-Betriebsräte**), die Beschäftigte der Europäischen Genossenschaft, ihrer Tochtergesellschaften oder ihrer Betriebe oder einer der beteiligten juristischen Personen, betroffenen Tochtergesellschaften oder betroffenen Betriebe sind, den gleichen Schutz wie die Arbeitnehmervertreter nach den Gesetzen des Mitgliedstaates, in dem sie beschäftigt sind. Das gilt insbesondere für den Kündigungsschutz.

---

1 BAG 23.5.2013 – 2 AZR 991/11, NZA 2013, 1373.
2 LAG Rh.-Pf. 5.12.1991 – 4 Sa 752/91, AiB 1992, 531.
3 BAG 19.7.2012 – 2 AZR 989/11, NZA 2013, 143; aA LAG Hamm 21.1.2011 – 13 TaBV 72/10, LAGE SGB IX § 96 Nr. 2.
4 BGBl. I 2006, 1911, 1930.

Der besondere Kündigungsschutz umfasst nicht bloße **Ersatzmitglieder** des Betriebsrats, solange diese nicht für ein ausgeschiedenes Betriebsratsmitglied nachgerückt oder Stellvertreter eines zeitweilig verhinderten Betriebsratsmitglieds geworden sind. Von § 15 KSchG werden ebenfalls nicht erfasst die Mitglieder eines Sprecherausschusses für leitende Angestellte, Wahlbewerber für den Wahlvorstand, Mitglieder einer betriebsverfassungsrechtlichen Einigungsstelle, des Wirtschaftsausschusses, einer betrieblichen Beschwerdestelle oder einer tariflichen Schlichtungsstelle. Dies gilt selbstverständlich nicht, soweit es sich hierbei um Personen handelt, die gleichzeitig in den Betriebsrat gewählt sind. 66

2. Umfang des Kündigungsschutzes

Der besondere Kündigungsschutz des § 15 KSchG erfasst nur **Kündigungen des Arbeitgebers**. Endet das Arbeitsverhältnis eines durch diese Vorschrift besonders geschützten Arbeitnehmers durch Ablauf einer wirksam vereinbarten Befristung, so ändert daran § 15 KSchG nichts. Gleiches gilt bei wirksamer Anfechtung eines entsprechend geschützten Arbeitsverhältnisses. Von § 15 KSchG werden alle Kündigungen des Arbeitgebers erfasst, seien es außerordentliche, ordentliche, Änderungskündigungen[1] oder Massenentlassungen. Nicht betroffen sind Versetzungen. Bei Letzteren allerdings ist u.a. die Vorschrift des § 37 Abs. 5 BetrVG zu beachten, wonach Mitglieder des Betriebsrats, soweit nicht zwingende betriebliche Notwendigkeiten entgegenstehen, nur mit Tätigkeiten beschäftigt werden dürfen, die den Tätigkeiten vergleichbarer Arbeitnehmer mit betriebsüblicher beruflicher Entwicklung gleichwertig sind. 67

Arbeitnehmer, die den besonderen Kündigungsschutz nach § 15 KSchG genießen, kann der Arbeitgeber bei betriebsbedingten Kündigungen aus der **Sozialauswahl** herausnehmen. Die gesetzlichen Kündigungsverbote gehen dem allgemeinen Kündigungsschutz als speziellere Regelungen vor. Dies gilt auch dann, wenn im Zeitpunkt der beabsichtigten Kündigung eines Mitarbeiters der Sonderkündigungsschutz eines anderen voraussichtlich bald auslaufen wird und das Arbeitsverhältnis des besonders geschützten Arbeitnehmers dann zu demselben Termin beendet werden könnte. Der Arbeitgeber ist nicht verpflichtet zu warten, bis der Sonderkündigungsschutz abgelaufen ist[2]. 67a

Es wird diskutiert, ob eine entsprechende Anwendung des § 15 KSchG auf arbeitgeberseitige **Auflösungsanträge** in Betracht kommt. Von Bedeutung ist dies (nur) in den Fällen, in denen der Arbeitgeber **vor Eintritt** des Sonderkündigungsschutzes eine – sozial nicht gerechtfertigte – ordentliche Kündigung erklärt und hierauf bezogen einen Auflösungsantrag stellt. Das BAG hat für den Fall, dass der Sonderkündigungsschutz zu dem nach § 9 Abs. 2 KSchG **festzusetzenden Auflösungszeitpunkt noch nicht bestand** und im Zeitpunkt der Entscheidung über den Auflösungsantrag auch schon wieder geendet hat, entschieden, dass eine – entsprechende – Anwendung von § 15 Abs. 3 Satz 1, Satz 2 KSchG, § 103 BetrVG nicht in Betracht kommt. Ob etwas anderes gilt, wenn der Sonderkündigungsschutz zu dem nach § 9 Abs. 2 KSchG festzusetzenden Auflösungszeitpunkt schon bestand, hat das BAG offen gelassen[3].

3. Inhalt des Kündigungsschutzes

§ 15 KSchG differenziert zwischen einem besonderen **Kündigungsschutz für Amtsträger** und einem **nachwirkenden Kündigungsschutz**. Der Kündigungsschutz für Amtsträger ist grundsätzlich an die Dauer des Amtes geknüpft; der nachwirkende Kündigungsschutz ist je nach ausgeübtem Amt auf ein halbes oder ein Jahr begrenzt. Der 68

---

1 BAG 12.3.2009 – 2 AZR 47/08, DB 2009, 1712.
2 BAG 21.4.2005 – 2 AZR 241/04, DB 2005, 2471.
3 BAG 29.8.2013 – 2 AZR 419/12, NZA 2014, 660.

Kündigungsschutz unterscheidet sich darin, dass für Amtsträger das Verfahren nach § 103 BetrVG durchzuführen ist, im nachwirkenden Kündigungsschutz jedoch eine Anhörung nach § 102 BetrVG genügt. Für die in § 15 Abs. 3a KSchG genannten Personen gilt § 103 BetrVG allerdings nicht.

a) Beginn des Kündigungsschutzes

69 Der besondere Kündigungsschutz nach § 15 Abs. 1 KSchG beginnt mit der **Übernahme des geschützten Amtes**.

aa) Wahlvorstandsmitglieder

70 Mitglieder des Wahlvorstandes sind nach § 15 Abs. 3 KSchG im Rahmen der Betriebs- und Personalverfassung ab dem **Zeitpunkt ihrer Bestellung** gegen Kündigungen des Arbeitgebers geschützt. Es ist unerheblich, ob sie durch den Betriebsrat oder das Arbeitsgericht bestellt oder in einer Betriebsversammlung gewählt wurden[1]. Ob ein Wahlvorstandsmitglied wirksam bestellt worden ist, richtet sich nach den Vorschriften des BetrVG. Sind Wahlvorstandsmitglieder in einer nichtigen Wahl gewählt worden, genießen sie nicht den besonderen Kündigungsschutz des § 15 Abs. 3 KSchG[2]. Ist ein Wahlvorstand bestellt worden, so ist eine dem Wahlvorstandsmitglied nach der Bestellung zugegangene Kündigung auch dann nach § 15 Abs. 3 KSchG unwirksam, wenn das Kündigungsschreiben schon vor der Bestellung des Wahlvorstandes abgesandt wurde. Auch für den besonderen Kündigungsschutz des § 15 KSchG kommt es allein auf den Zeitpunkt des Zugangs der Kündigung an[3]. Der besondere Kündigungsschutz nach § 15 Abs. 3 KSchG beginnt für gerichtlich bestellte Mitglieder des Wahlvorstands mit der Verkündung und nicht erst mit der formellen Rechtskraft des Einsetzungsbeschlusses[4].

bb) Wahlbewerber

71 Wahlbewerber sind nach § 15 Abs. 3 KSchG vom Zeitpunkt der **Aufstellung des Wahlvorschlages** an geschützt. Voraussetzung ist aber, dass das Wahlverfahren bereits durch die Bestellung eines Wahlvorstands[5] eröffnet ist, ohne dass es aber darauf ankommt, ob die Frist zur Einreichung von Wahlvorschlägen mit Aushängung des Wahlausschreibens schon angelaufen ist[6]. Darüber hinaus muss der Wahlbewerber auf einem Wahlvorschlag mit der genügenden Anzahl von Stützunterschriften benannt sein; die Einreichung des Wahlvorschlages beim Wahlvorstand ist nicht zwingend erforderlich[7]. Auch kommt es nicht darauf an, ob das Wahlausschreiben bereits erlassen ist. Des Weiteren kommt es für den Beginn des Sonderkündigungsschutzes nach § 15 Abs. 3 Satz 1 KSchG auch nicht darauf an, ob bei der Anbringung der letzten erforderlichen Stützunterschrift die Frist zur Einreichung von Wahlvorschlägen, die regelmäßig am Tag nach Aushang des Wahlausschreibens beginnt (§ 6 Abs. 1 WO BetrVG 2001), schon angelaufen war[8]. Auch dann, wenn die Vorschlagsliste, auf der der Wahlbewerber benannt ist, durch spätere Streichung von Stützunterschriften gem. § 8 Abs. 2 Nr. 3 WO BetrVG 2001 ungültig wird, bleibt dem Wahlbewerber

---

1 BAG 7.5.1986 – 2 AZR 349/85, AP Nr. 18 zu § 15 KSchG 1969; 24.3.1988 – 2 AZR 629/87, RzK II.1. e) Nr. 3.
2 BAG 7.5.1986 – 2 AZR 349/85, NZA 1986, 753.
3 LAG Hamm 29.11.1973 – 3 Sa 663/73, DB 1974, 389.
4 BAG 26.11.2009 – 2 AZR 185/08, NZA 2010, 443.
5 BAG 5.12.1980 – 7 AZR 781/78, DB 1981, 1142.
6 BAG 7.7.2011 – 2 AZR 377/10, NZA 2012, 107.
7 BAG 7.7.2011 – 2 AZR 377/10, NZA 2012, 107; 19.4.2012 – 2 AZR 299/11, nv.
8 BAG 19.4.2012 – 2 AZR 299/11, AP Nr. 72 zu § 15 KSchG 1969.

der Kündigungsschutz erhalten[1]. Schließlich muss der Bewerber nach § 8 BetrVG wählbar sein, wobei das BAG nicht auf den Zeitpunkt des Vorschlags, sondern der Wahl abstellt[2]. Da gem. § 94 Abs. 6 Satz 2 SGB IX die Vorschriften über den Wahlschutz für Betriebs- und Personalräte auch für die Mitglieder der Schwerbehindertenvertretung anzuwenden sind, unterfällt auch der Wahlbewerber für das Amt der Vertrauensperson der schwerbehinderten Menschen dem besonderen Kündigungsschutz nach § 15 Abs. 3 Satz 2 KSchG[3].

cc) Betriebsrats- und Personalratsmitglieder

Für Betriebsratsmitglieder und für die Mitglieder aller anderen von § 15 Abs. 1 und 2 KSchG erfassten Arbeitnehmervertretungen beginnt der besondere Kündigungsschutz mit dem **Beginn der Amtszeit**. Der danach maßgebliche Zeitpunkt richtet sich nach den Vorschriften des Betriebsverfassungs- bzw. Personalvertretungsrechts. Eine bereits von Anfang an bestehende Nichtwählbarkeit des in den Betriebsrat gewählten Betriebsratsmitglieds führt nach § 24 Abs. 1 Nr. 6 BetrVG nur dann zum Verlust der Mitgliedschaft, wenn die Nichtwählbarkeit durch gerichtliche Entscheidung festgestellt ist. Nach Auffassung des BAG stellt diese Entscheidung nicht nur die nach dem materiellen Recht bereits eingetretene Rechtslage fest, sondern wirkt rechtsgestaltend[4]. Daraus folgt, dass der Sonderkündigungsschutz des § 15 Abs. 1 KSchG unabhängig davon, dass der betroffene Arbeitnehmer nicht in den Betriebsrat hätte gewählt werden dürfen, erst mit Rechtskraft einer entsprechenden arbeitsgerichtlichen Entscheidung entfällt. Das gilt nicht, wenn ein Rechtsmittel oder -behelf offensichtlich aussichtslos ist, dann darf schon vor Eintritt der Rechtskraft gekündigt werden[5].

Etwaige **Mängel der Betriebsratswahl** beeinträchtigen den Sonderkündigungsschutz nicht, solange die Wahl nicht wirksam angefochten worden ist. Der Sonderkündigungsschutz entfällt allerdings dann, wenn die Mängel der Wahl so schwerwiegend sind, dass von deren **Nichtigkeit** auszugehen ist. In diesem Fall ist der Gewählte niemals Betriebsratsmitglied geworden und kann daher auch nicht den besonderen Schutz als Betriebsratsmitglied in Anspruch nehmen. Allenfalls kann er den Kündigungsschutz für Wahlbewerber geltend machen[6].

dd) Ersatzmitglieder

Ersatzmitglieder für den Betriebsrat oder den Personalrat und die anderen von § 15 KSchG erfassten Arbeitnehmervertretungen genießen abgesehen vom besonderen Schutz als Wahlbewerber nur dann den besonderen Kündigungsschutz nach § 15 Abs. 1, 2 KSchG, wenn sie anstelle eines ausgeschiedenen Mitglieds in die Arbeitnehmervertretung **nachrücken oder solange sie ein zeitweilig verhindertes ordentliches Mitglied vertreten**. Rückt das Ersatzmitglied anstelle eines ausgeschiedenen Mitglieds nach, wird es dadurch ordentliches Mitglied und rückt in die bisherige Stellung des ausgeschiedenen Mitglieds ein. Ab diesem Zeitpunkt unterfällt das ehemalige Ersatzmitglied dem vollen Kündigungsschutz eines Betriebs- oder Personalratsmitgliedes. Rückt das Ersatzmitglied nur vorübergehend für die Vertretung eines zeitweilig verhinderten Mitglieds nach, so steht ihm der besondere Kündigungsschutz nach § 15 Abs. 1, 2 KSchG für die Dauer der Vertretung zu[7]. Der Kündigungsschutz beginnt mit

---

1 BAG 5.12.1980 – 7 AZR 781/78, DB 1981, 1142.
2 BAG 7.7.2011 – 2 AZR 377/10, NZA 2012, 107.
3 LAG Hamm 11.1.1984 – 3 Sa 488/83, ARST 1985, 61.
4 BAG 29.9.1983 – 2 AZR 212/82, EzA § 15 KSchG nF Nr. 32.
5 BAG 24.11.2011 – 2 AZR 480/10, NZA-RR 2012, 333.
6 BAG 27.4.1976 – 1 AZR 482/75, AP Nr. 4 zu § 19 BetrVG 1972.
7 BAG 5.11.2009 – 2 AZR 487/08, NZA-RR 2010, 236.

dem Eintritt des Vertretungsfalles, ohne dass es eines besonderen, konstitutiven Aktes, wie etwa eines förmlichen Betriebs- oder Personalratsbeschlusses, oder auch nur der Kenntnis des Ersatzmitglieds bedarf[1]. Seine Auffassung, es sei unerheblich, ob das Ersatzmitglied in dieser Zeit überhaupt Betriebsratstätigkeit ausübt[2], hat das BAG zwischenzeitlich aufgegeben. Nunmehr gilt, dass der nachwirkende Kündigungsschutz für ein Ersatzmitglied des Betriebsrats nur dann eintritt, wenn das Ersatzmitglied in der Vertretungszeit konkrete Betriebsratsaufgaben tatsächlich wahrgenommen hat. Bloß fiktive, in Wirklichkeit unterbliebene Aktivitäten des Ersatzmitglieds lösen den nachwirkenden Kündigungsschutz grundsätzlich nicht aus[3]. Bei Urlaub eines Betriebsratsmitglieds setzt die Vertretung regelmäßig mit dem üblichen Arbeitsbeginn am ersten Urlaubstag ein[4]. Der besondere Kündigungsschutz für ein Ersatzmitglied greift auch ein, wenn der Betroffene zur Vertretung eines verhinderten ordentlichen Mitglieds der Arbeitnehmervertretung aufgefordert ist, an der Sitzung des Gremiums aber deshalb nicht teilnimmt, weil sein Vorgesetzter ihm diese wegen „Unabkömmlichkeit" untersagt hat[5].

ee) Initiatoren einer Betriebsratswahl

74a Die Initiatoren einer Betriebsratswahl genießen nach § 15 Abs. 3a KSchG ebenfalls einen besonderen Kündigungsschutz. Arbeitnehmer, die zu einer Betriebs- oder Wahlversammlung nach § 17 Abs. 3 oder § 17a Nr. 3 Satz 2 BetrVG einladen, und Arbeitnehmer, die beim Arbeitsgericht die Bestellung eines Wahlvorstandes beantragen, sind für den Zeitraum ab der Einladung oder Antragstellung bis zur Bekanntgabe des Wahlergebnisses vor ordentlichen Kündigungen geschützt. Laden mehr als drei Personen zur betreffenden Versammlung ein oder stellen mehr als drei Arbeitnehmer den Antrag beim Arbeitsgericht, gilt der besondere Kündigungsschutz nur für die ersten drei in der Einladung oder in dem Antrag genannten Arbeitnehmer. Es ist also nicht möglich, den besonderen Kündigungsschutz nach § 15 Abs. 3a KSchG auf eine beliebige Anzahl von Personen auszudehnen. Der Kündigungsschutz beginnt im Zeitpunkt der Einladung bzw. mit Eingang des Antrages auf Bestellung eines Wahlvorstandes beim Arbeitsgericht. Einer Zustimmung nach § 103 BetrVG bedarf es bei diesem Personenkreis nicht.

b) Ende des Kündigungsschutzes für Amtsträger

75 Mit dem Ende des besonderen Kündigungsschutzes nach § 15 Abs. 1, Abs. 2 KSchG bedarf es der Zustimmung des Betriebsrats oder Personalrats nach § 103 BetrVG oder §§ 47 Abs. 1, 108 Abs. 1 BPersVG (oder entsprechender landesrechtlicher Bestimmungen) zur außerordentlichen Kündigung nicht mehr. Insoweit bleibt es bei der allgemeinen Anhörungspflicht nach §§ 102 Abs. 1 BetrVG, 79 Abs. 3 BPersVG. Der besondere Kündigungsschutz des § 15 KSchG, der die ordentliche Kündigung ausschließt, gilt aber bis zum Ablauf des sog. **Nachwirkungszeitraums** weiter, so dass weiterhin ein zwar abgeschwächter, aber über § 1 KSchG hinausgehender Kündigungsschutz besteht. Dies gilt auch für das Restmandat gem. § 21b BetrVG wahrnehmende Betriebsratsmitglieder.

76 Bei **Wahlvorstandsmitgliedern** endet der besondere Schutz des § 15 Abs. 3 Satz 1 KSchG mit **Bekanntgabe des Wahlergebnisses**. Von da ab besteht nur noch der sog. **nachwirkende** Kündigungsschutz. Die Kündigung bedarf nicht mehr der Zustim-

---

1 BAG 8.9.2011 – 2 AZR 388/10, NZA 2012, 400.
2 BAG 8.9.2011 – 2 AZR 388/10, NZA 2012, 400.
3 BAG 19.4.2012 – 2 AZR 233/11, NZA 2012, 1449.
4 BAG 8.9.2011 – 2 AZR 388/10, NZA 2012, 400.
5 LAG Bdb. 25.10.1993 – 5 (3) Sa 425/93, LAGE § 15 KSchG Nr. 8.

mung des Betriebs- oder Personalrats. Der besondere Schutz der Wahlbewerber endet ebenfalls mit der Bekanntgabe des Wahlergebnisses. Bei **Betriebsratsmitgliedern** sowie den gleichzustellenden Mitgliedern der anderen Arbeitnehmervertretungen endet der besondere Schutz des § 15 Abs. 1 Satz 1, Abs. 2 Satz 1 KSchG mit der **Beendigung der Amtszeit**. Die Amtszeit des Betriebsrats endet gem. § 21 Satz 1 BetrVG nach vier Jahren, spätestens aber am 31.5. des Jahres, in dem nach § 13 Abs. 1 BetrVG die regelmäßigen Betriebsratswahlen stattfinden. Wird ein Betriebsrat außerhalb des regelmäßigen Wahlzeitraums gewählt, endet seine Amtszeit mit der Bekanntgabe des Wahlergebnisses des neu gewählten Betriebsrats[1]. Vor Ablauf der Amtszeit erlischt die Mitgliedschaft im Betriebsrat bei Vorliegen der Voraussetzungen des § 24 Nr. 2–6 BetrVG. Beschließt der Betriebsrat allerdings mit der Mehrheit seiner Mitglieder seinen vorzeitigen Rücktritt und führt dann nach § 22 BetrVG die Geschäfte weiter, bis der neue Betriebsrat gewählt ist, so genießen die Betriebsratsmitglieder auch nach dem Rücktritt des Betriebsrats bis zur Neuwahl den besonderen Kündigungsschutz des § 15 Abs. 1 Satz 1 KSchG. Auch die endgültige Versetzung eines Betriebsratsmitglieds in einen anderen Betrieb beendet seine Mitgliedschaft im Betriebsrat. Deshalb erwägt das BAG, in diesem Fall § 103 BetrVG analog anzuwenden (vgl. Rz. 67)[2]. Durch das BetrVG-ReformG ist § 103 Abs. 3 BetrVG eingeführt worden, der für eine die Betriebsratsmitgliedschaft beendende Versetzung in einen anderen Betrieb gegen den Willen des Betroffenen die vorherige Zustimmung des Betriebsrates vorsieht. Der besondere Kündigungsschutz des § 15 Abs. 1 Satz 1 KSchG, den ein endgültig für ein ausgeschiedenes Betriebsratsmitglied nachrückendes **Ersatzmitglied** erlangt hat, endet wie bei anderen Betriebsratsmitgliedern mit der jeweiligen Amtszeit. Soweit das Ersatzmitglied lediglich vorübergehend stellvertretend für ein zeitweilig verhindertes Betriebsratsmitglied in den Betriebsrat nachgerückt ist, endet der Kündigungsschutz des § 15 Abs. 1 Satz 1 KSchG mit dem Ende der Vertretung. Im Anschluss daran genießt das Ersatzmitglied nachwirkenden Kündigungsschutz, sofern es in der Zeit der Vertretung tatsächlich eine Betriebsratstätigkeit ausgeübt hat[3].

Für die Initiatoren einer Betriebsratswahl nach § 15 Abs. 3a KSchG endet der Kündigungsschutz ebenfalls mit **Bekanntgabe des Wahlergebnisses**. Wird auf die Initiative dieser Arbeitnehmer **kein** Betriebsrat gewählt, endet der Kündigungsschutz erst drei Monate nach der Einladung oder Antragstellung.

Betriebsratsfähig sind nach § 1 BetrVG nur Betriebe mit in der Regel mindestens fünf ständigen wahlberechtigten Arbeitnehmern. Sinkt die Belegschaftsstärke unter diese Zahl herab, so endet das Amt des Betriebsratsamts. Der Betriebsobmann hat dann allerdings den nachwirkenden Kündigungsschutz[4]. Soweit das Ersatzmitglied lediglich vorübergehend stellvertretend für ein zeitweilig verhindertes Betriebsratsmitglied in den Betriebsrat nachrückt, endet der Kündigungsschutz des § 15 Abs. 1 Satz 1 KSchG mit dem Ende des jeweiligen Vertretungsfalles. Im Anschluss daran genießt das Ersatzmitglied jeweils nachwirkenden Kündigungsschutz.

c) Nachwirkender Kündigungsschutz

Im sog. Nachwirkungszeitraum besteht für die von § 15 KSchG erfassten Funktionsträger ein **abgeschwächter besonderer Kündigungsschutz**. Für ihre Kündigung ist zwar nicht mehr die Zustimmung des Betriebs- oder Personalrats erforderlich. Die ordentliche Kündigung ist aber weiterhin grundsätzlich ausgeschlossen. Das Arbeitsverhältnis dieser Funktionsträger kann nur gekündigt werden, wenn Tatsachen vorliegen, die

---
1 BAG 28.9.1983 – 7 AZR 266/82, NZA 1984, 52.
2 BAG 21.9.1989 – 1 ABR 32/89, NZA 1990, 314.
3 BAG 8.9.2011 – 2 AZR 388/10, NZA 2012, 400.
4 ArbG Berlin 29.9.1980 – 35 Ca 295/80, ArbuR 1981, 320.

den Arbeitgeber zur Kündigung aus wichtigem Grund ohne Einhaltung einer Kündigungsfrist berechtigen.

79 **Wahlvorstandsmitglieder** genießen nach Bekanntgabe des Wahlergebnisses gem. § 15 Abs. 3 Satz 2 Halbs. 1 KSchG für eine Dauer von **sechs Monaten** den sog. nachwirkenden Kündigungsschutz. Dies gilt dann nicht, wenn der Wahlvorstand durch einen anderen Wahlvorstand ersetzt worden ist. In diesem Zusammenhang ist zu beachten, dass auch Mitglieder des Wahlvorstandes, die vor Durchführung der Betriebsratswahl ihr Amt niederlegen, vom Zeitpunkt der Amtsniederlegung an den sechsmonatigen nachwirkenden Kündigungsschutz des § 15 Abs. 3 Satz 2 KSchG erwerben[1].

80 **Wahlbewerber**, die nicht in den Betriebsrat gewählt worden sind, genießen nach § 15 Abs. 3 Satz 2 KSchG ebenfalls während eines Zeitraums von **sechs Monaten** nach Bekanntgabe des Wahlergebnisses noch den besonderen Kündigungsschutz. **Betriebsratsmitglieder** wie die ihnen gleichgestellten Mitglieder der anderen Arbeitnehmervertretungen können gem. § 15 Abs. 1 Satz 2, Abs. 2 Satz 2 KSchG für die Dauer von **einem Jahr** nur durch außerordentliche Kündigung entlassen werden. Ersatzmitglieder des Betriebsrats sind nur dann nachwirkend vom Kündigungsschutz erfasst, wenn sie während der Zeit ihrer Vertretungstätigkeit tatsächlich konkret mit Betriebsratsaufgaben befasst waren[2]. Für die Mitglieder einer **Bordvertretung** ist der nachwirkende Kündigungsschutz auf einen Zeitraum von **sechs Monaten** nach Beendigung der Amtszeit beschränkt. Hat das Betriebsratsmitglied sein Amt niedergelegt, genießt es dennoch den nachwirkenden Kündigungsschutz[3].

Initiatoren haben einen nachwirkenden Schutz nur, wenn ihre Initiative erfolglos bleibt und kein Betriebsrat gewählt wird. Der nachwirkende Schutz dauert dann drei Monate (vgl. Rz. 74a).

81 Der nachwirkende Kündigungsschutz ist gem. § 15 Abs. 1 Satz 2, Abs. 2 Satz 2 KSchG in den Fällen **ausgeschlossen**, in denen die Beendigung der Mitgliedschaft des Amtsträgers auf einer gerichtlichen Entscheidung beruht. Gemeint sind damit die Fälle, in denen das Arbeitsgericht die Nichtigkeit der Wahl festgestellt hat oder aber eine Betriebs- oder Personalratswahl wirksam angefochten worden ist.

4. Zulässigkeit der außerordentlichen Kündigung

82 Während der Zeitdauer des besonderen Kündigungsschutzes nach § 15 KSchG ist das Kündigungsrecht des Arbeitgebers dahin eingeschränkt, dass **nur eine außerordentliche Kündigung** in Betracht kommt. Dies gilt sowohl hinsichtlich einer Beendigungs- als auch einer Änderungskündigung. Nicht zulässig in diesem Sinne ist eine außerordentliche Kündigung aus verhaltensbedingten Gründen mit sozialer Auslauffrist, da es sich dabei im Kern um eine ordentliche Kündigung handelt[4], eine ordentliche Kündigung aber gerade gegenüber Amtsträgern ausgeschlossen sein soll. Folgerichtig kann eine außerordentliche fristlose Kündigung aus Gründen im Verhalten des Mandatsträgers, die mangels Vorliegens eines wichtigen Grundes iSv. § 15 Abs. 1 KSchG, § 626 Abs. 1 BGB als solche unwirksam ist, auch nicht in eine außerordentliche Kündigung mit Auslauffrist oder in eine ordentliche Kündigung umgedeutet werden[5]. Abgesehen von den darüber hinaus jeweils erforderlichen kollektiv-rechtlichen Voraussetzungen ist eine Kündigung gem. § 626 BGB dann zulässig, wenn Tatsachen vorliegen, aufgrund derer dem Kündigenden unter Berücksichtigung aller Umstände des

---

1 BAG 9.10.1986 – 2 AZR 650/85, NZA 1987, 279.
2 BAG 8.9.2011 – 2 AZR 388/10, NZA 2012, 400.
3 BAG 5.7.1979 – 2 AZR 521/77, DB 1979, 2327.
4 BAG 17.1.2008 – 2 AZR 821/06, NZA 2008, 777.
5 BAG 21.6.2012 – 2 AZR 343/11, NZA 2013, 224.

Einzelfalles und unter Abwägung der Interessen beider Vertragsteile die Fortsetzung des Dienstverhältnisses nicht zugemutet werden kann.

a) Wichtiger Grund

Für die Beurteilung, ob ein Sachverhalt als wichtiger Grund iSd. § 626 Abs. 1 BGB zu qualifizieren ist, kann auf die allgemeinen Rechtsgrundsätze verwiesen werden. Wegen § 78 Satz 2 BetrVG darf bei Amtsträgern ihre Funktion nicht bei der Gewichtung etwaiger Pflichtverstöße zu einer Besserstellung oder Benachteiligung gegenüber anderen Arbeitnehmern führen[1]. Problematisch kann die Prüfung des wichtigen Grundes insbesondere dann sein, wenn ein **Fehlverhalten sowohl als Amts- als auch als Vertragspflichtverletzung** angesehen werden kann. Allein die Tatsache, dass ein Amtsträger seine Amtspflichten verletzt, rechtfertigt keine außerordentliche Kündigung, da insoweit nur das Ausschlussverfahren nach § 23 Abs. 1 BetrVG in Betracht kommt[2]. Liegt ein Sachverhalt vor, der sowohl als wichtiger Grund iSd. § 626 BGB als auch als grobe Pflichtverletzung iSd. § 23 Abs. 1 BetrVG zu beurteilen ist, kann der Arbeitgeber hilfsweise zum Zustimmungsersetzungsverfahren den Ausschluss aus dem Betriebsrat gem. § 23 Abs. 1 BetrVG beantragen[3]. 83

Bei der Prüfung, ob der jeweilige Sachverhalt als wichtiger Grund zur Kündigung eines Amtsträgers geeignet ist, ist ein besonders **strenger Maßstab** anzulegen. Denn eine Verletzung der arbeitsvertraglichen Pflichten, die im Rahmen einer Amtstätigkeit begangen wird, kann aus einer Konfliktsituation entstanden sein, der ein Arbeitnehmer, der nicht Betriebsratsmitglied ist, nicht ausgesetzt wäre. Das BAG legt deshalb einen strengen Prüfungsmaßstab zugrunde[4]. Auch aus krankheitsbedingten Gründen kann uU außerordentlich gekündigt werden. Das BAG weist aber darauf hin, dass eine außerordentliche Kündigung wegen häufiger krankheitsbedingter Fehlzeiten in aller Regel ausgeschlossen ist[5]. Eine außerordentliche krankheitsbedingte Kündigung dürfte deshalb wohl nur dann in Betracht kommen, wenn die Wiedergenesung des Arbeitnehmers nicht absehbar ist. Eine Änderungskündigung mit dem Ziel, Betriebsratsmitglieder im Zuge einer Gleichbehandlung mit den übrigen Arbeitnehmern des Betriebes etwa hinsichtlich der Lohngestaltung auf einen gemeinsamen Standard zu bringen, verstößt schon gegen § 1 Abs. 1 KSchG und ist deshalb unwirksam[6]. 84

Ein wichtiger Grund kann auch in der unternehmerischen Entscheidung gesehen werden, eine ganze Führungsebene (Substituten im Einzelhandel) unternehmensweit abzuschaffen. Dies rechtfertigt allerdings zunächst nur eine außerordentliche Änderungskündigung mit notwendiger Auslauffrist. Dies kann dazu führen, dass zunächst eine Herabgruppierung des betroffenen Betriebsratsmitglieds um eine Vergütungsgruppe im Wege der Änderungskündigung vorzunehmen ist. Eine Herabsetzung um zwei Vergütungsgruppen setzt dagegen voraus, dass der insoweit darlegungspflichtige Arbeitgeber begründet, warum auch eine Weiterbeschäftigung des Betriebsratsmitglieds in der bessergestellten Vergütungsgruppe nicht möglich ist[7]. 84a

b) Interessenabwägung

Im Rahmen der nach § 626 Abs. 1 BGB vorzunehmenden Interessenabwägung ist bei der Kündigung eines Amtsträgers neben den auch bei anderen Arbeitnehmern zu be- 85

---

1 BAG 22.2.1979 – 2 AZR 115/78, DB 1979, 1659.
2 BAG 16.10.1986 – 2 ABR 71/85, AP Nr. 95 zu § 626 BGB.
3 BAG 21.2.1978 – 1 ABR 54/76, BB 1978, 1116.
4 BAG 16.10.1986 – 2 ABR 71/85, AP Nr. 95 zu § 626 BGB; 25.5.1982 – 7 AZR 155/80, nv.; 22.8.1974 – 2 ABR 17/74, AP Nr. 1 zu § 103 BetrVG 1972.
5 BAG 18.2.1993 – 2 AZR 526/92, NZA 1994, 74.
6 BAG 20.1.2000 – 2 ABR 40/99, NZA 2000, 592.
7 BAG 17.3.2005 – 2 ABR 2/04, AP Nr. 58 zu § 15 KSchG 1969.

rücksichtigenden Umständen auch das **kollektive Interesse der Belegschaft** an der Erhaltung ihrer gewählten Vertretung in besonderer Weise zu berücksichtigen[1].

86 Bei der Kündigung aus wichtigem Grund bedarf es grundsätzlich der Prüfung, ob dem Kündigenden die Fortsetzung des Arbeitsverhältnisses noch bis zum Ablauf der Kündigungsfrist zuzumuten ist. Um diesem generellen Abwägungsgebot auch bei einer außerordentlichen Kündigung von Betriebsratsmitgliedern Rechnung zu tragen, hat das BAG bei der Beurteilung der Zumutbarkeit die Kündigungsfrist zugrunde gelegt, die ohne den besonderen Kündigungsschutz gegenüber dem betroffenen Arbeitnehmer gelten würde. Danach ist zu prüfen, ob dem Arbeitgeber die **Fortsetzung des Arbeitsverhältnisses bis zum Ablauf dieser fiktiven Frist zumutbar** ist[2]. Das gilt jedenfalls für die verhaltensbedingte außerordentliche Kündigung[3]. Für den Fall der außerordentlichen betriebsbedingten Änderungskündigung hat das BAG diese Rechtsauffassung ausdrücklich aufgegeben. Danach kommt es für die Interessenabwägung auf den Zeitpunkt an, zu dem nach Ablauf des Sonderkündigungsschutzes erstmals ordentlich gekündigt werden kann[4]. Das BAG hat ausdrücklich offen gelassen, ob es für den Fall einer Beendigungskündigung an seiner bisherigen Rechtsprechung festhält.

c) Ausschlussfrist des § 626 Abs. 2 BGB

87 Auch im Rahmen des besonderen Kündigungsschutzes nach § 15 KSchG muss der Arbeitgeber die Ausschlussfrist des § 626 Abs. 2 BGB berücksichtigen. Wie bei allen anderen Arbeitnehmern beginnt auch bei den durch § 15 KSchG geschützten Amtsträgern die **Zwei-Wochen-Frist** mit dem Zeitpunkt, in dem der Arbeitgeber Kenntnis von den Tatsachen erlangt, die eine außerordentliche Kündigung aus wichtigem Grund rechtfertigen können[5]. Innerhalb der Ausschlussfrist des § 626 Abs. 2 BGB muss der Arbeitgeber die Zustimmung des Betriebsrats zur beabsichtigten außerordentlichen Kündigung gem. § 103 Abs. 1 BetrVG beantragen. Durch diesen Zustimmungsantrag wird die Frist des § 626 Abs. 2 BGB weder unterbrochen noch gehemmt. Der Arbeitgeber muss daher, wenn er sein Kündigungsrecht nicht verlieren will, innerhalb dieser Frist bei ausdrücklicher oder wegen Ablaufs der vom Betriebsrat für seine Entscheidung über den Zustimmungsantrag entsprechend § 102 Abs. 2 Satz 3 BetrVG einzuhaltenden Frist zu unterstellender Verweigerung der Zustimmung das Verfahren auf Ersetzung der Zustimmung beim Arbeitsgericht einleiten[6].

5. Zustimmung des Betriebsrats

88 Während der Dauer des besonderen Kündigungsschutzes für Amtsträger nach § 15 Abs. 1 Satz 1, Abs. 2 Satz 1, Abs. 3 Satz 1 KSchG ist eine außerordentliche Kündigung der geschützten Amtsträger nur mit Zustimmung des Betriebs- oder Personalrats oder nach gerichtlicher Ersetzung dieser Zustimmung zulässig. Für das Zustimmungsverfahren beim Betriebsrat gelten die Grundsätze des § 102 BetrVG entsprechend[7]. Der Zeitpunkt der Unterrichtung des Betriebsrats wird durch die Zwei-Wochen-Frist des § 626 Abs. 2 BGB mitbestimmt. Nach herrschender Auffassung hat der Betriebsrat auch im Rahmen des § 103 Abs. 1 BetrVG eine **Äußerungsfrist von höchstens drei Tagen**, wobei allerdings das ungenutzte Verstreichenlassen dieser Frist

---

1 BAG 23.8.1984 – 2 AZR 391/83, BAGE 46, 258.
2 BAG 6.3.1986 – 2 ABR 15/85, EzA § 15 KSchG nF Nr. 34; 21.6.2012 – 2 AZR 343/11, NZA 2013, 224.
3 BAG 10.2.1999 – 2 ABR 31/98, MDR 1999, 874.
4 BAG 21.6.1995 – 2 ABR 28/94, NZA 1995, 1157.
5 BAG 22.8.1974 – 2 ABR 17/74, BB 1974, 1578; 20.11.1987 – 2 AZR 266/87, RzK II.1. b) Nr. 4.
6 BAG 10.12.1992 – 2 ABR 32/92, EzA § 103 BetrVG 1972 Nr. 33; 7.5.1986 – 2 ABR 27/85, NZA 1986, 719.
7 BAG 23.4.2008 – 2 ABR 71/07, DB 2008, 1756.

im Gegensatz zum Anhörungsverfahren nach § 102 Abs. 2 Satz 2 BetrVG keine Zustimmung, sondern die Zustimmungsverweigerung beinhaltet. Da der Arbeitgeber bei Verweigerung der Zustimmung des Betriebsrats noch innerhalb der Zwei-Wochen-Frist des § 626 Abs. 2 BGB die Ersetzung der Zustimmung beim Arbeitsgericht beantragen muss, verkürzt sich die Ausschlussfrist durch die dreitägige Äußerungsfrist des Betriebsrats dahin, dass **spätestens am zehnten Tag nach Kenntniserlangung** der für die Kündigung maßgebenden Tatsachen das Zustimmungsverfahren beim Betriebsrat eingeleitet werden muss[1].

Grundsätzlich zulässig ist die Übertragung des Zustimmungsrechts des Betriebsrats zu einer beabsichtigten außerordentlichen Kündigung eines Betriebsratsmitglieds gem. § 103 BetrVG auf einen Betriebsausschuss nach § 27 Abs. 2 Satz 2 BetrVG oder einen besonderen Ausschuss nach § 28 BetrVG. Das Zustimmungsrecht gem. § 103 BetrVG muss dem Ausschuss allerdings ausdrücklich übertragen werden. Insbesondere eine Übertragung „aller mitbestimmungsrelevanten Personalmaßnahmen der §§ 99–103 BetrVG" auf den Betriebsausschuss hält das BAG für zulässig; sie betreffe noch nicht den nicht auf einen Ausschuss übertragbaren Kernbereich der Befugnisse des Betriebsrates[2]. 88a

Das von der Kündigung selbst **betroffene Betriebsratsmitglied** ist im Rahmen des Zustimmungsverfahrens nach § 103 Abs. 1 BetrVG nicht nur von der Abstimmung im Betriebsrat, sondern auch von der dieser Abstimmung vorausgehenden Beratung **ausgeschlossen**. Es handelt sich um einen Fall der rechtlichen Verhinderung iSd. § 25 Abs. 1 BetrVG[3]. Will der Arbeitgeber allen Mitgliedern des Betriebsrats aus dem gleichen Anlass kündigen, so ist jedes einzelne Betriebsratsmitglied hinsichtlich der ihm selbst drohenden Kündigung verhindert, kann aber am Zustimmungsverfahren betreffend die Kündigungen der anderen Betriebsratsmitglieder teilnehmen[4]. 89

Wegen eventueller **Mängel des Zustimmungsverfahrens** beim Betriebsrat soll die Rechtsprechung des BAG, die zum Anhörungsverfahren nach § 102 BetrVG entwickelt worden ist (sog. Sphärentheorie; vgl. auch Teil 3 J Rz. 131 f.), nicht auf das Zustimmungsverfahren des § 103 BetrVG übertragbar sein, weil die erforderliche Zustimmung zur Kündigung an sich einen wirksamen Beschluss voraussetzt. Allerdings gesteht das BAG auch im Rahmen des § 103 BetrVG dem Arbeitgeber einen gewissen Vertrauensschutz zu. So soll er auf die Wirksamkeit eines Zustimmungsbeschlusses dann vertrauen dürfen, wenn ihm der Betriebsratsvorsitzende oder sein Vertreter mitteilt, der Betriebsrat habe die beantragte Zustimmung erteilt. Auf dieses Vertrauen kann er sich dann nicht berufen, wenn ihm Tatsachen bekannt sind oder hätten bekannt sein müssen, aus denen die Unwirksamkeit des Beschlusses folgt. Der Arbeitgeber ist aber nicht verpflichtet, sich insoweit zu erkundigen[5]. 90

6. Zustimmungsersetzung durch das Arbeitsgericht

Verweigert der Betriebsrat die erforderliche Zustimmung, kann das Arbeitsgericht sie gem. § 103 Abs. 2 BetrVG auf Antrag des Arbeitgebers ersetzen, wenn die außerordentliche Kündigung unter Berücksichtigung aller Umstände gerechtfertigt ist. Der **Zustimmungsersetzungsantrag** muss innerhalb der Ausschlussfrist des § 626 Abs. 2 BGB beim Arbeitsgericht eingehen[6]. Die Einleitung des Zustimmungserset- 91

---

1 BAG 18.8.1977 – 2 ABR 19/77, AP Nr. 10 zu § 103 BetrVG 1972.
2 BAG 17.3.2005 – 2 AZR 275/04, AP Nr. 6 zu § 27 BetrVG 1972.
3 BAG 23.8.1984 – 2 AZR 391/83, DB 1985, 554; 26.8.1981 – 7 AZR 550/79, EzA § 103 BetrVG 1972 Nr. 27.
4 BAG 25.3.1976 – 2 AZR 163/75, AP Nr. 6 zu § 103 BetrVG 1972.
5 BAG 23.8.1984 – 2 AZR 391/83, DB 1985, 554.
6 BAG 7.5.1986 – 2 ABR 27/85, NZA 1986, 719; 18.8.1977 – 2 ABR 19/77, AP Nr. 10 zu § 103 BetrVG 1972.

zungsverfahrens kann erst dann erfolgen, wenn entweder die **Drei-Tages-Frist verstrichen** ist oder aber der Betriebsrat erklärt hat, er werde der beabsichtigten Kündigung **nicht zustimmen**. Es ist nicht zulässig, vorsorglich ein Zustimmungsersetzungsverfahren einzuleiten, etwa weil wegen der Ausschlussfrist des § 626 Abs. 2 BGB die Stellungnahme des Betriebsrats oder das Verstreichen seiner Stellungnahmefrist nicht abgewartet werden kann[1].

92 **Besteht kein Betriebsrat**, etwa bei beabsichtigter Kündigung eines Wahlvorstandsmitglieds bei erstmaliger Wahl eines Betriebsrats, muss der Arbeitgeber in entsprechender Anwendung des § 103 Abs. 2 BetrVG die fehlende Zustimmung zur Kündigung durch das Arbeitsgericht ersetzen lassen[2].

93 Im Rahmen des Zustimmungsersetzungsverfahrens muss das Arbeitsgericht darüber entscheiden, ob ein wichtiger Grund für eine außerordentliche Kündigung vorliegt. Das Arbeitsgericht entscheidet im Beschlussverfahren und ist daher gem. § 83 ArbGG verpflichtet, die für den wichtigen Kündigungsgrund maßgebenden Tatsachen **von Amts wegen** zu ermitteln. Das betroffene Betriebsratsmitglied ist gem. § 103 Abs. 2 Satz 2 BetrVG in dem Beschlussverfahren Beteiligter. Soweit in dem Verfahren festgestellt wird, dass die außerordentliche Kündigung gerechtfertigt ist, kann das Betriebsratsmitglied in einem späteren Kündigungsschutzrechtsstreit nicht mehr geltend machen, es gäbe keinen Kündigungsgrund. Es kann sich dann nur noch auf solche Kündigungshindernisse berufen, die es im Zustimmungsersetzungsverfahren nicht einwenden konnte (Präklusionswirkung)[3]. Die rechtskräftige Ersetzung entfaltet aber keine Bindungswirkung hinsichtlich des Kündigungsgrundes für einen späteren Kündigungsschutzprozess, in dem der Arbeitnehmer die Sozialwidrigkeit einer auf denselben Sachverhalt gestützten ordentlichen Kündigung nach Ablauf des Sonderkündigungsschutzes geltend macht[4]. Nach Auffassung des LAG Köln[5] kann ein Rechtsanwalt wegen widerstreitender Interessen (§ 43a Abs. 4 BRAO) im Zustimmungsersetzungsverfahren nicht gleichzeitig den Betriebsrat und das betroffene Betriebsratsmitglied vertreten. Der Arbeitgeber kann bis zur Beschwerdeinstanz[6] neue Umstände zur Rechtfertigung der Kündigung vorbringen (Nachschieben von Kündigungsgründen), soweit der Betriebsrat zuvor mit diesen befasst gewesen ist. Die Tatsache, dass der Betriebsratsvorsitzende im Rahmen des arbeitsgerichtlichen Zustimmungsersetzungsverfahrens von diesen neuen Tatsachen Kenntnis erhält, ersetzt die Beschlussfassung des Gremiums nicht[7]. Der im Beschlussverfahren geltende Amtsermittlungsgrundsatz führt nicht dazu, dass das Gericht einen bestimmten Sachverhalt, der im Verfahren bekannt wird, zur Rechtfertigung der beabsichtigten Kündigung heranziehen darf, obwohl der antragstellende Arbeitgeber sich darauf nicht stützt[8].

94 Wird die Zustimmung des Betriebsrats durch das Gericht ersetzt, muss der Arbeitgeber die **Kündigung unverzüglich aussprechen**. Die Zustimmung des Betriebsrats ist nur dann durch gerichtliche Entscheidung ersetzt, wenn die Ersetzungsentscheidung des Gerichts **Rechtskraft** erlangt[9]. Spricht der Arbeitgeber im Laufe eines Zustimmungsersetzungsverfahrens vor Eintritt der formellen Rechtskraft eine außer-

---

1 LAG Schl.-Holst. 17.8.2000 – 4 Ta BV 46/99, RzK II 3 Nr. 39; vgl. auch BAG 7.5.1986 – 2 ABR 27/85, NZA 1986, 717.
2 BAG 16.12.1982 – 2 AZR 76/81, EzA § 103 BetrVG 1972 Nr. 29.
3 KR/*Etzel*, § 103 BetrVG Rz. 139; BAG 11.5.2000 – 2 AZR 276/99, BB 2000, 2470.
4 BAG 15.8.2002 – 2 AZR 214/01, DB 2003, 453.
5 LAG Köln 15.11.2000 – 3 TaBV 55/00, NZA-RR 2001, 253.
6 LAG Nürnberg 25.3.1999 – 8 TaBV 21/98, NZA-RR 1999, 413.
7 BAG 22.8.1974 – 2 ABR 17/74, AP Nr. 1 zu § 103 BetrVG 1972; 27.1.1977 – 2 ABR 77/76, AP Nr. 7 zu § 103 BetrVG 1972.
8 BAG 27.1.1977 – 2 ABR 77/76, AP Nr. 7 zu § 103 BetrVG 1972.
9 BAG 24.11.2011 – 2 AZR 480/10, NZA-RR 2012, 333.

ordentliche Kündigung aus, so ist diese Kündigung nicht nur nichtig. Durch Ausspruch der Kündigung erledigt sich nach Auffassung des LAG Hamm[1] auch das gerichtliche Zustimmungsersetzungsverfahren. Dem Arbeitnehmer soll aber die Möglichkeit verwehrt sein, durch offensichtlich aussichtslose Rechtsmittel/Rechtsbehelfe gegen eine für ihn ungünstige Entscheidung den Anspruch der Kündigung durch den Arbeitgeber hinauszuzögern[2]. Der Arbeitgeber ist dann deshalb berechtigt, schon vor Durchführung des Rechtsmittels zu kündigen. Er darf aber auch warten, bis der die Zustimmung des Betriebsrats ersetzende Beschluss unanfechtbar geworden ist[3].

Scheidet ein Betriebsratsmitglied während des Zustimmungsersetzungsverfahrens aus dem Betriebsrat aus oder endet die Amtszeit des Betriebsrats, erledigt sich das Verfahren nach § 103 BetrVG[4]. Der Arbeitgeber kann dann kündigen. Eine erneute Anhörung nach § 102 BetrVG ist nicht erforderlich[5]. Anders ist es jedoch, wenn sich an das Ende der Amtszeit, in der ein Antrag nach § 103 Abs. 2 BetrVG gestellt wurde, ohne Unterbrechung eine neue Amtszeit des Betriebsrats anschließt. In diesem Fall – wie etwa beim Rücktritt eines Betriebsrats für die Phase bis zur Neuwahl des Folgebetriebsrats – gilt die Zustimmungsverweigerung fort. Das Verfahren erledigt sich nicht, sondern kann weiter geführt werden[6].

7. Sonderfall: Kündigung bei Betriebsstilllegung und -einschränkung

Nach § 15 Abs. 4 KSchG ist die Kündigung der durch § 15 Abs. 1–3 KSchG besonders geschützten Personen im Fall einer Betriebsstilllegung **frühestens zum Zeitpunkt der Stilllegung** zulässig, wenn ihre Kündigung zu einem früheren Zeitpunkt nicht durch zwingende betriebliche Erfordernisse bedingt ist. Wird eine der besonders geschützten Personen in einer Betriebsabteilung beschäftigt, die stillgelegt wird, so sie sie gem. § 15 Abs. 5 KSchG in eine andere Betriebsabteilung zu übernehmen[7]. Ist dies aus betrieblichen Gründen nicht möglich, so ist ausnahmsweise eine ordentliche Kündigung nach Maßgabe von § 15 Abs. 4 KSchG ohne Zustimmung des Betriebsrats zulässig[8]. Wenn das Betriebsratsmitglied aus anderen Gründen ordentlich unkündbar ist, tritt an die Stelle der ordentlichen Kündigung die außerordentliche Kündigung mit sozialer Auslauffrist[9].

a) Ordentliche Kündigung gem. § 15 Abs. 4 und 5 KSchG

Unter Betriebsstilllegung versteht die Rechtsprechung die Aufgabe des Betriebszwecks und die Auflösung der diesem Zweck dienenden Organisation. Dazu ist die **Auflösung der zwischen dem Arbeitgeber und den Arbeitnehmern bestehenden Betriebs- und Produktionsgemeinschaft** erforderlich. Sie muss veranlasst sein und zugleich ihren sichtbaren Ausdruck darin finden, dass der Unternehmer die bisherige wirtschaftliche Betätigung in der ernstlichen Absicht einstellt, die betrieblichen Aktivitäten endgültig oder für eine ihrer Dauer nach unbestimmte, wirtschaftlich nicht unerhebliche Zeitspanne aufzugeben[10]. Im Hinblick darauf, dass bei betriebsbeding-

---

1 LAG Hamm 4.8.2000 – 10 TaBV 7/00, ZInsO 2001, 335.
2 BAG 24.11.2011 – 2 AZR 480/10, NZA-RR 2012, 333; 25.10.1989 – 2 AZR 342/89, RzK II. 3. Nr. 17.
3 BAG 9.7.1998 – 2 AZR 142/98, NJW 1999, 444.
4 BAG 12.3.2009 – 2 ABR 24/08, NZA-RR 2010, 180; 24.11.2005 – 2 ABR 55/04, EzA-SD 2006, Nr. 6, 13.
5 BAG 8.6.2000 – 2 AZN 276/00, BB 2000, 1944; 5.11.2009 – 2 AZR 487/08, NZA-RR 2010, 236.
6 BAG 12.3.2009 – 2 ABR 24/08, NZA-RR 2010, 180.
7 BAG 12.3.2009 – 2 AZR 47/08, DB 2009, 1712.
8 BAG 15.2.2007 – 8 AZR 310/06, DB 2007, 1759.
9 BAG 15.2.2007 – 8 AZR 310/06, DB 2007, 1759.
10 BAG 19.6.1991 – 2 AZR 127/91, AP Nr. 53 zu § 1 KSchG 1969 – Betriebsbedingte Kündigung.

ten Kündigungen in der Regel Kündigungsfristen einzuhalten sind, ist nicht erforderlich, dass die Betriebsstilllegung bei Zugang der Kündigung bereits erfolgt ist. Es genügt, wenn sie greifbare Formen angenommen hat, die die Prognose rechtfertigen, dass bis zum Auslaufen der Kündigungsfrist die Betriebsstilllegung vollzogen ist[1]. So legt § 15 Abs. 4 KSchG fest, dass die Kündigung der besonders geschützten Amtsträger frühestens zum Zeitpunkt der Stilllegung zulässig ist. Eine Ausnahme kommt nur dann in Betracht, wenn eine frühere Beendigung des Arbeitsverhältnisses durch zwingende betriebliche Erfordernisse bedingt ist.

97 Eine **Betriebsveräußerung** ist keine Betriebsstilllegung iSd. § 15 Abs. 4 KSchG, wenn der bisherige Betrieb vom Erwerber unter Beibehaltung seiner Identität weitergeführt wird. In diesem Falle bleibt die Rechtsstellung des für den Betrieb gewählten Betriebsrats so lange unberührt, als die Identität des Betriebes unter dem neuen Betriebsinhaber fortbesteht[2].

97a Widerspricht das Betriebsratsmitglied allerdings dem Übergang seines Arbeitsverhältnisses auf den Betriebserwerber, so kann ihm gegenüber das als Betriebsstilllegung zu werten sein, so dass das Arbeitsverhältnis nach § 15 Abs. 4 KSchG gekündigt werden kann[3].

98 Im Falle einer Betriebsstilllegung bedarf die Kündigung eines der geschützten Amtsträger nicht der Zustimmung des Betriebsrats nach § 103 BetrVG. Diese Vorschrift findet auf eine Kündigung nach § 15 Abs. 4 KSchG, bei der es sich insoweit um eine ordentliche Kündigung handelt, keine Anwendung[4]. Erforderlich ist stattdessen eine **Anhörung nach § 102 BetrVG**. Im Rahmen des Anhörungsverfahrens muss dem Betriebsrat nicht nur die Unternehmerentscheidung über die geplante Stilllegung, sondern auch der beabsichtigte Stilllegungstermin mitgeteilt werden[5].

99 Auch bei Kündigungen nach § 15 Abs. 4 KSchG sind die für den Arbeitnehmer geltenden **Kündigungsfristen** einzuhalten. Ist aus anderen Gründen (zB aufgrund tarifvertraglicher Unkündbarkeitsbestimmungen) die ordentliche Kündigung ausgeschlossen, so kann auch bei einer beabsichtigten Betriebsstilllegung dem betrieblichen Amtsträger nur außerordentlich gekündigt werden. In diesem Falle ist allerdings eine Zustimmung nach § 103 BetrVG nicht erforderlich, durchzuführen ist vielmehr das Anhörungsverfahren nach § 102 BetrVG[6].

100 § 15 Abs. 4 KSchG besagt nicht, ob eine Kündigung auch dann zulässig ist, wenn eine **Weiterbeschäftigungsmöglichkeit in einem anderen Betrieb desselben Unternehmens** besteht. § 15 Abs. 5 KSchG verlangt bei der Stilllegung einer Betriebsabteilung lediglich die Übernahme in eine andere Betriebsabteilung, nicht aber in einen anderen Betrieb des Unternehmens. Nach § 1 Abs. 1 KSchG ist der Arbeitgeber jedoch verpflichtet, vor Ausspruch einer Kündigung zu prüfen, ob eine Weiterbeschäftigungsmöglichkeit in einem anderen Betrieb besteht. § 15 Abs. 4 und 5 KSchG bezweckt nicht, betriebliche Funktionsträger gegenüber den übrigen Arbeitnehmern zu benachteiligen. Über den Wortlaut des § 15 Abs. 4 KSchG hinaus ist eine Kündigung deshalb nur dann gerechtfertigt, wenn auch keine Weiterbeschäftigungsmöglichkeit in einem anderen Betrieb des Unternehmens besteht[7]. Wenngleich im Rahmen des § 15 Abs. 5

---

1 BAG 19.5.1988 – 2 AZR 596/87, AP Nr. 75 zu § 613a BGB; 19.6.1991 – 2 AZR 127/91, AP Nr. 53 zu § 1 KSchG 1969 – Betriebsbedingte Kündigung.
2 BAG 28.9.1988 – 1 ABR 37/87, NZA 1989, 188.
3 BAG 25.5.2000 – 8 AZR 416/99, DB 2000, 1666.
4 BAG 14.10.1982 – 2 AZR 568/80, AP Nr. 1 zu § 1 KSchG 1969 – Konzern; 29.3.1977 – 1 AZR 46/75, AP Nr. 11 zu § 102 BetrVG 1972.
5 LAG Köln 13.1.1993 – 8 Sa 907/92, ZIP 1993, 1107.
6 BAG 18.9.1997 – 2 ABR 15/97, NZA 1998, 189.
7 BAG 13.8.1992 – 2 AZR 22/92, EzA § 15 KSchG nF Nr. 39.

KSchG der Arbeitgeber verpflichtet ist, notfalls für betriebliche Amtsträger besetzte Arbeitsplätze frei zu kündigen[1], besteht eine solche Verpflichtung hinsichtlich etwaiger Weiterbeschäftigungsmöglichkeiten in anderen Betrieben nicht. Es gilt lediglich eine Benachteiligung von Amtsträgern zu verhindern, nicht aber deren Bevorzugung gegenüber den übrigen Arbeitnehmern bei Betriebsstilllegungen zu bewirken. In dem anderen Betrieb des Arbeitgebers müssen deshalb freie Arbeitsplätze vorhanden sein; dafür ist der Amtsträger darlegungs- und beweispflichtig[2].

b) Übernahme eines Amtsträgers bei Stilllegung einer Betriebsabteilung

Während bei Stilllegung des gesamten Betriebes die ordentliche Kündigung des Amtsträgers zulässig ist, legt § 15 Abs. 5 KSchG fest, dass bei Stilllegung einer Betriebsabteilung die **Amtsträger in andere Betriebsabteilungen zu übernehmen** sind. Die ordentliche Kündigung ist nur dann in entsprechender Anwendung des § 15 Abs. 4 KSchG zulässig, wenn eine Übernahme in eine andere Betriebsabteilung nicht möglich ist. Die fehlende Weiterbeschäftigungsmöglichkeit muss der Arbeitgeber substantiiert darlegen und im Einzelnen vortragen, welche Arbeiten in den übrigen Betriebsabteilungen noch anfallen und dass es auch bei Kündigungen anderer, nicht durch § 15 KSchG geschützter Arbeitnehmer und Umverteilung der vorhandenen Arbeit unter den verbleibenden Arbeitnehmern nicht möglich gewesen wäre, den gekündigten Amtsträger in wirtschaftlich vertretbarer Weise einzusetzen oder ihm, falls hierzu eine Änderung der Arbeitsbedingungen erforderlich gewesen wäre, ein dahin gehendes Angebot – erforderlichenfalls im Wege der Änderungskündigung[3] – zu unterbreiten[4]. Demgegenüber muss der gekündigte Mandatsträger, soweit er die fehlende Weiterbeschäftigungsmöglichkeit bestreitet, im Einzelnen darlegen, wie er sich im Hinblick auf seine Qualifikation eine Weiterbeschäftigung vorstellt[5]. Nach § 15 Abs. 5 Satz 1 KSchG besteht aber in keinem Fall eine Verpflichtung des Arbeitgebers, dem Mandatsträger zur Vermeidung einer Kündigung die Beschäftigung auf einem höherwertigen Arbeitsplatz anzubieten[6]. Ist eine Übernahme des betroffenen Amtsträgers danach nicht möglich, ist eine Kündigung gem. § 15 Abs. 5, Abs. 4 KSchG ohne Zustimmung des Betriebsrats zulässig. § 103 BetrVG findet keine Anwendung, stattdessen ist eine Anhörung nach § 102 BetrVG durchzuführen[7]. Das BAG hat bisher offen gelassen, ob die Interessen der durch die Freikündigung betroffenen Arbeitnehmer gegen die Interessen des Amtsträgers und der Belegschaft etwa an der Kontinuität der Besetzung des Betriebsrats grundsätzlich oder in besonders gelagerten Fällen gegeneinander abzuwägen sind oder ob dem Amtsträger absoluter Vorrang einzuräumen ist. Es scheint jedenfalls den Erhalt des Betriebsrats in seiner bisherigen Besetzung für besonders schützenswert zu halten[8], verweist aber – ohne eigene Festlegung – auf die Rechtsprechung der Instanzgerichte, die eine Abwägung vorsehen[9].

8. Versetzungsschutz

§ 103 Abs. 3 BetrVG enthält eine besondere Bestimmung für die **Versetzung** von betriebsverfassungsrechtlichen Amtsträgern, wenn dadurch der Verlust des Mandats

---

1 BAG 18.10.2000 – 2 AZR 494/99, BB 2001, 98.
2 LAG Nürnberg 13.5.1996 – 7 Sa 889/95, nv.
3 BAG 12.3.2009 – 2 AZR 47/08, DB 2009, 1712.
4 BAG 25.11.1981 – 7 AZR 382/79, BAGE 37, 128.
5 LAG Berlin 27.6.1986 – 13 Sa 6/86, LAGE § 15 KSchG Nr. 4.
6 BAG 23.2.2010 – 2 AZR 656/08, EzA-SD 2010, Nr. 16, 3.
7 BAG 31.8.1978 – 3 AZR 989/77, AP Nr. 1 zu § 102 BetrVG 1972 – Weiterbeschäftigung; 3.4.1987 – 7 AZR 66/86, NZA 1988, 37.
8 BAG 18.10.2000 – 2 AZR 494/99, BB 2001, 98.
9 BAG 12.3.2009 – 2 AZR 47/08, DB 2009, 1712.

oder der Wählbarkeit droht (Beispiel: Versetzung in einen anderen Betrieb des Unternehmens). Wenn der betroffene Arbeitnehmer nicht mit der Versetzung einverstanden ist und der Betriebsrat die Zustimmung verweigert, ist ebenfalls ein Zustimmungsersetzungsverfahren durchzuführen, soll dennoch die Versetzung vorgenommen werden.

V. Kündigungsschutz für Mitglieder kirchlicher Mitarbeitervertretungen

101b   Da in kirchlichen Einrichtungen das Betriebsverfassungs- und das Personalvertretungsrecht nicht gilt, gibt es aufgrund kirchenrechtlicher Sonderregelungen **Mitarbeitervertretungen**. Für den Bereich der katholischen Kirche schützt § 19 der in den einzelnen Diözesen eingesetzten Mitarbeitervertretungsordnungen (MAVO) Mitglieder von Mitarbeitervertretungen, Schwerbehindertenvertreter, Sprecher der Jugendlichen und Auszubildenden, Wahlausschussmitglieder und Wahlbewerber vor ordentlichen Kündigungen. Ein Verstoß gegen dieses Kündigungsverbot führt zur Unwirksamkeit nach § 13 KSchG. Vergleichbare Kündigungsverbote finden sich in den Bistums- und Regional-KODA-Ordnungen. In den evangelischen Kirchen wird im Geltungsbereich des Mitarbeitervertretungsgesetzes durch § 21 Abs. 2 MVG-EKD ein Schutz vor ordentlichen Kündigungen bereit gestellt, der etwa dem von Betriebsratsmitgliedern entspricht. Entsprechende Regelungen wurden für die Konföderation evangelischer Kirchen in Deutschland (MVG-K) und die diakonischen Werke der selbständigen Evangelisch-Lutherischen Kirche (MVG-SELK) in Kraft gesetzt. Auch hier führen Verstöße gegen die kirchenrechtlichen Bestimmungen zur Unwirksamkeit der Kündigung.

VI. Sonderkündigungsschutz für Betriebsbeauftragte

102   Im Zuge der Verbesserung des Umweltschutzes hat der Gesetzgeber neben dem schon älteren Sonderkündigungsschutz für Immissionsschutzbeauftragte weitere Kündigungsschutzvorschriften für Störfallbeauftragte, Abfallbeauftragte und Gewässerschutzbeauftragte geschaffen. Auch ihnen kann nur unter erschwerten Voraussetzungen gekündigt werden. Daneben gibt es eine Reihe weiterer Beauftragter, die zumindest einen gesetzlichen Benachteiligungsschutz genießen, der uU auch zur Unwirksamkeit einer Kündigung führen kann.

102a   Nach Auffassung des BAG tritt mit der wirksamen Bestellung zum Beauftragten regelmäßig eine Änderung des Arbeitsvertrages ein[1]. Schuldrechtliches Grundverhältnis und Bestellung sollen danach untrennbar miteinander verknüpft sein. Mit Widerruf der Bestellung sei folglich stets zugleich eine – aus Gründen der Verhältnismäßigkeit gebotene und auch zulässige – **Teilkündigung** des Arbeitsvertrages erforderlich, ohne die auch der Widerruf der Bestellung von vornherein unwirksam sei[2]. Es ist dabei abzugrenzen zu Fällen, in denen der Arbeitnehmer bei Übernahme des Amtes als Beauftragter nur eine **auflösend bedingte Vertragsänderung** erfährt, der Arbeitsvertrag also von vornherein nur für die Zeitspanne der Amtsübertragung entsprechend geändert und angepasst ist. Wird die Bestellung in diesem Fall wirksam widerrufen, entfällt automatisch auch die Tätigkeit des Beauftragten als Teil der vertraglich geschuldeten Leistung[3]. Es bedarf dann keiner Teilkündigung mehr. Die Fälle einer solchen Verknüpfung scheint das BAG nach seiner neueren Rechtsprechung als Regelfall anzunehmen, ohne dass dafür besondere Umstände sprechen müssen. Diese Grundsätze

---

1 BAG 13.3.2007 – 9 AZR 612/05, BB 2007, 1115; 26.3.2009 – 2 AZR 633/07, DB 2009, 1653.
2 BAG 13.3.2007 – 9 AZR 612/05, BB 2007, 1115; aA *Gelhaar*, NZA 2010, 373.
3 BAG 23.3.2011 – 10 AZR 562/09, NZA 2011, 1036; 29.9.2010 – 10 AZR 588/09, BAGE 135, 327; LAG Hamm 9.2.2012 – 16 Sa 1195/11, AbfallR 2012, 136.

aus dem Recht des Datenschutzbeauftragten können für die Betriebsbeauftragten grundsätzlich verallgemeinert werden.

Die **Wirksamkeit der Bestellung** als Beauftragter ist Voraussetzung für den Eintritt des Sonderkündigungsschutzes. Besonderer Voraussetzungen, etwa einer besonderen Bestellungsurkunde, bedarf es regelmäßig nicht, so dass eine Bestellung auch schon im Arbeitsvertrag erfolgen kann[1]. Für die Wirksamkeit der Bestellung sind die jeweiligen gesetzlichen Bestimmungen maßgeblich, aufgrund derer der Beauftragte bestellt wird. 102b

1. Immissionsschutzbeauftragte

Nach § 53 BImSchG muss ein Betreiber einer genehmigungsbedürftigen Anlage einen oder mehrere Beauftragte für Immissionsschutz (Immissionsschutzbeauftragte) bestellen, sofern dies im Hinblick auf die Art oder die Größe der Anlage wegen der von der Anlage ausgehenden Immissionen, der technischen Probleme der Immissionsbegrenzung oder der Eignung der Erzeugnisse, bei bestimmungsgemäßer Verwendung schädliche Umwelteinwirkungen durch Luftverunreinigungen, Geräusche oder Erschütterungen hervorzurufen, erforderlich ist. Einzelheiten regelt die **Verordnung über Immissionsschutz- und Störfallbeauftragte** (5. BImSchV) vom 30.7.1993[2]. 103

Gem. § 55 BImSchG muss der Betreiber den Immissionsschutzbeauftragten **schriftlich bestellen** und die ihm obliegenden Aufgaben genau bezeichnen. Die Bestellung des Bundesimmissionsschutzbeauftragten und die **Bezeichnung seiner Aufgaben** sowie Veränderungen in seinem Aufgabenbereich und seiner Abberufung muss der Betreiber der zuständigen Behörde unverzüglich anzeigen. Dem Immissionsschutzbeauftragten muss eine Abschrift dieser Anzeige ausgehändigt werden. Vor der Bestellung wie auch vor Veränderungen im Aufgabenbereich des Immissionsschutzbeauftragten oder vor dessen Abberufung muss der Betreiber den Betriebs- oder Personalrat unterrichten (§ 55 Abs. 1a BImSchG). Echte Mitbestimmungsrechte stehen dem Betriebsrat insoweit aber nicht zu. 104

Immissionsschutzbeauftragte dürfen wegen der Erfüllung der ihnen übertragenen Aufgaben nicht benachteiligt werden (§ 58 Abs. 1 BImSchG). Darüber hinaus gilt für sie gem. § 58 Abs. 2 BImSchG ein besonderer Kündigungsschutz, es sei denn, es liegen Tatsachen vor, die den Betreiber zur **Kündigung aus wichtigem Grund ohne Einhaltung einer Kündigungsfrist** berechtigen. Nach der Abberufung als Immissionsschutzbeauftragter ist die Kündigung innerhalb eines Jahres, vom Zeitpunkt der Beendigung der Bestellung an gerechnet, ebenfalls unzulässig, soweit kein Grund zur außerordentlichen Kündigung vorliegt. Im Unterschied zur Kündigung bedarf es für die **Abberufung** keines wichtigen Grundes; es genügt das Vorliegen **sachlicher Gründe**[3]. 105

Der vom Arbeitgeber zum Immissionsschutzbeauftragten bestellte Arbeitnehmer kann sein Amt jederzeit durch einseitige Erklärung ohne Zustimmung des Arbeitgebers und ohne Rücksicht darauf **niederlegen**, ob er nach dem zugrunde liegenden Arbeitsvertrag zur Fortführung des Amtes verpflichtet ist. Eine solche Amtsniederlegung löst den nachwirkenden einjährigen Sonderkündigungsschutz des § 58 Abs. 2 Satz 2 BImSchG nicht aus, wenn die Amtsniederlegung nicht durch ein Verhalten des Arbeitgebers, etwa Kritik an der Amtsführung oder Behinderung in der Wahrnehmung der Amtspflichten, veranlasst worden ist, sondern allein vom Arbeitnehmer ausging[4]. 106

---

1 BAG 26.3.2009 – 2 AZR 633/07, DB 2009, 1653.
2 BGBl. I, 1433.
3 LAG Hamm 9.2.2012 – 16 Sa 1195/11, AbfallR 2012, 136.
4 BAG 22.7.1992 – 2 AZR 85/92, NZA 1993, 557.

2. Störfallbeauftragte

107 § 58a BImSchG bestimmt, dass Betreiber genehmigungsbedürftiger Anlagen einen oder mehrere Störfallbeauftragte bestellen müssen, sofern dies im Hinblick auf die Art und Größe der Anlage wegen der bei einer Störung des bestimmungsgemäßen Betriebs auftretenden Gefahren für die Allgemeinheit und die Nachbarschaft erforderlich ist. Nähere Einzelheiten hierzu sind durch die 5. BImSchV (vgl. Rz. 103) geregelt. Der Störfallbeauftragte berät den Anlagenbetreiber in Fragen der Sicherheit. Dabei hat er auf die Verbesserung der Sicherheit der Anlage hinzuwirken, über Störungen zu berichten und über die Einhaltung der gesetzlichen Vorschriften zu wachen. Nach § 58d BImSchG gilt für Störfallbeauftragte § 58 BImSchG entsprechend. Für sie gilt deshalb das allgemeine Benachteiligungsverbot ebenso wie der besondere Kündigungsschutz (vgl. Rz. 105). Der Arbeitgeber darf ihnen nur aus wichtigem Grund kündigen. Es gilt ein nachwirkender Kündigungsschutz. Innerhalb eines Jahres, vom Zeitpunkt der Beendigung der Bestellung an gerechnet, ist die ordentliche Kündigung ausgeschlossen.

3. Gewässerschutzbeauftragte

108 Das Wasserhaushaltsgesetz gestattet Unternehmen, Gewässer in bestimmter Art und Weise zu benutzen. Dazu gehört auch die Berechtigung, Abwässer in Gewässer einleiten zu dürfen. **Benutzer von Gewässern, die an einem Tag mehr als 750 m^3 Abwasser einleiten dürfen**, müssen gem. § 64 Abs. 1 WHG einen oder mehrere Betriebsbeauftragte für Gewässerschutz (Gewässerschutzbeauftragte) bestellen. Die zuständige Behörde kann nach § 64 Abs. 2 WHG aber auch anordnen, dass bei einer geringeren Einleitungsmenge ein Gewässerschutzbeauftragter zu bestellen ist.

109 Der Gewässerschutzbeauftragte berät – neben weitergehenden Aufgaben – den Benutzer und die Betriebsangehörigen in Angelegenheiten, die für den **Gewässerschutz** bedeutsam sein können. Er hat über die Einhaltung von Vorschriften, Bedingungen und Auflagen, die im Interesse des Gewässerschutzes bedeutsam sind, zu wachen. Ihm obliegt es, auf die Anwendung geeigneter Abwasserbehandlungsverfahren hinzuwirken. § 66 WHG verweist auf die Regeln der §§ 56–58 BImSchG zum besonderen Kündigungsschutz. Die Kündigung des Arbeitsverhältnisses ist nur aus wichtigem Grund zulässig. Die ordentliche Kündigung ist ausgeschlossen. Auch der Gewässerschutzbeauftragte genießt einen nachwirkenden Kündigungsschutz. Nach Abberufung als Gewässerschutzbeauftragter ist die ordentliche Kündigung innerhalb eines Jahres, vom Zeitpunkt der Beendigung der Bestellung an gerechnet, unzulässig (nähere Einzelheiten vgl. Rz. 105 f.).

4. Abfallbeauftragte

110 Das Gesetz zur Förderung der Kreislaufwirtschaft und Sicherung der umweltverträglichen Beseitigung von Abfällen (KrWG)[1] vom 14.2.2012 verpflichtet Unternehmen unter den in § 59 KrWG näher genannten Voraussetzungen zur Bestellung eines Betriebsbeauftragten für Abfall. Für eine wirksame Bestellung ist nicht erforderlich, dass die Bestellung in einer eigenen Bestellungsurkunde erfolgt, die Aufgabenbeschreibung zutreffend ist, eine Anzeige an die Behörde erfolgt ist oder die Aufgaben tatsächlich ausgeübt werden; ausreichend ist die verbindliche Zuweisung der Aufgaben eines Abfallbeauftragten[2]. Der Abfallbeauftragte berät den Betreiber und die Betriebsangehörigen in Angelegenheiten, die für die Kreislaufwirtschaft und die Abfallbeseitigung bedeutsam sein können. Er ist insbesondere für die **Überwachung der Einhaltung des KrWG** und der aufgrund dieses Gesetzes erlassenen Rechtsverordnungen verantwort-

---
[1] BGBl. I, 2705.
[2] BAG 26.3.2009 – 2 AZR 633/07, DB 2009, 1653.

lich. Der Gesetzgeber geht davon aus, dass diese Aufgabe zu Konflikten mit dem Arbeitgeber führen kann. Der Abfallbeauftragte wird deshalb hinsichtlich seiner kündigungsrechtlichen Stellung dem Immissionsschutzbeauftragten gleichgestellt. § 60 Abs. 3 KrWG bestimmt, dass auf das Verhältnis zwischen dem Arbeitgeber und dem Abfallbeauftragten die §§ 55–58 BImSchG entsprechende Anwendung finden. Dies bedeutet, dass auch dem Abfallbeauftragten nur aus wichtigem Grund gekündigt werden kann, seine Bestellung muss aber wirksam vorgenommen worden sein[1]. Nach seiner Abberufung genießt er einen einjährigen nachwirkenden Kündigungsschutz. Währenddessen ist ebenfalls die ordentliche Kündigung unzulässig (nähere Einzelheiten vgl. Rz. 105 f.).

5. Strahlenschutzbeauftragte

Strahlenschutzbeauftragte werden nach § 13 Abs. 2 RöntgenschutzVO und nach § 31 Abs. 2 StrahlenschutzVO bestellt. Ein ausdrücklicher Kündigungsschutz ist nicht vorgesehen. Die genannten Verordnungen enthalten nur Benachteiligungsverbote. Soweit eine Kündigung wegen der Amtstätigkeit ausgesprochen wird, kann diese wegen Verletzung des gesetzlichen **Verbots der Benachteiligung gem. § 134 BGB** unwirksam sein[2]. Allerdings dürften sich für den Arbeitnehmer erhebliche Nachweisprobleme ergeben; denn er ist für den Tatbestand der Benachteiligung beweispflichtig.

110a

6. Beauftragte für biologische Sicherheit

§ 19 Abs. 2 GenTSV enthält für den Beauftragten für die biologische Sicherheit einen speziellen Benachteiligungsschutz. Wird die Kündigung auf Gründe gestützt, die mit der Amtsführung im Zusammenhang stehen, kann daraus die Unwirksamkeit der Kündigung folgen. § 19 Abs. 2 GenTSV enthält insoweit ein **gesetzliches Verbot iSd. § 134 BGB**[3].

110b

7. Betriebsärzte

§ 2 ASiG sieht die Bestellung von Betriebsärzten vor. Diese können auch Arbeitnehmer des Unternehmens sein. Nach § 9 Abs. 3 ASiG können Betriebsärzte nur mit **Zustimmung des Betriebsrats** bestellt oder abberufen werden. Die fehlende und auch nicht ersetzte Zustimmung des Betriebsrats zur Abberufung führt zur Unwirksamkeit der dem Betriebsarzt gegenüber ausgesprochenen Beendigungskündigung, wenn diese auf mit der betriebsärztlichen Tätigkeit in unmittelbarem Zusammenhang stehende Gründe gestützt wird[4]. Die Kündigungsmöglichkeiten des Arbeitgebers sind insoweit beschränkt.

110c

8. Sicherheitsbeauftragte und Fachkraft für Arbeitssicherheit

Nach **§ 22 Abs. 1 SGB VII** muss in Unternehmen mit regelmäßig mehr als 20 Beschäftigten ein **Sicherheitsbeauftragter** bestellt werden. Sicherheitsbeauftragte dürfen wegen der Erfüllung ihrer Aufgaben nicht benachteiligt werden (§ 22 Abs. 3 SGB VII). Erfolgt eine Kündigung wegen der Amtsführung, kann diese wegen Verstoßes gegen ein **gesetzliches Verbot (§ 134 BGB)** unwirksam sein[5].

110d

---

1 BAG 26.3.2009 – 2 AZR 633/07, DB 2009, 1653.
2 KR/*Friedrich*, § 13 KSchG Rz. 245.
3 KR/*Friedrich*, § 13 KSchG Rz. 253.
4 BAG 24.3.1988 – 2 AZR 368/87, DB 1989, 277.
5 KR/*Friedrich*, § 13 KSchG Rz. 256.

110e Fachkräfte für Arbeitssicherheit sind nach § 5 ASiG zu bestellen. Ihre Aufgabe besteht darin, den Arbeitgeber beim Arbeitsschutz und bei der Unfallverhütung sowie in allen Fragen der Arbeitssicherheit einschließlich der menschengerechten Gestaltung der Arbeit zu unterstützen. Sie genießen den gleichen Kündigungsschutz wie Betriebsärzte, vgl. Rz. 110c (§ 9 Abs. 3 ASiG). Deshalb ist die vorherige Abberufung mit Zustimmung des Betriebsrats notwendig, wenn aus einem Grund gekündigt werden soll, der mit der Amtsführung in unmittelbarem Zusammenhang steht.

9. Tierschutzbeauftragte

110f Auch der Tierschutzbeauftragte genießt keinen ausdrücklichen Kündigungsschutz, sondern unterliegt nur einem **Benachteiligungsverbot**. Wird er wegen der Wahrnehmung seiner Aufgaben entlassen, beinhaltet dies einen Verstoß gegen das gesetzliche Verbot, welches zur Unwirksamkeit der Kündigung führen kann[1].

10. Betriebliche Datenschutzbeauftragte

110g § 4f Abs. 3 Sätze 5 und 6 BDSG statuieren für betriebliche Datenschutzbeauftragte besonderen Kündigungsschutz. Die Kündigung des Arbeitsverhältnisses ist unzulässig, es sei denn, dass Tatsachen vorliegen, welche zur Kündigung aus wichtigem Grund ohne Einhaltung einer Kündigungsfrist berechtigen. Nach der Abberufung als Beauftragter für den Datenschutz ist die Kündigung innerhalb eines Jahres nach der Beendigung der Bestellung unzulässig, es sei denn, dass die verantwortliche Stelle zur Kündigung aus wichtigem Grund ohne Einhaltung einer Kündigungsfrist berechtigt ist. Nach Auffassung des BAG kann die Bestellung nach § 4f Abs. 3 Satz 4 BDSG für den Fall, dass sie zum arbeitsvertraglichen Pflichtenkreis des Arbeitnehmers gehört, nur bei gleichzeitiger Teilkündigung der arbeitsvertraglich geschuldeten Sonderaufgabe wirksam widerrufen werden[2]. Etwas anderes gilt bei einer Verknüpfung von Amt und schuldrechtlichem Grundverhältnis durch auflösende Bedingung[3].

11. Frauen- und Gleichstellungsbeauftragte

110h Zur Gleichstellung von Frauen im öffentlichen Dienst haben der Bund und die Länder entsprechende Gesetze erlassen. Diese sehen zT vor, dass Frauen- oder Gleichstellungsbeauftragte einen Kündigungsschutz wie Personalratsmitglieder oder nach § 15 KSchG genießen[4]. Daraus folgt, dass nur außerordentlich mit Zustimmung des Personalrats gekündigt werden kann. Nach Ablauf der Amtszeit greift der nachwirkende Kündigungsschutz nach § 15 Abs. 2 Satz 2 KSchG ein.

VII. Arbeitsplatzschutz für Wehrdienstleistende

111 Nach der Abschaffung der Wehrpflicht sind Arbeitnehmer, die freiwilligen Wehrdienst leisten, nach § 16 Abs. 7 iVm. § 2 ArbPlSchG vor Kündigungen geschützt. Im Bundesfreiwilligendienstgesetz findet sich allerdings keinerlei Kündigungsschutzregelung[5].

---

1 KR/*Friedrich*, § 13 KSchG Rz. 252.
2 BAG 13.3.2007 – 9 AZR 612/05, BB 2007, 1115.
3 BAG 23.3.2011 – 10 AZR 562/09, NZA 2011, 1036; 29.9.2010 – 10 AZR 588/09, BAGE 135, 327.
4 Vgl. § 18 Abs. 5 BGleiG; Art. 16 Abs. 5 BayGlG; § 19 Abs. 5 ChancenG Ba-Wü; § 15 Abs. 3 BremLGG; § 18 Abs. 3 HessGlG; § 19 Abs. 3 SächsFGG; § 17 Abs. 5 Satz 2 LGGRh-Pf.
5 Näher dazu HWK/*Hergenröder*, § 1 ArbPlSchG Rz. 9.

VII. Arbeitsplatzschutz für Wehrdienstleistende

1. Geltungsbereich des ArbPlSchG

Das ArbPlSchG gilt für **alle Arbeitnehmer** im Hoheitsgebiet der Bundesrepublik Deutschland. Nach § 15 ArbPlSchG sind Arbeitnehmer im Sinne des Gesetzes Arbeiter und Angestellte sowie die zu ihrer Berufsausbildung Beschäftigten. Für die in Heimarbeit Beschäftigten, die ihren Lebensunterhalt überwiegend aus der Heimarbeit beziehen, gelten die §§ 1–4 und 6 Abs. 2 ArbPlSchG sinngemäß (§ 7 ArbPlSchG). Für Handelsvertreter sind in § 8 ArbPlSchG Sonderregelungen vorgesehen.

112

Das ArbPlSchG enthält Schutzbestimmungen ausschließlich zugunsten der Arbeitnehmer, deren Einberufung durch Maßnahmen veranlasst worden ist, die auf der **deutschen Wehrgesetzgebung** beruhen. Ausländische Arbeitnehmer können hinsichtlich der Schutzvorschriften dieses Gesetzes nur insoweit gleichgestellt werden, als es sich um Angehörige eines Mitgliedstaates der Europäischen Union handelt, die im Geltungsbereich des Arbeitsplatzschutzgesetzes beschäftigt werden[1]. Arbeitnehmer, die bspw. den verkürzten Wehrdienst in der Türkei ableisten, können sich auf das Arbeitsplatzschutzgesetz nicht berufen. Auf Arbeitgeberseite werden alle Betriebe und Unternehmen der privaten Wirtschaft und des öffentlichen Dienstes erfasst. Dies gilt grundsätzlich auch für Kleinbetriebe. Für Letztere ist aber der Kündigungsschutz in besonderer Weise ausgestaltet.

113

2. Ordentliche Kündigung

Nach § 2 Abs. 1 ArbPlSchG darf der Arbeitgeber das Arbeitsverhältnis von der Zustellung des Einberufungsbescheides an bis zur Beendigung des Grundwehrdienstes sowie während einer Wehrübung nicht kündigen. Eine gleichwohl ausgesprochene Kündigung ist wegen Verstoßes gegen ein gesetzliches Verbot gem. § 134 BGB nichtig. Vor und nach dem Wehrdienst oder einer Wehrübung kann der Arbeitgeber das Arbeitsverhältnis **nicht aus Anlass des Wehrdienstes kündigen** (§ 2 Abs. 2 Satz 1 ArbPlSchG). Eine derartige Kündigung ist ebenfalls wegen Verstoßes gegen ein gesetzliches Verbot nach § 134 BGB nichtig. Die Beweislast dafür, dass der Wehrdienst nicht Anlass für die Kündigung war, trifft nach § 2 Abs. 2 Satz 3 ArbPlSchG den Arbeitgeber. Für Arbeitnehmer, die dem Kündigungsschutzgesetz unterfallen, wird der Kündigungsschutz im Rahmen einer betriebsbedingten Kündigung verstärkt. Nach § 2 Abs. 2 Satz 2 ArbPlSchG darf der Arbeitgeber im Rahmen einer betriebsbedingten Kündigung bei der Auswahl der zu entlassenden Arbeitnehmer den Wehrdienst eines Arbeitnehmers nicht zu dessen Ungunsten berücksichtigen. Auch insoweit trifft den Arbeitgeber die Beweislast, dass er den Wehrdienst nicht zuungunsten des Arbeitnehmers bei der Auswahl berücksichtigt hat (§ 2 Abs. 2 Satz 3 ArbPlSchG).

114

3. Außerordentliche Kündigung

Das Recht des Arbeitgebers zur außerordentlichen Kündigung aus wichtigem Grund **bleibt unberührt** (§ 2 Abs. 3 Satz 1 ArbPlSchG). Die Einberufung des Arbeitnehmers zum Wehrdienst beinhaltet keinen wichtigen Grund zur Kündigung.

115

Insoweit wird aber für **Kleinbetriebe** mit in der Regel zehn oder weniger Arbeitnehmern ausschließlich der Auszubildenden eine Ausnahme gemacht. Teilzeitbeschäftigte werden nach Umfang ihrer wöchentlichen Tätigkeit mit 0,5 (bis 20 Std.), 0,75 (bis 30 Std.) und 1,0 (bei mehr als 30 Std.) mitgezählt. Wird in einem solchen Betrieb ein unverheirateter Arbeitnehmer zum Grundwehrdienst für eine Zeit von mehr als sechs Monaten herangezogen und ist dem Arbeitgeber infolge der Einstellung einer Ersatzkraft die Weiterbeschäftigung des Arbeitnehmers nach dessen Entlassung aus

116

---

[1] St. Rspr. BAG 22.12.1982 – 2 AZR 282/82, BAGE 41, 229; 20.5.1988 – 2 AZR 682/87, NZA 1989, 464.

dem Wehrdienst nicht zumutbar, kann außerordentlich gekündigt werden. Eine solche Kündigung muss vom Arbeitgeber aber unter Einhaltung einer Frist von zwei Monaten für den Zeitpunkt der Entlassung aus dem Wehrdienst ausgesprochen werden (§ 2 Abs. 3 Satz 4 ArbPlSchG). Versäumt der Arbeitgeber diese Frist, verliert er sein Kündigungsrecht. Die Weiterbeschäftigung des aus dem Wehrdienst oder der Wehrübung entlassenen Arbeitnehmers ist dem Arbeitgeber dann unzumutbar, wenn er das Beschäftigungsverhältnis mit der Ersatzkraft nicht mehr lösen kann. Allerdings soll vom Arbeitgeber zu erwarten sein, dass er von vornherein ein befristetes Arbeitsverhältnis mit der Ersatzkraft eingeht, so dass der Arbeitsplatz für den Wehrpflichtigen nach der Entlassung aus dem Wehrdienst oder der Wehrübung wieder rechtzeitig frei wird[1].

4. Klagefrist

117 § 2 Abs. 4 ArbPlSchG sieht eine Sonderregelung für die Klagefrist im Rahmen des Kündigungsschutzgesetzes vor. Geht einem Arbeitnehmer nach der Zustellung des Einberufungsbescheides oder während des Wehrdienstes eine Kündigung zu, so beginnt für ihn die Frist des § 4 Satz 1 KSchG erst **zwei Wochen nach Ende des Wehrdienstes**.

118 Einstweilen frei.

VIII. Kündigungsschutz im Berufsausbildungsverhältnis

119 Der Kündigungsschutz für Auszubildende ist in **§ 22 BBiG** geregelt. Dieses Gesetz gilt für die Berufsbildung (§ 1 BBiG: Berufsausbildungsvorbereitung, Berufsausbildung, berufliche Fortbildung und berufliche Umschulung), soweit sie nicht in berufsbildenden Schulen durchgeführt wird, die den Schulgesetzen der Länder unterstehen (§ 3 BBiG). Ausgeschlossen ist ebenfalls die Berufsbildung an Hochschulen auf Grundlage des Hochschulrahmengesetzes, in einem öffentlich-rechtlichen Dienstverhältnis und auf Kauffahrteischiffen, soweit es sich nicht um Schiffe der kleinen Hochseefischerei oder der Küstenfischerei handelt (§ 3 Abs. 2 BBiG).

1. Kündigung während der Probezeit

120 Nach § 20 BBiG beginnt das Berufsausbildungsverhältnis mit der Probezeit, die mindestens einen Monat betragen muss und höchstens vier Monate betragen darf. Während dieser Probezeit kann das Berufsausbildungsverhältnis von beiden Seiten **jederzeit ohne Einhalten einer Kündigungsfrist** gekündigt werden (§ 22 Abs. 1 BBiG). Das Berufsausbildungsverhältnis kann während der Probezeit aber auch unter Zubilligung einer **Auslauffrist** nach § 22 Abs. 1 BBiG wirksam ordentlich gekündigt werden. Diese Auslauffrist muss aber so bemessen sein, dass sie nicht zu einer unangemessen langen Fortsetzung des Berufsausbildungsvertrages führt, der nach dem endgültigen Entschluss des Kündigenden nicht bis zur Beendigung der Ausbildung durchgeführt werden soll[2]. Wenn die Parteien des Berufsausbildungsvertrages keine abweichende Regelung vereinbart haben und sich ein Ausschluss der Kündigung vor Beginn der Ausbildung auch nicht aus den konkreten Umständen (zB der Abrede oder dem ersichtlichen gemeinsamen Interesse, die Ausbildung jedenfalls für einen bestimmten Teil der Probezeit tatsächlich durchzuführen) ergibt, kann der Berufsausbildungsvertrag entsprechend § 22 Abs. 1 BBiG bereits vor Beginn der Berufsausbildung von beiden Vertragsparteien ordentlich fristlos gekündigt werden[3]. Zu beachten sind ggf.

---

1 LAG Schl.-Holst. 31.10.1985 – 5 Sa 69/85, RzK IV. 2. Nr. 1.
2 BAG 10.11.1988 – 2 AZR 26/88, AP Nr. 8 zu § 15 BBiG.
3 BAG 17.9.1987 – 2 AZR 654/86, AP Nr. 7 zu § 15 BBiG; LAG Düsseldorf 16.9.2011 – 6 Sa 909/11, NZA-RR 2012, 127.

VIII. Kündigungsschutz im Berufsausbildungsverhältnis   Rz. 123 Teil 3 H

Mitbestimmungsrechte, die – wie §§ 79 Abs. 1, 87 Nr. 8 PersVG Berlin – ein positives Konsensprinzip vorschreiben, die eine Kündigung vor Eintritt der Zustimmungsfiktion mit Ablauf der Äußerungsfrist des Personalrats oder dessen ausdrücklicher Zustimmung nicht zulassen[1].

2. Kündigung nach Ablauf der Probezeit

Nach Ablauf der Probezeit kann das Berufsausbildungsverhältnis gem. § 22 Abs. 2 BBiG vom Ausbildenden **nur noch aus wichtigem Grund ohne Einhaltung einer Kündigungsfrist** gekündigt werden. Die ordentliche Kündigung ist für ihn ausgeschlossen. Der Auszubildende kann demgegenüber mit einer **Kündigungsfrist von vier Wochen** das Ausbildungsverhältnis lösen, wenn er die Berufsausbildung aufgeben oder sich für eine andere Berufstätigkeit ausbilden lassen will. Die Voraussetzungen des wichtigen Grundes iSd. § 22 Abs. 2 Nr. 1 BBiG entsprechen denen des § 626 Abs. 1 BGB. Dem Kündigenden muss daher die Fortsetzung der Ausbildung bis zum Ablauf der Ausbildungszeit unzumutbar sein. Aus dem Vertragszweck, das Ausbildungsziel zu erreichen, sollen sich für den Ausbildenden Kündigungseinschränkungen ergeben[2]. Wichtige Gründe sollen in der Regel nur solche sein, die bei objektiver Vorschau ergeben, dass das Ausbildungsziel erheblich gefährdet oder nicht mehr zu erreichen ist. Bei der Interessenabwägung soll das Verhältnis der zurückgelegten zu der noch verbleibenden Dauer der Ausbildungszeit von wesentlicher Bedeutung sein. Je näher das Ausbildungsziel ist, desto schärfere Anforderungen sollen an den wichtigen Grund gestellt werden müssen[3]. Kurz vor dem Prüfungstermin komme deshalb eine außerordentliche Kündigung durch den Ausbildenden nur noch in Ausnahmefällen in Betracht[4]. Zweifelhaft erscheint allerdings, ob derart strenge Anforderungen auch dann zu stellen sind, wenn es sich um den Vertrauensbereich berührende Vertragsverletzungen handelt, wie etwa Eigentumsdelikte oder tätliche Auseinandersetzungen mit anderen Auszubildenden. Vor einer Kündigung muss der Ausbildende alle verfügbaren und zumutbaren Erziehungsmittel erschöpfend angewandt haben[5].

121

Nach § 22 Abs. 4 BBiG ist eine Kündigung aus wichtigem Grund iSd. § 22 Abs. 2 Nr. 1 BBiG **unwirksam**, wenn die ihr zugrunde liegenden Tatsachen dem zur Kündigung Berechtigten länger als zwei Wochen bekannt sind. Ist ein vorgesehenes Güteverfahren vor einer außergerichtlichen Stelle eingeleitet (zB § 111 Abs. 2 ArbGG), so wird der Lauf dieser Frist bis zu dessen Beendigung gehemmt.

122

3. Schriftform

Die Kündigung eines Berufsausbildungsverhältnisses muss grundsätzlich schriftlich und in den Fällen des § 22 Abs. 2 BBiG (außerordentliche Kündigung und Kündigung des Auszubildenden wegen Aufgabe der Berufsausbildung) unter **Angabe der Kündigungsgründe** erfolgen. Adressat bei minderjährigen Auszubildenden sind die Eltern als gesetzliche Vertreter[6]. § 22 Abs. 3 BBiG enthält insoweit eine qualifizierte Formvorschrift. Wenn der Kündigende im Kündigungsschreiben nur auf die dem Gekündigten bereits vorher mündlich mitgeteilten Kündigungsgründe Bezug nimmt, ohne sie selbst zu beschreiben, ist die Kündigung wegen Verstoßes gegen § 22 Abs. 3 BBiG iVm. § 134 BGB nichtig[7]. Die Kündigungsgründe sind nur dann in einer § 22

123

---
1 BAG 19.11.2009 – 6 AZR 800/08, NZA 2010, 278.
2 ArbG Magdeburg 7.9.2011 – 3 Ca 1640/11, LAGE Nr. 3 zu § 22 BBiG.
3 LAG Köln 19.9.2006 – 9 Sa 1555/05, LAGE Nr. 1 zu § 22 BBiG.
4 LAG Köln 25.6.1987 – 10 Sa 223/87, LAGE § 15 BBiG Nr. 4.
5 LAG Rh.-Pf. 27.9.2004 – 7 Sa 565/04, nv.
6 BAG 8.12.2011 – 6 AZR 354/10, DB 2012, 579.
7 LAG Köln 26.1.1982 – 1/8 Sa 710/81, LAGE § 15 BBiG Nr. 1.

Abs. 3 BBiG genügenden Weise angegeben, wenn der kündigende Ausbildende den maßgebenden Sachverhalt unter Angabe der Tatsachen, aus denen er seinen Kündigungsentschluss herleitet, so umschreibt, dass der gekündigte Auszubildende erkennen kann, um welchen konkreten Vorfall es sich handeln soll. Der Begründungszwang soll zwar nicht so weit reichen wie die Darlegungspflicht im gerichtlichen Verfahren. Die pauschale Angabe eines Grundes (zB Diebstahl) oder die Bezugnahme auf bestimmte Vorfälle genügt nicht[1]. Das qualifizierte Formerfordernis soll sich insbesondere dann auswirken, wenn **Kündigungsgründe nachgeschoben** werden. Kündigungsgründe, die im Zeitpunkt des Kündigungszugangs schon entstanden, dem Arbeitgeber aber noch nicht bekannt waren, können unter bestimmten Umständen nachgeschoben werden (vgl. Teil 3 D Rz. 25 ff.). Im Hinblick auf § 22 Abs. 3 BBiG soll das Nachschieben von Kündigungsgründen bei Berufsausbildungsverhältnissen unzulässig sein[2]. Das Ergebnis erscheint nicht sachgerecht. So lässt die Rechtsprechung ein Nachschieben von Kündigungsgründen auch zu, wenn ein Betriebsrat anzuhören ist. Er muss dann nachträglich über die Kündigungsgründe informiert werden[3]. Für die Kündigung von Berufsausbildungsverhältnissen wird man deshalb genügen lassen müssen, wenn der Kündigende die nachgeschobenen Kündigungsgründe alsbald schriftlich mitteilt.

4. Schlichtungsausschuss

124 Nach § 111 Abs. 2 ArbGG können zur Beilegung von Streitigkeiten zwischen Ausbildenden und Auszubildenden aus einem bestehenden Berufsausbildungsverhältnis im Bereich des Handwerks die Handwerksinnungen und im Übrigen die zuständigen Stellen iSd. Berufsbildungsgesetzes Schlichtungsausschüsse bilden. Ihnen müssen Arbeitgeber und Arbeitnehmer in gleicher Zahl angehören. Einer eventuellen Klage vor dem Arbeitsgericht muss in allen Fällen die **Verhandlung vor einem (bestehenden) Schlichtungsausschuss** vorangegangen sein (§ 111 Abs. 2 Satz 5 ArbGG). Solange das Verfahren vor einem bestehenden Schlichtungsausschuss nicht durchgeführt worden ist, bleibt eine vor dem Arbeitsgericht erhobene Klage unzulässig. Der Ausschuss muss die Parteien mündlich hören. Wird ein von ihm gefällter Spruch nicht innerhalb einer Woche von beiden Seiten anerkannt, kann binnen zwei Wochen nach Ergehen des Spruches Klage beim zuständigen Arbeitsgericht erhoben werden. Soweit ein solcher Ausschuss gebildet ist, findet ein Güteverfahren vor dem Arbeitsgericht nicht statt.

125 Das Kündigungsschutzgesetz regelt nicht ausdrücklich, ob Auszubildende als Arbeitnehmer und Berufsausbildungsverhältnisse als Arbeitsverhältnisse anzusehen sind. Das BAG hat entschieden, dass die **Vorschriften des Kündigungsschutzgesetzes auch auf Berufsausbildungsverhältnisse anwendbar** sind, soweit nicht besondere Vorschriften eingreifen. So findet § 4 KSchG (dreiwöchige Klagefrist) auch auf Berufsausbildungsverhältnisse Anwendung, soweit nicht gem. § 111 Abs. 2 Satz 5 ArbGG eine Verhandlung vor einem zur Beilegung von Streitigkeiten aus einem Berufsausbildungsverhältnis gebildeten Ausschuss stattfinden muss[4]. Ist der Ausschuss nicht wirksam bestellt worden, ist innerhalb von drei Wochen nach Zugang der Kündigung Klage zu erheben. Erfährt der Auszubildende erst später wegen verzögerlicher oder fehlerhafter Sachbehandlung der zunächst angerufenen Stelle davon, dass ein Schlichtungsausschuss nicht vorhanden war, kommt in der Regel eine nachträgliche Klagezulassung nach § 5 KSchG in Betracht[5].

---

1 LAG BW 11.7.1989 – 14 Sa 46/89, LAGE § 15 BBiG Nr. 6.
2 LAG Köln 21.8.1987 – 9 Sa 398/87, EzA § 15 BBiG Nr. 11; LAG BW 5.1.1990 – 1 Sa 23/89, LAGE § 15 BBiG Nr. 7.
3 BAG 11.4.1985 – 2 AZR 239/84, AP Nr. 39 zu § 102 BetrVG 1972.
4 BAG 13.4.1989 – 2 AZR 441/88, AP Nr. 21 zu § 4 KSchG 1969; 5.7.1990 – 2 AZR 53/90, AP Nr. 23 zu § 4 KSchG 1969.
5 BAG 5.7.1990 – 2 AZR 53/90, AP Nr. 23 zu § 4 KSchG 1969.

⟳ **Hinweis:** Im Zweifel ist anzuraten, vorsorglich dennoch eine Klage vor dem Arbeitsgericht zu erheben und sie ggf. später wieder zurückzunehmen.

IX. Sonderkündigungsschutz nach Teilzeit- und Befristungsgesetz

§ 11 TzBfG enthält ein eigenes Kündigungsverbot. Danach ist die Kündigung eines Arbeitsverhältnisses wegen der **Weigerung** des Arbeitnehmers, **von Vollzeit in Teilzeit** oder umgekehrt **zu wechseln**, unwirksam. Die Vorschrift enthält ein eigenständiges, von § 1 KSchG unabhängiges Kündigungsverbot. Allerdings dürfte der Arbeitgeber nicht gehindert sein, betriebsbedingt zu kündigen, wenn er belegen kann, dass er für eine bestimmte Arbeitsaufgabe eine Vollzeitkraft benötigt und eine weitere Teilzeitkraft, mit der das Arbeitsvolumen der schon beschäftigten Teilzeitkraft entsprechend aufgefüllt werden könnte, nicht zu finden ist.

126

Ein weiteres Kündigungsverbot enthält § 13 Abs. 2 Satz 1 TzBfG. Nach § 13 Abs. 1 Satz 1 TzBfG können Arbeitgeber und Arbeitnehmer vereinbaren, dass sich mehrere Arbeitnehmer die **Arbeitszeit** an einem Arbeitsplatz **teilen**. Schwierigkeiten können sich ergeben, wenn einer dieser Mitarbeiter ausscheidet. § 13 Abs. 2 Satz 1 TzBfG verbietet die Kündigung der Arbeitsverhältnisse der nicht ausgeschiedenen Arbeitnehmer. Allerdings bleibt nach § 13 Abs. 2 Satz 2 TzBfG das Recht des Arbeitgebers zur Änderungskündigung aus diesem Anlass und zur Kündigung des Arbeitsverhältnisses aus anderen Gründen unberührt. Der Arbeitgeber ist deshalb berechtigt, statt der nicht zulässigen Beendigungskündigung Änderungskündigungen auszusprechen mit dem Ziel, das frei gewordene Arbeitsvolumen auf den bzw. die anderen auf dem Arbeitsplatz noch verbliebenen Arbeitnehmer zu verteilen. Unabhängig davon ist aber auch die Kündigung aus sozial berechtigten Gründen (§ 1 Abs. 1 KSchG) nicht ausgeschlossen.

127

Weiterhin enthält das Teilzeit- und Befristungsgesetz in § 4 Abs. 2 und in § 5 **Benachteiligungs-** und **Diskriminierungsverbote**. Eine Kündigung, die gerade und wegen oder nur wegen der Teilzeit ausgesprochen wird, ist deshalb wegen des Verstoßes gegen ein gesetzliches Verbot iSd. § 134 BGB nichtig. Gleiches gilt, wenn die Kündigung deshalb erfolgt, weil der Arbeitnehmer Rechte nach dem Teilzeit- und Befristungsgesetz für sich in Anspruch nimmt[1].

128

X. Sonderkündigungsschutz für Bergmannversorgungsscheininhaber

In einigen Bundesländern gibt es Sonderkündigungsschutzvorschriften für Bergmannversorgungsscheininhaber. § 10 des Gesetzes über einen Bergmannversorgungsschein im Land NRW[2] und § 11 des Gesetzes Nr. 768 über einen Bergmannversorgungsschein im Saarland[3] schreiben vor, dass einem Bergmannversorgungsscheininhaber nur mit **Zustimmung der Zentralstelle** für den Bergmannversorgungsschein gekündigt werden darf. Für die außerordentliche Kündigung ist kein Zustimmungserfordernis vorgesehen. Die ohne Zustimmung der Zentralstelle ausgesprochene ordentliche Kündigung verstößt gegen ein gesetzliches Verbot und ist deshalb gem. § 134 BGB nichtig[4]. Das Land Niedersachsen geht einen anderen Weg. § 1 des Gesetzes über einen Bergmannversorgungsschein im Lande Niedersachsen[5] stellt den Bergmannversorgungsscheininhaber einem Schwerbeschädigten gleich. Gemeint ist damit der

129

---

1 KR/*Friedrich*, § 13 KSchG Rz. 241.
2 GVBl. 1983, 635.
3 ABl. 1962, 605.
4 KR/*Friedrich*, § 13 KSchG Rz. 234.
5 Niedersächsisches Gesetz- und Verordnungsblatt 1949 Sb I, 741.

schwerbehinderte Mensch iSd. SGB IX[1] Sowohl für die ordentliche als auch für die außerordentliche Kündigung bedarf es deshalb der **Zustimmung des Integrationsamtes**.

130 Einstweilen frei.

XI. Sonderkündigungsschutz nach Pflegezeitgesetz

131 Am 1.7.2008 ist das Pflegezeitgesetz (PflegeZG) in Kraft getreten. Ziel des Gesetzes ist es, Beschäftigten die Möglichkeit zu eröffnen, pflegebedürftige nahe Angehörige bei akutem Eintritt von Pflegebedarf kurzzeitig oder grundsätzlich längerfristig in häuslicher Umgebung zu pflegen. Durch die Gewährung eines unabdingbaren Sonderkündigungsschutzes für die Zeit der Pflege soll dem Beschäftigten die Sorge vor dem Verlust des Arbeitsplatzes genommen werden[2]. Näher zum Pflegezeitgesetz und den Änderungen durch das Gesetz zur besseren Vereinbarkeit von Familie, Pflege und Beruf[3] s. Teil 2 D Rz. 34 ff.

1. Anwendungsbereich

132 Der persönliche Anwendungsbereich des PflegeZG bezieht sich auf **Beschäftigte**, dh. Arbeitnehmer, die zu ihrer Berufsausbildung Beschäftigten und arbeitnehmerähnlichen Personen (§ 7 PflegeZG). Anwendungsfall des Gesetzes ist zum einen die **kurzzeitige Arbeitsverhinderung** in einer akut aufgetretenen Pflegesituation zur Organisation oder eigenen Sicherstellung von Pflege gem. § 2 PflegeZG, zum anderen die **Pflegezeit zur Pflege in häuslicher Umgebung** nach § 3 PflegeZG. Beide Maßnahmen richten sich auf die Pflege **naher Angehöriger**, die in § 7 Abs. 3 PflegeZG definiert werden. Die Pflegebedürftigkeit dieser Angehörigen bestimmt sich nach Maßgabe der §§ 14, 15 SGB XI.

2. Sonderkündigungsschutz bei kurzzeitiger Arbeitsverhinderung nach § 2 PflegeZG

133 Der Sonderkündigungsschutz nach § 5 Abs. 1 Alt. 1 PflegeZG bezieht sich auf den Fall des § 2 PflegeZG, der kurzzeitigen Arbeitsverhinderung in einer akut aufgetretenen Pflegesituation. Eine akut aufgetretene Pflegesituation setzt plötzliche Pflegebedürftigkeit eines nahen Angehörigen voraus, in der es erforderlich ist, dass Pflege organisiert oder durch den Beschäftigten selbst sichergestellt wird; es genügt nicht, wenn die Pflegebedürftigkeit erst droht oder schon besteht, ohne dass sich Veränderungen ergeben haben[4].

134 Der Sonderkündigungsschutz setzt schon **mit Ankündigung der kurzzeitigen Arbeitsverhinderung** ein, soweit dies bei einer akut eingetretenen Pflegesituation überhaupt möglich ist. Die Ankündigung muss den Voraussetzungen des § 2 Abs. 2 PflegeZG genügen, dh. den Beginn und den voraussichtlichen Zeitraum der Verhinderung angeben[5]. Ohne Vorankündigung beginnt der Sonderkündigungsschutz, sobald die kurzzeitige Arbeitsverhinderung iSd. § 2 PflegeZG **tatsächlich eintritt**. Nach anderer Auffassung ist die Anzeige nach § 2 Abs. 2 PflegeZG für den Beginn des Sonderkündigungsschutzes konstitutiv[6]. Diese Lesart des § 5 Abs. 1 PflegeZG ist nicht zwingend. Gerade in Fällen der akut eingetretenen Pflegesituation kann eine Mitteilung an den Arbeitgeber unverschuldet zeitnah nicht möglich sein; es widerspräche dem Gesetzeszweck, dann den Kündigungsschutz zunächst zu versagen.

---

1 KR/*Friedrich*, § 4 KSchG Rz. 235.
2 Begr. RegE, BR-Drucks. 718/07, 223.
3 BGBl. I, 2462.
4 BAG 15.11.2011 – 9 AZR 348/10, NZA 2012, 323; *Preis/Nehring*, NZA 2008, 729 (730).
5 *Preis/Nehring*, NZA 2008, 729 (730).
6 *Müller*, BB 2008, 1058 (1064).

3. Sonderkündigungsschutz bei Pflegezeit nach § 3 PflegeZG

Der Sonderkündigungsschutz nach § 5 Abs. 1 Alt. 2 PflegeZG bezieht sich auf den Fall der Inanspruchnahme von Pflegezeit nach § 3 PflegeZG. Pflegezeit kann als **vollständige Freistellung** in Anspruch genommen werden; für eine alternative **teilweise Freistellung** muss sich der Beschäftigte mit dem Arbeitgeber einigen. Die Pflegezeit beschränkt sich auf die **Pflege in häuslicher Umgebung** und kann längstens für **sechs Monate** in Anspruch genommen werden. Sie endet gem. § 4 Abs. 2 PflegeZG vorzeitig vier Wochen nach dem Zeitpunkt, zu dem der nahe Angehörige nicht mehr pflegebedürftig ist oder die häusliche Pflege unmöglich oder unzumutbar wird. Das PflegeZG sieht eine mehrfache Inanspruchnahme von Pflegezeit nach § 3 PflegeZG für einen pflegebedürftigen nahen Angehörigen nicht vor[1]. Es lässt nur eine einmalige Pflegezeitnahme (einmaliges Gestaltungsrecht) mit unmittelbarer anschließender Verlängerungsmöglichkeit zu. Ob die Pflegezeit von vorneherein in mehrere getrennte Abschnitte aufgeteilt werden kann, hat das BAG unentschieden gelassen[2].

135

Der Kündigungsschutz beginnt mit der vorgeschriebenen Ankündigung der Inanspruchnahme von Pflegezeit, die spätestens zehn Tage vorher ordnungsgemäß mitzuteilen ist, und endet mit der Beendigung der Pflegezeit. Die **Ankündigung** muss schriftlich erfolgen und erklären, für welchen Zeitraum und in welchem Umfang Pflegezeit in Anspruch genommen wird. Allgemein kritisch wird der Umstand gesehen, dass der Kündigungsschutz nach § 5 Abs. 1 PflegeZG bereits durch eine frühzeitige Ankündigung der Inanspruchnahme von Pflegezeit weit vorverlagert werden kann. Anders als in § 18 BEEG sieht § 5 Abs. 1 PflegeZG **keine Höchstgrenze** von acht Wochen vor Beginn der Auszeit vor. Eine unverhältnismäßig frühe Ankündigung der Inanspruchnahme von Pflegezeit kann daher **rechtsmissbräuchlich** sein[3]; zu berücksichtigen ist auf der anderen Seite, dass ein Beschäftigter regelmäßig davon ausgehen kann, dass der Arbeitgeber grundsätzlich an einer frühzeitigen Ankündigung interessiert ist, um noch genügend Vorlauf für organisatorische Maßnahmen zur Kompensation der Abwesenheit des Beschäftigten zu haben.

136

Das Gesetz regelt zwar in § 3 Abs. 2 PflegeZG, dass der Arbeitnehmer eine **Bescheinigung** zur Pflegebedürftigkeit des nahen Angehörigen vorzulegen hat, bestimmt allerdings den Zeitpunkt nicht. Nach dem Wortlaut des Gesetzes ist der Beginn des Sonderkündigungsschutzes jedenfalls nicht an die Vorlage der Bescheinigung nach § 3 Abs. 2 PflegeZG geknüpft.

137

4. Zulässige Kündigung in besonderen Fällen

In besonderen Fällen kann nach § 5 Abs. 2 PflegeZG gekündigt werden, wenn die für den Arbeitsschutz zuständige **oberste Landesbehörde** oder eine von ihr bestimmte Stelle die Kündigung zuvor für zulässig erklärt hat.

138

a) Besonderer Fall

Das Gesetz regelt selbst nicht, was unter einem „besonderen Fall" iSd. § 5 Abs. 2 PflegeZG zu verstehen ist. Wie bei § 9 Abs. 3 MuSchG handelt es sich um einen unbestimmten Rechtsbegriff. Für eine soziale Auslauffrist bis zum Ende der Pflegezeit gibt es wie im Falle der Elternzeit keine gesetzliche Grundlage[4]. Wegen der näheren Einzelheiten wird auf die Ausführungen zum Mutterschutz verwiesen (Rz. 10).

139

---

1 BAG 15.11.2011 – 9 AZR 348/10, NZA 2012, 323.
2 BAG 15.11.2011 – 9 AZR 348/10, NZA 2012, 323.
3 *Freihube/Sasse*, DB 2008, 1320 (1322); *Müller*, BB 2008, 1058 (1064); *Preis/Nehring*, NZA 2008, 729 (735).
4 BAG 20.1.2005 – 2 AZR 555/03, NJW 2005, 2109.

b) Verwaltungsvorschriften

140 § 5 Abs. 2 PflegeZG ermächtigt die Bundesregierung, mit Zustimmung des Bundesrates eine allgemeine Verwaltungsvorschrift zu erlassen. Dies ist noch nicht geschehen.

XII. Sonderkündigungsschutz nach Familienpflegezeitgesetz

141 Mit dem Familienpflegegesetz vom 1.1.2012[1] soll die **Vereinbarkeit von Beruf und familiärer Pflege** verbessert werden. Danach kann für die Dauer von längstens zwei Jahren eine sog. Familienpflegezeit in Anspruch genommen werden kann (näher dazu Teil 2 D Rz. 81 ff.). In der Familienpflegezeit soll dem Arbeitnehmer ermöglicht werden, zur häuslichen Pflege von Angehörigen mit reduzierter Stundenzahl weiterzuarbeiten.

1. Besonderer Kündigungsschutz

142 § 2 Abs. 3 FPfZG verweist nunmehr auf § 5 PflegeZG. Damit gilt grundsätzlich das zum Sonderkündigungsschutz bei Pflegezeit Ausgeführte (s. Rz. 135 ff.).

2. Dauer und Ende des Kündigungsschutzes

143 Der Kündigungsschutz erstreckt sich zunächst auf die eigentliche Familienpflegezeit. Sie dauert **höchstens zwei Jahre,** kann aber schon vorher enden, wenn die häusliche Pflege des pflegebedürftigen nahen Angehörigen zuvor endet (vgl. § 2a Abs. 5 FPfZG).

3. Zulässige Kündigung in besonderen Fällen

144 In besonderen Fällen kann nach § 2 Abs. 3 FPfZG iVm. § 5 Abs. 2 PflegeZG ausnahmsweise die Kündigung für zulässig erklärt werden, wenn die **für den Arbeitsschutz zuständige oberste Landesbehörde** oder eine von ihr bestimmte Stelle die Kündigung zuvor für zulässig erklärt hat. Das PflegeZG lehnt sich hierbei an entsprechende Bestimmungen in § 9 Abs. 3 MuSchG, § 18 Abs. 1 Satz 2 BEEG an. Wegen der näheren Einzelheiten wird auf die Ausführungen zum Mutterschutz verwiesen (Rz. 10).

---

[1] BGBl. I, 2564; zuletzt geändert durch das Gesetz zur besseren Vereinbarkeit von Familie, Pflege und Beruf, BGBl. I, 2462.

I. Kündigungsschutz in der Insolvenz

	Rz.		Rz.
I. Allgemeines	1	dd) Betriebsschließung und Block-Altersteilzeit	51
II. Besonderheiten des Kündigungsrechts in der Insolvenz	2	b) Anhörung des Betriebsrats	53
1. Formelle Voraussetzungen	4	3. Abfindungsanspruch bei betriebsbedingter Kündigung gem. § 1a KSchG	57
a) Kündigungsbefugnis	5	4. Ausschluss der ordentlichen Kündigung und Sonderkündigungsschutz	
aa) Kündigungsbefugnis des vorläufigen Verwalters	6	a) Sonderkündigungsschutz und § 113 InsO	59
bb) Kündigungsbefugnis des Insolvenzverwalters	14	b) Kündigung der „Unkündbaren" und § 113 InsO	65
cc) Kündigungsbefugnis nach Freigabeerklärung gem. § 35 Abs. 2 InsO	18b	5. Änderungskündigung in der Insolvenz	72
b) Besondere Kündigungsfrist, § 113 InsO	19	III. Kündigungsschutzverfahren in der Insolvenz	
c) Nachkündigung		1. Klagefrist	76
aa) Voraussetzungen	27	2. Richtiger Klagegegner	79
bb) Prüfungspflicht des Insolvenzverwalters	30	3. Sonderprobleme in der Insolvenz	84a
2. Materielle Voraussetzungen		a) Örtliche Zuständigkeit	84b
a) Besonderheiten bei betriebsbedingter Kündigung	34	b) Prozesskostenhilfe des Insolvenzverwalters	84c
aa) Typische Situationen in der Insolvenz	35	c) Verfahrensunterbrechung	84d
bb) Sonderproblem: Betriebsschließung	41	IV. Betriebsübergang: Kündigung durch Insolvenzverwalter oder Erwerber	85
cc) Sonderproblem: Gemeinschaftsbetrieb	49	V. Schadensersatz gem. § 113 Satz 3 InsO	88

Schrifttum:

Annuß/Lembke, Arbeitsrechtliche Umstrukturierung in der Insolvenz, 2. Aufl. 2012; *Berkowsky*, Aktuelle Fragen aus dem Insolvenzarbeitsrecht, NZI 2006, 26; *Berkowsky*, Insolvenz- und Betriebsübergang – Neue Entwicklungen in der Rechtsprechung, NZI 2009, 302; *Berscheid*, Ausgewählte arbeitsrechtliche Probleme im Insolvenzeröffnungsverfahren, NZI 2000, 1; *Berscheid*, Anmerkung zum LAG Nürnberg v. 5.12.2002 – 2 Ta 137/02, ArbRB 2003, 45; *Berscheid*, Arbeitsverhältnisse in der Insolvenz, 1999; *Bertram*, Die Kündigung durch den Insolvenzverwalter, NZI 2001, 625; *Boemke*, Schwerbehinderung und Namensliste in der Insolvenz, NZI 2005, 209; *Braun*, Insolvenzordnung, 6. Aufl. 2014; *Brock/Windeln*, Die Mitteilung der Schwerbehinderung an den Arbeitgeber, ArbRB 2006, 272; *Caspers*, Personalabbau und Betriebsänderung im Insolvenzverfahren, Beiträge zum Insolvenzrecht, Band 18, Köln 1998; *Fischer*, Die Änderungskündigung in der Insolvenz, NZA 2002, 536; *Gaul/Süßbrich*, Verschärfung der Insolvenzsicherung bei Altersteilzeit, ArbRB 2004, 149; *Glatzel*, Das neue Familienpflegezeitgesetz, NJW 2012, 1175; *Grunsky/Moll*, Arbeitsrecht und Insolvenz, 1997; *Kappelhoff*, Spielregeln der Änderungskündigung, ArbRB 2006, 183; *Kleinebrink/Commandeur*, Betriebsübergang in der Insolvenz, ArbRB 2005, 85; *Lakies*, Aktuelle Rechtsprechung zum Insolvenzarbeitsrecht, DB 2014, 1138 (vgl. auch Zusammenstellung in Dossier 6, DB 2014, 3); *Leithaus*, Zur „Nachkündigung" nach § 113 InsO und zur Anfechtungsproblematik bei Kündigungen im Vorfeld eines Insolvenzantrags, NZI 1999, 254; *Lembke*, Besonderheiten beim Betriebsübergang in der Insolvenz, BB 2007, 1333; *Meyer*, Der vorläufige („halbstarke") Insolvenzverwalter als Beklagter im Kündigungsschutzprozess, NZA 2014, 642; *Nägele*, Kündigungsschutz in der Insolvenz, ArbRB 2002, 206; *Regh*, Anmerkung zu BAG v. 12.6.2002 – 10 AZR 180/01, BB 2002, 2611; *Reinfelder*, Aktuelles zur Insolvenz des Arbeitnehmers, NZA 2014, 633; *Reinhard*, Prozessuale Folgen einer Insolvenzeröffnung, ArbRB 2009, 217; *Sasse*, Arbeitsrecht und Insolvenz – „Der richtige Beklagte", ArbRB 2003, 63; *Sasse/Stelzer*, Zwischen Betriebsstilllegung und Betriebsfortführung in der Insolvenz, ArbRB 2006, 114; *Smid*, Der Erhalt von Arbeitsplätzen in der Insolvenz des Arbeitgebers nach neuem Recht, NZA 2000, 113; *Steindorf/Regh*, Arbeitsrecht in der Insolvenz, 2002; *Stiller*, Der Abfindungsanspruch nach § 1a Abs. 1 KSchG in der Insolvenz des Arbeitgebers, NZI 2005, 77; *Wimmer/Dauernheim/Wagner/Gietl*, Handbuch des Fachanwalts Insolvenzrecht, 6. Aufl. 2014; *Zwanziger*, Das Arbeitsrecht der Insolvenzordnung, 4. Aufl. 2010; *Zwanziger*, Die neuere Rechtsprechung des Bundesarbeitsgerichts in Insolvenzsachen, BB 2008, 946.

I. Allgemeines

1   Im Insolvenzverfahren bleibt das allgemeine Dienst- und Arbeitsvertragsrecht gültig. Nur teilweise hat der Gesetzgeber Modifikationen normiert, zB § 113 InsO, teilweise ergeben sie sich aber auch aus zwingenden insolvenzrechtlichen Vorschriften, insbesondere im Hinblick auf die Arbeitgeberfunktion im hier maßgeblichen Kündigungszusammenhang.

II. Besonderheiten des Kündigungsrechts in der Insolvenz

2   Da grundsätzlich alle Vorschriften des Kündigungsrechts weitergelten, sind im Folgenden lediglich die Änderungen darzustellen. In materiell-rechtlicher Hinsicht gibt es bei der außerordentlichen Kündigung keine Änderungen, weder im Eröffnungsverfahren noch nach Eröffnung durch das Insolvenzgericht. Dasselbe gilt im Falle personenbedingter oder verhaltensbedingter ordentlicher Kündigung.

3   **Besonderheiten** sind jedoch bei den formellen Voraussetzungen der Kündigung zu beachten und den materiellen Voraussetzungen bei der betriebsbedingten Kündigung.

1. Formelle Voraussetzungen

4   In formeller Hinsicht gibt es nur zwei Besonderheiten in der Insolvenz, die Probleme aufwerfen.

Zum einen geht es um die Frage, wer auf Seiten des Arbeitgebers in welcher Phase des Insolvenzverfahrens kündigen darf. Die zweite betrifft die besondere Kündigungsfrist des § 113 InsO.

a) Kündigungsbefugnis

5   Nach Antrag auf Eröffnung des Insolvenzverfahrens bleibt der Schuldner zunächst Arbeitgeber und damit auch kündigungsbefugt. Für die Frage, wer in der Folgezeit kündigen kann, muss differenziert werden.

aa) Kündigungsbefugnis des vorläufigen Verwalters

6   Nach Eingang des Antrags hat das Insolvenzgericht gem. § 21 Abs. 1 InsO alle Maßnahmen zur Verhütung nachteiliger Veränderungen in der Vermögenslage des Schuldners zu treffen. Deshalb ist nach dieser Vorschrift ein **vorläufiger Verwalter** zu bestellen.

7   Seine Rechtsstellung hängt gem. § 22 InsO davon ab, ob ihm die **Verwaltungs- und Verfügungsbefugnis** über das Vermögen des Schuldners übertragen wird oder nicht.

8   Das Insolvenzgericht kann dem Schuldner gem. § 22 Abs. 1 Satz 1 InsO ein allgemeines Verfügungsverbot auferlegen. Dann geht die Verwaltungs- und Verfügungsbefug-

nis auf den vorläufigen sog. **„starken" Insolvenzverwalter** über. Die Aufgaben des vorläufigen Insolvenzverwalters ergeben sich aus § 22 Abs. 1 Satz 2 Nr. 1–3 InsO.

Wird dem Schuldner kein allgemeines Verfügungsverbot auferlegt (sog. **„schwacher" Verwalter**), bestimmt das Insolvenzgericht die Befugnisse des vorläufigen Verwalters und seine Pflichten, § 22 Abs. 2 Satz 1 InsO, die jedoch nicht über die Pflichten nach Abs. 1 Satz 2 hinausgehen dürfen, § 22 Abs. 2 Satz 2 InsO. 9

Der **„schwache" vorläufige Verwalter** wird nicht Arbeitgeber und ist deshalb auch nicht kündigungsbefugt. Allerdings kann er im Einzelfall die Kündigung des Schuldners von seinem Zustimmungsvorbehalt abhängig machen. Dann kann der Schuldner nur mit der – vorherigen – Zustimmung des vorläufigen Verwalters wirksam kündigen[1]. 10

Die **Einwilligung** des vorläufigen Verwalters ist beim Ausspruch der Kündigung dem Arbeitnehmer **schriftlich vorzulegen**[2]. Geschieht das nicht, kann der Arbeitnehmer die Kündigung gem. § 182 Abs. 3 iVm. § 111 Satz 2 und 3 BGB **zurückweisen**. Für die Formulierung dieser Erklärung gilt Folgendes:

⊃ Hinweis: Zwar fordert § 111 Satz 2 BGB – wie § 174 Satz 1 BGB auch – die Zurückweisung des Rechtsgeschäfts „aus diesem Grunde", hier also den Hinweis darauf, dass die Einwilligung oder Zustimmung des vorläufigen Verwalters nicht in schriftlicher Form der Kündigung beigefügt gewesen sei. Diese Erklärung muss als einseitig empfangsbedürftige Willenserklärung auch eindeutig sein[3]. 11

Das BAG stellt jedoch keine strengen Voraussetzungen an diese Erklärung. Es reicht aus, wenn sich der Grund der Zurückweisung aus den Umständen eindeutig ergibt und für den Vertragspartner erkennbar ist. Das gilt nicht nur für die Zurückweisung gem. § 174 Satz 1 BGB, sondern auch für die Zurückweisung gem. §§ 111 Satz 2, 182 Abs. 3 BGB[4].

Mit der Bestellung des vorläufigen **Verwalters mit Verwaltungs- und Verfügungsbefugnis** gem. § 22 Abs. 1 InsO („starker") verliert der Schuldner die Arbeitgeberfunktion vollständig. Dann ist ausschließlich der vorläufige Verwalter kündigungsbefugt[5]. 12

Eine Einschränkung dieser Kompetenz ist nicht möglich; diese wäre gesetzeswidrig[6]. Gleichwohl sind aber die Arbeitsgerichte an den Bestellungsbeschluss des Amtsgerichts als Insolvenzgericht gebunden[7]. 13

Das Insolvenzgericht kann gem. § 22 Abs. 2 InsO den „schwachen" vorläufigen Insolvenzverwalter ermächtigen, im Einzelnen bestimmt bezeichnete Maßnahmen durchzuführen. Inzwischen hat sich durchgesetzt, diesen vorläufigen Insolvenzverwalter als „halbstarken" zu bezeichnen, dem zB auch die Ermächtigung zur Kündigung bestimmter Arten von Dauerschuldverhältnissen, auch Arbeitsverhältnissen, vom Insolvenzgericht übertragen werden kann. Insofern rückt er partiell in die Arbeitgeberstellung ein und ist berechtigt, alle damit verbundenen Entscheidungen vorzubereiten und zu treffen[8]. 13a

---

1 Vgl. BAG 10.10.2002 – 2 AZR 532/01, NZA 2003, 909 ff.; LAG Düsseldorf 24.8.2001 – 18 Sa 671/01, DB 2001, 2560.
2 Vgl. BAG 10.10.2002 – 2 AZR 532/01, NZA 2003, 909 ff. (910 re. Sp.).
3 Vgl. BAG 18.12.1980 – 2 AZR 980/78, NJW 1981, 2374.
4 Vgl. BAG 10.10.2002 – 2 AZR 532/01, NZA 2003, 909 ff. (911 li. Sp.).
5 Vgl. grundlegend BAG 17.9.1974 – 1 AZR 16/74, AP Nr. 1 zu § 113 BetrVG 1972 mit Anm. *Richardi*; vgl. auch *Berscheid*, NZI 2000, 1 (2) mwN.
6 Vgl. auch *Berscheid*, NZI 2000, 1 (2/3) mit Hinweis auf die – fehlerhafte – Entscheidung des AG Fulda 23.6.1999 – 9 IN 81/99.
7 Vgl. BAG 10.10.2002 – 2 AZR 523/01, NZA 2003, 909 ff. (910) m. Verw. auf *Berscheid*, ZInsO 1998, 9 (11).
8 Vgl. BAG 16.2.2012 – 6 AZR 553/10, NZA 2012, 555; ausführlich dazu auch *Meyer*, NZA 2014, 642 f.

bb) Kündigungsbefugnis des Insolvenzverwalters

14 Mit Eröffnung des Insolvenzverfahrens wird in der Regel der bisherige vorläufige Verwalter zum Insolvenzverwalter bestellt. Er kann dann auch selbständig und ohne jede weitere Einschränkung die Arbeitgeberrechte ausüben, also insbesondere eine Kündigung aussprechen. Das folgt aus der Rechtsstellung des Verwalters, gleich ob man die Rechtsstellung des Verwalters aus der herrschenden Amtstheorie ableitet oder den weiteren Theorien, zB Vertretertheorie oder Organtheorie, folgt[1].

15 Das gilt auch bei einer **Betriebsstilllegung**. Dazu bedarf der Insolvenzverwalter zwar ggf. der Zustimmung des Gläubigerausschusses oder, falls ein solcher nicht bestellt ist, der Zustimmung des Insolvenzgerichts, sofern der Schuldner dies beantragt hat. Schon der „starke" vorläufige Verwalter bedürfte dazu der Zustimmung des Insolvenzgerichts gem. § 22 Abs. 1 Satz 2 Nr. 2 Alt. 2 InsO.

16 Bei der Entscheidung des Insolvenzgerichts oder des Gläubigerausschusses handelt es sich nicht um die Zustimmung zum Ausspruch der Kündigung, sondern zur Unternehmensstilllegung. Unabhängig davon, ob davon die Wirksamkeit der Kündigung abhängig sein kann oder nicht, besteht Einigkeit darüber, dass beim Ausspruch der Kündigung die – ggf. zustimmende – Entscheidung des Insolvenzgerichts nicht beigefügt werden muss. Das gilt auch für eine evtl. erforderliche Zustimmung des Gläubigerausschusses (nach Eröffnung des Verfahrens). Das folgt auch unmittelbar aus der Entscheidung des 6. Senats des BAG v. 27.10.2005[2]. Dieser hat zwar den Sicherungszweck der vorläufigen Verwaltung betont, die in der Regel die Unternehmensfortführung bis zur Entscheidung des Insolvenzgerichts erfordere, stellt aber fest, dass § 22 Abs. 1 Satz 2 Nr. 2 InsO keine Kündigungsschutznorm sei. Es müsse unterschieden werden zwischen dem, was der vorläufige – starke – Verwalter im Außenverhältnis bewirken könne und dem, was er im Innenverhältnis dürfe[3].

17 Die Wirksamkeit der Kündigung hängt also nicht von der Zustimmung des Insolvenzgerichts oder – nach Eröffnung des Verfahrens – von der Zustimmung des Gläubigerausschusses ab. Der Insolvenzverwalter bleibt – ebenso wie der „starke" vorläufige Verwalter – auch in diesen Fällen ohne weitere Einschränkung kündigungsbefugt (vgl. auch Rz. 11 ff.).

18 Nach einem eventuellen **Betriebsübergang** verliert der Insolvenzverwalter seine Kündigungsbefugnis[4].

18a Kontrovers wird die Frage beurteilt, ob bei **noch nicht in Vollzug gesetzten** Arbeitsverhältnissen zukünftig ein Wahlrecht des Insolvenzverwalters in Bezug auf § 103 InsO bestehen soll[5].

cc) Kündigungsbefugnis nach Freigabeerklärung gem. § 35 Abs. 2 InsO

18b Nach Eröffnung des Insolvenzverfahrens ist das gesamte Vermögen des Schuldners, gleich ob es bei der Eröffnung des Verfahrens schon vorhanden war oder während des Verfahrens erlangt wird, Bestandteil der Insolvenzmasse, § 35 Abs. 1 InsO. Aus

---

1 Vgl. dazu im Einzelnen Nerlich/Römermann/*Delhaes*, vor § 56 InsO Rz. 10 mwN.
2 BAG 27.10.2005 – 6 AZR 5/05, DB 2006, 955f.; KR/*Weigand*, §§ 113, 120f. InsO Rz. 4; ferner Moll/*Boewer*, Münchener Anwaltshandbuch Arbeitsrecht, 3. Aufl. 2012, § 45 Rz. 129; aA LAG Düsseldorf 8.5.2003 – 10 (11) Sa 246/03, LAGE InsO § 22 Nr. 1; LAG Hamburg 16.10.2003 – 8 AZR 63/03, ZIP 2004, 869 (872); ferner noch der 8. Senat des BAG 29.6.2000 – 8 ABR 44/99, DB 2000, 2021.
3 Vgl. BAG 27.10.2005 – 6 AZR 5/05, DB 2006, 955ff.; gegen BAG 29.6.2000 – 8 ABR 44/99, DB 2000, 2021.
4 Vgl. LAG Hamm 19.5.2005 – 8 Sa 2123/04.
5 Vgl. *Wimmer/Eisenbeis/Mues*, § 113 InsO Rz. 24; ferner *Lakies*, BB 1998, 2638 (2639).

diesem mit dem sog. Insolvenzbeschlag behafteten Vermögen kann der Insolvenzverwalter einzelne zur Masse gehörende Gegenstände freigeben, auch den Geschäftsbetrieb eines Freiberuflers. Nach der Freigabeerklärung des Insolvenzverwalters, § 35 Abs. 2 Satz 1 InsO, erlangt der Schuldner insoweit die Verwaltungs- und Verfügungsbefugnis zurück, auch über die zum Zeitpunkt der Freigabeerklärung bereits begründeten Arbeitsverhältnisse. Ab diesem Zeitpunkt ist nicht mehr der Insolvenzverwalter, sondern der Schuldner berechtigt, eine Kündigung auszusprechen. Er ist dann auch selbständig zu verklagen[1].

b) Besondere Kündigungsfrist, § 113 InsO

Bei der ordentlichen Kündigung sind Kündigungsfristen zu beachten. Diese Fristen können sich aus gesetzlicher, zB § 622 BGB, tarifvertraglicher oder vertraglicher Vorschrift ergeben. Hier ist im Einzelfall zu klären – unter Beachtung des **Günstigkeitsprinzips** –, welche Kündigungsfrist grundsätzlich gilt.

Soweit die Kündigungsfristen kürzer sind als die Drei-Monats-Frist des § 113 InsO, kann innerhalb dieser Kündigungsfristen gekündigt werden, und zwar sowohl vom vorläufigen wie vom endgültigen Insolvenzverwalter, also sowohl im Eröffnungsverfahren wie nach Erlass des Eröffnungsbeschlusses.

Die Regelung in § 113 InsO, wonach das Arbeitsverhältnis von beiden Parteien mit einer Frist von drei Monaten gekündigt werden kann, stellt eine **Höchstfrist** dar. Sind also gesetzliche, tarifvertragliche oder vertragliche Kündigungsfristen länger als drei Monate, werden sie auf diese Höchstfrist begrenzt.

Für alle Normen, auch solche, die die Tarifvertragsparteien „vereinbart" haben, gilt die **Durchbrechung des Kündigungsschutzes**, insbesondere altersgeschützter Arbeitnehmergruppen[2]. § 113 Satz 1 InsO regelt also nicht nur die Begrenzung der Kündigungsfrist auf drei Monate, sondern durchbricht auch den Kündigungsschutz für sog. **unkündbare Arbeitsverhältnisse**. Diese können ordentlich gekündigt werden. Dabei ist unerheblich, ob die sog. Unkündbarkeit aus einer Tarifnorm folgt, aus Betriebsnormen oder einer individuellen Abrede (wegen weiterer Einzelheiten vgl. Rz. 65 ff.).

Die Durchbrechung der „Unkündbarkeit" gilt auch für **befristete Arbeitsverhältnisse**, die dann nicht ordentlich kündbar sind, wenn dies nicht ausdrücklich im befristeten Arbeitsvertrag geregelt ist[3] (viele befristete Arbeitsverträge eröffnen jedoch die ordentliche Kündigung, so dass insoweit kein Sonderproblem entsteht).

Auch § 323 Abs. 1 UmwG steht einer Kündigung gem. § 113 InsO nicht entgegen. Danach kann im Falle einer **Unternehmensspaltung** die kündigungsrechtliche Stellung der betroffenen Arbeitnehmer aufgrund der Spaltung für die Dauer von zwei Jahren ab dem Zeitpunkt ihres Wirksamwerdens nicht verschlechtert werden. Die Kündigungsmöglichkeit des § 113 InsO durchbricht aber diesen Schutz[4].

Ferner steht einer wegen beabsichtigter Stilllegung eines Geschäftsbereichs vom Insolvenzverwalter erklärten Kündigung ein vor Eröffnung des Insolvenzverfahrens ver-

---

1 Vgl. BAG 21.11.2013 – 6 AZR 979/11, DB 2014, 667; vgl. im Einzelnen auch *Lakies*, DB 2014, 1138.
2 Vgl. statt aller BAG 19.1.2000 – 4 AZR 70/99, NZA 2000, 658 f. mit Verweis auf Urteil desselben Senats v. 16.6.1999 – 4 AZR 191/98, NZA 1999, 1331 f. (gleichzeitig auch zur verfassungsrechtlichen Prüfung eines Verstoßes gegen Art. 9 Abs. 3 GG, der verneint wird); BVerfG 8.2.1999 – 1 BvL 25/97, NZA 1999, 597.
3 LAG Hamm 8.12.1999 – 2 Sa 2506/98, AE 2000, 186; LAG Thür. 14.6.1999 – 8 Sa 560/98, AE 2000, 44.
4 Vgl. BAG 22.9.2005 – 6 AZR 526/04, NZA 2006, 658.

einbarter Ausschluss betriebsbedingter Kündigungen in einer **Standortsicherungsvereinbarung** nicht entgegen[1]. Der Insolvenzverwalter ist auch nicht verpflichtet, im Einzelfall eine von § 113 Satz 2 InsO abweichende längere Kündigungsfrist einzuräumen, um sozialrechtliche Nachteile für Arbeitnehmer zu vermeiden[2].

26 **Nur der Insolvenzverwalter**, nicht aber bereits der vorläufige, auch nicht der „starke", hat die Befugnis, mit der Höchstfrist von drei Monaten gem. § 113 InsO zu kündigen und die „Unkündbarkeit" des Arbeitsverhältnisses, also den Ausschluss der ordentlichen Kündbarkeit zu überwinden. Zwar wird vertreten, dass sich aus dem Gesamtzusammenhang und dem Sinn der Regelung ergebe, dass die Masse auch im Eröffnungsverfahren bereits von der Belastung durch sehr lange Kündigungsfristen freigehalten werden solle und deshalb § 113 InsO analog angewandt[3]. Die ganz hM[4] weist darauf hin, dass weder in § 22 InsO auf die arbeitsrechtlichen Vorschriften der InsO verwiesen noch diese Vorschrift in § 113 InsO in Bezug genommen werde. Eine analoge Anwendung scheide deshalb aus, der Gesetzgeber habe bewusst angesichts der vielfältigen sonstigen Verweisungen auf Vorschriften des eröffneten Insolvenzverfahrens verzichtet. Deshalb gebe es keine Regelungslücke, für eine analoge Anwendung sei kein Raum.

26a Auch im Insolvenzverfahren gilt, dass die Kündigungserklärung des Insolvenzverwalters hinreichend bestimmt sein muss. Das ist für die Kündigungsfrist hier insofern von Bedeutung, weil der Insolvenzverwalter nicht mit der Höchstfrist des § 113 InsO kündigen **muss**, sondern durchaus auch die längeren vertraglichen, tarifvertraglichen oder gesetzlichen Kündigungsfristen einhalten kann. Solche Gestaltungen gibt es zB bei der übertragenden Sanierung, wenn der Erwerber aufgrund seines Konzeptes zB zur Sicherstellung eines reibungslosen Übergangs, bestimmte qualifizierte Arbeitskräfte noch braucht, und zwar länger als drei Monate, der Höchstfrist des § 113 InsO. In diesem Fall muss der Insolvenzverwalter möglichst klar bestimmen, mit welcher Kündigungsfrist gekündigt werden soll. Eine vom BAG grundsätzlich für zulässig gehaltene Formulierung, die Kündigung werde „zum nächst möglichen Zeitpunkt" ausgesprochen und sei hinreichend bestimmt[5], würde hier nicht eindeutig sein[6].

26b Entscheidet sich der Insolvenzverwalter mit der Höchstfrist des § 113 Satz 2 InsO zu kündigen, unterliegt diese Wahl keiner Billigkeitskontrolle nach § 315 Abs. 3 BGB[7]. Nach der Entscheidung des 6. Senats vom 27.2.2014 ist dem Insolvenzverwalter zwar nicht untersagt, mit einer längeren Frist zu kündigen (wie soeben dargestellt); daraus und aus der in § 241 Abs. 2 BGB iVm. § 192 Abs. 1 Nr. 2 SGB V normierten Rücksichtnahmepflicht erwächst aber auch unter Berücksichtigung der Wertentscheidungen des Art. 6 Abs. 1 GG kein Anspruch auf Verlängerung der Kündigungsfrist des § 113 Satz 2 InsO[8]. Ausgleich kann in solchen Fällen über den Schadensersatz nach § 113 Satz 3 InsO, dem dem Insolvenzrecht immanenten und dem System der Insolvenzordnung entsprechenden Ausgleich für die Nachteile durch die gesetzlich eröffnete Verkürzung der Kündigungsfrist, erfolgen[9].

---

1 Vgl. BAG 17.11.2005 – 6 AZR 107/05, NZA 2006, 661.
2 Vgl. BAG 27.2.2014 – 6 AZR 301/12, ArbRB 2014, 164: Kündigung in der Elternzeit mit der Folge sozialrechtlicher Nachteile, DB 2012, 1448 (li. Sp.).
3 Vgl. FK-InsO/*Eisenbeis*, § 113 Rz. 11 mwN zu dieser Auffassung.
4 Vgl. BAG 20.1.2005 – 2 AZR 134/04, NZA 2006, 1352; so schon *Berscheid*, NZI 2000, 1 (4 unter 2.) mwN in Fn. 44.
5 Vgl. dazu BAG 20.6.2013 – 6 AZR 805/11, DB 2013, 2093.
6 Vgl. dazu auch *Lakies*, DB 2014, 1141 li. Sp.
7 Vgl. BAG 27.2.2014 – 6 AZR 301/12, NZA 2014, 795 f.
8 Vgl. insbes. Os. 2 BAG 27.2.2014 – 6 AZR 301/12, NZG 2014, 795 f.
9 Vgl. Os. 3, BAG 27.2.2014 – 6 AZR 301/12, NZG 2014, 795 f.

c) Nachkündigung

aa) Voraussetzungen

Der Insolvenzverwalter muss nach Eröffnung des Verfahrens sofort prüfen, ob Arbeitsverhältnisse schon gekündigt worden sind und mit welchen Fristen. Stellt er dabei fest, dass entweder der Schuldner oder der vorläufige Insolvenzverwalter mit Verwaltungs- und Verfügungsbefugnis eine fristgerechte Kündigung mit längerer Kündigungsfrist ausgesprochen hat, kann er im Wege der sog. **Nachkündigung** erneut kündigen. Diese Möglichkeit wird allgemein bejaht[1]. 27

Der Insolvenzverwalter ist nach Eröffnung des Verfahrens auch nicht gehindert, erneut mit der **Begründung der Betriebsstilllegung** zu kündigen, auch wenn der Kündigungsgrund der Betriebsstilllegung bereits bei einer darauf gestützten Kündigung vor Verfahrenseröffnung, die gem. § 7 KSchG wirksam geworden ist, genannt und vom Gericht geprüft und entschieden wurde. Der Kündigungsgrund der Betriebsstilllegung ist damit für den Insolvenzverwalter im Rahmen einer auf § 113 InsO gestützten Kündigung nicht verbraucht[2]. 28

Dasselbe gilt für den Fall, dass bislang die **ordentliche Kündigung ausgeschlossen** war. Der Insolvenzverwalter ist berechtigt, aus welchem Grund auch immer diese sog. Nachkündigung auszusprechen. Es handelt sich um eine neue Kündigung unabhängig von der Frage, ob eine bislang schon ausgesprochene Kündigung vom Arbeitnehmer mit der Kündigungsschutzklage angegriffen worden ist oder nicht. 29

bb) Prüfungspflicht des Insolvenzverwalters

Für diese neue Kündigung gelten alle Anforderungen, die bei jeder Kündigung erfüllt sein müssen, einschließlich etwaiger Sonderkündigungsschutztatbestände (vgl. dazu näher Rz. 59 ff.). Deshalb ist auch der Betriebsrat ggf. erneut anzuhören. 30

Bei einer **Massenentlassung** entfaltet die vom Schuldner mit Zustimmung des vorläufigen schwachen Verwalters erstattete ordnungsgemäße Massenentlassungsanzeige in der Regel auch nach Eröffnung des Verfahrens für den Insolvenzverwalter weiterhin Wirkung, jedoch nur, wenn die – im Eröffnungsverfahren – angezeigte Kündigung noch nicht erklärt worden ist[3]. Anderenfalls ist die Massenentlassungsanzeige verbraucht und muss wiederholt werden, bevor die Nachkündigung ausgesprochen werden kann (zur Massenentlassung allgemein vgl. Teil 4 A Rz. 882 ff.). 30a

Zur Vermeidung der Regressmöglichkeit gegen den Insolvenzverwalter wird er als eine der ersten Maßnahmen prüfen, ob Kündigungen ausgesprochen worden sind und mit welchen Fristen. Stellt er fest, dass eine weitere erneute Kündigung unter Einhaltung der Drei-Monats-Frist des § 113 InsO zu einer **früheren Beendigung** des Arbeitsverhältnisses führen würde, ist er in der Regel gehalten, diese Kündigung auch auszusprechen, es sei denn, im Einzelfall werden Arbeitnehmer noch über die längere Frist hinweg für betriebliche Abläufe dringend benötigt[4]. 31

---

1 BAG 22.5.2003 – 2 AZR 255/02, NZA 2003, 1086 f.; vgl. *Berscheid*, NZI 2000, 1 (5) mwN in Fn. 64; aA ArbG Köln 8.12.1998 – 4 (15) Ca 5991/98, NZI 1999, 282, dagegen *Leithaus*, NZI 1999, 254 ff. mit überzeugenden Gründen unter Hinweis auf die Anfechtungsproblematik bei einer Kündigung vor Eröffnung des Verfahrens, also der „ersten" Kündigung.
2 Vgl. BAG 22.4.2010 – 6 AZR 948/08, DB 2010, 1763 ff. (Ls. 1); so schon BAG 8.4.2003 – 2 AZR 15/02, NZA 2004, 343; LAG Hamm 21.11.2001 – 2 Sa 1123/01, ArbRB 2002, 136 (*Mues*) = ZIP 2002, 1857.
3 Vgl. BAG 22.4.2010 – 6 AZR 948/08, DB 2010, 1763 ff. (Ls. 2).
4 Vgl. zu den Voraussetzungen der Haftung des Insolvenzverwalters gem. § 61 InsO bei der Unterlassung einer rechtlich zulässigen Kündigung: BAG 15.11.2012 – 6 AZR 321/11, ArbRB 2013, 106.

32 Die – evtl. erstmalige – Kündigung mit der Frist des § 113 InsO ist auch dann auszusprechen, wenn ein Arbeitsverhältnis **befristet abgeschlossen** worden ist. Häufig ist in befristeten Arbeitsverhältnissen eine ordentliche Kündigung trotz der Befristung vor Ablauf der vereinbarten Frist möglich. Dann gibt es keine Besonderheiten. Ist die Kündigung innerhalb der Befristung aber nicht ausdrücklich vereinbart, könnte normalerweise nicht ordentlich gekündigt werden. Deshalb kommt auch in diesen Fällen die Kündigung gem. § 113 InsO in Betracht, falls das Ende der Frist länger dauert als die Drei-Monats-Frist des § 113 InsO.

33 Selbst in Fällen, in denen bereits ein **Aufhebungsvertrag** abgeschlossen worden ist, dessen Ende zu einem späteren Zeitpunkt liegt als der Beendigungszeitpunkt, der mit der Kündigung nach § 113 InsO erreicht werden könnte, kann die Kündigung erneut ausgesprochen werden[1]. Dabei ist zu beachten, ob nach dem Aufhebungsvertrag bereits eine Abfindung an den Arbeitnehmer gezahlt worden ist. Diese kann nicht zurückgefordert werden – ggf. kommt aber eine Insolvenzanfechtung in Betracht gem. §§ 129, 130 InsO.

Wenn der Aufhebungsvertrag in der Krise oder vom vorläufigen schwachen Verwalter abgeschlossen worden ist, sind **Abfindungsansprüche** Insolvenzforderungen. Werden diese ausgeglichen, liegt ein Fall der inkongruenten Deckung vor gem. § 130 Abs. 1 Nr. 1 oder 2 InsO. Das gilt selbst dann, wenn die Handlung vom vorläufigen Verwalter ohne Verwaltungs- und Verfügungsbefugnis vorgenommen wurde. Wird er anschließend zum „endgültigen" Insolvenzverwalter, kann er selbst seine eigene Handlung anfechten[2].

33a ⊃ **Hinweis:** Insolvenzverwalter sind nicht nur gut beraten, sondern auch verpflichtet, die Möglichkeit der Nachkündigung sofort nach Eröffnung des Verfahrens zu prüfen. Machen sie von dem Sonderkündigungsrecht des § 113 InsO keinen Gebrauch, setzen sie sich dem Regress der Gläubiger aus.

2. Materielle Voraussetzungen

a) Besonderheiten bei betriebsbedingter Kündigung

34 Bei der betriebsbedingten Kündigung gelten auch in der Insolvenz die von der Rechtsprechung des BAG entwickelten Grundsätze. Auch in der Insolvenz setzt die betriebsbedingte Kündigung deshalb voraus, dass „dringende betriebliche Erfordernisse" iSd. § 1 Abs. 2 Satz 1 KSchG einer Weiterbeschäftigung des Arbeitnehmers in diesem Betrieb entgegenstehen. Zu den Voraussetzungen der betriebsbedingten Kündigung vgl. Teil 3 E Rz. 192 ff.

aa) Typische Situationen in der Insolvenz

35 Der Insolvenzverwalter, auch schon der vorläufige, muss zunächst der **bestmöglichen Befriedigung der Gläubiger** als einheitlichem Hauptziel dienen[3]. Ob als eigenständiges Verfahrensziel neben der Schonung der Masse im Sinne der Gläubiger auch das Ziel steht, dem redlichen Schuldner Gelegenheit zu geben, sich von seinen restlichen Verbindlichkeiten zu befreien, das **Unternehmen** also **zu erhalten und fortzuführen**, ist streitig[4]. Jedenfalls bestehen aus Sicht des Insolvenzverwalters drei Optionen:
– die investive **Verwertung**, also die Sanierung im Rahmen eines Insolvenzplans (§§ 217 ff. InsO),

---

1 Vgl. *Steindorf/Regh*, § 3 Rz. 399.
2 Vgl. BAG 27.10.2004 – 10 AZR 123/04, NZI 2005, 641 ff.
3 Vgl. FK-InsO/*Schmerbach*, § 1 Rz. 12.
4 Vgl. FK-InsO/*Schmerbach*, § 1 Rz. 13 u. 14 mwN.

- die **"zerschlagende" Sanierung** durch Einstellung des Geschäftsbetriebs, Veräußerung der Betriebsmittel und Beendigung der Arbeitsverhältnisse und
- die **"übertragende" Sanierung**, also die Veräußerung des Unternehmens oder von Unternehmensteilen, in der Regel durch Einzelrechtsnachfolge im Rahmen eines sog. Asset Deals[1].

Bei allen drei Optionen wird der Insolvenzverwalter, auch wenn er als vorläufiger in das insolvente Unternehmen kommt, **Umstrukturierungen** vornehmen müssen. Er wird in aller Regel weder fachlich noch zeitlich in der Lage sein, das Unternehmen wie ein Manager aus der Krise zu führen, neue Produkte zu entwickeln, neue Märkte zu erschließen oder typisch unternehmerische Aufgaben zu übernehmen. Vielmehr wird er in aller Regel, je nach Ursache für die Insolvenz, die Kostensenkung und damit die Schonung der Masse in erster Linie durch betriebsbedingte Kündigungen erreichen wollen. Erfahrungsgemäß bilden zumindest in Deutschland die Personalkosten die größte Kostengruppe, vor allen Dingen im Dienstleistungsbereich.

Besteht Hoffnung, dass das Unternehmen zumindest für einige Zeit weitergeführt werden kann, muss die Belegschaft aber reduziert werden, gelten für die Zulässigkeit und für die Voraussetzungen betriebsbedingter Kündigungen in der Insolvenz individualrechtlich keine Besonderheiten.

Besteht ein Betriebsrat, finden bei einer Betriebsänderung, die häufig mit einer Umstrukturierung einhergeht, **Verhandlungen mit dem Betriebsrat** über den Interessenausgleich und Sozialplan statt. Insoweit enthält die Insolvenzordnung Sonderregelungen, die den Insolvenzverwalter begünstigen sollen.

Was das Zustandekommen des **Interessenausgleichs** angeht, enthält § 121 InsO eine Straffung insofern, als der „Zwischenschritt", Einschaltung des Vorstandes der Bundesagentur für Arbeit, gem. § 112 Abs. 2 Satz 1 BetrVG entfällt und in § 122 Abs. 1 Satz 1 InsO eine Drei-Wochen-Frist für den Abschluss der Verhandlungen über den Interessenausgleich vorgesehen ist. Danach kann das Arbeitsgericht angerufen werden mit dem Antrag, der Durchführung der beabsichtigten Betriebsänderung zuzustimmen.

Kommt ein Interessenausgleich mit **Namensliste** zustande, so wird die Darlegungs- und Beweislast für das Vorliegen der dringenden betrieblichen Erfordernisse umgekehrt, § 125 Abs. 1 Satz 1 Nr. 1 InsO. Zugunsten des Insolvenzverwalters streitet also die Vermutung, dass die Kündigung durch dringende betriebliche Erfordernisse bedingt, also sozial gerechtfertigt ist[2]. Diese Vermutungswirkung gilt nicht in Arbeitsverhältnissen mit Einrichtungen von Religionsgemeinschaften[3].

bb) Sonderproblem: Betriebsschließung

Entscheidet sich der Insolvenzverwalter, den Betrieb insgesamt zu schließen, fallen alle Arbeitsplätze weg. Er hat dann nur die **Kündigungsfristen** einzuhalten. Eine **Sozialauswahl** findet in solchen Fällen **nicht** statt, wenn niemand bleibt, also auch keine Auswahl zu treffen ist.

Mit der Stilllegung gibt der Insolvenzverwalter endgültig den Betriebszweck auf und löst die Betriebsorganisation auf[4].

---

1 Vgl. dazu auch *Annuß/Lembke*, Arbeitsrechtliche Umstrukturierung in der Insolvenz, Rz. 2–5 mwN.
2 Vgl. BAG 28.6.2012 – 6 AZR 780/10, NZA 2012, 1029.
3 Vgl. LAG Nds. 9.12.2009 – 17 Sa 850/09, AE 2010, 100.
4 Vgl. BAG 18.10.2012 – 6 AZR 41/11, NZI 2013, 151; so schon BAG 27.9.1984 – 2 AZR 309/83, AP Nr. 39 zu § 613a BGB.

43 Der „starke" vorläufige Insolvenzverwalter ist verpflichtet, das Unternehmen des Schuldners zunächst bis zur Entscheidung über die Eröffnung des Insolvenzverfahrens fortzuführen, § 22 Abs. 1 Satz 2 Nr. 2 InsO. Der – endgültige – Insolvenzverwalter muss es grundsätzlich bis zum **Berichtstermin**, § 156 InsO, fortführen. Das ergibt sich aus § 158 InsO, nach dessen Abs. 1 die Zustimmung des Gläubigerausschusses einzuholen ist, wenn der Insolvenzverwalter vor diesem Termin das Unternehmen des Schuldners stilllegen will. Der Insolvenzverwalter soll nämlich gehindert werden, bereits vor dem Gerichtstermin Fakten zu schaffen, die später nicht mehr rückgängig zu machen sind[1]. Der Zeitraum bis zum Berichtstermin ist auf drei Monate limitiert, § 29 Abs. 1 Nr. 1 InsO. In der Regel wird der Insolvenzverwalter diese Frist abwarten können, es sei denn, die Masse kann die Kosten der Fortführung nicht aufbringen. Die **Zustimmung des Gläubigerausschusses** ist vor der Stilllegung des Schuldnerunternehmens erforderlich[2].

44 Der Schuldner ist von der Stilllegung des Unternehmens zu informieren, § 158 Abs. 2 Satz 1 InsO. Wenn ein Gläubigerausschuss nicht bestellt ist, kann das Insolvenzgericht auf Antrag des Schuldners und nach Anhörung des Verwalters die Stilllegung bis zum Berichtstermin aufschieben, § 158 Abs. 2 Satz 2 InsO. Das Insolvenzgericht ermittelt dann von Amts wegen, § 5 InsO, und kann darüber hinaus einen Sachverständigen beauftragen. Es entscheidet endgültig darüber, eine Beschwerde ist unzulässig, § 6 InsO. Deshalb bleibt dann nur die Erinnerung gem. § 11 RPflG.

45 Ob die **räumliche und örtliche Verlagerung der Produktionstätigkeit** ebenfalls als Stilllegung im insolvenzrechtlichen Sinne anzusehen ist mit der Folge, dass das Zustimmungserfordernis ausgelöst wird, ist streitig. Nach wohl hM stellt auch das eine Betriebsstilllegung dar mit der Folge, dass auch insoweit entweder der Gläubigerausschuss oder ggf. das Insolvenzgericht der Einstellung der Betriebstätigkeit zumindest an diesem Standort zustimmen muss[3].

46 Nicht nur die **Stilllegung** des gesamten Betriebes, sondern auch **von wesentlichen Betriebsteilen** löst die Pflicht aus, die Zustimmung gem. § 158 InsO einzuholen. Dabei sind die zu den Beteiligungsrechten des Betriebsrats entwickelten Grundsätze und Abgrenzungskriterien auch im Insolvenzverfahren zu beachten[4]. Hier ist auch auf die Abgrenzungskriterien des § 4 BetrVG zurückzugreifen. Mithin muss in einem solchen Betriebsteil eine Teilfunktion des Betriebs wahrgenommen werden, die trotz Eingliederung in die Gesamtorganisation räumlich oder organisatorisch abgrenzbar sein muss (sog. qualifizierter Betriebsteil)[5]. Sind die Betriebsteile oder Unternehmensbereiche nicht wesentlich, kann der Insolvenzverwalter eigenständig entscheiden, ob er sie weiterführt oder nicht, insbesondere auch Produktlinien, wenn sie sich zB als unrentabel erwiesen haben. Das gilt insbesondere, wenn bestimmte Produkte oder Bereiche mit den dort erwirtschafteten Verlusten die Insolvenzsituation herbeigeführt hatten.

47 Ob die bei einer Betriebsstilllegung erforderlichen **betriebsbedingten Kündigungen** nur wirksam sind, wenn das Insolvenzgericht – beim vorläufigen „starken" Verwalter gem. § 22 Abs. 1 Satz 2 Nr. 1 InsO – der Stilllegung zuvor zugestimmt hat, war Gegenstand einer Entscheidung des BAG im Oktober 2005[6]. Der 6. Senat des BAG hat zwar den Sicherungszweck der vorläufigen Verwaltung betont, die in der Regel die

---

1 Vgl. FK-InsO/*Wegener*, § 158 Rz. 1.
2 Vgl. FK-InsO/*Wegener*, § 158 Rz. 2 mwN.
3 Vgl. FK-InsO/*Wegener*, § 158 Rz. 2 mwN.
4 Vgl. ausführlich GK-BetrVG/*Oetker*, § 111 Rz. 79 ff.
5 Vgl. auch GK-BetrVG/*Kraft/Franzen*, § 4 Rz. 4 mwN.
6 BAG 27.10.2005 – 6 AZR 5/05, DB 2006, 955 ff.; gegen LAG Düsseldorf 8.5.2003 – 10 (11) Sa 246/03, LAGE § 22 InsO Nr. 1; LAG Hamburg 16.10.2003 – 8 Sa 63/03, ZIP 2004, 869 (872); KR/*Weigand*, §§ 113, 120 ff. InsO Rz. 4.

Unternehmensfortführung bis zur Entscheidung des Insolvenzgerichts erfordere, weist aber darauf hin, dass § 22 Abs. 1 Satz 2 Nr. 2 InsO keine Kündigungsschutznorm sei[1]. Es müsse unterschieden werden zwischen dem, was der vorläufige Insolvenzverwalter im Außenverhältnis bewirken könne und dem, was er im Innenverhältnis dürfe. Etwas anderes könne nur dann gelten, wenn die Maßnahme offensichtlich gegen den Insolvenzzweck verstoße. Derartige extreme Sachverhaltsgestaltungen seien jedoch die Ausnahme.

Ob die Stilllegungsabsicht des Insolvenzverwalters endgültig ist, kann zweifelhaft sein, wenn ihm bei der Kündigung ein **Übernahmeangebot** vorliegt. Kündigt der Insolvenzverwalter einem Arbeitnehmer wegen der beabsichtigten Betriebsstilllegung, liegt ihm aber ein Übernahmeangebot eines Interessenten vor, das wenige Tage später zu konkreten Verhandlungen mit einer teilweisen Betriebsübernahme führt, spricht das gegen die endgültige Stilllegungsabsicht. Die Kündigung ist dann unwirksam[2]. **48**

Diese gegen die Stilllegungsabsicht sprechende Vermutung kann der Insolvenzverwalter durch die substantiierte Darlegung widerlegen, dass die Veräußerung zum Zeitpunkt des Ausspruchs der Kündigung weder vorhersehbar noch planbar gewesen sei. Ohne Belang bleibt dabei, ob die Fortführung des Betriebs vor oder nach Ablauf der Kündigungsfrist stattgefunden hat[3].

> **Hinweis:** Insolvenzverwaltern ist zu raten, sich mit den vorliegenden Angeboten auseinanderzusetzen und sich klar zu positionieren. Sind die Übernahmegespräche gescheitert, der Stilllegungsbeschluss gefasst, muss dieser dokumentiert und allen Interessenten eine schriftliche Absage übermittelt werden[4].

cc) Sonderproblem: Gemeinschaftsbetrieb

Mehrere Unternehmen können sich zur Führung eines Gemeinschaftsbetriebes – auch konkludent – verabreden. Davon ist auszugehen, wenn alle Betriebsmittel und der Einsatz der Arbeitskräfte zusammengefasst und von einem einheitlichen Leitungsapparat gesteuert werden[5] (zu den weiteren Voraussetzungen und Folgen vgl. Teil 3 E Rz. 44 f.; Teil 4 A Rz. 13 f.). In diesem Fall ist die **Sozialauswahl** auf den gesamten, gemeinschaftlich geführten Betrieb zu erstrecken. **49**

Ist eines von den den Gemeinschaftsbetrieb führenden Unternehmen insolvent geworden und entschließt sich der Insolvenzverwalter, den Teil des Betriebs stillzulegen, der von dem insolventen Unternehmen geführt wird, ist regelmäßig der Gemeinschaftsbetrieb aufgelöst[6]. Dann entfällt die „gemeinsame Klammer", die eine unternehmensübergreifende Sozialauswahl veranlasst[7]. Diese Grundsätze hat das BAG auch dann angewandt, wenn der Gemeinschaftsbetrieb zwar im Kündigungszeitpunkt noch nicht stillgelegt ist, jedoch bereits greifbare Formen angenommen hat und feststeht, dass bei Ablauf der Kündigungsfrist der Betrieb stillgelegt sein wird[8]. Damit ist der Grundsatz durchbrochen, dass grundsätzlich auf den Zeitpunkt der Kündigung abzustellen ist. Den Grund für diese Durchbrechung sieht das BAG darin, **49a**

---

1 So auch Moll/*Boewer*, MAH Arbeitsrecht, § 45 Rz. 129.
2 Vgl. BAG 29.9.2005 – 8 AZR 647/04, DB 2006, 846 (Os.); vgl. dazu auch LAG Hamm 10.3.2010 – 2 Sa 1323/09, LAGE § 613a BGB 2002 Nr. 29 für den Fall, dass die Übernahmeverhandlungen vor Ausspruch der Kündigung noch nicht abgeschlossen sind und der Interessent erst einen Monat später endgültig absagt.
3 Vgl. BAG 16.2.2012 – 8 AZR 693/10, ArbRB 2012, 234 u. Hinweis auf die st. Rspr. des 8. Senats, zB 28.5.2009 – 8 AZR 273/08, DB 2009, 2216 mwN.
4 Vgl. auch die konkreten Beratungshinweise von *Sasse/Stelzer*, ArbRB 2006, 114 ff.
5 Vgl. dazu auch BAG 13.2.2013 – 7 ABR 36/11, DB 2013, 2036.
6 Vgl. BAG 13.9.1995 – 2 AZR 954/94, BB 1996, 276.
7 Vgl. auch *Bröhl*, BB 2006, 1050 ff. (1052).
8 Vgl. BAG 24.2.2005 – 2 AZR 214/04, ArbRB 2005, 231.

dass eine umfassende Sozialauswahl dazu führen würde, dass der Belegschaft des nicht von der Insolvenz betroffenen Teilbetriebes im Wege der Sozialauswahl zu einem erheblichen Teil gekündigt würde, obwohl dieser Teil gar nicht von der Insolvenz betroffen ist und wirtschaftlich überlebensfähig wäre, während der nicht überlebensfähige Teil Mitarbeiter behalten müsste.

50 Das alles gilt nicht, wenn kein Gemeinschaftsbetrieb mehrerer Unternehmen betroffen ist, sondern zwei Betriebsteile eines einheitlichen Betriebes. In diesem Fall ist die Sozialauswahl auf den gesamten Betrieb zu beziehen, auch wenn ein Betriebsteil stillgelegt wird, und zwar auch dann, wenn gleichzeitig der andere Teil auf einen Erwerber übertragen werden soll[1].

dd) Betriebsschließung und Block-Altersteilzeit

51 Legt der Insolvenzverwalter den Betrieb still und kündigt er daraufhin die Arbeitsverhältnisse betriebsbedingt, gilt das nicht für solche Arbeitsverhältnisse, in denen Block-Altersteilzeit vereinbart ist und sich die Beschäftigten schon in der **Freistellungsphase** befinden. In einem solchen Fall stellt auch die Stilllegung des Betriebs kein dringendes betriebliches Erfordernis dar. Für das Arbeitsverhältnis eines bereits in der Freistellungsphase der Block-Altersteilzeit befindlichen Arbeitnehmers hat der mit einer Betriebsstilllegung verbundene Wegfall aller Beschäftigungsmöglichkeiten im Betrieb ersichtlich keine Bedeutung mehr. Diese Arbeitnehmer müssen ja gar nicht mehr beschäftigt werden. Die Insolvenz rechtfertigt keine abweichende Beurteilung[2]. Das gilt selbst dann, wenn zwischen Kündigungstermin und Beginn der Freistellungsphase nur ein Monat liegt[3].

52 Dagegen ist die Kündigung, auch wenn sie vom Insolvenzverwalter ausgesprochen wird, aus betriebsbedingten Gründen möglich, wenn der Arbeitnehmer im Blockmodell der Altersteilzeit noch in der **Arbeitsphase** beschäftigt wird[4]. Das gilt insbesondere dann, wenn der Insolvenzverwalter entscheidet, den Betrieb stillzulegen.

b) Anhörung des Betriebsrats

53 Die Anhörung des Betriebsrats gem. § 102 Abs. 1 BetrVG ist bei jeder Kündigung unabdingbare Voraussetzung. Das gilt auch für eine Kündigung, die – zB aus formellen Gründen oder Zurückweisung gem. § 174 BGB –, gestützt auf denselben Kündigungsgrund, wiederholt wird[5].

54 Häufig sind, gerade in insolvenzbetroffenen Betrieben, **Betriebsratsmitglieder** bereits **vorab ausgeschieden**, entweder aufgrund einer Eigenkündigung oder wegen bereits vorangegangener Betriebsteilstilllegungen. In solchen Fällen gilt der Sonderkündigungsschutz der betrieblichen Funktionsträger gem. § 15 Abs. 4 KSchG nämlich nicht. Es kann also sein, dass auch das letzte noch verbliebene Betriebsratsmitglied ausscheidet oder sein Amt niederlegt. Damit erlischt das Restmandat des Betriebsrats und damit die Anhörungspflicht nach § 102 BetrVG[6].

55 Dann muss der Insolvenzverwalter ggf. unter der **Privatadresse** anhören, insbesondere wenn nur ein Betriebsobmann „übrig geblieben" ist[7]. Was zu tun ist, wenn das aus-

---

1 BAG 28.10.2004 – 8 AZR 391/03, NZA 2005, 892; zweifelnd *Bröhl*, BB 2006, 1050 ff., ob das auch nach der Rspr. des für Insolvenzkündigungen zuständigen 6. Senates so gesehen werde.
2 Vgl. BAG 5.12.2002 – 2 AZR 571/01, NZA 2003, 789 ff.
3 Vgl. BAG 16.6.2005 – 6 AZR 476/04, NZA 2006, 270.
4 Vgl. BAG 16.6.2005 – 6 AZR 476/04, BB 2005, 2357 ff.
5 Vgl. BAG 10.11.2005 – 2 AZR 623/04, NZA 2006, 491.
6 Vgl. *Bertram*, NZI 2001, 625 ff.
7 Vgl. *Bertram*, NZI 2001, 625 ff.

geschiedene Betriebsratsmitglied seine Mitwirkung verweigert, lässt sich nicht grundsätzlich bestimmen. Ein Anhörungsschreiben, über die Privatadresse an den Betriebsobmann oder ggf. den Betriebsratsvorsitzenden gerichtet, sollte in jedem Fall herausgehen. Der Arbeitgeber trägt keinerlei Risiko, wenn die Mitwirkungsverweigerung auf Seiten des Betriebsrats stattfindet. Läuft die Wochenfrist des § 102 Abs. 2 Satz 1 BetrVG ohne Reaktion ab, kann die Kündigung ausgesprochen werden. (Im Übrigen gilt § 22 BetrVG für die Weiterführung der Geschäfte des Betriebsrats, wenn die Voraussetzungen des § 13 Abs. 2 Nr. 1–3 BetrVG vorliegen, also die Gesamtzahl der Betriebsratsmitglieder nach Eintreten sämtlicher Ersatzmitglieder unter die vorgeschriebene Zahl der Betriebsratsmitglieder gesunken ist.)

↪ **Hinweis:** Im Zweifel ist **vorsorglich anzuhören**, denn eine überflüssige Anhörung schadet nicht, eine notwendige, aber unterbliebene Anhörung führt unrettbar zur Nichtigkeit der ausgesprochenen Kündigung.

3. Abfindungsanspruch bei betriebsbedingter Kündigung gem. § 1a KSchG

Nach § 1a KSchG steht Arbeitnehmern ein Anspruch auf Zahlung einer Abfindung zu unter folgenden **Voraussetzungen:**
– Der Arbeitgeber hat betriebsbedingt gekündigt;
– der Arbeitnehmer hat keine Kündigungsschutzklage erhoben und
– der Arbeitgeber hat den Hinweis auf die Zahlung der Abfindung in der Kündigungserklärung gegeben, wobei die Höhe der Abfindung gem. § 1a Abs. 2 KSchG mit 0,5 Monatsverdiensten für jedes Jahr des Bestehens des Arbeitsverhältnisses vorgeschrieben wird.

Zu weiteren Einzelheiten vgl. Teil 3 E Rz. 344 ff.

Diese Regelung wirft eine Fülle ungeklärter Fragen auf[1], die jedoch an dieser Stelle nicht vertieft werden sollen. In der Insolvenz dürfte in aller Regel der Insolvenzverwalter nicht in der Lage sein, Abfindungsbeträge in Höhe der „Regelabfindung" anzubieten und zu zahlen. Diese wären nämlich Masseverbindlichkeiten, da sie auf einer Handlung des Insolvenzverwalters beruhen, § 55 Abs. 1 Nr. 1 InsO.

4. Ausschluss der ordentlichen Kündigung und Sonderkündigungsschutz

a) Sonderkündigungsschutz und § 113 InsO

Die gesetzlichen Vorschriften über den Sonderkündigungsschutz bestimmter Arbeitnehmergruppen gelten auch in der Insolvenz. Der Insolvenzverwalter muss deshalb vor Ausspruch jeder Kündigung genau prüfen, welcher der Sonderkündigungsschutztatbestände eingreift. In der Praxis erlebt man immer wieder, dass, auch weil die Personalabteilung möglicherweise schon in Auflösung begriffen ist, nicht im Unternehmen präsente Beschäftigte übersehen werden, also zB Elternzeitler.

In allen Fällen, in denen der Sonderkündigungsschutz nur **dilatorisch** wirkt, also die Kündigung nur aufschiebt, bis eine erforderliche Zustimmung von dritter Seite erteilt ist, gilt im Anschluss an die Zustimmung der zuständigen Behörde die Vorschrift des § 113 Satz 1 InsO für den Ausspruch der Kündigung durch den Insolvenzverwalter. Die weitere Abwicklung enthält keine Besonderheiten (vgl. zum Sonderkündigungsschutz allgemein Teil 3 H). Das gilt also für die Kündigung schwangerer Frauen, von Beschäftigten in Elternzeit, Betriebsbeauftragten und den Sonderkündigungsschutz wegen Inanspruchnahme von Pflegezeit oder Familienpflegezeit.

---
1 Vgl. dazu *Löwisch*, NZA 2003, 689 ff.; *Giesen/Besgen*, NJW 2004, 185 ff.; *Bauer/Krieger*, NZA 2004, 77; vgl. auch *Stiller*, NZI 2005, 77 ff.

61 Bei **schwerbehinderten Menschen** gilt schon im Normalfall gem. § 89 Abs. 1 SGB IX, dass bei betriebsbedingten Kündigungen im Fall der Betriebsschließung die Zustimmung regelmäßig erteilt werden soll, wenn zwischen dem Tag der Kündigung und dem Ende der Vergütungszahlung mindestens drei Monate liegen. Das ist in der Insolvenz auch bei längerfristigen Verträgen mit längeren Kündigungsfristen durch die Drei-Monats-Frist des § 113 Satz 2 InsO gewährleistet. Außerdem gelten in der Insolvenz die Sonderregelungen des § 89 Abs. 3 SGB IX. Unter den dort genannten Voraussetzungen soll die Zustimmung ebenfalls regelmäßig erteilt werden.

62 Beim **Sonderkündigungsschutz für Wehr- und Ersatzdienstleistende** ist beim insolvenzbedingten ersatzlosen Wegfall des Arbeitsplatzes eine Weiterbeschäftigungsmöglichkeit nicht gegeben, so dass in diesen Fällen die ordentliche Kündigung gem. § 113 InsO zulässig sein soll[1].

63 Der Sonderkündigungsschutz für **betriebliche Funktionsträger**, also insbesondere Betriebsratsmitglieder, Ersatzmitglieder, Wahlbewerber und Wahlvorstände, weist in der Insolvenz gegenüber den Regelungen in §§ 15 KSchG, 103 BetrVG keine Besonderheiten auf. Dasselbe gilt für den Sonderkündigungsschutz der **Betriebsbeauftragten**. Betriebsratsmitglieder sind auch in der Insolvenz nicht in die Sozialauswahl einzubeziehen; § 125 InsO ist nur im Verhältnis zu § 1 KSchG lex specialis, nicht aber gegenüber § 15 KSchG. Deshalb sind § 15 Abs. 4 und 5 KSchG auch nicht analog auf Betriebseinschränkungen anzuwenden[2].

64 Eine **insolvenzrechtliche Besonderheit** besteht im **Berufsbildungsverhältnis**. Nach Ablauf der Probezeit kann dieses Beschäftigungsverhältnis gem. § 22 BBiG nur aus wichtigem Grund gekündigt werden. Zwar ist die Insolvenzeröffnung selbst kein wichtiger Grund iSd. § 22 Abs. 2 Nr. 1 BBiG. In entsprechender Anwendung der Vorschriften des § 15 Abs. 4 und 5 KSchG kann jedoch mit der in der Insolvenz spezifischen Kündigungsfrist von drei Monaten zum Monatsende außerordentlich gekündigt werden[3]. Zu beachten ist dabei die 14-Tage-Frist des § 22 Abs. 4 Satz 1 BBiG. Die Kenntnis des außerordentlichen Kündigungsgrundes besteht in der Tatsache der Betriebsstilllegung. Wenn im Betrieb nicht mehr ausgebildet werden kann, macht die Fortführung des Ausbildungsverhältnisses auch keinen Sinn mehr.

64a Nach § 2 Abs. 3 AbgG ist eine Kündigung oder Entlassung wegen der Annahme oder Ausübung eines Bundestagsmandates unzulässig; Mitglieder der Landesparlamente sind durch entsprechende landesrechtliche Vorschriften geschützt, auf kommunaler Ebene können ausdrückliche Vorschriften eine andere Regelung treffen[4]. Dieser Sonderkündigungsschutz der **Parlamentarier** gilt jedoch nicht in der Insolvenz bei einer Betriebsstilllegung, so dass gem. § 113 Satz 1 InsO auch ihnen gekündigt werden kann.

b) Kündigung der „Unkündbaren" und § 113 InsO

65 In den Sonderkündigungsschutztatbeständen sind bereits Regelungen enthalten, die die ordentliche Kündigung ausschließen. Dieser Sonderkündigungsschutz gilt grundsätzlich auch in der Insolvenz. Er ist zu unterscheiden vom Kündigungsschutz insbesondere durch tarifliche Vorschriften, die sich auf Beschäftigungszeit und Lebensalter eines Arbeitnehmers beziehen. Nur darauf kann sich die Durchbrechung des

---

1 FK-InsO/*Eisenbeis*, § 113 Rz. 73.
2 Vgl. BAG 17.11.2005 – 6 AZR 118/05, NZA 2006, 370.
3 Vgl. FK-InsO/*Eisenbeis*, § 113 Rz. 76.
4 Vgl. die Nachweise bei KR/*Weigand*, Kündigungsschutz für Parlamentarier, Rz. 59 f. mit zahlreichen Ländervorschriften.

II. Besonderheiten des Kündigungsrechts in der Insolvenz

Ausschlusses der ordentlichen Kündigung durch die Kündigungsmöglichkeiten des § 113 Satz 1 InsO beziehen.

Nach dieser Vorschrift kann der Insolvenzverwalter kündigen, auch wenn das Recht zur ordentlichen Kündigung **durch Vereinbarung ausgeschlossen** ist. Soweit diese Vereinbarung im Arbeitsvertrag oder ggf. auch in Betriebsnormen zu finden ist, durchbricht die gesetzliche Regelung in § 113 Satz 1 InsO diesen Kündigungsausschluss mit der Folge, dass der Insolvenzverwalter ordentlich auch in solchen Fällen mit der Höchstfrist von drei Monaten kündigen kann[1]. Als „Vereinbarung" iSd. § 113 InsO ist auch eine Kollektivvereinbarung anzusehen, damit auch eine tarifliche Norm, die durch die Kündigungsmöglichkeit des § 113 Satz 1 InsO durchbrochen wird[2].

66

Einstweilen frei.

67–71

5. Änderungskündigung in der Insolvenz

Für die Änderungskündigung gelten dieselben Grundsätze und Besonderheiten wie für die Beendigungskündigung (vgl. zur Änderungskündigung im Allgemeinen ausführlich Teil 3 A). Auch die Änderungskündigung kann mit der Frist des § 113 InsO unter denselben Voraussetzungen ausgesprochen werden wie die Beendigungskündigung.

72

Die Insolvenz bietet auch keinen Ausnahmetatbestand, der ermöglichen würde, durch Änderung das **Entgelt abzusenken**. Nach der ständigen Rechtsprechung des BAG[3] kommt eine Entgeltabsenkung durch Änderungskündigung nur in extremen Ausnahmefällen in Betracht.

73

Zu Recht ist deshalb[4] der Rechtsprechung des BAG zur betriebsbedingten Änderungskündigung in Form der Reduzierung der Vergütung entgegengehalten worden, dass sie schwieriger durchzusetzen sei als eine Beendigungskündigung. Die Anforderungen, die das BAG an den Sanierungsplan und dessen konsequente Umsetzung stellt, werden in der Insolvenz nicht gelockert.

74

⊃ **Hinweis:** Insolvenzverwaltern ist davon abzuraten, eine solche Änderungskündigung zu versuchen. Es ist leichter, Lohnkosten durch Abbau von Arbeitsplätzen zu senken als zu versuchen, die komplette Belegschaft zu niedrigerem Entgelt zu halten. Möglicherweise bieten sich einvernehmliche Lösungen, wenn offengelegt wird, dass stattdessen betriebsbedingte Kündigungen zur Kostenreduzierung unvermeidlich sind.

74a

Soweit der Insolvenzverwalter die Arbeitsbedingungen, zB das Entgelt, ändern und das Änderungsangebot an ein **Akzeptanzquorum** binden will, kann er dazu auch die Änderungskündigung nicht nutzen. Zwar wird zum Teil vertreten[5], dass die Besonderheiten der Insolvenz und die Planbarkeit eines Sanierungskonzepts es ermöglichten, die Wirksamkeit einer Änderungskündigung von der Annahme der geänderten Arbeitsbedingungen durch eine Mindestanzahl von Arbeitnehmern abhängig zu machen. Gegen die Zulässigkeit einer solchen Kündigung spricht aber bereits, dass diese bedingungsfeindlich ist, also der Wirksamkeit der Kündigung nicht von dem Verhalten Dritter abhängig gemacht werden kann. Dabei handelt es sich auch nicht um eine sog. Potestativbedingung, die auch bei Kündigungen für zulässig gehalten wird. Au-

75

---

1 Vgl. BAG 17.11.2005 – 6 AZR 107/05, NZA 2006, 661.
2 Vgl. BAG 19.1.2000 – 4 AZR 70/99, NZA 2000, 658 ff.; zum Meinungsstand auch *Steindorf/Regh*, § 3 Rz. 99 mwN; wie hier auch FK-InsO/*Eisenbeis*, § 113 Rz. 29–31.
3 Vgl. BAG 12.1.2006 – 2 AZR 126/05, NZA 2006, 587.
4 Vgl. *Preis*, NZA 1995, 241 (249); vgl. dazu auch *Löwisch*, Anm. zu BAG 12.11.1998 – 2 AZR 91/98, EzA § 2 KSchG Nr. 33.
5 *Fischer*, NZA 2002, 536 (539).

ßerdem würde damit in die Entscheidungsfreiheit des einzelnen Arbeitnehmers auch mit Blick auf die Frage, ob er vom Vorbehalt Gebrauch machen will oder nicht, unzulässigerweise eingegriffen. Das weitere Schicksal des Arbeitsverhältnisses würde in die Hände einer Mehrheitsentscheidung gelegt.

III. Kündigungsschutzverfahren in der Insolvenz

1. Klagefrist

76 Auch in der Insolvenz haben Arbeitnehmer eine Kündigung innerhalb von **drei Wochen** seit Zugang der Kündigung mit der Kündigungsschutzklage anzugreifen und Klage zu erheben, § 4 KSchG. In der seit dem 1.1.2004 geltenden Fassung der Vorschrift, die inhaltlich schon in § 113 Abs. 2 Satz 1 InsO aF für die Kündigung in der Insolvenz geltendes Recht war, ist die Kündigung wegen aller in Betracht kommenden Unwirksamkeitsgründe innerhalb der Drei-Wochen-Frist durch Klage anzugreifen, auch wenn die soziale Rechtfertigung dabei keine Rolle spielt. Die Unwirksamkeitsgründe sind dann bis zum Schluss der mündlichen Verhandlung in erster Instanz geltend zu machen. Das Arbeitsgericht ist verpflichtet, auf die mögliche Präklusion für die Berufungsinstanz hinzuweisen (vgl. zur Kündigungsschutzklage allgemein Teil 5 A Rz. 3 ff.). Für das Kündigungsschutzverfahren in der Insolvenz gelten keine Sondervorschriften.

77, 78 Einstweilen frei.

2. Richtiger Klagegegner

79 Gegen wen eine Kündigungsschutzklage gerichtet werden muss, hängt davon ab, wer die Kündigung ausspricht. Zum Ausspruch der Kündigung ist **vor Einreichen des Insolvenzantrags** der Schuldner als Arbeitgeber ausschließlich zuständig. Das gilt auch, bis das Insolvenzgericht einen Insolvenzverwalter mit Verwaltungs- und Verfügungsbefugnis bestellt. In diesem Fall geht das Kündigungsrecht auf ihn über (vgl. Rz. 6). Solange also kein „starker Insolvenzverwalter" bestellt ist, bereitet es keine Schwierigkeiten, den richtigen Klagegegner in der Kündigungsschutzklage zu benennen.

80 Hat der Insolvenzverwalter einen Betrieb des freiberuflich tätigen Schuldners freigegeben gem. § 35 Abs. 2 Satz 1 InsO, ist der Schuldner und nicht der Insolvenzverwalter zu verklagen[1].

81 Ist dagegen ein **Insolvenzverwalter** bestellt oder auch schon ein vorläufiger mit Verwaltungs- und Verfügungsbefugnis, kann nur er die Kündigung aussprechen mit der Folge, dass auch gegen ihn als Partei kraft Amtes oder Prozessstandschafter des Schuldners die Klage gerichtet werden muss[2]. Wird der Schuldner im Rubrum angegeben, obwohl der vorläufige Insolvenzverwalter oder Insolvenzverwalter die Kündigung ausgesprochen hat, wahrt das nicht die Klagefrist des § 4 KSchG[3].

82 Das Gericht muss allerdings prüfen, ob der Fehler durch eine **Rubrumsberichtigung** beseitigt werden kann. Das kommt zB in Betracht, wenn sich aus der Klageschrift durch Beifügung oder in Bezugnahme auf das Kündigungsschreiben ergibt, dass sich die Kündigungsschutzklage in Wahrheit gegen den Insolvenzverwalter richten soll. Die irrtümlich falsche Parteibezeichnung in der Klageschrift selbst ist dann zu berichtigen[4].

---

1 Vgl. BAG 21.11.2013 – 6 AZR 979/11, DB 2014, 667.
2 Vgl. BAG 21.11.2013 – 6 AZR 979/11, DB 2014, 667; so schon: *Berscheid*, NZI 2000, 1 ff.
3 Vgl. BAG 18.10.2012 – 6 AZR 41/11, NZI 2013, 151; ferner BAG 17.1.2002 – 2 AZR 57/01, BB 2003, 209 ff.; 18.4.2002 – 8 AZR 346/01, ArbRB 2002, 357.
4 BAG 27.3.2003 – 2 AZR 272/02, NZA 2003, 1391; so auch *Sasse*, ArbRB 2003, 63 f.

Finden sich jedoch in der Klageschrift keine Anhaltspunkte, so kommt eine Berichtigung nicht in Betracht. Die Klagezustellung ist dann auch nicht mehr „demnächst" iSd. § 167 ZPO erfolgt, wenn eine schuldhaft falsche Adressierung zu einer Verzögerung der Zustellung an den Insolvenzverwalter geführt hat, die Klage also zunächst erst einmal an die Insolvenzschuldnerin zugestellt wurde und dadurch die Klagezustellung länger als zwei Wochen verzögert worden ist[1].

83

Tritt zwischen dem Ausspruch der Kündigung und der Erhebung der Kündigungsschutzklage eine **Änderung** ein, ist diese vom Arbeitnehmer im Zusammenhang mit der Angabe des richtigen Klagegegners zu berücksichtigen. Hat also der Schuldner gekündigt und wird in der Zwischenzeit ein vorläufiger Insolvenzverwalter mit Verwaltungs- und Verfügungsbefugnis bestellt, ist die Klage gegen ihn zu richten. Hat der „starke" Verwalter nach Antragseröffnung, aber vor Eröffnung des Verfahrens gekündigt und ist das Verfahren in der Zwischenzeit eröffnet worden, muss der Insolvenzverwalter verklagt werden[2].

84

3. Sonderprobleme in der Insolvenz

Prozessuale Besonderheiten sind in der Insolvenz bzgl. der örtlichen Zuständigkeit des Arbeitsgerichts, der Prozesskostenhilfe für Insolvenzverwalter und der Verfahrensunterbrechung wegen der Eröffnung des Insolvenzverfahrens zu beachten[3].

84a

a) Örtliche Zuständigkeit

Der Insolvenzverwalter muss gem. § 19a ZPO am Sitz des Insolvenzgerichts verklagt werden, das ist sein allgemeiner Gerichtsstand. Das gilt auch für Kündigungsschutzklagen (vgl. unten Teil 5 B Rz. 116a). Kommt daneben auch der besondere Gerichtsstand des Arbeitsorts in Betracht, insbesondere bei Außendienstlern, so kann die Kündigungsschutzklage auch in der Insolvenz bei dem Arbeitsgericht erhoben werden, in dessen Bezirk der Arbeitnehmer gewöhnlich seine Arbeit verrichtet oder zuletzt gewöhnlich verrichtet hat, § 48 Abs. 1a Satz 1 ArbGG. Insbesondere Montage- und Außendienstmitarbeiter können deshalb auch an ihrem Wohnsitzgericht gegen den Arbeitgeber klagen, auch gegen den Insolvenzverwalter.

84b

b) Prozesskostenhilfe des Insolvenzverwalters

Insolvenzverwalter haben Anspruch auf Gewährung von Prozesskostenhilfe unter Beiordnung eines Rechtsanwalts, auch wenn sie selbst zugelassene Rechtsanwälte sind. Der Anspruch besteht auch dann, wenn das Insolvenzverfahren gar nicht erst hätte eröffnet werden dürfen[4].

84c

Im Übrigen gelten die allgemeinen Voraussetzungen, also Erfolgsaussicht und Bedürftigkeit. Die tritt beim Insolvenzverwalter ein, wenn die Masse unzulänglich ist, § 208 InsO, und der Insolvenzverwalter die Kosten iSd. § 116 ZPO nicht aufbringen kann.

Vertritt sich der Insolvenzverwalter, der auch Rechtsanwalt ist, selbst, kann er Gebühren nach RVG zu Lasten der Masse selbst abrechnen.

---

1 BAG 17.1.2002 – 2 AZR 57/01, BB 2003, 209 ff.
2 LAG Köln 17.8.2005 – 3 (8) Sa 486/05.
3 Vgl. dazu auch *Reinhard*, ArbRB 2009, 217 f.
4 Vgl. BAG 8.5.2003 – 2 AZB 56/02, NZA 2004, 1407.

c) Verfahrensunterbrechung

84d Durch Eröffnung des Insolvenzverfahrens wird der Kündigungsschutzprozess, ebenso wie alle anderen Verfahren, gem. § 240 Satz 1 ZPO unterbrochen, auch wenn die Insolvenzmasse nur mittelbar betroffen ist[1].

Die **Wiederaufnahme** des Kündigungsrechtsstreits ist unter den Voraussetzungen des § 86 InsO möglich. Danach kann auch der Prozessgegner den Prozess aufnehmen, denn der Kündigungsrechtsstreit betrifft zumindest mittelbar die Masse, § 86 Abs. 1 Nr. 3 InsO[2]. So kann der Insolvenzverwalter ein nach Eröffnung des Verfahrens ergangenes Urteil mit der Begründung angreifen, dass der Rechtsstreit in Folge der Eröffnung vor Urteilsverkündung nach § 240 ZPO unterbrochen worden ist und das mit der Sache befasste Gericht diese Rechtsfolge außer Acht gelassen hat[3].

84e Auch wenn das **Insolvenzverfahren im Ausland** geführt wird, der Arbeitgeber zB nach US-amerikanischem Recht, chap. 11 BC einen Antrag stellt, wird das Verfahren unterbrochen. Für die Wiederaufnahme des Verfahrens gelten die deutschen Vorschriften, so dass es keiner gerichtlichen Aufhebung des US-amerikanischen Verfahrensstillstands (relief from stay) bedarf[4].

84f Ist nach der Eröffnung des Insolvenzverfahrens ein Rechtsstreit gem. § 240 Satz 1 ZPO unterbrochen, differenzieren die Vorschriften der Insolvenzordnung, ob auch ein Arbeitnehmer berechtigt ist, einen unterbrochenen Rechtsstreit wieder aufzunehmen danach, ob der Rechtsstreit eine gegen die Insolvenzmasse gerichtete Forderung betrifft oder eine reine Insolvenzforderung darstellt. Nach den Vorschriften der §§ 85, 86 InsO kann auch der Kläger/Arbeitnehmer den Rechtsstreit wieder aufnehmen, wenn der Rechtsstreit die Insolvenzmasse betrifft. Das ist regelmäßig im Kündigungsrechtsstreit der Fall[5]. Es reicht also aus, wenn zumindest mittelbar die Insolvenzmasse betroffen ist.

84g In der **Insolvenz des Arbeitnehmers** scheidet die Unterbrechung eines Kündigungsschutzverfahrens aus, weil dabei auch nicht mittelbar die Insolvenzmasse betroffen ist[6]. Auch ein Prozesskostenhilfeverfahren ist durch die Eröffnung des Insolvenzverfahrens des Klägers/Arbeitnehmers nicht unterbrochen[7].

IV. Betriebsübergang: Kündigung durch Insolvenzverwalter oder Erwerber

85 Das Kündigungsrecht als Gestaltungsrecht kann nur vom jeweiligen Arbeitgeber ausgesprochen werden, also vor Betriebsübergang vom bisherigen, dh. dem Betriebsveräußerer, nach dem Betriebsübergang nur von dem Erwerber als neuem Arbeitgeber. Veräußert also der Insolvenzverwalter den Betrieb, kann er nur bis zum Betriebsübergang selbst kündigen. Kündigt er danach, geht seine Kündigung ins Leere und entfaltet keinerlei Wirkung[8]. Das hindert den Insolvenzverwalter jedoch nicht, bereits vor dem Betriebsübergang eine Kündigung nach dem Erwerberkonzept auszusprechen[9] (vgl. sogleich Rz. 87).

---

1 Vgl. BAG 18.10.2006 – 2 AZR 563/05, NZA 2007, 765.
2 Vgl. dazu auch BAG 18.10.2006 – 2 AZR 563/05, NZA 2007, 765.
3 Vgl. BAG 26.6.2008 – 6 AZR 478/07, NZA 2008, 1204.
4 Vgl. BAG 27.2.2007 – 3 AZR 618/06, EzA § 240 ZPO 2002 Nr. 3.
5 Vgl. dazu auch BAG 15.5.2013 – 5 AZR 252/12 (A), ZInsO 2013, 1475.
6 Vgl. BAG 5.11.2009 – 2 AZR 609/08, NZA 2010, 277; vgl. dazu auch *Reinfelder*, NZA 2014, 636 (re. Sp.); vgl. ferner *Reinfelder*, NZA 2009, 124 (127 f.).
7 BAG 26.5.2011 – 8 AZR 37/10, NZA 2011, 1143.
8 Vgl. BAG 18.4.2002 – 8 AZR 346/01, EzA § 613a BGB Nr. 207 mit zust. Anm. *Gaul/Bonanni*.
9 Vgl. BAG 20.9.2006 – 6 AZR 249/05, NZA 2007, 387; so schon der 8. Senat des BAG: BAG 20.3. 2003 – 8 AZR 97/02, NZA 2003, 1027; so auch Küttner/*Kreitner*, Betriebsübergang, Rz. 76 mwN.

Auch in der Insolvenz gilt § 613a Abs. 4 Satz 1 BGB mit der Folge, dass eine **Kündi-** 86
gung wegen des Übergangs eines Betriebs oder Betriebsteils unwirksam ist. In der Insolvenz gibt es da keine Ausnahme[1].

Dagegen ist die Kündigung aus betriebsbedingten Gründen in solchen Fällen möglich, 87
in denen der Erwerber bereits ein konkretes Konzept entwickelt hat, wie künftig die Beschäftigung nach Betriebsübergang gestaltet sein soll, insbesondere, ob es den bisher beim Veräußerer noch besetzten Arbeitsplatz nach seinem **Erwerberkonzept** künftig noch geben wird[2]. Allerdings muss im Zeitpunkt des Zugangs der Kündigung dieses Konzept bereits greifbare Formen angenommen haben. Nur dann verstößt die Kündigung nicht gegen § 613a Abs. 4 Satz 1 BGB, weil die Vorschrift nur verhindern soll, dass bei der Übernahme des Betriebs eine freie Auslese getroffen werden kann. Die soll aber nicht dazu führen, dass Arbeitsverhältnisse trotz fehlender Beschäftigungsmöglichkeit künstlich verlängert werden.

V. Schadensersatz gem. § 113 Satz 3 InsO

Wird das Arbeitsverhältnis durch Kündigung des Insolvenzverwalters vor Ablauf der 88
ansonsten einschlägigen ordentlichen Kündigungsfrist beendet, kann der Gekündigte wegen der vorzeitigen Beendigung Schadensersatz als Insolvenzgläubiger verlangen (§ 113 Satz 3 InsO). Schon nach dem Wortlaut der Vorschrift kann der Arbeitnehmer, der die Kündigungsfrist nach Satz 1 in Anspruch nimmt, keinen Schadensersatz verlangen[3]. Das gilt auch dann, wenn er stattdessen einen Aufhebungsvertrag mit dem Insolvenzverwalter abschließt[4].

Ein **Anspruch des Arbeitnehmers** besteht nur, wenn das Arbeitsverhältnis ansonsten 89
nicht kündbar oder die Kündigungsfrist außerhalb eines Insolvenzverfahrens länger gewesen wäre[5]. Arbeitseinkommen aus einer anderen Beschäftigung, das der Arbeitnehmer während des Zeitraums, für den ein Schadensersatzanspruch geltend gemacht wird, erzielt, muss angerechnet werden. Der Anspruch geht nicht auf die vereinbarte Vergütung, sondern auf den durch die Aufhebung des Dienstverhältnisses entstandenen Schaden. Dies kann der Verdienstausfall, entgangene Naturalbezüge wie Verpflegung oder ein auch zur privaten Nutzung zur Verfügung gestellter Dienstwagen oder der Verlust einer betrieblichen Altersversorgung sein, wenn der Arbeitnehmer aufgrund der vorzeitigen Kündigung nach § 113 InsO die notwendige Betriebszugehörigkeit bzw. das Pensionsalter im Betrieb des Arbeitgebers nicht mehr erreicht[6].

---

1 Vgl. zu den Besonderheiten auch *Lembke*, BB 2007, 1333 ff.
2 Vgl. BAG 20.3.2003 – 8 AZR 97/02, NZA 2003, 1027; vgl. auch Küttner/*Kreitner*, Betriebsübergang, Rz. 76 mwN; fortgeführt von BAG 20.9.2006 – 6 AZR 249/05, NZA 2007, 387; vgl. auch LAG Köln 11.9.2013 – 5 Sa 1128/12, DB 2014, 1871 (mit Erläuterung von *Otto*).
3 KR/*Weigand*, §§ 113, 120 ff. InsO Rz. 91; allerdings wird ein Schadensersatzanspruch des Arbeitnehmers diskutiert, wenn die vorzeitige Kündigung in der vom Arbeitgeber verschuldeten Insolvenz begründet ist; ablehnend ErfK/*Müller-Glöge*, § 113 InsO Rz. 33.
4 Vgl. BAG 25.4.2007 – 6 AZR 622/06, DB 2007, 2263.
5 LAG Rh.-Pf. 28.1.1983 – 6 Sa 840/82, DB 1983, 1314.
6 ErfK/*Müller-Glöge*, § 113 InsO Rz. 32; KR/*Weigand*, §§ 113, 120 ff. InsO Rz. 89.

J. Betriebsratsanhörung

	Rz.
I. Vorbemerkung	1
II. Anwendungsvoraussetzungen	
1. Geltungsbereich	2
2. Beendigungsarten	
a) Kündigung durch Arbeitgeber	10
b) Andere Beendigungsgründe des Arbeitsverhältnisses	16
3. Persönlicher Anwendungsbereich	19
III. Einleitung des Verfahrens	
1. Erklärungsempfänger	24
2. Zeitpunkt der Einleitung des Verfahrens	25
3. Form der Unterrichtung	28
4. Inhalt und Umfang der Unterrichtung	
a) Allgemeine Grundsätze	29
b) Betriebsbedingte Kündigung	42
c) Personenbedingte Kündigung	52
d) Verhaltensbedingte Kündigung	57
e) Außerordentliche Kündigung	62
f) Kumulativ außerordentliche und ordentliche Kündigung	66
g) Änderungskündigung	67
h) Massenkündigung	72
i) Verdachtskündigung	75
5. Formulierungsbeispiel für die Anhörung vor Kündigung	77
IV. Abschluss des Verfahrens	
1. Beschluss des Betriebsrates	78
2. Reaktionsmöglichkeiten des Betriebsrates	83
a) Stellungnahme bei der ordentlichen Kündigung	
aa) Äußerung von Bedenken	91
bb) Widerspruch und Widerspruchsgründe	94
(1) Fehlerhafte Sozialauswahl	103
(2) Richtlinienverstoß	108
(3) Möglichkeit der Weiterbeschäftigung auf einem anderen Arbeitsplatz	111

	Rz.
(4) Umschulung, Fortbildung	115
(5) Geänderte Vertragsbedingungen	116
b) Stellungnahme bei der außerordentlichen Kündigung	120
c) Formulierungsbeispiele für die Stellungnahme des Betriebsrats	123
3. Kündigungsausspruch	124
V. Mängel des Anhörungsverfahrens und deren Rechtsfolgen	
1. Allgemeine Grundsätze	127
2. Mängel außerhalb der Sphäre des Arbeitgebers	131
3. Bewusste Fehlinformation	133
4. Nachschieben von Kündigungsgründen	135
VI. Vorläufige Weiterbeschäftigung	
1. Allgemeine Grundsätze	138
2. Voraussetzungen des Weiterbeschäftigungsanspruchs	141
3. Beendigung der Weiterbeschäftigungspflicht	148
VII. Erweiterung der Mitbestimmungsrechte	149
VIII. Weitere Mitwirkungserfordernisse	154
IX. Zustimmungserfordernis nach § 103 BetrVG	
1. Allgemeine Grundsätze	164
2. Geschützter Personenkreis	166
3. Dauer des Kündigungsschutzes	170
4. Kündigung und andere Beendigung des Arbeitsverhältnisses	175
5. Zustimmung durch den Betriebsrat	183
6. Ersetzung der Zustimmung durch das Arbeitsgericht	190
7. Kündigungsschutzverfahren	199
X. Checkliste für die Anhörung des Betriebsrats nach § 102 BetrVG	202

Schrifttum:

Adomeit, Einstellungen und Entlassungen nach dem neuen Betriebsverfassungsgesetz, DB 1971, 2360; *Bauer/Krieger*, Rien ne vas plus – „Nachkarten" nach Abwicklungsvertrag ausgeschlossen, NZA 2006, 307; *Bengelsdorf*, Verdachtskündigung, AuA 1995, 196; *Berkowsky*, Die Unterrichtung des Betriebsrates bei Kündigungen durch den Arbeitgeber, NZA 1996, 1065; *Berkowsky*, Änderungskündigung, Direktionsrecht und Tarifvertrag – Zur Dogmatik der „überflüssigen Änderungskündigung", NZA 1999, 293; *Berkowsky*, Die betriebsbedingte Änderungskündigung und ihr Streitgegenstand, NZA 2000, 1129; *Bitter*, Zum Umfang und Inhalt der Informationspflicht des Arbeitgebers gegenüber dem Betriebsrat bei der betriebsbedingten Kündigung insbesondere bei der Sozialauswahl, NZA Beilage 3/1991, 16; *Deinert*, Kündigungsprävention und betriebliches Eingliederungsmanagement, NZA 2010, 369; *Diller*,

I. Vorbemerkung

Der Wahnsinn hat Methode (Teil II) – Über die Unmöglichkeit, ein Verfahren nach § 103 BetrVG erfolgreich zu beenden, NZA 2004, 579; *Dörner*, Abschied von der Verdachtskündigung?, NZA 1993, 873; *Dörner*, Bestandsaufnahme und Kritik eines überkommenen Rechtsinstituts, AiB 1993, 147; *Dörner*, Verdachtskündigung im Spiegel der Methoden zur Auslegung von Gesetzen, NZA 1992, 865; *Dütz*, Die Weiterbeschäftigungs-Entscheidung des Großen Senats des Bundesarbeitsgerichts und ihre Folgen für die Praxis, NZA 1986, 209; *Düwell*, § 102 IV BetrVG – eine noch zu entdeckende Formvorschrift, NZA 1988, 866; *Gaul*, Der Widerruf einer Zustimmung des Betriebsrates bei Kündigungen, RdA 1979, 269; *Griebeling*, Zur Personalratsanhörung bei der vorsorglich ausgesprochenen zweiten Kündigung, EWiR 2003, 135; *Griese*, Neuere Tendenzen bei der Anhörung des Betriebsrates vor der Kündigung, BB 1990, 1899; *Grimm/Brock*, Zur Erledigung des Zustimmungsersetzungsantrages nach Ausscheiden aus dem Betrieb, EWiR 2003, 97; *Grimm/Brock*, Zur Betriebsratsanhörung in der Insolvenz, EWiR 2004, 419; *Grosjean*, Kündigungsrechtliche Stellung im Ausland eingesetzter Arbeitnehmer, DB 2004, 2422; *Gumpert*, Kündigung und Mitbestimmung, BB 1972, 47; *Hanau*, Unklarheiten in dem Regierungsentwurf des Betriebsverfassungsgesetzes, BB 1971, 485; *Heinze*, Personalplanung, Einstellung und Kündigung. Die Mitbestimmung des Betriebsrates bei personellen Maßnahmen, 1982; *Heither*, Die Beteiligung des Betriebsrates in personellen Angelegenheiten, AR-Blattei SD 530.14.3; *Herschel*, Frist zur Anfechtung eines Arbeitsvertrages, ArbuR 1980, 255; *Hofmann*, Zur betriebsbedingten Kündigung, ZfA 1984, 295; *Hohmeister*, Die Beteiligung des Betriebsrates bei unter Vorbehalt angenommener Änderungskündigung, BB 1994, 1777; *Hohmeister*, Die ordnungsgemäße Anhörung des Betriebsrates gemäß § 102 BetrVG als Wirksamkeitsvoraussetzung für eine Kündigung, NZA 1991, 209; *Hümmerich/Mauer*, Neue BAG-Rechtsprechung zur Anhörung des Betriebsrats bei Kündigungen, DB 1997, 165; *Hunold*, § 102 BetrVG: Abschließende Stellungnahme des Betriebsrates, NZA 2010, 797; *Joost*, Zur Betriebsratsanhörung nach BetrVG 102, EWiR 2004, 157; *Klebe*, Das Widerspruchsrecht des Betriebsrats bei personen- und verhaltensbedingten Kündigungen, BB 1980, 838; *Klebe/Schumann*, Das Recht auf Beschäftigung im Kündigungsschutzprozess, 1982; *Klebe/Schumann*, Unwirksamkeit der Kündigung von Organen der Betriebsverfassung bei fehlerhafter Zustimmung des Betriebsrates?, DB 1978, 1591; *Küfner-Schmitt*, Zustimmungsersetzungsverfahren nach § 103 BetrVG, SAE 2003, 247; *Künzl*, Der Beschäftigungsanspruch des Arbeitnehmers, ArbuR 1993, 389; *Lepke*, Zum Inhalt der so genannten Weiterbeschäftigungspflicht nach § 102 V 1 BetrVG 72, DB 1975, 498; *Lepke*, Zustimmung des Betriebsrates zu außerordentlichen Kündigungen des Arbeitgebers in besonderen Fällen, BB 1973, 894; *Löwisch*, Die Änderung von Arbeitsbedingungen auf individualrechtlichen Wege, insbesondere durch Änderungskündigung, NZA 1988, 633; *Maiß*, Die Kündigung von Betriebsratsmitgliedern aus betriebsbedingten Gründen, ArbR 2010, 412; *Matthes*, Betriebsvereinbarungen über Kündigungen durch den Arbeitgeber, in: Festschrift Schwerdtner, 2003, S. 331; *Molkenbur/Krasshöfer-Pidde*, Zur Umdeutung im Arbeitsrecht, RdA 1989, 337; *Pahle*, Zum Weiterbeschäftigungsanspruch gekündigter Arbeitnehmer, ArbuR 1986, 233; *Pallasch*, Noch einmal – Das Weiterbeschäftigungsverhältnis und seine Rückabwicklung, BB 1993, 2225; *Oetker*, Anforderungen an eine abschließende Stellungnahme des Betriebsrats im Verfahren nach § 102 Abs. 1 BetrVG, BB 1984, 1433; *Reiter*, Kündigung vor Ablauf der Anhörungsfrist nach § 102 BetrVG, NZA 2003, 954; *Richardi*, Arbeitsrecht in der Kirche, 6. Aufl. 2012; *Rieble*, Entbindung von der Weiterbeschäftigungspflicht nach § 102 Abs. 5 Satz 2 Nr. 2 BetrVG, BB 2003, 844; *Rummel*, Die Anhörung des Betriebsrats vor krankheitsbedingten Kündigungen, NZA 1984, 77; *Schaub*, Vorläufiger Rechtsschutz bei der Kündigung von Arbeitsverhältnissen, NJW 1981, 1807; *Schiefer/Worzalla*, Neues – altes – Kündigungsrecht, NZA 2004, 345; *Stahlhacke*, Grundfragen der betriebsbedingten Kündigung, DB 1994, 1361; *Uhmann*, Kündigungsschutz von Ersatzmitgliedern des Betriebsrats, NZA 2000, 576; *Uhmann*, Kündigungsschutz von Ersatzmitgliedern, AuA 2001, 220; *Wank*, Rechtsfortbildung im Kündigungsschutzrecht, RdA 1987, 129; *Weisemann*, Neue Aspekte bei der außerordentlichen Kündigung von Betriebsratsmitgliedern, DB 1974, 2476; *Wilhelm*, Die Zusammenhänge zwischen Sonderkündigungsschutz und dem Kündigungsschutzgesetz, NZA Beilage 3/1988, 18; *Zumkeller*, Die Anhörung des Betriebsrats bei der Kündigung von Ersatzmitgliedern, NZA 2001, 823.

I. Vorbemerkung

Für die Kündigung als den schwerwiegendsten Fall einer personellen Einzelmaßnahme durch den Arbeitgeber ordnet § 102 BetrVG die **Pflicht zur Anhörung des Be-**

triebsrates an. Die ordnungsgemäße Erfüllung dieser Pflicht ist für jeden Arbeitgeber von entscheidender Bedeutung. Eine Kündigung ohne ordnungsgemäße Anhörung ist stets unwirksam.

§ 102 BetrVG dient dem Zweck, dass sich der Arbeitgeber vor jedem Ausspruch einer Kündigung mit möglichen Einwänden des Betriebsrates auseinandersetzt. Dadurch wird dem Betriebsrat in gewissem Umfang eine **Einflussmöglichkeit** auf personelle Entscheidungen des Arbeitgebers gewährt. Mittelbar verbessert sich somit auch der Schutz des betroffenen Arbeitnehmers. Der Individualschutz wird für den Fall einer beabsichtigten außerordentlichen Kündigung von Funktionsträgern der Betriebsverfassung durch das Zustimmungserfordernis nach § 103 BetrVG noch erweitert.

II. Anwendungsvoraussetzungen

1. Geltungsbereich

2 § 102 BetrVG gilt für jeden Betrieb, der unter das Betriebsverfassungsgesetz fällt (vgl. § 130 BetrVG). Das BetrVG erfasst nach dem **Territorialitätsprinzip** alle selbständigen Betriebe, die im Geltungsbereich des Grundgesetzes der Bundesrepublik Deutschland liegen, unabhängig von der Nationalität der Arbeitnehmer[1]. Keine Anwendung findet das BetrVG auf Arbeitnehmer in deutschen Unternehmen im Ausland[2]. § 102 BetrVG findet hingegen Anwendung auf einen deutschen Arbeitnehmer, welcher zur Arbeitsleistung vorübergehend ins Ausland entsandt wurde[3]. Auch bei einem nicht nur vorübergehend im Ausland eingesetzten Arbeitnehmer besteht dann ein Mitbestimmungsrecht des Betriebsrats nach § 102 BetrVG, wenn der Arbeitnehmer wegen erhalten gebliebenem Inlandsbezug weiterhin dem Inlandsbetrieb zuzuordnen ist. Ob dies der Fall ist, hängt insbesondere von der Dauer der Entsendung, der Eingliederung in einen ausländischen Betrieb sowie den Regelungen der Entsendevereinbarung, einschließlich eines etwaigen Rückrufrechts ab[4].

3 § 102 BetrVG findet auch in **Tendenzunternehmen** Anwendung, wenn einem Tendenzträger aus tendenzbezogenen Gründen gekündigt werden soll[5]. Da es dem Betriebsrat verwehrt ist, gegen die tendenzbezogenen Gründe Einwendungen zu erheben, weil er lediglich tendenzneutrale Bedenken äußern darf[6], kann es zwischen ihm und dem Arbeitgeber zu einer Auseinandersetzung über die Kündigung insbesondere nur kommen, wenn sich der Betriebsrat rechtswidrig verhält[7]. Ansonsten findet das Betriebsverfassungsgesetz in privatrechtlich organisierten[8] Religionsgemeinschaften und ihren karitativen und erzieherischen Einrichtungen gem. § 118 Abs. 2 BetrVG keine Anwendung, deren arbeitsrechtliche Regelungsautonomie dadurch gesichert wird[9]. Die Anwendung des Betriebsverfassungsgesetzes für den öffentlichen Dienst ist **bereits** nach § 130 BetrVG **ausgeschlossen**, nämlich explizit bei Verwaltungen und Betrieben der Körperschaften, Anstalten und Stiftungen des **öffentlichen**

---

1 Vgl. BAG 21.8.2007 – 3 AZR 269/06, AP Nr. 60 zu § 1 BetrAVG Gleichbehandlung; KR/*Etzel*, § 102 BetrVG Rz. 17.
2 Vgl. BAG 20.2.2001 – 1 ABR 30/00, AP Nr. 23 zu § 101 BetrVG 1972; KR/*Etzel*, § 102 BetrVG Rz. 16.
3 Vgl. BAG 20.3.2000 – 7 ABR 34/98, AP Nr. 8 zu § 14 AÜG; KR/*Etzel*, § 102 BetrVG Rz. 16; *Grosjean*, DB 2004, 2422.
4 Vgl. BAG 7.12.1989 – 2 AZR 228/89, NZA 1990, 658 ff.
5 Vgl. BAG 28.8.2003 – 2 ABR 48/02, EzA § 118 BetrVG 2001 Nr. 3; 7.11.1975 – 1 AZR 282/74, EzA § 118 BetrVG 1972 Nr. 9.
6 Vgl. *Heither*, AR-Blattei SD, 530.14.3, Rz. 542.
7 Vgl. BVerfG 6.11.1979 – 1 BvR 81/76, EzA § 118 BetrVG 1972 Nr. 23.
8 Vgl. BAG 30.7.1987 – 6 ABR 78/85, AP Nr. 3 zu § 130 BetrVG 1972; ErfK/*Kania*, § 118 BetrVG Rz. 29.
9 Vgl. Richardi/*Thüsing*, § 118 BetrVG Rz 198; MünchArbR/*v. Hoyningen-Hune*, § 211 Rz. 7.

Rechts. Dazu gehören auch die öffentlich-rechtlich organisierten Kirchen[1]. Ausschlaggebend für den Geltungsbereich des § 130 BetrVG ist allein die Rechtsform des Rechtsträgers[2]. So findet das BetrVG etwa Anwendung auf einen Betrieb, dessen Inhaber entweder eine natürliche oder juristische Person oder eine Gesellschaft des privaten Rechts ist[3]. Dies gilt ungeachtet dessen, dass bspw. sämtliche Gesellschaftsanteile von der öffentlichen Hand gehalten werden[4].

Unbeschadet der Nichtgeltung des BetrVG bestehen in der **katholischen Kirche** dennoch **Mitarbeitervertretungen**, die mit den Betriebsräten vergleichbare Rechte haben[5]. Ihnen liegt zugrunde die von der Deutschen Bischofskonferenz im Jahre 1993 verabschiedete **Grundordnung des kirchlichen Dienstes im Rahmen kirchlicher Arbeitsverhältnisse.** Diese bestimmt in Art. 6–8 die Ordnungsgrundsätze für das kollektive Arbeitsrecht der katholischen Kirche und enthält die Grundsatzgewährleistung für eine kircheneigene Regelung der Betriebsverfassung durch das Recht der Mitarbeitervertretung. Die Bischofskonferenz hat sodann auf ihrer Vollversammlung im Jahre 1995 die **Rahmenordnung für eine Mitarbeitervertretungsordnung (MAVO)**[6] beschlossen, die die materiell-rechtliche Grundlage des Mitarbeitervertretungsrechts darstellt. Das Mitarbeitervertretungsrecht ist das allgemeine Recht der katholischen Kirche in der Bundesrepublik Deutschland[7]. Der **Mitarbeitervertretung** stehen iSd. Katalogs des § 29 Abs. 1 MAVO insbesondere bei **Kündigungen Beteiligungsrechte** zu. § 30 MAVO beinhaltet eine spezielle Beteiligungsregelung im Fall der ordentlichen Kündigung, § 31 MAVO für die außerordentliche Kündigung. Entgegen § 102 BetrVG sieht das Beteiligungsrecht nicht nur die bloße Anhörung des Betriebsrats, sondern zudem ein Beratungsrecht der Mitarbeitervertretung vor: Denn erhebt die Mitarbeitervertretung gegen die beabsichtigte Kündigung eine Einwendung, zu der sie etwa gem. § 30 Abs. 3 MAVO im Falle der dort genannten Gründe berechtigt ist, ist gem. § 29 Abs. 3 Satz 3 MAVO die Angelegenheit im Rahmen einer gemeinsamen Sitzung mit dem Dienstgeber zu beraten. Anders als im Falle des Widerspruchs des Betriebsrats folgt auf die Einwendung der Mitarbeitervertretung hingegen keine Weiterbeschäftigungspflicht des Arbeitgebers wie iSd. § 102 Abs. 5 BetrVG. Wird das **Beteiligungsverfahren nicht eingehalten**, ist die **Kündigung** gem. § 30 Abs. 5 respektive gem. § 31 Abs. 3 MAVO **unwirksam**.

In der **evangelischen Kirche** ist das Mitarbeitervertretungsrecht in dem **Kirchengesetz über Mitarbeitervertretungen in der Evangelischen Kirche in Deutschland (MVG)**[8] geregelt. Gem. § 1 Abs. 1 MVG ist das Mitarbeitervertretungsrecht einheitlich für die Mitarbeiterinnen und Mitarbeiter der Dienststellen kirchlicher Körperschaften, Anstalten und Stiftungen der Evangelischen Kirche in Deutschland, der Gliedkirchen sowie ihrer Zusammenschlüsse und der Einrichtungen der Diakonie geregelt. In einer Dienststelle iSd. § 3 MVG wird gem. § 5 MVG durch die Wahl der Mitarbeitervertreter eine Mitarbeitervertretung gebildet, wenn die Zahl der wahlberechtigten Mitarbeiter idR mindestens fünf beträgt, von denen mindestens drei wählbar sind. Die Mitglie-

---

1 Vgl. DKKW/*Trümmer*, § 1 BetrVG Rz.11; HaKo-BetrVG/*Lakies*, § 118 Rz. 60.
2 Vgl. BAG 24.1.1996 – 7 ABR 10/95, AP Nr. 8 zu § 1 BetrVG 1972 Gemeinsamer Betrieb; 7.11. 1975 – 1 AZR 74/74, BAGE 27, 316; *Heither*, AR-Blattei SD, 530.14.3, Rz. 544; Richardi/*Annuß*, § 130 BetrVG Rz. 3; DKKW/*Trümmer*, § 1 BetrVG Rz. 11 und § 130 BetrVG Rz. 2; HaKo-BetrVG/*Düwell*, § 130 Rz. 3.
3 Vgl. BAG 24.1.1996 – 7 ABR 10/95, AP Nr. 8 zu § 1 BetrVG 1972 Gemeinsamer Betrieb; 7.11. 1975 – 1 AZR 74/74, BAGE 27, 316.
4 Vgl. ErfK/*Kania*, § 130 BetrVG Rz. 2; Richardi/*Annuß*, § 130 BetrVG Rz. 3; HaKo-BetrVG/*Düwell*, § 130 Rz. 3.
5 Vgl. MünchArbR/*von Hoyningen-Huene*, § 211 Rz. 7; *Richardi*, Arbeitsrecht in der Kirche, § 16; *Heither*, AR-Blattei SD, 530.14.3, Rz. 543.
6 Abgedruckt in: Sekretariat der deutschen Bischofskonferenz (Hrsg.), Arbeitshilfen 128.
7 Vgl. Richardi/*Thüsing*, § 118 BetrVG Rz. 227f. mwN; MünchArbR/*Richardi*, § 331 Rz. 8; DKKW/*Wedde*, § 118 BetrVG Rz. 134.
8 Vgl. ABl. EKD 1998, 478.

der der Mitarbeitervertretung genießen einen Abordnungs- und Versetzungsschutz, vgl. § 21 Abs. 1 MVG, sowie einen besonderen Kündigungsschutz, vgl. § 21 Abs. 2 MVG. Auch im Mitarbeitervertretungsrecht der evangelischen Kirche gilt gem. § 33 Abs. 1 Satz 1 MVG das – betriebsverfassungsrechtliche – Gebot der vertrauensvollen Zusammenarbeit zwischen Dienststelle und Mitarbeitervertretung. Der Mitarbeitervertretung steht gem. § 42b MVG im Falle der ordentlichen Kündigung eines Mitarbeiters nach Ablauf der Probezeit das Recht der eingeschränkten Mitbestimmung zu. Hierbei reicht dieses Beteiligungsrecht des MVG weiter als jenes des § 102 BetrVG, weil die Kündigung erst dann ausgesprochen werden darf, wenn die Zustimmung der Mitarbeitervertretung vorliegt respektive durch die Schlichtungsstelle ersetzt worden ist, § 41 Abs. 3 iVm. § 38 Abs. 1 Satz 1 MVG. Im Falle der außerordentlichen Kündigung sowie für die ordentliche Kündigung innerhalb der Probezeit ist gem. § 46b und c MVG lediglich ein Beteiligungsrecht in Form der Mitberatung vorgesehen.

Der Verstoß gegen die ordnungsmäßige Befolgung der der Mitarbeitervertretung zustehenden Beteiligungsrechte wird gem. § 41 Abs. 3 iVm. § 38 Abs. 1 Satz 2 bzw. § 45 Abs. 2 MVG mit der Unwirksamkeit der Kündigung sanktioniert.

4 In allen Fällen erforderlich ist das Bestehen eines **funktionsfähigen Betriebsrates** im Zeitpunkt des Ausspruchs der Kündigung[1]. Vor der Konstituierung des Betriebsrates besteht auch im Fall eines erstmalig gewählten Betriebsrates keine Anhörungspflicht nach § 102 BetrVG[2]. Bei einer beabsichtigten Kündigung muss der Arbeitgeber nach erfolgter Betriebsratswahl **nicht dessen Konstituierung abwarten** und erst danach das Anhörungsverfahren einleiten[3]. Dies folgt u.a. daraus, dass die Konstituierung in der Sphäre des Betriebsrates liegt, der es somit in der Hand hat, rechtzeitig für einen handlungsfähigen Betriebsrat Sorge zu tragen[4]. Von anderer Seite wird indessen gefordert, dass der Arbeitgeber die neu gewählten Betriebsratsmitglieder über seine Kündigungsabsicht informiert. Es liege dann an den Betriebsratsmitgliedern, für eine Konstituierung im Rahmen der Widerspruchsfrist zu sorgen. Den Ablauf dieser Frist müsse der Arbeitgeber abwarten[5].

5 Ebenso wie bei dem Nichtbestehen eines Betriebsrates können die Mitwirkungs- und Mitbestimmungsrechte dann nicht ausgeübt werden, wenn die **Betriebsratswahl nichtig** war. Auf die Nichtigkeit der Wahl kann sich jedermann berufen[6]. Der Ausnahmefall der Nichtigkeit ist gegeben, wenn gegen allgemeine Grundsätze einer ordnungsgemäßen Wahl in solchem Maße verstoßen wird, dass auch der Anschein einer Wahl nicht mehr vorliegt[7].

6 Die Anwendbarkeit von § 102 BetrVG wird hingegen nicht dadurch ausgeschlossen, dass die **Zahl der Mitglieder des Betriebsrates** unter die gesetzliche Zahl fällt und Ersatzmitglieder nicht oder nicht mehr vorhanden bzw. nicht bereit sind, das Amt zu übernehmen, solange der verbleibende **Rumpfbetriebsrat** die Geschäfte weiterführt. Dies gilt auch dann, wenn nur ein einziges Betriebsratsmitglied vorhanden ist[8].

---

1 Vgl. *Stahlhacke/Preis/Vossen*, Rz. 290; DKKW/*Bachner*, § 102 BetrVG Rz. 35; *Fitting*, § 102 BetrVG Rz. 7.
2 Vgl. BAG 23.8.1984 – 6 AZR 520/82, EzA § 102 BetrVG 1972 Nr. 59; LAG Düsseldorf 24.6.2009 – 12 Sa 336/09, ArbR 2009, 52; *Stahlhacke/Preis/Vossen*, Rz. 292; kritisch DKKW/*Bachner*, § 102 BetrVG Rz. 31.
3 Vgl. *Stahlhacke/Preis/Vossen*, Rz. 292; BAG 23.8.1984 – 6 AZR 520/82, NZA 1985, 566 mit kritischer Anm. von *Wiese*.
4 Vgl. *Stahlhacke/Preis/Vossen*, Rz. 292.
5 Vgl. DKKW/*Bachner*, § 102 BetrVG Rz. 31 f.
6 Vgl. BAG 19.11.2003 – 2 ABR 24/07, AP Nr. 54 zu § 19 BetrVG 1972; 4.8.1975 – 2 AZR 266/74, EzA § 102 BetrVG 1972 Nr. 14; 13.11.1975 – 2 AZR 610/74, EzA § 102 BetrVG 1972 Nr. 20; LAG Köln 28.11.1989 – 11 Sa 702/89, DB 1990, 990.
7 Vgl. *Stahlhacke/Preis/Vossen*, Rz. 293.
8 Vgl. DKKW/*Bachner*, § 102 BetrVG Rz. 32; *Stahlhacke/Preis/Vossen*, Rz. 294.

II. Anwendungsvoraussetzungen

Unabhängig von der Frage, ob der Betriebsrat während eines **Betriebsurlaubs** funktionsfähig ist und deshalb vor einer in dieser Zeit ausgesprochenen Kündigung nicht angehört zu werden braucht[1], muss im Hinblick auf die Ausschlussfrist des § 626 Abs. 2 BGB eine Handlungsmöglichkeit für den Arbeitgeber bestehen. Daher wird man jedenfalls die Möglichkeit einer außerordentlichen Kündigung durch den Arbeitgeber auch ohne Anhörung des Betriebsrates in diesem Fall bejahen müssen[2].

Eine Anhörungspflicht des Arbeitgebers nach § 102 BetrVG entfällt im Rahmen eines **Arbeitskampfes**, soweit die Kündigung aus arbeitskampfbedingten Gründen erfolgt[3]. Im Übrigen ist für die während eines Arbeitskampfes aus anderen Gründen erfolgte Kündigung eine Mitwirkungspflicht iSv. § 102 BetrVG anerkannt[4].

Auch in **Eilfällen** ist eine abweichende Sonderregelung nach dem BetrVG nicht vorgesehen. Eine Abkürzung der gesetzlichen Fristen scheidet mangels entsprechender Regelung im Gesetz aus[5]. Dem Arbeitgeber verbleibt nur die Möglichkeit der sofortigen Freistellung des Arbeitnehmers ohne Beteiligung des Betriebsrates. Die vertraglichen Bezüge des Arbeitnehmers hat der Arbeitgeber jedoch während der Freistellung fortzuzahlen[6].

2. Beendigungsarten

a) Kündigung durch Arbeitgeber

Das Anhörungsrecht des Betriebsrates besteht nur im Falle einer **Kündigung durch den Arbeitgeber**. Dem Anwendungsbereich des § 102 BetrVG unterfallen dabei sowohl jede ordentliche als auch jede außerordentliche Kündigung. Die **Stellungnahmefrist** für den Betriebsrat, innerhalb deren er seine gegen die Kündigung bestehenden Bedenken erheben kann, beträgt im ersten Fall eine Woche, im zweiten Fall drei Tage. Lediglich bei der ordentlichen Kündigung ist die Möglichkeit eines die vorläufige Weiterbeschäftigung auslösenden Widerspruchs gegeben. Der Arbeitgeber wird schon aus diesem Grund bei gegebenen Voraussetzungen sinnvollerweise eine fristlose und zusätzlich vorsorglich fristgemäße Kündigung aussprechen, um so unter Hinweis auf die (auch) fristlose Kündigung gegen eine vorläufige Weiterbeschäftigung argumentieren zu können.

Eine Anhörung hat auch vor jeder **Änderungskündigung** stattzufinden (vgl. auch Rz. 67 ff.)[7]. Neben § 102 BetrVG hat der Arbeitgeber in diesem Fall auch das Mitbestimmungsrecht des Betriebsrates nach § 99 BetrVG zu beachten, soweit eine **Umgruppierung** oder **Versetzung** notwendig ist, um die beabsichtigte Änderung der Arbeitsbedingungen herbeizuführen[8]. Da sich die Beteiligungsverfahren nach § 102 BetrVG bzw. § 99 BetrVG weder in ihren Voraussetzungen noch ihren Ausgestaltun-

---

1 So GK-BetrVG/*Raab*, § 102 Rz. 13; kritisch hierzu *Stahlhacke/Preis/Vossen*, Rz. 297.
2 Vgl. *Stahlhacke/Preis/Vossen*, Rz. 297; KR/*Etzel*, § 102 BetrVG Rz. 24d; aA *Fitting*, § 102 BetrVG Rz. 7.
3 Vgl. BAG 14.2.1978 – 1 AZR 76/76, BAGE 30/50; *Stahlhacke/Preis/Vossen*, Rz. 298; *Fitting*, § 102 BetrVG Rz. 16; aA DKKW/*Bachner*, § 102 BetrVG Rz. 43 mwN; KR/*Etzel*, § 102 BetrVG Rz. 26.
4 Vgl. BAG 6.3.1979 – 1 AZR 866/77, EzA § 102 BetrVG 1972 Nr. 40; 14.2.1978 – 1 AZR 154/76, EzA § 102 BetrVG 1972 Nr. 33; *Stahlhacke/Preis/Vossen*, Rz. 298; *Fitting*, § 102 BetrVG Rz. 16; Richardi/*Thüsing*, § 102 BetrVG Rz. 44.
5 Vgl. BAG 13.11.1975 – 2 AZR 610/74, EzA § 102 BetrVG 1972 Nr. 20; *Stahlhacke/Preis/Vossen*, Rz. 301; aA *Galperin/Löwisch*, § 102 BetrVG 1972 Rz. 37.
6 Vgl. hierzu *Stahlhacke/Preis/Vossen*, Rz. 25 ff.
7 Vgl. BAG 30.9.1993 – 2 AZR 283/93, AP Nr. 33 zu § 2 KSchG 1969; 29.3.1990 – 2 AZR 420/89, EzA § 102 BetrVG 1972 Nr. 79; *Fitting*, § 102 BetrVG Rz. 9 ff., allerdings mit einer Einschränkung für den Fall, dass der Arbeitnehmer das Arbeitsverhältnis auf jeden Fall fortsetzen wolle.
8 Vgl. BAG 30.9.1993 – 2 AZR 283/93, EzA § 99 BetrVG 1972 Nr. 118.

gen und Folgen decken[1], muss der Arbeitgeber den unterschiedlichen Erfordernissen Rechnung tragen. Er kann dabei aber beide Verfahren miteinander verbinden[2]. Betreibt der Arbeitgeber die **Verfahren nach** § 102 BetrVG **und** § 99 BetrVG **parallel**, so ist eine Änderungskündigung indessen nicht allein deswegen unwirksam, weil bislang die Zustimmung des Betriebsrats zu einer Versetzung nach § 99 BetrVG nicht erteilt wurde.

Allerdings ist der Arbeitgeber daran gehindert, die durch die (zwar wirksame) Kündigung geänderten Vertragsbedingungen durchzusetzen, solange das Verfahren nach § 99 BetrVG noch läuft. Der Arbeitnehmer ist bis zum Abschluss des Verfahrens zu den bisherigen Bedingungen weiterzubeschäftigen[3].

12 Unabhängig von der Diskussion um die (Un-)Zulässigkeit von **Teilkündigungen**[4] ist mit der hM ein Anhörungsrecht des Betriebsrates zu verneinen, da in diesem Fall der Bestand des Arbeitsverhältnisses nicht in Frage gestellt ist und die Stellung des Arbeitnehmers in der Belegschaft unberührt bleibt[5]. Eine Teilkündigung erfasst immer nur einzelne Nebenabreden auf Grundlage einer **ausdrücklichen vertraglichen Vereinbarung**. Dabei handelt es sich wesensmäßig nicht um eine Beendigung des Arbeitsverhältnisses, sondern um einen bloßen **Widerrufsvorbehalt**[6].

13 Bei einer **vorsorglichen Kündigung** ist § 102 BetrVG zu beachten. Eine solche liegt vor, wenn der Arbeitgeber die Kündigung unter dem Vorbehalt ausspricht, dass eine bereits ausgesprochene Kündigung unwirksam ist oder er sich die Rücknahme der Kündigung beim Eintritt bestimmter Umstände vorbehält. Häufigster Fall in der Praxis ist der der kumulativ außerordentlichen und ordentlichen Kündigung (vgl. zum Inhalt und Umfang der notwendigen Unterrichtung in diesem Fall Rz. 66).

14 Problematisch ist die Frage, unter welchen Voraussetzungen bei einer **wiederholten Kündigung**, zu der der Betriebsrat bereits einmal ordnungsgemäß angehört worden ist, eine erneute Anhörung unterbleiben kann. Da § 102 Abs. 1 Satz 1 BetrVG die Pflicht zur Anhörung des Betriebsrates vor **jeder** Kündigung konstatiert[7], kann es sich dabei nur um eng begrenzte Ausnahmefälle handeln. Für den Fall **der Unwirksamkeit der ersten Kündigung mangels Zugangs beim Kündigungsgegner** hat das BAG ausnahmsweise eine nochmalige Anhörung des Betriebsrates für entbehrlich erachtet, wenn die wiederholte Kündigung in einem engen zeitlichen Zusammenhang und auf denselben Sachverhalt gestützt ausgesprochen wurde. Die Berufung auf das Fehlen einer erneuten Anhörung sei in diesem Falle **rechtsmissbräuchlich**, da der Betriebsrat unter diesen Umständen auch der erneuten Kündigung zugestimmt hätte[8]. Vor diesem Hintergrund ist ein neues Anhörungsschreiben trotz bereits zuvor erfolgtem Kündigungsausspruch auch dann nicht erforderlich, wenn sich bei gleich bleiben-

---

1 Vgl. BAG 3.11.1977 – 2 AZR 277/76, AP Nr. 1 zu § 75 BPersVG; 28.1.1986 – 1 ABR 8/84, AP Nr. 32 zu § 99 BetrVG 1972.
2 Vgl. BAG 3.11.1977 – 2 AZR 277/76, AP Nr. 1 zu § 775 BPersVG; *Fitting*, § 102 BetrVG Rz. 9; *Löwisch*, NZA 1988, 639; Richardi/*Thüsing*, § 102 BetrVG Rz. 274.
3 Vgl. BAG 30.9.1993 – 2 AZR 283/93, EzA § 99 BetrVG 1972 Nr. 118.
4 Vgl. BAG 23.8.1989 – 5 AZR 568/88, AP Nr. 3 zu § 565e BGB; 7.10.1982 – 2 AZR 455/80, AP Nr. 5 zu § 620 BGB Teilkündigung.
5 Vgl. *Fitting*, § 102 BetrVG Rz. 5; Richardi/*Thüsing*, § 102 BetrVG Rz. 12; differenzierend DKKW/*Bachner*, § 102 BetrVG Rz. 14; aA *Jobs/Bader*, AR-Blattei, KSchG, I unter d, II 1a.
6 Vgl. KR/*Etzel*, § 102 BetrVG Rz. 37; LAG Schl.-Holst. 27.1.1983 – 2 (3) Sa 367/82, BB 1984, 725.
7 Vgl. BAG 24.5.2012 – 2 AZR 62/11; 10.11.2005 – 2 AZR 623/04, AP Nr. 196 zu § 626 BGB; 5.9.2002 – 2 AZR 523/01, AP Nr. 130 zu § 102 BetrVG 1972: Das BAG erklärt seine Rechtsprechung zu § 102 Abs. 1 Satz 1 BetrVG auf die Personalratsbeteiligung bei Kündigungen sinngemäß für übertragbar; zustimmend *Griebeling*, EWiR 2003, 135f.
8 Vgl. BAG 18.9.1975 – 2 AZR 594/74, AP Nr. 6 zu § 102 BetrVG 1972 und 16.3.1978 – 2 AZR 424/76, AP Nr. 15 zu § 102 BetrVG 1972; 11.10.1989 – 2 AZR 88/89, AP Nr. 55 zu § 102 BetrVG 1972.

dem Kündigungssachverhalt die Anhörung aus Sicht des Betriebsrats erkennbar auf eine erst zukünftige Kündigung und damit nicht auf die bereits ausgesprochene bezieht, da der Betriebsrat seine ihm gesetzlich eingeräumten Rechte nach wie vor effektiv wahrnehmen kann[1]. Allerdings ist eine erneute Betriebsratsanhörung bei wiederholter Kündigung durch den Arbeitgeber bei vorangegangener Kündigung durch einen Bevollmächtigten erforderlich, da hierbei durch den Arbeitgeber ein neuer Kündigungsvorgang eingeleitet wird[2].

Einer Anhörung des Betriebsrates bedarf auch die **Kündigung durch den Insolvenzverwalter** nach Eröffnung des Insolvenzverfahrens[3]. 15

b) Andere Beendigungsgründe des Arbeitsverhältnisses

§ 102 BetrVG ist nicht einschlägig, wenn das Arbeitsverhältnis aus anderen Gründen als durch arbeitgeberseitige Kündigung beendet wird. Der Wortlaut der Vorschrift ist eindeutig. Weder im Fall der Beendigung des Arbeitsverhältnisses durch **Aufhebungsvertrag** noch wenn sich der Arbeitgeber auf die **Nichtigkeit** des Arbeitsverhältnisses beruft, ist eine Anhörung des Betriebsrates gem. § 102 BetrVG erforderlich[4]. Auch im Fall der **gerichtlichen Auflösung** des Arbeitsverhältnisses auf Antrag des Arbeitgebers entfällt die Anhörungspflicht[5]. Das Gleiche gilt für die Frage nach der Anwendbarkeit von § 102 BetrVG im Falle der Auflösung des Arbeitsverhältnisses durch **Anfechtung**[6]. Auch im Falle der **Suspendierung** des Arbeitnehmers von der Arbeit ist § 102 BetrVG weder direkt noch analog anzuwenden. Sowie aber eine Kündigung vorliegt, ist § 102 BetrVG anwendbar. Dies gilt auch für eine betriebsbedingte Kündigung durch den Insolvenzverwalter, wenn nicht die nach dem Inhalt eines Firmentarifvertrags dafür erforderliche Zustimmung erteilt wurde[7]. 16

Anzuhören ist der Betriebsrat hingegen bei der **Kombination von Kündigung und Abwicklungsvertrag**. Kommen Arbeitgeber und Arbeitnehmer diesbezüglich mündlich überein, dass zur Beendigung ihres Arbeitsverhältnisses eine Kündigung seitens des Arbeitgebers ausgesprochen und ein Abwicklungsvertrag geschlossen werden soll, ist die Kündigung nicht als Scheingeschäft zu bewerten, so dass der Betriebsrat zu ihr nach § 102 BetrVG anzuhören ist[8].

Eine Anhörung des Betriebsrates ist auch dann nicht erforderlich, wenn das Arbeitsverhältnis durch **Zeitablauf, Befristung** oder durch eine wirksam vereinbarte **auflösende Bedingung** endet. Zeigt der Arbeitgeber dem Arbeitnehmer im Falle der wirksamen Befristung die Nichtverlängerung des Arbeitsverhältnisses an, ist § 102 BetrVG ebenfalls nicht einschlägig. Ist die Befristung unwirksam, so kann im Einzelfall anderes gelten. Ggf. kann in der Nichtverlängerungsanzeige des Arbeitgebers eine hilfsweise erklärte Kündigung liegen, vor deren Ausspruch der Betriebsrat nach § 102 17

---

1 BAG 3.4.2008 – 2 AZR 965/06, NZA 2008, 807.
2 Vgl. BAG 31.1.1996 – 2 AZR 273/95, NZA 1996, 649; zur bloßen Bestätigung einer bereits erfolgten Kündigung vgl. BAG 16.9.1993 – 2 AZR 267/93, NZA 1994, 311.
3 Vgl. BAG 16.9.1993 – 2 AZR 267/93, AP Nr. 62 zu § 102 BetrVG 1972; DKKW/*Bachner*, § 102 BetrVG Rz. 17; *Fitting*, § 102 BetrVG Rz. 16.
4 Vgl. DKKW/*Bachner*, § 102 BetrVG Rz. 19 ff.; *Stahlhacke/Preis/Vossen*, Rz. 307; *Fitting*, § 102 BetrVG Rz. 15.
5 Vgl. *Stahlhacke/Preis/Vossen*, Rz. 307; DKKW/*Bachner*, § 102 BetrVG Rz. 24.
6 Vgl. *Fitting*, § 102 BetrVG, Rz. 15; *Stahlhacke/Preis/Vossen*, Rz. 307; KR/*Etzel*, § 102 BetrVG Rz. 42; aA DKKW/*Bachner*, § 102 Rz. 21 mwN; vgl. zur Frage der Behandlung der Anfechtung *Herschel*, ArbuR 1980, 255.
7 Vgl. LAG BW 9.11.1998 – 15 Sa 87/98, LAGE § 113 InsO Nr. 6.
8 BAG 28.6.2005 – 1 ABR 25/04, AP Nr. 146 zu § 102 BetrVG 1972; *Fitting*, § 102 BetrVG, Rz. 15; Richardi/*Thüsing*, § 102 BetrVG Rz. 22; aA *Bauer/Krieger*, NZA 2006, 307, die eine Beteiligung als unnötiges Formerfordernis ansehen.

BetrVG anzuhören wäre[1]. Im Regelfall wird jedoch der Arbeitgeber mit der Nichtverlängerungsanzeige lediglich seine **Rechtsauffassung** bzgl. der Beendigung des Arbeitsverhältnisses durch wirksame Befristung zum Ausdruck bringen. Etwas anderes kann aber gelten, wenn bereits vor der Nichtverlängerungsanzeige seitens des Arbeitgebers zwischen diesem und dem Arbeitnehmer **Streit über die Wirksamkeit der Befristung** bestand[2].

18 Die Sachlage im Falle einer wirksam vereinbarten **auflösenden Bedingung** verhält sich entsprechend den vorstehend dargestellten Grundsätzen zur wirksamen Befristung[3].

3. Persönlicher Anwendungsbereich

19 In personeller Hinsicht erfasst § 102 BetrVG alle Arbeitnehmer iSd. BetrVG (§ 5 Abs. 1 BetrVG), mithin Arbeiter, Angestellte und zu ihrer Berufsausbildung Beschäftigte. Die Anwendbarkeit des KSchG spielt dabei keine Rolle. Die Anhörungspflicht besteht **unabhängig von der Art des Arbeitsverhältnisses**. Deshalb ist unschädlich, ob ein Probe- oder Aushilfsarbeitsverhältnis vorliegt oder eine Teilzeitbeschäftigung gegeben ist. Die Anzahl der Arbeitnehmer im Betrieb hat keinen Einfluss auf die bestehende Anhörungspflicht nach § 102 BetrVG. Auch wenn die beabsichtigte Kündigung in den ersten sechs Monaten des Arbeitsverhältnisses (**Wartezeit**) ausgesprochen werden soll und das KSchG somit noch keine Anwendung findet, ist der Betriebsrat anzuhören. Insoweit gelten die gleichen Anforderungen wie bei einer Kündigung, gegen die der Arbeitnehmer gem. § 1 KSchG geschützt ist[4]. Hat der Arbeitgeber keine auf Tatsachen beruhenden konkretisierbaren Kündigungsgründe, so hat er seine subjektiven Wertungen mitzuteilen[5].

20 Über die in § 5 Abs. 2 BetrVG geregelten Ausnahmen hinaus gilt die Anhörungspflicht insbesondere nicht für **leitende Angestellte** (§ 5 Abs. 3 BetrVG). Im Falle der Kündigung eines leitenden Angestellten hat der Arbeitgeber gem. § 105 BetrVG dem Betriebsrat die Kündigung lediglich mitzuteilen[6]. Soweit in dem betreffenden Betrieb ein **Sprecherausschuss** der leitenden Angestellten gemäß Sprecherausschussgesetz gebildet wurde, besteht im Falle der Kündigung eines leitenden Angestellten indessen eine Anhörungspflicht des Sprecherausschusses gem. § 31 Abs. 2 SprAuG.

21 Ob jemand leitender Angestellter iSv. § 5 Abs. 3 Satz 1 BetrVG ist, richtet sich nach zwingendem Recht. **Die Qualifizierung als leitender Angestellter** ist damit keiner individualvertraglichen Vereinbarung zugänglich[7]. Sofern also das Arbeitsgericht in einem Kündigungsschutzprozess die Qualität des Arbeitnehmers als leitender Angestellter verneint, ist die Kündigung wegen Verletzung des § 102 Abs. 1 BetrVG iVm. § 134 BGB nichtig, wenn die Anhörung des Betriebsrates nach § 102 BetrVG nicht stattgefunden hat. Diese Rechtsfolge tritt selbst dann ein, wenn die Arbeitsvertragsparteien bislang übereinstimmend davon ausgegangen waren, dass es sich bei dem Arbeitnehmer um einen leitenden Angestellten handelt. Aus diesem Grund ist es dem Arbeitgeber zu raten, in **Zweifelsfällen** eine vorsorgliche Betriebsratsanhörung

---

1 Vgl. BAG 28.10.1986 – 1 ABR 16/85, EzA § 118 BetrVG 1972 Nr. 38; DKKW/*Bachner*, § 102 BetrVG Rz. 23; *Stahlhacke/Preis/Vossen*, Rz. 308; *Fitting*, § 102 BetrVG Rz. 17.
2 Vgl. BAG 26.4.1979 – 2 AZR 431/77, EzA § 620 BGB Nr. 39; 28.10.1986 – 1 ABR 16/85, EzA § 118 BetrVG 1972 Nr. 38.
3 Vgl. KR/*Etzel*, § 102 BetrVG Rz. 41; *Stahlhacke/Preis/Vossen*, Rz. 308; DKKW/*Bachner*, § 102 BetrVG Rz. 23.
4 Vgl. BAG 1.7.1999 – 2 AZR 926/98, AP Nr. 10 zu § 242 BGB Kündigung; BVerfG 21.6.2006 – 1 BvR 1659/04, NZA 2006, 913; BAG 13.7.1978 – 2 AZR 717/76, EzA § 102 BetrVG 1972 Nr. 35; 6.3.1979 – 1 AZR 866/77, EzA § 102 BetrVG 1972 Nr. 40.
5 Vgl. BAG 3.12.1998 – 2 AZR 234/98, NZA 1999, 477.
6 Vgl. BAG 19.8.1975 – 1 AZR 565/74, AP Nr. 1 zu § 105 BetrVG 1972.
7 Vgl. BAG 19.8.1975 – 1 AZR 565/74, AP Nr. 1 zu § 105 BetrVG 1972.

nach § 102 BetrVG durchzuführen. Selbst wenn die Parteien eines Arbeitsverhältnisses davon ausgehen, dass ein Arbeitnehmer leitender Angestellter sei, ist dieser gleichwohl nicht gehindert, im Kündigungsschutzprozess geltend zu machen, er falle nicht unter den Personenkreis des § 5 Abs. 3 BetrVG.

Bei der Kündigung von **Leiharbeitnehmern** ist zu beachten, dass diese Arbeitnehmer während der Zeit ihrer Arbeitsleistung bei einem Entleiher Angehörige des entsendenden Betriebs (§ 14 AÜG) bleiben. Damit besteht eine Anhörungspflicht nur für den Fall der Kündigung des Arbeitsverhältnisses durch den Verleiher. Ausnahmsweise bedarf die Beendigung des Arbeitsverhältnisses zum Entleiher dann einer Betriebsratsanhörung gem. § 102 BetrVG, wenn ein Arbeitnehmerüberlassungsvertrag nach § 9 AÜG unwirksam ist und mithin nach § 10 AÜG ein Arbeitsverhältnis zwischen Entleiher und Arbeitnehmer als zustande gekommen gilt. Will der Entleiher in diesem Fall das Arbeitsverhältnis einseitig beenden, so hat er nach allgemeinen Grundsätzen den Betriebsrat nach § 102 BetrVG anzuhören[1]. 22

Auch für in **Heimarbeit** Beschäftigte gilt gem. § 5 Abs. 1 Satz 2 BetrVG die Anhörungspflicht des Betriebsrates nach § 102 BetrVG, wenn diese Arbeitnehmer in der Hauptsache für den Betrieb arbeiten. Maßgeblich ist in diesem Zusammenhang deshalb der Schwerpunkt der Tätigkeit des in Heimarbeit Beschäftigten. Dessen Tätigkeit für den fraglichen Betrieb muss im Verhältnis zu einer sonstigen Tätigkeit in einem anderen Betrieb überwiegen[2]. 23

III. Einleitung des Verfahrens

1. Erklärungsempfänger

Die Anhörung des Betriebsrates durch den Arbeitgeber erfolgt durch **empfangsbedürftige Willenserklärung**, welche gem. § 26 Abs. 2 Satz 2 BetrVG grundsätzlich gegenüber dem Betriebsratsvorsitzenden abzugeben ist. Im Falle **ausdrücklicher Ermächtigung eines anderen Betriebsratsmitglieds** zur Entgegennahme von Erklärungen des Arbeitgebers kann der Arbeitgeber auch diesem gegenüber die Anhörungserklärung abgeben[3]. Nur im Falle seiner rechtlichen (Selbstbetroffenheit) oder tatsächlichen Verhinderung ist der stellvertretende Betriebsratsvorsitzende zur Entgegennahme der Anhörungserklärung befugt. Ein Fall der rechtlichen Verhinderung liegt dabei vor, wenn der Betriebsratsvorsitzende selbst von der Personalmaßnahme betroffen ist. Tatsächliche Verhinderung liegt etwa dann vor, wenn der Vorsitzende wegen Urlaubs oder Krankheit abwesend ist.[4] Dazu wird vertreten, dass eine nur kurzfristige Abwesenheit von wenigen Stunden hingegen nur dann eine tatsächliche Verhinderung darstellt, wenn eine Angelegenheit der Mitwirkung des Betriebsrates bedarf, welche keinen Aufschub erlaubt[5]. Diese Einschränkung ist zu weitgehend. Wenn bei der beabsichtigten Übergabe einer Erklärung der Betriebsratsvorsitzende oder dessen Stellvertreter nicht anwesend ist, so ist nicht einzusehen, warum nicht der Zugang entweder durch Mitteilung bzw. Übergabe an ein anderes Mitglied des Betriebsrates bewirkt werden kann; in jedem Fall stellt es nach den allgemeinen Grundsätzen einen Zugang dar, wenn eine schriftliche Mitteilung in den Machtbereich (zB Betriebsratsbüro) des Betriebsrats gelangt. 24

---
1 Vgl. *Stahlhacke/Preis/Vossen*, Rz. 289; DKKW/*Bachner*, § 102 BetrVG Rz. 7.
2 Vgl. BAG 27.9.1974 – 1 ABR 90/73, AP Nr. 1 zu § 6 BetrVG 1972.
3 Vgl. BAG 5.4.1990 – 2 AZR 337/89, RzK III.1a 44.
4 Vgl. BAG 7.7.2011 – 6 AZR 248/10, NZA 2011, 1108; dieser nimmt auch dann eine tatsächliche Verhinderung an, wenn der Vorsitzende die vom Arbeitgeber angekündigte Übergabe eines Anhörungsschreibens zur Kündigung außerhalb des Betriebs nicht abgelehnt hat.
5 Vgl. DKKW/*Bachner*, § 102 BetrVG Rz. 35 ff. mwN.

2. Zeitpunkt der Einleitung des Verfahrens

25 Die Anhörung des Betriebsrates muss in jedem Fall vor Ausspruch der Kündigung erfolgen. Die Kündigung ist ausgesprochen, wenn sich der **Kündigungswille** des Arbeitgebers verwirklicht hat[1]. Dies ist der Fall, wenn die schriftliche Kündigungserklärung den Machtbereich des Arbeitgebers verlassen hat[2]. Auf den Zeitpunkt des **Zugangs** der Kündigungserklärung beim Arbeitnehmer kann es in diesem Zusammenhang nicht ankommen, andernfalls könnte der Zweck des Anhörungsverfahrens – Einflussnahmemöglichkeit auf den Kündigungsentschluss des Arbeitgebers – nicht erreicht werden[3]. Wann der Arbeitgeber intern seinen Kündigungswillen gebildet hat, spielt dabei keine Rolle[4]. Entscheidend ist allein, dass der Arbeitgeber seinen Kündigungswillen noch nicht verwirklicht hat, bevor das Anhörungsverfahren abgeschlossen ist.

26 Die Anhörung des Betriebsrates muss in jedem Fall zu einer **konkret beabsichtigten Kündigung** erfolgen[5]. Eine vorsorgliche Anhörung ohne konkrete Kündigungsabsicht ist unzulässig. Grundsätzlich hat die Unterrichtung **während der Arbeitszeit und in den Betriebsräumen** zu erfolgen. Wenn jedoch eine empfangsberechtigte Person (vgl. Rz. 24) eine anderweitig erfolgte Mitteilung nicht zurückweist, wird die Äußerungsfrist gleichwohl in Lauf gesetzt[6].

27 Die nach erfolgter Anhörung ausgesprochene Kündigung muss im **zeitlichen Zusammenhang** mit der Anhörung erfolgen. Schwierigkeiten können sich bei der Frage ergeben, ob eine Kündigung noch in zeitlichem Zusammenhang mit der Anhörung erfolgt ist. Diesbezüglich gelten keine starren zeitlichen Grenzen, vielmehr ist entscheidend, ob sich der dem Betriebsrat unterbreitete Kündigungssachverhalt nicht oder nicht wesentlich geändert hat, mithin noch von einer Anhörung zu einer **bestimmten Kündigung** gesprochen werden kann[7].

3. Form der Unterrichtung

28 In Ermangelung einer Formvorschrift kann die erforderliche Unterrichtung des Betriebsrates sowohl **schriftlich als auch mündlich** erfolgen. Obwohl mit einer mündlichen Anhörung den Voraussetzungen des § 102 BetrVG genügt werden kann[8], sollte die Schriftform jedenfalls zusätzlich gewahrt werden, um die ordnungsgemäße Anhörung nebst eingehaltenen Fristen im Streitfall einfacher darlegen und beweisen zu können.

Der Betriebsrat kann das Anhörungsschreiben nicht deshalb zurückweisen, weil er Zweifel daran hat, ob sich der Arbeitgeber einer ordnungsgemäß bevollmächtigten oder beauftragten Person bedient und diese keine Originalvollmacht vorgelegt hat. § 174 BGB ist in solchen Fällen weder direkt noch analog anwendbar. Zwar kommt generell eine analoge Anwendung in Betracht, da bei der Mitteilung iSd. § 102 Abs. 1

---

1 Vgl. BAG 11.7.1991 – 2 AZR 119/91, EzA § 102 BetrVG 1972 Nr. 81.
2 Vgl. BAG 8.4.2003 – 2 AZR 515/02, AP Nr. 133 zu § 102 BetrVG 1972; 11.7.1991 – 2 AZR 119/91, EzA § 102 BetrVG 1972 Nr. 81; *Stahlhacke/Preis/Vossen*, Rz. 316; *Fitting*, § 102 BetrVG Rz. 20; DKKW/*Bachner*, § 102 BetrVG Rz. 122.
3 Vgl. BAG 13.11.1975 – 2 AZR 610/74, EzA § 102 BetrVG 1972 Nr. 20; *Stahlhacke/Preis/Vossen*, Rz. 316; aA *Reiter*, NZA 2003, 954, wonach auf den Zugang der Erklärung abzustellen ist.
4 BAG 13.12.2012 – 6 AZR 348/11, NZA 2013, 669; BAG 28.9.1978 – 2 AZR 2/77, EzA § 102 BetrVG 1972 Nr. 39; Richardi/*Thüsing*, § 102 BetrVG Rz. 75; Galperin/Löwisch § 102 BetrVG Rz. 40; GK-BetrVG/*Raab*, § 102 BetrVG Rz. 44; aA *Fitting*, § 102 BetrVG Rz. 58.
5 Vgl. BAG 19.1.1983 – 7 AZR 514/80, AP Nr. 28 zu § 102 BetrVG; Richardi/*Thüsing*, § 102 Rz. 49.
6 Vgl. BAG 27.8.1982 – 7 AZR 30/80, AP Nr. 25 zu § 102 BetrVG 1972.
7 Vgl. BAG 26.5.1977 – 2 AZR 201/76, EzA § 102 BetrVG 1972 Nr. 30.
8 Vgl. BAG 5.4.2001 – 2 AZR 580/99, AP Nr. 32 zu § 99 BetrVG 1972 Einstellung; 6.2.1997 – 2 AZR 265/96, EzA § 102 BetrVG 1972 Nr. 96: selbst bei ungewöhnlich komplexen Kündigungssachverhalten ist die Schriftform nicht erforderlich.

III. Einleitung des Verfahrens

BetrVG jedenfalls eine rechtsgeschäftsähnliche Handlung anzunehmen ist. Doch ist eine analoge Anwendung des § 174 BGB auf die Anhörung des Betriebsrats nach dem Zweck des Anhörungsverfahrens in § 102 Abs. 1 BetrVG und dem Zweck der Zurückweisungsmöglichkeiten des § 174 Satz 1 BGB ausgeschlossen. Die Betriebsratsanhörung hat nicht das Ziel, die Wirksamkeit der Kündigung zu überprüfen. Sie beschränkt sich vielmehr darauf, dem Betriebsrat im Vorfeld der Kündigung die Möglichkeit zu geben, auf die Willensbildung des Arbeitgebers Einfluss zu nehmen. § 174 BGB dient dem Gewissheitsinteresse des Gegners eines einseitigen empfangsbedürftigen Rechtsgeschäfts oder einer geschäftsähnlichen Handlung. Die Bestimmung soll klare Verhältnisse schaffen. Der Gesetzgeber misst dadurch, dass er das Anhörungsverfahren nicht formalisiert ausgestaltet und eine mündliche Anhörung nicht ausgeschlossen hat, dem Gewissheitsinteresse im Zusammenhang mit § 102 BetrVG keine schützenswerte Bedeutung bei. Der Zweck des Anhörungsverfahrens ist auch dann genügt, wenn der Bote oder Vertreter des Arbeitgebers keinen Nachweis seiner Botenmacht bzw. keine Vollmacht vorlegt. Der Betriebsrat ist auch in einem solchen Fall nicht gehindert, seine Auffassung zur Kündigung zu äußern und Einfluss auf die Willensbildung des Arbeitgebers zu nehmen.

4. Inhalt und Umfang der Unterrichtung

a) Allgemeine Grundsätze

Zu den notwendigen Angaben bei der Anhörung gehören die **Personaldaten** des zu kündigenden Arbeitnehmers jedenfalls in dem Umfang, wie sie für den Betriebsrat zur Identifizierung des Arbeitnehmers erforderlich sind. Es ist hingegen unschädlich für die Anhörung, wenn das Anhörungsschreiben die Mindestangaben zur Person nicht enthält, diese dem Betriebsrat aber ohnehin aus anderem Zusammenhang bekannt sind[1].

Die Angabe der **Anschrift** des Arbeitnehmers gehört grundsätzlich nicht zu den zwingend notwendigen Angaben. Sie kann deshalb im Fall ihrer Unrichtigkeit nicht zur Unwirksamkeit der Anhörung insgesamt führen[2]. Im Fall einer bewussten Falschangabe der Adresse des Arbeitnehmers könnte allerdings etwas anderes gelten[3]. Zwingend notwendig ist die Angabe der Adresse nur, falls der Betriebsrat den betreffenden Arbeitnehmer ansonsten nicht eindeutig identifizieren kann.

Aus der Mitteilung an den Betriebsrat muss sich für diesen die **offenbar erkennbare Absicht** des Arbeitgebers ergeben, einem bestimmten Arbeitnehmer zu kündigen. Die alleinige **Schilderung eines Fehlverhaltens** des Arbeitnehmers ohne Hinweis auf eine konkrete Kündigungsabsicht ist jedenfalls dann unzureichend, wenn nicht dem Betriebsrat die Kündigungsabsicht des Arbeitgebers ohnehin bekannt ist[4].

⊃ **Hinweis:** Da Unklarheiten darüber bestehen können, ob es sich bei der Kündigungsmitteilung um eine Unterrichtung nach § 92 BetrVG oder eine solche nach § 102 BetrVG handelt, sollte aus der Mitteilung eindeutig hervorgehen, dass es sich um eine beabsichtigte, noch bevorstehende Kündigung handelt[5]. Im Streitfall gehen Unklarheiten in diesem Zusammenhang zu Lasten des Arbeitgebers[6].

Im Fall einer ordentlichen Kündigung hat die Mitteilung an den Betriebsrat grundsätzlich auch die für den betroffenen Arbeitnehmer geltende **Kündigungsfrist** zu enthal-

---

1 BAG 21.9.2000 – 2 AZR 385/99, DB 2001, 1207.
2 Vgl. LAG Hamm 27.2.1992 – 4 (9) Sa 1437/90, LAGE § 1 KSchG Personenbedingte Kündigung Nr. 10; *Stahlhacke/Preis/Vossen*, Rz. 328.
3 Vgl. LAG Hamm 27.2.1992 – 4 (9) Sa 1437/90, LAGE § 1 KSchG Personenbedingte Kündigung Nr. 10.
4 Vgl. *Stahlhacke/Preis/Vossen*, Rz. 327; DKKW/*Bachner*, § 102 BetrVG Rz. 55.
5 Vgl. BAG 18.9.1975 – 2 AZR 594/74, AP Nr. 6 zu § 102 BetrVG 1972.
6 Vgl. DKKW/*Bachner*, § 102 BetrVG Rz. 55; *Fitting*, § 102 BetrVG Rz. 22.

ten[1]. Unverzichtbar ist dies jedenfalls dann, wenn sich aus der Angabe der Kündigungsfristen erst die Tragweite der geplanten personellen Maßnahme ergibt[2]. Die Mitteilung der Kündigungsfrist kann ausnahmsweise unterbleiben, sofern die Frist dem Betriebsrat bekannt ist[3]. Da der Betriebsrat nicht gehalten ist, sich die entsprechenden Daten selbst zu besorgen, und die Beweislast für die Kenntnis des Betriebsrates von den Kündigungsfristen beim Arbeitgeber liegt, sollte der Arbeitgeber auf die Angabe der Kündigungsfristen nicht verzichten. Der Arbeitgeber hat deshalb vorab stets die jeweils einschlägige Kündigungsfrist zu prüfen. Diese kann sich aus Gesetz, Tarifvertrag oder Arbeitsvertrag ergeben.

34 Grundsätzlich soll auch der **Zeitpunkt des Kündigungsausspruchs** angegeben werden[4]. Regelmäßig ausreichend ist jedoch, wenn die Mitteilung die Absicht des Arbeitgebers enthält, alsbald nach Abschluss des Anhörungsverfahrens die Kündigung auszusprechen[5]. Genauere Angaben über den Zeitpunkt des Kündigungsausspruchs sind im Einzelfall für den Arbeitgeber praktisch auch nicht möglich, da schon der Zugang der auszusprechenden Kündigung beim Arbeitnehmer vom Arbeitgeber grundsätzlich nicht exakt vorausbestimmt werden kann.

Es reicht aus, wenn der Betriebsrat über die für die Berechnung des Kündigungstermins erforderlichen Kenntnisse verfügt. Etwas anderes gilt, wenn der Arbeitgeber gänzlich offen lässt, mit welchem Termin die geplante Kündigung erklärt werden soll. Dem Arbeitgeber ist es nicht möglich einen ungefähren Endtermin zu nennen, wenn er vor der Erklärung der Kündigung noch die Zustimmung oder die Zulässigkeitserklärung einer anderen Stelle einzuholen hat. In solchen Fällen hat der Arbeitgeber den Betriebsrat über die noch einzuholende Zustimmung oder Zulässigkeitserklärung zu informieren – falls der Betriebsrat hiervon keine Kenntnis hat[6].

35 In keinem Fall ist im Zeitpunkt der Anhörung für den Arbeitgeber der Kündigungstermin bestimmbar, soweit die **Mitwirkung anderer Stellen**, etwa die nach § 85 SGB IX erforderliche Zustimmung des Integrationsamts bei der Kündigung eines Schwerbehinderten, für eine ordnungsgemäße Kündigung notwendig ist[7]. Unter Hinweis auf das anstehende Genehmigungsverfahren kann der Arbeitgeber deshalb bereits vor Abschluss des anderweitigen Beteiligungsverfahrens den Betriebsrat gem. § 102 BetrVG anhören[8]. Durch die entsprechende Mitteilung soll allein gewährleistet werden, dass bei dem Betriebsrat kein vernünftiger Zweifel bestehen kann, zu welchem Zeitpunkt die Kündigung ausgesprochen werden soll[9]. Für den Arbeitgeber kann es in vielen Fällen praktikabler sein, die Aufklärung nach Abschluss des Zustimmungsverfahrens vorzunehmen, nicht zuletzt deshalb, um die darin gewonnenen Erkenntnisse über Kündigungsgründe zu berücksichtigen.

36 Die Mitteilung des Arbeitgebers hat Angaben über **die Art der beabsichtigten Kündigung**, dh., ob es sich um eine ordentliche oder außerordentliche Kündigung handelt, zu enthalten[10].

---

1 Vgl. BAG 29.3.1990 – 2 AZR 420/89, EzA § 102 BetrVG 1972 Nr. 79; 16.9.1993 – 2 AZR 267/93, EzA § 102 BetrVG 1972 Nr. 84.
2 Vgl. BAG 29.3.1990 – 2 AZR 420/89, EzA § 102 BetrVG 1972 Nr. 79.
3 Vgl. BAG 29.1.1986 – 7 AZR 257/84, EzA § 102 BetrVG 1972 Nr. 64; 15.12.1994 – 2 AZR 327/94, AP Nr. 67 zu § 1 KSchG 1969 Betriebsbedingte Kündigung.
4 Vgl. BAG 28.2.1974 – 2 AZR 455/73, EzA § 102 BetrVG 1972 Nr. 8.
5 Vgl. BAG 29.1.1986 – 7 AZR 257/84, EzA § 102 BetrVG 1972 Nr. 64.
6 BAG 25.4.2013 – 6 AZR 49/12, EzA § 102 BetrVG 2001 Nr. 29.
7 Vgl. auch § 9 Abs. 3 MuschG.
8 Vgl. BAG 18.5.1994 – 2 AZR 626/93, NZA 1995, 65; 1.4.1981 – 7 AZR 1003/78, EzA § 102 BetrVG 1972 Nr. 45; 5.9.1979 – 4 AZR 875/77, EzA § 12 SchwerbehinderteG Nr. 8.
9 Vgl. LAG Berlin 6.2.1984 – 9 Sa 121/83, BB 1984, 1428; KR/*Etzel*, § 102 BetrVG Rz. 60.
10 Vgl. BAG 29.8.1991 – 2 AZR 59/91, AP Nr. 58 zu § 102 BetrVG 1972; ErfK/*Kania*, § 102 BetrVG Rz. 5.

III. Einleitung des Verfahrens

Im Rahmen des § 102 Abs. 1 Satz 2 BetrVG muss der Betriebsrat von dem Arbeitgeber so viel erfahren, dass er ungeachtet eigener, bereits vorhandener Kenntnisse die ihm in § 102 BetrVG eingeräumten Rechte ausüben kann. Der Betriebsrat muss also selbst dann, wenn er über denselben – oder sogar einen größeren – Kenntnisstand des Arbeitgebers verfügt, von diesem den kündigungsrechtlich relevanten Tatsachenkomplex erfahren, auf dem die Kündigung fußt. Hat der Arbeitgeber diesen Tatsachenkomplex umrissen, kann er im Prozess sämtliche dazugehörigen Tatsachen vortragen, die dem Betriebsrat entweder bereits bekannt waren oder die er diesem mitgeteilt hat[1]. Gem. § 102 Abs. 1 Satz 1 BetrVG hat der Arbeitgeber dem Betriebsrat die Gründe für die Kündigung mitzuteilen[2]. Unter „Gründen für die Kündigung" sind die für den Ausspruch der Kündigung durch den Arbeitgeber relevanten subjektiven Gründe gemeint (**Grundsatz der subjektiven Determinierung**[3]). Der Arbeitgeber muss somit nicht sämtliche objektiv bestehenden Kündigungsgründe mitteilen, sondern allein solche, welche aus seiner subjektiven Sicht die Kündigung rechtfertigen und für seinen Kündigungsentschluss maßgebend sind[4]. Dieser subjektive Maßstab des Anhörungsumfangs beruht **auf Sinn und Zweck** des § 102 BetrVG, wonach dem Betriebsrat die Möglichkeit eingeräumt werden soll, fundiert auf die konkreten Kündigungsbeweggründe des Arbeitgebers Einfluss nehmen zu können[5]. Soweit neben den aus der Sicht des Arbeitgebers relevanten Kündigungsgründen **weitere objektive Kündigungsgründe** bestehen, ist diesbezüglich eine Einwirkungsmöglichkeit des Betriebsrates weder möglich noch erforderlich, da diese für die Willensbildung des Arbeitgebers nicht entscheidend waren. Eine ordnungsgemäße Anhörung liegt danach auch vor, wenn die Mitteilung nicht alle objektiv kündigungsrechtlich erheblichen Tatsachen enthält. Deren Fehlen kann aber ggf. weit reichende **Konsequenzen in einem nachfolgenden Kündigungsschutzprozess** haben. Auf dem Betriebsrat nicht mitgeteilte Kündigungsgründe kann sich der Arbeitgeber im späteren Kündigungsschutzprozess grundsätzlich nicht mehr berufen[6], was bedeutet, dass der Arbeitgeber den Kündigungsschutzprozess nur gewinnen kann, wenn allein die Kündigungsgründe, die er dem Betriebsrat mitgeteilt hat, die Wirksamkeit der Kündigung begründen. Für ein ordnungsgemäßes Anhörungsverfahren im Rahmen von § 102 BetrVG ist es also unerheblich, ob die mitgeteilten Kündigungsgründe materiellrechtlich die beabsichtigte Kündigung stützen. Diese Frage zu beantworten, bleibt allein einem etwaigen Kündigungsschutzprozess vorbehalten[7].

37

Die Mitteilung muss **konkrete Tatsachen** beinhalten, welche Grundlage des Kündigungsentschlusses des Arbeitgebers waren. Lediglich schlagwort- oder stichwortartige Bezeichnungen des Kündigungsgrundes reichen nicht aus[8]. Die Angaben des

38

---

1 Vgl. BAG 11.12.2003 – 2 AZR 536/02, EzA-SD 2004, Nr. 7, 10.
2 Vgl. dazu BAG 15.3.2001 – 2 AZR 141/00, AP Nr. 46 zu § 4 KSchG 1969; 21.6.2001 – 2 AZR 30/00, EzA § 626 BGB Unkündbarkeit Nr. 7; 17.2.2000 – 2 AZR 913/98, NZA 2000, 761.
3 Vgl. grundlegend: BAG 13.7.1978 – 2 AZR 798/77, AP Nr. 18 zu § 102 BetrVG 1972; 22.9.1994 – 2 AZR 31/94, AP Nr. 68 zu § 102 BetrVG 1972; 16.9.2004 – 2 AZR 511/03, AP Nr. 142 zu § 102 BetrVG 1972; 6.7.2006 – 2 AZR 520/05, AP Nr. 80 zu § 1 KSchG 1969.
4 Vgl. BAG 11.7.1991 – 2 AZR 119/91, AP Nr. 57 zu § 102 BetrVG 1972; 22.9.1994 – 2 AZR 31/94, AP Nr. 68 zu § 102 BetrVG 1972; 3.12.1998 – 2 AZR 234/98, NZA 1999, 477; DKKW/*Bachner*, § 102 BetrVG Rz. 78 ff.; *Stahlhacke/Preis/Vossen*, Rz. 336; *Fitting*, § 102 BetrVG Rz. 41 mwN; zur Diskussion über den Ansatz und den Umfang des Grundsatzes der subjektiven Determination vgl. BAG 16.9.2004 – 2 AZR 511/03, AP Nr. 142 zu § 102 BetrVG 1972; 6.11.2003 – 2 AZR 690/02, DB 2004, 2755; 17.6.2003 – 2 AZR 134/02, EzA-SD 2004, Nr. 6, 5; 11.7.1991 – 2 AZR 119/91, AP Nr. 57 zu § 102 BetrVG 1972; 22.9.1994 – 2 AZR 31/94, AP Nr. 68 zu § 102 BetrVG 1972 sowie *Berkowsky*, NZA 1996, 1065 (1068 ff.) mwN.
5 Vgl. *Berkowsky*, NZA 1996, 1065 (1068).
6 Vgl. BAG 15.7.2004 – 2 AZR 376/03, AP Nr. 68 zu § 1 KSchG Soziale Auswahl; 1.4.1981 – 7 AZR 1003/78, AP Nr. 23 zu § 102 BetrVG; 11.7.1991 – 2 AZR 119/91, NZA 1992, 38.
7 Vgl. BAG 24.3.1977 – 2 AZR 289/76, EzA § 102 BetrVG 1972 Nr. 28; *Stahlhacke/Preis/Vossen*, Rz. 343.
8 Vgl. BAG 11.7.1991 – 2 AZR 119/91, EzA § 102 BetrVG 1972 Nr. 81.

Arbeitgebers müssen so genau sein, dass es dem Betriebsrat möglich ist, **ohne zusätzliche eigene Nachforschungen** die Stichhaltigkeit der Kündigungsgründe zu überprüfen und sich über seine Stellungnahme schlüssig zu werden[1]. Nicht erforderlich ist dabei im Allgemeinen die Vorlage von **Beweismaterial** oder die Benennung von **Zeugen**[2]. Die Vorlage von Beweismitteln wird sich gleichwohl im Regelfall empfehlen.

39 Auch in der gesetzlichen Wartezeit des § 1 KSchG muss der Betriebsrat vor der beabsichtigten Kündigung angehört werden[3]. Dies folgt aus dem Wortlaut des § 102 Abs. 1 Satz 1 BetrVG, wonach der Betriebsrat „vor jeder Kündigung" anzuhören ist. Bei einer Kündigung in der Wartezeit ist die Substantiierungspflicht nicht an den objektiven Merkmalen der Kündigungsgründe des noch nicht anwendbaren § 1 KSchG, sondern allein an den Umständen zu messen, aus denen der Arbeitgeber subjektiv seinen Kündigungsentschluss herleitet[4]. Eine ordnungsgemäße Kündigung liegt immer dann vor, wenn der Arbeitgeber dem Betriebsrat die Gründe mitgeteilt hat, die nach seiner subjektiven Sicht die Kündigung rechtfertigen und die für seinen Kündigungsentschluss maßgeblich sind. Hinsichtlich der Anforderungen, die an die Informationen des Betriebsrats durch den Arbeitgeber bei Wartezeitkündigungen zu stellen sind, ist zwischen Kündigungen, die auf substantiierbare Tatsachen gestützt werden und Kündigungen, die auf personenbezogenen Werturteilen beruhen, die sich in vielen Fällen nicht durch Tatsachen näher belegen lassen, zu differenzieren[5]. In der ersten Konstellation liegt nur dann eine ordnungsgemäße Anhörung vor, wenn dem Betriebsrat die zugrunde liegenden Tatsachen bzw. Ausgangsgrundlagen mitgeteilt werden. In der zweiten Konstellation genügt allein die Mitteilung des Werturteils aus. Der Arbeitgeber ist nicht dazu verpflichtet, sein Werturteil gegenüber der Arbeitnehmervertretung zu substantiieren oder zu begründen[6]. Auch wenn dem subjektiven Werturteil nach Zeit, Ort und Umständen konkretisierbare Tatsachenelemente zugrunde liegen, muss der Arbeitgeber den Betriebsrat nicht über diesen Tatsachenkern bzw. die Ansatzpunkte seines subjektiven Werturteils informieren. Es genügt allein die Mitteilung des Werturteils selbst als das Ergebnis seines Entscheidungsprozesses[7].

40 Da der Inhalt der Mitteilung den Betriebsrat in die Lage versetzen soll, die Stichhaltigkeit der Kündigungsgründe zu prüfen und sich über seine eigene Stellungnahme schlüssig zu werden, ist der Arbeitgeber gehalten, **auch wesentliche gegen die Kündigung sprechende Tatsachen** mitzuteilen[8].

41 Entbehrlich ist die Mitteilung solcher Tatsachen, die bei Einleitung des Anhörungsverfahrens den zur Entgegennahme von **Mitteilungen berechtigten Betriebsratsmitgliedern bereits bekannt** sind. Ein Irrtum über den erforderlichen Kenntnisstand des Betriebsrates und die diesbezügliche Darlegungs- und Beweislast fällt allerdings dem Arbeitgeber zur Last[9].

---

1 Vgl. BAG in st. Rspr., 22.9.2001 – 2 AZR 176/00, AP Nr. 6 zu § 1 KSchG 1969; 22.9.1994 – 2 AZR 31/94, EzA § 102 BetrVG 1972 Nr. 86, 23.2.2010 – 2 AZR 804/08, AP Nr. 7 zu § 18 KSchG 1969.
2 Vgl. BAG 26.1.1995 – 2 AZR 386/94, EzA § 102 BetrVG 1972 Nr. 87; 6.2.1997 – 2 AZR 265/96, EzA § 102 BetrVG 1972 Nr. 96.
3 Vgl. BAG in st. Rspr. 13.7.1978 – 2 AZR 717/76, BAGE 30, 386.
4 Vgl. BAG 12.9.2013 – 6 AZR 121/12, DB 2013, 2746; 22.4.2010 – 6 AZR 828/08, DB 2010, 1353.
5 Vgl. BAG 12.9.2013 – 6 AZR 121/12, DB 2013, 2746.
6 Vgl. BAG 12.9.2013 – 6 AZR 121/12, DB 2013, 2746; 18.5.1994 – 2 AZR 920/93, DB 1994, 1984; vgl. auch *Hümmerich/Mauer*, DB 1997, 165 (168).
7 Vgl. BAG 12.9.2013 – 6 AZR 121/12, DB 2013, 2746.
8 Vgl. BAG 31.8.1989 – 2 AZR 453/88, EzA § 102 BetrVG 1972 Nr. 75; KR/*Etzel*, § 102 BetrVG Rz. 62; DKKW/*Bachner*, § 102 BetrVG Rz. 86.
9 Vgl. BAG 27.6.1985 – 2 AZR 412/84, EzA § 102 BetrVG 1972 Nr. 60; *Fitting*, § 102 BetrVG Rz. 24; DKKW/*Bachner*, § 102 BetrVG Rz. 89, 164; aA *Hohmeister*, NZA 1991, 209, der unter Hinweis auf den formellen Charakter des Anhörungsverfahrens in jedem Fall eine vollständige Unterrichtung des Betriebsrates verlangt.

III. Einleitung des Verfahrens

Auch beim Vorliegen eines **Interessenausgleichs** mit Namensliste gem. § 1 Abs. 5 KSchG oder gem. § 125 Abs. 1 InsO ist nach § 102 BetrVG eine Betriebsratsanhörung erforderlich, die keinen erleichterten Anforderungen unterliegt[1]. Diese Anhörung kann der Arbeitgeber jedoch mit den Verhandlungen über den Interessenausgleich verbinden. Soweit der Kündigungssachverhalt dem Betriebsrat allerdings schon aus den Verhandlungen über den Interessenausgleich und die Namensliste bekannt ist, braucht er ihm bei der Anhörung nach § 102 BetrVG nicht erneut mitgeteilt werden[2]; eine entsprechende Bezugnahme durch den Arbeitgeber reicht aus[3]. Solche Vorkenntnisse des Betriebsrates muss der Arbeitgeber im Prozess hinreichend konkret darlegen und ggf. beweisen[4].

41a

b) Betriebsbedingte Kündigung

Bei einer beabsichtigten betriebsbedingten Kündigung muss der Arbeitgeber dem Betriebsrat alle Tatsachen mitteilen, die für die Wirksamkeit der betriebsbedingten Kündigung von Bedeutung sind[5]. Dazu gehört ein dreiaktiger Tatbestand:

42

– Wegfall des konkreten Arbeitsplatzes,
– Fehlen einer anderweitigen Beschäftigungsmöglichkeit,
– Sozialauswahl zu einer materiell-rechtlich ordnungsgemäßen, sozial gerechtfertigten Kündigung[6].

Neben den vom Arbeitgeber für die Sozialauswahl als relevant angesehenen Auswahlkriterien hat er auch die Tatsachen mitzuteilen, aus denen er die **Betriebsbedingtheit der Kündigung ableitet**. Teilt er dem Betriebsrat alle die Gründe mit, aus denen nach seiner Ansicht die Betriebsbedingtheit der beabsichtigten Kündigung folgt, ist das Anhörungsverfahren insoweit jedenfalls ordnungsgemäß. Allerdings wird man dem Arbeitgeber im Hinblick auf einen späteren Kündigungsprozess raten müssen, sorgfältig **sämtliche tatbestandlichen Voraussetzungen einer betriebsbedingten Kündigung** mitzuteilen, welche zur materiell-rechtlichen Wirksamkeit einer betriebsbedingten Kündigung erforderlich sind. Ansonsten läuft er trotz ordnungsgemäßen Anhörungsverfahrens nach § 102 BetrVG Gefahr, sich auf die Umstände im Kündigungsschutzprozess nicht mehr berufen zu können, die er dem Betriebsrat zuvor nicht mitgeteilt hat.

43

Bei der **Darstellung der außer- oder innerbetrieblichen Ursachen** für den Eintritt des Beschäftigungsmangels darf sich der Arbeitgeber nicht mit pauschalen Hinweisen auf eine Rationalisierung oder einen Auftragsmangel begnügen. Vielmehr muss sich aus der Darstellung die Auswirkung der entsprechenden Ursachen auf den betroffenen Ar-

44

---

1 Vgl. BAG 26.6.2012 – 6 AZR 682/10, BB 2012, 2368; 22.1.2004 – 2 AZR 111/02, EzA-SD 2004, Nr. 8, 9; 28.8.2003 – 2 AZR 377/02, EzA-SD 2004, Nr. 5, 12–13. Die Rspr. des BAG zu § 1 Abs. 5 KSchG in der bis zum 31.12.1998 geltenden Fassung ist wohl auch auf die – seit 2004 insoweit wortgleiche – geltende Fassung entsprechend anzuwenden. *Schiefer/Worzalla*, NZA 2004, 345 (354 f.); *Grimm/Brock*, EWiR 2004, 419.
2 Vgl. BAG 26.6.2012 – 6 AZR 682/10, BB 2012, 2368; 22.1.2004 – 2 AZR 111/02, EzA-SD 2004, Nr. 8, 9.
3 Vgl. BAG 21.2.2002 – 2 AZR 581/00, EzA-SD 2002, Nr. 21, 15.
4 Vgl. BAG 22.1.2004 – 2 AZR 111/02, EzA-SD 2004, Nr. 8, 9; 20.5.1999 – 2 AZR 532/98, NZA 1999, 1101; 20.5.1999 – 2 AZR 148/99, NZA 1999, 1039.
5 Vgl. unter Aufgabe seiner früheren Rspr. BAG 29.3.1984 – 2 AZR 429/83, EzA zu § 102 BetrVG 1972 Nr. 55 m. Anm. *Moll*; bestätigt von BAG 16.1.1987 – 7 AZR 495/85, EzA § 1 KSchG Betriebsbedingte Kündigung Nr. 48 und 2.3.1989 – 2 AZR 280/88, EzA § 626 nF BGB Nr. 118; *Stahlhacke/Preis/Vossen*, Rz. 345; DKKW/*Bachner*, § 102 BetrVG Rz. 100; *Fitting*, § 102 BetrVG Rz. 27.
6 Vgl. *Moll*, Anm. zu BAG 29.3.1984 – 2 AZR 429/83, EzA § 102 BetrVG 1972 Nr. 55; *von Hoyningen-Huene/Linck/Krause*, § 1 KSchG Rz. 894; *Hofmann*, ZfA 1984, 305; DKKW/*Bachner*, § 102 BetrVG Rz. 100.

beitsplatz **konkret** ergeben. Entsprechendes gilt bzgl. der getroffenen Unternehmerentscheidung und deren Kausalität für den Wegfall des betroffenen Arbeitsplatzes. Auch hier darf sich der Arbeitgeber nicht auf einen pauschalen Hinweis beschränken, sondern muss die entsprechenden Tatsachen inhaltlich darstellen[1].

45 Bei einer beabsichtigten Betriebsstilllegung hat der Arbeitgeber den Betriebsrat im Rahmen der Anhörung nach § 102 BetrVG anders als im Rahmen von § 111 BetrVG nur über diese Absicht und den Stilllegungszeitpunkt, nicht über die wirtschaftlichen Hintergründe und die Motive der unternehmerischen Entscheidung zu informieren[2].

Auch über den Umstand einer fehlenden anderweitigen Beschäftigungsmöglichkeit muss der Arbeitgeber den Betriebsrat zwingend informieren.

Auch braucht der Arbeitgeber den Betriebsrat nach § 102 BetrVG über Familienstand und Unterhaltspflichten der zu kündigenden Arbeitnehmer nicht zu unterrichten, wenn eine Sozialauswahl nach der für den Betriebsrat erkennbaren Auffassung des Arbeitgebers wegen der Stilllegung des gesamten Betriebes nicht vorzunehmen ist[3].

46 Der Arbeitgeber hat von vornherein auch die Auswahlgründe mitzuteilen, die ihn gerade zu der Kündigung des betreffenden Arbeitnehmers veranlasst haben. Nach dem Grundsatz der subjektiven Determinierung im Anhörungsverfahren braucht der Arbeitgeber an sich nur seine **persönlichen Auswahlgründe** mitzuteilen[4]. Auswahlgesichtspunkte, welche bei der Abwägung des Arbeitgebers von diesem nicht angestellt wurden, muss er nicht mitteilen. Das Anhörungsverfahren ist gleichwohl ordnungsgemäß iSv. § 102 BetrVG[5]. Zudem ist ein Arbeitgeber, der eine Sozialauswahl nicht vorgenommen und deshalb den Betriebsrat nicht über objektiv vergleichbare Arbeitnehmer informiert hat, nicht daran gehindert, im Prozess zu den Auswahlgesichtspunkten nachträglich vorzutragen. Hat der Arbeitgeber eine Sozialauswahl nicht vorgenommen oder bei der getroffenen Sozialauswahl bestimmte Arbeitnehmer übersehen oder nicht für vergleichbar gehalten und deshalb insoweit dem Betriebsrat die für die soziale Auswahl objektiv maßgeblichen Umstände (zunächst) nicht mitgeteilt, ist der Arbeitgeber mit seinem Vorbringen zur Sozialauswahl nicht präkludiert. Er darf auf entsprechende Rüge des Arbeitnehmers im Prozess insoweit seinen Vortrag substantiiert ergänzen. Darin ist nach § 102 BetrVG kein unzulässiges Nachschieben von Kündigungsgründen zu sehen, sondern nur eine Konkretisierung des bisherigen Vorbringens[6].

47 Zu den unverzichtbaren Angaben zählen in der Regel die **Sozialdaten** des zu kündigenden Arbeitnehmers und der mit ihm **vergleichbaren Arbeitnehmer**. Dabei sind zwingend anzugeben die Dauer der Betriebszugehörigkeit, das Alter, etwaige Unterhaltspflichten des Arbeitnehmers[7] sowie dessen Schwerbehinderung. Die Unverzichtbarkeit der Angabe dieser Sozialdaten folgt seit dem 1.1.2004 explizit aus § 1 Abs. 3 Satz 1 KSchG[8]. Da mithin die Sozialauswahl iSd. § 1 Abs. 3 Satz 1 KSchG auf lediglich diese vier vorgenannten Kriterien zu beschränken ist, umfasst die Mitteilungs-

---

1 Vgl. DKKW/*Bachner*, § 102 BetrVG Rz. 101 mwN.
2 Vgl. LAG Thür. 16.10.2000 – 8 Sa 207/00, NZA-RR 2001, 643.
3 Vgl. BAG 13.5.2004 – 2 AZR 329/03, ZIP 2004, 1773.
4 Vgl. BAG 16.1.1987 – 7 AZR 495/85, EzA § 1 KSchG Betriebsbedingte Kündigung Nr. 48; 21.7.1988 – 2 AZR 75/88, DB 1989, 485; *Stahlhacke/Preis/Vossen*, Rz. 345; *Fitting*, § 102 BetrVG Rz. 41.
5 AA *Hanau*, Anm. zu BAG 6.7.1978 – 2 AZR 810/76, EzA § 102 BetrVG 1972 Nr. 37, der im Fall fehlender, dem Arbeitgeber aber möglicher objektiver Informationen das Anhörungsverfahren als fehlerhaft ansieht.
6 Vgl. BAG 24.2.2000 – 8 AZR 145/99, EzS 2/107.
7 Vgl. BAG 22.1.1998 – 8 AZR 243/95, EzA § 613a BGB Nr. 161; 18.10.1984 – 2 AZR 61/83, EzA § 1 KSchG Betriebsbedingte Kündigung Nr. 33.
8 Wegen der gesetzlichen Entwicklung der relevanten sozialen Gesichtspunkte vgl. die 6. Aufl., Teil 3 J Rz. 47.

III. Einleitung des Verfahrens

pflicht des Arbeitgebers nach § 102 BetrVG auch nur diese Sozialdaten[1]. Dem Betriebsrat ist bei deren Kenntnis eine Überprüfung der Sozialauswahl für eine abschließende Stellungnahme möglich.

Darüber hinaus muss der Arbeitgeber Umstände, welche einen **besonderen Kündigungsschutz** begründen können, und zwar sowohl bzgl. des betroffenen wie auch anderer Arbeitnehmer mit vergleichbarer Tätigkeit, angeben, sofern der Arbeitgeber Letztere in seine Erwägungen einbezogen hat[2]. 48

Die Pflicht des Arbeitgebers zur Mitteilung der Sozialdaten des betreffenden Arbeitnehmers umfasst grundsätzlich nur solche Daten, die dem Arbeitgeber **aktuell bekannt** sind, wobei er sich jedenfalls grundsätzlich auf die Angaben des Arbeitnehmers verlassen darf. Der Arbeitgeber ist im Rahmen der Betriebsratsanhörung nicht verpflichtet, die Richtigkeit dokumentierter Daten zu überprüfen. Werden dem Arbeitgeber auswahlrelevante Sozialdaten auch vom Arbeitnehmer nicht oder falsch mitgeteilt, so kann dies im Nachhinein nicht zu Lasten des Arbeitgebers gehen[3]. Er kann deshalb mangels anderweitiger Kenntnisse auch von den Eintragungen in der Lohnsteuerkarte ausgehen, hat dies aber dann gegenüber dem Betriebsrat zu kennzeichnen[4]. 49

Auch wenn der Arbeitgeber aufgrund der subjektiven Determinierung des Anhörungsverfahrens nach § 102 BetrVG nur seine konkreten Auswahlgründe mitteilen muss, hat er doch eine **eigene soziale Auswahl** zu treffen und kann diese nicht dem Betriebsrat überlassen. Trifft er keine eigene Sozialauswahl, so liegt eine ordnungsgemäße Anhörung nicht vor[5]. 50

Eine Besonderheit ergibt sich allerdings bei einer betriebsbedingten Kündigung wegen des Widerspruchs des Arbeitnehmers gegen den Übergang seines Arbeitsverhältnisses gem. § 613a Abs. 6 BGB: Hält der Arbeitgeber eine Sozialauswahl für überflüssig, weil ein sachlicher Grund für den Widerspruch nicht vorliegt, so hat er die Sozialdaten vergleichbarer Arbeitnehmer auch nicht vorsorglich dem Betriebsrat mitzuteilen. Das Unterbleiben einer Sozialauswahl spricht in diesem Fall nicht für eine ungenügende Berücksichtigung sozialer Gesichtspunkte, wenn der gesamte Bereich ausgegliedert wurde und der Arbeitnehmer keine anerkennenswerten Widerspruchsgründe hat[6]. Hat der Arbeitgeber zufällig dem sozial am wenigsten schutzwürdigen Arbeitnehmer gekündigt, bleibt die Kündigung wirksam[7].

Soweit der Arbeitgeber eine eigene Sozialauswahl getroffen hat und die diesbezüglichen Gründe genannt hat, ist der Betriebsrat gleichwohl gem. § 80 Abs. 2 BetrVG berechtigt, **weiter gehende Informationen** zu erfragen, welche zwar für die konkret seitens des Arbeitgebers vorgenommene Auswahl unerheblich waren, deren Kenntnis der Betriebsrat aber für eine sachgemäße Stellungnahme für erforderlich hält. 51

---

[1] Richardi/*Thüsing*, § 102 BetrVG Rz. 68; GK-BetrVG/*Raab*, § 102 Rz. 76; aA DKKW/*Bachner*, § 102 BetrVG Rz. 104; *Fitting*, § 102 BetrVG Rz. 33.
[2] Vgl. BAG 29.3.1984 – 2 AZR 429/83, AP Nr. 31 zu § 102 BetrVG 1972; 16.9.1993 – 2 AZR 267/93, AP Nr. 62 zu § 102 BetrVG 1972; *Fitting*, § 102 BetrVG Rz. 30.
[3] Vgl. BAG 24.11.2005 – 2 AZR 514/04, AP Nr. 43 zu § 1 KSchG 1969 Krankheit; ArbG Stuttgart 31.10.1991 – 6 Ca 2171/91, AiB 1992, 360 zur eingeschränkten Aussage von Eintragungen in der Steuerkarte; vgl. aber LAG BW 9.11.1990 – 15 Sa 86/90, LAGE § 102 BetrVG 1972 Nr. 25, welches im Rahmen des § 102 BetrVG eine Verpflichtung des Arbeitgebers, bzgl. der Kinderzahl des Arbeitnehmers über die Angaben in der Steuerkarte hinaus weitere Nachforschungen anzustellen, verneint.
[4] BAG 24.11.2005 – 2 AZR 514/04, AP Nr. 43 zu § 1 KSchG 1969 Krankheit.
[5] Vgl. LAG Berlin 14.9.1981 – 9 Sa 63/81, EzA § 102 BetrVG Nr. 46; *Fitting*, § 102 BetrVG Rz. 30; DKKW/*Bachner*, § 102 BetrVG Rz. 108; zur Sozialauswahl bei der Umstrukturierung von Arbeitsabläufen vgl. BAG 10.11.1994 – 2 AZR 242/94, WiB 1995, 555 m. Anm. *Seitz*.
[6] BAG 24.2.2000 – 8 AZR 167/99, NZA 2000, 764.
[7] BAG 24.2.2000 – 8 AZR 167/99, NZA 2000, 764.

c) Personenbedingte Kündigung

52 Auch bei der personenbedingten Kündigung gilt der Grundsatz **der subjektiven Determinierung**. Der Arbeitgeber hat diejenigen Umstände dem Betriebsrat mitzuteilen, auf die er seine Kündigungsentscheidung gestützt hat. Das Fehlen der Entscheidung tatsächlich zugrunde liegender Umstände führt **zur Fehlerhaftigkeit der Anhörung**. Ist die Anhörung hingegen allein **objektiv unvollständig**, so ist zwar das **Anhörungsverfahren ordnungsgemäß**, der Arbeitgeber kann sich jedoch im Kündigungsschutzprozess nur auf die Tatsachen berufen, über die er den Betriebsrat informiert hat[1]. Daher ist auch im Fall der personenbedingten Kündigung dem Arbeitgeber zu raten, den Betriebsrat über alle Aspekte zu informieren, welche **materiell-rechtlich Wirksamkeitsvoraussetzung für eine personenbedingte Kündigung** sind.

53 Bei dem in der Praxis wichtigsten Fall der personenbedingten Kündigung, der **krankheitsbedingten Kündigung**, muss der Arbeitgeber im Anhörungsverfahren nach § 102 BetrVG dem Betriebsrat nicht nur die **bisherigen Fehlzeiten** mitteilen, sondern auch die als Folge der Fehlzeiten entstandenen und noch zu erwartenden **Betriebsbeeinträchtigungen und wirtschaftlichen Belastungen für das Unternehmen**[2]. Im Rahmen der Anhörung ist der Arbeitgeber überdies verpflichtet, gegenüber dem Betriebsrat klarzustellen, ob er die beabsichtigte krankheitsbedingte Kündigung auf häufige (Kurz)Erkrankungen, lang andauernde Erkrankung, dauernde krankheitsbedingte Unmöglichkeit der Arbeitsleistung, unabsehbare Dauer einer Arbeitsunfähigkeit oder krankheitsbedingte Minderung der Leistungsfähigkeit stützen will[3].

Allein der Hinweis auf wiederholte Fehlzeiten wegen Arbeitsunfähigkeit oder die Angabe der Gesamtzahl addierter Fehlzeiten reicht nicht aus[4]. Allerdings genügt der Arbeitgeber seiner Mitteilungspflicht, wenn er dem Betriebsrat **EDV-Ausdrucke** übergibt, aus denen sich die konkreten Ausfallzeiten des zu kündigenden Arbeitnehmers entnehmen lassen, da sich der Betriebsrat hier ein Bild von den insgesamt aufgetretenen Arbeitsunfähigkeitszeiten des Arbeitnehmers machen kann. Einer besonderen **Auswertung** der EDV-Ausdrucke seitens des Arbeitgebers bedarf es nicht[5].

54 Der Arbeitgeber muss seine Kenntnisse über die **zukünftige Gesundheitsentwicklung** mitteilen. Ob dazu notwendigerweise Angaben über die **Art der Krankheit** erforderlich sind, ist zweifelhaft[6]. Grundsätzlich werden Angaben über die Art der Krankheit für eine erforderliche Zukunftsprognose entbehrlich sein, sofern die Fehlzeiten in der Vergangenheit bereits eine Indizwirkung für die Zukunft entfalten[7]. Die Angabe ist auch dann entbehrlich, wenn der Arbeitgeber ein von dem Arbeitnehmer vorgelegtes ärztliches Attest dem Betriebsrat übergibt, aus welchem sich bereits die eingeschränkte Arbeitsfähigkeit des Arbeitnehmers ergibt[8], ferner dann, wenn der Arbeitnehmer keine Auskunft über die Art der Erkrankung gibt bzw. seinen Arzt nicht von der Schweigepflicht entbindet.

---

1 Vgl. BAG 9.4.1987 – 2 AZR 210/86, EzA § 1 KSchG – Krankheit Nr. 18; 24.11.1983 – 2 AZR 347/82, EzA § 102 BetrVG 1972 Nr. 54; DKKW/*Bachner*, § 102 BetrVG Rz. 91; *Stahlhacke/Preis/Vossen*, Rz. 347.
2 Vgl. BAG 24.11.1983 – 2 AZR 347/82, AP Nr. 30 zu § 102 BetrVG 1972.
3 Vgl. DKKW/*Bachner*, § 102 BetrVG Rz. 92; LAG Hamm 21.10.2003 – 19 Sa 1113/03, LAGReport 2004, 255.
4 Vgl. DKKW/*Bachner*, § 102 BetrVG Rz. 94ff.; BAG 18.9.1986 – 2 AZR 638/85, RzK III 1b 8.
5 Vgl. LAG Hamm 25.11.1987 – 14 Sa 2302/85, NZA 1988, 483.
6 So aber DKKW/*Bachner*, § 102 BetrVG Rz. 94 mwN; bejahend für den Fall häufiger Kurzerkrankungen BAG 24.11.1983 – 2 AZR 347/82, BB 1984, 1045.
7 Vgl. KR/*Etzel*, § 102 BetrVG Rz. 63 unter Hinweis auf BAG 12.4.1984 – 2 AZR 76/83 und 439/83, nv.; *Rummel*, NZA 1984, 77.
8 Vgl. LAG Hamm 25.11.1987 – 14 Sa 2302/85, NZA 1988, 483.

Des Weiteren hat der Arbeitgeber die durch die krankheitsbedingten Fehlzeiten entstandenen **Störungen im Betriebsablauf** oder die dadurch hervorgerufenen erheblichen wirtschaftlichen Belastungen des Unternehmens mit konkreten Tatsachen zu belegen. Nach LAG Hamm kann sich der Arbeitgeber bei der Darlegung der unzumutbaren Beeinträchtigung betrieblicher Interessen darauf beschränken, dem Betriebsrat die durch krankheitsbedingte Ausfallzeiten des Arbeitnehmers **konkret entstandenen Lohnfortzahlungskosten** mitzuteilen, sofern dem Betriebsrat die Lohngruppe des Arbeitnehmers bekannt ist[1]. Ist dem Betriebsrat dagegen die Lohngruppe des Arbeitnehmers nicht bekannt, muss der Arbeitgeber dem Betriebsrat mindestens im Anhörungsbogen und sei es nur bei den persönlichen Daten, die durchschnittliche monatliche Vergütung oder die Lohngruppe, in die der zu kündigende Arbeitnehmer eingruppiert ist, und die einzelnen Entgeltfortzahlungszeiträume benennen, damit sich der Betriebsrat einen Überblick über Entgeltfortzahlungskosten verschaffen kann. Der Betriebsrat ist nicht verpflichtet, ohne erkennbaren Anlass die Tatsachen, die für den Arbeitgeber im Kündigungsschutzprozess kündigungsrelevant sein könnten, selbst zu ermitteln. Im Kündigungsschutzprozess kann der Arbeitgeber somit nicht darauf verweisen, der Betriebsrat habe Zugang zu den betrieblichen Unterlagen gehabt, aus denen er die individuelle Vergütungshöhe des zu kündigenden Arbeitnehmers ermitteln und sich so die Entgeltfortzahlungskosten selbst ausrechnen konnte, so dass konkrete Angaben entbehrlich seien[2].

55

Im Rahmen der Anhörung zu einer beabsichtigten krankheitsbedingten Kündigung sollte der Arbeitgeber dem Betriebsrat außerdem mitteilen, ob zuvor ein **betriebliches Eingliederungsmanagement (BEM)** gem. § 84 Abs. 2 SGB IX stattgefunden hat oder aus welchen Gründen auf die Durchführung verzichtet wurde. Anderenfalls besteht die Gefahr, dass die mitgeteilten Kündigungsgründe die Kündigung materiell-rechtlich nicht tragen, da nicht alle Mittel zur Vermeidung einer Kündigung ausgeschöpft wurden (Ultima-ratio-Grundsatz). Zwar ist die Durchführung des BEM keine formelle Wirksamkeitsvoraussetzung für eine krankheitsbedingte Kündigung. Gleichwohl steigen bei Nichtdurchführung des BEM die Anforderungen an das tatsächliche Vorbringen des Arbeitgebers zum Fehlen anderweitiger leidensgerechter Beschäftigungsmöglichkeiten im Unternehmen[3].

55a

Häufig wird in der Praxis übersehen, dass der Arbeitgeber schon bei der Anhörung eine **sorgfältige Trennung zwischen personenbedingten und verhaltensbedingten Gründen** vornehmen sollte. Eine Vermengung von entschuldigt krankheitsbedingten und unzutreffend als unentschuldigt angesehenen Fehlzeiten kann zur Fehlerhaftigkeit des Anhörungsverfahrens führen[4].

56

d) Verhaltensbedingte Kündigung

Beabsichtigt der Arbeitgeber eine verhaltensbedingte Kündigung, so muss er neben den aus seiner Sicht die Kündigung begründenden Umständen auch solche darlegen, welche im Rahmen der vorzunehmenden **Interessenabwägung** von Bedeutung sind, sofern sie tatsächlich von ihm bedacht wurden[5]. In diesem Zusammenhang kann es auch erforderlich sein, dem Betriebsrat **gegen die Kündigung sprechende Umstände** mitzuteilen[6].

57

---

1 Vgl. LAG Hamm 25.11.1987 – 14 Sa 2302/85, NZA 1988, 483.
2 Vgl. LAG Schl.-Holst. 1.9.2004 – 3 Sa 210/04, NZA-RR 2004, 635–639.
3 Vgl. BAG 23.4.2008 – 2 AZR 1012/06, EzA § 1 KSchG – Krankheit Nr. 55; *Deinert*, NZA 2010, 969 (973).
4 Vgl. BAG 23.9.1992 – 2 AZR 63/92, EzA § 1 KSchG – Krankheit Nr. 37.
5 Vgl. BAG 2.3.1989 – 2 AZR 280/88, EzA § 626 BGB nF Nr. 118; *Stahlhacke/Preis/Vossen*, Rz. 349; DKKW/*Bachner*, § 102 BetrVG Rz. 97.
6 Vgl. BAG 2.11.1983 – 7 AZR 65/82, EzA § 102 BetrVG 1972 Nr. 53.

58 Da zur umfassenden Beurteilung des Sachverhalts im Rahmen einer verhaltensbedingten Kündigung die Kenntnis einer vorangegangenen **Abmahnung** unverzichtbar ist, bedarf eine ordnungsgemäße Anhörung des Betriebsrates nach § 102 BetrVG auch ihrer Mitteilung[1]. Ist auf die Abmahnung eine **Gegendarstellung** seitens des Arbeitnehmers erfolgt, so gehört auch die diesbezügliche Information des Betriebsrates zu den unverzichtbaren Erfordernissen einer ordnungsgemäßen Anhörung[2].

59 Um in einem nachfolgenden Kündigungsschutzprozess nicht Gefahr zu laufen, sich auf bestimmte, zur Begründung einer verhaltensbedingten Kündigung erforderliche Umstände nicht berufen zu können, sollte der Arbeitgeber die Anhörung des Betriebsrates auf sämtliche **Tatbestandsvoraussetzungen einer verhaltensbedingten Kündigung** erstrecken:
– Verletzung einer arbeitsvertraglichen Haupt- oder Nebenpflicht;
– tatsächlicher Eintritt einer Störung mit nachteiligen Auswirkungen im Bereich des Arbeitgebers und des Arbeitsverhältnisses[3];
– die aufgrund einer Negativprognose festgestellte Wiederholungsgefahr;
– Abwägung der widerstreitenden Interessen des Arbeitgebers und Arbeitnehmers;
– Ultima-ratio-Prinzip (zB Abmahnung).

60 Der Arbeitgeber muss bei der Anhörung deutlich machen, dass er aus **verhaltensbedingten Gründen kündigen will**. Dies ist deshalb erforderlich, weil es dem Arbeitgeber verwehrt ist, zunächst unter Mitteilung bestimmter Leistungsmängel des Arbeitnehmers bzgl. einer beabsichtigten betriebsbedingten Kündigung eine Anhörung durchzuführen und später in einem Kündigungsschutzprozess den der Anhörung zugrunde liegenden Sachverhalt als Grundlage einer verhaltensbedingten Kündigung heranzuziehen[4] (zu der hiervon zu trennenden Problematik des Nachschiebens von Kündigungsgründen vgl. Rz. 135 ff.).

61 Die Notwendigkeit für den Arbeitgeber, bei der Anhörung nach § 102 BetrVG deutlich zu machen, welche Art der Kündigung beabsichtigt ist, besteht auch im umgekehrten Fall. Auch der **Wechsel von einer verhaltens- zu einer personenbedingten Kündigung** ist im späteren Kündigungsprozess nicht möglich[5].

e) Außerordentliche Kündigung

62 Ebenso wie bei der ordentlichen Kündigung besteht auch bei der außerordentlichen Kündigung uneingeschränkt die Pflicht des Arbeitgebers, den Betriebsrat nach § 102 BetrVG anzuhören[6]. Auch wenn nach dem **Grundsatz der subjektiven Determinierung** die Mitteilung der vom Arbeitgeber für erforderlich gehaltenen Umstände zur Begründung der außerordentlichen Kündigung für eine ordnungsgemäße Anhörung nach § 102 BetrVG ausreicht, sollte der Arbeitgeber im Hinblick auf einen späteren Kündigungsschutzprozess sämtliche für die materiell-rechtliche Wirksamkeit einer außerordentlichen Kündigung erforderlichen Umstände mitteilen.

---

1 Vgl. *Stahlhacke/Preis/Vossen*, Rz. 349; DKKW/*Bachner*, § 102 BetrVG Rz. 98; KR/*Etzel*, § 102 BetrVG Rz. 64.
2 Vgl. BAG 31.8.1989 – 2 AZR 453/88, EzA § 102 BetrVG 1972 Nr. 75; *Stahlhacke/Preis/Vossen*, Rz. 349; DKKW/*Bachner*, § 102 BetrVG Rz. 98.
3 Vgl. BAG 27.2.1997 – 2 AZR 302/96, EzA § 1 KSchG – Verhaltensbedingte Kündigung Nr. 51.
4 Vgl. BAG 18.8.1982 – 7 AZR 437/80, EzA § 102 BetrVG 1972 Nr. 48; *Stahlhacke/Preis/Vossen*, Rz. 349; DKKW/*Bachner*, § 102 BetrVG Rz. 99.
5 Vgl. *Stahlhacke/Preis/Vossen*, Rz. 349; DKKW/*Bachner*, § 102 BetrVG Rz. 99; LAG Hamburg 22.2.1991 – 6 Sa 81/90, LAGE § 102 BetrVG Nr. 28 mit kritischer Anm. *Rüthers/Franke*.
6 Vgl. *Stahlhacke/Preis/Vossen*, Rz. 300; *Fitting*, § 102 BetrVG Rz. 5; DKKW/*Bachner*, § 102 BetrVG Rz. 11, 113.

III. Einleitung des Verfahrens

Hierzu gehören im Einzelnen folgende Informationen: 63
- die den wichtigen Grund zur Kündigung tragenden Tatsachen;
- die Umstände, aus denen sich die Unzumutbarkeit der Fortsetzung des Arbeitsverhältnisses ergibt;
- den Inhalt der die widerstreitenden Interessen des Arbeitgebers und Arbeitnehmers berücksichtigenden Abwägungen;
- ggf. erfolgte Abmahnungen und Gegendarstellungen;
- im Hinblick auf § 626 Abs. 2 BGB der Zeitpunkt, an dem der Arbeitgeber Kenntnis von den die Kündigung begründenden Umstände erlangt hat.

Soweit die Möglichkeit einer ordentlichen Kündigung durch **tarifvertragliche Regelung** für den Arbeitgeber ausgeschlossen ist, kann bei einer **Betriebsstilllegung** eine außerordentliche Kündigung ausnahmsweise zulässig sein, wenn der Arbeitgeber die außerordentliche Kündigung mit einer sozialen Auslauffrist verbindet, die sich auf die gesetzlichen bzw. tariflichen Kündigungsfristen erstreckt[1]. Hinsichtlich der Betriebsratsbeteiligung steht diese außerordentliche Kündigung der ordentlichen Kündigung gleich. § 102 Abs. 3–5 BetrVG ist entsprechend anzuwenden[2]. Allerdings muss die Zustimmung des Betriebsrats bei einer Kündigung eines Betriebsratsmitglieds gem. § 103 BetrVG nicht eingeholt werden, wenn es sich um eine (außerordentliche) betriebsbedingte Kündigung nach § 15 Abs. 4 oder 5 KSchG handelt[3]. Ggf. muss der Arbeitgeber dem Betriebsrat aber ausdrücklich mitteilen, dass es sich in diesem Zusammenhang um eine außerordentliche Kündigung handelt. Er kann sich insbesondere nicht darauf beschränken, nur den beabsichtigten Kündigungszeitpunkt anzugeben. 64

Beabsichtigt der Arbeitgeber die **Kündigung eines unter § 15 KSchG fallenden Arbeitnehmers**, hat die Anhörung gem. § 102 BetrVG nur stattzufinden, wenn die außerordentliche Kündigung auch ohne vorherige Zustimmung des Betriebsrates gem. § 103 BetrVG zulässig ist[4]. Ist dies nicht der Fall, richtet sich das Anhörungsverfahren nach § 103 BetrVG (vgl. Rz. 164 ff.)[5]. 65

f) Kumulativ außerordentliche und ordentliche Kündigung

Für den Arbeitgeber kann es in vielen Fällen zweckmäßig sein, neben einer außerordentlichen Kündigung **hilfsweise eine ordentliche Kündigung** zu erklären. 66

Auch kann möglicherweise eine außerordentliche Kündigung in eine ordentliche Kündigung **umgedeutet** werden[6]. Bei der Anhörung nach § 102 BetrVG muss der Arbeitgeber in diesen Fällen jedoch beachten, dass die ordentliche Kündigung grundsätzlich nicht wirksam wird, wenn er den Betriebsrat nicht zuvor darauf hingewiesen hat, dass die außerordentliche Kündigung jedenfalls **vorsorglich bzw. hilfsweise als or-**

---

1 Vgl. BAG 28.3.1985 – 2 AZR 113/84, AP Nr. 86 zu § 626 BGB; 29.8.1991 – 2 AZR 59/91, EzA § 102 BetrVG 1972 Nr. 82.
2 Vgl. BAG 5.2.1998 – 2 AZR 227/97, EzA § 626 BGB – Unkündbarkeit Nr. 2; 12.1.2006 – 2 AZR 242/05, NZA 2006, 512, wonach dem Betriebsrat bei einer außerordentlichen Kündigung mit notwendiger Auslauffrist gegenüber einem tariflich unkündbaren Arbeitnehmer nicht lediglich die Anhörungsfrist von drei Tagen nach § 102 Abs. 2 Satz 3 BetrVG, sondern die volle Frist von einer Woche zur Stellungnahme gem. § 102 Abs. 2 Satz 1 BetrVG einzuräumen ist.
3 Vgl. BAG 18.9.1997 – 2 ABR 15/97, NZA 1998, 189.
4 So idR bei § 15 Abs. 4, 5 KSchG, *Maiß*, ArbR 2010, 412 mwN.
5 Ferner *Kittner/Däubler/Zwanziger/Deinert*, § 15 KSchG Rz. 40; DKKW/*Bachner*, § 102 BetrVG Rz. 115.
6 Vgl. DKKW/*Bachner*, § 102 BetrVG Rz. 116; allgemein zur Umdeutung *Stahlhacke/Preis/Vossen*, Rz. 386 ff.

dentliche gelten solle[1]. Der Hinweis des Arbeitgebers ist allerdings nicht zwingend erforderlich, wenn der Betriebsrat ausdrücklich und vorbehaltlos der außerordentlichen Kündigung **zugestimmt** hat und aus den Umständen erkennbar ist, dass er einer ordentlichen Kündigung keinesfalls entgegengetreten wäre[2]. Hat der Arbeitgeber den entsprechenden Hinweis auf die hilfsweise Geltung der Kündigung als ordentliche erteilt, so muss er für die ordentliche Kündigung die **Wochenfrist des § 102 Abs. 2 Satz 1 BetrVG** beachten. Ansonsten kann er sich später nicht mit Erfolg darauf berufen, die außerordentliche Kündigung habe hilfsweise als ordentliche zu gelten, da Letztere wegen fehlerhaften Anhörungsverfahrens unwirksam wäre. Das Abwarten der Wochenfrist ist aber entbehrlich, wenn der Betriebsrat bereits innerhalb der für die außerordentliche Kündigung geltenden Drei-Tages-Frist unter Einschluss auch der ordentlichen Kündigung abschließend Stellung genommen hat[3]. Nimmt der Betriebsrat nicht innerhalb von drei Tagen zu beiden Kündigungen Stellung, so kann der Arbeitgeber auch zunächst die außerordentliche Kündigung und nach Ablauf der Wochenfrist die hilfsweise ordentliche Kündigung erklären.

g) Änderungskündigung

67 Im Falle einer Änderungskündigung kann der Arbeitnehmer zwischen der Beendigung oder der Fortsetzung des Arbeitsvertrages unter geänderten Arbeitsbedingungen wählen. Unabhängig von der Wahl des Arbeitnehmers beinhaltet eine Änderungskündigung stets eine Beendigungskündigung[4]. Der Arbeitgeber muss somit, wie bei jeder Kündigung, ein **Anhörungsverfahren nach** § 102 BetrVG vor Ausspruch der Kündigung durchführen.

68 Da der Arbeitgeber mit der Änderungskündigung dem Arbeitnehmer ein Änderungsangebot unterbreitet, ist der Betriebsrat auch über die mit der Änderungskündigung verbundene Versetzung bzw. Umgruppierung gem. § 99 Abs. 1 BetrVG zu unterrichten[5]. Der Arbeitgeber muss somit ein Anhörungsverfahren einleiten, welches sowohl den Erfordernissen des § 102 BetrVG als auch denen des § 99 BetrVG Rechnung trägt[6]. Die Informationspflicht des Arbeitgebers erstreckt sich mithin auch auf den **Inhalt des Änderungsangebotes**[7]. Die Kenntnis des Angebots ist für den Betriebsrat auch unabhängig von § 99 Abs. 1 BetrVG unverzichtbar, da er nur so die Möglichkeit hat, die Tragweite der Kündigung, insbesondere ob eine Widerspruchsmöglichkeit nach § 102 Abs. 3 Nr. 3–5 BetrVG besteht, zu beurteilen[8].

69 Die für eine Änderungskündigung **maßgebenden Gründe** sind dem Betriebsrat mitzuteilen. Dazu gehören sowohl die beabsichtigten Änderungen der Arbeitsbedingungen wie auch die Umstände, welche deren Zumutbarkeit im Vergleich zu den alten

---

1 Vgl. BAG 16.3.1978 – 2 AZR 424/76, EzA § 102 BetrVG 1972 Nr. 32; 1.7.1976 – 2 AZR 322/75, BB 1976, 1416; *Molkenbur/Krasshöfer-Pidde*, RdA 1989, 337 (343); *Stahlhacke/Preis/Vossen*, Rz. 386.
2 Vgl. BAG 16.3.1978 – 2 AZR 424/76, EzA § 102 BetrVG 1972 Nr. 32; *Stahlhacke/Preis/Vossen*, Rz. 386; DKKW/*Bachner*, § 102 BetrVG Rz. 116.
3 Vgl. BAG 16.3.1978 – 2 AZR 424/76, AP Nr. 15 zu § 102 BetrVG 1972; *Stahlhacke/Preis/Vossen*, Rz. 386.
4 Vgl. BAG 10.3.1982 – 4 AZR 158/79, AP Nr. 2 zu § 2 KSchG 1969; *Stahlhacke/Preis/Vossen*, Rz. 303; *Hohmeister*, BB 1994, 1777; *Fitting*, § 102 BetrVG Rz. 9; *Berkowsky*, NZA 1999, 293; *Berkowsky*, NZA 2000, 1129.
5 Vgl. BAG 27.9.1984 – 2 AZR 62/83, AP Nr. 8 zu § 2 KSchG 1969.
6 Vgl. *Fitting*, § 102 BetrVG Rz. 9 mwN.
7 Vgl. BAG 2.3.1989 – 2 AZR 280/88, BB 1989, 1553.
8 Vgl. BAG 10.3.1982 – 4 AZR 158/79, EzA § 2 KSchG Nr. 4; 11.10.1989 – 2 AZR 61/89, EzA § 1 KSchG – Betriebsbedingte Kündigung Nr. 64; *Stahlhacke/Preis/Vossen*, Rz. 351; DKKW/*Bachner*, § 102 BetrVG Rz. 110.

III. Einleitung des Verfahrens

Arbeitsbedingungen begründen[1]. Ferner hat der Arbeitgeber den beabsichtigten **Kündigungstermin** mitzuteilen[2].

Über die **Ertragslage** des gesamten Betriebes ist der Betriebsrat zu informieren, wenn die Änderungskündigung wegen dringender **Sanierungsbedürftigkeit** ausgesprochen werden soll[3]. 70

Da es auch bei einer betriebsbedingten Änderungskündigung auf die **soziale Auswahl** ankommt[4], sind dem Betriebsrat, wie bei der betriebsbedingten Beendigungskündigung, die Gründe für die Sozialauswahl mitzuteilen[5]. 71

h) Massenkündigung

§ 102 BetrVG gilt auch bei Massenkündigungen. Die Mitteilung der Kündigungsgründe seitens des Arbeitgebers hat **in gleichem Umfang** zu erfolgen wie bei jeder betriebsbedingten Einzelkündigung[6]. Es liegt auf der Hand, dass es für den Arbeitgeber mit erheblichen Schwierigkeiten verbunden ist, in jedem einzelnen Kündigungsfall die kündigungsrelevanten Informationen einschließlich der Sozialauswahl rechtzeitig dem Betriebsrat mitzuteilen. 72

Auch dem Betriebsrat kann es Schwierigkeiten bereiten, in diesem Fall eine sachgerechte Beratung jedes einzelnen von einer Kündigung betroffenen Arbeitnehmers vorzunehmen[7]. Diese praktischen Schwierigkeiten folgen insbesondere daraus, dass **eine automatische Verlängerung der Anhörungsfrist** im Falle von Massenentlassungen nicht eintritt[8]. Ebenso wenig wie der Betriebsrat durch eine einseitige Maßnahme die Frist verlängern kann, steht ihm ein **Anspruch auf eine vertragliche Verlängerung der Frist** zu[9]. 73

Arbeitgeber und Betriebsrat können allerdings durch eine **Vereinbarung** die Anhörungsfrist grundsätzlich verlängern[10].

Im Einzelfall kann die Berufung des Arbeitgebers auf den Ablauf der Anhörungsfrist nach einem entsprechenden Fristverlängerungsersuchen seitens des Betriebsrates **rechtsmissbräuchlich** sein. Dafür ist aber nicht die Zahl der geplanten Entlassungen maßgeblich, sondern das Verhalten der Betriebspartner bis zur formellen Einleitung des Anhörungsverfahrens[11]. Nach dem BAG kann dann im Einzelfall eine rechtsmissbräuchliche Ablehnung der Fristverlängerung vorliegen, wenn der Betriebsrat von einer Vielzahl beabsichtigter Kündigungen überrascht wird und um eine Verlänge- 74

---

1 Vgl. BAG 2.3.1989 – 2 AZR 280/88, BB 1989, 1553.
2 Vgl. BAG 29.3.1990 – 2 AZR 420/89, EzA § 102 BetrVG 1972 Nr. 79.
3 Vgl. BAG 11.10.1989 – 2 AZR 61/89, AP Nr. 47 zu § 1 KSchG 1969 – Betriebsbedingte Kündigung.
4 Vgl. BAG 13.6.1986 – 7 AZR 623/84, EzA § 1 KSchG – Soziale Auswahl Nr. 23.
5 Vgl. LAG BW 15.10.1984 – 4 Sa 30/84, NZA 1985, 126; *Stahlhacke/Preis/Vossen*, Rz. 351; DKKW/*Bachner*, § 102 BetrVG Rz. 111; zu Problematik und Umfang eines etwaigen Anspruchs auf vorläufige Weiterbeschäftigung vgl. *Fitting*, § 102 BetrVG Rz. 13.
6 Vgl. BAG 16.9.1993 – 2 AZR 267/93, AP Nr. 62 zu § 102 BetrVG; *Fitting*, § 102 BetrVG Rz. 30; DKKW/*Bachner*, § 102 BetrVG Rz. 112; zum Umfang der Begründungspflicht bei Massenentlassungen vgl. ferner BAG 14.2.1978 – 1 AZR 154/76, EzA § 102 BetrVG 1972 Nr. 33; 27.6.1985 – 2 AZR 412/84, EzA § 102 BetrVG 1972 Nr. 60.
7 Vgl. DKKW/*Bachner*, § 102 BetrVG Rz. 112.
8 Vgl. BAG 14.8.1986 – 2 AZR 561/85, EzA § 102 BetrVG 1972 Nr. 69; KR/*Etzel*, § 102 BetrVG Rz. 87; *Stahlhacke/Preis/Vossen*, Rz. 372; *Klebe/Schumann*, S. 52, Rz. 4.
9 KR/*Etzel*, § 102 BetrVG Rz. 87; aA *Griese*, BB 1990, 1901.
10 Vgl. BAG 14.8.1986 – 2 AZR 561/85, EzA § 102 BetrVG 1972 Nr. 69.
11 Vgl. BAG 14.8.1986 – 2 AZR 561/85, EzA § 102 BetrVG 1972 Nr. 69; *Stahlhacke/Preis/Vossen*, Rz. 372; DKKW/*Bachner*, § 102 BetrVG Rz. 199; KR/*Etzel*, § 102 BetrVG Rz. 89b.

rung der Frist nachsucht[1] (zur Frage der Anwendung von § 103 BetrVG bei Massenentlassungen vgl. Rz. 72).

i) Verdachtskündigung

75 Will der Arbeitgeber eine Verdachtskündigung aussprechen, muss er im Rahmen des Anhörungsverfahrens nach § 102 BetrVG sowohl die ihm bekannten **Verdachtsmomente** wie auch seine vergeblichen **Bemühungen zur Aufklärung des Sachverhalts** als auch die Umstände mitteilen, aus denen sich die **Unzumutbarkeit der Weiterbeschäftigung** aufgrund des Verdachts ergibt[2]. Dabei hat die Mitteilung auch den Inhalt und die Ergebnisse der Anhörung des Arbeitnehmers zu enthalten[3].

76 Nach erfolgter Anhörung des Betriebsrates zu einer **beabsichtigten Kündigung wegen erwiesener Straftat** kann sich der Arbeitgeber nach der Rechtsprechung des BAG im Kündigungsschutzprozess nicht auf den bloßen Verdacht dieser Straftat stützen, sofern er nicht zuvor auch diesbezüglich eine **vorsorgliche Anhörung** des Betriebsrates nach § 102 BetrVG durchgeführt hat[4]. Im umgekehrten Fall, wenn sich eine Verdachtskündigung im nachfolgenden Kündigungsschutzprozess als bewiesen erweist, ist eine erneute Anhörung des Betriebsrates aber entbehrlich[5].

5. Formulierungsbeispiel für die Anhörung vor Kündigung

An den Betriebsrat

77 Der Betriebsratsvorsitzende ...

Anhörung zur beabsichtigten Kündigung gem. § 102 BetrVG

Sehr geehrte Damen und Herren,

wir beabsichtigen, das Arbeitsverhältnis von

Name: ...

Geburtsdatum: ...

Familienstand: ...

Zahl der unterhaltspflichtigen Kinder (lt. Steuerkarte): ...

Wohnort: ...

---

1 Vgl. BAG 14.8.1986 – 2 AZR 561/85, EzA § 102 BetrVG 1972 Nr. 69; vgl. zum Missbrauchstatbestand auch LAG Hamburg 31.5.1985 – 8 Sa 30/85, DB 1985, 2105 sowie 15.3.1985 – 8 Sa 30/85, LAGE § 102 BetrVG 1972 Nr. 15.
2 Vgl. KR/*Etzel*, § 102 BetrVG Rz. 64b; DKKW/*Bachner*, § 102 BetrVG Rz. 117.
3 Vgl. *Griese*, BB 1990, 1901; DKKW/*Bachner*, § 102 BetrVG Rz. 117. Vgl. BAG 26.9.2002 – 2 AZR 424/01, AP Nr. 37 zu § 626 BGB Verdacht auf strafbare Handlung, zu den Voraussetzungen einer vorherigen ordnungsgemäßen Anhörung des Arbeitnehmers im Falle einer Verdachtskündigung.
4 Vgl. BAG 3.4.1986 – 2 AZR 324/85, EzA § 102 BetrVG 1972 Nr. 63; LAG Düsseldorf 25.2.1986 – 8 Sa 1739/85, LAGE § 102 BetrVG 1972 Nr. 18; *Griese*, BB 1990, 1901; zuletzt LAG Köln 14.9.2007 – 11 Sa 259/07, ArbuR 2007, 444 – wonach sich schon aus dem Anhörungsschreiben deutlich ergeben muss, dass der Arbeitgeber das arbeitsvertragsbezogene Vertrauensverhältnis gerade (auch) durch den Verdacht für beeinträchtigt hält und deshalb die Kündigung auch auf diesen Verdacht stützt; aA *Dörner*, AiB 1993, 165; vgl. auch *Rüters*, Anm. zu EzA § 102 BetrVG 1972 Nr. 63, der darauf hinweist, dass die Zulässigkeit des Nachschiebens des Verdachts durchaus gegeben sein kann; vgl. zur Abgrenzung zwischen Tat und Verdachtskündigung noch BAG 26.3.1992 – 2 AZR 519/91, AP Nr. 23 zu § 626 BGB – Verdacht strafbarer Handlung sowie 14.9.1994 – 2 AZR 164/94, AP Nr. 24 zu § 626 BGB – Verdacht strafbarer Handlung; *Bengelsdorf*, AuA 1995, 196; *Dörner*, NZA 1993, 873; *Dörner*, NZA 1992, 865.
5 Vgl. *Griese*, BB 1990, 1901; DKKW/*Bachner*, § 102 BetrVG Rz. 117.

Betriebszugehörigkeit: ...

Abteilung: ...

Position: ...

fristgemäß zum nächstmöglichen Termin zu kündigen. Die Kündigungsfrist beträgt gem. § 622 BGB/Arbeitsvertrag/Tarifvertrag ... zum ...

oder

fristlos und vorsorglich fristgerecht zum nächstmöglichen Zeitpunkt zu kündigen. Die Kündigungsfrist beträgt gem. § 622 BGB/Arbeitsvertrag/Tarifvertrag ... zum ...

oder

für den Fall der Nichtannahme der Vertragsänderung fristgerecht zum nächstmöglichen Zeitpunkt zu kündigen. Die Kündigungsfrist beträgt gem. § 622 BGB/Arbeitsvertrag/Tarifvertrag ... zum ...

Kündigungsbegründung:

Auf die ausführliche mündliche Anhörung vom ... dürfen wir Bezug nehmen und die Kündigungsgründe noch einmal folgendermaßen zusammenfassen:

... (Kündigungssachverhalt)

Der Betriebsrat wird gebeten, der Kündigung zuzustimmen. Für den Fall, dass der Betriebsrat nicht zustimmt, wird er gebeten, binnen einer Woche schriftlich seine Bedenken gegen die Kündigung mitzuteilen.

oder

Der Betriebsrat wird gebeten, der Kündigung zuzustimmen. Für den Fall, dass der Betriebsrat der fristlosen Kündigung nicht zustimmt, wird er gebeten, binnen drei Tagen schriftlich seine Bedenken gegen die Kündigung mitzuteilen.

(Ort, Datum) (Unterschrift Arbeitgeber)

Empfangsbestätigung:

Wir bestätigen, die Unterrichtung über die beabsichtigte Kündigung des Arbeitnehmers ... am ... erhalten zu haben.

(Ort, Datum) (Unterschrift Betriebsrat)

IV. Abschluss des Verfahrens

1. Beschluss des Betriebsrates

Hat der Arbeitgeber dem Betriebsrat die ordnungsgemäße Mitteilung über die beabsichtigte Kündigung gemacht, muss sich nunmehr der Betriebsrat mit der Mitteilung befassen und innerhalb der ihm gem. § 102 Abs. 2 BetrVG zustehenden **Äußerungsfristen** über seine Reaktion entscheiden. Unabhängig von dem Inhalt seiner Äußerung hat er seine Entscheidung gem. § 33 BetrVG stets im **Beschlusswege** zu treffen[1].

Der Beschluss muss vom Betriebsrat **in einer Sitzung, zu welcher unter Angabe des entsprechenden Tagesordnungspunktes ordnungsgemäß geladen worden sein muss,** getroffen werden[2]. Auf dieses Verfahren kann der Betriebsrat nicht dadurch verzichten, dass er den Vorsitzenden oder ein anderes Betriebsratsmitglied zur alleinigen Entscheidung ermächtigt[3]. Auch im so genannten **Umlaufverfahren** kann der Beschluss nach § 33 BetrVG nicht wirksam gefasst werden; ein auf diese Art und Weise zustande

---

1 Vgl. BAG 28.2.1974 – 2 AZR 455/73, EzA § 102 BetrVG 1972 Nr. 8.
2 Vgl. BAG 2.4.1976 – 2 AZR 513/75, EzA § 102 BetrVG 1972 Nr. 21.
3 Vgl. *Stahlhacke/Preis/Vossen*, Rz. 357; DKKW/*Bachner*, § 102 BetrVG Rz. 146; LAG Hamm 21.9.1982 – 11 (10) Sa 666/82, ZIP 1983, 110.

gekommener Beschluss ist unwirksam[1]. Die **Beschlussfassung durch den Betriebsausschuss** ist nur dann zulässig, wenn diesem oder einem **besonderen Personalausschuss** die Erledigung dieser Aufgabe gem. §§ 27 Abs. 2, 28 Abs. 1 BetrVG übertragen worden ist[2].

80 Vor der Beschlussfassung „soll" der Betriebsrat gem. § 102 Abs. 2 Satz 4 BetrVG **den betroffenen Arbeitnehmer hören**, soweit dies erforderlich erscheint. **Unterlässt der Betriebsrat die Anhörung** des Arbeitnehmers, so ergeben sich daraus jedoch keinerlei Konsequenzen für die Ordnungsgemäßheit des Anhörungsverfahrens[3].

81 Die **Teilnahme des Arbeitgebers an der Sitzung des Betriebsrates**, in welcher dieser über seine Stellungnahme zu der beabsichtigten Kündigung beschließt, hat keinen Einfluss auf die Ordnungsgemäßheit des Anhörungsverfahrens, soweit sich der Arbeitgeber einer unzulässigen Beeinflussung der Beschlussfassung enthält[4]. Die bloße Teilnahme des Arbeitgebers kann daher nicht schaden.

82 Im Falle einer **Aussetzung des Betriebsratsbeschlusses gem**. § 35 BetrVG um eine Woche verlängert sich dadurch die Frist zur Stellungnahme des Betriebsrates nicht. Mangels anderweitiger gesetzlicher Regelung hat damit der Aussetzungsbeschluss allein zur Folge, dass der Betriebsrat innerhalb dieser Frist an einer Beschlussfassung gehindert ist, die nach Fristablauf bestehende Kündigungsmöglichkeit des Arbeitgebers wird jedoch nicht eingeschränkt[5].

Dem Betriebsrat ist es unbenommen, **eine Verlängerung der Stellungnahmefrist durch Vereinbarung** mit dem Arbeitgeber herbeizuführen (s. zur Verlängerung der Stellungnahmefrist bei Massenkündigungen s. Rz. 72)[6].

2. Reaktionsmöglichkeiten des Betriebsrates

83 Ob und in welcher Art der Betriebsrat auf die Mitteilung des Arbeitgebers reagiert, liegt in seinem Verantwortungsbereich. Ein Anspruch des Arbeitnehmers auf eine bestimmte Reaktion besteht nicht[7]. Neben der Möglichkeit, bestehende **Bedenken** gegen die beabsichtigte Kündigung zu erklären bzw. einen **Widerspruch** hiergegen einzulegen (vgl. hierzu Rz. 91, 94 ff.), hat der Betriebsrat ferner die Möglichkeit, **weitere Informationen und ergänzende Unterlagen** zu der beabsichtigten Kündigung vom Arbeitgeber zu verlangen. Darüber hinaus kann er entweder ausdrücklich der Kündigung **zustimmen** oder zur beabsichtigten Kündigung **keine Stellungnahme** abgeben.

84 Erbittet der Betriebsrat vom Arbeitgeber ergänzende Informationen, so führt dies zu **keiner automatischen Verlängerung der Äußerungsfrist**[8]. Der Betriebsrat hat jedoch die Möglichkeit, beim Arbeitgeber um **eine Verlängerung der Äußerungsfrist** nach-

---

1 Vgl. *Fitting*, § 102 BetrVG Rz. 50; KR/*Etzel*, § 102 BetrVG Rz. 96; *Stahlhacke/Preis/Vossen*, Rz. 359; DKKW/*Bachner*, § 102 BetrVG Rz. 166.
2 Vgl. BAG 4.8.1975 – 2 AZR 266/74, AP Nr. 4 zu § 102 BetrVG 1972; 12.7.1984 – 2 AZR 320/83, AP Nr. 32 zu § 102 BetrVG 1972; *Fitting*, § 102 BetrVG Rz. 50.
3 Vgl. BAG 2.4.1976 – 2 AZR 513/75, EzA § 102 BetrVG 1972 Nr. 21; *Stahlhacke/Preis/Vossen*, Rz. 360; DKKW/*Bachner*, § 102 BetrVG Rz. 170.
4 Vgl. BAG 24.3.1977 – 2 AZR 289/76, EzA § 102 BetrVG 1972 Nr. 28; *Stahlhacke/Preis/Vossen*, Rz. 360; DKKW/*Bachner*, § 102 BetrVG Rz. 168.
5 Vgl. *Stahlhacke/Preis/Vossen*, Rz. 359; KR/*Etzel*, § 102 BetrVG Rz. 98; kritisch hierzu DKKW/*Bachner*, § 102 BetrVG Rz. 171, der diese Gesetzeslage als Widerspruch zum Grundsatz der „Beteiligungsfreundlichen Interpretationen des BetrVG" bezeichnet.
6 Vgl. BAG 14.8.1986 – 2 AZR 561/85, EzA § 102 BetrVG 1972 Nr. 69 zur Verlängerung der Stellungnahmefrist bei Massenkündigungen.
7 Vgl. KR/*Etzel*, § 102 BetrVG Rz. 120; *Fitting*, § 102 BetrVG Rz. 71; DKKW/*Bachner*, § 102 BetrVG Rz. 173.
8 Vgl. LAG Hess. 21.3.1973 – 7 Sa 667/72, DB 1973, 1806; *Fitting*, § 102 BetrVG Rz. 64; DKKW/*Bachner*, § 102 BetrVG Rz. 180.

IV. Abschluss des Verfahrens

zusuchen. Gewährt der Arbeitgeber diese Verlängerung nicht, so muss der Betriebsrat seine abschließende Stellungnahme innerhalb der Äußerungsfrist abgeben, sofern nicht der Arbeitgeber ausnahmsweise zur Fristverlängerung verpflichtet ist[1].

Lehnt der Arbeitgeber eine Fristverlängerung ab, so muss er die vom Betriebsrat erbetenen Informationen rechtzeitig innerhalb der Anhörungsfrist erteilen. 85

Wenn der Arbeitgeber für die Stellungnahme durch den Betriebsrat **maßgebliche Informationen** nachreicht, läuft die Wochenfrist erneut ab diesem Zeitpunkt an, da die Frist erst dann zu laufen beginnt, wenn die Information ordnungsgemäß und vollständig erfolgt ist[2]. Die Frage, ob es sich bei den vom Betriebsrat angeforderten Informationen um **maßgebliche** handelt, ist für den Arbeitgeber im Einzelfall schwer zu entscheiden. In dieser Situation ist dem Arbeitgeber zu raten, auf der Basis der ursprünglich erteilten Informationen nach Ablauf der Wochenfrist die Kündigung auszusprechen. Ferner sollte der Arbeitgeber dem Informationsverlangen des Betriebsrates nachkommen und nach Ablauf einer weiteren Wochenfrist, ab Erteilung der Informationen gerechnet, erneut hilfsweise kündigen.

Stimmt der Betriebsrat einer beabsichtigten Kündigung ausdrücklich zu, so ist dies bei hinreichender Bestimmtheit als **abschließende Stellungnahme** zu werten, welche dem Arbeitgeber die Möglichkeit zur Kündigung vor Ablauf der Äußerungsfrist des § 102 Abs. 2 BetrVG erlaubt. Allerdings liegt eine **unwirksame Kündigung trotz nachträglicher ausdrücklicher Zustimmung** des Betriebsrates in jedem Fall vor, wenn der Arbeitgeber zuvor seine Anhörungspflicht verletzt hat[3]. Ist die ausdrückliche Zustimmung des Betriebsrates dem Arbeitgeber zugegangen, so ist ein **einseitiger Widerruf durch den Betriebsrat** nicht möglich[4]. 86

Es steht dem Betriebsrat im Übrigen offen, auf die Mitteilung der beabsichtigten Kündigung **keine Stellungnahme** abzugeben. In diesem Fall ist das Anhörungsverfahren bei der ordentlichen Kündigung mit Ablauf der Wochenfrist des § 102 Abs. 2 BetrVG abgeschlossen. Danach gilt die Zustimmung des Betriebsrates nach § 102 Abs. 2 Satz 2 BetrVG als erteilt. Bei der außerordentlichen Kündigung gilt dies im Ergebnis entsprechend[5]. Eine gesetzliche Regelung findet sich hierzu allerdings nicht. 87

Das Unterlassen einer Stellungnahme kann der Betriebsrat auch mit **der ausdrücklichen Erklärung** verbinden, **sich nicht äußern zu wollen**[6]. In der Wirkung unterscheidet sich dieses Vorgehen des Betriebsrates vom bloßen Schweigen dadurch, dass dem Arbeitgeber die Möglichkeit der Kündigung vor Ablauf der Frist des § 102 Abs. 2 BetrVG eröffnet wird, sofern die Erklärung den Charakter einer **abschließenden Stellungnahme** hat[7]. Teilt der Betriebsrat lediglich mit, er beabsichtige, keine Stellungnahme abzugeben, oder er wolle die Frist verstreichen lassen, so kann dies nicht ohne Weiteres als eine abschließende Äußerung des Betriebsrates angesehen werden[8]. 88

---

1 Vgl. zu diesem Ausnahmefall BAG 14.8.1986 – 2 AZR 561/85, EzA § 102 BetrVG 1972 Nr. 69; DKKW/*Bachner*, § 102 BetrVG Rz. 180. KR/*Etzel*, § 102 BetrVG Rz. 89b: insbesondere im Fall der Massenentlassung kann die Berufung des Arbeitgebers auf die Versäumung der Äußerungsfrist rechtsmissbräuchlich sein.
2 Vgl. DKKW/*Bachner*, § 102 BetrVG Rz. 180.
3 Vgl. BAG 28.2.1974 – 2 AZR 455/73, EzA § 102 BetrVG 1972 Nr. 8.
4 Vgl. GK-BetrVG/*Raab*, § 102 Rz. 109; KR/*Etzel*, § 102 BetrVG Rz. 126; *Fitting*, § 102 BetrVG Rz. 55; HaKo-BetrVG/*Braasch*, § 102 Rz. 102; aA *Gaul*, RdA 1979, 269 f., der einen Widerruf bis zum Zeitpunkt des Kündigungsausspruchs durch den Arbeitgeber für möglich hält.
5 Vgl. KR/*Etzel*, § 102 BetrVG Rz. 130; DKKW/*Bachner*, § 102 BetrVG Rz. 188.
6 Vgl. BAG 12.3.1987 – 2 AZR 176/86, EzA § 102 BetrVG 1972 Nr. 71; 21.5.2008 – 8 AZR 84/07, NZA 2008; 753 (756); BVerfG 25.2.2010 – 1 BvR 230/09, NZA 2010, 439.
7 Vgl. BAG 12.3.1987 – 2 AZR 176/86, AP Nr. 47 zu § 102 BetrVG 1972.
8 Vgl. BAG 12.3.1987 – 2 AZR 176/86, AP Nr. 47 zu § 102 BetrVG 1972; LAG Hess. 21.11.1986 – 13 Sa 455/86, LAGE § 102 BetrVG 1972 Nr. 21; *Oetker*, BB 1984, 1433.

89 Im Unterschied zur ordentlichen Kündigung besteht für den Betriebsrat bei der **fristlosen Kündigung** nach erfolgter Mitteilung lediglich die Möglichkeit, innerhalb von drei Tagen **Bedenken** gegen die außerordentliche Kündigung anzumelden. Die Möglichkeit eines Widerspruchs, welcher ggf. einen vorläufigen Weiterbeschäftigungsanspruch des Arbeitnehmers auslöst, hat der Betriebsrat hingegen nicht (vgl. zur Stellungnahme des Betriebsrates im Falle der außerordentlichen Kündigung Rz. 120 ff.).

90 Wegen der **materiell-rechtlichen Ausschlussfrist des** § 626 Abs. 2 BGB hat der Arbeitgeber darauf zu achten, dass er das Anhörungsverfahren so zeitig durchführt, dass die dreitägige Anhörung noch innerhalb der Zwei-Wochen-Frist durchgeführt werden kann. Durch die Drei-Tage-Frist verlängert sich die Ausschlussfrist des § 626 Abs. 2 BGB nicht.

a) Stellungnahme bei der ordentlichen Kündigung

aa) Äußerung von Bedenken

91 Bei der ordentlichen Kündigung kann der Betriebsrat bestehende Bedenken innerhalb einer **Frist von einer Woche schriftlich** (§ 102 Abs. 2 Satz 1 BetrVG) erheben. Nach Ablauf dieser Frist gilt die Zustimmung des Betriebsrates als erteilt und der Arbeitgeber hat die Möglichkeit zu kündigen.

92 Der Betriebsrat kann **Bedenken jedweder Art** geltend machen, eine inhaltliche Beschränkung diesbezüglich besteht nicht. Die Möglichkeit, Bedenken geltend zu machen, ist somit der generelle Auffangtatbestand für alle ablehnenden Stellungnahmen des Betriebsrates[1]. Erhebt der Betriebsrat Bedenken, so hat dies **keine unmittelbaren Auswirkungen auf einen etwaigen Kündigungsschutzprozess**.

93 Hat der Betriebsrat **zunächst lediglich Bedenken geäußert** und will er **später gleichwohl Widerspruch** gegen die beabsichtigte Kündigung einlegen, so ist ihm diese Möglichkeit jedenfalls nach Ablauf der Frist des § 102 Abs. 2 BetrVG verwehrt. Ist die Wochenfrist noch nicht abgelaufen und hat der Arbeitgeber trotz vorliegender abschließender Stellungnahme seitens des Betriebsrates noch nicht gekündigt, so kann der Betriebsrat noch widersprechen.

bb) Widerspruch und Widerspruchsgründe

94 Unter der Voraussetzung, dass einer der Tatbestände des § 102 Abs. 3 Nr. 1–5 BetrVG vorliegt, kann der Betriebsrat der beabsichtigten ordentlichen Kündigung widersprechen. Die diesbezügliche Entscheidung liegt in seinem **pflichtgemäßen Ermessen**.

95 Der Widerspruch durch den Betriebsrat muss **schriftlich** erfolgen[2]. Obwohl dies in § 102 Abs. 3 BetrVG nicht ausdrücklich angeordnet ist, folgt dies mittelbar aus § 102 Abs. 2 und 4 BetrVG sowie aus § 1 Abs. 2 Nr. 1 KSchG, welche die Schriftform des Widerspruchs voraussetzen. **Ein nur mündlicher Widerspruch ist unwirksam**[3].

96 Der Betriebsrat hat für einen ordnungsgemäßen Widerspruch die Wochenfrist zu wahren. Weil das Betriebsverfassungsgesetz keine speziellen Regelungen für die Fristberechnung kennt, ist auf die allgemeinen Bestimmungen des Allgemeinen Teils des BGB zurückzugreifen. Danach gelten für den Beginn der Frist die §§ 187, 193 BGB. Die Wochenfrist des § 102 Abs. 2 Satz 2 BetrVG endet gem. § 188 Abs. 2 BGB

---

[1] Vgl. *Heinze*, Rz. 530.
[2] Vgl. *Fitting*, § 102 BetrVG Rz. 71; DKKW/*Bachner*, § 102 BetrVG Rz. 200; *Stahlhacke/Preis/Vossen*, Rz. 374.
[3] Vgl. DKKW/*Bachner*, § 102 BetrVG Rz. 200.

IV. Abschluss des Verfahrens

mit Ablauf des Tages der nächsten Woche, der durch seine Benennung dem Tag entspricht, an dem dem Betriebsrat die Mitteilung des Arbeitgebers zugegangen ist[1].

Im Gegensatz zu einer **Verlängerung der Anhörungsfrist** durch Vereinbarung zwischen Arbeitgeber und Betriebsrat[2] ist eine **Fristverkürzung** durch Vereinbarung nicht möglich[3]. 97

Ein **Nachschieben neuer Widerspruchsgründe** durch den Betriebsrat ist nach Fristablauf nicht mehr möglich[4]. 98

Ein ordnungsgemäßer Widerspruch erfordert eine **Widerspruchsbegründung**. Zur Begründung eines Widerspruchs kann sich der Betriebsrat allein auf die in § 102 Abs. 3 BetrVG **abschließend aufgezählten Fälle** beziehen. Auf andere Gründe kann sich der Betriebsrat nicht stützen[5]. Soweit sich der Betriebsrat auf einen der in § 102 Abs. 3 BetrVG genannten Gründe stützt, reicht allerdings die **formelhafte Wiederholung des Gesetzestextes** nicht aus, vielmehr muss der Widerspruch durch die Angabe **konkreter Tatsachen** begründet werden[6]. Die Begründung ist bereits dann ausreichend, wenn die vom Betriebsrat angeführten Tatsachen es als **möglich erscheinen lassen**, dass einer der Widerspruchsgründe des § 102 Abs. 3 BetrVG vorliegt. Schlüssig brauchen die Gründe nicht zu sein[7]. Dies ergibt sich im Umkehrschluss aus § 102 Abs. 5 Satz 2 Nr. 3 BetrVG sowie daraus, dass bei einer Widerspruchsfrist von lediglich einer Woche keine erhöhten Anforderungen gestellt werden können. 99

Die Widerspruchsmöglichkeit des Betriebsrates ist nicht auf eine betriebsbedingte Kündigung begrenzt, sondern bei **jeder Art von ordentlicher Kündigung** möglich[8]. 100

Praktische Probleme für den Betriebsrat, die Voraussetzungen seines Widerspruchsrechts bei personen- oder verhaltensbedingten Kündigungen darstellen zu können, bestehen in der Regel deshalb, weil die Gründe des § 102 Abs. 3 BetrVG faktisch vor allem bei betriebsbedingten Kündigungen vorliegen werden[9].

Wenn der Arbeitnehmer gegen die trotz Widerspruch ausgesprochene Kündigung **Klage auf Feststellung erhebt**, dass das Arbeitsverhältnis durch die Kündigung nicht 101

---

1 Vgl. BAG 8.4.2003 – 2 AZR 515/02, AP Nr. 133 zu § 102 BetrVG 1972.
2 Vgl. BAG 14.8.1986 – 2 AZR 561/85, EzA § 102 BetrVG 1972 Nr. 69.
3 Vgl. KR/*Etzel*, § 102 BetrVG Rz. 89; *Stahlhacke/Preis/Vossen*, Rz. 371; DKKW/*Bachner*, § 102 BetrVG Rz. 197; *Galperin/Löwisch*, § 102 BetrVG Rz. 52, die jedoch eine Verkürzung der Frist durch Tarifvertrag bei Vorliegen sachlich vernünftiger Gründe zulassen.
4 Vgl. *Stahlhacke/Preis/Vossen*, Rz. 375; DKKW/*Bachner*, § 102 BetrVG Rz. 202; KR/*Etzel*, § 102 BetrVG Rz. 142a.
5 Vgl. *Fitting*, § 102 BetrVG Rz. 71; DKKW/*Bachner*, § 102 BetrVG Rz. 207; *Stahlhacke/Preis/Vossen*, Rz. 374; KR/*Etzel*, § 102 BetrVG Rz. 148; LAG Düsseldorf 5.1.1976 – 9 Sa 1604/75, DB 1976, 1065; LAG Hamburg 29.10.1975 – 5 Sa 92/75, BB 1976, 184; kritisch *Heinze*, Rz. 538 ff.; kritisch auch *Brox*, FS BAG, 1979, S. 37, der die Geltendmachung aller Gründe des § 1 Abs. 2 Satz 1 KSchG für zulässig hält.
6 Vgl. *Fitting*, § 102 BetrVG Rz. 71; DKKW/*Bachner*, § 102 BetrVG Rz. 204; *Stahlhacke/Preis/Vossen*, Rz. 376; KR/*Etzel*, § 102 BetrVG Rz. 143; LAG Düsseldorf 5.1.1976 – 9 Sa 1604/75, DB 1976, 1065; LAG Hamburg 29.10.1975 – 5 Sa 92/75, BB 1976, 184; kritisch *Heinze*, Rz. 538 ff.; kritisch auch *Brox*, FS BAG, 1979, S. 37, der die Geltendmachung aller Gründe des § 1 Abs. 2 Satz 1 KSchG für zulässig hält.
7 Vgl. *Stahlhacke/Preis/Vossen*, Rz. 376; DKKW/*Bachner*, § 102 BetrVG Rz. 205; *Fitting*, § 102 BetrVG Rz. 71; KR/*Etzel*, § 102 BetrVG Rz. 144; LAG Hamburg 29.10.1975 – 5 Sa 92/75, BB 1976, 184; LAG München 2.3.1994 – 5 Sa 908/93, BB 1994, 1287.
8 Vgl. BAG 22.7.1982 – 2 AZR 30/81, EzA § 1 KSchG – Verhaltensbedingte Kündigung Nr. 10; *Fitting*, § 102 BetrVG Rz. 77; KR/*Etzel*, § 102 BetrVG Rz. 146; *Stahlhacke/Preis/Vossen*, Rz. 377; DKKW/*Bachner*, § 102 BetrVG Rz. 206.
9 Vgl. zu den Anforderungen an einen ordnungsgemäßen Inhalt der Widerspruchsbegründung in diesen Fällen *Stahlhacke/Preis/Vossen*, Rz. 1275 ff.; KR/*Etzel*, § 102 BetrVG Rz. 146; *Klebe*, BB 1980, 843.

beendet worden ist, so hat ein ordnungsgemäß erhobener Widerspruch des Betriebsrates zur Folge, dass auf Verlangen des Arbeitnehmers ein Anspruch auf **vorläufige Weiterbeschäftigung** nach § 102 Abs. 5 Satz 1 BetrVG entsteht (vgl. Rz. 138 ff.).

102 Der Arbeitnehmer kann sich bei der **Geltendmachung der Sozialwidrigkeit** der Kündigung (§ 1 Abs. 2 KSchG) auf im Rahmen von § 102 Abs. 3 BetrVG als Widerrufsgründe genannte Gesichtspunkte berufen, auch wenn ein Widerruf des Betriebsrates nicht erfolgt ist oder kein Betriebsrat besteht[1].

(1) Fehlerhafte Sozialauswahl

103 Gem. § 102 Abs. 3 Nr. 1 BetrVG kann der Betriebsrat seinen Widerspruch darauf stützen, dass der Arbeitgeber bei der Kündigung zu berücksichtigende **soziale Gesichtspunkte** nicht oder nicht hinreichend berücksichtigt hat. Diese Möglichkeit besteht allein bei der betriebsbedingten Kündigung, da die fehlerhafte soziale Auswahl **bei personen- oder verhaltensbedingten Kündigungen kein Rechtmäßigkeitskriterium** ist[2]. Widerspricht der Betriebsrat bei einer solchen Kündigung gestützt auf den Tatbestand des § 102 Abs. 3 Nr. 1 BetrVG, so liegt **kein ordnungsgemäßer Widerspruch** vor[3].

Ob der Betriebsrat auch dann gem. § 102 Abs. 3 Nr. 1 BetrVG widersprechen kann, wenn der Arbeitgeber **eine sowohl betriebsbedingte wie auch personen- oder verhaltensbedingte Kündigung** aussprechen will, ist umstritten. Nach zutreffender Ansicht ist dies abzulehnen[4].

104 Zur **ordnungsgemäßen Begründung** des Widerspruchs ist erforderlich, dass der Betriebsrat die seiner Ansicht nach unzureichend berücksichtigten sozialen Gesichtspunkte benennt. Dabei liegt eine **ordnungsgemäße Begründung** bereits dann vor, wenn der Betriebsrat die fehlerhafte Sozialauswahl in der Weise gerügt hat, dass die Berechtigung der Rüge aufgrund der von ihm genannten konkreten Tatsachen **möglich erscheint**. Macht der Betriebsrat geltend, der Arbeitgeber habe Arbeitnehmer zu Unrecht nicht in die Sozialauswahl einbezogen, muss der Betriebsrat diese Arbeitnehmer entweder konkret benennen oder anhand abstrakter Merkmal in seinem Widerspruchsschreiben bestimmbar machen[5].

105 Vor dem Hintergrund, dass ein Widerspruchsrecht des Betriebsrates nur insoweit bestehen kann, als er sich auf eine fehlerhafte Kündigung bezieht, wird der Widerspruch nach § 102 Abs. 3 Nr. 1 BetrVG seit dem 1.1.2004 (vgl. Rz. 47) allein mit den Sozialdaten der Dauer der Betriebszugehörigkeit, des Lebensalters, der Unterhaltspflichten und der Schwerbehinderung des Arbeitnehmers aus § 1 Abs. 3 Satz 1 KSchG begründet werden können.

106 In die soziale Auswahl werden **alle vergleichbaren Arbeitnehmer eines Betriebes** einbezogen, jedoch nicht diejenigen in **mehreren Betrieben** eines Unternehmens oder innerhalb eines **Konzerns**[6]. Dies gilt nicht, sofern die Einbeziehung einzelner **Arbeit-**

---

1 Vgl. BAG 13.9.1973 – 2 AZR 601/72, AP Nr. 2 § 1 KSchG 1969; DKKW/*Bachner*, § 102 BetrVG Rz. 208; *Fitting*, § 102 BetrVG Rz. 75 mwN; aA *Blomeyer*, Gedächtnisschrift Dietz, 1973, S. 152 f.
2 Vgl. DKKW/*Bachner*, § 102 BetrVG Rz. 209.
3 Vgl. KR/*Etzel*, § 102 BetrVG Rz. 150a.
4 Vgl. KR/*Etzel*, § 102 BetrVG Rz. 155; aA *Klebe/Schumann*, S. 139; DKKW/*Bachner*, § 102 BetrVG Rz. 209 unter Hinweis darauf, dass es ansonsten im Belieben des Arbeitgebers stünde, den Tatbestand des § 102 Abs. 3 Nr. 1 BetrVG dadurch leer laufen zu lassen, dass er neben der betrieblichen Kündigungsbegründung stets zusätzlich verhaltens- oder personenbedingte Gründe behauptet.
5 Vgl. BAG 9.7.2003 – 5 AZR 305/02, EzA § 102 BetrVG 2001 – Beschäftigungspflicht Nr. 1; *Fitting*, § 102 BetrVG Rz. 81; DKKW/*Bachner*, § 102 BetrVG Rz. 212; KR/*Etzel*, § 102 BetrVG Rz. 151; ähnlich GK-BetrVG/*Raab*, § 102 Rz. 129.
6 Vgl. BAG 26.2.1987 – 2 AZR 177/86, EzA § 1 KSchG – Soziale Auswahl Nr. 24.

IV. Abschluss des Verfahrens

nehmer nach § 1 Abs. 3 Satz 2 KSchG **ausgeschlossen** ist, was dann der Fall ist, wenn deren Weiterbeschäftigung insbesondere wegen ihrer Kenntnisse, Fähigkeiten und Leistungen oder zur Sicherung einer ausgewogenen Personalstruktur des Betriebes im berechtigten betrieblichen Interesse liegt.

Besteht ein **Gemeinschaftsbetrieb** mehrerer Unternehmen, ist eine sich auf den Gemeinschaftsbetrieb erstreckende unternehmensübergreifende Auswahl vorzunehmen. 107

(2) Richtlinienverstoß

Auf den Widerspruchsgrund des § 102 Abs. 3 Nr. 2 BetrVG kann sich der Betriebsrat sowohl bei personen-, verhaltens- als auch betriebsbedingten Kündigungen stützen. 108

Erforderlich für eine **ordnungsgemäße Begründung** ist einerseits die Benennung der Auswahlrichtlinie. Andererseits sind auch die Tatsachen, aus welchen sich der Verstoß gegen die Auswahlrichtlinie nach Ansicht des Betriebsrates ergibt, darzulegen[1]. 109

Allerdings kann die Bewertung, wie die Gesichtspunkte nach § 1 Abs. 3 Satz 1 KSchG im Verhältnis zueinander zu bewerten sind – also die Gewichtung der Kriterien –, gem. § 1 Abs. 4 KSchG durch das Arbeitsgericht nur auf **grobe Fehlerhaftigkeit** überprüft werden. Ein Widerspruchsgrund des Betriebsrates ist insoweit auch nur bei grober Fehlerhaftigkeit begründet. 110

(3) Möglichkeit der Weiterbeschäftigung auf einem anderen Arbeitsplatz

Ein Widerspruchsrecht des Betriebsrates nach § 102 Abs. 3 Nr. 3 BetrVG ist gegeben, sofern der Arbeitnehmer zwar nicht auf seinem bisherigen Arbeitsplatz[2], aber doch auf einem anderen freien[3] Arbeitsplatz des Betriebes **weiterbeschäftigt werden könnte**. Auch in absehbarer Zeit nach Ablauf der Kündigungsfrist frei werdende Arbeitsplätze sind dabei zu berücksichtigen[4]. 111

Eine **Weiterbeschäftigung in einem anderen Betrieb des Unternehmens** ist ebenfalls in Betracht zu ziehen[5]. Auf andere Arbeitsplätze im **Konzern** bezieht sich der Widerspruchsgrund des § 102 Abs. 3 Nr. 3 BetrVG grundsätzlich nicht[6]. Die Weiterbeschäftigung in einem anderen Betrieb des Konzerns ist ausnahmsweise dann zu berücksichtigen, wenn ein **konzernweiter Einsatz** des Arbeitnehmers arbeitsvertraglich vorgesehen ist, eine entsprechende Selbstbindung des Arbeitgebers besteht oder dieser **einen bestimmenden Einfluss auf unternehmensübergreifende Versetzungen** innerhalb des Konzerns hat[7]. 112

---

1 Vgl. KR/*Etzel*, § 102 BetrVG Rz. 156; *Heinze*, S. 226; DKKW/*Bachner*, § 102 BetrVG Rz. 214.
2 Vgl. BAG 12.9.1985 – 2 AZR 324/84, EzA § 102 BetrVG 1972 Nr. 61; Richardi/*Thüsing*, § 102 BetrVG Rz. 164; aA *Fitting*, Rz. 90; KR/*Etzel*, § 102 BetrVG Rz. 164.
3 Vgl. DKKW/*Bachner*, § 102 BetrVG Rz. 217.
4 Vgl. BAG 15.12.1994 – 2 AZR 327/94, AP Nr. 67 zu § 1 KSchG 1969 – Betriebsbedingte Kündigung.
5 Vgl. BAG 17.5.1984 – 2 AZR 109/83, AP Nr. 21 zu § 1 KSchG 1969 – Betriebsbedingte Kündigung; *Fitting*, § 102 BetrVG Rz. 85; DKKW/*Bachner*, § 102 BetrVG Rz. 217.
6 Vgl. BAG 27.11.1991 – 2 AZR 255/91, DB 1992, 1247; 14.10.1982 – 2 AZR 568/80, AP Nr. 1 zu § 1 KSchG – Konzern mit Anm. *Wiedemann*; DKKW/*Bachner*, § 102 BetrVG Rz. 219; *Fitting*, § 102 BetrVG Rz. 87.
7 Vgl. BAG 14.10.1982 – 2 AZR 568/80; 22.5.1986 – 2 AZR 612/85 u. 27.11.1991 – 2 AZR 255/91, AP Nrn. 1, 4, 6 zu § 1 KSchG 1969 – Konzern; DKKW/*Bachner*, § 102 BetrVG Rz. 219; *Fitting*, § 102 BetrVG Rz. 87; *Stahlhacke*, DB 1994, 1361 (1367); zum Kündigungsschutz im Konzern: *Helle*, Konzernbedingte Kündigungsschranken bei Abhängigkeit und Beherrschung durch Kapitalgesellschaften, 1989, S. 88ff.

113 Unterschiedlich beurteilt wird der **Umfang**, in dem der Betriebsrat den anderen Arbeitsplatz in seinem Widerspruch zu bezeichnen hat. Teilweise wird für ausreichend erachtet, dass der Betriebsrat seine Vorstellungen über die weitere Beschäftigungsmöglichkeit darlegt[1]. Teilweise wird gefordert, der Widerspruch müsste die **konkrete Angabe eines freien Arbeitsplatzes** enthalten, auf welchem die Weiterbeschäftigung unter Berücksichtigung der Auffassung des BAG möglich sei[2], bzw. der Arbeitsplatz müsse in bestimmbarer Weise angegeben bzw. der Bereich bezeichnet werden, in dem der Arbeitnehmer anderweitig beschäftigt werden könne[3]. Letzterer Ansicht ist zuzustimmen. Sie berücksichtigt die Rechtsprechung des BAG, nach der dem Widerspruchsbegründung des Betriebsrates ein Mindestmaß an konkreter Argumentation abzuverlangen ist. Dabei muss sich aus den konkret angegebenen Tatsachen das Vorhandensein eines Arbeitsplatzes ableiten lassen[4].

114 Ob eine Weiterbeschäftigung des Arbeitnehmers auf dem anderen **Arbeitsplatz für den Arbeitgeber zumutbar** ist, hat auf die Ordnungsgemäßheit des Widerspruchs ebenso wenig Einfluss wie die **Zumutbarkeit für den Arbeitnehmer**. Zur Geltendmachung des Widerspruchsgrundes nach § 102 Abs. 3 Nr. 3 BetrVG ist das Einverständnis des Arbeitnehmers nicht erforderlich[5].

(4) Umschulung, Fortbildung

115 Als im Verhältnis zu § 102 Abs. 3 Nr. 3 BetrVG **subsidiärer Widerspruchsgrund** gibt § 102 Abs. 3 Nr. 4 BetrVG dem Betriebsrat die Möglichkeit, einer Kündigung zu widersprechen, weil die Weiterbeschäftigung des Arbeitnehmers nach **zumutbaren Umschulungs- oder Fortbildungsmaßnahmen** möglich ist[6]. Eine Widerspruchsmöglichkeit des Betriebsrates nach § 102 Abs. 3 Nr. 4 BetrVG besteht aber nicht, wenn aus besonderen betrieblichen Gründen oder aus Gründen in der Person des Arbeitnehmers die Umschulung nicht zumutbar ist, weil sie in angemessener Zeit keinen Erfolg verspricht, der Arbeitnehmer nicht zustimmt oder ein freier Arbeitsplatz im Zeitpunkt der Beendigung der Umschulung voraussichtlich nicht vorhanden sein wird[7].

(5) Geänderte Vertragsbedingungen

116 Der Widerspruchsgrund des § 102 Abs. 3 Nr. 5 BetrVG gilt als **Auffangtatbestand**, welcher über die Nr. 1–4 hinausgehende zusätzliche Möglichkeiten schaffen soll, **den Erhalt des Arbeitsverhältnisses** zu bewirken[8].

117 Allerdings ist § 102 Abs. 3 Nr. 5 BetrVG nur in dem Fall einschlägig, dass eine Weiterbeschäftigung zu **ungünstigeren Arbeitsbedingungen** möglich ist[9].

---

1 Vgl. DKKW/*Bachner*, § 102 BetrVG Rz. 226; LAG Hamm 9.12.1976 – 8 Sa 1098/76, LAGE § 102 BetrVG 1972 – Beschäftigungspflicht Nr. 8.
2 Vgl. LAG Düsseldorf 26.6.1980 – 3 Sa 242/80, DB 1980, 2043.
3 Vgl. BAG 17.6.1999 – 2 AZR 608/98, EzA § 102 BetrVG – Beschäftigungspflicht Nr. 10, im Anschluss an BAG 24.3.1988 – 2 AZR 680/87, RzK I 5i Nr. 35; vgl. KR/*Etzel*, § 102 BetrVG Rz. 163; GK-BetrVG/*Raab*, § 102 Rz. 137; LAG Hamm 9.12.1976 – 8 Sa 1098/76, LAGE § 102 BetrVG 1972 – Beschäftigungspflicht Nr. 8.
4 Vgl. BAG 31.8.1978 – 3 AZR 989/77, AP Nr. 1 zu § 102 BetrVG 1972 – Weiterbeschäftigung.
5 Vgl. KR/*Etzel*, § 102 BetrVG Rz. 167; aA HWGNRH/*Huke*, § 102 BetrVG Rz. 133.
6 Vgl. *Fitting*, § 102 BetrVG Rz. 91; DKKW/*Bachner*, § 102 BetrVG Rz. 232.
7 Vgl. *Fitting*, § 102 BetrVG Rz. 91; GK-BetrVG/*Raab*, § 102 Rz. 145 ff.; BAG 7.2.1991 – 2 AZR 205/90, AP Nr. 1 zu § 1 KSchG 1969 – Umschulung; DKKW/*Bachner*, § 102 BetrVG Rz. 233 und ergänzend zu Abs. 3 Nr. 4 Rz. 207 ff. sowie *Fitting*, § 102 BetrVG Rz. 91.
8 Vgl. weiter gehend DKKW/*Bachner*, § 102 BetrVG Rz. 243, welcher jede denkbare Möglichkeit zum Erhalt des Arbeitsverhältnisses als von § 102 Abs. 3 Nr. 5 BetrVG erfasst ansieht.
9 Vgl. BAG 29.3.1990 – 2 AZR 369/89, EzA § 1 KSchG 1969 – Soziale Auswahl Nr. 29; *Fitting*, § 102 BetrVG Rz. 95; aA DKKW//*Bachner*, § 102 BetrVG Rz. 244: Aus dem Umstand, dass ein

IV. Abschluss des Verfahrens

Voraussetzung für die Widerspruchsmöglichkeit des Betriebsrates nach § 102 Abs. 3 Nr. 5 BetrVG ist, dass der Arbeitnehmer sein **Einverständnis** mit den geänderten Vertragsbedingungen erklärt hat. Aus dem Wortlaut der Vorschrift und der Überlegung, dass ein sinnvoller Widerspruch nur dann möglich ist, wenn das Einverständnis des Arbeitnehmers vorliegt, folgt, dass das Einverständnis bereits bei Einlegung des Widerspruchs durch den Betriebsrat vorliegen muss[1]. **118**

Die **Grenze der Einwilligungsmöglichkeit** des Arbeitnehmers in Vertragsänderungen „nach unten" liegt dort, wo diese aufgrund Gesetz, Tarifvertrag oder Betriebsvereinbarung unabdingbar sind[2].

Verweist der Widerspruch des Betriebsrates allein auf die Möglichkeit der Vornahme **kollektiver Maßnahmen** wie etwa die Einführung von **Kurzarbeit**, so ist der Widerspruch unwirksam. Auf derartige Möglichkeiten bezieht sich § 102 Abs. 3 Nr. 5 BetrVG nicht, sondern vielmehr **allein auf individuelle Maßnahmen**[3]. **119**

b) Stellungnahme bei der außerordentlichen Kündigung

Der Betriebsrat hat Bedenken gegen die außerordentliche Kündigung mit Angabe von Gründen dem Arbeitgeber unverzüglich, spätestens jedoch innerhalb von drei Tagen, schriftlich mitzuteilen. Im Falle einer beabsichtigten außerordentlichen Kündigung steht dem Betriebsrat **keine Widerspruchsmöglichkeit** zu. Allein für den Fall einer zusammen mit einer außerordentlichen Kündigung beabsichtigten **hilfsweisen ordentlichen Kündigung** (vgl. Rz. 66) kann der Betriebsrat hinsichtlich der hilfsweise erklärten Kündigung unter den entsprechenden Voraussetzungen Widerspruch erheben. **120**

Der Arbeitgeber muss, wenn er nicht vorher eine Stellungnahme des Betriebsrates erhält, den Ablauf der Drei-Tage-Frist abwarten, bevor er die Kündigung ausspricht[4]. Der Arbeitgeber ist allerdings nicht gehindert, den Arbeitnehmer im Einzelfall auch schon vor Ausspruch der Kündigung von der Arbeit zu suspendieren. Ob er in diesem Falle in Annahmeverzug gerät oder nicht, hängt davon ab, ob die Weiterbeschäftigung bis zum Ausspruch der Kündigung schlechterdings unzumutbar ist[5]. **121**

Arbeitnehmer während des Bestehens des Arbeitsverhältnisses keinen Anspruch auf Beförderung habe, könne nicht geschlossen werden, dass eine solche nicht zur Vermeidung einer Kündigung in Frage komme. Im Übrigen sei das Einverständnis des Arbeitnehmers auch bei einem Wechsel „nach oben" erforderlich, sofern die entsprechenden Arbeitsinhalte nicht Bestandteil seines Arbeitsvertrages seien.

1 Vgl. *Fitting*, § 102 BetrVG Rz. 95; GK-BetrVG/*Raab*, § 102 Rz. 151; KR/*Etzel*, § 102 BetrVG Rz. 172b; Richardi/*Thüsing*, § 102 BetrVG Rz. 177; *Galperin/Löwisch*, § 102 BetrVG Rz. 76; aA *Klebe/Schumann*, S. 164; einschränkend DKKW/*Bachner*, § 102 BetrVG Rz. 246, der mangels ausdrücklicher gesetzlicher Regelung das zeitgleich mit seinem Verlangen nach Weiterbeschäftigung durch den Arbeitgeber gegebene Einverständnis zu einer Vertragsänderung dann ausreichen lassen will, wenn der Betriebsrat bei der Einlegung des Widerspruchs den betroffenen Arbeitnehmer gar nicht erreicht bzw. dieser nicht in der Lage ist, eine rechtserhebliche Erklärung abzugeben.
2 Vgl. KR/*Etzel*, § 102 BetrVG Rz. 172a; Richardi/*Thüsing*, § 102 BetrVG Rz. 176; DKKW/*Bachner*, § 102 BetrVG Rz. 243.
3 Vgl. *Fitting*, § 102 BetrVG Rz. 97; HWGNRH/*Huke*, § 102 BetrVG Rz. 146; LAG Düsseldorf 27.6.1974 – 14 Sa 167/74, DB 1974, 2113; LAG Hamm 8.3.1983 – 7 (10) Sa 1237/82, BB 1983, 1349; *Wank*, RdA 1987, 141; aA ArbG Mannheim 9.12.1982 – 5 Ca 147/82, BB 1983, 1031; DKKW/*Bachner*, § 102 BetrVG Rz. 245; vgl. auch BAG 13.6.1985 – 2 AZR 452/84, AP Nr. 10 zu § 1 KSchG 1969 u. 15.6.1989 – 2 AZR 600/88, AP Nr. 45 zu § 1 KSchG 1969 – Betriebsbedingte Kündigung.
4 Vgl. BAG 18.9.1975 – 2 AZR 594/74, EzA § 102 BetrVG 1972 Nr. 17 unter I 2 B der Gründe; *Stahlhacke/Preis/Vossen*, Rz. 381.
5 Vgl. BAG 26.4.1956 – GS 1/56, AP Nr. 5 zu § 9 MuSchG; 11.11.1976 – 2 AZR 457/75, AP Nr. 8 zu § 103 BetrVG 1972; 29.10.1987 – 2 AZR 144/87, AP Nr. 42 zu § 615 BGB; LAG Berlin 27.11.

122 Den Ablauf der Drei-Tage-Frist nach § 102 Abs. 2 Satz 3 BetrVG muss der Arbeitgeber vor Ausspruch einer außerordentlichen Kündigung nicht abwarten, wenn bereits zuvor eine abschließende Stellungnahme des Betriebsrates vorliegt.

c) Formulierungsbeispiele für die Stellungnahme des Betriebsrats

123 An die Geschäftsleitung …

Stellungnahme des Betriebsrats zur beabsichtigten Kündigung des Arbeitnehmers ….

Sehr geehrte Damen und Herren,

Bezug nehmend auf die vorbezeichnete Anhörung am … teilen wir Ihnen Folgendes mit:

Der Betriebsrat stimmt der beabsichtigten Kündigung zu.

oder

Der Betriebsrat stimmt der fristgerechten, nicht aber der fristlosen Kündigung zu.

und/oder

Der Betriebsrat stimmt der Umgruppierung/Versetzung zu.

oder

Der Betriebsrat hat gegen die fristgerechte/fristlose Kündigung folgende Bedenken:

(Darstellung der Bedenken gegen die Kündigung)

und/oder

Der Betriebsrat widerspricht der Kündigung:

(Der Widerspruch kann nur auf die in § 102 Abs. 3 BetrVG enumerativ aufgezählten Gründe gestützt werden. Diese müssen im Einzelnen dargelegt werden. Unzureichend ist die Wiedergabe des Gesetzeswortlauts.)

oder

Der Betriebsrat hat gegen die Umgruppierung/Versetzung folgende Bedenken: …

und/oder

Der Betriebsrat widerspricht der Versetzung/Umgruppierung.

Der Betriebsrat: (Name/Vorname) (Ort, Datum) Betriebsratsvorsitzender

3. Kündigungsausspruch

124 Ist das Anhörungsverfahren abgeschlossen, kann der Arbeitgeber die beabsichtigte Kündigung aussprechen. **Eine vorher ausgesprochene Kündigung ist** gem. § 102 Abs. 1 Satz 3 BetrVG **unwirksam**[1]. Hat der Betriebsrat zu der Kündigungsabsicht des Arbeitgebers innerhalb der Wochenfrist keine Stellung genommen, so führt es allerdings nicht zur Unwirksamkeit der Kündigung, wenn der Arbeitgeber die Kündigung am letzten Tag der Äußerungsfrist zwar abgegeben, jedoch zugleich dafür Sorge getragen hat, dass er eine Zustellung der Kündigung noch verhindern kann, wenn der Betriebsrat – wider Erwarten doch noch – zu der Kündigungsabsicht Stellung nimmt[2].

1995 – 9 Sa 85/95, LAGE § 615 BGB Nr. 46 (Verdacht des sexuellen Missbrauchs von Kleinkindern in einer Kindertagesstätte durch einen Erzieher).

1 BAG 13.11.1975 – 2 AZR 610/74, AP Nr. 7 zu § 102 BetrVG 1972; als obiter dictum schon in BAG 28.2.1974 – 2 AZR 455/73, AP Nr. 2 zu § 102 BetrVG 1972; 11.7.1991 – 2 AZR 119/91, NZA 1992, 38; DKKW/*Bachner*, § 102 BetrVG Rz. 121.

2 Vgl. BAG 8.4.2003 – 2 AZR 515/02, AP Nr. 133 zu § 102 BetrVG 1972; unter Hinweis auf die „praktische Vernunft" dieses Urteils zustimmend *Joost*, EWiR 2004, 157; kritisch *Reiter*, NZA 2003, 954.

Der **Abschluss des Anhörungsverfahrens** liegt dann vor, wenn entweder die Fristen des § 102 Abs. 2 BetrVG ohne Reaktion des Betriebsrates abgelaufen sind oder dieser eine erkennbar abschließende Stellungnahme abgegeben hat[1], welche auch darin liegen kann, dass der Betriebsrat lediglich erklärt, er wolle sich zu Kündigungen nicht äußern[2].

125

Unabhängig davon, ob die geltend gemachten Gründe zutreffend sind, hat der Arbeitgeber im Falle eines vom Betriebsrat erklärten Widerspruches dem Arbeitnehmer zusammen mit der Kündigung eine **Abschrift der Stellungnahme** des Betriebsrates zuzuleiten (§ 102 Abs. 4 BetrVG). Die Kündigung ist aber nicht allein deshalb unwirksam, weil der Arbeitgeber die Übermittlung der Stellungnahme unterlässt. Dies kann allenfalls zu Schadensersatzansprüchen des Arbeitnehmers führen[3].

126

V. Mängel des Anhörungsverfahrens und deren Rechtsfolgen

1. Allgemeine Grundsätze

Die Unwirksamkeit einer Kündigung kann über die Fälle hinaus, dass der Arbeitgeber den Betriebsrat überhaupt nicht angehört hat oder seiner Unterrichtungspflicht nicht richtig, insbesondere nicht ausführlich genug nachgekommen ist[4], auch aus Mängeln des durchgeführten Anhörungsverfahrens folgen. Nach dem Grundsatz der **subjektiven Determinierung** führen objektiv unrichtige Angaben des Arbeitgebers nicht ohne Weiteres zur Unwirksamkeit des Anhörungsverfahrens und damit zur Unwirksamkeit der nachfolgenden Kündigung. Lässt sich die ausgesprochene Kündigung im nachfolgenden Kündigungsschutzprozess jedoch nicht aufgrund der vom Arbeitgeber mitgeteilten Umstände materiell rechtfertigen, so führt dies deshalb zur Unwirksamkeit der Kündigung, weil der Arbeitgeber sich auf die anderen, zutreffenden Gründe – die dem Betriebsrat nicht mitgeteilt worden sind – zur Rechtfertigung der Kündigung nicht berufen kann[5].

127

Ein Mangel des Anhörungsverfahrens besteht, wenn die Mitteilung des Arbeitgebers lediglich **pauschale Informationen** enthält, welche zur Bewertung der Kündigungsabsicht ungeeignet sind[6]. Verfügt der Betriebsrat allerdings bereits über den erforderlichen Kenntnisstand, um eine Stellungnahme abgeben zu können, und weiß dies der Arbeitgeber oder kann es jedenfalls nach den gegebenen Umständen als sicher annehmen, ist ihm keine detaillierte Begründung abzuverlangen[7].

128

Unterlässt der Arbeitgeber vor einer beabsichtigen Kündigung die Anhörung des Betriebsrates, weil jener seinen diesbezüglichen **Verzicht** erklärt hat, so ist die aus-

129

---

1 Vgl. *Stahlhacke/Preis/Vossen*, Rz. 383.
2 Vgl. BAG 12.3.1987 – 2 AZR 176/86, EzA § 102 BetrVG 1972 Nr. 71; *Hunold*, NZA 2010, 797 (798).
3 Vgl. LAG Köln 19.10.2000 – 10 Sa 342/00, LAGE § 102 BetrVG 1972 Nr. 75; *Fitting*, § 102 BetrVG Rz. 100; *Stahlhacke/Preis/Vossen*, Rz. 384; KR/*Etzel*, § 102 BetrVG Rz. 180; Richardi/*Thüsing*, § 102 BetrVG Rz. 191; HWGNRH/*Huke*, § 102 BetrVG Rz. 152; aA *Düwell*, NZA 1988, 866, wonach § 102 Abs. 4 BetrVG eine formelle Kündigungsvoraussetzung regele; kritisch auch *Galperin/Löwisch*, § 102 BetrVG Rz. 84; *Heinze*, NZA 580.
4 Vgl. BAG 23.2.2012 – 2 AZR 773/10, NZA 2012, 992; 10.10.2002 – 2 AZR 472/01, AP Nr. 44 zu § 1 KSchG 1969 – Verhaltensbezogene Kündigung; 22.9.1994 – 2 AZR 31/94, AP Nr. 68 zu § 102 BetrVG 1972; 17.2.2000 – 2 AZR 913/98, NZA 2000, 761.
5 Vgl. BAG 11.7.1991 – 2 AZR 119/91, EzA § 102 BetrVG 1972 Nr. 81; KR/*Etzel*, § 102 BetrVG Rz. 190b.
6 Vgl. BAG 27.6.1985 – 2 AZR 412/84, EzA § 102 BetrVG 1972 Nr. 60.
7 BAG 15.12.1994 – 2 AZR 327/94, AP Nr. 67 zu § 1 KSchG 1969 – Betriebsbedingte Kündigung; 27.6.1985 – 2 AZR 412/84, AP Nr. 37 zu § 102 BetrVG 1972.

gesprochene Kündigung unwirksam, da ein Verzicht auf das Anhörungsrecht nicht möglich ist[1].

130 Leidet das Anhörungsverfahren an Fehlern des Arbeitgebers, so werden diese auch durch eine **Stellungnahme des Betriebsrates nicht geheilt**[2]. Die Unwirksamkeit einer Kündigung wegen fehlerhaften Anhörungsverfahrens wird auch nicht durch eine **Zustimmung** des Betriebsrates geheilt[3].

2. Mängel außerhalb der Sphäre des Arbeitgebers

131 Leidet das Anhörungsverfahren an **Mängeln aus der Sphäre des Betriebsrates**, wird dadurch das Anhörungsverfahren nicht fehlerhaft[4]. Nach der Rechtsprechung des BAG haben Mängel in der Willensbildung des Betriebsrates grundsätzlich selbst dann **keine Auswirkung auf die Wirksamkeit der Anhörung**, wenn der Arbeitgeber von deren Vorliegen **positive Kenntnis** hat oder Entsprechendes **vermutet**[5]. Dies gilt selbst dann, wenn der Arbeitgeber nach erfolgter Stellungnahme des Betriebsrats in Kenntnis des Mangels vor Ablauf der Wochenfrist kündigt[6]. Etwas anderes gilt ausnahmsweise nach Ansicht des BAG insbesondere dann, wenn keine Stellungnahme des Gremiums „Betriebsrat", sondern lediglich eine evident rein persönliche Äußerung des Betriebsratsvorsitzenden vorliegt oder der Arbeitgeber den Fehler des Betriebsrats durch unsachgemäßes Verhalten selbst veranlasst hat[7]. In der Literatur wird angenommen, dass ein in die Sphäre des Betriebsrates fallender Fehler beachtlich ist, wenn der Arbeitgeber seine **Kündigung vor Ablaufen der Anhörungsfristen** ausspricht, da in diesem Fall **noch keine abschließende Stellungnahme** des Betriebsrates vorliege[8].

132 Das BAG hat in diesem Zusammenhang eine Anhörung **ausnahmsweise dann als unwirksam** erachtet, wenn ein einzelnes Betriebsratsmitglied während der Anhörungsfrist nach der Mitteilung durch den Arbeitgeber sofort eine Stellungnahme zu der beabsichtigten Kündigung abgibt und der Arbeitgeber weiß oder nach den Umständen annehmen muss, dass der Betriebsrat sich noch nicht mit der Angelegenheit befasst hat[9]. Dies gilt selbst dann, wenn der Betriebsratsvorsitzende die Stellungnahme abgibt.

---

1 Vgl. GK-BetrVG/*Raab*, § 102 Rz. 98; *Fitting*, § 102 BetrVG Rz. 56.
2 Vgl. BAG 16.3.1978 – 2 AZR 424/76, AP Nr. 15 zu § 102 BetrVG 1972.
3 Vgl. BAG 28.2.1974 – 2 AZR 455/73, AP Nr. 2 zu § 102 BetrVG 1972; 18.9.1975 – 2 AZR 594/74, AP Nr. 6 zu § 102 BetrVG 1972; GK-BetrVG/*Raab*, § 102 Rz. 87; *Galperin/Löwisch*, § 102 BetrVG Rz. 49; *Fitting*, § 102 BetrVG Rz. 59.
4 Vgl. BAG 22.11.2012 – 2 AZR 732/11, EzA § 626 BGB 2002 Ausschlussfrist Nr. 2; 16.1.2003 – 2 AZR 707/01, AP Nr. 129 zu § 102 BetrVG 1972; 4.8.1975 – 2 AZR 266/74, AP Nr. 4 zu § 102 BetrVG 1972; 24.3.1977 – 2 AZR 289/76, AP Nr. 12 zu § 102 BetrVG 1972; *Fitting*, § 102 BetrVG Rz. 53; KR/*Etzel*, § 102 BetrVG Rz. 115; DKKW/*Bachner*, § 102 BetrVG Rz. 256; *Stahlhacke/Preis/Vossen*, Rz. 362; LAG Hamm 30.6.1994 – 4 Sa 75/94, LAGE § 102 BetrVG 1972 Nr. 43; BAG 20.12.1989 – 2 AZR194/89, nv.
5 Vgl. BAG 6.10.2005 – 2 AZR 316/04, AP Nr. 150 zu § 102 BetrVG 1972; 16.1.2003 – 2 AZR 707/01, AP Nr. 129 zu § 102 BetrVG 1972; aA *Griese* BB 1990, 1899 (1903 f.), wonach sich bereits Verstöße bei der Beschlussfassung des Betriebsrats zu Lasten des Arbeitgebers auswirken, wenn für diesen Anhaltspunkte für eine fehlerhafte Sachbehandlung bestanden.
6 BAG 24.6.2004 – 2 AZR 461/03, NZA 2004, 1330 (1333).
7 Vgl. BAG 22.11.2012 – 2 AZR 732/11, EzA § 626 BGB 2002 Ausschlussfrist Nr. 2; 6.10.2005 – 2 AZR 316/04, AP Nr. 150 zu § 120 BetrVG 1972; 16.1.2003 – 2 AZR 707/01, AP Nr. 129 zu § 102 BetrVG 1972.
8 Vgl. DKKW/*Bachner*, § 102 BetrVG Rz. 256; *Fitting*, § 102 BetrVG Rz. 54.
9 Vgl. BAG 28.2.1974 – 2 AZR 455/73, EzA § 102 BetrVG 1972 Nr. 8.

3. Bewusste Fehlinformation

Der Arbeitgeber genügt seiner Mitteilungspflicht, wenn er dem Betriebsrat alle die Umstände mitteilt, die aus seiner Sicht für den Kündigungsentschluss maßgeblich waren. Hat der Arbeitgeber **objektiv kündigungsrechtlich erhebliche Tatsachen** nicht mitgeteilt, führt dies nicht zur Fehlerhaftigkeit der Betriebsratsanhörung, sondern dazu, dass der Arbeitgeber diese Umstände im Kündigungsschutzprozess grundsätzlich nicht zur Begründung der Kündigung heranziehen kann (vgl. auch Rz. 37 und Rz. 127)[1]. Ein betriebsverfassungs- oder personalvertretungsrechtliches Verwertungsverbot für nicht mitgeteilte Kündigungsgründe erstreckt sich jedoch nicht auf deren Verwendung im Rahmen eines Auflösungsantrages gem. § 9 Abs. 1 Satz 2 KSchG[2]. Zur Unwirksamkeit des Anhörungsverfahrens kann die unvollständige oder unrichtige Mitteilung von Kündigungsgründen seitens des Arbeitgebers aber führen, wenn der Arbeitgeber eine **bewusst unrichtige oder unvollständige Sachdarstellung gegeben hat**[3]. Teilt der Arbeitgeber dem Betriebsrat bewusst wahrheitswidrig unrichtige Kündigungsgründe mit, so setzt er den Betriebsrat durch diese Irreführung außerstande, sich ein zutreffendes Bild von den Gründen für die Kündigung zu machen und entsprechend zu handeln. Eine entsprechende **Kündigung gem. § 102 Abs. 1 Satz 3 BetrVG ist ggf. unwirksam**[4]. Eine Irreführung des Betriebsrates kann **auch im Verschweigen wesentlicher Umstände** liegen. Ordnungsgemäß ist die Anhörung andererseits dann, wenn dem Betriebsrat ein Sachverhalt mitgeteilt wird, der nicht den tatsächlichen Gegebenheiten entspricht, den zu beurteilenden Sachverhalt in seiner Schwere und in seinen Wirkungen aber nicht verändert[5].

Hat der Arbeitgeber wesentliche Umstände nicht mitgeteilt, so trägt er die Beweislast für die nicht bewusste Irreführung des Betriebsrates[6].

Eine unwirksame Anhörung aufgrund bewusst fehlerhafter Mitteilung kann u.a. vorliegen,

- wenn der Arbeitgeber durch **unzutreffende Darstellung von Kalendertagen als Arbeitstagen** eine irrige Vorstellung beim Betriebsrat über den Umfang von Fehlzeiten erweckt[7];
- wenn der Arbeitgeber bei einer beabsichtigten Kündigung wegen längerer Fehlzeiten aufgrund einer **Untersuchungshaft** die Tatsache nicht mitteilt, dass die Untersuchungshaft bald aufgehoben wird[8];
- wenn der Arbeitgeber bei einer beabsichtigten **Kündigung wegen Minderleistung** dem Betriebsrat verschweigt, dass der Arbeitnehmer unter Vorlage eines die Min-

---

1 Vgl. BAG 7.11.2002 – 2 AZR 599/01, AP Nr. 40 zu § 1 KSchG 1969 – Krankheit; 8.9.1988 – 2 AZR 103/88, NZA 1989, 852; LAG Köln 7.8.1998 – 11 Sa 218/98, NZA-RR 2000, 32.
2 Vgl. BAG 10.10.2002 – 2 AZR 240/01, AP Nr. 45 zu § 9 KSchG 1969. Das BAG hält somit an seiner Rspr. 18.12.1980 – 2 AZR 1006/78, BAGE 34, 309, nicht mehr fest; ErfK/*Kania*, § 102 BetrVG Rz. 27.
3 Vgl. BAG 24.6.2004 – 2 AZR 461/03, NZA 2004, 1330; 7.11.2002 – 2 AZR 599/01, AP Nr. 40 zu § 1 KSchG 1969 – Krankheit; 11.7.1991 – 2 AZR 119/91, EzA § 102 BetrVG 1972 Nr. 81; 22.9.1994 – 2 AZR 31/94, AP Nr. 68 zu § 102 BetrVG 1972; LAG Schl.-Holst. 12.10.1987 – 5 Sa 459/87, BB 1987, 2300; *Bitter*, NZA Beilage 3/1991, 20; KR/*Etzel*, § 102 BetrVG Rz. 62; DKKW/*Bachner*, § 102 BetrVG Rz. 85.
4 Vgl. BAG 23.9.1992 – 2 AZR 63/92, EzA § 1 KSchG – Krankheit Nr. 37; 31.5.1990 – 2 AZR 78/89, RzK III 1a Nr. 45.
5 Vgl. LAG Schl.-Holst. 24.7.2001 – 1 Sa 78e/01, LAGE § 1 KSchG – Verhaltensbedingte Kündigung Nr. 78.
6 Vgl. BAG 26.1.1995 – 2 AZR 386/94, DB 1995, 1134, wo klargestellt wird, dass im Kündigungsschutzprozess der Kläger aber zunächst eine Abweichung rügen muss.
7 Vgl. BAG 31.5.1990 – 2 AZR 78/89, RzK III 1 a Nr 45.
8 Vgl. LAG Hamm 30.8.1984 – 10 Sa 2066/83, ARST 1986, 30.

derleistung als krankheitsbedingt darstellenden ärztlichen Attestes diese auf die konkreten Arbeitsbedingungen zurückführt und um einen anderen Arbeitsplatz gebeten hat[1];

– wenn der Arbeitgeber **personen- und verhaltensbedingte Gründe bewusst** unter den Oberbegriff „zu hohe Fehlzeiten" **vermengt**[2].

4. Nachschieben von Kündigungsgründen

135 Das Nachschieben von Kündigungsgründen, welche der Arbeitgeber dem Betriebsrat nicht nach § 102 BetrVG mitgeteilt hat, ist im Kündigungsprozess **grundsätzlich nicht möglich**. Soweit ein Betriebsrat besteht, kann der Arbeitgeber somit von der ansonsten für ihn bestehenden Möglichkeit, vor der Kündigung entstandene Gründe nachträglich vorzubringen, keinen Gebrauch machen. Die Anhörungspflicht des § 102 Abs. 1 BetrVG führt dazu, dass im nachfolgenden Kündigungsschutzprozess ein **Verwertungsverbot** bzgl. aller Kündigungsgründe besteht, die der Arbeitgeber dem Betriebsrat nicht mitgeteilt hat[3]. Wegen des Verwertungsverbots bzgl. nicht mitgeteilter Kündigungsgründe sollte der Arbeitgeber auch die ihn nur in zweiter Linie leitenden Gründe dem Betriebsrat mitteilen. Dies gilt ganz besonders im Verhältnis von der Tat- zur Verdachtskündigung[4].

Hat der Arbeitgeber im Anhörungsschreiben an den Betriebsrat angegeben, er beabsichtige eine Kündigung „aus verhaltensbedingten Gründen", so ist er im Kündigungsschutzprozess gehindert, die Kündigung auch auf personenbedingte Gründe zu stützen, selbst wenn er dem Betriebsrat auch die in der Vergangenheit liegenden Fehlzeiten mitgeteilt hatte[5]. Dies folgt daraus, dass das Rechtsinstitut einer personenbedingten Kündigung einen von der verhaltensbedingten Kündigung zu trennenden eigenständigen Kündigungsgrund darstellt.

136 Der Arbeitgeber kann selbst dann, wenn er dazu später den Betriebsrat zusätzlich anhört, keine Kündigungsgründe im Kündigungsschutzprozess nachschieben, von denen er bei der ersten Anhörung Kenntnis gehabt hat[6]. Andererseits kann der Arbeitgeber Tatsachen, die er dem Betriebsrat nicht mitgeteilt hat, jedenfalls dann in den Kündigungsprozess einführen, wenn sie dem Betriebsrat bekannt waren[7].

Lagen die nicht mitgeteilten Kündigungsgründe bei Ausspruch der Kündigung zwar vor, hat der Arbeitgeber von ihnen jedoch erst **nachträglich Kenntnis** erlangt, so kann er die Gründe im Kündigungsschutzprozess nachschieben, wenn er zuvor den Betriebsrat diesbezüglich ordnungsgemäß angehört hat[8]. Der Arbeitgeber trägt die **Darlegungs- und Beweislast** dafür, dass ihm die nachzuschiebenden Gründe bei Ausspruch der Kündigung nicht bekannt waren[9].

---

1 Vgl. LAG Hamm 5.12.1990 – 2 Sa 1063/90, LAGE § 102 BetrVG Nr. 27.
2 Vgl. BAG 23.9.1992 – 2 AZR 63/92, EzA § 1 KSchG Krankheit Nr. 37.
3 Vgl. BAG 8.9.1988 – 2 AZR 103/88, EzA § 102 BetrVG 1972 Nr. 73; 11.10.1989 – 2 AZR 61/89, EzA § 1 KSchG – Betriebsbedingte Kündigung Nr. 64; KR/*Etzel*, § 102 BetrVG Rz. 190b; *Stahlhacke/Preis/Vossen*, Rz. 353 ff.; DKKW/*Bachner*, § 102 BetrVG Rz. 126.
4 Vgl. LAG Köln 31.10.1997 – 11 (8) Sa 665/97, LAGE § 626 BGB – Verdacht strafbarer Handlung Nr. 7.
5 LAG Nürnberg 27.11.2013 – 8 Sa 89/13, EzA-SD 2014, Nr. 4, 4 (Nichtzulassungsbeschwerde eingelegt unter dem Aktenzeichen 7 AZN 74/14).
6 Vgl. BAG 11.4.1985 – 2 AZR 239/84, AP Nr. 39 zu § 102 BetrVG 1972; *Stahlhacke/Preis/Vossen*, Rz. 355.
7 Vgl. BAG 11.12.2003 – 2 AZR 536/02, EzA-SD 2004, Nr. 7, 10.
8 Vgl. BAG 11.4.1985 – 2 AZR 239/84, AP Nr. 39 zu § 102 BetrVG 1972; *Stahlhacke/Preis/Vossen*, Rz. 356.
9 Vgl. BAG 11.4.1985 – 2 AZR 239/84, NZA 1986, 674.

⊃ **Hinweis:** Aufgrund dieser Beweislage ist dem Arbeitgeber zu empfehlen, im Falle eines nachträglichen Bekanntwerdens von Kündigungsgründen den Betriebsrat auch im Hinblick auf eine vorsorgliche weitere Kündigung anzuhören.

Vom Nachschieben von Kündigungsgründen zu unterscheiden ist **die bloße Substantiierung** bereits genannter Kündigungsgründe. Stellen die weiteren Tatsachen nur eine **Ergänzung oder Konkretisierung** des mitgeteilten Sachverhalts dar und geben sie nicht dem bisherigen Vortrag bzw. Sachverhalt erst das Gewicht eines kündigungsrechtlich erheblichen Grundes, so ist die Ergänzung zulässig[1]. Solange sich der maßgebende Kündigungssachverhalt im Kern nicht durch die nachträglichen Ergänzungen und Konkretisierungen ändert, bedarf es auch keiner erneuten Anhörung des Betriebsrats[2]. Dem Arbeitgeber wird jedoch zu raten sein, auch die seiner Ansicht nach lediglich ergänzenden Tatsachen dem Betriebsrat mitzuteilen, da hier ein **enger Überprüfungsmaßstab** gilt[3]. Aber auch Elemente der Schlussfolgerung oder Prognose können als nicht mehr einzuführende Gründe gelten: Umfasst der dem Betriebsrat gem. § 102 Abs. 1 BetrVG mitgeteilte Kündigungsgrund – so bei der Kündigung wegen lang anhaltender Krankheit – neben dem aus Einzeltatsachen bestehenden Lebenssachverhalt auch Elemente der Prognose oder Schlussfolgerung, so können im Kündigungsschutzprozess andere oder weiter gehende Schlussfolgerungen, als sie dem Betriebsrat genannt worden sind, keine Berücksichtigung finden[4]. 137

VI. Vorläufige Weiterbeschäftigung

1. Allgemeine Grundsätze

Hat der Betriebsrat einer ordentlichen Kündigung nach Maßgabe von § 102 Abs. 3 BetrVG ordnungsgemäß widersprochen, besteht gem. § 102 Abs. 5 BetrVG ein Recht des betroffenen Arbeitnehmers, nach Erhebung der Kündigungsschutzklage seine Weiterbeschäftigung auch nach Ablauf der Kündigungsfrist bis zum rechtskräftigen Abschluss des Kündigungsschutzprozesses zu verlangen. Der Beschäftigungsanspruch besteht **unabhängig von der Unwirksamkeit der Kündigung**. Obsiegt der Arbeitnehmer im Kündigungsschutzprozess, besteht das bisherige Arbeitsverhältnis nahtlos fort. **Verliert der Arbeitnehmer den Prozess, so bestand vom Ablauf der Kündigungsfrist an ein besonderes gesetzliches Beschäftigungsverhältnis**, welches durch die Rechtskraft des Urteils auflösend bedingt ist[5]. 138

Ein Weiterbeschäftigungsanspruch des Arbeitnehmers nach § 102 Abs. 5 BetrVG besteht aber dann nicht, wenn eine außerordentliche Kündigung zugleich mit der ordentlichen Kündigung ausgesprochen wird[6]. 139

---

1 Vgl. BAG 11.4.1985 – 2 AZR 239/84, NZA 1986, 674; 18.12.1980 – 2 AZR 1006/78, EzA § 102 BetrVG 1972 Nr. 44; *Stahlhacke/Preis/Vossen*, Rz. 353; DKKW/*Bachner*, § 102 BetrVG Rz. 127.
2 Vgl. BAG 6.10.2005 – 2 AZR 280/04, DB 2006, 675 f. mwN.
3 Vgl. *Moll*, Anm. zu BAG 29.3.1984 – 2 AZR 429/83, EzA § 102 BetrVG 1972 Nr. 55.
4 Vgl. LAG Hess. 18.6.1997 – 8 Sa 977/96, LAGE § 102 BetrVG 1972 Nr. 61; LAG Hamm 17.11.1997 – 8 Sa 467/97, LAGE § 102 BetrVG 1972 Nr. 63.
5 Vgl. BAG 13.11.1975 – 2 AZR 610/74, AP Nr. 7 zu § 102 BetrVG 1972; 15.3.2001 – 2 AZR 141/00, AP Nr. 46 zu § 4 KSchG 1969; 9.7.2003 – 5 AZR 305/02, AP Nr. 14 zu § 102 BetrVG 1972 – Weiterbeschäftigung; 11.5.2000 – 2 AZR 54/99, AP Nr. 13 zu § 102 BetrVG 1972 – Weiterbeschäftigung; *Galperin/Löwisch*, § 102 BetrVG Rz. 97; HWGNRH/*Huke*, § 102 BetrVG Rz. 173; *Lepke*, DB 1975, 499; *Fitting*, § 102 BetrVG Rz. 103; anders KR/*Etzel*, § 102 BetrVG Rz. 215: Fortbestehen des bisherigen Arbeitsverhältnisses; vgl. ferner zum Weiterbeschäftigungsanspruch *Pallasch*, BB 1993, 2225; *Künzl*, ArbuR 1993, 389.
6 Vgl. Richardi/*Thüsing*, § 102 BetrVG Rz. 209; *Galperin/Löwisch*, § 102 BetrVG Rz. 106; KR/*Etzel*, § 102 BetrVG Rz. 198; aA DKKW/*Bachner*, § 102 BetrVG Rz. 278; *Fitting*, § 102 BetrVG Rz. 104 mwN.

140 Ein **allgemeiner Weiterbeschäftigungsanspruch** kann allerdings auch gegeben sein, wenn die Voraussetzungen des § 102 Abs. 5 BetrVG nicht vorliegen. Nach dem grundlegenden Beschluss des Großen Senats des BAG ist dies dann der Fall, wenn die Kündigung offensichtlich unwirksam ist oder der Arbeitnehmer in der ersten Instanz vor dem Arbeitsgericht ein obsiegendes Urteil erstritten hat[1]. **Offensichtlich unwirksam** ist die Kündigung dann, wenn sich dies geradezu aufdrängen muss, mit anderen Worten: die Unwirksamkeit der Kündigung ohne jeden vernünftigen Zweifel in rechtlicher und tatsächlicher Hinsicht offen zutage tritt[2].

2. Voraussetzungen des Weiterbeschäftigungsanspruchs

141 Der Anspruch auf vorläufige Weiterbeschäftigung gem. § 102 Abs. 5 BetrVG ist gegeben, wenn
– ein auf die Gründe des § 102 Abs. 3 BetrVG form- und fristgerecht erklärter **Widerspruch des Betriebsrats** gegen die Kündigung vorliegt
– und der Arbeitnehmer binnen drei Wochen nach der Kündigung gem. § 4 KSchG **Klage** mit dem Antrag erhoben hat festzustellen, dass das Arbeitsverhältnis durch die Kündigung nicht aufgelöst worden ist
– und der Arbeitnehmer neben der Erhebung der Kündigungsschutzklage ausdrücklich seine **vorläufige Weiterbeschäftigung verlangt**.

142 Fällt der Arbeitnehmer **nicht in den Anwendungsbereich des KSchG**, kommt ein Weiterbeschäftigungsanspruch aus § 102 Abs. 5 BetrVG nicht in Betracht[3].

143 Durch eine Vereinbarung zwischen Arbeitgeber und Arbeitnehmer kann der Weiterbeschäftigungsanspruch im Voraus nicht **abbedungen** werden. Er kann auch nicht durch Betriebsvereinbarung ausgeschlossen werden[4].

144 Ob bei einer **verspätet eingereichten Kündigungsschutzklage** der Weiterbeschäftigungsanspruch bereits bis zur Entscheidung des Arbeitsgerichts über den Antrag auf nachträgliche Zulassung der Klage nach § 5 KSchG besteht oder erst vom Zeitpunkt des in Rechtskraft erwachsenen Beschlusses über die Zulassung der verspäteten Klage an, wird unterschiedlich beurteilt[5].

145 Der Weiterbeschäftigungsanspruch führt dazu, dass der Arbeitnehmer zu **unveränderten Arbeitsbedingungen** weiterzubeschäftigen ist. Dazu gehört sowohl die **tatsächliche Weiterbeschäftigung** des Arbeitnehmers im Betrieb wie bisher[6] als auch die **Fort-**

---

1 Vgl. BAG (GS) 27.2.1985 – GS 1/84, EzA § 611 BGB – Beschäftigungspflicht Nr. 9.
2 Vgl. BAG (GS) 27.2.1985 – GS 1/84, EzA § 611 BGB – Beschäftigungspflicht Nr. 9; zum allgemeinen Weiterbeschäftigungsanspruch: *Stahlhacke/Preis/Vossen*, Rz. 2116 ff.; *Hoyningen-Huene/Linck/Linck*, § 4 KSchG Rz. 149 ff.; *Dütz*, NZA 1986, 209; *Pohle*, ArbuR 1986, 233; DKKW/*Bachner*, § 102 BetrVG Rz. 271 mwN.
3 DKKW/*Bachner*, § 102 BetrVG Rz. 284; *Fitting*, § 102 BetrVG Rz. 107; aA KR/*Etzel*, § 102 BetrVG Rz. 205a im Hinblick auf die seit 1.1.2004 geltende Fassung des § 4 KSchG, wonach der Weiterbeschäftigungsanspruch grundsätzlich auch für Arbeitnehmer außerhalb des Kündigungsschutzgesetzes zu bejahen sei, wobei allerdings dem Arbeitgeber im Allgemeinen der Entbindungsgrund des § 102 Abs. 5 Satz 2 Nr. 1 BetrVG zur Seite stehen dürfte, wenn er eine einstweilige Verfügung zur Entbindung von der Verpflichtung zur Weiterbeschäftigung gem. § 102 Abs. 5 Satz 2 BetrVG beantragt.
4 Vgl. KR/*Etzel*, § 102 BetrVG Rz. 194a; DKKW/*Bachner*, § 102 BetrVG Rz. 274f.; LAG Düsseldorf 30.8.1977 – 8 Sa 505/77, DB 1977, 2383.
5 Im letzteren Sinne Richardi/*Thüsing*, § 102 BetrVG Rz. 217; KR/*Etzel*, § 102 BetrVG Rz. 207; GK-BetrVG/*Raab*, § 102 Rz. 190; *Schaub*, NJW 1981, 1807; *Heinze*, Rz. 594; im ersteren Sinne *Weiss/Weyand*, § 102 BetrVG Rz. 42; *Fitting*, § 102 BetrVG Rz. 109; DKKW/*Bachner*, § 102 BetrVG Rz. 287, der die Schlüssigkeit des Zulassungsantrags nach § 5 KSchG für entscheidend hält.
6 Vgl. BAG 26.5.1977 – 2 AZR 632/76, AP Nr. 5 zu § 611 BGB – Beschäftigungspflicht.

zahlung des bisherigen Arbeitsentgelts. Fortzuzahlen sind dabei insbesondere die Beiträge zur Sozialversicherung sowie zu den Unterstützungskassen und zwischenzeitlich gewährte allgemeine Lohnerhöhungen. Nicht unter die Fortzahlungspflicht fallen jedoch erst entstehende Leistungen, die an eine ununterbrochene Betriebszugehörigkeit anknüpfen, wie Gratifikationen, Jubiläumsgelder, Ruhegeld.

Unterliegt der Arbeitnehmer im Kündigungsschutzprozess, so erfolgt **keine Anrechnung** der Zeit der vorläufigen Weiterbeschäftigung **auf die Dauer der Betriebszugehörigkeit**, was erhebliche Bedeutung für die Frage der Unkündbarkeit gewinnen kann[1]. 146

Kommt der Arbeitgeber seiner Verpflichtung zur vorläufigen Weiterbeschäftigung des Arbeitnehmers nicht nach, steht dem Arbeitnehmer zur **Durchsetzung seines Anspruchs** sowohl die Möglichkeit einer Klage als auch einer einstweiligen Verfügung offen[2]. Bei der einstweiligen Verfügung genügt als **Verfügungsgrund**, wenn der Arbeitnehmer eine vorgesehene Neubesetzung seines Arbeitsplatzes durch einen anderen Arbeitnehmer glaubhaft macht[3]. Ein **Verfügungsanspruch** ist gegeben, wenn die Voraussetzungen des Weiterbeschäftigungsanspruchs vorliegen. 147

3. Beendigung der Weiterbeschäftigungspflicht

Der Anspruch auf vorläufige Weiterbeschäftigung entfällt, wenn der Arbeitnehmer die Kündigungsschutzklage **zurücknimmt** oder nunmehr **seinerseits kündigt**. Der Anspruch entfällt auch dann, wenn die **Kündigungsfrist einer weiteren ordentlichen Kündigung**, der der Betriebsrat nicht widersprochen hat, abläuft bzw. der Arbeitnehmer dagegen keine Kündigungsschutzklage erhebt[4]. Der Weiterbeschäftigungsanspruch endet des Weiteren auch zu dem Zeitpunkt, in dem die Kündigungsschutzklage des Arbeitnehmers **rechtskräftig abgewiesen** worden ist. Gem. § 102 Abs. 5 Satz 2 BetrVG besteht ein Weiterbeschäftigungsanspruch des Arbeitnehmers dann nicht, wenn er aufgrund einer einstweiligen Verfügung des Arbeitgebers **von der Weiterbeschäftigungspflicht entbunden** wurde[5]. 148

VII. Erweiterung der Mitbestimmungsrechte

Gem. § 102 Abs. 6 BetrVG können Arbeitgeber und Betriebsrat vereinbaren, dass für eine wirksame Kündigung neben der Anhörung des Betriebsrates auch dessen Zustimmung erforderlich ist[6]. Eine derartige Vereinbarung bedarf einer **formellen Betriebsvereinbarung**, somit auch der Unterschrift sowohl des Arbeitgebers als auch des Be- 149

---

1 Vgl. *Fitting*, § 102 BetrVG Rz. 115; aA DKKW/*Bachner*, § 102 BetrVG Rz. 303 mwN; vertiefend zu den geltenden Arbeitsbedingungen vgl. DKKW/*Bachner*, § 102 BetrVG Rz. 302; *Fitting*, § 102 BetrVG Rz. 114.
2 Vgl. LAG Nürnberg 27.10.1992 – 6 Sa 496/92, BB 1993, 444; LAG Düsseldorf 25.1.1993 – 19 Sa 1650/92, DB 1993, 1680; DKKW/*Bachner*, § 102 BetrVG Rz. 294 ff.; GK-BetrVG/*Raab*, § 102 Rz. 203 f.; KR/*Etzel*, § 102 BetrVG Rz. 222; *Brox*, FS BAG, 1979, S. 52; Richardi/*Thüsing*, § 102 BetrVG Rz. 239; *Fitting*, § 102 BetrVG Rz. 116; ausführlich zur einstweiligen Verfügung LAG München 10.2.1994 – 5 Sa 969/93, NZA 1994, 997; LAG Hess. 27.11.1992 – 9 Ta 376/92, BB 1993, 1740; zu den Anforderungen an die Bestimmtheit des Weiterbeschäftigungsurteils als Vollstreckungstitel LAG Berlin 8.1.1993 – 12 Ta 17/92, BB 1993, 732.
3 Vgl. LAG Köln 2.8.1984 – 5 Ta 133/84, NZA 1984, 300.
4 Vgl. Richardi/*Thüsing*, § 102 BetrVG Rz. 237; DKKW/*Bachner*, § 102 BetrVG Rz. 337, 306; LAG Düsseldorf 19.8.1977 – 16 Sa 471/77, DB 1977, 1952.
5 Zur Entbindung von der Weiterbeschäftigungspflicht nach § 102 Abs. 5 Satz 2 Nr. 2 BetrVG *Rieble*, BB 2003, 844.
6 Vgl. BAG 21.6.2000 – 4 AZR 379/99, AP Nr. 121 zu § 102 BetrVG 1972.

triebsrates¹. Eine entsprechende Regelung kann auch durch **Tarifvertrag** getroffen werden². Die Vereinbarung eines Zustimmungserfordernisses nach § 102 Abs. 6 BetrVG ist sowohl für die ordentliche wie auch für die außerordentliche Kündigung möglich³.

150 Im Fall einer **außerordentlichen Kündigung** gilt die materielle Ausschlussfrist des § 626 Abs. 2 Satz 1 BGB mit folgender Maßgabe: Innerhalb der Zwei-Wochen-Frist muss der Arbeitgeber nicht nur um die Zustimmung des Betriebsrates nachsuchen, sondern auch die Ersetzung der Zustimmung beim Arbeitsgericht bzw. bei der Einigungsstelle beantragen, falls der Betriebsrat die Zustimmung nicht erteilt⁴. Verweigert der Betriebsrat die Zustimmung, so muss der Arbeitgeber die Kündigung nach Ersetzen der Zustimmung durch die Einigungsstelle bzw. nach Rechtskraft einer die Zustimmung ersetzenden gerichtlichen Entscheidung unverzüglich erklären⁵. Zu beachten ist jedoch, dass die Erweiterung der Mitbestimmungsrechte des Betriebsrates zur Folge hat, dass ein **Widerspruchsrecht** des Betriebsrates nach § 102 Abs. 3 BetrVG und eine **Weiterbeschäftigungspflicht** nach Abs. 5 **entfällt**, da die nach Abs. 6 getroffene Regelung an deren Stelle tritt⁶.

151 Eine Vereinbarung gem. § 102 Abs. 6 BetrVG ist bzgl. der **Kündigung von Betriebsratsmitgliedern** im Hinblick auf die zwingenden Sondervorschriften der §§ 15 Abs. 1 KSchG und 103 BetrVG nicht möglich⁷.

152 Verweigert der Betriebsrat die Zustimmung, so ist die **Entscheidung der Einigungsstelle bzw. des Arbeitsgerichts** herbeizuführen⁸. Dabei können Betriebsrat und Arbeitgeber auch vereinbaren, dass über die Ersetzung der Zustimmung allein das Arbeitsgericht zu entscheiden hat, die Einigungsstelle also nicht eingeschaltet wird⁹. Eine Kündigung ohne die erforderliche Zustimmung des Betriebsrates bzw. deren Ersetzung durch die Einigungsstelle bzw. das Arbeitsgericht ist unwirksam; wird die Zustimmung des Betriebsrates ersetzt, so ist die Kündigung durch den Arbeitgeber nunmehr möglich¹⁰. Im Verfahren vor der Einigungsstelle ist der betroffene Arbeitnehmer

---

1 Vgl. BAG 14.2.1978 – 1 AZR 154/76, EzA § 102 BetrVG 1972 Nr. 33; *Matthes*, FS Schwerdtner, 2003, S. 331; *Fitting*, § 102 BetrVG Rz. 124; *Richardi/Thüsing*, § 102 BetrVG Rz. 283, 287f.; DKKW/*Bachner*, § 102 BetrVG Rz. 338; HaKo-BetrVG/*Braasch*, § 102 Rz. 136.
2 Vgl. BAG 13.11.1987 – 7 AZR 550/86, AP Nr. 61 zu § 37 BetrVG 1972; 10.2.1988 – 1 ABR 70/86, AP Nr. 53 zu § 99 BetrVG 1972; *Fitting*, § 102 BetrVG Rz. 132; KR/*Etzel*, § 102 BetrVG Rz. 244; GK-BetrVG/*Raab*, § 102 Rz. 219; DKKW/*Bachner*, § 102 BetrVG Rz. 348; kritisch *Richardi/Thüsing*, § 102 BetrVG Rz. 305; aA HWGNRH/*Huke*, § 102 BetrVG Rz 213.
3 Vgl. *Stahlhacke/Preis/Vossen*, Rz. 389; *Galperin/Löwisch*, § 102 BetrVG Rz. 136; GK-BetrVG/*Raab*, § 102 Rz. 216; DKKW/*Bachner*, § 102 BetrVG Rz. 343.
4 Vgl. KR/*Etzel*, § 102 BetrVG Rz. 263.
5 Vgl. *Stahlhacke/Preis/Vossen*, Rz. 391; ebenso im vergleichbaren Fall des § 103 BetrVG BAG 20.3.1975 – 2 ABR 111/74, AP Nr. 2 zu § 103 BetrVG 1972; 25.1.1979 – 2 AZR 983/77, AP Nr. 12 zu § 103 BetrVG 1972; DKKW/*Bachner*, § 103 BetrVG Rz. 53; KR/*Etzel*, § 102 BetrVG Rz. 263; GK-BetrVG/*Raab*, § 102 Rz. 221; aA *Fitting*, § 102 BetrVG Rz. 124, wonach die Zwei-Wochen-Frist erst ab dann läuft, wenn der Arbeitgeber kündigen kann.
6 BAG 7.12.2000 – 2 AZR 391/99, AP Nr. 113 zu § 1 KSchG 1969 – Betriebsbedingte Kündigung; *Fitting*, § 102 BetrVG Rz. 125; KR/*Etzel*, § 102 BetrVG Rz. 248, 251; *Galperin/Löwisch*, § 102 BetrVG Rz. 133; HWGNRH/*Huke*, § 102 BetrVG Rz. 211; aA DKKW/*Bachner*, § 102 BetrVG Rz. 346.
7 Vgl. *Fitting*, § 102 BetrVG Rz. 124; HWGNRH/*Huke*, § 102 BetrVG Rz. 208.
8 Vgl. *Hanau*, BB 1971, 490; *Adomeit*, DB 1971, 2363; *Gumpert*, BB 1972, 48; GK-BetrVG/*Raab*, § 102 Rz. 227; KR/*Etzel*, § 102 BetrVG Rz. 252, 256f.; *Richardi/Thüsing*, § 102 BetrVG Rz. 292ff., 298.
9 BAG 21.6.2000 – 4 AZR 379/99, AP Nr. 121 zu § 102 BetrVG 1972; GK-BetrVG/*Raab*, § 102 Rz. 227; KR/*Etzel*, § 102 BetrVG Rz. 256; *Richardi/Thüsing*, § 102 BetrVG Rz. 294; aA *Fitting*, § 102 BetrVG Rz. 126.
10 Vgl. *Fitting*, § 102 BetrVG Rz. 126.

ebenso wenig hinzuzuziehen, wie er gegen die Erteilung der Zustimmung durch den Betriebsrat gerichtlich vorgehen kann[1].

Gem. § 2a ArbGG unterliegt die Entscheidung der Einigungsstelle der **Überprüfung durch das Arbeitsgericht**, soweit Rechtsverstöße in Frage stehen[2]. Im Beschlussverfahren zur Überprüfung der Entscheidung der Einigungsstelle ist der betroffene Arbeitnehmer Beteiligter iSv. § 83 ArbGG[3]. 153

VIII. Weitere Mitwirkungserfordernisse

§ 102 Abs. 7 BetrVG stellt klar, dass die Beteiligungsrechte des Betriebsrates nach dem KSchG durch das Anhörungsverfahren nach § 102 BetrVG unberührt bleiben. 154

Mitwirkungsrechte des Betriebsrats nach dem KSchG sind sowohl in § 3 wie auch in § 17 Abs. 1 KSchG geregelt. Im Falle einer beabsichtigten Einzelkündigung besteht gem. § 3 KSchG für den betroffenen Arbeitnehmer die Möglichkeit, binnen einer Woche nach der Kündigung Einspruch beim Betriebsrat einzulegen, welcher sodann zu versuchen hat, eine Verständigung mit dem Arbeitgeber herbeizuführen, soweit er den Einspruch für begründet erachtet. Gem. § 3 Satz 2 KSchG hat der Betriebsrat seine Stellungnahme zu dem Einspruch auf Verlangen des Arbeitnehmers oder Arbeitgebers diesen schriftlich mitzuteilen. Liegt die schriftliche Stellungnahme des Betriebsrates vor, so soll der Arbeitnehmer sie seiner gegen die Kündigung erhobenen Klage beifügen (vgl. § 4 Satz 3 KSchG). Die Anrufung des Betriebsrates ist **nicht obligatorisch** und auch keine Prozessvoraussetzung für den Kündigungsschutzprozess[4]. 155

Eine Verpflichtung zur Beteiligung des Betriebsrates besteht gem. § 17 Abs. 2 KSchG bei **Massenentlassungen** unter den Voraussetzungen von § 17 Abs. 1 KSchG. Vor der gem. § 17 Abs. 1 KSchG erforderlichen Anzeige an die Agentur für Arbeit muss der Arbeitgeber zunächst den Betriebsrat gem. § 17 Abs. 2 KSchG rechtzeitig über die Gründe für die Entlassung, die Zahl der zu entlassenden Arbeitnehmer, die Zahl der in der Regel beschäftigten Arbeitnehmer und den Zeitraum, in dem die Entlassungen vorgenommen werden sollen, **schriftlich** unterrichten sowie weitere zweckdienliche Auskünfte erteilen. 156

Über die bloße Mitteilungspflicht hinaus haben Arbeitgeber und Betriebsrat insbesondere die Möglichkeit, sich zu beraten, um Entlassungen zu vermeiden oder einzuschränken und ihre Folgen zu mindern (vgl. § 17 Abs. 2 Satz 2 KSchG). Eine **Verbindung** der Unterrichtung nach § 17 Abs. 2 KSchG mit der Betriebsratsanhörung nach § 102 Abs. 1 BetrVG ist möglich[5]. 157

Die Anzeige an die Agentur für Arbeit ist schriftlich unter Beifügung der Stellungnahme des Betriebsrates zu erstatten (§ 17 Abs. 3 Satz 2 KSchG). Erfolgt die Zuleitung der Stellungnahme an die Agentur für Arbeit nicht, so liegt **keine wirksame Anzeige** vor, es sei denn, die Mitteilung der Stellungnahme ist gem. § 17 Abs. 3 Satz 3 KSchG 158

---

1 Vgl. *Fitting*, § 102 BetrVG Rz. 128; *Galperin/Löwisch*, § 102 BetrVG Rz. 134; DKKW/*Bachner*, § 102 BetrVG Rz. 349; zur Klagemöglichkeit des betroffenen Arbeitnehmers gegen die Kündigung sowie zur diesbezüglichen Auswirkung des vorhergehenden Beschlussverfahrens vgl. BAG 24.4.1975 – 2 AZR 118/74, AP Nr. 3 zu § 103 BetrVG 1972; *Fitting*, § 102 BetrVG Rz. 128 mwN.
2 Vgl. BAG 11.7.1958 – 1 AZR 366/55, AP Nr. 27 zu § 626 BGB; *Fitting*, § 102 BetrVG Rz. 127.
3 Vgl. DKKW/*Bachner*, § 102 BetrVG Rz. 349; *Galperin/Löwisch*, § 102 BetrVG Rz. 134; *Fitting*, § 102 BetrVG Rz. 128; HaKo-BetrVG/*Braasch*, Rz. 143; aA GK-BetrVG/*Raab*, § 102 Rz. 230; KR/*Etzel*, § 102 BetrVG Rz. 261.
4 Näher zu § 3 KSchG *Heinze*, Rz. 510 ff.
5 Vgl. BAG 14.8.1986 – 2 AZR 561/85, AP Nr. 43 zu § 102 BetrVG 1972; DKKW/*Bachner*, § 102 BetrVG Rz. 351; *Fitting*, § 102 BetrVG Rz. 134 ff.

ausnahmsweise unter den dort genannten Voraussetzungen entbehrlich. Auf eine unwirksame Anzeige an die Agentur für Arbeit kann sich jeder von einer Kündigung betroffene Arbeitnehmer erfolgreich berufen, selbst wenn eine nach § 102 BetrVG ordnungsgemäße Anhörung vorliegt[1].

159 Der durch Art. 5 EG-Anpassungsgesetz vom 20.7.1995[2] eingefügte § 17 Abs. 3a KSchG bestimmt, dass die Mitteilungs- und Anzeigepflichten den Arbeitgeber auch dann treffen, wenn die Entscheidung über die Massenentlassung nicht von dem Arbeitgeber selbst, sondern von einem diesen **beherrschenden Unternehmen** getroffen worden ist.

160–162 Einstweilen frei.

163 Im Übrigen sind folgende Mitwirkungsrechte des Betriebsrates zu beachten:
– Ist die **Abberufung eines Betriebsarztes** beabsichtigt, so bedarf dies gem. § 9 Abs. 3 ASiG der Zustimmung des Betriebsrates[3].
– Für die Beteiligung des Betriebsrates bei Entlassung von **Beamten auf Probe oder auf Widerruf**, bei **vorzeitiger Versetzung in den Ruhestand** oder vor fristloser Entlassung und außerordentlicher Kündigung in **Postunternehmen** vgl. § 28 PostpersonalrechtsG iVm. § 78 Abs. 1 Nr. 4, 5 und § 79 Abs. 3 BPersVG[4].
– Die Beteiligung des **Sprecherausschusses der leitenden Angestellten** vor einer beabsichtigten Kündigung ist in § 31 SprAuG geregelt[5].

IX. Zustimmungserfordernis nach § 103 BetrVG

1. Allgemeine Grundsätze

164 Ergänzend zu der Regelung des § 78 BetrVG erweitert § 103 BetrVG ebenso wie §§ 15 und 16 KSchG den Kündigungsschutz für den dort genannten Personenkreis.

Ziel dieser Regelung ist es, die Wahl der Betriebsverfassungsorgane und die Kontinuität ihrer Arbeit zu sichern. Der Arbeitgeber soll daran gehindert werden, bei einer groben Amtspflichtverletzung durch eine unter § 103 BetrVG fallende Person die außerordentliche Kündigung des Arbeitsverhältnisses auszusprechen, anstatt die hierfür vorgesehene Maßnahme des Ausschlussverfahrens gem. § 23 BetrVG zu ergreifen. Um nicht eine möglicherweise unbequeme Amtsführung eines betroffenen Arbeitnehmers unter dem angeblichen Grund arbeitsvertraglicher Verfehlung zum Gegenstand einer außerordentlichen Kündigung machen zu können, bedarf die fristlose Kündigung in einem solchen Fall der **vorherigen Zustimmung des Betriebsrates** gem. § 103 Abs. 1 BetrVG. Hinsichtlich des erforderlichen Anhörungsverfahrens und der Anforderungen an die Mitteilungspflichten des Arbeitgebers gelten in diesem Zusammenhang die gleichen Grundsätze wie im Rahmen von § 102 BetrVG[6].

165 Erteilt der Betriebsrat die erforderliche Zustimmung nicht, kann der Arbeitgeber unter den Voraussetzungen des § 103 Abs. 2 BetrVG die **Ersetzung der Zustimmung**

---

1 Vgl. BAG 6.12.1973 – 2 AZR 10/73, AP Nr. 1 zu § 17 KSchG 1969; *Fitting*, § 102 BetrVG Rz. 134 ff.
2 Vgl. BGBl. I 1995, 946 (948).
3 Vgl. zur Unwirksamkeit einer Kündigung bei fehlender und nicht ersetzter Zustimmung des Betriebsrates nach § 9 Abs. 3 ASiG, wenn diese auf Gründe gestützt wird, die sachlich mit der Tätigkeit als Betriebsarzt im untrennbaren Zusammenhang stehen, BAG 24.3.1988 – 2 AZR 369/87, NZA 1989, 60 ff.
4 Vgl. im Einzelnen *Fitting*, § 102 BetrVG Rz. 137.
5 Vgl. im Einzelnen *Stahlhacke/Preis/Vossen*, Rz. 393 ff. mwN.
6 Vgl. BAG 18.8.1977 – 2 ABR 19/77, EzA § 103 BetrVG 1972 Nr. 20; DKKW/*Bachner*, § 103 BetrVG Rz. 29.

durch das Arbeitsgericht beantragen. Der besondere Kündigungsschutz der Amtsträger soll nicht so weit gehen, dass dem Arbeitgeber die Kündigung auch bei groben Arbeitsvertragsverletzungen durch **grundlose Verweigerung** der Zustimmung seitens des Betriebsrates unmöglich gemacht wird[1].

2. Geschützter Personenkreis

Vom besonderen Schutz des § 103 BetrVG erfasst sind die Mitglieder des Betriebsrates, der Jugend- und Auszubildendenvertretung, der Bordvertretung und des Seebetriebsrates, des Wahlvorstands sowie die Wahlbewerber. Darüber hinaus fallen auch die Mitglieder einer nach § 3 Abs. 1 Nr. 3 BetrVG durch Tarifvertrag bestimmten anderen Arbeitnehmervertretung unter den besonderen Kündigungsschutz, da sie die Stelle von Betriebsratsmitgliedern einnehmen[2]. **166**

§ 103 BetrVG findet ebenfalls Anwendung auf die Mitglieder der **Schwerbehinderten- und Gesamtschwerbehindertenvertretung** (§ 96 Abs. 3 SGB IX) sowie die Wahlbewerber für diese Ämter (§ 94 Abs. 6 Satz 2 SGB IX). Auch die in **Heimarbeit** beschäftigten Arbeitnehmer gehören zum geschützten Personenkreis, wenn sie eine in § 29a HAG geregelte betriebsverfassungsrechtliche Funktion ausüben. **Ersatzmitglieder des Betriebsrates** oder anderer in § 103 BetrVG genannter betriebsverfassungsrechtlicher Organe gehören nur dann zu dem von § 103 BetrVG geschützten Personenkreis, wenn sie aufgrund eines ausgeschiedenen oder vorübergehend verhinderten Mitglieds in das entsprechende Organ nachrücken. **167**

Der besondere Kündigungsschutz entfällt bei allen in **nichtiger oder erfolgreich angefochtener Wahl** bestimmten Organmitgliedern[3]. Der Arbeitgeber ist nun berechtigt, die Kündigung ohne Zustimmung des Betriebsrats nach § 103 BetrVG auszusprechen. Als Beendigung des Amtes ist es jedoch nicht anzusehen, wenn sich an das Ende der Amtszeit, in der ein Antrag nach § 103 Abs. 2 BetrVG gestellt wurde, ohne Unterbrechung eine neue Amtszeit des Betriebsratsmitglieds anschließt. In diesem Fall gilt die Zustimmungsverweigerung durch den Betriebsrat fort. Das Zustimmungsersetzungsverfahren erledigt sich nicht, sondern kann weitergeführt werden[4]. **168**

Die Kündigung eines als **Tendenzträger** iSd. § 118 BetrVG beschäftigten Betriebsratsmitglieds aus **tendenzbezogenen Gründen** fällt **nicht** in den **Schutzbereich** des § 103 BetrVG; eine Zustimmung des Betriebsrats ist insoweit nicht erforderlich. Der Betriebsrat ist **gleichwohl** nach § 102 BetrVG anzuhören[5]. Weiterhin sind von § 103 BetrVG **nicht erfasst** nicht amtierende Ersatzmitglieder des Betriebsrates, Vertretungen nach § 3 Abs. 1 Nr. 5 BetrVG, Mitglieder der Einigungsstelle, Mitglieder einer tariflichen Schlichtungsstelle gem. § 76 Abs. 8 BetrVG, einer betrieblichen Beschwerdestelle nach § 86 BetrVG sowie des Wirtschaftsausschusses[6]. Der vorgenannte Personenkreis unterliegt jedoch dem **Schutz des** § 78 BetrVG. Für den Fall einer Kündigung wegen betriebsverfassungsrechtlicher Betätigung besteht danach ein so genann- **169**

---

1 Vgl. zusammenfassend *Lepke*, BB 1973, 894; *Weisemann*, DB 1974, 2476.
2 Vgl. Richardi/*Thüsing*, § 103 BetrVG Rz. 5; *Fitting*, § 103 BetrVG Rz. 5; DKKW/*Bachner*, § 103 BetrVG Rz. 10; HaKo-BetrVG/*Kloppenburg*, § 103 Rz. 3.
3 Vgl. BAG 7.5.1986 – 2 AZR 349/85, AP Nr. 18 zu § 15 KSchG 1969; s. dazu auch die – unter Aufgabe der früheren Rspr. des 1. Senats – neue Rspr. des nunmehr für die Feststellung der Unwirksamkeit der Betriebsratswahl zuständigen 7. Senats des BAG 19.11.2003 – 7 ABR 24/03, EzA-SD 2004, Nr. 6, 15.
4 Vgl. BAG 27.1.2011 – 2 ABR 114/09, NZA-RR 2011, 348.
5 Vgl. BAG 28.8.2003 – 2 ABR 48/02, BB 2004, 724; Richardi/*Thüsing*, § 103 BetrVG Rz. 14 f. und § 118 BetrVG Rz. 135; GK-BetrVG/*Weber*, § 118 BetrVG Rz. 219; aA unter Hinweis auf die unverzichtbare Schutzfunktion des § 103 BetrVG DKKW/*Wedde*, § 118 BetrVG Rz. 102 ff.
6 Vgl. *Fitting*, § 103 BetrVG Rz. 8; DKKW/*Bachner*, § 103 BetrVG Rz. 12.

ter **relativer Kündigungsschutz**[1]. Auch Wahlwerber vor Aufstellung des Wahlvorschlags und Mitglieder des Wahlvorstandes vor ihrer Bestellung gehören nicht zu dem von § 103 BetrVG erfassten Personenkreis, sondern genießen lediglich den sog. relativen Kündigungsschutz über § 78 BetrVG[2].

3. Dauer des Kündigungsschutzes

170 Der Schutz des § 103 BetrVG gilt für die **Mitglieder des Betriebsrates, der Jugend- und Auszubildendenvertretung, der Bordvertretung und des Seebetriebsrats** für die Dauer der gesamten Amtszeit des einzelnen Organmitglieds, unabhängig davon, ob das Amt erst zu einem späteren Zeitpunkt angetreten wird[3].

171 Für **Ersatzmitglieder** beginnt der Schutz des § 103 BetrVG an dem Tag, an welchem das ordentliche Mitglied erstmals verhindert ist, wobei im Fall einer Betriebsratssitzung schon die diesbezügliche Ladung maßgeblich ist[4]. Der Schutz für das Ersatzmitglied besteht unabhängig davon, ob konkrete Geschäfte des Betriebsrats wahrgenommen werden oder ob die Krankmeldung des ordentlichen Betriebsratsmitglieds bzw. dessen Fernbleiben vom Dienst berechtigt war oder nicht[5]. Tritt bei dem Ersatzmitglied ebenfalls ein Verhinderungsfall ein, gilt § 103 BetrVG auch während der eigenen Verhinderung, sofern der Zeitraum der Verhinderung im Vergleich zur voraussichtlichen Dauer des Vertretungsfalles als unerheblich anzusehen ist[6]. Der Kündigungsschutz des verhinderten Betriebsratsmitglieds wird durch dessen Vertretung nicht berührt[7].

172 Für **Mitglieder des Wahlvorstandes** gilt der Schutz des § 103 BetrVG ab deren Bestellung (§§ 16, 17 BetrVG) und erlischt mit Bekanntgabe des endgültigen Wahlergebnisses (§ 18 Abs. 3 BetrVG, § 19 WO) oder deren gerichtlicher Abberufung (§ 18 Abs. 1 Satz 2 BetrVG)[8].

173 Der Schutz für **Wahlbewerber** der in § 103 BetrVG genannten Organe gilt, sobald diese aufgestellt sind und ein Wahlvorstand bestellt ist[9].

174 Soweit ein **Betriebsrat noch nicht besteht**, unterfallen Mitglieder des Wahlvorstands und Wahlbewerber dennoch dem Kündigungsschutz nach § 103 BetrVG. In diesem Fall kann der Arbeitgeber die erforderliche Zustimmung zur Kündigung allein durch entsprechenden Antrag beim Arbeitsgericht erreichen[10]. Ebenso muss der Arbeitgeber

---

1 Vgl. BAG 22.2.1979 – 2 AZR 115/78, DB 1979, 1659; *Fitting*, § 103 BetrVG Rz. 8; DKKW/*Bachner*, § 103 BetrVG Rz. 12; GK-BetrVG/*Raab*, § 103 Rz. 14.
2 Vgl. BAG 13.10.1977 – 2 AZR 387/76, AP Nr. 1 zu § 1 KSchG 1969 – Verhaltensbedingte Kündigung.
3 Vgl. *Fitting*, § 103 BetrVG Rz. 9; DKKW/*Bachner*, § 103 BetrVG Rz. 15.
4 Vgl. BAG 17.1.1979 – 5 AZR 891/77, AP Nr. 5 zu § 15 KSchG 1969; *Fitting*, § 103 BetrVG Rz. 9; DKKW/*Bachner*, § 103 BetrVG Rz. 21; *Uhmann*, NZA 2000, 576; *Uhmann*, AuA 2001, 220; *Zumkeller*, NZA 2001, 823.
5 Vgl. BAG 5.9.1986 – 7 AZR 175/85, AP Nr. 26 zu § 15 KSchG 1969.
6 Vgl. DKKW/*Bachner*, § 103 BetrVG Rz. 21.
7 Vgl. DKKW/*Bachner*, § 103 BetrVG Rz. 21; *Fitting*, § 103 BetrVG Rz. 9.
8 Vgl. DKKW/*Bachner*, § 103 BetrVG Rz. 17; *Fitting*, § 103 BetrVG Rz. 10; *Heither*, AR-Blattei SD 530.14.3, Rz. 321.
9 Vgl. BAG 4.4.1974 – 2 AZR 452/73, AP Nr. 1 zu § 626 BGB – Arbeitnehmervertretung im Aufsichtsrat; 11.12.1975 – 2 AZR 426/74, AP Nr. 1 zu § 15 KSchG 1969; 5.12.1980 – 7 AZR 781/78, AP Nr. 9 zu § 15 KSchG 1969; DKKW/*Bachner*, § 103 BetrVG Rz. 18; KR/*Etzel*, § 103 BetrVG Rz. 23ff.; *Schaub*/*Linck*, § 143 III 1 Rz. 7; HWGNRH/*Huke*, § 103 BetrVG Rz. 11; zu Beginn des Schutzes erst mit Einreichung des Wahlvorschlags mit ausreichender Zahl von Unterschriften: Richardi/*Thüsing*, § 103 BetrVG Rz. 19; *Galperin/Löwisch*, § 103 BetrVG Rz. 9; GK-BetrVG/*Raab*, § 103 Rz. 22.
10 Vgl. BAG 12.8.1976 – 2 AZR 303/75, AP Nr. 2 zu § 15 KSchG 1969; 30.5.1978 – 2 AZR 637/76, AP Nr. 4 zu § 15 KSchG 1969; *Fitting*, § 103 BetrVG Rz. 11 mwN.

verfahren, wenn er dem **einzig amtierenden Betriebsratsmitglied** kündigen will und ein Ersatzmitglied nicht vorhanden ist[1].

4. Kündigung und andere Beendigung des Arbeitsverhältnisses

Der Schutz nach § 103 BetrVG besteht in dem Fall, in dem das Arbeitsverhältnis durch Kündigung beendet werden soll. Mithin fallen insbesondere die Änderungskündigung[2] (zur vergleichbaren Frage im Rahmen von § 102 BetrVG vgl. Rz. 67 ff.) und die Massenänderungskündigung in den Anwendungsbereich der Vorschrift[3]. 175

Die außerordentliche Kündigung eines in den Anwendungsbereich von § 103 BetrVG fallenden Arbeitnehmers ist nur bei kumulativem Vorliegen der Voraussetzungen des § 626 BGB sowie einer diesbezüglichen vorherigen Zustimmung des Betriebsrates oder eines diese ersetzenden Beschlusses des Arbeitsgerichtes zulässig. Unabhängig von einem Verschulden des Arbeitgebers ist eine vorher ausgesprochene Kündigung **nichtig**[4]. Eine nachträglich erteilte Zustimmung zur Kündigung kann daher die Unwirksamkeit der vorher ausgesprochenen Kündigung **nicht heilen**[5]. 176

Ein wichtiger Grund iSv. § 626 Abs. 1 BGB ist gegeben, wenn die Verletzung arbeitsvertraglicher Pflichten des betroffenen Arbeitnehmers vorliegt. Liegt eine **Amtspflichtverletzung** eines Betriebsratsmitglieds oder eines Mitgliedes der Bordvertretung oder des Seebetriebsrates (vgl. §§ 115 Abs. 3, 116 Abs. 2 BetrVG) oder eines Mitglieds der Jugendauszubildendenvertretung (vgl. § 65 Abs. 1 BetrVG) vor, kann dies eine außerordentliche Kündigung nicht begründen[6], sondern allenfalls dessen **Ausschluss aus dem entsprechenden Organ nach** § 23 Abs. 1 BetrVG rechtfertigen. 177

Etwas anderes kann gelten, wenn die Amtspflichtverletzung **gleichzeitig** eine unmittelbare und erhebliche Beeinträchtigung des konkreten Arbeitsverhältnisses darstellt[7], wobei für die Kündigung ein besonders **strenger Maßstab** gilt, sofern das arbeitsvertragswidrige Verhalten des Arbeitnehmers mit seiner Amtstätigkeit zusammenhängt[8]. Der betroffene Arbeitnehmer kann sich in diesem Fall damit entlasten, dass er seinen Amtspflichten gemäß in gutem Glauben gehandelt hat[9]. 178

---

1 Vgl. BAG 16.12.1982 – 2 AZR 76/81, AP Nr. 13 zu § 15 KSchG 1969; für die Kündigung eines Betriebsratsmitglieds wegen Teilnahme an einem rechtswidrigen Arbeitskampf vgl. BAG 14.2.1978 – 1 AZR 54/76, AP Nr. 57 zu Art. 9 GG – Arbeitskampf; GK-BetrVG/*Raab*, § 103 Rz. 49.
2 Vgl. *Fitting*, § 103 BetrVG Rz. 12.
3 Vgl. BAG 24.4.1969 – 2 AZR 319/68, AP Nr. 18 zu § 13 KSchG 1969; 29.1.1981 – 2 AZR 778/78, AP Nr. 10 zu § 15 KSchG 1969; 6.3.1986 – 2 ABR 15/85, AP Nr. 19 zu § 15 KSchG 1969; 9.4.1987 – 2 AZR 279/86, AP Nr. 28 zu § 15 KSchG 1969; 7.10.2004 – 2 AZR 81/04, BB 2005, 334 ff.; DKKW/*Bachner*, § 103 BetrVG Rz. 4; Hoyningen-Huene/Linck/von Hoyningen-Huene, § 15 KSchG Rz.. 68 ff.; KR/*Etzel*, § 103 BetrVG Rz. 59; aA Richardi/*Thüsing*, § 78 BetrVG Rz. 26 ff.; Galperin/Löwisch, § 103 BetrVG Rz. 49; HWGNRH/*Huke*, § 103 BetrVG Rz. 36; GK-BetrVG/*Raab*, § 103 Rz. 30; *Fitting*, § 103 BetrVG Rz. 12 mit der Erwägung, andernfalls liefe das auf eine verbotene Begünstigung und Verletzung des Gleichbehandlungsgrundsatzes des § 75 BetrVG hinaus, in diesem Fall gelte § 102 BetrVG.
4 Vgl. BAG 22.8.1974 – 2 ABR 17/74, AP Nr. 1 zu § 103 BetrVG 1972; 20.3.1975 – 2 ABR 111/74, AP Nr. 2 zu § 103 BetrVG 1972; 25.3.1976 – 2 AZR 163/75, AP Nr. 6 zu § 103 BetrVG 1972; DKKW/*Bachner*, § 103 BetrVG Rz. 28; *Fitting*, § 103 BetrVG Rz. 24; KR/*Etzel*, § 103 BetrVG Rz. 107.
5 Vgl. BAG 1.12.1977 – 2 AZR 426/76, AP Nr. 11 zu § 103 BetrVG 1972; *Fitting*, § 103 BetrVG Rz. 24; DKKW/*Bachner*, § 103 BetrVG Rz. 28 mwN; aA Richardi/*Thüsing*, § 103 BetrVG Rz. 53, 55 f.
6 Vgl. BAG 8.8.1968 – 2 AZR 348/67, AP Nr. 57 zu § 626 BGB.
7 Vgl. BAG 22.8.1974 – 2 ABR 17/74, AP Nr. 1 zu § 103 BetrVG 1972; 16.10.1986 – 2 ABR 71/85, AP Nr. 95 zu § 626 BGB; *Fitting*, § 103 BetrVG Rz. 30; DKKW/*Bachner*, § 103 BetrVG Rz. 27.
8 Vgl. BAG 16.10.1986 – 2 ABR 71/85, AP Nr. 95 zu § 626 BGB.
9 Vgl. *Fitting*, § 103 BetrVG Rz. 30; DKKW/*Bachner*, § 103 BetrVG Rz. 27.

179 Einem Betriebsratsmitglied kann in der Regel nicht wegen **häufiger krankheitsbedingter Fehlzeiten** außerordentlich gekündigt werden[1].

180 Eine **Auflösung des Arbeitsverhältnisses** auf Antrag des Arbeitgebers gegen Zahlung einer Abfindung kommt nicht in Betracht, da die §§ 9, 10 KSchG im Rahmen des Zustimmungsverfahrens nach § 103 BetrVG nicht anzuwenden sind[2].

181 § 103 BetrVG findet dagegen **keine Anwendung**, sofern der Arbeitnehmer kündigt, das Arbeitsverhältnis im gegenseitigen Einvernehmen aufgelöst wird oder durch Zeitablauf, Zweckerreichung oder Anfechtung endet[3]. Auch die Möglichkeit des Arbeitgebers, kraft seines Direktionsrechts einzelne Arbeitsbedingungen einseitig zu ändern, unterliegt nicht dem besonderen Kündigungsschutz des § 103 BetrVG. Zu beachten ist, dass die erneute befristete Beschäftigung eines mittlerweile in den Betriebsrat gewählten Arbeitnehmers nur unter besonders strengen Anforderungen möglich ist[4]. § 103 BetrVG ist auch nicht anzuwenden, wenn es sich um eine (außerordentliche) betriebsbedingte Kündigung nach § 15 Abs. 4 oder 5 KSchG handelt[5].

182 § 103 BetrVG findet auch dann keine Anwendung, wenn das Arbeitsverhältnis gem. § 9 Nr. 1 AÜG aufgrund unerlaubter Arbeitnehmerüberlassung endet[6].

5. Zustimmung durch den Betriebsrat

183 Will der Arbeitgeber die nach § 103 BetrVG erforderliche Zustimmung des betroffenen Mitbestimmungsorgans zur beabsichtigten außerordentlichen Kündigung erreichen, so muss er zunächst dem Mitbestimmungsorgan eine **ordnungsgemäße Mitteilung** machen[7]. Nach dem Grundsatz der **subjektiven Determinierung** hat der Arbeitgeber dem Betriebsrat sämtliche Umstände mitzuteilen, welche Grundlage der von ihm beabsichtigten Kündigung sind.

184 Da die **Ausschlussfrist des § 626 Abs. 2 BGB** auch im Rahmen des § 103 BetrVG gilt, muss der Arbeitgeber innerhalb dieser Zwei-Wochen-Frist die Zustimmung des Betriebsrates beantragen. Dies sollte der Arbeitgeber so zeitig tun, dass er im Fall der **Zustimmungsverweigerung** noch innerhalb der Zwei-Wochen-Frist die Ersetzung der Zustimmung beim Arbeitsgericht beantragen kann, da ein späterer Ersetzungsantrag unbegründet ist[8]. Versäumt der Arbeitgeber diese Frist, ist eine gleichwohl ausgesprochene Kündigung wegen Verstreichens der Zwei-Wochen-Frist unwirksam. Ein vor der Entscheidung des Betriebsrats gestellter **vorsorglicher Antrag** an das Arbeitsgericht gem. § 103 Abs. 2 BetrVG ist unzulässig, woran sich auch bei nachträglich erfolgter Zustimmungsverweigerung durch den Betriebsrat nichts ändert[9].

185 Ob der Arbeitgeber die erforderliche Unterrichtung **schriftlich oder mündlich** vornimmt, bleibt ihm überlassen. Zu beachten ist in diesem Zusammenhang jedoch, dass der Arbeitgeber im Hinblick auf die ordnungsgemäße Unterrichtung des Betriebsrates im Streitfalle darlegungs- und beweispflichtig ist.

---

1 Vgl. BAG 18.2.1993 – 2 AZR 526/92, AP Nr. 35 zu § 15 KSchG 1969.
2 Vgl. BAG 9.10.1979 – 6 AZR 1059/77, AP Nr. 4 zu § 9 KSchG 1969.
3 Vgl. DKKW/*Bachner*, § 103 BetrVG Rz. 9; *Fitting*, § 103 BetrVG Rz. 13.
4 Vgl. BAG 17.2.1983 – 2 AZR 481/81, AP Nr. 14 zu § 15 KSchG 1969; DKKW/*Bachner*, § 103 BetrVG Rz. 9; *Fitting*, § 103 BetrVG Rz. 13.
5 Vgl. BAG 18.9.1997 – 2 ABR 15/97, NZA 1998, 189.
6 Vgl. DKKW/*Bachner*, § 103 BetrVG Rz. 9.
7 Vgl. BAG 18.8.1977 – 2 ABR 19/77, EzA § 103 BetrVG 1972 Nr. 20; DKKW/*Bachner*, § 103 BetrVG Rz. 29.
8 Vgl. BAG 18.8.1977 – 2 ABR 19/77, AP Nr. 10 zu § 103 BetrVG 1972; 7.5.1986 – 2 ABR 27/85, AP Nr. 18 zu § 103 BetrVG 1972; 22.1.1987 – 2 ABR 6/86, AP Nr. 24 zu § 103 BetrVG 1972; *Fitting*, § 103 BetrVG Rz. 41.
9 Vgl. BAG 7.5.1986 – 2 ABR 27/85, AP Nr. 18 zu § 103 BetrVG 1972.

IX. Zustimmungserfordernis nach § 103 BetrVG

186 Eine **gesetzliche Frist**, innerhalb deren sich der Betriebsrat zu der beabsichtigten Kündigung äußern muss, besteht nicht. Allerdings gilt die Zustimmung des Betriebsrats als verweigert, wenn die Äußerung nicht **binnen drei Tagen** erfolgt[1]. Im Rahmen von § 103 BetrVG gilt wegen der besonderen Schutzbedürftigkeit des dort genannten Personenkreises die Nichtäußerung des Betriebsrates als Verweigerung der Zustimmung.

187 Eine gesetzliche Regelung, unter welchen **Voraussetzungen** der Betriebsrat die Zustimmung zu erteilen hat bzw. verweigern darf, besteht nicht. Im Hinblick darauf, dass die Regelung des § 103 BetrVG jedoch nicht dazu führen soll, dem Betriebsrat die Möglichkeit einer **willkürlichen Blockierung** jeder vom Arbeitgeber beabsichtigten außerordentlichen Kündigung des betroffenen Personenkreises zu geben, muss der Betriebsrat die entsprechende Entscheidung nach **pflichtgemäßem Ermessen** vornehmen[2]. Mithin wird der Betriebsrat die Zustimmung bei groben Verstößen eines Vertretungsmitglieds gegen dessen arbeitsvertragliche Pflichten nicht verweigern dürfen[3].

188 Die **Entscheidung über den Zustimmungsantrag** des Arbeitgebers obliegt dem einzelnen Betriebsrat (nicht dem Gesamtbetriebsrat) und muss gem. § 33 BetrVG durch Beschluss erfolgen. An die Stelle eines von der beabsichtigten Kündigung betroffenen Betriebsratsmitgliedes, welches weder an der entsprechenden Beratung noch an der Beschlussfassung teilnehmen darf, tritt ein Ersatzmitglied[4]. Nimmt das betroffene Betriebsratsmitglied an der Beratung teil, ist der gefasste Betriebsratsbeschluss nichtig[5]. Ein unwirksamer Betriebsratsbeschluss im Verfahren nach § 103 BetrVG hat die Unwirksamkeit der Zustimmung zur Folge. Aufgrund der unterschiedlichen Voraussetzungen und Wirkungen bestehen zwischen den Verfahren nach § 102 und § 103 BetrVG erhebliche Divergenzen[6], so dass die im Rahmen von § 102 BetrVG geltende sog. **Sphärentheorie** bei Fehlern im Zustimmungsverfahren nach § 103 BetrVG **nicht zur Anwendung kommt**. Der Arbeitgeber darf allerdings grundsätzlich auf die Wirksamkeit eines Zustimmungsbeschlusses vertrauen, wenn ihm der Betriebsratsvorsitzende oder sein Vertreter mitteilt, der Betriebsrat habe die Zustimmung erteilt. Etwas anderes gilt nur dann, wenn der Arbeitgeber die Tatsachen kennt oder kennen muss, aus denen sich die Unwirksamkeit des Beschlusses ergibt[7].

189 Hat der Betriebsrat einen entsprechenden Beschluss gefasst, so bleibt es ihm überlassen, ob er den Arbeitgeber vom Inhalt **schriftlich oder mündlich** in Kenntnis setzt. Hat der Betriebsrat einmal seine Zustimmung erteilt, ist deren Rücknahme nicht mehr möglich[8]. Zulässig und wirksam ist die **nachträgliche Zustimmung** des Betriebsrats zur beabsichtigten Kündigung, wodurch ein zwischenzeitlich gem. § 103 Abs. 2 BetrVG eingeleitetes Beschlussverfahren gegenstandslos wird[9].

---

1 Vgl. BAG 18.8.1977 – 2 ABR 19/77, AP Nr. 10 zu § 103 BetrVG 1972; Richardi/*Thüsing*, § 103 BetrVG Rz. 46; *Galperin/Löwisch*, § 103 BetrVG Rz. 19; HWGNRH/*Huke*, § 103 BetrVG Rz. 56; KR/*Etzel*, § 103 BetrVG Rz. 78, 94; DKKW/*Bachner*, § 103 BetrVG Rz. 31; *Fitting*, § 103 BetrVG Rz. 33 mwN.
2 Vgl. DKKW/*Bachner*, § 103 BetrVG Rz. 32 mwN.
3 Vgl. *Fitting*, § 103 BetrVG Rz. 31.
4 Vgl. BAG 26.8.1981 – 7 AZR 550/79, AP Nr. 13 zu § 103 BetrVG 1972; 23.8.1984 – 2 AZR 391/83, AP Nr. 17 zu § 103 BetrVG 1972.
5 Vgl. BAG 23.8.1984 – 2 AZR 391/83, AP Nr. 17 zu § 103 BetrVG 1972.
6 Vgl. BAG 26.8.1981 – 7 AZR 550/79, AP Nr. 13 zu § 103 BetrVG 1972; 23.8.1984 – 2 AZR 391/83, AP Nr. 17 zu § 103 BetrVG 1972.
7 Vgl. BAG 23.8.1984 – 2 AZR 391/83, AP Nr. 17 zu § 103 BetrVG 1972; KR/*Etzel*, § 103 BetrVG Rz. 107; *Fitting*, § 103 BetrVG Rz. 38; *Heither*, AR-Blattei SD 530.14.3, Rz. 745 f.; vertiefend *Klebe/Schumann*, DB 1978, 1591; aA Richardi/*Thüsing*, § 103 BetrVG Rz. 54; *Galperin/Löwisch*, § 103 BetrVG Rz. 15.
8 Vgl. Richardi/*Thüsing*, § 103 BetrVG Rz. 52; DKKW/*Bachner*, § 103 BetrVG Rz. 38; KR/*Etzel*, § 103 BetrVG Rz. 86.
9 Vgl. BAG 10.12.1992 – 2 ABR 32/92, AP Nr. 4 zu § 87 ArbGG 1979; 23.6.1993 – 2 ABR 58/92, AP Nr. 2 zu § 83a ArbGG 1979; *Fitting*, § 103 BetrVG Rz. 36 mwN.

6. Ersetzung der Zustimmung durch das Arbeitsgericht

190 Stimmt der Betriebsrat der beabsichtigten außerordentlichen Kündigung ausdrücklich nicht zu oder gibt er binnen drei Tagen gar keine Erklärung ab, bleibt dem Arbeitgeber die Möglichkeit, die Zustimmung des Betriebsrats gem. § 103 Abs. 2 BetrVG durch das Arbeitsgericht im Wege des Beschlussverfahrens ersetzen zu lassen.

191 Der **Antrag** des Arbeitgebers nach § 103 Abs. 2 BetrVG auf Ersetzung der Zustimmung des Betriebsrates zur fristlosen Entlassung eines Betriebsratsmitglieds wird in Ermangelung des Rechtsschutzbedürfnisses **unzulässig**, wenn während des laufenden Beschlussverfahrens das Arbeitsverhältnis mit dem Betriebsratsmitglied beendet wird[1]. Ebenfalls **unzulässig** ist der Antrag, wenn er vorsorglich vor der Zustimmungsverweigerung durch den Betriebsrat gestellt wurde. Dies gilt auch in dem Fall, in dem die Verweigerung der Zustimmung durch den Betriebsrat noch nachträglich erklärt wird[2].

In entsprechender Anwendung von § 626 Abs. 2 BGB muss der Arbeitgeber den **Antrag beim Arbeitsgericht** innerhalb der Zwei-Wochen-Frist stellen, anderenfalls ist dieser von vornherein **unbegründet**[3].

192 Der Arbeitgeber kann das Ersetzungsverfahren nach § 103 Abs. 2 BetrVG hilfsweise mit einem **Ausschließungsantrag nach § 23 Abs. 1 BetrVG** verbinden. Der umgekehrte Weg steht ihm jedoch nicht offen, da er dadurch zu erkennen geben würde, dass er die Fortsetzung des Arbeitsverhältnisses nicht für unzumutbar hält[4].

193 Die **Rechtsstellung des Arbeitnehmers in dem Beschlussverfahren** ist die eines Beteiligten (§ 103 Abs. 2 Satz 2 BetrVG, § 83 ArbGG). Ihm steht daher je nach den Umständen im Einzelfall die Beschwerdemöglichkeit nach § 87 Abs. 1 ArbGG offen[5]. Außerdem hat er die Möglichkeit, Rechtsbeschwerde nach §§ 92, 92a ArbGG einzulegen. Sofern der Betriebsrat die gerichtliche Entscheidung akzeptiert, hat dies auf die Beschwerdemöglichkeiten des Arbeitnehmers keinen Einfluss[6].

194 Da die Zustimmung des Betriebsrates nach § 103 BetrVG Voraussetzung einer wirksamen Kündigung ist, ist das **Nachschieben von Kündigungsgründen** ohne erneute Beteiligung des Betriebsrates im arbeitsgerichtlichen Beschlussverfahren nicht möglich[7]. Ersucht der Arbeitgeber den Betriebsrat aufgrund **neuer Kündigungsgründe** erfolglos um dessen Zustimmung, so können diese noch im Beschlussverfahren innerhalb der Zwei-Wochen-Frist des § 626 Abs. 2 BGB vorgebracht werden[8].

---

1 Vgl. unter ausdrücklicher Aufgabe seiner früheren Rspr. BAG 27.6.2002 – 2 ABR 22/01, AP Nr. 47 zu § 103 BetrVG 1972; *Grimm/Brock*, EWiR 2003, 97; *Küfner-Schmitt*, SAE 2003, 247. Anders noch BAG 10.2.1977 – 2 ABR 80/76, AP Nr. 9 zu § 103 BetrVG 1972: Danach führte die Beendigung des Arbeitsverhältnisses während des Zustimmungsersetzungsverfahrens zur Unbegründetheit des Antrags.
2 Vgl. BAG 7.5.1986 – 2 ABR 27/85, AP Nr. 18 zu § 103 BetrVG 1972.
3 Vgl. BAG 18.8.1977 – 2 ABR 19/77; 7.5.1986 – 2 ABR 27/85 u. 22.1.1987 – 2 ABR 6/86, AP Nrn. 10, 18, 24 zu § 103 BetrVG 1972; DKKW/*Bachner*, § 103 BetrVG Rz. 42; *Fitting*, § 103 BetrVG Rz. 41 mwN.
4 Vgl. BAG 21.2.1978 – 1 ABR 54/76, AP Nr. 1 zu § 74 BetrVG 1972; DKKW/*Bachner*, § 103 BetrVG Rz. 47; *Galperin/Löwisch*, § 103 BetrVG Rz. 33a; *Fitting*, § 103 BetrVG Rz. 44; aA HWGNRH/*Huke*, § 103 BetrVG Rz. 73.
5 Vgl. BAG 10.12.1992 – 2 ABR 32/92, AP Nr. 4 zu § 87 ArbGG 1979; 23.6.1993 – 2 ABR 58/92, AP Nr. 2 zu § 83a ArbGG 1979; LAG Köln 13.12.1984 – 8 TaBV 50/84, AP Nr. 22 zu § 103 BetrVG 1972.
6 Vgl. BAG 10.12.1992 – 2 ABR 32/92, AP Nr. 4 zu § 87 ArbGG 1979.
7 Vgl. *Fitting*, § 103 BetrVG Rz. 42; DKKW/*Bachner*, § 103 BetrVG Rz. 43; *Heither*, AR-Blattei SD 530.14.3, Rz. 752.
8 Vgl. LAG Düsseldorf 29.11.1993 – 12 TaBV 82/93, BB 1994, 793; GK-BetrVG/*Raab*, § 103 Rz. 83; *Fitting*, § 103 BetrVG Rz. 42; DKKW/*Bachner*, § 103 BetrVG Rz. 43.

IX. Zustimmungserfordernis nach § 103 BetrVG

Stimmt der Betriebsrat im gerichtlichen Zustimmungsersetzungsverfahren der außerordentlichen Kündigung zu, so **erledigt** sich das gerichtliche Verfahren und der Arbeitgeber hat die Kündigung unverzüglich auszusprechen[1].

195

Während des Zustimmungsersetzungsverfahrens ist das betroffene Betriebsratsmitglied an der **Amtsausübung grundsätzlich nicht gehindert**, insbesondere darf es zu diesem Zweck den Betrieb betreten[2]. Allerdings kann dem Zutrittsrecht eines **Betriebsratsmitglieds** durch die Erteilung eines **Hausverbotes** durch den Arbeitgeber – im Einzelfall – Schranken gesetzt werden. Es kann nämlich für den Arbeitgeber unerträglich und unzumutbar sein, dem zur fristlosen Entlassung vorgesehenen und zudem freigestellten Betriebsratsmitglied bis zum rechtskräftigen Abschluss des Verfahrens nach § 103 BetrVG uneingeschränkt Zutritt zum Betrieb zu gewähren. Im Rahmen einer **Interessenabwägung** müssen etwa die dem Betriebsratsmitglied angelasteten und glaubhaft gemachten **strafbaren Handlungen** und massiven Pflichtverletzungen, die sich über einen längeren Zeitraum hingezogen haben und die noch während der Freistellungsphase ausgeübt worden sind, hinreichend **Berücksichtigung** finden[3]. Jedoch ist eine **einstweilige Verfügung** auf vorläufige Ersetzung der Zustimmung unzulässig, da dies eine unzulässige Vorwegnahme der Hauptsache bedeuten würde[4]. Das betroffene Betriebsratsmitglied ist indes während eines nachfolgenden Kündigungsrechtsstreits dann an der Ausübung seiner Betriebsratstätigkeit iSv. § 25 Abs. 1 Satz 2 BetrVG verhindert, wenn der Betriebsrat seine Zustimmung erteilt oder das Arbeitsgericht sie rechtskräftig ersetzt hat[5].

196

Die **Folge einer rechtskräftigen Ablehnung** des Antrags des Arbeitgebers im Zustimmungsersetzungsverfahren ist, dass der Arbeitgeber dem betroffenen Arbeitnehmer nicht wirksam kündigen kann. Eine gleichwohl ausgesprochene Kündigung ist unwirksam. Hat das Arbeitsgericht dagegen die **Zustimmung** des Betriebsrats zur beabsichtigten Kündigung **ersetzt**, kann der Arbeitgeber nunmehr kündigen. Der Arbeitgeber muss nach Rechtskraft der Entscheidung unverzüglich kündigen. Eine vor diesem Zeitpunkt erklärte Kündigung ist nicht nur schwebend unwirksam, sondern unheilbar nichtig[6]. Der Arbeitgeber muss im Falle einer offensichtlich unstatthaften Divergenzbeschwerde gegen einen Zustimmungsersetzungsbeschluss zur Wahrung der Frist des § 626 Abs. 2 BGB die Kündigung nicht vor Eintritt der formellen Rechtskraft aussprechen[7].

197

Endet die Amtszeit des betroffenen Betriebsratsmitglieds während des Zustimmungsverfahrens nach § 103 Abs. 2 BetrVG, so gilt die bisherige Erklärung des Betriebsrates im Fall der **Wiederwahl** des Organmitglieds weiter. Für den neu gewählten Betriebsrat besteht in diesem Fall jedoch die Möglichkeit, nach erneuter Beschlussfassung der beabsichtigten außerordentlichen Kündigung noch zuzustimmen. Wird das Betriebs-

198

---

1 Vgl. BAG 17.9.1981 – 2 AZR 402/79, AP Nr. 14 zu § 103 BetrVG 1972.
2 Vgl. LAG Hamm 24.10.1974 – 8 Ta BV 53/74, DB 1975, 111; LAG Düsseldorf 22.2.1977 – 11 TaBV 7/77, DB 1977, 1053; *Fitting*, § 103 BetrVG Rz. 44; DKKW/*Bachner*, § 103 BetrVG Rz. 49; einschränkend GK-BetrVG/*Raab*, § 103 Rz. 107.
3 Vgl. LAG München 19.3.2003 – 7 TaBV 65/02, NZA-RR 2003, 641; aA *Lepke*, BB 1973, 899; DKKW/*Bachner*, § 103 BetrVG Rz. 49.
4 Vgl. DKKW/*Bachner*, § 103 BetrVG Rz. 49; *Fitting*, § 103 BetrVG Rz. 44 mwN.
5 Vgl. LAG Düsseldorf 27.2.1975 – 3 TaBV 2/75, DB 1975, 700; LAG Schl.-Holst. 2.9.1976 – 4 Ta BV 11/76, BB 1976, 1319; *Fitting*, § 103 BetrVG Rz. 45; DKKW/*Bachner*, § 103 BetrVG Rz. 50.
6 Vgl. BAG 9.7.1998 – 2 AZR 142/98, NZA 1998, 1273, im Anschluss an BAG 20.3.1975 – 2 ABR 111/74, AP Nr. 2 zu § 103 BetrVG 1972; 24.4.1975 – 2 AZR 118/74; 18.8.1977 – 2 ABR 19/77 u. 25.1.1979 – 2 AZR 983/77, AP Nrn. 3, 10, 12 zu § 103 BetrVG 1972; DKKW/*Bachner*, § 103 BetrVG Rz. 52; KR/*Etzel*, § 103 BetrVG Rz. 136; Richardi/*Thüsing*, § 103 BetrVG Rz. 85; aA *Fitting*, § 103 BetrVG Rz. 46 mwN, wonach der Arbeitgeber nach formeller Rechtskraft der Entscheidung nunmehr binnen der Zwei-Wochen-Frist des § 626 Abs. 2 Satz 1 BGB kündigen könne; *Diller*, NZA 2004, 579.
7 Vgl. BAG 9.7.1998 – 2 AZR 142/98, NZA 1998, 1273.

ratsmitglied **nicht wieder gewählt**, so wird das durch den Arbeitgeber eingeleitete Verfahren nach § 103 BetrVG gegenstandslos und ist einzustellen[1]. In diesem Fall besteht für das ausgeschiedene Betriebsratsmitglied aber der **nachwirkende Kündigungsschutz** nach § 15 Abs. 1 Satz 2, Abs. 3 Satz 2 KSchG[2].

7. Kündigungsschutzverfahren

199 Hat das Arbeitsgericht die erforderliche Zustimmung ersetzt und der Arbeitgeber daraufhin die außerordentliche Kündigung ausgesprochen, so kann der Betroffene dagegen **Kündigungsschutzklage** erheben. Er muss dabei jedoch die **Drei-Wochen-Frist** des § 4 KSchG beachten[3]. Die Notwendigkeit der Klageerhebung innerhalb der Drei-Wochen-Frist besteht auch dann, wenn das Arbeitsgericht im Beschlussverfahren die fehlende Zustimmung des Betriebsrats zur außerordentlichen Kündigung ersetzt hat[4].

200 Die **Erfolgsaussichten einer Kündigungsschutzklage** des Arbeitnehmers sind allerdings als gering zu beurteilen, sofern er die Klage lediglich auf die Begründung stützt, ein Grund für die außerordentliche Kündigung habe nicht vorgelegen. Falls nämlich im Kündigungsschutzprozess derselbe Sachverhalt vorgetragen wird, hat die Entscheidung des Arbeitsgerichts im Beschlussverfahren **präjudizielle Wirkung** für das Urteilsverfahren, da dieselben Prüfungsmaßstäbe anzulegen sind[5]. Diese **Bindungswirkung gilt** indes **nicht** hinsichtlich des Kündigungsgrundes für einen **späteren Kündigungsschutzprozess**, in dem der Arbeitnehmer die Sozialwidrigkeit einer auf denselben Sachverhalt gestützten **ordentlichen Kündigung** geltend macht, die der Arbeitgeber nach Beendigung des Sonderkündigungsschutzes ausgesprochen hat[6]. Eine abweichende Sachentscheidung kommt allerdings in Betracht, wenn der Arbeitnehmer nicht als Beteiligter im Beschlussverfahren hinzugezogen worden ist[7].

201 Mangels Anwendbarkeit von §§ 9, 10 KSchG im Rahmen von § 103 BetrVG kommt eine **gerichtliche Auflösung des Arbeitsverhältnisses** unter gleichzeitiger Zahlung einer **Abfindung** seitens des Arbeitgebers nicht in Betracht.

X. Checkliste für die Anhörung des Betriebsrats nach § 102 BetrVG

202 **1. Allgemeine Angaben**, die bei jeder Anhörung des Betriebsrats nach § 102 BetrVG zu beachten sind:

☐ die **Personaldaten** (soweit zur Identifizierung des Arbeitnehmers für den Betriebsrat erforderlich)

☐ die konkrete und ausdrückliche **Kündigungsabsicht**

☐ der **geplante Zeitpunkt** des Kündigungsausspruchs

---

1 Vgl. BAG 30.5.1978 – 2 AZR 637/76, AP Nr. 4 zu § 15 KSchG 1969; *Fitting*, § 103 BetrVG Rz. 50 mwN; aA DKKW/*Bachner*, § 103 BetrVG Rz. 59.
2 Vgl. zum nachwirkenden Kündigungsschutz *Fitting*, § 103 BetrVG Rz. 51 ff.
3 Vgl. BAG 31.3.1993 – 2 AZR 467/92, AP Nr. 27 zu § 4 KSchG 1969; DKKW/*Bachner*, § 103 BetrVG Rz. 62; HWGNRH/*Huke*, § 10 BetrVG Rz. 78; *Wilhelm*, NZA Beilage 3/1988, 18 (28).
4 Erhebt ein nach § 15 KSchG geschütztes Mitglied des Betriebsrates Klage gegen eine ordentliche Kündigung, bedarf es der Einhaltung der Drei-Wochen-Frist (§ 4 KSchG) hingegen nicht, da ein Nichtigkeitsgrund nach § 13 Abs. 3 KSchG vorliegt, welchen der Arbeitnehmer in jeder Weise geltend machen kann, mithin entweder inzident im Wege der Leistungsklage, zB auf Lohnzahlung, oder im Wege einer Feststellungsklage, vgl. BAG 31.1.1985 – 2 AZR 530/83, DB 1985, 1842; *Fitting*, § 103 BetrVG Rz. 60; DKKW/*Bachner*, § 103 BetrVG Rz. 63.
5 Vgl. BAG 10.12.1992 – 2 ABR 32/92, AP Nr. 4 zu § 87 ArbGG 1979; 23.6.1993 – 2 ABR 58/92, AP Nr. 2 zu § 83a ArbGG 1979; zu Ausnahmen vgl. BAG 11.5.2000 – 2 AZR 276/99, DB 2001, 205.
6 Vgl. BAG 15.8.2002 – 2 AZR 214/01, NZA 2003, 432.
7 Vgl. KR/*Etzel*, § 103 BetrVG Rz. 140.

- ☐ die **Art der Kündigung** (ordentlich/außerordentlich)
- ☐ ggf. die geltende **Kündigungsfrist**
- ☐ alle aus Arbeitgebersicht maßgeblichen **Gründe** der Kündigung
- ☐ die zugrunde liegenden konkreten **Tatsachen** (nur notwendig nach Ablauf der ersten sechs Monate des Beschäftigungsverhältnisses, ansonsten ist ein Werturteil ausreichend)
- ☐ **Gründe**, die **gegen** die Kündigung sprechen könnten.

2. **Besondere Angaben** bei den einzelnen Kündigungsarten:

   a) Im Falle einer **betriebsbedingten Kündigung** sind zusätzlich folgende Umstände mitzuteilen:
   - ☐ **Wegfall** des konkreten **Arbeitsplatzes** (konkrete Darstellung der Ursachen, entsprechende Unternehmerentscheidung und deren Kausalität für den Wegfall des Arbeitsplatzes)
   - ☐ Fehlen anderweitiger Beschäftigungsmöglichkeit
   - ☐ die einzelnen **Daten** der getroffenen **Sozialauswahl**, einschließlich der Daten vergleichbarer Arbeitnehmer:
   - ☐ Betriebszugehörigkeit
   - ☐ Alter
   - ☐ Unterhaltspflichten
   - ☐ besonderer Kündigungsschutz.

   b) Im Falle einer **personenbedingten Kündigung** sind alle Gründe, auf die der Arbeitgeber seine Kündigungsentscheidung stützt, mitzuteilen; beim Hauptfall der **krankheitsbedingten Kündigung** handelt es sich dabei um folgende Umstände:
   - ☐ bisherige Fehlzeiten des Arbeitnehmers und ggf. der relevanten Vergleichsgruppe
   - ☐ die konkreten resultierenden und noch zu erwartenden Belastungen für das Unternehmen
   - ☐ Prognose und Unterlagen über die zukünftige Gesundheitsentwicklung
   - ☐ Maßnahmen des betrieblichen Eingliederungsmanagements.

   c) Im Falle einer **verhaltensbedingten Kündigung** sind zusätzlich alle Umstände mitzuteilen, die aus der Sicht des Arbeitgebers für die Kündigung sprechen, als auch diejenigen, die möglicherweise dagegen sprechen (Interessenabwägung):
   - ☐ Verletzung einer arbeitsvertraglichen Haupt- oder Nebenpflicht
   - ☐ tatsächliche Störungen hierdurch
   - ☐ Prognose hinsichtlich der Wiederholungsgefahr
   - ☐ Interessenabwägung
   - ☐ Abmahnungen und etwaige Gegendarstellungen.

   d) Im Falle einer **außerordentlichen Kündigung** sind des Weiteren folgende Umstände darzulegen:
   - ☐ die den wichtigen Grund der Kündigung **tragenden Tatsachen**
   - ☐ die Umstände, aus denen sich die **Unzumutbarkeit** der Fortsetzung des Arbeitsverhältnisses ergibt
   - ☐ der Inhalt der Interessenabwägung
   - ☐ **Abmahnungen** und Gegendarstellungen
   - ☐ der **Zeitpunkt**, an dem der Arbeitgeber **Kenntnis** von den die Kündigung begründenden Umständen erlangt hat.

e) **Kumulativ ordentliche und außerordentliche Kündigung:**
   - ☐ Ausdrücklicher **Hinweis**, dass die außerordentliche Kündigung **vorsorglich**[1] als ordentliche gelten soll.
f) Im Falle einer **Änderungskündigung** sind zusätzlich mitzuteilen:
   - ☐ zunächst die je nach **Kündigungsart** erforderlichen Angaben
   - ☐ Inhalt des **Änderungsangebotes** (vorgesehene Versetzung/Umgruppierung/Änderung der Arbeitsbedingungen).
g) Im Falle einer **Massenkündigung** ist Folgendes zu beachten:
   - ☐ Es sind die Angaben im gleichen Umfang erforderlich, wie sie bei jeder **betriebsbedingten** Einzelkündigung zu machen sind.
h) Im Falle einer **Verdachtskündigung** sind zusätzlich folgende Umstände mitzuteilen:
   - ☐ bekannte Verdachtsmomente
   - ☐ konkrete Bemühungen zur Aufklärung, insbesondere Inhalt und Verlauf der Anhörung des betroffenen Arbeitnehmers
   - ☐ Umstände der Unzumutbarkeit der Weiterbeschäftigung.

---

[1] Eine Bezeichnung der fristgemäßen Kündigung als „vorsorglich" ist der Bezeichnung als „hilfsweise" vorzuziehen, da letztere Formulierung wegen der bestehenden Bedingungsfeindlichkeit der Kündigung Zweifel an der Wirksamkeit der fristgemäßen Kündigung begründen könnte.

K. Arbeitszeugnis

	Rz.		Rz.
I. Rechtsgrundlagen und Bedeutung des Arbeitszeugnisses		3. Zeugnissprache	46
1. Rechtsgrundlagen	1	**VI. Aushändigung, Zurückbehaltungsrecht, Ersatzausstellung**	48
2. Bedeutung für Arbeitnehmer und Arbeitgeber	4	**VII. Gerichtliche Durchsetzung des Zeugnisanspruchs**	
3. Wahrheitspflicht und Wohlwollen	7	1. Klage auf Ausstellung	51
II. Anspruchsberechtigte und -verpflichtete Personen		2. Klage auf Berichtigung	53
1. Berechtigte Personen	9	3. Darlegungs- und Beweislast	57
2. Verpflichtete Personen	18	4. Einstweilige Verfügung	59
III. Zeugnisarten	22	5. Streitwert	60
1. Einfaches Zeugnis	23	6. Zwangsvollstreckung	61
2. Qualifiziertes Zeugnis	25	**VIII. Widerruf des Zeugnisses**	63
3. Zwischenzeugnis	27	**IX. Erlöschen des Zeugnisanspruchs**	
IV. Form	32	1. Verjährung, Verwirkung	66
V. Inhalt		2. Verzicht, Ausgleichsquittung	69
1. Einfaches Zeugnis	37	3. Ausschlussklauseln	71
2. Qualifiziertes Zeugnis	40	**X. Haftung des Ausstellers**	
a) Leistung	41	1. Gegenüber dem Arbeitnehmer	75
b) Verhalten	43	2. Gegenüber dem neuen Arbeitgeber	77

Schrifttum:

Böhm, § 61 Abs. 2 ArbGG – das verkannte Druckmittel, ArbRB 2006, 93; *Düwell/Dahl,* Die Leistungs- und Verhaltensbeurteilung im Arbeitszeugnis, NZA 2011, 958; *Fuhlrott/Fabritius,* Streitpunkt Arbeitszeugnis, AuA 2011, 650; *Grimm,* Zeugnis, in: Handwörterbuch des Arbeitsrechts, Loseblatt; *Höser,* Rechtsprechungsübersicht zu Arbeitszeugnissen – insbesondere zur Bindungswirkung, NZA-RR 2012, 281; *Hohmeister,* Zeugnisanspruch für freie Mitarbeiter?, NZA 1998, 571; *Howald,* Die Durchsetzung von Zeugnisanspüchen, FA 2012, 197; *Huber/Müller,* Das Arbeitszeugnis in Recht und Praxis, 14. Aufl. 2012; *Huesmann,* Arbeitszeugnisse aus personalpolitischer Perspektive, 2008; *Joussen,* Das erweiterte Führungszeugnis im Arbeitsverhältnis; *Jüchser,* Auswirkungen des Betriebsübergangs auf den Zeugnisanspruch des Arbeitnehmers nach § 109 GewO, NZA 2012, 245; *Korinth,* Die Durchsetzung des Zeugnisanspruchs in der Praxis, ArbRB 2010, 318; *Kursawe,* Der Anspruch auf ein englischsprachiges Arbeitszeugnis, ArbRAktuell 2010, 643; *Laber,* Effiziente Durchsetzung von Ansprüchen zur Vornahme einer Handlung gem. § 61 Abs. 2 ArbGG, ArbRB 2004, 290; *Löw,* Neues vom Arbeitszeugnis, NZA-RR 2008, 561; *Popp,* Die Bekanntgabe des Austrittsgrunds im Arbeitszeugnis, NZA 1997, 588; *Preis/Bender,* Recht und Zwang zur Lüge – Zwischen List, Tücke und Wohlwollen im Arbeitsleben, NZA 2005, 1326; *Schleßmann,* Das Arbeitszeugnis, 20. Aufl. 2012; *Schleßmann,* Historisches zum Arbeitszeugnis, NZA 2006, 1392; *Schulz,* Alles über Arbeitszeugnisse, 8. Aufl. 2009; *Stiller,* Der Zeugnisanspruch in der Insolvenz des Arbeitgebers, NZA 2005, 330; *Weuster/Scheer,* Arbeitszeugnisse in Textbausteinen, 12. Aufl. 2010; *Witt,* Die Erwähnung des Betriebsratsamts und der Freistellung im Arbeitszeugnis, BB 1996, 2194.

I. Rechtsgrundlagen und Bedeutung des Arbeitszeugnisses

1. Rechtsgrundlagen

Bei der Beendigung des Arbeitsverhältnisses kann der Arbeitnehmer von seinem Arbeitgeber die Erteilung eines Zeugnisses verlangen. 1

Bedeutendste Rechtsgrundlage des Anspruchs auf ein Arbeitszeugnis war bis zum 31.12.2002 § 630 BGB. Hiernach konnte der Arbeitnehmer seit jeher bei der Beendigung eines dauernden Dienstverhältnisses vom Arbeitgeber ein schriftliches Zeugnis über das Dienstverhältnis und dessen Dauer (**einfaches Zeugnis**) fordern, auf Verlangen auch mit Beurteilung der Leistungen und der Führung im Dienst (**qualifiziertes Zeugnis**), vgl. § 630 Satz 2 BGB.

2 Seit dem 1.1.2003[1] ist die Erteilung eines Zeugnisses in § 109 GewO geregelt. Die Motivation des Gesetzgebers, den bereits umfassend in § 630 BGB normierten Zeugnisanspruch nunmehr ausführlich in der Gewerbeordnung zu formulieren, ist nur schwer verständlich, da völlig überflüssig[2].

2a Ausgehend vom früheren § 113 GewO definiert § 109 Abs. 1 Satz 2 GewO das **einfache Zeugnis**, das Angaben zu Art und Dauer der Tätigkeit enthält. Nach § 109 Abs. 1 Satz 3 GewO kann der Arbeitnehmer ein **qualifiziertes Zeugnis** beanspruchen, das sich zusätzlich auf seine Leistung und sein Verhalten im Arbeitsverhältnis erstreckt.

§ 109 Abs. 2 GewO postuliert das Gebot der Klarheit und Verständlichkeit und untersagt ausdrücklich, ein Zeugnis mit geheimen Merkmalen zu versehen.

§ 109 Abs. 3 GewO regelt, dass eine Zeugniserteilung in elektronischer Form ausgeschlossen ist (vgl. § 630 BGB, § 73 Satz 3 HGB aF[3]).

2b § 109 GewO findet **auf alle Arbeitnehmer** Anwendung (s.a. § 6 Abs. 2 GewO). § 630 BGB ist gem. § 630 Satz 4 BGB **allein noch auf arbeitnehmerähnliche Personen** und auf **sonstige Dienstverhältnisse**, die keine Arbeitsverhältnisse sind, beschränkt. Für den Zeugnisanspruch der **Auszubildenden** gilt § 16 BBiG.

Weitere gesetzliche Bestimmungen befinden sich zB in § 32 SoldG, § 11 BfdG, § 18 EhfG, aber auch in zahlreichen **Tarifvertragsnormen** wie bspw. § 35 TVöD, § 35 TV-L, die den Gesetzesvorschriften nachgebildet sind.

Mit Stand November 2007 haben die im Auftrag der Bertelsmann Stiftung tätigen Gutachter *Henssler* und *Preis* die Weiterentwicklung ihres **Diskussionsentwurfs eines Arbeitsvertragsgesetzes** vorgelegt und hierbei vielfältige Stellungnahmen aus Wissenschaft und Praxis berücksichtigt; die das Zeugnis betreffenden Regelungen finden sich in §§ 143, 144 ArbVG-E[4].

3 Häufig enthalten auch (Muster-)**Arbeitsverträge** die arbeitgeberseitige Verpflichtung zur Zeugniserteilung. Doch selbst wenn keine der genannten Rechtsgrundlagen eingreifen sollte, besteht der Anspruch des Arbeitnehmers auf Erteilung eines Arbeitszeugnisses bereits aufgrund der **allgemeinen Fürsorgepflicht des Arbeitgebers**[5], die durch die gesetzlichen, tarifvertraglichen und individualvertraglichen Bestimmungen lediglich konkretisiert wird. Im Ergebnis ist daher von einem einheitlichen Zeugnisanspruch aller Arbeitnehmer auszugehen[6].

2. Bedeutung für Arbeitnehmer und Arbeitgeber

4 Neben dem Bewerbungsanschreiben und dem Lebenslauf stellt das Zeugnis die wichtigste **Bewerbungsunterlage** dar[7]. Es ermöglicht dem Arbeitnehmer den Nachweis

---

1 BGBl. I 2002, 3412.
2 Ebenso *Düwell*, ZTR 2002, 461 (463). Historisch indes ist der Standort in der GewO nicht verfehlt, s. *Schleßmann*, NZA 2006, 1392 (1393).
3 § 73 HGB wurde zum 1.1.2003 aufgehoben.
4 NZA-Beilage 1/2007, 6 (31).
5 Vgl. Schaub/*Koch*, § 106 V 2, VIII.
6 BGB-RGRK/*Eisemann*, § 630 Rz. 3; MünchKommBGB/*Henssler*, § 630 Rz. 25; *Schulz*, S. 9.
7 Anzahl der Bewerbungen bei deutschen Großunternehmen: *Deutsche Bank* jährlich mehr als 100 000, Quelle: FAZ Nr. 110 v. 12.5.2007; Lufthansa etwa 115 000 (2010), (Quelle: www.stepstone.de).

über seinen beruflichen Werdegang, gibt Auskunft über die in dem bescheinigten Zeitraum erbrachten Tätigkeiten und darüber hinaus häufig auch über Führung und Leistung während der Dienstzeit. So dient das Zeugnis der Werbung des Arbeitnehmers auf dem Arbeitsmarkt und ist folglich als **wichtiges Dokument für sein berufliches Weiterkommen** zu begreifen. Nicht selten entscheiden in der Praxis die Arbeitszeugnisse des Bewerbers darüber, ob der Kandidat überhaupt zu einem Vorstellungsgespräch gebeten wird. Im Verhältnis zu Mitbewerbern unterdurchschnittliche Zeugnisse lassen in aller Regel bereits die Teilnahmemöglichkeit an einer Vorauswahl scheitern.

Daraus folgt für den das Zeugnis ausstellenden Arbeitgeber eine **soziale Mitverantwortung**[1], der über das beendete Arbeitsverhältnis hinausgehende Bedeutung zukommt. Da das Zeugnis für die berufliche Entwicklung des Arbeitnehmers einen bedeutsamen Faktor darstellt, trifft den Aussteller eine besondere Sorgfaltspflicht bei der Dokumentation von Tätigkeit und persönlicher Beurteilung. Nicht zuletzt muss sich der Zeugnisaussteller klar darüber sein, dass er sich bei vorsätzlicher unrichtiger Zeugniserteilung Dritten gegenüber schadensersatzpflichtig macht (vgl. Rz. 77f.).

Von der Qualität des Arbeitszeugnisses, insbesondere jedoch von seinem Informationsgehalt hängt ab, welche Bedeutung der neue Arbeitgeber dem Zeugnis zumisst. Um die Einstellung des Zeugnisinhabers ernsthaft zu erwägen, muss der neue Arbeitgeber sich auf diese Informationsquelle verlassen können. Dies erfordert, dass das **Zeugnis wahr ist**, dh. alle wesentlichen Tatsachen und Bewertungen enthält, die für die Gesamtbeurteilung des Arbeitnehmers von Relevanz sind und an denen ein zukünftiger Arbeitgeber ein berechtigtes Interesse hat[2].

3. Wahrheitspflicht und Wohlwollen

Bei der Erstellung des Zeugnisses hat sich der Aussteller um **größtmögliche Objektivität** zu bemühen. Das formulierte Zeugnis muss der **Wahrheit** entsprechen, denn nur so ist einem etwaigen Arbeitgeber eine konkrete Vorstellung über die Persönlichkeit des Arbeitnehmers und seine betriebliche Einsatzmöglichkeit vermittelbar[3]. Es darf deshalb nur Tatsachen, nicht dagegen Behauptungen, Annahmen oder Verdachtsmomente enthalten[4]. Inhaltlich muss das Zeugnis den Geboten der **Zeugniswahrheit** und **Zeugnisklarheit** gerecht werden[5].

Neben dem Wahrheitsgebot gilt im Zeugnisrecht das **Prinzip des Wohlwollens**. Dies verlangt vom Aussteller, bei der Zeugnisformulierung den wohlwollenden Maßstab eines verständigen Arbeitgebers zugrunde zu legen, um dem Arbeitnehmer das berufliche Fortkommen nicht unnötig zu erschweren[6]. Eine wohlwollende Abfassung des Zeugnisses bedeutet indes nicht, dass negative Aussagen zu unterbleiben haben. **Ungünstige Tatsachen** (nicht dagegen bloße Verdächtigungen) sind aufzunehmen, wenn und soweit sie für die Gesamtbeurteilung des Arbeitnehmers charakteristisch sind[7]. Allerdings verlangt der Wahrheitsgrundsatz nicht, Ungünstiges schonungslos zu beurteilen. In einem solchen Fall läuft der Aussteller ebenso Gefahr, sich gegenüber dem

---

1 BGH 15.5.1979 – VI ZR 230/76, NJW 1979, 1882.
2 BAG 5.8.1976 – 3 AZR 491/75, AP Nr. 10 zu § 630 BGB; 10.5.2005 – 9 AZR 261/04, NZA 2005, 1237.
3 BAG 9.9.1992 – 5 AZR 509/91, NZA 1993, 698.
4 LAG Hamm 13.2.1992 – 4 Sa 1077/91, LAGE § 630 BGB Nr. 16.
5 BAG 16.10.2007 – 9 AZR 248/07, NZA 2008, 298; 21.6.2005 – 9 AZR 352/04, NZA 2006, 104.
6 Grundlegend BGH 26.11.1963 – VI ZR 221/62, AP Nr. 10 zu § 826 BGB; BAG 25.10.1967 – 3 AZR 456/66, AP Nr. 6 zu § 73 HGB; 3.3.1993 – 5 AZR 182/92, NZA 1993, 697; 21.6.2005 – 9 AZR 352/04, NZA 2006, 104; Schaub/*Linck*, § 147 III 2.
7 ArbG Düsseldorf 1.10.1987 – 9 Ca 2774/87, DB 1988, 508.

Arbeitnehmer schadensersatzpflichtig zu machen, wie im umgekehrten Fall eine Schadensersatzpflicht gegenüber dem neuen Arbeitgeber eintreten kann, wenn schwerwiegende Tatsachen unrichtig dargestellt oder verschwiegen werden. **Keine Tatsache** stellt dar, dass gegen den Arbeitnehmer ein **Ermittlungsverfahren anhängig** ist; dies darf regelmäßig nicht in das Arbeitszeugnis aufgenommen werden[1]. Insgesamt endet die wohlwollende Rücksichtnahme auf den Arbeitnehmer dort, wo sich das Interesse des künftigen Arbeitgebers an der Zuverlässigkeit des Bewerbers ohne Weiteres aufdrängt[2]. Dem Gebot der Wahrheit ist daher der Vorrang eingeräumt[3]. In der Praxis werden sich häufig Formulierungen finden lassen, die sowohl dem Wahrheitsgrundsatz wie auch dem Maßstab einer wohlwollenden Beurteilung gerecht werden, wenngleich dies zur Wanderung auf schmalem Grad werden kann[4].

II. Anspruchsberechtigte und -verpflichtete Personen

1. Berechtigte Personen

9 Einen Rechtsanspruch auf Erteilung eines schriftlichen Zeugnisses bei der Beendigung des Arbeitsverhältnisses haben nach § 109 GewO **alle Arbeitnehmer**. Der Arbeitgeber ist jedoch nicht verpflichtet, von sich aus ein Zeugnis auszustellen. Vielmehr muss der Arbeitnehmer das Zeugnis ausdrücklich verlangen. Etwas anderes gilt bei Auszubildenden: Hier besteht auch ohne Verlangen des Auszubildenden eine Pflicht des Ausbildenden zur Zeugnisausstellung, § 16 BBiG[5].

10 Auch **Praktikanten, Volontäre und Werkstudenten** haben Zeugnisansprüche[6]. Während für das Praktikantenzeugnis und das Zeugnis des Volontärs über § 26 BBiG die gesetzliche Bestimmung des § 16 BBiG analog gilt, stehen Werkstudenten regelmäßig in einem etwa auf die Semesterferien befristeten Arbeitsverhältnis; ihr Zeugnisanspruch richtet sich grundsätzlich nach § 109 GewO. Auf **Umschulungsverhältnisse** iSv. §§ 1 Abs. 5, 58 ff. BBiG ist § 16 BBiG weder unmittelbar noch über § 26 BBiG anwendbar. Der Zeugnisanspruch eines Umschülers richtet sich daher entweder nach § 630 BGB oder nach § 109 GewO[7].

11 Keine Besonderheiten gelten für **Teilzeitbeschäftigte, leitende Angestellte und Heimarbeiter**, die wie alle anderen Arbeitnehmer Anspruch auf Zeugniserteilung haben.

12 Auch Arbeitnehmer in einem **Probe- oder Aushilfsarbeitsverhältnis** können selbst nach einer nur kurzen Beschäftigungszeit vom Arbeitgeber ein (zumindest einfaches[8]) Zeugnis fordern.

13 **Leiharbeitnehmer** haben einen Zeugnisanspruch gegen den Verleiher. Allein im Falle der Nichtigkeit des Vertrages zwischen Entleiher und Verleiher (§ 9 Nr. 1 AÜG) mit der Folge des Zustandekommens eines Arbeitsvertrags zwischen Entleiher und Leiharbeitnehmer (§ 10 Abs. 1 AÜG) richtet sich der Zeugnisanspruch gegen den Entleiher.

---

1 LAG Düsseldorf 3.5.2005 – 3 Sa 359/05, LAGE § 109 GewO 2003 Nr. 2.
2 BGH 22.9.1970 – VI ZR 193/69, DB 1970, 2224; MünchKommBGB/*Henssler*, § 630 Rz. 42.
3 BAG 23.6.1960 – 5 AZR 560/58, AP Nr. 1 zu § 73 HGB; 5.8.1976 – 3 AZR 491/75, AP Nr. 10 zu § 630 BGB; *Schleßmann*, S. 53; *Schulz*, S. 90; MünchKommBGB/*Henssler*, § 630 Rz. 42.
4 Vgl. hierzu auch *Preis/Bender*, NZA 2005, 1326 (Zeugnis als „Halblüge").
5 LAG Hamm 27.2.1997 – 4 Sa 1691/96, NZA-RR 1998, 151.
6 Vgl. LAG Hamm 11.7.1996 – 4 Sa 1285/95, nv.
7 BAG 12.2.2013 – 3 AZR 120/11, NZA 2014, 31.
8 Zu weit gehend LAG Düsseldorf 14.5.1963 – 8 Sa 177/63, BB 1963, 1216 für ein qualifiziertes Zeugnis bei einem auf Dauer angelegten, aber bereits nach zwei Tagen beendeten Arbeitsverhältnis.

II. Anspruchsberechtigte und -verpflichtete Personen

Organmitglieder können einen Anspruch auf Zeugniserteilung haben. Ein solcher setzt jedoch voraus, dass der gesetzliche Vertreter einer juristischen Person, zB der GmbH-Geschäftsführer, keine oder nur unwesentliche Gesellschaftsanteile besitzt und folglich in wirtschaftlicher Abhängigkeit tätig ist[1]. Auch **Führungskräfte** haben einen Anspruch auf ein Arbeitszeugnis. Mit wachsender Verantwortung verliert jedoch idR das Zeugnis an Bedeutung und wird ersetzt durch gute **Referenzen**. 14

Keinen Anspruch auf Zeugniserteilung hat dagegen der **selbständige Handelsvertreter** iSd. §§ 84 ff. HGB, da er Kaufmann und kein Arbeitnehmer ist. 15

Hiervon sind abzugrenzen die sog. **arbeitnehmerähnlichen Personen** des § 5 Abs. 1 ArbGG, die sich von den übrigen Arbeitnehmern dadurch unterscheiden, dass sie nicht in den Betrieb des Auftraggebers eingegliedert sind und ihre Tätigkeit weisungsfrei erbringen. Wegen ihrer wirtschaftlichen Abhängigkeit werden sie wie Arbeitnehmer behandelt und haben daher den Zeugnisanspruch nach § 630 BGB. Gleiches gilt bei Vorliegen wirtschaftlicher Abhängigkeit für den („kleinen") Handelsvertreter des § 84 Abs. 2 HGB, den sog. Einfirmenvertreter nach § 92a HGB, § 5 Abs. 3 ArbGG und den Franchisenehmer. 16

Freie Mitarbeiter haben mangels persönlicher Abhängigkeit und Weisungsgebundenheit keinen Anspruch auf ein Arbeitszeugnis[2]. 17

2. Verpflichtete Personen

Zur Ausstellung des Zeugnisses ist grundsätzlich **der Arbeitgeber selbst** verpflichtet. Er kann sich jedoch zur Erfüllung seiner Zeugnispflicht **Dritter** bedienen. Diese Personen müssen erkennbar ranghöher sein als der das Zeugnis beanspruchende Arbeitnehmer[3]. Für den Fall, dass der Arbeitnehmer direkt der **Geschäftsleitung unterstellt** war, hat das Zeugnis ein Mitglied der Geschäftsleitung auszustellen; es muss dabei auf seine Position hinweisen[4]. 18

Der als Erfüllungsgehilfe iSd. § 278 BGB für den Arbeitgeber tätige Vertreter (zB Personalabteilungsleiter, Fachabteilungsleiter, Betriebsleiter) muss in jedem Fall in dem Betrieb angestellt sein. Unzulässig ist die Ausstellung durch einen mit der Interessenwahrnehmung beauftragten Rechtsanwalt, da die Unterzeichnung eines Arbeitszeugnisses keine Rechtsangelegenheit iSd. § 3 Abs. 3 BRAO ist[5].

Mit der Erteilung sog. **Referenzschreiben** (s. Rz. 14), die Vorgesetzte des Arbeitnehmers in eigenem Namen verfassen, erfüllt der Arbeitgeber den Zeugnisanspruch nicht. 19

Besonderheiten gelten im Falle der **Insolvenz des Arbeitgebers**[6]. Es bleibt bei der Verpflichtung des Arbeitgebers zur Zeugniserteilung, wenn der Arbeitnehmer vor Eröffnung des Insolvenzverfahrens aus dem Arbeitsverhältnis ausgeschieden ist und auf Zeugniserteilung geklagt hat. Führt der Insolvenzverwalter den Betrieb fort und scheidet der Arbeitnehmer erst anschließend aus dem Arbeitsverhältnis aus, besteht der Zeugnisanspruch gegen den Insolvenzverwalter auch für die Zeiten vor der Eröffnung des Insolvenzverfahrens. Die für die Beurteilung des Arbeitnehmers erforderlichen Kenntnisse muss sich der Insolvenzverwalter aus der Personalakte, durch Befragen 20

---

1 Vgl. KG 6.11.1978 – 2 U 2290/78, BB 1979, 988.
2 Staudinger/*Preis*, § 630 BGB Rz. 3; aA *Hohmeister*, NZA 1998, 571.
3 BAG 4.10.2005 – 9 AZR 507/04, NZA 2006, 436; LAG Hamm 21.12.1993 – 4 Sa 880/93, BB 1995, 154; LAG Köln 14.7.1994 – 4 Sa 579/94, NZA 1995, 685; zweifelnd MünchKommBGB/*Henssler*, § 630 Rz. 51.
4 BAG 26.6.2001 – 9 AZR 392/00, NZA 2002, 34 (in Fortführung der vorherigen Rspr., etwa BAG 21.9.1999 – 9 AZR 893/98, NZA 2000, 257).
5 LAG Hamm 2.11.1966 – 3 Ta 72/66, DB 1966, 1815; 17.6.1999 – 4 Sa 2587/98, MDR 2000, 590.
6 Hierzu insgesamt *Stiller*, NZA 2005, 330 ff.

der Vorgesetzten oder von dem Schuldner beschaffen[1]; Letzterer ist gem. § 97 InsO verpflichtet, die entsprechenden Auskünfte zu erteilen.

Keine Verpflichtung zur Zeugniserteilung trifft den **vorläufigen Insolvenzverwalter**, auf den die Verwaltungs- und Verfügungsbefugnis weder gem. § 22 Abs. 1 InsO noch aufgrund einer Einzelermächtigung gem. § 22 Abs. 2 InsO in Bezug auf die Arbeitsverhältnisse übergegangen ist[2].

21 Bei einem **Betriebsübergang** nach § 613a BGB tritt der Erwerber in die Rechte und Pflichten des Arbeitsverhältnisses ein, so wie es im Zeitpunkt des Übergangs besteht. Der Zeugnisanspruch des übernommenen Arbeitnehmers richtet sich gegen den neuen Inhaber[3]. Der Arbeitnehmer darf den Betriebsinhaberwechsel jedoch zum Anlass nehmen, von dem bisherigen Arbeitgeber ein Zwischenzeugnis zu verlangen[4]. Gegen diesen besteht der Anspruch auf Zeugniserteilung auch, wenn der Arbeitnehmer im Zusammenhang mit dem Betriebsübergang durch Eigenkündigung oder Aufhebungsvertrag ausscheidet.

21a Die Zeugnis(berichtigungs)pflicht erlischt nicht mit dem **Tod** des **Arbeitgebers**, sondern geht als Verbindlichkeit auf dessen Erben über[5].

III. Zeugnisarten

22 Das Gesetz unterscheidet in § 109 Abs. 1 GewO zwischen dem **einfachen** und dem **qualifizierten Zeugnis**[6]. Das qualifizierte Zeugnis ist sowohl als **Schluss-/Endzeugnis** wie auch als **Zwischenzeugnis** möglich. Inwieweit darüber hinaus ein **vorläufiges Zeugnis** verlangt bzw. ausgestellt werden kann, ist abschließend nicht geklärt[7].

1. Einfaches Zeugnis

23 Nach § 109 Abs. 1 Satz 2 GewO und den genannten gesetzlichen Parallelvorschriften erstreckt sich das einfache Zeugnis nur auf die **Art und Dauer der Tätigkeit**. Denn es soll dem Arbeitnehmer lediglich ermöglichen, im Fall des Arbeitsplatzwechsels seine Beschäftigung lückenlos nachweisen zu können. Deswegen enthält das einfache Zeugnis keine weiter gehenden Aussagen über die Leistung und Führung im Arbeitsverhältnis. Konkret enthält es die Angaben zur Person des Arbeitnehmers, nämlich Name, Vorname, akademische Grade[8] und Berufsbezeichnung. Anschrift und Geburtsdatum dürfen bei Einverständnis aufgenommen werden.

24 Die **Art der Tätigkeit** ist so genau und vollständig anzugeben, dass der neue Arbeitgeber ersehen kann, mit welchen Arbeiten der Arbeitnehmer betraut war[9] (s. Rz. 37f.). Hinsichtlich der **Dauer** ist zu bescheinigen, wie lange das Arbeitsverhältnis **rechtlich bestanden** hat[10]. Nicht zu erwähnen sind tatsächliche Unterbrechungen wie

---

1 BAG 30.1.1991 – 5 AZR 32/90, AP Nr. 18 zu § 630 BGB; 23.6.2004 – 10 AZR 495/03, DB 2004, 2428.
2 BAG 23.6.2004 – 10 AZR 495/03, DB 2004, 2428.
3 LAG Hamm 1.12.1994 – 4 Sa 1631/94, LAGE § 630 BGB Nr. 28; s.a. BAG 16.10.2007 – 9 AZR 248/07, NZA 2008, 289; *Jüchser*, NZA 2012, 244.
4 Vgl. BAG 16.10.2007 – 9 AZR 248/07, NZA 2008, 298.
5 BAG 30.1.1991 – 5 AZR 32/90, NZA 1991, 599 (600).
6 In § 35 Abs. 1 TVöD als „Endzeugnis" bezeichnet.
7 Jetzt aber gem. § 35 Abs. 3 TVöD in der Form des einfachen Zeugnisses zu beanspruchen bei bevorstehender Beendigung des Arbeitsverhältnisses.
8 BGB-RGRK/*Eisemann*, § 630 Rz. 28; LAG Hamm 11.7.1996 – 4 Sa 1285/95, nv., für akademischen Grad „M.A.".
9 BAG 12.8.1976 – 3 AZR 720/75, EzA § 630 BGB Nr. 7.
10 LAG Köln 4.3.2009 – 3 Sa 1419/08, nv.

Krankheit, Urlaub, Freistellungen etc., es sei denn, ihnen kommt für die Einschätzung der Gesamtbeurteilung des Arbeitnehmers eine Bedeutung zu (zB länger andauernde Befreiungen von der Arbeitspflicht aufgrund von Krankheit, Heilverfahren, Wehr-/Freiwilligendienst).

Ein **Ruhen des Arbeitsverhältnisses** darf daher in das Zeugnis aufgenommen werden, wenn es Zeiten umfasst, die etwa die Hälfte der Gesamtbeschäftigung ausmachen[1]. So darf der Arbeitgeber die **Elternzeit** eines Arbeitnehmers dann **erwähnen**, wenn diese nach Lage und Dauer **erheblich** ist[2] (33 von 50 Monaten des Gesamtarbeitsverhältnisses) und sich als wesentliche tatsächliche Unterbrechung der Beschäftigung darstellt. Denn andernfalls entstände leicht der Eindruck, die Beurteilung beziehe sich auf die während des rechtlichen Bestands des Arbeitsverhältnisses erbrachten Arbeitsleistungen.

Eine Erwähnung von **Betriebsrats-, Personalrats- und Jugendvertretertätigkeit** im Zeugnis ist regelmäßig unzulässig[3]. Eine Ausnahme soll dann greifen, wenn der zu beurteilende Mitarbeiter vor seinem Ausscheiden lange Zeit ausschließlich für den Betriebs- oder Personalrat tätig (freigestellt) war und die damit verbundene Abwesenheit vom Arbeitsplatz seine Berufserfahrung und Qualifikation stark beeinflusst hat[4].   24a

2. Qualifiziertes Zeugnis

Über die Angaben zu Art und Dauer der Beschäftigung hinausgehend enthält das qualifizierte Zeugnis Angaben über **Leistung und Verhalten im Arbeitsverhältnis**. Die Ausdehnung des einfachen auf ein qualifiziertes Zeugnis erfolgt nur auf ausdrückliches **Verlangen des Arbeitnehmers**, dem insoweit ein Wahlrecht zusteht. Wünscht der Arbeitnehmer lediglich die Erteilung eines einfachen Zeugnisses, kann er ein gleichwohl über Leistung und Führung (Verhalten) ausgestelltes Zeugnis zurückweisen[5].   25

Das qualifizierte Zeugnis darf sich nicht beschränken auf die Beurteilung allein der Leistung oder des Verhaltens des Arbeitnehmers, denn sein Sinn und Zweck besteht gerade in einer **umfassenden Würdigung der Persönlichkeit des Arbeitnehmers**[6]. Eine solche Trennung ist auch nicht auf Wunsch des Arbeitnehmers zulässig, da es nicht ausreichend ist, wenn sich aus einer positiven Leistungsbeurteilung lediglich gewisse positive Rückschlüsse auf das Führungsverhalten des Arbeitnehmers ziehen lassen[7]. Ebenso wenig ist es zulässig, das Zeugnis nur auf einen bestimmten Zeitausschnitt des Beschäftigungsverhältnisses zu beschränken. Der Grundsatz der Einheitlichkeit des Zeugnisses und das Wahrheitsprinzip erfordern vielmehr, es auf die gesamte Dauer des Arbeitsverhältnisses zu erstrecken[8].   26

Anspruch auf ein qualifiziertes Zeugnis soll auch nach einem nur kurzen (zwei Monate, davon tatsächlich gearbeitet sechs Wochen) Arbeitsverhältnis bestehen, da das Gesetz eine entsprechende Einschränkung nicht vorsehe[9].

---

1 Ähnlich *Schleßmann*, S. 66.
2 BAG 10.5.2005 – 9 AZR 261/04, NZA 2005, 1237.
3 BAG 19.8.1992 – 7 AZR 262/91, NZA 1993, 222; LAG Hamm 6.3.1991 – 3 Sa 1279/90, LAGE § 630 BGB Nr. 13.
4 Vgl. auch LAG Hess. 2.12.1983 – 13 Sa 141/83, nv.
5 MünchKommBGB/*Henssler*, § 630 Rz. 22.
6 Vgl. ArbG Düsseldorf 1.10.1987 – 9 Ca 2774/87, DB 1988, 508.
7 LAG Hess. 23.1.1968 – 5 Sa 373/67, AP Nr. 5 zu § 630 BGB; LAG Düsseldorf 30.5.1990 – 7 Ta 11/90, LAGE § 630 BGB Nr. 10.
8 LAG Hess. 14.9.1984 – 13 Sa 64/84, NZA 1985, 27.
9 LAG Köln 30.3.2001 – 4 Sa 1485/00, BB 2001, 1959.

3. Zwischenzeugnis

27 In der Form des Zwischenzeugnisses hat der Arbeitgeber das qualifizierte Zeugnis nur bei **Vorliegen besonderer Voraussetzungen** zu erteilen. Es ist kennzeichnend für das Zwischenzeugnis, dass eine Beendigung des Arbeitsverhältnisses durch Kündigung, Aufhebung oder Zeitablauf nicht unmittelbar bevorsteht. Der Anspruch auf seine Ausstellung folgt mangels gesetzlicher Regelung aus der Fürsorgepflicht des Arbeitgebers und wird andererseits begrenzt durch die Treuepflicht des Arbeitnehmers[1]. **Besondere Gründe**, die die Erstellung eines Zwischenzeugnisses rechtfertigen können und die der Arbeitnehmer mit dem Zeugnisverlangen darzulegen hat, sind
- außerbetriebliche Bewerbung
- Versetzung oder Bewerbung innerhalb des Betriebes, Unternehmens oder Konzerns
- Vorgesetztenwechsel[2]
- bevorstehender Betriebsübergang
- nach Eröffnung des Insolvenzverfahrens
- sonstige Änderungen der Unternehmensstruktur (Fusion, Auf-, Abspaltung) mit konkreten Auswirkungen auf das Arbeitsverhältnis
- Besuch von Fach- oder Hochschule bzw. anderen Weiterbildungseinrichtungen
- Übernahme eines politischen Mandats
- Einberufung zum Wehr- oder Zivildienst
- Beantragung von Elternzeit
- Vorlage bei Behörden und Gerichten
- Freistellung als Betriebs- oder Personalratsmitglied
- Unterbrechung des Arbeitsverhältnisses für mehr als ein Jahr.

28 Grundsätzlich verlangt die Rechtsprechung[3] das **Vorliegen eines triftigen Grundes**, der bei verständiger Betrachtungsweise den Wunsch des Arbeitnehmers nach Ausstellung eines Zwischenzeugnisses als berechtigt erscheinen lässt. Dient dem Arbeitnehmer das Zwischenzeugnis allgemein der Förderung des mit ihm angestrebten Erfolgs, wird man den Anspruch bis zur Grenze des Missbrauchs bejahen müssen[4]. Keinen triftigen Grund iSv. § 35 Abs. 2 TVöD stellt das Verlangen des Angestellten nach einem Zwischenzeugnis dar, das dieser als Beweismittel in einem Höhergruppierungsrechtsstreit verwenden will. Ebenso wenig begründet der Wunsch des Arbeitnehmers nach einer Beurteilung zwecks Feststellung des eigenen „Marktwertes" den Anspruch auf ein Zwischenzeugnis. Hier ist der Arbeitnehmer auf die Beurteilung nach § 82 Abs. 2 BetrVG zu verweisen; die Vorschrift gewährt allerdings keinen Anspruch auf Aushändigung einer schriftlichen Leistungsbeurteilung.

29 Mit der **tatsächlichen**, nicht der rechtlichen **Beendigung des Arbeitsverhältnisses** entsteht der Anspruch des Arbeitnehmers auf das Schluss- oder Endzeugnis und ist fällig[5]. Es kommt insbesondere nicht darauf an, ob wegen eines anhängigen Kündigungsschutzprozesses der Zeitpunkt der rechtlichen Beendigung des Arbeitsverhältnisses noch unklar ist[6]. Hatte der Arbeitnehmer bereits zu einem früheren Zeitpunkt ein Zwischenzeugnis erhalten, kann er gleichwohl nicht verlangen, dass der Arbeitgeber im Endzeugnis die Formulierungen des Zwischenzeugnisses exakt übernimmt[7]. Dessen Inhalt kommt jedoch für das endgültige Zeugnis starke Indizwirkung zu[8]. Grund-

---

1 HwB-AR/*Grimm*, „Zeugnis", Rz. 17.
2 BAG 1.10.1998 – 6 AZR 176/97, NZA 1999, 894.
3 BAG 21.1.1993 – 6 AZR 171/92, DB 1993, 2134; LAG Hamm 15.5.2012 – 19 Sa 1079/11, nv.
4 Ähnlich auch *Schulz*, S. 32.
5 BAG 27.2.1987 – 5 AZR 710/85, NZA 1987, 628.
6 LAG Nürnberg 26.9.1985 – 5 Sa 60/84, ARST 1986, 187.
7 LAG Düsseldorf 2.7.1976 – 9 Sa 727/76, DB 1976, 2310.
8 Vgl. auch LAG Köln 22.8.1997 – 11 Sa 235/97, NZA 1999, 771.

sätzlich ist jedenfalls der Arbeitgeber für den Zeitraum, den das Zwischenzeugnis abdeckt, hinsichtlich des Inhalts des Endzeugnisses gebunden. Er darf vom Zwischenzeugnis nur abweichen, wenn die späteren Leistungen oder das spätere Verhalten des Arbeitnehmers dies rechtfertigen[1]. Entsprechende Abweichungen hat der Arbeitgeber zu beweisen.

Nach der Kündigung hat der Arbeitnehmer während des laufenden Kündigungsrechtsstreits ein **Wahlrecht** zwischen End- und Zwischenzeugnis[2]. Der Arbeitnehmer, der ein Endzeugnis verlangt hat, kann **nicht zusätzlich** ein **Zwischenzeugnis** fordern. Denn das Zwischenzeugnis ist dem Endzeugnis gegenüber subsidiär mit der Folge, dass es jedenfalls nach Ablauf der Kündigungsfrist[3] an dem erforderlichen triftigen Grund fehlt[4].

Nach Kündigungsausspruch soll der Arbeitnehmer, der während der (längeren) Kündigungsfrist weiterbeschäftigt wird, ein sog. **vorläufiges Zeugnis** verlangen können[5]. Gleiches wird für den Fall der Vereinbarung eines Aufhebungsvertrags mit Auslauffrist gelten müssen. Da sich die Verhältnisse selbst bis zum Ablauf der Kündigungs- bzw. Auslauffrist noch ändern können, besteht für das Endzeugnis kein Anspruch auf wortgenaue Übernahme der Formulierungen des vorläufigen Zeugnisses. Auf den vorläufigen Charakter der Beurteilung sollte im Zeugnis hingewiesen werden. Streitig ist, ob der Arbeitnehmer bei Erteilung des Endzeugnisses das vorläufige Zeugnis herauszugeben hat[6]. 30

Kein Zeugnis ist die **Arbeitsbescheinigung** nach § 312 SGB III. Die Norm verpflichtet den Arbeitgeber lediglich, gegenüber der Arbeitsverwaltung Art der Tätigkeit, Beginn, Unterbrechungen, Ende und Grund für die Beendigung des Arbeitsverhältnisses sowie das erzielte Arbeitsentgelt einschließlich Abfindungs- und Entschädigungsleistungen anzugeben. Die unter Verwendung eines von der Bundesagentur für Arbeit vorgesehenen Formblatts auszufüllende Bescheinigung dient als Entscheidungs- und Bemessungsgrundlage für die Bewilligung von Arbeitslosengeld. 31

Kein Arbeitszeugnis ist auch das **erweiterte Führungszeugnis** nach **§ 30a BRZG**[7], das sich der Arbeitgeber vorrangig im Bereich der Wohlfahrtspflege (speziell der Kinder- und Jugendarbeit) insbesondere nach § 30a Abs. 1 Nr. 2, § 72a SGB VIII für die Prüfung der persönlichen Eignung vorlegen zu lassen hat[8].

IV. Form

Das Arbeitszeugnis, sei es als einfaches, sei es als qualifiziertes, muss **schriftlich** erteilt werden. Eine Erteilung in **elektronischer Form** ist **nicht zulässig** (§ 109 Abs. 3 GewO, § 630 Satz 3 BGB, § 16 Abs. 1 Satz 2 BBiG). Das Zeugnis ist regelmäßig maschinenschriftlich bzw. per Textverarbeitung zu erstellen, keinesfalls jedoch in hand- 32

---

1 BAG 16.10.2007 – 9 AZR 248/07, NZA 2008, 298; ebenso LAG Schl.-Holst. 23.6.2010 – 6 Sa 391/09, AuA 2010, 675.
2 Vgl. auch LAG Schl.-Holst. 1.4.2009 – 1 Sa 370/08, AuA 2009, 485; offen gelassen von LAG Hamm 16.1.2012 – 7 Sa 1201/11, ArbRB 2012, 139.
3 LAG Hess. 12.5.2011 – 5 Sa 1863/10, AA 2012, 5.
4 LAG Hamm 13.2.2007 – 19 Sa 1589/06, NZA-RR 2007, 486; LAG Hamm 15.5.2012 – 19 Sa 1079/11, nv.
5 Vgl. MünchKommBGB/*Henssler*, § 630 Rz. 14; ähnlich HwB-AR/*Grimm*, „Zeugnis", Rz. 21; s. jetzt auch § 35 Abs. 2 TVöD: „bei bevorstehender Beendigung des Arbeitsverhältnisses".
6 Dafür HwB-AR/*Grimm*, „Zeugnis", Rz. 19; differenzierend *Schulz*, S. 28 f., der eine doppelte Erfüllung nicht annimmt, da vorläufiges und Endzeugnis als rechtliche *alia* zu begreifen seien.
7 In Kraft seit dem 1.5.2010.
8 Einzelheiten bei *Joussen*, NZA 2012, 776; LAG Hamm 25.4.2014 – 10 Sa 1718/13, DWW 2014, 721, das die Vorlageverpflichtung des Arbeitnehmers bei Vorliegen der gesetzlichen Voraussetzungen aus § 241 Abs. 2 BGB herleitet.

schriftlicher Abfassung mit Bleistift wegen leicht möglicher Änderungen durch Radierung. Der Arbeitgeber hat für das Zeugnis haltbares Papier von guter Qualität zu verwenden[1]. Nachträgliche sichtbare Veränderungen sind nicht zulässig, vielmehr ist das Zeugnis in einem solchen Fall neu zu erstellen. Schreibfehler können den Anspruch auf Neuerteilung begründen, wenn negative Folgen für den Arbeitnehmer möglich erscheinen[2].

33 Da das Zeugnis dem beruflichen Fortkommen des Arbeitnehmers dient, muss seine **äußere Form** entsprechend sein. Der Arbeitnehmer hat daher Anspruch auf ein sauberes, regelmäßig auf DIN-A4-**Geschäftspapier des Arbeitgebers** abgefasstes Zeugnis ohne Streichungen, Ausbesserungen, Flecken, Geheimzeichen oder ähnliche Merkmale. Unterstreichungen oder Hervorhebungen durch Anführungszeichen haben ebenso zu unterbleiben wie die Verwendung von Frage- oder Ausrufezeichen. Technisch einwandfreie Kopien von Zeugnisurkunden, die mit Originalunterschrift des Arbeitgebers versehen sind, genügen[3]. Der Arbeitnehmer kann verlangen, dass der Arbeitgeber aktuelles Geschäftspapier verwendet[4], aus dem die korrekte Firmenanschrift des Arbeitgebers und bei juristischen Personen die Vertretungsverhältnisse hervorgehen[5]. Bei einem neutralen weißen Bogen muss das Zeugnis neben der Unterschrift des Arbeitgebers den Firmenstempel enthalten. Indes ist es nicht zu beanstanden, wenn der Arbeitgeber den Zeugnisbogen faltet, um ihn in einem Umschlag kleineren Formats unterzubringen[6].

34 In der sog. **Eingangsformel** ist der Arbeitnehmer mit Vor- und Familienname, ggf. einschließlich Geburtsname, sowie bei Einverständnis Geburtsdatum und Anschrift zu bezeichnen. Mit aufzunehmen sind die Berufsbezeichnung und erworbene akademische Grade bzw. öffentlich-rechtliche Titel. Bei einem von einer Fachhochschule verliehenen Titel „Dipl.-Ingenieur" ist die Hinzufügung der Abkürzung „FH" grundsätzlich unzulässig[7]. Nicht in das Zeugnis aufzunehmen sind hingegen innerbetriebliche Titel, die als reine Funktionsbezeichnungen nicht der Personenbeschreibung dienen[8].

35 Auch für ausländische Arbeitnehmer ist das Zeugnis in **deutscher** Textsprache abzufassen[9]. Es ist in der **Überschrift** als „Zeugnis", „Vorläufiges Zeugnis" oder „Zwischenzeugnis" zu bezeichnen, gleichgültig, ob es sich um ein einfaches oder qualifiziertes handelt, und in der dritten Person zu formulieren[10]. Lediglich bei leitenden Angestellten ist es nicht gänzlich unüblich, das Zeugnis in Form eines Briefes mit persönlicher Anrede zu erteilen.

Als wesentlichen Bestandteil hat das Zeugnis das **Ausstellungsdatum** zu enthalten[11]. Dabei ist grundsätzlich der **Tag der Ausstellung** aufzunehmen, auch wenn dieser nicht der tatsächliche oder rechtliche Beendigungszeitpunkt des Arbeitsverhältnisses ist. Eine Vordatierung des Ausstellungsdatums auf das rechtliche Ende der Beschäftigung ist ebenso unzulässig wie eine Rückdatierung. Auch wenn der Arbeitnehmer erst einige Zeit nach seinem Ausscheiden den Zeugnisanspruch geltend macht, ist

---

1 BAG 3.3.1993 – 5 AZR 182/92, NZA 1993, 697.
2 ArbG Düsseldorf 19.12.1984 – 6 Ca 5682/84, NZA 1985, 812; für generellen Anspruch auf schreibfehlerloses Zeugnis *Schleßmann*, S. 117.
3 LAG Bremen 23.6.1989 – 4 Sa 320/88, NZA 1989, 848.
4 Vgl. BAG 3.3.1993 – 5 AZR 182/92, EzA § 630 BGB Nr. 17.
5 Vgl. LAG Köln 26.2.1992 – 7 Sa 1007/91, NZA 1992, 841.
6 BAG 21.9.1999 – 9 AZR 893/98, DB 1999, 2011; aA LAG Hamburg 7.9.1993 – 7 Ta 7/93, NZA 1994, 890.
7 BAG 8.2.1984 – 5 AZR 501/81, NZA 1984, 225.
8 LAG Hamm 2.5.1991 – 4 Sa 183/91, nv.
9 Vgl. für Anspruch in englischer Sprache *Kursawe*, ArbRAktuell 2010, 643.
10 LAG Düsseldorf 23.5.1995 – 3 Sa 253/95, BB 1995, 2064.
11 LAG Bremen 23.6.1989 – 4 Sa 320/88, NZA 1989, 848.

das Zeugnis mit dem tatsächlichen, späteren Ausstellungsdatum zu versehen[1]. Etwas anderes gilt allein im Falle einer Zeugnis(berichtigungs)klage. Hier ist das geänderte Zeugnis auf das ursprüngliche Ausstellungsdatum zurückzudatieren. Dabei kommt es nicht darauf an, ob der Arbeitgeber die Berichtigung von sich aus oder aufgrund gerichtlicher Entscheidung bzw. Prozessvergleichs vornimmt[2].

Das Arbeitszeugnis ist am Ende **handschriftlich zu unterschreiben** (§ 126 Abs. 1 BGB), und zwar grundsätzlich vom Arbeitgeber oder seinem gesetzlichen Vertretungsorgan. Zur Erfüllung der Schriftform genügen **weder** ein **Faksimile noch** eine kopierte Unterschrift. Daraus folgt, dass eine Zeugniserteilung per **E-Mail** oder per **Telefax** oder durch Aushändigung einer **Kopie** die gesetzliche Schriftform nicht wahrt[3]. Zumindest eine nicht entzifferbare Unterschrift – **Paraphe** als Unterschrift ist unzureichend – bedarf der zusätzlichen maschinenschriftlichen Namensangabe des Ausstellers. Unzureichend ist auch eine **atypisch überdimensionierte**, im Wesentlichen aus bloßen Auf- und Abwärtslinien bestehende **Unterschrift**, die den Verdacht der Distanzierung des Arbeitgebers von dem Zeugnisinhalt aufkommen lassen kann[4]. Der Arbeitnehmer hat jedoch regelmäßig keinen Anspruch auf persönliche Unterzeichnung durch den Arbeitgeber[5]. Prokuristen und Generalbevollmächtigte sind ohne Weiteres zeichnungsberechtigt, Handlungsbevollmächtigte bei Vorliegen einer entsprechenden Ermächtigung[6]. Insgesamt genügt die Unterzeichnung durch einen **unternehmensangehörigen Vertreter** des Arbeitgebers, der jedoch im Zeugnis zu verdeutlichen hat, dass er dem Arbeitnehmer gegenüber weisungsbefugt war[7]. Keine ordnungsgemäße Erfüllung des Zeugnisanspruchs muss zwangsläufig vorliegen, wenn der Einzelprokurist lediglich mit dem Zusatz „ppa." unterschreibt. Entscheidend kommt es vielmehr auf seine Weisungsbefugnis an: In jedem Fall muss der Unterzeichner des Zeugnisses **erkennbar ranghöher**[8] sein als der Arbeitnehmer. Das Zeugnis eines leitenden Angestellten, der unmittelbar der Geschäftsführung unterstellt war, ist daher zumindest auch von einem vertretungsberechtigten Geschäftsführer zu unterzeichnen[9].

Ein Anspruch auf **Mitunterzeichnung** des Arbeitszeugnisses durch den **Fachvorgesetzten** besteht grundsätzlich nicht[10], kann sich aber aus besonderen Umständen der Arbeitsorganisation ergeben[11] und/oder tariflich vorgesehen sein[12].

V. Inhalt

1. Einfaches Zeugnis

Das Zeugnis, das lediglich über Art und Dauer[13] der Beschäftigung des Arbeitnehmers Auskunft gibt, wird als einfaches Zeugnis bezeichnet. Der Begriff verkennt, dass ins-

---

1 LAG Bremen 23.6.1989 – 4 Sa 320/88, NZA 1989, 848; ArbG Karlsruhe 19.9.1985 – 6 Ca 654/85, NZA 1986, 169.
2 BAG 9.9.1992 – 5 AZR 509/91, NZA 1993, 698.
3 LAG Hamm 28.3.2000 – 4 Sa 1588/99, NZA 2001, 576.
4 LAG Nürnberg 3.8.2005 – 4 Ta 153/05, NZA-RR 2006, 13.
5 Anders, wenn der Name des Ausstellers im Zeugnistext ausgeführt ist: ArbG München 18.8.2010 – 21 Ca 12890/09, ArbRB 2010, 302.
6 Vgl. auch LAG Hamm 2.4.1998 – 4 Sa 1735/97, nv.; 17.6.1999 – 4 Sa 2587/98, MDR 2000, 590.
7 BAG 26.6.2001 – 9 AZR 392/00, NZA 2002, 34.
8 BAG 4.10.2005 – 9 AZR 507/04, NZA 2006, 436.
9 BAG 16.11.1995 – 8 AZR 983/94, EzA § 630 BGB Nr. 20.
10 LAG Hamm 14.1.2010 – 8 Sa 1132/09, nv. (Leiter des Redaktionsbüros einer juristischen Fachzeitschrift); s. hierzu auch Anm. *Berscheid*, juris-PR 16/2010, 3.
11 LAG Hamm 21.12.1993 – 4 Sa 880/93, BB 1995, 154 (fachliche Beurteilung eines Arztes im Krankenhausbereich).
12 S. etwa § 35 Abs. 5 TV-L; vgl. auch § 37 AVR Diakonie.
13 LAG Köln 4.3.2009 – 3 Sa 1419/08, nv.: Dauer des rechtlichen Bestandes des Arbeitsverhältnisses.

besondere die Darstellung der Art des Arbeitsverhältnisses inhaltlich umfassender sein kann als die zusätzlichen Angaben über Führung und Leistung im qualifizierten Zeugnis. Zudem kann eine **ausführliche Beschreibung der Art der Beschäftigung** im Einzelfall für den betroffenen Arbeitnehmer wichtiger sein als die immer auch von subjektiven Bewertungen mitgeprägte Beurteilung von Leistung und Führung.

38 Das einfache Zeugnis muss eine **präzise Darstellung der von dem Arbeitnehmer erledigten Tätigkeiten** enthalten, so dass sich jeder Leser ein genaues Bild über Art und Umfang der Beschäftigung machen kann. Sonderaufgaben und Spezialtätigkeiten, mit denen der Arbeitnehmer betraut war, sind zu erwähnen.

Bei der **Berufsbezeichnung** genügt eine allgemein gehaltene Berufsangabe dann nicht, wenn eine speziellere Bezeichnung den konkreten Arbeitseinsatz zu beschreiben vermag (anstatt technischer Angestellter, Buchhalter, Facharbeiter ist etwa so zu spezifizieren: Leiter der Elektronikabteilung, Debitorenbuchhalter, Kfz-Schlosser). Leitungsbefugnisse, besondere Verantwortungen und selbständig ausgeübte Tätigkeiten sind in jedem Fall anzugeben, da es sich dabei insgesamt um Beschreibungen der zu verrichtenden Aufgaben handelt. Allgemein gilt, dass die Zeugnisdarstellung zur Art der Beschäftigung umso erschöpfender ausfallen muss, je bedeutender die Leitungsbefugnisse und Verantwortungsbereiche waren. Ist der Arbeitnehmer während seiner Beschäftigungszeit zu verschiedenen, wechselnden Tätigkeiten herangezogen worden, sind diese – zumindest was die Haupttätigkeiten betrifft – in zeitlicher Reihenfolge aufzulisten. Berufliche Fortbildungsveranstaltungen, an denen der Arbeitnehmer teilgenommen hat, sind mit Art, Dauer und Abschluss in das Zeugnis aufzunehmen. Der Träger der Bildungsmaßnahme darf nur auf Wunsch des Arbeitnehmers erwähnt werden.

39 Die **Gründe und Umstände der Beendigung des Arbeitsverhältnisses** sind regelmäßig im Zeugnis **nicht** zu nennen[1]. Wünscht hingegen der Arbeitnehmer die Angabe des Beendigungsgrundes, zB durch Prozessvergleich nach außerordentlicher Kündigung oder Auflösung durch Urteil nach arbeitnehmerseitigem Auflösungsantrag, ist der Arbeitgeber hierzu verpflichtet, indem er etwa Formulierungen wie „Auflösung in beiderseitigem Einvernehmen" oder „beendet auf Wunsch des Arbeitnehmers" wählt.

Die Formulierung des einfachen Zeugnisses ist hinsichtlich Wortwahl und Satzstellung Sache des **Arbeitgebers**; er ist **in der sprachlichen Gestaltung frei**[2]. Allerdings besteht anders als beim qualifizierten Zeugnis kein bedeutender Beurteilungsspielraum.

Formulierungsbeispiel für ein einfaches Zeugnis eines(r) Angestellten:

Herr/Frau ..., (geboren am ... in ...,) war in der Zeit vom ... bis zum ... als ... in unserer Abteilung ... beschäftigt. Ihm/ihr oblagen zunächst folgende Aufgaben ..., später hat er/sie auch ... übernommen.

Herr/Frau ... verlässt unser Unternehmen am ... (auf eigenen Wunsch/wegen Verlegung des Wohnsitzes etc.).

Für die Zukunft wünschen wir ihm/ihr alles Gute[3].

(Ort, Datum) (Unterschrift)

---

1 LAG Hamm 24.9.1985 – 13 Sa 833/85, NZA 1986, 99; LAG Düsseldorf 22.1.1988 – 2 Sa 1654/87, NZA 1988, 399; LAG Köln 29.11.1990 – 10 Sa 801/90, LAGE § 630 BGB Nr. 11; LAG Sachs. 30.1.1996 – 5 Sa 996/95, NZA-RR 1997, 47; differenzierend *Popp*, NZA 1997, 588.
2 BAG 16.10.2007 – 9 AZR 248/07, NZA 2008, 298 mwN.
3 Auf diese Formulierung besteht jedoch kein Anspruch: BAG 20.2.2001 – 9 AZR 44/00, NZA 2001, 843; zuletzt BAG 11.12.2012 – 9 AZR 227/11, NZA 2013, 324.

2. Qualifiziertes Zeugnis

Auf (ausdrückliches) Verlangen des Arbeitnehmers hat der Arbeitgeber das einfache Zeugnis auf die Leistungen und das Verhalten im Arbeitsverhältnis auszudehnen. Das qualifizierte Zeugnis ist also ein um die **Beurteilung von Leistung und Verhalten des Arbeitnehmers** ergänztes Zeugnis[1]. Es soll einem zukünftigen neuen Arbeitgeber ein möglichst genaues Bild über die charakterlichen Eigenschaften und die Verwendungsmöglichkeiten des Arbeitnehmers vermitteln und somit eine nachprüfbare Gesamtbewertung von Charakter und Leistung enthalten[2]. Bei langjährigen Arbeitsverhältnissen besteht Anspruch auf Darstellung und Beurteilung des gesamten Vertragszeitraums. Es ist aus der Fürsorgepflicht abzuleitende Aufgabe des Arbeitgebers, zum Zwecke einer vollständigen Zeugniserteilung im Rahmen des Möglichen Nachforschungen etwa bei ausgeschiedenen Vorgesetzten zu halten.

a) Leistung

Der Begriff der vom Arbeitgeber zu beurteilenden Leistung umfasst **sämtliche Faktoren**, die geeignet sind, die berufliche Verwendbarkeit eines Arbeitnehmers zu umschreiben[3]. Hierzu gehören etwa:
– Fachkenntnisse, Fertigkeiten
– Arbeitsbereitschaft
– Arbeitstempo, Ökonomie
– Qualität der Arbeit
– erzielte Erfolge
– berufliches Engagement
– Fortbildungsbereitschaft
– Vielseitigkeit
– Auffassungsgabe, Ausdrucksvermögen
– Verhandlungsgeschick
– Spezialkenntnisse und besondere Fertigkeiten (haben in die Bewertung der Leistung mit einzufließen).

Der Arbeitgeber hat bei der Leistungsbeschreibung einen **umfassenden Beurteilungsspielraum**, der ungleich größer ist als bei der Tätigkeitsbeschreibung[4]. Gleichwohl hat er sich bei der Leistungsbewertung um größtmögliche Objektivität zu bemühen, um eine zutreffende Gesamtwürdigung der Leistung des Arbeitnehmers zu erreichen. Das abgegebene Werturteil ist in jedem Fall gerichtlich daraufhin überprüfbar, ob ihm sachfremde oder überzogene Maßstäbe zugrunde gelegt wurden[5]. Es steht dem Arbeitgeber indes frei, welche Leistungen seines Arbeitnehmers er bei der Formulierung mehr hervorheben oder zurücktreten lassen will, solange dabei die Wahrheitspflicht in Bezug auf ein möglichst vollständiges und zutreffendes Bild des Arbeitnehmers beachtet bleibt. Der in § 109 Abs. 2 GewO normierte **Grundsatz der Zeugnisklarheit** verlangt, dass das Zeugnis keine Formulierungen enthält, die eine andere als die aus der äußeren Form oder aus dem Wortlaut ersichtliche Aussage über den Arbeit-

---

1 Zu den notwendigen Grundelementen des qualifizierten Zwischenzeugnisses LAG Hamm 28.8.1997 – 4 Sa 1926/96, NZA-RR 1998, 490; zum Stand der Rspr. *Düwell/Dahl*, NZA 2011, 958.
2 MünchKommBGB/*Henssler*, § 630 Rz. 32.
3 Vgl. auch LAG Hamm 1.12.1994 – 4 Sa 1631/94, LAGE § 630 BGB Nr. 28, wonach der Begriff der Leistung die Hauptmerkmale Arbeitsbereitschaft, -befähigung, -weise, -vermögen, -ergebnis und -erwartung umfasst.
4 Vgl. BAG 29.7.1971 – 2 AZR 250/70 u. 12.8.1976 – 3 AZR 720/75, AP Nr. 6, 11 zu § 630 BGB.
5 LAG Hamm 16.3.1989 – 12 (13) Sa 1149/88, BB 1989, 1486.

nehmer treffen; abzustellen ist auf die Sicht des Zeugnislesers[1]. Der weitere notwendige Inhalt des Zeugnisses kann sich, je nach Branche und Berufsgruppe, auch aus dem **Zeugnisbrauch** ergeben. Die Auslassung eines bestimmten Zeugnisinhalts, den ein zukünftiger Arbeitgeber **branchenüblich** erwartet, kann ein **unzulässiges Geheimzeichen** sein[2].

42a Bietet der Arbeitgeber im Arbeitszeugnis an, für **Nachfragen zur Arbeitsqualität** des Arbeitnehmers zur Verfügung zu stehen, stellt dies einen Verstoß gegen § 109 Abs. 2 Satz 2 GewO dar; der Passus ist ersatzlos zu streichen[3].

b) Verhalten

43 Wenn das Gesetz (vgl. § 109 Abs. 1 Satz 3 GewO) für das qualifizierte Zeugnis voraussetzt, dass dieses sich auf das Verhalten im Arbeitsverhältnis zu erstrecken habe, so ist mit dieser Formulierung das **Sozialverhalten des Arbeitnehmers**, seine Kooperations- und Kompromissbereitschaft, auch sein Führungsverhalten, kurzum sein gesamtes Verhalten zu Vorgesetzten, Kollegen, Mitarbeitern, Kunden und Geschäftspartnern gemeint[4]. Unter die persönliche Führung fällt grundsätzlich nur das dienstliche Verhalten. Private Verhaltensweisen sind im Arbeitszeugnis nicht zu erwähnen, es sei denn, diese wirken sich dienstlich aus (zB Alkohol-/Drogenmissbrauch, Verschwendungssucht bei einem Kassierer)[5]. Bloße Vermutungen, Angaben über den Gesundheitszustand, die Mitgliedschaft im Betriebs- oder Personalrat oder gewerkschaftliche Betätigung sind in das Zeugnis nur auf ausdrücklichen Wunsch des Arbeitnehmers aufzunehmen[6].

44 Da das Zeugnis eine Gesamtbeurteilung des Arbeitnehmers bezweckt, haben **einmalige Vorfälle oder Umstände**, die für die Person des Arbeitnehmers nicht charakteristisch sind, regelmäßig unerwähnt zu bleiben[7]. Das gilt gleichermaßen für positive wie negative Dinge. Allein nicht unbedeutende dienstliche Verfehlungen in Form von **strafbaren Handlungen** (Unterschlagungen, Diebstähle, Sexualdelikte) dürfen genannt werden[8]. Der lediglich bestehende Verdacht einer strafbaren Handlung darf in aller Regel nicht aufgenommen werden[9], da nicht mit Treu und Glauben vereinbar. **Ehrlichkeit** ist im Zeugnis nur zu attestieren, wenn dies nach der Verkehrssitte erwartet werden kann und ein Fehlen den Verdacht der Unehrlichkeit aufkommen lässt (zB bei Verkäufern, Kassierern, Hausangestellten, Bankmitarbeitern, Auslieferungsfahrern, Hotelpersonal, Außendienstmitarbeitern); hier besteht in jedem Fall ein durchsetzbarer Anspruch.

Eine überdurchschnittliche Leistungsbeurteilung muss nicht automatisch zu einer überdurchschnittlichen Verhaltensbeurteilung führen[10].

---

1 BAG 21.5.2006 – 9 AZR 352/04, NZA 2006, 104; 12.8.2008 – 9 AZR 632/07, NZA 2008, 1349; 15.11.2011 – 9 AZR 386/10, NZA 2012, 448 (Formulierung „kennen gelernt" keine verschleiernde Zeugnissprache).
2 BAG 12.8.2008 – 9 AZR 632/07, NZA 2008, 1349 (Belastbarkeit von Tageszeitungsredakteuren in Stresssituationen).
3 ArbG Herford 1.4.2009 – 2 Ca 1502/08, nv.
4 LAG Hamm 12.7.1994 – 4 Sa 564/94, LAGE § 630 BGB Nr. 27; zur Bewertung der Führungsleistung und zu deren Merkmalen s.a. LAG Hamm 27.4.2000 – 4 Sa 1018/99, NZA 2002, 624.
5 Vgl. BAG 29.1.1986 – 4 AZR 479/84, DB 1986, 1340.
6 *Witt*, BB 1996, 2194.
7 BAG 21.6.2005 – 9 AZR 352/04, NZA 2006, 104.
8 Vgl. BAG 5.8.1976 – 3 AZR 491/75, AP Nr. 10 zu § 630 BGB.
9 LAG Düsseldorf 3.5.2005 – 3 Sa 359/05, FA 2006, 323.
10 LAG Rh.-Pf. 14.5.2009 – 10 Sa 183/09, NZA-RR 2010, 69.

Bestandteile des einfachen und des qualifizierten Arbeitszeugnisses:

- üblicher (weißer) Firmenbogen
- ansonsten maschinenschriftlicher bzw. PC-erstellter Briefkopf (mit Angaben zum Arbeitgeber)
- Überschrift: Zeugnis/Arbeitszeugnis/Zwischenzeugnis/vorläufiges Zeugnis/Ausbildungszeugnis/Praktikantenzeugnis
- Eingangsformel (Angaben zur Person des Arbeitnehmers: Name, Vorname, ggf. Geburtsname und akademische Titel, Dauer des Beschäftigungsverhältnisses – mit Vordienst-/Ausbildungszeiten, Unterbrechungen der Beschäftigung, Berufsbezeichnung)
- Art der Beschäftigung (Tätigkeitsbeschreibung, Fortbildungsmaßnahmen)
- nur beim qualifizierten Zeugnis: Leistungsbeurteilung
- nur beim qualifizierten Zeugnis: Beurteilung des Sozialverhaltens (Führung im Dienst)
- Beendigung des Arbeitsverhältnisses (Modalitäten nur auf Wunsch des Arbeitnehmers)
- Schlussformel (Dank, Bedauern über Ausscheiden, Zukunftswünsche)[1]
- Ort, Ausstellungsdatum, Unterschrift (ggf. mit Vertretungsbefugnis).

3. Zeugnissprache

Der Doppelcharakter des Arbeitszeugnisses, einerseits wahr sein zu müssen, andererseits von verständigem Wohlwollen für den Arbeitnehmer getragen zu sein, um diesem das berufliche Fortkommen nicht unnötig zu erschweren, führt in der betrieblichen Praxis zum Gebrauch von bestimmten, oft **schablonenhaften Redewendungen** und inhaltsarmen **Standardsätzen**. Diese erfordern von Arbeitnehmer und Arbeitgeber nicht selten die Fähigkeit, „zwischen den Zeilen" lesen bzw. ein Weglassen bestimmter Angaben als „beredtes Schweigen"[2] erkennen und interpretieren zu können. Eine kaum noch überschaubare Flut von Publikationen zum Arbeitszeugnis bemüht sich indes, das interessierte Publikum zu einer annähernden Beherrschung der Zeugnissprache zu führen.

Das Zeugnis, das nach § 109 Abs. 2 GewO klar und verständlich formuliert sein muss, darf keine Merkmale und Formulierungen enthalten, die den Zweck verfolgen, eine andere als aus der äußeren Form oder aus dem Wortlaut ersichtliche Aussage über den Arbeitnehmer zu treffen. **Wortwahl** und **Auslassungen** dürfen beim Leser keine Vorstellungen entstehen lassen, die nicht der Wahrheit entsprechen. Die Wendung, einen Arbeitnehmer **„als sehr interessierten und hochmotivierten Mitarbeiter kennen gelernt** zu haben" stellt **keine** dem Gebot der Zeugnisklarheit widersprechende **verschlüsselte Formulierung** dar. Der Ausdruck „kennen gelernt" ist regelmäßig im Wortsinn gemeint. Je nach Kontext kann er Positives oder Negatives beschreiben[3]. Das Zeugnis darf dort keine Auslassungen enthalten, wo eine positive Hervorhebung erwartet wird. Anspruch auf ausdrückliche Bescheinigung bestimmter

---

[1] Es besteht keine gesetzliche Verpflichtung des Arbeitgebers, Dank, Bedauern und gute Wünsche für die Zukunft als Schlussformel in das Zeugnis aufzunehmen: BAG 20.2.2001 – 9 AZR 44/00, NZA 2001, 843; ebenso jetzt sehr deutlich BAG 11.12.2012 – 9 AZR 227/11, NZA 2013, 324; ebenso LAG BW 9.2.2012 – 11 Sa 43/11, NZA-RR 2012, 238; differenzierend – jedenfalls für den Fall, dass dem Arbeitnehmer eine nur durchschnittliche Leistungs- und Verhaltensbeurteilung zusteht –: LAG Düsseldorf 21.5.2008 – 12 Sa 505/08, NZA-RR 2009, 177; für eine aus § 109 GewO folgende Pflicht, Dankes- und Wunschformel in das Schlusszeugnis aufzunehmen: LAG Düsseldorf 3.11.2010 – 12 Sa 974/10, NZA-RR 2011, 123; pro Wunschformel auch LAG Hamm 8.9.2011 – 8 Sa 509/11, NZA-RR 2012, 71.
[2] S.a. *Düwell/Dahl*, NZA 2011, 958.
[3] BAG 15.11.2011 – 9 AZR 386/10, NZA 2012, 448.

Merkmale hat der Arbeitnehmer, in dessen **Berufskreis** dies **üblich** ist. Die prozessuale Feststellung eines Zeugnisbrauchs ist als Tatfrage der Tatsacheninstanz vorbehalten[1].

Der Rechtsprechung sind nach wie vor keine Anhaltspunkte dahingehend zu entnehmen, dass Arbeitszeugnisse unter Geltung des **Allgemeinen Gleichbehandlungsgesetzes (AGG)** hinsichtlich Form und Inhalt prinzipiell geändert werden müssten. Immerhin ist zu sehen, dass Benachteiligungen aus den in § 1 AGG genannten Gründen unzulässig sind im Zusammenhang mit Personalauswahl- und Einstellungsverfahren. § 12 Abs. 1 AGG verpflichtet den Arbeitgeber zudem, vorbeugende Maßnahmen zum Schutz vor Benachteiligungen zu treffen. Dies dürfte sich auch auf Zeugnisformulierungen/-inhalte erstrecken.

47 Nachstehend sollen **Beispiele** für eine zum Teil durch die (BAG-)Rechtsprechung[2] abgesicherte Formulierungspraxis aufgelistet werden:

Leistungsbeurteilung anhand des sog. Zufriedenheits-Katalogs[3]:

Er/Sie hat die ihm/ihr übertragenen Aufgaben
- stets zu unserer voll(st)en[4] Zufriedenheit erledigt = sehr gute Leistungen
- stets zu unserer vollen Zufriedenheit erledigt = gute Leistungen
- zu unserer vollen Zufriedenheit/stets zu unserer Zufriedenheit erledigt = eine befriedigende Leistung (= Durchschnitts-/Normalleistung)[5]
- zu unserer Zufriedenheit erledigt = eine unterdurchschnittliche, aber ausreichende Leistung[6]
- im Großen und Ganzen/insgesamt zu unserer Zufriedenheit erledigt = mangelhafte Leistungen
- hat sich bemüht, die übertragenen Arbeiten zu unserer Zufriedenheit zu erledigen, oder:
- führte die übertragenen Aufgaben mit großem Fleiß und Interesse durch = unzureichende, ungenügende Leistungen.

47a Ebenso werden für die zusammenfassende Führungs-/Verhaltensbewertung abgestufte Standardformulierungen verwendet.

Verhaltensbeurteilung:

Sein/Ihr Verhalten gegenüber Vorgesetzten/Mitarbeitern/Kunden etc. war
- stets vorbildlich = sehr gut
- vorbildlich = gut
- stets einwandfrei[7] /korrekt = befriedigend

---

1 Grundsätzlich: BAG 12.8.2008 – 9 AZR 632/07, NZA 2008, 1349.
2 BAG 12.8.1976 – 3 AZR 720/75; 24.3.1977 – 3 AZR 232/76 u. 23.9.1992 – 5 AZR 573/91, EzA § 630 BGB Nr. 7, 9, 16; LAG Düsseldorf 26.2.1985 – 8 Sa 1873/84, DB 1985, 2692; LAG Hamm 19.10.1990 – 18 (12) Sa 160/90; 13.2.1992 – 4 Sa 1077/91, LAGE § 630 BGB Nr. 12, 16; 28.3.2000 – 4 Sa 648/99, BB 2000, 2578; 27.4.2000 – 4 Sa 1018/99, BB 2001, 629.
3 BAG 14.3.2003 – 9 AZR 12/03, NZA 2004, 843.
4 Trotz jahrzehntelanger gegenteiliger Praxis sollte versucht werden, die grammatikalisch nicht vorgesehene Steigerungsform des Adjektivs „voll" im Zeugnis zu vermeiden; vgl. in diesem Sinne auch LAG Düsseldorf 12.3.1986 – 15 Sa 13/86, LAGE § 630 BGB Nr. 2; demgegenüber jedoch BAG 23.9.1992 – 5 AZR 573/91, EzA § 630 BGB Nr. 16.
5 LAG Hamm 22.5.2002 – 3 Sa 231/01, NZA-RR 2003, 71 begreift die Formulierung „zur vollen Zufriedenheit" als „gehobenes Befriedigend".
6 LAG Köln 2.7.1999 – 11 Sa 255/99, EzA-SD 23/1999, 10 L.
7 „Stets einwandfrei" sei kein Pleonasmus und führe auch nicht zu Wortgeklingel, sondern stelle eine bessere Beurteilung dar als „einwandfrei": BAG 21.6.2005 – 9 AZR 352/04, NZA 2006, 104.

- ohne Tadel/gab keinen Anlass zu Beanstandungen = ausreichend
- im Wesentlichen/insgesamt zufrieden stellend = mangelhaft

Ein Arbeitszeugnis ist **nicht sittenwidrig**, wenn die Leistung eines Arbeitnehmers darin objektiv unrichtig und somit **zu positiv** bewertet wird. Eine Sittenwidrigkeit ist erst dann anzunehmen, wenn das Zeugnis bei Arbeitgebern einen falschen Eindruck von der Redlichkeit und Zuverlässigkeit eines Bewerbers erweckt[1]. 47b

VI. Aushändigung, Zurückbehaltungsrecht, Ersatzausstellung

Grundsätzlich sind Arbeitspapiere, und zu ihnen rechnet auch das Zeugnis, vom Arbeitnehmer beim Arbeitgeber **abzuholen**; die Zeugnisschuld ist eine Holschuld iSd. § 269 Abs. 2 BGB[2]. Nach Aufforderung hat der Arbeitgeber das Zeugnis in seinen Geschäftsräumen zur Abholung durch den Arbeitnehmer bereit zu halten. Nur dann, wenn die Abholung der Arbeitspapiere für den Arbeitnehmer mit unverhältnismäßig hohen Kosten oder besonderen Mühen verbunden ist, hat der Arbeitgeber dem Arbeitnehmer das Zeugnis **zuzusenden**, etwa wenn der Arbeitnehmer seinen Wohnsitz zwischenzeitlich an einen weit entfernten Ort verlegt hat[3]. Aus der Holschuld wird dann eine Schickschuld. Eine Verpflichtung des Arbeitgebers, dem Arbeitnehmer das Zeugnis auf seine Kosten und Gefahr zu übersenden, besteht auch, wenn er trotz rechtzeitigen Verlangens des Arbeitnehmers bis zur Beendigung des Arbeitsverhältnisses aus Gründen, die in seiner Sphäre liegen, das Zeugnis nicht zur Abholung bereit hält. 48

Ein **Zurückbehaltungsrecht** des Arbeitgebers am Arbeitszeugnis etwa wegen der Einrede des nichterfüllten Vertrags oder fälliger Gegenansprüche besteht unter keinem denkbaren Gesichtspunkt. Ein solches widerspräche bereits der arbeitgeberseitigen Fürsorgepflicht[4]. Auch während eines Rechtsstreits über die Rechtswirksamkeit einer Kündigung bzw. das Fortbestehen des Arbeitsverhältnisses darf der Arbeitgeber das Zeugnis nicht zurückhalten. Eine verspätete Zeugniserteilung vermag Schadensersatzansprüche des Arbeitnehmers auszulösen (§§ 280, 286, 823 BGB). 49

Bei **Beschädigung oder Verlust des Originalzeugnisses** hat der Arbeitnehmer – bei Verlust im Rahmen des Möglichen und Zumutbaren –[5] Anspruch auf Ausstellung eines erneuten Zeugnisses. Für den Anspruch auf **Ersatzausstellung** – Erteilung lediglich einer Kopie mit Beglaubigungsvermerk ist unzureichend – kommt es nicht darauf an, ob ein Vertretenmüssen des Arbeitnehmers vorliegt. Entscheidend ist allein, ob dem Arbeitgeber die nochmalige Erteilung zumutbar ist. So hat der Arbeitgeber aufgrund seiner nachvertraglichen Fürsorgepflicht eine Neuausstellung vorzunehmen, wenn das Originalzeugnis mit dem Eingangsstempel einer Gewerkschaft oder eines Rechtsanwaltes versehen ist[6]. 50

---

1 LAG Nürnberg 16.6.2009 – 7 Sa 641/08, ArbuR 2009, 370.
2 BAG 8.3.1995 – 5 AZR 848/93, NZA 1995, 671; LAG Hess. 1.3.1984 – 10 Sa 858/83, DB 1984, 2200; LAG Bln.-Bbg. 6.2.2013 – 10 Ta 31/13, LAGE § 109 GewO 2003 Nr. 10; Schaub/*Linck*, § 147 I 9; *Schleßmann*, S. 47.
3 LAG Hess. 1.3.1984 – 10 Sa 858/83, DB 1984, 2200.
4 MünchKommBGB/*Henssler*, § 630 Rz. 53.
5 LAG Hess. 7.2.2011 – 16 Sa 1195/10, LAGE § 109 GewO 2003 Nr. 8.
6 LAG Hamm 15.7.1986 – 13 Sa 2289/85, LAGE § 630 BGB Nr. 5.

VII. Gerichtliche Durchsetzung des Zeugnisanspruchs

1. Klage auf Ausstellung

51 Der Anspruch auf Erteilung eines Arbeitszeugnisses ist im Klagewege grundsätzlich vor dem **Arbeitsgericht** geltend zu machen; es handelt sich um eine bürgerliche Rechtsstreitigkeit über Arbeitspapiere iSd. § 2 Abs. 1 Nr. 3 lit. e ArbGG. Die tatsächliche Bedeutung der Zeugnisrechtsstreite belegt die Zahl von jährlich gut 30000[1] Arbeitsgerichtsprozessen um die Erteilung oder Berichtigung dieser noch immer sehr wichtigen Bewerbungsunterlage. Verweigert der Arbeitgeber die Ausstellung eines Zeugnisses überhaupt[2], kann der Arbeitnehmer wahlweise auf ein einfaches oder ein qualifiziertes Zeugnis klagen.

52 Die **Klageanträge** lauten:

Formulierungsbeispiel für einfaches Zeugnis:

Der/Die Beklagte wird verurteilt, dem Kläger/der Klägerin ein einfaches Zeugnis/ein Zeugnis, das sich auf Art und Dauer des Arbeitsverhältnisses erstreckt, zu erteilen.

Oder

Formulierungsbeispiel für qualifiziertes Zeugnis:

Der/Die Beklagte wird verurteilt, dem Kläger/der Klägerin ein (Zwischen-)Zeugnis zu erteilen, das sich auch auf die Leistung und das Verhalten im Arbeitsverhältnis erstreckt.

Geht der Rechtsstreit lediglich um das Bestehen der Zeugnisverpflichtung, werden inhaltliche Fragen vom Arbeitsgericht nicht überprüft.

2. Klage auf Berichtigung

53 Entspricht das vom Arbeitgeber ausgestellte Zeugnis nicht den Grundsätzen von Wahrheit und Wohlwollen, ist der Streit über Inhalt und Richtigkeit durch eine **Berichtigungs- oder Ergänzungsklage**[3] vor dem zuständigen Arbeitsgericht[4] zu führen. Der **Antrag** des Arbeitnehmers ist **auf die Erteilung eines neuen Zeugnisses** zu richten, da das Gesetz einen auf die Berichtigung des bereits erteilten Zeugnisses gerichteten Anspruch nicht kennt[5]. Im Klageantrag ist exakt zu bezeichnen, was ergänzt, gestrichen oder sonst wie korrigiert werden soll. Dies verlangt vom Arbeitnehmer, die gewünschten Berichtigungen wörtlich im Antrag auszuformulieren. Für den Fall, dass der Arbeitnehmer den gesamten Zeugnistext ablehnt, ist der volle Wortlaut des begehrten Zeugnisses zu beantragen[6].

---

1 Zahl der Zeugnisprozesse vor deutschen Arbeitsgerichten im Jahr 2006: 30817, Quelle: www.bmas.de. Neuere Zahlen existieren nicht; s. hierzu *Schleßmann*, S. 1 f.
2 Gem. Art. 6 Richtlinie 76/207/EWG des Rates v. 9.2.1976 sind die Mitgliedstaaten verpflichtet zum Erlass solcher Vorschriften, die Rechtsschutz dagegen bieten, dass ein ehemaliger Arbeitgeber sich wegen einer zuvor erhobenen Diskriminierungsklage weigert, ein Arbeitszeugnis auszustellen: EuGH 22.9.1998 – Rs. C-185/97, NZA 1998, 1223; für die Möglichkeit einer einstweiligen Verfügung s. LAG Hess. 17.2.2014 – 16 SaGa 61/14, AA 2014, 126.
3 St. Rspr.: BAG 14.10.2003 – 9 AZR 12/03, NZA 2004, 842.
4 LAG Hamm 2.9.2013 – 2 Ta 18/13 (Berichtigung eines Praktikumszeugnisses).
5 BAG 17.2.1988 – 5 AZR 638/86, NZA 1988, 427; 10.5.2005 – 9 AZR 261/04, NZA 2005, 1237.
6 LAG Düsseldorf 21.8.1973 – 8 Sa 258/73, DB 1973, 1853; vgl. auch LAG Hamm 13.2.1992 – 4 Sa 1077/91, LAGE § 630 BGB Nr. 16.

VII. Gerichtliche Durchsetzung des Zeugnisanspruchs

Das zunächst erteilte Endzeugnis, dessen Berichtigung der Arbeitnehmer zu Recht nicht als Erfüllung akzeptiert hat, darf hinsichtlich der **nicht beanstandeten** Teile **nicht grundlos geändert** werden, es sei denn, dem Arbeitgeber sind nachträglich Umstände bekannt geworden, die die Beurteilung in einem anderen Licht erscheinen lassen[1].

Der **Klageantrag** lautet dann etwa:

Formulierungsbeispiel:

Der/Die Beklagte wird verurteilt, dem Kläger/der Klägerin Zug um Zug gegen Rückgabe des unter dem ... erteilten (Zwischen-)Zeugnisses unter demselben Datum ein neues (Zwischen-)Zeugnis des nachstehenden Inhalts zu erteilen:

... (vollständiger Wortlaut des gewünschten Arbeitszeugnisses) ...

Da das Arbeitszeugnis eine Einheit bildet und bei einer Änderung die Gefahr von Sinnentstellungen besteht, ist das **Arbeitsgericht** befugt, das Zeugnis insgesamt zu überprüfen und im Urteilstenor neu zu formulieren bzw. dem Arbeitgeber einen bestimmten Inhalt vorzuschreiben[2].

Der Arbeitnehmer hat den Berichtigungsanspruch in **angemessener zeitlicher Nähe zur Zeugniserteilung** geltend zu machen, wenn nicht das Vorliegen besonderer Gründe ein nachträgliches Begehren berechtigt erscheinen lässt. Die Korrektur eines bereits zweieinhalb Jahre alten Zwischenzeugnisses kann im Allgemeinen nicht mehr verlangt werden[3].

3. Darlegungs- und Beweislast

Im Zeugnisprozess trägt der **Arbeitgeber** die Darlegungs- und Beweislast für die Richtigkeit der der Zeugniserteilung zugrunde liegenden Tatsachen und Bewertungen[4]. Auch beim Berichtigungsverlangen geht es um den ursprünglichen Anspruch auf Erfüllung[5], so dass der Arbeitgeber als Schuldner nach den allgemeinen zivilprozessualen Beweisregeln darlegungs- und beweispflichtig ist. Hingegen trifft den Arbeitnehmer bei Uneinigkeit der Parteien im deskriptiven Bereich die Darlegungs- und Beweislast für seine Wünsche, etwa bei Streit über von ihm erbrachte (Teil-)Tätigkeiten[6].

Begehrt der mit einer normaldurchschnittlichen („befriedigenden") Bewertung seiner Leistung nicht einverstandene Arbeitnehmer eine **verbesserte Benotung** im Bereich der oberen Skala, ist er darlegungspflichtig[7] hinsichtlich der Tatsachen, die eine gute oder sehr gute Benotung rechtfertigen. Gelingt es dem Arbeitgeber, die vorgetragenen Tatsachen zu erschüttern, liegt die Beweislast wiederum beim Arbeitnehmer[8].

---

1 BAG 21.6.2005 – 9 AZR 352/04, NZA 2006, 104.
2 Vgl. BAG 23.6.1960 – 5 AZR 560/58, AP Nr. 1 zu § 73 HGB; 24.3.1977 – 3 AZR 232/76, AP Nr. 12 zu § 630 BGB; LAG München 11.11.2008 – 8 Sa 298/08, AE 2009, 153.
3 LAG Berlin 14.11.2002 – 16 Sa 970/02, NZA 2003, 1206.
4 BAG 23.6.1960 – 5 AZR 560/58, AP Nr. 1 zu § 73 HGB; 24.3.1977 – 3 AZR 232/76, AP Nr. 12 zu § 630 BGB; LAG Saarl. 28.2.1990 – 1 Sa 209/89, LAGE § 630 BGB Nr. 9; LAG Hamm 13.2.1992 – 4 Sa 1077/91, LAGE § 630 Nr. 16.
5 BAG 23.6.1960 – 5 AZR 560/58, AP Nr. 1 zu § 73 HGB; 24.3.1977 – 3 AZR 232/76, AP Nr. 12 zu § 630 BGB.
6 LAG Köln 26.4.1996 – 11(13) Sa 1231/95, NZA-RR 1997, 84.
7 So jetzt deutlich BAG 18.11.2014 – 9 AZR 584/13 (noch nv.) unter Zurückverweisung an LAG Bln.-Bbg. (18 Sa 2133/12, AuA 2013, 617). Das soll auch dann gelten, wenn in der einschlägigen Branche überwiegend gute oder sehr gute Endnoten vergeben werden.
8 BAG 14.10.2003 – 9 AZR 12/03, NZA 2004, 843; LAG Hess. 6.9.1991 – 13 Sa 250/91, LAGE § 630 BGB Nr. 14; LAG Hamm 13.2.1992 – 4 Sa 1077/91, LAGE § 630 Nr. 16.

Will hingegen der Arbeitgeber lediglich eine unterdurchschnittliche Leistung bescheinigen, trifft ihn die volle Darlegungs- und Beweislast[1].

58a Der Arbeitnehmer hat keinen Anspruch auf Bewertung seiner Arbeitsleistung als sehr gut, wenn der Arbeitgeber diese während des Arbeitsverhältnisses nicht beanstandet hat; in solchem Fall ist regelmäßig eine durchschnittliche Leistung zu bescheinigen[2]. Gleiches gilt für die Beurteilung einer Beschäftigung von nur wenigen Monaten Dauer, wenn der Arbeitgeber sich lediglich auf die von ihm ausgesprochene Kündigung des Arbeitsverhältnisses beruft.

4. Einstweilige Verfügung

59 Grundsätzlich kann der Anspruch auf Zeugniserteilung bzw. -berichtigung vom Arbeitnehmer bei Vorliegen der Voraussetzungen von § 62 Abs. 2 ArbGG, § 940 ZPO auch mittels einstweiliger Verfügung durchgesetzt werden. Hierzu bedarf es der Darlegung und Glaubhaftmachung von Verfügungsanspruch und Verfügungsgrund. Dies erfordert, dass der Arbeitnehmer sich beim Arbeitgeber **vergeblich um Erteilung bzw. Korrektur des zur Herausgabe fälligen Zeugnisses bemüht** hat und dass er das Zeugnis bzw. dessen Änderung zur Eingehung eines neuen Arbeitsverhältnisses und zur Verhinderung ansonsten **drohender Nachteile** benötigt. Da der Erlass einer einstweiligen Verfügung das Ergebnis der Hauptsache praktisch vorwegnimmt, wird das Arbeitsgericht regelmäßig einen strengen Prüfungsmaßstab anlegen. Einstweilige Verfügungen werden daher nur im Ausnahmefall erfolgreich sein können[3].

5. Streitwert

60 Der Anspruch auf Erteilung oder Berichtigung eines Arbeitszeugnisses ist vermögensrechtlicher Natur[4]. Bei der Ermittlung des Streitwertes hat das Gericht das wirtschaftliche Interesse des Arbeitnehmers zugrunde zu legen[5]. Einheitlich wird für die Klage auf Erteilung eines qualifizierten Zeugnisses **eine Bruttomonatsvergütung** als Streitwert angesetzt[6]. Geht der Streit um eine Zeugnisberichtigung oder die Erteilung eines Zwischenzeugnisses, schwankt die Rechtsprechung zwischen **einem halben**[7] **und einem Bruttomonatsverdienst**[8]. Je nach dem Verhältnis der Bedeutung des konkreten Berichtigungsbegehrens zum Gesamtwert des Zeugnisses soll auch ein Abschlag vom Regelstreitwert eines Bruttomonatsverdienstes möglich sein[9]. Der Klage auf Erteilung eines einfachen Zeugnisses wird unter Berücksichtigung dieser Rechtsprechung **ein halbes Bruttogehalt** als Streitwert zugrunde zu legen sein.

---

1 BAG 14.10.2003 – 9 AZR 12/03, NZA 2004, 842; LAG Hamm 13.2.1992 – 4 Sa 1077/91, LAGE § 630 BGB Nr. 16; LAG Köln 2.7.1999 – 11 Sa 255/99, nv.; LAG Hamm 16.11.2011 – 10 Sa 884/11, nv.
2 LAG Düsseldorf 26.2.1985 – 8 Sa 1873/84, DB 1985, 2692.
3 So auch LAG Köln 5.5.2003 – 12 Ta 133/03, LAGReport 2003, 304; großzügig für den Fall, dass ein erteiltes Zeugnis bereits beim ersten Hinsehen als Grundlage für eine Bewerbung ausscheidet LAG Hess. 17.2.2014 – 16 SaGa 61/14, AA 2014, 126; vgl. auch *Schleßmann*, S. 152.
4 LAG Düsseldorf 26.8.1982 – 7 Ta 191/82, EzA § 12 ArbGG 1979 – Streitwert Nr. 18.
5 LAG BW 28.7.2006 – 3 Ta 125/06, NZA-RR 2006, 537.
6 BAG 20.1.1967 – 2 AZR 232/65, AP Nr. 16 zu § 12 ArbGG 1953; 20.2.2001 – 9 AZR 44/00, NZA 2001, 843; LAG Düsseldorf 26.8.1982 – 7 Ta 191/82, EzA § 12 ArbGG 1979 Streitwert Nr. 18; 5.11.1987 – 7 Ta 339/87, LAGE § 3 ZPO Nr. 6; LAG Köln 26.8.1991 – 10 Ta 61/91, AnwBl. 1992, 496; 29.12.2000 – 8 Ta 299/00, NZA-RR 2001, 324; vgl. auch *Schleßmann*, S. 163.
7 LAG Hamm 23.2.1989 – 8 Ta 3/89, BB 1989, 634; LAG Rh.-Pf. 23.4.2009 – 1 Ta 87/09, AE 2009, 289 (bei Zwischenzeugnis).
8 LAG Düsseldorf 5.11.1987 – 7 Ta 339/87, LAGE § 3 ZPO Nr. 6; LAG Hamburg 30.5.1984 – 7 Ta 6/84, AnwBl. 1985, 98; vgl. auch LAG Köln 18.7.2007 – 9 Ta 164/07, NZA 2008, 728; LAG Schl.-Holst. 3.12.2009 – 3 Ta 191/09, nv.
9 LAG Köln 29.12.2000 – 8 Ta 299/00, NZA-RR 2001, 324.

VII. Gerichtliche Durchsetzung des Zeugnisanspruchs   Rz. 61   Teil 3 K

Dagegen führt die Aufnahme der Verpflichtung zur Zeugniserteilung in einem im Rahmen des Kündigungsschutzverfahrens geschlossenen Prozessvergleich jedenfalls dann nicht zu einem Vergleichsmehrwert, wenn diese Verpflichtung zwischen den Parteien nicht streitig ist[1]; anders, wenn der Vergleich wesentliche Zeugnisinhalte konkret festlegt[2] oder ein erteiltes Zeugnis berichtigt[3]. Danach ergibt sich etwa die nachstehende Streiwertübersicht:

Übersicht: Streitwert im Zeugnisrechtsstreit[4]

- Klage auf Erteilung eines
  - einfachen Zeugnisses: 1/2 Bruttomonatsvergütung
  - qualifizierten Zeugnisses: 1 Bruttomonatsvergütung
- Zwischenzeugnisses: 1/2–1 Bruttomonatsvergütung
- Zeugnisberichtigung: 1/2–1 Bruttomonatsvergütung
- Vgl. zusätzlich auch die Darstellung zum Zeugnisstreitwert unter Teil 5 J Rz. 74 ff.

Der von der **Konferenz der deutschen LAG-Präsidenten** erarbeitete **Streitwertkatalog**[5] zur Vereinheitlichung der Streitwertrechtsprechung in der Arbeitsgerichtsbarkeit in der überarbeiteten **Fassung vom 9.7.2014**, dessen Bewertungsvorschläge keine Verbindlichkeit beanspruchen, sieht für das Arbeitszeugnis diese Streitwerte vor:

- Erteilung oder Berichtigung eines **einfachen Zeugnisses**: 10 % einer Monatsvergütung
- Erteilung oder Berichtigung eines **qualifizierten Zeugnisses**: eine Monatsvergütung, und zwar unabhängig von Art und Inhalt des Berichtigungsverlangens, auch bei kurzem Arbeitsverhältnis
- **Zwischenzeugnis**: eine Monatsvergütung (im Übrigen wie für qualifiziertes Zeugnis). Wird ein Zwischen- und ein Endzeugnis verlangt (kumulativ oder hilfsweise): insgesamt eine Monatsvergütung.

6. Zwangsvollstreckung

Das Zeugnis ist grundsätzlich vom Arbeitgeber unmittelbar auszustellen. Es handelt sich daher bei der Erteilung oder Berichtigung eines Zeugnisses vollstreckungsrechtlich um eine **nicht vertretbare Handlung** iSd. § 888 ZPO[6]: Die Zwangsvollstreckung eines arbeitsgerichtlichen Urteils oder Vergleichs erfolgt durch Androhung von Zwangsgeld (bis zur Höhe von 25 000 Euro) oder Zwangshaft (bis zu sechs Monaten). Die Festsetzung der Zwangshaft als Ersatzhaft im Falle der Nichtbeitreibbarkeit des Zwangsgeldes muss die Dauer der Ersatzhaft im Verhältnis zur Höhe des festgesetzten Zwangsgeldes angeben (etwa: pro 100 Euro Zwangsgeld ein Tag Zwangshaft)[7].

61

---

1 LAG Köln 29.12.2000 – 8 Ta 230/00, NZA-RR 2001, 324; 16.10.2009 – 3 Ta 349/09, AE 2010, 63.
2 LAG Köln 6.7.2009 – 7 Ta 147/09, NZA-RR 2010, 546 (bis zu einem Bruttomonatsentgelt); vgl. eher restriktiv LAG Nürnberg 22.10.2009 – 4 Ta 135/09, AE 2010, 64.
3 LAG Rh.-Pf. 13.7.2009 – 1 Ta 174/09, AE 2009, 350 (ein Bruttomonatsentgelt für Vergleich).
4 Anders als hier und von zahlreichen LAGen differenzierend vertreten nimmt das BAG für den Anspruch auf Erteilung oder „Berichtigung/Änderung" eines Zeugnisses durchgehend einen Streitwert in Höhe eines Bruttomonatsentgelts an: BAG 20.2.2001 – 9 AZR 44/00, NZA 2001, 843.
5 Einzelheiten finden sich in den Stellungnahmen des Deutschen Anwaltsvereins: *Willemsen/Schipp/Reinhard/Meier*, NZA 2013, 1112; *Willemsen/Schipp/Oberthür/Reinhard*, NZA 2014, 356; *Willemsen/Schipp/Oberthür*, NZA 2014, 886.
6 BAG 29.1.1986 – 4 AZR 479/84, NZA 1987, 384; Schaub/*Linck*, § 147 IV 4; MünchKommBGB/*Henssler*, § 630 Rz. 57; GMP/*Germelmann*, § 62 ArbGG Rz. 62 (Zeugnis).
7 LAG Rh.-Pf. 3.8.2011 – 9 Ta 128/11, ArbuR 2011, 415; LAG Hamm 7.3.2012 – 1 Ta 75/12, FoVo 2012, 156; LAG Rh.-Pf. 1.11.2012 – 10 Ta 199/12.

62 Im streng formalisierten Zwangsvollstreckungsverfahren wird **nicht die inhaltliche Richtigkeit** des Zeugnisses überprüft, noch ist sie erzwingbar; den Berichtigungsanspruch hat der Arbeitnehmer im Erkenntnisverfahren geltend zu machen[1]. Entspricht das erteilte Zeugnis allerdings schon der Form nach nicht annähernd den Anforderungen eines einfachen oder qualifizierten Zeugnisses, kann seine Ergänzung bzw. Änderung im Vollstreckungsverfahren betrieben werden[2]. Auch der **Erfüllungseinwand** ist bereits im Zwangsvollstreckungsverfahren zu berücksichtigen; der Schuldner ist nicht auf die Erhebung einer Vollstreckungsgegenklage nach § 767 ZPO zu verweisen[3]. Betreibt der Arbeitnehmer die Zwangsvollstreckung aus einem titulierten Anspruch auf ein Zeugnis mit bestimmtem Wortlaut, stellt der Einwand des Arbeitgebers, es liege ein Verstoß gegen den Grundsatz der Zeugniswahrheit vor, keinen nicht ersetzbaren Nachteil iSd. § 62 Abs. 1 Satz 3 ArbGG dar[4].

Ist Inhalt einer gerichtlichen Vergleichsklausel die Verpflichtung des Arbeitgebers, dem Arbeitnehmer ein Arbeitszeugnis **nach** dessen **Formulierungsvorschlag** zu erteilen, von dem der Arbeitgeber **nur aus wichtigem Grund abweichen** darf, dann sind Abweichungen allein dann gestattet, wenn der Vorschlag Schreib- bzw. grammatikalische Fehler sowie inhaltlich unrichtige Angaben enthält. Hierfür ist der Arbeitgeber darlegungs- und beweisbelastet. Insoweit ist die **titulierte Zeugnisverpflichtung hinreichend bestimmt**[5]. Hat der Vergleich lediglich ein „**wohlwollendes Zeugnis**" zum Inhalt, und gibt er damit nur deklaratorisch das wieder, was nach allgemeinen Grundsätzen inhaltlich von einem Zeugnis gefordert wird, ist er **mangels** hinreichender **Bestimmtheit nicht vollstreckungsfähig**[6].

62a Haben die Parteien in einem gerichtlichen **Vergleich** vereinbart, dass der Arbeitgeber dem Arbeitnehmer ein „**pflichtgemäßes**" qualifiziertes Zeugnis **nach** einem **Entwurf des Arbeitnehmers** erteilt, haben sie zwar die Formulierungshoheit auf den Arbeitnehmer übertragen. Es liegt dann an diesem, welche positiven oder negativen Leistungen er – jedoch innerhalb der Grenze der Zeugniswahrheit und Zeugnisklarheit – stärker hervorheben will. Der Arbeitgeber hat den Entwurf des Arbeitnehmers indes nicht ungeprüft zu übernehmen. Die Vergleichsformulierung „pflichtgemäß" ermöglicht es ihm, den Entwurf **ggf. an die Vorgaben des § 109 GewO anzupassen**. All dies geschieht im Zwangsvollstreckungsverfahren. Andererseits ist das Verfahren der Zwangsvollstreckung nicht geeignet, im Vergleich offen gebliebene Fragen des Zeugnisinhalts abschließend zu klären. Auch dient es nicht der Prüfung, ob das erteilte Zeugnis den Grundsätzen der Zeugniswahrheit entspricht[7].

Die Eröffnung des Insolvenzverfahrens hindert nicht die Zwangsvollstreckung. Der **titulierte Zeugnisanspruch**, gerichtet auf die Vornahme einer unvertretbaren Handlung iSd. § 888 ZPO, **unterfällt nicht** dem **Vollstreckungsverbot des § 89 InsO**[8].

62b Verweigert der Arbeitgeber die Erteilung des Zeugnisses, kann der Arbeitnehmer den Arbeitgeber sehr effizient **anstelle** der **Zwangsvollstreckung** gem. § 61 Abs. 2 ArbGG

---

1 LAG Hess. 17.3.2003 – 16 Ta 82/03, NZA-RR 2004, 382; LAG Köln 17.6.2010 – 7 Ta 352/09, nv.; LAG Hamm 4.8.2010 – 1 Ta 270/10, JurBüro 2010, 608; *Löw*, NZA-RR 2008, 561 mwN.
2 Vgl. LAG Hamburg 5.3.1969 – 2 Ta 3/69, DB 1969, 887; LAG Hess. 14.8.1980 – 3 Ta 129/80, DB 1981, 648; 16.6.1989 – 9 Ta 74/89, NZA 1990, 192; LAG Hamm 28.3.2000 – 4 Sa 1588/99, NZA 2001, 576.
3 BGH 5.11.2004 – IXa ZB 32/04, NJW 2005, 369; LAG Hamm 4.8.2010 – 1 Ta 196/10, nv.; Zöller/*Stöber*, § 888 ZPO Rz. 11 mwN; einschränkend: GMP/*Germelmann*, § 62 ArbGG Rz. 61.
4 LAG Rh.-Pf. 22.7.2014 – 5 Sa 357/14.
5 LAG Köln 2.1.2009 – 9 Ta 530/08, LAGE § 109 GewO 2003 Nr. 7; ebenso LAG Hamm 4.8. 2010 – 1 Ta 196/10, AA 2011, 25.
6 LAG Hamm 4.8.2010 – 1 Ta 310/10, nv; s.a. LAG Köln 4.7.2013 – 4 Ta 155/13, NZA-RR 2013, 490.
7 BAG 9.9.2011 – 3 AZB 35/11, EzA § 109 GewO Nr. 8.
8 LAG Hamm 7.3.2012 – 1 Ta 75/12, FoVo 2012, 156.

im Wege des Eventualantrags/unechten Hilfsantrags auf **Schadensersatz** in Anspruch nehmen[1]. Das Arbeitsgericht wird den Arbeitgeber zur Entschädigungsleistung verurteilen, wenn das Zeugnis nicht innerhalb einer im Urteil bestimmten Frist erteilt ist. Die Höhe des Schadensersatzanspruchs steht im freien Ermessen des Gerichts. Die Entschädigung tritt dann jedoch ersatzlos an die Stelle der Zeugniserfüllung[2].

VIII. Widerruf des Zeugnisses

Ist ein Zeugnis unrichtig, weil sich der Arbeitgeber bei der Ausstellung **geirrt** hat, kann er seine mit dem Zeugnis abgegebene Erklärung widerrufen und Herausgabe des Zeugnisses Zug um Zug gegen Erteilung eines neuen, richtigen Zeugnisses verlangen. Eine Anfechtung nach §§ 119 ff. BGB kommt nicht in Betracht, denn das Zeugnis ist keine Willens-, sondern eine Wissenserklärung.

Nicht jeder Fehler des Zeugnisses berechtigt zum Widerruf. Nur wenn sich nachträglich **schwerwiegende, grobe Unrichtigkeiten** herausstellen, die für den nachfolgenden Arbeitgeber von ausschlaggebender Bedeutung für den Einstellungsentschluss sein können, ist der Aussteller zum Widerruf berechtigt[3]. Das ist zB dann der Fall, wenn einem Kassierer bei seinem Ausscheiden im Zeugnis Ehrlichkeit bescheinigt wird und sich nachträglich während seiner Tätigkeit begangene Unterschlagungen herausstellen[4].

Kein Widerrufsrecht ist dem Arbeitgeber zuzugestehen, der ein Zeugnis **bewusst falsch ausgestellt** hat, es sei denn, der Gebrauch eines derart unrichtigen Zeugnisses verstößt gegen die guten Sitten[5]. Ein Widerrufsrecht entfällt ebenso, wenn der Arbeitgeber durch Vergleich oder Urteil zu einer bestimmten Formulierung verpflichtet ist.

IX. Erlöschen des Zeugnisanspruchs

1. Verjährung, Verwirkung

Durch Erfüllung gem. § 362 BGB erlischt wie jeder privatrechtliche Anspruch auch der Zeugnisanspruch. **Erfüllungswirkung** tritt ein, wenn der Arbeitgeber dem Arbeitnehmer ein nach Form und Inhalt den gesetzlichen Bestimmungen entsprechendes Zeugnis erteilt. Der Anspruch des Arbeitnehmers erstreckt sich auf die Erteilung eines einzigen Zeugnisses. Hat er sich bei der Ausübung seines Wahlrechts (§ 315 BGB analog) zunächst für ein einfaches Zeugnis entschieden, ist der Anspruch erfüllt. Fordert der Arbeitnehmer zu einem späteren Zeitpunkt ein qualifiziertes Zeugnis, hat der Arbeitgeber diesem Verlangen aufgrund **nachwirkender Fürsorgepflicht** nachzukommen[6]. Für den umgekehrten Fall, dass der Arbeitnehmer nach Ausstellung eines gewünschten qualifizierten Zeugnisses ein einfaches Zeugnis begehrt, wird der Arbeitgeber auch diesem Verlangen nachkommen müssen[7]. Denn richtigerweise greift hier das Prinzip der nachvertraglichen Fürsorgepflicht, das den Arbeitgeber zur Erteilung eines nunmehr einfachen Zeugnisses verpflichtet. Der Arbeitnehmer

---

1 Im Einzelnen *Laber*, ArbRB 2004, 290; *Böhm*, ArbRB 2006, 93.
2 Vgl. BAG 20.2.1997 – 8 AZR 121/95, NZA 1997, 880.
3 BGH 15.5.1979 – VI ZR 230/76, NJW 1979, 1882; HwB-AR/*Grimm*, „Zeugnis", Rz. 111.
4 Vgl. ArbG Passau 15.10.1990 – 2 Ca 354/90 D, BB 1991, 350.
5 Schaub/*Linck*, § 147 V unter Hinweis auf LAG Hess. 25.10.1950 – II LA 283/50, DB 1951, 308; vgl. auch LAG Nürnberg 16.6.2009 – 7 Sa 641/08, ArbuR 2009, 370.
6 MünchKommBGB/*Henssler*, § 630 Rz. 23.
7 MünchKommBGB/*Henssler*, § 630 Rz. 24.

hat jedoch das qualifizierte Zeugnis, soweit dieses sich noch in seinem Besitz befindet, zurückzugeben[1].

67 Der **unabdingbare** Anspruch auf Ausstellung eines Arbeitszeugnisses besteht auch für die Zeit nach Beendigung des Arbeitsverhältnisses und **verjährt** grundsätzlich nach § 195 BGB in drei Jahren.

68 Bedeutsamer als die Verjährung ist in der Praxis das Erlöschen des Zeugnisanspruchs durch **Verwirkung**[2]. Weit vor Ablauf der Verjährungsfrist verwirkt der Anspruch auf Zeugniserteilung, wenn der Arbeitnehmer das Zeugnis nicht innerhalb angemessener Zeit verlangt hat (Zeitmoment) und beim Arbeitgeber aufgrund dessen der Eindruck erweckt worden ist, der Arbeitnehmer beanspruche kein Zeugnis mehr (Umstandsmoment). Zusätzlich verlangt die Verwirkung, dass dem Arbeitgeber eine Erfüllung des Zeugnisanspruchs unter Berücksichtigung aller Umstände nicht mehr zumutbar ist. Bezogen auf das Zeitmoment erscheint es unter Berücksichtigung insbesondere der Rechtsprechung[3] angemessen, eine Verwirkung nicht vor Ablauf von sechs bis neun Monaten (Zeugniserteilung bzw. -berichtigung) anzunehmen[4].

2. Verzicht, Ausgleichsquittung

69 Aufgrund des zwingenden Charakters des Zeugnisanspruchs kann dieser nicht im Voraus für die Zukunft ausgeschlossen werden; **vor Fälligkeit** ist ein Verzicht **unzulässig**[5].

70 **Nach Fälligkeit** kann ein wirksamer Verzicht nur angenommen werden, wenn die Vertragsparteien mit hinreichender Deutlichkeit in einer **Ausgleichsquittung** den Verzicht auf das Zeugnis vereinbaren. Das Erlöschen des Anspruchs muss sich aus dem Wortlaut oder den Begleitumständen unzweideutig ergeben. Nicht ausreichend ist die Verwendung einer Ausgleichsklausel, nach der sämtliche gegenseitigen Ansprüche erledigt sein sollen[6]. Der Verzicht auf die Erteilung eines **Ausbildungszeugnisses** ist gem. § 25 BBiG **unwirksam**.

3. Ausschlussklauseln

71 **Tarifverträge** enthalten regelmäßig Ausschlussfristen für die Geltendmachung von Ansprüchen. Solange tarifliche Ausschlussklauseln nicht auf die Geltendmachung bestimmter Ansprüche beschränkt sind, wird von ihnen **auch der Zeugnisanspruch**

---

1 Str., vgl. hierzu *Schleßmann*, S. 35.
2 Grds. BAG 17.2.1988 – 5 AZR 638/86, NZA 1988, 427; 26.6.2001 – 9 AZR 392/00, NZA 2002, 34; 16.10.2007 – 9 AZR 248/07, NZA 2008, 298.
3 BAG 17.2.1988 – 5 AZR 638/86, NZA 1988, 427: Verwirkung angenommen nach zehn Monaten; vgl. auch BAG 17.10.1972 – 1 AZR 86/72, BB 1973, 195: Verwirkung nach fünf Monaten; LAG Hamm 16.3.1989 – 12 (13) Sa 1149/88, BB 1989, 1486: keine Verwirkung durch bloßen Zeitablauf von weniger als drei Monaten; LAG Köln 8.2.2000 – 13 Sa 1050/99, NZA-RR 2001, 130: Verwirkung nach zwölf Monaten (Berichtigungsanspruch); LAG Hamm 3.7.2002 – 3 Sa 248/02, NZA-RR 2003, 73: Verwirkung jedenfalls nach zwölf Monaten (ab gerichtlichem Vergleich) bzw. fünfzehn Monaten (Berichtigungsanspruch); LAG München 11.2.2008 – 6 Sa 539/07, nv.: Verwirkung nach 21 Monaten (Berichtigungsanspruch); LAG Schl.-Holst. 30.9.2009 – 3 Ta 162/09, nv. (Unzumutbarkeit bei fast fünf Jahre zurückliegendem Arbeitsverhältnis).
4 Ähnlich auch *Schleßmann*, S. 148 ff.
5 Vgl. LAG Köln 17.6.2010 – 7 Ta 352/09, nv.
6 BAG 16.9.1974 – 5 AZR 255/74, AP Nr. 9 zu § 630 BGB; aA LAG Bln.-Bbg. 6.12.2011 – 3 Sa 1300/11, AuA 2012, 369 (Ausgleichsklausel als konstitutives negatives Schuldanerkenntnis).

erfasst. Dies gilt namentlich für eine Tarifvertragsklausel „alle Ansprüche aus dem Arbeitsvertrag bzw. dem Arbeitsverhältnis", es sei denn, im Tarifvertrag selbst ist eine Ausnahmeregelung getroffen[1].

Erteilt der Arbeitgeber das Zeugnis innerhalb der laufenden Ausschlussfrist, muss der Arbeitnehmer, der dieses Zeugnis nicht als Erfüllung seines Anspruchs akzeptieren will, den Arbeitgeber zur Erfüllung auffordern, und zwar innerhalb der nach Erhalt nun neu laufenden tariflichen Ausschlussfrist[2].

Durch die Erhebung der **Kündigungsschutzklage** allein wird die Ausschlussfrist nicht gewahrt, denn die Klage bestreitet gerade die Beendigung des Arbeitsverhältnisses, welche der Zeugnisanspruch voraussetzt[3].

72

Auch im **Einzelarbeitsvertrag** dürfen Ausschlussklauseln verwendet werden, solange die einzuhaltenden Fristen die Grenze der Sittenwidrigkeit des § 138 Abs. 1 BGB nicht überschreiten[4] bzw. den üblichen tariflichen Klauseln entsprechen[5]. Indes tragen in **vorformulierten** Arbeitsverträgen allein wechselseitig geltende Ausschlussfristen von (mindestens) **drei Monaten** der Angemessenheitskontrolle nach § 307 Abs. 1 BGB Rechnung[6]. Enthält eine entsprechende Ausschlussklausel eine kürzere Frist, führt deren Unwirksamkeit zu ihrem ersatzlosen Wegfall wegen Unangemessenheit, jedoch bei Aufrechterhaltung des Arbeitsvertrags im Übrigen (§ 306 Abs. 1 und 2 BGB). Der Beginn der Ausschlussfrist (s. Rz. 74) kann an die Fälligkeit des Anspruchs geknüpft werden[7].

73

Eine einzelvertragliche Ausschlussklausel, die „alle Ansprüche, die sich aus dem Arbeitsverhältnis ergeben" betrifft, erfasst auch den Anspruch auf Berichtigung des qualifizierten Arbeitszeugnisses[8].

Beginn der Ausschlussfrist ist beim endgültigen Zeugnis der Tag der tatsächlichen Beendigung des Arbeitsverhältnisses, beim Berichtigungsanspruch der Zeitpunkt des Zeugniserhalts[9].

74

X. Haftung des Ausstellers

1. Gegenüber dem Arbeitnehmer

Stellt der Arbeitgeber dem Arbeitnehmer das Zeugnis schuldhaft verspätet, unrichtig oder überhaupt nicht aus, macht er sich schadensersatzpflichtig unter dem Gesichtspunkt der **positiven Forderungsverletzung** nach § 280 BGB bzw. des **Schuldnerverzugs** nach §§ 286, 287 BGB. Verzug tritt grundsätzlich erst dann ein, wenn der Arbeitnehmer sein Wahlrecht zwischen einem einfachen und einem qualifizierten Zeugnis ausgeübt und nach Nichterteilung das gewählte Zeugnis gegenüber dem Arbeitgeber angemahnt hat[10]. Der Arbeitgeber hat den Schaden auszugleichen, den der Arbeitneh-

75

---

1 BAG 4.10.2005 – 9 AZR 507/04, NZA 2006, 436; 23.2.1983 – 5 AZR 515/80, BB 1983, 1859; vgl. auch BAG 30.1.1991 – 5 AZR 32/90, NZA 1991, 599; aA LAG Hamm 21.12.1993 – 4 Sa 1123/93, nv.
2 BAG 4.10.2005 – 9 AZR 507/04, NZA 2006, 436.
3 Vgl. BAG 18.12.1984 – 3 AZR 383/82, AP Nr. 87 zu § 4 TVG – Ausschlussfristen.
4 BAG 24.3.1988 – 2 AZR 630/87, NZA 1989, 101.
5 LAG Nürnberg 18.1.1994 – 6 Sa 270/92, LAGE § 630 BGB Nr. 20.
6 BAG 25.5.2005 – 5 AZR 572/04, DB 2005, 2136; 28.9.2005 – 5 AZR 52/05, NZA 2006, 149.
7 BAG 28.9.2005 – 5 AZR 52/05, NZA 2006, 149.
8 LAG Hamm 10.4.2002 – 3 Sa 1598/01, NZA-RR 2003, 463.
9 BAG 23.2.1983 – 5 AZR 515/80, DB 1983, 2043; LAG Sachs. 30.1.1996 – 5 Sa 996/95, NZA-RR 1997, 47.
10 BAG 12.2.2013 – 3 AZR 120/11, NZA 2014, 31.

mer infolge des verspäteten, falschen oder fehlenden Zeugnisses erleidet[1]. Hierbei hat der Arbeitnehmer die Ursächlichkeit der Pflichtverletzung für den eingetretenen Schaden darzulegen und zu beweisen[2]. Die Beweiserleichterungen des § 252 Satz 2 BGB iVm. § 287 Abs. 1 ZPO verlangen vom Arbeitnehmer lediglich einen Tatsachenvortrag, der einen Schadenseintritt wahrscheinlich macht[3]. Regelmäßig besteht der zu ersetzende Schaden darin, dass der Arbeitnehmer einen Verdienstausfall wegen einer entgangenen bzw. schlechter vergüteten Arbeitsstelle erleidet.

Darüber hinaus kann der Arbeitnehmer **Schadensersatz nach** § 61 Abs. 2 ArbGG verlangen, indes mit der Folge, dass ihm der parallele Zeugniserfüllungsanspruch nunmehr verwehrt bleibt (vgl. im Einzelnen Rz. 62).

76 **Nicht ausreichend** sind allerdings Redewendungen wie „ohne Zeugnis konnte ich keine Stelle erhalten". Auch gibt es keinen Erfahrungssatz für einen Bewerbungsmisserfolg, der auf ein fehlendes Zeugnis zurückzuführen ist. Daher wird der Arbeitnehmer vortragen und nachweisen müssen, welcher Arbeitgeber ihn aufgrund eines fehlenden oder unrichtigen Zeugnisses nicht oder zu schlechteren Entgeltbedingungen eingestellt hat[4]. Über § 278 BGB haftet der Arbeitgeber unbeschränkt auch für eine beauftragte Person, wenn diese das Zeugnis erstellt hat.

2. Gegenüber dem neuen Arbeitgeber

77 Dritten, insbesondere dem neuen Arbeitgeber gegenüber haftet die zeugniserteilende Person nach § 826 BGB, wenn sie **vorsätzlich sittenwidrig ein unrichtiges Zeugnis ausstellt** und der neue Arbeitgeber hierdurch geschädigt wird. Es reicht bedingter Vorsatz, dh. der Aussteller muss eine mögliche Schädigung Dritter billigend in Kauf genommen haben. Werden im Zeugnis wesentliche Umstände verschwiegen, zB während des Arbeitsverhältnisses begangene strafbare Handlungen, kann eine sittenwidrige Schädigung in Frage kommen, wenn gleichwohl ein zu günstiges Zeugnis erteilt wird. Grundsätzlich ist es unerheblich, ob das Zeugnis aufgrund positiver Aussagen oder Unterlassungen unrichtig ist. Wird eine grobe Unrichtigkeit des Zeugnisses erst nachträglich bekannt, ist der ausstellende Arbeitgeber aufgrund allgemeiner Rechtspflicht gehalten, den neuen Arbeitgeber entsprechend zu informieren[5].

78 Der Arbeitgeber kann sich von seiner **deliktischen Haftung nach** § 831 BGB exkulpieren, wenn er nachweist, dass er seinen das Zeugnis ausstellenden Angestellten sorgfältig ausgewählt und überwacht hat. Diese **Entlastungsmöglichkeit** bedeutet im Einzelfall, dass sich der frühere Arbeitgeber selbst bei arglistigem Verhalten seines mit der Zeugniserstellung beauftragten Mitarbeiters jeglicher Haftung entziehen kann. Dieser Misslichkeit will sich der BGH dadurch entziehen, dass er eine Haftung des früheren Arbeitgebers gegenüber dem neuen Arbeitgeber auf der Grundlage einer vertragsähnlichen Beziehung annimmt. Mit der Erteilung des Zeugnisses gebe der Arbeitgeber gegenüber dem Folgearbeitgeber eine rechtsgeschäftliche Erklärung ab. Sei diese unrichtig, hafte er nach § 278 BGB auch für das Verschulden einer beauftragten Person[6].

---

1 LAG Düsseldorf 23.7.2003 – 12 Sa 232/03, LAGReport 2004, 14; LAG Schl.-Holst. 1.4.2009 – 1 Sa 370/08, AuA 2009, 485: Entgelt, das bei neuem Arbeitgeber nach der Probezeit hätte erzielt werden können, als Schaden bei verspäteter Erteilung).
2 BAG 24.3.1977 – 3 AZR 232/76, EzA § 630 BGB Nr. 9; LAG Hamm 11.7.1996 – 4 Sa 1534/95, LAGE § 630 BGB Nr. 29; LAG Hess. 31.3.2009 – 13 Sa 1267/08.
3 BAG 16.11.1995 – 8 AZR 983/94, ArbuR 1996, 195.
4 Vgl. BAG 12.8.1976 – 3 AZR 720/75, EzA § 630 BGB Nr. 7.
5 BGH 15.5.1979 – VI ZR 230/76, NJW 1979, 1882.
6 BGH 15.5.1979 – VI ZR 230/76, NJW 1979, 1882.

4. Teil
Kollektives Arbeitsrecht

A. Betriebsverfassungsrecht

	Rz.
I. Grundlagen	
1. Sachlicher Geltungsbereich	
a) Der Betrieb	1
aa) Definition des Betriebes	2
bb) Begriff des Unternehmens	5
cc) Der Konzern	9
dd) Gemeinsamer Betrieb	13
ee) Betriebsteile und Kleinstbetriebe	21
ff) Betriebsteile	22
gg) Anschlusswahl eines Betriebsteils	27
hh) Kleinstbetriebe	28
b) Öffentlicher Dienst	29
c) Seeschifffahrt	33
d) Luftfahrt	34
e) Tendenzbetriebe/Religionsgemeinschaften	35
2. Räumlicher Geltungsbereich	36
a) Sitz des Betriebes	37
b) Ausstrahlung	40
c) Einstrahlung	42
d) Europäischer Betriebsrat	43
3. Persönlicher Geltungsbereich	
a) Arbeitgeber	51
b) Arbeitnehmer	54
aa) Arbeiter und Angestellte	57
bb) Auszubildende	58
c) Leitende Angestellte	61
d) „Nicht-Arbeitnehmer"	63
aa) Mitglieder des gesetzlichen Vertretungsorgans juristischer Personen (§ 5 Abs. 2 Nr. 1 BetrVG)	64
bb) Vertretungs- und geschäftsführungsberechtigte Mitglieder von Personengesamtheiten (§ 5 Abs. 2 Nr. 2 BetrVG)	65
cc) Beschäftigung aus vorwiegend karitativen oder religiösen Beweggründen (§ 5 Abs. 2 Nr. 3 BetrVG)	66
dd) Beschäftigung zur Heilung, Wiedereingewöhnung, Besserung oder Erziehung (§ 5 Abs. 2 Nr. 4 BetrVG)	67
ee) Enge Verwandte des Arbeitgebers (§ 5 Abs. 2 Nr. 5 BetrVG)	68
II. Beteiligte und Organe der Betriebsverfassung	

	Rz.
1. Die Verbände	69
a) Arbeitgebervereinigungen	70
b) Gewerkschaften	
aa) Gewerkschaftsbegriff	72
bb) Vertretensein im Betrieb	73
cc) Zugangsrecht	74
dd) Information und Werbung im Betrieb	78
ee) Allgemeine betriebsverfassungsrechtliche Mitwirkungsrechte	80
2. Der Betriebsrat	
a) Betriebsratswahl	82
aa) Wahlberechtigung	83
bb) Wählbarkeit	88
cc) Wahlzeitraum und Amtszeit	91
dd) Durchführung der Wahl	
(1) Bestellung Wahlvorstand	96
(2) Betriebsratswahlverfahren	102
(3) Regelwahlverfahren	103
(4) Wahl im vereinfachten Verfahren für Kleinbetriebe	110
(5) Geschlechterquote	113
(6) Kosten der Wahl	114
b) Rechtsschutz bei Betriebsratswahlen	
aa) Rechtsschutz im Vorfeld der Betriebsratswahl	116
bb) Rechtsschutz während der Wahl	119
cc) Die nichtige Betriebsratswahl	122
dd) Anfechtung der Betriebsratswahl	124
c) Organisation und Willensbildung im Betriebsrat	
aa) Konstituierung und Organisation	132
bb) Willensbildung im Betriebsrat	141
d) Geschäftsführung des Betriebsrats	
aa) Geschäftsordnung	150
bb) Sprechstunden	151
e) Freistellung und Entgeltschutz	152
aa) Freistellung gem. § 38 BetrVG	153
bb) Freistellung nach § 37 Abs. 2 BetrVG	164

	Rz.
(1) Erforderlichkeit der Betriebsratstätigkeit	165
(2) Ab- und Rückmeldung	169
(3) Vergütung	172
(4) Betriebsratstätigkeit außerhalb der Arbeitszeit	176
f) Teilnahme an Schulungs- und Bildungsveranstaltungen	181
aa) Schulungsveranstaltung nach § 37 Abs. 6 BetrVG	
(1) Erforderliche Kenntnisse	182
(2) Festlegung der Teilnehmer	187
(3) Durchführung der Arbeitsbefreiung	189
bb) Schulungsveranstaltung nach § 37 Abs. 7 BetrVG	192
(1) Geeignete Schulungsveranstaltung	193
(2) Anerkennung der Veranstaltung	196
(3) Anspruchsberechtigte Teilnehmer	198
(4) Festlegung der Teilnehmer	199
cc) Entgeltfortzahlung und Kosten der Schulung	
(1) Entgeltfortzahlung	201
(2) Kosten für die Teilnahme an Schulungs- und Bildungsveranstaltungen	203
g) Kosten des Betriebsrats	211
aa) Kosten für Dolmetscher	213
bb) Allgemeine Geschäftsführungskosten	214
cc) Sachverständigenkosten	215
dd) Kosten der anwaltlichen Beratung	216
ee) Kosten der anwaltlichen Vertretung vor der Einigungsstelle	217
ff) Prozessführungskosten	218
h) Sachaufwand des Betriebsrats	222
aa) Betriebsratsbüro	223
bb) Sachmittel	224
cc) Informations- und Kommunikationstechnik	226
dd) Büropersonal	229
ee) Streitigkeiten	230
i) Kosten einzelner Betriebsratsmitglieder	232
aa) Fahrtkosten/Reisekosten	233
bb) Schäden	236
cc) Schulungskosten	238
dd) Prozessführungskosten	239
j) Auflösung des Betriebsrats	243
aa) Verfahren	244
bb) Grobe Pflichtverletzung	247
3. Der Gesamtbetriebsrat	250

	Rz.
a) Bildung und Zusammensetzung	251
b) Geschäftsführung des Gesamtbetriebsrats	257
c) Willensbildung im Gesamtbetriebsrat	258
d) Zuständigkeit/Kompetenz des Gesamtbetriebsrats	261
4. Der Konzernbetriebsrat	267
a) Bildung und Auflösung des Konzernbetriebsrats	268
b) Zuständigkeit/Kompetenz des Konzernbetriebsrats	274
c) Willensbildung und Geschäftsführung	279
5. Die (Konzern-/Gesamt-)Jugend- und Auszubildendenvertretung	281
a) Wahl	282
b) Amtszeit und Geschäftsführung	288
c) Allgemeine Aufgaben und Befugnisse	293
d) Rechtsstellung des einzelnen Mitglieds der Jugend- und Auszubildendenvertretung	303
6. Informationsforen	
a) Die Betriebsversammlung	312
aa) Regelmäßige Betriebsversammlungen	316
bb) Weitere Betriebsversammlungen	317
cc) Außerordentliche Betriebsversammlungen	320
dd) Betriebsversammlung auf Antrag der Gewerkschaft	321
b) Rechte und Pflichten des Arbeitgebers	322
c) Zeitpunkt und Einberufung	327
d) Durchführung/zulässige Themen	333
e) Kosten und Verdienstausfall	341
f) Teilnahmerecht der Gewerkschaftsvertreter	347
g) Abteilungsversammlung	348
h) Betriebsräteversammlung	351

III. Grundprinzipien der betriebsverfassungsrechtlichen Zusammenarbeit

1. Das Gebot der vertrauensvollen Zusammenarbeit (§§ 2 Abs. 1, 74 Abs. 1 BetrVG)	352
2. Das Arbeitskampfverbot (§ 74 Abs. 2 Satz 1 BetrVG)	360
3. Die Friedenspflicht (§ 74 Abs. 2 Satz 2 BetrVG)	364
4. Das Verbot der parteipolitischen Betätigung (§ 74 Abs. 2 Satz 3 BetrVG)	367
a) Begriff der parteipolitischen Betätigung	368
b) Beeinträchtigung des Arbeitsablaufes oder Betriebsfriedens	373

	Rz.
c) Räumlicher Geltungsbereich des Verbots, Verbotsadressat und Folgen eines Verstoßes	374
5. Grundsätze für die Behandlung der Betriebsangehörigen (§ 75 BetrVG)	377
a) Grundsätze von Recht und Billigkeit	379
b) Grundsatz der Gleichbehandlung	383
c) Absolute Differenzierungsverbote	386
d) Schutz älterer Arbeitnehmer	388
e) Freie Entfaltung der Persönlichkeit	390
f) Folgen eines Verstoßes gegen § 75 BetrVG	394
IV. Allgemeine Mitbestimmungsrechte/-pflichten	
1. Mitwirkungs- und Beschwerderecht des Arbeitnehmers	
a) Unterrichtungs- und Erörterungspflicht des Arbeitgebers (§ 81 BetrVG)	397
aa) Inhalt der Unterrichtungs- und Erörterungspflicht	398
bb) Rechtsfolgen bei Verstoß gegen die Unterrichtungs- und Erörterungspflicht	399
cc) Abgrenzung zwischen der Unterrichtungspflicht nach § 81 BetrVG und Maßnahmen der Berufsbildung nach § 98 BetrVG	402
b) Anhörungs- und Erörterungsrecht des Arbeitnehmers (§ 82 BetrVG)	404
c) Einsicht in Personalakten (§ 83 BetrVG)	412
aa) Begriff der Personalakte	413
bb) Führung der Personalakte	415
cc) Einsichtsrecht des Arbeitnehmers	417
dd) Erklärungen des Arbeitnehmers zur Personalakte	422
d) Beschwerde (§§ 84, 85 BetrVG)	
aa) Beschwerde beim Arbeitgeber	424
bb) Beschwerde beim Betriebsrat	430
cc) Kollektive Regelung des Beschwerdeverfahrens	437
2. Allgemeine Aufgaben des Betriebsrats (§ 80 Abs. 1 BetrVG)	438
a) Überwachungsrechte	439
aa) Gesetze und Vorschriften	440
bb) Tarifverträge	443
cc) Grenzen des Überwachungsrechts	446
b) Antragsrecht	447
c) Durchsetzung der Gleichberechtigung	448

	Rz.
d) Entgegennahme von Anregungen	450
e) Eingliederung schutzbedürftiger Personen und Förderung der Beschäftigung älterer Arbeitnehmer	451
f) Zusammenarbeit mit der Jugend- und Auszubildendenvertretung	452
g) Eingliederung ausländischer Arbeitnehmer	453
h) Beschäftigungsförderung/-sicherung	454
i) Förderung von Arbeits- und betrieblichem Umweltschutz	455
3. Auskunfts-/Unterrichtungsanspruch (§ 80 Abs. 2 BetrVG)	
a) Auskunfts- und Unterrichtungsanspruch	456
b) Vorlage von Unterlagen	465
c) Einblick in Bruttolohn- und -gehaltslisten	468
d) Sachkundige Arbeitnehmer als Auskunftspersonen	472
4. Hinzuziehung von Sachverständigen (§ 80 Abs. 3 BetrVG)	473
5. Geheimhaltungspflichten (§ 79 BetrVG)	481
6. Gestaltung von Arbeitsplatz und -umgebung	
a) Unterrichtungs- und Beratungsrecht (§ 90 BetrVG)	488
aa) Baumaßnahmen	490
bb) Technische Anlagen	491
cc) Arbeitsverfahren und Arbeitsabläufe	493
dd) Arbeitsplätze	494
b) Zeitpunkt und Inhalt	495
c) Folgen der nicht rechtzeitigen Unterrichtung	499
d) Mitbestimmung bei besonderer Belastung (§ 91 BetrVG)	501
V. Mitbestimmung in sozialen Angelegenheiten	
1. Voraussetzungen	508
a) Persönlicher Geltungsbereich	510
b) Kollektivmaßnahme	511
c) Gesetzes-/Tarifvorrang	
aa) § 87 Abs. 1 BetrVG	513
(1) Gesetzliche Regelung	514
(2) Tarifvorbehalt	515
bb) § 77 Abs. 3 BetrVG	518
2. Ausübung des Mitbestimmungsrechts	
a) Erzwingbare und freiwillige Mitbestimmung	524
b) Initiativrecht	527
c) Betriebsvereinbarung und Regelungsabrede	528
aa) Betriebsvereinbarung	
(1) Gesetzliche Grundlage	529

	Rz.
(2) Tarifvorbehalt des § 77 Abs. 3 BetrVG	532
(3) Rechtliche Wirkung	535
(4) Durchführung der Betriebsvereinbarung	537
(5) Beendigung	538
bb) Regelungsabrede	545
cc) Streitigkeiten	551
d) Einzelarbeitsvertrag	554
3. Auswirkungen der Nichtbeachtung des Mitbestimmungsrechtes	
a) Auswirkungen gegenüber einzelnen Arbeitnehmern	557
b) Auswirkungen im Verhältnis zwischen Arbeitgeber und Betriebsrat	560
4. Durchsetzung der Mitbestimmungsrechte	
a) Unterlassungsanspruch nach § 23 Abs. 3 BetrVG	562
b) Allgemeiner Unterlassungsanspruch	566
c) Einstweiliger Rechtsschutz	570
5. Die Mitbestimmungstatbestände des § 87 Abs. 1 BetrVG	
a) Ordnung des Betriebes (§ 87 Abs. 1 Nr. 1 BetrVG)	571
b) Beginn und Ende der Arbeitszeit (§ 87 Abs. 1 Nr. 2 BetrVG)	581
aa) Beginn und Ende der täglichen Arbeitszeit	582
bb) Pausen	585
cc) Verteilung der Arbeitszeit auf die einzelnen Wochentage	586
c) Vorübergehende Verkürzung oder Verlängerung der betriebsüblichen Arbeitszeit (§ 87 Abs. 1 Nr. 3 BetrVG)	588
aa) Überstunden	594
bb) Kurzarbeit	600
cc) Kurzarbeit und Überstunden im Arbeitskampf	606
d) Zeit, Ort und Art der Auszahlung des Arbeitsentgelts (§ 87 Abs. 1 Nr. 4 BetrVG)	607
e) Aufstellung allgemeiner Urlaubsgrundsätze und des Urlaubsplanes (§ 87 Abs. 1 Nr. 5 BetrVG)	611
f) Einführung und Anwendung technischer Einrichtungen zur Verhaltens- und Leistungsüberwachung (§ 87 Abs. 1 Nr. 6 BetrVG)	617
aa) Technische Einrichtungen	619
bb) Überwachung	622
cc) Erhebung und Speicherung von Arbeitnehmerdaten	628

	Rz.
g) Regelungen über die Verhütung von Arbeitsunfällen und Berufskrankheiten sowie über Gesundheitsschutz (§ 87 Abs. 1 Nr. 7 BetrVG)	629
h) Sozialeinrichtungen (§ 87 Abs. 1 Nr. 8 BetrVG)	634
i) Werkswohnungen (§ 87 Abs. 1 Nr. 9 BetrVG)	641
j) Betriebliche Lohngestaltung (§ 87 Abs. 1 Nr. 10 BetrVG)	645
aa) Lohngestaltung	650
bb) Entlohnungsgrundsätze	660
cc) Entlohnungsmethoden	662
k) Akkord-, Prämiensätze und leistungsbezogene Entgelte (§ 87 Abs. 1 Nr. 11 BetrVG)	663
l) Betriebliches Vorschlagswesen (§ 87 Abs. 1 Nr. 12 BetrVG)	665
m) Durchführung von Gruppenarbeit (§ 87 Abs. 1 Nr. 13 BetrVG)	668
6. Streitigkeiten über Mitbestimmungsrechte nach § 87 Abs. 1 BetrVG	671
VI. Mitbestimmung in personellen Angelegenheiten	
1. Allgemeine personelle Angelegenheiten	
a) Personalplanung (§ 92 BetrVG)	672
b) Beschäftigungssicherung (§ 92a BetrVG)	681
c) Ausschreibung von Arbeitsplätzen (§ 93 BetrVG)	683
d) Personalfragebogen, Formularverträge und Beurteilungsgrundsätze (§ 94 BetrVG)	
aa) Personalfragebogen	691
bb) Formularverträge und allgemeine Beurteilungsgrundsätze	699
e) Auswahlrichtlinien (§ 95 BetrVG)	704
2. Mitbestimmung im Bereich der Berufsbildung	712
a) § 96 BetrVG	713
b) § 97 BetrVG	719
c) § 98 BetrVG	725
aa) Mitbestimmungsrechte nach § 98 Abs. 1 BetrVG	726
bb) Widerspruchs- und Abberufungsrecht nach § 98 Abs. 2 BetrVG	730
cc) Teilnehmerauswahl nach § 98 Abs. 3 BetrVG	734
dd) Sonstige Bildungsmaßnahmen nach § 98 Abs. 6 BetrVG	737

	Rz.
3. Mitbestimmungsrecht des Betriebsrats bei personellen Einzelmaßnahmen	739
a) Personelle Einzelmaßnahmen iSd. § 99 BetrVG	
aa) Einstellung	744
bb) Versetzung	754
cc) Ein-/Umgruppierung	
(1) Eingruppierung	762
(2) Umgruppierung	766
b) Unterrichtungspflicht des Arbeitgebers	770
aa) Zeitpunkt	771
bb) Form, Inhalt und Umfang	773
c) Zustimmungsfiktion	781
d) Erteilung der Zustimmung	783
e) Widerspruch des Betriebsrats	
aa) Form und Frist	784
bb) Inhalt des Widerspruchs	789
f) Widerspruchsgründe iSd. § 99 Abs. 2 BetrVG	791
aa) Verstoß gegen Gesetz, Verordnung, Unfallverhütungsvorschrift, tarifliche Regelung, Betriebsvereinbarung, gerichtliche Entscheidung oder behördliche Anordnung (§ 99 Abs. 2 Nr. 1 BetrVG)	
(1) Gesetz und Verordnung	792
(2) Unfallverhütungsvorschrift	798
(3) Tarifliche Regelung	799
(4) Betriebsvereinbarung	806
(5) Gerichtliche Entscheidung	807
(6) Behördliche Anordnungen	808
bb) Verstoß gegen eine Auswahlrichtlinie (§ 99 Abs. 2 Nr. 2 BetrVG)	809
cc) Besorgnis der Benachteiligung anderer Arbeitnehmer (§ 99 Abs. 2 Nr. 3 BetrVG)	812
dd) Besorgnis der Benachteiligung des betroffenen Arbeitnehmers (§ 99 Abs. 2 Nr. 4 BetrVG)	816
ee) Unterbliebene innerbetriebliche Stellenausschreibung (§ 99 Abs. 2 Nr. 5 BetrVG)	818
ff) Besorgnis der Störung des Betriebsfriedens (§ 99 Abs. 2 Nr. 6 BetrVG)	822
g) Rechtsfolge des wirksamen Widerspruchs	825
h) Zustimmungsersetzungsverfahren (§ 99 Abs. 4 BetrVG)	828
4. Vorläufige personelle Maßnahme (§ 100 BetrVG)	

	Rz.
a) Verfahrensablauf	831
b) Vorliegen von sachlichen Gründen	833
c) Dringende Erforderlichkeit	835
d) Durchführung der vorläufigen personellen Maßnahme	836
e) Verfahren vor dem Arbeitsgericht	840
5. Aufhebung personeller Maßnahmen wegen Nichtbeachtung des Mitbestimmungsrechtes (§ 101 BetrVG)	843
6. Checkliste und Formulierungsvorschläge	
a) Checkliste zur Beteiligung des Betriebsrats bei Neueinstellungen gem. §§ 99, 100 BetrVG	851
b) Beteiligung nach § 99 BetrVG bei Eingruppierung	852
c) Beteiligung nach § 99 BetrVG bei Versetzung	853
d) Beteiligung nach § 99 BetrVG bei Einstellung	854
e) Beteiligung nach § 99 BetrVG bei Einstellung und vorläufiger Durchführung der Einstellung nach § 100 BetrVG	855
VII. Mitbestimmung bei Betriebsänderungen	856
1. Allgemeine Voraussetzungen	
a) Unternehmensgröße	858
b) Zuständige Arbeitnehmervertretung	861
2. Mitbestimmungspflichtige Sachverhalte	
a) Verhältnis von § 111 Satz 1 zu Satz 3 BetrVG	865
b) Betriebsänderung und wesentliche Nachteile	866
3. Einzelfälle der Betriebsänderung	
a) Stilllegung, Einschränkung des Betriebs oder eines wesentlichen Betriebsteils	872
aa) Stilllegung	873
bb) Einschränkung	879
cc) Reine Personalreduzierung	880
b) Verlegung des Betriebs oder eines wesentlichen Betriebsteils	890
c) Zusammenschluss/Spaltung von Betrieben	892
d) Grundlegende Änderungen der Betriebsorganisation usw.	894
e) Neue Arbeitsmethoden und Fertigungsverfahren	898
f) Betriebsinhaberwechsel (§ 613a BGB)	900
4. Beteiligung des Betriebsrats	
a) Übersicht	902
b) Unterstützung des Betriebsrats durch Berater	903

	Rz.
c) Interessenausgleich	
aa) Gegenstand	909
bb) Verfahren zur Herbeiführung eines Interessenausgleichs	912
(1) Rechtzeitige und umfassende Unterrichtung	913
(2) Beratung und Verhandlung	916
cc) Sonderfall Namensliste (§ 1 Abs. 5 KSchG)	918
dd) Sonderfall Interessenausgleich in der Insolvenz	920
(1) Beschleunigung der Betriebsänderung	921
(2) Kündigungserleichterungen	923
d) Sozialplan	
aa) Gegenstand	927
bb) Verfahren zur Herbeiführung eines Sozialplans	928
cc) Typische Inhalte eines Sozialplans	
(1) Abfindung	934
(2) Geltungsbereich/Anspruchsberechtigung	941
(3) Zumutbares Beschäftigungsangebot	947
(4) Kein Verzicht auf Kündigungsschutzklage	950
(5) Fälligkeitsklausel	952
dd) Abänderung von Sozialplänen	953
ee) Störung der Geschäftsgrundlage	955
ff) Gerichtliche Überprüfung von Sozialplänen	958
gg) Sonderfall: Sozialplanfreie Betriebsänderung (§ 112a BetrVG)	
(1) Reine Personalreduzierung	964
(2) Unternehmensneugründung	968
hh) Sonderfall: Sozialplan in der Insolvenz	970
e) Streitigkeiten	
aa) Vorabentscheidungsverfahren	973
bb) Einstweilige Verfügung zur Untersagung der Betriebsänderung	975
5. Nachteilsausgleich	976
a) Abweichen von einem Interessenausgleich	977
b) Betriebsänderung ohne Interessenausgleich	979
c) Ausgleichspflichtige Beeinträchtigungen	

	Rz.
aa) Kündigungen	981
bb) Sonstige wirtschaftliche Nachteile	984
d) Abfindungshöhe	986
e) Abfindungsklage	990
VIII. Die Einigungsstelle	
1. Die Einigungsstelle als Konfliktlösungsinstrument der Betriebsverfassung	993
2. Bildung der Einigungsstelle	
a) Errichtung	994
b) Zusammensetzung der Einigungsstelle	998
aa) Person des Vorsitzenden	999
bb) Die Beisitzer	1001
3. Zuständigkeit der Einigungsstelle	
a) Grundsatz	1004
b) Regelungstatbestände der erzwingbaren Einigungsstelle	1006
c) „Gemischte" Regelungstatbestände	1008
d) Rahmenregelung	1011
4. Verfahren vor der Einigungsstelle	
a) Grundsatz	1014
b) Einleitung des Verfahrens	1015
c) Verfahrensablauf	
aa) Überblick	1017
bb) Rechtliches Gehör	1020
cc) Beschlussfassung	1021
5. Gerichtliche Überprüfung des Einigungsstellenspruchs	
a) Zuständigkeit	1028
b) Anhang	1028a
c) Rechtskontrolle	1029
d) Ermessenskontrolle	1034
6. Kosten der Einigungsstelle	
a) Gesetzliche Kostenregelung	1039
b) Höhe der Vergütung	1042
c) Verfahrensfragen	1048
d) Vertretung des Betriebsrats durch einen Rechtsanwalt	1050
IX. Tendenzbetriebe und andere Sonderformen des Betriebs	
1. Grundsätze	1051
2. Tendenzunternehmen und -betriebe	1055
3. Geistig-ideelle Bestimmungen (§ 118 Abs. 1 Nr. 1 BetrVG)	
a) Politische Bestimmung	1061
b) Koalitionspolitische Bestimmung	1062
c) Konfessionelle Bestimmung	1063
d) Karitative Bestimmung	1064
e) Erzieherische Bestimmung	1069
f) Wissenschaftliche Bestimmung	1072
g) Künstlerische Bestimmung	1075

	Rz.
4. Berichterstattung und Meinungsäußerung (§ 118 Abs. 1 Nr. 2 BetrVG)	1078
5. Tendenzträger	1081
6. Einschränkungen der Beteiligungsrechte des Betriebsrats	
a) Der absolute Ausschluss der §§ 106 bis 110 BetrVG	1084
b) Die eingeschränkte Anwendbarkeit der §§ 111 bis 113 BetrVG	1085
c) Der relative Ausschluss von Beteiligungsrechten	
aa) Grundsätze	1088
bb) Soziale Angelegenheiten (§§ 87 bis 89 BetrVG)	1089
cc) Personelle Angelegenheiten	1093
dd) Sonstige Fälle	1099
7. Religionsgemeinschaften	1101
8. Streitigkeiten	1107
X. Sprecherausschuss	
1. Geltungsbereich des Sprecherausschussgesetzes	1108
2. Grundsätze der Zusammenarbeit	1112
3. Behinderungs-, Benachteiligungs- und Begünstigungsverbot sowie betriebliche Friedenspflicht	1114

	Rz.
4. Wahl des Sprecherausschusses	
a) Voraussetzungen für die Wahl eines Sprecherausschusses	1117
b) Durchführung der Wahl	1120
c) Ende der Mitgliedschaft und Auflösung des Sprecherausschusses	1126
5. Stellung des Sprecherausschusses und seiner Mitglieder	1128
6. Mitwirkungsrechte des Sprecherausschusses	1133
a) Allgemeine Aufgaben des Sprecherausschusses	1134
b) Die eigentlichen Mitwirkungsrechte im Einzelnen	1141
aa) Arbeitsbedingungen und Beurteilungsgrundsätze	1142
bb) Personelle Maßnahmen	1148
cc) Wirtschaftliche Angelegenheiten	1156
c) Folgen der Verletzung der Unterrichtungs- und Mitteilungspflichten nach §§ 30 bis 32 SprAuG	1163
7. Gesamt- und Konzernsprecherausschuss	1164

Schrifttum:

Kommentare, Monographien: *Bauer*, Sprecherausschussgesetz, 2. Aufl. 1990; *Ehrich/Fröhlich*, Die Einigungsstelle, 2. Aufl. 2010; *Fiebig*, Der Ermessensspielraum der Einigungsstelle, 1992; *Hennige*, Das Verfahrensrecht der Einigungsstelle, 1996; *Löwisch*, Kommentar zum Sprecherausschussgesetz, 2. Aufl. 1994; *Hromadka/Sieg*, Sprecherausschussgesetz, 3. Aufl. 2014; *Löwisch*, Kommentar zum Sprecherausschussgesetz, 2. Aufl. 1994; *Röder/Baeck*, Interessenausgleich und Sozialplan, 4. Aufl. 2009; *Wenning-Morgenthaler*, Die Einigungsstelle, 6. Aufl. 2012; *Wisskirchen*, AGG Allgemeines Gleichbehandlungsgesetz, 3. Aufl. 2007; *Worzalla/Will*, Das neue Betriebsverfassungsrecht, 2002.

Aufsätze: *Bader*, Das Gesetz zu Reformen am Arbeitsmarkt: Neues im Kündigungsschutzgesetz und im Befristungsrecht, NZA 2004, 65; *Bauer*, Neues Spiel bei der Betriebsänderung und der Beschäftigungssicherung?, NZA 2001, 375; *Bauer/Lingemann*, Stilllegung von Tendenzbetrieben am Beispiel von Pressebetrieben, NZA 1995, 813; *Bauer/Röder*, Problemlose Einigungsstellenkosten, DB 1989, 224; *Bayreuther*, Die „betriebsübliche" Beförderung des freigestellten Betriebsratsmitglieds, NZA 2014, 235; *Beauregard/Buchmann*, Die neue Richtlinie über Europäische Betriebsräte, BB 2009, 1417; *Byers*, Die Höhe der Betriebsratsvergütung, NZA 2014, 65; *Bischof*, Mitbestimmung bei Einführung und Abbau von Kurzarbeit, NZA 1995, 1021; *Derleder*, Zur Wiederkehr des Unterlassungsanspruchs, ArbuR 1995,13; *Diller/Powietzka*, Englisch im Betrieb und Betriebsverfassung, DB 2000, 718; *Ehmann/Schmidt*, Betriebsvereinbarungen und Tarifverträge, NZA 1995, 193; *Fischer*, Das Ehrenamtsprinzip der Betriebsverfassung „post Hartzem"-revisited, NZA 2014, 71; *Fischer*, Der BGH schafft eine neue Partei – den Betriebsrat, NZA 2014, 343; *Gillen/Hörle*, Betriebsänderungen in Tendenzbetrieben, NZA 2003, 1225; *Griese*, Die Mitbestimmung bei Versetzungen, BB 1995, 458; *Gutzeit*, Die Mitbestimmung des Betriebsrats bei Fragen der Arbeitszeit, BB 1996, 106; *Hanau*, Rechtswirkungen der Betriebsvereinbarung, RdA 1989, 207; *Hanau*, Die Reform der Betriebsverfassung, NJW 2001, 2513; *Heinze*, Regelungsabrede, Betriebsvereinbarung und Spruch der Einigungsstelle, NZA 1994, 580; *Hornung*, Das Recht der Teilfreistellungen nach dem BetrVG 2001, DB 2002, 94; *Jacobs*, Entgeltmitbestimmung beim nicht (mehr) tarifgebundenen Arbeitgeber, in: Festschrift für Franz Jürgen Säcker zum 70. Geburtstag, 2011, S. 201; *Joussen*, Das Fehlen einer Tagesordnung bei der Ladung zur Betriebsratssitzung, NZA 2014, 505; *Kamphausen*, Pauschalierung oder Stundensatz – Vergütung für außerbetriebliche Beisitzer in Einigungsstellen, NZA 1992, 55; *Kissel*, Arbeitsrecht und Meinungsfreiheit, NZA 1988, 145; *Kleinebrink*, Einschaltung eines Beraters bei Betriebsänderungen, ArbRB 2003, 212; *Kleinebrink*, Beteiligungsrechte bei Betriebsänderungen in Tendenzunternehmen und Tendenzbetrieben, ArbRB 2008, 375; *Konzen*, Rechtsfragen bei der Sicherung der betrieblichen Mitbestimmung, NZA 1995, 865; *Korinth*, Der Angriff auf den Sozialplan – prozessuale Chancen und Risiken, ArbRB 2005, 247; *Kraft*, Mitbestimmungsrechte des Betriebsrates bei betrieblichen Berufsbildungs- und sonstigen Bildungsmaßnahmen nach § 98 BetrVG, NZA 1990, 457; *Kramer*, Zur Rechtsstellung von Sprecherausschussmitgliedern, DB 1993, 1138; *Kramer*, Probleme der Mitwirkungsrechte des Sprecherausschusses, NZA 1993, 1024; *Kramer*, Rechtsfragen der Bildung und Zusammensetzung eines Sprecherausschusses, BB 1993, 2153; *Kreft*, Tarifliche Vergütungsordnung und betriebliche Entlohnungsgrundsätze, in: Festschrift für Gerhard Etzel zum 75. Geburtstag, 2010, S. 263; *Kuhn/Wedde*, Auswahlrichtlinien und Stellenausschreibungen, AiB 1992, 546; *Lelley*, Kollision von Übergangs- und Restmandat – Ein betriebsverfassungsrechtliches Dilemma?, DB 2008, 1433; *Löwisch*, Änderungen der Betriebsverfassung durch das Betriebsverfassungs-Reformgesetz, BB 2001, 1734; *Löwisch/Schmidt-Kessel*, Die gesetzliche Regelung von Übergangsmandat und Restmandat nach dem Betriebsverfassungsreformgesetz, BB 2001, 2162; *Lunk/Nebendahl*, Die Vergütung der außerbetrieblichen Einigungsstellenbeisitzer, NZA 1990, 921; *Lunk/Schnelle/Witten*, Betriebsratswahl 2014 – Aktuelle Rechtsprechung seit der letzten Wahl, NZA 2014, 57; *Maschmann*, Leiharbeitnehmer und Betriebsratswahlen nach dem BetrVG-Reformgesetz, DB 2001, 2446; *Matthes*, Die Rechtsprechung des Bundesarbeitsgerichts zur Mitbestimmung des Betriebsrates bei Entgeltfragen, NZA 1987, 289; *Meusel*, Mitbestimmung bei der Eingruppierung von Tendenzträgern?, NZA 1987, 658; *Müller*, Überlegungen zur Tendenzträgerfrage, in: Festschrift für Marie Luise Hilger und Hermann Stumpf, 1983, S. 477; *Natzel*, Hinzuziehung internen wie externen Sachstands nach dem neuen Betriebsverfassungsgesetz, NZA 2001, 873; *Neef*, Die Neuerungen des Interessenausgleichs und ihre praktischen Folgen, NZA 1997, 65; *Oetker*, Das Arbeitsentgelt der leitenden Angestellten zwischen Individualautonomie und kollektiver Interessenvertretung, BB 1990, 2181; *Otto*, Mitbestimmung des Betriebsrats bei der Regelung von Dauer und Lage der Arbeitszeit, NZA 1992, 97; *Otto/Schmidt*, Bestellung des Wahlvorstands – Grenzen des Beurteilungsspielraums des Betriebsrats und Rechtsschutzmöglichkeiten des Arbeitgebers, NZA 2014, 169; *Prütting*, Unterlassungsanspruch und einstweilige Verfügung in der Betriebsverfassung, RdA 1995, 257; *Quecke*, Änderung des Verfahrens zur Betriebsratswahl, ArbuR 2002,1; *Reichold*, Die reformierte Betriebsverfassung, NZA 2001, 857; *Richardi*, Kehrtwende des BAG zum betriebsverfassungsrechtlichen Unterlassungsanspruch des Betriebsrats, NZA 1995, 8; *Richardi*, Betriebsratswahlen nach § 3 BetrVG – nicht „Wie es euch gefällt!", NZA 2014, 232; *Richardi/Annuß*, Neues Betriebsverfassungsgesetz: Revolution oder strukturwahrende Reform?, DB 2001, 41; *Rieble*, Interessenausgleich über Auslandsinvestitionen, NZA 2004, 1029; *Rieble/Triskatis*, Vorläufiger Rechtsschutz im Betriebsratswahlverfahren, NZA 2006, 233; *Salamon*, Betriebsratswahlen unter Verkennung des Betriebsbegriffs, NZA 2014, 175; *Salomon*, Betriebsratswahlen bei Veränderung oder unter Verkennung der Betriebsstruktur, NZA 2013, 1124; *Schiefer/Korte*, Die Durchführung der Betriebsratswahlen nach dem neuen Recht, NZA 2002, 57, 113; *Schlewing*, Fortgeltung oder Nachwirkung gekündigter Betriebsvereinbarungen über Leistungen der betrieblichen Altersversorgung, NZA 2010, 529; *Schönfeld/Gennen*, Mitbestimmung bei Assessment-Centern – Beteiligungsrechte des Betriebsrates und des Sprecherausschusses, NZA 1989, 543; *Scholz*, Dotierung eines Sozialplans durch die Einigungsstelle, BB 2006, 1498; *Schrader*, Übergangsregelungen zum Konkursrecht, NZA 1997, 70; *Struck*, Entwicklung und Kritik des Arbeitsrechts im kirchlichen Bereich, NZA 1991, 249; *Thüsing/Forst*, Europäische Betriebsräte-Richtlinie: Neuerungen und Umsetzungserfordernisse, NZA 2009, 408; *Trittin/Fütterer*, Interessenausgleich und Sozialplan in Kleinbetrieben, NZA 2009, 1305; *Vogt/Oltmanns*, Sprachanforderungen und Einführung einer einheitlichen Sprache im Konzern, NZA 2014, 181; *Weber*, Umfang und Grenzen des Tendenzschutzes im Betriebsverfassungsrecht, NZA Beilage 3/1989, 7; *Wißmann*, Leitlinien aktueller Rechtsprechung zur Betriebsverfassung, NZA 2003, 1; *Worzalla*, Übergangs- und Restmandat des Betriebsrats nach §§ 21a und b BetrVG, FA 2001, 261.

I. Grundlagen

1. Sachlicher Geltungsbereich

a) Der Betrieb

Nach § 1 Satz 1 BetrVG werden „in Betrieben" mit idR fünf ständig wahlberechtigten Arbeitnehmern, von denen drei wählbar sind, Betriebsräte gewählt. Da eine gesetzliche Definition fehlt, ist auf den von Rechtsprechung und Literatur entwickelten **Betriebsbegriff** zurückzugreifen. Dabei ist insbesondere zu beachten, dass der Betriebsbegriff des BetrVG nicht notwendig mit dem des KSchG übereinstimmt[1]. Unabhängig davon ist der Betrieb vom Unternehmen bzw. dem Konzern zu unterscheiden.

aa) Definition des Betriebes

Nach ständiger Rechtsprechung des BAG ist unter einem Betrieb die **organisatorische und räumliche Einheit** zu verstehen, innerhalb derer ein Arbeitgeber allein oder mit seinen **Arbeitnehmern** mit Hilfe von **sächlichen und immateriellen Mitteln** bestimmte arbeitstechnische Zwecke fortgesetzt verfolgt, die sich nicht in der Befriedigung von Eigenbedarf erschöpfen[2].

Dabei ist gleichgültig, welcher **arbeitstechnische Zweck** verfolgt wird. Ein solcher Zweck kann sowohl in der Produktion bestimmter Artikel als auch im Angebot von Dienstleistungen unterschiedlichster Art oder in der Verwaltung wirtschaftlicher Einheiten liegen. In einem Betrieb können auch mehrere arbeitstechnische Zwecke verfolgt werden.

Beispiele für Betriebe iSd. BetrVG:

Produktionsbetriebe, Dienstleistungsbetriebe, Verwaltungen, Büros, Ladengeschäfte, Bühnen, Apotheken, fremdgenutzte Wohnanlagen mit mehreren Mietwohnungen und Hausmeistern, Kanzleien, Krankenhäuser u.a.

Die in der Betriebsstätte vorhandenen materiellen und immateriellen Betriebsmittel müssen zusammengefasst, geordnet und gezielt eingesetzt und die menschliche Arbeitskraft von einem einheitlichen Leitungsapparat gesteuert werden[3]. Die nach UStG, KStG und GewStG erforderliche organisatorische bzw. finanzielle Eingliederung der Organgesellschaft in den Organträger reicht dafür nicht. Sie betrifft nur die Unternehmensebene, nicht aber die für den Betriebsbegriff des § 1 BetrVG maßgebliche betriebliche Ebene[4].

bb) Begriff des Unternehmens

Der Betrieb ist nicht mit dem Unternehmen gleichzusetzen. Das Unternehmen ist eine **juristische Einheit**, die eine selbständige Organisation unterhält, und in der ein bestimmter wirtschaftlicher Zweck (Unternehmenszweck) verfolgt wird. Das Unternehmen ist gegenüber dem Betrieb die größere Einheit, so dass ein Unternehmen mehrere Betriebe unterhalten kann.

Andererseits muss nicht jeder Unternehmer zwangsläufig einen Betrieb haben:

---

1 BAG 18.10.2006 – 2 AZR 434/05, NZA 2007, 552; zum Betriebsbegriff bei Massenentlassung s.a. EuGH 15.2.2007 – Rs. C-270/05, NZA 2007, 319.
2 BAG 15.12.2011 – 8 AZR 692/10, DB 2012, 1690; 9.12.2009 – 7 ABR 38/08, BB 2010, 1351.
3 BAG 9.12.2009 – 7 ABR 38/08, BB 2010, 1351; 7.5.2008 – 7 ABR 15/07, NZA 2009, 521; 17.1.2007 – 7 ABR 63/05, BAGE 121, 7.
4 BAG 17.8.2005 – 7 ABR 62/04, AiB 2009, 521.

Beispiel:

Selbständige Handelsvertreter.

7 Der Unternehmensbegriff des BetrVG knüpft an die in den handelsrechtlichen Gesetzen für das Unternehmen **vorgeschriebenen Rechts- und Organisationsformen** an, die durchweg zwingend sind. Das Unternehmen iSd. BetrVG ist also der zivil- und handelsrechtliche Träger des Unternehmens bzw. des Arbeitgebers. Das BAG verlangt zu Recht, dass das Unternehmen/der Unternehmer und der Inhaber der Betriebe des Unternehmers/Unternehmens identisch sein müssen. Der Rechtsträger markiert mit seinem Geschäfts- und Tätigkeitsbereich gleichzeitig die Grenze seines Unternehmens[1].

8 Nach ständiger Rechtsprechung des BAG setzt das „Unternehmen" iSd. BetrVG einen **einheitlichen Rechtsträger** voraus. Mehrere rechtlich selbständige Unternehmen können nicht ihrerseits zusammen ein Unternehmen bilden, sondern allenfalls einen Konzern[2]. Durch die wirtschaftliche Verflechtung mit einem oder mehreren anderen Unternehmen verliert ein Unternehmen ebenso wenig seine rechtliche Selbständigkeit wie bei bestehender Personengleichheit in der Geschäftsführung. Der Unternehmer/das Unternehmen ist idR auch Arbeitgeber der im Unternehmen beschäftigten Arbeitnehmer. Soweit sich einige Beteiligungsrechte des Betriebsrates gegen den Unternehmer/das Unternehmen, gegen den Arbeitgeber oder gegen beide richten (wie etwa die §§ 111 ff. BetrVG), bedeutet dies nicht, dass es sich um verschiedene Rechtssubjekte handelt. Damit werden nur unterschiedliche Funktionen, Tätigkeiten und Rechtsbeziehungen derselben Person angesprochen[3].

cc) Der Konzern

9 Für das BetrVG gilt kein eigenständiger Konzernbegriff. Maßgeblich sind die Regelungen des AktG[4]. Ein Konzern iSd. BetrVG liegt vor, wenn **ein herrschendes und ein oder mehrere abhängige Unternehmen** unter der **einheitlichen Leitung** des herrschenden Unternehmens zusammengefasst sind (§ 18 Abs. 1 AktG). Abhängige Unternehmen sind dabei rechtlich selbständige Unternehmen, auf die ein anderes Unternehmen (herrschendes Unternehmen) unmittelbar oder mittelbar einen beherrschenden Einfluss ausüben kann (§ 17 Abs. 1 AktG). Es ist unerheblich, in welcher Rechtsform das herrschende oder das/die beherrschten Unternehmen geführt wird/werden[5].

10 Ein Unternehmen kann auch von mehreren anderen Unternehmen abhängig sein (sog. **Gemeinschaftsunternehmen**). Dies setzt nach Auffassung des BAG voraus, dass die anderen Unternehmen die Möglichkeit einer gemeinsamen Herrschaftsausübung vereinbart haben. Das von mehreren Unternehmen beherrschte Gemeinschaftsunternehmen bildet dann mit jedem herrschenden Unternehmen jeweils einen (Unterordnungs-)Konzern[6]. Für den Konzernbegriff des BetrVG ist es gleichgültig, ob es sich um einen Vertragskonzern oder um einen **faktischen Konzern** handelt. Erfasst wird auch der vertikal gestufte Konzern („**Konzern im Konzern**")[7]. Es muss sich aber stets um einen sog. Unterordnungskonzern iSd. § 18 Abs. 1 AktG handeln[8].

---

1 BAG 29.11.1989 – 7 ABR 64/87, NZA 1990, 615.
2 BAG 1.8.1990 – 7 ABR 91/88, NZA 1991, 643; 29.11.1989 – 7 ABR 64/87, NZA 1990, 615.
3 BAG 15.1.1991 – 1 AZR 94/90, NZA 1991, 681.
4 BAG 16.5.2007 – 7 ABR 63/06, AP Nr. 3 zu § 96a ArbGG 1979; 14.2.2007 – 7 ABR 26/06, NZA 2007, 999; 13.10.2004 – 7 ABR 56/03, NZA 2005, 647.
5 BAG 5.5.1988 – 2 AZR 795/87, NZA 1989, 18.
6 BAG 13.10.2004 – 7 ABR 56/03, NZA 2005, 647.
7 BAG 16.5.2007 – 7 ABR 63/06, AP Nr. 3 zu § 96a ArbGG 1979; 21.10.1980 – 6 ABR 41/78, DB 1981, 895.
8 BAG 22.11.1995 – 7 ABR 9/95, NZA 1996, 706; 29.11.1989 – 7 ABR 64/87, NZA 1990, 615.

I. Grundlagen

11 Auch eine einzelne **natürliche Person** kann „herrschendes Unternehmen" iSd. Haftungsgrundsätze im qualifizierten faktischen Konzern sein.

Beispiel:

Der eine GmbH beherrschende Gesellschafter haftet nach den für den qualifizierten faktischen Konzern entwickelten Haftungsgrundsätzen, wenn er sich auch außerhalb der Gesellschaft unternehmerisch betätigt, entsprechend den §§ 302, 303 AktG, wenn er die Konzernleitungsmacht in einer Weise ausübt, die keine angemessene Rücksicht auf die eigenen Belange der abhängigen Gesellschaft nimmt, ohne dass sich der ihr insgesamt zugefügte Nachteil durch Einzelausgleichsmaßnahmen kompensieren ließe[1].

12 Die Qualifizierung einer **natürlichen Person als Unternehmen** im konzernrechtlichen Sinne ist nicht davon abhängig, dass sie als beherrschender Gesellschafter anderweitige wirtschaftliche Interessen in einem eigenen einzelkaufmännischen Unternehmen verfolgt. Eine natürliche Person kann auch dann herrschendes Unternehmen iSd. Haftungsgrundsätze im qualifizierten faktischen Konzern sein, wenn sich die anderweitige unternehmerische Betätigung in der bloßen Einflussnahme auf andere Gesellschaften erschöpft, an denen sie maßgeblich beteiligt ist[2].

dd) Gemeinsamer Betrieb

13 Bei der Frage, ob ein **gemeinsamer Betrieb** oder **mehrere einzelne Betriebe** vorliegen, ist nach der Rechtsprechung auf die Leitungsstruktur abzustellen. Der Gesetzgeber erkennt mit § 1 Abs. 1 Satz 2 BetrVG den gemeinsamen Betrieb mehrerer Unternehmen ausdrücklich als Betrieb iSd. BetrVG an. Natürlich kann auch innerhalb eines Unternehmens fraglich sein, ob ein oder mehrere selbständige Betriebe vorliegen.

Beispiel:

Die Hauptverwaltung eines Unternehmens kann in straffer Aufgabentrennung ausschließlich dem Zweck des Gesamtunternehmens dienen (planerische, unternehmensbezogene Entscheidungen), während die wesentlichen Entscheidungen in personellen und sozialen Angelegenheiten der Leitung der Produktionsstätten überlassen ist, so dass getrennte Betriebe iSd. § 1 BetrVG vorliegen[3].

14 Da im Rahmen eines Betriebes gleichzeitig verschiedene arbeitstechnische Zwecke verfolgt werden können, kommt es für die Feststellung, ob einer oder mehrere Betriebe vorliegen, weniger auf die Einheitlichkeit der arbeitstechnischen Zweckbestimmung als auf die **Einheit der Organisation** an. Daher liegt regelmäßig dann ein einheitlicher Betrieb vor, wenn die in einer Betriebsstätte vorhandenen materiellen und immateriellen Betriebsmittel für den oder die verfolgten arbeitstechnischen Zwecke zusammengefasst, geordnet und gezielt eingesetzt werden und der Einsatz der menschlichen Arbeitskraft von einem **einheitlichen Leitungsapparat** gesteuert wird[4]. Auf die Größe des Betriebes kommt es nicht an.

15 § 1 Abs. 1 Satz 2 BetrVG sieht eine **widerlegbare Vermutung** vor, wann ein gemeinsamer Betrieb vorliegt. Das BAG wendet zwar weiterhin die von ihm entwickelten Grundsätze zur Feststellung eines gemeinsamen Betriebes an, hat aber bisher offengelassen, ob ein solcher auch dann bestehen kann, wenn die Unternehmen sich zur Füh-

---

1 BGH 29.3.1993 – II ZR 265/91, ZIP 1993, 589; 13.12.1993 – II ZR 89/93, DB 1994, 370.
2 BAG 22.11.1995 – 7 ABR 9/95, NZA 1996, 706; 8.3.1994 – 9 AZR 197/92, NZA 1994, 931; BGH 13.12.1993 – II ZR 89/93, DB 1994, 370.
3 BAG 9.12.2009 – 7 ABR 38/08, BB 2010, 1351.
4 BAG 9.12.2009 – 7 ABR 38/08, BB 2010, 1351; 22.6.2005 – 7 ABR 54/04, NZA 2005, 1248.

rung eines gemeinsamen Betriebes rechtlich verbunden haben, die gesetzlichen Vermutungstatbestände aber nicht eingreifen[1].

16 Nach § 1 Abs. 2 Nr. 1 BetrVG wird ein gemeinsamer Betrieb widerlegbar vermutet, wenn von den Unternehmen die in einer Betriebsstätte vorhandenen sächlichen und immateriellen Betriebsmittel für den oder die arbeitstechnischen Zwecke gemeinsam genutzt und die Arbeitnehmer unabhängig davon, zu welchem der Unternehmer (Arbeitgeber) sie in einem Arbeitsverhältnis stehen, gemeinsam eingesetzt werden. Da sich die Vermutung auf die einheitliche Leitung bezieht, kann sie widerlegt werden, wenn die Unternehmen nachweisen, dass sie trotz aller Gemeinsamkeiten die Leitung in personellen und sozialen Angelegenheiten jeweils nur für ihre Arbeitnehmer ausüben[2]. Sowohl nach dem Wortlaut des Gesetzes als auch nach der Begründung ist unklar, in welchem qualitativen und quantitativen Verhältnis die Unternehmen zusammenarbeiten müssen. Die Formulierung, wonach „die" Betriebsmittel und „die" Arbeitnehmer gemeinsam eingesetzt werden müssen, legt nahe, dass alle Betriebsmittel und alle Arbeitnehmer dieser Betriebsstätte gemeinsam koordiniert werden müssen[3]. Ebenfalls unklar ist, wie lange die Unternehmen in dieser Form gemeinsam zusammenarbeiten müssen, um die gesetzliche Vermutung auszulösen. Allein aus Gründen der Rechtssicherheit, wenn nicht aus Gründen verfassungsrechtlich gebotener Bestimmtheit ist mit *Hanau* auf die in § 21a BetrVG vorgesehene Sechs-Monats-Frist abzustellen. Nur wenn die Unternehmen mit einer entsprechenden zeitlichen Nachhaltigkeit Betriebsmittel und Arbeitnehmer gemeinsam steuern, ist das Eingreifen der gesetzlichen Vermutung geboten[4].

17 Die bloße **„Beherrschung"** eines Konzernunternehmens durch ein anderes genügt nicht für die Vermutung des Vorliegens eines gemeinsamen Betriebs, auch wenn das herrschende Unternehmen dem beherrschten Unternehmen Weisungen erteilt. Es fehlt, wie das BAG zu Recht feststellt, an der für einen gemeinsamen Betrieb erforderlichen Einbringung von Betriebsmitteln und Arbeitnehmern[5]. Wenn die unternehmerische Zusammenarbeit auf eine Personalgestellung beschränkt ist, entsteht ebenfalls kein Gemeinschaftsbetrieb, wenn das personalstellende Unternehmen nicht an der Erreichung des arbeitstechnischen Betriebszwecks des anderen Unternehmens mitwirkt[6].

18 Nach § 1 Abs. 2 Nr. 2 BetrVG wird ein gemeinsamer Betrieb widerlegbar vermutet, wenn die **Spaltung eines Unternehmens** zur Folge hat, dass von einem Betrieb ein oder mehrere Betriebsteile einem an der Spaltung beteiligten anderen Unternehmen zugeordnet werden, ohne dass sich dabei die Organisation des betroffenen Betriebes wesentlich ändert. Ausweislich der Gesetzesbegründung erfasst der Begriff der Spaltung die Fälle der Aufspaltung, Abspaltung und Ausgliederung sowohl in Form der Gesamtrechtsnachfolge als auch in Form der Einzelrechtsnachfolge[7]. Um diese Vermutung zu widerlegen, müssen die beteiligten Unternehmen nachweisen, dass trotz einer nicht wesentlich geänderten Organisation nach der Spaltung die maßgeblichen Entscheidungen in personellen und sozialen Angelegenheiten von ihnen jeweils für ihre eigenen Arbeitnehmer allein getroffen werden.

19 In einem gemeinsamen Betrieb sind die zur Führung desselben verbundenen Unternehmen auch nur gemeinsam Inhaber der betrieblichen Leitungsmacht. Sie können

---

1 BAG 13.8.2008 – 7 ABR 21/07, NZA-RR 2009, 255 mwN.
2 *Löwisch*, BB 2001, 1734; *Hanau*, NJW 2001, 2513.
3 Vgl. hierzu auch *Worzalla/Will*, Das neue Betriebsverfassungsrecht, Rz. 8.
4 Vgl. *Hanau*, NJW 2001, 2513; ebenso *Worzalla/Will*, Das neue Betriebsverfassungsrecht, Rz. 8.
5 BAG 13.8.2008 – 7 ABR 21/07, NZA-RR 2009, 255 mwN; 11.12.2007 – 1 AZR 824/06, NZA-RR 2008, 298.
6 BAG 16.4.2008 – 7 ABR 4/07, DB 2008, 1864.
7 Begr. RegE, BT-Drucks. 14/5741, 33.

vom **Betriebsrat** nur zusammen in Anspruch genommen werden, wenn es um Ansprüche geht, die der gemeinsamen betrieblichen Leitungsmacht unterfallen[1]. Wird ein Betriebsrat für einen gemeinsamen Betrieb gewählt, der gar keiner ist, führt dies nur zur Anfechtbarkeit der Wahl. Wird die Wahl nicht rechtswirksam angefochten, bleibt der Betriebsrat für den „unechten" gemeinsamen Betrieb mit allen betriebsverfassungsrechtlichen Befugnissen im Amt[2]. Wird ein (auch ein unechter im vorstehenden Sinn) gemeinsamer Betrieb aufgelöst, weil eines von mehreren der beteiligten Unternehmen seine betriebliche Tätigkeit einstellt, wird dadurch die Betriebsidentität nicht berührt. Wie im Fall einer Teilbetriebsstilllegung oder einer Betriebseinschränkung bleibt der bisherige Betriebsrat im Amt. Ggf. ist gem. § 13 Abs. 2 Nr. 1 oder 2 BetrVG ein neuer Betriebsrat zu wählen.

Eine im Beschlussverfahren nach § 18 Abs. 2 BetrVG ergangene **rechtskräftige Entscheidung**, mit der festgestellt wird, dass zwei Unternehmen keinen gemeinsamen Betrieb bilden, wirkt auch im Verhältnis zwischen den Unternehmen und ihren Arbeitnehmern. Dementsprechend kann ein in einem dieser Unternehmen beschäftigter Arbeitnehmer nicht mehr geltend machen, beide Unternehmen bildeten doch einen gemeinsamen Betrieb[3]. Das gilt nur, soweit es um betriebsverfassungsrechtlich normierte Zusammenhänge geht, nicht aber im Kündigungsschutzverfahren, wenn zu klären ist, ob der Betriebsbegriff des KSchG erfüllt ist[4].

ee) Betriebsteile und Kleinstbetriebe

Gem. § 4 Abs. 1 Satz 1 BetrVG können die Arbeitnehmer in Betriebsteilen, die entweder vom Hauptbetrieb räumlich weit entfernt sind oder über eine gewisse organisatorische Selbständigkeit verfügen, einen eigenen Betriebsrat wählen und damit eine eigene Interessenvertretung vor Ort installieren. § 4 Abs. 1 Satz 2 BetrVG ermöglicht, dass Arbeitnehmer in selbständigen Betriebsteilen, die keinen eigenen Betriebsrat wählen (wollen), gleichwohl vom Betriebsrat des Hauptbetriebes mit vertreten werden können. Sie können beschließen, an der Wahl des Betriebsrates im Hauptbetrieb teilzunehmen.

ff) Betriebsteile

Die organisatorische Einheit Betrieb kann, besonders bei größeren Betrieben, in mehrere Untereinheiten, in sog. Betriebsteilen, aufgeteilt sein. Im Normalfall bilden solche Betriebsteile zusammen einen einheitlichen Betrieb. Je nachdem, wie der Betrieb strukturiert ist, können Betriebsteile aber auch organisatorisch so getrennt sein, dass jeweils selbständige Betriebe vorliegen. Nach § 4 Satz 1 BetrVG sind Betriebsteile kraft gesetzlicher Fiktion[5] dann als selbständige Betriebe anzusehen, wenn sie
– mindestens fünf ständig wahlberechtigte Arbeitnehmer haben, von denen drei wählbar sind (§ 1 BetrVG),

und

– räumlich weit vom Hauptbetrieb entfernt

oder

– durch Aufgabenbereich und Organisation selbständig

sind.

---
1 BAG 15.5.2007 – 1 ABR 32/06, NZA 2007, 1240.
2 BAG 27.6.1995 – 1 ABR 62/94, NZA 1996, 164; 19.11.2003 – 7 AZR 11/03, BAGE 109, 1.
3 BAG 9.4.1991 – 1 AZR 488/90, BAGE 68, 1.
4 BAG 18.10.2006 – 2 AZR 434/05, NZA 2007, 552.
5 BAG 9.12.2009 – 7 ABR 38/08, BB 2010, 1351.

23 Erstreckt sich die in einer organisatorischen Einheit ausgeübte Leitungsmacht auf alle wesentlichen Funktionen des Arbeitgebers in personellen und sozialen Angelegenheiten, handelt es sich um einen eigenständigen Betrieb iSd. § 1 BetrVG[1]. Der Betriebsteil iSd. § 4 Abs. 1 Satz 1 BetrVG ist dagegen auf den Zweck des Hauptbetriebes ausgerichtet, in dessen Organisation eingegliedert, aber organisatorisch abgrenzbar und verfügt über ein Mindestmaß an Selbständigkeit[2]. Kennzeichnend für eine solchermaßen relativ selbständige arbeitstechnische Organisation ist die jeweilige **institutionell gesicherte Leitungsmacht** vor Ort. Darunter versteht das BAG eine den Einsatz der Arbeitnehmer bestimmende Leitung, von der das Weisungsrecht des Arbeitgebers ausgeübt wird[3]. Dafür reicht es aus, wenn wenigstens eine Person mit Leitungsmacht vor Ort ist, die überhaupt Weisungsrechte ausübt[4].

24 Bei der Beurteilung, ob ein Betriebsteil räumlich „weit" entfernt ist, muss nicht nur die objektive Entfernung berücksichtigt, sondern anhand der Umstände insgesamt ermittelt werden, ob die Arbeitnehmer durch einen gut erreichbaren und mit den persönlichen Verhältnissen vertrauten Betriebsrat betreut werden können[5]. In diesem Zusammenhang müssen auch die konkreten Verkehrsverhältnisse (zB regelmäßige Staus, Anbindung an öffentliche Verkehrsmittel etc.) berücksichtigt werden[6]. Es ist unerheblich, ob der Betriebsrat für die Arbeitnehmer aufgrund moderner Kommunikationsmittel (Fax, E-Mail) erreichbar ist oder ob diese bei Teilbelegschafts- oder Belegschaftsversammlungen Kontakt zum Betriebsrat aufnehmen können[7]. Dies führt dazu, dass gemessen an den objektiven Entfernungen durchaus unterschiedlich beurteilt werden kann, ob ein Betriebsteil räumlich „weit" entfernt ist[8].

25 **Beispiele:**

Ein Betriebsteil ist als „weit" entfernt angesehen worden, wenn die Entfernung vom Hauptbetrieb 60 km und die Fahrtzeit mit dem Pkw eine Stunde beträgt[9]. Andererseits hat das BAG in einem anderen Fall eine Entfernung von 70 km als nicht „weit" entfernt angesehen[10].

26 Organisatorisch voneinander abgegrenzte Betriebsteile, die **vom Hauptbetrieb weit entfernt** jeweils die Voraussetzung des § 1 BetrVG erfüllen, sind auch dann nach § 4 Satz 1 BetrVG als jeweils für sich selbständige Betriebe und nicht als **einheitlicher Betrieb** zu qualifizieren, wenn sie nahe beieinander liegen. Bei der Prüfung, ob insoweit ein einheitlicher Betrieb vorliegt, gelten die oben (Rz. 13 ff.) dargestellten gesetzlichen Vermutungsregeln. Dementsprechend bilden organisatorisch abgegrenzte, vom Hauptbetrieb weit entfernte Teile eines Betriebes bei räumlicher Nähe zueinander zwar dann einen einheitlichen Betrieb, wenn der eine Betriebsteil dem anderen, räumlich nahe gelegenen Betriebsteil organisatorisch untergeordnet ist und von dessen Leitung gleichermaßen mitgeleitet wird. Die bloße **räumliche Nähe** untereinander reicht aber nicht für die Annahme, die vom Hauptbetrieb weit entfernten Organisationseinheiten bildeten einen einheitlichen Betrieb, wenn für jede dieser Einheiten eine eigene Leitung eingerichtet ist[11].

---

[1] BAG 7.5.2008 – 7 ABR 15/07, NZA 2009, 328.
[2] BAG 7.5.2008 – 7 ABR 15/07, NZA 2009, 328.
[3] BAG 9.12.2009 – 7 ABR 38/08, BB 2010, 1351; 7.5.2008 – 7 ABR 15/07, NZA 2009, 328; 17.1.2007 – 7 ABR 63/05, NZA 2007, 703.
[4] BAG 15.12.2011 – 8 AZR 692/10, DB 2012, 1690.
[5] BAG 15.12.2011 – 8 AZR 692/10, DB 2012, 1690; 7.5.2008 – 7 ABR 15/07, NZA 2009, 328.
[6] BAG 7.5.2008 – 7 ABR 15/07, NZA 2009, 328; 3.6.2004 – 2 AZR 577/03, NZA 2005, 175.
[7] BAG 7.5.2008 – 7 ABR 15/07, NZA 2009, 328.
[8] Eine detaillierte Aufstellung findet sich bei DKKW/*Trümner*, § 4 BetrVG Rz. 59 f.
[9] LAG München 21.10.1987 – 5 TaBV 9/87, BB 1988, 1182; ArbG Aachen 14.3.1994 – 5d BVGa 1/94, AuA 1994, 253 (rkr.).
[10] BAG 24.9.1968 – 1 ABR 4/68, DB 1969, 89.
[11] BAG 29.5.1991 – 7 ABR 54/90, NZA 1992, 74.

gg) Anschlusswahl eines Betriebsteils

Nach § 4 Abs. 1 Satz 2 BetrVG können die Arbeitnehmer eines Betriebsteils, in dem kein eigener Betriebsrat besteht, mit Stimmenmehrheit formlos beschließen, an der Wahl des Betriebsrats im Hauptbetrieb teilzunehmen. Die Abstimmung kann von mindestens drei wahlberechtigten Arbeitnehmern, einer im Unternehmen vertretenen Gewerkschaft (§ 4 Abs. 1 Satz 2 iVm. § 3 Abs. 3 Satz 2 BetrVG) oder auch vom Betriebsrat des Hauptbetriebes veranlasst werden. Dieser Beschluss ist dem Betriebsrat des Hauptbetriebes spätestens zehn Wochen vor Ablauf seiner Amtszeit mitzuteilen, damit der Wahlvorstand ihn bei der Wahlvorbereitung berücksichtigen kann. Der Beschluss ist verbindlich, solange er nicht von den Arbeitnehmern ebenfalls durch formlosen Mehrheitsbeschluss widerrufen wird. Wird erst nach Durchführung der Betriebsratswahl widerrufen, kann der Beschluss erst für die folgende Neuwahl Wirkung entfalten[1]. Gleiches gilt dann, wenn der Beschluss dem Betriebsrat des Hauptbetriebes nicht rechtzeitig mitgeteilt wird[2]. Ausweislich der Gesetzesbegründung soll ein Zuordnungsbeschluss ausgeschlossen sein, wenn ein Tarifvertrag oder eine Betriebsvereinbarung nach § 3 Abs. 1 oder 2 BetrVG eine andere Zuordnung des Betriebsteils regelt[3]. Macht die Belegschaft eines betriebsratslosen Teilbetriebs von ihrem Recht nach § 4 Abs. 1 Satz 1 BetrVG Gebrauch, verliert der Betriebsteil seine gesetzlich fingierte Eigenständigkeit. Der Betriebsteil wird Teil des Hauptbetriebs mit der Konsequenz, dass ein die Zahlengrenzen des § 112a Abs. 1 Satz 1 BetrVG überschreitender Personalabbau die Sozialplanpflicht auch für gekündigte Mitarbeiter des Teilbetriebs begründet[4].

hh) Kleinstbetriebe

Die Zuordnungsregelung in § 4 Abs. 2 BetrVG stellt sicher, dass alle Einheiten, die nicht betriebsratsfähig sind, dem Hauptbetrieb zugeordnet werden. Es kommt also nicht darauf an, ob der Kleinstbetrieb arbeitstechnische Hilfsfunktionen für den Hauptbetrieb wahrnimmt, er wird auch dann zugeordnet, wenn er den gleichen arbeitstechnischen Zweck verfolgt. Da der Gesetzgeber ausdrücklich sicherstellen wollte, dass die Arbeitnehmer dieser Kleinstbetriebe nicht von einer kollektiven Interessenvertretung ausgeschlossen sind[5], wird eine Zuordnung wohl auch dann gewollt sein, wenn ein anderer arbeitstechnischer Zweck verfolgt wird als im Hauptbetrieb[6]. Fraglich ist dann aber, wie eine Zuordnung vorzunehmen ist, wenn es mehrere Betriebe gibt und ein „Hauptbetrieb" nicht ohne Weiteres zu identifizieren ist.

b) Öffentlicher Dienst

Gem. § 130 BetrVG findet das Betriebsverfassungsgesetz keine Anwendung auf Verwaltungen und Betriebe des Bundes, der Länder, der Gemeinden und sonstiger Körperschaften, Anstalten und Stiftungen des **öffentlichen Rechts**. Diese Vorschrift dient dazu, den Geltungsbereich des Betriebsverfassungsgesetzes gegenüber dem der Personalvertretungsgesetze des Bundes und der Länder abzugrenzen[7]. Maßgebend für die Abgrenzung ist ausschließlich die formelle Rechtsform des Betriebes oder der Verwaltung[8]. Wenn ein öffentlich-rechtlicher Träger (zB eine Universität) und ein pri-

---

1 *Fitting*, § 4 BetrVG Rz. 36.
2 *Löwisch*, BB 2001, 1734.
3 Begr. RegE, BT-Drucks. 14/5741, 35.
4 BAG 17.9.2013 – 1 ABR 21/12, NZA 2014, 96.
5 Begr. RegE, BT-Drucks. 14/5741, 35.
6 AA *Löwisch*, BB 2001, 1734 (1735).
7 BAG 7.11.1975 – 1 AZR 74/74, BB 1976, 270; 30.7.1987 – 6 ABR 78/85, BAGE 56, 1.
8 BAG 30.7.1987 – 6 ABR 78/85, NZA 1988, 402; BVerwG 13.6.2001 – 6 P 8.00, ZfPR 2001, 231; 9.12.1980 – 6 P 23.79, PersV 1981, 506.

vatrechtliches Unternehmen (zB ein privates Forschungsinstitut) sich aufgrund einer entsprechenden Vereinbarung zur Führung eines gemeinsamen Betriebes verbunden haben, ist nur der dort gewählte Betriebsrat für die Arbeitnehmer dieses Betriebes zuständig, weil der gemeinsame Betrieb als BGB-Gesellschaft in Privatrechtsform geführt wird[1].

30 **Beispiel:**
Das städtische Gaswerk wird als GmbH betrieben. Alle Geschäftsanteile werden von der Stadt gehalten. Diese sog. Eigengesellschaft unterliegt dem BetrVG. Nur wenn das Gaswerk von der Stadt als sog. Eigenbetrieb geführt, gilt das PersVG.

31 Auch wenn Ordensgemeinschaften der Katholischen Kirche den Status einer Körperschaft des öffentlichen Rechts verliehen bekommen haben, findet für ihre nicht verselbständigten Einrichtungen wirtschaftlicher Art das Betriebsverfassungsgesetz gem. § 130 BetrVG keine Anwendung. Dem Betriebsverfassungsgesetz kommt **kein Auffangcharakter** zu. Deshalb kommt es auch dann nicht zur Anwendung, wenn kirchliche Körperschaften des öffentlichen Rechts nicht unter den Geltungsbereich eines Landespersonalvertretungsgesetzes fallen[2].

32 **Betriebe internationaler oder ausländischer Organisationen** unterfallen dem BetrVG, wenn sie auf dem Gebiet der BRD liegen[3], soweit kein exterritoriales Recht vereinbart ist.

c) Seeschifffahrt

33 Auf **Schifffahrtsunternehmen** und ihre Betriebe ist gem. § 114 Abs. 1 BetrVG das Betriebsverfassungsgesetz anzuwenden, soweit sich aus den Vorschriften des ersten Abschnitts des fünften Teils nichts anderes ergibt. Dabei gilt die Gesamtheit der Schiffe eines Schifffahrtsunternehmens als „**Seebetrieb**" iSd. Gesetzes (§ 114 Abs. 3 BetrVG).

d) Luftfahrt

34 Nach § 117 Abs. 1 BetrVG gilt das Betriebsverfassungsgesetz bei **Luftfahrtunternehmen** nur für die Landbetriebe, nicht für den Flugbetrieb. Ist ein Arbeitnehmer im Flugbetrieb beschäftigt und verrichtet er daneben auch an den Boden gebundene Verwaltungs-, Leitungs- oder Organisationsaufgaben, so ist er allerdings vom Geltungsbereich des Betriebsverfassungsgesetzes nicht ausgenommen, wenn diese Tätigkeiten seiner arbeitsvertraglich geschuldeten Gesamttätigkeit das Gepräge geben[4]. Durch Tarifvertrag kann gem. § 117 Abs. 2 BetrVG für im Flugbetrieb beschäftigte Arbeitnehmer von Luftfahrtunternehmen eine Vertretung errichtet werden.

e) Tendenzbetriebe/Religionsgemeinschaften

35 Auf Religionsgemeinschaften sowie ihre karitativen und erzieherischen Einrichtungen findet das Betriebsverfassungsgesetz unbeschadet der Rechtsform dieser Einrichtungen gem. § 118 Abs. 2 BetrVG keine Anwendung. Für sog. **Tendenzbetriebe** findet das Betriebsverfassungsgesetz keine Anwendung, soweit die Eigenart des Unternehmens oder des Betriebes dem entgegensteht (§ 118 Abs. 1 Satz 1 BetrVG). Die §§ 106–110 BetrVG sind nicht, die §§ 111–113 BetrVG nur insoweit anzuwenden, als sie den Ausgleich oder die Milderung wirtschaftlicher Nachteile für die Arbeitneh-

---

1 BVerwG 13.6.2001 – 6 P 8.00, ZfPR 2001, 231.
2 BAG 30.7.1987 – 6 ABR 78/85, BAGE 56, 1.
3 BAG 28.4.1993 – 10 AZR 391/92, NZA 1993, 1005; *Fitting*, § 130 BetrVG Rz. 7.
4 BAG 14.10.1986 – 1 ABR 13/85, AP Nr. 5 zu § 117 BetrVG 1972.

I. Grundlagen

mer infolge von Betriebsänderungen regeln (§ 118 Abs. 1 Satz 2 BetrVG). Die Einzelheiten sind in Rz. 1051 ff. gesondert dargestellt.

2. Räumlicher Geltungsbereich

Eine ausdrückliche Regelung über seinen räumlichen Geltungsbereich enthält das Betriebsverfassungsgesetz nicht. Allerdings war der gegenstandslos gewordenen Berlin-Klausel (§ 131 BetrVG) zu entnehmen, dass das BetrVG für **alle Betriebe innerhalb der Bundesrepublik Deutschland und dem Land Berlin** gelten soll. Mit Inkrafttreten des Einigungsvertrages vom 31.8.1990[1] gilt das Betriebsverfassungsgesetz seit dem 3.10. 1990 **in allen Bundesländern** als Bundesrecht. Gleichwohl ist die genauere Definition des räumlichen Geltungsbereichs nicht unproblematisch.

a) Sitz des Betriebes

Nach herrschender Auffassung in Rechtsprechung und Literatur gilt das Betriebsverfassungsgesetz (soweit nicht anderweitige Sonderregelungen eingreifen), für **inländische Betriebe** unabhängig davon, ob das Unternehmen Inländern oder Ausländern gehört[2]. Für das Betriebsverfassungsrecht als Teil des kollektiven Arbeitsrechts gilt Art. 8 der Rom-I-VO[3] nicht[4]. Hinsichtlich der Anwendbarkeit des Betriebsverfassungsgesetzes innerhalb seines Geltungsbereiches besteht keine Rechtswahlfreiheit. Es gilt daher für inländische Betriebe auch dann, wenn mit den Beschäftigten ein ausländisches Vertragsstatut vereinbart ist[5].

Umgekehrt gilt das Betriebsverfassungsgesetz für **ausländische, im Ausland gelegene Betriebe** auch dann nicht, wenn diese zu einem deutschen Unternehmen gehören und für die Arbeitsverhältnisse der dort beschäftigten Arbeitnehmer das deutsche Arbeitsrecht gilt[6].

Zur Begründung für diese Festlegung des räumlichen Geltungsbereiches verweist die herrschende Meinung sowie das BAG auf das **Territorialitätsprinzip**[7]. Wie *von Hoyningen-Huene* zu Recht moniert, ist dem Territorialitätsprinzip als kollisionsrechtlicher Norm aus dem Bereich des öffentlichen Rechts letztlich nur zu entnehmen, dass die Anwendung einer Vorschrift auf das Territorium des normsetzenden Staates beschränkt ist. Das Territorialitätsprinzip begründet damit nicht die Definition des Geltungsbereiches, sondern stellt bereits das Ergebnis dar[8]. Das Betriebsverfassungsgesetz knüpft gerade nicht an ein bestimmtes Personalstatut oder an ein Arbeitsstatut an, vielmehr wird in § 1 BetrVG der „Betrieb" zum Bezugspunkt des Betriebsverfassungsgesetzes gemacht. Damit wird nicht auf einen rechtsgeschäftlichen Tatbestand, sondern auf einen tatsächlichen Zustand abgestellt, so dass die Anwendbarkeit des jeweiligen Rechts sich nach dem **Realstatut**, der lex rei sitae bestimmt[9]. Für einen Be-

---

1 BGBl. II, 889.
2 BAG 10.9.1985 – 1 ABR 28/83, DB 1986, 331; 30.4.1987 – 2 AZR 192/86, BAGE 55, 236; MünchArbR/*von Hoyningen-Huene*, § 211 Rz. 14 mwN; DKKW/*Trümner*, § 1 BetrVG Rz. 23 f. mwN.
3 Verordnung (EG) Nr. 593/08 des Europäischen Parlaments und des Rates v. 17.6.2008 über das auf vertragliche Schuldverhältnisse anzuwendende Recht, ABl. EU Nr. L 177/6.
4 Palandt/*Thorn*, Rom-I 8 Rz. 5.
5 Vgl. BAG 9.11.1977 – 5 AZR 132/76, BB 1978, 403; MünchArbR/*von Hoyningen-Huene*, § 211 Rz. 13 f.; DKKW/*Trümner*, § 1 BetrVG Rz. 24.
6 BAG 22.7.2008 – 1 ABR 40/07, NZA 2008, 1248; 11.12.2007 – 1 ABR 67/06, NZA-RR 2008, 333; MünchArbR/*von Hoyningen-Huene*, § 211 Rz. 16.
7 BAG 22.7.2008 – 1 ABR 40/07, NZA 2008, 1248; 11.12.2007 – 1 ABR 67/06, NZA-RR 2008, 333; DKKW/*Trümner*, § 1 BetrVG Rz. 23.
8 So zutreffend MünchArbR/*von Hoyningen-Huene*, § 211 Rz. 12.
9 MünchArbR/*von Hoyningen-Huene*, § 211 Rz. 12 mwN.

trieb ist also das Recht des Staates maßgeblich, in dem der Betrieb seinen Sitz hat. Der Anwendungsbereich des BetrVG ist damit auf die Bundesrepublik Deutschland begrenzt.

b) Ausstrahlung

40 Wie bereits dargelegt, gilt das Betriebsverfassungsgesetz nicht für im Ausland gelegene Betriebe, auch wenn es sich um Betriebe deutscher Unternehmer/Unternehmen handelt. Gleichwohl hat das BAG Beteiligungsrechte des Betriebsrats in personellen Angelegenheiten der **vorübergehend im Ausland tätigen Arbeitnehmer**, soweit sie noch zum inländischen Betrieb gehören, unter Hinweis darauf, dass es sich um eine „Ausstrahlung" der deutschen Betriebsverfassung handele, bejaht[1]. Eine gesetzliche Definition des Begriffs Ausstrahlung findet sich in § 4 Abs. 1 SGB IV. Der hier niedergelegte Rechtsgedanke ist auch auf das Betriebsverfassungsgesetz übertragbar. Das Betriebsverfassungsgesetz erfasst alle zum Betrieb gehörenden Arbeitnehmer, unabhängig davon, ob sie ständig in diesem Betrieb tatsächlich vor Ort eingesetzt sind. Daher können auch im Ausland tätige Arbeitnehmer in den Geltungsbereich des Betriebsverfassungsgesetzes fallen, wenn sie trotz des Einsatzes im Ausland weiterhin einem inländischen Betrieb zuzuordnen sind. Wie das BAG zutreffend feststellt, geht es dabei um die Frage des persönlichen Geltungsbereichs für die betroffenen Arbeitnehmer, wobei die Feststellung, ob trotz eines Einsatzes im Ausland der für die Anwendung des Betriebsverfassungsgesetzes maßgebliche **Inlandsbezug** eines solchen Arbeitsverhältnisses erhalten geblieben ist, von den jeweiligen Umständen des Einzelfalles abhängig ist. Hier sind insbesondere die Dauer des Auslandseinsatzes, die tatsächliche Eingliederung in den Auslandsbetrieb, das Bestehen sowie die Voraussetzungen eines Rückrufrechtes und der sonstige Inhalt der Weisungsbefugnisse des Arbeitgebers von Bedeutung[2]. Die Festschreibung zeitlicher Grenzen wird zu Recht abgelehnt[3]. Es muss im Einzelfall geprüft werden, ob eine Abordnung „bis auf weiteres" oder für einen begrenzten Zeitraum gewollt ist. Wird der Arbeitnehmer auf unbestimmte Zeit ins Ausland abgeordnet, spricht dies für eine Auflösung der Bindung an den inländischen Betrieb. Dies gilt umso mehr, wenn er auch mit seinen arbeitsvertraglichen Vereinbarungen an den ausländischen Betrieb angebunden wird[4]. Wird ein Arbeitnehmer auf Dauer im Ausland tätig, ist zunächst grundsätzlich davon auszugehen, dass er dem Geltungsbereich des Betriebsverfassungsgesetzes entzogen ist[5]. Auf Ortskräfte, dh. Arbeitnehmer, die nicht von einem Betrieb im Inland entsandt, sondern im Ausland eingestellt werden, findet das Betriebsverfassungsgesetz keine Anwendung[6].

41 Soweit eine „Ausstrahlung" im vorstehenden Sinne bejaht wird, kommt eine **Tätigkeit des Betriebsrates**, die im Rahmen des vorgegebenen Kompetenzrahmens auf den räumlichen Geltungsbereich des BetrVG beschränkt ist, uU auch im Ausland in Betracht. Allerdings können für vorübergehend ins Ausland entsandte Arbeitnehmer **Betriebsversammlungen**, Teil- und Abteilungsversammlungen nicht im Ausland abgehalten werden[7].

---

1 BAG 16.1.1990 – 1 ABR 47/88, ZTR 1990, 299; 30.1.1990 – 1 ABR 2/89, DB 1990, 1090; 22.3.2000 – 7 ABR 34/98, NZA 2000, 1119.
2 Vgl. für die langjährig im Ausland eingesetzte Reiseleiterin eines deutschen Reiseunternehmens BAG 7.12.1989 – 2 AZR 228/89, NZA 1990, 658.
3 Vgl. die Nachweise bei MünchArbR/*von Hoyningen-Huene*, § 211 Rz. 18 Fn. 32.
4 MünchArbR/*von Hoyningen-Huene*, § 211 Rz. 18.
5 Auch dann, wenn die finanzielle und sozialversicherungsrechtliche Abwicklung des Arbeitsverhältnisses über einen deutschen Vertragsarbeitgeber vorgenommen wird, der allerdings kein Weisungsrecht ausüben kann: LAG Köln 14.4.1998 – 13 TaBV 37/97, NZA-RR 1998, 357.
6 LAG Düsseldorf 2.2.1982 – 11 TaBV 102/81, DB 1982, 962.
7 BAG 27.5.1982 – 6 ABR 28/80, BAGE 39, 108; aA DKKW/*Trümner*, § 1 BetrVG Rz. 26 mwN.

c) Einstrahlung

Die Frage, ob ein Arbeitnehmer eines Auslandsbetriebes, der nur **vorübergehend in einem Betrieb im Hoheitsgebiet der Bundesrepublik Deutschland beschäftigt** wird, vom Geltungsbereich des Betriebsverfassungsgesetzes erfasst wird (Einstrahlung), ist ebenfalls keine Frage der Definition des räumlichen Geltungsbereiches. Da der im Inland gelegene Betrieb vom Geltungsbereich des Betriebsverfassungsgesetzes erfasst wird, kann allenfalls fraglich sein, ob der betroffene Arbeitnehmer auch dem persönlichen Geltungsbereich unterfällt.

d) Europäischer Betriebsrat

Das **Gesetz über Europäische Betriebsräte** (Europäische Betriebsräte-Gesetz – EBRG) setzt die Richtlinie 94/45/EG des Rates vom 22.9.1994[1] um. Der erste Teil des Gesetzes regelt die **Zielsetzung**, den **Anwendungsbereich** sowie Begriffsbestimmungen. Ziel des Gesetzes ist die Stärkung des Rechts auf grenzübergreifende Unterrichtung und Anhörung der Arbeitnehmer in gemeinschaftsweit operierenden Unternehmen und Unternehmensgruppen (§ 1 Abs. 1 EBRG). Es gilt für alle gemeinschaftsweit tätigen Unternehmen mit Sitz im Inland und gemeinschaftsweit tätigen Unternehmensgruppen, wenn der Sitz des herrschenden Unternehmens im Inland liegt (§ 2 Abs. 1 EBRG). Gemeinschaftsweit operiert ein Unternehmen dann, wenn es mindestens 1 000 Arbeitnehmer in den Mitgliedstaaten und davon jeweils mindestens 150 Arbeitnehmer in mindestens zwei Mitgliedstaaten beschäftigt (§ 3 Abs. 1 EBRG). Unternehmensgruppen sind dann gemeinschaftsweit tätig, wenn sie mindestens 1 000 Arbeitnehmer in den Mitgliedstaaten beschäftigen und mindestens zwei ihrer Unternehmen mit Sitz in verschiedenen Mitgliedstaaten je mindestens 150 Arbeitnehmer in verschiedenen Mitgliedstaaten beschäftigen (§ 3 Abs. 2 EBRG). In diesen Unternehmen/Unternehmensgruppen sollen Europäische Betriebsräte oder Verfahren zur Unterrichtung und Anhörung der Arbeitnehmer vereinbart werden. Kommt es nicht zu einer entsprechenden Vereinbarung, wird ein Europäischer Betriebsrat kraft Gesetzes errichtet (§ 1 Abs. 1 EBRG). § 5 EBRG sieht einen **besonderen Auskunftsanspruch** vor. Danach hat die zentrale Leitung einer Arbeitnehmervertretung auf Verlangen Auskünfte über die durchschnittliche Gesamtzahl der Arbeitnehmer und ihre Verteilung auf die Mitgliedstaaten, die Unternehmen und Betriebe sowie über die Struktur des Unternehmens/der Unternehmensgruppe zu erteilen. In diesem Fall muss ein von seinem Gesamtbetriebsrat in Anspruch genommenes deutsches Unternehmen notfalls die entsprechenden Informationen durch die Unternehmen der Gruppe in den jeweiligen Mitgliedstaaten vor den dortigen Gerichten einklagen. Es kann sich nicht darauf berufen, es besitze diese Informationen nicht und die zentrale Leitung weigere sich ebenso wie die übrigen ausländischen Unternehmen, diese Auskünfte zu erteilen[2]. Inzwischen legt der EuGH die dem EBRG zugrunde liegende Richtlinie 94/45/EG so aus, dass in allen Mitgliedstaaten die in ihrem Gebiet ansässigen Unternehmen die für die Aufnahme von Verhandlungen über die Errichtung eines Europäischen Betriebsrates erforderlichen Informationen erteilen müssen[3].

Im zweiten Teil des Gesetzes wird die Bildung des **besonderen Verhandlungsgremiums** der Arbeitnehmervertreter geregelt, dessen Aufgabe darin besteht, mit der zentralen Leitung eine Vereinbarung über grenzübergreifende Unterrichtung und Anhörung auszuhandeln. Gem. § 8 Abs. 2 EBRG muss die zentrale Leitung des Unternehmens/der Unternehmensgruppe dem besonderen Verhandlungsgremium rechtzeitig alle zur Durchführung seiner Aufgaben erforderlichen Auskünfte erteilen und die er-

---

1 ABl. EG Nr. L 254/64.
2 BAG 29.6.2004 – 1 ABR 32/99, NZA 2005, 118; s.a. EuGH 13.1.2004 – Rs. C-440/00, NZA 2004, 160.
3 EuGH 15.7.2004 – Rs. C-349/01, NZA 2004, 378.

forderlichen Unterlagen zur Verfügung stellen. Der Antrag der Arbeitnehmer oder ihrer Vertreter auf Bildung des besonderen Verhandlungsgremiums ist wirksam gestellt, wenn er von mindestens 100 Arbeitnehmern oder ihren Vertretern aus mindestens zwei Betrieben oder Unternehmen, die in verschiedenen Mitgliedstaaten liegen, unterzeichnet ist und der zentralen Leitung zugeht (§ 9 Abs. 2 EBRG). Das besondere Verhandlungsgremium ist berechtigt, sich durch Sachverständige seiner Wahl unterstützen zu lassen, soweit dies zu ordnungsgemäßen Erfüllung seiner Aufgaben erforderlich ist (§ 13 Abs. 4 EBRG). Die Kosten und den Sachaufwand im Zusammenhang mit der Bildung und der Tätigkeit des Gremiums trägt gem. § 16 EBRG die zentrale Leitung.

45 Im dritten Teil des Gesetzes wird vor allem der **Grundsatz der Gestaltungsfreiheit** für Vereinbarungen über grenzübergreifende Unterrichtung und Anhörung festgelegt. Zentrale Leitung und besonderes Verhandlungsgremium haben weitgehende Gestaltungsfreiheit in Bezug auf Struktur und Inhalt einer entsprechenden Vereinbarung. Gem. § 19 EBRG muss ein Verfahren zur Unterrichtung und Anhörung der Arbeitnehmer schriftlich vereinbart werden. Es muss festgelegt werden, unter welchen Voraussetzungen die Arbeitnehmervertreter das Recht haben, über ihnen übermittelten Informationen gemeinsam zu beraten und wie sie ihre Vorschläge oder Bedenken mit der zentralen Leitung oder einer anderen geeigneten Leitungsebene erörtern können. Die Unterrichtung muss sich insbesondere auf grenzübergreifende Angelegenheiten erstrecken, die erhebliche Auswirkungen auf die Interessen der Arbeitnehmer haben.

Soll ein **Europäischer Betriebsrat kraft Vereinbarung** errichtet werden, ist gem. § 18 EBRG schriftlich festzulegen, wie dieser ausgestaltet werden soll. In § 18 Abs. 1 EBRG finden sich weitere Vorgaben hierzu. Gem. § 18 Abs. 2 iVm. § 23 EBRG bestellen auch in diesem Fall ausschließlich die nach dem Betriebsverfassungsgesetz bestehenden Arbeitnehmervertretungsgremien die inländischen Mitglieder. Die Sprecherausschussgremien der leitenden Angestellten haben das Recht, einen leitenden Angestellten zu bestimmen, der mit Rederecht an den Sitzungen zur Unterrichtung und Anhörung des Europäischen Betriebsrats teilnehmen kann, wenn mindestens fünf inländische Arbeitnehmervertreter entsandt werden (§ 18 Abs. 2 iVm. § 23 Abs. 6 EBRG).

46 Im vierten Teil finden sich die Vorschriften zum **Europäischen Betriebsrat kraft Gesetzes**, der zu errichten ist, wenn binnen sechs Monaten nach Antragstellung Verhandlungen nicht aufgenommen sind, die Verhandlungen drei Jahre nach Antragstellung ergebnislos bleiben oder das vorzeitige Scheitern erklärt wird (§ 21 EBRG). Die Zusammensetzung des zu errichtenden Europäischen Betriebsrats richtet sich nach der Zahl der in den einzelnen Mitgliedstaaten beschäftigten Arbeitnehmer (vgl. § 22 EBRG), wobei auch leitende Angestellte iSd. § 5 Abs. 3 BetrVG als Arbeitnehmervertreter bestellt werden können. Die Geschäftsführung, Kostenregelung und die grenzübergreifenden Zuständigkeiten und Mitwirkungsrechte werden in enger Anlehnung an die Richtlinienvorgaben normiert. So hat der Europäische Betriebsrat das Recht, regelmäßig einmal im Kalenderjahr von der zentralen Leitung über die Entwicklung der Geschäftslage und die Perspektiven des gemeinschaftsweit tätigen Unternehmens oder der Unternehmensgruppe unter Vorlage der erforderlichen Unterlagen unterrichtet und angehört zu werden (§ 32 EBRG). Ein entsprechendes Unterrichtungs- und auf Verlangen ein Anhörungsrecht besteht darüber hinaus dann, wenn außergewöhnliche Umstände mit erheblichen Auswirkungen auf die Arbeitnehmer wie Verlegung oder Stilllegung von Unternehmen, Betrieben oder wesentlichen Betriebsteilen oder Massenentlassungen eintreten (§ 33 EBRG).

47 Der fünfte Teil des Gesetzes regelt den **Grundsatz der vertrauensvollen Zusammenarbeit** und enthält Vorschriften über die Wahrung von Betriebs- und Geschäfts-

geheimnissen sowie den **(Kündigungs-)Schutz** inländischer Arbeitnehmer. Mit dem sechsten Teil werden entsprechend Art. 13 der Richtlinie **bereits bestehende Vereinbarungen** über grenzübergreifende Unterrichtung und Anhörung auch nach Inkrafttreten des Europäischen Betriebsrätegesetzes aufrechterhalten, wenn sie alle in den Mitgliedstaaten beschäftigten Arbeitnehmer erfassen und eine Vertretung der Arbeitnehmer aus den Mitgliedstaaten vorsehen, in denen das Unternehmen oder die Unternehmensgruppe einen Betrieb hat (§ 41 EBRG). Der siebte Teil enthält besondere **Straf- und Bußgeldvorschriften.**

Am 16.12.2008 verabschiedete das Europäische Parlament eine neue Richtlinie über die Europäischen Betriebsräte (2009/38/EG), die am 5.6.2009 in Kraft trat und die Richtlinie 94/45/EG aufhebt[1]. Neben einer verbesserten Definition von Unterrichtung und Anhörung, der Einführung von Sanktionen bei Nichteinhaltung der Vorschriften wird das Verhältnis zwischen Arbeitnehmervertretungen und Europäischem Betriebsrat geregelt sowie ein Anspruch auf Schulungen für EBR-Mitglieder eingeführt[2]. Die neue Richtlinie wurde mit Wirkung zum 18.6.2011 gesetzlich in nationales Recht umgesetzt[3].

48

Einstweilen frei.

49

Die **Bestellung der inländischen Arbeitnehmervertreter** im Europäischen Betriebsrat einer gemeinschaftsweit tätigen Unternehmensgruppe mit Sitz des herrschenden Unternehmens im Ausland ist eine Angelegenheit des Gesamtbetriebsrats iSd. § 82 Abs. 1 Satz 2 ArbGG. Für Streitigkeiten darüber ist das Arbeitsgericht örtlich und international zuständig, in dessen Bezirk das nach der Zahl der wahlberechtigten Arbeitnehmer größte Unternehmen, bei dem ein Gesamtbetriebsrat gebildet ist, seinen Sitz hat[4]. Für die Beschlussfassung über die Bestellung inländischer Arbeitnehmervertreter im Europäischen Betriebsrat sind die Grundsätze zur Geltendmachung der Nichtigkeit betriebsratsinterner Wahlen entsprechend anwendbar, die Beschlüsse in entsprechender Anwendung des § 19 BetrVG einer gerichtlichen Überprüfung zugänglich[5].

50

3. Persönlicher Geltungsbereich

a) Arbeitgeber

Der **Begriff des Arbeitgebers** wird im BetrVG nicht definiert. Nach den allgemeinen arbeitsrechtlichen Grundsätzen ist Arbeitgeber im vertragsrechtlichen Sinne jeder, der einen oder mehrere andere Personen als Arbeitnehmer beschäftigt. In dieser Funktion als Vertragspartner der Arbeitnehmer wird der Arbeitgeber im Rahmen des BetrVG zwar auch gelegentlich angesprochen (§ 37 Abs. 2, § 37 Abs. 4, § 44, §§ 81 f. BetrVG), in erster Linie aber sieht das BetrVG den Arbeitgeber als Inhaber des Betriebes, dh. der betrieblichen Organisationsgewalt[6]. Daneben verwendet das BetrVG den **Begriff des Unternehmers** (zB in §§ 111 ff. BetrVG). Auch mit dieser Bezeichnung wird der Arbeitgeber als Betriebsinhaber und damit als Partner/Gegenspieler der übrigen betriebsverfassungsrechtlichen Institutionen erfasst. Der „Arbeitgeber" iSd. BetrVG ist mit dem „Unternehmer" personengleich. Beide Male wird diejenige Rechtsperson bezeichnet, die Inhaber des Betriebes ist[7].

51

---

1 ABl. EU Nr. L 122/28.
2 Zu weiteren Einzelheiten: *Düwell*, jurisPR-ArbR 2009, Anm. 6; *Melot de Beauregard/Buchmann*, BB 2009, 1417; *Thüsing/Forst*, NZA 2009, 408; *Fitting*, Übersicht EBRG, Rz. 2a.
3 BGBl. I 2011, 1050.
4 BAG 18.4.2007 – 7 ABR 30/06, NZA 2007, 1375.
5 BAG 18.4.2007 – 7 ABR 30/06, NZA 2007, 1375.
6 BAG 15.2.1991 – 1 ABR 32/90, NZA 1991, 639; 15.1.1991 – 1 AZR 94/90, NZA 1991, 681.
7 BAG 15.1.1991 – 1 AZR 94/90, NZA 1991, 681.

52 Arbeitgeber iSd. betriebsverfassungsrechtlichen Vorschriften kann sowohl eine **natürliche** als auch eine **juristische Person** oder ein teilrechtsfähiger **Personenverband** (OHG, KG bzw. BGB-Gesellschaft) sein.

53 Das BetrVG enthält keine eindeutige und abschließende Regelung, ob und durch wen sich der Arbeitgeber bei der Wahrnehmung betriebsverfassungsrechtlicher Aufgaben gegenüber dem Betriebsrat vertreten lassen darf. Das BAG weist zu Recht darauf hin, dass die Regelungen des Personalvertretungsrechts (etwa § 7 BPersVG) auf das Betriebsverfassungsrecht wegen der in der Behördenorganisation bestehenden Besonderheiten nicht übertragbar sind. Aus der Tatsache, dass in § 43 Abs. 2 Satz 3 und § 108 Abs. 2 Satz 1 BetrVG vorgesehen ist, dass für den Arbeitgeber auch sein **Vertreter** handeln kann, folgt nicht, dass der Arbeitgeber im Übrigen seine betriebsverfassungsrechtlichen Aufgaben nur selbst oder durch seine gesetzlichen Vertreter wahrnehmen darf[1]. Soweit aus Sinn und Zweck der in den genannten Vorschriften geregelten Verpflichtung eine besondere Qualifikation des Vertreters zu fordern ist, kann dies nicht allgemein auf alle Pflichten des Arbeitgebers gegenüber dem Betriebsrat übertragen werden. Grundsätzlich kann der Arbeitgeber sich gegenüber dem Betriebsrat durch eine an der Betriebsleitung verantwortlich beteiligte Person, die er mit seiner Vertretung beauftragt hat, vertreten lassen. In der Literatur ist streitig, ob der Arbeitgeber sich im Rahmen der §§ 164 ff. BGB durch jede andere Person vertreten lassen kann, oder ob eine Vertretung durch betriebsfremde Personen ausgeschlossen bzw. der Kreis der Vertreter auf Personen mit der erforderlichen Fachkompetenz und Organisationsgewalt beschränkt ist[2]. Das BAG lehnt zu Recht eine generelle Einschränkung der Vertretungsbefugnis des Arbeitgebers ab und fordert eine an Sinn und Zweck des jeweiligen Beteiligungsrechtes orientierte Auslegung im Einzelfall[3].

b) Arbeitnehmer

54 Der Begriff des Arbeitnehmers ist in § 5 Abs. 1 BetrVG für das gesamte Betriebsverfassungsgesetz definiert. Danach sind Arbeitnehmer iSd. Gesetzes **Arbeiter und Angestellte einschließlich der zu ihrer Berufsausbildung Beschäftigten**, unabhängig davon, ob sie im Betrieb, im Außendienst oder in Heimarbeit beschäftigt werden. Der Begriff des Heimarbeiters ist hier so zu verstehen, wie er in § 2 Abs. 1 HAG definiert ist[4]. Damit werden also insbesondere „geistige", wie etwa wissenschaftliche, schriftstellerische oder künstlerische Heimarbeit und die Tätigkeiten der freien Berufe nicht erfasst[5].

55 Der Begriff des Arbeitnehmers wird im BetrVG nicht näher definiert. Daher ist der allgemeine Begriff des Arbeitnehmers zugrunde zu legen. Arbeitnehmer ist danach jeder, der aufgrund eines **privatrechtlichen Vertrages** oder eines ihm gleichgestellten Rechtsverhältnisses **persönlich zur Leistung von Diensten für einen anderen in dessen Betrieb und nach dessen Weisung verpflichtet** ist. Es kommt nicht darauf an, ob der Arbeitsvertrag rechtswirksam ist. Auch wer aufgrund eines angefochtenen oder nichtigen Arbeitsvertrages tatsächlich beschäftigt wird, ist Arbeitnehmer iSd. BetrVG[6]. Es ist ebenfalls unerheblich, ob es sich bei dem Arbeitsverhältnis um eine Voll- oder Teilzeitbeschäftigung oder um eine haupt- oder nebenberufliche Tätigkeit

---

[1] BAG 11.12.1991 – 7 ABR 16/91, NZA 1992, 850.
[2] Vgl. GK-BetrVG/*Franzen*, § 1 Rz. 91; Richardi/*Richardi*, Einl. Rz. 123 f.; *Fitting*, § 1 BetrVG Rz. 240; *Galperin/Löwisch*, § 1 BetrVG Rz. 17; DKKW/*Wedde*, Einl. Rz. 158; MünchArbR/*von Hoyningen-Huene*, § 212 Rz. 11.
[3] BAG 11.12.1991 – 7 ABR 16/91, NZA 1992, 850.
[4] Noch zur alten Gesetzesfassung: BAG 25.3.1992 – 7 ABR 52/91, DB 1992, 1782.
[5] BAG 25.3.1992 – 7 ABR 52/91, DB 1992, 1782.
[6] HM, vgl.: *Fitting*, § 5 BetrVG Rz. 20 mwN.

I. Grundlagen

handelt. Auch Personen, deren Arbeitsverhältnis ruht, gehören zu den Arbeitnehmern iSd. Gesetzes[1].

Das BAG hatte unter Anwendung der sog. „Zwei-Komponenten-Lehre" in seiner früheren Rechtsprechung darauf erkannt, dass einerseits ein Arbeitsverhältnis zum Betriebsinhaber bestehen müsse und andererseits die tatsächliche Eingliederung des Arbeitnehmers in die Betriebsorganisation erforderlich sei[2]. Danach waren Leiharbeitnehmer (mangels vertraglicher Bindung zum Entleiher) keine Arbeitnehmer iSd. § 5 BetrVG. Praktische Auswirkung hatte diese Rechtsprechung insbesondere bei der Bestimmung der Zahl der Arbeitnehmer gem. § 9 BetrVG. Diese Rechtsprechung hat das BAG mit Beschluss vom 13.3.2013[3] in Anknüpfung an den Beschluss vom 5.12.2012[4] ausdrücklich aufgegeben. Das BAG vertritt nunmehr den Standpunkt, dass **Leiharbeitnehmer** Arbeitnehmer iSv. § 5 BetrVG sind. Der Zweck des § 9 BetrVG gebiete, sicherzustellen, dass die Zahl der Betriebsratsmitglieder in einem angemessenen Verhältnis zur Zahl der betriebsangehörigen Arbeitnehmer stehe, zumal der Umfang der Betriebsratsarbeit durch die im Betrieb regelmäßig tätigen Leiharbeitnehmer in nicht unerheblichem Umfang erhöht werde. Leiharbeitnehmer sind daher mitzuzählen, soweit bestimmte Arbeitsplätze stets etwa auch nach deren Ausscheiden stets üblicherweise mit wechselnden Leiharbeitnehmern besetzt worden sind[5]. Eine Regelmäßigkeit der Beschäftigung von Leiharbeitnehmern liegt vor, soweit ihr Einsatz der den Betrieb im Allgemeinen kennzeichnenden Beschäftigungslage entspricht. ABM-Kräfte sind hingegen als Arbeitnehmer iSd. § 5 BetrVG anzusehen[6]. Da ABM-Maßnahmen mit der Streichung der §§ 260–271 SGB III[7] nicht mehr gefördert werden, wird diese Rechtsfrage zukünftig kaum noch Bedeutung haben. Als Arbeitnehmer gelten kraft gesetzlicher Fiktion gem. § 5 Abs. 1 Satz 3 BetrVG **Beamte, Soldaten** sowie **Arbeitnehmer des öffentlichen Dienstes** einschließlich der zu ihrer Berufsausbildung Beschäftigten, die in Betrieben privatrechtlich organisierter Unternehmen tätig sind. Soweit vorhanden[8], gehen für diese Personen spezialgesetzliche Regelungen vor. 56

aa) Arbeiter und Angestellte

Der Betriebsrat vertritt im Rahmen der Betriebsverfassung sowohl die **Arbeiter** als auch die **Angestellten**. Es gibt bei den Mitwirkungs- und Mitbestimmungsrechten keine Unterschiede zwischen beiden Arbeitnehmergruppen. 57

bb) Auszubildende

Der in § 5 Abs. 1 BetrVG verwendete **Begriff der Berufsausbildung** deckt sich nicht mit dem des Berufsbildungsgesetzes, sondern ist weiter gefasst. Es wird nicht nur die in § 1 Abs. 3 BBiG aufgeführte berufliche Handlungsfähigkeit erfasst, sondern 58

---

1 Vgl. BAG 29.3.1974 – 1 ABR 27/73, BAGE 26, 107 (Wahlrecht entfällt nicht, weil Arbeitsverhältnis wegen Ableistung von Wehrdienst ruht); 25.5.2005 – 7 ABR 45/04, BAGReport 2005, 314 (positives Wahlrecht und Betriebsratsamt endet nicht während Elternzeit); beachtenswert zu § 76 BetrVG 1952: BAG 25.10.2000 – 7 ABR 18/00, NZA 2001, 461 (keine Wahlberechtigung zum Aufsichtsrat ab Eintritt in die verblockte Freistellungsphase bei Altersteilzeit); GK-BetrVG/*Kreutz*, § 7 Rz. 22.
2 BAG 20.4.2004 – 7 ABR 20/04, NZA 2005, 1006.
3 BAG 13.3.2013 – 7 ABR 69/11, NZA 2013, 789, Rz. 7, 21.
4 BAG 5.12.2012 – 7 ABR 48/11, NZA 2013 793, Rz. 19 ff.
5 BAG 24.1.2013 – 2 AZR 140/12, NZA 2013, 726, Rz. 20.
6 BAG 13.10.2004 – 7 ABR 6/04, NZA 2005, 480.
7 Art. 2 Nr. 19 des Gesetzes zur Verbesserung der Eingliederungschancen am Arbeitsmarkt vom 20.12.2011, BGBl. I S. 2854, 2908.
8 Vgl. §§ 2, 3, 6 BwKoopG; §§ 4–6 BWpVerwPG; §§ 4–6 BfAIPG; § 4 BAFlSBAÜbnG; § 19 DBBrG; § 24 PostPersRG.

grundsätzlich alle Maßnahmen, die im Rahmen eines auf die Ausbildung gerichteten privatrechtlichen Vertrages innerhalb eines Betriebs berufliche Kenntnisse und Fertigkeiten vermitteln[1].

59 Die zu ihrer Berufsausbildung Beschäftigten sind aber nur dann Arbeitnehmer iSd. § 5 Abs. 1 BetrVG, wenn sich ihre Berufsausbildung im Rahmen des arbeitstechnischen Zwecks eines Produktions- oder Dienstleistungsbetriebes vollzieht und sie deshalb in vergleichbarer Weise wie die sonstigen Arbeitnehmer in den Betrieb eingegliedert sind Erforderlich ist, dass die betrieblich-praktische Ausbildung überwiegt oder der schulischen Ausbildung zumindest gleichwertig ist. Maßgeblich ist insoweit keine rein quantitative, sondern eine qualitative Beurteilung[2] (betriebliche Berufsbildung iSd. § 2 Abs. 1 Nr. 1 BBiG). Findet die praktische Berufsausbildung dagegen in einem reinen **Ausbildungsbetrieb** statt, so gehören diese Auszubildenden nicht zur Belegschaft des Ausbildungsbetriebes[3].

60 Allerdings gehören auch solche Personen zu den Arbeitnehmern iSd. § 5 Abs. 1 BetrVG, die eingestellt werden, um berufliche Kenntnisse, Fertigkeiten oder Erfahrungen zu erwerben, ohne dass es sich dabei um eine Berufsausbildung iSd. § 1 Abs. 3 BBiG handelt. Dies gilt auch dann, wenn mit ihnen kein Arbeitsverhältnis, sondern lediglich ein besonderes Ausbildungsverhältnis eingegangen wird, auf das § 26 BBiG anzuwenden ist. Zu diesen „anderen Vertragsverhältnissen" iSd. § 26 BBiG zählen insbesondere das **Praktikantenverhältnis**, das **Volontärverhältnis** und das **Anlernverhältnis**. Auch dieser Personenkreis gehört ebenso wie **Umschüler** und **Teilnehmer an berufsvorbereitenden Maßnahmen** für jugendliche Arbeitslose unter den oben dargestellten Voraussetzungen zu den Arbeitnehmern iSd. § 5 Abs. 1 BetrVG. Sog. **Ein-Euro-Jobber** stehen in einem öffentlich-rechtlich geprägten Rechtsverhältnis und sind deshalb keine Arbeitnehmer (§ 16d Satz 2 Halbs. 2 SGB II)[4].

c) Leitende Angestellte

61 Das BetrVG findet, soweit nicht ausdrücklich etwas anderes geregelt ist, auf leitende Angestellte **keine Anwendung**. Diese sind weder wahlberechtigt noch können sie zu Mitgliedern des Betriebsrats gewählt werden. In § 5 Abs. 3 und 4 BetrVG findet sich die Regelung, mit der der Begriff des leitenden Angestellten näher beschrieben wird. Zu Einzelheiten s. Teil 1 A Rz. 88 ff.

62 Werden leitende Angestellte übergreifend in mehreren Betrieben eines Unternehmens eingesetzt, so kann ihr Status als leitende Angestellte iSd. § 5 BetrVG nur **einheitlich** für alle Betriebe, in denen sie beschäftigt werden, festgestellt werden[5].

d) „Nicht-Arbeitnehmer"

63 In § 5 Abs. 2 BetrVG werden einzelne Personengruppen aus dem Arbeitnehmerbegriff iSd. BetrVG ausgeklammert. Zum Teil handelt es sich hier um Personen, die auch nach allgemeinen Grundsätzen keine Arbeitnehmer sind, ein anderer Teil wird ausdrücklich ausgenommen, obwohl er nach allgemeinen Grundsätzen gleichwohl in einem Arbeitsverhältnis zum Betriebsinhaber stehen kann.

---

1 BAG 26.1.1994 – 7 ABR 13/92, NZA 1995, 120.
2 BAG 6.11.2013 – 7 ABR 76/11, NZA 2014, 678.
3 BAG 13.6.2007 – 7 ABR 44/06, NZA-RR 2008, 19.
4 BAG 19.11.2008 – 10 AZR 658/07, NZA 2009, 269; 2.10.2007 – 1 ABR 60/06, NZA 2008, 244.
5 BAG 25.2.1997 – 1 ABR 69/96, BAGE 85, 185.

aa) Mitglieder des gesetzlichen Vertretungsorgans juristischer Personen (§ 5 Abs. 2 Nr. 1 BetrVG)

Die Mitglieder des Organs, das kraft Gesetzes in Verbindung mit der Satzung zur regelmäßigen Vertretung der jeweiligen juristischen Person befugt ist, sind aus dem Kreis der Arbeitnehmer iSd. Betriebsverfassung ausgenommen. Dies gilt auch dann, wenn in Ausnahmefällen ein Mitglied eines Vertretungsorgans neben der **Organstellung** auch den allgemeinen arbeitsrechtlichen Arbeitnehmerstatus beanspruchen könnte[1]. Als gesetzliche Vertreter einer juristischen Person sind auch **Insolvenzverwalter, Liquidatoren** und **Treuhänder** anzusehen. 64

bb) Vertretungs- und geschäftsführungsberechtigte Mitglieder von Personengesamtheiten (§ 5 Abs. 2 Nr. 2 BetrVG)

Mit dieser Ausnahmeregelung werden solche **Gesellschafter** vom Arbeitnehmerbegriff des BetrVG ausgenommen, die durch Gesetz, Satzung oder Gesellschaftsvertrag zur Vertretung des Unternehmens und zur Geschäftsführung berufen sind. Die verbleibenden Gesellschafter oder Mitglieder können, wenn nicht andere Ausschlusstatbestände eingreifen, zu den Arbeitnehmern zählen. 65

cc) Beschäftigung aus vorwiegend karitativen oder religiösen Beweggründen (§ 5 Abs. 2 Nr. 3 BetrVG)

Unter diesen Ausnahmetatbestand fallen alle **Angehörige religiöser Orden** und anderer **religiöser Gemeinschaften**, soweit bei der Tätigkeit dieser Personen Erwerbsabsichten keine Rolle spielen. Es kommt nicht darauf an, ob diese Personen in einer kirchlichen Einrichtung oder aufgrund eines Gesellschaftsvertrages in einem anderen Betrieb tätig werden. Die Zuordnung von **Rote-Kreuz-Schwestern** ist in der Literatur streitig[2]. Sowohl das BAG[3] als auch der BFH[4], das BSG[5] und das BVerwG[6] spricht den Rote-Kreuz-Schwestern die Arbeitnehmereigenschaft ab, wenn die Schwestern in einem vom Roten Kreuz selbst betriebenen Krankenhaus oder aufgrund eines Gestellungsvertrages zwischen dem Deutschen Roten Kreuz und einem Dritten in dessen Krankenhaus tätig werden. 66

dd) Beschäftigung zur Heilung, Wiedereingewöhnung, Besserung oder Erziehung (§ 5 Abs. 2 Nr. 4 BetrVG)

Mit dieser Ausnahmeregelung wird die Beschäftigung von Personen erfasst, bei denen die Beschäftigung als Mittel zur Behebung individueller, personenbezogener Schwierigkeiten eingesetzt wird und vorwiegend der Rehabilitation bzw. der Resozialisierung dient[7]. Dies betrifft insbesondere **Kranke, Süchtige, behinderte Menschen, Jugendliche**, die unter besonderer Obhut des Jugendamtes stehen, **Sicherungsverwahrte** und **Strafgefangene**, soweit ihre Beschäftigung nicht in erster Linie auf Erwerbsgründen, sondern überwiegend auf medizinischen oder erzieherischen Gründen beruht. Eine generelle Abgrenzung ist nicht möglich. Es muss jeweils im Einzelfall geprüft werden, wie das einzelne Beschäftigungsverhältnis ausgestaltet ist. Dies gilt ins- 67

---

1 So zu Recht unter Hinweis auf die nicht durchführbare Statusdifferenzierung für ein und dieselbe Person: DKKW/*Trümner*, § 5 BetrVG Rz. 156.
2 Vgl. die Nachweise bei DKKW/*Trümner*, § 5 BetrVG Rz. 182; GK-BetrVG/*Raab*, § 5 Rz. 82.
3 BAG 6.7.1995 – 5 AZB 9/93, NZA 1996, 33.
4 BFH 25.11.1993 – VI R 115/92, DB 1994, 1402.
5 BSG 23.8.1968 – 3 RK 70/65, AP Nr. 7 zu § 611 BGB – Rotes Kreuz.
6 BVerwG 29.4.1966 – VII P 16.64, AP Nr. 1 zu § 3 PersVG Bad.-Württ.
7 BAG 25.10.1989 – 7 ABR 1/88, BAGE 63, 188; 5.4.2000 – 7 ABR 20/99, NZA 2001, 629.

besondere für die Beschäftigungsverhältnisse von behinderten Menschen. Diese können sowohl als Nicht-Arbeitnehmer iSd. § 5 Abs. 2 Nr. 4 BetrVG in einer Behindertenwerkstatt nach § 136 SGB IX als auch im Rahmen eines „normalen" Arbeitsverhältnisses beschäftigt sein[1]. Eine die Arbeitnehmereigenschaft nach § 5 Abs. 2 Nr. 4 BetrVG ausschließende Beschäftigung zur Wiedereingewöhnung liegt nach Auffassung des 7. Senats dann vor, wenn die Beschäftigung vorwiegend als Mittel zur Behebung eines gestörten Verhältnisses der beschäftigten Person zu geregelter Erwerbsarbeit eingesetzt wird, nicht aber, wenn die Beschäftigung vorwiegend der Vermittlung beruflicher Kenntnisse und Fertigkeiten dient[2]. Beschäftigte, die aufgrund einer vom Leistungsträger geschaffenen Arbeitsgelegenheit nach § 16d Satz 1 SGB II bei einem Dritten in einem befristeten Arbeitsverhältnis beschäftigt werden, werden nicht von § 5 Abs. 2 Nr. 4 BetrVG erfasst, da sie nicht zu ihrer Wiedereingewöhnung mit dem Ziel der Rehabilitation oder Resozialisierung tätig werden, sondern zwecks ihrer Wiedereingliederung in den normalen Arbeitsmarkt nach einer längeren Zeit der Beschäftigungslosigkeit[3].

ee) Enge Verwandte des Arbeitgebers (§ 5 Abs. 2 Nr. 5 BetrVG)

68 Mit dieser Ausnahmeregelung werden **Ehepartner, eingetragene Lebenspartner, Eltern** und **Kinder** einschl. der nichtehelichen und der Adoptivkinder, **Schwiegereltern** und **Schwiegerkinder** des Arbeitgebers aus dem Kreis der Arbeitnehmer iSd. BetrVG ausgenommen. Dies gilt auch dann, wenn die genannten Verwandten in einem echten Arbeitsverhältnis zum Arbeitgeber stehen[4]. Die sonstigen Verwandten des Arbeitgebers werden auch dann, wenn sie mit diesem in häuslicher Gemeinschaft leben, nicht aus dem Arbeitnehmerkreis iSd. BetrVG ausgeschlossen. Ist der Arbeitgeber eine **juristische Person**, findet § 5 Abs. 2 Nr. 5 BetrVG keine Anwendung. Insbesondere kommt eine Übertragung auf Familienangehörige eines Mitglieds des zur gesetzlichen Vertretung berufenen Organs der juristischen Person nicht in Betracht[5].

II. Beteiligte und Organe der Betriebsverfassung

1. Die Verbände

69 § 2 Abs. 1 BetrVG verpflichtet Arbeitgeber und Betriebsrat zur vertrauensvollen Zusammenarbeit mit den im Betrieb vertretenen **Gewerkschaften** und **Arbeitgebervereinigungen** zum Wohle der Arbeitnehmer und des Betriebes. Die vom Gesetzgeber geforderte Zusammenarbeit setzt voraus, dass Betriebsrat und Gewerkschaft (unabhängig von dem in der Praxis hohen Organisationsgrad der Betriebsräte) rechtlich selbständig und die Betriebsräte als Organ der Betriebsverfassung von den Gewerkschaften unabhängig sind. Das Betriebsverfassungsgesetz geht von einer grundsätzlichen **Aufgabentrennung** aus und trägt damit den bereits im Ansatz unterschiedlichen Aufgabenstellungen von Betriebsrat und Gewerkschaft ebenso wie ihrer unterschiedlichen demokratischen Legitimationsbasis Rechnung. Dieses **Trennungsprinzip** wird in §§ 2 Abs. 3, 74 Abs. 3 BetrVG und dem Grundsatz der gewerkschaftlichen Neutra-

---

1 Vgl. LAG Berlin 12.3.1990 – 9 TaBV 1/90, NZA 1990, 788; ArbG Berlin 25.11.1977 – 10 BV 12/77, AP Nr. 9 zu § 118 BetrVG 1972.
2 BAG 25.10.1989 – 7 ABR 1/88, DB 1990, 1192.
3 Noch zu § 19 Abs. 1 BSHG: BAG 5.4.2000 – 7 ABR 20/99, NZA 2001, 629.
4 Richardi/*Richardi*, § 5 BetrVG Rz. 181; GK-BetrVG/*Raab*, § 5 Rz. 89; *Fitting*, § 5 BetrVG Rz. 343; DKKW/*Trümner*, § 5 BetrVG Rz. 200.
5 So zu Recht DKKW/*Trümner*, § 5 BetrVG Rz. 202; aA *Fitting*, § 5 BetrVG Rz. 344; Richardi/*Richardi*, § 5 BetrVG Rz. 182; GK-BetrVG/*Raab*, § 5 Rz. 92; HWGNRH/*Rose*, § 5 BetrVG Rz. 146.

lität, wie er in § 75 Abs. 1 Satz 1 BetrVG verankert ist, für alle Bereiche der Betriebsverfassung festgeschrieben.

a) Arbeitgebervereinigungen

Der Begriff der Arbeitgebervereinigung ist im BetrVG nicht näher definiert. Er ist grundsätzlich der gleiche wie im allgemeinen Tarifvertragsrecht (vgl. § 2 Abs. 1 TVG). Zu der in Art. 9 Abs. 3 GG festgelegten verfassungsrechtlichen Koalitionsfreiheit gehört auch das Recht der Koalitionen, über Rechtsform und Organisationsstruktur autonom zu entscheiden. Die Arbeitgeberverbände wählen regelmäßig die Form des **rechtsfähigen Vereins**, wobei die Rechtsfähigkeit aus der Eintragung als Idealverein nach § 21 BGB resultiert. Eine Arbeitgebervereinigung iSd. Betriebsverfassungsrechts wie des Tarifvertragsrechts ist ein Zusammenschluss von Arbeitgebern auf freiwilliger Grundlage, der ebenso **gegnerunabhängig** wie von Staat, Parteien und Kirche unabhängig sein muss. Nach herrschender Meinung muss die Regelung von Arbeitsbedingungen durch Abschluss von Tarifverträgen satzungsgemäße Aufgabe sein, so dass rein wirtschaftspolitische Vereine, Industrieverbände und Berufsverbände keine Arbeitgebervereinigung iSd. Betriebsverfassungsrechts sind[1]. Da § 2 Abs. 1 TVG bereits dem einzelnen Arbeitgeber ohne Berücksichtigung seiner Durchsetzungskraft („soziale Mächtigkeit") Tariffähigkeit verleiht, kann die **Tariffähigkeit** eines Arbeitgeberverbandes nach Auffassung des BAG nicht von dem besonderen Erfordernis der Mächtigkeit abhängen[2].

70

Die Befugnisse der Arbeitgeberverbände bleiben hinter denen der Gewerkschaften dort, wo es speziell um Arbeitnehmerinteressen geht, also insbesondere in weiten Teilen der Betriebsverfassung, zurück. Ein **Teilnahmerecht** der Beauftragten der Arbeitgebervereinigung an Betriebs- und Abteilungsversammlungen ist in § 46 BetrVG geregelt. Soweit der Arbeitgeber selbst ein selbständiges Teilnahmerecht hat oder aufgrund einer gesonderten Einladung an einer Betriebs- und Abteilungsversammlung teilnimmt, kann er zu seiner Unterstützung einen Beauftragten der Arbeitgebervereinigung hinzuziehen. Nach herrschender Auffassung ist der Beauftragte nicht berechtigt, den Arbeitgeber zu vertreten, da das Gesetz ausdrücklich nur die Hinzuziehung erlaubt. Der Beauftragte hat auch kein eigenständiges Teilnahmerecht[3]. Nimmt der Arbeitgeber an einer Betriebsversammlung in seinem Betrieb teil, dann kann er vom Leiter der Betriebsversammlung verlangen, dass dem von ihm hinzugezogenen Beauftragten einer Arbeitgebervereinigung zu bestimmten Einzelthemen an seiner Stelle und für ihn das Wort erteilt wird[4].

71

b) Gewerkschaften

aa) Gewerkschaftsbegriff

Auch der Begriff der Gewerkschaft ist im BetrVG nicht definiert, sondern wird wie der der Arbeitgebervereinigung vorausgesetzt. Gewerkschaften iSd. Betriebsverfassungsrechts sind daher nur die Arbeitnehmervereinigungen, die auch **tariffähig** sind[5]. Das BAG verlangt hierfür in ständiger Rechtsprechung, dass die Vereinigung die Wahrnehmung der Interessen ihrer Mitglieder zur satzungsgemäßen Aufgabe gemacht hat, frei gebildet, **gegnerfrei und gegnerunabhängig** im Rahmen einer kooperativen Verfassung

72

---

1 Richardi/*Richardi*, § 2 BetrVG Rz. 62 ff.; *Fitting*, § 2 BetrVG Rz. 41; GK-BetrVG/*Franzen*, § 2 Rz. 36, jeweils mwN.
2 BAG 20.11.1990 – 1 ABR 62/89, NZA 1991, 428; vgl. auch BVerfG 20.10.1981 – 1 BvR 404/78, BVerfGE 58, 233.
3 *Fitting*, § 46 BetrVG Rz. 17; GK-BetrVG/*Weber*, § 46 Rz. 16 ff.
4 BAG 19.5.1978 – 6 ABR 41/75, DB 1978, 2032.
5 BAG 19.9.2006 – 1 ABR 53/05, NZA 2007, 518.

unabhängig vom Wechsel ihrer Mitglieder ist. Darüber hinaus muss die Arbeitnehmervereinigung ihre Aufgabe als Tarifpartner erfüllen können, weshalb sie über eine entsprechende Durchsetzungskraft und Leistungsfähigkeit verfügen muss (sog. **soziale Mächtigkeit**)[1]. Ist die Tariffähigkeit einer Arbeitnehmervereinigung einmal rechtskräftig mit der Begründung verneint worden, die Vereinigung sei weder gegnerfrei noch ausreichend mächtig, so steht die Rechtskraft dieser Entscheidung einer erneuten Entscheidung über die Tariffähigkeit der Arbeitnehmervereinigung solange entgegen, als sich nicht der Sachverhalt sowohl hinsichtlich der Gegnerfreiheit als auch der Mächtigkeit der Vereinigung wesentlich geändert hat[2].

bb) Vertretensein im Betrieb

73 Das Kooperationsgebot des § 2 Abs. 1 BetrVG gilt nur für die im Betrieb vertretenen Gewerkschaften. Eine Gewerkschaft ist dann **im Betrieb vertreten**, wenn ihr **mindestens ein Arbeitnehmer** des Betriebs angehört, der nicht zu den leitenden Angestellten zählt[3]. Die Tarifzuständigkeit der im Betrieb vertretenen Gewerkschaft ist nicht erforderlich[4]. Nach Auffassung des BAG kann die Gewerkschaft im Streitfall den erforderlichen **Nachweis** des Vertretenseins im Betrieb auch durch **mittelbare Beweismittel** führen. So soll es zulässig sein, den Nachweis durch eine **notarielle Erklärung** zu führen, ohne dass der Name des im Betrieb des Arbeitgebers beschäftigten Mitglieds genannt wird, wenn mit der notariellen Erklärung eine sog. **Tatsachenbescheinigung** abgegeben wird, wonach eine Person, deren Personalien in einem besonderen Umschlag hinterlegt sind, einem bestimmten Betrieb und einer bestimmten Gewerkschaft angehört[5].

cc) Zugangsrecht

74 Aus § 2 Abs. 2 BetrVG folgt ein **betriebsverfassungsrechtliches Zugangsrecht** der Gewerkschaften zum Betrieb. Dieses Zugangsrecht ist als Unterstützungsrecht zur Wahrnehmung der im BetrVG genannten Aufgaben und Befugnisse der im Betrieb vertretenen Gewerkschaften und damit akzessorisch ausgestaltet, ein eigenständiges Zutrittsrecht lässt sich hieraus nicht ableiten[6]. Soweit also den Gewerkschaften im Rahmen des BetrVG Mitwirkungsrechte eingeräumt sind, besteht ergänzend ein Zutrittsrecht zum Betrieb, wenn dies zur Erfüllung der Aufgaben erforderlich ist. Dieses Recht kann auch im Wege der einstweiligen Verfügung durchgesetzt werden[7].

Beispiele für Zutrittsrecht:

75 In Betracht kommt der Zutritt im Zusammenhang mit dem Antragsrecht der Gewerkschaft im Rahmen der Betriebsratswahl, bei Teilnahme an Betriebsratssitzungen sowie Sitzungen des Wirtschaftsausschusses, bei Teilnahme an Betriebs-/Abteilungsversammlungen sowie in all den Fällen, in denen der Betriebsrat die Unterstützung der Gewerkschaft im Rahmen der Wahrnehmung seiner betriebsverfassungsrechtlichen Aufgaben wünscht. So ist dem Beauftragten einer im Betrieb vertretenen Gewerkschaft Zutritt zum Betrieb zu gewähren,

---

1 BAG 6.6.2000 – 1 ABR 10/99, NZA 2001, 160: Tariffähigkeit des Interessenverbandes der Bediensteten der Technischen Überwachung verneint; 16.1.1990 – 1 ABR 93/88, EzA § 1 TVG Nr. 19: Tariffähigkeit der Christlichen Gewerkschaft Holz und Bau verneint.
2 BAG 6.6.2000 – 1 ABR 21/99, NZA 2001, 156.
3 BAG 25.3.1992 – 7 ABR 65/90, NZA 1993, 134.
4 BAG 10.11.2004 – 7 ABR 19/04, NZA 2005, 50.
5 BAG 25.3.1992 – 7 ABR 65/90, NZA 1993, 134, bestätigt durch BVerfG 21.3.1994 – 1 BvR 1485/93, NJW 1994, 2347.
6 BAG 26.6.1973 – 1 ABR 24/72, BAGE 25, 242.
7 ArbG Elmshorn 28.5.1999 – 3 BVGa 26b/99, AiB 1999, 521; ArbG Frankfurt aM 24.3.1999 – 2 BVGa 12/99, ArbuR 1999, 412.

wenn er auf Ersuchen des Betriebsrates an einer Besichtigung des Arbeitsplatzes eines Angestellten durch den Betriebsrat zur Überprüfung der Eingruppierung teilnehmen soll[1].

◻ **Hinweis:** Nach Auffassung des BAG kann der Betriebsrat in seiner Geschäftsordnung regeln, dass den im Betriebsrat vertretenen Gewerkschaften ein generelles Teilnahmerecht an den Betriebsratssitzungen zusteht[2] mit der Folge eines entsprechenden Zutrittsrechts.

Das Zugangsrecht besteht grundsätzlich während der Arbeitszeit, wobei die Gewerkschaft den **Arbeitgeber rechtzeitig vor dem beabsichtigten Besuch zu unterrichten** hat unter Mitteilung des Besuchszweckes, damit der Arbeitgeber überprüfen kann, ob ein Zugangsrecht besteht[3]. Wird der Arbeitgeber nicht rechtzeitig vorher unterrichtet oder wird der Zugang nicht zur Wahrnehmung betriebsverfassungsrechtlicher Aufgaben gewünscht, kann er dem Gewerkschaftsbeauftragten den Zugang verwehren[4]. Das Zugangsrecht der Gewerkschaft besteht für den gesamten Betrieb, ist also nicht auf bestimmte Räumlichkeiten beschränkt. Der Arbeitgeber kann gem. § 2 Abs. 2 BetrVG den Zugang eines Gewerkschaftsbeauftragten zum Betrieb oder zu bestimmten Räumlichkeiten nach rechtzeitiger Unterrichtung nur dann verweigern, wenn dem unumgängliche Notwendigkeiten des Betriebsablaufs, zwingende Sicherheitsvorschriften oder der Schutz von Betriebsgeheimnissen entgegenstehen. Auch die **Auswahl des zu entsendenden Beauftragten** liegt allein bei der Gewerkschaft. In Fällen des Rechtsmissbrauchs allerdings kann der Arbeitgeber den Zutritt eines bestimmten Gewerkschaftsvertreters verweigern[5]. 76

◻ **Exkurs:** Ob neben dem betriebsverfassungsrechtlichen Zugangsrecht nach § 2 Abs. 2 BetrVG auch ein **koalitionsrechtliches Zutrittsrecht** aus Art. 9 Abs. 3 GG abgeleitet werden kann, ist streitig[6]. Für kirchliche Einrichtungen hatte das BVerfG 1981 entschieden, dass kein für alle geltendes Gesetz iSd. Art. 137 Abs. 3 WRV existiere, das betriebsfremden Gewerkschaftsangehörigen ein Zutrittsrecht zu kirchlichen Einrichtungen einräumt. Insbesondere gewährleiste Art. 9 Abs. 3 GG kein allgemeines Zutrittsrecht für betriebsfremde Gewerkschaftsbeauftragte mit dem Ziel der Werbung, Informierung und Betreuung organisierter Belegschaftsmitglieder[7]. Im Anschluss an diese Entscheidung hat das BAG festgestellt, dass sich ein Zutrittsrecht für betriebsfremde Gewerkschaftsbeauftragte auch nicht aus dem Übereinkommen Nr. 135 der Internationalen Arbeitsorganisation v. 23.6.1991 ableiten lasse[8]. Nachdem das BVerfG seine Kernbereichsformel dahin modifizierte, dass der Grundrechtsschutz grundsätzlich alle koalitionsspezifischen Verhaltensweisen erfasse[9], gewährt das BAG den Gewerkschaften nun ein Zutrittsrecht zu Betrieben, um dort auch durch betriebsfremde Beauftragte um Mitglieder zu werben, soweit dem nicht ausnahmsweise besondere Interessen des Arbeitgebers entgegenstehen[10]. 77

dd) Information und Werbung im Betrieb

Nach ständiger Rechtsprechung des BVerfG und des BAG schützt Art. 9 Abs. 3 GG die Koalitionsfreiheit und gewährleistet damit das Recht auf **koalitionsmäßige Betätigung**. Das Grundrecht schützt die Freiheit des Einzelnen, eine derartige Koalition zu gründen, ihr beizutreten oder fernzubleiben. Darüber hinaus schützt es die Koalition in ihrem Bestand und ihrer organisatorischen Ausgestaltung sowie solche Betätigun- 78

---

1 BAG 17.1.1989 – 1 AZR 805/87, DB 1989, 1528.
2 BAG 28.2.1990 – 7 ABR 22/89, BAGE 64, 229.
3 ArbG Elmshorn 28.5.1999 – 3 BVGa 26b/99, AiB 1999, 521; *Fitting*, § 2 BetrVG Rz. 73.
4 GK-BetrVG/*Franzen*, § 2 Rz. 71 mwN; MünchArbR/*von Hoynigen-Huene*, § 215 Rz. 10.
5 MünchArbR/*von Hoynigen-Huene*, § 215 Rz. 11.
6 Vgl. zu den Einzelheiten MünchArbR/*von Hoynigen-Huene*, § 215 Rz. 12f.; DKKW/*Berg*, § 2 BetrVG Rz. 105ff. mwN.
7 BVerfG 17.2.1981 – 2 BvR 384/78, BVerfGE 57, 220.
8 BAG 19.1.1982 – 1 AZR 279/81, BB 1982, 674.
9 BVerfG 14.11.1995 – 1 BvR 601/92, BVerfGE 93, 352.
10 BAG 28.2.2006 – 1 AZR 460/04, NZA 2006, 798.

gen, die darauf ausgerichtet sind, die Arbeits- und Wirtschaftsbedingungen zu wahren und zu fördern. Zu der einer Koalition verfassungsrechtlich gewährleisteten Betätigung gehört in diesem Zusammenhang auch die **Werbung neuer Mitglieder**, die ohne entsprechende Information und Selbstdarstellung seitens der Gewerkschaft nur schwer verwirklicht werden kann. Insoweit sind auch die Mitglieder geschützt, die aktiv an der koalitionsmäßigen Gewerkschaftswerbung teilnehmen[1].

79 Solange die Informations- und Werbungsmaßnahmen nicht zu einer **Störung des Betriebsfriedens oder des Betriebsablaufes** führen und nicht auf Eigentum, Betriebsmittel wie organisatorische oder personelle Mittel des Arbeitgebers zugreifen, sind sowohl die **Plakatwerbung** als auch das Verteilen einer **Gewerkschaftszeitung**, das Verteilen von **Flugblättern** und sonstigem Informationsmaterial zulässig[2]. Eine tarifzuständige Gewerkschaft ist grundsätzlich auch berechtigt, **E-Mails** zu Werbezwecken auch ohne Einwilligung des Arbeitgebers und Aufforderung durch die Arbeitnehmer an die betrieblichen E-Mail-Adressen der Beschäftigten zu versenden[3] (s.a. Rz. 363a).

ee) Allgemeine betriebsverfassungsrechtliche Mitwirkungsrechte

80 Außer den allgemeinen Koalitionsaufgaben sowie der durch das Kooperationsgebot des § 2 Abs. 1 BetrVG gewährleisteten Zusammenarbeit sind den Gewerkschaften im Rahmen des BetrVG spezielle Mitwirkungsrechte eingeräumt. Dies reicht über die **Antragsrechte** im Zusammenhang mit Betriebsratswahlen und das **Kontrollrecht** der Gewerkschaft im Rahmen des § 23 BetrVG sowohl gegenüber dem Betriebsrat als auch gegenüber dem Arbeitgeber bis hin zu **Teilnahmerechten** an Sitzungen des Betriebsrates (§ 31 BetrVG) sowie an Sitzungen des Wirtschaftsausschusses[4]. Ein besonderes **Vermittlungsrecht** ist in § 35 BetrVG für den Fall interner Unstimmigkeiten bei Aussetzung von Beschlüssen des Betriebsrates geregelt. § 119 Abs. 2 BetrVG gesteht den Gewerkschaften ein **Strafantragsrecht** zu wegen Straftaten gegen Betriebsverfassungsorgane.

81 Eine allgemeine Befugnis zur **Rechtskontrolle** kommt den Gewerkschaften nicht zu. Das bedeutet insbesondere, dass sie nicht generell Betriebsvereinbarungen oder Einigungsstellenbeschlüsse auf ihre rechtliche Zulässigkeit überprüfen lassen können mit der Begründung, die entsprechende Regelung verstoße gegen den Tarifvertrag[5]. Wenn eine Betriebsvereinbarung allerdings nach § 77 Abs. 3 BetrVG nicht hätte abgeschlossen werden dürfen, kann der Gewerkschaft, wenn hierin ein grober Verstoß gegen die betriebsverfassungsrechtliche Ordnung zu sehen ist, ein Anspruch gem. § 23 BetrVG gegen die Betriebsparteien zustehen[6]. Das BVerfG hat in diesem Zusammenhang bestätigt, dass auch Art. 9 Abs. 3 GG nicht gebiete, eine bestimmte Verfahrensart zum Schutz gegen eine (von den Gewerkschaften geltend gemachte) Aushöhlung durch nicht tarifkonforme Betriebsvereinbarungen zu gewährleisten[7]. Nachdem bereits neben § 23 Abs. 3 BetrVG auch der allgemeine Unterlassungsanspruch aus § 1004 Abs. 1 Satz 2 BGB iVm. § 823 BGB und Art. 9 Abs. 3 GG als Rechtsbehelf zur Sicherung der kollektiven Koalitionsfreiheit zugelassen wurde[8], bejaht das BAG auch einen entsprechenden Unterlassungsanspruch bei tarifwidrigen betrieblichen Regelungen[9].

---

1 BAG 23.9.1986 – 1 AZR 597/85, BAGE 53, 89; BVerfG 26.5.1970 – 2 BvR 664/65, BVerfGE 28, 295.
2 MünchArbR/*von Hoyningen-Huene*, § 215 Rz. 17 f. mwN.
3 BAG 20.1.2009 – 1 AZR 515/08, NZA 2009, 615.
4 BAG 25.6.1987 – 6 ABR 45/85, NZA 1988, 167.
5 BAG 23.2.1988 – 1 ABR 75/86, NZA 1989, 229; 18.8.1987 – 1 ABR 65/86, NZA 1988, 26.
6 BAG 20.8.1991 – 1 ABR 85/90, NZA 1992, 317.
7 BVerfG 29.6.1993 – 1 BvR 1916/91, NZA 1994, 34.
8 BAG 17.2.1998 – 1 AZR 364/97, NZA 1998, 754 mwN.
9 BAG 13.3.2001 – 1 AZB 19/00, NZA 2001, 1037; 20.8.1991 – 1 ABR 85/90, BAGE 68, 200; 20.4.1999 – 1 ABR 72/98, NZA 1999, 887.

2. Der Betriebsrat

a) Betriebsratswahl

Nach § 1 BetrVG können Betriebsräte in allen Betrieben gewählt werden, in denen mindestens **fünf Arbeitnehmer** beschäftigt werden, von denen **drei wählbar** sind. Dies gilt auch für gemeinsame Betriebe mehrerer Unternehmen (§ 1 Abs. 1 Satz 2 BetrVG). Eine Verpflichtung zur **Wahl des Betriebsrates** besteht nicht. Die Größe des Betriebsrates hängt gem. § 9 BetrVG von der Zahl der in der Regel wahlberechtigten Arbeitnehmer ab. Leiharbeitnehmer (im Entleiherbetrieb) sind mitzuzählen[1] (s.a. Rz. 56). Die in § 5 Abs. 1 Satz 3 BetrVG genannten Beschäftigten sind bei den organisatorischen Bestimmungen zu berücksichtigen, dh. „mitzuzählen"[2].

82

aa) Wahlberechtigung

Wahlberechtigt (§ 7 BetrVG) sind alle Arbeitnehmer des Betriebes, die am Wahltag **18 Jahre alt** sind, ohne Rücksicht auf die Dauer der Betriebszugehörigkeit. Zum Kreis der wahlberechtigten Arbeitnehmer gehören auch **Teilzeitbeschäftigte** und **Heimarbeiter**, die in der Hauptsache für den Betrieb arbeiten (§ 5 Abs. 1 Satz 2 BetrVG) sowie **Auszubildende** (§ 5 Abs. 1 BetrVG, vgl. die Ausführungen in Rz. 54 f.).

83

Sog. **Helfer im freiwilligen sozialen Jahr** sind weder Arbeitnehmer noch zu ihrer Berufsausbildung Beschäftigte iSd. § 5 Abs. 1 BetrVG und deshalb nicht wahlberechtigt[3]. **Zusteller** einer Tageszeitung sind idR wahlberechtigte Arbeitnehmer. Ihr Wahlrecht ist nicht durch die Teilzeittätigkeit außerhalb der Räume des Betriebes eingeschränkt[4]. Beamte sind auch dann keine wahlberechtigten Arbeitnehmer oder solchen gleichzustellen, wenn sie in einen von einem privaten Rechtsträger allein oder gemeinsam mit einem öffentlichen Rechtsträger geführten Betrieb eingegliedert sind[5]. **Beamte**, **Soldaten** und **Arbeitnehmer des öffentlichen Dienstes**, die gem. § 5 Abs. 1 Satz 3 BetrVG als Arbeitnehmer gelten, sind in gleicher Weise wahlberechtigt wie normale Arbeitnehmer des Betriebes.

84

Nach § 7 Satz 2 BetrVG sind Arbeitnehmer eines anderen Arbeitgebers, die zur Arbeitsleistung überlassen werden, wahlberechtigt, wenn sie länger als drei Monate im Betrieb eingesetzt werden. Ausweislich der Gesetzesbegründung werden mit dieser Neuregelung „insbesondere" also nicht nur Leiharbeitnehmer iSd. Arbeitnehmerüberlassungsgesetzes erfasst[6]. Zur Arbeitsleistung überlassen im Sinne der Neuregelung ist ein Arbeitnehmer dann, wenn er in den Einsatzbetrieb derart eingegliedert ist, dass er dem Weisungsrecht des Betriebsinhabers unterliegt[7]. Das aktive Wahlrecht steht ihnen ab dem ersten Arbeitstag im Einsatzbetrieb zu[8]. Dieses Wahlrecht ist nur eine zusätzliche Rechtsposition für die in fremden Betrieben eingesetzten Arbeitnehmer. Ihr betriebsverfassungsrechtlicher Status in ihrem Anstellungsbetrieb wird hierdurch nicht tangiert. Das BAG wendet § 14 Abs. 1 AÜG auch auf die im Wege einer nicht-gewerbsmäßigen Arbeitnehmerüberlassung bei Konzernunternehmen in deren Betrieben eingesetzten Arbeitnehmer entsprechend an[9]. Sie bleiben im Betrieb des Vertragsarbeitgebers aktiv und passiv wahlberechtigt.

85

---

1 BAG 13.3.2013 – 7 ABR 69/11, NZA 2013, 789.
2 BAG 15.12.2011 – 7 ABR 65/10, NZA 2012, 519.
3 BAG 12.2.1992 – 7 ABR 43/91, NZA 1993, 334.
4 BAG 29.1.1992 – 7 ABR 27/91, NZA 1992, 894.
5 BAG 16.1.2008 – 7 ABR 66/06, ArbuR 2008, 55; 28.3.2001 – 7 ABR 21/00, ZTR 2001, 431.
6 Begr. RegE, BT-Drucks. 14/5741, 36.
7 Begr. RegE, BT-Drucks. 14/5741, 36.
8 *Fitting*, § 7 BetrVG Rz. 60; vgl. auch *Hennige*, RWS-Forum 21; *Maschmann*, DB 2001, 2446.
9 BAG 17.2.2010 – 7 ABR 51/08, NZA 2010, 1298; 20.4.2005 – 7 ABR 20/04, NZA 2005, 1006.

86 Ein Arbeitnehmer ist wahlberechtigt nur bis zum **Ablauf der Kündigungsfrist** einer ordentlichen Kündigung bzw. bis zum Zugang einer außerordentlichen Kündigung[1]. Darüber hinaus sind sie nur wahlberechtigt bei Weiterbeschäftigung nach § 102 Abs. 5 BetrVG aufgrund Widerspruchs des Betriebsrates oder aufgrund des vom Großen Senat des BAG entwickelten allgemeinen Anspruchs auf Weiterbeschäftigung[2].

87 Das LAG Berlin hat dieser herrschenden Meinung folgend auf die Anfechtungsklage eines Arbeitgebers entschieden, dass ein Arbeitnehmer bei **fristgerechter Kündigung** nach Ablauf der Kündigungsfrist auch dann sein aktives Wahlrecht zum Betriebsrat verliert, wenn er die Kündigung gerichtlich angreift und seine Klage später Erfolg hat. Etwas anderes kann nur dann gelten, wenn er bis zur rechtskräftigen Entscheidung über die Kündigungsschutzklage tatsächlich weiterbeschäftigt worden ist[3].

bb) Wählbarkeit

88 Wählbar (§ 8 BetrVG) sind alle wahlberechtigten Arbeitnehmer, die **dem Betrieb sechs Monate angehören** oder in dieser Zeit einem Betrieb des Unternehmens oder Konzerns angehört haben und am Wahltag mindestens **18 Jahre alt** sind. Erstreckt sich die Stimmabgabe über mehrere Tage, so muss der Wahlbewerber spätestens am letzten Tag der Stimmabgabe das 18. Lebensjahr vollenden. Ebenso muss der Arbeitnehmer am Wahltag – wenn an mehreren Tagen gewählt wird, am letzten Wahltag – die **sechsmonatige Betriebszugehörigkeit** erreicht haben. Eine Unterbrechung des rechtlichen Bestandes des Arbeitsverhältnisses führt nach herrschender Meinung dazu, dass die Sechs-Monats-Frist erneut zu laufen beginnt[4]. Notwendig ist aber analog der bekannten Problematik der Wartezeitberechnungen aus dem Kündigungsschutz eine rechtlich relevante Unterbrechung. Besteht ein enger Zusammenhang zwischen zwei Arbeitsverhältnissen, so dass sich das zweite als Fortsetzung des ersten darstellt (Bsp. Kettenbefristung), ist die frühere Beschäftigungszeit anzurechnen[5]. Ebenfalls sind Beschäftigungszeiten als Leiharbeitnehmer im entleihenden Betrieb auf die nach § 8 Abs. 1 BetrVG erforderliche sechsmonatige Dauer der Betriebszugehörigkeit anzurechnen, wenn der Arbeitnehmer im Anschluss an die Überlassung in ein Arbeitsverhältnis mit dem Entleiher übernommen wurde[6].

89 **Echte Leiharbeitnehmer** sind bei der Betriebsratswahl im Entleiherbetrieb gem. § 14 Abs. 2 Satz 1 AÜG nicht wählbar. Dies gilt auch für Fälle nicht gewerbsmäßiger Arbeitnehmerüberlassung[7]. Ein **gekündigter Arbeitnehmer** bleibt wählbar, wenn seine vor der Wahl erhobene Kündigungsschutzklage nicht vor Durchführung der Betriebsratswahl rechtskräftig abgewiesen wurde[8]. Dabei spielt es keine Rolle, ob er tatsächlich weiterbeschäftigt wurde oder eine Weiterbeschäftigung geltend macht oder hätte geltend machen können[9]. Auch wenn er selbst nicht aktiv wahlberechtigt ist, ist er nach ganz herrschender Auffassung gleichwohl wählbar[10]. Dadurch wird ausgeschlossen, dass der Arbeitgeber durch Kündigung einen unliebsamen Arbeitnehmer an der Kandidatur hindert. Außerdem kann im Gegensatz zur Wahlberechtigung, die am Wahl-

---

1 BAG 10.11.2004 – 7 ABR 12/04, NZA 2005, 707; 14.5.1997 – 7 ABR 26/96, NZA 1997, 1245.
2 BAG 10.11.2004 – 7 ABR 12/04, NZA 2005, 707; 15.1.1991 – 1 AZR 105/90, NZA 1991, 695.
3 LAG Berlin 2.5.1994 – 9 TaBV 1/94, DB 1994, 2556; weitergehend DKKW/*Homburg*, § 7 BetrVG Rz. 14.
4 *Fitting*, § 8 BetrVG Rz. 39.
5 *Fitting*, § 8 BetrVG Rz. 40.
6 BAG 10.10.2012 – 7 ABR 53/11, AP BetrVG 1972 § 8 Nr. 15.
7 BAG 17.2.2010 – 7 ABR 51/08, NZA 2010, 832.
8 BAG 10.11.2004 – 7 ABR 12/04, DB 2005, 1067; 14.5.1997 – 7 ABR 26/96, BB 1997, 2116.
9 BAG 10.11.2004 – 7 ABR 12/04, DB 2005, 1067; 14.5.1997 – 7 ABR 26/96, BB 1997, 2116.
10 BAG 10.11.2004 – 7 ABR 12/04, DB 2005, 1067; LAG Hamm 6.5.2002 – 10 TaBV 53/02, LAGReport 2002, 249; *Fitting*, § 8 BetrVG Rz. 18.

tag zweifelsfrei feststehen muss, die Wirksamkeit der Wahl eines Betriebsratsmitgliedes zunächst in der Schwebe bleiben.

◯ **Hinweis:** Die herrschende Meinung beurteilt die Wählbarkeit entgegen dem ausdrücklichen Wortlaut (Wahlberechtigte) in § 8 BetrVG. 90

cc) Wahlzeitraum und Amtszeit

Die Wahl findet unverändert **alle vier Jahre** in der **Zeit vom 1.3. bis 31.5.**, zuletzt in 2010 und die **nächste Wahl** dann im Jahr **2014**, statt (§ 13 Abs. 1 BetrVG). Die Betriebsratswahlen sind zeitgleich mit den regelmäßigen Wahlen nach § 5 Abs. 2 des SprAuG einzuleiten. Außerhalb dieser Wahlzeit kann nur in besonderen Fällen, die im Einzelnen in § 13 Abs. 2 BetrVG geregelt sind, gewählt werden. In diesen Fällen kann die Amtszeit nach § 13 Abs. 3 BetrVG verlängert oder verkürzt werden. 91

Die **Amtszeit** (§ 21 BetrVG) beträgt **vier Jahre**. Sie beginnt mit Bekanntgabe der Wahlergebnisse oder, wenn zu diesem Zeitpunkt noch ein Betriebsrat besteht, mit Ablauf von dessen Amtszeit. Sie endet spätestens am 31.5. des Jahres der regelmäßigen Betriebsratswahlen. Ausnahmen sind in § 21 Satz 4 und 5 BetrVG geregelt. Während der Wahl führt der Betriebsrat die Geschäfte weiter (§§ 22, 13 BetrVG), nicht aber in den Fällen des § 13 Abs. 2 Nr. 4–6 BetrVG. 92

Nach § 21a BetrVG steht dem Betriebsrat ein **allgemeines Übergangsmandat** zu, mit dem die Arbeitnehmer in der für sie besonders kritischen Phase im Anschluss an eine betriebliche Umstrukturierung geschützt werden sollen. Dieses Übergangsmandat gilt für alle Fälle der Spaltung eines Betriebes oder Zusammenlegung von Betrieben und Betriebsteilen (§ 21a Abs. 3 BetrVG) im Geltungsbereich des BetrVG. Ein Betrieb wird dann gespalten, wenn die organisatorische Einheit Betrieb aufgelöst wird und die Arbeitnehmer danach verschiedenen ehemaligen Betriebsteilen zugeordnet werden[1]. Um eine Zusammenfassung handelt es sich, wenn vorher eigenständige Betriebe zu einem neuen organisatorisch eigenständigen Betrieb zusammengefasst werden[2]. Bleibt die Identität des ursprünglichen Betriebes unverändert, so findet § 21a BetrVG keine Anwendung. Dies gilt auch dann, wenn der Betrieb nach gesellschaftsrechtlichen Änderungen als gemeinsamer Betrieb mehrerer Unternehmen fortgeführt wird[3]. Umgekehrt ist es für den Tatbestand der Spaltung oder Zusammenfassung unerheblich, ob zusätzlich gesellschaftsrechtliche Veränderungen vorgenommen werden[4]. Ein Übergangsmandat scheidet aus, wenn ein kleinerer Betrieb unter Verlust seiner Identität in einen größeren Betrieb eingegliedert wird, in dem bereits ein Betriebsrat existiert, dann erlischt das Amt des aufgenommenen Betriebsrats[5]. 93

Nach § 21a BetrVG bleibt der Betriebsrat bei Spaltung eines Betriebes im Amt und führt die Geschäfte für die ihm bislang zugeordneten Betriebsteile weiter, soweit sie betriebsratsfähig sind (§ 1 Abs. 1 Satz 1 BetrVG) und nicht in einen Betrieb eingegliedert werden, in dem ein Betriebsrat besteht. Das Übergangsmandat endet mit Bekanntgabe des neugewählten Betriebsrates (ein Wahlvorstand ist unverzüglich zu bestellen), spätestens aber **sechs Monate** nach Wirksamwerden der Spaltung. Durch Tarifvertrag oder Betriebsvereinbarung kann es um weitere sechs Monate verlängert werden, die Höchstdauer beträgt damit ein Jahr. Abweichend vom Wortlaut wird man es für zulässig ansehen müssen, dass eine Verlängerung bis längstens sechs Monate vereinbart werden kann[6]. 94

---

1 *Worzalla*, FA 2001, 261.
2 *Worzalla*, FA 2001, 261.
3 *Fitting*, § 21a BetrVG Rz. 9a.
4 *Worzalla*, FA 2001, 261.
5 BAG 21.1.2003 – 1 ABR 9/02, NZA 2003, 1097.
6 *Richardi/Annuß*, DB 2001, 41; *Worzalla*, FA 2001, 261.

95 Mit der Vorschrift des § 21b BetrVG wird das sog. **Restmandat** geregelt. Geht ein Betrieb durch Stilllegung, Spaltung oder Zusammenlegung unter, so bleibt dessen Betriebsrat so lange im Amt, wie dies zur Wahrnehmung der damit im Zusammenhang stehenden Mitwirkungs- und Mitbestimmungsrechte erforderlich ist. Durch die Formulierung „solange" wie „erforderlich" wird deutlich, dass das Restmandat kein Vollmandat und zudem subsidiär ist gegenüber einem uU eingreifenden Übergangsmandat nach § 21a BetrVG[1]. Das Restmandat besteht solange, wie noch ein Betriebsratsmitglied im Betrieb und bereit ist, das Mandat wahrzunehmen[2], bzw. bei einer Betriebsstilllegung bis zur endgültigen Erledigung aller mit der Stilllegung in Zusammenhang stehenden Mitbestimmungsrechte[3]. Daraus folgt, dass der Betriebsrat vor jedem Kündigungsausspruch nach § 102 Abs. 1 BetrVG auch nach erfolgter Betriebsstilllegung zu hören ist[4]. Ist ein Betriebsrat außerhalb des Zeitraums für die regelmäßigen Betriebsratswahlen gewählt worden und unterbleibt eine Neuwahl des Betriebsrats bei den nächsten regelmäßigen Betriebsratswahlen, besteht kein Betriebsrat mehr, zu dessen Gunsten ein Restmandat entstehen könnte[5].

dd) Durchführung der Wahl

(1) Bestellung Wahlvorstand

96 Die Vorbereitung und Durchführung der Wahl obliegt dem Wahlvorstand. Dieser besteht aus **mindestens drei wahlberechtigten Arbeitnehmern**. Die Zahl der Mitglieder des Wahlvorstandes kann erhöht werden, wenn dies zur ordnungsgemäßen Durchführung der Wahl erforderlich ist, die Mitgliederzahl muss aber stets ungerade sein. Erforderlich ist eine Erhöhung der Zahl der Wahlvorstandsmitglieder nur dann, wenn die konkreten Verhältnisse des Betriebes dies zur ordnungsgemäßen Durchführung der Wahl notwendig erfordern[6]. Bloße Zweckmäßigkeitsüberlegungen genügen nicht[7]. In Kleinbetrieben iSd. § 14a BetrVG kommt eine Erhöhung der Zahl der Wahlvorstandsmitglieder gem. § 17a Nr. 2 BetrVG nicht in Betracht. Jede im Betrieb vertretene Gewerkschaft kann zusätzlich einen dem Betrieb angehörigen Beauftragten als nicht stimmberechtigtes Mitglied in den Wahlvorstand entsenden, sofern ihr nicht ein stimmberechtigtes Wahlvorstandsmitglied angehört (§ 16 Abs. 1 Satz 6 BetrVG).

97 In **Betrieben mit Betriebsrat** bestellt der Betriebsrat spätestens zehn Wochen vor Ablauf seiner Amtszeit den Wahlvorstand (§ 16 Abs. 1 BetrVG) und bestimmt dessen Vorsitzenden. Ist dies bis zum Ablauf von acht Wochen vor Ablauf der Amtszeit nicht geschehen, erfolgt die Bestellung durch das Arbeitsgericht (§ 16 Abs. 2 BetrVG) oder durch den Gesamtbetriebsrat, falls ein solcher nicht besteht, durch den Konzernbetriebsrat (§ 16 Abs. 3 BetrVG). Der Konzernbetriebsrat kann nur dann einen Wahlvorstand bestellen, wenn ein Gesamtbetriebsrat nicht besteht, nicht wenn ein bestehender Gesamtbetriebsrat untätig bleibt[8]. Die Bestellung des Wahlvorstandes neuneinhalb Monate vor Ablauf der Amtszeit des Betriebsrates soll nach Auffassung des LAG Hamm zulässig sein[9].

---

1 So zu Recht *Löwisch/Schmidt-Kessel*, BB 2001, 2162; s.a. *Lelley*, DB 2008, 1433; aA *Fitting*, § 21b BetrVG Rz. 13 mwN.
2 *Worzalla*, FA 2001, 261.
3 BAG 26.7.2007 – 8 AZR 769/06, NZA 2008, 428.
4 BAG 25.10.2007 – 8 AZR 917/06, NZA-RR 2008, 367.
5 BAG 6.12.2006 – 7 ABR 62/05, AP Nr. 5 zu § 21b BetrVG 1972.
6 Einzelheiten: *Otto/Schmidt*, NZA 2014, 169.
7 LAG Nürnberg 15.5.2006 – 2 TaBV 29/06, BeckRS 2009, 67612.
8 *Fitting*, § 16 BetrVG Rz. 78.
9 LAG Hamm 6.9.2013 – 7 TaBVGa 7/13, NZA-RR 2013, 637; kritisch dazu *Otto/Schmidt*, NZA 2014, 169.

II. Beteiligte und Organe der Betriebsverfassung　　　　　Rz. 100　Teil 4 A

In **Betrieben ohne Betriebsrat** bestellt der Gesamtbetriebsrat oder – falls ein solcher nicht besteht – der Konzernbetriebsrat den Wahlvorstand (§ 17 Abs. 1 BetrVG). Auch hier kann der Konzernbetriebsrat nur tätig werden, wenn ein Gesamtbetriebsrat nicht besteht[1]. Wie das zuständige Gremium die Wahlvorstandsbestellung vorbereitet, liegt in seiner Verantwortung. Das BAG billigt dem Konzern- bzw. Gesamtbetriebsrat insoweit einen Beurteilungsspielraum zu. Dies gilt insbesondere für Art und Umfang der für die Vorbereitung benötigten Informationen[2]. Der Gesamtbetriebsrat ist aber nicht befugt, in betriebsratslosen Betrieben zu einer Belegschaftsversammlung einzuladen, um eine Betriebsratswahl einzuleiten. Dies folgt nach Auffassung des BAG weder aus § 17 Abs. 1 Satz 1 BetrVG noch bestehe insoweit eine Annexkompetenz[3]. Gibt es weder einen Gesamtbetriebsrat noch einen Konzernbetriebsrat oder bleiben diese untätig, wählt die Betriebsversammlung (§ 17 Abs. 2 Satz 1 BetrVG) den Wahlvorstand mit der Mehrheit der anwesenden Arbeitnehmer. Wenn trotz Einladung keine Betriebsversammlung stattfindet oder wenn die Betriebsversammlung keinen Wahlvorstand wählt, bestellt das Arbeitsgericht auf Antrag von mindestens drei wahlberechtigten Arbeitnehmern oder einer im Betrieb vertretenen Gewerkschaft gem. § 17 Abs. 3 BetrVG einen Wahlvorstand für die Wahl des Betriebsrats. Bis zur Rechtskraft einer solchen Entscheidung kann die Betriebsversammlung vorrangig einen Wahlvorstand einsetzen. 　　98

In **Kleinbetrieben** kann der Wahlvorstand im vereinfachten Wahlverfahren nach Maßgabe des § 17a BetrVG bestellt werden. Wenn ein **Betriebsrat** besteht, gilt das normale Verfahren wobei die Frist des § 16 Abs. 1 Satz 1 BetrVG auf vier Wochen und die des § 16 Abs. 2 Satz 1, Abs. 3 Satz 1 BetrVG auf drei Wochen verkürzt werden. Zudem kann die Zahl der Wahlvorstandsmitglieder nicht erhöht werden (§ 17a Nr. 2 BetrVG). Wird in einem **betriebsratslosen Betrieb** erstmals gewählt, ist der Wahlvorstand wie im regulären Verfahren zu bestellen, bzw. zu wählen, wobei § 17a Nr. 3 BetrVG von einer Wahlversammlung statt von einer Betriebsversammlung spricht. Der Gesetzesbegründung ist nicht zu entnehmen, ob mit dieser Begriffswahl besondere Absichten verbunden waren. Auch aus der Wahlordnung ergeben sich insoweit keine Hinweise. In der Literatur wird teilweise vermutet, daraus folge uU ein Teilnahmeverbot des Arbeitgebers[4]. 　　99

Eine **gerichtliche Bestellung** für die erstmalige Wahl eines Betriebsrates setzt aber voraus, dass zuvor eine ordnungsgemäße Einladung zu einer Betriebsversammlung nach § 17 Abs. 3 BetrVG erfolgt ist. Von dieser Voraussetzung kann auch dann nicht abgesehen werden, wenn der Arbeitgeber sich weigert, eine ihm obliegende zur Bewirkung der Einladung notwendige Mitwirkungshandlung vorzunehmen. Nach zutreffender Auffassung des BAG ist die gerichtliche Bestellung des Wahlvorstands ein Notbehelf, auf den nur zurückgegriffen werden soll, wenn die Initiatoren einer Betriebsratswahl allen Arbeitnehmern wenigstens die Chance eingeräumt haben, einen demokratisch-legitimierten Wahlvorstand zu wählen. Aus diesem Grund müssen die Initiatoren einer Betriebsratswahl notfalls gem. § 17 Abs. 4 BetrVG die Hilfe der Arbeitsgerichte in Anspruch nehmen, wenn ein Arbeitgeber den ihn im Zusammenhang mit der Vorbereitung einer ordnungsgemäßen Einladung zur Betriebsversammlung treffenden Pflichten nicht nachkommt. Ob die Bestellung eines Wahlvorstands zum Zwecke der erstmaligen Wahl eines Betriebsrats durch das Arbeitsgericht auch ohne (ordnungsgemäße) Einladung durch die Initiatoren möglich ist, wenn der Arbeitgeber einem zuvor gegen ihn erwirkten rechtskräftigen gerichtlichen Titel auch im Wege der Zwangsvollstreckung nicht Folge leistet, ist vom BAG noch offen gelassen worden[5]. 　　100

1　*Fitting*, § 16 BetrVG Rz. 78.
2　BAG 16.11.2011 – 7 ABR 28/10, NZA 2012, 404.
3　BAG 16.11.2011 – 7 ABR 28/10, NZA 2012, 404.
4　*Quecke*, AuR 2002, 1; aA *Fitting*, § 17a BetrVG Rz. 16 iVm. § 17 BetrVG Rz. 26.
5　BAG 26.2.1992 – 7 ABR 37/91, DB 1992, 2147.

101 Für die Bestellung des Wahlvorstandes in einer Betriebs- oder Wahlversammlung sind in § 17 BetrVG keine Vorgaben enthalten. Die wesentlichen **Grundzüge des Wahlrechts** aber müssen eingehalten werden. So ist zumindest eine formlose Abstimmung notwendig, wenn mehr Kandidaten vorgeschlagen werden, als zur Besetzung des Wahlvorstands erforderlich sind. Eine ohne Abstimmung vorgenommene Bestellung des Wahlvorstandes ist nichtig[1]. Stimmberechtigt sind alle Arbeitnehmer, die an der Versammlung teilnehmen. Für die Wahl ist die Mehrheit der anwesenden Arbeitnehmer notwendig; mit Stimmenthaltungen kann also ein Teil der anwesenden Arbeitnehmer die Wahl eines Wahlvorstandes blockieren.

(2) Betriebsratswahlverfahren

102 Das Wahlverfahren selbst wird in den §§ 14–20 BetrVG und in der Ersten Verordnung zur Durchführung des Betriebsverfassungsgesetzes **(Wahlordnung – WO)** vom 11.12. 2001 geregelt. In Betrieben mit in der Regel mehr als 51 wahlberechtigten Arbeitnehmern ist das Regelwahlverfahren gem. § 14 BetrVG iVm. §§ 1–27 WO durchzuführen. In Betrieben mit in der Regel 51 bis zu 100 wahlberechtigten Arbeitnehmern kann der Arbeitgeber mit dem Wahlvorstand nach § 14a Abs. 5 BetrVG die Anwendung des vereinfachten Wahlverfahrens freiwillig vereinbaren. In Kleinbetrieben mit in der Regel 5 bis 50 wahlberechtigten Arbeitnehmern ist das vereinfachte Wahlverfahren gem. § 14a BetrVG iVm. §§ 28–36 WO anzuwenden.

(3) Regelwahlverfahren

103 Im Regelwahlverfahren[2] hat der Wahlvorstand nach seiner Bestellung unverzüglich, dh. ohne schuldhaftes Zögern (§ 121 BGB), die Betriebsratswahl einzuleiten, sie durchzuführen und das Wahlergebnis festzustellen (§ 18 Abs. 1 Satz 1 BetrVG, § 1 Abs. 1 WO). Er muss als erstes feststellen, welche betriebsratsfähigen Einheiten bestehen, Kleinbetriebe und Betriebsteile zuordnen und prüfen, ob die Tatbestandsvoraussetzungen eines gemeinsamen Betriebes vorliegen. Gem. § 2 Abs. 1 WO muss der Wahlvorstand die **Wählerliste** (Liste der wahlberechtigten Arbeitnehmer) erstellen. Die Eintragung der Arbeitnehmer in die Wählerliste ist konstitutive Voraussetzung für die Ausübung des Wahlrechts (§ 2 Abs. 3 WO). Die nach § 14 Abs. 2 AÜG nicht passiv Wahlberechtigten sind gem. § 2 Abs. 1 Satz 3 WO gesondert auszuweisen. Spätestens sechs Wochen vor dem ersten Tag der Stimmabgabe muss das **Wahlausschreiben**, unterzeichnet vom Vorsitzenden und mindestens einem weiteren stimmberechtigten Mitglied des Wahlvorstandes erlassen sein. Mit dem Wahlausschreiben ist zwingend die Einreichungsfrist für Wahlvorschläge bekanntzugeben (§ 3 Abs. 2 Nr. 8 WO), dabei darf das Fristende nicht vor dem Ende der betriebsüblichen Arbeitszeit liegen[3]. Mit Erlass des Wahlausschreibens ist die Betriebsratswahl eingeleitet (§ 3 WO). Gleichzeitig mit dem Erlass des Wahlausschreibens muss der Wahlvorstand die Wählerliste bis zum Abschluss der Stimmabgabe an geeigneter Stelle im Betrieb zur Einsichtnahme auslegen. Die Wählerliste kann auch in elektronischer Form bekannt gemacht werden. Ausschließlich in dieser Form aber nur dann, wenn alle Arbeitnehmer des Betriebes von dieser Bekanntmachung Kenntnis erlangen können und sichergestellt ist, dass nur der Wahlvorstand Änderungen vornehmen kann (§ 2 Abs. 4 WO). Der auszulegende Abdruck der Wählerliste soll die Geburtsdaten der Wahlberechtigten nicht enthalten. Während zwei Wochen nach Erlass des Wahlausschreibens kann beim Wahlvorstand gegen unrichtige Eintragungen in der Wählerliste schriftlich **Einspruch** eingelegt werden. Auch nach Ablauf der Ein-

---

1 ArbG Bielefeld 20.5.1987 – 4 BVGa 9/87, NZA 1987, 680.
2 Zu den Einzelheiten vgl. *Schiefer/Korte*, NZA 2002, 57 ff. und 113 ff.
3 LAG Hamm 26.11.2010 – 13 TaBV 54/10, BeckRS 2010, 75353; *Lunk/Schnelle/Witten*, NZA 2014, 57.

spruchsfrist aber muss der Wahlvorstand die Wählerliste nochmals auf ihre Vollständigkeit hin überprüfen. Treten neue Arbeitnehmer in den Betrieb ein oder scheiden Arbeitnehmer aus dem Betrieb aus, muss die Wählerliste auch noch nach Ablauf der Einspruchsfrist bis zum Tag vor Beginn der Stimmabgabe berichtigt werden. Im Übrigen kann die Wählerliste nach Ablauf der Einspruchsfrist nur noch bei Schreibfehlern, offenbaren Unrichtigkeiten oder in Erledigung rechtzeitig eingelegter Einsprüche bis zum Tag vor dem Beginn der Stimmabgabe berichtigt oder ergänzt werden. Ebenfalls zeitgleich mit dem Erlass des Wahlausschreibens muss auch ein Abdruck der Wahlordnung an geeigneter Stelle im Betrieb bis zum Abschluss der Stimmabgabe zur Einsichtnahme ausliegen. Der Wahlvorstand muss gem. § 2 Abs. 5 WO dafür sorgen, dass ausländische Arbeitnehmer in geeigneter Weise über das Wahlverfahren, die Aufstellung von Listen etc. informiert werden. Eine Verletzung dieser Vorschrift berechtigt nach Auffassung des BAG zur Anfechtung der Wahl[1].

Die Wahl ist **geheim** und **unmittelbar** (§ 14 Abs. 1 BetrVG, § 12 WO). Mit der Aufhebung der Unterscheidung von Arbeitern und Angestellten ist auch das **Gruppenwahlprinzip entfallen**. Nunmehr wählen alle Arbeitnehmer des Betriebes den Betriebsrat in einem gemeinsamen Wahlverfahren. 104

Zur Wahl des Betriebsrats können die wahlberechtigten Arbeitnehmer und die im Betrieb vertretenen Gewerkschaften **Wahlvorschläge** unterbreiten (§ 14 Abs. 5 BetrVG). Jeder Wahlvorschlag der Arbeitnehmer muss mindestens von 5 % der wahlberechtigten Arbeitnehmer unterzeichnet sein, mindestens aber von drei Wahlberechtigten. Bei bis zu 20 Arbeitnehmern genügt die Unterzeichnung durch zwei Wahlberechtigte. In jedem Fall genügt die Unterzeichnung von 50 wahlberechtigten Arbeitnehmern. Der Wahlvorstand muss prüfen, ob die eingereichten Vorschlagslisten die erforderliche Zahl der Unterschriften aufweisen. Da jeder Wahlberechtigte nur einen Wahlvorschlag unterstützen kann, muss der Wahlvorstand insbesondere prüfen, ob ein Wahlberechtigter mehrere Vorschlagslisten unterzeichnet hat. Bei Feststellung einer **Mehrfachzeichnung** muss der Wahlvorstand den Wahlberechtigten auffordern, binnen einer angemessenen Frist, spätestens aber vor Ablauf von drei Arbeitstagen zu erklären, welche Unterschrift er aufrechterhalten will. Gibt der Wahlberechtigte innerhalb der gesetzten Frist hierzu keine Erklärung ab, wird sein Name nur auf der zuerst eingereichten Vorschlagsliste gezählt und auf den übrigen Listen gestrichen. Sind mehrere Listen gleichzeitig eingereicht worden, ist durch Los zu entscheiden. Der Wahlvorstand muss die eingereichten Vorschlagslisten, wenn sie nicht mit einem Kennwort versehen sind, mit Familienname und Vorname der beiden in der Liste an erster Stelle benannten Bewerber bezeichnen. Er hat die Vorschlagsliste dann unverzüglich, möglichst binnen einer Frist von zwei Arbeitstagen nach ihrem Eingang auf ihre Ungültigkeit oder Beanstandung zu prüfen und die Listenvertreter unverzüglich schriftlich unter Angabe der Gründe über eine eventuelle Ungültigkeit oder über festgestellte Beanstandungen zu unterrichten. Der Wahlvorstand muss Vorkehrungen treffen, um insbesondere am letzten Tag vor Ablauf der Einreichungsfrist die Vorschlagslisten sofort prüfen und umgehend beanstanden zu können[2]. Kommt er dieser Pflicht nicht nach und wird dem Listenvertreter hier durch die Möglichkeit genommen, fristgerecht eine gültige Vorschlagsliste einzureichen, ist die Betriebsratswahl anfechtbar[3]. 105

---

1 BAG 13.10.2004 – 7 ABR 5/4, DB 2005, 675.
2 BAG 18.7.2012 – 7 ABR 21/11, NJW-Spezial 2012, 691.
3 BAG 25.5.2005 – 7 ABR 39/04, NZA 2006, 116.

Übersicht

106 Nach § 8 Abs. 1 WO sind **Vorschlagslisten ungültig**,
– die nicht fristgerecht eingereicht worden sind,
– auf denen die Bewerber nicht in erkennbarer Reihenfolge aufgeführt sind,
– die bei der Einreichung nicht die erforderliche Zahl von Unterschriften aufweisen.

Die Rücknahme von Unterschriften auf einer eingereichten Vorschlagsliste dagegen beeinträchtigt deren Gültigkeit nicht.

107 Die nachfolgend aufgeführten Mängel führen zur **Ungültigkeit** der Vorschlagsliste, wenn sie trotz Beanstandung durch den Wahlvorstand **nicht binnen einer Frist von drei Arbeitstagen beseitigt** werden:
– wenn die Bewerber auf der Vorschlagsliste nicht in erkennbarer Reihenfolge unter fortlaufender Nummer und unter Angabe von Familienname, Vorname, Geburtsdatum, Art der Beschäftigung im Betrieb und Arbeitnehmergruppe aufgeführt sind;
– wenn die schriftliche Zustimmung der Bewerber zur Aufnahme in die Vorschlagsliste nicht vorliegt;
– wenn die Vorschlagsliste infolge von Streichungen gem. § 6 Abs. 6 WO (Doppelzeichnung) nicht mehr die erforderliche Zahl von Unterschriften aufweist.

108 Kandidieren sämtliche Kandidaten auf einer einzigen gemeinsamen Vorschlagsliste, findet eine Wahl nach den Grundsätzen der **Mehrheitswahl** (Persönlichkeitswahl) statt (§ 14 Abs. 2 BetrVG, §§ 20 ff. WO). Hier kann der Wähler auf seinem Stimmzettel bei der Wahl so viele Kandidaten ankreuzen, wie Betriebsratsmitglieder zu wählen sind. Es werden in diesem Fall also keine Listen, sondern Bewerber gewählt, die auf der Vorschlagsliste namentlich aufgeführt sind. Die von dem einzelnen Kandidaten errungene Gesamtstimmenzahl entscheidet alsdann über seinen Betriebsratssitz. Werden dagegen konkurrierende Listen aufgestellt und zugelassen, so findet eine **Verhältniswahl** (Listenwahl) statt (§ 14 Abs. 2 BetrVG, §§ 11 ff. WO). In diesem Fall hat der Wähler nur eine Stimme, die er der von ihm bevorzugten Liste – nicht den einzelnen Kandidaten – gibt (§ 11 Abs. 1 WO). Die Aufteilung einzelner Mandatssitze im Betriebsrat erfolgt sodann nach dem d'Hondtschen Verfahren (§§ 15, 16 WO).

109 Für den Wahlvorgang muss der Wahlvorstand gem. § 12 WO geeignete Vorkehrungen treffen, um die unbeobachtete Zeichnung der Stimmzettel im Wahlraum zu gewährleisten. Er muss für die Bereitstellung einer oder mehrerer verschlossener Wahlurnen sorgen, die nach Beendigung oder bei jeder Unterbrechung der Wahl versiegelt werden muss/müssen. Während der Wahl müssen immer mindestens zwei stimmberechtigte Wahlvorstandsmitglieder oder eines gemeinsam mit einem bestellten Wahlhelfer im Wahlraum anwesend sein. „Hilfe" bei der Stimmabgabe ist nur ausnahmsweise unter den Voraussetzungen des § 12 Abs. 4 WO für behinderte Menschen und Analphabeten zulässig.

(4) Wahl im vereinfachten Verfahren für Kleinbetriebe

110 Gem. § 14a BetrVG wird in Kleinbetrieben mit in der Regel 5 bis 50 wahlberechtigten Arbeitnehmern in einem **zweistufigen Verfahren** gewählt. Wenn der Wahlvorstand auf einer ersten Wahlversammlung gewählt wurde, muss er die Wahl des Betriebsrats unverzüglich einleiten und die **Wählerliste** gem. § 30 Abs. 1 WO noch in dieser Versammlung aufstellen. Das **Wahlausschreiben** ist ebenfalls noch in der Versammlung zu erlassen (§ 31 Abs. 1 WO) und muss die besonderen Hinweise enthalten, die § 31 WO vorgibt. **Einsprüche** gegen die Wählerliste können gem. § 30 Abs. 2 WO nur binnen drei Tagen seit Erlass des Wahlausschreibens schriftlich eingelegt werden. **Wahlvorschläge** können nur bis zum Ende der ersten Wahlversammlung – allerdings auch mündlich – gemacht werden (§ 14a Abs. 2, § 33 Abs. 1 WO). Eine Nachfristsetzung

für die Einreichung von Wahlvorschlägen im Anschluss an die Wahlversammlung ist nicht vorgesehen und mithin unzulässig[1]. Bleibt bei einer Betriebsratswahl die Zahl der Wahlbewerber unterhalb der Zahl der gem. § 9 BetrVG zu wählenden Betriebsratsmitglieder, so findet § 11 BetrVG entsprechend Anwendung. Für die Zahl der Betriebsratsmitglieder ist dann die nächstniedrigere Betriebsgröße zugrundezulegen. Eine Nachfristsetzung zur Einreichung weiterer Vorschlagslisten ist auch in diesem Fall unzulässig[2]. Mängel der Wahlvorschläge können nur in der Wahlversammlung selber beseitigt werden (§ 3 Abs. 3 WO). Die Wahlvorschläge sind vom Wahlvorstand unmittelbar nach Beendigung der Wahlversammlung bekannt zu geben. Die **Betriebsratswahl** findet dann **eine Woche später** in einer **zweiten Wahlversammlung** statt in **geheimer** und **unmittelbarer Mehrheitswahl**. Wahlberechtigte Arbeitnehmer, die an der Wahl nicht teilnehmen können, müssen spätestens drei Tage vor der Betriebsratswahl beim Wahlvorstand die nachträgliche schriftliche Stimmabgabe beantragen (§ 35 Abs. 1 WO).

Wenn der Wahlvorstand nicht in einer Versammlung gewählt, sondern vom Betriebsrat, Gesamtbetriebsrat, Konzernbetriebsrat oder vom Arbeitsgericht bestellt worden ist, so hat er in Kleinbetrieben mit in der Regel 5 bis 50 wahlberechtigten Arbeitnehmern unverzüglich die **Wählerliste** aufzustellen und das **Wahlausschreiben** zu erlassen (§ 36 WO). Die **Betriebsratswahl** findet dann **in einer Wahlversammlung** in geheimer und unmittelbarer **Mehrheitswahl** statt. **Wahlvorschläge** können nur bis zu einer Woche vor der Versammlung beim Wahlvorstand eingereicht werden (§ 14a Abs. 3 BetrVG, § 36 Abs. 5 WO).

111

In Betrieben mit in der Regel 51 bis 100 wahlberechtigten Arbeitnehmern können Wahlvorstand und Arbeitgeber das vereinfachte Wahlverfahren vereinbaren (§ 14a Abs. 5 BetrVG). Dafür bedarf es einer ausdrücklichen oder konkludenten Vereinbarung; das bloße Schweigen des Arbeitgebers auf der Betriebsversammlung, in der der Wahlvorstand entsprechende Pläne ankündigt, reicht dafür nicht aus[3].

112

(5) Geschlechterquote

Nach § 15 Abs. 2 BetrVG muss das Geschlecht, das in der Belegschaft in der Minderheit ist, mindestens entsprechend seinem zahlenmäßigen Verhältnis im Betriebsrat vertreten sein, wenn dieser mindestens aus drei Mitgliedern besteht. Diese **Geschlechterquote** ist sowohl im Regelwahlverfahren als auch im vereinfachten Wahlverfahren für Kleinbetriebe zu berücksichtigen. Die Berechnung ist nach dem d'Hondtschen Höchstzahlensystem vorzunehmen. Nach Auffassung des BAG ist § 15 Abs. 2 BetrVG verfassungskonform und verletzt weder den aus Art. 3 Abs. 1 GG folgenden Grundsatz der Wahlrechtsgleichheit noch den durch Art. 9 Abs. 3 GG geschützten, gewerkschaftlichen Anspruch auf Gewährung gleicher Wettbewerbschancen bei Betriebsratswahlen[4].

113

(6) Kosten der Wahl

Gem. § 20 Abs. 3 BetrVG trägt der Arbeitgeber die **Kosten der Betriebsratswahl**, soweit diese zur ordnungsgemäßen Durchführung der Wahl erforderlich sind. Der Wahlvorstand hat ebenso wie der Betriebsrat bei den Tatbeständen der §§ 40, 37 Abs. 2 und 6 BetrVG einen Beurteilungsspielraum zur Ausfüllung des unbestimmten Rechtsbegriffs der **Erforderlichkeit**[5].

114

---

1 LAG Hess. 22.8.2013 – 9 TaBV 19/13, NZA 2014, 276.
2 LAG Düsseldorf 4.7.2014 – 6 TaBV 24/14, NZA 2014, 1155.
3 BAG 19.11.2003 – 7 ABR 24/03, NZA 2004, 395.
4 BAG 16.3.2005 – 7 ABR 40/04, NZA 2005, 1252.
5 BAG 3.12.1987 – 6 ABR 79/85, NZA 1988, 439.

115 Zu den vom Arbeitgeber nach § 20 Abs. 3 Satz 1 BetrVG zu tragenden Kosten der Betriebsratswahl gehören auch die erforderlichen Kosten eines arbeitsgerichtlichen **Beschlussverfahrens** zwischen Arbeitgeber und Wahlvorstand über das Vorliegen eines einheitlichen Betriebes[1]. Gleiches gilt für die Kosten, die einer Gewerkschaft durch die Beauftragung eines Rechtsanwaltes zur gerichtlichen Bestellung eines Wahlvorstandes[2] oder zur Klärung anderer Meinungsverschiedenheiten im Laufe des Wahlverfahrens entstehen[3]. Für erforderliche Wahlvorstandtätigkeit, die aus betrieblichen Gründen außerhalb der Arbeitszeit zu leisten war, haben Wahlvorstandsmitglieder Anspruch auf **Freizeitausgleich** in entsprechender Anwendung des § 37 Abs. 3 BetrVG[4]. Für die Zeit der Tätigkeit im Wahlvorstand und der Ausübung des Wahlrechtes muss der Arbeitgeber den Arbeitnehmern das Arbeitsentgelt fortzahlen.

b) Rechtsschutz bei Betriebsratswahlen

aa) Rechtsschutz im Vorfeld der Betriebsratswahl

116 Die **Bestellung** des **Wahlvorstandes durch** das **Arbeitsgericht** erfolgt, wenn acht Wochen vor Ablauf der Amtszeit des Betriebsrats kein Wahlvorstand besteht. Antragsberechtigt sind drei Wahlberechtigte oder eine im Betrieb vertretene Gewerkschaft (§ 16 Abs. 2 BetrVG). Der Wahlvorstand wird auch dann durch das Arbeitsgericht bestellt, wenn trotz Einladung keine Betriebsversammlung stattfindet oder dort kein Wahlvorstand gewählt wird. Antragsberechtigt sind gem. §§ 17 Abs. 4, 17a Nr. 4 BetrVG drei wahlberechtigte Arbeitnehmer oder eine im Betrieb vertretene Gewerkschaft. Leitet der Wahlvorstand die Wahl nicht unverzüglich ein, führt sie nicht durch oder stellt das Wahlergebnis nicht fest, dann ersetzt das Arbeitsgericht den Wahlvorstand (Antragsberechtigung gem. § 18 Abs. 1 BetrVG).

117 Wenn zweifelhaft ist, ob eine **betriebsratsfähige Organisationseinheit** vorliegt, kann das Arbeitsgericht zur Entscheidung angerufen werden. Antragsberechtigt sind der Arbeitgeber, jeder beteiligte Betriebsrat, jeder beteiligte Wahlvorstand oder eine im Betrieb vertretene Gewerkschaft (§ 18 Abs. 2 BetrVG). Dies betrifft insbesondere auch die Fragen, ob ein gemeinsamer Betrieb iSd. § 1 Abs. 2 BetrVG, ein selbständiger Betrieb iSd. § 4 Abs. 1 Satz 1 BetrVG oder eine betriebsratsfähige Organisationseinheit iSd. § 3 Abs. 1 Nr. 1–3 BetrVG vorliegt[5].

118 Nach § 18a BetrVG müssen sich die Wahlvorstände bei **gleichzeitiger Wahl von Sprecherausschuss und Betriebsrat** unverzüglich nach Aufstellung der Wählerlisten, spätestens aber zwei Wochen vor Einleitung der Wahlen gegenseitig darüber zu unterrichten, welche Angestellten sie den leitenden Angestellten zugeordnet haben. Kommt eine Einigung beider Wahlvorstände nicht zustande, hat ein Vermittler spätestens eine Woche vor Einleitung der Wahlen erneut eine Verständigung über die Zuordnung zu versuchen. Bleibt der Verständigungsversuch erfolglos, entscheidet der Vermittler nach Beratung mit dem Arbeitgeber. Auf die Person des Vermittlers müssen sich die Wahlvorstände einigen, wobei nur ein Beschäftigter des Betriebes oder eines anderen Betriebes des Unternehmens oder Konzerns oder der Arbeitgeber bestellt werden kann. Bei Nichteinigung entscheidet das Los (§ 18a Abs. 3 BetrVG). Scheidet das Losverfahren aus (mangels Vorschlägen oder mangels Annahme der vorgeschlagenen Personen) soll nach wohl herrschender Meinung eine hilfsweise Bestellung durch

---

1 BAG 8.4.1992 – 7 ABR 56/91, NZA 1993, 415.
2 BAG 31.5.2000 – 7 ABR 8/99, NZA 2001, 114.
3 BAG 16.4.2003 – 7 ABR 29/02, DB 2003, 2234.
4 BAG 26.4.1995 – 7 AZR 874/94, NZA 1996, 160.
5 So ausdrücklich die Begr. RegE, BT-Drucks. 14/5741, 38, Einzelheiten hierzu *Salamon*, NZA 2013, 1124; *Richardi*, NZA 2014, 232.

II. Beteiligte und Organe der Betriebsverfassung

- Nichtigkeit der Wahl bei nicht ordnungsgemäßer Bestellung des Wahlvorstandes und Verstoß gegen nahezu sämtliche Wahlvorschriften[1].
- Wahl eines Betriebsrates durch Nichtarbeitnehmer (Mitglieder der LPG)[2].
- Wird für mehrere Filialen außerhalb der normalen Wahlzeiträume ein gemeinsamer Betriebsrat gewählt, so ist diese Wahl nichtig, wenn in einzelnen Filialen bereits ein Betriebsrat besteht, dessen Wahl nicht angefochten ist und dessen Aufgaben der gemeinsame Betriebsrat mit übernehmen soll[3].

⊃ **Hinweis:** Die Geltendmachung der Nichtigkeit der Betriebsratswahl ist weder form- noch fristgebunden. Sie kann zu jeder Zeit von jedermann, der an der Feststellung der Nichtigkeit ein Interesse hat (auch inzidenter im Rahmen anderer Verfahren) geltend gemacht werden[4].

dd) Anfechtung der Betriebsratswahl

Nach § 19 BetrVG kann die Betriebsratswahl angefochten werden, wenn gegen wesentliche Vorschriften über das Wahlrecht, die Wählbarkeit oder das Wahlverfahren verstoßen wurde und nicht ausgeschlossen werden kann, dass das Wahlergebnis durch diesen Verstoß geändert oder beeinflusst worden ist. Es kommt also darauf an, ob bei hypothetischer Betrachtung eine Wahl ohne jene Verstöße unter Berücksichtigung der konkreten Umstände zum gleichen Ergebnis geführt hätte[5]. Da häufig nicht positiv festgestellt werden kann, ob der Verstoß gegen wesentliche Wahlvorschriften die Wahl beeinflusst hat, ein entsprechender latenter Einfluss auf das Wahlverhalten aber nicht auszuschließen ist, kann eine fehlerhafte Wahl nur dann Bestand haben, wenn definitiv feststellbar ist, dass bei korrektem Vorgehen das gleiche Ergebnis erzielt worden wäre. In allen anderen Fällen bleibt es bei der Unwirksamkeit der Wahl[6].

Die Nichtbeachtung wesentlicher Wahlvorschriften rechtfertigt eine **Anfechtung** dann aber nicht (mehr), wenn der Verstoß im Laufe des Wahlverfahrens rechtzeitig berichtigt worden ist[7].

Die Anfechtung kann von mindestens drei wahlberechtigten Arbeitnehmern, einer im Betrieb vertretenen Gewerkschaft oder dem Arbeitgeber betrieben werden (§ 19 Abs. 2 BetrVG). Ein nur von wahlberechtigten Arbeitnehmern eingeleitetes **Wahlanfechtungsverfahren** wird erst dann unzulässig, wenn während des Beschlussverfahrens **alle** anfechtenden Arbeitnehmer aus dem Unternehmen ausscheiden[8]. Arbeitnehmer, die die Wahl angefochten haben, bleiben aber auch dann anfechtungsberechtigt, wenn ihr Arbeitsverhältnis gekündigt wird[9].

Im Gegensatz zur Nichtigkeit der Wahl muss die Wahlanfechtung gem. § 19 Abs. 2 Satz 2 BetrVG innerhalb einer **Ausschlussfrist** von **zwei Wochen** vom Tage der Bekanntgabe des Wahlergebnisses an geltend gemacht werden. Die bloße Einreichung einer Anfechtungsschrift ohne Begründung wahrt die Ausschlussfrist nicht. Ein Nachschieben der Anfechtungsgründe ist unzulässig. Allerdings soll nach Auffassung des LAG Hamm die Frist gewahrt sein, wenn mit der Einreichung eines Wahlanfech-

---

[1] LAG Hamm 3.10.1974 – 8 TaBV 44/74, BB 1974, 1486.
[2] BAG 16.2.1995 – 8 AZR 714/93, NZA 1995, 881.
[3] ArbG Regensburg 20.9.1989 – 6 BV 14/89 S, BB 1990, 852.
[4] BAG 27.4.1976 – 1 AZR 482/75, NJW 1976, 2229.
[5] BAG 13.6.2007 – 7 ABR 44/06, NZA-RR 2008, 19; 6.12.2000 – 7 ABR 34/99, DB 2001, 422; 15.11.2000 – 7 ABR 53/99, NZA 2001, 853.
[6] BAG 21.1.2009 – 7 ABR 65/07, NZA-RR 2009, 481; 25.5.2005 – 7 ABR 39/04, NZA 2006, 116.
[7] *Fitting*, § 19 BetrVG Rz. 27 mwN.
[8] BAG 15.2.1989 – 7 ABR 9/88, NZA 1990, 115.
[9] BAG 4.12.1986 – 6 ABR 48/85, NZA 1987, 168.

tungsantrages auch die Anfechtungsgründe, nicht aber der richtige Anfechtungsgegner innerhalb der Zwei-Wochen-Frist mitgeteilt werden. Der richtige Anfechtungsgegner soll dann noch zweitinstanzlich mit der Wirkung am Verfahren beteiligt werden können, dass der Beteiligtenmangel geheilt wird[1]. Nach Ablauf der Anfechtungsfrist kann weder eine im Betrieb vertretene Gewerkschaft noch ein anderer Anfechtungsberechtigter dem Verfahren als Antragsteller beitreten und nach Ausscheiden eines der ursprünglich drei antragstellenden Arbeitnehmer das Beschlussverfahren fortsetzen[2]. **Anfechtungsgegner** ist bei Anfechtung der Gesamtwahl der Betriebsrat.

128 Beispiele für Anfechtbarkeit wegen Verstoß gegen Wahlvorschriften:
- Die Durchführung einer Betriebsratswahl im vereinfachten Verfahren nach § 14a Abs. 5 BetrVG ohne Abschluss einer ausdrücklichen oder konkludenten Vereinbarung mit dem Arbeitgeber[3].
- Bestellung nicht wahlberechtigter Arbeitnehmer zum Wahlvorstand[4].
- Wahl einer größeren als nach § 9 BetrVG vorgesehenen Anzahl von Betriebsratsmitgliedern[5].
- Verkennung des Betriebsbegriffs (Wachobjekte als Betriebsteil)[6].
- Durchführung der Betriebsratswahl unter Anwendung eines unwirksamen Tarifvertrages nach § 3 Abs. 1 Nr. 1–3 BetrVG[7].
- Missachtung des Bestellungsrechts (§ 16 BetrVG)[8].
- Unrichtige Berechnung der Frist zur Einreichung der Vorschlagslisten und Unterlassung einer Nachfristsetzung zur erneuten Einreichung der Vorschlagslisten durch den Wahlvorstand[9].
- Keine unverzügliche Unterrichtung des Listenführers über offensichtliche Mängel der Vorschlagsliste, weshalb keine rechtzeitige Heilung mehr möglich war[10].
- Wenn bei einer Betriebsratswahl nach Abschluss der Stimmabgabe die Wahlurnen nicht versiegelt werden, führt dies nicht zur Nichtigkeit der Wahl, berechtigt aber zur Anfechtung[11].
- Verstoß gegen den Grundsatz der Chancengleichheit der Bewerber und die Grundsätze der freien Wahl (der Wahlvorstand hatte während der laufenden Wahl einem Wahlbewerber Einblick in die mit Stimmabgabevermerken versehene Wählerliste gewährt)[12].
- Unzulässige Wahlbeeinflussung[13].
- Nicht ordnungsgemäße Unterrichtung ausländischer Arbeitnehmer[14].
- Zulassung von nicht wahlberechtigten Arbeitnehmern als Wahlkandidaten[15].
- Unterschiedliche Gestaltung der Stimmzettel[16].
- Zulassung von nichtwahlberechtigten Auszubildenden[17].

---

1 LAG Hamm 27.3.1991 – 3 TaBV 110/90, BB 1991, 1340.
2 BAG 12.2.1985 – 1 ABR 11/84, NZA 1985, 786; 10.6.1983 – 6 ABR 50/82, DB 1983, 2142.
3 BAG 19.11.2003 – 7 ABR 24/03, NZA 2004, 395.
4 LAG Hess. 6.2.2003 – 9 TaBV 96/02, NZA-RR 2004, 27.
5 BAG 7.5.2008 – 7 ABR 17/07, NZA 2008, 1142; 16.4.2003 – 7 ABR 53/02, DB 2003, 2128.
6 BAG 26.5.1993 – 5 AZR 184/92, DB 1994, 99; 19.11.2003 – 7 ABR 25/03, BAGReport 2004, 154.
7 BAG 13.3.2013 – 7 ABR 70/11, NZA 2013, 738; *Richardi*, NZA 2014, 232.
8 BAG 31.5.2000 – 7 ABR 78/98, NZA 2000, 1355.
9 BAG 9.12.1992 – 7 ABR 27/92, NZA 1993, 765.
10 LAG Düsseldorf 25.3.2003 – 8 TaBV 70/02, NZA-RR 2003, 475.
11 BAG 14.9.1988 – 7 ABR 79/87, nv.; aA für Nichtigkeit: LAG Köln 16.9.1987 – 7 TaBV 13/87, EzA § 19 BetrVG 1972 Nr. 26.
12 BAG 6.12.2000 – 7 ABR 34/99, DB 2001, 422.
13 BAG 4.12.1986 – 6 ABR 48/85, DB 1987, 232.
14 BAG 13.10.2004 – 7 ABR 5/04, DB 2005, 675.
15 BAG 28.11.1977 – 1 ABR 40/76, BB 1978, 255.
16 BAG 14.1.1969 – 1 ABR 14/68, DB 1969, 664.
17 BAG 13.6.2007 – 7 ABR 44/06, NZA-RR 2008, 19.

II. Beteiligte und Organe der Betriebsverfassung

- Nichtzulassung von wahlberechtigten Arbeitnehmern des Betriebes[1].
- Ausschluss einer Vorschlagsliste von der Wahl, weil der Wahlvorstand die Wählbarkeit eines gekündigten Arbeitnehmers, der die Vorschlagsliste anführt, fälschlich verneint[2].
- Verletzung des in § 18 Abs. 3 BetrVG geregelten Grundsatzes der Öffentlichkeit der Stimmenauszählung[3].

Wenn ein Anfechtungsberechtigter die Anfechtung einer Betriebsratswahl darauf stützt, dass unter **Verkennung des Betriebsbegriffs** in einem einheitlichen Betrieb mehrere Betriebsräte für jeweils einzelne Betriebsteile gewählt worden sind, so muss er die Wahl aller Betriebsräte anfechten. Die Anfechtung der Wahl nur eines dieser Betriebsräte ist unzulässig[4]. Die Wahlanfechtungen müssen nicht in demselben Beschlussverfahren anhängig gemacht werden. Wird eine Wahlanfechtung darauf gestützt, dass unter Verkennung des Betriebsbegriffs in einem Gemeinschaftsbetrieb ein weiterer Betriebsrat für einen unselbständigen Betriebsteil gewählt worden ist, muss eine nachfolgende Betriebsratswahl im Gemeinschaftsbetrieb ebenfalls angefochten werden. Das gilt nach Auffassung des BAG auch dann, wenn in dem isolierten Wahlanfechtungsverfahren weitere Verfahrensverstöße geltend gemacht werden, die unabhängig von der Verkennung des Betriebsbegriffs zur Unwirksamkeit der Betriebsratswahl führen[5]. 129

Nach § 18a Abs. 5 BetrVG ist die Anfechtung der Betriebsratswahl oder die Anfechtung der Wahl nach dem Sprecherausschussgesetz ausgeschlossen, soweit sie darauf gestützt wird, die Zuordnung der einzelnen Angestellten zu der Gruppe der Leitenden bzw. zur Gruppe der nicht Leitenden sei fehlerhaft erfolgt. Das gilt wiederum dann nicht, wenn die Zuordnung „offensichtlich fehlerhaft" ist. 130

⊃ **Hinweis:** Bis zur rechtskräftigen Entscheidung, die die Unwirksamkeit der Wahl feststellt (im Anfechtungsverfahren wird rechtsgestaltend ex nunc entschieden), bleibt der Betriebsrat im Amt. Er kann zunächst alle Aufgaben weiter rechtswirksam wahrnehmen und bleibt, wenn unter Verkennung des Betriebsbegriffs gewählt wurde, zunächst für die Arbeitnehmer zuständig, die aufgrund der fehlerhaften Zuordnung mitgewählt haben[6]. 131

Der Arbeitgeber hat Anspruch auf Einsichtnahme in die Wahlakten der Betriebsratswahl, die gem. § 19 WO vom Betriebsrat mindestens bis zum Ende seiner Amtszeit aufbewahrt werden müssen. Dieses Einsichtsrecht besteht unabhängig von Anfechtungs- oder Nichtigkeitsfeststellungsverfahren und besteht auch nach Ablauf der Anfechtungsfrist fort[7].

c) Organisation und Willensbildung im Betriebsrat

aa) Konstituierung und Organisation

Wird ein mehrköpfiger Betriebsrat gewählt, so muss in der ersten Sitzung nach der Wahl ein **Vorsitzender** und dessen **Stellvertreter** gewählt werden, der den Betriebsrat im Rahmen der gefassten Beschlüsse vertritt und zur Entgegennahme von Erklärungen gem. § 26 BetrVG berechtigt ist. Hierzu muss der Wahlvorstand die gewählten Betriebsratsmitglieder einberufen. Der Betriebsrat ist erst konstituiert und damit handlungsfähig, wenn der Vorsitzende und sein Stellvertreter gewählt sind[8]. 132

---

1 BAG 28.4.1964 – 1 ABR 1/64, DB 1964, 1122.
2 BAG 14.5.1997 – 7 ABR 26/96, BB 1997, 2116.
3 BAG 15.11.2000 – 7 ABR 53/99, NZA 2001, 853.
4 BAG 14.11.2001 – 7 ABR 40/00, NZA 2002, 1231; 31.5.2000 – 7 ABR 78/98, NZA 2000, 1355.
5 BAG 31.5.2000 – 7 ABR 78/98, NZA 2000, 1355.
6 BAG 21.7.2004 – 7 ABR 57/03, AP Nr. 15 zu § 4 BetrVG 1972; aA *Salamon*, NZA 2014, 175.
7 BAG 27.7.2005 – 7 ABR 54/04, NZA 2006, 59.
8 LAG Düsseldorf 24.6.2009 – 12 Sa 336/09, ArbR 2009, 52; BAG 23.8.1984 – 6 AZR 520/82, NZA 1985, 566.

133 Hat ein Betriebsrat neun oder mehr Mitglieder, so bildet er gem. § 27 Abs. 1 BetrVG einen **Betriebsausschuss**, bestehend aus dem Vorsitzenden des Betriebsrates, dessen Stellvertreter und einer bestimmten Zahl weiterer Ausschussmitglieder, die das Gesetz je nach Betriebsratsgröße vorsieht. Die Bildung eines „geschäftsführenden Ausschusses" durch einen siebenköpfigen Betriebsrat, welcher die laufenden Geschäfte des Betriebsrates führt oder auch nur die Sitzungen des Betriebsrates vorbereitet, kann weder auf § 27 Abs. 1 noch auf § 28 Abs. 1 Satz 1 BetrVG gestützt werden[1]. Ab 17 Betriebsratsmitgliedern ist ein Ausschuss mit 7 Mitgliedern, ab 25 Betriebsratsmitgliedern ist ein Ausschuss mit 9 Mitgliedern zu bilden. Dieser Betriebsausschuss führt gem. § 27 Abs. 3 BetrVG die laufenden Geschäfte des Betriebsrates. Der Betriebsrat kann dem Ausschuss mit der Mehrheit der Stimmen seiner Mitglieder Aufgaben zur selbständigen Erledigung übertragen.

134 ⊃ **Hinweis:** Der Abschluss von Betriebsvereinbarungen kann nicht übertragen werden.

135 Die Übertragung bedarf der **Schriftform**. Betriebsräte mit weniger als neun Mitgliedern können die laufenden Geschäfte auf den Vorsitzenden des Betriebsrats oder andere Betriebsratsmitglieder übertragen (§ 27 Abs. 3 BetrVG).

136 In Betrieben mit mehr als 100 Arbeitnehmern kann der Betriebsrat gem. § 28 BetrVG **weitere Ausschüsse** bilden und auch ihnen bestimmte Aufgaben übertragen. Diese Entscheidung des Betriebsrats, welche Aufgaben er an weitere oder gemeinsame Ausschüsse überträgt, unterliegt keiner Zweckmäßigkeits-, sondern nur einer Rechtskontrolle. Neben den ausdrücklich normierten Einschränkungen der Aufgabenübertragung muss der Betriebsrat nur die allgemeine Schranke des Rechtsmissbrauchs beachten. Er darf sich nicht aller wesentlichen Befugnisse entäußern, indem er seine Aufgaben weitgehend an Ausschüsse überträgt, sondern muss als Gesamtorgan in einem Kernbereich der gesetzlichen Befugnisse zuständig bleiben. Dabei ist nicht auf einen einzelnen Mitbestimmungstatbestand, sondern auf den gesamten Aufgabenbereich des Betriebsrats abzustellen[2]. Zur selbständigen Erledigung können Aufgaben nur dann übertragen werden, wenn auch ein Betriebsausschuss gebildet ist (§ 28 Abs. 1 Satz 3 BetrVG). Alle Mitglieder eines Ausschusses iSd. § 28 Abs. 1 BetrVG müssen gewählt werden, so dass nicht etwa eine Geschäftsordnung bestimmen darf, dass der Betriebsratsvorsitzende oder sein Stellvertreter geborene Ausschussmitglieder sind[3].

137 Nach § 28 Abs. 3 BetrVG kann auch ein **gemeinsamer Ausschuss** von **Betriebsrat und Arbeitgeber** gebildet werden, dem Aufgaben zur selbständigen Entscheidung übertragen werden. Die Bildung und Zusammensetzung dieses Ausschusses ist nicht davon abhängig, ob weitere Ausschüsse iSd. § 28 Abs. 1 BetrVG gebildet und wie sie besetzt sind[4].

138 In **Betrieben mit mehr als 100 Arbeitnehmern** kann der Betriebsrat gem. § 28a BetrVG mit der Mehrheit seiner Stimmen bestimmte Aufgaben auf **Arbeitsgruppen** übertragen. Hierfür ist der Abschluss einer **Rahmenvereinbarung** mit dem Arbeitgeber notwendig, der damit über eine solche Delegation mitentscheidet. In der Literatur ist streitig, ob es dazu einer förmlichen Betriebsvereinbarung bedarf, oder eine Regelungsabrede ausreichend ist[5]. Da in § 75 Abs. 2 Satz 2 BetrVG die Verpflichtung der Betriebspartner verankert ist, die Selbständigkeit und Eigeninitiative der Arbeitnehmer und Arbeitsgruppen zu fördern, soll der Arbeitgeber den Abschluss einer Rahmenvereinbarung nur begründet ablehnen dürfen[6]. Diese Einschränkung lässt sich weder in der Gesetzesbegründung nachvollziehen, noch ist sie nach dem Wortlaut

---

1 BAG 14.8.2013 – 7 ABR 66/11, NZA 2014, 161.
2 BAG 17.3.2005 – 2 AZR 275/04, NZA 2005, 1064; 20.10.1993 – 7 ABR 26/93, NZA 1994, 567.
3 BAG 16.11.2005 – 7 ABR 11/05, NZA 2006.
4 BAG 20.10.1993 – 7 ABR 26/93, NZA 1994, 567.
5 *Fitting*, § 28a BetrVG Rz. 18 ff. mwN.
6 So *Löwisch*, BB 2001, 1734 (1740).

II. Beteiligte und Organe der Betriebsverfassung

zwingend. Vielmehr setzt die Förderungspflicht bereits das Bestehen der Arbeitsgruppe voraus. Der Abschluss einer Rahmenvereinbarung iSd. § 28a BetrVG unterliegt also dem Freiwilligkeitsprinzip[1]. Die Aufgaben müssen im Zusammenhang mit den von der Arbeitsgruppe zu erledigenden Tätigkeiten stehen. Ausweislich der Gesetzesbegründung soll dies insbesondere bei Gruppenarbeit oder auch bei sonstiger Team- und Projektarbeit der Fall sein sowie bei Regelungsbefugnissen im Zusammenhang mit Arbeitszeitfragen, Pausenregelungen, Urlaubsplanung und Arbeitsgestaltung[2]. Eine Übertragung soll ausscheiden für die Beteiligungsrechte gem. §§ 111 ff. BetrVG[3]. Entsprechendes muss für die sonstigen wirtschaftlichen Angelegenheiten gem. §§ 106 ff. BetrVG und die personellen Angelegenheiten der §§ 99 ff. BetrVG gelten[4]. Die Übertragung bedarf der **Schriftform**. Der Betriebsrat kann sie jederzeit ohne Begründung mit der Mehrheit seiner Stimmen **widerrufen**. Im Rahmen der ihr übertragenen Aufgaben kann die Arbeitsgruppe mit dem Arbeitgeber Vereinbarungen schließen (sog. **Gruppenvereinbarungen**), für die § 77 BetrVG entsprechend gilt. Können sich Arbeitgeber und Arbeitsgruppe nicht einigen, fällt das Mitbestimmungsrecht an den Betriebsrat zurück. Es obliegt allein ihm ggf. die Einigungsstelle anzurufen. Die Arbeitsgruppe selbst hat keine Möglichkeiten, den Abschluss einer Gruppenvereinbarung zu erzwingen.

Der Betriebsrat wählt aus seiner Mitte den Vorsitzenden und dessen Stellvertreter (§ 26 Abs. 1 BetrVG). Gesetzesverstöße bei der Wahl des Betriebsratsvorsitzenden und seines Stellvertreters, der Mitglieder der Betriebsratsausschüsse sowie der von ihrer beruflichen Tätigkeit freizustellenden Betriebsratsmitglieder müssen grundsätzlich in einem **Wahlanfechtungsverfahren** in entsprechender Anwendung des § 19 BetrVG binnen einer **Frist von zwei Wochen** seit Bekanntgabe der Wahl gerichtlich geltend gemacht werden. Anfechtungsbefugt ist jedes Betriebsratsmitglied, das geltend macht, in seinen Rechten verletzt zu sein[5]. 139

Gem. § 26 Abs. 2 BetrVG vertritt der Vorsitzende oder im Fall seiner Verhinderung sein Stellvertreter den Betriebsrat im Rahmen der von ihm gefassten Beschlüsse. Nach zutreffender Auffassung spricht eine gesetzliche Vermutung dafür, dass der Vorsitzende aufgrund und im Rahmen eines ordnungsgemäßen Beschlusses handelt[6]. Er handelt hierbei nur als Vertreter in der Erklärung, deshalb kommt es nicht darauf an, ob er an der vorangegangenen Beschlussfassung teilgenommen hat (oder etwa wegen Eigenbetroffenheit nicht teilnahm)[7]. Erklärungen, die er unbefugt abgibt sind rechtsunwirksam, aber genehmigungsfähig. Zudem kommt je nach den Umständen des Einzelfalls eine Anwendung der Grundsätze zur Duldungs- und Anscheinsvollmacht in Betracht[8]. 140

bb) Willensbildung im Betriebsrat

Der Betriebsrat fasst seine Beschlüsse im Rahmen von **Betriebsratssitzungen**, die vom Vorsitzenden (§ 29 Abs. 2 BetrVG) einberufen und geleitet werden und gem. § 30 BetrVG während der Arbeitszeit stattfinden. Dabei muss der Betriebsrat bei der Wahl des Zeitpunktes auf die betrieblichen Notwendigkeiten Rücksicht nehmen und den Arbeitgeber vom Zeitpunkt der Sitzung vorher verständigen. Gem. § 29 Abs. 2 BetrVG muss der Vorsitzende die Mitglieder des Betriebsrates zu den Sitzungen **rechtzeitig** unter **Mitteilung der Tagesordnung** einladen. Er ist verpflichtet, eine Sit- 141

---

1 *Fitting*, § 28a BetrVG Rz. 19; *Natzel*, DB 2001, 1362.
2 Begr. RegE, BT-Drucks. 14/5741, 40.
3 *Fitting*, § 28a BetrVG Rz. 24.
4 *Löwisch*, BB 2001, 1734 (1740).
5 BAG 20.4.2005 – 7 ABR 44/04, NZA 2005, 1426; 21.7.2004 – 7 ABR 62/03, NZA 2005, 173.
6 BAG 17.2.1981 – 1 AZR 290/78, BB 1981, 1092; 24.2.2000 – 8 AZR 180/99, NZA 2000, 785.
7 BAG 19.3.2003 – 7 ABR 15/02, NZA 2003, 870.
8 BAG 24.2.2000 – 8 AZR 180/99, NZA 2000, 785 mwN.

zung einzuberufen und den Gegenstand, dessen Beratung beantragt ist, auf die Tagesordnung zu setzen, wenn dies ¼ der Mitglieder des Betriebsrats oder der Arbeitgeber beantragt (§ 29 Abs. 3 BetrVG).

142 § 29 Abs. 2 Satz 3 BetrVG gehört zu den wesentlichen und unverzichtbaren **Verfahrensvorschriften**. Nicht jeder Verstoß gegen die formellen Anforderungen einer Betriebsratssitzung muss die Unwirksamkeit eines darin gefassten Beschlusses zur Folge haben, sondern nur ein solcher, der so schwerwiegend ist, dass der Fortbestand des Beschlusses von der Rechtsordnung nicht hingenommen werden kann[1]. Ein Betriebsratsbeschluss ist **unwirksam**, wenn er in einer Sitzung gefasst wurde, zu der nicht ordnungsgemäß geladen worden ist[2]. Ist eine Einladung zu einer Betriebsratssitzung ohne Mitteilung der Tagesordnung erfolgt, kann dieser Mangel nur durch einstimmigen Beschluss der vollzählig versammelten Betriebsratsmitglieder geheilt werden[3]. Das LAG Stuttgart vertritt mit beachtlichen Gründen die Auffassung, dass auch ein einstimmiger Beschluss den Mangel der ordnungsgemäßen Einladung nicht zu heilen vermag[4]. Es ist zu beachten, dass das BetrVG für die Einladung keine gesonderte Form vorschreibt, so dass auch mündlich eingeladen werden kann[5]. Die fehlende Aufnahme eines Tagesordnungspunktes in der Einladung kann geheilt und eine festgesetzte Tagesordnung geändert oder ergänzt werden. Das setzt aber voraus, dass der beschlussfähige Betriebsrat einstimmig sein Einverständnis erklärt, den Beratungspunkt in die Tagesordnung aufzunehmen und darüber zu beschließen. Andernfalls kann ein Beschluss zu einem nicht in der Tagesordnung aufgeführten Punkt nicht wirksam gefasst werden[6]. Es ist nicht erforderlich, dass an dieser Sitzung alle Betriebsratsmitglieder teilnehmen[7]. Mit dieser Rechtsprechung weicht das BAG von seiner bisher strengen Linie zur Heilung bei fehlerhaften Ladungen ab[8]. Unter dem Tagesordnungspunkt „Verschiedenes" kann der Betriebsrat nur dann wirksam Beschlüsse fassen, wenn er vollzählig versammelt ist und kein Betriebsratsmitglied der Beschlussfassung widerspricht[9].

143 Der **Arbeitgeber** hat ein **Teilnahmerecht** an denjenigen Betriebsratssitzungen, die auf sein Verlangen hin anberaumt worden sind, darüber hinaus nimmt er an den Sitzungen teil, zu denen er ausdrücklich eingeladen worden ist. Gem. § 29 Abs. 4 Satz 2 BetrVG kann er in diesen Fällen einen Vertreter seines Arbeitgeberverbandes hinzuziehen.

144 Gem. § 32 BetrVG, § 95 Abs. 4 SGB IX ist die **Schwerbehindertenvertretung** berechtigt, an Sitzungen des Betriebsrats und dessen Ausschüssen beratend teilzunehmen. Dieses Recht umfasst auch die beratende Teilnahme an Sitzungen gemeinsamer Ausschüsse des Betriebsrats und des Arbeitgebers iSd. § 28 Abs. 3 BetrVG[10].

145 Auch ein Vertreter der **Jugendvertretung** ist an den Betriebsratssitzungen teilnahmeberechtigt. In Angelegenheiten, von denen die jugendlichen Arbeitnehmer besonders betroffen sind, hat die gesamte Jugendvertretung ein Teilnahme- und Stimmrecht.

146 Auf Antrag von ¼ der Mitglieder des Betriebsrats kann auch ein Beauftragter einer im Betriebsrat vertretenen **Gewerkschaft** an den Sitzungen beratend teilnehmen (§ 31

---

1 BAG 22.1.2014 – 7 AS 6/13, NZA 2014, 441.
2 BAG 22.1.2014 – 7 AS 6/13, NZA 2014, 441; 10.10.2007 – 7 ABR 51/06, NZA 2008, 369.
3 BAG 10.10.2007 – 7 ABR 51/06, NZA 2008, 369; 28.4.1988 – 6 AZR 405/86, NZA 1989, 223.
4 LAG Stuttgart 22.10.1997 – 2 TaBV 3/97, nv.
5 BAG 8.2.1977 – 1 ABR 82/74, BB 1977, 647.
6 BAG 10.10.2007 – 7 ABR 51/06, NZA 2008, 369; 24.5.2006 – 7 ABR 201/05.
7 BAG 15.4.2014 – 1 ABR 2/13, NZA 2014, 551.
8 *Joussen*, NZA 2014, 505.
9 BAG 28.10.1992 – 7 ABR 14/92, NZA 1993, 466; aA *Fitting*, § 29 BetrVG Rz. 48a in Verkennung der nicht seltenen Praxis, bestimmte Angelegenheiten im Tagesordnungspunkt „Verschiedenes" zu verstecken, um befürchtete Opposition mit der überraschenden Beschlussfassung zu überrumpeln.
10 BAG 21.4.1993 – 7 ABR 44/92, NZA 1994, 43.

BetrVG). In der Geschäftsordnung des Betriebsrats kann festgelegt werden, dass den im Betriebsrat vertretenen Gewerkschaften ein generelles Teilnahmerecht an den Betriebsratssitzungen eingeräumt wird[1].

Die **Beschlüsse des Betriebsrats** werden grundsätzlich mit der **Mehrheit der Stimmen der anwesenden Mitglieder** gefasst. Bei Stimmengleichheit ist ein Antrag abgelehnt (§ 33 Abs. 1 BetrVG). Der Betriebsrat ist nur **beschlussfähig**, wenn mindestens die Hälfte der Betriebsratsmitglieder an der Beschlussfassung teilnimmt (§ 33 Abs. 2 BetrVG). Das selbst betroffene Betriebsratsmitglied ist im Rahmen des Zustimmungsverfahrens nach § 103 Abs. 1 BetrVG nicht nur von der Abstimmung im Betriebsrat, sondern bereits von der der Abstimmung vorausgehenden Beratung ausgeschlossen[2]. Gleiches gilt für das von einer Umgruppierung betroffene Betriebsratsmitglied[3]. Ist ein Betriebsratsmitglied selbst betroffen und aus diesem Grund von der Beschlussfassung ausgeschlossen, ist gem. § 25 Abs. 1 Satz 2 BetrVG ein Ersatzmitglied zu laden[4]. Wird diese Verpflichtung vom Betriebsrat missachtet, ist der unter Beteiligung des betroffenen Betriebsratsmitgliedes getroffenen Beschluss rechtsunwirksam. Das BAG hat jedoch zuletzt angedeutet, dass es an dieser Rechtsprechung möglicherweise nicht uneingeschränkt festhält[5]. Im Fall des § 99 BetrVG führt dies nach Ablauf der Wochenfrist zum Eintritt der gesetzlichen Fiktion[6]. Wenn ein Betriebsrat für die Dauer der Äußerungsfrist des § 102 Abs. 2 BetrVG beschlussunfähig ist, weil in dieser Zeit mehr als die Hälfte der Betriebsratsmitglieder an der Amtsausübung verhindert ist und nicht durch Ersatzmitglieder vertreten werden kann, nimmt der „Rest"-Betriebsrat die Mitbestimmungsrechte des § 102 Abs. 2 BetrVG in entsprechender Anwendung des § 22 BetrVG wahr[7].

147

Ein Beschluss im **Umlaufverfahren** ist **unzulässig**. Eine solche Vorgehensweise widerspricht der Vorschrift des § 33 Abs. 1 BetrVG, wonach eine mündliche Beratung und Beschlussfassung der anwesenden Betriebsratsmitglieder verlangt wird[8].

148

Der Betriebsratsvorsitzende (oder im Fall seiner Verhinderung sein Stellvertreter) vertreten den Betriebsrat gem. § 26 Abs. 2 Satz 1 BetrVG im Rahmen der gefassten Beschlüsse. Grundsätzlich schafft nur ein ordnungsgemäßer Beschluss die notwendige Legitimation für Handlungen und Erklärungen des Betriebsrats. Durch nachträgliche Beschlussfassung kann der Betriebsrat eine vom Betriebsratsvorsitzenden ohne Rechtsgrundlage (weil ohne ordnungsgemäßen Beschluss des Gremiums) getroffene Vereinbarung gem. § 177 Abs. 1 BGB genehmigen. Das gilt dann nicht, wenn kein vollmachtloses Handeln eines Betriebsratsvertreters vorliegt oder wenn die Beschlussfassung des Betriebsrats erst nach dem für die Beurteilung des Sachverhalts maßgeblichen Zeitpunkts erfolgt[9].

149

d) Geschäftsführung des Betriebsrats

aa) Geschäftsordnung

Der Betriebsrat kann sich gem. § 36 BetrVG mit der Mehrheit der Stimmen seiner Mitglieder eine Geschäftsordnung geben, in der **sonstige Bestimmungen über die Geschäftsführung** geregelt werden. In einer solchen Geschäftsordnung kann der Be-

150

---

1 BAG 28.2.1990 – 7 ABR 22/89, NZA 1990, 660.
2 BAG 26.8.1981 – 7 AZR 550/79, BAGE 36, 72.
3 BAG 3.8.1999 – 1 ABR 30/98, NZA 2000, 440.
4 BAG 23.8.1984 – 2 AZR 391/83, NZA 1985, 254.
5 BAG 6.11.2013 – 7 ABR 84/11, NZA-RR 2014, 196.
6 BAG 3.8.1999 – 1 ABR 30/98, NZA 2000, 440.
7 BAG 18.8.1982 – 7 AZR 437/80, BAGE 40, 42.
8 ArbG Heilbronn 13.6.1989 – 4 Ca 116/89, AiB 1989, 351; *Fitting*, § 33 BetrVG Rz. 21.
9 BAG 10.10.2007 – 7 ABR 51/06, NZA 2008, 369.

triebsrat ein generelles Teilnahmerecht für die im Betriebsrat vertretenen Gewerkschaften festlegen[1]. Nach Auffassung des ArbG München gehört die Geschäftsordnung als Ordnungsstatut nicht zu den „Unterlagen" iSd. § 34 Abs. 3 BetrVG, bezüglich derer die Betriebsratmitglieder nur ein Einsichtsrecht haben. Aus diesem Grund könne das einzelne Betriebsratsmitglied verlangen, eine Kopie der Geschäftsordnung ausgehändigt zu erhalten[2]. Ob eine verabschiedete Geschäftsordnung nur für die Dauer der Amtszeit des die Geschäftsordnung erlassenden Betriebsrates gilt oder bis zu ihrer Abänderung nachwirkt, ist streitig[3].

bb) Sprechstunden

151 Nach § 39 Abs. 1 BetrVG kann der Betriebsrat **während der Arbeitszeit** Sprechstunden einrichten. Zeit und Ort sind mit dem Arbeitgeber zu vereinbaren. Kommt eine Einigung nicht zustande, entscheidet die Einigungsstelle. Versäumt ein Arbeitnehmer durch den Besuch der Sprechstunden oder durch sonstige Inanspruchnahme des Betriebsrats einen Teil seiner Arbeitszeit, so darf der Arbeitgeber sein Arbeitsentgelt nicht mindern (§ 39 Abs. 3 BetrVG). Wenn der Betriebsrat außerhalb der Sprechzeiten in Anspruch genommen wird, ist er nicht verpflichtet, den Arbeitnehmer auf die Sprechstunden zu verweisen[4]. Werden Betriebsratssprechstunden eingerichtet, so hat dies zur Folge, dass zur Abhaltung der Sprechstunde im erforderlichen Umfang ein Betriebsratsmitglied gem. § 37 Abs. 2 BetrVG von seiner beruflichen Tätigkeit ohne Minderung des Arbeitsentgeltes zu befreien ist. Die Einrichtung einer Sprechstunde begründet aber nicht bereits für sich einen Anspruch auf pauschale Freistellung eines Betriebsratsmitgliedes gem. § 37 Abs. 2 BetrVG in Betrieben mit weniger als 200 Arbeitnehmern. Auch in diesem Fall ist eine Arbeitsbefreiung im Einzelfall möglich[5]. Erforderlich iSd. § 39 Abs. 3 BetrVG ist das Aufsuchen des Betriebsrats während der Arbeitszeit nur, wenn individuelle Probleme einzelner Arbeitnehmer mit dem Betriebsrat zu klären sind. Fragen und Informationen von kollektiver Bedeutung sind mit den dafür zur Verfügung stehenden Hilfsmitteln (schwarzes Brett, Intranet, schriftliche Information, ordentliche/außerordentliche Betriebsversammlung) zu klären[6]. Wenn in der Sprechstunde über den Stand der Tarifverhandlungen informiert werden soll, handelt es sich nicht um Sprechstundentätigkeit im gesetzlichen Sinn, die Arbeitszeit ist nicht zu vergüten[7].

e) Freistellung und Entgeltschutz

152 Trotz des Betriebsratsamtes bleibt das Betriebsratsmitglied Arbeitnehmer des Betriebes. Die Rechte und Pflichten aus dem Arbeitsverhältnis bleiben damit grundsätzlich erhalten. Andererseits muss den Mitgliedern des Betriebsrats, die nach § 37 Abs. 1 BetrVG ihr Amt als **Ehrenamt** ausführen, die Ausübung ihrer Betriebsratstätigkeit ungestört und ohne Behinderung möglich sein. Sie dürfen wegen dieser Tätigkeit weder benachteiligt noch begünstigt werden (§ 78 BetrVG). Dieses **Benachteiligungsverbot** wird durch die §§ 37, 38 BetrVG konkretisiert. Danach werden die Betriebsratsmitglieder von ihrer beruflichen Tätigkeit ohne Minderung des Arbeitsentgeltes freigestellt, wenn und soweit dies nach Umfang und Art des Betriebes zur ordnungsgemäßen Durchführung ihrer Aufgaben erforderlich ist.

---

1 BAG 28.2.1990 – 7 ABR 22/89, NZA 1990, 660.
2 ArbG München 12.4.1989 – 26b BV 42/89 F, ArbuR 1990, 132.
3 Vgl. die Nachweise bei *Fitting*, § 36 BetrVG Rz. 12.
4 BAG 23.6.1983 – 6 ABR 65/80, DB 1983, 2419.
5 BAG 13.11.1991 – 7 ABR 5/91, NZA 1992, 414 noch zum BetrVG 1972 und einem Schwellenwert von 300 Arbeitnehmern für § 38 BetrVG.
6 LAG Nds. 1.7.1986 – 6 Sa 122/86, NZA 1987, 33; offen gelassen von LAG Düsseldorf 26.1.1983 – 6 Sa 1567/82, nv.
7 ArbG Osnabrück 17.1.1995 – 3 Ca 720/94, NZA 1995, 1013.

aa) Freistellung gem. § 38 BetrVG

Für **größere Betriebe** sieht § 38 BetrVG vor, dass ein oder mehrere Betriebsratsmitglieder generell von ihrer beruflichen Tätigkeit freizustellen sind. Die Anzahl der freizustellenden Betriebsratsmitglieder hängt dabei von der Anzahl der im Betrieb regelmäßig beschäftigten Arbeitnehmer ab (§ 38 Abs. 1 BetrVG). Ab 200 Arbeitnehmern ist mindestens ein Betriebsratsmitglied freizustellen. Maßgebender Zeitpunkt für die Feststellung, wie viel Arbeitnehmer in der Regel im Betrieb beschäftigt sind, ist der Zeitpunkt der Wahl der Freizustellenden, nicht der des Wahlausschreibens für die Betriebsratswahl[1]. Bei Ermittlung der Arbeitnehmerzahl sind in Anlehnung an die Entscheidung des BAG zur Berücksichtigung von Leiharbeitnehmern im Rahmen des Schwellenwertes nach § 9 BetrVG diese ebenfalls mitzuzählen[2]. Teilzeitkräfte zählen unabhängig von ihrer individuellen Arbeitszeit mit, wobei so viele Teilzeitkräfte mitzuzählen sind, wie der Betrieb während mindestens sechs Monaten im Jahr beschäftigt[3]. Gleiches gilt für Aushilfskräfte[4]. Die Betriebspartner können durch Betriebsvereinbarung auch eine von der gesetzlichen Mindeststaffel abweichende geringere Anzahl freizustellender Betriebsratsmitglieder vereinbaren[5].

153

Gem. § 38 Abs. 1 Satz 3 BetrVG besteht die Möglichkeit von **Teilfreistellungen**. Damit wollte der Gesetzgeber der zunehmenden Bedeutung von Teilzeit gerecht werden und insbesondere Teilzeitbeschäftigten die Möglichkeit geben, sich in der Betriebsratsarbeit zu engagieren, indem sie sich entweder ganz oder teilweise von ihrer Arbeit freistellen lassen[6]. Nach Satz 4 dürfen die in Anspruch genommenen Teilfreistellungen nicht den Umfang der Freistellungen nach den Sätzen 1 und 2 überschreiten. Grundlage für die Berechnung des Freistellungsvolumens bei Teilfreistellungen ist die Arbeitszeit eines betriebsüblich Vollzeitbeschäftigten[7].

154

Die freizustellenden Betriebsratsmitglieder werden nach Beratung mit dem Arbeitgeber vom Betriebsrat aus seiner Mitte in geheimer Wahl und nach den Grundsätzen der Verhältniswahl gewählt (§ 38 Abs. 2 Satz 1 BetrVG). Die vor der **Wahl der freizustellenden Betriebsratsmitglieder** vorgeschriebene Beratung mit dem Arbeitgeber muss mit dem gesamten Betriebsrat erfolgen. Eine Beratung nur einzelner Betriebsratsmitglieder mit dem Arbeitgeber reicht nicht aus. Allerdings hat das BAG bisher nicht entschieden, welcher Einfluss einer unterbliebenen vorherigen Beratung mit dem Arbeitgeber auf die Wirksamkeit der Freistellungswahl zukommt[8]. Nach Auffassung des LAG Berlin soll der Freistellungsbeschluss bei unterbliebener Beratung in analoger Anwendung des § 19 BetrVG anfechtbar sein[9]. Der Betriebsrat muss dem Arbeitgeber über den Wortlaut des § 38 Abs. 2 BetrVG hinaus bei Teilfreistellungen nicht nur die Namen der Freizustellenden mitteilen, sondern auch den vorgesehenen Umfang der Teilfreistellung zeitlich benennen[10].

155

Endet die Freistellung eines einzelnen Betriebsratsmitgliedes infolge ordnungsgemäßer **Abberufung** oder aus sonstigen Gründen, so bedarf es auch dann nicht der Neuwahl sämtlicher freizustellender Betriebsratsmitglieder, wenn die ursprüngliche Freistellungswahl nach den Grundsätzen der Verhältniswahl stattgefunden hat. Die erfor-

156

---

1 BAG 26.7.1989 – 7 ABR 64/88, NZA 1990, 621.
2 BAG 13.3.2013 – 7 ABR 69/11, NZA 2013, 789.
3 ArbG München 14.4.1987 – 12 BV 136/86, AiB 1989, 80.
4 Vgl. BAG 12.10.1976 – 1 ABR 1/76, BAGE 28, 203; LAG Hamm 11.5.1979 – 3 TaBV 9/79, DB 1979, 2380.
5 BAG 11.6.1997 – 7 ABR 5/96, BB 1997, 2280.
6 Begr. RegE, BT-Drucks. 14/5741, 41.
7 *Fitting*, § 38 BetrVG Rz. 12b f. mwN.
8 BAG 29.4.1992 – 7 ABR 74/91, NZA 1993, 329.
9 LAG Berlin 19.6.1995 – 9 TaBV 1/95, NZA-RR 1996, 51.
10 So zu Recht *Hornung*, DB 2002, 94 (96).

derliche **Freistellungsnachwahl** eines einzelnen Betriebsratsmitgliedes erfolgt nach Erschöpfung der Vorschlagsliste mit einfacher Stimmenmehrheit[1]. Wenn das ausgeschiedene Betriebsratsmitglied im Wege der Verhältniswahl in die Freistellung gewählt worden war, und die Liste, der das ausgeschiedene Mitglied angehört hat, noch nicht erschöpft ist, ist das ersatzweise freizustellende Mitglied analog § 25 Abs. 2 Satz 1 BetrVG der Vorschlagsliste zu entnehmen[2]. Diese Grundsätze gelten auch für die Wahl zusätzlicher Freistellungen, die infolge der Inanspruchnahme der neuen Möglichkeit der Teilfreistellung nach § 38 Abs. 1 Satz 3 BetrVG erforderlich werden[3]. Die **Erhöhung der Anzahl** freizustellender Betriebsräte während der laufenden Amtszeit erfordert die Neuwahl **aller** freizustellenden Betriebsratsmitglieder, wenn die vorangegangene Freistellungswahl nach den Grundsätzen der Verhältniswahl erfolgt ist. Eine **vorherige Abberufung** der bisher Freigestellten ist nicht erforderlich[4]. Auch Gesetzesverstöße bei der Wahl der von ihrer beruflichen Tätigkeit freizustellenden Betriebsratsmitglieder müssen in einem **Wahlanfechtungsverfahren** in entsprechender Anwendung des § 19 BetrVG binnen einer Frist von zwei Wochen seit Bekanntgabe der Wahl gerichtlich geltend gemacht werden[5].

157 Der Betriebsrat hat dem Arbeitgeber die Namen der Freizustellenden bekannt zu geben. Ist der Arbeitgeber der Auffassung, dass die Freistellung der ihm genannten Arbeitnehmer sachlich nicht vertretbar ist, so kann er innerhalb einer Frist von zwei Wochen nach der Bekanntgabe die **Einigungsstelle** anrufen, die sodann verbindlich entscheidet, ob das/die gewählte/n Betriebsratsmitglied/er freizustellen ist/sind (§ 38 Abs. 2 Satz 4 und 5 BetrVG).

158 Die Freistellung von Betriebsratsmitgliedern nach § 38 BetrVG schließt die **Befreiung anderer Betriebsratsmitglieder** nach § 37 Abs. 2 BetrVG nicht aus. Die gesetzliche Staffel des § 38 Abs. 1 BetrVG enthält insoweit Mindestzahlen. Eine über die Staffel hinausgehende Freistellung von Betriebsratsmitgliedern kann bei nachgewiesener Mehrbelastung des Betriebsrates durch – vom Regelfall abweichende – Besonderheiten der betrieblichen Organisation in Betracht kommen[6]. Ist ein nach § 38 BetrVG freigestelltes Betriebsratsmitglied urlaubs-, krankheits- oder schulungsbedingt verhindert, kommt eine Ersatzfreistellung eines anderen Betriebsratsmitgliedes nur bei konkreter Darlegung der Erforderlichkeit nach § 37 Abs. 2 BetrVG in Betracht[7]. Gleiches gilt für den Fall der Entsendung eines Betriebsratsmitgliedes in den Gesamtbetriebsrat[8].

159 Aufgrund des § 38 Abs. 1 BetrVG ist das Betriebsratsmitglied nur von seiner beruflichen Tätigkeit, dh. der Pflicht zur vertraglichen Arbeitsleistung, grundsätzlich aber nicht von seiner Verpflichtung freigestellt, während der vertraglichen Arbeitszeit **im Betrieb anwesend** zu sein und sich dort für anfallende Betriebsratstätigkeiten bereit zu halten. Freigestellte Betriebsratsmitglieder haben daher die **betriebsübliche Arbeitszeit** einzuhalten[9]. Soweit ein gem. § 38 Abs. 1 BetrVG freigestelltes Betriebsratsmitglied innerhalb des Betriebes Betriebsratsarbeit verrichtet, ist davon auszugehen, dass diese erforderlich ist.

---

1 BAG 14.11.2001 – 7 ABR 31/00, NZA 2002, 755; 25.4.2001 – 7 ABR 26/00, NZA 2001, 977.
2 BAG 25.4.2001 – 7 ABR 26/00, NZA 2001, 977; aA LAG Berlin 12.5.1995 – 16 TaBV 8/94, BB 1996, 538; LAG Bremen 22.2.2000 – 1 TaBV 15/99, DB 2000, 1232.
3 *Löwisch*, BB 2001, 1734 (1743).
4 BAG 20.4.2005 – 7 ABR 47/04, NZA 2005, 1013.
5 BAG 20.4.2005 – 7 ABR 44/04, NZA 2005, 2416.
6 ArbG Frankfurt a.M. 4.1.1990 – 2 BV 8/89, AiB 1990, 256; LAG Düsseldorf 29.6.1988 – 12 TaBV 37/88, AiB 1989, 80: mehrere Zweigniederlassungen zu betreuen.
7 BAG 9.7.1997 – 7 ABR 18/96, BB 1997, 2280.
8 BAG 12.2.1997 – 7 ABR 40/96, NZA 1997, 782.
9 BAG 31.5.1989 – 7 AZR 277/88, NZA 1990, 313; LAG Düsseldorf 26.5.1993 – 18 Sa 303/93, NZA 1994, 720.

II. Beteiligte und Organe der Betriebsverfassung

Anders verhält es sich jedoch bei **Tätigkeiten außerhalb des Betriebes**. Für derartige Tätigkeiten gelten hinsichtlich ihrer Erforderlichkeit dieselben Maßstäbe wie für nicht generell freigestellte Betriebsratsmitglieder. Die Teilnahme als **Zuhörer an einer Gerichtsverhandlung** ist daher auch für ein nach § 38 Abs. 1 BetrVG freigestelltes Betriebsratsmitglied nur im Ausnahmefall als erforderlich anzusehen[1].

160

Das freigestellte Betriebsratsmitglied hat gem. § 38 Abs. 3 iVm. § 37 Abs. 4, 2 BetrVG Anspruch auf das **Arbeitsentgelt**, das es erhalten würde, wenn es nicht freigestellt wäre. Maßstab für die Feststellung der Entgelthöhe ist das **Arbeitsentgelt vergleichbarer Arbeitnehmer mit betriebsüblicher Entwicklung** einschließlich aufgrund betrieblicher Gepflogenheiten üblicher Beförderungen[2]. Mit dem Betriebsratsmitglied sind die Arbeitnehmer vergleichbar, die zum Zeitpunkt des Amtsantritts eine im Wesentlichen gleich qualifizierte Arbeitstätigkeit ausgeübt haben[3]. Maßgeblich ist nicht die individuelle Konstellation des einzelnen Betriebsratsmitglieds, sondern die der vergleichbaren Arbeitnehmer, soweit sie die betriebsübliche berufliche Entwicklung durchlaufen haben[4]. Diese Lohnausfallvergütung umfasst alle Entgeltbestandteile, die den vergleichbaren Arbeitnehmern zufließen, also auch Mehrarbeits-, Nachtarbeits- sowie Sonn- und Feiertagszuschläge und Erschwernis- und Sozialzulagen[5]. Nach Auffassung des BAG soll es nicht darauf ankommen, ob die Mehrarbeit regelmäßig anfällt, weil das Gesetz eine solche Einschränkung nicht vorsieht[6]. Das Betriebsratsmitglied, das auf diesem Wege bereits Mehrarbeit vergütet erhält, kann daneben jedenfalls bis zur abgegoltenen Höhe nicht zusätzlich Freizeitausgleich oder Abgeltung nach § 37 Abs. 3 BetrVG verlangen[7]. Nicht zum Arbeitsentgelt iSd. § 37 Abs. 2 BetrVG gehören Leistungen, die reinen Aufwendungsersatzcharakter haben[8]. Ein freigestelltes Betriebsratsmitglied behält aber den vertraglichen Anspruch auf Überlassung eines auch zur Privatnutzung zur Verfügung gestellten Dienstwagens[9].

161

Nach § 37 Abs. 4 BetrVG darf das **Arbeitsentgelt** von Betriebsratsmitgliedern einschließlich eines **Zeitraumes** von einem Jahr **nach Beendigung der Amtszeit** nicht geringer bemessen werden, als das Arbeitsentgelt vergleichbarer Arbeitnehmer mit betriebsüblicher beruflicher Entwicklung. Dies gilt auch für allgemeine Zuwendungen des Arbeitgebers. Gewährt ein Arbeitgeber eine freiwillige jederzeit widerrufliche Zulage zum Arbeitslohn, so hat auch das freigestellte Betriebsratsmitglied Anspruch auf Zahlung dieser Zulage, wenn es bei Übernahme des Betriebsratsamts eine den Arbeitnehmern, die diese Zulage erhalten, vergleichbare Tätigkeit ausgeübt hat[10]. Freigestellte Betriebsratsmitglieder dürfen von **inner- und außerbetrieblichen Maßnahmen der Berufsbildung** nicht ausgeschlossen werden. Innerhalb eines Jahres nach Beendigung der Freistellung eines Betriebsratsmitglieds ist diesem im Rahmen der Möglichkeiten des Betriebs Gelegenheit zu geben, eine wegen der Freistellung unterbliebene betriebsübliche berufliche Entwicklung nachzuholen[11].

162

Der **Gesamtbetriebsrat** hat kein Recht auf **Freistellung** eines oder mehrerer seiner Mitglieder gem. § 38 Abs. 1 BetrVG. Er kann aber gem. § 51 Abs. 1 Satz 1 BetrVG iVm. § 37 Abs. 2 BetrVG einen Anspruch auf Freistellung eines oder mehrerer seiner

163

---

1 BAG 31.5.1989 – 7 AZR 277/88, NZA 1990, 313.
2 BAG 17.8.2005 – 7 AZR 528/04, NZA 2006, 448, zu Einzelheiten *Bayreuther*, NZA 2014, 235.
3 *Byers*, NZA 2014, 65.
4 *Fischer*, NZA 2014, 71; zur Antragsbefugnis bei Streitigkeiten zwischen BR-Mitgliedern LAG BW 13.2.2014 – 3 TaBV 7/13, BeckRS 2014, 66532.
5 BAG 5.4.2000 – 7 AZR 213/99, NZA 2000, 1174.
6 BAG 29.6.1988 – 7 AZR 651/87, AiB 1989, 164.
7 *Fitting*, § 38 BetrVG Rz. 88.
8 BAG 5.4.2000 – 7 AZR 213/99, NZA 2000, 1174; *Fitting*, § 38 BetrVG Rz. 87.
9 BAG 23.6.2004 – 7 AZR 514/03, NZA 2004, 1287.
10 BAG 21.4.1983 – 6 AZR 407/80, DB 1983, 2253.
11 Vgl. BAG 15.1.1992 – 7 AZR 194/91, DB 1993, 1379.

Mitglieder geltend machen, wenn und soweit die Freistellung zur ordnungsgemäßen Durchführung seiner Aufgaben erforderlich ist. Insoweit gelten die Grundsätze für die Freistellung eines Betriebsratsmitglieds gem. § 37 Abs. 2 BetrVG entsprechend. Nach Auffassung des LAG München kann eine entsprechende Anwendung des § 38 Abs. 2 BetrVG auf den Gesamtbetriebsrat allenfalls dann in Frage kommen, wenn nur über die Person des Freizustellenden Streit entsteht[1].

bb) Freistellung nach § 37 Abs. 2 BetrVG

164 Nach § 37 Abs. 2 BetrVG sind die nicht freigestellten Mitglieder eines Betriebsrats von ihrer beruflichen Tätigkeit ohne Minderung ihres Arbeitsentgelts zu befreien, wenn und soweit es nach Umfang und Art des Betriebes zur ordnungsgemäßen Durchführung ihrer Aufgaben erforderlich ist. Die Arbeitsbefreiung iSd. § 37 Abs. 2 BetrVG setzt **keine Zustimmung des Arbeitgebers** voraus.

(1) Erforderlichkeit der Betriebsratstätigkeit

165 Die Arbeitsbefreiung muss der Durchführung der **dem Betriebsrat obliegenden Aufgaben dienen** und zur ordnungsgemäßen Durchführung dieser Aufgaben **erforderlich** sein. Dem Betriebsrat zugewiesene Aufgaben in diesem Sinne sind nur die ihm durch Gesetz zugewiesenen Aufgaben oder solche Aufgaben, die dem Betriebsrat aus Tarifverträgen oder im Rahmen von Vereinbarungen mit dem Arbeitgeber zugewiesen sind[2]. Zu den Aufgaben gehören insbesondere die Teilnahme an Betriebsratssitzungen, die Abhaltung von Sprechstunden, die Teilnahme an Betriebs- und Abteilungsversammlungen, Betriebsräteversammlungen, Besprechungen und Verhandlungen mit dem Arbeitgeber oder mit Behörden, die in erster Linie der Wahrnehmung der gesetzlichen Mitbestimmungsrechte dienen. Weitere Aufgaben ergeben sich bspw. aus § 17 Abs. 2 und Abs. 3 KSchG, § 93 SGB IX, §§ 9, 11 ASiG. Es ist unerheblich, ob die Aufgaben innerhalb oder außerhalb des Betriebs wahrzunehmen sind[3].

166 Die Freistellungspflicht des Arbeitgebers nach § 37 Abs. 2 BetrVG erschöpft sich nicht darin, den Betriebsratsmitgliedern die zur ordnungsgemäßen Durchführung ihrer Aufgaben erforderliche freie Zeit zu gewähren. Bereits bei der **Zuteilung des Arbeitspensums** muss der Arbeitgeber auf die Inanspruchnahme des Betriebsratsmitglieds durch die Betriebsratstätigkeit während der Arbeitszeit angemessen Rücksicht nehmen[4].

167 Die Erforderlichkeit der Arbeitsbefreiung richtet sich stets nach den Verhältnissen des einzelnen Betriebes. Keine Richtwerte ergeben sich durch Extrapolation der in § 38 Abs. 1 BetrVG enthaltenen Staffel. Auch der **Zeitaufwand anderer Betriebsräte** ist kein zwingender Vergleichsmaßstab[5]. Für die Beurteilung, ob die Arbeitsbefreiung nach Umfang und Art des Betriebes zur ordnungsgemäßen Durchführung erforderlich ist, räumt das BAG dem Betriebsratsmitglied ebenso wie dem Betriebsrat einen revisionsrechtlich nur eingeschränkt nachprüfbaren Beurteilungsspielraum ein[6].

168 Ein **Beschluss des Betriebsrates** allein begründet weder die Erforderlichkeit einer Arbeitsbefreiung noch bewirkt ein solcher Beschluss, dass das betroffene Betriebsratsmitglied von einer selbständigen Überprüfung der Rechtslage hinsichtlich des Beste-

---
1 LAG München 19.7.1990 – 6 TaBV 62/89, NZA 1991, 935.
2 BAG 21.6.2006 – 7 AZR 418/05, AuA 2007, 120.
3 BAG 21.6.2006 – 7 AZR 418/05, AuA 2007, 120.
4 BAG 27.6.1990 – 7 ABR 43/89, NZA 1991, 430.
5 BAG 21.11.1978 – 6 AZR 247/76, DB 1979, 899.
6 BAG 21.6.2006 – 7 AZR 418/05, AuA 2007, 120.

hens einer Betriebsratsaufgabe und deren Erforderlichkeit entlastet wird[1]. Vielmehr ist jeweils im Einzelfall zu prüfen, ob das Betriebsratsmitglied bei eigener gewissenhafter Überprüfung und bei ruhiger und vernünftiger Würdigung aller Umstände die Versäumung von Arbeitszeit für die Verrichtung einer Betriebsratstätigkeit an sich und im erforderlichen Umfang für erforderlich halten durfte. Um die freie Betätigung eines Betriebsratsmitgliedes in seinem Amt zu gewährleisten, soll dabei nicht jede **Verkennung der objektiven Rechtslage** nachteilige Auswirkungen für das betreffende Betriebsratsmitglied haben. Die Grenze ist ebenso wie bei der Beurteilung der Erforderlichkeit einer Betriebsratsaufgabe dort zu ziehen, wo aus **Sicht eines sorgfältig prüfenden objektiven Dritten** erkennbar ist, dass es sich nicht (mehr) um die Wahrnehmung von Amtsobliegenheiten handelt[2]. Die Erforderlichkeit ist als Rechtsfrage allein nach objektiven Maßstäben zu beurteilen, ein Beurteilungsspielraum besteht insoweit nicht. Auch ein entschuldbarer Irrtum des Betriebsratsmitglieds darüber, ob eine Tätigkeit zu den Aufgaben des Betriebsrats gehört, kann grundsätzlich keinen Vergütungsanspruch begründen[3].

(2) Ab- und Rückmeldung

Das Betriebsratsmitglied muss sich, wenn es den Arbeitsplatz zur Durchführung seiner Betriebsratstätigkeit verlässt, oder an seinem Arbeitsplatz Betriebsratstätigkeit durchführen will[4], bei seinem Vorgesetzten **abmelden**, es sei denn, eine vorübergehende Umorganisation der Arbeitseinteilung kommt nicht ernsthaft in Betracht[5]. Dabei bleibt es dem Betriebsratsmitglied überlassen, in welcher Form die Abmeldung geschieht. Eine persönliche Meldung kann der Arbeitgeber nicht verlangen[6]. Das Betriebsratsmitglied muss den **Ort und die voraussichtliche Dauer der beabsichtigten Betriebsratstätigkeit** mitteilen. **Angaben zur Art der Betriebsratstätigkeit** können **nicht** verlangt werden[7]. Die Pflicht, sich beim Arbeitgeber abzumelden, wenn während der Arbeitszeit die geschuldete Arbeitsleistung nicht erbracht wird, trifft alle Arbeitnehmer als **arbeitsvertragliche Nebenpflicht**. Die Erfüllung dieser Pflicht dient vor allem dazu, den Arbeitgeber in die Lage zu versetzen, den Ausfall des Arbeitnehmers anderweitig zu überbrücken oder die Arbeit entsprechend anders zu organisieren. Meldet sich daher ein nicht freigestelltes Betriebsratsmitglied vor Beginn seiner unter § 37 Abs. 2 BetrVG fallenden Betriebsratstätigkeit nicht beim Arbeitgeber ab, verletzt es damit eine ihm obliegende arbeitsvertragliche Nebenpflicht, daran ändert seine Amtsstellung nichts. Meldet sich das Betriebsratsmitglied (ggf. rechtmäßig, weil keine Umorganisation in Betracht kommt) nicht vorher ab, muss es dem Arbeitgeber auf Verlangen nachträglich die Gesamtdauer der in einem bestimmten Zeitraum erbrachten Betriebsratsarbeit mitteilen[8].

⊃ **Hinweis:** Die Verletzung dieser Pflicht kann Gegenstand und Inhalt einer entsprechenden Abmahnung durch den Arbeitgeber sein[9].

Nach Beendigung der Betriebsratstätigkeit muss sich das Betriebsratsmitglied, das nach § 37 Abs. 2 BetrVG freigestellt worden ist, **zurückmelden**[10]. Das Betriebsratsmitglied ist nicht verpflichtet, schriftliche Aufzeichnungen über den Zeitaufwand

---

1 BAG 21.6.2006 – 7 AZR 418/05, AuA 2007, 120.
2 BAG 31.8.1994 – 7 AZR 893/93, NZA 1995, 225.
3 BAG 21.6.2006 – 7 AZR 418/05, AuA 2007, 120; aA Fitting, § 37 BetrVG Rz. 40 mwN.
4 BAG 29.6.2011 – 7 ABR 135/09, NZA 2012, 47.
5 BAG 29.6.2011 – 7 ABR 135/09, NZA 2012, 47.
6 BAG 13.5.1997 – 1 ABR 2/97, BB 1997, 1691.
7 BAG 15.3.1995 – 7 AZR 643/94, NZA 1995, 961.
8 BAG 29.6.2011 – 7 ABR 135/09, NZA 2012, 47.
9 BAG 15.7.1992 – 7 AZR 466/91, NZA 1993, 220.
10 BAG 13.5.1997 – 1 ABR 2/97, BB 1997, 1691.

der jeweiligen Betriebsratstätigkeit anzufertigen[1]. Betriebsübliche Bestimmungen der Zeiterfassung (Stempeluhr) sind aber auch bei betriebsratsbedingten Unterbrechungen einzuhalten[2]. Wenn eine Umorganisation der Arbeitseinteilung nicht ernsthaft in Betracht kommt, entfällt mit der Pflicht zur Abmeldung auch die, sich zurück zu melden[3].

(3) Vergütung

172 Bei der **Entgeltfortzahlung** für die Zeit der Freistellung bei erforderlicher Betriebsratstätigkeit gilt das **Lohnausfallprinzip**. Der Arbeitgeber ist verpflichtet, den Arbeitnehmer hinsichtlich seines Arbeitsentgelts so zu stellen, als sei er nicht für Betriebsratstätigkeiten freigestellt (gewesen). Im Rahmen des Lohnausfallprinzips sind neben der Grundvergütung alle **Zulagen** und **Zuschläge** zu zahlen, die das Betriebsratsmitglied erhalten hätte. Es kommt nicht darauf an, ob das Betriebsratsmitglied die Amtstätigkeiten tatsächlich innerhalb des zuschlagspflichtigen Zeitraums ausgeübt hat[4].

Beispiele:
Zuschläge für Mehr-, Über-, Nacht-, Sonn- und Feiertagsarbeit, Erschwernis- und Sozialzulagen, etwaige Antrittsprämien.

173 Nur Beträge, die nicht für die Arbeit selbst gezahlt werden, sondern dem **Ersatz tatsächlicher Mehraufwendungen** dienen, die dem Arbeitnehmer bei der Erbringung seiner Arbeitsleistung entstehen, zählen nicht zu dem fortzuzahlenden Arbeitsentgelt[5]. Bei **Akkord-** und **Prämienarbeit** ist der durchschnittliche bisherige eigene Durchschnittslohn fortzuzahlen oder, wenn dieser nicht mehr feststellbar ist, der Durchschnitt der an vergleichbare Arbeitnehmer gezahlten Akkord- bzw. Prämienlöhne.

174 ⊃ **Hinweis:** Der Entgeltanspruch des Betriebsratsmitglieds entfällt allerdings dann, wenn während der Betriebsratstätigkeit die Arbeit aus anderen Gründen ausfällt, etwa durch **Kurzarbeit**.

175 Für die Prüfung des Entgeltfortzahlungsanspruches kann der Arbeitgeber auch Angaben zur Art der durchgeführten Betriebsratstätigkeit fordern, wenn anhand der betrieblichen Situation und des geltend gemachten Zeitaufwandes erhebliche **Zweifel an der Erforderlichkeit** der Betriebsratstätigkeit bestehen. Es gibt **keine gesetzliche Vermutung** dafür, dass ein Betriebsratsmitglied, das sich bei seinem Arbeitgeber für die Erledigung von Betriebsaufgaben abmeldet, stets erforderliche Betriebsratstätigkeit verrichtet. Für die gesetzlichen Voraussetzungen des Entgeltfortzahlungsanspruches nach § 37 Abs. 2 BetrVG iVm. § 611 BGB ist das Betriebsratsmitglied darlegungspflichtig. Insoweit besteht eine **abgestufte Darlegungslast**[6].

(4) Betriebsratstätigkeit außerhalb der Arbeitszeit

176 § 37 Abs. 3 BetrVG sieht zum Ausgleich für Betriebsratstätigkeit, die aus betriebsbedingten Gründen außerhalb der Arbeitszeit durchzuführen ist, einen Anspruch auf entsprechende Arbeitsbefreiung unter Fortzahlung des Entgelts vor. Das setzt voraus, dass es sich bei der außerhalb der Arbeitszeit durchgeführten Tätigkeit um Betriebsratstätigkeit handelt, die **zur ordnungsgemäßen Durchführung der Aufgaben des Betriebsrats erforderlich** ist und zudem **aus betriebsbedingten Gründen außerhalb der**

---

1 BAG 14.2.1990 – 7 ABR 13/88, BB 1990, 1625.
2 LAG Berlin 9.1.1984 – 12 Sa 127/83, DB 1984, 2098.
3 BAG 29.6.2011 – 7 ABR 135/09, NZA 2012, 47.
4 LAG Köln 13.12.2013 – 12 Sa 682/13, BeckRS 2014, 65952.
5 BAG 16.8.1995 – 7 AZR 103/95, NZA 1996, 552; *Fitting*, § 37 BetrVG Rz. 66 ff.
6 BAG 15.3.1995 – 7 AZR 643/94, NZA 1995, 961.

II. Beteiligte und Organe der Betriebsverfassung

Arbeitszeit stattfinden muss. Betriebsbedingte Gründe liegen auch dann vor, wenn die Betriebsratstätigkeit wegen der unterschiedlichen Arbeitszeiten der Betriebsratsmitglieder nicht innerhalb der persönlichen Arbeitszeit erfolgen kann (§ 37 Abs. 3 Satz 2 BetrVG). Damit wird fingiert, dass die unterschiedlichen Arbeitszeiten von Voll- und Teilzeitkräften stets auf betrieblichen Gründen beruhen.

Nach ständiger Rechtsprechung des BAG liegen im Übrigen betriebsbedingte Gründe nur vor, wenn bestimmte Gegebenheiten und Sachzwänge innerhalb der Betriebssphäre dazu führen, dass die Betriebsratstätigkeit nicht während der Arbeitszeit durchgeführt werden kann[1]. Die Durchführung von Betriebsratstätigkeit außerhalb der Arbeitszeit beruht nur dann auf **betriebsbedingten Gründen** iSd. § 37 Abs. 3 Satz 1 BetrVG, wenn der Arbeitgeber Einfluss darauf genommen hatte, dass sie nicht während der Arbeitszeit verrichtet wurde. Bei Anwendung dieses Grundsatzes ist nun natürlich die Neuregelung des § 37 Abs. 3 Satz 2 BetrVG zu berücksichtigen. Die Entscheidung darüber, ob betriebsbedingte Gründe so gewichtig sind, dass sie eine Betriebsratstätigkeit außerhalb der individuellen Arbeitszeit geboten erscheinen lassen, obliegt nicht dem Betriebsrat, sondern ggf. im Einvernehmen mit dem Betriebsrat dem Arbeitgeber[2]. Um dem Arbeitgeber diese Entscheidung zu ermöglichen, muss das Betriebsratsmitglied die außerhalb der Arbeitszeit geplante **Betriebsratstätigkeit rechtzeitig anzeigen**. Nur dann ist der Arbeitgeber in der Lage, die Entscheidung darüber zu treffen, ob betriebsbedingte Gründe vorliegen oder entsprechend der Grundwertung des Gesetzes Arbeitsbefreiung für die Betriebsratstätigkeit während der Arbeitszeit gewährt werden soll[3]. Das Tatbestandsmerkmal der betriebsbedingten Gründe ist nicht nur dann erfüllt, wenn der Arbeitgeber sie nach rechtzeitiger Meldung des Arbeitnehmers bejaht, sondern auch dann, wenn eine Verlegung der Tätigkeit in die Arbeitszeit objektiv nicht möglich ist oder der Arbeitgeber eine Befreiung von der Arbeitspflicht eindeutig und endgültig auch für künftige Fälle verweigert hat[4].

Für die **Teilnahme an Schulungs- und Bildungsveranstaltungen**, die **in der Freizeit**, also außerhalb der persönlichen Arbeitszeit besucht werden, verweist § 37 Abs. 6 Satz 1 BetrVG auch auf § 37 Abs. 3 BetrVG. Ausweislich der Gesetzesbegründung sollen teilzeitbeschäftigte Betriebsratsmitglieder mit vollzeitbeschäftigten Betriebsratsmitgliedern gleichbehandelt werden. Der Weg vom teilzeitbeschäftigten Arbeitnehmer zum vollzeitbeschäftigten Betriebsrat ist damit eröffnet, der vormals vom BAG noch aufrechterhaltene Grundsatz des Betriebsratsamtes als Ehrenamt de facto aufgegeben. Nach § 37 Abs. 6 Satz 2 BetrVG liegen betriebsbedingte Gründe iSd. Absatzes 3 auch dann vor, wenn wegen Besonderheiten der betrieblichen Arbeitszeitgestaltung die Schulung des Betriebsratsmitgliedes außerhalb seiner Arbeitszeit erfolgt. In diesem Fall ist der Umfang des Ausgleichsanspruchs unter Einbeziehung der Arbeitsbefreiung nach Absatz 2 pro Schulungstag auf die Arbeitszeit eines vollzeitbeschäftigten Arbeitnehmers begrenzt[5]. Aus der unterschiedlichen Formulierung von § 37 Abs. 3 Satz 2 BetrVG („wegen der unterschiedlichen Arbeitszeiten der Betriebsratsmitglieder") und § 37 Abs. 6 Satz 2 BetrVG („wegen Besonderheiten der betrieblichen Arbeitszeitgestaltung ...") schließt *Löwisch* zu Recht, dass im Fall des Abs. 6 die kürzere Arbeitszeit auf einer Organisationsentscheidung des Arbeitgebers beruhen muss, eine Teilzeitbeschäftigung auf Wunsch des Arbeitnehmers also nicht ausreicht[6].

§ 37 Abs. 3 Satz 1 BetrVG gewährt dem Betriebsratsmitglied einen Anspruch auf Arbeitsbefreiung unter Vergütungsfortzahlung. Dieser Anspruch umfasst auch **Wege-**,

---

1 BAG 26.1.1994 – 7 AZR 593/92, BB 1994, 1215.
2 BAG 26.1.1994 – 7 AZR 593/92, BB 1994, 1215.
3 BAG 31.10.1985 – 6 AZR 175/83, DB 1986, 1026; 3.12.1987 – 6 AZR 569/85, NZA 1988, 437.
4 BAG 3.12.1987 – 6 AZR 569/85, NZA 1988, 437.
5 BAG 16.2.2005 – 7 AZR 330/04, NZA 2005, 936.
6 *Löwisch*, BB 2001, 1734 (1742).

Fahrt- und Reisezeiten, soweit sie mit der Durchführung der Betriebsratstätigkeit in einem unmittelbaren sachlichen Zusammenhang stehen[1]. Für die Bewertung dieser Reisezeiten gelten wegen § 78 BetrVG die gleichen Maßstäbe wie für die übrigen Arbeitnehmer des Betriebes[2]. Sind Reisezeiten nach den im Betrieb geltenden Regelungen als Arbeitszeit anzusehen, ist für die Dauer des Freizeitausgleichs die Vergütung zu zahlen, die dem Arbeitnehmer zustünde, wenn er gearbeitet hätte, also inkl. etwaiger Zuschläge für Sonn-, Feiertags- und Nachtarbeit[3]. Auch die während der Schulungstage angefallenen **Pausen** werden erfasst[4].

180 Grundsätzlich hat das Betriebsratsmitglied nach § 37 Abs. 3 BetrVG Anspruch auf Arbeitsbefreiung unter Vergütungsfortzahlung. Über die zeitliche Festlegung der Arbeitsbefreiung muss der Arbeitgeber nach billigem Ermessen iSv. § 106 GewO iVm. § 315 Abs. 3 BGB entscheiden, die Grundsätze der Urlaubsgewährung sind hier nicht anzuwenden[5]. Nur wenn die **Arbeitsbefreiung innerhalb eines Monats** aus betrieblichen Gründen nicht möglich ist, besteht ein **Abgeltungsanspruch**, der dann wie Mehrarbeit zu berechnen ist. Der Arbeitnehmer muss diesen Anspruch gegenüber dem Arbeitgeber ausdrücklich geltend machen und ggf. gerichtlich durchsetzen. Weder die Tatsache, dass der Arbeitgeber den Freizeitausgleich nicht von sich aus gewährt, noch der Ablauf der Monatsfrist des § 37 Abs. 3 Satz 2 BetrVG führt zu einer automatischen Umwandlung des Freizeitanspruchs in einen Vergütungsanspruch[6].

f) Teilnahme an Schulungs- und Bildungsveranstaltungen

181 Nach § 37 Abs. 6 BetrVG besteht ein **kollektiver Anspruch des Betriebsrats auf bezahlte Freistellung** eines Betriebsratsmitglieds für Schulungs- und Bildungsveranstaltungen, die für die Arbeit des Betriebsrats erforderliche Kenntnisse vermitteln. Darüber hinaus gewährt § 37 Abs. 7 BetrVG dem einzelnen Betriebsratsmitglied einen zusätzlichen, **individuellen Anspruch auf bezahlte Freistellung** für Schulungs- und Bildungsveranstaltungen, die geeignete Kenntnisse vermitteln und von der obersten Arbeitsbehörde als geeignet anerkannt sind.

aa) Schulungsveranstaltung nach § 37 Abs. 6 BetrVG

(1) Erforderliche Kenntnisse

182 Eine Schulungs- und Bildungsveranstaltung iSv. § 37 Abs. 6 BetrVG muss erforderliche Kenntnisse vermitteln. Eine Anerkennung iSd. § 37 Abs. 7 BetrVG muss nicht vorliegen. Veranstaltungen, die zwar der Bildung, nicht aber der Schulung dienen, begründen keinen Freistellungsanspruch. Die vermittelten **Kenntnisse** müssen **nach Art und Umfang für den Betriebsrat erforderlich** sein. Nach ständiger Rechtsprechung des BAG ist die Vermittlung von Kenntnissen dann erforderlich in diesem Sinne, wenn sie nach Art und Umfang in der konkreten Situation des Betriebes vom Betriebsrat benötigt werden. Dieser muss in die Lage versetzt werden, seine derzeitigen oder demnächst anfallenden Arbeiten sachgerecht wahrnehmen zu können[7]. Die Tätigkeit eines Betriebsratsmitglieds in der Einigungsstelle gehört nicht zu den Aufgaben des Betriebsrats und seiner Mitglieder. Sie kann daher grundsätzlich die Erforderlichkeit einer Schulung nicht begründen[8].

---

1 BAG 16.4.2003 – 7 AZR 423/01, NZA 2004, 171.
2 BAG 16.4.2003 – 7 AZR 423/01, NZA 2004, 171.
3 BAG 12.8.2009 – 7 AZR 218/08, NZA 2009, 1284.
4 BAG 16.2.2005 – 7 AZR 330/04, NZA 2005, 936.
5 BAG 15.2.2012 – AZR 774/10, BB 2012, 1600.
6 BAG 25.8.1999 – 7 AZR 713/97, NZA 2000, 554; 8.3.2000 – 7 AZR 136/99, nv.
7 BAG 7.5.2008 – 7 AZR 90/07, NZA-RR 2009, 195.
8 BAG 20.8.2014 – 7 ABR 64/12, NZA 2014, 1349.

II. Beteiligte und Organe der Betriebsverfassung Rz. 185 Teil 4 A

Soweit es sich nicht um die **Vermittlung von sog. Grundkenntnissen** handelt, muss ein aktueller oder absehbar betrieblicher oder betriebsbezogener Anlass für die Annahme bestehen, dass die auf der Schulungsveranstaltung zu erwerbenden Kenntnisse derzeit oder in naher Zukunft von dem zu schulenden Betriebsratsmitglied benötigt werden, damit der Betriebsrat seine Beteiligungsrechte sach- und fachgerecht ausüben kann[1]. 183

Regelmäßig erforderlich ist eine einführende **Unterrichtung über das Betriebsverfassungsgesetz**, über die **Grundzüge des Arbeitsrechts** sowie Schulungen zur **Arbeitssicherheit und Unfallverhütung** für neugewählte Betriebsratsmitglieder[2]. Das gilt aber nur dann, wenn das Betriebsratsmitglied nicht bereits über entsprechende Kenntnisse, entweder aus früheren Schulungen, früherer Tätigkeit oder aufgrund entsprechender Erfahrung aus langjähriger Betriebsratstätigkeit verfügt[3]. Konnte ein Betriebsratsmitglied bereits länger Erfahrungen in der praktischen Betriebsratstätigkeit sammeln, ist eine Schulung über Grundkenntnisse im allgemeinen Arbeitsrecht mangels besonderer Darlegung nicht erforderlich[4]. Findet eine Schulung in Grundkenntnissen erst kurz vor dem Ende der Amtszeit statt, ist die Einschätzung des Betriebsrats maßgeblich. Kann der Betriebsrat Art und Umfang der bis zum Ende der Amtszeit voraussichtlich noch anfallenden beteiligungspflichtigen Angelegenheiten nicht abschätzen, darf er im Rahmen seines Beurteilungsspielraums von der Erforderlichkeit ausgehen[5]. Eine Schulung zur **Einführung in das Sozialversicherungsrecht** ist nicht erforderlich, weil die Beratung der Arbeitnehmer in sozialversicherungsrechtlichen Fragen gerade nicht zu den Aufgaben des Betriebsrates gehört[6]. Die Teilnahme an einer Schulungsveranstaltung „**Schriftliche Kommunikation im Betrieb**" ist nur dann erforderlich, wenn dargelegt wird, warum der Betriebsrat seine gesetzlichen Aufgaben ohne eine solche Schulung gerade des entsandten Betriebsratsmitglieds nicht sachgerecht wahrnehmen kann[7]. 184

Ohne aktuellen oder absehbar betriebsbezogenen Anlass ist die Teilnahme eines Betriebsratsmitglieds an einer **Schulungsveranstaltung über den Einsatz eines PC** für die Erledigung von Betriebsratsaufgaben nicht erforderlich[8]. In diesem Zusammenhang weist das BAG zutreffend darauf hin, dass die mit dem Einsatz elektronischer Datenverarbeitung in den Betrieben verbundenen Aufgabenstellungen von Fall zu Fall unterschiedlich und in hohem Maße von den konkreten betrieblichen und betriebsratsbezogenen Verhältnissen abhängig sind. Die mit ihnen verbundenen Anforderungen an eine sachgerechte Arbeitsweise des Betriebsrats entziehen sich einer typisierenden Betrachtungsweise. Zudem unterliegen die im Rahmen der elektronischen Datenverarbeitung zum Einsatz gelangende Hardware und Software, die auf individuelle Bedürfnisse des jeweiligen Anwenders und des angestrebten Einsatzzweckes ausgerichtet sind, einem ständigen Wandel. Trotz zum Teil standardisierter Programme sind die Einsatz- und Verwendungsmöglichkeiten individuell. Ein nur auf Vorrat erworbenes Wissen ohne die Möglichkeit einer praktischen Umsetzung verliert in kürzester Zeit an Wert, weshalb die Erforderlichkeit einer EDV-Schulungsveranstaltung nicht losgelöst von einer Einzelfallprüfung beurteilt werden kann. 185

---

1 BAG 18.1.2012 – 7 ABR 73/10, NZA 2012, 813; 7.5.2008 – 7 AZR 90/07, NZA-RR 2009, 195; 19.7.1995 – 7 ABR 49/94, DB 1995, 2378.
2 BAG 7.5.2008 – 7 AZR 90/07, NZA-RR 2009, 195; 19.7.1995 – 7 ABR 49/94, DB 1995, 2378.
3 BAG 7.5.2008 – 7 AZR 90/07, NZA-RR 2009, 195; 19.3.2008 – 7 ABR 2/07, ArbuR 2008, 362.
4 BAG 19.3.2008 – 7 ABR 2/07, nv.
5 BAG 7.5.2008 – 7 AZR 90/07, NZA-RR 2009, 195 unter ausdrücklicher Aufgabe der bisherigen Rspr.
6 LAG Köln 30.6.2000 – 11 (12) TaBV 18/00, NZA-RR 2001, 255.
7 BAG 15.2.1995 – 7 AZR 670/94, BB 1995, 1906.
8 BAG 19.7.1995 – 7 ABR 49/94, DB 1995, 2378.

186 Gleiches gilt für den Besuch einer **Schulungsveranstaltung „Rechtsprechung – aktuell"**. Insoweit ist weder ein stets aktueller betrieblicher Fragenbereich anzunehmen, noch liegt darin ein der Vermittlung von Grundwissen vergleichbarer Sachverhalt[1]. Dies gilt auch für Seminare, in denen **aktuelle Rechtsprechung des BAG** vermittelt werden soll. Hier muss der Betriebsrat darlegen, dass und konkret warum er seine gesetzlichen Aufgaben nur erfüllen kann, wenn eines seiner Mitglieder an diesem Seminar teilnimmt[2]. Auch für die Teilnahme an einer **Schulungsveranstaltung „Management-Techniken für Betriebs- und Personalräte"** muss ein konkreter betrieblicher Bezug dargelegt werden[3]. Für die Teilnahme des Betriebsratsvorsitzenden eines nicht tarifgebundenen Betriebes für Transportverladung und Reinigung an einem Seminar der IG-Metall **„Lohngestaltung und Mitbestimmung im Betrieb"** fehlt ein aktueller und absehbarer betrieblicher oder betriebsbezogener Anlass. Nach Auffassung des LAG Düsseldorf vermittelt das auf Betriebsratsmitglieder in Ausschüssen für Lohn- und Gehaltsfragen ausgerichtete Seminar auch keine erforderlichen Grundkenntnisse iSd. § 37 Abs. 6 BetrVG[4]. Nach einer zum Teil in der Instanzrechtsprechung vertretenen Auffassung sollen Kenntnisse über **ökologische Zusammenhänge** wie auch Kenntnisse über **gesundheitsgefährdende Umweltbelastungen** im Betrieb zu den für die Betriebsratsarbeit grundsätzlich erforderlichen Kenntnissen gehören[5]. Nach Auffassung des LAG Hessen soll auch die Teilnahme an einem **Aids-Seminar** des DGB erforderliche Kenntnisse iSd. § 37 Abs. 6 BetrVG vermitteln[6]. In einem Betrieb, in dem Frauen und Männer beschäftigt sind, soll die Schulung von Betriebsratsmitgliedern zum Thema **„Sexuelle Belästigung am Arbeitsplatz"** nach Auffassung einiger Instanzgerichte für die Betriebsratsarbeit erforderlich iSd. § 37 Abs. 6 BetrVG sein[7]. Eine Schulungsveranstaltung **„Mobbing"** kann erforderlich sein, wenn der Betriebsrat eine betriebliche Konfliktlage darlegen kann, aus der sich für ihn ein Handlungsbedarf ergibt und zu deren Bewältigung er das vermittelte Wissen benötigt[8]. Die Teilnahme eines Betriebsratsmitglieds an einer Schulungsveranstaltung **„Sprechwirksamkeit – Ich als Interessenvertreter in Rede und Gespräch"**, das im Wesentlichen der Verbesserung von Sprech- und Argumentationstechniken dient, ist nicht erforderlich[9]. Für die Teilnahme an einem Seminar „Das Leid mit dem Leiten", in dem es in erster Linie um Führung und Führungsstile geht, muss seitens des Betriebsrats substantiiert dargelegt werden, dass die Notwendigkeit einer solchen Schulung in entsprechenden persönlichen Defiziten des zu schulenden Betriebsratsmitgliedes begründet liegt[10]. Plant der Arbeitgeber die Einführung des Qualitätsmanagementsystems nach **DIN/ISO 9000–9004**, um die gleich bleibende Qualität seiner Produkte sicherzustellen, so ist eine Schulungsveranstaltung, in der in dieses System eingeführt wird, erforderlich, wenn das Managementsystem aller Voraussicht nach zu mitbestimmungspflichtigen Maßnahmen führen wird[11]. Mit Inkrafttreten des **AGG** ist zusätzlich erforderlicher Schulungsbedarf entstanden[12].

---

1 LAG Hess. 27.1.1994 – 12 TaBV 83/93, NZA 1994, 1134.
2 BAG 18.1.2012 – 7 ABR 73/10, NZA 2012, 813.
3 BAG 14.9.1994 – 7 ABR 27/94, NZA 1995, 381.
4 LAG Düsseldorf 6.5.1997 – 3 TaBV 102/96, NZA-RR 1998, 123.
5 ArbG Wiesbaden 2.10.1991 – 7 BV 6/91, AiB 1991, 540; ArbG Hannover 6.12.1991 – 6 BV 7/91, AiB 1992, 154.
6 LAG Hess. 7.3.1991 – 12 TaBV 172/90, NZA 1991, 981.
7 ArbG Wesel 31.3.1993 – 3 BV 35/92, DB 1993, 1096; ArbG Berlin 15.10.1992 – 50 BVG 81/92, nv.
8 BAG 15.1.1997 – 7 ABR 14/96, BB 1997, 1480.
9 BAG 20.10.1993 – 7 ABR 14/93, NZA 1994, 190.
10 LAG Schl.-Holst. 21.1.1999 – 4 TaBV 29/98, NZA-RR 1999, 643.
11 LAG Rh.-Pf. 29.11.1996 – 3 TaBV 23/96, NZA-RR 1997, 215 ff.
12 Vgl. *Wisskirchen*, AGG, Abschnitt 2.4.8 (S. 50).

(2) Festlegung der Teilnehmer

Der Anspruch auf Arbeitsbefreiung besteht nur dann, wenn gerade die **Teilnahme der vom Betriebsrat bestimmten Person notwendig** ist. Unabdingbar für einen entsprechenden Freistellungsanspruch ist ein entsprechender **ordnungsgemäßer Beschluss** des Betriebsrates. Dieser Beschluss muss vor der Seminarteilnahme gefasst werden. Ein fehlender oder auch fehlerhafter Beschluss kann nicht nachträglich gefasst bzw. geheilt oder gebilligt werden[1]. 187

Ersatzmitglieder, die nicht in den Betriebsrat nachgerückt sind, können nicht ohne Weiteres zu einer Veranstaltung entsandt werden. Eine Ausnahme besteht nur unter besonderen Umständen bei häufig herangezogenen Ersatzmitgliedern, wenn der Erwerb der bei der Schulung vermittelten Kenntnisse unter Berücksichtigung der Ersatzmitgliedschaft für die Gewährleistung der Arbeitsfähigkeit des Betriebsrats erforderlich ist. Den Betriebsrat trifft hier eine besondere Prüfungs- und Darlegungspflicht[2]. **Mitglieder des Wirtschaftsausschusses**, die nicht zugleich Mitglieder des Betriebsrats sind, haben keinen Anspruch auf Freistellung für Schulungsveranstaltungen. § 37 Abs. 6 BetrVG gilt nur für Betriebsratsmitglieder[3]. Das Recht, über die Teilnahme eines **Jugendvertreters** an einer Schulungs- und Bildungsveranstaltung nach § 37 Abs. 6 BetrVG zu beschließen, steht ausschließlich dem Betriebsrat zu und bedarf einer entsprechenden Beschlussfassung[4]. 188

(3) Durchführung der Arbeitsbefreiung

Der **Betriebsrat muss** dem Arbeitgeber gem. § 37 Abs. 6 Satz 3 BetrVG die **zeitliche Lage** sowie den oder die **Teilnehmer** an einer Veranstaltung **rechtzeitig bekannt geben**. Rechtzeitig ist eine Unterrichtung, die dem Arbeitgeber die Prüfung ermöglicht, ob die Voraussetzungen für die Gewährung einer bezahlten Freistellung vorliegen, und die es ihm, falls er die betrieblichen Notwendigkeiten für nicht ausreichend berücksichtigt hält, zeitlich ermöglicht, die Einigungsstelle anzurufen. Wird der Arbeitgeber nicht rechtzeitig unterrichtet, ist streitig, ob deshalb der Anspruch des Betriebsratsmitglieds auf Fortzahlung des Lohns und Erstattung der Kosten entfällt[5]. Der Betriebsrat ist nach herrschender Auffassung verpflichtet, dem Arbeitgeber die näheren Einzelheiten der Schulung wie **Ort, Zeit, Dauer, Veranstalter und Themenplan der Veranstaltung** mitzuteilen. 189

⊃ **Hinweis:** Die unterlassene oder nicht rechtzeitige Unterrichtung kann im Wiederholungsfall eine grobe Amtspflichtverletzung iSd. § 23 BetrVG sein[6]. 190

Weigert sich der Arbeitgeber, eine Befreiung zu erteilen, kann sowohl der Betriebsrat als auch das ausgewählte Betriebsratsmitglied ein **Beschlussverfahren** beim Arbeitsgericht einleiten und ggf. je nach Dringlichkeit eine **einstweilige Verfügung** beantragen. 191

bb) Schulungsveranstaltung nach § 37 Abs. 7 BetrVG

Unbeschadet der Vorschrift des § 37 Abs. 6 BetrVG hat jedes Mitglied des Betriebsrats während seiner regelmäßigen Amtszeit Anspruch auf bezahlte Freistellung für insgesamt drei Wochen zur Teilnahme an Schulungs- und Bildungsveranstaltungen, 192

---

1 BAG 10.10.2007 – 7 ABR 51/06, NZA 2008, 418; 8.3.2000 – 7 ABR 11/98, NZA 2000, 838.
2 BAG 19.9.2001 – 7 ABR 32/00, DB 2002, 51; 14.12.1994 – 7 ABR 31/94, NZA 1995, 593.
3 BAG 11.11.1998 – 7 AZR 491/97, DB 1999, 2476; 28.4.1988 – 6 AZR 39/86, NZA 1989, 221; aA *Fitting*, § 37 BetrVG Rz. 180.
4 BAG 10.5.1974 – 1 ABR 57/73, DB 1974, 1773; 6.5.1975 – 1 ABR 135/73, DB 1975, 1706.
5 BAG 18.3.1977 – 1 ABR 54/74, DB 1977, 1148; aA die wohl hM: LAG BW 17.12.1987 – 11 TaBV 3/87, AiB 1988, 282; *Fitting*, § 37 BetrVG Rz. 242 mwN.
6 *Fitting*, § 37 BetrVG Rz. 242 mwN.

die von der zuständigen obersten Arbeitsbehörde des Landes nach Beratung mit den Spitzenorganisationen der Gewerkschaft und der Arbeitgeberverbände **als geeignet anerkannt** sind. Dieser Anspruch erhöht sich für Arbeitnehmer, die erstmals das Amt eines Betriebsratsmitglieds übernommen haben, auf vier Wochen (§ 37 Abs. 7 Satz 1 und 2 BetrVG). Es handelt sich hierbei im Gegensatz zum Freistellungsanspruch nach § 37 Abs. 6 BetrVG um einen **individuellen Anspruch des einzelnen Betriebsratsmitglieds.**

(1) Geeignete Schulungsveranstaltung

193 Eine Schulungs- und Bildungsveranstaltung ist nur dann iSd. § 37 Abs. 7 BetrVG geeignet, wenn **die vermittelten Kenntnisse** nicht nur im Zusammenhang mit der **Betriebsratstätigkeit** stehen, sondern ihr überdies **dienlich und förderlich** sind. Die Veranstaltung muss nach Zielsetzung und Inhalt darauf angelegt sein, für eine sach- und fachgerechte Erfüllung der im geltenden Recht vorgesehenen Betriebsratsaufgaben zu sorgen, so dass für sie nennenswerte Vorteile zu erwarten sind. Der für die Betriebsratstätigkeit zu erwartende Nutzen darf kein bloßer Nebeneffekt von untergeordneter Bedeutung sein[1].

194 **Beispiele für Eignung iSd. § 37 Abs. 7 BetrVG:**

Schulungs- und Bildungsveranstaltungen, die Kenntnisse des allgemeinen Arbeitsrechts[2] wie auch Kenntnisse zum Sozialrecht, zur Wirtschafts- und Sozialpolitik, zum Mitbestimmungs- und Gesellschaftsrecht sowie Kenntnisse über wirtschaftliche und betriebswirtschaftliche Fragen, über Fragen der Arbeitsbewertung und Arbeitswissenschaft, zur Versammlungspraxis und Versammlungsleitung sowie Diskussions- und Verhandlungstechnik vermitteln[3].

195 Die Themen einer solchen Veranstaltung müssen aber einen hinreichenden Bezug zu den gesetzlichen Aufgaben des Betriebsrats aufweisen[4]. § 37 Abs. 7 BetrVG dient nicht dazu, Rückstände im Allgemeinwissen bei Betriebsratsmitgliedern abzubauen, staatsbürgerliche Fortbildung zu vermitteln oder allgemein eine „intellektuelle Parität" oder Chancengleichheit mit dem Arbeitgeber herzustellen. Aus diesem Grund sind Veranstaltungen **nicht** geeignet, die ausschließlich der **Allgemeinbildung** dienen. Hier fehlt es am unmittelbaren Bezug zur Betriebsratstätigkeit. Das Gleiche gilt für **allgemein-politische, gewerkschafts-politische** oder auch **kirchliche Themen**[5].

(2) Anerkennung der Veranstaltung

196 Die Schulungsveranstaltung muss von der obersten Arbeitsbehörde des Landes als geeignet anerkannt worden sein. Bei dieser Anerkennung handelt es sich um einen **Verwaltungsakt.** Vor dessen Erlass sind die Spitzenorganisationen der Arbeitgeberverbände und der Gewerkschaft zu hören. Obwohl es sich bei dem Anerkennungsbescheid um einen Verwaltungsakt der obersten Arbeitsbehörde des Landes handelt, ist für die Anfechtung dieses Verwaltungsaktes nach ständiger Rechtsprechung des BAG der Rechtsweg zu den Arbeitsgerichten eröffnet[6]. Die im Verwaltungsverfahren nach § 37 Abs. 7 BetrVG zu beteiligenden Verbände sind zur **Anfechtung** eines ihrer Auffassung nach unrichtigen Anerkennungsbescheides legitimiert[7]. Ob auch der Ar-

---

1 BAG 11.8.1993 – 7 ABR 52/92, NZA 1994, 517.
2 BAG 9.9.1992 – 7 AZR 492/91, DB 1993, 592; 30.8.1989 – 7 ABR 65/87, NZA 1990, 483; 25.4.1978 – 6 ABR 22/75, BB 1978, 1263.
3 Ausführliche Aufstellung bei *Fitting,* § 37 BetrVG Rz. 198 ff.
4 BAG 11.10.1995 – 7 ABR 42/94, NZA 1996, 934.
5 BAG 11.10.1995 – 7 ABR 42/94, NZA 1996, 934.
6 BAG 11.8.1993 – 7 ABR 52/92, BAGE 74, 72; ebenso BVerwG 3.12.1976 – VII C 47.75, BB 1977, 899.
7 BAG 11.8.1993 – 7 ABR 52/92, BAGE 74, 72 (85).

beitgeber berechtigt ist, die Anerkennung einer Schulungs- und Bildungsveranstaltung gerichtlich anzufechten, ist in der Literatur umstritten[1]. Das BAG hatte zunächst ein Anfechtungsrecht bejaht, später dann mit der Begründung verneint, dass insoweit eine unmittelbare Betroffenheit fehle, da die Anerkennung gegenüber dem einzelnen Arbeitgeber nicht als Verwaltungsakt, sondern lediglich als Tatbestandsmerkmal der auf § 37 Abs. 7 BetrVG beruhenden Entgeltfortzahlungsverpflichtung wirke[2] und die Frage zuletzt wieder offengelassen[3]. Mit Blick darauf, dass der Arbeitgeber der einzige ist, der – ohne Beteiligung im Anerkennungsverfahren – mit Kosten belastet ist, gebietet das verfassungsrechtliche Gebot der Rechtsweggarantie entweder ein Anfechtungsrecht oder zumindest eine Inzidentprüfung im Rahmen eines Verfahrens auf Kostenübernahme[4].

Bei der **Überprüfung der Anerkennung** ist zu beachten, dass der in § 37 Abs. 7 BetrVG verwandte Begriff „geeignet" als unbestimmter Rechtsbegriff im Rechtsbeschwerdeverfahren durch das BAG nur einer eingeschränkten Nachprüfung unterliegt[5]. Für die Geeignetheit iSd. § 37 Abs. 7 BetrVG kommt es nicht auf die Eignung des Veranstaltungsträgers, sondern auf die jeweiligen Themen und die Ausgestaltung der Veranstaltung an. Wenn sich eine Schulungs- und Bildungsveranstaltung auch nur teilweise mit Themen befasst, die iSd. § 37 Abs. 7 BetrVG nicht geeignet sind, muss entweder die Anerkennung verweigert oder durch entsprechende Nebenbestimmungen sichergestellt werden, dass die Veranstaltung in vollem Umfang geeignet ist[6]. 197

(3) Anspruchsberechtigte Teilnehmer

Jedes Betriebsratsmitglied hat Anspruch auf bezahlte Freistellung für die Dauer von drei Wochen, dh. 21 Tage einschl. der Sonn- und Feiertage oder aber 18 Werktage, wenn man die Sonn- und Feiertage unberücksichtigt lässt. Es handelt sich hierbei um einen individuellen Anspruch des einzelnen Betriebsratsmitgliedes. Anspruchsberechtigt sind nur Mitglieder des Betriebsrats sowie gem. § 65 Abs. 1 BetrVG Mitglieder der Jugend- und Auszubildendenvertretung. **Ersatzmitglieder** des Betriebsrats, die noch nicht gem. § 25 Abs. 1 Satz 1 BetrVG endgültig in den Betriebsrat nachgerückt sind, haben keinen Anspruch nach § 37 Abs. 7 BetrVG. Dies gilt auch dann, wenn sie nach § 25 Abs. 1 Satz 2 BetrVG in großem Umfang zur Stellvertretung ordentlicher Betriebsratsmitglieder herangezogen werden und es deshalb zur Gewährleistung der Arbeitsfähigkeit des Betriebsrats erforderlich ist, dass auch sie über die notwendigen Grundkenntnisse verfügen. In einem solchen Fall können sie uU vom Betriebsrat gem. § 37 Abs. 6 BetrVG zur Teilnahme an erforderliche Schulungs- und Bildungsveranstaltungen entsandt werden, ein eigener Anspruch nach § 37 Abs. 7 BetrVG besteht nicht[7]. Scheidet ein Betriebsratsmitglied während der Amtszeit aus, ohne zuvor seinen Anspruch aus § 37 Abs. 7 BetrVG verbraucht zu haben, so kann es diesen Anspruch nicht mehr geltend machen. In gleicher Weise verfällt der Anspruch mit Ablauf der Amtszeit, eine Übertragung auf die neue Amtszeit ist nach dem Gesetz nicht vorgesehen[8]. 198

---

1 Vgl. die Nachweise bei *Fitting*, § 37 BetrVG Rz. 265.
2 BAG 25.6.1981 – 6 ABR 92/79, DB 1981, 2180.
3 BAG 30.8.1989 – 7 ABR 65/87, NZA 1990, 483.
4 S. dazu *Fitting*, § 37 BetrVG Rz. 265 mwN.
5 BAG 11.10.1995 – 7 ABR 42/94, NZA 1996, 934.
6 BAG 11.8.1993 – 7 ABR 52/92, BAGE 74, 72.
7 BAG 14.12.1994 – 7 ABR 31/94, NZA 1995, 593.
8 Str., vgl. *Fitting*, § 37 BetrVG Rz. 223; aA für den Fall, dass eine Übertragung aus dringenden betrieblichen oder persönlichen Gründen erforderlich sein soll: DKKW/*Wedde*, § 37 BetrVG Rz. 188.

(4) Festlegung der Teilnehmer

199 Da es sich beim Anspruch nach § 37 Abs. 7 BetrVG um einen individuellen Anspruch des einzelnen Betriebsratsmitgliedes handelt, kann und muss der Betriebsrat hier lediglich über den Zeitpunkt der Teilnahme an einer als geeignet anerkannten Schulung entscheiden. Auch insoweit ist ein **ordnungsgemäßer Beschluss** erforderlich, ohne diesen ist das Betriebsratsmitglied nicht berechtigt, die Veranstaltung zu besuchen[1]. Soll ein Betriebsratsmitglied unmittelbar vor dem Ende seiner Amtszeit an einer gem. § 37 Abs. 7 BetrVG als geeignet anerkannten Schulungsveranstaltung teilnehmen, gilt gleiches wie bei § 37 Abs. 6 BetrVG. Der Betriebsrat muss im Rahmen seines Beurteilungsermessens einschätzen, ob das Betriebsratsmitglied die vermittelten Kenntnisse noch während seiner Amtszeit benötigen wird[2].

200 Wie bei der Teilnahme an Veranstaltungen nach § 37 Abs. 6 BetrVG ist auch für die Teilnahme an als geeignet anerkannten Schulungsveranstaltungen iSd. § 37 Abs. 7 BetrVG der **Arbeitgeber rechtzeitig** von der beabsichtigten Teilnahme und der zeitlichen Lage der Schulungs- und Bildungsveranstaltung **zu unterrichten**. Der Betriebsrat ist verpflichtet, dem Arbeitgeber die näheren Einzelheiten der Schulung wie **Ort, Zeit, Dauer, Themenplan der Veranstaltung und Genehmigung durch die zuständige Behörde** mitzuteilen. Die Mitteilung ist nur dann rechtzeitig, wenn der Arbeitgeber noch vor der Veranstaltung prüfen kann, ob er die Einigungsstelle anrufen will[3]. Unterlässt der Arbeitgeber die Anrufung der Einigungsstelle, so verbleibt es bei der Entscheidung des Betriebsrates über die zeitliche Lage der Teilnahme[4].

cc) Entgeltfortzahlung und Kosten der Schulung

(1) Entgeltfortzahlung

201 Für die Teilnahme an **erforderlichen Schulungs- und Bildungsveranstaltungen** nach § 37 Abs. 6 BetrVG sowie an **als geeignet anerkannten Schulungs- und Bildungsveranstaltungen iSd.** § 37 Abs. 7 BetrVG ist das Betriebsratsmitglied unter Fortzahlung der Vergütung freizustellen. Auch hier gilt das Lohnausfallprinzip. Der Arbeitgeber muss das Betriebsratsmitglied also so stellen, als sei er nicht für die Teilnahme an der Schulungs- und Bildungsveranstaltung freigestellt, sondern hätte im Betrieb gearbeitet. Hier gelten die gleichen Maßstäbe wie im Rahmen des § 37 Abs. 2 BetrVG.

202 **Teilzeitbeschäftigte Betriebsratsmitglieder** sind vollzeitbeschäftigten Betriebsratsmitgliedern gleichgestellt. § 37 Abs. 6 Satz 1 BetrVG verweist umfassend auf die Vorgaben des Absatzes 3 (s. Rz. 178).

(2) Kosten für die Teilnahme an Schulungs- und Bildungsveranstaltungen

203 Für die Teilnahme an **Schulungs- und Bildungsveranstaltungen nach** § 37 Abs. 7 BetrVG muss der Arbeitgeber nur Entgeltfortzahlung leisten, irgendwelche weiteren, mit der Teilnahme an der Veranstaltung zusammenhängenden Kosten muss er nicht übernehmen[5].

204 Für die Teilnahme an einer erforderlichen **Veranstaltung nach** § 37 Abs. 6 BetrVG hingegen besteht auf Arbeitgeberseite auch über den Entgeltfortzahlungsanspruch hi-

---

1 BAG 10.5.1974 – 1 ABR 57/73, DB 1974, 1773.
2 Vgl. BAG 7.5.2008 – 7 ABR 90/07, NZA-RR 2009, 195 zu § 37 Abs. 6 BetrVG.
3 BAG 18.3.1977 – 1 ABR 54/74, DB 1977, 1148; LAG Nds. 14.8.1987 – 3 Sa 538/86, AiB 1988, 284.
4 BAG 18.3.1977 – 1 ABR 54/74, DB 1977, 1148; LAG Nds. 14.8.1987 – 3 Sa 538/86, AiB 1988, 284.
5 BAG 6.11.1973 – 1 ABR 8/73, BB 1974, 462.

naus eine **Kostentragungspflicht**[1]. Vermittelt eine als geeignet anerkannte Schulungs- und Bildungsveranstaltung zugleich für die Betriebsratsarbeit erforderliche Kenntnisse iSd. § 37 Abs. 6 BetrVG und nimmt das Betriebsratsmitglied im Rahmen des Freistellungsanspruchs nach § 37 Abs. 6 BetrVG an dieser Veranstaltung teil, so besteht auch für diese Teilnahme die Verpflichtung des Arbeitgebers, die Kosten zu tragen[2].

Als **Anspruchsgrundlage für eine Kostenerstattung** nach Maßgabe der obigen Grundsätze kommt nach ständiger Rechtsprechung des BAG nur § 40 iVm. § 37 Abs. 6, § 65 Abs. 1 BetrVG in Betracht. Dabei ist die Kostenerstattungspflicht des Arbeitgebers durch die **Grundsätze der Erforderlichkeit und Verhältnismäßigkeit** sowie durch den koalitionsrechtlichen Grundsatz, dass kein Verband zur Finanzierung des gegnerischen Verbandes verpflichtet sein kann, eingeschränkt[3]. Dies bedeutet, dass die Gewerkschaften aus den Schulungsveranstaltungen zumindest keinen Gewinn erzielen dürfen. Der Arbeitgeber muss nur die tatsächlichen Kosten tragen, die der Gewerkschaft durch die konkrete Schulung entstanden sind. Diese Einschränkung gilt auch dann, wenn eine Gewerkschaft einer GmbH, deren Anteile sie zu 100 % hält, die Durchführung der Schulungsveranstaltung überträgt und sich einen bestimmenden Einfluss auf die Ausgestaltung der Schulung vorbehält. In gleicher Weise unterliegt ein gemeinnütziger Verein den koalitionsrechtlichen Beschränkungen, wenn die Gewerkschaft den Vereinsvorstand stellt und über ihn Inhalt, Durchführung und Finanzierung solcher Schulungen maßgebend bestimmt[4].

205

Bei der Erstattung von Lehrgangskosten unterscheidet die Rechtsprechung zwischen den sog. **Vorhalte- oder Generalunkosten** und den eigentlichen **Lehrgangskosten**, also den Kosten, die durch die konkrete Schulungsveranstaltung selbst entstanden sind. Die Vorhalte- oder sächlichen Generalunkosten braucht der Arbeitgeber nicht zu erstatten.

206

Beispiele für Vorhalte- oder Generalunkosten:

Kosten für Fremd- und/oder Eigenkapitalverzinsung, Miete, Grundstücksabgaben, Mietnebenkosten für Heizung, Beleuchtung und Reinigung sowie für die Abnutzung oder Bereitstellung anderer, allgemein vorgehaltener beweglicher Einrichtungsgegenstände (Mobiliar, Lehr- und Lernmittel etc.)[5].

207

Soweit aus Anlass der konkreten Schulung dem Veranstalter **zusätzlich personelle und sächliche Kosten** entstanden sind, die auf die Teilnehmer umgelegt werden, sind diese erstattungsfähig, wenn sie **von den Generalunkosten klar abgrenzbar** sind. Den Gewerkschaften wie auch den von ihnen eingeschalteten gewerkschaftseigenen Unternehmen ist es möglich und zumutbar, die tatsächlich entstandenen, erstattungsfähigen, lehrgangsbezogenen Kosten der Schulung näher anzugeben, wobei eine vollständige Offenlegung aller Kalkulationsunterlagen nicht verlangt wird[6].

208

Soweit der Betriebsrat oder die Schulungsteilnehmer die erstattungsfähigen Kosten nicht **ausreichend nachweisen**, kann der Arbeitgeber die Leistung verweigern. Betriebsratsmitglieder, die zu einer Schulung entsandt sind, müssen wie ein Beauftragter im Rahmen des Möglichen und Zumutbaren **Belege** über die zu ersetzenden Aufwendungen vorlegen, damit der Arbeitgeber in der Lage ist, die von ihm zu tragenden Kosten festzustellen und etwaige nicht erstattungsfähige Kosten auszuscheiden. Da-

209

---

1 St. Rspr. seit BAG 31.10.1972 – 1 ABR 7/72, DB 1973, 528.
2 BAG 26.8.1975 – 1 ABR 12/74, DB 1975, 2450.
3 BAG 30.3.1994 – 7 ABR 45/93, NZA 1995, 382; 15.1.1992 – 7 ABR 23/90, NZA 1993, 189; vgl. hierzu auch *Wedde*, DB 1994, 730 ff.
4 BAG 28.6.1995 – 7 ABR 55/94, NZA 1995, 1216.
5 BAG 3.4.1979 – 6 ABR 70/76, DB 1979, 1799.
6 BAG 30.3.1994 – 7 ABR 45/93, NZA 1995, 382.

bei muss sich aus den Belegen ergeben, welche unter die Kostentragungspflicht des Arbeitgebers fallenden Leistungen der Schulungsveranstalter erbracht hat, und welche Preise die Schulungsteilnehmer für die einzelnen Leistungen zu zahlen haben. Dabei hängt der erforderliche Inhalt der Belege von den Anspruchsvoraussetzungen ab, die nachgewiesen werden sollen[1].

210 Für **Fahrt-, Verpflegungs-** und etwaige **Übernachtungskosten** gilt der Grundsatz der Verhältnismäßigkeit. Das an der Schulungsveranstaltung teilnehmende Betriebsratsmitglied muss die Kostenbelastung so gering wie möglich halten. Die **Kosten der persönlichen Lebensführung**, wie zB für Getränke, sind nicht zu erstatten, und die **Ersparnis eigener Aufwendungen** kann abgezogen werden. Der Arbeitgeber kann entsprechend den Lohnsteuerrichtlinien einen Teil der tatsächlichen Verpflegungsaufwendungen als Haushaltsersparnis anrechnen, es sei denn, der Arbeitnehmer begnügt sich mit einer ihm zustehenden Kostenpauschale, die bereits die Haushaltsersparnis berücksichtigt[2]. Soweit in einem Betrieb zumutbare **Reisekostenregelungen** erlassen worden sind, gelten diese grundsätzlich auch für Reisen von Betriebsratsmitgliedern im Rahmen der Teilnahme an Schulungsveranstaltungen[3]. Die Notwendigkeit (und deshalb Erforderlichkeit) der Übernachtung im Tagungshotel ist gesondert darzulegen[4].

g) Kosten des Betriebsrats

211 Grundsätzlich ist der Arbeitgeber verpflichtet, gem. § 40 Abs. 1 BetrVG die **durch die Tätigkeit des Betriebsrats** im Rahmen des Gesetzes für eine sachgerechte Interessenwahrnehmung **entstehenden erforderlichen Kosten** zu tragen[5]. Ein Anspruch auf Kostenerstattung besteht nur dann, wenn die Kosten im Interesse des Betriebes und seiner Belegschaft unter Berücksichtigung auch der Belange des Arbeitgebers erforderlich waren oder doch jedenfalls vom Betriebsrat oder seinen Mitgliedern unter Anlegung dieses Maßstabes bei gewissenhafter Abwägung aller Umstände für erforderlich gehalten werden durften[6] und die ausgelösten Kosten dem Grundsatz der Verhältnismäßigkeit entsprechen. Der Betriebsrat ist in Bezug auf Hilfsgeschäfte mit Dritten (zB Beauftragung von Sachverständigen), die er im Rahmen seines gesetzlichen Wirkungskreises tätigt, partiell rechtsfähig und damit parteifähig iSv. § 50 Abs. 1 ZPO[7].

212 **Erforderliche Kosten** sind nur die im Rahmen des laufenden Geschäftsbetriebes entstehenden Barauslagen des Betriebsrats, soweit sie zur Erfüllung der Betriebsratsaufgaben erforderlich waren. Sachleistungen muss der Arbeitgeber nach § 40 Abs. 2 BetrVG zur Verfügung stellen, der Betriebsrat darf diese nicht selbst beschaffen und die Kosten dafür nach § 40 Abs. 1 BetrVG ersetzt verlangen.

aa) Kosten für Dolmetscher

213 Die Vergütung für einen Dolmetscher, der den Tätigkeitsbericht des Betriebsrats in Betriebsversammlungen nach § 43 BetrVG mündlich übersetzt, kann erstattungsfähig sein, sofern ein **erheblicher Teil der Belegschaft aus Ausländern** besteht[8].

---

1 BAG 28.6.1995 – 7 ABR 55/94, NZA 1995, 1216; 28.6.1995 – 7 ABR 47/94, NZA 1995, 1220.
2 BAG 28.6.1995 – 7 ABR 47/94, NZA 1995, 1220.
3 BAG 28.3.2007 – 7 ABR 33/06, AP Nr. 89 zu § 40 BetrVG 1972.
4 BAG 28.3.2007 – 7 ABR 33/06, AP Nr. 89 zu § 40 BetrVG 1972.
5 BAG 16.1.2008 – 7 ABR 71/06, NZA 2008, 546; 25.5.2005 – 7 ABR 45/04, NZA 2005, 1002.
6 So schon BAG 24.6.1969 – 1 ABR 6/69, BB 1969, 1037.
7 BGH 25.10.2012 – III ZR 266/11, NZA 2012, 1382; kritisch *Fischer*, NZA 2014, 343.
8 LAG Köln 30.1.1981 – 16 TaBV 21/80, DB 1981, 1093; sehr instruktiv *Diller*, DB 2000, 718.

bb) Allgemeine Geschäftsführungskosten

Die allgemeinen Geschäftsführungskosten wie **Porto, Telefonkosten** und in entsprechendem Umfang **Reisekosten** muss der Arbeitgeber erstatten. 214

cc) Sachverständigenkosten

Sachverständigenkosten sind nur dann erforderlich iSd. § 40 Abs. 1 BetrVG und vom Arbeitgeber zu tragen, wenn die Hinzuziehung des Sachverständigen den Erfordernissen des § 80 Abs. 3 Satz 1 BetrVG entspricht, insbesondere eine **vorherige** nähere **Vereinbarung zwischen Arbeitgeber und Betriebsrat** über die Beauftragung des Sachverständigen getroffen oder ersetzt worden ist[1]. Nach Auffassung des LAG Hessen[2] muss der Arbeitgeber die Kosten für einen vom Betriebsrat ohne vorherige Zustimmung hinzugezogenen Sachverständigen auch dann tragen, wenn das verweigerte Einverständnis nachträglich gerichtlich ersetzt wird. Der Ersetzung der Zustimmung soll nach dieser Entscheidung Rückwirkung zukommen, weil ansonsten der böswillige Arbeitgeber die Möglichkeit habe, durch Verweigerung der erforderlichen Hinzuziehung des Sachverständigen den Betriebsrat in seiner Handlungs- und Funktionsfähigkeit zu beeinträchtigen. 215

dd) Kosten der anwaltlichen Beratung

Ein Rechtsanwalt, der den Betriebsrat über eine vom Arbeitgeber vorgeschlagene Betriebsvereinbarung beraten soll, ist auch dann **Sachverständiger** iSd. § 80 Abs. 3 BetrVG, wenn er seine Sachkunde nicht neutral, sondern als Interessenvertreter des Betriebsrats zur Verfügung stellt[3]. Demgemäß sind die entstehenden Kosten nur unter den Voraussetzungen des § 80 Abs. 3 BetrVG erstattungsfähig. Fehlt es daran, kann der Betriebsrat keine Freistellung nach § 40 Abs. 1 BetrVG verlangen[4]. Wird der Rechtsanwalt mit der Einleitung und **Durchführung eines Beschlussverfahrens** beauftragt, sind die entstehenden Kosten – soweit erforderlich – gem. § 40 Abs. 1 BetrVG vom Arbeitgeber zu tragen. Zu dieser Tätigkeit gehört auch die **außergerichtliche Geltendmachung** eines Mitbestimmungsrechts mit dem Ziel, die bereits beschlossene Durchführung des Beschlussverfahrens zu vermeiden[5]. 216

ee) Kosten der anwaltlichen Vertretung vor der Einigungsstelle

Der Betriebsrat ist auch berechtigt, einen Rechtsanwalt seines Vertrauens mit der Wahrnehmung seiner Interessen vor der Einigungsstelle zu beauftragen, wenn der Regelungsgegenstand der Einigungsstelle **schwierige Rechtsfragen** aufwirft, die zwischen den Betriebsparteien **umstritten** sind und **kein Betriebsratsmitglied** über den zur sachgerechten Interessenwahrnehmung **notwendigen juristischen Sachverstand** verfügt[6]. Der Honoraranspruch des Rechtsanwalts, der den Betriebsrat vor der Einigungsstelle vertritt, ist nicht begrenzt auf die Höhe der Vergütung eines Einigungsstellenbeisitzers, sondern ist nach Maßgabe der Regelungen des RVG zu berechnen[7]. Die Kosten der Einigungsstelle sind in § 76a BetrVG geregelt. Auf die dortigen Ausführungen darf verwiesen werden. 217

---

1 BAG 26.2.1992 – 7 ABR 51/90, DB 1992, 2245; 19.4.1989 – 7 ABR 87/87, DB 1989, 1774.
2 LAG Hess. 11.11.1986 – 5 TaBV 121/86, BB 1987, 614.
3 BAG 15.11.2000 – 7 ABR 24/00, FA 2001, 119.
4 BAG 15.11.2000 – 7 ABR 24/00, FA 2001, 119.
5 BAG 15.11.2000 – 7 ABR 24/00, FA 2001, 119.
6 BAG 14.2.1996 – 7 ABR 25/95, NZA 1996, 892.
7 BAG 14.2.1996 – 7 ABR 25/95, NZA 1996, 892 (noch zur BRAGO).

ff) Prozessführungskosten

218 Diese Kosten muss der Arbeitgeber tragen, soweit sie erforderlich sind. Eine Erstattungspflicht besteht nur, wenn die **Kosten erforderlich und verhältnismäßig** sind. Dabei ist die Erforderlichkeit der Kostenverursachung nicht rückblickend nach einem rein objektiven Maßstab, sondern vom Zeitpunkt der Entscheidung des Betriebsrats aus zu beurteilen. Grundsätzlich ist die Erforderlichkeit zu bejahen, wenn der Betriebsrat wie ein vernünftiger Dritter bei gewissenhafter Überlegung und verständiger, ruhiger Abwägung aller Umstände im Zeitpunkt seiner Beschlussfassung zu dem Ergebnis gelangen durfte, der noch zu verursachende Kostenaufwand sei, auch unter Berücksichtigung der berechtigten Interessen des Arbeitgebers für die Betriebsratstätigkeit notwendig. Das vom Betriebsrat beabsichtigte Beschlussverfahren muss erforderlich und geeignet sein, das von ihm geltend gemachte und ihm ernsthaft bestrittene Recht unmittelbar durchzusetzen, ohne dass die Meinungsverschiedenheit betriebsverfassungsrechtlichen Inhalts auf andere Weise mit dem Arbeitgeber geklärt werden kann.

219 Die Grenzen der Erstattungsfähigkeit sind überschritten, wenn das Verfahren **ohne hinreichenden Anlass** eingeleitet, ohne Aussicht auf Erfolg **mutwillig durchgeführt** oder der Grundsatz der **Verhältnismäßigkeit missachtet** wird. Für diese Abwägung steht dem Betriebsrat ein gewisser Beurteilungsspielraum zu. Es ist auf das Urteil eines vernünftigen Dritten im Zeitpunkt der Beschlussfassung des Auftrags an den Rechtsanwalt abzustellen. Die Kostentragungspflicht des Arbeitgebers entfällt, wenn die Rechtsverfolgung offensichtlich aussichtslos ist[1]. Das ist jedenfalls dann nicht der Fall, wenn über eine ungeklärte Rechtsfrage zu entscheiden ist und die Rechtsauffassung des Betriebsrats vertretbar erscheint[2].

220 Der Betriebsrat muss dabei wie jeder andere, der auf Kosten eines Dritten handeln darf, Maßstäbe einhalten, die er ggf. anwenden würde, wenn er selbst – oder seine beschließenden Mitglieder – die Kosten tragen müssten[3]. Er hat grundsätzlich im Rahmen pflichtgemäßer Abwägung aller Umstände die Wahl, seine Interessen im Beschlussverfahren selbst zu vertreten, sich durch die Gewerkschaft vertreten zu lassen oder einen Rechtsanwalt einzuschalten. Bei Beauftragung eines Rechtsanwaltes muss er insbesondere auch prüfen, ob die beabsichtigte Beauftragung eines auswärtigen Büros und die dadurch unvermeidbaren Mehrkosten vertretbar und sachlich gerechtfertigt sind[4]. Es reicht nicht aus, wenn der Betriebsrat darauf verweist, der Arbeitgeber beauftrage ebenfalls auswärtige Anwälte, da der Arbeitgeber nicht verpflichtet ist, die Kosten des Betriebsrates in dem Umfang zu erstatten, in dem er Verpflichtungen gegenüber seinen Auftragnehmern eingeht[5].

Beispiel:

Eine Pflicht zur Erstattung besteht immer dann, wenn die Heranziehung eines Rechtsanwalts zwingend vorgeschrieben ist (Rechtsbeschwerdeverfahren, § 94 ArbGG), dagegen nie, wenn ein aussichtsloser Rechtsstreit geführt wird.

221 Der Arbeitgeber ist grundsätzlich verpflichtet, die Kosten eines vom Betriebsrat mit der Prozessvertretung beauftragten Rechtsanwalts zu tragen, auch wenn dieser in einem Verfahren nach § 103 BetrVG gleichzeitig den Betriebsrat und das betroffene Betriebsratsmitglied vertritt. Nach Auffassung des BAG verstößt eine solche Mehrfachvertretung nicht gegen das Verbot der Vertretung widerstreitender Interessen nach

---

1 BAG 29.7.2009 – 7 ABR 95/07, NZA 2009, 1233; 19.3.2003 – 7 ABR 15/02, DB 2003, 1911.
2 BAG 19.3.2003 – 7 ABR 15/02, DB 2003, 1911.
3 BAG 29.7.2009 – 7 ABR 95/07, NZA 2009, 1233.
4 BAG 20.10.1999 – 7 ABR 25/98, NZA 2000, 556; 15.11.2000 – 7 ABR 24/00, nv.
5 BAG 15.11.2000 – 7 ABR 24/00, FA 2001, 119.

§ 43a Abs. 4 BRAO, weil der Betriebsrat und das betroffene Betriebsratsmitglied in einem solchen Verfahren regelmäßig das gleiche Ziel (Abwehr der Zustimmungsersetzung) verfolgen. Nur dann, wenn der Betriebsrat zu der Auffassung gelangt, an der Zustimmungsverweigerung nicht mehr festhalten zu wollen, entstehen widerstreitende Interessen, weshalb der Rechtsanwalt dann beide Mandate niederlegen muss[1]. Der Betriebsrat hat die Beauftragung eines Rechtsanwaltes, der ihn im arbeitsgerichtlichen Beschlussverfahren vertreten soll, grundsätzlich auf der Grundlage der gesetzlichen Vergütung vorzunehmen. Eine Honorarzusage, die zu einer höheren Vergütung führt, insbesondere auch die Vereinbarung eines Zeithonorars, darf er regelmäßig nicht für erforderlich halten[2].

> **Hinweis:** Der Anspruch auf Erstattung von Rechtsanwaltskosten setzt einen ordnungsgemäßen Betriebsratsbeschluss zur Beauftragung voraus. Für die insoweit entstehenden Kosten besteht ein Freistellungsanspruch des Betriebsrats gegenüber dem Arbeitgeber, der an den Rechtsanwalt/die Rechtsanwältin abgetreten werden kann. Durch die Abtretung wandelt sich der ursprüngliche Handlungsanspruch (nicht zu verzinsen) in einen Zahlungsanspruch (§§ 288, 291 BGB anwendbar). Die Kosten anwaltlicher Vertretung in einem Beschlussverfahren, das der Insolvenzverwalter nach Unterbrechung gem. § 240 ZPO fortführt, sind – auch soweit sie bereits vor Insolvenzeröffnung entstanden sind – Masseverbindlichkeiten iSd. § 55 Abs. 1 Nr. 1 InsO[3].

h) Sachaufwand des Betriebsrats

Nach § 40 Abs. 2 BetrVG sind dem Betriebsrat durch den Arbeitgeber Räume, Sachmittel und Büropersonal sowie Informations- und Kommunikationstechnik im erforderlichen Umfang zur Verfügung zu stellen. Der Betriebsrat hat einen **Überlassungsanspruch**, den er geltend machen muss. Er ist nicht berechtigt, sich Sachmittel oder Büropersonal selbst zu beschaffen. Bei eigenmächtiger Beschaffung ist der Arbeitgeber nicht verpflichtet, anschließend die Kosten zu übernehmen[4]. Das Gesetz billigt dem Arbeitgeber nach Auffassung des BAG zwar ein Auswahlrecht bei der Beschaffung der Sachmittel zu und verhindert auf diese Weise Eigenanschaffungen des vermögenslosen und nur partiell vermögensfähigen[5] Betriebsrats zu Lasten des Arbeitgebers. Damit soll aber nicht die Befugnis verbunden sein, über die Erforderlichkeit des Sachmittels zu befinden. Dies ist Sache des Betriebsrats, der seine Entscheidung nach pflichtgemäßem Ermessen zu treffen hat. Dabei gesteht ihm das BAG in ständiger Rechtsprechung ein Bestimmungsrecht zu, was die konkreten Sachmittel angeht[6]. Der Betriebsrat muss prüfen, ob das verlangte Sachmittel aufgrund der konkreten betrieblichen Situation zur Erledigung seiner gesetzlichen Aufgaben erforderlich ist, und dabei die Interessen der Belegschaft an einer sachgerechten Ausübung des Betriebsratsamtes gegen die Interessen des Arbeitgebers, auch an einer Kostenbegrenzung gegeneinander abwägen. Hält sich der Betriebsrat an diese Vorgaben, können die Arbeitsgerichte die Entscheidung des Betriebsrats nicht durch ihre eigene Beurteilung ersetzen[7]. Über die Reichweite der erforderlichen Sachausstattung lässt sich, wie eine Entscheidung des ArbG Frankfurt zeigt, gleichwohl auch dann trefflich streiten, wenn auf Arbeitgeberseite eine gewerkschaftseigene Organisation betroffen ist[8].

---

1 BAG 25.8.2004 – 7 ABR 60/03, NZA 2005, 168.
2 BAG 20.10.1999 – 7 ABR 25/98, NZA 2000, 556.
3 BAG 17.8.2005 – 7 ABR 56/04, NZA 2006, 109.
4 BAG 21.4.1983 – 6 ABR 70/82, DB 1983, 997.
5 BAG 29.9.2004 – 1 ABR 30/03, NZA 2005, 123 (st. Rspr.).
6 BAG 26.10.1994 – 7 ABR 15/94, NZA 1995, 386 betr. Kommentarliteratur; 25.1.1995 – 7 ABR 37/94, NZA 1995, 591 betr. Fachzeitschriften; 24.1.1996 – 7 ABR 22/95, NZA 1997, 60 betr. Gesetzestexte; 11.3.1998 – 7 ABR 59/96, NZA 1998, 953 betr. PC; 8.3.2000 – 7 ABR 73/98, NZA 2003, 991 (Ls.), betr. Nutzung Telefonanlage.
7 BAG 17.2.2010 – 7 ABR 81/09, BB 2010, 1724; 20.1.2010 – 7 ABR 79/08, NZA 2010, 709.
8 ArbG Frankfurt aM 17.2.1999 – 2 BV 454/98, NZA-RR 1999, 420.

aa) Betriebsratsbüro

223 In größeren Betrieben muss der Arbeitgeber dem Betriebsrat ein oder mehrere **Räume** zur Verfügung stellen. Der Raum muss den Anforderungen an eine Arbeitsstätte genügen, verschließbar und optisch und akustisch so abgeschirmt sein, dass Zufallszeugen ihn von außen nicht einsehen und abhören können[1]. In kleineren Betrieben kann es genügen, dem Betriebsrat einen Raum zeitweilig zu überlassen. In diesem Fall muss der Betriebsrat über einen **verschließbaren Schrank** verfügen. Die Reichweite des dem Betriebsrat zustehenden Hausrechts beurteilt sich ebenfalls nach § 40 Abs. 2 BetrVG. Da der Arbeitgeber nur verpflichtet ist, dem Betriebsrat Räume „im erforderlichen Umfang" zur Verfügung zu stellen, steht dem Betriebsrat gegenüber dem Arbeitgeber das **Hausrecht** an diesen Räumen auch nur in einem entsprechenden Umfang zu. Er ist daher nicht berechtigt, dritten Personen Zugang zu den ihm überlassenen Räumen zu gewähren, wenn und soweit der Zutritt oder Aufenthalt dieser Personen im Betriebsratsbüro zur Erfüllung seiner Aufgaben nach dem BetrVG nicht erforderlich ist[2].

bb) Sachmittel

224 Als Sachmittel, die für die laufende Geschäftsführung des Betriebsrats erforderlich und damit vom Arbeitgeber als üblicher Bedarf zu stellen sind, sind in Literatur und Rechtsprechung ein **verschließbarer Schrank/Aktenschrank, Schreibmaterialien, Schreibmaschine**, in größeren Betrieben ein **Diktiergerät, Porto** und **Stempel, Fernsprecher** sowie die **Mitbenutzung von Vervielfältigungsgeräten** des Arbeitgebers anerkannt[3]. Zu den erforderlichen Sachmitteln gehört auch ein „**schwarzes Brett**"[4]. Die Herausgabe eines regelmäßig erscheinenden **Informationsblattes** hingegen ist nach herrschender Auffassung nicht vom Arbeitgeber als Sachmittel iSd. § 40 Abs. 2 BetrVG zu finanzieren. Besonders problematisch ist die Frage, inwieweit der Arbeitgeber **Fachliteratur** bereitstellen muss. Zu der vom Arbeitgeber zur Verfügung zu stellenden Fachliteratur gehören Textausgaben des BetrVG und anderer wichtiger arbeits- und sozialrechtlicher Gesetze, ferner die im Betrieb anzuwendenden Tarifverträge sowie Kommentare, Fachzeitschriften und Entscheidungssammlungen. Bei Kommentaren und Textausgaben ist jeweils die **neueste Auflage** zur Verfügung zu stellen und bei einem Wechsel der Auflage neu zu beschaffen. Dabei steht dem **Betriebsrat ein Wahlrecht** zu, ob er an dem bisherigen Kommentar festhält oder ihm ein anderer für seine Bedürfnisse geeigneter erscheint[5]. Auch in Bezug auf die ihm vom Arbeitgeber zur Verfügung zu stellenden arbeitsrechtlichen Gesetzestexte steht dem Betriebsrat ein Wahlrecht zu. Bei Ausübung dieses Wahlrechts muss sich der Betriebsrat sich nicht ausschließlich vom Interesse des Arbeitgebers an einer möglichst geringen Kostenbelastung leiten lassen, so dass nach Auffassung des BAG die Anschaffung des „Kittner" an Stelle der Textausgabe des Beck-Verlages nicht zu beanstanden ist[6].

225 Der Betriebsrat kann den Bezug einer **Fachzeitschrift** (zB Arbeitsrecht im Betrieb) verlangen[7]. Die gegen diese Entscheidung des BAG eingelegte Verfassungsbeschwerde wurde vom BVerfG nicht zur Entscheidung angenommen[8]. Wenn dem Betriebsrat allerdings bereits eine arbeitsrechtliche Fachzeitschrift zur Verfügung steht, die sich re-

---

1 LAG Köln 19.1.2001 – 11 TaBV 75/00, BB 2001, 2012.
2 BAG 20.10.1999 – 7 ABR 37/98, nv.; 18.9.1991 – 7 ABR 63/90, DB 1992, 434.
3 Vgl. nur LAG Nds. 13.12.1988 – 1 TaBV 60/88, NZA 1989, 442; *Fitting*, § 40 BetrVG Rz. 114 ff. mwN.
4 BAG 21.11.1978 – 6 ABR 85/76, DB 1979, 751.
5 BAG 26.10.1994 – 7 ABR 15/94, NZA 1995, 386.
6 BAG 24.1.1996 – 7 ABR 22/95, NZA 1997, 60.
7 BAG 26.10.1994 – 7 ABR 15/94, NZA 1995, 386.
8 BVerfG 10.12.1985 – 1 BvR 1724/83, NZA 1986, 161.

gelmäßig mit arbeits- und gesundheitswissenschaftlichen Themenstellungen befasst, so muss für die geforderte Anschaffung einer weiteren Fachzeitschrift dargelegt werden, welche betrieblichen oder betriebsratsbezogenen Gründe dies erfordern[1]. Nach Auffassung des LAG Hessen kann der Betriebsrat vom Arbeitgeber den Bezug der „Arbeit und Ökologie"-Briefe verlangen[2]. Ein Anspruch auf den Bezug einer Tageszeitung (zB Handelsblatt) besteht nicht[3].

cc) Informations- und Kommunikationstechnik

Nach § 40 Abs. 2 BetrVG hat der Arbeitgeber dem Betriebsrat neben Räumen und Sachmitteln auch Informations- und Kommunikationstechnik zur Verfügung zu stellen. Dazu gehören vor allem Computer mit entsprechender Software, aber auch die Nutzung im Betrieb oder Unternehmen vorhandener moderner Kommunikationsmöglichkeiten[4]. Auch diese Technik aber ist nur im Rahmen der Erforderlichkeit zur Verfügung zu stellen[5]. Unter ausdrücklicher Aufgabe seiner bisherigen Rechtsprechung bejaht der 7. Senat nun die regelmäßige Erforderlichkeit eines nicht personalisierten **Internetzugangs**[6] für die einzelnen Betriebsratsmitglieder wegen offenkundiger Dienlichkeit dieses Mediums ohne konkrete Darlegung der Erforderlichkeit im Einzelfall ebenso wie die Einrichtung eigener **E-Mail-Adressen**[7]. Im Rahmen der vom Betriebsrat bei seiner Entscheidung zu berücksichtigenden berechtigten Interessen des Arbeitgebers sind die konkreten Umstände des Einzelfalls zu betrachten. So schließt die Nichtnutzung des Internets durch den Arbeitgeber den Anspruch des Betriebsrats nicht automatisch aus, kann aber bei einem kleinen Betrieb mit geringer wirtschaftlicher Leistungsfähigkeit durchaus im Rahmen der Interessenabwägung zu berücksichtigen sein[8].

226

Wenn auf einem PC des Betriebsrats personenbezogene Daten verarbeitet werden, muss der Betriebsrat als verantwortliche Stelle nach § 3 Abs. 7 BDSG eigenverantwortlich für die Einhaltung der datenschutzrechtlichen Vorgaben sorgen[9].

227

Der Betriebsrat hat keinen Anspruch auf einen Telefonanschluss mit **Amtsleitung**, wenn er die erforderlichen Gespräche über die betriebliche Telefonanlage ohne Empfänger- und Inhaltskontrolle führen kann[10]. In Kleinbetrieben ist die Mitbenutzung der betrieblichen Fernsprechanlage zur ordnungsgemäßen Ausübung der anfallenden Betriebsratstätigkeit in der Regel ausreichend und zumutbar[11]. Die Aufzeichnung der Ferngespräche des Betriebsrates nach Datum, Anmelder, Ort und Zielnummer sowie nach Gebühreneinheiten stellt keine Behinderung dar[12]. Nach Auffassung des BAG kann sich aus § 40 Abs. 2 BetrVG aber ein Anspruch des Betriebsrates ergeben, eine an den Arbeitsplätzen der Arbeitnehmer vorhandene Telefonanlage durch eine vom Arbeitgeber zu veranlassende gesonderte fernsprechtechnische Schaltung für den innerbetrieblichen Dialog mit der Belegschaft nutzbar machen zu lassen[13]. Das geht so-

228

---

1 BAG 25.1.1995 – 7 ABR 37/94, NZA 1995, 591.
2 LAG Hess. 21.3.1991 – 12 TaBV 191/90, NZA 1991, 859.
3 BAG 29.11.1989 – 7 ABR 42/89, NZA 1990, 448.
4 Begr. RegE, BT-Drucks. 14/5741, 41.
5 BAG 17.2.2010 – 7 ABR 81/09, BB 2010, 1724; 20.1.2010 – 7 ABR 79/08, NZA 2010, 709.
6 BAG 18.7.2012 – 7 ABR 23/11, DB 2012, 2524; 14.7.2010 – 7 ABR 80/08, DB 2010, 2731; 17.2.2010 – 7 ABR 81/09, BB 2010, 1724; 20.1.2010 – 7 ABR 79/08, NZA 2010, 709.
7 BAG 14.7.2010 – 7 ABR 80/08, DB 2010, 2731.
8 BAG 17.2.2010 – 7 ABR 81/09, BB 2010, 1724.
9 BAG 18.7.2012 – 7 ABR 23/11, DB 2012, 2524.
10 LAG Hess. 18.3.1986 – 5 TaBV 1008/85, NZA 1986, 650.
11 LAG Rh.-Pf. 9.12.1991 – 7 TaBV 38/91, NZA 1993, 426.
12 BAG 18.1.1989 – 7 ABR 38/87, nv.; 1.8.1990 – 7 ABR 99/88, DB 1991, 47.
13 BAG 9.6.1999 – 7 ABR 66/97, BAGE 92, 26; 8.3.2000 – 7 ABR 73/98, NZA 2003, 991 (Ls.); für den Gesamtbetriebsrat: LAG BW 30.4.2008 – 2 TaBV 7/07, DB 2008, 1440.

weit, dass die telefonische Erreichbarkeit aller Betriebsratsmitglieder gewährleistet werden muss, an deren Arbeitsplätzen der Arbeitgeber eine Fernsprecheinrichtung bereitgestellt hat[1]. Auch die Anschaffung eines **Telefaxgerätes** kann erforderlich sein, wenn dem Betriebsrat die Mitbenutzung eines beim Arbeitgeber vorhandenen Gerätes nicht möglich ist[2].

dd) Büropersonal

229 Soweit erforderlich, muss der Arbeitgeber dem Betriebsrat auch Büropersonal zur Verfügung stellen, also etwa eine **Schreibkraft/eine Hilfskraft** für Vervielfältigungsarbeiten und Botengänge. Das gilt auch dann, wenn einzelne Betriebsratsmitglieder selbst die für Schreibarbeiten erforderlichen Geräte, Fähigkeiten und Kenntnisse haben[3]. Der zeitliche Umfang, in dem der Arbeitgeber eine Schreibkraft zur Verfügung stellen muss, hängt von der Größe des Betriebes ab. Dabei gibt es keinen Anspruch aufgrund Größe des Betriebsrats „prima facie"; der Betriebsrat muss immer darlegen, welche anfallenden Bürotätigkeiten einer Bürokraft übertragen werden sollen und welchen, ggf. konstanten, zeitlichen Aufwand diese Tätigkeiten erfordern[4]. Auch für den Wirtschaftsausschuss kann ein Anspruch bestehen, vom Arbeitgeber das erforderliche Büropersonal zur Verfügung gestellt zu erhalten[5].

◯ **Hinweis:** Der Arbeitgeber kann vom Betriebsrat nicht verlangen, einen bestimmten Arbeitnehmer als Bürokraft zu beschäftigen[6].

ee) Streitigkeiten

230 Streitigkeiten über die Kosten der Geschäftsführung des Betriebsrats, über die Bereitstellung von Räumen, sachlichen Mitteln oder Büropersonal sind nach § 2a ArbGG im **arbeitsgerichtlichen Beschlussverfahren** zu entscheiden. Das gleiche gilt für die Erstattung der Aufwendungen einzelner Betriebsratsmitglieder[7]. Der Betriebsrat ist in diesen Verfahren notwendiger Beteiligter[8]. Ansprüche auf Arbeitsentgelt wegen der Teilnahme an Schulungs- und Bildungsveranstaltungen sind im **Urteilsverfahren** geltend zu machen.

231 Wenn Streitigkeiten über die Kostentragung zu einer wesentlichen Erschwerung der Betriebsratstätigkeit führen, kann uU auch im **einstweiligen Verfügungsverfahren** entschieden werden (§ 85 Abs. 2 ArbGG). Der Betriebsrat kann allerdings nicht mit einer einstweiligen Verfügung sein Teilnahmerecht absichern, wenn der Arbeitgeber die Erforderlichkeit der Teilnahme eines Betriebsratsmitglieds an einer Schulung bestreitet. Da das Begehren in diesem Fall auf eine Feststellung und nicht auf eine Regelung gerichtet ist, fehlt es am Verfügungsgrund[9].

---

1 BAG 27.11.2002 – 7 ABR 36/01, DB 2003, 1799 (Erreichbarkeit des Vorsitzenden und eines weiteren Mitgliedes reicht nicht aus).
2 BAG 15.11.2000 – 7 ABR 9/99, AuA 2001, 38; LAG Nds. 27.5.2002 – 5 Ta BV 21/02, DB 2002, 1616.
3 BAG 20.4.2005 – 7 ABR 14/04, NZA 2005, 1010.
4 BAG 20.4.2005 – 7 ABR 14/04, NZA 2005, 1010.
5 BAG 17.10.1990 – 7 ABR 69/89, NZA 1991, 432.
6 BAG 5.3.1997 – 7 ABR 3/96, NZA 1997, 844.
7 St. Rspr., BAG 6.11.1973 – 1 ABR 26/73, DB 1974, 633.
8 BAG 13.7.1977 – 1 ABR 19/75, DB 1978, 168.
9 LAG Düsseldorf 6.9.1995 – 12 TaBV 69/95, NZA-RR 1996, 12.

i) Kosten einzelner Betriebsratsmitglieder

Der Arbeitgeber ist verpflichtet, die persönlichen Aufwendungen einzelner Betriebsratsmitglieder zu tragen, soweit diese Aufwendungen im Rahmen und in Erfüllung ihrer Amtstätigkeit **erforderlich** geworden sind[1].

○ **Hinweis:** Ein Anspruch auf Erstattung erforderlicher Auslagen besteht auch während der Dauer einer ohne Erwerbstätigkeit ausgeübten **Elternzeit** des weiterhin Betriebsratsarbeit leistenden Betriebsratsmitglieds, da das Betriebsratsamt auch während dieser Zeit fortbesteht[2].

aa) Fahrtkosten/Reisekosten

Der Arbeitgeber ist in der Regel verpflichtet, die **Beförderungskosten öffentlicher Verkehrsmittel** zu erstatten sowie **allgemeine Reisekosten** (Verpflegung, Unterkunft, Telefongespräche) zu tragen[3]. Nach Auffassung des ArbG München soll der Arbeitgeber verpflichtet sein, die Reisekosten eines Gesamtbetriebsratsmitglieds ins Ausland zu erstatten. Im konkreten Fall wollte der Arbeitgeber ein grenzüberschreitendes Informationssystem einführen, um den Einsatz von Kundendiensttechnikern zu verbessern. Das ArbG vertrat die Auffassung, der deutsche Gesamtbetriebsratsvorsitzende sei aufgrund dieses Sachverhalts berechtigt, sich mit dem österreichischen Zentralbetriebsrat zu einer Unterredung in Wien zu treffen. Der Arbeitgeber wurde zur Erstattung der Reisekosten verurteilt[4]. Auch Reisekosten eines Betriebsratsmitgliedes eines Unternehmens zur EU-Kommission nach Brüssel sollen erstattungsfähig sein, wenn das Unternehmen mit einem anderen ausländischen Unternehmen einen Zusammenschluss plant[5].

Die Kosten für eine **Reise eines örtlichen Betriebsrats zur Beratung mit dem Gesamtbetriebsrat** trotz alleiniger Zuständigkeit des Gesamtbetriebsrats in der maßgeblichen Frage sollen erstattungsfähig sein, weil der örtliche Betriebsrat berechtigt sei, seine abweichenden Vorstellungen durch Einflussnahme auf die Willensbildung im Gesamtbetriebsrat durchzusetzen und hierdurch seine eigene Zuständigkeit zu wahren[6]. Der Aufwand eines freigestellten Betriebsratsmitgliedes für seine regelmäßigen **Fahrten von seiner Wohnung in den Betrieb** ist vom Arbeitgeber nicht zu erstatten, auch wenn sich das Betriebsratsbüro in einer Betriebsstätte befindet, die weiter entfernt ist als die, an der er vor der Freistellung seine Arbeitsleistung zu erbringen hatte[7]. Dies gilt auch dann, wenn das Betriebsratsmitglied ohne seine Freistellung auf auswärtigen Baustellen zu arbeiten gehabt hätte und ihm hierfür der Fahrtkostenaufwand erstattet worden wäre[8]. Muss ein Betriebsratsmitglied außerhalb seiner persönlichen Arbeitszeit nur wegen der Teilnahme an einer Betriebsrats- oder Betriebsausschusssitzung den Betrieb aufsuchen, trägt der Arbeitgeber die Kosten unabhängig davon, ob die Sitzung aus betriebsbedingten Gründen iSd. § 37 Abs. 3 BetrVG außerhalb der Arbeitszeit des Betroffenen stattgefunden hat[9].

Wenn in einem Betrieb **Reisekostenregelungen** erlassen worden sind, gelten diese grundsätzlich auch für Reisen von Betriebsratsmitgliedern im Rahmen ihrer Betriebsratstätigkeit sowie für den Besuch von Schulungsveranstaltungen nach § 37 Abs. 6

---

1 St. Rspr., BAG 3.4.1979 – 6 ABR 64/76, DB 1979, 2091.
2 BAG 25.5.2005 – 7 ABR 45/04, NZA 2005, 1002.
3 *Fitting*, § 40 BetrVG Rz. 47; DKKW/*Wedde*, § 40 BetrVG Rz. 62 ff.
4 ArbG München 29.8.1991 – 12 BV 53/91, AiB 1991, 429.
5 LAG Nds. 10.6.1992 – 5 TaBV 3/92, BB 1993, 291.
6 BAG 10.8.1994 – 7 ABR 35/93, NZA 1995, 796.
7 BAG 13.6.2007 – 7 ABR 62/06, NZA 2007, 1301.
8 BAG 28.8.1991 – 7 ABR 46/90, NZA 1992, 72.
9 BAG 16.1.2008 – 7 ABR 71/06, NZA 2008, 546.

BetrVG[1]. Bei einer von mehreren Betriebsratsmitgliedern durchzuführenden Reise, für die ein Betriebsratsmitglied seinen Pkw benutzt, ist es für andere Betriebsratsmitglieder grundsätzlich zumutbar, diese **Mitfahrmöglichkeit** in Anspruch zu nehmen[2].

bb) Schäden

236 Der Arbeitgeber muss auch Aufwendungen ersetzen, die dem Betriebsratsmitglied in Form der **Aufopferung von Vermögenswerten** entstehen. Damit werden insbesondere Kosten für die Schadensbehebung erfasst, wenn das Betriebsratsmitglied bei Ausübung seiner Tätigkeit sein Eigentum beschädigt. Wenn ein Betriebsratsmitglied im Rahmen der Erledigung seiner Betriebsratsaufgaben den eigenen Pkw benutzt und hierbei einen **Verkehrsunfall** erleidet, so ist der Schaden zu ersetzen, wenn der Arbeitgeber die Benutzung des Fahrzeugs ausdrücklich gewünscht hat oder die Benutzung des Fahrzeugs zur rechtzeitigen und ordnungsgemäßen Erledigung der Betriebsratsaufgaben erforderlich war[3]. Allein die Erleichterung der Erfüllung der Betriebsratsaufgaben durch die Kraftfahrzeugbenutzung reicht nicht aus, um einen Aufwendungsersatzanspruch zu begründen.

237 Wenn ein (Gesamt-)Betriebsratsmitglied außerhalb seiner Arbeitszeit an einer Sitzung des Gremiums teilnimmt und ihm hierdurch Kosten für die Betreuung seiner Kinder entstehen, sind diese nach Auffassung des LAG Hessen vom Arbeitgeber gem. § 40 Abs. 1 BetrVG zu erstatten[4].

cc) Schulungskosten

238 Für die Teilnahme an Schulungs- und Bildungsveranstaltungen iSd. § 37 Abs. 6 BetrVG muss der Arbeitgeber die dem Betriebsratsmitglied entstehenden Aufwendungen ersetzen[5]. Keine Erstattungspflicht besteht im Hinblick auf die Kosten der Teilnahme an Schulungs- und Bildungsveranstaltungen nach § 37 Abs. 7 BetrVG, die für den Betriebsrat nicht erforderlich, wohl aber für seine Arbeit geeignet sind[6]. Wegen der Einzelheiten darf auf die Ausführungen in Rz. 203 ff. verwiesen werden.

dd) Prozessführungskosten

239 Nach § 40 Abs. 1 BetrVG muss der Arbeitgeber die durch die Tätigkeit des Betriebsrats entstehenden Kosten tragen. Zu diesen Aufwendungen können auch die **Kosten eines Rechtsstreits** des Betriebsratsmitglieds mit seinem Arbeitgeber oder mit dem Betriebsrat gehören, wenn es sich um die Kosten eines Rechtsstreits handelt, den das Betriebsratsmitglied in seiner Eigenschaft als Organmitglied der Betriebsverfassung führt. Die durch die Einleitung eines Beschlussverfahrens oder durch die Beteiligung daran entstehenden Rechtsanwaltskosten sind dann nach § 40 Abs. 1 BetrVG erstattungsfähig, wenn das Betriebsratsmitglied gerade in Hinblick auf seine Mitgliedschaft im Betriebsrat sowie zur ordnungsgemäßen Erfüllung seiner Aufgaben im Betrieb tätig geworden ist[7].

---

1 BAG 28.3.2007 – 7 ABR 33/06, AE 2008, 49.
2 BAG 28.10.1992 – 7 ABR 10/92, ArbuR 1993, 120.
3 BAG 3.3.1983 – 7 ABR 4/80, DB 1983, 1366; vgl. auch LAG Nds. 21.4.1980 – 3 TaBV 1/80, EzA § 40 BetrVG 1972 Nr. 48.
4 LAG Hess. 22.7.1997 – 4/12 TaBV 146/96, NZA-RR 1998, 121.
5 St. Rspr., vgl. BAG 31.10.1972 – 1 ABR 7/72, DB 1973, 528.
6 BAG 6.11.1973 – 1 ABR 26/73, BAGE 25, 357.
7 BAG 31.1.1990 – 7 ABR 39/89, NZA 1991, 152.

Beispiele: 240

Kosten eines Ausschlussverfahrens gem. § 23 Abs. 1 BetrVG[1], Kosten eines Rechtsstreits über die Wirksamkeit eines Rücktrittsbeschlusses des Betriebsrats[2], Kosten aus Streitigkeiten betreffend die Anfechtung der Wahl eines Betriebsratsmitgliedes, über die Feststellung des nachträglichen Verlustes seiner Wählbarkeit sowie über die Rechtmäßigkeit von Betriebsratsbeschlüssen oder internen Wahlen des Betriebsrats, über die Teilnahme an Schulungsveranstaltungen oder über das Einsichtsrecht eines Mitgliedes in die Betriebsratsunterlagen[3].

Bzgl. der **Erforderlichkeit** derartiger Kosten gelten die gleichen Maßstäbe wie bei Prozessführungskosten des Betriebsrats. Wegen der Einzelheiten darf auf die Ausführungen in Rz. 218ff. verwiesen werden. 241

Die **Kosten**, die einem Betriebsratsmitglied dadurch entstehen, dass es in **Verfahren nach § 103 Abs. 2 BetrVG** zur Ersetzung der Zustimmung des Betriebsrates zu seiner außerordentlichen Kündigung beteiligt wird, sind grundsätzlich nicht erstattungsfähig. In diesem Verfahren nimmt das betroffene Betriebsratsmitglied keine kollektivrechtlichen Interessen, sondern seine persönlichen individual-rechtlichen Interessen aus dem Arbeitsverhältnis wahr[4]. Wird der Zustimmungsersetzungsantrag des Arbeitgebers allerdings vom Beschwerdegericht rechtskräftig abgewiesen, so hat das beteiligte Betriebsratsmitglied Anspruch auf Erstattung der im Beschwerdeverfahren entstandenen Kosten gem. § 78 Satz 2 BetrVG, da es bei Obsiegen in einem entsprechenden Kündigungsschutzprozess in zweiter Instanz einen Erstattungsanspruch gem. § 91 ZPO hätte[5]. 242

j) Auflösung des Betriebsrats

Die Auflösung des Betriebsrats ist in § 23 BetrVG abschließend geregelt. Danach kann der Betriebsrat wegen **grober Verletzung seiner gesetzlichen Pflichten** durch das Arbeitsgericht aufgelöst werden. Mit dem rechtskräftigen Beschluss des Arbeitsgerichts hört der Betriebsrat auf zu bestehen, seine Amtszeit ist beendet. Für den damit betriebsratslosen Betrieb ist ein neuer Betriebsrat zu wählen. Gem. § 23 Abs. 2 BetrVG erfolgt die Bestellung des Wahlvorstandes für die Neuwahl durch das Arbeitsgericht (unverzüglich). 243

aa) Verfahren

Antragsberechtigt sind gem. § 23 Abs. 1 BetrVG mindestens ¼ der wahlberechtigten Arbeitnehmer, der Arbeitgeber oder eine im Betrieb vertretene Gewerkschaft. Das Quorum (mindestens ¼ der wahlberechtigten Arbeitnehmer) ist eine Sachentscheidungsvoraussetzung, die in jeder Lage des Verfahrens erfüllt sein muss und deren Vorliegen das Gericht von Amts wegen beachten muss. Es ist Sache der antragstellenden Arbeitnehmer vorzutragen, dass diese Voraussetzung im Zeitpunkt der letzten mündlichen Verhandlung vor dem Beschwerdegericht (noch) erfüllt ist[6]. Nach Auffassung des LAG Köln entfällt das berechtigte Interesse für den Antrag auf Auflösung des Betriebsrates, wenn sich die Besetzung des Betriebsrates aus anderen Gründen vollständig ändert[7]. 244

---

1 BAG 19.4.1989 – 7 ABR 6/88, NZA 1990, 233.
2 BAG 3.4.1979 – 6 ABR 64/76, DB 1979, 2091.
3 *Fitting*, § 40 BetrVG Rz. 60ff.
4 BAG 31.1.1990 – 7 ABR 39/89, NZA 1991, 152.
5 BAG 31.1.1990 – 7 ABR 39/89, NZA 1991, 152.
6 LAG Hess. 9.7.1992 – 12 TaBV 2/92, NZA 1993, 378.
7 LAG Köln 19.12.1990 – 7 TaBV 52/90, LAGE § 23 BetrVG 1972 Nr. 28.

245 Wird der Betriebsrat durch Beschluss eines LAG aufgelöst, ohne dass das LAG die Rechtsbeschwerde zulässt, so tritt die **Auflösungswirkung** nicht bereits mit der Verkündung des Beschlusses, sondern erst mit Eintritt der formellen Rechtskraft ein.

246 ↪ **Hinweis:** Bis zu diesem Zeitpunkt der Rechtskraft des gerichtlichen Auflösungsbeschlusses genießen die Mitglieder des Betriebsrates Kündigungsschutz nach § 15 Abs. 1 KSchG[1], danach entfällt auch der nachwirkende Kündigungsschutz (§ 15 Abs. 1 Satz 2 Halbs. 2 KSchG).

bb) Grobe Pflichtverletzung

247 Die Auflösung des Betriebsrates nach § 23 Abs. 1 BetrVG setzt voraus, dass dem Betriebsrat eine grobe Verletzung seiner gesetzlichen Pflichten vorgeworfen werden kann. Angesichts der gravierenden Auswirkungen der Auflösung des Betriebsrates kann eine solche grobe Verletzung der gesetzlichen Pflichten nur dann angenommen werden, wenn unter Berücksichtigung aller Umstände des Einzelfalles die **weitere Amtsausübung des Betriebsrates untragbar** erscheint[2]. Die Pflichtverletzung muss objektiv erheblich und offensichtlich schwerwiegend sein[3]. Bei dem Begriff der groben Pflichtverletzung handelt es sich um einen unbestimmten Rechtsbegriff, der den Tatsacheninstanzen einen Beurteilungsspielraum lässt. Das BAG kann nur nachprüfen, ob das LAG den Begriff selbst verkannt hat, ob die Subsumtion des Sachverhalts unter die Rechtsnorm Denkgesetze oder allgemeine Erfahrungssätze verletzt und ob die Beurteilung wegen des Übersehens wesentlicher Umstände offensichtlich fehlerhaft ist[4].

248 Nach herrschender Auffassung setzt die grobe Verletzung gesetzlicher Pflichten **kein Verschulden** voraus[5]. Nach § 23 Abs. 1 BetrVG ist allein entscheidend, ob der Betriebsrat als Gremium objektiv seine Pflichten grob verletzt hat, das Gremium als solches kann nicht schuldhaft handeln.

249 **Beispiele für grobe Pflichtverletzungen:**
– Verletzung des Gebots der vertrauensvollen Zusammenarbeit (§ 2 Abs. 1 BetrVG)[6];
– Aufruf zu einem wilden Streik;
– wiederholte Nichtdurchführung der gesetzlich vorgeschriebenen Betriebsversammlungen[7];
– Verletzung der Verschwiegenheitspflicht[8];
– ungerechtfertigte, gehässige Diffamierung und grobe Beschimpfung des Arbeitgebers[9];
– Aufforderung an Arbeitnehmer, der Gewerkschaft des Betriebsratsmitglieds beizutreten, weil der Betriebsrat sonst nichts für ihn tun könne[10].

Da die möglichen Amtspflichtverletzungen sich auf den gesamten Pflichtenkreis des Betriebsrates beziehen, ist eine erschöpfende Aufzählung nicht möglich[11].

---

1 LAG Hamm 9.11.1977 – 11 Sa 951/77, DB 1978, 216.
2 BAG 22.6.1993 – 1 ABR 62/92, NZA 1994, 184; LAG Hess. 4.5.2000 – 12 TaBV 100/99, nv.
3 BAG 22.6.1993 – 1 ABR 62/92, NZA 1994, 184.
4 BAG 22.6.1993 – 1 ABR 62/92, NZA 1994, 184.
5 BAG 22.6.1993 – 1 ABR 62/92, NZA 1994, 184; 27.11.1990 – 1 ABR 77/89, NZA 1991, 382; *Fitting*, § 23 BetrVG Rz. 40.
6 ArbG Krefeld 6.2.1995 – 4 BV 34/94, NZA 1995, 803.
7 LAG Hess. 12.8.1993 – 12 TaBV 203/92, ArbuR 1994, 107; LAG BW 13.3.2014 – 6 TaBV 5/13, BeckRS 2014, 69674.
8 Deshalb Ausschluss eines BR-Mitgliedes bejaht: ArbG Wesel 16.10.2008 – 5 BV 34/08, NZA-RR 2009, 21.
9 ArbG Marburg 28.5.1999 – 2 BV 3/99, NZA-RR 2001, 91.
10 LAG Köln 15.12.2000 – 11 TaBV 63/00, NZA-RR 2001, 371.
11 Vgl. weitere Auflistungen bei DKKW/*Trittin/Buschmann*, § 23 BetrVG Rz. 159 ff.; *Fitting*, § 23 BetrVG Rz. 37.

3. Der Gesamtbetriebsrat

Die Errichtung eines Gesamtbetriebsrates ist zwingend vorgeschrieben, wenn ein Unternehmen **mehrere Betriebe** iSd. § 1 BetrVG umfasst und **mehrere Betriebsräte** hat (§ 47 Abs. 1 BetrVG). Rechtsfolgen für den Fall der Nichterrichtung sieht das Gesetz nicht vor.

a) Bildung und Zusammensetzung

Der Gesamtbetriebsrat setzt sich regelmäßig aus **Betriebsratsmitgliedern** zusammen, die die **Einzelbetriebsräte des Unternehmens entsenden**. Ein Unternehmen iSd. § 47 Abs. 1 BetrVG setzt einen einheitlichen Rechtsträger voraus. Demgemäß können Betriebsräte aus Betrieben, die verschiedenen Rechtsträgern (Unternehmen) angehören, keinen gemeinsamen einheitlichen Gesamtbetriebsrat bilden. Daran ändert sich nichts, wenn die verschiedenen Unternehmen wirtschaftlich und organisatorisch miteinander verbunden sind[1]. Umgekehrt muss auch das Unternehmen, für das der Gesamtbetriebsrat gewählt wurde über mindestens zwei Betriebe mit Betriebsräten verfügen. Überträgt ein Unternehmen alle Betriebe auf einen anderen Rechtsträger und fungiert nur noch als Holding ohne eigenen Betrieb, geht der ursprünglich für dieses Unternehmen gewählte Gesamtbetriebsrat unter[2]. Ob ein Gesamtbetriebsrat fortbesteht, wenn sämtliche Betriebe eines Unternehmens unverändert auf ein anderes Unternehmen übertragen werden, das bisher nicht über eigene Betriebe verfügt, ist bisher nicht entschieden, wäre aber wohl zu bejahen, solange die betriebsverfassungsrechtliche Identität der Einzelbetriebe im Zusammenhang mit der Übertragung nicht verändert wird[3].

Jeder Betriebsrat mit bis zu drei Mitgliedern entsendet eines seiner Mitglieder, jeder Betriebsrat mit mehr als drei Mitgliedern zwei seiner Mitglieder in den Gesamtbetriebsrat (§ 47 Abs. 2 BetrVG). Die Entsendung erfolgt durch Betriebsratsbeschluss mit einfacher Stimmenmehrheit unter angemessener Berücksichtigung der Geschlechter (§ 47 Abs. 2 Satz 2 BetrVG). Eine Verhältniswahl ist nicht notwendig[4].

Wahlverstöße sind in entsprechender Anwendung des § 19 BetrVG binnen einer Frist von zwei Wochen seit Bekanntgabe der Wahl in einem Wahlanfechtungsverfahren geltend zu machen. Die Nichtbeachtung einer angemessenen Geschlechterrepräsentanz soll zur Anfechtbarkeit des Entsendungsbeschlusses führen[5].

Die **Mitgliederzahl** des Gesamtbetriebsrats bestimmt sich grundsätzlich nach der Anzahl der im Unternehmen gewählten Betriebsräte und deren Zusammensetzung. Durch Tarifvertrag oder Betriebsvereinbarung kann die Mitgliederzahl des Gesamtbetriebsrats abweichend geregelt werden (§ 47 Abs. 4 BetrVG).

§ 47 Abs. 5 BetrVG regelt im Interesse der Arbeitsfähigkeit und der besonderen Funktion des Gesamtbetriebsrats, dass dieser **nicht mehr als 40 Mitglieder** haben soll. Wenn diese Zahl überschritten wird und keine tarifliche Regelung iSd. § 47 Abs. 4 BetrVG besteht, ist zwischen Gesamtbetriebsrat und Arbeitgeber eine **Betriebsvereinbarung** über die Mitgliederzahl des Gesamtbetriebsrats abzuschließen, in der festgelegt wird, dass Betriebsräte mehrerer Betriebe eines Unternehmens, die regional oder durch gleichartige Interessen miteinander verbunden sind, gemeinsam Mitglieder in den Gesamtbetriebsrat entsenden.

---

1 BAG 17.3.2010 – 7 AZR 706/08, AP Nr. 18 zu § 47 BetrVG 1972; 13.2.2007 – 1 AZR 184/06, NZA 2007, 825.
2 BAG 5.6.2002 – 7 ABR 17/01, BAGReport 2003, 81.
3 BAG 5.6.2002 – 1 ABR 17/01, BAGReport 2003, 81.
4 BAG 21.7.2004 – 7 ABR 58/03, NZA 2005, 170.
5 *Löwisch*, BB 2001, 1734 (1744).

256 Die Mitgliedschaft im Gesamtbetriebsrat besteht im Allgemeinen für die **Dauer der Amtszeit** des entsendenden Betriebsrats. Allerdings ist für jedes entsandte Mitglied jederzeit die **Abberufung** und der **Ersatz** durch andere Mitglieder möglich, ohne dass es hierzu eines besonderen Anlasses bedarf. Voraussetzung ist ein entsprechender wirksamer Betriebsratsbeschluss.

b) Geschäftsführung des Gesamtbetriebsrats

257 Für die Geschäftsführung des Gesamtbetriebsrats gelten die Vorschriften über die Geschäftsführung des Betriebsrats entsprechend mit der Maßgabe, dass der Gesamtbetriebsausschuss aus dem **Vorsitzenden** des Gesamtbetriebsrats, dessen **Stellvertreter** und **weiteren Ausschussmitgliedern** besteht (§ 51 Abs. 1 BetrVG). Die Wahl der Mitglieder des Gesamtbetriebsausschusses erfolgt gem. § 51 Abs. 1 Satz 2 iVm. § 27 Abs. 1 Satz 3 BetrVG im Wege der Verhältniswahl[1].

c) Willensbildung im Gesamtbetriebsrat

258 Jedes Mitglied des Gesamtbetriebsrats hat gem. § 47 Abs. 7 BetrVG so viele **Stimmen**, wie in dem Betrieb, in dem es gewählt wurde, wahlberechtigte Arbeitnehmer in die Wählerliste eingetragen sind. Entsendet der Betriebsrat mehrere Mitglieder in den Gesamtbetriebsrat, so stehen diesen die Stimmen anteilig zu. Ist ein Mitglied des Gesamtbetriebsrats für mehrere Betriebe entsandt worden, so hat es so viele Stimmen, wie in den Betrieben, für die es entsandt ist, wahlberechtigte Arbeitnehmer in den Wählerlisten eingetragen sind (§ 47 Abs. 8 BetrVG). Sind mehrere Mitglieder entsandt worden, stehen ihnen die Stimmen anteilig zu. Für Mitglieder des Gesamtbetriebsrates, die aus einem gemeinsamen Betrieb mehrerer Unternehmen entsandt worden sind, können durch Tarifvertrag oder Betriebsvereinbarung abweichende Regelungen getroffen werden (§ 47 Abs. 9 BetrVG).

259 Mindestens einmal in jedem Kalenderjahr muss der Gesamtbetriebsrat die Vorsitzenden und die stellvertretenden Vorsitzenden der Betriebsräte sowie die weiteren Mitglieder der Betriebsausschüsse zu einer Versammlung einberufen (§ 53 Abs. 1 BetrVG). In dieser **Betriebsräteversammlung** muss der Gesamtbetriebsrat einen Tätigkeitsbericht und dem Unternehmer einen Bericht über das Personal- und Sozialwesen, einschließlich des Stands der Gleichstellung von Frauen und Männern, der Integration der ausländischen Arbeitnehmer, über die wirtschaftliche Lage und Entwicklung des Unternehmens sowie über Fragen des Umweltschutzes erstatten, soweit dadurch nicht Betriebs- und Geschäftsgeheimnisse gefährdet werden (§ 53 Abs. 2 BetrVG).

260 Die **Beschlüsse des Gesamtbetriebsrats** werden, soweit nichts anderes bestimmt ist, mit Mehrheit der Stimmen der anwesenden Mitglieder gefasst. Bei Stimmengleichheit ist der Antrag abgelehnt. Der Gesamtbetriebsrat ist nur beschlussfähig, wenn mindestens die Hälfte seiner Mitglieder an der Beschlussfassung teilnimmt und die Teilnehmenden mindestens die Hälfte aller Stimmen vertreten (§ 51 Abs. 3 BetrVG). Im Übrigen gelten die Vorschriften über die Einberufung und Durchführung von Betriebsratssitzungen entsprechend.

d) Zuständigkeit/Kompetenz des Gesamtbetriebsrats

261 Der Gesamtbetriebsrat ist zuständig für die Behandlung von Angelegenheiten, die das gesamte Unternehmen oder mehrere Betriebe betreffen und nicht durch die einzelnen Betriebsräte innerhalb ihrer Betriebe geregelt werden können (§ 50 Abs. 1 Satz 1 BetrVG). Für die nach dieser Vorschrift anzunehmende **Zuständigkeit des Gesamt-**

---

1 LAG Hess. 10.7.2003 – 9 TaBV 162/02, LAGReport 2004, 49.

betriebsrates müssen beide Voraussetzungen, dh. sowohl der **überbetriebliche Bezug** als auch die **fehlende betriebliche Regelungsmöglichkeit** kumulativ vorliegen. Der Begriff des „Nicht-regeln-könnens" setzt dabei nach Auffassung des BAG nicht eine objektive Unmöglichkeit der Regelung durch den Einzelbetriebsrat voraus. Vielmehr soll es ausreichen (allerdings auch zu verlangen sein), dass ein zwingendes Erfordernis für eine unternehmenseinheitliche oder zumindest betriebsübergreifende Regelung besteht, wobei auf die Verhältnisse des einzelnen konkreten Unternehmens und der konkreten Betriebe abzustellen ist. Reine Zweckmäßigkeitsgründe oder das Koordinierungsinteresse des Arbeitgebers reichen hierfür ebenso wenig aus wie das Kosteninteresse des Arbeitgebers. So kann der Gesamtbetriebsrat im Rahmen einer unternehmensweiten Sanierung für den Interessenausgleich zuständig sein, ohne dass dies gleichzeitig automatisch für den Sozialplan gilt[1]. Auch für die Einführung einer ausländischen Sprache in einem deutschen Unternehmen ist in der Regel der Gesamtbetriebsrat zuständig[2]. Die gesetzliche Zuständigkeitsverteilung ist zwingend[3] und kann weder durch Tarifvertrag noch durch Betriebsvereinbarung abbedungen werden[4]. Im Bereich der freiwilligen Mitbestimmung ist der Gesamtbetriebsrat dann zuständig, wenn der Arbeitgeber zu einer Maßnahme nur unternehmensweit oder betriebsübergreifend bereit ist („subjektive Unmöglichkeit einzelbetrieblicher Regelung"); das gilt aber nicht, soweit die Mitbestimmungsrechte nach § 87 BetrVG reichen[5].

Der Gesamtbetriebsrat ist den einzelnen Betriebsräten nicht übergeordnet (§ 50 Abs. 1 Satz 2 BetrVG). Deshalb kann der Gesamtbetriebsrat außerhalb seiner gesetzlichen Kompetenz auch nicht durch freiwilliges Handeln in die Kompetenz der Betriebsräte eingreifen und deren Mitbestimmungsrecht verdrängen[6]. Die **Kompetenzabgrenzung** zwischen dem Gesamtbetriebsrat und den Einzelbetriebsräten ist im Einzelnen nach wie vor streitig. In der Instanzrechtsprechung und der Literatur wird darüber diskutiert, ob die Einzelbetriebsräte eine **Primärzuständigkeit** in Anspruch nehmen können oder ob im Rahmen des § 50 BetrVG der **Grundsatz der Zuständigkeitstrennung** maßgebend ist. Nach Auffassung des BAG gilt im Bereich der zwingenden Mitbestimmung der Grundsatz der Zuständigkeitstrennung. Diese Zuständigkeitsverteilung sei zwingend und unabdingbar[7]. Die Zuständigkeit des Gesamtbetriebsrats ist dann nicht auf eine bloße Rahmenkompetenz beschränkt. Soweit er zuständig ist, muss er die Angelegenheit insgesamt mit dem Arbeitgeber regeln[8]. Relevant wird der Grundsatz der Zuständigkeitstrennung vor allem dann, wenn eine bestimmte Sachfrage der Kompetenz des Gesamtbetriebsrates zugeordnet ist, dieser aber die Ausübung seiner Mitbestimmungsrechte ganz oder teilweise unterlässt. Auch in diesem Fall bleibt es nach Auffassung des BAG bei der Zuständigkeit des Gesamtbetriebsrats, es gibt kein subsidiäres Auffangmitbestimmungsrecht des Einzelbetriebsrats, wenn der Gesamtbetriebsrat nach § 50 Abs. 1 Satz 1 BetrVG originär zuständig ist[9].

262

Im Rahmen der gesetzlichen Zuständigkeitsverteilung, wie sie über § 50 BetrVG vorgegeben wird, werden nur die Mitwirkungs- und Mitbestimmungsrechte erfasst, bei denen den Betriebspartnern eine Regelungsbefugnis eröffnet ist[10]. Auf Beteiligungs-

262a

---

1 BAG 3.5.2006 – 1 ABR 15/05, NZA 2007, 1245.
2 *Vogt/Oltmanns*, NZA 2014, 181.
3 BAG 14.11.2006 – 1 ABR 4/06, NZA 2007, 399.
4 BAG 14.11.2006 – 1 ABR 4/06, NZA 2007, 399; 21.1.2003 – 3 ABR 26/02, DB 2003, 2132.
5 BAG 18.5.2010 – 1 ABR 96/09, DB 2010, 2176; 10.10.2006 – 1 ABR 59/05, NZA 2007, 523; 26.4.2005 – 1 AZR 76/04, DB 2005, 1633.
6 So zu Recht *Wißmann*, NZA 2003, 1 (2).
7 BAG 14.11.2006 – 1 ABR 4/06, NZA 2007, 399.
8 BAG 14.11.2006 – 1 ABR 4/06, NZA 2007, 399.
9 BAG 14.11.2006 – 1 ABR 4/06, NZA 2007, 399.
10 BAG 16.8.2011 – 1 ABR 22/10, NZA 2012, 342.

sachverhalte, wie das in § 80 Abs. 1 BetrVG geregelte Überwachungsrecht, findet § 50 BetrVG keine Anwendung[1]. Daran ändert sich auch dann nichts, wenn der Gesamtbetriebsrat im Rahmen seiner Zuständigkeit eine Betriebsvereinbarung abschließt. Auch die Überwachung deren Einhaltung obliegt nach § 80 Abs. 1 BetrVG dem Betriebsrat[2].

263 Nach § 50 Abs. 1 BetrVG erstreckt sich die Zuständigkeit des Gesamtbetriebsrats ausdrücklich auch auf **betriebsratslose Betriebe**. Ausweislich der Gesetzesbegründung soll der Gesamtbetriebsrat in diesen Betrieben aber nur dann tätig werden dürfen, wenn seine Zuständigkeit an sich vorliegt, er soll nicht die Rolle des nicht gewählten örtlichen Betriebsrates übernehmen[3].

264 Die **Zuständigkeit** des Gesamtbetriebsrats **kraft Auftrags** (§ 50 Abs. 2 BetrVG) wird begründet, wenn ein Einzelbetriebsrat mit der Mehrheit der Stimmen seiner Mitglieder den Gesamtbetriebsrat beauftragt, eine Angelegenheit für ihn zu behandeln. Der Betriebsrat kann sich dabei die Entscheidungsbefugnis vorbehalten. Darüber hinaus ist der Gesamtbetriebsrat zuständig für die Bestimmung der Mitglieder des Wirtschaftsausschusses (§ 107 Abs. 2 Satz 2 BetrVG).

265 **Beispiele für den Zuständigkeitsbereich des Gesamtbetriebsrats:**
– Errichtung und Verwaltung von unternehmensübergreifenden Sozialeinrichtungen;
– Gewährung von systemerfolgsabhängiger Vergütung für sämtliche Vertriebsbeauftragte eines Unternehmens;
– Gewährung freiwilliger Provisionen an alle/bestimmte Mitarbeitergruppen in einem Unternehmen mit mehreren Betrieben[4];
– Gewährung freiwilliger Leistungen an alle Arbeitnehmer des Unternehmens[5];
– Gewährung unternehmensübergreifender Gratifikationen, unternehmenseinheitlicher Altersversorgung;
– Einführung einheitliches elektronisches Datenverarbeitungssystem für mehrere Betriebe, das Verwendung eines einheitlichen Programms, einheitlicher Formate und einheitlicher Eingabemasken erfordert[6];
– Einführung und Regelung der konkreten Nutzung einer unternehmenseinheitlichen Telefonvermittlungsanlage[7];
– unternehmenseinheitliches Vergütungssystem für außertarifliche Angestellte[8].

266 Wird ein Arbeitnehmer **auf Dauer in einen anderen Betrieb des Arbeitgebers versetzt**, bedarf es neben der Zustimmung des Betriebsrats des aufnehmenden Betriebes auch der Zustimmung des Betriebsrats des abgebenden Betriebes, wenn der Arbeitnehmer mit der Versetzung nicht einverstanden ist. Für die Wahrnehmung dieser Mitbestimmungsrechte ist aber nicht der Gesamtbetriebsrat zuständig. Dies gilt auch dann, wenn der Arbeitgeber eine Reihe von Versetzungen in seiner sog. Personalrunde zusammenfasst und deshalb mehrere Betriebsräte betroffen sind[9].

---

1 BAG 16.8.2011 – 1 ABR 22/10, NZA 2012, 342.
2 BAG 16.8.2011 – 1 ABR 22/10, NZA 2012, 342.
3 Begr. RegE, BT-Drucks. 14/571, 42 f.
4 LAG Düsseldorf 5.9.1991 – 12 (17) TaBV 58/91, DB 1992, 637.
5 BAG 11.2.1992 – 1 ABR 51/92, NZA 1992, 702.
6 BAG 14.11.2006 – 1 ABR 4/06, NZA 2007, 399.
7 BAG 11.11.1998 – 7 ABR 47/97, NZA 1999, 947.
8 LAG Düsseldorf 4.3.1992 – 5 TaBV 116/91, NZA 1992, 613.
9 BAG 26.1.1993 – 1 AZR 303/92, DB 1993, 1475.

4. Der Konzernbetriebsrat

Für einen Konzern (§ 18 Abs. 1 AktG) kann durch Beschlüsse der einzelnen Gesamtbetriebsräte ein Konzernbetriebsrat – und nur einer – errichtet werden, der beim herrschenden Unternehmen angesiedelt ist[1]. Im Gegensatz zur Errichtung eines Gesamtbetriebsrats ist die Bildung eines Konzernbetriebsrats also nicht zwingend vorgeschrieben.

a) Bildung und Auflösung des Konzernbetriebsrats

Die **Errichtung** des Konzernbetriebsrats erfordert die Zustimmung der Gesamtbetriebsräte der Konzernunternehmen, in denen insgesamt **mindestens 50 % der Arbeitnehmer** der Konzernunternehmen beschäftigt sind (§ 54 Abs. 1 BetrVG). Dabei ist auf die Zahl der Arbeitnehmer aller Konzernunternehmen abzustellen, gleichgültig, inwieweit dort (Gesamt-)Betriebsräte bestehen oder nicht[2]. Solange nicht Betriebsräte von Konzernunternehmen, die insgesamt mindestens 50 % der Arbeitnehmer des Konzerns vertreten, der Errichtung eines Konzernbetriebsrates zugestimmt haben, ist der Antrag eines Betriebsrates auf Feststellung, dass der Arbeitgeber einem Konzern angehört und der Betriebsrat deshalb ein Mitwirkungsrecht bei der Bildung eines Konzernbetriebsrats hat, mangels Feststellungsinteresse iSd. § 256 ZPO unzulässig[3].

Es müssen **mindestens zwei Gesamtbetriebsräte** im Konzern bestehen. Hat eines der Konzernunternehmen nur einen betriebsratsfähigen Betrieb, so dass kein Gesamtbetriebsrat gebildet werden kann, so tritt an dessen Stelle der Betriebsrat dieses Unternehmens (§ 54 Abs. 2 BetrVG). Das bedeutet, dass auch nur **zwei Betriebsräte** die Bildung eines Konzernbetriebsrats beschließen können, wenn zwei Konzernunternehmen jeweils nur einen Betrieb haben und in ihnen 50 % der Arbeitnehmer des Konzerns beschäftigt sind.

Die Errichtung eines Konzernbetriebsrats kommt nur in Betracht, wenn die Konzernobergesellschaft ihren Sitz im Inland hat oder über eine im Inland ansässige Teilkonzernspitze verfügt[4]. Sind zwei herrschende Unternehmen an einem anderen Unternehmen (ggf. auch paritätisch) beteiligt (Gemeinschaftsunternehmen), ist von einer mehrfachen Konzernzugehörigkeit des Gemeinschaftsunternehmens zu jedem herrschenden Unternehmen auszugehen, wenn diese die einheitliche Leitung tatsächlich gemeinsam ausüben. Dann ist bei jedem der herrschenden Unternehmen ein Konzernbetriebsrat zu bilden[5]. Auch Körperschaften öffentlichen Rechts können Unternehmen im konzernrechtlichen Sinne sein, wenn sie in privater Rechtsform organisierte Unternehmen beherrschen[6].

Soll ein Konzernbetriebsrat errichtet werden, so hat der Gesamtbetriebsrat des herrschenden Unternehmens oder, soweit hier kein Gesamtbetriebsrat besteht, der Gesamtbetriebsrat des nach der Zahl der wahlberechtigten Arbeitnehmer größten Konzernunternehmens zu der **Wahl des Vorsitzenden** und des stellvertretenden Vorsitzenden des Konzernbetriebsrats einzuladen. Der Vorsitzende des einladenden Gesamtbetriebsrats leitet die Sitzung, bis der Konzernbetriebsrat aus seiner Mitte einen Wahlleiter bestellt hat (§ 59 Abs. 2 BetrVG).

---

1 BAG 9.2.2011 – 7 ABR 11/10, NZA 2011, 866.
2 BAG 11.8.1993 – 7 ABR 34/92, DB 1994, 480; LAG Köln 26.8.1992 – 2 TaBV 9/92, LAGE § 54 BetrVG 1972 Nr. 1.
3 So noch zum alten Quorum von 75 %: ArbG Braunschweig 1.10.1998 – 5 BV 58/98, NZA-RR 1999, 88.
4 BAG 16.5.2007 – 7 ABR 63/06, NZA 2008, 320; 14.2.2007 – 7 ABR 26/06, NZA 2007, 999.
5 BAG 13.10.2004 – 7 ABR 56/03, NZA 2005, 647.
6 BAG 27.10.2010 – 7 ABR 85/09, NZA 2011, 524.

272 Betriebsrat oder Gesamtbetriebsrat des/der beherrschten Gemeinschaftsunternehmen/s haben ein **Entsendungsrecht** zum Konzernbetriebsrat gem. § 55 Abs. 1 BetrVG[1]. Jeder Gesamtbetriebsrat entsendet zwei seiner Mitglieder in den Konzernbetriebsrat. Dabei sollen die Geschlechter angemessen berücksichtigt werden. Durch Tarifvertrag oder Betriebsvereinbarung kann auch für den Konzernbetriebsrat die **Mitgliederzahl** abweichend geregelt werden (§ 55 Abs. 4 BetrVG).

273 Das Amt des Konzernbetriebsrats endet, wenn die Voraussetzungen für seine Errichtung dauerhaft entfallen[2], wenn bspw. das herrschende Unternehmen seinen beherrschenden Einfluss verliert, oder die Konzernbindungen entfallen. Die Gesamtbetriebsräte der Konzernunternehmen können mit qualifiziertem Mehrheitsbeschluss die **Auflösung** bestimmen. Eine Selbstauflösung des Konzernbetriebsrats oder ein kollektiver Rücktritt der Mitglieder des Konzernbetriebsrats ist nicht möglich. Der Konzernbetriebsrat hat keine Amtszeit, er ist eine Dauereinrichtung; die Mitgliedschaft im Konzernbetriebsrat hingegen endet für die entsandten Mitglieder mit Ablauf ihrer Amtszeit im entsendenden Gremium[3].

b) Zuständigkeit/Kompetenz des Konzernbetriebsrats

274 Der Konzernbetriebsrat ist zuständig für die Behandlung von Angelegenheiten, die den Konzern oder mehrere Konzernunternehmen betreffen und nicht durch die einzelnen Gesamtbetriebsräte innerhalb ihrer Unternehmen geregelt werden können (§ 58 Abs. 1 Satz 1 BetrVG). Nach § 58 Abs. 1 Satz 1 Halbs. 2 BetrVG erstreckt sich seine Zuständigkeit auch auf Unternehmen, die einen Gesamtbetriebsrat nicht gebildet haben, sowie auf Betriebe der Konzernunternehmen ohne Betriebsrat, soweit seine Zuständigkeit als solche besteht. Er ist den einzelnen Gesamtbetriebsräten nicht übergeordnet (§ 58 Abs. 1 Satz 2 BetrVG). Die originäre Zuständigkeit des Konzernbetriebsrats ist nach denselben Kriterien zu bestimmen wie diejenige des Gesamtbetriebsrats. Der Gleichbehandlungsgrundsatz begründet keine rechtliche Notwendigkeit einer konzerneinheitlichen Regelung[4].

275 **Beispiele für die Zuständigkeit des Konzernbetriebsrats:**
- Errichtung und Verwaltung von Sozialeinrichtungen, deren Wirkungsbereich sich auf den Konzern erstreckt[5];
- Regelung des elektronischen Austauschs personenbezogener Mitarbeiterdaten im Konzern[6];
- Einführung von Grundsätzen zur Unternehmensethik, wenn diese im gesamten Konzern gelten sollen[7];
- in Ausnahmefällen: Fragen der allgemeinen Personalpolitik sowie wirtschaftliche Entscheidungen bei Betriebsänderungen;
- aufgrund ausdrücklicher Zuweisung (§§ 2, 4 der 3. WO MitbestG) Mitwirkung bei der Bestellung des Hauptwahlvorstandes für die Wahl der Aufsichtsratsmitglieder der Arbeitnehmer des herrschenden Unternehmens eines Konzerns nach dem MitbestG;
- Entgegennahme eines Antrages auf Abberufung eines Aufsichtsratsmitglieds der Arbeitnehmer (§ 108 der 3. WO MitbestG);
- Anfechtung der Wahl von Aufsichtsratsmitgliedern der Arbeitnehmer (§ 22 Abs. 2 MitbestG).

---

1 BAG 30.10.1986 – 6 ABR 19/85, DB 1987, 1691.
2 BAG 23.8.2006 – 7 ABR 51/05, NZA 2007, 768.
3 BAG 9.2.2011 – 7 ABR 11/10, NZA 2011, 866.
4 BAG 19.6.2007 – 1 AZR 454/06, NZA 2007, 1184.
5 BAG 21.6.1979 – 3 ABR 3/78, DB 1979, 2039; vgl. auch BAG 14.12.1993 – 3 AZR 618/93, NZA 1994, 554.
6 BAG 20.12.1995 – 7 ABR 8/95, AiB 1997, 662.
7 BAG 17.5.2011 – 1 ABR 121/09, NZA 2012, 112.

II. Beteiligte und Organe der Betriebsverfassung

Der Konzernbetriebsrat ist berechtigt, im Rahmen seiner Zuständigkeit mit dem herrschenden Unternehmen eine Betriebsvereinbarung abzuschließen (**Konzernbetriebsvereinbarung**). Diese gilt trotz der rechtlichen Selbständigkeit der einzelnen Konzernunternehmen auch für diese und ihre Arbeitnehmer. 276

Der Gesamtbetriebsrat kann den Konzernbetriebsrat mit der Behandlung bestimmter Angelegenheiten beauftragen (§ 58 Abs. 2 BetrVG). Eine Beauftragung durch Betriebsräte ist nur im Fall des § 54 Abs. 2 BetrVG möglich[1]. Der Konzernbetriebsrat muss eine solche Auftragsangelegenheit mit dem jeweils betroffenen Konzernunternehmen verhandeln. Durch die Beauftragung gem. § 58 Abs. 2 BetrVG findet kein Wechsel der Ansprechpartner auf Arbeitgeberseite statt, der Konzernbetriebsrat wird lediglich ermächtigt, anstelle des originär zuständigen (Gesamt-)Betriebsrats tätig zu werden. Daher kann nicht die Leitung der herrschenden Konzerngesellschaft in dieser Angelegenheit zum Abschluss einer Konzernbetriebsvereinbarung verpflichtet werden[2]. 277

Der Konzernbetriebsrat kann **keinen Wirtschaftsausschuss** auf Konzernebene einrichten. Die Regelung des § 106 BetrVG ist ausdrücklich auf die Unternehmensebene bezogen. Insoweit liegt keine planwidrige Lücke des Gesetzgebers vor[3]. 278

c) Willensbildung und Geschäftsführung

Jedem Mitglied des Konzernbetriebsrats stehen die **Stimmen** der Mitglieder des entsendenden Gesamtbetriebsrats je zur Hälfte zu (§ 55 Abs. 3 BetrVG). 279

Im Übrigen gelten die Bestimmungen über die Willensbildung des Betriebsrats entsprechend. Ebenso sind für die Geschäftsführung des Konzernbetriebsrats nach § 59 Abs. 1 BetrVG die Vorschriften über die Geschäftsführung des Betriebsrats entsprechend anzuwenden. 280

5. Die (Konzern-/Gesamt-)Jugend- und Auszubildendenvertretung

Die §§ 60–71 BetrVG treffen Regelungen über die betriebliche **Jugend- und Auszubildendenvertretung**. Die §§ 72, 73 BetrVG ergänzen diese Vorschriften um Regelungen zur Gesamt-Jugend- und Auszubildendenvertretung, die §§ 73a, 73b BetrVG um die der Konzern-Jugend- und Auszubildendenvertretung. Eine Jugend- und Auszubildendenvertretung ist in allen Betrieben, in denen ein Betriebsrat besteht und in denen in der Regel mindestens fünf Arbeitnehmer beschäftigt werden, die das 18. Lebensjahr noch nicht vollendet haben oder die zu ihrer Berufsausbildung beschäftigt sind und das 25. Lebensjahr noch nicht vollendet haben, zu wählen (vgl. §§ 5, 60 Abs. 1, 63 Abs. 2 BetrVG). 281

a) Wahl

Nach § 64 Abs. 1 Satz 1 BetrVG finden die regelmäßigen Wahlen der Jugend- und Auszubildendenvertretung alle zwei Jahre in der Zeit vom 1.10. bis 30.11. statt. **Wahlberechtigt** sind nach § 61 Abs. 1 BetrVG alle in § 60 Abs. 1 BetrVG genannten Arbeitnehmer des Betriebs, also alle jugendlichen Arbeitnehmer unter 18 Jahren, sowie die zu ihrer Berufsbildung Beschäftigten des Betriebs, die das 25. Lebensjahr noch nicht vollendet haben. **Wählbar** sind alle Arbeitnehmer des Betriebs, die das 25. Lebensjahr noch nicht vollendet haben (§ 61 Abs. 2 Halbs. 1 BetrVG). Nach § 61 Abs. 2 Halbs. 2 BetrVG können Mitglieder des Betriebsrats nicht zu Jugend- und Auszubildendenver- 282

---

1 BAG 19.6.2007 – 1 AZR 454/06, NZA 2007, 1184.
2 BAG 12.11.1997 – 7 ABR 78/96, NZA 1998, 497.
3 BAG 23.8.1989 – 7 ABR 39/88, NZA 1990, 863.

tretern gewählt werden. Die Wahlfähigkeit hängt nicht von einer bestimmten Dauer der Betriebszugehörigkeit oder der deutschen Staatsangehörigkeit ab. Nicht wählbar ist, wer infolge strafgerichtlicher Verurteilung die Fähigkeit, Rechte aus öffentlichen Wahlen zu erlangen, nicht besitzt (§ 61 Abs. 2 Halbs. 2, § 8 Abs. 1 Satz 3 BetrVG).

283 Werden in einem **Konzern** die Ausbildungsverträge zentral von einem Unternehmen abgeschlossen, die Ausbildung aber in verschiedenen Bereichen nach Weisung des Ausbildungszentrums durchgeführt, so sind die in § 60 Abs. 1 BetrVG genannten Arbeitnehmer nur zur Jugend- oder Auszubildendenvertretung des Ausbildungszentrums wahlberechtigt[1].

284 Die Jugendauszubildendenvertretung wird in **geheimer und unmittelbarer Wahl** gewählt (§ 63 Abs. 1 BetrVG). Spätestens acht Wochen vor Ablauf der Amtszeit bestellt der Betriebsrat nach § 63 Abs. 2 Satz 1 BetrVG den **Wahlvorstand** und seinen Vorsitzenden. Bestellt der Betriebsrat den Wahlvorstand nicht oder nicht spätestens sechs Wochen vor Ablauf der Amtszeit der Jugend- und Auszubildendenvertretung oder kommt der Wahlvorstand seiner Verpflichtung nicht nach, die Wahl unverzüglich einzuleiten, sie durchzuführen und das Wahlergebnis festzustellen (§ 18 Abs. 1 Satz 1 BetrVG), so bestellt das Arbeitsgericht auf Antrag, den auch jugendliche Arbeitnehmer stellen können, den Wahlvorstand (§ 63 Abs. 3, § 18 Abs. 1 Satz 2, § 16 Abs. 2, Abs. 3 BetrVG).

285 Übersicht über die Zusammensetzung der Jugend- und Auszubildendenvertretung

Arbeitnehmer iSd. § 60 Abs. 1 BetrVG	Jugend- und Auszubildendenvertreter
5 bis 20	1
21 bis 50	3
51 bis 150	5
151 bis 300	7
301 bis 500	9
501 bis 700	11
700 bis 1 000	13
mehr als 1 000	15

286 Die Wahl einer Jugend- und Auszubildendenvertretung setzt voraus, dass in dem Betrieb ein Betriebsrat gewählt ist[2].

287 Die Wahl zur Jugend- und Auszubildendenvertretung kann nach § 63 Abs. 2 Satz 2, § 19 BetrVG angefochten werden. An der **Wahlanfechtung** ist der Betriebsrat beteiligt[3].

b) Amtszeit und Geschäftsführung

288 Die Amtszeit der Jugend- und Auszubildendenvertretung regelt § 64 Abs. 2 BetrVG. Danach beträgt die regelmäßige Amtszeit **zwei Jahre** (§ 64 Abs. 2 Satz 1 BetrVG). Die Amtszeit beginnt nach § 64 Abs. 2 Satz 2 BetrVG mit der Bekanntgabe des Wahlergebnisses oder, wenn zu diesem Zeitpunkt noch eine Jugend- und Auszubildendenvertretung besteht, mit Ablauf von deren Amtszeit. Die Amtszeit endet spätestens

---

1 BAG 13.3.1991 – 7 ABR 89/89, NZA 1992, 223.
2 *Fitting*, § 60 BetrVG Rz. 22 mwN.
3 BAG 20.2.1986 – 6 ABR 25/85, AP Nr. 1 zu § 63 BetrVG 1972.

am 30.11. des Jahres, in dem nach § 64 Abs. 1 Satz 1 BetrVG die regelmäßigen Wahlen stattfinden (in der Zeit vom 1.10. bis 30.11.).

Das Amt eines Jugend- und Auszubildendenvertreters, der zugleich **Ersatzmitglied des Betriebsrats** ist, endet, wenn er zu einer Betriebsratssitzung für ein zeitweilig verhindertes Mitglied des Betriebsrats hinzugezogen wird[1]. 289

Die **Geschäftsführung** der Jugend- und Auszubildendenvertretung ist nach § 65 Abs. 1 BetrVG weitgehend in Anlehnung an die des Betriebsrats geregelt. Auch die Jugend- und Auszubildendenvertretung wählt aus ihrer Mitte einen Vorsitzenden und dessen Stellvertreter (§ 65 Abs. 1, § 26 Abs. 1 Satz 1 BetrVG). Der Vorsitzende der Jugend- und Auszubildendenvertretung oder im Fall seiner Verhinderung sein Stellvertreter vertritt die Jugend- und Auszubildendenvertretung im Rahmen der von ihr gefassten Beschlüsse (§ 65 Abs. 1, § 26 Abs. 3 Satz 1 BetrVG). 290

Nach § 65 Abs. 2 Satz 1 BetrVG kann die Jugend- und Auszubildendenvertretung nach Verständigung des Betriebsrats **Sitzungen** abhalten. Die Einberufung der Sitzungen erfolgt nach Maßgabe des § 29 BetrVG (vgl. § 65 Abs. 2 Satz 1 BetrVG). An den Sitzungen der Jugend- und Auszubildendenvertretung kann der Betriebsratsvorsitzende oder ein beauftragtes Betriebsratsmitglied teilnehmen (§ 65 Abs. 2 Satz 2 BetrVG). 291

Die Jugend- und Auszubildendenvertretung hat keine Mitwirkungs- und Mitbestimmungsrechte gegenüber dem Arbeitgeber und kann keine gegenüber dem Arbeitgeber wirksamen Beschlüsse fassen[2]. Ein minderjähriger Jugend- und Auszubildendenvertreter ist im arbeitsgerichtlichen Beschlussverfahren verfahrensfähig, soweit er eigene Rechte oder Rechte der Jugend- und Auszubildendenvertretung wahrnimmt; in diesem Umfang ist er prozessfähig[3]. 292

c) Allgemeine Aufgaben und Befugnisse

Die Aufgaben und Befugnisse der Jugend- und Auszubildendenvertretung sind **in Anlehnung an die Aufgaben des Betriebsrats** (§ 80 BetrVG) in § 70 BetrVG geregelt. So sollen bspw. Maßnahmen beantragt werden, die der Übernahme von Auszubildenden in ein Arbeitsverhältnis dienen (§ 70 Abs. 1 Nr. 1 BetrVG), solche zur Durchsetzung der tatsächlichen Gleichstellung von Auszubildenden entsprechend § 80 Abs. 1 Nr. 2a und 2b BetrVG (§ 70 Abs. 1 Nr. 1a BetrVG) und Maßnahmen zur Förderung der Integration ausländischer Auszubildender (§ 70 Abs. 1 Nr. 4 BetrVG). Gem. § 60 Abs. 2 BetrVG nimmt die Jugend- und Auszubildendenvertretung nach Maßgabe der §§ 61 ff. BetrVG die besonderen Belange der in § 60 Abs. 1 BetrVG genannten Arbeitnehmer wahr. 293

Nach § 70 Abs. 1 Nr. 1 BetrVG hat die Jugend- und Auszubildendenvertretung Maßnahmen, die den in § 60 Abs. 1 BetrVG genannten Arbeitnehmern dienen, insbesondere in Fragen der Berufsbildung, beim Betriebsrat zu beantragen. Die Vorschrift gewährt der Jugend- und Auszubildendenvertretung ein **allgemeines Initiativrecht**[4]. Die Jugend- und Auszubildendenvertretung kann nach dem Wortlaut des § 70 Abs. 1 Nr. 1, 1a und 4 BetrVG ihr Initiativrecht nur gegenüber dem Betriebsrat, nicht gegenüber dem Arbeitgeber geltend machen. 294

---

1 BAG 21.8.1979 – 6 AZR 789/77, NJW 1980, 1541.
2 BAG 20.11.1973 – 1 AZR 331/73, NJW 1974, 879 f.
3 ArbG Bielefeld 16.5.1973 – 3 BV 26/72, DB 1973, 1754; zustimmend Schaub/*Koch*, § 227 Rz. 8 mwN.
4 Vgl. *Fitting*, § 70 BetrVG Rz. 5.

295 **Beispiele für Angelegenheiten iSd. § 70 Abs. 1 Nr. 1 BetrVG:**

Fragen der Arbeitszeit, besondere Sozialleistungen oder Sozialeinrichtungen, etwa die Einrichtung von Aufenthaltsräumen für jugendliche oder auszubildende Arbeitnehmer, die Bildung einer betrieblichen Sportabteilung oder Musikgruppe, die Einrichtung einer Jugendbibliothek, eines Ferienhauses, Urlaubsregelungen, Ausbildungsmaßnahmen usw.[1].

296 Nach § 70 Abs. 1 Nr. 2 BetrVG hat die Jugend- und Auszubildendenvertretung darüber zu wachen, dass die zugunsten der in § 60 Abs. 1 BetrVG genannten Arbeitnehmer geltenden Gesetze, Verordnungen, Unfallverhütungsvorschriften, Tarifverträge und Betriebsvereinbarungen durchgeführt werden. Das Überwachungsrecht macht die Jugend- und Auszubildendenvertretung aber nicht zu einem Kontrollorgan mit der Befugnis zu Nachforschungen und Inspektionsgängen im Betrieb ohne konkreten Anlass[2]. Für die Durchführung von Kontrollmaßnahmen bedarf es der Zustimmung des Betriebsrats.

297 Nach § 70 Abs. 1 Nr. 3 BetrVG hat die Jugend- und Auszubildendenvertretung **Anregungen** von in § 60 Abs. 1 BetrVG genannten Arbeitnehmern, insbesondere in Fragen der Berufsbildung, entgegenzunehmen und, falls sie berechtigt erscheinen, beim Betriebsrat auf eine Erledigung hinzuwirken. Die Jugend- und Auszubildendenvertretung hat die betroffenen Arbeitnehmer über den Stand und das Ergebnis der Verhandlungen zu informieren.

298 Zur Durchführung ihrer Aufgaben ist die Jugend- und Auszubildendenvertretung durch den Betriebsrat nach § 70 Abs. 2 Satz 1 BetrVG rechtzeitig und umfassend zu unterrichten. Sie kann verlangen, dass ihr der Betriebsrat die zur Durchführung ihrer Aufgaben erforderlichen Unterlagen zur Verfügung stellt (§ 70 Abs. 2 Satz 2 BetrVG). Das **Unterrichtungsrecht** der Jugend- und Auszubildendenvertretung entspricht dem des Betriebsrats nach § 80 Abs. 2 BetrVG, ein Einsichtsrecht in die Lohn- und Gehaltslisten sieht das Gesetz aber nicht vor.

299 Sieht die Mehrheit der Jugend- und Auszubildendenvertretung einen Beschluss des Betriebsrats als eine **erhebliche Beeinträchtigung wichtiger Interessen** der in § 60 Abs. 1 BetrVG genannten Arbeitnehmer an, so ist auf ihren Antrag der Beschluss für die Dauer von einer Woche auszusetzen, damit in dieser Frist eine Verständigung, ggf. mit Hilfe der im Betrieb vertretenen Gewerkschaften, versucht werden kann (§ 66 Abs. 1 BetrVG). Bestätigt der Betriebsrat den ersten Beschluss, so kann der Antrag auf Aussetzung nicht wiederholt werden (§ 66 Abs. 2 BetrVG).

300 Die Jugend- und Auszubildendenvertretung kann nach § 67 Abs. 1 Satz 1 BetrVG zu allen Betriebsratssitzungen einen **Vertreter entsenden**. Werden Angelegenheiten behandelt, die besonders die in § 60 Abs. 1 BetrVG genannten Arbeitnehmer betreffen, so hat zu diesen Tagesordnungspunkten die gesamte Jugend- und Auszubildendenvertretung ein **Teilnahmerecht** (§ 67 Abs. 1 Satz 2 BetrVG). Über ihr Teilnahmerecht hinaus haben die Jugend- und Auszubildendenvertreter nach § 67 Abs. 2 BetrVG **Stimmrecht**, soweit die zu fassenden Beschlüsse des Betriebsrats überwiegend die in § 60 Abs. 1 BetrVG genannten Arbeitnehmer betreffen. Nach § 67 Abs. 3 BetrVG ist die Jugend- und Auszubildendenvertretung berechtigt, beim Betriebsrat zu beantragen, dass Angelegenheiten, die besonders die in § 60 Abs. 1 BetrVG genannten Arbeitnehmer betreffen und über die sie beraten hat, auf die nächste Tagesordnung zu setzen. Der Betriebsrat soll darüber hinaus Angelegenheiten, die die Jugendlichen oder zu ihrer Berufsausbildung beschäftigten Arbeitnehmer betreffen, der Jugend- und Auszubildendenvertretung zur Beratung zuleiten (§ 67 Abs. 3 Satz 2 BetrVG).

---

1 Eingehend *Fitting*, § 70 BetrVG Rz. 6.
2 Vgl. nur HWGNRH/*Rose*, § 70 BetrVG Rz. 29.

Nach § 68 BetrVG ist vom Betriebsrat die Jugend- und Auszubildendenvertretung zu Besprechungen zwischen Arbeitgeber und Betriebsrat beizuziehen, soweit Angelegenheiten behandelt werden, die besonders Jugendliche und zu ihrer Berufsausbildung beschäftigte Arbeitnehmer (§ 60 Abs. 1 BetrVG) betreffen.

301

In Betrieben, die in der Regel mehr als 50 der in § 60 Abs. 1 BetrVG genannten Arbeitnehmer beschäftigen, kann die Jugend- und Auszubildendenvertretung nach § 69 Satz 1 BetrVG **Sprechstunden** während der Arbeitszeit einrichten. Zeit und Ort sind zwischen Betriebsrat und Arbeitgeber zu vereinbaren (§ 69 Satz 2 BetrVG). § 69 Satz 4 BetrVG räumt dem Betriebsratsvorsitzenden oder einem beauftragten Betriebsratsmitglied das Recht ein, an den Sprechstunden beratend teilzunehmen.

302

d) Rechtsstellung des einzelnen Mitglieds der Jugend- und Auszubildendenvertretung

Die Jugend- und Auszubildendenvertreter, der Wahlvorstand und die Wahlbewerber genießen ebenso wie Betriebsratsmitglieder einen **besonderen Kündigungsschutz** (§ 15 Abs. 1 Satz 1 KSchG). Dies gilt nach Ansicht des BAG auch für zeitweilig in die Jugend- und Auszubildendenvertretung nachgerückte Ersatzmitglieder oder vorzeitig ausgeschiedene Mitglieder der Jugend- und Auszubildendenvertretung[1].

303

Die Mitglieder der Jugend- und Auszubildendenvertretung dürfen in der Ausübung ihrer Tätigkeit **nicht gestört oder behindert** werden (§ 78 Satz 1 BetrVG). Sie dürfen wegen ihrer Tätigkeit **nicht benachteiligt oder begünstigt** werden, was auch für ihre berufliche Entwicklung gilt (§ 78 Satz 2 BetrVG).

304

§ 78a BetrVG normiert weitere Besonderheiten: Beabsichtigt der Arbeitgeber, einen Auszubildenden, der Mitglied der Jugend- und Auszubildendenvertretung ist, nach Beendigung des Berufsausbildungsverhältnisses nicht in ein Arbeitsverhältnis auf unbestimmte Zeit zu übernehmen, so muss er dies drei Monate vor Beendigung des Berufsausbildungsverhältnisses dem Auszubildenden schriftlich mitteilen (§ 78a Abs. 1 BetrVG). Verlangt ein Mitglied der Jugend- und Auszubildendenvertretung innerhalb der letzten drei Monate vor **Beendigung des Berufsausbildungsverhältnisses** schriftlich vom Arbeitgeber die **Weiterbeschäftigung**, so gilt zwischen Auszubildendem und Arbeitgeber im Anschluss an das Berufsausbildungsverhältnis ein Arbeitsverhältnis auf unbestimmte Zeit als begründet (§ 78a Abs. 2 Satz 1 BetrVG). § 78a Abs. 1 und 2 BetrVG gelten auch, wenn das Berufsausbildungsverhältnis vor Ablauf eines Jahres nach Beendigung der Amtszeit der Jugend- und Auszubildendenvertretung endet (§ 78a Abs. 3 BetrVG). Der Arbeitgeber kann gem. § 78a Abs. 4 BetrVG spätestens bis zum Ablauf von zwei Wochen nach Beendigung des Berufsausbildungsverhältnisses beim Arbeitsgericht beantragen, festzustellen, dass ein Arbeitsverhältnis nach § 78a Abs. 2 oder 3 BetrVG nicht begründet wird oder das bereits nach § 78a Abs. 2 und 3 BetrVG begründete Arbeitsverhältnis aufzulösen ist, wenn Tatsachen vorliegen, aufgrund deren dem Arbeitgeber unter Berücksichtigung aller Umstände die Weiterbeschäftigung nicht zugemutet werden kann. In diesem Verfahren ist das betroffene Mitglied der Jugend- und Auszubildendenvertretung Beteiligter (§ 78a Abs. 4 Satz 2 BetrVG).

305

Auch ein vor dem Ende des Berufsausbildungsverhältnisses mit dem Wortlaut des § 78a Abs. 4 Satz 1 Nr. 1 BetrVG gestellter Antrag des Arbeitgebers hindert nicht das Entstehen eines Arbeitsverhältnisses, sondern führt ebenso wie ein erst nach Beendigung des Berufsausbildungsverhältnisses mit dem Wortlaut des § 78a Abs. 4 Satz 1 Nr. 2 BetrVG gestellter Antrag nur zur **Auflösung des Arbeitsverhältnisses mit Rechtskraft eines stattgebenden Beschlusses**. Ist über einen vor dem Ende des Be-

306

---

1 BAG 15.1.1980 – 6 AZR 726/79, DB 1980, 1649.

rufsausbildungsverhältnisses gestellten Antrag nach § 78a Abs. 4 Satz 1 Nr. 1 BetrVG im Zeitpunkt des Endes des Berufsausbildungsverhältnisses noch nicht rechtskräftig entschieden, so wandelt sich dieser Antrag mit diesem Zeitpunkt automatisch in einen Auflösungsantrag nach § 78a Abs. 4 Satz 1 Nr. 2 BetrVG, ohne dass es einer Antragsänderung bedarf[1].

307 ⊃ **Hinweis:** Anträge nach § 78a Abs. 4 Satz 1 Nr. 1 und 2 BetrVG sind nach Ansicht des BAG im **Beschlussverfahren** geltend zu machen[2].

308 Der Antrag nach § 78a Abs. 4 Satz 1 BetrVG ist **begründet**, wenn Tatsachen vorliegen, aufgrund deren dem Arbeitgeber unter Berücksichtigung aller Umstände eine Weiterbeschäftigung im Ausbildungsbetrieb[3] nicht zugemutet werden kann. Hierbei ist umstritten, ob die Unzumutbarkeit nur mit in der Person des Arbeitnehmers liegenden Gründen begründet werden kann oder auch mit dringenden betrieblichen Gründen[4]. Die besseren Argumente sprechen dafür, **sowohl personen- als auch betriebsbedingte Gründe** in den Anwendungsbereich des § 78a Abs. 4 BetrVG einzubeziehen[5]. Das BAG weist zutreffend darauf hin, dass § 78a BetrVG nicht dazu verpflichten soll, ohne jede Rücksicht auf Planungen und Bedarfslage neue Arbeitsplätze zu schaffen[6].

309 Die **Ausschlussfrist** des § 626 Abs. 2 BGB und des § 22 Abs. 4 BBiG ist auf das Verfahren nach § 78a Abs. 4 Satz 1 Nr. 2 BetrVG nicht entsprechend anwendbar[7].

310 Bis zu einer **rechtskräftigen Entscheidung** des Arbeitsgerichts über die Beendigung oder Auflösung des Arbeitsverhältnisses bleibt das Mitglied der Jugend- und Auszubildendenvertretung im Betrieb[8]. Ein vor dem Ende des Berufsausbildungsverhältnisses mit dem Wortlaut des § 78a Abs. 4 Satz 1 Nr. 1 BetrVG gestellter Antrag des Arbeitgebers hindert nicht das Entstehen eines Arbeitsverhältnisses, sondern führt ebenso wie ein erst nach Beendigung des Berufsausbildungsverhältnisses mit dem Wortlaut des § 78a Abs. 4 Satz 1 Nr. 2 BetrVG gestellter Antrag nur zur Auflösung des Arbeitsverhältnisses mit Rechtskraft eines stattgebenden Beschlusses. Auch wenn der Tenor des stattgebenden Beschlusses den Wortlaut der Nr. 1 des § 78a Abs. 4 Satz 1 BetrVG hat, handelt es sich um einen rechtsgestaltenden Auflösungsbeschluss, der nur für die Zukunft wirkt[9]. Nach bisher herrschender Meinung sind Streitigkeiten über das Vorliegen der Voraussetzungen einer Weiterbeschäftigung nach § 78a Abs. 2, 3 BetrVG im arbeitsgerichtlichen Urteilsverfahren zu entscheiden[10]. In Anlehnung an die abweichende Auffassung von *Kraft/Raab*[11] neigt der 7. Senat nunmehr dazu, eine Entscheidung über einen Feststellungsantrag des Arbeitgebers, wonach ein Arbeitsverhältnis wegen Fehlens der Voraussetzungen der Absätze 2 und 3 des § 78a BetrVG

---

1 BAG 11.1.1995 – 7 AZR 574/94, NZA 1995, 647.
2 BAG 11.1.1995 – 7 AZR 574/94, NZA 1995, 647.
3 BAG 15.11.2006 – 7 ABR 15/06, NZA 2007, 1381.
4 Eine Unzumutbarkeit auch aus dringenden betrieblichen Gründen bejaht etwa: BAG 6.11.1996 – 7 ABR 54/95, NZA 1997, 783; 16.1.1979 – 6 AZR 153/77, DB 1979, 1138; LAG Schl.-Holst. 26.11.1976 – 5 Sa 464/76, DB 1977, 777; LAG BW 23.9.1976 – 1b Sa 15/76, DB 1977, 778; LAG Hamm 13.5.1977 – 3 Sa 381/77, DB 1978, 260; demgegenüber die Unzumutbarkeit auf personenbedingte Gründe beschränkend: LAG Nds. 8.4.1975 – 2 TaBV 60/74, DB 1975, 1224; LAG Düsseldorf 12.6.1975 – 3 TaBV 106/74, DB 1975, 1995.
5 *Fitting*, § 78a BetrVG Rz. 46 ff.
6 BAG 6.11.1996 – 7 ABR 54/95, NZA 1997, 783.
7 BAG 15.12.1983 – 6 AZR 60/83, NZA 1984, 44.
8 BAG 15.1.1980 – 6 AZR 361/79, NJW 1980, 2271; vgl. auch für einen Jugendvertreter im öffentlichen Dienst BAG 14.5.1987 – 6 AZR 498/85, BB 1987, 2091 f.; grundlegend BAG (GS) 27.2.1985 – GS 1/84, BAGE 48, 122.
9 BAG 11.1.1995 – 7 AZR 574/94, NZA 1995, 647.
10 BAG 29.11.1989 – 7 ABR 67/88, NZA 1991, 233; DKKW/*Bachner*, § 78a BetrVG Rz. 50 f.; GK-BetrVG/*Oetker*, § 78a Rz. 100; zweifelnd *Fitting*, § 78a BetrVG Rz. 61.
11 Anm. zu BAG 29.11.1989 – 7 ABR 67/88, EzA § 78a BetrVG 1972 Nr. 20.

nicht begründet worden ist, im Beschlussverfahren nach § 78a Abs. 4 BetrVG zuzulassen, so dass im Rahmen eines einheitlichen Verfahrens auch die umstrittene Frage einer Weiterbeschäftigung geklärt werden kann[1].

Nicht vorgesehen ist für Mitglieder der Jugend- und Auszubildendenvertretung die **Freistellung von der Arbeit**. Sie haben aber Anspruch auf Teilnahme an Schulungs- und Bildungsveranstaltungen (§ 65 Abs. 1, § 37 Abs. 6, 7 BetrVG).

6. Informationsforen

a) Die Betriebsversammlung

Die Betriebsversammlung besteht nach § 42 Abs. 1 Satz 1 BetrVG aus den Arbeitnehmern des Betriebs und wird vom Vorsitzenden des Betriebsrats geleitet. Die Betriebsversammlung ist **nicht öffentlich** (§ 42 Abs. 1 Satz 2 BetrVG). Kann wegen der Eigenart des Betriebs eine Versammlung aller Arbeitnehmer zum gleichen Zeitpunkt nicht stattfinden, so sind **Teilversammlungen** durchzuführen (§ 42 Abs. 1 Satz 3 BetrVG). Die Durchführung von Teilversammlungen steht nicht im Ermessen des Betriebsrats, sondern muss durch die Eigenart des Betriebes (große Arbeitnehmerzahl, Schichtarbeit, unzureichende Räumlichkeiten) bedingt sein.

Von der Betriebsversammlung sind die vom Arbeitgeber im Rahmen seines Direktionsrechts einberufenen **Mitarbeiterversammlungen** zu unterscheiden. Der Arbeitgeber ist berechtigt, bei diesen Arbeitnehmerversammlungen über betriebliche Belange zu informieren, auch wenn Fragen berührt werden, für die der Betriebsrat zuständig ist[2]. Die Mitarbeiterversammlung darf aber nicht als „Gegenveranstaltung" zu den Betriebsversammlungen missbraucht werden.

Die Betriebsversammlung wird auch als das schwächste Organ der Betriebsverfassung bezeichnet, weil sie **keine Vertretungsmacht** oder sonstige Funktionen nach außen hat[3]. **Teilnahmeberechtigt**, nicht aber verpflichtet, sind die Arbeitnehmer des Betriebs, der Betriebsteile, die an der Wahl des Hauptbetriebes teilnehmen, sowie der Kleinstbetriebe.

Nach herrschender Meinung steht dem Vorsitzenden der Betriebsversammlung während der Betriebsversammlung das **Hausrecht** im Versammlungsraum und auf den Zugangswegen zu[4]. Das Hausrecht geht dann wieder auf den Arbeitgeber über, wenn die Betriebsversammlung unzulässige Themen behandelt, Unbefugte teilnehmen oder das Eigentum beschädigt wird[5].

aa) Regelmäßige Betriebsversammlungen

Die regelmäßige Betriebsversammlung findet **einmal im Kalendervierteljahr** statt (§ 43 Abs. 1 Satz 1 BetrVG). Die Einberufung erfolgt durch den Betriebsrat. Mit der Einladung ist die Tagesordnung bekannt zu geben. In der regelmäßigen Betriebsversammlung hat der Betriebsrat einen Tätigkeitsbericht zu erstatten (§ 43 Abs. 1 Satz 1 BetrVG).

---

1 BAG 11.1.1995 – 7 AZR 574/94, NZA 1995, 647.
2 BAG 27.6.1989 – 1 ABR 28/88, NZA 1990, 113.
3 *Fitting*, § 42 BetrVG Rz. 10.
4 Vgl. BAG 20.10.1999 – 7 ABR 37/98, nv.; 13.9.1977 – 1 ABR 67/75, DB 1977, 2452.
5 *Fitting*, § 42 BetrVG Rz. 36; DKKW/*Berg*, § 42 BetrVG Rz. 22.

bb) Weitere Betriebsversammlungen

317 Nach § 43 Abs. 1 Satz 4 BetrVG ist eine weitere Betriebsversammlung in jedem Kalenderhalbjahr möglich. Eine weitere Betriebsversammlung darf nur anberaumt werden, wenn sie **aus besonderen Gründen zweckmäßig** erscheint.

Beispiele:

geplante Teil- oder Gesamtbetriebsstilllegungen, wesentliche Produktionsveränderungen oder ein Wechsel des Betriebsinhabers[1].

318 Zum Teil wird die Ansicht vertreten, eine weitere Betriebsversammlung könne auch zur **Vorstellung von Kandidaten** für die Betriebsratswahl abgehalten werden[2]. Eine zusätzliche Betriebsversammlung zur **tariflichen Situation** kann im Wege der einstweiligen Verfügung untersagt werden, wenn die Friedenspflicht des § 74 Abs. 2 BetrVG verletzt wird[3].

319 Bei der Anberaumung einer weiteren Betriebsversammlung iSd. § 43 Abs. 1 Satz 4 BetrVG wird dem Betriebsrat ein **weiter Ermessensspielraum** eingeräumt[4]. Nach Auffassung des BAG liegen besondere Gründe dann vor, wenn die Angelegenheit, die mit der Belegschaft erörtert werden soll, so bedeutend und dringend ist, dass ein sorgfältig amtierender Betriebsrat unter Berücksichtigung der konkreten Situation im Betrieb die Einberufung einer weiteren Betriebsversammlung für sinnvoll und angemessen halten darf[5]. Eilbedürftig ist eine Angelegenheit, die keinen Aufschub bis zur nächsten regelmäßigen Versammlung duldet.

cc) Außerordentliche Betriebsversammlungen

320 Voraussetzung für eine außerordentliche Betriebsversammlung ist entweder die **vom Betriebsrat festgestellte Notwendigkeit** oder der **Wunsch des Arbeitgebers** oder von **mindestens einem Viertel der wahlberechtigten Arbeitnehmer** (§ 43 Abs. 3 BetrVG). Vom Zeitpunkt der Versammlungen, die auf Wunsch des Arbeitgebers stattfinden, ist dieser rechtzeitig zu verständigen (§ 43 Abs. 3 Satz 2 BetrVG). Die Festsetzung des Versammlungstermins nach § 43 Abs. 3 Satz 1 BetrVG obliegt ebenfalls dem Betriebsrat. Dieser hat zu prüfen, ob die Betriebsversammlung zur Erörterung und Behandlung des beantragten Gegenstandes zuständig ist, nicht aber, ob die Durchführung der Betriebsversammlung von seinem Standpunkt aus auch zweckmäßig ist[6]. Ist die Zulässigkeit zu verneinen, so ist die Einberufung abzulehnen. Eine wegen eines unzulässigen Tagesordnungspunktes einberufene außerordentliche Betriebsversammlung kann der Arbeitgeber im Wege einer einstweiligen Verfügung untersagen lassen[7].

dd) Betriebsversammlung auf Antrag der Gewerkschaft

321 Eine im Betrieb vertretene Gewerkschaft kann nach § 43 Abs. 4 BetrVG die Einberufung einer Betriebsversammlung verlangen. Voraussetzung ist, dass **keine Betriebs- oder Abteilungsversammlung im vorhergegangenen Kalenderhalbjahr** stattgefunden

---

1 Fitting, § 43 BetrVG Rz. 35.
2 So LAG Berlin 12.12.1978 – 3 TaBV 5/78, DB 1979, 1850; ebenso ArbG Heilbronn 6.3.1990 – 3 BVGa 1/90, AiB 1990, 197.
3 ArbG Neumünster 25.1.1994 – 3a BVGa 3/94, BB 1994, 717, wo der Bezirksleiter der IG Metall u.a. zu der Frage, ob die Arbeitgeber zu Streikmaßnahmen zwingen, berichten sollte.
4 BAG 23.10.1991 – 7 AZR 249/90, NZA 1992, 557.
5 BAG 23.10.1991 – 7 AZR 249/90, NZA 1992, 557.
6 Fitting, § 43 BetrVG Rz. 42.
7 Fitting, § 43 BetrVG Rz. 42.

hat. Es genügt also nicht, dass sechs Monate vor Antragstellung keine Betriebs- oder Abteilungsversammlung durchgeführt worden ist. Das Antragsrecht der Gewerkschaft ist ausgeschlossen, wenn in diesem Zeitraum eine außerordentliche Betriebsversammlung stattgefunden hat[1]. Der Betriebsrat muss vor Ablauf von zwei Wochen nach Eingang des entsprechenden Antrags der Gewerkschaft die verlangte Betriebsversammlung einberufen.

b) Rechte und Pflichten des Arbeitgebers

Nach § 43 Abs. 2 Satz 1 BetrVG muss der Arbeitgeber zu den regelmäßigen und weiteren Betriebsversammlungen unter Mitteilung der Tagesordnung eingeladen werden. **Einladungspflicht** besteht auch für Betriebsversammlungen, die auf Antrag einer Gewerkschaft durchgeführt werden. Zu den übrigen Betriebsversammlungen kann der Betriebsrat den Arbeitgeber einladen, wenn ihm dies zweckmäßig erscheint.

Soweit der Arbeitgeber kraft Gesetzes einzuladen ist, hat er auch das **Recht, in den Versammlungen zu sprechen** (§ 43 Abs. 2 Satz 2 BetrVG). Allerdings muss er abwarten, bis ihm der Vorsitzende als Versammlungsleiter die Befugnis hierzu erteilt.

Der Arbeitgeber kann sich in den Betriebsversammlungen vertreten lassen[2]. Möglich ist die **Vertretung** durch einen oder mehrere Mitarbeiter. Betriebsfremde Personen kommen nicht in Betracht. Der Arbeitgeber kann gem. § 46 Abs. 1 Satz 2 BetrVG einen Beauftragten seines Arbeitgeberverbandes hinzuziehen.

Nach § 43 Abs. 2 Satz 3 BetrVG ist der Arbeitgeber berechtigt und verpflichtet, einmal in jedem Kalenderjahr über das **Personal- und Sozialwesen** einschließlich des Stands der **Gleichstellung** von Frauen und Männern im Betrieb sowie der **Integration** der im Betrieb beschäftigten ausländischen Arbeitnehmer, über die **wirtschaftliche Lage und Entwicklung** des Betriebes sowie über den **betrieblichen Umweltschutz** zu berichten, soweit dadurch Betriebs- oder Geschäftsgeheimnisse nicht gefährdet werden.

Auch in **Tendenzunternehmen/-betrieben** muss der Arbeitgeber dieser Verpflichtung nachkommen. Das BAG hat in einer älteren Entscheidung, die ein Theater betraf, ausgeführt, dass die Berichtspflicht nach § 43 Abs. 2 Satz 3 BetrVG „niemals" entfalle[3]. Richtigerweise kann die Berichtspflicht nur insoweit eingeschränkt sein, als der Arbeitgeber nicht über konkrete tendenzbezogene Entscheidungen berichten muss[4].

c) Zeitpunkt und Einberufung

Gem. § 44 Abs. 1 Satz 1 BetrVG finden die in den §§ 17 und 43 Abs. 1 BetrVG bezeichneten und die auf Wunsch des Arbeitgebers einberufenen Versammlungen **während der Arbeitszeit** statt, soweit nicht die Eigenart des Betriebs eine andere Regelung zwingend erfordert. Danach finden während der Arbeitszeit die vierteljährlich regelmäßig abzuhaltenden Betriebs- und Abteilungsversammlungen, weitere Betriebsversammlungen nach § 43 Abs. 1 Satz 4 BetrVG, Betriebsversammlungen zur Bestellung des Wahlvorstands und auf Antrag des Arbeitgebers einberufene außerordentliche Betriebsversammlungen statt.

Außerordentliche Betriebsversammlungen, die der Betriebsrat auf Antrag der Arbeitnehmer oder aus eigener Entschließung einberuft, finden gem. § 44 Abs. 2 Satz 1

---

1 So die hM, vgl. nur *Fitting*, § 43 BetrVG Rz. 54.
2 LAG Düsseldorf 11.2.1982 – 21 TaBV 109/81, DB 1982, 1066.
3 BAG 8.3.1977 – 1 ABR 18/75, DB 1977, 962.
4 *Fitting*, § 118 BetrVG Rz. 31.

BetrVG **außerhalb der Arbeitszeit statt**. Hiervon kann im Einvernehmen mit dem Arbeitgeber abgewichen werden (§ 44 Abs. 2 BetrVG).

329 Bei der **Bestimmung des Zeitpunktes** sind sowohl die Interessen des Arbeitgebers als auch diejenigen der Arbeitnehmer zu berücksichtigen. Die Betriebsversammlung ist so zu terminieren, dass möglichst viele Arbeitnehmer teilnehmen können bei gleichzeitig möglichst geringer Störung des Betriebsablaufes. Neben der Wahlbetriebsversammlung nach § 17 BetrVG haben die in § 43 Abs. 1 BetrVG genannten und die auf Wunsch des Arbeitgebers einberufenen Versammlungen während der Arbeitszeit stattzufinden, wenn nicht die **Eigenart des Betriebs** eine andere Regelung zwingend erfordert.

Beispiel:

Der Betriebsrat eines Warenhauses ist verpflichtet, eine Betriebsversammlung nicht in verkaufsstarke Zeiten zu legen[1].

330 Im Hinblick auf den Grundsatz der vertrauensvollen Zusammenarbeit ist die Einberufung einer Betriebsversammlung am **Vormittag** unzulässig, wenn im Betrieb der Arbeitgeberin Lieferungen ausschließlich vormittags bearbeitet werden, der Großteil der wesentlichen Kundenkontakte in dieser Zeit stattfinden und die längste ununterbrochene und effektivste maschinelle Fertigungsphase des Betriebs in diesem Zeitraum liegt[2].

331 Eine regelmäßige, zusätzliche oder außerordentliche Betriebsversammlung, sei es eine in Form von Teil- oder Abteilungsversammlungen durchgeführte, kann nur stattfinden, wenn der Betriebsrat sie einberuft. Über die **Einberufung** und **Tagesordnung** beschließt der Betriebsrat als Gremium[3].

332 Eine bestimmte **Frist** zwischen Einberufungsbeschluss und Versammlung ist nicht vorgeschrieben. Auch über die **Form** der Einberufung zu den Versammlungen enthält das Gesetz keine besonderen Regelungen. Auf welche Weise die Teilnehmer eingeladen werden, richtet sich daher nach den jeweiligen betrieblichen Gegebenheiten und Zweckmäßigkeitserwägungen.

Beispiele:

Anschläge am „Schwarzen Brett", Rundschreiben, Handzettel, Werkszeitungen, E-Mail per Intranet etc.

d) Durchführung/zulässige Themen

333 Gem. § 42 Abs. 1 Satz 2 BetrVG sind Betriebsversammlungen **nicht öffentlich**. Die Leitung der Betriebsversammlung obliegt gem. § 42 Abs. 1 Satz 1 BetrVG dem Vorsitzenden des Betriebsrats oder seinem Stellvertreter. Die Betriebsversammlung kann dem Betriebsrat Anträge unterbreiten und zu seinen Beschlüssen Stellung nehmen (§ 45 Satz 2 BetrVG).

334 Gegenstand der Erörterung können alle Angelegenheiten einschließlich solcher tarifpolitischer, sozialpolitischer, umweltpolitischer und wirtschaftlicher Art sowie Fragen der Förderung der Gleichstellung von Frauen und Männern und der Vereinbarkeit von Familie und Erwerbstätigkeit sowie der Integration der im Betrieb beschäftigten ausländischen Arbeitnehmer sein, die den Betrieb oder seine Arbeitnehmer unmittelbar betreffen (§ 45 Satz 1 Halbs. 1 BetrVG). Eine parteipolitische Betätigung auf Be-

---

1 LAG Düsseldorf 10.12.1984 – 5 TaBV 134/84, NZA 1985, 368.
2 Vgl. auch LAG Köln 19.4.1988 – 11 TaBV 24/88, DB 1988, 1400: keine Pflicht zur Schließung wegen Betriebsversammlung.
3 *Fitting*, § 42 BetrVG Rz. 28.

triebsversammlungen ist unzulässig (§ 45 Satz 1 Halbs. 2, § 74 Abs. 2 Satz 3 BetrVG)[1].

Zum Begriff der **Tarifpolitik** zählen alle Bestrebungen der Sozialpartner nach Abschluss oder Änderung von Tarifverträgen. 335

Beispiele für Angelegenheiten tarifpolitischer Art:
Entgelt, Ausschlussfristen, Sozial- und Ausbildungseinrichtungen der Tarifpartner, Eingruppierungen und (Stand der) Tarifverhandlungen[2].

Der Begriff der **sozialpolitischen Angelegenheiten** ist weit zu verstehen. Er umfasst alle gesetzlichen Maßnahmen oder sonstigen Regelungen, die den Schutz oder eine Veränderung der Rechtsstellung der Arbeitnehmer bezwecken oder damit im Zusammenhang stehen[3]. Gleichwohl muss die Erörterung sozialpolitischer Angelegenheiten einen **konkreten Bezugspunkt zum Betrieb oder seinen Arbeitnehmer** haben[4]. 336

Beispiele für sozialpolitische Angelegenheiten:
Fragen der Sozialversicherung, der Arbeitsmarktpolitik, des Arbeits- und Unfallschutzes, der beruflichen Bildung, der Vermögensbildung, der flexiblen Altersgrenze, der sozialen und gesellschaftlichen Eingliederung ausländischer, älterer oder arbeitsloser Arbeitnehmer, der Gleichstellung von Mann und Frau im Arbeitsleben, der Arbeitsmedizin[5]. 337

Wirtschaftliche Angelegenheiten sind solche, die vom Wirtschaftlichkeitsprinzip bestimmt sind. 338

Beispiele für wirtschaftliche Angelegenheiten:
Fragen der internationalen Währungspolitik, der Rohstoff- und Energiepolitik, strukturpolitische Maßnahmen, etwa Subventionen für spezielle Wirtschaftsbereiche, Auswirkungen der Steuergesetzgebung auf den Betrieb, ein bevorstehender Betriebsinhaberwechsel sowie Fragen einer etwaigen Unternehmenskonzentration oder multinationaler Zusammenschlüsse, von denen der Betrieb betroffen ist[6].

Auch **umweltpolitische Angelegenheiten** können Gegenstand einer Betriebsversammlung sein, wenn der entsprechende Bezug zum Betrieb oder den dort beschäftigten Arbeitnehmern besteht. 339

Wie der Formulierung des § 45 Satz 1 BetrVG („einschließlich") zu entnehmen ist, ist die dortige **Aufzählung nicht abschließend**. Auch andere Angelegenheiten können also auf der Betriebsversammlung diskutiert und behandelt werden, soweit sie den Betrieb oder seine Arbeitnehmer unmittelbar betreffen. Dies soll auch für gewerkschaftliche Angelegenheiten[7] gelten; darf aber nicht dazu führen, dass Gewerkschaftswerbung betrieben wird[8]. Auch die Vereinbarung von Arbeitsbedingungen ist nicht Aufgabe der Betriebsversammlung[9]. Die Betriebsversammlung kann gegenüber dem Arbeitgeber keinerlei rechtsverbindliche Erklärungen (bspw. Verzicht auf Lohnansprüche) abgeben, denn sie hat keine Vertretungsmacht[10]. 340

---

1 *Fitting*, § 45 BetrVG Rz. 13; vgl. auch BAG 13.9.1977 – 1 ABR 67/75, BAGE 29, 281.
2 LAG BW 25.9.1991 – 10 Sa 32/91, AiB 1992, 96.
3 *Fitting*, § 45 BetrVG Rz. 10.
4 *Fitting*, § 45 BetrVG Rz. 11.
5 *Fitting*, § 45 BetrVG Rz. 10.
6 *Fitting*, § 45 BetrVG Rz. 15.
7 Vgl. LAG Hamm 3.12.1986 – 3 Sa 1229/86, BB 1987, 685; LAG Düsseldorf 10.3.1981 – 11 Sa 1453/80, DB 1981, 1729; *Fitting*, § 45 BetrVG Rz. 19; DKKW/*Berg*, § 45 BetrVG Rz. 10; aA zu Recht HWGNRH/*Worzalla* § 45 BetrVG Rz. 7.
8 LAG Hamm 3.12.1986 – 3 Sa 1229/86, BB 1987, 685.
9 *Fitting*, § 45 BetrVG Rz. 21.
10 *Fitting*, § 45 BetrVG Rz. 21.

e) Kosten und Verdienstausfall

341 Die **Kosten** der Betriebsversammlung trägt der Arbeitgeber. Dies folgt aus § 40 Abs. 1 BetrVG. Die **Zeit der Teilnahme** an den Betriebsversammlungen einschl. der zusätzlichen **Wegezeiten** ist den Arbeitnehmern wie Arbeitszeit **zu vergüten** (§ 44 Abs. 1 Satz 2 BetrVG). Dies gilt auch dann, wenn die Versammlungen wegen der Eigenart des Betriebs außerhalb der Arbeitszeit stattfinden; **Fahrtkosten**, die den Arbeitnehmern durch die Teilnahme an diesen Versammlungen entstehen, sind vom Arbeitgeber zu erstatten (§ 44 Abs. 1 Satz 3 BetrVG). Ein Anspruch auf Vergütung für Wegezeiten besteht nur für zusätzliche Wegezeiten, die zur Teilnahme an der Betriebsversammlung erforderlich sind. Zugrunde zu legen ist die Zeit, die der Arbeitnehmer auch sonst für den Weg von und zur Arbeit benötigt. Auch hinsichtlich der Fahrtkosten sind nur die Kosten zugrunde zu legen, die dem Arbeitnehmer zusätzlich entstanden sind[1]. Eine Pauschalierung, etwa bei Benutzung des eigenen Pkw oder Motorrads, ist zulässig[2].

342 Das BAG sieht in § 44 Abs. 1 Satz 2 BetrVG einen **eigenen Vergütungsanspruch** (kein Lohnausfallprinzip)[3]. Dies hat zur Folge, dass dem Arbeitnehmer unabhängig von einem eventuellen Verdienstausfall ein Vergütungsanspruch zusteht.

343 Beispiele:

Anspruch auf Vergütung besteht auch dann, wenn die Betriebsversammlung während des Arbeitskampfes stattfindet[4], der Arbeitnehmer während des Erholungsurlaubs an der Versammlung teilnimmt[5], er ohne die Teilnahme Kurzarbeitergeld bezogen hätte[6] oder sich in Elternzeit befindet[7].

344 Die Teilnahme an innerhalb oder außerhalb der Arbeitszeit stattfindenden Betriebsversammlungen begründet **keine Ansprüche auf Sonntags-, Über- oder Mehrarbeitszuschläge**[8], weil es nicht darauf ankommt, ob und in welchem Umfang der Arbeitnehmer in der Zeit, in der er an der Betriebsversammlung teilnimmt, einen Lohnanspruch erworben hätte (kein Lohnausfallprinzip)[9].

345 Lässt der Betriebsrat eine Betriebsversammlung in grober Verletzung der Vorschrift des § 44 Abs. 1 Satz 1 BetrVG außerhalb der Arbeitszeit stattfinden, obwohl die Eigenart des Betriebes dies nicht erfordert, entfällt ein Anspruch der Arbeitnehmer auf Vergütung der Teilnahmezeit und zusätzlicher Wegezeiten sowie auf Erstattung von Fahrtkosten für die **gesetzeswidrige Versammlung**[10]. Liegen die Voraussetzungen einer weiteren Betriebsversammlung nicht vor, so kommt eine Schadensersatzpflicht oder Vertrauenshaftung des Arbeitgebers wegen der Entgeltansprüche nicht in Betracht, wenn er die Belegschaft darauf hinweist, dass die Voraussetzungen für eine weitere Betriebsversammlung nach § 43 Abs. 1 Satz 4 BetrVG nicht erfüllt sind[11].

346 ⊃ **Hinweis:** Streitigkeiten über Ansprüche auf Entgeltfortzahlung nach § 44 BetrVG sind im Urteilsverfahren vor den Arbeitsgerichten zu verfolgen[12].

---

1 *Fitting*, § 44 BetrVG Rz. 41.
2 *Fitting*, § 44 BetrVG Rz. 41.
3 BAG 5.5.1987 – 1 AZR 292/85, NZA 1987, 853.
4 BAG 5.5.1987 – 1 AZR 292/85, NZA 1987, 853.
5 BAG 5.5.1987 – 1 AZR 665/85, NZA 1987, 712.
6 BAG 5.5.1987 – 1 AZR 666/85, NZA 1987, 714.
7 BAG 31.5.1989 – 7 AZR 574/88, NZA 1990, 449.
8 BAG 18.9.1973 – 1 AZR 116/73, BAGE 25, 310; 1.10.1974 – 1 AZR 394/73, DB 1975, 310.
9 BAG 5.5.1987 – 1 AZR 292/85, NZA 1987, 853.
10 BAG 27.11.1987 – 7 AZR 29/87, NZA 1988, 661.
11 BAG 23.10.1991 – 7 AZR 249/90, NZA 1992, 557.
12 BAG 1.10.1974 – 1 AZR 394/73, DB 1975, 310.

f) Teilnahmerecht der Gewerkschaftsvertreter

An Betriebs- oder Abteilungsversammlungen können Beauftragte der im Betrieb vertretenen Gewerkschaften nach § 46 Abs. 1 Satz 1 BetrVG **beratend teilnehmen**. Auch den Gewerkschaften ist der Zeitpunkt und die Tagesordnung der Betriebs- oder Abteilungsversammlung rechtzeitig schriftlich mitzuteilen (§ 46 Abs. 2 BetrVG).

347

g) Abteilungsversammlung

Arbeitnehmer organisatorisch oder räumlich abgegrenzter Betriebsteile sind vom Betriebsrat zu Abteilungsversammlungen zusammenzufassen, wenn dies für die Erörterung der besonderen Belange der Arbeitnehmer **erforderlich** ist (§ 42 Abs. 2 Satz 1 BetrVG). Die Abteilungsversammlung wird von einem Mitglied des Betriebsrats geleitet, das möglichst dem Betriebsteil als Arbeitnehmer angehört (§ 42 Abs. 2 Satz 2 BetrVG). Die Abteilungsversammlung ist nicht öffentlich (§ 42 Abs. 2 Satz 3 iVm. Abs. 1 Satz 2 BetrVG).

348

Wenn die Voraussetzungen für Abteilungsversammlungen vorliegen, hat der Betriebsrat in jedem Kalenderjahr **zwei der regelmäßigen Betriebsversammlungen als Abteilungsversammlungen** durchzuführen (§ 43 Abs. 1 Satz 2 BetrVG). Die Abteilungsversammlungen sollen gem. § 43 Abs. 1 Satz 3 BetrVG möglichst gleichzeitig stattfinden.

349

Der **Arbeitgeber** ist auch zu Abteilungsversammlungen unter Mitteilung der Tagesordnung **einzuladen** (§ 43 Abs. 2 Satz 1 BetrVG). Die Vorschriften zu Betriebsversammlungen hinsichtlich des Rederechts und der Berichtspflicht gelten entsprechend. Ebenso gelten die Grundsätze zum Zeitpunkt der Betriebsversammlung, zu deren Ablauf sowie zu der Frage des Kosten- und Entgeltersatzes für Abteilungsversammlungen entsprechend (§§ 43–46 BetrVG).

350

h) Betriebsräteversammlung

Mindestens **einmal in jedem Kalenderjahr** hat der Gesamtbetriebsrat die Vorsitzenden und die stellvertretenden Vorsitzenden der Betriebsräte sowie weitere Mitglieder der Betriebsausschüsse zu einer Versammlung einzuberufen (§ 53 Abs. 1 BetrVG). In dieser **Betriebsräteversammlung** hat der Gesamtbetriebsrat einen Tätigkeitsbericht und der Unternehmer einen Bericht über das Personal- und Sozialwesen einschließlich des Stands der Gleichstellung von Frauen und Männern im Unternehmen, der Integration der im Unternehmen beschäftigten ausländischen Arbeitnehmer, über die wirtschaftliche Lage und Entwicklung des Unternehmens sowie über Fragen des Umweltschutzes im Unternehmen, soweit dadurch nicht Betriebs- und Geschäftsgeheimnisse gefährdet werden, zu erstatten (§ 53 Abs. 2 BetrVG).

351

III. Grundprinzipien der betriebsverfassungsrechtlichen Zusammenarbeit

1. Das Gebot der vertrauensvollen Zusammenarbeit (§§ 2 Abs. 1, 74 Abs. 1 BetrVG)

§ 2 Abs. 1 BetrVG enthält die **allgemeinen, tragenden Grundsätze** der Zusammenarbeit zwischen Arbeitgeber und Betriebsrat. Als einen dieser allgemeinen, tragenden Grundsätze nennt § 2 Abs. 1 BetrVG das Gebot der vertrauensvollen Zusammenarbeit. Rechtstechnisch wird das Gebot der vertrauensvollen Zusammenarbeit in Rechtsprechung und Literatur als Generalklausel angesehen[1].

352

---

1 BAG 5.2.1971 – 1 ABR 24/70, DB 1971, 1528; *Fitting*, § 2 BetrVG Rz. 2; DKKW/*Berg*, § 2 BetrVG Rz. 4.

353 Das Gebot der vertrauensvollen Zusammenarbeit wird durch § 74 Abs. 1 BetrVG konkretisiert. Nach § 74 Abs. 1 Satz 1 BetrVG sollen Arbeitgeber und Betriebsrat regelmäßige **monatliche Besprechungen** durchführen und über streitige Fragen mit dem ernsten Willen zur Einigung verhandeln (§ 74 Abs. 1 Satz 2 BetrVG).

354 Eine weitere Konkretisierung des Gebots der vertrauensvollen Zusammenarbeit findet sich in § 80 Abs. 2 BetrVG. Nach § 80 Abs. 2 BetrVG ist der Arbeitgeber verpflichtet, den Betriebsrat rechtzeitig und umfassend über alle betrieblichen Vorgänge **zu unterrichten**.

355 Seinem Wortlaut nach richtet sich § 2 Abs. 1 BetrVG zwar nur an Arbeitgeber und Betriebsrat; nach Sinn und Zweck normiert die Vorschrift aber **allgemeine Prinzipien**, auch für den Betriebsrat als Gremium, die einzelnen Betriebsratsmitglieder, den Gesamt- und Konzernbetriebsrat, die Jugend- und Auszubildendenvertretung und deren Amtsträger[1]. Ziel der vertrauensvollen Zusammenarbeit zwischen den Betriebspartnern ist das Wohl der Arbeitnehmer und des Betriebs[2].

356 Neben den aufgeführten Konkretisierungen des Gebotes der vertrauensvollen Zusammenarbeit wird in Betracht gezogen, aus dem Gebot der vertrauensvollen Zusammenarbeit unmittelbar Rechte und Pflichten für die Betriebspartner zu begründen, insbesondere **Verhaltenspflichten**[3]. Nach Auffassung des BAG können aus dieser Vorschrift keine Mitwirkungs- oder Mitbestimmungsrechte abgeleitet werden, die das Gesetz nicht vorsieht, § 2 BetrVG muss aber bei der Auslegung des BetrVG herangezogen werden[4]. Zudem leitet das BAG aus dem Gebot der vertrauensvollen Zusammenarbeit die Nebenpflicht des Arbeitgebers ab, alles zu unterlassen, was der Wahrnehmung eines konkreten Mitbestimmungsrechts entgegensteht[5].

357 Schwere Verstöße gegen das Gebot der vertrauensvollen Zusammenarbeit stellen zugleich einen **groben Verstoß** iSd. § 23 Abs. 3 Satz 1 BetrVG dar[6].

358 Beispiele für Verstöße des Arbeitgebers:

betriebsöffentliche Äußerungen über den Wert und die Kosten der Betriebsratsarbeit, wenn dies in einer Art geschieht, die den Betriebsrat in seiner Amtsführung beeinträchtigt[7], die betriebsöffentliche Bekanntmachung von krankheitsbedingten oder tätigkeitsbedingten „Fehlzeiten" des Betriebsrats[8] oder das Öffnen der an den Betriebsrat gerichteten Post durch den Arbeitgeber[9].

359 Beispiele für Verstöße seitens des Betriebsrats:

Ansetzen einer außerordentlichen Betriebsversammlung ohne Berücksichtigung der betrieblichen Interessen[10], Erteilung einer atypischen Honorarzusage an einen Rechtsanwalt ohne rechtzeitige Information des Arbeitgebers[11].

---

1 Eingehend MünchArbR/*von Hoyningen-Huene*, § 214 Rz. 5.
2 MünchArbR/*von Hoyningen-Huene*, § 214 Rz. 4.
3 Vgl. GK-BetrVG/*Franzen*, § 2 Rz. 13; MünchArbR/*von Hoyningen-Huene*, § 214 Rz. 8 mwN.
4 BAG 3.5.1994 – 1 ABR 24/93, NZA 1995, 40.
5 BAG 3.5.1994 – 1 ABR 24/93, NZA 1995, 40.
6 LAG Düsseldorf 26.11.1993 – 17 TaBV 71/93, LAGE § 23 BetrVG 1972 Nr. 34.
7 BAG 12.11.1997 – 7 ABR 14/97, NZA 1998, 559; 19.7.1995 – 7 ABR 60/94, DB 1996, 431.
8 LAG Nds. 9.3.1990 – 3 TaBV 38/89, ArbuR 1991, 153.
9 ArbG Wesel 23.1.1992 – 2 BV 51/91, AiB 1993, 43; ArbG Stuttgart 22.12.1987 – 4 BVGa 3/87, AiB 1988, 109.
10 ArbG Krefeld 6.2.1995 – 4 BV 34/94, NZA 1995, 803.
11 LAG Hess. 26.11.1987 – 12 TaBV 64/87, ArbuR 1988, 221.

2. Das Arbeitskampfverbot (§ 74 Abs. 2 Satz 1 BetrVG)

Nach § 74 Abs. 2 Satz 1 Halbs. 1 BetrVG sind **Maßnahmen des Arbeitskampfes** zwischen Arbeitgeber und Betriebsrat unzulässig. Durch diese Vorschrift soll vermieden werden, dass Meinungsverschiedenheiten zwischen dem Arbeitgeber und dem Betriebsrat im Wege des Arbeitskampfes ausgetragen werden. Etwaige Meinungsverschiedenheiten der Betriebspartner sollen diese vor der Einigungsstelle oder dem Arbeitsgericht klären[1]. Arbeitskämpfe der Tarifvertragsparteien bleiben nach § 74 Abs. 2 Satz 1 Halbs. 2 BetrVG von dem Arbeitskampfverbot unberührt[2].

Einzelne Betriebsratsmitglieder dürfen sich in ihrer Eigenschaft als Arbeitnehmer und Gewerkschaftsmitglieder an einem rechtmäßigen Arbeitskampf beteiligen; dies ergibt sich bereits aus § 74 Abs. 3 BetrVG, wonach Arbeitnehmer durch die Übernahme von Aufgaben nach dem BetrVG nicht in der Betätigung für ihre Gewerkschaft beschränkt werden[3]. Abgrenzungsprobleme ergeben sich bei der Frage, ob ein **Betriebsratsmitglied** in seiner Eigenschaft als Arbeitnehmer am **Arbeitskampf** teilnimmt oder ob dies in seiner Eigenschaft als Betriebsratsmitglied geschieht. Das Gewicht der Beteiligungsrechte des Betriebsrats und seiner allgemeinen Aufgaben machen es notwendig, dass der Betriebsrat alles vermeidet, was geeignet ist, seine Stellung als Repräsentant der Gesamtheit der Arbeitnehmer und als neutraler Sachwalter ihrer Interessen zweifelhaft erscheinen zu lassen[4]. Das Betriebsratsmitglied, das sich in seiner Eigenschaft als Arbeitnehmer am Arbeitskampf beteiligt, muss daher jeden Hinweis auf seine Amtsstellung unterlassen und darf sich auch keiner dem Betriebsrat überlassenen Sachmittel bedienen[5].

Inhaltlich umfasst das Verbot des Arbeitskampfes alle wirtschaftlichen Kampfmaßnahmen, also den **Streik**, den **Sitzstreik**, die **Arbeitsverlangsamung**, die **Betriebsbesetzung**, die **Aussperrung** und den **Boykott**[6]. Das Arbeitskampfverbot des § 74 Abs. 2 Satz 1 Halbs. 1 BetrVG beinhaltet insbesondere auch die Pflicht des Betriebsrats, sich in Arbeitskämpfen der Tarifvertragsparteien neutral zu verhalten; Unterstützungsmaßnahmen durch den Betriebsrat, etwa in Form eines Streikaufrufs an die Belegschaft, sind verboten[7]. Das BAG geht in diesem Zusammenhang von einer **uneingeschränkten Neutralitätspflicht** aus[8].

⊃ **Hinweis:** Die Verletzung des Arbeitskampfverbotes begründet einen selbständigen **Unterlassungsanspruch**[9]. Bei grober Pflichtverletzung durch den Betriebsrat ist auf Antrag auch dessen Auflösung nach § 23 Abs. 1 BetrVG möglich; liegt nur der Verstoß eines einzelnen Mitglieds des Betriebsrats vor, so kann dieses ausgeschlossen werden[10].

Aus § 74 Abs. 2 Satz 1 Halbs. 1 BetrVG ergibt sich jedoch kein Anspruch des Arbeitgebers gegen einzelne Mitglieder des Betriebsrates auf Unterlassung von Arbeitskampfmaßnahmen. Der privatrechtliche Schutz des Arbeitgebereigentums kann im Einzelfall über § 1004 Abs. 1 Satz 2 BGB durchgesetzt werden. So muss der Arbeitgeber die Nutzung eines von ihm zur Verfügung gestellten E-Mail-Accounts durch ein bei ihm beschäftigtes Betriebsratsmitglied zu Zwecken des Arbeitskampfes nicht hinnehmen. Die Mobilisierung von Arbeitnehmern zur Streikteilnahme ist Aufgabe

---

1 BAG 17.12.1976 – 1 AZR 772/75, DB 1977, 728.
2 BAG 24.4.2007 – 1 AZR 252/06, NZA 2007, 987.
3 LAG Düsseldorf 5.7.1994 – 8 TaBV 57/94, BB 1994, 1940.
4 BVerfG 26.5.1970 – 2 BvR 664/65, NJW 1970, 1635 (1636).
5 *Fitting*, § 74 BetrVG Rz. 15.
6 *Fitting*, § 74 BetrVG Rz. 12.
7 *Fitting*, § 74 BetrVG Rz. 14.
8 BAG 10.12.2002 – 1 ABR 7/02, NZA 2004, 223; 22.12.1980 – 1 ABR 76/79, DB 1981, 327.
9 BAG 22.7.1980 – 6 ABR 5/78, BAGE 34, 75; 22.2.1983 – 1 ABR 27/81, BAGE 42, 11.
10 MünchArbR/*von Hoyningen-Huene*, § 214 Rz. 20.

der jeweiligen Koalitionen und ihrer Mitglieder. Der Arbeitgeber ist nicht verpflichtet, hier durch Bereitstellung eigener Betriebsmittel mitzuwirken[1].

3. Die Friedenspflicht (§ 74 Abs. 2 Satz 2 BetrVG)

364 Nach § 74 Abs. 2 Satz 2 BetrVG haben Arbeitgeber und Betriebsrat Betätigungen zu unterlassen, durch die der Arbeitsablauf oder der Frieden des Betriebs beeinträchtigt werden. Die Friedenspflicht ist eine weitere Konkretisierung des Gebotes der vertrauensvollen Zusammenarbeit. Die Friedenspflicht ist zwar eng verknüpft mit dem Arbeitskampfverbot, geht aber insoweit über dieses Verbot hinaus, als nach der Friedenspflicht **alle Betätigungen von Arbeitgeber und Betriebsrat, durch die der geordnete Arbeitsablauf oder der Friede des Betriebes beeinträchtigt werden könnten**, verboten sind[2]. Geschützt werden soll der konkrete Arbeitsablauf und Betriebsfrieden[3]. Die Friedenspflicht trifft gleichermaßen Arbeitgeber, Betriebsrat, wie auch die einzelnen Betriebsratsmitglieder[4].

365 **Beispiele für die Störung des Betriebsfriedens:**

Veröffentlichung der Korrespondenz zwischen Arbeitgeber und Betriebsrat in einer Mitbestimmungsangelegenheit durch den Betriebsrat[5], das eigenmächtige Entfernen ordnungsgemäßer Aushänge des Betriebsrates durch den Arbeitgeber[6] oder wenn sich verschiedene Fraktionen des Betriebsrats in ehrverletzender und/wahrheitswidriger Weise bekämpfen[7].

366 ⮕ **Hinweis:** Bei Verstößen des Betriebsrats gegen die Friedenspflicht gewährt § 74 Abs. 2 Satz 2 BetrVG einen eigenständigen **Unterlassungsanspruch**[8]. Darüber hinaus können bei groben Verstößen Maßnahmen nach § 23 Abs. 1 und 3 BetrVG eingeleitet werden.

4. Das Verbot der parteipolitischen Betätigung (§ 74 Abs. 2 Satz 3 BetrVG)

367 Gem. § 74 Abs. 2 Satz 3 BetrVG müssen Arbeitgeber und Betriebsrat jede parteipolitische Betätigung im Betrieb unterlassen. Ausgenommen sind Angelegenheiten tarifpolitischer, sozialpolitischer und wirtschaftlicher Art, die den Betrieb oder seine Arbeitnehmer betreffen.

a) Begriff der parteipolitischen Betätigung

368 Der Begriff „parteipolitisch" umfasst jede **Betätigung für oder gegen eine politische Partei** iSd. Art. 21 GG und des § 2 Abs. 1 ParteienG[9].

369 Umstritten ist, ob darüber hinaus auch Betätigungen für sonstige politische Gruppierungen oder Richtungen vom Verbot der parteipolitischen Betätigung erfasst werden. Nach einer Auffassung[10] soll dies so sein. Verboten ist danach nicht nur eine partei-

---

1 BAG 15.10.2013 – 1 ABR 31/12, NZA 2014, 319.
2 *Fitting*, § 74 BetrVG Rz. 29; aA DKKW/*Berg*, § 74 BetrVG Rz. 44 (Eintritt konkreter Störung erforderlich).
3 Vgl. zum Begriff des Betriebsfriedens auch BAG 9.12.1982 – 2 AZR 620/80, ArbuR 1984, 122 ff.
4 *Fitting*, § 74 BetrVG Rz. 27.
5 LAG Düsseldorf 25.5.1976 – 15 TaBV 10/76, BB 1977, 294.
6 GK-BetrVG/*Kreutz*, § 74 Rz. 138.
7 *Fitting*, § 74 BetrVG Rz. 35.
8 BAG 22.7.1980 – 6 ABR 5/78, BAGE 34, 75; 22.2.1983 – 1 ABR 27/81, BAGE 42, 11.
9 *Fitting*, § 74 BetrVG Rz. 46; DKKW/*Berg*, § 74 BetrVG Rz. 50: „Damit wird nicht jede politische Betätigung untersagt, sondern nur das bewusste und nachhaltige Eintreten für oder gegen eine politische Partei."
10 BAG 12.6.1986 – 6 AZR 559/84, NZA 1987, 153; MünchArbR/*von Hoyningen-Huene*, § 214 Rz. 26; Richardi/*Richardi*, § 74 BetrVG Rz. 61; *Kissel*, NZA 1988, 145.

politische, sondern jegliche **allgemeine politische Betätigung**. Dies entspricht zwar nicht dem Wortlaut des § 74 Abs. 2 Satz 3 BetrVG, jedoch dem Sinn und Zweck der Norm, die Meinungsstreitigkeiten einzelner Gruppen im Interesse der notwendigen Zusammenarbeit aus dem Betrieb heraushalten will[1]. Zu Recht heißt es in einer älteren Entscheidung des BAG, dass eine Politisierung im Betrieb leicht zu Spaltungen und Gegensätzen innerhalb der Arbeitnehmerschaft führen kann, worunter das Betriebsklima und der Arbeitsablauf leiden[2].

Nach der inzwischen wohl auch vom BAG vertretenen Gegenauffassung[3] ist das Verbot der parteipolitischen Betätigung restriktiv zu handhaben. Danach ist unter einer verbotenen parteipolitischen Betätigung nur eine solche zu verstehen, die bewusst für oder gegen eine Partei iSd. § 2 Abs. 2 ParteienG erfolgt[4]. Nach dieser Ansicht, die sich streng am Wortlaut des § 74 Abs. 2 Satz 3 BetrVG orientiert, ist die Vorschrift des § 74 Abs. 2 Satz 2 BetrVG wegen ihres das **Grundrecht der Meinungsfreiheit** einschränkenden Charakters restriktiv auszulegen[5].   370

Folgt man der herrschenden Meinung, dann ist das Eintreten für oder gegen eine bestimmte politische Richtung verboten, auch wenn es keinen konkreten parteipolitischen Bezug hat. Damit unterfallen auch Maßnahmen für oder gegen **Bürgerinitiativen, Friedensbewegungen, Anti-Atom-Bewegungen** (oder andere Verteidigungs- oder Abrüstungsbewegungen) dem Begriff der „parteipolitischen" Betätigung[6]. Das Verbot erfasst die Propaganda in jedweder Form.   371

Beispiele: 372
Verteilen von Informationsmaterial, Anbringen und Aushängen von Plakaten, das Tragen von Ansteckplaketten oder von Abziehbildern, Veranlassung oder Organisation von Resolutionen, Abstimmungen, Umfragen oder sonstigen Aktionen[7].

b) Beeinträchtigung des Arbeitsablaufes oder Betriebsfriedens

Ein pflichtwidriger Verstoß gegen das Verbot der parteipolitischen Betätigung setzt keine konkrete Beeinträchtigung oder Störung von Arbeitsablauf oder Betriebsfrieden voraus. Das generelle Verbot für Arbeitgeber und Betriebsrat greift vielmehr wegen der in der parteipolitischen Betätigung liegenden abstrakten Gefährdung des Betriebsfriedens[8]. Anderes gilt für die parteipolitische Betätigung eines Arbeitnehmers. Da sich § 74 Abs. 2 BetrVG unmittelbar nur an Arbeitgeber und Betriebsrat richtet, kann einem Arbeitnehmer eine entsprechende Betätigung nur untersagt werden, wenn der Betriebsfrieden oder der ungestörte Arbeitsablauf konkret gefährdet sind[9].   373

c) Räumlicher Geltungsbereich des Verbots, Verbotsadressat und Folgen eines Verstoßes

Nach § 74 Abs. 2 Satz 3 BetrVG ist jede parteipolitische Betätigung **im Betrieb** zu unterlassen. Das BAG rechnet zu einer Betätigung im Betrieb auch eine Betätigung in **unmittelbarer Betriebsnähe**[10]. Danach reicht etwa das Verteilen von Flugblättern par-   374

---
1 BAG 12.6.1986 – 6 AZR 559/84, NZA 1987, 153.
2 BAG 12.6.1986 – 6 AZR 559/84, NZA 1987, 153.
3 Vgl. etwa DKKW/*Berg*, § 74 BetrVG Rz. 50ff.; *Fitting*, § 74 BetrVG Rz. 50f.
4 So wohl auch: BAG 17.3.2010 – 7 ABR 95/08, NZA 2010, 1133.
5 *Fitting*, § 74 BetrVG Rz. 50a.
6 Vgl. auch die weiteren Nachweise bei GK-BetrVG/*Kreutz*, § 74 Rz. 110; ferner HWGNRH/*Worzalla*, § 74 BetrVG Rz. 43ff.
7 GK-BetrVG/*Kreutz*, § 74 Rz. 112; MünchArbR/*von Hoyningen-Huene*, § 214 Rz. 27.
8 *Fitting*, § 74 BetrVG Rz. 37.
9 BAG 12.6.1986 – 6 AZR 559/84, NZA 1987, 153 (154); *Fitting*, § 74 BetrVG Rz. 41 mwN.
10 BAG 21.2.1978 – 1 ABR 54/76, DB 1978, 1547.

teipolitischen Inhalts vor dem Fabriktor mit der Zielrichtung, in den Betrieb hineinzuwirken[1].

375 Nach dem Wortlaut des § 74 Abs. 2 Satz 3 BetrVG („sie") richtet sich das Verbot der parteipolitischen Betätigung nur an Arbeitgeber und Betriebsrat. Es gilt aber nach ganz herrschender Meinung auch für das einzelne Betriebsratsmitglied[2].

376 ⊃ **Hinweis:** Bei Verstößen gegen das Verbot der parteipolitischen Betätigung gewährt § 74 Abs. 2 Satz 3 BetrVG nach Auffassung des BAG dem Arbeitgeber keinen eigenständigen **Unterlassungsanspruch** gegenüber dem Betriebsrat. Er bleibt auf die Sanktionen gem. § 23 Abs. 1 BetrVG bei groben Verstößen beschränkt[3].

5. Grundsätze für die Behandlung der Betriebsangehörigen (§ 75 BetrVG)

377 Nach § 75 Abs. 1 BetrVG sind Arbeitgeber und Betriebsrat verpflichtet, darüber zu wachen, dass alle im Betrieb tätigen Personen nach den **Grundsätzen von Recht und Billigkeit** behandelt werden, insbesondere, dass jede Benachteiligung von Personen aus Gründen ihrer Rasse oder wegen ihrer ethnischen Herkunft, ihrer Abstammung oder sonstigen Herkunft, ihrer Nationalität, ihrer Religion oder Weltanschauung, ihrer Behinderung, ihres Alters, ihrer politischen oder gewerkschaftlichen Betätigung oder Einstellung oder wegen ihres Geschlechts oder ihrer sexuellen Identität unterbleibt. Gem. § 17 AGG soll der Betriebsrat die Verwirklichung der Ziele und die Einhaltung des AGG überwachen. Dieses Überwachungsrecht betrifft insbesondere die Regelungen der §§ 7 Abs. 1, 1, 2, 10 AGG. § 75 Abs. 2 BetrVG verpflichtet Arbeitgeber und Betriebsrat, die **freie Entfaltung der Persönlichkeit** der im Betrieb beschäftigten Arbeitnehmer zu schützen und die Selbständigkeit und Eigeninitiative der Arbeitnehmer und Arbeitsgruppen zu fördern. Damit sollen die Betriebspartner einen Beitrag zu mehr Demokratie im Betrieb leisten. Gleichzeitig soll damit eine wesentliche Grundlage für die Beteiligungsrechte der einzelnen Arbeitnehmer und der Arbeitsgruppen geschaffen und deren Bedeutung in der Betriebsverfassung hervorgehoben werden[4].

378 Diese Grundsätze für die Behandlung von Betriebsangehörigen konkretisieren inhaltlich das „Wohl der Arbeitnehmer und des Betriebes", dessen Ziel das Gebot der vertrauensvollen Zusammenarbeit ist[5]. Die Vorschrift legt **Pflichten für Arbeitgeber und Betriebsrat** fest; sie hat insofern unmittelbare materielle Bedeutung[6]. Über den Wortlaut des § 75 BetrVG hinaus treffen die dort aufgeführten Pflichten auch die **einzelnen Betriebsratsmitglieder**[7].

a) Grundsätze von Recht und Billigkeit

379 § 75 Abs. 1 BetrVG verpflichtet Arbeitgeber und Betriebsrat, darüber zu wachen, dass alle im Betrieb tätigen Personen nach den Grundsätzen von Recht und Billigkeit behandelt werden (sog. **Überwachungspflicht** bzw. **Überwachungsrecht**).

380 Die Behandlung der Arbeitnehmer nach den Grundsätzen des Rechts erfordert, dass das geltende Recht, namentlich das Arbeitsrecht, im Betrieb beachtet wird, insbeson-

---

1 BAG 21.2.1978 – 1 ABR 54/76, DB 1978, 1547; vgl. auch LAG Nds. 3.3.1970 – 1 TaBV 7/69, BB 1970, 1480.
2 BAG 12.6.1986 – 6 AZR 559/84, NZA 1987, 153 (154); *Fitting*, § 74 BetrVG Rz. 39.
3 BAG 17.3.2010 – 7 ABR 95/08, DB 2010, 1649 unter ausdrücklicher Aufgabe von BAG 12.6.1986 – 6 ABR 67/84, DB 1987, 1898.
4 So ausdrücklich Begr. RegE, BT-Drucks. 14/5741, 45.
5 MünchArbR/*von Hoyningen-Huene*, 2. Aufl., § 301 Rz. 65.
6 *Fitting*, § 75 BetrVG Rz. 4.
7 *Fitting*, § 75 BetrVG Rz. 10.

dere, dass alle **Rechtsansprüche der Arbeitnehmer** anerkannt und erfüllt werden[1]. Die Bindung an das Recht umfasst nicht nur das positive, durch Gesetz oder Verordnung gestaltete Recht, sondern auch arbeitsrechtliches Gewohnheitsrecht und Richterrecht[2].

Die Behandlung nach den Grundsätzen der Billigkeit dient der Verwirklichung der **Einzelfallgerechtigkeit**[3]. 381

Betriebsvereinbarungen und Sozialpläne unterliegen einer **allgemeinen Billigkeitskontrolle**[4]. Dem liegt das Verständnis zugrunde, die Verpflichtung zur Überwachung von „Recht und Billigkeit" nach § 75 Abs. 1 BetrVG umfasse auch die Ermächtigung zu einer gerichtlichen Billigkeitskontrolle[5]. Das Schrifttum steht dieser Rechtsprechung zu Recht kritisch gegenüber[6]. 382

b) Grundsatz der Gleichbehandlung

§ 75 Abs. 1 Satz 2 BetrVG aF, wonach die Betriebsparteien darauf zu achten hatten, dass Arbeitnehmer nicht wegen Überschreitung bestimmter Altersstufen benachteiligt werden, stellte nach Auffassung des BAG eine spezielle Ausprägung des allgemeinen betriebsverfassungsrechtlichen Gleichbehandlungsgrundsatzes dar[7]. Mit § 75 Abs. 1 BetrVG in der seit dem 18.8.2006 geltenden Fassung werden durch die beispielhaft hervorgehobenen absoluten Differenzierungsverbote die Betriebspartner sowohl auf den allgemeinen Gleichheitssatz (Art. 3 Abs. 1 GG) als auch den allgemeinen Gleichbehandlungsgrundsatz verpflichtet. Der Gleichbehandlungsgrundsatz verpflichtet Arbeitgeber und Betriebsrat gleichermaßen, einzelne Arbeitnehmer nicht willkürlich von allgemeinen, begünstigenden Regelungen auszunehmen. Er zielt darauf ab, eine Gleichbehandlung von Personen in vergleichbaren Sachverhalten sicherzustellen und eine gleichheitswidrige Gruppenbildung auszuschließen[8], verlangt also keine schematische Gleichbehandlung, sondern **verbietet eine unsachliche Differenzierung**. Maßgeblich für das Vorliegen eines die Bildung unterschiedlicher Gruppen rechtfertigenden Sachgrundes ist nach Auffassung des BAG vor allem der mit der Regelung verfolgte Zweck[9]. Nach Ansicht des BAG ist eine Differenzierung dann sachfremd, wenn es für sie keine sachlichen, vernünftig einleuchtenden und billigenswerten Gründe gibt und die unterschiedliche Behandlung sich deshalb als sachwidrig und willkürlich erweist[10]. Damit korrespondierend normieren auch die §§ 8 ff. AGG ausdrücklich, dass eine unterschiedliche Behandlung zulässig ist, wenn sie angemessen ist und einem rechtmäßigen Zweck oder legitimen Ziel dient. Der allgemeine Gleichbehandlungsgrundsatz steht neben den Diskriminierungsverboten des AGG und greift dann ein, wenn die speziellen Regelungen des AGG nicht in Betracht kommen[11]. 383

---

1 *Fitting*, § 75 BetrVG Rz. 25.
2 *Fitting*, § 75 BetrVG Rz. 25.
3 *Fitting*, § 75 BetrVG Rz. 26.
4 BAG 20.2.2001 – 1 AZR 322/00, NZA 2001, 1204; 26.7.1988 – 1 AZR 156/87, NZA 1989, 25.
5 BAG 14.2.1984 – 1 AZR 574/82, DB 1984, 1527.
6 Vgl. nur MünchArbR/*von Hoyningen/Huene*, § 214 Rz. 35; *Konzen*, Anm. zu BAG 14.2.1984 – 1 AZR 574/82, DB 1984, 1527.
7 BAG 23.8.1988 – 1 AZR 284/87, NZA 1989, 28.
8 BAG 20.4.2010 – 1 AZR 988/08, DB 2010, 1467; 13.8.2008 – 7 AZR 513/07, NZA 2009, 27; 18.9.2007 – 3 AZR 639/06, NZA 2008, 56.
9 BAG 20.4.2010 – 1 AZR 988/08, DB 2010, 1467; 13.8.2008 – 7 AZR 513/07, NZA 2009, 27; 18.9.2007 – 3 AZR 639/06, NZA 2008, 56.
10 BAG 20.4.2010 – 1 AZR 988/08, DB 2010, 1467; 3.12.2008 – 5 AZR 74/08, NZA 2009, 393; 13.8.2008 – 7 AZR 513/07, NZA 2009, 27.
11 *Fitting*, § 75 BetrVG Rz. 30.

384 Es verstößt gegen den allgemeinen Gleichheitssatz des Art. 3 Abs. 1 GG, wenn die Betriebspartner durch **Betriebsvereinbarung** festlegen, dass gewerblichen Arbeitnehmern wegen erheblich höherer krankheitsbedingter Fehlzeiten ein gekürzter 13. Monatslohn gezahlt wird, die Angestellten dagegen einzelvertraglich ein ungekürztes 13. Monatsgehalt erhalten, wenn die Gründe für die Schlechterstellung der gewerblichen Arbeitnehmer (höhere Krankheitsfehlzeiten) auch der Sphäre des Arbeitgebers zuzuordnen sein können[1]. Wenn ein Arbeitgeber wegen der Verlegung seines Betriebes Abfindungen auf vertraglicher Grundlage an ausscheidende Arbeitnehmer zahlt, so verstößt er nicht gegen den Gleichbehandlungsgrundsatz, wenn er Arbeitnehmer von Zahlungen ausschließt, die bereits geraume Zeit vor dem Umzugstermin aufgrund von Eigenkündigungen ausscheiden[2]. Der Ausschluss von Arbeitnehmern von Leistungen eines Sozialplans, die das Arbeitsverhältnis selbst gekündigt haben, nachdem ihnen der Arbeitgeber mitgeteilt hatte, für sie bestehe aufgrund der Betriebsänderung keine Beschäftigungsmöglichkeit mehr, kann gegen § 75 BetrVG verstoßen und damit rechtsunwirksam sein[3]. Ein Ausschluss für Eigenkündigungen nicht von der Betriebsänderung betroffener Arbeitnehmer ist zulässig[4]. Die Regelung einer Produktivitätsprämie für wegen einer Teilverlagerung und Schließung des Restbetriebes gekündigte Arbeitnehmer verstößt nicht gegen § 75 Abs. 1 BetrVG und Art. 3 Abs. 1 GG, soweit sie Anreiz dafür ist, bis zu diesem Zeitpunkt tatsächlich weiterzuarbeiten[5].

385 Nach dem Wortlaut des § 75 BetrVG ist das Gleichbehandlungsgebot **betriebsbezogen**. Daher können sich alle Arbeitnehmer eines Betriebes auf diesen Grundsatz berufen. Unerheblich ist, ob es sich um Voll- oder Teilzeitbeschäftigte handelt; es kommt auch nicht darauf an, ob es sich um befristet Beschäftigte oder um Leiharbeiter handelt. Geschützt werden auch Arbeitnehmer, die zwar nicht Arbeitnehmer des Betriebes sind, aber tatsächlich im Betrieb tätig sind (etwa Monteure oder Bauarbeiter, die aus anderen Betrieben entsandt werden)[6]. Bei diesen kann sich das Überwachungsrecht aber nicht auf die materiellen Arbeitsbedingungen beziehen. Nach Auffassung des BAG gründet die Pflicht zur Gleichbehandlung nach § 75 BetrVG auf dem allgemeinen arbeitsrechtlichen Gleichbehandlungsgrundsatz, den das BAG, wie auch § 75 BetrVG jedenfalls dann unternehmensweit anwenden will, wenn eine unternehmerische Entscheidung betriebsübergreifend erfolgt bzw. einzelne Betriebe sachwidrig ausgenommen hat[7].

c) Absolute Differenzierungsverbote

386 Nach § 75 Abs. 1 Halbs. 2 BetrVG ist jede Benachteiligung von Personen aus Gründen ihrer Rasse oder wegen ihrer ethnischen Herkunft, ihrer Abstammung oder sonstigen Herkunft, ihrer Nationalität, ihrer Religion oder Weltanschauung, ihrer Behinderung, ihres Alters, ihrer politischen oder gewerkschaftlichen Betätigung oder Einstellung oder wegen ihres Geschlechts oder ihrer sexuellen Identität untersagt. Im Hinblick auf diese absoluten Differenzierungsverbote wird auch von einem **Diskriminierungsverbot** gesprochen[8]. Die Aufzählungen in § 75 Abs. 1 Halbs. 2 BetrVG sind nicht abschließend, was die Verwendung des Wortes „insbesondere" verdeutlicht. Daher ist über den Wortlaut der Norm hinaus jede sachlich nicht gerechtfertigte willkürliche

---

1 BVerfG 1.9.1997 – 1 BvR 1929/95, BB 1997, 2330 unter Aufhebung des Urteils des BAG 19.4.1995 – 10 AZR 136/94, DB 1995, 1966 (1967).
2 BAG 8.3.1995 – 5 AZR 869/93, NZA 1995, 675.
3 BAG 19.7.1995 – 10 AZR 885/94, NZA 1996, 271.
4 BAG 6.8.2002 – 1 AZR 247/01, NZA 2003, 449.
5 BAG 22.3.2005 – 1 AZR 49/04, NZA 2005, 773.
6 DKKW/*Berg*, § 75 BetrVG Rz. 10; *Fitting*, § 75 BetrVG Rz. 12ff.
7 BAG 3.12.2008 – 5 AZR 74/08, NZA 2009, 393; 18.9.2007 – 3 AZR 639/06, NZA 2008, 56.
8 *Fitting*, § 75 BetrVG Rz. 58.

Ungleichbehandlung der Arbeitnehmer verboten. Im Übrigen sind von den Betriebsparteien über § 17 AGG die dortigen Diskriminierungsverbote zu beachten.

Beispiele für Verstöße gegen die absoluten Differenzierungsverbote des § 75 Abs. 1 Halbs. 2 BetrVG: 387

Betriebsvereinbarungen, die zwischen organisierten und nicht organisierten Arbeitnehmern differenzieren[1]; Sozialplanregelungen, die Arbeitnehmern eine höhere Abfindung zuerkennen, allein weil sie Gewerkschaftsmitglieder sind[2]; die Beschränkung einer Aussperrung auf gewerkschaftlich organisierte Arbeitnehmer[3]; die Unterscheidung zwischen weiblichen und männlichen Arbeitnehmern bei der freiwilligen Gewährung von Hausarbeitstagen[4]; die Gewährung einer Arbeitsmarktzulage gegenüber männlichen Arbeitnehmern, weil diese nicht bereit sind, zum gleichen Lohn wie die am gleichen Arbeitsplatz unter gleichen Bedingungen tätigen Frauen zu arbeiten[5].

d) Schutz älterer Arbeitnehmer

Nach Ansicht des BAG verstößt es grundsätzlich weder gegen § 75 Abs. 1 BetrVG (alter wie neuer Fassung) noch gegen die Vorgaben des AGG, wenn ein Sozialplan nach Alter und/oder Betriebszugehörigkeit differenzierende Abfindungshöhen vorsieht[6]. Auch eine Regelung des Inhalts, wonach zunächst die Arbeitnehmer, die das freiwillig wollen, und dann die ältesten Arbeitnehmer des Betriebs verkürzt arbeiten sollen, wurde nicht beanstandet[7]. 388

Altersgrenzen in Betriebsvereinbarungen, die auf das Erreichen des 65. Lebensjahres und den Anspruch auf das gesetzliche Altersruhegeld abstellen, sind jedenfalls dann zulässig, wenn die betroffenen Arbeitnehmer durch den Bezug einer gesetzlichen Altersrente zu diesem Zeitpunkt wirtschaftlich abgesichert sind[8]. Soweit der Arbeitsvertrag nicht betriebsvereinbarungsoffen ausgestaltet ist, muss allerdings das Günstigkeitsprinzip beachtet werden[9]. 389

e) Freie Entfaltung der Persönlichkeit

Nach § 75 Abs. 2 BetrVG müssen der Arbeitgeber und Betriebsrat die freie Entfaltung der Persönlichkeit der Arbeitnehmer **schützen und fördern**. Durch diese Vorschrift wird das bereits in Art. 2 Abs. 1 GG normierte Recht auf die freie Entfaltung der Persönlichkeit in die betriebliche Sphäre übertragen. 390

Die Vorschrift begründet eine Verpflichtung für Arbeitgeber und Betriebsrat, das Persönlichkeitsrecht der Arbeitnehmer bei Einzelmaßnahmen und gemeinsamen Maßnahmen zu beachten[10] und eine **Handlungspflicht** der Betriebspartner, das Persönlichkeitsrecht zu fördern. 391

---

1 In diesem Sinne GK-BetrVG/*Kreutz*, § 75 Rz. 85.
2 BAG 12.2.1985 – 1 AZR 40/84, NZA 1985, 717.
3 BAG 10.6.1980 – 1 AZR 331/79, BAGE 33, 195.
4 BAG 26.1.1982 – 3 AZR 202/81, NJW 1982, 2573.
5 BAG 25.8.1982 – 5 AZR 107/80, BB 1982, 1921.
6 BAG 21.7.2009 – 1 AZR 566/08, NZA 2009, 1107; 26.5.2009 – 1 AZR 212/08, nv.; 26.5.2009 – 1 AZR 198/08, NZA 2009, 849.
7 BAG 18.8.1987 – 1 ABR 30/86, NZA 1987, 779.
8 BAG 5.3.2013 – 1 AZR 880/11, AP Nr. 62 zu § 77 Betriebsvereinbarung 1972; EuGH 16.10.2007 – Rs. C-411/05, NZA 2007, 1219.
9 LAG Hess. 18.5.2011 – 8 Sa 1979/10, nv.
10 BAG 26.8.2008 – 1 ABR 16/07, NZA 2008, 1187.

392 **Beispiele für Verletzungen des Persönlichkeitsrechts:**

Überwachungsmaßnahmen, etwa in Form von versteckten Videokameras[1], Abhörgeräten oder Tonaufnahmen[2]; aber auch in Form des Abhörens oder Mithörens von Telefongesprächen, gleichgültig, ob sie einen privaten oder dienstlichen Inhalt haben[3]; Einholung graphologischer Gutachten, Durchführung psychologischer Tests oder Eignungsuntersuchungen gegen den Willen des Arbeitnehmers[4]; die Offenlegung des Inhalts von Personalakten ohne Einwilligung des Arbeitnehmers[5]; die Bekanntmachung von Abmahnungen am Schwarzen Brett[6].

393 Kein Verstoß gegen das allgemeine Persönlichkeitsrecht liegt im **Verbot des Radiohörens** während der Arbeitszeit[7], im (nicht mitbestimmungspflichtigen) **Verbot der aktiven und passiven Handynutzung**[8], der Einführung einer **einheitlichen Arbeitskleidung** durch Betriebsvereinbarung[9], der **Telefondatenerfassung** unter Beachtung der Mitbestimmungsrechte des Betriebsrats[10] oder in dem (mitbestimmungspflichtigen) Verbot, den Betrieb während der gesetzlich vorgeschriebenen halbstündigen Mittagspause zu verlassen[11]. Nicht unproblematisch ist, ob Nichtraucher unter Berufung auf ihr Persönlichkeitsrecht ein **allgemeines Rauchverbot** in ihrem Arbeitsbereich erwirken können. Dies ist regelmäßig nicht der Fall, wenn die Möglichkeit zu Rauchen zum rechtmäßig ausgestalteten unternehmerischen Angebot gehört[12]. Von diesem Fall abgesehen ist nach der gesetzlichen Wertung des § 5 Abs. 1 ArbStättV ein Rauchverbot zu erlassen, soweit dies zu einem effektiven Schutz der Nichtraucher erforderlich ist[13]. Ein Rauchverbot, das der Mitbestimmungspflicht nach § 87 BetrVG unterliegt, ist kein Verstoß gegen das Persönlichkeitsrecht der betroffenen Raucher, sondern eine zulässige Beschränkung[14]. Wollen die Betriebspartner ein betriebliches Rauchverbot im Wege einer Betriebsvereinbarung erlassen, um die Nichtraucher zu schützen, so müssen sie den Verhältnismäßigkeitsgrundsatz beachten, weil ihre Regelung die allgemeine Handlungsfreiheit der Raucher beeinträchtigt. Da die erforderliche Abwägung der Belange des Betriebes wie auch der betroffenen Raucher und Nichtraucher von den betrieblichen Gegebenheiten und Besonderheiten abhängt, kommt den Betriebspartnern ein Gestaltungsfreiraum zu[15].

f) Folgen eines Verstoßes gegen § 75 BetrVG

394 Bei groben Verstößen gegen die in § 75 BetrVG normierten Pflichten kommen ausschließlich **Sanktionen** nach § 23 Abs. 1 und 3 BetrVG in Betracht, weder § 75 Abs. 1

---

1 BAG 26.8.2008 – 1 ABR 16/07, NZA 2008, 1187; 27.3.2003 – 2 AZR 51/02, NZA 2003, 1193.
2 BAG 15.5.1991 – 5 AZR 115/90, NZA 1992, 43; 7.10.1987 – 5 AZR 116/86, NZA 1988, 92.
3 BAG 23.4.2009 – 6 AZR 189/08, NZA 2009, 974; BVerfG 19.12.1991 – 1 BvR 382/85, NZA 1992, 307.
4 Zutreffend MünchArbR/*von Hoyningen-Huene*, § 214 Rz. 39.
5 BAG 18.12.1984 – 3 AZR 389/83, NZA 1985, 811.
6 ArbG Regensburg 28.7.1989 – 3 BVGa 1/89 L, AiB 1989, 354.
7 *von Hoyningen-Huene*, Anm. zu BAG 14.1.1986 – 1 ABR 75/83, AP Nr. 10 zu § 87 BetrVG 1972 – Ordnung des Betriebes.
8 LAG Rh.-Pf. 20.10.2009 – 6 TaBV 33/09, ZTR 2010, 549.
9 BAG 1.12.1992 – 1 AZR 260/92, BB 1993, 939.
10 BAG 27.5.1986 – 1 ABR 48/84, NZA 1986, 643.
11 BAG 21.8.1990 – 1 AZR 567/89, NZA 1991, 154 mit der Einschränkung, ein solches Verbot verstoße jedenfalls dann nicht gegen § 75 Abs. 2 BetrVG, wenn der Arbeitnehmer gleichzeitig berechtigt sei, den Betrieb außerhalb dieser Mittagspause während einer weiteren Stunde zu verlassen, wenn Gründe der Zeiterfassung eine unterschiedliche Gestaltung der beiden Arbeitsunterbrechungen sinnvoll erscheinen lassen.
12 BAG 19.5.2009 – 9 AZR 241/08, NZA 2009, 775; 19.1.1999 – 1 AZR 499/98, NZA 1999, 546.
13 BAG 19.5.2009 – 9 AZR 241/08, NZA 2009, 775.
14 Zur betrieblichen Regelung eines Rauchverbots: *Fitting*, § 75 BetrVG Rz. 165.
15 BAG 19.1.1999 – 1 AZR 499/98, NZA 1999, 546.

ten Arbeitsplatz; dies setzt aber voraus, dass der Arbeitnehmer die für die Ausübung seiner Tätigkeit an diesem Arbeitsplatz erforderlichen beruflichen Kenntnisse und Erfahrungen schon besitzt[1].

Beispiel für mitbestimmungsfreie Unterrichtung nach § 81 BetrVG: 403

Anleitung zur Bedienung von Arbeitsgeräten/Maschinen und Unterweisungen, die sich auf die Arbeitsaufgabe oder das Unternehmen beziehen[2].

b) Anhörungs- und Erörterungsrecht des Arbeitnehmers (§ 82 BetrVG)

Nach § 82 Abs. 1 Satz 1 BetrVG hat der Arbeitnehmer das Recht, in betrieblichen Angelegenheiten, die seine Person betreffen, von den betrieblich zuständigen Personen gehört zu werden. Darüber hinaus ist er berechtigt, zu Maßnahmen des Arbeitgebers, die ihn betreffen, Stellung zu nehmen sowie Vorschläge für die Gestaltung des Arbeitsplatzes und des Arbeitsablaufes zu machen. Dieses **Anhörungs- und Erörterungsrecht** des Arbeitnehmers ergänzt die Verpflichtung des Arbeitgebers nach § 81 BetrVG. 404

Sachlich zuständig für das Anhörungsrecht ist der unmittelbare Vorgesetzte. Zu den **betrieblichen Angelegenheiten**, die den Arbeitnehmer betreffen, gehören insbesondere Fragen, die mit seiner Arbeitsleistung zusammenhängen, sowie Fragen der betrieblichen Organisation und des Arbeitsablaufs, die Auswirkungen auf den Arbeitsbereich und die auszuübende Tätigkeit haben[3]. Die „betrieblichen Angelegenheiten" sind sehr weit zu verstehen; in Betracht kommen alle Angelegenheiten, die mit der Stellung des Arbeitnehmers im Betrieb und seiner Funktion zusammenhängen oder ihn in irgendeiner nachvollziehbaren Weise betreffen können[4]. 405

Über das Anhörungsrecht nach § 82 Abs. 1 BetrVG hinaus kann der Arbeitnehmer nach § 82 Abs. 2 Satz 1 BetrVG verlangen, dass ihm die **Berechnung und Zusammensetzung seines Arbeitsentgelts** erläutert und dass mit ihm die **Beurteilung seiner Leistungen** sowie die Möglichkeit seiner beruflichen Entwicklung im Betrieb erörtert werden. Er kann dafür ein Mitglied des Betriebsrats hinzuziehen, das über den Inhalt der Verhandlungen Stillschweigen zu bewahren hat (vgl. § 82 Abs. 2 Satz 2 BetrVG). 406

↪ Hinweis: Unter dem Begriff des Arbeitsentgelts ist die Gesamtheit der dem Arbeitnehmer zustehenden Bezüge zu verstehen, also der Lohn, das Gehalt, die Sachleistungen, Zulagen, Auslösungen, Prämien, Provisionen, Tantiemen, Gratifikationen, Gewinne und Ergebnisbeteiligungen sowie vermögenswirksame Leistungen[5]. 407

Die Vorschrift gewinnt angesichts der zunehmenden **Verwendung von Datenverarbeitungsanlagen** für die Berechnung von Löhnen und Gehältern an Bedeutung[6]. Wichtig ist die Aufklärung über die Bedeutung verschlüsselter Angaben bei Verwendung von Datenverarbeitungsanlagen. Die Arbeitnehmer müssen die Möglichkeit haben, diese zu entschlüsseln und zu verstehen. 408

Ggf. müssen dem Arbeitnehmer auch die **Rechtsgrundlagen** mitgeteilt werden, nach denen sein Arbeitsentgelt **berechnet** wird (Gesetz, Tarifvertrag, Betriebsvereinbarung, Arbeitsvertrag, Freiwilligkeit)[7]. 409

---

1 BAG 23.4.1991 – 1 ABR 49/90, NZA 1991, 817.
2 BAG 23.4.1991 – 1 ABR 49/90, NZA 1991, 817.
3 *Fitting*, § 82 BetrVG Rz. 4.
4 *Fitting*, § 82 BetrVG Rz. 5.
5 *Fitting*, § 82 BetrVG Rz. 9.
6 *Fitting*, § 82 BetrVG Rz. 9.
7 GK-BetrVG/*Wiese/Franzen*, § 82 Rz. 13.

410 Die Befugnis des Arbeitnehmers, nach § 82 Abs. 2 Satz 2 BetrVG ein **Betriebsratsmitglied** zu einem Gespräch nach § 82 Abs. 2 Satz 1 BetrVG hinzuzuziehen, begründet keinen Anspruch des hinzugezogenen Betriebsratsmitglieds gegenüber dem Arbeitgeber[1]. Ungeachtet dessen und ungeachtet des Individualrechts des einzelnen Arbeitnehmers kann der Betriebsrat nach Maßgabe des § 80 Abs. 2 BetrVG in die Listen der Bruttolöhne und -gehälter Einblick nehmen. § 82 Abs. 2 Satz 1 BetrVG steht dem nicht entgegen[2].

411 ⊃ **Hinweis:** Ansprüche nach § 82 BetrVG sind im **Urteilsverfahren** einklagbar[3]. Dies gilt auch für den Anspruch des Arbeitnehmers gegen den Arbeitgeber auf Beteiligung eines Betriebsratsmitglieds in den Fällen des § 82 Abs. 2 BetrVG[4]. Weigert sich ein Betriebsratsmitglied, dem Wunsch des Arbeitnehmers nachzukommen, so kann es sich hierbei uU um eine grobe Pflichtverletzung iSd. § 23 Abs. 1 BetrVG handeln; gerichtlich durchsetzbar ist der Anspruch des Arbeitnehmers gegen das Betriebsratsmitglied aber nicht[5].

c) Einsicht in Personalakten (§ 83 BetrVG)

412 Nach § 83 Abs. 1 Satz 1 BetrVG hat der Arbeitnehmer das Recht, in die über ihn geführten Personalakten Einsicht zu nehmen. Er kann hierzu gem. § 83 Abs. 1 Satz 2 BetrVG ein Mitglied des Betriebsrats hinzuziehen, das über den Inhalt der Personalakte Stillschweigen zu bewahren hat.

aa) Begriff der Personalakte

413 Der Begriff der Personalakte ist für den Bereich des Arbeitsrechts gesetzlich nicht definiert. Nach ständiger Rechtsprechung des BAG handelt es sich bei Personalakten um eine Sammlung von Urkunden und Vorgängen, die die persönlichen und dienstlichen Verhältnisse des Arbeitnehmers betreffen und in einem inneren Zusammenhang mit dem Dienstverhältnis stehen (sog. materieller Begriff der Personalakte)[6]. Personalakte ist demzufolge **jede Sammlung von Unterlagen über einen bestimmten Arbeitnehmer** des Betriebs, ohne dass es dabei auf den Aufbewahrungsort oder die Art der Sammlung ankommt[7]. Zu den Personalakten zählen neben dem Arbeitsvertrag alle für den Betrieb wissenswerten Angaben zur Person des Arbeitnehmers, damit auch alle in elektronischen Datenbanken gespeicherten Personalinformationen, auf die der Arbeitgeber zugreifen kann.

414 Beispiele:

Personenstand, Berufsbildung, berufliche Entwicklung, Fähigkeiten, Leistung, Anerkennung, Beurteilungen aller Art, graphologische Gutachten, Testergebnisse, Abmahnungen, Betriebsbußen, Krankheiten, Urlaub, Pfändungen und Abtretungen[8].

bb) Führung der Personalakte

415 Über Art und Weise der Anlegung von Personalakten sagt § 83 BetrVG nichts. Hierüber entscheidet allein der Arbeitgeber[9]. Aus § 83 BetrVG folgt keine Verpflichtung des

---

1 BAG 23.2.1984 – 6 ABR 22/81, BB 1984, 1874.
2 BAG 18.9.1973 – 1 ABR 7/73, BAGE 25, 292.
3 *Fitting*, § 82 BetrVG Rz. 14.
4 BAG 24.4.1979 – 6 AZR 69/77, DB 1979, 1755.
5 *Fitting*, § 82 BetrVG Rz. 15; aA GK-BetrVG/*Wiese/Franzen*, § 82 Rz. 25.
6 BAG 4.12.2013 – 7 ABR 7/12, NZA 2014, 803 Rz. 39.
7 *Fitting*, § 83 BetrVG Rz. 3.
8 MünchArbR/*Reichold*, § 87 Rz. 3f.
9 BAG 16.10.2007 – 9 AZR 110/07, NZA 2008, 367.

Arbeitgebers, Personalakten anzulegen[1], auch wenn die Führung von Personalakten zweckmäßig und weithin üblich ist. Es steht dem Arbeitgeber grundsätzlich frei, welche Unterlagen in die Personalakte aufgenommen werden. Es muss allerdings ein Zusammenhang mit dem Arbeitsverhältnis bestehen. Verneint wurde dies bspw. für die Aufnahme eines Strafurteils, das gegen einen Arbeitnehmer im Öffentlichen Dienst wegen einer außerdienstlichen Verfehlung ergangen war[2].

Der Arbeitgeber muss die **Personalakten** so **aufbewahren**, dass sie vor dem Zugriff und der Einsichtnahme Dritter geschützt sind. Verletzt er diese Verpflichtung, so liegt regelmäßig ein Eingriff in das allgemeine Persönlichkeitsrecht vor[3]. 416

cc) Einsichtsrecht des Arbeitnehmers

Der Arbeitnehmer kann jederzeit, dh. grundsätzlich ohne besonderen Anlass und während der Arbeitszeit unter Wahrung der betrieblichen Interessen das Recht auf **Einsicht in die Personalakte** ausüben[4]. Die Rücksichtnahme auf die betrieblichen Verhältnisse gebietet, dass der Arbeitnehmer das Recht auf Einsicht nicht zur Unzeit oder in unangemessen kurzen Zeitabständen ausübt[5]. 417

Das Einsichtsrecht des Arbeitnehmers besteht hinsichtlich aller Aufzeichnungen, die in der Personalakte und in sonstigen Neben- oder Beiakten über ihn geführt werden, also auch bzgl. aller **Aufzeichnungen**, die **außerhalb** der eigentlichen **Personalakte** geführt und aufbewahrt werden. Befinden sich die Angaben auf elektronischen Datenträgern, so sind diese lesbar zu machen und ggf. auch zu erläutern[6]. Das Recht zur Einsichtnahme umfasst die Befugnis, sich **Abschriften** von der Personalakte zu machen oder, sofern im Betrieb die Möglichkeit besteht, **Fotokopien** auf eigene Kosten zu fertigen[7]. Das Einsichtsrecht ist grundsätzlich höchstpersönlicher Art. Allerdings ist die Bevollmächtigung eines Dritten dann zulässig, wenn der Arbeitnehmer über längere Zeit an einer persönlichen Einsichtnahme verhindert ist[8]. 418

Die Einsichtnahme in die Personalakten durch den Arbeitnehmer ist grundsätzlich **kostenlos**[9]. 419

Zieht der Arbeitnehmer nach § 83 Abs. 1 Satz 2 BetrVG ein Mitglied des Betriebsrats zur Einsichtnahme hinzu, so hat dieses das Recht, Einsicht in demselben Umfang zu nehmen, wie der betreffende Arbeitnehmer. Der Betriebsrat hat kein darüber hinausgehendes (vollständiges) Einsichtsrecht, auch dann nicht, wenn ein Betriebsratsmitglied die Unwirksamkeit einer ihm erteilten Abmahnung geltend macht[10]. Über den Inhalt der Personalakte hat das **Betriebsratsmitglied** Stillschweigen zu bewahren, soweit es vom Arbeitnehmer im Einzelfall nicht von dieser Verpflichtung entbunden wird (§ 83 Abs. 1 Satz 3 BetrVG). 420

Das Recht auf Einsichtnahme in die Personalakte besteht vom Beginn bis zur Beendigung des Arbeitsverhältnisses. Die Rechtsprechung geht allerdings davon aus, dass 421

---

1 BAG 7.5.1980 – 4 AZR 214/78, ArbuR 1981, 124; GK-BetrVG/*Franzen*, § 83 Rz. 13; Münch-ArbR/*Reichold*, § 87 Rz. 7; HWGNRH/*Rose*, § 83 BetrVG Rz. 22.
2 BAG 9.2.1977 – 5 AZR 2/76, NJW 1978, 124.
3 BAG 18.12.1984 – 3 AZR 389/93, NZA 1985, 811.
4 GK-BetrVG/*Franzen*, § 83 Rz. 22, mwN.
5 Zutreffend GK-BetrVG/*Wiese/Franzen*, § 83 Rz. 22.
6 *Fitting*, § 83 BetrVG Rz. 10f.
7 LAG Nds. 31.3.1981 – 2 Sa 79/80, DB 1981, 1623, jedoch ohne Stellungnahme zur Kostenfrage; *Fitting*, § 83 BetrVG Rz. 11.
8 Wohl für die Möglichkeit einer Bevollmächtigung ohne Einschränkung auf Ausnahmefälle: *Fitting*, § 83 BetrVG Rz. 12.
9 *Fitting*, § 83 BetrVG Rz. 12.
10 BAG 4.12.2013 – 7 ABR 7/12, NZA 2014, 803 Rz. 39.

sich aus der **nachwirkenden Fürsorgepflicht** auch ein Recht des Arbeitnehmers auf Einsicht in seine Personalakten nach Beendigung des Arbeitsverhältnisses ergeben kann[1].

dd) Erklärungen des Arbeitnehmers zur Personalakte

422 Nach § 83 Abs. 2 BetrVG sind Erklärungen des Arbeitnehmers zum Inhalt der Personalakte dieser auf Verlangen **beizufügen.** Damit wird dem Umstand Rechnung getragen, dass auch der Arbeitnehmer ein Interesse an der Dokumentation bestimmter Vorgänge hat[2]. § 83 Abs. 2 BetrVG enthält aber nur ein **Gegenerklärungsrecht**, durch das unrichtige oder abwertende Angaben über die Person des Arbeitnehmers nicht neutralisiert werden[3].

423 ⊃ **Hinweis:** Nach ständiger Rechtsprechung des BAG kann der Arbeitnehmer analog § 1004 BGB die **Entfernung und Beseitigung von unrichtigen und beeinträchtigenden Äußerungen in einer Abmahnung** aus seiner Personalakte verlangen[4]. Das Recht auf Entfernung unrichtiger Abmahnungen aus der Personalakte ist im Klagewege (Urteilsverfahren) durchsetzbar. Streitigkeiten zwischen Arbeitgeber und Arbeitnehmer über die Ausübung des Einsichtsrechts, über den Inhalt der Personalakte oder über eine Stellungnahme zur Personalakte sind ebenfalls im Urteilsverfahren vor den Arbeitsgerichten auszutragen[5].

d) Beschwerde (§§ 84, 85 BetrVG)

aa) Beschwerde beim Arbeitgeber

424 Nach § 84 Abs. 1 Satz 1 BetrVG hat jeder Arbeitnehmer das Recht, sich bei den zuständigen Stellen des Betriebs zu beschweren, wenn er sich vom Arbeitgeber oder von Arbeitnehmern des Betriebs benachteiligt oder ungerecht behandelt oder in sonstiger Weise beeinträchtigt fühlt. **Gegenstand der Beschwerde** nach § 84 Abs. 1 Satz 1 BetrVG ist die Behauptung des Arbeitnehmers, in seiner individuellen Position vom Arbeitgeber oder einem sonstigen Betriebsangehörigen beeinträchtigt worden zu sein. Demnach gibt es **keine Popularbeschwerde**, dh. Beschwerden wegen allgemeiner Missstände im Betrieb oder gemeinsamer Belange bestimmter Gruppen[6]. Bei der Benachteiligung anderer Arbeitnehmer steht dem nicht betroffenen Arbeitnehmer kein Beschwerderecht nach § 84 BetrVG zu. Gegenstand einer Beschwerde kann nicht die Amtstätigkeit des Betriebsrats oder eines der Betriebsratsmitglieder sein[7]. Möglich ist aber eine Beschwerde über das Verhalten einzelner Betriebsratsmitglieder, wenn dieses nicht in Zusammenhang mit der Amtstätigkeit stehen kann und den Arbeitnehmer beeinträchtigt.

425 **Beispiele für Beschwerdegegenstände:**

Arbeits- und Gesundheitsschutz (Lärm, Vibration, Geruch, Raumklima)[8]; betrieblicher Umweltschutz sowie die Arbeitsorganisation (Leistungsverdichtung, etwa durch schnellen Maschinenlauf, Vergrößerung des Arbeitspensums, Einführung von Gruppenarbeit)[9]; sexuelle Be-

---

1 BAG 11.5.1994 – 5 AZR 660/93, ArbuR 1994, 381; vgl. auch für den öffentlichen Dienst: BAG 8.4.1992 – 5 AZR 101/91, RDV 1993, 171.
2 GK-BetrVG/*Franzen*, § 83 Rz. 33.
3 BAG 27.11.1985 – 5 AZR 101/84, NZA 1986, 227.
4 BAG 23.6.2009 – 2 AZR 606/08, NZA 2009, 1011.
5 *Fitting*, § 83 BetrVG Rz. 42.
6 BAG 22.11.2005 – 1 ABR 50/04, NZA 2006, 803; *Fitting*, § 84 BetrVG Rz. 4.
7 *Fitting*, § 84 BetrVG Rz. 12.
8 Vgl. auch zum Nichtraucherschutz und der Geltendmachung nach § 84 BetrVG: LAG München 27.11.1990 – 2 Sa 542/90, BB 1991, 624.
9 *Fitting*, § 84 BetrVG Rz. 6.

lästigungen; Beleidigungen; schikanierendes und herablassendes Behandeln durch Arbeitskollegen; ausländerfeindliche Äußerungen und Mobbing[1].

Die Beschwerde ist bei der zuständigen Stelle des Betriebs einzulegen, die der Arbeitgeber hierfür bestimmt. **Beschwerdeadressat** wird allerdings regelmäßig der unmittelbare Vorgesetzte sein. Die Beschwerde ist an **keine** besondere **Form oder Frist** gebunden, sie kann auch mündlich erhoben werden. Zur Unterstützung und zur Vermittlung kann der betroffene Arbeitgeber ein Mitglied des Betriebsrats hinzuziehen (§ 84 Abs. 1 Satz 2 BetrVG). Anders als in § 83 Abs. 1 Satz 3 BetrVG besteht hier allerdings keine besondere Schweigepflicht des Betriebsratsmitglieds. Nach herrschender Meinung steht dem Arbeitnehmer auch kein Recht auf eine anonyme Behandlung seiner Beschwerde zu[2]. 426

Nach § 84 Abs. 2 BetrVG hat der Arbeitgeber über die Behandlung der Beschwerde zu bescheiden und, soweit er die Beschwerde für berechtigt erachtet, ihr abzuhelfen. Eine besondere Form für den **Beschwerdebescheid** ist gesetzlich nicht vorgesehen. Ebenso wie die Beschwerde mündlich eingelegt werden kann, kann auch der Beschwerdebescheid mündlich ergehen. Bei einer schriftlich eingehenden Beschwerde empfiehlt sich regelmäßig ein schriftlicher Bescheid des Arbeitgebers, der bei einer ablehnenden Entscheidung begründet werden sollte[3]. Nimmt die Erledigung der Beschwerde längere Zeit in Anspruch, soll dem Arbeitnehmer ein mündlicher oder schriftlicher **Zwischenbescheid** erteilt werden[4]. 427

Gem. § 84 Abs. 3 BetrVG dürfen dem Arbeitnehmer wegen der Erhebung der Beschwerde keine Nachteile entstehen (**Benachteiligungsverbot**). Hier gilt dasselbe wie für die Verfolgung von Rechtsansprüchen durch Klage. Kommt es gleichwohl zu einer Benachteiligung als Folge einer Beschwerde, so sind die wegen einer Beschwerde zugefügten Nachteile unwirksam, eine etwaige Kündigung ist nichtig[5]. Etwas anderes gilt dann, wenn gerade der Inhalt oder die Begleitumstände einer Beschwerde eine Kündigung rechtfertigen können (zB haltlose schwere Anschuldigungen gegen den Arbeitgeber bzw. Arbeitskollegen, grundlose Beschwerden, die den Arbeitnehmer als Querulanten ausweisen etc.)[6]. Da § 84 Abs. 3 BetrVG als Schutzgesetz iSd. § 823 Abs. 2 BGB angesehen wird, kommt ein **Schadensersatzanspruch** in Betracht[7]. 428

⇒ **Hinweis:** Bei Streitigkeiten zwischen Arbeitgeber und Arbeitnehmer wegen der Einlegung der Beschwerde, des Anspruchs auf Entgegennahme und Behandlung der Beschwerde, auf einen Bescheid oder Abhilfe und über die Abwehr von Nachteilen wegen Erhebung der Beschwerde entscheiden die Arbeitsgerichte im **Urteilsverfahren**[8]. Das Urteilsverfahren ist auch bei Rechtsstreitigkeiten zwischen Arbeitnehmer und Arbeitgeber über die Hinzuziehung eines Betriebsratsmitglieds statthaft[9]. Rechtsmittel gegen einen ablehnenden Bescheid sind gesetzlich nicht vorgesehen. Der Arbeitnehmer kann seine abgewiesene Beschwerde aber ein weiteres Mal gem. § 85 BetrVG beim Betriebsrat vorbringen. 429

bb) Beschwerde beim Betriebsrat

Nach § 85 Abs. 1 BetrVG hat der Betriebsrat Beschwerden von Arbeitnehmern entgegenzunehmen und, falls er sie für berechtigt erachtet, beim Arbeitgeber auf Abhilfe 430

---

1 *Fitting*, § 84 BetrVG Rz. 9.
2 *Fitting*, § 84 BetrVG Rz. 14.
3 *Fitting*, § 84 BetrVG Rz. 16.
4 *Fitting*, § 84 BetrVG Rz. 15.
5 BAG 11.3.1982 – 2 AZR 798/79, nv.; vgl. ferner *Fitting*, § 84 BetrVG Rz. 21.
6 LAG Köln 20.1.1999 – 8 (10) Sa 1215/98, MDR 1999, 811.
7 *Fitting*, § 84 BetrVG Rz. 21.
8 *Fitting*, § 84 BetrVG Rz. 22.
9 Vgl. zu § 82 BetrVG: BAG 24.4.1979 – 6 AZR 69/77, DB 1979, 1755.

hinzuwirken. Bestehen zwischen Betriebsrat und Arbeitgeber **Meinungsverschiedenheiten über die Berechtigung der Beschwerde**, so kann der Betriebsrat nach § 85 Abs. 2 Satz 1 BetrVG die **Einigungsstelle** anrufen. Nach § 85 Abs. 2 Satz 2 BetrVG ersetzt der Spruch der Einigungsstelle die Einigung zwischen Arbeitgeber und Betriebsrat, wenn nicht Gegenstand der Beschwerde ein Rechtsanspruch ist (§ 85 Abs. 2 Satz 3 BetrVG). Gem. § 85 Abs. 3 Satz 1 BetrVG hat der Arbeitgeber den Betriebsrat über die Behandlung der Beschwerde zu unterrichten.

431 Die Vorschrift des § 85 BetrVG ergänzt die Regelung des § 84 BetrVG insoweit, als auch der Betriebsrat Beschwerden von Arbeitnehmern entgegenzunehmen und ggf. für diese weiter zu verfolgen hat. Der mögliche Beschwerdegegenstand ist bei § 85 Abs. 1 BetrVG der gleiche wie bei § 84 BetrVG[1]. Eine **Popularbeschwerde** ist daher auch nach § 85 Abs. 1 BetrVG ausgeschlossen. Jeder Arbeitnehmer kann aber dem Betriebsrat im Hinblick auf allgemeine Missstände und Benachteiligung anderer Arbeitnehmer Anregungen geben, damit dieser nach § 80 Abs. 1 Nr. 3 BetrVG eingreift.

432 Die Beschwerde beim Betriebsrat ist ebenfalls an **keine** besondere **Form oder Frist** gebunden. Der Betriebsrat muss nach § 85 Abs. 1 Satz 1 Halbs. 1 BetrVG die Beschwerde entgegennehmen, sie auf ihre sachliche Berechtigung hin prüfen und über die aufgeworfene Frage nach pflichtgemäßem Ermessen durch Beschluss entscheiden[2]. Hält er die Beschwerde für unberechtigt, so soll er den Beschwerdeführer unter Angabe der Gründe über die negative Entscheidung unterrichten[3]. Für diesen Fall bleibt es dem Arbeitnehmer unbenommen, nach § 84 BetrVG die Beschwerde erneut, nunmehr beim Arbeitgeber, einzulegen.

433 Hält der Betriebsrat die Beschwerde für berechtigt, so ist er nach § 85 Abs. 1 BetrVG verpflichtet, beim Arbeitgeber auf Abhilfe hinzuwirken. Sorgt der Arbeitgeber seinerseits daraufhin für Abhilfe, so ist das Verfahren nach § 85 BetrVG abgeschlossen. Das gilt auch, wenn die Berechtigung der Beschwerde vom Arbeitgeber und Betriebsrat übereinstimmend verneint wird[4].

434 Kommen Betriebsrat und Arbeitgeber nicht zu einer Einigung, so kann der Betriebsrat nach § 85 Abs. 2 Satz 1 BetrVG die **Einigungsstelle** anrufen. Die Anrufung der Einigungsstelle ist aber gem. § 85 Abs. 2 Satz 3 BetrVG auf **Regelungsstreitigkeiten** beschränkt. Bei **Rechtsansprüchen** kommt eine Zuständigkeit der Einigungsstelle nur im Rahmen eines freiwilligen Einigungsstellenverfahrens nach § 76 Abs. 6 BetrVG in Betracht[5]. Liegt eine Regelungsstreitigkeit vor, so ersetzt nach § 85 Abs. 2 Satz 2 BetrVG der Spruch der Einigungsstelle die Einigung zwischen Arbeitgeber und Betriebsrat. Die Kompetenz der Einigungsstelle reicht aber immer nur so weit wie die des Betriebsrates[6].

435 Zulässig ist bspw. das Einigungsstellenverfahren zur **Regelung** der künftigen Zusammenarbeit bei ständigen Eingriffen von Vorgesetzten und Kollegen in den Aufgabenbereich des Arbeitnehmers, mangelnden oder unzureichenden Informationen und Zielsetzungen, unsachgemäßer Kritik oder Kontrolle, ständigem Einsatz als „Springer" unter Verschonung anderer Arbeitnehmer[7]. Um einen **Rechtsanspruch** handelt es sich dagegen, wenn der Arbeitnehmer mit seiner Beschwerde die Entfernung einer

---

1 LAG Düsseldorf 21.12.1993 – 8 (5) TaBV 92/93, NZA 1994, 767.
2 *Fitting*, § 85 BetrVG Rz. 3.
3 *Fitting*, § 85 BetrVG Rz. 3.
4 MünchArbR/*von Hoyningen-Huene*, 2. Aufl., § 303 Rz. 30.
5 BAG 28.6.1984 – 6 ABR 5/83, BAGE 46, 228.
6 Vgl. auch LAG Hamm 16.4.1986 – 12 TaBV 170/85, BB 1986, 1359.
7 Vgl. *Fitting*, § 85 BetrVG Rz. 6.

IV. Allgemeine Mitbestimmungsrechte/-pflichten

Abmahnung aus der Personalakte begehrt[1] oder wenn ein Arbeitnehmer unter Berufung auf den Tarifvertrag bezahlten Sonderurlaub beantragt, um sein Kind in eine Spezialklinik zu begleiten[2]. Um eine Streitigkeit über einen Rechtsanspruch handelt es sich auch, wenn mit der Beschwerde die Verletzung einer arbeitgeberseitigen Nebenpflicht, wie der Fürsorge- oder Gleichbehandlungspflicht, gerügt wird[3].

⊃ **Hinweis:** Bei Streit über die Zuständigkeit der Einigungsstelle entscheiden die Arbeitsgerichte im Beschlussverfahren. Ist eine Einigung erzielt worden, sei es zwischen Arbeitgeber und Arbeitnehmer oder durch den Spruch der Einigungsstelle, so ist der Anspruch des Arbeitnehmers auf Abhilfe im Urteilsverfahren einklagbar[4]. Der einzelne Arbeitnehmer hat allerdings keinen gerichtlich durchsetzbaren Anspruch darauf, dass der Betriebsrat sich mit seiner Beschwerde befasst; hier gilt nichts anderes als bei § 84 BetrVG[5]. 436

cc) Kollektive Regelung des Beschwerdeverfahrens

Nach § 86 Satz 1 BetrVG können durch Tarifvertrag oder Betriebsvereinbarung die **Einzelheiten des Beschwerdeverfahrens** geregelt werden. Gem. § 86 Satz 2 BetrVG kann hierbei bestimmt werden, dass in den Fällen des § 85 Abs. 2 BetrVG an die Stelle der Einigungsstelle eine betriebliche Beschwerdestelle tritt. Die Regelung des § 86 BetrVG hat bisher kaum praktische Bedeutung erlangt[6]. 437

2. Allgemeine Aufgaben des Betriebsrats (§ 80 Abs. 1 BetrVG)

§ 80 Abs. 1 BetrVG normiert katalogartig die allgemeinen Aufgaben des Betriebsrats. Diese allgemeinen Aufgaben des Betriebsrats beziehen sich auf **sämtliche Tätigkeitsbereiche**, dh. den sozialen, den personellen und den wirtschaftlichen Bereich[7]. Sie stehen selbständig neben den konkreten Mitwirkungs- und Mitbestimmungsrechten, die dem Betriebsrat in sozialen, personellen und wirtschaftlichen Angelegenheiten eingeräumt sind[8]. Die in § 80 Abs. 1 BetrVG aufgeführten Aufgaben berechtigen den Betriebsrat aber nicht zu einseitigen Eingriffen in die Betriebsführung. Auch im Hinblick auf § 80 Abs. 1 BetrVG bleibt es daher bei dem Grundsatz des § 77 Abs. 1 Satz 2 BetrVG, wonach der Betriebsrat nicht durch einseitige Handlungen in die Leitung des Betriebes eingreifen darf[9]. Basis für die Durchführung der Aufgaben nach § 80 Abs. 1 BetrVG ist das Gebot der vertrauensvollen Zusammenarbeit nach § 2 Abs. 1 BetrVG. Der Arbeitgeber ist deshalb verpflichtet, sich ernsthaft mit dem Problem, das der Betriebsrat im Rahmen von § 80 Abs. 1 BetrVG an ihn heranträgt, auseinanderzusetzen[10]. 438

a) Überwachungsrechte

Nach § 80 Abs. 1 Nr. 1 BetrVG hat der Betriebsrat darüber zu wachen, dass die zugunsten der Arbeitnehmer geltenden Gesetze, Verordnungen, Unfallverhütungsvorschriften, Tarifverträge und Betriebsvereinbarungen durchgeführt werden. Dieses Überwachungsrecht bezieht sich nicht nur auf die eigentlichen Arbeitnehmerschutz- 439

---

1 LAG Hamm 16.4.1986 – 12 TaBV 170/85, BB 1986, 1359; LAG Rh.-Pf. 17.1.1985 – 5 TaBV 36/84, NZA 1985, 190.
2 BAG 28.6.1984 – 6 ABR 5/83, BAGE 46, 228.
3 LAG Düsseldorf 21.12.1993 – 8 (5) TaBV 92/93, NZA 1994, 767.
4 *Fitting*, § 85 BetrVG Rz. 14.
5 *Fitting*, § 85 BetrVG Rz. 14.
6 Richardi/*Thüsing*, § 86 BetrVG Rz. 1.
7 *Fitting*, § 80 BetrVG Rz. 4.
8 *Fitting*, § 80 BetrVG Rz. 4.
9 HWGNRH/*Nicolai*, § 80 BetrVG Rz. 10.
10 HWGNRH/*Nicolai*, § 80 BetrVG Rz. 10.

vorschriften, sondern auf alle Normen, die die Arbeitnehmer in irgendeiner Form begünstigen[1].

aa) Gesetze und Vorschriften

440 Unter den Begriff der Gesetze und Vorschriften, die sich zugunsten der Arbeitnehmer des Betriebes auswirken können, fallen auch die Grundrechte und europarechtliche Vorschriften, soweit sie im Arbeitsrecht Geltung erlangen[2]. Im Übrigen unterfallen der Überwachungspflicht des § 80 Abs. 1 Nr. 1 BetrVG u.a. folgende Vorschriften[3]:

- Allgemeines Gleichbehandlungsgesetz
- Bundesurlaubsgesetz
- Entgeltfortzahlungsgesetz
- Kündigungsschutzgesetz
- Teilzeit- und Befristungsgesetz
- Arbeitnehmerüberlassungsgesetz
- Arbeitszeitgesetz
- Jugendarbeitsschutzgesetz
- arbeitsrechtliche Vorschriften des BGB und HGB
- Gewerbeordnung
- Schwerbehindertenrecht im SGB IX
- Mutterschutzgesetz, Bundeselterngeld- und Elternzeitgesetz, Pflegezeitgesetz
- arbeitsschutzrechtliche Vorschriften des Betriebsverfassungsgesetzes (zB §§ 75, 95 BetrVG)
- Heimarbeitsgesetz
- Nachweisgesetz
- arbeitnehmerschützende Bestimmungen des Bundesdatenschutzgesetzes
- arbeitnehmerschützende Umweltschutzvorschriften (zB Immissionsschutzgesetz, Chemikaliengesetz, Atomgesetz, Strahlenschutzverordnung, Störfallverordnung u.a.).

441 Neben den aufgeführten Bestimmungen hat der Betriebsrat auch darüber zu wachen, dass die allgemeinen **arbeitsrechtlichen Grundsätze** (bspw. der Gleichbehandlungsgrundsatz, der Grundsatz von Recht und Billigkeit sowie eine etwaige betriebliche Übung) eingehalten werden[4].

442 Nach Ansicht des BAG trifft zwar den Arbeitgeber aus dem Arbeitsverhältnis die Nebenpflicht, die Steuern der Arbeitnehmer richtig zu berechnen und abzurechnen[5], gleichwohl gehört es nicht zu den Aufgaben des Betriebsrats, darüber zu wachen, dass der Arbeitgeber bei der Berechnung des Lohns die **Vorschriften des Lohnsteuerrechts** und die hierzu ergangenen Richtlinien beachtet[6]. Auch die Beratung von Arbeitnehmern in sozialversicherungsrechtlichen Fragen gehört nicht zu den Aufgaben des Betriebsrats[7].

---

1 *Fitting*, § 80 BetrVG Rz. 6.
2 DKKW/*Buschmann*, § 80 BetrVG Rz. 6.
3 Vgl. die eingehenden Übersichten bei DKKW/*Buschmann*, § 80 BetrVG Rz. 7 ff.; *Fitting*, § 80 BetrVG Rz. 6 ff.
4 DKKW/*Buschmann*, § 80 BetrVG Rz. 7.
5 BAG 17.3.1960 – 5 AZR 395/58, BAGE 9, 105.
6 BAG 11.12.1973 – 1 ABR 37/73, BAGE 25, 439; aA die überwiegende Lit., vgl. nur DKKW/*Buschmann*, § 80 BetrVG Rz. 12; GK-BetrVG/*Weber*, § 80 Rz. 16.
7 BAG 4.6.2003 – 7 ABR 42/02, NZA 2003, 1284.

bb) Tarifverträge

Die Überwachung der Durchführung der Tarifverträge bezieht sich auf die jeweils bestehenden und für den Betrieb geltenden Tarifverträge. Hierbei erstreckt sich die Überwachungspflicht nicht nur auf **Inhaltsnormen**, sondern auch auf **betriebliche und betriebsverfassungsrechtliche Normen** iSd. § 4 Abs. 1 Satz 1 TVG[1]. Das gilt auch für obligatorische Bestimmungen eines Tarifvertrages, die sich zugunsten der Arbeitnehmer auswirken[2]. Voraussetzung für die Überwachung der Einhaltung von Tarifverträgen ist, dass der Arbeitgeber tarifgebunden ist. Bei Inhaltsnormen muss auch der Arbeitnehmer tarifgebunden sein oder aber der Tarifvertrag muss zumindest einzelvertraglich vereinbart worden sein[3].

443

Schließlich obliegt nach § 80 Abs. 1 Nr. 1 BetrVG dem Betriebsrat auch die Überwachung der Einhaltung von **Betriebsvereinbarungen**. Die Durchführung der Betriebsvereinbarung bleibt aber nach § 77 Abs. 1 Satz 1 BetrVG Aufgabe des Arbeitgebers. Die Überwachungspflicht nach § 80 Abs. 1 Nr. 1 BetrVG fällt auch dann in die Zuständigkeit des Einzelbetriebsrats, wenn es um die Einhaltung einer Konzern- oder Gesamtbetriebsvereinbarung geht[4].

444

Entsprechendes gilt für die sich aus betrieblichen Einheitsregelungen ergebenden **allgemeinen Arbeitsbedingungen**; dies folgt aus dem Gleichbehandlungsgrundsatz nach § 75 BetrVG[5] und bezogen auf die Diskriminierungsverbote des AGG aus § 17 Abs. 1 AGG. Allerdings bezieht sich das Überwachungsrecht des Betriebsrats nicht auf den Inhalt und die Ausgestaltung einzelner, individueller Arbeitsverträge[6]. Individuell ausgehandelte Verträge muss der Arbeitnehmer selbst überprüfen (lassen). Nach Auffassung des BAG gehört es aber zu den Aufgaben des Betriebsrates aus § 80 Abs. 1 Nr. 1 BetrVG, die in **Formulararbeitsverträgen** enthaltenen Bestimmungen auf ihre Vereinbarkeit mit den Vorgaben des NachwG und dem Recht der Allgemeinen Geschäftsbedingungen (§§ 305 ff. BGB) zu überwachen, wobei nur eine Rechts- und keine Zweckmäßigkeitskontrolle stattfindet[7].

445

cc) Grenzen des Überwachungsrechts

Das Überwachungsrecht macht den Betriebsrat nicht zu einem dem Arbeitgeber übergeordneten Kontrollorgan[8]. Seine Befugnisse finden ihre Schranken in § 77 Abs. 1 Satz 2 BetrVG, also in dem **Verbot, in die Leitung des Betriebs einzugreifen**, und in dem **Gebot der vertrauensvollen Zusammenarbeit** nach § 2 Abs. 1 BetrVG[9]. Der Betriebsrat darf aber zur Ausübung seines Überwachungsrechts nach § 80 Abs. 1 Nr. 1 BetrVG Kontrollgänge im Betrieb durchführen[10]. Das Überwachungsrecht des Betriebsrats ist darauf beschränkt, einen mitbestimmungswidrigen Zustand beim Arbeitgeber zu beanstanden und auf Abhilfe zu drängen; ein Anspruch auf Unterlassung folgt daraus nicht[11].

446

---

1 DKKW/*Buschmann*, § 80 BetrVG Rz. 17.
2 BAG 11.7.1972 – 1 ABR 2/72, BAGE 24, 349.
3 BAG 18.9.1973 – 1 ABR 7/73, BAGE 25, 292; *Fitting*, § 80 BetrVG Rz. 11.
4 BAG 17.5.2011 – 1 ABR 121/09, NZA 2012, 112; 18.5.2010 – 1 ABR 6/09, NZA 2010, 1433; 20.12.1988 – 1 ABR 63/87, NZA 1989, 393 (396).
5 DKKW/*Buschmann*, § 80 BetrVG Rz. 18; *Fitting*, § 80 BetrVG Rz. 12.
6 DKKW/*Buschmann*, § 80 BetrVG Rz. 19.
7 BAG 16.11.2005 – 7 ABR 12/05, NZA 2006, 553.
8 BAG 11.7.1972 – 1 ABR 2/72, BAGE 24, 349.
9 *Fitting*, § 80 BetrVG Rz. 13; DKKW/*Buschmann*, § 80 BetrVG Rz. 27.
10 BAG 17.1.1989 – 1 AZR 805/87, DB 1989, 1528.
11 BAG 17.5.2011 – 1 ABR 121/09, NZA 2012, 112; 18.5.2010 – 1 ABR 6/09, NZA 2010, 1433.

b) Antragsrecht

447 Nach § 80 Abs. 1 Nr. 2 BetrVG hat der Betriebsrat Maßnahmen, die dem Betrieb und der Belegschaft dienen, beim Arbeitgeber zu beantragen. Die Vorschrift begründet ein eigenes **Initiativrecht** des Betriebsrats in allen sozialen, personellen und wirtschaftlichen Angelegenheiten[1]. Die Vorschrift berechtigt den Betriebsrat, aufgrund der ihm bekannten Verhältnisse im Betrieb auch solche Maßnahmen anzuregen, bzgl. deren er keine weitergestalteten Beteiligungsrechte hat[2]. Er kann die Anregung aber weder durchsetzen, noch beinhaltet die Einräumung des Antragsrechts nach § 80 Abs. 1 Nr. 2 BetrVG (was grundsätzlich für die Rechte nach § 80 Abs. 1 BetrVG gilt) die Einräumung eines zusätzlichen Mitbestimmungsrechts oder eines Unterlassungsanspruchs[3].

c) Durchsetzung der Gleichberechtigung

448 Gem. § 80 Abs. 1 Nr. 2a BetrVG muss der Betriebsrat die Durchsetzung der tatsächlichen Gleichstellung von Frauen und Männern, insbesondere bei der Einstellung, Beschäftigung, Aus-, Fort- und Weiterbildung und dem beruflichen Aufstieg fördern. Damit sollen die vielfachen Benachteiligungen der Frauen im Berufsleben abgebaut werden[4].

449 Nach § 80 Abs. 1 Nr. 2b BetrVG ist der Betriebsrat verpflichtet, die **Vereinbarkeit von Familie und Erwerbstätigkeit zu fördern**. Dadurch soll es Arbeitnehmern mit Familienpflichten erleichtert werden, eine Berufstätigkeit auszuüben. Ausweislich der Gesetzesbegründung ist dabei insbesondere an eine familienfreundliche Gestaltung der Arbeitszeit zu denken[5]. Nach *Löwisch* soll die Vernachlässigung dieses Auftrages, etwa bei familienunfreundlicher Gestaltung einer Arbeitszeitregelung iVm. § 75 Abs. 2 Satz 1 BetrVG zur Nichtigkeit einer entsprechenden Betriebsvereinbarung führen[6].

d) Entgegennahme von Anregungen

450 Nach § 80 Abs. 1 Nr. 3 BetrVG hat der Betriebsrat **Anregungen von Arbeitnehmern und der Jugend- und Auszubildendenvertretung** entgegenzunehmen und, wenn sie ihm berechtigt erscheinen, durch Verhandlungen mit dem Arbeitgeber auf eine Erledigung hinzuwirken; er muss die betreffenden Arbeitnehmer über den Stand und das Ergebnis der Verhandlungen unterrichten. Diese Vorschrift ergänzt die Regelung in Nr. 2. Nach der Rechtsprechung des BAG kann die Jugend- und Auszubildendenvertretung nicht selbständig an den Arbeitgeber herantreten; sie muss ihre Anregungen und Vorschläge über den Betriebsrat an den Arbeitgeber herantragen[7].

e) Eingliederung schutzbedürftiger Personen und Förderung der Beschäftigung älterer Arbeitnehmer

451 Nach § 80 Abs. 1 Nr. 4 BetrVG soll der Betriebsrat die Eingliederung Schwerbehinderter und sonstiger besonders schutzbedürftiger Personen fördern. Damit einher geht die Aufgabe des Betriebsrats nach § 80 Abs. 1 Nr. 6 BetrVG, die Beschäftigung älterer Arbeitnehmer im Betrieb zu fördern. Die Förderung der Beschäftigung älterer Arbeit-

---

1 *Fitting*, § 80 BetrVG Rz. 18.
2 BAG 27.6.1989 – 1 ABR 19/88, NZA 1989, 929.
3 BAG 28.5.2002 – 1 ABR 40/01, NZA 2003, 313; 10.6.1986 – 1 ABR 59/84, NZA 1987, 28.
4 *Fitting*, § 80 BetrVG Rz. 34.
5 Begr. RegE, BT-Drucks. 14/5741, 46.
6 *Löwisch*, BB 2001, 1790.
7 BAG 21.1.1982 – 6 ABR 17/79, DB 1982, 1277.

nehmer ergänzt die Vorschriften des § 75 Abs. 1 BetrVG (Benachteiligungsverbot wegen des Alters) und des § 96 Abs. 2 BetrVG (Berücksichtigung älterer Arbeitnehmer bei Maßnahmen der Berufsbildung). § 80 Abs. 1 Nr. 6 BetrVG verlangt, dass der Betriebsrat die Beschäftigung älterer Arbeitnehmer grundsätzlich fördert, also nicht nur die **berufliche Weiterentwicklung** und Anpassung an veränderte Gegebenheiten, sondern auch die **Neueinstellung** älterer Arbeitnehmer auf für sie geeignete Arbeitsplätze und deren Erhaltung[1]. Dieser besonderen Förderungspflicht entspricht die Regelung in § 5 AGG, die die Bevorzugung benachteiligter Gruppen rechtfertigt.

f) Zusammenarbeit mit der Jugend- und Auszubildendenvertretung

Nach § 80 Abs. 1 Nr. 5 BetrVG hat der Betriebsrat die Wahl einer **Jugend- und Auszubildendenvertretung** vorzubereiten und durchzuführen, um mit dieser zur Förderung der Belange der in § 60 Abs. 1 BetrVG genannten Arbeitnehmer eng zusammenzuarbeiten; er kann von der Jugend- und Auszubildendenvertretung Vorschläge und Stellungnahmen anfordern.

g) Eingliederung ausländischer Arbeitnehmer

Gem. § 80 Abs. 1 Nr. 7 BetrVG hat der Betriebsrat die **Integration ausländischer Arbeitnehmer** im Betrieb und das Verständnis zwischen ihnen und den deutschen Arbeitnehmern zu fördern, sowie **Maßnahmen zur Bekämpfung von Rassismus und Fremdenfeindlichkeit** im Betrieb zu beantragen. Unter Eingliederung ist hierbei nicht die Einstellung als solche, sondern die Integrierung in den Betrieb nach erfolgter Einstellung zu verstehen[2]. Der Betriebsrat soll das Verständnis zwischen ihnen und den deutschen Arbeitnehmern fördern und sich schützend vor Ausländer stellen, die zu Opfern betrieblicher Erscheinungsformen von Ausländerfeindlichkeit werden[3]. Mit dem ergänzenden Antragsrecht wollte der Gesetzgeber der Zunahme fremdenfeindlicher Aktionen entgegenwirken[4]. Diese Regelung wird durch § 17 Abs. 1 AGG ergänzt.

h) Beschäftigungsförderung/-sicherung

Mit § 80 Abs. 1 Nr. 8 BetrVG wird die dem Betriebsrat zugewiesene Aufgabe beschrieben, die **Beschäftigung im Betrieb zu fördern und zu sichern**. Wegen der häufigen Umstrukturierungen und Fusionen und dem damit regelmäßig verbundenen Personalabbau sieht der Gesetzgeber hier einen Schwerpunkt der Betriebsratsarbeit[5]. Flankiert wird diese Aufgabe durch die Regelung in § 92a BetrVG. Durch diese allgemeine Aufgabenformulierung werden die nach anderen Vorschriften konkret bestehenden Mitbestimmungsrechte des Betriebsrats weder erweitert noch begrenzt[6].

i) Förderung von Arbeits- und betrieblichem Umweltschutz

Gem. § 80 Abs. 1 Nr. 9 BetrVG gehört es auch zu den Aufgaben des Betriebsrats **Maßnahmen des Arbeitsschutzes und des betrieblichen Umweltschutzes zu fördern**. Diese Aufgabenstellung wird durch die Vorschrift des § 89 BetrVG flankiert. Nach

---

1 DKKW/*Buschmann*, § 80 BetrVG Rz. 61.
2 GK-BetrVG/*Weber*, § 80 Rz. 48.
3 Vgl. hierzu auch *Korinth*, ArbuR 1993, 105 ff.
4 Begr. RegE, BT-Drucks. 14/5741, 46.
5 So ausdrücklich Begr. RegE, BT-Drucks. 14/5741, 46.
6 DKKW/*Buschmann*, § 80 BetrVG Rz. 72.

der Vorstellung des Gesetzgebers soll der betriebliche Umweltschutz auf Betriebs- und Abteilungsversammlungen thematisiert und Regelungsgegenstand freiwilliger Betriebsvereinbarungen sein können[1].

3. Auskunfts-/Unterrichtungsanspruch (§ 80 Abs. 2 BetrVG)

a) Auskunfts- und Unterrichtungsanspruch

456 § 80 Abs. 2 Satz 1 BetrVG stellt eine **Generalklausel des Informationsrechts** dar. Danach ist der Arbeitgeber verpflichtet, den Betriebsrat im Hinblick auf die Durchführung seiner Aufgaben nach dem BetrVG rechtzeitig und umfassend zu unterrichten. Nach allgemeiner Auffassung soll der Tendenzschutz in der Regel nicht zu einer Einschränkung der Rechte des Betriebsrats aus § 80 BetrVG führen[2]. Der Auskunftsanspruch erstreckt sich nicht nur auf die in § 80 Abs. 1 BetrVG genannten Aufgaben. Er erwächst bereits dann, wenn der Betriebsrat die Auskunft benötigt, um prüfen zu können, ob ihm überhaupt ein Mitbestimmungsrecht zusteht und ob er davon Gebrauch machen will, es sei denn, ein Mitbestimmungsrecht kommt offensichtlich nicht in Betracht[3]. Voraussetzung ist also, ob ein Aufgabenbezug bejaht werden kann und im Einzelfall die begehrte Information zu ihrer Wahrnehmung erforderlich ist[4]. So kann der Betriebsrat vom Arbeitgeber nach § 80 Abs. 2 BetrVG Auskunft über die Auswertung einer im Betrieb durchgeführten Umfrage verlangen, wenn die hinreichende Wahrscheinlichkeit besteht, dass die dabei gewonnenen Erkenntnisse Aufgaben des Betriebsrats betreffen. Für den erforderlichen Grad der Wahrscheinlichkeit ist der jeweilige Kenntnisstand des Betriebsrats maßgeblich. Die Anforderungen sind umso niedriger, je weniger der Betriebsrat aufgrund der ihm bereits zugänglichen Informationen beurteilen kann, ob die begehrten Auskünfte tatsächlich zur Durchsetzung seiner Aufgaben erforderlich sind[5]. Wenn der Arbeitgeber mit dem Betriebsrat abgestimmte Formulararbeitsverträge verwendet, kann dieser nur dann die Vorlage der ausgefüllten Formularverträge zur Kontrolle der Einhaltung des Nachweisgesetzes verlangen, wenn er konkrete Anhaltspunkte für die Erforderlichkeit dieser zusätzlichen Informationen darlegen kann[6]. Hingegen kann der Betriebsrat aus § 80 Abs. 2 Satz 1 BetrVG keinen Anspruch auf Vorlage erteilter und beabsichtigter Abmahnungen herleiten, da der Ausspruch von Abmahnungen nicht der Mitbestimmung unterliegt[7]. Ein Betriebsratsmitglied kann den Anspruch auf Entfernung einer ihm erteilten Abmahnung aus der Personalakte nicht auf § 78 Satz 1 und 2 BetrVG stützen[8]. Grundsätzlich ist zwischen Aufgaben, die der Betriebsrat aus eigener Initiative angehen kann und solchen, die sich für ihn erst stellen, wenn der Arbeitgeber tätig wird, zu unterscheiden. Bei Letzteren kann der Betriebsrat Auskünfte und Unterlagen, die zur Erfüllung seiner Aufgaben erforderlich sind, erst dann verlangen, wenn der Arbeitgeber tatsächlich tätig wird. Revisionsberichte, die Maßnahmen des Arbeitgebers lediglich anregen, also ein Beteiligungsrecht erst dann auslösen, wenn sie der Arbeitgeber plant oder ergreift, sind daher dem Betriebsrat nicht zur Verfügung zu stellen[9].

457 Handelt es sich um Aufgaben, die der Betriebsrat aus eigener **Initiative** angehen kann, kann ein Betriebsrat von sich aus an den Arbeitgeber herantreten und die Gegenstände der Unterrichtung bestimmen. Er kann sich hierbei auch selbst Informationen be-

---

1 Begr. RegE, BT-Drucks. 14/5741, 46.
2 *Fitting*, § 118 BetrVG Rz. 31.
3 BAG 23.3.2010 – 1 ABR 81/08, ArbR 2010, 372; 30.9.2008 – 1 ABR 54/07, NZA 2009, 502.
4 BAG 7.2.2012 – 1 ABR 46/10, NZA 2012, 744; 30.9.2008 – 1 ABR 54/07, NZA 2009, 502.
5 BAG 8.6.1999 – 1 ABR 28/97, NZA 1999, 1345; 19.10.1999 – 1 ABR 75/98, DB 2000, 1031.
6 BAG 19.10.1999 – 1 ABR 75/98, DB 2000, 1031.
7 BAG 17.9.2013 – 1 ABR 26/12, NZA 2014, 269.
8 BAG 4.12.2013 – 7 ABR 7/12, NZA 2014, 803.
9 BAG 27.6.1989 – 1 ABR 19/88, NZA 1989, 929.

IV. Allgemeine Mitbestimmungsrechte/-pflichten

schaffen, etwa durch Betriebsbegehungen oder Besuche der Arbeitnehmer am Arbeitsplatz[1].

Die Unterrichtung des Betriebsrats muss so **rechtzeitig** erfolgen, dass der Betriebsrat noch seine Überlegungen anstellen und seine Meinung gegenüber dem Arbeitgeber äußern kann[2]. Nach verbreiteter Meinung wird wegen des Zeitpunktes der Unterrichtung auf die 6-Stufen-Methode der Systemgestaltung (REFA-Standardprogramm Arbeitsgestaltung) verwiesen[3]. 458

Die Auskunft muss **umfassend** sein, dh. alle Aufgaben enthalten, die der Betriebsrat benötigt, um seine Entscheidung ordnungsgemäß treffen zu können. Der Arbeitgeber ist in der Wahl seiner Informationsmittel grundsätzlich frei. Bei umfangreichen und komplexen Informationen ist er aber nach Auffassung des BAG gem. § 2 Abs. 1 BetrVG regelmäßig verpflichtet, die erforderliche Auskunft schriftlich zu erteilen[4]. Er muss und kann allerdings nur die Informationen weitergeben, die er selbst besitzt. Er ist nicht verpflichtet, sich weiter gehende Informationen zu beschaffen, auch wenn der Betriebsrat sie für erforderlich hält[5]. Dies gilt aber nicht uneingeschränkt. Auch wenn im Betrieb die Vertrauensarbeitszeit eingeführt wurde, muss der Arbeitgeber den Betriebsrat auf Verlangen über Beginn und Ende der täglichen und den Umfang der tatsächlich geleisteten wöchentlichen Arbeitszeit informieren. Die entsprechenden Daten muss er erheben[6]. 459

Der Arbeitgeber muss den Betriebsrat umfassend über alle Formen der **Verarbeitung personenbezogener Daten** der Arbeitnehmer unterrichten. Diese Pflicht wird auch nicht durch das BDSG eingeschränkt. Es kommt auch nicht darauf an, ob die Datenverarbeitung gegen das BDSG verstößt oder Mitbestimmungsrechte des Betriebsrats auslöst, denn der Betriebsrat muss die Möglichkeit haben, sich ein eigenes Urteil zu bilden[7]. Die Namen und Arbeitsunfähigkeitszeiten der Arbeitnehmer, die ggf. für ein betriebliches Eingliederungsmanagement in Betracht kommen, sind dem Betriebsrat auch dann mitzuteilen, wenn die Betroffenen der Weitergabe dieser Daten ausdrücklich widersprochen haben[8]. 460

Nach § 80 Abs. 1 Nr. 1 BetrVG hat der Betriebsrat auch die Einhaltung des Gleichbehandlungsgrundsatzes zu überwachen. Dies begründet einen Anspruch auf Auskunft über die mit den einzelnen Arbeitnehmern im Rahmen eines tariflichen Leistungslohnsystems vereinbarten **individuellen Umsatzziele**[9]. 461

Die Auskunftspflicht des Arbeitgebers erstreckt sich grundsätzlich auch auf **Betriebsgeheimnisse**, wenn dies für die Aufgabenerfüllung notwendig ist[10]. Über **wirtschaftliche Angelegenheiten** ist der Betriebsrat nach § 80 Abs. 2 Satz 1 BetrVG nur dann zu unterrichten, wenn dies zur Durchführung konkreter Aufgaben erforderlich ist[11]. Der Betriebsrat kann nicht jede Auskunft verlangen, nur weil die dadurch vermittelten Kenntnisse ihn sachkundiger machen. Dies gilt auch dann, wenn in einem Unterneh- 462

---

1 BAG 13.6.1989 – 1 ABR 4/88, NZA 1989, 934; 17.1.1989 – 1 AZR 805/87, DB 1989, 1528.
2 BAG 27.6.1989 – 1 ABR 19/88, NZA 1989, 929.
3 Vgl. *Fitting*, § 80 BetrVG Rz. 55; bei dieser Methode wird zwischen den Stufen 1. Zielsetzung, 2. Aufgabe abgrenzen, 3. ideale Lösung suchen, 4. Datensammlung, 5. optimale Lösung auswählen und 6. Lösung einführen und Zielerfüllung kontrollieren, differenziert; die Unterrichtung soll während der 5. Stufe erfolgen.
4 BAG 10.10.2006 – 1 ABR 68/05, NZA 2007, 99.
5 *Fitting*, § 80 BetrVG Rz. 65.
6 BAG 6.5.2003 – 1 ABR 13/02, DB 2003, 2445.
7 BAG 17.3.1987 – 1 ABR 59/85, NZA 1987, 747.
8 BAG 7.2.2012 – 1 ABR 46/10, NZA 2012, 744.
9 BAG 21.10.2003 – 1 ABR 39/02, DB 2004, 322.
10 BAG 5.2.1991 – 1 ABR 24/90, NZA 1991, 644.
11 BAG 5.2.1991 – 1 ABR 24/90, NZA 1991, 644.

men ein Wirtschaftsausschuss nach § 106 Abs. 1 BetrVG nicht zu bilden ist, weil die hierfür erforderliche Zahl beschäftigter Arbeitnehmer nicht erreicht wird. Dem Betriebsrat stehen Unterrichtungsansprüche nach § 106 Abs. 2 BetrVG nicht unmittelbar zu[1].

463 Beschäftigt der Arbeitgeber **Fremdfirmen**, so kann der Betriebsrat verlangen, dass ihm die Verträge mit den Fremdfirmen, die Grundlage dieser Beschäftigung sind, vorgelegt werden, um feststellen zu können, ob nicht eine verdeckte Arbeitnehmerüberlassung vorliegt. Der Betriebsrat kann auch verlangen, dass ihm die Listen zur Verfügung gestellt werden, aus denen sich die Einsatztage und Einsatzzeiten der einzelnen Arbeitnehmer der Fremdfirmen ergeben[2]. Gleiches gilt bei Beschäftigung **freier Mitarbeiter**, auch hier hat der Betriebsrat einen Anspruch auf Unterrichtung. Der Arbeitgeber schuldet die Angaben, die der Betriebsrat benötigt, um beurteilen zu können, ob und inwieweit Mitbestimmungsrechte in Betracht kommen. Dabei sollte der Betriebsrat sein Auskunftsbegehren nach Art und Umfang konkretisieren. Ist ihm dies nicht möglich, kann er nach Auffassung des BAG zunächst eine Gesamtübersicht zu einem von ihm bestimmten Stichtag verlangen[3]. Nach § 80 Abs. 2 Satz 1 BetrVG erstreckt sich die Unterrichtung generell auf die Beschäftigung von Personen, die nicht in einem Arbeitsverhältnis zum Arbeitgeber stehen. Damit ist theoretisch jeder Dritte erfasst, der in welcher Form auch immer (man denke etwa an Unternehmensberater, Personalberater, EDV-Berater oder Rechtsanwälte) für das Unternehmen tätig wird. Nach der Gesetzesbegründung sollten Leiharbeitnehmer oder Erfüllungsgehilfen von Dienst- oder Werkunternehmern erfasst werden, nicht aber solche Personen, die nur kurzfristig im Betrieb eingesetzt werden (Bsp.: der Elektriker, der eine defekte Stromleitung repariert)[4].

464 Da § 118 Abs. 1 Satz 2 BetrVG ausdrücklich die Anwendung der §§ 106–110 BetrVG ausschließt, kann der Betriebsrat in **Tendenzunternehmen** diesen Schutz nicht unter Rückgriff auf § 80 Abs. 2 BetrVG unterlaufen. Für alle übrigen in Betracht kommenden Mitbestimmungsrechte allerdings greift auch der Anspruch aus § 80 Abs. 2 BetrVG[5].

b) Vorlage von Unterlagen

465 Neben der Unterrichtungspflicht sind dem Betriebsrat die erforderlichen Unterlagen zur Verfügung zu stellen, dh. auch ggf. auszuhändigen (§ 80 Abs. 2 Satz 2 Halbs. 1 BetrVG). Darüber hinaus hat der Betriebsrat einen Anspruch auf Einblick in die vollständigen Listen über die Bruttolöhne und -gehälter (§ 80 Abs. 2 Satz 2 Halbs. 2 BetrVG).

466 Die **Unterlagen** selbst sind dem Betriebsrat im Original, in Durchschrift oder Fotokopie **zur Verfügung zu stellen**[6]. Zu überlassen sind aber nur Unterlagen, die bereits vorhanden sind. Der Betriebsrat kann nicht verlangen, dass der Arbeitgeber zunächst Anlagen installiert, bspw. Lärmmessgeräte, die die geforderten Unterlagen erstellen sollen[7]. Der Arbeitgeber ist aber zur Herstellung von Unterlagen verpflichtet, wenn die erforderlichen Daten zwar nicht in schriftlicher Form vorliegen, aber bspw. in einem Datenspeicher vorhanden sind und mit einem vorhandenen Programm jederzeit abgerufen werden können[8]. Soweit er aufgrund anderweitiger normativer Vorgaben gehal-

---

1 BAG 5.2.1991 – 1 ABR 24/90, NZA 1991, 644; 5.2.1991 – 1 ABR 32/90, NZA 1991, 639.
2 BAG 31.1.1989 – 1 ABR 72/87, NZA 1989, 932; 9.7.1991 – 1 ABR 45/90, NZA 1992, 275.
3 BAG 15.12.1998 – 1 ABR 9/98, DB 1999, 910.
4 Begr. RegE, BT-Drucks. 14/5741, 46.
5 BAG 15.12.1998 – 1 ABR 9/98, DB 1999, 910.
6 GK-BetrVG/*Weber*, § 80 Rz. 86.
7 BAG 7.8.1986 – 6 ABR 77/83, NZA 1987, 134.
8 BAG 17.3.1983 – 6 ABR 33/80, DB 1983, 1607.

ten ist, den Betrieb entsprechend zu organisieren (Arbeitszeitgesetz, Tarifverträge), unterstellt das BAG eine Obliegenheit des Arbeitgebers zur Datenerfassung, um die Übereinstimmung der betrieblichen Abläufe mit diesen Vorgaben selbst kontrollieren zu können. Demzufolge muss auch in einem Betrieb mit Vertrauensarbeitszeit Beginn und Ende der Arbeitszeit sowie der tatsächliche Umfang der geleisteten Wochenarbeitszeit festgehalten werden; die entsprechenden Daten sind dem Betriebsrat zur Verfügung zu stellen bzw. auf dessen Anforderung hin zu erstellen[1].

In der Praxis ist es inzwischen weithin üblich, dem Betriebsrat lesenden Zugriff auf bestimmte Datenbestände zu gewähren, da dies regelmäßig die schnellste und einfachste Form ist, Informationen zur Verfügung zu stellen. Abgesehen davon, dass hier datenschutzrechtliche Implikationen zu beachten sind, kann ein **Online-Zugriff** auf Dateien, der sich nicht auf die vorlagepflichtigen Informationen beschränkt, nicht aus § 80 Abs. 2 BetrVG abgeleitet und damit erzwungen werden[2]. 466a

Die **Zeitdauer**, während der der Arbeitgeber dem Betriebsrat die entsprechenden Unterlagen zur Verfügung zu stellen hat, richtet sich nach der Art der Unterlagen, ihre Bedeutung für den Betrieb und den Gesamtumständen des Einzelfalles. Sind Unterlagen für den Betrieb unentbehrlich oder sehr umfangreich, so muss sich der Betriebsrat im Einzelfall mit der Einsichtnahme begnügen; er kann sich dann aber Aufzeichnungen und auch Fotokopien anfertigen[3]. Im Regelfall sind Unterlagen dem Betriebsrat eine angemessene Zeit zu überlassen. 467

c) Einblick in Bruttolohn- und -gehaltslisten

§ 80 Abs. 2 Satz 2 Halbs. 2 BetrVG räumt dem Betriebsrat für die Durchführung seiner Aufgaben das Recht der Einsicht in die Listen über Bruttolöhne und -gehälter ein. Dieses Einsichtsrecht ist gegenüber dem in § 80 Abs. 2 Satz 2 Halbs. 1 BetrVG normierten Anspruch auf Überlassung der erforderlichen Unterlagen die speziellere Vorschrift, verdrängt diese aber nach Auffassung des BAG auch für den Bereich der Löhne und Gehälter nicht[4]. Der Auskunftsanspruch und das Einsichtsrecht sollen vielmehr nebeneinander bestehen. Wenn also die Angaben der vorhandenen Bruttolisten nicht ausreichen, um den Betriebsrat im erforderlichen Umfang zu unterrichten, ist der Arbeitgeber gem. § 80 Abs. 2 Satz 1 BetrVG zu weitergehenden Auskünften in Form einer zusätzlichen Auskunft verpflichtet[5]. Nach § 80 Abs. 2 Satz 2 Halbs. 2 BetrVG ist der Betriebsrat aber nur berechtigt, „Einblick" zu nehmen. Der Arbeitgeber ist deshalb nicht verpflichtet, dem Betriebsrat die Gehaltslisten – im Original oder als Fotokopien – zur Verfügung zu stellen[6]. Wenn eine aus Sachgründen erforderliche (zusätzliche) schriftliche Auskunft im Bereich der Löhne und Gehälter inhaltlich einer Bruttolohn- und -gehaltsliste gleichkommt, genügt der Arbeitgeber dem Auskunftsanspruch des Betriebsrats nach § 80 Abs. 2 Satz 1 BetrVG schon dadurch, dass er dem zuständigen Ausschuss (§ 28 BetrVG), ggf. dem Vorsitzenden des Betriebsrats nach Maßgabe von § 80 Abs. 2 Satz 2 Halbs. 2 BetrVG den Einblick in die schriftlich gefassten Angaben ermöglicht (teleologische Reduktion des § 80 Abs. 2 Satz 1 BetrVG)[7]. 468

Die Beschränkung auf die **Bruttolisten** soll gewährleisten, dass die besonderen persönlichen Verhältnisse der Arbeitnehmer, bspw. die Besteuerung oder Lohnpfändungen, 469

---

1 BAG 6.5.2003 – 1 ABR 13/02, DB 2003, 2445.
2 BAG 16.8.2011 – 1 ABR 22/10, NZA 2012, 342.
3 GK-BetrVG/*Weber*, § 80 Rz. 86.
4 BAG 30.9.2008 – 1 ABR 54/07, NZA 2009, 502.
5 BAG 30.9.2008 – 1 ABR 54/07, NZA 2009, 502.
6 BAG 3.12.1981 – 6 ABR 8/80, BAGE 37, 195 (197); 15.6.1976 – 1 ABR 116/74, BB 1976, 1223.
7 BAG 30.9.2008 – 1 ABR 54/07, NZA 2009, 502.

der Einsicht Dritter verschlossen sind[1]. Falls erforderlich, sind die Angaben zu entschlüsseln, wenn die Lohn- und Gehaltslisten unter Benutzung von Datenverarbeitungsanlagen erstellt worden sind. Unter Listen iSd. § 80 Abs. 2 Satz 2 Halbs. 2 BetrVG ist auch die Speicherung in Datenanlagen zu verstehen[2]. Da der Begriff der Liste unabhängig von der Datenführung zu verstehen ist, ist nicht erforderlich, dass die Listen tatsächlich schon ausgedruckt sind; es reicht, wenn hierfür die Möglichkeit besteht[3]. Das Einsichtsrecht besteht hinsichtlich aller Lohnbestandteile, nach Ansicht des BAG unabhängig von ihrem individuellen oder kollektiven Charakter[4].

470 Ausgenommen von dem Einsichtsrecht sind die Gehälter der **leitenden Angestellten** iSv. § 5 Abs. 3 und 4 BetrVG, was aber selbstverständlich den Unterrichtungsanspruch des Betriebsrates betreffend nicht leitende, aber übertariflich vergütete „AT"-Angestellte nicht ausschließt[5]. Nach Auffassung des BAG kann der Betriebsrat auch in **Tendenzbetrieben** das Recht auf Einblick in die vollständige Liste aller Bruttolöhne und -gehälter geltend machen[6].

471 Durch das Einsichtsrecht in die Lohn- und Gehaltslisten soll der Betriebsrat prüfen können, ob die Tarifverträge und die Grundsätze des § 75 Abs. 1 BetrVG eingehalten werden und ob die Gewährung bestimmter Vergütungsbestandteile auf einem abstrakten System beruht[7]. In größeren Betrieben steht dieses Recht wegen der Vertraulichkeit der Information aber nicht dem gesamten Betriebsrat, sondern nur dem **Betriebsratsausschuss** (§ 27 BetrVG) oder einem nach § 28 BetrVG besonders gebildeten Ausschuss des Betriebsrats zu. Aus dem Wortlaut des § 80 Abs. 2 Satz 2 Halbs. 2 BetrVG den Schluss zu ziehen, das Einsichtsrecht sei auf Betriebe mit mehr als 300 Arbeitnehmern beschränkt, ist nach Auffassung des BAG unvereinbar mit dem Gesamtsinn der Regelung. In kleineren Betrieben steht vielmehr das Einsichtsrecht den Personen zu, die in § 27 Abs. 4 BetrVG erwähnt sind; das ist der **Vorsitzende des Betriebsrats** oder ein anderes Mitglied des Betriebsrats, dem die laufenden Geschäfte übertragen wurden[8]. Eine Überwachung des Betriebsrats durch den Arbeitgeber während der Einsicht ist unzulässig[9]. Bei der Dateneinsicht handelt der Betriebsrat als verantwortliche Stelle gem. § 3 Abs. 7 BDSG, so dass es sich um eine nach § 32 Abs. 1 BDSG zulässige Form der Datennutzung handelt[10].

d) Sachkundige Arbeitnehmer als Auskunftspersonen

472 § 80 Abs. 2 Satz 3 BetrVG verpflichtet den Arbeitgeber, dem Betriebsrat sachkundige Arbeitnehmer als Auskunftspersonen zur Verfügung zu stellen, soweit dies zur ordnungsgemäßen Erfüllung von Betriebsratsaufgaben erforderlich ist. Dabei muss er die Vorschläge des Betriebsrats berücksichtigen, soweit betriebliche Notwendigkeiten nicht entgegenstehen. Auf diese Weise soll der Betriebsrat die Möglichkeit erhalten, den internen Sachverstand der Arbeitnehmer zu nutzen und zur Problemlösung einzubeziehen[11]. Der Maßstab der Erforderlichkeit entspricht dem des § 40 BetrVG bzw. den Voraussetzungen zur Hinzuziehung eines Sachverständigen nach § 80 Abs. 3 BetrVG[12]. Mit der unglücklichen Formulierung des „zur Verfügung stellen"

---

1 *Fitting*, § 80 BetrVG Rz. 72.
2 BAG 17.3.1983 – 6 ABR 33/80, BB 1983, 1282.
3 BAG 17.3.1983 – 6 ABR 33/80, BB 1983, 1282 (1283).
4 BAG 10.2.1987 – 1 ABR 43/84, NZA 1987, 385.
5 BAG 28.1.2006 – 1 ABR 60/04, NZA 2006, 1050.
6 BAG 13.2.2007 – 1 ABR 14/06, NZA 2007, 1121.
7 BAG 14.1.2014 – 1 ABR 54/12, NZA 2014, 738.
8 BAG 10.2.1987 – 1 ABR 43/84, NZA 1987, 385.
9 BAG 16.8.1995 – 7 ABR 63/94, NZA 1996, 330.
10 BAG 14.1.2014 – 1 ABR 54/12, NZA 2014, 738.
11 Begr. RegE, BT-Drucks. 14/5741, 46, 47.
12 *Fitting*, § 80 BetrVG Rz. 82.

ist wohl die Verpflichtung des Arbeitgebers zur Freistellung des/der betreffenden Arbeitnehmer gemeint. In der Literatur wird zu Recht darauf hingewiesen, dass insbesondere bei längerfristigen Einsätzen der Grundsatz der Verhältnismäßigkeit zu beachten ist, weil es andernfalls de facto zu Dauerfreistellungen von Nichtbetriebsratsmitgliedern kommt[1]. Man wird den betroffenen Arbeitnehmern ebenfalls das Recht zugestehen müssen, einer solchen „Abordnung" an den Betriebsrat zu widersprechen[2].

4. Hinzuziehung von Sachverständigen (§ 80 Abs. 3 BetrVG)

Wichtig ist die Vorschrift des § 80 Abs. 3 BetrVG, wonach der Betriebsrat nach näherer Vereinbarung mit dem Arbeitgeber **Sachverständige hinzuziehen** kann, soweit dies zur ordnungsgemäßen Erfüllung seiner Aufgaben erforderlich ist. Nach dem Wortlaut der Vorschrift bedarf es einer **vorherigen Vereinbarung** und der Erforderlichkeit der Hinzuziehung. In der Vereinbarung sind das Thema, zu dessen Klärung der Sachverständige hinzugezogen werden soll, die voraussichtlichen Kosten seiner Hinzuziehung und insbesondere die Person des Sachverständigen festzulegen[3]. § 80 Abs. 3 BetrVG gilt nach der gesetzlichen Konzeption für den Betriebsrat, den Gesamtbetriebsrat, den Konzernbetriebsrat, den Wirtschaftsausschuss (hier ausdrückliche Regelung in § 108 Abs. 2 Satz 2 BetrVG) sowie den Wahlvorstand[4].

473

Wird eine Vereinbarung getroffen oder durch arbeitsgerichtlichen Beschluss ersetzt, so ist der Arbeitgeber für die Hinzuziehung des Sachverständigen kostenpflichtig; ohne eine solche Vereinbarung (oder gerichtliche Ersetzung) sind die **Kosten für den Sachverständigen** nicht vom Arbeitgeber zu tragen[5]. Der Arbeitgeber soll auch dann kostenerstattungspflichtig sein, wenn der Sachverständige zunächst hinzugezogen, jedoch erst später die Zustimmung gerichtlich ersetzt worden ist[6].

474

Die **Hinzuziehung** eines Sachverständigen ist erst dann **erforderlich**, wenn der Betriebsrat sich das notwendige Wissen nur durch einen Sachverständigen zur Erfüllung seiner Aufgaben verschaffen kann. Das BAG geht davon aus, dass der Betriebsrat vor der Hinzuziehung eines außerbetrieblichen Sachverständigen zunächst die betriebsinternen Informationsquellen ausschöpfen muss[7]. Nach der mit § 80 Abs. 2 Satz 3 BetrVG geschaffenen Gestellungspflicht für betriebliche Auskunftspersonen muss der Betriebsrat konsequent zunächst dieses Recht in Anspruch nehmen, bevor er verlangen kann, auf externe Sachverständige zurückzugreifen.

475

Beispiel:

476

Wird im Betrieb eine elektronische Datenverarbeitung eingeführt und fehlt dem Betriebsrat hierfür die erforderliche Sachkunde, so muss er ggf. eine Schulungsveranstaltung besuchen, bevor er einen Sachverständigen hinzuzieht[8]. Insbesondere darf der Betriebsrat die vom Arbeitgeber angebotene Möglichkeit des Unterrichtung durch Fachkräfte des Betriebes/Unternehmens oder durch Vertreter des Herstellers der EDV oder des Verkäufers nicht mit der pauschalen Begründung ablehnen, diese Person besäße nicht sein Vertrauen, weil sie im Dienste des Arbeitgebers stünde und deshalb nicht als neutral oder objektiv angesehen werden könnte[9].

---

1 *Worzalla/Will*, Das neue Betriebsverfassungsrecht, Rz. 377.
2 DKKW/*Buschmann*, § 80 BetrVG Rz. 123; aA *Fitting*, § 80 BetrVG Rz. 149.
3 BAG 11.11.2009 – 7 ABR 26/08, NZA 2010, 353.
4 BAG 11.11.2009 – 7 ABR 26/08, NZA 2010, 353.
5 BAG 11.11.2009 – 7 ABR 26/08, NZA 2010, 353.
6 LAG Hess. 11.11.1986 – 5 TaBV 121/86, BB 1987, 614, das im Gegensatz zum BAG davon ausgeht, dass die gerichtliche Ersetzung der Zustimmung Rückwirkung haben muss, um Missbrauch vorzubeugen.
7 BAG 16.11.2005 – 1 ABR 12/05, BB 2006, 1004.
8 BAG 26.2.1992 – 7 ABR 51/90, NZA 1993, 86.
9 BAG 26.2.1992 – 7 ABR 51/90, NZA 1993, 86.

477 Einstweilen frei.

478 Die Frage, ob es erforderlich ist, einen Sachverständigen zum besseren Verständnis der Information zu bestellen, lässt sich erst dann beantworten, wenn der Arbeitgeber den Betriebsrat **abschließend unterrichtet** hat[1].

479 Rechtsgrundlage für die Heranziehung sachkundiger Personen durch den Betriebsrat ist in den Fällen, in denen es nicht um die rechtliche Vertretung des Betriebsrats im Verfahren vor der Einigungsstelle bzw. vor den Arbeitsgerichten geht, allein § 80 Abs. 3 Satz 1 BetrVG[2]. Dies bedeutet insbesondere, dass auch die Tätigkeit eines Sachverständigen im Sinne einer **sachkundigen Interessenvertretung** nicht auf § 40 Abs. 1 BetrVG gestützt werden kann; § 80 Abs. 3 Satz 1 BetrVG ist gegenüber § 40 Abs. 1 BetrVG eine inhaltliche Konkretisierung und Spezialisierung[3]. Entspricht also die Hinzuziehung einer sachkundigen Person nicht den Erfordernissen des § 80 Abs. 3 Satz 1 BetrVG, so kann die Kostentragungspflicht des Arbeitgebers auch nicht auf § 40 Abs. 1 BetrVG gestützt werden[4]. Ein Rechtsanwalt, der vom Betriebsrat (nur) als Berater über eine vom Arbeitgeber vorgeschlagene Betriebsvereinbarung hinzugezogen wird, ist als Sachverständiger iSd. § 80 Abs. 3 BetrVG tätig. Das gilt auch dann, wenn er seine Sachkunde nicht neutral, sondern an den Interessen des Betriebsrats ausgerichtet zur Verfügung stellt. In diesem Fall kann die Kostentragungspflicht sich nur nach § 80 Abs. 3 BetrVG richten[5]. Umgekehrt gehört es zu den Aufgaben eines Verfahrensbevollmächtigten, dessen Kosten der Arbeitgeber nach § 40 BetrVG (unter den entsprechenden Voraussetzungen) zu tragen hat, konkrete Mitbestimmungsrechte des Betriebsrats auch außergerichtlich geltend zu machen, um die bereits beschlossene Durchführung eines arbeitsgerichtlichen Beschlussverfahrens zu vermeiden[6]. In diesem Fall ist die außergerichtliche Tätigkeit inkl. der entsprechenden Beratung des Betriebsrats von der ursprünglichen Beauftragung erfasst.

480 Gem. § 80 Abs. 4 BetrVG unterliegen der hinzugezogene Sachverständige und die Auskunftsperson iSd. § 80 Abs. 3 Satz 3 BetrVG derselben **Verschwiegenheitspflicht** wie der Betriebsrat. In einem Beschlussverfahren zwischen Arbeitgeber und Betriebsrat ist der Sachverständige nicht zu beteiligen[7]. Verliert der Sachverständige das Vertrauen des Betriebsrats, kann er durch einen anderen ersetzt werden[8].

5. Geheimhaltungspflichten (§ 79 BetrVG)

481 Nach § 79 Abs. 1 Satz 1 BetrVG sind die Mitglieder und Ersatzmitglieder des Betriebsrats verpflichtet, **Betriebs- oder Geschäftsgeheimnisse**, die ihnen wegen ihrer Zugehörigkeit zum Betriebsrat bekannt geworden und vom Arbeitgeber ausdrücklich **als geheimhaltungsbedürftig bezeichnet** worden sind, nicht zu offenbaren und nicht zu verwerten. § 79 Abs. 1 Satz 2 BetrVG stellt klar, dass die Geheimhaltungspflicht auch nach dem Ausscheiden aus dem Betriebsrat gilt.

482 Die Geheimhaltungspflicht nach § 79 BetrVG umfasst **Betriebs- und Geschäftsgeheimnisse**. Betriebs- oder Geschäftsgeheimnisse sind Tatsachen, Erkenntnisse oder Unterlagen, die im Zusammenhang mit dem technischen Betrieb oder der wirtschaftlichen Betätigung des Unternehmens stehen, nur einem eng begrenzten Per-

---

1 BAG 17.3.1987 – 1 ABR 59/85, NZA 1987, 747; 4.6.1987 – 6 ABR 63/85, NZA 1988, 208.
2 BAG 26.2.1992 – 7 ABR 51/90, NZA 1993, 86.
3 BAG 26.2.1992 – 7 ABR 51/90, NZA 1993, 86.
4 BAG 26.2.1992 – 7 ABR 51/90, NZA 1993, 86; 15.11.2000 – 7 ABR 24/00, EzA § 40 BetrVG 1972 Nr. 92.
5 BAG 15.11.2000 – 7 ABR 24/00, EzA § 40 BetrVG 1972 Nr. 92.
6 BAG 15.11.2000 – 7 ABR 24/00, EzA § 40 BetrVG 1972 Nr. 92.
7 *Fitting*, § 80 BetrVG Rz. 93.
8 LAG BW 22.11.1985 – 5 TaBV 5/85, AiB 1986, 261.

IV. Allgemeine Mitbestimmungsrechte/-pflichten

sonenkreis bekannt, also nicht offenkundig sind, nach dem bekundeten Willen des Arbeitgebers (Unternehmers) geheim gehalten werden sollen und deren Geheimhaltung, insbesondere vor Konkurrenten, für den Betrieb oder das Unternehmen wichtig ist (**materielles Geheimnis**)[1]. Neben dem Vorliegen eines materiellen Geheimnisses setzt die Geheimhaltungpflicht nach § 79 BetrVG voraus, dass der Arbeitgeber oder sein Repräsentant durch **ausdrückliche Erklärung** darauf hingewiesen hat, dass eine bestimmte Angelegenheit als Geschäfts- oder Betriebsgeheimnis zu betrachten und darüber Stillschweigen zu bewahren ist (**formelles Geheimnis**)[2]. Die Erklärung des Arbeitgebers bedarf keiner besonderen Form[3].

Beispiele für Betriebs- und Geschäftsgeheimnisse: 483

Patente, Lizenzen, Arbeitnehmererfindungen, Fertigungsmethoden, Materialzusammensetzungen, Kundenlisten sowie Lohn- und Gehaltsdaten, da sie Teil der betriebswirtschaftlichen Kalkulation über Umsätze und Gewinnmöglichkeiten sind[4].

Verpflichteter Personenkreis sind nach § 79 Abs. 1 Satz 1 BetrVG sämtliche Mitglieder des Betriebsrats sowie die Ersatzmitglieder. Die Schweigepflicht gilt ferner für die Mitglieder und Ersatzmitglieder des Gesamtbetriebsrats, des Konzernbetriebsrats, der Jugend- und Auszubildendenvertretung, der Gesamt-Jugend- und Auszubildendenvertretung, der Konzern-Jugend- und Auszubildendenvertretung, des Wirtschaftsausschusses, der Bordvertretung, des Seebetriebsrats, der gem. § 3 Abs. 1 BetrVG gebildeten Vertretungen der Arbeitnehmer, der Einigungsstelle, der tariflichen Schlichtungsstelle und einer betrieblichen Beschwerdestelle sowie für die Vertreter von Gewerkschaften oder von Arbeitgebervereinigungen (§ 79 Abs. 2 BetrVG). 484

Die Geheimhaltungspflicht gilt nach § 79 Abs. 1 Satz 3 und 4 BetrVG nicht gegenüber anderen Mitgliedern des Betriebsrats; sie gilt ferner nicht gegenüber dem Gesamtbetriebsrat, dem Konzernbetriebsrat, der Bordvertretung, dem Seebetriebsrat und den Arbeitnehmervertretern im Aufsichtsrat sowie anderen Betriebsverfassungsorganen im Verfahren vor der Einigungsstelle, der tariflichen Schlichtungsstelle oder einer betrieblichen Beschwerdestelle. Wenn allerdings befugterweise Geheimnisse mitgeteilt werden, muss der Empfänger ausdrücklich auf die Verpflichtung zur Verschwiegenheit hingewiesen werden[5]. 485

◯ **Hinweis:** Der Arbeitgeber kann vom Betriebsrat und von den einzelnen Betriebsratsmitgliedern die Unterlassung der Offenbarung und Verwertung von Betriebs- oder Geschäftsgeheimnissen im **Beschlussverfahren** verlangen[6]. Bei groben Verletzungen der Schweigepflicht kann der Arbeitgeber die Amtsenthebung von Betriebsratsmitgliedern nach § 23 Abs. 1 BetrVG beantragen[7]. Problematisch ist, ob bei unmittelbaren und groben Verstößen auch die Auflösung des Betriebsrats verlangt werden kann. Überwiegend wird davon ausgegangen, dass eine gerichtliche Auflösung des Betriebsrats dann in Betracht kommt, wenn der Betriebsrat in seiner Gesamtheit gegen die Geheimhaltungspflicht grob verstößt[8]. Liegt in der Verletzung der Schweigepflicht zugleich eine Verletzung der Arbeitsvertragspflicht, so kommt auch eine **außerordentliche Kündigung** des einzelnen Betriebsratsmitglieds in Betracht[9]. Eine Verletzung der Geheimhaltungspflicht kann 486

---
1 BAG 13.2.2007 – 1 ABR 14/06, NZA 2007, 1121; *Fitting*, § 79 BetrVG Rz. 3.
2 BAG 13.2.2007 – 1 ABR 14/06, NZA 2007, 1121; *Fitting*, § 79 BetrVG Rz. 5.
3 *Fitting*, § 79 BetrVG Rz. 5.
4 BAG 26.2.1987 – 6 ABR 46/84, BAGE 55, 96.
5 *Fitting*, § 79 BetrVG Rz. 31.
6 BAG 26.2.1987 – 6 ABR 46/84, BAGE 55, 96 ff.
7 *Fitting*, § 79 BetrVG Rz. 41; DKKW/*Buschmann*, § 79 BetrVG Rz. 54.
8 *Fitting*, § 79 BetrVG Rz. 41; vgl. auch BAG 26.2.1987 – 6 ABR 46/84, BAGE 55, 96 (100); 14.5.1987 – 6 ABR 39/84, DB 1988, 2569 (2570).
9 DKKW/*Buschmann*, § 79 BetrVG Rz. 55.

auch **Schadensersatzansprüche** zugunsten des Arbeitgebers auslösen, da die Vorschrift des § 79 BetrVG ein Schutzgesetz iSd. § 823 Abs. 2 BGB ist[1].

487 Die vorsätzliche Verletzung der betriebsverfassungsrechtlichen Schweigepflicht ist nach § 120 Abs. 1 BetrVG **strafbewehrt**. Nach § 120 Abs. 5 Satz 1 BetrVG handelt es sich um ein Antragsdelikt, so dass die Taten nur auf Antrag des Verletzten verfolgt werden. Möglich ist darüber hinaus eine Bestrafung nach den §§ 17 und 18 UWG. Ein Betriebsratsmitglied kann sich im Strafprozess nicht unter Hinweis auf seine Geheimhaltungspflicht auf ein **Zeugnisverweigerungsrecht** nach § 53 Abs. 1 StPO berufen[2]. Im Zivilprozess ist die Berufung auf ein Zeugnisverweigerungsrecht nach § 383 Abs. 1 Nr. 6 ZPO möglich[3].

6. Gestaltung von Arbeitsplatz und -umgebung

a) Unterrichtungs- und Beratungsrecht (§ 90 BetrVG)

488 Die Beteiligung des Betriebsrats nach § 90 Abs. 1 BetrVG erfolgt durch **rechtzeitige Unterrichtung** über die Planung von Neu-, Um- und Erweiterungsbauten von Fabrikations-, Verwaltungs- und sonstigen betrieblichen Räumen (Abs. 1 Nr. 1), von technischen Anlagen (Abs. 1 Nr. 2), von Arbeitsverfahren und Arbeitsabläufen (Abs. 1 Nr. 3) oder der Arbeitsplätze (Abs. 1 Nr. 4).

489 § 90 BetrVG regelt die Beteiligung des Betriebsrats bei der Planung künftiger Änderungen, gewährt ihm also ein Recht auf Unterrichtung und **Beratung im Planungsstadium**.

aa) Baumaßnahmen

490 Nach § 90 Abs. 1 Nr. 1 BetrVG ist der Betriebsrat über die Planung aller Baumaßnahmen an den in dieser Vorschrift aufgeführten Räumen zu unterrichten. Beteiligungspflichtig sind alle baulichen Maßnahmen, soweit sie mit einer Änderung der Bausubstanz an sich verbunden sind. Reparaturarbeiten oder Renovierungsmaßnahmen fallen daher regelmäßig nicht unter § 90 Abs. 1 Nr. 1 BetrVG, auch wenn sie mit geringfügigen baulichen Änderungen verbunden sind[4], können aber als Gestaltung des Arbeitsplatzes unter Nr. 4 erfasst werden. Nicht beteiligungspflichtig sind auch reine Abbrucharbeiten[5]. Dem Umfang nach erstreckt sich § 90 Abs. 1 Nr. 1 BetrVG auf **alle umbauten Räume, die den betrieblichen Zwecken dienen** und in denen sich, wenn auch nur vorübergehend, Arbeitnehmer aufhalten[6]. Daher unterfallen der Vorschrift nicht nur die eigentlichen Produktions-, Verkaufs-, Lager- und Büroräume, sondern auch sonstige betriebliche Räume, insbesondere Sozialräume, wie Aufenthaltsräume, Kantinen, Dusch- und Baderäume bzw. Waschkauen, Toiletten u.a.m.[7]. Nicht in den Anwendungsbereich des § 90 Abs. 1 Nr. 1 BetrVG fallen Park- oder Sportplätze und Grünanlagen[8].

---

1 *Fitting*, § 79 BetrVG Rz. 43.
2 BVerfG 19.1.1979 – 2 BvR 995/78, NJW 1979, 1286; LG Darmstadt 3.10.1978 – 3 Qs 1551/78, DB 1979, 111.
3 Antwort der Bundesregierung auf eine kleine Anfrage, vgl. DB 1979, 1278.
4 *Fitting*, § 90 BetrVG Rz. 18.
5 GK-BetrVG/*Weber*, § 90 Rz. 10.
6 MünchArbR/*Matthes*, § 255 Rz. 3.
7 GK-BetrVG/*Weber*, § 90 Rz. 9.
8 MünchArbR/*Matthes*, § 255 Rz. 3.

bb) Technische Anlagen

Zu den technischen Anlagen iSd. § 90 Abs. 1 Nr. 2 BetrVG gehören **sämtliche technische Einrichtungen im Fabrikations- und Verwaltungsbereich**; dies sind bspw. Montagebänder, Maschinen, Produktionsanlagen, Kräne, Transportmittel, Silos und Tankanlagen[1]. Technische Anlagen im Sinne der Vorschrift sind auch EDV-Anlagen, IT-gestützte Produktionsmittel (CAD/CNC) oder Telekommunikationseinrichtungen[2]. 491

Bloßes Handwerkszeug und Büromöbel sind keine technischen Anlagen[3]. Das gilt auch für einzelne PC oder Laptops sowie sonstigen Geräte moderner Bürokommunikation. Die reine Reparatur oder Ersatzbeschaffung von technischen Anlagen fällt nicht in den Anwendungsbereich der Vorschrift, soweit es hierdurch nicht zu Änderungen der Arbeitsbedingungen kommt[4]. 492

cc) Arbeitsverfahren und Arbeitsabläufe

Die Planung des Arbeitsablaufes betrifft die **Gestaltung des Arbeitsprozesses nach Ort, Zeit und Art**. Die Planung des Arbeitsverfahrens betrifft die **Fabrikationsmethoden**, also die Frage, mit welchen Maschinen, Stoffen und Materialien die Arbeit zu bewältigen ist. Der Begriff des Arbeitsverfahrens ist weitgehend identisch mit dem der Fabrikationsmethoden in § 106 Abs. 3 Nr. 5 BetrVG[5]. 493

dd) Arbeitsplätze

Die Planung der Arbeitsplätze betrifft die **Ausgestaltung der einzelnen Arbeitsplätze**, also die räumliche Unterbringung, die Ausstattung mit Geräten und Einrichtungsgegenständen, die Beleuchtung, Belüftung, Beheizung etc.[6]. Es geht also um die Anordnung der technischen und organisatorischen Gegebenheiten der Arbeitsabläufe unter Berücksichtigung der ergonomischen Anforderungen[7]. 494

b) Zeitpunkt und Inhalt

Der Betriebsrat ist über die Planung der Maßnahmen zu unterrichten. Im Rahmen der **Unterrichtung** sind dem Betriebsrat auch die entsprechenden schriftlichen Unterlagen und Zeichnungen vorzulegen, soweit dies zur Darlegung der Planungen notwendig ist; die Unterlagen sind allerdings erst dann vorzulegen, wenn der Arbeitgeber eine Maßnahme ergreift oder plant, die Beteiligungsrechte des Betriebsrats auslöst[8]. 495

Nach § 90 Abs. 2 Satz 1 BetrVG muss der Arbeitgeber mit dem Betriebsrat die vorgesehenen Maßnahmen und ihre Auswirkungen auf die Arbeitnehmer, insbesondere auf die Art ihrer Arbeit sowie die sich daraus ergebenden Anforderungen an die Arbeitnehmer so **rechtzeitig beraten**, dass Vorschläge und Bedenken des Betriebsrates bei der Planung berücksichtigt werden können. Dabei sollen auch die gesicherten arbeitswissenschaftlichen Erkenntnisse über die menschengerechte Gestaltung der Arbeit berücksichtigt werden (§ 90 Abs. 2 Satz 2 BetrVG). Durch die Berücksichtigung gesicherter arbeitswissenschaftlicher Erkenntnisse über die menschengerechte Ge- 496

---

1 GK-BetrVG/*Weber*, § 90 Rz. 12f; *Fitting*, § 90 BetrVG Rz. 21.
2 *Fitting*, § 90 BetrVG Rz. 21.
3 GK-BetrVG/*Weber*, § 90 BetrVG Rz. 13; *Fitting*, § 90 BetrVG Rz. 20.
4 *Fitting*, § 90 BetrVG Rz. 20.
5 *Fitting*, § 90 BetrVG Rz. 23.
6 MünchArbR/*Matthes*, § 255 Rz. 8.
7 *Fitting*, § 90 BetrVG Rz. 31.
8 BAG 27.6.1989 – 1 ABR 19/88, NZA 1989, 929.

staltung der Arbeit soll erreicht werden, dass die Arbeit den Bedürfnissen und Möglichkeiten des arbeitenden Menschen entsprechend gestaltet wird. Gemeint sind arbeitswissenschaftliche Erkenntnisse über die zweckmäßige Gestaltung von Arbeitsplatz, Arbeitsablauf, die Arbeitsmedizin, Arbeitsphysiologie und -psychologie sowie Arbeitssoziologie und Arbeitspädagogik[1].

497 Wegen des Zwecks dieses Beteiligungsrechts kann sich der Arbeitgeber gegenüber dem Betriebsrat nur durch eine Person vertreten lassen, die im Hinblick auf die geplante Maßnahme über die notwendige Fachkompetenz verfügt, da nur so gewährleistet ist, dass das mit der Unterrichtung und Beratung verfolgte Ziel erreicht wird[2]. Es ist nicht erforderlich, dass der **Vertreter des Arbeitgebers** neben der erforderlichen Fachkompetenz auch die organisatorische Kompetenz hat, die vom Betriebsrat vorgetragenen Erwägungen unmittelbar in den Entscheidungsprozess einzubringen und umzusetzen[3].

498 ⊃ **Hinweis:** Nach herrschender Meinung gilt das in § 90 BetrVG geregelte Unterrichtungs- und Beratungsrecht des Betriebsrats auch in Tendenzunternehmen/-betrieben uneingeschränkt[4].

c) Folgen der nicht rechtzeitigen Unterrichtung

499 Eine nicht rechtzeitige Unterrichtung des Betriebsrats durch den Arbeitgeber führt nicht zur Unwirksamkeit der Maßnahmen, was gleichermaßen für eine unwahre oder unvollständige Auskunftserteilung gilt. Allerdings handelt es sich hierbei um eine Ordnungswidrigkeit nach § 121 BetrVG, die mit einer Geldbuße bis zu 10 000 Euro geahndet werden kann. Kommt es zum Streit darüber, ob eine mitwirkungspflichtige Maßnahme vorliegt, so entscheidet das Arbeitsgericht im **Beschlussverfahren**. Der Betriebsrat kann seinen Anspruch auf Unterrichtung und Beratung auch durch eine einstweilige Verfügung geltend machen[5]. Zum Teil wird die Auffassung vertreten, der Betriebsrat könne darüber hinaus das Beratungsrecht sichern, indem er die vom Arbeitgeber beabsichtigten Maßnahmen durch eine **einstweilige Verfügung** stoppen lässt[6]. Dies wird zu Recht abgelehnt, da durch eine solche einstweilige Verfügung dem Betriebsrat im vorläufigen Rechtsschutzverfahren mehr Rechte eingeräumt werden, als ihm in der Hauptsache (Unterrichtung und Beratung) zustehen[7].

500 Nach Auffassung des Arbeitsgerichts Frankfurt soll die mehrfache nicht rechtzeitige Unterrichtung über beabsichtigte Umbaumaßnahmen nach § 90 BetrVG einen groben Verstoß des Arbeitgebers gegen seine Verpflichtung aus dem BetrVG darstellen, der einen Unterlassungsanspruch des Betriebsrats gegen den Arbeitgeber des Inhalts begründet, künftig Planungen nicht ohne Beratung mit dem Betriebsrat vorzunehmen[8]. Bei wiederholten und groben Verletzungen steht es dem Betriebsrat auch frei, Maßnahmen nach § 23 Abs. 3 BetrVG einzuleiten[9].

---

1 Vgl. die zahlreichen Nachweise bei GK-BetrVG/*Weber*, § 90 Rz. 36 ff.
2 BAG 11.12.1991 – 7 ABR 16/91, BB 1992, 1351.
3 BAG 11.12.1991 – 7 ABR 16/91, BB 1992, 1351.
4 *Fitting*, § 118 BetrVG Rz. 32.
5 *Fitting*, § 90 BetrVG Rz. 48.
6 LAG Hess. 21.9.1982 – 4 TaBV Ga 94/82, DB 1983, 613; vgl. auch LAG Hess. 30.8.1984 – 4 TaBV Ga 113/84 u.a., BB 1985, 659.
7 *Fitting*, § 90 BetrVG Rz. 48.
8 ArbG Frankfurt 11.11.1993 – 13 BV 25/92, ArbuR 1994, 201.
9 Vgl. LAG Hess. 3.11.1992 – 5 TaBV 27/92, BB 1993, 1948.

d) Mitbestimmung bei besonderer Belastung (§ 91 BetrVG)

Werden die Arbeitnehmer durch Änderung der Arbeitsplätze, des Arbeitsablaufs oder der Arbeitsumgebung, die den gesicherten arbeitswissenschaftlichen Erkenntnissen über die menschengerechte Gestaltung der Arbeit offensichtlich widersprechen, in besonderer Weise belastet, kann der Betriebsrat nach § 91 Satz 1 BetrVG angemessene Maßnahmen zur Abwendung, Milderung oder zum Ausgleich der Belastung verlangen. § 91 BetrVG ergänzt das Unterrichtungs- und Beratungsrecht des Betriebsrats nach § 90 BetrVG durch ein **erzwingbares** korrigierendes **Mitbestimmungsrecht**[1] und begründet somit ein **Initiativrecht**[2].

Unter **besonderen Belastungen** iSd. § 91 Satz 1 BetrVG sind dauerhafte Belastungen zu verstehen, die über das hinausgehen, was einem arbeitenden Menschen zugemutet werden kann.

Beispiele:
Lärm, Vibrationen, Nässe, Gase, Dämpfe, Hitze, Kälte, Lichtmangel, Blendung[3].

Entscheidend für die Feststellung dieser unzumutbaren Belastung ist ein **objektiver**, nicht ein subjektiver **Maßstab**[4]. Nach dem Wortlaut des § 91 Satz 1 BetrVG, der auf „besondere Belastungen" des Arbeitnehmers abstellt, reichen nur vorübergehende Belastungen nicht aus[5]. Ein offensichtlicher Widerspruch zur menschengerechten Gestaltung der Arbeit liegt vor, wenn für den Fachmann, der mit dem konkreten Lebenssachverhalt und der arbeitswissenschaftlichen Fragestellung vertraut ist, der Widerspruch ohne Weiteres erkennbar ist[6].

Durch das Mitbestimmungsrecht nach § 91 BetrVG kann nur die Korrektur von Zuständen an ganz **konkreten Arbeitsplätzen** erreicht werden, nicht aber generell eine menschengerechte Gestaltung der Arbeitsplätze und Arbeitsabläufe[7]. Das Mitbestimmungsrecht des Betriebsrats nach § 91 BetrVG greift auch nur dann, wenn die besondere Belastung der Arbeitnehmer auf einer Änderung beruht, es erstreckt sich nicht auf die Fälle, in denen schon bestehende Verhältnisse den gesicherten arbeitswissenschaftlichen Erkenntnissen über die menschengerechte Gestaltung der Arbeit offensichtlich widersprechen[8].

Liegen die Voraussetzungen des § 91 Satz 1 BetrVG vor, so kann der Betriebsrat angemessene **Maßnahmen zur Abwendung, Milderung oder zum Ausgleich** der konkret bestehenden Belastungen verlangen. Es muss sich hierbei um Maßnahmen handeln, die einerseits geeignet sind, eine Änderung zu bewirken, andererseits aber auch für den Arbeitgeber wirtschaftlich vertretbar sind[9]. Die Maßnahmen müssen arbeitsschutzrechtlich zulässig sein.

Hinsichtlich der korrigierenden Maßnahmen sieht das Gesetz eine Rangfolge vor (Abwendung, Milderung oder Ausgleich der Belastung). In erster Linie soll erreicht werden, dass die besondere Belastung beseitigt wird. Ist dies nicht möglich, soll sie **zumindest** abgemildert werden. Erst wenn sich auch dies als unmöglich erweist, soll ein Ausgleich für die besondere Belastung gewährt werden[10]. **Maßnahmen zur Milderung** sind bspw.

---

1 BAG 6.12.1983 – 1 ABR 43/81, BB 1984, 850 (851).
2 *Fitting*, § 91 BetrVG Rz. 2.
3 *Fitting*, § 91 BetrVG Rz. 5.
4 GK-BetrVG/*Weber*, § 91 Rz. 18.
5 *Fitting*, § 91 BetrVG Rz. 5.
6 DKKW/*Klebe*, § 91 BetrVG Rz. 14.
7 BAG 6.12.1983 – 1 ABR 43/81, BB 1984, 850.
8 BAG 28.7.1981 – 1 ABR 65/79, BB 1982, 493.
9 GK-BetrVG/*Weber*, § 91 Rz. 27.
10 *Fitting*, § 91 BetrVG Rz. 18.

die Bereitstellung von Hilfs- und Schutzmitteln, die Bereitstellung besonderer Arbeitskleidung, die Verringerung der Arbeitsgeschwindigkeit, Arbeitsunterbrechungen usw. Als **Maßnahmen zum Ausgleich** von nicht abwendbaren Belastungen kommen zusätzliche Leistungen in Form etwa von Getränken, Verpflegung oder Reinigungsmitteln in Betracht[1]. Umstritten ist hierbei, ob § 91 Satz 1 BetrVG auch einen Ausgleich in Form der Gewährung von Zulagen umfasst[2]. Richtigerweise wird man auch finanzielle Zuwendungen als Ausgleich in Betracht zu ziehen haben, wenn andere Ausgleichsmaßnahmen nicht möglich oder wirtschaftlich nicht vertretbar sind.

507 Können sich Arbeitgeber und Betriebsrat nicht über angemessene Maßnahmen zur Abwendung, Milderung oder zum Ausgleich der Belastung einigen, so entscheidet auf Antrag des Arbeitgebers oder des Betriebsrats nach § 91 Satz 2 BetrVG die **Einigungsstelle**. Gem. § 91 Satz 3 BetrVG ersetzt der Spruch der Einigungsstelle die Einigung zwischen Arbeitgeber und Betriebsrat. Werden durch den Spruch der Einigungsstelle Ansprüche der einzelnen Arbeitnehmer begründet, so haben diese einen im Urteilsverfahren einklagbaren Anspruch auf Gewährung und Durchführung der Maßnahme; bei Gefahr einer erheblichen Gesundheitsgefährdung besteht ein Zurückbehaltungsrecht des Arbeitnehmers[3].

V. Mitbestimmung in sozialen Angelegenheiten

1. Voraussetzungen

508 Nach § 87 Abs. 1 BetrVG hat der Betriebsrat in den dort genannten sozialen Angelegenheiten mitzubestimmen. Allgemein wird davon ausgegangen, dass der Katalog des § 87 Abs. 1 BetrVG **erweiterungsfähig** ist. Dies soll sowohl im Hinblick auf die Erweiterung durch Tarifvertrag als auch durch Betriebsvereinbarung und Regelungsabrede gelten[4]. Die einzelvertragliche Erweiterung des dem Betriebsrat nach dem Betriebsverfassungsgesetz vor Ausspruch von Kündigungen zustehenden Beteiligungsrechts lehnt das BAG aber zu Recht wegen Fehlens der dafür erforderlichen gesetzlichen Ermächtigungsgrundlage ab[5].

509 § 87 BetrVG beinhaltet das sog. **positive Konsensprinzip**. Das Mitbestimmungsrecht des Betriebsrats liegt hier in seiner stärksten Form vor. Gegen den Willen des Betriebsrats kann der Arbeitgeber keine Entscheidung fällen. Bei Streitigkeiten der Betriebsparteien ist die Einigungsstelle zur Entscheidung anzurufen (§ 87 Abs. 2 BetrVG). Deren Entscheidung ersetzt die Einigung der Betriebspartner (§ 87 Abs. 2 Satz 2 BetrVG). Man spricht in diesem Zusammenhang auch von der **erzwingbaren Mitbestimmung**. Das positive Konsensprinzip bedeutet insbesondere, dass der Arbeitgeber in einer nach § 87 Abs. 1 BetrVG mitbestimmungspflichtigen Angelegenheit vor Durchführung einer geplanten Maßnahme an den Betriebsrat herantreten und dessen Zustimmung einholen muss. Geschieht dies nicht und gibt der Betriebsrat von sich aus keine Stellungnahme zu der vom Arbeitgeber geplanten Maßnahme ab, so kann das Verhalten des Betriebsrats, also sein Schweigen, nicht als Zustimmung zu der beabsichtigten Maßnahme des Arbeitgebers gewertet werden[6]. Anderenfalls würde nach Auffassung des BAG das Mitbestimmungsrecht des Betriebsrates im Ergebnis in ein reines Vetorecht verkehrt[7].

---

1 Vgl. Auflistung bei *Fitting*, § 91 BetrVG Rz. 19 ff.
2 Dafür zB *Fitting*, § 91 BetrVG Rz. 21; dagegen etwa *DKKW/Klebe*, § 91 BetrVG Rz. 21.
3 *Fitting*, § 91 BetrVG Rz. 23; BAG 2.2.1994 – 5 AZR 273/93, BB 1994, 1011.
4 BAG 29.9.2004 – 1 ABR 29/03, NZA 2005, 313; 14.8.2001 – 1 AZR 744/00, NZA 2002, 342; *Fitting*, § 87 BetrVG Rz. 6.
5 BAG 23.4.2009 – 6 AZR 263/08, NZA 2009, 915.
6 BAG 29.1.2008 – 3 AZR 42/06, NZA-RR 2008, 469; 10.11.1992 – 1 AZR 183/92, BAGE 71, 327.
7 BAG 29.1.2008 – 3 AZR 42/06, NZA-RR 2008, 469; 10.11.1992 – 1 AZR 183/92, BAGE 71, 327.

a) Persönlicher Geltungsbereich

Das Mitbestimmungsrecht des Betriebsrats erstreckt sich auf alle **Arbeitnehmer** des Betriebes, mit Ausnahme der **leitenden Angestellten**, die nicht vom Betriebsrat vertreten werden. Das Mitbestimmungsrecht erstreckt sich auch auf **Leiharbeitnehmer**, wenn aufgrund des Normzwecks einerseits und des Direktionsrechts des Arbeitgebers des Entleiherbetriebs andererseits eine betriebsverfassungsrechtliche Zuordnung der Leiharbeitnehmer auch zum Entleiherbetrieb erforderlich ist, weil sonst die Schutzfunktion des Betriebsverfassungsrechts außer Kraft gesetzt würde[1].

510

b) Kollektivmaßnahme

§ 87 Abs. 1 BetrVG unterwirft nur ausnahmsweise, nämlich in Nr. 5 und Nr. 9, auch Individualtatbestände dem Mitbestimmungsrecht. Deshalb greift in den übrigen Fällen das Mitbestimmungsrecht nur bei **kollektiven Tatbeständen**[2]. Die Rechtsprechung stellt regelmäßig auf den **kollektiven Bezug** einer Angelegenheit ab, Ein solcher soll dann vorliegen, wenn sich eine Regelungsfrage stellt, die kollektive Interessen der Arbeitnehmer des Betriebs berührt[3]. Mit dieser Formulierung wird die maximal denkbare Ausdehnung des Mitbestimmungsrechts erreicht, da letztlich jede denkbare Gestaltungsfrage in irgendeiner Form auch die Interessen anderer berührt. Vereinbarungen, die den individuellen Besonderheiten einzelner Arbeitsverhältnisse Rechnung tragen und deren Auswirkungen sich auf das Arbeitsverhältnis des betroffenen Arbeitnehmers beschränken, sind aber in jedem Fall mitbestimmungsfrei[4].

511

➲ **Hinweis:** Auf die Anzahl der betroffenen Arbeitnehmer kommt es nicht an; ein Mitbestimmungsrecht besteht auch, wenn der Arbeitgeber nur für einen Arbeitnehmer Überstunden anordnen will, weil damit eine Regelungsfrage tangiert wird, die kollektive Interessen der Arbeitnehmer betrifft[5].

512

c) Gesetzes-/Tarifvorrang

aa) § 87 Abs. 1 BetrVG

Das Mitbestimmungsrecht steht gem. § 87 Abs. 1 Halbs. 1 BetrVG unter dem Vorbehalt einer höheren Rechtsnorm. Der Betriebsrat hat also in den in § 87 Abs. 1 BetrVG katalogartig aufgeführten Angelegenheiten nur ein Mitbestimmungsrecht, soweit eine gesetzliche oder tarifliche Regelung nicht besteht.

513

(1) Gesetzliche Regelung

Als Gesetz in diesem Sinne ist nicht nur jedes **formelle Gesetz** anzusehen, sondern jede **materielle Rechtsnorm**, also bspw. auch Satzungsrecht öffentlicher Körperschaften und Anstalten[6]. Dem Gesetzesrecht stehen **Verwaltungsakte und bindende behördliche Anordnungen gleich**, aufgrund derer der Arbeitgeber verpflichtet ist, eine bestimmte Maßnahme vorzunehmen[7]. Umstritten ist, ob auch das sog. **gesetzesvertretende Richterrecht** einer zwingenden gesetzlichen Regelung iSd. § 87 BetrVG gleichzusetzen ist[8]. Dies ist zu bejahen. Es wäre mit der Rechtsordnung schwer ver-

514

---

1 BAG 15.12.1992 – 1 ABR 38/92, BAGE 72, 107.
2 *Fitting*, § 87 BetrVG Rz. 14 ff.
3 BAG 24.4.2007 – 3 AZR 42/06, NZA-RR 2008, 469; 19.6.2001 – 1 ABR 43/00, NZA 2001, 1263.
4 BAG 22.9.1992 – 1 AZR 461/90, NZA 1993, 569.
5 BAG 24.4.2007 – 3 AZR 42/06, NZA-RR 2008, 469; 10.6.1986 – 1 ABR 61/84, BAGE 52, 160.
6 BAG 25.5.1982 – 1 AZR 1073/79, DB 1982, 2712.
7 BAG 9.7.1991 – 1 ABR 57/90, NZA 1992, 126.
8 Vgl. Nachweise bei *Fitting*, § 87 BetrVG Rz. 30.

einbar, wenn Arbeitgeber und Betriebsrat Grundsatzentscheidungen der höchsten Gerichte ignorieren könnten[1].

(2) Tarifvorbehalt

515 Das Mitbestimmungsrecht besteht nicht, wenn ein **Tarifvertrag** die mitbestimmungspflichtige Angelegenheit **zwingend** und **abschließend** regelt und dadurch das einseitige Bestimmungsrecht des Arbeitgebers beseitigt ist[2]. Die Tarifregelung muss dem Schutzzweck des Mitbestimmungsgesetzes genügen. Dabei können die Tarifpartner solche Regelungen treffen, die auch die Betriebsparteien im Rahmen ihrer Kompetenz vereinbaren können. Diese können ein Alleinentscheidungsrecht des Arbeitgebers nur dann vorsehen, wenn dadurch das Mitbestimmungsrecht nicht in seiner Substanz beeinträchtigt wird[3]. Der Tarifvorrang greift daher nicht, wenn die Tarifvertragsparteien das Mitbestimmungsrecht des Betriebsrates durch ein einseitiges Gestaltungsrecht des Arbeitgebers ersetzen[4]. Deshalb kann ein Tarifvertrag die Befugnis des Arbeitgebers, ohne Zustimmung des Betriebsrates Überstunden anzuordnen, nur als Teil einer für Ausnahmefälle vorgesehenen Verfahrensregelung einräumen. Die Tarifvertragsparteien sind nicht befugt, den Arbeitgeber pauschal zur Anordnung von Überstunden zu ermächtigen[5]. Eine zwingende und abschließende Regelung fehlt immer bei einer vom Arbeitgeber gezahlten **freiwilligen Zulage** zum Tariflohn, da der Tarifvertrag nur die Mindestentlohnung, also nicht die mitbestimmungspflichtige Angelegenheit der Zulagenzahlung abschließend regelt[6].

516 Voraussetzung ist, dass der Tarifvertrag noch in Kraft ist. Ein lediglich **nachwirkender Tarifvertrag** schließt Mitbestimmungsrechte des Betriebsrats nach § 87 Abs. 1 BetrVG nicht aus[7].

517 Der Tarifvertrag muss darüber hinaus für den betreffenden Betrieb gelten. Es genügt, wenn der **Arbeitgeber tarifgebunden** ist. Dass auch die Arbeitnehmer des Betriebes tarifgebunden sind, ist nicht erforderlich, da die Arbeitnehmer den Schutz der tariflichen Regelung jederzeit durch Beitritt zur vertragsschließenden Gewerkschaft erlangen können[8].

bb) § 77 Abs. 3 BetrVG

518 Soweit ein Tarifvertrag eine Angelegenheit iSd. § 87 BetrVG regelt, bedarf es keines weiteren Schutzes durch eine erzwingbare Mitbestimmung. Dies schließt aber nicht aus, durch **freiwillige Vereinbarungen** (§ 88 BetrVG) auf betrieblicher Ebene weitere Regelungen zu treffen. Insoweit ist jedoch § 77 Abs. 3 BetrVG zu beachten. Danach ist eine Betriebsvereinbarung ausgeschlossen, soweit Arbeitsbedingungen und Arbeitsentgelte durch Tarifvertrag geregelt sind und der Betrieb in den räumlichen, betrieblichen und fachlichen Geltungsbereich des Tarifvertrags fällt oder Arbeitsbedingungen und Arbeitsentgelte üblicherweise durch Tarifvertrag geregelt werden. Auch der Haustarifvertrag des Arbeitgebers kann die Sperre des § 77 Abs. 3 BetrVG auslösen[9]. Die Regelungssperre des § 77 Abs. 3 BetrVG greift nicht für Regelungsabreden

---

1 Zutreffend HWGNRH/*Worzalla* § 87 BetrVG Rz. 61.
2 BAG 30.5.2006 – 1 ABR 21/05, NZA 2006, 1240.
3 BAG 3.5.2006 – 1 ABR 14/05, DB 2007, 60.
4 BAG 17.11.1998 – 1 ABR 12/98, NZA 1999, 662.
5 BAG 17.11.1998 – 1 ABR 12/98, NZA 1999, 662.
6 BAG (GS) 3.12.1991 – GS 2/90, BAGE 69, 134.
7 BAG 14.2.1989 – 1 AZR 97/88, NZA 1989, 648.
8 BAG 10.8.1993 – 1 ABR 21/93, NZA 1994, 326.
9 BAG 22.3.2005 – 1 ABR 64/03, BB 2005, 2024; 21.1.2003 – 1 ABR 9/02, NZA 2003, 1097.

und vertragliche Einheitsregelungen[1]. In Ausnahmefällen soll eine hiernach unwirksame Betriebsvereinbarung unter besonderen Umständen entsprechend § 140 BGB in eine vertragliche Einheitsregelung (Gesamtzusage oder gebündelte Vertragsangebote) umgedeutet werden können[2].

Die den Tarifpartnern gem. § 77 Abs. 3 BetrVG eingeräumte Vorrangkompetenz vor den Betriebspartnern dient der Absicherung der in Art. 9 Abs. 3 GG verfassungsrechtlich gewährleisteten **Tarifautonomie**. Da das Gesetz eine bestehende tarifliche Regelung oder Tarifüblichkeit verlangt, soll die ausgeübte, aktualisierte Tarifautonomie gesichert werden. Wenn die Tarifpartner bestimmte Fragen nicht regeln oder ausdrücklich auf eine Regelung verzichten, wird die Tarifautonomie durch betriebliche Vereinbarungen nicht tangiert. Der Umfang einer tariflichen Regelung und damit auch ihre Sperrwirkung ist durch Auslegung zu ermitteln[3]. Sowohl der Verzicht als auch das „Nichtregeln" der Tarifpartner stellt keine **Regelung von Arbeitsbedingungen** iSd. § 77 Abs. 3 BetrVG dar und vermag somit die Sperrwirkung nicht auszulösen[4]. Erforderlich ist, dass der Tarifvertrag für die in Rede stehenden Arbeitsbedingungen eine positive Sachregelung enthält[5]. 519

§ 77 Abs. 3 BetrVG gilt nur für die Arbeitsbedingungen, die tariflich geregelt sind oder üblicherweise geregelt werden. Die Sperrwirkung setzt nach überwiegender Meinung nicht voraus, dass der Arbeitgeber tarifgebunden ist[6]. **Tarifüblich** ist eine Regelung, wenn Verhandlungen über einen den Regelungsgegenstand betreffenden Tarifvertrag geführt werden, es sei denn, es gab in der Vergangenheit noch keinen einschlägigen Tarifvertrag dazu[7]. 520

Umstritten ist nach wie vor die Frage, ob das Mitbestimmungsrecht nach § 87 Abs. 1 BetrVG außer durch den Gesetzes- und Tarifvorrang des § 87 Abs. 1 Eingangssatz BetrVG auch bei Vorliegen der Voraussetzungen des § 77 Abs. 3 BetrVG ausgeschlossen wird (**Zwei-Schranken-Theorie**)[8]. Der Große Senat des BAG hat sich den Vertretern der sog. **Vorrang-Theorie** angeschlossen[9]. Danach steht der Tarifvorbehalt des § 77 Abs. 3 BetrVG einem Mitbestimmungsrecht nach § 87 Abs. 1 BetrVG nicht entgegen[10], da § 87 BetrVG die speziellere Vorschrift gegenüber § 77 Abs. 3 BetrVG ist. 521

Bereits in früheren Entscheidungen hat sich das BAG zugunsten der Vorrangtheorie entschieden, hauptsächlich mit dem Argument, es könne nicht richtig sein, den Schutz der Arbeitnehmer durch die Mitbestimmungsrechte des § 87 Abs. 1 BetrVG schon dann auszuschließen, wenn die Frage nur üblicherweise durch Tarifvertrag geregelt würde, eine die Arbeitnehmer schützende tarifliche Regelung tatsächlich für den Betrieb und seine Arbeitnehmer aber nicht gelte[11]. Daher können Angelegenheiten iSd. § 87 Abs. 1 BetrVG, auch wenn sie üblicherweise durch Tarifvertrag iSv. § 77 Abs. 3 BetrVG geregelt werden, Gegenstand einer Betriebsvereinbarung sein[12]. 522

---

1 BAG 20.4.1999 – 1 ABR 72/98, DB 1999, 1555.
2 BAG 19.6.2012 – 1 AZR 137/11, ArbRAktuell 2012, 508; 17.3.2010 – 7 AZR 706/08, DB 2010, 2812; 30.5.2006 – 1 AZR 111/06, DB 2006, 1795.
3 BAG 12.3.2008 – 4 AZR 616/06, nv.
4 BAG 1.12.1992 – 1 AZR 234/92, NZA 1993, 614.
5 BAG 29.10.2002 – 1 AZR 573/01, NZA 2003, 393.
6 BAG 26.8.2008 – 1 AZR 354/07, nv.; 10.10.2006 – 1 ABR 59/05, NZA 2007, 523; 22.3.2005 – 1 ABR 64/03, NZA 2006, 383; *Fitting*, § 77 BetrVG Rz. 78.
7 BAG 26.8.2008 – 1 AZR 354/07, NZA 2008, 1426.
8 Vgl. nur GK-BetrVG/*Wiese*, § 87 Rz. 47 ff.
9 BAG (GS) 3.12.1991 – GS 2/90, BAGE 69, 134; 3.12.1991 – GS 1/90, ArbuR 1993, 28.
10 BAG (GS) 3.12.1991 – GS 2/90, BAGE 69, 134 (1. Ls.); 3.12.1991 – GS 1/90, ArbuR 1993, 28 (1. Ls.).
11 So bereits BAG 24.2.1987 – 1 ABR 18/85, NZA 1987, 639, bestätigt durch BAG (GS) 3.12.1991 – GS 2/90, NZA 1992, 749.
12 BAG 24.2.1987 – 1 ABR 18/85, NZA 1987, 639.

523 Die Regelungssperre des § 77 Abs. 3 BetrVG bezieht sich auf **Arbeitsentgelte und sonstige Arbeitsbedingungen**. Arbeitsentgelt ist hierbei jede in Geld zahlbare Vergütung oder Sachleistung des Arbeitgebers, bspw. Lohn, Prämie, Gratifikation, Gewinnbeteiligung, Deputate[1]. Mit dem Begriff der sonstigen Arbeitsbedingungen werden sowohl formelle als auch materielle Arbeitsbedingungen erfasst[2].

> **Hinweis:** Regelt eine Betriebsvereinbarung eine Tariferhöhung des Effektivgehalts zu einem bestimmten Zeitpunkt und nicht nur die Erhöhung übertariflicher Vergütungsbestandteile, verstößt sie gegen § 77 Abs. 3 Satz 1 BetrVG[3].

2. Ausübung des Mitbestimmungsrechts

a) Erzwingbare und freiwillige Mitbestimmung

524 § 87 BetrVG zählt abschließend die Angelegenheiten auf, in denen der Betriebsrat ein **erzwingbares Mitbestimmungsrecht** hat. In allen anderen sozialen Angelegenheiten können gem. § 88 BetrVG freiwillig, also in beiderseitigem Einvernehmen zwischen den Betriebspartnern, Betriebsvereinbarungen geschlossen werden. Gem. § 88 BetrVG können durch Betriebsvereinbarung insbesondere zusätzliche Maßnahmen zur Verhütung von Arbeitsunfällen und Gesundheitsschädigungen, die Einrichtung von Sozialeinrichtungen, deren Wirkungsbereich auf den Betrieb, das Unternehmen oder den Konzern beschränkt ist, sowie Maßnahmen zur Förderung der Vermögensbildung geregelt werden. Die Vorschrift gibt nur Beispiele für mögliche **freiwillige Betriebsvereinbarungen**, ist daher nicht abschließend zu verstehen, was die Formulierung „insbesondere" belegt[4].

525 Eine andere Frage ist, ob die **Freiwilligkeit einer Leistung** das Mitbestimmungsrecht des Betriebsrats nach § 87 BetrVG ausschließt. Richtigerweise ist davon auszugehen, dass mitbestimmungsfrei nur die Frage ist, ob und inwieweit der Arbeitgeber zusätzliche Leistungen erbringen will. Mitbestimmungsfrei ist also die (freiwillige) Entscheidung des Arbeitgebers, ob und in welchem Umfang er finanzielle Mittel für eine freiwillige Leistung zur Verfügung stellen will (sog. **Dotierungsrahmen**). Im Übrigen schließt die Freiwilligkeit einer Leistung das Mitbestimmungsrecht des Betriebsrats nicht aus. Das Mitbestimmungsrecht des Betriebsrats entfällt zB nicht deswegen, weil der Arbeitgeber mit Mitteln der Lohngestaltung bestimmte Zwecke – zB eine bestimmte Absatzpolitik oder eine Steuerung des Verkaufs – erreichen will[5]. Mitbestimmungspflichtig ist die gerechte Ausgestaltung und Verteilung der zusätzlichen Leistungen.

526 Mitbestimmungsfrei ist auch die Entscheidung des Arbeitgebers, eine **freiwillige Leistung einzustellen** oder zu kürzen[6]. Bei der **Kürzung der Leistung** ist auch die Entscheidung mitbestimmungsfrei, in welchem Umfang gekürzt werden soll[7]. Die Verteilung des gekürzten Leistungsvolumens unterliegt dagegen wieder der Mitbestimmung des Betriebsrats[8]. In der neueren Rechtsprechung differenziert der 1. Senat danach, ob der Arbeitgeber tarifgebunden ist oder nicht. Fehlt eine Tarifbindung, leiste der Arbeitgeber die gesamte Vergütung mitbestimmungsrechtlich „freiwillig", weshalb jede

---

1 *Fitting*, § 77 BetrVG Rz. 70.
2 BAG 9.4.1991 – 1 AZR 406/90, NZA 1991, 734; 1.12.1992 – 1 AZR 234/92, NZA 1993, 614; *Fitting*, § 77 BetrVG Rz. 71.
3 BAG 30.5.2006 – 1 AZR 111/05, DB 2006, 1795.
4 Vgl. nur BAG 7.11.1989 – GS 3/85, BB 1990, 1840.
5 BAG 13.3.1984 – 1 ABR 57/82, NZA 1984, 296 (298).
6 BAG 15.8.2000 – 1 AZR 458/99, nv.
7 BAG 10.2.1988 – 1 ABR 56/86, BAGE 57, 309.
8 BAG 13.1.1987 – 1 ABR 51/85, NZA 1987, 386 zur Kürzung freiwilliger übertariflicher Zuschläge.

Veränderung oder Beseitigung einzelner Vergütungsbestandteile das Mitbestimmungsrecht nach § 87 Abs. 1 Nr. 10 BetrVG auslöst, wenn sich dadurch der bisherige relative Abstand der Gesamtvergütungen zueinander verändert[1]. Nur dann, wenn der nicht tarifgebundene Arbeitgeber die freiwillige Leistung (und nur diese!) in einer gesonderten Betriebsvereinbarung eingeführt hat, kann er die Leistung wieder vollständig und mitbestimmungsfrei einstellen[2]. Voraussetzung dafür, dass keine Nachwirkung eintritt, ist, dass der Arbeitgeber gegenüber Betriebsrat oder Arbeitnehmern erklärt, dass er künftig keinerlei Mittel mehr für eine derartige Leistung zur Verfügung stellen wird.

b) Initiativrecht

Das Mitbestimmungsrecht des Betriebsrats nach § 87 BetrVG beinhaltet grundsätzlich auch ein Initiativrecht[3]. Der Betriebsrat kann also eine Maßnahme oder Regelung einer Angelegenheit auch von sich aus anstreben und, sofern der Arbeitgeber widerspricht, die **Einigungsstelle** zur verbindlichen Entscheidung anrufen. Dies gilt aber nicht uneingeschränkt. So wird der Betriebsrat kaum von sich aus an den Arbeitgeber herantreten, um die Anordnung von Überstunden (§ 87 Abs. 1 Nr. 3 BetrVG), die Erhöhung von Akkordvorgaben (§ 87 Abs. 1 Nr. 11 BetrVG) oder die Einführung von Überwachungsinstrumentarien (§ 87 Abs. 1 Nr. 6 BetrVG) zu erreichen, hier sprechen bereits Sinn und Zweck der Mitbestimmungsrechte gegen eine Initiative des Betriebsrats auf Einführung bzw. Durchführung entsprechender Maßnahmen. Das BAG verneint demgemäß ein Recht ein Initiativrecht im Hinblick auf die Einführung von Kontrolleinrichtungen nach § 87 Abs. 1 Nr. 6 BetrVG[4]. Nach Ansicht des BAG wird das grundsätzlich zu bejahende Initiativrecht des Betriebsrats durch den Inhalt des jeweiligen Mitbestimmungsrechts und dessen Sinn und Zweck begrenzt[5].

527

c) Betriebsvereinbarung und Regelungsabrede

Instrumente für die Ausübung des Mitbestimmungsrechts sind in erster Linie die Betriebsvereinbarung und die Regelungsabrede (formlose Betriebsabsprache).

528

aa) Betriebsvereinbarung

(1) Gesetzliche Grundlage

Die Betriebsvereinbarung ist in § 77 BetrVG gesetzlich geregelt. Sie ist ein Vertrag zwischen Arbeitgeber und Betriebsrat, der eine für den Betrieb verbindliche Regelung einer Angelegenheit enthält[6]. Gem. § 77 Abs. 2 Satz 1 BetrVG werden Betriebsvereinbarungen von Betriebsrat und Arbeitgeber gemeinsam geschlossen. Sie sind darüber hinaus schriftlich niederzulegen (**Schriftform** ist **konstitutiv**) und gem. § 77 Abs. 2 Satz 2 BetrVG von beiden Seiten zu unterzeichnen[7]. Der Arbeitgeber hat die Betriebsvereinbarung an geeigneter Stelle im Betrieb auszulegen (§ 77 Abs. 2 Satz 3 BetrVG).

529

Voraussetzung für den Abschluss einer Betriebsvereinbarung ist, dass der Betriebsrat einen wirksamen Beschluss zum Abschluss der Betriebsvereinbarung nach Maßgabe

530

---

1 BAG 26.8.2008 – 1 AZR 354/07, NZA 2008, 1426.
2 BAG 5.10.2010 – 1 ABR 20/09, NZA 2011, 598.
3 BAG 26.10.2004 – 1 ABR 31/03 (A), NZA 2005, 538; 10.8.1994 – 7 ABR 35/93, NZA 1995, 796 (797); DKKW/*Klebe*, § 87 BetrVG Rz. 25.
4 BAG 28.11.1989 – 1 ABR 97/88, NZA 1990, 406.
5 BAG 28.11.1989 – 1 ABR 97/88, NZA 1990, 406.
6 *Fitting*, § 77 BetrVG Rz. 13.
7 BAG 18.3.2014 – 1 AZR 807/12, NZA 2014, 736 zu einer Dienstvereinbarung nach Art. 73 BayPVG.

des § 33 BetrVG gefasst hat. Bei Maßnahmen, die der Mitbestimmung des Betriebsrats unterliegen, hat der **Beschluss des Betriebsrats** nach § 33 BetrVG konstitutive Wirkung[1]. Unterliegt eine Maßnahme nur der Mitwirkung des Betriebsrats, kann der Arbeitgeber ohne Zustimmung rechtswirksam handeln, weshalb ein nichtiger Betriebsratsbeschluss keine Auswirkungen auf die Rechtsgültigkeit der Maßnahme hat[2].

531 Eine Betriebsvereinbarung kann nur über Angelegenheiten abgeschlossen werden, die in die **gesetzliche Zuständigkeit des Betriebsrats** fallen. Nach hM haben die Betriebspartner in den gesetzlichen Grenzen eine umfassende Kompetenz zur Regelung betrieblicher und betriebsverfassungsrechtlicher Fragen[3]. Da der Betriebsrat im Bereich der sozialen Angelegenheiten gem. §§ 87, 88 BetrVG ein umfangreiches Mitbestimmungs- bzw. Mitwirkungsrecht hat, können grundsätzlich auch alle sozialen Angelegenheiten durch Betriebsvereinbarung geregelt werden[4].

⊃ **Hinweis:** Ein **Verzicht** des Betriebsrats auf zwingende Mitbestimmungsrechte ist unzulässig. Eine Betriebsvereinbarung, die dem Arbeitgeber das alleinige Gestaltungsrecht über einen mitbestimmungspflichtigen Tatbestand eröffnet, ist daher unwirksam[5]. Da der Betriebsrat gesetzlich gehalten ist, einen betriebsverfassungsrechtlich rechtmäßigen Zustand – ggf. mit Hilfe der Gerichte – (wieder)herzustellen, ist auch die Vereinbarung einer **Vertragsstrafe** für die Verletzung von Mitbestimmungsrechten unzulässig und **unwirksam**[6].

(2) Tarifvorbehalt des § 77 Abs. 3 BetrVG

532 Nach § 77 Abs. 3 BetrVG können Arbeitsentgelte und sonstige Arbeitsbedingungen, die durch Tarifvertrag geregelt sind und üblicherweise geregelt werden, nicht Gegenstand einer Betriebsvereinbarung sein. Denn der in dieser Vorschrift vereinbarte Tarifvorbehalt gilt sowohl für „materielle" als auch für „formelle" Arbeitsbedingungen[7]. Die **Sperrwirkung** des § 77 Abs. 3 Satz 1 BetrVG gilt gem. § 77 Abs. 3 Satz 2 BetrVG nicht, wenn ein Tarifvertrag den Abschluss ergänzender Betriebsvereinbarungen ausdrücklich zulässt. Diese Vorschrift dient dem Schutz der Normsetzungskompetenz der Tarifvertragsparteien[8]. Nach Ansicht des BAG stellt der ausdrückliche **Verzicht** auf eine Regelung bestimmter Arbeitsbedingungen **keine Regelung** dieser Arbeitsbedingungen dar und kann deshalb auch keine Sperrwirkung auslösen[9].

533 Die Sperre des § 77 Abs. 3 Satz 1 BetrVG gilt absolut. Sie verbietet daher auch **Betriebsvereinbarungen**, die für die Arbeitnehmer **günstiger** sind als die entsprechende tarifliche Regelung[10]. Erst recht sind **ungünstigere Betriebsvereinbarungen** unzulässig, und zwar unabhängig davon, ob sie für tarifgebundene Arbeitnehmer oder nur für Außenseiter gelten sollen[11]. Die Sperrwirkung des § 77 Abs. 3 Satz 1 BetrVG greift also ein, wenn der nach Geltungsbereich und Tarifbindung des Arbeitgebers einschlägige Tarifvertrag bestimmte Arbeitsbedingungen tatsächlich regelt[12], oder wenn ge-

---

1 *Fitting*, § 33 BetrVG Rz. 59.
2 *Fitting*, § 33 BetrVG Rz. 58.
3 BAG 18.7.2006 – 1 AZR 578/05, NZA 2007, 462.
4 BAG 18.7.2006 – 1 AZR 578/05, NZA 2007, 462; 1.12.1992 – 1 AZR 234/92, NZA 1993, 614.
5 BAG 23.3.1999 – 1 ABR 33/98, NZA 1999, 1230; 26.4.2005 – 1 AZR 76/04, DB 2005, 1633.
6 BAG 19.1.2010 – 1 ABR 62/08, NZA 2010, 592.
7 BAG 1.12.1992 – 1 AZR 234/92, NZA 1993, 614; 9.4.1991 – 1 AZR 406/90, BB 1991, 2012; *Fitting*, § 77 BetrVG Rz. 71.
8 BAG 27.1.1987 – 8 AZR 579/84, BAGE 54, 141.
9 BAG 29.10.2002 – 1 AZR 573/01, NZA 2003, 393; 1.12.1992 – 1 AZR 234/92, NZA 1993, 613.
10 BAG 30.5.2006 – 1 AZR 111/05, DB 2006, 1795 zur Regelung des Zeitpunktes einer Erhöhung der tariflichen Vergütung und der Höhe eines Effektivgehalts; DKKW/*Berg*, § 77 BetrVG Rz. 22, 128; *Fitting*, § 77 BetrVG Rz. 67; aA *Ehmann/Schmidt*, NZA 1995, 193.
11 *Fitting*, § 77 BetrVG Rz. 97.
12 BAG 29.10.2002 – 1 AZR 573/01, NZA 2003, 393.

genwärtig kein Tarifvertrag besteht, die Angelegenheit aber üblicherweise im fachlichen und räumlichen Geltungsbereich, dem der Betrieb zuzurechnen ist, tariflich geregelt wird. Die Tatsache, dass in anderen Wirtschaftszweigen eine Regelung tarifüblich ist, schließt eine Betriebsvereinbarung über diese Angelegenheit aber nicht aus[1].

§ 77 Abs. 3 BetrVG gilt nach der ausdrücklichen Regelung des § 112 Abs. 1 Satz 4 BetrVG **nicht für Sozialpläne** sowie nach der Rechtsprechung des BAG auch **nicht für mitbestimmungspflichtige Angelegenheiten iSd.** § 87 Abs. 1 BetrVG[2]. 534

(3) Rechtliche Wirkung

Nach § 77 Abs. 4 Satz 1 BetrVG gelten Betriebsvereinbarungen **unmittelbar und zwingend**. Diese zwingende Wirkung kann auch nicht durch entgegenstehende arbeitsvertragliche Regelungen aufgehoben werden[3]. Von der Betriebsvereinbarung werden grundsätzlich alle im Betrieb beschäftigten Arbeitnehmer erfasst, sofern die Betriebsvereinbarung ausweislich ihres Geltungsbereichs nicht nur auf bestimmte Arbeitnehmergruppen beschränkt ist. 535

Werden Arbeitnehmern durch die Betriebsvereinbarung Rechte eingeräumt, so ist ein **Verzicht** auf diese Rechte nur mit Zustimmung des Betriebsrats zulässig (§ 77 Abs. 4 Satz 2 BetrVG). Die Zustimmung setzt einen wirksamen Betriebsratsbeschluss gem. § 33 BetrVG voraus. Dazu muss der Betriebsrat über die für seine Entscheidung bedeutsamen Umstände ordnungsgemäß unterrichtet werden, insbesondere ist der Umfang des individuellen Verzichts auf den normativen Anspruch darzulegen[4]. Nach § 77 Abs. 4 Satz 3 BetrVG ist auch die Verwirkung von Rechten des Arbeitnehmers aus einer Betriebsvereinbarung ausgeschlossen. Das **Verwirkungsverbot** erfasst im Gegensatz zu § 4 Abs. 4 Satz 2 TVG nur Rechte des Arbeitnehmers, nicht des Arbeitgebers[5]. **Ausschlussfristen** für die Geltendmachung der Rechte aus der Betriebsvereinbarung sind auch zulässig, soweit sie in einem Tarifvertrag oder einer Betriebsvereinbarung vereinbart werden (§ 77 Abs. 4 Satz 4 BetrVG). Dafür reicht es aus, wenn der Tarifvertrag nur kraft einzelvertraglicher Bezugnahme auf das Arbeitsverhältnis Anwendung findet[6]. Dasselbe gilt für die **Abkürzung der Verjährungsfristen**. 536

(4) Durchführung der Betriebsvereinbarung

Der Betriebsrat hat gegenüber dem Arbeitgeber einen **Anspruch auf Durchführung** der abgeschlossenen Betriebsvereinbarung. Dies ergibt sich schon aus dem Wortlaut des § 77 Abs. 1 Satz 1 BetrVG („führt der Arbeitgeber durch"). Der Arbeitgeber muss auch dafür sorgen, dass sich die Arbeitnehmer an eine abgeschlossene Betriebsvereinbarung halten[7]. Aus dem Anspruch des Betriebsrats auf Durchführung einer Betriebsvereinbarung folgt indessen nicht die Befugnis, vom Arbeitgeber aus eigenem Recht die Erfüllung von Ansprüchen der Arbeitnehmer aus dieser Betriebsvereinbarung zu verlangen[8]. Hat sich der Arbeitgeber in einer Betriebsvereinbarung dem Betriebsrat gegenüber zu einer bestimmten Art und Weise der Durchführung einer getroffenen Regelung verpflichtet, bspw. der Kontrolle der Einhaltung eines Alkoholverbots, darf er bei Durchführung dieser Betriebsvereinbarung nicht einseitig von der mit dem Be- 537

---

1 BAG 27.1.1987 – 1 ABR 66/85, BAGE 54, 147.
2 BAG 20.11.1990 – 1 AZR 643/89, NZA 1991, 426; 24.2.1987 – 1 ABR 18/85, BAGE 54, 191.
3 BAG 19.3.2014 – 10 AZR 622/13, NZA 2014, 595, Rz. 39 zu einer Dienstvereinbarung.
4 BAG 15.10.2013 – 1 AZR 405/12, NZA 2014, 217.
5 *Fitting*, § 77 BetrVG Rz. 137.
6 BAG 27.1.2004 – 1 AZR 148/03, BAGReport 2004, 192.
7 BAG 29.4.2004 – 1 ABR 30/02, NZA 2004, 670.
8 BAG 18.1.2005 – 3 ABR 21/04, DB 2005, 2417.

triebsrat vereinbarten Art und Weise der Durchführung abweichen[1]. Auch wenn der Betriebsrat es über einen längeren Zeitraum hingenommen hat, dass der Arbeitgeber gegen eine Betriebsvereinbarung verstößt, so kann er gleichwohl die Unterlassung des betriebsvereinbarungswidrigen Verhaltens des Arbeitgebers gerichtlich geltend machen[2]. Da der Betriebsrat nicht generell rechts- und vermögensfähig ist, kann er sich vom Arbeitgeber nicht rechtswirksam eine Vertragsstrafe versprechen lassen für Verstöße gegen § 87 Abs. 1 BetrVG[3]. Eine solche Regelung verstößt aber auch deshalb gegen die zwingenden Vorgaben des Betriebsverfassungsgesetzes, weil der Betriebsrat nicht erlauben darf, dass der Arbeitgeber sich bei Verstößen „freikauft", er muss ggf. mit Hilfe der Gerichte einen betriebsverfassungsrechtsgemäßen Rechtszustand herstellen[4].

(5) Beendigung

538 Betriebsvereinbarungen enden mit Ablauf der Zeit, für die sie eingegangen sind, durch Zweckerreichung, Aufhebungsvertrag oder durch Wegfall der Geschäftsgrundlage. Sie können, soweit nichts anderes vereinbart ist, gem. § 77 Abs. 5 BetrVG mit einer **Frist von drei Monaten** gekündigt werden. Für die Wirksamkeit der Kündigung einer Betriebsvereinbarung bedarf es keines rechtfertigenden Grundes[5].

539 Im Gegensatz zur einzelvertraglichen Regelung können Rechte von Arbeitnehmern, die nur auf einer Betriebsvereinbarung beruhen, grundsätzlich durch eine nachfolgende Betriebsvereinbarung abgelöst werden, auch wenn die neue Regelung für die Arbeitnehmer ungünstiger ist. Hier gilt das sog. **Ordnungsprinzip**, dh. das spätere Recht geht dem früheren Recht entsprechend dem Grundsatz lex posterior derogat legi priori (sog. Zeitkollisionsregel) vor[6].

540 Besonderheiten sind zu beachten, wenn einem Arbeitnehmer aufgrund einer Betriebsvereinbarung bereits Ansprüche bzw. schützenswerte Besitzstände entstanden sind und die Betriebsvereinbarung nunmehr gekündigt wird[7]. Diese Situation ergibt sich insbesondere dann, wenn Arbeitnehmern durch **Betriebsvereinbarung** eine **Altersversorgung** zugesprochen wurde und diese Betriebsvereinbarung dann gekündigt wird. Die ohne Grund zulässige Kündigung der Betriebsvereinbarung bewirkt, dass die nach der Wirksamkeit der Kündigung in das Unternehmen eintretenden Arbeitnehmer keine Altersversorgung aus der Betriebsvereinbarung erhalten[8]. In die Versorgungsrechte von ausgeschiedenen Arbeitnehmern (Rentner und mit unverfallbarer Anwartschaft ausgeschiedene Anwärter) kann aber durch Kündigung einer Betriebsvereinbarung nicht uneingeschränkt eingegriffen werden[9]. Vielmehr werden die aufgrund einer gekündigten Betriebsvereinbarung erworbenen Besitzstände nach den Grundsätzen der Verhältnismäßigkeit und des Vertrauensschutzes geschützt; je stärker in die Besitzstände eingegriffen wird, desto gewichtiger müssen die Änderungsgründe sein[10]. Soweit nach diesen Maßstäben die Kündigung einer Betriebsvereinbarung beschränkt ist, bleibt die Betriebsvereinbarung als Rechtsgrund-

---

1 BAG 10.11.1987 – 1 ABR 55/86, NZA 1988, 255.
2 LAG Hess. 12.7.1988 – 5 TaBV Ga 89/88, AiB 1988, 288.
3 BAG 29.9.2004 – 1 ABR 30/03, NZA 2005, 183; vorgehend ebenso: LAG Rh.-Pf. 10.4.2003 – 4 TaBV 1353/02, LAGReport 2004, 82.
4 BAG 19.1.2010 – 1 ABR 62/08, NZA 2010, 592.
5 BAG 17.8.2004 – 3 AZR 189/03, NZA 2005, 128.
6 BAG 29.10.2002 – 1 AZR 573/01, NZA 2003, 393; BAG (GS) 16.9.1986 – GS 1/82, BAGE 53, 42.
7 Sehr instruktiv *Schlewing*, NZA 2010, 529 mwN.
8 BAG 11.5.1999 – 3 AZR 21/98, NZA 2000, 322; 18.4.1989 – 3 AZR 688/87, NZA 1990, 67.
9 BAG 11.5.1999 – 3 AZR 21/98, NZA 2000, 322; 25.10.1988 – 3 AZR 483/86, NZA 1989, 522.
10 BAG 21.4.2009 – 3 AZR 674/07, NZA-RR 2009, 548; 11.5.1999 – 3 AZR 21/98, NZA 2000, 322.

lage erhalten. Die nach Kündigung der Betriebsvereinbarung verbleibenden Rechtspositionen genießen unverändert den Schutz des § 77 Abs. 4 BetrVG[1]. Gleiches gilt für Ansprüche von Arbeitnehmern, die auf der Grundlage eines Sozialplans bereits entstanden sind[2].

§ 77 Abs. 6 BetrVG sieht eine **Nachwirkung** für Regelungen einer Betriebsvereinbarung vor, die durch den Spruch der Einigungsstelle erzwungen werden können. In diesem Fall gelten die Regelungen nach Ablauf weiter, bis sie durch eine andere Abmachung ersetzt werden. Nachwirkung bedeutet, dass die Normen der Betriebsvereinbarung unmittelbar, aber nicht mehr zwingend weitergelten. Die Vorschrift des § 77 Abs. 6 BetrVG selbst ist nicht zwingend. Die Betriebspartner können die Nachwirkung sowohl im Voraus als auch nachträglich ausschließen[3]. Das BAG hat auch für den Fall einer außerordentlichen Kündigung eines Sozialplans dessen Nachwirkung bejaht[4]. Dies wird zu Recht in der Literatur kritisiert. Wenn eine außerordentliche Kündigung rechtwirksam ist, dann nur, weil die Fortgeltung eben unzumutbar ist. Das lässt sich mit einer Nachwirkung nicht vereinbaren[5]. 541

§ 77 Abs. 6 BetrVG gilt nicht für freiwillige Betriebsvereinbarungen[6]. Kündigt der Arbeitgeber mit einer Betriebsvereinbarung **freiwillige Leistungen**, etwa ein zusätzliches Weihnachtsgeld, so wirken ihre Regelungen nach Ablauf der Kündigungsfrist nicht weiter, wenn der Arbeitgeber mit der Kündigung beabsichtigt, die freiwillige Leistung vollständig entfallen zu lassen[7]. Etwas anderes gilt für Arbeitgeber, die nicht tarifgebunden sind, da diese nach Auffassung des BAG in mitbestimmungsrechtlicher Hinsicht die gesamte Vergütung „freiwillig" leisten. Wird dann ein Teil des Gesamtvergütungspakets beseitigt (bspw. eine Sonderzuwendung), ändern sich die Entlohnungsgrundsätze, weshalb die Betriebsvereinbarung dann nachwirken soll[8]. Nur dann, wenn der nicht tarifgebundene Arbeitgeber die freiwillige Leistung (und nur diese!) in einer gesonderten Betriebsvereinbarung eingeführt hat, kann er die Leistung wieder vollständig und mitbestimmungsfrei einstellen[9]. Voraussetzung dafür, dass keine Nachwirkung eintritt, ist, dass der Arbeitgeber gegenüber Betriebsrat oder Arbeitnehmern erklärt, dass er künftig keinerlei Mittel mehr für eine derartige Leistung zur Verfügung stellen wird. 542

Auch für freiwillige Betriebsvereinbarungen kann eine **Nachwirkung vereinbart** werden. Wenn dann zur Dauer der Nachwirkung keine gesonderten Regelungen getroffen werden, ist nach Auffassung des 1. Senats davon auszugehen, dass die Betriebspartner im Zweifel eine Regelung für die Ablösung gewollt haben, die der der erzwingbaren Mitbestimmung entspricht[10]. Auch in diesen Fällen soll also die Einigungsstelle verbindlich ablösen können. Es ist bisher nicht abschließend geklärt, ob in diesen Fällen auch die an sich freiwillige Grundentscheidung des Ob einer Leistungserbringung (bspw. Mehrarbeitszuschläge) von der Einigungsstelle verbindlich entschieden werden kann. 543

---

1 BAG 11.5.1999 – 3 AZR 21/98, NZA 2000, 322.
2 BAG 10.8.1994 – 10 ABR 61/93, NZA 1995, 314; 23.10.1990 – 3 AZR 260/89, BAGE 66, 145; 5.10.2000 – 1 AZR 48/00, NZA 2001, 849.
3 BAG 17.1.1995 – 1 AZR 784/94, nv.; 9.2.1984 – 6 ABR 10/81, BAGE 45, 132.
4 BAG 10.8.1994 – 10 ABR 61/93, DB 1995, 480.
5 So zu Recht: *Fitting*, § 77 BetrVG Rz. 179.
6 DKKW/*Berg*, § 77 BetrVG Rz. 117.
7 BAG 17.1.1995 – 1 ABR 29/94, BB 1995, 1643; 26.10.1993 – 1 AZR 46/93, BB 1994, 1072.
8 BAG 26.8.2008 – 1 AZR 354/07, NZA 2008, 1426; zu Recht kritisch: *Jacobs*, FS Säcker, S. 201 ff. mwN.
9 BAG 5.10.2010 – 1 ABR 20/09, NZA 2011, 598.
10 BAG 28.4.1998 – 1 ABR 43/97, NZA 1998, 1348.

544 Wird eine Betriebsvereinbarung durch einen **Aufhebungsvertrag** beendet, so ist es eine Frage der Auslegung dieses Vertrages, ob damit auch die Nachwirkung der Betriebsvereinbarung von vornherein ausgeschlossen sein soll[1].

bb) Regelungsabrede

545 Bei der Regelungsabrede handelt es sich um eine formlos vereinbarte Regelung zwischen Arbeitgeber und Betriebsrat, die dieser gegenüber den Arbeitnehmern mit **individualrechtlichen Mitteln** umsetzen und durchführen muss. Die Regelungsabrede wirkt nicht normativ auf die Einzelarbeitsverhältnisse[2]. Dies gilt auch, wenn mit der Regelungsabrede das Mitbestimmungsrecht des Betriebsrats (etwa für jedwede Anrechnung einer Tariflohnerhöhung auf übertarifliche Zulagen) erweitert wird. Verstößt der Arbeitgeber gegen eine solche Regelungsabrede, bleibt dies im Verhältnis zu Dritten, also auch gegenüber den Arbeitnehmern, folgenlos. Der Betriebsrat wird vom BAG zur Durchsetzung seiner Rechte auf den Unterlassungsanspruch verwiesen. Abredewidrige Individualmaßnahmen sind nicht per se unwirksam[3].

546 Der Regelungsabrede muss ebenfalls ein **wirksamer Beschluss** des Betriebsrats zugrunde liegen. Eine stillschweigende Zustimmung des Betriebsrats ist nach inzwischen überwiegender Meinung nicht möglich[4]. Eine Regelungsabrede kann eine Betriebsvereinbarung nicht ablösen[5].

547 Die Regelungsabrede bindet die Betriebspartner nur schuldrechtlich, und zwar in der Weise, wie dies vereinbart worden ist. Sie ist grundsätzlich an **keine bestimmte Form** gebunden; eine Ausnahme stellt der Interessenausgleich dar, der nach § 112 Abs. 2 BetrVG der Schriftform bedarf.

548 ⊃ **Hinweis:** Aus Beweisgründen dürfte die Schriftform zumeist zweckmäßig sein[6].

549 Der **Anwendungsbereich** der Regelungsabrede ist mannigfach. Sie wird als geeignetes Instrument angesehen, umstrittene Rechtsfragen zwischen den Betriebspartnern zu klären[7]. Darüber hinaus erfüllt die Regelungsabrede eine wichtige Funktion im Rahmen der Mitwirkungs- und Mitbestimmungsbefugnisse des Betriebsrats.

Beispiele:

bei personellen Einzelmaßnahmen, der Freistellung von Betriebsratsmitgliedern oder der Teilnahme an Schulungsveranstaltungen[8].

550 Die Regelungsabrede endet ebenso wie die Betriebsvereinbarung mit **Ablauf der Zeit**, für die sie eingegangen ist, durch **Zweckerreichung**, durch **Aufhebungsvertrag** oder auch durch **Wegfall der Geschäftsgrundlage** (§ 313 BGB)[9]. Eine Regelungsabrede, mit der eine mitbestimmungspflichtige Angelegenheit geregelt wird, ist **analog** § 77 Abs. 5 BetrVG mit einer Frist von drei Monaten **ordentlich kündbar**, wenn keine an-

---

1 Fitting, § 77 BetrVG Rz. 181.
2 Fitting, § 77 BetrVG Rz. 217; BAG 17.1.1995 – 1 AZR 283/94, nv.
3 BAG 14.8.2001 – 1 AZR 744/00, NZA 2002, 342.
4 Fitting, § 77 BetrVG Rz. 219.
5 BAG 20.11.1990 – 1 AZR 643/89, NZA 1991, 426.
6 Zutreffend Fitting, § 77 BetrVG Rz. 219; Hanau, RdA 1989, 207 hält die Schriftform für erforderlich, soweit sich Arbeitgeber und Betriebsrat zu einem bestimmten Verhalten gegenüber den Arbeitnehmern verpflichten.
7 DKKW/Berg, § 77 BetrVG Rz. 162.
8 DKKW/Berg, § 77 BetrVG Rz. 163.
9 DKKW/Berg, § 77 BetrVG Rz. 166.

dere Kündigungsfrist vereinbart worden ist[1]. Ist Gegenstand der Regelungsabrede eine mitbestimmungspflichtige Angelegenheit, so wirkt eine gekündigte Regelungsabrede in entsprechender Anwendung des § 77 Abs. 6 BetrVG zwischen Arbeitgeber und Betriebsrat solange nach, bis sie durch eine andere Abmachung ersetzt wird[2].

cc) Streitigkeiten

Kommt es zu Meinungsverschiedenheiten darüber, ob der Arbeitgeber eine mit dem Betriebsrat getroffene Vereinbarung in Form einer Betriebsvereinbarung oder Regelungsabrede richtig durchführt, sind diese im **Beschlussverfahren** zu klären. Der Betriebsrat kann vom Arbeitgeber insbesondere die Durchführung bzw. Einhaltung einer Betriebsvereinbarung und die Unterlassung entgegenstehender Handlungen verlangen[3]. Nach Ansicht des BAG besteht dieser Anspruch unabhängig von der Streitfrage eines allgemeinen Unterlassungsanspruchs des Betriebsrats[4]. 551

Bei **groben Verstößen** gegen Vereinbarungen kommen Maßnahmen nach § 23 Abs. 1 oder Abs. 3 BetrVG in Betracht. 552

Das BAG gesteht den Tarifvertragsparteien einen **Unterlassungsanspruch** aus § 1004 BGB zu, wenn Arbeitgeber und Betriebsrat durch eine Regelungsabrede in Verbindung mit einer vertraglichen Einheitsregelung das Ziel verfolgen, normativ geltende Tarifbestimmungen zu verdrängen. In diesem Fall kann die betroffene **Gewerkschaft** verlangen, dass der Arbeitgeber die Durchführung einer vertraglichen Einheitsregelung unterlässt. Wenn der Betriebsrat bei der Schaffung oder Realisierung der betrieblichen Einheitsregelung aktiv beteiligt war, soll ein solcher Unterlassungsanspruch im Beschlussverfahren zu verfolgen sein[5]. 553

d) Einzelarbeitsvertrag

Aufgrund der unmittelbaren und zwingenden Wirkung gehen Regelungen einer Betriebsvereinbarung **arbeitsvertraglichen Absprachen** grundsätzlich vor[6]. Allerdings gilt im Verhältnis zwischen Betriebsvereinbarungen und Einzelarbeitsverträgen das sog. **Günstigkeitsprinzip** für die Arbeitnehmer. Günstigere einzelvertragliche Absprachen sind daher stets zulässig[7]. Umgekehrt verdrängen günstigere Regelungen einer Betriebsvereinbarung einzelvertragliche Abreden. Dies gilt aber nur für die Dauer ihrer Geltung, die einzelvertraglichen Abreden werden nicht abgelöst, sondern nur überlagert[8]. Nur wenn die vertragliche Absprache zwischen Arbeitgeber und Arbeitnehmer „betriebsvereinbarungsoffen" gestaltet ist, wird die vertragliche Absprache durch eine Betriebsvereinbarung abgelöst[9]. Das gilt insbesondere auch, wenn in einer vertraglichen Absprache ausdrücklich auf die jeweils geltende Betriebsvereinbarung Bezug genommen wird[10]. 554

---

1 BAG 23.6.1992 – 1 ABR 53/91, NZA 1992, 1098; 10.3.1992 – 1 ABR 31/91, NZA 1992, 952; *Heinze*, NZA 1994, 580.
2 BAG 23.6.1992 – 1 ABR 53/91, NZA 1992, 1098; DKKW/*Berg*, § 77 BetrVG Rz. 166; aA *Fitting*, § 77 BetrVG Rz. 226; GK-BetrVG/*Kreutz*, § 77 Rz. 22; *Heinze*, NZA 1994, 580 (584).
3 *Fitting*, § 77 BetrVG Rz. 227.
4 BAG 13.10.1987 – 1 ABR 51/86, NZA 1988, 253 (254); 10.11.1987 – 1 ABR 55/86, NZA 1988, 255 f.; LAG Hess. 12.7.1988 – 5 TaBV Ga 89/88, LAGE Nr. 10 zu § 87 BetrVG 1972 – Arbeitszeit.
5 BAG 20.4.1999 – 1 ABR 72/98, DB 1999, 1555.
6 *Fitting*, § 77 BetrVG Rz. 196.
7 Vgl. nur BAG 7.11.1989 – GS 3/85, BB 1990, 1840; 21.9.1989 – 1 AZR 454/88, NZA 1990, 351; 21.1.1997 – 1 AZR 52/96, NZA 1997, 1009.
8 BAG 21.9.1989 – 1 AZR 454/88, BAGE 62, 360.
9 BAG 19.2.2008 – 3 AZR 61/06, NZA-RR 2008, 597.
10 *Fitting*, § 77 BetrVG Rz. 198.

555 Soweit vertraglich begründete Ansprüche der Arbeitnehmer auf sog. freiwillige Sozialleistungen auf einer vom Arbeitgeber gesetzten **Einheitsregelung** oder auf einer **Gesamtzusage** beruhen, kann durch eine nachfolgende Betriebsvereinbarung dann beschränkend eingegriffen werden, wenn die Neuregelung insgesamt bei kollektiver Betrachtung nicht ungünstiger ist (sog. **kollektiver Günstigkeitsvergleich**)[1]. Eine umstrukturierende Betriebsvereinbarung kann daher auch dann vereinbart werden, wenn einzelne Arbeitnehmer dadurch benachteiligt werden. Eine insgesamt ungünstigere Betriebsvereinbarung ist nur dann möglich, wenn der Arbeitgeber auch einzelvertraglich zur Kürzung oder Streichung von Rechten der Arbeitnehmer berechtigt ist[2]. Zudem ist zu beachten, dass eine Ablösung durch eine solchermaßen umstrukturierende Betriebsvereinbarung nur dann in Betracht kommt, wenn die den einzelnen Arbeitnehmern zukommenden Sozialleistungen untereinander ein Bezugssystem bilden. Dieses System muss auf zwei Grundentscheidungen beruhen: Der Entscheidung über die Höhe der insgesamt einzusetzenden finanziellen Mittel und der Bestimmung der Verteilungsgrundsätze. Nur für solche Ansprüche kann nach Auffassung des 1. Senats von einem Dotierungsrahmen gesprochen und der notwendige kollektive Bezug festgestellt werden[3]. Mit dieser einschränkenden Interpretation der Entscheidung des Großen Senats wird sichergestellt, dass eine umstrukturierende, ablösende Betriebsvereinbarung für „andere" arbeitsvertragliche Ansprüche, wie insbesondere solche auf Arbeitsentgelt, Bezahlung von Mehrarbeit, Nachtarbeit, Feiertagsvergütung, Ansprüche auf Urlaub und Urlaubsvergütung/-geld nicht in Betracht kommt. Ein kollektiver Günstigkeitsvergleich soll hier ausscheiden[4].

556 Bei der Durchführung des Günstigkeitsvergleichs sind die in einem inneren Zusammenhang stehenden Teilkomplexe gegeneinander abzuwägen (**Sachgruppenvergleich**)[5]. Demnach können unterschiedliche Komplexe nicht miteinander verglichen werden. Der Günstigkeitsvergleich ist anhand eines objektiven Beurteilungsmaßstabes durchzuführen; die subjektive Einschätzung des jeweiligen Arbeitnehmers ist nicht maßgeblich[6]. Allerdings bleibt Bezugspunkt des Günstigkeitsvergleichs der betroffene einzelne Arbeitnehmer, sein Wohl und seine Interessen[7]. Nach inzwischen überwiegender Meinung ist ein Günstigkeitsvergleich sowohl im Bereich materieller als auch formeller Arbeitsbedingungen möglich, da auch bei formellen Arbeitsbedingungen für einzelne Arbeitnehmer durchaus objektiv unterschiedliche Interessenlagen bestehen, die einem Günstigkeitsvergleich zugänglich sind[8].

3. Auswirkungen der Nichtbeachtung des Mitbestimmungsrechtes

a) Auswirkungen gegenüber einzelnen Arbeitnehmern

557 **Mitbestimmungswidrige Anordnungen** des Arbeitgebers können dem Arbeitnehmer im Individualarbeitsverhältnis nicht zum Nachteil gereichen. Verhängt der Arbeitgeber bspw. einseitig eine Betriebsbuße, so ist diese unwirksam[9]. Auch die Anordnung von Überstunden ist unwirksam, wenn das Mitbestimmungsrecht des Betriebsrats nicht beachtet wurde. Die Arbeitnehmer können die Überstunden verweigern. Andererseits bleibt der Arbeitgeber jedoch zur Entgeltzahlung verpflichtet, wenn

---

1 BAG 17.6.2003 – 3 AZR 43/02, NZA 2004, 1110; 28.3.2000 – 1 AZR 366/99, NZA 2001, 49.
2 BAG (GS) 16.9.1986 – GS 1/82, NZA 1987, 168.
3 BAG 28.3.2000 – 1 AZR 366/99, NZA 2001, 49; 21.9.1989 – 1 AZR 454/88, BAGE 62, 360.
4 BAG 28.3.2000 – 1 AZR 366/99, NZA 2001, 49; 21.9.1989 – 1 AZR 454/88, BAGE 62, 360.
5 Vgl. bereits BAG 19.12.1958 – 1 AZR 42/58, BAGE 7, 149; GK-BetrVG/*Kreutz*, § 77 Rz. 245; *Fitting*, § 77 BetrVG Rz. 199.
6 GK-BetrVG/*Kreutz*, § 77 Rz. 247.
7 *Fitting*, § 77 BetrVG Rz. 200.
8 GK-BetrVG/*Kreutz*, § 77 Rz. 252; *Fitting*, § 77 BetrVG Rz. 204.
9 BAG 17.10.1989 – 1 ABR 100/88, BAGE 63, 169.

V. Mitbestimmung in sozialen Angelegenheiten
Rz. 559 Teil **4 A**

der Arbeitnehmer Überstunden leistet, obwohl deren Anordnung rechtswidrig war. Der Arbeitgeber kann sich nicht auf die Rechtswidrigkeit seiner eigenen Maßnahmen berufen[1]. Ebenso behält der Arbeitnehmer seinen bisherigen Entgeltzahlungsanspruch, insbesondere den Anspruch auf Zuschläge, wenn ihn der Arbeitgeber unter Verletzung des Mitbestimmungsrechts von der Wechsel- in die Normalschicht abordnet[2]. Nach Auffassung des BAG kann sich aber aus der Verletzung des Mitbestimmungsrechts kein individualrechtlicher Anspruch ergeben, der zuvor noch nicht bestanden hat[3]. Dies gilt aber nicht uneingeschränkt. Der 1. Senat hat die **Theorie der Wirksamkeitsvoraussetzung** dahin „fortentwickelt", dass die Arbeitnehmer bei einer unter Verstoß gegen das Beteiligungsrecht aus § 87 Abs. 1 Nr. 10 BetrVG vorgenommenen Änderung der im Betrieb geltenden Entlohnungsgrundsätze, eine Vergütung auf Grundlage der zuletzt mitbestimmten Entlohnungsgrundsätze fordern können. Die arbeitsvertraglich getroffene Regelung ist also nach dieser neuen Rechtsrechung zu ergänzen um die Verpflichtung des Arbeitgebers, den Arbeitnehmer nach den im Betrieb geltenden Entlohnungsgrundsätzen zu vergüten[4]. Diese Rechtsfortbildung wird in der Literatur zu Recht heftig kritisiert[5].

Beruft sich der Arbeitgeber zur Begründung einer Kündigung auf unstreitigen, aber unter Verstoß gegen eine Betriebsvereinbarung erlangten Sachverhalt, so kann der Arbeitnehmer dem **im Kündigungsschutzprozess** nicht die fehlende Mitbestimmung entgegenhalten. Weder das Betriebsverfassungsrecht, noch die Zivilprozessordnung sehen ein Verwendungs- oder Beweisverwertungsverbot für mitbestimmungswidrig erlangte Informationen oder Beweismittel vor[6]. Deshalb kann ein Verwendungs- oder Verwertungsverbot nur dann in Betracht kommen, wenn aufgrund besonderer Umstände des Einzelfalls aufgrund einer erheblichen Verletzung des allgemeinen Persönlichkeitsrechts diesem gegenüber den Interessen des Arbeitgebers Vorrang einzuräumen ist[7]. 558

Durch Einzelvereinbarungen, also durch individualrechtliche Regelungen oder Maßnahmen aller Art, kann der Arbeitgeber das Mitbestimmungsrecht des Betriebsrats nicht umgehen[8]. Dabei kommt es nicht auf die Form der Umsetzung an, in der der Arbeitgeber die Maßnahme durchführt, sondern allein auf den **kollektiven Bezug**[9]. Ob eine Maßnahme kollektiven Bezug hat oder nur individueller Art ist, entscheidet sich danach, ob es sich inhaltlich um generelle Regelungen handelt oder um Maßnahmen und Entscheidungen, die nur einen Arbeitnehmer betreffen, weil sie dessen besondere Situation oder dessen Wünsche betreffen[10]. Der kollektive Bezug besteht bei all den Regelungen/Maßnahmen, die sich abstrakt auf den ganzen Betrieb oder eine Gruppe von Arbeitnehmern oder einen Arbeitsplatz (nicht auf einen Arbeitnehmer persönlich) beziehen. Nicht zu den mitbestimmungspflichtigen generellen Regelun- 559

---

1 BAG 5.7.1976 – 5 AZR 264/75, BB 1976, 1223; DKKW/*Klebe*, § 87 BetrVG Rz. 5.
2 BAG 18.9.2002 – 1 AZR 668/01, DB 2003, 1121; LAG BW 27.10.1994 – 5 Sa 55/94, AiB 1995, 291.
3 BAG 11.1.2011 – 1 AZR 310/09, EzA § 87 BetrVG 2001 Betriebliche Lohngestaltung Nr. 24; 22.6.2010 – 1 AZR 853/08, NZA 2012, 1243; 15.4.2008 – 1 AZR 65/07, NZA 2008, 888.
4 BAG 11.1.2011 – 1 AZR 310/09, EzA § 87 BetrVG 2001 Betriebliche Lohngestaltung Nr. 24; 22.6.2010 – 1 AZR 853/08, NZA 2012, 1243; 15.4.2008 – 1 AZR 65/07, NZA 2008, 888.
5 *Jacobs*, FS Säcker, S. 201 ff. mwN; *Jacobs*, Anm. zu EzA § 87 BetrVG 2001 Betriebliche Lohngestaltung Nr. 22.
6 BAG 13.12.2007 – 2 AZR 537/06, NZA 2008, 1008.
7 BAG 13.12.2007 – 2 AZR 537/06, NZA 2008, 1008; vgl. auch BAG 27.3.2003 – 2 AZR 51/02, NZA 2003, 119.
8 BAG 10.11.1992 – 1 AZR 183/92, BAGE 71, 327; 13.2.1990 – 1 ABR 35/87, DB 1990, 1238; 30.1.1990 – 1 ABR 2/89, DB 1990, 1090.
9 BAG 24.4.2007 – 3 AZR 42/06, NZA-RR 2008, 469; 19.6.2001 – 1 ABR 43/00, NZA 2001, 1263; 10.11.1992 – 1 AZR 183/92, BAGE 71, 327.
10 BAG 24.4.2007 – 3 AZR 42/06, NZA-RR 2008, 469; 19.6.2001 – 1 ABR 43/00, NZA 2001, 1263; *Fitting*, § 87 BetrVG Rz. 16.

gen oder „allgemeinen" Maßnahmen im Rahmen des Direktionsrechts gehören Anordnungen und Vereinbarungen des Arbeitgebers, die durch die besonderen Umstände des einzelnen individuellen Arbeitsverhältnisses bedingt sind, etwa Änderungen der Arbeitszeit wegen öffentlicher Verkehrsverbindungen oder Vereinbarungen eines übertariflichen Lohns im Arbeitsvertrag im Einzelfall[1].

b) Auswirkungen im Verhältnis zwischen Arbeitgeber und Betriebsrat

560 Der Arbeitgeber muss vor Durchführung einer mitbestimmungspflichtigen Maßnahme an den Betriebsrat herantreten. Geschieht dies nicht und reagiert der Betriebsrat auch von sich aus nicht, so liegt in dem Verhalten des Betriebsrats keine Zustimmung zu der vom Arbeitgeber geplanten Maßnahme[2]. Selbst in **Eilfällen** entfällt das Mitbestimmungsrecht nicht. Der Arbeitgeber kann keine vorläufigen Anordnungen treffen, ohne zumindest eine formlose Regelungsabrede mit dem Betriebsrat getroffen zu haben. Nur in sog. Notfällen, dh. Extremsituationen wie bspw. Brand, Überschwemmungen etc., wird das Mitbestimmungsrecht suspendiert[3]. Das BAG leitet dies aus dem Grundsatz der vertrauensvollen Zusammenarbeit nach § 2 Abs. 1 BetrVG ab[4], wobei die Beteiligung des Betriebsrates gleichwohl unverzüglich nachzuholen ist. In allen übrigen Fällen aber ist die Zustimmung des Betriebsrats Wirksamkeitsvoraussetzung für mitbestimmungspflichtige Maßnahmen[5].

561 Führt der Arbeitgeber eine mitbestimmungspflichtige Maßnahme durch, ohne den Betriebsrat zuvor beteiligt zu haben, so ist die Maßnahme unwirksam. Auch eine nachträgliche Zustimmung des Betriebsrats kann diesen Mangel nicht heilen.

4. Durchsetzung der Mitbestimmungsrechte

a) Unterlassungsanspruch nach § 23 Abs. 3 BetrVG

562 Verstößt der Arbeitgeber gegen Mitbestimmungsrechte nach § 87 Abs. 1 BetrVG, so kann der Betriebsrat bei groben Verstößen die Unterlassung nach § 23 Abs. 3 BetrVG geltend machen. Durch die Beschränkung auf eine „**grobe Pflichtverletzung**" nach dem Wortlaut des § 23 Abs. 3 Satz 1 BetrVG ist der Unterlassungsanspruch nach dieser Vorschrift restriktiv zu handhaben und auf Fälle der beharrlichen und generellen Missachtung der Mitbestimmungsrechte des Betriebsrats zu beschränken[6]. Auf ein Verschulden des Arbeitgebers kommt es nicht an[7].

563 Der mit § 23 Abs. 3 BetrVG in einem Beschlussverfahren zu erreichende Verfahrenserfolg hat zunächst nur die Wirkung einer Abmahnung. Mit dem Antrag nach § 23 Abs. 3 BetrVG kann jedoch der weitere Antrag verbunden werden, den Arbeitgeber wegen jeder Zuwiderhandlung gegen die gerichtlich auferlegte Verpflichtung zu einem **Ordnungs- bzw. Zwangsgeld** zu verurteilen (vgl. auch § 23 Abs. 3 Satz 3 und 5 BetrVG)[8]. Das Höchstmaß des Ordnungs- bzw. Zwangsgeldes beträgt 10 000 Euro.

---

1 *Fitting*, § 87 BetrVG Rz. 16 mwN.
2 BAG 10.11.1992 – 1 AZR 183/92, BAGE 71, 337; aA LAG Düsseldorf 26.2.1992 – 12 Sa 1341/91, LAGE § 87 BetrVG 1972 Nr. 1 sowie 13.10.1994 – 12 (15) Sa 1024/94, BB 1995, 465 (Schweigen als Zustimmung des Betriebsrats).
3 BAG 19.2.1991 – 1 ABR 31/90, NZA 1991, 609.
4 BAG 19.2.1991 – 1 ABR 31/90, NZA 1991, 609.
5 St. Rspr., BAG (GS) 3.12.1991 – GS 2/90, DB 1992, 1579; *Fitting*, § 87 BetrVG Rz. 599; aA mit beachtlichen Argumenten HWGNRH/*Worzalla*, § 87 BetrVG Rz. 103 ff. mwN.
6 BAG 27.11.1990 – 1 ABR 77/89, NZA 1991, 382; LAG Hamburg 9.5.1989 – 3 TaBV 1/89, ArbuR 1990, 202; LAG Nds. 2.11.1988 – 4 TaBV 76/88, ArbuR 1989, 151.
7 BAG 27.11.1990 – 1 ABR 77/89, NZA 1991, 382.
8 ZB LAG Hamburg 27.2.1992 – 5 Ta 25/91, NZA 1992, 568; LAG Bremen 12.4.1989 – 4 Ta 16/89, MDR 1989, 672; BAG 18.4.1985 – 6 ABR 19/84, BAGE 48, 246.

V. Mitbestimmung in sozialen Angelegenheiten

Ein gerichtlicher Beschluss nach § 23 Abs. 3 BetrVG ergeht nur, wenn eine **Wiederholungsgefahr** besteht. Diese wird aber durch die Vielzahl der Verstöße in der Vergangenheit indiziert[1]. Die bloße Zusicherung des Arbeitgebers, sich in Zukunft betriebsvereinbarungsgemäß zu verhalten, beseitigt eine Wiederholungsgefahr nicht[2].

⊃ **Hinweis:** Wenn der Betriebsrat beabsichtigt, einen Antrag nach § 23 Abs. 3 BetrVG zu stellen, setzt dies eine ordnungsgemäße Beschlussfassung nach § 33 BetrVG voraus.

b) Allgemeiner Unterlassungsanspruch

Lange Zeit war umstritten, ob der Betriebsrat bei Verletzung seiner Mitbestimmungsrechte **auch außerhalb des** § 23 Abs. 3 BetrVG gegen den Arbeitgeber vorgehen kann. Das BAG vertrat hierzu ursprünglich die Auffassung, dass es einen allgemeinen Unterlassungsanspruch des Betriebsrats gegen den Arbeitgeber nicht gebe, da § 23 Abs. 3 BetrVG als abschließende Spezialregelung zu sehen ist[3]. Unter ausdrücklicher Aufgabe seines vorherigen Standpunktes entschied das BAG dann, dass dem Betriebsrat bei der Verletzung seiner Mitbestimmungsrechte aus § 87 BetrVG ein Anspruch auf Unterlassung der mitbestimmungswidrigen Maßnahme zustehe, der keine grobe Pflichtverletzung des Arbeitgebers iSd. § 23 Abs. 3 BetrVG voraussetze[4]. Im Schrifttum ist diese Entscheidung ganz überwiegend begrüßt worden[5]. Zur Durchsetzung des allgemeinen Unterlassungsanspruchs darf kein höheres Ordnungsgeld als bei § 23 Abs. 3 BetrVG (10 000 Euro) verhängt werden, da § 23 BetrVG § 890 ZPO als lex specialis vorgeht und ansonsten Wertungswidersprüche entstünden[6].

Das BAG hat klargestellt, dass aus den für die Annahme eines Unterlassungsanspruchs des Betriebsrats im Bereich des § 87 BetrVG maßgeblichen Gründen nicht zwingend ein allgemeiner Unterlassungsanspruch folgt, der auch gegen die **Verletzung anderer Mitbestimmungsrechte** geltend gemacht werden kann[7]. Entscheidend sei, inwieweit das Betriebsverfassungsrecht für Verstöße wirksame anderweitige Sanktionen vorsehe, weshalb mit Blick auf § 101 BetrVG insbesondere ein Unterlassungsanspruch gegen personelle Einzelmaßnahmen abgelehnt wird[8].

Der Unterlassungsantrag des Betriebsrats ist zwar auch zulässig, wenn er so weit gefasst ist, dass er viele denkbare künftige Fallgestaltungen betrifft (sog. **Globalantrag**); ein solcher Antrag ist aber insgesamt unbegründet, wenn nicht in allen denkbaren Fällen ein Mitbestimmungsrecht des Betriebsrats besteht[9].

Der Unterlassungsanspruch kann im allgemeinen **Beschlussverfahren** geltend gemacht werden und nach § 85 Abs. 1 ArbGG, §§ 888 ff. ZPO vollstreckt werden.

c) Einstweiliger Rechtsschutz

Der allgemeine Unterlassungsanspruch kann auch mit einer **einstweiligen Verfügung** geltend gemacht werden[10]. Um zu vermeiden, dass die betriebsverfassungsrechtliche

---

1 BAG 27.11.1990 – 1 ABR 77/89, NZA 1991, 382.
2 BAG 23.6.1992 – 1 ABR 11/92, NZA 1992, 1095.
3 BAG 22.2.1983 – 1 ABR 11/82, BB 1983, 1724; 17.5.1983 – 1 ABR 21/80, BAGE 42, 366.
4 BAG 15.5.2007 – 1 ABR 32/06, NZA 2007, 1240; 3.5.1994 – 1 ABR 24/93, NZA 1995, 40.
5 Vgl. nur *Richardi*, NZA 1995, 8 ff., der jedoch innerhalb des Katalogs des § 87 BetrVG eine weitere Abstufung und Differenzierung vornehmen will (vgl. S. 11); *Derleder*, ArbuR 1995, 13 ff.; *Konzen*, NZA 1995, 865 ff.; *Prütting*, RdA 1995, 257 ff.
6 BAG 29.4.2004 – 1 ABR 30/02, BAGReport 2004, 241.
7 BAG 23.6.2009 – 1 ABR 23/08, NZA 2009, 1430; 6.12.1994 – 1 ABR 30/94, NZA 1995, 488.
8 BAG 23.6.2009 – 1 ABR 23/08, NZA 2009, 1430.
9 BAG 20.4.2010 – 1 ABR 78/08, EBE/BAG 2010, 122; 3.6.2003 – 1 ABR 19/02, DB 2003, 2496.
10 BAG 3.5.1994 – 1 ABR 24/93, NZA 1995, 40; *Fitting*, § 87 BetrVG Rz. 610; DKKW/*Klebe*, § 87 BetrVG Rz. 392; *Prütting*, RdA 1995, 257, der allerdings an die Bejahung eines Verfügungsgrundes strenge Anforderungen stellen will; kritisch *Konzen*, NZA 1995, 865.

Meinungsverschiedenheit schon mit der einstweiligen Verfügung abschließend geklärt wird, sind an das Vorliegen eines Verfügungsgrundes strenge Anforderungen zu stellen. Die bloße Behauptung eines Verstoßes gegen das Mitbestimmungsrecht kann daher nicht ausreichen, vielmehr ist auf das Gewicht des drohenden Verstoßes und die Bedeutung der umstrittenen Maßnahme für die Belegschaft abzustellen[1].

5. Die Mitbestimmungstatbestände des § 87 Abs. 1 BetrVG

a) Ordnung des Betriebes (§ 87 Abs. 1 Nr. 1 BetrVG)

571 Nach § 87 Abs. 1 Nr. 1 BetrVG hat der Betriebsrat mitzubestimmen über Fragen der **Ordnung des Betriebes und des Verhaltens der Arbeitnehmer im Betrieb**. Dieses Mitbestimmungsrecht betrifft alle Maßnahmen des Arbeitgebers tatsächlicher oder rechtlicher Art, die die allgemeine Ordnung des Betriebes und/oder das Verhalten der Arbeitnehmer oder von Gruppen von Arbeitnehmern im Betrieb betreffen[2]. Es ist umstritten, ob es sich bei Fragen der Ordnung des Betriebes und des Verhaltens der Arbeitnehmer im Betrieb um einen oder um zwei Regelungstatbestände handelt[3].

572 Das BAG differenziert in ständiger Rechtsprechung zwischen dem **mitbestimmungsfreien Arbeitsverhalten** und dem **mitbestimmungspflichtigen Ordnungsverhalten**. Mitbestimmungspflichtig nach § 87 Abs. 1 Nr. 1 BetrVG ist die Gestaltung des Zusammenlebens und Zusammenwirkens der Arbeitnehmer im Betrieb sowohl durch allgemein gültige verbindliche Verhaltensregeln als auch durch Maßnahmen des Arbeitgebers, soweit diese auch das Verhalten der Arbeitnehmer bzgl. der betrieblichen Ordnung berühren. Mitbestimmungsfrei bleiben dagegen Maßnahmen des Arbeitgebers, die nur das Arbeitsverhalten des Arbeitnehmers betreffen, das keinen Bezug zur betrieblichen Ordnung hat, sei es, dass es sich nur auf die Arbeitsleistung des Arbeitnehmers bezieht oder in sonstiger Weise lediglich das Einzelverhältnis zwischen Arbeitgeber und Arbeitnehmer betrifft[4]. Das Arbeitsverhalten ist dann berührt, wenn der Arbeitgeber kraft seiner Organisations- und Leitungsmacht näher bestimmt, welche Arbeiten auszuführen sind und in welcher Weise das geschehen soll, also die Arbeitspflicht unmittelbar konkretisiert wird; Anordnungen, die auch das sonstige Verhalten der Arbeitnehmer koordinieren (sollen), betreffen die mitbestimmungspflichtige Ordnung des Betriebes[5]. Ob eine Anordnung das mitbestimmungspflichtige Ordnungsverhalten oder das mitbestimmungsfreie Arbeitsverhalten betrifft, beurteilt sich nicht nach den subjektiven Vorstellungen, die den Arbeitgeber zu der Maßnahme bewogen haben. Das BAG stellt auf den objektiven Regelungszweck ab, der sich nach dem Inhalt der Maßnahme und der Art des zu beeinflussenden betrieblichen Geschehens bestimmen soll[6]. Es ist unerheblich, ob es sich um eine einseitige Maßnahme des Arbeitgebers oder um eine vertragliche Einheitsregelung handelt[7]. Wirkt sich eine Maßnahme zugleich auf das Ordnungs- und das Arbeitsverhalten aus, kommt es darauf an, welcher Regelungszweck überwiegt[8].

573 Inzwischen hat das BAG das Mitbestimmungsrecht des Betriebsrates auch auf Maßnahmen in Kundenbetrieben ausgedehnt. Unter Hinweis darauf, dass der Begriff des Betriebes iSd. § 87 Abs. 1 Nr. 1 BetrVG funktional und nicht räumlich zu verstehen

---

1 Vgl. auch BAG 3.5.1994 – 1 ABR 24/93, NZA 1995, 40; ferner *Prütting*, RdA 1995, 257.
2 *Fitting*, § 87 BetrVG Rz. 62.
3 Vgl. Nachweise bei *Fitting*, § 87 BetrVG Rz. 64 ff.
4 BAG 7.2.2012 – 1 ABR 63/10, DB 2012, 1335; 10.3.2009 – 1 ABR 87/07, NZA 2010, 180; 22.7. 2008 – 1 ABR 40/07, NZA 2008, 1248; 11.6.2002 – 1 ABR 46/01, BAGReport 2003, 52.
5 BAG 10.3.2009 – 1 ABR 87/07, NZA 2010, 180; 28.5.2002 – 1 ABR 32/01, NZA 2003, 166.
6 BAG 17.1.2012 – 1 ABR 45/10, NZA 2012, 687; 11.6.2002 – 1 ABR 46/01, BAGReport 2003, 52.
7 BAG 22.7.2008 – 1 ABR 40/07, NZA 2008, 1248; 28.5.2002 – 1 ABR 32/01, NZA 2003, 166.
8 BAG 17.1.2012 – 1 ABR 45/10, NZA 2012, 867; 13.2.2007 – 1 ABR 18/06, NZA 2007, 640.

V. Mitbestimmung in sozialen Angelegenheiten

sei, bejaht der 1. Senat ein Mitbestimmungsrecht für Anweisungen, wie sich Arbeitnehmer in Kundenbetrieben zu verhalten haben (biometrisches Zugangskontrollsystem im Kundenbetrieb) und stellt klar, dass beim Einsatz technischer Einrichtungen, die zur Überwachung der Arbeitnehmer geeignet sind, neben der Sonderregelung des § 87 Abs. 1 Nr. 6 BetrVG ein Mitbestimmungsrecht des Betriebsrates nach § 87 Abs. 1 Nr. 1 BetrVG besteht[1].

Beispiele für mitbestimmungspflichtiges Ordnungsverhalten:

Allgemeines Verbot, im Betrieb Radio zu hören[2]; generelles Rauch- oder Alkoholverbot[3]; allgemeine Regelung über Alkoholtests im Betrieb; Benutzungsordnung für Gemeinschaftsräume[4]; Benutzungsordnung für Kantine[5]; Festlegung der Nutzungsbedingungen von Parkflächen, die der Arbeitgeber zur Verfügung stellt[6]; Torkontrollen[7] und Taschenkontrollen[8]; Anweisung an Arbeitnehmer im Kundenbetrieb, Fingerabdrücke für biometrische Zugangskontrolle abzugeben[9]; Einführung von Stechuhren oder Anwesenheitslisten[10]; allgemeines Verbot, während der Pausen den Betrieb zu verlassen[11]; Anwesenheitskontrollen bei gleitender Arbeitszeit[12]; Erlass einer Kleiderordnung[13]; Regelung und Ausgestaltung einheitlicher Dienstkleidung[14]; Anordnung, im Verkaufsraum zu stehen[15]; Anordnungen über das Führen privater Telefongespräche[16]; Vorschriften über die Behandlung der Arbeitskleidung[17]; Social Media Guidelines zum Umgang mit sozialen Netzwerken[18], soweit nicht bloß auf eine vom Arbeitgeber eingerichtete und betriebene Facebook-Seite hingewiesen wird[19]; Einführung eines Formulars, auf dem Arbeitnehmer die Notwendigkeit eines Arztbesuches während der Arbeitszeit bescheinigen lassen sollen[20]; generelle Anweisung, eine bestehende Arbeitsunfähigkeit bereits vor Ablauf von drei Tagen durch ärztliche Bescheinigung nachzuweisen[21]; Einführung und Ausgestaltung des Beschwerdeverfahrens nach § 13 Abs. 1 AGG[22].

Beispiele für mitbestimmungsfreies Arbeitsverhalten:

Anordnung über die Führung und Ablieferung arbeitsbegleitender Papiere[23]; Anweisung an Sachbearbeiter, in Geschäftsbriefen auch ihre Vornamen anzugeben[24]; Anordnung zur Führung von Tätigkeitsberichten für Außendienstmitarbeiter[25]; Regelung von Überstundennachweisen[26]; Ausfüllen von Tätigkeitslisten durch bestimmte Arbeitnehmergruppen zwecks rationellen Arbeitseinsatzes[27]; Eintragung von Zeiten für die Ausführung bestimmter Arbeits-

---

1 BAG 27.1.2004 – 1 ABR 7/03, NZA 2004, 556.
2 BAG 14.1.1986 – 1 ABR 75/83, NZA 1986, 435.
3 BAG 23.9.1986 – 1 AZR 83/85, NZA 1987, 250; 19.1.1999 – 1 AZR 499/98, NZA 1999, 546.
4 MünchArbR/*Matthes*, § 243 Rz. 5.
5 BAG 11.7.2000 – 1 AZR 551/99, NZA 2001, 462.
6 BAG 7.2.2012 – 1 ABR 63/10, DB 2012, 1335.
7 BAG 25.5.1988 – 1 ABR 9/87, BB 1988, 2316.
8 BAG 12.8.1999 – 2 AZR 923/98, NZA 2000, 421.
9 BAG 27.1.2004 – 1 ABR 7/03, NZA 2004, 556.
10 *Fitting*, § 87 BetrVG Rz. 71.
11 BAG 21.8.1990 – 1 AZR 567/89, NZA 1991, 154.
12 BAG 25.5.1982 – 1 AZR 1073/79, BAGE 39, 77.
13 BAG 13.2.2007 – 1 ABR 18/06, DB 2007, 1592.
14 BAG 17.1.2012 – 1 ABR 45/10, NZA 2012, 687; 11.6.2002 – 1 ABR 46/01, BAGReport 2003, 52.
15 ArbG Köln 13.7.1989 – 13 BV 61/89, AiB 1990, 73.
16 MünchArbR/*Matthes*, § 243 Rz. 6.
17 *Fitting*, § 87 BetrVG Rz. 71.
18 *Fitting*, § 87 BetrVG Rz. 71.
19 ArbG Düsseldorf 21.6.2013 – 14 BVGa 16/13, NZA-RR 2013, 470.
20 BAG 21.1.1997 – 1 ABR 53/96, BB 1997, 1690.
21 BAG 25.1.2000 – 1 ABR 3/99, NZA 2000, 665.
22 BAG 21.7.2009 – 1 ABR 42/08, DB 2009, 1993.
23 BAG 24.11.1981 – 1 ABR 108/79, DB 1982, 1116.
24 BAG 8.6.1999 – 1 ABR 67/98, ArbuR 1999, 447.
25 LAG Düsseldorf 17.1.1975 – 9 TaBV 115/74, BB 1975, 328.
26 BAG 9.12.1980 – 1 ABR 1/78, BB 1981, 973.
27 LAG Hamburg 23.9.1981 – 12 TaBV 90/81, DB 1982, 385.

vorgänge in Lochkarten oder Arbeitsbogen zwecks Auswertung durch EDV für die Kalkulation[1]; Erlass einer Dienstreiseordnung, in der die Erstattung von Dienstreisekosten und das Verfahren bei der Genehmigung und Abrechnung der Dienstreise geregelt werden[2]; rein arbeitstechnische Anordnungen sowie die Konkretisierung der Arbeitspflicht hinsichtlich Gegenstand, Ort, Zeit, Reihenfolge und Art und Weise der Arbeit[3]; Anweisung an Betriebshandwerker, Arbeitsbücher zu führen[4]; Anordnung von Dienstreisen mit Reisezeiten auch außerhalb der normalen Arbeitszeit[5]; Durchführung von Ehrlichkeitskontrollen durch heimliche Erhöhung des Wechselgeldbestandes in einer Kasse[6]; Überwachung des Arbeitnehmers durch einen vom Arbeitgeber eingeschalteten Privatdetektiv[7]; anonyme unangekündigte Servicetestaktionen an Bankschaltern[8]; Entscheidung, wo die Beschwerdestelle nach § 1 Abs. 5, § 13 Abs. 1 Satz 1 AGG errichtet und wie sie personell besetzt wird[9].

576 Die Teile des Schrifttums, die in § 87 Abs. 1 Nr. 1 BetrVG **zwei nebeneinander stehende Mitbestimmungstatbestände** sehen, gehen auch für die zuvor aufgeführten Maßnahmen von einer Mitbestimmungspflicht aus[10].

577 Anders als im BetrVG 1952 ist die **Einführung von Betriebsbußen** nicht mehr ausdrücklich im Gesetz geregelt. Nach herrschender Meinung ist die mitbestimmungspflichtige Einführung von Betriebsbußordnungen – durch Tarifvertrag oder Betriebsvereinbarung, nicht jedoch durch arbeitsvertragliche Regelung[11] – gleichwohl zulässig[12]. Teile des Schrifttums erheben verfassungsrechtliche Bedenken und halten Betriebsbußen mangels gesetzlicher Rechtsgrundlage für unzulässig[13]. Da Betriebsbußen der Durchsetzung der betrieblichen Ordnung dienen, ist für die Schaffung einer Betriebsbußordnung mit § 87 Abs. 1 Nr. 1 BetrVG aber eine Rechtsgrundlage gegeben[14]. Auch das BAG bejaht die Zulässigkeit von Betriebsbußen und Ordnungsstrafen, bezieht das **Mitbestimmungsrecht** in der Folge aber nicht nur auf die Aufstellung der Bußordnung mit ihrem Bußtatbestand, sondern auch auf die Verhängung der Buße im Einzelfall[15]. Neben der Mitbestimmung des Betriebsrats ist für die Wirksamkeit einer Betriebsbußordnung erforderlich, dass sie bekannt gemacht wird[16]. Von der Verhängung einer Betriebsbuße zu unterscheiden ist die mitbestimmungsfreie Abmahnung[17] sowie sonstige individuelle Gestaltungsmittel wie Versetzung, Kündigung oder Vertragsstrafen[18]. Eine Betriebsbuße hat im Gegensatz zur Abmahnung einen über den Warnzweck hinausgehenden Sanktionscharakter[19].

---

1 BAG 23.1.1979 – 1 ABR 101/76, DB 1981, 1144; 24.11.1981 – 1 ABR 108/79, DB 1982, 1116.
2 BAG 8.12.1981 – 1 ABR 91/79, BAGE 37, 212.
3 Vgl. BAG 23.10.1984 – 1 ABR 2/83, NZA 1985, 224 (zur Einführung von Führungsrichtlinien).
4 LAG Hamm 12.11.1976 – 3 TaBV 56/76, LAGE § 87 BetrVG 1972 – Betriebliche Ordnung Nr. 1.
5 BAG 23.7.1996 – 1 ABR 17/96, NZA 1997, 216.
6 BAG 18.11.1999 – 2 AZR 743/98, NZA 2000, 418.
7 LAG Hamm 1.7.2011 – 10 Sa 2223/10 (Nichtzulassungsbeschwerde verworfen, 10 AZN 1335/11); BAG 26.3.1991 – 1 ABR 26/90, NZA 1991, 729.
8 BAG 18.4.2000 – 1 ABR 22/99, NZA 2000, 1176.
9 BAG 18.4.2000 – 1 ABR 22/99, NZA 2000, 1176.
10 So denn auch *Fitting*, § 87 BetrVG Rz. 72.
11 *Richardi/Richardi*, § 87 BetrVG Rz. 223.
12 BAG 17.10.1989 – 1 ABR 100/88, NZA 1990, 193; kritisch jedoch BAG 5.2.1986 – 5 AZR 564/84, NZA 1986, 782.
13 *DKKW/Klebe*, § 87 BetrVG Rz. 69; *Preis*, DB 1990, 685.
14 *Fitting*, § 87 BetrVG Rz. 78.
15 LAG Hess. 1.9.2011 – 5 TaBV 47/11; BAG 7.4.1992 – 1 AZR 322/91, NZA 1992, 1144; 17.10.1989 – 1 ABR 100/88, BAGE 63, 169; 5.12.1975 – 1 AZR 94/74, BAGE 27, 366.
16 *Fitting*, § 87 BetrVG Rz. 81.
17 BAG 7.11.1979 – 5 AZR 962/77, DB 1980, 550.
18 LAG Hess. 1.9.2011 – 5 TaBV 47/11.
19 BAG 7.11.1979 – 5 AZR 962/77, DB 1980, 550.

V. Mitbestimmung in sozialen Angelegenheiten

Die Mitbestimmungspflichtigkeit sog. **Krankengespräche** zwischen Arbeitgeber und Arbeitnehmer wird weiterhin kontrovers beurteilt. Zum Teil wird vertreten, dass ein kollektiver Bezug zur betrieblichen Ordnung und zum Arbeitsverhalten bestehe, so dass Mitbestimmungsrechte geltend gemacht werden können[1]. Nach anderer Auffassung kommt ein Mitbestimmungsrecht nicht in Betracht[2], weil entscheidend sei, dass nur ein Verhalten der Arbeitnehmer, welches keinen kollektivrechtlichen Bezug aufwerfe, Gegenstand des Krankengesprächs sei. Bei **Krankenkontrollbesuchen** werde nur die berechtigte Nichterbringung der geschuldeten Leistung kontrolliert, es gehe also nicht um das Ordnungsverhalten[3]. Das BAG bejaht die Mitbestimmungspflichtigkeit bei Führung formalisierter Krankengespräche zur Aufklärung eines überdurchschnittlichen Krankenstandes mit einer nach abstrakten Kriterien ermittelten Mehrzahl von Arbeitnehmern[4]. Das Verhalten, das von den Arbeitnehmern bei Krankengesprächen verlangt werde, betreffe nicht die Arbeitsleistung selbst, sondern das sog. Ordnungsverhalten[5]. Werden **Mitarbeiterjahresgespräche** nach einem formalisierten Verfahren und anhand eines formalisierten Bewertungskatalogs geführt, soll damit ebenfalls das Ordnungsverhalten berührt sein[6], weshalb das Mitbestimmungsrecht nach § 87 Abs. 1 Nr. 1 BetrVG eingreife.

578

Von zunehmender Bedeutung ist die Einführung sog. **Ethikrichtlinien (Codes of Conduct)**. Diese (ursprünglich aus dem angelsächsischen Raum stammenden und börsenrechtlich (SOX) motivierten Regelungen) beinhalten zB Vorgaben zum Umgang mit Wertpapieren und Zuwendungen Dritter, das Verhalten gegenüber Dritten, Regelungen zur Verhinderung von Diskriminierung und zum sog. „Whistleblowing". Nach Inkrafttreten des AGG müssen zudem sowohl Arbeitgeber als auch Betriebsrat ein diskriminierungsfreies Umfeld anstreben, § 17 Abs. 1 AGG. Schon aus Beweisgründen und zur späteren Rechtsverteidigung wird daher empfohlen, Betriebsvereinbarungen zu Diskriminierungsfragen einschließlich Beschwerderegelungen zu schließen[7]. Derartige Ethikregeln können gem. § 87 Abs. 1 Nr. 1 BetrVG mitbestimmungspflichtig sein[8]. Dabei ist unter Berücksichtigung der Unterscheidung in mitbestimmungsfreies Arbeits- und mitbestimmungspflichtiges Ordnungsverhalten im Einzelnen zu prüfen, welche Teile eines solchen Regelwerkes mitbestimmungspflichtig sind. Das Mitbestimmungsrecht an einzelnen Regelungen begründet nicht ein Mitbestimmungsrecht am Gesamtwerk[9].

579

Das Mitbestimmungsrecht in **Tendenzbetrieben** ist in der Regel nicht eingeschränkt, da es meist um den wertneutralen Arbeitsablauf des Betriebs geht[10]. Nur ausnahmsweise kann bei Fragen der Ordnung des Betriebs und des Verhaltens der Arbeitnehmer im Betrieb eine Einschränkung des Mitbestimmungsrechts nach § 118 Abs. 1 BetrVG in Betracht kommen[11].

580

b) Beginn und Ende der Arbeitszeit (§ 87 Abs. 1 Nr. 2 BetrVG)

Nach § 87 Abs. 1 Nr. 2 BetrVG hat der Betriebsrat über Beginn und Ende der täglichen Arbeitszeit einschließlich der Pausen sowie über die Verteilung der Arbeitszeit auf die

581

---

1 So etwa LAG Hamburg 10.7.1991 – 8 TaBV 3/91, LAGE § 87 BetrVG 1972 – Betriebliche Ordnung Nr. 8.
2 So LAG BW 5.3.1991 – 14 TaBV 15/90, NZA 1992, 184.
3 LAG Rh.- Pf. 29.6.2006 – 11 TaBV 43/05, NZA-RR 2007, 417.
4 BAG 8.11.1994 – 1 ABR 22/94, NZA 1995, 857.
5 BAG 8.11.1994 – 1 ABR 22/94, NZA 1995, 857.
6 LAG Hess. 6.2.2012 – 16 Sa 1134/11, ArbRB 2012, 144.
7 *Wisskirchen*, AGG, Abschnitt 2.4.7 (S. 50).
8 BAG 22.7.2008 – 1 ABR 40/07, NZA 2008, 1248; 28.5.2002 – 1 ABR 32/01, DB 2003, 287.
9 BAG 22.7.2008 – 1 ABR 40/07, NZA 2008, 1248.
10 BAG 13.2.1990 – 1 ABR 13/89, NZA 1990, 575.
11 BAG 28.5.2002 – 1 ABR 32/01, DB 2003, 287; *Fitting*, § 118 BetrVG Rz. 32; eingehend GK-BetrVG/*Weber*, § 118 Rz. 186 ff.

einzelnen Wochentage mitzubestimmen. Hintergrund der Mitbestimmung ist das Interesse der Arbeitnehmer an der Lage ihrer Arbeitszeit und damit zugleich der freien Zeit für ihre private Lebensgestaltung[1]. Aus diesem Grund ist der Begriff der Arbeitszeit im Sinne dieses Mitbestimmungstatbestandes weiter zu verstehen als der des Arbeitszeitgesetzes oder die Arbeitszeit im vergütungsrechtlichen Sinne[2]. Vom Mitbestimmungsrecht erfasst werden daher insbesondere auch Arbeitsbereitschaft, Bereitschaftsdienst und Rufbereitschaft[3]. Gleichwohl ist Arbeitszeit in diesem Sinn nur die Zeit, während der der Arbeitnehmer die von ihm geschuldete Leistung tatsächlich erbringen soll. Deshalb gehört die Zeit, die für Dienstreisen benötigt wird, nicht zur Arbeitszeit iSd. § 87 Abs. 1 Nr. 2 und Nr. 3 BetrVG, wenn das Reisen an sich nicht Inhalt der vertraglichen Leistungspflicht ist[4], sehr wohl aber Umkleidezeiten, wenn der Arbeitgeber das Tragen von Dienstkleidung vorschreibt, die zu auffällig ist, um auf dem Weg zur Arbeit getragen werden zu können[5]. Die Teilnahme an einer vom Arbeitgeber angeordneten Schulungsmaßnahme ist Arbeitszeit[6]. Die Durchführung eines Sonntagsverkaufs durch Arbeitnehmer eines anderen Betriebes soll das Mitbestimmungsrecht auslösen, weil in einem Betrieb auch mehrere Arbeitszeiten nebeneinander bestehen können und der Begriff der täglichen Arbeitszeit nur der Abgrenzung zur Dauer der Arbeitszeit diene, einem Mitbestimmungsrecht bei einer Eintagesveranstaltung also nicht entgegenstehe[7].

aa) Beginn und Ende der täglichen Arbeitszeit

582 Unter täglicher Arbeitszeit ist nach dem Wortlaut des § 87 Abs. 1 Nr. 2 BetrVG nicht nur die betriebsübliche, sondern jede Art der Arbeitszeit zu verstehen[8]. Im Gegensatz zur Dauer der täglichen Arbeitszeit, die zwangsläufig durch deren Beginn und Ende bestimmt wird und damit der Mitbestimmung unterliegt[9], ist nach wie vor umstritten, ob dem Betriebsrat auch für die **Dauer der wöchentlichen Arbeitszeit** ein erzwingbares Mitbestimmungsrecht zusteht. Das BAG lehnt in ständiger Rechtsprechung ein solches Mitbestimmungsrecht über die Dauer der Wochenarbeitszeit ab[10]. Dies entspricht dem Wortlaut des § 87 Abs. 1 Nr. 2 BetrVG, der keine Anhaltspunkte dafür enthält, dass zur mitbestimmungspflichtigen Angelegenheit auch die Dauer der geschuldeten wöchentlichen Arbeitszeit gehört[11]. Auch der Normvorbehalt des § 87 Abs. 1 Eingangssatz BetrVG wird einer Mitbestimmung in der Regel entgegenstehen, da die Dauer der Wochenarbeitszeit bereits aus Gesetz, Tarifvertrag oder Einzelarbeitsvertrag folgt[12]. Im Schrifttum wird demgegenüber zum Teil auch ein Mitbestimmungsrecht des Betriebsrats für die Dauer der wöchentlichen Arbeitszeit bejaht[13]. Das dabei aufgeführte Argument, mit der Festlegung von Beginn und Ende der täglichen Arbeitszeit werde zwangsläufig die Dauer der wöchentlichen Arbeitszeit vorgegeben, so dass auch diese von der Mitbestimmung erfasst werde, überzeugt jedoch nicht. Vielmehr ist denkbar, dass durch die Festlegung des täglichen Arbeits-

---

1 BAG 14.1.2014 – 1 ABR 66/12; BAG 28.5.2002 – 1 ABR 40/01, BAGReport 2003, 53; 19.6.2001 – 1 ABR 43/00, ZIP 2001, 1783.
2 BAG 10.11.2009 – 1 ABR 54/08, DB 2010, 454.
3 *Fitting*, § 87 BetrVG Rz. 96 mwN.
4 BAG 14.11.2006 – 1 ABR 5/06, NZA 2007, 458; 23.7.1996 – 1 ABR 17/96, NZA 1997, 206; aA DKKW/*Klebe*, § 87 BetrVG Rz. 83.
5 BAG 12.11.2013 – 1 ABR 59/12, ArbRB 2014, 106; 10.11.2009 – 1 ABR 54/08, DB 2010, 454.
6 BAG 15.4.2008 – 1 ABR 44/07, BB 2008, 2066.
7 BAG 25.2.1997 – 1 ABR 69/96, NZA 1997, 955.
8 BAG 21.11.1978 – 1 ABR 67/76, AP Nr. 2 zu § 87 BetrVG 1972 – Arbeitszeit.
9 BAG 28.9.1988 – 1 ABR 41/87, NZA 1989, 184.
10 BAG 17.3.2010 – 5 AZR 296/09, DB 2010, 1130; 15.5.2007 – 1 ABR 32/06, NZA 2007, 1240; 24.1.2006 – 1 ABR 6/05, NZA 2006, 862.
11 BAG 18.8.1987 – 1 ABR 30/86, NZA 1987, 779.
12 Vgl. BAG 13.1.1987 – 1 ABR 69/85, NZA 1987, 388.
13 DKKW/*Klebe*, § 87 BetrVG Rz. 87 mwN.

V. Mitbestimmung in sozialen Angelegenheiten

zeitrahmens eine bereits vorgegebene Wochenarbeitszeit auf die Wochentage verteilt wird. Auch die Regelung des § 87 Abs. 1 Nr. 3 BetrVG spricht gegen ein solches Mitbestimmungsrecht[1]. Nach dieser Vorschrift bedarf es für eine vorübergehende Verkürzung oder Verlängerung der betriebsüblichen Arbeitszeit der Mitbestimmung des Betriebsrats. Dies umfasst auch die regelmäßige Wochenarbeitszeit, so dass es keinen Grund gibt, diese zusätzlich dem Mitbestimmungsrecht nach § 87 Abs. 1 Nr. 2 BetrVG zu unterwerfen[2]. Da mit der Festlegung einer Zeitgutschrift für die Teilnahme an einem Betriebsausflug letztlich die Dauer der geschuldeten Jahresarbeitszeit festgelegt wird, scheidet auch hier ein Mitbestimmungsrecht aus[3].

Dementsprechend unterliegt die **Dauer der wöchentlichen Arbeitszeit** nicht der Mitbestimmungspflicht[4]. Dies gilt auch für Teilzeitbeschäftigte[5]. Für die Festlegung von Beginn und Ende der täglichen Arbeitszeit gilt das Mitbestimmungsrecht des Betriebsrats jedoch gleichermaßen für Voll- wie auch Teilzeitbeschäftigte[6]. Im Zusammenhang mit dem **Teilzeitanspruch** nach § 8 TzBfG begründet eine Betriebsvereinbarung zur Lage der betrieblichen Arbeitszeit betriebliche Gründe des Arbeitgebers, die den Arbeitszeitwünschen eines einzelnen Arbeitnehmers vorgehen können[7]. 583

Einstweilen frei. 584

bb) Pausen

Das Mitbestimmungsrecht erstreckt sich auch auf Beginn, Ende, Dauer und Lage der Pausen. Bei den in § 87 Abs. 1 Nr. 2 BetrVG angesprochenen Pausen handelt es sich um Ruhepausen, durch die die Arbeitszeit unterbrochen wird, die also selbst nicht zur Arbeitszeit gehören, sondern der Erholung dienen[8]. Solche Ruhepausen gehören arbeitszeitrechtlich nicht zur Arbeitszeit und sind daher regelmäßig nicht vergütungspflichtig[9]. Das Fehlen der Vergütungspflicht ist aber nicht zwingend für den Begriff der Pause. Entscheidend ist die Freistellung von jeglicher Arbeitsverpflichtung, so dass auch bezahlte Kurzpausen von § 87 Abs. 1 Nr. 2 BetrVG erfasst werden. Das Mitbestimmungsrecht ist hier aber auf die bloße Festlegung ihrer zeitlichen Lage beschränkt[10]. Ein Initiativrecht hinsichtlich der Einführung vergütungspflichtiger Pausen und der Festlegung ihrer Dauer besteht nicht[11]. 585

cc) Verteilung der Arbeitszeit auf die einzelnen Wochentage

Nach § 87 Abs. 1 Nr. 2 BetrVG bestimmt der Betriebsrat bei der Frage der Verteilung der wöchentlichen Arbeitszeit auf die einzelnen Wochentage mit. Steht daher die Ent- 586

---

[1] Zutreffend *Fitting*, § 87 BetrVG Rz. 104.
[2] BAG 18.8.1987 – 1 ABR 30/86, NZA 1987, 779.
[3] BAG 27.1.1998 – 1 ABR 35/97, NZA 1998, 835.
[4] *Richardi/Richardi*, § 87 BetrVG Rz. 262 ff.; GK-BetrVG/*Wiese*, § 87 Rz. 275; *Fitting*, § 87 BetrVG Rz. 104; ErfK/*Kania*, § 87 BetrVG Rz. 25.
[5] BAG 13.10.1987 – 1 ABR 10/86, NZA 1988, 251, bestätigt durch BAG 14.3.1989 – 1 ABR 77/87, nv.
[6] BAG 28.9.1988 – 1 ABR 41/87, NZA 1989, 184; 13.10.1987 – 1 ABR 10/86, NZA 1988, 251, unter Hinweis darauf, dass der Betriebsrat mitzubestimmen hat bei der Festlegung der Mindestdauer der täglichen Arbeitszeit, bei der Festlegung der Höchstzahl von Tagen in der Woche, an denen teilzeitbeschäftigte Arbeitnehmer beschäftigt werden sollen, bei der Festlegung der Mindestzahl arbeitsfreier Samstage, bei der Regelung der Frage, ob die tägliche Arbeitszeit in ein oder mehreren Schichten geleistet werden soll und bei der Festlegung der Dauer der Pausen für teilzeitbeschäftigte Arbeitnehmer.
[7] BAG 16.12.2008 – 9 AZR 893/07, NZA 2009, 565; 24.6.2008 – 9 AZR 313/07, BB 2008, 1449.
[8] BAG 29.10.2002 – 1 AZR 603/01, NZA 2003, 1212; 28.7.1981 – 1 ABR 65/79, DB 1982, 386.
[9] BAG 28.7.1981 – 1 ABR 65/79, DB 1982, 386.
[10] BAG 1.7.2003 – 1 ABR 20/02, BAGReport 2004, 78.
[11] BAG 1.7.2003 – 1 ABR 20/02, BAGReport 2004, 78.

scheidung an, ob vier, fünf oder sechs Tage in der Woche gearbeitet werden soll, so ist der Betriebsrat zu beteiligen. Der Betriebsrat kann auch darüber mitbestimmen, ob und an welchen Tagen weniger bzw. kürzer gearbeitet werden soll und an welchen Tagen länger[1].

587 Beispiele für ein Mitbestimmungsrecht nach § 87 Abs. 1 Nr. 2 BetrVG:

Einführung und Ausgestaltung variabler Arbeitszeitmodelle[2]; Bestimmung von Probezeiten in einem Theater[3]; Erstellung von Studienplänen für angestellte Lehrer sowohl im Hinblick auf die Festlegung von Beginn und Ende der täglichen Arbeitszeit, also der Studienblöcke, als auch hinsichtlich der Verteilung der Unterrichtszeiten auf die einzelnen Lehrer[4]; Aufstellung von Dienstplänen[5] (auch wenn infolge der mitbestimmten Arbeitszeitregelung die gesetzlichen Ladenöffnungszeiten beeinflusst werden[6]); Einführung einer Fünf- oder Vier-Tage-Woche[7]; Einführung oder Abschaffung von Schichtarbeit[8]; Aufstellung von Schichtplänen oder Rahmenvereinbarungen dazu einschließlich der Zuordnung der einzelnen Arbeitnehmer zu den einzelnen Schichten[9]; Abweichung von bereits aufgestellten Schichtplänen[10]; vorzeitige Beendigung einer mit dem Betriebsrat vereinbarten Wechselschicht und Rückkehr zur Normalarbeitszeit[11] sowie die Frage, welche Mitarbeiter von einer Schicht umgesetzt werden können[12]; Einrichtung von „Rufbereitschaft"[13]; Einführung von Sonntagsarbeit[14]; Veranstaltung eines Sonntagsverkaufs (auch bei Einsatz nur von Beschäftigten anderer Betriebe)[15].

c) Vorübergehende Verkürzung oder Verlängerung der betriebsüblichen Arbeitszeit (§ 87 Abs. 1 Nr. 3 BetrVG)

588 Eine Ausnahme von dem Grundsatz, dass die Dauer der (wöchentlichen) Arbeitszeit mitbestimmungsfrei ist, findet sich in § 87 Abs. 1 Nr. 3 BetrVG. Danach unterliegt eine nur vorübergehende Verlängerung oder Verkürzung der betriebsüblichen Arbeitszeit der **Mitbestimmung des Betriebsrates**. Arbeitszeit ist die Zeit, innerhalb derer die Arbeitnehmer ihrer Leistungspflicht nachkommen müssen. Die arbeitszeitrechtliche Qualifizierung von Arbeitsbereitschaft und Rufbereitschaft ist keine der Mitbestimmung nach § 87 Abs. 1 Nr. 3 BetrVG zugängliche Regelungsfrage[16]. Betriebsübliche Arbeitszeit ist die regelmäßige betriebliche Arbeitszeit, wie sie regelmäßig im Um-

---

1 Vgl. *Fitting*, § 87 BetrVG Rz. 108f.
2 BAG 9.11.2012 – 1 ABR 75/09, NZA-RR 2011, 354; 9.12.2003 – 1 ABR 52/02, EzA § 77 BetrVG 2001 Nr. 6; 18.4.1989 – 1 ABR 3/88, DB 1989, 1978.
3 BAG 4.8.1981 – 1 ABR 106/79, DB 1982, 705.
4 BAG 23.6.1992 – 1 ABR 53/91, NZA 1992, 1098.
5 BAG 14.1.2014 – 1 ABR 66/12 (soweit in dem Dienstplan Beginn und Ende der Arbeitszeit festgelegt wird); BAG 18.4.1989 – 1 ABR 2/88, NZA 1989, 807 für Dienstpläne in einer karitativen Einrichtung (Dialysezentrum); 4.6.1969 – 3 AZR 180/68, AP Nr. 1 zu § 16 BMT-G II für die Aufstellung von Dienstplänen im Fahrdienst.
6 BAG 31.8.1982 – 1 ABR 27/80, BAGE 40, 107 für Dienstpläne von Verkaufsangestellten im Einzelhandel.
7 BAG 31.1.1989 – 1 ABR 69/87, DB 1989, 1631; 21.1.1997 – 1 AZR 52/96, NZA 1997, 1009.
8 BAG 1.7.2003 – 1 ABR 22/02, NZA 2003, 1209; 28.10.1986 – 1 ABR 11/85, NZA 1987, 248; 18.4.1989 – 1 ABR 2/88, NZA 1989, 807 (809); vgl. auch zur Mitbestimmung bei der Absage einer Schicht LAG Hamm 29.6.1993 – 13 TaBV 158/92, AiB 1994, 46f., jedoch zu § 87 Abs. 1 Nr. 3 BetrVG.
9 BAG 19.6.2012 – 1 ABR 19/11, NZA 2012, 1237; 3.5.2006 – 1 ABR 14/05, DB 2007, 60.
10 BAG 3.5.2006 – 1 ABR 14/05, DB 2007, 60; 1.7.2003 – 1 ABR 22/02, NZA 2003, 1209; 28.5.2002 – 1 ABR 40/01, BAGReport 2003, 53.
11 BAG 18.9.2002 – 1 AZR 668/02, DB 2003, 1121.
12 BAG 27.6.1989 – 1 ABR 33/88, NZA 1990, 35.
13 BAG 21.12.1982 – 1 ABR 14/81, BAGE 41, 200; jedoch umstritten, vgl. ablehnend Richardi/*Richardi*, § 87 BetrVG Rz. 303; GK-BetrVG/*Wiese*, § 87 Rz. 339, ggf. jedoch nach § 87 Abs. 1 Nr. 3 BetrVG mitbestimmungspflichtig.
14 Vgl. BAG 4.5.1993 – 1 ABR 57/92, NZA 1993, 856.
15 BAG 25.2.1997 – 1 ABR 69/96, BB 1997, 579.
16 BAG 22.7.2003 – 1 ABR 28/02, BAGReport 2004, 75.

fang der Arbeitsleistung und der Verteilung auf einzelne Zeitabschnitte geschuldet wird[1]. Demzufolge sind betriebsüblich diejenigen Arbeitszeiten, die individualrechtlich vereinbart wurden. Sie müssen daher für verschiedene Arbeitnehmer oder Arbeitnehmergruppen im Betrieb nicht einheitlich sein[2]. Eine tarifliche Jahresarbeitszeit besagt nichts über den Umfang der betriebsüblichen Arbeitszeit. Deshalb ist das Überschreiten der tariflichen Jahresarbeitszeit mitbestimmungsrechtlich ohne Bedeutung[3]. Die Vorschrift gilt gleichermaßen für Voll- wie auch Teilzeitbeschäftigte[4]. Bei Teilzeitbeschäftigten ist die betriebsübliche Arbeitszeit ihre regelmäßig verkürzte Arbeitszeit, auch wenn nicht alle Teilzeitbeschäftigten mit einheitlicher Wochenstundenzahl arbeiten[5]. Eine vorübergehende Veränderung der Arbeitszeit liegt vor, wenn diese nur einen überschaubaren Zeitraum betrifft und nicht auf Dauer erfolgen soll, also vom allgemein geltenden Zeitvolumen abgewichen und anschließend zur üblichen Dauer zurückgekehrt wird[6]. Das Mitbestimmungsrecht des § 87 Abs. 1 Nr. 3 BetrVG umfasst jede Form vorübergehender Verkürzung oder Verlängerung.

Beispiel: 589
Einlegung oder Absage einer Sonder- oder Feier- bzw. Zusatzschicht[7]; Einführung von Bereitschaftsdiensten außerhalb der regelmäßigen Arbeitszeit[8]; Anordnung der Teilnahme an einer Mitarbeiterversammlung außerhalb der betriebsüblichen Arbeitszeit[9]; zur Abdeckung eines betrieblichen Mehrbedarfs mit einem teilzeitbeschäftigten Arbeitnehmer vereinbarte befristete Erhöhung seiner Arbeitszeit[10].

Besteht eine **betriebliche Übung**, Arbeitszeit an bestimmten Tagen zu verkürzen (bspw. am Rosenmontag), so hat der Betriebsrat ein Mitbestimmungsrecht nach § 87 Abs. 1 Nr. 3 BetrVG, wenn der Arbeitgeber abweichend davon an dem gesamten Tag Arbeitsleistung anordnen will[11]. 590

Das Mitbestimmungsrecht des § 87 Abs. 1 Nr. 3 BetrVG setzt einen **kollektiven Tatbestand** voraus. Ein kollektiver Tatbestand liegt vor, wenn die Arbeitszeit aus betrieblichen Gründen verändert werden soll und Regelungsfragen auftreten, die die kollektiven Interessen der Arbeitnehmer betreffen. Das Mitbestimmungsrecht greift daher nicht ein, wenn es um die Berücksichtigung individueller Wünsche einzelner Arbeitnehmer hinsichtlich der Verkürzung oder Verlängerung ihrer Arbeitszeit geht[12]. Auf die Zahl der betroffenen Arbeitnehmer kommt es nicht an. Sie ist nur ein Indiz für das mögliche Bestehen eines kollektiven Tatbestandes[13]. 591

Einstweilen frei. 592

Auch **Übergangsregelungen**, die anlässlich der Einführung oder dem Ende der Sommerzeit in Betrieben mit mehreren Schichten erforderlich werden, unterliegen dem Mitbestimmungsrecht des Betriebsrats[14]. 593

---
1 BAG 3.6.2003 – 1 AZR 349/02, NZA 2003, 1155.
2 BAG 14.1.2014 – 1 ABR 66/12; 19.6.2001 – 1 ABR 43/00, ZIP 2001, 1783; 23.7.1996 – 1 ABR 13/96, NZA 1997, 274; 16.7.1991 – 1 ABR 69/90, NZA 1992, 70.
3 BAG 11.12.2001 – 1 ABR 3/01, DB 2002, 2002.
4 BAG 16.7.1991 – 1 ABR 69/90, NZA 1992, 70; 23.7.1996 – 1 ABR 13/96, BB 1997, 472.
5 BAG 24.4.2007 – 1 ABR 47/06, NZA 2007, 818.
6 BAG 3.6.2003 – 1 AZR 349/02, NZA 2003, 1155; 27.1.1998 – 1 ABR 35/97, NZA 1998, 835.
7 BAG 14.2.1991 – 2 AZR 415/90, NZA 1991, 607; LAG Hamm 29.6.1993 – 13 TaBV 158/92, BB 1994, 139 f.
8 BAG 29.2.2000 – 1 ABR 15/99, DB 2000, 1971.
9 BAG 13.3.2001 – 1 ABR 33/00, NZA 2001, 976.
10 BAG 24.4.2007 – 1 ABR 47/06, NZA 2007, 818.
11 LAG Hess. 20.7.1993 – 5 TaBV 5/93, BB 1994, 430.
12 St. Rspr., vgl. nur BAG 10.6.1986 – 1 ABR 61/84, NZA 1987, 543.
13 Vgl. nur BAG 16.7.1991 – 1 ABR 69/90, BB 1991, 2156.
14 BAG 11.9.1985 – 7 AZR 276/83, DB 1986, 1780.

aa) Überstunden

594 Die **Anordnung von Überstunden** (ob überhaupt, wer und in welchem Umfang) unterliegt dem Mitbestimmungsrecht nach § 87 Abs. 1 Nr. 3 BetrVG. Mit dem Begriff Überstunden wird die Arbeitszeit bezeichnet, die über die Arbeitszeit, die nach Tarifvertrag oder Einzelvereinbarung zu leisten ist, hinausgeht[1]. Auch hier ist unerheblich, wie viele Arbeitnehmer von der Anordnung der Überstunden betroffen sind. Es reicht aus, wenn der Arbeitgeber nur für einen einzigen Arbeitnehmer Überstunden anordnen will[2]. Das Mitbestimmungsrecht entfällt auch nicht, wenn ein Arbeitnehmer auf Wunsch des Arbeitgebers freiwillig Überstunden leistet[3].

595 Darüber hinaus unterliegt nicht nur die Anordnung, sondern auch die **Duldung von Überstunden** (Entgegennahme und Bezahlung) der Mitbestimmung nach § 87 Abs. 1 Nr. 3 BetrVG, wenn ein kollektiver Tatbestand vorliegt[4].

596 Von Überstunden im Sinne vorübergehend verlängerter Arbeitszeit ist **Mehrarbeit** zu unterscheiden, die dann vorliegt, wenn die gesetzlich zulässige regelmäßige Arbeitszeit überschritten wird[5]. Das Mitbestimmungsrecht besteht auch hier im Grundsatz unbeschränkt ohne Rücksicht darauf, ob die Arbeit zulässig ist oder Ausnahmen bewilligt wurden. Allerdings sind bei der Ausübung des Mitbestimmungsrechts die Grenzen des Arbeitszeitgesetzes zu beachten.

597 Der Betriebsrat kann zur vorübergehenden Einführung von Überstunden die Initiative ergreifen, ihm soll auch insoweit ein **Initiativrecht** zustehen[6].

598 Der Betriebsrat darf seine Zustimmung zur Anordnung von Überstunden an ein anderweitiges Entgegenkommen des Arbeitgebers knüpfen (sog. Koppelungsgeschäfte), soweit noch ein Zusammenhang mit dem Mitbestimmungsrecht erkennbar ist[7]. Die **Zustimmungsverweigerung** des Betriebsrats zu beantragten Überstunden soll zB auch dann **nicht rechtsmissbräuchlich** und damit unbeachtlich sein, wenn er diese Zustimmung von der Gewährung einer finanziellen „Kompensation" an die betroffenen Arbeitnehmer, wie der Zahlung einer Lärmzulage, abhängig macht[8]. Eine **unzulässige Rechtsausübung** kann vorliegen, wenn der Betriebsrat sich aus Gründen, die offensichtlich keinerlei Bezug zu der beabsichtigten mitbestimmungspflichtigen Maßnahme aufweisen, einer Einigung widersetzt und die Einleitung und Durchführung des Einigungsstellenverfahrens zu verzögern bzw. zu vereiteln versucht[9].

599 ⊃ **Hinweis:** Arbeitgeber und Betriebsrat können im Voraus eine Regelung für diejenigen Fälle treffen, in denen Überstunden zwar als erforderlich vorhersehbar sind, von denen aber noch nicht bekannt ist, wann sie notwendig werden[10]. Die praktische Bedeutung derartiger **Rahmenregelungen** ist erheblich, da sich auf diese Weise von vornherein unnötige Konflikte vermeiden lassen. Der Arbeitgeber kann zur einseitigen Anordnung von Überstunden ermächtigt werden, wenn es sich dabei um eine Verfahrensregelung für außergewöhnliche Fälle handelt und das Mitbestimmungsrecht nicht in seiner Substanz beeinträchtigt

---

1 *Fitting*, § 87 BetrVG Rz. 140.
2 BAG 10.6.1986 – 1 ABR 61/84, BB 1987, 543.
3 BAG 10.6.1986 – 1 ABR 61/84, BB 1987, 543.
4 BAG 24.4.2007 – 1 ABR 47/06, NZA 2007, 818; 27.11.1990 – 1 ABR 77/89, NZA 1991, 382.
5 Richardi/*Richardi*, § 87 BetrVG Rz. 349.
6 DKKW/*Klebe*, § 87 BetrVG Rz. 113; *Fitting*, § 87 BetrVG Rz. 584; aA LAG Hamm 4.12.1985 – 3 TaBV 101/85, BB 1986, 258; Richardi/*Richardi*, § 87 BetrVG Rz. 72; *Bischof*, NZA 1995, 1021.
7 LAG Hamm 12.12.2007 – 12 TaBVGa 8/07, ArbuR 2008, 270; LAG Hess. 13.10.2005 – 5/9 TaBV 51/05, ArbuR 2007, 315; DKKW/*Klebe*, § 87 BetrVG Rz. 16 mwN.
8 LAG Nürnberg 6.11.1990 – 4 TaBV 13/90, NZA 1991, 281.
9 BAG 19.6. 2007 – 2 AZR 58/06, NZA 2008, 52; LAG Hamm 12.12.2007 – 12 TaBVGa 8/07, ArbuR 2008, 270.
10 BAG 12.1.1988 – 1 ABR 54/86, NZA 1988, 517.

wird. Nur unter diesen Voraussetzungen können die Betriebspartner und die Tarifvertragsparteien dem Arbeitgeber ausnahmsweise ein Alleinentscheidungsrecht zur Anordnung von Überstunden einräumen[1].

bb) Kurzarbeit

Unter Kurzarbeit ist die **vorübergehende Herabsetzung der betriebsüblichen Arbeitszeit** zu verstehen[2]. Das Mitbestimmungsrecht des Betriebsrats erstreckt sich insoweit auf die Frage, ob und in welchem Umfang Kurzarbeit eingeführt werden soll und wie die geregelte Arbeitszeit auf die einzelnen Wochentage verteilt werden soll[3]. Eine Betriebsvereinbarung zur Einführung von Kurzarbeit wirkt unmittelbar und zwingend auf die Arbeitsverhältnisse und führt zu einer Änderung der Arbeitsbedingungen hinsichtlich der Arbeitszeit und der Lohnzahlungspflicht[4].

600

Umstritten ist, ob das Mitbestimmungsrecht auch Fragen der **finanziellen Milderung der Folgen der Kurzarbeit** erfasst. Die überwiegende Meinung lehnt insoweit ein erzwingbares Mitbestimmungsrecht ab[5]. Das BAG hat sich zu dieser Frage noch nicht geäußert, obgleich es davon ausgeht, dass das Mitbestimmungsrecht nach § 87 Abs. 1 Nr. 3 BetrVG den Arbeitnehmer auch vor Entgelteinbußen schützen soll[6].

601

Für das Eingreifen des Mitbestimmungsrechts kommt es nicht darauf an, aus welchen Gründen die Einführung von Kurzarbeit erwogen wird. Führt der Arbeitgeber **Kurzarbeit** einseitig **ohne Zustimmung des Betriebsrats** ein, so bleibt es zugunsten des Arbeitnehmers bei der vertraglich vereinbarten regelmäßigen Arbeitszeit[7].

602

Der Betriebsrat kann die vorübergehende Einführung von Kurzarbeit verlangen, ihm steht ein **Initiativrecht** zu[8].

603

Eine Betriebsvereinbarung über die Einführung von Kurzarbeit soll nur dann die Anforderungen an eine wirksame Ausübung des Mitbestimmungsrechts erfüllen, wenn in ihr wenigstens die tatbestandlichen Vorgaben bezeichnet sind, innerhalb derer dem Arbeitgeber später ein gewisser Freiraum bei der Einzelfallregelung zustehen kann[9]. Das Mitbestimmungsrecht des Betriebsrats betreffend die Einführung von Kurzarbeit wird auch durch eine formlose Regelungsabrede zwischen Betriebsrat und Arbeitgeber über die Einführung von Kurzarbeit gewahrt[10].

604

⊃ **Hinweis:** Mit einer **Regelungsabrede** wird **keine Änderung der Arbeitsverträge** der betroffenen Arbeitnehmer herbeigeführt. Der Arbeitgeber kann die vereinbarte Kurzarbeit gegenüber den Arbeitnehmern nicht im Wege des Direktionsrechts durchsetzen, es bedarf zur wirksamen Änderung der Arbeitsverträge einer vertraglichen Vereinbarung oder einer Änderungskündigung[11]. Eine bloße Regelungsabrede ohne individuelle Vereinbarungen

605

---

1 BAG 3.5.2006 – 1 ABR 14/05, DB 2007, 60; 3.6.2003 – 1 AZR 349/02, NZA 2003, 1155.
2 *Fitting*, § 87 BetrVG Rz. 150.
3 LAG Hess. 14.3.1997 – 17/13 Sa 162/96, BB 1997, 2217; DKKW/*Klebe*, § 87 BetrVG Rz. 128; *Fitting*, § 87 BetrVG Rz. 150.
4 BAG 16.12.2008 – 9 AZR 164/08, NZA 2009, 689; 12.10.1994 – 7 AZR 398/93, NZA 1995, 641; 11.7.1990 – 5 AZR 557/89, NZA 1991, 67.
5 LAG Köln 14.6.1989 – 2 TaBV 17/89, NZA 1989, 939f.; LAG Nürnberg 22.7.1976 – 1 TaBV 7/76, LAGE § 87 BetrVG 1972 Nr. 1; 6.11.1990 – 4 TaBV 13/90, DB 1991, 707; *Fitting*, § 87 BetrVG Rz. 153; *Bischof*, NZA 1995, 1021; aA DKKW/*Klebe*, § 87 BetrVG Rz. 129.
6 BAG 21.11.1978 – 1 ABR 67/76, AP Nr. 2 zu § 87 BetrVG 1972 – Arbeitszeit.
7 *Fitting*, § 87 BetrVG Rz. 156.
8 BAG 4.3.1986 – 1 ABR 15/84, NZA 1986, 432; LAG Nds. 24.1.1984 – 8 TaBV 5/83, DB 1984, 994; LAG Hess. 8.11.1983 – 5 TaBV 74/83, DB 1984, 672; *Fitting*, § 87 BetrVG Rz. 159.
9 LAG Berlin 29.10.1998 – 10 Sa 95/98, BuW 1999, 600.
10 BAG 14.2.1991 – 2 AZR 415/90, NZA 1991, 607.
11 BAG 14.2.1991 – 2 AZR 415/90, NZA 1991, 607; 27.1.1994 – 6 AZR 541/93, NZA 1995, 134; 17.1.1995 – 1 AZR 283/94, nv.

führt dazu, dass die Lohnansprüche der Arbeitnehmer aus Annahmeverzug erhalten bleiben[1]. Soll eine Betriebsvereinbarung über die Einführung von Kurzarbeit normative Wirkung auf die einzelnen Arbeitsverhältnisse entfalten, muss sie Beginn und Dauer der Kurzarbeit, die Lage und Verteilung der Arbeitszeit, die Auswahl der betroffenen Arbeitnehmer oder Abteilungen und die Zeiträume, in denen die Arbeit ganz ausfallen soll, festlegen[2].

cc) Kurzarbeit und Überstunden im Arbeitskampf

606 Umstritten ist das Mitbestimmungsrecht des Betriebsrats bei Anordnung von Kurzarbeit oder Überstunden als Auswirkung von **Streiks und Aussperrung**. Das Mitbestimmungsrecht des Betriebsrats entfällt, wenn der Arbeitgeber während eines Streiks im Betrieb die betriebsübliche Arbeitszeit der arbeitswilligen Arbeitnehmer aus streikbedingten Gründen vorübergehend verlängern will[3]. Begründet wird dies mit der Neutralitätspflicht des Betriebsrats. Auch bei Kurzarbeit, die auf arbeitskampfbedingte Fernwirkungen zurückzuführen ist, ist das Mitbestimmungsrecht bei einer Störung der Kampfparität eingeschränkt[4], da in diesen Fällen die vom BAG entwickelte Arbeitskampfrisikolehre eingreift. Dann unterliegt nur die Regelung der Modalitäten, also das „Wie" (etwa die Verteilung der Restarbeitszeit), der Mitbestimmung. Die Voraussetzungen und der Umfang der Arbeitszeitverkürzung, das „Ob" der Kurzarbeit also, ist vorgegeben und nicht von der Zustimmung des Betriebsrats abhängig[5]. Hat die Fernwirkung hingegen keine Paritätsrelevanz, besteht das Mitbestimmungsrecht des Betriebsrats ohne Einschränkung[6]. Eine abweichende Meinung im Schrifttum nimmt ein uneingeschränktes Mitbestimmungsrecht unabhängig von der Beeinflussung des Kräfteverhältnisses der Parteien an[7].

d) Zeit, Ort und Art der Auszahlung des Arbeitsentgelts (§ 87 Abs. 1 Nr. 4 BetrVG)

607 Der Betriebsrat bestimmt nach § 87 Abs. 1 Nr. 4 BetrVG sowohl bei Zeit, Ort und Art der Auszahlung des Arbeitsentgeltes mit.

608 **Arbeitsentgelt** iSd. § 87 Abs. 1 Nr. 4 BetrVG ist die in Geld auszuzahlende Vergütung des Arbeitnehmers für geleistete Arbeit ohne Rücksicht auf ihre Bezeichnung einschließlich der Sachleistungen.

Beispiele:

Gehalt, Lohn, Provision, Gratifikation, Gewinnbeteiligung, Kindergeld, Familienzulage, Teuerungszulage, Urlaubsentgelt und Urlaubsgeld, Reisekosten, Wegegelder, Spesen, Auslösungen, Sachbezüge (Deputate) wie Unterkunft und Verpflegung etc.[8].

609 Die Frage des **Zahlungszeitpunktes** betrifft den Tag und die Stunde der Entgeltzahlungen. § 614 BGB regelt insoweit nur – allerdings vereinbarungsoffen –, dass die Vergütung nachträglich, dh. nach Erbringung der Leistung der Dienste, zu zahlen ist. Der Mitbestimmung unterliegen aber auch die Zeitabschnitte der Entgeltzahlung, also die Frage, ob wöchentlich oder monatlich eine Auszahlung vorgenommen wird[9].

---

1 *Fitting*, § 87 BetrVG Rz. 158.
2 LAG Sachs. 31.7.2002 – 2 Sa 910/01, NZA-RR 2003, 366; LAG Hess. 14.3.1997 – 17/13 Sa 162/96, NZA-RR 1997, 479.
3 BAG 24.4.1979 – 1 ABR 43/77, DB 1979, 1655; vgl. auch BAG 30.8.1994 – 1 ABR 10/94, NZA 1995, 183.
4 BAG 22.12.1980 – 1 ABR 2/79, BAGE 34, 331.
5 BAG 22.12.1980 – 1 ABR 2/79, BAGE 34, 331.
6 *Fitting*, § 87 BetrVG Rz. 174ff.
7 Vgl. etwa DKKW/*Klebe*, § 87 BetrVG Rz. 116ff.
8 *Fitting*, § 87 BetrVG Rz. 180; GK-BetrVG/*Wiese*, § 87 Rz. 425.
9 Vgl. BAG 26.1.1983 – 4 AZR 206/80, BAGE 41, 297; LAG BW 10.11.1987 – 8 TaBV 3/87, NZA 1988, 325.

Deshalb erfasst das Mitbestimmungsrecht auch die Festlegung der Lohnzahlungsperiode. Es erstreckt sich auf Regelungen zu einem verstetigten Lohn und die Abgeltung von Überstunden beim Führen eines Arbeitszeitkontos[1]. Der Mitbestimmung nach dieser Vorschrift unterliegen weder die Höhe des Vergütungsanspruchs noch die Voraussetzungen, unter denen der Entgeltanspruch untergeht[2]. Damit berechtigt das Mitbestimmungsrecht die Betriebsparteien auch nicht, durch eine Stichtagsregelung für eine variable Erfolgsvergütung, den Arbeitnehmern bereits verdientes Arbeitsentgelt zu entziehen[3].

Ort der Auszahlung der Arbeitsentgelte ist die Stelle, an der der Arbeitnehmer sein Arbeitsgeld in Empfang nehmen soll. Im Regelfall ist dies der Betrieb[4]. Die bargeldlose Entgeltzahlung ist eine **Art der Auszahlung** der Arbeitsentgelte[5]. Bei bargeldloser Entgeltzahlung entstehen dem Arbeitnehmer regelmäßig für die Errichtung und Führung eines Gehalts- oder Lohnkontos Kosten in Form von Kontoführungsgebühren, Buchungsgebühren etc. Das Mitbestimmungsrecht erstreckt sich daher auch auf die Frage, wer diese Kosten zu tragen hat[6]. Ohne besondere kollektivrechtliche Vereinbarung trägt der Arbeitgeber diese Kosten nicht[7]. Eine Pauschalierung der Kosten durch Betriebsvereinbarung ist zulässig[8]. Ist der Arbeitgeber damit nicht einverstanden und bietet an, das Arbeitsentgelt während der Arbeitszeit bar auszuzahlen, ist ein Spruch der Einigungsstelle, der die bargeldlose Auszahlung regelt und den Arbeitgeber verpflichtet, an jeden Arbeitnehmer einen monatlichen Ausgleich der durch die bargeldlose Lohnzahlung entstehenden Kosten zu zahlen, ermessensfehlerhaft[9]. 610

e) Aufstellung allgemeiner Urlaubsgrundsätze und des Urlaubsplanes (§ 87 Abs. 1 Nr. 5 BetrVG)

§ 87 Abs. 1 Nr. 5 BetrVG gibt dem Betriebsrat ein Mitbestimmungsrecht bei der **Aufstellung allgemeiner Grundsätze über die Gewährung oder Versagung von Urlaub**. Durch das Mitbestimmungsrecht wird das dem Arbeitgeber bei der Festlegung der Lage des Urlaubs zustehende Gestaltungsrecht beschränkt. Dadurch sollen die Urlaubswünsche der einzelnen Arbeitnehmer und das betriebliche Interesse an einem geordneten Betriebsablauf sinnvoll ausgeglichen werden[10]. Das Mitbestimmungsrecht in Urlaubsfragen betrifft den Erholungsurlaub im Sinne des Bundesurlaubsgesetzes, den Zusatzurlaub für behinderte Menschen[11], den Bildungsurlaub[12] und den unbezahlten Sonderurlaub im Zusammenhang mit bezahltem Erholungsurlaub[13]. 611

Das Mitbestimmungsrecht des Betriebsrats beginnt mit der Aufstellung allgemeiner Urlaubsgrundsätze. In diesen Urlaubsgrundsätzen werden allgemeine Richtlinien 612

---

1 BAG 15.1.2002 – 1 AZR 165/01, NZA 2002, 1112.
2 BAG 7.6.2011 – 1 AZR 807/09, NZA 2011, 1234.
3 BAG 5.7.2011 – 1 AZR 94/10, ArbRAktuell 2011, 642; 12.4.2011 – 1 AZR 412/09, NZA 2011, 989.
4 *Fitting*, § 87 BetrVG Rz. 184.
5 Vgl. nur BAG 24.11.1987 – 1 ABR 25/86, NZA 1988, 405 (406).
6 St. Rspr., vgl. BVerfG 18.10.1987 – BvR 1426/83, NJW 1988, 1135; BAG 24.11.1987 – 1 ABR 25/86, NZA 1988, 405; 5.3.1991 – 1 ABR 41/90, NZA 1991, 611.
7 Vgl. nur BAG 15.12.1976 – 4 AZR 531/75, BB 1977, 443; BVerwG 12.12.1979 – 6 C 28.78, AP Nr. 88 zu § 611 BGB – Fürsorgepflicht.
8 BAG 10.8.1993 – 1 ABR 21/93, NZA 1994, 326; 5.3.1991 – 1 ABR 41/90, NZA 1991, 611.
9 LAG Hamm 22.2.2000 – 13 TaBV 80/99, BuW 2001, 176; vgl. auch BAG 10.8.1993 – 1 ABR 21/93, NZA 1994, 326.
10 *Fitting*, § 87 BetrVG Rz. 191.
11 Vgl. zum Zusatzurlaub für behinderte Menschen LAG Hess. 16.2.1987 – 11 Sa 609/86, BB 1987, 1461.
12 BAG 28.5.2002 – 1 ABR 37/01, NZA 2003, 171.
13 BAG 18.6.1974 – 1 ABR 25/73, BAGE 26, 193.

festgelegt, nach denen der Urlaub den Arbeitnehmern zu gewähren ist. Regelungsbedürftig ist regelmäßig die Frage, ob der Urlaub im Rahmen von Betriebsferien zu nehmen ist bzw. ob **Betriebsferien** überhaupt eingeführt werden sollen[1]. Mit der Einführung von Betriebsferien liegen dringende betriebliche Belange iSd. § 7 Abs. 1 Satz 1 BUrlG vor, hinter denen abweichende Urlaubswünsche des einzelnen Arbeitnehmers zurücktreten müssen[2]. Nur nach zum Teil vertretener Auffassung steht dem Betriebsrat ein **Initiativrecht** auf Einführung allgemeiner Betriebsferien zu[3].

613 Bei Aufstellung der **allgemeinen Urlaubsgrundsätze** können Vereinbarungen darüber getroffen werden, dass Arbeitnehmer mit schulpflichtigen Kindern ihren Urlaub während der Schulferien erhalten, dass die Urlaubsgewährung Rücksicht auf den Urlaub des berufstätigen Ehegatten oder Lebenspartners nimmt, dass die Urlaubserteilung zwischen günstigen und ungünstigeren Monaten abwechselt und dass der Urlaub auf das Kalenderjahr verteilt wird. Mitbestimmungspflichtig ist das Bewilligungsverfahren, Fragen einer etwaigen Urlaubssperre oder die Regelung von Urlaubsvertretungen[4]. Bei einer Freistellung aller Arbeitnehmer unter Anrechnung ihrer Urlaubsansprüche während der Kündigungsfrist bei einer Betriebsstilllegung besteht kein Mitbestimmungsrecht nach § 87 Abs. 1 Nr. 5 BetrVG, weil in diesem Fall kein Regelungsspielraum mehr besteht und keine widerstreitenden Interessen der Arbeitnehmer mehr ausgeglichen werden können[5].

614 Unter Berücksichtigung der allgemeinen Urlaubsgrundsätze ist auch der **Urlaubsplan** mit Beteiligung des Betriebsrats aufzustellen, dh. die Festlegung des konkreten Urlaubs der einzelnen Arbeitnehmer auf bestimmte Zeiten[6]. Der Urlaubsplan ist verbindlich, auch der Arbeitgeber ist daher an den Plan gebunden[7]. Vom Urlaubsplan sind die **Urlaubslisten** zu unterscheiden. Bei einer Urlaubsliste handelt es sich um ein Verzeichnis der von den Arbeitnehmern geäußerten Urlaubswünsche. Das Führen einer Urlaubsliste ist Teil des Verfahrens der Urlaubsgewährung und ist deshalb als Urlaubsgrundsatz mitbestimmungspflichtig[8]. Die Eintragung in eine Urlaubsliste für einen bestimmten Urlaubszeitraum stellt noch keine Urlaubsbewilligung für diesen Zeitraum dar[9]. Ist allerdings kein Urlaubsplan aufgestellt worden, soll durch die Eintragung in die Urlaubsliste der Urlaub festgelegt werden, wenn der Arbeitgeber dem Wunsch eines Arbeitnehmers nicht innerhalb angemessener Frist widerspricht[10]. Der Urlaub soll dann nach Treu und Glauben als erteilt gelten.

615 Kommt zwischen einem **einzelnen Arbeitnehmer** und dem Arbeitgeber keine Einigung über die **zeitliche Lage des Urlaubs** zustande, so soll nach nahezu einhelliger Auffassung der Betriebsrat auch in diesem Fall ein Mitbestimmungsrecht haben[11]. Dies stellt eine Ausnahme von dem Grundsatz dar, dass sich das Mitbestimmungsrecht des Betriebsrats regelmäßig nur auf die Regelung kollektiver Tatbestände er-

---

1 Vgl. BAG 31.5.1988 – 1 AZR 192/87, BAGE 58, 315; 9.5.1984 – 5 AZR 412/81, NZA 1984, 162.
2 BAG 28.7.1981 – 1 ABR 79/79, BB 1981, 616.
3 ArbG Osnabrück 1.2.1984 – 2 BV 14/83, ArbuR 1984, 380; LAG Nds. 26.2.1985 – 6 TaBV 2/84; *Fitting*, § 87 BetrVG Rz. 198; DKKW/*Klebe*, § 87 BetrVG Rz. 145; aA Richardi/*Richardi*, § 87 BetrVG Rz. 454; GK-BetrVG/*Wiese*, § 87 Rz. 457.
4 *Fitting*, § 87 BetrVG Rz. 199.
5 So zu Recht LAG Köln 16.3.2000 – 10 (11) Sa 1280/99, NZA-RR 2001, 310.
6 *Fitting*, § 87 BetrVG Rz. 201.
7 Vgl. DKKW/*Klebe*, § 87 BetrVG Rz. 146 f mwN.
8 Vgl. nur GK-BetrVG/*Wiese*, § 87 Rz. 465.
9 LAG Düsseldorf 8.5.1970 – 3 Sa 89/70, DB 1970, 1136.
10 LAG Düsseldorf 8.5.1970 – 3 Sa 89/70, DB 1970, 1136; LAG Hess. 5.4.1956 – IV LA 597/55, DB 1956, 647.
11 LAG München 23.3.1988 – 8 Sa 1060/88, LAGE Nr. 13 zu § 611 BGB – Abmahnung; ArbG Frankfurt 28.4.1988 – 5 BV 7/88, AiB 1988, 288; Richardi/*Richardi*, § 87 BetrVG Rz. 451, 464; *Fitting*, § 87 BetrVG Rz. 205; aA GK-BetrVG/*Wiese*, § 87 Rz. 471.

streckt. Erteilt ein Arbeitgeber sein Einverständnis einem einzelnen Arbeitnehmer aus betrieblichen Gründen nicht, so müssen diese betrieblichen Interessen gegen die Interessen des oder der betroffenen Arbeitnehmer abgewogen werden. Maßgeblich sind hierbei die in § 7 Abs. 1 Satz 1 BUrlG aufgestellten Grundsätze[1], die beiderseitigen Interessen sind nach billigem Ermessen abzuwägen[2]. In der Rechtsprechung wird zum Teil die Auffassung vertreten, das Mitbestimmungsrecht nach § 87 Abs. 1 Nr. 5 BetrVG bestehe auch dann, wenn der bereits erteilte Urlaub widerrufen werden solle und hierüber kein Einvernehmen erzielt werden könne[3]. Nach herrschender Meinung im Schrifttum ist der **Widerruf** eines bewilligten Urlaubs oder der **Rückruf** eines einzelnen Arbeitnehmers aus dem Urlaub nicht mitbestimmungspflichtig[4], weil sich die Zulässigkeit des Rückrufs eines Einzelnen aus dem Urlaub nach urlaubsrechtlichen Grundsätzen richtet und damit nach Individualarbeitsrecht zu prüfen ist. In der Regel wird ein Widerruf ohnehin nur in seltenen Ausnahmefällen aus dringenden Gründen möglich sein[5].

Das Mitbestimmungsrecht nach § 87 Abs. 1 Nr. 5 BetrVG bezieht sich nicht auf die **Dauer des Urlaubs** sowie deren Berechnung[6]. Hierfür sind neben dem Arbeitsvertrag allein die gesetzlichen Regelungen und evtl. tarifliche Vorschriften maßgeblich[7]. Die Höhe und Berechnung des **Urlaubsentgelts** unterfällt ebenfalls nicht dem Mitbestimmungsrecht nach § 87 Abs. 1 Nr. 5 BetrVG. Das gilt gleichermaßen für das zusätzliche **Urlaubsgeld**. 616

f) Einführung und Anwendung technischer Einrichtungen zur Verhaltens- und Leistungsüberwachung (§ 87 Abs. 1 Nr. 6 BetrVG)

Gem. § 87 Abs. 1 Nr. 6 BetrVG besteht ein Mitbestimmungsrecht bei der Einführung und Anwendung von technischen Einrichtungen, die dazu bestimmt sind, das Verhalten und die Leistung der Arbeitnehmer zu überwachen. Schutzzweck des Gesetzes ist es, den (zulässigen) **Eingriff in das Persönlichkeitsrecht** des Arbeitnehmers mittels technischer Kontrolleinrichtungen nur nach Mitbestimmung des Betriebsrats zuzulassen[8]. Die Vorschrift geht als Spezialvorschrift der Regelung des Abs. 1 Nr. 1 vor, soweit eine Verhaltens- oder Leistungskontrolle der Arbeitnehmer durch technische Einrichtungen erfolgt[9]. Die Regelung des § 87 Abs. 1 Nr. 6 BetrVG und ihre Auslegung durch die Rechtsprechung ist insbesondere für die Einführung und Anwendung von Datenverarbeitungs- wie modernen Kommunikationstechnologien von inzwischen kaum noch zu überschätzender Bedeutung. 617

Der Betriebsrat hat ein Mitbestimmungsrecht sowohl bei der **Einführung** wie auch bei der **Anwendung**. Das Mitbestimmungsrecht entfällt, wenn die Kontrolleinrichtung (bspw. ein Fahrtenschreiber) gesetzlich oder tariflich vorgeschrieben ist[10]. Führt der Arbeitgeber eine Kontrolleinrichtung ohne Zustimmung des Betriebsrats ein, so soll den Arbeitnehmern ein Leistungsverweigerungsrecht unter Aufrechterhaltung ihres Vergütungsanspruchs zustehen, wenn die geschuldete Arbeitsleistung nicht möglich ist, ohne dass die Kontrolleinrichtung die Leistungs- und Verhaltensinformationen erfasst[11]. 618

---

1 *Fitting*, § 87 BetrVG Rz. 205.
2 Vgl. nur BAG 4.12.1970 – 5 AZR 242/70, BB 1971, 220.
3 LAG München 23.3.1988 – 8 Sa 1060/88, LAGE § 611 BGB – Abmahnung Nr. 13.
4 So etwa GK-BetrVG/*Wiese*, § 87 Rz. 468.
5 *Fitting*, § 87 BetrVG Rz. 203.
6 LAG Hamm 12.12.2011 – 10 TaBV 87/11; BAG 14.1.1992 – 9 AZR 148/91, NZA 1992, 759.
7 *Fitting*, § 87 BetrVG Rz. 212.
8 *Fitting*, § 87 BetrVG Rz. 215.
9 *Fitting*, § 87 BetrVG Rz. 214; vgl. auch BAG 9.9.1975 – 1 ABR 20/74, BAGE 27, 256.
10 BAG 10.7.1979 – 1 ABR 50/78, DB 1979, 2428.
11 *Fitting*, § 87 BetrVG Rz. 256; GK-BetrVG/*Wiese*, § 87 Rz. 580.

aa) Technische Einrichtungen

619 Unter technischer Einrichtung iSd. § 87 Abs. 1 Nr. 6 BetrVG sind Geräte und Anlagen zu verstehen, die mit den Mitteln der Technik eine **eigene Leistung** im Zuge der Überwachung erbringen, indem sie selbst Tätigkeiten verrichten, die sonst der überwachende Mensch wahrnehmen muss[1]. Durch ihre eigene Leistung unterscheiden sich die technischen Einrichtungen vom bloßen technischen Hilfsmittel beim Überwachungsvorgang, wie etwa einem Fernrohr oder Einwegscheiben. Auch bloße Zugangssicherungssysteme sind keine technischen Überwachungseinrichtungen iSd. § 87 Abs. 1 Nr. 6 BetrVG[2]. Das Gleiche gilt für eine Stoppuhr, die ein Vorgesetzter zur Feststellung des Zeitverbrauchs für einen Arbeitsvorgang benutzt[3]. Auch herkömmliche Schreibgeräte, mit denen der Arbeitnehmer seine Arbeitsleistung auf Papier aufschreibt, sind keine technischen Einrichtungen mit einer eigenständigen Kontrollwirkung[4]. Nur die Kontrolle durch eine technische Einrichtung löst das Mitbestimmungsrecht aus, nicht die Kontrolle durch Personen, seien es Vorgesetzte oder Dritte[5].

620 Beispiele für technische Überwachungseinrichtungen:

Film- und Videokameras; Fertigung von Tonbandaufnahmen oder Aufnahmen von Telefongesprächen; Zeiterfassungsgeräte (Stechuhren, Zeitstempler etc.); Produktographen, dh. Geräte, die Daten über Lauf und Ausnutzung von Maschinen aufzeichnen; Fotokopiergeräte mit persönlicher Code-Nummer für Benutzer; Fahrtenschreiber; Geräte zur automatischen Erfassung von Telefondaten oder -gebühren; Bildschirme, die mit einem Rechner verbunden sind, der die Tätigkeit der Arbeitnehmer festhält; die Einführung von Computerinformationssystemen; Personalabrechnungs- und Personalinformationssysteme wie zB Paisy; Mobiltelefone, Arbeitswirtschaftsinformationssysteme, ISDN-Nebenstellenanlagen; ACD-Telefonanlagen, Überwachungstechnik im Zusammenhang mit der Nutzung von Intranet/Internet und dem Versand von E-Mails, Videoüberwachung, GPS etc.[6].

621 Einstweilen frei.

bb) Überwachung

622 Unter dem Begriff der Überwachung wird das **Sammeln und Festhalten von Daten**, die mit anderen Daten verglichen werden, also zB das Feststellen der Ankunftszeit mittels Stempeluhr und Vergleich mit dem Beginn der Dienstzeit (Soll-Ist-Vergleich), verstanden[7]. Die Merkmale des „Sammelns" und „Verarbeitens" von Informationen müssen nicht zusammen vorliegen, es reicht bereits das Vorliegen des „Sammelns" oder „Verarbeitens" von Informationen zur Annahme einer Überwachung aus[8].

623 Zur Überwachung „**bestimmt**" ist eine technische Einrichtung dann, wenn diese objektiv geeignet ist, Verhaltens- oder Leistungsinformationen der Arbeitnehmer zu erheben und aufzuzeichnen, unabhängig davon, ob der Arbeitgeber subjektiv diese Verhaltens- und Leistungsdaten auch auswerten oder verwenden will[9]. Die Überwachung muss sich auf die Leistung oder das Verhalten des Arbeitnehmers beziehen. Leistung ist die vom Arbeitnehmer in Erfüllung seiner Verpflichtung erbrachte Arbeit[10]. Ver-

---

1 BAG 14.11.2006 – 1 ABR 4/06, NZA 2007, 399.
2 BAG 10.4.1984 – 1 ABR 69/82, DB 1984, 2097.
3 BAG 8.11.1994 – 1 ABR 20/94, NZA 1995, 313.
4 BAG 24.11.1981 – 1 ABR 108/79, DB 1982, 1116.
5 BAG 18.4.2000 – 1 ABR 22/99, NZA 2000, 1176; 18.11.1999 – 2 AZR 743/98, NZA 2000, 418.
6 Vgl. nur die zahlreichen Nachweise bei *Fitting*, § 87 BetrVG Rz. 244 ff.
7 Vgl. nur BAG 14.9.1984 – 1 ABR 23/82, NZA 1985, 28.
8 BAG 14.11.2006 – 1 ABR 4/06, NZA 2007, 399; 14.9.1984 – 1 ABR 23/82, NZA 1985, 28.
9 BAG 10.12.2013 – 1 ABR 43/12, NZA 2014, 439.
10 Vgl. BAG 23.4.1985 – 1 ABR 2/82, NZA 1985, 671; 18.2.1986 – 1 ABR 21/84, NZA 1986, 488.

halten ist jedes Tun oder Unterlassen im betrieblichen und außerbetrieblichen Bereich, das für das Arbeitsverhältnis erheblich werden kann[1].

Nach Sinn und Zweck des § 87 Abs. 1 Nr. 6 BetrVG, die Arbeitnehmer vor Eingriffen in ihren Persönlichkeitsbereich und dem damit verbundenen Überwachungsdruck zu schützen, genügt es, wenn die Einrichtung aufgrund ihrer technischen Gegebenheiten und ihres konkreten Einsatzes **objektiv zur Überwachung der Arbeitnehmer geeignet** ist; unerheblich ist, ob dies nur Nebeneffekt der technischen Einrichtung ist und/oder ob die erfassten Arbeitnehmerdaten vom Arbeitgeber überhaupt ausgewertet werden[2]. Aufgrund der mangelnden objektiven Eignung zur Überwachung sind daher Anordnungen des Arbeitgebers, Tätigkeitsberichte zu erstellen oder Arbeitsbücher zu führen, nicht mitbestimmungspflichtig[3]. Gleiches gilt für den Einsatz eines internetbasierten Routenplaners zur Überprüfung einer Fahrtkostenabrechnung[4]. Entscheidendes Merkmal der Überwachung ist, dass die technische Einrichtung eine eigenständige Kontrollwirkung hat. 624

Ein Mitbestimmungsrecht besteht auch dann nicht, wenn die Kontrolldaten ohne Individualisierung nur **einer Gruppe zugeordnet** werden können[5]. Wenn der von der technischen Einrichtung ausgehende Überwachungsdruck auf die Gruppe aber auch auf den einzelnen Arbeitnehmer durchschlägt, was regelmäßig bei kleinen Gruppen der Fall ist, kann das Mitbestimmungsrecht eingreifen[6]. 625

Umstritten ist, ob dem Betriebsrat ein **Initiativrecht** zur Einführung von technischen Kontrolleinrichtungen, wie bspw. Stechuhren, zusteht. Das BAG verneint dies[7]. Die Abschaffung einer aufgrund einer solchen Initiative eingerichteten technischen Kontrolleinrichtung bedarf daher auch nicht der Zustimmung des Betriebsrats[8]. Das Schrifttum hat sich zum Teil gegen diesen Standpunkt gewandt[9]. Richtigerweise ist ein Initiativrecht im aufgeführten Sinne zu verneinen, da das Mitbestimmungsrecht des Betriebsrats nach § 87 Abs. 1 Nr. 6 BetrVG dem Schutz der Arbeitnehmer vor den Gefahren einer technischen Überwachung dient. 626

Zunehmende Bedeutung als Grenze für die Regelungsbefugnis der Betriebsparteien gem. § 87 Abs. 1 Nr. 6 BetrVG gewinnt § 75 Abs. 2 Satz 1 BetrVG iVm. dem allgemeinen **Persönlichkeitsrecht** der Arbeitnehmer. Bei der Einführung von Überwachungseinrichtungen (zB Videoüberwachung) muss der Verhältnismäßigkeitsgrundsatz beachtet werden. Dabei ist stets unter Berücksichtigung der Umstände des Einzelfalls eine Güterabwägung vorzunehmen[10]. Von besonderer Bedeutung sind natürlich darüber hinaus die Vorschriften zum Arbeitnehmerdatenschutz im BDSG. 627

cc) Erhebung und Speicherung von Arbeitnehmerdaten

Das Speichern in rechtlich zulässiger Weise erhobener Daten ist im Rahmen der Zweckbestimmung des Arbeitsverhältnisses – mit den Einschränkungen durch das informationelle Selbstbestimmungsrecht – unter Beachtung der Vorgaben des BDSG und landesrechtlicher Datenschutzregelungen zulässig. Maßgebend für die im Rah- 628

---

1 Fitting, § 87 BetrVG Rz. 221.
2 BAG 14.11.2006 – 1 ABR 4/06, NZA 2007, 399.
3 BAG 24.11.1981 – 1 ABR 108/79, BAGE 37, 112.
4 BAG 10.12.2013 – 1 ABR 43/12, NZA 2014, 439.
5 BAG 6.12.1983 – 1 ABR 43/81, BB 1984, 850.
6 BAG 26.7.1994 – 1 ABR 6/94, NZA 1995, 185 (für Gruppenakkord Überwachungsdruck bzw. Anpassungszwang bejaht).
7 BAG 28.11.1989 – 1 ABR 97/88, NZA 1990, 406.
8 BAG 28.11.1989 – 1 ABR 97/88, NZA 1990, 406.
9 DKKW/*Klebe*, § 87 BetrVG Rz. 166; *Fitting*, § 87 BetrVG Rz. 251.
10 BAG 29.6.2004 – 1 ABR 21/03, NZA 2004, 1278; 14.12.2004 – 1 ABR 34/03, NZA 2005, 839.

men der Zweckbestimmung vorzunehmende Interessenabwägung ist der Grundsatz der **Verhältnismäßigkeit**. Dabei muss dem berechtigten Informationsinteresse des Arbeitgebers Rechnung getragen werden. Unter Berücksichtigung der beiderseitigen Belange dürfen aus einem Personalfragebogen das Geschlecht, der Familienstand, die schulische Ausbildung und die Ausbildung in Lehr- und anderen Berufen, die Fachschulausbildung, etwaige Sprachkenntnisse, die Anschrift usw. gespeichert werden[1]. Die Speicherung dieser Daten verletzt nicht das Mitbestimmungsrecht des Betriebsrats, weil diese Daten nichts über Verhalten und Leistung des Arbeitnehmers aussagen[2]. Bei der Einführung von Personalfragebögen sind jedoch die Mitbestimmungsrechte des Betriebsrates nach § 94 BetrVG zu beachten[3].

g) Regelungen über die Verhütung von Arbeitsunfällen und Berufskrankheiten sowie über Gesundheitsschutz (§ 87 Abs. 1 Nr. 7 BetrVG)

629 Nach § 87 Abs. 1 Nr. 7 BetrVG besteht ein Mitbestimmungsrecht des Betriebsrats für Regelungen zur Verhütung von Arbeitsunfällen und Berufskrankheiten sowie zum Gesundheitsschutz, soweit es um die **Ausfüllung des Rahmens der gesetzlichen Arbeitsschutzvorschriften und der Unfallverhütungsvorschriften (UVV) der Berufsgenossenschaft** geht. Das Mitbestimmungsrecht nach § 87 Abs. 1 Nr. 7 BetrVG ist im Zusammenhang mit § 89 BetrVG zu sehen. § 89 BetrVG sieht eine Zusammenarbeit des Betriebsrats mit staatlichen Stellen zur Verhütung von Arbeitsunfällen vor. Wenn das Mitbestimmungsrecht nach § 87 Abs. 1 Nr. 7 BetrVG eingreift, erstreckt es sich auch auf organisatorische, medizinische und technische Maßnahmen[4].

630 Voraussetzung für die Ausübung dieses Mitbestimmungsrechts ist, dass **ausfüllungsbedürftige Rahmenvorschriften** vorhanden sind[5]. Ein bedeutsamer Anwendungsbereich für die Mitbestimmung im Rahmen des § 87 Abs. 1 Nr. 7 BetrVG wird mit dem Gesetz über Betriebsärzte, Sicherheitsingenieure und andere Fachkräfte für Arbeitssicherheit (ASiG) eröffnet. Dieses Gesetz verpflichtet die Arbeitgeber, ihre Betriebe daraufhin zu überprüfen, ob der Einsatz von Betriebsärzten und Fachkräften für Arbeitssicherheit erforderlich ist[6]. Als weitere ausfüllungsfähige Rahmenvorschriften werden nach ganz hM auch die sog. Generalklauseln in §§ 62 HGB, 618 BGB, § 3 Abs. 1 ArbStättVO[7] und § 84 Abs. 2 SGB IX[8] sowie zahlreiche Rahmenregelungen des ArbSchG (und der BildscharbV)[9] angesehen. Das Mitbestimmungsrecht besteht nur im Rahmen der ausfüllungsbedürftigen Rahmenvorschriften[10]. Es entfällt also, wenn bereits eine bestimmte und konkrete Regelung vorgeschrieben ist. Anders ausgedrückt setzt der Mitbestimmungstatbestand voraus, dass eine Arbeitsschutzvorschrift besteht, die durch Regelungen ausgefüllt werden soll, die also nicht bereits aus sich selbst heraus abschließend und unmittelbar Schutzstandards festlegt.

631 Beispiele:

Rauchverbote; Verpflichtung, Schutzausrüstungen zu tragen, soweit sie sich nicht bereits aus den UVV ergibt; Einführung von Lärmpausen; Aufstellung eines Flucht- bzw. Rettungsplans,

---

1 BAG 22.10.1986 – 5 AZR 660/85, NZA 1987, 415.
2 BAG 22.10.1986 – 5 AZR 660/85, NZA 1987, 415.
3 *Fitting*, § 94 BetrVG Rz. 1 ff.
4 *Fitting*, § 87 BetrVG Rz. 279.
5 BAG 6.12.1983 – 1 ABR 43/81, BB 1984, 850; 28.7.1981 – 1 ABR 65/79, BB 1982, 493.
6 *Fitting*, § 87 BetrVG Rz. 312.
7 Vgl. nur die zahlreichen Nachweise bei DKKW/*Klebe*, § 87 BetrVG Rz. 211, 216 f., 220.
8 BAG 13.3.2012 – 1 ABR 78/10, NZA 2012, 748.
9 *Fitting*, § 87 BetrVG Rz. 294 ff.
10 LAG Hamburg 21.9.2000 – 7 TaBV 3/98, NZA-RR 2001, 190; DKKW/*Klebe*, § 87 BetrVG Rz. 222.

ärztliche Untersuchungen, Festlegung von Ausgleichsmaßnahmen für Nachtarbeit gem. § 6 Abs. 5 ArbZG[1]; Unterweisung in Sicherheit und Gesundheitsschutz gem. § 12 Abs. 1 ArbSchG[2].

Bedeutsam ist das Mitbestimmungsrecht nach § 87 Abs. 1 Nr. 7 BetrVG in den letzten Jahren im Hinblick auf die **Gefährdungsbeurteilung** geworden[3]. Gem. § 5 Abs. 1 ArbSchG iVm. § 618 Abs. 1 BGB haben Arbeitnehmer Anspruch auf eine Beurteilung der mit ihrer Beschäftigung verbundenen Gefährdung. Da § 5 Abs. 1 ArbSchG keine zwingenden Vorgaben enthält, wie die Gefährdungsbeurteilung durchzuführen ist, hat der Betriebsrat bei der Ausfüllung dieses Beurteilungsspielraums mitzubestimmen[4]. Unabhängig von der Frage, ob es sich bei § 13 Abs. 2 ArbSchG um eine gesetzliche Rahmenvorschrift iSd. § 87 Abs. 1 Nr. 7 BetrVG handelt, stellt die Übertragung von Aufgaben auf Dritte typischerweise eine Einzelmaßnahme dar. Daher steht dem Betriebsrat regelmäßig kein Mitbestimmungsrecht zu, wenn der Arbeitgeber gem. § 13 Abs. 2 ArbSchG externe Personen oder Stellen mit der Durchführung von Gefährdungsbeurteilungen oder Unterweisungen beauftragt[5]. Die Unterweisung nach § 12 ArbSchG setzt eine vorherige Gefährdungsbeurteilung voraus, weil die Unterweisung die konkreten Gefährdungen zum Gegenstand haben muss, denen die Arbeitnehmer an den jeweiligen Arbeitsplätzen ausgesetzt sind[6]. Das LAG Berlin-Brandenburg verneint ein Mitbestimmungsrecht nach § 87 Abs. 1 Nr. 7 BetrVG bei der Ausgestaltung des sog. **BEM**, subsummiert diese aber unter das Mitbestimmungsrecht des § 87 Abs. 1 Nr.1 BetrVG[7]. In einer neueren Entscheidung bejaht das BAG ein Mitbestimmungsrecht nach § 87 Abs. 1 Nr. 7 BetrVG für die Ausgestaltung des Gesundheitsschutzes im Rahmen des BEM[8]. Dieser Auffassung schloss sich nun auch das LAG Hamburg an[9], nachdem es ein Mitbestimmungsrecht hinsichtlich der Ausgestaltung des Gesundheitsschutzes nach § 87 Abs. 1 Nr. 7 BetrVG im Jahr 2008 noch verneint hatte[10].

632

Auch im Rahmen der Mitbestimmung nach § 87 Abs. 1 Nr. 7 BetrVG hat der Betriebsrat nach überwiegender Auffassung in vollem Umfang ein **Initiativrecht**[11].

633

h) Sozialeinrichtungen (§ 87 Abs. 1 Nr. 8 BetrVG)

Gem. § 87 Abs. 1 Nr. 8 BetrVG steht dem Betriebsrat ein erzwingbares Mitbestimmungsrecht bei **Form, Ausgestaltung und Verwaltung von Sozialeinrichtungen**, deren Wirkungsbereich auf den Betrieb, das Unternehmen oder den Konzern beschränkt ist, zu.

634

Eine nach § 87 Abs. 1 Nr. 8 BetrVG mitbestimmungspflichtige Sozialeinrichtung liegt nur dann vor, wenn sachliche oder finanzielle Mittel in Form eines Sondervermögens auf Dauer für bestimmte soziale Zwecke verselbständigt werden und damit einer besonderen Verwaltung durch eine regelmäßig äußerlich erkennbare, auf Dauer gerichtete Organisation bedürfen[12]. Die Einrichtung muss „sozialen" Zwecken die-

635

---

1 BAG 17.1.2012 – 1 ABR 62/10, NZA 2012, 513; 8.6.2004 – 1 ABR 4/03, NZA 2005, 227; 26.4.2005 – 1 ABR 1/04, NZA 2005, 884.
2 BAG 11.1.2011 – 1 ABR 104/09, BB 2011, 243; 8.6.2004 – 1 ABR 13/03, NZA 2004, 1175.
3 BAG 11.2.2014 – 1 ABR 72/12, DB 2014, 1498.
4 BAG 12.8.2008 – 9 AZR 1117/06, DB 2008, 2030; 8.6.2004 – 1 ABR 4/03, BAGE 111, 48.
5 BAG 18.8.2009 – 1 ABR 43/08, NZA 2009, 1434.
6 BAG 8.11.2011 – 1 ABR 42/10, BB 2012, 768; 11.1.2011 – 1 ABR 104/09, BB 2011, 243.
7 LAG Bln.-Bbg. 23.9.2010 – 25 TaBV 1155/10, ArbRAktuell 2011, 178.
8 BAG 13.3.2012 – 1 ABR 78/10, NZA 2012, 748.
9 LAG Hamburg 20.2.2014 – 1 TaBV 4/13, NZA-RR 20014, 295.
10 LAG Hamburg 21.5.2008 – H 3 TaBV 1/08, AuA 2009, 48.
11 Vgl. nur GK-BetrVG/*Wiese*, § 87 Rz. 639 mwN.
12 BAG 8.11.2011 – 1 ABR 37/10, NZA 2012, 462; 10.2.2009 – 1 ABR 94/07, NZA 2009, 562; 16.6.1998 – 1 ABR 67/97, NZA 1998, 1185.

nen, dh. den Arbeitnehmern des Betriebes und evtl. auch deren Familienangehörigen sollen über das unmittelbare Arbeitsentgelt für die Arbeitsleistung hinaus weitere Vorteile gewährt werden, um deren soziale Lage zu verbessern[1]; nicht erforderlich ist die Unentgeltlichkeit der Leistungen[2]. Die Sozialeinrichtung muss nach ihrem Zweck den Arbeitnehmern des Betriebes/Unternehmens/Konzerns und nicht einem unbestimmten Personenkreis zur Verfügung stehen; unschädlich ist es, wenn Außenstehende als Gäste zugelassen werden[3]. Dieses Erfordernis ergibt sich schon aus dem Wortlaut des § 87 Abs. 1 Nr. 8 BetrVG, wonach die Sozialeinrichtung vom Arbeitgeber für die Arbeitnehmer eines Betriebs, Unternehmens oder Konzerns errichtet sein muss. Deshalb gehören sog. Gruppenunterstützungskassen, die für mehrere, nicht einem Konzern angehörende Unternehmen errichtet sind, nicht zu den Sozialeinrichtungen im Sinne dieser Vorschrift[4]. Gleiches gilt für eine Kita, die als öffentliche Einrichtung auch Kindern von Nichtbelegschaftsmitgliedern zur Verfügung steht[5].

636 **Beispiele für mitbestimmungspflichtige Sozialeinrichtungen:**

Kantinen und Kasinos[6]; Erholungsheime[7]; Betriebswohnheime[8]; Betriebskindergärten[9]; Werksbüchereien, Verkaufsstellen und Automaten zum Bezug verbilligter Getränke[10]; Parkräume[11]; Werksverkehr mit Bussen, soweit eine eigenständige Organisation besteht[12].

Beispiele für mitbestimmungsfreie Einrichtungen:

637 Werkszeitungen[13]; Betriebskrankenkassen als gesetzliche Träger der Sozialversicherung[14]; einmalige finanzielle Zuwendungen des Arbeitgebers (Gratifikationen); Gewährung von Arbeitgeberdarlehen[15]; Busverkehr durch Dritte[16]; Auswahl einer Einrichtung zur betrieblichen Altersversorgung[17]; Unterstützungskassen, die für einen Gewerbezweig oder für eine Mehrzahl nichtkonzernverbundener Arbeitgeber errichtet worden sind[18]; Personalverkauf von Kantinenware[19] und Liquidationspools für Chefärzte[20].

638 Nach § 87 Abs. 1 Nr. 8 BetrVG unterliegt die Form, Ausgestaltung und Verwaltung von Sozialeinrichtungen der Mitbestimmung des Betriebsrats, **nicht** aber die Entscheidung des Arbeitgebers, **ob** er überhaupt eine Sozialeinrichtung errichten oder wieder schließen will[21]. Mitbestimmungspflichtig ist jedoch bspw. die Erhöhung der Kantinenpreise oder der Beiträge für einen Betriebskindergarten[22].

---

1 BAG 10.2.2009 – 1 ABR 94/07, NZA 2009, 562.
2 BAG 10.2.2009 – 1 ABR 94/07, NZA 2009, 562.
3 BAG 10.2.2009 – 1 ABR 94/07, NZA 2009, 562.
4 BAG 9.5.1989 – 3 AZR 439/88, NZA 1989, 889; 22.4.1986 – 3 AZR 100/83, NZA 1986, 574.
5 BAG 10.2.2009 – 1 ABR 94/07, NZA 2009, 562.
6 BAG 15.9.1987 – 1 ABR 31/86, NZA 1988, 104.
7 BAG 3.6.1975 – 5 ABR 118/73, AP Nr. 3 zu § 87 BetrVG 1972 – Werkmietwohnungen.
8 BVerwG 24.4.1992 – 6 P 33.90, AP Nr. 11 zu § 87 BetrVG 1972 – Sozialeinrichtung.
9 LAG Hamm 27.11.1975 – 8 TaBV 88/75, DB 1976, 201.
10 *Fitting*, § 87 BetrVG Rz. 347.
11 ArbG Wuppertal 7.1.1975 – 1 BV 33/73, BB 1975, 561.
12 BAG 9.7.1985 – 1 AZR 631/80, DB 1986, 230.
13 *Fitting*, § 87 BetrVG Rz. 348; Richardi/*Richardi*, § 87 BetrVG Rz. 622; GK-BetrVG/*Wiese*, § 87 Rz. 694; aA DKKW/*Klebe*, § 87 BetrVG Rz. 281.
14 *Fitting*, § 87 BetrVG Rz. 348.
15 BAG 9.12.1980 – 1 ABR 80/77, BAGE 34, 297, zugleich jedoch ein Mitbestimmungsrecht nach § 87 Abs. 1 Nr. 10 BetrVG bejahend.
16 LAG Schl.-Holst. 17.3.1983 – 2 (3) Sa 548/82, BB 1984, 140.
17 BAG 29.7.2003 – 3 ABR 34/02, BAGE 107, 112.
18 BAG 22.4.1986 – 3 AZR 100/83, NZA 1986, 574.
19 BAG 8.11.2011 – 1 ABR 37/10, NZA 2012, 462.
20 BAG 16.6.1998 – 1 ABR 67/97, NZA 1998, 1185.
21 St. Rspr., BAG 3.6.1975 – 1 ABR 118/73, AP Nr. 3 zu § 87 BetrVG 1972 – Werkmietwohnungen.
22 BAG 6.12.1963 – 1 ABR 9/63, BAGE 15, 136; LAG Hamm 27.11.1975 – 8 TaBV 88/75, DB 1976, 201.

Darüber hinaus bezieht sich die erzwingbare Mitbestimmung auch auf die **Ausgestaltung**, also die Satzung, Organisation der Einrichtung sowie deren Verfahrensvorschriften und Richtlinien[1]. Das Mitbestimmungsrecht kann durch den Betriebsrat auch dergestalt ausgeübt werden, dass dieser in den Verwaltungsorganen der jeweiligen Sozialeinrichtung gleichberechtigt vertreten ist[2].

639

Unterbleibt eine Mitbestimmung des Betriebsrats nach § 87 Abs. 1 Nr. 8 BetrVG, so kann dies auch **individualrechtliche Folgen** haben. Maßnahmen zum Nachteil der Arbeitnehmer, die unter Verstoß gegen das Mitbestimmungsrecht zustande gekommen sind, sind individualrechtlich unwirksam[3]. Dies soll auch dann gelten, wenn die Sozialeinrichtung rechtlich verselbständigt ist[4]. Scheidet eine Mitbestimmung nach § 87 Abs. 1 Nr. 8 BetrVG mangels „Einrichtung" aus, kommt ein Mitbestimmungsrecht nach § 87 Abs. 1 Nr. 10 BetrVG in Betracht[5].

640

i) Werkswohnungen (§ 87 Abs. 1 Nr. 9 BetrVG)

§ 87 Abs. 1 Nr. 9 BetrVG wird als ein Sonderfall des Mitbestimmungsrechts nach § 87 Abs. 1 Nr. 8 BetrVG angesehen[6]. Das Mitbestimmungsrecht besteht nur für funktionsgebundene und sonstige **Werkmietwohnungen**, jedoch nicht für Werkdienstwohnungen, da diese aufgrund des Arbeitsvertrages überlassen werden[7]. Voraussetzung des Mitbestimmungsrechts ist, dass ein Mietvertrag über Wohnraum abgeschlossen wird oder werden soll. Wohnräume sind Räume jeder Art, die zum Wohnen geeignet und bestimmt sind; es kommt nicht darauf an, ob es sich um eine vollständige Wohnung oder nur um ein einzelnes Zimmer handelt, ob die Wohnung von einzelnen oder von mehreren Personen belegt ist[8]. Zu Wohnräumen gehören daher auch Behelfsheime, Baracken, Wohnwagen oder andere Schlafstätten[9], dabei ist es unerheblich, ob die Räume kurz- oder langfristig überlassen werden sollen. Umstritten ist, ob es auf die entgeltliche Überlassung des Wohnraums ankommt. Da nach dem Wortlaut des § 87 Abs. 1 Nr. 9 BetrVG eine Vermietung von Wohnräumen vorausgesetzt wird, also eine entgeltliche Nutzungsüberlassung (vgl. § 535 BGB), ist richtigerweise ein Mitbestimmungsrecht bei einer unentgeltlichen Gebrauchsüberlassung abzulehnen[10].

641

Bei der Vergabe von Wohnungen an Arbeitnehmer und nicht vom Betriebsrat repräsentierte Personen aus einem einheitlichen Bestand erstreckt sich das Mitbestimmungsrecht des Betriebsrats auf alle Wohnungen, also auch auf die **Vergabe an dritte Personen**. Denn jede Wohnung, die einem Dritten überlassen wird, kann nicht mehr an einen Arbeitnehmer vergeben werden[11].

642

Dem Arbeitgeber steht es frei, ob er Werkmietwohnungen überhaupt zur Verfügung stellen will[12]. Die **Schließung oder Teilschließung** eines Bestandes von Werkswohnungen ist daher **mitbestimmungsfrei**[13]. Deshalb greift die Mitbestimmung nicht, wenn der Arbeitgeber sich entschließt, bestimmte Wohnungen künftig nicht mehr

643

---

1 BAG 26.4.1988 – 3 AZR 168/86, NZA 1989, 219.
2 BAG 9.5.1989 – 3 AZR 439/88, BAGE 62, 26.
3 *Fitting*, § 87 BetrVG Rz. 377.
4 BAG 10.3.1992 – 3 AZR 221/91, NZA 1992, 949.
5 BAG 8.11.2011 – 1 ABR 37/10, NZA 2012, 462.
6 *Fitting*, § 87 BetrVG Rz. 379; BAG 13.3.1973 – 1 ABR 16/72, AP Nr. 1 zu § 87 BetrVG 1972 – Werkmietwohnungen.
7 BAG 3.6.1975 – 1 ABR 118/73, AP Nr. 3 zu § 87 BetrVG 1972 – Werkmietwohnungen.
8 BAG 3.6.1975 – 1 ABR 118/73, AP Nr. 3 zu § 87 BetrVG 1972 – Werkmietwohnungen.
9 *Fitting*, § 87 BetrVG Rz. 381.
10 Ebenso GK-BetrVG/*Wiese*, § 87 Rz. 766; aA *Fitting*, § 87 BetrVG Rz. 382.
11 BAG 23.3.1993 – 1 ABR 65/92, NZA 1993, 766.
12 BAG 23.3.1993 – 1 ABR 65/92, NZA 1993, 766.
13 BAG 23.3.1993 – 1 ABR 65/92, NZA 1993, 766.

an vom Betriebsrat repräsentierte Arbeitnehmer zu vergeben, sondern ausschließlich an Dritte, wie bspw. leitende Angestellte oder sonstige Personen[1].

644 Mitbestimmungspflichtig sind die Zuweisung und die Kündigung von Wohnraum, sowie die Festlegung der allgemeinen Nutzungsbedingungen inklusive der Festlegung des Mietzinses. Die **Zuweisung** umfasst nur die Entscheidung über die Person des Begünstigten, nicht aber den Abschluss des Mietvertrages. Deshalb bleibt ein unter Umgehung des Mitbestimmungsrechts abgeschlossener Mietvertrag wirksam. Der Betriebsrat kann lediglich dessen Kündigung erzwingen; der Arbeitnehmer hat dann unter Umständen einen Schadensersatzanspruch[2]. Kündigt der Arbeitgeber einen bestehenden Mietvertrag ohne Zustimmung des Betriebsrats, so ist die **Kündigung** nach §§ 182, 111 BGB nichtig. Das gilt auch bei gleichzeitiger Kündigung des Arbeitsverhältnisses. Auch wenn das Arbeitsverhältnis bereits beendet worden ist, soll nach Meinung des BAG ein Mitbestimmungsrecht nach § 87 Abs. 1 Nr. 9 BetrVG im Hinblick auf eine Kündigung des Mietvertrages in Betracht kommen[3].

j) Betriebliche Lohngestaltung (§ 87 Abs. 1 Nr. 10 BetrVG)

645 Gem. § 87 Abs. 1 Nr. 10 BetrVG hat der Betriebsrat ein Mitbestimmungsrecht in Fragen der betrieblichen Lohngestaltung, insbesondere bei der **Aufstellung von Entlohnungsgrundsätzen** und der **Einführung** und **Anwendung** von **neuen Entlohnungsmethoden** sowie deren **Änderung**. Es handelt sich hierbei um ein umfassendes Mitbestimmungsrecht in nahezu allen Fragen der betrieblichen Lohngestaltung[4].

646 Das Mitbestimmungsrecht des Betriebsrats nach § 87 Abs. 1 Nr. 10 BetrVG bezieht sich in erster Linie auf die **Lohngestaltung** im Betrieb[5]. Die betriebliche Lohngestaltung betrifft die Festlegung abstrakter Kriterien zur Bemessung der Leistung des Arbeitgebers, die dieser zur Abgeltung der Arbeitsleistung des Arbeitnehmers oder sonst mit Rücksicht auf das Arbeitsverhältnis insgesamt erbringt[6]. Sinn und Zweck von § 87 Abs. 1 Nr. 10 BetrVG besteht darin, eine transparente Lohnordnung für den Betrieb zu schaffen und zur innerbetrieblichen Lohngerechtigkeit beizutragen[7].

647 Umstritten ist, ob sich das Mitbestimmungsrecht auch auf die **Lohnhöhe** bezieht. Dies wird vom BAG in ständiger Rechtsprechung und von der ganz überwiegenden Literaturmeinung abgelehnt[8]. Nach ebenfalls ständiger Rechtsprechung des BAG steht den Betriebspartnern keine Regelungskompetenz für bereits **ausgeschiedene Arbeitnehmer** zu[9]. Ausdrücklich offengelassen hat der 3. Senat aber, ob eine Regelungszuständigkeit für Betriebsrentner und Versorgungsanwärter bestehen kann[10].

648 Das Mitbestimmungsrecht des Betriebsrats schließt grundsätzlich auch ein **Initiativrecht** ein[11]. Dieses Initiativrecht bezieht sich allerdings nicht auf die Höhe des Arbeitsentgelts und die Einführung zusätzlicher Leistungen[12]. Denn der Betriebsrat

---

1 BAG 23.3.1993 – 1 ABR 65/92, NZA 1993, 766.
2 Richardi/*Richardi*, § 87 BetrVG Rz. 724; GK-BetrVG/*Wiese*, § 87 Rz. 781 f.; *Fitting*, § 87 BetrVG Rz. 393.
3 BAG 28.7.1992 – 1 ABR 22/92, NZA 1993, 272.
4 *Fitting*, § 87 BetrVG Rz. 408.
5 BAG 30.10.2012 – 1 ABR 61/11, NZA 2013, 522; *Fitting*, § 87 BetrVG Rz. 417.
6 BAG 14.1.2014 – 1 ABR 57/12; 18.3.2014 – 1 ABR 75/12.
7 BAG 18.3.2014 – 1 ABR 75/12.
8 BAG 30.10.2012 – 1 ABR 61/11, NZA 2013, 522; 14.4.2010 – 7 ABR 91/08, DB 2010, 1536; 15.4.2008 – 1 AZR 65/07, NZA 2008, 888; *Fitting*, § 87 BetrVG Rz. 407, 419 mwN; aA DKKW/*Klebe*, § 87 BetrVG Rz. 311.
9 BAG 19.2.2008 – 1 AZR 96/06, NZA-RR 2008, 597.
10 BAG 19.2.2008 – 3 AZR 61/06, NZA-RR 2008, 597; 28.7.1998 – 3 AZR 357/97, BAGE 89, 279.
11 BAG 18.5.2010 – 1 ABR 96/08, ArbR 2010, 454; 30.1.1990 – 1 ABR 2/89, NZA 1990, 571.
12 GK-BetrVG/*Wiese*, § 87 Rz. 956.

beteiligungssysteme. So ist bei einem Prämienlohnsystem der Verlauf der Prämienkurve, also die Frage, ob sie progressiv oder degressiv verlaufen soll, mitbestimmungspflichtig[1].

Der Mitbestimmung unterliegt nicht nur die Grundentscheidung über ein bestimmtes Entgeltsystem, sondern auch die nähere **Ausgestaltung**[2]. Das Mitbestimmungsrecht erfasst schließlich auch eine **Änderung der Entlohnungsgrundsätze**, bspw. ein Wechsel von Akkord- zu Zeitlohn oder umgekehrt[3]. 661

cc) Entlohnungsmethoden

Nach ständiger Rechtsprechung des BAG wird unter dem Begriff der Entlohnungsmethode die **Art und Weise der Durchführung des gewählten Entlohnungssystems** verstanden[4]. Eine genaue Grenzziehung zwischen Entlohnungsgrundsätzen und Entlohnungsmethoden ist nicht immer möglich, was aber letztlich keine große Bedeutung hat, da in jedem Fall ein Mitbestimmungsrecht besteht. Zu den Entlohnungsmethoden zählt unter anderem die Entscheidung darüber, ob bspw. im Akkordlohn gearbeitet werden soll, und hierbei wiederum die Frage, ob dies im Gruppen- oder Einzelakkord geschehen soll[5]. Beim Akkordlohn als Hauptanwendungsfall des Leistungslohns bezieht sich das Mitbestimmungsrecht auch darauf, ob die Akkordvorgabe konkret ausgehandelt oder geschätzt wird oder nach arbeitswissenschaftlichen Grundsätzen ermittelt wird; im letztgenannten Fall bezieht sich das Mitbestimmungsrecht nach § 87 Abs. 1 Nr. 10 BetrVG auch auf die Methode (zB REFA, Bedaux-System usw.)[6]. 662

k) Akkord-, Prämiensätze und leistungsbezogene Entgelte (§ 87 Abs. 1 Nr. 11 BetrVG)

Das Mitbestimmungsrecht nach § 87 Abs. 1 Nr. 11 BetrVG bezieht sich auf die **Festsetzung der Akkord- und Prämiensätze sowie vergleichbarer leistungsbezogener Entgelte, einschließlich der Geldfaktoren** selbst. Die in diesem Tatbestand angesprochenen leistungsbezogenen Entgelte sind Lohnformen, die als Teil der betrieblichen Lohngestaltung hinsichtlich ihrer Einführung und näheren Ausgestaltung schon dem Mitbestimmungsrecht nach § 87 Abs. 1 Nr. 10 BetrVG unterliegen; die Vorschrift räumt dem Betriebsrat zusätzliche Mitbestimmungsrechte ein, die sich noch nicht aus § 87 Abs. 1 Nr. 10 BetrVG ergeben. § 87 Abs. 1 Nr. 11 BetrVG ist insofern weiter gefasst, als die Mitbestimmung des Betriebsrats die Festlegung aller Bezugsgrößen für den Leistungslohn miterfasst und bei der Ausgestaltung der Akkordlöhne die Festsetzung der Akkordsätze wie auch den Geldfaktor[7]. **Akkord- und Prämienlöhne** sind nach ständiger Rechtsprechung des BAG dadurch gekennzeichnet, dass ihre Höhe proportional zur Leistung des Arbeitnehmers ist und sich deshalb jede Änderung der Arbeitsleistung unmittelbar auf die Höhe des gezahlten Entgelts auswirkt[8]. **Vergleichbare leistungsbezogene Entgelte** iSd. § 87 Abs. 1 Nr. 11 BetrVG sind solche Vergütungen, bei denen die Leistung des Arbeitnehmers gemessen und 663

---

1 BAG 16.12.1986 – 1 ABR 26/85, NZA 1987, 568.
2 BAG 28.7.1981 – 1 ABR 56/78, DB 1981, 2031; 29.3.1977 – 1 ABR 123/74, DB 1977, 1415.
3 Vgl. nur BAG 17.12.1968 – 1 AZR 178/68, DB 1969, 576; LAG Berlin 11.7.1988 – 12 Sa 42/88, BB 1988, 1956; LAG Düsseldorf 23.12.1988 – 2 Sa 1118/88, NZA 1989, 404 f.; LAG BW 20.12. 1991 – 5 TaBV 11/91, AiB 1993, 406 f.
4 Vgl. nur BAG 6.12.1988 – 1 ABR 44/87, BAGE 60, 244; 16.12.1986 – 1 ABR 26/85, NZA 1987, 568.
5 DKKW/*Klebe*, § 87 BetrVG Rz. 308.
6 Vgl. GK-BetrVG/*Wiese*, § 87 Rz. 929; *Fitting*, § 87 BetrVG Rz. 418.
7 BAG 16.4.2002 – 1 ABR 34/01, DB 2003, 212.
8 BAG 23.6.2009 – 1 AZR 214/08, NZA 2009, 1159; 15.5.2001 – 1 ABR 39/00, NZA 2001, 1154.

mit einer Bezugsleistung verglichen wird und bei denen sich die Höhe der Vergütung unmittelbar nach dem Verhältnis beider Leistungen zueinander bestimmt (zB Leistungszulagen)[1].

664 Sinn und Zweck der Beteiligung des Betriebsrates iSd. § 87 Abs. 1 Nr. 11 BetrVG ist nach Auffassung des BAG, dass eine sachgerechte Bewertung der von den Arbeitnehmern erwarteten Zusatzleistung gewährleistet wird und diese in einem angemessenen Verhältnis zu dem erzielbaren Mehrverdienst steht. Darüber hinaus soll vermieden werden, dass Leistungsanreize geschaffen werden, die zu einer Überforderung der Arbeitnehmer führen[2].

Das Mitbestimmungsrecht erfasst auch, nach welchen arbeitswissenschaftlichen Systemen (REFA, Bedaux-System, MTN usw.) die Leistungsansätze erfolgen sollen. Auch bzgl. der Zeitaufnahme hat der Betriebsrat ein Mitbeurteilungsrecht[3]. Das Mitbestimmungsrecht umfasst auch die Festsetzung der Erholungszeiten, da zum Akkordsatz beim Zeitakkord auch die Vorgabezeit und als deren Bestandteil auch die Erholungszeit gehört[4]. Schließlich unterliegt der Mitbestimmung die Frage, ob Wartezeiten mit dem Akkordrichtsatz oder einem bestimmten Durchschnittsverdienst bezahlt werden sollen[5]. Zu den mitbestimmungspflichtigen Akkordsätzen gehören alle Bezugsgrößen, die für die Ermittlung und Berechnung des Akkordlohns von Bedeutung sind, also auch die Vorgabezeiten (unabhängig davon, wie diese ermittelt werden)[6].

l) Betriebliches Vorschlagswesen (§ 87 Abs. 1 Nr. 12 BetrVG)

665 Der Begriff des betrieblichen Vorschlagswesens nach § 87 Abs. 1 Nr. 12 BetrVG umfasst alle Systeme und Methoden, durch die **Vorschläge von Arbeitnehmern zur Verbesserung oder Vereinfachung der betrieblichen Arbeit** angeregt, gesammelt, ausgewertet und bewertet werden[7]. Zweck des Mitbestimmungsrechts ist eine gerechte Bewertung der Vorschläge sowie die Förderung der Persönlichkeit der Arbeitnehmer[8].

666 Verbesserungsvorschläge fallen nur dann unter § 87 Abs. 1 Nr. 12 BetrVG, wenn sie von den Arbeitnehmern außerhalb ihres Pflichtenkreises erarbeitet, also nicht bereits im Rahmen ihrer vertraglichen Pflichten geschuldet werden[9]. **Arbeitnehmererfindungen**, die patent- oder gebrauchsmusterfähig sind, werden durch das Gesetz über Arbeitnehmererfindungen (ArbNErfG) abschließend geregelt, für eine Mitbestimmung des Betriebsrats ist wegen des Eingangssatzes von § 87 BetrVG kein Raum[10]. Für technische Verbesserungsvorschläge, die nicht patent- oder gebrauchsmusterfähig sind, aber dem Arbeitgeber eine ähnliche Vorzugsstellung gewähren wie ein gewerbliches Schutzrecht, gelten gem. § 20 Abs. 1 ArbnErfG für die Vergütung §§ 9 und 12 ArbnErfG. Insofern bleibt also nur Raum für eine Mitbestimmung über die organisatorische Behandlung der Verbesserungsvorschläge[11]. Für einfache technische Verbesserungsvorschläge bleibt die nähere Ausgestaltung gem. § 20 Abs. 2 ArbnErfG der Regelung durch Betriebsvereinbarung überlassen, soweit keine tarifliche Regelung entgegensteht[12].

---

1 BAG 15.5.2001 – 1 ABR 39/00, NZA 2001, 1154; 29.2.2000 – 1 ABR 4/99, NZA 2000, 106.
2 BAG 23.6.2009 – 1 AZR 214/08, NZA 2009, 1159; 15.5.2001 – 1 ABR 39/00, NZA 2001, 1154; 13.9.1983 – 1 ABR 321/81, DB 1983, 2470.
3 BAG 24.2.1987 – 1 ABR 18/85, NZA 1987, 639.
4 BAG 24.2.1987 – 1 ABR 18/85, NZA 1987, 639.
5 BAG 14.2.1989 – 1 AZR 97/88, NZA 1989, 648.
6 BAG 16.4.2002 – 1 ABR 34/01, BAGReport 2003, 56.
7 *Fitting*, § 87 BetrVG Rz. 539.
8 *Fitting*, § 87 BetrVG Rz. 536.
9 *Fitting*, § 87 BetrVG Rz. 539, 541.
10 *Fitting*, § 87 BetrVG Rz. 542 mwN.
11 HWK/*Clemenz*, § 87 BetrVG Rz. 210.
12 HWK/*Clemenz*, § 87 BetrVG Rz. 210.

Das Mitbestimmungsrecht des § 87 Abs. 1 Nr. 12 BetrVG beinhaltet auch ein **Initiativrecht** des Betriebsrats; der Arbeitgeber ist jedoch nicht verpflichtet, für ein betriebliches Vorschlagswesen finanzielle Mittel zur Verfügung zu stellen[1]. Der Arbeitgeber ist frei in der Entscheidung über die Annahme eines Verbesserungsvorschlages, dessen Bewertung und in der Bemessung der Prämie (Geldfaktor)[2]. Die Betriebsparteien können paritätische Kommissionen einrichten, die verbindlich klären, ob die tatsächlichen Voraussetzungen für eine Vergütung des Arbeitnehmers auf Grund eines betrieblichen Verbesserungsvorschlags vorliegen. Eine solche Schiedsgutachtenabrede führt zur Anwendung der §§ 317 ff. BGB. Die verbindliche Entscheidung über den Anspruch auf Vergütung kann der Kommission wegen des Verbots der Schiedsgerichtsbarkeit aber nicht übertragen werden[3].

667

m) Durchführung von Gruppenarbeit (§ 87 Abs. 1 Nr. 13 BetrVG)

§ 87 Abs. 1 Nr. 13 BetrVG eröffnet ein Mitbestimmungsrecht des Betriebsrats für die Grundsätze über die **Durchführung von Gruppenarbeit**. Gruppenarbeit im Sinne dieser Vorschrift liegt nach der Legaldefinition des § 87 Abs. 1 Nr. 13 Halbs. 2 BetrVG dann vor, wenn im Rahmen des betrieblichen Arbeitsablaufs eine Gruppe von Arbeitnehmern eine ihr übertragene Gesamtaufgabe im Wesentlichen eigenverantwortlich erledigt. Die Arbeitsgruppe muss dabei in den betrieblichen Ablauf eingegliedert sein. Arbeitsgruppen, die nur parallel zur Arbeitsorganisation bestehen, wie etwa Projektgruppen oder Steuerungsgruppen, werden von dem Mitbestimmungsrecht nicht erfasst[4]. Der Gesetzgeber sieht in der teilautonomen Gruppenarbeit zwar die Chance neuer Handlungs- und Entscheidungsspielräume für die betroffenen Arbeitnehmer, damit auch eine Förderung ihrer Selbständigkeit und Eigeninitiative, fürchtet aber gleichzeitig, dass der Gruppendruck zu Selbstausbeutung und zur Ausgrenzung leistungsschwächerer Arbeitnehmer führt[5]. Dieser Gefahr soll das Mitbestimmungsrecht vorbeugen.

668

Die **Einführung und Beendigung von Gruppenarbeit** ist als unternehmerische Entscheidung dem Arbeitgeber vorbehalten. Sie wird vom Mitbestimmungsrecht nicht erfasst. Dieses greift erst dann ein, wenn der Arbeitgeber die Einführung von Gruppenarbeit im Sinne des Gesetzes beschlossen hat[6]. Auch in Hinblick auf die Größe und den qualitativen Zuschnitt der Gruppe besteht kein Mitbestimmungsrecht[7].

669

Das Mitbestimmungsrecht soll die Mitgestaltung der Grundsätze zur Durchführung der Gruppenarbeit sichern. Das beinhaltet bspw. Regelungen zur Wahl des Gruppensprechers, dessen Stellung und Aufgaben, Abhalten von Gruppengesprächen, Zusammenarbeit in der Gruppe und mit anderen Gruppen, Berücksichtigung leistungsschwächerer Arbeitnehmer oder Konfliktlösung in der Gruppe[8]. Es betrifft also in erster Linie Regelungen zur Organisation und zum Verfahren der Zusammenarbeit in der Gruppe[9]. Soweit die Gruppe eigenverantwortlich entscheidet, wie die Arbeit zu erledigen ist (also im Rahmen des insoweit delegierten Direktionsrechts bzw. der delegierten Vorgesetztenkompetenz), kommt eine Mitbestimmung des Betriebsrats nicht in Betracht[10].

670

---

1 *Fitting*, § 87 BetrVG Rz. 549.
2 BAG 16.3.1982 – 1 ABR 63/80, BAGE 38, 148; *Fitting*, § 87 BetrVG Rz. 550.
3 BAG 20.1.2004 – 9 AZR 393/03, DB 2004, 1049; *Fitting*, § 87 BetrVG Rz. 552.
4 Begr. RegE, BT-Drucks. 14/5741, 48.
5 Begr. RegE, BT-Drucks. 14/5741, 47.
6 So ausdrücklich Begr. RegE, BT-Drucks. 14/5741, 47.
7 HWK/*Clemenz*, § 87 Rz. 216; *Worzalla/Will*, Das neue Betriebsverfassungsrecht, Rz. 396; aA *Fitting*, § 87 BetrVG Rz. 575.
8 Begr. RegE, BT-Drucks. 14/5741, 47.
9 *Löwisch*, BB 2001, 1790 (1792).
10 *Löwisch*, BB 2001, 1790 (1792); *Worzalla/Will*, Das neue Betriebsverfassungsrecht, Rz. 399, 340.

6. Streitigkeiten über Mitbestimmungsrechte nach § 87 Abs. 1 BetrVG

671 Kommt eine Einigung über eine Angelegenheit nach § 87 Abs. 1 BetrVG nicht zustande, so entscheidet die **Einigungsstelle** (§ 87 Abs. 2 Satz 1 BetrVG). Der Spruch der Einigungsstelle ersetzt gem. § 87 Abs. 2 Satz 2 BetrVG die Einigung zwischen Arbeitgeber und Betriebsrat.

VI. Mitbestimmung in personellen Angelegenheiten

1. Allgemeine personelle Angelegenheiten

a) Personalplanung (§ 92 BetrVG)

672 § 92 Abs. 1 Satz 1 BetrVG statuiert die **Pflicht des Arbeitgebers**, den Betriebsrat **über die Personalplanung**, insbesondere über den gegenwärtigen und künftigen Personalbedarf sowie über die sich daraus ergebenden personellen Maßnahmen und Maßnahmen der Berufsbildung, **anhand von Unterlagen rechtzeitig und umfassend zu unterrichten**. Der Arbeitgeber hat dabei mit dem Betriebsrat über Art und Umfang der erforderlichen Maßnahmen und über die Vermeidung von Härten zu beraten (§ 92 Abs. 1 Satz 2 BetrVG). Gem. § 92 Abs. 2 BetrVG kann der Betriebsrat dem Arbeitgeber Vorschläge für die Einführung einer Personalplanung und ihrer Durchführung machen. Nach Abs. 3 gelten die ersten beiden Absätze auch für Maßnahmen iSd. § 80 Abs. 1 Nr. 2a und 2b BetrVG, insbesondere für die Aufstellung und Durchführung von Maßnahmen zur Förderung der Gleichstellung von Frauen und Männern. Damit soll dem Betriebsrat auch die Möglichkeit eingeräumt werden, dem Arbeitgeber bspw. die Aufstellung von Frauenförderplänen vorzuschlagen und ihn dadurch zu veranlassen, entsprechende Maßnahmen zum Gegenstand der Personalplanung zu machen[1]. Im Hinblick auf die Personalplanung nach § 92 BetrVG ergeben sich für Tendenzbetriebe keine Einschränkungen[2].

673 § 92 BetrVG betrifft die Informationspflicht bzgl. der allgemeinen Personalplanung. Der **Begriff der Personalplanung** ist gesetzlich nicht definiert. Nach hM wird die Personalplanung als methodische Planung einer möglichst weitgehenden Übereinstimmung zwischen den künftigen Arbeitsanforderungen in qualitativer und quantitativer Hinsicht und dem dann einsetzbaren Personal nach Qualifikation und Anzahl verstanden. Erfasst werden die Planung des Personalbedarfs, der Personalbeschaffung, der Personalentwicklung, des Personaleinsatzes und/oder des Personalabbaus[3].

674 Betriebswirtschaftlich werden mit dem Oberbegriff der Personalplanung acht verschiedene Detailplanungen erfasst. Hierbei handelt es sich um die Personalstrukturplanung, Personalbedarfsplanung, Personalbeschaffungsplanung, Personaleinsatzplanung, Personalentwicklungs- und -nachfolgeplanung, Personalabbauplanung, Personalkostenplanung und Personalinfrastrukturplanung[4]. Dem Anwendungsbereich des § 92 BetrVG unterfallen aber nach zutreffender Auffassung nicht die Personalkostenplanung[5], die individuelle Personaleinsatzplanung, dh. die Planung, wo und wie

---

1 *Fitting*, § 92 BetrVG Rz. 3.
2 Vgl. nur BAG 6.11.1990 – 1 ABR 60/89, NZA 1991, 358.
3 BAG 23.3.2010 – 1 ABR 81/08, NZA 2011, 811; 6.11.1990 – 1 ABR 60/89, NZA 1991, 358.
4 Eingehend Schaub/*Koch*, § 238 Rz. 2.
5 So GK-BetrVG/*Raab*, § 92 Rz. 18; MünchArbR/*Matthes*, § 346 Rz. 5; aA DKKW/*Homburg*, § 92 BetrVG Rz. 33; *Fitting*, § 92 BetrVG Rz. 20; differenzierend: Richardi/*Thüsing*, § 92 BetrVG Rz. 15.

der einzelne Arbeitnehmer einen konkreten Arbeitseinsatz zu verrichten hat[1], sowie die Planung der Personalorganisation, gleichgültig, ob man darunter die Organisation des Personalwesens oder die innere hierarchische Struktur des im Betrieb vorhandenen Personals versteht[2]. Laut Rechtsprechung fallen auch die der Personalplanung vorgelagerten wirtschaftlichen unternehmerischen Planungen und Entscheidungen nicht in den Anwendungsbereich der Vorschrift[3].

Nach überwiegender Meinung erfasst § 92 BetrVG nicht die Planung in Bezug auf die **Beschäftigungsbedingungen**, etwa die Arbeitszeit, das Entgelt, die Gestaltung der Arbeitsplätze usw.[4]. Diese Auffassung ist schon deswegen richtig, weil derartige Fragen entweder in den Anwendungsbereich der §§ 87, 88 oder der §§ 90, 91 BetrVG fallen. Gleiches gilt für die Planung im Hinblick auf einzelne Arbeitnehmer, sei es in Form der Einstellung oder Versetzung. Derartige personelle Einzelmaßnahmen unterliegen der Mitbestimmung nach § 99 BetrVG. 675

Für die Personalplanung ist der Arbeitgeber, also der Unternehmer, verantwortlich. In diese Leitungsfunktion darf der Betriebsrat nicht eingreifen. § 92 BetrVG sieht daher kein Mitbestimmungsrecht bei der Personalplanung vor, sondern lediglich **Unterrichtungs- und Beratungsrechte**. Die Unterrichtungspflicht des Arbeitgebers gilt für die aufgeführten Bereiche der Personalplanung, und zwar nach dem Wortlaut des § 92 Abs. 1 Satz 1 BetrVG, sowohl für den „jeweiligen" als auch für den „künftigen" Personalbedarf. Für leitende Angestellte gilt § 92 BetrVG nicht. 676

In Bezug auf den **Zeitpunkt** der Unterrichtung des Betriebsrats stellte das BAG klar, dass über eine mögliche Personalplanung erst dann zu unterrichten ist, wenn die Überlegungen des Arbeitgebers das Stadium der Planung erreicht haben[5]. Nach überwiegender Meinung im Schrifttum muss der Betriebsrat dann jedoch in der Phase der Entscheidungsfindung, dh. vor der Entscheidung über einen Plan, beteiligt werden[6]. 677

Die Pflicht zur rechtzeitigen und umfassenden Unterrichtung umfasst nach § 92 Abs. 1 Satz 1 BetrVG auch die Verpflichtung des Arbeitgebers, den Betriebsrat anhand von Unterlagen (Stellenbesetzungsplänen, Personalbedarfsmeldung, Statistiken über Fluktuation und Krankenstand usw.) zu unterrichten[7]. Die **Unterlagen** selbst sind dem Betriebsrat **auszuhändigen**, wobei die Dauer der gebotenen Aushändigung von den Umständen des Einzelfalles abhängt, insbesondere davon, wann der Betriebsrat über die Ausübung seines Beratungsrechts beschließen kann[8]. Der Betriebsrat darf jedoch von den Unterlagen keine Abschriften herstellen, er muss sich mit einzelnen Notizen begnügen[9]. 678

Das **Mitwirkungs- bzw. Initiativrecht** des Betriebsrats nach § 92 Abs. 2 BetrVG wird regelmäßig durch den Abschluss von Betriebsvereinbarungen ausgeübt. Nach dem Wortlaut des § 92 Abs. 2 BetrVG kann der Betriebsrat Vorschläge für die Einführung einer Personalplanung und ihre Durchführung machen. Das Mitwirkungsrecht erstreckt sich also auch auf Maßnahmen, die eine vorhandene Personalplanung sicherer und effektiver gestalten[10]. Der Arbeitgeber ist nicht verpflichtet, den Vorschlägen des 679

---

1 Vgl. GK-BetrVG/*Raab*, § 92 Rz. 16; *Fitting*, § 92 BetrVG Rz. 17; Richardi/*Thüsing*, § 92 BetrVG Rz. 13.
2 LAG Berlin 13.6.1988 – 9 TaBV 1/88, DB 1988, 1860.
3 LAG Berlin 13.6.1988 – 9 TaBV 1/88, DB 1988, 1860.
4 Vgl. nur GK-BetrVG/*Raab*, § 92 Rz. 11.
5 BAG 19.6.1984 – 1 ABR 6/83, NZA 1984, 329.
6 *Fitting*, § 92 BetrVG Rz. 28; DKKW/*Homburg*, § 92 BetrVG Rz. 39 ff; Richardi/*Thüsing*, § 92 BetrVG Rz. 25; MünchArbR/*Matthes*, § 256 Rz. 8.
7 BAG 19.6.1984 – 1 ABR 6/83, NZA 1984, 329.
8 LAG München 6.8.1986 – 8 TaBV 34/86, DB 1987, 281.
9 LAG München 6.8.1986 – 8 TaBV 34/86, DB 1987, 281.
10 MünchArbR/*Matthes*, § 257 Rz. 20.

Betriebsrates zu folgen[1], er muss sich mit diesen aber ernsthaft[2] befassen und den Betriebsrat darüber unterrichten, warum er den Vorschlägen nicht nachkommen will.

680 ⮕ **Hinweis:** Verletzt der Arbeitgeber das Informationsrecht des Betriebsrats, so kommen Sanktionen nach § 121 BetrVG in Betracht. Die Verletzung des § 92 BetrVG kann als **Ordnungswidrigkeit** mit einer Geldbuße bis zu 10 000 Euro geahndet werden. Den Anspruch auf Unterrichtung, Beratung sowie auf Einsicht in die entsprechenden Unterlagen kann der Betriebsrat im **Beschlussverfahren** verfolgen[3].

b) Beschäftigungssicherung (§ 92a BetrVG)

681 Gem. § 92a BetrVG kann der Betriebsrat dem Arbeitgeber **Vorschläge zur Sicherung und Förderung der Beschäftigung** machen. Diese Vorschläge können insbesondere eine flexible Gestaltung der Arbeitszeit, die Förderung von Teilzeitarbeit und Altersteilzeit, neue Formen der Arbeitsorganisation, Änderungen der Arbeitsverfahren und Arbeitsabläufe, die Qualifizierung der Arbeitnehmer, Alternativen zur Ausgliederung von Arbeit oder ihrer Vergabe an andere Unternehmen sowie zum Produktions- und Investitionsprogramm zum Gegenstand haben. Mit Abs. 1 der Vorschrift wird ein umfassendes Vorschlagsrecht normiert, die Vorschläge des Betriebsrats sind in ihrem Gegenstand nach dem Willen des Gesetzgebers nicht begrenzt[4].

682 Gem. § 92a Abs. 2 BetrVG ist der Arbeitgeber verpflichtet, die Vorschläge mit dem Betriebsrat zu beraten und eine **Ablehnung** der Vorschläge zu **begründen**. In Betrieben mit mehr als 100 Arbeitnehmern muss die Begründung schriftlich erfolgen. Zu den Beratungen können Arbeitgeber oder Betriebsrat einen **Vertreter der Bundesagentur** hinzuziehen. Diese Vorschrift begründet nur Rechte und Pflichten im Verhältnis zwischen Arbeitgeber und Betriebsrat. Eine Verletzung der Beratungs- oder Begründungspflicht kann daher nicht zur Unwirksamkeit einer Kündigung führen[5].

c) Ausschreibung von Arbeitsplätzen (§ 93 BetrVG)

683 Nach § 93 Satz 1 BetrVG kann der Betriebsrat verlangen, dass Arbeitsplätze, die besetzt werden sollen, allgemein oder für bestimmte Arten von Tätigkeiten vor ihrer Besetzung **innerhalb des Betriebes** ausgeschrieben werden. Eine Ausschreibung nur für einen konkreten Einzelfall kann nicht verlangt werden[6]. Der Betriebsrat kann anregen, dass sie auch als **Teilzeitarbeitsplätze** ausgeschrieben werden. Ist der Arbeitgeber bereit, Arbeitsplätze mit Teilzeitbeschäftigten zu besetzen, ist hierauf in der Ausschreibung hinzuweisen.

684 Die Stellenausschreibung ist **Teil der Personalplanung**. Sie soll innerbetrieblichen Bewerbern Kenntnis von einer freien Stelle vermitteln und ihnen die Möglichkeit geben, ihr Interesse an dieser Stelle kundzutun, um sich zu bewerben[7]. Das Gesetz schreibt keine Details bzgl. Inhalt, Form und Frist vor. Allerdings muss eine Ausschreibung so vorgenommen werden, dass interessierte Arbeitnehmer sie unter normalen Umständen zur Kenntnis und sich nach angemessener Überlegungszeit bewerben können. Dafür reicht nach Auffassung des BAG idR eine **Ausschreibungsdauer** von **zwei Wochen** aus[8].

---

1 ErfK/*Kania*, § 92 BetrVG Rz. 9.
2 *Fitting*, § 92 BetrVG Rz. 37.
3 BAG 17.5.1983 – 1 ABR 21/80, DB 1983, 1986.
4 Begr. RegE, BT-Drucks. 14/5741, 49.
5 BAG 18.10.2006 – 2 AZR 434/05, NZA 2007, 552.
6 LAG München 6.10.2005 – 3 TaBV 24/05; *Fitting*, § 93 BetrVG Rz. 5; Richardi/*Thüsing*, § 93 BetrVG Rz. 7; GK-BetrVG/*Raab*, § 93 Rz. 16; aA DKKW/*Buschmann*, § 93 BetrVG Rz. 9.
7 BAG 27.10.1992 – 1 ABR 4/92, NZA 1993, 608 (609).
8 BAG 6.10.2010 – 7 ABR 18/09, NZA 2011, 360.

Unter dem **Begriff der Stellenausschreibung** ist die schriftliche Aufforderung an alle Arbeitnehmer oder eine bestimmte Gruppe von Arbeitnehmern des Betriebes zu verstehen, sich für bestimmte Arbeitsplätze im Betrieb zu bewerben[1]. Inhaltlich sollte eine Ausschreibung die Bezeichnung der zu besetzenden Position, geforderte Qualifikationen, Beschreibung der wichtigsten Aufgaben, Zeitpunkt der Arbeitsaufnahme am neuen Arbeitsplatz und Angaben zur Entlohnung enthalten[2]. — 685

Die Ausschreibung muss „**innerhalb des Betriebs**" erfolgen. Zweckmäßig ist daher ein Aushang am Schwarzen Brett oder die Veröffentlichung auf elektronischem Wege (Intranet). Ein Inserat in einer Tageszeitung genügt nicht. Der Arbeitgeber kann neben der innerbetrieblichen Ausschreibung auch andere Bewerbungen einholen, bspw. durch ein Zeitungsinserat. Dabei müssen aber die Kriterien der internen Ausschreibung beibehalten werden. Sonst droht ein Widerspruch des Betriebsrats bei einer späteren Einstellung des externen Bewerbers[3]. — 686

Das Recht des Betriebsrats, eine innerbetriebliche Stellenausschreibung zu verlangen, bezieht sich sowohl auf frei werdende als auch neu geschaffene Arbeitsplätze. Auf Verlangen des Betriebsrats muss der Arbeitgeber auch Arbeitsplätze ausschreiben, die er von bisher befristeten Beschäftigungen auf unbefristete umwandeln will[4] und solche, die er mit **freien Mitarbeitern** oder dauerhaft mit **Leiharbeitnehmern** besetzen will[5]. — 687

Verlangt der Betriebsrat eine Stellenausschreibung, muss der Arbeitgeber dem nachkommen. Es bedarf also keiner Vereinbarung über die Stellenausschreibung. Umstritten ist jedoch, ob sich das Mitbestimmungsrecht auch auf die **Art und Weise der Ausschreibung** bezieht. Zum Teil wird dies bejaht[6]. Rechtsprechung und herrschende Meinung gehen allerdings davon aus, dass dem Betriebsrat kein erzwingbares Mitbestimmungsrecht hinsichtlich Form, Inhalt und Frist von Stellenausschreibungen zusteht[7]. Gem. §§ 17 Abs. 1 AGG, 75 Abs. 1 BetrVG müssen die Betriebsparteien auch bei einer Ausschreibung die Diskriminierungsverbote des AGG beachten. — 688

Nach dem Wortlaut des § 93 BetrVG kann eine Ausschreibung **nur für den Betrieb**, nicht aber für das Unternehmen oder den Konzern verlangt werden[8]. — 689

⊃ **Hinweis:** Nimmt der Arbeitgeber entgegen dem Verlangen des Betriebsrats eine Stellenausschreibung nicht vor, so kann der Betriebsrat im Falle der Einstellung eines anderen Bewerbers seine Zustimmung nach § 99 Abs. 2 Nr. 5 BetrVG verweigern. Der Betriebsrat kann auch dann seine **Zustimmung zur Einstellung verweigern**, wenn der Arbeitgeber sich für einen externen Bewerber entscheidet, der sich auf ein Zeitungsinserat beworben hat, in dem geringere Anforderungen als bei einer innerbetrieblichen Ausschreibung gestellt worden sind[9].

Bei **Streitigkeiten** über Inhalt und Umfang der Ausschreibungspflichten entscheidet das Arbeitsgericht im Beschlussverfahren. Die Weigerung, eine zulässigerweise gefor- — 690

---

1 BAG 23.2.1988 – 1 ABR 82/86, NZA 1988, 551.
2 Vgl. Fitting, § 93 BetrVG Rz. 7.
3 Fitting, § 93 BetrVG Rz. 13.
4 LAG Hamm 31.10.2000 – 13 TaBV 47/00, LAGE § 93 BetrVG 1972 Nr. 3.
5 BAG 15.10.2013 – 1 ABR 25/12, NZA 2014, 214; 1.2.2011 – 1 ABR 79/09, NZA 2011, 703; 27.7.1993 – 1 ABR 7/93, NZA 1994, 92.
6 Vgl. DKKW/*Buschmann*, § 93 BetrVG Rz. 10.
7 BAG 1.2.2011 – 1 ABR 79/09, NZA 2011, 703; 6.10.2010 – 7 ABR 18/09, NZA 2011, 360; 10.3.2009 – 1 ABR 93/07, NZA 2009, 622; 17.6.2008 – 1 ABR 20/07, NZA 2008, 1139; Fitting, § 93 BetrVG Rz. 6; Richardi/*Thüsing*, § 93 BetrVG Rz. 20; GK-BetrVG/*Raab*, § 93 Rz. 23.
8 LAG München 8.11.1988 – 2 Sa 691/88, DB 1989, 1879.
9 Vgl. BAG 23.2.1988 – 1 ABR 82/86, NZA 1988, 551.

derte Ausschreibung durchzuführen, kann (vornehmlich im Wiederholungsfall) eine grobe Pflichtverletzung iSd. § 23 Abs. 3 BetrVG darstellen[1].

d) Personalfragebogen, Formularverträge und Beurteilungsgrundsätze (§ 94 BetrVG)

aa) Personalfragebogen

691 Gem. § 94 Abs. 1 Satz 1 BetrVG bedürfen Personalfragebogen der **Zustimmung des Betriebsrats**. Kommt eine Einigung über ihren Inhalt nicht zustande, so entscheidet nach § 94 Abs. 1 Satz 2 BetrVG die **Einigungsstelle**. Der Spruch der Einigungsstelle ersetzt die Einigung zwischen Arbeitgeber und Betriebsrat (§ 94 Abs. 1 Satz 3 BetrVG).

692 **Personalfragebogen** sind formularmäßig gefasste Zusammenstellungen von durch Bewerber oder Arbeitnehmer auszufüllenden oder zu beantwortenden Fragen, die Aufschluss über die Person, Kenntnisse und Fertigkeiten des Befragten geben sollen[2]. Das Mitbestimmungsrecht bezieht sich nicht nur auf Fragebogen in engerem Sinne, also auf schriftlich niedergelegte Fragen, die ein Beschäftigter oder Bewerber schriftlich beantwortet, sondern auf alle formalisierten, standardisierten Informationserhebungen des Arbeitgebers im Hinblick auf Arbeitnehmerdaten. Gleichgültig ist daher, ob der Antwortende oder der Fragende den Bogen, falls ein solcher verwendet wird, ausfüllt[3]. Zu dem Personalfragebogen gehören auch standardisierte Checklisten und Testbogen, insbesondere für psychologische Eignungstests, anhand derer die Eignung des Arbeitnehmers festgestellt werden soll[4]. Das Mitbestimmungsrecht besteht auch dann, wenn erhobene Informationen über ein Datensichtgerät eingegeben und auf andere Weise technisch festgehalten werden[5].

693 ⊃ **Hinweis:** Fragebogen der Werksärzte zur medizinischen Untersuchung sind keine Personalfragebogen iSd. § 94 Abs. 1 Satz 1 BetrVG[6].

694 Das Mitbestimmungsrecht erfasst sowohl Fragebogen für bereits im Betrieb tätige Arbeitnehmer als auch solche, die noch nicht beschäftigten Arbeitnehmern vor der Einstellung oder im Zusammenhang mit ihr vorgelegt werden[7]. Das Mitbestimmungsrecht erfasst die **Einführung und jede Änderung** von Fragebogen[8]. Umstritten ist, ob sich das Mitbestimmungsrecht nur auf die Einführung eines Fragebogens und seinen konkreten Inhalt bezieht, oder auch auf die Festlegung, in welchem Zusammenhang die aus diesem Fragebogen gewonnenen Informationen verwendet werden dürfen[9]. Grenzen für die Verwendung ergeben sich aber auch nach der ein Mitbestimmungsrecht ablehnenden Auffassung aus der arbeitsvertraglichen Fürsorgepflicht und gesetzlichen Bestimmungen, insbesondere den Bestimmungen des Bundesdatenschutzgesetzes (BDSG)[10]. Allerdings kann die Befürchtung, dass bei einer einschränkenden

---

1 *Fitting*, § 93 BetrVG Rz. 19.
2 BAG 2.12.1999 – 2 AZR 724/98, NZA 2001, 107; 21.9.1993 – 1 ABR 28/93, NZA 1994, 375; 9.7.1991 – 1 ABR 57/90, NZA 1992, 126 (129).
3 DKKW/*Klebe*, § 94 BetrVG Rz. 3; *Fitting*, § 94 BetrVG Rz. 8; Richardi/*Thüsing*, § 94 BetrVG Rz. 7.
4 *Fitting*, § 94 BetrVG Rz. 8; Richardi/*Thüsing*, § 94 BetrVG Rz. 7.
5 *Fitting*, § 94 BetrVG Rz. 8; Richardi/*Thüsing*, § 94 BetrVG Rz. 7; DKKW/*Klebe*, § 94 BetrVG Rz. 3.
6 *Fitting*, § 94 BetrVG Rz. 25; aA DKKW/*Klebe*, § 94 BetrVG Rz. 11.
7 *Fitting*, § 94 BetrVG Rz. 6; Richardi/*Thüsing*, § 94 BetrVG Rz. 5; GK-BetrVG/*Raab*, § 94 Rz. 15.
8 LAG Hess. 17.2.1983 – 4 TaBV 107/82, nv.; *Fitting*, § 94 BetrVG Rz. 9.
9 Dafür: *Fitting*, § 94 BetrVG Rz. 9; DKKW/*Klebe*, § 94 BetrVG Rz. 7; dagegen die wohl überwiegende Auffassung: Richardi/*Thüsing*, § 94 BetrVG Rz. 36; GK-BetrVG/*Raab*, § 94 Rz. 21.
10 Vgl. GK-BetrVG/*Raab*, § 94 Rz. 25.

Reichweite des Mitbestimmungsrechts des Betriebsrats dem Schutzbedürfnis der Arbeitnehmer vor den Gefahren einer Datenverarbeitung nicht ausreichend Rechnung getragen werden könnte, ein über den eindeutigen Wortlaut hinausgehendes Verständnis des § 94 Abs. 1 BetrVG nicht rechtfertigen[1]. Der Betriebsrat ist hier auf sein Mitbestimmungsrecht nach § 87 Abs. 1 Nr. 6 BetrVG und nach § 80 Abs. 1 Nr. 1 BetrVG zu verweisen.

Zunehmend problematisch ist, **welche Fragen** im Rahmen eines Personalfragebogens mit Blick auf das AGG und datenschutzrechtliche Regelungen noch **zulässig** sind. S. dazu Teil 1 C Rz. 122 ff. und Teil 6 F.

Beispiele für zulässige Fragen: 695

Fragen nach dem Gesundheitszustand, soweit sie im Zusammenhang (im Sinne einer dauerhaften Gefährdung oder Einschränkung der Leistungsfähigkeit) mit dem einzugehenden Arbeitsverhältnis stehen[2]; nach einer Körperbehinderung, soweit bestimmte Fähigkeiten/Fertigkeiten unerlässliche Voraussetzungen für die zu verrichtenden Arbeiten sind[3]; Fragen nach den Vermögensverhältnissen, soweit es sich um eine besondere Vertrauensstellung handelt[4]; nach Vorstrafen, soweit sie für das Arbeitsverhältnis von Bedeutung sein können[5], im Übrigen wegen des Resozialisierungsgedankens nicht[6]; nach dem schulischen und beruflichen Werdegang[7]; nach der Zugehörigkeit zu Scientology, da es sich bei dieser nicht um eine Religionsgemeinschaft handelt[8]; u.a.m.

Beispiele für unzulässige Fragen: 696

Fragen nach einer bestehenden Schwangerschaft[9]; nach Rasse und Parteizugehörigkeit[10]; die Frage nach der Religionszugehörigkeit vor Abschluss des Arbeitsvertrages, wegen der Abführung der Kirchensteuer danach aber nicht mehr[11]; die Frage nach einer HIV-Infektion[12]; mit Blick auf § 1 AGG die Frage nach einer Schwerbehinderung[13], soweit das Arbeitsverhältnis noch keine sechs Monate bestand[14] u.a.m.[15]

↻ **Hinweis:** Mit Blick auf die Vorgaben des AGG wird das Fragerecht neu bewertet werden 697 müssen. So gut wie jede Frage an einen Bewerber und zu seinem Umfeld kann in Bezug auf die Diskriminierungsmerkmale des AGG problematisiert werden. Insoweit bleibt die Rechtsentwicklung abzuwarten. Gleiches gilt für die immer weitgreifender geführte Diskussion datenschutzrechtlicher Bedenken.

---

1 Zutreffend: MünchArbR/*Matthes*, § 258, 22.
2 BAG 7.6.1984 – 2 AZR 270/83, NZA 1985, 57; *Fitting*, § 94 BetrVG Rz. 25; DKKW/*Klebe*, § 94 BetrVG Rz. 15.
3 BAG 7.6.1984 – 2 AZR 270/83, NZA 1985, 57.
4 *Fitting*, § 94 BetrVG Rz. 21; Richardi/*Thüsing*, § 94 BetrVG Rz. 26; DKKW/*Klebe*, § 94 BetrVG Rz. 19.
5 BAG 6.9.2012 – 2 AZR 270/11, NZA 2013, 1087; 27.7.2005 – 7 AZR 508/04, NZA 2005, 1243.
6 BAG 5.12.1957 – 1 AZR 594/56, NJW 1958, 516; 15.1.1970 – 2 AZR 64/69, DB 1970, 1276.
7 DKKW/*Klebe*, § 94 BetrVG Rz. 13.
8 BAG 22.3.1995 – 5 AZB 21/94, NZA 1995, 823.
9 BAG 6.2.2003 – 2 AZR 621/01, NZA 2003, 848; 15.10.1992 – 2 AZR 227/92, NZA 1993, 257.
10 *Fitting*, § 94 BetrVG Rz. 17.
11 *Fitting*, § 94 BetrVG Rz. 17; GK-BetrVG/*Raab*, § 94 Rz. 46; das Gleiche gilt für die Frage nach der Gewerkschaftszugehörigkeit, sofern der Arbeitgeber sich verpflichtet, die Gewerkschaftsbeiträge abzuführen (GK-BetrVG/*Raab*, § 94 Rz. 47).
12 *Fitting*, § 94 BetrVG Rz. 25a; GK-BetrVG/*Raab*, § 94 Rz. 33; DKKW/*Klebe*, § 94 BetrVG Rz. 15; ein Fragerecht besteht nur hinsichtlich des Ausbruchs der Aids-Erkrankung.
13 *Fitting*, § 94 BetrVG Rz. 24; Richardi/*Thüsing*, § 94 BetrVG Rz. 15; DKKW/*Klebe*, § 94 BetrVG Rz. 13.
14 BAG 16.2.2012 – 6 AZR 553/10, NZA 2012, 555: Frage im bestehenden Arbeitsverhältnis jedenfalls nach Ablauf von sechs Monaten gestattet; s. eingehend GK-BetrVG/*Raab*, § 94 Rz. 39.
15 Eingehend zu bislang zulässigen und unzulässigen Fragen die Übersicht bei GK-BetrVG/*Raab*, § 94 Rz. 26 ff. sowie bei *Fitting*, § 94 BetrVG Rz. 16 ff.

698 Nach Beendigung des Arbeitsverhältnisses oder Abbruch der Vertragsverhandlungen mit einem Stellenbewerber ist der Fragebogen zu vernichten. Der Arbeitgeber kann aber – bspw. zur Widerlegung von Ansprüchen aus dem Allgemeinen Gleichbehandlungsgesetz – ausnahmsweise ein berechtigtes Interesse an der **Aufbewahrung des Fragebogens** haben[1].

bb) Formularverträge und allgemeine Beurteilungsgrundsätze

699 Der Betriebsrat hat ein erzwingbares Mitbestimmungsrecht gem. § 94 Abs. 2 BetrVG für den Teil der im Betrieb verwandten **schriftlichen Arbeitsverträge**, der sich auf die persönlichen Verhältnisse des Arbeitnehmers bezieht (und nur für diesen). Damit soll eine Umgehung von § 94 Abs. 1 BetrVG verhindert werden.

700 Von größerer Bedeutung ist das Mitbestimmungsrecht hinsichtlich der **Aufstellung allgemeiner Beurteilungsgrundsätze** nach § 94 Abs. 2 BetrVG. Beurteilungsgrundsätze sind Richtlinien, nach denen die Leistung und/oder das Verhalten des Arbeitnehmers objektiviert und einheitlich bewertet werden[2]. Beurteilungsgrundsätze können zB in einem System zur Auswertung von Bewerbungsunterlagen, bei psychologischen Testverfahren, in der Erstellung von Fähigkeits- und Eignungsprofilen, in graphologischen Gutachten, standardisierten Potentialanalysen und Assessment-Centern zur qualitativen Festlegung von Verhaltensleistungen und -defiziten verwendet werden[3]. Keine Beurteilungsgrundsätze sind analytische Arbeitsplatzbewertungen, Beurteilungsformulare, Führungsrichtlinien, nach denen die Beurteilungen auszuführen sind[4], Funktionsbeschreibungen[5] oder technische Leistungskontrollen[6].

701 Die wohl überwiegende Meinung sieht das **Assessment-Center-Verfahren** als ein wissenschaftliches System zur Erfassung von Verhaltensleistungen und Defiziten von Arbeitnehmern weitgehend als mitbestimmungspflichtig an. Das Mitbestimmungsrecht nach § 94 Abs. 2 BetrVG ergibt sich aus der Tatsache, dass sich in der Zusammenstellung eines Assessment-Center Regelungen niederschlagen, die die Bewertung des Verhaltens oder Leistung der Probanden objektivieren und nach einheitlichen Kriterien ausrichten sollen, um somit Beurteilungserkenntnisse miteinander vergleichen zu können[7].

702 Die Entscheidung, ob der Arbeitgeber Beurteilungsgrundsätze einführen will, steht ihm frei. Insoweit hat der Betriebsrat kein Mitbestimmungsrecht.

703 ⇨ **Hinweis:** Sofern sich Arbeitgeber und Betriebsrat über die inhaltliche Gestaltung von Personalfragebogen, des mitbestimmungspflichtigen Teils von Formularverträgen oder Beurteilungsgrundsätzen nicht einigen können, entscheidet auf Antrag des Betriebsrats oder des Arbeitgebers die **Einigungsstelle**. Wird ein Arbeitsvertrag abgeschlossen, obgleich der Arbeitgeber ohne einen Fragebogen ohne Zustimmung des Betriebsrats verwandt hat, so berührt dies die Wirksamkeit des abgeschlossenen Arbeitsvertrages nicht[8]. Verwendet der Arbeitgeber ohne Zustimmung des Betriebsrats Fragebogen oder Beurteilungsgrundsätze, so kann der Betriebsrat gegen den Arbeitgeber Unterlassungs- und Beseitigungsansprüche

---

1 BAG 6.6.1984 – 5 AZR 286/81, NZA 1984, 321.
2 BAG 18.4.2000 – 1 ABR 22/99, NZA 2000, 1176; 23.10.1984 – 1 ABR 2/83, NZA 1985, 224.
3 Vgl. *Fitting*, § 94 BetrVG Rz. 26; DKKW/*Klebe*, § 94 BetrVG Rz. 38 ff.
4 BAG 23.10.1984 – 1 ABR 2/83, NZA 1985, 224.
5 BAG 14.1.1986 – 1 ABR 82/83, NZA 1986, 531.
6 BVerwG 11.12.1991 – 6 P 20.89, AP Nr. 4 zu § 79 LPVG Baden-Württemberg.
7 Richardi/*Thüsing*, § 94 BetrVG Rz. 64; DKKW/*Klebe*, § 94 BetrVG Rz. 40; *Fitting*, § 94 BetrVG Rz. 26; vgl. auch zur Mitbestimmung des Betriebsrats über die Aufnahme von Bewerbern in ein Assessment-Center nach § 99 BetrVG BAG 20.4.1993 – 1 ABR 59/92, BB 1993, 1946 ff.
8 *Fitting*, § 94 BetrVG Rz. 34.

nach § 23 Abs. 3 BetrVG geltend machen¹. Der Arbeitnehmer selbst kann bei Verwendung unzulässiger Beurteilungsgrundsätze verlangen, dass entsprechende Beurteilungen nicht verwendet und aus seiner Personalakte entfernt werden².

e) Auswahlrichtlinien (§ 95 BetrVG)

Gem. § 95 Abs. 1 Satz 1 BetrVG bedürfen **Richtlinien über die personelle Auswahl bei Einstellungen, Versetzungen, Umgruppierungen und Kündigungen** der Zustimmung des Betriebsrats. In Betrieben mit mehr als 500 Arbeitnehmern kann der Betriebsrat gem. § 95 Abs. 2 Satz 2 BetrVG die Aufstellung von Richtlinien nach Maßgabe des § 95 Abs. 1 Satz 1 BetrVG verlangen. Kommt es nach § 95 Abs. 1 Satz 1 BetrVG oder nach § 95 Abs. 2 Satz 2 BetrVG nicht zu einer Einigung, so entscheidet die **Einigungsstelle** (§ 95 Abs. 1 Satz 2, Abs. 2 Satz 2 BetrVG). Der Spruch der Einigungsstelle ersetzt die Einigung zwischen Arbeitgeber und Betriebsrat (§ 95 Abs. 1 Satz 3, Abs. 2 Satz 3 BetrVG). Auswahlrichtlinien kommen in erster Linie für betriebsbedingte Kündigungen in Betracht. Ist dies der Fall, so dürfen sie den Grundsätzen des § 75 BetrVG und des § 1 Abs. 2 Satz 1, Abs. 3 KSchG nicht widersprechen³.

Auswahlrichtlinien sind Grundsätze, mit deren Hilfe bei personellen Einzelmaßnahmen, für die mehrere Arbeitnehmer oder Bewerber in Frage kommen, eine Entscheidung gefunden werden soll⁴. Zum Teil wird der Begriff der Auswahlrichtlinie auch dahin gehend definiert, dass es sich um Grundsätze handelt, die allgemein oder für bestimmte Arten von Tätigkeiten oder Arbeitsplätze festlegen, welche Voraussetzungen für die Ausübung der Tätigkeit oder die Besetzung des Arbeitsplatzes vorliegen müssen oder nicht vorliegen dürfen und welche sonstigen Gesichtspunkte bei ihnen im Hinblick auf die Arbeitnehmer weiter zu berücksichtigen sind oder außer Betracht zu bleiben haben⁵. Das BAG versteht unter Auswahlrichtlinien allgemeine Grundsätze darüber, welche Gesichtspunkte der Arbeitgeber bei personellen Maßnahmen zu berücksichtigen hat⁶. Zweck der Richtlinien ist die Festschreibung, unter welchen Voraussetzungen Einstellungen und Versetzungen, aber auch Kündigungen erfolgen sollen, um dadurch die jeweilige Personalentscheidung zu versachlichen und durchschaubar zu machen⁷. Der Arbeitnehmer soll nachvollziehen können, warum er von einer belastenden oder ein anderer statt seiner von einer begünstigenden Maßnahme betroffen ist. Die Auswahl ist dabei Sache des Arbeitgebers, die Richtlinie soll sein Ermessen einschränken, darf es aber nicht beseitigen⁸.

Eine Auswahlrichtlinie iSd. § 95 BetrVG liegt vor, wenn für den schriftlichen Teil einer Eignungsfeststellung **Testbogen** erstellt werden und eine **Mindestpunktzahl bestimmt** wird, die ein Bewerber für die Zulassung zur mündlichen Prüfung erreichen muss⁹. Zu den Auswahlrichtlinien zählen auch sog. **Negativkataloge**, in denen festgelegt wird, welche Umstände bei der Durchführung personeller Einzelmaßnahmen nach Ablauf bestimmter Zeiten nicht mehr berücksichtigt werden sollen¹⁰. Die Verwendung eines **Punktemodells bei der Sozialauswahl** vor Ausspruch betriebsbedingter Kündigungen ist eine gem. § 95 Abs. 1 BetrVG mitbestimmungspflichtige Aus-

---

1 *Fitting*, § 94 BetrVG Rz. 36; Richardi/*Thüsing*, § 94 BetrVG Rz. 70; weiter gehend DKKW/*Klebe*, § 94 BetrVG Rz. 55, der dem Betriebsrat auch einen allgemeinen Unterlassungsanspruch einräumt.
2 *Fitting*, § 94 BetrVG Rz. 35; Richardi/*Thüsing*, § 94 BetrVG Rz. 71.
3 *Fitting*, § 95 BetrVG Rz. 18, 25 f.
4 *Fitting*, § 95 BetrVG Rz. 7; GK-BetrVG/*Raab*, § 95 Rz. 5.
5 DKKW/*Klebe*, § 95 BetrVG Rz. 4; *Fitting*, § 95 BetrVG Rz. 7.
6 BAG 27.10.1992 – 1 ABR 4/92, NZA 1993, 608 (610).
7 BAG 31.5.1983 – 1 ABR 6/80, NZA 1984, 49.
8 BAG 10.12.2002 – 1 ABR 27/01, BAGE 104, 187.
9 BVerwG 5.9.1990 – 6 P 27.87, AP Nr. 24 zu § 95 BetrVG 1972.
10 *Fitting*, § 95 BetrVG Rz. 12; DKKW/*Klebe*, § 95 BetrVG Rz. 4.

wahlrichtlinie. Dies nach Ansicht des BAG auch dann, wenn es der Arbeitgeber nicht generell für alle künftigen, betriebsbedingten Kündigungen verwenden, sondern nur bei konkret bevorstehenden Kündigungen anwenden will[1]. Nach Ansicht der Rechtsprechung handelt es sich bei der Aufstellung von Anforderungsprofilen für einen bestimmten Arbeitsplatz[2] oder Funktionsbeschreibungen[3] nicht um Auswahlrichtlinien. Gleiches gilt für Stellenausschreibungen und betriebliche Vereinbarungen über einen Fristenrahmen für den Aushang von innerbetrieblichen Stellenausschreibungen[4]. Unter diesem Aspekt ist auch die einzelne Ausschreibung konkreter Stellen nicht nach § 95 BetrVG zustimmungsbedürftig. Die Formulierung der Fragen an die jeweiligen Bewerber und die Auswahl der Fragen und konkreten Tests im Rahmen eines sog. **Assessment-Centers** werden teilweise als Auswahlrichtlinie und somit mitbestimmungspflichtig angesehen[5]. Nach überwiegender Auffassung stellen auch Regelungen über **Anfragen bei Verfassungsschutzbehörden** eine Auswahlrichtlinie dar[6].

707 ⊃ **Hinweis:** Die §§ 99 Abs. 2 Nr. 2 BetrVG und 102 Abs. 3 Nr. 2 BetrVG sichern die Einhaltung personeller Auswahlrichtlinien. Der Betriebsrat kann danach seine **Zustimmung** zu einer Einstellung, Umgruppierung oder Versetzung **verweigern**, wenn die Maßnahme gegen eine Auswahlrichtlinie nach § 95 BetrVG verstößt. Dasselbe gilt für eine ordentliche Kündigung, die gegen eine Richtlinie verstößt; der Betriebsrat kann der Kündigung widersprechen. Bei einseitig vom Arbeitgeber ohne seine Beteiligung aufgestellten Auswahlrichtlinien steht dem Betriebsrat ein allgemeiner Unterlassungsanspruch zu, den er im arbeitsgerichtlichen Beschlussverfahren geltend machen kann[7].

708 Ob der Arbeitgeber **Richtlinien in Betrieben mit bis zu 500 Arbeitnehmern** aufstellt, steht nach dem Wortlaut des § 95 Abs. 1, 2 BetrVG in seinem Ermessen. Anders ausgedrückt besteht in Betrieben mit bis zu 500 Arbeitnehmern ein Mitbestimmungsrecht nur, wenn der Arbeitgeber Auswahlrichtlinien tatsächlich aufstellt. Die Punkte, auf die sich die Richtlinie nach § 95 Abs. 1 Satz 1 BetrVG erstreckt, sind im Gegensatz zu § 95 Abs. 2 Satz 1 BetrVG nicht auf fachliche, persönliche und soziale Voraussetzungen und Gesichtspunkte beschränkt. Die herrschende Meinung folgert daraus, dass Auswahlrichtlinien nach § 95 Abs. 1 Satz 1 BetrVG einen weiteren Inhalt haben als solche nach § 95 Abs. 2 Satz 1 BetrVG[8].

709 **In Betrieben mit mehr als 500 Arbeitnehmern** kann der Betriebsrat aufgrund des echten Initiativrechts nach § 95 Abs. 2 Satz 1 BetrVG die Aufstellung von Auswahlrichtlinien verlangen und im Nichteinigungsfall über die Einigungsstelle durchsetzen[9]. Hier ist, abweichend von § 95 Abs. 1 Satz 2 BetrVG, neben dem Arbeitgeber auch der Betriebsrat zur Anrufung der Einigungsstelle berechtigt (vgl. § 95 Abs. 2 Satz 2 BetrVG).

---

1 BAG 26.7.2005 – 1 ABR 29/04, NZA 2005, 1372.
2 BAG 31.5.1983 – 1 ABR 6/80, NZA 1984, 49; 31.1.1984 – 1 ABR 63/81, NZA 1984, 51; aA DKKW/*Klebe*, § 95 BetrVG Rz. 6.
3 BAG 14.1.1986 – 1 ABR 82/83, NZA 1986, 531; aA DKKW/*Klebe*, § 95 BetrVG Rz. 8.
4 BAG 18.11.1980 – 1 ABR 63/78, BB 1981, 1463; vgl. auch BAG 27.5.1982 – 6 ABR 105/79, BAGE 39, 102.
5 *Fitting*, § 95 BetrVG Rz. 21; Richardi/*Thüsing*, § 95 BetrVG Rz. 26; DKKW/*Klebe*, § 95 BetrVG Rz. 10 .
6 Vgl. etwa ArbG München 22.12.1987 – 14 BV 131/87, DB 1989, 129; DKKW/*Klebe*, § 95 BetrVG Rz. 9; *Fitting*, § 95 BetrVG Rz. 10; offen gelassen von BAG 9.7.1991 – 1 ABR 57/90, NZA 1992, 126.
7 BAG 26.7.2005 – 1 ABR 29/04, NZA 2005, 1372 zur Verwendung eines Punkteschemas durch den Arbeitgeber.
8 GK-BetrVG/*Raab*, § 95 Rz. 24; DKKW/*Klebe*, § 95 BetrVG Rz. 18; aA Richardi/*Thüsing*, § 95 BetrVG Rz. 13; das BAG hat die Frage offen gelassen und nur festgestellt, dass Abs. 1 jedenfalls Abs. 2 mit umfasst, vgl. BAG 31.5.1983 – 1 ABR 6/80, NZA 1984, 49.
9 *Fitting*, § 95 BetrVG Rz. 16.

§ 95 Abs. 2 Satz 1 BetrVG präzisiert die **Auswahlgesichtspunkte** dahin, dass sie sich auf die fachlichen und persönlichen Voraussetzungen und sozialen Gesichtspunkte erstrecken sollen. Welche **fachlichen und persönlichen Voraussetzungen** ein Bewerber für eine bestimmte Stelle mitbringen muss, hängt von der Art des zu besetzenden Arbeitsplatzes und der hier zu verrichtenden Tätigkeit ab. Persönliche und fachliche Voraussetzungen sind das Alter, das Geschlecht, der Gesundheitszustand, die Ausbildung, Erfahrungen, besondere Kenntnisse, körperliche und charakterliche Eigenschaften des Arbeitnehmers oder Bewerbers und anderes mehr[1]. Soziale Gesichtspunkte spielen für die Auswahl bei einer Einstellung eine untergeordnete Rolle[2]. Gleichwohl können Auswahlrichtlinien bestimmen, dass ein Wettbewerber trotz geringerer Eignung aus sozialen Gesichtspunkten den Vorzug verdient[3]. 710

⊃ **Hinweis:** Rechtsstreitigkeiten über Auswahlrichtlinien entscheiden die Arbeitsgerichte im **Beschlussverfahren**. Verwendet der Arbeitgeber einseitig aufgestellte Richtlinien bei personellen Einzelmaßnahmen, führt dies nicht schon deshalb zu deren Unwirksamkeit[4]. Bei groben Verstößen des Arbeitgebers kommt ein Verfahren nach § 23 Abs. 3 BetrVG in Betracht[5], die wiederholte Anwendung eines ohne Mitbestimmung bei einer Kündigung angewandten Punkteschemas kann der Betriebsrat gerichtlich untersagen lassen[6]. Im Rahmen einer Kündigungsschutzklage sind die Auswahlrichtlinien auf ihre Wirksamkeit hin zu überprüfen[7]. Verstoßen Auswahlrichtlinien bspw. gegen die in § 1 Abs. 3 Satz 1 KSchG aufgestellten Grundsätze, so sind sie unbeachtlich und es ist allein nach der Wertung des § 1 Abs. 3 Satz 1 KSchG zu entscheiden[8]. 711

2. Mitbestimmung im Bereich der Berufsbildung

Im Zuge der zunehmenden technischen und wirtschaftlichen Entwicklung kommt der Berufsbildung eine ständig größere Bedeutung zu. Hierbei wird zwischen der Förderung der Berufsbildung nach § 96 BetrVG, Einrichtungen und Maßnahmen der Berufsbildung nach § 97 BetrVG und der Durchführung betrieblicher Bildungsmaßnahmen nach § 98 BetrVG differenziert. 712

a) § 96 BetrVG

§ 96 Abs. 1 Satz 1 BetrVG bestimmt, dass Arbeitgeber und Betriebsrat die **Berufsbildung der Arbeitnehmer zu fördern** haben. Der Arbeitgeber muss auf Verlangen des Betriebsrats den Berufsbildungsbedarf ermitteln und mit ihm Fragen der Berufsbildung der Arbeitnehmer des Betriebs beraten (§ 96 Abs. 1 Satz 2 BetrVG). Der Betriebsrat kann nach § 96 Abs. 1 Satz 3 BetrVG hierzu Vorschläge machen. Nach § 96 Abs. 2 Satz 1 BetrVG haben Arbeitgeber und Betriebsrat darauf zu achten, dass unter Berücksichtigung der betrieblichen Notwendigkeiten den Arbeitnehmern die Teilnahme an betrieblichen oder außerbetrieblichen Maßnahmen der Berufsbildung ermöglicht wird. 713

§ 96 Abs. 1 BetrVG statuiert zunächst eine **Förderungspflicht** des Arbeitgebers und Betriebsrats. Eine Konkretisierung erfährt diese Pflicht in § 96 Abs. 2 BetrVG. Darüber hinaus sieht § 96 Abs. 1 Satz 2 BetrVG eine **Ermittlungspflicht** und eine **Bera-** 714

---

1 Fitting, § 95 BetrVG Rz. 22; Richardi/*Thüsing*, § 95 BetrVG Rz. 23 f.
2 Vgl. GK-BetrVG/*Raab*, § 95 Rz. 40.
3 MünchArbR/*Matthes*, § 260 Rz 8.
4 Fitting, § 95 BetrVG Rz. 8; keine Unwirksamkeit der Kündigung: BAG 9.11.2006 – 2 AZR 812/05, NZA 2007, 549; 6.7.2006 – 2 AZR 442/05, NZA 2007, 139; Richardi/*Thüsing*, § 95 BetrVG Rz. 71.
5 Fitting, § 95 BetrVG Rz. 31; DKKW/*Klebe*, § 95 BetrVG Rz. 41.
6 BAG 26.7.2005 – 1 ABR 29/04, NZA 2005, 1372.
7 BAG 11.3.1976 – 2 AZR 43/75, BAGE 28, 40.
8 BAG 28.6.2012 – 6 AZR 682/10, NZA 2012, 1090.

tungspflicht vor. Die Beteiligungsrechte des Betriebsrats beziehen sich auf Fragen, Einrichtungen und Maßnahmen der Berufsbildung. Unstreitig zählen hierzu alle Maßnahmen, die zur Berufsbildung im Sinne des Berufsbildungsgesetzes (BBiG) gehören. Überwiegend wird aber davon ausgegangen, dass der **Begriff der Berufsbildung** iSd. §§ 96–98 BetrVG entsprechend dem Zweck der gesetzlichen Regelungen umfassender ist als der nach dem BBiG[1]. Auch nach Ansicht der Rechtsprechung ist der Begriff der Berufsbildung weit auszulegen. Er umfasst danach alle Maßnahmen der Berufsbildung iSd. Berufsbildungsgesetzes, also Berufsausbildungsvorbereitung, Berufsausbildung, berufliche Fortbildung und berufliche Umschulung und darüber hinaus auch Seminare und Lehrgänge, Bildungsprogramme[2].

715 Nicht unproblematisch ist die **Abgrenzung** zwischen der mitbestimmungsfreien Unterrichtungspflicht des Arbeitgebers nach § 81 Abs. 1 BetrVG und einer mitbestimmungspflichtigen betrieblichen Berufsbildungsmaßnahme iSd. §§ 96–98 BetrVG. Der entscheidende Unterschied besteht nach Ansicht des BAG darin, dass sich die Unterrichtungspflicht nach § 81 Abs. 1 BetrVG in der Einweisung eines Arbeitnehmers an einem konkreten Arbeitsplatz erschöpft.

716 Kommt es zum Streit über Informations-, Beratungs- und Vorschlagsrechte oder über deren Umfang, entscheiden die Arbeitsgerichte im **Beschlussverfahren**.

717 Die Weigerung des Arbeitgebers, Fragen der Berufsbildung auf Verlangen des Betriebsrats zu beraten, kann einen groben Verstoß nach § 23 Abs. 3 BetrVG darstellen. Auch der Betriebsrat kann seine Beratungspflichten verletzen mit der Folge, dass es zu einem Verfahren nach § 23 Abs. 1 BetrVG kommt[3].

718 ⊃ **Hinweis:** Der einzelne Arbeitnehmer kann nicht unter Berufung auf § 96 Abs. 1 BetrVG eine bestimmte berufliche Aus- oder Fortbildung verlangen. Ein individualrechtlicher Anspruch wird durch diese Vorschrift nicht begründet[4].

b) § 97 BetrVG

719 § 97 Abs. 1 BetrVG ergänzt § 96 BetrVG und räumt dem Betriebsrat ein **besonderes Beratungsrecht** hinsichtlich der Errichtung und Ausstattung betrieblicher Berufsbildungseinrichtungen sowie bei der Einführung betrieblicher Berufsbildungsmaßnahmen und für die Teilnahme an außerbetrieblichen Berufsbildungsmaßnahmen ein.

Beispiele für betriebliche Einrichtungen der Berufsbildung:
Lehrwerkstätten, Unterrichtsräume, Übungskontore, Übungslabors, Werkschulen und Berufsbildungszentren, Umschulungswerkstätten[5].

720 **Ausstattung** bedeutet die Sachausstattung, also die Anschaffung von Anlagen, Maschinen, Werkzeugen und Lehrmaterial[6].

721 **Betriebliche Berufsbildungsmaßnahmen** sind zB Fortbildungskurse[7]. Gemeint sind hiermit alle Maßnahmen wie Kurse und Lehrgänge, die entweder der Erreichung des Ausbildungszieles, der Erhaltung, Erweiterung oder Anpassung der beruflichen Kenntnisse und Fertigkeiten an technische Entwicklungen oder dem Erwerb der Befähigung für andere berufliche Tätigkeiten als der jetzt ausgeübten dienen (vgl. § 1

---

1 *Fitting*, § 96 BetrVG Rz. 9; *Richardi/Thüsing*, § 96 BetrVG Rz. 7; GK-BetrVG/*Raab*, § 96 Rz. 7.
2 BAG 23.4.1991 – 1 ABR 49/90, NZA 1991, 817.
3 GK-BetrVG/*Raab*, § 96 Rz. 38; *Fitting*, § 96 BetrVG Rz. 38.
4 Vgl. Schaub/*Koch*, § 239 Rz. 1a.
5 GK-BetrVG/*Raab*, § 97 Rz. 7; *Richardi/Thüsing*, § 97 BetrVG Rz. 4.
6 *Fitting*, § 97 BetrVG Rz. 4.
7 Vgl. GK-BetrVG/*Raab*, § 97 Rz. 9.

Abs. 3–5 BBiG)[1]. Im Bereich der beruflichen Bildung sind demnach die Verpflichtungen des Arbeitgebers durch das Berufsbildungsgesetz und die zu seiner Durchführung ergangenen Bestimmungen vorgegeben[2].

Die **Teilnahme an außerbetrieblichen Berufsbildungsmaßnahmen** betrifft zunächst Teile eines Ausbildungsganges, die in einem anderen Betrieb oder in einer überbetrieblichen Einrichtung (Gemeinschaftslehrwerkstatt oder Berufsfachschule) absolviert werden[3]. Darüber hinaus zählen zu außerbetrieblichen Berufsbildungsnahmen auch eigenständige Berufsbildungsgänge der Fortbildung und Umschulung, die von außerbetrieblichen Trägern, etwa Kammern, Verbänden, Gewerkschaften, öffentlichen oder privaten Schulen angeboten werden[4]. 722

⊃ **Hinweis:** Da nach dem Wortlaut des § 97 BetrVG der Arbeitgeber mit dem Betriebsrat nur zu „beraten" hat, kann der Betriebsrat die Einrichtung von Bildungsmaßnahmen nicht erzwingen[5]. Bei Streitigkeiten über den Umfang und die Erfüllung der Beratungspflicht kann eine Entscheidung im arbeitsgerichtlichen **Beschlussverfahren** herbeigeführt werden. Bei groben Verstößen des Arbeitgebers sind Maßnahmen nach § 23 Abs. 3 BetrVG denkbar[6]. 723

Mit § 97 Abs. 2 BetrVG wird dem Betriebsrat ein eigenständiges **erzwingbares Mitbestimmungsrecht für Qualifizierungsmaßnahmen** eingeräumt. Hat der Arbeitgeber Maßnahmen geplant oder durchgeführt, die dazu führen, dass sich die Tätigkeit der betroffenen Arbeitnehmer ändert und ihre beruflichen Kenntnisse und Fähigkeiten zur Erfüllung ihrer Aufgaben nicht mehr ausreichen, muss er sich mit dem Betriebsrat über die Einführung von Maßnahmen der betrieblichen Berufsbildung einigen. Kommt eine Einigung nicht zustande, entscheidet die **Einigungsstelle** verbindlich. Voraussetzung dieses Mitbestimmungsrechts ist ein durch den Arbeitgeber ausgelöstes Qualifikationsdefizit. Liegt die Ursache für eine mangelnde Qualifikation in der Person des Arbeitnehmers, kommt ein Mitbestimmungsrecht des Betriebsrats nicht in Betracht[7]. 724

c) § 98 BetrVG

§ 98 BetrVG regelt die **Durchführung betrieblicher Bildungsmaßnahmen**. Während der Betriebsrat bei Errichtung und Einrichtung von betrieblichen Bildungsmaßnahmen nach §§ 96, 97 BetrVG, abgesehen vom Sonderfall des § 97 Abs. 2 BetrVG, nur ein Beratungsrecht hat, unterliegt die Durchführung der betrieblichen Maßnahmen zur Aus-, Fortbildung oder Umschulung der **erzwingbaren Mitbestimmung** (§ 98 Abs. 1 BetrVG)[8]. Darüber hinaus sieht § 98 Abs. 2 BetrVG ein **Widerspruchsrecht** bei der Bestellung von Ausbildern bzw. das Recht vor, ihre Abberufung zu verlangen, wenn diese die persönliche oder fachliche Eignung nicht besitzen oder ihre Aufgaben vernachlässigen. § 98 Abs. 3 BetrVG sieht vor, dass der Betriebsrat Vorschläge für die Teilnahme von Arbeitnehmern oder Arbeitnehmergruppen an Maßnahmen der Berufsbildung machen kann. 725

---

1 GK-BetrVG/*Raab*, § 97 Rz. 9.
2 Schaub/*Koch*, § 239 Rz. 3.
3 *Fitting*, § 97 BetrVG Rz. 6; Richardi/*Thüsing*, § 97 BetrVG Rz. 8.
4 GK-BetrVG/*Raab*, § 97 Rz. 10.
5 *Fitting*, § 97 BetrVG Rz. 4.
6 *Fitting*, § 97 BetrVG Rz. 38.
7 *Löwisch*, BB 2001, 1790.
8 Eingehend *Kraft*, NZA 1990, 457 ff.

aa) Mitbestimmungsrechte nach § 98 Abs. 1 BetrVG

726 § 98 Abs. 1 BetrVG unterwirft die **Durchführung von Maßnahmen der betrieblichen Berufsbildung** der Mitbestimmung des Betriebsrats. Maßnahmen der Berufsbildung sind solche, die dem Arbeitnehmer Kenntnisse und Erfahrungen vermitteln, die zur Ausfüllung eines Arbeitsplatzes und einer beruflichen Tätigkeit dienen sollen[1]. Das Mitbestimmungsrecht greift nur bei betrieblicher Berufsbildung. Dieser Begriff ist funktional zu verstehen, dh., die Maßnahme muss vom Arbeitgeber getragen oder veranstaltet werden und für seine Arbeitnehmer durchgeführt werden[2]. Nach bislang ganz herrschender Meinung bezieht sich dieses Mitbestimmungsrecht nur auf die Durchführung, also das „Wie" solcher Maßnahmen[3]. Ob derartige Maßnahmen überhaupt durchgeführt werden, unterliegt allein der Entscheidung des Arbeitgebers, soweit er dazu nicht durch Gesetz, Tarifvertrag oder Betriebsvereinbarung verpflichtet ist[4]. Voraussetzung des Mitbestimmungsrechts nach § 98 Abs. 1 BetrVG ist, dass der Arbeitgeber eine betriebliche Berufsbildungsmaßnahme auch tatsächlich durchführt. Zur Durchführung gehören sämtliche Maßnahmen, die für den geordneten Ablauf der betrieblichen Bildung notwendig sind. Das kann auch die Einrichtung von Lehrgängen sein[5]. Da die Berufsausbildung iSd. Berufsbildungsgesetzes gesetzlich geregelt ist, kann sich das Mitbestimmungsrecht nur auf die Anpassung an die betrieblichen Verhältnisse (Festlegung betrieblicher Durchlaufpläne, allgemeine Regeln über Führung und Überwachung von Berichtsheften, grundsätzliche betriebliche Beurteilungen usw.) und auf sonstige betriebliche Ausbildung sowie bei Fortbildung und Umschulung auf die materiellen Inhalte der Bildungsmaßnahmen erstrecken[6]. Die Verkürzung einer Berufsausbildung gem. § 8 BBiG ist gem. § 98 Abs. 1 BetrVG mitbestimmungspflichtig, wenn sie nicht nur auf den konkreten Einzelfall bezogen ist, sondern generell gelten soll[7].

727 Mitbestimmungspflichtig sind stets die **formellen Bestimmungen über den Bildungsablauf** einschließlich betrieblicher Prüfungen[8]. Nach wohl überwiegender Auffassung besteht kein Mitbestimmungsrecht für eine Einzelunterweisung oder Zuweisung eines Einzelnen in eine konkrete Ausbildungsstation im Rahmen der Ausbildung[9]. Der Betriebsrat hat daher nicht mitzubestimmen, welcher Auszubildende einem bestimmten Ausbilder zuzuteilen ist.

728 Das Mitbestimmungsrecht entfällt nach Ansicht des BAG nicht deshalb, weil eine Bildungsmaßnahme auch oder vor allem der Vorsorge für den Fall eines etwaigen **Arbeitskampfes** dient[10].

729 ⊃ **Hinweis:** Kommt eine Einigung nach § 98 Abs. 1 BetrVG nicht zustande, so entscheidet nach § 98 Abs. 4 Satz 1 BetrVG die Einigungsstelle, deren Spruch die fehlende Einigung ersetzt (§ 98 Abs. 4 Satz 2 BetrVG).

---

[1] BAG 18.4.2000 – 1 ABR 28/99, NZA 2001, 167.
[2] BAG 18.4.2000 – 1 ABR 28/99, NZA 2001, 167.
[3] Vgl. nur *Kraft*, NZA 1990, 457 (460).
[4] BAG 8.12.1987 – 1 ABR 32/86, NZA 1988, 401.
[5] BAG 23.4.1991 – 1 ABR 49/90, NZA 1991, 817; 10.2.1988 – 1 ABR 39/86, NZA 1988, 549; 5.11.1985 – 1 ABR 49/83, NZA 1986, 535.
[6] Schaub/*Koch*, § 239 Rz. 4.
[7] BAG 24.8.2004 – 1 ABR 28/03, NZA 2005, 371.
[8] BAG 5.11.1985 – 1 ABR 49/83, NZA 1986, 535.
[9] LAG Hess. 13.4.1976 – 5 Sa 715/75, ArbuR 1977, 187; *Fitting*, § 98 BetrVG Rz. 7; ähnlich BAG 3.12.1985 – 1 ABR 58/83, NZA 1986, 532.
[10] BAG 10.2.1988 – 1 ABR 39/86, NZA 1988, 549, für den Fall, dass Arbeitnehmer nur zu einem Lehrgang entsandt werden, damit sie bei einem Streik aushilfsweise eingesetzt werden können.

bb) Widerspruchs- und Abberufungsrecht nach § 98 Abs. 2 BetrVG

§ 98 Abs. 2 BetrVG gibt dem Betriebsrat unter den dort aufgeführten Voraussetzungen das **Recht, der Bestellung eines Ausbilders zu widersprechen** bzw. dessen **Abberufung** zu verlangen. Das Mitbestimmungsrecht des Betriebsrats nach § 98 Abs. 2 BetrVG bezieht sich auf die mit der Durchführung der betrieblichen Berufsbildung beauftragten Personen[1]. Dies ist bei der beruflichen Ausbildung die nach § 28 Abs. 2 BBiG, § 22 Abs. 2 HwO bestellte Person.

Das Gesetz räumt dem Betriebsrat ein solches Widerspruchs- und Abberufungsrecht ein, weil die Effektivität der Bildungsmaßnahmen entscheidend von den Personen abhängt, die mit der Durchführung der Bildungsmaßnahmen beauftragt sind[2]. Der Betriebsrat kann deren Abberufung verlangen, wenn die mit der Durchführung der Bildungsmaßnahme beauftragte Person **nicht die erforderlichen persönlichen oder fachlichen Voraussetzungen besitzt** (vgl. §§ 28–30 BBiG, §§ 22–22b HwO) oder ihre **Aufgaben vernachlässigt**. Widerspricht der Betriebsrat der Einstellung eines Ausbilders, kann der Arbeitgeber die Rechtswirksamkeit dieses Widerspruchs im arbeitsgerichtlichen Beschlussverfahren klären lassen[3].

Nach § 29 BBiG ist **persönlich nicht geeignet**, wer Kinder und Jugendliche nicht beschäftigen darf oder wiederholt oder schwer gegen das Berufsbildungsgesetz oder die aufgrund dieses Gesetzes erlassenen Vorschriften verstoßen hat. § 22a HwO spricht dies sinngemäß für Ausbilder in Handwerksbetrieben aus. Die rein subjektive Überzeugung des Betriebsrats, einem Ausbilder fehle die persönliche Eignung, reicht für dessen Abberufung nicht aus. **Fachlich nicht geeignet** ist, wer die erforderlichen beruflichen Fertigkeiten und Kenntnisse gem. § 30 BBiG sowie §§ 22b HwO oder die erforderlichen berufs- und arbeitspädagogischen Kenntnisse nicht besitzt. Der Ausbilder **vernachlässigt seine Aufgabe**, wenn er sie nicht mit der erforderlichen Gründlichkeit und Gewissenhaftigkeit ausführt, so dass befürchtet werden muss, dass die Auszubildenden das Ziel der Ausbildung nicht erreichen[4]. Überwiegend wird davon ausgegangen, dass die Abberufung nur aus schwerwiegenden Gründen erfolgen kann, weil § 98 Abs. 2 BetrVG die Gründe „Vernachlässigung der Aufgabe" und „Fehlen persönlicher oder fachlicher Eignung" gleichgewichtig nebeneinander nennt[5].

> **Hinweis:** Kommt keine Einigung nach § 98 Abs. 2 BetrVG zustande, so kann der Betriebsrat nach § 98 Abs. 5 Satz 1 BetrVG im arbeitsgerichtlichen **Beschlussverfahren** beantragen, dem Arbeitgeber aufgeben, die Bestellung zu unterlassen oder die Abberufung durchzuführen. Handelt der Arbeitgeber einer rechtskräftigen gerichtlichen Entscheidung zuwider, droht ihm die Verhängung eines **Ordnungsgeldes** von bis zu 10 000 Euro (§ 98 Abs. 5 Satz 2 BetrVG) bzw. eines **Zwangsgeldes** mit einem Höchstmaß für jeden Tag der Zuwiderhandlung von 250 Euro (§ 98 Abs. 5 Satz 3 BetrVG).

cc) Teilnehmerauswahl nach § 98 Abs. 3 BetrVG

§ 98 Abs. 3 BetrVG gibt dem Betriebsrat das Recht, Vorschläge bzgl. der **Teilnehmer an betrieblichen Berufsbildungsmaßnahmen** und an solchen außerbetrieblichen Berufsbildungsmaßnahmen zu machen, für die der Arbeitgeber Arbeitnehmer freistellt oder bei denen er die Teilnahmekosten ganz oder teilweise trägt.

---

1 *Fitting*, § 98 BetrVG Rz. 13; *Richardi/Thüsing*, § 98 BetrVG Rz. 24.
2 *Schaub/Koch*, § 239 Rz. 7.
3 LAG Berlin 6.1.2000 – 10 TaBV 2213/99, NZA-RR 2000, 370.
4 DKKW/*Buschmann*, § 98 BetrVG Rz. 18; *Fitting*, § 98 BetrVG Rz. 17; *Richardi/Thüsing*, § 98 BetrVG Rz. 31.
5 Vgl. nur GK-BetrVG/*Raab*, § 98 Rz. 23; *Schaub/Koch*, § 239 Rz. 7.

735 Der Betriebsrat hat bei der Auswahl ein **echtes Mitbestimmungsrecht**[1]. Dies bedeutet aber nicht, dass er der Auswahl eines jeden Arbeitnehmers zustimmen müsste[2]. Das Mitbestimmungsrecht beschränkt sich allein auf die Auswahl. Die Zahl der Teilnehmer an der berufsbildenden Maßnahme ist mitbestimmungsfrei[3]. Ein erzwingbares Mitbestimmungsrecht hinsichtlich der Teilnahme setzt aber voraus, dass der Betriebsrat überhaupt eigene Vorschläge für die Teilnehmerauswahl unterbreitet und der Arbeitgeber diese ablehnt, es reicht nicht aus, wenn der Betriebsrat sich darauf beschränkt, der Auswahl des Arbeitgebers zu widersprechen[4]. In Tendenzbetrieben ist das Mitbestimmungsrecht des Betriebsrats gem. § 98 Abs. 3 und 4 BetrVG ausgeschlossen, soweit Tendenzträger betroffen sind[5].

736 ⮕ **Hinweis:** Kommt es im Rahmen des § 98 Abs. 3 BetrVG zu keiner Einigung zwischen Betriebsrat und Arbeitgeber über die vom Betriebsrat vorgeschlagenen Teilnehmer, so entscheidet die **Einigungsstelle**.

dd) Sonstige Bildungsmaßnahmen nach § 98 Abs. 6 BetrVG

737 Soweit der Arbeitgeber sonstige Bildungsmaßnahmen durchführt, also solche, die nicht Berufsbildungsmaßnahmen sind, gelten nach § 98 Abs. 6 BetrVG die bisher erläuterten Bestimmungen des § 98 BetrVG entsprechend, wenn es sich um betriebliche Maßnahmen im funktionalen Sinn handelt.

Beispiele:

Sprachkurse, Lehrgänge über Menschenführung im Betrieb, Kurzschriftkurse, Lehrgänge über Arbeitssicherheit, Kurse über erste Hilfe und Lehrgänge über Arbeits- und Sozialrecht[6].

738 **Nicht** unter § 98 Abs. 6 BetrVG fallen **Informationsveranstaltungen**, die der Unterrichtung der Arbeitnehmer nach § 81 Abs. 1 BetrVG dienen, sonstige Informationsveranstaltungen im Zusammenhang mit der konkreten Arbeitsaufgabe des Arbeitnehmers, wie bspw. Schulungen für die Einführung oder den Vertrieb neuer Produkte, Einweisungen in die Bedienung neuer technischer Einrichtungen (vgl. § 81 BetrVG) oder Informationen über das Unternehmen[7].

3. Mitbestimmungsrecht des Betriebsrats bei personellen Einzelmaßnahmen

739 Die Mitbestimmungsrechte des Betriebsrats bei personellen Einzelmaßnahmen sind unterschiedlich ausgestaltet. § 102 BetrVG verpflichtet den Arbeitgeber zur **Anhörung des Betriebsrats vor einer Kündigung**. Ohne diese Anhörung ist die Kündigung unwirksam. Mit dieser Regelung soll in erster Linie das Interesse des Einzelarbeitnehmers geschützt werden. Eigene Rechte des Betriebsrates sind nur mittelbar berührt. Folgerichtig ist der Betriebsrat am Kündigungsschutzprozess auch nicht beteiligt. Die Stellungnahme des Betriebsrats kann den Arbeitgeber nicht hindern, die Kündigung auszusprechen.

740 Demgegenüber berührt das **Mitbestimmungsrecht** des § 99 BetrVG nicht nur das Interesse des einzelnen Arbeitnehmers, sondern auch die Interessen der Belegschaft.

---

1 BAG 10.2.1988 – 1 ABR 39/86, NZA 1988, 549 (550); 8.12.1987 – 1 ABR 32/86, NZA 1988, 401.
2 BAG 8.12.1987 – 1 ABR 32/86, NZA 1988, 401.
3 DKKW/*Buschmann*, § 98 BetrVG Rz. 29, nehmen hinsichtlich der Teilnehmerzahl ein Beratungsrecht an.
4 BAG 20.4.2010 – 1 ABR 78/08, NZA 2010, 902.
5 BAG 20.4.2010 – 1 ABR 78/08, NZA 2010, 902.
6 Eingehend DKKW/*Buschmann*, § 98 BetrVG Rz. 33.
7 *Fitting*, § 98 BetrVG Rz. 39.

Nach § 99 BetrVG muss der Arbeitgeber vor jeder **Einstellung, Versetzung, Ein- oder Umgruppierung** die Zustimmung des Betriebsrats einholen. Der Betriebsrat kann also durch Verweigerung seiner Zustimmung die Durchführung der Maßnahme verhindern. Bei § 99 BetrVG geht es in erster Linie um Rechte des Betriebsrats. Ein unter Missachtung der Beteiligungsrechte des Betriebsrats nach § 99 BetrVG abgeschlossener Arbeitsvertrag ist deshalb nach der überwiegenden Meinung gleichwohl wirksam[1]. Der Arbeitnehmer kann deshalb die vereinbarte Vergütung verlangen. Der Betriebsrat kann aber zum Schutz eigenen Rechts die tatsächliche Beschäftigung des Arbeitnehmers verhindern. Im Fall der Änderungskündigung kann der Arbeitgeber die wirksam geänderten Vertragsbedingungen nicht durchsetzen, solange das Verfahren nach § 99 BetrVG nicht ordnungsgemäß durchgeführt und die Zustimmung des Betriebsrats erteilt bzw. gerichtlich ersetzt ist; der Arbeitnehmer ist zusätzlich berechtigt, die Leistungserbringung zu den geänderten Bedingungen zu verweigern[2].

741

Das Mitbestimmungsrecht nach § 99 BetrVG greift erst dann ein, wenn das **Unternehmen in der Regel mehr als 20 wahlberechtigte Arbeitnehmer** beschäftigt. Nach höchstrichterlicher Rechtsprechung soll § 99 BetrVG analog angewendet werden, wenn mehrere Unternehmen mit jeweils weniger als 20 Arbeitnehmern einen Gemeinschaftsbetrieb führen, in dem insgesamt mehr als 20 Arbeitnehmer beschäftigt sind[3]. Ist der Schwellenwert überschritten, so muss der Arbeitgeber den Betriebsrat vor jeder Einstellung, Eingruppierung, Umgruppierung und Versetzung unterrichten, ihm die erforderlichen Bewerbungsunterlagen vorlegen und Auskunft über die Person der Beteiligten geben (§ 99 Abs. 1 Satz 1 Halbs. 1 BetrVG). Darüber hinaus ist dem Betriebsrat unter Vorlage der erforderlichen Unterlagen Auskunft über die Auswirkung der geplanten Maßnahme zu geben und seine Zustimmung einzuholen (§ 99 Abs. 1 Satz 1 Halbs. 2 BetrVG). Bei Einstellungen und Versetzungen muss der Arbeitgeber nach § 99 Abs. 1 Satz 2 BetrVG dem Betriebsrat insbesondere den in Aussicht genommenen Arbeitsplatz und die vorgesehene Eingruppierung mitteilen.

742

§ 99 Abs. 1 Satz 3 BetrVG verpflichtet die Mitglieder des Betriebsrats, über die ihnen im Rahmen der personellen Maßnahmen bekannt gewordenen persönlichen Verhältnisse und Angelegenheiten der Arbeitnehmer Stillschweigen zu bewahren. Insoweit gelten die Vorschriften über die **Geheimhaltungspflicht** nach § 79 Abs. 1 Satz 2–4 BetrVG entsprechend (vgl. § 99 Abs. 1 aE BetrVG).

743

a) **Personelle Einzelmaßnahmen iSd. § 99 BetrVG**

aa) **Einstellung**

Unter Einstellung iSd. § 99 BetrVG ist nach ständiger Rechtsprechung des BAG die **tatsächliche Beschäftigung** im Sinne einer tatsächlichen Eingliederung des Arbeitnehmers in den Betrieb zu verstehen. Eine Einstellung liegt dann vor, wenn Personen **in den Betrieb eingegliedert** werden, um zusammen mit den dort schon beschäftigten Arbeitnehmern den arbeitstechnischen Zweck des Betriebes durch weisungsgebundene Tätigkeit zu verwirklichen, ohne dass es auf das Rechtsverhältnis ankommt, in dem sie zum Arbeitgeber als Betriebsinhaber stehen. Maßgeblich ist die Eingliederung, die Frage also, ob die zu verrichtende Tätigkeit **ihrer Art nach eine weisungsgebundene Tätigkeit** ist, die der Verwirklichung des arbeitstechnischen Zwecks des Betriebes zu dienen bestimmt ist und daher vom Arbeitgeber organisiert werden

744

---

1 BAG 2.7.1980 – 5 AZR 1241/79, DB 1981, 272; DKKW/*Bachner*, § 99 BetrVG Rz. 250; GK-BetrVG/*Raab*, § 99 Rz. 128; aA *Fitting*, § 99 BetrVG Rz. 278.
2 BAG 22.4.2010 – 2 AZR 491/09, NZA 2010, 1235.
3 BAG 29.9.2004 – 1 ABR 39/03, BAGReport 2005, 152.

muss[1]. Soll die Beschäftigung im Betrieb aufgrund eines Arbeitsvertrages erfolgen, so muss der Betriebsrat vor Abschluss des Arbeitsvertrages über die geplante Beschäftigung unterrichtet und die Zustimmung zu dieser auf der Grundlage des Arbeitsvertrages erfolgenden Beschäftigung eingeholt werden. Das gilt auch dann, wenn die vorgesehene Beschäftigung im Betrieb zunächst nur in einem „Rahmenvertrag" geregelt wird, der den Zeitpunkt und die Dauer einer tatsächlichen Beschäftigung im Betrieb noch offen lässt[2]. Die nach § 99 BetrVG erforderliche Unterrichtung des Betriebsrats ist nur dann als rechtzeitig und damit ordnungsgemäß anzusehen, wenn sie zu einem Zeitpunkt erfolgt, in dem noch keine vollendeten Tatsachen, etwa in Form eines Vertragsabschlusses, geschaffen sind.

745 Da es auf das Rechtsverhältnis zwischen Arbeitgeber und Arbeitnehmer nicht ankommt, ist auch die tatsächliche Eingliederung eines Arbeitnehmers mit **befristetem Arbeitsvertrag** eine Einstellung iSd. § 99 BetrVG[3]. Gleiches gilt, wenn ein befristetes Arbeitsverhältnis verlängert oder in ein Arbeitsverhältnis auf unbestimmte Zeit umgewandelt wird. Hier ist der Betriebsrat nach § 99 BetrVG erneut zu beteiligen. Auf die erneute Beteiligung kann nur verzichtet werden, wenn ein befristetes Probearbeitsverhältnis nach Ablauf der Probezeit in ein unbefristetes Arbeitsverhältnis umgewandelt wird und dem Betriebsrat anlässlich der ersten Einstellung zur Probe bereits mitgeteilt worden ist, dass der Arbeitnehmer bei Bewährung auf unbestimmte Zeit weiterbeschäftigt werden soll[4].

746 Auch die kommissarische, dh. die zunächst nur vorübergehende, **vorläufige Stellenbesetzung** ist eine Einstellung iSd. § 99 BetrVG[5]. Die bloße **Aufstockung der Arbeitszeit** ist eine mitbestimmungspflichtige Einstellung, wenn die Erhöhung nach Dauer und Umfang nicht unerheblich ist. Dies ist der Fall, wenn die Dauer für länger als einen Monat vorgesehen ist und die Arbeitszeit um mindestens zehn Stunden pro Woche erhöht wird[6].

747 Jede auch noch so kurzfristige Beschäftigung von **Leiharbeitnehmern** löst das Mitbestimmungsrecht des § 99 BetrVG aus, da diese in den Betrieb eingegliedert werden, um den arbeitstechnischen Zweck des Betriebes durch ihre Tätigkeit zu verwirklichen[7], vgl. § 14 Abs. 3 AÜG. Das gilt auch, wenn mehrere befristete Einsätze nacheinander erfolgen[8]. Auch die **Übernahme** von Leiharbeitnehmern in ein Arbeitsverhältnis zum Entleiher ist eine mitbestimmungspflichtige Einstellung iSd. § 99 BetrVG[9].

748 Eine Einstellung kann auch dann vorliegen, wenn sog. **freie Mitarbeiter** im Betrieb beschäftigt werden (zB Honorarlehrkräfte)[10]. Hier ist allerdings zu differenzieren. Eine Eingliederung und damit mitbestimmungspflichtige Einstellung iSd. § 99 BetrVG ist nur dann anzunehmen, wenn dem Arbeitgeber des Beschäftigungsbetriebes zumindest ein Teil des Weisungsrechts zusteht, kraft dessen er die für ein Arbeitsverhältnis typischen Entscheidungen über den Einsatz treffen kann. Dies dürfte bei der Beschäftigung eines echten freien Mitarbeiters regelmäßig nicht der Fall sein[11].

---

1 BAG 23.6.2009 – 1 ABR 30/08, NZA 2009, 1162; 2.10.2007 – 1 ABR 60/06, NZA 2008, 244.
2 BAG 28.4.1992 – 1 ABR 73/91, NZA 1992, 1141.
3 BAG 27.10.2010 – 7 ABR 86/09, NZA 2011, 418; 28.6.1994 – 1 ABR 59/93, NZA 1995, 387.
4 BAG 7.8.1990 – 1 ABR 68/89, NZA 1991, 150.
5 LAG Hess. 22.3.1994 – 4 TaBV 120/93, NZA 1994, 1052.
6 BAG 9.12.2008 – 1 ABR 74/07, NZA-RR 2009, 260; 15.5.2007 – 1 ABR 32/06, NZA 2007, 1240.
7 BAG 9.3.2011 – 7 ABR 137/09, NZA 2011, 871.
8 BAG 9.3.2011 – 7 ABR 137/09, NZA 2011, 871.
9 BAG 25.1.2005 – 1 ABR 61/03, NZA 2005, 1199.
10 BAG 3.7.1990 – 1 ABR 36/89, NZA 1990, 903.
11 BAG 30.8.1994 – 1 ABR 3/94, NZA 1995, 649; 25.6.1996 – 1 ABR 57/95, nv.

Das Rechtsverhältnis des Einzustellenden kann auch vereinsrechtlicher Natur sein. Da es ausschließlich auf die Eingliederung in die Organisation des Betriebsinhabers ankommt, bedarf der Einsatz **ehrenamtlicher Rettungssanitäter** des DRK auf Krankenwagen[1] ebenso der Zustimmung des Betriebsrats nach § 99 BetrVG wie die Aufnahme eines zur Erbringung von Pflegediensten verpflichteten Mitglieds in eine DRK-Schwesternschaft[2]. Das Mitbestimmungsrecht greift auch dann, wenn ein Zivildienstleistender beim Bundesamt angefordert wird[3]. Dem steht nicht entgegen, dass die Zuweisung später durch Verwaltungsakt erfolgt.

749

Personen, die als **Dienst- oder Werkunternehmer** Leistungen erbringen, sind nicht schon deswegen in den Betrieb des Auftraggebers und dessen Organisation eingegliedert, weil sie in enger räumlicher Nähe im Betrieb des Auftraggebers tätig werden und weil die von ihnen zu erbringende Dienst- oder Werkleistung in den betrieblichen Arbeitsprozess eingeplant ist. Es reicht ebenfalls nicht, dass die dem Auftragnehmer übertragene Tätigkeit detailliert im zugrunde liegenden Vertrag beschrieben ist. Maßgeblich ist, ob diese Personen derart in die betriebliche Arbeitsorganisation eingegliedert sind, dass der Arbeitgeber das für ein Arbeitsverhältnis typische Weisungsrecht innehat und die Entscheidung über den Arbeitseinsatz auch nach Zeit und Ort trifft. Er muss die Arbeitgeberfunktion wenigstens im Sinne einer aufgespaltenen Arbeitgeberstellung teilweise ausüben[4].

750

Eine zustimmungsbedürftige Einstellung liegt auch dann vor, wenn Personen im Betrieb für eine in Aussicht genommene Beschäftigung eine **Ausbildung** erhalten, ohne die eine solche Beschäftigung nicht möglich wäre[5]. Dabei macht es keinen Unterschied, ob diese Personen nach der Ausbildung in einem Arbeitsverhältnis oder als freie Mitarbeiter beschäftigt werden sollen[6]. Werden **Auszubildende** eines reinen Ausbildungsbetriebes zum Zweck ihrer praktischen Ausbildung vorübergehend in einem anderen Betrieb eingesetzt, muss der dortige Betriebsrat zur Einstellung beteiligt werden[7]. Keine Einstellung ist die Beschäftigung von **Schülerpraktikanten** oder von **Wachmännern** eines Bewachungsunternehmens[8].

751

Soweit in Ausbildungs- und Prüfungseinrichtungen nicht nur Tests durchgeführt werden, um die Eignung von Mitarbeitern und Bewerbern festzustellen, sondern gleichzeitig ein Verhaltenstraining für die künftige berufliche Tätigkeit erfolgt, unterliegt die Aufnahme (zB in ein **Assessment-Center**) auch für externe Bewerber der Mitbestimmung des Betriebsrats nach § 99 BetrVG[9].

752

Die **„Rücknahme" einer Kündigung** ist dann keine Neueinstellung, wenn es sich um einen wirksamen Widerruf nach Maßgabe des § 130 Abs. 1 Satz 2 BGB handelt[10].

753

bb) Versetzung

Als weitere mitbestimmungspflichtige personelle Einzelmaßnahme nennt § 99 Abs. 1 Satz 1 BetrVG die Versetzung[11]. Nach der **Legaldefinition** in § 95 Abs. 3 Satz 1

754

---

1 BAG 12.11.2002 – 1 ABR 60/01, NZA 2004, 1289.
2 BAG 23.6.2010 – 7 ABR 1/09, NZA 2010, 1302.
3 BAG 19.6.2001 – 1 ABR 25/00, BAGE 98, 70.
4 BAG 13.3.2001 – 1 ABR 34/00, NZA 2001, 1262; 18.10.1994 – 1 ABR 9/94, BAGE 78, 142; 30.8.1994 – 1 ABR 3/94, NZA 1995, 649.
5 BAG 20.4.1993 – 1 ABR 59/92, NZA 1993, 1096; 3.10.1989 – 1 ABR 68/88, NZA 1990, 366.
6 BAG 20.4.1993 – 1 ABR 59/92, NZA 1993, 1096.
7 BAG 30.9.2008 – 1 ABR 81/07, NZA 2009, 112.
8 BAG 8.5.1990 – 1 ABR 7/89, NZA 1990, 896; 28.11.1989 – 1 ABR 90/88, NZA 1990, 364.
9 BAG 20.4.1993 – 1 ABR 59/92, NZA 1993, 1096.
10 DKKW/*Bachner*, § 99 BetrVG Rz. 48.
11 Übersicht bei *Griese*, BB 1995, 458 ff.

BetrVG ist eine Versetzung iSd. BetrVG die **Zuweisung eines anderen Arbeitsbereichs**, die die voraussichtliche **Dauer von einem Monat überschreitet** oder die mit einer **erheblichen Änderung der Umstände** verbunden ist, unter denen die Arbeit zu leisten ist. Die Rechtsprechung zieht aus dieser Legaldefinition den Umkehrschluss, dass Änderungen der Arbeitsbedingungen, die weniger als einen Monat dauern, nur dann eine Versetzung darstellen, wenn sie erheblich sind[1]. Für beide Fälle der Versetzung ist zunächst Voraussetzung, dass ein anderer Arbeitsbereich zugewiesen wird. Dies ist nach ständiger Rechtsprechung des BAG dann der Fall, wenn dem Arbeitnehmer ein neuer Tätigkeitsbereich zugewiesen wird, so dass der Gegenstand der geschuldeten Arbeitsleistung ein anderer wird und sich das Gesamtbild der Tätigkeit des Arbeitnehmers ändert. Der Arbeitsbereich ist durch die Aufgaben und die Verantwortung sowie die Art der Tätigkeit und ihre Einordnung in den Arbeitsablauf des Betriebes umschrieben. Arbeitsbereich in diesem Sinn ist der konkrete Arbeitsplatz und seine Beziehungen zur betrieblichen Umgebung in räumlicher, technischer und organisatorischer Hinsicht. Für die Frage, ob ein anderer Tätigkeitsbereich zugewiesen wurde, ist also maßgebend, dass sich die Tätigkeiten des Arbeitnehmers vor und nach der Maßnahme so voneinander unterscheiden, dass die neue Tätigkeit vom Standpunkt eines mit den betrieblichen Verhältnissen vertrauten Beobachters als eine andere angesehen werden muss[2].

755 Bei der **Änderung des Arbeitsortes** wird unterschieden:

Die **örtliche Veränderung** des Arbeitsplatzes (zB in einen anderen Teilbetrieb oder von einem Betrieb des Unternehmens in einen anderen), die **länger als einen Monat** dauert, ist **stets** eine Versetzung[3]; bei kürzerer Dauer nur dann, wenn mit der örtlichen Veränderung auch eine erhebliche Änderung der Umstände verbunden ist, unter denen die Arbeit zu leisten ist[4].

756 Deshalb ist bei einer nur **kurzzeitigen Änderung des Arbeitsortes** die allein räumliche Veränderung und die Arbeit mit anderen Vorgesetzten keine Versetzung iSd. § 95 Abs. 3 BetrVG[5]. Das ist aber zB dann der Fall, wenn die Entsendung an einen anderen Arbeitsort mit einer wesentlich längeren Fahrtzeit[6] oder mit sonstigen außergewöhnlichen Umständen verbunden ist[7]. Die Verlegung ganzer Betriebsabteilungen innerhalb einer Gemeinde ist bei einer räumlichen Veränderung von 3 km keine nach § 99 BetrVG mitbestimmungspflichtige Versetzung[8].

757 Eine zustimmungspflichtige Versetzung liegt dann vor, wenn durch Umorganisation ein Teil der Arbeitsplätze wegfällt, gleichzeitig aber **neue Beförderungsstellen** geschaffen werden, auf denen überwiegend die gleichen Tätigkeiten verrichtet werden müssen[9]. Die nur vorübergehende **Entsendung** eines Arbeitnehmers für die Zeit von mehr als einem Monat in einen anderen Betrieb und seine anschließende **Rückkehr** ist eine **einheitliche Maßnahme**, die als Versetzung der Zustimmung des Betriebsrats bedarf[10]. Bei einem Einsatz von **Streikbrechern** hingegen entfällt das Mitbestimmungsrecht des Betriebsrats des abgebenden Betriebs, aus dem arbeitswillige Arbeit-

---

1 BAG 19.1.2010 – 1 ABR 55/08, NZA 2010, 659; 8.12.2009 – 1 ABR 41/09, NZA 2010, 665.
2 BAG 8.12.2009 – 1 ABR 41/09, NZA 2010, 665; 28.8.2007 – 1 ABR 70/06, NZA 2008, 188; 13.3.2007 – 1 ABR 22/06, NZA-RR 2007, 581.
3 BAG 26.1.1993 – 1 AZR 303/92, NZA 1993, 714; 20.9.1990 – 1 ABR 37/90, NZA 1991, 195.
4 BAG 29.2.2000 – ABR 5/99, NZA 2000, 1357; 19.2.1991 – 1 ABR 36/90, NZA 1991, 565.
5 BAG 28.9.1988 – 1 ABR 37/87, NZA 1989, 188.
6 BAG 1.8.1989 – 1 ABR 51/88, NZA 1990, 196; 8.8.1989 – 1 ABR 63/88, NZA 1990, 198.
7 BAG 21.9.1999 – 1 ABR 40/98, NZA 2000, 781 (Auslandsdienstreise mit auswärtiger Übernachtung kann, muss aber nicht Versetzung sein); LAG Köln 4.5.1994 – 13 Ta 16/94, NZA 1994, 911 für den Fall einer kurzzeitigen Versetzung in den Orient.
8 BAG 27.6.2006 – 1 ABR 35/05, NZA 2006, 1289.
9 BAG 30.8.1995 – 1 ABR 11/95, NZA 1996, 496.
10 BAG 14.11.1989 – 1 ABR 87/88, NZA 1990, 357.

nehmer in einen bestreikten Betrieb versetzt werden sollen, weil andernfalls die Arbeitskampffreiheit des Arbeitgebers ernsthaft beeinträchtigt würde[1].

Eine Versetzung in Form der Zuweisung eines anderen Arbeitsbereiches kann auch darin bestehen, dass dem Arbeitnehmer ein wesentlicher Teil seiner **Aufgaben entzogen** wird[2]. 758

Beispiel:
Dem Autoverkäufer, der zusätzlich zu seiner Außendiensttätigkeit zu 25 % seiner Arbeitszeit als Ladenverkäufer tätig war, wird der Ladendienst entzogen.

Wird ein Arbeitnehmer während der Kündigungsfrist von der Erbringung der Arbeitsleistung **freigestellt**, liegt keine Versetzung iSd. § 95 Abs. 3 BetrVG vor, weil es an der Zuweisung eines anderen Arbeitsbereiches fehlt[3]. 759

Der Arbeitsbereich iSv. § 95 Abs. 3 BetrVG wird regelmäßig nicht durch die **Lage der Arbeitszeit** bestimmt. Wenn sich nur die Lage der Arbeitszeit ändert, bspw. dergestalt, dass von der Arbeit in Normalschicht zu Wechselschichtarbeit übergegangen wird, liegt daher keine zustimmungspflichtige Versetzung vor[4], der Betriebsrat hat aber ggf. ein Mitbestimmungsrecht nach § 87 Abs. 1 Nr. 2 BetrVG[5]. Gleiches gilt für den Wechsel von Dauernachtschicht in den Drei-Schicht-Betrieb[6]. Auch die Aufstockung oder Absenkung der Arbeitszeit von Teilzeitkräften ist keine Versetzung, wenn damit nicht gleichzeitig eine anderweitige grundlegende Änderung der Arbeitsumstände verbunden ist[7]. Erbringt ein Arbeitnehmer Tätigkeiten, die er zuvor im Einzelakkord verrichtete, nunmehr im Gruppenakkord, kann dies je nach Ausgestaltung der Arbeitsleistung (Abhängigkeiten innerhalb der Gruppe, Notwendigkeit der Zusammenarbeit) eine Versetzung iSd. § 99 BetrVG darstellen[8]. 760

Wird ein Arbeitnehmer **auf Dauer in einen anderen Betrieb** des Arbeitgebers versetzt, bedarf es neben der Zustimmung des Betriebsrats des aufnehmenden Betriebes auch der Zustimmung des abgebenden Betriebes, wenn der Arbeitnehmer mit der Versetzung nicht einverstanden ist (Einstellung im aufnehmenden Betrieb, Versetzung im abgebenden Betrieb)[9]. Für die Wahrnehmung dieser Mitbestimmungsrechte ist nicht der Gesamtbetriebsrat zuständig. Dies gilt auch dann, wenn der Arbeitgeber eine Reihe von Versetzungen in einer sog. Personalrunde zusammenfasst und deshalb mehrere Betriebsräte betroffen sind[10]. 761

cc) Ein-/Umgruppierung

(1) Eingruppierung

Eingruppierung iSv. § 99 Abs. 1 BetrVG ist die **erstmalige Einreihung** eines Arbeitnehmers aufgrund der von ihm vertragsgemäß auszuübenden Tätigkeit in eine be- 762

---

1 BAG 13.12.2011 – 1 ABR 2/10, NZA 2012, 571.
2 BAG 2.4.1996 – 1 AZR 743/95, NZA 1996, 998.
3 So zu Recht BAG 28.3.2000 – 1 ABR 17/99, NZA 2000, 1355.
4 BAG 23.11.1993 – 1 ABR 38/93, NZA 1994, 718; 19.2.1991 – 1 ABR 21/90, NZA 1991, 601.
5 BAG 19.2.1991 – 1 ABR 21/90, NZA 1991, 601; vgl. auch *Otto*, NZA 1992, 97 sowie *Gutzeit*, BB 1996, 106.
6 BAG 29.9.2004 – 5 AZR 559/03, NZA 2005, 184 (Vorinstanz: LAG Hamm 26.5.2003 – 16 Sa 1455/02, NZA-RR 2004, 24).
7 LAG Hamm 10.10.2003 – 10 TaBV 104/03, NZA-RR 2004, 136.
8 BAG 22.4.1997 – 1 ABR 84/96, NZA 1997, 1358.
9 BAG 8.12.2009 – 1 ABR 41/09, NZA 2010, 665.
10 BAG 26.1.1993 – 1 AZR 303/92, NZA 1993, 714.

stimmte **Vergütungsgruppe** einer im Betrieb geltenden Vergütungsordnung[1]. Das Mitbestimmungsrecht des Betriebsrats bei einer Eingruppierung erschöpft sich nicht darin, dass der Arbeitgeber dem Betriebsrat die von ihm für richtig befundene Eingruppierung mitteilt und dem Betriebsrat Gelegenheit zur Stellungnahme gibt. Der Arbeitgeber muss vielmehr die Zustimmung des Betriebsrats zur beabsichtigten Eingruppierung einholen und bei deren Verweigerung ein Zustimmungsersetzungsverfahren einleiten[2]. Im **Gemeinschaftsbetrieb** besteht das Mitbestimmungsrecht ausschließlich gegenüber dem Vertragsarbeitgeber des betroffenen Arbeitnehmers. Nur dieser kann und muss eine uU fehlerhafte Eingruppierung korrigieren[3].

763 Die **tarifliche Bewertung** von Arbeitsplätzen bei der **Deutschen Bahn AG**, die mit Beamten besetzt sind, dient nur der Personalkostenabrechnung mit dem Bundeseisenbahnvermögen und stellt keine mitbestimmungspflichtige Eingruppierung iSv. § 99 BetrVG dar[4]. Die Zuordnung von Arbeitsgängen in der **Heimarbeit** und die Zuweisung der Tätigkeiten an die Heimarbeiter/innen sind als Eingruppierung anzusehen und unterliegen deshalb der Beteiligung durch den Betriebsrat[5]. Schließt sich unmittelbar an ein **befristetes Arbeitsverhältnis** ein weiteres Arbeitsverhältnis an, so wird eine erneute Eingruppierung nach § 99 BetrVG nicht erforderlich, wenn sich weder die Tätigkeit des Arbeitnehmers noch das maßgebliche Entgeltgruppenschema ändern[6]. Anlässlich einer **Versetzung** muss der Arbeitgeber stets prüfen, ob der Betroffene entweder neu in die bisherige Lohngruppe einzugruppieren ist, oder ob mit der Versetzung auch eine Umgruppierung verbunden ist[7].

764 Wird die von neu eingestellten Arbeitnehmern zu verrichtende Tätigkeit von einer **tariflichen Gehaltsgruppenordnung** erfasst, die kraft betrieblicher Übung (einseitige Einführung durch den Arbeitgeber) im Betrieb zur Anwendung kommt, so ist der Arbeitgeber zur Eingruppierung der neu eingestellten Arbeitnehmer in diese Gehaltsgruppenordnung und zur Beteiligung des Betriebsrats an dieser Eingruppierung verpflichtet[8]. Das gilt auch für neu eingestellte Arbeitnehmer nach Wegfall der Tarifbindung, wenn kein mitbestimmtes neues Vergütungssystem im Betrieb eingeführt wurde[9]. Das Mitbestimmungsrecht des Betriebsrats bei Ein- und Umgruppierungen gem. § 99 BetrVG erstreckt sich bei einer nach Lohn- und Fallgruppen aufgebauten tariflichen Vergütungsordnung nicht nur auf die Bestimmung der Lohngruppe, sondern auch auf die richtige Fallgruppe dieser Lohngruppe, wenn damit unterschiedliche Rechtsfolgewirkungen verbunden sein können[10].

765 Der Betriebsrat hat auch bei der Eingruppierung **übertariflicher Angestellter** ein Mitbestimmungsrecht. Das Mitbestimmungsrecht entfällt nicht deshalb, weil der Arbeitgeber bei seiner für die Eingruppierung maßgeblichen Prüfung zu dem Ergebnis gelangt, dass die zu bewertende Tätigkeit Anforderungen stellt, die die Qualifikationsmerkmale der obersten Vergütung deutlich übersteigen[11]. Das gilt auch für den Fall, dass nach Versetzung eines außertariflichen Arbeitnehmers streitig ist, ob dieser weiterhin außertariflich vergütet wird oder nun unter eine tarifliche Vergütungsord-

---

1 BAG 19.10.2011 – 4 ABR 119/09, NZA-RR 2012, 250; 3.10.1989 – 1 ABR 66/88, NZA 1990, 359 (360).
2 BAG 10.11.2009 – 1 ABR 64/08, NZA-RR 2010, 416.
3 BAG 23.9.2003 – 1 ABR 35/02, NZA 2004, 800.
4 BAG 12.12.1995 – 1 ABR 31/95, NZA 1996, 837.
5 BAG 20.9.1990 – 1 ABR 17/90, NZA 1991, 244.
6 BAG 14.4.2010 – 7 ABR 91/08, NZA-RR 2011, 83; 11.11.1997 – 1 ABR 29/97, NZA 1998, 319.
7 BAG 10.11.2009 – 1 ABR 64/08, NZA-RR 2010, 416.
8 BAG 28.4.2009 – 1 ABR 97/07, NZA 2009, 1102; 23.11.1993 – 1 ABR 34/93, NZA 1994, 461.
9 BAG 14.4.2010 – 7 ABR 91/08, NZA-RR 2011, 83.
10 BAG 27.7.1993 – 1 ABR 11/93, NZA 1994, 952.
11 BAG 31.10.1995 – 1 ABR 5/95, BB 1996, 2376.

nung fällt[1]. Bei der Eingruppierung von **Leiharbeitnehmern** steht das Mitbestimmungsrecht allein dem Betriebsrat des Verleiherbetriebs zu[2].

(2) Umgruppierung

Eine Umgruppierung ist jede **ändernde Feststellung** des Arbeitgebers, dass die Tätigkeit des Arbeitnehmers nicht mehr den bisherigen Tätigkeitsmerkmalen derjenigen Vergütungsgruppe entspricht, in die er eingruppiert ist, sondern denen einer anderen Vergütungsgruppe[3]. Unerheblich ist, aus welchem Anlass der Arbeitgeber diese Feststellung trifft[4]. Auch die Korrektur einer nach Ansicht des Arbeitgebers fehlerhaften Eingruppierung bedarf daher der Zustimmung des Betriebsrats[5].

766

Eine zustimmungspflichtige Umgruppierung liegt nach Ansicht der Rechtsprechung auch dann vor, wenn ein **Tarifwechsel** zu einer Umstrukturierung der Gehaltshöhe innerhalb einer Tarifgruppe führt[6]. Das Mitbestimmungsrecht des Betriebsrats greift auch bei der **korrigierenden Rückgruppierung**[7].

767

Bei der Bestellung oder dem Widerruf zum Vorhandwerker unter **Gewährung oder Wegfall einer Zulage** handelt es sich nicht um eine Umgruppierung iSd. § 99 BetrVG[8]. Anders verhält es sich dann, wenn die Zulage die Erfüllung besonderer Tätigkeitsmerkmale voraussetzt[9]. Die Gewährung eines **Familienzuschlags**, der allein von den persönlichen Verhältnissen des Arbeitnehmers abhängt, führt nicht zu einer Umgruppierung iSd. § 99 BetrVG[10].

768

Das Beteiligungsrecht des Betriebsrats entfällt, wenn der Arbeitnehmer nach Umgruppierung zu den **leitenden Angestellten** iSv. § 5 BetrVG gehört[11]. Für diesen Fall hat der Betriebsrat kein Mitbestimmungsrecht mehr, sondern nur ein Informationsrecht nach § 105 BetrVG[12].

769

b) Unterrichtungspflicht des Arbeitgebers

§ 99 Abs. 1 Satz 1 BetrVG verpflichtet den Arbeitgeber, den Betriebsrat vor jeder Einstellung, Eingruppierung, Umgruppierung und Versetzung zu unterrichten.

770

aa) Zeitpunkt

Die **Unterrichtung** muss **vor der Durchführung der personellen Maßnahme** erfolgen; dies folgt aus dem Wortlaut des § 99 Abs. 1 Satz 1 BetrVG („vor"). Einen bestimmten Zeitpunkt sieht das Gesetz nicht vor. Aus § 99 Abs. 3 BetrVG wird aber der Schluss gezogen, dass der Arbeitgeber im eigenen Interesse wie im Interesse des Bewerbers die Unterrichtung mindestens eine Woche vor Durchführung der Maßnahme durch-

771

---

1 BAG 12.12.2006 – 1 ABR 13/06, NZA 2007, 348.
2 BAG 17.6.2008 – 1 ABR 39/07, NZA 2009, 112.
3 BAG 19.10.2011 – 4 ABR 119/09, NZA-RR 2012, 250; 17.6.2008 – 1 ABR 37/07, NZA 2009, 280.
4 BAG 20.3.1990 – 1 ABR 20/89, NZA 1990, 699.
5 BAG 20.3.1990 – 1 ABR 20/89, NZA 1990, 699.
6 BAG 3.10.1989 – 1 ABR 66/88, NZA 1990, 359; LAG Hamburg 23.12.1992 – 8 TaBV 7/92, NZA 1993, 424.
7 BAG 26.8.1992 – 4 AZR 210/92, NZA 1993, 469 zu § 75 BPersVG; 30.5.1990 – 4 AZR 74/90, NZA 1990, 899, ebenfalls zu § 75 BPersVG.
8 Schaub/*Koch*, § 241 Rz. 17.
9 Vgl. BAG 24.6.1986 – 1 ABR 31/84, NZA 1987, 31.
10 BAG 19.10.2011 – 4 ABR 119/09, NZA-RR 2012, 250.
11 BAG 29.1.1980 – 1 ABR 49/78, DB 1980, 1946; 8.2.1977 – 1 ABR 22/76, DB 1977, 1146.
12 BAG 29.1.1980 – 1 ABR 49/78, DB 1980, 1946.

zuführen hat, da der Betriebsrat binnen einer Woche seit Unterrichtung widersprechen kann[1]. Da der Arbeitgeber eine Einstellung ohne Zustimmung des Betriebsrats nicht vornehmen kann, liegt es in seinem Interesse, den Betriebsrat so früh wie möglich zu unterrichten, um auf diese Weise rechtzeitig die Zustimmung des Betriebsrats oder eine ersetzende Entscheidung des Arbeitsgerichts zu erlangen.

772 Wenn die Beschäftigung des Arbeitnehmers im Betrieb aufgrund eines Arbeitsvertrages erfolgen soll, so muss der Betriebsrat **vor Abschluss des Arbeitsvertrages** über die geplante Beschäftigung unterrichtet und seine Zustimmung zu der auf Grundlage des Arbeitsvertrages erfolgenden Beschäftigung eingeholt werden. Dies gilt auch dann, wenn die vorgesehene Beschäftigung im Betrieb zunächst nur in einem „Rahmenvertrag" geregelt wird, der den Zeitpunkt und die Dauer einer tatsächlichen Beschäftigung im Betrieb noch offen lässt[2]. Die Unterrichtung des Betriebsrates ist also nur dann rechtzeitig und damit ordnungsgemäß, wenn im Zeitpunkt der Einleitung des Verfahrens nach § 99 BetrVG noch keine vollendeten Tatsachen geschaffen sind. Arbeitgeberseitig ist es bei absehbarer Zeitnot daher ratsam, Arbeitsverträge unter der aufschiebenden Bedingung zu vereinbaren, dass der Betriebsrat der Einstellung zustimmt.

bb) Form, Inhalt und Umfang

773 Die Unterrichtung ist an **keine besondere Form** gebunden, sie kann sowohl mündlich als auch schriftlich erfolgen[3]. Zweckmäßig ist im Regelfall die Übergabe der erforderlichen Unterlagen. Nur eine ordnungsgemäße Unterrichtung setzt das Verfahren nach § 99 BetrVG in Gang.

774 Bei Neueinstellungen ist der Betriebsrat über alle Bewerbungen, also auch die der nicht vom Arbeitgeber zur Einstellung vorgesehenen Bewerber, zu unterrichten[4]. Dabei sind neben den **Bewerbungsunterlagen** auch die vom Arbeitgeber anlässlich der Bewerbung über die Person des Bewerbers erstellten Unterlagen vorzulegen[5]. Der Arbeitgeber genügt seiner Unterrichtungspflicht, wenn er dem Betriebsrat die Bewerbungsunterlagen derjenigen Personen vorlegt, die sich auf einen bestimmten ausgeschriebenen Arbeitsplatz beworben haben. Unterlagen von Personen, die sich um andere Stellen, welche andere Fähigkeiten erfordern oder initiativ ohne Bezug auf eine bestimmte Stelle beworben haben, sind nicht vorzulegen[6].

775 Beauftragt der Arbeitgeber ein **Personalberatungsunternehmen**, ihm geeignete Bewerber zur Einstellung auf einen bestimmten Arbeitsplatz vorzuschlagen, so beschränkt sich seine Unterrichtungspflicht nach § 99 Abs. 1 BetrVG auf die Personen und deren Bewerbungsunterlagen, die ihm das Personalberatungsunternehmen genannt hat. Ist der Arbeitgeber entschlossen, bereits den ersten vorgeschlagenen Bewerber einzustellen, so muss er dem Betriebsrat auch nur die Unterlagen dieses einen Bewerbers vorlegen[7].

---

1 Vgl. GK-BetrVG/*Raab*, § 99 Rz. 140; *Fitting*, § 99 BetrVG Rz. 164; DKKW/*Bachner*, § 99 BetrVG Rz. 135.
2 BAG 28.4.1992 – 1 ABR 73/91, NZA 1992, 1141.
3 BAG 10.11.2009 – 1 ABR 64/08, NZA-RR 2010, 416; *Fitting*, § 99 BetrVG Rz. 181.
4 BAG 17.6.2008 – 1 ABR 20/07, NZA 2008, 1139; 14.12.2004 – 1 ABR 55/03, DB 2005, 1524; *Fitting*, § 99 BetrVG Rz. 167; aA LAG Köln 29.4.1988 – 5 TaBV 3/88, LAGE § 99 BetrVG 1972 Nr. 16, das eine Pflicht zur Vorlage der Bewerbungsunterlagen solcher Bewerber, die für den Arbeitgeber von vornherein ausscheiden, ablehnt; GK-BetrVG/*Raab*, § 99 Rz. 122; Richardi/*Thüsing*, § 99 BetrVG Rz. 136 lehnt eine Mitteilungspflicht für Arbeitnehmer, die die Qualifikationsvoraussetzungen nicht erfüllen ab.
5 BAG 17.6.2008 – 1 ABR 20/07, NZA 2008, 1139; 14.12.2004 – 1 ABR 55/03, DB 2005, 1524.
6 BAG 10.11.1992 – 1 ABR 21/92, NZA 1993, 376; 1.6.2011 – 7 ABR 117/09 – NZA 2011, 1435.
7 BAG 18.12.1990 – 1 ABR 15/90, NZA 1991, 482.

Der Betriebsrat hat keinen Anspruch auf Vorlage des **Arbeitsvertrages**, ebenso wenig ist ihm die Höhe des vereinbarten Gehalts mitzuteilen[1]. Der Unterrichtungsanspruch nach § 99 BetrVG erstreckt sich nicht auf den Inhalt des Arbeitsvertrags, das Beteiligungsrecht ist kein Instrument zur Vertragsinhaltskontrolle[2]. Daher muss der Arbeitgeber keine Rechtfertigungsgründe für den Abschluss eines befristeten Arbeitsvertrags mitteilen[3]. Die Mitteilung des vorgesehenen Arbeitsplatzes ist nicht nur räumlich zu verstehen, dem Betriebsrat muss auch die Funktion mitgeteilt werden, in die der Arbeitnehmer in den Betrieb eingegliedert werden soll[4].

776

Die **Vorlage der Unterlagen** ist Bestandteil der Informationspflicht des Arbeitgebers und muss daher ebenfalls mindestens eine Woche vor Durchführung der Maßnahme erfolgen[5]. „Vorlage" der Unterlagen bedeutet Aushändigung an den Betriebsrat für höchstens eine Woche[6].

777

Führt der Arbeitgeber **persönliche Vorstellungsgespräche**, so hat der Betriebsrat kein Recht zur Beteiligung[7], wenn dies nicht im Einzelfall oder generell durch Betriebsvereinbarung vereinbart wird[8]. Das BAG verpflichtet dafür den Arbeitgeber, über den Inhalt von Bewerbungsgesprächen zu unterrichten, wenn er seine Auswahlentscheidung darauf stützen will[9].

778

Bei der Einstellung von **Leiharbeitnehmern** muss der Arbeitgeber sowohl den Namen des Leiharbeitnehmers, dessen Einsatzbereich und -umfang, den Einstellungstermin und die Einsatzdauer mitteilen. Darüber hinaus sind entsprechend §§ 14 Abs. 3 Satz 2, 12 Abs.1 Satz 2 AÜG die entsprechenden Erklärungen des Verleihers vorzulegen[10]. Soweit erforderlich, ist der Arbeitgeber verpflichtet, beim Verleiher die Personalien der einzusetzenden Leiharbeitnehmers zu erfragen oder bei diesem auf eine rechtzeitige Auswahlentscheidung zu drängen, so dass er seinen Pflichten nach § 99 BetrVG rechtzeitig nachkommen kann[11].

779

⊃ **Hinweis:** Verletzt der Arbeitgeber die Informationspflicht, wird

780

- die Zustimmung des Betriebsrats nach Ablauf der Wochenfrist des § 99 Abs. 3 BetrVG nicht fingiert[12] und die Zustimmung kann nicht nach § 99 Abs. 4 BetrVG ersetzt werden[13].

- Darüber hinaus stellt die Verletzung der Pflichten nach § 99 Abs. 1 BetrVG eine Ordnungswidrigkeit iSd. § 121 BetrVG dar, die mit einer Geldbuße bis zu 10 000 Euro geahndet werden kann.

- Außerdem kann der Betriebsrat nach § 101 Satz 1 BetrVG beim Arbeitsgericht beantragen, dem Arbeitgeber aufzugeben, die personelle Maßnahme aufzuheben. Hebt der Arbeitgeber entgegen einer rechtskräftigen gerichtlichen Entscheidung die personelle Maßnahme nicht auf, so ist auf Antrag des Betriebsrats vom Arbeitsgericht zu erkennen, dass der Arbeitgeber zur Aufhebung der Maßnahme durch Zwangsgeld anzuhalten

---

1 BAG 3.10.1989 – 1 ABR 73/88, NZA 1990, 231; 18.10.1988 – 1 ABR 33/87, NZA 1989, 355.
2 BAG 27.10.2010 – 7 ABR 86/09, NZA 2011, 418; 27.10.2010 – 7 ABR 36/09, NZA 2011, 527.
3 BAG 27.10.2010 – 7 ABR 86/09, NZA 2011, 418.
4 BAG 14.3.1989 – 1 ABR 80/87, NZA 1989, 639.
5 DKKW/*Bachner*, § 99 BetrVG Rz. 161.
6 BAG 14.12.2004 – 1 ABR 55/03, DB 2005, 1524; *Fitting*, § 99 BetrVG Rz. 181; MünchArbR/*Matthes*, § 263 Rz. 35; DKKW/*Bachner*, § 99 BetrVG Rz. 162; aA GK-BetrVG/*Raab*, § 99 Rz. 134.
7 BAG 18.7.1978 – 1 ABR 8/75, DB 1978, 2320; DKKW/*Bachner*, § 99 BetrVG Rz. 163; *Fitting*, § 99 BetrVG Rz. 183.
8 Vgl. LAG Berlin 11.2.1985 – 9 TaBV 5/84, NZA 1985, 604.
9 BAG 28.6.2005 – 1 ABR 26/04, NZA 2006, 13.
10 BAG 1.6.2011 – 7 ABR 18/10, NZA 2012, 472; 9.3.2011 – 7 ABR 137/09, NZA 2011, 871.
11 BAG 9.3.2011 – 7 ABR 137/09, NZA 2011, 871.
12 BAG 1.6.2011 – 7 ABR 18/10, NZA 2012, 472; 5.5.2010 – 7 ABR 70/08, NZA 2011, 175.
13 BAG 1.6.2011 – 7 ABR 18/10, NZA 2012, 472; 5.5.2010 – 7 ABR 70/08, NZA 2011, 175.

ist (§ 101 Satz 2 BetrVG). Das Höchstmaß des Zwangsgeldes beträgt nach § 101 Satz 3 BetrVG für jeden Tag der Zuwiderhandlung 250 Euro.

– Schließlich besteht die Möglichkeit eines Unterlassungsverfahrens nach § 23 Abs. 3 BetrVG[1] bei Zustimmungsverweigerung des Betriebsrats.

c) Zustimmungsfiktion

781 Widerspricht der Betriebsrat nach ordnungsgemäßer Information nicht schriftlich innerhalb einer Woche, **gilt seine Zustimmung als erteilt** (§ 99 Abs. 3 BetrVG). Benötigt der Betriebsrat weitere Auskünfte für seine Stellungnahme, so muss er diese schriftlich innerhalb der Wochenfrist anfordern, anderenfalls gilt seine Zustimmung ebenfalls als erteilt[2]. Bei einer **unvollständigen Unterrichtung** durch den Arbeitgeber soll die Wochenfrist des § 99 Abs. 3 BetrVG gleichwohl auch dann nicht in Gang gesetzt werden, wenn der Betriebsrat zum Antrag in der Sache Stellung nimmt[3]. Ergänzt der Arbeitgeber seine Unterrichtung, weil diese zuvor nicht vollständig war, beginnt die Wochenfrist von neuem zu laufen[4]. Bei unvollständiger Unterrichtung kann der Arbeitgeber auch **im Zustimmungsersetzungsverfahren** die **Unterrichtung nachholen oder vervollständigen**. Wenn für den Betriebsrat – ggf. auch aus den Umständen – erkennbar ist, dass der Arbeitgeber damit seiner Unterrichtungspflicht nachkommen will, wird die Wochenfrist des § 99 Abs. 3 Satz 1 BetrVG in Lauf gesetzt[5].

782 Eine **Vereinbarung zwischen Arbeitgeber und Betriebsrat**, dass das Zustimmungsverfahren nach § 99 BetrVG erst endet, wenn der Betriebsrat die Zustimmung zu der beabsichtigten personellen Maßnahme erteilt oder verweigert, verstößt gegen § 99 Abs. 3 BetrVG. Die Betriebspartner können zwar die Wochenfrist des § 99 Abs. 3 Satz 2 BetrVG durch Vereinbarung eines späteren Beginns oder eines späteren Endes einvernehmlich noch während des Laufs der gesetzlichen Frist verlängern, nicht aber die Frist völlig aufheben[6]. Sowohl aus Gründen der Rechtssicherheit als auch im Interesse der betroffenen Arbeitnehmer muss die Vereinbarung daher den Zeitpunkt des Fristablaufs hinreichend deutlich bestimmen. Eine Vereinbarung, wonach die Zustimmung als erteilt gelten soll, wenn innerhalb der gesetzlichen oder einer länger vereinbarten Frist kein Einvernehmen zwischen den Betriebspartnern erzielt ist, ist unwirksam. Insoweit fehlt den Betriebspartnern die **Regelungskompetenz**[7].

d) Erteilung der Zustimmung

783 Die Erteilung der Zustimmung bedarf im Gegensatz zur Zustimmungsverweigerung **keiner besonderen Form**. Sie kann mündlich und ohne nähere Begründung erteilt werden. Empfänger der Erklärungen des Betriebsrats ist der Arbeitgeber oder die von ihm bezeichnete Stelle. Der zustimmende Beschluss kann nicht widerrufen werden, auch nicht innerhalb der Wochenfrist des § 99 Abs. 3 BetrVG[8]. Einen zunächst erhobenen Widerspruch kann der Betriebsrat dagegen jederzeit zurücknehmen. Mit Ablauf der Wochenfrist gilt seine Zustimmung als erteilt.

---

1 DKKW/*Bachner*, § 101 BetrVG Rz. 20.
2 BAG 14.3.1989 – 1 ABR 80/87, NZA 1989, 639.
3 BAG 1.6.2011 – 7 ABR 18/10, NZA 2012, 472; 14.12.2004 – 1 ABR 55/03, DB 2005, 1524.
4 BAG 1.6.2011 – 7 ABR 18/10, NZA 2012, 472; 5.5.2010 – 7 ABR 70/08, NZA 2011, 175.
5 BAG 1.6.2011 – 7 ABR 18/10, NZA 2012, 472.
6 BAG 29.6.2011 – 7 ABR 24/10, NZA-RR 2012, 18; 5.5.2010 – 7 ABR 70/08, NZA 2011, 175.
7 BAG 29.6.2011 – 7 ABR 24/10, NZA-RR 2012, 18; 12.1.2011 – 7 ABR 25/09, NZA 2011, 1304.
8 Richardi/*Thüsing*, § 99 BetrVG Rz. 250; *Fitting*, § 99 BetrVG Rz. 272; GK-BetrVG/*Raab*, § 99 Rz. 212.

e) Widerspruch des Betriebsrats

aa) Form und Frist

Der Betriebsrat kann unter den in § 99 Abs. 2 BetrVG normierten Voraussetzungen seine Zustimmung verweigern. Das Mitbestimmungsrecht des Betriebsrats nach § 99 BetrVG ist somit als **Zustimmungsverweigerungsrecht** (Vetorecht) ausgestaltet. Für die Zustimmung oder Verweigerung des Betriebsrats ist ein Beschluss des Betriebsrats nach § 33 BetrVG erforderlich. Ist ein Betriebsausschuss oder zB ein Personalausschuss nach § 28 BetrVG gebildet worden, so entscheidet dieser Ausschuss als Gremium[1]. Der Beschluss muss wirksam zustande gekommen sein, andernfalls greift nach Ablauf der Wochenfrist die gesetzliche Fiktion[2]. 784

Verweigert der Betriebsrat seine Zustimmung, so hat er dies unter Angabe von Gründen dem Arbeitgeber schriftlich innerhalb einer Woche nach Unterrichtung mitzuteilen. Geschieht dies nicht, so gilt seine Zustimmung nach § 99 Abs. 3 Satz 2 BetrVG als erteilt. Anders ausgedrückt ist die Zustimmungsverweigerung des Betriebsrats nur dann wirksam, wenn sie **innerhalb der Wochenfrist** unter Wahrung der **Schriftform** und **Angabe der entsprechenden Gründe** erfolgt ist. Die Verweisung auf eine vorangegangene schriftliche Stellungnahme des Betriebsrates reicht aus[3]. Fehlt eine dieser Voraussetzungen, so ist die Zustimmungsverweigerung nicht wirksam erklärt und daher unbeachtlich[4]. 785

Gegen beachtliche Stimmen in der Literatur[5] ist nach Auffassung des 1. Senats die **gesetzliche Schriftform** des § 126 BGB **nicht erforderlich**, es reicht die Einhaltung der Textform des § 126b BGB, die Mitteilung des Betriebsrats bedarf also keiner Unterschrift[6]. Die Zustimmung kann bei Einhaltung der Textform daher rechtswirksam per Telefax[7] oder per E-Mail[8] verweigert werden. 786

Bei der **Berechnung der Wochenfrist** ist der Tag, an dem die Unterrichtung zugegangen ist, nicht mitzurechnen (§ 187 Abs. 1, § 188 Abs. 2 BGB)[9]. Ist daher die Mitteilung am Mittwoch dem Betriebsrat zugegangen, so muss dieser vor Ablauf des folgenden Mittwochs seine Verweigerung schriftlich geltend gemacht haben. Ist der letzte Tag der Frist ein Samstag, Sonntag oder ein gesetzlicher Feiertag, so verlängert sich nach § 193 BGB die Frist bis zum Ablauf des nächsten Wochentages. 787

Nach herrschender Meinung tritt eine **Hemmung oder Unterbrechung der Frist** dann ein, wenn der Betriebsrat durch höhere Gewalt gehindert war, sich rechtzeitig zu äußern[10]. 788

bb) Inhalt des Widerspruchs

§ 99 Abs. 3 Satz 1 BetrVG verlangt, dass die Verweigerung der Zustimmung unter **Angabe von Gründen** erfolgt. Eine Zustimmungsverweigerung ohne Gründe ist rechts- 789

---

1 Vgl. BAG 1.6.1976 – 1 ABR 99/74, AP Nr. 1 zu § 28 BetrVG 1972.
2 BAG 3.8.1999 – 1 ABR 30/98, NZA 2000, 440.
3 BAG 16.11.2004 – 1 ABR 48/03, NZA 2005, 775.
4 Vgl. *Fitting*, § 99 BetrVG Rz. 260 ff.; GK-BetrVG/*Raab*, § 99 Rz. 150.
5 Vgl. nur GK-BetrVG/*Raab*, § 99 Rz. 151 f.
6 BAG 1.6.2011 – 7 ABR 138/09, NZA 2012, 1184; 10.3.2009 – 1 ABR 93/07, NZA 2009, 622.
7 BAG 6.8.2002 – 1 ABR 49/01, NZA 2003, 386; 11.6.2002 – 1 ABR 43/01, NZA 2003, 226.
8 BAG 10.3.2009 – 1 ABR 93/07, NZA 2009, 622.
9 *Fitting*, § 99 BetrVG Rz. 265.
10 *Fitting*, § 99 BetrVG Rz. 272a; DKKW/*Bachner*, § 99 BetrVG Rz. 175; aA MünchArbR/*Matthes*, § 263 Rz. 71.

unwirksam[1]. Erforderlich ist eine auf die konkrete personelle Maßnahme bezogene Begründung[2]. Sie muss unter Berücksichtigung der den Betriebspartnern bekannten Umständen erkennen lassen, dass der Betriebsrat aus einem der in § 99 Abs. 2 BetrVG genannten Gründe seine Zustimmung verweigert[3]. Nach Auffassung des BAG ist eine Begründung aber nur dann unbeachtlich, wenn offensichtlich auf keinen der Verweigerungsgründe Bezug genommen wird[4]. Es reicht aus, wenn die vom Betriebsrat für die Verweigerung seiner Zustimmung vorgetragenen Gründe es als möglich erscheinen lassen, dass einer der Gründe des § 99 Abs. 2 BetrVG geltend gemacht wird[5]. Nur wenn der Betriebsrat seine Zustimmungsverweigerung nach § 99 Abs. 2 Nr. 3 und 6 BetrVG auf die Besorgnis von Nachteilen oder eine Störung des Betriebsfriedens stützt, muss er konkrete Tatsachen angeben, die diese Besorgnis begründen sollen[6]. Der pauschale Verweis auf den bzw. die bloße Wiedergabe des Gesetzeswortlauts von § 99 Abs. 2 BetrVG reicht als Widerspruchsbegründung nicht aus[7].

790 Der Betriebsrat muss innerhalb der Frist alle Gründe vortragen, auf die er seine Zustimmungsverweigerung stützt. Ein **Nachschieben von Gründen** nach Ablauf der Frist des § 99 Abs. 3 BetrVG ist nicht zulässig[8], nur solange die Wochenfrist noch läuft, kann der Betriebsrat weitere Zustimmungsverweigerungsgründe geltend machen. Eine Ausnahme gilt für den Fall, dass eine der personellen Maßnahme zugrunde liegende Rechtsvorschrift unwirksam ist. Dies kann auch nach Ablauf der Wochenfrist noch geltend gemacht werden, da die Gerichte ungültige Normen nicht zur Grundlage ihrer Ersetzungsentscheidung machen dürfen[9]. Der Betriebsrat kann einen erhobenen Widerspruch jederzeit zurücknehmen[10].

f) Widerspruchsgründe iSd. § 99 Abs. 2 BetrVG

791 Der Betriebsrat kann nur aus den in § 99 Abs. 2 BetrVG abschließend aufgeführten Gründen widersprechen.

aa) Verstoß gegen Gesetz, Verordnung, Unfallverhütungsvorschrift, tarifliche Regelung, Betriebsvereinbarung, gerichtliche Entscheidung oder behördliche Anordnung (§ 99 Abs. 2 Nr. 1 BetrVG)

(1) Gesetz und Verordnung

792 Gesetz iSd. § 99 Abs. 2 Nr. 1 BetrVG ist jede Rechtsnorm, durch die eine Beschäftigung in der vorgesehenen Weise verboten wird. Hierzu zählen etwa Verstöße gegen § 4 MuSchG, § 9 ArbZG, §§ 22 ff. JArbSchG, § 284 SGB III[11], das Benachteiligungsverbot des § 78 BetrVG[12], das **AGG** und das **AÜG**[13].

793 Einstweilen frei.

---

1 BAG 18.7.1978 – 1 ABR 43/75, DB 1978, 2322.
2 BAG 24.7.1979 – 1 ABR 78/77, BB 1980, 104.
3 BAG 21.7.2009 – 1 ABR 35/08, NZA 2009, 1156.
4 BAG 21.7.2009 – 1 ABR 35/08, NZA 2009, 1156.
5 BAG 9.10.2013 – ABR 1/12, NZA 2014, 156; 16.3.2010 – 3 AZR 31/09, NZA 2010, 1028; 21.7.2009 – 1 ABR 35/08, NZA 2009, 1156.
6 BAG 21.7.2009 – 1 ABR 35/08, NZA 2009, 1156.
7 *Fitting*, § 99 BetrVG Rz. 262.
8 BAG 17.11.2010 – 7 ABR 120/09, NZA-RR 2011, 415; 21.7.2009 – 1 ABR 35/08, NZA 2009, 1156.
9 BAG 6.8.2002 – 1 ABR 49/01, NZA 2003, 386.
10 *Fitting*, § 99 BetrVG Rz. 276; Richardi/*Thüsing*, § 99 BetrVG Rz. 271.
11 Vgl. BAG 22.1.1991 – 1 ABR 18/90, NZA 1991, 569 (noch zu § 19 AFG).
12 Vgl. LAG Bremen 12.8.1982 – 3 TaBV 33/81, AP Nr. 15 zu § 99 BetrVG 1972.
13 BAG 10.7.2013 – 7 ABR 91/11, NZA 2013.

Ein Gesetzesverstoß liegt auch dann vor, wenn der Arbeitgeber vor der Einstellung (auch der eines Leiharbeitnehmers) nicht geprüft hat, ob der Arbeitsplatz gem. § 81 SGB IX mit einem **Schwerbehinderten** besetzt werden kann[1]. Der Betriebsrat kann seine Zustimmung zur Einstellung eines Bewerbers dann aber nicht mit der Begründung einer Verletzung von § 81 SGB IX verweigern, wenn der Arbeitgeber das Arbeitsamt und die Schwerbehindertenvertretung von frei gewordenen Arbeitsplätzen unterrichtet, Bewerbungen Schwerbehinderter für die Arbeitsplätze aber nicht eingehen, sich Schwerbehinderte nur für andere Arbeitsplätze bewerben und der Arbeitgeber daraufhin den einzigen – nicht behinderten – Bewerber einstellt[2]. Der Betriebsrat kann der beabsichtigten Versetzung eines Arbeitnehmers auf einen Arbeitsplatz als **Datenschutzbeauftragter** die Zustimmung gem. § 99 Abs. 2 Nr. 1 BetrVG mit der Begründung verweigern, der Arbeitnehmer besitze nicht die von § 4f Abs. 2 BDSG geforderte Fachkunde und Zuverlässigkeit[3]. Soll die Überlassung eines **Leiharbeitnehmers** an den Entleiher nicht nur vorübergehend erfolgen, verstößt dies gegen § 1 Abs. 1 Satz 2 AÜG, wonach eine Überlassung nur vorübergehend erfolgen darf. Dieser Verstoß stellt einen Gesetzesverstoß iSd. § 99 Abs. 2 Nr. 1 BetrVG dar[4]. Ein Gesetzesverstoß kann auch ein eindeutiger **Verstoß gegen Treu und Glauben** (§ 242 BGB) sein[5].

794

Bei alledem ist entscheidend, dass die personelle Maßnahme selbst gegen eine der genannten Rechtsvorschriften verstößt und diese die Beschäftigung als solche verbietet oder nur unter bestimmten Voraussetzungen erlaubt[6]. Bei der Einstellung kann die in Aussicht genommene Beschäftigung im Betrieb, bei einer Versetzung die Zuweisung des anderen Arbeitsbereiches verboten sein; es kommt aber nicht darauf an, ob die Begründung eines Arbeitsverhältnisses verboten und ein abgeschlossener Arbeitsvertrag daher nichtig ist[7]. Der Betriebsrat kann unter diesem Aspekt einer Einstellung seine Zustimmung auch nicht verweigern, weil einzelne Bestimmungen im Arbeitsvertrag gegen Rechtsvorschriften verstoßen, etwa eine **vereinbarte Befristung** unzulässig ist oder eine **untertarifliche Vergütung** vereinbart wurde oder vereinbart werden soll[8]. Der **Verstoß gegen das Equal-pay-Gebot** gem. §§ 3 Abs. 1 Nr. 3, 9 Nr. 2 AÜG begründet kein Widerspruchsrecht des Entleiherbetriebsrats[9]. Die Verletzung des Mitbestimmungsrechts nach § 87 Abs. 1 Nr. 10 BetrVG begründet kein Widerspruchsrecht gegen eine Eingruppierung[10].

795

Die **unvollständige Unterrichtung** des Betriebsrats ist kein Verstoß gegen ein Gesetz in diesem Sinn. Sie setzt vielmehr das Verfahren des § 99 BetrVG nicht in Gang[11].

796

Beispiele für Verordnungen iSd. § 99 Abs. 2 Nr. 1 BetrVG sind die GefStoffV (§§ 26, 33) und die ArbStättVO.

797

---

1 BAG 23.6.2010 – 7 ABR 3/09, NZA 2010, 1361; 17.6.2008 – 1 ABR 20/07, NZA 2008, 1139; 14.11.1989 – 1 ABR 87/88, NZA 1990, 368.
2 BAG 10.11.1992 – 1 ABR 21/92, NZA 1993, 376.
3 BAG 22.3.1994 – 1 ABR 51/93, NZA 1994, 1049.
4 BAG 10.7.2013 – 7 ABR 91/11, NZA 2013, 1296; eingehend zur Problematik der Leiharbeit iRd. § 99 BetrVG s. *Fitting*, § 99 BetrVG Rz. 192a ff.
5 Schaub/*Koch*, § 241 Rz. 43.
6 BAG 18.3.2008 – 1 ABR 81/06, NZA 2008, 832.
7 MünchArbR/*Matthes*, § 263 Rz. 48.
8 BAG 28.6.1994 – 1 ABR 59/93, NZA 1995, 387.
9 BAG 21.7.2009 – 1 ABR 35/08, NZA 2009, 1156.
10 BAG 28.4.2009 – 1 ABR 97/07, NZA 2009, 1102.
11 St. Rspr.: BAG 12.1.2011 – 7 ABR 15/09, NZA-RR 2011 574; 10.8.1993 – 1 ABR 22/93, NZA 1994, 187.

(2) **Unfallverhütungsvorschrift**

798 Unfallverhütungsvorschriften (UVV) sind vor allem die aufgrund § 15 SGB VII von den **Berufsgenossenschaften** erlassenen Vorschriften[1]. Beispiel für einen Verstoß ist die Versetzung einer Person ohne die nötige Qualifikation in die Position einer Aufsichtsperson als Verstoß gegen eine UVV[2].

(3) **Tarifliche Regelung**

799 Ein Verstoß gegen einen Tarifvertrag kann nur geltend gemacht werden, wenn der Tarifvertrag für den betroffenen Arbeitnehmer gilt[3]. Bei **Einstellungen** und **Versetzungen** ist erforderlich, dass der Verstoß gegen die tarifliche Bestimmung nur durch das Unterbleiben der personellen Maßnahme verhindert werden kann[4]. Dies ist der Fall, wenn die Tarifnorm entweder die Beschäftigung als solche verbietet oder sie nur unter bestimmten Voraussetzungen erlaubt (zB qualitative tarifliche Besetzungsregeln oder Verbot der Beschäftigung von Arbeitnehmern mit einer Arbeitszeit von weniger als 20 Stunden in einem Tarifvertrag[5]).

800 Einstweilen frei.

801 Ein Verstoß gegen eine **Befristungsregelung** in einem Tarifvertrag ist kein Zustimmungsverweigerungsgrund[6]. **Typische tarifvertragliche Inhalte**, die eine Zustimmungsverweigerung auslösen können, sind zB: Ausschluss von Frauen, Jugendlichen oder ungelernten Arbeitnehmern von bestimmten Arbeitsplätzen, die vorrangige Besetzung mit Betriebsangehörigen[7], älteren Arbeitnehmern, Langzeitarbeitslosen oder Schwerbehinderten[8].

802 Bei **Eingruppierungen und Umgruppierungen** liegt ein Verstoß gegen einen Tarifvertrag regelmäßig dann vor, wenn die vom Arbeitgeber angewendete Vergütungsgruppe nicht derjenigen entspricht, die im Betrieb angewendet werden müsste[9].

803 Wird eine tarifliche Gehaltsgruppenordnung nur teilweise dahin abgeändert, dass **eine Gehaltsgruppe durch zwei neue Gehaltsgruppen ersetzt** wird, während die anderen Gehaltsgruppen unverändert bleiben, ist eine Verweigerung der Zustimmung des Betriebsrats zu der vom Arbeitgeber beabsichtigten Neueingruppierung eines bisher mit Zustimmung des Betriebsrats in die abgelöste Gehaltsgruppe eingruppierten Arbeitnehmers unbeachtlich, wenn der Betriebsrat lediglich geltend macht, der Arbeitnehmer erfülle bei gleich bleibender Tätigkeit die Voraussetzungen einer höheren (unveränderten) Gehaltsgruppe[10].

804 Die **Erhöhung der wöchentlichen Arbeitszeit unter Beibehaltung der tariflichen Monatsvergütung** ist kein Zustimmungsverweigerungsgrund bei einer Eingruppierung, wenn – was schon wegen des Diskriminierungsverbotes in § 4 Abs. 1 TzBfG zwingend ist – der einschlägige Entgelttarifvertrag an Tätigkeitsmerkmale und nicht an die im Manteltarifvertrag geregelte Arbeitszeit anknüpft[11].

---

1 DKKW/*Bachner*, § 99 BetrVG Rz. 199.
2 ArbG Berlin 15.3.1988 – 31 BV 4/87, AiB 1988, 292.
3 DKKW/*Bachner*, § 99 BetrVG Rz. 200.
4 BAG 18.3.2008 – 1 ABR 81/06, NZA 2008, 832.
5 BAG 28.1.1992 – 1 ABR 45/91, NZA 1992, 606.
6 BAG 28.6.1994 – 1 ABR 59/93, AiB 1995, 122.
7 BAG 1.10.1991 – 1 ABR 1/91, ArbuR 1992, 60.
8 Eingehend DKKW/*Bachner*, § 99 BetrVG Rz. 200.
9 Vgl. GK-BetrVG/*Raab*, § 99 Rz. 176.
10 Vgl. BAG 18.1.1994 – 1 ABR 42/93, NZA 1994, 901.
11 BAG 28.6.2006 – 10 ABR 42/05, NZA-RR 2006, 648.

Bindende **Festsetzungen für Heimarbeiter** haben nach § 19 HAG die Wirkung eines allgemeinverbindlich erklärten Tarifvertrages. Auch **Mindestarbeitsbedingungen** gelten als Tarifvertrag (vgl. § 8 MiArbG). 805

(4) Betriebsvereinbarung

Ein Verstoß gegen eine Betriebsvereinbarung liegt bspw. dann vor, wenn nach der Betriebsvereinbarung vorgesehen ist, dass auf bestimmten Arbeitsplätzen Schwerbehinderte[1] oder Bergmannsversorgungsscheininhaber beschäftigt werden sollen, während der Arbeitgeber die Einstellung eines Nichtbehinderten plant[2]. 806

(5) Gerichtliche Entscheidung

Ein Verstoß gegen eine gerichtliche Entscheidung kommt vor allem in Betracht, wenn eine **Entscheidung nach** § 100 BetrVG ergangen ist. Es kommen aber auch gerichtliche **Berufsverbote** in Betracht, bspw. für einen Arzt nach § 70 StGB, für Kraftfahrer ein Fahrverbot nach § 44 StGB oder der Entzug der Fahrerlaubnis nach §§ 69 ff. StGB[3]. Nicht erfasst wird der Verstoß gegen eine gefestigte höchstrichterliche Rechtsprechung. Deren Nichtbeachtung ist als Unterfall des Verstoßes gegen ein Gesetz anzusehen. 807

(6) Behördliche Anordnungen

Behördliche Anordnungen können sich insbesondere aus dem BBiG (§§ 27 ff., 33), der HwO (§§ 21 ff., 24) und dem JArbSchG (§ 27) ergeben[4]. 808

bb) Verstoß gegen eine Auswahlrichtlinie (§ 99 Abs. 2 Nr. 2 BetrVG)

Der Verstoß gegen eine Auswahlrichtlinie nach § 95 BetrVG berechtigt den Betriebsrat zur Verweigerung der Zustimmung. Auswahlrichtlinien nach § 95 Abs. 1 BetrVG sind abzugrenzen von den Daten, die der Arbeitgeber im Rahmen der ordnungsgemäßen Anhörung des Betriebsrates gem. § 102 Abs. 1 BetrVG bei betriebsbedingten Kündigungen dem Betriebsrat mitteilen muss[5]. Unzureichend ist eine einseitige vom Arbeitgeber aufgestellte Auswahlrichtlinie, die vom Betriebsrat formlos hingenommen wird[6]. 809

Die Beurteilung der Eignung eines Arbeitnehmers ist allein Sache des Arbeitgebers, auch wenn die Auswahlrichtlinien auf die Eignung der Bewerber abstellen. Der Betriebsrat kann die Auswahl nur als Verstoß gegen die Auswahlrichtlinien bewerten, wenn der Arbeitgeber dabei gegen vereinbarte Beurteilungsgrundsätze verstoßen hat oder wenn seine Beurteilung offensichtlich unsachlich ist[7]. 810

⊃ **Hinweis:** Ein Verstoß gegen § 1 Abs. 3 KSchG (Sozialauswahl) kann bei Einstellungen und Versetzungen nicht geltend gemacht werden, da diese Vorschrift nur für Kündigungen gilt. 811

---

1 Vgl. BAG 14.11.1989 – 1 ABR 88/88, NZA 1990, 368.
2 Schaub/*Koch*, § 241 Rz. 45.
3 DKKW/*Bachner*, § 99 BetrVG Rz. 202; *Fitting*, § 99 BetrVG Rz. 217; aA GK-BetrVG/*Raab*, § 99 Rz. 179, wonach der Ausspruch eines Fahrverbots nach § 44 StGB nicht ausreicht, um der Einstellung als Kraftfahrer die Zustimmung zu verweigern.
4 GK-BetrVG/*Raab*, § 99 Rz. 180; vgl. auch DKKW/*Bachner*, § 99 BetrVG Rz. 203; *Fitting*, § 99 BetrVG Rz. 218.
5 Vgl. LAG Nds. 18.10.1994 – 11 TaBV 90/94, DB 1995, 2375.
6 Vgl. LAG Hess. 16.10.1984 – 4 TaBV 98/83, DB 1985, 1534; aA DKKW/*Bachner*, § 99 BetrVG Rz. 204.
7 MünchArbR/*Matthes*, § 263 Rz. 56.

cc) Besorgnis der Benachteiligung anderer Arbeitnehmer (§ 99 Abs. 2 Nr. 3 BetrVG)

812 Der Betriebsrat kann einer Maßnahme widersprechen, wenn die **durch Tatsachen begründete Besorgnis** besteht, dass infolge dieser Maßnahme im Betrieb beschäftigte Arbeitnehmer gekündigt werden oder sonstige **Nachteile** erleiden, ohne dass dies aus betrieblichen oder persönlichen Gründen gerechtfertigt ist. Zunächst muss der Betriebsrat eine durch Tatsachen begründete Besorgnis von durch die Maßnahme ausgelösten Nachteilen äußern. Reine Vermutungen oder Spekulationen reichen hier nicht aus[1]. Tatsachen sind konkrete, nach Raum und Zeit bestimmte, vergangene oder gegenwärtige Geschehnisse oder Zustände der Außenwelt oder des Seelenlebens[2]. Der Hinweis auf künftig zu erwartende Ereignisse reicht nicht aus[3].

813 Die Nachteile müssen „infolge" der Maßnahme eintreten. Hinsichtlich des **Kausalitätserfordernisses** stellt die herrschende Meinung darauf ab, ob die Maßnahme ursächlich, dh. auch mitursächlich, für den Nachteil ist; sie muss weder die einzige noch die maßgebliche Ursache sein[4].

814 Sonstige Nachteile sind Verschlechterungen in der tatsächlichen oder rechtlichen Stellung des Arbeitnehmers; der Verlust einer Chance oder die Nichterfüllung von Erwartungen reichen dafür nicht aus[5]. Auch dürfen die Nachteile nicht nur unerheblich sein[6]. Als sonstige Nachteile zählen auch alle Erschwerungen der Arbeit[7].

Nach ständiger Rechtsprechung des BAG ist eine bloße Beförderungschance oder die bloße Erwartung einer Beförderung kein sonstiger Nachteil, vielmehr muss insoweit bereits eine Rechtsposition bzw. ein Anspruch oder eine Anwartschaft bestehen[8]. Auch die nicht nur vorübergehende Überlassung von Leiharbeitnehmern führt neben einem Verweigerungsgrund nach § 99 Abs. 2 Nr. 1 BetrVG auch zu einem Verweigerungsgrund nach § 99 Abs. 2 Nr. 3 BetrVG, da zu befürchten ist, dass das Stammpersonal durch Leiharbeitnehmer ausgetauscht wird.[9] Umstritten ist, ob der Abbau von Überstunden durch Neueinstellungen und damit der Verlust eines höheren Entgelts ein Nachteil für die anderen Arbeitnehmer sein kann[10]. Richtigerweise ist die Frage zu verneinen, weil grundsätzlich kein Anspruch auf Leistung von Überstunden besteht und das vorrangige Interesse des Betriebsrats gerade darauf gerichtet sein muss, die vorhandene Belegschaft vor Überlastung durch Überstunden zu schützen. Fallen die Arbeitsplätze mehrerer vergleichbarer Arbeitnehmer weg und stehen nur für einen Teil von ihnen freie Arbeitsplätze zur Verfügung, so begründet die Versetzung eines Arbeitnehmers auf einen dieser Arbeitsplätze die Besorgnis, dass infolgedessen einem Arbeitnehmer gekündigt wird[11]. In einem solchen Fall kann die Zustimmung zur Ver-

---

1 BAG 21.7.2009 – 1 ABR 35/08, NZA 2009, 1156.
2 Vgl. DKKW/*Bachner*, § 99 BetrVG Rz. 207.
3 LAG Rh.-Pf. 10.12.1981 – 4 TaBV 27/81, DB 1982, 652.
4 Vgl. etwa GK-BetrVG/*Raab*, § 99 Rz. 184; DKKW/*Bachner*, § 99 BetrVG Rz. 208; vgl. auch BAG 15.9.1987 – 1 ABR 29/86, NZA 1988, 624.
5 BAG 17.11.2010 – 7 ABR 120/09, NZA-RR 2011, 415.
6 BAG 15.9.1987 – 1 ABR 44/86, NZA 1988, 101.
7 BAG 15.9.1987 – 1 ABR 44/86, NZA 1988, 101.
8 BAG 17.11.2010 – 7 ABR 120/09, NZA-RR 2011, 415; 18.9.2002 – 1 ABR 56/01, NZA 2003, 622.
9 *Fitting*, § 99 BetrVG Rz. 220a f.
10 Dafür: GK-BetrVG/*Raab*, § 99 Rz. 201; dagegen etwa Richardi/*Thüsing*, § 99 BetrVG Rz. 218; DKKW/*Bachner*, § 99 BetrVG Rz. 215; *Fitting*, § 99 BetrVG Rz. 237.
11 BAG 30.8.1995 – 1 ABR 11/95, NZA 1996, 496; LAG BW 14.8.2013 – 4 TaBV 4/13, NZA-RR 2014, 73: Besorgnis eines unmittelbaren Nachteils auch dann, wenn eine Situation, dass zwei Arbeitnehmer um denselben Arbeitsplatz konkurrieren müssen, nicht sofort eintritt, sondern vorhersehbar erst später nach Rückkehr einer sich derzeit in Elternzeit befindlichen Arbeitnehmerin, wenn es sich bei der (unbefristet) zu besetzenden Stelle um die einzige Stelle handelt, die der künftig zurückkehrenden Arbeitnehmerin kraft Direktionsrechts angeboten werden könnte.

setzung eines Arbeitnehmers auf einen niedriger einzustufenden Arbeitsplatz auch mit der Begründung verweigert werden, der Arbeitgeber habe soziale Auswahlkriterien nicht berücksichtigt[1].

Eine Maßnahme ist trotz damit verbundener Nachteile zulässig, wenn sie **aus betrieblichen oder persönlichen Gründen gerechtfertigt** ist. Für das Vorliegen rechtfertigender persönlicher oder betrieblicher Gründe ist der Arbeitgeber darlegungs- und beweislastpflichtig[2]. Der Betriebsrat trägt die Beweislast für die durch Tatsachen begründbare Besorgnis, für die Kausalität zwischen Maßnahme und Nachteilen sowie für die zu besorgenden Nachteile[3]. 815

dd) Besorgnis der Benachteiligung des betroffenen Arbeitnehmers (§ 99 Abs. 2 Nr. 4 BetrVG)

Gem. § 99 Abs. 1 Nr. 4 BetrVG besteht ein Widerspruchsrecht, wenn **der betroffene Arbeitnehmer** durch die personelle Maßnahme **benachteiligt** wird, ohne dass dies aus betrieblichen oder in der Person des Arbeitnehmers liegenden Gründen gerechtfertigt ist. 816

Betroffen ist nur derjenige Arbeitnehmer, auf den sich die personelle Maßnahme unmittelbar auswirkt; bei nur mittelbarer Berührung kann aber das Mitbestimmungsrecht nach § 99 Abs. 2 Nr. 3 BetrVG in Betracht kommen[4]. Der Zustimmungsverweigerungsgrund nach § 99 Abs. 2 Nr. 4 BetrVG kommt nur bei Versetzungen in Betracht[5]. Die **Benachteiligung** kann mannigfacher Art sein. Denkbar sind Verschlechterungen der äußeren Arbeitsbedingungen, etwa eine längere Arbeitszeit, vermehrter Schmutz oder ein erhöhter Lärmpegel am Arbeitsplatz[6]. Auch die Versetzung eines Arbeitnehmers an einen räumlich weit entfernten Ort stellt einen Nachteil iSd. § 99 Abs. 2 Nr. 4 BetrVG dar[7]. Im Übrigen gilt der gleiche Nachteilsbegriff wie bei § 99 Abs. 2 Nr. 3 BetrVG[8]. Bei der Feststellung der Nachteile muss stets darauf abgestellt werden, ob der betreffende Arbeitnehmer gegenüber einem vergleichbaren Arbeitnehmer benachteiligt ist; es genügt nicht, dass er es nur gegenüber irgendeinem Arbeitnehmer ist[9]. Für die Rechtfertigung des Nachteils kommt es nur auf das Vorliegen „betrieblicher Gründe" an. Es ist keine Abwägung mit den Interessen des Arbeitnehmers erforderlich[10]. 817

ee) Unterbliebene innerbetriebliche Stellenausschreibung (§ 99 Abs. 2 Nr. 5 BetrVG)

Berechtigt ist ein Widerspruch auch, wenn entgegen dem Verlangen des Betriebsrats eine **Stellenausschreibung** im Betrieb unter Berücksichtigung der Vorschrift des § 93 BetrVG nicht oder nicht ausreichend stattgefunden hat[11]. § 99 Abs. 2 Nr. 5 BetrVG soll sicherstellen, dass der Arbeitgeber dem Verlangen des Betriebsrats nach Ausschreibung der Stelle im Betrieb gem. § 93 BetrVG rechtzeitig entspricht. Gleichwohl ist nicht jede unterbliebene Ausschreibung geeignet, ein Zustimmungsverweigerungsrecht zu begründen. 818

---

1 BAG 2.4.1996 – 1 ABR 47/95, BB 1996, 959.
2 GK-BetrVG/*Raab*, § 99 Rz. 202.
3 DKKW/*Bachner*, § 99 BetrVG Rz. 205.
4 BAG 6.10.1978 – 1 ABR 51/77, DB 1979, 311.
5 BAG 5.4.2001 – 2 AZR 580/99, NZA 2001, 893.
6 Vgl. Schaub/*Koch*, § 241 Rz. 49.
7 LAG BW 7.5.2014 – 13 TaBV 1/14, NZA-RR 2014, 542.
8 BAG 26.1.1988 – 1 AZR 531/86, NZA 1988, 476.
9 LAG Düsseldorf 1.3.1978 – 5 TaBV 100/77, nv.
10 LAG BW 7.5.2014 – 13 TaBV 1/14, NZA-RR 2014, 542.
11 BAG 6.10.2010 – 7 ABR 18/09, NZA 2011, 360; 27.7.1993 – 1 ABR 7/93, NZA 1994, 92.

819 **Beispiel 1:**

Ist die Ausschreibung im Betrieb nicht allgemein vorgesehen und verlangt der Betriebsrat die Ausschreibung erst während des bereits begonnenen Einstellungsverfahrens, so muss der Arbeitgeber diesem Verlangen nicht nachkommen[1].

820 **Beispiel 2:**

Unterbleibt eine Ausschreibung trotz vorherigen Verlangens des Betriebsrats, weil feststeht, dass kein Arbeitnehmer des Betriebes für die zu besetzende Stelle in Betracht kommt, so kann der Betriebsrat sein Zustimmungsverweigerungsrecht ebenfalls nicht auf die unterbliebene Ausschreibung stützen[2].

821 Das Zustimmungsverweigerungsrecht greift aber dann, wenn eine **Stellenausschreibung** zwar erfolgt ist, diese jedoch **nicht ordnungsgemäß** war, insbesondere, wenn nicht alle Arbeitnehmer von ihr Kenntnis nehmen konnten[3]. Eine Ausschreibungsdauer von zwei Wochen soll aber im Regelfall ausreichen[4]. Ist zwischen den Betriebspartnern eine bestimmte Form der Stellenausschreibung vereinbart worden, so soll der Betriebsrat die Zustimmung allein deshalb verweigern können, weil diese Form nicht eingehalten wurde[5].

ff) Besorgnis der Störung des Betriebsfriedens (§ 99 Abs. 2 Nr. 6 BetrVG)

822 Der Zustimmungsverweigerungsgrund des § 99 Abs. 2 Nr. 6 BetrVG kommt in erster Linie bei einer Einstellung (auch von Leiharbeitnehmern) oder (seltener) bei einer Versetzung in Betracht[6]. Das Zustimmungsverweigerungsrecht ergänzt das in § 104 BetrVG enthaltene Recht des Betriebsrats, vom Arbeitgeber die Entlassung oder Versetzung eines Arbeitnehmers zu verlangen, der durch gesetzwidriges Verhalten oder durch grobe Verletzung der in § 75 Abs. 1 BetrVG enthaltenen Grundsätze (Grundsätze für die Behandlung der Betriebsangehörigen) den **Betriebsfrieden wiederholt ernstlich gestört** hat[7].

823 **Beispiele für störende Verhaltensweisen:**

Strafbare Handlungen, insbesondere Diebstähle; Belästigungen und Beleidigungen von Mitarbeitern; unsittliches Verhalten; Streitigkeiten und Schlägereien; körperliche Züchtigungen von Jugendlichen; Denunziationen und üble Nachrede sowie ungerechte und schikanöse Behandlungen von Untergebenen[8].

824 Das Verhalten muss in einem engen Zusammenhang mit dem Betrieb stehen und zu einer **ernsten Störung des Betriebsfriedens** geführt haben[9]. Erforderlich ist, dass bestimmte Tatsachen die objektive Prognose rechtfertigen, der Bewerber oder Arbeitnehmer werde den Betriebsfrieden gerade dadurch stören, dass er sich gesetzeswidrig verhält oder gegen die in § 75 Abs. 1 BetrVG niedergelegten Grundsätze verstoßen wird. Eine mögliche Störung aus anderen Gründen genügt nicht[10]. Religiöse, rassisti-

---

1 BAG 14.12.2004 – 1 ABR 54/03, NZA 2005, 424.
2 Zutreffend: Schaub/*Koch*, § 241 Rz. 50; GK-BetrVG/*Raab*, § 99 Rz. 208; ArbG Kassel 29.5.1973 – 2 BV 5/73, DB 1973, 1359 (1360); aA BAG 6.4.1973 – 1 ABR 13/72, DB 1973, 1456; LAG Hess. 2.11.1999 – 4 TaBV 31/99, DB 2001, 155; *Fitting*, § 99 BetrVG Rz. 248.
3 MünchArbR/*Matthes*, § 263 Rz. 65.
4 BAG 6.10.2010 – 7 ABR 18/09, NZA 2011, 360.
5 DKKW/*Bachner*, § 99 BetrVG Rz. 231; *Fitting*, § 99 BetrVG Rz. 251.
6 DKKW/*Bachner*, § 99 BetrVG Rz. 235.
7 Richardi/*Thüsing*, § 99 BetrVG Rz. 240.
8 *Fitting*, § 99 BetrVG Rz. 259.
9 *Fitting*, § 99 BetrVG Rz. 253 f.
10 BAG 16.11.2004 – 1 ABR 48/03, NZA 2005, 775.

sche, politische oder gewerkschaftliche Einstellungen eines Arbeitnehmers begründen für sich noch kein Vetorecht des Betriebsrats[1].

g) Rechtsfolge des wirksamen Widerspruchs

Wenn der Betriebsrat wirksam der geplanten personellen Einzelmaßnahme des Arbeitgebers widerspricht, so bleibt dem Arbeitgeber die Möglichkeit des § 100 BetrVG, dem Betriebsrat die des § 101 BetrVG. 825

Im Fall der Einstellung wird die zivilrechtliche Wirksamkeit des abgeschlossenen Arbeitsvertrages durch die fehlende Zustimmung zur Einstellung nicht berührt[2]. Dies folgt aus der Tatsache, dass eine § 102 Abs. 1 Satz 3 BetrVG entsprechende Vorschrift fehlt. Ist eine **Eingruppierung** tarifrechtlich richtig, aber mangels Beteiligung des Betriebsrats rechtswidrig, hat der Arbeitnehmer Anspruch auf die höhere Vergütung, solange er die Tätigkeit ausübt[3]. Kommt es zu einer **Versetzung** ohne Zustimmung des Betriebsrats (oder ohne Ersetzung der Zustimmung durch das Arbeitsgericht), so ist sie dem Arbeitnehmer gegenüber unwirksam[4]. Dieser kann die Leistungserbringung auf der neuen Position verweigern, ohne arbeitsrechtliche Konsequenzen befürchten zu müssen, bis die Zustimmung des Betriebsrates gerichtlich ersetzt wurde. War die Versetzung nur im Wege der **Änderungskündigung** durchführbar, so ist zur Kündigung die Anhörung des Betriebsrats nach § 102 BetrVG notwendig; das Änderungsangebot unterliegt der Mitwirkung nach § 99 BetrVG[5]. Bei Fehlen der Anhörung nach § 102 BetrVG ist die Änderungskündigung unwirksam; fehlt nur die Beteiligung nach § 99 BetrVG, so berührt dies die Rechtswirksamkeit der Änderungskündigung nicht unmittelbar. Der Arbeitgeber darf den Arbeitnehmer aber nicht auf dem geänderten Arbeitsplatz beschäftigen[6]. 826

Führt der Arbeitgeber die personelle Maßnahme ohne Zustimmung des Betriebsrats durch, kann der Betriebsrat gem. § 101 BetrVG beim Arbeitsgericht die **Aufhebung dieser Maßnahme** durch den Arbeitgeber beantragen. 827

h) Zustimmungsersetzungsverfahren (§ 99 Abs. 4 BetrVG)

Verweigert der Betriebsrat seine Zustimmung, so kann der Arbeitgeber beim Arbeitsgericht nach § 99 Abs. 4 BetrVG beantragen, die Zustimmung zu ersetzen. Das Arbeitsgericht entscheidet darüber im **Beschlussverfahren**[7]. Die Zustimmung ist zu ersetzen, wenn keiner der in § 99 Abs. 2 BetrVG aufgeführten Gründe vorliegt. Am Ersetzungsverfahren ist der betroffene Arbeitnehmer nicht beteiligt[8]. Scheidet der betroffene Arbeitnehmer während des Verfahrens aus dem Arbeitsverhältnis aus, ist das Beschlussverfahren auch gegen den Widerspruch des Betriebsrats wegen Erledigung einzustellen[9]. Gleiches gilt, wenn der betroffene Arbeitnehmer, um dessen korrekte Umgruppierung gestritten wird, während des Verfahrens nach Übertragung einer anderen Tätigkeit höher gruppiert wird[10]. Der Arbeitgeber kann einen an den Betriebsrat gerichteten Antrag auf Zustimmung zu einer Einstellung jederzeit, auch 828

---

1 Fitting, § 99 BetrVG Rz. 254.
2 BAG 2.7.1980 – 5 AZR 1241/79, DB 1981, 272; DKKW/*Bachner*, § 99 BetrVG Rz. 250; Richardi/*Thüsing*, § 99 BetrVG Rz. 293; aA Fitting, § 99 BetrVG Rz. 278.
3 BAG 16.1.1991 – 4 AZR 301/90, NZA 1991, 490; Schaub/*Koch*, § 241 Rz. 54.
4 BAG 26.1.1988 – 1 AZR 531/86, NZA 1988, 476.
5 Schaub/*Koch*, § 241 Rz. 4.
6 BAG 22.4.2010 – 2 AZR 491/09, NZA 2010, 1235; 30.9.1993 – 2 AZR 283/93, NZA 1994, 615.
7 Vertiefend *Boemke*, ZfA 1992, 473 ff.
8 BAG 22.3.1983 – 1 ABR 49/81, DB 1983, 2313; 31.5.1983 – 1 ABR 57/80, BAGE 43, 35.
9 BAG 10.2.1999 – 10 ABR 42/98, NZA 1999, 1225.
10 BAG 10.2.1999 – 10 ABR 49/98, NZA 1999, 1226.

während des bereits eingeleiteten Zustimmungsersetzungsverfahrens, zurückziehen und damit das gerichtliche Verfahren erledigen[1]. Bis zur Grenze des Rechtsmissbrauchs kann er so für den gleichen Bewerber mehrfach Einstellungsverfahren gem. § 99 BetrVG einleiten und wieder beenden.

829 Im Beschlussverfahren kann sich der Betriebsrat nur auf die Gründe stützen, die er dem Arbeitgeber innerhalb der **Wochenfrist** schriftlich mitgeteilt hat. Ein Nachschieben von Gründen durch den Betriebsrat ist unzulässig[2]. Der Arbeitgeber seinerseits hat im Verfahren darzulegen und zu beweisen, dass die vom Betriebsrat angegebenen Widerspruchsgründe nicht vorliegen[3]. Bislang ist noch nicht abschließend geklärt, ob der Arbeitnehmer gegen den Arbeitgeber einen im Urteilsverfahren einklagbaren **Anspruch auf Einleitung des Beschlussverfahrens** hat[4]. Leitet der Arbeitgeber das Verfahren nicht ein, so können dem Arbeitnehmer Schadensersatzansprüche, etwa gem. §§ 311 Abs. 2, 241 Abs. 2, 280 BGB oder aus der Verletzung der Fürsorgepflicht zustehen[5].

830 Gilt die Zustimmung als erteilt, weil der Betriebsrat nicht ordnungsgemäß oder nicht fristgerecht widersprochen hat, so hat das Arbeitsgericht dies – auch ohne entsprechenden Antrag – **festzustellen**[6].

4. Vorläufige personelle Maßnahme (§ 100 BetrVG)

a) Verfahrensablauf

831 Gem. § 100 Abs. 1 Satz 1 BetrVG kann der Arbeitgeber, wenn dies aus sachlichen Gründen dringend erforderlich ist, die personellen Maßnahmen iSd. § 99 Abs. 1 Satz 1 BetrVG **vorläufig durchführen**, bevor der Betriebsrat sich geäußert oder wenn er die Zustimmung verweigert hat. Der Arbeitgeber muss den Arbeitnehmer über die Sach- und Rechtslage aufklären (§ 100 Abs. 1 Satz 2 BetrVG) und den Betriebsrat unverzüglich über die Durchführung der vorläufigen personellen Maßnahme nach § 100 Abs. 2 Satz 1 BetrVG unterrichten. Bestreitet der Betriebsrat, dass die Maßnahme aus sachlichen Gründen dringend erforderlich ist, so hat er dies dem Arbeitgeber unverzüglich mitzuteilen (§ 100 Abs. 2 Satz 2 BetrVG). In diesem Fall darf der Arbeitgeber die vorläufige personelle Maßnahme nach § 100 Abs. 2 Satz 3 BetrVG nur aufrechterhalten, wenn er innerhalb von drei Tagen beim **Arbeitsgericht** die Ersetzung der Zustimmung des Betriebsrats und die Feststellung beantragt, dass die Maßnahme aus sachlichen Gründen dringend erforderlich war. Lehnt das Gericht durch rechtskräftige Entscheidung die Ersetzung der Zustimmung des Betriebsrats ab und stellt es rechtskräftig fest, dass offensichtlich die Maßnahme aus sachlichen Gründen nicht dringend erforderlich war, so endet die vorläufige personelle Maßnahme mit Ablauf von zwei Wochen nach Rechtskraft der Entscheidung (§ 100 Abs. 3 Satz 1 BetrVG). Von diesem Zeitpunkt an darf nach § 100 Abs. 3 Satz 2 BetrVG die personelle Maßnahme nicht aufrechterhalten werden. Im Allgemeinen

---

1 BAG 28.2.2006 – 1 ABR 1/05, NZA 2006, 1178.
2 BAG 17.11.2010 – 7 ABR 120/09, NZA-RR 2011, 415; 21.7.2009 – 1 ABR 35/08, NZA 2009, 1156.
3 Schaub/*Koch*, § 241 Rz. 57.
4 Für einen Anspruch des Arbeitnehmers gegen den Arbeitgeber, ohne Stellungnahme zur Frage, ob dieser Anspruch auch einklagbar ist, Richardi/*Thüsing*, § 99 BetrVG Rz. 279; für einen einklagbaren Anspruch auf Einleitung des Verfahrens für den Fall, dass der Arbeitnehmer bereits beschäftigt ist oder eine verbindliche Zusage hat; ebenso GK-BetrVG/*Raab*, § 99 Rz. 231; *Fitting*, § 99 BetrVG Rz. 289; nach DKKW/*Bachner*, § 99 BetrVG Rz. 247 soll dem Arbeitnehmer generell kein derartiger Anspruch gegen den Arbeitgeber zustehen.
5 Vgl. nur GK-BetrVG/*Raab*, § 99 Rz. 231.
6 BAG 18.10.1988 – 1 ABR 33/87, NZA 1989, 355.

werden vorläufige Maßnahmen nur bei Einstellungen und Versetzungen in Betracht kommen[1].

⊃ **Hinweis:** Wenn der Arbeitgeber auf eine schnelle Durchführung einer personellen Maßnahme angewiesen ist und das in § 100 BetrVG beschriebene Verfahren einhält, kann der Betriebsrat nicht verhindern, dass die Maßnahme zunächst umgesetzt wird. Im Ergebnis führt das Verfahren nach § 100 BetrVG bei nur kurzfristigen Personalmaßnahmen (befristeter Einsatz von Aushilfskräften, Durchführung von Tagesveranstaltungen, die Versetzungen oder Einstellungen erforderlich machen etc.) dazu, dass das Mitbestimmungsrecht des Betriebsrates unterlaufen werden kann, weil mit Erledigung der personellen Maßnahme auch das einzuleitende Beschlussverfahren erledigt ist. Es gibt **keinen allgemeinen Unterlassungsanspruch** des Betriebsrats gegen betriebsverfassungsrechtlich durchgeführte personelle Einzelmaßnahmen[2]. 832

b) Vorliegen von sachlichen Gründen

Der Arbeitgeber kann eine personelle Maßnahme iSd. § 99 Abs. 1 Satz 1 BetrVG vorläufig durchführen, wenn dies **aus sachlichen Gründen dringend erforderlich** ist. Ob eine Einstellung oder Versetzung des Arbeitnehmers aus sachlichen Gründen dringend erforderlich ist, bemisst sich allein anhand der Verhältnisse im Zeitpunkt der Einstellung bzw. Versetzung. Fallen die dringenden betrieblichen Gründe später weg, braucht der Arbeitgeber die vorläufige Maßnahme nicht aufzuheben[3]. 833

Es müssen Gründe vorliegen, die einen verständig urteilenden Arbeitgeber zum sofortigen Eingreifen veranlassen. 834

Beispiele:

Auftrags- und Absatzlage; produktions- und arbeitstechnische Gründe; Erledigung eiliger unbedingt notwendiger betrieblicher Arbeiten[4]; herausragendes Interesse an der sofortigen Verpflichtung eines Spezialisten[5]; Abspringen eines Bewerbers[6]; Verweigerung von Überstunden durch den Betriebsrat; Krankheitsausfall von Mitarbeitern usw.[7].

c) Dringende Erforderlichkeit

Die vorläufige Maßnahme muss dringend erforderlich sein. Bloße Unbequemlichkeiten reichen nicht aus. Das Merkmal der dringenden Erforderlichkeit knüpft an objektive Umstände an. Entscheidend ist, dass ein verantwortungsbewusster Arbeitgeber im Interesse des Betriebes alsbald handeln müsste, die geplante Maßnahme also keinen Aufschub duldet[8]. Es kommt darauf an, wie ein objektiver verständiger Beobachter die betriebliche Situation beurteilen würde[9]. Dabei ist die Notwendigkeit der Wahrung der Beteiligungsrechte des Betriebsrats einerseits und das Eilinteresse des Arbeitgebers andererseits gegeneinander abzuwägen[10]. Maßgeblicher Beurteilungszeitpunkt ist der Zeitpunkt der Durchführung der Maßnahmen; es ist unerheblich, wenn das dringende betriebliche Erfordernis später wegfällt[11]. Bei der Beurteilung der Frage, ob aus sachlichen Gründen iSd. § 100 Abs. 1 BetrVG die vorläufige Durch- 835

---

1 Schaub/*Koch*, § 241 Rz. 60.
2 BAG 23.6.2009 – 1 ABR 23/08, NZA 2009, 1430.
3 BAG 6.10.1978 – 1 ABR 51/77, BB 1979, 373.
4 BAG 7.11.1977 – 1 ABR 55/75, BAGE 29, 345.
5 Schaub/*Koch*, § 241 Rz. 60.
6 ArbG Berlin 28.11.1973 – 10 BV 12/73, DB 1974, 341 f.
7 Eingehend Schaub/*Koch*, § 241 Rz. 60; vgl. auch die nach Einstellung, Versetzung, Ein- und Umgruppierung aufgeteilte Darstellung bei GK-BetrVG/*Raab*, § 100 Rz. 12 ff.
8 *Fitting*, § 100 BetrVG Rz. 4.
9 DKKW/*Bachner*, § 100 BetrVG Rz. 5.
10 Schaub/*Koch*, § 241 Rz. 60.
11 BAG 6.10.1978 – 1 ABR 51/77, DB 1979, 311.

führung einer Personalmaßnahme dringend erforderlich ist, sind Gesichtspunkte der sozialen Auswahl unbeachtlich[1]. Ausweislich § 100 Abs. 3 BetrVG entscheidet das Arbeitsgericht nur darüber, ob die Maßnahme offensichtlich nicht dringend erforderlich war. Der Prüfungsmaßstab ist entsprechend beschränkt, das Ergebnis ist im Tenor auszuwerfen, eine bloße Antragszurückweisung reicht nicht aus[2].

d) Durchführung der vorläufigen personellen Maßnahme

836 Wenn der Arbeitgeber eine vorläufige personelle Maßnahme durchführen will, muss er den betroffenen Arbeitnehmer über die Sach- und Rechtslage aufklären und den Betriebsrat unverzüglich, also gem. § 121 BGB ohne schuldhaftes Zögern, unterrichten. Die **Unterrichtung des Arbeitnehmers** über die vorläufige personelle Maßnahme ist keine Wirksamkeitsvoraussetzung[3]. Der Arbeitgeber kann im Falle einer Einstellung den Arbeitsvertrag unter der Bedingung der Zustimmung des Betriebsrats abschließen[4]. Unterlässt der Arbeitgeber die Unterrichtung des betroffenen Arbeitnehmers, so kann er sich diesem gegenüber uU schadensersatzpflichtig machen, wenn später durch gerichtliche Entscheidung nach Maßgabe des § 100 Abs. 3 Satz 1 BetrVG rechtskräftig festgestellt wird, dass die vorläufige personelle Maßnahme nicht dringend erforderlich war[5]. Mögliche Anspruchsgrundlagen für einen **Schadensersatzanspruch** des Arbeitnehmers sind bei einer Einstellung §§ 311 Abs. 2, 241 Abs. 2, 280 BGB, bei einem schon bestehenden Arbeitsverhältnis § 280 BGB. Der Schadensersatz ist auf das negative Interesse begrenzt, zudem kann er infolge eines Mitverschuldens des Arbeitnehmers gemindert sein[6].

837 Der **Arbeitgeber** muss den betroffenen Arbeitnehmer darüber unterrichten, dass die Zustimmung des Betriebsrats zur personellen Maßnahme noch nicht vorliegt, aus welchen Gründen er zur vorläufigen Durchführung schreiten will und dass die Beendigung des Arbeitsverhältnisses zu erwarten ist, wenn der Betriebsrat seine Zustimmung nicht erteilt oder die Zustimmung nicht ersetzt wird[7]. Der **Arbeitnehmer** seinerseits ist verpflichtet, den Arbeitgeber auf persönliche Umstände hinzuweisen, die zu einer Verweigerung der Zustimmung des Betriebsrats führen könnten[8]. Eine Verletzung dieser Pflicht macht ihn ebenfalls uU schadensersatzpflichtig.

838 Was die Unterrichtungspflicht des Arbeitgebers gegenüber dem **Betriebsrat** betrifft (§ 100 Abs. 2 Satz 1 BetrVG), so dient diese dazu, ihn über die Übergehung seiner Rechte zu unterrichten und ihm ein sofortiges Einschreiten zu ermöglichen. Die Unterrichtungspflicht umfasst nicht nur die Information über die Einleitung, sondern auch die Mitteilung über das Ende der vorläufigen personellen Maßnahme[9]. Bestreitet der Betriebsrat, dass die Maßnahme aus sachlichen Gründen dringend erforderlich ist, so hat er dies dem Arbeitgeber **unverzüglich** (§ 121 BGB) mitzuteilen (§ 100 Abs. 2 Satz 2 BetrVG). An das Bestreiten des Betriebsrats stellt § 100 Abs. 2 Satz 2 BetrVG keine formellen Anforderungen; aus Beweisgründen empfiehlt sich jedoch die Schriftform. Im **Bestreiten der sachlichen Notwendigkeit** der vorläufigen Maßnahme nach § 100 Abs. 2 Satz 2 BetrVG liegt nicht zugleich die Verweigerung der Zustimmung

---

1 BAG 7.11.1977 – 1 ABR 55/75, BAGE 29, 345.
2 BAG 18.10.1988 – 1 ABR 36/87, NZA 1989, 183; ArbG Nürnberg 9.8.2000 – 12 BV 128/99, ZTR 2001, 284.
3 *Fitting*, § 100 BetrVG Rz. 7a.
4 *Fitting*, § 100 BetrVG Rz. 7.
5 Schaub/*Koch*, § 241 Rz. 62; *Fitting*, § 100 BetrVG Rz. 7.
6 DKKW/*Bachner*, § 100 BetrVG Rz. 18; *Fitting*, § 100 BetrVG Rz. 7a.
7 Schaub/*Koch*, § 241 Rz. 62.
8 *Fitting*, § 100 BetrVG Rz. 7a.
9 BAG 15.4.2014 – 1 ABR 101/12.

gem. § 99 Abs. 3 BetrVG[1]. Gleiches gilt umgekehrt. Verweigert der Betriebsrat seine Zustimmung nach § 99 Abs. 3 BetrVG, bestreitet er aber nicht die Notwendigkeit der vorläufigen Durchführung, so muss der Arbeitgeber nur das Verfahren auf Ersetzung der Zustimmung nach § 99 Abs. 4 BetrVG durchführen. Stimmt der Betriebsrat der Maßnahme nach § 99 Abs. 3 BetrVG zu, so benötigt der Arbeitgeber das Verfahren des § 100 BetrVG nicht mehr und kann die Maßnahme endgültig vornehmen. Das gilt auch für den Fall, dass nach Einleitung des Verfahrens nach § 100 BetrVG die Zustimmung nach § 99 Abs. 3 BetrVG erteilt wird oder als erteilt gilt oder noch vor rechtskräftiger Entscheidung über die Berechtigung der vorläufigen Maßnahme die Zustimmung gem. § 99 Abs. 4 BetrVG rechtskräftig ersetzt wird[2]. Für diesen Fall erledigt sich das Verfahren bzgl. der vorläufigen Maßnahme und ist nach § 83a Abs. 3 ArbGG analog einzustellen[3].

Widerspricht der Betriebsrat und bestreitet fristgerecht das Vorliegen sachlicher Gründe für die Dringlichkeit einer vorläufigen Maßnahme, darf der Arbeitgeber diese nur aufrechterhalten, wenn er innerhalb einer **Frist von drei Kalendertagen** beim Arbeitsgericht beantragt, die Zustimmung des Betriebsrats zu ersetzen und festzustellen, dass die Maßnahme aus sachlichen Gründen dringend erforderlich war (§ 100 Abs. 2 Satz 3 BetrVG). Die beiden Anträge können kumulativ gestellt werden[4]. Bei der Frist von drei Tagen handelt es sich um Kalendertage, nicht um Werktage[5]. Fällt das Fristende auf einen Samstag, Sonntag oder Feiertag, verlängert sich die Frist bis zum Ablauf des nächsten Werktages (§ 193 BGB). Nach wohl überwiegender Auffassung handelt es sich um eine **Ausschlussfrist**, so dass eine Wiedereinsetzung bei Fristversäumung nicht in Betracht kommt[6]. 839

e) Verfahren vor dem Arbeitsgericht

Das Arbeitsgericht entscheidet im **Beschlussverfahren**. Der Arbeitnehmer ist in diesem Verfahren, ebenso wie im Verfahren nach § 99 Abs. 4 BetrVG, nicht Beteiligter[7]. 840

Der Sache nach kann das Arbeitsgericht zu vier **Ergebnissen** gelangen: 841

– Das Arbeitsgericht kann einen Grund zur Zustimmungsverweigerung verneinen und feststellen, dass die Maßnahme dringlich war. Für diesen Fall obsiegt der Arbeitgeber, er kann die Maßnahme endgültig durchführen.
– Das Arbeitsgericht kann die Dringlichkeit der Maßnahme verneinen und gleichzeitig einen Grund zur Zustimmungsverweigerung anerkennen. Dies führt zu einem Obsiegen des Betriebsrats.
– Das Arbeitsgericht kann die Dringlichkeit bejahen und zugleich die Zustimmungsverweigerung des Betriebsrats anerkennen. Für diesen Fall hat zwar der Feststellungsantrag des Arbeitgebers Erfolg, nicht jedoch der Antrag auf Ersetzung der Zustimmung. Die Maßnahme war damit zwar vorläufig gerechtfertigt, bleibt aber nicht rechtswirksam und muss aufgehoben werden.
– Das Arbeitsgericht kann die Verweigerung der Zustimmung durch den Betriebsrat für nicht gerechtfertigt halten und die Zustimmung ersetzen, gleichwohl aber die Maßnahme nicht für sachlich dringend halten. Unter diesen Umständen liegt dem Grunde nach kein Fall des § 100 Abs. 1 Satz 1 BetrVG vor. Die Rechtslage in die-

---

1 DKKW/*Bachner*, § 100 BetrVG Rz. 21.
2 DKKW/*Bachner*, § 100 BetrVG Rz. 23.
3 BAG 18.10.1988 – 1 ABR 36/87, NZA 1989, 183.
4 BAG 7.11.1977 – 1 ABR 55/75, BAGE 29, 345.
5 DKKW/*Bachner*, § 100 BetrVG Rz. 29.
6 So etwa DKKW/*Bachner*, § 100 BetrVG Rz. 29; GK-BetrVG/*Raab*, § 100 Rz. 34 mwN.
7 DKKW/*Bachner*, § 100 BetrVG Rz. 30.

sem Fall ist umstritten[1]. Richtigerweise ist der Arbeitgeber in diesem Fall berechtigt, die personelle Maßnahme nunmehr endgültig aufrechtzuerhalten; mit der endgültigen Zustimmung zur personellen Maßnahme erledigt sich der Feststellungsantrag nach § 100 Abs. 2 Satz 3 BetrVG[2].

842 Gem. § 100 Abs. 3 Satz 1 BetrVG endet die vorläufige Maßnahme mit Ablauf von zwei Wochen seit Rechtskraft der für den Arbeitgeber negativen Entscheidung. Von diesem Zeitpunkt an darf die personelle Maßnahme nicht aufrechterhalten werden (§ 100 Abs. 3 Satz 2 BetrVG).

5. Aufhebung personeller Maßnahmen wegen Nichtbeachtung des Mitbestimmungsrechtes (§ 101 BetrVG)

843 Das Mitbestimmungsrecht bei den personellen Maßnahmen nach § 99 BetrVG wird durch § 101 BetrVG gesichert. Führt der Arbeitgeber eine personelle Maßnahme iSd. § 99 Abs. 1 Satz 1 BetrVG ohne Zustimmung des Betriebsrats durch oder hält er eine vorläufige personelle Maßnahme entgegen § 100 Abs. 2 Satz 3, Abs. 3 BetrVG aufrecht, so kann der Betriebsrat beim **Arbeitsgericht** beantragen, dem Arbeitgeber aufzugeben, die personelle Maßnahme aufzuheben (§ 101 Satz 1 BetrVG). Hebt der Arbeitgeber entgegen einer rechtskräftigen gerichtlichen Entscheidung die personelle Maßnahme nicht auf, so kann nach § 101 Satz 2 BetrVG auf Antrag des Betriebsrats vom Arbeitsgericht ein **Zwangsgeld** festgesetzt werden. Das Höchstmaß des Zwangsgeldes beträgt für jeden Tag der Zuwiderhandlung 250 Euro (§ 101 Satz 3 BetrVG).

Der Betriebsrat kann den Arbeitgeber nicht verpflichten lassen, zu bereits vorgenommenen Einstellungen nachträglich die Zustimmung des Betriebsrats einzuholen. Angesichts der Möglichkeiten des § 101 BetrVG sieht das BAG zu Recht einen solchen Antrag als unzulässig an[3].

844 Voraussetzung für die Einleitung eines Beschlussverfahrens nach § 101 BetrVG ist ein **Beschluss des Betriebsrats** iSd. § 33 BetrVG. Das Mitbestimmungsrecht des Betriebsrats hat je nach Art der personellen Maßnahme eine unterschiedliche Qualität.

845 Bei **Einstellungen und Versetzungen** geht es um die innerbetriebliche Organisation. Dies ist der vornehmliche Anwendungsbereich des § 101 BetrVG.

846 Bei **Ein- und Umgruppierungen** liegen die Dinge anders. Die zutreffende Eingruppierung ergibt sich unmittelbar aus dem Tarifvertrag oder der innerbetrieblichen Lohnordnung. Der Akt der Eingruppierung ist nach ständiger Rechtsprechung des BAG kein konstitutiver Akt, sondern die Kundgabe einer Rechtsansicht. Insoweit kann dem Betriebsrat lediglich eine Richtigkeitskontrolle obliegen. Die Aufhebung einer unrichtigen Eingruppierung führt zudem noch nicht zur richtigen Eingruppierung. Aus diesem Grunde kann der Betriebsrat in diesen Fällen verlangen, dass das Arbeitsgericht den Arbeitgeber verurteilt, das bislang unterlassene Verfahren nach § 99 BetrVG und – bei verweigerter Zustimmung – das Ersetzungsverfahren nach § 99 Abs. 4 BetrVG durchzuführen[4]. Ist der Arbeitgeber im Zustimmungsersetzungsverfahren erfolglos geblieben, kann der Betriebsrat nach § 101 BetrVG beantragen, dem Arbeitgeber aufzugeben, ein **erneutes Beteiligungsverfahren** einzuleiten, das die Ein-

---

[1] Vgl. Fitting, § 100 BetrVG Rz. 13; GK-BetrVG/Raab, § 100 Rz. 41; DKKW/Bachner, § 100 BetrVG Rz. 35.
[2] BAG 19.3.2008 – 1 ABR 81/06, NZA 2008, 832; 14.12.2004 – 1 ABR 55/03, NZA 2005, 827.
[3] BAG 2.3.2004 – 1 ABR 15/03, NZA 2004, 752; vgl. auch BAG 15.4.2008 – 1 ABR 14/07, NZA 2008, 1020.
[4] BAG 15.12.2011 – 7 ABR 36/10, AP BetrVG 1972 § 99 Eingruppierung Nr. 57; 9.3.2011 – 7 ABR 118/09, NZA 2011, 1056.

gruppierung in eine andere Vergütungsgruppe vorsieht[1]. Wenn ein Arbeitgeber bei Einstellung oder Versetzung eines Arbeitnehmers die gebotene Eingruppierungsentscheidung ganz unterlässt, kann der Betriebsrat nach § 101 BetrVG verlangen, dass der Arbeitgeber diese Eingruppierungsentscheidung trifft und hierbei den Betriebsrat nach Maßgabe des § 99 BetrVG beteiligt[2].

Der **Antrag** nach § 101 Satz 1 BetrVG kann vom Betriebsrat bereits **im Zustimmungsersetzungsverfahren** gestellt werden[3]. Nach Ansicht des BAG wird der Antrag des Betriebsrats nach § 101 BetrVG nicht dadurch unbegründet, dass der Grund, auf den der Betriebsrat seine Zustimmungsverweigerung gestützt hat, im Laufe des Aufhebungsverfahrens wegfällt[4]. Der Arbeitgeber kann dem Antrag des Betriebsrats nicht das Fehlen eines Zustimmungsverweigerungsgrundes entgegenhalten, da dies nur in den Zustimmungsersetzungsverfahren nach § 99 Abs. 4 BetrVG und § 100 Abs. 2 Satz 3 BetrVG geltend gemacht werden kann[5].

847

Wenn der Betriebsrat **erst nach Ablauf einer nicht unerheblichen Zeit** die Aufhebung einer personellen Einzelmaßnahme nach § 101 BetrVG geltend macht, kann dies mit ganz erheblichen Auswirkungen für die einzelnen betroffenen Arbeitnehmer verbunden sein. Die Rechtsprechung geht daher davon aus, dass der Anspruch des Betriebsrats auf Aufhebung einer personellen Einzelmaßnahme der **Verwirkung** unterliegt[6].

848

Das Arbeitsgericht entscheidet im **Beschlussverfahren**. Beteiligt sind der Arbeitgeber und der Betriebsrat, nicht der betroffene Arbeitnehmer[7]. Hebt der Arbeitgeber entgegen einer rechtskräftigen gerichtlichen Entscheidung die personelle Maßnahme nicht auf, so ist auf Antrag des Betriebsrats vom Arbeitsgericht zu erkennen, dass der Arbeitgeber zur Aufhebung durch Zwangsgeld anzuhalten ist. Der Betriebsrat kann bei groben Verstößen des Arbeitgebers auch einen Anspruch nach § 23 Abs. 3 BetrVG geltend machen, künftig seine Mitbestimmungsrechte zu beachten. Anders als im Fall einer Verletzung der Mitbestimmungsrechte aus § 87 BetrVG[8] lehnt das BAG einen allgemeinen Unterlassungsanspruch des Betriebsrats gegen personelle Maßnahmen ab[9]. § 101 BetrVG stellt auch insofern eine Spezialregelung dar, als eine einstweilige Verfügung auf Aufhebung einer personellen Maßnahme nicht zulässig ist[10].

849

Das Arbeitsgericht entscheidet **nach Anhörung** des Antragsgegners durch Beschluss. Eine **mündliche Verhandlung ist nicht notwendig** (§ 85 Abs. 1 ArbGG, § 891 ZPO). Die Entscheidung kann auch durch den Vorsitzenden allein ergehen (§ 53 ArbGG). Die Zwangsvollstreckung findet aus rechtskräftigen Beschlüssen statt. Sie erfolgt nach vorheriger Zustellung und Eintritt der Rechtskraft. Das Zwangsgeld beträgt für jeden Tag und jeden Fall der Zuwiderhandlung bis zu höchstens 250 Euro und ist vom Arbeitsgericht nach pflichtgemäßem Ermessen festzusetzen.

850

---

1 BAG 3.5.1994 – 1 ABR 58/93, DB 1995, 228.
2 BAG 12.12.2000 – 1 ABR 23/00, NZA 1002, 56; 18.6.1991 – 1 ABR 53/90, NZA 1991, 852.
3 *Fitting*, § 101 BetrVG Rz. 6.
4 BAG 20.11.1990 – 1 ABR 87/89, NZA 1991, 513.
5 BAG 18.7.1978 – 1 ABR 43/75, NJW 1979, 671; 16.7.1985 – 1 ABR 35/83, BAGE 49, 180.
6 LAG Hess. 24.1.1984 – 4 TaBV 47/83, BB 1984, 1684, als ein Betriebsrat nach einer Zeit von mehr als fünf Jahren auf die Bestellung eines Arbeitnehmers als Datenschutzbeauftragter zurückkam.
7 Vgl. nur BAG 27.5.1982 – 6 ABR 105/79, BB 1983, 442.
8 BAG 3.5.1994 – 1 ABR 24/93, NZA 1995, 40.
9 BAG 23.6.2009 – 1 ABR 23/08, NZA 2009, 1430.
10 Vgl. LAG Hess. 15.12.1987 – 4 TaBV Ga 160/87, NZA 1989, 232.

6. Checkliste und Formulierungsvorschläge

a) Checkliste zur Beteiligung des Betriebsrats bei Neueinstellungen gem. §§ 99, 100 BetrVG

1. Vollständige und ordnungsgemäße Unterrichtung des Betriebsrats unter Vorlage der erforderlichen Bewerbungsunterlagen (aller Bewerber) mit Antrag, der Einstellung zuzustimmen.
2. Kein wirksamer Widerspruch des Betriebsrats binnen Wochenfrist nach Unterrichtung: Zustimmung des Betriebsrats gilt als erteilt. Einstellung ist ohne Weiteres möglich.
3. Wirksamer Widerspruch des Betriebsrats (§ 99 Abs. 2 BetrVG) binnen Wochenfrist:
   a) Keine Durchführung der Einstellung
   oder
   b) Vorläufige Einstellung (§ 100 Abs. 1 BetrVG), wenn dies aus sachlichen Gründen dringend erforderlich ist. Dann:
      aa) Information des Arbeitnehmers über Sach- und Rechtslage und
      bb) unverzügliche Unterrichtung des Betriebsrats von der vorläufigen personellen Maßnahme und
      cc) Zustimmungsersetzungsantrag an das Arbeitsgericht
   c) Betriebsrat bestreitet unverzüglich nach der Unterrichtung gem. b) bb), dass Maßnahme aus sachlichen Gründen dringend erforderlich ist. Dann:
      aa) Arbeitgeber hält Maßnahmen nicht aufrecht (also keine weitere vorläufige Beschäftigung des einzustellenden Arbeitnehmers) oder
      bb) binnen dreier Tage nach dem Bestreiten gem. c) Antrag beim Arbeitsgericht auf

      Ersetzung der verweigerten Zustimmung des Betriebsrats zur Einstellung und Feststellung, dass die personelle Maßnahme (Einstellung) aus sachlichen Gründen dringend erforderlich war.
4. Weiteres gerichtliches Verfahren.

b) Beteiligung nach § 99 BetrVG bei Eingruppierung

An den Betriebsrat

zH des Betriebsratsvorsitzenden

...

Mitteilung und Zustimmungsersuchen für Eingruppierung (Beteiligung gem. § 99 BetrVG)

Sehr geehrte Damen und Herren,

wir beabsichtigen, folgenden Arbeitnehmer auf Grundlage der Ihnen bekannten tariflichen/betrieblichen Lohn-/Gehaltsgruppenordnung wie folgt einzugruppieren:

Name:

Vorname:

geb. am:

Anschrift:

Familienstand:

Eintritt:

fachliche Vorbildung:

besondere soziale Eigenschaften:

Arbeitsplatz/vorgesehene Tätigkeit:
Abteilung:
beabsichtigte Eingruppierung:
bisherige Lohn-/Gehaltsgruppe: (s. beiliegende Stellenbeschreibung)
Entlohnungsart:
Wir bitten um Ihre Zustimmung zur vorgesehenen Eingruppierung.
Mit freundlichen Grüßen
(Ort, Datum) (Unterschrift)

c) Beteiligung nach § 99 BetrVG bei Versetzung

An den Betriebsrat
zH des Betriebsratsvorsitzenden
...

Mitteilung und Zustimmungsersuchen für Versetzung (Beteiligung gem. § 99 BetrVG)
Sehr geehrte Damen und Herren,
Wir beabsichtigen,
Herrn/Frau:
geb. am:
Anschrift:
Familienstand:
Schwerbehinderung/Gleichstellung:
Qualifikation:
beschäftigt seit:
beschäftigt als:
derzeitige Eingruppierung/Vergütung:
von seinem/ihrem derzeitigen Arbeitsplatz ab dem ... auf den Arbeitsplatz ... zu versetzen.
Gründe:
Die beabsichtigte Maßnahme hat folgende/keine Auswirkungen:
Wir bitten um unverzügliche Zustimmung.
Mit freundlichen Grüßen
(Ort, Datum) (Unterschrift)

d) Beteiligung nach § 99 BetrVG bei Einstellung

An den Betriebsrat
zH des Betriebsratsvorsitzenden
...

Mitteilung und Zustimmungsersuchen für Einstellung (Beteiligung gem. § 99 BetrVG)
Sehr geehrte Damen und Herren,
Wir beabsichtigen, den/die Bewerber(in)
Name:

Vorname:
geb. am:
Anschrift:
Familienstand:
Schwerbehinderung/Gleichstellung:
ab:
bis:
als:
in der Abteilung:
einzustellen. Er/Sie soll in die tarifliche Entgeltgruppe ... eingestuft werden.
Um den Arbeitsplatz haben sich daneben beworben:
Die Einstellung kann auf die übrige Belegschaft folgende Auswirkungen haben:
Die Bewerbungsunterlagen aller Bewerber sind mit der Bitte um Rückgabe binnen einer Woche beigefügt.
Wir bitten um Ihre Zustimmung.
Mit freundlichen Grüßen
(Ort, Datum) (Unterschrift)

e) Beteiligung nach § 99 BetrVG bei Einstellung und vorläufiger Durchführung der Einstellung nach § 100 BetrVG

855 An den Betriebsrat

zH des Betriebsratsvorsitzenden ...

Mitteilung und Zustimmungsersuchen für Einstellung im Wege der vorläufigen personellen Maßnahme

Beteiligung nach §§ 99, 100 BetrVG

Sehr geehrte Damen und Herren,

1. Wir beabsichtigen, den/die Bewerber(in)

Name:
Vorname:
geb. am:
Anschrift:
Familienstand:
Schwerbehinderung/Gleichstellung:
Qualifikation:
ab:
bis:
als:
in der Abteilung:
einzustellen. Er/Sie soll in die tarifliche Entgeltgruppe ... eingestuft werden.
Um den Arbeitsplatz haben sich daneben beworben:
Die Einstellung kann auf die übrige Belegschaft folgende Auswirkungen haben:
Die Bewerbungsunterlagen aller Bewerber sind mit der Bitte um Rückgabe binnen einer Woche beigefügt.

Wir bitten um Ihre Zustimmung.

2. Die beabsichtigte Einstellung wird vorläufig durchgeführt. Dies ist aus folgenden sachlichen Gründen erforderlich:

Der Arbeitnehmer/die Arbeitnehmerin ist über die Sach- und Rechtslage aufgeklärt worden.

Mit freundlichen Grüßen

(Ort, Datum) (Unterschrift)

VII. Mitbestimmung bei Betriebsänderungen

Das Mitbestimmungsrecht des Betriebsrats bei **Betriebsänderungen** ist in den §§ **111 ff. BetrVG** geregelt. Sinn und Zweck dieser Vorschriften ist die rechtzeitige Beteiligung des Betriebsrats bei geplanten Betriebsänderungen, die wesentliche Nachteile für die Arbeitnehmer zur Folge haben können, um die für sie daraus resultierenden Nachteile auszugleichen oder abzumildern. Die sonstigen Mitbestimmungsrechte insbesondere in sozialen (§§ 87 ff. BetrVG) und personellen Angelegenheiten (§§ 92 ff. BetrVG) bleiben unberührt und sind deshalb zusätzlich zu beachten. 856

Das Mitbestimmungsrecht des Betriebsrats bei Betriebsänderungen kann mit tariflichen **Rationalisierungsschutzabkommen** oder sog. **Tarifsozialplänen** in Konkurrenz treten. Nach Auffassung des BAG kann aber aus der in § 112 Abs. 1 Satz 4 BetrVG geregelten Ausnahme vom grundsätzlichen Tarifvorbehalt nach § 77 Abs. 3 BetrVG nicht der Umkehrschluss gezogen werden, dass die §§ 111 ff. BetrVG gegenüber inhaltlich gleichen oder ähnlichen Tarifregelungen eine Sperrwirkung entfalten. Aus dem BetrVG ergebe sich gerade keine Einschränkung der grundgesetzlich geschützten Tarifautonomie, weshalb sowohl Rationalisierungsschutzabkommen als auch Tarifsozialpläne zulässig (und erstreikbar) seien[1]. Eine unter Umständen tatsächlich auftretende Konkurrenz ist nach dem Günstigkeitsprinzip aufzulösen[2]. 857

1. Allgemeine Voraussetzungen

a) Unternehmungsgröße

Das Mitbestimmungsrecht greift nur in **Unternehmen** mit in der Regel **mehr als 20 wahlberechtigten Arbeitnehmern**. Entscheidend ist die normale, dh. die das Unternehmen im Allgemeinen bei regelmäßigem Gang kennzeichnende Beschäftigtenzahl[3]. Die Berechnung erfolgt nach Kopfzahlen, so dass unerheblich ist, ob es sich um Teilzeit- oder Vollzeitarbeitnehmer handelt[4]. Bei der Stilllegung eines gesamten oder eines Teiles eines Betriebes ist auf die bisherige Belegschaftsstärke abzustellen[5]. 858

Kleinere Unternehmen mit in der Regel bis maximal 20 Arbeitnehmern bleiben generell aus dem Anwendungsbereich der §§ 111 ff. BetrVG ausgenommen, auch wenn sie größeren Konzernen angehören. Unter welchen Voraussetzungen das auch für einen gemeinsamen Betrieb mehrerer Unternehmen gilt, ist strittig: Nach der wohl herrschenden Literaturmeinung soll eine Anwendbarkeit der §§ 111 ff. BetrVG im Hinblick auf alle Rechtsträger eines Gemeinschaftsbetriebs gegeben sein, die den Schwel- 859

---

1 BAG 24.4.2007 – 1 AZR 252/06, NZA 2007, 987; 6.12.2006 – 4 AZR 798/05, NZA 2007, 821; vgl. zum Meinungsstreit in der Literatur den Nachweis bei *Fitting*, § 112 BetrVG Rz. 182 ff.
2 *Fitting*, § 112a BetrVG Rz. 183.
3 BAG 24.2.2005 – 2 AZR 207/04, NZA 2005, 766.
4 Richardi/*Annuß*, § 111 BetrVG Rz. 23.
5 BAG 16.11.2004 – 1 AZR 642/03, ZIP 2005, 500.

lenwert von 20 wahlberechtigten Arbeitnehmern überschreiten[1]. Erfüllt keines der Unternehmen diese Voraussetzung, scheidet eine Betriebsratsbeteiligung demnach also aus. Teilweise wird eine Anwendbarkeit der §§ 111 ff. BetrVG unabhängig von der Größe der Trägerunternehmen aber auch dann bejaht, wenn der Gemeinschaftsbetrieb mehr als 20 wahlberechtigte Arbeitnehmer umfasst[2]. Gegen diese Auffassung spricht jedoch der eindeutige Gesetzeswortlaut.

860 Ungeachtet der Maßgeblichkeit der Unternehmensgröße für das Eingreifen des Mitbestimmungsrechts knüpfen die Vorschriften im Übrigen unverändert an den Betriebsbegriff an: Entscheidend bleibt, ob eine Betriebsänderung vorliegt. Sowohl Interessenausgleich als auch Sozialplan (§ 112 BetrVG) beziehen sich ebenso wie der Nachteilsausgleich (§ 113 BetrVG) auf eine geplante Maßnahme im **Betrieb**.

b) Zuständige Arbeitnehmervertretung

861 Die Wahrnehmung des Mitbestimmungsrechts nach §§ 111 ff. BetrVG setzt die **Existenz eines Betriebsrats** voraus[3]. Wird ein bisher betriebsratsloser Betrieb stillgelegt, so kann ein erst während der Durchführung der Betriebsstilllegung gewählter Betriebsrat weder (nachträglich) Verhandlungen über einen Interessenausgleich, noch die Aufstellung eines Sozialplans verlangen[4]. Ist der Betriebsrat in einem Betrieb vorübergehend funktionsunfähig, gibt es keine Verpflichtung des Arbeitgebers, mit einer beteiligungspflichtigen Maßnahme solange zu warten, bis die Funktionsfähigkeit des Betriebsrats wieder hergestellt ist. Das gilt auch dann, wenn alsbald mit der Wahl eines neuen Betriebsrats zu rechnen und die Zeit bis zu dessen Konstituierung absehbar ist[5].

862 Allerdings verliert ein **existierender Betriebsrat** seine Beteiligungsrechte nicht dadurch, dass ein Betrieb durch Stilllegung, Spaltung oder Zusammenlegung untergeht; dies selbst dann nicht, wenn die Betriebsratsmitglieder schon entlassen sind. Insoweit besteht ein **Restmandat** (§ 21b BetrVG). In diesem Fall bleibt der Betriebsrat solange im Amt, wie dies zur Wahrnehmung der in Rede stehenden Mitwirkungs- und Mitbestimmungsrechte erforderlich ist[6]. Wird ein Betrieb gespalten (ohne unterzugehen), so verbleibt dem Betriebsrat ein **Übergangsmandat** (§ 21a BetrVG). Er bleibt solange im Amt und führt die Geschäfte für die ihm bislang zugeordneten Betriebsteile weiter, wie diese nicht in einen anderen Betrieb eingegliedert werden, in dem ein Betriebsrat besteht. Entsprechendes gilt für einen Zusammenschluss von Betrieben oder Betriebsteilen. In diesem Fall nimmt der Betriebsrat des nach der Zahl der wahlberechtigten Arbeitnehmer größten Betriebs oder Betriebsteils das Übergangsmandat wahr (§ 21a Abs. 2 BetrVG).

863 Grundsätzlich zuständig ist der Betriebsrat desjenigen Betriebs, der von einer Betriebsänderung betroffen ist. Die Zuständigkeit des **Gesamtbetriebsrats** wird nur begründet, wenn sich die vom Arbeitgeber geplante Maßnahme auf alle oder mehrere Betriebe auswirkt und deshalb zwingend einer betriebsübergreifenden Regelung be-

---

1 Richardi/*Annuß*, § 111 BetrVG Rz. 26; ErfK/*Kania*, § 111 BetrVG Rz. 5; Schaub/*Koch*, § 244 Rz. 24; so auch für den Sozialplan HWK/*Hohenstatt/Willemsen*, § 111 BetrVG Rz. 16; GK-BetrVG/*Oetker*, § 111 Rz. 16 mwN, der eine analoge Anwendbarkeit der § 111 ff. BetrVG allerdings auch immer dann befürwortet, sobald der Gemeinschaftsbetrieb den Schwellenwert überschreitet.
2 DKKW/*Däubler*, § 111 BetrVG Rz. 33; ähnlich auch *Fitting*, § 111 BetrVG Rz. 23, wo ein Beteiligungsrecht nur hinsichtlich des Interessenausgleichs befürwortet wird.
3 HWK/*Hohenstatt/Willemsen*, § 111 BetrVG Rz. 19.
4 BAG 20.4.1982 – 1 ABR 3/80, DB 1982, 1727.
5 BAG 28.10.1992 – 10 ABR 75/91, BB 1993, 140.
6 So schon früher: BAG 16.6.1987 – 1 ABR 41/85, NZA 1987, 671.

darf¹ (zur Zuständigkeit des Gesamtbetriebsrates sowohl für Interessenausgleichs- als auch Sozialplanverhandlungen vgl. Rz. 930). Wird bspw. ein geplanter Personalabbau auf der Grundlage eines unternehmenseinheitlichen Konzepts durchgeführt und sind mehrere Betriebe betroffen, so dass das Verteilungsproblem betriebsübergreifend gelöst werden muss, ist der Gesamtbetriebsrat für den Abschluss des Interessenausgleichs zuständig².

Schließt der Gesamtbetriebsrat im Rahmen seiner originären Zuständigkeit einen Interessenausgleich oder Sozialplan ab, gelten diese Vereinbarungen gem. § 50 Abs. 1 Satz 1 BetrVG auch für betriebsratslose Betriebe³. 864

2. Mitbestimmungspflichtige Sachverhalte

a) Verhältnis von § 111 Satz 1 zu Satz 3 BetrVG

Der Unternehmer hat den Betriebsrat über geplante Betriebsänderungen, die wesentliche Nachteile für die Belegschaft oder erhebliche Teile der Belegschaft zur Folge haben, rechtzeitig und umfassend zu unterrichten und die geplante Betriebsänderung mit dem Betriebsrat zu beraten (§ 111 Satz 1 BetrVG). Nach § 111 Satz 3 BetrVG „gelten" die in Nr. 1–5 aufgeführten Sachverhalte als Betriebsänderungen. Die hM in Rechtsprechung und Literatur betrachtet diesen Katalog als eine Auflistung von Regelbeispielen. Sind diese erfüllt, wird das Vorhandensein wesentlicher Nachteile für die Belegschaft oder erhebliche Teile der Belegschaft unterstellt (Fiktion)⁴. Die Beteiligungsrechte des Betriebsrats entfallen in diesen Fällen also auch dann nicht, wenn im Einzelfalle wesentliche Nachteile nicht zu befürchten sind⁵. Die Frage, ob der Katalog des § 111 Satz 3 BetrVG abschließenden Charakter hat, ist vom BAG bisher nicht entschieden worden. In der Literatur überwiegt die Auffassung, der Katalog sei nicht abschließend⁶. Auch wenn der Katalog die praxisrelevantesten Fälle in jedem Fall enthält, ist deshalb auch für andere Sachverhalte anhand der Vorgaben des § 111 Satz 1 BetrVG zu prüfen, ob eine mitbestimmungspflichtige Betriebsänderung vorliegt. 865

b) Betriebsänderung und wesentliche Nachteile

Eine geplante Maßnahme, die nicht von § 111 Satz 3 BetrVG erfasst wird, muss wesentliche Nachteile für die Belegschaft oder erheblicher Teile derselben haben, um als Betriebsänderung iSd. § 111 Satz 1 BetrVG qualifiziert zu werden. **Wesentliche Nachteile** können materieller oder immaterieller Art sein (zB Verlust von Arbeitsplätzen; Minderung des Arbeitsentgelts; höhere Fahrtkosten; Beeinträchtigungen und Belastungen durch Leistungsverdichtungen; Qualifikationsverlust durch geringere Anforderungen⁷. Es ist ausreichend, wenn sie mit einer gewissen objektiven Wahrscheinlichkeit zu erwarten sind. 866

---

1 BAG 19.7.2012 – 2 AZR 402/11, nv.; 3.5.2006 – 1 ABR 15/05, NZA 2007, 1245; GK-BetrVG/*Oetker*, § 111 Rz. 253.
2 BAG 19.7.2012 – 2 AZR 402/11, nv.
3 GK-BetrVG/*Oetker*, § 111 Rz. 252; HWK/*Hohenstatt/Willemsen*, § 111 BetrVG Rz. 75.
4 BAG 9.11.2010 – 1 AZR 708/09, NZA 2011, 466; 17.12.1985 – 1 ABR 78/83, NZA 1986, 804; *Fitting*, § 111 BetrVG Rz. 42; aA mit beachtlicher Begründung LAG Rh.-Pf. 10.9.2009 – 11 TaBV 13/09, ArbR 2010, 24.
5 BAG 17.8.1982 – 1 ABR 40/80, BB 1983, 501; 27.6.1995 – 1 ABR 62/94, NZA 1996, 164; *Fitting*, § 111 BetrVG Rz. 43.
6 *Fitting*, § 111 BetrVG Rz. 44; DKKW/*Däubler*, § 111 BetrVG Rz. 46, jeweils mwN.
7 *Fitting*, § 111 BetrVG Rz. 47.

867 Die wesentlichen Nachteile müssen für die Belegschaft oder zumindest einen **erheblichen Teil der Belegschaft** eintreten. **Richtschnur** dafür ist das Erreichen der Zahlen- und Prozentangaben des § 17 Abs. 1 KSchG[1]. Dabei kommt es auf die zeitliche Komponente des § 17 Abs. 1 KSchG nicht an[2]. Somit kann auch dann ein erheblicher Teil der Belegschaft betroffen sein, wenn die Maßnahmen in mehreren „Wellen" erfolgen (s. Rz. 881 ff.).

Beispiel:

Die A-GmbH beschäftigt regelmäßig 120 Arbeitnehmer. Es existiert ein Betriebsrat. Wegen massiven Umsatzrückgangs werden zunächst im Mai acht Arbeitnehmer entlassen; im Juni folgen weitere drei Mitarbeiter; schließlich entlässt die A-GmbH im September noch einmal fünf Mitarbeiter.

868 Einstweilen frei.

869 Für **Großbetriebe** wird diese Staffel eingeschränkt – dort ist ein erheblicher Teil der Belegschaft erst bei einem Personalabbau von 5 % der Gesamtbelegschaft betroffen[3].

870 Bei der Frage, ob erhebliche Teile der Belegschaft betroffen sind, ist von der **regelmäßigen Beschäftigungszahl** zum Zeitpunkt, in dem die Beteiligungsrechte des Betriebsrats entstehen, auszugehen. Maßgebend ist nicht die zufällige tatsächliche Beschäftigungszahl zu diesem Zeitpunkt, sondern die normale Anzahl der Beschäftigten des Betriebs, also diejenige Personalstärke, die für den Betrieb im Allgemeinen kennzeichnend ist. Hierzu bedarf es grundsätzlich eines Rückblicks auf die bisherige personelle Stärke des Betriebs und – außer im Falle der Betriebsstilllegung – auch einer Einschätzung der künftigen Entwicklung[4].

871 Bei der Ermittlung der Beschäftigtenzahl nach § 111 BetrVG sind daher auch Arbeitnehmerinnen im **Mutterschutz** zu berücksichtigen[5]. Dies gilt auch für Beschäftigte in Elternzeit, wenn dadurch die regelmäßige Beschäftigtenzahl nicht verändert wird, also vor und nach der Elternzeit der Betrieb mit der gleichen Beschäftigtenzahl unverändert ausgestattet ist[6].

3. Einzelfälle der Betriebsänderung

a) Stilllegung, Einschränkung des Betriebs oder eines wesentlichen Betriebsteils

872 Gem. § 111 Satz 3 Nr. 1 BetrVG liegt eine **Betriebsänderung** bei Einschränkung und Stilllegung des ganzen Betriebs oder von wesentlichen Betriebsteilen vor.

aa) Stilllegung

873 Die **Stilllegung** eines Betriebs besteht darin, dass die zwischen Arbeitgeber und Arbeitnehmer bestehende Betriebs- und Produktions- oder Dienstleistungsgemeinschaft aufgelöst wird. Dies geschieht dadurch, dass der Unternehmer die bisherige wirtschaftliche Betätigung in der ernstlichen Absicht einstellt, den bisherigen Betriebszweck dauernd oder doch zumindest für eine wirtschaftlich nicht unerhebliche Zeit-

---

1 BAG 7.8.1990 – 1 AZR 445/89, NZA 1991, 113; GK-BetrVG/*Oetker*, § 111 Rz. 184.
2 BAG 6.12.1988 – 1 ABR 47/87, NZA 1989, 399.
3 BAG 28.3.2006 – 1 ABR 5/05, NZA 2006, 932; 22.1.2004 – 2 AZR 111/02, NZA 2006, 64.
4 BAG 18.10.2011 – 1 AZR 335/10, NZA 2012, 221; 16.11.2004 – 1 AZR 642/03, NZA-RR 2005, 615.
5 BAG 19.7.1983 – 1 AZR 26/82, BB 1983, 2118.
6 BAG 31.1.1991 – 2 AZR 356/90, NZA 1991, 562.

spanne aufzugeben[1]. Die teilweise Stilllegung eines Betriebes ist keine Spaltung iSd. § 111 Satz 3 Nr. 3 BetrVG[2].

Eine **Betriebsverlegung** ist nicht ohne Weiteres eine Stilllegung, wenn der ursprüngliche Betrieb nur an einem anderen Ort fortgeführt wird. Nur dann, wenn die räumliche Entfernung so groß ist, dass die ursprüngliche betriebliche Organisation in ihrer Identität nicht erhalten bleibt, liegt eine Stilllegung vor. Die Grenzziehung ist schwierig und wird von der Rechtsprechung im Einzelfall entschieden. Das BAG bezweifelt bei „erheblicher räumlicher Entfernung" oder „mehreren 100 Kilometern" ob die Identität des ursprünglichen Betriebs gewahrt bleibt und neigt zur Annahme einer Stilllegung[3]. Bei einer Betriebsverlegung ins Ausland und einer in einer „knappen Autostunde" zu bewältigenden Entfernung (59 km) vom alten Betriebssitz wurde eine Stilllegung vom 8. Senat verneint[4]. Entscheidende Bedeutung kann in diesem Zusammenhang dem Verhalten der Belegschaft zukommen. Werden nämlich in Folge der Verlegung wesentliche Teile der Belegschaft nicht weiterbeschäftigt (was auch infolge eines Widerspruchs gegen einen mit der Verlegung verbundenen Betriebsübergang geschehen kann), ist die ursprüngliche Identität des Betriebes aufgelöst, das BAG geht dann von einer Stilllegung aus[5]. 874

Allein die Tatsache, dass **sämtliche Arbeitnehmer kündigen** oder gekündigt werden, führt nicht zu einer Betriebsstilllegung im Sinne des Gesetzes (stellt aber regelmäßig eine Betriebseinschränkung dar, s. Rz. 880 f.). 875

Beispiel: 876

Macht der Arbeitgeber nach einem Brand in seinem Betrieb von der ihm tarifvertraglich eingeräumten Möglichkeit Gebrauch, allen Arbeitnehmern unter Einräumung eines Anspruchs auf Wiedereinstellung für die Zeit nach Beseitigung der Brandschäden fristlos zu kündigen, liegt keine Betriebsstilllegung vor. Erst wenn sich der Arbeitgeber später entschließt, den Betrieb nicht wieder aufzubauen, liegt darin die Stilllegung des Betriebs iSd. § 111 Satz 3 Nr. 1 BetrVG[6].

Die **Stilllegung** eines **wesentlichen Betriebsteils** setzt voraus, dass eine organisatorisch abgrenzbare und relativ selbständige betriebliche Einheit betroffen ist, in der ein erheblicher Teil der Belegschaft beschäftigt wird. Hier wird Satz 1 als Auslegungshilfe herangezogen, Richtschnur ist § 17 KSchG (s. Rz. 867). Ob ein Betriebsteil auch dann (aus anderen Gründen) wesentlich sein kann, wenn die Schwellenwerte des § 17 KSchG nicht erreicht werden, hat das BAG bisher offen gelassen[7]. Allein die Fertigung eines notwendigen Vorproduktes macht den Betriebsteil aber nicht zu einem wesentlichen[8]. 877

Die Betriebsstilllegung kann auch durch einen Pächter erfolgen[9]. In der **Veräußerung oder Verpachtung** des Betriebs selbst ist keine Betriebsstilllegung zu sehen, wenn die Betriebsübertragung nicht zum Zwecke der Stilllegung erfolgt[10]. Ebenso wenig liegt 878

---

1 BAG 15.12.2011 – 8 AZR 692/10, NZA-RR 2012, 570; 27.6.1995 – 1 ABR 62/94, NZA 1996, 164; 4.7.1989 – 1 ABR 35/88, NZA 1990, 280.
2 BAG 18.3.2008 – 1 ABR 77/06, DB 2009, 126.
3 BAG 26.5.2011 – 8 AZR 37/10, NZA 2011, 1143; 12.2.1987 – 2 AZR 247/86, NZA 1988, 170; 13.11.1997 – 8 AZR 435/95, ZInsO 1998, 140; 25.5.2000 – 8 AZR 335/99, nv.
4 BAG 26.5.2011 – 8 AZR 37/10, NZA 2011, 1143.
5 BAG 12.2.1987 – 2 AZR 247/86, NZA 1988, 170; 13.11.1997 – 8 AZR 435/95, ZInsO 1998, 140; 25.5.2000 – 8 AZR 335/99, nv.
6 BAG 16.6.1987 – 1 AZR 528/85, NZA 1987, 858.
7 BAG 9.11.2010 – 1 AZR 708/09, NZA 2011, 466; 7.8.1990 – 1 AZR 445/89, NZA 1991, 113; 6.12.1988 – 1 ABR 47/87, NZA 1989, 399; 21.10.1980 – 1 AZR 145/79, DB 1981, 698.
8 BAG 7.8.1990 – 1 AZR 445/89, NZA 1991, 113.
9 BAG 26.2.1987 – 2 AZR 768/85, NZA 1987, 419.
10 BAG 17.3.1987 – 1 ABR 47/85, NZA 1987, 523.

eine Stilllegung des Betriebs iSd. § 111 Satz 3 Nr. 1 BetrVG vor, wenn ein Betrieb geschlossen wird, der von vornherein nur für einen **zeitlich begrenzten Betriebszweck** errichtet worden ist und nach Erreichung dieses Zwecks geschlossen wird[1].

Beispiele:
Gaststätte auf einer Ausstellung; Baustelle; Auffanggesellschaft zur Verwertung der Konkursmasse usw.

bb) Einschränkung

879 Im Gegensatz zur Stilllegung wird bei einer Einschränkung des Betriebes oder eines wesentlichen Betriebsteils der ursprüngliche Zweck weiterverfolgt, die Organisation aber in ihrer Leistungsfähigkeit qualitativ oder quantitativ durch Verringerung der sächlichen Betriebsmittel und/oder der Arbeitnehmerzahl herabgesetzt[2]. Diese Verminderung der Leistungsfähigkeit muss auf Dauer beabsichtigt sein und über betriebstypische oder saisonale Schwankungen hinausgehen[3]. Die Einführung von Kurzarbeit als klassischer Überbrückungshilfe ist gerade keine Einschränkung auf Dauer und deshalb keine Einschränkung im Sinne des Gesetzes.

cc) Reine Personalreduzierung

880 Als besonderer Fall der Einschränkung des Betriebs ist die **erhebliche Personalreduzierung** zu sehen[4]. Diese kann mitbestimmungspflichtig sein, unabhängig davon, ob mit der Personalreduzierung auch eine Verringerung der sächlichen Betriebsmittel verbunden ist[5].

881 Eine Betriebsänderung im Sinne einer erheblichen Personalreduzierung liegt jedoch nur vor, wenn eine größere Anzahl von Arbeitnehmern, also gem. § 111 Satz 1 BetrVG ein erheblicher Teil der Belegschaft eines Betriebes betroffen ist[6]. Als **Richtschnur** greift die Rechtsprechung auf die Zahlen- und Prozentangaben in § 17 Abs. 1 KSchG zurück[7], allerdings mit der Maßgabe, dass in Betrieben mit mehr als 600 Arbeitnehmern von dem Personalabbau **immer mindestens 5 %** der Belegschaft des Betriebs betroffen sein müssen[8]. Bei einem stufenweisen Personalabbau ist entscheidend, ob er auf einer **einheitlichen unternehmerischen Planung** beruht. Ein enger zeitlicher Zusammenhang zwischen mehreren Entlassungswellen kann ein wesentliches – aber nicht zwingendes – Indiz für eine von Anfang an bestehende Planung sein. Ändert der Arbeitgeber vor Durchführung einer Maßnahme seine Planung und führt weitere Entlassungen durch, handelt es sich um einen einheitlichen Vorgang, der zu einer Zusammenrechnung der betroffenen Arbeitnehmer führt. Das gilt allerdings nicht, wenn nach abgeschlossener Durchführung der ersten Maßnahme ein neuer Beschluss gefasst wird[9].

---

1 LAG München 15.2.1989 – 7 TaBV 34/88, NZA 1990, 288; LAG Hamm 1.2.1977 – 3 TaBV 38/76, BB 1977, 695.
2 BAG 9.11.2010 – 1 AZR 708/09, NZA 2011, 466.
3 Str.; so aber zu Recht: DKKW/*Däubler*, § 111 BetrVG Rz. 59 mwN.
4 BAG 27.9.2012 – 2 AZR 517/11, nv.; 23.2.2012 – 2 AZR 773/10, NZA 2012, 992; 10.12.1996 – 1 AZR 290/96, BB 1997, 1899; 28.4.1993 – 10 AZR 38/92, NZA 1993, 1142.
5 BAG 9.11.2010 – 1 AZR 708/09, NZA 2011, 466; 28.4.1993 – 10 AZR 38/92, NZA 1993, 1142; 22.5.1979 – 1 ABR 17/77 u. 1 AZR 848/76, BB 1979, 1501.
6 BAG 23.2.2012 – 2 AZR 773/10, NZA 2012, 992; 31.5.2007 – 2 AZR 254/06, NZA 2007, 1307.
7 BAG 24.10.2013 – 6 AZR 854/11, NZA 2014, 46; 27.9.2012 – 2 AZR 517/11, nv.; 23.2.2012 – 2 AZR 773/10, NZA 2012, 992; 9.11.2010 – 1 AZR 708/09, NZA 2011, 466; BAG 28.3.2006 – 1 AZR 5/05, NZA 2006, 932; *Fitting*, § 111 BetrVG Rz. 74.
8 BAG 23.2.2012 – 2 AZR 773/10, NZA 2012, 992; 9.11.2010 – 1 AZR 708/09, NZA 2011, 466; 28.3.2006 – 1 AZR 5/05, NZA 2006, 932; 22.1.2004 – 2 AZR 111/02, NZA 2006, 64.
9 BAG 28.3.2006 – 1 ABR 5/05, NZA 2006, 932.

VII. Mitbestimmung bei Betriebsänderungen

Übersicht zu § 17 Abs. 1 KSchG 882

Arbeitnehmerzahl im Betrieb	Betriebsänderung bei Personalreduzierung (betroffene Arbeitnehmer)
1 bis 20	mindestens 6 Arbeitnehmer
21 bis 59	6 Arbeitnehmer
60 bis 249	10 % der regelmäßig Beschäftigten
250	25 Arbeitnehmer
251 bis 499	26 Arbeitnehmer
500 bis 599	30 Arbeitnehmer
ab 600	5 % der regelmäßig Beschäftigten

Dabei kommt es jedoch, anders als bei der Massenentlassungsanzeige nach § 17 KSchG, nicht darauf an, ob die Arbeitnehmer in dem dort festgelegten Zeitraum von 30 Kalendertagen entlassen werden sollen[1]. Arbeitnehmer, die aus personen- oder verhaltensbedingten Gründen entlassen werden oder deren Arbeitsverhältnis in Folge von Fristablauf endet, werden nicht berücksichtigt[2]. Stellt sich dagegen eine **Eigenkündigung** des Arbeitnehmers mit Rücksicht auf die **vom Arbeitgeber** geplante Betriebsstilllegung als von diesem **veranlasst** dar, so muss der Arbeitnehmer bei den Zahlenangaben des § 17 KSchG berücksichtigt werden. Strittig ist, ob dies auch für solche Arbeitnehmer gilt, die aus Anlass der Betriebsänderung vom Arbeitgeber lediglich in einen anderen Betrieb versetzt werden[3]. 883

Die Staffelregelung des § 17 KSchG greift erst ab einer Betriebsgröße von 20 Arbeitnehmern und liefert damit keine Prozentvorgaben für Entlassungen in den auch von § 111 BetrVG erfassten (wenn im Unternehmen mehr als 20 wahlberechtigte Arbeitnehmer beschäftigt sind) **Kleinbetrieben mit bis zu 20** Arbeitnehmern. Wie in diesen Fällen der erhebliche Teil der Belegschaft ermittelt wird, ist in der Literatur streitig[4]. Die Tatsache, dass die Untergrenze für einen erzwingbaren Sozialplan in § 112a BetrVG bei mindestens sechs zu entlassenden Arbeitnehmern liegt, legt nahe, diesen Schwellenwert auch für die Feststellung des erheblichen Teils der Belegschaft im Kleinbetrieb bis zu 20 Arbeitnehmern zu Grunde zu legen[5]. Der 1. Senat des BAG hat sich dieser Auffassung angeschlossen. In **Kleinbetrieben** mit **bis zu 20 Arbeitnehmern** müssen also **mindestens sechs Arbeitnehmer** durch alleinigen Personalabbau betroffen sein, um eine Betriebsänderung auszulösen[6]. 884

⊃ **Hinweis:** Soll vom Arbeitgeber innerhalb von 30 Kalendertagen die in Rz. 882 genannte Anzahl an Arbeitnehmern entlassen werden, muss eine **Massenentlassungsanzeige** nach Maßgabe von § 17 KSchG bei der zuständigen Agentur für Arbeit durchgeführt werden. Die Anzeige muss in richtlinienkonformer Auslegung[7] der §§ 17ff. KSchG **vor Ausspruch der Kündigungen** erfolgen[8]. Das BAG hat inzwischen ebenfalls klargestellt, dass Kündi- 885

---

1 BAG 22.1.2004 – 2 AZR 111/02, NZA 2006, 64.
2 *Fitting*, § 111 BetrVG Rz. 80; BAG 7.8.1990 – 1 AZR 445/89, NZA 1991, 113; 2.8.1983 – 1 AZR 516/81, DB 1983, 2776.
3 Dazu Richardi/*Annuß*, § 111 BetrVG Rz. 76 mwN.
4 Vgl. *Fitting*, § 111 BetrVG Rz. 48; DKKW/*Däubler*, § 111 BetrVG Rz. 65 jeweils mwN.
5 *Fitting*, § 111 BetrVG Rz. 48; *Löwisch*, BB 2001. 1797; wegen etwaiger europarechtlicher Bedenken s. *Trittin/Fütterer*, NZA 2009, 1305.
6 BAG 9.11.2010 – 1 AZR 708/09, NZA 2011, 466.
7 Vgl. RL 98/59/EG v. 20.7.1998, ABl. EG Nr. L 225 v. 12.8.1998, 16.
8 BAG 23.3.2006 – 2 AZR 343/05, ZIP 2006, 1644 (im Anschluss an EuGH 27.1.2005 – Rs. C-188/03 – Junk, NZA 2005, 213 unter Aufgabe der bisherigen Rechtsprechung: vgl. BAG 18.9.2003 – 2 AZR 79/02, BAGE 107, 318).

gungen bei Vorliegen einer Massenentlassung gem. § 134 BGB nichtig sind, soweit bei deren Zugang die Massenentlassungsanzeige noch nicht wirksam erstattet war[1]. Ebenfalls nach § 134 BGB unwirksam sind Kündigungen, wenn vor ihrem Ausspruch ein nach § 17 Abs. 2 KSchG erforderliches Konsultationsverfahren nicht durchgeführt wurde[2].

886 Der **Begriff des Betriebs** iSd. § 17 KSchG entspricht dem der §§ 1, 4 BetrVG[3]. Bei Einrichtung einer Transfergesellschaft sind zur Ermittlung des **Schwellenwertes** auch die Arbeitnehmer mitzuzählen, bei denen im Zeitpunkt der Erstattung der Massenentlassungsanzeige noch nicht feststeht, ob sie in die **Transfergesellschaft** wechseln[4]. Die Kündigung kann unmittelbar nach erfolgter Massenentlassungsanzeige während der **Sperrfrist** bis zum Ablauf der 90-tägigen **Freifrist** des § 18 Abs. 4 KSchG ausgesprochen werden, eine erneute Anzeige ist auch dann nicht erforderlich, wenn das Arbeitsverhältnis wegen längerer Kündigungsfrist erst nach Ablauf der Freifrist endet[5].

887 Vor Erstattung der Massenentlassungsanzeige ist nach § 17 Abs. 2 KSchG der **Betriebsrat zu unterrichten** über
– die Gründe für die geplanten Entlassungen,
– die Zahl und die Berufsgruppen der zu entlassenden Arbeitnehmer,
– die Zahl und die Berufsgruppen der in der Regel beschäftigten Arbeitnehmer,
– den Zeitraum, in dem die Entlassungen vorgenommen werden sollen,
– die vorgesehenen Kriterien für die Auswahl der zu entlassenden Arbeitnehmer,
– die für die Berechnung etwaiger Abfindungen vorgesehenen Kriterien.
– Das Interessenausgleichsverfahren nach § 111 BetrVG kann mit der Erfüllung der Unterrichtungspflicht gegenüber dem Betriebsrat nach § 17 Abs. 2 KSchG und nach § 102 BetrVG verbunden werden. Denn soweit die gegenüber dem Betriebsrat bestehenden Pflichten aus § 111 BetrVG mit denen aus § 17 Abs. 2 Satz 1 KSchG und § 102 Abs. 1 BetrVG übereinstimmen, kann sie der Arbeitgeber gleichzeitig erfüllen. Dabei muss allerdings klargestellt werden, dass und welche Verfahren gleichzeitig durchgeführt werden[6].

888 Eine wirksame Massenentlassungsanzeige setzt nicht voraus, dass Interessenausgleichs- und oder gar Sozialplanverhandlungen vor der Einigungsstelle gescheitert oder sogar „abgeschlossen" sein müssen[7]. Die nach der Massenentlassungs-RL vorgeschriebenen Konsultationen haben zwischen Arbeitgeber und Arbeitnehmervertretung stattzufinden. Die Einschaltung eines Dritten, wie in § 112 Abs. 2 BetrVG ist nicht vorgeschrieben[8]. Das BVerfG hat das BAG allerdings darauf hingewiesen, dass der Ablauf der Beteiligung des Betriebsrates durch die Massenentlassungs-RL nicht abschließend geklärt ist, und sieht insoweit die Auslegungshoheit beim EuGH[9]. Es bleibt also abzuwarten, wie der EuGH diese Frage bewertet.

889 Insgesamt ergibt sich bei einer Massenentlassung der folgende **Ablaufplan**:
– Unterrichtung und Konsultation des Betriebsrates (ggf. eingebunden in parallele Interessenausgleichsverhandlungen, aber Schriftform beachten),

---

1 BAG 22.11.2012 – 2 AZR 371/11, NZA 2013, 845.
2 BAG 21.3.2013 – 2 AZR 60/12, NZA 2013, 966.
3 BAG 28.6.2012 – 6 AZR 780/10, NZA 2012, 1029; 15.12.2011 – 8 AZR 692/10, NZA-RR 2012, 570 (selbständiger Betriebsteil iSd. § 4 Abs. 1 Satz 1 BetrVG).
4 BAG 28.6.2012 – 6 AZR 780/10, NZA 2012, 1029.
5 BAG 23.2.2010 – 2 AZR 268/08, NZA 2010, 944; 6.11.2008 – 2 AZR 935/07, DB 2009, 515.
6 BAG 20.9.2012 – 6 AZR 155/11, NZA 2013, 32; 18.1.2012 – 6 AZR 407/10, NZA 2012, 817.
7 So aber ArbG Berlin 21.2.2006 – 79 Ca 22399/05, NZA 2006, 739.
8 BAG 16.5.2007 – 8 AZR 693/06, NZA 2007, 1296; 13.7.2006 – 6 AZR 198/06, NZA 2007, 25.
9 BVerfG 25.3.2010 – 1 BvR 230/09, NZA 2010, 439.

- Durchführung von Interessenausgleichsverhandlungen bis in die Einigungsstelle (wg. § 113 BetrVG),
- Einleitung von Anhörungsverfahren gem. § 102 BetrVG,
- Erstattung der Massenentlassungsanzeige bei der Agentur für Arbeit unter Beifügung der Stellungnahme des Betriebsrates oder Glaubhaftmachung (§ 294 ZPO) einer iSv. § 17 Abs. 1 Satz 1 KSchG erfolgten Unterrichtung des Betriebsrates,
- Ggf. Einholung eines Zustimmungsbescheids der Agentur für Arbeit gem. § 18 Abs. 1 KSchG,
- Ausspruch der Kündigungen.

b) Verlegung des Betriebs oder eines wesentlichen Betriebsteils

Gem. § 111 Satz 3 Nr. 2 BetrVG stellt auch die **Verlegung** des ganzen Betriebs oder von wesentlichen Betriebsteilen eine Betriebsänderung dar. Als Verlegung wird jede wesentliche **Veränderung der örtlichen Lage** des Betriebs oder von wesentlichen Betriebsteilen unter Weiterbeschäftigung der Belegschaft verstanden. Dabei kommt es nicht darauf an, ob der Belegschaft überhaupt ausgleichs- oder milderungswürdige Nachteile entstehen. So kann auch eine Verlegung des Betriebs vom Zentrum an den Stadtrand oder an einen 4,3 km entfernten Ort, auch in Großstädten mit günstigen Verkehrsverbindungen, eine Betriebsänderung sein[1]. Ein Umzug von einer Straßenseite auf die andere stellt demgegenüber keine Verlegung des Betriebs dar[2]. 890

Werden wesentliche Teile der Belegschaft am neuen Arbeitsort (egal aus welchen Gründen) nicht weiterbeschäftigt, liegt eine **Betriebsstilllegung mit anschließender Neuerrichtung** des Betriebs vor[3]. Für das Mitbestimmungsrecht ist es unbeachtlich, ob die Arbeitnehmer aufgrund ihres Arbeitsvertrags verpflichtet sind, ihre Tätigkeit an dem neuen Arbeitsort fortzusetzen. 891

c) Zusammenschluss/Spaltung von Betrieben

Ein Zusammenschluss iSd. § 111 Satz 3 Nr. 3 BetrVG kann in der Weise erfolgen, dass entweder aus den bisherigen Betrieben **ein neuer Betrieb** entsteht oder ein bestehender Betrieb **einen anderen** unter Aufgabe von dessen arbeitstechnischer Selbständigkeit **aufnimmt**. Hierbei spielt es keine Rolle, ob diese Betriebe verschiedenen Unternehmen gehören. Es genügt, wenn sie unter einheitlicher unternehmerischer Leitung stehen[4]. 892

Auch die **Aufspaltung** von Betrieben ist als Betriebsänderung anzusehen. Dabei ist es rechtlich unerheblich, aufgrund welcher rechtlichen Konstruktionen die Aufspaltung erfolgt[5]. Eine Spaltung setzt immer voraus, dass zumindest zwei neue Einheiten entstehen. Die Stilllegung eines Betriebsteils ist keine Spaltung[6]. Für die Spaltung iSd. § 111 Satz 3 Nr. 3 BetrVG ist nicht erforderlich, dass ein wesentlicher Betriebsteil betroffen ist[7]. 893

---

1 BAG 27.6.2006 – 1 ABR 35/05, NZA 2006, 1286; 17.8.1982 – 1 ABR 40/80, BB 1983, 501; *Fitting*, § 111 BetrVG Rz. 81.
2 *Fitting*, § 111 BetrVG Rz. 81.
3 BAG 12.2.1987 – 2 AZR 247/86, NZA 1988, 170; 13.11.1997 – 8 AZR 435/95, ZinsO 1998, 140; 25.5.2000 – 8 AZR 335/99, nv.
4 *Fitting*, § 111 BetrVG Rz. 84.
5 BAG 10.12.1996 – 1 ABR 32/96, NZA 1997, 898.
6 BAG 18.3.2008 – 1 ABR 77/06, NZA 2008, 957.
7 BAG 18.3.2008 – 1 ABR 77/06, NZA 2008, 957.

d) Grundlegende Änderungen der Betriebsorganisation usw.

894 Gem. § 111 Satz 3 Nr. 4 BetrVG gilt als Betriebsänderung auch die grundlegende Änderung der Betriebsorganisation, des Betriebszwecks oder der Betriebsanlagen. Eine Änderung ist dann „grundlegend", wenn sie erhebliche Auswirkungen auf den Betriebsablauf hat oder einen Sprung in der technisch-wirtschaftlichen Entwicklung darstellt[1]. Da unter „**Betriebsorganisation**" das bestehende Organisationsgefüge für die Verbindung von Betriebszweck, der im Betrieb arbeitenden Personen und der Betriebsanlagen mit dem Ziel der Erfüllung der Betriebsaufgabe zu verstehen ist, liegt in folgenden **Beispielsfällen** eine Änderung der Betriebsorganisation vor: Dezentralisierung oder Zentralisierung, Einführung von Großraumbüros, Übergang zur Gruppenarbeit, Schaffung von Telearbeitsplätzen in Wohnungen der Mitarbeiter, Errichtung von umfassenden IT-Anlagen etc.

895 Unter „**Betriebszweck**" ist der mit dem Betrieb verfolgte arbeitstechnische Zweck zu verstehen, also die Frage, mit welchen Produktions- oder Dienstleistungen Einnahmen erzielt werden sollen. Auf die Wirtschaftlichkeit des Betriebszwecks kommt es nicht an[2]. Eine Spielbank ändert ihren Betriebszweck dann grundlegend, wenn sie neben den herkömmlichen Glücksspielen an Spieltischen in einem besonderen Saal mit eigenem Zugang das Spiel an Automaten anbietet[3], ein Automobilhersteller, wenn er zur Produktion von Flugzeugen übergeht.

896 Unter „**Betriebsanlagen**" iSd. § 111 Satz 3 Nr. 4 BetrVG sind nicht nur Anlagen in der Produktion zu verstehen, sondern allgemein solche, die dem arbeitstechnischen Produktions- und Leistungsprozess dienen. Dies können auch solche des Rechnungswesens sein[4]. Als grundlegende Änderung der Betriebsanlagen kommt die Einführung neuer Techniken[5], die völlige Umgestaltung der Büroeinrichtung in einem Dienstleistungsbetrieb, der Einsatz von Mikroprozessoren oder die Einführung von Bildschirmarbeitsplätzen[6] in Betracht.

897 Eine grundlegende Änderung von Betriebsanlagen liegt allerdings dann nicht vor, wenn nur die abgenutzten bzw. veralteten Maschinen ersetzt werden[7].

e) Neue Arbeitsmethoden und Fertigungsverfahren

898 Schließlich ist die Einführung **grundlegend neuer Arbeitsmethoden und Fertigungsverfahren** als Betriebsänderung anzusehen (§ 111 Satz 3 Nr. 5 BetrVG). Grundlegend neu sind Methoden und Verfahren, die außerhalb routinemäßiger Verbesserungen liegen. Im Zweifel soll die Frage, ob ein erheblicher Teil der Belegschaft betroffen ist, entscheidend sein[8]. So kann bspw. der Übergang zum Ein-Personen-Betrieb in Omnibussen und Straßenbahnen, die Einrichtung von Teilzeitarbeitsplätzen oder der Übergang zur Gruppenarbeit in Bereichen, in denen vorher allein gearbeitet wurde, eine Betriebsänderung darstellen[9].

899 Einstweilen frei.

---

1 *Fitting*, § 111 BetrVG Rz. 95.
2 BAG 17.12.1985 – 1 ABR 78/83, NZA 1986, 804.
3 BAG 17.12.1985 – 1 ABR 78/83, NZA 1986, 804.
4 BAG 6.12.1983 – 1 ABR 43/81, NZA 1984, 47; 26.10.1982 – 1 ABR 11/81, BB 1982, 1985.
5 DKKW/*Däubler*, § 111 BetrVG Rz. 107.
6 BAG 26.10.1982 – 1 ABR 11/81, BB 1982, 1985.
7 *Fitting*, § 111 BetrVG Rz. 95.
8 BAG 7.8.1990 – 1 AZR 445/89, NZA 1991, 113.
9 DKKW/*Däubler*, § 111 BetrVG Rz. 113.

f) Betriebsinhaberwechsel (§ 613a BGB)

Die **rechtsgeschäftliche Übertragung eines Betriebs(teils)** auf einen anderen Inhaber stellt für sich allein keine Betriebsänderung iSd. § 111 BetrVG dar (vgl. Teil 2 G Rz. 311 ff.). Hierfür hat der Gesetzgeber mit § 613a BGB eine abschließende Sonderregelung geschaffen[1]. Die mit dem veräußerten Betriebsteil zum Erwerber überwechselnden Arbeitnehmer werden vor Nachteilen aus dem Betriebsübergang durch § 613a BGB geschützt.

Ist der Betriebsübergang aber mit **weiteren Maßnahmen**, wie etwa einer Stilllegung eines Betriebsteils, einer Betriebsaufspaltung oder Verlagerung des Betriebssitzes verbunden, so sind diese Maßnahmen ihrerseits als Betriebsänderungen iSd. § 111 BetrVG zu qualifizieren[2]. Ein Betriebsübergang, der nur Teile eines Betriebs erfasst, stellt deshalb im Regelfall eine Betriebsänderung dar, da damit häufig eine grundlegende Änderung der Betriebsorganisation verbunden ist[3] und zudem regelmäßig eine Spaltung (Rz. 893) vorliegt. .

4. Beteiligung des Betriebsrats

a) Übersicht

Eine geplante Betriebsänderung löst umfassende Beteiligungsrechte des Betriebsrats aus. Der Unternehmer muss diesen rechtzeitig und umfassend unterrichten und die geplanten Maßnahmen mit ihm beraten (§ 111 Satz 1 BetrVG). Wenn sich die Betriebspartner über die geplante Betriebsänderung verständigen (das Ob und Wie der Maßnahme), ist das Ergebnis in einem Interessenausgleich gem. § 112 Abs. 1 Satz 1 BetrVG schriftlich niederzulegen und von beiden Seiten zu unterzeichnen. Der Betriebsrat kann den Abschluss eines Interessenausgleichs nicht erzwingen, nur die Verhandlung darüber bis in die Einigungsstelle. Anders ist es beim Sozialplan, dh. bei der Verständigung darüber, wie die durch die Betriebsänderung ausgelösten wirtschaftlichen Nachteile der Arbeitnehmer gemildert oder ausgeglichen werden. Der Betriebsrat kann den Abschluss eines Sozialplans durch Spruch einer Einigungsstelle erzwingen (§ 112 Abs. 4 BetrVG). Diese Mitbestimmungsrechte des Betriebsrats werden durch die Regelungen zum Nachteilsausgleich (§ 113 BetrVG) in besonderer Weise flankiert.

b) Unterstützung des Betriebsrats durch Berater

Nach § 111 Satz 2 BetrVG kann der Betriebsrat bei Betriebsänderungen in Unternehmen mit mehr als 300 Arbeitnehmern zu seiner Unterstützung einen Berater hinzuziehen. Das Gesetz schweigt zu der Frage, ob auch hier „in der Regel" mehr als 300 Arbeitnehmer beschäftigt sein müssen. Zwar spricht der Wortlaut im Unterschied zu § 111 Satz 1 BetrVG dagegen. Es dürfte sich allerdings um ein Redaktionsversehen des Gesetzgebers handeln, der im Übrigen, wenn es um betriebsverfassungsrechtliche Zahlengrenzen geht, immer von den „in der Regel" Beschäftigten ausgeht (vgl. nur §§ 1, 9, 38, 60, 62, 106, 110 BetrVG)[4].

---

1 BAG 26.4.2007 – 8 AZR 695/05, NZA 2008, 72; 16.5.2002 – 8 AZR 319/01, NZA 2003, 93.
2 BAG 27.6.1995 – 1 ABR 62/94, NZA 1996, 164; 20.4.1989 – 2 AZR 431/88, BB 1990, 709; 16.6.1987 – 1 ABR 41/85, NZA 1987, 671; 21.10.1980 – 1 AZR 145/79, DB 1981, 698; 4.12.1979 – 1 AZR 843/76, DB 1980, 743.
3 BAG 7.12.1988 – 5 AZR 778/87, nv.
4 *Fitting*, § 111 BetrVG Rz. 118; aA Richardi/*Annuß*, § 111 BetrVG Rz. 53, der auf den Zeitpunkt der Hinzuziehung abstellt.

904 Die gesetzlich vorgegebene Zahlengrenze bedeutet nicht, dass sich der Betriebsrat bei Betriebsänderungen in Unternehmen mit weniger als (in der Regel) 300 Arbeitnehmern nicht der Unterstützung externen Sachverstandes bedienen könnte. Der ergänzende Hinweis in Halbs. 2 des § 111 Satz 2 BetrVG („im Übrigen bleibt § 80 Abs. 3 unberührt") belegt dies[1]. In kleineren Betrieben ist die Einschaltung sachverständigen Rates aber nur nach näherer Vereinbarung mit dem Arbeitgeber möglich, während es in größeren Betrieben dessen Einverständnisses nicht bedarf.

905 Der Begriff **„Berater"** ist nicht näher definiert. Die Gesetzesbegründung spricht nur von externem Sachverstand. Gemeint sind (in Bezug auf die konkrete Betriebsänderung) sachkundige Personen wie Wirtschaftsprüfer, Steuerberater, Unternehmensberater, Rechtsanwälte und sonstige Sachverständige[2].

906 Das Gesetz nennt ausdrücklich „einen Berater", den der Betriebsrat hinzuziehen kann. Das spricht dafür, dass der Betriebsrat ohne Vereinbarung mit dem Unternehmer auch tatsächlich im numerischen Sinne nur einen einzigen Berater hinzuziehen darf[3]. Hierfür sprechen auch die Gesetzesmaterialien[4].

907 Die dem Betriebsrat eingeräumte gesetzliche Befugnis, ohne vorherige Vereinbarung mit dem Unternehmer einen Berater hinzuziehen, besteht aber nicht schrankenlos. Vielmehr muss dies nach allgemeinen Grundsätzen erforderlich und verhältnismäßig sein[5].

908 § 111 Satz 2 BetrVG sagt nichts über die **Vergütung** des hinzuzuziehenden Beraters. Klar ist lediglich, dass der Arbeitgeber gem. § 40 BetrVG die Kosten zu tragen hat[6]. Eine entsprechende Anwendung des § 76a Abs. 3 BetrVG über die Vergütung der Mitglieder der Einigungsstelle scheidet aus[7]. Maßgeblich dürfte deshalb nach § 612 Abs. 2 BGB die übliche Vergütung sein. Wenn eine Üblichkeit nicht feststellbar ist, ist die Vergütung gem. §§ 316, 315 BGB nach billigem Ermessen festzustellen[8]. Bei Hinzuziehung eines anwaltlichen Beraters sind die insoweit von der Rechtsprechung entwickelten Vergütungsgrundsätze zu beachten, wobei insbesondere Stundenhonorarzusagen restriktiv zu behandeln sind[9]. Durfte der Betriebsrat die Beauftragung des Beraters nicht für erforderlich halten, kommt analog § 179 BGB eine Haftung des Betriebsratsvorsitzenden für die durch die Beratertätigkeit entstandenen Kosten in Betracht[10].

---

1 Beschl. des Ausschusses für Arbeit- und Sozialordnung, BT-Drucks. 14/6352, 55; *Natzel*, NZA 2001, 872.
2 *Reichold*, NZA 2001, 857; *Löwisch*, BB 2001, 1790; *Fitting*, § 111 BetrVG Rz. 120.
3 AA *Fitting*, § 111 BetrVG Rz. 121; wie hier ArbG Rheine 27.8.2009 – 3 BVGa 3/09, nv.; *Kleinebrink*, ArbRB 2003, 212.
4 RegE, BT-Drucks. 14/5741, 119; ebenso wohl *Natzel*, NZA 2001, 873.
5 *Fitting*, § 111 BetrVG Rz. 122; *Bauer*, NZA 2001, 375; *Reichold*, NZA 2001, 857; *Löwisch*, BB 2001, 1790; weiter *Hanau*, NJW 2001, 2513, der meint, die Erforderlichkeit könne jedenfalls nicht als vom Betriebsrat zu beweisende Regelvoraussetzung gelten; dem Arbeitgeber müsse aber der Nachweis möglich sein, dass die Hinzuziehung aus besonderen Gründen nicht erforderlich gewesen sei.
6 *Bauer*, NZA 2001, 376; *Hanau*, RdA 2001, 72; *Fitting*, § 111 BetrVG Rz. 124.
7 Zutreffend *Löwisch*, BB 2001, 1790.
8 *Natzel*, NZA 2001, 872.
9 Zutreffend BAG 20.1.1999 – 7 ABR 25/98, NZA 2000, 556; *Bauer*, NZA 2001, 376; *Fitting*, § 111 BetrVG Rz. 125.
10 BGH 25.10.2012 – III ZR 266/11, NZA 2012, 1382.

VII. Mitbestimmung bei Betriebsänderungen

c) Interessenausgleich

aa) Gegenstand

Gegenstand eines Interessenausgleichs iSd. § 112 Abs. 1 BetrVG sind Regelungen darüber, **ob, wann und in welcher Form** die vom Unternehmer geplante Betriebsänderung durchgeführt werden soll[1]. Inhalt eines möglichen Interessenausgleichs können darüber hinaus Maßnahmen zur Vermeidung von wirtschaftlichen Nachteilen der betreffenden Arbeitnehmer[2] sowie auch Auswahlrichtlinien zur Umsetzung der Betriebsänderung sein[3]. 909

Beispiele: 910
Einführung von Kurzarbeit; Umschulungsmaßnahmen; Fortbildungsmaßnahmen; Kündigungsverbote; Pflicht zur Versetzung einzelner Arbeitnehmer usw.

In Abgrenzung hierzu geht es in einem Sozialplan nur um den Ausgleich und die Milderung eintretender wirtschaftlicher Nachteile. In der Praxis wird diese Trennung häufig nicht zutreffend vorgenommen, weshalb jeweils genau zu prüfen ist, was sich unter den jeweiligen Überschriften tatsächlich verbirgt. 911

bb) Verfahren zur Herbeiführung eines Interessenausgleichs

Will der Unternehmer eine Betriebsänderung durchführen, muss er zuvor einen **Interessenausgleich** hierüber mit dem Betriebsrat **versucht** haben. Ansonsten läuft er Gefahr, Nachteilsausgleichsansprüchen der betroffenen Arbeitnehmer ausgesetzt zu sein (§ 113 Abs. 3 BetrVG). 912

(1) Rechtzeitige und umfassende Unterrichtung

Die **Planung der Betriebsänderung** löst die Unterrichtungspflicht für den Unternehmer aus. Vorüberlegungen oder die abstrakte Prüfung alternativer Szenarien sind noch keine Planung, sondern die Vorstufe dazu. Das Unterrichtungsrecht soll sicherstellen, dass der Betriebsrat bereits in einem möglichst frühen Stadium an der Planung beteiligt wird[4]. Das **Mitbestimmungsrecht** wird aber erst dann ausgelöst, wenn der Unternehmer ein nach Art und Umfang der Maßnahmen **konkretes Konzept zur Betriebsänderung** entwickelt hat, welches er verwirklichen will[5]. Erst dann kann der Betriebsrat verlangen, dass ihm die für die geplante Betriebsänderung maßgeblichen Daten mitgeteilt werden[6]. Hat der Arbeitgeber zunächst nur einen Unternehmensberater mit der Analyse des Betriebs zum Zwecke der Ermittlung von Handlungsspielräumen beauftragt, so hat der Betriebsrat solange keinen Anspruch auf Hinzuziehung eines Sachverständigen zur Erläuterung der gefundenen Ergebnisse, wie der Arbeitgeber aus der durchgeführten Analyse keine konkreten Schritte ableitet[7]. 913

Die Unterrichtung muss rechtzeitig erfolgen. **Rechtzeitig** bedeutet dabei, dass in jedem Fall vor Beginn der tatsächlichen Durchführung der beabsichtigten Maßnahme über die Planung unterrichtet wird. Der Betriebsrat soll in die Lage versetzt werden, 914

---
1 BAG 27.10.1987 – 1 ABR 9/86, NZA 1988, 203; *Neef*, NZA 1997, 65; HWK/*Hohenstatt/Willemsen*, § 112 BetrVG Rz. 4.
2 BAG 17.9.1991 – 1 ABR 23/91, NZA 1992, 227.
3 BAG 7.12.1995 – 2 AZR 1008/94, NZA 1996, 473; 20.10.1983 – 2 AZR 211/82, BB 1984, 671.
4 BAG 14.9.1976 – 1 AZR 784/75, BB 1977, 142; 17.9.1974 – 1 AZR 16/74, BB 1974, 1483.
5 LAG Düsseldorf 27.8.1985 – 16 TaBV 52/85, NZA 1986, 371; *Rieble*, NZA 2004, 1029 gegen ArbG Stuttgart 16.7.2004 – 21 BV 175/04, NZA-RR 2004, 537.
6 LAG Hamm 5.3.1986 – 12 TaBV 164/85, NZA 1986, 651.
7 LAG Köln 5.3.1986 – 5 TaBV 4/86, LAGE § 80 BetrVG 1972 Nr. 5.

auf das Ob und Wie der geplanten Betriebsänderung noch ernsthaft Einfluss nehmen zu können[1]. Die Durchführung einer Betriebsänderung beginnt, wenn der Unternehmer unumkehrbare Maßnahmen ergreift und damit vollendete Tatsachen schafft[2]. Die Beschlussfassung einer Stilllegung und deren Bekanntgabe sind daher noch nicht der Beginn der tatsächlichen Durchführung[3]. Dies gilt grundsätzlich auch für die Freistellung von Arbeitnehmern oder die bloße Einstellung der Produktion, weil damit in der Regel noch **keine unumkehrbaren Maßnahmen** zur Auflösung der betrieblichen Organisation getroffen sind[4]. Spätestens mit Ausspruch der Kündigungen zum Zwecke der Betriebsstilllegung beginnt aber die Durchführung einer solchen Betriebsänderung, die Unterrichtung wäre nun nicht mehr rechtzeitig[5].

915 Zur **umfassenden** Unterrichtung gehört die präzise Darstellung der beabsichtigten Betriebsänderung mit den sich daraus ergebenden Auswirkungen für die Arbeitnehmerschaft einschließlich deren sozialer Folgen[6]. Zur Vorbereitung der Interessenausgleichsverhandlungen müssen dem Betriebsrat auch die dazu notwendigen **Unterlagen** zur Verfügung gestellt werden. Dazu gehört insbesondere die Überlassung einer Liste sämtlicher Arbeitnehmer mit Anschrift und Sozialdaten einschließlich Unterhaltsverpflichtungen[7]. Soweit damit parallel die Unterrichtung nach § 17 KSchG erfolgen soll, ist auf den nach dieser Vorschrift zwingenden Inhalt und die Einhaltung der Schriftform zu achten[8]. Die Unterrichtung nach § 111 BetrVG bedarf demgegenüber keiner besonderen Form[9].

(2) Beratung und Verhandlung

916 Ist der Betriebsrat ordnungsgemäß unterrichtet, beginnt die Beratungs- bzw. Verhandlungsphase mit dem ernsten Willen zur Einigung. Scheitern die Verhandlungen, kann sowohl der Unternehmer als auch der Betriebsrat den Vorstand der Bundesagentur für Arbeit um Vermittlung ersuchen; der Vorstand kann diese Aufgabe auf andere Bedienstete der Bundesagentur für Arbeit übertragen (§ 112 Abs. 2 Satz 1 BetrVG). Geschieht das nicht oder bleibt der Vermittlungsversuch ergebnislos, so kann der Unternehmer oder der Betriebsrat die Einigungsstelle anrufen (§ 112 Abs. 2 Satz 2 BetrVG). Auch dort muss noch einmal versucht werden, eine Einigung zu erzielen[10]. Der Interessenausgleich ist nach Auffassung des BAG erst dann **versucht**, wenn auch vor einer solchen Einigungsstelle keine Einigung erzielt werden kann[11]. Kommt zwischen den Betriebsparteien kein schriftlicher Interessenausgleich zustande, sondern wird zwischen ihnen lediglich eine mündliche Einigung erzielt, liegt ein wirksamer Interessenausgleich nicht vor, so dass auch hier den Arbeitgeber die Obliegenheit trifft, die Einigungsstelle anzurufen. Tut er dies nicht, ist das Interessenausgleichsverfahren nicht ordnungsgemäß durchgeführt und die von der Betriebsänderung betroffenen Arbeitnehmer haben Anspruch auf Nachteilsausgleich gem. § 113 Abs. 3 BetrVG[12] (zu § 113 Abs. 3 BetrVG vgl. Rz. 979).

---

1 *Fitting*, § 111 BetrVG Rz. 107.
2 BAG 30.5.2006 – 1 AZR 25/05, NZA 2006, 1122.
3 BAG 30.5.2006 – 1 AZR 25/05, NZA 2006, 1122.
4 BAG 30.5.2006 – 1 AZR 25/05, NZA 2006, 1122; 22.11.2005 – 1 AZR 407/04, NZA 2006, 736.
5 BAG 30.5.2006 – 1 AZR 25/05, NZA 2006, 1122.
6 *Fitting*, § 111 BetrVG Rz. 111; BAG 30.4.2004 – 1 AZR 7/03, BAGReport 2004, 274.
7 ArbG Düsseldorf 4.2.1992 – 7 BV 140/91, ArbuR 1992, 318.
8 Zur Zulässigkeit der parallelen Unterrichtung nach § 111 BetrVG und nach § 17 KSchG: BAG 20.9.2012 – 6 AZR 155/11, NZA 2013, 32; 18.1.2012 – 6 AZR 407/10, NZA 2012, 817.
9 *Fitting*, § 111 BetrVG Rz. 112.
10 BAG 18.12.1984 – 1 AZR 176/82, NZA 1985, 400.
11 BAG 20.4.1994 – 10 AZR 186/93, NZA 1995, 89.
12 BAG 26.10.2004 – 1 AZR 493/03, DB 2005, 115.

Das Verfahren zum Versuch eines Interessenausgleichs kann ohne Weiteres mehrere Monate Zeit in Anspruch nehmen – eine feste zeitliche Obergrenze gibt es nicht –, weshalb der Arbeitgeber **taktisch** unter Druck gesetzt werden kann: Der Betriebsrat wird regelmäßig einen schnellen Interessenausgleich nur gegen Vereinbarung eines entsprechend hoch dotierten Sozialplans anbieten. In der Praxis ergibt sich daraus regelmäßig die gesetzlich nicht vorgesehene Verknüpfung der Verhandlungen von Interessenausgleich und Sozialplan.

cc) Sonderfall Namensliste (§ 1 Abs. 5 KSchG)

Werden aufgrund einer Betriebsänderung iSd. § 111 BetrVG Arbeitnehmer, denen gekündigt werden soll, in einem Interessenausgleich zwischen Arbeitgeber und Betriebsrat namentlich bezeichnet (sog. **Namensliste**), so wird gem. § 1 Abs. 5 KSchG zum einen vermutet, dass die Kündigung durch dringende betriebliche Erfordernisse bedingt ist; zum anderen kann die Sozialauswahl nur auf grobe Fehlerhaftigkeit überprüft werden (Näheres s. Teil 3 E Rz. 294 ff.). Die gesetzliche Vermutung der fehlenden Weiterbeschäftigung wird nur durch den Beweis des Gegenteils beseitigt (§ 292 ZPO). Der Arbeitnehmer muss darlegen und im Bestreitensfall beweisen, dass in Wirklichkeit eine Beschäftigungsmöglichkeit für ihn weiterhin besteht. Eine bloße Erschütterung der Vermutung reicht nicht aus. Es ist vielmehr ein substantiierter Tatsachenvortrag erforderlich, der den gesetzlich vermuteten Umstand nicht nur in Zweifel zieht, sondern ausschließt[1]. Der Interessenausgleich ersetzt gem. § 1 Abs. 5 Satz 4 KSchG zudem die Stellungnahme des Betriebsrates nach § 17 Abs. 3 Satz 2 KSchG (vgl. Rz. 885).

Voraussetzung für diese gesetzliche Privilegierung ist eine im Rahmen eines Interessenausgleichs zwischen den Betriebsparteien wirksam vereinbarte Namensliste. Das kann in unterschiedlicher Art und Weise geschehen:

– durch namentliche Listung der zu Kündigenden im Interessenausgleich selbst (so der Gesetzeswortlaut),
– durch eine nicht unterschriebene (Namenslisten-)Anlage, die mit dem Interessenausgleich (zB mittels Heftmaschine) bereits vor dessen Unterzeichnung durch die Betriebsparteien körperlich fest verbunden ist und auf die im Interessenausgleich Bezug genommen wird[2],
– durch eine vom Interessenausgleich getrennte, aber unterzeichnete Namensliste, wobei Interessenausgleich und Namensliste wechselseitig aufeinander Bezug nehmen müssen[3] und
– durch „zeitnahe" Ergänzung des Interessenausgleichs mittels unterzeichneter Namensliste, die ausdrücklich auf den Interessenausgleich Bezug nimmt[4].

Die Privilegierung zur erleichterten Kündigung entfällt, wenn sich die Sachlage nach Zustandekommen des Interessenausgleichs wesentlich geändert hat (§ 1 Abs. 5 Satz 3 KSchG)[5].

---

1 BAG 27.9.2012 – 2 AZR 536/11, nv.
2 BAG 12.5.2010 – 2 AZR 551/08, NZA 2011, 114; 6.7.2006 – 2 AZR 520/05, NZA 2007, 266; 6.12.2001 – 2 AZR 422/00, NZA 2002, 999.
3 BAG 12.5.2010 – 2 AZR 551/08, NZA 2011, 114; 22.1.2004 – 2 AZR 111/02, NZA 2006, 64.
4 BAG 26.3.2009 – 2 AZR 296/07, NZA 2009, 1152; 22.1.2004 – 2 AZR 111/02, NZA 2006, 64; KR/*Griebeling*, § 1 KSchG Rz. 703h; *Schiefer*, DB 1998, 925 (927).
5 Vgl. auch *Bader*, NZA 2004, 65.

dd) Sonderfall Interessenausgleich in der Insolvenz

920 Die Vorschriften des Betriebsverfassungsgesetzes über den Interessenausgleich und Nachteilsausgleich bei Betriebsänderungen (§§ 111–113 BetrVG) gelten auch in der Insolvenz des Unternehmens[1].

(1) Beschleunigung der Betriebsänderung

921 Mit den §§ 121–122 InsO wird das Verfahren zur Durchführung einer Betriebsänderung im Insolvenzfall **deutlich beschleunigt**. So ist bspw. das **Vermittlungsverfahren** mithilfe der Bundesagentur für Arbeit gem. § 121 InsO nur möglich, wenn der **Insolvenzverwalter und der Betriebsrat gemeinsam** um eine solche Vermittlung **ersuchen**.

922 Der Insolvenzverwalter kann beim Arbeitsgericht die Zustimmung beantragen, dass eine **Betriebsänderung ohne Einigungsstellenverfahren** durchgeführt wird, wenn zwischen ihm und dem Betriebsrat ein Interessenausgleich nicht innerhalb von **drei Wochen** nach Verhandlungsbeginn oder schriftlicher Aufforderung zur Aufnahme von Verhandlungen zustande gekommen ist. Voraussetzung ist aber, dass der Verwalter den Betriebsrat rechtzeitig und umfassend unterrichtet (§ 122 Abs. 1 InsO) und ernsthafte Verhandlungen mit dem Betriebsrat aufgenommen hat[2]. Die Vorschriften des Beschlussverfahrens finden entsprechende Anwendung. Erteilt das Arbeitsgericht rechtskräftig die Zustimmung, findet § 113 Abs. 3 BetrVG keine Anwendung, dh. der Verwalter darf die Betriebsänderung durchführen, ohne dass Nachteilsausgleichsansprüche der Arbeitnehmer drohen.

(2) Kündigungserleichterungen

923 Für eine zwischen Betriebsrat und Insolvenzverwalter vereinbarte Namensliste erweitert § 125 InsO die Regelungen des § 1 KSchG zu Gunsten des Insolvenzverwalters. Die Sozialauswahl gilt nicht als grob fehlerhaft, wenn damit eine ausgewogene Personalstruktur erhalten oder geschaffen wird (§ 125 Abs. 1 Satz 1 Nr. 2 InsO).

924 Kommt ein Interessenausgleich innerhalb von drei Wochen nach Verhandlungsbeginn oder schriftlicher Aufforderung zur Aufnahme von Verhandlungen nicht zustande, obwohl der Insolvenzverwalter den Betriebsrat rechtzeitig und umfassend unterrichtet hat, kann über die **soziale Rechtfertigung geplanter Kündigungen** vorab entschieden werden. Nach § 126 Abs. 1 InsO kann in diesen Fällen der Verwalter beim Arbeitsgericht die Feststellung beantragen, dass die Kündigung der Arbeitsverhältnisse der im Antrag zu bezeichnenden bestimmten Arbeitnehmer durch dringende betriebliche Erfordernisse bedingt und sozial gerechtfertigt ist. Ist kein Betriebsrat vorhanden, kann der Insolvenzverwalter diesen Antrag sofort stellen. Die Sozialauswahl wird dabei nur im Hinblick auf die Dauer der Betriebszugehörigkeit, das Lebensalter und die Unterhaltspflichten überprüft (§ 126 Abs. 1 Satz 2 InsO). Neben dem Insolvenzverwalter und dem Betriebsrat, sofern dieser besteht, sind auch die bezeichneten Arbeitnehmer, soweit sie nicht mit der Beendigung des Arbeitsverhältnisses oder mit den geänderten Arbeitsbedingungen einverstanden sind, Beteiligte des Verfahrens.

925 Die **rechtskräftige Entscheidung** in diesem Verfahren **bindet** auch die Parteien des Kündigungsschutzverfahrens, soweit sich die Sachlage nach dem Schluss der letzten mündlichen Verhandlung nicht wesentlich geändert hat (§ 127 InsO).

926 Gem. § 128 Abs. 1 InsO kann der Insolvenzverwalter mit dem Betriebsrat einen Interessenausgleich nach § 125 InsO auch dann vereinbaren, wenn die beabsichtigte Be-

---

1 BAG 22.7.2003 – 1 AZR 541/02, NZA 2004, 93.
2 *Schrader*, NZA 1997, 70.

triebsänderung erst nach einer Betriebsveräußerung durchgeführt werden soll. Nach § 128 Abs. 2 InsO gilt die **gesetzliche Vermutung**, dass die Kündigung eines Arbeitnehmers bei einer Betriebsveräußerung in der Insolvenz **nicht wegen eines Betriebsübergangs ausgesprochen und nach** § 613a Abs. 4 Satz 1 BGB **unwirksam ist, sondern aufgrund dringender betrieblicher Erfordernisse**, die einer Weiterbeschäftigung entgegenstehen, bedingt ist.

d) Sozialplan

aa) Gegenstand

Nach § 112 Abs. 1 Satz 2 BetrVG ist der Sozialplan eine Einigung „über den Ausgleich oder die Milderung der wirtschaftlichen Nachteile, die dem Arbeitnehmer infolge der geplanten Betriebsänderung entstehen". Sozialpläne enthalten in der Praxis im Wesentlichen **Abfindungsregelungen** sowie anderweitige Regelungen zum Ausgleich finanzieller Belastungen (Fahrtkostenzuschüsse, Umzugskostenerstattung etc.). Der Sozialplan kann vom Betriebsrat über die Einigungsstelle erzwungen werden. Betriebsrat und Arbeitgeber können auch für noch nicht konkret geplante, aber in großen Umrissen schon abschätzbare Betriebsänderungen einen Sozialplan in Form einer freiwilligen Betriebsvereinbarung aufstellen[1]. 927

bb) Verfahren zur Herbeiführung eines Sozialplans

Für den Sozialplan gelten zunächst dieselben Vorschriften wie für den Interessenausgleich. Aufgrund des Sozialplans entstehen aber **unmittelbare Rechtsansprüche des einzelnen Arbeitnehmers**, weil dem Sozialplan gem. § 112 Abs. 1 Satz 3 BetrVG die **Wirkung einer Betriebsvereinbarung** zukommt. 928

➲ **Hinweis:** Ein Antrag des Betriebsrats, mit dem dieser die Verurteilung des Arbeitgebers zur Erfüllung von Ansprüchen der Arbeitnehmer aus dem Sozialplan begehrt, ist unzulässig. Es ist nicht Sache des Betriebsrats, Individualansprüche von Belegschaftsmitgliedern durchzusetzen[2]. 929

Besteht ein **Gesamtbetriebsrat**, sind Interessenausgleichs- und Sozialplanverhandlungen grundsätzlich zwei unterschiedliche Angelegenheiten iSd. § 50 Abs. 1 Satz 1 BetrVG. Der Gesamtbetriebsrat ist nur dann für die Interessenausgleichs- und/oder die Sozialplanverhandlungen zuständig, wenn diese jeweils für sich genommen das gesamte Unternehmen oder mehrere Betriebe betreffen und zwingend nur einheitlich oder betriebsübergreifend verhandelt werden können. Der Gesamtbetriebsrat wird für Sozialplanverhandlungen nicht allein dadurch zuständig, dass die Mittel für den Sozialplan vom Unternehmen für die Gesamtmaßnahme zur Verfügung gestellt werden. Etwas anderes kann nach Auffassung des BAG gelten, wenn ein im Interessenausgleich vereinbartes, das gesamte Unternehmen betreffendes Sanierungskonzept nur auf der Grundlage eines unternehmensweiten Sozialplans realisiert werden kann[3]. 930

Kommt eine Einigung über den Sozialplan zustande, so ist sie schriftlich niederzulegen und vom Unternehmer und Betriebsrat zu unterschreiben. Die Wahrung des **Schriftformerfordernisses** ist wie beim Interessenausgleich Wirksamkeitsvoraussetzung[4]. 931

---

1 BAG 19.2.2008 – 1 AZR 1004/06, NZA 2008, 719; 26.8.1997 – 1 ABR 12/97, NZA 1998, 216.
2 BAG 17.10.1989 – 1 ABR 75/88, NZA 1990, 441.
3 BAG 3.5.2006 – 1 ABR 15/05, ZIP 2006, 1596.
4 GK-BetrVG/*Oetker*, §§ 112, 112a Rz. 225.

932 Gelingt eine freiwillige Einigung nicht, so hat die **Einigungsstelle** gem. § 112 Abs. 4 BetrVG zu entscheiden und einen **Sozialplan verbindlich festzulegen**[1]. Der Spruch der Einigungsstelle ist schriftlich niederzulegen, vom Vorsitzenden der Einigungsstelle zu unterschreiben und Arbeitgeber und Betriebsrat zur Unterzeichnung zuzuleiten. Auch bei dieser Art des Zustandekommens ist die Unterschrift der Betriebsparteien Wirksamkeitsvoraussetzung des Sozialplans[2]. Nach Auffassung des LAG Berlin liegt es im Ermessen der Einigungsstelle, ob die Verhandlungen über den Interessenausgleich und den Sozialplan miteinander verbunden werden[3].

933 Bei ihrer Entscheidung hat sich die Einigungsstelle von den in § 112 Abs. 5 BetrVG genannten Ermessenskriterien leiten zu lassen. Dies soll gewährleisten, dass sich die Einigungsstelle um den Ausgleich tatsächlich feststellbarer oder zu erwartender materieller Einbußen und weniger um die Festlegung pauschaler Abfindungen bemüht[4]. Die Grundsätze in § 112 Abs. 5 Satz 1 und Satz 2 Nr. 1–3 BetrVG beinhalten **Richtlinien für die Ausübung des Ermessens** und stellen damit die Ermessensgrenzen dar. Verstößt die Einigungsstelle gegen diese Ermessensgrenzen, so begründet dies einen **Ermessensfehler**. Dies betrifft bspw. die Festlegung eines zu hohen oder zu niedrigen Gesamtvolumens, da dies eine Verletzung des in § 112 Abs. 5 Satz 2 Nr. 3 BetrVG niedergelegten Ermessensgrundsatzes darstellen kann[5]. Ein derartiger Ermessensfehler berechtigt die jeweils benachteiligte Seite nach § 76 Abs. 5 Satz 4 BetrVG, innerhalb einer Ausschlussfrist von zwei Wochen das Arbeitsgericht im Beschlussverfahren anzurufen und den Ermessensfehler geltend zu machen[6].

cc) Typische Inhalte eines Sozialplans

(1) Abfindung

934 Den **Betriebspartnern** steht es bei der freiwilligen Einigung über einen Sozialplan grundsätzlich frei, welche Nachteile auf welche Weise ausgeglichen werden und welche Mittel hierfür zur Verfügung stehen. Sie haben bei der Gestaltung eines Sozialplans einen **weiten Gestaltungsspielraum**[7]. Dagegen ist die **Einigungsstelle** nach § 112 Abs. 5 BetrVG an die dort genannten **Richtlinien gebunden**. Sinngemäß sollen die dort aufgestellten Wertungsmaßstäbe aber auch für einvernehmlich getroffene Sozialpläne gelten[8].

Die Einigungsstelle muss nach § 112 Abs. 5 BetrVG
– die sozialen Belange der betroffenen Arbeitnehmer berücksichtigen. Der Sozialplan soll die wirtschaftlichen Nachteile der von der Betriebsänderung Betroffenen ausgleichen oder mildern.
– die Aussichten der betroffenen Arbeitnehmer auf dem Arbeitsmarkt berücksichtigen.
– die im Dritten Buch des Sozialgesetzbuches vorgesehenen Förderungsmöglichkeiten zur Vermeidung von Arbeitslosigkeit berücksichtigen.
– auf die wirtschaftliche Vertretbarkeit ihrer Entscheidung für das Unternehmen achten. Bei der Bemessung des Gesamtbetrages der Sozialplanleistungen ist darauf zu achten, dass der Fortbestand des Unternehmens oder die verbleibenden Arbeitsplätze durch den Sozialplan nicht gefährdet werden.

---

1 *Fitting*, §§ 112, 112a BetrVG Rz. 252 ff.
2 GK-BetrVG/*Oetker*, §§ 112, 112a Rz. 227.
3 LAG Berlin 24.1.2006 – 16 TaBV 2393/05, LAGE § 98 ArbGG Nr. 46.
4 *Röder/Baeck*, S. 31; *Fitting*, §§ 112, 112a BetrVG Rz. 262.
5 BAG 24.8.2004 – 1 ABR 23/03, DB 2005, 397; 14.9.1994 – 10 AZR 216/93, NZA 1995, 429.
6 *Fitting*, §§ 112, 112a BetrVG Rz. 336; DKKW/*Däubler*, §§ 112, 112a BetrVG Rz. 131.
7 BAG 13.2.2007 – 9 AZR 729/05, NZA 2007, 860; 14.11.2006 – 1 AZR 40/06, NZA 2007, 339.
8 HWK/*Hohenstatt/Willemsen*, § 112 BetrVG Rz. 46.

Der Spruch der Einigungsstelle muss sich im **Zeitpunkt der Aufstellung** des Sozialplanes als wirtschaftlich vertretbar darstellen. 935

Eine Einigungsstelle ist nicht gehalten, sämtliche mit einer Betriebsänderung verbundenen Nachteile vollständig auszugleichen, diese müssen aber substantiell gemildert werden, es muss eine **spürbare Entlastung** der **Arbeitnehmer** erfolgen. Andernfalls wären die sozialen Belange der Arbeitnehmer nicht hinreichend berücksichtigt. Es ist zulässig zur Bestimmung der Abfindungshöhe pauschalierend zB auf die „Grunddaten" Lebensalter, Dauer der Betriebszugehörigkeit und Unterhaltspflichten anhand eines Punktesystems abzustellen, soweit ein solches Vorgehen Raum lässt für die Erfassung von Sonderfällen wie zB einer Schwerbehinderteneigenschaft[1]. Das BAG hat in einer jüngeren Entscheidung die Wirksamkeit einer Sozialplanregelung bestätigt, nach der sich die Abfindungshöhe nach der Formel Bruttomonatsvergütung × Betriebszugehörigkeit × altersabhängiger Faktor bestimmte und die außerdem vorsah, dass alle Arbeitnehmer eine Mindestabfindung von zwei Bruttomonatsverdiensten erhalten sollen[2]. Der Milderungsbedarf ist zunächst unabhängig von der **wirtschaftlichen Leistungsfähigkeit des Unternehmens** zu ermitteln. Diese ist dann im nächsten Schritt bei der Prüfung der wirtschaftlichen Vertretbarkeit eines Einigungsstellenspruchs zu berücksichtigen[3]. Mehr als ein vollständiger Ausgleich aller mit einer Betriebsänderung verbundenen Nachteile kann in keinem Fall verlangt werden[4]. 936

Nach § 112 Abs. 5 Satz 1, Satz 2 Nr. 3 BetrVG hat die Einigungsstelle auf die **wirtschaftliche Vertretbarkeit** ihrer Entscheidung sowie darauf zu achten, dass durch das **Gesamtvolumen** der Sozialplanleistungen der **Fortbestand des Unternehmens** bzw. die nach Betriebsänderung noch **verbleibenden Arbeitsplätze nicht gefährdet werden**. Die Einigungsstelle muss zwar keine abstrakten Höchstbeträge (etwa in Form einer Höchstzahl von Bruttomonatsgehältern oder in Anlehnung an §§ 10 KSchG, 113 Abs. 1, Abs. 3 BetrVG) für einzelne Abfindungen einhalten. Nur für den **Insolvenzfall** ist eine Begrenzung der Abfindungen auf zweieinhalb Monatsverdienste pro ausscheidendem Arbeitnehmer (§ 123 Abs. 1 InsO) sowie al maximal ein Drittel der Masse (§ 123 Abs. 2 Satz 2 InsO) vorgeschrieben. Die Einigungsstelle muss aber bei der Bemessung des Sozialplanvolumens die Grenze der wirtschaftlichen Vertretbarkeit beachten. Wie schwer die Belastungen tatsächlich sein dürfen, soll sich nach den Umständen des Einzelfalls richten. Maßgeblich für die Bewertung ist der Anteil der von einer Betriebsänderung betroffenen Arbeitnehmer an der Gesamtbelegschaft und die wirtschaftliche Leistungsfähigkeit des Unternehmens. Je härter Arbeitnehmer, insbesondere wegen Entlassungen, durch eine Betriebsänderung betroffen werden, desto größere Belastungen sind dem Unternehmen zuzumuten. Bereits vorhandene wirtschaftliche Schwierigkeiten eines Unternehmens können es nicht von der Notwendigkeit entbinden, weitere Belastungen durch einen Sozialplan auf sich zu nehmen. Mit Blick auf die Einsparungen, die mit einer Betriebsänderung für das Unternehmen verbunden sind, hat das BAG Sozialplanleistungen mit einem Gesamtvolumen im Umfang des zweifachen einer Betriebsänderung erwarteten jährlichen Einspareffektes für zulässig erklärt[5]. Darüber hinaus kommt es auf das Verhältnis von Aktiva und Passiva sowie die Liquiditätslage des Unternehmens an[6]. Ein Sozialplanvolumen soll vertretbar sein, wenn eine Investitionsrechnung zu dem Ergebnis kommt, die Durchführung sei günstiger oder zumindest ebenso günstig wie ein Verzichten auf die Betriebsänderung. Die Belastungen für das Unternehmen können also durchaus einschneidend sein. Die Einigungsstelle hat von dem von ihr vorgese- 937

---

1 ErfK/*Kania*, §§ 112, 112a BetrVG Rz. 32.
2 BAG 26.3.2013 – 1 AZR 857/11, DB 2013, 1792.
3 BAG 24.8.2004 – 1 ABR 23/03, DB 2005, 397.
4 BAG 24.8.2004 – 1 ABR 23/03, BAGReport 2005, 211; 6.5.2003 – 1 ABR 11/02, DB 2004, 193 f.
5 BAG 6.5.2003 – 1 ABR 11/02, NZA 2004, 108.
6 BAG 22.1.2013 – 1 ABR 85/11, NZA-RR 2013, 409.

henen Ausgleich der wirtschaftlichen Nachteile allerdings abzusehen, wenn dieser den Fortbestand des Unternehmens gefährden würde. Die wirtschaftliche Vertretbarkeit ihrer Entscheidung stellt damit für sie eine Grenze der Ermessensausübung dar. Ist der für angemessen erachtete Ausgleich von Nachteilen der Arbeitnehmer für das Unternehmen wirtschaftlich nicht vertretbar, ist das Sozialplanvolumen bis zum Erreichen der Grenze der wirtschaftlichen Vertretbarkeit zu mindern. Die gebotene Rücksichtnahme auf die wirtschaftlichen Verhältnisse des Unternehmens kann die Einigungsstelle sogar zum Unterschreiten der aus § 112 Abs. 1 Satz 2 BetrVG folgenden Untergrenze des Sozialplans zwingen. Erweist sich auch eine noch substanzielle Milderung der mit der Betriebsänderung verbundenen Nachteile als für das Unternehmen wirtschaftlich unvertretbar, ist es nach § 112 Abs. 5 Satz 1 und 2 Nr. 3 BetrVG zulässig und geboten, von einer solchen Milderung abzusehen[1]. Führt die Erfüllung der Sozialplanverbindlichkeiten zu einer Illiquidität, zur bilanziellen Überschuldung oder zu einer nicht mehr vertretbaren Schmälerung des Eigenkapitals, ist die Grenze der wirtschaftlichen Vertretbarkeit regelmäßig überschritten[2].

938 Umstritten war lange die Frage, ob bei der Bestimmung der wirtschaftlichen Vertretbarkeit eines Einigungsstellenspruchs ein **Berechnungsdurchgriff auf die Konzernobergesellschaften** erfolgen darf[3]. Inzwischen hat das BAG klargestellt, dass die wirtschaftliche Vertretbarkeit iSd. § 112 Abs. 5 Satz 1 BetrVG sich grundsätzlich auch dann nach den wirtschaftlichen Verhältnissen des sozialplanpflichtigen Arbeitgebers richtet, wenn das Unternehmen einem Konzern angehört. Dies zeige der eindeutige Wortlaut von § 112 Abs. 5 Satz 1 und 2 Nr. 3 BetrVG. Nur in Bezug auf Weiterbeschäftigungsmöglichkeiten sei nach § 112 Abs. 5 Satz 2 Nr. 2 BetrVG eine konzernbezogene Betrachtung vorzunehmen. Auch die Gesetzesmaterialien wiesen nicht darauf hin, dass an Stelle des Unternehmens auf die wirtschaftliche Lage des Konzerns abzustellen sei[4]. Unentschieden bleibt weiterhin die Frage, ob dies auch gilt, wenn ein Ergebnisabführungsvertrag mit der Konzernobergesellschaft besteht. Diese Frage ließ das BAG explizit unentschieden.

939 Weder § 75 BetrVG noch europarechtliche Grundsätze oder die Antidiskriminierungsrichtlinie stehen einer Sozialplanregelung entgegen, die solche Arbeitnehmer von Sozialplanleistungen ausnimmt oder ihnen geringere Abfindungen zuerkennt, die zum Zeitpunkt der Beendigung des Arbeitsverhältnisses oder nach dem Bezug von Arbeitslosengeld I die Voraussetzungen für den Bezug von – auch vorgezogenem – Altersruhegeld erfüllen[5]. § 10 Satz 3 Nr. 6 AGG enthält insoweit eine besondere Rechtfertigung für die altersbezogene Differenzierung bei Sozialplanleistungen. Bei rentennahen Jahrgängen ist daher eine verhältnismäßige Kürzung von Sozialplanleistungen zulässig[6]. Des Weiteren zulässig ist nach ständiger Rechtsprechung des BAG eine Höchstbegrenzung von mit Alter und Betriebszugehörigkeit steigenden Sozialplanabfindungen[7]. Ein Berechnungsmodus, bei dem für die Berechnung des Lebensalters eine Kappung mit dem 60. Lebensjahr herbeigeführt wird, ist ebenso zulässig[8]

---

1 BAG 22.1.2013 – 1 ABR 85/11, NZA-RR 2013, 409.
2 BAG 22.1.2013 – 1 ABR 85/11, NZA-RR 2013, 409.
3 Offen gelassen von BAG 24.8.2004 – 1 ABR 23/03, BAGReport 2005, 211; für Betriebsgesellschaft iSd. § 134 UmwG vgl. BAG 15.3.2011 – 1 ABR 97/09, BB 2012, 2184; ausführlich zum Streitstand *Scholz*, BB 2006, 1498; vgl. auch *Korinth*, ArbRB 2005, 247.
4 BAG 22.1.2013 – 1 ABR 85/11, NZA-RR 2013, 409; aA GK-BetrVG/*Oetker*, §§ 112, 112a Rz. 445 ff.
5 BAG 26.3.2013 – 1 AZR 857/11, DB 2013, 1792; 26.3.2013 – 1 AZR 813/11, NZA 2013, 921; 26.5.2009 – 1 AZR 198/08, BB 2009, 2428; 11.11.2008 – 1 AZR 475/07, NZA 2009, 210.
6 BAG 26.3.2013 – 1 AZR 857/11, DB 2013, 1792; 26.3.2013 – 1 AZR 813/11, NZA 2013, 921; 23.3.2010 – 1 AZR 832/08, NZA 2010, 774.
7 BAG 26.3.2013 – 1 AZR 857/11, DB 2013, 1792; 21.7.2009 – 1 AZR 566/08, DB 2009, 2666; 2.10.2007 – 1 AZN 793/07, DB 2008, 69.
8 BAG 26.5.2009 – 1 AZR 212/08, AP Nr. 201 zu § 112 BetrVG 1972.

wie eine Bemessung der Abfindungen nach Altersstufen (bis zum 29. Lebensjahr, bis zum 39. Lebensjahr, ab dem 40. Lebensjahr)[1]. Auch der Ausschluss einer Abfindungszahlung beim Bezug einer Erwerbsminderungsrente begegnet keinen diskriminierungsrechtlichen Bedenken[2], weil mit Blick auf die unterschiedliche Absicherung der rentenberechtigte Arbeitnehmer mit seinen nicht rentenberechtigten Kollegen nicht vergleichbar ist. Nach der Rechtsprechung des EuGH darf allerdings der Bezug einer vorzeitigen Altersrente wegen Schwerbehinderung nicht mehr als anderweitige finanzielle Absicherung berücksichtigt werden, da ansonsten insoweit eine mittelbare Diskriminierung wegen der Schwerbehinderung vorliege[3]. Des Weiteren können die Betriebsparteien auch einen Alterszuschlag vereinbaren, wenn sie davon ausgehen, dass sich die Arbeitsmarktchancen mit zunehmendem Alter verschlechtern[4]. Die Angemessenheit und Erforderlichkeit eines solchen Zuschlags unterliegt allerdings der gerichtlichen Überprüfung im Einzelfall[5].

Die Betriebsparteien sind ebenso wie die Einigungsstelle verpflichtet, bei der inhaltlichen Ausgestaltung des Sozialplans höherrangiges Recht, insbesondere den Gleichbehandlungsgrundsatz, zu beachten und nach billigem Ermessen zu entscheiden. Das schließt aber eine Differenzierung der Leistungen bei den grundsätzlich Anspruchsberechtigten nicht aus. Verlieren Arbeitnehmer etwa aufgrund unterschiedlicher Beendigungstatbestände (unbedingte Kündigung, Ablehnung von zumutbaren Änderungsangeboten, Eigenkündigung, Aufhebungsverträgen, unbegründeter Widerspruch gegen Übergang des Arbeitsverhältnisses im Fall eines Betriebsübergangs etc.) ihren Arbeitsplatz, soll ein Sozialplan den verschiedenen Arten des Arbeitsplatzverlustes Rechnung tragen, ansonsten könnte er sich ermessensfehlerhaft erweisen[6]. Zulässig ist außerdem, Arbeitnehmer von Sozialplanansprüchen auszunehmen, die auf Vermittlung des Arbeitgebers einen neuen zumutbaren Arbeitsplatz erhalten[7]. 940

(2) Geltungsbereich/Anspruchsberechtigung

Vom persönlichen Geltungsbereich eines Sozialplans werden grundsätzlich alle Arbeitnehmer iSd. § 5 Abs. 1 BetrVG erfasst, die durch die geplante Betriebsänderung Nachteile erleiden. Die Betriebsparteien sind aber berechtigt, einzelne Gruppen von Arbeitnehmern von Leistungen des Sozialplans ganz auszuschließen. So können Arbeitnehmer, die im Hinblick auf die geplante Stilllegung eines Betriebs bis zu einem bestimmten Stichtag im Wege der **Eigenkündigung** ausscheiden, von Leistungen des Sozialplans ausgenommen werden[8]. Der Arbeitgeber ist nicht verpflichtet, Arbeitnehmer auf bevorstehende Sozialplanverhandlungen hinzuweisen, auch wenn der Arbeitnehmer dann in Unkenntnis der bevorstehenden Betriebsänderung sein Arbeitsverhältnis unter Verlust möglicher Sozialplanansprüche aufkündigt[9]. Unwirksam ist eine Regelung, die einen generellen Anspruchsausschluss für jeden Fall der Eigenkündigung unabhängig davon vorsieht, wodurch diese Kündigung veranlasst wurde[10]. 941

Ist die **Eigenkündigung** des Arbeitnehmers **durch den Arbeitgeber veranlasst** worden, so gebietet der Grundsatz der Gleichbehandlung, ihn mit gekündigten Arbeitneh- 942

---

1 BAG 26.3.2013 – 1 AZR 857/11, DB 2013, 1792; 12.4.2011 – 1 AZR 794/09, NZA 2011, 788.
2 BAG 7.6.2011 – 1 AZR 34/10, NZA 2011, 1370.
3 EuGH 6.12.2012 – Rs. C-152/11, NZA 2012, 1435.
4 BAG 12.4.2011 – 1 AZR 743/09, NZA 2011, 985.
5 BAG 12.4.2011 – 1 AZR 743/09, NZA 2011, 985.
6 LAG Hess. 17.11.1987 – 4 TaBV 180/86, BB 1988, 1386.
7 BAG 8.12.2009 – 1AZR 801/08, NZA 2010, 351.
8 BAG 13.2.2007 – 1 AZR 163/06, NZA 2007, 756; 9.11.1994 – 10 AZR 281/94, NZA 1995, 644.
9 LAG Köln 17.6.1993 – 5 Sa 295/93, LAGE § 112 BetrVG 1972 Nr. 24.
10 BAG 12.4.2011 – 1 AZR 505/09, NZA 2011, 1302.

mern gleichzustellen[1]. Vom Arbeitgeber veranlasst ist eine Eigenkündigung nur, wenn der Arbeitnehmer im Hinblick auf eine konkret geplante Betriebsänderung, aufgrund derer er mit der Kündigung seines Arbeitsverhältnisses rechnen muss, dieser zuvor kommt, indem er selbst kündigt[2]. Der bloße Hinweis des Arbeitgebers auf die unsichere Lage des Unternehmens, auf notwendig werdende Betriebsänderungen oder der Rat, sich um eine neue Stelle zu bemühen, genügt hierfür nicht[3]. Eine Eigenkündigung ist auch dann nicht vom Arbeitgeber veranlasst, wenn dieser die Durchführung einer Betriebsstilllegung endgültig aufgibt und den Arbeitnehmer hierauf vor Ausspruch der Eigenkündigung hinweist[4].

943 Arbeitnehmer, die aufgrund eines **Aufhebungsvertrags** aus dem Arbeitsverhältnis ausscheiden, können von Sozialplanleistungen ausgeschlossen werden[5]. Wird der Aufhebungsvertrag allerdings auf Veranlassung des Arbeitgebers aus betrieblichen Gründen geschlossen, so sind die betroffenen Arbeitnehmer im Hinblick auf ihre Ansprüche aus dem Sozialplan wie diejenigen zu behandeln, die eine Arbeitgeberkündigung erhalten haben. Dies kann nicht dadurch umgangen werden, dass in dem Aufhebungsvertrag ein Verzicht auf die Sozialplanabfindung vereinbart wird. Ein solcher Verzicht ist gem. § 77 Abs. 4 Satz 2 iVm. § 112 Abs. 1 Satz 3 BetrVG unwirksam[6].

944 Schließen die Arbeitsvertragsparteien im Hinblick auf eine geplante Betriebsänderung einen Aufhebungsvertrag unter Zahlung einer Abfindung und vereinbaren sie, dass der Arbeitnehmer Leistungen aus einem noch abzuschließenden Sozialplan bekommen solle, falls dieser günstiger ist, so hat eine solche **Nachbesserungsklausel** regelmäßig den Sinn, dem Arbeitnehmer einen Anspruch auf Sozialplanleistungen gerade für den Fall einzuräumen, dass der Arbeitnehmer vom zeitlichen Geltungsbereich des Sozialplans wegen seines frühzeitigen Ausscheidens nicht mehr erfasst wird. Wird der Arbeitnehmer vom zeitlichen Geltungsbereich des Sozialplans noch erfasst, läuft die Nachbesserungsklausel leer. Der Arbeitnehmer hat dann nach § 77 Abs. 4 BetrVG einen unmittelbaren und unabdingbaren Anspruch auf die – ggf. höheren – Leistungen aus dem Sozialplan[7].

945 Ein Sozialplan darf Regelungen vorsehen, wonach bei einer **fristlosen Kündigung** die Ansprüche des Arbeitnehmers aus dem Sozialplan entfallen. Dies gilt auch dann, wenn das Arbeitsverhältnis auf andere Weise beendet wurde, der Arbeitgeber jedoch aufgrund eines vertragswidrigen Verhaltens des Arbeitnehmers zur fristlosen Kündigung berechtigt war, wenn er sich dem Arbeitnehmer gegenüber innerhalb der Zwei-Wochen-Frist des § 626 Abs. 2 BGB hierauf beruft[8].

946 Ein Abfindungsanspruch aus einem Sozialplan ist nur **vererblich**, wenn er zum Zeitpunkt des Todes des Arbeitnehmers bereits entstanden war. Stirbt der Arbeitnehmer vor der betriebsbedingten Beendigung des Arbeitsverhältnisses, entstehen dem Arbeitnehmer durch eine Betriebsänderung keine wirtschaftlichen Nachteile. Da dem Zweck des Sozialplans eine ausschließlich die Erben begünstigende Abfindung nicht gerecht würde, ist ein Abfindungsanspruch in derartigen Fällen grundsätzlich ausgeschlossen[9].

---

1 BAG 12.4.2011 – 1 AZR 505/09, NZA 2011, 1302; 13.2.2007 – 1 AZR 163/06, NZA 2007, 756.
2 BAG 15.5.2007 – 1 AZR 370/06, ZIP 2007, 1575; 26.10.2004 – 1 AZR 503/03, NZA 2005, 1264.
3 BAG 19.7.1995 – 10 AZR 885/94, NZA 1996, 271.
4 BAG 26.10.2004 – 1 AZR 503/03, BAGReport 2005, 319.
5 BAG 20.4.1994 – 10 AZR 323/93, NZA 1995, 489.
6 BAG 28.4.1993 – 10 AZR 222/92, BB 1993, 1807.
7 BAG 6.8.1997 – 10 AZR 66/97, NZA 1998, 155.
8 BAG 31.1.1979 – 5 AZR 454/77, BB 1979, 833; vgl. auch LAG Thür. 6.2.1995 – 8/4 Sa 1888/93, NZA 1996, 671.
9 BAG 27.6.2006 – 1 AZR 322/05, DB 2006, 2131.

(3) Zumutbares Beschäftigungsangebot

Der Kreis der Abfindungsberechtigten aus einem Sozialplan kann auf die Arbeitnehmer beschränkt werden, denen **kein zumutbarer** anderer **Arbeitsplatz angeboten** werden konnte. Die Betriebsparteien dürfen also solche Mitarbeiter ausschließen, die einen zumindest gleichwertigen Arbeitsplatz in einem anderen Betrieb des Unternehmens oder Konzerns ablehnen, selbst wenn damit ein zumutbarer Ortswechsel verbunden ist[1]. Erst recht können Arbeitnehmer von Sozialplanleistungen ausgenommen werden, die durch Vermittlung des Arbeitgebers tatsächlich einen neuen zumutbaren Arbeitsplatz finden[2]. 947

Ein Sozialplan kann wirksam Arbeitnehmer von Abfindungsleistungen ausschließen, die einem **Betriebsübergang widersprechen** und sich so selbst der Weiterbeschäftigungsmöglichkeit berauben[3]. 948

Auch das **Arbeitsangebot an einem anderen Ort** ist nicht generell unzumutbar, wie schon die Wertung aus § 112 Abs. 5 Satz 2 Nr. 2 BetrVG zeigt[4]. Bspw. kann von einem Arbeitnehmer die Annahme eines gleichwertigen Arbeitsplatzes in einer 60 km entfernten Dienststelle billigerweise erwartet werden, wenn durch die Auflösung seiner bisherigen Beschäftigungsstelle alle Arbeitsplätze weggefallen sind. Kann in einem solchen Fall der Arbeitnehmer aus gesundheitlichen Gründen die Entfernung nicht zurücklegen, so ist ihm nach der Rechtsprechung des BAG im Regelfall zuzumuten, den **Wohnort zu wechseln**[5]. Von einem Arbeitnehmer ist auch zu verlangen, dass er an **Umschulungsmaßnahmen** für eine gleichwertige Tätigkeit teilnimmt. Insofern kann er sich im Hinblick auf die Zumutbarkeit einer anderweitigen Beschäftigung nicht darauf zurückziehen, dass es ihm an der Qualifizierung fehlt[6]. 949

(4) Kein Verzicht auf Kündigungsschutzklage

Sozialplanansprüche dürfen nicht von einem Verzicht auf die Erhebung einer Kündigungsschutzklage abhängig gemacht werden. Das verstößt gegen § 75 Abs. 1 BetrVG. Die Betriebsparteien können aber zusätzlich zu den Sozialplanleistungen im Rahmen einer freiwilligen Betriebsvereinbarung Ansprüche vorsehen, die dem Arbeitnehmer bei Nichterhebung einer Kündigungsschutzklage zustehen („**Turboprämie**")[7]. Mit einer solchen Regelung darf das Verbot, Ansprüche aus Sozialplänen von einem Klageverzicht abhängig zu machen, nicht umgangen werden. Ein solcher Umgehungstatbestand läge etwa vor, wenn der abgeschlossene Sozialplan keine angemessene Abmilderung der wirtschaftlichen Nachteile vorsähe, also die Anforderungen der „Mindestdotierung" nicht erfüllte[8]. Individualrechtlich zugesagte Abfindungen dürfen dagegen von dem Verzicht auf eine Kündigungsschutzklage abhängig gemacht werden[9]. Ein Sozialplananspruch kann nicht davon abhängig gemacht werden, dass der Arbeitnehmer einen möglicherweise vorhandenen Betriebserwerber erfolglos in Anspruch nimmt. Eine solche Regelung wäre mit § 75 Abs. 1 BetrVG nicht zu vereinbaren. 950

Auf Sozialplanansprüche kann ein Arbeitnehmer nach §§ 77 Abs. 4 Satz 2, 112 Abs. 1 Satz 3 BetrVG auch im Rahmen eines **Erlassvertrages** iSv. § 397 BGB nur mit Zustimmung des Betriebsrats verzichten. Liegt diese nicht vor, ist die getroffene Verzichtsvereinbarung nach § 134 BGB unwirksam[10]. Die Zustimmung kann grundsätzlich 951

---

1 BAG 12.7.2007 – 2 AZR 448/05, NZA 2008, 425; 13.2.2007 – 1 AZR 163/06, NZA 2007, 756.
2 BAG 8.12.2009 – 1 AZR 801/08, NZA 2010, 351; 22.3.2005 – 1 AZR 3/04, NZA 2005, 831.
3 BAG 12.7.2007 – 2 AZR 448/05, NZA 2008, 425.
4 LAG Düsseldorf 23.10.1986 – 17 TaBV 98/86, DB 1987, 544; *Fitting*, §§ 112, 112a BetrVG Rz. 272.
5 BAG 26.10.1995 – 6 AZR 928/94, NZA 1996, 547.
6 *Fitting*, §§ 112, 112a BetrVG Rz. 271.
7 BAG 18.5.2010 – 1 AZR 187/09, DB 2010, 2059; 31.5.2005 – 1 AZR 254/04, NZA 2005, 997.
8 BAG 18.5.2010 – 1 AZR 187/09, DB 2010, 2059; 31.5.2005 – 1 AZR 254/04, NZA 2005, 997.
9 BAG 15.2.2005 – 9 AZR 116/04, NZA 2005, 1117.
10 BAG 30.3.2004 – 1 AZR 85/03, NZA 2004, 1183.

nur für den jeweils einzelnen konkreten Verzicht erteilt werden. Sie setzt einen ordnungsgemäßen Beschluss des Betriebsrats iSv. § 33 BetrVG voraus[1].

(5) Fälligkeitsklausel

952 Es ist zulässig, die **Fälligkeit der Abfindung** auf den Zeitpunkt des rechtskräftigen Abschlusses des Kündigungsrechtsstreites **hinauszuschieben** und vorzusehen, dass eine **Abfindung** nach den §§ 9, 10 KSchG auf die Sozialplanabfindung **anzurechnen** ist[2].

dd) Abänderung von Sozialplänen

953 Die Betriebspartner können einen Sozialplan jederzeit einvernehmlich mit Wirkung für die Zukunft abändern. Es gilt das Ablösungsprinzip. In diesem Fall tritt der neue Sozialplan an die Stelle des Älteren[3].

954 Enthält ein Sozialplan **Dauerregelungen**, wonach zum Ausgleich bestimmter wirtschaftlicher Nachteile auf bestimmte oder unbestimmte Zeit eine **laufende Leistung** gewährt wird, so sind diese Leistungen durch eine **spätere Betriebsvereinbarung auch zuungunsten des Arbeitnehmers abänderbar**[4]. Soweit in bereits bestehende Besitzstände der Arbeitnehmer eingegriffen wird, sind allerdings die Grundsätze der Verhältnismäßigkeit und des Vertrauensschutzes zu beachten[5]. Das gilt auch bei freiwilligen, „vorsorglich" für künftige, noch nicht konkret geplante Betriebsänderungen vereinbarten sog. Rahmen- oder Dauersozialplänen. Die Betriebsparteien können diese sowohl generell als auch anlässlich einer konkret anstehenden Betriebsänderung einvernehmlich abändern[6]. Ob derartige Dauerregelungen im Wege einer ordentlichen Kündigung aufgehoben werden können, ist umstritten[7], für Rahmen- oder Sozialpläne ohne Bezug zu einer konkreten Betriebsänderung aber zu bejahen[8]. Sofern nichts Gegenteiliges vereinbart wurde, ist ein Sozialplan, der für eine bestimmte Betriebsänderung vereinbart wurde, nicht ordentlich kündbar[9]. Im Falle einer zulässigen ordentlichen oder außerordentlichen Kündigung eines Sozialplans wirken seine Regelungen nach, bis sie durch eine neue Regelung ersetzt werden[10].

ee) Störung der Geschäftsgrundlage

955 Auch für Sozialpläne gelten die Grundsätze der Störung der Geschäftsgrundlage[11]. So können Betriebspartner bei Abschluss des Sozialplans von **Vorstellungen** ausgehen, die sich später als **nicht zutreffend erweisen**, so dass ein Festhalten an der Vereinbarung für eine Seite **unzumutbar** wird.

956 Beispiele:

Eine derartige Störung der Geschäftsgrundlage kann etwa dadurch begründet sein, dass der Arbeitgeber zunächst plante, seinen Betrieb stillzulegen, und deshalb mit dem Betriebsrat einen Sozialplan, der Abfindungen für die zu entlassenden Arbeitnehmer vorsah, vereinbarte, der Betrieb spä-

---

1 BAG 27.1.2004 – 1 AZR 148/03, BAGReport 2004, 192.
2 BAG 20.6.1985 – 2 AZR 427/84, NZA 1986, 258; 20.12.1983 – 1 AZR 442/82, NZA 1984, 53.
3 BAG 10.8.1994 – 10 ABR 61/93, NZA 1995, 314.
4 BAG 24.3.1981 – 1 AZR 805/78, BB 1983, 250.
5 BAG 19.2.2008 – 1 AZR 1004/06, NZA 2008, 719; 13.3.2007 – 1 AZR 232/06, NZA-RR 2007, 411.
6 BAG 19.2.2008 – 1 AZR 1004/06, NZA 2008, 719; 14.11.2006 – 1 AZR 40/06, NZA 2007, 339.
7 BAG 10.8.1994 – 10 ABR 61/93, NZA 1995, 314.
8 *Fitting*, §§ 112, 112a BetrVG Rz. 218.
9 BAG 10.8.1994 – 10 ABR 61/93, NZA 1995, 314; *Fitting*, §§ 112, 112a BetrVG Rz. 216.
10 BAG 10.8.1994 – 10 ABR 61/93, NZA 1995, 314.
11 DKKW/*Däubler*, §§ 112, 112a BetrVG Rz. 204.

ter aber gem. § 613a BGB auf einen neuen Erwerber überging[1]. Auch bei falschen Vorstellungen über die zur Verfügung stehende Finanzmasse kann die Geschäftsgrundlage entfallen[2].

Die Störung der Geschäftsgrundlage führt aber nicht dazu, dass der Sozialplan gewissermaßen von selbst unwirksam wird. Vielmehr können die Betriebspartner den **Sozialplan den veränderten Umständen** auch zu Lasten schon entstandener Ansprüche **anpassen**[3]. Derjenige Betriebspartner, der sich auf die Störung der Geschäftsgrundlage beruft, hat gegenüber dem anderen einen Anspruch auf Aufnahme von Verhandlungen über die Anpassung. Verweigert die andere Partei diese Anpassung oder kommt es nicht zu einer Einigung, so ist notfalls die Einigungsstelle anzurufen, die dann eine Entscheidung herbeiführt[4]. 957

ff) Gerichtliche Überprüfung von Sozialplänen

Die Betriebsparteien sind bei einer freiwilligen Einigung über einen Sozialplan in ihren Entscheidungen grundsätzlich frei. Der einzelne Arbeitnehmer kann aber geltend machen, dass ein Sozialplan mit den Regelungen, die ihn benachteiligen, gegen **zwingendes Recht**, wie etwa gegen den **Gleichbehandlungsgrundsatz**, verstoße oder einer **Billigkeitskontrolle** nicht standhalte[5]. Er kann dies gerichtlich prüfen lassen, indem er seine vermeintlichen Ansprüche aus einem Sozialplan im Urteilsverfahren im Wege einer Leistungsklage geltend macht. Hierbei kann er sich allerdings nicht erfolgreich darauf berufen, die Betriebsparteien hätten bei der Festlegung des Gesamtvolumens des Sozialplans ermessensfehlerhaft gehandelt[6]. 958

Kommt ein Sozialplan durch Spruch der **Einigungsstelle** zustande, kann ein solcher Sozialplan gem. § 76 Abs. 5 Satz 4 BetrVG **binnen zwei Wochen** vom Arbeitgeber oder vom Betriebsrat im Beschlussverfahren **angefochten** werden mit der Begründung, die Einigungsstelle habe die **Grenzen ihres Ermessens überschritten** (für die Geltendmachung sonstiger Rechtsfehler des Spruchs der Einigungsstelle gilt diese Frist nicht)[7]. Dem einzelnen Arbeitnehmer steht ein solches Anfechtungsrecht ebenso wenig zu, wie sonstigen Dritten[8]. Er ist wie bei einer freiwilligen Einigung der Betriebsparteien auf die Leistungsklage im Urteilsverfahren beschränkt. 959

◯ **Hinweis:** Der Antrag bei § 76 Abs. 5 BetrVG lautet auf **Feststellung der Unwirksamkeit des Sozialplans**[9]. 960

Bei der Zwei-Wochen-Frist des § 76 Abs. 5 Satz 4 BetrVG handelt es sich um eine **materiell rechtliche Ausschlussfrist**[10]. Sie wird nicht gewahrt, wenn innerhalb von zwei Wochen beim Arbeitsgericht nur die Feststellung der Unwirksamkeit des Sozialplans beantragt und erst nach Ablauf der Frist eine Begründung nachgeschoben wird[11]. Ist der Sozialplan rechtzeitig und ordnungsgemäß angefochten worden, muss das Arbeitsgericht auch die Vorfrage prüfen, ob überhaupt eine Betriebsänderung iSd. § 111 BetrVG vorliegt und damit die Einigungsstelle zuständig und zur verbindlichen Entscheidung über den Sozialplan befugt war[12]. Die Einigungsstelle ist im Anfech- 961

---
1 BAG 28.8.1996 – 10 AZR 886/95, NZA 1997, 109.
2 BAG 9.12.1981 – 5 AZR 549/79, BAGE 37, 237.
3 BAG 28.8.1996 – 10 AZR 886/95, NZA 1997, 109.
4 BAG 28.8.1996 – 10 AZR 886/95, NZA 1997, 109.
5 BAG 9.12.1981 – 5 AZR 549/79, BAGE 37, 237.
6 *Fitting*, §§ 112, 112a BetrVG Rz. 339.
7 BAG 22.1.2013 – 1 ABR 85/11, NZA-RR 2013, 409; *Fitting*, §§ 112, 112a BetrVG Rz. 336.
8 BAG 17.2.1981 – 1 AZR 290/78, BAGE 35, 80.
9 *Fitting*, §§ 112, 112a BetrVG Rz. 336.
10 BAG 26.5.1988 – 1 ABR 11/87, NZA 1989, 26.
11 BAG 26.5.1988 – 1 ABR 11/87, NZA 1989, 26.
12 ErfK/*Kania*, §§ 112, 112a BetrVG Rz. 45.

tungsverfahren auch dann nicht zu beteiligen, wenn sie ihre Zuständigkeit verneint hat[1].

962 Ergibt die gerichtliche Überprüfung, dass der **Spruch der Einigungsstelle rechtswidrig** ist, so ist seine **Unwirksamkeit festzustellen**. Die Betriebspartner können sich der Überprüfungsmöglichkeit durch das Arbeitsgericht nicht durch Vereinbarung entziehen.

Beispiel:

963 Unzulässig ist eine Regelung im Sozialplan, wonach Meinungsverschiedenheiten zwischen Arbeitgeber und Arbeitnehmer über die Anwendung des Sozialplans verbindlich durch die Einigungsstelle entschieden werden[2].

gg) Sonderfall: Sozialplanfreie Betriebsänderung (§ 112a BetrVG)

(1) Reine Personalreduzierung

964 Besteht eine geplante **Betriebsänderung allein in der Entlassung von Arbeitnehmern**, so ist ein Sozialplan nur unter den Voraussetzungen des § 112a Abs. 1 BetrVG erzwingbar.

965 Beinhaltet die Maßnahme des Arbeitgebers **mehr als nur eine Personalreduzierung**, zB die Stilllegung eines wesentlichen Betriebsteils oder eine grundlegende Änderung der Arbeitsorganisation, so bleibt es bei der **Sozialplanpflichtigkeit**, auch wenn die Zahlenstaffeln des § 112a Abs. 1 BetrVG nicht erreicht werden[3]. Für die Sozialplanpflicht bei einem reinen Personalabbau sind allein die Staffeln des § 112a BetrVG, nicht die des § 17 KSchG maßgeblich (auch wenn diese uU für die Feststellung der Interessenausgleichspflicht eine Rolle spielen).

966 Übersicht zu § 112a Abs. 1 BetrVG

Arbeitnehmerzahl	Sozialplanpflichtigkeit bei Personalreduzierung (Mindestanzahl betroffener Arbeitnehmer)
6 bis 30 Arbeitnehmer	6 Arbeitnehmer
31 bis 35 Arbeitnehmer	7 Arbeitnehmer
36 bis 40 Arbeitnehmer	8 Arbeitnehmer
41 bis 45 Arbeitnehmer	9 Arbeitnehmer
46 bis 50 Arbeitnehmer	10 Arbeitnehmer
51 bis 55 Arbeitnehmer	11 Arbeitnehmer
56 bis 59 Arbeitnehmer	12 Arbeitnehmer
60 bis 249 Arbeitnehmer	20 % der regelmäßig Beschäftigten oder mind. 37 Arbeitnehmer
250 bis 499 Arbeitnehmer	15 % der regelmäßig Beschäftigten oder mind. 60 Arbeitnehmer
ab 500 Arbeitnehmer	10 % der regelmäßig Beschäftigten, aber mind. 60 Arbeitnehmer

---

1 BAG 22.1.1980 – 1 ABR 28/78, BB 1980, 1267.
2 BAG 27.10.1987 – 1 AZR 80/86, NZA 1988, 207.
3 BAG 28.3.2006 – 1 ABR 5/05, DB 2006, 1792; 6.12.1988 – 1 ABR 47/87, NZA 1989, 399.

Bei der Ermittlung der relevanten Zahlen und Prozentsätze zählen die **teilzeitbeschäf- 967 tigten Arbeitnehmer** entsprechend ihrer Anzahl mit. Eine Umrechnung der betroffenen Teilzeitstellen auf Vollzeitstellen wird nicht vorgenommen[1]. Erfolgt der Personalabbau stufenweise, so besteht Sozialplanpflicht nach § 112a BetrVG, wenn die Maßnahme auf einem einheitlichen Plan und Sachverhalt beruht[2]. Bei der Ermittlung der maßgeblichen Arbeitnehmerzahl werden gem. § 112a Abs. 1 Satz 2 BetrVG auch diejenigen mitgezählt, die ihr Arbeitsverhältnis auf Veranlassung des Arbeitgebers durch einen Aufhebungsvertrag oder eine Eigenkündigung beenden[3].

(2) Unternehmensneugründung

Von der Sozialplanpflichtigkeit sind auch die Betriebe neu gegründeter Unternehmen 968 **in den ersten vier Jahren nach der Gründung** befreit (§ 112a Abs. 2 BetrVG). Abzustellen ist auf die Neugründung des Unternehmens, nicht auf die neugegründeten Betriebe[4]. Deshalb besteht für ein neugegründetes Unternehmen auch dann keine Sozialplanpflicht, wenn die Betriebsänderung in einem **Betrieb** erfolgt, den das Unternehmen **übernommen** hat und der selbst schon länger als vier Jahre besteht[5]. Gem. § 112a Abs. 2 Satz 2 BetrVG gilt die Befreiung von der Sozialplanpflicht nicht für solche neugegründeten Unternehmen, deren Gründung im Zusammenhang mit der rechtlichen **Umstrukturierung von Unternehmen und Konzernen** erfolgt ist. Hierdurch wollte der Gesetzgeber sicherstellen, dass nicht durch die bloße formale Neugründung die Sozialplanpflichtigkeit einer Betriebsänderung umgangen werden kann[6]. Dies gilt auch bei einer Umstrukturierung durch Abspaltung von Unternehmensteilen auf neu gegründete Tochtergesellschaften[7].

⊃ Hinweis: § 112a BetrVG beseitigt nicht die Pflicht über einen Interessenausgleich zu ver- 969 handeln. Bei Verstoß drohen weiter Ansprüche auf Nachteilsausgleich nach § 113 Abs. 3 BetrVG[8].

hh) Sonderfall: Sozialplan in der Insolvenz

Die für die Behandlung von Sozialplänen im Insolvenzfall geltenden Regelungen 970 finden sich in den §§ 123, 124 InsO. § 123 Abs. 1 InsO begrenzt das Volumen eines Sozialplans, der nach der Eröffnung des Insolvenzverfahrens aufgestellt wird, auf einen Gesamtbetrag von zweieinhalb Monatsverdiensten der von Entlassung betroffenen Arbeitnehmer. Zudem (kumulativ) dürfen die Sozialplanforderungen nicht mehr als ein Drittel der Masse übersteigen, die ohne einen Sozialplan für die Insolvenzgläubiger zur Verfügung stünde. Mit dem in § 217 InsO vorgesehenen Insolvenzplan kann von dieser relativen Begrenzung des Sozialplanvolumens abgewichen werden.

Ein Sozialplan, der **vor** der Eröffnung des Insolvenzverfahrens, jedoch nicht früher als 971 drei Monate vor dem Eröffnungsantrag aufgestellt worden ist, kann sowohl vom Insolvenzverwalter als auch vom Betriebsrat widerrufen werden (§ 124 Abs. 1 InsO). In diesem Fall können Arbeitnehmer, denen Forderungen aus dem (widerrufenen) Sozialplan zustanden, bei der Aufstellung eines neuen Sozialplans im Rahmen des Insolvenzverfahrens berücksichtigt werden (§ 124 Abs. 2 InsO). Haben die Arbeitnehmer

---

[1] LAG BW 16.6.1987 – 8 (14) TaBV 21/86, LAGE § 111 BetrVG 1972 Nr. 6.
[2] LAG Düsseldorf 14.5.1986 – 6 TaBV 18/86, DB 1987, 180.
[3] GK-BetrVG/*Oetker*, §§ 112, 112a Rz. 322.
[4] BAG 27.6.2006 – 1 ABR 18/05, ZIP 2007, 39; *Fitting*, §§ 112, 112a BetrVG Rz. 108.
[5] BAG 13.6.1989 – 1 ABR 14/88, NZA 1989, 974.
[6] BAG 22.2.1995 – 10 ABR 21/94, NZA 1995, 699.
[7] BAG 22.2.1995 – 10 ABR 21/94, NZA 1995, 699; DKKW/*Däubler*, §§ 112, 112a BetrVG Rz. 78.
[8] LAG Berlin 8.9.1987 – 8 Sa 45/87 u.a., BB 1987, 2236.

schon vor dem Widerruf Leistungen aus jenem Sozialplan erhalten, können diese nicht wegen des Widerrufs zurückgefordert werden (§ 124 Abs. 3 Satz 1 InsO). Allerdings sind bei der Aufstellung eines neuen Sozialplans im Rahmen des Insolvenzverfahrens derartige tatsächlich erbrachte Leistungen bei der Berechnung des Gesamtbetrags der Sozialplanforderungen nach § 123 Abs. 1 InsO bis zur Höhe von zweieinhalb Monatsverdiensten abzusetzen (§ 124 Abs. 3 Satz 2 InsO).

972 Nach § 123 Abs. 2 InsO sind **Sozialplanforderungen Masseverbindlichkeiten**. Nach § 123 Abs. 3 InsO können, soweit hinreichende Barmittel in der Masse vorhanden sind, vom Insolvenzverwalter mit Zustimmung des Insolvenzgerichts Abschlagszahlungen auf die Sozialplanforderungen geleistet werden. Sozialplanforderungen sind in der Insolvenz im Wege der Feststellungsklage zu verfolgen, da nach § 123 Abs. 3 InsO eine Zwangsvollstreckung in die Masse wegen einer Sozialplanforderung in jedem Fall unzulässig ist[1].

e) Streitigkeiten

aa) Vorabentscheidungsverfahren

973 Bestehen **Meinungsverschiedenheiten** zwischen Arbeitgeber und Betriebsrat über das Vorliegen einer Betriebsänderung und damit über die Zuständigkeit einer Einigungsstelle zur Herbeiführung eines Interessenausgleichs und Aufstellung eines Sozialplans, kann dies im **arbeitsgerichtlichen Beschlussverfahren** im Wege eines Vorabentscheidungsverfahrens geklärt werden, ohne dass zuvor der Spruch der Einigungsstelle abgewartet werden müsste[2]. Den Betriebsparteien steht es frei, vor Durchführung einer Maßnahme, die eine Betriebsänderung iSd. § 111 BetrVG sein könnte, in einem Beschlussverfahren klären zu lassen, ob die geplante Maßnahme Beteiligungsrechte des Betriebsrats auslöst. Stellt das Gericht fest, dass dies nicht der Fall ist, sind die Gerichte in späteren Verfahren, in denen etwa ein Arbeitnehmer einen Nachteilsausgleich geltend macht, an diese Entscheidung gebunden[3]. Des Weiteren ist auch eine rechtskräftige Entscheidung im Beschlussverfahren über Inhalt und Bestand eines Sozialplans gem. § 9 TVG analog in einem Rechtsstreit zwischen Arbeitgeber und Arbeitnehmer über eine Abfindung bindend[4].

974 Ist aufgrund einer Betriebsänderung ein **Interessenausgleich** vereinbart worden, begründet das keinen Anspruch des Betriebsrats auf dessen Einhaltung. Er kann daher **nicht** im Wege einer **einstweiligen Verfügung** die Einhaltung des Interessenausgleichs erzwingen[5].

bb) Einstweilige Verfügung zur Untersagung der Betriebsänderung

975 Immer noch umstritten ist die Frage, ob der Betriebsrat im Wege einer **einstweiligen Verfügung** dem Unternehmer bis zum Abschluss eines Interessenausgleichs bzw. eines Einigungsstellenverfahrens zum Versuch eines Interessenausgleichs untersagen kann, vor diesem Zeitpunkt mit der **Durchführung der Betriebsänderung zu beginnen** und etwa Produktionsmittel zu entfernen oder Kündigungen auszusprechen. Wäh-

---

1 BAG 22.11.2005 – 1 AZR 458/04, NZA 2006, 220.
2 St. Rspr., BAG 26.8.1997 – 1 ABR 16/97, NZA 1998, 441; 15.10.1979 – 1 ABR 49/77, BB 1980, 524.
3 BAG 10.11.1987 – 1 AZR 360/86, NZA 1988, 287.
4 LAG Bln.-Bbg. 19.3.2013 – 7 Sa 1713/12, nv.
5 BAG 28.8.1991 – 7 ABR 72/90, NZA 1992, 41.

rend ein Teil der Landesarbeitsgerichte von einer derartigen Möglichkeit ausgeht[1], ist ein anderer Teil der Auffassung, dass ein Unterlassungsanspruch gerade nicht besteht[2]. Ein solcher **Unterlassungsanspruch** ist **abzulehnen**: Dies ergibt sich zum einen aus der abschließenden Sanktionsnorm des § 113 Abs. 3 BetrVG. Der Gesetzgeber wollte offensichtlich bei Verstößen gegen die Beteiligungsrechte des Betriebsrats nach § 112 BetrVG den Arbeitnehmern nur einen Abfindungsanspruch zubilligen, nicht dagegen dem Betriebsrat einen Unterlassungsanspruch. Die (wegen der Bezugnahme auf die §§ 9, 10 KSchG erheblichen) Kosten, die dem Arbeitgeber bei mitbestimmungswidrigem Verhalten entstehen können, sollten ihn davon abhalten, eine Betriebsänderung ohne den Versuch eines Interessenausgleichs durchzuführen.

Auch die Rechtsprechung des BAG zum allgemeinen Unterlassungsanspruch[3] spricht gegen einen Unterlassungsanspruch des Betriebsrats. Denn die Rechte des Betriebsrats bei Betriebsänderungen sind gesetzlich deutlich schwächer ausgestaltet als im Fall der erzwingbaren Mitbestimmung nach § 87 BetrVG. Zwar lässt sich § 112 BetrVG entnehmen, dass möglichst ein Interessenausgleich zustande kommen sollte – erzwingbar ist dies aber seitens des Betriebsrats gerade nicht. Es wäre deshalb ein Wertungswiderspruch, wollte man einen Unterlassungsanspruch allein zur Sicherung von Informations- und Verhandlungsrechten des Betriebsrats zulassen, während der Betriebsrat die Betriebsänderung selbst im Rahmen der Verhandlungen nicht verhindern könnte. Dementsprechend lässt sich auch aus dem Wortlaut des § 112 BetrVG ein Unterlassungsanspruch des Betriebsrats nicht herleiten. Es ist dort noch nicht einmal vorgesehen, dass eine Betriebsänderung wegen Missachtung der Mitbestimmungsrechte des Betriebsrats unwirksam sei[4]. Und obwohl die Frage des Unterlassungsanspruchs seit langem in Literatur und Rechtsprechung streitig ist, hat der Gesetzgeber im Rahmen der Novellierung des Betriebsverfassungsgesetzes 2001 einen Unterlassungsanspruch nicht geregelt, obwohl es Forderungen insbesondere des DGB gab, einen solchen Unterlassungsanspruch gesetzlich aufzunehmen. Das „beredte Schweigen" des Gesetzgebers zeigt, dass ein gerichtliches Verbot einer Betriebsänderung zur Wahrung der Beteiligungsrechte des Betriebsrats legislatorisch nicht gewollt war.

5. Nachteilsausgleich

Der Nachteilsausgleich nach § 113 BetrVG ist die **individualrechtliche Folge**, wenn eine Betriebsänderung in Abweichung von einem Interessenausgleich durchgeführt wird oder der Unternehmer es unterlassen hat, vor Durchführung einer Betriebsänderung mit dem Betriebsrat einen Interessenausgleich zu versuchen[5]. Der Nachteilsaus-

---

[1] LAG München 22.1.2008 – 6 TaBV Ga 6/08, BB 2010, 896; LAG Hamm 21.8.2008 – 13 TaBV Ga 16/08, nv.; 30.5.2008 – 10 TaBV Ga 9/08, nv.; LAG Hess. 6.4.1994 – 4 TaBV Ga 45/93, DB 1994, 2635; LAG Hamburg 27.6.1997 – 5 TaBV 5/97, ArbuR 1998, 87; LAG Hess. 27.6.2007 – 4 TaBV Ga 137/07, ArbuR 2008, 267; 21.9.1982 – 4 TaBV Ga 94/82, DB 1983, 613; LAG Schl.-Holst. 20.7.2007 – 3 TaBV Ga 1/07, NZA-RR 2008, 188; LAG Thür. 18.8.2003 – 1 Ta 104/03, AiB 2004, 130; LAG Nds. 4.5.2007 – 17 TaBV Ga 57/07, AiB 2008, 348.
[2] LAG Nürnberg 9.3.2009 – 6 TaBV Ga 2/09, BB 2009, 1917; LAG Köln 27.5.2009 – 2 TaBVGa 7/09, nv.; 30.4.2004 – 5 Ta 166/04, NZA-RR 2005, 149; LAG Schl.-Holst. 13.1.1992 – 4 TaBV 54/91, DB 1992, 1788; LAG BW 21.10.2009 – 20 TaBVGa 1/09, nv.; 28.8.1985 – 2 TaBV 8/85, DB 1986, 805; LAG Düsseldorf 14.12.2005 – 12 TaBV 60/05, LAGE § 111 BetrVG 2001 Nr 7; 19.11.1996 – 8 TaBV 80/96, DB 1997, 1286; LAG München 28.6.2005 – 5 TaBV 46/05, ArbRB 2006, 76; LAG Mainz 30.3.2006 – 11 TaBV 53/05, nv.; LAG Halle 30.11.2004 – 11 TaBV 18/04, nv.; zum – einen Unterlasungsanspruch überwiegend ablehnenden – Meinungsstand in der Literatur GK-BetrVG/*Oetker*, § 111 Rz. 269 ff.
[3] BAG 18.5.2007 – 1 ABR 32/06, NZA 2007, 1240; 14.11.2006 – 1 ABR 5/06, NZA 2007, 458; 3.5.1994 – 1 ABR 24/93, NZA 1995, 40.
[4] Vgl. dagegen § 102 Abs. 1 Satz 2 BetrVG, wonach eine ohne Anhörung des Betriebsrats ausgesprochene Kündigung unwirksam ist.
[5] DKKW/*Däubler*, § 113 BetrVG Rz. 1, 3.

gleich erfolgt dabei in erster Linie durch die Zahlung von Abfindungen entsprechend § 10 KSchG und sonstige Unterstützungszahlungen. Der Anspruch auf Nachteilsausgleich erfasst nur solche Arbeitnehmer, deren Arbeitsverhältnis von der Betriebsänderung unmittelbar nachteilig betroffen ist[1].

a) Abweichen von einem Interessenausgleich

977 Nachteilsausgleichsansprüche können gem. § 113 Abs. 1 BetrVG entstehen, wenn **ohne einen zwingenden Grund** von einem Interessenausgleich über eine geplante Betriebsänderung abgewichen wird[2]. Dabei ist es unerheblich, ob sich die Abweichung auf einzelne Teile des Interessenausgleichs bezieht oder es sich um eine Totalabweichung handelt[3].

978 Nur Gründe, die nachträglich entstanden sind oder erst dann erkennbar werden, können ein Abweichen rechtfertigen. Es reicht aber nicht, wenn diese Gründe wichtig sind. Zwingend im Sinne der gesetzlichen Vorgaben sind derartige Umstände nur, wenn der Unternehmer praktisch keine andere Wahl hat, als vom ursprünglich vereinbarten Interessenausgleich abzuweichen (zB wegen der Entziehung eines entscheidenden Bankkredits oder dem plötzlichen Verlust eines Großauftrags). Dies ist vom Standpunkt eines verständigen, verantwortungsbewussten Unternehmers zu beurteilen, wobei an die Notwendigkeit der Abweichung ein **strenger Maßstab** anzulegen ist[4]. Unterbleibt eine Betriebsänderung, nachdem ein Interessenausgleich geschlossen wurde, entsteht kein Nachteilsausgleichsanspruch, da es – mangels Nachteils für die Arbeitnehmer – an einem Schutzbedürfnis fehlt[5].

b) Betriebsänderung ohne Interessenausgleich

979 Der Unternehmer kann Nachteilsausgleichsansprüche gem. § 113 Abs. 3 BetrVG auslösen, wenn er eine geplante Betriebsänderung durchführt, ohne zuvor mit dem Betriebsrat einen **Interessenausgleich versucht** zu haben. Selbst eine wirtschaftliche Zwangslage des Unternehmens lässt die Notwendigkeit, den Betriebsrat vor der abschließenden Entscheidung über die Betriebsänderung nach den §§ 111, 112 BetrVG zu beteiligen, unberührt[6]. „Versucht" ist ein Interessenausgleich erst dann, wenn er in der Einigungsstelle scheitert oder wenn er zwischen den Betriebsparteien (ggf. auch aufschiebend bedingt) vereinbart worden ist[7].

980 Nachteilsausgleichsansprüche gem. § 113 Abs. 3 BetrVG entstehen, sobald mit der Durchführung einer **Betriebsänderung begonnen** wird, dh. sobald **unumkehrbare Maßnahmen** ergriffen und dadurch vollendete Tatsachen geschaffen werden. Eine Betriebsstilllegung beginnt, sobald unumkehrbar mit der Auflösung der betrieblichen Organisation begonnen wird. Dies ist dann der Fall, wenn bestehende Arbeitsverhältnisse zum Zwecke der Betriebsstilllegung vom Arbeitgeber gekündigt werden[8]. Nicht als Beginn der Durchführung einer Stilllegung ausreichen lassen hat das BAG dagegen den (bloßen) unternehmerischen Stilllegungsbeschluss, die Einstellung der betrieblichen Tätigkeit (Einstellung der Produktion) sowie die (widerrufliche) Freistellung al-

---

1 BAG 22.1.2013 – 1 AZR 873/11, NZA 2013, 1232.
2 *Fitting*, § 113 BetrVG Rz. 8.
3 DKKW/*Däubler*, § 113 BetrVG Rz. 6.
4 *Fitting*, § 113 BetrVG Rz. 8.
5 DKKW/*Däubler*, § 113 BetrVG Rz. 6.
6 BAG 14.9.1976 – 1 AZR 784/75, BB 1977, 142.
7 BAG 21.7.2005 – 6 AZR 592/04, ZIP 2006, 199.
8 BAG 30.5.2006 – 1 AZR 25/05, ZIP 2006, 1510.

ler Arbeitnehmer[1]. Die Kündigung der vorhandenen Ausbildungsverhältnisse kann nur bei Ausbildungsbetrieben den Beginn einer Betriebsstilllegung darstellen[2].

c) Ausgleichspflichtige Beeinträchtigungen

aa) Kündigungen

Eine ausgleichspflichtige Entlassung iSd. § 113 BetrVG muss nicht auf einer Kündigung des Arbeitgebers beruhen. Entlassung in diesem Sinne ist auch das **Ausscheiden aus dem Arbeitsverhältnis** aufgrund eines **Auflösungsvertrages**, der **auf Veranlassung des Arbeitgebers** geschlossen wird oder auf Grund einer vom Arbeitgeber **veranlassten Eigenkündigung** (vgl. auch Rz. 883). 981

⊃ **Hinweis:** Eine Entlassung iSv. § 113 Abs. 3 BetrVG liegt nur vor, wenn das Arbeitsverhältnis infolge der Betriebsänderung auch rechtlich beendet wird. Erhebt der Arbeitnehmer gegen eine vom Arbeitgeber ausgesprochene Kündigung Kündigungsschutzklage und wird in diesem Verfahren die Unwirksamkeit der Kündigung rechtskräftig festgestellt[3] oder wird die ausgesprochene Kündigung im Rahmen eines gerichtlichen Vergleichs „zurückgenommen"[4], besteht kein Anspruch auf eine Abfindung gem. § 113 BetrVG[5]. 982

Voraussetzung eines Nachteilsausgleichsanspruchs ist das Bestehen eines **Ursachenzusammenhangs** zwischen Entlassung und Abweichen vom Interessenausgleich[6]. Von einem derartigen Ursachenzusammenhang kann im Wege des **Anscheinsbeweises** dann ausgegangen werden, wenn ein **zeitlicher Zusammenhang** zwischen der Kündigung und der Betriebsänderung besteht. Der Arbeitgeber muss dann Umstände vortragen, die für eine andere Ursache sprechen. Der Arbeitnehmer, der aus anderen Gründen zum selben Zeitpunkt ohnehin entlassen worden wäre, hat keinen Anspruch auf Nachteilsausgleich gem. § 113 Abs. 1 BetrVG[7]. Demgegenüber spielt für das Bestehen eines Nachteilsausgleichsanspruchs gem. § 113 Abs. 3 BetrVG keine Rolle, ob die Nachteile auch bei gesetzmäßigem Vorgehen eingetreten wären[8]. 983

bb) Sonstige wirtschaftliche Nachteile

Nicht nur Entlassungen, sondern auch sonstige wirtschaftliche Nachteile können Nachteilsausgleichsansprüche hervorrufen, wenn diese aufgrund eines Abweichens von einem Interessenausgleich oder durch eine Betriebsänderung, bei der der Arbeitgeber einen Interessenausgleich nicht versucht hat, hervorgerufen werden. Jedoch ist die Ausgleichsverpflichtung gem. § 113 Abs. 2 BetrVG zeitlich **auf ein Jahr begrenzt**[9]. Allein ein Verstoß des Arbeitgebers gegen seine aus § 17 Abs. 3 KSchG bei Massenentlassungen bestehende Anzeigeverpflichtung begründet keine Nachteilsausgleichsansprüche[10]. 984

---

1 BAG 22.11.2005 – 1 AZR 407/04, ZIP 2006, 1312.
2 BAG 30.5.2006 – 1 AZR 25/05, ZIP 2006, 1510.
3 BAG 31.10.1995 – 1 AZR 372/95, NZA 1996, 499.
4 BAG 14.12.2004 – 1 AZR 504/03, ZIP 2005, 1174.
5 BAG 31.10.1995 – 1 AZR 372/95, NZA 1996, 499.
6 LAG Berlin 1.9.1986 – 9 Sa 43/86, DB 1987, 181.
7 DKKW/*Däubler*, § 113 BetrVG Rz. 18; HWK/*Hohenstatt/Willemsen*, § 113 BetrVG Rz. 11.
8 DKKW/*Däubler*, § 113 BetrVG Rz. 18; HWK/*Hohenstatt/Willemsen*, § 113 BetrVG Rz. 12.
9 GK-BetrVG/*Oetker*, § 113 Rz. 114.
10 BAG 30.3.2004 – 1 AZR 7/03, BAGReport 2004, 274.

985 **Beispiele für sonstige wirtschaftliche Nachteile:**

Versetzungen und Umgruppierungen[1], durch die höhere Fahrtkosten entstehen[2]; Umzugskosten; höhere Mietkosten bei erforderlichem Umzug; Umschulungskosten[3].

d) Abfindungshöhe

986 Der für die Abfindungshöhe **entsprechend anwendbare** § 10 KSchG sieht lediglich **Höchstbeträge** vor. Obergrenze für den Regelfall ist ein Betrag von 12 Monatsverdiensten, die sich bei solchen Arbeitnehmern, die mindestens 50 Jahre alt sind und eine Betriebszugehörigkeit von mindestens 15 Jahren besitzen, auf 15 Monatsverdienste erhöht. Hat der Arbeitnehmer das 55. Lebensjahr vollendet und besteht das Arbeitsverhältnis mindestens 20 Jahre, liegt die Obergrenze bei 18 Monatsverdiensten.

987 Innerhalb dieses Rahmens bestimmt das **Arbeitsgericht** die Höhe der Abfindung unter Würdigung aller Umstände nach **freier Überzeugung**[4]. Dabei sind Faktoren wie Lebensalter und Betriebszugehörigkeit[5], Chancen auf dem Arbeitsmarkt[6] wie auch ideelle Nachteile, die mit dem Verlust eines langjährigen Arbeitsplatzes verbunden sind[7], zu berücksichtigen. Da der Gesetzgeber den Nachteilsausgleichsanspruch als Sanktionsnorm ausgestaltet hat, kann bei der Bemessung der Abfindung auch die Zuwiderhandlung gegen betriebsverfassungsrechtliche Pflichten von Bedeutung sein[8].

988 Die Abfindung nach § 113 BetrVG wird **mit dem Ausscheiden** des entlassenen Arbeitnehmers **fällig**, wobei tarifliche Ausschlussklauseln auch auf Abfindungsansprüche nach § 113 BetrVG Anwendung finden[9].

989 ➲ **Beachte:** Ist zwischen den Betriebspartnern nachträglich ein Sozialplan zustande gekommen, können Abfindungszahlungen aus dem **Sozialplan** und Abfindungen aus **Nachteilsausgleich grundsätzlich nicht nebeneinander** verlangt werden. In Höhe des Nachteilsausgleichs tritt dieser an die Stelle der Sozialplanabfindung, wobei der Anspruch aus dem Nachteilsausgleich höher sein kann als die Sozialplanabfindung[10]. Abfindungsleistungen, die der Arbeitnehmer aufgrund des Sozialplans erhält, werden deshalb auf die Nachteilsausgleichsforderungen angerechnet[11], sofern die Betriebsparteien im Sozialplan kein Verrechnungsverbot vereinbart haben.

e) Abfindungsklage

990 Der Anspruch auf Nachteilsausgleich ist im Wege einer **normalen Leistungsklage** im Urteilsverfahren geltend zu machen. Als **Eventualantrag** kann ein Nachteilsausgleichsanspruch auch mit einer **Kündigungsschutzklage** verbunden werden[12]. Ist zuvor im Rahmen eines Beschlussverfahrens rechtskräftig darüber entschieden worden, ob eine Betriebsänderung vorliegt, so bindet diese Entscheidung auch die einzelnen Arbeitnehmer, wenn sie Nachteilsausgleichsansprüche gerichtlich geltend machen[13].

---

1 BAG 23.8.1988 – 1 AZR 276/87, NZA 1989, 31.
2 GK-BetrVG/*Oetker*, § 113 Rz. 73.
3 ErfK/*Kania*, § 113 BetrVG Rz. 7.
4 DKKW/*Däubler*, § 113 BetrVG Rz. 19.
5 BAG 18.10.2011 – 1 AZR 335/10, NZA 2012, 221; 13.6.1989 – 1 AZR 819/87, DB 1989, 2026.
6 BAG 22.2.1983 – 1 AZR 260/81, DB 1983, 1447.
7 BAG 29.2.1972 – 1 AZR 176/71, BAGE 24, 141.
8 DKKW/*Däubler*, § 113 BetrVG Rz. 19.
9 BAG 29.11.1983 – 1 AZR 523/82, DB 1984, 724; 22.9.1982 – 5 AZR 421/80, DB 1983, 236.
10 BAG 13.6.1989 – 1 AZR 819/87, NZA 1989, 894; BAG (GS) 13.12.1978 – GS 1/77, BB 1979, 267.
11 BAG 20.11.2001 – 1 AZR 97/01, DB 2002, 950.
12 DKKW/*Däubler*, § 113 BetrVG Rz. 22; BAG 31.10.1995 – 1 AZR 372/95, DB 1996, 1683.
13 BAG 9.4.1991 – 1 AZR 488/90, NZA 1991, 812.

Der Kläger ist nicht gehalten, seinen Klageantrag auf eine bestimmte Abfindungssumme zu richten. Vielmehr ergibt sich aus der entsprechenden Anwendung des § 10 KSchG, dass das Arbeitsgericht die Abfindung nach **freiem gerichtlichen Ermessen** entsprechend § 10 KSchG festsetzen kann[1]. Dies setzt voraus, dass die für die Bemessung der Abfindung maßgebenden Umstände in der Klageschrift mitgeteilt werden[2]. 991

Anhand der nachfolgenden Checkliste kann im Grundsatz nachvollzogen werden, welche einzelnen Schritte bei **Durchführung einer interessenausgleichs- und sozialplanpflichtigen Betriebsänderung** zu beachten sind: 992

Checkliste

☐ Unterrichtung von Wirtschaftsausschuss/Betriebsrat über Unternehmenslage und beabsichtigtes Sanierungskonzept; Vorlage aller notwendigen Unterlagen.
☐ Verhandlungen mit dem Betriebsrat über Interessenausgleich/Sozialplan, bei Scheitern weiter mit 3.–5., bei Einigung weiter mit 6.
☐ Fakultativ: Vermittlungsersuchen an Vorstand der Bundesagentur für Arbeit gem. § 111 Abs. 2 Satz 1 BetrVG.
☐ Einigung auf Einigungsstellenvorsitzenden und Beisitzer bzw. Einleitung eines Beschlussverfahrens zu deren Bestellung.
☐ Konstituierung und Verhandlung in der Einigungsstelle: Abschluss von Interessenausgleich (möglichst mit Namensliste) und Sozialplan durch Einigung oder Einigungsstellenspruch oder (nur für Interessenausgleich) Scheitern der Verhandlungen.
☐ Beteiligung des Betriebsrats zu den beabsichtigten personellen Maßnahmen (z.B. gem. § 99 BetrVG oder gem. § 102 BetrVG).
☐ Einleitung der verwaltungsrechtlichen Zustimmungsverfahren bei Mutterschutz/ Elternzeit und Schwerbehinderung.
☐ Anzeige nach § 17 KSchG, soweit erforderlich.
☐ Ausspruch der Kündigungen.

⊃ **Beachte:** Die Reihenfolge der einzelnen Schritte entspricht den üblichen Gepflogenheiten. Je nach individueller Situation können die einzelnen Punkte entfallen, sich verschieben oder weitere Schwerpunkte (zB Gründung einer Beschäftigungs- und Qualifizierungsgesellschaft) auftreten.

VIII. Die Einigungsstelle

1. Die Einigungsstelle als Konfliktlösungsinstrument der Betriebsverfassung

Die Betriebsverfassung ist auf den **Grundsatz der friedlichen Kooperation** beider Betriebspartner ausgerichtet. Nach § 74 Abs. 1 Satz 2 BetrVG sollen diese über strittige Fragen mit dem ernsten Willen zur Einigung verhandeln. Dem korrespondiert der in § 2 Abs. 1 BetrVG als oberstes Gebot der Betriebsverfassung festgelegte Grundsatz der vertrauensvollen Zusammenarbeit. Umgekehrt sind den Betriebspartnern alle Betätigungen untersagt, die den Arbeitsablauf oder Frieden im Betrieb beeinträchtigen. Nach § 74 Abs. 2 Satz 1 BetrVG sind insbesondere Maßnahmen des Arbeitskampfes zwischen Arbeitgeber und Betriebsrat unzulässig. Da den Betriebspartnern damit das klassische arbeitsrechtliche Kampfmittel zur Durchsetzung ihrer naturgemäß in vielen Bereichen widerstreitenden Interessen untersagt ist, musste der Gesetzgeber eine andere Lösung anbieten, um die konträren Interessen zu einem Ausgleich zu bringen 993

---
1 BAG 22.2.1983 – 1 AZR 260/81, DB 1983, 1447.
2 BAG 29.11.1983 – 1 AZR 523/82, DB 1984, 724.

und eine sonst drohende Blockade der Betriebsabläufe zu verhindern. Vor diesem Hintergrund wurde die Einigungsstelle als **besonderes betriebsverfassungsrechtliches Organ** geschaffen, um die Konflikte der Betriebspartner zu lösen[1]. Es handelt sich bei der Einigungsstelle um ein betriebsverfassungsrechtliches Organ eigener Art[2], das als privatrechtliche, innerbetriebliche Schlichtungs- und Entscheidungsstelle ersatzweise Funktionen der Betriebspartner wahrnimmt[3].

2. Bildung der Einigungsstelle

a) Errichtung

994 Nach § 76 Abs. 2 Satz 1 BetrVG wird die **Einigungsstelle errichtet**, indem beide Betriebspartner je eine gleiche Anzahl Beisitzer bestellen und sich auf die Person des unparteiischen Vorsitzenden einigen. Dabei wird die Einigungsstelle im Normalfall bei jeder Streitigkeit neu gebildet, sie ist keine Dauereinrichtung, wie § 76 Abs. 1 Satz 1 BetrVG zu entnehmen ist, wonach eine Errichtung „bei Bedarf" erfolgt.

995 Obwohl der Gesetzgeber im Normalfall also die Ad-hoc-Einigungsstelle vorsieht, kann durch freiwillige Betriebsvereinbarung auch eine **ständige Einigungsstelle** geschaffen werden (§ 76 Abs. 1 Satz 2 BetrVG). Soweit in einem Tarifvertrag vorgesehen, kann die Einigungsstelle durch eine **tarifliche Schlichtungsstelle** ganz oder zum Teil ersetzt werden (§ 76 Abs. 8 BetrVG)[4]. In diesem Fall gelten die Verfahrensvorschriften des § 76 BetrVG entsprechend[5].

996 „Bedarf" iSd. § 76 Abs. 1 Satz 1 BetrVG besteht für die Errichtung der Einigungsstelle dann, wenn die Betriebspartner vor Einschaltung der Einigungsstelle entsprechend § 74 Abs. 1 Satz 2 BetrVG ernsthaft über eine Einigung verhandelt haben. Ein Mangel in der Einigung ist aber nicht erst dann gegeben, wenn die Betriebspartner vergeblich über eine Lösung des Problems verhandelt haben, sondern bereits dann, wenn nach subjektiver Einschätzung von einer der beiden Seiten eine Regelung nicht ohne fremde Hilfe möglich sein wird[6]. Ein förmliches Scheitern der Verhandlungen ist demnach nicht erforderlich[7]. Es genügt, wenn eine Betriebspartei die Verhandlungen für aussichtslos hält. Mit dieser subjektiven Komponente wird zu Lasten der Rechtssicherheit die Möglichkeit der verhandlungsunwilligen Seite, die Verhandlung zu blockieren, ausgeschlossen.

997 Grundsätzlich sieht § 76 Abs. 1 Satz 1 BetrVG vor, dass die Betriebspartner sich auf die Errichtung und Besetzung der Einigungsstelle einigen. Kommt eine solche Einigung nicht zustande, entscheidet auf Antrag gem. § 76 Abs. 2 Satz 2 und 3 BetrVG iVm. § 98 ArbGG das Arbeitsgericht sowohl über die Person des Vorsitzenden als auch über die Zahl der Beisitzer der Einigungsstelle in einem **besonderen Beschlussverfahren**[8]. Zu den Einzelheiten s. Teil 5 H Rz. 38 ff.

---

1 BAG 22.1.1980 – 1 ABR 28/78, DB 1980, 1402.
2 BVerfG 18.10.1986 – 1 Bv 1426/83, NJW 1988, 1135; BAG 18.1.1994 – 1 ABR 43/93, DB 1994, 838.
3 *Fitting*, § 76 BetrVG Rz. 4; DKKW/*Berg*, § 76 BetrVG Rz. 2; *Ehrich/Fröhlich*, S. 1.
4 Dazu: GK-BetrVG/*Kreutz*, § 76 Rz. 181 ff.; *Fitting*, § 76 BetrVG Rz. 170 ff.
5 BAG 14.9.2010 – 1 ABR 30/09, NZA-RR 2011, 526; GK-BetrVG/*Kreutz*, § 76 Rz. 183; *Fitting*, § 76 BetrVG Rz. 176; aA: DKKW/*Berg*, § 76 BetrVG Rz. 156.
6 LAG Rh.-Pf. 5.1.2006 – 6 TaBV 60/05; LAG Nds. 25.10.2005 – 1 TaBV 48/05, NZA-RR 2006, 142; LAG Hamm 9.8.2004 – 10 TaBV 81/04, LAGE zu § 98 ArbGG 1979, Nr. 43; *Ehrich/Fröhlich*, S. 5; weitergehend: *Tschöpe*, NZA 2004, 945 (946).
7 DKKW/*Berg*, § 76 BetrVG Rz. 5.
8 BAG 9.7.2013 – 1 ABR 19/12, DB 2013, 2569.

b) Zusammensetzung der Einigungsstelle

Die betriebsverfassungsrechtliche Einigungsstelle besteht gem. § 76 Abs. 2 BetrVG aus einem unparteiischen **Vorsitzenden** sowie aus einer gleichen Anzahl von **Beisitzern**, die jeweils von Arbeitgeber und Betriebsrat für ihre Seite bestellt werden. 998

aa) Person des Vorsitzenden

Das Gesetz enthält keine nähere Regelung, anhand welcher Kriterien über die **Person des zu bestellenden Vorsitzenden** zu entscheiden ist. Allerdings legt § 76 Abs. 2 Satz 1 BetrVG fest, dass der Vorsitzende „unparteiisch" sein muss. In der Praxis werden überwiegend Berufsrichter der Arbeitsgerichte mit der Aufgabe des Vorsitzenden betraut. Neben der Voraussetzung der Unparteilichkeit wird in der Literatur von dem zu bestellenden Vorsitzenden vor allem Sachkunde (in betrieblichen wie juristischen Belangen) sowie die Fähigkeit zur Mediation verlangt[1]. 999

Die für den Vorsitz der Einigungsstelle vorgesehene Person ist (unabhängig von der Art der Bestellung, ob einvernehmlich durch die Betriebspartner oder im Wege des arbeitsgerichtlichen Beschlussverfahrens) **nicht verpflichtet**, das Amt des Einigungsstellenvorsitzenden anzunehmen[2]. 1000

Hat die für den Vorsitz der Einigungsstelle vorgesehene Person das Amt angenommen, bleibt es den Betriebsparteien unbenommen, sowohl während des laufenden Bestellungsverfahrens als auch nach dessen Abschluss einen anderen Einigungsstellenvorsitzenden einvernehmlich zu bestimmen[3]. Einseitig kann der Vorsitzende nach der Annahme seines Amtes hingegen nicht abberufen werden[4]. Haben der Betriebsrat oder der Arbeitgeber Zweifel an der Unparteilichkeit des Vorsitzenden, können sie ihn entsprechend §§ 1036 ff. iVm. §§ 42 ff. ZPO wegen der Besorgnis der Befangenheit ablehnen[5]. Dieses Recht steht nur den Betriebsparteien selbst, nicht den von ihnen in die Einigungsstelle entsandten Beisitzern zu[6]. 1000a

bb) Die Beisitzer

Die Beisitzer werden gem. § 76 Abs. 2 Satz 1 BetrVG je zur Hälfte durch den Arbeitgeber und den Betriebsrat bestellt. Können die Betriebspartner keine Einigung über die Anzahl der Beisitzer erzielen, entscheidet hierüber nach § 76 Abs. 2 Satz 3 BetrVG iVm. § 98 ArbGG das Arbeitsgericht. Die Befugnis, die **Personen der Beisitzer** festzulegen, liegt allein bei den Betriebspartnern, wobei diese nicht auf einen bestimmten Personenkreis beschränkt sind[7]. Das Recht jedes Betriebspartners, seine Beisitzer zu benennen, schließt ebenso die Befugnis ein, die Beisitzer jederzeit abzuberufen und durch andere Personen zu ersetzen[8]. 1001

Da § 76 Abs. 2 Satz 3 BetrVG weder nähere Angaben über die **Zahl der Beisitzer** noch Kriterien für die Festlegung der Größe der Einigungsstelle enthält, wird in Rechtsprechung und Literatur kontrovers diskutiert, ob es eine „Regelbesetzung" gibt. Nach 1002

---

1 DKKW/*Berg*, § 76 BetrVG Rz. 20; *Fitting*, § 76 BetrVG Rz. 24.
2 DKKW/*Berg*, § 76 BetrVG Rz. 23; *Fitting*, § 76 BetrVG Rz. 47.
3 *Fitting*, § 76 BetrVG Rz. 40; *Ehrich/Fröhlich*, S. 8.
4 *Richardi/Richardi*, § 76 BetrVG Rz. 53; GK-BetrVG/*Kreutz*, § 76 Rz. 53.
5 BAG 17.11.2010 – 7 ABR 100/09, NZA 2011, 940; 29.1.1994 – 1 ABR 18/01, BAGE 100, 239; 9.5.1995 – 1 ABR 56/04, NZA 1996, 156; kritisch dazu: *Deeg*, RdA 2011, 221 ff.
6 BAG 29.1.2002 – 1 ABR 18/01, BAGE 100, 239.
7 BAG 14.4.1996 – 7 ABR 40/95, NZA 1996, 1171; LAG Hamm 26.8.2005 – 10 TaBV 152/04, ZIP 2005, 2269; *Fitting*, § 76 BetrVG Rz. 14 ff.; *Hennige*, S. 111.
8 *Fitting*, § 76 BetrVG Rz. 17; *Hennige*, S. 238; eingeschränkt (nur mit Sachgrund) *Tschöpe*, NZA 2004, 945 (948).

herrschender Auffassung ist im Regelfall die Besetzung einer Einigungsstelle mit zwei Beisitzern je Seite geboten[1].

1003 Die Beisitzer einer Einigungsstelle sind nicht Vertreter des Arbeitgebers oder des Betriebsrates[2]. Sie sind Mitglieder eines eigenständigen Organs des Betriebsverfassungsrechts und üben ihr Amt **frei** und **höchstpersönlich** aus[3]. Daher können sie für ihre Tätigkeit in der Einigungsstelle keine Verfahrensvollmacht erteilen[4]. Ebenso wenig können sie den Arbeitgeber außerhalb des Regelungsgegenstandes der Einigungsstelle verpflichten, dies folgt aus der gesetzlichen Systematik der §§ 87 Abs. 2 iVm. 76 Abs. 5 BetrVG, §§ 88 iVm. 76 Abs. 6 BetrVG und der Bindungswirkung eines Beschlusses nach § 98 ArbGG[5].

3. Zuständigkeit der Einigungsstelle

a) Grundsatz

1004 Die Einigungsstelle ist zuständig in allen Streitigkeiten zwischen Arbeitgeber und Betriebsrat, Gesamtbetriebsrat und Konzernbetriebsrat. Nach Auffassung des LAG Niedersachsen spricht im Umkehrschluss zu §§ 50 Abs. 2, 58 Abs. 2 BetrVG eine gesetzliche Vermutung dafür, dass der Betriebsrat vor Ort berufen ist, seine Mitbestimmungsrechte im Einigungsstellenverfahren zu wahren, wenn für ihn keine offensichtliche Unzuständigkeit für den konkreten Regelungsgegenstand festzustellen ist[6].

Die Betriebspartner können **jede innerbetriebliche Meinungsverschiedenheit** zum Gegenstand eines Einigungsstellenverfahrens machen[7], soweit nicht im Betriebsverfassungsgesetz eine unmittelbare Zuständigkeit der Arbeitsgerichte geregelt ist[8]. Sofern die Einigungsstelle nicht nur für Regelungsstreitigkeiten, sondern auch für Rechtsstreitigkeiten zuständig sein soll, muss aber die Möglichkeit der Überprüfung ihres Spruchs durch die Arbeitsgerichte gewahrt bleiben. Die Vereinbarung eines solchen freiwilligen Einigungsstellenverfahrens käme ansonsten der unzulässigen Vereinbarung eines Schiedsgerichts gleich[9].

1005 Steht dem Betriebsrat hinsichtlich des streitigen Regelungsgegenstandes ein erzwingbares Mitbestimmungsrecht zu, ersetzt der Spruch der Einigungsstelle die nicht zustande gekommene Einigung und ist für beide Betriebspartner verbindlich (§ 76 Abs. 5 Satz 1 BetrVG). Diese Verfahren werden daher als „**verbindliche Einigungsstellenverfahren**" bezeichnet. Die Rechtsnatur des Spruchs der Einigungsstelle hängt hier von der Einigung ab, die er ersetzen soll[10]. In Regelungsstreitigkeiten wird der Spruch

---

1 *Fitting*, § 76 BetrVG Rz. 20; LAG Hamm 6.9.2010 – 10 TaBV 51/10, nv.; 10.5.2010 – 10 TaBV 23/10, nv; LAG Düsseldorf 19.8.2008 – 9 TaBV 87/08, nv.; LAG Nds. 12.1.2010 – 1 TaBV 73/09, LAGE § 98 ArbGG 1979 Nr. 58; LAG Hess. 2.8.1994 – 4 TaBV 1983/94, nv.; LAG Berlin 16.6.1993 – 1 TaBV 3/93, nv.; LAG München 15.7.1991 – 4 TaBV 27/91, NZA 1992, 185; LAG BW 16.10.1991 – 12 TaBV 10/91, NZA 1992, 186; LAG Rh.-Pf. 7.1.2010 – 11 TaBV 45/09, nv.; aA (ein Beisitzer je Seite): LAG Schl.-Holst. 28.1.1993 – 4 TaBV 38/92, BB 1993, 1591; 13.9.1990 – 4 TaBV 19/90, BB 1991, 764; 15.11.1990 – 4 TaBV 35/90, DB 1991, 288.
2 BAG 15.5.2001 – 1 ABR 39/00, NZA 2001, 1154.
3 *Fitting*, § 76 BetrVG Rz. 50f.; BAG 27.6.1995 – 1 ABR 1/95, NZA 1996, 161; *Tschöpe*, NZA 2004, 945 (948).
4 BAG 27.6.1995 – 1 ABR 3/95, BB 1995, 2581.
5 BAG 15.5.2001 – 1 ABR 39/00, NZA 2001, 1154; *Wenning-Morgenthaler*, Rz. 136.
6 LAG Nds. 26.8.2008 – 1 TaBV 62/08, AE 2009, 197.
7 Richardi/*Richardi*, § 76 BetrVG Rz. 36; *Hennige*, S. 51 ff.; *Ehrich/Fröhlich*, S. 69 ff.; BAG 20.11.1990 – 1 ABR 45/89, NZA 1999, 473 (zur Zuständigkeit der Einigungsstelle auch bei Rechtsfragen).
8 Zur Primärzuständigkeit der Einigungsstelle: *Hennige*, S. 51 ff.
9 *Fitting*, § 76 BetrVG Rz. 110; BAG 20.11.1990 – 1 ABR 45/89, NZA 1999, 473.
10 Richardi/*Richardi*, § 76 BetrVG Rz. 30.

daher vielfach die Rechtswirkungen einer Betriebsvereinbarung haben[1]. In Rechtsfragen kommt dem Spruch hingegen eine rechtsfeststellende Wirkung zu[2]. Soweit das Betriebsverfassungsgesetz außerhalb des § 76 Abs. 1 BetrVG in Einzelvorschriften die Einschaltung der Einigungsstelle vorsieht, handelt es sich mit Ausnahme des Interessenausgleichs bei Betriebsänderungen gem. § 112 Abs. 2, 3 BetrVG um verbindliche Einigungsstellenverfahren. In diesen Verfahren wird die Einigungsstelle gem. § 76 Abs. 5 Satz 1 BetrVG bereits auf Antrag einer Seite tätig.

Außerhalb der erzwingbaren Mitbestimmung ist der Spruch der Einigungsstelle nur ein Einigungsvorschlag, der ausschließlich bei vorheriger Unterwerfung oder nachträglicher Annahme für beide Betriebspartner verbindlich wird (§ 76 Abs. 6 Satz 2 BetrVG). In diesen Fällen wird von „**freiwilligen Einigungsstellenverfahren**" gesprochen. Die Einigungsstelle wird gem. § 76 Abs. 6 Satz 1 BetrVG nur tätig, wenn beide Seiten es beantragen oder mit ihrem Tätigwerden einverstanden sind. 1005a

b) Regelungstatbestände der erzwingbaren Einigungsstelle

Innerhalb der erzwingbaren Mitbestimmung, bei der der Spruch der Einigungsstelle die Einigung zwischen Arbeitgeber und Betriebsrat verbindlich ersetzt, ist die Einigungsstelle zur Beilegung von Streitigkeiten **in folgenden Angelegenheiten zuständig**[3]: 1006

– Schulung von Mitgliedern des Betriebsrats und der Jugendvertretung (§ 37 Abs. 6, 7 BetrVG, § 65 Abs. 1 BetrVG)
– Freistellung von Betriebsratsmitgliedern (§ 38 Abs. 2 BetrVG)
– Zeit und Ort der Sprechstunden des Betriebsrats und der Jugendvertretung (§§ 39 Abs. 1, 69 BetrVG)
– Herabsetzung der Zahl der Mitglieder des Betriebsrats, des Gesamtbetriebsrats und der Gesamtjugendvertretung (§§ 47 Abs. 6, 55 Abs. 4, 72 Abs. 6 BetrVG)
– Entscheidungen über Beschwerden der Arbeitnehmer, soweit keine Rechtsansprüche verfolgt werden (§ 85 Abs. 2 BetrVG)
– Mitbestimmung in sozialen Angelegenheiten (§ 87 Abs. 2 BetrVG)
– Ausgleichsmaßnahmen bei Änderung von Arbeitsablauf oder Arbeitsumgebung (§ 91 BetrVG)
– Fassung und Inhalt von Personalfragebogen, Formularverträgen und Beurteilungsgrundsätzen (§ 94 BetrVG)
– Richtlinien über die personelle Auswahl bei Einstellungen, Versetzungen, Umgruppierungen und Kündigungen (§ 95 Abs. 1, 2 BetrVG)
– Einführung betrieblicher Berufsbildungsmaßnahmen (§ 97 Abs. 2 BetrVG)
– Fragen der betrieblichen Bildungsmaßnahmen (§ 98 Abs. 3, 4 BetrVG)
– Auskunftserteilung an den Wirtschaftsausschuss (§ 109 BetrVG)
– Aufstellung eines Sozialplanes bei Betriebsänderungen (§ 112 Abs. 4 BetrVG)
– Bereich der Seeschifffahrt (§ 116 Abs. 3 BetrVG)
– Bestellung und Abberufung der Betriebsärzte und Fachkräfte für Arbeitssicherheit sowie Erweiterung und Beschränkung ihrer Aufgaben (§ 9 Abs. 3 ASiG).

Einen **Sonderfall regelt** § 102 Abs. 6 BetrVG. Danach können Arbeitgeber und Betriebsrat vereinbaren, dass Kündigungen der Zustimmung des Betriebsrats bedürfen und bei Meinungsverschiedenheiten darüber die Einigungsstelle entscheiden soll. 1007

---
1 GK-BetrVG/*Kreutz/Jacobs*, § 76 Rz. 137.
2 *Fitting*, § 76 BetrVG Rz. 136.
3 Ausführlich zu den einzelnen Angelegenheiten: *Wenning-Morgenthaler*, Rz. 555 ff.

Auch hier ersetzt der Spruch der Einigungsstelle die Einigung zwischen Arbeitgeber und Betriebsrat[1].

c) „Gemischte" Regelungstatbestände

1008 Vor allem im Bereich der Mitbestimmung in sozialen Angelegenheiten gem. § 87 BetrVG kommt es häufig zu Meinungsverschiedenheiten der Betriebspartner, deren Regelungen nur zum Teil der erzwingbaren Mitbestimmung des Betriebsrates unterliegen. In der Praxis ist insbesondere das Mitbestimmungsrecht des Betriebsrates bei **Fragen der betrieblichen Lohngestaltung** (§ 87 Abs. 1 Nr. 10 BetrVG) problematisch. So kann der Arbeitgeber zwar im Rahmen des § 87 Abs. 1 Nr. 10 BetrVG mitbestimmungsfrei entscheiden, ob er finanzielle Mittel für zusätzliche Leistungen zur Verfügung stellt, welchen Umfang diese haben sollen, welchen Zweck er mit der Leistung verfolgen will und welcher Personenkreis sie erhalten soll[2]. Die individualrechtliche Freiwilligkeit einer solchen Leistung des Arbeitgebers schließt aber das Mitbestimmungsrecht des Betriebsrates nicht aus. Die Frage der Verteilungsgrundsätze dieser freiwilligen Leistung unterliegt nämlich der Mitbestimmung nach § 87 Abs. 1 Nr. 10 BetrVG[3].

1009 Für die Einigungsstelle ergibt sich damit die Besonderheit, dass sie zwar für die Regelung einer Meinungsverschiedenheit über die **Zahlung freiwilliger Zulagen** oder von **Gratifikationen** zuständig ist, ihr Spruch aber nur insoweit verbindlich ist, wie das zwingende Mitbestimmungsrecht nach § 87 Abs. 1 Nr. 10 BetrVG reicht. Auch wenn die Einigungsstelle also eine Entscheidung über die nähere Ausgestaltung der freiwilligen Leistung, dh. die abstrakten Verteilungsgrundsätze, trifft, bindet ein solcher Spruch den Arbeitgeber nicht in Hinblick darauf, ob er die Leistung überhaupt gewähren will[4]. Wenn die mit dem Spruch der Einigungsstelle festgelegte Ausgestaltung seinen Vorstellungen nicht entspricht, kann er von der Gewährung der Leistung insgesamt absehen. Nur wenn und solange er die Leistung tatsächlich gewährt, ist er an den Spruch der Einigungsstelle gebunden[5].

1009a Die Regelungszuständigkeit über die abstrakten Verteilungsgrundsätze kann dazu führen, dass die Einigungsstelle in zulässiger Weise Bestimmungen zur sonst mitbestimmungsfreien[6] konkreten Entgelthöhe trifft. In Fällen nämlich, in denen die Angabe einer konkreten Entgelthöhe nur das rechnerische Ergebnis der Anwendung des abstrakt-generellen Verteilungsschlüssels auf den vom Arbeitgeber mitbestimmungsfrei vorgegebenen Dotierungsrahmen ist, ist es der Einigungsstelle nach der Rechtsprechung des BAG nicht verwehrt, eine Regelung zu treffen, die zur Begründung eines individuellen Anspruchs führt[7]. Eine Außerachtlassung der Grenzen des Mitbestimmungsrechts ist damit nicht verbunden[8], da der Dotierungsrahmen Sache des Arbeitgebers bleibt.

1010 Von besonderer Bedeutung ist im Zusammenhang mit der betrieblichen Lohngestaltung die Frage, ob das Mitbestimmungsrecht des Betriebsrats zur Festlegung der Verteilungsgrundsätze auch dann eine Entscheidung des Arbeitgebers über das Ob und den Umfang der Leistung voraussetzt, wenn diese bereits seit längerem gewährt wird. Diese Problematik stellt sich etwa bei **übertariflichen Zulagen** im Zusammenhang

---

1 GK-BetrVG/*Raab*, § 102 Rz. 227 f.
2 BAG 13.12.2011 – 1 AZR 432/10; 5.10.2010 – 1 ABR 20/09, NZA 2011, 598.
3 BAG 13.12.2011 – 1 AZR 432/10; 5.10.2010 – 1 ABR 20/09, NZA 2011, 598.
4 BAG 15.5.2001 – 1 ABR 39/00, RdA 2002, 239; 14.8.2001 – 1 AZR 619/00, RdA 2003, 297.
5 BAG 13.9.1983 – 1 ABR 32/81, DB 1983, 2470; *Matthes*, NZA 1987, 289.
6 BAG 20.7.1999 – 1 ABR 66/98, AiB 2000, 439.
7 BAG 14.8.2001 – 1 AZR 619/00, RdA 2003, 297; *Moll/Leisbrock*, RdA 2003, 301 (303), Anm. zu BAG 14.8.2001 – 1 AZR 619/00.
8 *Moll/Leisbrock*, RdA 2003, 301 (303), Anm. zu BAG 14.8.2001 – 1 AZR 619/00.

mit Tariflohnerhöhungen, wenn eine Änderung der Verteilungsgrundsätze durch **Anrechnung oder Widerruf** in Betracht kommen könnte. Der Große Senat des BAG hat diese Frage dahin beantwortet, dass das Mitbestimmungsrecht nach § 87 Abs. 1 Nr. 10 BetrVG nur dann eingreift, wenn die Verteilungsgrundsätze geändert werden, dann aber unabhängig davon, ob diese Änderungen auf einer Entscheidung des Arbeitgebers beruhen oder bloße Folge einer Tarifautomatik sind[1].

d) Rahmenregelung

Wird eine Einigungsstelle zur Beilegung einer innerbetrieblichen Meinungsverschiedenheit errichtet, hat sie den **Auftrag zur vollständigen Lösung des Konflikts**[2], soweit das Mitbestimmungsrecht des Betriebsrates reicht. Demgemäß muss sie in Regelungsstreitigkeiten selbst eine Regelung treffen und darf sich nicht damit begnügen, den Antrag einer Seite zurückzuweisen[3]. 1011

Das Regelungsermessen der Einigungsstelle im Rahmen ihres Auftrages wird durch den Zweck des jeweiligen Mitbestimmungsrechts geprägt. Die von der Einigungsstelle getroffene Regelung muss sich also als **Wahrnehmung des Mitbestimmungsrechtes** darstellen. Dies soll nach Auffassung des BAG insbesondere bedeuten, dass nicht jede Regelung, die die Betriebspartner einvernehmlich treffen könnten, auch Inhalt eines verbindlichen Spruchs einer Einigungsstelle sein kann. Da sie im Verhältnis zu den Betriebspartnern als „Dritter" für einen Ausgleich Sorge tragen muss, darf sie bei der von ihr zu treffenden Regelung das in Betracht kommende Mitbestimmungsrecht des Betriebsrates nicht ignorieren oder ausschließen, indem sie durch ihren Spruch ihre Regelungsbefugnis im Ergebnis auf den Arbeitgeber überträgt[4]. Andererseits entspricht es ständiger Rechtsprechung des BAG, dass dem Arbeitgeber durch Betriebsvereinbarung oder einen Spruch der Einigungsstelle Freiräume zugebilligt werden können, die in konkreten Einzelfällen einem mitbestimmungsfreien Zustand nahe kommen, ohne dass dies gegen Mitbestimmungsrechte des Betriebsrats verstößt[5]. 1012

Wann der Spruch der Einigungsstelle den Verfahrensgegenstand nicht hinreichend ausgeschöpft hat, kann nur im Einzelfall festgestellt werden. Dem Arbeitgeber kann zwar unter Umständen ein weitgehend mitbestimmungsfreier Raum zugebilligt werden, das Mitbestimmungsrecht des Betriebsrats darf aber durch den Spruch der Einigungsstelle nicht ignoriert oder ausgeschlossen werden. Damit sind **Rahmenregelungen** grundsätzlich zulässig. 1013

4. Verfahren vor der Einigungsstelle

a) Grundsatz

Für das Verfahren vor der errichteten Einigungsstelle enthält das Betriebsverfassungsgesetz nur sehr vereinzelt ausdrückliche Regelungen. In § 76 Abs. 4 BetrVG wird den Betriebspartnern die Möglichkeit eingeräumt, weitere Einzelheiten des Verfahrens im Rahmen einer Betriebsvereinbarung festzulegen. Allerdings darf dabei nicht von den 1014

---

1 BAG 3.12.1991 – GS 2/90, NZA 1992, 749; vgl. nachfolgend BAG 17.5.2011 – 1 AZR 797/09, NZA-RR 2011, 644; 1.11.2005 – 1 AZR 355/04, NZA 2007, 1303 (zur Mitbestimmung des Personalrats); 14.2.1995 – 1 AZR 565/94, DB 1995, 1917; 17.1.1995 – 1 ABR 19/94, NZA 1995, 792.
2 BAG 22.1.2002 – 3 ABR 28/01, AP Nr. 16 zu § 76 BetrVG 1972 Einigungsstelle.
3 BAG 30.1.1990 – 1 ABR 2/89, NZA 1990, 571.
4 BAG 17.1.2012 – 1 ABR 45/10, NZA 2012, 687; 8.6.2004 – 1 ABR 4/03, NZA 2005, 252.
5 BAG 3.5.2006 – 1 ABR 14/05, DB 2007, 60; 3.6.2003 – 1 AZR 349/02, DB 2004, 385; 10.3.1992 – 1 ABR 31/91, NZA 1992, 952; 28.10.1986 – 1 ABR 11/85, NZA 1987, 248; 11.3.1986 – 1 ABR 12/84, NZA 1986, 526.

gesetzlichen Verfahrensvorschriften abgewichen werden[1]. Vor diesem Hintergrund gehen Rechtsprechung und herrschende Lehre davon aus, dass die Einigungsstelle ihr **Verfahren selbst bestimmen und gestalten** kann, hierbei aber die elementaren Grundsätze eines rechtsstaatlichen Verfahrens zu beachten habe[2].

b) Einleitung des Verfahrens

1015 Die Einigungsstelle wird **nur auf Antrag**, nie von Amts wegen tätig. Ein Antrag setzt die Errichtung der Einigungsstelle voraus und darf deshalb nicht mit der „Anrufung" der Einigungsstelle, mit der das Verfahren zur Errichtung eingeleitet wird, verwechselt oder gleichgesetzt werden[3]. In den Fällen der erzwingbaren Einigungsstellenverfahren wird die Einigungsstelle bereits auf Antrag eines Betriebspartners tätig (§ 76 Abs. 5 Satz 1 BetrVG). In den Fällen der freiwilligen Einigungsstellenverfahren ist der Antrag beider Betriebspartner oder deren beiderseitiges Einverständnis mit dem Tätigwerden erforderlich (§ 76 Abs. 6 Satz 1 BetrVG). Wird der Antrag nur durch einen Betriebspartner gestellt, ist das ausdrückliche Einverständnis des anderen erforderlich. Eine Ausnahme gilt für das Verfahren zur Erzielung eines Interessenausgleichs gem. § 112 Abs. 2 Satz 2 BetrVG. Hier wird die Einigungsstelle zwar bereits auf Antrag einer Seite tätig, ihr Spruch ist aber nur verbindlich, wenn beide Seiten sich dem Spruch im Voraus unterwerfen oder ihn nachträglich annehmen.

1016 Zu Form, Inhalt oder Bestimmtheit des Antrages enthält das Gesetz keine Vorgaben. Der **Antrag** kann daher sowohl mündlich als auch schriftlich gestellt werden[4]. Ein Antrag im Sinne zivilprozessualer Vorschriften ist nicht erforderlich[5]. Gleichwohl ist es zweckmäßig, wenn der Antrag erkennen lässt, in welcher Meinungsverschiedenheit der Spruch der Einigungsstelle ergehen soll[6]. Das im freiwilligen Einigungsstellenverfahren erforderliche Einverständnis mit dem Tätigwerden der Einigungsstelle kann ebenfalls formlos erteilt werden.

1016a Der Antrag auf Tätigwerden der Einigungsstelle kann jederzeit und von jeder Partei zurückgenommen werden. Bei der Rücknahme ist mit Blick auf die Rechtsfolgen zwischen freiwilligem und zwingendem Einigungsstellenverfahren zu differenzieren. Haben die Betriebsparteien im freiwilligen Einigungsstellenverfahren nicht im Vorfeld auf ihre Dispositionsfreiheit verzichtet, indem sie sich dem zu erwartenden Spruch unterwarfen, führt die Rücknahme des Antrags zur Beendigung des Verfahrens. Im zwingenden Einigungsstellenverfahren bedarf die Beendigung des Verfahrens hingegen der Zustimmung der jeweils anderen Partei. Stimmt diese nicht zu, kann sie das Einigungsstellenverfahren fortführen[7].

---

1 GK-BetrVG/*Kreutz/Jacobs*, § 76 Rz. 120; *Fitting*, § 76 BetrVG Rz. 94.
2 BAG 29.1.2002 – 1 ABR 18/01, BAGE 100, 239; 18.1.1994 – 1 ABR 43/93, BAGE 75, 261; 4.7.1989 – 1 ABR 40/88, DB 1990, 127; 18.4.1989 – 1 ABR 2/88, DB 1989, 1926; DKKW/*Berg*, § 76 BetrVG Rz. 89; *Fitting*, § 76 BetrVG Rz. 56; *Hennige*, S. 123 ff.; aA: GK-BetrVG/*Kreutz/Jacobs*, § 76 Rz. 100.
3 GK-BetrVG/*Kreutz/Jacobs*, § 76 Rz. 96.
4 So auch BAG 30.1.1990 – 1 ABR 2/89, NZA 1990, 571 (574), wonach ein „förmlicher" Antrag nicht erforderlich sein soll; GK-BetrVG/*Kreutz/Jacobs*, § 76 Rz. 96; *Wenning-Morgenthaler*, Rz. 177.
5 BAG 30.1.1990 – 1 ABR 2/89, NZA 1990, 571.
6 *Hennige*, S. 135; Die überwiegende Auffassung (*Fitting*, § 76 BetrVG Rz. 62; GK-BetrVG/*Kreutz/Jacobs*, § 76 Rz. 96; Richardi/*Richardi*, § 76 BetrVG Rz. 60; *Ehrich/Fröhlich*, S. 38) hält einen Antrag, aus dem sich die zur Entscheidung gestellte Meinungsverschiedenheit ergibt, sogar für zwingend, kann ein solches Erfordernis jedoch nicht am Gesetzeswortlaut festmachen, sondern begründet dies allenfalls mit Zweckmäßigkeitserwägungen.
7 Ausführlich: *Hennige*, S. 136 ff.; *Wenning-Morgenthaler*, Rz. 370 ff.

c) Verfahrensablauf

aa) Überblick

Der Gesetzgeber hat sich hinsichtlich des Verfahrens vor der Einigungsstelle auf punktuelle Regelungen zur mündlichen Beratung, zum Abstimmungsmodus sowie zur Form und Zuleitung der gefassten Beschlüsse beschränkt. Nach Auffassung des BAG obliegt es dem **Vorsitzenden** der Einigungsstelle, Inhalt und Ablauf des Einigungsstellenverfahrens, soweit dieses nicht bereits in § 76 Abs. 3 und 4 BetrVG festgelegt ist, nach pflichtgemäßem Ermessen zu bestimmen[1]. Verfahrensfehler, die keinen Verstoß gegen elementare Grundsätze (Rechtsstaatsgebot, Einigungsstelle als Normgeber) darstellen, machen ihren Spruch nicht unwirksam[2]. Zu den von der Einigungsstelle zu beachtenden **elementaren Verfahrensgrundsätzen** gehören u.a. der Anspruch auf rechtliches Gehör[3], das Antragsprinzip (§ 76 Abs. 5 Satz 1, Abs. 6 Satz 1 BetrVG), die Dispositionsmaxime[4] und die Parteiöffentlichkeit[5].

1017

Es gehört ebenfalls zu den elementaren Grundsätzen des Einigungsstellenverfahrens, dass die abschließende mündliche Beratung und Beschlussfassung in Abwesenheit der Betriebsparteien erfolgt (**Nicht-Öffentlichkeit der mündlichen Beratung**)[6].

1018

Die am Verfahren Beteiligten müssen gleichzeitig vor der Einigungsstelle anwesend sein. Daher müssen alle Einigungsstellenmitglieder über Zeit und Ort einer Sitzung entweder durch ordnungsgemäße Einladung oder aufgrund gemeinsamer Verabredung unterrichtet sein[7]. Der Vorsitzende leitet die Verhandlung. Er bestimmt auch den Tagungsort. Zur Vorbereitung kann er eine schriftliche Stellungnahme und Unterlagen anfordern[8], die für die Beratung und Beschlussfassung auch den Einigungsstellenmitgliedern vorliegen müssen[9]. Die Einigungsstelle kann **Zeugen** vernehmen. Ihr stehen aber **keine Zwangsmittel** zu[10]. Der **Beweisbeschluss** einer Einigungsstelle kann ebenso wenig wie der eines Gerichts angefochten werden[11].

1019

bb) Rechtliches Gehör

Obwohl die Einigungsstelle nach ganz herrschender Auffassung kein „Gericht" ist, muss auch im Verfahren vor der Einigungsstelle dem **Grundsatz des Anspruchs auf rechtliches Gehör** Rechnung getragen werden[12]. Der Grundsatz erfordert, dass die Betriebspartner[13] sich in der Sache äußern, Stellungnahmen zum Vorbringen der anderen Seite abgeben und Lösungsvorschläge machen können[14].

1020

---

1 BAG 11.2.1992 – 1 ABR 51/91, NZA 1992, 702.
2 BAG 29.1.2002 – 1 ABR 18/01, BAGE 100, 239.
3 BAG 29.1.2002 – 1 ABR 18/01, BAGE 100, 239; 27.6.1995 – 1 ABR 3/95, BAGE 80, 222; 11.2.1992 – 1 ABR 51/91, NZA 1992, 702.
4 DKKW/*Berg*, § 76 BetrVG Rz. 110; *Hennige*, S. 138 f; *Wenning-Morgenthaler*, Rz. 178.
5 Richardi/*Richardi*, § 76 BetrVG Rz. 88.
6 Richardi/*Richardi*, § 76 BetrVG Rz. 88; BAG 18.1.1994 – 1 ABR 43/93, DB 1994, 838.
7 BAG 27.6.1995 – 1 ABR 3/95, BAGE 80, 222.
8 ArbG Berlin 2.7.1999 – 24 BV 13410/99, AiB 2000, 436.
9 BAG 27.6.1995 – 1 ABR 3/95, BAGE 80, 222.
10 *Fitting*, § 76 BetrVG Rz. 67.
11 BAG 4.7.1989 – 1 ABR 40/88, NZA 1990, 29.
12 BAG 29.1.2002 – 1 ABR 18/01, NZA 2002, 1299; 27.6.1995 – 1 ABR 3/95, BAGE 80, 222; 11.2.1992 – 1 ABR 51/91, NZA 1992, 702; *Hennige*, S. 188 ff. mwN.
13 Mit seiner Entscheidung v. 11.2.1992 – 1 ABR 51/91 – wollte das BAG nur den Beisitzern Anspruch auf rechtliches Gehör gewähren. Diese Ansicht korrigierte es jedoch zu Recht mit Beschl. v. 27.6.1995 – 1 ABR 3/95, BAGE 80, 222.
14 GK-BetrVG/*Kreutz/Jacobs*, § 76 Rz. 101.

cc) Beschlussfassung

1021 Regelmäßig beendet der Spruch der Einigungsstelle das Verfahren. Gem. § 76 Abs. 3 Satz 2 BetrVG fasst die Einigungsstelle ihre **Beschlüsse** nach mündlicher Beratung mit Stimmenmehrheit. Dabei genügt die **einfache Stimmenmehrheit** der Mitglieder[1]. In der ersten Abstimmung muss sich der Vorsitzende zunächst der Stimme enthalten (§ 76 Abs. 3 Satz 3 Halbs. 1 BetrVG). Kommt keine Mehrheit zustande, nimmt der Vorsitzende nach erneuter Beratung an der weiteren Beschlussfassung teil (§ 76 Abs. 3 Satz 3 Halbs. 2 BetrVG). Eine ausdrückliche Regelung über die Beschlussfähigkeit der Einigungsstelle ist dem Gesetz nicht zu entnehmen. Aus der Verpflichtung der paritätischen Besetzung der Einigungsstelle und der beschriebenen Beschlussregelung in § 76 Abs. 3 Satz 2 BetrVG folgt jedoch, dass die Einigungsstelle grundsätzlich nur beschlussfähig ist, wenn alle Mitglieder bei der Beschlussfassung anwesend sind[2]. Ausnahmsweise können der Vorsitzende und die erschienenen Mitglieder allein entscheiden, wenn in Fällen der erzwingbaren Mitbestimmung eine Seite die Mitarbeit in der Einigungsstelle verweigert (§ 76 Abs. 5 Satz 2 BetrVG). Über einen Vermittlungsvorschlag des Einigungsstellenvorsitzenden ist unter dessen Mitwirkung auch dann abzustimmen, wenn dieser bei der ersten Abstimmung bereits mit Mehrheit abgelehnt wurde[3].

1022 Nach Auffassung des LAG Hamm sind die **gesetzlichen Verfahrensvorschriften** zur Beschlussfassung der Einigungsstelle **zwingend**. Die Einigungsstelle ist danach nicht befugt, ein von § 76 Abs. 3 und § 76 Abs. 5 Satz 3 BetrVG abweichendes Verfahren zu beschließen[4].

1023 Auch wenn in § 76 Abs. 3 BetrVG nur die mündliche Beratung, die Abstimmung durch den Spruchkörper, der Abstimmungsmodus sowie die Niederlegung und Zuleitung der Beschlüsse geregelt sind, muss das Verfahren und der das Verfahren abschließende Spruch der Einigungsstelle als einem Organ, das normative Regelungen erzeugt, allgemein anerkannten Verfahrensgrundsätzen gerecht werden[5]. Dazu gehört insbesondere, dass erkennbar sein muss, was konkret **Gegenstand der Beschlussfassung** der Einigungsstelle war und welche Regelungen die Einigungsstelle mit Stimmenmehrheit angenommen oder abgelehnt hat. Daher ist das Durchführen zahlreicher Einzelabstimmungen mit unterschiedlichen Mehrheiten bedenklich, da Unsicherheit darüber aufkommen kann, welche Regelung im Ergebnis von der Mehrheit der Einigungsstellenmitglieder getragen wird. In diesen Fällen hat in aller Regel eine zusätzliche Schlussabstimmung stattzufinden, in der über den gesamten Streitstoff insgesamt entschieden wird, damit sichergestellt ist, dass die erzielte Lösung in ihrer Gesamtheit von der Mehrheit der Mitglieder der Einigungsstelle getragen wird[6]. In den Fällen, in denen die Einzelbestimmungen der Regelung jeweils mit Mehrheit oder auch übereinstimmend beschlossen worden sind, muss nach Auffassung des BAG eine förmliche Schlussabstimmung nicht vorgenommen werden. Denn hier wird aus dem Gesamtverhalten der Einigungsstelle und ihrer Mitglieder deutlich, dass die als Spruch der Einigungsstelle und Abschluss ihres Verfahrens den Betriebspartnern zugeleitete Regelung der mitbestimmungspflichtigen Angelegenheit in ihrer Gesamtheit jedenfalls von der Mehrheit der Einigungsstellenmitglieder mitgetragen wird[7]. Die Erforderlich-

---

1 BAG 17.9.1991 – 1 ABR 23/91, BAGE 68, 277.
2 *Fitting*, § 76 BetrVG Rz. 76; *Ehrich/Fröhlich*, S. 60.
3 LAG BW 8.10.1986 – 2 TaBV 3/86, NZA 1988, 214; *Fitting*, § 76 BetrVG Rz. 84.
4 LAG Hamm 21.12.1988 – 12 TaBV 112/88, LAGE § 76 BetrVG 1972 Nr. 33; ebenso für die in § 76 Abs. 3 Satz 2 BetrVG vorgesehene „weitere Beratung" LAG Hamburg 5.5.2000 – 3 TaBV 6/00, AuR 2000, 356; LAG Düsseldorf 23.10.1986 – 17 TaBV 98/86, DB 1987, 1254.
5 BAG 29.1.2002 – 1 ABR 18/01, NZA 2002, 1299.
6 *Ehrich/Fröhlich*, S. 60; *Wenning-Morgenthaler*, Rz. 326, beide unter Berufung auf die Rspr. des BAG 18.4.1989 – 1 ABR 2/88, NZA 1989, 807; 6.11.1990 – 1 ABR 34/89, NZA 1991, 193.
7 BAG 6.11.1990 – 1 ABR 34/89, NZA 1991, 193; 18.4.1989 – 1 ABR 2/88, NZA 1989, 807.

VIII. Die Einigungsstelle

keit einer Schlussabstimmung ist somit stets eine Frage, die nach den näheren Umständen des jeweiligen Einzelfalls, insbesondere nach den gegebenenfalls differierenden Mehrheiten zu beantworten ist. Nach Auffassung des LAG Baden-Württemberg muss über jeden Antrag einer der Seiten einmal abgestimmt worden sein, bevor in die zweite Abstimmung eingetreten werden darf[1].

1024 Ob Beisitzer sich bei der Beschlussfassung der Stimme enthalten können und wie eine solche **Stimmenthaltung** zu bewerten ist, ist streitig[2]. Für die Verfahren, in denen der Spruch der Einigungsstelle die Einigung der Betriebspartner ersetzt, zählen Stimmenthaltungen von Mitgliedern der Einigungsstelle nach Auffassung des BAG nicht als Nein-Stimmen. Ein Mitglied der Einigungsstelle, das sich der Stimme enthält, gibt nach Auffassung des Ersten Senats keine Stimme ab, mit der Folge, dass die erforderliche Stimmenmehrheit in dem Moment vorhanden ist, wenn die Zahl der Ja-Stimmen größer ist als die der Nein-Stimmen[3].

1025 Die **abschließende mündliche Beratung und Beschlussfassung** ist zwingend **nicht-öffentlich**, und zwar auch nicht parteiöffentlich. Die Einigungsstelle muss in Abwesenheit der Betriebsparteien entscheiden[4].

1026 Die Beschlüsse der Einigungsstelle sind **schriftlich niederzulegen**, vom Vorsitzenden **zu unterschreiben** und Arbeitgeber und Betriebsrat unverzüglich zuzuleiten (§ 76 Abs. 3 Satz 4 BetrVG)[5]. Die Einhaltung dieser Formerfordernisse ist Wirksamkeitsvoraussetzung eines Einigungsstellenspruchs[6]. Maßgeblich für die Beurteilung der Formwirksamkeit ist der Zeitpunkt, in dem der Einigungsstellenvorsitzende den Betriebsparteien den Spruch mit der Absicht der Zuleitung iSd. § 76 Abs. 3 Satz 4 BetrVG übermittelt hat. Die Zuleitung eines Einigungsstellenspruchs als bloße Textdatei genügt den gesetzlichen Anforderungen nicht. Des Weiteren genügt ein den Betriebsparteien in Form einer pdf-Datei übermittelter Einigungsstellenspruch den Anforderungen des § 76 Abs. 3 Satz 4 BetrVG auch dann nicht, wenn sich die Unterschrift des Einigungsstellenvorsitzenden darin in eingescannter Form befindet[7]. Eine nachträgliche, rückwirkende Heilung der Verletzung der in § 76 Abs. 3 Satz 4 BetrVG bestimmten Formvorschriften ist nicht möglich[8]. Eine schriftliche Begründung des Spruchs ist nicht vorgeschrieben[9], aber zweckmäßig[10].

1027 Die Einigungsstelle ist auch auf Antrag einer der Betriebsparteien nicht verpflichtet, über ihre Zuständigkeit gesondert und vorab zu entscheiden. Sie muss zwar vor einer Sachentscheidung ihre Zuständigkeit prüfen. Wenn sie diese aber bejaht, kann sie verfahrensfehlerfrei unmittelbar in der Sache entscheiden oder ihre Zuständigkeit in einem Zwischenbeschluss feststellen. Die Art der Vorgehensweise ist nicht gesetzlich vorgeschrieben und steht im Ermessen der Einigungsstelle[11]. Nur wenn sie ihre Zuständigkeit verneint, muss sie das Verfahren durch Beschluss einstellen[12].

---

1 LAG BW 19.1.2001 – 5 TaBV 1/00, nv.
2 Vgl. *Fitting*, § 76 BetrVG Rz. 86 mwN; *Hennige*, S. 177 ff. mwN.
3 BAG 17.9.1991 – 1 ABR 23/91, DB 1992, 229.
4 BAG 18.1.1994 – 1 ABR 43/93, DB 1994, 838; *Hennige*, S. 194.
5 Ausführlich dazu: *Tschöpe/Geißler*, NZA 2011, 545; BAG 13.3.2012 – 1 ABR 78/10, NZA 2012, 748; 14.9.2010 – 1 ABR 30/09, BAGE 135, 285; 5.10.2010 – 1 ABR 31/09, NZA 2011, 420.
6 *Fitting*, § 76 BetrVG Rz. 128.
7 BAG 10.12.2013 – 1 ABR 45/12, DB 2014, 1027.
8 BAG 13.3.2012 – 1 ABR 78/10, NZA 2012, 748.
9 BVerfG 18.10.1986 – 1 BvR 1426/83, NJW 1988, 1135, „von Verfassungs wegen nicht geboten".
10 BAG 30.10.1979 – 1 ABR 112/77, ArbuR 1980, 181; 8.3.1977 – 1 ABR 33/75, DB 1977, 1464; *Fitting*, § 76 BetrVG Rz. 131; *Hennige*, S. 184 ff. mwN.
11 BAG 28.5.2002 – 1 ABR 37/01, NZA 2003, 171.
12 *Fitting*, § 76 BetrVG Rz. 113; DKKW/*Berg*, § 76 BetrVG Rz. 113.

5. Gerichtliche Überprüfung des Einigungsstellenspruchs

a) Zuständigkeit

1028 Für die Frage der Zuständigkeit der Einigungsstelle wie auch der Rechtmäßigkeit des Verfahrens und des ergangenen Spruchs sind die Arbeitsgerichte ausschließlich zuständig (§ 2a Abs. 1 Nr. 1 ArbGG). Das Arbeitsgericht entscheidet im Beschlussverfahren. Am Beschlussverfahren ist die Einigungsstelle nicht beteiligt[1]. Eine von den Betriebsparteien begründete Zuständigkeit der Einigungsstelle für die gegenwärtige Auslegung einer Betriebsvereinbarung verpflichtet Arbeitgeber und Betriebsrat, zunächst deren Entscheidung herbeizuführen, bevor sie über diese Rechtsfrage die Gerichte für Arbeitssachen zur Streitentscheidung anrufen. Ein Antrag auf Feststellung des Inhalts einer betrieblichen Norm ist daher unzulässig, solange das vereinbarte Schlichtungsverfahren nicht durchgeführt worden ist[2].

b) Antrag

1028a Verstößt der Spruch gegen zwingendes Recht oder hat die Einigungsstelle außerhalb ihrer Zuständigkeit entschieden, kann dies jederzeit gerichtlich geltend gemacht werden. Da aber etwa das Handeln der Einigungsstelle außerhalb ihrer Zuständigkeit ohnehin unwirksam ist, bedarf es keiner gerichtlichen Aufhebung, um diese **Unwirksamkeit** herbeizuführen. Ein solcher Spruch entfaltet unabhängig von einem gerichtlichen Überprüfungsverfahren keine rechtliche Wirkung. Dementsprechend ist der Antrag auf **Feststellung** der Unwirksamkeit des Einigungsstellenspruchs zu richten, nicht auf Aufhebung oder auf die Erklärung der Unwirksamkeit, denn eine gerichtliche Entscheidung über die Wirksamkeit eines Einigungsstellenspruchs hat nur feststellende und nicht rechtsgestaltende Wirkung[3].

c) Rechtskontrolle

1029 Der Spruch der Einigungsstelle unterliegt einer umfassenden Rechtskontrolle[4]. Der Gesetzgeber hat mit § 76 Abs. 7 BetrVG ausdrücklich klargestellt, dass der Spruch der Einigungsstelle für keinen der Beteiligten den nach sonstigen Vorschriften zulässigen Rechtsweg versperrt. Eine materiell-rechtliche Beschwer ist für eine Anfechtung im arbeitsgerichtlichen Beschlussverfahren nicht erforderlich[5]. In Rechtsfragen unterliegt die Einigungsstelle uneingeschränkt den Bindungen des zwingenden Rechts. So kann das Arbeitsgericht feststellen, dass der Spruch der Einigungsstelle rechtsfehlerhaft und damit wegen schwerer **Formverstöße, nicht ordnungsgemäßer Besetzung** der Einigungsstelle, wegen **Verstoßes gegen wesentliche Verfahrensbestimmungen oder wegen Unzuständigkeit der Einigungsstelle unwirksam ist**. Nicht anfechtbar sind verfahrensbegleitende Zwischenbeschlüsse der Einigungsstelle[6]; dies gilt auch für Zwischenbeschlüsse, die die Zuständigkeit der Einigungsstelle betreffen[7].

---

1 BAG 28.7.1981 – 1 ABR 79/79, BAGE 36, 14; Fitting, § 76 BetrVG Rz. 144 mwN.
2 BAG 11.2.2014 – 1 ABR 76/12, DB 2014, 1816.
3 BAG 23.3.2010 – 1 ABR 82/08, NZA 2011, 642 mwN; bestätigt durch BAG 14.9.2010 – 1 ABR 30/09, BAGE 135, 285; 9.11.2010 – 1 ABR 75/09, NZA-RR 2011, 354; 13.3.2012 – 1 ABR 78/10, NZA 2012, 748.
4 BAG 11.7.2000 – 1 ABR 43/99, NZA 2001, 402.
5 BAG 8.6.2004 – 1 ABR 4/03, NZA 2005, 252; 24.8.2004 – 1 ABR 23/03, NZA 2005, 302.
6 BAG 22.11.2005 – 1 ABR 50/04, BAGE 116, 235; 22.1.2002 – 3 ABR 28/01, DB 2002, 1938; 4.7.1989 – 1 ABR 40/88, BAGE 62, 233.
7 BAG 24.11.1981 – 1 ABR 42/79, DB 1982, 1413; 8.6.2004 – 1 ABR 13/03, NZA 2004, 1175.

VIII. Die Einigungsstelle

◯ **Hinweis:** Dieser letzte Punkt ist von besonderer Bedeutung. Im Bestellungsverfahren wird nur die offensichtliche Unzuständigkeit der Einigungsstelle geprüft, denn das Bestellungsverfahren muss unkompliziert sein und darf nicht mit der zeitraubenden Prüfung schwieriger Rechtsfragen belastet sein, wenn es seinen Zweck erfüllen soll[1]. Ob tatsächlich eine **Zuständigkeit** gegeben ist, prüft dann die konstituierte Einigungsstelle selbst. Sowohl der Spruch der Einigungsstelle, mit dem die eigene Zuständigkeit verneint wird, als auch der Spruch, mit dem die Angelegenheit entschieden wird, kann von den Arbeitsgerichten in vollem Umfang daraufhin geprüft werden, ob überhaupt eine Zuständigkeit für die Einigungsstelle bestand[2]. Der Zwischenbeschluss einer Einigungsstelle, mit dem diese ihre Zuständigkeit feststellt, ist hingegen nicht gesondert anfechtbar[3]. — 1030

Einstweilen frei. — 1031

Der die Einigung der Betriebsparteien ersetzende Spruch der Einigungsstelle muss den an eine Einigung der Betriebsparteien über das betroffene Mitbestimmungsrecht zu stellenden Bestimmtheitsanforderungen genügen, um wirksam zu sein[4]. Die Entscheidung der Einigungsstelle muss einen hinreichend konkreten Regelungsinhalt haben. — 1032

Ein Spruch der Einigungsstelle ist unwirksam, wenn er gegen zwingende Vorschriften des BetrVG verstößt. So kann der Einigungsstellenspruch etwa wegen **Verletzung des § 75 Abs. 1 BetrVG** rechtsunwirksam sein, wenn Arbeitnehmer, die das Arbeitsverhältnis selbst gekündigt haben, nachdem ihnen der Arbeitgeber mitgeteilt hatte, für sie bestehe aufgrund der Betriebsänderung keine Beschäftigungsmöglichkeit mehr, von Leistungen eines Sozialplans ausgeschlossen werden[5]. Darüber hinaus kann der Spruch der Einigungsstelle auch gegen sonstige zwingende Rechtsnormen (ArbZG, MuSchG, SGB IX, Betriebsvereinbarungen etc.) mit der Folge der Unwirksamkeit verstoßen[6]. — 1033

d) Ermessenskontrolle

Bei **Regelungsstreitigkeiten** unterliegt der Spruch der Einigungsstelle zusätzlich einer (begrenzten) Ermessenskontrolle durch die Arbeitsgerichte. Ersetzt nämlich der Spruch der Einigungsstelle die Einigung zwischen Arbeitgeber und Betriebsrat, so hat die Einigungsstelle ihre Beschlüsse unter angemessener Berücksichtigung der Belange des Betriebes und der betroffenen Arbeitnehmer nach billigem Ermessen zu fassen (§ 76 Abs. 5 Satz 3 BetrVG). Die Ermessensüberprüfung eines Einigungsstellenspruchs hat die Frage zum Gegenstand, ob die Regelung im Ergebnis die Belange des Betriebs und der betroffenen Arbeitnehmer angemessen berücksichtigt und zu einem billigen Ausgleich bringt[7]. Dabei ist zu beachten, dass sie auch den Interessen Rechnung tragen muss, um derentwillen das Mitbestimmungsrecht besteht[8]. Ermessensfehlerhaft ist ein Spruch dann, wenn er deutlich erkennen lässt, dass keine Interessenabwägung vorgenommen wurde, wenn also die Interessen der einen Seite gar nicht berücksichtigt wurden oder die Regelung objektiv ungeeignet ist[9]. — 1034

Nach herrschender Meinung steht der Einigungsstelle ein Ermessensspielraum zu, der von den Arbeitsgerichten in Fällen der erzwingbaren Mitbestimmung nur be- — 1035

---

1 LAG Hess. 20.5.2008 – 4 TaBV 97/08, nv.; 1.8.2006 – 4 TaBV 111/06, NZA-RR 2007, 199; LAG Hamm 26.7.2004 – 10 TaBV 64/04, nv.
2 BAG 22.11.2005 – 1 ABR 50/04, NZA 2006, 803 mwN.
3 BAG 22.11.2005 – 1 ABR 50/04, BAGE 116, 235; 8.6.2004 – 1 ABR 13/03, NZA 2004, 1175.
4 BAG 22.11.2005 – 1 ABR 50/04, NZA 2006, 803.
5 BAG 17.1.2012 – 1 ABR 45/10, NZA 2012, 112; 15.1.1991 – 1 AZR 80/90, NZA 1991, 692.
6 DKKW/*Berg*, § 76 BetrVG Rz. 138.
7 BAG 22.1.2013 – 1 ABR 85/11, NZA-RR 2013, 409.
8 BAG 30.8.1995 – 1 ABR 4/95, NZA 1996, 218.
9 BAG 17.1.2012 – 1 ABR 45/10, NZA 2012, 687; 8.6.2004 – 1 ABR 4/03, NZA 2005, 227.

grenzt überprüfbar ist[1]. Die Prüfung der Arbeitsgerichte beschränkt sich hier darauf, ob die gesetzlichen **Grenzen des Ermessens** überschritten worden sind (Ermessensüberschreitung) oder, ob von dem Ermessen in einer dem Zweck der Ermächtigung nicht entsprechenden Weise Gebrauch gemacht worden ist (Ermessensmissbrauch)[2]. Eine Überprüfung der Entscheidung der Einigungsstelle auf ihre Zweckmäßigkeit unterbleibt[3]. Im freiwilligen Einigungsstellenverfahren ist die Überprüfung der Ermessensausübung demgegenüber nicht zeitlich und sachlich beschränkt nach § 76 Abs. 5 Satz 4 BetrVG[4].

1036 Im gerichtlichen Verfahren zur **Überprüfung der Ermessensentscheidung** der Einigungsstelle soll es nach Auffassung des BAG nicht darauf ankommen, durch welche Tatsachen und Annahmen die Einigungsstelle zu ihrem Spruch gekommen ist und ob die diesem Spruch zugrunde liegenden Erwägungen der Einigungsstelle folgerichtig waren und alle maßgeblichen Umstände erschöpfend würdigen. Nur das Ergebnis der Einigungsstelle wird durch das Arbeitsgericht kontrolliert, nicht aber die Tätigkeit der Einigungsstelle[5]. Da die Einigungsstelle nicht verpflichtet ist, ihren Spruch zu begründen, ist eine Überprüfung der von der Einigungsstelle angestellten Erwägungen nur schwer möglich. Daraus folgt, dass das Arbeitsgericht den Spruch der Einigungsstelle allein darauf zu überprüfen hat, ob die getroffene Regelung die Belange der Arbeitnehmer und des Betriebes angemessen berücksichtigt und beide zu einem billigen Ausgleich bringt[6]. Sowohl diese Belange als auch die tatsächlichen Umstände, die ihr Gewicht begründen, sind daher vom Arbeitsgericht (erforderlichenfalls nach weiterer Sachverhaltsaufklärung auch im Wege der Beweisaufnahme) festzustellen, unabhängig davon, ob sie von den Betriebspartnern im Einigungsstellenverfahren vorgetragen worden sind[7].

1037 Die Ermessensfehlerhaftigkeit einer Entscheidung der Einigungsstelle kann in Fällen der erzwingbaren Mitbestimmung von Arbeitgeber oder Betriebsrat nur binnen einer **materiell-rechtlichen Ausschlussfrist von zwei Wochen** vom Tage der Zuleitung des Beschlusses an beim Arbeitsgericht geltend gemacht werden (§ 76 Abs. 5 Satz 4 BetrVG)[8]. Die Ausschlussfrist beginnt nur bei der Zuleitung eines den Formvorschriften des § 76 Abs. 3 Satz 4 BetrVG entsprechenden Einigungsstellenspruchs zu laufen. Fehlt es an der Zuleitung eines formwirksamen Beschlusses, ist der von der Einigungsstelle zuvor beschlossene Spruch wirkungslos. Maßgeblich für die Beurteilung der Formwirksamkeit ist der Zeitpunkt, in dem der Einigungsstellenvorsitzende den Betriebsparteien den Spruch mit der Absicht der Zuleitung iSd. § 76 Abs. 3 Satz 4 BetrVG übermittelt hat[9]. Die Frist gilt ausschließlich für die gerichtliche Überprüfung des von der Einigungsstelle ausgeübten Ermessens. Sie wird nicht gewahrt, wenn der Antragsteller im Beschlussverfahren zB lediglich die Feststellung der Unwirksamkeit eines Sozialplans beantragt, ohne dass Gründe für die Unwirksamkeit vorgetragen werden oder in irgendeiner Form erkennbar ist, dass die Überschreitung der Grenzen des Ermessens geltend gemacht werden sollte[10]. Demgegenüber kann der

---

1 *Fitting*, § 76 BetrVG Rz. 152; DKKW/*Berg*, § 76 BetrVG Rz. 140; BAG 11.7.2000 – 1 ABR 43/99, NZA 2001, 402.
2 Weiterführend: *Fiebig*, Der Ermessensspielraum der Einigungsstelle, 1992.
3 *Ehrich/Fröhlich*, S. 79; *Fitting*, § 76 BetrVG Rz. 153.
4 GK-BetrVG/*Kreutz/Jacobs*, § 76 Rz. 156.
5 BAG 22.1.2013 – 1 ABR 85/11, NZA-RR 2013, 409; 22.7.2003 – 1 ABR 28/02, BAGE 107, 78; 6.5.2003 – 1 ABR 11/02, BAGE 106, 95 mwN.
6 BAG 14.1.2014 – 1 ABR 49/12, NZA-RR 2014, 356; 22.7.2003 – 1 ABR 28/02, BAGE 107, 78; 6.5.2003 – 1 ABR 11/02, BAGE 106, 95 mwN.
7 BAG 29.1.2002 – 1 ABR 18/01, BAGE 100, 239; 31.8.1982 – 1 ABR 27/80, BAGE 40, 107.
8 *Fitting*, § 76 BetrVG Rz. 152; GK-BetrVG/*Kreutz/Jacobs*, § 76 BetrVG Rz. 156; ausführlich: *Ehrich/Fröhlich*, S. 77 ff.; *Wenning-Morgenthaler*, Rz. 403 ff.
9 BAG 10.12.2013 – 1 ABR 45/12, DB 2014, 1027; 13.3.2012 – 1 ABR 78/10, NZA 2012, 748.
10 BAG 25.7.1989 – 1 ABR 46/88, DB 1990, 791 (792); 26.5.1988 – 1 ABR 11/87, NZA 1989, 26.

VIII. Die Einigungsstelle

Verstoß gegen zwingendes Recht (Rechtsfehler) wie auch das Handeln der Einigungsstelle außerhalb ihrer Zuständigkeit jederzeit, auch außerhalb der Frist, geltend gemacht werden[1].

Der Beschluss des Arbeitsgerichts lautet auf Feststellung der Unwirksamkeit, wenn Ermessensfehler gerügt werden. Bei einer Ermessensentscheidung darf das Arbeitsgericht nicht selbst die Regelungsfrage entscheiden und sein eigenes Ermessen an die Stelle des Ermessens der Einigungsstelle setzen[2], es sei denn, der Grundsatz der Billigkeit lässt nur eine einzige Entscheidung zu. Ist der Spruch einer Einigungsstelle rechtsunwirksam, fehlt es an einer wirksamen **Beendigung des Einigungsstellenverfahrens**. Die dann nach wie vor bestehende Einigungsstelle ist verpflichtet, das Verfahren fortzusetzen und eine erneute Lösung des zwischen den Betriebspartnern bestehenden Konflikts zu suchen[3]. 1038

6. Kosten der Einigungsstelle

a) Gesetzliche Kostenregelung

Die **gesetzliche Kostenregelung** für das Einigungsstellenverfahren findet sich in § 76a BetrVG. Gem. § 76a Abs. 1 BetrVG muss der Arbeitgeber die Kosten der Einigungsstelle tragen, soweit diese erforderlich und angemessen sind. Von der in § 76a Abs. 4 BetrVG geregelten Ermächtigung hat das Bundesministerium für Arbeit und Soziales bis heute keinen Gebrauch gemacht. 1039

Die **Beisitzer** der Einigungsstelle, **die dem Betrieb angehören**, erhalten für die Tätigkeit keine Vergütung (§ 76a Abs. 2 Satz 1 Halbs. 1 BetrVG). Sie haben lediglich einen Anspruch auf Fortzahlung ihres Arbeitsentgelts gem. § 37 Abs. 2 und 3 BetrVG. Ist die Einigungsstelle zur Beilegung von Meinungsverschiedenheiten zwischen Arbeitgeber und Gesamtbetriebsrat oder Konzernbetriebsrat errichtet worden, so gilt Entsprechendes für die einem Betrieb des Unternehmens oder eines Konzernunternehmens angehörenden Beisitzer. 1040

§ 76a Abs. 3 BetrVG regelt einen gesetzlichen Vergütungsanspruch des Vorsitzenden und der betriebsfremden Beisitzer gegenüber dem Arbeitgeber[4]. Zu den nach § 76a Abs. 1 BetrVG vom Arbeitgeber zu tragenden „Kosten der Einigungsstelle" gehören aber nicht nur die **Vergütungsansprüche des Vorsitzenden und der Beisitzer**, sondern grundsätzlich alle Kosten, die durch das Einigungsstellenverfahren verursacht werden. So kann der Arbeitgeber auch verpflichtet sein, die **Kosten eines Sachverständigen** zu übernehmen, den die Einigungsstelle im Rahmen des Einigungsstellenverfahrens zugezogen hat. Voraussetzung hierfür ist die Erforderlichkeit der Einschaltung des Sachverständigen und die Verhältnismäßigkeit der damit verbundenen Kosten[5]. 1041

b) Höhe der Vergütung

Nach § 76a Abs. 3 BetrVG haben der Einigungsstellenvorsitzende und die außerbetrieblichen Beisitzer der Einigungsstelle gegenüber dem Arbeitgeber Anspruch auf Vergütung ihrer Tätigkeit, wobei sich die Höhe der Vergütung nach den Grundsätzen des § 76a Abs. 4 Satz 3–5 BetrVG richtet. 1042

---

1 BAG 26.5.1988 – 1 ABR 11/87, NZA 1989, 26.
2 DKKW/*Berg*, § 76 BetrVG Rz. 147; *Fitting*, § 76 BetrVG Rz. 153.
3 *Fitting*, § 76 BetrVG Rz. 162; BAG 30.1.1990 – 1 ABR 2/89, NZA 1990, 571.
4 BAG 10.10.2007 – 7 ABR 51/06, BAGE 124, 188.
5 BAG 13.11.1991 – 7 ABR 70/90, NZA 1992, 459.

1043 § 76a Abs. 4 Satz 1 BetrVG ermächtigt das Bundesministerium für Arbeit und Soziales, die Höhe der Vergütung für den Vorsitzenden und die Beisitzer durch eine Rechtsverordnung zu regeln, wobei in der Vergütungsordnung Höchstsätze festzulegen sind. **Kriterien für die Festsetzung der Vergütung** sind der erforderliche Zeitaufwand, die Schwierigkeit der Streitigkeit und ein etwaiger Verdienstausfall. Eine Heranziehung des RVG als Bemessungskriterium für die Vergütung ist damit unzulässig[1].

1044 Nach § 76a Abs. 4 Satz 4 BetrVG ist die **Vergütung der Beisitzer** niedriger zu bemessen als die des **Vorsitzenden**. Bei der Festsetzung der Höchstsätze ist gem. § 76a Abs. 4 Satz 5 BetrVG den berechtigten Interessen der Mitglieder der Einigungsstelle wie auch des Arbeitgebers Rechnung zu tragen[2]. Von den vorstehenden Grundsätzen kann durch **Tarifvertrag** oder in einer **Betriebsvereinbarung**, wenn ein Tarifvertrag dies zulässt oder eine tarifliche Regelung nicht besteht, abgewichen werden (§ 76a Abs. 5 BetrVG).

1045 Solange es an der in § 76a Abs. 4 BetrVG vorgesehenen Rechtsverordnung fehlt, bedarf es zur Bestimmung der Höhe der Vergütung einer entsprechenden **vertraglichen Vereinbarung** zwischen dem Arbeitgeber und dem Einigungsstellenmitglied. Wenn eine solche Vereinbarung nicht zustande kommt, bedarf es einer **Bestimmung der Vergütungshöhe** durch das anspruchsberechtigte Einigungsstellenmitglied **nach billigem Ermessen** gem. den §§ 316, 315 BGB unter Beachtung der Grundsätze des § 76a Abs. 4 Sätze 3–5 BetrVG[3]. Für eine gerichtliche Festsetzung der Vergütungshöhe ist nur Raum, wenn die vom Einigungsstellenmitglied getroffene Vergütungsbestimmung nicht der Billigkeit entspricht (§ 315 Abs. 3 Satz 2 BGB). Nach Auffassung des BAG gibt § 76a BetrVG den Gerichten nicht die Befugnis, die Höhe der Vergütung ohne Rücksicht auf eine vom Einigungsstellenmitglied selbst vorgenommene Bestimmung selbst festzusetzen[4]. Die Gerichte sind auch nicht befugt, Höchstbeträge für das Honorar festzusetzen[5].

1046 Haben sich Arbeitgeber und Einigungsstellenvorsitzender über die Höhe des **Vorsitzendenhonorars** geeinigt oder hat der Arbeitgeber die vom Einigungsstellenvorsitzenden nach § 315 Abs. 1 BGB getroffene Bestimmung der Höhe seiner Vergütung nicht als unbillig beanstandet, so kann idR davon ausgegangen werden, dass sie billigem Ermessen entspricht[6].

1047 Durch einen Abschlag von 30% gegenüber der Vorsitzendenvergütung wird im Allgemeinen dem Unterschied in den Aufgaben und der Beanspruchung des Vorsitzenden und der Beisitzer ausreichend Rechnung getragen. Eine Bestimmung der **Beisitzervergütung in Höhe von der Vorsitzendenvergütung** hält sich deshalb beim Fehlen besonderer zu berücksichtigender individueller Umstände im Rahmen billigen Ermessens[7].

---

1 *Fitting*, § 76a BetrVG Rz. 19; DKKW/*Berg*, § 76a BetrVG Rz. 28; BAG 20.2.1991 – 7 ABR 6/90, NZA 1991, 651 (zum Rechtsanwalt als Einigungsstellenbeisitzer).
2 Vgl. hierzu LAG Rh.-Pf. 24.5.1991 – 6 TaBV 14/91, DB 1991, 1992; vgl. zur Diskussion im Einzelnen *Kamphausen*, NZA 1992, 55 ff.; *Lunk/Nebendahl*, NZA 1990, 921 ff.; *Bauer/Röder*, DB 1989, 224 ff.; DKKW/*Berg*, § 76a BetrVG Rz. 34 ff.; *Fitting*, § 76a BetrVG Rz. 23.
3 BAG 28.8.1996 – 7 ABR 42/95, NZA 1997, 222; 12.2.1992 – 7 ABR 20/91, NZA 1993, 605; LAG BW 3.5.1995 – 2 TaBV 7/94, nv.
4 BAG 12.2.1992 – 7 ABR 20/91, NZA 1993, 605; 12.2.1992 – 7 ABR 34/91, nv.
5 BAG 28.8.1996 – 7 ABR 42/95, BB 1997, 158.
6 BAG 12.2.1992 – 7 ABR 20/91, NZA 1993, 605.
7 LAG Hess. 11.6.2012 – 16 TaBV 203/11, nv.; BAG 14.2.1996 – 7 ABR 24/95, DB 1996, 2233; *Fitting*, § 76a BetrVG Rz. 25a mwN.

c) Verfahrensfragen

Der Vorsitzende und die Beisitzer können ihre Vergütungsansprüche im arbeitsgerichtlichen Beschlussverfahren geltend machen[1]. **Honorardurchsetzungskosten** zählen zwar nicht zu den vom Arbeitgeber nach § 76a Abs. 1 BetrVG zu tragenden Kosten der Einigungsstelle, können aber ein nach § 286 Abs. 1 BGB zu ersetzender Verzugsschaden sein[2]. Dies gilt auch für die im Beschlussverfahren entstehenden Anwaltskosten. Der nur für das Urteilsverfahren geltende § 12a Abs. 1 Satz 1 ArbGG schränkt insoweit den materiell-rechtlichen Kostenerstattungsanspruch nicht ein. Die Anwaltskosten für die gerichtliche Durchsetzung des Honoraranspruchs sollen auch dann zu ersetzen sein, wenn das Einigungsstellenmitglied Rechtsanwalt ist und das Beschlussverfahren selbst führt[3].

1048

⊃ **Hinweis:** Honoraransprüche des Vorsitzenden wie auch der Beisitzer sind in der Insolvenz Masseschulden (§ 55 Abs. 1 Nr. 1 InsO), auch wenn das Einigungsstellenverfahren vor Insolvenzeröffnung begonnen hat[4]. War das Einigungsstellenverfahren bereits vor Insolvenzeröffnung beendet, handelt es sich um einfache Insolvenzforderungen iSd. § 38 InsO[5].

1049

Betriebsratsangehörige Beisitzer der Einigungsstelle haben ihre Ansprüche auf Fortzahlung des Arbeitsentgelts, auf Freizeitausgleich oder auf Mehrarbeitsvergütung, auch soweit sie im Zusammenhang mit ihrer Tätigkeit in der Einigungsstelle stehen, im arbeitsgerichtlichen Urteilsverfahren geltend zu machen[6].

d) Vertretung des Betriebsrats durch einen Rechtsanwalt

Wenn der Regelungstatbestand der Einigungsstelle schwierige Rechtsfragen aufwirft, die zwischen den Betriebspartnern umstritten sind, und kein Beisitzer auf Betriebsratsseite über den zur sachgerechten Interessenwahrnehmung notwendigen juristischen Sachverstand verfügt, soll der Betriebsrat berechtigt sein, sich durch einen Rechtsanwalt im Verfahren vor der Einigungsstelle vertreten zu lassen. Er ist dann berechtigt, dem Rechtsanwalt für die Wahrnehmung seiner Interessen ein **Honorar in Höhe der Vergütung eines betriebsfremden Beisitzers** zuzusagen, wenn der von ihm ausgewählte Rechtsanwalt nur gegen eine derartige Zahlung zur Mandatsübernahme bereit ist[7]. Gem. § 76a Abs. 1 BetrVG hat der Arbeitgeber auch diese Kosten zu tragen, soweit der Betriebsrat sie bei pflichtgemäßer verständiger Würdigung aller Umstände für notwendig halten durfte.

1050

IX. Tendenzbetriebe und andere Sonderformen des Betriebs

1. Grundsätze

Gem. § 118 Abs. 1 BetrVG findet das BetrVG keine Anwendung auf sog. Tendenzbetriebe und -unternehmen, die unmittelbar und überwiegend bestimmte, im Einzelnen aufgeführte geistig-ideelle Zielsetzungen verfolgen, soweit deren Eigenart einer Anwendung des BetrVG entgegensteht. Hierdurch berücksichtigt der Gesetzgeber, dass die Zuerkennung von Tendenzschutz zur Zurückstellung von Belangen führt, de-

1051

---

1 BAG 26.7.1989 – 7 ABR 72/88, DB 1991, 184, bestätigt durch BAG 27.7.1994 – 7 ABR 10/93, NZA 1995, 545.
2 LAG Hamm 10.2.2012 – 10 TaBV 67/11, nv.
3 LAG Hamm 10.2.2012 – 10 TaBV 67/11, nv.; BAG 27.7.1994 – 7 ABR 10/93, NZA 1995, 545.
4 BAG 27.3.1979 – 6 ABR 39/76, DB 1979, 1562; 17.8.2005 – 7 ABR 56/04, NZA 2006, 109; *Fitting*, § 76a BetrVG Rz. 36; DKKW/*Berg*, § 76a BetrVG Rz. 47.
5 *Fitting*, § 76a BetrVG Rz. 36; DKKW/*Berg*, § 76a BetrVG Rz. 47.
6 *Fitting*, § 76a BetrVG Rz. 35; *Wenning-Morgenthaler*, Rz. 552.
7 BAG 21.6.1989 – 7 ABR 78/87, NZA 1990, 107; 14.2.1996 – 7 ABR 25/95, NZA 1996, 892.

ren Wahrnehmung dem Betriebsrat übertragen ist[1]. Die Anwendung des BetrVG ist insoweit ausgeschlossen, als die Beteiligung des Betriebsrats die geistig-ideelle Zielsetzung und deren Verwirklichung verhindern oder ernstlich beeinträchtigen kann[2].

1052 Die im Gesetz genannten **Tendenzzwecke** sind **abschließend**. § 118 BetrVG ist die Ausnahme von der Regel, dass der Betriebsrat zu beteiligen ist[3]. Die Einschränkung der Beteiligungsrechte soll dem Schutz einer geistig-ideellen Zielsetzung der unternehmerischen Betätigung dienen[4] und ist als Versuch zu begreifen, eine ausgewogene Regelung zwischen dem Sozialstaatsprinzip und den Freiheitsrechten des Unternehmens-/Betriebsträgers zu finden[5]. § 118 BetrVG dient insbesondere der Ausgestaltung der Freiheitsgrundrechte der Art. 4 GG, Art. 5 GG und Art. 9 Abs. 3 GG[6].

1053 Vom Geltungsbereich des BetrVG **ganz ausgenommen** sind gem. § 118 Abs. 2 BetrVG **Religionsgemeinschaften** und deren karitative und erzieherische Einrichtungen.

1054 Auf Tendenzunternehmen in der Rechtsform einer **juristischen Person des öffentlichen Rechts** findet das BetrVG gem. § 130 BetrVG **keine Anwendung**. Hier gilt das PersVG des Bundes oder der Länder.

2. Tendenzunternehmen und -betriebe

1055 In § 118 Abs. 1 BetrVG wird sowohl auf den Betrieb als auch auf das Unternehmen abgestellt. Ein **tendenzfreies Unternehmen** kann jedoch **keinen Tendenzbetrieb** unterhalten, da der Betrieb als arbeitstechnische Teilorganisation keinen anderen Zweck verfolgen kann als das Unternehmen selbst. Andererseits muss sich die geistig-ideelle Zielsetzung eines Tendenzunternehmens mit mehreren Betrieben nicht unbedingt in allen Betrieben gleichermaßen niederschlagen, so dass hier ggf. nur einzelne Betriebe von der Anwendung des BetrVG ausgeschlossen sind[7].

1056 Die Unternehmen und Betriebe müssen **unmittelbar und überwiegend** geistig-ideellen Zwecken dienen. Beide Voraussetzungen müssen vorliegen. Der Tendenzschutz soll so beschränkt werden auf Unternehmen und Betriebe, deren unternehmerisches Gepräge von einer geistig-ideellen Aufgabe bestimmt wird[8].

1057 **Unmittelbarkeit** setzt voraus, dass das **Unternehmen** bzw. der Betrieb als organisatorische Einheit **selbst dazu bestimmt** ist, **eine oder mehrere** der in § 118 Abs. 1 BetrVG genannten **geistig-ideellen Zielsetzungen zu verwirklichen**, denn Tendenzschutz soll nur dort bestehen, wo die Tendenz direkt beeinflusst oder gestaltet werden kann[9]. Eine nur wirtschaftliche Zielsetzung genügt nicht, auch wenn durch sie das Tendenzunternehmen unterstützt werden soll[10]. Etwas anderes soll gelten, wenn bspw. eine Druckerei betrieben wird, um die wirtschaftliche Existenz eines Verlages zu sichern[11] oder die Druckerei selbst Einfluss nehmen kann auf die Tendenzverwirklichung des Verlages[12]. Ebenso wenig genügt es, wenn die geistig-ideellen Aufgaben lediglich dazu

---

1 BVerfG 29.4.2003 – 1 BvR 62/99, NZA 2003, 864.
2 BAG 30.1.1990 – 1 ABR 101/88, AP Nr. 44 zu § 118 BetrVG 1972.
3 BAG 14.1.1992 – 1 ABR 35/91, AP Nr. 49 zu § 118 BetrVG 1972.
4 BAG 7.4.1981 – 1 ABR 62/78, AP Nr. 17 zu § 118 BetrVG 1972.
5 BAG 30.1.1990 – 1 ABR 101/88, AP Nr. 44 zu § 118 BetrVG 1972.
6 *Fitting*, § 118 BetrVG Rz. 2.
7 BAG 27.7.1993 – 1 ABR 8/93, AP Nr. 51 zu § 118 BetrVG 1972.
8 BAG 15.2.1989 – 7 ABR 12/87, AP Nr. 39 zu § 118 BetrVG 1972.
9 BVerfG 6.11.1979 – 1 BvR 81/76 u. BAG 15.2.1989 – 7 ABR 12/87, AP Nr. 14, 39 zu § 118 BetrVG 1972.
10 BAG 21.6.1989 – 7 ABR 58/87, AP Nr. 43 zu § 118 BetrVG 1972.
11 BAG 30.6.1981 – 1 ABR 30/79, AP Nr. 20 zu § 118 BetrVG 1972; zweifelnd *Bauer/Lingemann*, NZA 1995, 813 (814).
12 BAG 30.6.1981 – 1 ABR 30/79, AP Nr. 20 zu § 118 BetrVG 1972.

dienen, einen anderen, nicht tendenzgeschützten Unternehmenszweck zu fördern (**Beispiel:** Forschungsabteilung eines Pharmaherstellers)[1].

Überwiegend ist das maßgebliche Kriterium, soweit es sich um **Mischunternehmen** oder -betriebe handelt, die also neben der tendenzgeschützten Tätigkeit auch andere Zwecke verfolgen. Ob ein Mischunternehmen überwiegend tendenzgeschützten Bestimmungen dient, richtet sich danach, mit welcher Intensität es seine Tätigkeit diesen Zielen im Vergleich zu seinen anderen, nicht tendenzgeschützten Zielen widmet. Die tendenzgeschützte Bestimmung muss überwiegen[2]. Anhand von Umsatz- oder Gewinnzahlen lässt sich dies häufig nicht zuverlässig feststellen, weil diese regelmäßig von Zufälligkeiten abhängen und den Umfang der auf die verschiedenen Unternehmensziele entfallenden Aktivitäten des Unternehmens nicht richtig widerspiegeln[3]. 1058

Maßgebend sind **quantitative**, nicht qualitative **Gesichtspunkte**. Ob die tendenzgeschützte Bestimmung dem Unternehmen in einem qualitativen Sinn das Gesamtgepräge gibt, ist ohne Bedeutung. Abzustellen ist also auf eine messbare Größe, eine Teilgröße, die mehr als die Hälfte der Gesamtgröße ausmachen muss[4]. 1059

Geeigneter Maßstab ist, in welcher Größenordnung das Unternehmen seine **personellen und sonstigen Mittel zur Verwirklichung seiner tendenzgeschützten** und nicht tendenzgeschützten **Ziele** regelmäßig einsetzt. Bei personalintensiven Betätigungen ist in erster Linie auf den Personaleinsatz abzustellen, also auf die Arbeitszeitmenge, die regelmäßig zur Erreichung der verschiedenen Unternehmensziele verwendet wird. Hierzu sind neben den sog. Tendenzträgern (vgl. Rz. 1081 ff.) auch die übrigen Mitarbeiter zu berücksichtigen, soweit sie mit ihrer Arbeit der Verwirklichung der tendenzgeschützten Bestimmungen dienen, etwa indem sie die technischen Voraussetzungen für die Tendenzverwirklichung schaffen[5]. 1060

3. Geistig-ideelle Bestimmungen (§ 118 Abs. 1 Nr. 1 BetrVG)

a) Politische Bestimmung

Der Begriff politisch ist nicht nur **parteipolitisch** zu verstehen, auch **wirtschafts- und sozialpolitische** Vereinigungen fallen hierunter[6]. Ein Unternehmen dient politischen Bestimmungen, wenn seine Zielsetzung darin besteht, zum Zwecke der Gestaltung öffentlicher Aufgaben im Interesse der Allgemeinheit auf die Willensbildung des demokratisch verfassten Staates Einfluss zu nehmen. Dazu gehört nicht die reine Vertretung von Mitgliederinteressen, um deren Durchsetzung im gesellschaftlichen Leben in der Auseinandersetzung mit anderen Privaten zu gewährleisten (Mieterschutz- oder Haus- und Grundbesitzervereine)[7]. Die Erfüllung öffentlicher Aufgaben im Auftrag und nach Vorgaben staatlicher Stellen (privatrechtlicher Verein als Instrument auswärtiger Kulturpolitik) ist keine geschützte politische Bestimmung[8]. 1061

---

1 BAG 21.6.1989 – 7 ABR 58/87, AP Nr. 43 zu § 118 BetrVG 1972.
2 BAG 21.6.1989 – 7 ABR 58/87, AP Nr. 43 zu § 118 BetrVG 1972.
3 BAG 21.6.1989 – 7 ABR 58/87, AP Nr. 43 zu § 118 BetrVG 1972.
4 BAG 21.6.1989 – 7 ABR 58/87, AP Nr. 43 zu § 118 BetrVG 1972.
5 BAG 15.3.2006 – 7 ABR 24/05, ArbRB 2006, 236.
6 BAG 21.7.1998 – 1 ABR 2/98, AP Nr. 63 zu § 118 BetrVG 1972; *Fitting*, § 118 BetrVG Rz. 15; aA DKKW/*Wedde*, § 118 BetrVG Rz. 25, wonach nur parteipolitische, nicht aber allgemeinpolitische Zielsetzungen umfasst werden.
7 BAG 23.3.1999 – 1 ABR 28/98, BB 1999, 1873.
8 BAG 21.7.1998 – 1 ABR 2/98, AP Nr. 63 zu § 118 BetrVG 1972.

Beispiel:

Von einer Partei getragene politische Stiftung[1]; Verwaltungsapparat der politischen Parteien mit Geschäftsstellen, Büros und Sekretariaten; wirtschaftspolitische und sozialpolitische Vereinigungen wie der Bundesverband der Deutschen Industrie.[2]

b) Koalitionspolitische Bestimmung

1062 Koalitionspolitischen Bestimmungen dienen **Gewerkschaften** und **Arbeitgeberverbände** sowie deren Bildungs- und Schulungseinrichtungen. Der Begriff bezieht sich auf den **Schutzbereich des Art. 9 Abs. 3 GG**, so dass alle hierunter fallenden Koalitionen umfasst werden[3].

c) Konfessionelle Bestimmung

1063 Konfessionellen Bestimmungen dient ein Unternehmen oder Betrieb, dessen Zielsetzung **Ausdruck eines Glaubens im Hinblick auf eine bestimmte Religionsgemeinschaft** ist[4]. Kirchen fallen nicht hierunter, da das BetrVG auf sie keine Anwendung findet (vgl. Rz. 1101 f.), jedoch ihre Verbände und Einrichtungen, soweit diese nicht einen erzieherischen oder karitativen Zweck verfolgen und damit unter § 118 Abs. 2 BetrVG fallen (vgl. Rz. 1101 ff.).

Beispiel:

Konfessionell orientierte Frauen- und Jugendverbände; Vereine zur Missionsförderung; konfessionelle Eheanbahnungsinstitute[5].

d) Karitative Bestimmung

1064 Karitativen Bestimmungen dient ein Unternehmen, das den sozialen Dienst am körperlich oder seelisch leidenden Menschen zum Ziel hat und auf Heilung innerer oder äußerer Nöte des Einzelnen oder auf deren vorbeugende Abwehr gerichtet ist, sofern diese Betätigung ohne Gewinnerzielungsabsicht erfolgt und das Unternehmen selbst nicht von Gesetzes wegen unmittelbar zu derartiger Hilfeleistung verpflichtet ist[6]. Auf den Grad der Hilfsbedürftigkeit kommt es nicht an. Entscheidend ist, dass die Menschen, denen die Hilfe dienen soll, überhaupt hilfsbedürftig sind[7]. Zusätzlich muss das Unternehmen den karitativen Bestimmungen unmittelbar dienen[8].

1065 Eine **Gewinnerzielungsabsicht steht entgegen**, da der Dienst am hilfsbedürftigen Menschen im Vordergrund stehen muss. Eine möglichst **kostendeckende Gestaltung** der Tätigkeit ist dagegen **unschädlich**[9]. Erfolgt die Hilfe gegen ein Entgelt, das über eine reine Kostendeckung hinausgeht, ist dies nicht mehr karitativ. Unerheblich ist ein Bilanzgewinn, soweit ein solcher für satzungsmäßige Zwecke zu verwenden ist und den Charakter einer Rücklage hat[10].

---

1 BAG 28.8.2003 – 2 ABR 48/02, NZA 2004, 501.
2 *Fitting*, § 118 BetrVG Rz. 15; DKKW/*Wedde*, § 118 BetrVG Rz. 26.
3 Richardi/*Thüsing*, § 118 BetrVG Rz. 54.
4 Richardi/*Thüsing*, § 118 BetrVG Rz. 55.
5 *Fitting*, § 118 BetrVG Rz. 17; Richardi/*Thüsing*, § 118 BetrVG Rz. 56.
6 BAG 14.9.2010 – 1 ABR 29/09, NZA 2011, 225; LAG Rh.-Pf. 14.8.2013 – 8 TaBV 40/12, nv.
7 LAG Rh.-Pf. 14.8.2013 – 8 TaBV 40/12, nv.
8 BAG 22.5.2012 – 1 ABR 7/11, ArbRB 2012, 337.
9 BAG 22.5.2012 – 1 ABR 7/11, ArbRB 2012, 337; LAG Rh.-Pf. 14.8.2013 – 8 TaBV 40/12, nv.
10 BAG 24.5.1995 – 7 ABR 48/94 und 22.11.1995 – 7 ABR 12/95, AP Nr. 57 und 58 zu § 118 BetrVG 1972; LAG Rh.-Pf. 14.8.2013 – 8 TaBV 40/12, nv.

Eine karitative Bestimmung scheidet ferner aus, wenn das Unternehmen selbst von Gesetzes wegen unmittelbar zu derartiger Hilfeleistung verpflichtet ist. Zur Karitativität gehört die **Freiwilligkeit der Hilfeleistung**. Diese wird nicht dadurch ausgeschlossen, dass die leidenden Menschen ihrerseits einen gesetzlichen Anspruch gegen Dritte, insbesondere gegen die öffentliche Hand, auf derartige Hilfeleistung haben. Unerheblich ist auch, ob das Unternehmen von juristischen Personen öffentlichen Rechts begründet worden ist oder gar beherrscht wird, die ihrerseits – als Träger der Sozialversicherung – verpflichtet sind, derartige Hilfeleistungen zu erbringen[1]. 1066

Es kommen **nur nicht- oder überkonfessionelle Einrichtungen** in Betracht, da das BetrVG auf Religionsgemeinschaften und ihre karitativen Einrichtungen keine Anwendung findet (vgl. Rz. 1101 ff.). 1067

Beispiele: 1068

Wohlfahrtsverbände; Deutsches Rotes Kreuz (mit Ausnahme von dessen Blutspendedienst[2]); Werkstatt für Behinderte zur beruflichen Eingliederung[3]; private Krankenhäuser; Altenheime; stationäre und ambulante Altenpflege[4]; Unfallrettungsdienste; Volksbund Deutscher Kriegsgräberfürsorge e.V.[5]; Berufsförderungswerk zur beruflichen Rehabilitation von Behinderten[6]; Sozialdienste privater Organisationen[7].

e) Erzieherische Bestimmung

Einer erzieherischen Bestimmung wird gedient, wenn durch **planmäßige und methodische Unterweisung** in einer **Mehrzahl allgemein- oder berufsbildender Fächer** die **Persönlichkeit des Menschen geformt** werden soll[8]. Eine Schule muss darauf ausgerichtet sein, die Persönlichkeit des jungen Menschen zu entfalten und seine Entwicklung zu einem Glied der menschlichen Gesellschaft zu fördern[9]. Erziehung kann auch außerhalb von Schulen sowie gegenüber Erwachsenen stattfinden[10]. Erziehung setzt voraus, dass diese mit **gewisser Nachhaltigkeit** vorgenommen wird, also auf längere Dauer angelegt ist. Die auf Stunden oder wenige Tage beschränkte einmalige Vermittlung von Eindrücken bei einem Vortrag ist daher nicht als „erzieherisch" zu werten[11]. Ebenso wenig genügt die reine Vermittlung gewisser Kenntnisse und Fertigkeiten (**Beispiel:** Erteilung von Fremdsprachenunterricht nach einer bestimmten Methode)[12]. 1069

Gewinnorientierung oder -erzielung schließt die Anwendung des Tendenzschutzes nicht aus; die Erziehung wird dadurch in ihrem Wesen nicht berührt[13]. 1070

---

1 BAG 24.5.1995 – 7 ABR 48/94, AP Nr. 57 zu § 118 BetrVG 1972.
2 BAG 22.5.2012 – 1 ABR 7/11, ArbRB 2012, 337.
3 BAG 31.1.1995 – 1 ABR 35/94, AP Nr. 56 zu § 118 BetrVG 1972.
4 BAG 15.3.2006 – 7 ABR 24/05, ArbRB 2006, 236.
5 *Birk*, Gemeins. Anm. zu BAG AP Nr. 16, 17 zu § 118 BetrVG 1972.
6 BAG 31.1.1995 – 1 ABR 35/94, AP Nr. 56 zu § 118 BetrVG 1972.
7 *Birk*, Gemeins. Anm. zu BAG AP Nr. 16, 17 zu § 118 BetrVG 1972.
8 BAG 14.9.2010 – 1 ABR 29/09, NZA 2011, 225.
9 BAG 13.1.1987 – 1 ABR 49/85, AP Nr. 33 zu § 118 BetrVG 1972.
10 BAG 31.1.1995 – 1 ABR 35/94, AP Nr. 56 zu § 118 BetrVG 1972; aA hinsichtlich Erwachsener: *Struck*, NZA 1991, 249 (254).
11 BAG 21.6.1989 – 7 ABR 58/87, AP Nr. 43 zu § 118 BetrVG 1972.
12 BAG 14.9.2010 – 1 ABR 29/09, NZA 2011, 225.
13 *Birk*, Gemeins. Anm. zu BAG AP Nr. 16, 17 zu § 118 BetrVG 1972; BAG 15.2.1989 – 7 ABR 12/87, AP Nr. 39 zu § 118 BetrVG 1972.

1071 **Beispiele:**

Privatschulen[1]; Bildungseinrichtungen allgemein bildender oder berufsbildender Art; Berufsbildungswerk zur Aus- und Weiterbildung von Lernbehinderten[2]. **Nicht:** Sprachschule mit Fremdsprachenunterricht nach einer bestimmten Methode[3]; Fahrschule; Tanzschule; Sportschulen für bestimmte Sportarten[4]; Landessportbund[5]; Zoo, auch soweit er naturwissenschaftliche Kenntnisse verbreitet oder vertieft[6].

f) Wissenschaftliche Bestimmung

1072 Ausgehend von dem weiten **Wissenschaftsbegriff des BVerfG** zu Art. 5 Abs. 3 Satz 1 GG[7] ist Wissenschaft alles, was nach Inhalt und Form als ernsthafter **planmäßiger Versuch zur Ermittlung der Wahrheit** anzusehen ist[8]. Hierzu gehört **grundlagen- oder anwendungsorientierte Forschung** ebenso wie eine an die angewandte Forschung anknüpfende Weiterentwicklung. Neben der Forschung ist auch die **wissenschaftliche Lehre** geschützt. Die Grenze ist dort zu ziehen, wo es sich um die bloße Anwendung erreichter wissenschaftlicher Erkenntnisse ohne eigenes Streben nach neuen Erkenntnissen handelt[9]. Das Vorhalten von wissenschaftlichen Hilfsmitteln für die Forschung anderer reicht ebenfalls nicht aus (**Beispiel:** Universitätsbibliothek, es sei denn, sie betreibt selbst Forschung)[10].

1073 Dem Tendenzschutz steht die Absicht des Unternehmens, **Gewinne** zu erzielen, nicht entgegen; das Wesen der Wissenschaft wird dadurch nicht berührt[11].

1074 **Beispiele:**

Forschungsinstitute; wissenschaftliche Buch- und Zeitschriftenverlage; Zoo, soweit Erkenntnisse über Tierbiologie gewonnen oder Methoden der Arterhaltung erforscht oder entwickelt werden[12].

g) Künstlerische Bestimmung

1075 Mit der künstlerischen Bestimmung ist die **Kunstfreiheit des Art. 5 Abs. 3 Satz 1 GG** angesprochen. Die verfassungsrechtliche Kunstfreiheitsgarantie umfasst den Werk- wie den Wirkbereich des künstlerischen Schaffens. Der **Werkbereich** ist die **eigentliche künstlerische Betätigung** als freie schöpferische Gestaltung. Der **Wirkbereich** bezeichnet den Bereich, in dem der Öffentlichkeit Zugang zu dem Kunstwerk verschafft wird, also die **Darbietung und Verbreitung des Kunstwerks**[13]. Hierzu gehört die Vervielfältigung, Veröffentlichung und Verbreitung als Mittlerfunktion zwischen Künstler und Publikum[14].

1076 Die Absicht, Gewinne zu erzielen, steht nicht entgegen, da Kunst in ihrem Wesen dadurch nicht berührt wird[15].

---

1 BAG 13.1.1987 – 1 ABR 49/85, AP Nr. 33 zu § 118 BetrVG 1972.
2 BAG 14.4.1988 – 6 ABR 36/86, AP Nr. 36 zu § 118 BetrVG 1972.
3 BAG 7.4.1981 – 1 ABR 62/78, AP Nr. 17 zu § 118 BetrVG 1972.
4 *Birk*, Gemeins. Anm. zu BAG AP Nr. 16, 17 zu § 118 BetrVG 1972.
5 BAG 23.3.1999 – 1 ABR 28/98, BB 1999, 1873.
6 BAG 21.6.1989 – 7 ABR 58/87, AP Nr. 43 zu § 118 BetrVG 1972.
7 BAG 20.11.1990 – 1 ABR 87/89, AP Nr. 47 zu § 118 BetrVG 1972.
8 BVerfG 29.5.1973 – 1 BvR 424/71 u.a., AP Nr. 1 zu Art. 5 Abs. 3 GG – Wissenschaftsfreiheit.
9 BAG 20.11.1990 – 1 ABR 87/89, AP Nr. 47 zu § 118 BetrVG 1972.
10 BAG 20.11.1990 – 1 ABR 87/89, AP Nr. 47 zu § 118 BetrVG 1972.
11 BAG 15.2.1989 – 7 ABR 12/87, AP Nr. 39 zu § 118 BetrVG 1972.
12 BAG 21.6.1989 – 7 ABR 58/87, AP Nr. 43 zu § 118 BetrVG 1972.
13 BAG 8.3.1983 – 1 ABR 44/81, AP Nr. 26 zu § 118 BetrVG 1972.
14 BAG 15.2.1989 – 7 ABR 12/87, AP Nr. 39 zu § 118 BetrVG 1972.
15 BAG 15.2.1989 – 7 ABR 12/87, AP Nr. 39 zu § 118 BetrVG 1972.

Beispiele: 1077

Theater[1]; Produzenten von Tonträgern mit Musik- oder Wortkunstwerken[2]; Konzertagenturen; Verlage; Orchester; belletristische Buchverlage mit breitem Verlagsprogramm[3]; Buchclubs[4]. **Nicht:** GEMA[5]; Händler von Büchern und bespielten Tonträgern[6].

4. Berichterstattung und Meinungsäußerung (§ 118 Abs. 1 Nr. 2 BetrVG)

§ 118 Abs. 1 Nr. 2 BetrVG will das durch Art. 5 Abs. 1 Satz 2 GG gewährleistete 1078 Grundrecht der **Pressefreiheit** des Verlegers sowie der **Freiheit der Berichterstattung** schützen. **Geschützt** ist nicht nur die **Freiheit zur Festlegung der Tendenz** eines Presseerzeugnisses oder einer sonstigen Veröffentlichung, sondern auch die Freiheit, **diese beizubehalten, zu ändern und zu verwirklichen**[7]. Die Rundfunkfreiheit unterscheidet sich nicht von der Pressefreiheit[8]. Die Berichterstattung, nämlich das Vervielfältigen und Verbreiten von Berichten, umfasst neben Nachschlagewerken und sonstigen Sachbüchern auch Kochbücher[9].

Beispiele:

Zeitungs- und Zeitschriftenverlage; Rundfunk- und Fernsehsender, auch wenn sie nur zu 10% Wortbeiträge senden; Buchverlage; Presse- und Nachrichtenagenturen[10].

Das Presseerzeugnis, die sonstige Veröffentlichung bzw. der private Rundfunk- oder 1079 Fernsehsender müssen **Zwecken der Meinungsäußerung oder Berichterstattung** dienen. Daher genießen reine Adress-, Telefon-, Formularbuchverlage, Anzeigenblätter u. dgl.[11] ebenso wenig Tendenzschutz wie die Druckerei von Verlagserzeugnissen (vgl. aber Rz. 1057) oder ein Unternehmen zur Zustellung von Tageszeitungen, auch wenn es sich um die 100%ige Tochtergesellschaft eines Verlages handelt[12].

Gewinnerzielungsabsicht steht nicht entgegen; Berichterstattung und Meinungs- 1080 äußerung werden dadurch in ihrem Wesen nicht berührt[13].

5. Tendenzträger

Auch in Tendenzbetrieben oder -unternehmen ist das Beteiligungsrecht des Betriebs- 1081 rats nur eingeschränkt, wenn die Maßnahme Tendenzbezug hat und Arbeitnehmer betrifft, die Tendenzträger sind[14]. Arbeitnehmer sind Tendenzträger, für deren Tätigkeit die geistig-ideellen Bestimmungen und Zwecke des Betriebs oder Unternehmens inhaltlich prägend sind[15]. Dies setzt voraus, dass diese Mitarbeiter die Möglichkeit haben, auf die Tendenzverwirklichung Einfluss zu nehmen[16]. Nicht zu den Tendenz-

---

1 BAG 28.10.1986 – 1 ABR 16/85, AP Nr. 32 zu § 118 BetrVG 1972.
2 BAG 15.2.1989 – 7 ABR 12/87, AP Nr. 39 zu § 118 BetrVG 1972.
3 BAG 15.2.1989 – 7 ABR 12/87, AP Nr. 39 zu § 118 BetrVG 1972.
4 BAG 15.2.1989 – 7 ABR 12/87, AP Nr. 39 zu § 118 BetrVG 1972.
5 BAG 8.3.1983 – 1 ABR 44/81, AP Nr. 26 zu § 118 BetrVG 1972.
6 BAG 15.2.1989 – 7 ABR 12/87, AP Nr. 39 zu § 118 BetrVG 1972.
7 BAG 19.5.1981 – 1 ABR 39/79, AP Nr. 21 zu § 118 BetrVG 1972.
8 BAG 11.2.1992 – 1 ABR 49/91, AP Nr. 50 zu § 118 BetrVG 1972.
9 BAG 15.2.1989 – 7 ABR 12/87, AP Nr. 39 zu § 118 BetrVG 1972.
10 ErfK/*Kania*, § 118 BetrVG Rz. 15 mwN.
11 *Fitting*, § 118 BetrVG Rz. 23; *Weber*, NZA Beilage 3/1989, 3; DKKW/*Wedde*, § 118 BetrVG Rz. 55; *Bauer/Lingemann*, NZA 1995, 814.
12 BVerfG 29.4.2003 – 1 BvR 62/99, NZA 2003, 864.
13 BAG 15.2.1989 – 7 ABR 12/87, AP Nr. 39 zu § 118 BetrVG 1972.
14 HWK/*Hohenstatt/Dzida*, § 118 BetrVG Rz. 21; Richardi/*Thüsing*, § 118 BetrVG Rz. 121.
15 *Fitting*, § 118 BetrVG Rz. 30; Richardi/*Thüsing*, § 118 BetrVG Rz. 120.
16 BAG 14.9.2010 – 1 ABR 29/09, NZA 2011, 225.

trägern zählen daher Arbeitnehmer ohne tendenzbezogene Aufgaben (zB Buchhalter, Lagerarbeiter)[1].

1082 Bei **Arbeitnehmern, die Tendenztätigkeiten ausüben**, ist zunächst zu differenzieren zwischen Unternehmen mit und ohne besonderen Grundrechtsbezug. Arbeitnehmer von **Unternehmen mit Grundrechtsbezug** erfüllen die Voraussetzungen für die Tendenzträgereigenschaft schon dann, wenn ihnen in nicht völlig unbedeutendem Umfang tendenzbezogene Arbeiten übertragen sind, durch die sie Einfluss auf die Tendenzverwirklichung nehmen können. Dagegen haben **karitative und gemeinnützige Unternehmen keinen besonderen Grundrechtsbezug**. Daher müssen hier die Arbeitnehmer bei den tendenzbezogenen Aufgaben im Wesentlichen frei über deren Erledigung entscheiden können, damit eine Einschränkung der Mitbestimmungsrechte des Betriebsrats hier gerechtfertigt ist[2]. Daran fehlt es, wenn nur ein geringer Gestaltungsfreiraum besteht, weil sie einem umfassenden Weisungsrecht oder Sachzwängen ausgesetzt sind. Ferner müssen die tendenzbezogenen Aufgaben auch in zeitlicher Hinsicht einen bedeutenden Anteil an der Gesamtarbeitszeit haben.[3]

1083 **Beispiele:**

Redakteure, auch Redaktionsvolontäre einer Tageszeitung wegen der Einbindung in die meinungsbildende und Bericht erstattende Arbeit der Redaktion[4]; Anzeigenredakteure, die Texte von Anzeigensonderveröffentlichungen bearbeiten und Texte für Anzeigenkunden verfassen[5]; Koordinator Wortprogramm bei einem Rundfunksender[6]; Lehrkräfte an einer Schule oder Bildungseinrichtung[7]; Psychologen beim Berufsförderungswerk[8], hauptamtliche Funktionäre bei Parteien und Koalitionen[9]. Keine Tendenzträger sind dagegen die Maskenbildner eines Theaters[10] oder die Fahrer von Krankenwagen[11] mangels eigener maßgeblicher inhaltlicher Einflussnahme.

6. Einschränkungen der Beteiligungsrechte des Betriebsrats

a) Der absolute Ausschluss der §§ 106 bis 110 BetrVG

1084 Nach § 118 Abs. 1 Satz 2 BetrVG sind die Vorschriften der §§ 106–110 BetrVG, also über den **Wirtschaftsausschuss**, in Tendenzunternehmen uneingeschränkt **nicht anzuwenden**[12]. Da der Wirtschaftsausschuss auf Unternehmensebene zu bilden ist, ist bei Unternehmen mit mehreren Betrieben zu prüfen, ob der Tendenzcharakter insgesamt überwiegt (vgl. Rz. 1058 ff.)[13]. Wird dies verneint, ist ein Wirtschaftsausschuss zu bilden; dieser ist dann jedoch nicht für die Tendenzbetriebe des Unternehmens zuständig[14]. Anstelle des Wirtschaftsausschusses ist auch nicht ein Betriebsrat zu beteiligen[15].

---

1 BAG 28.8.2003 – 2 ABR 48/02, NZA 2004, 501.
2 BAG 14.5.2013 – 1 ABR 10/12, NZA 2014, 336.
3 BAG 14.5.2013 – 1 ABR 10/12, NZA 2014, 336; 14.9.2010 – 1 ABR 29/09, NZA 2011, 225.
4 BAG 19.5.1981 – 1 ABR 39/79, AP Nr. 21 zu § 118 BetrVG 1972.
5 BAG 20.4.2010 – 1 ABR 78/08, ArbRB 2010, 239.
6 BAG 27.7.1993 – 1 ABR 8/93, AP Nr. 51 zu § 118 BetrVG 1972.
7 BAG 31.1.1995 – 1 ABR 35/94, AP Nr. 56 zu § 118 BetrVG 1972.
8 BAG 8.11.1988 – 1 ABR 17/87, AP Nr. 38 zu § 118 BetrVG 1972.
9 BAG 28.8.2003 – 2 ABR 48/02, NZA 2004, 501.
10 BAG 28.10.1986 – 1 ABR 16/85, AP Nr. 32 zu § 118 BetrVG 1972.
11 BAG 12.11.2002 – 1 ABR 60/01, ArbRB 2003, 236.
12 Kritisch: *Fitting*, § 118 BetrVG Rz. 43; für Verfassungswidrigkeit dieser Bestimmung DKKW/ *Wedde*, § 118 BetrVG Rz. 3 (entgegen BAG 7.4.1981 – 1 ABR 83/78, AP Nr. 16 zu § 118 BetrVG 1972).
13 LAG Düsseldorf 29.8.2012 – 7 TaBV 4/12, nv.
14 *Fitting*, § 118 BetrVG Rz. 44; aA GK-BetrVG/*Weber*, § 118 Rz. 142.
15 *Kleinebrink*, ArbRB 2008, 375.

b) Die eingeschränkte Anwendbarkeit der §§ 111 bis 113 BetrVG

Die §§ 111–113 BetrVG sind eingeschränkt und nur insoweit anzuwenden, als sie den **Ausgleich oder die Milderung wirtschaftlicher Nachteile** für die Arbeitnehmer infolge von Betriebsänderungen regeln (§ 112 Abs. 1 Satz 2 BetrVG), also den **Abschluss des Sozialplans** und **dessen Erzwingbarkeit** betreffen. Der **Interessenausgleich entfällt**[1]. Dessen Abschluss ist **auf freiwilliger Basis** weiterhin möglich und zieht bei Abweichungen uU Ansprüche auf Nachteilsausgleich gem. § 113 Abs. 1 und 2 BetrVG nach sich[2]. Die **Namensliste** zu einem freiwilligen Interessenausgleich hat jedoch nicht die in § 1 Abs. 5 KSchG genannten Rechtsfolgen[3].

1085

Bestehen bleibt die Pflicht des Arbeitgebers nach **§ 111 BetrVG**, den Betriebsrat rechtzeitig und umfassend über die **geplante Betriebsänderung zu unterrichten** und diese im Hinblick auf die **sozialen Folgen** mit ihm **zu beraten**[4]. Die auch im Tendenzbetrieb geschützten Belange der betroffenen Arbeitnehmer erfordern eine frühzeitige Erwägung aller sozialen Folgen einer Betriebsänderung und der Maßnahmen, die zum Ausgleich und zur Milderung in Betracht kommen. Dem Betriebsrat sind **rechtzeitig** die Informationen zur Verfügung zu stellen, die er benötigt, um erforderlichenfalls mit Hilfe seines Initiativrechts auch gegen den Willen des Arbeitgebers das Verfahren zur Aufstellung eines Sozialplans in Gang zu setzen. Die Informationspflichten umfassen die konkrete Maßnahme als solche und deren Zeitpunkt („Wie" und „Wann") sowie den betroffenen Personenkreis und dessen Sozialdaten. Sie erstrecken sich nicht auf das „Ob", also die Motive bzw. Gründe der Maßnahme, auf Alternativvorschläge oder die finanziellen Auswirkungen der beabsichtigten Betriebsänderung[5].

1086

§ 113 Abs. 3 BetrVG ist, bezogen auf die **Vorbereitung des Sozialplans**, anwendbar[6]. Ein **Nachteilsausgleich** ist also zu leisten, wenn der Arbeitgeber gegen die **Unterrichtungs- und Beratungspflicht nach § 111 BetrVG** (vgl. Rz. 1086) **verstößt**[7]. Diese ist so rechtzeitig zu erfüllen, dass der Betriebsrat vor Maßnahmen zur Durchführung der Betriebsänderung, also vor Ausspruch der Kündigungen oder Beginn sonstiger Maßnahmen zur Betriebsänderung, dagegen nicht schon vor der Beschlussfassung[8], eigene **Vorstellungen hinsichtlich eines Sozialplans entwickeln** und an den Arbeitgeber **herantragen** kann[9].

1087

c) Der relative Ausschluss von Beteiligungsrechten

aa) Grundsätze

Für den Wegfall oder die Beschneidung der übrigen Mitbestimmungsrechte des Betriebsrats in Tendenzunternehmen ist zu berücksichtigen, dass diese nur soweit zurückzutreten haben, als zu besorgen ist, dass die Freiheit, Tendenzentscheidungen

1088

---

1 LAG Köln 13.2.2012 – 5 Sa 303/11, nv.; *Fitting*, § 118 BetrVG Rz. 47; *Bauer/Lingemann*, NZA 1995, 816; *Weber*, NZA Beilage 3/1989, 7; aA DKKW/*Wedde*, § 118 BetrVG Rz. 70 ff.: für uneingeschränkte Anwendbarkeit der §§ 111–113 BetrVG.
2 *Müller*, FS Hilger/Stumpf, S. 487; *Bauer/Lingemann*, NZA 1995, 816; offen gelassen in BAG 27.10.1998 – 1 AZR 766/97, AP Nr. 65 zu § 118 BetrVG 1972.
3 *Kleinebrink*, ArbRB 2008, 375; aA LAG Köln 13.2.2012 – 5 Sa 303/11, nv.
4 BAG 27.10.1998 – 1 AZR 766/97, AP Nr. 65 zu § 118 BetrVG 1972.
5 BAG 18.11.2003 – 1 AZR 637/02, NZA 2004, 741.
6 BAG 27.10.1998 – 1 AZR 766/97, AP Nr. 65 zu § 118 BetrVG 1972; *Fitting*, § 118 BetrVG Rz. 47; für uneingeschränkte Anwendung des § 113 BetrVG: DKKW/*Wedde*, § 118 BetrVG Rz. 70 ff.; für dessen Unanwendbarkeit: *Weber*, NZA Beilage 3/1989, 7; *Bauer/Lingemann*, NZA 1995, 816.
7 LAG Sa.-Anh. 21.6.2013 – 6 Sa 444/11, nv.
8 *Gillen/Hörle*, NZA 2003, 1225 (1229).
9 BAG 27.10.1998 – 1 AZR 766/97, AP Nr. 65 zu § 118 BetrVG.

unbeeinflusst zu treffen, eingeschränkt wird. Damit sind grundsätzlich solche Mitbestimmungsrechte unvereinbar, die ein Recht zur Mitentscheidung geben. Zum einen muss daher ein **Tendenzträger betroffen** sein. Zum anderen muss die **konkrete Maßnahme tendenzbezogen** sein und die Ausübung des Beteiligungsrechts die **Tendenzverwirklichung verhindern oder ernstlich beeinträchtigen** können[1].

bb) Soziale Angelegenheiten (§§ 87 bis 89 BetrVG)

1089 Eine Einschränkung der Mitbestimmungsrechte in sozialen Angelegenheiten kommt nur in **Ausnahmefällen** in Betracht, da es hier meist um den wertneutralen Arbeitsablauf des Betriebes geht[2].

1090 Die **Arbeitszeitregelung** von Tendenzträgern (§ 87 Abs. 1 Nr. 2 und 3 BetrVG) unterliegt grundsätzlich der normalen Mitbestimmungskompetenz des Betriebsrats[3]. Nur dort, wo tendenzbedingte Gründe ausschlaggebend sind, entfällt das Mitbestimmungsrecht[4], so bei Redakteuren im Rahmen eines Einsatzes für eine aktuelle Berichterstattung[5]. Daneben gehören bei einem Presseerzeugnis zur Tendenzautonomie des Verlegers alle Entscheidungen über die Arbeitszeit, die Einfluss auf den Redaktionsschluss, Lage und Dauer von Redaktionskonferenzen, die Besetzung der Redaktionen und die Beendigung einer Recherche haben. Ein Mitbestimmungsrecht des Betriebsrats verbleibt, soweit im Rahmen der tendenzbezogenen Zeitvorgaben die Arbeitszeiten technisch-organisatorisch umgesetzt werden, also bspw. die wöchentliche Arbeitszeit auf die mitbestimmungsfrei festgelegte Redaktionszeit verteilt wird[6].

1091 **Weitere Beispiele:**

Wird eine Schule von einer Halbtags- in eine Ganztagsschule geändert und ändern sich dadurch die Arbeitszeiten, ist dies tendenzbezogen und daher mitbestimmungsfrei[7]. Mitbestimmungspflichtig ist dagegen die Festlegung von Höchstgrenzen für Vertretungsstunden bei Lehrern einer Privatschule[8]. Die Probezeiten eines Schauspielhauses unterliegen der Mitbestimmung, da die inhaltliche Gestaltung der Aufführung davon nicht berührt wird. Die Mitbestimmung entfällt, soweit die Gesamtdauer der Proben die künstlerische Qualität beeinflussen oder künstlerische Gesichtspunkte eine bestimmte zeitliche Lage oder eine Mindestdauer der einzelnen Proben erfordern[9]. Die Einführung von Ethikregeln für die Redakteure einer Wirtschaftszeitung (Halten von Wertpapieren) ist tendenzbezogen. Die Anordnung, hierfür ein bestimmtes Formblatt zu verwenden, ist dagegen nicht tendenzbezogen und daher mitbestimmungspflichtig[10].

1092 **Fragen der betrieblichen Lohngestaltung** gem. § 87 Abs. 1 Nr. 10 BetrVG sind dem Mitbestimmungsrecht des Betriebsrats entzogen, wenn eine Entgeltform den Tendenzträger zu besonderen Leistungen für die Tendenzverwirklichung anspornen soll (zB die Forschungszulage in Forschungsunternehmen)[11].

---

1 BAG 14.1.1992 – 1 ABR 35/91, AP Nr. 49 zu § 118 BetrVG 1972; *Misera*, Anm. zu BAG AP Nr. 27 zu § 118 BetrVG 1972.
2 BAG 13.2.1990 – 1 ABR 13/89, AP Nr. 45 zu § 118 BetrVG 1972.
3 BAG 22.5.1979 – 1 ABR 45/77, AP Nr. 12 zu § 118 BetrVG 1972; aA *Berger-Delhey*, Anm. zu BAG 14.1.1992 – 1 ABR 35/91, AP Nr. 49 zu § 118 BetrVG 1972; *Berger-Delhey*, NZA 1992, 441 (444).
4 BAG 30.1.1990 – 1 ABR 101/88, AP Nr. 44 zu § 118 BetrVG 1972.
5 BAG 14.1.1992 – 1 ABR 35/91, AP Nr. 49 zu § 118 BetrVG 1972.
6 BAG 14.1.1992 – 1 ABR 35/91 u. 11.2.1992 – 1 ABR 49/91, AP Nr. 49, 50 zu § 118 BetrVG 1972; aA *Berger-Delhey*, NZA 1992, 441 (444).
7 BAG 13.1.1987 – 1 ABR 49/85, AP Nr. 33 zu § 118 BetrVG 1972.
8 BAG 13.6.1989 – 1 ABR 15/88, AP Nr. 36 zu § 87 BetrVG – Arbeitszeit.
9 BAG 4.8.1981 – 1 ABR 106/79, AP Nr. 4 zu § 87 BetrVG – Arbeitszeit.
10 BAG 28.5.2002 – 1 ABR 32/01, AP Nr. 39 zu § 87 BetrVG – Ordnung des Betriebes.
11 BAG 13.2.1990 – 1 ABR 13/89, AP Nr. 45 zu § 118 BetrVG 1972; *Endlich*, NZA 1990, 13 (17 f.).

cc) Personelle Angelegenheiten

Während die allgemeinen personellen Angelegenheiten der §§ 92–98 BetrVG tendenzneutral sind[1], sind die Beteiligungsrechte nach **§ 99 BetrVG** eingeschränkt. Die **Einstellung sowie Versetzung** eines Tendenzträgers in einem Tendenzunternehmen bedürfen im Regelfall nicht der vorherigen Zustimmung des Betriebsrats. Der Betriebsrat ist dennoch zuvor zu unterrichten, und ihm ist Gelegenheit zur Stellungnahme zu geben[2].

Bei einer **unterlassenen oder nicht ordnungsgemäßen Unterrichtung des Betriebsrats** nach § 99 BetrVG kann dieser auch bei einem Tendenzträger nach § 101 BetrVG die Aufhebung der personellen Maßnahme verlangen[3]. Gleiches gilt, wenn der Arbeitgeber nach § 100 BetrVG die Maßnahme **vorläufig durchführt**, ohne beim Arbeitsgericht die Feststellung zu beantragen, dass die Maßnahme aus sachlichen Gründen dringend erforderlich war. § 100 BetrVG hat wegen des Wegfalls der Zustimmungspflichtigkeit allerdings nur Bedeutung, wenn der Arbeitgeber die Maßnahme vor Ablauf der Wochenfrist bzw. abschließender Stellungnahme des Betriebsrats durchführen will[4].

Bei der **tariflichen Eingruppierung** ist das Mitbestimmungsrecht nicht eingeschränkt[5], da es hier um eine Richtigkeitskontrolle der beabsichtigten Eingruppierung geht, also um Rechtsanwendung und nicht um rechtliche Gestaltung[6].

Vor der **Kündigung** eines sog. Tendenzträgers ist der Betriebsrat stets gem. § 102 Abs. 1 Satz 1 BetrVG zu hören. Bei der Anhörung sind auch tendenzbedingte Gründe mitzuteilen. Der Betriebsrat muss mögliche Einwendungen auf soziale Gesichtspunkte beschränken[7]. Eine ohne Anhörung des Betriebsrats ausgesprochene Kündigung ist nach § 102 Abs. 1 Satz 3 BetrVG rechtsunwirksam.

Der Betriebsrat kann der **tendenzbedingten Kündigung** eines Tendenzträgers zwar nach **§ 102 Abs. 3 BetrVG** widersprechen[8]. Dies löst jedoch nicht den Weiterbeschäftigungsanspruch nach **§ 102 Abs. 5 BetrVG** aus[9]. Dieser entfällt auch, wenn bei einer tendenzbedingten Kündigung der **Widerspruch aus tendenzfreien Gründen** erfolgt[10]. Wird einem Tendenzträger **nicht aus Tendenzgründen** gekündigt, findet § 102 Abs. 5 BetrVG ebenfalls keine Anwendung[11].

§ 103 BetrVG findet auf die Kündigung eines Tendenzträgers aus tendenzbedingten Gründen **keine Anwendung**; es besteht nur ein Anhörungsrecht nach § 102 Abs. 1 BetrVG[12]. In der Kündigung eines Tendenzträgers als solcher liegt allerdings noch keine ausreichend tendenzbezogene Maßnahme, insbesondere spricht hierfür auch keine Vermutung. Die Kündigung eines Tendenzträgers aus nicht tendenzbedingten Gründen bedarf daher weiterhin der Zustimmung des Betriebsrats bzw. deren Erset-

---

1 *Fitting*, § 118 BetrVG Rz. 33.
2 BAG 8.5.1990 – 1 ABR 33/89, AP Nr. 46 zu § 118 BetrVG 1972.
3 BAG 8.5.1990 – 1 ABR 33/89, AP Nr. 46 zu § 118 BetrVG 1972; aA *Meusel*, NZA 1987, 658 zur Eingruppierung wissenschaftlicher Mitarbeiter nach den unbestimmten Tarifmerkmalen des BAT.
4 BAG 8.5.1990 – 1 ABR 33/89, AP Nr. 46 zu § 118 BetrVG 1972.
5 BAG 3.12.1985 – 4 ABR 80/83, AP Nr. 31 zu § 99 BetrVG 1972.
6 BAG 31.5.1983 – 1 ABR 57/80, AP Nr. 27 zu § 118 BetrVG 1972.
7 *Naendrup*, Anm. zu BAG AP Nr. 20 zu § 118 BetrVG 1972.
8 *Richardi/Thüsing*, § 118 BetrVG Rz. 166; aA *Fitting*, § 118 BetrVG Rz. 35.
9 *Richardi/Thüsing*, § 118 BetrVG Rz. 166; *Weber*, NZA Beilage 3/1989, 7; *Bauer/Lingemann*, NZA 1995, 818; aA *DKKW/Wedde*, § 118 BetrVG Rz. 111.
10 *Bauer/Lingemann*, NZA 1995, 818.
11 *Kleinebrink*, ArbRB 2008, 375 (377); *HWK/Hohenstatt/Dzida*, § 118 BetrVG Rz. 23.
12 BAG 28.8.2003 – 2 ABR 48/02, NZA 2004, 501; *Fitting*, § 118 BetrVG Rz. 40; *Weber*, NZA Beilage 3/1989, 7; *Müller*, FS Hilger/Stumpf, S. 508; aA *DKKW/Wedde*, § 118 BetrVG Rz. 116.

zung durch das Arbeitsgericht[1]. Bei Abgrenzungsproblemen empfiehlt sich Letzteres ohnehin. Um nicht tendenzbezogene und damit tendenzneutrale Mängel- und Pflichtenverstöße handelt es sich, wenn der arbeitsvertragliche Pflichtenverstoß keinen unmittelbaren Bezug zum verfolgten Tendenzzweck hat. Bei einem Kündigungsgrund, der sowohl tendenz- wie nicht tendenzbezogene Aspekte hat, besteht kein Zustimmungserfordernis[2].

dd) Sonstige Fälle

1099 Der **organisatorische Teil** des BetrVG findet uneingeschränkt Anwendung[3]:
- Zutrittsrecht der Gewerkschaft zum Betrieb nach § 2 Abs. 2 BetrVG, es sei denn, der Tendenzcharakter steht entgegen (Beispiel: Arbeitgeberverband)[4].
- Begründung eines Arbeitsverhältnisses nach § 78a Abs. 2 BetrVG mit einem Redaktionsvolontär: Entfällt, wenn tendenzbedingte Gründe die Weiterbeschäftigung des Arbeitnehmers als für den Arbeitgeber unzumutbar ausschließen[5].
- Einblick in Gehaltslisten nach § 90 Abs. 2 Satz 2 BetrVG, auch bei Tendenzträgern[6].
- Personalplanung nach § 92 BetrVG: Die Beteiligungsrechte des Betriebsrats sind nicht generell ausgeschlossen[7].
- § 93 BetrVG, Ausschreibung von Arbeitsplätzen, auch bei Tendenzträgern[8].
- Tendenzschutz besteht aber hinsichtlich des Regelungsgehalts von § 94 BetrVG (Personalfragebogen, Beurteilungsgrundsätze)[9]: So sind etwa Fragen zur DDR-Vergangenheit an einen Wissenschaftler tendenzbezogen[10].
- § 98 Abs. 1, 3 und 4 BetrVG, betriebliche Berufsbildungsmaßnahme: Das Mitbestimmungsrecht des Betriebsrats entfällt, soweit Tendenzträger betroffen sind[11].

1100 Einstweilen frei.

7. Religionsgemeinschaften

1101 Nach § 118 Abs. 2 BetrVG findet das BetrVG keine Anwendung auf **Religionsgemeinschaften und ihre karitativen und erzieherischen Einrichtungen**. Diese Regelung beruht auf dem den Religionsgemeinschaften in Art. 140 GG iVm. Art. 137 Abs. 3 WRV gewährleisteten Recht, ihre Angelegenheiten selbständig innerhalb der Schranken des für alle geltenden Gesetzes zu ordnen und zu verwalten[12]. Der **Begriff der Religionsgemeinschaft** in § 118 Abs. 2 BetrVG ist identisch mit dem der Religionsgesellschaft iSd. Art. 137 Abs. 3 WRV[13] und umfasst auch **jede Glaubensgemeinschaft weltanschaulicher Art**[14].

---

1 BAG 28.8.2003 – 2 ABR 48/02, NZA 2004, 501; *Bauer/Lingemann*, NZA 1995, 818; *Weber*, NZA Beilage 3/1989, 7.
2 BAG 28.8.2003 – 2 ABR 48/02, NZA 2004, 501.
3 *Müller*, FS Hilger/Stumpf, S. 485 (490); *Fitting*, § 118 BetrVG Rz. 31.
4 Richardi/*Thüsing*, § 118 BetrVG Rz. 137.
5 BAG 23.6.1983 – 6 AZR 595/80, AP Nr. 10 zu § 78a BetrVG 1972.
6 BAG 12.2.1980 – 6 ABR 2/78 u. 30.6.1981 – 1 ABR 26/79, AP Nr. 12, 15 zu § 80 BetrVG 1972; 22.5.1979 – 1 ABR 45/77, AP Nr. 12 zu § 118 BetrVG 1972.
7 BAG 6.11.1990 – 1 ABR 60/89, AP Nr. 3 zu § 92 BetrVG 1972.
8 BAG 30.1.1979 – 1 ABR 78/76, AP Nr. 11 zu § 118 BetrVG 1972.
9 GK-BetrVG/*Weber*, § 118 Rz. 203.
10 BAG 21.9.1993 – 1 ABR 28/93, AP Nr. 4 zu § 94 BetrVG 1972.
11 BAG 20.4.2010 – 1 ABR 78/08, ArbRB 2010, 239.
12 BAG 31.7.2002 – 7 ABR 12/01, NZA 2002, 1409; LAG MV 23.4.2013 – 5 TaBV 8/12, nv.
13 BAG 24.7.1991 – 7 ABR 34/90, AP Nr. 48 zu § 118 BetrVG 1972.
14 *Fitting*, § 118 BetrVG Rz. 54; DKKW/*Wedde*, § 118 BetrVG Rz. 124.

Unter § 118 Abs. 2 BetrVG fallen nicht nur die organisierte Kirche und ihre rechtlich selbständigen Teile, sondern alle der Kirche in bestimmter Weise zugeordneten Einrichtungen, wenn diese nach kirchlichem Selbstverständnis ihrem Zweck oder ihren Aufgaben entsprechend berufen sind, ein Stück Auftrag der Kirche in dieser Welt wahrzunehmen und zu erfüllen[1]. Auf die **Rechtsform** kommt es nach dem Gesetzeswortlaut nicht an; diese muss jedoch **privatrechtlich** sein. § 118 Abs. 2 BetrVG betrifft weder die verfasste Kirche, die öffentlich-rechtlich organisiert ist, noch eine kirchliche Einrichtung mit öffentlich-rechtlichem Status (**Beispiel:** Brauerei als rechtlich unselbständiger Teil eines Klosters, dem der Status einer Körperschaft des öffentlichen Rechts verliehen wurde)[2]. In diesen Fällen ist das BetrVG gem. § 130 BetrVG von vornherein ausgeschlossen. 1102

Maßgebend für die **Zuordnung einer Einrichtung zur Religionsgemeinschaft** ist die institutionelle Verbindung, auf Grund derer die Religionsgemeinschaft auf Dauer eine Übereinstimmung der religiösen Betätigung der Einrichtung mit ihren Vorstellungen gewährleisten kann. Einer satzungsmäßigen Absicherung bedarf es nicht, die Religionsgemeinschaft muss jedoch in der Lage sein, einen etwaigen Dissens zu unterbinden. Bestehen ausreichende inhaltliche und personelle Einflussmöglichkeiten, ist das tatsächliche Maß der Einflussnahme oder Kontrolle ohne Bedeutung[3]. Die für die Zuordnung erforderliche institutionelle Verbindung unterliegt der Kontrolle durch die staatlichen Gerichte, die – in zwei Stufen – prüfen, ob eine verwaltungsmäßige Verflechtung besteht und ob auf Grund dieser Verbindung ein Mindestmaß an Einflussmöglichkeiten gegeben ist. Grundlage für die Beurteilung ist die in den Statuten festgeschriebene Zweckbestimmung und die Struktur der Einrichtung. Die Voraussetzungen für die Zuordnung einer Einrichtung sind nicht allein durch die Mitgliedschaft im Diakonischen Werk erfüllt[4]. 1103

Es muss sich um eine **karitative oder erzieherische Einrichtung** handeln. Der Begriff „erzieherisch" in § 118 Abs. 2 BetrVG deckt sich mit dem gleich lautenden Begriff in § 118 Abs. 1 BetrVG[5]. „Karitativ" hat dagegen nicht denselben Regelungsgehalt, sondern ist nach dem Selbstverständnis der Religionsgemeinschaft zu bestimmen und richtet sich danach, welchen Inhalt die Religionsgemeinschaft diesem Begriff gibt. Die Gerichte können überprüfen, welchen Inhalt die Religionsgemeinschaft dem Begriff „karitativ" gibt und ob die betreffende Einrichtung diese Vorgaben erfüllt[6]. 1104

Neben den karitativen und erzieherischen Einrichtungen umfasst § 118 Abs. 2 BetrVG **auch ausgegliederte, rechtlich selbständige Teile von Religionsgemeinschaften**, soweit ihr Zweck kirchlicher Aufgabenstellung entspricht und eine hinreichende organisatorische und finanzielle Zuordnung zur Kirche besteht. 1105

Beispiele: 1106

Rechtlich selbständiger evangelischer Presseverband zur Öffentlichkeitsarbeit mit publizistischen Mitteln als Teil kirchlicher Mission[7]; Krankenhaus, dessen Träger der Johanniterorden ist[8]; Berufsbildungswerk des Kolpingwerks[9]; Jugenddorf, das von einem rechtlich selbständigen Mitglied des Diakonischen Werkes der Evangelischen Kirche geführt wird[10].

---

1 BAG 5.12.2007 – 7 ABR 72/06, NZA 2008, 653.
2 BAG 30.7.1987 – 6 ABR 78/85, AP Nr. 3 zu § 130 BetrVG 1972.
3 LAG MV 23.4.2013 – 5 TaBV 8/12, nv.
4 BAG 5.12.2007 – 7 ABR 72/06, NZA 2008, 653.
5 BAG 14.4.1988 – 6 ABR 36/86, AP Nr. 36 zu § 118 BetrVG 1972.
6 BAG 23.10.2002 – 7 ABR 59/01, ArbRB 2003, 173.
7 BAG 24.7.1991 – 7 ABR 34/90, AP Nr. 48 zu § 118 BetrVG 1972; kritisch *Struck*, NZA 1991, 249.
8 BAG 9.2.1982 – 1 ABR 36/80, AP Nr. 24 zu § 118 BetrVG 1972.
9 BAG 14.4.1988 – 6 ABR 36/86, AP Nr. 36 zu § 118 BetrVG 1972.
10 BAG 30.4.1997 – 7 ABR 60/95, AP Nr. 60 zu § 118 BetrVG 1972.

8. Streitigkeiten

1107 Streitigkeiten darüber, ob die Anwendung des BetrVG gem. § 118 Abs. 1 BetrVG eingeschränkt oder gem. § 118 Abs. 2 BetrVG ausgeschlossen ist, entscheidet das Arbeitsgericht im Beschlussverfahren oder als Vorfrage in einem anderen Rechtsstreit[1]. Im Wege eines Feststellungsantrags kann geklärt werden, ob eine Religionsgemeinschaft oder eine karitative oder erzieherische Einrichtung iSd. § 118 Abs. 2 BetrVG vorliegt[2]. Demgegenüber ist ein Antrag auf Feststellung der Tendenzeigenschaft nach § 118 Abs. 1 BetrVG unzulässig[3]. Insoweit kann nur die Entscheidung darüber verlangt werden, ob ein Wirtschaftsausschuss gebildet oder ob der Betriebsrat in einer bestimmten Angelegenheit ein Mitwirkungs- oder Mitbestimmungsrecht hat[4].

X. Sprecherausschuss

1. Geltungsbereich des Sprecherausschussgesetzes

1108 Das Sprecherausschussgesetz gilt für alle leitenden Angestellten iSd. § 5 Abs. 3 BetrVG[5]. Voraussetzung ist, dass der Betrieb im Inland liegt (**Territorialitätsprinzip**). Auch im Inland liegende Betriebe ausländischer Unternehmen werden erfasst. Die Staatsangehörigkeit der leitenden Angestellten ist unerheblich. Daher gilt das Sprecherausschussgesetz auch dann, wenn der Betrieb im Inland liegt und alle leitenden Angestellten ausländische Arbeitnehmer sind.

1109 Gem. § 1 Abs. 3 Nr. 1 SprAuG ist die Anwendung dieses Gesetzes auf **Verwaltungen und Betriebe** des Bundes, der Länder, der Gemeinden und sonstigen Körperschaften, Anstalten und Stiftungen **des öffentlichen Rechts** ausgeschlossen. Ist allerdings Inhaber des Betriebes eine juristische Person des Privatrechts, etwa eine GmbH, dann ist das Sprecherausschussgesetz auch dann anzuwenden, wenn alle Gesellschaftsanteile sich in öffentlicher Hand befinden[6], was bedeutsam ist für kommunale Betriebe (Stadtwerke etc.), die in Privatrechtsform organisiert sind.

1110 Nicht anzuwenden ist das Sprecherausschussgesetz nach § 1 Abs. 3 Nr. 2 SprAuG auf **Religionsgemeinschaften** und ihre karitativen und erzieherischen Einrichtungen unbeschadet deren Rechtsform.

1111 Für **Tendenzbetriebe/-unternehmen** sieht das Sprecherausschussgesetz – mit Ausnahme des § 32 Abs. 1 Satz 2 SprAuG, der sich mit der Unterrichtung des Sprecherausschusses über wirtschaftliche Angelegenheiten befasst – keine Ausnahmen vor.

2. Grundsätze der Zusammenarbeit

1112 Gem. § 2 Abs. 1 Satz 1 SprAuG arbeitet der Sprecherausschuss mit dem Arbeitgeber vertrauensvoll unter Beachtung der geltenden Tarifverträge zum Wohl der leitenden Angestellten und des Betriebes zusammen. Diese Regelung lehnt sich an das Gebot der vertrauensvollen Zusammenarbeit nach § 2 Abs. 1 BetrVG an. Die **Verpflichtung zur vertrauensvollen Zusammenarbeit** nach dem Sprecherausschussgesetz ist für den Arbeitgeber in § 2 Abs. 1 Satz 2 SprAuG konkretisiert. Danach hat der Arbeitgeber

---

1 Richardi/*Thüsing*, § 118 BetrVG Rz. 179.
2 BAG 14.12.2010 – 1 ABR 93/09, NZA 2011, 473.
3 BAG 14.12.2010 – 1 ABR 93/09, NZA 2011, 473.
4 Richardi/*Thüsing*, § 118 BetrVG Rz. 180.
5 *Hromadka/Sieg*, Vorbemerkung zu § 1 SprAuG Rz. 43; Das SprAuG gilt auch für Kapitäne auf Seeschiffen (§ 33 Abs. 3 Satz 1 SprAuG), die weder Abmahnungen aussprechen noch Einstellungen und Entlassungen vornehmen (LAG Schl.-Holst. 7.5.1998 – 4 Ta BV 34/97, nv.).
6 *Hromadka/Sieg*, § 1 SprAuG Rz. 53.

vor Abschluss einer Betriebsvereinbarung oder sonstigen Vereinbarung mit dem Betriebsrat, die die rechtlichen Interessen auch der leitenden Angestellten berührt, den Sprecherausschuss rechtzeitig anzuhören.

Eine ausdrückliche Verpflichtung zur vertrauensvollen **Zusammenarbeit zwischen Betriebsrat und Sprecherausschuss** enthält weder das BetrVG noch das Sprecherausschussgesetz. Aus §§ 78, 119 Abs. 1 Nr. 2 BetrVG und §§ 2 Abs. 3 Satz 1, 34 Abs. 1 Nr. 2 SprAuG folgt jedoch, dass sich der Sprecherausschuss und der Betriebsrat nicht wechselseitig behindern dürfen[1]. 1113

3. Behinderungs-, Benachteiligungs- und Begünstigungsverbot sowie betriebliche Friedenspflicht

Nach § 2 Abs. 3 Satz 1 SprAuG dürfen die Mitglieder des Sprecherausschusses in Ausübung ihrer Tätigkeit nicht gestört oder behindert werden (**Behinderungsverbot**). Ausfluss des Behinderungsverbotes ist die bezahlte Freistellung zur Amtsausübung nach § 14 Abs. 1 SprAuG. Darüber hinaus dürfen Sprecherausschussmitglieder wegen ihrer Tätigkeit nicht benachteiligt oder begünstigt werden (**Benachteiligungs- oder Begünstigungsverbot**, § 2 Abs. 3 Satz 2 SprAuG). Das Vorliegen einer Benachteiligung oder Begünstigung ist durch Vergleich der Stellung des Sprecherausschussmitgliedes mit allen leitenden Angestellten des Betriebes oder Unternehmens anhand eines objektiven Maßstabes zu ermitteln[2]. 1114

Ein **besonderer Kündigungsschutz** kann aus dem Behinderungs- und Benachteiligungsverbot für die Mitglieder des Sprecherausschusses nicht abgeleitet werden. § 15 KSchG erwähnt Mitglieder des Sprecherausschusses nicht. Allerdings dürfen Sprecherausschussmitglieder nicht wegen ihrer Tätigkeit im Sprecherausschuss gekündigt werden (§ 612a BGB; § 134 BGB iVm. § 2 Abs. 3 SprAuG)[3]. 1115

Gem. § 2 Abs. 4 Satz 1 SprAuG haben Arbeitgeber und Sprecherausschuss Betätigungen zu unterlassen, durch die der Arbeitsablauf oder der Frieden des Betriebs beeinträchtigt werden (**betriebliche Friedenspflicht**). Die Vorschrift des § 2 Abs. 4 Satz 1 SprAuG entspricht der des § 74 Abs. 2 Satz 2 BetrVG und ist wie die Parallelvorschrift Konkretisierung und Ergänzung des Grundsatzes der vertrauensvollen Zusammenarbeit. Darüber hinaus haben Sprecherausschussmitglieder gem. § 2 Abs. 4 Satz 2 SprAuG jede parteipolitische Betätigung im Betrieb zu unterlassen. § 2 Abs. 4 Satz 2 Halbs. 2 SprAuG nimmt hiervon jedoch die Behandlung von Angelegenheiten tarifpolitischer, sozialpolitischer und wirtschaftlicher Art aus, die den Betrieb oder die leitenden Angestellten unmittelbar betreffen. 1116

4. Wahl des Sprecherausschusses

a) Voraussetzungen für die Wahl eines Sprecherausschusses

Gem. § 1 Abs. 1 SprAuG können Sprecherausschüsse gewählt werden in **Betrieben mit in der Regel mindestens zehn leitenden Angestellten**. Nach § 1 Abs. 2 SprAuG gelten leitende Angestellte eines Betriebs mit in der Regel weniger als zehn leitenden Angestellten für die Anwendung des Sprecherausschussgesetzes als leitende Angestellte des räumlich nächstgelegenen Betriebs desselben Unternehmens, der die Voraussetzungen des § 1 Abs. 1 SprAuG erfüllt. Für die Errichtung eines – nicht mit dem Gesamtsprecherausschuss zu verwechselnden – Unternehmenssprecherausschusses sieht § 20 SprAuG eine besondere Regelung vor. Sind danach in einem Un- 1117

---
1 Schaub/*Koch*, § 245 Rz. 5.
2 *Hromadka/Sieg*, § 2 SprAuG Rz. 41.
3 *Hromadka/Sieg*, § 2 SprAuG Rz. 29; HWK/*Annuß/Girlich*, § 2 SprAuG Rz. 11.

ternehmen mit mehreren Betrieben in der Regel insgesamt mindestens zehn leitende Angestellte beschäftigt, kann abweichend von § 1 Abs. 1 und 2 SprAuG ein Unternehmenssprecherausschuss der leitenden Angestellten gewählt werden (§ 20 Abs. 1 Satz 1 SprAuG). Dazu ist der Beschluss der Mehrheit der leitenden Angestellten des Unternehmens erforderlich.

1118 Für den **Begriff des Betriebs** ist der allgemeine Betriebsbegriff maßgebend[1].

1119 Trotz der Formulierung in § 1 Abs. 1 SprAuG („werden ... gewählt") ist es allein Sache der wahlberechtigten leitenden Angestellten, den Sprecherausschuss durch eine Wahl zu errichten (vgl. § 7 Abs. 2 Satz 4 SprAuG). Die Bildung unterliegt dem gleichen **Freiwilligkeitsprinzip** wie die Bildung eines Betriebsrats[2].

b) Durchführung der Wahl

1120 Zur Durchführung der Wahl des Sprecherausschusses muss spätestens zehn Wochen vor Ablauf der Amtszeit des Sprecherausschusses dieser einen aus drei oder mehreren leitenden Angestellten bestehenden **Wahlvorstand** und einen von ihnen als Vorsitzenden bestellen (§ 7 Abs. 1 SprAuG). Besteht noch kein Sprecherausschuss, so wird nach § 7 Abs. 2 Satz 1 SprAuG in einer Versammlung von der Mehrheit der anwesenden leitenden Angestellten des Betriebs ein Wahlvorstand gewählt. Zu dieser Versammlung können drei leitende Angestellte des Betriebs einladen und Vorschläge für die Zusammensetzung des Wahlvorstands machen (§ 7 Abs. 2 Satz 2 SprAuG). Die Wahl des Wahlvorstands muss nicht zwingend geheim abgehalten werden[3]. Der Wahlvorstand hat nach seiner Bestellung beziehungsweise seiner Wahl unverzüglich, also ohne schuldhaftes Zögern, eine Abstimmung darüber herbeizuführen, ob ein Sprecherausschuss gewählt werden soll (§ 7 Abs. 2 Satz 3 SprAuG) und bei Zustimmung gem. § 7 Abs. 2 Satz 4 SprAuG unverzüglich die Wahl einzuleiten (§ 7 Abs. 4 Satz 1 SprAuG).

1121 Nach § 3 Abs. 1 SprAuG sind alle leitenden Angestellten des Betriebs **wahlberechtigt**. **Wählbar** sind nach § 3 Abs. 2 Satz 1 SprAuG alle leitenden Angestellten, die dem Betrieb sechs Monate angehören. Auf diese Zeit werden Zeiten angerechnet, in denen der leitende Angestellte unmittelbar vorher einem anderen Betrieb desselben Unternehmens oder Konzerns als Beschäftigter angehört hat. § 3 Abs. 2 Satz 3 SprAuG normiert, wer nicht wählbar ist. Den **Zeitpunkt der Wahl** und die Amtszeit des Sprecherausschusses legt § 5 SprAuG fest. Danach finden die regelmäßigen Wahlen alle vier Jahre in der Zeit vom 1.3. bis 31.5. statt. Sie sind zeitgleich mit den regelmäßigen Betriebsratswahlen einzuleiten (§ 5 Abs. 1 Satz 2 SprAuG). In diesem Fall findet das Verfahren über die Zuordnung der leitenden Angestellten nach § 18a BetrVG statt[4]. Nach § 5 Abs. 4 Satz 1 SprAuG beträgt die **regelmäßige Amtszeit** des Sprecherausschusses vier Jahre. Die Amtszeit beginnt mit der Bekanntgabe des Wahlergebnisses oder, wenn zu diesem Zeitpunkt noch ein Sprecherausschuss besteht, mit Ablauf dessen Amtszeit (§ 5 Abs. 4 Satz 2 SprAuG). Die Amtszeit endet spätestens am 31.5. des Jahres, in dem die regelmäßigen Wahlen stattfinden (§ 5 Abs. 4 Satz 3 SprAuG).

1122 Gem. § 6 Abs. 1 SprAuG wird der Sprecherausschuss in **geheimer und unmittelbarer Wahl** gewählt. Die Wahl erfolgt nach den Grundsätzen der **Verhältniswahl** (§ 6 Abs. 2 SprAuG). Zur Durchführung der Wahl ist nach Maßgabe des § 38 SprAuG eine Wahlordnung zum Sprecherausschussgesetz ergangen[5].

---
1 *Hromadka/Sieg*, § 1 SprAuG Rz. 3.
2 Vgl. *Kramer*, BB 1993, 2153.
3 *Schaub/Koch*, § 246 Rz. 3.
4 LAG Nds. 16.6.2008 – 9 TaBV 14/07, nv.
5 BGBl. I 1989, 1798.

§ 4 Abs. 1 SprAuG setzt die Anzahl der Sprecherausschussmitglieder fest. 1123

Männer und Frauen sollen entsprechend ihrem zahlenmäßigen Verhältnis im Betrieb auch im Sprecherausschuss vertreten sein (§ 4 Abs. 2 SprAuG). 1124

Die Möglichkeit einer **Wahlanfechtung**, der **Wahlschutz** und die Regelung der **Wahlkosten** sind in § 8 SprAuG normiert. Die Vorschrift ist den §§ 19, 20 BetrVG nachgebildet. 1125

c) Ende der Mitgliedschaft und Auflösung des Sprecherausschusses

Nach § 9 Abs. 1 Satz 1 SprAuG können mindestens ein Viertel der leitenden Angestellten oder der Arbeitgeber beim Arbeitsgericht den **Ausschluss eines Mitglieds** aus dem Sprecherausschuss oder die **Auflösung des Sprecherausschusses** wegen grober Verletzung seiner gesetzlichen Pflichten beantragen. Der Ausschluss eines Mitglieds kann auch vom Sprecherausschuss nach § 9 Abs. 1 Satz 2 SprAuG beantragt werden. Die Vorschrift entspricht im Wesentlichen § 23 Abs. 1 BetrVG mit Ausnahme der Tatsache, dass die Gewerkschaften nicht antragsberechtigt sind. Die Mitgliedschaft im Sprecherausschuss erlischt nach § 9 Abs. 2 SprAuG unter den dort aufgeführten **Voraussetzungen**. 1126

§ 10 SprAuG trifft Regelungen über das Nachrücken von **Ersatzmitgliedern** in den Sprecherausschuss. 1127

5. Stellung des Sprecherausschusses und seiner Mitglieder

Ist der Sprecherausschuss gewählt, so vertritt er die Interessen aller leitenden Angestellten eines Betriebs oder Unternehmens, unabhängig davon, ob sich die leitenden Angestellten an der Wahl zum Sprecherausschuss beteiligt haben oder nicht (vgl. auch § 25 Abs. 1 Satz 1 SprAuG). 1128

Für das einzelne Mitglied des Sprecherausschusses ist das Amt ein **Ehrenamt**[1]. Die Kostentragungspflicht nach § 14 Abs. 2 SprAuG umfasst sowohl die Kosten der eigentlichen Sprecherausschusstätigkeit als auch **Aufwendungen**, die den einzelnen Sprecherausschussmitgliedern durch ihre Tätigkeit entstehen[2]. Hier gilt dasselbe wie für ein Betriebsratsmitglied. Darüber hinaus sind Mitglieder des Sprecherausschusses nach § 14 Abs. 1 SprAuG von ihrer beruflichen Tätigkeit ohne Minderung des Arbeitsentgeltes zu befreien, wenn und soweit es nach Umfang und Art des Betriebes zur ordnungsgemäßen Durchführung ihrer Aufgaben erforderlich ist. Zum fortzuzahlenden Arbeitsentgelt gehören auch allgemeine Zuwendungen außerhalb der eigentlichen Vergütung wie Gratifikationen, zusätzliche Urlaubsgelder und vermögenswirksame Leistungen[3]. 1129

Einen **Freizeitausgleich** für Sprecherausschusstätigkeiten außerhalb der Arbeitszeit sieht § 14 Abs. 1 SprAuG im Gegensatz zu § 37 Abs. 3 BetrVG nicht vor. Eine vollständige Freistellung von der Arbeitsleistung, wie in § 38 BetrVG vorgesehen, ist nach dem Sprecherausschussgesetz ebenfalls nicht möglich[4]. Dies wäre auch nur schwerlich mit den Aufgaben eines leitenden Angestellten zu vereinbaren. § 14 SprAuG sieht schließlich auch, anders als § 37 Abs. 6 BetrVG, **keine** Arbeitsbefreiung für die **Teilnahme an Schulungsveranstaltungen** vor. 1130

---

1 *Hromadka/Sieg*, § 14 SprAuG Rz. 1; BT-Drucks. 11/2503, 39.
2 *Hromadka/Sieg*, § 14 SprAuG Rz. 14.
3 *Löwisch*, § 14 SprAuG Rz. 7; *Hromadka/Sieg*, § 14 SprAuG Rz. 10.
4 Vgl. *Löwisch*, § 14 SprAuG Rz. 1; *Hromadka/Sieg*, § 14 SprAuG Rz. 9.

1131 Gem. § 29 SprAuG sind die Mitglieder und Ersatzmitglieder des Sprecherausschusses zur Verschwiegenheit verpflichtet. Die **Verschwiegenheitspflicht** gilt auch über die Dauer des Ausscheidens hinaus (§ 29 Abs. 1 Satz 2 SprAuG). Den Sprecherausschussmitgliedern ist es insbesondere untersagt, Betriebs- oder Geschäftsgeheimnisse zu offenbaren (vgl. § 29 Abs. 1 Satz 1 SprAuG)[1].

1131a Nach § 11 Abs. 1 SprAuG wählt der Sprecherausschuss aus seiner Mitte den Vorsitzenden und dessen Stellvertreter. Der **Vorsitzende** vertritt den Sprecherausschuss im Rahmen der von diesem gefassten Beschlüsse (§ 11 Abs. 2 Satz 1 SprAuG). Der Vorsitzende ist zugleich zur Entgegennahme von Erklärungen, die dem Sprecherausschuss gegenüber abzugeben sind, nach § 11 Abs. 2 Satz 2 SprAuG berechtigt. Gem. § 11 Abs. 3 SprAuG kann der Sprecherausschuss die laufenden Geschäfte auf den Vorsitzenden oder andere Mitglieder des Sprecherausschusses übertragen.

1132 Nach § 15 Abs. 1 Satz 1 SprAuG soll der Sprecherausschuss einmal im Kalenderjahr eine **Versammlung der leitenden Angestellten** einberufen und ihr einen **Tätigkeitsbericht** erstatten. Auf Antrag des Arbeitgebers oder eines Viertels der leitenden Angestellten hat der Sprecherausschuss eine Versammlung der leitenden Angestellten einzuberufen und den beantragten Beratungsgegenstand auf die Tagesordnung zu setzen (§ 15 Abs. 1 Satz 2 SprAuG). Nach § 15 Abs. 2 Satz 1 SprAuG soll die Versammlung der leitenden Angestellten **während der Arbeitszeit** stattfinden. Sie wird vom Vorsitzenden des Sprecherausschusses geleitet und ist nicht öffentlich (§ 15 Abs. 2 Satz 2 und 3 SprAuG). Der Arbeitgeber ist nach § 15 Abs. 3 Satz 1 SprAuG zu der Versammlung unter Mitteilung der Tagesordnung einzuladen.

6. Mitwirkungsrechte des Sprecherausschusses

1133 Die Mitwirkungsrechte der leitenden Angestellten nach dem Sprecherausschussgesetz sind in den §§ 25–32 SprAuG geregelt. Die Aufgaben und Rechte des Sprecherausschusses sind auf **Unterrichtungs- und Beratungsrechte** beschränkt, echte Mitbestimmungsrechte sind ihm nicht eingeräumt[2].

a) Allgemeine Aufgaben des Sprecherausschusses

1134 § 25 Abs. 1 Satz 1 SprAuG weist dem Sprecherausschuss die Aufgabe zu, die Belange der leitenden Angestellten des Betriebs zu vertreten. Nach dem Inhalt dieser Generalklausel obliegt dem Sprecherausschuss die **Aufgabe, die Belange der leitenden Angestellten** in ihrer Situation als Arbeitnehmer **wahrzunehmen**[3]. Der Sprecherausschuss soll als eigenständiges Vertretungsorgan die spezifischen Belange der leitenden Angestellten wirksam geltend machen können. Dies bedeutet aber weder, dass der Sprecherausschuss an der Unternehmensleitung zu beteiligen ist, noch dass er sich in die Personalpolitik oder die Personalverwaltung bzgl. der übrigen Arbeitnehmer einschalten darf[4]. Die Frage der Unternehmensmitbestimmung ist vornehmlich im Mitbestimmungsgesetz geregelt, das die leitenden Angestellten bei der Wahl der Arbeitnehmervertreter besonders berücksichtigt (vgl. § 11 Abs. 2, 3 MitbestG).

1135 Nach § 25 Abs. 2 SprAuG ist der Sprecherausschuss zur Durchführung seiner Aufgaben **rechtzeitig und umfassend** vom Arbeitgeber zu **unterrichten**; auf Verlangen sind ihm die erforderlichen **Unterlagen** jederzeit **zur Verfügung zu stellen**.

---

1 Eingehend *Kramer*, DB 1993, 1138 (1139 f.).
2 HWK/*Annuß/Girlich*, Vorbemerkung zu § 25 SprAuG Rz. 1; BT-Drucks. 11/2503, 26.
3 *Löwisch*, § 25 SprAuG Rz. 1; ErfK/*Oetker*, § 25 SprAuG Rz. 1.
4 *Löwisch*, § 25 SprAuG Rz. 1.

X. Sprecherausschuss

Nach § 26 Abs. 1 SprAuG kann jeder leitende Angestellte bei der Wahrnehmung seiner Belange gegenüber dem Arbeitgeber ein Mitglied des Sprecherausschusses zur Unterstützung und Vermittlung hinzuziehen. § 26 Abs. 2 SprAuG, der dem § 83 BetrVG nachgebildet ist, normiert nur das **Einsichtsrecht** des leitenden Angestellten in seine Personalakten[1], jedoch keinen Herausgabeanspruch[2]. Obwohl § 25 Abs. 2 SprAuG, anders als § 80 Abs. 2 BetrVG, kein Einblicksrecht in die Gehaltslisten vorsieht, wird überwiegend die Auffassung vertreten, dass der Sprecherausschuss in die **Gehaltslisten** der leitenden Angestellten Einblick nehmen kann[3].

1136

Nach § 27 Abs. 1 SprAuG haben Arbeitgeber und Sprecherausschuss darüber zu wachen, dass alle leitenden Angestellten des Betriebs nach den **Grundsätzen von Recht und Billigkeit** behandelt werden, insbesondere, dass jede Benachteiligung von Personen aus Gründen ihrer Rasse oder wegen ihrer ethnischen Herkunft, ihrer Abstammung oder sonstigen Herkunft, ihrer Nationalität, ihrer Religion oder Weltanschauung, ihrer Behinderung, ihres Alters, ihrer politischen oder gewerkschaftlichen Betätigung oder Einstellung oder wegen ihres Geschlechts oder ihrer sexuellen Identität unterbleibt. Die Vorschrift entspricht § 75 Abs. 1 BetrVG. Nach § 27 Abs. 2 SprAuG obliegt darüber hinaus Arbeitgeber und Sprecherausschuss die Aufgabe, die **freie Entfaltung der Persönlichkeit** der leitenden Angestellten des Betriebs **zu schützen und zu fördern**.

1137

Nach § 28 Abs. 1 SprAuG können Arbeitgeber und Sprecherausschuss **Richtlinien über den Inhalt, den Abschluss oder die Beendigung von Arbeitsverhältnissen der leitenden Angestellten** schriftlich vereinbaren. Der Inhalt der Richtlinien gilt für die Arbeitsverhältnisse nur dann unmittelbar und zwingend, wenn dies zwischen Arbeitgeber und Sprecherausschuss vereinbart ist (§ 28 Abs. 2 Satz 1 SprAuG)[4]. Dafür reicht es nicht aus, wenn der Sprecherausschuss nur eine zwischen Arbeitgeber und Betriebsrat abgeschlossene Betriebsvereinbarung mitunterzeichnet[5]. Abweichende Regelungen zugunsten leitender Angestellter sind nach § 28 Abs. 2 Satz 2 SprAuG zulässig. Ein Verzicht auf Rechte aus den Richtlinien ist nur mit Zustimmung des Sprecherausschusses zulässig (§ 28 Abs. 2 Satz 3 SprAuG). Die Richtlinien können gem. § 28 Abs. 2 Satz 4 SprAuG, soweit nichts anderes vereinbart ist, mit einer Frist von drei Monaten gekündigt werden.

1138

Gegenstand der Vereinbarung können nach § 28 Abs. 1 Satz 1 SprAuG die Arbeitsverhältnisse der leitenden Angestellten sein. Erfasst wird neben Abschluss und Beendigung der gesamte denkbare Inhalt eines Arbeitsverhältnisses[6].

1139

Beispiele für Inhalte von Richtlinienvereinbarungen:

Gehaltsgestaltung[7], einschließlich der Gehaltshöhe und etwaiger Sondervergütungen, wie Tantiemen und Gratifikationen[8]; betriebliche Altersversorgung[9]; Vergütung im Krankheitsfall; Ausgleich von wirtschaftlichen Nachteilen bei Betriebsänderungen; Urlaub und Urlaubsgelder[10]; Dauer und Lage der Arbeitszeit; Zulässigkeit von Wettbewerbsverboten während und nach Beendigung des Arbeitsverhältnisses; Verschwiegenheits- und anderen Loyalitätspflich-

1140

---

1 Eingehend *Kramer*, NZA 1993, 1024 (1025).
2 BAG 16.11.2010 – 9 AZR 573/09, DB 2011, 822.
3 So etwa *Hromadka/Sieg*, § 25 SprAuG Rz. 30; HWK/*Annuß/Girlich*, § 25 SprAuG Rz. 3; *Löwisch*, § 25 SprAuG Rz. 20; *Oetker*, BB 1990, 2181 (2187).
4 BAG 10.2.2009 – 1 AZR 767/07, NZA 2009, 970; *Fitting*, § 5 BetrVG Rz. 457.
5 BAG 10.2.2009 – 1 AZR 767/07, NZA 2009, 970.
6 *Hromadka/Sieg*, § 28 SprAuG Rz. 9; ErfK/*Oetker*, § 28 SprAuG Rz. 3.
7 Eingehend *Oetker*, BB 1990, 2181 (2182).
8 ErfK/*Oetker*, § 28 SprAuG Rz. 3.
9 Das BAG 17.1.2012 – 3 AZR 135/10, ArbR 2012, 196 geht von der grundsätzlichen Möglichkeit des Abschlusses einer Pensionsordnung als Vereinbarung iSd. § 28 Abs. 2 Satz 1 SprAuG aus.
10 *Hromadka/Sieg*, § 28 SprAuG Rz. 10; *Löwisch*, § 28 SprAuG Rz. 6.

ten; Haftungsfragen[1]; allgemeine Arbeitsbedingungen wie Vorschriften für das Verhalten der leitenden Angestellten im Betrieb; Reisekosten- und Spesenregelungen; Handhabung bzw. Benutzung von Dienstfahrzeugen oder von Parkplätzen auf dem Betriebsgelände; Einstellungsverfahren (etwa Vorschriften über das Ausschreiben von Positionen, über Personalfragebogen etc.); Beendigung von Arbeitsverhältnissen(etwa über Kündigungsfristen, einen besonderen Kündigungsschutz oder über Abfindungen)[2].

b) Die eigentlichen Mitwirkungsrechte im Einzelnen

1141 Die eigentlichen Mitwirkungsrechte des Sprecherausschusses sind in den §§ 30–32 SprAuG festgelegt (vgl. auch die Überschrift des zweiten Abschnitts). Diese beziehen sich auf die Arbeitsbedingungen und Beurteilungsgrundsätze (§ 30 SprAuG), personelle Maßnahmen (§ 31 SprAuG) und wirtschaftliche Angelegenheiten (§ 32 SprAuG). Hierbei handelt es sich um Mitwirkungsrechte, nicht aber um erzwingbare Mitbestimmungsrechte[3].

aa) Arbeitsbedingungen und Beurteilungsgrundsätze

1142 Nach § 30 Satz 1 SprAuG hat der Arbeitgeber den Sprecherausschuss rechtzeitig über Änderungen der Gehaltsgestaltung und sonstige allgemeine Arbeitsbedingungen im Hinblick auf die leitenden Angestellten zu **unterrichten** sowie über die Einführung oder Änderung allgemeiner Beurteilungsgrundsätze. Vorhergesehene Maßnahmen sind mit dem Sprecherausschuss zu **beraten** (§ 30 Satz 2 SprAuG).

1143 Unter dem **Begriff der Gehaltsgestaltung** wird das System verstanden, dass der Festlegung der Gehälter der leitenden Angestellten in dem betreffenden Betrieb oder Unternehmen zugrunde gelegt wird[4].

Beispiele:

Bildung von Gehaltsgruppen; Grundsätze, nach denen leitende Angestellte etwaigen Gehaltsgruppen oder Gehaltsbändern zugeordnet werden oder einen bestimmten Platz auf dem Gehaltsband erhalten; Ranking-Systeme; Aufteilung des Gehalts in feste und variable Teile; etwaige Umsatzbeteiligungen; Tantieme- oder Jahresabschlusszahlungen; Zahlung eines 13. Monatsgehalts; Gewährung von Funktionszulagen[5].

1144 Nach überwiegender Auffassung soll die **Gehaltshöhe**, dh. die Durchführung von Gehaltserhöhungen und Gehaltskürzungen, **nicht** zur Gehaltsgestaltung gehören. Dieser Schluss wird daraus gezogen, dass der Begriff der Gehaltsgestaltung iSd. § 30 SprAuG dem Begriff der Lohngestaltung gem. § 87 Abs. 1 Nr. 10 BetrVG nachgebildet ist und sich gerade nicht auf die Lohnhöhe erstreckt[6]. Ebenfalls nicht erfasst wird (nach einhelliger Ansicht) die Festlegung der Höhe des Gehalts der einzelnen leitenden Angestellten[7].

1145 Der **Begriff der Beurteilungsgrundsätze** erfasst die einheitlichen Regeln, nach denen der Arbeitgeber bei der fachlichen oder persönlichen Beurteilung der leitenden Angestellten sowie von internen und externen Bewerbern um Positionen als leitende An-

---

1 ErfK/*Oetker*, § 28 SprAuG Rz. 3; *Löwisch*, § 28 SprAuG Rz. 6.
2 Eingehend *Löwisch*, § 28 SprAuG Rz. 6 ff; *Hromadka/Sieg*, § 28 SprAuG Rz. 10.
3 Vgl. *Kramer*, NZA 1993, 1024; *Löwisch*, § 28 SprAuG Rz. 1; HWK/*Annuß/Girlich*, Vor § 25 SprAuG Rz. 1.
4 ErfK/*Oetker*, § 28 SprAuG Rz. 2; *Löwisch*, § 30 SprAuG Rz. 2.
5 *Löwisch*, § 30 SprAuG Rz. 2; *Hromadka/Sieg*, § 30 SprAuG Rz. 13 ff.
6 ErfK/*Oetker*, § 30 SprAuG Rz. 3; HWK/*Annuß/Girlich*, § 30 SprAuG Rz. 2; *Hromadka/Sieg*, § 30 SprAuG Rz. 13; aA: *Löwisch*, § 30 SprAuG Rz. 3.
7 ErfK/*Oetker*, § 30 SprAuG Rz. 3; HWK/*Annuß/Girlich*, § 30 SprAuG Rz. 2; *Löwisch*, § 30 SprAuG Rz. 4.

gestellte verfahren will[1]. Nach dem Wortlaut des § 30 Satz 1 Nr. 2 SprAuG bezieht sich das Mitwirkungsrecht nur auf die Einführung oder Änderung der allgemeinen Beurteilungsgrundsätze, nicht aber auf die Anwendung, also auf die Beurteilung einzelner leitender Angestellter im konkreten Fall.

Der Arbeitgeber hat den Sprecherausschuss im Rahmen des Gegenstands der Mitwirkung nach § 30 SprAuG **rechtzeitig** zu unterrichten und die vorgesehenen Maßnahmen mit ihm zu beraten. Maßgeblich für die Bestimmung des richtigen (rechtzeitigen) Zeitpunkts ist, dass der Sprecherausschuss noch die Möglichkeit hat, auf die Entscheidung des Arbeitgebers Einfluss zu nehmen[2]. 1146

◯ Hinweis: Das Unterrichtungs- und Beratungsrecht kann vom Sprecherausschuss im Streitfall im arbeitsgerichtlichen Beschlussverfahren durchgesetzt werden. Eine § 23 Abs. 3 BetrVG entsprechende Vorschrift ist im Sprecherausschussgesetz nicht vorgesehen. 1147

bb) Personelle Maßnahmen

Nach § 31 Abs. 1 SprAuG ist eine beabsichtigte **Einstellung** oder **personelle Veränderung** eines leitenden Angestellten dem Sprecherausschuss rechtzeitig **mitzuteilen**. Der Sprecherausschuss ist **vor jeder Kündigung eines leitenden Angestellten anzuhören** (§ 31 Abs. 2 Satz 1 SprAuG). 1148

Unter dem **Begriff der Einstellung** ist die Übertragung der Position eines leitenden Angestellten an einen externen Bewerber zu verstehen. Auch hier wird überwiegend, ebenso wie im Rahmen des § 99 BetrVG an die tatsächliche Übertragung der Position angeknüpft, nicht aber an den Abschluss des entsprechenden Anstellungsvertrages[3]. Von der Mitteilungspflicht sind außerdem die Beförderung bereits im Betrieb beschäftigter Arbeitnehmer[4] sowie die vorübergehende Übertragung der Position als leitender Angestellter erfasst[5]. Unter dem **Begriff der personellen Veränderung** ist jede Veränderung der Position des leitenden Angestellten zu verstehen, durch die seine eigenen oder die Interessen der übrigen leitenden Angestellten berührt werden[6]. 1149

Beispiele für personelle Veränderungen:

Umgruppierungen; Versetzungen; Veränderungen der Leitungsaufgaben, insbesondere Änderungen der bisherigen Weisungsbefugnisse; Widerruf von Vollmachten u.a.m.[7]

Nach dem Wortlaut des § 31 Abs. 1 SprAuG ist bereits die bloße **Absicht** der Vornahme einer Einstellung oder einer personellen Veränderung mitteilungspflichtig. 1150

Von Bedeutung ist die Vorschrift des § 31 Abs. 2 SprAuG. Danach hat der Arbeitgeber den **Sprecherausschuss vor jeder Kündigung**[8] eines leitenden Angestellten anzuhören und ihm Gründe für die Kündigung mitzuteilen. **Eine ohne Anhörung des Sprecherausschusses ausgesprochene Kündigung ist unwirksam** (§ 31 Abs. 2 Satz 3 SprAuG). Ist der Status eines Angestellten zweifelhaft, sollten daher vor Ausspruch einer Kündigung der Sprecherausschuss und der Betriebsrat gleichermaßen angehört werden[9]. 1151

---

1 *Löwisch*, § 30 SprAuG Rz. 8; nach dem BAG 23.10.1984 – 1 ABR 2/83, NZA 1985, 224 sind allgemeine Beurteilungsgrundsätze Regelungen, die die Bewertung des Verhaltens oder der Leistung der Arbeitnehmer veröbjektivieren und nach einheitlichen, für die Beurteilung jeweils erheblichen Kriterien ausrichten sollen.
2 Vgl. *Oetker*, BB 1990, 2181 (2185 f.).
3 Vgl. *Löwisch*, § 31 SprAuG Rz. 2; Schaub/*Koch*, § 253 Rz. 2.
4 ErfK/*Oetker*, § 31 SprAuG Rz. 3.
5 *Löwisch*, § 31 SprAuG Rz. 2; vgl. auch Schaub/*Koch*, § 253 Rz. 2.
6 Schaub/*Koch*, § 253 Rz. 3.
7 Vgl. *Hromadka/Sieg*, § 31 SprAuG Rz. 5 ff; ErfK/*Oetker*, § 31 SprAuG Rz. 4.
8 Zur Anhörung bei Änderungskündigungen: BAG 27.9.2001 – 2 AZR 176/00, DB 2002, 1163.
9 *Fitting*, § 5 BetrVG Rz. 459.

Die Vorschrift **entspricht** § 102 BetrVG. Dementsprechend gelten für die Durchführung des Anhörungsverfahrens und die Rechtsfolgen etwaiger Versäumnisse die gleichen Grundsätze wie bei der Betriebsratsanhörung[1]. Zur Unterrichtung gehört nach § 31 Abs. 2 Satz 2 SprAuG auch die **Mitteilung der Kündigungsgründe**. Der Arbeitgeber muss die Kündigungsgründe, die für seinen Kündigungsentschluss maßgeblich sind, vollständig mitteilen. Die Gründe müssen so detailliert dargelegt werden, dass der Sprecherausschuss beurteilen kann, ob es sinnvoll ist, Bedenken zu erheben. Die lediglich pauschale Umschreibung des Kündigungsgrundes genügt diesen Anforderungen nicht[2].

1152 Der Sprecherausschuss seinerseits hat Bedenken gegen die Kündigung innerhalb der in § 31 Abs. 2 Satz 4 SprAuG aufgeführten Fristen unter Angabe von Gründen schriftlich mitzuteilen. Äußert er sich nicht innerhalb der aufgeführten Fristen, so wird sein **Einverständnis** nach § 31 Abs. 2 Satz 5 SprAuG **fingiert**.

1153 Wird das Arbeitsverhältnis mit dem leitenden Angestellten **anders als durch Arbeitgeberkündigung** beendet, so greift § 31 Abs. 2 Satz 1 SprAuG seinem Wortlaut und der Systematik des Absatzes 2 nach nicht ein[3].

1154 Im Gegensatz zu § 102 Abs. 3 und 5 BetrVG steht dem Sprecherausschuss nach § 31 SprAuG **kein Widerspruchsrecht** zu. Ein gesetzlicher Weiterbeschäftigungsanspruch eines gekündigten leitenden Angestellten fehlt daher. Ein Weiterbeschäftigungsanspruch kann deshalb nur nach allgemeinen Regelungen entstehen. Der leitende Angestellte kann seine Weiterbeschäftigung demnach verlangen, wenn er Kündigungsschutzklage erhoben und in erster Instanz vor dem Arbeitsgericht ein obsiegendes Urteil erstritten hat[4]. Dieser **allgemeine Weiterbeschäftigungsanspruch** besteht, bis eine gegenteilige Entscheidung des LAG oder des BAG ergeht[5]. Das BAG weist aber zu Recht darauf hin, dass sich aus der Stellung des gekündigten Arbeitnehmers im Betrieb und der Art seines Arbeitsbereichs ein überwiegend schutzwertes Interesse des Arbeitgebers ergeben kann, den Arbeitnehmer vom Arbeitsplatz während der Dauer des Kündigungsrechtsstreits fern zu halten[6]. Das Vorliegen eines solchen arbeitgeberseitigen schutzwerten Interesses wird wegen der Vertrauensstellung des leitenden Angestellten regelmäßig zu bejahen sein[7].

1155 **Streitigkeiten** über den Umfang der Mitteilungspflicht nach § 31 Abs. 2 SprAuG sind im Beschlussverfahren auszutragen.

cc) Wirtschaftliche Angelegenheiten

1156 Nach § 32 Abs. 1 Satz 1 SprAuG muss der Unternehmer den Sprecherausschuss **mindestens einmal im Kalenderhalbjahr über die wirtschaftlichen Angelegenheiten** des Betriebs und des Unternehmens iSd. § 106 Abs. 3 BetrVG **unterrichten**, soweit dadurch nicht Betriebs- oder Geschäftsgeheimnisse des Unternehmens gefährdet werden. Ausgenommen hiervon sind Unternehmen und Betriebe iSd. § 118 Abs. 1 BetrVG (§ 32 Abs. 1 Satz 2 SprAuG). Wegen des **Zeitpunkts** bestimmt § 32 Abs. 1 Satz 1 SprAuG nur, dass der Unternehmer den Sprecherausschuss mindestens einmal

---

1 Ausführlich: BAG 27.9.2001 – 2 AZR 176/00, DB 2002, 1163; LAG Düsseldorf 3.2.2012 – 6 Sa 1081/11, BB 2012, 572.
2 Ausführlich: *Hromadka/Sieg*, § 31 SprAuG Rz. 29 ff.; LAG Düsseldorf 3.2.2012 – 6 Sa 1081/11, BB 2012, 572.
3 Zutreffend *Bauer*, § 31 SprAuG Anm. III; *Hromadka/Sieg*, § 31 SprAuG Rz. 27.
4 BAG (GS) 27.2.1985 – GS 1/84, NZA 1985, 702.
5 *Bauer*, § 31 SprAuG Anm. IV.
6 BAG (GS) 27.2.1985 – GS 1/84, NZA 1985, 702.
7 ErfK/*Oetker*, § 31 SprAuG Rz. 8; HWK/*Annuß/Girlich*, § 31 SprAuG Rz. 5; *Hromadka/Sieg*, § 31 SprAuG Rz. 40.

im Kalenderhalbjahr zu unterrichten hat. Die nähere Festlegung des Zeitpunkts steht daher im Ermessen des Arbeitgebers.

§ 32 Abs. 1 SprAuG (iVm. § 106 Abs. 3 BetrVG) erstreckt zwar die Unterrichtung nicht ausdrücklich auf die **Mitteilung und Erläuterung der Jahresbilanz** und der **Gewinn- und Verlustrechnung**, gleichwohl soll aber auch insoweit ein Unterrichtungsrecht bestehen[1]. 1157

Im Übrigen nimmt § 32 Abs. 1 Satz 1 SprAuG hinsichtlich des **Begriffs der wirtschaftlichen Angelegenheiten** Bezug auf § 106 Abs. 3 BetrVG. Da diese Verweisung indessen auf § 106 Abs. 3 BetrVG beschränkt ist, soll es nicht erforderlich sein, dass der Sprecherausschuss „rechtzeitig" und „unter Vorlage der erforderlichen Unterlagen" unterrichtet wird (vgl. insofern § 106 Abs. 2 BetrVG)[2]. Es widerspricht aber dem Grundsatz der vertrauensvollen Zusammenarbeit den Sprecherausschuss vor vollendete Tatsachen zu stellen[3]. 1158

Der Unternehmer muss den Sprecherausschuss ferner **über geplante Betriebsänderungen** iSd. § 111 BetrVG, die auch wesentliche Nachteile für leitende Angestellte zur Folge haben können, **rechtzeitig und umfassend unterrichten** (§ 32 Abs. 2 Satz 1 SprAuG). Entstehen leitenden Angestellten infolge der geplanten Betriebsänderung wirtschaftliche Nachteile, so hat der Unternehmer nach § 32 Abs. 2 Satz 2 SprAuG mit dem Sprecherausschuss **über Maßnahmen zum Ausgleich oder zur Milderung** dieser Nachteile **zu beraten**. 1159

Der **Begriff der Betriebsänderung** ist durch die Verweisung auf § 111 BetrVG festgelegt. Verwiesen wird nicht nur auf den Begriff der Betriebsänderung, sondern auf den gesamten § 111 BetrVG[4]. 1160

Das Unterrichtungsrecht nach § 32 Abs. 2 Satz 1 SprAuG steht dem Betriebs- oder Unternehmenssprecherausschuss zu. Anders als nach §§ 106 ff. BetrVG ist **kein Wirtschaftsausschuss** vorgesehen. Im Gegensatz zum Wirtschaftsausschuss nach § 106 Abs. 1 BetrVG hat der Sprecherausschuss kein Beratungsrecht. Zum Teil wird jedoch davon ausgegangen, dass der Arbeitgeber nach dem Gebot der vertrauensvollen Zusammenarbeit eine Stellungnahme des Sprecherausschusses entgegennehmen muss[5]. 1161

Streitigkeiten über Umfang und Grenzen der Unterrichtung sind im arbeitsgerichtlichen Beschlussverfahren zwischen Arbeitgeber und Sprecherausschuss auszutragen[6]. 1162

c) Folgen der Verletzung der Unterrichtungs- und Mitteilungspflichten nach §§ 30 bis 32 SprAuG

Die §§ 30–32 SprAuG sehen keine Konsequenzen für den Fall vor, dass der Arbeitgeber seinen Unterrichtungs- oder Mitteilungspflichten nicht nachkommt. Nach § 36 Abs. 1 SprAuG handelt jedoch ordnungswidrig, wer die in § 30 Satz 1, § 31 Abs. 1 oder § 32 Abs. 1 Satz 1 oder Abs. 2 Satz 1 SprAuG genannten Unterrichtungs- oder Mitteilungspflichten nicht, wahrheitswidrig, unvollständig oder verspätet erfüllt. Die **Ordnungswidrigkeit** kann mit einer **Geldbuße bis zu 10 000 Euro** geahndet werden (§ 36 Abs. 2 SprAuG). 1163

---
1 Schaub/*Koch*, § 254 Rz. 1; *Löwisch*, § 32 SprAuG Rz. 4.
2 *Hromadka/Sieg*, § 32 SprAuG Rz. 51 f.; *Bauer*, § 32 SprAuG Anm. II.
3 ErfK/*Oetker*, § 32 SprAuG Rz. 6.
4 AA Schaub/*Koch*, § 254 Rz. 3.
5 So etwa: Schaub/*Koch*, § 254 Rz. 2.
6 *Hromadka/Sieg*, § 32 SprAuG Rz. 99.

7. Gesamt- und Konzernsprecherausschuss

1164 Bestehen in einem Unternehmen mehrere Sprecherausschüsse, so ist nach § 16 Abs. 1 SprAuG ein **Gesamtsprecherausschuss** zu errichten. In den Gesamtsprecherausschuss ist nach § 16 Abs. 2 Satz 1 SprAuG von jedem Sprecherausschuss ein Mitglied zu entsenden. Der Gesamtsprecherausschuss hat keine besondere Amtszeit. Er ist eine Dauereinrichtung mit wechselnder Mitgliederschaft[1]. Die Mitgliedschaft endet grundsätzlich mit Beendigung der Amtszeit im Sprecherausschuss oder bei Wegfall der Voraussetzungen für die Errichtung eines Gesamtsprecherausschusses[2].

1165 Die **Zuständigkeit des Gesamtsprecherausschusses** folgt aus § 18 SprAuG. Danach ist der Gesamtsprecherausschuss zuständig für die Behandlung von Angelegenheiten, die das Unternehmen oder mehrere Betriebe des Unternehmens betreffen und nicht durch die einzelnen Sprecherausschüsse innerhalb ihrer Betriebe behandelt werden können (§ 18 Abs. 1 Satz 1 SprAuG). Der Gesamtsprecherausschuss ist nach § 18 Abs. 1 Satz 2 SprAuG den Sprecherausschüssen nicht übergeordnet. Die Geschäftsführung des Gesamtsprecherausschusses ist in § 19 SprAuG geregelt. Der Gesamtsprecherausschuss hat einen Vorsitzenden und seinen Stellvertreter zu wählen (§ 19 Abs. 1 iVm. § 11 Abs. 1 SprAuG). § 17 SprAuG regelt den Ausschluss von Mitgliedern und Erlöschen der Mitgliedschaft im Gesamtsprecherausschuss.

1166 Nach § 21 Abs. 1 Satz 1 SprAuG kann für einen Konzern iSd. § 18 Abs. 1 AktG durch Beschlüsse der einzelnen Gesamtsprecherausschüsse ein **Konzernsprecherausschuss** errichtet werden. Für den Beschluss ist die Zustimmung der Gesamtsprecherausschüsse notwendig, in denen insgesamt mindestens 75 % der leitenden Angestellten der Konzernunternehmen beschäftigt werden (§ 21 Abs. 1 Satz 2 SprAuG). Für die Geschäftsführung, die Zuständigkeit, den Ausschluss und das Erlöschen der Mitgliedschaft im Konzernsprecherausschuss gelten nach §§ 22–24 SprAuG vergleichbare Grundsätze wie im Gesamtsprecherausschuss.

---

1 *Hromadka/Sieg*, § 16 SprAuG Rz. 8.
2 Vgl. Schaub/*Koch*, § 248 Rz. 3.

B. Unternehmensmitbestimmung

	Rz.
I. Die Mitbestimmungsgesetze	1
1. Übersicht	4
2. Überleitungsverfahren	10
3. Das System der gesetzlichen Regelungen	14
II. Geltungsbereiche des MitbestG, Montan-MitbestG und DrittelbG	
1. MitbestG	15
2. Montan-MitbestG	17
3. DrittelbG	19
4. Sicherung der Mitbestimmung	20
5. Berechnung der Arbeitnehmerzahlen	
a) Arbeitnehmer	25
b) Zurechnung von Arbeitnehmern nach dem MitbestG	26
c) Zurechnung von Arbeitnehmern nach dem Montan-MitbestG und dem DrittelbG	33
6. Übersicht zum Geltungsbereich des MitbestG, Montan-MitbestG und DrittelbG	34
III. Bildung des Aufsichtsrats	
1. Zahl der Mitglieder	
a) MitbestG	35
b) Montan-MitbestG	36
c) DrittelbG	37
2. Persönliche Voraussetzungen für die Mitgliedschaft	39
3. Wahlverfahren	
a) Vertreter der Anteilseigner	41
b) Vertreter der Arbeitnehmer nach dem MitbestG	42
c) Vertreter der Arbeitnehmer nach dem Montan-MitbestG	48
d) Vertreter der Arbeitnehmer nach dem DrittelbG	50
e) Das neutrale Mitglied nach dem Montan-MitbestG	53
4. Ersatzmitglieder im Aufsichtsrat	54
5. Wahlschutz, Wahlkosten	55
6. Streitigkeiten	
a) Zuständigkeit	57
b) Nichtigkeit	58
c) Anfechtbarkeit	59
7. Übersicht zur Wahl des Aufsichtsrats	64
8. Gerichtliche Bestellung von Aufsichtsratsmitgliedern	65
9. Amtsdauer, Amtsende	66
10. Übersicht zur Abberufung	68
IV. Rechte und Pflichten des Aufsichtsrats	
1. Bestellung, Abberufung und Anstellung der gesetzlichen Vertreter	
a) Zuständigkeit für die Bestellung	69
b) Dauer der Bestellung	71
c) Bestellung nach dem MitbestG	72
d) Bestellung nach dem Montan-MitbestG und dem DrittelbG	74
e) Widerruf der Bestellung	76
f) Abschluss und Kündigung des Dienstvertrages	77
2. Vertretung des Unternehmens gegenüber seinen gesetzlichen Vertretern	78
3. Überwachung und Beratung der gesetzlichen Vertreter	80
a) MitbestG	81
b) Montan-MitbestG	94
c) DrittelbG	95
4. Übersicht zu den Aufgaben des Aufsichtsrats	96
V. Die innere Ordnung des Aufsichtsrats	97
1. Wahl des Vorsitzenden und seines Stellvertreters	
a) MitbestG	98
b) Montan-MitbestG, DrittelbG	99
2. Aufgaben des Vorsitzenden und seines Stellvertreters	
a) MitbestG	100
b) Montan-MitbestG, DrittelbG	101
3. Beschlüsse des Aufsichtsrats	
a) MitbestG	102
b) Montan-MitbestG, DrittelbG	111
4. Ausschüsse	114
VI. Rechte und Pflichten der Mitglieder des Aufsichtsrats	117
1. Rechte	118
2. Pflichten und Haftung	121
3. Schutz der Arbeitnehmervertreter	127
4. Streitigkeiten	129
VII. Bekanntmachungen	130
VIII. Mitbestimmung im europäischen Rahmen	131
1. Europäische Gesellschaft – SE	
a) Gründung und Struktur	135
b) Beteiligung der Arbeitnehmer	137
aa) Vereinbarungen über die Mitbestimmung und gesetzliche Auffangregelungen	
(1) Zustandekommen von Vereinbarungen	141
(2) Vereinbarungen über die Mitbestimmung auf Unternehmensebene	147

Rz.	Rz.
(3) Auffangregelung für die Mitbestimmung auf Unternehmensebene.... 148	2. Europäische Genossenschaft – SCE
(4) Nichtaufnahme oder Abbruch von Verhandlungen, Neuverhandlungen 150	a) Gründung und Struktur 156
	b) Beteiligung der Arbeitnehmer . 158
	3. Grenzüberschreitende Verschmelzungen
bb) Aufgaben und Ordnung des Aufsichtsrats 151	a) Möglichkeiten grenzüberschreitender Verschmelzungen 163
	b) Beteiligung der Arbeitnehmer . 164

Schrifttum:

Arbeitskreis „Unternehmerische Mitbestimmung", Entwurf einer Regelung zur Mitbestimmungsvereinbarung sowie zur Größe des mitbestimmten Aufsichtsrats, ZIP 2009, 885; *Grobys*, SE-Betriebsrat und Mitbestimmung in der Europäischen Gesellschaft, NZA 2005, 84; *Hanau*, Sicherung unternehmerischer Mitbestimmung, insbesondere durch Vereinbarung, ZGR 2001, 75; *Heitmann*, Anforderungen an die Arbeitnehmer im Aufsichtsrat, 2013; *Henssler*, Umstrukturierung von mitbestimmten Unternehmen, ZfA 2000, 241; *Hommelhoff*, Mitbestimmungsvereinbarungen zur Modernisierung der deutschen Unternehmensmitbestimmung, ZGR 2010, 48; *Jacklofsky*, Arbeitnehmerstellung und Aufsichtsratsamt, 2001; *Jacobs*, SEBG, in MünchKommAktG, Bd. 7, 3. Aufl. 2012; *Jacobs*, Privatautonome Unternehmensmitbestimmung in der SE, in: Festschrift für Karsten Schmidt, 2009, S. 795; *Junker*, Grundfreiheiten, Gesellschaftsrecht und Mitbestimmung – Bleibt die europäische Entwicklung Treiber des Reformbedarfs?, EuZA 2013, 223; *Kauffmann-Lauven/Lenze*, Auswirkungen der Verschmelzung auf den mitbestimmten Aufsichtsrat, AG 2010, 532; *Kisker*, Unternehmerische Mitbestimmung in der Europäischen Gesellschaft, der Europäischen Genossenschaft und bei grenzüberschreitender Verschmelzung im Vergleich, RdA 2006, 206; *Kommission zur Modernisierung der deutschen Unternehmensmitbestimmung*, Bericht der wissenschaftlichen Mitglieder der Kommission, 2006; *Kort*, Der Konzernbegriff i. S. von § 5 MitbestG, NZG 2009, 81; *Krause*, Die Mitbestimmung der Arbeitnehmer in der Europäischen Gesellschaft (SE), BB 2005, 1221; *Lutter/Krieger/Verse*, Rechte und Pflichten des Aufsichtsrats, 6. Aufl. 2014; *Müller-Bonanni/Müntefering*, Grenzüberschreitende Verschmelzung ohne Arbeitnehmerbeteiligung, NJW 2009, 2347; *Nagel/Freis/Kleinsorge*, Die Beteiligung der Arbeitnehmer in der Europäischen Gesellschaft – SE, 2005; *Oetker*, Mitbestimmungsgesetz in Großkommentar AktG, Bd. 5, 4. Aufl., 2012; *Raiser*, Unternehmensmitbestimmung vor dem Hintergrund europarechtlicher Entwicklungen, Gutachten B zum 66. Deutschen Juristentag, 2006; *Rieble*, Schutz vor paritätischer Unternehmensmitbestimmung, BB 2006, 2018; *Schulte-Wrede*, Arbeitnehmerbeteiligung in Europa, 2014; *Seibt*, Auswirkungen der Unternehmensumstrukturierung auf die Unternehmensmitbestimmung, in: Willemsen/Hohenstatt/Schweibert/Seibt, Umstrukturierung und Übertragung von Unternehmen, 4. Aufl. 2011; *Seibt*, Privatautonome Mitbestimmungsvereinbarungen: Rechtliche Grundlagen und Praxishinweise, AG 2005, 413; *Seibt*, Größe und Zusammensetzung des Aufsichtsrats in der SE, ZIP 2010, 1057; *Semler*, Zur aktienrechtlichen Haftung der Organmitglieder einer Aktiengesellschaft, AG 2005, 321; *Thümmel*, Persönliche Haftung von Managern und Aufsichtsräten, 4. Aufl. 2008; *Vetter*, Die Regelung der grenzüberschreitenden Verschmelzung im UmwG, AG 2006, 613; *Ziegler/Gey*, Arbeitnehmermitbestimmung im Aufsichtsrat der Europäischen Gesellschaft (SE) im Vergleich zum Mitbestimmungsgesetz, BB 2009, 1750.

I. Die Mitbestimmungsgesetze

1 Die unternehmerische Mitbestimmung der Arbeitnehmer[1] ist derzeit in sieben Gesetzen geregelt: MitbestG, Montan-MitbestG, MitbestErgG, DrittelbG, SEBG, SCEBG

---

1 Zur historischen Entwicklung vgl. *Raiser*, Gutachten, B 11 ff.; *WWKK/Wißmann*, Vorbem. Rz. 11 ff.; *Oetker* in Großkomm. AktG, MitbestG, Vorbem. Rz. 1 ff.; *Kempen*, FS Richardi, 2007, S. 587; *Reichold*, JZ 2006, 812; Bericht der Kommission Mitbestimmung, Teil 3.

I. Die Mitbestimmungsgesetze

und MgVG[1]. Abhängig von seiner Größe kann ein Unternehmen in der Rechtsform der AG, KGaA, GmbH oder Genossenschaft, mitbestimmungspflichtig sein. In diesem Fall haben die Arbeitnehmer Anspruch auf Sitze im Aufsichtsrat des Unternehmens, und so Einfluss auf unternehmerische Entscheidungen. Die Mitbestimmungspflichtigkeit der Europäischen Gesellschaft (SE, Societas Europaea) oder der Europäischen Genossenschaft (SCE, Societas Cooperativa Europaea) hängt davon ab, ob eine an der Gründung beteiligte Gesellschaft der Mitbestimmung unterliegt. Die Arbeitnehmer einer SE oder SCE haben dann Anspruch auf Sitze im Aufsichts- oder Verwaltungsorgan.

Das Mitbestimmungsziel wird **unterschiedlich stark verwirklicht**: am stärksten im paritätisch besetzten Aufsichtsrat nach dem Montan-MitbestG, abgeschwächt durch das Zweitstimmrecht des Vorsitzenden im paritätisch besetzten Aufsichtsrat nach dem MitbestG, am schwächsten im nur zu einem Drittel mit Vertretern der Arbeitnehmer besetzten Aufsichtsrat nach dem DrittelbG. Außerdem ist der Einfluss des Aufsichtsrats auf das Unternehmen von dessen Rechtsform abhängig und deshalb zB bei der AG stärker als bei der GmbH. Bei der SE, der SCE und im Fall der Verschmelzung einer AG oder GmbH mit einer ausländischen Kapitalgesellschaft sind Verhandlungslösungen möglich.

Nach den Angaben der Hans-Böckler-Stiftung existierten am 31.12.2012 654 Gesellschaften, deren Aufsichtsräte nach dem MitbestG zur Hälfte mit Vertretern der Arbeitnehmerseite besetzt wurden[2]. 1 477 Gesellschaften sollen am 31.12.2009 über einen Aufsichtsrat gemäß DrittelbG verfügt haben[3]. 45 in Deutschland ansässige SEs sollen Ende 2013 mitbestimmungspflichtig gewesen sein[4]. Es wird kontrovers diskutiert, **ob das deutsche Modell der Mitbestimmung im Aufsichtsrat zukunftsfähig** ist oder einer grundlegenden Reform bedarf[5]. Ansatzpunkte der Kritik sind u.a.: (1) Die fehlende Repräsentanz und mangelnde Integration der Arbeitnehmer auslän-

---

1 Gesetz über die Mitbestimmung der Arbeitnehmer v. 4.5.1976 (BGBl. I, 1153), zuletzt geändert durch Art. 2 Abs. 113 des Gesetzes v. 22.12.2011 (BGBl. I, 3044); Gesetz über die Mitbestimmung der Arbeitnehmer in den Aufsichtsräten und Vorständen der Unternehmen des Bergbaus und der Eisen und Stahl erzeugenden Industrie v. 21.5.1951 (BGBl. I, 347), zuletzt geändert durch Art. 220 der Verordnung v. 31.10.2006 (BGBl. I, 2407); Gesetz zur Ergänzung des Gesetzes über die Mitbestimmung der Arbeitnehmer in den Aufsichtsräten und Vorständen der Unternehmen des Bergbaus und der Eisen und Stahl erzeugenden Industrie v. 7.8.1956 (BGBl. I, 707), zuletzt geändert durch Art. 2 Abs. 112 des Gesetzes v. 22.12.2011 (BGBl. I, 3044); Gesetz über die Drittelbeteiligung der Arbeitnehmer im Aufsichtsrat v. 18.5.2004 (BGBl. I, 974), zuletzt geändert durch Art. 2 Abs. 114 des Gesetzes v. 22.12.2011 (BGBl. I, 3064); Gesetz über die Beteiligung der Arbeitnehmer in einer Europäischen Gesellschaft (Art. 2 des Gesetzes zur Einführung der Europäischen Gesellschaft v. 22.12.2004, BGBl. I, 3675 ff., 3686); Gesetz über die Beteiligung der Arbeitnehmer und Arbeitnehmerinnen in einer Europäischen Genossenschaft v. 14.8.2006 (BGBl. I, 1911 ff., 1917); Gesetz über die Mitbestimmung der Arbeitnehmer bei einer grenzüberschreitenden Verschmelzung v. 21.12.2006 (BGBl. I, 3332), zuletzt geändert durch Art. 11 des Gesetzes v. 30.7.2009 (BGBl. I, 2479).
2 Datenkarte Deutschland 2013 der Hans-Böckler-Stiftung (abrufbar unter www.boeckler.de/pdf/pub_datenkarte_brd_2013.pdf.
3 S. die von der Hans-Böckler-Stiftung in Auftrag gegebene Ermittlung des Instituts für Rechtstatsachenforschung zum Deutschen und Europäischen Unternehmensrecht der Friedrich-Schiller-Universität Jena (abrufbar unter www.boeckler.de/pdf/mbf_drittelbeteiligung.pdf).
4 *Schuberth/von der Höh*, AG 2014, 439 (442).
5 Zusammenfassende Diskussionsberichte mit Nachweisen bei *Oetker*, RdA 2005, 337, und *Raiser*, Gutachten, B 49. Ein Vergleich der Mitbestimmungsordnungen in Europa findet sich bei *Junker*, ZfA 2005, 1 (17 ff.), bei *Raiser*, Gutachten, B 21 und in Anhang 4 des Berichts der wissenschaftlichen Mitglieder der Kommission zur Modernisierung der deutschen Unternehmensmitbestimmung; Kritik unter dem Aspekt der Qualität der Aufsichtsratstätigkeit äußerten zuletzt *Peltzer*, FS Karsten Schmidt, 2009, S. 1243 ff. und *Loritz*, ZfA 2009, 477 ff. Eine Neuordnung der Unternehmensmitbestimmung bei konzertierter Mitarbeiterbeteiligung fordert *Hirdina*, NZA 2010, 683.

discher Tochtergesellschaften in den Aufsichtsräten deutscher Obergesellschaften, weil diese Arbeitnehmer weder mitzählen noch sich an Wahlen beteiligen können, selbst wenn sie die Mehrheit aller Konzernmitarbeiter bilden (vgl. Rz. 25)[1]. (2) Die Möglichkeit, infolge der Rechtsprechung des EuGH zur Niederlassungsfreiheit ausländischer Gesellschaften die Rechtsform einer nicht mitbestimmten ausländischen Kapitalgesellschaft zu wählen und so das deutsche Mitbestimmungsrecht zu umgehen (vgl. Rz. 9). (3) Die Größe der mitbestimmten Aufsichtsräte, die für eine wirksame Überwachung der Vorstände zu schwerfällig seien, wobei insbesondere die Teilnahme von Arbeitnehmervertretern an den Beratungen und damit verbundene Probleme der Vertraulichkeit den Vorstand zu einer sehr zurückhaltenden Informationspolitik veranlassten. (4) Die hohen Anforderungen an die Qualifikation der Aufsichtsräte vor allem in international tätigen Unternehmen, die von zahlreichen unternehmensangehörigen Arbeitnehmervertretern nicht erfüllt würden, zumal diese dazu neigten, im Aufsichtsrat spezielle Interessen ihrer Wählerschaft zu vertreten, so dass der Aufsichtsrat insgesamt zu wenig als Instrument für eine strategische Mitsprache bei der Unternehmensleitung und für eine umfassende Kontrolle des Vorstandes genutzt werde. (5) Die Mitbestimmung als Hemmnis für die Investition ausländischen Kapitals in Deutschland und damit als Benachteiligung des Standorts Deutschland im globalen Wettbewerb um Investoren und Unternehmensallianzen, weil das deutsche Modell für ausländische, vor allem anglo-amerikanische Investoren fremd und wenig akzeptabel sei. Dementsprechend werden zahlreiche gesellschaftsrechtliche Strategien zur Vermeidung oder zur Flucht aus der Mitbestimmung diskutiert[2]. Die wissenschaftlichen Mitglieder der von der Bundesregierung eingesetzten Kommission zur Modernisierung der deutschen Unternehmensmitbestimmung sahen jedoch in ihrem Bericht, der im Dezember 2006 abgeschlossen wurde, noch keinen grundsätzlichen Reformbedarf. Nachdem das EU-Recht mit der Schaffung der SE und der Zulassung der grenzüberschreitenden Verschmelzung die nationalen Barrieren des Gesellschaftsrechts durchbrochen hat und dabei einer flexiblen Gestaltung der Mitbestimmung Türen öffnete, hat der „Arbeitskreis Unternehmerische Mitbestimmung" den Entwurf einer Regelung zur Mitbestimmungsvereinbarung sowie zur Größe des Aufsichtsrates vorgelegt[3]. Dieser lehnt sich an die europäischen Regelungen an. Er hat breite Zustimmung in der Literatur gefunden[4].

---

[1] *Hellwig/Behme*, AG 2009, 261 ff. sowie *Wansleben*, NZG 2014, 2013 sehen dies als einen Verstoß gegen das Gemeinschaftsrecht, nämlich das Diskriminierungsverbot (Art. 18 AEUV) und die Arbeitnehmerfreizügigkeit (Art. 45 AEUV) an und leiten daraus ab, dass die Vorschriften des MitbestG und des DrittelbG über die Wahl der Arbeitnehmervertreter im Aufsichtsrat nicht mehr anzuwenden seien (aaO S. 270 f.); dagegen *Teichmann*, ZIP 2009, Beilage zu Heft 48, 11 f., *Krause*, AG 2012, 485 (491 ff.). Einen Verstoß gegen EU-Recht verneinend LG Landau 18.9.2013 – HK O 27/13, ZIP 2013, 2017. Die Berufungsinstanz hat die Frage nicht geprüft, sondern im konkreten Fall als nicht dem Statusverfahren (s. hierzu Rz. 11) zugänglich gesehen.

[2] Vgl. zB *Braun*, Umstrukturierung im Unternehmen: Lösungen zur Vermeidung von unternehmerischer Mitbestimmung, 2012; *Wisskirchen/Bissels/Dannhorn*, DB 2007, 2258; *Henssler*, RdA 2005, 330; *Joost*, FS Richardi, 2007, S. 573 (576); *Götze/Arnold*, ZIP 2009, 245. Dort noch nicht berücksichtigt ist die Cartesio-Entscheidung des EuGH (16.12.2008 – Rs. C-210/06, ZIP 2009, 24), die den Weg zum formwechselnden Wegzug in der EU ebnete, ohne aber explizit Stellung zu nehmen, ob Mitbestimmungsregeln durch einen solchen Formwechsel ohne Weiteres außer Kraft gesetzt werden können. S. hierzu *Däubler/Heuschmidt*, NZG 2009, 493; *Sick*, FS Kempen, S. 361, 369 ff.: Zur „Rettung" der Mitbestimmungsfreiheit bei Tendenzunternehmen (s. Rz. 15 f.) durch Umwandlung in eine SE (Rz. 131 ff.) s. *Rieble*, AG 2014, 224.

[3] Veröffentlicht in ZIP 2009, 885 ff.

[4] S. die unter der Überschrift „Auslaufmodell AG? – Reform der unternehmerischen Mitbestimmung" in der Beilage zu ZIP 48/2009 veröffentlichten Tagungsbeiträge sowie *Hommelhoff*, ZGR 2010, 48 ff.

1. Übersicht

Das **MitbestG** gilt für Unternehmen (AG, KGaA, GmbH, Genossenschaft) mit mehr als 2 000 Arbeitnehmern. Es gilt nicht im Montanbereich. Der Aufsichtsrat wird **paritätisch** besetzt. Seinem Vorsitzenden steht ein **Zweitstimmrecht** zu. Dem Vorstand bzw. der Geschäftsführung muss ein **Arbeitsdirektor** angehören.

Das **Montan-MitbestG** gilt für Unternehmen im Montanbereich, die als AG oder GmbH mit mehr als 1 000 Arbeitnehmern betrieben werden oder „Einheitsgesellschaften" sind. Der Aufsichtsrat wird **paritätisch** und mit einem **zusätzlichen neutralen Mitglied** besetzt. Der gleichfalls notwendige **Arbeitsdirektor** kann vom Aufsichtsrat nicht gegen die Mehrheit seiner Arbeitnehmervertreter bestellt werden.

Das **MitbestErgG** gilt für Nicht-Montan-Unternehmen (AG, GmbH), die einen Montankonzern beherrschen. Auch hier wird der Aufsichtsrat **paritätisch** und mit einem **neutralen** Mitglied besetzt. Desgleichen ist ein **Arbeitsdirektor** notwendig. Die praktische Bedeutung des MitbestErgG ist gering[1]. Die Regeln des MitbestErgG werden deshalb hier nicht mehr dargestellt[2].

Das **DrittelbG** gilt für Unternehmen (AG, KGaA, GmbH, Genossenschaft, VVaG) aller Wirtschaftsbereiche; grundsätzlich jedoch nur, wenn sie mehr als 500 Arbeitnehmer haben. Den Arbeitnehmern steht nur **ein Drittel der Sitze** im Aufsichtsrat zu. Ein Arbeitsdirektor ist nicht erforderlich. Das DrittelbG ersetzt – ohne wesentliche materielle Änderungen – seit dem 1.7.2004 die vorher geltenden §§ 76 ff. BetrVG 1952.

Das **SEBG** gilt nur für die **SE**, das **SCEBG** nur für die **SCE**. Vgl. zu beiden Rz. 131–162. SEBG und SCEBG bezwecken die Sicherung erworbener Rechte von Arbeitnehmern auf Mitbestimmung anlässlich der Gründung einer SE oder SCE mit Sitz in Deutschland. Bei einer grenzüberschreitenden Verschmelzung von Kapitalgesellschaften, aus der eine Gesellschaft mit Sitz in Deutschland hervorgeht, gilt das **MgVG**, sofern die dort beschriebenen Voraussetzungen vorliegen. Anderenfalls gelten das MitbestG, Montan-MitbestG bzw. das DrittelbG.

Die Mitbestimmungsgesetze gelten nur für Unternehmen[3], die eine der im jeweiligen Gesetz aufgezählten Rechtsformen haben. Auf andere Rechtsformen können sie nicht entsprechend angewendet werden, auch nicht auf **inländische Niederlassungen ausländischer Unternehmen**, selbst wenn im Ausland gegründete Unternehmen ihren Verwaltungssitz ins Inland verlegen[4]. Dies ist nach der Rechtsprechung des EuGH[5] innerhalb der EU möglich, aber auch für in den USA gegründete Unternehmen[6] und

---

1 MünchArbR/*Wißmann*, § 284 Rz. 1 erwähnt, dass nach jahrelanger Nichtanwendung Ende 2007 in einem Unternehmen die Bildung des Aufsichtsrates nach dem MitbestErgG eingeleitet wurde. Ein weiteres Unternehmen soll sich 2009 im Übergang in das Gesetz befunden haben.
2 Vgl. dazu die 2. Aufl., Teil 4 B.
3 Hierzu zählen nicht die als Anstalten des öffentlichen Rechts organisierten Sparkassen, VerfGH München 14.2.2011 – Vf. 2-VII-10, ZIP 2011, 664.
4 *Thüsing*, ZIP 2004, 381 mwN; *Schwark*, AG 2004, 173 (177); *Kamp*, BB 2004, 1496; *Junker*, ZfA 2005, 1 (7); aA zB *Seyboth*, AuR 2008, 132. Zu Plänen, die Mitbestimmung in diesen Unternehmen im Rahmen der Kodifizierung des Internationalen Gesellschaftsrechts zu regeln, vgl. *Eberspächer*, ZIP 2008, 1951, und *Köster*, ZRP 2008, 214. Zur europarechtlichen Unzulässigkeit einer Erstreckung auf ausländische Gesellschaften s. Merkt, ZIP 2012, 1237.
5 EuGH 30.9.2003 – Rs. C-167/01, NJW 2003, 3331; 5.11.2002 – Rs. C-208/00, NJW 2002, 3614; 9.3.1999 – Rs. C-212/97, NJW 1999, 2027. Vgl. dazu *Bayer*, BB 2003, 2357; *Altmeppen/Wilhelm*, DB 2004, 1083; *Eidenmüller*, ZGR 2004, 159; *Thüsing*, ZIP 2004, 381; *Horn*, NJW 2004, 893.
6 Art. XXV Nr. 5 des Freundschafts-, Handels- und Schifffahrtsvertrages zwischen der Bundesrepublik Deutschland und den Vereinigten Staaten von Amerika v. 29.10.1954 (BGBl. II 1956, 487); vgl. dazu BGH 29.1.2003 – VIII ZR 155/02, BGHZ 153, 353.

für Unternehmen in Liechtenstein, Island und Norwegen, die Mitglieder des EWR-Abkommens[1] sind[2].

2. Überleitungsverfahren

10 Für die Mitbestimmung in einem Unternehmen kann immer nur eines der verschiedenen Mitbestimmungsgesetze maßgeblich sein. Unternehmen in der Rechtsform der AG, der KGaA, der GmbH und der Genossenschaft könnten jedoch in den Geltungsbereich mehrerer Mitbestimmungsgesetze fallen. Deshalb wird die Rangfolge der Gesetze in den § 1 Abs. 2 und 3 MitbestG, § 2 Montan-MitbestG, § 2 MitbestErgG, § 1 Abs. 2 Nr. 1 DrittelbG geregelt: Das MitbestG gilt nicht im Montanbereich. Dort hat das Montan-MitbestG Vorrang vor dem MitbestErgG. Dieses wiederum verdrängt das DrittelbG. Außerhalb des Montanbereichs hat das MitbestG Vorrang vor dem DrittelbG. Für die SE gilt nur das SEBG, für die SCE nur das SCEBG. Für Gesellschaften, die aus einer Verschmelzung mit einer ausländischen Kapitalgesellschaft hervorgehen, gilt bei bestimmten Fallkonstellationen unter Ausschluss der sonstigen Mitbestimmungsregeln das MgVG.

11 Im Überleitungs- oder **Statusverfahren**[3] wird gem. §§ 97–99 AktG geklärt, welche gesetzlichen Regeln auf den Aufsichtsrat anwendbar sind. Das Verfahren ist immer zu durchlaufen (§ 96 Abs. 2 AktG, § 27 EGAktG), wenn eine Gesellschaft (AG, KGaA, GmbH, VVaG, Genossenschaft sowie SE und SCE mit Sitz in Deutschland)[4] mit entsprechender Arbeitnehmerzahl

– von einer mitbestimmten in eine andere mitbestimmte Aufsichtsratsverfassung wechselt,

– von einer mitbestimmungsfreien in eine mitbestimmte Aufsichtsratsverfassung wechselt oder umgekehrt,

– im Geltungsbereich des MitbestG in eine andere Größenklasse wechselt, die gesetzlich eine Verkleinerung oder Vergrößerung des Aufsichtsrats erfordert (§ 7 Abs. 1 MitbestG)[5],

– falls sie eine GmbH ist, den bisher mitbestimmten Aufsichtsrat wegen Absinkens der Arbeitnehmerzahl abschaffen will (§ 96 Abs. 2 Satz 1 AktG, § 27 EGAktG)[6].

12 Es ist umstritten, ob das Statusverfahren auch dann zu durchlaufen ist, wenn die Gesellschaft durch Satzungsänderung eine andere Größenklasse wählt, wie es zB nach § 7 Abs. 1 Satz 2 MitbestG, § 9 Montan-MitbestG möglich ist[7]. Wenn bei einer bisher aufsichtsratslosen GmbH ein erster mitbestimmter Aufsichtsrat[8] gebildet werden soll, muss im Bereich des MitbestG das Statusverfahren durchlaufen werden (§ 6 Abs. 2 Satz 1 MitbestG). Im Bereich der anderen Mitbestimmungsgesetze ist diese

---

1 BGBl. II 1993, 266.
2 BGH 19.9.2005 – II ZR 372/03, ZIP 2005, 1869.
3 Ausführlich dazu *Seibt*, Rz. 187 ff.; *Oetker*, ZHR 149 (1985), 575 ff.; *Parmentier*, AG 2006, 476.
4 S. *Seibt*, ZIP 2010, 1057 (1064) mwN.
5 *Ulmer/Habersack/Henssler*, § 7 MitbestG Rz. 23; *WWKK/Wißmann*, § 7 MitbestG Rz. 7; *Oetker*, ZHR 149 (1985), 575 (577 ff.).
6 Zur Bildung des Aufsichtsrats einer neu gegründeten Gesellschaft vgl. *Ulmer/Habersack/Henssler*, § 6 MitbestG Rz. 4–11.
7 Vgl. dazu BAG 3.10.1989 – 1 ABR 12/88, WM 1990, 633; OLG Hamburg 26.8.1988 – 11 W 53/88, ZIP 1988, 1191; *MünchArbR/Wißmann*, § 280 Rz. 2; *Ulmer/Habersack/Henssler*, § 6 MitbestG Rz. 15 mwN zum Meinungsstand.
8 Zur Frage, ob ein mitbestimmter Aufsichtsrat bei der GmbH im Fall der Sachgründung schon vor der Eintragung in das Handelsregister gebildet werden muss, vgl. BayObLG 9.6.2000 – 3Z BR 92/00, NJW-RR 2000, 1482; *Lutter/Krieger/Verse*, Rz. 1113; *Halm*, BB 2000, 1849 mwN; *Eisenbeis/Ueckert*, FA 2002, 167 mwN.

Frage umstritten[1]. Wird ein notwendiges Statusverfahren versäumt, so sind die entsprechenden Wahlen zum Aufsichtsrat nichtig[2]. Solange ein Statusverfahren nicht durchgeführt ist, besteht ein mitbestimmter Aufsichtsrat fort, auch wenn die Gesellschaft infolge dauerhaften Absinkens der Arbeitnehmerzahl mitbestimmungsfrei geworden ist. Es ist dann weiterhin zulässig, Arbeitnehmervertreter für den Aufsichtsrat zu wählen[3] bzw. den Aufsichtsrat ggf. durch gerichtlich bestellte Mitglieder zur Sicherung der Beschlussfähigkeit zu ergänzen[4]. Ob ein Statusverfahren zum Zwecke der Beschleunigung, insbesondere zeitlich vor eine Verschmelzung gezogen werden kann, ist umstritten, aber letztlich abzulehnen[5].

Der Vorstand hat zunächst die **Erklärungen** gem. § 97 Abs. 1 AktG **zu veröffentlichen** und so die nach seiner Ansicht maßgeblichen Vorschriften für die Verfassung des Aufsichtsrats zu nennen. Wird hiergegen nicht binnen Monatsfrist das Landgericht von einem Antragsberechtigten (§ 98 Abs. 2 AktG) angerufen, so ist der Aufsichtsrat nach diesen Vorschriften neu zu bilden; entgegenstehende Satzungsregeln und die Ämter der bisherigen Aufsichtsratsmitglieder enden spätestens nach weiteren sechs Monaten (§ 97 Abs. 2 AktG)[6]. Entsprechendes gilt, wenn das Gericht nach Anrufung rechtskräftig entschieden hat, welche Vorschriften maßgeblich sind[7]. 13

3. Das System der gesetzlichen Regelungen

Die Mitbestimmungsgesetze enthalten für die Bildung, die Aufgaben und die Rechtsstellung des Aufsichtsrats nur teilweise eigenständige Regelungen. Ergänzend gilt für die **AG** und die **KGaA** schon kraft ihrer Rechtsform die vollständige Aufsichtsratsverfassung des AktG. Auch die **GmbH** wird dieser Ordnung durch Einzelverweisungen in § 6 Abs. 2 Satz 1, § 25 Abs. 1 Nr. 2 MitbestG, § 1 Abs. 1 Nr. 3 DrittelbG und durch sowohl pauschale als auch Einzelverweisungen in § 3 Abs. 2, § 11 Abs. 1 Montan-MitbestG weitgehend unterstellt. Für die **Genossenschaft** gilt neben dem MitbestG und dem DrittelbG das Aktienrecht nur eingeschränkt[8]; vorrangig gilt das Genossenschaftsrecht (§ 6 Abs. 2 Satz 1, Abs. 3, § 25 Abs. 1 Satz 1 Nr. 3 MitbestG, § 1 Abs. 1 Nr. 5, Abs. 3 DrittelbG). Der **VVaG** ist nur nach dem DrittelbG mitbestimmt; für ihn gilt wiederum Aktienrecht kraft der detaillierten Einzelverweisungen in §§ 35 Abs. 3, 36 VAG. Zur SE und SCE s. Rz. 131 ff. 14

II. Geltungsbereiche des MitbestG, Montan-MitbestG und DrittelbG

1. MitbestG

Das MitbestG erfasst Unternehmen (AG, KGaA, GmbH, Genossenschaft, nicht aber SE oder SCE) mit mehr als 2 000 Arbeitnehmern **aus allen Wirtschaftsbereichen**, die nicht montanmitbestimmt sind. Der VVaG wird nicht erfasst[9]. Liegen die in § 5 MgVG genannten Voraussetzungen vor, gelten die im MgVG enthaltenen Regelungen 15

---

1 Bejahend zB BAG 16.4.2008 – 7 ABR 6/07, DB 2008, 1850 mwN auch zur Gegenansicht; Rechtsprechungsüberblick bei *Oetker*, ZGR 2000, 19 (21).
2 MünchArbR/*Wißmann*, § 278 Rz. 18; Kölner Kommentar/*Mertens*/*Cahn*, §§ 97–99 AktG Rz. 58.
3 LAG Hess. 29.7.2010 – 9 TaBVGa 116/10.
4 OLG Frankfurt 2.11.2010 – 20 W 362/10, ZIP 2011, 21.
5 *Kauffmann-Lauven*/*Lenze*, AG 2010, 532 (535 mwN in Fn. 19 und auf S. 536).
6 Zu sonstigen Bestimmungen der Satzung vgl. auch § 37 Abs. 1 MitbestG.
7 Einzelheiten bei *Oetker*, ZHR 149 (1985), 575; *Seibt*, Rz. 158; vgl. auch OLG Düsseldorf 10.10.1995 – 19 W 5/95 AktE, DB 1995, 2411.
8 Ausführlich dazu *Trescher*, DB 1997, 1551; *Lutter*/*Krieger*/*Verse*, Rz. 1251 ff.
9 Zu einem deshalb evtl. vorliegenden Verstoß gegen Art. 3 Abs. 1 GG vgl. ErfK/*Oetker*, MitbestG, Einl. Rz. 5.

unter Ausschluss des MitbestG. Ausgenommen sind Tendenzunternehmen, sofern diese den geschützten Tendenzen unmittelbar[1] und überwiegend dienen[2], und Religionsgemeinschaften (§ 1 Abs. 4 MitbestG).

16 Nach Ansicht des BAG greift der **Tendenzschutz** nur dann ein, wenn das Unternehmen die Tendenzzwecke qualitativ und quantitativ überwiegend verfolgt. Bei personalintensiven Unternehmen sei ein Tendenzschutz nur gegeben, wenn für den Tendenzzweck mehr als die Hälfte der Arbeitszeit aller Arbeitnehmer eingesetzt wird[3]. Der Tendenzschutz ist vor allem für Presseunternehmen von Bedeutung, die nicht nur Anzeigenblätter herausgeben oder Druckereien betreiben, und für private Fernsehsender.

Im **Konzern**[4] bleibt ein herrschendes Unternehmen auch dann mitbestimmungsfrei, wenn es einen überwiegend tendenzbezogenen Konzern beherrscht und seine Aktivitäten zur Konzernleitung gegenüber seinen eigenen tendenzfreien Tätigkeiten überwiegen[5]. Unternehmen, die einem Tendenzkonzern angehören, aber selbst tendenzfrei sind, werden vom MitbestG erfasst[6].

2. Montan-MitbestG

17 Das Montan-MitbestG erfasst **Montanunternehmen**, die als AG oder GmbH – nicht aber SE oder SCE – mit mehr als 1 000 Arbeitnehmern betrieben werden oder „Einheitsgesellschaften" iSd. AHK-Gesetzes Nr. 27 vom 16.5.1950[7] sind (§ 1 Abs. 2 Montan-MitbestG). **Einheitsgesellschaften** sind Montanunternehmen, die im Zuge der Entflechtung unter alliierter Kontrolle neu gegründet wurden[8] und in den Anhängen zum AHK-Gesetz Nr. 27 genannt sind. Das Montan-MitbestG ist auf ein Unternehmen nicht mehr anwendbar, wenn in sechs aufeinander folgenden Geschäftsjahren entweder die Arbeitnehmerzahl von 1 000 unterschritten wird oder der überwiegende Betriebszweck nicht mehr in der Montantätigkeit liegt (§ 1 Abs. 3 Montan-MitbestG)[9]. Dann muss das Statusverfahren (Rz. 10–13) durchlaufen werden, damit das Unternehmen je nach Arbeitnehmerzahl einen Aufsichtsrat nach dem MitbestG oder dem DrittelbG oder einen Aufsichtsrat ohne Arbeitnehmervertreter erhält. Bei Einheitsgesellschaften ist die Montan-Mitbestimmung nicht von einer bestimmten Arbeitnehmerzahl abhängig (§ 1 Abs. 2 Montan-MitbestG).

---

1 Ein Blutspendedienst, der gespendetes Blut ohne eigene Gewinnerzielungsabsicht an mit Gewinnerzielungsabsicht handelnde Ärzte und Krankenhäuser weitergibt, handelt nicht unmittelbar karitativ (LG Düsseldorf 30.4.2013 – 33 O 126/12, ZIP 2013, 1626).
2 Vgl. dazu BAG 21.7.1998 – 1 ABR 2/98, NZA 1999, 277.
3 BAG 15.3.2006 – 7 ABR 24/05, NZA 2006, 1422; 21.6.1989 – 7 ABR 58/87, NZA 1990, 402; WWKK/*Koberski*, § 1 MitbestG Rz. 50; MünchArbR/*Wißmann*, § 279 Rz. 22; aA Ulmer/*Habersack/Henssler*, § 1 MitbestG Rz. 60; MünchKommAktG/*Gach*, § 1 MitbestG Rz. 33, 34: eine Mehrheit der Arbeitnehmer sei nicht erforderlich. Ausführlich zum Tendenzschutz *Seibt*, Rz. 29, 30. Zu karitativen Unternehmen mit Gewinnerzielungsabsicht vgl. BayObLG 10.8.1995 – 3Z BR 149/94, BB 1995, 2233.
4 Vgl. dazu LG Hamburg 24.6.1999 – 321 T 86/98, NJW-RR 2000, 628; MünchArbR/*Wißmann*, § 279 Rz. 24; *Seibt*, Rz. 29, 30.
5 Streitig; wie hier zB *Raiser/Veil*, § 5 MitbestG, Rz. 19; WWKK/*Koberski*, § 1 MitbestG Rz. 55; Ulmer/*Habersack/Henssler*, § 5 MitbestG Rz. 60 mwN; illustrativ zur Frage, wann ein Überwiegen vorliegt OLG Brandenburg 5.2.2013 – 6 Wx 5/12, ZIP 2013, 1623.
6 Kölner Kommentar/*Mertens/Cahn*, Anh. § 117 B § 1 MitbestG Rz. 17. Zum Wahlrecht der Arbeitnehmer von Tendenzunternehmen zum Aufsichtsrat der tendenzfreien mitbestimmten Konzernmutter vgl. BAG 30.6.1981 – 1 ABR 30/79, AP Nr. 20 zu § 118 BetrVG 1972.
7 ABl. der AHK, 299.
8 *Wlotzke/Wißmann*, DB 1981, 628 Fn. 64.
9 Vgl. dazu *Büdenbender*, ZIP 2000, 385 (388).

Montanunternehmen (§ 1 Abs. 1 Montan-MitbestG) sind solche, die als überwiegenden Betriebszweck den in § 1 Abs. 1 Satz 1 lit. a Montan-MitbestG definierten **Bergbau oder die Eisen- und Stahlerzeugung** betreiben. Die Montan-Mitbestimmung ist also nicht auf die in § 1 Abs. 1 Satz 1 lit. b und c Montan-MitbestG definierten Unternehmen beschränkt[1]. Der überwiegende Betriebszweck ergibt sich aus einer Zusammenschau von Arbeitnehmerzahlen, eingesetztem Kapital und Umsatzanteilen der verschiedenen Unternehmensteile[2]. Als Eisen- und Stahlerzeugung gilt auch die Herstellung von Walzwerkserzeugnissen in Unternehmen, die bereits am 1.7.1981 montanmitbestimmt waren (§ 1 Abs. 1 Satz 2 Nr. 1 Montan-MitbestG). Eine weitere Ausdehnung der Montan-Mitbestimmung ist über die „Ansteckungsklausel" des § 1 Abs. 1 Satz 2 Nr. 2 und Satz 3 Montan-MitbestG möglich[3].

3. DrittelbG

Das DrittelbG erfasst Unternehmen (AG, KGaA, GmbH, Genossenschaft und VVaG, nicht aber SE oder SCE) aller Wirtschaftsbereiche mit mehr als 500 Arbeitnehmern. **Eine AG** (ebenso eine KGaA), die vor dem 10.8.1994 in das Handelsregister eingetragen wurde und **keine Familiengesellschaft**[4] ist, wird unabhängig von ihrer Arbeitnehmerzahl erfasst (§ 1 Abs. 1 Nr. 1 DrittelbG)[5,6]. Eine Familiengesellschaft ist eine Gesellschaft, deren einziger Aktionär eine natürliche Person ist oder deren sämtliche Aktionäre verwandt oder verschwägert sind (§ 1 Abs. 1 Nr. 1 DrittelbG)[7]. Für die Geltung bei grenzüberschreitenden Verschmelzungen und den Tendenzschutz (§ 1 Abs. 1 Satz 2 DrittelbG) gilt das zum MitbestG Gesagte (Rz. 15 f.)[8].

4. Sicherung der Mitbestimmung

In Ausnahmefällen kann ein Unternehmen mitbestimmungspflichtig bleiben, obwohl die Voraussetzungen für die Mitbestimmungspflicht nicht mehr vorliegen. Dies gilt zeitlich auf fünf Jahre begrenzt für die Fälle der **Abspaltung und Ausgliederung** nach § 325 Abs. 1 UmwG[9] und zeitlich unbegrenzt für die Fälle der **Einbringung von Gesellschaftsanteilen**, Betrieben oder Teilbetrieben aus einem bisher mitbestimmten Unternehmen in eine Kapitalgesellschaft eines anderen EU-Staates nach dem Mitbestimmungs-Beibehaltungsgesetz vom 23.8.1994[10]. In allen diesen Fällen wird die bisherige Mitbestimmung jedoch nicht mehr gesichert, sobald die im bisherigen Mitbestimmungsgesetz festgelegte Arbeitnehmerzahl um mehr als 75 % unterschritten wird.

---

1 BGH 28.2.1983 – II ZB 10/82, NJW 1983, 1617; OLG Düsseldorf 27.7.1988 – 19 W 10/87, WM 1988, 1696.
2 MünchArbR/*Wißmann*, § 283 Rz. 3; aA ErfK/*Oetker*, § 1 Montan-MitbestG Rz. 4.
3 Vgl. *Wlotzke/Wißmann*, DB 1981, 630; *Engels*, BB 1981, 1355.
4 Zu verfassungsrechtlichen Bedenken gegen diese Differenzierung vgl. *Büdenbender*, ZIP 2000, 385 (398 ff.).
5 Diese Regelung ist verfassungsgemäß, s. BVerfG 9.1.2014 – 1 BvR 2344/11, ZIP 2014, 464; kritisch hierzu *Latzel*, AG 2014, 395.
6 Allerdings verlangt die Rspr., dass die Gesellschaft mindestens 5 Arbeitnehmer hat, BGH 7.2.2012 – II ZB 14/11, ZIP 2012, 669.
7 Ausführlich dazu MünchArbR/*Wißmann*, § 285 Rz. 3.
8 Zum Tendenzschutz vgl. MünchArbR/*Wißmann*, § 285 Rz. 4; *Seibt*, NZA 2004, 767 (769).
9 Vgl. *Wlotzke*, DB 1995, 40; *Oetker* in Großkomm. AktG, MitbestG, Vorbem. Rz. 82 ff.; Rz. 106 ff.; *Henssler*, ZfA 2000, 241 (252); HWK/*Willemsen*, § 325 UmwG Rz. 1–10; zur formwechselnden Umwandlung vgl. OLG Naumburg 6.2.1997 – 7 U 236/96, AG 1998, 430; zur Anwendung des § 325 Abs. 1 UmwG im Fall von Einzelrechtsübertragung *Trittin/Gilles*, RdA 2011, 46.
10 BGBl. I, 2228; vgl. *Oetker* in Großkomm. AktG, MitbestG, Vorbem. Rz. 50 ff.; *Seibt*, Rz. 160 ff.; *Joost*, FS Richardi, 2007, S. 573 (579); zu verfassungsrechtlichen Bedenken vgl. *Büdenbender*, ZIP 2000, 385 (398 ff.).

21 **Beispiel**[1]

Die A-GmbH beschäftigt insgesamt 3 000 Arbeitnehmer in zwei Betrieben von jeweils 1 500 Arbeitnehmern. Gem. § 123 Abs. 2 Nr. 1 UmwG spaltet sie einen Betrieb ab und überträgt ihn auf die B-GmbH, die bisher nur 200 Arbeitnehmer beschäftigt. Die Gesellschafter der A-GmbH erhalten entsprechende Geschäftsanteile an der B-GmbH. Ohne § 325 Abs. 1 UmwG würde der nach dem MitbestG existierende Aufsichtsrat der A-GmbH entfallen; für sie wäre das Statusverfahren zu durchlaufen und ein nach dem DrittelbG nur drittelparitätisch mitbestimmter Aufsichtsrat zu bilden. Dies verhindert § 325 Abs. 1 UmwG für die Dauer von fünf Jahren. Die A-GmbH bleibt weiter nach dem MitbestG mitbestimmt. Falls ihre Arbeitnehmerzahl in diesem Zeitraum unter 500 Arbeitnehmer sinkt, entfällt gem. § 325 Abs. 1 Satz 2 UmwG die Mitbestimmungspflicht. Der Aufsichtsrat kann nach Durchlaufen des Statusverfahrens abgeschafft oder durch einen fakultativen Aufsichtsrat ohne Arbeitnehmervertreter ersetzt werden.

22 Die Regelungen des MitbestG, Montan-MitbestG und DrittelbG sind in ihrem Anwendungsbereich **zwingend**[2]. Von den gesetzlichen Mitbestimmungsstatuten kann nicht zum Nachteil der Arbeitnehmer abgewichen werden. Eine Vereinbarung, dass zB eine GmbH mit 2 500 Arbeitnehmern nur drittelparitätisch mitbestimmt sein sollte, wäre also nichtig.

23 Umgekehrt sollen Vereinbarungen zur Ausweitung oder Sicherung der Mitbestimmung bis zu bestimmten Grenzen zulässig sein[3]. Bei der AG wird man die Grenzen wegen der Satzungsstrenge des § 23 Abs. 5 AktG enger ziehen müssen als bei der GmbH, für die nach § 45 GmbHG weitgehende Satzungsfreiheit besteht. Dementsprechend kann zB eine mitbestimmungsfreie GmbH einen mitbestimmten, dh. teilweise von den Arbeitnehmern gewählten Aufsichtsrat einrichten, eine mitbestimmungsfreie AG hingegen nicht. In jedem Fall bedarf die Ausweitung der Mitbestimmung eines Beschlusses der Anteilseigner mit satzungsändernder Mehrheit[4].

24 Hinsichtlich der Sicherung der Mitbestimmungsrechte bei Beteiligung von deutschen Gesellschaften an der Gründung einer SE oder SCE und grenzüberschreitenden Verschmelzungen wird auf die Ausführungen in Rz. 131 ff. verwiesen.

5. Berechnung der Arbeitnehmerzahlen

a) Arbeitnehmer

25 Arbeitnehmer sind die in § 5 Abs. 1 BetrVG genannten Personen, soweit sie in inländischen Betrieben beschäftigt sind[5]. Arbeitnehmer ausländischer Betriebe und ausländischer Konzerngesellschaften zählen (im Rahmen des MitbestG, des Montan-Mit-

---

1 Zahlreiche weitere Beispiele bei *Seibt*, Rz. 109 ff., 158 (161 f.). Laut *Seibt*, Rz. 160, sind Umstrukturierungsvorgänge, die zur Anwendung des Mitbestimmungs-Beibehaltungsgesetzes führen, bisher nicht bekannt geworden.
2 Zu den Reformvorschlägen s. Rz. 3 und Fn. dort.
3 Einzelheiten und Meinungsstand bei *Seibt*, Rz. 14 ff.; *Seibt*, AG 2005, 413; MünchArbR/*Wißmann*, § 278 Rz. 10 ff.; *Hanau*, ZGR 2001, 75; *Wahlers*, ZIP 2008, 1897.
4 *Seibt*, Rz. 16; *Hanau*, ZGR 2001, 109; aA Schmidt/Lutter/*Drygala*, § 96 AktG Rz. 23 (mwN), der bei der AG einen einstimmigen Beschluss der Hauptversammlung fordert.
5 MünchArbR/*Wißmann*, § 279 Rz. 2 mwN. Nachdem das BAG dazu übergegangen ist, die Stellung des Arbeitnehmers nicht mehr von der vertraglichen Bindung abhängig zu machen, und die Einbeziehung von Leiharbeitnehmern bei der Berechnung von betriebsverfassungsrechtlichen Schwellenwerten nach Sinn und Zweck des jeweiligen Gesetzes zu entscheiden, ist offen, ob Leiharbeitnehmer bei der Berechnung, ob mitbestimmungsrechtliche Schwellenwerte erreicht werden, mitzählen. Das OLG Hamburg ist der Auffassung, dass Leiharbeitnehmer bei Berechnung des Schwellenwertes nach § 1 Abs. 1 Nr. 2 MitbestG nicht mitzählen (31.1.2014 – 11 W 89/13, ZIP 2014, 680). So auch bisher hM (s. Kölner Kommentar/*Mertens/Cahn*, Anh. § 117 B, § 3 Rz. 8 mwN). Das LAG Frankfurt will hingegen bei der Berechnung der Arbeitneh-

bestG und des DrittelbG[1]) nicht, werden nicht nach den Rz. 26–33 zugerechnet und wählen nicht (hM)[2]. Arbeitnehmer einer deutschen Enkelgesellschaft werden allerdings nach hM auch dann einer deutschen Obergesellschaft zugeordnet, wenn zwischen Enkel und Obergesellschaft eine ausländische Tochtergesellschaft steht[3]. Auch Teilzeitarbeitnehmer, selbst wenn nur geringfügig beschäftigt, werden berücksichtigt[4]. Nicht mitgezählt werden Arbeitnehmer, die sich beim Blockmodell der Altersteilzeit in der endgültigen Freistellungsphase befinden[5]. **Leitende Angestellte** (§ 5 Abs. 3 BetrVG) werden bei der Ermittlung der Arbeitnehmerzahl nach dem MitbestG berücksichtigt (§ 3 Abs. 2 Nr. 2 MitbestG), jedoch nicht nach dem Montan-MitbestG und dem DrittelbG (§ 3 Abs. 1 DrittelbG). Maßgeblich ist nur die Zahl der in der Regel Beschäftigten. Kurzfristige Schwankungen bleiben also unberücksichtigt[6].

b) Zurechnung von Arbeitnehmern nach dem MitbestG

Für die Ermittlung der Mitbestimmungspflicht sind auch **Konzernarbeitnehmer** nach Maßgabe des § 5 MitbestG mitzuzählen. Dies sind Arbeitnehmer von Unternehmen, die vom herrschenden Unternehmen über ein Konzernverhältnis iSd. § 18 Abs. 1 AktG beherrscht werden[7]. Es gibt keinen eigenständigen mitbestimmungsrechtlichen Konzernbegriff. Es gelten vielmehr die Regelungen des Aktienrechts[8]. Energiewirtschaftliche Kompetenz- und Weisungsbeschränkungen stehen der Zurechnung der Arbeitnehmer im Konzern nicht entgegen[9]. 26

Die Mitbestimmung verlagert sich nach unten (§ 5 Abs. 3 MitbestG), wenn das herrschende Unternehmen selbst nicht mitbestimmungspflichtig ist, zB weil es einzelkaufmännisch oder eine Personengesellschaft ist[10] oder seinen Sitz im Ausland hat. 27

  merzahl, die gem. § 9 MitbestG darüber entscheidet ob Arbeitnehmervertreter im Aufsichtsrat in unmittelbarer Wahl oder Delegiertenwahl gewählt werden, mitzählen (11.4.2013 – 9 TaBV 308/12, ZIP 2013, 1740). Dies indiziert, dass Leiharbeitnehmer auch bei Berechnung des Schwellenwerts gem. § 1 Abs. 1 Nr. 2 MitbestG mitzählen. Gegen beide Entscheidungen sind Rechtsmittel eingelegt worden (BGH II ZB 7/14 bzw. BAG 7 ABR 42/13).
1 Zur SE und SCE vgl. Rz. 131 ff., zur Berücksichtigung beim MgVG vgl. §§ 6 ff. MgVG.
2 *Schwark*, AG 2004, 173 (174) mwN; *Seibt*, Rz. 148 ff. mwN; MünchKommBGB/*Kindler*, IntGesR Rz. 600 ff. mwN; kritisch dazu unter europarechtlichen Aspekten (verbotene Diskriminierung) *Habersack*, AG 2007, 641 (648); *Ulmer/Habersack/Henssler*, § 3 Rz. 40 ff. Anders aber, wenn die nach dem Recht eines EU-Mitgliedstaates gegründete Gesellschaft ihren Verwaltungssitz im Inland hat. Dann wird sie zwar nicht mitbestimmungspflichtig, ihre Arbeitnehmer sind aber der deutschen Konzernmutter zuzurechnen, s. *Raiser/Veil*, § 5 MitbestG Rz. 30.
3 *Seibt*, Rz. 148; *Ulmer/Habersack/Henssler*, § 5 MitbestG Rz. 55; *Raiser/Veil*, § 5 MitbestG Rz. 30.
4 BAG 29.1.1992 – 7 ABR 27/91, NZA 1992, 894 (zur Wahl des Betriebsrats); *Ulmer/Habersack/Henssler*, § 3 MitbestG Rz. 23; WWKK/*Koberski*, § 3 MitbestG Rz. 8; MünchArbR/*Wißmann*, § 279 Rz. 3; Kölner Kommentar/*Mertens/Cahn*, Anh. § 117 B § 3 MitbestG Rz. 7.
5 MünchArbR/*Wißmann*, § 279 Rz. 3.
6 OLG Düsseldorf 9.12.1994 – 19 W 2/94, AG 1995, 328; *Ulmer/Habersack/Henssler*, § 3 MitbestG Rz. 63.
7 Vgl. dazu BayObLG 6.3.2002 – 3Z BR 343/00, DB 2002, 1147. Ausführlich zu Konzernverhältnissen *Seibt*, Rz. 38 ff. Zur Mitbestimmung auf mehreren Konzernebenen (Teilkonzern oder „Konzern im Konzern") vgl. auch OLG Düsseldorf 27.12.1996 – 19 W 4/96 AktE, AG 1997, 129; OLG München 19.11.2008 – 31 Wx 09/07, DB 2008, 2827; LG Dortmund 25.3. 2010 – 18 O 95/09 (AktE), ZIP 2010, 2152; WWKK/*Koberski*, § 5 MitbestG Rz. 30; *Redeke*, DB 2008, 2408; *Pflüger*, NZA 2009, 130. Zur Widerlegung der Konzernvermutung des § 18 Abs. 1 Satz 3 AktG im Fall kommunaler Gesellschaften s. OLG Düsseldorf 4.7.2013 – I-26 W 13/08 (AktE), ZIP 2014, 517.
8 BAG 15.12.2011 – 7 ABR 56/10, NZA 2012, 639. Kritisch zur Handhabung dieses Grundsatzes bei der GmbH & Co. KG durch das BAG *Brügel/Tillkorn*, GmbHR 2013, 459.
9 LG Düsseldorf 19.8.2011 – 33 O 46/11 (AktE), ZIP 2011, 1712.
10 BayObLG 6.3.2002 – 3Z BR 343/00, DB 2002, 1147.

Dann gilt nämlich das Unternehmen als herrschend, das der Konzernleitung am nächsten steht und eine mitbestimmungspflichtige Rechtsform hat. Ob es ausreicht, wenn das „am nächsten stehende" inländische Unternehmen der ausländischen Konzernleitung nur die Beteiligung vermittelt, während die Beherrschung über ein anderes – ausländisches – Unternehmen erfolgt, ohne dass also das inländische Unternehmen über eigenverantwortliche Leitungsmacht verfügt, ist strittig[1]. Voraussetzung ist aber auf jeden Fall, dass auf die Untergesellschaft konzernale Leitungsmacht ausgeübt wird[2].

28 **Beispiel:**

Die schweizerische Holding-AG besitzt alle Anteile an der deutschen A-GmbH. Diese besitzt alle Anteile an der deutschen B-GmbH. Die A-GmbH übt jedoch keine Leitungsmacht über die B-GmbH aus. Dies tut vielmehr die schweizerische C-GmbH. An dieser besitzt die Holding-AG ebenfalls alle Anteile. Obwohl die A-GmbH der Holding-AG keine Leitungsmacht vermittelt, wurden ihr vom OLG Stuttgart[3] die Arbeitnehmer der B-GmbH zugerechnet.

29 Arbeitnehmer von Unternehmen, die von mehreren anderen Unternehmen gemeinsam beherrscht werden[4] (**Gemeinschaftsunternehmen**), gelten nach hM[5] als Arbeitnehmer bei allen herrschenden Unternehmen.

30 Für sämtliche Zurechnungen von Arbeitnehmern ist es ohne Bedeutung, welche Rechtsform die beherrschten Unternehmen haben und ob sie evtl. selbst mitbestimmungspflichtig sind[6].

31 Bei einer **Kapitalgesellschaft und Co. KG** (zB GmbH & Co. KG)[7] bleibt zwar die KG als Personengesellschaft mitbestimmungsfrei, aber die Kapitalgesellschaft kann durch Zurechnungen von Arbeitnehmern mitbestimmungspflichtig werden. Diese Zurechnungen erfolgen allerdings nur, wenn die Kapitalgesellschaft keinen eigenen Geschäftsbetrieb mit mehr als 500 Arbeitnehmern hat (§ 4 Abs. 1 Satz 1 MitbestG). Dann gelten die Arbeitnehmer der KG als Arbeitnehmer der Kapitalgesellschaft, wenn dieselben Personen mehrheitlich an der KG und der persönlich haftenden Kapi-

---

1 Bejahend: OLG Stuttgart 30.3.1995 – 8 W 355/93, ZIP 1995, 1005; so auch OLG Düsseldorf 30.10.2006 – I-26 W 14/06, NZA 2007, 707; OLG Frankfurt 21.4.2008 – 20 W 342/07, WM 2008, 1030; MünchKommAktG/*Gach*, § 5 MitbestG Rz. 38; WWKK/*Koberski*, § 5 MitbestG Rz. 58–64; kritisch dazu *Oetker*, ZGR 2000, 19 (35) mwN; *Seibt*, Rz. 49; *Seibt*, ZIP 2008, 1301; *Habersack*, AG 2007, 641; aA OLG München 19.11.2008 – 31 Wx 99/07, NZG 2009, 112; ebenso *Kort*, NZG 2009, 81; zur Vermeidung der Mitbestimmung durch Beherrschungsverträge vgl. *Henssler*, ZfA 2005, 289; *Mayer*, AuR 2006, 303. Zur Bildung von Zwischengesellschaften *Löwisch* ZIP 2011, 256.
2 OLG Düsseldorf 4.7.2013 – I-26 W 13/08 (AktE), ZIP 2014, 517.
3 OLG Stuttgart 30.3.1995 – 8 W 355/93, ZIP 1995, 1005.
4 Zum Gemeinschaftsunternehmen vgl. Kölner Kommentar/*Koppensteiner*, § 18 AktG Rz. 34; *Oetker* in Großkomm. AktG, MitbestG, § 5 Rz. 28 ff.; *Windbichler*, S. 522 ff.
5 Aus der Lit. zB MünchArbR/*Wißmann*, § 279 Rz. 16; *Raiser/Veil*, § 5 MitbestG Rz. 25 ff.; Ulmer/*Habersack/Henssler*, § 5 MitbestG Rz. 54; WWKK/*Koberski*, § 5 MitbestG Rz. 35 ff.; *Säcker*, ZfA 2008, 51 (60), aA *Hohenstatt/Schramm*, NZA 2010, 846. Richterlich ist die Frage noch nicht geklärt. Das LG Hamburg 21.10.2008 – 417 O 171/07, ZIP 2008, 2364 sieht es wie die hM. Anders LG Hannover 14.5.2012 – 25 O 65/11 (zustimmend *Lüers/Schomaker*, BB 2013, 565): Arbeitnehmer, die in einem Gemeinschaftsbetrieb tätig sind, sollen nur mitzählen, wenn sie in arbeitsvertraglichen Beziehungen zum Trägerunternehmen stehen. Dies scheint unter Berücksichtigung der Tendenzen bei der Behandlung von Leiharbeitnehmern aber zweifelhaft (s. hierzu auch *Mückl*, BB 2013, 2301). Nach BAG 13.3.2013 – 7 ABR 47/11, ZIP 2013, 1880 – hat jeder Arbeitnehmer des gemeinsamen Betriebs das aktive Wahlrecht bei der Wahl der Arbeitnehmervertreter in den Aufsichtsrat bei jedem Trägerunternehmen.
6 MünchArbR/*Wißmann*, § 279 Rz. 11; *Raiser/Veil*, § 5 MitbestG Rz. 7, 8.
7 Zur Frage der Anwendbarkeit des MitbestG auf die GmbH & Co. OHG vgl. WWKK/*Koberski*, § 4 MitbestG Rz. 13a; *Säcker*, DB 2003, 2535 mwN, zur Situation bei der Stiftung GmbH & Co. KG *Seibt*, ZIP 2011, 249.

talgesellschaft beteiligt sind (§ 4 Abs. 1 Satz 1 MitbestG)[1]. Wenn eine ausländische Kapitalgesellschaft Komplementärin der KG ist, können ihr Arbeitnehmer der KG nicht zugerechnet werden. Denn auf sie ist das MitbestG nicht anwendbar (vgl. Rz. 9)[2]. Frühere Bedenken, ob eine ausländische Kapitalgesellschaft Komplementärin sein darf, wenn dadurch die Zurechnung und die Mitbestimmung vermieden würden, greifen mit Rücksicht auf die Rechtsprechung des EuGH zur Niederlassungsfreiheit zumindest bei den Gesellschaften, die dem Recht eines EU-Staates unterstellt sind, nicht mehr[3].

Ist die KG **Komplementärin einer anderen KG**, dann zählen auch deren Arbeitnehmer bei der Kapitalgesellschaft mit (§ 4 Abs. 1 Satz 2 und 3 MitbestG). Wenn die KG von einem anderen Unternehmen abhängig (§ 18 Abs. 1 AktG) ist, dann zählen auch die Arbeitnehmer der Kapitalgesellschaft beim herrschenden Unternehmen mit (§ 5 Abs. 1 Satz 2 MitbestG). Wenn die KG Konzernspitze ist und dieselben Personen an ihr und der Kapitalgesellschaft mehrheitlich beteiligt sind, dann zählen bei dieser Kapitalgesellschaft auch die Arbeitnehmer der Konzernunternehmen mit, und zwar auch die Arbeitnehmer einer anderen Kapitalgesellschaft in einer beherrschten Kapitalgesellschaft & Co. KG (§ 5 Abs. 2 MitbestG). **32**

c) Zurechnung von Arbeitnehmern nach dem Montan-MitbestG und dem DrittelbG[4]

Nach dem **Montan-MitbestG** werden die Arbeitnehmer anderer Unternehmen für die Ermittlung der Mitbestimmungspflicht nicht mitgezählt. Nach dem **DrittelbG** werden die Arbeitnehmer solcher Unternehmen berücksichtigt, die durch Beherrschungsvertrag (§ 291 AktG) beherrscht oder eingegliedert (§ 319 AktG) sind (§ 2 Abs. 2 DrittelbG). Eine nur faktische Abhängigkeit oder ein Ergebnisabführungsvertrag reicht nicht aus[5]. Auf die Rechtsform des durch Beherrschungsvertrag beherrschten Unternehmens kommt es nicht an[6]. Bei einer GmbH & Co. KG werden der Komplementärin die Mitarbeiter der KG nicht zugerechnet. **33**

6. Übersicht zum Geltungsbereich des MitbestG, Montan-MitbestG und DrittelbG[7] **34**

Erfasste Rechtsform	**MitbestG:** AG, KGaA, GmbH, Genossenschaft **Montan-MitbestG:** AG, GmbH, Einheitsgesellschaft **DrittelbG:** AG, KGaA, GmbH, Genossenschaft, VVaG
Erfasster Wirtschaftsbereich	**MitbestG:** Alle Bereiche außer Montan **Montan-MitbestG:** Montanbereich, also Bergbau und Eisen- und Stahlerzeugung **DrittelbG:** Alle Bereiche, aber immer subsidiär

---

1 Vgl. dazu *Stenzel*, DB 2009, 439. Ausführlich zu Gestaltungsmöglichkeiten bei der GmbH & Co. KG *Seibt*, Rz. 21 ff.; *Henssler*, ZfA 2000, 241.
2 Im Jahr 2006 existierten in Deutschland acht Unternehmen mit mehr als 2000 Arbeitnehmern in der Rechtsform der KG mit einer ausländischen Kapitalgesellschaft als Komplementärin; vgl. Anh. 5 zum Bericht der wissenschaftlichen Mitglieder der Kommission zur Modernisierung der deutschen Unternehmensmitbestimmung, 2006.
3 MünchArbR/*Wißmann*, § 279 Rz. 2.
4 Vgl. dazu *Seibt*, Rz. 38 ff.
5 BayObLG 10.12.1992 – 3Z BR 130/92, NZA 1993, 518; OLG Düsseldorf 27.12.1996 – 19 W 4/96 AktE, AG 1997, 129; OLG Zweibrücken 18.10.2005 – 3 W 136/05, ZIP 2005, 1966; KG 7.6.2007 – 2 W 8/07, ZIP 2007, 1566.
6 BayObLG 10.12.1992 – 3Z BR 130/92, NZA 1993, 518.
7 Soweit eine Gesellschaft aus einer grenzüberschreitenden Verschmelzung von Kapitalgesellschaften hervorgeht, sind die hierfür geltenden Besonderheiten zu beachten (s. Rz. 163 ff.).

Notwendige Arbeitnehmerzahl	**MitbestG:** Mehr als 2 000. Leitende Angestellte werden mitgezählt. **Montan-MitbestG:** Mehr als 1 000. Leitende Angestellte werden nicht mitgezählt. **DrittelbG:** Mehr als 500. Leitende Angestellte werden nicht mitgezählt. Keine Mindestzahl bei AG und KGaA, falls vor dem 10.8.1994 eingetragen und nicht Familiengesellschaft.
Zurechnung von Arbeitnehmern anderer Unternehmen	**MitbestG:** Zurechnung im Konzern und bei bestimmten Kapitalgesellschaften & Co. KG, vgl. §§ 4, 5 MitbestG **Montan-MitbestG:** Keine Zurechnung **DrittelbG:** Zurechnung, falls das andere Unternehmen durch Beherrschungsvertrag beherrscht oder eingegliedert ist

III. Bildung des Aufsichtsrats

1. Zahl der Mitglieder

a) MitbestG

35 Nach § 7 MitbestG besteht der Aufsichtsrat aus **zwölf, sechzehn oder zwanzig** Personen, je nachdem, ob dem Unternehmen bis zu 10 000, mehr als 10 000 oder mehr als 20 000 Arbeitnehmer angehören. Die Satzung kann statt des kleineren einen der beiden größeren Aufsichtsräte anordnen. Der Aufsichtsrat ist paritätisch mit Vertretern der Anteilseigner und der Arbeitnehmer besetzt[1]. Ihm muss ein leitender Angestellter als Arbeitnehmervertreter angehören (§ 15 Abs. 1 Satz 2 MitbestG). Zur Sitzverteilung vgl. die **Übersicht** (Rz. 64).

b) Montan-MitbestG

36 Der Aufsichtsrat besteht aus **elf Mitgliedern**, nämlich je vier Vertretern der Anteilseigner und der Arbeitnehmer, je einem weiteren Mitglied jeder Seite und außerdem dem weiteren „neutralen" Mitglied. Die Satzung größerer Unternehmen kann einen Aufsichtsrat von 15 bzw. 21 Personen mit dann entsprechender Sitzverteilung vorsehen (§ 9 Montan-MitbestG). Vgl. hierzu auch die **Übersicht** (Rz. 64).

c) DrittelbG

37 Der Aufsichtsrat muss **mindestens drei Mitglieder** haben. Die Mitgliederzahl muss immer durch drei teilbar sein. Bei der AG, KGaA und GmbH hängt die höchstmögliche Mitgliederzahl von der Unternehmensgröße ab (§ 95 Satz 4 AktG) und ist auf 21 begrenzt. Beim VVaG ist sie generell auf 21 begrenzt (§ 35 Abs. 1 Satz 3 VAG), bei der Genossenschaft unbegrenzt (§ 36 Abs. 1 GenG).

38 Dem Dreiergremium muss ein Arbeitnehmer des Unternehmens oder Konzerns[2] angehören. In größeren Aufsichtsräten müssen sich **mindestens zwei Arbeitnehmer** des Unternehmens oder Konzerns befinden (§ 4 Abs. 2 DrittelbG). Männer und Frauen

---

1 Die Satzung einer GmbH kann nicht bestimmen, dass neben den paritätisch bestimmten stimmberechtigten Mitgliedern dem Aufsichtsrat noch weitere Mitglieder mit beratender Funktion angehören, BGH 30.1.2012 – II ZB 20/11, DB 2012, 568.
2 BAG 24.11.1981 – 1 ABR 80/79, NJW 1982, 2518.

sollen entsprechend ihrem zahlenmäßigen Verhältnis in der Belegschaft vertreten sein (§ 4 Abs. 4 DrittelbG).

2. Persönliche Voraussetzungen für die Mitgliedschaft

Mitglied des Aufsichtsrats kann nur sein, wer
- eine natürliche unbeschränkt geschäftsfähige Person ist (§ 100 Abs. 1 AktG),
- nicht als Betreuter einem Einwilligungsvorbehalt unterliegt (§ 100 Abs. 1 AktG),
- nicht schon in zehn anderen Handelsgesellschaften Mitglied eines obligatorischen Aufsichtsrats ist (§ 100 Abs. 2 Satz 1 Nr. 1 iVm. Satz 2 und 3 AktG); hierbei zählen Ämter als Vorsitzender eines anderen obligatorischen Aufsichtsrats doppelt; andererseits werden bis zu fünf Aufsichtsratssitze nicht gerechnet, die jemand als Vorstandsmitglied einer Konzernobergesellschaft innerhalb eines Konzerns innehat,
- nicht gesetzlicher Vertreter eines abhängigen Unternehmens ist (§ 100 Abs. 2 Satz 1 Nr. 2 AktG),
- nicht gesetzlicher Vertreter einer anderen Kapitalgesellschaft ist, deren Aufsichtsrat wiederum ein gesetzlicher Vertreter des Unternehmens angehört (Überkreuzverflechtung, § 100 Abs. 2 Satz 1 Nr. 3 AktG),
- in den letzten zwei Jahren nicht Vorstandsmitglied derselben börsennotierten Gesellschaft war, es sei denn, seine Wahl erfolgt auf Vorschlag von Aktionären, die mehr als 25 % der Stimmrechte an der Gesellschaft halten (§ 100 Abs. 2 Satz 1 Nr. 4 AktG),
- nicht gesetzlicher Vertreter des Unternehmens oder dauernder Stellvertreter eines gesetzlichen Vertreters ist (§§ 105 Abs. 1 AktG, 37 Abs. 1 GenG),
- nicht Prokurist oder zum gesamten Geschäftsbetrieb ermächtigter Handlungsbevollmächtigter des Unternehmens ist (§§ 105 Abs. 1 AktG, 37 Abs. 1 GenG); im Bereich des MitbestG kann ein Prokurist jedoch Mitglied des Aufsichtsrats sein, wenn er den gesetzlichen Vertretern des Unternehmens nicht unmittelbar unterstellt oder nicht ermächtigt ist, die Prokura für deren gesamten Geschäftsbereich auszuüben (§ 6 Abs. 2 Satz 1 MitbestG),
- bei der KGaA nicht deren Komplementär ist und bei der GmbH & Co. KGaA nicht Geschäftsführer der Komplementär-GmbH (§ 287 Abs. 3 AktG)[1],
- als Vertreter der Anteilseigner bei der Genossenschaft deren Mitglied ist (§ 9 Abs. 2 GenG),
- als Belegschaftsvertreter im Bereich des MitbestG oder DrittelbG die Voraussetzungen der §§ 7 Abs. 3 MitbestG, 4 Abs. 3 DrittelbG, 8 Abs. 1 BetrVG erfüllt, insbesondere dem Unternehmen oder einem Konzernunternehmen iSd. § 5 MitbestG bereits ein Jahr angehört,
- im Bereich des Montan-MitbestG als weiteres Mitglied einer Seite und als neutrales Mitglied unternehmens- und koalitionsfern iSd. § 4 Abs. 2 Montan-MitbestG ist[2].

Bei kapitalmarktorientierten Kapitalgesellschaften und Genossenschaften iSv. § 264d HGB muss gem. § 100 Abs. 5 AktG bzw. § 36 Abs. 4 GenG mindestens ein unabhängiges Mitglied des Aufsichtsrats über Sachverstand auf den Gebieten Rechnungslegung oder Abschlussprüfung verfügen[3]. Kapitalmarktorientiert sind Kapital-

---
1 OLG München 13.8.2003 – 7 U 2927/02, ZIP 2004, 214; BGH 5.12.2005 – II ZR 291/03, BB 2006, 453.
2 Ab 2015 soll ein Gesetz zur Förderung von Frauen in Führungspositionen gelten (hierzu www.bmfsfj.de).
3 Zur Bedeutung dieser Anforderungen im Einzelnen: OLG München, Hinweisbeschluss v. 28.4.2010 – 23 U 5517/09, NZG 2010, 784; zur Frage, ob Arbeitnehmervertreter im Aufsichtsrat als unabhängig angesehen werden können, *Roth*, ZHR 2011, 605 (630f.).

gesellschaften, wenn sie einen organisierten Markt iSd. § 2 Abs. 2 WpHG durch von ihr ausgegebene Wertpapiere iSd. § 2 Abs. 5 WpHG in Anspruch nehmen oder die Zulassung solcher Wertpapiere zum Handel an einem organisierten Markt beantragt haben. Für **börsennotierte** Gesellschaften existieren besondere Sollvorschriften im **Corporate Governance Kodex**[1] (Rz. 81): Dem Aufsichtsrat sollen nicht mehr als zwei ehemalige Vorstandmitglieder angehören. Die Aufsichtsratsmitglieder sollen nicht gleichzeitig als Organe oder Berater für wesentliche Wettbewerber tätig sein[2]. Ein Mitglied soll unabhängig sein, insbesondere nicht in einer persönlichen oder geschäftlichen Beziehung zum Unternehmen oder seinem Vorstand stehen, die einen Interessenskonflikt begründet[3]. Wer Vorstand einer börsennotierten Gesellschaft ist, soll nicht mehr als drei Aufsichtsratsmandate in anderen konzernexternen börsennotierten Gesellschaften oder in Aufsichtsgremien von Gesellschaften mit vergleichbaren Anforderungen wahrnehmen. Die nach § 18 Abs. 4 KAGB bestehende Anforderung an Persönlichkeit und Sachkunde der Aufsichtsratsmitglieder von externen Kapitalverwaltungsgesellschaften zum Zwecke der Wahrung der Anlegerinteressen gelten für die Arbeitnehmervertreter nicht (§ 18 Abs. 5 KAGB).

3. Wahlverfahren

a) Vertreter der Anteilseigner

41 Die Vertreter der Anteilseigner werden von diesen gewählt oder entsandt[4] (§ 8 Abs. 1 MitbestG, § 5 Montan-MitbestG, § 101 Abs. 2 AktG)[5]. Bei der KGaA sind deren persönlich haftende Gesellschafter nicht wahlberechtigt (§ 285 Abs. 1 Satz 2 Nr. 1 AktG). Vor der Wahl hat der bereits bestehende Aufsichtsrat einer AG in der Bekanntmachung der Tagesordnung für die Hauptversammlung Vorschläge zu machen, wer als neues Mitglied der Anteilseignerseite gewählt werden solle (§ 124 Abs. 3 AktG). Diese Vorschläge sind nicht verbindlich, aber ohne vorherigen Wahlvorschlag des Aufsichtsrats ist die Wahl unwirksam (§ 124 Abs. 4 AktG). Der Aufsichtsrat kann schadensersatzpflichtig werden, wenn er schuldhaft ungeeignete Kandidaten vorschlägt, diese gewählt werden und aus ihrem Handeln der Gesellschaft ein Schaden entsteht[6]. Bei börsennotierten Gesellschaften sind die Aktionäre gem. § 125 Abs. 1 Satz 5 AktG vor der Wahl zu informieren, welche Aufsichtsratsmandate der Kandidat in anderen Gesellschaften mit obligatorischem Aufsichtsrat bereits innehat.

---

1 Neu veröffentlicht idF v. 13.5.2013 unter www.dcgk.de.
2 Zu Konkurrenzsituationen vgl. auch OLG Schl.-Holst. 26.4.2004 – 2 W 46/04, DB 2004, 1306; Schmidt/Lutter/*Drygala*, § 100 AktG Rz. 16; *Lutter/Kirschbaum*, ZIP 2005, 103; *Lutter/Krieger/Verse*, Rz. 22 mwN; *Säcker*, AG 2004, 180; *Möllers*, ZIP 2006, 1615.
3 Zu denkbaren Interessenkonflikten vgl. *Säcker*, FS Richardi, 2007, S. 711 (725). Zur Unabhängigkeit auch *Hasselbach/Jakobs*, BB 2013, 643.
4 Die Einführung von satzungsmäßigen Entsendungsrechten ist zulässig (BGH 8.6.2009 – II ZR 111/08, ZIP 2010, 36); zur Europarechtswidrigkeit des durch § 4 Abs. 1 des VW-Gesetzes (VWGmbHÜG 21.7.1960, BGBl. I 1960, 585) dem Bund und dem Land Niedersachsen eingeräumten Entsenderechts vgl. EuGH 23.10.2007 – Rs. C-112/05, ZIP 2007, 2068; das VW-Gesetz ist nach dem Urteil des EuGH durch Gesetz v. 8.12.2008 (BGBl. I 2008, 2369) geändert worden.
5 Zu den Besonderheiten bei der Umwandlung vgl. §§ 59, 76 Abs. 2, 98, 116 Abs. 1 UmwG.
6 Zu den Anforderungen an die Qualifikation des Aufsichtsrats und zu seinen Auswahlpflichten bei Wahlvorschlägen vgl. *Lutter*, ZIP 2003, 417; *Säcker*, AG 2004, 180; *Mutter/Gayk*, ZIP 2003, 1773; *Schiessl*, AG 2002, 593 (597).

b) Vertreter der Arbeitnehmer nach dem MitbestG

Das Verfahren folgt den §§ 9–18, 34 MitbestG und drei umfangreichen **Wahlordnungen** vom 27.5.2002[1].

Wahlberechtigt sind alle mindestens 18 Jahre alten Arbeitnehmer (§§ 10 Abs. 2, 18 MitbestG), auch die leitenden Angestellten. Leiharbeitnehmer sind wahlberechtigt, wenn sie für mehr als drei Monate betrieblich eingesetzt werden (§ 10 Abs. 2 Satz 2 MitbestG, § 7 Satz 2 BetrVG). In Unternehmen mit bis zu 8 000 Arbeitnehmern wird unmittelbar gewählt und in größeren Unternehmen mittelbar durch Delegierte der einzelnen Betriebe, falls nicht die Wahlberechtigten jeweils das Gegenteil beschließen (§ 9 MitbestG).

Alle **Belegschaftsvertreter** (Rz. 64) im Aufsichtsrat werden **gemeinschaftlich** von allen Wahlberechtigten oder allen Delegierten gewählt, auch der Vertreter der leitenden Angestellten. Gewählt wird auf der Grundlage von Wahlvorschlägen[2]. Wahlvorschläge für „nicht leitende" Belegschaftsvertreter im Aufsichtsrat müssen von 20 % oder 100 Wahlberechtigten unterzeichnet sein (§ 15 Abs. 2 Satz 2 Nr. 1 MitbestG). Da für den Vertreter der leitenden Angestellten (Rz. 64) ein Sitz im Aufsichtsrat reserviert ist (§ 15 Abs. 1 Satz 2 MitbestG), stellen die leitenden Angestellten durch eine Vorabstimmung für diese Wahl einen eigenen Wahlvorschlag auf (§ 15 Abs. 2 Satz 2 Nr. 2 MitbestG). Anschließend wählen alle Wahlberechtigten oder alle Delegierten die Belegschaftsvertreter im Aufsichtsrat, darunter auch den Vertreter der leitenden Angestellten (§§ 15 Abs. 1 Satz 1, 18 Satz 3 MitbestG).

Wenn mittelbar durch Delegierte gewählt wird, müssen vor der Aufsichtsratswahl die Delegierten der einzelnen Betriebe gewählt werden. Hierzu wird zunächst nach § 11 MitbestG errechnet, wie viele Delegierte auf die einzelnen Betriebe und dort auf „nicht leitende" Arbeitnehmer iSd. § 3 Abs. 1 Nr. 1 MitbestG und auf leitende Angestellte entfallen. Anschließend machen die betriebsangehörigen Arbeitnehmer Wahlvorschläge, wobei wiederum die leitenden Angestellten des Betriebes getrennte Wahlvorschläge für ihre Delegierten aufstellen (§ 12 MitbestG). Für einen Wahlvorschlag sind Unterschriften von 5 % oder 50 der betriebsangehörigen Arbeitnehmer iSd. § 3 Abs. 1 Nr. 1 MitbestG bzw. der leitenden Angestellten erforderlich (§ 12 Abs. 1 Satz 2 MitbestG)[3]. Danach wählen alle betriebsangehörigen Arbeitnehmer gemeinschaftlich die Delegierten der Arbeitnehmer iSd. § 3 Abs. 1 Nr. 1 MitbestG und die Delegierten der leitenden Angestellten.

Die Belegschaftsvertreter im Aufsichtsrat und die Delegierten werden nach den Grundsätzen der Verhältniswahl gewählt (§§ 10 Abs. 1, 15 Abs. 1, 18 Satz 3 MitbestG). Soweit jedoch nur ein Wahlvorschlag gemacht wird, wie bei der Wahl des Vertreters der leitenden Angestellten im Aufsichtsrat (§§ 15 Abs. 3 Satz 1, 18 Satz 3 MitbestG), findet Mehrheitswahl statt (§§ 15 Abs. 3 Satz 1, 18 Satz 3 MitbestG).

Die **Gewerkschaftsvertreter** (Rz. 64) werden in gemeinsamer Wahl durch die Delegierten oder unmittelbar gewählt (§ 16 MitbestG). Hierzu machen die im Unternehmen vertretenen Gewerkschaften Wahlvorschläge[4]. Auch diese Wahl ist grundsätzlich Verhältniswahl, aber Mehrheitswahl, wenn nur ein Wahlvorschlag gemacht wird.

---

1 BGBl. I, 1682, 1708 (1741) geändert durch die VO v. 10.10.2005, BGBl. I, 2927. Vgl. auch *Wolff*, DB 2002, 790; *Sieg/Siebels*, NZA 2002, 697; *Stück*, DB 2004, 2582; *Säcker*, ZfA 2008, 51.
2 Zur Zulassung von Vorschlagslisten s. LAG Düsseldorf 23.3.2011 – 4 TaBVGa 1/11, ZIP 2011, 1280.
3 Vgl. dazu BVerfG 12.10.2004 – 1 BvR 2130/98, NZA 2004, 1395.
4 Vgl. dazu *Buchner*, ZfA 2006, 597, der in der Einräumung dieses Rechts für die Gewerkschaften einen Verstoß gegen das Grundgesetz sieht.

c) Vertreter der Arbeitnehmer nach dem Montan-MitbestG

48 Die Vertreter und weiteren **Mitglieder der Arbeitnehmer** werden formal durch das „Wahlorgan" der Anteilseigner gewählt. Dieses ist jedoch an Vorschläge der Betriebsräte gebunden (§ 6 Abs. 6 Montan-MitbestG). Die Betriebsräte der Betriebe des Unternehmens wählen die Belegschaftsvertreter (§ 6 Abs. 1 Satz 2 Montan-MitbestG) für den Aufsichtsrat, beraten sich dann mit den Gewerkschaften und deren Spitzenorganisationen und schlagen dem Wahlorgan die von ihnen bestimmten Vertreter zur Wahl vor. Die Spitzenorganisationen haben Einspruchsrechte gegen diese Vorschläge (§ 6 Abs. 2 Montan-MitbestG). Leitende Angestellte sind nicht wählbar[1].

49 Die **Gewerkschaftsvertreter und die weiteren Mitglieder** (Rz. 64) der Arbeitnehmerseite werden von den Spitzenorganisationen den Betriebsräten vorgeschlagen und dann von diesen zum Vorschlag an das Wahlorgan gewählt (§ 6 Abs. 3–5 Montan-MitbestG). Im Konzern werden die Funktionen der Betriebsräte durch den Konzernbetriebsrat wahrgenommen (§ 1 Abs. 4 Satz 2 Montan-MitbestG).

d) Vertreter der Arbeitnehmer nach dem DrittelbG

50 Laut § 5 Abs. 1 DrittelbG und der Wahlordnung[2] wählen die Arbeitnehmer ihre Vertreter in **unmittelbarer und gemeinsamer Mehrheitswahl**. Gewählt ist, wer die meisten Stimmen auf sich vereinigt.

51 **Wahlberechtigt** sind alle Arbeitnehmer, die das 18. Lebensjahr vollendet haben (§ 5 Abs. 2 DrittelbG), Arbeitnehmer von Konzernunternehmen (§ 18 Abs. 1 AktG) auch dann, wenn der Konzern nicht auf Beherrschungsvertrag oder Eingliederung beruht (§ 2 Abs. 1 DrittelbG)[3]. Entgegen der früheren Rechtslage nach § 76 Abs. 4 Satz 1 BetrVG 1952[4] gilt nunmehr für abhängige Unternehmen auch die Konzernvermutung des § 18 Abs. 1 Satz 3 AktG. Arbeitnehmer abhängiger Unternehmen sind also in der Obergesellschaft wahlberechtigt, wenn nicht die Konzernvermutung für abhängige Unternehmen widerlegt wird[5].

52 **Leitende Angestellte** sind nicht wahlberechtigt (§§ 5 Abs. 2, 3 Abs. 1 DrittelbG). Sie sind zwar wählbar, jedoch nicht auf den einzigen Sitz im Dreiergremium und nicht auf die ersten beiden Sitze in einem größeren Aufsichtsrat. Denn diese Sitze sind für Arbeitnehmer im betriebsverfassungsrechtlichen Sinne reserviert und können deshalb von leitenden Angestellten nicht besetzt werden[6].

e) Das neutrale Mitglied nach dem Montan-MitbestG

53 Das weitere **neutrale Mitglied** wird dem Wahlorgan, also der Versammlung der Anteilseigner, mit der Mehrheit der Stimmen aller übrigen Aufsichtsratsmitglieder, jedoch mit mindestens drei Stimmen jeder Seite, zur Wahl vorgeschlagen. Notfalls wird hier ein Vermittlungsverfahren durchgeführt (§ 8 Montan-MitbestG).

---

1 MünchArbR/*Wißmann*, § 283 Rz. 8.
2 Verordnung zum Zweiten Gesetz zur Vereinfachung der Wahl der Arbeitnehmervertreter in den Aufsichtsrat v. 23.6.2004, BGBl. I, 1393; vgl. dazu *Seibt*, NZA 2004, 767; *Freis/Kleinefeld/Kleinsorge/Voigt*, Drittelbeteiligungsgesetz, 2004.
3 Bei Gemeinschaftsunternehmen haben die mit einem Unternehmen arbeitsvertraglich verbundenen Arbeitnehmer des gemeinsamen Betriebs das aktive Wahlrecht bei der Wahl der Arbeitnehmervertreter in den Aufsichtsrat bei jedem Trägerunternehmen (BAG 13.3.2013 – 7 ABR 47/11, ZIP 2013, 1880).
4 BAG 16.8.1995 – 7 ABR 57/94, DB 1996, 335.
5 *Ulmer/Habersack/Henssler*, § 2 DrittelbG Rz. 5; WWKK/*Kleinsorge*, § 2 DrittelbG Rz. 11, hierzu LAG Düsseldorf 12.5.2010 – 7 TaBV 88/09, BB 2011, 384.
6 *Ulmer/Habersack/Henssler*, § 3 DrittelbG Rz. 4; WWKK/*Kleinsorge*, § 4 DrittelbG Rz. 24.

4. Ersatzmitglieder im Aufsichtsrat

Nach allen Mitbestimmungsgesetzen können bei der Wahl der ordentlichen Mitglieder **gleichzeitig** Ersatzmitglieder (§ 101 Abs. 3 AktG) gewählt werden. Ein Ersatzmitglied[1] muss der Gruppe des ordentlichen Mitglieds angehören, wenn dieses einen für die Gruppe reservierten Sitz einnimmt. Die Wahl eines Ersatzmitgliedes für das neutrale Mitglied nach dem Montan-MitbestG ist nicht möglich (§ 101 Abs. 3 Satz 2 AktG). Ein gewähltes Ersatzmitglied übernimmt das Amt nur, wenn das entsprechende ordentliche Mitglied vor Ablauf der Amtszeit **endgültig** wegfällt.

54

5. Wahlschutz, Wahlkosten

Die Wahlen dürfen nicht behindert und nicht beeinflusst werden[2]. Diese in § 20 MitbestG, § 10 DrittelbG festgehaltenen Grundsätze gelten auch für Wahlen nach dem Montan-MitbestG und allgemein für alle Wahl- und Vorbereitungsakte[3]. Eine Kündigung zum Zwecke der Maßregelung wegen der Wahl ist nichtig[4]. Auch bei sonstigen Kündigungen ist bei der Güterabwägung der Status des Gekündigten (Kandidat, Wahlvorstand, Delegierter) zu berücksichtigen. § 15 Abs. 3 KSchG gilt allerdings nicht[5].

55

Das Unternehmen trägt die **erforderlichen Kosten** für alle Wahlen und Abstimmungen und für die Tätigkeit des Wahlvorstandes (§ 10 Abs. 3 DrittelbG), auch soweit um dessen Befugnisse gerichtliche Verfahren geführt werden[6]; es trägt jedoch nicht die Kosten der Wahlwerbung und ebenso wenig die Kosten für offensichtlich aussichtslose Gerichtsverfahren[7]. Der Lohn darf nicht gekürzt werden, wenn wegen der Ausübung des Wahlrechts oder der Tätigkeit im Wahlvorstand Arbeit versäumt wird (§ 20 Abs. 3 MitbestG, § 10 Abs. 3 DrittelbG).

56

6. Streitigkeiten

a) Zuständigkeit

Für Streitigkeiten um die Nichtigkeit oder die Anfechtung von Wahlen zum Aufsichtsrat ist entweder das **Landgericht am Sitz der Gesellschaft zuständig** (§§ 250 Abs. 3, 251 Abs. 3, 246 Abs. 3 Satz 1 AktG, § 51 Abs. 3 Satz 3 GenG) oder das dortige **Arbeitsgericht** (§§ 2a Abs. 1 Nr. 3, 82 Satz 2 ArbGG). Vgl. hierzu die Übersicht Rz. 64.

57

---

1 Zur Bestellung der Ersatzmitglieder vgl. BGH 15.12.1986 – II ZR 18/86, BGHZ 99, 211; *Rellermeyer*, ZGR 1987, 563.
2 Zum Fall, dass der Gesamtbetriebsrat die Wahlen dadurch behindert, dass er keine Mitglieder des Hauptwahlvorstandes bestellt, sondern es stattdessen hinnimmt, dass die Arbeitnehmervertreter im Aufsichtsrat per gerichtlicher Nachbesetzung nach § 104 AktG bestellt werden, s. LAG Hess. 21.8.2008 – 9 TaBV 37/08, NZA-RR 2009, 305, zum Verbot unzulässiger Wahlbeeinflussung auch ArbG Essen 7.9.2010 – 2 BV 123/09.
3 *Ulmer/Habersack/Henssler*, § 20 MitbestG Rz. 1.
4 *Ulmer/Habersack/Henssler*, § 20 MitbestG Rz. 12; MünchArbR/*Wißmann*, § 280 Rz. 33; *Raiser/Veil*, § 20 MitbesG Rz. 4.
5 *Raiser/Veil*, § 20 MitbestG Rz. 4; *Ulmer/Habersack/Henssler*, § 20 MitbestG Rz. 12.
6 *Raiser/Veil*, § 20 MitbestG Rz. 12 ff.
7 BAG 25.5.2005 – 7 ABR 42/04, NZA 2005, 1250.

b) Nichtigkeit

58 Wesentliche **Nichtigkeitsgründe** sind in § 241 Nr. 1, 2 und 5 AktG und § 250 Abs. 1 AktG aufgeführt[1]. Sie gelten für die Wahlen aller Aufsichtsratsmitglieder[2] und bei allen Gesellschaftsformen[3]. Im Übrigen ist – wie bei der Betriebsratswahl – die Wahl von Arbeitnehmervertretern nichtig, wenn offensichtliche und schwerwiegende Verstöße gegen das Wahlrecht vorliegen[4]. Die Nichtigkeit wirkt von Anfang an. **Antragsbefugt** ist jeder, der ein berechtigtes Interesse hat[5]. Zur Nichtigkeit vgl. auch Rz. 12, 41.

c) Anfechtbarkeit

59 Die Wahl der von den **Anteilseignern bestellten Mitglieder**, also im Geltungsbereich des Montan-MitbestG die Wahl aller Mitglieder (Rz. 48), ist anfechtbar, wenn hierbei **gegen Gesetz oder Satzung verstoßen** wurde (§ 251 Abs. 1 AktG, § 51 Abs. 1 GenG). Dies gilt auch für die GmbH[6].

60 Die Wahl der **Arbeitnehmervertreter**, auch solcher nach dem Montan-MitbestG (§ 251 Abs. 2 Satz 2 und 3 AktG), ist anfechtbar, wenn **gegen wesentliche Wahlvorschriften verstoßen** wurde und eine Berichtigung nicht erfolgt ist; es sei denn, dass durch den Verstoß das Wahlergebnis nicht beeinflusst werden konnte (§ 22 MitbestG, § 11 DrittelbG)[7].

61 Je nachdem, ob die Wahl eines Vertreters der Anteilseigner, der Arbeitnehmer oder eines neutralen Mitglieds angefochten werden soll, sind unterschiedliche Personen, Gremien und Organisationen zur **Anfechtung befugt**; vgl. im Einzelnen die Übersicht Rz. 64 und §§ 251 Abs. 2, 245 Nr. 1, 2, 4 AktG, § 51 Abs. 2 GenG, § 22 Abs. 2 MitbestG, § 11 Abs. 2 DrittelbG.

62 Die ebenfalls unterschiedlichen **Anfechtungsfristen** sind geregelt in §§ 251 Abs. 3, 246 Abs. 1 AktG, § 51 Abs. 1 Satz 2 GenG, § 22 Abs. 2 Satz 2 MitbestG, § 11 Abs. 2 Satz 2 DrittelbG. Für die Anfechtung der Wahl von Vertretern der Anteilseigner bei der GmbH nach dem MitbestG und dem DrittelbG eine „angemessene" Frist nach dem Leitbild der aktienrechtlichen Monatsfrist[8]. Vgl. im Einzelnen die Übersicht Rz. 64.

63 Gegen Fehler bei der Wahl von Vertretern der Arbeitnehmer kann bereits vor Wahlende vorgegangen werden[9], auch durch **einstweilige Verfügung**[10].

---

1 Die Verkennung des passiven Wahlrechts von Arbeitnehmern abhängiger Unternehmen soll nicht zur Nichtigkeit des Aufsichtsrats führen, so ArbG Wuppertal 6.9.2011 – 7 BV 36/11, ZIP 2012, 1079.
2 Vgl. Scholz/*Schneider*, § 52 GmbHG Rz. 243–250 mwN.
3 BGH 23.2.1978 – II ZR 37/77, BGHZ 70, 384; § 26 VAG.
4 *Ulmer/Habersack/Henssler*, § 21 MitbestG Rz. 38 mwN; *Raiser/Veil*, § 22 MitbestG Rz. 20; *Säcker*, ZfA 2008, 51 (69).
5 MünchArbR/*Wißmann*, § 280 Rz. 37.
6 BGH 9.12.1968 – II ZR 57/67, BGHZ 51, 209.
7 Ausführlich dazu *Säcker*, ZfA 2008, 51 (69).
8 BGH 14.5.1990 – II ZR 126/89, BGHZ 111, 224; OLG Hamm 4.12.2003 – 27 U 112/03, ZIP 2004, 852.
9 BAG 25.8.1981 – 1 ABR 61/79, AP Nr. 2 zu § 83 ArbGG 1979.
10 LAG Düsseldorf 19.12.1977 – 2 TaBV 37/77, DB 1978, 255; Kölner Kommentar/*Mertens/Cahn*, Anh. § 117 B § 22 MitbestG Rz. 12; MünchArbR/*Wißmann*, § 280 Rz. 41.

7. Übersicht zur Wahl des Aufsichtsrats[1]

Größe des Aufsichtsrats, Sitzverteilung	**MitbestG**: 12 (16, 20) Personen; je 6 (8, 10) Vertreter der Anteilseigner (AE) und der Arbeitnehmer (AN)
	Montan-MitbestG: 11 (15, 21) Personen; je 4 (6, 8) Vertreter der AE und der AN; je 1 (1, 2) weiteres Mitglied jeder Seite; 1 neutrales Mitglied
	DrittelbG: Mindestens 3, höchstens 21 Personen; Mitgliederzahl muss durch 3 teilbar sein; ⅔ AE-Vertreter, ⅓ AN-Vertreter
Gliederung der AN-Vertreter	**MitbestG**: 4 (6, 7) Vertreter aus der Belegschaft, darunter 1 leitender Angestellter, 2 (2, 3) Vertreter der Gewerkschaften
	Montan-MitbestG: 2 (3, 4) Vertreter aus der Belegschaft, 2 (3, 4) Vertreter der Gewerkschaften, 1 (1, 2) weiteres Mitglied der AN
	DrittelbG: Im Dreiergremium mindestens 1 Vertreter, in größeren Gremien mindestens 2 Vertreter aus der Belegschaft
Wahlverfahren	**MitbestG**: Wahl der AE-Vertreter durch AE. Wahl der Belegschafts- und der Gewerkschaftsvertreter durch AN; hierbei regelmäßig Verhältniswahl, jedoch Mehrheitswahl, soweit nur ein Wahlvorschlag vorliegt
	Montan-MitbestG: Wahl aller Mitglieder durch AE; bei Belegschaftsvertretern auf bindenden Vorschlag der Betriebsräte; bei Gewerkschaftsvertretern und weiteren Mitgliedern der AN auf bindenden Vorschlag der Betriebsräte beruhend auf Vorschlägen der Spitzenorganisationen; beim neutralen Mitglied auf Vorschlag der übrigen Mitglieder des AR
	DrittelbG: Wahl der AE-Vertreter durch AE; Wahl der AN-Vertreter durch Mehrheitswahl der AN
Wahlanfechtung: Anfechtungsbefugnis	**MitbestG**: Bei AE-Vertretern: AE und Vorstand; bei AN-Vertretern: vgl. § 22 Abs. 2 MitbestG
	Montan-MitbestG: Bei AE-Vertretern: AE und Vorstand; bei AN-Vertretern: AE, Vorstand, Betriebsräte, Gewerkschaften, Spitzenorganisationen; beim neutralen Mitglied: AE, Vorstand, Mitglieder des AR
	DrittelbG: Bei AE-Vertretern: AE und Vorstand; bei AN-Vertretern: Vorstand, Betriebsräte, mindestens drei Wahlberechtigte (§ 11 Abs. 2 DrittelbG)

---

[1] Die in der Übersicht in Klammern gesetzten Zahlen gelten für größere Unternehmen; vgl. Rz. 35–38.

Wahlanfechtung: Anfechtungsfrist	**MitbestG**: Bei AE-Vertretern: 1 Monat ab Wahl (bei GmbH „angemessene Frist"); bei AN-Vertretern: 2 Wochen ab Veröffentlichung des Wahlergebnisses im elektronischen Bundesanzeiger
	Montan-MitbestG: 1 Monat ab Wahl durch AE
	DrittelbG: Bei AE-Vertretern: wie nach dem MitbestG; bei AN-Vertretern: 2 Wochen ab Veröffentlichung des Wahlergebnisses im elektronischen Bundesanzeiger (§ 11 Abs. 2 Satz 2 DrittelbG)
Wahlanfechtung: Zuständigkeit	**MitbestG**: Bei AE-Vertretern: Landgericht; bei AN-Vertretern: Arbeitsgericht
	Montan-MitbestG: Immer Landgericht **DrittelbG**: Bei AE-Vertretern: Landgericht; bei AN-Vertretern: Arbeitsgericht

8. Gerichtliche Bestellung von Aufsichtsratsmitgliedern

65 Nach allen Mitbestimmungsgesetzen wird der Aufsichtsrat auf Antrag ergänzt um Mitglieder, die vom **Registergericht** (§§ 375 Nr. 3, 4 FamFG) bestellt werden, wenn er infolge des Fehlens von Mitgliedern beschlussunfähig oder länger als drei Monate nicht vollständig besetzt ist (§ 104 AktG)[1]. In dringenden Fällen muss die Drei-Monats-Frist nicht abgewartet werden (§ 104 Abs. 2 Satz 2, Abs. 3 Nr. 2 AktG). Für die Genossenschaft unter dem DrittelbG folgt die Möglichkeit der gerichtlichen Ersatzbestellung aus § 29 BGB. Das Gericht muss hierbei die richtigen Zahlenverhältnisse zwischen den Gruppen und soll die Vorschläge vorschlagsberechtigter Parteien berücksichtigen (§ 104 Abs. 4 AktG)[2]. Der Kreis der Antragsberechtigten und die ggf. bestehende Antragspflicht des Vorstandes folgen aus § 104 Abs. 1 AktG. Das gerichtlich bestellte Mitglied bleibt nur bis zur Neuwahl eines ordentlichen Mitglieds im Amt (§ 104 Abs. 5 AktG)[3].

9. Amtsdauer, Amtsende

66 Die **ordentliche Amtsdauer** ist nach allen Mitbestimmungsgesetzen für alle Mitglieder zwingend gleich lang, wird durch die Satzung festgelegt (§ 15 Abs. 1 MitbestG, § 4 Abs. 3 Montan-MitbestG, § 5 Abs. 1 DrittelbG) und kann nicht länger sein als ca. fünf Jahre (§ 102 Abs. 1 AktG). Denn sie dauert längstens bis zu dem Zeitpunkt, in dem die Hauptversammlung über die Entlastung für das vierte Geschäftsjahr nach Amtsantritt beschließt oder hätte beschließen müssen (§ 102 Abs. 1 AktG)[4].

67 Das Amt endet vorzeitig durch

---

[1] Zur Frage, ob im Fall der Sachgründung einer mitbestimmungspflichtig werdenden GmbH der Aufsichtsrat bereits vor Eintragung der GmbH in das Handelsregister gerichtlich um Arbeitnehmervertreter ergänzt wird, vgl. BayObLG 9.6.2000 – 3Z BR 92/00, NJW-RR 2000, 1482 (ablehnend) mwN zum Meinungsstand und *Halm*, BB 2000, 1849.
[2] Vgl. dazu BayObLG 20.8.1997 – 3Z BR 193/97, AG 1998, 36; OLG Schl.-Holst. 26.4.2004 – 2 W 46/04, DB 2004, 1306.
[3] BayObLG 9.7.2004 – 3Z BR 099/04, BB 2004, 2095.
[4] BGH 24.6.2002 – II ZR 296/01, DB 2002, 1928. Zur Amtsdauer des ersten Aufsichtsrats einer neu gegründeten AG oder KGaA vgl. *Röder/Gneiting*, DB 1993, 1618; *Hahn*, DB 1994, 1659; *Heither*, DB 2008, 109.

III. Bildung des Aufsichtsrats Rz. 68 Teil 4 B

- Tod oder Niederlegung,
- Verlust der Wählbarkeit (§ 24 Abs. 1 MitbestG)[1],
- Wechsel eines Belegschaftsvertreters nach dem Montan-MitbestG oder DrittelbG in die Position eines leitenden Angestellten, falls er einen für die Belegschaft reservierten Sitz (§ 6 Abs. 1 Satz 1 Montan-MitbestG, § 4 Abs. 2 DrittelbG) hatte[2]; dies gilt nicht für Belegschaftsvertreter nach dem MitbestG (§ 24 Abs. 2 MitbestG),
- endgültiges Ausscheiden aus dem Unternehmen, falls das Mitglied als Arbeitnehmer einen für die Belegschaft reservierten Sitz hatte,
- Verlust sonstiger gesetzlicher Amtsvoraussetzungen (§§ 100 Abs. 1, 105 Abs. 1 AktG, § 9 Abs. 2 GenG),
- Wegfall des Unternehmens, jedoch nicht bei dessen Formwechsel (§ 203 UmwG),
- vorzeitige Abberufung (§ 103 AktG, § 36 Abs. 3 GenG, § 23 MitbestG, § 11 Montan-MitbestG, § 12 DrittelbG).

10. Übersicht zur Abberufung 68

Vertreter der Anteilseigner	**MitbestG, Montan-MitbestG und DrittelbG:** Durch Beschluss der AE mit Dreiviertelmehrheit. Bei wichtigem Grund auch durch das Registergericht auf Antrag der Mehrheit des Aufsichtsrats[3], dies jedoch nicht bei der Genossenschaft. Zu den entsandten Mitgliedern vgl. § 103 Abs. 2, Abs. 3 Satz 3 AktG
Vertreter der Arbeitnehmer	**Montan-MitbestG:** Durch Beschluss der AE auf bindenden Vorschlag der Betriebsräte; bei Gewerkschaftsvertretern nur nach entsprechendem Vorschlag der Spitzenorganisation an die Betriebsräte. Außerdem gerichtliche Abberufung wie bei AE-Vertretern
	DrittelbG: Durch Beschluss einer Dreiviertelmehrheit der AN nach einem Antrag der Betriebsräte oder von mindestens 20 % der AN. Außerdem gerichtliche Abberufung aus wichtigem Grund wie bei den AE-Vertretern[4]
Neutrales Mitglied	**MitbestG:** Kein neutrales Mitglied vorhanden **Montan-MitbestG:** Aus wichtigem Grund durch das Registergericht auf Antrag von mindestens drei Mitgliedern des AR
	DrittelbG: Kein neutrales Mitglied vorhanden

---

1 Zum Verlust der Wählbarkeit des Belegschaftsvertreters bei seinem Wechsel in die endgültige Freistellungsphase der Altersteilzeit vgl. BAG 25.10.2000 – 7 ABR 18/00, NZA 2001, 461; LAG Nürnberg 16.2.2006 – 2 TaBV 9/06, NZA-RR 2006, 358; *Haag/Gräter/Dangelmaier*, DB 2001, 702; *Windbichler*, SAE 2001, 208.
2 *Ulmer/Habersack/Henssler*, § 12 DrittelbG Rz. 16.
3 Vgl. dazu BayObLG 28.3.2003 – 3Z BR 199/02, BB 2003, 2140.
4 Vgl. dazu OLG Frankfurt 1.10.2007 – 20 W 141/07, ZIP 2008, 1382.

IV. Rechte und Pflichten des Aufsichtsrats[1]

1. Bestellung, Abberufung und Anstellung der gesetzlichen Vertreter

a) Zuständigkeit für die Bestellung

69 Der Aufsichtsrat ist für die Bestellung des Vorstandes bzw. der Geschäftsführer zuständig:
- bei der **AG** nach allen Mitbestimmungsgesetzen (§ 84 AktG),
- bei der **GmbH** nach dem MitbestG und dem Montan-MitbestG (§ 31 MitbestG, § 12 Montan-MitbestG),
- bei der **Genossenschaft** nach dem MitbestG (§ 31 MitbestG),
- beim **VVaG** nach dem DrittelbG (§ 34 Abs. 1 Satz 2 VAG, § 84 Abs. 1 Satz 1 AktG).

70 Bei der **KGaA** führen die Komplementäre die Geschäfte im Wege der Selbstorganschaft (§ 278 Abs. 2 AktG, §§ 161 Abs. 2, 114 Abs. 1, 125 Abs. 1 HGB, § 31 Abs. 1 Satz 2 MitbestG)[2]. Die Geschäftsführer der **nach dem DrittelbG mitbestimmten GmbH** werden von der Gesellschafterversammlung bestellt; denn auf § 84 AktG wird in § 1 Abs. 1 Nr. 3 DrittelbG nicht verwiesen. Der Vorstand der **nach dem DrittelbG mitbestimmten Genossenschaft** wird von der Generalversammlung bestellt, falls nicht diese Kompetenz durch die Satzung dem Aufsichtsrat zugewiesen wird (§ 24 Abs. 2 GenG).

b) Dauer der Bestellung

71 Die Dauer der jeweiligen Bestellung – **höchstens fünf Jahre** – wird vom Aufsichtsrat bestimmt (§ 84 Abs. 1 Satz 1 AktG, § 31 Abs. 1 Satz 1 MitbestG, § 12 Montan-MitbestG, § 34 Abs. 1 Satz 2 VAG). Bei der Erstbestellung eines Vorstandsmitglieds in einer börsennotierten Gesellschaft soll nach Ziffer 5.1.2 des Corporate Governance Kodex (Rz. 81) die maximale Bestelldauer von fünf Jahren nicht die Regel sein. Eine erneute Bestellung ist zulässig (§ 84 Abs. 1 Satz 2 AktG).

c) Bestellung nach dem MitbestG

72 Die Bestellung erfolgt in dem **besonderen Verfahren** des § 31 MitbestG[3]. Im ersten Wahlgang ist eine Mehrheit von zwei Dritteln aller Mitglieder des Aufsichtsrats erforderlich. Wird diese nicht erreicht, so muss der **Vermittlungsausschuss** (Rz. 114) dem Aufsichtsrat binnen eines Monats einen neuen Vorschlag machen. Andere Vorschläge sind ebenfalls zulässig. Hierüber wird in einem zweiten Wahlgang abgestimmt. Nunmehr reicht für die Bestellung die absolute Mehrheit der Stimmen aller Mitglieder aus. Wird auch diese nicht erreicht, so kann bei einer erneuten Abstimmung der Vorsitzende seine **Zweitstimme** (Rz. 108) einsetzen, um die absolute Mehrheit zu erreichen.

73 Im gleichen Verfahren ist auch der **Arbeitsdirektor** zu bestellen. Er muss dem Vertretungsorgan als gleichberechtigtes[4] Mitglied angehören (§ 33 MitbestG). Diese Pflicht besteht bei der AG, GmbH und Genossenschaft, aber **nicht bei der KGaA**. Dem Ar-

---

[1] Vgl. die Übersichten bei *Henze*, BB 2000, 209, BB 2001, 53; BB 2005, 165; *Rellermeyer*, ZGR 1993, 77.
[2] Zur GmbH & Co. KGaA vgl. MünchArbR/*Wißmann*, § 281 Rz. 1 und 6 mwN.
[3] Ausführlich *Ulmer/Habersack/Henssler*, § 31 MitbestG Rz. 5 ff.; WWKK/*Koberski*, § 31 MitbestG Rz. 14 ff.; Kölner Kommentar/*Mertens/Cahn*, Anh. § 117 B § 31 MitbestG Rz. 4–9; *Lutter/Krieger/Verse*, Rz. 344 ff.
[4] Vgl. dazu BGH 14.11.1983 – II ZR 33/83, BGHZ 89, 48.

beitsdirektor wird mit der Bestellung die – im Kernbereich unentziehbare[1] – Zuständigkeit für Personal- und Sozialangelegenheiten zugewiesen[2]. Ihm dürfen weitere Aufgaben übertragen werden[3].

d) Bestellung nach dem Montan-MitbestG und dem DrittelbG

Für die Bestellung sind grundsätzlich **keine besonderen Mehrheiten** vorgeschrieben. Die Wahl zum Vorstand oder Geschäftsführer erfolgt deshalb im Aufsichtsrat, soweit er zuständig ist (Rz. 69, 70), mit der Mehrheit der abgegebenen Stimmen (§ 32 Abs. 1 Satz 3 BGB). 74

Bei den **montanmitbestimmten** Unternehmen (AG und GmbH) ist ebenfalls ein **Arbeitsdirektor** erforderlich. Er kann nicht gegen die Mehrheit der Arbeitnehmervertreter im Aufsichtsrat bestellt werden (§ 13 Abs. 1 Satz 2 Montan-MitbestG). 75

e) Widerruf der Bestellung[4]

Hierfür gelten die gleichen Zuständigkeiten und Mehrheitsregeln wie für die Bestellung (Rz. 69–75). Der Widerruf kann nur aus **wichtigem Grund** ausgesprochen werden (§ 84 Abs. 3 AktG, § 31 Abs. 1 Satz 1 MitbestG, § 12 Montan-MitbestG, § 34 Abs. 1 Satz 2 VAG), namentlich bei grober Pflichtverletzung, Unfähigkeit zur ordnungsgemäßen Geschäftsführung und – nicht offenbar unsachlichem – Vertrauensentzug durch die Versammlung der Anteilseigner (§ 84 Abs. 3 Satz 2 AktG)[5]. Wenn jemand zum gesetzlichen Vertreter einer GmbH bestellt worden war, bevor sie dem MitbestG unterfiel, kann er mit den besonderen Mehrheiten des § 37 Abs. 3 MitbestG auch **ohne wichtigen Grund abberufen werden**; dies ist jedoch frühestens fünf Jahre nach Beginn der Mitbestimmungspflicht möglich. 76

f) Abschluss und Kündigung des Dienstvertrages

Soweit seine Bestellungskompetenz reicht (Rz. 69, 70), ist der Aufsichtsrat auch **für die Anstellung zuständig**, also den Abschluss und die Kündigung der Dienstverträge mit den Mitgliedern des Vertretungsorgans und den Abschluss von Aufhebungsverträgen mit ihnen (§ 84 Abs. 1 Satz 5 AktG, § 39 Abs. 1 GenG, § 34 Abs. 1 Satz 2 VAG). Im Bereich des MitbestG ist die Kompetenz des Aufsichtsrats zur Anstellung und Entlassung von **GmbH-Geschäftsführern** mittlerweile nicht mehr umstritten[6]. Der Aufsichtsrat beschließt über die Anstellung mit der Mehrheit der abgegebenen Stimmen. Die besonderen Mehrheitsregeln des § 31 MitbestG gelten nicht[7]. Im Gel- 77

---

1 BGH 14.11.1983 – II ZR 33/83, BGHZ 89, 48; *Ulmer/Habersack/Henssler*, § 33 MitbestG Rz. 43; *Raiser/Veil*, § 33 MitbestG Rz. 16; *MünchArbR/Wißmann*, § 281 Rz. 5; OLG Frankfurt 23.4. 1985 – 5 U 149/84, DB 1985, 1459; ausführlich zum Arbeitsdirektor *Martens*, Der Arbeitsdirektor nach dem Mitbestimmungsgesetz, 1980; *Hamacher*, RdA 1993, 163; *Schiessl*, ZGR 1992, 64, 72 ff.; *Lutter/Krieger/Verse*, Rz. 469 ff.; *Schneevoigt*, ZfA 2005, 233.
2 Kölner Kommentar/*Mertens/Cahn*, § 84 AktG Rz. 3; *Raiser/Veil*, § 33 MitbestG Rz. 16.
3 MünchArbR/*Wißmann*, § 281 Rz. 5; *Raiser/Veil*, § 33 MitbestG Rz. 22; MünchKommAktG/ *Gach*, § 33 MitbestG Rz. 31.
4 Zu den bei der Abberufung und Kündigung einzuhaltenden Formalien vgl. *Bauer/Krieger*, ZIP 2004, 1247; *Reiserer/Peters*, DB 2008, 167.
5 Vgl. dazu Kölner Kommentar/*Mertens/Cahn*, § 84 AktG Rz. 104 ff.; *Lutter/Krieger/Verse*, Rz. 364 ff.
6 Bejahend die hM, zB BGH 14.11.1983 – II ZR 33/83, BGHZ 89, 48; *Baumbach/Hueck/Zöllner/ Noack*, § 52 GmbHG Rz. 303 mwN; jetzt auch Scholz/*Schneider/Hohenstatt*, § 35 GmbHG Rz. 317; *Rittner*, DB 1979, 973.
7 Allgemeine Meinung, vgl. *Raiser/Veil*, § 31 MitbestG Rz. 27; *Ulmer/Habersack/Henssler*, § 31 MitbestG Rz. 41; WWKK/*Koberski*, § 31 MitbestG Rz. 34.

tungsbereich des DrittelbG bleibt es dagegen bei der Zuständigkeit der Gesellschafterversammlung gem. § 46 Nr. 5 GmbHG[1].

77a Besondere Anforderungen gelten nach dem VorstAG für die Vereinbarung der **Vergütung** mit **Vorstandsmitgliedern einer börsennotierten AG**. Die Vergütungsstruktur ist auf eine nachhaltige Unternehmensentwicklung auszurichten (§ 87 Abs. 1 Satz 2 AktG). Variable Vergütungsbestandteile sollen daher eine mehrjährige Bemessungsgrundlage haben; für außerordentliche Entwicklungen soll eine Begrenzungsmöglichkeit vereinbart werden (§ 87 Abs. 1 Satz 3 AktG). Auf die paritätische mitbestimmte GmbH dürften die durch das VorstAG eingeführten Regelungen nicht anwendbar sein[2].

2. Vertretung des Unternehmens gegenüber seinen gesetzlichen Vertretern

78 Der Aufsichtsrat vertritt die Gesellschaft bei allen Rechtsgeschäften mit Vorstand oder Geschäftsführung und in mit ihnen geführten Aktiv- oder Passivprozessen (§§ 112, 287 Abs. 2 Satz 1 AktG, § 39 Abs. 1 GenG[3]). Dies gilt auch im Verhältnis zu ehemaligen Vorstandsmitgliedern, soweit es hier um Fragen geht, die im Zusammenhang mit der ehemaligen Organstellung stehen[4]. Bei der Genossenschaft kann die Satzung bestimmen, dass Aktivprozesse gegen den Vorstand nur zulässig sind, wenn die Generalversammlung einen entsprechenden Ermächtigungsbeschluss gefasst hat (§ 39 Abs. 1 GenG).

79 Der Aufsichtsrat der **AG**, des **VVaG** und der **montanmitbestimmten GmbH** kann für den Vorstand eine **Geschäftsordnung** erlassen, soweit sie nicht schon in der Satzung enthalten ist[5] (§ 77 Abs. 2 AktG, § 34 Abs. 1 Satz 2 VAG). Diese gesetzliche Zuständigkeit **besteht nicht** bei der **KGaA**[6] und der **Genossenschaft**[7]. Sie besteht ferner nicht bei der **nach dem DrittelbG mitbestimmten GmbH**; denn § 1 Abs. 1 Nr. 3 DrittelbG verweist nicht auf § 77 Abs. 2 AktG. Bei der vom **MitbestG erfassten GmbH** ist die Zuständigkeit umstritten; die hM hält alleine die Gesellschafterversammlung für zuständig[8].

3. Überwachung und Beratung der gesetzlichen Vertreter

80 Die zentrale Aufgabe des Aufsichtsrats liegt in der **Überwachung** der gesetzlichen Vertreter des Unternehmens (§ 111 Abs. 1 AktG, § 38 Abs. 1 GenG). Diese Kontrolle erstreckt sich auch auf grundsätzliche Fragen der künftigen Geschäftspolitik; sie ist nicht auf eine Rechtmäßigkeitsprüfung beschränkt, sondern muss die Zweckmäßigkeit und Wirtschaftlichkeit der Geschäftsführung einbeziehen. Eine so verstandene Kontrolle kann wirksam nur durch ständige Diskussion mit den gesetzlichen Vertretern und insofern durch deren laufende Beratung ausgeübt werden; die **Beratung** ist deshalb das vorrangige Mittel der in die Zukunft gerichteten präventiven Kontrolle

---

1 *Scholz/Schneider/Hohenstatt*, § 35 GmbHG Rz. 320.
2 Zum Streitstand: *Habersack*, ZHR 174 (2010), 2.
3 Vgl. zB BGH 28.4.1997 – II ZR 282/95, DB 1997, 1455; *Lutter/Krieger/Verse*, Rz. 440 ff.; *Nägele/Böhm*, BB 2005, 2197; zur Genossenschaft vgl. BGH 26.6.1995 – II ZR 122/94, BB 1995, 1868; zur KGaA vgl. BGH 29.11.2004 – II ZR 364/02, BB 2005, 514; zur GmbH vgl. *Geißler*, GmbHR 1998, 1114.
4 BAG 4.7.2001 – 2 AZR 142/00, BB 2002, 692; BGH 24.11.2003 – II ZR 127/01, DB 2004, 245; *Lutter/Schmidt/Drygala*, § 112 AktG Rz. 8; *Nägele/Böhm*, BB 2005, 2197; *Schwab*, ZIP 2006, 1478.
5 Vgl. dazu *Lutter/Krieger/Verse*, Rz. 453 ff.
6 *Hüffer*, § 278 AktG Rz. 12; Kölner Kommentar/*Mertens/Cahn*, § 278 AktG Rz. 66.
7 *Müller*, § 27 GenG Rz. 10.
8 *Raiser/Veil*, § 30 MitbestG Rz. 13; WWKK/*Koberski*, § 30 MitbestG Rz. 40; *Ulmer/Habersack/Henssler*, § 30 MitbestG Rz. 21 mwN.

IV. Rechte und Pflichten des Aufsichtsrats

der gesetzlichen Vertreter[1]. Zur Erfüllung seiner Überwachungs- und Beratungsaufgaben weisen die Mitbestimmungsgesetze dem Aufsichtsrat zwingend[2] bestimmte – je nach Gesetz und Rechtsform des Unternehmens abgestufte – Kompetenzen zu.

a) MitbestG

Bei der AG: Die Standards guter und verantwortlicher Unternehmensführung sind im **Deutschen Corporate Governance Kodex**[3] zusammengefasst. Der Kodex gibt das zwingende Recht (allerdings nicht vollständig) wieder. Gleichzeitig enthält er Empfehlungen. Zwar darf von ihnen abgewichen werden. Jedoch müssen Vorstand und Aufsichtsrat einer **börsennotierten AG** oder einer Gesellschaft, die andere Wertpapiere als Aktien an einem organisierten Markt (§ 2 Abs. 5 WpHG) ausgegeben hat und deren ausgegebene Aktien auf eigene Veranlassung über ein multilaterales Handelssystem iSd. § 2 Abs. 3 Satz 1 Nr. 8 WpHG gehandelt werden, jährlich erklären, inwieweit die Gesellschaft von den Empfehlungen abgewichen ist; die Erklärung ist den Aktionären zugänglich zu machen (§ 161 AktG, „comply or explain")[4]. Die Unrichtigkeit der gem. § 161 AktG abzugebenden Erklärungen kann zur Anfechtbarkeit von Entlastungsbeschlüssen führen[5]. Schließlich enthält der Kodex Anregungen, von denen abgewichen werden darf, ohne dass hierzu eine Erklärung abgegeben werden müsste. Auch nicht börsennotierten Gesellschaften wird in Ziffer 1 des Kodex die Beachtung des Kodex empfohlen. Auf der Grundlage des AktG und des Corporate Governance Kodex lassen sich Rechte und Pflichten des Aufsichtsrats – äußerst verknappt – wie folgt darstellen:

Der Vorstand muss dem Aufsichtsrat unaufgefordert, möglichst rechtzeitig und grundsätzlich in Textform die **Berichte**[6] nach § 90 Abs. 1 Satz 1 AktG erstatten, insbesondere über die beabsichtigte Geschäftspolitik und die Unternehmensplanung einschließlich der Finanz-, Investitions- und Personalplanung, die Rentabilität, den Gang der Geschäfte, den Umsatz und einzelne Geschäfte von erheblicher Bedeutung[7]. Beim Bericht über die Unternehmensplanung ist auch auf Abweichungen von früher formulierten Zielen (Soll-Ist-Abweichungen) einzugehen. Diese Regelberichte müssen sich auch auf Vorgänge bei Tochtergesellschaften iSd. § 90 Abs. 1 Satz 2 AktG erstrecken. Für die **Regelberichte** nach § 90 Abs. 1 Satz 1 AktG sind bestimmte Mindestintervalle in § 90 Abs. 2 AktG festgelegt. Nach § 90 Abs. 1 Satz 3 AktG ist dem Vorsitzenden des Aufsichtsrats außerdem jederzeit aus sonstigem wichtigen Anlass zu berichten. Der Aufsichtsrat kann weitere Berichte nach § 90 Abs. 3 Satz 1 AktG verlangen. Dieses Recht auf zusätzliche Berichterstattung an den Gesamtauf-

---

1 BGH 25.3.1991 – II ZR 188/89, BGHZ 114, 127; 21.4.1997 – II ZR 175/95, BB 1997, 1169. Aus der Literatur zu den Überwachungs- und Beratungspflichten vgl. zB *Lutter/Krieger/Verse*, Rz. 61 ff., 141 ff.; *Dreher*, ZHR 158 (1995), 614; *Henze*, NJW 1998, 3309, BB 2000, 209, BB 2001, 53; *Hoffmann-Becking*, ZHR 158 (1995), 325; *Hommelhoff*, ZGR 1996, 144; *Lutter*, ZHR 158 (1995), 287; *Lutter*, ZIP 2003, 737; *Lutter*, AG 2006, 517; *Säcker*, AG 2004, 180; *Witte/Hrubesch*, DB 2004, 725.
2 *Ulmer/Habersack/Henssler*, Einl. MitbestG Rz. 38; MünchArbR/*Wißmann*, § 281 Rz. 1.
3 Neu veröffentlicht idF v. 13.5.2013 unter www.dcgk.de. Aus der umfangreichen Literatur zur Corporate Governance vgl. zB *Baums* (Hrsg.), Bericht der Regierungskommission Corporate Governance, 2001; *Ringleb/Kremer/Lutter/v. Werder*, Deutscher Corporate Governance Kodex, 4. Aufl. 2010; *Ulmer*, ZHR 166 (2002), 150; *Säcker*, AG 2004, 180; *von Werder*, AG 2004, 166; *Lutter*, ZIP 2003, 417 und 737; *Kirschbaum*, DB 2005, 1473; *Vetter*, BB 2005, 1689.
4 Vgl. *Heckelmann*, WM 2008, 2146. Zahlreiche Erklärungen börsennotierter Unternehmen zu § 161 AktG sind unter http://www.dcgk.de abrufbar.
5 Vgl. BGH 16.2.2009 – II ZR 185/07, ZIP 2009, 460 und 21.9.2009 – II ZR 174/08, ZIP 2009, 2051.
6 Ausführlich dazu *Elsing/Schmidt*, BB 2002, 1705; *Bosse*, DB 2002, 1592; *Säcker/Rehm*, DB 2008, 2814.
7 Ausführlich dazu *Lutter/Krieger/Verse*, Rz. 193 ff.

sichtsrat kann von jedem einzelnen Mitglied geltend gemacht werden (§ 90 Abs. 3 Satz 2 AktG). Jedes Mitglied hat das Recht auf Kenntnisnahme aller Berichte. Berichte in Textform sind ihm auf Verlangen zu übermitteln, soweit der Aufsichtsrat nichts anderes beschließt (§ 90 Abs. 5 Satz 1 und 2 AktG). Über Berichte, die nur er selbst erhalten hat, muss der Vorsitzende des Aufsichtsrats die Mitglieder spätestens in der nächsten Sitzung unterrichten (§ 90 Abs. 5 Satz 3 AktG). Jedenfalls der Aufsichtsrat einer börsennotierten AG soll die Berichtspflichten des Vorstands in einer Informationsordnung näher festlegen (Ziffer 3.4 des Corporate Governance Kodex)[1].

83 Zwar können dem Aufsichtsrat **keine Maßnahmen der Geschäftsführung** übertragen werden (§ 111 Abs. 4 Satz 1 AktG). Er arbeitet jedoch mit dem Vorstand zusammen und ist in Entscheidungen von grundlegender Bedeutung einzubinden. Der Vorstand erörtert mit ihm die Unternehmensstrategie und stimmt sie mit ihm ab (Ziffern 3.1 und 3.2 des Corporate Governance Kodex). Damit der Aufsichtsrat seiner Mitverantwortung für das Unternehmen nachkommt, bestimmt § 111 Abs. 4 Satz 2 AktG, dass die Satzung oder der Aufsichtsrat **festlegen muss**, welche bedeutsamen Geschäfte oder Arten von Geschäften nur nach seiner **Zustimmung** vorgenommen werden dürfen[2]. Hierzu gehören insbesondere Entscheidungen oder Maßnahmen, die die Vermögens-, Finanz- oder Ertragslage des Unternehmens grundlegend verändern (Ziffer 3.3 des Corporate Governance Kodex). Zwingende gesetzliche Zustimmungsvorbehalte sind zB in § 33 Abs. 1 und 2 WpÜG enthalten. Danach darf der Aufsichtsrat einer Zielgesellschaft Abwehrmaßnahmen gegen ein Übernahmeangebot nur nach Zustimmung des Aufsichtsrats einleiten[3]. Eine nach § 111 Abs. 4 Satz 3 AktG verweigerte Zustimmung kann auf Antrag des Vorstands durch einen Beschluss der Hauptversammlung mit einer Mehrheit von drei Vierteln der abgegebenen Stimmen ersetzt werden (§ 111 Abs. 4 Satz 3–5 AktG). Für vertraglich beherrschte Gesellschaften gilt hiervon abweichend § 308 Abs. 3 AktG.

84 Durch satzungsmäßig oder vom Aufsichtsrat eingeführte Zustimmungsvorbehalte wird die **Vertretungsbefugnis des Vorstands** nach außen nicht eingeschränkt (§ 82 Abs. 1 AktG). Seine Maßnahmen und Rechtsgeschäfte bleiben wirksam[4]. Etwas anderes gilt für den gesetzlichen Zustimmungsvorbehalt des § 32 Abs. 1 MitbestG: Der Vorstand kann die hier abschließend[5] aufgezählten Rechte aus Beteiligungen an anderen Unternehmen nur auf der Grundlage von Beschlüssen des Aufsichtsrats ausüben. Insoweit ist auch nach außen die Vertretungsmacht des Vorstands beschränkt[6]. Solche Beschlüsse bedürfen nur der Mehrheit der Stimmen der Anteilseignervertreter. Diese Sonderregel des § 32 MitbestG greift nur ein, wenn das andere Unternehmen ebenfalls dem MitbestG unterfällt und die Beteiligung mindestens 25 % beträgt.

85 Der Aufsichtsrat kann jederzeit die geschäftlichen **Unterlagen der AG** selbst, durch einzelne Mitglieder oder durch Sachverständige **prüfen** (§ 111 Abs. 2 Satz 1 und 2 AktG)[7].

---

1 Vgl. *Lutter/Krieger/Verse*, Rz. 317 ff.
2 Vgl. dazu *Berrar*, DB 2001, 2181; *Lieder*, DB 2004, 2251; *Säcker/Rehm*, DB 2008, 2814; *Lutter/Krieger/Verse*, Rz. 112 ff.
3 Vgl. dazu *Seibt*, DB 2002, 529; *Winter/Harbarth*, ZIP 2002, 1; *Schneider*, AG 2002, 125; *Hopt*, ZHR 166 (2002), 383 (418); *Bürgers/Holzborn*, ZIP 2003, 2273.
4 Vgl. Kölner Kommentar/*Mertens/Cahn*, § 82 AktG Rz. 5; MünchKommAktG/*Habersack*, § 111 Rz. 129.
5 *Raiser/Veil*, § 32 MitbestG Rz. 16; *Lutter/Krieger*, Rz. 498.
6 Vgl. *Ulmer/Habersack/Henssler*, § 32 MitbestG Rz. 15; WWKK/*Koberski*, § 32 MitbestG Rz. 23; *Raiser/Veil*, § 32 MitbestG Rz. 24.
7 Ausführlich dazu *Lutter/Krieger/Verse*, Rz. 241 ff.

Der Vorstand hat ihm den **Jahresabschluss und den Lagebericht**[1] unverzüglich nach Aufstellung vorzulegen (§ 170 Abs. 1 AktG). Bei prüfungspflichtigen Aktiengesellschaften (§ 316 Abs. 1 HGB) schließt der Aufsichtsrat mit dem von der Hauptversammlung bestellten Abschlussprüfer den entsprechenden Geschäftsbesorgungsvertrag (§ 111 Abs. 2 Satz 3 AktG) und erhält seinen Prüfungsbericht (§ 321 Abs. 5 HGB)[2]. Zur Sicherung der Unabhängigkeit des Abschlussprüfers soll er jedenfalls bei börsennotierten Gesellschaften vor Auftragserteilung eine Erklärung von ihm einholen, welche Umstände bestehen, die Zweifel an seiner Unabhängigkeit begründen können (Ziffer 7.2.1 des Corporate Governance Kodex).

Der Aufsichtsrat prüft den Jahresabschluss, den Lagebericht und den Vorschlag zur Gewinnverwendung (§ 171 Abs. 1 Satz 1 AktG). An dieser Bilanzsitzung des Aufsichtsrats oder seines Bilanzausschusses hat der Abschlussprüfer teilzunehmen und über seine eigene Prüfung, insbesondere wesentliche Schwächen des internen Kontroll- und Risikomanagementsystems bezogen auf die Rechnungslegung zu berichten (§ 171 Abs. 1 Satz 2 AktG). Anschließend berichtet der Aufsichtsrat schriftlich der Hauptversammlung über das Ergebnis seiner Prüfung. In diesem Bericht nimmt er auch zum Prüfungsergebnis des Abschlussprüfers Stellung (§ 171 Abs. 2 Satz 3 AktG) und teilt mit, in welchem Umfang er selbst während des Geschäftsjahres die Geschäftsführung geprüft hat (§ 171 Abs. 2 Satz 2 AktG)[3]. Bei börsennotierten Gesellschaften hat er außerdem zu erklären, welche Ausschüsse gebildet worden sind und wie oft der Aufsichtsrat und die Ausschüsse getagt haben (§ 171 Abs. 2 Satz 2 AktG). Am Schluss seines Berichts hat der Aufsichtsrat der Hauptversammlung mitzuteilen, ob er den Jahresabschluss billigt (§ 171 Abs. 2 Satz 4 AktG). Mit der Billigung ist der Jahresabschluss festgestellt, sofern nicht Vorstand und Aufsichtsrat beschließen, die Feststellung der Hauptversammlung zu überlassen (§ 172 Satz 1 AktG)[4]. In der Hauptversammlung soll der Bericht des Aufsichtsrats von seinem Vorsitzenden erläutert werden (§ 176 Abs. 1 Satz 2 AktG). Im Konzern erstreckt sich die Prüfungs- und Berichtspflicht des Aufsichtsrats der Konzernmutter auch auf den Konzernabschluss, den Konzernlagebericht und den entsprechenden Prüfungsbericht des Konzernabschlussprüfers (§ 171 Abs. 1 Satz 1, Abs. 2 Satz 5, Abs. 3 Satz 3 AktG). Der Konzernabschluss wird ebenfalls vom Aufsichtsrat gebilligt, sofern nicht er und der Vorstand dies der Hauptversammlung überlassen (§§ 171 Abs. 2 Satz 5, 173 Abs. 1 Satz 2 AktG).

Die **Überwachungspflicht** des Aufsichtsrats erstreckt sich auch auf die Prüfung der Frage, ob Vorstandsmitglieder wegen Schädigung der AG zum **Schadensersatz** verpflichtet sind. Er hat die entsprechenden Tatsachen festzustellen, rechtlich zu bewerten, die Erfolgsaussichten einer Schadensersatzklage abzuschätzen und zu entscheiden, ob der Vorstand auf Schadensersatz zu verklagen ist[5]. Diese Pflicht besteht unabhängig vom Recht der Hauptversammlung oder einer qualifizierten Aktionärsminderheit, gem. § 147 AktG die Durchsetzung von Ersatzansprüchen zu verlangen.

---

1 Die nach § 289a HGB von börsenorientierten oder sonstigen Aktiengesellschaften, die ausschließlich andere Wertpapiere als Aktien zum Handel an einem organisierten Markt iSd. § 2 Abs. 5 WpHG ausgegeben haben und deren Aktien auf eigene Veranlassung über ein multilaterales Handelssystem iSd. § 2 Abs. 3 Satz 1 Nr. 8 WpHG gehandelt werden, abzugebenden Erklärungen zur Unternehmensführung sind entweder in den Lagebericht aufzunehmen oder auf der Internetseite der Gesellschaft zugänglich zu machen.
2 Vgl. dazu *Dörner*, DB 2000, 101; *Ludewig*, DB 2000, 634; *Ziemons*, DB 2000, 77; *Lutter/Krieger/Verse*, Rz. 176 ff.
3 Vgl. dazu *Lutter*, AG 2008, 1; *Sünner*, AG 2008, 411.
4 Vgl. dazu *Lutter/Krieger/Verse*, Rz. 487.
5 BGH 21.4.1997 – II ZR 175/95, BGHZ 135, 244; *Lutter/Krieger/Verse*, Rz. 447 ff.; *Redeke*, ZIP 2008, 1549.

88 Wenn das Wohl der Gesellschaft es erfordert, hat der Aufsichtsrat eine **Hauptversammlung einzuberufen** (§ 111 Abs. 3 AktG). Die Mitglieder des Aufsichtsrats sollen an allen Hauptversammlungen teilnehmen (§ 118 Abs. 3 Satz 1 AktG); für bestimmte Fälle kann jedoch die Satzung die Teilnahme über Bild- und Tonübertragung zulassen (§ 118 Abs. 3 Satz 2 AktG).

89 Nur für den Sonderfall, dass die AG führungslos ist, also keinen Vorstand hat, bestimmt § 78 Abs. 1 Satz 2 AktG idF des Gesetzes zur Modernisierung des GmbH-Rechts und zur Bekämpfung von Missbräuchen vom 23.10.2008 (MoMiG)[1], dass sie vom Aufsichtsrat vertreten wird, dies grundsätzlich allerdings nur, soweit es um den Empfang von Willenserklärungen und die Zustellung von Schriftstücken geht. Lediglich bei ihm bekannter Insolvenzreife einer führungslosen AG ist jedes Mitglied des Aufsichtsrats nach §§ 15, 15a InsO berechtigt und verpflichtet, einen Insolvenzantrag zu stellen.

90 **Bei der KGaA** gelten die folgenden **Abweichungen**. Sie rechtfertigen sich aus der besonderen Stellung der statt eines Vorstandes die Geschäfte führenden und persönlich haftenden Komplementäre: Der Aufsichtsrat kann nicht nach § 111 Abs. 4 AktG bestimmte Arten von Geschäften zustimmungspflichtig machen[2]. Der Jahresabschluss wird nur von der Hauptversammlung festgestellt (§ 286 Abs. 1 Satz 1 AktG). Die Sonderregelung des § 32 MitbestG gilt nicht[3]. Das Recht und die Pflicht des Aufsichtsrats zur Stellung des Insolvenzantrags bei Führungslosigkeit nach §§ 15, 15a InsO bestehen nicht.

91 **Bei der GmbH** gilt das zur AG Festgestellte (Rz. 81–89) in dem gem. § 25 Abs. 1 Satz 1 Nr. 2 MitbestG **eingeschränkten Umfang**: Zur unaufgeforderten Abgabe periodischer Berichte (§ 90 Abs. 1 und 2 AktG) sind die Geschäftsführer nach hM nicht gesetzlich verpflichtet[4], da § 25 Abs. 1 Satz 1 Nr. 2 MitbestG nicht auf § 90 Abs. 2 AktG verweist. Der Aufsichtsrat kann jedoch eine Informationsordnung aufstellen, die den Geschäftsführern die periodische Berichterstattung auferlegt. Wenn der Aufsichtsrat den Jahresabschluss billigt, ist dieser noch nicht gem. § 172 AktG festgestellt; darüber beschließen immer die Gesellschafter[5]. Das Recht und die Pflicht des Aufsichtsrats zur Stellung des Insolvenzantrags bei Führungslosigkeit nach §§ 15, 15a InsO bestehen nicht.

92 Da in der GmbH einerseits die Gesellschafter den Geschäftsführern Weisungen erteilen können[6], andererseits der Aufsichtsrat Geschäfte zustimmungspflichtig machen darf (§ 111 Abs. 4 AktG), ist das **Verhältnis zwischen Weisungsrecht und Zustimmungsvorbehalt** umstritten; insbesondere ob Geschäfte gegen den Willen des Aufsichtsrats zustimmungsfrei sind, wenn sie auf Weisungen der Gesellschafterversammlung beruhen, ob diese eine verweigerte Zustimmung entgegen § 111 Abs. 4 Satz 3 AktG ersetzen kann, ohne dass die Geschäftsführer dies verlangen, und ob für ihre Zustimmung entgegen § 111 Abs. 4 Satz 4 AktG die einfache Mehrheit ausreicht[7].

---

1 BGBl. I 2008, 2026.
2 Kölner Kommentar/*Mertens/Cahn*, § 287 AktG Rz. 12; *Hüffer*, § 278 AktG Rz. 15; *Raiser/Veil*, § 25 MitbestG Rz. 85.
3 *Ulmer/Habersack/Henssler*, § 32 MitbestG Rz. 5; *Raiser/Veil*, § 32 MitbestG Rz. 5. Ausführlich zur Mitbestimmung bei der KGaA *Joost*, ZGR 1998, 334.
4 Nachweise zum Meinungsstand bei *von Hoyningen-Huene/Powietzka*, BB 2001, 529; *Lutter/Krieger/Verse*, Rz. 1122.
5 Zur Prüfung des Jahresabschlusses der mitbestimmten GmbH durch den Aufsichtsrat vgl. *Meyer-Landrut/Westhoff*, DB 1980, 2375.
6 BGH 6.3.1997 – II ZB 4/96, AP Nr. 5 zu § 25 MitbestG; *Lutter/Hommelhoff*, § 37 GmbHG Rz. 17 ff.
7 Zu allem ausführlich mit Nachweis des Meinungsstandes *Scholz/Schneider*, § 52 GmbHG Rz. 131 ff.; *Lutter/Krieger/Verse*, Rz. 1126 ff.; *Ulmer/Habersack/Henssler*, § 25 MitbestG Rz. 64 ff.; WWKK/*Koberski*, § 25 MitbestG Rz. 62–71, § 30 MitbestG Rz. 38–43; *Deilmann*, BB 2004, 2253.

Bei der Genossenschaft gilt neben § 32 MitbestG allein das GenG. Der Aufsichtsrat 93
kann jederzeit Berichte verlangen und die Geschäftsunterlagen einsehen, muss den
Jahresabschluss prüfen und der Generalversammlung hierüber berichten (§ 38 Abs. 1
GenG)[1]. Nur diese stellt den Jahresabschluss fest (§ 48 Abs. 1 Satz 1 GenG). Wie bei
der AG (Rz. 89) sind die Mitglieder des Aufsichtsrats berechtigt und verpflichtet, bei
Führungslosigkeit und Insolvenz die Eröffnung des Insolvenzverfahrens nach §§ 15,
15a InsO zu beantragen.

b) Montan-MitbestG

Der Aufsichtsrat einer **AG** hat grundsätzlich die gleichen Aufgaben wie nach dem 94
MitbestG (Rz. 81–89). Ob dies auch für die **GmbH** gilt, kann dahinstehen. Denn derzeit ist keine GmbH existent, die dem Geltungsbereich des Montan-MitbestG unterfällt. Die Einschaltung des Aufsichtsrats bei der Ausübung von Beteiligungsrechten ist in § 15 MitbestErgG auch für den Bereich des Montan-MitbestG geregelt. Die Regelung weicht geringfügig von § 32 MitbestG (Rz. 84) ab. Insbesondere ist es nicht erforderlich, dass das Beteiligungsunternehmen auch selbst mitbestimmt ist.

c) DrittelbG

Der Aufsichtsrat hat die gleichen – von der Rechtsform des Unternehmens abhängi- 95
gen – Überwachungsbefugnisse wie nach dem MitbestG (Rz. 81–93). Auch für den
VVaG gilt Aktienrecht. Bei der Ausübung von Beteiligungsrechten (Rz. 84) muss
der Aufsichtsrat nicht eingeschaltet werden.

4. Übersicht zu den Aufgaben des Aufsichtsrats 96

Bestellung, Abberufung, Anstellung und Kündigung der gesetzlichen Vertreter, einschließlich Arbeitsdirektor	**MitbestG**: Bei allen erfassten Gesellschaften außer der KGaA **Montan-MitbestG**: Bei allen erfassten Gesellschaften **DrittelbG**: Nur bei AG und VVaG. Kein Arbeitsdirektor vorhanden
Vertretung gegenüber gesetzlichen Vertretern, auch gerichtlich; Überwachung und Beratung der gesetzlichen Vertreter; jederzeitiges Recht, Berichte von ihnen zu verlangen; Recht auf Prüfung von Unterlagen; Erteilung des Auftrags an den Abschlussprüfer; Prüfung des Jahresabschlusses; Einberufung von und Teilnahme an Versammlungen der Anteilseigner	**MitbestG, Montan-MitbestG und DrittelbG**: Bei allen erfassten Gesellschaften
Erlass einer Geschäftsordnung für die gesetzlichen Vertreter	**MitbestG**: Bei der AG; nicht bei der KGaA und Genossenschaft, nach hM auch nicht bei der GmbH **Montan-MitbestG**: Bei allen erfassten Gesellschaften **DrittelbG**: Nur bei AG und VVaG
Recht auf unaufgeforderte periodische Berichte der gesetzlichen Vertreter	**MitbestG**: Nur bei AG und KGaA **Montan-MitbestG**: Bei allen erfassten Gesellschaften **DrittelbG**: Nur bei AG, KGaA und VVaG

---

1 Ausführlich *Trescher*, DB 1997, 1551; *Lutter/Krieger/Verse*, Rz. 1258 ff.

Pflicht, Geschäfte von der Zustimmung des Aufsichtsrats abhängig zu machen	**MitbestG**: Nur bei AG und GmbH **Montan-MitbestG**: Bei allen erfassten Gesellschaften **DrittelbG**: Nur bei AG, GmbH und VVaG
Jährlicher Bericht an die Anteilseigner über das Ergebnis seiner Prüfung der Rechnungslegung, seiner Überwachung der Geschäftsführung und darüber, ob der AR den Jahresabschluss billigt (bei einer börsennotierten AG muss der Bericht auch Angaben enthalten über die Anzahl der Sitzungen des AR, über bestehende und neu gebildete Ausschüsse, über ihre Aufgaben und die Anzahl ihrer Sitzungen)	**MitbestG**: Bei allen erfassten Gesellschaften, bei der Genossenschaft jedoch in den Grenzen des § 38 Abs. 1 Satz 3 GenG **Montan-MitbestG**: Bei allen erfassten Gesellschaften **DrittelbG**: Wie nach dem MitbestG
Feststellung des Jahresabschlusses	**MitbestG**: Nur bei der AG **Montan-MitbestG**: Bei der AG, umstritten bei der GmbH **DrittelbG**: Nur bei AG und VVaG
Sonderregelung für Beteiligungsrechte	**MitbestG**: § 32 MitbestG; gilt jedoch nicht bei der KGaA **Montan-MitbestG**: § 15 MitbestErgG **DrittelbG**: Nicht vorhanden

V. Die innere Ordnung des Aufsichtsrats

97 Die Mitbestimmungsgesetze enthalten hierzu weitgehend gleiche Regeln. Einzelheiten können durch Satzung oder Geschäftsordnung des Aufsichtsrats bestimmt werden, soweit nicht gesetzliche Vorschriften entgegenstehen (§ 25 Abs. 2 MitbestG, § 23 Abs. 5 AktG, § 18 Satz 2 GenG). Die Reichweite dieser **gesellschaftsrechtlichen Gestaltungsfreiheit** ist im Einzelnen umstritten[1].

1. Wahl des Vorsitzenden und seines Stellvertreters

a) MitbestG

98 Nach § 27 MitbestG ist ein besonderes Wahlverfahren erforderlich. Im ersten Wahlgang ist für **beide Positionen** eine Mehrheit von zwei Dritteln der Sollstärke des Aufsichtsrats notwendig. Wird sie für den Vorsitzenden **oder** den Stellvertreter nicht erreicht, so ist **keiner** gewählt. Im zweiten Wahlgang wählen dann die Vertreter der Anteilseigner den Vorsitzenden und die Vertreter der Arbeitnehmer den Stellvertreter, jeweils mit der Mehrheit der abgegebenen Stimmen. Die **jederzeit mögliche**[2] **Abwahl** folgt den gleichen Regeln[3].

---

1 Dazu MünchArbR/*Wißmann*, § 282 Rz. 3–6 und Fn. 11; *Raiser/Veil*, § 25 MitbestG Rz. 14 ff.; *Ulmer/Habersack/Henssler*, § 25 MitbestG Rz. 9 ff.; jeweils mwN.
2 Kölner Kommentar/*Mertens/Cahn*, Anh. § 117 B § 27 MitbestG Rz. 10; *Ulmer/Habersack/Henssler*, § 27 MitbestG Rz. 13; *Raiser/Veil*, § 27 MitbestG Rz. 10.
3 MünchArbR/*Wißmann*, § 282 Rz. 2; *Ulmer/Habersack/Henssler*, § 27 MitbestG Rz. 13, beide auch zur Nachwahl bei Wegfall des Vorsitzenden oder seines Vertreters. Ausführlich zur Bestellung und Abwahl *Döring/Grau*, NZG 2010, 1328 und *Säcker*, BB 2008, 2252.

V. Die innere Ordnung des Aufsichtsrats

b) Montan-MitbestG, DrittelbG

Die Wahl und Abwahl erfolgen gem. § 107 Abs. 1 Satz 1 AktG „nach näherer Bestimmung der Satzung". Besondere Mehrheiten sind gesetzlich nicht angeordnet. Also entscheidet grundsätzlich die einfache Mehrheit[1]. 99

2. Aufgaben des Vorsitzenden und seines Stellvertreters[2]

a) MitbestG

Der Vorsitzende hat die allgemeinen aktienrechtlichen[3] **Aufgaben**: Regelmäßiger Kontakt mit dem Vorstand, Koordinierung der Arbeit im Aufsichtsrat (Ziffer 5.2 des Corporate Governance Kodex), Einberufung und Leitung der Sitzungen (§ 110 Abs. 1 AktG), Unterzeichnung der Sitzungsniederschrift (§ 107 Abs. 2 AktG), Entscheidung über die Teilnahme von ausschussfremden Mitgliedern an Ausschusssitzungen (§ 109 Abs. 2 AktG), Entgegennahme und Weiterleitung von Vorstandsberichten (§ 90 Abs. 1 Satz 3, Abs. 5 Satz 3 AktG). Nach allgemeinen aktienrechtlichen Grundsätzen ist der Vorsitzende nicht befugt, den Aufsichtsrat in der Willensbildung zu vertreten und sich anschließend seine Rechtsgeschäfte vom Aufsichtsrat nur noch bestätigen zu lassen[4]. Bei Patt-Situationen im Aufsichtsrat steht ihm das **Zweitstimmrecht** (Rz. 108) zu (§ 29 Abs. 2 MitbestG). Der Stellvertreter hat dieselben Aufgaben, wenn der Vorsitzende verhindert[5] ist (§ 107 Abs. 1 Satz 3 AktG), jedoch nicht das Zweitstimmrecht (§ 29 Abs. 2 Satz 3 MitbestG). Der Vorsitzende und der Stellvertreter gehören kraft Amtes dem **Vermittlungsausschuss** (Rz. 114) an (§ 27 Abs. 3 MitbestG). 100

b) Montan-MitbestG, DrittelbG

Hier gelten die gleichen Regeln, ausgenommen die zum – fehlenden – Vermittlungsausschuss und zum – fehlenden – Zweitstimmrecht. 101

3. Beschlüsse des Aufsichtsrats

a) MitbestG

Der Aufsichtsrat erledigt seine Aufgaben nach den **Verfahrensregeln des MitbestG und des AktG** (§ 25 Abs. 1 MitbestG)[6]. Er muss zwei Sitzungen im Kalenderhalbjahr abhalten, kann aber in nicht börsennotierten Gesellschaften beschließen, dass nur eine Sitzung im Kalenderhalbjahr abzuhalten ist (§ 110 Abs. 3 AktG). Alle Mitglieder sind zur Teilnahme an den Sitzungen berechtigt, selbst wenn sie im Einzelfall nicht mit abstimmen dürfen (Rz. 106, 107); dies gilt nicht, wenn im Einzelfall durch die Teilnahme eines Mitglieds wichtige Belange der Gesellschaft konkret gefährdet werden[7]. In Ziffer 3.6 des Corporate Governance Kodex wird angeregt, dass die Sitzungen in getrennten Besprechungen der Anteilseigner- und Arbeitnehmervertreter vorberei- 102

---

1 *Hüffer*, § 107 AktG Rz., 4, 10.
2 Vgl. dazu *Lutter/Krieger/Verse*, Rz. 660 ff.; MünchKommAktG/*Habersack*, § 107 Rz. 43 ff.; *Schlitt*, DB 2005, 2007.
3 Für die Genossenschaft gilt gem. § 25 Abs. 1 Satz 1 Nr. 3 MitbestG nicht Aktien-, sondern Genossenschaftsrecht, also zB §§ 57 Abs. 2, 58 Abs. 3 GenG.
4 BGH 17.3.2008 – II ZR 239/06, DB 2008, 1314.
5 Dazu Kölner Kommentar/*Mertens/Cahn*, § 107 AktG Rz. 70; MünchKommAktG/*Habersack*, § 107 Rz. 68 ff.
6 Bei Genossenschaften gelten die teilweise abweichenden Regeln des GenG, vgl. § 25 Abs. 1 Satz 1 Nr. 3 MitbestG, § 38 GenG.
7 Kölner Kommentar/*Mertens/Cahn*, § 109 AktG Rz. 13; MünchKommAktG/*Habersack*, § 109 Rz. 10.

tet werden, ggf. mit dem Vorstand. Vorstandsmitglieder müssen auf Verlangen des Aufsichtsrats teilnehmen[1], Abschlussprüfer an der Bilanzsitzung auch ohne entsprechende Aufforderung[2] (§ 171 Abs. 1 Satz 2 AktG). Sachverständige und Auskunftspersonen können zur Beratung hinzugezogen werden (§ 109 Abs. 1 Satz 2 AktG).

103 Ein **Stimmbote** darf teilnehmen, wenn die Satzung dies zulässt, ein Mitglied im Einzelfall verhindert ist und es den Stimmboten in Textform zur Teilnahme ermächtigt hat (§§ 108 Abs. 3, 109 Abs. 3 AktG). Der Stimmbote ist stets reiner Bote für die schriftliche Stimmabgabe. Er darf keinen eigenen Entscheidungsspielraum haben[3]. Andere Personen sollen nicht teilnehmen (§ 109 Abs. 1 Satz 1 AktG).

104 Der Aufsichtsrat entscheidet durch **Beschluss** (§ 108 Abs. 1 AktG) grundsätzlich in der Sitzung, aber auch schriftlich, telegrafisch, telefonisch oder in vergleichbarer Form, wenn kein Mitglied widerspricht (§ 108 Abs. 4 AktG)[4]. Er ist nur **beschlussfähig**, wenn mindestens die Hälfte der Mitglieder, aus denen er insgesamt zu bestehen hat, teilnimmt (§ 28 Satz 1 MitbestG). Es ist **umstritten, inwieweit die Satzung diese Anforderungen verschärfen kann**[5].

105 Beispiele:

Laut Satzung soll der Aufsichtsrat nur beschlussfähig sein, wenn eine Mindestzahl von Vertretern der Anteilseigner und der Vorsitzende teilnehmen[6]. Bei einer zweiten Abstimmung soll Beschlussfähigkeit nur bestehen, wenn der Vorsitzende anwesend ist[7]. Oder die Vertreter der Anteilseigner sollen Vertagung verlangen dürfen, wenn sie in Unterzahl anwesend sind[8].

106 Das **Stimmrecht** eines Mitglieds ist **ausgeschlossen** (entsprechend § 136 Abs. 1 AktG, § 34 BGB), wenn abgestimmt wird, ob es von einer Verbindlichkeit befreit, ein Anspruch gegen es durchgesetzt oder ein Rechtsgeschäft mit ihm abgeschlossen werden soll[9]. Inwieweit dies auch für **sonstige Interessenkollisionen** gilt, ist umstritten.

107 Beispiele:

Abstimmungen über die Bestellung des Aufsichtsratsmitglieds zum Vorstand[10]; Abstimmung über den Antrag auf die Abberufung eines Mitglieds aus dem Aufsichtsrat aus wichtigem Grund (Rz. 68)[11]; Teilnahme von Arbeitnehmervertretern an Abstimmungen zu Tarifverträgen oder Maßnahmen des Arbeitskampfes[12].

---

1 Vgl. dazu *Lutter/Krieger/Verse*, Rz. 702; *Schneider*, ZIP 2002, 873.
2 Ausführlich *Neuling*, BB 2003, 166.
3 *Hüffer*, § 108 AktG Rz. 15; BGH 17.5.1993 – II ZR 89/92, AP Nr. 4 zu § 25 MitbestG; Kölner Kommentar/*Mertens/Cahn*, § 109 Rz. 41.
4 Vgl. dazu *Kindl*, ZHR 166 (2002), 335.
5 Vgl. dazu die Übersicht bei *Lieder*, ZHR 172 (2008), 306 (326–330).
6 Unzulässig laut BGH 25.2.1982 – II ZR 102/81, DB 1982, 745.
7 Zulässig laut *Ulmer/Habersack/Henssler*, § 28 MitbestG Rz. 6; unzulässig laut *Raiser/Veil*, § 28 MitbestG Rz. 3; WWKK/*Koberski*, § 28 MitbestG Rz. 7; MünchArbR/*Wißmann*, § 282 Rz. 8.
8 Ausführlich zu dieser und vergleichbaren Klauseln, mit denen das laut BVerfG 1.3.1979 – 1 BvR 532/77 u.a., NJW 1979, 699 erlaubte Übergewicht der Anteilseigner gesichert werden soll, *Feldmann*, DB 1986, 29; *Raiser*, NJW 1980, 209; *Säcker*, JZ 1980, 82; *Werner*, AG 1979, 330.
9 BGH 2.4.2007 – II ZR 325/05, NJW-RR 2007, 1483; *Ulmer/Habersack/Henssler*, § 25 MitbestG Rz. 27.
10 Für Ausschluss des Stimmrechts *Ulmer/Habersack/Henssler*, § 31 MitbestG Rz. 18a mwN; aA *Raiser/Veil*, § 25 MitbestG Rz. 37; MünchArbR/*Wißmann*, § 282 Rz. 5.
11 Zum Meinungsstand BayObLG 28.3.2003 – 3Z BR 199/92, BB 2003, 2140; *Ulmer/Habersack/Henssler*, § 6 MitbestG Rz. 70; *Raiser/Veil*, § 25 MitbestG Rz. 140; WWKK/*Koberski*, § 25 MitbestG Rz. 113 ff.; MünchArbR/*Wißmann*, § 282 Rz. 6.
12 Vgl. MünchArbR/*Wißmann*, § 282 Rz. 18 mwN in Fn. 94; *Raiser/Veil*, § 25 MitbestG Rz. 140; *Dreher*, JZ 1990, 896; *Gaumann/Schafft*, DB 2000, 1514.

V. Die innere Ordnung des Aufsichtsrats

Der Aufsichtsrat entscheidet mit der **einfachen Mehrheit** der abgegebenen Stimmen (§ 29 Abs. 1 MitbestG). Enthaltungen werden nicht mitgezählt. Bei Stimmengleichheit kann erneut abgestimmt werden. Erst jetzt darf – aber nicht muss[1] – der Vorsitzende seine zweite Stimme zum Stichentscheid einsetzen, wenn sich auch hier Stimmengleichheit ergibt (§ 29 Abs. 2 MitbestG).

Besondere Mehrheitsregeln gelten für die Bestellung und Abberufung der gesetzlichen Vertreter (Rz. 72, 73, 76), die Wahl und Abwahl des Vorsitzenden und des Stellvertreters (Rz. 98), die Ausübung von bestimmten Beteiligungsrechten (Rz. 84) und in den Sonderfällen der § 37 Abs. 3 Satz 2 MitbestG und § 124 Abs. 3 Satz 5 AktG.

Ein Beschluss ist **nichtig**[2], wenn er inhaltlich oder verfahrensmäßig gegen zwingendes Gesetzes- oder Satzungsrecht verstößt, zB wegen Unzuständigkeit des Aufsichtsrats, fehlender Beschlussfähigkeit oder unzulässiger Diskriminierung der Arbeitnehmervertreter. Die Nichtigkeit kann durch allgemeine Feststellungsklage geltend gemacht werden. Eine analoge Anwendung der §§ 241 ff. AktG und damit eine Differenzierung zwischen Nichtigkeit und Anfechtbarkeit wird vom BGH abgelehnt[3].

b) Montan-MitbestG, DrittelbG

Hier gelten die **Verfahrensregeln des AktG**, grundsätzlich also die Darlegungen zum MitbestG (Rz. 102–110), aber nicht die zum Zweitstimmrecht (Rz. 108). Für die **Genossenschaft** gilt jedoch das GenG.

Für den meist kleinen Aufsichtsrat nach dem DrittelbG ist § 108 Abs. 2 Satz 3 AktG von Bedeutung. Danach müssen mindestens drei Mitglieder an der Beschlussfassung teilnehmen[4]. Deshalb empfiehlt es sich, bei drittelparitätisch mitbestimmten Unternehmen einen Aufsichtsrat mit mindestens sechs Mitgliedern in der Satzung vorzusehen.

Besondere Mehrheitsregeln gelten: nach § 124 Abs. 3 Satz 5 AktG; im Geltungsbereich des Montan-MitbestG außerdem für den Vorschlag zur Wahl des Weiteren neutralen Mitglieds (Rz. 53), für die Ausübung bestimmter Beteiligungsrechte (Rz. 94) und für die Bestellung und Abberufung des Arbeitsdirektors (Rz. 75).

4. Ausschüsse

Hierfür gilt unter allen Mitbestimmungsgesetzen § 107 Abs. 3 AktG[5]. Der Aufsichtsrat kann durch Geschäftsordnung oder Einzelbeschluss Ausschüsse einrichten. Diese dürfen auch zu **Entscheidungen anstelle des Aufsichtsrats** befugt sein, zB zu Zustimmungen bei nach § 111 Abs. 4 Satz 3 AktG zustimmungspflichtigen Geschäften, jedoch nicht zur Erledigung der in § 107 Abs. 3 Satz 2 AktG aufgezählten Aufgaben[6], also auch nicht zur Aufstellung eines Katalogs von Geschäften, für die sich der Aufsichtsrat die Zustimmung vorbehält. Lediglich der **Vermittlungsausschuss** nach § 27 Abs. 3 MitbestG ist gesetzlich zwingend vorgesehen. Er besteht aus dem Vorsitzen-

---

1 *Raiser/Veil*, § 29 MitbestG Rz. 12.
2 Zur Unwirksamkeit von Beschlüssen als Folge einer erfolgreichen Anfechtung der Aufsichtsratswahl vgl. *Säcker*, ZfA 2008, 51 (73).
3 BGH 17.5.1993 – II ZR 89/92, BGHZ 122, 342; 21.4.1997 – II ZR 175/95, BB 1997, 1169.
4 Vgl. dazu BayObLG 28.3.2003 – 3Z BR 199/02, DB 2003, 2140.
5 Für die Genossenschaft gilt stattdessen wiederum das GenG.
6 Vgl. dazu *Ziemons*, DB 2000, 77; *Lutter/Krieger/Verse*, Rz. 744 ff.; für die GmbH wird überwiegend angenommen, dass das durch VorstAG eingeführte Verbot der Delegation der Entscheidung über Vorstandsverträge nicht gilt (s. Rz. 77a) und zum Streitstand *Habersack*, ZHR 174 (2010), 2; zur Frage, ob bei einer Genossenschaft die Vorstandsvergütung nur durch das Aufsichtsratsplenum bestimmt werden kann, *Rolf/Hautkoppe/Schmidt-Ehemann*, NZG 2011, 129.

den des Aufsichtsrats, seinem Stellvertreter und je einem Vertreter der Anteilseigner und der Arbeitnehmer, die von den jeweiligen Gruppen mit der Mehrheit der abgegebenen Stimmen gewählt werden (§ 29 Abs. 3 MitbestG). Die Satzung der Gesellschaft darf zur Bildung von weiteren Ausschüssen keine zwingenden Vorgaben machen[1]. Der Aufsichtsrat kann vielmehr frei entscheiden, welche Ausschüsse er bildet, wie groß sie sind und mit welchen Mitgliedern er sie besetzt. Für börsennotierte Gesellschaften sollen, abhängig von den spezifischen Gegebenheiten des Unternehmens, fachlich qualifizierte Ausschüsse gebildet werden (Ziffer 5.3. des Corporate Governance Kodex), insbesondere ein Prüfungsausschuss (Audit Committee)[2], dessen Vorsitz allerdings nicht der Aufsichtsratsvorsitzende und kein ehemaliges Vorstandsmitglied, dessen Bestellung vor weniger als zwei Jahren endete, innehaben sollte (Ziffer 5.2 und 5.3.2 des Corporate Governance Kodex). Dem Prüfungsausschuss muss mindestens ein unabhängiges Mitglied angehören, das über Sachverstand auf den Gebieten Rechnungslegung oder Abschlussprüfung verfügt. Wenn eine deutsche AG an einer Börse in den USA notiert ist, müssen die Mitglieder des Prüfungsausschusses „unabhängig" sein, dürfen also zB weder als Aktionär einen kontrollierenden Einfluss haben noch außerhalb des Aufsichtsrats Beratungsleistungen für die AG erbringen; die Beschäftigung als Arbeitnehmer der AG ist hingegen unschädlich[3]. Entscheidungsbefugte Ausschüsse müssen mindestens drei Mitglieder haben[4].

115 Im Bereich des **MitbestG** ist umstritten, ob Ausschüsse paritätisch besetzt sein müssen oder, falls nicht, ob der Vorsitzende seine Zweitstimme verwenden darf, um eine Überzahl der Anteilseignervertreter im Ausschuss durchzusetzen[5]. Das MitbestG enthält kein ausdrückliches Gebot der Parität. Jedoch unterliegen Beschlüsse des Aufsichtsrats, die zur Imparität im Ausschuss führen, einer besonderen **Inhaltskontrolle**. Sie müssen aus sachlichen Gründen gerechtfertigt sein[6], vor allem, wenn der Vorsitzende für sie seine Zweitstimme eingesetzt hat. Auch unter dem **DrittelbG** soll die Besetzung des Personalausschusses und anderer entscheidungsbefugter Ausschüsse allein mit Vertretern der Anteilseigner unzulässig sein[7].

116 Das **Verfahren** im Ausschuss entspricht dem im Aufsichtsrat (Rz. 102–113)[8]. An den Sitzungen können ausschussfremde Mitglieder teilnehmen, wenn der Vorsitzende des Aufsichtsrats nichts anderes bestimmt (§ 109 Abs. 2 AktG). Entscheidungsbefugte Ausschüsse sind nur beschlussfähig, wenn mindestens drei Ausschussmitglieder teilnehmen[9]. Beschlüsse werden mit der Mehrheit der abgegebenen Stimmen gefasst. Im Bereich des MitbestG kann die Satzung oder ein Beschluss des Aufsichtsrats ein

---

1 BGH 25.2.1982 – II ZR 123/81, DB 1982, 742; MünchArbR/*Wißmann*, § 282 Rz. 11.
2 Zu den Aufgaben und zur Besetzung des Prüfungsausschusses s. § 107 Abs. 3 Satz 2 und Abs. 4 AktG sowie § 38 Abs. 1a GenG.
3 Zur Bedeutung des Sarbanes-Oxley-Act für den Aufsichtsrat deutscher Unternehmen mit US-Börsennotierung vgl. zB *Hütten/Stromann*, BB 2003, 2223; *Krause*, WM 2003, 762; *Kürten*, BB 2004, 173.
4 BGH 23.10.1975 – II ZR 90/73, NJW 1976, 145.
5 Zum Meinungsstand Kölner Kommentar/*Mertens/Cahn*, § 107 AktG Rz. 126 ff.; MünchArbR/*Wißmann*, § 282 Rz. 12; *Zöllner*, FS Zeuner, S. 167 Fn. 21.
6 BGH 17.5.1993 – II ZR 89/92, BGHZ 122, 342; OLG München 27.1.1995 – 23 U 4282/94, BB 1995, 1051; WWKK/*Koberski*, § 29 MitbestG Rz. 38; *Ulmer/Habersack/Henssler*, § 25 MitbestG Rz. 126 ff.; ErfK/*Oetker*, § 107 AktG Rz. 10; Schmidt/Lutter/*Drygala*, § 107 AktG Rz. 47; *Oetker*, ZGR 2000, 19 (49); zur Besetzung des Prüfungsausschusses vgl. *Kirsten*, BB 2004, 173.
7 OLG München 27.1.1995 – 23 U 4282/94, BB 1995, 1051 ff.; LG Frankfurt 19.12.1995 – 2/14 O 183/95, ZIP 1996, 1661.
8 *Raiser/Veil*, § 25 MitbestG Rz. 64, 65; MünchArbR/*Wißmann*, § 282 Rz. 13.
9 BGH 23.10.1975 – II ZR 90/73, NJW 1976, 145.

Zweitstimmrecht für den Vorsitzenden des Ausschusses vorsehen[1]. Dem Aufsichtsrat ist über die Arbeit der Ausschüsse regelmäßig zu berichten (§ 107 Abs. 3 Satz 4 AktG).

VI. Rechte und Pflichten der Mitglieder des Aufsichtsrats[2]

Die Rechte und Pflichten des einzelnen Mitglieds im Gesamtorgan und gegenüber dem Unternehmen sind **nach allen Mitbestimmungsgesetzen einheitlich geregelt.** Es wird weitgehend auf das Aktienrecht verwiesen[3]. Das Amt ist höchstpersönlich (§ 111 Abs. 5 AktG). Durch die Annahme der Wahl oder Entsendung entsteht ein Rechtsverhältnis zwischen Mitglied und Unternehmen. Dessen Rechtsnatur – körperschaftlich oder schuldrechtlich – ist umstritten[4]. Dieses Rechtsverhältnis ist bei belegschaftsangehörigen Mitgliedern strikt vom Arbeitsvertrag zu trennen[5]. Das Amt ist eigenverantwortlich, ohne Bindung an Weisungen und Aufträge (vgl. § 4 Abs. 3 Satz 2 Montan-MitbestG) und ausschließlich im **Interesse des Unternehmens** zu führen.

1. Rechte

Jedes Mitglied ist berechtigt,
– die Einberufung von Aufsichtsratssitzungen zu verlangen (§ 110 Abs. 1 AktG),
– Aufsichtsratssitzungen selbst einzuberufen, wenn seinem Verlangen nicht entsprochen wird (§ 110 Abs. 2 AktG),
– an Sitzungen des Aufsichtsrats teilzunehmen,
– an Sitzungen auch solcher Ausschüsse teilzunehmen, denen er nicht angehört, es sei denn, der Aufsichtsratsvorsitzende bestimmt etwas anderes (§ 109 Abs. 2 AktG),
– die Protokolle der Aufsichtsratssitzungen zu erhalten (§ 107 Abs. 2 Satz 4 AktG),
– an Versammlungen der Anteilseigner teilzunehmen (§ 118 Abs. 2 AktG)[6],
– über solche Versammlungen und ihre Tagesordnung im Voraus detailliert informiert zu werden (§ 125 Abs. 3 AktG),
– über die Beschlüsse der Anteilseigner informiert zu werden (§ 125 Abs. 4 AktG),
– von den Berichten des Vorstands an den Aufsichtsrat Kenntnis zu nehmen, sie übermittelt zu erhalten und vom Vorsitzenden des Aufsichtsrats über die ihm vom Vorstand gegebenen Berichte informiert zu werden (§ 90 Abs. 5 AktG),
– Berichte des Vorstands an den Aufsichtsrat zu verlangen (§ 90 Abs. 3 Satz 2 AktG)[7],
– von den Berichten des Abschlussprüfers Kenntnis zu nehmen und sie ausgehändigt zu erhalten, soweit nicht der Aufsichtsrat die Aushändigung nur an Ausschussmitglieder beschließt (§ 170 Abs. 3 Satz 2 AktG).

---

1 BGH 25.2.1982 – II ZR 123/81 u. 25.2.1982 – II ZR 102/81, DB 1982, 742 und 745; vgl. im Einzelnen *Ulmer/Habersack/Henssler*, § 25 MitbestG Rz. 136; *WWKK/Koberski*, § 29 MitbestG Rz. 45; *Raiser/Veil*, § 25 MitbestG Rz. 66.
2 Ausführlich dazu *Lutter/Krieger/Verse*, Rz. 821 ff.; MünchKommAktG/*Habersack*, § 116 Rz. 16 ff.
3 Für die Genossenschaft gilt grds. Genossenschaftsrecht, vgl. dazu *Trescher*, DB 1997, 1551.
4 Vgl. Scholz/*Schneider*, § 52 GmbHG Rz. 353; *Simon*, GmbHR 1999, 257 (260).
5 BAG 4.4.1974 – 2 AZR 452/73, NJW 1974, 1399.
6 Zur Zulässigkeit von Gesellschafterbeschlüssen außerhalb von Gesellschafterversammlungen bei der mitbestimmten GmbH vgl. Scholz/*Schneider*, § 52 GmbHG Rz. 89; *Zöllner*, FS Fischer, S. 905 ff.
7 Ausführlich dazu *Elsing/Schmidt*, BB 2002, 1705; zur Abführungspflicht der Gewerkschaftsmitglieder im Aufsichtsrat *Fischer/Theuner*, ArbuR 2011, 466.

119 Jedes Mitglied hat einen **Anspruch auf Gleichbehandlung** (§ 4 Abs. 3 Satz 1 Montan-MitbestG)[1]. Eine Differenzierung nach Gruppenzugehörigkeit ist unzulässig. Alle Mitglieder haben die gleichen Rechte auf Informationen und auf Teilhabe an den Entscheidungsprozessen des Aufsichtsrats.

120 Die Mitglieder haben Anspruch auf Ersatz ihrer erforderlichen **Aufwendungen** (§§ 670, 675 BGB); außerdem auf **Vergütung**[2], sofern diese durch Satzung oder Gesellschafterbeschluss festgesetzt ist (§ 113 AktG). Die Vergütung muss grundsätzlich gleich sein, kann jedoch zB für den Vorsitzenden und den Stellvertreter höher ausfallen (Ziffer 5.4.6 des Corporate Governance Kodex). Nach Ziffer 5.4.6 des Corporate Governance Kodex sollte die Vergütung aus einem festen und einem erfolgsorientierten Teil bestehen[3]. Außerdem sollen bei der Höhe der Vergütung für die einzelnen Mitglieder ihre Verantwortung und ihre Aufgabenbelastung (Vorsitzender, stellvertretender Vorsitzender, Mitgliedschaft und Vorsitz in Ausschüssen) berücksichtigt werden. Die Gesamtbezüge des Aufsichtsrats sind im Anhang zum Jahresabschluss anzugeben (§ 285 Satz 1 Nr. 9 HGB). Nach Ziffer 5.4.6 des Corporate Governance Kodex sollen diese Angaben für jedes Mitglied individuell und gegliedert nach den Bestandteilen der Vergütung gemacht werden. Aktienoptionsprogramme zugunsten des Aufsichtsrats sind jedenfalls dann unzulässig, wenn die Optionen mit bedingtem Kapital oder mit zurückgekauften eigenen Aktien der Gesellschaft unterlegt werden sollen[4].

2. Pflichten und Haftung

121 **Jedes Mitglied ist verpflichtet**, die gesetzlichen Vertreter sorgfältig zu überwachen und zu beraten, regelmäßig an den Sitzungen des Aufsichtsrats teilzunehmen, sich die notwendigen Vorkenntnisse und Informationen zu verschaffen und sorgfältig vorzubereiten[5]. Bei börsennotierten Gesellschaften soll es im Bericht des Aufsichtsrats an die Hauptversammlung (§ 171 Abs. 2 Satz 2 AktG) vermerkt werden, falls ein Mitglied an weniger als der Hälfte der Sitzungen teilgenommen hat (Ziffer 5.4.7 des Corporate Governance Kodex). Die Mitglieder haben ihre Tätigkeit am objektiven **Unternehmensinteresse** auszurichten, dh. am Inbegriff aller im Unternehmen zusammenfließenden Interessen der Anteilseigner, der Belegschaft, der Gläubiger und der Öffentlichkeit am Bestand, Erfolg, Erhalt der Arbeitsplätze und an den Aktivitäten des Unternehmens[6]. Jedenfalls bei börsennotierten und sonstigen Gesellschaften, die ausschließlich andere Wertpapiere als Aktien zum Handel an einem organisiertem Markt iSd. § 2 Abs. 5 WpHG ausgegeben haben und deren ausgegebene Aktien auf eigene Veranlassung über ein multilaterales Handelssystem iSd. § 2 Abs. 3 Satz 1 Nr. 8 WpHG gehandelt werden, soll jedes Mitglied gegenüber dem Aufsichtsrat potentielle Interessenkonflikte offen legen; der Aufsichtsrat soll in seinem Bericht an die Hauptversammlung über aufgetretene Interessenkonflikte und ihre Behandlung informieren (Ziffer 5.5.2 und 5.5.3 des Corporate Governance Kodex). Berater- und sonstige Dienst- und Werkverträge für Tätigkeiten höherer Art bedürfen der Zustimmung des Aufsichtsrats (§ 114 Abs. 1 AktG)[7]. Das Gleiche gilt für Kredite an Aufsichtsrats-

---

1 BGH 25.2.1982 – II ZR 123/81, DB 1982, 742.
2 Vgl. dazu *Mutter*, ZIP 2002, 1230; *Vetter*, ZIP 2008, 1.
3 Vgl. *Gehling*, ZIP 2005, 549; *Vetter*, ZIP 2008, 1.
4 BGH 16.2.2004 – II ZR 316/02, BB 2004, 621 mwN; Schmidt/Lutter/*Drygala*, § 113 AktG Rz. 29.
5 BGH 15.11.1982 – II ZR 27/82, BGHZ 85, 293; *Scheffler*, DB 2000, 433; *Vetter*, DB 2004, 2623.
6 Zum Unternehmensinteresse *Raiser/Veil*, § 25 MitbestG Rz. 110ff.; WWKK/*Koberski*, § 25 MitbestG Rz. 93ff.; *Ulmer/Habersack/Henssler*, § 25 MitbestG Rz. 93–95 mwN; *Lutter/Krieger/Verse*, Rz. 893; Kölner Kommentar/*Mertens/Cahn*, § 76 AktG Rz. 15ff.
7 Vgl. BGH 3.7.2006 – II ZR 151/04, BB 2006, 1813; 20.11.2006 – II ZR 279/05, BGHZ 170, 60; OLG Frankfurt 21.9.2005 – 1 U 14/05, ZIP 2005, 2322; *Lutter/Krieger/Verse*, Rz. 858 ff.; *Vetter*, AG 2006, 173; *Vetter*, ZIP 2008, 1; *Kort*, ZIP 2008, 717.

mitglieder und andere ihnen nahe stehende natürliche Personen oder Unternehmen iSd. § 115 AktG. § 15a WpHG verpflichtet die Mitglieder des Aufsichtsrats einer börsennotierten Gesellschaft oder ihres Mutterunternehmens zur schriftlichen Mitteilung an die Gesellschaft und die Bundesanstalt für Finanzdienstleistungsaufsicht, wenn sie Aktien oder ähnliche Rechte an Unternehmen erwerben oder veräußern, sofern der Gesamtwert bis zum Ende des Kalenderjahres 5 000 Euro übersteigt. Diese Pflicht gilt auch für Ehepartner, eingetragene Lebenspartner und Verwandte ersten Grades im selben Haushalt[1].

Die Gruppenvertreter sind berechtigt, die **Interessen ihrer Gruppe** im Aufsichtsrat zu betonen und zu verfolgen[2]. Denn diese sind Teil des Unternehmensinteresses. Solche Partikularinteressen müssen jedoch zurückgestellt werden, wenn eine **Interessenkollision** zwischen ihnen und dem gesamthaften Unternehmensinteresse entsteht[3]. Es ist streitig, ob deshalb das Stimmrecht der Arbeitnehmervertreter ruht, wenn der Aufsichtsrat Beschlüsse zu tarifpolitischen Auseinandersetzungen fasst oder wenn sich die Arbeitnehmervertreter an Arbeitskämpfen beteiligen[4]. 122

Auch nach ihrem Amtsende sind die Mitglieder des Aufsichtsrats zu besonderer **Verschwiegenheit** über erhaltene vertrauliche Berichte und den Inhalt vertraulicher Beratungen verpflichtet (§ 116 Satz 2 AktG)[5]. Vertraulich sind Berichte und Beratungen mit dem Vorstand, die der Vorstand als vertraulich einstuft[6]. Beratungen im Aufsichtsrat sind vertraulich, wenn der Aufsichtsrat sie als vertraulich einstuft. Daneben besteht die Pflicht, über Geheimnisse der Gesellschaft, die dem Mitglied durch die Tätigkeit im Aufsichtsrat bekannt geworden sind, Stillschweigen zu bewahren (§§ 116 Satz 1, 93 Abs. 1 Satz 2 AktG, §§ 41, 34 Abs. 1 Satz 2 GenG)[7]. Geheimnisse sind nicht allgemein bekannte Tatsachen, für die im Unternehmensinteresse ein objektives Bedürfnis der Geheimhaltung besteht und die der Vorstand bzw. die Geschäftsführung geheim halten will[8]. Eine **Verschärfung** dieser gesetzlichen Geheimhaltungspflicht durch Satzung oder Beschluss des Aufsichtsrats ist **unzulässig**[9]. Die Offenbarung von Geschäftsgeheimnissen ist strafbar nach § 404 AktG. 123

Die Mitglieder **haften der Gesellschaft** – ggf. als Gesamtschuldner – **auf Schadensersatz**, wenn sie die Sorgfalt eines ordentlichen und gewissenhaften Überwachers und Beraters schuldhaft verletzen (§§ 116, 93 Abs. 2 AktG, §§ 41, 34 Abs. 2 GenG)[10]. Im Anschluss an die Rechtsprechung des BGH[11] ist § 93 AktG dahin ergänzt worden, 124

---

1 Vgl. dazu VGH Kassel 3.5.2006 – 6 UE 2623/04, ZIP 2006, 1243; *Schneider*, BB 2002, 1817; *Weiler/Tollkühn*, DB 2002, 1923; *Fleischer*, ZIP 2002, 1217; *Pluskat*, DB 2005, 1097.
2 Zu den Arbeitnehmerinteressen vgl. *Windbichler*, AG 2004, 190.
3 *Lutter/Krieger/Verse*, Rz. 894 ff.; MünchArbR/*Wißmann*, § 282 Rz. 18; *Raiser/Veil*, § 25 MitbestG Rz. 113; Kölner Kommentar/*Mertens/Cahn*, Vorb. § 95 AktG Rz. 14; *Möllers*, ZIP 2006, 1615; *Kort*, ZIP 2008, 717.
4 Vgl. *Raiser/Veil*, § 25 MitbestG Rz. 140 ff.; MünchAbR/*Wißmann*, § 282 Rz. 18; *Lutter/Krieger/Verse*, Rz. 908; *Scholz/Schneider*, § 52 GmbHG Rz. 416 ff.; *Gaumann/Schafft*, DB 2000, 1514; *Ruzig*, NZG 2004, 455; *Kort*, ZIP 2008, 717.
5 Zu Inhalt und Grenzen der Verschwiegenheitspflicht ausführlich *Veil*, ZHR 172 (2008), 239.
6 Begr. zu Nr. 10 des RegE TransPuG, BT-Drucks. 14/8769.
7 Ausführlich dazu *Lutter/Krieger/Verse*, Rz. 255 ff.; *Erker/Freund*, GmbHR 2001, 463.
8 Dazu *Hüffer*, § 93 AktG Rz. 30; *Lutter/Krieger/Verse*, Rz. 259 ff.; MünchArbR/*Wißmann*, § 282 Rz. 16 f.; *Säcker*, NJW 1986, 803.
9 BGH 5.6.1975 – II ZR 156/73, BGHZ 64, 325.
10 Einzelheiten bei *Hüffer*, § 116 AktG Rz. 13 ff.; MünchKommAktG/*Habersack*, § 116 Rz. 67 ff.; *Lutter/Krieger/Verse*, Rz. 981 ff.; *Semler*, AG 2005, 321; *Henze*, DB 2000, 209; *Thümmel*, Persönliche Haftung von Managern und Aufsichtsräten, 4. Aufl. 2008; vgl. auch BGH 1.12.2003 – II ZR 216/01, DB 2004, 534. Zur Haftpflichtversicherung für Aufsichtsräte (D+O Versicherung) vgl. *Lutter/Krieger/Verse*, Rz. 1036 ff.; *Kiethe*, DB 2003, 537; *Notthoff*, NJW 2003, 1350.
11 BGH 21.4.1997 – II ZR 175/95, BGHZ 135, 244.

dass bei einer unternehmerischen Entscheidung eine Pflichtverletzung nicht vorliegt, wenn ein Mitglied des Aufsichtsrats vernünftigerweise annehmen durfte, auf der Grundlage angemessener Informationen zum Wohle der Gesellschaft zu handeln (sog. „business judgement rule" in § 93 Abs. 1 Satz 2 AktG)[1]. Diese Haftungseinschränkung wird allerdings nicht für sonstige Pflichtverletzungen gelten, wie die Verletzung von Treupflichten, Informationspflichten, Gesetzes- oder Satzungsverstöße.

125 **Beispiel:**

Laut Satzung der M-AG bedarf die Vergabe von Darlehen von mehr als 10 Mio. Euro der Zustimmung des Aufsichtsrats. Der Vorstand beabsichtigt, ein solches – ungesichertes – Darlehen ohne Zustimmung des Aufsichtsrats an die Mehrheitsaktionärin zu vergeben, die in wirtschaftlichen Schwierigkeiten steckt. Das Aufsichtsratsmitglied B erfährt von diesem Vorhaben, informiert jedoch nicht den Aufsichtsrat, so dass dieser die Darlehensgewährung nicht mehr verhindern kann. Nach Erhalt des Darlehens wird die Mehrheitsaktionärin insolvent. Das Aufsichtsratsmitglied B haftet hier der M-AG auf Schadensersatz, weil seine rechtzeitige Information an den Aufsichtsrat diesen zum Einschreiten gegen die satzungswidrigen Pläne des Vorstands veranlasst hätte.

126 Das in Haftung genommene Mitglied trägt die **Beweislast** für das Fehlen einer Sorgfaltspflichtverletzung und für mangelndes Verschulden (§§ 116 Satz 1, 93 Abs. 2 Satz 2 AktG, § 34 Abs. 2 Satz 2 GenG). Zu beachten sind außerdem: die Haftung, wenn der Aufsichtsrat einer AG schuldhaft eine unzulässige und schädliche Einflussnahme auf die Gesellschaft duldet (§ 117 Abs. 2 AktG), die Haftung für die Duldung schädlicher Weisungen im Vertragskonzern (§ 310 Abs. 1 AktG) und die Haftung im faktischen Konzern wegen mangelnder Prüfung des Vorstandsberichts über die Beziehungen zu verbundenen Unternehmen (§ 318 Abs. 2 AktG). Auch insoweit gilt die Umkehr der Beweislast (§§ 117 Abs. 2 Satz 2, 310 Abs. 1 Satz 2, 318 Abs. 1 Satz 2, Abs. 2 Satz 2 AktG). Namentlich haften Aufsichtsratsmitglieder, wenn sie eine unangemessene Vergütung für den Vorstand festsetzen (§ 116 Satz 3 AktG). Bei dem VorstAG unterliegenden Gesellschaften haben die Aufsichtsratsmitglieder die dort für die Festsetzung der Vergütung beschriebenen Kriterien zu beachten. Ansprüche gegen den Aufsichtsrat können von den gesetzlichen Vertretern (Vorstand, Geschäftsführer) geltend gemacht werden. Besondere Klage- bzw. Klageerzwingungsmöglichkeiten bestehen für die Hauptversammlung und die Aktionäre der AG nach § 147 AktG[2], auch für Aktionäre, die 1 % des Grundkapitals oder einen anteiligen Betrag von 100 000 Euro halten (§ 148 AktG)[3], und schließlich nach §§ 309 Abs. 4, 310 Abs. 4, 318 Abs. 4 AktG.

3. Schutz der Arbeitnehmervertreter

127 Die Arbeitnehmervertreter werden durch § 26 MitbestG, § 9 DrittelbG **besonders geschützt**. Diese Regeln sind auch im Bereich des Montan-MitbestG anzuwenden[4]. Die Arbeitnehmervertreter dürfen in der Ausübung ihrer Tätigkeit nicht gestört oder behindert werden. Die **belegschaftsangehörigen Mitglieder** dürfen wegen ihrer Tätigkeit arbeitsrechtlich nicht benachteiligt werden. Es ist umstritten, ob sie ihre für den Aufsichtsrat notwendige Tätigkeit immer in die Arbeitszeit legen dürfen oder nur, soweit

---

1 *Thümmel*, DB 2004, 471; *Paefgen*, AG 2004, 245; *Brömmelmeyer*, WM 2005, 2065; *Kiethe*, WM 2005, 2122; *Schäfer*, ZIP 2005, 1253; *Semler*, AG 2005, 321 (324); *Schneider*, DB 2005, 707.
2 OLG Frankfurt 9.10.2003 – 20 W 487/02, DB 2004, 177; KG 18.11.2004 – 1 W 185/04, DB 2005, 439; zu den Rechten des besonderen Vertreters, der die Ansprüche geltend machen soll, vgl. OLG München 28.11.2007 – 7 U 4498/07, DB 2008, 397; *Mock*, DB 2008, 393; *Verhoeven*, ZIP 2008, 245.
3 Vgl. dazu *Seibert*, BB 2005, 1457; *Schröer*, ZIP 2005, 2081; *Paschos/Neumann*, DB 2005, 1779; *Semler*, AG 2005, 321 (331).
4 MünchArbR/*Wißmann*, § 283 Rz. 24.

sie in der arbeitsfreien Zeit nicht erledigt werden kann[1], und ob sich ihr Arbeitsentgelt mindert, falls Arbeitszeit wegen der vergüteten Aufsichtsratstätigkeit ausfällt[2]. Sie haben Anspruch auf die gleiche berufliche Entwicklung und das gleiche Arbeitsentgelt wie ein vergleichbarer Arbeitnehmer, der nicht dem Aufsichtsrat angehört.

Ein absoluter **Kündigungsschutz** besteht nicht[3]. Jedoch kann eine Kündigung nichtig sein, wenn hiermit die Tätigkeit im Aufsichtsrat behindert werden soll[4]. Eine verhaltensbedingte Kündigung kommt – wie bei Mitgliedern des Betriebsrats – nur in Betracht, wenn (auch) eine arbeitsvertragliche Pflicht verletzt wird, nicht bei einer reinen Amtspflichtverletzung[5]. Bei jeder Kündigung ist im Rahmen der Interessenabwägung das Amt als Mitglied des Aufsichtsrats zu berücksichtigen[6]. 128

4. Streitigkeiten

Die **ordentlichen Gerichte** sind zuständig für alle Streitigkeiten um die Rechte und Pflichten des Aufsichtsrats und um die seiner einzelnen Mitglieder; dies gilt auch für Ansprüche auf Vergütung und Aufwendungsersatz[7]. Die **Arbeitsgerichte** sind zuständig für Streitigkeiten um die berufliche Entwicklung, die Benachteiligung und den Kündigungsschutz der belegschaftsangehörigen Mitglieder. 129

VII. Bekanntmachungen

Die gesetzlichen Vertreter des Unternehmens haben eine **Liste** mit den **Namen, Vornamen, Berufen und Adressen** der Mitglieder des bei der Gründung bestellten ersten Aufsichtsrats zum Handelsregister einzureichen (§ 37 Abs. 4 Nr. 3 und 3a AktG, § 52 Abs. 2 Satz 1 GmbHG). Eine neue Liste müssen sie bei jeder Änderung der personellen Zusammensetzung (Ausscheiden oder Eintritt eines Mitglieds) einreichen (§ 106 AktG, § 52 Abs. 2 Satz 2 GmbHG). Ferner haben sie zum Handelsregister anzumelden, wer zum **Vorsitzenden** gewählt ist (§ 107 Abs. 1 Satz 2 AktG). Nach § 19 MitbestG, § 8 DrittelbG müssen sie die Namen der Mitglieder nach ihrer Bestellung auch in den Betrieben bekannt machen und im elektronischen Bundesanzeiger veröffentlichen. Ein betrieblicher Aushang ist wegen der heutigen elektronischen Kommunikationstechniken nicht mehr erforderlich. 130

VIII. Mitbestimmung im europäischen Rahmen

Das EU-Recht kennt keine originären Mitbestimmungsregeln. Es sichert allerdings gem. den EU-Richtlinien 2001/86/EG vom 8.10.2001[8] und 2003/72/EG vom 22.7.2003[9] erworbene Rechte der Arbeitnehmer auf Beteiligung an Unternehmensentscheidungen im Rahmen der Gründung einer SE (Societas Europaea = Europäische Ak- 131

---

1 So *Ulmer/Habersack/Henssler*, § 26 MitbestG Rz. 5; Kölner Kommentar/*Mertens/Cahn*, Anh. § 117 B § 26 MitbestG Rz. 6; aA WWKK/*Koberski*, § 26 MitbestG Rz. 8 ff.
2 So *Ulmer/Habersack/Henssler*, § 26 MitbestG Rz. 8; aA WWKK/*Koberski*, § 26 MitbestG Rz. 11.
3 BAG 4.4.1974 – 2 AZR 452/73, NJW 1974, 1399.
4 *Raiser/Veil*, § 26 MitbestG Rz. 8; *Ulmer/Habersack/Henssler*, § 26 MitbestG Rz. 12.
5 *Ulmer/Habersack/Henssler*, § 26 MitbestG Rz. 15.
6 *Raiser/Veil*, § 26 MitbestG Rz. 8.
7 *Wiesner*, DB 1977, 1747. Allgemein zu Klagemöglichkeiten des Aufsichtsrats und einzelner Aufsichtsratsmitglieder *Deckert*, AG 1994, 457; *Poseck*, DB 1996, 2165.
8 ABl. Nr. L 294/2001, 22, und NZA Sonderbeilage 7/2002, 16.
9 ABl. Nr. L 207/2003, 25.

tiengesellschaft)[1] und SCE (Societas Cooperativa Europaea = Europäische Genossenschaft)[2] vorrangig durch eine Verhandlungslösung. Kommt es zu keiner Vereinbarung über die Beteiligung, greift eine gesetzliche Auffanglösung. Nach dieser Auffanglösung setzt sich aus dem Kreis der Rechtsordnungen, die für die an der Gründung der SE beteiligten Unternehmen gelten, diejenige Mitbestimmungsregel durch, die den Arbeitnehmern den höchsten Anteil an Vertretern im Aufsichts- bzw. Verwaltungsorgan gewährt. Dies kann dazu führen, dass Arbeitnehmer, die vor Gründung einer SE keine Mitbestimmungsrechte inne hatten, nach Gründung einer SE an Unternehmensentscheidungen beteiligt sind, sofern nur eine der an der SE-Gründung beteiligten Gesellschaften zuvor mitbestimmt war. Wenn an der Gründung einer SE oder SCE keine unternehmensmitbestimmten Gesellschaften beteiligt sind, ist hingegen weder die SE noch die SCE mitbestimmt (s. Art. 12 Abs. 3 SE-VO bzw. Art. 11 Abs. 3 SCE-VO). Für eine SE mit Sitz in Deutschland gelten die SE-VO[3], das SEAG[4] und das AktG (Art. 9 SE-VO). Für eine in Deutschland gegründete SCE gelten die SCE-VO[5], das SCEAG[6] und das GenG (vgl. Art. 8 SCE-VO). Die Mitbestimmung richtet sich nach dem SEBG bzw. SCEBG.

132 Vorschläge zur Einführung der **Europäischen Privatgesellschaft** (Societas Privata Europaea – SPE = europäische GmbH) als weitere Rechtsform hat die Europäische Kommission zurückgezogen[7]. Stattdessen wird über die Schaffung einer SUP (Societas Unius personae = Europäische Einmanngesellschaft) und einer FE (Fundation Europaea = Europäische Stiftung) nachgedacht. Auch dabei bildet die Frage der Mitbestimmung einen wichtigen Diskussionspunkt.

133 Die SE und die SCE sind supranationale Rechtsformen, die primär keiner nationalen Rechtsordnung unterliegen. Hingegen unterstehen Gesellschaften, die aus einer **grenzüberschreitenden Verschmelzung** von Kapitalgesellschaften entsprechend der Richtlinie EU 2005/56 vom 26.10.2005[8] hervorgehen, grundsätzlich dem an ihrem Sitz geltenden Recht und damit den dort geltenden Mitbestimmungsregeln. Art. 16 der Richtlinie EU 2005/56 und – für Deutschland – § 5 MgVG ordnen aber für bestimmte Sachverhalte die Geltung von Mitbestimmungsregeln an, die weitestgehend den für die SE und SCE (also Verhandlungs- und Auffanglösung) entsprechen[9]. Durch die Verschmelzung mit einer Auslandsgesellschaft ist es somit auch für eine aufnehmende deutsche Kapitalgesellschaft möglich, Verhandlungsautonomie zu gewinnen

---

1 Ausführlich zur Europäischen Gesellschaft MünchKommAktG/*Jacobs*, Bd. 9/2, SEBG; *Lutter/Krieger/Verse*, Rz. 1351 ff.; *Kienast*, Mitbestimmung, in: Jannott/Frodermann, Handbuch der Europäischen Aktiengesellschaft – Societas Europaea, 2005, S. 377; *Nagel/Freis/Kleinsorge*, Die Beteiligung der Arbeitnehmer in der Europäischen Gesellschaft – SE, 2005; *Oetker*, Die Mitbestimmung der Arbeitnehmer in der Europäischen Gesellschaft, in: Lutter/Hommelhoff, Die Europäische Gesellschaft, 2005, S. 277; *Theisen/Wenz*, Die Europäische Aktiengesellschaft, 2. Aufl. 2005; *Ziegler/Gey*, BB 2009, 1751; *Lutter/Hommelhoff*, SE-Kommentar, 2008.
2 Zur Europäischen Genossenschaft vgl. *El Mahi*, DB 2004, 967; *Schulze*, NZG 2004, 792; *Kisker*, RdA 2006, 206.
3 VO (EG) Nr. 2157/2001 v. 8.10.2001, ABl. Nr. L 294/2001, 1 und NZA Sonderbeilage 7/2002, 3.
4 Gesetz zur Ausführung der Verordnung (EG) Nr. 2157/2001 des Rates v. 8.10.2001 über das Statut der Europäischen Gesellschaft v. 22.12.2004, BGBl. I, 3675.
5 VO (EG) Nr. 1435/2003 v. 22.7.2003, ABl. Nr. L 207/2003, 1.
6 Gesetz zur Ausführung der Verordnung (EG) Nr. 1435/2003 des Rates v. 22.7.2003 über das Statut der Europäischen Genossenschaft (Art. 1 des Gesetzes zur Einführung der Europäischen Genossenschaft und zur Änderung des Genossenschaftsrechts v. 14.8.2006, BGBl. I 2006, 1911).
7 Pressemitteilung der EU-Kommission COM (2013) 685 v. 2.10.2013.
8 ABl. Nr. L 310/2005, 1 (in Deutschland umgesetzt in den §§ 123a ff. UmwG).
9 Zur Berücksichtigung mitbestimmungsrechtlicher Fristen bei grenzüberschreitender Verschmelzung anschaulich *Tercke*, DB 2012, 2675. Beispielhaft zur Festschreibung des Mitbestimmungsrechtsniveaus bei Verschmelzung von Gesellschaften aus Deutschland und dem Vereinigten Königreich *Kolb/Rothenfußer*, GmbHR 2014, 130.

und dadurch die bisher für sie geltende starre Mitbestimmungsordnung (MitbestG oder DrittelbG) im Wege der Vereinbarung zu ändern oder zu flexibilisieren, wenn die Arbeitnehmerseite mit der notwendigen Mehrheit (§ 17 Abs. 2 MgVG) zustimmt[1]. Andererseits können zuvor mitbestimmungsfreie Unternehmen zu einem mitbestimmten werden, wenn nur eines der an der Verschmelzung beteiligten Unternehmen zuvor bereits mitbestimmt war[2].

Für eine grenzüberschreitende Formumwandlung fehlt es bisher an einer EU-Richtlinie. Nach den Entscheidungen „Cartesio" und „Vale"[3] ist eine Umwandlung zumindest bei tatsächlicher **Sitzverlegung** zulässig. Unklar bleibt allerdings, ob dadurch Mitbestimmungsregeln ohne Weiteres außer Kraft gesetzt werden können (s. Rz. 3). 134

1. Europäische Gesellschaft – SE

a) Gründung und Struktur

Die SE muss ein Grundkapital von mindestens 120 000 Euro haben (Art. 4 Abs. 2 SE-VO). Sie kann nur gegründet werden: 135
- durch **Verschmelzung** von Aktiengesellschaften (Art. 2 Abs. 1 SE-VO)[4],
- durch Gründung einer **gemeinsamen Holding** für Aktiengesellschaften und/oder GmbHs (Art. 2 Abs. 2 SE-VO)[5],
- durch Gründung einer **gemeinsamen Tochter** von Gesellschaften oder juristischen Personen des öffentlichen oder privaten Rechts (Art. 2 Abs. 3 SE-VO)[6],
- dadurch, dass eine bereits bestehende SE eine Tochter-SE gründet (Art. 3 Abs. 2 SE-VO),
- durch **Umwandlung** einer Aktiengesellschaft (Art. 2 Abs. 4 SE-VO).

Abgesehen von dem Fall, dass eine bereits bestehende SE eine Tochter-SE errichtet, ist die Gründung einer SE nur erlaubt, wenn die beteiligten Gesellschaften oder juristischen Personen ihren Sitz sowie ihre Hauptverwaltung in der Europäischen Union haben und ein **transnationaler Sachverhalt** iSd. Art. 2 SE-VO vorliegt. Er ist gegeben, wenn mindestens zwei der an der Verschmelzung oder Gründung einer gemeinsamen Holding oder Tochter beteiligten Gesellschaften dem Recht verschiedener Mitgliedstaaten unterliegen. Bei der Gründung einer gemeinsamen Holding oder Tochter reicht es auch, wenn mindestens zwei beteiligte Gesellschaften oder juristische Personen eine dem Recht eines anderen Mitgliedstaates unterliegende Tochtergesellschaft oder eine Zweigniederlassung in einem anderen Land haben. Die Umwandlung einer AG in eine SE ist nur möglich, wenn die AG seit mindestens zwei Jahren eine Tochter hat, die dem Recht eines anderen Mitgliedstaats unterliegt.

Für ihre **Leitung** und deren **Überwachung** hat die SE nach Art. 38 SE-VO die Wahl zwischen dem dualistischen und dem monistischen System. Entweder werden die Geschäfte vom Leitungsorgan geführt, das vom Aufsichtsorgan überwacht wird (Art. 39, 40 SE-VO), oder das Unternehmen wird nach dem Board-System vom Verwaltungsorgan (Verwaltungsrat) geleitet, das wiederum für die laufenden Geschäfte geschäfts- 136

---

1 Vgl. dazu *Habersack*, ZHR (2007), 613 (642).
2 Vgl. dazu *Habersack*, ZHR 171 (2007), 613 (620); *Louven/Weng*, BB 2008, 797.
3 EuGH 16.12.2008 – Rs. C-210/06 – Cartesio, ZIP 2009, 24 u. 12.7.2012 – Rs. C-378/06 – Vale, ZIP 2012, 1994.
4 Vgl. dazu *Brandes*, AG 2005, 177; *Walden/Meyer-Landrut*, DB 2005, 2119 und 2619; zur Arbeitnehmerbeteiligung bei der Gründung einer SE durch Verschmelzung unter Beteiligung arbeitnehmerloser Aktiengesellschaften *Schubert* RdA 2012, 146 ff.
5 Vgl. *Brandes*, AG 2005, 177.
6 Vgl. *Waclawik*, DB 2006, 1927.

führende Direktoren bestellt; diese können, müssen aber nicht Mitglieder des Verwaltungsrats sein (Art. 43 SE-VO, § 40 Abs. 1 SEAG).

b) Beteiligung der Arbeitnehmer

137 Die Sicherung der erworbenen Rechte der Arbeitnehmer in der SE auf Beteiligung an Unternehmensentscheidungen erfolgt nach dem SEBG auf zwei Ebenen: Ein **SE-Betriebsrat** hat Anhörungs- und Unterrichtungsrechte, die denen des Europäischen Betriebsrats vergleichbar sind. Durch eine freiwillige Vereinbarung können dem SE-Betriebsrat auch Mitbestimmungsrechte zuerkannt werden (§ 2 Abs. 7 SEBG). Für die Mitbestimmung auf **Unternehmensebene** erhalten die Arbeitnehmer der SE Sitze im Aufsichtsorgan (dualistische Verfassung) oder im Verwaltungsorgan (monistische Verfassung) der SE. Auf beiden Ebenen ist die Beteiligung der Arbeitnehmer nicht von einer Mindestbelegschaft abhängig.

138 Für die Töchter der SE, soweit sie nicht selbst eine SE sind, gelten außerdem die nationalen Gesetze über die Mitbestimmung im Unternehmen, in Deutschland also das MitbestG, das Montan-MitbestG und das DrittelbG (§ 47 Abs. 1 SEGB).

139 Da **Tendenzunternehmen** der deutschen Mitbestimmung nicht unterliegen und folglich keine erworbenen Rechte von Arbeitnehmer sicherzustellen sind, werden sie auch in Gestalt einer SE von der Mitbestimmung im Unternehmen, also im Aufsichtsorgan oder im Verwaltungsrat ausgenommen (§ 39 Abs. 1 SEBG).

Die Beteiligung der Arbeitnehmer wird dadurch gewährleistet, dass nach Art. 12 Abs. 2 SE-VO eine SE grundsätzlich erst eingetragen werden kann, wenn eine Beteiligungsregelung besteht[1]. Wenn hierüber keine Vereinbarung zustande kommt, besteht die Beteiligungsregelung aus der gesetzlichen Auffangregelung oder im Sonderfall aus der Anwendung der Bestimmungen über den Europäischen Betriebsrat.

140 Angesichts der Vielfalt der europäischen Mitbestimmungssysteme wird für die Beteiligung der Arbeitnehmer **kein einheitliches System** vorgegeben. Vielmehr soll sie vorrangig auf **Vereinbarungen**[2] beruhen. Für den Fall, dass eine Vereinbarung nicht zustande kommt, aber zumindest eine der beteiligten Gesellschaften mitbestimmt war, sieht das SEBG gesetzliche **Auffangregelungen** für den Umfang der Beteiligungsrechte vor.

aa) Vereinbarungen über die Mitbestimmung und gesetzliche Auffangregelungen

(1) Zustandekommen von Vereinbarungen

141 §§ 4–20 SEBG bestimmen, wie es zu einer Vereinbarung über die Beteiligung der Arbeitnehmer kommen soll[3]: Die Leitungen der beteiligten Gesellschaften haben zunächst die Arbeitnehmervertreter (in Deutschland die Gremien nach dem BetrVG und dem SprAuG), ersatzweise die Arbeitnehmer über den Plan zur Gründung einer SE umfassend zu unterrichten (§ 4 SEBG). Anschließend wird ein **„besonderes Verhandlungsgremium"** von den Arbeitnehmern der beteiligten Gesellschaften gewählt oder von ihren Arbeitnehmervertretern bestellt (§§ 5 ff. SEBG). In Deutschland wer-

---

1 Zur Beteiligungsregelung bei der als Vorratsgesellschaft gegründeten arbeitnehmerlosen Tochter-SE vgl. AG Hamburg 28.6.2005 – 66 AR 76/05 und LG Hamburg 30.9.2005 – 417 T 15/05, ZIP 2005, 2017; LG München 29.3.2006 – HRB 159649, ZIP 2006, 1300; Lutter/Hommelhoff/*Bayer*, Art. 2 SE-VO Rz. 30; *Seibt*, ZIP 2005, 2248 mwN; *Henssler*, RdA 2005, 331 (334); *Blanke*, ZIP 2006, 789.
2 Zum möglichen Inhalt einer solchen Vereinbarung vgl. *Heinze/Seifert/Teichmann*, BB 2005, 2524; Lutter/Hommelhoff/*Oetker*, § 21 SEBG Rz. 19 ff.; *Oetker*, FS Konzen, 2006, S. 635 (645).
3 Ausführlich dazu *Oetker*, FS Konzen, 2006, S. 635 (637).

den die Mitglieder des besonderen Verhandlungsgremiums vorrangig durch ein Wahlgremium gewählt (§ 8 SEBG). Dieses besteht aus den Mitgliedern des Konzernbetriebsrats, wenn nicht vorhanden, denen des Gesamtbetriebsrats, wenn nicht vorhanden, denen des Betriebsrats. Besteht kein Betriebsrat, werden die Mitglieder des besonderen Verhandlungsgremiums unmittelbar von den Arbeitnehmern gewählt (§ 8 Abs. 7 SEBG)[1]. Die komplizierten Berechnungsregeln des § 5 SEBG[2] sollen gewährleisten, dass in dem Gremium die Arbeitnehmer der beteiligten Gesellschaften so repräsentiert werden, wie es den Arbeitnehmerzahlen in den einzelnen Mitgliedstaaten entspricht. § 6 Abs. 3 SEBG bestimmt, dass ein Drittel der inländischen Mitglieder des Gremiums Gewerkschaftsvertreter sein müssen. Jedes siebte inländische Mitglied muss ein leitender Angestellter sein (§ 6 Abs. 4 SEBG). Nach seiner Konstituierung wird das Gremium noch einmal von den Leitungen der beteiligten Gesellschaften umfassend informiert (§ 13 Abs. 2 SEBG). Die Leitungen und das Gremium verhandeln über die Vereinbarung zur Beteiligung der Arbeitnehmer (§ 13 Abs. 1 SEBG)[3]. Die Verhandlungen können grundsätzlich sechs Monate dauern, dürfen jedoch einvernehmlich bis zur Länge von insgesamt zwölf Monaten ausgedehnt werden (§ 20 SEBG).

Für die Vereinbarung ist ein Beschluss des Gremiums erforderlich. Das Gremium beschließt mit der absoluten Mehrheit der Mitglieder, die gleichzeitig auch die absolute Mehrheit der Arbeitnehmer vertreten müssen (§ 15 Abs. 2 SEBG). Eine besondere Mehrheit ist nach § 15 Abs. 3 SEBG erforderlich, wenn das Gremium eine Vereinbarung schließen will, die bei der **Mitbestimmung im Unternehmen** zu einer Minderung der bisherigen Mitbestimmungsrechte führt. Eine Minderung[4] liegt vor, wenn die Arbeitnehmer im Aufsichtsorgan (dualistisch) oder im Verwaltungsorgan (monistisch) der SE prozentual durch weniger Mitglieder repräsentiert werden sollen, als sie es bisher in einer der beteiligten Gesellschaften sind, oder das Recht der Arbeitnehmer eingeschränkt wird, Mitglieder des Aufsichts- oder Verwaltungsorgans zu wählen, zu bestellen, zu empfehlen oder abzulehnen (§ 15 Abs. 4 SEBG).

Beispiel:

Eine deutsche AG unterfällt dem MitbestG. Sie beschäftigt 5 000 Arbeitnehmer und hat einen Aufsichtsrat, der zur Hälfte aus Arbeitnehmervertretern besteht. Sie soll mit einer ausländischen AG verschmolzen werden. In der ausländischen AG sind 8 000 Arbeitnehmer beschäftigt. Es existiert ebenfalls ein Aufsichtsrat, jedoch ohne Arbeitnehmervertreter. Man will nunmehr vereinbaren, dass der Aufsichtsrat der durch Verschmelzung entstehenden SE zu einem Drittel aus Arbeitnehmervertretern bestehen soll.

Solche Minderungsbeschlüsse bedürfen **qualifizierter Mehrheiten**[5], dies allerdings nur, wenn die bisher mitbestimmungsrechtlich besser gestellten Arbeitnehmer einen bestimmten Prozentsatz aller Arbeitnehmer ausmachen. Dies sind bei der Verschmelzung mindestens 25 % und bei der Gründung einer Tochter-SE oder Holding-SE mindestens 50 % der Arbeitnehmer der beteiligten Gesellschaften und der betroffenen Tochtergesellschaften (§ 15 Abs. 3 Satz 2 SEBG). In diesen Fällen bedarf der Minderungsbeschluss des Gremiums einer Mehrheit von zwei Dritteln seiner Mitglieder. Diese müssen gleichzeitig mindestens zwei Drittel aller Arbeitnehmer vertreten und zudem Arbeitnehmer aus mindestens zwei Mitgliedstaaten (§ 15 Abs. 3

---

[1] Zur Wahl der Mitglieder des besonderen Verhandlungsgremiums in betriebsratslosen Gesellschaften *Hinrichs/Plitt*, NZA 2010, 204.
[2] Vgl. dazu Lutter/Hommelhoff/*Oetker*, § 5 SEBG Rz. 6 ff.; *Herfs-Röttgen*, NZA 2002, 358 (360); *Grobys*, NZA 2005, 84 (86).
[3] Vgl. dazu *Krause*, BB 2005, 1221 (1225).
[4] Vgl. dazu *Reichert/Brandes*, ZGR 2003, 767 (777, 784); Lutter/Hommelhoff/*Oetker*, § 15 SEBG Rz. 18 ff.; MünchKommAktG/*Jacobs*, § 15 SEBG Rz. 11–17.
[5] Vgl. *Kallmeyer*, AG 2003, 197 (201).

Satz 1 SEBG). Eine solche Mehrheit ist im Beispielsfall erforderlich, weil bei der geplanten Verschmelzung das Mitbestimmungsniveau für 5000 von insgesamt 13000 Arbeitnehmern, also für mehr als 25 % abgesenkt werden soll. Die qualifizierte Mehrheit von 2/3 der Mitglieder, die 2/3 der Arbeitnehmer vertreten, ist auch erforderlich, wenn das Gremium nach § 16 Abs. 1 SEBG, beschließen will, keine Verhandlungen aufzunehmen oder die Verhandlungen vor Ablauf der Verhandlungsfrist abzubrechen.

145, 146 Einstweilen frei.

(2) Vereinbarungen über die Mitbestimmung auf Unternehmensebene

147 Auch wenn eine Vereinbarung über die Beteiligung der Arbeitnehmer zustande kommt, muss sie nicht zwingend die **Mitbestimmung im Unternehmen** zum Inhalt haben (§ 21 Abs. 3 SEBG). Wenn aber das besondere Verhandlungsgremium und die Leitungen der beteiligten Gesellschaften die unternehmerische Mitbestimmung durch Vereinbarung regeln, soll in ihr insbesondere die Zahl der Arbeitnehmervertreter im Verwaltungsrat oder Aufsichtsorgan (Aufsichtsrat) geregelt werden, ferner, ob und wie die Arbeitnehmer diese Mitglieder entweder wählen oder bestellen oder empfehlen können oder ob sie stattdessen ein Vetorecht gegen die Bestellung einer Anzahl von Aufsichtsrats- oder Verwaltungsratsmitgliedern haben sollen. Schließlich sollen die Rechte dieser Arbeitnehmervertreter im Verwaltungsrat oder Aufsichtsorgan geregelt werden (vgl. § 21 Abs. 3 SEBG)[1]. Bei der **Umwandlung** einer AG in eine SE darf das bisherige Mitbestimmungsniveau der AG, zB das nach dem MitbestG bestehende, durch die Vereinbarung nicht verschlechtert werden (§ 21 Abs. 6 SEBG)[2]. Die Vereinbarung hat Vorrang vor der Satzung der SE (s. Art. 12 Abs. 4 SE-VO). Ob die durch § 21 SEBG für die Unternehmensmitbestimmung geschaffene Privatautonomie weiter geht als die Satzungsautonomie wird ausführlich diskutiert. Insbesondere geht es darum, ob durch die Beteiligungsvereinbarung die Größe des Aufsichtsrats in Abweichung von § 17 Abs. 1 SEAG auch so festgesetzt werden kann, dass die Zahl der Aufsichtsratsmitglieder nicht mehr durch 3 teilbar ist[3].

(3) Auffangregelung für die Mitbestimmung auf Unternehmensebene

148 Für den Fall, dass eine Vereinbarung über die unternehmerische Mitbestimmung bis zum Ende der Verhandlungsfrist nicht zustande kommt, sehen die §§ 34–38 SEBG wiederum eine **Auffangregelung** vor. Hierfür bestehen **besondere Voraussetzungen** nach § 34 Abs. 1 SEBG, bei deren Fehlen es nicht zu einer Mitbestimmung im Unternehmen kommt: Bei einer **Umwandlung** muss die umzuwandelnde AG selbst unternehmensmitbestimmt gewesen sein. Bei einer **Verschmelzung** müssen sich grundsätzlich 25 % aller Arbeitnehmer der beteiligten Gesellschaften und ihrer Töchter in einem unternehmensmitbestimmten Unternehmen befunden haben; bei der Gründung einer **Holding-SE** oder **Tochter-SE** liegt diese Quote bei 50 %. Allerdings kann das besondere Verhandlungsgremium, selbst wenn die Quoten von 25 % oder 50 % nicht erreicht werden, einseitig beschließen, dass die Auffangregelung einzuführen ist. Voraussetzung für diesen Beschluss ist nur, dass überhaupt eine der beteiligten

---

[1] Zu den Grenzen, die für solche Vereinbarungen durch die SE-VO, das AktG und das SEAG gesetzt sind, vgl. *Habersack*, AG 2006, 345; *Oetker*, ZIP 2006, 1113.
[2] Ausführlich zur Mitbestimmungssicherung bei der Umwandlung *Teichmann*, ZIP 2014 1049; *Nagel*, AuR 2007, 329; *Oetker*, FS Birk, 2008, S. 556; Lutter/Hommelhoff/*Oetker*, § 35 SEBG Rz. 5 ff.
[3] Bejahend LG Nürnberg-Fürth 8.2.2010 – 1 HKO 8471/09, ZIP 2010, 372 – ohne dies allerdings näher zu begründen; ebenso *Seibt*, ZIP 2010, 1057; *Kiefner/Friebel*, NZG 2010, 537; aA *Jacobs*, FS Karsten Schmidt, S. 793; *Forst*, AG 2010, 350. Zur Möglichkeit der Verkleinerung des Aufsichtsrats *Henssler*, KSzW 2011, 359 ff.

Gesellschaften unternehmensmitbestimmt ist; eine besondere Arbeitnehmerquote ist nicht erforderlich (§ 34 Abs. 1 Nr. 2b und Nr. 3b SEBG).

Zum Umfang der Mitbestimmungsrechte bestimmt die Auffangregelung des SEBG: Bei der **Umwandlung** bleibt die vorher geltende Mitbestimmung im Unternehmen erhalten (§ 35 Abs. 1 SEBG), also zB das Mitbestimmungsniveau nach dem MitbestG, wenn es vorher für die umgewandelte AG galt[1]. Allerdings muss hier die vorherige Mitbestimmungsregelung nicht exakt von der AG auf die SE übertragen werden; es reicht aus, wenn die Proportionen, die vom MitbestG oder DrittelbG für die AG vorgesehen waren, auch bei der SE eingehalten werden[2]. Bei der **Verschmelzungs-SE**, der **Holding-SE** und der **Tochter-SE** erhalten die Arbeitnehmer entscheidenden Einfluss (durch Wahl, Bestellung, Empfehlung oder Ablehnung) auf die Besetzung so vieler Sitze im Aufsichtsorgan (dualistisch) oder Verwaltungsrat (monistisch), wie dies dem höchsten Anteil in einer der beteiligten Gesellschaften entspricht (§ 35 Abs. 2 SEBG), also auch dann, wenn die weitestreichende Mitbestimmung nur für eine Minderheit der Arbeitnehmer galt. Falls also an einer Verschmelzung eine dem MitbestG unterfallende und damit paritätisch mitbestimmte AG beteiligt ist, wird über die Hälfte der Sitze im Aufsichtsorgan oder Verwaltungsrat der SE von den Arbeitnehmern bestimmt, selbst wenn in den anderen beteiligten Gesellschaften keine unternehmerische Mitbestimmung bestand. Die proportionale Verteilung dieser Arbeitnehmersitze auf die Arbeitnehmer aus den verschiedenen Mitgliedstaaten ist vom SE-Betriebsrat nach den Vorgaben des § 36 Abs. 1 SEBG zu regeln. Die einzelnen Arbeitnehmervertreter für Sitze, die anderen Mitgliedstaaten zugewiesen sind, werden dann nach den dort geltenden Gesetzen, ersatzweise vom SE-Betriebsrat gewählt (§ 36 Abs. 2 SEBG). Die einzelnen Arbeitnehmervertreter für Sitze, die dem Inland zugewiesen sind, werden von einem Wahlgremium ermittelt. Es besteht aus dem Konzern- oder Gesamtbetriebsrat oder den einzelnen Betriebsräten der SE und ihrer inländischen Töchter. Wählbar sind inländische Arbeitnehmer und Gewerkschaftsvertreter. Jeder Dritte der zu wählenden inländischen Arbeitnehmervertreter muss ein Gewerkschaftsvertreter sein, jeder siebte ein leitender Angestellter (§ 36 Abs. 3 SEBG). Die so ermittelten Arbeitnehmervertreter werden der Hauptversammlung der SE zur Bestellung vorgeschlagen. Sie ist an diesen Vorschlag gebunden (§ 36 Abs. 4 SEBG).

(4) Nichtaufnahme oder Abbruch von Verhandlungen, Neuverhandlungen

Die Leitungen der bei der Gründung der SE beteiligten Gesellschaften sind umfassend verhandlungspflichtig. Das besondere Verhandlungsgremium der Arbeitnehmer kann dagegen bei der Gründung einer Verschmelzungs-SE, Holding-SE oder Tochter-SE die **Verhandlungen verweigern oder vor Fristablauf abbrechen** (§ 16 SEBG). Hierzu bedarf es eines besonderen Mehrheitsbeschlusses im Gremium (Rz. 144). In diesem Fall greift die Auffangregelung nicht subsidiär ein (§§ 16 Abs. 2 Satz 2, 22 Abs. 1 Nr. 2 SEBG). Nach §§ 16 Abs. 1 Satz 3, 47 Abs. 1 Nr. 2 SEBG gelten dann in der neuen SE lediglich die Bestimmungen über den Europäischen Betriebsrat, dh. in Deutschland das EBRG. Eine unternehmerische Mitbestimmung in der SE besteht dann nicht. Insoweit ist also eine einvernehmliche **Flucht aus der Unternehmensmitbestimmung** mit einer besonders qualifizierten Mehrheit des Gremiums theoretisch möglich. Frühestens zwei Jahre nach dem Verweigerungs- oder Abbruchbeschluss kann das besondere Verhandlungsgremium der Arbeitnehmer die SE einseitig zu erneuten Verhandlungen veranlassen, wenn dies von mindestens 10 % der Arbeitnehmer der SE oder

---

1 Zur Frage, ob es auf das tatsächlich vorhandene Mitbestimmungsniveau oder auf die objektive Rechtslage ankommt *Grambow*, BB 2012, 902; zum Zementierungseffekt auch *Ege/Grzimek/Schwarzfischer* DB 2011, 1205. Zur Aufrechterhaltung des Niveaus der Montanmitbestimmung vgl. § 38 Abs. 3 SEBG und dazu *Henssler*, RdA 2005, 331 (336); *Rieble*, NJW 2006, 2214 (2216).
2 So *Oetker*, FS Birk 2008, S. 557; aA *Nagel*, AuR 2007, 329 und *Meißner* AuR 2012, 61.

ihrer Töchter verlangt wird (§ 18 Abs. 1 SEBG). Wenn diese Verhandlungen ergebnislos bleiben, führt dies nicht zum Eingreifen der Auffangregelung (§ 18 Abs. 2 SEBG). Bei der **Umwandlung** kann das Gremium die Verhandlungen nicht abbrechen oder verweigern, wenn die umzuwandelnde Gesellschaft unternehmensmitbestimmt ist (§ 16 Abs. 3 SEBG). Hier wird also für die SE das bisherige Mitbestimmungsniveau garantiert, sei es durch eine Vereinbarung, die nicht verschlechtern darf (§ 21 Abs. 6 SEBG), sei es nach Ablauf der Verhandlungsfrist durch die Auffangregelung (§ 35 Abs. 1 SEBG). Wenn allerdings in der SE „strukturelle Änderungen" geplant werden, die geeignet sind, die Beteiligungsrechte der Arbeitnehmer zu mindern, müssen nach § 18 Abs. 3 SEBG Neuverhandlungen über die Beteiligungsrechte stattfinden[1].

bb) Aufgaben und Ordnung des Aufsichtsrats

151 Nach Art. 38 SE-VO kann die SE neben der Hauptversammlung der Aktionäre entweder eine **dualistische Verfassung** mit Aufsichtsorgan und Leitungsorgan, also die in Deutschland übliche Aufsichtsratsverfassung haben oder ein **monistisches System** mit einem einheitlichen, die SE leitenden Verwaltungsorgan (Verwaltungsrat), bei dem jedoch die laufenden Geschäfte von geschäftsführenden Direktoren geführt werden (Art. 43 Abs. 1 Satz 2 SE-VO, § 40 Abs. 1, Abs. 2 Satz 1 SEAG)[2]. Nachfolgend wird nur die Aufsichtsratsverfassung einer SE mit Sitz in Deutschland dargestellt; sie entspricht weitgehend der Verfassung des mitbestimmten Aufsichtsrats einer AG. Dabei gelten die folgenden Ausführungen vorbehaltlich der Klärung der Frage, inwieweit die der Satzungsautonomie entzogenen Regelungen durch Vereinbarung über die Mitbestimmung abgeändert werden können (s. Rz. 147 aE).

152 Nach Art. 9 SE-VO gelten für die SE und damit auch für ihre Aufsichtsratsverfassung die Bestimmungen der SE-VO und nachrangig die des nationalen Aktienrechts. Die **Zahl der Mitglieder des Aufsichtsorgans** wird durch die Satzung der SE festgelegt. Sie beträgt mindestens drei und ist je nach Höhe des Grundkapitals auf neun, fünfzehn oder einundzwanzig begrenzt (§ 17 Abs. 1 SEAG). Mitglied des Aufsichtsorgans darf nur sein, wer auch in einer AG zum Mitglied des Aufsichtsrats bestellt werden könnte (Art. 47 Abs. 2 SE-VO; vgl. Rz. 39). Wie viele **Sitze den Vertretern der Arbeitnehmer** zustehen und wie diese bestellt werden, folgt aus der Mitbestimmungsvereinbarung (Art. 40 Abs. 2 Satz 3 SE-VO) oder der Auffangregelung des § 25 SEBG. Die **Amtsperiode** eines Mitglieds des Aufsichtsorgans beträgt höchstens sechs Jahre, aber die Wiederbestellung ist möglich (Art. 46 SE-VO).

153 Das **Leitungsorgan** leitet das Unternehmen in eigener Verantwortung (Art. 39 Abs. 1 SE-VO). Es wird vom Aufsichtsorgan bestellt (Art. 39 Abs. 2 SE-VO). Wenn keine anders lautende Mitbestimmungsvereinbarung getroffen wird und deshalb die gesetzliche Auffangregelung gilt, muss dem Leitungsorgan ein **Arbeitsdirektor** angehören (§ 38 Abs. 2 Satz 2 SEBG). Das Aufsichtsorgan überwacht das Leitungsorgan (Art. 40 Abs. 1 SE-VO). Wie bei der AG ist das Leitungsorgan zu regelmäßigen **Berichten** an das Aufsichtsorgan verpflichtet (Art. 41 Abs. 1 SE-VO), zu weiteren Berichten über Sachverhalte von besonderer Bedeutung (Art. 41 Abs. 2 SE-VO) und zu Berichten auf Anforderung des Aufsichtsorgans (Art. 41 Abs. 3 SE-VO). Das Aufsichtsorgan kann jederzeit die erforderlichen **Prüfungen** selbst vornehmen oder veranlassen (Art. 41 Abs. 4 SE-VO). Alle Informationen an das Aufsichtsorgan stehen jedem einzelnen Mitglied zu (Art. 41 Abs. 5 SE-VO). Die Satzung muss einen Katalog von Geschäften enthalten, die der **Zustimmung des Aufsichtsorgans** bedürfen (Art. 48 Abs. 1 SE-VO). Außerdem kann das Aufsichtsorgan selbst einen solchen Katalog aufstellen (§ 19 SEAG). Für die **Prüfung und Feststellung des Jahresabschlusses** verweist Art. 61

---
1 Vgl. dazu *Feldhaus/Vanscheidt*, BB 2008, 2246.
2 Vgl. dazu *Roth*, ZfA 2004, 431; *Kämmerer/Veil*, ZIP 2005, 369; *Bachmann*, ZGR 2008, 779.

SE-VO auf das Aktienrecht. Wie bei der AG (Rz. 85) beauftragt also das Aufsichtsorgan den Abschlussprüfer, prüft den Jahresabschluss und stellt ihn fest, falls es nicht gemeinschaftlich mit dem Leitungsorgan die Feststellung der Hauptversammlung überlässt.

Der **Vorsitzende des Aufsichtsorgans** wird vom Aufsichtsorgan gewählt. Falls das Aufsichtsorgan zur Hälfte mit Arbeitnehmervertretern besetzt ist, muss der Vorsitzende ein Vertreter der Anteilseigner sein (Art. 42 SE-VO). Fragen der **Beschlussfähigkeit** und der für die Beschlüsse erforderlichen Mehrheiten können in der Satzung geregelt werden (Art. 50 Abs. 1 SE-VO). Bestimmt die Satzung hierzu nichts, dann gilt: Das Aufsichtsorgan ist nur beschlussfähig, wenn mindestens die Hälfte der Mitglieder anwesend oder vertreten ist. Beschlüsse bedürfen der einfachen Mehrheit. Bei **Stimmengleichheit** gibt die Stimme des Vorsitzenden den Ausschlag (Art. 50 Abs. 2 SE-VO); hiervon darf in der Satzung dann nicht abgewichen werden, wenn das Aufsichtsorgan halbparitätisch besetzt ist.

154

Die **Vertraulichkeit** von Informationen ist in Art. 49 SE-VO und § 41 SEBG geregelt. Die **Haftung** des Aufsichtsrats entspricht der Haftung in der AG (Art. 51 SE-VO, vgl. Rz. 124–126). Gleichberechtigung und **Schutz der Arbeitnehmervertreter** vor Benachteiligung und Kündigung werden gem. §§ 38 Abs. 1, 42, 44 SEBG so geregelt wie für Aufsichtsratsmitglieder der AG.

155

2. Europäische Genossenschaft – SCE

a) Gründung und Struktur

Auch die SCE kann nur gegründet werden, wenn ein **transnationaler Sachverhalt** vorliegt (vgl. Art. 2 Abs. 1 SCE-VO). Sie kann gegründet werden:
- durch Neugründung:
  - entweder von mindestens fünf natürlichen Personen mit Wohnsitzen in mindestens zwei verschiedenen Mitgliedstaaten
  - oder als Tochter-SCE von mindestens zwei Gesellschaften oder juristischen Personen aus mindestens zwei verschiedenen Mitgliedstaaten
  - oder gemischt von insgesamt mindestens fünf Personen, nämlich natürlichen Personen, Gesellschaften oder juristischen Personen aus jeweils mindestens zwei Mitgliedstaaten,
- durch Verschmelzung von Genossenschaften aus verschiedenen Mitgliedstaaten,
- durch Umwandlung einer Genossenschaft, die seit mindestens zwei Jahren eine Tochter oder Niederlassung in einem anderen Mitgliedstaat hat.

156

Für die Leitung und deren Überwachung hat die SCE wiederum die Wahl zwischen dem **dualistischen System** mit Leitungsorgan (Vorstand) und Aufsichtsorgan (Aufsichtsrat) nach Art. 37 ff. SCE-VO, §§ 12 ff. SCEAG und dem **monistischen System** nach Art. 42 ff. SCE-VO, §§ 17 ff. SCEAG mit einem Verwaltungsorgan (Verwaltungsrat), das für die laufenden Geschäfte geschäftsführende Direktoren bestellt, die auch Mitglied des Verwaltungsrats sein können (§ 22 Abs. 1 SCEAG).

157

b) Beteiligung der Arbeitnehmer

Die Beteiligung der Arbeitnehmer ist im **SCEBG** geregelt. Sie entspricht weitestgehend der Beteiligung der Arbeitnehmer in der SE. Das MitbestG, das Montan-MitbestG und das DrittelbG gelten nicht (§ 49 Abs. 1 Nr. 1 SCEBG). Eine **Tendenz-SCE** ist nicht unternehmensmitbestimmt (§ 39 SCEBG). Die Beteiligung der Arbeitnehmer in der SCE soll auf Vereinbarungen (§ 21 Abs. 3 SCEBG) beruhen. Ersatzweise greifen gesetzliche **Auffangregelungen** (§ 34–36 SCEBG; vgl. Rz. 147–149) ein. Die

158

Vereinbarungen sind mit dem besonderen Verhandlungsgremium zu schließen. Dessen Wahl und Zusammensetzung ist in den §§ 5–10 SCEBG ebenso geregelt wie bei der SE (vgl. Rz. 141). Das Gremium verhandelt mit den Unternehmensleitungen (§§ 11–20 SCEBG). Die Vorschriften über die Verhandlungsdauer und die für Beschlüsse notwendigen Mehrheiten (§§ 20, 15 SCEBG) entsprechen denen des SEBG (vgl. Rz. 141–144).

159 Bei der durch Umwandlung entstehenden SCE darf die Vereinbarung das vorher bestehende Mitbestimmungsniveau nicht mindern (§ 21 Abs. 5 SCEBG, vgl. Rz. 147). Beim Scheitern der Verhandlungen greift die Auffangregelung nur ein, wenn ein bestimmter Prozentsatz der Arbeitnehmer sich in einem mitbestimmten Unternehmen befand oder das Verhandlungsgremium so beschließt (§ 34 SCEBG, vgl. Rz. 148). Die Auffangregelung selbst entspricht der bei der SE geltenden (§§ 35, 36 SCEBG, vgl. Rz. 149).

160 Die Voraussetzungen und Folgen für die **Nichtaufnahme und den Abbruch von Verhandlungen** entsprechen ebenfalls denen bei der SE (§ 16 SCEBG, vgl. Rz. 150).

161 Auch bei der SCE kann die Satzung zwischen dem **dualistischen und dem monistischen System** der Leitung und Überwachung wählen (Art. 36, 42 Abs. 1 SCE-VO). Die Satzung kann bestimmen, dass der Vorstand (Leitungsorgan) – anders als nach dem MitbestG (§ 31 MitbestG) – von der Generalversammlung bestellt und abberufen wird. Die Zahl der Mitglieder des Aufsichtsorgans – mindestens drei – wird durch die Satzung festgelegt (§ 15 Abs. 1 SCEAG). Im Übrigen wird zu den Aufgaben und zur Ordnung des Aufsichtsorgans (Aufsichtsrats) auf Art. 37–41, 45–51 SCE-VO, §§ 12–15 SCEBG verwiesen.

162 Die Regeln der §§ 1–39 SCEBG zur Beteiligung der Arbeitnehmer gelten nicht und an ihrer Stelle ist das deutsche Genossenschaftsrecht auf die SCE mit Sitz im Inland anwendbar, wenn an ihrer Gründung neben natürlichen Personen höchstens eine juristische Person beteiligt ist und in den betroffenen Betrieben der SCE und ihrer Töchter insgesamt weniger als 50 Arbeitnehmer beschäftigt werden. Das Gleiche gilt, wenn Arbeitnehmer nur in einem Mitgliedstaat beschäftigt werden, auch wenn dies 50 oder mehr sind. In diesen Fällen sind die §§ 1–39 SCEBG dennoch anzuwenden, wenn entweder ein Drittel der Arbeitnehmer – aus mehreren Mitgliedstaaten – dies verlangt oder sobald in den Betrieben der SCE und ihrer Töchter der Schwellenwert von 50 Arbeitnehmern, die in mehreren Mitgliedstaaten beschäftigt sind, erreicht wird (§ 41 Abs. 2, 3 SCEBG).

3. Grenzüberschreitende Verschmelzungen

a) Möglichkeiten grenzüberschreitender Verschmelzungen

163 An einer grenzüberschreitenden Verschmelzung können als übertragende, übernehmende oder neue Gesellschaften nur Kapitalgesellschaften beteiligt sein, die nach dem Recht eines Mitgliedstaates der EU oder eines anderen EWR-Vertragsstaats gegründet worden sind und ihren satzungsmäßigen Sitz, ihre Hauptverwaltung oder ihre Hauptniederlassung dort haben. Dabei muss mindestens eine der beteiligten Gesellschaften dem Recht eines anderen Mitgliedstaates der EU oder eines anderen EWR-Vertragsstaats unterliegen. Im Fall einer Verschmelzung auf eine deutsche Kapitalgesellschaft gelten die §§ 122a ff. UmwG.

b) Beteiligung der Arbeitnehmer

164 Bei grenzüberschreitenden Verschmelzungen gelten grundsätzlich die Mitbestimmungsregelungen am Sitz der aus der Verschmelzung hervorgehenden Gesellschaft.

VIII. Mitbestimmung im europäischen Rahmen

Allerdings gilt auch bei Verschmelzungen eine Verhandlungs- und Auffanglösung, wenn mindestens eine der beteiligten Gesellschaften mit einer durchschnittlichen Arbeitnehmerzahl von mehr als 500 mitbestimmt ist (Tatbestand Nr. 1), nach dem Recht, das auf die aus der Verschmelzung hervorgehende Gesellschaft Anwendung findet, den Mitarbeitern im geringeren Umfang Mitbestimmungsrechte gewährt werden, als sie in einer beteiligten Gesellschaft vor der Verschmelzung bestanden (Tatbestand Nr. 2) oder das auf die aus der Verschmelzung hervorgehende Gesellschaft anwendbare Recht Mitarbeitern aus innerstaatlichen Betrieben Mitbestimmungsrechte in größerem Umfang einräumt als Mitarbeitern in ausländischen Betrieben (Tatbestand Nr. 3)[1].

Es ist umstritten, ob – so die vorherrschende Lehre – § 5 MgVG immer bereits dann eingreift, wenn einer der vorstehend beschriebenen Tatbestände erfüllt ist, oder aber es erforderlich ist, dass zusätzlich zum Tatbestand Nr. 1 auch die Voraussetzungen entweder von Nr. 2 oder Nr. 3 gegeben sind[2]. Offen ist auch, ob § 5 Nr. 3 MgVG bereits dann Anwendung findet, wenn nach der abstrakten Rechtslage die inländischen Mitbestimmungsgesetze Arbeitnehmer ausländischer Betriebe schlechter behandeln – wie bspw. nach dem deutschen Mitbestimmungsrecht, nach dem Arbeitnehmer ausländischer Betriebe und ausländischer Konzerngesellschaften nicht wahlberechtigt sind (s. Rz. 25) – oder aber § 5 Nr. 3 MgVG voraussetzt, dass die inländischen mitbestimmungsrechtlichen Vorschriften den von der aufnehmenden oder neuen Gesellschaft im Inland beschäftigten Arbeitnehmern tatsächlich Mitbestimmungsrechte in der Gesellschaft gewähren, die deren im Ausland beschäftigten Arbeitnehmern nicht mindestens im gleichen Umfang zustehen[3].

165

Die Verhandlungs- und Auffanglösung bei grenzüberschreitenden Verschmelzungen ist fast identisch mit den Regelungen, die bei Gründung einer SE oder SCE gelten. Lediglich das für das Eingreifen der gesetzlichen Auffanglösung erforderliche Quorum ist gegenüber den Regelungen für die SE und die SCE von 1/4 auf 1/3 der Gesamtzahl der Arbeitnehmer aller beteiligten Gesellschaften und betroffenen Tochtergesellschaften (s. Art. 16 Abs. 3 lit. e Richtlinie 2005/56 EG bzw. § 23 Abs. 1 Satz 2 Nr. 1 MgVG) erhöht.

166

---

1 Zu den Voraussetzungen im Einzelnen wird auf den Wortlaut von Art. 16 der Richtlinie 2005/56/EG bzw. § 5 MgVG verwiesen.
2 Zum Meinungsstreit s. *Müller-Bonanni/Müntefering*, NJW 2009, 2347 (2349); *Drinhausen/Keinath*, AG 2010, 398 (403 f.). Die hL dürfte sich durch das Urteil des EuGH 20.6.2013 – Rs. C-635/11 (AG 2013, 592) gestärkt sehen (so auch *Forst*, AG 2013, 588).
3 Zum Streitstand s. *Müller-Bonanni/Müntefering*, NJW 2009, 2347 (2349); *Drinhausen/Keinath*, AG 2010, 398 (399 ff.).

C. Koalitions- und Tarifrecht

	Rz.
I. Koalitionsrecht	
1. Begriff	1
2. Koalitionsfreiheit	10
a) Individuelle Koalitionsfreiheit	11
b) Kollektive Koalitionsfreiheit	16
3. Aufbau und Organisation der Koalitionen	
a) Gewerkschaften	23
b) Arbeitgeberverbände	30
c) Aufgaben der Koalitionen	32
4. Arbeitskampfrecht	33
a) Schlichtung	34
b) Arbeitskampfmaßnahmen	39
c) Rechtmäßigkeit des Streiks	44
d) Rechtmäßigkeit der Aussperrung	53
e) Rechtsfolgen rechtmäßiger Arbeitskämpfe	57
f) Rechtsfolgen rechtswidriger Arbeitskämpfe	68
II. Tarifrecht	
1. Bedeutung und Rechtsnatur des Tarifvertrages	
a) Bedeutung	72
b) Rechtsnatur	75
c) Auslegung	
aa) Auslegung normativer Bestimmungen	76
bb) Auslegung schuldrechtlicher Bestimmungen	82
cc) AGB-Kontrolle von Tarifverträgen	84a
2. Abschluss, Beginn und Ende eines Tarifvertrages	
a) Abschluss	85
aa) Tariffähigkeit	87
bb) Tarifzuständigkeit	94
cc) Schriftform	96
dd) Willensmängel beim Vertragsschluss	97a
ee) Bekanntmachung	98
b) Abschluss des Tarifvertrages	
aa) Beginn des Tarifvertrages	103
bb) Rückwirkung	104
c) Beendigung des Tarifvertrages	108
aa) Kündigung	109
bb) Zeitablauf	111
cc) Aufhebung	112
dd) Auflösende Bedingung und Befristung	113
ee) Gegenstandslosigkeit	114
ff) Wegfall der Tariffähigkeit oder Tarifzuständigkeit	115
gg) Folgen der Beendigung	116
3. Inhalt	
a) Allgemein	118
b) Inhaltsnormen	123
aa) Regelungen von Arbeitsentgelt und Ausbildungsvergütung	127
bb) Arbeitszeitregelungen	129
cc) Allgemeine Arbeitsbedingungen	130
c) Abschlussnormen	131
d) Beendigungsnormen	135
e) Normen über betriebliche Fragen	141
f) Normen über betriebsverfassungsrechtliche Fragen	143
g) Normen über gemeinsame Einrichtungen	146
h) Prozessuale Normen	148
i) Tarifliche Normenkontrolle	149
4. Objektive und subjektive Bestimmungen	
a) Objektive Bestimmungen	
aa) Allgemein	150
bb) Friedenspflicht	153
cc) Einwirkungs- und Durchführungspflicht	156
b) Subjektive Bestimmungen	
aa) Allgemein	160
bb) Wirkungen der subjektiven Bestimmungen	162
(1) Unabdingbarkeit	163
(2) Öffnungsklauseln	168
(3) Günstigkeitsprinzip	171
(4) Übertarifliche Löhne und Zulagen	173
(5) Besitzstands-, Effektiv- und Verrechnungsklauseln	180
cc) Verzicht, Verwirkung und Verjährung	186
dd) Geltungsbereich der subjektiven Bestimmungen	192
(1) Räumlicher Geltungsbereich	193
(2) Zeitlicher Geltungsbereich	195
(3) Persönlicher Geltungsbereich	199
(4) Betrieblicher Geltungsbereich	201
(5) Fachlicher Geltungsbereich	204
5. Tarifbindung	
a) Allgemein	206
b) Kreis der Tarifgebundenen	207
c) Betriebsübergang und Umwandlung	216
6. Ausschlussfristen	
a) Allgemein	218
b) Umfang tariflicher Ausschlussfristen	220

	Rz.		Rz.
c) Zulässigkeit von Ausschlussfristen	226	a) Begriff	250
d) Beginn und Kenntnis von Ausschlussfristen	229	b) Arten von Bezugnahmeklauseln	254
		aa) Statische Bezugnahmeklausel	255
e) Geltendmachung des Anspruchs	230	bb) Große (zeit-)dynamische Bezugnahmeklausel	257
f) Ablauf der Ausschlussfrist	234		
7. Allgemeinverbindlicherklärung (AVE)		cc) Kleine (zeit-)dynamische Bezugnahmeklausel	259
a) Bedeutung	236	c) Weitere Möglichkeiten der Anwendbarkeit tariflicher Normen	266
b) Umfang und Reichweite der Allgemeinverbindlichkeit	239	d) Gestaltung der Bezugnahme	268
c) Voraussetzungen der Allgemeinverbindlicherklärung	241	e) Grenzen von Bezugnahmeklauseln	270
d) Verfahren	245	f) Rechtswirkung der Bezugnahmeklausel	273
e) Mängel der Allgemeinverbindlichkeit	248	9. Tarifkonkurrenz	276
f) Rechtsnatur und Rechtsschutz	249	10. Prüfungsschema für Ansprüche aus Tarifvertrag	285
8. Bezugnahmeregelungen im Arbeitsvertrag auf Tarifverträge			

Schrifttum:

Koalitionsrecht: *Bayreuther*, Der Streik um einen Tarifsozialplan, NZA 2007, 1017; *Bayreuther*, Tarif- und Arbeitskampfrecht in der Neuorientierung, NZA 2008, 1; *Binkert*, Gewerkschaftliche Boykottmaßnahmen und Arbeitskampfordnung, ArbuR 1979, 234; *Binkert*, Rechtsprobleme beim „Streik auf der grünen Wiese", NZA 1998, 337; *Birk*, Boykott und einstweilige Verfügung im grenzüberschreitenden Arbeitskampf, ArbuR 1974, 289; *Brill*, Lohnfortzahlung und Arbeitskampf, DB 1972, 532; *Brox/Rüthers/Schlüter/Jülicher*, Arbeitskampfrecht, 2. Aufl. 1982; *Coester*, Drittbezogener Arbeitskampf in den USA, Frankreich und der Bundesrepublik, RdA 1976, 282; *Däubler*, Arbeitskampfrecht, 3. Aufl. 2011; *Däubler*, Das Grundrecht auf Streik – eine Skizze, ZfA 1973, 201; *Dütz*, Vorläufiger Rechtsschutz im Arbeitskampf, BB 1980, 533; *Ehrich*, Die Bedeutung der Wesentlichkeitstheorie im Arbeitskampfrecht, DB 1993, 1237; *Erdmann*, Die Deutschen Arbeitgeberverbände im sozialgeschichtlichen Wandel der Zeit, 1966; *Giesen*, Tarifeinheit im Betrieb, NZA 2009, 11; *Greiner*, Der Regelungsvorschlag von DGB und DBA zur Tarifeinheit, NZA 2010, 743; *Hromadka*, Das Recht der leitenden Angestellten, 1979; *Jacobs*, Das neue Arbeitskampfrecht des Bundesarbeitsgerichts, ZfA 2011, 71; *Kirchner*, Die neue Schlichtungs- und Schiedsvereinbarung in der Metallindustrie, RdA 1980, 129; *Kreßel*, Die Neutralität des Staates im Arbeitskampf, NZA 1995, 1121; *Krichel*, Zur Rechtslage bei politischen Streiks, NZA 1987, 297; *Krieger/Günther*, Streikrecht 2.0 – Erlaubt ist, was gefällt?, NZA 2010, 20; *Kocher/Krüger/Sudhof*, Streikrecht in der Kirche im Spannungsfeld zwischen Koalitionsfreiheit und kirchlichem Selbstbestimmungsrecht, NZA 2014, 880; *Kühling*, Arbeitsrecht in der Rechtsprechung des Bundesverfassungsgerichts, ArbuR 1994, 126; *Löwisch*, Rechtsfragen des Sympathieboykotts, RdA 1977, 356; *Löwisch*, Die Voraussetzungen der Tariffähigkeit, ZfA 1970, 295; *Löwisch*, Besitzschutz gegen Flashmob, NZA 2010, 209; *Löwisch/Rieble*, Zum Ausmaß des Rechtswidrigkeitsurteils über Arbeitskämpfe, DB 1993, 882; *Löwisch* (Hrsg.), Arbeitskampf- und Schlichtungsrecht, 1997; *Melms/Reinhardt*, Das Ende der relativen Friedenspflicht – Arbeitskampf immer und überall?, NZA 2010, 1033; *Meyer*, Reflexionen zum Unterstützungsstreik, NZA 2011, 1392; *Natzel*, Kein Streikrecht für Lehrlinge, DB 1983, 1488; *Reichel*, Das Schutzbedürfnis der negativen Koalitionsfreiheit, DB 1972, 2062, 2110; *Reuß*, Der „politische" Arbeitskampf, ArbuR 1966, 264; *Richardi*, Gewerkschaftszugehörigkeit als Maßstab für die Verteilungsgerechtigkeit im Betrieb, NZA 2010, 417; *Rüthers*, Arbeitskampf in einer veränderten Wirtschafts- und Arbeitswelt, NZA 2010, 6; *Söllner*, Tarifmacht – Grenzen und Grenzverschiebungen, NZA 2000, Sonderbeilage zu Heft 24, 33; *Walker*, Einstweiliger Rechtsschutz im Arbeitskampf, ZfA 1995, 185; *Wiese*, Stellung und Aufgaben des Betriebsrats im Arbeitskampf, NZA 1984, 378; *Wohlgemuth*, Zum Streikrecht der Auszubildenden, BB 1983, 1103; *Zuleeg*, Der internationale Pakt über wirtschaftliche, soziale und kulturelle Rechte, RdA 1974, 321.

Tarifrecht: *Bauer*, Beiderseitige und einseitige Ausschlussfristen, NZA 1987, 440; *Bauer*, Tarifverträge über gewerkschaftliche Vertrauensleute, NZA 1998, 854; *Bauer/Arnold*, Differenzierungsklauseln – Entscheidung des Großen Senats auf der Kippe?, NZA 2009, 1169; *Bauer/Haußmann*, Betriebliche Bündnisse für Arbeit und gewerkschaftlicher Unterlassungsanspruch, NZA 2000, Sonderbeilage zu Heft 24, 42; *Bauer/Krieger*, „Firmentarifsozialplan" als zulässiges Ziel eines Arbeitskampfes?, NZA 2004, 1019; *Baumann*, Die Rechtsfolgen eines Grundrechtsverstoßes der Tarifpartner, RdA 1994, 272; *Bayreuther*, Tarifzuständigkeit beim Abschluss mehrgliedriger Tarifverträge im Bereich der Arbeitnehmerüberlassung, NZA 2012, 14; *Beckers*, Die rückwirkende Änderung von Tarifverträgen, ZTR 1999, 145; *Belling*, Die Tarifbindung in der Insolvenz, NZA 1998, 57; *Berg*, Tarifvertragsgesetz und Arbeitskampfrecht, 2005; *Biedenkopf*, Grenzen der Tarifautonomie, 1964; *Blanke*, Personalüberleitungstarifvertrag bei Privatisierungen, ZTR 2000, 211; *Boldt*, Zur Zulässigkeit von Firmentarifverträgen mit verbandsangehörigen Unternehmen, RdA 1971, 257; *Braun*, Verbandstarifliche Normen in Firmentarifverträgen und Betriebsvereinbarungen, BB 1986, 1428; *Buchner*, Möglichkeiten und Grenzen betriebsnaher Tarifpolitik, DB 1970, 2025, 2074; *Buchner*, Der Unterlassungsanspruch der Gewerkschaft – Stabilisierung oder Ende des Verbandstarifvertrages?, NZA 1999, 897; *Däubler*, Tarifvertragsgesetz und Arbeitnehmer-Entsendegesetz, 3. Aufl. 2012; *Ernst*, Tarifverträge und ihre Transparenzkontrolle bei arbeitsvertraglichen dynamischen Globalverweisungen, NZA 2007, 1405; *Franke*, Anrechnung von Tariferhöhungen auf übertarifliche Zulagen, NZA 2009, 245; *Fuchs*, Tarifvertragsrecht, 2. Aufl. 2006; *Giesen*, Bezugnahmeklauseln – Auslegung, Formulierung und Änderung, NZA 2006, 625; *Gröbing*, Zur Rechtswirksamkeit von Verweisungsklauseln in Tarifverträgen, ArbuR 1982, 116; *Hanau*, Verbands-, Tarif- und Gerichtspluralismus, NZA 2003, 128; *Hanau*, Die Rechtsprechung des BAG zur arbeitsvertraglichen Bezugnahme auf den Tarifvertrag, NZA 2005, 489; *Hanau/Kania*, Stufentarifverträge, DB 1995, 1229; *Hensche*, Zur Zulässigkeit von Firmentarifverträgen mit verbandsangehörigen Unternehmen, RdA 1971, 9; *Henssler/Moll/Bepler*, Der Tarifvertrag, 2013; *Herschel*, Tarifzensur und Kontrolle der Verfassungsmäßigkeit, RdA 1985, 65; *Herschel*, Der nachwirkende Tarifvertrag, insbesondere seine Änderung, ZfA 1976, 89; *Herschel*, Die individualrechtliche Bezugnahme auf einen Tarifvertrag, DB 1969, 659; *Hirdina*, Anpassung der Laufzeiten von Spartentarifverträgen – Ein Lösungsansatz für die Tarifpluralität?, NZA 2009, 997; *von Hoyningen-Huene*, Die Rolle der Verbände bei Firmentarifverträgen, ZfA 1980, 453; *Hromadka*, Betriebsvereinbarung über mitbestimmungspflichtige soziale Angelegenheiten bei Tarifüblichkeit; Zwei-Schranken-Theorie ade?, DB 1987, 1991; *Hromadka/Maschmann/Wallner*, Der Tarifwechsel, 1996; *Hromadka/Schmitt-Rolfes*, Am Ziel? – Senat wird Grundsatz der Tarifeinheit bei Tarifpluralität kippen, NZA 2010, 687; *Jacobs*, Tarifpluralität statt Tarifeinheit, NZA 2008, 325; *Jacobs/Krause/Oetker*, Tarifvertragsrecht, 2007; *Kempen*, Jahrbuch des Arbeitsrechts, Bd. 30, 1993; *Kempen/Zachert*, Tarifvertragsgesetz, 5. Aufl. 2012; *Konzen*, Tarifbindung, Friedenspflicht und Kampfparität beim Verbandswechsel des Arbeitgebers, ZfA 1975, 401; *Krause*, Der Kampf um die Verknüpfung von Tarifgeltung und Verbandsmitgliedschaft, NZA 2012, 830; *Krichel*, Ist der Firmentarifvertrag mit einem verbandsangehörigen Arbeitgeber bestreikbar?, NZA 1986, 731; *Kühling/Bertelsmann*, Tarifautonomie und Unternehmerfreiheit, NZA 2005, 1017; *Le Friant*, Die Tarifverhandlungen in grenzüberschreitenden Unternehmen, NZA 1994, 158; *Löwisch*, Blankettverweisung und Überraschungsklauseln, NZA 1985, 317; *Löwisch*, Die Freiheit zu arbeiten – nach dem Günstigkeitsprinzip, BB 1991, 59; *Löwisch/Rieble*, Kommentar zum Tarifvertragsgesetz, 3. Aufl. 2012; *Mangen*, Die Form des Tarifvertrages gemäß § 1 Abs. 2 TVG, RdA 1982, 229; *Meinert*, Zur Nachwirkung von Tarifverträgen und ihrem Vorrang gegenüber Betriebsvereinbarungen, BB 1976, 1615; *Merten*, Das Prinzip der Tarifeinheit als arbeitsrechtliche Kollisionsnorm, BB 1993, 572; *Meyer*, Arbeiter-Kündigungsfristen in Tarifverträgen: Wohin führt der Gleichheitssatz?, DB 1992, 1881; *Meyer*, Abstimmungspflichten in multilateralen Tarifvertragssystemen, NZA 2009, 993; *Nägele/Gertler*, Tarifliche Ausschlussfristen auf dem Prüfstand des Verfassungsrechts, NZA 2011, 442; *Nebeling/Arntzen*, Das Günstigkeitsprinzip – Der Tarifvertrag als „Gesamtwerk", NZA 2011, 1215; *Olbertz*, Gleichstellungsabrede – Gestaltungsmöglichkeiten und -notwendigkeiten für die betriebliche Praxis, BB 2007, 2737; *Plander*, Tarifflucht durch kurzfristig vereinbarten Verbandsaustritt?, NZA 2005, 897; *Plüm*, Die tarifliche Erweiterung von Leistungsbestimmungsrechten des Arbeitgebers, DB 1992, 735; *Reichel*, Die arbeitsvertragliche Bezugnahme auf den Tarifvertrag, 2001; *Reitze*, Der Austritt aus Gewerkschaft und Arbeitgeberverband, NZA 1999, 70; *Rieble*, Krise des Flächentarifvertrages, RdA 1996, 151; *Rieble*, Arbeitsmarkt und Wettbewerb, 1996; *Rolfs/Clemens*, Erstreikbarkeit firmenbezogener Verbandstarifverträge?, DB 2003, 1678; *Sachs*, Zu den Folgen von Gleichheitsverstößen in Tarifverträgen, RdA 1989, 25; *Schaub*, Auslegung von Tarifverträgen, NZA 1994, 558; *Schaub*, Rechtliche Hindernisse der tarifvertragsfreien Gestaltung von Arbeitsbedingungen, ZTR 2000, 10; *Schaub*, Die arbeitsvertragliche Bezugnahme auf Tarifverträge, ZTR 2000, 259; *Schaub*, Tarifrecht 2000, NZA 2000, 15; *Schliemann*, Tarifkollision – Ansätze zur Vermeidung und Auflösung, NZA 2000, Sonderbeilage zu Heft 24, 24; *Schliemann*, Arbeitsgerichtliche Kontrolle von Tarifverträgen, ZTR 2000, 198; *Schliemann*, Tarifliches Günstigkeitsprinzip und Bindung der Rechtsprechung, NZA 2003, 122; *Sittard*, Keine Nachwirkung von Mindestlohntarifverträgen, NZA 2012, 299; *Thüsing*, Die Erstreikbarkeit von Firmentarifverträgen verbandsangehöriger Arbeitgeber, NZA 1997, 294; *Vollmer*, Aufgaben- und Zuständigkeitsverteilung zwischen mitbestimmungsrechtlicher und tarifvertraglicher Interessenvertretung, DB 1979, 308, 355; *Waas*, Tarifrechtliche Probleme beim Gemeinschaftsbetrieb, NZA 1999, 841; *Wagner*, Verfassungsrechtliche Grundlagen der Übertragung von Kompetenzen der Tarifparteien auf die Betriebsparteien, DB 1992, 2550; *Waltermann*, Kollektivvertrag und Grundrechte, RdA 1990, 138; *Wank*, Empfiehlt es sich, die Regelungsbefugnisse der Tarifparteien im Verhältnis zu den Betriebsparteien neu zu ordnen?, NJW 1996, 2273; *Waltermann*, Stärkung der Tarifautonomie – Welche Wege könnte man gehen?, NZA 2014, 874; *Wiedemann*, Tarifvertragsgesetz, 7. Aufl. 2007; *Wieland*, Recht der Firmentarifverträge, 1998; *Willemsen/Mehrens*, Das Ende der Tarifeinheit – Folgen und Lösungsansätze, NZA 2010, 1313; *Winkler*, Hat der Flächentarifvertrag eine Zukunft?, NZA 2000, Sonderbeilage zu Heft 24, 10; *Zachert*, Tarifverträge in globalisierter Wirtschaft, NZA 2000, 121; *Zachert*, Firmentarifvertrag als Alternative?, NZA 2000, Sonderbeilage zu Heft 24, 17.

I. Koalitionsrecht

1. Begriff

Koalitionen[1] sind privatrechtlich organisierte Vereinigungen von Arbeitnehmern und Arbeitgebern zur Wahrung und Förderung der Arbeits- und Wirtschaftsbedingungen ihrer Mitglieder. Der häufig verwendete Ausdruck „Berufsverband" ist missverständlich, da die Vereinigungen sich oft nicht nach Berufen, sondern nach Industrie- und Gewerbezweigen zusammenschließen (**Industrieverbandsprinzip**); vgl. Rz. 24. Die Koalitionen müssen den nachfolgenden Anforderungen[2] genügen: 1

Sie müssen **freie, auf Dauer angelegte Vereinigungen** sein. „Freiwillig" ist nur eine Koalition gebildet, die nicht auf einem zwangsweisen Zusammenschluss beruht. Sie ist privatrechtlich, so dass öffentlich-rechtliche Zwangsverbände, insbesondere Kammern, als Koalitionen ausscheiden. Eine Ausnahme besteht jedoch für Innungen und Innungsverbände, denen kraft Gesetzes die Tariffähigkeit gegeben ist (§§ 54, 82 HwO)[3]; vgl. auch Rz. 93. Auch privatrechtliche Zwangsverbände, wie die Belegschaft oder leitende Angestellte eines Betriebs, die nach dem BetrVG oder dem SprAuG organisiert sind, stellen keine Koalitionen in diesem Sinne dar.   2

Die Koalitionen müssen **auf eine gewisse Dauer angelegt** sein[4]. Die Autonomie der Koalitionen mit ihren Normsetzungsbefugnissen und weitreichenden Mitwirkungsrechten in der Arbeits- und Wirtschaftsverfassung kann nur dann verwirklicht werden, wenn eine gewisse Dauerhaftigkeit vorliegt. Damit scheiden sog. **Ad-hoc-Koalitionen**, die sich für einen spontanen Arbeitskampf zusammenschließen, als Koalition aus[5].   3

Weiterhin ist erforderlich, dass die Koalitionen ihre tarifrechtlichen Aufgaben sinnvoll erfüllen können. Das setzt eine gewisse „**Mächtigkeit**" bzw. Durchsetzungsfähigkeit voraus, was bei einer Arbeitnehmervereinigung (wohl) bereits dann der Fall ist,   4

---

1 Zum Begriff vgl. Schaub/*Linck*, § 187 I; *Hanau/Adomeit*, C I 2; *Löwisch/Rieble*, § 2 TVG Rz. 47 ff.
2 Zu den Voraussetzungen vgl. u.a. BAG 10.9.1985 – 1 ABR 32/83, DB 1985, 2056; 25.11.1986 – 1 ABR 22/85, NZA 1987, 492.
3 BVerfG 19.10.1966 – 1 BvL 24/65, AP Nr. 24 zu § 2 TVG.
4 Schaub/*Linck*, § 187 II 1.
5 *Jacobs/Krause/Oetker*, Tarifvertragsrecht, Rz. 54.

wenn diese Voraussetzung in einem zumindest nicht unbedeutenden Teil des von ihr beanspruchten regionalen und fachlichen Zuständigkeitsbereichs gegeben ist[1]. Sie müssen einen im Rahmen der Rechtsordnung sich haltenden **wirkungsvollen Druck und Gegendruck auf den sozialen Gegenspieler** ausüben können. Erforderlich ist somit, dass über die notwendige finanzielle und organisatorische Ausstattung verfügt wird[2]. Vereinigungen, denen nur eine zahlenmäßig unbedeutsame Gruppe von Arbeitnehmern oder Arbeitgebern angehört, fehlt daher in der Regel die Tariffähigkeit. Bei der Beurteilung der Frage kommt es auf die gegenwärtige Zahl der Mitglieder an und nicht darauf, wie viele Mitglieder die Vereinigung einmal zu erwerben hofft. Auf die Mitgliederzahl kommt es jedoch dann nicht an, wenn Vereinigungen unabhängig davon in der Lage sind, einen wirkungsvollen Druck bzw. Gegendruck auszuüben. Jedenfalls muss sich die Arbeitgeberseite durch die Stärke der Arbeitnehmerorganisation veranlasst sehen, sich auf Verhandlungen über eine tarifliche Regelung von Arbeitsbedingungen einzulassen. So wurde dem Interessenverband „Bedienstete der Technischen Überwachung" (BTÜ) dessen Tariffähigkeit und damit Gewerkschaftseigenschaft abgesprochen[3]. Die Anforderungen an das Tatbestandsmerkmal der Tariffähigkeit werden von der Rechtsprechung streng gehandhabt. So wurde zB der **Christlichen Gewerkschaft Bergbau-Chemie-Energie** die Tariffähigkeit abgesprochen, obwohl sie etwa 22 000 Mitglieder hat. Trotz dieser Mitgliederzahl fehle der organisatorische Rückhalt, um einen ausreichenden Druck auszuüben. Das BAG hat in zwei Beschlüssen vom 23.5.2012[4] festgestellt, dass die **Tarifgemeinschaft christlicher Gewerkschaften für Zeitarbeit und Personalserviceagenturen (CGZP)** aufgrund von Satzungsmängeln zu keinem Zeitpunkt tariffähig war und damit seit ihrer Gründung keine wirksamen Tarifverträge abschließen konnte. Mit Beschluss vom 10.3.2014 hat das BVerfG diese Entscheidung des BAG bestätigt[5]. Damit bestätigt das BAG einen bereits am 14.12.2010 getroffenen Beschluss[6], wonach eine gewerkschaftliche Spitzenorganisation die Tarifzuständigkeit ihrer Mitgliedsverbände in der Satzung vollständig übernehmen muss. Die Literatur[7] kritisiert diese Rechtsprechungsentwicklung einer nunmehr angeblich „unteilbaren Tariffähigkeit", weil damit unzulässigerweise Tariffähigkeit einerseits und Tarifzuständigkeit andererseits entgegen der Regelung des § 97 ArbGG vermengt würden. Das Arbeitsgericht Köln[8] hat die Tariffähigkeit der **Gewerkschaft der neuen Brief- und Zustelldienste (GNBZ)** verneint. Das BAG hat hingegen mit Beschluss vom 28.3.2006 die Tariffähigkeit der **Christlichen Gewerkschaft Metall (CGM)** bejaht, weil sie insbesondere durch den Abschluss von 550 **eigenständigen** Tarifverträgen hinreichend unter Beweis gestellt hat, dass sie als Tarifvertragspartei von der Arbeitgeberseite **wahr- und erstgenommen** wird[9]. Diese Durchsetzungskraft fehle hingegen bei der **Christlichen Gewerkschaft Bergbau-Chemie-Energie**, da sie bislang fast ausschließlich Anschlusstarifverträge abgeschlossen hat[10]. Mit Beschluss vom 11.6.2013 hat das BAG entschieden, dass die 2008 gegründete Arbeitnehmervereinigung **medsonet. Die Gesundheitsgewerkschaft e.V.** zu keinem Zeitpunkt tariffähig war[11]. Bislang war bei Arbeitgeberverbänden keine beson-

---

1 *Gaul*, AktuellAR 2005, S. 211.
2 BAG 16.1.1990 – 1 ABR 10/89, DB 1990, 839 (840); 10.9.1985 – 1 ABR 32/83, DB 1986, 755; 6.6.2000 – 1 ABR 10/99, NZA 2001, 160.
3 BAG 6.6.2000 – 1 ABR 10/99, NZA 2001, 160.
4 BAG 23.5.2012 – 1 AZB 58/11, NZA 2012, 623 und 23.5.2012 – 1 AZB 67/11, NZA 2012, 625.
5 BVerfG 10.3.2014 – 1 BvR 1104/11, NZA 2014, 496.
6 BAG 14.12.2010 – 1 ABR 19/10, NZA 2011, 289.
7 *Löwisch/Rieble*, § 2 TVG Rz. 294 ff.
8 ArbG Köln 30.10.2008 – 14 BV 324/08, AuR 2009, 100.
9 BAG 28.3.2006 – 1 ABR 58/04, NZA 2006, 1112; *Gaul*, AktuellAR 2006, S. 210 f.; so auch BAG 14.2.2004 – 1 ABR 51/03, NZA 2005, 697.
10 BAG 16.1.1990 – 1 ABR 10/89, NZA 1990, 623.
11 BAG 11.6.2013 – 1 ABR 33/12, NZA-RR 2013, 641.

I. Koalitionsrecht

dere Durchsetzungskraft erforderlich[1], weil wegen § 2 Abs. 1 TVG bereits der einzelne Arbeitgeber tariffähig ist[2]. In letzter Zeit setzt das BAG nicht mehr per se Mächtigkeit als Tariffähigkeit eines Arbeitgeberverbandes voraus[3]. Teilweise wird daher auf die Rechtsprechung des BAG zur Mächtigkeit von Gewerkschaften zurückgegriffen werden müssen. Im Einzelnen werden Arbeitgeberverbände an deren (bisheriger) Bewährung in der tariflichen Praxis, volkswirtschaftlichen Kriterien und an einem bestimmten Prozentsatz von bei den Mitgliedern beschäftigten Arbeitnehmern gemessen werden müssen[4]. Ein **einzelner Arbeitgeber** verbleibt wegen der eindeutigen Regelung des § 2 Abs. 1 TVG **stets tariffähig**[5]. Unstreitig ist jedoch im Hinblick auf Art. 9 Abs. 3 GG, dass ein Arbeitgeberverband in seiner Satzung auf Tariffähigkeit verzichten kann. In einem solchen Fall liegt **gewollte Tarifunfähigkeit** vor[6].

Der Verband muss über eine **korporative Verfassung** verfügen. Hierzu gehören ein Mitgliederbestand, eine vom Wechsel der Mitglieder unabhängige Organisation und korporative Organe. Aus der Satzung oder den Statuten muss sich ergeben, dass die Organisation in ihrer Zielsetzung dauerhaft zur Wahrung und Förderung der Arbeits- und Wirtschaftsbedingungen angelegt ist. Auch hieraus ergibt sich bereits, dass sog. Ad-hoc-Zusammenschlüsse nicht tariffähig sind (vgl. Rz. 3)[7]. Koalitionen können nicht in der Rechtsform einer Personengesellschaft gegründet werden. Regelmäßig werden sie in der **Rechtsform des Vereins** gebildet. Aus historischen Gründen handelt es sich bei Gewerkschaften meist um nicht rechtsfähige Vereine. Im Bereich des Arbeits- und Wirtschaftslebens werden sie jedoch wie rechtsfähige Vereine behandelt, so dass die §§ 25 ff. BGB insbesondere hinsichtlich der Organisation und der Haftung entsprechende Anwendung finden[8]. Die **Gewerkschaften** sind auch **aktiv und passiv parteifähig** (vgl. § 10 ArbGG, § 50 Abs. 2 ZPO). Eine Eintragung in das Grundbuch ist jedoch nicht möglich. Zum Erwerb von Grundeigentum wird oft eine Kapitalgesellschaft (GmbH) gegründet.

Um Gegenspieler des Sozialpartners sein zu können, muss die Koalition **gegnerfrei** sein. Ihr dürfen also nur jeweils Arbeitgeber oder Arbeitnehmer angehören[9]. Gemischte Vereinigungen (sog. Harmonieverbände) sind keine Koalition. Es muss eine **materielle und ideelle Unabhängigkeit** von der Gegenseite bestehen. Das erfordert auf Seiten der Gewerkschaft eine **überbetriebliche Organisation**[10]. Sonst wäre ihr Mitgliederbestand von den Einstellungen und Entlassungen des Arbeitgebers abhängig. Ein „Werkverein" oder „Hausverband" ist daher keine Koalition. Eine rein formalistische Betrachtungsweise der Gegnerfreiheit verbietet sich jedoch. So ist zB eine Ehrenmitgliedschaft bei dem sozialen Gegenspieler zulässig[11]. Eine Mitgliedschaft in den tarifpolitisch entscheidenden Organen und Gremien eines Tarifpartners ist jedoch in jedem Fall ausgeschlossen, zB das Vorstandsmitglied einer Kapitalgesellschaft ist zugleich Mitglied der Tarifkommission einer Gewerkschaft. Unbedenklich ist jedoch eine Zusammenarbeit der Tarifvertragsparteien in der sozialen Selbstverwaltung (Bundesagentur für Arbeit, Gremien der Ortskrankenkassen). Ebenfalls unproblematisch ist die Zusammenarbeit in gemeinsam gebildeten Einrichtungen wie zB die „Ge-

---

1 BAG 20.11.1990 – 1 ABR 62/89, NZA 1991, 428.
2 Vgl. zur Tariffähigkeit einzelner Arbeitgeber auch BVerfG 20.10.1981 – 1 BvR 404/78, DB 1982, 231.
3 BAG 6.6.2000 – 1 ABR 21/99, NZA 2001, 156; hierzu auch *Fuchs*, Tarifvertragsrecht, Rz. 31.
4 *Schrader*, NZA 2001, 1337 (1346).
5 *Schrader*, NZA 2001, 1337 (1341).
6 BAG 22.11.1988 – 1 ABR 6/87, NZA 1989, 561.
7 *Löwisch*, ZfA 1970, 295 (311).
8 Vgl. zB OLG Düsseldorf 22.1.1987 – 8 U 238/85, DB 1987, 1837.
9 BVerfG 18.11.1954 – 1 BvR 629/52, AP Nr. 1 zu Art. 9 GG; BAG 25.11.1986 – 1 ABR 22/85, AP Nr. 36 zu § 2 TVG; *Söllner/Waltermann*, § 23 I 3.
10 Schaub/*Linck*, § 187 III 3; *Löwisch*, ZfA 1970, 295 (314); *Hanau/Adomeit*, C I 2e.
11 BAG 19.1.1962 – 1 ABR 14/60, AP Nr. 13 zu § 2 TVG.

sellschaft zur Information von Betriebsräten über Umweltschutz in der chemischen Industrie", weil hier lediglich sozialpolitische Aufgaben wahrgenommen werden. So dürfen sich auch Mitarbeiter von Gewerkschaften in einem Verband der Gewerkschaftsangehörigen organisieren, auch wenn er das Mächtigkeitserfordernis einer Gewerkschaft noch nicht erfüllt, aber eben nicht abhängig von den Gewerkschaften des DGB (also hier der Arbeitgeber) ist[1].

7 Die Koalition muss darüber hinaus **von dritter Seite unabhängig** sein. Dies meint insbesondere die **Unabhängigkeit von Staat, Parteien oder Kirche**[2]. Nur den Koalitionen selbst ist die Befugnis der Gestaltung der Arbeits- und Wirtschaftsbedingungen eingeräumt worden (Art. 9 Abs. 3 GG). Unabhängigkeit meint hier auch Weisungsfreiheit. Allerdings kann die Koalition ihr Programm durchaus freiwillig politisch oder weltanschaulich ausrichten (Richtungsgewerkschaft im Gegensatz zur Einheitsgewerkschaft). Derartige sog. **Richtungsgewerkschaften** sind zulässig. So sind zB der CGD[3] (Christlicher Gewerkschaftsbund Deutschlands) und der Marburger Bund[4] Koalitionen im Rechtssinne.

8 **Ziel der Koalition** muss nach ihrer Satzung die **Wahrung und Förderung der Wirtschaftsbedingungen** sein (Art. 9 Abs. 3 GG). Rein wirtschaftliche Vereine wie Konsumvereine oder gewisse Unternehmerverbände oder auch kulturelle Organisationen sind keine Koalitionen. Unter **Arbeitsbedingungen** sind die Bedingungen zu verstehen, unter denen die Arbeitnehmer ihre Arbeit leisten. **Wirtschaftsbedingungen** sind alle arbeitsrechtlichen und sozialpolitischen Interessen der Mitglieder der Koalition, sofern sie mit der abhängigen Arbeit in Zusammenhang stehen. Zur Wahrung der Arbeits- und Wirtschaftsbedingungen gehört vor allem die **Gewährung von Rechtsschutz- und Rechtshilfe**. Die Förderung umfasst den **Abschluss von Tarifverträgen** und die Vertretung in der sozialen Selbstverwaltung sowie im öffentlichen Leben[5].

9 Ob das **Bekenntnis zum Abschluss von Tarifverträgen** ebenfalls Voraussetzung einer Koalition ist, ist umstritten. Für Arbeitnehmerverbände wird dies bejaht[6]. So sind zB die Verbände der leitenden Angestellten, die nicht als Ziel den Abschluss von Tarifverträgen haben, keine Koalitionen. Bei Arbeitgeberverbänden werden Mitgliedschaften ohne Tarifbindung (sog. **OT-Mitgliedschaften**) als zulässig erachtet[7]. Der Wechsel eines Arbeitgebers innerhalb seines Verbandes in eine Mitgliedschaft ohne Tarifbindung muss zweifelsfrei in der Satzung geregelt sein. In der Verbandssatzung muss eine eindeutige Trennung der Befugnisse von Mitgliedern **mit** und **ohne Tarifbindung** vorgesehen sein, dh. eine Einflussnahme des Mitglieds ohne Tarifbindung (oft auch als „Gastmitgliedschaft" bezeichnet) auf tarifpolitische Entscheidungen muss ausgeschlossen sein[8]. Problematisch kann dies sein, wenn die Satzung Kündigungsfristen vorsieht und eine Lösung von der Tarifbindung während laufender Tarifverhandlungen erfolgen soll[9] (vgl. Rz. 12 „Blitzaustritt"). Auf jeden Fall besteht eine **Unterrichtungspflicht** der Gewerkschaft, wenn während bereits laufender Tarifverhandlungen ein satzungsmäßig zulässiger Wechsel eines Arbeitgebers in eine OT-Mitgliedschaft erfolgt, damit nicht eine Bindung des Arbeitgebers an einen neuen Tarifvertrag gem.

---

1 BAG 17.2.1998 – 1 AZR 364/97, NZA 1998, 754.
2 *Söllner/Waltermann* § 23 I 4; *Zöllner/Loritz*, § 34 I 1.
3 LAG Düsseldorf 14.12.1957 – 1 Bv Ta 1/57, AP Nr. 2 zu Art. 9 GG.
4 BAG 21.11.1975 – 1 ABR 12/75, AP Nr. 6 zu § 118 BetrVG 1972.
5 *Wiedemann*, § 2 TVG Rz. 287.
6 BVerfG 18.11.1954 – 1 BvR 629/52, AP Nr. 1 zu Art. 9 GG; 6.5.1964 – 1 BvR 79/62, AP Nr. 15 zu § 2 TVG; BAG 15.11.1963 – 1 ABR 5/63, AP Nr. 14 zu § 2 TVG.
7 *Thüsing*, ZTR 1996, 481; *Buchner*, NZA 1994, 2; Näheres mit zahlreichen Beispielen bei *Fuchs*, Tarifvertragsrecht, Rz. 35.
8 BAG 22.4.2009 – 4 AZR 179/08, NZA 2010, 102.
9 BAG 26.8.2009 – 4 AZR 294/08, ZTR 2010, 188; 22.4.2009 – 4 AZR 111/08, NZA 2010, 230.

I. Koalitionsrecht

§ 3 Abs. 1 TVG besteht[1]. **Auf die Härte, mit der Tarifverhandlungen** geführt werden können, kommt es ebenfalls nicht an[2]. Nach zwischenzeitlich gefestigter Rechtsprechung ist eine **Arbeitskampfbereitschaft** der Vereinigung nicht erforderlich für deren Tariffähigkeit[3]. Aus dem Recht zum Arbeitskampf kann nicht die Pflicht hergeleitet werden, in der Satzung die Arbeitskampfwilligkeit zu manifestieren. Auch ein **Bekenntnis zur Schlichtung** gehört zum Begriff der Koalition. Jedenfalls fehlt denjenigen Verbänden die Tariffähigkeit, die nicht auf einen Ausgleich der wechselseitigen Interessen abzielen.

> ⊃ **Hinweis:** Vor einem Wechsel in eine sog. OT-Mitgliedschaft hat ein Arbeitgeber die Satzung seines Verbandes zu prüfen, ob dort eine Abgrenzung zwischen einer Mitgliedschaft mit und ohne Tarifbindung geregelt ist. Eine Einflussnahme der OT-Mitglieder auf das Tarifgeschehen muss nach der Satzung ausgeschlossen sein. Satzungsänderungen bzgl. der Möglichkeit von OT-Mitgliedschaften und deren Folgen müssen zur Erlangung der Wirksamkeit in das Vereinsregister eingetragen sein.   9a

2. Koalitionsfreiheit

Das Grundrecht der Koalitionsfreiheit war bereits Bestandteil der Weimarer Verfassung und wird heute durch Art. 9 Abs. 3 GG garantiert. Daneben wird es im Internationalen Pakt über wirtschaftliche, soziale und kulturelle Rechte (dort in Art. 8)[4] geregelt. Die Koalitionsfreiheit gewährleistet für jedermann das Recht, zur Wahrung und Förderung von Arbeits- und Wirtschaftsbedingungen Koalitionen zu bilden.   10

a) Individuelle Koalitionsfreiheit

Die Koalitionsfreiheit umfasst die **individuelle positive und negative Koalitionsfreiheit**. **Positive Koalitionsfreiheit** ist das Recht des einzelnen, eine Koalition zu gründen, einer bestehenden Koalition beizutreten oder in ihr zu verbleiben. In diesem Zusammenhang verbieten sich jegliche staatliche Eingriffe[5], auch im Falle des Notstandes, zB bei der Teilnahme an Arbeitskämpfen (Art. 9 Abs. 3 Satz 3 GG). Allein den Koalitionen steht das autonome Recht zu, Beitritt, Verbleiben und Ausscheiden der Mitglieder mittels Satzung sowie vertraglich zu regeln.   11

Neben der positiven wird auch die **negative Koalitionsfreiheit** verfassungsrechtlich geschützt, also das Recht, einer Koalition fern zu bleiben oder aus ihr auszutreten[6]. Der Staat ist nicht berechtigt, Zwangsverbände zu bilden oder einen Zwangsbeitritt anzuordnen. Bedeutung erlangt die negative Koalitionsfreiheit insb. im Rahmen eines sog. „**Blitzaustritts**" eines Arbeitgebers aus seinem Arbeitgeberverband (vgl. Rz. 9). Ein solcher kurzfristiger Austritt aus dem Arbeitgeberverband wird auch im Falle der Nichteinhaltung einer satzungsmäßig vorgeschriebenen Kündigungsfrist als wirksam erachtet, wenn der Verband diese „Austrittserklärung" ausdrücklich annimmt oder ein sofortiger Austritt vertraglich vereinbart wird, obwohl die Satzung eine solche Form des Austritts nicht vorsieht[7]. Sog. **Tariftreueerklärungen** im Rah-   12

---

[1] BAG 26.8.2009 – 4 AZR 294/08, ZTR 2010, 188.
[2] BAG 10.9.1985 – 1 ABR 32/83, AP Nr. 34 zu § 2 TVG; 25.11.1986 – 1 ABR 22/85, AP Nr. 36 zu § 2 TVG.
[3] BVerfG 6.5.1964 – 1 BvR 79/62, AP Nr. 15 zu § 2 TVG; 20.10.1981 – 1 BvR 404/78, AP Nr. 31 zu § 2 TVG; BAG 9.7.1968 – 1 ABR 2/67, AP Nr. 25 zu § 2 TVG; 14.3.1978 – 1 ABR 2/76, AP Nr. 30 zu § 2 TVG.
[4] Vgl. *Zuleeg*, RdA 1974, 321 f.; BGBl. II 1973, 1569.
[5] *Kreßel*, NZA 1995, 121.
[6] BVerfG 26.5.1970 – 2 BvR 664/65, AP Nr. 16 zu Art. 9 GG; BAG 28.3.1990 – 4 AZR 536/89, NJW 1990, 3036.
[7] BAG 4.6.2008 – 4 AZR 64/07, NZA 2008, 946; 20.2.2008 – 4 AZR 64/07, NZA 2008, 946; 18.5.2011 – 4 AZR 457/09, DB 2011, 1815; *Löwisch/Rieble*, § 3 TVG Rz. 116 ff., 230 ff.

men der Vergabe von öffentlichen Bauaufträgen können nach einem Vorlagebeschluss des BGH in die negative Koalitionsfreiheit eingreifen[1]. Das BVerfG hat zur grundsätzlichen Problematik entschieden, dass die aufgrund von § 1 Abs. 3a AEntG aF erlassene Verordnung über zwingende Arbeitsbedingungen im Baugewerbe[2] verfassungsrechtlich zulässig ist und daher keinen Verstoß gegen Art. 9 Abs. 3 GG darstellt[3]. Zum Schutz der Koalitionsfreiheit gehört auch das Recht des Einzelnen, am Koalitionsleben teilzunehmen und sich koalitionsmäßig zu betätigen[4]. Dazu gehört zB die **Werbung für die Gewerkschaft am Arbeitsplatz** innerhalb sachlich gebotener Grenzen[5]. Auch kann der Einzelne an Koalitionsverhandlungen teilnehmen, zB an einem Streik seines Verbandes. Auf Gewerkschaftsmitglieder darf seitens der Gewerkschaft kein Druck ausgeübt werden, um sie vom Austritt abzuhalten. So ist zB eine **Rückzahlungsklausel in der Satzung einer Gewerkschaft**, wonach Mitglieder, die innerhalb eines Jahres nach Erhalt von Streikunterstützung aus der Gewerkschaft austreten, die erhaltene Unterstützung zurückzuzahlen haben, unwirksam. Die Rückzahlungspflicht wirkt wie eine Austrittsgebühr, die der negativen Koalitionsfreiheit zuwiderläuft[6]. Auch darf die Kündigungsfrist abweichend von der höchstens zweijährigen Frist zum Vereinsaustritt des § 39 Abs. 2 BGB bei Gewerkschaften höchstens sechs Monate betragen. Auch hier liegt sonst ein Eingriff in das Recht der negativen Koalitionsfreiheit vor[7].

13 Nach Art. 9 Abs. 3 Satz 2 GG sind **Abreden**, welche die Koalitionsfreiheit einschränken oder zu behindern suchen, nichtig und hierauf gerichtete Maßnahmen rechtswidrig. Der Begriff der Abrede ist im Sinne des Vertrages zu verstehen. So ist zB eine Klausel im Arbeitsvertrag, wonach sich der Arbeitnehmer verpflichtet, keiner Gewerkschaft oder nur der im Betrieb vertretenen beizutreten, unzulässig. Sie ist wegen Verstoßes gegen die in Art. 9 Abs. 3 GG enthaltene negative Koalitionsfreiheit gem. § 134 BGB nichtig. Der übrige Vertrag bleibt nach § 139 BGB wirksam. Das Gleiche gilt für eine Abrede, nach der der Arbeitgeber sich verpflichtet, keinen gewerkschaftlich organisierten Arbeitnehmer einzustellen. Einen gewerkschaftlichen Unterlassungsanspruch begründet das BAG aus Art. 9 Abs. 3 GG iVm. §§ 823, 1004 BGB zur Sicherung der Tarifwirkung und damit des (grundrechtlichen) Koalitionsschutzes gegenüber tarifwidrigen Regelungsabreden zwischen Arbeitgeber und Betriebsrat im sog. Burda-Beschluss, und zwar auch dann, wenn derartige Regelungsabreden ausdrücklich keine normative Wirkung entfalten, sondern erst aufgrund einer individualrechtlichen Zusatzvereinbarung verbindlich sind (vgl. hierzu Teil 4 A Rz. 81, 553)[8].

14 Auch alle **tatsächlichen oder rechtlichen Maßnahmen, mit denen in die Koalitionsfreiheit eingegriffen wird**, sind unzulässig (Art. 9 Abs. 3 Satz 2 GG). Ein Arbeitskampf, durch den ein Arbeitgeber gezwungen werden soll, einem bestimmten Arbeitgeberverband beizutreten oder aus einem Verband auszutreten bzw. einen Firmentarifvertrag (im Falle eines verbandsangehörigen Arbeitgebers) abzuschließen[9], ist rechtswidrig. Kündigungen oder Versetzungen von Arbeitnehmern wegen ihrer Gewerkschaftszugehörigkeit oder auch die Durchsetzung eines für die Arbeitnehmer verbandsfremden Tarifvertrages sind ebenfalls rechtsunwirksam[10]. Dementgegen

---

1 § 1 Abs. 1 Satz 2 BlnVgG (Berliner Vergabegesetz); BGH 18.1.2000 – KVR 23/98, NZA 2000, 327 (333); *Kreiling*, NZA 2001, 1118 (1124); *Schwab*, NZA 2001, 901.
2 BauArbbV 25.8.1999, BGBl. I 1999, 1894.
3 BVerfG 18.7.2000 – 1 BvR 948/00, NZA 2000, 948; *Kreiling*, NZA 2001, 1118 (1119).
4 BVerfG 30.11.1965 – 2 BvR 54/62, BVerfGE 19, 303 (312).
5 BVerfG 14.11.1995 – 1 BvR 601/92, NJW 1996, 1201.
6 AG Ahrensburg 12.4.1996 – 9 C 128/96, NJW 1996, 2516.
7 AG Ahrensburg 12.4.1996 – 9 C 128/96, NJW 1996, 2516; BGH 22.9.1980 – II ZR 34/80, AP Nr. 33 zu Art. 9 GG.
8 BAG 20.4.1999 – 1 ABR 72/98, AP Nr. 89 zu Art. 9 GG m. Anm. *Richardi*; kritisch hierzu *Bauer*, NZA 1999, 957 sowie *Bauer/Haußmann*, NZA 2000, Sonderbeilage zu Heft 24, 42 (44) mwN.
9 *Reuter*, NZA 2001, 1097.
10 BAG 19.6.1986 – 2 AZR 563/85, AP Nr. 33 zu § 1 KSchG 1969 – Betriebsbedingte Kündigung.

steht dem Arbeitgeber die Nichteinstellung eines Bewerbers wegen Gewerkschaftszugehörigkeit frei, weil es keinen Rechtsanspruch auf Einstellung gibt. Rechtswidrig ist dabei jedoch die Aufstellung sog. **„schwarzer Listen"** (Verzeichnisse von Gewerkschaftmitgliedern in der Absicht, diese nicht einzustellen).

⊃ **Hinweis:** Da Art. 9 Abs. 3 GG ein Schutzgesetz ist, besteht im Falle der Beeinträchtigung der individuellen Koalitionsfreiheit, ohne Rücksicht auf Verschulden des Störers, bei Wiederholungsgefahr ein Beseitigungs- und **Unterlassungsanspruch** (§§ 1004, 823 BGB). So kann zB die Streichung aus der „schwarzen Liste" verlangt werden. Bei Verschulden besteht ein **Schadensersatzanspruch** (§§ 823 Abs. 1 und 2, 826, 839 BGB). 15

b) Kollektive Koalitionsfreiheit

Neben der individuellen Koalitionsfreiheit enthält Art. 9 Abs. 3 GG auch ein **Grundrecht der Koalition**, und zwar als **Existenz- und Betätigungsgarantie**[1]. Die Koalition ist in ihrem **Bestand** verfassungsrechtlich geschützt (sog. institutionelle Garantie)[2]. Diese Betrachtungsweise gebietet sich, da die individuelle Koalitionsfreiheit sonst ausgehöhlt würde. Ein generelles Verbot von Koalitionen wäre demnach verfassungswidrig. Möglich ist dagegen das **Verbot einzelner Koalitionen** aus den besonderen Gründen des Vereinsrechts (§ 3 Abs. 1 VereinsG). Jedoch bedarf die Verbotsverfügung der Verwaltungsbehörde bei Koalitionen der Zustimmung durch das zuständige OVG oder das BVerwG (§ 16 Abs. 1 VereinsG). 16

Der **Bestandsschutz** besteht unstreitig **gegenüber den Mitgliedern, gegenüber Dritten sowie gegenüber dem Staat**. Koalitionen sind berechtigt, den Austritt von Mitgliedern durch Kündigungsvorschriften zu beschränken. Hier ist jedoch eine Kündigungsfrist von mehr als sechs Monaten unzulässig (vgl. Rz. 12). Daneben können Bestimmungen zur Regelung der Verbandsdisziplin erlassen werden[3]. Auch Abreden und Maßnahmen Dritter, durch die in den Bestand der Koalition eingegriffen wird, sind rechtswidrig. 17

⊃ **Hinweis:** Wird die Mitgliederzahl einer Koalition in irgendeiner Weise beeinträchtigt, zB indem die Einstellung eines Arbeitnehmers von dem Austritt aus der Gewerkschaft abhängig gemacht wird, so liegt bereits eine rechtswidrige Maßnahme gegen die Bestandsschutzgarantie vor[4]. Die Koalition kann aus eigenem Recht Unterlassungs- und Schadensersatzklage erheben. 18

Auch der **Staat darf die Existenz der Koalition nicht gefährden**. Maßnahmen des Wehr- und Zivildienstes, der Rechts- und Amtshilfe, insbesondere zur Aufrechterhaltung der öffentlichen Ordnung, der Streitkräfte und der Gefahrenabwehr dürfen sich nicht gegen Arbeitskämpfe richten, die zur Wahrung und Förderung der Arbeits- und Wirtschaftsbedingungen geführt werden. Ob der **Bestandsschutz** auch **gegenüber konkurrierenden Koalitionen besteht**, ist streitig. Für den Fall der unfairen Mitgliederwerbung wird dies angenommen, da ein solches Vorgehen in unzulässiger Weise das Wirken der Koalition und deren Mitgliederbestand beeinträchtigt[5]. 19

Die Verfassung schützt auch die **Betätigung** der Koalition. Dies umfasst die Koalitionszwecke und die Mittel für deren Durchsetzung (**funktionelle Garantie**)[6]. Bislang 20

---

1 Vgl. u.a. BVerfG 26.6.1991 – 1 BvR 779/85, BVerfGE 84, 212 (224); 2.3.1993 – 1 BvR 1213/85, BVerfGE 88, 103 (114); 4.7.1995 – 1 BvF 2/86 u.a., BVerfGE 92, 365 (393).
2 BAG 2.6.1987 – 1 AZR 651/85, AP Nr. 49 zu Art. 9 GG; BVerfG 26.6.1991 – 1 BvR 779/85, NZA 1991, 809; 2.3.1993 – 1 BvR 1213/85, NJW 1993, 1379.
3 BAG 29.3.1974 – 1 ABR 27/73, AP Nr. 2 zu § 19 BetrVG 1972.
4 BAG 2.6.1987 – 1 AZR 651/85, AP Nr. 49 zu Art. 9 GG.
5 BGH 6.10.1964 – VI ZR 176/63, AP Nr. 6 zu § 54 BGB; BAG 11.11.1968 – 1 AZR 16/68, AP Nr. 14 zu Art. 9 GG; aA u.a. *Reichel*, DB 1972, 2062ff., 2110ff.
6 BVerfG 6.5.1964 – 1 BvR 79/62, AP Nr. 15 zu § 2 TVG; 26.5.1970 – 2 BvR 664/65, AP Nr. 16 zu Art. 9 GG; BAG 2.6.1987 – 1 AZR 651/85, AP Nr. 49 zu Art. 9 GG.

war streitig, ob sich der Schutz lediglich auf einen Kernbereich beschränkt[1]. Das BVerfG hat zwischenzeitlich klargestellt, dass der Grundrechtsschutz umfassend ist, der **Schutzbereich weit gesteckt**. Er beschränkt sich nicht auf diejenigen Tätigkeiten, die für die Erhaltung und die Sicherung des Bestandes der Koalition unerlässlich sind; er umfasst vielmehr alle koalitionsspezifischen Verhaltensweisen. Beschränkungen ergeben sich erst auf der Ebene der Schranken, insbesondere unter dem Gesichtspunkt der Verhältnismäßigkeit und durch die Grundrechte anderer[2].

21 Die **Betätigungsgarantie** erfasst diejenigen Tätigkeitsfelder, auf denen die etablierte Koalition als solche handelnd auftritt, nämlich in den Bereichen des TVG (Tarifautonomie[3]), der Schlichtung, des Arbeitskampfes (Koalitionsmittelgarantie)[4], der Wahrnehmung der Interessen im BetrVG und MitbestG sowie auf den Gebieten der Gesetzgebung (bei arbeits- und sozialpolitischen Gesetzesentwürfen), der Verwaltung und dem Gerichtsverfahren (Prozessführungsbefugnis vor den Arbeitsgerichten, § 11 Abs. 1 Satz 1 ArbGG). Ferner benennen und entsenden die Koalitionen ehrenamtliche Richter für die Arbeits- und Sozialgerichte (Vorschlagslisten für ehrenamtliche Richter, § 43 ArbGG, §§ 13, 14 SGG), Mitglieder zu den Verwaltungsräten und Ausschüssen der sozialen Selbstverwaltung, zB zur Bundesanstalt für Arbeit, und in die internationalen Einrichtungen, zB zum Sozialausschuss der Europäischen Gemeinschaft und zur Internationalen Arbeitsorganisation (IAO), die wiederum mit dem Wirtschafts- und Sozialrat der UNO zusammenarbeiten.

22 Im Rahmen der konzertierten Aktion waren die Koalitionen in die staatliche Stabilitätspolitik einbezogen (§ 3 StabilitätsG). Die **politische Wahlwerbung** gehört nicht zur Betätigungsfreiheit[5] Allgemeinpolitische Betätigungen sind nur im Hinblick auf die allgemeine Handlungsfreiheit (Art. 2 GG) geschützt. Zur geschützten Tätigkeit nach Art. 9 Abs. 3 GG gehört auch die **Werbung durch Gewerkschaftsmitglieder** während der Arbeitszeit, da diese für die Erhaltung und Sicherung des Bestandes der Koalition unerlässlich ist[6]. Gewerkschaftswerbung ist nun ausdrücklich auch an die betrieblichen E-Mail-Adressen der Beschäftigten eines Betriebes für zulässig im Rahmen der Koalitionsfreiheit aus Art. 9 Abs. 3 GG erklärt worden[7]. Die Mitgliederwerbung sichert den Gewerkschaften ihren Fortbestand. Von der Mitgliederzahl hängt die Verhandlungsstärke ab[8]. Auch ist den Gewerkschaften die Selbstdarstellung gestattet, sie dürfen vor Betriebs- und Personalratswahlen Wahlpropaganda betreiben[9]. Es besteht jedoch kein Anspruch darauf, Gewerkschaftszeitungen im Betrieb zu verteilen[10] oder Werbe- und Informationsmaterial während der Arbeitszeiten auszugeben[11]; sie dürfen das hausinterne Postverteilungssystem nicht nutzen[12] und auch keine Wahl der gewerkschaftlichen Vertrauensleute im Betrieb durchführen[13]. Die Koalitionsfreiheit der Gewerkschaft gewährt auch **kein unbeschränktes Recht auf ungestörte Rechtsberatung**; das Strafverfolgungsinteresse überwiegt. Das Vertrauen von Gewerkschaftsmitgliedern in die Geheimhaltung von Informationen, die sie der Gewerk-

---

1 Vgl. zum Kernbereich *Kühling*, ArbuR 1994, 126.
2 BVerfG 14.11.1995 – 1 BvR 601/92, NZA 1996, 381.
3 Schaub/*Linck*, § 187 VI 1 mwN.
4 BAG 10.6.1980 – 1 AZR 822/79, AP Nr. 64 zu Art. 9 GG – Arbeitskampf.
5 BVerfG 28.4.1976 – 1 BvR 71/73, AP Nr. 2 zu § 74 BetrVG 1972.
6 BAG 28.2.2006 – 1 AZR 460/01, NZA 2006, 798.
7 BAG 20.1.2009 – 1 AZR 515/08, NZA 2009, 615.
8 BVerfG 14.11.1995 – 1 BvR 601/92, NZA 1996, 381.
9 BVerfG 30.11.1965 – 2 BvR 54/62, AP Nr. 7 zu Art. 9 GG.
10 BAG 23.2.1979 – 1 AZR 540/77, AP Nr. 29 zu Art. 9 GG.
11 BAG 26.1.1982 – 1 AZR 610/80, AP Nr. 35 zu Art. 9 GG.
12 BAG 23.9.1986 – 1 AZR 597/85, AP Nr. 45 zu Art. 9 GG; EuGH 18.1.1990 – Rs. C-193/87, NZA 1991, 189.
13 BAG 8.12.1978 – 1 AZR 303/77, AP Nr. 28 zu Art. 9 GG; 17.12.1976 – 1 AZR 772/75, AP Nr. 52 zu Art. 9 GG – Arbeitskampf.

I. Koalitionsrecht   Rz. 26 **Teil 4 C**

schaft geben, ist nicht in dem Maße schützenswert, wie dies bei einem Rechtsanwalt der Fall ist. Dem Interesse der Gewerkschaft steht das Interesse der Gemeinschaft gegenüber, das in den Gewährleistungsbereich des Rechtsstaatsprinzips (Art. 20 Abs. 3 GG) fällt[1].

3. Aufbau und Organisation der Koalitionen

a) Gewerkschaften

Nach einer Unterbrechung der gewerkschaftlichen Tätigkeit durch das nationalsozialistische System konnte im Jahre **1945** wieder mit der **Gründung von Gewerkschaften** begonnen werden. Ziel war es, Einheitsgewerkschaften zu bilden. Anders als bisher sollten die Gewerkschaften politisch und weltanschaulich neutral sein. In der britischen Zone wurde 1947 der Deutsche Gewerkschaftsbund (DGB) gegründet. In den französischen und amerikanischen Zonen kam es zu Gewerkschaftszusammenschlüssen auf Landesebene. Im Jahre 1949 wurde auf Bundesebene der DGB als Spitzenorganisation von 16 Einzelgewerkschaften gegründet. 23

Die meisten dieser Gewerkschaften sind nach dem **Industrieverbandsprinzip** organisiert, dh. die Tarifzuständigkeit ist auf den in der Satzung definierten betrieblichen Sektor begrenzt[2]. Industrieverbandsprinzip bedeutet, dass alle Arbeitnehmer einer Branche (zB Metall) derselben Gewerkschaft angehören, gleichgültig, ob sie Metallarbeiter, Schreiner oder einfache Aushilfsarbeiter sind. Jedoch ist das Industrieverbandsprinzip nicht vollständig verwirklicht. Die nicht im DGB zusammengeschlossenen Gewerkschaften haben das **Berufsverbandsprinzip** weitgehend beibehalten. Hiervon betroffen sind überwiegend Arbeiter und Angestellte des „nicht industriellen" Bereichs sowie des öffentlichen Dienstes. Die größten hierzu zählenden Gewerkschaften (ÖTV, DAG, IG Medien, HBV und Deutsche Postgewerkschaft) haben sich im März 2001 nach deren Verschmelzungskongressen zur größten Einzelgewerkschaft der Welt – ver.di – (Vereinigte Dienstleistungsgewerkschaft ver.di) zusammengeschlossen. Am 2.7.2001 wurde ver.di im Vereinsregister eingetragen und hat damit rechtlich die Nachfolge der fünf Gründungsorganisationen angetreten. Ver.di ist ihrerseits Mitglied im DGB als Spitzenorganisation iSd. § 12 TVG. 24

Die **wichtigsten Gewerkschaften** sind die im DGB als **Spitzenorganisation** zusammengeschlossenen Industriegewerkschaften, der dbb beamtenbund und tarifunion, der Christliche Gewerkschaftsbund Deutschlands (CGB). Spitzenorganisationen sind gem. § 2 TVG tariffähig, wenn eine Aufgabenübertragung in der Satzung der Spitzenorganisation geregelt ist oder eine Bevollmächtigung durch die ihr angehörenden Verbände vorliegt[3]. Die deutschen Gewerkschaften sind meist **internationalen Spitzenverbänden** angeschlossen, so der DGB dem internationalen Bund freier Gewerkschaften (ICFTU) und zusammen mit 35 anderen nationalen gewerkschaftlichen Spitzenorganisationen und 13 europäischen Fachspitzenverbänden dem Europäischen Gewerkschaftsbund (EGB). Der EGB vertritt die Belange seiner Mitglieder gegenüber den Organen der EU. 25

Die **leitenden Angestellten** werden zurzeit in vier Verbänden erfasst, dem Verband der Führungskräfte in Bergbau, Energiewirtschaft und zugehörigem Umweltschutz (VdF), dem Verband angestellter Akademiker und leitender Angestellter der chemischen Industrie (VAA), dem Verband angestellter Führungskräfte (VAF) und dem Verband Deutscher Akademiker für Ernährung, Landwirtschaft und Landespflege (VDL). Diese Verbände haben sich in der Union der leitenden Angestellten (ULA) zusammen- 26

---

1 LG Berlin 3.5.1996 – 511 Qs 35/96, NJW 1996, 2520.
2 *Jacobs/Krause/Oetker*, Tarifvertragsrecht, § 7 Rz. 198.
3 *Jacobs/Oetker/Krause*, Tarifvertragsrecht, § 2 Rz. 141 f.

geschlossen[1]. Ob es sich bei diesen Verbänden um Gewerkschaften handelt, ist im Einzelnen umstritten[2]. Dem Berufsverband der **Arzt- und Zahnarzthelferinnen** kommt ebenso wie dem Marburger Bund, in dem die **Ärzte** organisiert sind, Gewerkschaftseigenschaft zu[3].

27 Eine zunehmend wichtige und sehr einflussreiche Rolle spielen inzwischen die sog. **Spartengewerkschaften** (wie zB Marburger Bund (Klinikärzte), VC Vereinigung Cockpit (Piloten), UFO Unabhängige Flugbegleiter Organisation oder GDL Gewerkschaft Deutscher Lokomotivführer – auch Berufsgruppengewerkschaften genannt) nach Aufgabe des Grundsatzes der Tarifeinheit durch das BAG[4] (vgl. Rz. 201, 279 f.). Derartige kleine Gewerkschaften können mittels eines zulässigen Arbeitskampfes (vgl. Rz. 44 ff.). nicht nur ihren Betrieb, sondern ganze Infrastrukturen zum Erliegen bringen (Stichwort Piloten- bzw. Lokführerstreik). Die Bundesregierung hat entgegen dem abgeschlossenen Koalitionsvertrag[5] den Grundsatz der Tarifeinheit (ein Betrieb – eine Gewerkschaft) nicht in das Gesetz zur Stärkung der Tarifautonomie (Tarifautonomiestärkungsgesetz) mit aufgenommen. Die gesetzliche Festschreibung der Tarifeinheit war im September 2014 Gegenstand des 70. Deutschen Juristentages in Hannover[6]. In Zukunft ist eine gesetzliche Sicherung der Funktionsfähigkeit der Tarifautonomie vorgesehen. Bislang liegt ein Referentenentwurf der Bundesregierung für ein sog. „Tarifeinheitsgesetz" vor (vgl. Rz. 279 f., 282).

28 Die im **DGB zusammengeschlossenen Einzelgewerkschaften** sind in der Regel **drei- oder vierstufig aufgebaut**. Mitgliedschaft besteht im jeweiligen Bundesverband. Unterhalb der Bundesebene sind sie in verschiedene Bezirke aufgeteilt, die ihrerseits wiederum in regionale und/oder lokale Stellen untergliedert sind[7]. Der **DGB** ist vierstufig aufgebaut. **Organe** sind der Bundeskongress, der Bundesausschuss, der Bundesvorstand und die Revisionskommission (Satzung Juni 1994). Unterhalb der Bundesebene sind Landesbezirke, Kreise und Ortskartelle mit jeweils eigenen Organen gebildet. Ver.di ist ähnlich gegliedert wie die Gewerkschaften des DGB. Der **DGB und seine Einzelgewerkschaften** sind streng **hierarchisch organisiert**. Die Organe der unteren Ebenen haben regionale oder landespolitische Aufgaben wahrzunehmen. Daneben sind sie Beauftragte der übergeordneten Stellen und an deren Weisungen gebunden. Sie nehmen dabei Verwaltungsaufgaben wahr, führen Werbekampagnen durch, betreuen die Mitglieder und führen überregional beschlossene Maßnahmen durch.

29 ⊃ **Hinweis:** Tarifverhandlungen und Abschluss von Tarifverträgen obliegen den Organen auf Bundes- oder Landesebene. Tarifabschlüsse setzen dabei die Zustimmung, jedenfalls aber die Anhörung eigens gebildeter Tarifkommissionen voraus. Die Einleitung von Arbeitskampfmaßnahmen ist grundsätzlich abhängig von der Zustimmung des jeweiligen Hauptvorstandes auf Bundesebene.

b) Arbeitgeberverbände

30 Im Jahre 1950 wurde die **Bundesvereinigung der Deutschen Arbeitgeberverbände** (BDA) gegründet[8]. Der BDA ist heute eine Spitzenorganisation von 54 Bundesfachverbänden und 14 Landesvereinigungen. Nicht zur BDA gehören die Tarifgemeinschaft

---

1 Zu den Verbänden im Einzelnen vgl. *Hromadka*, S. 194 f.
2 Vgl. BAG 16.11.1982 – 1 ABR 22/78, AP Nr. 32 zu § 2 TVG.
3 BAG 21.11.1975 – 1 ABR 12/75, NJW 1976, 1166; OVG Münster 29.11.1971 – CL 6/71, NJW 1972, 1156.
4 BAG 27.1.2010 – 4 AZR 549/08, NZA 2010, 1068; 23.6.2010 – 10 AS 2/10, NZA 2210, 778; *Löwisch/Rieble*, § 2 TVG Rz. 16 f.
5 Koalitionsvertrag zwischen CDU, CSU und SPD v. 16.12.2013, S. 70.
6 *Bepler*, Gutachten B zum 70. DJT 2014, S. 82 ff.; *Waltermann*, NZA 2014, 874.
7 Vgl. im Einzelnen MünchArbR/*Löwisch*, § 241 Rz. 22 f.
8 Zur Entstehung vgl. *Erdmann*, S. 227 ff.

I. Koalitionsrecht

Deutscher Länder, die Vereinigung der Kommunalen Arbeitgeberverbände und die Arbeitgeberverbände der Eisen- und Stahlindustrie. Der BDA arbeitet mit dem Bundesverband der Deutschen Industrie zusammen, dessen Aufgaben auf wirtschaftlichem Gebiet liegen.

Arbeitgeberverbände sind in der Regel ebenfalls **nach Industriebereichen organisiert**. 31
Meist sind sie überdies regional zu einem Fachverband zusammengeschlossen und gehören auf Landesebene einem überfachlichen Landesverband sowie auf Bundesebene einer fachlichen Spitzenorganisation (zB Gesamtmetall) an. Die Arbeitgeberverbände sind in der Regel **rechtsfähige Vereine** (§ 21 BGB). **Organe** der einzelnen Arbeitgeberverbände sind die Verbandsversammlung und der Vorstand, dem ein oder mehrere Geschäftsführer beigegeben sind, die die laufenden Geschäfte des Verbandes führen und ihn vertreten.

c) Aufgaben der Koalitionen

Die Koalitionen vertreten in erster Linie die **Interessen ihrer Mitglieder**, nehmen aber 32
auch **öffentliche Ordnungsaufgaben** wahr. Zur Erfüllung ihrer Aufgaben wurden ihnen bestimmte Zuständigkeiten eingeräumt. Sie sind tariffähig (§ 2 Abs. 1 TVG). Durch den Abschluss von Tarifverträgen werden die sozialen Gegenspieler zu Sozialpartnern. Vor den Arbeitsgerichten sind sie stets aktiv und passiv parteifähig (§ 10 ArbGG) und dürfen ihre Mitglieder vor den Arbeitsgerichten vertreten (§ 11 Abs. 1 ArbGG). Sie können rechtmäßige Arbeitskämpfe auslösen (für weitere Aufgaben vgl. Rz. 8 f.). Besondere Bedeutung im Aufgabenbereich der Gewerkschaften nimmt die **Mitgliederwerbung in Betrieben** ein. Das BAG weist in seinem Urteil vom 28.2. 2006[1] darauf hin, dass die Gewerkschaften in Betrieben auch durch **betriebsfremde Mitarbeiter** um Mitglieder werben dürfen. Grundsätzlich ist die Werbung von Mitgliedern Teil der durch Art. 9 Abs. 3 Satz 1 GG grundrechtlich geschützten Betätigungsfreiheit der Gewerkschaften. Es darf nur nicht zu Störungen des Betriebsablaufs kommen.

4. Arbeitskampfrecht

Nach dem Grundsatz der Vertragsfreiheit müssten die Tarifvertragsparteien vom Abschluss eines neuen Tarifvertrages absehen, wenn sie sich nicht über den Inhalt einigen können. Da jedoch die Arbeitsbedingungen, insbesondere die Höhe der jeweiligen Arbeitsvergütung, einer Regelung bedürfen, ist ein Ausgleich der widerstreitenden Interessen (**Schlichtung**) oder der Einsatz eines Zwangsmittels (**Arbeitskampf**) erforderlich. Kommt es nicht zu einer Einigung über den Abschluss eines Tarifvertrages, so drohen Arbeitskämpfe. – Der Staat muss die **Neutralität** im Arbeitskampf wahren. Eine Unterstützung der einen oder anderen Partei im Arbeitskampf ist ihm aus Art. 9 Abs. 3 GG untersagt[2]. 33

a) Schlichtung

Um einer Verhärtung der Fronten vorzubeugen, wird häufig ein Schlichtungsverfahren durchgeführt, in dem die Gegensätze ausgeglichen und der Arbeitsfrieden erhalten werden soll. Unter **Schlichtung** versteht man Hilfeleistung beim Abschluss eines Kollektivvertrages. **Beteiligte** können daher nur Personen sein, die auch Partner eines Kollektivvertrages sein können. 34

---

1 BAG 28.2.2006 – 1 AZR 460/04, NZA 2006, 798.
2 BAG GS 28.1.1955 – GS 1/53, NJW 1955, 882; *Löwisch/Rieble*, Grundl. TVG, Rz. 469.

35 Aufgrund der Tarifautonomie können die Tarifpartner vereinbaren, dass von ihnen geschaffene **Schlichtungsstellen** Hilfe bei Regelungsstreitigkeiten leisten. Eine solche Vereinbarung kann in jedem Tarifvertrag getroffen werden. Üblich sind in der Regel jedoch besondere **Schlichtungsabkommen**. Eine Schlichtungsvereinbarung untersagt Arbeitskampfmaßnahmen vor Abschluss des Schlichtungsverfahrens. Vor Durchführung des Schlichtungsverfahrens sind Arbeitskampfmaßnahmen unzulässig, da der Arbeitskampf nur die Ultima Ratio sein soll. Durch die Schiedsabrede besteht eine erweiterte Friedenspflicht. **Organisation und Verfahren** sind im Schlichtungsabkommen festgelegt. Das Verfahren kann auf Antrag einer oder beider Parteien ausgelöst werden; neuerdings ist auch eine automatische Öffnung vorgesehen, wenn die Tarifverhandlungen gescheitert sind[1]. Den Vorsitz der Schlichtungsstelle hat meist eine neutrale Person, während die Beisitzer von den Tarifpartnern gestellt werden. Ein **Einigungsvorschlag** der Schlichtungsstelle ist grundsätzlich für die Parteien unverbindlich, nehmen die Parteien den Vorschlag an, so hat dieser die Wirkung eines Tarifvertrages. Erforderlich ist allerdings, dass der Vorschlag alle formellen und materiellen Voraussetzungen eines Tarifvertrages erfüllt. Schweigen gilt grundsätzlich als Ablehnung. Vereinbart werden kann auch (zB im Schlichtungsabkommen), dass der Vorschlag der Schlichtungsstelle bindend sein soll. Kommt die Schlichtungsstelle nicht zu einem Einigungsvorschlag oder nehmen die Parteien den Vorschlag nicht an, so endet das Schlichtungsverfahren und mit ihm die Friedenspflicht.

36 Nunmehr ist der Weg für den Arbeitskampf frei, wenn nicht das staatliche Schlichtungsverfahren folgen soll. Die **staatliche Schlichtung** ist subsidiär, dh. die Parteien können sie nur in Anspruch nehmen, wenn sie keine andere Schlichtung vereinbart haben oder wenn die vereinbarte Schlichtung gescheitert ist[2]. Auch der Vorschlag des staatlichen Schlichtungsausschusses bindet die Parteien nicht.

37 ⊃ **Hinweis:** Schiedssprüche und Verbindlichkeitserklärungen im Rahmen der staatlichen Schlichtung können als Verwaltungsakte vor den Verwaltungsgerichten angefochten werden. Die Arbeitsgerichte bleiben jedoch zuständig für Streitigkeiten aus der Gesamtvereinbarung.

38 **Beispiele:**

Schlichtungs- und Schiedsvereinbarungen finden sich zB in der Metallindustrie (vom 1.1. 1980)[3], in der Ernährungsindustrie (vom 11.7.1955)[4], im öffentlichen Dienst (vom 6.12.1976 idF vom 1.10.1990) sowie in der Chemischen Industrie (vom 28.10.1981)[5]. Zu nennen sind weiterhin die Schlichtungsregelung mit der IG Chemie-Papier-Keramik vom 28.10.1981 idF vom 1.3.1985 und die Schieds- und Schlichtungsordnung in der am 2.11.1988 zwischen dem Bundesverband Druck und der IG Druck und Papier vereinbarten Fassung[6].

b) Arbeitskampfmaßnahmen

39 Arbeitskämpfe stehen in unmittelbarem Zusammenhang zur Tarifautonomie der Koalitionen. Sie dienen der Gewährleistung des Zustandekommens und der inhaltlichen Ausgewogenheit von Tarifverträgen. Eine **gesetzliche Regelung** des Arbeitskampfrechts fehlt. Daher wurden die Grundsätze für die Zulässigkeit von Arbeitskämpfen von den Arbeitsgerichten aus den jeweiligen Streitfragen entwickelt. Der Begriff des Arbeitskampfes findet sich jedoch in einigen Bundesgesetzen (zB Art. 9 Abs. 3 GG,

---

1 BAG 20.12.1963 – 1 AZR 157/63, AP Nr. 34 zu Art. 9 GG – Arbeitskampf.
2 Die staatliche Schlichtung beruht auf dem KontrollratsG Nr. 35 von 1946, hierzu sind teilweise landesrechtliche Ausführungsbestimmungen erlassen worden; zu den Einzelheiten vgl. Schaub/*Treber*, § 196.
3 Vgl. RdA 1980, 163, dazu *Kirchner*, RdA 1980, 129.
4 Vgl. RdA 1955, 384.
5 Vgl. RdA 1982, 119.
6 Abgedruckt in *Löwisch/Rumler*, Anh. 3 bis 7.

I. Koalitionsrecht

§ 2 Abs. 1 Nr. 2 ArbGG, § 74 Abs. 2 BetrVG, § 66 Abs. 2 BPersVG, §§ 36 Abs. 3, 160 SGB III, § 11 Abs. 5 AÜG). Der Streik wird darüber hinaus in einigen Landesverfassungen erwähnt (zB Art. 18 Abs. 3 Verf. von Berlin, Art. 51 Abs. 3 LVerf. Bremen, Art. 29 Abs. 4 LVerf. Hessen, Art. 66 LVerf. für Rheinland-Pfalz). Auch in der Europäischen Sozialcharta (ESC) wird der Arbeitskampf grundsätzlich anerkannt (Art. 6 Nr. 4 ESC)[1]. Der EuGH hat nun in zwei Entscheidungen vom 11.12.2007[2] und vom 18.12.2008[3] deutlich gemacht, dass das Arbeitskampfrecht auch **europarechtlichen Schranken** unterworfen ist. Danach müssen Gewerkschaften bei ihren Arbeitskampfmaßnahmen die Niederlassungsfreiheit (Art. 49 AEUV = ex-Art. 43 EGV) und die Dienstleistungsfreiheit (Art. 56 AEUV = ex-Art. 49 EGV) beachten. Das Streikrecht **kirchlicher Mitarbeiter** steht im Spannungsfeld zwischen der verfassungsrechtlich garantierten Koalitionsfreiheit gem. Art. 9 Abs. 3 GG einerseits und dem kirchlichen Selbstbestimmungsrecht nach Art. 140 GG iVm. Art. 137 Abs. 3 WRV andererseits. Das BAG[4] hat in zwei Entscheidungen versucht, die kirchliche Autonomie und die Koalitionsfreiheit durch Herstellung praktischer Konkordanz miteinander in Einklang zu bringen. Diese Rechtsprechung ist in der Literatur[5] auf berechtigte Kritik gestoßen, weil ein absolutes Streikverbot in kirchlichen Einrichtungen auch unter dem Gesichtspunkt einer „christlichen Dienstgemeinschaft" nicht verfassungsgemäß erscheint.

Parteien des Arbeitskampfes können Arbeitgeber oder Arbeitnehmer, aber auch tariffähige Vereinigungen von Arbeitgebern und Arbeitnehmern (vgl. § 2 TVG) sein. Ob **Auszubildende** sich an Arbeitskampfmaßnahmen beteiligen dürfen, ist umstritten. Soweit über die Ausbildungsvergütung verhandelt wird, wird die Teilnahme an kurzen zeitlich befristeten Warnstreiks jedoch als zulässig erachtet[6]. Auch arbeitnehmerähnlichen Personen iSd. § 12a TVG wird ein Streikrecht zugestanden[7]. Der **Staat** ist im Arbeitskampf zur **Neutralität** verpflichtet, sofern es sich nicht um einen Notstand handelt. 40

Auf Seiten des Arbeitgebers kommt als **Arbeitskampfmittel** die **Aussperrung** in Betracht. Seitens der Arbeitnehmer kommen als Arbeitskampfmaßnahmen der **Streik** als planmäßige, gemeinsame Arbeitsniederlegung mehrerer Arbeitnehmer mit bestimmtem Kampfziel in Betracht sowie der **Boykott** als planmäßige Aussperrung des Arbeitgebers vom geschäftlichen Verkehr (zB Aufruf an Stellenbewerber, sich nicht bei einem bestimmten Arbeitgeber zu bewerben, um den Streikerfolg nicht durch Neueinstellung zu gefährden)[8]. Streik und Aussperrung sollen die bestehenden Arbeitsverhältnisse zum Ruhen bringen (**Suspendierung der Arbeitsverhältnisse**), der Boykott soll den Abschluss von Arbeitsverträgen verhindern oder die Auflösung von Arbeitsverträgen erreichen. Der **Streik** kann durch Arbeitseinstellung, durch den sog. Bummelstreik (Nicht- oder Schlechterfüllung der Arbeitspflicht) und durch übergenaue Befolgung von Ordnungs- oder Sicherheitsbestimmungen, die den Betrieb zum Erliegen bringen, geführt werden. 41

---

1 Gesetz zur Europäischen Sozialcharta vom 19.9.1964, BGBl. II, 1261.
2 EuGH 11.12.2007 – Rs. C-850/05 – International Transport Workers-Federation, DB 2008, 298 ff.
3 EuGH 18.12.2008 – Rs. C-341/05 – Laval, DB 2008, 71 ff.
4 BAG 20.11.2012 – 1 AZR 611/11, NZA 2013, 437 „Zweiter Weg"; 20.11.2012 – 1 AZR 179/11, NZA 2013, 448 „Dritter Weg".
5 *Kocher/Krüger/Sudhof*, NZA 2014, 880.
6 BAG 12.9.1984 – 1 AZR 342/83, AP Nr. 81 zu Art. 9 GG – Arbeitskampf; *Wohlgemuth*, BB 1983, 1103; aA *Natzel*, DB 1983, 1488.
7 HWK/*Henssler*, § 12a TVG Rz. 20 mwN.
8 Vgl. zum Boykott *Brox/Rüthers*, Rz. 64 ff.; *Binkert*, ArbuR 1979, 234; *Birk*, ArbuR 1974, 289; *Coester*, RdA 1976, 282; *Löwisch*, RdA 1977, 356.

42 Aus praktischen Bedürfnissen haben sich verschiedene zulässige **Arbeitskampfmaßnahmen mit unterschiedlichem Umfang** herausgebildet. Wenn alle Arbeitgeber eines Wirtschaftszweiges von den organisierten Arbeitnehmern bestreikt werden oder wenn alle Arbeitnehmer eines Betriebes die Arbeit niederlegen, spricht man von einem **Vollstreik**. Dagegen handelt es sich um einen **Teil- oder Schwerpunktstreik**, wenn nur bestimmte betriebliche Abteilungen oder einzelne Zuliefer- oder Abnehmerbetriebe eines Wirtschaftszweiges bestreikt werden. Beim **Generalstreik** legen sämtliche Arbeitnehmer die Arbeit nieder. Auf Arbeitgeberseite handelt es sich entsprechend um **General-, Voll-, Teil- und Schwerpunktaussperrungen**. Bedeutung haben in der Vergangenheit sog. **Standortarbeitskämpfe** erlangt, insbesondere Tarifauseinandersetzungen aus Anlass einer Stilllegung oder Verlagerung von Produktionsstätten in das Ausland. Fraglich hierbei ist, ob die Unternehmerentscheidung gem. § 111 BetrVG grundsätzlich tariffrei ist oder Tarifforderungen im Hinblick auf Verlängerung von Kündigungsfristen, Finanzierung von Qualifizierungsmaßnahmen sowie Abfindungen grundsätzlich (noch) von der Tarifautonomie des Art. 9 Abs. 3 GG erfasst sind. Die Rechtmäßigkeit derartiger Arbeitskämpfe hat zwischenzeitlich das BAG bejaht[1] und somit die bisherige Rechtsprechung zweier Landesarbeitsgerichte bestätigt[2]. Anträge auf Erlass einer Unterlassungsverfügung gegen Streikmaßnahmen zur Erzwingung eines **Tarifsozialplans** können keinen Erfolg haben[3]. Tarifvertragsparteien können auch für Beschäftigte in Betrieben mit Betriebsrat (tarifliche) Abfindungsregelungen vereinbaren, die dem Ausgleich oder der Milderung der mit einer geplanten Betriebsänderung einhergehenden Nachteile dienen. Klargestellt ist nun, dass die Beteiligungsrechte des Betriebsrats gem. §§ 111, 112 BetrVG **keine Sperrwirkung** anordnen. Streikforderungen einer Gewerkschaft, deren Gegenstände **tariflich regelbar** sind, unterliegen keiner gerichtlichen Übermaßkontrolle[4]. In der Literatur sind Standortarbeitskämpfe umstritten[5].

43 Der Arbeitskampf ist von **anderen Rechtsinstituten abzugrenzen**. Der Arbeitskampf hat nicht zum Ziel, Rechtsansprüche durchzusetzen; Ziel ist es vielmehr, Regelungen zu treffen. Die Parteien können jedoch zur Durchsetzung anderer Ziele (zB Verlangen rückständigen Lohns, Arbeitsverweigerung wegen unzumutbarer gefährlicher Arbeit oder wegen fehlender Schutzvorrichtungen) durch gemeinsame und planmäßige Ausübung individueller Gestaltungsrechte Druck auf die Gegenseite ausüben. Hier sind zB zu nennen die **kollektive Massenkündigung** durch Arbeitgeber oder Arbeitnehmer sowie die **kollektive Ausübung eines Zurückbehaltungsrechts** nach den §§ 273, 320 BGB bei einem arbeitsvertraglich bestehenden Rechtsanspruch[6] (vgl. Rz. 46). Die Massenkündigung auf Arbeitnehmerseite wird als Arbeitskampf angesehen[7]. Die Kündigungen durch den Arbeitgeber werden dagegen als echte Kündigungen aufgefasst[8].

c) Rechtmäßigkeit des Streiks

44 Der Arbeitskampf muss von einer **tariffähigen Partei** gegen eine andere tariffähige Partei geführt werden[9]. Ein Streik muss von einer Gewerkschaft organisiert werden.

---

1 BAG 24.4.2007 – 1 AZR 252/06, NZA 2007, 987.
2 LAG Schl.-Holst. 27.3.2003 – 5 Sa 137/03, NZA-RR 2003, 592; LAG Nds. 2.6.2004 – 7 Sa 819/04 – Otis, NZA-RR 2005, 200.
3 *Bauer/Krieger*, NZA 2004, 1019 (1020).
4 BAG 24.4.2007 – 1 AZR 252/06, NZA 2007, 987; *Bayreuther*, NZA 2007, 1017.
5 *Kühling/Bertelsmann*, NZA 2005, 1017; *Rolfs/Clemens*, DB 2003, 1678; *Bauer/Krieger*, NZA 2004, 1019; *Wolter*, RdA 2002, 218 (266).
6 Vgl. *Brox/Rüthers*, Rz. 77.
7 BAG 28.4.1966 – 2 AZR 176/65, AP Nr. 37 zu Art. 9 GG – Arbeitskampf.
8 BAG 28.4.1966 – 2 AZR 176/65, 3.9.1968 – 1 AZR 113/68, AP Nr. 37 u. 39 zu Art. 9 GG – Arbeitskampf.
9 BAG 20.12.1963 – 1 AZR 428/62, 21.10.1969 – 1 AZR 93/68, 14.2.1978 – 1 AZR 76/76, AP Nr. 32, 41 u. 58 zu Art. 9 GG – Arbeitskampf.

I. Koalitionsrecht

Hierzu haben die Gewerkschaften Richtlinien zur Führung von Arbeitskämpfen beschlossen. Danach ist zunächst ein **Beschluss der Gewerkschaft** zur Einleitung des Streiks erforderlich. Es folgt eine **Urabstimmung der Gewerkschaftsmitglieder** und die **Genehmigung des Streikbeschlusses** durch das zuständige gewerkschaftliche Organ. Erst wenn die Gewerkschaft den **Streikbefehl** an ihre Mitglieder weitergibt, erfolgt die Arbeitsniederlegung. Nicht gewerkschaftlich geführte Streiks (sog. **wilde Streiks**) sind rechtswidrig[1]. Sie stellen einen Eingriff in den eingerichteten und ausgeübten Gewerbebetrieb dar. Übernimmt eine Gewerkschaft nachträglich einen „wilden Streik", so wird dieser rückwirkend rechtmäßig[2]. Dies gilt aber nur, soweit der übernommene Streik dann als gewerkschaftlicher unter den sonstigen Voraussetzungen rechtmäßig ist. Die bloße Unterstützung eines wilden Streiks stellt keine Übernahme dar. Das BAG erachtet in seiner Entscheidung vom 22.9.2009[3] sog. **Flashmob-Aktionen** als zulässiges Arbeitskampfmittel. Derartige Aktionen sind nicht gekennzeichnet von klassischen Arbeitsniederlegungen, sondern zeichnen sich durch die Beteiligung von Dritten aus, die nicht Arbeitnehmer des zu bestreikenden Betriebes sind. Im konkreten Fall wurde bei einem Mitglied des von laufenden Tarifverhandlungen betroffenen Arbeitgeberverbands des Einzelhandels in Berlin eine solche Flashmob-Aktion durchgeführt. Die etwa 50 über Internet bzw. SMS von der Gewerkschaft aktivierten Personen betraten unter Bekanntgabe eines Streikaufrufs die Verkaufsfiliale, wobei die Teilnehmer dieser Aktion u.a. unzählige Pfennigartikel in die Einkaufswagen legten und an der Kasse vorgaben, nicht bezahlen zu können, bzw. Einkaufswagen randvoll mit Waren füllten und im Verkaufsraum stehen ließen. Das BAG[4] sieht bei solchen Aktionen die Grundsätze der Verhältnismäßigkeit und insbesondere der Kampfparität trotz der Beteiligung Dritter als gewährleistet an und verneint einen Eingriff in den eingerichteten und ausgeübten Gewerbebetrieb und damit einen Unterlassungsanspruch des betroffenen Arbeitgeberverbandes nach §§ 1004 Abs. 1 BGB iVm. 823 Abs. 1 BGB, Art. 9 Abs. 3 GG. Mit Beschluss vom 26.3.2014 hat der 1. Senat des BVerfG[5] die gegen die Entscheidung des BAG vom 22.9.2009 erhobene Verfassungsbeschwerde als unbegründet zurückgewiesen. Danach seien die vom BAG herangezogenen Kriterien zur Beurteilung derartiger Flashmob-Aktionen bezüglich der Grenzen der Koalitionsfreiheit (Art. 9 Abs. 3 GG) nicht zu beanstanden.

45 Weiterhin müssen die Vereinigungen von Arbeitgebern und Arbeitnehmern **tarifzuständig** sein. Darunter versteht man die Eigenschaft eines Verbandes, Tarifverträge mit einem bestimmten Geltungsbereich abschließen zu können. Der Geltungsbereich kann nach branchenmäßigen, räumlichen, persönlichen oder fachlichen Kriterien festgelegt sein[6]. Die Tarifparteien bestimmen ihre Zuständigkeit im Rahmen ihrer Satzungsautonomie selbst. Beim zulässigen Wechsel eines Mitgliedsunternehmens in eine OT-Mitgliedschaft während laufender Tarifverhandlungen sind spätere Arbeitskampfmaßnahmen gegen dieses Unternehmen rechtswidrig, wenn es die Gewerkschaft über diesen Statuswechsel informiert hat[7]. Arbeitskämpfe, die von einer nicht tarifzuständigen Organisation geführt werden, sind rechtswidrig.

46 Arbeitskämpfe dürfen ausschließlich zur Durchsetzung **tariflich regelbarer Ziele** geführt werden[8]. Ein solches nicht regelbares Ziel ist die Verhinderung einer Betriebs-

---

1 BAG 14.12.1978 – 1 AZR 76/76, 20.12.1963 – 1 AZR 428/62, 21.10.1969 – 1 AZR 93/68, AP Nr. 58, 32 u. 41 zu Art. 9 GG – Arbeitskampf.
2 BAG 20.12.1963 – 1 AZR 428/62, AP Nr. 32 zu Art. 9 GG – Arbeitskampf.
3 BAG 22.9.2009 – 1 AZR 972/08, NZA 2009, 1347.
4 BAG 22.9.2009 – 1 AZR 972/08, NZA 2009, 1347.
5 BVerfG 26.3.2014 – 1 BvR 3185/09, NZA 2014, 493.
6 BAG 17.2.1970 – 1 ABR 15/69, AP Nr. 3 zu § 2 TVG – Tarifzuständigkeit.
7 BAG 19.6.2012 – 1 AZR 775/10, NZA 2012, 1372.
8 BAG 26.10.1971 – 1 AZR 113/68, 21.3.1978 – 1 AZR 11/76, 10.6.1980 – 1 AZR 168/79, AP Nr. 44, 62 u. 65 zu Art. 9 GG – Arbeitskampf; *Löwisch/Rieble*, Grundl. TVG, Rz. 439 ff.

änderung, wie zB die beabsichtigte Verlagerung der Produktion ins Ausland[1] (s. Rz. 42 Standortarbeitskampf). Ein Arbeitskampf darf nur zur **Erzwingung eines Tarifvertrages** geführt werden. Tariflich regelbare Ziele sind die Arbeits- und Wirtschaftsbedingungen nach Art. 9 Abs. 3 GG, insbesondere der Inhalt, der Abschluss und die Beendigung von Arbeitsverhältnissen, die Regelung betriebsverfassungsrechtlicher Fragen oder im Rahmen eines Tarifsozialplans auch Abfindungsregelungen (auch hierbei handelt es sich um Beendigungsnormen), Verlängerung von Kündigungsfristen und Qualifizierungsmaßnahmen[2] (§ 1 Abs. 1 TVG). Regelungsmaterie kann auch die schuldrechtliche Seite des Tarifvertrages sein (zB der räumliche Geltungsbereich). Rechtswidrig und damit nicht zur Durchsetzung tariflich regelbarer Ziele ist ein Streik, wenn er den Arbeitgeber zur Aufgabe[3] oder Aufrechterhaltung[4] seiner Mitgliedschaft im Arbeitgeberverband veranlassen soll. Ein Streik zur Durchsetzung eines Firmentarifvertrages ist nicht schon deshalb rechtswidrig, wenn er gegen einen verbandsangehörigen Arbeitgeber gerichtet ist[5]. Möglich ist in diesem Fall ein Verstoß gegen die Friedenspflicht, wenn der mit dem Firmentarifvertrag erstrebte Abschluss Regelungen enthält, die bereits in dem Verbandstarifvertrag enthalten sind. Zur Durchsetzung **tariflich unzulässiger Vereinbarungen** darf grundsätzlich nicht gestreikt werden. So erachtete das BAG einen Streik zur Durchsetzung von Differenzierungsklauseln[6] (Klauseln, aufgrund derer zwischen organisierten und nicht organisierten Mitgliedern unterschieden wird) als unzulässig. Diese Rechtsprechung hat das BAG in seinem Urteil vom 18.3.2009[7] aufgegeben und festgestellt, dass solche Differenzierungsklauseln im Einzelfall wirksam sein können (vgl. Rz. 184a). Auch die Erreichung **politischer Ziele** darf nicht Gegenstand eines Streiks sein[8]. Arbeitskämpfe im **öffentlichen Dienst** sind rechtswidrig, soweit sie gegen das Beamtenrecht verstoßen. Die Treuepflicht des Beamten schließt den Streik aus[9]. **Arbeitsbedingungen** werden durch Gesetz und nicht durch Tarifvertrag geregelt. Ein Streik zur Durchsetzung von arbeitsvertraglichen Rechtsansprüchen ist rechtswidrig. Für die Durchsetzung individualvertraglicher Ansprüche sind die Arbeitsgerichte zuständig (vgl. Rz. 43). **Betriebliche, betriebsverfassungsrechtliche oder personalvertretungsrechtliche Maßnahmen** können nicht durch Streik erzwungen werden[10]. Bei arbeitskampfbedingten **Versetzungen** (Einsatz von sog. Streikbrechern) bedarf es keiner Zustimmung des Betriebsrats des abgebenden Betriebs nach § 99 Abs. 1 BetrVG; den Arbeitgeber trifft lediglich eine Informationspflicht nach § 80 Abs. 2 Satz 1 BetrVG, dh. er hat dem Betriebsrat rechtzeitig vor Durchführung dieser personellen Maßnahme mitzuteilen, welche Arbeitnehmer er vorübergehend zur Streikabwehr einsetzen wird[11]. Betriebsrat und Arbeitgeber bzw. Personalrat und Dienstherr haben alles zu unterlassen, was die Arbeit und den Frieden des Betriebs bzw. der Dienststelle gefährden könnte. Sie dürfen keine Arbeitskampfmaßnahmen durchführen (§§ 74 Abs. 2 BetrVG, 66 Abs. 2 BPersVG). Allerdings dürfen sich Personalrats- und Betriebsratsmitglieder wie andere Arbeitnehmer am Arbeitskampf beteiligen, insbesondere dürfen sie den Streik aktiv vorbereiten, organisieren und leiten. Sie müssen jedoch dabei jede Bezugnahme und

---

1 LAG Hamm 31.5.2000 – 18 Sa 858/00, NZA-RR 2000, 535.
2 BAG 24.4.2007 – 1 AZR 252/06, DB 2007, 1924.
3 BAG 24.4.2007 – 1 AZR 252/06, DB 2007, 1924 (1926).
4 BAG 10.12.2002 – 1 AZR 96/02, NZA 2003, 734 (738).
5 BAG 10.12.2002 – 1 AZR 96/02, NZA 2003, 734.
6 BAG 29.11.1967 – GS 1/67, NJW 1968, 1903.
7 BAG 18.3.2009 – 4 AZR 64/08, NZA 2009, 1028.
8 Vgl. *Krichel*, NZA 1987, 297; *Reuß*, ArbuR 1966, 264; *Däubler*, ZfA 1973, 201 ff.
9 Der Einsatz von Beamten auf bestreikten Arbeitsplätzen ist grds. anerkannt, vgl. BAG 10.9.1985 – 1 AZR 262/84, AP Nr. 86 zu Art. 9 GG – Arbeitskampf; BVerfG 7.11.1994 – 2 BvR 1117/94 u.a., NVwZ 1995, 680.
10 BAG 17.12.1976 – 1 AZR 772/75, AP Nr. 52 zu Art. 9 GG – Arbeitskampf; *Wiese*, NZA 1984, 378.
11 BAG 13.12.2011 – 1 ABR 2/10, NZA 2012, 571.

I. Koalitionsrecht

jeden Hinweis auf ihre Amtsstellung unterlassen (§§ 74 BetrVG, 66 Abs. 2 BPersVG)[1]. Eine inhaltliche Kontrolle von **unverhältnismäßigen Forderungen** und – so wörtlich – auch von „exorbitant hohen Forderungen" einer Gewerkschaft lehnt das BAG im Rahmen des Art. 9 Abs. 3 GG ab[2]. Die Rechtswidrigkeit einer im Arbeitskampf erhobenen Hauptforderung führt im Regelfall zur Rechtswidrigkeit des gesamten Streiks[3].

Rechtswidrig sind auch sog. **Demonstrationsstreiks**, bei denen die Arbeitnehmer auf aktuelle Probleme hinweisen wollen (zB politisch unerwünschte Maßnahmen, Fehlverhalten des Arbeitgebers). Es fehlt hierbei am tarifvertraglich regelbaren Kampfziel[4]. Im Übrigen sind derartige Streiks nicht mit dem Ultima-ratio-Prinzip vereinbar (vgl. Rz. 49). **Sympathie- oder Solidaritätsstreiks** werden zur Unterstützung eines anderen Arbeitskampfes, des Hauptarbeitskampfes, geführt. Die streikenden Arbeitnehmer werden zwar vom Geltungsbereich des im Hauptstreik umkämpften Tarifvertrages nicht erfasst. Ein solcher Streik ist als rechtmäßig anzusehen, obwohl Ziel des Streiks nicht der Abschluss eines (eigenen) Tarifvertrages ist. Dennoch unterliegt ein solcher Streik dem Schutzbereich des Art. 9 Abs. 3 GG, wenn er nicht zur Unterstützung des Hauptarbeitskampfs offensichtlich ungeeignet, nicht erforderlich oder unangemessen ist[5]. Auch nach der jüngsten Rechtsprechung des BAG unterfallen gewerkschaftliche Streiks, die zur **Unterstützung** eines in einem anderen Tarifgebiet geführten Hauptarbeitskampfes dienen, der durch Art. 9 Abs. 3 GG gewährleisteten Betätigungsfreiheit[6]. Dem Unterstützungsstreik bleiben dennoch Grenzen gezogen, die sich einerseits aus den Vereinbarungen der Tarifvertragsparteien und andererseits aus dem Grundsatz der Verhältnismäßigkeit ergeben (vgl. Rz. 49). 47

⊃ **Hinweis:** Die Gewerkschaft, die zu einem Sympathiestreik aufruft, macht sich **schadensersatzpflichtig**. Anspruchsgrundlage bei Verletzung der Friedenspflicht ist die (frühere) positive Forderungsverletzung des Tarifvertrages bzw. § 280 Abs. 1 BGB. Zusätzlich kann ein Anspruch aus unerlaubter Handlung gem. § 823 Abs. 1 BGB wegen Eingriffs in den eingerichteten und ausgeübten Gewerbebetrieb in Betracht kommen[7] (vgl. im Übrigen Rz. 70f.). Der Arbeitgeber bzw. Arbeitgeberverband trägt die Beweislast für die Frage, ob die Umsetzung einer Tarifforderung einer Gewerkschaft als verfassungswidriger Eingriff in die unternehmerische Entscheidungsfreiheit bzw. den eingerichteten und ausgeübten Gewerbebetrieb gewertet werden muss[8]. 48

Der Arbeitskampf darf nicht gegen die **tarifvertragliche Friedenspflicht** verstoßen. Unzulässig sind Arbeitskämpfe, die gegen bestehende, dh. ungekündigte Tarifverträge[9] geführt werden, bzw. gegen den Grundsatz des Betriebsfriedens oder gegen die Friedenspflicht während des Schlichtungsverfahrens verstoßen (vgl. Rz. 34ff.). Unzulässig ist auch ein Arbeitskampf anlässlich eines gekündigten Verbandstarifvertrags, wenn dadurch Forderungen durchgesetzt werden sollen, die Gegenstand eines ungekündigten Firmentarifvertrags sind[10]. Der von der Rechtsprechung als grundsätzlich zulässig erachtete **Unterstützungsstreik** entwertet die relative Friedenspflicht in ganz erheblicher Weise, weil sich derartige Streikmaßnahmen nicht gegen eine Änderung des eigenen Tarifvertrags richten. Somit obliege den Tarifvertragsparteien im Rahmen derartiger Arbeitskampfmaßnahmen eine Einschätzungsprärogative hinsichtlich der 49

---

1 LAG Düsseldorf 5.7.1994 – 8 TaBV 57/94, ArbuR 1994, 424.
2 BAG 24.4.2007 – 1 AZR 252/06, DB 2007, 1924 (1928).
3 BAG 10.1.2002 – 1 AZR 96/02, NZA 2003, 734 (740).
4 BAG 7.6.1988 – 1 AZR 372/86, NZA 1988, 883.
5 BVerfG 14.11.1995 – 1 BvR 601/92, NZA 1996, 381.
6 BAG 19.6.2007 – 1 AZR 396/06, NZA 2007, 1055.
7 LAG Hamm 6.11.1992 – 18 Sa 217/92, DB 1993, 1679; BAG 5.3.1985 – 1 AZR 468/83, AP Nr. 85 zu Art. 9 GG – Arbeitskampf.
8 *Gaul*, AktuellAR 2007, S. 554.
9 BAG 10.12.2003 – 1 AZR 96/02, NZA 2003, 734.
10 LAG Nürnberg – 5 Ta 135/10, DB 2012, 2399.

Rechtmäßigkeit[1]. Maßgeblich im Rahmen der Beurteilung der Rechtmäßigkeit eines solchen Unterstützungsstreiks sind die grundsätzliche Rechtmäßigkeit bzw. Verhältnismäßigkeit des Hauptarbeitskampfs, die Nähe bzw. Ferne zum Hauptarbeitskampf, eine konzernrechtliche Verbindung und eine räumliche, branchenmäßige oder wirtschaftliche Beziehung[2]. Der Streik muss ferner nach Ausschöpfung aller zumutbaren Verhandlungsmöglichkeiten das letzte Mittel sein (Ultima-ratio-Prinzip). Dieser Grundsatz ist eine besondere Form der Verhältnismäßigkeit. So sind zB **Warnstreiks** erst nach Ablauf der Friedenspflicht zulässig, dh. nach Ausschöpfung aller Verhandlungsmöglichkeiten. Wann das der Fall ist, bestimmen die Tarifvertragsparteien selbst. Wird eine Arbeitskampfmaßnahme eingeleitet, so gelten die Verhandlungen als gescheitert. Ob tatsächlich keine Einigungsmöglichkeit mehr besteht, ist unerheblich. Sofern nach einem Warnstreik ein neuer Verhandlungstermin anberaumt wird, macht dies den Warnstreik nicht rückwirkend unzulässig. Sofern der Tarifvertrag oder das Schlichtungsabkommen jedoch eine förmliche Erklärung des Scheiterns der Verhandlungen verlangt, ist eine solche Erklärung auch notwendig[3]. Zu beachten ist, dass im **Nachwirkungszeitraum** des § 4 Abs. 5 TVG **keine Friedenspflicht** besteht[4]. Die Friedenspflicht entfaltet jedoch keine Bindungswirkung für neue Gewerkschaften, die nicht Partei der bisherigen Tarifverträge sind, dh., aus der bestehenden Friedenspflicht lässt sich keine Sperrwirkung für bisher nicht vertragsbeteiligte oder neue Gewerkschaften ableiten[5].

50 Zu beachten ist das **Prinzip der fairen Kampfführung**. Hierunter fällt insbesondere das Prinzip der **Parität zwischen den Tarifvertragsparteien** sowie der **Verhältnismäßigkeit** des Arbeitskampfrechts. Die eingesetzten Mittel müssen dem Kampfziel entsprechen, auf die Gegenseite ist Rücksicht zu nehmen. Die wirtschaftliche Vernichtung des Gegners darf nicht Ziel der Maßnahme sein. Mittel der Gewalt oder die Verbreitung wahrheitswidriger Behauptungen sind ebenso unzulässig wie strafbare Handlungen, wie zB Betriebsbesetzungen und -blockaden, Sabotageakte, Datenspionage und Sachbeschädigungen[6]. Der Grundsatz der Verhältnismäßigkeit eines Arbeitskampfes ist auch dann nicht verletzt, wenn parallel zu Verhandlungen über einen Flächentarifvertrag Streiks zur Erzwingung eines firmenbezogenen Verbandstarifvertrags durchgeführt werden[7]. **Streikposten** haben sich auf friedliche Mittel der Meinungsbildung zu beschränken. Betriebsblockaden jedweder Art sind rechtswidrig (zB Versperren der Personal- und Kundeneingänge, Behinderung des Zutritts arbeitswilliger Arbeitnehmer, das Blockieren von Zu- und Ausfahrten) und stellen einen Eingriff in den eingerichteten und ausgeübten Gewerbebetrieb dar, der einen Schadensersatz- und Unterlassungsanspruch begründen kann (vgl. Rz. 70 f.).

51 Ein rechtmäßiger Streik bedarf darüber hinaus einer **Erklärung der Gewerkschaft**, mit der sie zum Streik aufruft oder einen „wilden" Streik übernimmt[8]. Dies gilt auch für den Warnstreik, da dieser nach der Rechtsprechung des BAG nicht privilegiert ist gegenüber dem Erzwingungsstreik[9]. Sofern die Gewerkschaft Flugblätter im Betrieb verteilt, in denen sie zum Streik aufruft, ist im Regelfall schon hieraus zu schließen, dass der Streik sich auf den betreffenden Betrieb bezieht[10]. Ein Arbeitnehmer darf einen Streikaufruf seiner Gewerkschaft nicht über einen vom Arbeitgeber für dienst-

---

1 BAG 19.6.2007 – 1 AZR 396/06, NZA 2007, 1055; *Gaul*, AktuellAR 2007, S. 535.
2 BAG 19.6.2007 – 1 AZR 396/06, NZA 2007, 1055.
3 BAG 21.6.1988 – 1 AZR 651/86, AP Nr. 108 zu Art. 9 GG – Arbeitskampf.
4 BAG 24.4.2007 – 1 AZR 252/06, DB 2007, 1924 (1926).
5 *Gaul*, AktuellAR 2007, S. 545 f.
6 *Löwisch/Rieble*, Grundl. TVG Rz. 463.
7 BAG 24.4.2007 – 1 AZR 252/06, DB 2007, 1924 (1926).
8 BAG 31.10.1995 – 1 AZR 217/95, NJW 1996, 1844; 31.5.1988 – 1 AZR 589/86, NZA 1988, 886.
9 BAG 21.6.1988 – 1 AZR 651/86, AP Nr. 108 zu Art. 9 GG – Arbeitskampf.
10 BAG 31.10.1995 – 1 AZR 217/95, NJW 1996, 1844.

liche Zwecke zur Verfügung gestellten personenbezogenen E-Mail-Account (*Vorname.Nachname@Arbeitgeber.de*) zur Verbreitung an die Belegschaft nutzen. Ein dahingehender Unterlassungsanspruch ergäbe sich nicht unmittelbar aus § 74 Abs. 2 Satz 1 BetrVG, sondern aus § 1004 Abs. 1 Satz 2 BGB[1].

Wird gegen einen dieser Grundsätze verstoßen, so ist der Arbeitskampf rechtswidrig. Eine Ausnahme ist nur dann anzunehmen, wenn ein Arbeitskampf zur Abwehr eines rechtswidrigen Angriffs geführt wird. Allerdings ist auch dann die faire Kampfführung zu beachten (zB wenn bei einem wilden Streik die Aussperrung erklärt wird). 52

d) Rechtmäßigkeit der Aussperrung

Für die **Rechtmäßigkeit der Aussperrung** (planmäßige Ausschließung mehrerer Arbeitnehmer von der Beschäftigung und Entgeltzahlung) gilt das für den Streik Ausgeführte entsprechend, da sie das Arbeitskampfmittel der Gegenseite ist. Allerdings kann die Aussperrung durch den Arbeitgeber allein durchgeführt werden (**Einzelaussperrung im Gegensatz zur Verbandsaussperrung**), da der einzelne Arbeitgeber tariffähig ist (§ 2 Abs. 1 TVG). Die Aussperrung bedarf einer eindeutigen **Erklärung des Arbeitgebers** gegenüber den Arbeitnehmern. Hieran fehlt es, wenn bei Schließung des Betriebs unklar bleibt, ob der Arbeitgeber lediglich auf streikbedingte Betriebsstörungen reagieren oder selbst eine Kampfmaßnahme ergreifen will. Einer bestimmten Form bedarf die Erklärung jedoch nicht, sie kann auch konkludent erfolgen, muss jedoch eindeutig sein[2]. 53

Es ist zwischen **Angriffs- und Abwehraussperrung** zu unterscheiden. Die **Angriffsaussperrung** leitet einen Arbeitskampf ein, die Abwehraussperrung stellt dagegen eine Reaktion auf den Streik der Arbeitnehmer dar. Beide Arten der Aussperrung sind zulässig, da sie Bestandteil der Tarifautonomie sind[3]. Die Angriffsaussperrung hat jedoch in der Praxis kaum Bedeutung erlangt. 54

In der Regel kommt es aus ökonomischen Gründen lediglich zu **Abwehraussperrungen**. Eine solche braucht sich nicht an die Friedenspflicht zu halten, weil diese bereits durch die Kampfmaßnahme der Arbeitnehmer verletzt wird, so dass Notwehr zulässig ist. Die Abwehraussperrung braucht auch kein tariflich regelbares Ziel zu verfolgen, wenn sie rechtswidrige Arbeitskämpfe abwehrt. Die Abwehr wilder Streiks ist zulässig, da der rechtswidrig angegriffene Arbeitgeber nicht schlechter gestellt werden soll[4]. Nach Aufgabe der Privilegierung des Warnstreiks[5] ist davon auszugehen, dass auch kurzfristige Streiks ein Erzwingungsstreik sind und daher mit Abwehrmaßnahmen des Arbeitgebers beantwortet werden können[6]. Statt einer Abwehraussperrung erlaubt das BAG nun auch eine **suspendierende Betriebsstilllegung**, die den Wegfall der Entgeltzahlungsansprüche aller hiervon betroffenen Mitarbeiter zur Folge hat, ohne dass eine solche Stilllegung an den Maßstäben einer Abwehraussperrung zu messen wäre[7]. Der bestreikte Arbeitgeber kann auch den **Rechtsweg** zu den Arbeitsgerichten beschreiten, dh. auf **Unterlassung** klagen bzw. den Erlass einer **einstweiligen Verfügung** insbesondere wegen Missachtung der Friedenspflicht[8] oder wegen feh- 55

---

1 BAG 15.10.2013 – 1 ABR 31/12, NZA 2014, 319.
2 BAG 27.6.1995 – 1 AZR 1016/94, NZA 1996, 212 (213).
3 BVerfG 26.6.1991 – 1 BvR 779/85, NZA 1991, 809; BAG (GS) 21.4.1971 – GS 1/68, AP Nr. 43 zu Art. 9 GG – Arbeitskampf.
4 BAG (GS) 21.4.1971 – GS 1/68, AP Nr. 43 zu Art. 9 GG.
5 BAG 21.6.1988 – 1 AZR 651/86, AP Nr. 108 zu Art. 9 GG – Arbeitskampf.
6 BAG 27.6.1995 – 1 AZR 1016/94, NJW 1996, 1428; 11.8.1992 – 1 AZR 103/92, AP Nr. 124 zu Art. 9 GG – Arbeitskampf.
7 BAG 13.12.2011 – 1 AZR 495/10, NZA 2012, 995; *Gaul*, AktuellAR 2012, S. 159.
8 ArbG Frankfurt am Main 29.2.2012 – 9 Ga 24/12 nv. und 28.2.2012 – 9 Ga 25/12, nv.; *Gaul*, AktuellAR 2012, S. 155 (157).

lender Verhältnismäßigkeit[1] beantragen. Denkbar ist auch eine **individualrechtliche Abwehr** des Streiks durch fristlose Kündigungen.

56 Besonderheiten ergeben sich bei der Abwehraussperrung im Übrigen im Zusammenhang mit der **Verhältnismäßigkeit**[2]. Das **selektive Aussperren von Gewerkschaftsmitgliedern ist unzulässig**, da hierdurch gegen die positive Koalitionsfreiheit verstoßen wird[3]. Die Abwehraussperrung kann grundsätzlich gegen alle Arbeitnehmer gerichtet werden[4]. Allerdings ist die **Begrenzung der Aussperrung** auf bestimmte Arbeitnehmergruppen unter sachbezogenen Gesichtspunkten möglich (zB streikende Arbeiter)[5]. Die Aussperrung ist auf das umkämpfte Tarifgebiet zu beschränken. Dies gilt auch für die Kampfmaßnahmen der Gewerkschaften. Bei der Abwehraussperrung ist das **Übermaßverbot** zu beachten. Es ist der Umfang des Angriffsstreiks zugrunde zu legen. Je enger der Streik innerhalb des Tarifgebietes begrenzt ist, desto stärker ist das Bedürfnis der Arbeitgeberseite, den Arbeitskampf durch Aussperrung auf weitere Betriebe auszudehnen. Grund hierfür ist, dass die Gewerkschaften mit Einsatz geringer Mittel (wenig Streikgeldern) einen großen Druck ausüben können (zB Bestreiken von Zuliefererfirmen legt die verarbeitenden Unternehmen lahm). Ein unbefristeter Aussperrungsbeschluss auf alle Arbeitnehmer eines Tarifgebietes als Reaktion auf einen eng begrenzten Teilstreik ist in der Regel unverhältnismäßig[6]. Als verhältnismäßig gilt, wenn der Arbeitgeber auf einen Streikbeschluss, der weniger als 25 % der Arbeitnehmer erfasst, seinerseits mit einem Aussperrungsbeschluss reagiert, der nicht mehr als weitere 25 % der Arbeitnehmer erfasst.

e) Rechtsfolgen rechtmäßiger Arbeitskämpfe

57 Bei Teilnahme an einem rechtmäßigen Arbeitskampf werden die Pflichten der Beteiligten aus dem Arbeitsvertrag **suspendiert**. Dies gilt jedoch nur für die Hauptpflichten (Arbeitsleistung, Entgeltfortzahlung)[7]. Die Arbeitsniederlegung als solche begründet kein Kündigungsrecht des Arbeitgebers. Die Mitbestimmungsrechte des Betriebsrats sind zur Sicherung der Arbeitskampfparität eingeschränkt, dh., insb. bei Einstellungen, Versetzungen und Kündigungen besteht keine Verpflichtung des Arbeitgebers zur Anhörung des Betriebsrats gem. §§ 99, 102 BetrVG[8]. Das Gleiche gilt bei Arbeitszeitmaßnahmen iSd. § 87 Abs. 1 Nr. 2 und 3 BetrVG.

58 Am rechtmäßigen Streik dürfen sich auch Arbeitnehmer beteiligen, die nicht Mitglieder der betreffenden Gewerkschaft sind. Allerdings erhalten nur die Gewerkschaftsmitglieder statt des entfallenden Lohns die satzungsmäßig vorgesehene **Streikunterstützung** durch die Gewerkschaft. Diese unterliegt der Einkommensteuerpflicht (§ 24 Nr. 1a EStG). Für die Arbeitgeber bestehen **Unterstützungsfonds** der Arbeitgeberverbände. Unmittelbar am Arbeitskampf beteiligte Arbeitnehmer dürfen aus Gründen der Neutralitätspflicht des Staates keine Leistungen aus der **Arbeitslosenversicherung** erhalten (§ 160 Abs. 1 SGB III). Wegen der Leistungen an mittelbar vom Streik betroffene Arbeitnehmer in nicht umkämpften Gebieten vgl. § 160 Abs. 3 SGB III[9]. Der Arbeitgeber ist nicht gehalten, den bestreikten **Betrieb oder Betriebsteil** aufrecht zu er-

---

1 BAG 19.6.2007 – 1 AZR 396/06, NZA 2007, 1055.
2 BVerfG 26.6.1991 – 1 BvR 779/85, DB 1991, 1678; BAG 11.8.1992 – 1 AZR 103/92, NZA 1993, 39; *Ehrich*, DB 1993, 1237; *Löwisch/Rieble*, DB 1993, 882.
3 BAG 10.6.1980 – 1 AZR 331/79, AP Nr. 66 zu Art. 9 GG – Arbeitskampf.
4 BAG 7.6.1988 – 1 AZR 597/86, NZA 1988, 890 (892).
5 BAG 14.10.1960 – 1 AZR 233/58, AP Nr. 10 zu Art. 9 GG – Arbeitskampf.
6 BAG 10.6.1980 – 1 AZR 822/79, AP Nr. 64 zu Art. 9 GG – Arbeitskampf.
7 BAG (GS) 21.4.1971 – GS 1/68, AP Nr. 43 zu Art. 9 GG – Arbeitskampf.
8 BAG 10.1.2002 – 1 ABR 7/02, NZA 2004, 223 (225).
9 § 116 Abs. 3 AFG (jetzt § 160 Abs. 3 SGB III) ist mit dem Grundgesetz vereinbar. Vgl. BVerfG 4.7.1995 – 1 BvF 2/86 u.a., NJW 1996, 185.

halten, sondern kann ihn **stilllegen mit der Folge, dass auch Arbeitswillige den Vergütungsanspruch verlieren**[1].

Für die Dauer eines gewerkschaftlich organisierten Streiks haben die zur Arbeitsniederlegung berechtigten Arbeitnehmer **keinen Vergütungsanspruch**. Eine Arbeitsniederlegung liegt tatbestandlich aber nur dann vor, wenn keine Arbeitsleistung während der vertraglich geschuldeten Arbeitszeit erbracht wird. Kann ein Arbeitnehmer bspw. aufgrund einer **Gleitzeitvereinbarung** seine Arbeitszeit selbst bestimmen, so streikt er nicht im Rechtssinne, wenn er an einer Streikkundgebung teilnimmt und diesen Zeitraum (als Freizeit und damit ohne Entgeltfortzahlungsanspruch) ordnungsgemäß im elektronischen Zeiterfassungssystem dokumentiert[2]. Der Arbeitnehmer behält seinen Entgeltfortzahlungsanspruch, wenn ihm vor Beginn des Streiks **Urlaub** gewährt worden ist, er währenddessen erkrankt und dem Arbeitgeber, dessen Betrieb weiterhin bestreikt wird, nach Ende des Urlaubs Arbeitsunfähigkeitsbescheinigungen einreicht[3]. Ist allerdings der Betrieb insgesamt oder der Betriebsteil, in dem der arbeitsunfähige Arbeitnehmer beschäftigt ist, aufgrund des Arbeitskampfes zum Erliegen gekommen, so besteht für die Dauer des Arbeitskampfes kein Entgeltfortzahlungsanspruch. Der Streik hat keinen Einfluss auf die Wartezeit für die Entstehung des Urlaubsanspruchs und auf die Urlaubsdauer[4]. Umstritten ist die Rechtslage hinsichtlich des Urlaubsentgeltes[5]. **Erkrankt** ein Arbeitnehmer während des Streiks, so hat er keinen Anspruch auf Vergütungszahlung im Krankheitsfalle, sofern er sich am Streik beteiligt hatte. War er jedoch bereits zu Beginn des Streiks erkrankt, ist darauf abzustellen, ob er bei Nichterkrankung am Arbeitskampf teilgenommen hätte[6]. Beteiligt sich eine **schwangere Arbeitnehmerin** am Streik, so verliert auch sie ihren Anspruch auf Entgeltfortzahlung nach § 11 MuSchG. Auch in eine Aussperrung kann sie miteinbezogen werden[7]. Sie verliert auch ihren Anspruch auf den Arbeitgeberzuschuss zum Mutterschaftsgeld nach § 14 MuSchG, da der Zuschuss wie Arbeitsentgelt zu behandeln ist. Der Arbeitnehmer hat keinen Anspruch auf **Feiertagsentlohnung**, wenn die Gewerkschaft einen unbefristeten Streik ausgerufen hat und diesen nur für den betreffenden Feiertag aussetzt[8]. Die Teilnahme am Streik mindert die tarifliche Jahressonderzahlung, wenn eine anteilige Kürzung im Tarifvertrag „kraft Gesetzes oder Vereinbarung oder sonstigen Gründen" geregelt ist. Eine so gestaltete **tarifliche Kürzungsmöglichkeit** stellt keine unzulässige Maßregelung wegen der Streikteilnahme dar[9]. Ein außerordentlich gekündigter Arbeitnehmer, der sich an einem Streik beteiligt, hat keine Vergütungsansprüche, auch wenn sich im Kündigungsschutzprozess herausstellt, dass die außerordentliche Kündigung unwirksam war. Seine Streikbeteiligung manifestiert den fehlenden Leistungswillen, der nach § 297 BGB den Annahmeverzug ausschließt[10]. Nach Beendigung des Arbeitskampfes leben die Pflichten aus dem Arbeitsverhältnis wieder auf.

---

1 BAG 22.3.1994 – 1 AZR 622/93, AP Nr. 130 zu Art. 9 GG – Arbeitskampf; 11.7.1995 – 1 AZR 161/95 u. 11.7.1995 – 1 AZR 63/95, NJW 1996, 1227 und 1229.
2 BAG 26.7.2005 – 1 AZR 133/04, NZA 2005, 1402.
3 BAG 1.10.1991 – 1 AZR 147/91, NZA 1992, 163.
4 BAG 15.6.1964 – 1 AZR 303/63 u. 15.6.1964 – 1 AZR 356/63, AP Nr. 35 und 36 zu Art. 9 GG – Arbeitskampf.
5 BAG 27.7.1956 – 1 AZR 436/55, AP Nr. 12 zu § 611 BGB – Urlaubsrecht.
6 BAG 17.12.1964 – 2 AZR 72/64, AP Nr. 39 zu § 1 ArbKrankhG; LAG Berlin 12.12.1990 – 13 Sa 84/90, BB 1991, 1492; LAG Hamburg 27.10.1994 – H 7 Sa 67/93, ArbuR 1995, 376; *Brill*, DB 1972, 532.
7 BAG 22.10.1986 – 5 AZR 550/85, NZA 1987, 494.
8 BAG 11.7.1995 – 1 AZR 63/95, NJW 1996, 1229; 1.3.1995 – 1 AZR 786/94, NZA 1995, 996.
9 BAG 3.8.1999 – 1 AZR 735/98, NZA 2000, 487.
10 BAG 17.7.2012 – 1 AZR 563/11, NZA 2012, 1432.

60 ⊃ **Hinweis:** Der Arbeitgeber trägt die Darlegungs- und Beweislast für diejenigen Tatsachen, aus denen sich ergibt, dass die Arbeitsunfähigkeit nicht die einzige Ursache für das Nicht-Erbringen der Arbeitsleistung ist.

61 Der **Notdienst** bildet einen arbeitskampfrechtlichen Sondertatbestand. Er dient nicht dazu, Arbeitswilligen eine Beschäftigungsmöglichkeit zu verschaffen[1]. Die Notwendigkeit von Notstands- und Erhaltungsarbeiten wird allgemein anerkannt[2], so dass in einem solchen Fall von einer Art „partiellen Verhandlungspflicht" gesprochen wird[3]. Eine gesetzliche Regelung fehlt; eine Vereinbarung über die Einrichtung und den Umfang von Notstandsarbeiten ist daher wünschenswert und unstreitig zulässig. Die Frage, wer die zum Notdienst heranzuziehenden Arbeitnehmer auswählt, ist nicht abschließend entschieden[4].

62 ⊃ **Hinweis:** Die Tarifvertragsparteien sind verpflichtet, sich auf Gespräche über Notstands- und Erhaltungsarbeiten einzulassen. Verweigert die Gewerkschaft dies, so kann der **Arbeitgeberverband** im Wege der **einstweiligen Verfügung** den Anspruch durchsetzen. Allerdings sind die Personen, die den Notdienst verrichten sollen, sowie der erforderliche Zeitaufwand konkret zu bezeichnen. Umgekehrt kann die **Gewerkschaft** die Unterlassung von einseitig vom Arbeitgeber angeordneten Maßnahmen im Wege der einstweiligen Verfügung verlangen.

63 Das **Rentenversicherungsverhältnis** wird für die Zeit des Arbeitskampfes nicht unterbrochen. Sofern das Arbeitsverhältnis nicht aus anderem Grunde beendet wird, ruht es bis zur Beendigung des Arbeitskampfes[5]. Während eines rechtmäßigen Arbeitskampfes entfällt der Anspruch auf Entgeltzahlung. Nach einer Entscheidung des BSG[6] ist somit das rentenversicherungspflichtige Beschäftigungsverhältnis suspendiert mit der Folge, dass für die Dauer des Arbeitskampfes keine Pflichtbeiträge zur Rentenversicherung zu entrichten sind. Der Arbeitgeber braucht auch keine Beiträge zur **Arbeitslosenversicherung** zu zahlen.

64 Die **gesetzliche Unfallversicherung** besteht auch in der Zeit des Streiks bzw. der Aussperrung. § 2 Abs. 1 Nr. 1 SGB VII stellt allein auf den Bestand des Arbeitsverhältnisses ab. Für Unfälle im Rahmen von Streikmaßnahmen greift die Unfallversicherung jedoch nicht, da in diesem Fall kein Arbeitsunfall iSv. § 8 Abs. 1 SGB VII vorliegt.

65 Nur während einer rechtmäßigen Arbeitskampfmaßnahme besteht die **Krankenversicherung** fort (§ 192 Abs. 1 Nr. 1 SGB V). Bei rechtmäßigem Arbeitskampf bleibt das Versicherungsverhältnis also bis zum Ende der Kampfmaßnahme bestehen. Im Fall der Rechtswidrigkeit der Kampfmaßnahme endet es mangels Entgeltfortzahlung mit Ablauf von einem Monat nach Beginn der Kampfmaßnahme[7]. Soweit der Arbeitgeber kein Arbeitsentgelt zu zahlen hat, ist er für die Dauer des Arbeitskampfes nicht verpflichtet, die Arbeitgeberanteile zu entrichten.

66 Sofern die Voraussetzungen für die Gewährung von **Sozialhilfeleistungen** vorliegen, hat der Arbeitnehmer hierauf einen Anspruch (§§ 8 ff. SGB XII). Hierin ist kein Verstoß gegen die Neutralitätspflicht des Staates zu sehen.

---

1 BAG 31.1.1995 – 1 AZR 142/94, NZA 1995, 958.
2 BAG 14.12.1993 – 1 AZR 550/93, AP Nr. 129 zu Art. 9 GG; 31.1.1995 – 1 AZR 142/94, NJW 1995, 2869.
3 HWK/*Henssler*, § 1 TVG Rz. 11.
4 Zum Meinungsstand vgl. BAG 30.3.1982 – 1 AZR 265/80, AP Nr. 74 zu Art. 9 GG – Arbeitskampf; vgl. auch BAG 31.1.1995 – 1 AZR 142/94, NJW 1995, 2869.
5 BSG (GS) 11.12.1973 – GS 1/73, AP Nr. 48 zu Art. 9 GG – Arbeitskampf.
6 BSG (GS) 11.12.1973 – GS 1/73, AP Nr. 48 zu Art. 9 GG – Arbeitskampf.
7 BSG 15.12.1971 – 3 RK 87/68, AP Nr. 46 zu Art. 9 GG – Arbeitskampf.

Der Bezug von **Arbeitslosengeld** ist in § 160 SGB III geregelt (vgl. Rz. 58). Ob die Voraussetzungen für die Gewährung von Arbeitslosengeld vorliegen, entscheidet ein Neutralitätsausschuss (§ 380 SGB III). Die Fachspitzenverbände der am Arbeitskampf beteiligten Tarifvertragsparteien können durch Klage beim BSG die Aufhebung der Entscheidung des Ausschusses und eine andere Feststellung begehren (§ 160 Abs. 6 SGB III). Dies ist auch im Wege der einstweiligen Anordnung möglich.

f) Rechtsfolgen rechtswidriger Arbeitskämpfe[1]

Rechtswidrige **Streiks** führen nicht zur Suspendierung der Hauptleistungspflichten, da sie Verletzungen des Arbeitsvertrages sind. Sofern der einzelne Arbeitnehmer die Rechtswidrigkeit erkennen konnte, ist der Arbeitgeber nach § 626 BGB zur **außerordentlichen Kündigung** berechtigt. Voraussetzung der Wirksamkeit ist jedoch, dass der Arbeitgeber die Arbeitnehmer vergeblich, meist mittels einer **Abmahnung** wiederholt aufgefordert hat, die Arbeit wieder aufzunehmen[2], und dass der Arbeitnehmer die Rechtswidrigkeit des Streiks gekannt hat. Möglich ist auch die **selektive Kündigung** einzelner streikender Arbeitnehmer, der Arbeitgeber braucht nicht allen rechtswidrig Streikenden eine Kündigung auszusprechen. Der Grundsatz der Gleichbehandlung wird hierdurch nicht verletzt[3]. Vorsorglich sollte der Arbeitgeber hilfsweise eine **ordentliche Kündigung** wegen Verletzung der Arbeitsvertragspflichten aussprechen. Eine Anhörung des Betriebsrates (§ 102 BetrVG) ist entbehrlich, da die Kündigung arbeitskampfbedingt erfolgt. Sowohl vor der ordentlichen als auch vor der außerordentlichen Kündigung ist dem Arbeitnehmer eine Abmahnung auszusprechen. Vor der Kündigung ist jedoch zu prüfen, ob der geltende Tarifvertrag nicht Maßregelungsverbote enthält.

Der Arbeitgeber kann die **Arbeitsleistung durch Leistungsklage** geltend machen. Möglich ist in diesem Zusammenhang auch eine **einstweilige Verfügung** (§§ 935, 940 ZPO)[4]. Gleichzeitig sollte nach § 61 Abs. 2 Satz 1 ArbGG beantragt werden, den Arbeitnehmer zur Zahlung einer **angemessenen Entschädigung** für den Fall zu verurteilen, dass er die Arbeit nicht binnen einer bestimmten Frist wieder aufnimmt. Gegen diejenigen Arbeitnehmer, die einen rechtswidrigen Streik organisieren, steht dem Arbeitgeber ein **Unterlassungsanspruch** zu. Die Vollstreckung erfolgt nach § 890 ZPO.

Die **rechtswidrig streikenden Arbeitnehmer** sind dem Arbeitgeber zum **Schadensersatz** verpflichtet. Das kollektive Verhalten führt zur Haftung als Gesamtschuldner[5]. Die Geltendmachung eines solchen Anspruchs ist in der Praxis jedoch schwer durchsetzbar. Haftungsgrund sind der Arbeitsvertrag (Anspruch nach § 325 BGB) und der deliktische Schadensersatzanspruch gem. §§ 823 ff. BGB wegen Verletzung des eingerichteten und ausgeübten Gewerbebetriebs sowie wegen Verletzung eines Schutzgesetzes bei Straftaten (zB §§ 123, 223, 240, 303 StGB). **Verschulden** des Arbeitnehmers wird angenommen, wenn dieser erkennen konnte, dass der Streik rechtswidrig ist[6]. Dabei trifft den Arbeitnehmer auch in gewissem Umfang eine Informationspflicht über die Rechtmäßigkeit seines Handelns[7]. Den Arbeitgeber trifft ein **Mitverschulden** (§ 254 BGB), wenn er nicht auf die Rechtswidrigkeit der Kampfmaßnahme hinweist oder seiner Schadensminderungspflicht nicht nachkommt. Der Arbeitgeber

---

1 *Walker*, ZfA 1995, 185.
2 BAG 21.10.1969 – 1 AZR 93/68, AP Nr. 41 zu Art. 9 GG – Arbeitskampf.
3 BAG 21.10.1969 – 1 AZR 93/68, AP Nr. 41 zu Art. 9 GG – Arbeitskampf.
4 Vgl. *Dütz*, BB 1980, 533.
5 BAG 20.12.1963 – 1 AZR 428/62, AP Nr. 32 zu Art. 9 GG – Arbeitskampf.
6 *Gaul*, AktuellAR 2007, S. 562.
7 Vgl. im Einzelnen BAG 20.12.1963 – 1 AZR 428/62, AP Nr. 32 zu Art. 9 GG – Arbeitskampf; 29.11.1983 – 1 AZR 469/82, AP Nr. 78 zu § 626 BGB.

kann im Übrigen nicht verpflichtet sein, gegen rechtswidrige Maßnahmen der Streikposten vorzugehen, da dies unter Umständen eine spätere Einigung mit der Gewerkschaft erschwert[1]. Als **Schaden** kann der geschädigte Arbeitgeber geltend machen, dass er in der ausgefallenen Arbeitszeit Produkte hätte herstellen können, die er kostendeckend auf dem Markt hätte veräußern können. Der Schaden besteht in diesem Fall in Höhe der entgangenen Einnahmen. Nach § 252 Satz 2 BGB gilt der Gewinn als entgangen, der bei gewöhnlichem Verlauf mit Wahrscheinlichkeit hätte erwartet werden können. Der bloße Produktionsausfall stellt noch keinen Schaden dar[2]. Bei **spontanen Arbeitskämpfen** haftet der einzelne Arbeitnehmer aus dem Arbeitsvertrag und nach § 823 Abs. 1 BGB wegen Eingriffs in den eingerichteten und ausgeübten Gewerbebetrieb. Die Gewerkschaft haftet nur dann, wenn sie ihrer tarifvertraglichen Einwirkungspflicht auf die Arbeitnehmer nicht nachkommt. Eine weitere Haftung der Gewerkschaft scheitert daran, dass der einzelne Arbeitnehmer nicht ihr Erfüllungsgehilfe ist.

71 Bei rechtswidrigen Arbeitskämpfen kann darüber hinaus ein **Schadensersatzanspruch** gegenüber dem **Verband**, dessen **Funktionären** sowie **dem einzelnen Arbeitgeber** gegeben sein. Haftungsgrund sind die bestehenden vertraglichen Beziehungen (positive Forderungsverletzung, § 280 Abs. 1 BGB) sowie Ansprüche aus unerlaubter Handlung (§§ 823 ff. BGB). Eine unzulässige Aussperrung stellt einen Eingriff in das als Teil des allgemeinen Persönlichkeitsrechts nach § 823 BGB geschützte Betätigungsrecht des Arbeitnehmers dar und verpflichtet den aussperrenden Arbeitgeber und ggf. seine Koalition zum **Schadensersatz** und nach § 1004 BGB zur Unterlassung. Ein Arbeitgeberverband hat nach § 1004 Abs. 1 BGB iVm. § 823 Abs. 1 BGB, Art. 9 Abs. 3 GG einen eigenen Anspruch auf Unterlassung rechtswidriger Arbeitskampfmaßnahmen gegen eines seiner Mitglieder[3] (vgl. Rz. 42). Rechtsfähige Vereine haben schädigendes Verhalten ihrer Organe unmittelbar zu vertreten, für das Verhalten ihrer satzungsgemäßen Vertreter haften sie nach § 31 BGB. Für die in der Regel nicht rechtsfähigen Gewerkschaften gilt dies entsprechend. Auf rechtswidrig handelnde Mitglieder haben die Organe einzuwirken (Einwirkungspflicht)[4]. Für Streikposten haftet der Verband nach § 831 BGB. Darüber hinaus kommt eine Haftung der Funktionäre in Betracht.

II. Tarifrecht

1. Bedeutung und Rechtsnatur des Tarifvertrages

a) Bedeutung

72 Der Tarifvertrag ist ein **schriftlicher Vertrag** (§ 1 Abs. 2 TVG) zwischen dem einzelnen Arbeitgeber bzw. einem Arbeitgeberverband und den Gewerkschaften. Er regelt deren Rechte und Pflichten (schuldrechtlicher Teil, vgl. Rz. 150 ff.) und legt Rechtsnormen für die von ihm erfassten Arbeitsverhältnisse fest (normativer Teil, vgl. Rz. 160 ff.).

73 Dem Tarifvertrag kommen vier Funktionen zu. Er erfüllt zum einen eine **Schutzfunktion** zugunsten der Arbeitnehmer. Die Gewerkschaften können ihre kollektive Macht mit zwingender Wirkung auf die einzelnen Arbeitsverhältnisse einsetzen und so das auf der Ebene des Einzelarbeitsvertrages vorhandene Machtungleichgewicht zwischen Arbeitgeber und Arbeitnehmer aufheben. Dementsprechend schaffen die Tarifverträge vor allem Mindestarbeitsbedingungen. Der Schutzfunktion dient auch, dass die Tarifnormen nicht zum Nachteil der Arbeitnehmer abdingbar sein dürfen und eine unmittelbare und zwingende Wirkung für die Arbeitsverhältnisse entfalten

---

1 BAG 11.7.1995 – 1 AZR 63/95, NJW 1996, 1229; 11.7.1995 – 1 AZR 63/95, NZA 1996, 214.
2 BAG 5.3.1985 – 1 AZR 468/83, AP Nr. 85 zu Art. 9 GG – Arbeitskampf.
3 BAG 24.4.2007 – 1 AZR 252/06, NZA 2007, 987 f.
4 BAG 8.11.1988 – 1 AZR 417/86, AP Nr. 111 zu Art. 9 GG.

(§ 4 TVG); vgl. Rz. 163. Dem Tarifvertrag kommt eine **Verteilfunktion** zu. Die Arbeitnehmer sollen am Sozialprodukt des Unternehmens beteiligt werden. Durch die Differenzierung in Lohn- und Gehaltsgruppen bestimmt der Tarifvertrag darüber hinaus die Einkommensverteilung der Arbeitnehmer untereinander. Der Tarifvertrag hat eine **Friedensfunktion**, die der Vermeidung von Arbeitskämpfen dient (vgl. zur Friedenspflicht Rz. 153 ff.). Die **Ordnungsfunktion** des Tarifvertrages schafft eine Typisierung der Arbeitsverträge und die Vereinheitlichung der Arbeitsbedingungen. Von der Ordnungsfunktion strikt zu trennen ist die Frage nach dem Ordnungsprinzip als Kollisionsregel zwischen Tarifverträgen einerseits und Betriebsvereinbarungen andererseits (vgl. zum Ordnungsprinzip Rz. 185).

Der Tarifvertrag wird im **Tarifvertragsgesetz** (TVG) geregelt. Dieses wird durch die **Durchführungsverordnung** (DVO)[1] ergänzt, die ihre Ermächtigungsgrundlage in § 11 TVG findet. In der DVO werden das Tarifregister, das Tarifarchiv sowie das Verfahren bei AVEen einschließlich des Tarifausschusses geregelt. 74

b) Rechtsnatur

Der **Tarifvertrag** hat über §§ 1 Abs. 1, 4 Abs. 1 TVG die Eigenschaft einer Rechtsnorm und ist damit Bestandteil der staatlichen Rechtsordnung[2]. Er ist ferner gekennzeichnet durch seine **Doppelnatur** (vgl. § 1 Abs. 1 TVG). In seinem obligatorischen Teil legt er die gegenseitigen Rechte und Pflichten der Tarifvertragsparteien fest, während der normative Teil wie ein Gesetz unmittelbar auf die zwischen Arbeitgebern und Arbeitnehmern bestehenden Einzelarbeitsverhältnisse einwirkt, er ist Gesetz im materiellen Sinne[3] (zur Definition obligatorischer und normativer Bestimmungen vgl. Rz. 120). Aus dieser Doppelnatur des Tarifvertrages ergeben sich **Konsequenzen** nicht nur für den obligatorischen und normativen Teil an sich, sondern auch für den Abschluss des Tarifvertrags. Der Tarifvertrag ist zwar seinem Wesen nach ein „**normaler**" **zivilrechtlicher Vertrag**, der durch Angebot und Annahme zustande kommt und grundsätzlich an den allgemeinen Bestimmungen des BGB zu messen ist, Ausnahmen gelten jedoch dann, wenn der spezifische Charakter des Tarifvertrages eine Anwendung der allgemeinen Normen verbietet. So scheiden zB die §§ 116 ff., 139, 142 und 305 BGB für den Tarifvertrag aus[4]. Auch finden die Grundsätze über Wegfall und Änderung der Geschäftsgrundlage nur eingeschränkt Anwendung. Grund hierfür ist, dass die tarifgebundenen Arbeitnehmer und Arbeitgeber in der Regel nicht nachvollziehen können, was Geschäftsgrundlage der Tarifvertragsparteien war[5]. Bei Abschluss des Tarifvertrages sind die Parteien an die Beachtung der **Grundrechte** gebunden (Art. 1 Abs. 3 GG). Allerdings kann nach Art. 100 GG jedes Arbeitsgericht den Tarifvertrag auf seine Verfassungsmäßigkeit hin überprüfen, ohne eine Entscheidung des BVerfG abzuwarten[6]. 75

c) Auslegung

aa) Auslegung normativer Bestimmungen

Für die **Auslegung der Tarifvertragsnormen** ist zwischen schuldrechtlichen und normativen Bestimmungen zu unterscheiden, da der Tarifvertrag vom Regelungsverfah- 76

---

1 IdF der Bekanntmachung vom 16.1.1989, BGBl. I, 76 ff, zuletzt geändert durch VO v. 11.3. 2014, BGBl. I, 263.
2 *Löwisch/Rieble*, § 1 TVG Rz. 94.
3 BAG 15.1.1955 – 1 AZR 305/54, AP Nr. 4 zu Art. 3 GG; 23.3.1957 – 1 AZR 329/56, AP Nr. 16 zu Art. 3 GG.
4 *Wiedemann*, § 1 TVG Rz. 4.
5 BAG 12.9.1984 – 4 AZR 336/82, AP Nr. 135 zu § 1 TVG – Auslegung.
6 BAG 23.3.1957 – 1 AZR 64/56, AP Nr. 18 zu Art. 3 GG; *Herschel*, RdA 1985, 65.

ren her Vertrag und von der Wirkung her Rechtsnorm ist. Die **normativen Bestimmungen** haben Gesetzeswirkung und sind daher dem Grundsatz nach wie Gesetze auszulegen[1]. Eine ausschließlich am subjektiven Willen der Tarifvertragsparteien orientierte Auslegung wäre fehlerhaft. Der gewollte Inhalt einer Tarifnorm muss vielmehr auch im Wortlaut einen für Dritte erkennbaren Ausdruck gefunden haben[2]. Andererseits verbietet sich auch, Tarifvertragsnormen ausschließlich wie Gesetze auszulegen, da die Tarifparteien lediglich die Interessen ihrer Mitglieder berücksichtigen und nicht – wie der Gesetzgeber – das Gemeinwohl im Auge haben. Da Tarifverträge jedoch Gesetzesrecht darstellen, müssen sich die Gerichte bei der Auslegung eigenen Vorstellungen enthalten (Verbot der Tarifzensur).

77   Nach den **Auslegungsgrundsätzen** des BAG[3] ist für die Auslegung zunächst der **Wortlaut** des Tarifvertrages maßgebend, wobei nicht vom buchstäblichen Sinn des Wortes, sondern vom **allgemeinen Sprachgebrauch**[4] auszugehen ist. Der allgemeine Sprachgebrauch wird dort verdrängt, wo die Tarifvertragsparteien **eigene Definitionen** vorgesehen haben oder **Rechtsbegriffe** verwenden. Im letzteren Fall ist davon auszugehen, dass der Rechtsbegriff in seiner rechtlichen Bedeutung Anwendung finden soll (zB Kündigung aus „wichtigem Grund"[5]). Sofern der Inhalt der Tarifnorm objektiv feststeht, kommt es auf den Willen der Tarifvertragsparteien nicht mehr an[6]. In vielen Fällen ist der Wortlaut des Tarifvertrages aber mehrdeutig. Hier kommt es dann auf den **tariflichen Gesamtzusammenhang** (Systematik der Tarifvertragsnormen) an[7]. Häufig kann nur aus dem Kontext der wirkliche Wille der Parteien erfasst werden[8]. Zudem dürfen die im Tarifvertrag geregelten Arbeitsbedingungen nicht im Widerspruch zueinander stehen[9]. Sofern Wortlaut und Bedeutungszusammenhang eine Auslegung nur begrenzt zulassen, sind die **tarifliche Zwecksetzung, die Tarifgeschichte, frühere Auslegungen und die tarifliche Übung** ergänzend zur Auslegung heranzuziehen[10]. Die Prüfungsreihenfolge ist für die Gerichte nicht bindend. Zu beachten ist, dass den Arbeitsgerichten eine **tarifersetzende Lückenfüllung** nur ausnahmeweise dann gestattet ist, wenn der hypothetische Wille der Tarifvertragsparteien zweifelsfrei ermittelt werden kann[11].

78   **Auslegungsmittel** können zB Protokollnotizen der Tarifvertragsparteien sein. Entsprechen die Protokollnotizen jedoch den Anforderungen des TVG und sind sie echter Bestandteil des Tarifvertrages, so ergeben sich Ansprüche direkt aus den Protokollen, da sie dann den Rang von Tarifverträgen besitzen. Erfüllen sie dagegen nicht die tarifvertraglichen Voraussetzungen, zB bei fehlenden Unterschriften der Tarifvertragsparteien, können sie als Auslegungshilfe herangezogen werden. Auslegungsmittel sind darüber hinaus Verhandlungsprotokolle, Tarifgespräche und Protokolle von Tarifkommissionen, es sei denn, dass diese nicht bereits Inhalt des Tarifvertrages geworden sind. Nicht jede vertragliche Regelung zwischen tariffähigen Parteien muss gleichzeitig ein Tarifvertrag sein. Bezeichnen die Parteien daher eine getroffene Ver-

---

1   BAG 12.9.1984 – 4 AZR 336/82, AP Nr. 135 zu § 1 TVG – Auslegung; 13.6.1973 – 4 AZR 445/72, AP Nr. 123 zu § 1 TVG – Auslegung.
2   BAG 30.9.1971 – 5 AZR 123/71, AP Nr. 121 zu § 1 TVG – Auslegung; 31.10.1990 – 4 AZR 114/90, AP Nr. 11 zu § 1 TVG – Tarifverträge: Presse.
3   BAG 12.9.1984 – 4 AZR 336/82, AP Nr. 135 zu § 1 TVG – Auslegung; 23.2.1994 – 4 AZR 224/93, AP Nr. 151 zu § 1 TVG – Auslegung.
4   BAG 28.9.1988 – 4 AZR 326/88, AP Nr. 22 zu § 1 TVG – Tarifverträge: Druckindustrie.
5   BAG 29.8.1991 – 2 AZR 59/91, AP Nr. 58 zu § 102 BetrVG 1972.
6   BAG 30.9.1971 – 5 AZR 123/71, AP Nr. 121 zu § 1 TVG – Auslegung.
7   *Löwisch/Rieble*, § 1 TVG Rz. 1464 ff.
8   BAG 26.4.1966 – 1 AZR 242/65, AP Nr. 117 zu § 1 TVG – Auslegung; 12.9.1984 – 4 AZR 336/82, AP Nr. 135 zu § 1 TVG – Auslegung.
9   BAG 13.11.1985 – 4 AZR 301/84, AP Nr. 4 zu § 1 TVG – Tarifverträge: Textilindustrie.
10 BAG 23.10.1985 – 4 AZR 119/84, AP Nr. 33 zu § 1 TVG – Tarifverträge: Metallindustrie.
11 *Löwisch/Rieble*, § 1 TVG Rz. 1518 ff.

einbarung nicht ausdrücklich als Tarifvertrag, kann diese nicht gegen den eindeutig erklärten Willen als Tarifvertrag ausgelegt werden[1].

Tarifverträge sind **verfassungs- und gesetzeskonform** auszulegen[2]. Sofern die Auslegung ergibt, dass eine Tarifnorm gegen zwingendes Recht verstößt, ist sie gem. § 134 BGB unwirksam. Anwendung finden dann die Grundsätze der **Teilnichtigkeit** von Gesetzen[3]. 79

Umstritten ist die Frage, ob die Gerichte befugt sind, eine Rechtsfortbildung vorzunehmen, sofern eine **Regelungslücke** im Tarifvertrag besteht. Liegt eine **bewusste tarifliche Regelungslücke** vor, wurde also ein regelungsbedürftiger Punkt bewusst nicht geregelt oder war eine Einigung nicht möglich, ist eine Rechtsfortbildung unzulässig[4]. Die Rechtsfortbildung würde in diesem Fall in unzulässiger Weise in die Tarifautonomie eingreifen. Liegt dagegen eine **unbewusste tarifliche Regelungslücke** vor, zB weil eine regelungsbedürftige Frage erst nach Abschluss des Vertrages entstanden ist oder die Tarifvertragsparteien eine bestimmte Fragestellung oder eine gesetzliche Neuregelung nicht bedacht haben, so ist eine Rechtsfortbildung erforderlich, um dem Rechtsstaatsprinzip Genüge zu leisten[5]. Ein Verstoß gegen die Tarifautonomie liegt in diesem Fall nicht vor. 80

↪ **Hinweis:** Das **Schließen von Regelungslücken** hat nach Treu und Glauben zu erfolgen, also unter Zugrundelegung der Frage, wie die Tarifvertragsparteien bei objektiver Betrachtung der wirtschaftlichen und sozialen Zusammenhänge im Zeitpunkt des Vertragsschlusses die entsprechenden Punkte voraussichtlich geregelt hätten. 81

bb) Auslegung schuldrechtlicher Bestimmungen

Für die Auslegung des schuldrechtlichen Teils des Tarifvertrages gilt weitgehend das Gleiche wie für die Auslegung des normativen Teils[6]. Allerdings ist hierbei zu berücksichtigen, dass der schuldrechtliche Teil dem Vertragsrecht angehört. Daher finden bei der Auslegung die **Auslegungsgrundsätze der §§ 133, 157 BGB** Anwendung. Darüber hinaus gelten für den schuldrechtlichen Teil wie bei jedem schuldrechtlichen Vertrag die **Grundsätze der ergänzenden Vertragsauslegung**. Sie kommen zB bei Vorliegen einer **Regelungslücke** in Betracht[7]. Das Gericht ist befugt, Lücken im Regelungswerk zu ergänzen. Eine ergänzende Vertragsauslegung kommt jedoch dann nicht in Betracht, wenn sie mit dem tatsächlichen Willen einer Tarifvertragspartei in Widerspruch steht. 82

↪ **Hinweis:** Die für die Auslegung maßgeblichen Umstände hat das **Arbeitsgericht** nach seinem **pflichtgemäßem Ermessen** selbst zu bestimmen (§ 46 Abs. 2 ArbGG iVm. § 293 ZPO) und **von Amts wegen durchzuführen**[8]. Hierzu kann das Arbeitsgericht Auskünfte von den Tarifvertragsparteien einholen sowie Zeugen der Tarifverhandlungen hören[9]. Die Einholung eines Rechtsgutachtens bei den Tarifvertragsparteien ist dem Gericht nicht gestattet[10]. Allerdings kann sich das Gericht grundsätzlich die nötige Sachkenntnis über andere 83

---

1 BAG 8.12.2005 – 4 AZR 232/03, NZA 2005, 178.
2 BAG 12.9.1984 – 4 AZR 336/82, AP Nr. 135 zu § 1 TVG – Auslegung.
3 *Wiedemann*, § 1 TVG Rz. 110; *Löwisch/Rieble*, § 1 TVG Rz. 503.
4 BAG 23.9.1981 – 4 AZR 569/79, AP Nr. 19 zu § 611 BGB – Lehrer und Dozenten; 24.2.1988 – 4 AZR 614/87, AP Nr. 2 zu § 1 TVG – Tarifverträge: Schuhindustrie; 26.5.1993 – 4 AZR 300/92, AP Nr. 29 zu § 1 TVG – Tarifverträge: Druckindustrie.
5 BAG 24.2.1988 – 4 AZR 614/87, AP Nr. 2 zu § 1 TVG – Tarifverträge: Schuhindustrie; 13.12. 1995 – 4 AZR 411/95, AP Nr. 3 zu §§ 22, 23 BAT-O; 20.7.2000 – 6 AZR 64/99, ZTR 2001, 182.
6 *Wiedemann*, § 1 TVG Rz. 767 ff.; *Löwisch/Rieble*, § 1 TVG Rz. 1527 ff.
7 BAG 8.11.1972 – 4 AZR 15/72, AP Nr. 3 zu § 157 BGB.
8 *Löwisch/Rieble*, § 1 TVG Rz. 1534 ff.
9 BAG 25.8.1982 – 4 AZR 1064/79, AP Nr. 55 zu § 616 BGB.
10 BAG 16.10.1985 – 4 AZR 149/84, AP Nr. 108 zu §§ 22, 23 BAT 1975.

Gutachten nach § 293 ZPO verschaffen. Bei **Bezugnahmeklauseln** (vgl. hierzu Rz. 250ff.) sind die in Bezug genommen tariflichen Regelungen Inhalte des Arbeitsvertrags und damit **keine Rechtsnormen**.

84 ⊃ **Hinweis:** Nach § 9 TVG können Tarifvertragsparteien im Wege der **Feststellungsklage** (§ 256 ZPO) in Form der sog. Verbandsklage über die Auslegung einer schuldrechtlichen Tarifnorm streiten[1]. Anhängige Individualprozesse stehen der Zulässigkeit nicht entgegen. In Letzteren ist jedoch zu prüfen, ob nicht eine Aussetzung gem. § 148 ZPO bis zur rechtskräftigen Entscheidung der Verbandsklage zu erfolgen hat. Die Auslegung des normativen Teils ist vom **Revisionsgericht** frei nachprüfbar (vgl. § 73 ArbGG). Die Auslegung des schuldrechtlichen Teils kann das Revisionsgericht nur wie einen schuldrechtlichen Vertrag vornehmen. Rechtskräftige Entscheidungen des Arbeitsgerichts sind für die Gerichte und Schiedsgerichte bindend[2] (zur tariflichen Normenkontrolle vgl. im Übrigen Rz. 149).

cc) AGB-Kontrolle von Tarifverträgen

84a Schon nach früherem AGB-Recht (AGBG) waren Tarifverträge ganz grundsätzlich keiner Inhaltskontrolle unterworfen. § 310 Abs. 4 BGB schreibt ausdrücklich vor, dass Tarifverträge der AGB-Kontrolle der §§ 307ff. BGB entzogen sind[3]. Werden durch arbeitsvertragliche **Bezugnahme** ein Tarifvertrag oder einzelne fachlich einschlägige Normen übernommen, so findet dementsprechend ebenfalls keine AGB-Kontrolle solcher kraft Einzelvereinbarung vereinbarter Tarifnormen statt[4]. Eine AGB-Kontrolle kann im Einzelfall stattfinden, wenn ganz vereinzelte, fachlich meist nicht einschlägige Tarifnormen einbezogen werden.

2. Abschluss, Beginn und Ende eines Tarifvertrages

a) Abschluss

85 Der Tarifvertrag ist seinem Wesen nach ein „normaler" zivilrechtlicher Vertrag, der durch Angebot und Annahme zustande kommt und grundsätzlich an den allgemeinen Bestimmungen des BGB zu messen ist (§§ 145ff. BGB). Allerdings bedarf der wirksame Abschluss darüber hinaus besonderer aus seiner spezifischen Eigenart resultierender Voraussetzungen. **Zuständig für den Abschluss des Tarifvertrages** ist beim Verbandstarifvertrag das zur Vertretung befugte Organ. Das ist nach § 26 BGB der Vorstand, der Sondervertreter nach § 30 BGB oder der Bevollmächtigte nach §§ 164ff. BGB[5]. Der bloße Abschluss eines Tarifvertrages durch eine Konzernobergesellschaft hat nicht automatisch zur Folge, dass auch die Tochtergesellschaften unmittelbar und zwingend an einen solchen Tarifvertrag gebunden sind, sofern nicht ein ausdrückliches Vertretungsverhältnis besteht[6]. Eine Schriftform ist für die Erteilung der **Vertretungsmacht** entbehrlich. Sofern keine Vertretungsmacht besteht, ist der Tarifvertrag schwebend unwirksam mit der Folge, dass er nachträglich durch die vertretene Tarifvertragspartei genehmigt werden kann (§ 177 Abs. 1 BGB). Auch kann ein Tarifvertrag nach den Grundsätzen der Duldungs- und Anscheinsvollmacht wirksam zustande kommen[7]. Eine inhaltliche Beschränkung der Vertretungsmacht ist grundsätzlich möglich. Jedoch muss sich bei Organen die Beschränkung aus der Satzung des Verbandes ergeben. Das Konzernunternehmen kann die angeschlossenen Unternehmen vertreten. Eine Partei des Tarifvertrages kann sich auch aus mehreren selbstän-

---

1 BAG 6.7.1972 – 5 AZR 100/72, AP Nr. 1 zu § 8 TVG.
2 LAG Düsseldorf 7.12.1973 – 13 Sa 311/73, EzA § 9 TVG Nr. 1.
3 *Löwisch/Rieble*, § 1 TVG Rz. 95.
4 HWK/*Henssler*, § 1 TVG Rz. 88, 89.
5 BAG 12.2.1997 – 4 AZR 419/95, NZA 1997, 1064.
6 BAG 18.11.2009 – 4 AZR 491/08, DB 2010, 566.
7 BAG 12.12.2007 – 4 AZR 996/06, NZA 2008, 882.

digen Tarifverbänden zusammensetzen, zB eine Firma und ein Arbeitgeberverband, mehrere Gewerkschaften, mehrere Arbeitgeberverbände. In diesem Fall entstehen dann **mehrgliedrige Tarifverträge**. Es kann sich um **Einheitstarifverträge** handeln mit der Folge, dass alle vertragschließenden Tarifparteien nur gemeinsam handeln, dh. auch nur gemeinsam kündigen können (vgl. Rz. 109), oder aber es bestehen auch voneinander unabhängige Tarifverträge[1].

Die Frage, ob ein **Verhandlungsanspruch** der Tarifvertragsparteien besteht, ist umstritten, wird jedoch von der Rechtsprechung verneint[2]. Die Tarifvertragsparteien können aber einen **Vorvertrag** abschließen, aus dem sich ein einklagbarer Anspruch ergibt, einen diesen vorvertraglichen Vereinbarungen entsprechenden Tarifvertrag auszuhandeln und zum Abschluss zu bringen[3]. **Ausnahmen** bestehen während eines Arbeitskampfes (vgl. Rz. 61, 62). Sofern die Parteien in einem Tarifvertrag vereinbart haben, über bestimmte Punkte nachzuverhandeln, erlischt diese Nachverhandlungspflicht mit Ablauf des Tarifvertrages[4]. Eine Verhandlungspflicht der Parteien eines Firmentarifvertrages wird allerdings vor Ausspruch einer außerordentlichen Kündigung bejaht[5]. Unterlagen die Tarifvertragsparteien einem **Einigungsmangel**, so sind weder die §§ 154, 155 BGB anwendbar noch die Falsa-demonstratio-Regel. Es ist mit der Rechtssicherheit nicht vereinbar, wenn die Normunterworfenen dem verborgen gebliebenen oder hypothetischen Willen der Tarifvertragsparteien unterworfen würden. 86

aa) Tariffähigkeit

Die vertragschließenden Parteien müssen tariffähig (i. e. **Rechtsfähigkeit** iSd. Tarifvertragsrechts) sein. Tarifvertragsparteien können Gewerkschaften, Arbeitgebervereinigungen und einzelne Arbeitgeber sein (§ 2 Abs. 1 TVG). Dementsprechend unterscheidet man zwischen Verbandstarifen und Firmentarifen (Haus- und Werktarife). Für die **Tariffähigkeit von Gewerkschaften und Arbeitgeberverbänden** sind bestimmte Kriterien zu beachten[6] (vgl. hierzu im Einzelnen Rz. 2 ff.). Unter den Voraussetzungen des § 2 Abs. 2 und 3 TVG können auch die Zusammenschlüsse von Gewerkschaften und Arbeitgeberverbänden (sog. Spitzenorganisationen) tariffähig sein[7]. Dies wird auch für **internationale Spitzenorganisationen** bejaht, zB für die Internationale Transportarbeiter-Föderation[8]. 87

◯ **Hinweis:** Sofern eine **nicht tariffähige Organisation** einen Tarifvertrag abschließt, ist dieser unwirksam (vgl. im Einzelnen Rz. 4 zur fehlenden Tariffähigkeit der CGZP). Eine nachträgliche Heilung dieses Mangels ist nicht möglich[9]. Eine **partielle Tariffähigkeit** gibt es nicht, dh., die Tariffähigkeit einer Arbeitnehmerorganisation kann nur entweder gesamt oder überhaupt nicht festgestellt werden[10]. 88

---

1 BAG 8.11.2006 – 4 AZR 590/05, NZA 2007, 576; *Löwisch/Rieble*, § 1 TVG Rz. 1289 ff.
2 BAG 14.2.1989 – 1 AZR 142/88, AP Nr. 52 zu Art. 9 GG; 14.7.1981 – 1 AZR 159/78, AP Nr. 1 zu § 1 TVG – Verhandlungspflicht; 19.6.1984 – 1 AZR 361/82, AP Nr. 3 zu § 1 TVG – Verhandlungspflicht; dazu auch *Thüsing/Hanau*, ZTR 2002, 506 (508 f.); *Hanau*, NZA 2003, 128 (129).
3 BAG 5.7.2006 – 4 AZR 381/05, AP Nr. 38 zu § 1 TVG.
4 BAG 14.2.1989 – 1 AZR 142/88, DB 1989, 1832.
5 BAG 18.12.1996 – 4 AZR 129/96, NZA 1997, 830.
6 BVerfG 18.11.1954 – 1 BvR 629/52, AP Nr. 1 zu Art. 9 GG; 20.10.1981 – 1 BvR 404/78, AP Nr. 31 zu § 2 TVG; 19.10.1966 – 1 BvL 24/65, AP Nr. 24 zu § 2 TVG; BAG 28.3.2006 – 1 ABR 58/04, NZA 2006, 1112.
7 HWK/*Henssler*, § 1 TVG Rz. 4 mwN.
8 *Zachert*, NZA 2000, 121.
9 *Wiedemann*, § 2 TVG Rz. 15.
10 BAG 28.3.2006 – 1 ABR 58/04, NZA 2006, 1112.

89 Der **einzelne Arbeitgeber** ist unabhängig von seiner wirtschaftlichen Stärke oder der bei ihm beschäftigten Mitarbeiterzahl nach § 2 Abs. 1 TVG tariffähig[1]. Arbeitgeber ist jede natürliche oder juristische Person, die Arbeitnehmer beschäftigt[2]. Die Tariffähigkeit des **verbandsangehörigen Arbeitgebers** ist umstritten[3]. Derart gebundene Arbeitgeber sollen zwar aufgrund ihrer Verbandszugehörigkeit vor Arbeitskämpfen geschützt sein, gelten aber dennoch als tariffähig im Hinblick auf den Abschluss eines Firmentarifvertrags[4]. Tariffähig ist auch die Gesellschaft bürgerlichen Rechts seit der Anerkennung der Rechts- und Parteifähigkeit dieser Gesellschaftsform[5]. Der **Konzern**, dh. ein Zusammenschluss mehrerer Unternehmen unter der Leitung eines herrschenden Unternehmens (§ 18 AktG), ist für sich nicht tariffähig[6]. Grund hierfür ist, dass die Arbeitsverträge jeweils nur mit dem jeweiligen Einzelunternehmen abgeschlossen wurden. Durch entsprechende Bevollmächtigung des herrschenden Unternehmens kann dieses jedoch für die Konzernunternehmen Tarifverträge für die eigenen Arbeitnehmer abschließen[7]. Bei den Tarifverträgen zwischen einzelnem Arbeitgeber und Gewerkschaft spricht man von **Firmen- oder Werktarifvertrag**. Sofern ein Konzern in Vollmacht für die angeschlossenen Unternehmen Tarifverträge abschließt, entstehen mehrere bzw. mehrgliedrige Firmentarifverträge[8]. Möglich ist auch, dass ein Arbeitgeberverband einen Tarifvertrag abschließt, der ausschließlich für ein einzelnes Unternehmen gilt. In diesem Fall spricht man von einem **firmenbezogenen Verbandstarifvertrag**[9].

90 ⊃ **Hinweis:** Der **Verbandsbeitritt** eines einzelnen Arbeitgebers berührt dessen Tariffähigkeit nicht. Der Abschluss eines Firmentarifvertrags bleibt grundsätzlich möglich[10]. Allerdings muss die Friedenspflicht eines bestehenden Verbandstarifvertrags gewahrt bleiben, was die Gewerkschaften daran hindert, den Abschluss eines Firmentarifvertrages zu verlangen; auch der Versuch der Gewerkschaft, einen Arbeitgeber zum Austritt aus dem Verband zu zwingen, ist wegen Verstoß gegen Art. 9 Abs. 3 GG unzulässig[11] (vgl. auch Rz. 14).

91 Zusammenschlüsse von Gewerkschaften und Arbeitgeberverbänden, sog. **Spitzenorganisationen**, sind tariffähig. Möglich ist der Abschluss von Tarifverträgen im eigenen Namen, sofern dies in der Satzung vorgesehen ist (§ 2 Abs. 3 TVG), oder auch der Abschluss von Tarifverträgen **in Vollmacht** des der Spitzenorganisation angeschlossenen Verbandes (§ 2 Abs. 2 TVG). Im letzteren Fall treffen die schuldrechtlichen Wirkungen die einzelnen Verbände. Allerdings haftet die Spitzenorganisation neben den ihr angeschlossenen Verbänden für die Erfüllung der gegenseitigen Verpflichtungen (§ 2 Abs. 4 TVG). Für die Bevollmächtigung gelten die Vorschriften über die Stellvertretung, §§ 164 ff. BGB. Wurde ein Tarifvertrag **im eigenen Namen** abgeschlossen, so hat dies zur Folge, dass nur die Spitzenorganisation als Vertragspartner über diesen Vertrag verfügungsberechtigt ist, ihn also kündigen, aufheben oder verändern kann.

92 ⊃ **Hinweis:** Eine **Haftung** der angeschlossenen Verbände scheidet dann aus, wenn der Tarifabschluss ihren Interessen zuwiderläuft. Wie beim einzelnen einem Verband angeschlos-

---

1 *Löwisch/Rieble*, § 2 TVG Rz. 340.
2 BVerfG 18.12.1985 – 1 BvR 143/83, DB 1986, 486; BAG 25.9.1996 – 1 ABR 4/96, NZA 1997, 613 (618); *Blanke*, ZTR 2000, 211 (213).
3 *Löwisch/Rieble*, § 2 TVG Rz. 345 ff.
4 BAG 10.12.2002 – 1 AZR 96/02, NZA 2003, 734 (737 f.); *Rieble*, Arbeitsmarkt und Wettbewerb, Rz. 1617.
5 HWK/*Henssler*, § 1 TVG Rz. 43 mit Hinweis auf BGH 29.1.2001 – II ZR 331/00, NJW 2001, 1056.
6 *Löwisch/Rieble*, § 2 TVG Rz. 359 ff.
7 BAG 24.11.1993 – 4 AZR 407/92, AP Nr. 39 zu § 1 TVG – Tarifverträge: Einzelhandel.
8 *Löwisch/Rieble*, § 2 TVG Rz. 363 ff.
9 *Buchner*, DB 1970, 2025.
10 *Krichel*, NZA 1986, 731; vgl. allg. *Wieland*, Recht der Firmentarifverträge, 1998.
11 *Boldt*, RdA 1971, 257; *Hensche*, RdA 1971, 9; *Buchner*, DB 1970, 2025 (2074).

senen Arbeitgeber gilt auch hier, dass der einzelne Verband tariffähig bleibt, also selbst Tarifverträge abschließen darf[1]. Entstehen dadurch konkurrierende Tarifverträge, so finden die Grundsätze der Tarifkonkurrenz Anwendung (vgl. zur Tarifkonkurrenz im Einzelnen Rz. 263 ff.).

Der Gesetzgeber hat auch den **Handwerksinnungen und den Innungsverbänden** als Körperschaften des öffentlichen Rechts die Tariffähigkeit auf Arbeitgeberseite verliehen (§§ 54 Abs. 3 Nr. 1, 85 Abs. 2 iVm. § 82 Nr. 3 HwO)[2]. Innungen können aber in ihren Satzungen bestimmen, dass sie keine Tarifverträge abschließen. 93

bb) Tarifzuständigkeit

Die Tarifzuständigkeit ist wie die Tariffähigkeit Wirksamkeitsvoraussetzung für einen Tarifvertrag. Weichen die Tarifzuständigkeiten der Tarifvertragsparteien voneinander ab, so kann der Tarifvertrag nur in dem Bereich der gemeinsamen Tarifzuständigkeit gelten[3]. Tarifverträge können nur im Rahmen der **räumlichen und sachlichen Zuständigkeit** der Tarifvertragsparteien mit einem bestimmten Geltungsbereich wirksam vereinbart werden[4]. Diese richtet sich nach der satzungsmäßigen Ermächtigung der jeweiligen Tarifvertragspartei durch ihre Mitglieder. Sie ist meist regional und branchenspezifisch begrenzt[5]. Aufgrund ihrer **Satzungsautonomie** bestimmen die Koalitionen ihre Zuständigkeit selbst, dh., sie können ihre Zuständigkeiten räumlich, betrieblich, branchenbezogen oder personell abgrenzen[6]. Diese Selbstbestimmung der Tarifzuständigkeit gehört zum Kernbereich der Koalitionsfreiheit (Art. 9 Abs. 3 GG). Die Tarifzuständigkeit kann durch entsprechende **Satzungsänderung** auch erweitert werden, also zB über den Sektor Metallverarbeitung hinaus auf Informationstechnologie[7]. Die DHV – Die Bankgewerkschaft e.V. hat ihren Organisationsbereich in zulässiger Weise erweitert und ist nun u.a. auch für Arbeitnehmer von Mitgliedern des Deutschen Roten Kreuzes e.V. tarifzuständig[8]. Die Gewerkschaften des DGB sind nach dem **Industrieverbandsprinzip** organisiert (vgl. Rz. 24). Dies hilft Überschneidungen der Tarifzuständigkeiten zu vermeiden. Sollten dennoch verschiedene angeschlossene Gewerkschaften aufgrund ihrer Satzung eine Tarifzuständigkeit für gleiche Bereiche vorsehen, so sehen §§ 15, 16 der DGB-Satzung ein Schiedsgerichtsverfahren zur Klärung der Zuständigkeit vor. Die Entscheidung bindet auch den sozialen Gegenspieler[9]. Insoweit galt jahrzehntelang der übergeordnete Grundsatz der DGB-Satzung: **Ein Betrieb, eine Gewerkschaft**. Dieser Grundsatz der Tarifeinheit wurde nach einem Vorlagebeschluss des 4. Senats an den 10. Senat vom 27.1. 2010[10] von der höchstrichterlichen Rechtsprechung aufgegeben. Nachdem sich der 10. Senat in den Beschlüssen vom 23.6.2010[11] der Auffassung des 4. Senats angeschlossen hatte, vollzog der 4. Senat in der Entscheidung vom 7.7.2010[12], dass Rechtsnormen eines Tarifvertrags, die den Inhalt, den Abschluss und die Beendigung von Arbeitsverhältnissen ordnen, für die Beschäftigten gem. §§ 3 Abs. 1, 4 Abs. 1 TVG un- 94

---

1 BAG 22.2.1957 – 1 AZR 426/56, AP Nr. 2 zu 2 TVG; 14.12.1999 – 1 ABR 74/98, NZA 2000, 949.
2 *Löwisch/Rieble*, § 2 TVG Rz. 421 ff.
3 *Wiedemann*, § 2 TVG Rz. 50.
4 BAG 18.7.2006 – 1 ABR 36/05, NZA 2006, 1225.
5 BAG 19.12.1958 – 1 AZR 109/58, AP Nr. 3 zu § 2 TVG.
6 BAG 18.7.2006 – 1 ABR 36/05, NZA 2006, 1225.
7 BAG 27.9.2005 – 1 ABR 41/04, nv., zur Tarifzuständigkeit der IG Metall für Betriebe von IBM in Deutschland.
8 BAG 11.6.2013 – 1 ABR 32/12, NZA 2013, 1363.
9 BAG 17.2.1970 – 1 ABR 15/69, AP Nr. 3 zu § 2 TVG – Tarifzuständigkeit.
10 BAG 27.1.2010 – 4 AZR 549/08, NZA 2010, 645.
11 BAG 23.6.2010 – 10 AS 2/10, NZA 2010, 778.
12 BAG 7.7.2010 – 4 AZR 549/08, NZA 2010, 1068.

mittelbar gelten. Der bisherige **Grundsatz der Tarifeinheit** wurde damit **aufgegeben** (vgl. Rz. 279 ff.). Eine Doppelzuständigkeit von DGB-Gewerkschaften ist nicht möglich. Solange das zur verbindlichen Klärung einer Zuständigkeitsüberschneidung vorgesehene **Schiedsverfahren nach § 16 DGB-Satzung** nicht durchgeführt ist, bleibt es zunächst bei der Alleinzuständigkeit derjenigen Gewerkschaft, die vor Entstehen der Konkurrenzsituation als zuständig angesehen worden war, so dass sich alle Beteiligten (Verbände, Arbeitgeber und Arbeitnehmer) darauf einstellen können[1]. Sind mehrere Gewerkschaften für einen Betrieb zuständig, so ist für die Frage, welcher Tarifvertrag nunmehr zur Anwendung kommen soll, darauf abzustellen, welcher Tarifvertrag den Erfordernissen und Eigenarten des betreffenden Betriebs und den darin tätigen Arbeitnehmern am besten gerecht wird (Grundsätze der Tarifkonkurrenz, vgl. Rz. 276 ff.). Ein Tarifvertrag, der von einer **unzuständigen Tarifvertragspartei** abgeschlossen wurde, ist unwirksam[2]. Fallen Tariffähigkeit oder Tarifzuständigkeit nach Abschluss des Tarifvertrages weg, so wird der Tarifvertrag ebenfalls unwirksam, wenn nicht eine andere Tarifvertragspartei an die Stelle tritt. Beim Wechsel eines Unternehmens von einer Mitgliedschaft mit Tarifbindung in eine OT-Mitgliedschaft kann eine Gewerkschaft während laufender Tarifverhandlungen nicht mehr zu einem Warnstreik zur Durchsetzung von ausschließlich verbandsbezogenen Tarifforderungen aufrufen, wenn sie der Gewerkschaft vor der beabsichtigten Streikmaßnahme den **Statuswechsel rechtzeitig** mitgeteilt hat[3].

95 ⟳ **Hinweis: Streitigkeiten** über die **Tarifzuständigkeit** oder die **Tariffähigkeit** einer Vereinigung nach § 97 Abs. 1 ArbGG werden im **Beschlussverfahren** nach § 2a Abs. 1 Nr. 4 ArbGG entschieden. Zuständig ist gemäß der Neuregelung des § 97 Abs. 2 ArbGG das **Landesarbeitsgericht**, in dessen Bezirk die Vereinigung, über deren Tariffähigkeit oder Tarifzuständigkeit zu entscheiden ist, ihren Sitz hat. Diese Zuständigkeitsregelung stellt eine Abweichung vom Grundsatz des § 8 Abs. 1 ArbGG dar. Bis zum Ablauf des 15.8.2014 bei den Arbeitsgerichten bereits anhängige Beschlussverfahren werden fortgeführt, § 112 BetrVG (Übergangsregelung). Nach § 97 Abs. 1 ArbGG wird das Verfahren auf Antrag einer räumlich und sachlich zuständigen Vereinigung von Arbeitnehmern oder Arbeitgebern oder der obersten Arbeitsbehörde des Bundes oder des Landes, auf dessen Gebiet sich die Tätigkeit der Vereinigung erstreckt, eingeleitet. Die Tarifzuständigkeit richtet sich dabei nach dem satzungsgemäßen **Organisationsbereich**, der durch Auslegung zu ermitteln ist[4]. § 97 Abs. 5 ArbGG bestimmt, dass, sofern ein **anderer Rechtsstreit anhängig** ist, in dem die Entscheidung von der Tariffähigkeit oder Tarifzuständigkeit der Vereinigung abhängt, der Rechtsstreit bis zur Entscheidung auszusetzen ist. Der Entscheidung im Beschlussverfahren über die Tarifzuständigkeit bzw. die Tariffähigkeit kommt die Wirkung der **erweiterten Rechtskraft** des § 9 TVG zu[5]. § 97 Abs. 3 Satz 1 ArbGG bestimmt nun in Anknüpfung an die ständigen Rechtsprechung des BAG[6] ausdrücklich, dass Beschlüsse nach § 2a Abs. 1 Nr. 4 ArbGG nicht nur zwischen den Parteien des Rechtsstreits (**inter partes**), sondern für und gegen jedermann (**erga omnes**) wirken. Ist eine Gewerkschaft aufgelöst, so kann sie keine Klage über ihre Tariffähigkeit oder Tarifzuständigkeit mehr anhängig machen bzw. ein laufendes Verfahren kann nicht mehr fortgeführt werden[7] (vgl. auch Rz. 149).

cc) Schriftform

96 Tarifverträge müssen **schriftlich abgeschlossen** werden (§ 1 Abs. 2 TVG), dh. ein Tarifvertrag muss schriftlich niedergelegt und von beiden Seiten unterschrieben werden

---

1 BAG 12.11.1996 – 1 ABR 33/96, EzA § 2 TVG – Tarifzuständigkeit Nr. 6.
2 BAG 27.11.1964 – 1 ABR 13/63, AP Nr. 1 zu § 2 TVG – Tarifzuständigkeit; 29.7.2009 – 7 ABR 27/08, NZA 2009, 1424 Rz. 24; 15.11.2006 – 10 AZR 665/05, NZA 2007, 448 Rz. 26.
3 BAG 19.6.2012 – 1 AZR 775/10, NZA 2012, 1372.
4 BAG 17.4.2012 – 1 ABR 5/11, NZA 2012, 1104.
5 BAG 14.2.1989 – 1 AZR 142/88, DB 1989, 1832.
6 BAG 15.3.1977 – ABR 16/75, BAGE 29, 72; 23.5.2012 – 1 AZB 67/11, NZA 2012, 625.
7 BAG 25.9.1990 – 3 AZR 266/89, DB 1991, 1476.

(§ 126 BGB)[1]. Tarifverträge werden regelmäßig in deutscher Sprache abgefasst. Zwingend ist dies jedoch nicht. Ein ohne Beachtung der Schriftform abgeschlossener Tarifvertrag ist nichtig (§ 125 BGB)[2].

Das Schriftformerfordernis hat eine **Klarstellungs- und Bestimmtheitsfunktion**[3] sowie eine **Kundmachungsfunktion**. Die Kundmachung ist in den §§ 6ff. TVG geregelt (vgl. Rz. 98ff.). Eine **Verletzung der Kundgebungsnormen** führt nicht zur Unwirksamkeit des Tarifvertrages. Die **Bezugnahme** auf die Regelung eines anderen Tarifvertrages ist zulässig[4]. Dies gilt zum einen, wenn auf eine tarifliche Regelung in der zum Zeitpunkt des Tarifvertragsschlusses vorliegenden Fassung verwiesen wird, man spricht dann von einer sog. **statischen Verweisung**. Dies gilt auch, soweit auf die jeweils geltende Fassung Bezug genommen wird, sog. **dynamische Verweisung** (vgl. zur arbeitsvertraglich vereinbarten Bezugnahme auf den Tarifvertrag im Einzelnen Rz. 255 ff.). Es spielt dabei keine Rolle, ob der Tarifvertrag, auf den Bezug genommen wird, bereits gekündigt ist und in seinem Geltungsbereich nur nachwirkt. Erforderlich ist jedoch, dass die in Bezug genommene Regelung schriftlich abgefasst und so genau bezeichnet ist, dass Irrtümer ausgeschlossen sind. Änderungen und Verlängerungen eines Tarifvertrages bedürfen ebenfalls der Schriftform des § 1 Abs. 2 TVG. Lediglich die Aufhebung eines Tarifvertrages durch die Tarifvertragsparteien ist formfrei möglich[5].

dd) Willensmängel beim Vertragsschluss

Anfechtungsmöglichkeiten wegen Irrtums, Täuschung oder Drohung (§§ 119, 123, 142 BGB) sind sehr umstritten, teilweise werden sie bejaht[6]. Eine rückwirkende Nichtigkeit darf aufgrund der Regelungsweite von Tarifverträgen nicht in Betracht kommen, so dass eine Anfechtung für die Zukunft in engen Grenzen für zulässig erachtet wird[7].

ee) Bekanntmachung

Der Arbeitgeber ist verpflichtet, den in seinem Betrieb geltenden Tarifvertrag **an geeigneter Stelle auszulegen** (§ 8 TVG). Der Tarifvertrag muss in seinem vollen Wortlaut ausgelegt werden. Geeignete Stelle ist eine allgemein zugängliche Stelle, zB das schwarze Brett. Das Auslegen des Tarifvertrages ist jedoch nicht Voraussetzung für seine Wirksamkeit[8]. **Allgemeinverbindliche Tarifverträge** sind in ihrem Geltungsbereich auch für nicht tarifgebundene Arbeitgeber maßgebend und daher nach § 8 TVG iVm. § 9 Abs. 2 DVO ebenfalls im Betrieb ordnungsgemäß auszulegen.

§ 7 Abs. 1 TVG verlangt, dass die Tarifvertragsparteien dem **Bundesministerium für Arbeit und Soziales** (BMAS) und den zuständigen Landesbehörden innerhalb eines Monats nach Abschluss kostenfrei die Urschrift oder eine beglaubigte Abschrift sowie zwei weitere Ausfertigungen eines jeden Tarifvertrages und seiner Änderungen in vollständiger Form, dh. auch einschließlich sog. **Protokollnotizen**[9] zu übersenden.

---

1 *Mangen*, RdA 1982, 229.
2 BAG 13.6.1958 – 1 AZR 591/57, AP Nr. 2 zu § 4 TVG – Effektivklausel.
3 BAG 19.10.1976 – 1 AZR 611/75, AP Nr. 6 zu § 1 TVG – Form; 9.7.1980 – 4 AZR 564/78, AP Nr. 7 zu § 1 TVG – Form.
4 BAG 9.7.1980 – 4 AZR 564/78, AP Nr. 7 zu § 1 TVG – Form; *Braun*, BB 1986, 1428; *Gröbing*, ArbuR 1982, 116.
5 BAG 9.7.1980 – 4 AZR 564/78, AP Nr. 7 zu § 1 TVG – Form.
6 *Gamillscheg*, Koll. ArbR I, § 13 I 1b; *Kempen/Zachert*, § 4 TVG Rz. 48; *Wiedemann*, § 1 TVG Rz. 243.
7 *Löwisch/Rieble*, § 1 TVG Rz. 1340.
8 *Hohenhaus*, NZA 2001, 1107.
9 *Löwisch/Rieble*, § 7 TVG Rz. 4.

Darüber hinaus sind den obersten Arbeitsbehörden der Länder, auf die sich der Tarifvertrag erstreckt, drei Abschriften kostenfrei zu übersenden. Auch das Außerkrafttreten eines jeden Tarifvertrages ist innerhalb eines Monats den betreffenden Behörden mitzuteilen. Ferner sind **rechtskräftige Urteile** iSd. § 9 TVG dem BMAS und den zuständigen obersten Landesbehörden zu übersenden, § 63 ArbGG. In allen genannten Fällen ist auch die Übersendung in elektronischer Form ausdrücklich zugelassen. In der Übersendung des Tarifvertrages ist regelmäßig der **Antrag auf Eintragung** in das Tarifregister zu sehen.

100 ⊃ **Hinweis:** „Beglaubigung" meint hier eine Richtigkeitsbestätigung auf der Abschrift durch einen zeichnungsberechtigten Vertreter einer der Tarifvertragsparteien und nicht eine Beglaubigung iSd. § 42 Beurkundungsgesetz.

101 Beim Bundesministerium für Arbeit wird ein **Tarifregister** geführt (§ 6 TVG). Bei den Landesarbeitsministerien wird dies regelmäßig ebenfalls so gehandhabt, obgleich dies nicht gesetzlich vorgesehen ist. Überwiegend werden solche **Landestarifregister** geführt; ein Informationsanspruch gem. § 16 DVO besteht nicht. Eine diesbezügliche Informationspflicht dürfte sich aber aus § 1 Informationsfreiheitsgesetz (IFG) ergeben[1]. Der Inhalt des Tarifvertrages wird nicht in das Tarifregister aufgenommen. Allerdings werden die Tarifverträge beim Bundesminister für Arbeit und Sozialordnung in einem Archiv aufbewahrt. § 16 DVO legt fest, dass die **Einsicht in das Tarifregister** jedem gestattet ist. Das Einsichtsrecht erstreckt sich auch auf die beim BMAS aufbewahrten Tarifverträge selbst. Der Einsichtnehmende hat einen Anspruch, sich Notizen zu machen und Kopien zu fertigen. Eine Verpflichtung des Ministeriums, Abschriften zu erteilen, besteht jedoch nicht.

102 ⊃ **Hinweis:** Die **Ablehnung der Eintragung in das Tarifregister** muss mitgeteilt werden. Die Eintragung ist bloßer Realakt, so dass Leistungsklage auf Eintragung erhoben werden muss[2]. Wurde die Eintragung abgelehnt, weil die Tarifzuständigkeit oder Tariffähigkeit einer der vertragschließenden Parteien verneint wurde, kann das arbeitsgerichtliche Beschlussverfahren auf Feststellung nach §§ 2a Abs. 1 Nr. 4, 97 ArbGG eingeleitet werden. Geht es um die Wirksamkeit eines bestimmten Tarifvertrages, kommt das Verfahren nach § 9 TVG in Betracht. Die Entscheidung des Gerichts ist für das Bundesministerium für Arbeit und Soziales verbindlich.

b) Abschluss des Tarifvertrages

aa) Beginn des Tarifvertrages

103 Zu unterscheiden ist zwischen dem Zeitpunkt des **Wirksamwerdens des Tarifvertrages** und dem Zeitpunkt des **Beginns der Tarifwirkung**. Sobald der Tarifvertrag schriftlich abgeschlossen, dh. von beiden Parteien zwingend unterzeichnet ist, beginnt das schuldrechtliche Tarifverhältnis. Dies hat zur Folge, dass die Friedenspflicht, die Einwirkungspflicht sowie die Durchführungspflicht erwachsen. Kommt der Tarifvertrag durch ein Schlichtungsverfahren zustande, so hängt der Zeitpunkt des Wirksamwerdens des Tarifvertrages vom jeweiligen Schlichtungsrecht ab (vgl. zur Schlichtung im Allgemeinen Rz. 34 ff.). Fehlen im Tarifvertrag abweichende Regelungen, treten mit Wirksamwerden gleichzeitig auch die Tarifnormen für die Tarifgebundenen in Kraft. Es kann jedoch auch vereinbart werden, zu welchem Zeitpunkt die Tarifwirkung eintreten soll.

Der tatsächliche Abschluss eines **Entwurfs eines Tarifvertrages** kann durch einen Tarifpartner auch gerichtlich erzwungen werden, wenn hierzu eine rechtliche Verpflichtung aus einem Vorvertrag oder aus einer eigenen vorher vereinbarten tariflichen Re-

---

1 *Löwisch/Rieble*, § 6 TVG Rz. 21.
2 *Löwisch/Rieble*, § 6 TVG Rz. 20.

II. Tarifrecht

gelung besteht. Voraussetzung ist, dass der darauf gerichtete **Bindungswille** als auch der konkretisierte Inhalt der angestrebten Tarifregelung hinreichend bestimmbar ist[1].

bb) Rückwirkung

Für den Zeitpunkt des Beginns der Tarifwirkung ist es auch möglich, dass eine Rückwirkung für die Zeit vor Abschluss des Tarifvertrages vereinbart wird[2] (zur Rückwirkung vgl. auch Rz. 197f.). Der Rückwirkungswille muss klar und zweideutig zum Ausdruck kommen[3]. Da Tarifverträge Gesetze im materiellen Sinne sind, sind jedoch auch hier die für die Rückwirkung von Gesetzen entwickelten Grundsätze zu beachten[4]. Abzugrenzen sind also echte und unechte Rückwirkung. 104

Eine **echte Rückwirkung** liegt dann vor, wenn ein in der Vergangenheit liegender Sachverhalt nachträglich anders geregelt werden soll. Für belastende Gesetze ist eine echte Rückwirkung grundsätzlich ausgeschlossen, es sei denn, dass der Normunterworfene ausnahmsweise nicht schutzwürdig ist. Die Grenzen der Rückwirkung ergeben sich aus der Rechtsprechung des EuGH[5] und des BVerfG[6]. Rechtstheoretisch wird eine derartige „tarifliche Rückwirkung" als Rechtsfolgenanordnung in der Vergangenheit behandelt[7]. Die Schutzwürdigkeit entfällt, wenn kein Vertrauensschutz bestehen kann, weil der Betroffene mit einer rückwirkenden Regelung rechnen musste[8], das geltende Recht mehrdeutig ist, der Betroffene nicht auf den Rechtsschein vertrauen durfte oder zwingende Gründe des Allgemeinwohls der Rechtssicherheit vorgehen[9]. Die Tarifpraxis zeigt, dass die von den Tarifvertragsparteien verkündeten Verhandlungsziele oftmals nicht durchgesetzt werden können. Auch kann daher ohne Kündigung einer Tarifnorm das Vertrauen in den Fortbestand einer tariflichen Regelung beseitigt werden, wenn über den zunächst nur von einer Seite geäußerten Änderungswunsch Verhandlungen stattfinden[10]. 105

⊃ **Hinweis:** Möglich ist eine **Rückwirkungsvereinbarung** für solche Zeiträume, in denen der frühere Tarifvertrag nur kraft Nachwirkung gilt, da für diesen Zeitraum kein Vertrauenstatbestand geschaffen wurde. Denkbar ist auch, dass die Tarifvertragsparteien vor Ablauf eines bestehenden Tarifvertrages einen Anschlusstarifvertrag (Neuregelung) mit rückwirkender Kraft vereinbaren[11]. 106

Unechte Rückwirkung liegt vor, wenn der geregelte Sachverhalt zwar in der Gegenwart liegt, aber bereits in der Vergangenheit erwachsene Ansprüche anders geregelt werden sollen; wenn also ein Tarifvertrag an Umstände anknüpft, die in der Vergangenheit liegen und er diese zur Anspruchsvoraussetzung macht[12]. Eine solche Rückwirkung ist zulässig. Umstritten ist die Frage, ob in bereits **entstandene und fällige Individualansprüche** von Arbeitnehmern durch rückwirkende Regelungen eingegrif- 107

---

1 BAG 25.9.2013 – 4 AZR 173/12, DB 2014, 1208.
2 BAG 20.6.1958 – 1 AZR 245/57, AP Nr. 2 zu § 1 TVG – Rückwirkung.
3 BAG 5.3.1957 – 1 AZR 420/56, AP Nr. 1 zu § 1 TVG – Rückwirkung.
4 BAG 5.3.1957 – 1 AZR 420/56, AP Nr. 1 zu § 1 TVG – Rückwirkung; 20.6.1958 – 1 AZR 245/57, AP Nr. 2 zu § 1 TVG – Rückwirkung.
5 Vgl. die Nachweise bei Schaub/*Treber*, § 203 II 9; *Streil*, EuGRZ 1975, 449.
6 Vgl. u.a. BVerfG 26.2.1969 – 2 BvL 15/68 u.a., BVerfGE 25, 269 (289); 10.3.1971 – BvL 3/68, BVerfGE 30, 272 (285); 25.6.1974 – 2 BvF 2/73, BVerfGE 37, 363 (397).
7 *Löwisch/Rieble*, § 1 TVG Rz. 871; BAG 5.7.2006 – 4 AZR 381/05, AP Nr. 38 zu § 1 TVG.
8 BVerfG 12.11.1958 – BvL 4/56 u.a., BVerfGE 8, 274 (303); 19.12.1961 – BvL 6/59, BVerfGE 13, 261 (272); 16.11.1965 – BvL 8/64, BVerfGE 19, 187 (196); BAG 17.5.2000 – 4 AZR 216/99, NZA 2000, 1297.
9 BVerfG 19.12.1961 – BvL 6/59, BVerfGE 13, 261 (271).
10 BAG 17.5.2000 – 4 AZR 216/99, NZA 2000, 1297.
11 BAG 23.11.1994 – 4 AZR 879/93, NZA 1995, 844; *Löwisch/Rieble*, § 1 TVG Rz. 877.
12 *Löwisch/Rieble*, § 1 TVG Rz. 889ff.

fen werden kann. Das BAG bejaht diese Frage im Fall eines dringenden Bedürfnisses[1]. Allerdings gilt dies nicht uneingeschränkt. So kann ein Arbeitnehmer, der aufgrund Tarifvertrages eine Unkündbarkeit erreicht hat, nicht aufgrund eines späteren Tarifvertrages, der an die Unkündbarkeit strengere Anforderungen stellt, gekündigt werden[2]. Einem Arbeitnehmer können auch Vorruhestands- und Ruhestandsleistungen nicht mehr nachträglich genommen werden[3]. Die Tarifvertragsparteien sind jedoch nicht daran gehindert, die Eingruppierungsmerkmale auch zum Nachteil der Arbeitnehmer zu ändern. Wird zB der Bewährungsaufstieg in eine höhere Vergütungsgruppe beseitigt und hat der betreffende Arbeitnehmer bereits einen Teil der nach der alten Regelung vorausgesetzten Zeit erfüllt, so ist es dennoch nicht verfassungswidrig, wenn dem Betroffenen entsprechende Besitzstände versagt bleiben mit der Folge, dass er keine Anwartschaft auf eine höhere Vergütung erworben hat[4].

c) Beendigung des Tarifvertrages

108 Auf den Tarifvertrag finden die Grundsätze des BGB zur Beendigung von Dauerschuldverhältnissen Anwendung, wobei jedoch einige Besonderheiten zu beachten sind. Für den Tarifvertrag sind folgende Beendigungsmöglichkeiten gegeben:

aa) Kündigung

109 Wie bei jedem Dauerschuldverhältnis ist sowohl eine ordentliche als auch eine außerordentliche Kündigung möglich. Sofern im Tarifvertrag eine Kündigungsfrist vereinbart ist, ist diese für eine **ordentliche Kündigung** einzuhalten. Ist dementgegen keine Kündigungsfrist vereinbart, so gilt eine dreimonatige Kündigungsfrist, § 77 Abs. 5 BetrVG, § 28 Abs. 2 Satz 4 SprAuG analog[5]. Die ordentliche Kündigungsmöglichkeit ergibt sich seit der Schuldrechtsreform mittelbar aus § 314 BGB[6]. Im Falle eines mehrgliedrigen Tarifvertrags (vgl. Rz. 85) kann jede Partei für sich den Tarifvertrag kündigen, wenn nicht ein sog. Einheitstarifvertrag vorliegt, bei dem nur alle vertragsschließenden Parteien den Tarifvertrag gemeinsam kündigen können[7]. Die (kündigende) Partei muss im Tarifvertrag als vertragsschließendes Organ benannt sein. Die fehlende Angabe eines Vertretungsverhältnisses im Tarifvertrag schafft kein Kündigungsrecht einer (zB durch einen Spitzenverband) angeblich vertretenen Unterorganisation[8]. Häufig sehen Tarifverträge **Mindestlaufzeiten** vor, die bis zu deren Ende eine ordentliche Kündigung ausschließen. Die Kündigung einzelner Bestimmungen des Vertrages ist möglich, sofern dies ausdrücklich im Tarifvertrag vorgesehen ist; im Übrigen ist dies unzulässig[9]. Liegt ein wichtiger Grund vor, so ist eine **außerordentliche Kündigung** möglich (§ 314 BGB)[10]. Ein **wichtiger Grund** liegt zB bei der Verletzung der Friedenspflicht vor[11] (zur Friedenspflicht vgl. Rz. 153 ff.). Die Auflösung eines Arbeitgeberverbandes für sich genommen stellt keinen wichtigen Grund für die außerordentliche Kündigung eines Tarifvertrags dar[12]. Die Unzumutbarkeit der wirtschaftlichen Belastung aufgrund erst künftig fällig werdender tarifvertraglicher Ansprüche

---

1 BAG 14.6.1962 – 2 AZR 267/60, AP Nr. 4 zu § 1 TVG – Rückwirkung.
2 BAG 16.2.1962 – 1 AZR 164/61, AP Nr. 11 zu § 4 TVG – Günstigkeitsprinzip.
3 BAG 10.10.1989 – 3 AZR 28/88 u. 10.10.1989 – 3 AZR 200/88, AP Nr. 2 und 3 zu § 1 TVG – Vorruhestand.
4 BAG 14.6.1995 – 4 AZR 225/94, EzA § 23a BAT Nr. 4.
5 BAG 10.11.1982 – 4 AZR 1203/79, AP Nr. 8 zu § 1 TVG – Form.
6 HWK/*Henssler*, § 1 TVG Rz. 24.
7 BAG 7.5.2008 – 4 AZR 229/07, ZTR 2008, 615.
8 BAG 26.4.2000 – 4 AZR 170/99, NZA 2000, 1010.
9 BAG 16.8.1990 – 8 AZR 439/89, NZA 1991, 353.
10 BAG 14.11.1958 – 1 AZR 247/57, AP Nr. 4 zu § 1 TVG – Friedenspflicht.
11 BAG 14.11.1958 – 1 AZR 247/57, AP Nr. 4 zu § 1 TVG – Friedenspflicht.
12 BAG 23.1.2008 – 4 AZR 312/01, NZA 2008, 771.

muss der Arbeitgeber durch eine auf entsprechende Tatsachen beruhende Prognose substantiiert darlegen[1]. Auch kann ein Irrtum (§§ 119, 123 BGB) des Kündigenden, der bei Abschluss des Tarifvertrages bereits vorlag, zur fristlosen Kündigung berechtigen. Das Gleiche gilt, wenn Umstände, die bei Vertragsschluss vorlagen, sich wesentlich geändert haben und die Aufrechterhaltung des Vertragsverhältnisses für den Kündigenden unzumutbar wäre. Hier liegt ein **Wegfall der Geschäftsgrundlage**, § 313 BGB, vor. Allerdings reicht die bloße Veränderung wirtschaftlicher Verhältnisse, zB unerwartete Kostensteigerung, nicht aus (Durchführungsrisiko). Erforderlich ist vielmehr eine bei Vertragsschluss überhaupt nicht vorhersehbare Veränderung der wirtschaftlichen Situation. Nach dem Ultima-ratio-Grundsatz ist die außerordentliche Kündigung nur dann wirksam, wenn die kündigende Tarifvertragspartei die Möglichkeiten der tarifautonomen Anpassung als milderes Mittel ausgeschöpft hat, so wenn zB der gekündigte Tarifvertrag eine Nachverhandlungs- und Revisionsklausel enthält[2]. Wurde im Tarifvertrag eine gesetzliche Bestimmung wörtlich übernommen, deren Unwirksamkeit sich später herausstellt, so liegt auch in diesem Fall ein wichtiger Grund vor[3]. Die Kündigungsmöglichkeit gem. § 314 BGB ist allerdings subsidiär zur gesetzlichen Regelung der Störung der Geschäftsgrundlage gem. § 313 BGB mit der Folge, dass stets die **Tarifvertragsanpassung** vorrangig wäre. Es wird daher als sachgerecht erachtet, zunächst der die Aufhebung des Vertrages begehrende Partei Anpassungsbemühungen durch Aufnahme von Verhandlungen aufzuerlegen. Scheitern entsprechende (Anpassungs-)Verhandlungen, so wird die Kündigung des Tarifvertrages (mit dem Ziel eines Neuabschlusses für interessengerechter erachtet als eine gerichtliche Anpassung, die mit der durch Art. 9 Abs. 3 GG geschützten Tarifautonomie nur schwer zu vereinbaren ist[4]. Auch der Wegfall der Tariffähigkeit oder Tarifzuständigkeit kann eine außerordentliche Kündigung rechtfertigen. Geringfügige Verstöße der Tarifvertragsparteien gegen die Durchführungs- und Einwirkungspflicht stellen jedoch noch keinen wichtigen Grund dar. Auch ein Verstoß der Tarifgebundenen gegen den Tarifvertrag begründet kein Kündigungsrecht. Eine **Teilkündigung** eines Tarifvertrages wird regelmäßig unzulässig sein[5]. Zulässig ist eine Teilkündigung eines Tarifvertrages regelmäßig aber dann, wenn sie ausdrücklich zugelassen, dh. vereinbart worden ist[6]. Eine unwirksame Teilkündigung eines Tarifvertrages kann nicht in eine Kündigung des gesamten Tarifvertrages umgedeutet werden[7].

⊃ **Hinweis:** Eine arbeitsgerichtliche Anpassung ist im Falle der fristlosen Kündigung nicht möglich, da dies einen Verstoß gegen die Tarifautonomie (Art. 9 Abs. 3 GG) darstellen würde[8]. In der Praxis sind Kündigungsmöglichkeiten wegen Unzumutbarkeit eines weiteren Festhaltens am Tarifvertrag sehr selten und werden von der Rechtsprechung äußerst restriktiv gesehen. Kündigungen von Tarifverträgen haben daher **absoluten Ausnahmecharakter**. Derartigen Fallkonstellationen kann nur mithilfe von **Öffnungsklauseln** Rechnung getragen werden.

bb) Zeitablauf

Ein Tarifvertrag endet regelmäßig nach **Ablauf der Zeit**, für die er eingegangen ist. Ein solcher befristeter Tarifvertrag ist während der Laufzeit normalerweise nicht ordent-

---

1 BAG 18.2.1998 – 4 AZR 363/96, NZA 1998, 1008.
2 BAG 18.6.1997 – 4 AZR 710/95, NZA 1997, 1234.
3 BAG 23.4.1957 – 1 AZR 477/56, AP Nr. 1 zu § 1 TVG.
4 HWK/*Henssler*, § 1 TVG Rz. 34, 35.
5 *Wieland*, Anm. zu BAG 24.1.2001 – 4 AZR 655/99, AP Nr. 173 zu § 1 TVG – Tarifverträge: Metallindustrie; BAG 3.12.1985 – 4 ABR 60/85, BAGE 50, 258.
6 BAG 3.12.1985 – 4 ABR 60/85, BAGE 50, 258.
7 BAG 3.5.2006 – 4 AZR 795/05, NZA 2006, 1125.
8 BAG 10.2.1988 – 4 AZR 538/87, AP Nr. 12 zu § 33 BAT; 9.11.1988 – 4 AZR 409/88, AP Nr. 5 zu § 1 TVG – Tarifverträge: Seeschifffahrt.

lich kündbar. Jedoch ist auch hier grundsätzlich die Vereinbarung einer Kündigung möglich. Die außerordentliche Kündigung gem. § 314 BGB darf nicht ausgeschlossen werden.

cc) Aufhebung[1]

112 Die Wirkung des Tarifvertrages kann durch formlosen Aufhebungsvertrag beendet werden[2]. Schließen die Tarifvertragsparteien einen neuen Tarifvertrag über den gleichen Regelungstatbestand ab, so liegt hierin eine **konkludente Aufhebung** des ursprünglichen Tarifvertrages.

dd) Auflösende Bedingung und Befristung

113 Auch eine solche **Bedingung** ist zulässig. Sie liegt zB vor, wenn die Tarifvertragsparteien vereinbaren, dass der Tarifvertrag enden soll, wenn ein neuer abgeschlossen wird. Ansonsten muss die Feststellung des Bedingungseintritts von den Parteien wie insbesondere auch den normunterworfenen Arbeitnehmern ohne Schwierigkeiten möglich sein[3].

Auch können Tarifverträge befristet werden. Sie enden dann mit Ablauf der vertraglich bestimmten Zeit[4]. Eine Kündigung von befristeten Tarifverträgen ist im Regelfall ausgeschlossen, weil sich die Parteien für eine Mindestgeltungsdauer entschieden haben[5] (vgl. auch Rz. 140).

ee) Gegenstandslosigkeit

114 Der Tarifvertrag endet auch dann, wenn er **gegenstandslos** geworden ist. Dies ist der Fall, wenn das Unternehmen, für den ein Tarifvertrag (Firmentarifvertrag oder firmenbezogener Verbandstarifvertrag) vorliegt, geschlossen wird. Wird das Unternehmen veräußert, so liegt ein **Betriebsübergang** vor (§ 613a BGB). In diesem Fall endet der Tarifvertrag nicht, vielmehr werden die Tarifnormen Bestandteil der Arbeitsverhältnisse zwischen Arbeitnehmern und neuem Inhaber. Erwirbt der Käufer Gesellschaftsanteile, so tritt er nach § 25 HGB in die Rechte und Pflichten des Veräußerers ein. Es liegt dann kein Fall des § 613a BGB vor, da sich die Rechtspersönlichkeit des Arbeitgebers nicht ändert (zum Betriebsübergang vgl. auch Rz. 216f.).

ff) Wegfall der Tariffähigkeit oder Tarifzuständigkeit

115 **Fallen Tariffähigkeit oder Tarifzuständigkeit weg**, so endet zwar die zwingende und unmittelbare Wirkung des Tarifvertrages, allerdings wirken seine Bestimmungen nach (§ 4 Abs. 5 TVG)[6]. Mit der **Auflösung** eines Arbeitgeberverbandes endet nicht automatisch die zwingende und unmittelbare Wirkung der von ihm abgeschlossenen Tarifverträge, vielmehr tritt Nachwirkung gem. § 4 TVG ein[7]. Die Eröffnung eines Insolvenzverfahrens über das Vermögen eines Arbeitgeberverbandes beendet nicht ohne Weiteres die normative Wirkung eines von diesem Verband abgeschlossenen Tarifvertrages. Die Rechtsfähigkeit eines in der Rechtsform eines Vereins organisierten Arbeitgeberverbandes wird insoweit als fortbestehend fingiert, soweit der Abwicklungs-

---

1 BAG 8.9.1976 – 4 AZR 359/75, AP Nr. 5 zu § 1 TVG – Form.
2 BAG 8.9.1976 – 4 AZR 359/75, AP Nr. 5 zu § 1 TVG – Form.
3 HWK/*Henssler*, § 1 TVG Rz. 21.
4 *Löwisch/Rieble*, § 1 TVG Rz. 1356.
5 *Löwisch/Rieble*, § 1 TVG Rz. 1381.
6 BAG 11.11.1970 – 4 AZR 522/69, AP Nr. 28 zu § 2 TVG; 15.10.1986 – 4 AZR 289/85, AP Nr. 4 zu § 3 TVG.
7 BAG 23.1.2008 – 4 AZR 312/01, NZA 2008, 771.

zweck es erfordert. Abwicklung sowie Kündigung solcher Tarifverträge gehören zu den Befugnissen des Insolvenzverwalters[1].

gg) Folgen der Beendigung

Ist der **Tarifvertrag beendet**, so entfallen die **schuldrechtlichen Wirkungen** für die Tarifvertragsparteien[2]. Die Friedens- und Einwirkungspflichten erlöschen. Allerdings gelten für die Tarifgebundenen nach § 4 Abs. 5 TVG die **normativen Regelungen** des Tarifvertrages weiter (Nachwirkung). Keine Nachwirkung von tariflichen Inhaltsnormen besteht daher für nach Ablauf eines Tarifvertrages neu begründete Arbeitsverhältnisse[3]. Die **Nachwirkung** endet mit der Vereinbarung neuer Abmachungen (vgl. Rz. 164f.). Dies kann ein neuer Tarifvertrag sein, ein neuer Arbeitsvertrag (durch Änderungskündigung) oder eine Betriebsvereinbarung. Hier sind dann sowohl Änderungen zum Nachteil als auch zum Vorteil der Arbeitnehmer möglich. Während der Nachwirkung genießen die Tarifpartner jedoch keinen Vertrauensschutz, dh. die Tarifvertragsparteien können die gesetzliche Nachwirkung **rückwirkend** beseitigen, indem sie den ablösenden Tarifvertrag nahtlos an den Ablauf des Vor-Tarifvertrages anschließen lassen (rückwirkende tarifliche Vergütungsabsenkung)[4].

116

⊃ **Hinweis:** Eine **Anfechtung** von Tarifverträgen mit ex-tunc-Wirkung ist nicht möglich. Lediglich für die Zukunft ist die Beseitigung der Wirkung von Tarifnormen zulässig, hier kommt eine fristlose Kündigung in Frage. Grund ist, dass Tarifnormen Arbeitsverhältnisse regeln und diese grundsätzlich nicht rückabgewickelt werden können.

117

3. Inhalt

a) Allgemein

Den **Inhalt des Tarifvertrags** bilden Bestimmungen über **Rechte und Pflichten der Vertragsparteien**, dh. Abreden schuldrechtlicher Art, ferner Rechtsnormen, die den Abschluss, den Inhalt und die Beendigung von Arbeitsverhältnissen sowie betriebliche oder betriebsverfassungsrechtliche Fragen zum Gegenstand haben können (§ 1 Abs. 1 TVG). Die **Regelungszuständigkeit** der Tarifvertragsparteien bezieht sich auf die Wahrung und Förderung der Arbeits- und Wirtschaftsbedingungen (Art. 9 Abs. 3 GG). Sofern ein Tarifvertrag sich auf andere Rechtsgebiete bezieht, ist dieser unwirksam. Die Gestaltung unternehmerischer Mitbestimmung gehört nicht zur Regelungsbefugnis der Tarifvertragsparteien. In der Frage, was die Tarifvertragsparteien im Rahmen ihrer Regelungszuständigkeit im Einzelnen regeln wollen und was nicht, sind sie frei. Diese Freiheit basiert auf der autonomen Gestaltungsbefugnis.

118

⊃ **Hinweis:** Eine **gerichtliche Kontrolle der Tarifverträge** kann nur dahin gehend erfolgen, ob durch die tariflichen Regelungen die Grenzen der Tarifautonomie überschritten wurden[5]. Prüfungsmaßstab sind dabei höherrangiges Recht, also die Verfassung[6], europäisches Gemeinschaftsrecht, zwingendes Gesetzesrecht[7], die guten Sitten sowie die Grundsätze des Arbeitsrechts und der Verhältnismäßigkeit[8]. Eine Überprüfung der Zweckmäßigkeit er-

119

---

1 BAG 27.6.2000 – 1 ABR 31/99, NZA 2001, 334.
2 BAG 26.1.2011 – 4 AZR 159/09, NZA 2011, 808.
3 BAG 22.7.1998 – 4 AZR 403/97, NZA 1998, 1287.
4 BAG 8.9.1999 – 4 AZR 661/98, NZA 2000, 223.
5 BAG 25.2.1987 – 8 AZR 430/84, AP Nr. 3 zu § 52 BAT.
6 BAG 5.4.1995 – 4 AZR 154/94, EzA Art. 3 GG Nr. 45; *Baumann*, RdA 1994, 272; *Sachs*, RdA 1989, 25.
7 BAG 26.9.1984 – 4 AZR 343/83, AP Nr. 21 zu § 1 TVG.
8 BAG 10.10.1989 – 3 AZR 200/88, AP Nr. 3 zu § 1 TVG – Vorruhestand.

120 **Inhalt eines Tarifvertrages** können normative (objektive) und schuldrechtliche (subjektive) Bestimmungen sein. Die **schuldrechtlichen Bestimmungen** verpflichten lediglich die Tarifparteien selbst und können Dritte allenfalls nach den Regeln über Verträge mit Schutzwirkung für Dritte oder über die Drittschadensliquidation mit einbeziehen. Verpflichtungen Dritter können auf diese Weise aber nicht entstehen, da es keine Verträge zu Lasten Dritter gibt. Unabhängig von einer ausdrücklichen Regelung besteht bei jedem Tarifvertrag die **Friedenspflicht** und die **Durchführungspflicht** (vgl. Rz. 150 ff.). Die **Auslegung** schuldrechtlicher Bestimmungen erfolgt nach den Regeln über die Auslegung von Verträgen (§§ 275 ff., 323 ff. BGB); vgl. zu den objektiven Bestimmungen im Einzelnen Rz. 82 ff., 150 ff. **Normative Bestimmungen** regeln Leistungen und Verpflichtungen aus dem Arbeitsverhältnis und Fragen, die mit den Arbeitsverhältnissen im Zusammenhang stehen. Sie sind Gesetz im materiellen Sinn, und zwar autonomes Satzungsrecht iSv. § 293 ZPO, das die Verhältnisse der einzelnen Verbandsmitglieder im Verhältnis zu deren jeweiligen arbeitsrechtlichen Vertragspartnern regelt. Die normativen Bestimmungen sind daher nach den Regeln über die **Auslegung von Gesetzen** auszulegen und sind ohne Rücksicht auf ihren Geltungsbereich revisibel (§ 73 Abs. 1 ArbGG); vgl. Rz. 76 ff., 160 ff. Wegen der normativen Wirkung ist der Tarifvertrag bei **Willensmängeln** (§§ 119, 123 BGB) auch nicht rückwirkend, sondern nur mit Wirkung für die Zukunft anfechtbar. Bei Teilnichtigkeit wegen Verstoßes gegen zwingendes staatliches Recht (§ 134 BGB) bleibt der übrige Teil des Vertrages in seiner Wirksamkeit unberührt; § 139 BGB findet keine Anwendung. Typische Regelungsmaterie im Rahmen des normativen Teils sind die Arbeitszeit, die Vergütung, allgemeine Arbeitsbedingungen, Arbeitsplatzschutz, die Besetzung von Arbeitsplätzen und Fragen der Qualifizierung von Arbeitnehmern (vgl. zu den normativen Bestimmungen im Einzelnen Rz. 160 ff.).

121 Tarifnormen, die in das **Privatleben** der Tarifgebundenen eingreifen, sind unwirksam. Die Rechtsnormen des Tarifvertrages haben in der Regel einen **abstrakt-generellen Charakter**. Zulässig sind auch Rechtsnormen zur **Regelung des Einzelfalls**, da Art. 9 Abs. 3 GG die Regelungskompetenz der Tarifvertragsparteien nicht auf abstrakt-generelle Regelungen begrenzt. Solche Einzelfallregelungen sind in der Praxis jedoch selten. Finden sich in einem Tarifvertrag **Verweisungen auf Gesetzesvorschriften**, so ist häufig im Wege der Auslegung zu ermitteln, ob ein Rechtssetzungswille der Tarifvertragsparteien vorlag[2] oder ob lediglich eine deklaratorische Verweisung gewollt war.

122 Die **Mitwirkungs- und Mitbestimmungsrechte des Betriebsrates** dürfen nicht durch Tarifvertrag eingeschränkt werden. Das BetrVG geht dem Tarifvertrag insoweit vor, da es gesetzliche Mindestvorschriften enthält. Auch die Organisation des Betriebsrates darf nicht durch Tarifvertrag verändert werden. Eine Erweiterung der Rechte, die sich aus dem BetrVG ergeben, insbesondere der Informations- und Anhörungsrechte sowie der Mitwirkungs- und Mitbestimmungsrechte, ist jedoch denkbar[3].

b) Inhaltsnormen

123 Inhaltsnormen sind **normative Bestimmungen** des Tarifvertrages, die den Inhalt der einzelnen Arbeitsverhältnisse regeln. Auf die Art des Arbeitsverhältnisses kommt

---

1 BAG 2.3.1988 – 4 AZR 600/87, AP Nr. 9 zu § 1 TVG – Tarifverträge: Banken; 30.11.1988 – 4 AZR 415/88, AP Nr. 6 zu § 1 TVG – Tarifverträge: Papierindustrie.
2 BAG 27.8.1982 – 7 AZR 190/80, AP Nr. 133 zu § 1 TVG – Auslegung.
3 BAG 23.3.1962 – 1 ABR 7/60, AP Nr. 1 zu § 56 BetrVG 1952 – Akkord; 23.11.1955 – 1 AZR 95/55, AP Nr. 1 zu § 184 BGB.

es dabei nicht an. So können Vollzeit- und Teilzeitarbeitsverhältnisse, Arbeitsverhältnisse von Leiharbeitnehmern sowie Berufsausbildungsverhältnisse etc. geregelt werden. Auch für Heimarbeiter und für arbeitnehmerähnliche Personen besteht eine Regelungskompetenz (§§ 17 HAG, 12a TVG)[1]. Dagegen ist die Regelung von Beamtenverhältnissen und sonstigen öffentlichen Arbeitsverhältnissen unzulässig[2].

Inhaltsnormen **wirken unmittelbar und zwingend** auf die Arbeitsverhältnisse ein (§ 4 Abs. 1 TVG). Voraussetzung ist jedoch, dass das betreffende **Arbeitsverhältnis rechtswirksam** ist. Rechtsunwirksame Arbeitsverhältnisse (zB die erforderliche Schriftform wurde nicht eingehalten) werden nicht vom Tarifvertrag erfasst. Ist das Arbeitsverhältnis aber durch die tatsächliche Arbeitsaufnahme bereits in Kraft gesetzt worden (faktisches Arbeitsverhältnis), so hat der tarifgebundene Arbeitnehmer bis zur jederzeit möglichen Auflösung des Arbeitsverhältnisses Anspruch auf die tarifvertraglichen Arbeitsbedingungen. 124

Der **Inhalt** der Inhaltsnormen ist nicht zwingend vorgeschrieben. Regelbar sind alle Rechte und Pflichten aus dem Arbeitsverhältnis. Häufig werden Tarifverträge abgeschlossen, die sich nur mit bestimmten Sachgebieten befassen (zB Lohn- und Gehaltstarifverträge). Aus Zweckmäßigkeitsgründen werden in der Praxis gesonderte **Lohntarifverträge** mit einer Laufzeit von in der Regel einem Jahr und längerfristig laufende **Manteltarifverträge** für die allgemeinen Arbeitsbedingungen, zB Arbeitszeit, Ruhepausen, Lohngruppeneinteilung, Kündigungsfristen, Angabe der Kündigungsgründe sowie Akkordbedingungen, abgeschlossen. Es kommt zwar vor, dass der Lohntarifvertrag selbst die Lohngruppeneinteilung mit den entsprechenden Tätigkeitsmerkmalen enthält. Häufiger werden jedoch die verschiedenen Lohngruppen in besonderen **Rahmentarifverträgen** geregelt, die wie die Manteltarifverträge eine längere Laufzeit von mindestens drei Jahren vorsehen. Für Angestellte werden dabei in der Regel fünf oder sechs Gehaltsgruppen, für Arbeiter zwischen fünf und sieben sowie drei bis vier Meistergruppen vorgesehen. 125

Die tariflichen Normen dürfen nur **zugunsten der Arbeitnehmer** von gesetzlichen Vorschriften abweichen (zB Entgeltfortzahlung im Krankheitsfalle); zum Günstigkeitsprinzip vgl. Rz. 171 f. Eine **ungünstigere Regelung** im Tarifvertrag ist nur dort gestattet, wo eine solche gesetzlich ausnahmsweise vorgesehen ist (vgl. zB § 7 ArbZG für Abweichungen von den gesetzlichen Arbeitszeiten). 126

aa) Regelungen von Arbeitsentgelt und Ausbildungsvergütung

Zu differenzieren ist zwischen Tarifverträgen, die eine **Festlegung der Lohn- und Gehaltsgruppen** vorsehen, und Tarifverträgen, die die **Höhe des zu leistenden Entgelts** für die jeweilige Gruppe regeln. Die **Eingruppierung** der Arbeitnehmer in die betreffende Lohn- oder Gehaltsgruppe erfolgt unter Berücksichtigung der geleisteten Arbeit. Entgelttarifverträge können Regelungen über Zuschläge, wie zB Erschwerniszulagen[3], enthalten und regeln die unterschiedlichen Entgeltformen, wie den Akkord- und Prämienlohn sowie den Zeitlohn. Vielfach werden für niedrigere Vergütungsgruppen Sockelbeträge vereinbart, um den Abstand der einzelnen Vergütungsgruppen nicht zu groß werden zu lassen. Zulässig sind tarifvertragliche Vereinbarungen, die bestimmen, dass sich Löhne und Gehälter bei der Veränderung des Umsatzes oder des Ertrages eines Unternehmens, bei der Veränderung der Produktivität oder des Sozialproduktes ermäßigen oder auch erhöhen sollen. **Wertsicherungsklauseln** sind dementgegen unzulässig. Dies sind Klauseln, die vorsehen, dass die Höhe der tarifli- 127

---
1 *Lieb*, RdA 1974, 257 ff.
2 BAG 19.6.1974 – 4 AZR 436/73, AP Nr. 3 zu § 3 BAT.
3 BAG 11.4.1979 – 4 AZR 639/77, AP Nr. 7 zu § 1 TVG – Tarifverträge: Metallindustrie; 14.3. 1984 – 4 AZR 433/81, AP Nr. 23 zu § 1 TVG – Tarifverträge: Metallindustrie.

chen Vergütung von dem Wert anderer Güter abhängig gemacht wird. Zulässig sind aber tarifvertragliche Gehaltsabtretungsverbote[1].

128 Die **Ausbildungsvergütung** wird in der Regel gestaffelt nach Ausbildungsjahren festgelegt. Da sich die Tarifverträge im Allgemeinen an der durchschnittlichen Ertragslage der Unternehmen eines bestimmten Wirtschaftszweiges ausgerichtet haben, werden in der Praxis in Unternehmen mit höherer Produktivität und Finanzkraft vielfach **übertarifliche Löhne und außertarifliche Zulagen** gezahlt (vgl. zu Bestands-, Effektiv- und Verrechnungsklauseln Rz. 180 ff.).

bb) Arbeitszeitregelungen

129 In Tarifverträgen werden **Arbeits- und Ausbildungszeiten** festgelegt. Geregelt werden Beginn und Ende der Arbeitszeit sowie **besondere Formen der Arbeitszeit**, wie Schichtarbeit[2], Wechselschicht[3], Arbeitsbereitschaft und Bereitschaftsdienst[4]. Für die individuelle Arbeitszeit kann im Tarifvertrag vorgesehen werden, dass eine nähere Ausgestaltung durch **Betriebsvereinbarung** erfolgt. Obgleich von einer Betriebsvereinbarung auch Arbeitnehmer erfasst werden, die nicht tarifgebunden sind, liegt keine Verletzung der negativen Koalitionsfreiheit (Art. 9 Abs. 3 GG) vor[5]. Häufig findet im Tarifvertrag eine Unterscheidung zwischen der **individuellen regelmäßigen wöchentlichen Arbeitszeit** und der **tariflichen wöchentlichen Arbeitszeit** statt. Die tarifliche Arbeitszeit legt fest, welche Arbeitszeit im Durchschnitt wöchentlich erreicht werden muss und regelt die betriebliche Ordnung. Die individuelle Arbeitszeit betrifft das einzelne Arbeitsverhältnis. Im Tarifvertrag wird in der Regel auch die Frage der **Mehrarbeit** geregelt. Dabei handelt es sich zB um die Arbeitsstunden, die die individuelle regelmäßige tägliche oder wöchentliche Arbeitszeit überschreiten[6]. Mehrarbeit meint hier also nicht die Überschreitung der gesetzlich zulässigen Höchstarbeitszeit im Sinne des ArbZG. Für Mehrarbeit kann sowohl eine Mehrvergütung als auch ein Freizeitausgleich vorgesehen werden. Tarifverträge legen darüber hinaus die Regelung von **Sonn- und Feiertagsarbeit** sowie von **Spät- und Nachtschicht** fest. Dabei wird tarifvertraglich normiert, welche Zuschläge in den betreffenden Zeiträumen zu zahlen sind, zB Samstagszuschläge[7]. Für Feiertage gilt § 2 EFZG. Eine Abweichung von der gesetzlichen Regelung zum Nachteil der Arbeitnehmer ist unzulässig. Keine Arbeitszeit sind **Ruhepausen** (vgl. § 2 Abs. 1 ArbZG). Sie sind unbezahlte Zeiten, in denen die Arbeit ruht. Der Arbeitgeber hat Ruhezeiten zu gewähren und dafür zu sorgen, dass diese Pausen auch tatsächlich eingehalten werden können[8]. Verletzt er diese Pflicht, so hat er eine Überstundenvergütung zu leisten[9].

cc) Allgemeine Arbeitsbedingungen

130 Tarifverträge können allgemeine Arbeitsbedingungen regeln. Hauptsächlich werden insoweit Manteltarifverträge abgeschlossen, da Arbeitsbedingungen nicht einer ständigen Anpassung bedürfen.

---

1 BAG 20.12.1957 – 1 AZR 237/56, AP Nr. 1 zu § 399 BGB.
2 Vgl. BAG 18.7.1990 – 4 AZR 295/89, DB 1991, 551; 20.6.1990 – 4 AZR 5/90, DB 1990, 2274.
3 Vgl. BAG 19.10.1989 – 6 AZR 111/88, DB 1990, 1470.
4 Vgl. BAG 19.12.1991 – 6 AZR 592/89, NZA 1992, 560; 26.11.1992 – 6 AZR 455/91, NZA 1993, 659.
5 BAG 18.8.1987 – 1 ABR 30/86, DB 1987, 2257 (2259).
6 BAG 28.7.1981 – 1 ABR 90/79, DB 1982, 117.
7 BAG 23.9.1992 – 4 AZR 66/92, DB 1993, 540.
8 BAG 23.9.1992 – 4 AZR 562/91, NZA 1993, 752.
9 BAG 27.2.1992 – 6 AZR 478/90, DB 1992, 583.

c) Abschlussnormen

Unter Abschlussnormen sind die Regelungen über das **Zustandekommen neuer Arbeitsverhältnisse** zu verstehen. Hierunter fällt auch die Wiederaufnahme alter und unterbrochener Arbeitsverhältnisse oder auch die Änderung von Arbeitsverträgen[1]. Abschlussnormen enthalten insbesondere Formvorschriften, aber auch Abschlussverbote und Abschlussgebote. **Formvorschriften** sehen für den Abschluss eines Arbeitsverhältnisses die Einhaltung einer bestimmten Form vor. Ferner können auch einzelne Modalitäten der Einstellung und Arbeitsaufnahme festgelegt werden[2]. Sie können **konstitutive und deklaratorische Wirkung** haben. Meist kommt ihnen lediglich eine deklaratorische Wirkung zu, da sie ansonsten das wirksame Zustandekommen eines Arbeitsverhältnisses verhindern könnten. Für arbeitsvertragliche Nebenabreden werden dem entgegen hie und da auch konstitutive Formvorschriften aufgestellt[3].

Abschlussgebote verlangen vom Arbeitgeber, bestimmte Arbeitnehmer für bestimmte Arbeitsplätze einzustellen. Dem Arbeitnehmer erwächst hierdurch ein tariflicher Anspruch auf Neu- oder Wiedereinstellung. Dabei ist entscheidend, dass hinreichend bestimmt ist, für welchen Personenkreis das Abschlussgebot gelten soll. Abschlussangebote finden sich zB in § 2 Abs. 5 BRTV-Bau, wonach die wegen schlechter Witterung entlassenen Arbeitnehmer einen Wiedereinstellungsanspruch haben[4], sog. **Wiedereinstellungsklausel**[5]. Im **öffentlichen Dienst** sind tarifliche Einstellungsansprüche vereinzelt geregelt[6]. Der öffentliche Auftraggeber kann neuerdings nicht mehr zur Einstellung eines Arbeitnehmers verurteilt werden, wenn die Stelle dennoch besetzt wurde, allerdings kann dem auf Einstellung klagenden Arbeitnehmer ein Schadensersatzanspruch zustehen[7]. Früher hatte der Wiedereinstellungsanspruch auch im Zusammenhang mit Arbeitskämpfen eine große Bedeutung. Da nunmehr der Grundsatz gilt, dass Arbeitsverhältnisse für die Dauer eines Arbeitskampfes suspendiert sind[8], ist diese Bedeutung weitgehend zurückgegangen. Abschlussgebote finden sich ferner im Zusammenhang mit der Elternzeit.

Abschlussverbote sehen Verbote für die Beschäftigung bestimmter Arbeitnehmer auf bestimmten Arbeitsplätzen vor. Ein Arbeitsvertrag, der entgegen einem solchen Abschlussverbot geschlossen wird, ist ganz oder teilweise unwirksam (§ 134 BGB). Maßstab für die Wirksamkeit eines Abschlussverbots sind die Grundrechte. So dürfen Regelungen zB nicht gegen das Gebot der Gleichbehandlung von Mann und Frau verstoßen. Bei Abschlussverboten ist zu beachten, dass sie grundsätzlich nur zulässig sind, soweit sie dem Schutz und den Interessen der Arbeitnehmer dienen. Unzulässig sind Klauseln, die den Arbeitgeber zwingen, nur Gewerkschaftsmitglieder zu beschäftigen (Closed-shop-Klauseln)[9]. Eine Regelung, die den Arbeitgeber verpflichtet, keine Teilzeittätigkeiten zu vergeben, stellt ein Abschlussverbot dar (Nebentätigkeitsverbot). Zulässig ist die Regelung von Arbeitsplatzbesetzungen in qualitativer und quantitativer Hinsicht, wonach bestimmte Arbeitsplätze nur mit Facharbeitern besetzt werden dürfen[10].

---

1 *Kempen/Zachert*, § 1 TVG Rz. 31.
2 *Fuchs*, Tarifvertragsrecht, Rz. 58.
3 BAG 9.12.1981 – 4 AZR 312/79, AP Nr. 8 zu § 4 BAT; 12.7.1983 – 3 AZR 129/81, AP Nr. 9 zu § 17 BAT.
4 BAG 26.9.1957 – 2 AZR 148/55, AP Nr. 10 zu § 1 TVG – Auslegung.
5 Beispielsformulierung bei *Fuchs*, Tarifvertragsrecht, Rz. 58.
6 ZB Berücksichtigung von Zeitangestellten bei der Besetzung von Dauerarbeitsplätzen, vgl. Protokollnotiz Nr. 4 zu Nr. 1 SR 2y zu BAT.
7 BAG 14.11.2001 – 7 AZR 568/00, NZA 2002, 392.
8 BAG 21.4.1971 – GS 1/68, AP Nr. 43 zu Art. 9 GG – Arbeitskampf.
9 *Wiedemann*, § 1 TVG Rz. 507.
10 BAG 13.9.1983 – 1 ABR 69/81, AP Nr. 1 zu § 1 TVG – Tarifverträge: Druckindustrie; 14.2.1978 – 1 AZR 54/76, AP Nr. 57 zu Art. 9 GG – Arbeitskampf; 22.1.1991 – 1 ABR 19/90, AP Nr. 67 zu Art. 12 GG.

134 Von den Abschlussverboten zu unterscheiden sind die **Beschäftigungsverbote**. Beschäftigungsverbote verhindern nicht die Einstellung eines Arbeitnehmers, sondern regeln lediglich, welche Arbeitnehmer für welche Beschäftigungen nicht eingesetzt werden dürfen. Beschäftigungsverbote stellen Inhaltsnormen dar. Hierher gehören zB Regelungen, die es untersagen, dass Frauen besonders schwere Arbeiten verrichten.

d) Beendigungsnormen

135 Beendigungsnormen regeln die Zulässigkeit und Modalitäten von Kündigungen, aber auch andere Beendigungstatbestände, wie etwa die Befristung oder die Zweckerreichung. Die **Kündigung** wird häufig in Manteltarifverträgen geregelt. Möglich ist eine Bestimmung, wonach eine ordentliche Kündigung durch den Arbeitgeber ausgeschlossen oder erschwert wird. Unzulässig sind dagegen Vereinbarungen, die eine außerordentliche Kündigung ausschließen[1] oder eine ordentliche Kündigung durch den Arbeitnehmer erschweren. Unwirksam ist auch eine abschließende Aufzählung von wichtigen Gründen iSd. § 626 BGB. Allerdings kann einer solchen Auflistung von Kündigungsgründen Bedeutung für die Auslegung des wichtigen Grundes zukommen.

136 In Tarifverträgen kann ein **Kündigungsverbot** für eine ordentliche Kündigung vorgesehen werden für Arbeitnehmer, die eine bestimmte Altersgrenze erreicht haben und eine gewisse Betriebszugehörigkeit aufweisen[2]. Der Ausschluss eines außerordentlichen Kündigungsrechts ist dem entgegen stets unwirksam (§ 626 BGB). Manteltarifverträge normieren häufig weitere **Vorschriften zur Ausgestaltung von Kündigungen** bzw. Aufhebungsverträgen, die wegen der Regelung des § 623 BGB nun weitgehend leerlaufend sein dürften. **Kündigungsfristen** und Kündigungstermine können gem. § 622 Abs. 4 BGB von den Tarifvertragsparteien abweichend von den gesetzlichen Fristen festgelegt werden[3]. Die Kündigungsfristen dürfen dabei auch verkürzt werden. Möglich ist eine Staffelung der Fristen, die sich nach der Dauer der Betriebszugehörigkeit des Arbeitnehmers richtet. Die Vereinbarung verschiedener Kündigungsfristen für Arbeiter und Angestellte ist zulässig, sofern sie nicht gegen den **Gleichheitssatz** des Art. 3 GG verstößt. Voraussetzung ist also, dass ein sachlicher Grund für die Ungleichbehandlung vorliegt und die unterschiedliche Behandlung nicht zu einem offensichtlichen Missverhältnis führt. So ist zB eine kürzere Kündigungsfrist für Arbeiter dann gerechtfertigt, wenn diese entgegen den Angestellten hauptsächlich in der Produktion beschäftigt werden und saisonbedingte Auftragsschwankungen die Produktion verringern[4]. An sachlichen Gründen für unterschiedliche Kündigungsfristen fehlt es daher stets dann, wenn die Differenzierung nur pauschal auf den unterschiedlichen Status abstellt. Sonstige sachliche Differenzierungsgründe müssen im Tarifvertrag benannt sein[5].

137 ⊃ **Hinweis:** Die **Darlegungs- und Beweislast** trifft im Falle einer sachlich nicht gerechtfertigten Ungleichbehandlung den klagenden Arbeitnehmer. Dies folgt daraus, dass für Tarifverträge die Vermutung ihrer Verfassungskonformität besteht.

138 Neben der Kündigung als Beendigungsform kann auch vereinbart werden, dass das Arbeitsverhältnis mit **Erreichen eines bestimmten Alters** (Höchstaltersgrenze) beendet

---

1 BAG 11.7.1958 – 1 AZR 366/55, AP Nr. 27 zu § 626 BGB; 18.12.1961 – 5 AZR 404/61, AP Nr. 1 zu § 626 BGB – Kündigungserschwerung; 19.1.1973 – 2 AZR 103/72, AP Nr. 5 zu § 626 BGB – Ausschlussfrist.
2 Vgl. zB § 34 TVöD.
3 BAG 22.5.1986 – 2 AZR 392/85, AP Nr. 23 zu § 622 BGB.
4 BAG 23.1.1992 – 2 AZR 470/91, NZA 1992, 739; 23.1.1992 – 2 AZR 389/91, NZA 1992, 742; *Meyer*, DB 1992, 1881.
5 BAG 21.3.1991 – 2 AZR 296/87, NZA 1989, 227.

ist, ohne dass eine Kündigung oder eine Aufhebungsvereinbarung zwischen Arbeitgeber und Arbeitnehmer erforderlich ist. Für eine solche tarifliche Regelung ist jedoch Voraussetzung, dass sie erforderlich ist, um vor schwerwiegenden gesundheitlichen Gefahren des Arbeitnehmers oder Dritter zu schützen (anerkannt für Cockpitpersonal[1]). Es handelt sich bei derartigen Tarifbestimmungen um Berufswahlregelungen iSd. Art. 12 GG, so dass Altersbegrenzungen verhältnismäßig sein müssen, um eine ordnungsgemäße Erfüllung der Berufstätigkeit zu gewährleisten[2]. Die Rechtsprechung hält daher **tarifliche Altersgrenzen** für grundsätzlich zulässig und ordnet diese als Beendigungsnormen ein[3]. Im Luftfahrtbereich werden tarifliche Altersgrenzenregelungen (Beendigung des Arbeitsverhältnisses mit Ablauf des 55. bzw. 60. Lebensjahres) nunmehr entgegen der früheren Rechtsprechung[4] insb. unter dem Gesichtspunkt des § 10 AGG einer sehr strengen Bewertung unterzogen. Danach sind generelle Altersgrenzen (Erreichung des 60. Lebensjahres) für **Piloten** der *Lufthansa* nicht vereinbar mit dem Europäischen Recht[5]. Im Hinblick auf das besondere Interesse an der Gewährleistung der Sicherheit des Luftverkehrs wird für das **Bordpersonal** eine tarifliche Höchstbegrenzung auf 60 Jahre als wirksam angesehen[6].

⊃ **Hinweis:** Generelle tarifliche Altersgrenzen bedürfen innerhalb der letzten drei Jahre vor Erreichen der Altersgrenze einer ergänzenden einzelvertraglichen Vereinbarung (vgl. § 41 Satz 2 SGB VI)[7]. **139**

Möglich sind tarifvertragliche Vereinbarungen über die **Befristung** von Arbeitsverhältnissen. Solche Vereinbarungen gehen den gesetzlichen Bestimmungen des Teilzeit- und Befristungsgesetzes vor. Dabei ist auch eine Abweichung im Tarifvertrag zum Nachteil der Arbeitnehmer zulässig (§§ 12 Abs. 3, 13 Abs. 4, 14 Abs. 2 Satz 3 und 4 TzBfG, s. § 22 Abs. 1 TzBfG). **140**

e) Normen über betriebliche Fragen

Im Tarifvertrag können unabhängig von der Tarifgebundenheit der Arbeitsverhältnisse auch **Normen über betriebliche Fragen** vereinbart werden[8] (§ 1 Abs. 1 TVG). Betriebsnormen regeln Fragen der Betriebsgestaltung. Sie schränken die Organisationsgewalt des Arbeitgebers ein. Eine Unterscheidung zwischen Solidarnormen, Ordnungs- und Zulassungsnormen, wie dies früher der Fall war, findet nicht mehr statt[9]. Zu den Betriebsnormen gehören alle betrieblichen Regelungen, die wegen evident sachlogischer Unzweckmäßigkeit nicht Gegenstand eines Arbeitsvertrages sein können[10]. Zu den Betriebsnormen gehören Regelungen über den Arbeitsschutz, über betriebliche Urlaubs- und Versorgungsordnungen sowie über die Ordnung im Betrieb, vor allem in Form von Anwesenheits- und Torkontrollen, Rauchverboten und Betriebsbußen. Ferner zählen zu den Betriebsnormen Bestimmungen, die die Besetzung von Arbeitsplätzen wegen ihrer Anforderungen von einer bestimmten Ausbildung abhängig machen[11]. Grundsätzlich wird man dazu zählen müssen auch die Gestaltung **141**

---

1 BAG 12.2.1992 – 7 AZR 100/91, NZA 1993, 998.
2 BAG 6.3.1986 – 2 AZR 262/85, AP Nr. 1 zu § 620 BGB – Altersgrenze.
3 BAG 18.6.2008 – 7 AZR 116/07, NZA 2008, 1302; *Löwisch/Rieble*, § 1 TVG Rz. 1582.
4 BAG 25.2.1998 – 7 AZR 641/96, AP Nr. 11 zu § 1 TVG – Tarifverträge: Luftfahrt; 31.7.2002 – 7 AZR 140/01, NZA 2002, 1155.
5 EuGH 13.9.2011 – Rs. C-447/09, NZA 2011, 1039.
6 BVerfG 25.11.2004, AP BGB § 620 Altersgrenze Nr. 25; 26.1.2007 – 2 BvR 2408/06, AuR 2007, 185.
7 BAG 20.10.1993 – 7 AZR 135/93, DB 1994, 46.
8 HWK/*Henssler*, § 1 TVG Rz. 52.
9 *Fuchs*, Tarifvertragsrecht, Rz. 60.
10 BAG 22.1.1991 – 1 ABR 19/90, NZA 1991, 675.
11 BAG 22.1.1991 – 1 ABR 19/90, NZA 1991, 675.

einheitlicher Entlohnungssysteme[1]. Für die **Wirkung einer Betriebsnorm auf die Arbeitsverhältnisse** reicht bereits aus, wenn der Arbeitgeber tarifgebunden ist (§ 3 Abs. 2 TVG). Tarifliche Vorschriften, die den Betriebsparteien Kompetenzen zur Regelung von betrieblichen Angelegenheiten einräumen, zählen nicht zu den Betriebsnormen, da sie keine eigene Regelung enthalten.

142 ⊃ **Hinweis:** Dem einzelnen Arbeitnehmer steht **kein einklagbarer Anspruch auf Einhaltung der Betriebsnormen** zu. Die Einhaltung der Bestimmungen wird durch den Betriebsrat nach § 80 Abs. 1 Nr. 1 BetrVG (allgemeine Aufgabe des Betriebsrates) und durch die Gewerkschaften sichergestellt.

f) Normen über betriebsverfassungsrechtliche Fragen

143 Tarifvertragliche Regelungen, die **betriebsverfassungsrechtliche Fragen** betreffen, sind ebenfalls möglich[2]. Diese befassen sich mit der Rechtsstellung der Arbeitnehmer und ihrer Organe im Betrieb. Für betriebsverfassungsrechtliche Fragen trifft das Betriebsverfassungsgesetz bereits weitgehend erschöpfende Regelungen, so dass diesbezüglichen Bestimmungen in Tarifverträgen nur noch eingeschränkt Bedeutung zukommt. Soweit das BetrVG zwingende Vorschriften enthält, ist die Regelungsbefugnis der Tarifvertragsparteien beschränkt. So können zwar die Beteiligungsrechte des Betriebsrats vielfach erweitert werden, die **Organisation der Betriebsverfassung** ist jedoch zwingend, abweichende Regelungen sind diesbezüglich unzulässig. Für wenige organisatorische Fragen enthält das BetrVG jedoch **tarifliche Öffnungsklauseln**, so zB für bestimmte zusätzliche Arbeitnehmervertretungen und andere Arbeitnehmervertretungen, soweit es die besonderen Verhältnisse eines Wirtschaftszweiges erfordern (vgl. § 3 Abs. 1 BetrVG). Derartige Tarifverträge bedürfen jedoch der staatlichen Zustimmung (§ 3 Abs. 2 BetrVG).

144 Inwieweit **betriebsverfassungsrechtliche Mitbestimmungs- und Mitwirkungsrechte** durch die Tarifvertragsparteien geregelt werden können, ist umstritten. Einigkeit besteht darüber, dass diese Rechte nicht beschränkt werden dürfen[3]. In welchem Umfang eine Erweiterung der Mitbestimmungs- und Mitwirkungsrechte in Betracht kommt, ist noch nicht abschließend geklärt[4]. Das BAG hat sich mit dieser Frage bislang nur vereinzelt befasst[5]. Die Erweiterung der Mitbestimmung im Bereich der **Betriebs- und Unternehmenspolitik**, also in wirtschaftlichen Angelegenheiten, wird verneint[6]. Dem entgegen wird die Erweiterung in **personellen Angelegenheiten** bejaht hinsichtlich der allgemeinen personellen Angelegenheiten (§§ 92 ff. BetrVG), bei der Berufsbildung (§§ 96 ff. BetrVG), bei der Mitbestimmung in personellen Einzelmaßnahmen (§ 99 BetrVG)[7] und bei den Beteiligungsrechten der ordentlichen Kündigung (§ 102 BetrVG), nicht jedoch bei der außerordentlichen Kündigung. Das Personalvertretungsrecht in Bund und Ländern ist der Regelung durch Tarifvertrag entzogen.

145 ⊃ **Hinweis:** Eine Kontrolle von Betriebsvereinbarungen durch die Gewerkschaften ist nicht möglich, da ihnen die Klagebefugnis hierfür fehlt[8].

---

1 Vgl. die Übersicht bei *Wiedemann*, § 1 TVG Rz. 566 f.
2 HWK/*Henssler*, § 1 TVG Rz. 143.
3 BAG 14.2.1967 – 1 ABR 6/66, AP Nr. 9 zu § 56 BetrVG 1952 – Wohlfahrtseinrichtungen; *Wiedemann*, § 1 TVG Rz. 596 ff.
4 Vgl. hierzu *Wagner*, DB 1992, 2550; *Kempen*, S. 97; *Plüm*, DB 1992, 735.
5 Vgl. hierzu BAG 24.9.1959 – 2 AZR 28/57, AP Nr. 11 zu § 611 BGB – Akkordlohn; 23.3.1962 – 1 ABR 7/60, AP Nr. 1 zu § 56 BetrVG – Akkord; 8.10.1959 – 2 AZR 503/56, AP Nr. 14 zu § 56 BetrVG 1952.
6 Vgl. im Einzelnen *Vollmer*, DB 1979, 308 (355); *Biedenkopf*, S. 161 ff.; *Wiedemann*, § 1 TVG Rz. 603.
7 BAG 10.2.1988 – 1 ABR 70/86, NZA 1988, 699.
8 BAG 20.8.1991 – 1 ABR 85/90, AP Nr. 2 zu § 77 BetrVG 1972 – Tarifvorbehalt.

II. Tarifrecht

g) Normen über gemeinsame Einrichtungen

Die Tarifvertragsparteien sind befugt, **Normen über gemeinsame Einrichtungen** zu schaffen (§ 4 Abs. 2 TVG). Gemeinsame Einrichtungen sind Organisationen, die Aufgaben übernehmen, die über das einzelne Unternehmen hinausgehen. Normen über gemeinsame Einrichtungen der Tarifvertragsparteien gelten unmittelbar und zwingend für die Satzung dieser Einrichtungen sowie für das Verhältnis der Einrichtungen zu den tarifgebundenen Arbeitgebern und Arbeitnehmern[1]. Diese Rechtsnorm räumt also unmittelbar Beitragsansprüche ein und verpflichtet zur Beitragszahlung. Gemeinsame Einrichtungen kommen vor als Lohnausgleichskassen, Zusatzversorgungskassen, Ausbildungsveranstaltungen, Wohlfahrtseinrichtungen etc., zB die Urlaubs- und Lohnausgleichskasse der Bauwirtschaft (SOKA-BAU) (vgl. Verfahrenstarifvertrag, Tarifvertrag über das Sozialkassenverfahren im Baugewerbe – VTV – vom 18.12.2009). 146

⊃ Hinweis: Gem. § 2 Abs. 1 Nr. 4 lit. b ArbGG sind die Arbeitsgerichte zuständig für **Rechtsstreitigkeiten** zwischen den tarifgebundenen und den gemeinsamen Einrichtungen[2]. Die örtliche Zuständigkeit des Arbeitsgerichts kann von den Tarifvertragsparteien gem. § 48 Abs. 2 ArbGG vereinbart werden. 147

h) Prozessuale Normen

Den Tarifvertragsparteien wird durch § 1 Abs. 1 TVG **keine prozessuale Tarifmacht** verliehen, sondern die Norm beschränkt sie auf die Schaffung materiellen Rechts. Allerdings verschafft das ArbGG den Tarifvertragsparteien die Befugnis, dem Inhalt von Prozessverträgen entsprechendes Prozessrecht zu setzen. Im Tarifvertrag kann zB für bestimmte Rechtsstreitigkeiten die Zuständigkeit eines an sich örtlich nicht zuständigen Arbeitsgerichts festgesetzt werden (§ 48 Abs. 2 ArbGG). Nach § 101 Abs. 2 ArbGG können die Tarifvertragsparteien in den dort im Einzelnen aufgeführten Bereichen die Arbeitsgerichtsbarkeit ausschließen. Sie können in diesen Fällen bestimmen, dass Entscheidungen durch ein Schiedsgericht zu erfolgen haben. Andere prozessuale Vereinbarungen können die Tarifvertragsparteien jedoch nicht treffen. 148

i) Tarifliche Normenkontrolle

Hängen gerichtliche Entscheidungen von der Wirksamkeit oder dem Inhalt eines Tarifvertrages ab, so haben die Fachgerichte eine **inzidente Prüfung der Wirksamkeit des Tarifvertrages** vorzunehmen. Möglich ist, dass die Parteien des Arbeitsvertrages Geltung und Inhalt eines Tarifvertrages für das betreffende Arbeitsverhältnis im Wege der **Zwischenfeststellungsklage** (§ 256 Abs. 2 ZPO) klären lassen[3]. Die Überprüfung des Tarifvertrages kann dabei jedoch nicht losgelöst vom konkreten Rechtsverhältnis erfolgen[4]. Die Gerichte können den Tarifvertrag **selbst für nichtig erachten**, da es anders als bei Gesetzen iSv. Art. 100 GG kein Verwerfungsmonopol eines bestimmten Gerichts gibt. Hängt jedoch die Wirksamkeit eines Tarifvertrages von der Tariffähigkeit oder der Tarifzuständigkeit ab, so besteht eine **Aussetzungspflicht nach** § 97 Abs. 5 ArbGG. Die Entscheidung eines Fachgerichts über Inhalt oder Wirksamkeit eines Tarifvertrages entfaltet ihre Wirkung lediglich zwischen den Parteien. Dabei erwächst die Entscheidung nicht in **Rechtskraft**, weil die Beurteilung einer Tarifnorm nur eine Vorfrage für den geltend gemachten Anspruch bzw. das in Streit stehende Rechtsverhältnis klärt, es sei denn, dass die Zwischenfeststellungsklage erhoben wurde. § 9 149

---

1 *Wiedemann*, § 1 TVG Rz. 609.
2 BAG 5.7.1967 – 4 AZR 338/66, AP Nr. 5 zu § 61 KO; 19.3.1975 – 4 AZR 270/74, AP Nr. 14 zu § 5 TVG.
3 BAG 25.11.1987 – 4 AZR 361/87, AP Nr. 18 zu § 1 TVG – Tarifverträge: Einzelhandel.
4 BAG 24.2.1987 – 1 ABR 73/84, AP Nr. 28 zu § 80 BetrVG 1972.

TVG iVm. § 2 Abs. 1 Nr. 1 Alt. 1 ArbGG eröffnet die Möglichkeit, Gültigkeit und Inhalt von Tarifnormen zum Gegenstand einer **Feststellungsklage** zu machen. Einer solchen Klage stehen auch nicht bereits anhängige Individualprozesse entgegen[1]. Die in einem solchen Verfahren ergangene Entscheidung entfaltet eine allgemeinverbindliche Wirkung. Das Verfahren nach § 9 TVG ist den Parteien des im Streit befindlichen Tarifvertrages vorbehalten (vgl. auch Rz. 95).

4. Objektive und subjektive Bestimmungen

a) Objektive Bestimmungen

aa) Allgemein

150 Objektive Bestimmungen (obligatorische oder schuldrechtliche Bestimmungen) regeln die Rechte und Pflichten der Tarifvertragsparteien untereinander (§ 1 Abs. 1 TVG). Sie sind **schuldrechtliche Vertragsabreden** im Sinne des BGB und werden wie Verträge ausgelegt. Der Tarifvertrag, ein **Schuldverhältnis**, beinhaltet für die Vertragsparteien eine **Durchführungs-** und **Friedenspflicht**. Beide sind dem Tarifvertrag immanent und bedürfen keiner ausdrücklichen Regelung. Darüber hinausgehende **Selbstpflichten** können die Tarifvertragsparteien vertraglich festsetzen. Notwendig ist aber nur die Regelung subjektiver (normativer) Bestimmungen.

151 **Schuldner und Gläubiger** der objektiven, schuldrechtlichen Bestimmungen sind die vertragsschließenden Parteien. Der **Schuldner** hat seine tarifvertragliche Pflicht dabei auch für seine Mitglieder wahrzunehmen, in deren Namen der Tarifvertrag ebenfalls geschlossen wird[2]. Schuldner ist beim Firmentarifvertrag der Arbeitgeber, bei (firmenbezogenen) Verbandstarifverträgen der jeweilige Verband, bei Spitzenverbandstarifverträgen der Spitzenverband selbst und die ihm angeschlossenen Verbände und bei mehrgliedrigen Tarifverträgen jeder einzelne Verband (es besteht hierbei keine Gesamtschuldnerschaft). **Gläubiger** sind die Tarifparteien, wie ein Arbeitgeber bzw. ein oder mehrere Arbeitgeberverbände bzw. eine oder auch mehrere Gewerkschaften. Bei Spitzenverbandstarifverträgen ist auf der Gläubigerseite maßgeblich, ob der Tarifvertrag im eigenen oder im Namen der angeschlossenen Verbände abgeschlossen wird (§ 2 Abs. 2 und 3 TVG)[3]. Bei mehrgliedrigen Tarifverträgen ist Gläubiger im Zweifel jeder einzelne Verband (es besteht dann keine Gesamtgläubigerschaft)[4].

152 Die schuldrechtlichen Bestimmungen können **Wirkungen zugunsten Dritter** entfalten. Sofern hierzu keine ausdrücklichen Regelungen im Tarifvertrag getroffen sind, gilt es, dies unter Berücksichtigung des § 328 Abs. 2 BGB durch Auslegung zu ermitteln. Unstreitig besteht eine solche Wirkung im Rahmen der **Friedenspflicht**. Deren **Zweck** ist es, für die Laufzeit des Tarifvertrages eine Veränderung der Arbeitsbedingungen zu unterbinden; eine dahin gehende Pflichtverletzung kann eine Schadensersatzpflicht der verantwortlichen Mitglieder begründen (vgl. Rz. 70f.)[5]. Ausdrückliche Regelungen, die den individuellen Interessen der Mitglieder dienen (außer Verbandsinteressen), begründen unmittelbare Rechte der Mitglieder.

---

1 BAG 30.5.1984 – 4 AZR 512/81, AP Nr. 3 zu § 9 TVG 1969.
2 BAG 17.12.1958 – 1 AZR 349/57, AP Nr. 3 zu § 1 TVG – Friedenspflicht.
3 BAG 17.12.1958 – 1 AZR 349/57, AP Nr. 3 zu § 1 TVG – Friedenspflicht.
4 *Wiedemann*, § 1 TVG Rz. 658.
5 BAG 21.12.1954 – 2 AZR 76/53, AP Nr. 2 zu § 1 TVG; 2.3.1955 – 1 AZR 246/54, AP Nr. 4 zu § 1 TVG; 12.9.1984 – 1 AZR 342/83, AP Nr. 81 zu Art. 9 GG – Arbeitskampf.

bb) Friedenspflicht

Die Friedenspflicht kann in relativer oder absoluter Form vorliegen. Die **relative Friedenspflicht** ist jedem Tarifvertrag immanent und **unabdingbar**; sie untersagt den Tarifvertragsparteien, die Geltung der im Tarifvertrag vereinbarten Arbeitsbedingungen in Frage zu stellen, um konstante Wirtschafts- und Arbeitsbedingungen auf gewisse Zeit zu gewährleisten[1]. **Arbeitskampfmaßnahmen** für veränderte Arbeitsbedingungen sind daher unzulässig. Zulässig sind hingegen die Kampfmaßnahmen, die sich gegen rechtswidrigen Arbeitskampf richten und die den Tarifvertrag unberührt lassen. Letzteres ist im Wege der Auslegung zu ermitteln[2]. 153

Die **absolute Friedenspflicht** verbietet jegliche Kampfmaßnahmen und macht eine besondere Abrede erforderlich[3]. Ist sie alleiniger Gegenstand der Abrede, handelt es sich um ein sog. **Friedensabkommen**. Sie kann auch für gewisse Zeit nach Ablauf des Tarifvertrages fort gelten, um genügend Zeit für Verhandlungen zu geben. Die tarifliche Friedenspflicht ist **verletzt**, wenn das Ziel des Arbeitskampfes die Änderung oder eine andere Auslegung des Inhalts oder das vorzeitige Aufheben des Tarifvertrages ist oder die tarifliche Leistung verbessert werden soll[4]. Dabei ist irrelevant, ob die Friedenspflicht nur teilweise betroffen ist[5]. Eine solche Pflichtverletzung begründet einen **Tarifbruch**, der zu Unterlassungs- und Schadensersatzansprüchen führt. Mitglieder können ihren Schaden entweder selber (Tarifvertrag entfaltet Schutzwirkung) oder im Wege der Drittschadensliquidation durch ihren Verband einklagen. 154

Die Friedenspflicht endet mit der **Beendigung des Tarifvertrages**, es sei denn, es ist vertraglich etwas anderes vereinbart.

⊃ **Hinweis:** Wird die Friedenspflicht verletzt, so liegt ein **Tarifbruch** vor, der zu Unterlassungs- und Schadensersatzansprüchen führen kann (vgl. Rz. 70f.). Nach den Grundsätzen über die Drittschadensliquidation können die Verbände auch die Schäden ihrer Mitglieder geltend machen. Auch einzelne Verbandsmitglieder können ihren Schaden einklagen, da sie von der Schutzwirkung des Tarifvertrages mit erfasst werden. 155

cc) Einwirkungs- und Durchführungspflicht

Aus dem Tarifvertrag ergeben sich für die Tarifvertragsparteien Sorgfaltspflichten[6]. Hierunter fällt zum einen die **Einwirkungspflicht**. Danach haben die Tarifvertragsparteien für die Einhaltung der tariflichen Regelungen durch ihre Mitglieder Sorge zu tragen (Tariferfüllungspflicht). Eine Garantiepflicht ist diese jedoch nur hinsichtlich unstreitiger Tarifnormen. So besteht keine Einwirkungspflicht, wenn Streit über die Auslegung einer Regelung herrscht. 156

Ferner tragen die Vertragsparteien die sog. **Durchführungspflicht**. Sie hat die tatsächliche Durchführung der Tarifvertragsnormen (auch im Ausland) durch die Verbandsmitglieder zum Ziel[7]. Dementsprechend müssen die Vertragsparteien die planmäßige Aushöhlung der Tarifverträge (aber nicht jede einzelne Tarifuntreue) durch ihre Mitglieder unterbinden und, nach entsprechendem Hinweis auf den Bestand und Inhalt des Tarifvertrages, dies notfalls mit Sanktionen (Mahnung; Verweis; Entziehung der 157

---

1 BVerfG 1.3.1979 – 1 BvR 532/77, BVerfGE 50, 290.
2 HWK/*Henssler*, § 1 TVG Rz. 67; aA *Däubler/Reim*, § 1 TVG Rz. 1948.
3 *Buchner*, AR-Blattei Tarifvertrag V Inhalt, C II 3; BAG 21.12.1982 – 1 AZR 411/80, AP Nr. 76 zu Art. 9 GG.
4 BAG 8.2.1957 – 1 AZR 169/55, AP Nr. 1 zu § 1 TVG – Friedenspflicht; 4.5.1955 – 1 AZR 493/54, AP Nr. 2 zu Art. 9 GG – Arbeitskampf.
5 BAG 17.12.1958 – 1 AZR 349/57, AP Nr. 3 zu § 1 TVG – Friedenspflicht.
6 BAG 3.2.1988 – 4 AZR 513/87, AP Nr. 20 zu § 1 TVG – Tarifverträge: Druckindustrie; 9.6.1982 – 4 AZR 274/81, AP Nr. 1 zu § 1 TVG – Durchführungspflicht.
7 BAG 11.9.1991 – 4 AZR 71/91, AP Nr. 29 zu Internationales Privatrecht, Arbeitsrecht.

158 Von den Sorgfaltspflichten zu unterscheiden sind die **Selbstverpflichtungen**, die die Tarifvertragsparteien individuell vereinbaren können (zB Informationspflichten; die Gesprächsführungspflicht während der Vertragslaufzeit; die Mitwirkung bei der Beantragung der AVE (§ 5 TVG); die Vereinbarung eines Schlichtungsabkommens (zur Schlichtung vgl. im Einzelnen Rz. 34 ff.). Über die Normsetzungsbefugnis hinaus können die Parteien keine Vereinbarung treffen, so dass zB eine Verpflichtung zum Abschluss von Differenzierungsklauseln nichtig ist[1].

159 ⊃ **Hinweis:** Will eine Tarifpartei eine streitige Frage hinsichtlich der Einwirkungs- und Durchführungspflicht gerichtlich klären lassen, so kann sie dies im Wege der **Feststellungsklage** nach § 9 TVG vor den Arbeitsgerichten geltend machen. Die Klage ist gegen die Tarifvertragspartei und nicht gegen deren Mitglieder zu richten[2]. Eine Verletzung der Einwirkungspflicht löst eine **Schadensersatzpflicht** des Verbandes aus und kann eine außerordentliche Kündigung des Tarifvertrages zur Folge haben. Der Verband haftet für Vertragswidrigkeiten unabhängig von seiner Rechtsfähigkeit nach § 276 BGB für seine Beschlussorgane, unmittelbar bzw. analog nach § 31 BGB für seine gesetzlichen Vertreter und nach § 278 BGB für sonstige Erfüllungsgehilfen. Die Einhaltung der schuldrechtlichen Pflichten (Einwirkungs-, Durchführungs- und Selbstverpflichtungen) sowie die Unterlassung tarifwidriger Handlungen kann im Wege der **Leistungsklage** verfolgt werden. Bei Unterlassungsansprüchen erfolgt die Vollstreckung nach § 890 ZPO, bei Handlungspflichten nach §§ 887, 888 ZPO.

b) Subjektive Bestimmungen

aa) Allgemein

160 **Subjektive oder normative Bestimmungen** des Tarifvertrages sind die Regelungen, die eine unmittelbare und zwingende Wirkung für die tarifgebundenen Arbeitnehmer und Arbeitgeber entfalten. § 1 TVG sieht vor, dass die Tarifvertragsparteien Rechtsnormen festschreiben können, die den Inhalt, den Abschluss und die Beendigung des Arbeitsverhältnisses sowie betriebliche und betriebsverfassungsrechtliche Fragen regeln (zu den möglichen Regelungstatbeständen vgl. Rz. 123 ff.). Wird der den Tarifvertragsparteien gesetzlich vorgeschriebene Rahmen überschritten, ist der Tarifvertrag nichtig. Normative Bestimmungen kommen in der Form der **Gebots- und Verbotsnorm** vor. Verbotsnormen verbieten bestimmte Vertragsgestaltungen. Gebotsnormen gestalten das Rechtsverhältnis zwischen Arbeitnehmer und Arbeitgeber. Rechtsnormen mit unmittelbarer und zwingender Wirkung haben regelmäßig einen **abstrakt-generellen Charakter; Einzelfallregelungen** sind zulässig, werden in der Praxis jedoch selten getroffen. In Tarifverträgen wird gelegentlich auf gesetzliche Vorschriften verwiesen. Ob eine bloße Verweisung oder ein Rechtsetzungswille der Tarifvertragsparteien hierbei vorliegt, ist durch Auslegung zu ermitteln.

161 ⊃ **Hinweis:** Eine **gerichtliche Kontrolle der normativen Bestimmungen** kann nur dahingehend erfolgen, ob durch die tariflichen Regelungen die Grenzen der Tarifautonomie überschritten wurden. Grenzen ergeben sich aus zwingendem Gesetzesrecht, aus der Verfassung, den tragenden Grundsätzen des Arbeitsrechts, den Grundsätzen der Verhältnismäßigkeit sowie aus den guten Sitten[3] (vgl. auch den Hinweis in Rz. 119 sowie zur tariflichen Normenkontrolle Rz. 149).

---

1 *Hanau/Adomeit*, C II 6c.
2 BAG 29.4.1992 – 4 AZR 432/91, AP Nr. 3 zu § 1 TVG – Durchführungspflicht; 3.2.1988 – 4 AZR 513/87, AP Nr. 20 zu § 1 TVG – Tarifverträge: Druckindustrie; 14.6.1995 – 4 AZR 915/93, EzA § 4 TVG Nr. 3.
3 BAG 10.10.1989 – 3 AZR 200/88, AP Nr. 3 zu § 1 TVG – Vorruhestand.

bb) Wirkungen der subjektiven Bestimmungen

Die **Wirkung des normativen Teils** des Tarifvertrages bestimmt sich nach den Prinzipien der Unabhängigkeit, der Günstigkeit und der Unverbrüchlichkeit. Voraussetzung für die Rechtswirksamkeit eines Tarifvertrages ist, dass die betreffenden Arbeitsverträge dem **Geltungsbereich des Tarifvertrages** unterfallen, also dass sie dem zeitlichen, räumlichen, fachlichen, betrieblichen und persönlichen Geltungsbereich unterfallen (vgl. zum Geltungsbereich im Einzelnen Rz. 193 ff.). Darüber hinaus müssen sowohl der **Tarifvertrag** selbst als auch **die zu regelnden Arbeitsverhältnisse wirksam** sein. Für die Wirksamkeit des Tarifvertrages ist erforderlich, dass er nicht gegen materielles Recht verstößt und die Grenzen der Tarifautonomie eingehalten wurden. Sofern die Tarifbindung entfällt, entfällt auch die tarifliche Wirkung. Allerdings reicht es bei betrieblichen und betriebsverfassungsrechtlichen Regelungen aus, wenn nur der Arbeitgeber tarifgebunden ist (§ 3 Abs. 2 TVG). 162

(1) Unabdingbarkeit

Tarifvertragsnormen sind **unabdingbar**, dh. sie wirken gegenüber den Tarifgebundenen unmittelbar und zwingend (§ 4 Abs. 1 TVG)[1]. Sie sind unverzichtbar und treten ohne Weiteres mit Wirkung für oder gegen die einzelnen Vertragsmitglieder in Kraft, entgegenstehende Regelungen heben sie damit auf. **Unmittelbare Wirkung** von Tarifnormen meint, dass die tariflichen Regelungen auf die Arbeitsverhältnisse einwirken, ohne dass es auf die Kenntnis oder den Willen der Arbeitsvertragsparteien ankommt. Eine arbeitsvertragliche Umsetzung der tariflichen Normen ist nicht erforderlich. Soll eine Wirkung der Tarifnormen für nicht tarifgebundene Arbeitnehmer erfolgen, so bedarf es der **einzelvertraglichen Bezugnahme** auf den Tarifvertrag in dem betreffenden Arbeitsvertrag (zur Bezugnahme vgl. Rz. 250 ff.). Dies ist jedoch nicht erforderlich für die Geltung betrieblicher und betriebsverfassungsrechtlicher Regelungen (§ 3 Abs. 2 TVG). Die unmittelbare Wirkung beginnt mit Inkrafttreten des Tarifvertrages (vgl. Rz. 103 ff.) und endet mit dessen Beendigung (vgl. Rz. 108 ff.). 163

Nach seiner Beendigung entfaltet der Tarifvertrag eine **Nachwirkung** (§ 4 Abs. 5 TVG)[2], um einen regelungsfreien Zustand zu vermeiden. Die Nachwirkung läuft solange, bis ein neuer Tarifvertrag abgeschlossen wird oder bis abweichende einzelvertragliche Regelungen durch die Arbeitsvertragsparteien getroffen werden[3]. Eine zeitliche Begrenzung der Nachwirkung sieht das TVG nicht vor[4]. Man geht von einer „endlosen" Nachwirkung aus[5], worunter häufig Manteltarifverträge fallen, die meist unbefristet abgeschlossen werden[6]. Eine andere Abmachung iSd. § 4 Abs. 5 TVG kann auch eine Betriebsvereinbarung sein[7]. Der Betriebsrat kann also im Rahmen seiner bestehenden Kompetenzen lediglich nachwirkende betriebliche oder betriebsverfassungsrechtliche Bestimmungen durch Betriebsvereinbarung ersetzen[8]. Im Laufe der Nachwirkung können auch **neue Leistungen** entstehen, zB wenn ein Stufenplan für die Zeit der Nachwirkung im Tarifvertrag vereinbart wurde. Während der Phase der Nachwirkung können die Tarifvertragsnormen von den Arbeitsvertragsparteien abgeändert werden, sie wirken nicht mehr zwingend. Möglich ist auch eine Vereinbarung der Tarifvertragsparteien, dass die Ablösung einer nachwirkenden Tarifrege- 164

---

1 BAG 25.11.1970 – 4 AZR 534/69, AP Nr. 12 zu § 4 TVG – Günstigkeitsprinzip.
2 *Meinert*, BB 1976, 1615; *Herschel*, ZfA 1976, 89.
3 BAG 28.5.1997 – 4 AZR 546/95, NZA 1998, 40 (41); 23.2.2005 – 4 AZR 186/04, DB 2005, 2305 (2307).
4 BAG 15.10.2003 – 4 AZR 573/02, NZA 2004, 387.
5 *Löwisch/Rieble*, § 4 TVG Rz. 673.
6 *Werner* in Henssler/Moll/Bepler, Der Tarifvertrag, Teil 13 Rz. 36.
7 *Löwisch/Rieble*, § 4 TVG Rz. 736 ff.
8 *Hromadka*, DB 1987, 1991; BAG 24.2.1987 – 1 ABR 18/85, DB 1987, 1435.

lung schon vor dem Beginn des Nachwirkungszeitraums eintritt[1]. Dabei ist auch eine Änderung zum Nachteil der Arbeitnehmer möglich[2]. Bei Firmentarifverträgen wird häufig eine Nachwirkung ausgeschlossen. In einem solchen Fall kann sich bei einem inzwischen ebenfalls ausgelaufenen Verbandstarifvertrag eine Fortgeltung aus § 4 Abs. 5 TVG ableiten[3].

165 Auch **tarifvertragliche Formvorschriften** entfalten eine Nachwirkung. Diese Formvorschriften sind wie gesetzliche Formvorschriften zu behandeln, ihre Verletzung führt zur Nichtigkeit des Arbeitsvertrages[4] – es sei denn, der Arbeitsvertrag wurde bereits vor Inkrafttreten des Tarifvertrages wirksam geschlossen. Für die Nachwirkung ist erforderlich, dass das Arbeitsverhältnis bereits während der Geltung des Tarifvertrages begründet wurde[5]. Neu begründete Arbeitsverhältnisse unterliegen der Nachwirkung des Tarifvertrages nur, wenn nichts anderes vereinbart wurde[6]. So kann im betreffenden Arbeitsvertrag Bezug genommen werden auf die tariflichen Regelungen. **Allgemeinverbindlich erklärte Tarifverträge** entfalten ebenfalls eine Nachwirkung (vgl. Rz. 164, 240)[7]. Die Tarifvertragsparteien können die Nachwirkung ausschießen.

166 Der Tarifvertrag entfaltet eine **zwingende Wirkung**, dh. andere, dem Tarifvertrag widersprechende arbeitsvertragliche Vereinbarungen sind nichtig (§ 134 BGB). Dabei ist jedoch nicht der gesamte Arbeitsvertrag nichtig, da ansonsten der Schutzzweck der tariflichen Norm verloren ginge[8]. § 139 BGB kommt nur eine eingeschränkte Bedeutung im Arbeitsrecht zu. Ist der im Arbeitsvertrag nichtige Bestandteil im Tarifvertrag positiv geregelt, so tritt die tarifliche Regelung an die Stelle der arbeitsvertraglichen. Ist dagegen im Tarifvertrag eine vom Arbeitsvertrag abweichende Verbotsnorm vorhanden, so wird eine entgegenstehende einzelvertragliche Regelung nichtig. Eine so verdrängte einzelvertragliche Abrede lebt regelmäßig auch nach Ablauf des Tarifvertrages nicht wieder auf[9]. Es bleibt den Arbeitsvertragsparteien jedoch unbenommen, etwas anderes einzelvertraglich zu vereinbaren.

167 Die **zwingende Wirkung** beginnt mit Inkrafttreten des Tarifvertrags und **endet** mit dessen Beendigung. Eine **Nachwirkung** kommt in diesem Zusammenhang nicht in Betracht. Allerdings können die Tarifvertragsparteien vereinbaren, dass die Tarifvertragsnormen so lange Geltung behalten sollen, bis ein neuer Tarifvertrag abgeschlossen wird. In diesem Fall erlangt auch die zwingende Wirkung eine Nachwirkung. Nach Beendigung des Tarifvertrags sind die Arbeitsvertragsparteien jedoch ansonsten frei, neue Regelungen für das Arbeitsverhältnis zu treffen; diese können sich auch zum Nachteil der Arbeitnehmer auswirken.

(2) Öffnungsklauseln

168 Die Tarifvertragsparteien können eine zwingende Wirkung tarifvertraglicher Normen verhindern. Dies wird durch die ausdrückliche oder konkludente Vereinbarung sog. **Öffnungsklauseln** erreicht. Die Befugnis, solche Öffnungsklauseln vorzusehen, ergibt

---

1 BAG 22.10.2008 – 4 AZR 789/07, NZA 2009, 265 Rz. 28 ff.
2 BAG 28.6.1972 – 4 AZR 331/71, AP Nr. 55 zu §§ 22, 23 BAT; 3.12.1985 – 4 ABR 7/85, AP Nr. 1 zu § 74 BAT.
3 LAG Nürnberg 21.11.2006 – 6 Sa 470/06, ZTR 2007, 309.
4 BAG 15.11.1957 – 1 AZR 189/57, AP Nr. 2 zu § 125 BGB; 7.7.1955 – 2 AZR 27/53, AP Nr. 1 zu § 32 AOG – Tarifordnung.
5 BAG 6.6.1958 – 1 AZR 515/57, AP Nr. 1 zu § 4 TVG – Nachwirkung; 13.6.1958 – 1 AZR 591/57, AP Nr. 2 zu § 4 TVG – Nachwirkung.
6 BAG 13.6.1958 – 1 AZR 591/57, AP Nr. 2 zu § 4 TVG – Effektivklausel; 29.1.1975 – 4 AZR 218/74, AP Nr. 8 zu § 4 TVG – Nachwirkung.
7 BAG 27.11.1991 – 4 AZR 211/91, DB 1992, 1294.
8 *Wiedemann*, § 4 Rz. 371.
9 Vgl. BAG 14.2.1991 – 8 AZR 166/90, NZA 1991, 779.

sich aus der Tarifautonomie[1]. Ist die tarifvertragliche Regelung dispositiv, so entfalten sie zwar eine unmittelbare, jedoch keine zwingende Wirkung. Dies ist zB bei **Kann-Vorschriften** der Fall. Durch Kann-Vorschriften räumen die Tarifvertragsparteien dem Arbeitgeber ein **einseitiges Leistungsbestimmungsrecht** ein. Dieser hat dann nach billigem Ermessen über die Leistungsgewährung zu entscheiden (§ 315 Abs. 1 BGB). Die Ermessensausübung unterliegt der gerichtlichen Überprüfung (§ 315 Abs. 3 BGB) und kann auch in der Revisionsinstanz unbeschränkt überprüft werden[2]. Solche Kann-Vorschriften, nach denen der Arbeitgeber Zulagen gewähren kann oder nicht, kommen häufig im öffentlichen Dienst vor. Stillschweigend kann ein Tarifvertrag keine Öffnungsklausel vorsehen[3]. Es müssen vielmehr Anhaltspunkte im Tarifvertrag vorliegen, die auf eine Öffnungsklausel schließen lassen. So kann man zB bei tariflichen Normen über die Dauer der Arbeitszeit davon ausgehen, dass nur eine Regel- und Höchstarbeitszeit vorgesehen ist, deren Unterschreitung erlaubt ist. Die Nennung der Dauer genügt als Anhaltspunkt.

Eine Ausnahme zur zwingenden Wirkung stellen auch **Bestimmungsklauseln** dar. Hierbei handelt es sich um Tarifvorschriften, die die Arbeitsbedingungen nicht abschließend regeln. Hier werden vielmehr **Rahmenbedingungen** aufgestellt, deren Ausfüllung Aufgabe des Arbeitgebers oder eines Dritten ist. Adressat und Delegation der tariflichen Rahmenbedingung müssen eindeutig geregelt werden. Die ausfüllenden Regelungen stellen Normen dar und führen zu einer Ergänzung des Tarifvertrages[4]. Mit Beendigung des Tarifvertrages enden auch die Ausfüllungsnormen. Sog. **Sollvorschriften** haben dagegen zur Folge, dass der Arbeitnehmer bei Vorliegen der tariflichen Voraussetzungen einen vollen Rechtsanspruch erwirbt, es sei denn, es stehen wichtige Gründe im Einzelfall entgegen. Eine weitere Ausnahme von der zwingenden Wirkung besteht darüber hinaus im Rahmen des **Günstigkeitsprinzips**, also dann, wenn die einzelvertragliche Regelung für den Arbeitnehmer günstiger ist als die tarifvertragliche Regelung[5]. Die Günstigkeit der einzelvertraglichen Bestimmung muss jedoch eindeutig sein[6]. 169

Bei **tariflichen Formvorschriften** ist zwischen Vorschriften mit zwingender und mit nicht zwingender Wirkung zu unterscheiden. Deklaratorische Formvorschriften sind für die Entfaltung der Rechtswirkungen des Tarifvertrages nicht zwingend. Die Verletzung konstitutiver Formvorschriften führt jedoch zur Nichtigkeit (§§ 125, 126 BGB). So hat das BAG entschieden, dass eine Kündigung, die schriftlich unter Angabe von Gründen zu erfolgen hat, nichtig ist, sofern die Kündigung diesen Anforderungen nicht genügt[7]. 170

(3) Günstigkeitsprinzip

Das Günstigkeitsprinzip des § 4 Abs. 3 TVG stellt eine **Ausnahme zur zwingenden Wirkung** der Tarifvertragsnormen dar. Es ist Ausfluss der Privatautonomie nach Art. 12 und Art. 2 GG und stellt somit einen verfassungsgemäß anerkannten arbeitsrechtlichen Grundsatz dar[8]. Die Tarifvertragsnormen sind Mindestbedingungen; Höchstarbeitsbedingungen können tarifvertraglich nicht vereinbart werden, auch 171

---

1 *Löwisch/Rieble*, § 4 TVG Rz. 393 ff.
2 BAG 26.11.1986 – 4 AZR 789/85, AP Nr. 15 zu § 1 TVG – Tarifverträge: Rundfunk.
3 *Löwisch/Rieble*, § 4 TVG Rz. 421.
4 BAG 28.11.1984 – 5 AZR 123/83, AP Nr. 1 zu § 4 TVG – Bestimmungsrecht; 28.11.1984 – 5 AZR 195/83, AP Nr. 2 zu § 4 TVG – Bestimmungsrecht.
5 *Löwisch/Rieble*, § 4 TVG Rz. 460.
6 BAG 25.11.1970 – 4 AZR 534/69, AP Nr. 12 zu § 4 TVG – Günstigkeitsprinzip.
7 BAG 15.11.1957 – 1 AZR 189/57, AP Nr. 2 zu § 125 BGB; 7.7.1955 – 2 AZR 27/53, AP Nr. 1 zu § 32 AOG – Tarifordnung.
8 BAG 15.12.1960 – 5 AZR 374/58, AP Nr. 2 zu § 4 TVG – Angleichungsrecht.

können Besserstellungen nicht von bestimmten Voraussetzungen abhängig gemacht werden. Den Parteien des Arbeitsverhältnisses steht es frei, bessere Arbeitsbedingungen zu vereinbaren als der Tarifvertrag es vorsieht (§ 4 Abs. 3 TVG). Fallen dementsprechend günstigere tarifliche Bedingungen, etwa durch Betriebsübergang oder Ende des Tarifvertrages weg, können entsprechende einzelvertragliche Bedingungen wieder Wirkung entfalten[1]. Das Günstigkeitsprinzip kann durch die Tarifvertragsparteien nicht ausgeschlossen werden[2].

172 Der **Günstigkeitsvergleich**, also die Frage, ob eine arbeitsvertragliche Regelung günstiger ist als die tarifvertraglich vorgesehene, erfolgt durch **Auslegung**. Hierbei ist die einzelvertragliche Regelung der tariflichen Regelung gegenüberzustellen. Es ist lediglich auf das Interesse des betreffenden Arbeitnehmers abzustellen. Das Gesamtinteresse einer Gruppe von Arbeitnehmern ist nur hinsichtlich betrieblicher und betriebsverfassungsrechtlicher Regelungen von Bedeutung. Früher nahm man an, dass die Frage der Günstigkeit sich ausschließlich durch **Sachgruppenvergleich** beantworten lässt. Dabei war es dem Arbeitnehmer nicht möglich, selbst zu bestimmen, was für ihn günstiger ist, die Günstigkeit unterlag einer objektiven Sichtweise der Gesamtrechtsordnung, heute spricht man insofern von einem Regelungsvergleichszusammenhang[3]. Seit der gewerkschaftlichen Forderung nach der 35-Stunden-Woche hat sich diese Handhabung des Günstigkeitsprinzips geändert. Aus gewerkschaftlicher Sicht heißt es: Je weniger Arbeitszeit, desto günstiger für den Arbeitnehmer. Das verfolgte Ziel der Gewerkschaften ist hierbei ein rein beschäftigungspolitisches. Aus Sicht der Arbeitnehmer bedeutet jedoch weniger Arbeitszeit auch weniger Lohn. Viele Arbeitnehmer empfinden jedoch mehr Lohn als günstiger, auch wenn sie hierfür mehr arbeiten müssen. Hieraus folgte eine neue Sichtweise des Günstigkeitsprinzips. Die Einräumung eines **Wahlrechts** der Arbeitnehmer stellt sich letztlich für diese günstiger dar als die tarifliche Regelung[4]. Gegen diese neue Definition des Günstigkeitsprinzips bestehen jedoch teilweise Bedenken, da diese dazu führen kann, dass dem Tarifvertrag nur noch die Bedeutung einer bloßen Empfehlung zukommen kann[5]. Im Verhältnis **Tarifvertrag und Betriebsvereinbarung** wird das Günstigkeitsprinzip abgelehnt, da das Betriebsverfassungsgesetz mit seinen speziellen Bestimmungen das allgemeiner gehaltene Tarifvertragsgesetz verdrängt. § 4 Abs. 3 TVG lässt es regelmäßig nicht zu, dass Tarifregelungen über die Höhe des Arbeitsentgelts und über die Dauer der regelmäßigen Arbeitszeit mit einer betrieblichen Arbeitsplatzgarantie verglichen werden[6].

(4) Übertarifliche Löhne und Zulagen

173 In der Praxis werden häufig **übertarifliche Löhne** und **außertarifliche Zulagen** gezahlt. Dies folgt daraus, dass Tarifverträge sich in der Regel an der durchschnittlichen Ertragslage der Unternehmen eines bestimmten Wirtschaftszweiges ausrichten und daher für Unternehmen mit einer besseren Ertragslage bzw. Finanzkraft die Möglichkeit freiwilliger Zulagen besteht. Wird eine Tariflohnerhöhung vereinbart, so ist in diesen Fällen fraglich, ob eine **Anrechnung der Zulage** auf den neuen Tariflohn oder ob eine **Aufstockung** erfolgt, also der bisherige den Tariflohn übersteigende Betrag auf den neu vereinbarten Tariflohn aufgestockt wird. Haben die Arbeitsvertragsparteien

---

1 BAG 12.12.2007 – 4 AZR 998/06, NZA 2008, 649.
2 BAG 21.2.1961 – 3 AZR 596/59, AP Nr. 8 zu § 4 TVG – Günstigkeitsprinzip; 15.12.1960 – 5 AZR 374/58, AP Nr. 2 zu § 4 TVG – Angleichungsrecht; 15.12.1960 – 5 AZR 417/58, AP Nr. 3 zu § 4 TVG – Angleichungsrecht.
3 *Däubler*, Rz. 209; *Löwisch/Rieble*, § 4 TVG Rz. 530 ff.; *Wiedemann*, § 4 TVG Rz. 433; BAG 17.4.2013 – 4 AZR 592/11, BeckRS 2013, 71573.
4 *Rieble*, RdA 1996, 151 (156); *Löwisch*, BB 1991, 59.
5 *Wank*, NJW 1996, 2273 (2278).
6 BAG 20.4.1999 – 4 ABR 72/98, NZA 1999, 887.

eine **ausdrückliche Regelung** getroffen, so macht diese Frage keine Schwierigkeiten. Eine solche Regelung kann zB dahin gehend lauten, dass ein bestimmter Betrag oder Prozentsatz des Arbeitslohns zusätzlich zu dem jeweiligen Tariflohn gezahlt werden soll. In diesem Fall führt eine spätere Tariflohnerhöhung dazu, dass der bisherige übertarifliche Lohnbestandteil auch dem neuen Tariflohn hinzuzurechnen ist. Im Gegensatz dazu kann im Arbeitsvertrag wirksam ein **Anrechnungsvorbehalt** vereinbart werden. In diesem Fall erfolgt eine Anrechnung der übertariflichen Zulage auf eine Tariferhöhung. Solche Anrechnungsvorbehalte verstoßen weder gegen § 305c Abs. 2 BGB noch gegen das Transparenzgebot des § 307 Abs. 1 Satz 2 BGB, weil wirksame Anrechnungsvorhalte zu den „Besonderheiten des Arbeitsrechts" iSd. § 310 Abs. 4 Satz 2 BGB gehören[1].

Fehlt eine ausdrückliche Regelung, so beurteilt sich die Problematik nach den **Grundsätzen der ergänzenden Vertragsauslegung**[2]. Grundsätzlich gilt, dass ein übertariflicher Lohn dann nicht durch die Tariflohnerhöhung berührt wird, wenn der Tariflohn den übertariflichen Lohn nicht übersteigt[3]. Dies gilt auch dann, wenn der Arbeitgeber den Zuschlag bei mehreren vorhergehenden Tariflohnerhöhungen vorbehaltlos in vollem Umfange auf den jeweiligen höheren Tariflohn aufgestockt hat[4]. Eine Verrechnung ist ohne ausdrückliche Regelung zulässig, wenn sich aus dem **Zweck der übertariflichen Zulage** ergibt, dass der Arbeitnehmer dauernd eine entsprechende Zulage erhalten soll[5]. Dies ist der Fall, wenn die übertarifliche Zulage zB eine **Leistungszulage oder Erschwerniszulage** etc. darstellt. In einem solchen Fall ist im Zweifel anzunehmen, dass die Zulage auf den neuen Tariflohn aufzustocken ist, da hier anzunehmen ist, dass eine Höhervergütung für die besondere Belastung gewollt ist[6]. Zulässig ist auch eine Anrechnung solcher Tariflohnerhöhungen, die als Ausgleich für eine **Arbeitszeitverkürzung** vereinbart werden[7]. Anzurechnen ist eine Zulage dann, wenn die Tariflohnerhöhung hierdurch lediglich vorweggenommen wurde.

174

⊃ **Hinweis:** Rechnet der Arbeitgeber eine außertarifliche Zulage bei einigen Arbeitnehmern an und bei anderen nicht, so muss er spätestens im Rahmen eines **gerichtlichen Verfahrens** die Gründe für eine derartige Differenzierung darlegen. Im Übrigen gilt grundsätzlich, dass die Darlegungs- und Beweislast für Umstände, aus denen sich eine Erhöhung des neuen Tariflohns ergeben soll, dem Arbeitnehmer obliegt.

175

Bei der Verrechnung des bisher übertariflichen Lohnbestandteils ist der Arbeitgeber an die **Grundsätze der Gleichbehandlung** (Art. 3 GG) gebunden. Er darf also die außertarifliche Zulage nicht ohne sachlichen Grund und willkürlich bei einigen Arbeitnehmern anrechnen, während er sie bei anderen nicht anrechnet. Die Anrechnung hat vielmehr nach generellen, objektiven Merkmalen zu erfolgen[8]. Kein Verstoß gegen den Gleichbehandlungsgrundsatz liegt vor, wenn eine Tariflohnerhöhung zum Ausgleich der Arbeitszeitverkürzung nur bei Arbeitern, die Stundenlöhne erhalten, nicht

176

---

1 *Jacobs/Krause/Oetker*, § 7 Rz. 77; BAG 1.3.2006 – 5 AZR 363/05, NZA 2006, 746.
2 BAG 6.3.1958 – 2 AZR 457/55, AP Nr. 6 zu § 4 TVG – Übertariflicher Lohn und Tariflohnerhöhung.
3 BAG 13.11.1963 – 4 AZR 25/63, AP Nr. 7 zu § 4 TVG – Übertariflicher Lohn und Tariflohnerhöhung; 11.8.1965 – 4 AZR 187/64 u. 19.7.1978 – 5 AZR 180/77, AP Nr. 9 und 10 zu § 4 TVG – Übertariflicher Lohn und Tariflohnerhöhung; 10.3.1982 – 4 AZR 540/79, AP Nr. 47 zu § 242 BGB – Gleichbehandlung.
4 BAG 8.12.1982 – 4 AZR 481/80, AP Nr. 15 zu § 4 TVG – Übertariflicher Lohn und Tariflohnerhöhung.
5 *Wiedemann/Wank*, § 4 TVG Rz. 509; *Löwisch/Riebe*, § 4 TVG Rz. 550.
6 BAG 23.1.1980 – 5 AZR 780/78, AP Nr. 12 zu § 4 TVG – Übertariflicher Lohn und Tariflohnerhöhung.
7 BAG 3.6.1987 – 4 AZR 44/87, AP Nr. 58 zu § 1 TVG – Tarifverträge: Metallindustrie; 29.4.1987 – 4 AZR 560/86, AP Nr. 57 zu § 1 TVG – Tarifverträge: Metallindustrie.
8 BAG 22.8.1979 – 5 AZR 769/77, AP Nr. 11 zu § 4 TVG – Übertariflicher Lohn und Tariflohnerhöhung.

aber bei Angestellten mit Monatsgehältern angerechnet wird. – Ein Verstoß gegen den Gleichheitsgrundsatz liegt auch dann vor, wenn der Tarifvertrag vorsieht, dass eine Anrechnung bei bestimmten Gruppen von Arbeitnehmern von der Zustimmung des Betriebsrates abhängig gemacht wird[1].

177 ⊃ **Hinweis:** Es empfiehlt sich ein Hinweis des Arbeitgebers im **Arbeitsvertrag**, dass Zulagen jederzeit widerruflich und auf Tariflohnerhöhungen anrechenbar sind. In diesem Fall ist es möglich, dass die Tariferhöhung auf allgemeine Zulagen und auch auf zweckgebundene Zulagen angerechnet wird. Ist eine Anrechnung ausgeschlossen, kann der übertarifliche Lohnbestandteil durch eine wirksame Änderungskündigung beseitigt werden.

178 Tarifverträge verstoßen gegen den **Gleichbehandlungsgrundsatz**, wenn sie die Anrechnung der übertariflichen Zulagen bei einer bestimmten Arbeitnehmergruppe von der Zustimmung des Betriebsrates abhängig machen[2]. Im Rahmen einer Änderung der Verteilungsgrundsätze, die der Anrechnung einer Tariflohnerhöhung auf über- und außertarifliche Zulagen dienen, hat der **Betriebsrat** grundsätzlich ein **Mitbestimmungsrecht** (§ 87 Abs. 1 BetrVG)[3]. Dabei kommt es nicht darauf an, ob sich der Arbeitgeber eine Anrechnung bzw. einen Widerruf vorbehalten hat. Das Mitbestimmungsrecht entfällt, wenn tatsächliche oder rechtliche Hindernisse entgegenstehen. Ein rechtliches Hindernis ist gegeben, wenn eine vollständige und gleichmäßige Anrechnung einer Tariflohnerhöhung auf übertarifliche bzw. außertarifliche Zulagen erfolgt. Liegt eine Reduzierung der Zulage auf Null vor, so liegt darin ein tatsächliches Hindernis; ein Mitbestimmungsrecht des Betriebsrates entfällt.

179 ⊃ **Hinweis:** Anrechnung und Widerruf durch den Arbeitgeber sind unwirksam, wenn das Mitbestimmungsrecht des Betriebsrates missachtet wird[4]. Bis zur Einigung mit dem Betriebsrat kann der Arbeitgeber das Zulagevolumen kürzen, er hat jedoch die Verteilungsgrundsätze zu beachten.

(5) Besitzstands-, Effektiv- und Verrechnungsklauseln

180 Durch **Effektivgarantieklauseln** (auch allgemeine Effektivklauseln) versuchen die Tarifvertragsparteien zu erreichen, dass der bisherige Lohn zum Tariflohn wird. Eine solche Klausel kann lauten: „Das effektive Arbeitsentgelt wird tariflich garantiert." Solche Effektivgarantieklauseln sind unzulässig[5]. Sie verstoßen gegen das Schriftformerfordernis des § 1 Abs. 2 TVG, da sich der Tariflohn nur anhand des Einzelarbeitsvertrages feststellen ließe und sich nicht aus dem Tarifvertrag selbst ergeben würde. Der Tarifvertrag kann nicht auf individuelle Lohnfestsetzungen Bezug nehmen, sondern muss den Mindestlohn festsetzen. Die Mindestarbeitsbedingungen ergeben sich aus den zwingenden Tarifnormen (§ 4 TVG), Verbesserungen gehören in den Bereich des Einzelarbeitsvertrages. Würde man Effektivgarantieklauseln für zulässig halten, so gäbe es keine übertariflichen Zulagen mehr, auch Änderungskündigungen zur Verringerung der übertariflichen Zulagen wären wegen der zwingenden Wirkung der Tarifvertragsnormen nicht möglich.

---

1 BAG 6.2.1985 – 4 AZR 370/83, AP Nr. 16 zu § 4 TVG – Übertariflicher Lohn und Tariflohnerhöhung.
2 BAG 6.2.1985 – 4 AZR 370/83, AP Nr. 16 zu § 4 TVG – Übertariflicher Lohn und Tariflohnerhöhung.
3 BAG 13.2.1990 – 1 ABR 35/87, AP Nr. 43 zu § 87 BetrVG 1972 – Lohngestaltung; 13.2.1990 – 1 AZR 171/87, AP Nr. 44 zu § 87 BetrVG – Lohngestaltung.
4 BAG 3.12.1991 – GS 2/90, AP Nr. 51 zu § 87 BetrVG 1972 – Lohngestaltung; 3.12.1991 – GS 1/90, AP Nr. 52 zu § 87 BetrVG 1972 – Lohngestaltung.
5 BAG 13.6.1958 – 1 AZR 591/57, AP Nr. 2 zu § 4 TVG – Effektivklausel; 16.9.1987 – 4 AZR 265/87, NZA 1988, 29; 21.7.1993 – 4 AZR 468/92, NZA 1994, 1294; *Löwisch/Rieble*, § 1 TVG Rz. 1888 ff.

Von den Effektivgarantieklauseln zu unterscheiden sind die **begrenzten Effektivklauseln**. Hierbei handelt es sich um eine Vereinbarung, die darauf abzielt, dass eine bisherige übertarifliche Lohnvereinbarung zwischen Arbeitgeber und Arbeitnehmer auch im Verhältnis zum Tariflohn erhalten bleibt. Die übertarifliche Zulage wird in diesem Fall nicht Bestandteil des Tariflohns. Eine begrenzte Effektivklausel könnte etwa lauten: „Die Tariflohnerhöhung muss beim Arbeitnehmer voll wirksam werden." In der Rechtsprechung sowie der Literatur[1] werden auch begrenzte Garantieklauseln für unzulässig erachtet[2], wobei für die Gründe das Gleiche gilt wie bei den Effektivgarantieklauseln. 181

Verdienstsicherungsklauseln zielen darauf ab, eine Minderung des Lohns auch bei reduziertem Arbeitsanfall zu vermeiden. Solche Klauseln finden sich oft im Bereich tariflich vereinbarter kürzerer Wochenarbeitszeit und werden zumindest für eine Übergangszeit als zulässig erachtet[3]. Auch werden sie zum Schutz älterer Arbeitnehmer vereinbart, um ihnen auch im Falle altersbedingten Leistungsabfalls den bisherigen Lohn zu garantieren. Das BAG sieht in den Verdienstsicherungsklauseln keine Effektivklauseln, da lediglich die Grundlagen der Berechnung festgelegt würden und es nicht darum gehe, die übertariflichen Lohnbestandteile selbst mit tariflicher Wirkung abzusichern[4]. 182

Besitzstandsklauseln regeln, dass bestehende günstigere Arbeitsbedingungen durch den Tarifvertrag nicht berührt werden sollen[5]. Solche Klauseln bestätigen lediglich den sich bereits aus § 4 Abs. 3 TVG ergebenden Inhalt, wonach abweichende Abmachungen in Tarifverträgen nur zulässig sind, soweit sie für den Arbeitnehmer günstiger sind. 183

Verrechnungs- oder Anrechnungsklauseln bestimmen, dass bisherige übertarifliche Lohnbestandteile auf die Tariferhöhung angerechnet werden. Sie dienen damit dem umgekehrten Zweck wie die Effektivklauseln und sind genau wie diese unwirksam[6], dh. Tarifnormen, die günstigere Individualvereinbarungen untersagen, sind nichtig (sog. negative Effektivklauseln)[7] Sie verstoßen gegen das Günstigkeitsprinzip (§ 4 Abs. 3 TVG); zum Günstigkeitsprinzip vgl. Rz. 171 f. Sofern die übertariflichen Lohnbestandteile auf Betriebsvereinbarungen gestützt werden, ist eine tarifvertragliche Anrechnungsklausel wegen des Vorrangs des Tarifrechts gegenüber dem Recht der Betriebsvereinbarung rechtswirksam[8]. 184

Sog. einfache **Differenzierungsklauseln** sind nach neuerer Ansicht des BAG[9] grundsätzlich wirksam. Die Gewährung von zusätzlichen tariflichen Leistungen an organisierte Arbeitnehmer verstößt dann nicht gegen die negative Koalitionsfreiheit, wenn solche Zusatzleistungen nach Art und Umfang der Differenzierung keinen unverhältnismäßigen, einen Beitrittszwang entsprechenden Druck auf Nichtorganisierte bewirken. Auch eine Differenzierung in Bezug auf verschiedene Gruppen von Gewerkschaftsmitgliedern wird im Falle einer sog. Stichtagsregelung für zulässig erachtet[10]. Danach kann die Gewährung von zusätzlichen Leistungen von einer Gewerkschafts- 184a

---

1 *Löwisch/Rieble*, § 1 TVG Rz. 1894.
2 BAG 14.2.1963 – 4 AZR 275/67, AP Nr. 7 zu § 4 TVG – Effektivklausel; aA *Wiedemann*, § 4 TVG Rz. 537 mwN.
3 BAG 31.5.1972 – 4 AZR 309/71, AP Nr. 16 zu § 611 BGB Bergbau; *Löwisch/Rieble*, § 1 TVG Rz. 1896.
4 BAG 16.4.1980 – 4 AZR 261/78, EzA § 4 TVG – Effektivklausel Nr. 1.
5 BAG 6.3.1958 – 2 AZR 230/57, AP Nr. 1 zu § 59 BetrVG.
6 BAG 18.8.1971 – 4 AZR 342/70, AP Nr. 8 zu § 4 TVG – Effektivklausel; 19.7.1978 – 5 AZR 180/77, AP Nr. 10 zu § 4 TVG – Übertariflicher Lohn und Lohnerhöhung.
7 *Löwisch/Rieble*, § 4 TVG Rz. 494 ff.
8 BAG 26.2.1986 – 4 AZR 535/84, AP Nr. 12 zu § 4 TVG – Ordnungsprinzip.
9 BAG 23.3.2011 – 4 AZR 366/09, NZA 2011, 920.
10 BAG 5.9.2012 – 4 AZR 696/10, DB 2013, 1123.

zugehörigkeit vor einem Stichtag abhängig gemacht werden. Die Zulässigkeit von Differenzierungsklauseln ist in der Literatur[1] sehr umstritten. Als unzulässig gelten solche Klauseln in Form von **Tarifausschlussklauseln** (auch negative Differenzierungsklauseln genannt)[2], dh. dem Arbeitgeber wird im Tarifvertrag untersagt Leistungen an Nichtorganisierte zu erbringen. In der Entscheidung vom 18.3.2009 hat das BAG[3] eine einfache Differenzierungsklausel für zulässig erachtet und eine Beeinträchtigung der negativen Koalitionsfreiheit von Außenseitern verneint[4]. Danach sei in einem Tarifvertrag die Mitgliedschaft in der tarifschließenden Gewerkschaft als Anspruchsvoraussetzung für eine jährliche Sonderzahlung wirksam. Diese Entscheidung wurde in der Literatur[5] in verfassungsrechtlicher Hinsicht kritisiert. Als unzulässig erachtet das BAG[6] sog. **Spannensicherungsklauseln**, die mit dem Zweck verbunden sind, den Abstand zwischen Gewerkschaftsmitgliedern und Außenseitern dadurch zu sichern, dass sie für den Fall einer ausgleichenden Leistung an nicht oder anders organisierte Arbeitnehmer das Entstehen eines entsprechend erhöhten Anspruchs für die Gewerkschaftsmitglieder vorschreiben[7].

185 **Endet ein Tarifvertrag** und wird er durch einen neuen Tarifvertrag ersetzt, so findet das Günstigkeitsprinzip keine Anwendung mehr. Es gilt sodann das **Ordnungsprinzip**. Danach sind Tarifvertragsparteien befugt, durch einen neuen Tarifvertrag auch neue Regelungen zu treffen, unabhängig davon, ob diese neuen Regelungen für die Arbeitnehmer günstiger sind oder nicht[8].

cc) Verzicht, Verwirkung und Verjährung

186 Der Arbeitnehmer ist grundsätzlich nicht befugt, einen **Verzicht auf tarifliche Ansprüche** zu erklären (§ 4 Abs. 4 Satz 1 TVG). Dies gilt sowohl für zukünftige tarifliche Ansprüche als auch für bereits entstandene[9]. Eine Ausnahme ist nur dann gesetzlich zugelassen, wenn der Arbeitnehmer in einem von den Tarifvertragsparteien zugelassenen Vergleich auf seine tariflichen Ansprüche verzichtet. Hierunter fällt auch ein **Vergleich vor den Arbeitsgerichten**, sofern die Tarifvertragsparteien diesem zustimmen. Von einer Billigung des Vergleichs durch die Tarifvertragsparteien ist auch dann auszugehen, wenn die Prozessparteien im Gerichtsverfahren durch Beauftragte der jeweiligen Tarifvertragsparteien vertreten waren und die Beauftragten zur Abgabe einer entsprechenden Erklärung ermächtigt waren. Liegt ein **mehrgliedriger Tarifvertrag** vor, so ist für die Wirksamkeit des Verzichts nur die Zustimmung derjenigen Verbände notwendig, denen die Vertragsparteien angehören.

187 ⊃ **Hinweis:** Auch im **arbeitsgerichtlichen Verfahren** gilt das Verzichtsverbot für den Arbeitnehmer. Ein wirksamer **Prozessverzicht** nach § 306 ZPO ist nicht möglich. Das gilt auch für ein prozessuales **Anerkenntnis** gem. § 307 ZPO. Es besteht allerdings die Möglichkeit, eine Klage wegen eines tariflichen Anspruchs zurückzunehmen (§ 269 ZPO), da durch die bloße Rücknahme der materielle Anspruch selbst unberührt bleibt. Haben die Tarifvertragsparteien dem Vergleich jedoch zugestimmt, so ist er wirksam. Wird lediglich ein Prozessvergleich abgeschlossen, der der Klärung von Meinungsverschiedenheiten über die Voraussetzungen eines tariflichen Anspruchs dient, ist eine Zustimmung der Tarifvertragsparteien entbehrlich[10]. Zulässig ist danach der sog. **Tatsachenvergleich**, dh. ein Nachgeben

---

1 *Löwisch/Rieble*, § 1 TVG Rz. 1852 ff.; *Jacobs/Krause/Oetker*, Tarifvertragsgesetz, § 1 Rz. 50 ff.
2 *Löwisch/Rieble*, § 1 TVG Rz. 1879 ff.
3 BAG 18.3.2009 – 4 AZR 64/08, NZA 2009, 1028.
4 *Bauer/Arnold*, NZA 2009, 1169.
5 *Leyendecker*, ArbuR 2009, 338; *Mues*, ArbRB 2009, 294; *Boss*, BB 2009, 1238.
6 BAG 23.3.2011 – 4 AZR 366/09, NZA 2011, 920.
7 *Löwisch/Rieble*, § 1 TVG Rz. 1884 f.
8 BAG 4.4.1979 – 4 AZR 618/77, AP Nr. 1 zu § 1 TVG – Tarifverträge: Einzelhandel.
9 *Wiedemann*, § 4 TVG Rz. 656.
10 *Wiedemann*, § 4 TVG Rz. 680.

II. Tarifrecht

der Parteien im Hinblick auf die Voraussetzungen (sog. „Unstreitigstellen" bestimmter (oft unrichtiger) Tatsachen – wie zB „Urlaub wurde in natura gewährt") von tariflichen Ansprüchen[1].

Eine **Vereinbarung mit dem Arbeitgeber**, wonach der Arbeitnehmer auf seine tariflichen Rechte verzichtet, ist nichtig (§ 134 BGB). Hiervon nicht erfasst wird die Wirksamkeit eines Verzichts, wenn davon eine Regelung betroffen ist, die im Arbeitsvertrag lediglich individualrechtlich Bezug auf einen Tarifvertrag nimmt (zur Bezugnahme vgl. Rz. 250 ff.). Auch eine **Ausgleichsquittung** über tarifliche Ansprüche ist unwirksam. Eine solche liegt vor, wenn im Zusammenhang mit der Beendigung des Arbeitsverhältnisses eine Erklärung dahin gehend abgegeben wird, dass zwischen den Arbeitsvertragsparteien keine wechselseitigen Ansprüche aus dem Arbeitsverhältnis mehr bestehen. Der Arbeitnehmer soll durch § 4 Abs. 4 TVG zum einen vor übereilten Entscheidungen geschützt werden, zum anderen soll das Tarifgefüge auch einen individual-rechtlichen Schutz gewährleisten. 188

Das Verzichtsverbot des § 4 Abs. 4 TVG entfällt **nach Beendigung des Arbeitsverhältnisses**, da keine tariflichen Ansprüche mehr entstehen können[2]. Das Gleiche gilt, wenn der Tarifvertrag lediglich nachwirkt (§ 4 Abs. 5 TVG). In diesem Fall liegt keine zwingende Wirkung der Tarifvertragsnormen mehr vor. 189

Die **Verwirkung tariflicher Rechte** ist ausgeschlossen (§ 4 Abs. 4 Satz 2 TVG). Andere, nicht tarifliche Ansprüche, werden hiervon nicht berührt, wie zB Ansprüche auf übertarifliche Lohnbestandteile. Eine Verwirkung wird angenommen, wenn der Anspruch verzögert geltend gemacht wird und der Schuldner aufgrund des früheren Verhaltens des Gläubigers annehmen musste und darauf vertrauen durfte, dass der Anspruch nicht mehr geltend gemacht wird. Darüber hinaus darf ihm die Erfüllung nicht mehr zumutbar sein[3]. Damit endet die Möglichkeit der Geltendmachung tariflicher Ansprüche erst durch Eintritt der **Verjährung**. 190

⊃ **Hinweis:** Die Verjährung tariflicher Ansprüche richtet sich nach der Regelverjährung der §§ 195, 199 BGB. Unabhängig davon sind **tarifvertragliche Ausschlussfristen** zu beachten (vgl. Rz. 218 ff.). 191

dd) Geltungsbereich der subjektiven Bestimmungen

Die Rechtsnormen des Tarifvertrages wirken nur dann unmittelbar und zwingend auf die Arbeitsverhältnisse, wenn die betreffenden Arbeitgeber und Arbeitnehmer unter den **Geltungsbereich des Tarifvertrages** fallen (§ 4 Abs. 1 TVG). Der Geltungsbereich ergibt sich aus dem Tarifvertrag selbst und bestimmt sich **räumlich, zeitlich, persönlich, fachlich und betrieblich**. Für den Geltungsbereich ist eine konkludente Regelung ausreichend. Vom Geltungsbereich zu unterscheiden ist die Tarifbindung (§ 3 Abs. 1 TVG); vgl. Rz. 206. 192

(1) Räumlicher Geltungsbereich

Der räumliche Geltungsbereich (**Tarifgebiet**) wird im Tarifvertrag bezeichnet. Denkbar sind Bundestarifverträge (zB Bundesentgelttarifverträge in der chemischen Industrie) sowie Landes-, Kreis-, Stadt- und Ortstarifverträge (zB Tarifverträge der Metallindustrie Osnabrück und Umgebung). Für die Frage, welcher Tarifvertrag Anwendung findet, kommt es allein auf den **Erfüllungsort des Arbeitsverhältnisses** an, also den 193

---
1 BAG 5.11.1997 – 4 AZR 682/95, NZA 1998, 434; *Löwisch/Rieble*, § 4 TVG Rz. 621 ff.
2 *Löwisch/Rieble*, § 4 TVG Rz. 599 f., 722.
3 BAG 11.2.1983 – 1 Sa 50/82, AP Nr. 40 zu § 242 BGB – Verwirkung.

Sitz des Betriebs[1]. Daran ändert sich auch dann nichts, wenn der Arbeitnehmer vorübergehend an einen anderen Ort gesandt wird, zB auf Montage[2]. Eine **Ausnahme** gilt dann, wenn der Arbeitnehmer nicht nur vorübergehend für Arbeiten außerhalb des Betriebssitzes eingestellt wird oder wenn er an einer außerhalb des Betriebssitzes liegenden besonderen Betriebsstätte beschäftigt wird[3]. In diesen Fällen gilt der Tarifvertrag, der für die außerhalb befindliche Betriebsstätte Geltung hat[4].

194 Beim Firmentarifvertrag gilt der Vertrag grundsätzlich für alle Betriebe des betreffenden Unternehmens, die sich im Tarifgebiet dieses Arbeitgebers befinden. **Verlegt der Arbeitgeber seinen Betrieb** in den räumlichen Geltungsbereich eines anderen Tarifgebietes, so endet die unmittelbare und zwingende Wirkung. Der Tarifvertrag behält jedoch seine Nachwirkung (§ 4 Abs. 5 TVG). Zulässig ist auch der Abschluss von Tarifverträgen für **ins Ausland entsandte Arbeitnehmer**[5]. Eine solche Konstellation ist denkbar, wenn Arbeitnehmer zB in der Entwicklungshilfe tätig sind. Sofern im Tarifvertrag der räumliche Geltungsbereich nicht genannt ist, lässt sich dieser aus dem Wirkungsbereich der Tarifvertragsparteien entnehmen. Für den Fall, dass dieser **Wirkungskreis bei den betreffenden Verbänden unterschiedlich** groß ist, ist der räumliche Umfang desjenigen Verbandes entscheidend, der den kleinsten Wirkungskreis hat. Grund dafür ist, dass der betreffende Verband nur für diesen kleineren Bereich zuständig ist. Besteht eine **räumliche Konkurrenz** mehrerer Tarifverträge, zB Konkurrenz von Orts-, Landes- und Bundestarifvertrag, so geht nach dem **Spezialitätsprinzip** der räumlich engere Tarifbereich dem räumlich weiteren vor (vgl. auch Tarifkonkurrenz Rz. 263 ff.). Der räumliche Geltungsbereich hat eine ganz entscheidende Bedeutung im Zusammenhang mit **Arbeitskampfmaßnahmen**, da solche nur im jeweiligen Zuständigkeitsbereich der kämpfenden Partei rechtmäßig sind[6].

(2) Zeitlicher Geltungsbereich

195 Der zeitliche Geltungsbereich wird von den Tarifvertragsparteien im Tarifvertrag vereinbart und deckt sich im Allgemeinen mit der Dauer des Tarifvertrages. Die Tarifvertragsparteien bestimmen, ab welchem Zeitpunkt der Tarifvertrag seine Wirkung entfalten soll. Erst ab diesem Zeitpunkt wirken die Tarifvertragsnormen auf die Arbeitsverhältnisse unmittelbar und zwingend (§ 4 Abs. 1 TVG). Der Tarifvertrag gilt ab seinem Inkrafttreten für alle Arbeitsverhältnisse, die nach seinem Inkrafttreten und vor seiner Beendigung abgeschlossen werden. Er erfasst ferner grundsätzlich auch die bereits bestehenden Arbeitsverhältnisse. Möglich ist auch der Abschluss eines **Stufentarifvertrages**[7]. Ein solcher sieht zB vor, dass die betreffenden Normen ihre Wirkung stufenweise entfalten, dass zB Lohnerhöhungen erst zu einem späteren Zeitpunkt erfolgen. Ist ein Tarifvertrag beendet und folgt auf ihn ein neuer Tarifvertrag (**ablösender Tarifvertrag**)[8], so ist darin sowohl die Vereinbarung von Verbesserungen als auch von Verschlechterungen für die betreffenden Arbeitsverhältnisse möglich[9].

---

1 BAG 3.12.1985 – 4 AZR 325/84, AP Nr. 5 zu § 1 TVG – Tarifverträge: Großhandel; 13.6.1957 – 2 AZR 402/54, AP Nr. 6 zu § 4 TVG – Geltungsbereich; 25.6.1998 – 6 AZR 475/96, NZA 1999, 274.
2 LAG Hamm 6.2.1970 – 6 Sa 299/69, BB 1970, 753.
3 BAG 3.12.1985 – 4 AZR 325/84, AP Nr. 5 zu § 1 TVG – Tarifverträge: Großhandel; 20.3.1997 – 6 AZR 10/96, NZA 1998, 108.
4 BAG 3.12.1985 – 4 AZR 325/84, AP Nr. 5 zu § 1 TVG – Tarifverträge: Großhandel.
5 BAG 11.9.1991 – 4 AZR 71/91, AP Nr. 29 zu Internationales Privatrecht, Arbeitsrecht; *Le Friant*, NZA 1994, 158.
6 BAG 10.6.1980 – 1 AZR 822/79; 10.6.1980 – 1 AZR 168/79; 10.6.1980 – 1 AZR 331/79 u. 10.6.1980 – 1 AZR 690/79, AP Nr. 64 bis 67 zu Art. 9 GG – Arbeitskampf.
7 *Hanau/Kania*, DB 1995, 1229.
8 *Löwisch/Rieble*, § 1 TVG Rz. 1365 ff.
9 BAG 23.11.1994 – 4 AZR 879/93, NZA 1995, 844.

○ **Hinweis:** Ein **ablösender Tarifvertrag** ist von den Gerichten nur dahin gehend überprüfbar, ob er gegen höherrangiges Recht, also die Verfassung[1], europäisches Gemeinschaftsrecht, zwingendes Gesetzesrecht[2], die guten Sitten sowie Grundsätze des Arbeitsrechts und der Verhältnismäßigkeit[3] verstößt.

196

Im Tarifvertrag kann auch eine **Rückwirkung von Rechtsnormen** vereinbart werden. Dabei wird zwischen echter und unechter Rückwirkung unterschieden[4] (vgl. im Einzelnen Rz. 104 ff.). Ist die vereinbarte Rückwirkung zulässig, so werden von dem Tarifvertrag die Arbeitsverhältnisse erfasst, die nach dem rückwirkenden Beginn abgeschlossen werden oder bereits bestanden haben. Entscheidend ist dabei jedoch, dass beim Abschluss des Tarifvertrages und auch beim Anfangstermin bereits Tarifbindung besteht[5] (zur Tarifbindung vgl. Rz. 206 ff.). Bei **begünstigenden Tarifnormen**, wie zB Lohnerhöhungen, ist im Zweifel anzunehmen, dass diese allen Arbeitnehmern zugute kommen sollen, die zum Zeitpunkt des Inkrafttretens der Tarifnorm tarifgebunden sind[6]. Fällt der Beginn des Tarifvertrags nicht mit dem Abschlusstermin zusammen, so werden Arbeitsverhältnisse, die bei Beginn der Tarifwirkung nicht mehr bestehen, nicht mehr erfasst.

197

Eine **verschlechternde Rückwirkung** ist grundsätzlich unzulässig. Hierin liegt ein Verstoß gegen das Prinzip des Vertrauensschutzes[7]. Diesen Vertrauensschutz verliert jedoch, wer mit der Neuregelung rechnen musste (vgl. im Einzelnen Rz. 105). Auch entfällt der Schutz für den Arbeitgeber, der einen Firmentarifvertrag abschließt, der für ihn rückwirkend Verschlechterungen regelt. Der Arbeitgeber ist nicht verpflichtet, einen solchen Vertrag abzuschließen, er kann sich daher nicht auf den Vertrauensschutz berufen.

198

(3) Persönlicher Geltungsbereich

Der persönliche Geltungsbereich wird von den Tarifvertragsparteien im Tarifvertrag festgelegt. Dabei wird bestimmt, für welche **Gruppe von Arbeitnehmern** der Tarifvertrag Geltung erhalten soll. Die Tarifvertragsparteien sind in ihrer Entscheidung weitgehend frei. Zulässig ist auch, dass bestimmte Personengruppen von der Geltung ausgeschlossen werden[8]. So werden häufig leitende Angestellte aus dem Geltungsbereich eines Tarifvertrages ausgenommen. Tarifverträge können getrennt für Arbeiter, Angestellte, Auszubildende und Teilzeitbeschäftigte abgeschlossen werden[9]. Auf die **Nationalität** des Beschäftigten kommt es dabei nicht an; Tarifverträge erfassen grundsätzlich auch ausländische Arbeitnehmer. Zur **Berufsausbildung** Beschäftigte wurden häufig von den Vergütungstarifen ausgeschlossen, sind jedoch heute regelmäßig in den Geltungsbereich von Tarifverträgen mit einbezogen[10]. Die in **Heimarbeit** beschäftigten Arbeitnehmer werden vom Tarifvertrag nicht erfasst, es sei denn, dass eine be-

199

---

1 *Baumann*, RdA 1994, 272; *Sachs*, RdA 1989, 25; *Waltermann*, RdA 1990, 138; BAG 5.4.1995 – 4 AZR 154/94, EzA Art. 3 GG Nr. 45.
2 BAG 26.9.1984 – 4 AZR 343/83, AP Nr. 21 zu § 1 TVG.
3 BAG 10.10.1989 – 3 AZR 200/88, AP Nr. 3 zu § 1 TVG – Vorruhestand.
4 *Löwisch/Rieble*, § 1 TVG Rz. 879 ff. und 889 ff.
5 BAG 20.6.1958 – 1 AZR 245/57, AP Nr. 49 zu § 1 TVG – Auslegung; 30.4.1969 – 4 AZR 335/68, AP Nr. 6 zu § 1 TVG – Rückwirkung.
6 BAG 19.6.1962 – 3 AZR 413/61, AP Nr. 5 zu § 1 TVG – Rückwirkung; 4.2.1976 – 5 AZR 83/75, AP Nr. 40 zu § 242 BGB – Gleichbehandlung.
7 BAG 3.11.1982 – 4 AZR 1255/79, DB 1983, 722; *Löwisch/Rieble*, § 1 TVG Rz. 873 ff.
8 BAG 10.4.1991 – 4 AZR 467/90, NZA 1991, 856 (857).
9 Vgl. zB Bundestarifvertrag für Teilzeitarbeiten in der chemischen Industrie vom 13.4.1987, DB 1987, 1095.
10 *Wiedemann*, § 4 TVG Rz. 227 und § 1 TVG Rz. 301 ff; *Löwisch/Rieble*, § 4 TVG Rz. 221 ff.

sondere Regelung hierfür vorliegt[1]. Durch **Vorruhestandstarifverträge** können die Tarifvertragsparteien Regelungen für die Zeit nach der Beendigung der Arbeitsverhältnisse schaffen und ändern[2]. Die persönliche Geltung des Tarifvertrages ist von der Tarifbindung abzugrenzen (§ 3 Abs. 1 TVG). Letztere ist grundsätzlich für die Wirkung des Tarifvertrages auf das betreffende Arbeitsverhältnis erforderlich (vgl. zur Tarifbindung im Einzelnen Rz. 206 ff.).

200 Ansonsten hat das BAG das Erfordernis der unmittelbaren Bindung der Tarifvertragsparteien an Art. 3 Abs. 1 GG teilweise wohl aufgegeben. Bei der Festlegung des persönlichen Geltungsbereiches schützt das Grundrecht der Koalitionsfreiheit gem. Art. 9 Abs. 3 GG auch den Handlungsrahmen der Tarifvertragsparteien. Danach sind die Tarifvertragsparteien wegen des insoweit vorrangigen Grundrechts auf Koalitionsfreiheit weitestgehend frei, in **eigener Verantwortung** den **persönlichen Geltungsbereich** der tarifvertraglichen Regelungen festzulegen[3]. Persönliche Differenzierungen im Geltungsbereich unterliegen aber einer allgemeinen Gleichbehandlungs- und Diskriminierungskontrolle[4].

(4) Betrieblicher Geltungsbereich

201 Die Bestimmung des betrieblichen Geltungsbereichs eines Tarifvertrages hing bislang davon ab, welchem Wirtschaftszweig die nach dem Industrieverbandsprinzip organisierten Tarifvertragsparteien angehören, ob also der Unternehmensgegenstand der Lederindustrie, der Papierindustrie, der chemischen Industrie, dem Baugewerbe etc. zuzuordnen ist[5]. Nach der endgültigen **Aufgabe** der Rechtsprechung zum **Prinzip der Tarifeinheit** durch die Entscheidung des BAG vom 7.7.2010[6] (vgl. Rz. 94) ist die bislang durch Auslegungskriterien zu bestimmende Anwendbarkeit eines bzw. des (meist) spezielleren Tarifvertrages entfallen. Entbehrlich geworden ist daher die Bestimmung des betrieblichen Geltungsbereichs durch die Ermittlung des Schwerpunkts der betrieblichen Tätigkeit, die im Betrieb zu leistende Arbeit bzw. der schwerpunktmäßige Betriebszweck eines Unternehmens.

202 ⇨ **Hinweis:** Die Frage nach dem betrieblichen Geltungsbereich ist durch die grundlegende Entscheidung des BAG v. 7.7.2010[7] nicht mehr von Bedeutung, weil in einem Betrieb bzw. Unternehmen nun mehrere Tarifverträge zur Anwendung gelangen können, sofern mehrere Gewerkschaften mit diesem Unternehmen Tarifverträge abgeschlossen haben.

203 Weitgehend entbehrlich wird damit auch das bisherige Prinzip der Tarifeinheit insbesondere auch für **Mischbetriebe**, weil im Falle des Bestehens von mehreren Tarifverträgen keine besondere Zuordnung mehr erfolgen muss. Ausnahmen können sich in Einzelfällen ergeben bei Betrieben oder Unternehmen mit branchenverschiedenen arbeitstechnischen Zwecken, so dass die fachliche Ausrichtung maßgeblich sein kann[8].

⇨ **Hinweis:** Die Notwendigkeit der Bestimmung des betrieblichen Geltungsbereichs eines Tarifvertrages ist durch die geänderte Rechtsprechung des BAG[9] entbehrlich geworden.

---

1 BAG 19.6.1957 – 2 AZR 84/55, AP Nr. 12 zu § 242 BGB – Gleichbehandlung; *Wiedemann*, § 4 TVG Rz. 227.
2 BAG 10.10.1989 – 3 AZR 200/88, DB 1990, 637.
3 BAG 30.8.2000 – 4 AZR 563/99, NZA 2001, 613; anders wohl noch BAG 4.4.2000 – 3 AZR 729/98, NZA 2001, 508.
4 *Löwisch/Rieble*, § 4 TVG Rz. 140 ff.
5 BAG 27.11.1963 – 4 AZR 486/62, AP Nr. 3 zu § 1 TVG – Tarifverträge: Bau; 17.2.1971 – 4 AZR 62/70, AP Nr. 8 zu § 1 TVG – Tarifverträge: Bau.
6 BAG 7.7.2010 – 4 AZR 549/08, NZA 2010, 1068.
7 BAG 7.7.2010 – 4 AZR 549/08, NZA 2010, 1068.
8 *Löwisch/Rieble*, § 4 TVG Rz. 199 ff.
9 BAG 7.7.2010 – 4 AZR 549/08, NZA 2010, 1068.

II. Tarifrecht

Auch in weit branchenübergreifenden Unternehmen gelten nach dem insofern eindeutigen Wortlaut der entsprechenden gesetzlichen Bestimmungen (§§ 3 Abs. 1, 4 Abs. 1 TVG) die jeweils abgeschlossenen Tarifverträge in den einzelnen betroffenen Arbeitsverhältnissen unmittelbar.

(5) Fachlicher Geltungsbereich

Fachlicher Geltungsbereich meint die Geltung für die verschiedenen **Arten der konkreten Arbeitstätigkeiten**. Die Tarifvertragsparteien können vereinbaren, dass ein Rahmentarifvertrag für Arbeiter und Angestellte gilt oder dass eine bestimmte Gruppe überhaupt nicht von den Regelungen des Tarifvertrages erfasst wird[1]. Die Frage nach der Art der Arbeit entspricht regelmäßig der Gruppierung der Arbeitnehmer nach Arbeitern, technischen oder kaufmännischen Angestellten etc. Möglich ist es, innerhalb eines Wirtschaftszweiges verschiedene Tarifverträge für die unterschiedlichen Arbeitnehmergruppen, also zB einen für technische Angestellte und für kaufmännische Angestellte, abzuschließen. Die Eingruppierung kann auch durch Festlegung von **Vergütungsgruppen** erfolgen. Die Eingruppierung des Arbeitnehmers in eine bestimmte Vergütungsgruppe richtet sich nach der Art seiner Arbeit. Häufig enthalten die Vergütungsgruppenabteilungen in einem Tarifvertrag unbestimmte Rechtsbegriffe. Hier hat eine Auslegung der Regelung nach Wortlaut und systematischem Zusammenhang zu erfolgen.

204

⊃ **Hinweis:** Der Arbeitnehmer hat einen **unmittelbar einklagbaren Anspruch** auf Zahlung der Vergütung nach einer anderen Vergütungsgruppe, sofern die von ihm geleistete Arbeit dieser anderen Vergütungsgruppe entspricht. Möglich ist auch eine **Klage auf Feststellung**, dass die Vergütung nach einer bestimmten Vergütungsgruppe des Tarifvertrages zu erfolgen hat (§ 256 ZPO)[2]. Der Streitwert bestimmt sich nach § 42 Abs. 3 Satz 2 GKG. Dem Betriebsrat steht bei Streitigkeiten im Zusammenhang mit der Eingruppierung ein Mitbestimmungsrecht gem. § 99 BetrVG zu.

205

5. Tarifbindung

a) Allgemein

Vom Geltungsbereich des Tarifvertrages (vgl. zum Geltungsbereich Rz. 192 ff.) ist die Tarifbindung zu unterscheiden. Der Tarifvertrag gilt grundsätzlich nur für beiderseits tarifgebundene Arbeitsverhältnisse (§ 3 TVG). Voraussetzung ist also, dass einerseits der Arbeitnehmer Mitglied der tarifschließenden Gewerkschaft ist und der Arbeitgeber andererseits entweder selbst den Tarifvertrag geschlossen hat (Firmentarifvertrag) oder Mitglied des tarifschließenden Arbeitgeberverbandes ist (§ 3 Abs. 1 TVG). Der Arbeitgeber ist demnach nicht aufgrund des Tarifvertrages verpflichtet, den nicht organisierten Arbeitnehmern die gleichen Leistungen zu gewähren wie den tarifgebundenen. Auch der **arbeitsrechtliche Gleichbehandlungsgrundsatz** begründet eine solche Verpflichtung nicht[3]. Sie kann lediglich im Arbeitsvertrag durch entsprechende Vereinbarung übernommen werden. Eine Tarifbindung entsteht auch dann nicht, wenn der Arbeitnehmer Mitglied einer anderen Gewerkschaft ist. Allerdings besteht eine Ausnahme bei tariflichen Rechtsnormen, die **betriebliche oder betriebsverfassungsrechtliche Fragen** regeln; diese erfassen die Arbeitsverhältnisse der nicht tarifgebundenen Arbeitnehmer auch dann, wenn lediglich der Arbeitgeber tarifgebunden ist (§ 3 Abs. 2 TVG). Um zu verhindern, dass sich jemand durch **Austritt** aus dem Arbeitgeberverband oder aus der Gewerkschaft der Wirkung eines geltenden Tarifver-

206

---

1 BAG 24.4.1985 – 4 AZR 457/83, AP Nr. 4 zu § 3 BAT.
2 Zum Feststellungsinteresse vgl. BAG 27.10.1970 – 4 AZR 485/69, AP Nr. 46 zu § 256 ZPO.
3 Zum arbeitsrechtlichen Gleichbehandlungsgrundsatz vgl. u.a. BAG 23.8.1988 – 1 AZR 284/87, AP Nr. 46 zu § 112 BetrVG 1972.

trages entzieht, bestimmt § 3 Abs. 3 TVG, dass die Tarifgebundenheit so lange bestehen bleibt, bis der Tarifvertrag endet. Erst wenn der Tarifvertrag insgesamt endet, entfällt auch eine Tarifbindung[1]. Möglich ist auch, dass der Arbeitgeber sich von der Tarifbindung befreit, indem er Änderungsverträge abschließt oder Änderungskündigungen ausspricht. Die **Insolvenz** eines Unternehmens kann die Tarifbindung in Frage stellen. Danach kann eine strikte Bindung an den Tarifvertrag für den Arbeitgeber unzumutbar und für die tarifgebundenen Arbeitnehmer zum unverhältnismäßigen Eingriff in ihre Berufs- und Vertragsfreiheit werden[2]. Eine Art Sonderkündigungsrecht für Tarifverträge im Insolvenzfall gibt es nicht[3].

b) Kreis der Tarifgebundenen

207 Tarifgebunden sind die **Mitglieder der Tarifvertragsparteien** (§ 3 Abs. 1 TVG). Die Mitgliedschaft und deren Erwerb richtet sich nach der Satzung oder den Statuten des jeweiligen Verbandes. Mit vollem Erwerb der Mitgliedschaftsrechte beginnt die Tarifbindung. Im Rahmen einer **Neugründung** kann ein Arbeitgeber auch schon **vor Eintragung in das Handelsregister** (zB Vorgesellschaft einer GmbH) wirksam eine Mitgliedschaft in einem Arbeitgeberverband begründen, wenn die Satzung auch nicht rechtsfähigen Vereinen bzw. Personengesellschaften einen Mitgliederstatus ermöglicht[4]. Ist zu diesem Zeitpunkt bereits ein Tarifvertrag in Kraft getreten, so tritt die Tarifbindung im Zeitpunkt des Verbandsbeitritts ein. Nicht möglich ist es dagegen, durch **rückwirkende Inkraftsetzung eines Tarifvertrages** eine Tarifbindung zu erreichen. Endet also die Mitgliedschaft vor Abschluss eines Tarifvertrages, so tritt keine Tarifbindung ein[5]. Das Gleiche gilt, wenn die Mitgliedschaft erst im Zeitpunkt des Nachwirkens eines Tarifvertrages erworben wird. Beim Abschluss des Tarifvertrages konnten die Tarifvertragsparteien das später erst eintretende Mitglied nicht binden. Tritt ein Tarifvertrag rückwirkend in Kraft, wie dies etwa bei Lohntarifverträgen zulässig ist, so muss die Mitgliedschaft sowohl im Zeitpunkt des Vertragsabschlusses als auch im Zeitpunkt der Rückwirkung bestanden haben. Erfolgt ein Austritt vor Abschluss eines Tarifvertrages, so ist das ehemalige Mitglied folglich auch bei einem rückwirkenden Tarifvertrag nicht tarifgebunden[6]. Erfolgt der Erwerb der Mitgliedschaft mit Wirkung für die Vergangenheit, zB um einen Anspruch auf Rechtsvertretung durch den Verband zu erlangen, so führt dies ebenfalls nicht zu einer rückwirkenden Tarifbindung. Dies folgt aus dem Grundsatz des Vertrauensschutzes. Die Tarifgebundenheit des Arbeitnehmers iSd. § 3 Abs. 1 TVG beginnt erst mit der satzungsgemäß zustande gekommenen Mitgliedschaft in der Gewerkschaft (zumeist Annahme der Beitrittserklärung), so dass eine eventuelle Vereinbarung eines rückwirkenden Beginns der Mitgliedschaft nicht zu einem rückwirkenden Beginn der Tarifgebundenheit führt[7].

208 Nicht entscheidend für die Tarifbindung ist, dass sich die Arbeitsvertragsparteien ihre **Tarifbindung mitgeteilt** haben. So hat zB ein Arbeitnehmer selbst dann einen vollen Anspruch auf seine tarifvertraglichen Rechte, wenn er im Zeitpunkt des Arbeitsvertragsschlusses dem Arbeitgeber nicht mitgeteilt hat, dass er Mitglied einer Gewerkschaft ist bzw. wenn er die Frage nach seiner Gewerkschaftszugehörigkeit verneint hat. In diesem Fall ist im Übrigen eine Anfechtung des Arbeitsvertrages nach §§ 119, 123 BGB ausgeschlossen, insofern ist der Schutz der Koalitionsfreiheit vorrangig (Art. 9 Abs. 3 GG). Mit **Auflösung der Tarifvertragspartei** endet auch die Tarifbin-

---

1 BAG 15.10.1986 – 4 AZR 289/85, AP Nr. 4 zu § 3 TVG.
2 *Belling*, NZA 1998, 57 (70).
3 *Löwisch/Rieble*, § 1 TVG Rz. 1429.
4 BAG 1.12.2004 – 4 AZR 50/04, NZA 2005, 478 (479).
5 BAG 30.4.1969 – 4 AZR 335/68, AP Nr. 6 zu § 1 TVG – Rückwirkung.
6 BAG 30.4.1969 – 4 AZR 335/68, AP Nr. 6 zu § 1 TVG – Rückwirkung.
7 BAG 22.11.2000 – 4 AZR 688/99, NZA 2001, 980.

II. Tarifrecht

dung[1]. Dies gilt für alle schuldrechtlichen und normativen Regelungen des Tarifvertrages. Der Austritt aus dem Verband führt nicht zur Beendigung der Tarifbindung (§ 3 Abs. 3 TVG)[2].

Tarifgebunden sind die Mitglieder der Verbände, die **Spitzenorganisationen** angehören, sofern die Spitzenorganisation den Tarifvertrag im eigenen Namen oder im Namen ihrer angeschlossenen Verbände abschließt (§ 2 Abs. 3 TVG). Dies folgt aus der Abschlusskompetenz der Spitzenorganisationen sowie der unmittelbaren Wirkung der Tarifnormen auf die Arbeitsverhältnisse (§§ 2 Abs. 3, 3 Abs. 1 TVG). Der Austritt des Arbeitnehmers oder Arbeitgebers aus dem der Spitzenorganisation angehörigen Verband sowie der Austritt des Verbandes selbst aus der Spitzenorganisation beendet die Tarifbindung nicht (§ 3 Abs. 3 TVG analog).

209

Tarifgebunden ist der **Arbeitgeber, der selbst Partei des Tarifvertrages ist** (§ 3 Abs. 1 TVG). Dies ist der Fall bei Firmentarifverträgen. Diesen Arbeitgeber treffen zum einen die schuldrechtlichen Pflichten des Tarifvertrages, zum anderen ist er tarifgebundene Rechtsperson. Die tariflichen Rechtsnormen gelten für ihn damit unmittelbar und zwingend. Dem Arbeitgeber, der bislang nicht Mitglied eines Verbandes war, steht es frei, sich jederzeit durch Beitritt zum Arbeitgeberverband in die Tarifbindung zu begeben. Sobald der Beitritt erfolgt ist, ist er vor **Arbeitskampfmaßnahmen** durch die dem Tarifvertrag immanente Friedenspflicht geschützt. Arbeitskampfmaßnahmen gegen ihn sind von diesem Zeitpunkt an rechtswidrig[3]. Ist der Arbeitgeber Alleinaktionär einer Aktiengesellschaft, so ist nicht die rechtlich selbständige Aktiengesellschaft, sondern der Arbeitgeber selbst tarifgebunden. In der Vergangenheit kam es öfter zu **Austritten von Arbeitgebern** aus Arbeitgeberverbänden, da sie mit der Verbandsführung unzufrieden waren, insbesondere nach Abschluss eines Lohntarifvertrages. Hier ist insbesondere der Austritt von IBM aus dem Arbeitgeberverband und – im Zusammenhang mit dem Entsendegesetz – der Verbände der Bauindustrie aus der BDA zu nennen. Gem. §§ 3 Abs. 3 und 4 Abs. 5 TVG besitzt ein Tarifvertrag jedoch auch dann noch Gültigkeit, wenn der Arbeitgeber aus dem Arbeitgeberverband austritt und die Laufzeit des Tarifvertrages beendet ist. § 3 Abs. 3 TVG verhindert, dass ein Arbeitgeber sich im Nachhinein von den Folgen eines Tarifabschlusses distanzieren kann. Der Arbeitgeber kann sich von der Tarifbindung nur befreien, indem er Änderungsverträge abschließt oder Änderungskündigungen ausspricht.

210

⊃ Hinweis: Der Arbeitgeber, der aus dem Verband ausgetreten ist, kann einen Firmentarifvertrag oder eine Betriebsvereinbarung abschließen. Beim Abschluss der Betriebsvereinbarung ist jedoch darauf zu achten, dass § 77 Abs. 3 BetrVG eine Sperrwirkung entfaltet, die sich auf die üblicherweise durch Tarifvertrag geregelte Materie bezieht (zB Lohnhöhe).

211

Bei Tarifnormen bzgl. **betrieblicher und betriebsverfassungsrechtlicher** Fragen besteht die Besonderheit, dass diese für alle Betriebe gelten, deren Arbeitgeber tarifgebunden ist (§ 3 Abs. 2 TVG). Durch § 3 Abs. 2 TVG werden also auch nicht organisierte Arbeitnehmer von derartigen Regelungen erfasst. Die Norm ist verfassungsrechtlich umstritten, da hierdurch auch für sog. Außenseiter Recht gesetzt werden kann. Das BAG hat jedoch entschieden, dass eine Verletzung der negativen Koalitionsfreiheit nicht vorliegt[4]. Das BVerfG hat diese Frage bislang offen gelassen.

212

Eine **Einschränkung oder Erweiterung der Tarifbindung** durch die Tarifvertragsparteien ist nicht möglich. Die Erweiterung scheitert daran, dass die Tarifvertragsparteien keine Normsetzungsbefugnis gegenüber Außenseitern besitzen. Auch eine Einschränkung ist unzulässig. Sofern die Tarifvertragsparteien jedoch erreichen wollen,

213

---

1 BAG 15.10.1986 – 4 AZR 289/85, AP Nr. 4 zu § 3 TVG.
2 *Löwisch/Rieble*, § 3 TVG Rz. 188 ff.
3 Vgl. *von Hoyningen-Huene*, ZfA 1980, 453 (469 f.); *Konzen*, ZfA 1975, 401 (425).
4 BAG 18.8.1987 – 1 ABR 30/86, DB 1987, 2257 (2259).

dass Tarifvertragsnormen nur beschränkt gelten sollen, so steht es ihnen frei, tarifgebundene Arbeitgeber von der Geltung des Tarifvertrages auszunehmen. Zulässig sind Mitgliedschaften ohne Tarifbindung bei Arbeitgeberverbänden (sog. OT-Mitgliedschaften)[1], vgl. Rz. 9.

214 Möglich ist es, **in einem Arbeitsvertrag Bezug zu nehmen** auf einen Tarifvertrag, einzelne Regelungen eines Tarifvertrages oder auch auf branchenfremde Tarifverträge[2]. Besteht bereits eine Tarifbindung der Arbeitsvertragsparteien, so hat eine solche Bezugnahme lediglich deklaratorische Wirkung. Besteht dem entgegen keine Tarifbindung der betreffenden Arbeitsvertragsparteien, so wird sie durch eine solche Bezugnahme auch nicht begründet. Es ist vielmehr so, dass im letzteren Fall der Inhalt des Tarifvertrages bzw. einzelne Regelungen des Tarifvertrages zum **Gegenstand des Arbeitsvertrages** werden. Dies gilt insbesondere für sog. AT-Arbeitsverhältnisse, so dass die Anwendbarkeit einzelner tarifvertraglicher Bestimmungen vereinbart werden kann[3]. Auch der Gleichbehandlungsgrundsatz des Art. 3 GG oder der Grundsatz von Treu und Glauben (§ 242 BGB) erzeugen keine Tarifbindung, es sei denn, dass die unterschiedliche Behandlung von organisierten und nicht organisierten Arbeitnehmern nicht sachlich gerechtfertigt ist. So ist es nicht gerechtfertigt, für die gleiche Leistung eine unterschiedliche Entlohnung vorzunehmen (der Tariflohn als übliche Vergütung iSd. § 612 BGB); gerechtfertigt kann eine Unterscheidung jedoch bei anderen tariflichen Leistungen sein, wie zB bei tariflichen Kindergeldzuschlägen. Darüber hinaus wird ein Verstoß gegen den Gleichbehandlungsgrundsatz angenommen, wenn der Arbeitgeber mit allen Arbeitnehmern seines Betriebs die Geltung tarifvertraglicher Normen vereinbart und hiervon nur einen einzelnen Arbeitnehmer ausnimmt.

215 Tarifliche Normen können auch im Wege der **betrieblichen Übung** zur Anwendung kommen. Ist ein Schriftformerfordernis im Arbeitsvertrag vereinbart, so können jedoch keine Ansprüche aufgrund betrieblicher Übung erwachsen[4].

c) Betriebsübergang und Umwandlung

216 Liegt ein **Betriebsübergang** (§ 613a BGB) vor, so hängt die Fortgeltung der tarifvertraglichen Regelungen davon ab, ob für den Betriebsnachfolger die Voraussetzungen der §§ 3, 5 TVG vorliegen, dh. wenn auch für ihn eine Bindung für den betreffenden Tarifvertrag vorliegt. § 613a BGB hat eine kollektivrechtliche Fortgeltung des Tarifvertrages ausgenommen. § 613a Abs. 1 Satz 2 BGB bestimmt, dass Rechte und Pflichten, die durch Rechtsnormen eines Tarifvertrages geregelt werden, Inhalt des Arbeitsvertrages werden und erst nach Ablauf eines Jahres nach Betriebsübergang änderbar sind. Damit bleibt die zwingende Wirkung des Tarifvertrages als Bestandteil des Arbeitsvertrages für die Zeit eines Jahres erhalten. Dies gilt dann nicht, wenn bei dem Betriebsnachfolger die Arbeitsverhältnisse durch einen anderen Tarifvertrag geregelt werden (§ 613a Abs. 1 Satz 3 BGB). In diesem Fall findet das Tarifvertragsrecht des Betriebsübernehmers Anwendung. Dies gilt auch dann, wenn die Bindung an einen anderen Tarifvertrag noch nicht im Zeitpunkt des Betriebsüberganges selbst, sondern erst zu einem späteren Zeitpunkt eintritt[5]. Ab diesem Zeitpunkt gilt auch vor Jahresablauf der neue Tarifvertrag. Der Gesetzgeber hat durch diese Regelung sowohl dem Arbeitnehmerschutz als auch dem (ursprünglichen) Prinzip der Tarifeinheit Rechnung getragen. Die Rechte und Pflichten aus dem ursprünglich geltenden Tarifvertrag

---

1 *Buchner*, NZA 1994, 2; *Thüsing*, NZA 1996, 481; *Wieland*, Recht der Firmentarifverträge, Rz. 188 ff.
2 BAG 25.10.2000 – 4 AZR 506/99, NZA 2002, 100.
3 *Faustmann/van den Woldenberg*, NZA 2001, 1113.
4 BAG 27.3.1987 – 7 AZR 527/85, DB 1987, 1996.
5 BAG 19.3.1986 – 4 AZR 640/84, NZA 1986, 687.

II. Tarifrecht

können sich darüber hinaus auch bei Vorliegen der Voraussetzungen des § 613a Abs. 1 Satz 4 BGB ändern (vgl. Teil 2 G Rz. 222 ff.).

Liegt eine **Umwandlung eines Unternehmens** nach dem Umwandlungsgesetz[1] vor, so gilt für die Tarifbindung Folgendes: An der Tarifbindung ändert sich nichts, sofern der neue Rechtsträger an den bisher geltenden Tarifvertrag gebunden ist wie der bisherige Rechtsträger. Allerdings geht die Verbandszugehörigkeit des Vorgängers nicht auf den neuen Rechtsträger über. Dies gebietet sich aus der verfassungsrechtlich garantierten negativen Koalitionsfreiheit aus Art. 9 Abs. 3 GG[2] (vgl. Rz. 11 f.). Sofern der neue Rechtsträger keinem neuen Verband angehört, so bleibt § 613a Abs. 1 Satz 4 BGB unberührt (vgl. § 324 UmwG). Der beim ursprünglichen Rechtsträger geltende Tarifvertrag wird Bestandteil der Arbeitsverträge und verliert mithin seine zwingende Wirkung nach Ablauf eines Jahres. Sofern der neue Rechtsträger einem anderen Arbeitgeberverband angehört, richten sich die Folgen nach § 613a Abs. 1 Satz 3 BGB. Anders ist die Rechtslage bei einem **Firmentarifvertrag**. Im Falle einer **Verschmelzung** einer KG mit einer GmbH zu einer neuen GmbH tritt das neue Unternehmen als Rechtsnachfolgerin der KG gem. § 20 Abs. 1 Nr. 1 UmwG in den Firmentarifvertrag ein, da die umgewandelte Firma selbst Vertragspartner des Tarifvertrages ist[3].

6. Ausschlussfristen

a) Allgemein

In zahlreichen Tarifverträgen sind **Ausschlussfristen** (verschiedentlich auch Verfallfristen genannt; der Begriff der Ausschlussfrist dürfte sich inzwischen als der gebräuchlichere durchgesetzt haben) vereinbart. Diese Fristen führen dazu, dass nach deren Ablauf die Ansprüche zwischen den tarifgebundenen Arbeitsvertragsparteien erlöschen, es sei denn, dass die Ansprüche innerhalb der tariflich festgesetzten Fristen geltend gemacht worden sind.

⊃ **Hinweis:** Ausschlussfristen sind als Einwendungen **von Amts wegen** zu beachten[4]. Erforderlich ist jedoch, dass eine Partei sich auf die Geltung eines Tarifvertrages beruft; diese Frage muss das Gericht nicht von sich aus prüfen[5]. Erkennt das Gericht aus dem Parteivortrag, dass ein Tarifvertrag Anwendung findet, hat es gem. § 293 ZPO auch mögliche Ausschlussfristen zu überprüfen.

b) Umfang tariflicher Ausschlussfristen

Der Umfang tariflicher Ausschlussfristen erfasst sowohl tarifvertragliche Ansprüche als auch einzelarbeitsvertragliche Ansprüche. Ausschlussfristen stellen **Inhaltsnormen** des Tarifvertrages dar und wirken auch nach Ablauf des Tarifvertrages als solche nach[6]. Das Gesetz verlangt, dass Ausschlussfristen für die **Geltendmachung tariflicher Ansprüche** nur im Tarifvertrag vereinbart werden können (§ 4 Abs. 4 Satz 3 TVG). Tarifliche Ansprüche meint solche, die durch den Tarifvertrag begründet oder auch ausgestaltet werden[7].

---

1 UmwG 28.10.1994, BGBl. I, 3210.
2 BAG 2.12.1992 – 4 AZR 277/92, AP Nr. 14 zu § 3 TVG; 10.11.1993 – 4 AZR 375/92, AP Nr. 13 zu § 3 TVG – Verbandszugehörigkeit.
3 BAG 24.6.1998 – 4 AZR 208/97, NZA 1998, 1346; *Wieland*, Recht der Firmentarifverträge, Rz. 285 ff.
4 BAG 15.3.1960 – 1 AZR 464/57, AP Nr. 9 zu § 15 AZO; 12.7.1972 – 1 AZR 445/71, AP Nr. 51 zu § 4 TVG – Ausschlussfristen.
5 BAG 12.7.1972 – 1 AZR 445/71, AP Nr. 51 zu § 4 TVG – Ausschlussfristen.
6 BAG 23.6.1961 – 1 AZR 239/59, AP Nr. 27 zu § 4 TVG – Ausschlussfristen.
7 BAG 8.8.1985 – 2 AZR 459/84, AP Nr. 94 zu § 4 TVG – Ausschlussfristen.

221 Häufig werden Ausschlussfristen jedoch auch auf alle **sonstigen Ansprüche aus dem Arbeitsverhältnis** erstreckt sowie auf **Ansprüche, die in Verbindung mit dem Arbeitsverhältnis stehen**. Dabei werden einzelvertragliche und gesetzliche Ansprüche erfasst sowie Ansprüche aus Betriebsvereinbarungen. Einzelvertragliche Ansprüche können hier insbesondere Ansprüche auf über- und außertarifliche Zulagen sein. Ansprüche, die in Verbindung mit dem Arbeitsverhältnis stehen, sind zB Rückzahlungsansprüche des Arbeitgebers gegen den Arbeitnehmer wegen zu viel gezahlten Lohns während Bestehens des Arbeitsverhältnisses[1], Schadensersatzansprüche aus dem Arbeitsverhältnis aus Vertrag und Delikt[2] sowie Provisionsansprüche[3]. Der Verfall (Ausschluss) von Schadensersatzansprüchen kann jedoch nur dann vereinbart werden, soweit der Arbeitnehmer vor späteren Ansprüchen aus Gründen der Rechtssicherheit geschützt werden soll. Sofern sich der Schadensersatzanspruch auf eine strafbare Handlung des Arbeitnehmers stützt, besteht ein solches Schutzbedürfnis nicht.

222 Erfasst eine tarifliche Ausschlussfrist allgemeine Ansprüche aus dem Arbeitsverhältnis, so gilt sie auch für Ansprüche auf Zahlung einer Abfindung aus einem Sozialplan anlässlich der Beendigung des Arbeitsverhältnisses[4]. Durch – tarifvertraglich geregelte Ausschlussfristen werden **nicht die Ansprüche in sich beschränkt**, sondern lediglich der Zeitpunkt für ihre Geltendmachung festgelegt. Dies ist zulässig, da hierin keine unzulässige Erweiterung der Rechtssetzungsbefugnis der Tarifvertragsparteien liegt[5]. Ob die Ausschlussfrist nur tarifliche Ansprüche erfassen soll oder auch auf vertragliche ausgedehnt werden soll, ist dem Wortlaut des Tarifvertrages zu entnehmen. Die Unabdingbarkeit **gesetzlicher Ansprüche** verhindert nicht die Vereinbarung einer zeitlichen Beschränkung für ihre Geltendmachung. Verfallfristen gelten unter anderem für Ansprüche auf Entgeltfortzahlung an Feiertagen (§ 2 EFZG)[6] und dem Bundesurlaubsgesetz (zB Urlaubsabgeltungsansprüche)[7], wobei jedoch im Zeitraum der Urlaubsübertragung die tarifliche Ausschlussfrist keine Wirkung entfaltet[8]; weiterhin gelten Ausschlussfristen für Ansprüche aus dem Hausarbeitstagsgesetz[9], Ansprüche auf Sozialplanabfindung[10], Ansprüche auf Arbeits- und Mehrarbeitsvergütung[11] sowie für den Zeugnisanspruch aus §§ 630 BGB, 109 GewO[12].

223 Nicht erfasst von der tariflich geregelten Ausschlussfrist werden **absolute Rechte der Arbeitsvertragsparteien** aus dem Arbeitsverhältnis. Dazu gehören Ansprüche aus Verletzung des Persönlichkeitsrechts, zB Anspruch auf Schmerzensgeld, ferner Anspruch auf Beschäftigung aufgrund eines allgemeinen oder besonderen Beschäftigungs-

---

1 BAG 26.4.1978 – 5 AZR 62/77, AP Nr. 64 zu § 4 TVG – Ausschlussfristen; 22.10.1980 – 5 AZR 453/78, AP Nr. 69 zu § 4 TVG – Ausschlussfristen.
2 BAG 6.5.1969 – 1 AZR 303/68, AP Nr. 42 zu § 4 TVG – Ausschlussfristen; 8.2.1972 – 1 AZR 221/71, AP Nr. 49 zu § 4 TVG – Ausschlussfristen.
3 BAG 27.11.1984 – 3 AZR 596/82, AP Nr. 89 zu § 4 TVG – Ausschlussfristen; 20.6.1978 – 1 AZR 102/76, AP Nr. 3 zu § 113 BetrVG 1972; 3.8.1982 – 1 AZR 77/81, AP Nr. 5 zu § 113 BetrVG 1972.
4 BAG 30.11.1994 – 10 AZR 79/94, NZA 1995, 643; 19.1.1999 – 1 AZR 606/98, NZA 1999, 879.
5 Vgl. u.a. BAG 30.3.1962 – 2 AZR 101/61, AP Nr. 28 zu § 4 TVG – Ausschlussfristen; 24.5.1973 – 5 AZR 21/73, AP Nr. 52 zu § 4 TVG – Ausschlussfristen; 26.4.1978 – 5 AZR 62/77, AP Nr. 64 § 4 TVG – Ausschlussfristen.
6 BAG 12.3.1971 – 3 AZR 224/70, AP Nr. 9 zu § 1 FeiertagslohnzahlungsG Berlin; 22.1.2002 – 9 AZR 600/01, NZA 2002, 1041.
7 BAG 28.10.1960 – 1 AZR 43/59, AP Nr. 81 zu § 611 BGB – Urlaubsrecht; 3.12.1970 – 5 AZR 202/70, AP Nr. 9 zu § 5 BUrlG; 3.12.1970 – 5 AZR 202/70, AP Nr. 9 zu § 5 BUrlG; 5.2.1970 – 5 AZR 223/69, AP Nr. 7 zu § 11 BUrlG.
8 BAG 24.11.1992 – 9 AZR 549/91, NZA 1993, 472.
9 BAG 23.6.1961 – 1 AZR 239/59, AP Nr. 27 zu § 4 TVG – Ausschlussfristen.
10 BAG 30.11.1994 – 10 AZR 79/94, EzA § 4 TVG – Ausschlussfristen Nr. 108.
11 BAG 7.2.1995 – 3 AZR 483/94, EzA § 4 TVG – Ausschlussfristen Nr. 112.
12 BAG 23.2.1983 – 5 AZR 515/80, DB 1983, 2043.

II. Tarifrecht

anspruchs[1], Anspruch auf Entfernung einer Abmahnung aus der Personalakte[2], Ansprüche auf Herausgabe des Eigentums[3] und Ansprüche aus schöpferischen Sonderleistungen[4].

Tarifliche Ausschlussfristen erfassen darüber hinaus **keine Ansprüche, die erst nach Beendigung des Arbeitsverhältnisses entstehen.** Hierunter fallen zB Ansprüche auf Karenzentschädigung[5]. Ansprüche aus der Tätigkeit als Betriebsratsmitglied werden ebenfalls nicht von tariflichen Ausschlussfristen erfasst, da diese sich nicht aus dem Arbeitsverhältnis, sondern aus dem BetrVG ergeben[6]. Auch Ansprüche aus selbständig neben dem Arbeitsverhältnis abgeschlossenen anderen bürgerlich-rechtlichen Verträgen, wie zB Miet- und Darlehensverträgen (Arbeitgeberdarlehen), werden nicht von Ausschlussfristen erfasst[7]. 224

Ausschlussfristen können als **beidseitige oder einseitige Ausschlussfristen** vereinbart werden. Beidseitig sind solche, die Ansprüche von Arbeitnehmer und Arbeitgeber regeln, einseitige Ausschlussfristen regeln lediglich die Ansprüche einer Arbeitsvertragspartei, das betrifft sehr häufig Ansprüche von Arbeitnehmern. Einseitige Ausschlussfristen verstoßen nicht gegen den Gleichbehandlungsgrundsatz (Art. 3 GG)[8]. Die Ungleichbehandlung kann durch sachliche Gründe gerechtfertigt sein. Im Gegensatz zum Arbeitnehmer hat der Arbeitgeber in der Regel eine Vielzahl von Arbeitsverhältnissen zu verwalten. Es ist daher gerechtfertigt, die Geltendmachung von Ansprüchen gegen Arbeitnehmer durch einseitig wirkende Ausschlussfristen einzuschränken, umgekehrt jedoch dem Arbeitgeber die Geltendmachung der Ansprüche zu erhalten. Im Zweifel wird jedoch stets eine beidseitige und insb. zeitlich identische Ausschlussfrist anzunehmen sein. 225

c) Zulässigkeit von Ausschlussfristen

Die Vereinbarung von Ausschlussfristen ist nur **zulässig**, soweit sie in Tarifverträgen erfolgt (§ 4 Abs. 4 Satz 3 TVG; zur Bezugnahme auf Tarifverträge und damit Ausschlussfristen s. Rz. 250ff.). Auch die Abkürzung von Verjährungsfristen ist in analoger Anwendung von § 4 Abs. 4 Satz 3 TVG nur im Rahmen eines Tarifvertrages zulässig. Ausschlussfristen gelten nur zwischen den tarifgebundenen Arbeitsvertragsparteien. Andererseits können sie auch durch Bezugnahme auf den Tarifvertrag im Arbeitsvertrag wirksam vereinbart werden. Soweit in **anderen Vereinbarungen** (Arbeitsverträge, Betriebsvereinbarungen etc.) andere Ausschlussfristen für die Geltendmachung tariflicher Rechte vorgesehen sind, so sind diese unwirksam. Möglich ist es, in Einzelarbeitsverträgen Ausschlussfristen für außertarifliche Ansprüche oder Ansprüche nicht tarifgebundener Arbeitnehmer zu vereinbaren[9]. Gesetzliche Ansprüche werden jedoch nicht von einzelvertraglich vereinbarten Ausschlussfristen erfasst[10]. 226

Zweck von Ausschlussfristen ist die Schaffung baldiger Rechtssicherheit und Rechtsklarheit unter den Parteien des Arbeitsvertrages über die noch zwischen ihnen beste- 227

---

1 BAG 15.5.1991 – 5 AZR 271/90, AP Nr. 23 zu § 611 BGB – Beschäftigungspflicht.
2 BAG 14.12.1994 – 5 AZR 137/94, NZA 1995, 676.
3 LAG Düsseldorf 13.11.1953 – 2a Sa 244/53, BB 1954, 29.
4 BAG 21.6.1979 – 3 AZR 855/78, AP Nr. 4 zu § 9 ArbNErfG.
5 BAG 24.4.1970 – 3 AZR 328/69, AP Nr. 25 zu § 74 HGB.
6 BAG 11.9.1972 – 10 BV 90/72, AP Nr. 1 zu § 40 BetrVG 1972; 30.1.1973 – 1 ABR 1/73, AP Nr. 3 zu § 40 BetrVG 1972.
7 BAG 20.1.1982 – 5 AZR 755/79, AP Nr. 72 zu § 4 TVG – Ausschlussfristen; 23.2.1999 – 9 AZR 737/97, NZA 1999, 1212.
8 Vgl. *Bauer*, NZA 1987, 440 (441).
9 BAG 24.3.1988 – 2 AZR 630/87, AP Nr. 1 zu § 241 BGB.
10 BAG 5.4.1984 – 6 AZR 443/81, AP Nr. 16 zu § 13 BUrlG.

henden Ansprüche[1]. Sofern ein Tarifvertrag, der eine Ausschlussfrist enthält, durch einen anderen Tarifvertrag abgelöst wird, dessen Geltungsbereich enger ist als der des früheren, so ist denkbar, dass die Ausschlussfrist des früheren Tarifvertrages teilweise noch nachwirkt. Ob dies der Fall ist, ist im Wege der Auslegung zu ermitteln[2]. Die **Auslegung** von Ausschlussfristen hat im engen Rahmen zu erfolgen, da sie das Erlöschen eines Anspruchs zur Folge haben und hierdurch die tarifvertraglich begründeten Rechte stark beschränken[3]. Sofern der Tarifvertrag jedoch Ansprüche von den Ausschlussfristen ausnimmt, hat insoweit eine weite Auslegung zu erfolgen.

228 ⊃ **Hinweis:** Nicht zu den Ausschlussfristen gehören **Fristen für die Nachprüfung** des Inhalts einer Abrechnung oder für die Nachprüfung einer Auszahlung, da diese Fristen der Beseitigung von Irrtümern über Arbeitstatsachen dienen. Auch **Verjährungsfristen** sind von Ausschlussfristen zu unterscheiden. Diese beseitigen lediglich die Durchsetzbarkeit des Anspruchs, beseitigen ihn jedoch nicht als solchen. Verjährungsfristen sind im Wege der Einrede vor den Gerichten geltend zu machen.

d) Beginn und Kenntnis von Ausschlussfristen

229 Der **Fristbeginn** richtet sich nach der jeweiligen tarifvertraglichen Regelung. Dies kann zB sein mit der Entstehung des Anspruchs oder mit dessen Fälligkeit, mit der Bezifferbarkeit eines Schadens oder auch mit der Beendigung des Arbeitsverhältnisses. In letzterem Fall ist in der Regel nicht die tatsächliche, sondern die rechtliche Beendigung des Arbeitsverhältnisses gemeint. Für den Beginn kann auch ein tatsächliches Ereignis maßgebend sein. Fehlt eine ausdrückliche Regelung über den Beginn der Ausschlussfrist, so läuft sie mit Beginn des Anspruchs. Der Lauf der Frist ist unabhängig von der **Kenntnis** der Arbeitsvertragsparteien hiervon[4]. Ein Verstoß gegen die Bekanntmachungspflicht des § 8 TVG bleibt grundsätzlich ohne Rechtsfolge[5]. Sofern der Arbeitgeber es entgegen § 8 TVG unterlässt, den Tarifvertrag im Betrieb auszulegen, läuft die Ausschlussfrist dennoch[6]. Regelt der Tarifvertrag allerdings ausdrücklich die Auslegung im Betrieb und unterlässt dies der Arbeitgeber, so kann sich der betroffene Arbeitgeber nicht auf die Ausschlussfrist berufen[7]. Die Dauer von teilweise auch sehr kurzen tariflichen Ausschlussfristen ist arbeitsgerichtlich nicht nachprüfbar. Sie gelten daher „absolut"[8].

e) Geltendmachung des Anspruchs

230 Die Geltendmachung des Anspruchs meint die Spezifizierung des geltend gemachten Anspruchs **dem Grunde und der Höhe nach**. Für den Schuldner des Anspruchs muss erkennbar sein, welcher Anspruch dem Grunde nach erhoben wird[9]. Für die Beziffe-

---

1 BAG 8.6.1983 – 5 AZR 632/80, AP Nr. 78 zu § 4 TVG – Ausschlussfristen; 29.5.1985 – 7 AZR 124/83, AP Nr. 92 zu § 4 TVG – Ausschlussfristen.
2 LAG Nürnberg 12.5.1989 – 6 Sa 89/87, NZA 1991, 279.
3 BAG 17.7.1958 – 2 AZR 312/57, AP Nr. 10 zu § 611 BGB – Lohnanspruch; 27.3.1958 – 2 AZR 367/57 u. 27.3.1958 – 2 AZR 221/56, AP Nr. 4, 5 zu § 670 BGB; 16.11.1965 – 1 AZR 160/65, AP Nr. 30 zu § 4 TVG – Ausschlussfristen.
4 Vgl. u.a. BAG 30.3.1962 – 2 AZR 101/61, AP Nr. 28 zu § 4 TVG – Ausschlussfristen; LAG BW 30.11.1962 – 7 Sa 80/62, AP Nr. 29 zu § 4 TVG – Ausschlussfristen; BAG 16.11.1965 – 1 AZR 160/65, AP Nr. 30 zu § 4 TVG – Ausschlussfristen; 16.8.1983 – 3 AZR 206/82, AP Nr. 131 zu § 1 TVG – Auslegung.
5 *Hohenhaus*, NZA 2001, 1107.
6 BAG 23.1.2002 – 4 AZR 56/01, NZA 2002, 800.
7 BAG 1.11.1998 – 5 AZR 63/98, BB 1999, 2141.
8 *Löwisch/Rieble*, § 1 TVG Rz. 1746.
9 BAG 16.12.1971 – 1 AZR 335/71, AP Nr. 48 zu § 4 TVG – Ausschlussfristen; 8.2.1972 – 1 AZR 221/71, AP Nr. 49 zu § 4 TVG – Ausschlussfristen; 30.5.1972 – 1 AZR 427/71, AP Nr. 50 zu § 4 TVG – Ausschlussfristen.

rung des Anspruchs ist dementgegen eine ungefähre Angabe der Höhe ausreichend[1]. Ist dem Schuldner die Höhe des geltend gemachten Anspruchs jedoch bekannt, so kann eine Bezifferung entfallen[2]. Bei einer **Anspruchshäufung** ist jeder einzelne Anspruch ebenfalls zumindest annähernd zu beziffern[3]. Bei Ansprüchen auf Nachteilsausgleich nach § 113 Abs. 1 und 3 BetrVG braucht der Arbeitnehmer die Ansprüche nicht der Höhe nach beziffern, die zu zahlende Höhe ist in diesem Fall in das Ermessen des Gerichts gestellt[4]. Im Falle eines Betriebsübergangs muss der Arbeitnehmer seine Entgeltansprüche gegenüber dem Erwerber innerhalb der Ausschlussfrist geltend machen; er darf im Regelfall nicht die Rechtskraft des zunächst gegen den Betriebserwerber eingeleiteten Feststellungsverfahrens abwarten[5].

Sieht eine tarifliche Ausschlussfrist die **schriftliche Geltendmachung des Anspruchs** vor (§ 126 BGB), so reicht hierfür die Einreichung einer Klageschrift innerhalb der Ausschlussfrist aus[6]. Auch eine verfrühte Geltendmachung eines Anspruchs, also vor Eintritt der Fälligkeit, ist zulässig und wahrt eine Ausschlussfrist[7]. Die Ausschlussfrist kann auch **mittels Telefax** gewahrt werden, da die Geltendmachung von Ansprüchen keine Willenserklärung, sondern eine rechtsgeschäftsähnliche Handlung darstellt[8]. Es sind jedoch die Zugangsregelungen des § 130 BGB bei der schriftlichen Geltendmachung zu beachten[9]. Voraussetzung ist jedoch, dass bei der schriftlichen Geltendmachung mittels Klage diese nicht unzulässig ist[10] oder später zurückgenommen wird[11]. Eine **Strafanzeige** ersetzt dem entgegen nicht das Schriftformerfordernis[12]. Möglich ist, dass eine tarifvertragliche Ausschlussfristenregelung vorsieht, dass nach erfolgloser Geltendmachung innerhalb einer bestimmten Frist eine gerichtliche Geltendmachung zu erfolgen hat (sog. **zwei- bzw. mehrstufige Ausschlussfrist**). In diesem Fall reicht es regelmäßig aus, dass fristgerecht Klage erhoben wurde[13]. Ist für die Geltendmachung des Anspruchs (meist wegen Entgeltfortzahlung) **keine besondere Form vorgeschrieben**, so reicht die Erhebung einer **Kündigungsschutzklage** (§ 4 KSchG) auch zur fristgerechten Geltendmachung solcher **Zahlungsansprüche** aus[14]. Allerdings kann die Kündigungsschutzklage nicht die Verjährung des Zahlungsanspruchs unterbrechen, da beim Bestandsschutzverfahren ein anderer Streitgegenstand vorliegt[15]. Die Erhebung der Kündigungsschutzklage wahrt bei

---

1 BAG 28.6.1967 – 4 AZR 183/66, AP Nr. 36 zu § 4 TVG – Ausschlussfristen; 8.2.1972 – 1 AZR 221/71, AP Nr. 49 zu § 4 TVG – Ausschlussfristen; 17.10.1974 – 3 AZR 4/74, AP Nr. 55 zu § 4 TVG – Ausschlussfristen.
2 BAG 16.12.1971 – 1 AZR 335/71, AP Nr. 48 zu § 4 TVG – Ausschlussfristen; 8.2.1972 – 1 AZR 221/71, AP Nr. 49 zu § 4 TVG – Ausschlussfristen; 17.10.1974 – 3 AZR 4/74, AP Nr. 55 zu § 4 TVG – Ausschlussfristen.
3 BAG 30.5.1972 – 1 AZR 427/71, AP Nr. 50 zu § 4 TVG – Ausschlussfristen.
4 BAG 22.2.1983 – 1 AZR 260/81, AP Nr. 7 zu § 113 BetrVG 1972; 29.11.1983 – 1 AZR 523/82, AP Nr. 10 zu § 113 BetrVG 1972.
5 BAG 12.12.2000 – 9 AZR 1/00, NZA 2001, 1082.
6 BAG 24.6.1960 – 1 AZR 29/58, AP Nr. 5 zu § 4 TVG – Ausschlussfristen.
7 BAG 26.9.2001 – 5 AZR 699/00, NZA 2002, 1218; *Löwisch/Rieble*, § 1 TVG Rz. 1789.
8 BAG 17.9.2003 – 4 AZR 540/02, NZA-RR 2004, 644; krit. *Löwisch/Rieble*, § 1 TVG Rz. 1787.
9 BAG 14.8.2002 – 5 AZR 169/01, NZA 2003, 158.
10 BAG 29.6.1989 – 6 AZR 459/88, AP Nr. 103 zu § 4 TVG – Ausschlussfristen.
11 BAG 11.7.1990 – 5 AZR 609/89, AP Nr. 108 zu § 4 TVG – Ausschlussfristen; vgl. aber BAG 7.11.1991 – 2 AZR 34/91, AP Nr. 114 zu § 4 TVG – Ausschlussfristen.
12 BAG 10.1.1974 – 5 AZR 573/72, AP Nr. 54 zu § 4 TVG – Ausschlussfristen.
13 BAG 4.11.1969 – 1 AZR 141/69, AP Nr. 3 zu § 496 ZPO; 8.3.1976 – 5 AZR 361/75, AP Nr. 4 zu § 496 ZPO; 18.1.1974 – 3 AZR 3/73, AP Nr. 4 zu § 345 ZPO; 21.6.1978 – 5 AZR 144/77, AP Nr. 65 zu § 4 TVG – Ausschlussfristen.
14 BAG 10.4.1963 – 4 AZR 95/62, AP Nr. 23 zu § 615 BGB; 22.2.1978 – 5 AZR 805/76, AP Nr. 63 zu § 4 TVG – Ausschlussfristen; 21.6.1978 – 5 AZR 144/77, AP Nr. 65 zu § 4 TVG – Ausschlussfristen.
15 BAG 1.2.1960 – 5 AZR 20/58, AP Nr. 1 zu § 209 BGB; 29.5.1961 – 5 AZR 162/59, AP Nr. 2 zu § 209 BGB.

sog. **zweistufigen** Ausschlussfristen zwar die erste Stufe, nämlich die schriftliche Geltendmachung, nicht aber die **zweite Stufe**, also die erforderliche gerichtliche Geltendmachung von Entgeltfortzahlungsansprüchen. Der aus dem Annahmeverzug hergeleitete Zahlungsanspruch richtet sich auf Geld und setzt daher bei der Voraussetzung einer gerichtlichen Verfolgung (meist also innerhalb der zweiten Stufe) die Erhebung einer **bezifferten Leistungsklage** voraus (also zB in Form einer zulässigen Klageerweiterung der bereits anhängigen Kündigungsschutzklage). Zahlungsansprüche, die zusätzlich auf eine unrichtige Eingruppierung oder sonstige Ansprüche wegen einer bislang zu niedrigen Vergütung gestützt werden, bedürfen zur Wahrung der Ausschlussfrist einer gesonderten, hierauf gestützten Geltendmachung[1]. Die Kündigungsschutzklage ist nur auf Feststellung und nicht auf Leistung (von Geld) gerichtet, auch wenn Zahlungsansprüche letztlich vom Bestand des Arbeitsverhältnisses abhängen[2]. Die Frist für die Erhebung der Zahlungsklage wird nicht bis zum rechtskräftigen Abschluss des Kündigungsschutzverfahrens hinausgeschoben, es sei denn der Tarifvertrag sieht für diesen Fall etwas anderes vor: In vielen Tarifverträgen ist geregelt, dass Ausschlussfristen wegen Zahlungsansprüchen nicht greifen, solange nicht über den Bestand eines Arbeitsverhältnisses rechtskräftig entschieden ist[3]. Ein auf **Weiterbeschäftigung** gerichteter Klageantrag enthält neben einem allgemeinen Feststellungsantrag (zB bei einer vom Arbeitgeber behaupteten Eigenkündigung des Arbeitnehmers) auch dann keine gerichtliche Geltendmachung von Zahlungsansprüchen, wenn in dem Antrag die zugrunde liegenden Arbeitsbedingungen wie Stundenlohn und Wochenarbeitszeit angegeben sind[4]. Der **Klageabweisungsantrag** des Arbeitgebers im Kündigungsschutzprozess beinhaltet die Ablehnung der geltend gemachten Forderung, einer **ausdrücklichen Ablehnung** bedarf es nicht[5]. Eine Ausnahme gilt lediglich dann, wenn die tarifliche Verfallklausel eine ausdrückliche Ablehnung für die gerichtliche Geltendmachung des Zahlungsanspruchs voraussetzt.

232 Ist die **gerichtliche Geltendmachung des Zahlungsanspruchs innerhalb bestimmter Fristen** gefordert, so reicht – wie ausgeführt – die Erhebung einer Kündigungsschutzklage nicht aus, ebenso wenig wie eine Klage auf Rechnungslegung. Fristwahrend wirkt jedoch die Erhebung einer Stufenklage nach § 254 ZPO, wenn eine Auskunft des Schuldners für die Bezifferung des Anspruchs erforderlich ist[6]. Auch eine Streitverkündung hat fristwahrende Wirkung. Liegt ein **Insolvenzfall** vor und sind die zu diesem Zeitpunkt bestehenden Forderungen zur Insolvenztabelle angemeldet, so finden daneben tarifliche Ausschlussfristen keine Anwendung mehr[7].

233 ↪ **Hinweis:** Der bloße Hinweis des Gläubigers, dass er sich die Geltendmachung des Anspruchs vorbehält, reicht nicht aus, da hierin noch nicht die Geltendmachung des Anspruchs liegt. Hat der Arbeitgeber den Anspruch in einer Abrechnung ohne Vorbehalt anerkannt, so bedarf es einer Geltendmachung nicht mehr[8]. Vorsicht ist geboten, wenn der Schuldner hinsichtlich seiner Forderung bereits ein **deklaratorisches Schuldanerkenntnis** (zB Abschluss eines Darlehensvertrages mit Ratenzahlungen im Wege der Gehaltsverrechnung zur Vermeidung einer Schadensersatzklage) abgegeben hat. In diesem Falle liegt ein **Verzicht** des Schuldners auf die Einhaltung von Ausschlussfristen vor[9].

---

1 BAG 14.12.2005 – 10 AZR 70/05, NZA 2006, 998.
2 BAG, st. Rspr., vgl. zuletzt 8.8.2000 – 9 AZR 418/99, NZA 2000, 1236; aA APS/*Biebl*, § 11 KSchG Rz. 36 mwN auch zum Streitstand in der Literatur.
3 Anschauliche Beispiele von ein- bzw. zweistufigen und sonstigen Fristenvarianten bei *Fuchs*, Tarifvertragsrecht, Rz. 260.
4 BAG 8.8.2000 – 9 AZR 418/99, NZA 2000, 1236.
5 BAG 4.5.1977 – 5 AZR 187/76, AP Nr. 60 zu § 4 TVG – Ausschlussfristen; 13.9.1984 – 6 AZR 379/81, AP Nr. 86 zu § 4 TVG – Ausschlussfristen; 8.8.1985 – 2 AZR 459/84, AP Nr. 94 zu § 4 TVG – Ausschlussfristen.
6 BAG 23.2.1977 – 3 AZR 764/75, AP Nr. 58 zu § 4 TVG – Ausschlussfristen.
7 BAG 18.12.1984 – 1 AZR 588/82, AP Nr. 88 zu § 4 TVG – Ausschlussfristen.
8 BAG 21.4.1993 – 5 AZR 399/92, AP Nr. 124 zu § 4 TVG – Ausschlussfristen.
9 BAG 10.10.2002 – 8 AZR 8/02, NZA 2003, 329.

Die **Rechtsschutzversicherung** wäre im Rahmen der Einholung der Kostendeckungszusage für eine Kündigungsschutzklage auf eine etwaige zweistufige Ausschlussfrist hinzuweisen, so dass Kostendeckung auch für die Geltendmachung von Geldansprüchen gewährt werden muss.

Die Nichtbeachtung solcher zweistufiger Ausschlussfristen führt regelmäßig zur **Haftung** des Rechtsanwalts.

f) Ablauf der Ausschlussfrist

Nach Ablauf der Ausschlussfrist ist der Gläubiger grundsätzlich mit der Geltendmachung seines Anspruchs ausgeschlossen. Auch bei kurzen tariflichen Ausschlussfristen darf sich der Arbeitgeber als Schuldner ohne Verstoß gegen die Grundsätze von Treu und Glauben auf die Ausschlussfrist berufen[1]. Denkbar ist jedoch, dass der Schuldner sich ausnahmsweise nicht auf den Fristablauf berufen kann, sofern er den Ablauf oder die Verkürzung der Frist durch Verstoß gegen Treu und Glauben herbeigeführt hat (**Arglisteinrede**). So ist zB der Ablauf der Ausschlussfrist zu verneinen, wenn der Arbeitnehmer Tatsachen verschweigt und der Arbeitgeber hierdurch nicht in der Lage ist, seinen Anspruch geltend zu machen[2]. Ist der Anspruch verfallen, so kann mit ihm auch nicht mehr die **Aufrechnung** erklärt werden[3].

⊃ **Hinweis:** Erhält der Gläubiger **nach Ablauf der Ausschlussfrist Kenntnis** von dem ihm zustehenden Anspruch und war Ursache des Verfalls ein arglistiges Verhalten des Schuldners, so ist der Gläubiger gehalten, innerhalb kurzer Zeit Klage zu erheben. Die Verfallfrist beginnt nicht mit dem Zeitpunkt der Kenntniserlangung erneut zu laufen[4].

7. Allgemeinverbindlicherklärung (AVE)

a) Bedeutung

Die Rechtsnormen des Tarifvertrages erfassen nur die Mitglieder der Tarifvertragsparteien. **Nichtorganisierte Arbeitnehmer** fallen von vorneherein nicht unter den Tarifschutz. Selbst die organisierten Arbeitnehmer unterliegen dem Tarifschutz nur, soweit auch der Arbeitgeber tarifgebunden ist. Lediglich betriebliche und betriebsverfassungsrechtliche Rechtsnormen erfassen alle Betriebe, deren Arbeitgeber tarifgebunden sind (§ 3 Abs. 2 TVG). Durch eine staatliche AVE wird der Anwendungsbereich des Tarifvertrages auch auf nicht tarifgebundene Arbeitnehmer und Arbeitgeber erstreckt (§ 5 Abs. 4 TVG)[5]. Auf die Kenntnis des für allgemeinverbindlich erklärten Tarifvertrages kommt es nicht an[6]. Das Gesetz zur Stärkung der Tarifautonomie (Tarifautonomiestärkungsgesetz) ist am 16.8.2014 in Kraft getreten. Es regelt neben dem Mindestlohngesetz (Art. 1 – MiLoG) weitere Gesetzesänderungen wie insbesondere in Art. 2 Änderungen des Arbeitsgerichtsgesetzes sowie in Art. 5 maßgebliche Änderungen des § 5 TVG. Die Voraussetzungen der AVE wurden insgesamt erleichtert (vgl. Rz. 238 ff.). Allgemeinverbindliche Tarifverträge können nur noch mehr bis zum 31.12.2016 einen niedrigeren Stundenlohn als den gesetzlichen Mindestlohn regeln, § 24 MiLoG.

Der für allgemeinverbindlich erklärte Tarifvertrag besitzt die gleiche **unmittelbare und zwingende Wirkung** für nicht organisierte Arbeitnehmer und Arbeitgeber wie der normale Tarifvertrag für die organisierten Tarifmitglieder. Die Wirkung erstreckt

---

1 BAG 10.10.2002 – 8 AZR 8/02, NZA 2003, 329; allg. hierzu HWK/*Henssler*, § 4 TVG Rz. 72.
2 BAG 6.5.1969 – 1 AZR 303/68, AP Nr. 42 zu § 4 TVG – Ausschlussfristen.
3 BAG 30.3.1973 – 4 AZR 259/72, AP Nr. 4 zu § 390 BGB; *Löwisch/Rieble*, § 1 TVG Rz. 1824.
4 BAG 3.12.1970 – 5 AZR 208/70, AP Nr. 46 zu § 4 TVG – Ausschlussfristen.
5 HWK/*Henssler*, § 5 TVG Rz. 1; *Löwisch/Rieble*, § 5 TVG Rz. 2 f.
6 BAG 15.11.1957 – 1 AZR 610/56, AP Nr. 1 zu § 8 TVG; 16.9.1983 – 3 AZR 206/82, AP TVG § 1 Nr. 131.

sich auf alle Arbeitnehmer und Arbeitgeber, die dem räumlichen, fachlichen und betrieblichen Geltungsbereich des Tarifvertrages unterliegen. Zum 1.1.2014 waren von den insgesamt etwa 70 000 im Tarifregister des Bundes eingetragenen Tarifverträgen nur 501 allgemeinverbindliche Tarifverträge (233 Ursprungs- und 268 Änderungs- bzw. Ergänzungstarifverträge – Verzeichnis unter: www.bmas.bund.de). Zu beachten ist, dass die Allgemeinverbindlichkeit teilweise rückwirkend ausgesprochen werden kann. Die Zahl der eingetragenen allgemeinverbindlichen Tarifverträge ist in den letzten Jahren konstant geblieben.

238 Mit Wirkung ab 16.8.2014 werden die Voraussetzungen für eine AVE erheblich erweitert. § 5 der bis zum 31.12.2014 geltenden Fassung des TVG erfährt durch Art. 5 des neuen Tarifautonomiestärkungsgesetzes eine grundlegende Neufassung. Umfang und Reichweite einer AVE werden erheblich erweitert.

b) Umfang und Reichweite der Allgemeinverbindlichkeit

239 Die Allgemeinverbindlichkeit kann alle Tarifverträge erfassen, sofern sie **Rechtsnormen** enthalten. Eine Beschränkung auf bestimmte Normen gibt es nicht. Allerdings kann der **schuldrechtliche Teil** nicht für allgemeinverbindlich erklärt werden (§ 5 Abs. 4 TVG). § 5 Abs. 4 Satz 2 TVG ordnet nun auch die Geltung eines nach dem **neu eingefügten Abs. 1a** für allgemein verbindlich erklärten Tarifvertrages an, wenn ein Arbeitgeber gem. § 3 TVG an einen anderen Tarifvertrag gebunden ist. Möglich ist, dass lediglich ein Teil des Tarifvertrages für allgemeinverbindlich erklärt wird. Eine AVE ist auch dann wirksam, wenn sie sich nur auf den Gehalts- und Lohntarifvertrag, nicht jedoch auf den zugehörigen Manteltarifvertrag bezieht[1]. Die Allgemeinverbindlichkeit reicht von ihrem normativen **Geltungsbereich** her so weit wie der Tarifvertrag. Allerdings muss die Allgemeinverbindlichkeit den Geltungsbereich nicht voll ausschöpfen. So kommen insbesondere **Einschränkungsklauseln** in Betracht, nach denen der Tarifvertrag nicht für die Arbeitsverhältnisse gelten soll, die von einem anderen Tarifvertrag erfasst werden[2]. Solche Klauseln dienen der Vermeidung von Tarifkonkurrenz (vgl. zur Tarifkonkurrenz im Übrigen Rz. 276 ff.).

240 Auch in **zeitlicher Hinsicht** ist die Allgemeinverbindlichkeit von der Geltung des Tarifvertrages abhängig. Allerdings muss sie den zeitlichen Geltungsbereich des Tarifvertrages nicht voll ausschöpfen. Denkbar ist vielmehr, dass sie erst nach Beginn des Tarifvertrages anfängt und bereits vor dessen Ablauf endet. Eine **rückwirkende** AVE eines Tarifvertrages ist zulässig, wenn dadurch ein früherer allgemeinverbindlicher Tarifvertrag erneuert oder ergänzt wird. Ein Verstoß der Rückwirkung gegen die Grundsätze der Rechtssicherheit und des Vertrauensschutzes kann in diesem Fall nicht angenommen werden, da die Außenseiter nicht nur mit der AVE des Nachfolgetarifvertrages, sondern auch mit der Zurückbeziehung der AVE auf den Zeitpunkt seines Inkrafttretens rechnen müssen[3]. Die **Nachwirkung** der Allgemeinverbindlichkeit richtet sich ebenfalls nach dem Tarifvertrag[4]. Kommt ein Nachfolgetarifvertrag nicht zustande, so kann der Bundesarbeitsminister die Allgemeinverbindlichkeit aufheben und damit die Nachwirkung gegenüber den nicht organisierten Arbeitnehmern und Arbeitgebern beenden. Eine **aufgehobene Allgemeinverbindlichkeit** wirkt nicht nach.

---

1 BAG 5.3.1997 – 4 AZR 532/95, NZA 1997, 951.
2 BAG 20.3.1991 – 4 AZR 455/90, AP Nr. 20 zu § 4 TVG – Tarifkonkurrenz.
3 BAG 25.9.1996 – 4 AZR 209/95, NZA 1997, 495.
4 BAG 18.6.1980 – 4 AZR 463/78, AP Nr. 68 zu § 4 TVG – Ausschlussfristen.

c) Voraussetzungen der Allgemeinverbindlicherklärung

Als Bezugsobjekt der AVE ist das **Vorliegen eines wirksamen Tarifvertrages** erforderlich. Dabei reicht aus, dass dieser nur noch nachwirkt. Sind die Rechtsnormen dieses Tarifvertrages nichtig, so können sie auch nicht durch Allgemeinverbindlichkeit geheilt werden. 241

Die AVE setzt gem. § 5 Abs. 1 der Neufassung nur noch mehr ein **öffentliches Interesse** voraus. § 5 Abs. 1 Satz 2 TVG nF nennt nun zwei (sehr allgemein formulierte) Regelbeispiele eines öffentliches Interesses für eine AVE, nämlich eine „**überwiegende Bedeutung**" **eines Tarifvertrages** in seinem Geltungsbereich für die Gestaltung der Arbeitsbedingungen (§ 5 Abs. 1 Satz 2 Nr. 1 TVG). § 5 Abs. 1 Satz 2 Nr. 2 TVG bejaht ferner ein solches öffentliches Interesse für eine AVE zur „Absicherung der Wirksamkeit der tarifvertraglichen Normsetzung **gegen die Folgen wirtschaftlicher Fehlentwicklung**". Die bisher erforderliche Quote von mindestens 50 % der tarifgebundenen Arbeitgeber ist nach der Neufassung des § 5 Abs. 1 TVG nicht mehr erforderlich. Eine AVE ist gemäß dem **neu eingefügten Abs. 1a** des § 5 TVG auch zulässig, wenn der Tarifvertrag die Einziehung von Beiträgen und die Gewährung von Leistungen durch eine **gemeinsame Einrichtung regelt**. Es handelt sich dabei beispielhaft um Urlaubskassen (wie zB der SOKA-BAU), betriebliche Altersversorgungseinrichtungen wie Pensionskassen, Einrichtungen zur Vergütung der Auszubildenden oder der Vermögensbildung der Arbeitnehmer sowie sonstige Lohnausgleichskassen. 242

Die AVE muss auch nach der Neufassung **im öffentlichen Interesse** geboten sein (§ 5 Abs. 1 Satz 1 TVG). Die geregelten und sehr allgemein formulierten Regelbeispiele werden die AVE keineswegs erleichtern. Ob solche „Regelfälle" eine AVE rechtfertigen, wird vom BMAS wohl auch in Zukunft durch Abwägung ermittelt werden müssen[1]. Der Ermessensspielraum des BMAS wird sich im Vergleich zur bisherigen Rechtslage nicht nennenswert ändern. 243

Die Behebung eines **sozialen Notstandes** gem. § 5 Abs. 1 Satz 2 TVG aF ist nicht mehr als Auffangtatbestand für eine AVE geregelt. 244

Das AEntG bietet bereits eine Möglichkeit zur Geltungserstreckung von Tarifverträgen durch Rechtsverordnung. Diese Möglichkeit ist bislang auf einige abschließend aufgezählte Branchen begrenzt. Künftig soll diese Erstreckung zugunsten inländischer und ausländischer Arbeitnehmerinnen und Arbeitnehmer gleichermaßen in allen Branchen möglich sein. § 5 Abs. 1a Satz 3 TVG erklärt § 7 Abs. 2 AEntG für entsprechend anwendbar. Danach kann eine AVE eines Tarifvertrages über eine gemeinsame Einrichtung, der mit einem anderen Tarifvertrag konkurriert, nur dann erfolgen, wenn die Tarifvertragsparteien iSd. § 7 Abs. 2 AEntG **repräsentativer** sind als die Tarifvertragsparteien des konkurrierenden Tarifvertrages. Sozialen Notständen wird mit dem MiLoG begegnet.

d) Verfahren

Das **Verfahren** richtet sich nach § 5 TVG sowie der DVO idF vom 16.1.1989 in der Fassung vom 11.3.2014[2] (vgl. Rz. 74). Aufgrund der zahlreichen Änderungen der Voraussetzungen der AVE wird der Gesetzgeber auch diese DVO entsprechend anpassen müssen. Zur Ergänzung gelten die Verwaltungsverfahrensgesetze des Bundes und der Länder. Das Verfahren wird nach der Neufassung des § 5 Abs. 1 Satz 1 TVG nur noch mehr durch einen **gemeinsamen Antrag** der Tarifvertragsparteien betrieben. In der bis 15.8.2014 geltenden Fassung des § 5 Abs. 1 TVG konnte das Verfahren durch **Antrag** 245

---
1 BAG 3.2.1965 – 4 AZR 385/63, AP Nr. 12 zu § 5 TVG; 28.3.1990 – 4 AZR 536/89, AP Nr. 25 zu § 5 TVG; Löwisch/Rieble, § 1 TVG Rz. 131 ff.
2 BGBl. I, 263.

mindestens einer Tarifvertragspartei eingeleitet werden. Antragsbefugt sind dabei für die Verbände deren Organe oder besonders Beauftragte (§ 12 Abs. 1 Nr. 3 VwVfG), nicht dagegen die tarifgebundenen Arbeitnehmer und Arbeitgeber selbst[1]. Der Antrag ist an das Bundesministerium für Arbeit und Soziales zu richten. Er muss **inhaltlich so bestimmt** sein, dass die betreffenden Tarifnormen exakt festgestellt werden können. Die Allgemeinverbindlichkeit kann auch in Zukunft nur im Einvernehmen zwischen dem Bundesministerium für Arbeit und Soziales und dem **Tarifausschuss** erklärt werden (§ 5 Abs. 1 TVG). Der Tarifausschuss ist in der Neufassung des § 5 Abs. 1 TVG in einem Klammerzusatz erwähnt und damit ausdrücklich in den Gesetzestext als Legaldefinition mit aufgenommen worden. Einvernehmen bedeutet, dass das zuständige Bundesministerium dem Antrag nur stattgeben darf, wenn der Tarifausschuss mit der AVE einverstanden ist. Allerdings ist das Bundesministerium nicht zur AVE verpflichtet, wenn der Tarifausschuss dieser zustimmt. Er hat vielmehr nach pflichtgemäßem Ermessen zu entscheiden.

246 Die anhörungsberechtigten **obersten Landesarbeitsbehörden** haben auch weiterhin ein Einspruchsrecht (§ 5 Abs. 3 TVG). Ein Einspruch führt dazu, dass der Bundesminister dem Antrag nur mit Zustimmung der Bundesregierung stattgeben darf. Auch die **Aufhebung** kann nur im Einvernehmen mit dem Tarifausschuss erfolgen. Ein Antrag ist hierfür jedoch nicht erforderlich, die Aufhebung kann auch von Amts wegen erfolgen. Die Allgemeinverbindlichkeit eines Tarifvertrages sowie deren Aufhebung ist im Bundesanzeiger **öffentlich bekannt zu machen** (§ 5 Abs. 7 TVG). § 5 Abs. 7 TVG ist ein neuer Satz 2 hinzugefügt worden. Die Bekanntmachung der AVE umfasst nun auch die von der AVE **erfassten Rechtsnormen des Tarifvertrages**. Die Veröffentlichung ist Voraussetzung für die Wirksamkeit der Allgemeinverbindlichkeit, sie hat konstitutive Bedeutung. Erst mit der Veröffentlichung treten die Rechtswirkungen ein.

247 Eine **Rückwirkung** von AVEen ist grundsätzlich zulässig. Hierbei finden jedoch die Grundsätze über die Rückwirkung von Gesetzen Anwendung[2]. **Beginn und Beendigung** der Allgemeinverbindlichkeit sind in das Tarifregister einzutragen (§ 6 TVG). Diese Eintragung hat lediglich deklaratorische Bedeutung. Das Ende der Rechtswirkungen kann dadurch eintreten, dass der betreffende Tarifvertrag abläuft. Auch kann die Allgemeinverbindlichkeit vom Bundesminister für Wirtschaft und Arbeit aufgehoben werden, sofern dies im öffentlichen Interesse geboten erscheint (§ 5 Abs. 5 Satz 1 TVG). Möglich sind auch **Änderungen**, dh. zB eine räumliche oder betriebliche Einschränkung. Wird nur der Allgemeinverbindlichkeit zugrunde liegende Tarifvertrag geändert, so gilt Folgendes: Eine Erweiterung des räumlichen, betrieblichen, fachlichen oder persönlichen Geltungsbereichs lässt den bisherigen Geltungsbereich der Allgemeinverbindlichkeit unberührt. Wird ein bereits für allgemeinverbindlich erklärter Tarifvertrag abgeändert bzw. erneuert, müssen die Nichttarifgebundenen mit einer AVE auch des Folgetarifvertrages rechnen[3]. Ist die **Allgemeinverbindlichkeit beendet**, so entfaltet sie auch für die nicht tarifgebundenen Arbeitnehmer und Arbeitgeber eine **Nachwirkung**, bis eine neue Vereinbarung getroffen wird[4]. Eine solche neue Vereinbarung kann auch in Arbeitsverträgen vereinbart werden.

e) Mängel der Allgemeinverbindlichkeit

248 **Formelle und materielle Mängel** der AVE führen zu deren Nichtigkeit. Auch ein Verstoß der Allgemeinverbindlichkeit selbst gegen höherrangiges Recht führt zur Nich-

---

1 *Löwisch/Rieble*, § 5 TVG Rz. 141.
2 BAG 3.11.1982 – 4 AZR 1255/79, AP Nr. 18 zu § 5 TVG; *Löwisch/Rieble*, § 5 TVG Rz. 82 f.
3 BAG 25.9.1996 – 4 AZR 209/95, NZA 1997, 495.
4 BAG 19.1.1962 – 1 AZR 147/61, AP Nr. 11 zu § 5 TVG.

II. Tarifrecht

tigkeit. Fehlen der Antrag einer Tarifvertragspartei, das Einvernehmen des Tarifausschusses oder die Zustimmung der Bundesregierung, so hat dies ebenfalls die Nichtigkeit der AVE zur Folge. Dasselbe gilt, wenn das Anhörungsverfahren gar nicht oder fehlerhaft durchgeführt wurde. Ist der betreffende Tarifvertrag unwirksam, so geht die AVE ins Leere. Die **Abwägung des Bundesarbeitsministeriums für Arbeit und Soziales** muss hinsichtlich des Vorgangs selbst und bzgl. der von ihm angestrebten Ziele fehlerfrei sein. So darf Ziel einer AVE nicht etwa die Erhöhung des Lohnsteueraufkommens sein. Fehler in der Abwägung führen zur Nichtigkeit. Das gilt auch, wenn das Abwägungsergebnis fehlerhaft ist.

f) Rechtsnatur und Rechtsschutz

Das **BAG** geht von der **Theorie von der Doppelnatur** der AVE aus[1]. Danach ist die AVE im Verhältnis des Staates zu den tarifschließenden Verbänden Verwaltungsakt und im Verhältnis zu den Außenseitern eine Mitwirkungshandlung bei dem autonomen Rechtssetzungsverfahren der Tarifverbände. Mit den Neuregelungen der §§ 2 Abs. 1 Nr. 5, 98 ArbGG (vgl. Art. 2 des Tarifautonomiestärkungsgesetzes) wurde ein **einheitliches Verfahren** geschaffen, in dem mit Wirkung auch für Dritte gerichtlich geklärt werden kann, ob eine AVE eines Tarifvertrages nach dem TVG bzw. eine Rechtsverordnung nach § 7 oder § 7a des AEntG oder § 3a des AÜG **wirksam** ist. Die **Überprüfung tariflich erstreckter Regelungen** wird damit den **Arbeitsgerichten** zugewiesen. Die Frage der Wirksamkeit einer AVE eines Tarifvertrages nach dem TVG bzw. einer Rechtsverordnung nach § 7 oder § 7a des AEntG oder § 3a des AÜG wird künftig mit Bindungswirkung für die Vielzahl der davon abhängigen Einzelrechtsstreite geklärt. Einer solchen Entscheidung kommt eine über den Kreis der unmittelbar am Verfahren Beteiligten hinausreichende Bedeutung zu. Die nunmehrige Zuständigkeit der Gerichte für Arbeitssachen für die Entscheidung über die Wirksamkeit einer AVE eines Tarifvertrages nach dem TVG bzw. einer Rechtsverordnung nach § 7 oder § 7a des AEntG oder § 3a des AÜG erfasst im Interesse einer zügigen Herbeiführung von Entscheidungen Rechtskraftwirkung für und gegen jedermann auch bereits anhängige Verfahren. Dies gilt unabhängig davon, in welcher Instanz ein anderes Verfahren bereits anhängig ist. Darüber hinaus erfolgten Anpassungen des Beschlussverfahrens nach § 2a Abs. 1 Nr. 4 ArbGG in § 97 ArbGG (Entscheidung über die Tariffähigkeit oder Tarifzuständigkeit einer Vereinigung) (vgl. Teil 5 H Rz. 35 und Teil 6 E Rz. 7 ff.). **Parteifähig** sind nach § 10 Satz 3 ArbGG nun wegen der Neuregelung des § 2 Abs. 1 Nr. 5 ArbGG in den entsprechenden Fällen auch die **oberste Arbeitsbehörde des Bundes** oder die **oberste Arbeitsbehörde eines Landes**, soweit ihr nach § 5 Abs. 6 TVG Rechte übertragen sind. **Antragsbefugt** sind nach § 98 Abs. 1 ArbGG jede natürliche oder juristische Person sowie eine Gewerkschaft oder Vereinigung von Arbeitgebern, die nach Bekanntmachung der AVE oder der Rechtsverordnung in ihren Rechten verletzt oder „in absehbarer Zeit" (vgl. § 47 Abs. 2 VwGO) verletzt werden kann. **Zuständig** ist nach § 98 Abs. 2 ArbGG das **Landesarbeitsgericht**. Ansonsten lehnt sich das Verfahren gem. § 98 ArbGG über die Wirksamkeit einer AVE eng an die Regelung des § 97 ArbGG (Entscheidung über die Tariffähigkeit oder Tarifzuständigkeit einer Vereinigung) an. 249

Das **BVerfG** sieht in der AVE einen **Rechtssetzungsakt eigener Art** gegenüber den Außenseitern[2]. Hierdurch wird die Theorie der Doppelnatur verfassungsrechtlich abgesichert. Die **Auslegung** einer AVE erfolgt nach den Grundsätzen der Gesetzesauslegung.

---

1 BAG 10.10.1973 – 4 AZR 68/73, AP Nr. 13 zu § 5 TVG; 19.3.1975 – 4 AZR 270/74, AP Nr. 14 zu § 5 TVG; 28.3.1990 – 4 AZR 536/89, AP Nr. 25 zu § 5 TVG; 3.2.1965 – 4 AZR 483/62, AP Nr. 2 zu § 4 TVG – Ausgleichskasse.
2 BVerfG 24.5.1977 – 2 BvL 11/74, AP Nr. 15 zu § 5 TVG; ebenso BAG 3.2.1965 – 4 AZR 385/63, AP Nr. 12 zu § 5 TVG.

8. Bezugnahmeregelungen im Arbeitsvertrag auf Tarifverträge

a) Begriff

250 Die Arbeitsvertragsparteien können im Arbeitsvertrag auf einen Tarifvertrag Bezug nehmen, indem sie Regelungen treffen, mit denen tarifliche Bestimmungen auf das Arbeitsverhältnis schuldrechtlich für anwendbar erklärt werden[1] (**Bezugnahmeklauseln**). Insbesondere werden durch Bezugnahmeklauseln im Tarifrecht übliche kurze tarifliche Ausschlussfristen zum Inhalt des Arbeitsvertrages gemacht[2]. Bezugnahmeklauseln werden häufig in Arbeitsverträgen vereinbart, wenn beide oder auch nur eine Partei des Arbeitsvertrages nicht tarifgebunden sind.

251 Auch eine Bezugnahme auf einen „**ortsfremden**" **Tarifvertrag** ist jedenfalls dann zulässig, wenn die Arbeitsbedingungen eines Unternehmens mit Niederlassungen in verschiedenen Tarifgebieten vereinheitlicht werden sollen[3]. Diese Bezugnahme hat im Falle der Tarifbindung nur eine deklaratorische Bedeutung. Die Tarifvertragsnormen gelten kraft Tarifvertragsgesetz.

252 Durch die Bezugnahmeklausel wird der Tarifvertrag, bzw. Teile aus ihm, **Teil des Arbeitsvertrages**[4]; eine Unterwerfung unter den Tarifvertrag erfolgt nicht, da eine normative Wirkung gegenüber Außenseitern nicht gewollt ist[5]. Auch eine Bezugnahme in einer Betriebsvereinbarung führt nicht zu einer tariflichen Normgeltung. Allerdings wirkt der Tarifvertrag als Teil der Betriebsvereinbarung unmittelbar und zwingend.

253 Ohne eine schuldrechtliche[6] Vereinbarung findet eine **unmittelbare** (dh. die Geltung des Tarifvertrags ist nicht vertraglich vereinbart) und **zwingende** (dh. vertragliche Abweichungen zum Nachteil des Arbeitnehmers sind unwirksam) **Tarifbindung** (vgl. Rz. 206 ff.) ferner dann statt, wenn beide Vertragsparteien Mitglied im tarifschließenden Verband (Arbeitgeberverband bzw. Gewerkschaft) sind und der jeweilige Betrieb in den fachlichen und regionalen Bereich des Tarifvertrags fällt.

Einen Sonderfall bildet die Allgemeinverbindlichkeit (vgl. Rz. 236 ff.).

b) Arten von Bezugnahmeklauseln

254 Zu unterscheiden sind drei verschiedene Arten von Bezugnahmeklauseln, die nach ihrer Reichweite zu staffeln sind[7].

aa) Statische Bezugnahmeklausel

255 Die statische Bezugnahmeklausel[8] verweist auf die zum Zeitpunkt der Bezugnahme geltende Fassung. Der Inhalt des Arbeitsvertrages folgt einer Änderung des Tarifvertrages mithin nicht. Bei einer späteren Änderung des Tarifvertrages bleibt die ur-

---

1 *Oetker*, in: Jacobs/Krause/Oetker, Tarifvertragsrecht, § 6 Rz. 145; *Olbertz*, BB 2007, 2737.
2 BAG 18.9.2012 – 9 AZR 1/11, NZA 2013, 216.
3 BAG 21.8.2002 – 4 AZR 263/01, NZA 2003, 442; fraglich ist dann aber, ob nicht eine Inhaltskontrolle stattfindet, weil die Auflösung von Tarifkonflikten nicht den Arbeitsvertragsparteien obliegt.
4 LAG Hamm 12.1.1993 – 2 Sa 1099/92, BB 1993, 1217.
5 BAG 7.12.1977 – 4 AZR 474/76, AP Nr. 9 zu § 4 TVG – Nachwirkung.
6 Nahezu einhellige Meinung: vgl. BAG 7.12.1977 – 4 AZR 474/76, AP Nr. 9 zu § 4 TVG – Nachwirkung; *Waas*, ZTR 1999, 540; *Oetker*, in: Jacobs/Krause/Oetker, Tarifvertragsrecht, § 6 Rz. 145 mwN.
7 BAG 13.11.2002 – 4 AZR 351/01, AP Nr. 24 zu § 1 TVG – Bezugnahme auf den Tarifvertrag.
8 BAG 26.9.2001 – 4 AZR 544/00, NZA 2002, 634; *Löwisch/Rieble*, § 1 TVG Rz. 44 f., 1453; ErfK/*Franzen*, § 3 TVG Rz. 36.

II. Tarifrecht

sprüngliche Regelung maßgebend. So sollen zB nachfolgende tarifliche Lohn-/Gehaltserhöhungen nicht von der statischen Bezugnahmeregelung erfasst sein.

Demgegenüber stehen die dynamischen Bezugnahmeklauseln. Hier folgt der Inhalt des Arbeitsvertrages jeder Änderung des betreffenden Tarifvertrags. Es soll das gelten, was auch im Falle einer Tarifbindung gelten würde[1]. Ausgangspunkt der beiden verschiedenen Reichweiten der Bezugnahme (kleine oder große dynamische Bezugnahmeklauseln) muss die Auslegung bleiben, wonach im Zweifel keine statische, sondern eine dynamische gewollt sei[2]. Denn nur so wird die beabsichtigte gleichmäßige Behandlung von tarifgebundenen und nicht tarifgebundenen Arbeitnehmern eines Betriebs erreicht.

bb) Große (zeit-)dynamische Bezugnahmeklausel

Die große (zeit-)dynamische Bezugnahmeklausel (auch Tarifwechselklausel genannt[3]) verweist auf die jeweils für das Unternehmen geltenden Tarifverträge in ihrer jeweiligen, dh. aktuellen Fassung. Nachfolgende tarifliche Weiterentwicklungen, dies gilt namentlich im Falle einer **Tarifsukzession**, dh. wenn im Arbeitsvertrag auch auf künftige, namentlich **ersetzende** (also durch neuartige und andere Tarifwerke) **Tarifverträge** Bezug genommen wird[4], sollen damit für das Arbeitsverhältnis Geltung finden (Tarifdynamik). Der Arbeitnehmer erlangt dann zB im Falle einer Tariflohnerhöhung einen unmittelbaren Anspruch auf Lohnerhöhung.

Außerdem sollen tarifliche Veränderungen des Unternehmens auch für das jeweilige Arbeitsverhältnis gelten. Bei einem Tarifbereichswechsel durch den Arbeitgeber (zB bedingt durch Betriebsübergang) hat das zur Folge, dass der neue Tarifbereich auch für das einzelne Arbeitsverhältnis gilt. Die Flucht in ein anderes Tarifwerk wird dadurch ermöglicht.

Wolle ein Arbeitgeber auch einen Tarifwechsel vereinbaren, so müsse er dies in der Bezugnahmeklausel auch hinreichend deutlich zum Ausdruck bringen. Tut er das nicht, so gilt im Zweifel die kleine dynamische Bezugnahmeklausel als vereinbart[5].

Eine große dynamische Bezugnahmeklausel unterliegt keiner AGB-Inhaltskontrolle. Der Regelungsgehalt einer solchen Bezugnahmeklausel erstreckt sich nur auf die Verweisung selbst. Das Objekt der Bezugnahme, der Tarifvertrag kann nicht Gegenstand einer AGB-Kontrolle sein[6].

Die Annahme einer großen dynamischen Verweisungsklausel verbietet sich grundsätzlich auch über die Regelungen des Wegfalls der Geschäftsgrundlage[7]. Ganz grundsätzlich wird daher jedem auf Tarifverträge verweisenden Arbeitgeber zur Vermeidung der Annahme einer – ungewollten – kleinen dynamischen Bezugnahmeklausel dringend eine sog. **Tarifwechselklausel** zu raten sein, dh., er sollte sich ausdrücklich das Recht vorbehalten, einen anderen Tarifvertrag anzuwenden. Problematisch dürfte daher die Auslegung von Arbeitsverträgen sein bzw. bleiben, die seit dem 1.1.2002 abgeschlossen wurden und eine unklare dynamische Verweisung auf Tarifverträge enthalten, weil die Grundsätze des Vertrauensschutzes für die Auslegung von bis zum

---

1 BAG 14.2.1973 – 4 AZR 176/72, AP Nr. 6 zu § 4 TVG – Nachwirkung; 29.1.1975 – 4 AZR 218/74, AP Nr. 8 zu § 4 TVG – Nachwirkung; 3.12.1985 – 4 ABR 7/85, AP Nr. 1 zu § 74 BAT; 21.10.1992 – 4 AZR 156/92, AP Nr. 27 zu § 23a BAT.
2 BAG 20.3.1991 – 4 AZR 455/90, NZA 1991, 736.
3 BAG 30.8.2000 – 4 AZR 581/99, BB 2001, 782 ff.; *Olbertz*, BB 2007, 2737.
4 BAG 17.11.2011 – 5 AZR 409/10, NZA-RR 2012, 392; *Gaul*, AktuellAR 2012, S. 171; weiter differenzierend und krit. *Löwisch/Rieble*, § 3 TVG Rz. 600 ff.
5 BAG 30.8.2000 – 4 AZR 581/99, AP Nr. 12 zu § 1 TVG – Bezugnahme auf den Tarifvertrag.
6 BAG 21.11.2012 – 4 AZR 85/11, NZA 2013, 512, dort Rz. 34 f.
7 BAG 25.9.2002 – 4 AZR 294/01, AP Nr. 26 zu § 1 TVG – Bezugnahme auf den Tarifvertrag.

31.12.2001 abgeschlossene Arbeitsverträge vom BAG bislang und zuletzt auch in einer Entscheidung des 4. Senats versagt wurden[1]. Die Parteien des Arbeitsvertrages sollen sich künftigen und insb. völlig unvorhersehbaren Tarifentwicklungen, dh. einer „ewigen Tarifdynamik", nicht grenzenlos ausliefern. Über die Auslegungsgrundsätze wird daher den Parteien teilweise ein vertragsrechtliches – von der Rechtsprechung noch nicht anerkanntes – **Entdynamisierungsrecht** eingeräumt[2]. Damit soll im Wege einer zulässigen Auslegung nicht die Bezugnahme als Ganzes entfallen, sondern nur die (nicht vorhersehbare) Dynamik, dh., die in Bezug genommene Tarifnormen bleiben wie im Falle des Austritts gem. §§ 3 Abs. 3, 4 Abs. 5 TVG im Nachwirkungszeitraum weiterhin statisch anwendbar[3].

cc) Kleine (zeit-)dynamische Bezugnahmeklausel

259 Die kleine (zeit-)dynamische Bezugnahmeklausel erklärt bestimmte tarifliche Regelungen in ihrer jeweils gültigen Fassung für anwendbar[4]. Dadurch soll die tarifdynamische Entwicklung des in Bezug genommenen Tarifvertrags auch das Arbeitsverhältnis beeinflussen und jedwede Änderung des bezughabenden Tarifvertrags aktualisiert werden, dh., jeder Neuabschluss mit allen Änderungen wird kraft gewollter Bezugnahme Inhalt dieser Regelung.

Diese kleine (zeit-)dynamische Bezugnahmeklausel zwischen einem organisierten, dh. tarifgebundenen Arbeitgeber und einem Arbeitnehmer wurde **bisher** regelmäßig als **Gleichstellungsabrede** ausgelegt[5]. Eine Gleichstellungsabrede bezweckt die Gleichbehandlung von nicht tarifgebundenen Arbeitnehmern und von tarifgebundenen Arbeitnehmern[6]. Dementsprechend sollten die kraft Tarifvertrag geltenden Arbeitsbedingungen unabhängig von der Gewerkschaftszugehörigkeit gelten. So wurde sichergestellt, dass für alle Arbeitnehmer eines Betriebs die gleichen Arbeitsbedingungen gelten, denn dem Arbeitgeber ist oftmals nicht bekannt, ob ein Arbeitnehmer tarifgebunden ist oder nicht.

Nicht organisierte Arbeitnehmer profitierten danach zB gleichermaßen von künftigen tariflichen Lohn-/Gehaltserhöhungen wie Gewerkschaftsmitglieder und wären von nachteiligen Veränderungen, wie der Tarifentbindung des Arbeitgebers, genauso betroffen wie tarifgebundene Arbeitnehmer. Sobald die Tarifbindung des Arbeitgebers endete, wirkte der Tarifvertrag daher auch gegenüber den nicht organisierten Arbeitgebern nur noch statisch weiter[7].

260 War der Arbeitgeber bei Vertragsabschluss nicht tarifgebunden, wurde angenommen, dass eine Gleichstellung nicht gewollt war. Die Arbeitnehmer sollten vielmehr an der tariflichen Dynamik weiterhin teilhaben[8].

---

1 BAG 18.4.2007 – 4 AZR 652/05, BB 2007, 2125 ff.
2 *Reichel*, Die arbeitsvertragliche Bezugnahme auf den Tarifvertrag, 86 ff.; *Rieble*, Arbeitsmarkt und Wettbewerb, Rz. 1738 – mit dem verständlichen Hinweis, dass der nicht tarifgebundene Arbeitgeber gegenüber einem tarifgebundenen Arbeitgeber nicht schlechter gestellt sein dürfe; dem nicht organisierten Arbeitgeber werde daher ein „Quasi-Verbandsaustrittsrecht" eingeräumt; *Löwisch/Rieble*, § 3 TVG Rz. 644 ff.
3 BAG 10.3.2004 – 4 AZR 140/03, SAE 2005, 172.
4 ErfK/*Franzen*, § 3 TVG Rz. 36.
5 BAG 4.9.1996 – 4 AZR 135/95, NZA 1997, 271; 30.8.2000 – 4 AZR 581/99, AP Nr. 12 zu § 1 TVG – Bezugnahme auf den Tarifvertrag; 26.9.2001 – 4 AZR 544/00, BB 2002, 1264 ff.; 27.11.2002 – 4 ATR 540/01, NZA 2003, 1278 ff.; 19.3.2003 – 4 AZR 331/02, BB 2004, 162 ff.; 1.12.2004 – 4 AZR 50/04, BB 2005, 1005 ff.
6 BAG 4.9.1996 – 4 AZR 135/95, NZA 1997, 271; 26.9.2001 – 4 AZR 544/00, AP Nr. 21 zu § 1 TVG – Bezugnahme auf den Tarifvertrag; 1.12.2004 – 4 AZR 50/04, NZA 2005, 478 (479).
7 BAG 24.11.2004 – 10 AZR 202/04, BB 2005, 1745 ff. mwN.
8 BAG 25.9.2002 – 4 AZR 294/01, NZA 2003, 807 ff.; 25.10.2000 – 4 AZR 506/99, NZA 2002, 100 ff.

Aus Gründen des Vertrauensschutzes soll die Auslegung der kleinen (zeit-)dynamischen Bezugnahmeklausel als Gleichstellungsabrede nach wie vor für die **vor der Schuldrechtsreform am 1.1.2002** abgeschlossenen Arbeitsverträge gelten[1]. Im Rahmen von „Altverträgen" (zum Zeitpunkt des Vertragsschlusses) **tarifgebundener Arbeitgeber** partizipieren nicht organisierte Arbeitnehmer gleich den tarifgebundenen Arbeitnehmern in positiver und negativer Hinsicht an den tariflichen Entwicklungen. Nach dem BAG gilt dieses Privileg der Gleichstellungsabrede bei solchen Altverträgen zeitlich ohne Begrenzung[2].

Zeitdynamische Bezugnahmeklauseln in „Altverträgen" (zum Zeitpunkt des Vertragsschlusses) **nicht tarifgebundener Arbeitgeber** wurden auch bisher nicht als Gleichstellungsabreden verstanden. Die Inbezugnahme ist hier nach wie vor konstitutiv und dynamisch zu verstehen mit der Folge, dass die betreffenden Arbeitnehmer auch weiterhin an der tariflichen Dynamik teilhaben. Wird der Tarifvertrag beendet, entfaltet er keine Nachwirkung mehr (vgl. zur Nachwirkung im Übrigen Rz. 164f.). Möglich ist jedoch, dass die Arbeitsvertragsparteien eine Nachwirkung vereinbaren.

Für Arbeitsverträge, die **nach dem 31.12.2001** geschlossen wurden, soll die kleine (zeit-)dynamische Bezugnahmeklausel eines tarifgebundenen Arbeitgebers nur noch dann als Gleichstellungsabrede verstanden werden, wenn der Vertragswortlaut und/oder Begleitumstände genügend Anhaltspunkte dafür bieten[3]. Der Grundsatz des Vertrauensschutzes in die Richtigkeit der bisherigen Auslegungsgrundsätze zugunsten des Arbeitgebers wird dadurch aufgehoben[4]. Das führt dazu, dass der Partei des Arbeitgebers rückwirkend (für den Zeitraum vom 1.1.2001 bis 14.12.2005) die Handlungspflicht auferlegt wird, eine Bezugnahmeklausel zur Erreichung des angestrebten Zwecks der Gleichstellung anders zu formulieren, obwohl ihm das ohne das Einverständnis des Arbeitnehmers nachträglich unmöglich ist.

Die Beseitigung der dynamischen Tarifbindung ist folglich nur in Form einer Änderungskündigung oder einer einvernehmlichen Vertragsänderung denkbar[5]. Die betriebsbedingte Änderungskündigung soll aber nur ausnahmsweise zulässig sein[6], zB ist die Änderungskündigung unzulässig, wenn durch die Herstellung von Lohngleichheit Lohnkürzungen herbeigeführt werden[7]. Eine Beseitigung durch einvernehmliche Vertragsänderung mit dem Arbeitnehmer wird in der Praxis an der mangelnden Bereitschaft des Arbeitnehmers scheitern.

Für eine Beseitigung durch Irrtumsanfechtung nach § 119 Abs. 1 BGB wird es regelmäßig an der unverzüglichen Erklärung iSd. § 121 Abs. 1 BGB mangeln. Denn nur die Bekanntgabe der Ankündigung der Rechtsprechungsänderung des 4. Senats vom 14.12.2005 kann den Irrtum begründen und ist damit nicht mehr unverzüglich iSd. § 121 Abs. 1 BGB.

Probleme bereitet die neue Auslegungsregel, wenn die unmittelbare Tarifbindung des Arbeitgebers aufgrund eines Betriebs(-teil)übergangs wegfällt[8]. Bindungen des Betriebserwerbers an künftige Kollektivverträge bzw. an nach dem Zeitpunkt des Unternehmensübergangs geschlossene Kollektivverträge bzw. an solche, die dem Betriebs-

---

1 BAG 14.12.2005 – 4 AZR 536/04, NZA 2006, 607; *Gaul*, AktuellAR 2006, S. 205.
2 BAG 14.12.2011 – 4 AZR 79/10, DB 2012, 1211; *Gaul*, AktuellAR 2012, S. 165; *Haußmann*, DB 2012, 1211.
3 BAG 18.4.2007 – 4 AZR 652/05, BB 2007, 2125 ff.
4 BAG 14.12.2005 – 4 AZR 536/05, BB 2006, 1504 ff.; bisher: BAG 29.3.1984 – 2 AZR 429/83, EzA § 102 BetrVG 1972 Nr. 55; 18.1.2001 – 2 AZR 616/99, EzA § 626 BGB Krankheit Nr. 4; 23.3.2006 – 2 AZR 343/05, BB 2006, 1971 ff.
5 *Löwisch/Rieble*, § 3 TVG Rz. 644.
6 BAG 27.9.2001 – 2 AZR 236/00, BB 2002, 1914 ff.
7 BAG 16.5.2002 – 2 AZR 292/01, EzA § 2 KSchG Nr. 46.
8 Vgl. hierzu umfassend: *Olbertz*, BB 2007, 2738 f.

übergang nachfolgen, sind nach Ansicht des EuGH nicht europarechtskonform, weil diese für den Betriebsveräußerer maßgeblichen Tarifbindungen in die für den Betriebserwerber europarechtlich verbürgte negative Koalitionsfreiheit eingreifen können[1]. Das Vorliegen einer kleinen (zeit-)dynamischen Bezugnahmeklausel nimmt das BAG aber auch im Falle eines Betriebs(teil)übergangs an, dh. der Arbeitgeber bleibt an den im Rahmen einer solchen Bezugnahme genannten Tarifvertrag (bzw. die Tarifverträge einer bestimmten Branche) auch dann gebunden, wenn das Arbeitsverhältnis durch Veränderung der tatsächlichen Gegebenheiten einer anderen Branche sowie diesen spezifischen Tarifverträgen zuzuordnen ist[2]. Eine Auslegung der Bezugnahmeklausel als Tarifwechselklausel konnte der 4. Senat in dieser Entscheidung nicht vornehmen, weil die Bezugnahmeklausel eben als **arbeitsvertragliche Vereinbarung** über die (weitere) Anwendbarkeit der bisherigen Tarifverträge bestimmt, mithin ein Fall des § 613a Abs. 1 Satz 1 und nicht des § 613a Abs. 1 Satz 3 BGB vorliegt. Eine dahingehende Auslegung (konstitutive Verweisungsklausel) ergibt sich auch im Falle eines Wechsels des Arbeitgeberverbandes[3].

265 ⊃ **Hinweis:** Für neu abzuschließende Arbeitsverträge ist daher zu raten, das mit der Bezugnahmeklausel verfolgte Regelungsziel genau zu bestimmen und den Wortlaut der Bezugnahmeklausel transparent und zweifelsfrei zu gestalten[4]. Der entsprechende „Regelungswille" muss „hinreichend deutlich" in der Bezugnahmevereinbarung zum Ausdruck kommen, dh., ob bei neu abzuschließenden Arbeitsverträgen eine (nur) statische, eine kleine oder große (zeit-)dynamische Bezugnahmevereinbarung gewollt ist[5]. Die Vereinbarung einer Gleichstellungsabrede ist weiterhin möglich; für sie ist aber die AGB-Kontrolle, dh. insbesondere die Unklarheitenregelung des § 305c Abs. 2 BGB, ohne Ausnahmen durchzuführen[6].

Eine Auslegung solcher Gleichstellungsabreden muss insbesondere ermitteln, ob auch die Möglichkeit eines Tarifwechsels (vgl. Rz. 260) von den Arbeitsvertragsparteien beabsichtigt war. Bei Fehlen eines entsprechenden übereinstimmenden Willens wird meist ein Ergebnis vorliegen, wonach seitens des Arbeitgebers von einer Gleichstellung und seitens des Arbeitnehmers von einer dynamischen Bindung auf den Bezug genommenen Tarifvertrag ausgegangen wird. Über die Unklarheitenregel des § 305c Abs. 2 BGB wird man daher zu der Auslegung gelangen, die den Arbeitnehmer am meisten begünstigt, nämlich die dynamische Bindung[7].

c) Weitere Möglichkeiten der Anwendbarkeit tariflicher Normen

266 Eine Bezugnahmeregelung kann bei Arbeitsverhältnissen mit Außenseitern auch aufgrund **betrieblicher Übung** entstehen. Als betriebliche Übung versteht man das sich wiederholende gleichförmige Verhalten des Arbeitgebers, das aus Gründen des Vertrauensschutzes einen Anspruch des Arbeitnehmers auf dieses Verhalten entstehen lässt.

Eine betriebliche Übung kann dann aber nicht entstehen, wenn im Arbeitsvertrag ein Schriftformerfordernis für die Geltung von Arbeitsbedingungen vorgesehen ist[8]. Eine Tarifgebundenheit wird hierdurch jedoch noch nicht begründet. Die tariflichen Regelungen wirken bei einer solchen vertraglichen Bezugnahme nicht als Rechtsnorm auf das Arbeitsverhältnis ein, sondern gestalten es lediglich in Form vertraglicher Bestim-

---

1 EuGH 9.3.2006 – Rs. C-499/04 – Hans Werhof/Freeway Traffic Systems GmbH & Co. KG, DB 2006, 273 ff.
2 BAG 29.8.2007 – 4 AZR 767/06, NZA 2008, 364 ff.
3 *Gaul*, AktuellAR 2010, S. 183 ff.
4 BAG 14.12.2005 – 4 AZR 536/04, BB 2006, 1504 ff.; *Olbertz*, BB 2007, 2739 ff.; *Ernst*, NZA 2007, 1405.
5 Formulierungsbeispiele bei *Olbertz*, BB 2007, 2740.
6 BAG 14.12.2005 – 4 AZR 536/04, BB 2006, 1504 ff.
7 *Gaul*, AktuellAR 2006, S. 206 (207); *Giesen*, NZA 2006, 625 (632); *Klebeck*, NZA 2006, 15.
8 BAG 27.3.1987 – 7 AZR 527/85, DB 1987, 1996.

mungen. Bei einer bloßen Bezugnahme ist es möglich, dass die Arbeitsvertragsparteien später von den ursprünglich in Bezug genommenen Bestimmungen im gegenseitigen Einvernehmen auch zum Nachteil des Arbeitnehmers abweichen können. Auch der mehrfache Nachvollzug von tariflichen Änderungen begründet keinen Vertrauenstatbestand der Arbeitnehmer, weil ein entsprechender Bindungswille des Arbeitgebers im Hinblick auf eine fortdauernde dynamische Bindung in solchen Fällen nicht erkennbar sei[1]. Da die zwingende Wirkung des § 4 Abs. 1 TVG nicht greift, besteht die Möglichkeit, etwa im Wege der Änderungskündigung auch ungünstigere Vereinbarungen zu Lasten des Arbeitnehmers anders als bei § 4 Abs. 3 TVG zu treffen. Auch ist es dem nicht tarifgebundenen Arbeitnehmer gestattet, auf tarifliche Ansprüche zu verzichten (vgl. hierzu im Falle der Tarifbindung Rz. 186). Im Ergebnis heißt eine bloße Bezugnahme, dass die Rechte des nicht tarifgebundenen Arbeitnehmers nicht in gleichem Maße gesichert sind wie die des gewerkschaftlich organisierten Arbeitnehmers.

Die Bezugnahme auf tarifvertragliche Normen ist auch durch **Wiederholung der Tarifvertragsnormen** im Arbeitsvertrag möglich. Eine solche Wiederholung empfiehlt sich jedoch nur dann, wenn einzelne Bestimmungen in den Arbeitsvertrag aufgenommen werden sollen, so etwa Kündigungs- oder Urlaubsvorschriften. Sollen größere Bestandteile eines Tarifvertrages oder der ganze Tarifvertrag Gegenstand des Arbeitsvertrages werden, so wird in der Regel die bloße Verweisung in Form der Bezugnahme gewählt. Werden tarifvertragliche Bestimmungen im Arbeitsvertrag wiederholt, so sind sie **Inhalt des Arbeitsvertrages** und bleiben von Änderungen des Tarifvertrages selbst völlig unberührt. Eine Änderung ist nur individuell, zB durch Änderungskündigung bzw. Teil-Aufhebungsvertrag, möglich. 267

d) Gestaltung der Bezugnahme

Für die Form der Verweisung gilt, dass diese grundsätzlich formfrei ist. Eine Ausnahme davon ist jedoch dann zu machen, wenn der in Bezug genommene Tarifvertrag für die Begründung eines Arbeitsverhältnisses eine Schriftform vorsieht. 268

⊃ **Hinweis:** Es empfiehlt sich, eine Bezugnahmeklausel stets **schriftlich** festzuhalten. Dies dient der Rechtssicherheit und Rechtsklarheit. Der Arbeitgeber genügt in jedem Fall seiner Hinweispflicht aus § 2 Abs. 1 NachwG, wenn er einen schriftlichen Hinweis auf den Tarifvertrag nach § 2 Abs. 1 Nr. 10 NachwG gibt[2]. Es bedarf keiner körperlichen Beifügung des Tarifvertragszwecks zum Arbeitsvertrag, zB zum Nachweis tariflicher Ausschlussfristen[3].

Ferner genügt nach der vorgenannten Entscheidung der (schriftliche) Hinweis auf den Tarifvertrag, auch wenn der Arbeitgeber seiner Aushangpflicht nach § 8 TVG nicht nachgekommen war (s.a. Rz. 229). Sollte die Bezugnahme einen Tarifwechsel einschließen, so sollte dies hinreichend deutlich zum Ausdruck gebracht werden.

Die Bezugnahme kann **ausdrücklich oder konkludent** erfolgen. Eine konkludente Bezugnahme liegt vor, wenn der Arbeitgeber alle Arbeitnehmer seines Betriebs nach dem Tarifvertrag behandelt und die Arbeitnehmer die Behandlung unwidersprochen hinnehmen[4]. Eine Bezugnahme kann auch durch **betriebliche Übung** erfolgen. Es muss **eindeutig bestimmbar** sein, auf welchen Tarifvertrag Bezug genommen wird[5]. In der Regel wird auf den Tarifvertrag verwiesen, der im Fall der Tarifbindung der Arbeitsvertragsparteien einschlägig wäre. Möglich ist grundsätzlich jedoch auch die Ver- 269

---

1 BAG 16.1.2002 – 5 AZR 715/00, NZA 2002, 632; 20.6.2001 – 4 AZR 290/00, NZA 2002, 351.
2 *Fuchs*, Tarifvertragsrecht, Rz. 257 mwN.
3 BAG 23.1.2002 – 4 AZR 56/01, NZA 2002, 800.
4 BAG 11.6.1975 – 5 AZR 206/74, EzA § 3 TVG – Bezugnahme auf Tarifvertrag Nr. 1.
5 LAG Hamm 29.9.1975 – 3 Sa 743/75, DB 1976, 874.

weisung auf einen anderen Tarifvertrag[1]. Dabei kann auf einen fachfremden oder sogar bereits abgelaufenen Tarifvertrag Bezug genommen werden[2]. Auch ein **nichtiger Tarifvertrag** kann Gegenstand einer Bezugnahme sein. Dies müssen die Arbeitsvertragsparteien allerdings wirklich gewollt haben. Das folgt daraus, dass die Bezugnahme lediglich widerspiegeln soll, was auch tarifrechtlich gilt, daher können nichtige tarifliche Regelungen selbst dann nicht Inhalt eines Arbeitsvertrages werden, wenn die betreffenden Regelungen wirksam im Arbeitsvertrag hätten vereinbart werden können[3].

e) Grenzen von Bezugnahmeklauseln

270   Die Bezugnahme auf tarifrechtliche Normen ist bestimmten Grenzen unterworfen. Auf welchen Tarifvertrag die Parteien des Arbeitsvertrages Bezug nehmen wollen steht ihnen grundsätzlich frei. Allerdings haben sie **zwingendes Gesetzesrecht** dabei zu berücksichtigen. So können zB Bestimmungen des Jugendarbeitsschutzes nicht dadurch umgangen werden, dass für jugendliche Arbeitnehmer auf einen Tarifvertrag, der für Erwachsene gilt, Bezug genommen wird. Zulässig ist dagegen die Verweisung auf Ausschlussfristen[4] (zu den Ausschlussfristen im Allgemeinen vgl. Rz. 218 ff.). Soweit die Arbeitsvertragsparteien bereits an einen anderen Tarifvertrag gebunden sind, darf die Bezugnahme nicht zu einer Verschlechterung der Arbeitsbedingungen führen. Durchsetzen kann sich der in Bezug genommene Tarifvertrag dann nur als andere Abmachung aufgrund des Günstigkeitsprinzips (vgl. zum Günstigkeitsprinzip Rz. 171 ff.), aufgrund einer Öffnungsklausel (vgl. Rz. 168) oder im Zeitraum der Nachwirkung des für die Parteien bindenden Tarifvertrages. Die Bezugnahme kann kraft hinreichend deutlich werdender Vereinbarung auch die Anwendung **nachwirkender Tarifverträge** einschließen[5]. Zu beachten ist aber, dass sich die Nachwirkung eines Tarifvertrags grundsätzlich nicht auf Arbeitsverhältnisse erstreckt, die erst während des Nachwirkungszeitraums abgeschlossen werden[6].

271   Gem. § 310 Abs. 4 Satz 1 BGB sind Tarifverträge von der **Inhaltskontrolle** ausgenommen, was nach dem Willen des Gesetzgebers ganz grundsätzlich auch für Bezugnahmeregelungen gelten soll, sofern auf einen Tarifvertrag insgesamt verwiesen wird oder dessen Wortlaut im Arbeitsvertrag wiederholt wird[7]. In diesem Fall findet keine Inhaltskontrolle nach §§ 307 ff. BGB statt, und zwar auch nicht bei Verweisungen auf nur einzelne Teile des Tarifvertrages[8]. Hier wird man jedoch zu differenzieren haben: Werden fachlich einschlägige Tarifnormen einbezogen, so findet keine Inhaltskontrolle statt[9]. Sehr fraglich ist allerdings die Einbeziehung von (auch fachlich einschlägigen) ganz vereinzelten Teilen eines Tarifvertrags, weil dann nur die Inhaltskontrolle etwaige Benachteiligungen von Arbeitnehmern verhindern kann (sog. „Rosinentheorie")[10]. In solchen Fällen entfällt die vermutete Richtigkeitsgewähr von Tarifverträgen[11], da dann eine wirksame Verweisung auf einen einheitlichen (auch nur Teil-)Regelungskomplex nicht mehr vorliegt. Zu unterscheiden ist die AGB-Kontrolle der

---

1   BAG 13.11.1959 – 1 AZR 320/57, AP Nr. 54 zu § 611 BGB – Urlaubsrecht.
2   BAG 22.1.2002 – 9 AZR 601/00, AP Nr. 55 zu § 11 BUrlG.
3   BAG 7.12.1977 – 4 AZR 474/76, AP Nr. 9 zu § 4 TVG – Nachwirkung.
4   BAG 5.11.1963 – 5 AZR 136/63, AP Nr. 1 zu § 1 TVG – Bezugnahme auf Tarifvertrag.
5   BAG 9.5.2007 – 4 AZR 319/06, DB 2008, 874 Rz. 23 ff.
6   BAG 11.6.2002 – 1 AZR 390/01, NZA 2003, 570 Rz. 19.
7   BT-Drucks. 14/6857, 54.
8   *Hümmerich/Holthausen*, NZA 2002, 173 (179); *Henssler*, RdA 2002, 129 (135 ff.); *Däubler*, NZA 2001, 1335.
9   *Fuchs*, Tarifvertragsrecht, Rz. 182; HWK/*Henssler*, § 1 TVG Rz. 88.
10 *Preis*, FS Wiedemann, 2002, S. 425; *Fuchs*, Tarifvertragsrecht, Rz. 182; HWK/*Henssler*, § 1 TVG Rz. 89; *Löwisch/Rieble*, § 3 TVG Rz. 587.
11 HWK/*Henssler*, § 1 TVG Rz. 89.

II. Tarifrecht

arbeitsvertraglichen Bezugnahmeklausel als solcher, die als isolierte Vertragsvereinbarung den Anforderungen der §§ 305 ff. BGB Genüge leisten muss. Die Bezugnahmeklausel als solche muss das Verbot überraschender Klauseln (§ 305c Abs. 2 BGB), die Unklarheitenregel (§ 305c Abs. 2 BGB) sowie das Verbot einer unangemessenen Benachteiligung des Arbeitnehmers (§ 307 Abs. 1 BGB) beachten. Für die Feststellung der Angemessenheit einer Bezugnahmeklausel oder deren Kennzeichnung als überraschend sind die Umstände bei Vertragsschluss maßgeblich[1].

⊃ **Hinweis:** Der Inhalt des Tarifvertrages ist grundsätzlich von Amts wegen zu ermitteln (§ 293 ZPO). Abgeraten werden muss von dem neuerdings so formulierten „Tarif-Picking", dh. die Bezugnahme auf vereinzelte Auszüge von fachfremden Tarifverträgen, weil in diesen Fällen die vermutete Richtigkeitsgewähr entfällt und dadurch eine AGB-Inhaltskontrolle sowie insbesondere wohl auch eine Transparenzkontrolle gem. § 307 Abs. 1 Satz 2 BGB[2] stattfindet.

f) Rechtswirkung der Bezugnahmeklausel

Ist die im Arbeitsvertrag vorgenommene Bezugnahme rechtswirksam, so findet das entsprechende Tarifrecht Anwendung. Im Falle der beiderseitigen Tarifbindung kommt der Bezugnahme konstitutive Bedeutung zu mit der Begründung, dass der Arbeitgeber über die Gewerkschaftszugehörigkeit des Arbeitnehmers bei Vertragsschluss nichts weiß bzw. andererseits der Arbeitnehmer die aktuelle oder gar künftige Tarifentwicklung meist nicht kennt[3].

Die Tarifnormen gelten in sonstigen Fällen unmittelbar für das betreffende Arbeitsverhältnis. Allerdings sind sie jederzeit abdingbar. Inwieweit durch die Bezugnahme auf Tarifrecht **tarifdispositive Gesetze** abbedungen werden können, ist fraglich. Tarifdispositive Gesetze sind solche, in denen der Gesetzgeber Tarifvertragsparteien von der Bindung an die allgemeine Rechtsordnung befreit und anordnet, dass von ihr nur durch Tarifvertrag abgewichen werden kann[4]. Von dieser Möglichkeit wurde zB bei den Kündigungsfristen (§ 622 BGB), im Urlaubsrecht (§ 13 BUrlG), in der betrieblichen Altersversorgung (§ 17 Abs. 3 BetrAVG) und im Teilzeit- und Befristungsrecht (§§ 12 Abs. 3, 13 Abs. 4, 14 Abs. 2 Satz 3 und 4 TzBfG, s. § 22 Abs. 1 TzBfG) Gebrauch gemacht[5]. In der **Betriebsverfassung** findet sich tarifdispositives Recht zB in § 3 BetrVG und § 117 BetrVG. Sofern auf das bei Tarifbindung geltende Tarifrecht verwiesen wird, bestehen keine Bedenken gegen die Abbedingung dispositiven Rechts, da die Verweisung die Vereinheitlichung der Arbeitsbedingungen zum Ziel hat. In den übrigen Fällen muss wohl jeweils am Einzelfall geprüft werden, ob die Abbedingung sachlich gerechtfertigt ist und insbesondere das Willkürverbot (§ 138 BGB) beachtet wurde. In der Betriebsverfassung gilt, dass die Betriebspartner durch Bezugnahmen die Betriebsverfassung selbst nur so weit ändern dürfen, als sie dies durch Betriebsvereinbarung dürfen. Insbesondere ist die Sperrwirkung des § 77 Abs. 3 BetrVG zu beachten. Danach dürfen Arbeitsentgelte und sonstige Arbeitsbedingungen, die durch Tarifverträge geregelt sind oder üblicherweise geregelt werden, nicht Gegenstand einer Betriebsvereinbarung sein. Eine Ausnahme gilt lediglich dann, wenn der Tarifvertrag eine ergänzende Betriebsvereinbarung zulässt (Öffnungsklausel, vgl. Rz. 168).

Sofern sich eine Arbeitsvertragspartei über den Inhalt einer Tarifnorm irrt, ist dieser Irrtum unbeachtlich, da Inhalt der Willenserklärung lediglich die Bezugnahme auf die

---
1 BAG 9.6.2007 – 4 AZR 319/06, DB 2008, 874 Rz. 23 ff.
2 *Ernst*, NZA 2007, 1405 (1407).
3 BAG 19.3.2003 – 4 AZR 331/02, NZA 2003, 1207; 26.9.2001 – 4 AZR 544/00, AP Nr. 21 zu § 1 TVG – Bezugnahme auf den Tarifvertrag.
4 Zu den Einzelheiten *Löwisch/Rieble*, § 3 TVG Rz. 480.
5 Vgl. Schaub/*Treber*, § 208 II 15; aA *Herschel*, DB 1969, 659 (661).

Tarifnorm selbst und nicht der Inhalt der entsprechenden Norm war[1]. Sofern die Arbeitsvertragsparteien jedoch gemeinsam von einem bestimmten Inhalt der Tarifnorm ausgehen, liegt hierin ein Fall der falsa demonstratio mit der Folge, dass das Gewollte gilt. Es liegt sodann eine arbeitsvertragliche Sonderregelung vor[2]. Fällt die zwingende normative Wirkung des in Bezug genommenen Tarifvertrages bei kraft Verbandszugehörigkeit tarifgebundenen Arbeitgebern weg, so wirkt die Bezugnahme nur noch mehr **statisch**, weil aufgrund der Gleichstellungsabsicht der nicht tarifgebundene Arbeitnehmer nur so lange an der Weiterentwicklung des Tarifs teilhaben dürfe wie der organisierte Arbeitnehmer[3].

9. Tarifkonkurrenz

276 Die Grundsätze der Tarifkonkurrenz beantworten die Frage des anzuwendenden Tarifvertrages, wenn ein Arbeitsverhältnis unter den **Geltungsbereich mehrerer Tarifverträge** fällt. Dabei müssen die betreffenden Tarifverträge nach deren räumlichen, zeitlichen, betrieblichen, fachlichen und persönlichen Geltungsbereich auf dasselbe Arbeitsverhältnis Anwendung finden[4]. Darüber hinaus müssen beide Parteien des Arbeitsverhältnisses tarifgebunden sein, wobei es bei betrieblichen und betriebsverfassungsrechtlichen Bestimmungen allein auf die Tarifbindung des Arbeitgebers ankommt (vgl. § 3 Abs. 2 TVG). Es kann also zu einer Konkurrenz von Normen verschiedener Tarifverträge kommen, sofern die Tarifverträge für dasselbe Rechtsverhältnis Geltung beanspruchen[5].

277 Es kommen zwei Fälle der Tarifkonkurrenz in Betracht, die tarifautonome Konkurrenz und die staatlich veranlasste Konkurrenz (zB im Falle der AVE). Von einer **tarifautonomen Konkurrenz** spricht man, wenn Arbeitgeber und Arbeitnehmer gleichzeitig an mehrere von verschiedenen Tarifvertragsparteien geschlossene Tarifverträge gebunden sind. So kann ein Verbandstarifvertrag mit einem Firmentarifvertrag konkurrieren oder ein von einem Spitzenverband im eigenen Namen abgeschlossener Tarifvertrag mit dem Verbandstarifvertrag eines seiner Mitglieder. Ein Firmentarifvertrag geht einem Flächentarifvertrag (Verbandstarifvertrag) auch dann vor, wenn er Regelungen des Flächentarifvertrages zu Lasten der Arbeitnehmer verdrängt[6]. Die Ablösung eines Verbandstarifvertrages durch einen neuen Firmentarifvertrag zum gleichen Regelungsgegenstand ist möglich, wenn der Firmentarifvertrag mit der gleichen Gewerkschaft abgeschlossen worden ist. Bei einem Abschluss mit verschiedenen Gewerkschaften ist von Tarifpluralität auszugehen[7] (vgl. Rz. 282). Denkbar ist auch eine Doppelmitgliedschaft des Arbeitgebers in verschiedenen Verbänden, wenn er zB in einen anderen Verband überwechselt und zeitweise Mitglied des alten und des neuen Verbands ist. Normen über **betriebliche oder betriebsverfassungsrechtliche Fragen** unterliegen oft der Tarifkonkurrenz. Grund hierfür ist, dass diese bereits schon dann Geltung erlangen, wenn der Arbeitgeber tarifgebunden ist (§ 3 Abs. 2 TVG)[8]. Hierdurch erlangen die Betriebsnormen aller im Betrieb geltenden Tarifverträge Geltung. Von einer **staatlich veranlassten Tarifkonkurrenz** spricht man zB in den Fällen einer AVE (vgl. zur Allgemeinverbindlichkeit im Einzelnen Rz. 236 ff.). Sind also die Arbeitsvertragsparteien Mitglieder einer Tarifvertragspartei und wurde gleichzeitig ein anderer Tarifvertrag für allgemeinverbindlich erklärt, so konkurrieren

---

1 LAG Hamm 12.1.1993 – 2 Sa 1099/92, BB 1993, 1217.
2 Vgl. Schaub/*Treber*, § 208 III 17; aA *Henschel*, DB 1969, 662.
3 BAG 26.9.2001 – 4 AZR 544/00, AP Nr. 21 zu § 1 TVG – Bezugnahme auf den Tarifvertrag; 27.11.2002 – 4 AZR 661/01, AP Nr. 28 zu § 1 TVG – Bezugnahme auf den Tarifvertrag.
4 Beispiele bei *Fuchs*, Tarifvertragsrecht, Rz. 95, *Löwisch/Rieble*, § 4 TVG Rz. 263 ff.
5 BAG 5.9.1990 – 4 AZR 59/90, AP Nr. 19 zu § 4 TVG – Tarifkonkurrenz.
6 BAG 24.1.2001 – 4 AZR 655/99, NZA 2001, 788.
7 Däubler/*Zwanziger*, § 4 TVG Rz. 923 ff.; Wiedemann/*Wank*, § 4 TVG Rz. 278 ff.
8 BAG 20.3.1991 – 4 AZR 455/90, AP Nr. 20 zu § 4 TVG – Tarifkonkurrenz.

die verschiedenen Tarifverträge miteinander. Tritt der Arbeitgeber oder der Arbeitnehmer in einen anderen Verband ein, so gilt der Tarifvertrag des neuen Verbandes nach § 3 Abs. 1 TVG und der des alten Verbandes nach § 3 Abs. 3 TVG (Nachwirkung, vgl. Rz. 164f.).

Liegt Tarifkonkurrenz vor, so ist zunächst durch **Auslegung** zu ermitteln, welcher Tarifvertrag Anwendung finden soll[1]. Unproblematisch ist der Fall, in dem die Tarifvertragsparteien bestimmt haben, dass im Falle der Kollision ihres Tarifvertrages mit einem anderen ihr Tarifvertrag zurücktreten soll. Allerdings können die Tarifvertragsparteien nicht umgekehrt vereinbaren, dass ihr Tarifvertrag im Falle der Kollision Vorrang besitzen soll, da sie hierdurch ihre Regelungszuständigkeit überschreiten würden. 278

Lösungsansatz für das Problem der Tarifkonkurrenz war bislang das **Prinzip der Tarifeinheit**. Danach sollte in einem Betrieb grundsätzlich nur ein Tarifvertrag zur Anwendung gelangen. Diese Sichtweise hat das BAG nunmehr in seiner Entscheidung vom 7.7.2010[2] aufgegeben (vgl. Rz. 201). Die beabsichtigte gesetzliche Festschreibung des Grundsatzes der Tarifeinheit wurde zunächst **nicht** in das **Gesetz zur Stärkung der Tarifautonomie** (Tarifautonomiestärkungsgesetz) aufgenommen. Die Streitfrage, wie auf Tarifpluralität zu reagieren ist, dh. eine Tarifeinheit gesetzlich festgeschrieben werden kann, war Gegenstand des 70. Deutschen Juristentages in Hannover im September 2014[3] (vgl. Rz. 27, 236). Die Bundesregierung hat Ende 2014 einen Referentenentwurf eines Gesetzes zur Tarifeinheit eingebracht, um die „Funktionsfähigkeit" der Tarifautonomie zu sichern. Danach soll ein neu einzufügender § 4a TVG eine (unerwünschte) Konkurrenz verschiedener Tarifverträge in einem Betrieb vermeiden. Danach soll die Tarifeinheit nach dem betriebsbezogenen Mehrheitsprinzip gewährleistet werden. Im Falle kollidierender Tarifverträge verschiedener Gewerkschaften sind nur die Normen des Tarifvertrags derjenigen Gewerkschaft anwendbar, die zum Zeitpunkt des Abschlusses des zuletzt abgeschlossenen (kollidierenden) Tarifvertrages im Betrieb die meisten in einem Arbeitsverhältnis stehenden Mitglieder hat. 279

Die Aufgabe der Rechtsprechung zur Tarifeinheit hat auch Auswirkung zumindest auf die bisherige Bedeutung und Tragweite des Grundsatzes der **Tarifspezialität**. Danach sollte in Fällen der Tarifpluralität bzw. Tarifkonkurrenz derjenige Tarifvertrag Anwendung finden, der dem Betrieb räumlich, betrieblich, fachlich und persönlich am nächsten steht[4] und deshalb den Erfordernissen und Eigenarten des Betriebes und der dort beschäftigten Arbeitnehmer am besten gerecht wird[5]. Maßgebend war nach dem Grundsatz der Tarifspezialität die Tätigkeit, die im Betrieb überwiegt und ihm sein Gepräge gibt. Damit geht der Tarifvertrag mit dem räumlich engeren Geltungsbereich dem mit dem weiteren Geltungsbereich vor. Der Grundsatz der Tarifspezialität hat aufgrund der Rechtsprechungsänderung des 4. Senats[6] erheblich an Bedeutung zugenommen, weil nun die Geltung bzw. Anwendung mehrerer Tarifverträge nebeneinander aufgrund der Aufgabe des Prinzips der Tarifeinheit ausdrücklich möglich ist. Das BAG begründet diese Rechtsprechungsänderung[7] dieses nun zusätzlich möglichen Vorrangs der Tarifspezialität wörtlich mit „einer rechtlich klaren und tatsächlich praktikablen Lösung". Die Aufgabe des Prinzips der Tarifeinheit verfestigt 280

---

1 BAG 24.9.1975 – 4 AZR 471/74, AP Nr. 11 zu § 4 TVG – Tarifkonkurrenz.
2 BAG 7.7.2010 – 4 AZR 549/08, NZA 2010, 1068.
3 *Bepler*, Gutachten B zum 70. DJT 2014, S. 82f.
4 BAG 24.9.1975 – 4 AZR 471/74, AP Nr. 11 zu § 4 TVG – Tarifkonkurrenz; 29.11.1978 – 4 AZR 304/77, AP Nr. 12 zu § 4 TVG – Tarifkonkurrenz; 18.10.2006 – 10 AZR 576/05, NZA 2007, 1111 (1116); *Hromadka/Maschmann*, § 13 Rz. 266.
5 BAG 23.3.2005 – 4 AZR 203/04, NZA 2005, 1003 (1004).
6 BAG 7.7.2010 – 4 AZR 549/08, NZA 2010, 1068.
7 BAG 7.7.2010 – 4 AZR 549/08, NZA 2010, 1068 (1071).

letztendlich die Grundsätze der Tarifspezialität und der Tarifpluralität (vgl. Rz. 282). Unabhängig von der Aufgabe des Prinzips der Tarifeinheit besagt der Grundsatz der Tarifspezialität weiterhin, dass der Firmentarifvertrag dem Verbandstarifvertrag bzw. der Tarifvertrag des untergeordneten Verbandes dem des übergeordneten Verbandes vorgeht.

281 Als schwierig stellt sich die Konkurrenz von Tarifverträgen dar, die **betriebliche und betriebsverfassungsrechtliche Fragen** betreffen. Hierbei ist gem. § 3 Abs. 2 TVG lediglich auf die Tarifgebundenheit des Arbeitgebers abzustellen. Sofern also ein Arbeitgeberverband mit zwei Gewerkschaften Tarifverträge abschließt, entsteht für die Mitglieder des Verbandes echte Tarifkonkurrenz. In einem solchen Fall führen das Prinzip der Tarifeinheit und der Grundsatz der Tarifspezialität nicht zu einer Lösung des Konflikts. Nach einer Meinung soll dann derjenige Tarifvertrag zur Anwendung gelangen, der die meisten Arbeitsverhältnisse erfasst. Nach anderer Ansicht soll der Tarifvertrag gelten, der von einer Gewerkschaft abgeschlossen ist, die näher zur Sache steht. Das ist die Gewerkschaft, die nach den Berufen ihrer Mitglieder und der Art der betroffenen Unternehmen das stärkere Recht zur Regelung der betreffenden Fragen für sich beanspruchen kann[1].

282 Gelten mehrere Tarifverträge innerhalb eines Betriebs für verschiedene Arbeitsverhältnisse, so entsteht eine **Tarifpluralität**[2]. Eine solche Tarifpluralität entsteht zumeist dann, wenn konkurrierende Gewerkschaften Tarifverträge mit demselben Arbeitgeberverband schließen, die den gleichen Regelungstatbestand betreffen (sog. mehrgliedriger Tarifvertrag). Tarifpluralität liegt zum einen dann vor, wenn die Arbeitnehmer eines Betriebs oder Betriebsteils verschiedenen Gewerkschaften angehören (**unterschiedliche Organisationszugehörigkeit**) und der Arbeitgeber selbst oder sein Verband mit den verschiedenen Gewerkschaften Tarifverträge abgeschlossen hat. Ein weiterer Fall der Tarifpluralität kann vorliegen, wenn zum einen eine Tarifbindung besteht, die zur Anwendung des betreffenden Tarifvertrages führt und parallel dazu für einen anderen Tarifvertrag die **Allgemeinverbindlichkeit** erklärt wurde. Folge der Tarifpluralität ist, dass je nach tariflichem Geltungsbereich auf die verschiedenen Arbeitnehmer eines Betriebs verschiedene Tarifverträge Anwendung finden. Der für allgemeinverbindlich erklärte Tarifvertrag würde sodann lediglich auf die nicht tarifgebundenen Arbeitnehmer des Betriebs Anwendung finden. Das BAG hat seine bisherige Rechtsprechung zur Auflösung einer Tarifpluralität nach dem Grundsatz der Tarifeinheit zu Gunsten der Geltung des spezielleren Tarifvertrags im Falle einer unmittelbaren Tarifgebundenheit des Arbeitgebers nach § 3 Abs. 1 TVG in seiner Entscheidung vom 7.7.2010[3] ausdrücklich aufgegeben. Das Vorliegen einer Tarifpluralität ist somit nicht mehr nach dem bisherigen Grundsatz der Tarifeinheit zu lösen, vielmehr bleibt die Tarifpluralität aufgrund unmittelbarer Tarifgebundenheit nach § 3 Abs. 1 TVG bestehen. Die früher angenommenen Voraussetzungen einer Rechtsfortbildung, die zur Verdrängung tariflicher Normen führt, sieht das BAG[4] als nicht (mehr) gegeben an. Die Verdrängung eines Tarifvertrages sei auch mit dem Grundsatz der Koalitionsfreiheit nach Art. 9 Abs. 3 GG nicht zu vereinbaren, wenn ein geltender Tarifvertrag nach dem (bisherigen) Grundsatz der Tarifeinheit bei einer durch Mitgliedschaft bzw. Tarifparteistellung begründeten Tarifpluralität verdrängt wird.

283 ⇒ **Hinweis:** Das Industrieverbandsprinzip (vgl. Rz. 24) mag die Lösung der Tarifkonkurrenz offenbar nicht mehr gewährleisten. Der Arbeitnehmer muss ferner seine konkrete Mitgliedschaft in seiner Gewerkschaft nachweisen, damit dem Arbeitgeber eine verbindliche

---

1 Vgl. hierzu *Wiedemann*, § 4 TVG Rz. 298; *Gramm*, AR-Blattei D Tarifvertrag XII Tarifkonkurrenz, CIX.
2 BAG 5.9.1990 – 4 AZR 59/90, AP Nr. 19 zu § 4 TVG – Tarifkonkurrenz.
3 BAG 7.7.2010 – 4 AZR 549/08, NZA 2010, 1068 (1071).
4 BAG 7.7.2010 – 4 AZR 549/08, NZA 2010, 1068 (1071).

II. Tarifrecht Rz. 285 Teil 4 C

Zuordnung, zB bei der Gehaltszahlung, ermöglicht wird[1]. Der Deutsche Gewerkschaftsbund (DGB) und die Bundesvereinigung der Deutschen Arbeitgeberverbände (BDA) haben einen Regelungsvorschlag zum Grundsatz der Tarifeinheit im Betrieb ausgearbeitet, um kleinen Konkurrenzgewerkschaften außerhalb des DGB die Tarifmacht abzusprechen[2]. Im Ergebnis ist damit jede Gewerkschaft in der Lage, für ihre Mitglieder einen Tarifvertrag abzuschließen mit der Folge einer unmittelbaren und zwingenden Wirkung. Die vertragsschließende Gewerkschaft muss nach ihrer Satzung für den Betrieb bzw. das Unternehmen des Arbeitgebers zuständig sein. Auf die Neuregelungen des geplanten „Tarifeinheitsgesetzes" in Gestalt des § 4a TVG ist zu achten.

> **Hinweis:** Ob ein Tarifvertrag auf ein bestimmtes Arbeitsverhältnis Anwendung findet, ist prozessual im Wege der **Feststellungsklage** nach § 256 Abs. 1 ZPO zu klären. Soll die Tarifzuständigkeit für den Abschluss eines Tarifvertrages gegenüber dem einzelnen Arbeitgeber geklärt werden, so ist dies nach § 97 ArbGG im Wege des Beschlussverfahrens zu ermitteln.   284

10. Prüfungsschema für Ansprüche aus Tarifvertrag

A. Wirksamkeit des Tarifvertrages   285
  1. Tariffähigkeit der abschließenden Parteien (§ 2 Abs. 1 TVG)
     → vgl. Rz. 87 ff.
  2. Tarifzuständigkeit (sachlich und räumlich)
     → vgl. Rz. 94 ff.
  3. Schriftform (§ 1 Abs. 2 TVG)
     → vgl. Rz. 96 ff.
  4. Einhaltung der Grenzen der Tarifmacht:
     a) Regelungszuständigkeit: Geregelt werden darf nur, was der Wahrung und Förderung der Arbeits- und Wirtschaftsbedingungen dient (Art. 9 Abs. 3 GG). Bezieht sich der Tarifvertrag auf andere Rechtsgebiete, so ist er unwirksam (zB keine Gestaltung unternehmerischer Mitbestimmung).
        → vgl. Rz. 118 ff.
     b) Zulässiger Inhalt des normativen Teils (§ 1 Abs. 1 TVG)
        → vgl. Rz. 160 ff.
        – **Inhaltsnormen:** Dazu zählen alle Regelungen, die sich mit dem Inhalt des Arbeitsvertrages befassen (Lohn bzw. Gehalt, Arbeitszeit, Gratifikation, Kündigung, Urlaub)
          → Rz. 123 ff.
          Die Anwendbarkeit setzt Tarifbindung beider Arbeitsvertragsparteien voraus; zur Tarifbindung → vgl. Rz. 206 ff.
        – **Abschlussnormen:** Diese regeln die Begründung von Arbeitsverhältnissen (Formvorschriften für Arbeitsverträge, Abschlussverbote, Abschlussgebote, Wiedereinstellungsgebote);
          → vgl. Rz. 131.
        – Abschlussnormen setzen ebenfalls Tarifbindung voraus (§ 3 Abs. 1 TVG).
        – **Betriebsnormen:** Sie regeln betriebliche Fragen, insbesondere Regelungen über den Arbeitsschutz, über betriebliche Erholungs- und Wohlfahrtseinrichtungen und die Ordnung im Betrieb. Sie regeln unter anderem die Betriebseinrichtung und den Arbeitsschutz. Sie sind auch für nicht gewerkschaftsangehörige Arbeitnehmer wirksam; sie binden bereits, wenn der Arbeitgeber tarifgebunden ist (§ 3 Abs. 2 TVG).
          → vgl. Rz. 141.
        – **Normen über betriebsverfassungsrechtliche Fragen:** Normen, die sich insbesondere mit der Erweiterung oder Konkretisierung der Mitbestimmungsrechte des

---
[1] *Gaul*, AktuellAR 2010, S. 176.
[2] *Greiner*, NZA 2010, 743.

Betriebsrates befassen. Einschränkungen der betriebsverfassungsrechtlichen Rechte sind nicht möglich. Auch hier reicht die Tarifbindung des Arbeitgebers aus (§ 3 Abs. 2 TVG).

→ vgl. Rz. 143 ff.

- **Normen über gemeinsame Einrichtungen:** Regelung der Lohnausgleichskassen, Urlaubsmarkenregelung, Träger von betrieblichen Altersversorgungsleistungen (vgl. § 4 Abs. 2 TVG)

  → vgl. Rz. 146.

  c) Kein Verstoß gegen das Grundgesetz?

  → vgl. Rz. 75.

  d) Kein Verstoß gegen übergeordnetes Gesetzesrecht

  → vgl. Rz. 79.

5. Kein Erlöschen des Tarifvertrages (Kündigung, Zeitablauf, Aufhebung, Auflösung)

   → vgl. Rz. 108 ff.

6. Nachwirken des Tarifvertrags: Grundsätzlich bis zum Abschluss eines neuen Tarifvertrages (§ 4 Abs. 5 TVG). Nach Erlöschen des alten Tarifvertrages ist dieser nicht mehr zwingend. Möglich sind andere Abreden während der Übergangszeit.

   → vgl. Rz. 164 ff.

B. Arbeitsverhältnis im Rahmen des Tarifvertrages (räumlicher, fachlicher, betrieblicher, zeitlicher und persönlicher Geltungsbereich)

   → vgl. Rz. 192 ff.

C. Tarifgebundenheit (§§ 3, 5 TVG)

   → vgl. Rz. 206 ff.

   1. Beiderseitige Verbandszugehörigkeit (Tarifbindung; § 3 Abs. 1 TVG)

      → vgl. Rz. 206 ff.

   2. Betriebsnorm mit Tarifgebundenheit des Arbeitgebers (§ 3 Abs. 2 TVG)

      → vgl. Rz. 212.

   3. AVE (§ 5 Abs. 4 TVG). Die AVE hat eine Doppelnatur. Sie ist Verwaltungsakt im Verhältnis Staat und Tarifvertragsparteien und – soweit sie das Rechtsverhältnis zu den Außenseitern betrifft – ein Rechtsetzungsakt.

      → vgl. Rz. 236 ff.

   4. Sonderfälle der „Tarifgebundenheit":

      a) Einzelarbeitsvertragliche Vereinbarung

         → vgl. Rz. 250 ff.

      b) Gleichbehandlungsgrundsatz und Fürsorgepflicht des Arbeitgebers geben grundsätzlich keinen Anspruch auf Anwendung tariflicher Normen.

         → vgl. Rz. 214.

      c) Betriebliche Übung

         → vgl. Rz. 215.

5. Teil
Arbeitsgerichtsverfahren

A. Typische Klageziele

	Rz.		Rz.
I. Allgemeines	1	b) Kündigungsgründe	
II. Kündigungsschutzklage bei Beendigungskündigung		aa) Grundsatz	93
		bb) Ausnahmen	102
1. Klageantrag	3	7. Restitutionsklage	107
a) Kündigungsschutzklage	4	**III. Befristungskontrollklage**	
b) Streitgegenstand	9	1. Allgemeines, Klagefrist	110
c) Allgemeine Feststellungsklage	11	2. Einzelheiten zur Befristungskontrollklage	113
d) Antragsmuster	15	3. Darlegungs- und Beweislast	118
2. Klagefrist	17	**IV. Allgemeine Feststellungsklage**	122
a) Unwirksamkeitsgründe, die fristgebunden geltend zu machen sind	19	1. Anwendungsfälle	
		a) Mangelnde Schriftform der Kündigung, Nichtbeachtung der Kündigungsfrist	126
b) Unwirksamkeitsgründe, für deren Geltendmachung eine Frist nicht einzuhalten ist	24	b) Nachträglich gestellter Feststellungsantrag	127
c) Zweifelsfälle	27	c) Arbeitgeberklagen	129
d) Beginn der Klagefrist	30	d) Anfechtung eines Aufhebungsvertrages	130
aa) Übergabe schriftlicher Kündigung	31	2. Voraussetzungen des § 256 ZPO	
		a) Feststellungsinteresse	132
bb) Kündigung gegenüber Abwesenden	32	b) Klagefrist: Keine Verwirkung	134
cc) Übergabe an Ehegatte, Kinder etc.	36	3. Darlegungs- und Beweislast	137
dd) Zugangsvereitelung	37	**V. Änderungsschutzklage**	
e) Berechnung der Frist	39	1. Allgemeines	138
f) Darlegungs- und Beweislast	40	2. Begriffsbestimmung	143
g) Späterer Beginn des Fristenlaufs	41	a) Kündigung	144
3. Parteibezeichnung	44	b) Änderungsangebot	145
a) Rubrumsberichtigung und Parteiwechsel	47	c) Zusammenhang von Kündigung und Änderungsangebot	147
b) Richtiger Arbeitgeber hilfsweise verklagt	49	d) Arten der Änderungskündigung	149
c) Betriebsübergang	50	3. Reaktionen des Arbeitnehmers	
4. Zuständiges Gericht	53	a) Ablehnung des Änderungsangebotes	150
5. Nachträgliche Klagezulassung	57	b) Annahme des Änderungsangebotes ohne Vorbehalt	151
a) Formelle Voraussetzungen	58	c) Annahme des Änderungsangebotes unter Vorbehalt	152
aa) Inhalt des Antrages	59	4. Klagefrist, Streitgegenstand und Klageantrag	
bb) Antragsfrist	60	a) Bei Ablehnung des Änderungsangebotes	156
cc) Darlegungs- und Beweislast für die Fristwahrung	63	b) Bei Annahme des Änderungsangebotes	157
b) Materielle Voraussetzungen	64	5. Rechtslage nach Ende des Änderungsschutzprozesses	160
c) Antragsmuster	77	**VI. Weiterbeschäftigungsantrag**	162
d) Verfahren		1. Materiell-rechtliche Grundlagen	
aa) Regelfall: „Verbundverfahren"	78	a) Betriebsverfassungsrechtlicher Weiterbeschäftigungsanspruch	164
bb) Ausnahme: Vorabentscheidung durch Zwischenurteil	82		
cc) Erstmalige Antragstellung in der zweiten Instanz	84		
6. Darlegungs- und Beweislast	85		
a) Anwendbarkeit des KSchG	86		

	Rz.		Rz.
b) Personalvertretungsrechtlicher Weiterbeschäftigungsanspruch	175	aa) Unwirksamkeit der Kündigung	210
c) Allgemeiner Weiterbeschäftigungsanspruch	177	bb) Unzumutbarkeit der Fortsetzung des Arbeitsverhältnisses	215
2. Klageverfahren		c) Verfahrensfragen	219
a) Anspruch des Arbeitnehmers	181	2. Auflösungsantrag des Arbeitgebers	
b) Abwehr durch den Arbeitgeber		a) Verfahrensrechtliche Voraussetzungen	224
aa) Einwendungen im Klageverfahren	186	b) Materiell-rechtliche Voraussetzungen	225
bb) Antrag auf Erlass einer einstweiligen Verfügung	187	c) Verfahrensfragen	232
3. Vorläufiger Rechtsschutz	193	3. Beiderseitiger Auflösungsantrag	234
4. Darlegungs- und Beweislast	202	VIII. Wiedereinstellungsanspruch	235
VII. Auflösungsantrag	206	IX. Entgeltklagen	242
1. Auflösungsantrag des Arbeitnehmers		1. Bruttolohnklage	243
a) Verfahrensrechtliche Voraussetzungen	209	2. Überstundenvergütung	256
b) Materiell-rechtliche Voraussetzungen		3. Nettolohnklage	258
		4. Klage auf zukünftige Leistung	260
		5. Urlaubsentgelt und -abgeltung	264

Schrifttum:

Bader, Neuregelungen im Bereich des Kündigungsschutzgesetzes durch das Arbeitsrechtliche Beschäftigungsförderungsgesetz, NZA 1996, 1125; *Bader*, Kündigungsprozesse richtig führen – typische Fehler im Kündigungsprozess, NZA 1997, 905; *Bader*, Das Gesetz zu Reformen am Arbeitsmarkt: Neues im Kündigungsschutzgesetz und im Befristungsrecht, NZA 2004, 65; *Bauer/Diller*, Kündigung durch Einwurf-Einschreiben – ein Kunstfehler!, NJW 1998, 2795; *Bauer/Krieger*, Neuer Abfindungsanspruch – 1a daneben!, NZA 2004, 77; *Becker-Schaffner*, Die Darlegungs- und Beweislast in Kündigungsrechtsstreitigkeiten, BB 1992, 557; *Bender/Schmidt*, KSchG 2004: Neuer Schwellenwert und einheitliche Klagefrist, NZA 2004, 358; *Berkowsky*, Die Kündigungsschutzklage und ihre nachträgliche Zulassung, NZA 1997, 352; *Berkowsky*, Die Änderungskündigung, NZA-RR 2003, 449; *Berkowsky*, Die Klage auf zukünftige Leistung im Arbeitsverhältnis, RdA 2006, 77; *Berkowsky*, Umfang der Rechtskraft klagestattgebender Kündigungsschutzurteile, NZA 2008, 1112; *Bitter*, Zur Kombination von Kündigungsschutzklage mit allgemeiner Feststellungsklage, DB 1997, 1407; *Boewer*, Der Wiedereinstellungsanspruch, NZA 1999, 1121 (Teil 1), 1177 (Teil 2); *Diller*, Neues zum richtigen Klageantrag im Kündigungsschutzverfahren, NJW 1998, 663; *Fischer*, Die Rücknahme der Arbeitgeberkündigung vor und im Kündigungsschutzprozess – rechtliche und taktische Überlegungen, NZA 1999, 459; *Fischermeier*, Die betriebsbedingte Änderungskündigung, NZA 2000, 737; *Francken/Natter/Rieker*, Die Novellierung des Arbeitsgerichtsgesetzes und des § 5 KSchG durch das SGGArbGG-Änderungsgesetz, NZA 2008, 377; *Gehlhaar*, Viel Lärm um nichts: Der „neue" § 167 ZPO, NZA-RR 2011, 169; *Gravenhorst*, Der Auflösungsantrag des Arbeitgebers gem. § 9 KSchG, NZA-RR 2007, 57; *Grotmann-Höfling*, Die Arbeitsgerichtsbarkeit 2012 im Lichte der Statistik, ArbuR 2013, 478; *Hohmeister*, Beweisschwierigkeiten beim Zugang einer Kündigung, BB 1998, 1477; *Holthöwer/Rolfs*, Die Beendigung des Arbeitsverhältnisses mit älteren Arbeitnehmern, DB 1995, 1074; *Hromadka*, Änderung von Arbeitsbedingungen, 1989; *Hromadka*, Möglichkeiten und Grenzen der Änderungskündigung, NZA 1996, 1; *Kamanabrou*, Europarechtliche Bedenken gegen die Klagefrist bei Kündigungen wegen Betriebsübergangs, NZA 2004, 950; *Keßler*, Der Auflösungsantrag nach § 9 KSchG im Spiegel der Judikatur, NZA-RR 2002, 1; *Kliemt/Vollstädt*, Unverschuldeter Rechtsirrtum – Wunderwaffe bei beharrlicher Arbeitsverweigerung?, NZA 2003, 357; *Klocke*, Neue Entwicklungen im Überstundenprozess, RdA 2014, 223; *Krieger/Willemsen*, Der Wiedereinstellungsanspruch nach Betriebsübergang, NZA 2011, 1128; *Lepke*, Zum Wiedereinstellungsanspruch nach krankheitsbedingter Kündigung, NZA-RR 2002, 617; *Lingemann/Steinhauser*, Der Kündigungsschutzprozess in der Praxis – Gerichtliche Auflösung von Arbeitsverhältnissen, NJW 2013, 3624; *Luke*, Gilt die dreiwöchige Klagefrist des § 4 KSchG auch für den Wiedereinstellungsanspruch?, NZA 2005, 92; *Meyer/Reufels*, Prozesstaktische Erwägungen bei Vollmachtsproblemen, NZA 2011, 5; *Müller*, Die Rechtsprechung zum Auflösungsantrag des Arbeitgebers (§ 9 I 2 KSchG) in den Jahren 2003–2008, NZA-RR 2009, 289; *Nägele/Gertler*, Der „neue" § 167 ZPO und seine Auswirkungen auf das Arbeitsrecht, NZA 2010, 1377; *Nebeling/Schmid*, Zulassung der verspäteten Kündigungsschutzklage nach Anfechtung eines Abwicklungsvertrags wegen arglistiger Täuschung, NZA 2002, 1310; *Preis*, Der Kündigungsschutz außerhalb des Kündigungsschutzgesetzes, NZA 1997, 1256; *Preis*, Die „Reform" des Kündigungsschutzrechts, DB 2004, 70; *Reidel*, Die einstweilige Verfügung auf (Weiter-)Beschäftigung – eine vom Verschwinden bedrohte Rechtsschutzform?, NZA 2000, 454; *Richardi*, Misslungene Reform des Kündigungsschutzes durch das Gesetz zu Reformen am Arbeitsmarkt, DB 2004, 486; *Ricken*, Grundlagen und Grenzen des Wiedereinstellungsanspruchs, NZA 1998, 460; *Rolfs*, Erweiterte Zulässigkeit befristeter Arbeitsverträge durch das arbeitsrechtliche Beschäftigungsförderungsgesetz, NZA 1996, 1134; *Rolfs*, Aktuelle Entwicklungen im arbeitsrechtlichen Verfahrensrecht, NZA-RR 2000, 1; *Rolfs*, Schriftform für Kündigungen und Beschleunigung des arbeitsgerichtlichen Verfahrens, NJW 2000, 1227; *Roloff*, Das neue Verfahren nach § 5 KSchG, NZA 2009, 761; *Schäfer*, Inhalt und praktische Konsequenzen der Weiterbeschäftigungsentscheidung des Großen Senats, NZA 1985, 691; *Schiefer/Worzalla*, Neues – altes – Kündigungsrecht, NZA 2004, 345; *Schrader*, Übergangsregelungen zum Konkursrecht, NZA 1997, 70; *Schrader*, Einstweilige Verfügung auf Weiterbeschäftigung bis zum Ablauf der Kündigungsfrist?, BB 2012, 445; *Schwab*, Die Rechtsprechung des BAG zur Kombination einer Kündigungsschutzklage mit einer allgemeinen Feststellungsklage, NZA 1998, 342; *Thüsing*, Die Rücknahme der Kündigung im Kündigungsschutzprozess, ArbuR 1996, 245; *Tschöpe*, Der arbeitgeberseitige Auflösungsantrag im Kündigungsschutzprozess – offene Fragen, in: Festschrift für Peter Schwerdtner, 2003, S. 217; *Vossen*, Die Befristungsklage nach § 1 V 1 BeschFG, NZA 2000, 704; *Wenzel*, Nochmals: Zur Kombination von Kündigungsschutzklage nach § 4 KSchG mit allgemeiner Feststellungsklage nach § 256 Abs. 1 ZPO, DB 1997, 1869; *Willemsen/Annuß*, Kündigungsschutz nach der Reform, NJW 2004, 177; *Zeising/Kröpelin*, Die Geltung der Drei-Wochen-Frist des § 4 Satz 1 KSchG bei behördlichen Zustimmungserfordernissen – Realität oder bloße Fiktion?, DB 2005, 1626; *Zwanziger*, Ausgewählte Einzelprobleme des Nachweisgesetzes, DB 1996, 2027.

I. Allgemeines

Gut die Hälfte aller Rechtsstreitigkeiten vor den Gerichten für Arbeitssachen betreffen **Bestandsschutzverfahren**, also Verfahren, in denen der Arbeitnehmer geltend macht, sein Arbeitsverhältnis sei durch die Kündigung, den Ablauf der Befristung, den Aufhebungsvertrag, die Anfechtung des Arbeitsvertrages etc. nicht beendet worden[1]. Die gesetzliche Systematik zwingt dazu, bei derartigen Verfahren streng danach zu unterscheiden, ob der Arbeitnehmer die Unwirksamkeit einer **Kündigung** festgestellt sehen will (dazu sogleich Rz. 3 ff.), ob er die Unwirksamkeit einer **Befristung** geltend macht (s. Rz. 110 ff.) oder ob er das Fortbestehen des Arbeitsverhältnisses aus einem anderen Rechtsgrund behauptet (dazu Rz. 122 ff.).

Logisch und systematisch im Zusammenhang mit Streitigkeiten wegen der Beendigung des Arbeitsverhältnisses stehen solche, die um die Zulässigkeit der Änderung von Arbeitsbedingungen aufgrund einer **Änderungskündigung** geführt werden (s. Rz. 138 ff.). Darüber hinaus werden Bestandsschutzklagen häufig mit dem Antrag auf **Weiterbeschäftigung** (s. Rz. 162 ff.) oder mit einem **Auflösungsantrag** (s. Rz. 206 ff.) verbunden. Für den Fall, dass die Voraussetzungen der Kündigung zwischen dem Zugang der Kündigung und dem Ablauf der Kündigungsfrist nachträglich entfallen sind, kann dem Arbeitnehmer uU ein **Wiedereinstellungsanspruch** zustehen (s. Rz. 235 ff.).

---

1 Die Arbeitsgerichte erledigten 2012 insgesamt 400 998 Urteilsverfahren, von denen 211 640 (53 %) Bestandsschutzstreitigkeiten betrafen, *Grotmann-Höfling*, ArbuR 2013, 478 (478).

II. Kündigungsschutzklage bei Beendigungskündigung

1. Klageantrag

3 Hält der Arbeitnehmer eine schriftliche Kündigung für unwirksam, muss er **innerhalb von drei Wochen** nach deren Zugang **Klage beim Arbeitsgericht erheben** (§ 4 Satz 1 KSchG). Versäumt er diese Frist, gilt die Kündigung als von Anfang an rechtswirksam (§ 7 KSchG). In der Regel empfiehlt sich die Erhebung einer am Wortlaut des § 4 Satz 1 KSchG orientierten Kündigungsschutzklage (dazu sogleich Rz. 4 ff.), nur ausnahmsweise dagegen einer allgemeinen Feststellungsklage nach § 256 ZPO (Rz. 122 ff.).

a) Kündigungsschutzklage

4 Für Klagen gegen die Kündigung eines Arbeitsverhältnisses eröffnet § 4 Satz 1 KSchG eine besondere Klageart, die sog. Kündigungsschutzklage. Obwohl sie im KSchG normiert ist, findet sie unabhängig davon Anwendung, ob der Arbeitnehmer sich gegen eine **ordentliche** oder eine **außerordentliche Kündigung** zur Wehr setzt (§ 13 Abs. 1 Satz 2 KSchG) und unabhängig davon, auf welche Gründe er seine Rechtsauffassung stützt (vgl. § 4 Satz 1 KSchG: „… sozialwidrig oder aus anderen Gründen rechtsunwirksam …").

5 Die Klage gem. § 4 KSchG ist eine **Feststellungsklage**[1]. Der Arbeitnehmer muss innerhalb der Frist des § 4 KSchG (Rz. 17 ff.) Klage mit dem Antrag erheben, dass das Arbeitsverhältnis nicht durch eine bestimmte Kündigung aufgelöst worden ist. Die Rechtsprechung stellt dabei an die Formulierung des Klageantrags keine hohen Anforderungen. Eine falsche Bezeichnung der Kündigung ist unschädlich, wenn der Arbeitgeber überhaupt nur eine Kündigung ausgesprochen hat[2]. Datieren zwei Kündigungen mit im Wesentlichen demselben Inhalt vom gleichen Tag (zB Verdachts- und Tatkündigung), kann durch die Erhebung der Klage gegen eine von beiden Kündigungen die andere mit umfasst sein[3].

6 Eine Klage auf **Zahlung einer Abfindung** nach § 9 KSchG beinhaltet inzident den Antrag auf Feststellung der Unwirksamkeit der Kündigung. Eine Abfindung kann nur zugesprochen werden, wenn zuvor die Unwirksamkeit der Kündigung festgestellt worden ist. Nach Auffassung des BAG ist eine Auseinandersetzung mit dieser Frage in den Urteilsgründen ausreichend, weshalb ein besonderer Antrag nicht gestellt werden müsse[4]. Klagt der Arbeitnehmer **Lohn** über den Zeitpunkt des Fortbestehens des Arbeitsverhältnisses hinaus ein, so setzt zwar auch dies inzident eine gerichtliche Überprüfung der Wirksamkeit der Kündigung voraus, entspricht jedoch nicht den Anforderungen des § 4 KSchG[5]. Dasselbe soll für eine Klage auf Weiterbeschäftigung für den nach Ablauf der Kündigungsfrist liegenden Zeitraum gelten[6].

7 Der Arbeitnehmer kann nach hM in einem solchen Fall jedoch **analog § 6 KSchG** bis zum Schluss der mündlichen Verhandlung in erster Instanz die Unwirksamkeit der

---

1 BAG 2.4.1987 – 2 AZR 418/86, AP Nr. 96 zu § 626 BGB; 13.12.2007 – 2 AZR 818/06, NZA 2008, 589 (590); *Stahlhacke/Preis/Vossen*, Rz. 1835; KR/*Friedrich*, § 4 KSchG Rz. 17.
2 BAG 21.5.1981 – 2 AZR 133/79, AP Nr. 7 zu § 4 KSchG 1969.
3 LAG Bln.-Bbg. 5.3.2008 – 6 Ta 443/08, NZA-RR 2008, 468 (468 f.); vgl. aber auch BAG 7.7.2011 – 6 AZR 248/10, NZA 2011, 1108 (1109).
4 BAG 19.8.1982 – 2 AZR 230/80, AP Nr. 9 zu § 9 KSchG 1969; aA LAG BW 3.6.1991 – 7 Sa 16/91, LAGE § 9 KSchG Nr. 20: bloßer Auflösungsantrag ist unzulässig.
5 BAG 25.3.1976 – 2 AZR 127/75, AP Nr. 10 zu § 626 BGB – Ausschlussfrist; 21.7.2005 – 6 AZR 592/04, AP Nr. 50 zu § 113 BetrVG 1972.
6 BAG 23.4.2008 – 2 AZR 699/06, NZA-RR 2008, 466 (467); *Bader*, NZA 2004, 65 (69); *Bauer/Krieger*, NZA 2004, 77 (79); *Bender/Schmidt*, NZA 2004, 358 (365).

Kündigung geltend machen[1]. Hinsichtlich der Möglichkeit des Klägers, weitere Unwirksamkeitsgründe nachzuschieben, besteht auch eine Hinweispflicht seitens des Gerichts (§ 6 Satz 2 KSchG, § 139 ZPO)[2]. Dabei genügt es seiner Pflicht aus § 6 Satz 2 KSchG bereits durch einen formularmäßigen Hinweis auf diese Vorschrift, zB bei der Ladung zum Gütetermin[3], während § 139 ZPO das Gericht zu einem Rechtsgespräch und damit auch dazu verpflichtet, auf einen Gesichtspunkt konkret hinzuweisen und Gelegenheit zur Stellungnahme zu geben, wenn eine Partei diesen Gesichtspunkt erkennbar übersehen hat[4].

⊃ **Hinweis:** Die Erhebung der Kündigungsschutzklage genügt auch, um einzel- oder tarifvertragliche Ausschlussfristen zu unterbrechen, die die *gerichtliche Geltendmachung* des Anspruchs verlangen, wenn die Ansprüche vom Ausgang des Kündigungsrechtsstreits abhängen (zB Annahmeverzugslohn)[5]. Erst recht werden durch eine solche Klage Verfallfristen unterbrochen, die eine formlose oder bloß schriftliche Geltendmachung verlangen[6]. Demgegenüber können Verfallfristen in Bezug auf Ansprüche, die vom Erfolg der Kündigungsschutzklage unabhängig sind, nicht durch deren Erhebung unterbrochen werden[7].   8

Die rechtzeitig erhobene Kündigungsschutzklage wahrt dagegen nicht die Frist des § 15 Abs. 4 Satz 1 AGG für die schriftliche Geltendmachung von Schadensersatz- oder Entschädigungsansprüchen wegen Diskriminierung, wenn mit der Kündigung zugleich gegen ein Benachteiligungsverbot des AGG verstoßen worden ist[8].

b) Streitgegenstand

Formuliert der Kläger seinen Klageantrag dem Wortlaut des § 4 KSchG entsprechend, so ist Streitgegenstand, ob ein Arbeitsverhältnis aus Anlass einer ganz bestimmten Kündigung zu diesem von der Kündigung gewollten Zeitpunkt aufgelöst worden ist (punktueller Streitgegenstand)[9]. Der Arbeitnehmer hat **jede Kündigung gesondert anzugreifen**. Deshalb hat er auch gegen spätere nur vorsorglich ausgesprochene Kündigungen jeweils fristgerecht Kündigungsschutzklage zu erheben, wobei ihm die verlängerte Anrufungsfrist des § 6 KSchG zugutekommt[10]. Erhält der Arbeitnehmer zugleich eine fristlose und hilfsweise fristgerechte Kündigung, so bestimmt er durch seinen Klageantrag, ob er beide Kündigungen angreift oder etwa mit der fristgerechten Beendigung des Arbeitsverhältnisses einverstanden ist. Werden beide Kündigungen angegriffen, so handelt es sich im Hinblick auf die ordentliche Kündigung um einen   9

---

1 BAG 10.12.1970 – 2 AZR 82/70, AP Nr. 40 zu § 3 KSchG; 28.6.1973 – 2 AZR 378/72, AP Nr. 2 zu § 13 KSchG 1969; 23.4.2008 – 2 AZR 699/06, NZA-RR 2008, 466 (467); LAG Bln.-Bbg. 5.8.2010 – 26 Sa 896/10, NZA-RR 2011, 246 (247).
2 BAG 18.1.2012 – 6 AZR 407/10, NZA 2012, 817 (819f.); KR/*Friedrich*, § 4 KSchG Rz. 21; *Stahlhacke/Preis/Vossen*, Rz. 1838.
3 BAG 18.1.2012 – 6 AZR 407/10, NZA 2012, 817 (819f.); 26.9.2013 – 2 AZR 843/12, NZA-RR 2014, 236 (237).
4 BAG 26.7.2000 – 7 AZR 256/99, NZA 2001, 261 (262); 24.1.2007 – 4 AZR 28/06, NZA-RR 2007, 495 (498); 18.1.2012 – 6 AZR 407/10, NZA 2012, 817 (820).
5 BAG 19.5.2010 – 5 AZR 253/09, NZA 2010, 939 (940ff.); 19.9.2012 – 5 AZR 627/11, NZA 2013, 101 (102); 19.9.2012 – 5 AZR 628/11, NZA 2013, 330 (331f.); 19.9.2012 – 5 AZR 924/11, NZA 2013, 156 (157f.).
6 BAG 26.4.2006 – 5 AZR 403/05, AP Nr. 188 zu § 4 TVG – Ausschlussfristen; 14.12.2005 – 10 AZR 70/05, AP Nr. 281 zu § 1 TVG – Tarifverträge: Bau.
7 BAG 21.2.2012 – 9 AZR 486/10, NZA 2012, 750 (752).
8 BAG 21.2.2013 – 8 AZR 68/12, NZA 2013, 955 (956).
9 BAG 16.8.1990 – 2 AZR 113/90, AP Nr. 10 zu § 611 BGB – Treuepflicht; 13.3.1997 – 2 AZR 512/96, AP Nr. 38 zu § 4 KSchG 1969; 13.4.2000 – 2 AZR 215/99, AP Nr. 13 zu § 17 KSchG 1969.
10 BAG 23.4.2008 – 2 AZR 699/06, NZA-RR 2008, 466 (468); LAG Köln 22.11.2010 – 5 Sa 900/10, NZA-RR 2011, 244 (245).

zulässigen unechten Eventualantrag. Das Gericht hat dann über zwei Streitgegenstände zu entscheiden, was es auch im Tenor zum Ausdruck zu bringen hat[1].

10 Wird rechtskräftig festgestellt, dass eine Kündigung das Arbeitsverhältnis zum beabsichtigten Termin nicht beendet hat, so erstreckt sich die **Rechtskraft** des Urteils zugleich darauf, dass zum Zeitpunkt des Zugangs der Kündigungserklärung ein Arbeitsverhältnis bestanden hat[2]. Damit steht zugleich fest, dass dieses Arbeitsverhältnis nicht zuvor durch andere Kündigungen oder sonstige Auflösungstatbestände beendet worden ist[3]. Infolgedessen ist einer weiteren Kündigungsschutzklage gegen eine zweite, vorher ausgesprochene Kündigung ohne Sachprüfung stattzugeben[4]. Gegen eine **nach Rechtskraft** des der Kündigungsschutzklage stattgebenden Urteils zugehende erneute Kündigung muss der Arbeitnehmer wiederum innerhalb der Drei-Wochen-Frist des § 4 KSchG Klage erheben. Das gilt selbst dann, wenn die dieser Kündigung zugrunde liegenden Tatsachen dieselben sind, über die bereits im ersten Verfahren rechtskräftig entschieden wurde (sog. Wiederholungs- oder Trotzkündigung)[5]. Materiell hat das Gericht eine solche Kündigung nicht mehr auf ihre Wirksamkeit hin zu prüfen, sondern seiner Entscheidung den rechtskräftigen Verfahrensabschluss des ersten Prozesses zugrunde zu legen[6]. Eine Wiederholungs- oder Trotzkündigung in diesem Sinne liegt allerdings nicht vor, wenn dem ersten Prozess ein anderer Lebenssachverhalt zugrunde lag oder das Gericht der Kündigungsschutzklage allein aus formellen Gründen wie der Verletzung des Schriftformerfordernisses (§ 623 BGB) oder der fehlerhaften Betriebsratsanhörung (§ 102 Abs. 1 Satz 3 BetrVG) stattgegeben hat[7].

c) Allgemeine Feststellungsklage

11 Wegen der eingeschränkten Wirkungen der Klage nach § 4 KSchG, die es insbesondere erforderlich machen, jede spätere Kündigung mit einer erneuten Klage anzugreifen, kann es sich empfehlen, anstelle der Klage nach § 4 KSchG eine allgemeine Feststellungsklage (§ 256 ZPO) zu erheben[8]. Eine solche allgemein auf die **Feststellung des Fortbestandes des Arbeitsverhältnisses** gerichtete Klage erfüllt wegen ihrer weitreichenden Wirkung nach Auffassung des BAG zugleich die Anforderungen an eine Kündigungsschutzklage[9]. Im Rahmen dieser Feststellungsklage kann der Arbeitnehmer sich auch auf die Unwirksamkeit weiterer Kündigungen berufen, selbst wenn er sie erst später als drei Wochen nach Zugang der Kündigung in den Prozess einführt[10].

12 Dies gilt jedenfalls dann, wenn die Unwirksamkeit der (weiteren) Kündigung bis zum Schluss der letzten mündlichen Verhandlung in erster Instanz geltend gemacht wird

---

1 BAG 10.3.1977 – 4 AZR 675/75, AP Nr. 9 zu § 131 ZPO.
2 BAG 27.4.2006 – 2 AZR 360/05, NZA 2007, 229 (230 f.); 28.5.2009 – 2 AZR 282/08, NZA 2009, 966 (968); 23.5.2013 – 2 AZR 102/12, NZA 2013, 1416 (1417); 24.10.2013 – 2 AZR 1078/12, NZA 2014, 540 (542); ausführlich *Berkowsky*, NZA 2008, 1112 ff.
3 BAG 25.3.2004 – 2 AZR 399/03, AP Nr. 5 zu § 54 BMT-G II; 26.6.2008 – 6 AZN 648/07, NZA 2008, 1145 (1147 f.); 27.1.2011 – 2 AZR 826/09, NZA 2011, 804.
4 BAG 12.6.1986 – 2 AZR 426/85, AP Nr. 17 zu § 4 KSchG 1969.
5 BAG 26.8.1993 – 2 AZR 159/93, AP Nr. 113 zu § 626 BGB; vgl. aber auch BAG 8.6.2000 – 2 ABR 1/00, AP Nr. 3 zu § 2 BeschSchG zur Kündigung aufgrund neuer Tatsachen und BAG 26.11.2009 – 2 AZR 272/08, NZA 2010, 628 (629 f.) für eine außerordentliche Kündigung mit sozialer Auslauffrist nach rechtskräftiger Feststellung der Unwirksamkeit einer außerordentlichen fristlosen Kündigung.
6 BAG 26.8.1993 – 2 AZR 159/93, AP Nr. 113 zu § 626 BGB; *Küttner/Eisemann*, Kündigungsschutz Rz. 95.
7 BAG 20.12.2012 – 2 AZR 867/11, NZA 2013, 1003 (1005).
8 Dazu *Bader*, NZA 1997, 905 (907 ff.); *Bitter*, DB 1997, 1407; *Wenzel*, DB 1997, 1869.
9 BAG 21.1.1988 – 2 AZR 581/86, AP Nr. 19 zu § 4 KSchG 1969; 26.9.2013 – 2 AZR 682/12, NZA 2014, 443 (445 f.).
10 BAG 16.3.1994 – 8 AZR 97/93, AP Nr. 29 zu § 4 KSchG 1969; 7.12.1995 – 2 AZR 772/94, AP Nr. 33 zu § 4 KSchG 1969; 26.9.2013 – 2 AZR 682/12, NZA 2014, 443 (445 f.).

(§ 6 KSchG). Hierin ist eine – gem. § 264 Nr. 2 ZPO, § 6 KSchG stets zulässige – Änderung des Feststellungsantrages insoweit zu erblicken, als dieser den Zeitraum **vor** dem mit der nun speziell angegriffenen Kündigung vorgesehenen Auflösungszeitpunkt erfasst[1]. Wird daneben der allgemeine Feststellungsantrag gem. § 256 ZPO aufrechterhalten, bezieht er sich nunmehr auf die Zeit **danach** und gewöhnlich bis zum Schluss der letzten mündlichen Verhandlung[2]. Spätestens zu diesem Zeitpunkt muss für den weiterhin gestellten allgemeinen Feststellungsantrag ein nicht mehr aus den speziell angegriffenen Kündigungen herleitbares Rechtsschutzinteresse an alsbaldiger Feststellung gem. § 256 Abs. 1 ZPO vorliegen. Anderenfalls ist die Klage teilweise kostenpflichtig abzuweisen[3].

Dasselbe gilt, wenn der Kläger seine Klage nach § 4 KSchG von Beginn an mit dem allgemeinen Feststellungsantrag nach § 256 ZPO **verbindet**[4]. Streitgegenstand ist dann die Frage, ob das Arbeitsverhältnis bis zu dem im Klageantrag genannten Zeitpunkt besteht, jedoch nicht über den Zeitpunkt der letzten mündlichen Verhandlung in der Tatsacheninstanz hinaus[5]. Auch bei einer solchen Vorgehensweise kann der Arbeitnehmer die Unwirksamkeit weiterer Kündigungen noch bis zum Schluss der mündlichen Verhandlung erster Instanz geltend machen, ohne an die Drei-Wochen-Frist des § 4 KSchG gebunden zu sein[6]. Er muss aber nach Kenntnis von weiteren Kündigung diese in den Prozess einführen und unter teilweiser Einschränkung des Feststellungsantrags (§ 264 Nr. 2 ZPO) eine dem Wortlaut des § 4 KSchG angepasste Antragstellung vornehmen, wobei in Anwendung des Rechtsgedankens des § 6 KSchG eine verlängerte Anrufungsfrist durch die bis dahin verfolgte Feststellungsklage gewährleistet ist. Auf eine sachdienliche Antragstellung hat das Arbeitsgericht gem. § 139 ZPO hinzuwirken[7].

Die **Zulässigkeit** der weiterhin aufrecht erhaltenen Feststellungsklage nach § 256 ZPO hat der Arbeitnehmer zu **begründen**. Es muss sich also in der letzten mündlichen Verhandlung noch ein nicht aus der oder den speziell angegriffenen Kündigung(en) herleitbares Feststellungsinteresse für den Antrag nach § 256 ZPO ergeben. Ist der Vortrag – auch nach Hinweis gem. § 139 ZPO – nicht schlüssig, ist die Klage insoweit als unzulässig abzuweisen[8]. Ist der Sachvortrag schlüssig, bleibt er aber streitig, muss er aufgeklärt werden[9]. Eine einschränkende Interpretation des verbundenen Antrags lediglich als Kündigungsschutzklage durch das Gericht kommt nicht in Betracht, denn die Reichweite eines Rechtsschutzbegehrens hängt nicht von seiner Zulässigkeit ab[10]. Bestehen allerdings Zweifel, ob der Klageantrag (auch) ein Feststellungsbegehren gem. § 256 Abs. 1 ZPO beinhaltet, sind diese gem. § 139 ZPO durch das Gericht zu klären[11]. Gelegentlich hat das BAG einen unzulässigen „Schleppnetzantrag" („... sondern fortbesteht") einfach übergangen und ihm keine eigenständige Bedeu-

---

1 BAG 7.12.1995 – 2 AZR 772/94, AP Nr. 33 zu § 4 KSchG 1969; 26.9.2013 – 2 AZR 682/12, NZA 2014, 443 (445 f.).
2 BAG 21.1.1988 – 2 AZR 581/86, AP Nr. 19 zu § 4 KSchG 1969; 20.9.2012 – 6 AZR 483/11, NZA 2013, 94 (95).
3 BAG 27.1.1994 – 2 AZR 484/93, AP Nr. 28 zu § 1 KSchG 1969; 7.12.1995 – 2 AZR 772/94, AP Nr. 33 zu § 4 KSchG 1969; 20.9.2012 – 6 AZR 483/11, NZA 2013, 94 (95).
4 Dazu ausführlich *Bitter*, DB 1997, 1407 ff.; *Diller*, NJW 1998, 663 ff.; *Schwab*, NZA 1998, 342 ff.
5 BAG 21.1.1988 – 2 AZR 581/86, AP Nr. 19 zu § 4 KSchG 1969.
6 BAG 7.12.1995 – 2 AZR 772/94, AP Nr. 33 zu § 4 KSchG 1969.
7 BAG 13.3.1997 – 2 AZR 512/96, AP Nr. 38 zu § 4 KSchG 1969.
8 LAG Nürnberg 18.4.2012 – 2 Sa 100/11, NZA-RR 2012, 409.
9 BAG 13.3.1997 – 2 AZR 512/96, AP Nr. 38 zu § 4 KSchG 1969.
10 BAG 7.12.1995 – 2 AZR 772/94, AP Nr. 33 zu § 4 KSchG 1969; großzügiger noch BAG 21.1. 1988 – 2 AZR 581/86, AP Nr. 19 zu § 4 KSchG 1969; 16.3.1994 – 8 AZR 97/93, AP Nr. 29 zu § 4 KSchG 1969.
11 BAG 7.12.1995 – 2 AZR 772/94, AP Nr. 33 zu § 4 KSchG 1969.

tung beigemessen, weil der Kläger ausweislich der Klagebegründung lediglich einen Kündigungsschutzantrag nach § 4 KSchG habe stellen wollen[1]. Das ist unzutreffend: Der Umstand, dass der Kläger einen gestellten Antrag nicht begründet, insbesondere nichts zu dem für die Zulässigkeit nach § 256 ZPO erforderlichen Feststellungsinteresse vorgetragen hat, führt zur Unzulässigkeit des Antrags und nicht dazu, dass er als nicht gestellt zu behandeln ist.

d) Antragsmuster

15 Im Hinblick auf die punktuelle Streitgegenstandstheorie empfiehlt es sich, die vom Gesetz in § 4 KSchG gewählte Formulierung zu verwenden und den Antrag wie folgt zu formulieren:

Formulierungsbeispiel:

Es wird festgestellt, dass das Arbeitsverhältnis durch die Kündigung vom ... – zugegangen am ... – nicht aufgelöst worden ist.

16 Bestehen Zweifel im Hinblick auf den Beendigungstatbestand oder ist mit dem Ausspruch weiterer Kündigungen zu rechnen, so empfiehlt sich die Verbindung der Kündigungsschutzklage mit einem allgemeinen Feststellungsantrag (**Klagehäufung**):

Formulierungsbeispiel:

Es wird festgestellt, dass das Arbeitsverhältnis durch die Kündigung vom ... – zugegangen am ... – nicht aufgelöst worden ist, sondern fortbesteht.[2]

2. Klagefrist

17 Die Kündigungsschutzklage nach § 4 Satz 1 KSchG muss **innerhalb von drei Wochen** nach Zugang der schriftlichen Kündigung erhoben werden. Die Frist ist sowohl dann zu beachten, wenn der Arbeitnehmer sich gegen eine **ordentliche**, als auch dann, wenn er sich gegen eine **außerordentliche Kündigung** zur Wehr setzt (§ 13 Abs. 1 Satz 2 KSchG). Auf die Gründe, auf die der Arbeitnehmer seine Rechtsauffassung stützt, kommt es nicht an. Bei einer ordentlichen Kündigung ist daher nicht nur die Geltendmachung der Sozialwidrigkeit (Fehlen eines personen-, verhaltens- oder betriebsbedingten Kündigungsgrundes einschließlich Fehlerhaftigkeit der Sozialauswahl) fristgebunden, sondern die Klage muss auch dann innerhalb von drei Wochen erhoben werden, wenn der Arbeitnehmer ausschließlich außerhalb des KSchG liegende Mängel, wie zB die nicht ordnungsgemäße Anhörung des Betriebsrats, rügt. Daher ist die Frist auch dann zu beachten, wenn der Arbeitnehmer in einem Kleinbetrieb (§ 23 Abs. 1 KSchG) beschäftigt ist oder die Kündigung innerhalb der ersten sechs Monate des Arbeitsverhältnisses (§ 1 Abs. 1 KSchG) erklärt wurde[3]. Setzt der Arbeitnehmer sich gegen eine außerordentliche Kündigung zur Wehr, ist die Drei-Wochen-Frist sowohl dann einzuhalten, wenn er den Mangel eines wichtigen Grundes (§ 626 Abs. 1

---

1 BAG 25.4.2013 – 2 AZR 299/12, NZA 2014, 105 (106); ähnlich BAG 11.9.2013 – 7 AZR 107/12, NZA 2014, 150 (151) zur Befristungskontrollklage.
2 BAG 21.1.1988 – 2 AZR 581/86, AP Nr. 19 zu § 4 KSchG 1969; 13.2.2008 – 2 AZR 864/06, NZA 2008, 1055 (1059 f.).
3 BAG 28.6.2007 – 6 AZR 873/06, NZA 2007, 972 (973); 22.7.2010 – 6 AZR 480/09, NZA 2010, 1142 (1143).

BGB) rügt, als auch dann, wenn er behauptet, der Arbeitgeber habe die Kündigung nicht innerhalb der Ausschlussfrist des § 626 Abs. 2 BGB erklärt[1].

Die Drei-Wochen-Frist muss auch dann gewahrt werden, wenn die Parteien sich bereits in einer laufenden **Mediation** oder einem anderen Verfahren der außergerichtlichen Konfliktbeilegung befinden oder ein solches planen[2]. Der Kläger kann aber schon in der Klageschrift auf die Mediation hinweisen und die Anordnung des Ruhens des gerichtlichen Verfahrens beantragen[3]. 18

a) Unwirksamkeitsgründe, die fristgebunden geltend zu machen sind

Für nahezu alle Fälle der Rechtsunwirksamkeit einer arbeitgeberseitigen Kündigung gilt eine **einheitliche Klagefrist** von drei Wochen. Das BAG ordnet sie dogmatisch als prozessuale Klageerhebungsfrist ein und weist bei Fristversäumung die Klage wegen § 7 KSchG als unbegründet ab[4]. **Ausgenommen** hiervon ist jedoch, wie sich schon aus dem Wortlaut des § 4 Satz 1 KSchG („schriftlichen Kündigung") ergibt, die Rüge der **fehlenden Schriftform** gem. § 623 BGB (Näheres Rz. 126). 19

In den Gesetzesmaterialien zu § 4 KSchG werden als Unwirksamkeitsgründe genannt[5]: 20
- die nicht ordnungsgemäße **Anhörung des Betriebsrats** nach § 102 Abs. 1 BetrVG;
- die Kündigung wegen eines **Betriebsübergangs** gem. § 613a Abs. 4 BGB[6];
- der Verstoß gegen ein **gesetzliches Verbot** (§ 134 BGB) wie ein Verstoß gegen das Kündigungsverbot gegenüber schwangeren Frauen und Wöchnerinnen (§ 9 MuSchG), ein Verstoß gegen das Verbot der Kündigung während oder im Zusammenhang mit der Beantragung der Elternzeit (§ 18 BEEG), oder die fehlende Zustimmung des Integrationsamts vor Ausspruch der Kündigung gegenüber einem schwerbehinderten Arbeitnehmer (§§ 85, 91 SGB IX);
- der Verstoß gegen **Treu und Glauben** (§ 242 BGB) sowie der Verstoß gegen die **guten Sitten** (§ 138 BGB).

Jedoch ist die in der Gesetzesbegründung vorgenommene Auflistung der Unwirksamkeitsgründe nicht als abschließend zu verstehen. Vielmehr erstreckt sich die einheitliche Klagefrist des § 4 Satz 1 KSchG über diese hinaus auf fast alle Unwirksamkeitsgründe. In Betracht kommen namentlich[7]: 21
- ein Verstoß gegen das **Benachteiligungsverbot** des § 7 AGG;
- ein Verstoß gegen § 612a BGB, der eine Kündigung als **Maßregelung** verbietet, wenn der Arbeitnehmer in zulässiger Weise seine Rechte ausgeübt hat;
- ein Verstoß gegen das Zustimmungserfordernis bei außerordentlichen Kündigungen nach § 103 BetrVG[8];
- ein Verstoß gegen den Ausschluss der ordentlichen Kündigung gem. § 15 Abs. 3 TzBfG[9];

---

1 *Stahlhacke/Preis/Vossen*, Rz. 2061; ebenso schon früher BAG 8.6.1972 – 2 AZR 336/71, AP Nr. 1 zu § 13 KSchG 1969; 6.7.1972 – 2 AZR 386/71, AP Nr. 3 zu § 626 BGB – Ausschlussfrist.
2 BT-Drucks. 17/5335, 24.
3 BT-Drucks. 17/5335, 24.
4 BAG 26.6.1986 – 2 AZR 358/85, AP Nr. 14 zu § 4 KSchG 1969; 13.4.1989 – 2 AZR 441/88, AP Nr. 21 zu § 4 KSchG 1969; *Berkowsky*, NZA 1997, 352.
5 BT-Drucks. 15/1204, 13.
6 Insoweit werden gegen die Anwendung der §§ 4 ff. KSchG allerdings unionsrechtliche Bedenken erhoben: *Kamanabrou*, NZA 2004, 950 ff.
7 S. insofern auch *Willemsen/Annuß*, NJW 2004, 177 (184).
8 APS/*Linck*, § 103 BetrVG Rz. 19.
9 BAG 22.7.2010 – 6 AZR 480/09, NZA 2010, 1142 (1143).

- ein Verstoß gegen eine einzel- oder **tarifvertragliche Kündigungsbeschränkung**, insbesondere das Verbot der ordentlichen Kündigung langjährig beschäftigter älterer Arbeitnehmer in vielen Tarifverträgen (zB § 34 Abs. 2 TVöD)[1];
- die unterbliebene oder fehlerhafte Anhörung des Personalrats vor der Kündigung (§ 79 Abs. 4 BPersVG und die entsprechenden Vorschriften der Personalvertretungsgesetze der Länder);
- ein Verstoß gegen das Verbot der (ordentlichen) Kündigung von Betriebs- und Personalratsmitgliedern sowie sonstigen betriebsverfassungsrechtlichen Funktionsträgern (§ 15 KSchG);
- die fehlende behördliche Erlaubnis zur Kündigung im Falle der **Pflegezeit** bzw. der kurzzeitigen Arbeitsverhinderung (§ 5 PflegeZG) sowie während der **Familienpflegezeit** (§ 9 Abs. 3 FPfZG);
- ein Verstoß gegen das Verbot, Wehr- und Zivildienstleistenden zu kündigen (§ 2 ArbPlSchG, § 78 Abs. 1 Nr. 1 ZDG);
- ein Verstoß gegen das Verbot der Benachteiligung betrieblicher Daten- und Immissionsschutz-, Störfall- und Sicherheitsbeauftragter (§ 4f Abs. 3 Satz 5 BDSG, §§ 58, 58d BImSchG, § 22 Abs. 3 SGB VII);
- ein Verstoß gegen den Schutz der ehrenamtlichen Richter in der Arbeits- und Sozialgerichtsbarkeit (§ 26 ArbGG, § 20 SGG);
- ein Verstoß gegen das Verbot der Kündigung eines Arbeitnehmers wegen dessen Weigerung, von einem Vollzeit- in ein Teilzeitarbeitsverhältnis oder umgekehrt zu wechseln (§ 11 TzBfG) oder gegen das Verbot der Kündigung wegen der Inanspruchnahme von Altersteilzeit (§ 8 Abs. 1 ATZG);
- ein Verstoß gegen das Verbot der Beendigungskündigung wegen des Ausscheidens eines anderen Arbeitnehmers bei Arbeitsplatzteilung (§ 13 Abs. 2 TzBfG);
- ein Verstoß gegen das Verbot der Kündigung, weil der Arbeitnehmer die Anspruchsvoraussetzungen der **Rente wegen Alters** erfüllt (§ 41 Satz 1 SGB VI).

22 Auch in **Berufsausbildungsverhältnissen** gilt für die Geltendmachung der Unwirksamkeit einer Kündigung die dreiwöchige Klagefrist des § 4 Satz 1 KSchG. Besteht ein Ausschuss für Lehrlingsstreitigkeiten (§ 111 ArbGG), so gelten Besonderheiten. Zunächst ist dieser anzurufen. Im Hinblick auf Klagen des Auszubildenden gegen eine fristlose Kündigung hat das BAG anerkannt, dass die Vorschriften des Kündigungsschutzgesetzes über die fristgebundene Klageerhebung jedenfalls dann nicht anzuwenden sind, wenn gem. § 111 Abs. 2 Satz 5 ArbGG eine Verhandlung vor einem zur Beilegung von Streitigkeiten aus einem Berufsausbildungsverhältnis gebildeten Ausschuss (dazu Teil 5 C Rz. 64 ff.) stattfinden muss[2]. In diesem Fall – also falls ein Ausschuss gebildet wurde, jedoch keine entsprechende Verhandlung vor ihm stattfindet – gilt als zeitliche Grenze nur der Grundsatz der Verwirkung bzw. ab dem schließlich vom Ausschuss gefällten Spruch die Zeitgrenze des § 111 Abs. 2 Satz 3 ArbGG[3].

23 Die dreiwöchige Klagefrist ist auch dann zu wahren, wenn der Arbeitnehmer (nur) die fehlende Zustimmung der Agentur für Arbeit bzw. die fehlende oder nicht ordnungsgemäße **Massenentlassungsanzeige** (§§ 17, 18 KSchG) rügen will[4]. Die früher herrschende gegenteilige Auffassung[5] ist durch das „Junk"-Urteil des EuGH[6] überholt.

---

1 BAG 8.11.2007 – 2 AZR 314/06, NZA 2008, 936 (937 f.).
2 BAG 13.4.1989 – 2 AZR 441/88, AP Nr. 21 zu § 4 KSchG 1969; 5.7.1990 – 2 AZR 53/90, AP Nr. 23 zu § 4 KSchG 1969; 26.1.1999 – 2 AZR 134/98, AP Nr. 43 zu § 4 KSchG 1969.
3 KDZ/*Däubler*/*Wroblewski*, § 22 BBiG Rz. 50.
4 BAG 23.3.2006 – 2 AZR 343/05, AP Nr. 21 zu § 17 KSchG 1969; 13.7.2006 – 6 AZR 198/06, NZA 2007, 25 (27); 12.7.2007 – 2 AZR 448/05, NZA 2008, 425 (426 f.); 12.7.2007 – 2 AZR 492/05, NZA 2008, 476 (477).
5 *Bender*/*Schmidt*, NZA 2004, 358 (363); *Willemsen*/*Annuß*, NJW 2004, 177 (184); kritisch hingegen *Bader*, NZA 2004, 65 (67 Fn. 32); aA *Schiefer*/*Worzalla*, NZA 2004, 345 (356).
6 EuGH 27.1.2005 – Rs. C-188/03, NZA 2005, 213.

Ist die nach § 17 KSchG erforderliche Anzeige zur Agentur für Arbeit nicht erfolgt und hat der Arbeitnehmer die Klagefrist gewahrt, steht fest, dass das Arbeitsverhältnis durch die Kündigung nicht beendet worden ist[1].

Ebenfalls nur mit der fristgebundenen Kündigungsschutzklage nach § 4 KSchG angegriffen werden kann die von einem ordnungsgemäß bevollmächtigten Vertreter erklärte Kündigung, der lediglich die Vollmacht seiner Kündigungserklärung nicht beigefügt hat (§ 174 BGB)[2]. Die früher umstrittene Frage, ob die Klagefrist des § 4 KSchG auch bei Kündigungen gilt, die aufgrund **fehlender Vertretungsmacht** des Kündigenden nach § 174 BGB unwirksam sind, ist in der Rechtsprechung des BAG mittlerweile geklärt. Die Frist findet Anwendung, allerdings beginnt sie erst mit Zugang der Genehmigung des Vertreterhandelns durch den Vertretenen beim Arbeitnehmer (§ 182 Abs. 1 BGB)[3]. 23a

b) Unwirksamkeitsgründe, für deren Geltendmachung eine Frist nicht einzuhalten ist

Für den Fall, dass der Arbeitnehmer (ausschließlich) die **mangelnde Schriftform** der Kündigung rügt, findet § 4 KSchG schon ausweislich seines Wortlauts keine Anwendung. Bei einer solchen Klage handelt es sich nicht um eine Kündigungsschutzklage, sie unterfällt nicht der Präklusionswirkung des § 7 KSchG. Vielmehr stellt eine solche Klage eine **allgemeine Feststellungsklage** iSv. § 256 ZPO dar, für die keine Klagefrist gilt[4]. Diesbezüglich greift als zeitliche Schranke allein der Gedanke der prozessualen Verwirkung. 24

Ist der **Arbeitgeber** im Zeitpunkt der schriftlichen Erklärung der Kündigung **geschäftsunfähig** (§§ 104, 105 BGB), so kann auch dieser Mangel der Willenserklärung außerhalb der Frist des § 4 Satz 1 KSchG geltend gemacht werden[5]. Nur eine solche Lösung ist auch mit dem im Zivilrecht verankerten Schutz von Minderjährigen und aus sonstigen Gründen geschäftsunfähigen Personen vereinbar, da ansonsten nach Ablauf der dreiwöchigen Klagefrist des § 4 Satz 1 KSchG eine Kündigungserklärung des Geschäftsunfähigen Rechtswirksamkeit erlangt, ohne dass eine Genehmigung seines gesetzlichen Vertreters erfolgt ist[6]. 25

Ebenfalls nicht zu den gem. § 4 Satz 1 KSchG innerhalb der Drei-Wochen-Frist gerichtlich geltend zu machenden Unwirksamkeitsgründen zählen die Fälle der Kündigung durch den „**falschen**" Arbeitgeber, da nur eine Erklärung durch die berechtigte Person im materiellen Sinne als Kündigung zu bezeichnen ist. Entsprechende Erklärungen durch einen Unberechtigten gehen dagegen ins Leere[7]. 26

c) Zweifelsfälle

Kündigt der Arbeitgeber mit **zu kurzer Kündigungsfrist**, so kann der Arbeitnehmer Klage dahin gehend erheben, festzustellen, dass das Arbeitsverhältnis erst zu dem Zeitpunkt beendet ist, zu dem die Kündigung zulässigerweise ausgesprochen werden durfte. 27

---

1 Vgl. BAG 23.3.2006 – 2 AZR 343/05, AP Nr. 21 zu § 17 KSchG 1969; 22.4.2010 – 6 AZR 948/08, NZA 2010, 1057 (1058); 22.11.2012 – 2 AZR 371/11, NZA 2013, 845 (847f.); 21.3.2013 – 2 AZR 60/12, NZA 2013, 966 (966ff.).
2 APS/*Hesse*, § 4 KSchG Rz. 10c; *Bender/Schmidt*, NZA 2004, 358 (362).
3 BAG 6.9.2012 – 2 AZR 858/11, NZA 2013, 524 (525f.).
4 S. *Bender/Schmidt*, NZA 2004, 358 (361); Küttner/*Eisemann*, Kündigungsschutz Rz. 104.
5 *Bender/Schmidt*, NZA 2004, 358 (362).
6 So auch *Bender/Schmidt*, NZA 2004, 358 (362).
7 BAG 26.3.2009 – 2 AZR 403/07, NZA 2009, 1146 (1147f.); *Meyer/Reufels*, NZA 2011, 5 (7).

28 Ob er hierfür die dreiwöchige Klagefrist einhalten muss oder nicht, hängt davon ab, ob die Kündigungserklärung des Arbeitgebers dahingehend ausgelegt werden kann, dass eine Kündigung in jedem Falle – ggf. auch erst zu dem späteren Termin – beabsichtigt ist. Ist eine solche Auslegung (§ 133 BGB) möglich, braucht der Arbeitnehmer die dreiwöchige Frist des § 4 Satz 1 KSchG nicht einzuhalten, da es schon begrifflich nicht um die „Unwirksamkeit" der Kündigung geht[1]. Ist der Erklärung des Arbeitgebers dagegen ausnahmsweise zu entnehmen, dass die Kündigung gerade und nur zu dem genannten Termin wirksam werden soll, so ist die Wirksamkeit der Kündigung mit dem Kündigungstermin untrennbar verbunden. In einem solchen Falle muss der Arbeitnehmer die Klagefrist des § 4 Satz 1 KSchG beachten[2].

29 ↷ **Hinweis:** Aus Gründen **anwaltlicher Vorsorge** erscheint es geboten und wird daher an dieser Stelle empfohlen, stets die dreiwöchige Klagefrist des § 4 Satz 1 KSchG einzuhalten.

d) Beginn der Klagefrist

30 Der Lauf der Frist beginnt mit dem **Zugang der schriftlichen Kündigungserklärung**[3]. Insoweit finden grundsätzlich die allgemeinen gesetzlichen Regelungen Anwendung, wobei der Wortlaut des § 4 Satz 1 KSchG dem Schriftformerfordernis des § 623 BGB Rechnung trägt. Dieses schließt sowohl die mündliche Kündigung als auch die Kündigung in elektronischer Form (§ 126a BGB) und in Textform (§ 126b BGB) aus.

aa) Übergabe schriftlicher Kündigung

31 Wird die schriftliche Kündigungserklärung **übergeben**, so handelt es sich um eine Erklärung unter Anwesenden. Die Kündigung wird mit der Übergabe wirksam. Es ist ohne Bedeutung, ob und ggf. wann der Empfänger das Schreiben zur Kenntnis nimmt[4]. § 623 BGB verlangt nicht, dass der Arbeitnehmer die dauernde Verfügungsgewalt über das Kündigungsschreiben behält[5]. Die Kündigung ist daher auch dann ordnungsgemäß zugegangen, wenn der Arbeitnehmer sie alsbald vernichtet oder an den Arbeitgeber zurückgibt. Das gilt selbst dann, wenn er auf Verlangen des Arbeitgebers den Erhalt der Kündigung auf dem Original quittiert und sodann dieses zurückgereicht hat[6]. Eine gegenüber einem Geschäftsunfähigen oder in seiner Geschäftsfähigkeit Beschränkten erklärte Kündigung wird erst wirksam, wenn sie dem gesetzlichen Vertreter zugeht (§ 131 Abs. 1, Abs. 2 Satz 1 BGB). Dafür reicht es nicht aus, dass sie lediglich „zufällig" in dessen Herrschaftsbereich gelangt ist, sie muss vielmehr ausdrücklich an ihn gerichtet oder zumindest für ihn bestimmt gewesen sein[7].

bb) Kündigung gegenüber Abwesenden

32 Nach § 130 BGB wird eine unter Abwesenden abgegebene Willenserklärung in dem Zeitpunkt wirksam, in welchem sie dem Empfänger **zugeht**. Das ist der Fall, wenn die Erklärung so in den Machtbereich des Empfängers gelangt ist, dass bei Annahme

---

1 BAG 15.12.2005 – 2 AZR 148/05, AP Nr. 55 zu § 4 KSchG 1969; 6.7.2006 – 2 AZR 215/05, NZA 2006, 1405 (1406); 15.5.2013 – 5 AZR 130/12, NZA 2013, 1076 (1077).
2 BAG 1.9.2010 – 5 AZR 700/09, NZA 2010, 1409 (1410 f.).
3 APS/*Hesse*, § 4 KSchG Rz. 62–88; KR/*Friedrich*, § 4 KSchG Rz. 99.
4 BAG 16.2.1983 – 7 AZR 134/81, AP Nr. 22 zu § 123 BGB.
5 BAG 4.11.2004 – 2 AZR 17/04, AP Nr. 3 zu § 623 BGB; LAG München 18.3.2009 – 11 Sa 912/08, NZA-RR 2009, 527 (528); aA LAG Hamm 4.12.2003 – 4 Sa 900/03, NZA-RR 2004, 189 (190 f.).
6 BAG 4.11.2004 – 2 AZR 17/04, AP Nr. 3 zu § 623 BGB.
7 BAG 28.10.2010 – 2 AZR 794/09, NZA 2011, 340 (341 f.); 8.12.2011 – 6 AZR 354/10, NZA 2012, 495 (496 f.).

gewöhnlicher Verhältnisse damit zu rechnen war, dass er von ihr Kenntnis nehmen konnte[1].

Wenn für den Empfänger die Möglichkeit unter gewöhnlichen Verhältnissen besteht, ist es unerheblich, ob und wann er die Erklärung tatsächlich zur Kenntnis genommen hat oder ob er daran durch **Krankheit**, zeitweilige Abwesenheit oder andere besondere Umstände zunächst gehindert war[2]. Dies gilt auch dann, wenn der Arbeitnehmer nicht über einen alleinigen Hausbriefkasten verfügt, sondern die Post für alle Bewohner des Hauses bspw. durch einen Türschlitz zugestellt wird, so dass nicht auszuschließen ist, dass das Kündigungsschreiben den Arbeitnehmer tatsächlich nicht erreicht hat[3]. Wird das Kündigungsschreiben in den Briefkasten zu einer Tageszeit eingeworfen, bei der eine Briefkastennachschau verkehrsüblich nicht mehr zu erwarten ist, so geht die Kündigungserklärung erst am nächsten Werktag zu[4]. 33

Ein an die Heimatanschrift des Arbeitnehmers gerichtetes Kündigungsschreiben geht diesem grundsätzlich auch dann zu, wenn der Arbeitnehmer auf **Urlaubsreise** ist und der Arbeitgeber dies auch weiß. Dies gilt selbst dann, wenn der verreiste Arbeitnehmer eine Urlaubsanschrift hinterlassen hat[5]. Ebenso geht ein an die übliche Heimatanschrift gerichtetes Kündigungsschreiben zu, wenn der Arbeitgeber weiß, dass der Arbeitnehmer sich im Ausland in Untersuchungshaft oder Auslieferungshaft befindet[6]. 34

Bei einer Kündigung per Einschreiben muss differenziert werden: Ein sog. **Einwurf-Einschreiben** wird wie ein gewöhnlicher Brief zugestellt, mit dem einzigen Unterschied, dass der Zusteller den Einwurf vermerkt und die ordnungsgemäße Zustellung dem Absender mitteilt. Hinsichtlich des Zeitpunkts des Zugangs gelten hier gegenüber dem einfachen Brief keine Besonderheiten, allerdings muss darauf hingewiesen werden, dass der Nachweis des Zugangs ebenso wenig wie bei diesem geführt werden kann[7]. Demgegenüber wird das **Übergabe-Einschreiben** dem Empfänger oder einer als empfangsberechtigt anzusehenden Person persönlich ausgehändigt. Trifft der Zusteller niemanden an, so ersetzt die schriftliche Mitteilung des Postbediensteten über die Niederlegung beim zuständigen Postamt den Zugang nicht. Erst wenn der Empfänger das Schreiben abholt, geht die Erklärung zu[8]. Dabei besteht jedoch keine Obliegenheit, das Einschreiben *sofort* abzuholen[9]. Der Arbeitnehmer handelt jedoch rechtsmissbräuchlich, wenn er aufgrund weiterer Vorkehrungen des Arbeitgebers Kenntnis 35

---

1 BAG 25.4.1996 – 2 AZR 13/95, AP Nr. 35 zu § 4 KSchG 1969; 28.1.2010 – 2 AZR 985/08, NZA 2010, 1373; 22.3.2012 – 2 AZR 224/11, AP Nr. 19 zu § 5 KSchG 1969.
2 BAG 22.3.2012 – 2 AZR 224/11, AP Nr. 19 zu § 5 KSchG 1969; MünchArbR/*Wank*, § 96 Rz. 24, 26.
3 BAG 28.5.2009 – 2 AZR 732/08, NZA 2009, 1229 (1231); LAG Düsseldorf 19.9.2000 – 16 Sa 925/00, NZA 2001, 408; vgl. auch BGH 16.6.2011 – III ZR 342/09, BGHZ 190, 99 (106ff.).
4 BAG 8.12.1983 – 2 AZR 337/82, AP Nr. 12 zu § 130 BGB (Einwurf um 16.30 Uhr); 14.11.1984 – 7 AZR 174/83, AP Nr. 88 zu § 626 BGB (Einwurf um 19.30 Uhr). Dagegen darf bei einem Einwurf bis 16.00 Uhr noch mit einer Leerung am selben Tag gerechnet werden: LAG Berlin 11.11.2003 – 16 Sa 1926/03, NZA-RR 2004, 528 (529); anders aber nach 16.00 Uhr: LAG Köln 17.9.2010 – 4 Sa 721/10, NZA-RR 2011, 180 (181 f.); vgl. auch LAG Nürnberg 5.1.2004 – 9 Ta 162/03, NZA-RR 2004, 631 (632): Einwurf um 10.30 Uhr.
5 BAG 16.3.1988 – 7 AZR 587/87, AP Nr. 16 zu § 130 BGB; 24.6.2004 – 2 AZR 461/03, AP Nr. 22 zu § 620 BGB – Kündigungserklärung; *Bader*, NZA 1997, 905 (906).
6 BAG 2.3.1989 – AZR 275/88, AP Nr. 17 zu § 130 BGB; 22.3.2012 – 2 AZR 224/11, AP Nr. 19 zu § 5 KSchG 1969.
7 *Bauer/Diller*, NJW 1998, 2795 f.; *Hohmeister*, BB 1998, 1477 f.; aA LAG Köln 22.11.2010 – 5 Sa 900/10, NZA-RR 2011, 244 (246).
8 BAG 15.11.1962 – 2 AZR 301/62, AP Nr. 4 zu § 130 BGB; 30.5.1978 – 2 AZR 633/76, AP Nr. 2 zu § 174 BGB; 25.4.1996 – 2 AZR 13/95, AP Nr. 35 zu § 4 KSchG 1969; LAG Hess. 6.11.2000 – 10 Sa 1709/99, NZA-RR 2001, 637 (638).
9 BAG 25.4.1996 – 2 AZR 13/95, AP Nr. 35 zu § 4 KSchG 1969; *Stahlhacke/Preis/Vossen*, Rz. 134.

von dem Inhalt der Einschreibesendung hat und er sie dennoch innerhalb der postalischen Aufbewahrungsfrist nicht abholt. Dann muss er sich so behandeln lassen, als ob der Zugang erfolgt wäre[1].

cc) Übergabe an Ehegatte, Kinder etc.

36 Eine Kündigung geht auch dann zu, wenn sie an eine Person ausgehändigt wird, die von der Verkehrsauffassung als ermächtigt angesehen wird, den Empfänger **in der Empfangnahme zu vertreten**[2]. Eine besondere Empfangsvollmacht ist nicht erforderlich. Die Verkehrsanschauung zählt zu diesem Personenkreis nicht nur die Familienangehörigen[3] unter Einschluss des eingetragenen Lebenspartners (und zwar nicht nur dann, wenn sie zu Hause angetroffen werden, sondern auch dann, wenn ihnen die Kündigung an *ihrem* Arbeitsplatz übergeben wird)[4], sondern auch die Lebensgefährten[5], den Vermieter[6] (zweifelhaft) und die Hausangestellten[7].

dd) Zugangsvereitelung

37 Verhindert der Kündigungsempfänger den rechtzeitigen Zugang der Erklärung aufgrund eines von ihm zu vertretenden Umstands, so muss er sich nach den Grundsätzen von **Treu und Glauben** (§ 242 BGB) so behandeln lassen, als sei die Erklärung zum normalen Zeitpunkt zugegangen, wenn der Kündigende diese Erklärung unverzüglich wiederholt[8]. In der Praxis handelt es sich zumeist um die Fälle, in denen eine per Einschreiben übersandte Kündigungserklärung nicht zugestellt werden konnte und der Arbeitnehmer den von der Post hinterlegten Benachrichtigungsschein schuldhaft (regelmäßig vorsätzlich) ignoriert und das an ihn gerichtete Schreiben nicht abholt. Umstritten ist in diesen Fällen vor allem, an welchem Tag der Gekündigte das Schreiben als zugegangen gegen sich gelten lassen muss[9].

38 Unter Abwägung der widerstreitenden Interessen wird man den Arbeitnehmer so stellen müssen, wie er stünde, wenn er den Zugang der Kündigung nicht treuwidrig vereitelt hätte. Demgegenüber wäre es eine nicht zu rechtfertigende Ungleichbehandlung, wenn man ihn so behandelte, als ob ihm die Kündigung bereits an dem Tag zugegangen wäre, an dem die Zustellung erstmals versucht worden ist. Hier würde man den Arbeitnehmer nicht nur für die Zugangsvereitelung, sondern auch dafür bestrafen, dass er nicht zu Hause war, als der Zustellungsversuch unternommen wurde. Im Ergebnis ist daher die Kündigung, wenn der Arbeitnehmer das Einschreiben innerhalb der postalischen Aufbewahrungsfrist abholt, am **Tag der Abholung** (und damit der tatsächlichen Kenntnisnahme) zugegangen[10]. Nur unter besonderen Umständen, die der Arbeitgeber darzulegen und ggf. zu beweisen hat, muss der Arbeitnehmer sich so behandeln lassen, als wäre ihm das Einschreiben bereits am ersten Tag der mögli-

---

1 BAG 25.4.1996 – 2 AZR 13/95, AP Nr. 35 zu § 4 KSchG 1969; LAG Hess. 7.5.1987 – 12 Sa 1701/86, LAGE § 130 BGB Nr. 7.
2 BAG 18.2.1977 – 2 AZR 770/75, AP Nr. 10 zu § 130 BGB; 16.1.1976 – 2 AZR 619/74, AP Nr. 7 zu § 130 BGB.
3 LAG Bremen 17.2.1988 – 3 Ta 79/87, NZA 1988, 548.
4 BAG 9.6.2011 – 6 AZR 687/09, NZA 2011, 847 (848 f.).
5 LAG Bremen 17.2.1988 – 3 Ta 79/87, NZA 1988, 548; OVG Hamburg 5.6.1987 – Bs IV 366 u. 372/87, NJW 1988, 1807.
6 BAG 16.1.1976 – 2 AZR 619/74, AP Nr. 7 zu § 130 BGB.
7 BAG 13.10.1976 – 5 AZR 510/75, AP Nr. 8 zu § 130 BGB.
8 BAG 3.4.1986 – 2 AZR 258/85, AP Nr. 9 zu § 18 SchwbG; 18.2.1977 – 2 AZR 770/75, AP Nr. 10 zu § 130 BGB; 22.9.2005 – 2 AZR 366/04, AP Nr. 24 zu § 130 BGB.
9 BAG 3.4.1986 – 2 AZR 258/85, AP Nr. 9 zu § 18 SchwbG; LAG Hess. 7.5.1987 – 12 Sa 1701/86, LAGE § 130 BGB Nr. 7; 6.11.2000 – 10 Sa 1709/99, NZA-RR 2001, 637 (638).
10 BAG 25.4.1996 – 2 AZR 13/95, AP Nr. 35 zu § 4 KSchG 1969.

teibezeichnung ist dann kein gewillkürter Parteiwechsel, weshalb die Berichtigung die Frist wahrt[1]. Eine Berichtigung ist jedoch **nur möglich**, wenn feststeht oder erkennbar ist, **wer als Partei gemeint war** und wenn **Interessen Dritter durch die Berichtigung nicht berührt** werden oder zumindest gewahrt bleiben[2]. Sie ist ausgeschlossen, wenn der Kläger der vom Gericht angeregten Berichtigung ausdrücklich widerspricht und an der Bezeichnung der beklagten Partei festhält[3]. Großzügiger gestattet demgegenüber das BAG eine „Rubrumsberichtigung" auch dann, wenn „keine vernünftigen Zweifel an dem wirklich Gewollten" bestünden. Dann dürfe eine Klageerhebung nicht an unvollständigen oder fehlerhaften Bezeichnungen der Parteien scheitern. Dies soll sogar dann gelten, wenn irrtümlich eine tatsächlich existierende (juristische oder natürliche) Person genannt wird, falls denn aus der Klageschrift und/oder etwaigen Anlagen unzweifelhaft deutlich wird, welche Partei tatsächlich gemeint ist[4].

In allen anderen Fällen stellt sich die „Rubrumsberichtigung" rechtlich als **gewillkürter Parteiwechsel** dar, der zunächst der Einwilligung des bisherigen Beklagten bedarf, die auch nicht durch Sachdienlicherklärung vom Gericht ersetzt werden kann[5]. Sodann ist der Schriftsatz, mit dem die Parteiänderung beantragt wurde, dem neuen Beklagten zuzustellen. Seine Einwilligung in den Parteiwechsel ist nicht erforderlich, freilich tritt die Rechtshängigkeit ihm gegenüber erst mit der Zustellung dieses Schriftsatzes ein[6]. Für die Klagefrist des § 4 KSchG hat dies zur Folge, dass sie regelmäßig versäumt ist und folglich die Unwirksamkeit der schriftlichen Kündigung nicht mehr geltend gemacht werden kann, wenn zunächst die falsche Partei verklagt worden ist.

48

b) Richtiger Arbeitgeber hilfsweise verklagt

Das hilfsweise Verklagen einer zweiten Person stellt eine eventuelle subjektive Klagehäufung dar, die nach allgemeinen prozessualen Grundsätzen unzulässig ist. Das BAG hat es jedoch zur Fristwahrung ausreichen lassen, dass der Arbeitnehmer nur hilfsweise den richtigen Arbeitgeber verklagt hatte. Auch eine unzulässige Klage könne die Frist des § 4 KSchG wahren. Sinn und Zweck der §§ 4 ff. KSchG sei es, alsbald dem Arbeitgeber Klarheit dahin gehend zu verschaffen, ob die Wirksamkeit der Kündigung zur gerichtlichen Überprüfung gestellt werde. Dies erfülle das prozessuale Vorgehen des Arbeitnehmers, weshalb er nicht aus formalen Gründen den Kündigungsschutz verlieren dürfe[7]. Man wird allerdings Zweifel anmelden dürfen, ob diese Argumentation des BAG sachangemessen ist.

49

c) Betriebsübergang

Nach § 613a Abs. 4 BGB ist eine Kündigung des Arbeitsverhältnisses durch den bisherigen Arbeitgeber oder durch den neuen Inhaber wegen des Übergangs eines Betriebes oder eines Betriebsteils unwirksam. Probleme bereitet hier gelegentlich die Wahl des richtigen Klagegegners. Grundsätzlich ist **richtiger Klagegegner** derjenige, der die Kündigung ausgesprochen hat. Im Einzelnen ist dabei wie folgt zu differenzieren:

50

---

1 BAG 27.11.2003 – 2 AZR 692/02, AP Nr. 27 zu § 319 ZPO.
2 BGH 24.1.2013 – VII ZR 128/12, NJW-RR 2013, 394 (395); LAG Hess. 11.11.1997 – 9 Sa 1229/97, NZA-RR 1998, 515 (516); Zöller/*Vollkommer*, § 319 ZPO Rz. 14.
3 LAG Hamm 29.4.2012 – 8 Sa 444/12, NZA-RR 2013, 46 (47 f.).
4 BAG 24.10.2013 – 2 AZR 1057/12, NZA 2014, 725 (727); ähnlich BAG 28.8.2008 – 2 AZR 279/07, NZA 2009, 221 (222); 13.12.2012 – 6 AZR 348/11, NZA 2013, 669 (673 f.).
5 Zöller/*Greger*, § 263 ZPO Rz. 24; vgl. BAG 23.6.2004 – 10 AZR 495/03, AP Nr. 29 zu § 630 BGB.
6 Zöller/*Greger*, § 263 ZPO Rz. 25.
7 BAG 31.3.1993 – 2 AZR 467/92, AP Nr. 27 zu § 4 KSchG 1969.

51 Hat der Arbeitnehmer dem Betriebsübergang **widersprochen** (§ 613a Abs. 6 BGB), kann ohnehin nur der bisherige Betriebsinhaber das Arbeitsverhältnis kündigen, weil mit dem Erwerber gar kein Vertragsverhältnis begründet wurde[1]. Bei der Kündigung wird es sich idR aber nicht um eine solche wegen Betriebsübergangs, sondern aus dringenden betrieblichen Erfordernissen iSd. § 1 Abs. 2 KSchG handeln, weil der alte Arbeitgeber wegen der Betriebsveräußerung keine Verwendung mehr für den Arbeitnehmer hat. Eine solche Kündigung muss der Arbeitnehmer mit der fristgebundenen Kündigungsschutzklage angreifen[2]. Eine Kündigung des **Betriebserwerbers** ginge in einem solchen Falle ins Leere und wäre unbeachtlich, denn ein infolge des Widerspruchs niemals begründetes Schuldverhältnis kann nicht durch Kündigung beendet werden. In Bezug auf sie bedürfte es (wohl) auch keiner Beachtung der Klagefrist (s. Rz. 26).

52 **Widerspricht** der Arbeitnehmer dem Betriebsübergang **nicht**, geht sein Arbeitsverhältnis mit allen Rechten und Pflichten vom bisherigen Inhaber auf den Erwerber über. Daraus folgt: Hat der bisherige Inhaber gekündigt, kann analog §§ 265, 325 ZPO jedenfalls dieser verklagt werden, weil er die Kündigung erklärt hat. Daneben ist aber auch (selbst dann, wenn das Arbeitsverhältnis vor Rechtshängigkeit der Klage auf den Erwerber übergegangen ist) schon der neue Inhaber passiv legitimiert[3]. Beide Arbeitgeber können dann als Streitgenossen in demselben Rechtsstreit verklagt werden[4]. Hat der Erwerber die Kündigung erklärt, ist die Klage (nur) gegen ihn zu richten. Eine Klage gegen den Veräußerer wäre mangels Feststellungsinteresses unzulässig[5]. Auch ein erst nach dem Betriebsübergang gestellter **Auflösungsantrag** ist gegen den Betriebserwerber zu richten, und zwar auch dann, wenn nicht er, sondern der Betriebsveräußerer die Kündigung erklärt hat (s. Rz. 206).

4. Zuständiges Gericht

53 Nach § 4 Satz 1 KSchG ist die Kündigungsschutzklage beim Arbeitsgericht zu erheben.

54 Dem Wortlaut des § 4 Satz 1 KSchG wird entnommen, dass die Klage beim **örtlich zuständigen Arbeitsgericht** zu erheben ist[6]. Die Frage der Zuständigkeit richtet sich nach den allgemeinen Regeln gem. § 46 Abs. 2 Satz 1 ArbGG iVm. §§ 12–37 ZPO bzw. § 48 Abs. 1a ArbGG (s. Teil 5 B Rz. 144 ff.).

55 Die Drei-Wochen-Frist kann auch durch Einreichung der Kündigungsschutzklage beim **örtlich unzuständigen** Arbeitsgericht gewahrt werden. Ist der Rechtsstreit gem. § 48 Abs. 1 ArbGG iVm. § 17a Abs. 2 Satz 1 GVG verwiesen, so muss das örtlich zuständige Gericht alsbald die Zustellung der Klageschrift an den Arbeitgeber vornehmen[7].

56 Selbst bei einer Klage bei dem Gericht eines anderen **Rechtsweges** (insbesondere bei Klage vor einem ordentlichen Gericht) bleiben die an die Rechtshängigkeit geknüpften Wirkungen gewahrt (§ 17b Abs. 1 Satz 2 GVG)[8]. Ist der beschrittene Rechtsweg

---

1 APS/*Steffan*, § 613a BGB Rz. 225.
2 Vgl. aber BAG 18.3.1999 – 8 AZR 190/98, AP Nr. 41 zu § 1 KSchG 1969 – Soziale Auswahl.
3 BAG 18.3.1999 – 8 AZR 306/89, AP Nr. 44 zu § 4 KSchG 1969; 13.4.2000 – 2 AZR 215/99, AP Nr. 13 zu § 17 KSchG 1969; LAG Hamm 9.3.1989 – 17 Sa 1499/88, NZA 1989, 823.
4 BAG 25.4.1996 – 5 AS 1/96, AP Nr. 1 zu § 59 ZPO (zugleich zur Bestimmung des zuständigen Gerichts gem. § 36 Abs. 1 Nr. 3 ZPO, wenn beide Arbeitgeber unterschiedliche Gerichtsstände haben; vgl. für diesen Fall auch BAG 13.11.1996 – 5 AS 11/96, AP Nr. 52 zu § 36 ZPO).
5 LAG Hamm 22.3.2001 – 4 Sa 579/00, NZA-RR 2002, 82 (84).
6 KR/*Friedrich*, § 4 KSchG Rz. 171.
7 APS/*Hesse*, § 4 KSchG Rz. 58.
8 LAG Köln 10.7.1998 – 6 Ta 150/98, NZA-RR 1998, 561 (561 f.); Thomas/Putzo/*Hüßtege*, ZPO, § 17b GVG Rz. 2.

zulässig, kann das Gericht dies vorab aussprechen. Es muss vorab entscheiden, wenn eine Partei die Zulässigkeit des Rechtsweges rügt (§ 17a Abs. 3 GVG). Hält das Gericht den beschrittenen Rechtsweg für unzulässig, spricht das Gericht dies nach Anhörung der Parteien von Amts wegen aus und verweist den Rechtsstreit an das Gericht des zulässigen Rechtsweges (§ 17a Abs. 2 GVG). Nach Eintritt der Rechtskraft des Verweisungsbeschlusses wird der Rechtsstreit mit Eingang der Akten bei dem im Beschluss bezeichneten Gericht anhängig (§ 17b Abs. 1 Satz 1 GVG).

5. Nachträgliche Klagezulassung

Gem. § 5 KSchG ist auf Antrag des Arbeitnehmers die Klage nachträglich zuzulassen, wenn er nach erfolgter Kündigung trotz Anwendung aller ihm nach Lage der Umstände zuzumutenden Sorgfalt **verhindert** war, die Klage innerhalb von drei Wochen nach Zugang der schriftlichen Kündigung zu erheben[1]. Gleiches gilt gem. § 5 Abs. 1 Satz 2 KSchG für den Fall, dass eine Frau von ihrer **Schwangerschaft** aus einem von ihr nicht zu vertretenden Grund erst **nach Ablauf der Frist** des § 4 Satz 1 KSchG Kenntnis erlangt hat. Im Einklang mit dem verfassungsrechtlichen Schutz der Mutter aus Art. 6 Abs. 4 GG soll eine Arbeitnehmerin, die gem. § 9 Abs. 1 Satz 1 aE MuSchG noch nachträglich in den Genuss des Sonderkündigungsschutzes gelangt, diesen auch noch außerhalb der Drei-Wochen-Frist des § 4 Satz 1 KSchG gerichtlich geltend machen können[2]. Bei einem erfolgreichen Antrag werden die Folgen des § 7 KSchG verhindert und die unverschuldet versäumte Klagefrist – entsprechend den Regelungen der §§ 233 ff. ZPO – wird geheilt.

57

a) Formelle Voraussetzungen

An die **Form** des Antrages werden von der Rechtsprechung keine hohen Anforderungen gestellt. Er kann ausdrücklich oder aber auch schlüssig gestellt werden. Es ist ausreichend, wenn irgendwie zum Ausdruck gebracht wird, dass die Klage trotz Fristversäumung noch zugelassen werden soll[3].

58

aa) Inhalt des Antrages

Die Klageerhebung ist mit dem Antrag auf nachträgliche Klagezulassung zu **verbinden**. Ist die Kündigungsschutzklage bereits erhoben, so ist auf sie im Antrag Bezug zu nehmen (§ 5 Abs. 2 Satz 1 KSchG). Der Antrag muss weiter die Angabe der die nachträgliche Zulassung begründenden Tatsachen und der Mittel für deren **Glaubhaftmachung** enthalten (§ 5 Abs. 2 Satz 2 KSchG). Die Begründung und die Mittel der Glaubhaftmachung können noch innerhalb der Zwei-Wochen-Frist nachgeholt werden. Nach Ablauf dieser Frist vorgebrachte Gründe und Mittel der Glaubhaftmachung sind nicht mehr zu berücksichtigen[4]. Die Praxis handhabt diese Regelung allerdings sehr **großzügig**. Handelt es sich nämlich um Ergänzungen, Konkretisierungen, Vervollständigungen bereits benannter Mittel und Umstände, so werden diese auch nach Fristablauf noch berücksichtigt[5]. Die Glaubhaftmachung als solche braucht im Antrag nur bezeichnet zu sein. Sie ist auch nicht an die Zwei-Wochen-Frist gebun-

59

---

1 Ausführlich *Berkowsky*, NZA 1997, 352.
2 *Preis*, DB 2004, 70 (77).
3 BAG 9.2.1961 – 2 AZR 144/59, AP Nr. 1 zu § 41 VwGO; 24.3.1975 – 3 AZR 437/74, AP Nr. 11 zu § 234 ZPO; LAG Berlin 11.12.1964 – 3 Ta 6/64, AP Nr. 11 zu § 4 KSchG; *Stahlhacke/Preis/Vossen*, Rz. 1989; MünchArbR/*Berkowsky*, § 126 Rz. 56.
4 BAG 10.5.1973 – 5 AZR 590/72, AP Nr. 8 zu § 234 ZPO; LAG BW 14.2.1990 – 2 Ta 32/89, LAGE § 130 BGB Nr. 13; KDZ/*Zwanziger*, § 5 KSchG Rz. 28.
5 LAG Bremen 17.2.1988 – 3 Ta 79/87, DB 1988, 814; LAG Hamburg 8.11.1967 – 2 Ta 19/67, DB 1967, 2123 (2124); LAG Hess. 22.3.1985 – 13 Ta 385/84, ARSt 1985 Nr. 125.

den. Es ist ausreichend, wenn die erforderlichen Mittel rechtzeitig bis zur Beschlussfassung bezeichnet werden[1].

bb) Antragsfrist

60 Der Antrag auf nachträgliche Zulassung ist nur innerhalb von **zwei Wochen nach Behebung** des Hindernisses zulässig. Nach Ablauf von sechs Monaten, vom Ende der versäumten Frist an gerechnet, kann der Antrag nicht mehr gestellt werden (§ 5 Abs. 3 Satz 1 und 2 KSchG).

61 § 5 Abs. 3 Satz 1 KSchG knüpft den **Beginn der zweiwöchigen Antragsfrist** an die Behebung des Hindernisses. Der Begriff des Hindernisses wird § 5 Abs. 1 KSchG entnommen. Der Lauf der Frist beginnt mit Kenntnis vom Wegfall des Hindernisses für die Klageerhebung. Ein früherer Beginn des Fristlaufs ist dann gegeben, wenn der Arbeitnehmer (oder sein Prozessbevollmächtigter)[2] unter Anwendung der ihm zuzumutenden Sorgfalt diese Kenntnis hätte eher erlangen können. § 5 KSchG kann nur die unverschuldete Versäumung der Klagefrist heilen[3].

62 Der Antrag kann nach Ablauf von **sechs Monaten**, vom Ende der versäumten Drei-Wochen-Frist an gerechnet, **nicht mehr gestellt** werden (§ 5 Abs. 3 Satz 2 KSchG). Wird dennoch ein solcher Antrag gestellt, so ist er als unzulässig zu verwerfen[4]. Dies gilt auch dann, wenn der Arbeitnehmer geltend macht, der Arbeitgeber habe ihn arglistig von der Erhebung der Kündigungsschutzklage abgehalten[5]. Eine Wiedereinsetzung in diese Frist kommt nicht in Betracht. Dies ist mit der Verfassung grundsätzlich vereinbar[6]. Eine Ausnahme dürfte allein für den Fall des Sonderkündigungsschutzes nach § 9 MuSchG zu machen sein, wenn die Frau erst sehr spät, uU erst bei der Niederkunft, von ihrer Schwangerschaft erfahren hat[7].

cc) Darlegungs- und Beweislast für die Fristwahrung

63 Dem Arbeitnehmer obliegt die Darlegungslast für die Fristwahrung des § 5 Abs. 3 KSchG[8]. Er hat anzugeben, ab wann die Behebung des Hindernisses gegeben war. Eine Glaubhaftmachung der Fristeinhaltung muss innerhalb dieser Antragsfrist noch nicht erfolgen[9]. Der Arbeitnehmer trägt die Beweislast auch dafür, dass er den Antrag unter Einhaltung der Antragsfrist gestellt hat[10].

b) Materielle Voraussetzungen

64 Der Antrag auf nachträgliche Klagezulassung ist begründet, wenn der Arbeitnehmer **trotz** Anwendung aller ihm nach Lage der Umstände zuzumutenden **Sorgfalt**[11] verhindert war, die Klage rechtzeitig zu erheben. Der Arbeitnehmer muss es versäumt ha-

---

1 LAG Berlin 20.7.1983 – 9 Ta 6/83, DB 1984, 885 f.; LAG Hamm 19.6.1986 – 8 Ta 110/86, LAGE § 5 KSchG Nr. 23; LAG Berlin 19.1.1987 – 9 Ta 14/86, LAGE § 5 KSchG Nr. 27; LAG BW 8.3.1988 – 8 Ta 8/88, LAGE § 5 KSchG Nr. 37.
2 LAG Hess. 11.3.2005 – 15 Ta 638/04, NZA-RR 2005, 322 (322).
3 BAG 16.3.1988 – 7 AZR 587/87, AP Nr. 16 zu § 130 BGB; LAG Hamm 24.9.1987 – 8 Ta 95/87, LAGE § 5 KSchG Nr. 31; 16.5.1991 – 8 Ta 468/90, LAGE § 5 KSchG Nr. 53; LAG Sa.-Anh. 22.5.1999 – 3 Ta 64/99, NZA 2000, 377.
4 ErfK/*Kiel*, § 5 KSchG Rz. 31; KR/*Friedrich*, § 5 KSchG Rz. 120.
5 LAG Hamm 29.10.1987 – 8 Ta 106/87, LAGE § 5 KSchG Nr. 33.
6 BAG 28.1.2010 – 2 AZR 985/08, NZA 2010, 1373 (1374 f.).
7 APS/*Rolfs*, § 9 MuSchG Rz. 59b.
8 LAG Hess. 7.2.1985 – 12 Ta 369/84, ARSt 1985 Nr. 1134.
9 LAG Düsseldorf 2.3.1971 – 11 Ta 7/77, DB 1971, 1120.
10 LAG Hamm 21.1.1954 – 4 Ta 109/53, AP 1954 Nr. 121.
11 Dazu LAG Köln 17.4.1997 – 10 Ta 57/97, NZA-RR 1998, 14.

II. Kündigungsschutzklage bei Beendigungskündigung

ben, innerhalb von drei Wochen nach Zugang der schriftlichen Kündigungserklärung eine Kündigungsschutzklage zu erheben (§ 5 Abs. 1 KSchG)[1]. Das Gesetz stellt die unterlassene Klageerhebung einer verspäteten gleich (§ 5 Abs. 2 Satz 1 Halbs. 2 KSchG).

Die nachträgliche Zulassung der Kündigungsschutzklage erfordert weiter, dass den Arbeitnehmer an der Versäumung der Drei-Wochen-Frist **keinerlei Verschulden**, mithin auch nicht der Vorwurf leichter Fahrlässigkeit trifft[2]. Das Gesetz legt als Maßstab die individuellen Möglichkeiten des Arbeitnehmers fest, weshalb eine Einzelfallbetrachtung zu erfolgen hat. Nachfolgend werden einige praktisch häufige Beispiele dargestellt, wobei zu beachten ist, dass jeweils der Vorbehalt der Einzelfallprüfung zu berücksichtigen ist[3]. 65

Eine fehlerhafte **Auskunft** kann die nachträgliche Klagezulassung nur rechtfertigen, wenn sie von einer zuverlässigen Stelle erteilt wurde[4]. 66

Als **zuverlässige Stellen** werden insoweit angesehen 67
- die Rechtssekretäre einer Gewerkschaft[5],
- Rechtsanwälte[6],
- die Rechtsantragsstelle eines Arbeitsgerichtes[7],
- eine deutsche Botschaft im Ausland[8].

Auch Träger der sozialen Sicherheit in anderen Mitgliedstaaten der **Europäischen Union** wie das INSS (Intituto Nacional de Seguridad Social, Spanien) können als zuverlässige Stelle angesehen werden[9]. 68

Als nicht zuverlässige Stellen gelten 69
- Arbeitskollegen, Mitarbeiter und Bekannte[10];
- Richter aus der ordentlichen Gerichtsbarkeit[11];
- der Betriebs- oder Personalrat bzw. dessen Vorsitzender[12];
- Agenturen für Arbeit[13] (was angesichts des Umstandes, dass ausländische Sozialversicherungsträger als zuverlässig angesehen werden [Rz. 68], nicht eben schlüssig erscheint);
- die Schadensabteilung einer Rechtsschutzversicherung[14];

---

1 BAG 28.5.2009 – 2 AZR 732/08, NZA 2009, 1229 (1230).
2 LAG Nds. 6.9.2005 – 5 Ta 255/05, NZA-RR 2007, 219 (220); *Stahlhacke/Preis/Vossen*, Rz. 1952.
3 Weitere Beispiele bei *Rolfs*, NZA-RR 2000, 1 (5).
4 KR/*Friedrich*, § 5 KSchG Rz. 42.
5 LAG Düsseldorf 26.7.1976 – 16 Ta 45/76, EzA § 5 KSchG Nr. 1; LAG Köln 13.9.1982 – 1 Ta 111/82, EzA § 5 KSchG Nr. 16.
6 LAG Düsseldorf 10.12.1952 – 4 Sa 162/52, BB 1953, 502; LAG BW 11.2.1974 – 5 Ta 2/74, BB 1974, 323; LAG Hess. 17.8.1955 – II La-B-46/55, BB 1956, 211.
7 LAG Köln 30.8.1989 – 5 Ta 176/89, LAGE § 5 KSchG Nr. 42; KDZ/*Zwanziger*, § 5 KSchG Rz. 8.
8 LAG Bremen 31.10.2001 – 4 Ta 76/01, NZA 2002, 580 (582).
9 LAG Hamm 19.3.1981 – 8 Ta 78/80, DB 1981, 1680.
10 APS/*Hesse*, § 5 KSchG Rz. 60.
11 LAG Düsseldorf 25.7.2002 – 15 Ta 306/02, NZA-RR 2003, 101.
12 LAG Köln 13.9.1982 – 1 Ta 111/82, EzA § 5 KSchG Nr. 16; LAG Rh.-Pf. 10.9.1984 – 1 Ta 197/84, NZA 1985, 430; LAG Hamburg 10.4.1987 – 5 Ta 5/87, LAGE § 5 KSchG Nr. 29; LAG Berlin 17.6.1991 – 9 Ta 6/91, LAGE § 5 KSchG Nr. 52; Schaub/*Linck*, § 139 Rz. 5; aA LAG Sachs. 27.7.1998 – 6 Ta 273/97, NZA-RR 1999, 266 (267).
13 LAG Düsseldorf 25.4.1991 – 1 Ta 97/91, LAGE § 5 KSchG Nr. 51; APS/*Hesse*, § 5 KSchG Rz. 60.
14 LAG Sachs. 23.7.1998 – 9 Ta 193/98, NZA 1999, 112; *von Hoyningen-Huene/Linck*, § 5 KSchG Rz. 10.

– Büroangestellte von Rechtsanwälten[1].

70 Erhält der Arbeitnehmer die Kündigung während eines **Auslandsaufenthaltes**, so hat auch er die Klage binnen drei Wochen beim Arbeitsgericht einzureichen. Die fehlende Möglichkeit, Rechtsrat einzuholen, führt nicht zur nachträglichen Klagezulassung[2]. Wenn der Arbeitnehmer von einem **Familienangehörigen**, den er generell mit der Leerung des Briefkastens betraut hat, das Kündigungsschreiben so spät erhält, dass er nicht mehr fristwahrend Klage erheben kann, so muss er sich dieses Verschulden zurechnen lassen. Dies gilt auch dann, wenn der Familienangehörige kein gesetzlicher Vertreter iSd. § 51 Abs. 2 ZPO ist und seine Vertretungsmacht nur für die Empfangnahme der Post gilt[3]. Demgegenüber soll der Arbeitnehmer sich das Verschulden eines Dritten, den er während seiner Ortsabwesenheit mit der Leerung des Briefkastens betraut hat, nicht zurechnen lassen müssen[4].

71 Eine **Krankheit** kann den Arbeitnehmer nur entlasten, wenn er infolge der Krankheit in seiner Entscheidungsfähigkeit so beeinträchtigt gewesen ist, dass er die Drei-Wochen-Frist nicht wahren konnte[5]. Maßgeblich ist, ob der Arbeitnehmer durch seine Erkrankung objektiv daran gehindert war, selbst die Klage einzureichen oder seine Rechte auf andere Weise – zB durch Beauftragung dritter Personen (Ehegatte/Lebensgefährte, nahe Angehörige) – zu wahren[6]. Mithin kommt es auf die Art der Erkrankung und deren konkrete Auswirkungen auf den Arbeitnehmer an, welcher die nachträgliche Zulassung begehrt. Für einen **Krankenhausaufenthalt** gilt Entsprechendes[7]. Ggf. muss sich der Arbeitnehmer telefonisch beraten lassen, solange Krankheitsverlauf oder Behandlungsmethode nicht entgegenstehen[8].

72 Der Arbeitnehmer darf auf die Richtigkeit der in aktuellen einschlägigen Verzeichnissen (Telefonbuch etc.) angegebenen Anschriften der Gerichte[9] und auf die Einhaltung der angegebenen **Postlaufzeiten** vertrauen. Eine Verzögerung der Briefbeförderung muss er nicht vertreten[10], ebenso wenig eine Störung des Telefaxgeräts des Arbeitsgerichts, die einen Empfang der rechtzeitig abgesandten Klageschrift verhindert hat[11]. Beruft sich der Arbeitnehmer auf den bei der Postbeförderung eingetretenen **Verlust eines Schriftsatzes** zur Erhebung der Kündigungsschutzklage, so erfordert der Antrag auf nachträgliche Klagezulassung die Darlegung, dass die Klageschrift bereits der Post übergeben worden sei, wobei der Absendevorgang lückenlos und schlüssig dargestellt werden muss[12].

---

1 LAG Düsseldorf 21.10.1997 – 1 Ta 321/97, NZA 1998, 728.
2 LAG Hamm 12.9.1985 – 8 Ta 235/85, LAGE § 5 KSchG Nr. 20; LAG Hess. 6.4.1990 – 15 Ta 97/90, LAGE § 5 KSchG Nr. 49; aA LAG Köln 14.1.1982 – 8/25 Ta 136/81, EzA § 5 KSchG Nr. 14; LAG Düsseldorf 6.3.1980 – 7 Ta 15/80, EzA § 5 KSchG Nr. 9.
3 LAG Hess. 15.11.1988 – 7 Ta 347/88, DB 1989, 836.
4 LAG Köln 28.12.2004 – 11 Ta 285/04, NZA-RR 2005, 384.
5 LAG Düsseldorf 18.7.1978 – 8 Ta 41/78, EzA § 5 KSchG Nr. 4; LAG Hamm 5.8.1981 – 8 Ta 124/81, EzA § 5 KSchG Nr. 11; 12.9.1985 – 8 Ta 235/85, LAGE § 5 KSchG Nr. 20.
6 LAG Hamm 12.9.1985 – 8 Ta 235/85, LAGE § 5 KSchG Nr. 20; LAG Hamburg 20.11.1984 – 1 Ta 12/84, NZA 1985, 127; LAG Berlin 14.4.1999 – 9 Ta 498/99, NZA-RR 1999, 437 (438); LAG Düsseldorf 19.9.2002 – 15 Ta 343/02, NZA-RR 2003, 78 (79); LAG Nds. 6.9.2005 – 5 Ta 255/05, NZA-RR 2007, 219 (220).
7 Dazu LAG Düsseldorf 19.9.2002 – 15 Ta 343/02, NZA-RR 2003, 78 ff.
8 LAG Düsseldorf 19.9.2002 – 15 Ta 343/02, NZA-RR 2003, 78 ff.
9 LAG Köln 12.4.2006 – 14 Ta 133/06, NZA-RR 2006, 492.
10 BVerfG 11.1.1991 – 1 BvR 1435/89, NJW 1992, 38; 27.2.1992 – 1 BvR 1294/91, NJW 1992, 1952; BAG 19.4.1990 – 2 AZR 487/89, AP Nr. 8 zu § 23 KSchG 1969; LAG Nürnberg 2.6.2003 – 5 Ta 78/03, NZA-RR 2003, 661 (661).
11 BVerfG 25.2.2000 – 1 BvR 1363/99, NZA 2000, 789 (790).
12 LAG Nürnberg 2.6.2003 – 5 Ta 78/03, NZA-RR 2003, 661 (661); vgl. auch LAG Rh.-Pf. 5.5.2003 – 7 Ta 161/03, NZA-RR 2004, 495 (496).

Da bei den Gerichten für Arbeitssachen weder Anwaltszwang noch eine Pflicht zum Vorschuss von Prozesskosten, insbesondere Gerichtsgebühren besteht, kann eine nachträgliche Klagezulassung nicht darauf gestützt werden, dass die **Prozesskostenhilfe** verspätet bewilligt worden ist[1]. Die **Unkenntnis** der Klagefrist rechtfertigt nicht die nachträgliche Klagezulassung. Auch **ausländische Arbeitnehmer** müssen sich mit den maßgeblichen Rechtsvorschriften vertraut machen[2]. Die Kündigung geht dem Arbeitnehmer auch dann unter seiner Wohnanschrift im **Urlaub** zu, wenn er verreist ist[3]. Die Kündigungsschutzklage ist hinterher nachträglich zuzulassen[4]. Anders ist dies jedoch bei einer **krankheitsbedingten Ortsabwesenheit nach Urlaubsende**. Sofern der Arbeitnehmer tatsächlich und persönlich dazu in der Lage ist, hat er Vorkehrungen zu treffen, um Post seines Arbeitgebers zur Kenntnis nehmen zu können[5], das gilt auch bei einem Krankenhausaufenthalt[6]. Schwebende **Vergleichsverhandlungen** sind kein Grund zur nachträglichen Klagezulassung. Der Arbeitnehmer darf nicht auf den Erfolg solcher Verhandlungen vertrauen[7]. Etwas anderes gilt nur dann, wenn der Arbeitgeber durch das Vorspiegeln erfolgreicher Vergleichsverhandlungen den Mitarbeiter von der rechtzeitigen Klageerhebung treuwidrig (§ 242 BGB) abgehalten hat[8]. 73

Eine nachträgliche Klagezulassung kommt aber in Betracht, wenn die Versäumung der Drei-Wochen-Frist durch den Arbeitnehmer auf **arglistiges Verhalten des Arbeitgebers** zurückzuführen ist[9]. Dies ist bspw. der Fall, wenn der Arbeitnehmer vom Arbeitgeber nach der Kündigung bei Abschluss eines Abwicklungsvertrages gem. § 123 Abs. 1 BGB arglistig getäuscht wurde und der Arbeitnehmer den Abwicklungsvertrag daher angefochten hat[10]. 74

Das **Verschulden eines Prozessbevollmächtigten** (einschließlich des den Prozess führenden Rechtssekretärs bei Bevollmächtigung einer Gewerkschaft oder des DGB-Rechtsschutzes[11]) wird dem Arbeitnehmer infolge des materiell-rechtlichen Ausschlusscharakters von § 4 KSchG gem. § 85 Abs. 2 ZPO zugerechnet[12]. Dieses Verschulden kann auch daraus resultieren, dass der Bevollmächtigte die mögliche Unrichtigkeit einer Parteiinformation nicht in Betracht gezogen und bestehende Zweifel nicht ausgeräumt hat[13]. 75

---

1 LAG Köln 11.3.1996 – 10 Ta 22/96, LAGE § 4 KSchG Nr. 34; KR/*Friedrich*, § 5 KSchG Rz. 40.
2 LAG Düsseldorf 2.4.1976 – 9 Sa 83/76, EzA § 5 KSchG Nr. 2; 26.7.1976 – 16 Ta 45/76, EzA § 5 KSchG Nr. 1; 6.3.1980 – 7 Ta 15/80, EzA § 5 KSchG Nr. 9; LAG Hamburg 10.4.1987 – 1 Ta 16/86, LAGE § 5 KSchG Nr. 34; KDZ/*Zwanziger*, § 5 KSchG Rz. 14.
3 BAG 16.3.1988 – 7 AZR 587/87, AP Nr. 16 zu § 130 BGB.
4 LAG Nürnberg 5.2.1992 – 7 Ta 147/91, LAGE § 5 ArbGG 1979 Nr. 57; LAG Köln 4.3.1996 – 10 Ta 322/95, NZA-RR 1996, 455 (455f.); LAG Berlin 23.8.2001 – 7 Ta 1587/01, NZA-RR 2002, 355; LAG Nds. 8.11.2002 – 5 Ta 257/02, LAGE § 4 KSchG Nr. 48; LAG Köln 9.2.2004 – 3 Ta 430/03, NZA-RR 2005, 215 (215); 30.5.2007 – 9 Ta 51/07, NZA-RR 2007, 521 (522).
5 LAG Nds. 8.11.2002 – 5 Ta 257/02, LAGE § 4 KSchG Nr. 48.
6 LAG Köln 1.3.2006 – 3 Ta 23/06, NZA-RR 2006, 492 (493).
7 BAG 19.2.2009 – 2 AZR 286/07, NZA 2009, 980 (983); LAG Hamm 21.12.1972 – 8 Ta 70/72, BB 1973, 336; Schaub/*Linck*, § 139 Rz. 15.
8 BAG 19.2.2009 – 2 AZR 286/07, NZA 2009, 980 (983); APS/*Hesse*, § 5 KSchG Rz. 63; KDZ/*Zwanziger*, § 5 KSchG Rz. 7.
9 LAG Köln 24.5.1994 – 13 Ta 72/94, NZA 1995, 127.
10 Ausführlich *Nebeling/Schmid*, NZA 2002, 1310 ff.
11 BAG 28.5.2009 – 2 AZR 548/08, NZA 2009, 1052 (1053); LAG Düsseldorf 30.7.2002 – 15 Ta 282/02, NZA-RR 2003, 80; differenzierend LAG Bremen 26.5.2003 – 2 Ta 4/03, LAGE § 5 KSchG Nr. 107; LAG Schl.-Holst. 29.11.2007 – 5 Ta 263/07, NZA-RR 2008, 139 (139f.); die ebenfalls differenzierende Entscheidung LAG BW 7.5.2008 – 10 Sa 26/08, NZA 2009, 636 (638) ist durch das nachfolgende Urteil des BAG 11.12.2008 – 2 AZR 472/08, NZA 2009, 692 (693ff.) überholt.
12 BAG 11.12.2008 – 2 AZR 472/08, NZA 2009, 692 (693ff.); 19.2.2009 – 2 AZR 286/07, NZA 2009, 980 (983); 24.11.2011 – 2 AZR 614/10, NZA 2012, 413; 22.3.2012 – 2 AZR 224/11, AP Nr. 19 zu § 5 KSchG 1969.
13 BAG 22.3.2012 – 2 AZR 224/11, AP Nr. 19 zu § 5 KSchG 1969.

76 Allgemein anerkannt ist jedoch, dass der Arbeitnehmer für ein Verschulden **von Angestellten des Bevollmächtigten** (Büropersonal etc.) nur dann haftet, wenn den Bevollmächtigten ein Verschulden bei der Auswahl, Anweisung oder Überwachung trifft[1]. Allerdings sind die Sorgfaltsanforderungen an einen Rechtsanwalt in diesem Zusammenhang besonders hoch. Während er die Sicherung der Fristwahrung einem gut ausgebildeten und sorgfältig überwachten Büropersonal überlassen kann, ist die Feststellung und Berechnung der prozessualen Fristen grundsätzlich seine Sache. Nur wenn es um einfache und übliche, in der Praxis des Rechtsanwalts häufig vorkommende Fristen geht, kann er sich auf die Berechnung durch geschultes Personal verlassen. Ein Prozessbevollmächtigter ist darüber hinaus verpflichtet, den in einer Prozessakte vermerkten Fristablauf eigenverantwortlich zu überprüfen, wenn ihm die Akte durch das Büropersonal übergeben wird, damit er eine fristwahrende Prozesshandlung durchführt[2].

c) Antragsmuster

77 Der Antrag auf nachträgliche Klagezulassung ist gemeinsam mit der Kündigungsschutzklage zu erheben. Beantragt wird,

Formulierungsbeispiel:
1. festzustellen, dass das Arbeitsverhältnis durch die Kündigung vom ... – zugegangen am ... – nicht aufgelöst worden ist;
2. die Kündigungsschutzklage nachträglich zuzulassen.

d) Verfahren

aa) Regelfall: „Verbundverfahren"

78 Im Jahre 2008 ist das Verfahren der nachträglichen Klagezulassung (§ 5 Abs. 4 und 5 KSchG) neu geordnet worden[3]. Gem. § 5 Abs. 4 KSchG ist das Verfahren über den Antrag auf nachträgliche Zulassung mit dem Verfahren über die Klage **zu verbinden**. Es ergeht eine einheitliche Entscheidung durch (End-)Urteil[4], die mit gewöhnlichen Rechtsmitteln, nach einem erstinstanzlichen Urteil also mit der Berufung, angefochten werden kann.

79 Das Urteil des Arbeitsgerichts kann Folgendes zum Inhalt haben:
– Der Antrag auf nachträgliche Klagezulassung ist unzulässig oder unbegründet. Dann steht wegen § 7 KSchG zugleich fest, dass die Kündigung als von Anfang an rechtswirksam gilt, ohne dass eine materielle Überprüfung erfolgt. Die Kündigungsschutzklage wird abgewiesen.
– Der Antrag auf nachträgliche Klagezulassung ist zulässig und begründet, die Kündigung erweist sich aber als sozial gerechtfertigt und auch im Übrigen rechtswirksam. Dann wird die Kündigungsschutzklage ebenfalls – wenn auch mit anderer Begründung – abgewiesen. Umstritten ist, ob das Arbeitsgericht bei offenkundig rechtswirksamer Kündigung die Entscheidung über die nachträgliche Klagezulas-

---
1 BAG 28.5.2009 – 2 AZR 548/08, NZA 2009, 1052 (1053); 24.11.2011 – 2 AZR 614/10, NZA 2012, 413; LAG Rh.-Pf. 5.5.2003 – 7 Ta 161/03, NZA-RR 2004, 495 (496).
2 Vgl. BAG 20.6.1995 – 3 AZN 261/95, AP Nr. 42 zu § 233 ZPO 1977 mwN; 27.9.1995 – 4 AZN 473/95, AP Nr. 44 zu § 233 ZPO 1977.
3 Gesetz zur Änderung des Sozialgerichtsgesetzes und des Arbeitsgerichtsgesetzes v. 26.3.2008, BGBl. I, 444; dazu *Roloff*, NZA 2009, 761 ff.
4 BAG 28.5.2009 – 2 AZR 732/08, NZA 2009, 1229 (1230).

sung dahinstehen lassen und die Klage sogleich mit der Begründung, sie habe „jedenfalls" in der Sache keinen Erfolg, abweisen darf[1].

– Der Antrag auf nachträgliche Klagezulassung ist zulässig und begründet und die Kündigung erweist sich als sozial nicht gerechtfertigt oder aus sonstigen Gründen rechtsunwirksam. Dann wird der Kündigungsschutzklage stattgegeben und festgestellt, dass das Arbeitsverhältnis durch die Kündigung nicht aufgelöst ist.

Im Berufungs- und Revisionsrechtszug werden beide Aspekte – nachträgliche Zulassung der Klage und Rechtswirksamkeit der Kündigung – Streitgegenstand. Damit wird dem BAG erstmals die Möglichkeit eröffnet, eine bundeseinheitliche Entscheidung über umstrittene Zulassungsfragen zu treffen. 80

Landes- und Bundesarbeitsgericht sind an die Entscheidung der Vorinstanz(en) über die nachträgliche Zulassung der Klage nicht gebunden. Sie können daher zB die Klageabweisung des Arbeitsgerichts mit einer anderen Begründung bestätigen oder die Rechtswirksamkeit der Kündigung einer selbständigen Prüfung unterziehen, obwohl das Arbeitsgericht die Klage nicht nachträglich zugelassen hat. 81

bb) Ausnahme: Vorabentscheidung durch Zwischenurteil

§ 5 Abs. 4 Satz 2 KSchG ermächtigt das Arbeitsgericht, das Verfahren zunächst auf die Verhandlung und Entscheidung über den Antrag auf nachträgliche Zulassung der Klage zu beschränken[2]. Dies kann sachdienlich sein, wenn die sich diesbezüglich stellenden Rechtsfragen kompliziert sind und die Kündigung nicht offensichtlich rechtswirksam ist. Ob das Gericht so verfährt, obliegt seinem **Ermessen**. Die **Entscheidung**, ob über beide Fragen im Verbund oder ob über die nachträgliche Klagezulassung abgesondert entschieden wird, ist **unanfechtbar**. Sie kann vom Gericht jederzeit abgeändert werden. 82

Verhandelt das Arbeitsgericht über den Antrag nach § 5 KSchG vorab, so ergeht seine Entscheidung durch **Zwischenurteil**. Dieses kann wie ein Endurteil gesondert (mit der Berufung; bei einem Zwischenurteil des Landesarbeitsgerichts unter den Voraussetzungen des § 72 Abs. 1 ArbGG mit der Revision) angefochten werden (§ 5 Abs. 4 Satz 3 ArbGG). Dieses Zwischenurteil kann sachlogisch nur stattgebenden Inhalts sein, denn bei einer Abweisung des Antrags ist der Rechtsstreit insgesamt zur Entscheidung reif und die Klage abzuweisen. Das Verfahren im Übrigen ist sinnvollerweise bis zur rechtskräftigen Entscheidung über die Zulassung der Klage auszusetzen (Teil 5 C Rz. 60). 83

cc) Erstmalige Antragstellung in der zweiten Instanz

Hat das Arbeitsgericht über einen Antrag auf nachträgliche Klagezulassung nicht entschieden oder wird ein solcher Antrag erstmals vor dem Landesarbeitsgericht gestellt, entscheidet hierüber gem. § 5 Abs. 5 KSchG die Kammer des Landesarbeitsgerichts. Eine (teilweise) Zurückverweisung des Rechtsstreits findet also nicht statt. Im Übrigen gelten dieselben Regeln wie im erstinstanzlichen Verfahren; das LAG soll also idR durch (End-)Urteil entscheiden. Es kann hiervon aber auch abweichen und ein Zwischenurteil über die nachträgliche Zulassung der Klage erlassen. Es wird dann wohl zugleich stets diesbezüglich die Revision zulassen, weil anderenfalls eine abgesonderte Entscheidung nicht sachdienlich wäre. 84

---

1 Vgl. *Francken/Natter/Rieker*, NZA 2008, 377 (381).
2 BAG 22.3.2012 – 2 AZR 224/11, AP Nr. 19 zu § 5 KSchG 1969.

6. Darlegungs- und Beweislast

85 Auch im Kündigungsschutzprozess findet der allgemeine zivilprozessuale Grundsatz Anwendung, dass jede Partei die tatbestandlichen Voraussetzungen der ihr günstigen Normen darzulegen und im Streitfalle zu beweisen hat[1].

a) Anwendbarkeit des KSchG

86 Das bedeutet für die **ordentliche Kündigung**, dass der Arbeitnehmer die Anwendbarkeit des KSchG darzutun hat, weil der Arbeitgeber nur in dessen Geltungsbereich eines Grundes für seine Kündigung bedarf. Voraussetzung des allgemeinen Kündigungsschutzes nach dem KSchG ist, dass
– der Kläger Arbeitnehmer iSd. allgemeinen arbeitsrechtlichen Begriffsdefinitionen ist (§ 1 Abs. 1, § 14 Abs. 1 KSchG, dazu Teil 1 A Rz. 19 ff.) und
– in einem Betrieb (insbesondere also nicht im Haushalt des Arbeitgebers) beschäftigt wird bzw. worden ist (§ 1 Abs. 1 KSchG, dazu Teil 3 E Rz. 37 ff.);
– das Arbeitsverhältnis in demselben Betrieb oder Unternehmen ohne Unterbrechung länger als sechs Monate bestanden hat (§ 1 Abs. 1 KSchG, dazu Teil 3 E Rz. 65 ff.);
– in dem Betrieb idR mehr als zehn (übergangsweise gem. § 23 Abs. 1 Satz 3 KSchG fünf) Arbeitnehmer ausschließlich der zu ihrer Berufsbildung Beschäftigten beschäftigt werden (§ 23 Abs. 1 KSchG, dazu Teil 3 E Rz. 49 ff.).

87 Die Darlegungs- und Beweislast obliegt dem Arbeitnehmer dabei sowohl hinsichtlich des **persönlichen** (mehr als sechsmonatige Beschäftigung, § 1 Abs. 1 KSchG) als auch des **betrieblichen Geltungsbereichs**[2] einschließlich der Mindestbeschäftigtenzahl (mehr als zehn, übergangsweise mehr als fünf Arbeitnehmer, § 23 Abs. 1 KSchG). Erst danach ist es Sache des Arbeitgebers, darzulegen und ggf. zu beweisen, dass einer der gesetzlich erforderlichen Gründe für die Kündigung vorgelegen hat[3].

88 ⊃ **Hinweis:** Soll die Kündigung wegen ihrer Sozialwidrigkeit angegriffen werden, ist in der Klageschrift zwingend vorzutragen, dass der Arbeitnehmer bei Zugang der Kündigung mehr als sechs Monate in einem Betrieb mit idR mehr als zehn (fünf) Arbeitnehmern beschäftigt ist. Anderenfalls ist die Klage nicht schlüssig und das Gericht kann im Falle der Säumnis des Arbeitgebers kein der Klage stattgebendes Versäumnisurteil erlassen.

89 Da der Ablauf der **sechsmonatigen Wartezeit** Voraussetzung des allgemeinen Kündigungsschutzes ist (§ 1 Abs. 1 KSchG), muss grundsätzlich der Arbeitnehmer, der eine Kündigungsschutzklage erhebt, den Beweis dafür erbringen, dass zwischen ihm und dem beklagten Arbeitgeber oder dessen Rechtsvorgänger mehr als sechs Monate vor dem Zugang der angegriffenen Kündigung ein Arbeitsverhältnis zustande gekommen ist. Hat er diesen Beweis erbracht, so spricht eine Vermutung dafür, dass die Wartefrist abgelaufen ist.

90 Macht der Arbeitgeber geltend, dass das vom Arbeitnehmer bewiesene Arbeitsverhältnis **in der Zwischenzeit beendet** und sodann ein mit diesem nicht in engem sachlichem Zusammenhang stehendes Arbeitsverhältnis neu begründet worden ist[4], und

---

1 Hauck/Helml/Biebl/*Helml*, § 58 ArbGG Rz. 42.
2 BAG 23.3 1984 – 7 AZR 515/82, AP Nr. 4 zu § 23 KSchG 1969; 18.1.1990 – 2 AZR 355/89, AP Nr. 9 zu § 23 KSchG 1969; 21.2.2001 – 2 AZR 579/99, AP Nr. 26 zu § 611 BGB – Abmahnung; zur Neufassung des § 23 KSchG 2004 jetzt auch BAG 26.6.2008 – 2 AZR 264/07, AP Nr. 42 zu § 23 KSchG 1969; ErfK/*Oetker*, § 1 KSchG Rz. 57 ff.; MünchArbR/*Berkowsky*, § 132 Rz. 31 ff.
3 *von Hoyningen-Huene/Linck*, § 1 KSchG Rz. 1128; MünchArbR/*Berkowsky*, § 132 Rz. 23.
4 Zur materiell-rechtlichen Berücksichtigung vorhergehender Arbeitsverhältnisse bei der Berechnung der Wartezeit vgl. BAG 10.5.1989 – 7 AZR 450/88, AP Nr. 7 zu § 1 KSchG 1969 – Wartezeit; zu einem vorhergehenden Praktikum BAG 18.11.1999 – 2 AZR 89/99, AP Nr. 11 zu § 1 KSchG 1969 – Wartezeit.

zwar zu einem Zeitpunkt, der noch nicht sechs Monate zurückliegt, so beruft er sich auf einen Ausnahmefall, für den er darlegungs- und beweispflichtig ist[1].

Entsprechend den allgemeinen Regeln beurteilt sich wiederum die Rechtslage des Arbeitnehmers, der **die gesetzliche Wartefrist noch nicht erfüllt** hat, aber behauptet, dass das KSchG ungeachtet dessen anzuwenden sei. **Materiell-rechtlich** kann eine solche Behauptung auf eine einzelvertragliche Zusage[2], eine Tarifnorm oder den Rechtsgedanken des § 162 BGB gestützt werden. Letzteres kommt insbesondere dann in Betracht, wenn der Arbeitgeber die Kündigung nur deshalb vor Ablauf der sechsmonatigen Wartefrist erklärt, um den Eintritt des Kündigungsschutzes zu verhindern, und wenn dieses Vorgehen unter Berücksichtigung der im Einzelfall gegebenen Umstände gegen Treu und Glauben (§ 242 BGB) verstößt[3]. Prozessual folgt hieraus, dass der Arbeitnehmer die für einen Rechtsmissbrauch des Arbeitgebers sprechenden Tatsachen dartun muss[4]. 91

Hinsichtlich des **betrieblichen Geltungsbereichs** des KSchG dürfen an die Darlegungen des Arbeitnehmers keine überhöhten Anforderungen gestellt werden. Ergibt sich bspw. die Zusammenrechnung mehrerer organisatorischer Einheiten zu einem Betrieb[5] erst aus einer Organisationsentscheidung des Arbeitgebers, in die der Arbeitnehmer keinen Einblick hat, genügt insoweit dessen pauschale Behauptung eines einheitlichen Betriebes. Es ist dann Sache des Arbeitgebers, die in seiner Sphäre liegenden Tatsachen darzutun[6]. 92

b) Kündigungsgründe

aa) Grundsatz

Mit der Darlegung und ggf. dem Beweis der Anwendbarkeit des Kündigungsschutzgesetzes hat der Arbeitnehmer in der Regel alles ihm Obliegende getan, um dem Kündigungsschutzprozess zum Erfolg zu verhelfen. Er kann sich bei einer **ordentlichen Kündigung** im Übrigen auf die pauschale Behauptung beschränken, dass die Kündigung weder durch Gründe in seiner Person noch in seinem Verhalten noch durch dringende betriebliche Erfordernisse, die seiner Weiterbeschäftigung in dem Betrieb entgegenstehen, gerechtfertigt sei[7]. Die zur sozialen Rechtfertigung der Kündigung erforderlichen Tatsachen hat sodann der Arbeitgeber nach allgemeinen Regeln darzutun[8]. 93

Im Falle der **außerordentlichen Kündigung** genügt die pauschale Behauptung, der Kündigung mangele es an einem wichtigen Grund, weil auch insofern den kündigenden Arbeitgeber die volle Darlegungs- und Beweislast trifft. Das gilt grundsätzlich auch hinsichtlich derjenigen Umstände, aus denen im Rahmen der Interessenabwägung die Unzumutbarkeit der Weiterbeschäftigung resultieren soll[9]. Das BAG hat 94

---

1 BAG 16.3.1989 – 2 AZR 407/88, AP Nr. 6 zu § 1 KSchG 1969 – Wartezeit; ErfK/*Oetker*, § 1 KSchG Rz. 60.
2 BAG 18.2.1967 – 2 AZR 114/66, AP Nr. 81 zu § 1 KSchG; ähnlich zu einem GmbH-Geschäftsführer BGH 10.5.2010 – II ZR 70/09, NJW 2010, 2343 (2344 f.); zurückhaltender BAG 8.6.1972 – 2 AZR 285/71, AP Nr. 1 zu § 1 KSchG 1969; vgl. aber auch BAG 12.12.1957 – 2 AZR 574/55, AP Nr. 2 zu § 276 BGB – Verschulden bei Vertragsabschluss.
3 BAG 28.9.1978 – 2 AZR 2/77, AP Nr. 19 zu § 102 BetrVG 1972; 18.8.1982 – 7 AZR 437/80, AP Nr. 24 zu § 102 BetrVG 1972.
4 LAG Schl.-Holst. 3.3.1983 – 2 (3) Sa 566/82, DB 1983, 2260; *von Hoyningen-Huene/Linck*, § 1 KSchG Rz. 107; KDZ/*Deinert*, § 1 KSchG Rz. 38.
5 Dazu BAG 15.3.2001 – 2 AZR 151/00, NZA 2001, 831.
6 Vgl. BVerfG 6.10.1999 – 1 BvR 2110/93, NZA 2000, 110 (111 f.).
7 *Holthöwer/Rolfs*, DB 1995, 1074 (1077).
8 Statt aller BAG 24.5.2012 – 2 AZR 124/11, NZA 2012, 1223 (1225 f.).
9 BAG 17.8.1972 – 2 AZR 359/71, AP Nr. 4 zu § 626 BGB – Ausschlussfrist; 30.5.1978 – 2 AZR 630/76, AP Nr. 70 zu § 626 BGB; *Becker-Schaffner*, BB 1992, 557 (562).

in mehreren Entscheidungen verdeutlicht, dass ebenso wie bei der ordentlichen Kündigung auch bei der außerordentlichen Kündigung nach § 626 BGB den Kündigenden die Darlegungs- und Beweislast für diejenigen Tatsachen trifft, die einen vom Gekündigten behaupteten Rechtfertigungsgrund ausschließen[1].

95 Die Darlegungs- und Beweislast ist *nicht* so aufzuteilen, dass der Kündigende nur die objektiven Merkmale für einen Kündigungsgrund und die bei der Interessenabwägung für den Gekündigten ungünstigen Umstände und der Gekündigte seinerseits Rechtfertigungsgründe und für ihn entlastende Umstände darzulegen und zu beweisen hätte. Weil dann, wenn sich das Verhalten nach dem Vertrag rechtfertigen lässt, kein Vertragsverstoß vorliegt, muss der Kündigende auch diejenigen Tatsachen beweisen, die die vom Gekündigten behauptete Rechtfertigung durch Einwilligung ausschließen[2]. Der Arbeitgeber hat also bspw. nicht nur zu beweisen, dass der Arbeitnehmer der Arbeit ferngeblieben ist, sondern auch, dass dies unbefugt geschehen ist. Selbst dann, wenn der Arbeitgeber wegen **beharrlicher Arbeitsverweigerung** gekündigt hat, trägt er die volle Beweislast, ohne dass ihm Hilfe nach den Regeln des Prima-facie-Beweises zuteil würde. Denn einen Erfahrungssatz des Inhalts, dass ein Arbeitnehmer, der der Arbeit fernbleibt, dies unberechtigt tut, gibt es nicht.

96 Der Arbeitgeber muss aber nicht alle denkbaren **Rechtfertigungsgründe** ausschließen. Eine Überforderung der mit der Darlegungs- und Beweislast belasteten Partei ist zu vermeiden. Das BAG erreicht dies durch die Verteilung der konkreten Beweisführungslast, die sich danach richtet, wie substanziiert der gekündigte Arbeitnehmer auf die vorgetragenen Kündigungsgründe reagiert[3]. Dadurch wird die den Kündigenden treffende Darlegungs- und Beweislast **abgestuft**. Der Arbeitnehmer muss also substanziiert auf den Vortrag des Arbeitgebers erwidern. Die notwendigen tatsächlichen Umstände liegen in seiner Sphäre, und er muss sie in den Prozess einführen. Der Arbeitnehmer muss also zB vortragen, die Anordnung der Überstunden sei gesetzes- bzw. vertragswidrig gewesen. Dann obliegt es dem Arbeitgeber darzulegen und ggf. zu beweisen, dass der vom Arbeitnehmer vorgetragene Rechtfertigungsgrund nicht bestanden hat, also zB die Anordnung der Überstunden noch im Rahmen des Direktionsrechts gelegen hat[4].

97 Im Falle des **Fernbleibens von der Arbeit** obliegt dem Arbeitgeber nicht nur der Nachweis dafür, dass der Arbeitnehmer überhaupt gefehlt hat, sondern auch dafür, dass er unentschuldigt gefehlt hat, also zB die vom Arbeitnehmer behauptete Krankheit nicht vorliegt[5]. Freilich obliegt es gem. § 138 Abs. 2 ZPO zunächst dem Arbeitnehmer, im Einzelnen vorzutragen, warum sein Fehlen als entschuldigt anzusehen ist. Nur diese vom Arbeitnehmer behaupteten Tatsachen hat der Arbeitgeber zu widerlegen[6]. Beruft sich der Arbeitnehmer auf eine **Krankheit**, hat er entweder ein ärztliches Attest vorzulegen oder darzutun, welche tatsächlichen physischen oder psychischen Hinderungsgründe vorgelegen haben[7]. Ein ärztliches Attest begründet idR den Beweis für die Tatsache der zur Arbeitsunfähigkeit führenden Erkrankung. Der Arbeitgeber, der sich darauf beruft, der Arbeitnehmer habe den Arzt durch Simulation getäuscht oder der Arzt habe den Begriff der krankheitsbedingten Arbeitsunfähigkeit verkannt, muss die Beweiskraft des Attestes durch die Darlegung näherer Umstände, die gegen

---

1 BAG 12.8.1976 – 2 AZR 237/75, AP Nr. 3 zu § 1 KSchG 1969; 24.11.1983 – 2 AZR 327/82, AP Nr. 76 zu § 626 BGB; 6.8.1987 – 2 AZR 226/87, AP Nr. 97 zu § 626 BGB.
2 BAG 12.8.1976 – 2 AZR 237/75, AP Nr. 3 zu § 1 KSchG 1969; ähnlich BAG 3.11.2011 – 2 AZR 748/10, NZA 2012, 607 (608).
3 BAG 12.8.1976 – 2 AZR 237/75, AP Nr. 3 zu § 1 KSchG 1969; 24.11.1983 – 2 AZR 327/82, AP Nr. 76 zu § 626 BGB.
4 *Becker-Schaffner*, BB 1992, 557 (562).
5 BAG 26.3.1993 – 2 AZR 154/93, AP Nr. 112 zu § 626 BGB.
6 BAG 16.3.2000 – 2 AZR 75/99, AP Nr. 114 zu § 102 BetrVG 1972.
7 BAG 3.11.2011 – 2 AZR 748/10, NZA 2012, 607 (608).

die Arbeitsunfähigkeit sprechen, erschüttern. Ist dem Arbeitgeber dies gelungen, obliegt es wiederum dem Arbeitnehmer, weiter zu substanziieren, welche Krankheiten vorgelegen haben, welche gesundheitlichen Einschränkungen bestanden haben und welche Verhaltensmaßregeln der Arzt gegeben hat. Hierzu hat er die behandelnden Ärzte ggf. von ihrer Schweigepflicht zu entbinden[1].

Diese Abstufung der Darlegungs- und Beweislast findet auch dann Anwendung, wenn der Arbeitnehmer vorträgt, zur Vermeidung einer Kündigung hätte der Arbeitgeber ein milderes Mittel, insbesondere eine **Versetzung auf einen anderen Arbeitsplatz** wählen können und müssen. Der Arbeitnehmer wäre überfordert, wenn er die Beschäftigungsmöglichkeiten beim Arbeitgeber, die in dessen Sphäre liegen, nachweisen müsste[2]. Ebenso aber der Arbeitgeber, wenn er jeden einzelnen freien Arbeitsplatz darstellen und vortragen müsste, warum eine Beschäftigung des Gekündigten auf diesem nicht in Betracht kam. Es ist daher Sache des Arbeitnehmers, in groben Zügen darzutun, wie eine Fortbeschäftigung auf einem anderen Arbeitsplatz möglich gewesen wäre. Erst dann kann vom Arbeitgeber verlangt werden, hierauf konkret zu reagieren und der Darstellung des Arbeitnehmers, ggf. unter Beweisantritt, entgegenzutreten. 98

Will der Arbeitnehmer im Rahmen einer Kündigung wegen Arbeitsverweigerung für sich in Anspruch nehmen, dass in seiner Person ein **Rechtsirrtum**[3] vorgelegen hat, so muss er die Einzelumstände hierzu beweisen. Es handelt sich um Tatbestände, die in seinem Bereich liegen. Der Arbeitnehmer muss also zB beweisen, dass er sich bei einer kompetenten Stelle (dazu Rz. 66 ff.) erkundigt hat, auf deren Sachkunde er vertrauen konnte[4]. 99

Rügt der Arbeitnehmer im Rahmen des § 102 Abs. 1 BetrVG die fehlende oder fehlerhafte **Anhörung des Betriebsrats**, so genügt es, wenn er das Vorhandensein eines funktionsfähigen Betriebsrates in seinem Betrieb behauptet[5]. Gem. § 102 Abs. 1 BetrVG ist die ordnungsgemäße Anhörung des Betriebsrates nämlich Wirksamkeitsvoraussetzung für jede (sowohl die ordentliche als auch die außerordentliche) Kündigung durch den Arbeitgeber. Daher trägt der **Arbeitgeber die Darlegungs- und Beweislast** dafür, dass die Anhörung des Betriebsrats ordnungsgemäß durchgeführt wurde[6]. Dies bedeutet, dass der Arbeitgeber diejenigen konkreten Behauptungen aufzustellen hat, die die abstrakten Voraussetzungen des ihm günstigen Rechtssatzes (ordnungsgemäße Anhörung des Betriebsrats) ergeben. 100

Die Darlegungen des Arbeitgebers kann der Arbeitnehmer durch schlichtes Nichtwissen gem. § 138 Abs. 4 ZPO bestreiten, weil das Anhörungsverfahren weder seine eigenen Handlungen betrifft noch Gegenstand seiner Wahrnehmungen ist, sondern sich ausschließlich im Verhältnis zwischen Arbeitgeber und Betriebsrat abspielt[7]. Dies gilt selbst dann, wenn der Betriebsrat den Arbeitnehmer persönlich angehört hat (§ 102 Abs. 2 Satz 4 BetrVG), denn aus dieser Tatsache allein folgt noch nicht, dass der Arbeitgeber dem Betriebsrat alle erforderlichen Tatsachen rechtzeitig und umfas- 101

---

1 BAG 26.8.1993 – 2 AZR 154/93, AP Nr. 112 zu § 626 BGB; ebenso BAG 21.3.2001 – 5 AZR 352/99, AP Nr. 16 zu § 3 MuSchG 1968 zum ärztlich bezeugten Beschäftigungsverbot nach § 3 Abs. 1 MuSchG.
2 BAG 30.5.1978 – 2 AZR 630/76, AP Nr. 70 zu § 626 BGB.
3 Dazu ausführlich *Kliemt/Vollstädt*, NZA 2003, 357 ff.
4 BAG 14.2.1978 – 1 AZR 76/76, AP Nr. 58 zu Art. 9 GG – Arbeitskampf; grotesker Fall: BAG 29.8.2013 – 2 AZR 273/13, NZA 2014, 533 (535).
5 ArbG Mainz 25.9.1997 – 7 Ca 168/97, BB 1998, 106; KR/*Etzel*, § 102 BetrVG Rz. 192.
6 BAG 19.8.1975 – 1 AZR 613/74, AP Nr. 5 zu § 102 BetrVG 1972; 22.9.1994 – 2 AZR 31/94, AP Nr. 68 zu § 102 BetrVG 1972.
7 BAG 16.3.2000 – 2 AZR 75/99, AP Nr. 114 zu § 102 BetrVG 1972; 23.6.2005 – 2 AZR 193/04, AP Nr. 11 zu § 138 ZPO.

send mitgeteilt hat. Ist vom Arbeitgeber allerdings die ordnungsgemäße Anhörung im Detail schlüssig dargelegt worden, so muss der Arbeitnehmer nach den Grundsätzen der **abgestuften Darlegungs- und Beweislast** deutlich machen, welche Angaben er aus welchem Grund weiterhin bestreiten will. Soweit es dabei um Tatsachen außerhalb seiner eigenen Wahrnehmung geht, kann er sich dabei zwar gem. § 138 Abs. 4 ZPO auch weiterhin auf Nichtwissen berufen, ein pauschales Bestreiten ohne jede Begründung genügt jedoch dann nicht mehr[1].

bb) Ausnahmen

102 Von dem Grundsatz, dass der Arbeitgeber die Gründe darzutun hat, die die Wirksamkeit der Kündigung bedingen sollen, existieren jedoch Ausnahmen. Eine wichtige statuiert § 1 Abs. 3 Satz 3 KSchG, indem er dem Arbeitnehmer die Beweislast für die **Fehlerhaftigkeit der Sozialauswahl** auferlegt. Allerdings gesteht das BAG dem Arbeitnehmer einen Auskunftsanspruch gegen den Arbeitgeber zu, der praktisch zu einer Abstufung der Darlegungs- und Beweislast führt[2]. Außerdem legt es dem Arbeitgeber die Last auf, die Voraussetzungen des § 1 Abs. 3 Satz 2 KSchG darzutun[3].

103 Den Arbeitnehmer trifft die Darlegungs- und Beweislast auch dann, wenn er **keinen allgemeinen Kündigungsschutz genießt**. In einem solchen Falle bedarf der Arbeitgeber nämlich nur für die außerordentliche Kündigung eines (wichtigen) Grundes (§ 626 Abs. 1 BGB), während eine ordentliche Kündigung auch ohne Grund möglich ist. Beruft der Arbeitnehmer sich darauf, dass die Kündigung **gesetzes-, sitten- oder treuwidrig** ist (§§ 134, 138, 242, 612a BGB), macht er einen Ausnahmefall geltend, dessen tatbestandliche Voraussetzungen er darzutun hat[4]. Allerdings können – je nach den Umständen – zu seinen Gunsten erhebliche Beweiserleichterungen bis hin zur Beweislastumkehr eingreifen. Dies gilt insbesondere bzgl. der *subjektiven* Voraussetzungen der genannten Unwirksamkeitsgründe[5].

104 Beruft sich ein Arbeitnehmer, der keinen Kündigungsschutz nach dem KSchG genießt, auf den Unwirksamkeitsgrund des § 613a Abs. 4 BGB, so hat er darzulegen und zu beweisen, dass die Kündigung gerade *wegen* des Betriebsüberganges erfolgt und daher unwirksam ist. Ist auf das gekündigte Arbeitsverhältnis dagegen das KSchG gem. §§ 1, 23 KSchG anwendbar, so trifft entsprechend den allgemeinen Regeln (s. Rz. 93 ff.) den Arbeitgeber die Darlegungs- und Beweislast bzgl. der sozialen Rechtfertigung der Kündigung[6].

105 Ausnahmsweise kann dem Arbeitnehmer auch die Darlegung des **Fehlens eines betriebsbedingten Kündigungsgrundes** aufgebürdet sein. Hat der Arbeitgeber mit dem Betriebsrat aufgrund einer Betriebsänderung iSv. § 111 BetrVG einen Interessenausgleich abgeschlossen und zugleich eine Liste mit den Namen derjenigen Arbeitnehmer vereinbart, denen betriebsbedingt gekündigt werden soll, so wird kraft Gesetzes vermutet, dass die Kündigung durch dringende betriebliche Erfordernisse nach § 1

---

1 BAG 16.3.2000 – 2 AZR 75/99, AP Nr. 114 zu § 102 BetrVG 1972; 23.6.2005 – 2 AZR 193/04, AP Nr. 11 zu § 138 ZPO.
2 BAG 5.6.2008 – 2 AZR 907/06, NZA 2008, 1120 (1122); 18.3.2010 – 2 AZR 468/08, NZA 2010, 1059 (1060).
3 BAG 5.6.2008 – 2 AZR 907/06, NZA 2008, 1120 (1122); 18.3.2010 – 2 AZR 468/08, NZA 2010, 1059 (1060).
4 BAG 21.2.2001 – 2 AZR 15/00, NZA 2001, 833 (836); 28.6.2007 – 6 AZR 750/06, NZA 2007, 1049 (1052).
5 BVerfG 27.1.1998 – 1 BvL 15/87, BVerfGE 97, 169 (179); BAG 5.2.1998 – 2 AZR 270/97, AP Nr. 3 zu § 1 TVG – Tarifverträge: Apotheken; ausführlich *Preis*, NZA 1997, 1256 (1269).
6 S. zum Ganzen: BAG 16.5.2002 – 8 AZR 319/01, AP Nr. 237 zu § 613a BGB.

II. Kündigungsschutzklage bei Beendigungskündigung

Abs. 2 KSchG bedingt ist (§ 1 Abs. 5 KSchG)[1]. Diese Vermutung muss der Arbeitnehmer widerlegen[2].

Noch weiter reicht § 126 InsO. In der **Insolvenz des Arbeitgebers** kann der Insolvenzverwalter unter den Voraussetzungen dieser Bestimmung ein Beschlussverfahren anstrengen mit dem Ziel, die Kündigung der Arbeitsverhältnisse bestimmter, im Antrag bezeichneter Arbeitnehmer als durch dringende betriebliche Erfordernisse bedingt und sozial gerechtfertigt feststellen zu lassen. Eine rechtskräftige Entscheidung in diesem Verfahren ist für die Parteien des Kündigungsschutzprozesses bindend (§ 127 Abs. 1 InsO). Aufgrund dessen wird der Arbeitnehmer mit Einwänden, die Streitgegenstand des Beschlussverfahrens waren, im Kündigungsschutzprozess gar nicht mehr gehört.

7. Restitutionsklage

Unter den Voraussetzungen des § 580 ZPO kann die im Kündigungsschutzprozess unterlegene Partei Restitutionsklage erheben. In der Rechtsprechung des BAG ist anerkannt, dass eine Restitution insbesondere dann in Betracht kommt, wenn nach der Rechtskraft eines klageabweisenden Kündigungsschutzurteils ein Bescheid der Versorgungsbehörde ergeht, der die **Schwerbehinderung** des Klägers im Kündigungszeitpunkt feststellt. Die Kündigung erweist sich dann im Nachhinein als unwirksam, weil es an der gem. § 85 SGB IX erforderlichen Zustimmung des Integrationsamts zu ihr fehlt. Zwar lässt § 580 Nr. 7 lit. b ZPO die sog. Urkundenrestitution an sich nur zu, wenn die Urkunde bereits vor Rechtskraft der Ausgangsentscheidung errichtet worden war[3]. Davon macht das BAG hier aber eine Ausnahme, weil auch bei nachträglicher Errichtung ein hoher Grad an Missbrauch ausschließender Beweissicherheit besteht und der Bescheid daher Beweiskraft auch für zurückliegende Tatsachen hat[4].

Der Restitutionsgrund des § 580 Nr. 6 ZPO ist einschlägig, wenn der Arbeitnehmer bereits als schwerbehinderter Mensch anerkannt war, das Integrationsamt der Kündigung zugestimmt hat und der Kläger nach rechtskräftiger Abweisung seiner Kündigungsschutzklage im Verwaltungsprozess die Aufhebung des Zustimmungsbescheides erreichen kann[5]. Droht die Fünf-Jahres-Frist des § 586 Abs. 2 Satz 2 ZPO wegen der Dauer des Verwaltungsprozesses zu verstreichen, kann die Restitutionsklage auch schon vor rechtskräftigem Abschluss des verwaltungsgerichtlichen Verfahrens erhoben werden[6] (s.a. Teil 5 C Rz. 59).

Dagegen kann bei einer **Verdachtskündigung** eine Restitutionsklage nicht auf einen späteren Freispruch im Strafverfahren oder auf dessen Einstellung gestützt werden. Das ergibt sich schon daraus, dass ein Urteil in einer Strafsache den Zivil- (und Arbeits-)Richter nicht bindet (§ 14 Abs. 2 Nr. 1 EGZPO). Selbst bei rechtzeitiger Einbringung eines Freispruchs in ein laufendes Kündigungsschutzverfahren wäre das Arbeitsgericht nicht gehindert, alle relevanten Verdachtsumstände selbst zu würdigen und die Kündigung für wirksam zu erklären[7]. Hinzu kommt, dass bei einer Verdachtskündigung gerade nicht die tatsächlich begangene strafbare Handlung, sondern der

---

1 Dazu BAG 7.5.1998 – 2 AZR 536/97, AP Nr. 94 zu § 1 KSchG 1969 – Betriebsbedingte Kündigung; 10.2.1999 – 2 AZR 716/98, AP Nr. 40 zu § 1 KSchG 1969 – Soziale Auswahl.
2 BAG 12.3.2009 – 2 AZR 418/07, NZA 2009, 1023 (1024f.); 27.9.2012 – 2 AZR 516/11, NZA 2013, 559 (561f.).
3 RG 15.2.1929 – VII A 65/29, RGZ 123, 304 (305); BGH 29.4.1959 – V ZR 311/58, BGHZ 30, 60 (65); 6.7.1979 – I ZR 135/77, NJW 1980, 1000 (1001); 8.2.1984 – IVa ZR 203/81, VersR 1984, 453 (455).
4 BAG 15.8.1984 – 7 AZR 558/82, AP Nr. 13 zu § 12 SchwbG.
5 BAG 26.9.1991 – 2 AZR 132/91, AP Nr. 28 zu § 1 KSchG 1969 – Krankheit; 13.9.1995 – 2 AZR 587/94, AP Nr. 25 zu § 626 BGB – Verdacht strafbarer Handlung.
6 BAG 26.9.1991 – 2 AZR 132/91, AP Nr. 28 zu § 1 KSchG 1969 – Krankheit.
7 BAG 22.1.1998 – 2 AZR 455/97, AP Nr. 3 zu § 79 ArbGG 1979; vgl. auch BAG 8.6.2000 – 2 ABR 1/00, AP Nr. 3 zu § 2 BeschSchG; 25.10.2012 – 2 AZR 700/11, NZA 2013, 371 (372).

aufgrund des Verdachts eingetretene Vertrauensverlust den Kündigungsgrund darstellt (Teil 3 F Rz. 31) und das Vertrauen auch durch einen Freispruch nicht notwendig wieder hergestellt wird.

III. Befristungskontrollklage

1. Allgemeines, Klagefrist

110 Gem. § 17 Satz 1 TzBfG hat der Arbeitnehmer, der die Unwirksamkeit der Befristung eines Arbeitsvertrages geltend machen will, innerhalb von drei Wochen nach dem vereinbarten Ende des Arbeitsverhältnisses Klage beim Arbeitsgericht auf Feststellung zu erheben, dass das Arbeitsverhältnis aufgrund der Befristung nicht beendet ist. Die Frist gilt über die Verweisung des § 21 TzBfG entsprechend, wenn über die Beendigung des Arbeitsverhältnisses durch eine auflösende Bedingung gestritten wird, und zwar sowohl bei einem Streit über die Rechtswirksamkeit der Bedingungsabrede als auch bei einem solchen über den Eintritt der Bedingung[1]. Die Frist beginnt bei einer **Zeitbefristung** mit dem Ablauf des Tages, an dem das Arbeitsverhältnis aufgrund der Befristungsabrede oder der vereinbarten auflösenden Bedingung rechtlich sein Ende finden soll. Bei einer **Zweckbefristung** kann eine Befristungskontrollklage erst erhoben werden, wenn der Arbeitgeber den Arbeitnehmer nach § 15 Abs. 2 TzBfG schriftlich über den Zeitpunkt der Zweckerreichung unterrichtet hat. Soweit die Voraussetzungen des § 256 ZPO vorliegen, kann vorher eine Feststellungsklage mit dem Inhalt erhoben werden, dass das Arbeitsverhältnis nicht aufgrund der Zweckbefristung befristet ist[2]. Haben die Parteien eine **auflösende Bedingung** vereinbart (§ 21 TzBfG), beginnt die Frist grundsätzlich mit dem Eintritt der Bedingung[3]. Lediglich in den Fällen, in denen sie bereits vor Ablauf der Zwei-Wochen-Frist der §§ 21, 15 Abs. 2 TzBfG eingetreten ist, beginnt die Klagefrist erst mit dem Zugang der schriftlichen Erklärung des Arbeitgebers[4]. Bei der dreiwöchigen Frist handelt es sich um eine prozessuale Klageerhebungsfrist. Wird die Klage nicht innerhalb von drei Wochen erhoben, ist die Klage wegen § 17 Satz 2 TzBfG iVm. § 7 KSchG als unbegründet abzuweisen. Dem Arbeitnehmer wird nach § 17 Satz 1 TzBfG nur befristet ermöglicht, Rechtsschutz wegen der offenen materiellen Rechtslage zu erlangen. Die Versäumung der Frist führt unmittelbar zum Verlust des Klagerechts[5]. Diese Klagefrist gilt **für alle Befristungen** (auch diejenigen nach dem WissZeitVG, § 21 BEEG und anderen Sonderbefristungstatbeständen), nicht nur für diejenigen, die auf § 14 TzBfG beruhen[6].

111 Zu beachten ist jedoch, dass der Arbeitnehmer bei **Kettenbefristungen** jede einzelne Befristung innerhalb der Drei-Wochen-Frist des § 17 Satz 1 TzBfG angreifen muss. Unterlässt er dies – wie häufig – und erhebt er erst bei Ablauf des letzten befristeten Arbeitsvertrages in der Kette Klage, ist Streitgegenstand lediglich die Wirksamkeit dieser letzten Befristung[7]. Alle vorhergehenden Arbeitsverträge gelten wegen der Fik-

---

1 BAG 6.4.2011 – 7 AZR 704/09, NZA-RR 2013, 43 (44 f.).
2 BAG 15.5.2012 – 7 AZR 35/11, NZA 2012, 1366 (1367).
3 BAG 10.10.2012 – 7 AZR 602/11, NZA 2013, 344.
4 BAG 6.4.2011 – 7 AZR 704/09, NZA-RR 2013, 43 (45); 15.8.2012 – 7 AZN 956/12, NZA 2012, 1116 (1116).
5 BAG 13.1.2012 – 7 AZR 211/09, NZA 2012, 691 (692).
6 KR/*Bader*, § 17 TzBfG Rz. 4; KDZ/*Däubler/Wroblewski*, § 17 TzBfG Rz. 2; ebenso zum BeschFG 1996 BAG 20.1.1999 – 7 AZR 715/97, AP Nr. 21 zu § 1 BeschFG 1985; 23.2.2000 – 7 AZR 825/98, AP Nr. 26 zu § 57b HRG; 5.4.2000 – 7 AZR 392/99, AP Nr. 6 zu § 57c HRG.
7 BAG 30.10.2008 – 8 AZR 855/07, NZA 2009, 723 (724); 14.4.2010 – 7 AZR 121/09, NZA 2010, 942 (943); 6.10.2010 – 7 AZR 397/09, NZA 2011, 1155 (1156); 18.7.2012 – 7 AZR 443/09, NZA 2012, 1351 (1352); 4.12.2013 – 7 AZR 468/12, NZA 2014, 623 (624 f.); vgl. aber auch BAG 16.11.2005 – 7 AZR 81/05, AP Nr. 20 zu § 14 TzBfG; 14.2.2007 – 7 AZR 95/06, NZA 2007, 803 (805); 18.6.2008 – 7 AZR 214/07, NZA 2009, 35 (36).

III. Befristungskontrollklage

tionswirkung des § 17 Satz 2 TzBfG iVm. § 7 KSchG als wirksam befristet, wenn bei Erhebung der Klage die Drei-Wochen-Frist in Bezug auf sie verstrichen ist[1].

Will der Arbeitnehmer dagegen die Unwirksamkeit der Befristung nur **einzelner Arbeitsvertragsbedingungen** gerichtlich geltend machen, ist hierfür nur die allgemeine Feststellungsklage gem. § 256 ZPO statthaft. Da das TzBfG nur die Befristung des Arbeitsvertrages insgesamt, nicht aber auch die Befristung einzelner Vertragsbedingungen erfasst[2], ist auch die dreiwöchige Klagefrist des § 17 TzBfG hier unanwendbar[3]. 112

2. Einzelheiten zur Befristungskontrollklage

Der Gesetzgeber hat den Rechtsschutz bei befristeten Arbeitsverträgen mit der Regelung in § 17 TzBfG dem Rechtsschutz gegen ordentliche Kündigungen angenähert, wenn auch nicht völlig angeglichen[4]. Eines besonderen **Feststellungsinteresses** bedarf es nicht, dieses folgt aus der Fiktionswirkung des § 7 KSchG[5]. Wenn das Gesetz die Klage innerhalb von drei Wochen nach dem vereinbarten Ende des Arbeitsverhältnisses zulässt, so ist damit nicht gemeint, dass sie nicht auch schon **vor** dem Ablauf der Befristung erhoben werden kann. Angesichts des Interesses beider Parteien an einer möglichst raschen Klärung der Rechtslage, die auch das Auflaufen von uU wirtschaftlich erheblichen Ansprüchen des Arbeitnehmers aus Annahmeverzugslohn (§ 615 BGB) verhindern kann, ist die Klage auch schon während des bestehenden Arbeitsverhältnisses zulässig[6]. 113

Bei der Befristungskontrollklage ist die **punktuelle Streitgegenstandstheorie** des BAG zur Kündigungsschutzklage zu beachten (s. Rz. 9) mit der Folge, dass mit der Befristungskontrollklage (allein) die Unwirksamkeit der Befristung zur gerichtlichen Prüfung gestellt wird. Die Regelungen der §§ 5–7 KSchG über die Zulassung verspäteter Klagen, die verlängerte Anrufungsfrist und das Wirksamwerden der Kündigung (Entfristung) finden gem. § 17 Satz 2 TzBfG entsprechende Anwendung[7]. Aufgrund des damit anwendbaren § 6 KSchG ist die dreiwöchige Frist des § 17 Satz 1 TzBfG auch gewahrt, wenn fristgerecht lediglich ein allgemeiner Feststellungsantrag (§ 256 ZPO) erhoben wurde, in der Klagebegründung aber die konkrete Befristungsabrede genannt wurde (näher Rz. 117); dasselbe soll gelten, wenn der Arbeitnehmer die Unwirksamkeit der Befristung zunächst nur inzident zur Überprüfung stellt, indem er eine Leistungsklage erhebt, mit der er bspw. Lohn über den Zeitpunkt nach Ablauf der Befristung hinaus einklagt[8]. 114

Allerdings beschränkt § 6 Satz 1 KSchG das Recht, zunächst nicht gerügte Mängel geltend zu machen, zeitlich auf den Abschluss der ersten Instanz, wenn nicht das Arbeitsgericht seine Hinweispflicht aus § 6 Satz 2 KSchG verletzt hat[9]. Obwohl dies in § 17 TzBfG nicht ausdrücklich erwähnt ist, findet auch § 4 Satz 4 KSchG auf die Be- 115

---

1 BAG 26.7.2000 – 7 AZR 546/99, AP Nr. 5 zu § 1 BeschFG 1996; 25.8.2004 – 7 AZR 7/04, NZA 2005, 357 (358); 4.12.2013 – 7 AZR 468/12, NZA 2014, 623 (624f.).
2 BAG 14.1.2004 – 7 AZR 213/03, AP Nr. 10 zu § 14 TzBfG; 27.7.2005 – 7 AZR 486/04, AP Nr. 6 zu § 307 BGB; 8.8.2007 – 7 AZR 855/06, NZA 2008, 229 (229f.); 15.12.2011 – 7 AZR 394/10, NZA 2012, 674 (676).
3 BAG 23.1.2002 – 7 AZR 563/00, AP Nr. 12 zu § 1 BeschFG 1996.
4 Namentlich fehlt die Möglichkeit der Auflösung des Arbeitsverhältnisses gegen Zahlung einer Abfindung wie bei §§ 9, 10 KSchG.
5 BAG 18.7.2012 – 7 AZR 451/11, NZA 2012, 1369 (1370).
6 BAG 2.6.2010 – 7 AZR 136/09, NZA 2010, 1172 (1173); 23.6.2010 – 7 AZR 1021/08, NZA 2010, 1248; 18.7.2012 – 7 AZR 451/11, NZA 2012, 1369 (1370); 10.10.2012 – 7 AZR 462/11, NZA-RR 2013, 185 (186); 19.3.2014 – 7 AZR 828/12, NZA-RR 2014, 462 (463).
7 Dazu BAG 6.10.2010 – 7 AZR 569/09, NZA 2011, 477 (478).
8 BAG 16.4.2003 – 7 AZR 119/02, AP Nr. 2 zu § 17 TzBfG.
9 BAG 4.5.2011 – 7 AZR 252/10, NZA 2011, 1178 (1180f.).

fristungskontrollklage Anwendung. Dies hat zur Folge, dass die dreiwöchige Klagefrist nicht zu laufen beginnt, wenn der Arbeitgeber trotz der Kenntnis von einem besonderen Beendigungsschutz des Arbeitnehmers (Schwerbehinderung) die erforderliche behördliche Zustimmung (§ 92 SGB IX) nicht beantragt hat[1].

116 Zur Fristwahrung gem. § 17 Satz 1 TzBfG ist jedenfalls erforderlich, dass sich zumindest aus dem **Antrag**, der Klagebegründung bzw. aus den sonstigen Umständen der Klageerhebung für das Gericht erkennen lässt, dass der Kläger eine konkrete Befristung seines Arbeitsverhältnisses für unwirksam hält[2]. Der Antrag sollte in Anlehnung an die gesetzliche Formulierung in § 17 TzBfG wie folgt gefasst werden:

Formulierungsbeispiel:

Es wird festgestellt, dass das Arbeitsverhältnis aufgrund der Befristung des Arbeitsvertrages vom ... nicht am ... beendet worden ist.

117 Eine **allgemeine Feststellungsklage** wahrt die Klagefrist grundsätzlich nicht[3]. Allerdings findet über § 17 Satz 1 TzBfG die Vorschrift des § 6 KSchG entsprechende Anwendung. Dies hat zum einen zur Folge, dass der Arbeitnehmer bis zum Schluss der mündlichen Verhandlung erster Instanz die Unwirksamkeit der Befristung aus anderen Gründen als denjenigen geltend machen kann, die er innerhalb der dreiwöchigen Klagefrist benannt hat. Zum anderen kann die Rechtsunwirksamkeit einer konkreten Befristung nicht nur durch eine den Anforderungen des § 17 Satz 1 TzBfG entsprechende Klage innerhalb von drei Wochen nach dem vereinbarten Ende des befristeten Arbeitsvertrags geltend gemacht werden. Die Klagefrist kann auch dadurch gewahrt sein, dass der Arbeitnehmer innerhalb der Drei-Wochen-Frist auf anderem Weg als durch Befristungskontrollklage – zB eben durch eine allgemeine Feststellungsklage – gerichtlich geltend gemacht hat, dass die Befristung rechtsunwirksam ist und er sodann bis zum Schluss der mündlichen Verhandlung erster Instanz einen gesetzeskonformen Befristungskontrollantrag stellt[4]. Außerdem legt das BAG ggf. auch einen (an sich unzulässigen) Feststellungsantrag als Befristungskontrollantrag aus[5]. Wie bei der Kündigungsschutzklage kann es sich auch bei der Befristungskontrollklage – hier allerdings wohl nur in seltenen Ausnahmefällen – empfehlen, die Klage mit einer allgemein auf Fortbestand des Arbeitsverhältnisses gerichteten **Feststellungsklage zu verbinden**[6]. Allerdings bedarf es für diese weitere Klage eines besonderen Feststellungsinteresses (§ 256 ZPO; s. Rz. 14)[7]. Dieses kann bspw. daraus resultieren, dass neben der Befristung streitig ist, ob zwischen den Parteien überhaupt ein Arbeitsverhältnis existiert[8], oder dass der Arbeitgeber neben der Befristung weitere Beendigungstatbestände behauptet, er bspw. den Arbeitsvertrag wegen arglistiger Täuschung angefochten hat[9]. Dagegen ist

---

1 BAG 9.2.2011 – 7 AZR 221/10, NZA 2011, 854 (856).
2 BAG 16.4.2003 – 7 AZR 119/02, AP Nr. 2 zu § 17 TzBfG; 9.2.2011 – 7 AZR 32/10, NZA 2011, 791 (792); 9.3.2011 – 7 AZR 728/09, NZA 2011, 911 (912).
3 BAG 15.5.2012 – 7 AZR 6/11, NZA 2012, 1148 (1149).
4 BAG 15.5.2012 – 7 AZR 6/11, NZA 2012, 1148 (1149).
5 BAG 6.4.2011 – 7 AZR 704/09, NZA-RR 2013, 43 (44); 4.12.2013 – 7 AZR 277/12, NZA 2014, 480 (481).
6 Vgl. BAG 8.12.2010 – 7 AZR 438/09, NZA 2011, 586 (587); 15.5.2013 – 7 AZR 525/11, NZA 2013, 1214 (1215).
7 S. aber auch BAG 11.9.2013 – 7 AZR 107/12, NZA 2014, 150 (151).
8 BAG 15.5.2013 – 7 AZR 525/11, NZA 2013, 1214 (1215); s. aber auch BAG 25.9.2013 – 10 AZR 282/12, NZA 2013, 1348 (1350): isolierte Befristungskontrollklage mit inzidenter Feststellung des Bestehens eines Arbeitsverhältnisses.
9 Vgl. BAG 22.3.2000 – 7 AZR 758/98, AP Nr. 221 zu § 620 BGB – Befristeter Arbeitsvertrag; 22.3.2000 – 7 AZR 581/98, AP Nr. 1 zu § 1 BeschFG 1996; 19.11.2003 – 7 AZR 296/03, AP Nr. 3 zu § 17 TzBfG; 2.6.2010 – 7 AZR 85/09, NZA 2010, 1293 (1294).

eine zusätzliche Feststellungsklage weder erforderlich noch möglich, wenn der Arbeitnehmer die Rechtsunwirksamkeit der Befristung wegen fehlender Schriftform rügt. Von der Befristungskontrollklage werden alle die Unwirksamkeit der Befristung bedingenden Gründe erfasst und damit auch die Nichtigkeit wegen fehlender Schriftform gem. § 14 Abs. 4 TzBfG[1].

3. Darlegungs- und Beweislast

Nach allgemeinen Grundsätzen trägt diejenige Partei die Darlegungs- und Beweislast für die Umstände, aus denen sie einen Anspruch oder eine Rechtsposition herleitet[2]. Im Falle der Befristung können sowohl Arbeitgeber als auch Arbeitnehmer darlegungs- und beweispflichtig für den Abschluss des Arbeitsvertrages sein. Wer sich auf die Beendigung des Vertrages beruft, hat die Voraussetzungen der Befristungsabrede zu beweisen[3]. Dies wird in aller Regel der **Arbeitgeber** sein[4]. Soweit ausnahmsweise den Arbeitnehmer die Beweislast trifft, ist zu bedenken, dass der Arbeitgeber verpflichtet ist, dem Arbeitnehmer einen schriftlichen Nachweis über den wesentlichen Inhalt des Arbeitsvertrages auszuhändigen, wobei zu den wesentlichen Vertragsbedingungen gem. § 2 Abs. 1 Satz 2 Nr. 3 NachwG auch die Dauer des Arbeitsverhältnisses zählt. Ist der Arbeitgeber dieser Verpflichtung nicht rechtzeitig innerhalb eines Monats nach dem vereinbarten Beginn des Arbeitsverhältnisses (§ 2 Abs. 1 Satz 1 NachwG) nachgekommen, können zugunsten des Arbeitnehmers Beweiserleichterungen bis hin zur Beweislastumkehr angenommen werden[5]. Zudem ist das Schriftformerfordernis des § 14 Abs. 4 TzBfG zu beachten.

118

Noch nicht abschließend geklärt ist die Verteilung der Darlegungs- und Beweislast für die **sachliche Rechtfertigung** eines nach § 14 Abs. 1 TzBfG befristeten Arbeitsvertrages. Beim früheren § 620 BGB wies die Rechtsprechung die Darlegungslast für die mangelnde sachliche Rechtfertigung grundsätzlich dem Arbeitnehmer zu[6], erleichterte ihm aber die Beweisführungslast regelmäßig durch den Beweis des ersten Anscheins, den der Arbeitgeber zu entkräften hatte[7].

119

Dies kann unter der Geltung des TzBfG nicht mehr aufrecht erhalten werden. In Nr. 6 der Allgemeinen Erwägungen der Rahmenvereinbarung über befristete Arbeitsverträge haben die europäischen Sozialpartner anerkannt, dass unbefristete Arbeitsverträge die übliche Form des Beschäftigungsverhältnisses sind, weil sie zur Lebensqualität der betreffenden Arbeitnehmer und zur Verbesserung ihrer Leistungsfähigkeit beitragen[8]. Das TzBfG folgt derselben Konzeption. Die von ihm zur Verfügung gestellten Möglichkeiten des Abschlusses befristeter Arbeitsverträge stellen daher eine **dem Arbeitgeber günstige Ausnahme** vom Regelfall des unbefristeten Arbeitsverhältnisses

120

---

1 LAG Düsseldorf 26.9.2002 – 5 Sa 748/02, LAGE § 15 TzBfG Nr. 1; *Rolfs*, NJW 2000, 1227 (1228); *Vossen*, NZA 2000, 704 (706).
2 BGH 13.7.1983 – VIII ZR 107/82, NJW 1984, 2944; 14.1.1991 – II ZR 190/89, NJW 1991, 1052 (1053); BAG 25.2.1987 – 4 AZR 240/86, AP Nr. 81 zu § 1 TVG – Tarifverträge: Bau.
3 LAG Köln 23.3.1988 – 7 Sa 1349/87, LAGE § 620 BGB Nr. 13; LAG Hamm 5.3.1990 – 19 Sa 1696/89, LAGE § 620 BGB Nr. 19; LAG Hess. 9.7.1999 – 2 Sa 2093/98, NZA-RR 2000, 380 (383); *Becker-Schaffner*, BB 1992, 557 (563).
4 ErfK/*Müller-Glöge*, § 17 TzBfG Rz. 13.
5 *Zwanziger*, DB 1996, 2027 (2029 f.); vgl. auch LAG Köln 31.7.1998 – 11 Sa 1484/97, NZA 1999, 545 (545 f.); aA LAG Hamm 14.8.1998 – 10 Sa 777/97, NZA-RR 1999, 210 (211 f.).
6 BAG 12.10.1960 – 3 AZR 65/59, AP Nr. 16 zu § 620 BGB – Befristeter Arbeitsvertrag; 4.2.1971 – 2 AZR 144/70, AP Nr. 35 zu § 620 BGB – Befristeter Arbeitsvertrag.
7 BAG 4.2.1971 – 2 AZR 144/70, AP Nr. 35 zu § 620 BGB – Befristeter Arbeitsvertrag; 13.5.1982 – 2 AZR 87/80, AP Nr. 68 zu § 620 BGB – Befristeter Arbeitsvertrag.
8 Richtlinie 1999/70/EG des Rates zu der EGB-UNICE-CEEP-Rahmenvereinbarung über befristete Arbeitsverträge v. 28.6.1999, ABl. EG Nr. L 175, 43; vgl. auch EuGH 10.3.2011 – C-109/09, NZA 2011, 397 (398).

dar, so dass ihn die Darlegungs- und Beweislast für das Vorliegen der Befristungsvoraussetzungen trifft[1]. Macht der Arbeitnehmer geltend, der Arbeitgeber habe von den Möglichkeiten des Befristungsrechts **institutionell rechtsmissbräuchlich** Gebrauch gemacht (§ 242 BGB), trifft grundsätzlich ihn hierfür die Darlegungs- und Beweislast[2]. Allerdings ist insoweit den Schwierigkeiten, die sich aus den fehlenden Kenntnismöglichkeiten des Arbeitnehmers ergeben, durch die Grundsätze der abgestuften Darlegungs- und Beweislast Rechnung zu tragen. Das bedeutet: Es genügt zunächst, dass der Arbeitnehmer – soweit er die Überlegungen des Arbeitgebers, die zu der Befristung geführt haben, nicht kennt – einen Sachverhalt vorträgt, der die Missbräuchlichkeit der Befristung nach § 242 BGB indiziert. Der Arbeitgeber muss sich sodann im Einzelnen auf diesen Vortrag einlassen. Er kann einzelne Tatsachen konkret bestreiten oder Umstände vortragen, welche den Sachverhalt in einem anderen Licht erscheinen lassen. Trägt der Arbeitgeber nichts vor oder lässt er sich nicht substanziiert ein, gilt der schlüssige Sachvortrag des Arbeitnehmers als zugestanden[3]. Außerdem kann der Rechtsmissbrauch infolge der Vielzahl der Verlängerungen und der langen Dauer der Befristung indiziert sein; dann ist es Sache des Arbeitgebers, besondere Umstände vorzutragen, die die Indizien zu widerlegen geeignet sind[4].

121 Differenziert ist die Darlegungs- und Beweislast in den Fällen der **sachgrundlosen Befristung nach** § 14 Abs. 2 TzBfG verteilt. In den Fällen des § 14 Abs. 2 TzBfG hat der Arbeitgeber die tatbestandlichen Voraussetzungen des Satzes 1, also darzutun, dass es sich um eine kalendermäßige Befristung handelt, die die Dauer von zwei Jahren nicht übersteigt. bzw. dass eine „Verlängerung"[5] vorliegt, es sich höchstens um die dritte Verlängerung handelt und die Gesamtdauer von zwei Jahren durch sie nicht überschritten wird[6]. Demgegenüber ist es Sache des Arbeitnehmers, vorzutragen, dass die Befristung nicht zulässig ist, weil mit demselben Arbeitgeber bereits zuvor ein befristetes oder unbefristetes Arbeitsverhältnis bestanden hat (§ 14 Abs. 2 Satz 2 TzBfG)[7].

IV. Allgemeine Feststellungsklage

122 Gem. § 256 Abs. 1 ZPO kann auf die Feststellung des Bestehens oder Nichtbestehens eines Rechtsverhältnisses Klage erhoben werden, wenn der Kläger ein rechtliches Interesse daran hat, dass das Rechtsverhältnis durch richterliche Entscheidung alsbald festgestellt wird. Der allgemeinen Feststellungsklage nach § 256 ZPO kommt bei Bestandsschutzstreitigkeiten nur geringe Bedeutung zu, da die speziellere Kündigungsschutzklage idR vorrangig ist.

123 Die **allgemeine Feststellungsklage** nach § 256 ZPO und die **Kündigungsschutzklage** nach § 4 Satz 1 KSchG stehen nebeneinander, sie haben jeweils unterschiedliche Zulässigkeitsvoraussetzungen und Rechtsfolgen. Während die Kündigungsschutzklage an die Drei-Wochen-Frist des § 4 Satz 1 KSchG gebunden ist, kann die allgemeine Feststellungsklage grundsätzlich zeitlich unbeschränkt, nur durch die auch im Prozess geltenden Regeln über die Verwirkung begrenzt, erhoben werden. Streitgegen-

---

1 So wohl auch BAG 15.2.2006 – 7 AZR 232/05, AP Nr. 1 zu § 14 TzBfG – Vertretung.
2 BAG 4.12.2013 – 7 AZR 290/12, NZA 2014, 426 (429); 19.3.2014 – 7 AZR 527/12, NZA 2014, 840 (842).
3 BAG 4.12.2013 – 7 AZR 290/12, NZA 2014, 426 (429f.); 19.3.2014 – 7 AZR 527/12, NZA 2014, 840 (842).
4 BAG 18.7.2012 – 7 AZR 443/09, NZA 2012, 1351 (1356).
5 Zum Begriff BAG 26.7.2000 – 7 AZR 51/99, AP Nr. 4 zu § 1 BeschFG 1996; 25.10.2000 – 7 AZR 483/99, AP Nr. 6 zu § 1 BeschFG 1996; 25.10.2000 – 7 AZR 537/99, AP Nr. 7 zu § 1 BeschFG 1996.
6 AA LAG Nds. 26.7.2004 – 5 Sa 234/04, NZA-RR 2005, 410.
7 ErfK/*Müller-Glöge*, § 17 TzBfG Rz. 14.

stand der Kündigungsschutzklage ist aufgrund der punktuellen Streitgegenstandstheorie (s. Rz. 9) nur die konkret angegriffene Kündigung, während mit der Feststellungsklage das Fortbestehen des gesamten Rechtsverhältnisses „Arbeitsverhältnis" festgestellt werden kann.

Andererseits bedarf es für die Klage nach § 256 Abs. 1 ZPO eines besonderen Feststellungsinteresses, während dies im Rahmen des § 4 KSchG bereits aus der Heilungsfiktion des § 7 KSchG folgt[1]. Die Sozialwidrigkeit der ordentlichen Kündigung bzw. ihre Unwirksamkeit aus anderen Gründen (s. Rz. 20 ff.), das Fehlen eines wichtigen Grundes sowie die Versäumung der zweiwöchigen Kündigungserklärungsfrist des § 626 Abs. 2 BGB im Falle der außerordentlichen Kündigung kann von allen Arbeitnehmern nur durch Klage innerhalb von drei Wochen nach Zugang der schriftlichen Kündigung geltend gemacht werden. Mit einer späteren Feststellungsklage können nur noch andere Unwirksamkeitsgründe gerügt werden.   124

Der **Klageantrag** lautet: 125

Formulierungsbeispiel:

Es wird festgestellt, dass das Arbeitsverhältnis über den ... (Datum des Ablaufs der Kündigungsfrist) hinaus fortbesteht.

1. Anwendungsfälle

a) Mangelnde Schriftform der Kündigung, Nichtbeachtung der Kündigungsfrist

In Betracht kommen als Unwirksamkeitsgründe außerhalb des § 4 Satz 1 KSchG namentlich   126

– die Verletzung des **Schriftformerfordernisses** (§ 623 BGB): Wie der Wortlaut des § 4 Satz 1 KSchG zeigt, gilt die Vorschrift nur für die schriftliche Kündigung, so dass die Klagefrist erst mit dem Zugang der in schriftlicher Form abgefassten Kündigung beginnt. Will der Arbeitnehmer gerichtlich klären lassen, dass eine bestimmte Erklärung (zB ein Telefax-Schreiben) nicht die Beendigung des Arbeitsverhältnisses bewirkt, muss er dies daher nicht innerhalb von drei Wochen tun. Vielmehr hat er eine allgemeine Feststellungsklage gem. § 256 ZPO zu erheben, für die keine Klagefrist gilt[2]. Damit kann eine Kündigung, die gegen das Schriftformerfordernis des § 623 BGB verstößt und somit unwirksam ist, nicht aufgrund der Fiktionswirkung des § 7 KSchG Rechtswirksamkeit erlangen[3].

– Auch **Mängel der Willenserklärung selbst** stellen keine Unwirksamkeitsgründe dar, die unter die einheitliche Klagefrist des § 4 Satz 1 KSchG fallen. Zu nennen sind hier insbesondere Erklärungen eines Geschäftsunfähigen (§§ 104, 105 BGB), Kündigungen einer unberechtigten Person für den „richtigen" Arbeitgeber (§ 180 BGB) sowie die Kündigung durch den „falschen" Arbeitgeber (Näheres s. Rz. 24, 27).

– Will der Arbeitnehmer gerichtlich feststellen lassen, dass der Arbeitgeber die Kündigung mit zu kurzer Frist ausgesprochen hat und das Arbeitsverhältnis daher nicht vor Ablauf eines bestimmten Termins endet, hat er regelmäßig ebenfalls die allgemeine Feststellungsklage nach § 256 ZPO zu erheben (s. Rz. 28)[4].

---

1 BAG 11.2.1981 – 7 AZR 12/79, AP Nr. 8 zu § 4 KSchG 1969.
2 Küttner/*Eisemann*, Kündigungsschutz Rz. 104.
3 BT-Drucks. 15/1587, 27.
4 BAG 15.12.2005 – 2 AZR 148/05, AP Nr. 55 zu § 4 KSchG 1969; 6.7.2006 – 2 AZR 215/05, NZA 2006, 1405 (1406).

b) Nachträglich gestellter Feststellungsantrag

127 Soweit der Arbeitnehmer innerhalb eines bereits laufenden Kündigungsschutzprozesses weitere vom Arbeitgeber geltend gemachte Beendigungstatbestände (zB Anfechtung des Arbeitsvertrages, Abschluss eines Aufhebungsvertrages etc.) angreifen will, kann er dies unter den von der Rechtsprechung herausgearbeiteten Voraussetzungen[1] (insbesondere zum besonderen Feststellungsinteresse) weiterhin mit der allgemeinen Feststellungsklage gem. § 256 ZPO geltend machen, sog. „Schleppnetzanträge".

128 Hier geht der Feststellungsantrag dahin, dass festzustellen ist,

---

Formulierungsbeispiel:

dass das Arbeitsverhältnis auch nicht durch weitere Kündigungen oder Beendigungstatbestände aufgelöst worden ist, sondern zu unveränderten Bedingungen fortbesteht[2].

---

c) Arbeitgeberklagen

129 Die allgemeine Feststellungsklage ist auch einschlägig für alle **Klagen des Arbeitgebers**, da dieser keinen materiellen Schutz gegen ordentliche Kündigungen der Arbeitnehmer genießt.

d) Anfechtung eines Aufhebungsvertrages

130 Will der Arbeitnehmer geltend machen, dass das Arbeitsverhältnis durch einen mit dem Arbeitgeber abgeschlossenen Aufhebungsvertrag nicht beendet worden ist, weil er den Vertrag wirksam angefochten habe, so ist hierfür die allgemeine Feststellungsklage einschlägig. Materiell-rechtlich kommt als Anfechtungsgrund vor allem die widerrechtliche Drohung (mit einer Kündigung) in Betracht (§ 123 BGB). Nach ständiger Rechtsprechung des BAG nämlich darf der Arbeitgeber dem Arbeitnehmer zum Abschluss eines Aufhebungsvertrages mit der Drohung einer anderenfalls erfolgenden fristlosen Kündigung nur dann bestimmen, wenn ein verständiger Arbeitgeber diese bei der gegebenen Sachlage ernsthaft in Erwägung gezogen hätte, ohne dass allerdings erforderlich wäre, dass tatsächlich ein wichtiger Grund iSd. § 626 BGB vorläge[3]. Hinsichtlich einer möglichen **Verwirkung** des Klagerechts ist darauf hinzuweisen, dass § 124 BGB schon für die Anfechtung eine Überlegungsfrist von einem Jahr gewährt, so dass der Drohende sich damit abfinden muss, dass der Bedrohte die Nichtigkeit des Rechtsgeschäfts auch noch einige Monate nach der Anfechtung und Klageandrohung klageweise geltend macht[4].

131 Bei dem **Antrag** ist wiederum darauf zu achten, dass das streitige Rechtsverhältnis iSv. § 256 ZPO nicht der Aufhebungsvertrag, sondern das Arbeitsverhältnis ist, so dass der Antrag lauten muss:

---

[1] BAG 27.1.1994 – 2 AZR 484/93, AP Nr. 28 zu § 4 KSchG 1969; 13.3.1997 – 2 AZR 512/96, AP Nr. 38 zu § 4 KSchG 1969; 12.5.2005 – 2 AZR 426/04, AP Nr. 53 zu § 4 KSchG 1969.
[2] *Bender/Schmidt*, NZA 2004, 358 (365).
[3] BAG 16.11.1979 – 2 AZR 1041/77, AP Nr. 21 zu § 123 BGB; 21.3.1996 – 2 AZR 543/95, AP Nr. 42 zu § 123 BGB; 6.11.1997 – 2 AZR 162/97, AP Nr. 45 zu § 242 BGB – Verwirkung; 12.8.1999 – 2 AZR 832/98, AP Nr. 51 zu § 123 BGB; 6.12.2001– 2 AZR 396/00, AP Nr. 33 zu § 286 ZPO; 5.12.2002 – 2 AZR 478/01, AP Nr. 63 zu § 123 BGB; 15.12.2005 – 6 AZR 197/05, AP Nr. 66 zu § 123 BGB.
[4] BAG 6.11.1997 – 2 AZR 162/97, AP Nr. 45 zu § 242 BGB – Verwirkung.

IV. Allgemeine Feststellungsklage

Formulierungsbeispiel:

Es wird festgestellt, dass das Arbeitsverhältnis ungeachtet des Aufhebungsvertrages vom ... über den ... hinaus unverändert fortbesteht.

2. Voraussetzungen des § 256 ZPO

a) Feststellungsinteresse

Das von § 256 Abs. 1 ZPO geforderte rechtliche Interesse an der Feststellung, dass sein Arbeitsverhältnis weiterhin, auch nach einer erklärten arbeitgeberseitigen Kündigung, Bestand hat, ergibt sich für den Arbeitnehmer aus den vielfältigen rechtlichen Auswirkungen eines bestehenden Arbeitsverhältnisses auf seine Existenz. Das Feststellungsinteresse ist bei einem auf die Gegenwart bezogenen Klageantrag regelmäßig gegeben[1]. Dies gilt trotz der grundsätzlichen Subsidiarität der Feststellungs- gegenüber der Leistungsklage selbst dann, wenn der Arbeitnehmer Ansprüche aus dem Arbeitsverhältnis (insbesondere Entgeltansprüche) mit einer Leistungsklage geltend machen könnte. Aus dem Arbeitsverhältnis ergeben sich nämlich regelmäßig auch zahlreiche andere Ansprüche (zB Beschäftigungsanspruch, Urlaub, Gratifikationen), für die ein dem Arbeitnehmer günstiges Feststellungsurteil Voraussetzung ist. Wollte man die Parteien zwingen, von vornherein alle Einzelfragen, die sich aus dem Bestehen oder Nichtbestehen eines Arbeitsverhältnisses ergeben können, jeweils durch Leistungsklage zu klären, so wäre das wenig prozessökonomisch[2].

Bezieht sich die Feststellungsklage dagegen auf ein in der **Vergangenheit liegendes Arbeitsverhältnis**, so ist im Rahmen des § 256 ZPO erforderlich, dass sich gerade aus diesem vergangenen Rechtsverhältnis konkrete Rechtsfolgen für die Gegenwart bzw. die Zukunft ergeben[3]. Lediglich die Möglichkeit, dass solche Folgen eintreten könnten, ist nicht ausreichend[4]. Will der Arbeitnehmer mit einer Klage gem. § 256 ZPO in einem Statusprozess die Dauer der Betriebszugehörigkeit feststellen lassen, so ist für das Feststellungsinteresse zu differenzieren, welche konkreten rechtlichen Auswirkungen eine solche gerichtliche Feststellung für den Arbeitnehmer haben kann[5].

132

133

b) Klagefrist: Keine Verwirkung

Die dreiwöchige Klagefrist des § 4 Satz 1 KSchG findet auf die allgemeine Feststellungsklage keine Anwendung. Das Recht zur Klageerhebung unterliegt aber dem Einwand der **Verwirkung** (§ 242 BGB) mit der Folge, dass eine gleichwohl erhobene Klage unzulässig ist[6]. Voraussetzung der Verwirkung ist, dass
- der Arbeitnehmer mit der Erhebung der Klage längere Zeit abwartet,
- infolge des Zeitablaufs ein Vertrauenstatbestand für den Arbeitgeber erwachsen ist und

134

---

1 BAG 22.8.2001 – 5 AZR 502/99, AP Nr. 109 zu § 611 BGB – Abhängigkeit.
2 BAG 4.8.1960 – 2 AZR 499/59, AP Nr. 34 zu § 256 ZPO; 20.3.1986 – 2 AZR 296/85, AP Nr. 9 zu § 256 ZPO 1977.
3 BAG 21.7.2009 – 9 AZR 279/08, AP Nr. 52 zu § 256 ZPO.
4 BAG 9.7.2003 – 5 AZR 595/02, AP Nr. 158 zu § 611 BGB – Lehrer, Dozenten; 5.11.2003 – 4 AZR 632/02, AP Nr. 83 zu § 256 ZPO 1977.
5 BAG 19.8.2003 – 9 AZR 641/02, AP Nr. 82 zu § 256 ZPO 1977.
6 BAG 2.11.1961 – 2 AZR 66/61, AP Nr. 1 zu § 242 BGB – Prozessverwirkung; 4.6.1965 – 3 AZR 43/64, AP Nr. 2 zu § 242 BGB – Prozessverwirkung; LAG Düsseldorf 30.5.1969 – 2 Sa 118/68, DB 1969, 1155; LAG Hamm 25.7.1986 – 16 Sa 691/86, LAGE § 134 BGB Nr. 3; ArbG Weiden 29.3.1995 – 5 C 1697/94, NZA-RR 1996, 9.

– dem Arbeitgeber eine Einlassung auf eine Klage nicht mehr zugemutet werden kann.

135 Nach der Rechtsprechung[1] ist das **Zeitmoment** der Verwirkung gerade bei Kündigungen bedeutsam, deren Folgen für beide Teile einer baldigen Feststellung bedürfen. Der Arbeitgeber darf erwarten, dass der Arbeitnehmer, der eine Kündigung als unwirksam angreifen will, dies alsbald tut, mag er auch an eine Klagefrist nicht gebunden sein. Der Arbeitnehmer darf daher nicht beliebig lange Zeit mit der nicht fristgebundenen Geltendmachung von Unwirksamkeitsgründen zuwarten. Welche Untätigkeitsfristen jeweils den Verwirkungstatbestand erfüllen können, wird allerdings nicht einheitlich beantwortet. Während bspw. das LAG Hamm vor der Novellierung der §§ 4–7 KSchG zum 1.1.2004 bei einem Arbeitnehmer ohne allgemeinen Kündigungsschutz schon eine nach einem Monat erhobene Klage für verspätet gehalten hat[2], hat das BAG jedenfalls bei vorangegangener Korrespondenz den Verwirkungseinwand gegen eine erst nach sechs Monaten erhobene Klage zurückgewiesen[3]. Selbstverständlich dürfte dagegen sein, dass eine erst nach 22 Jahren erhobene Klage zu spät kommt[4]; das BAG hat schon 22 Monate ausreichen lassen[5]. Diese Rechtsprechung wird auf die nach der Neufassung des § 4 KSchG noch verbleibenden Unwirksamkeitsgründe, für die weiterhin nur die zeitliche Schranke der Verwirkung gilt, zu übertragen sein.

136 Andererseits hat gerade das BAG immer wieder darauf hingewiesen, dass neben dem Zeitmoment auch das **Umstandsmoment** Berücksichtigung finden muss. Neben dem Zeitablauf müssen noch besondere Umstände hinzukommen, aus denen sich für den Arbeitgeber ein prozessualer Vertrauenstatbestand ergibt, der sich gerade auf die Klageerhebung bezieht. Der Vertrauensschutz muss dabei so dringend sein, dass das Interesse des Arbeitnehmers an der sachlichen Prüfung seines Feststellungsbegehrens demgegenüber zurücktreten muss[6]. Es ist darauf abzustellen, ob die Unwirksamkeit der Kündigung alsbald nach Kenntnis des (möglichen) Unwirksamkeitsgrundes gegenüber dem Arbeitgeber geltend gemacht worden ist und der Arbeitnehmer mit der anschließenden Klageerhebung nicht so lange zugewartet hat, dass sich der Arbeitgeber in seinem Verhalten darauf eingerichtet hat und darauf einrichten durfte, der Arbeitnehmer habe sich – trotz des Unwirksamkeitsgrundes – mit seiner Entlassung abgefunden[7]. Ähnliches gilt für den Fall, dass der Arbeitnehmer zunächst lediglich die außerordentliche Kündigung seines Arbeitsverhältnisses durch den Arbeitgeber, nicht aber die zugleich hilfsweise erklärte ordentliche Kündigung angegriffen hat[8].

3. Darlegungs- und Beweislast

137 Die Verteilung der Darlegungs- und Beweislast im Rahmen der allgemeinen Feststellungsklage richtet sich nach dem allgemein zu § 4 Satz 1 KSchG Gesagten, s. Rz. 93 ff. Insbesondere hat bei der Rüge der fehlenden Schriftform der Kündigung gem. § 623 BGB der Arbeitgeber darzulegen sowie zu beweisen, dass die geforderte Form durch ihn eingehalten worden ist[9].

---

1 BAG 10.1.1956 – 3 AZR 245/54, AP Nr. 3 zu § 242 BGB – Verwirkung; 15.7.1960 – 1 AZR 191/59, AP Nr. 43 zu § 626 BGB; 5.12.1961 – 3 AZR 439/60, AP Nr. 80 zu § 242 BGB – Ruhegehalt.
2 LAG Hamm 21.11.1985 – 10 Sa 1630/84, LAGE § 13 KSchG Nr. 1; vgl. auch 25.7.1986 – 16 Sa 691/86, LAGE § 134 BGB Nr. 3; ArbG Bielefeld 22.11.1984 – 4 Ca 2338/84, ARSt 1985 Nr. 71.
3 BAG 7.3.1980 – 7 AZR 177/78, AP Nr. 54 zu § 620 BGB – Befristeter Arbeitsvertrag.
4 LAG Hess. 20.10.1999 – 13 Sa 2243/98, NZA-RR 2000, 458 (459 f.).
5 BAG 2.12.1999 – 8 AZR 890/98, AP Nr. 6 zu § 242 BGB – Prozessverwirkung.
6 BAG 11.11.1982 – 2 AZR 552/81, AP Nr. 71 zu § 620 BGB – Befristeter Arbeitsvertrag; 2.12.1999 – 3 AZR 890/98, AP Nr. 6 zu § 242 BGB – Prozessverwirkung.
7 LAG Hamm 25.7.1986 – 16 Sa 691/86, LAGE § 134 BGB Nr. 3.
8 Vgl. BAG 2.12.1999 – 8 AZR 890/98, AP Nr. 6 zu § 242 BGB – Prozessverwirkung.
9 ErfK/*Müller-Glöge*, § 623 BGB Rz. 17.

V. Änderungsschutzklage

1. Allgemeines

Das Kündigungsschutzgesetz bietet nicht nur einen weitgehenden Bestandsschutz des Arbeitsverhältnisses, sondern auch einen **Inhaltsschutz**[1]. Der Arbeitgeber kann, soweit er eine Änderung der Arbeitsbedingungen nicht im Wege des Direktionsrechts, des Widerrufs „freiwilliger" Leistungen oder durch ablösende Betriebsvereinbarung durchzusetzen vermag[2], eine Änderung des Vertragsinhalts einseitig nur durch **Änderungskündigung**[3] erreichen. Die Änderungskündigung ist, soweit das Arbeitsverhältnis des Arbeitnehmers dem KSchG unterliegt, nur nach Maßgabe von § 2 KSchG möglich. Auf die **außerordentliche Änderungskündigung** ist § 2 KSchG entsprechend anwendbar mit der Folge, dass der Arbeitnehmer den dort vorgesehenen Vorbehalt unverzüglich erklären muss[4]. 138

Bei Arbeitsverhältnissen, die **nicht dem KSchG unterliegen**, kann der Arbeitnehmer dagegen nur die Unwirksamkeit der Kündigung aus anderen Gründen rügen. Insoweit gelten die in Rz. 126 ff. dargestellten Grundsätze. 139

Die Änderungskündigung hat durch die Rechtsprechung des BAG zum **Ultima-ratio-Prinzip** bei der **Beendigungskündigung**[5] zunehmende Bedeutung erlangt. Seit der Entscheidung vom 30.5.1978[6] entspricht es ständiger Rechtsprechung des BAG, dass im Kündigungsschutzrecht allgemein der Grundsatz gilt, dass eine Beendigungskündigung, gleichgültig, ob sie auf betriebs-, personen- oder verhaltensbedingte Gründe gestützt ist, und gleichgültig, ob sie als ordentliche oder als außerordentliche Kündigung ausgesprochen wird, als äußerstes Mittel erst in Betracht kommt, wenn keine Möglichkeit zu einer anderweitigen Beschäftigung, uU auch mit schlechteren Arbeitsbedingungen, besteht. Daraus sollte allerdings – entgegen der Auffassung des BAG[7] – zugleich folgen, dass die Voraussetzungen für die soziale Rechtfertigung einer Änderungskündigung geringer anzusetzen sind als diejenigen für eine Beendigungskündigung. 140

Das **BAG** verlangt für die Wirksamkeit der Änderungskündigung nicht, dass der Arbeitgeber dem Arbeitnehmer schon vor Ausspruch der Kündigung das Änderungsangebot unterbreitet hat[8]. Der Arbeitgeber ist hierzu zwar berechtigt, aber keineswegs verpflichtet. Das Ultima-ratio-Prinzip hat nur zum Inhalt, dass er dann nicht zur Beendigungs-, sondern lediglich zur Änderungskündigung greifen darf. Die Änderungskündigung wird auch durch ein zuvor mit dem Arbeitnehmer geführtes Gespräch, in dem dieser das Angebot abgelehnt hat, idR nicht überflüssig. Je nach der Reaktion des Arbeitnehmers ist zu unterscheiden: 141

– Erklärt er sein Einverständnis mit den ihm angetragenen neuen Bedingungen, bedarf es keiner Kündigung.
– Ist der Arbeitnehmer analog § 2 KSchG vorbehaltlich der sozialen Rechtfertigung mit dem Änderungsangebot einverstanden, liegt hierin die Ablehnung des arbeit-

---

1 BAG 7.6.1973 – 2 AZR 450/72, AP Nr. 1 zu § 626 BGB – Änderungskündigung; *von Hoyningen-Huene/Linck*, § 2 KSchG Rz. 2; ausführlich *Hromadka*, NZA 1996, 1 ff.
2 Dazu ausführlich *Hromadka*, Änderung von Arbeitsbedingungen, 1989; *Hromadka*, NZA 1996, 1 ff.
3 Hierzu ausführlich *Berkowsky*, NZA-RR 2003, 449 ff.
4 BAG 9.6.1986 – 2 AZR 565/85, AP Nr. 16 zu § 2 KSchG 1969.
5 Dazu grundlegend *Preis*, Prinzipien des Kündigungsrechts, S. 254 ff.
6 BAG 30.5.1978 – 2 AZR 630/76, AP Nr. 70 zu § 626 BGB; aus jüngerer Zeit etwa BAG 3.4.2008 – 2 AZR 500/06, NZA 2008, 812 (812); 23.1.2014 – 2 AZR 372/13, NZA 2014, 895 (896).
7 BAG 12.11.1998 – 2 AZR 91/98, AP Nr. 51 zu § 2 KSchG 1969.
8 BAG 21.4.2005 – 2 AZR 132/04, AP Nr. 79 zu § 2 KSchG 1969; aA früher BAG 27.9.1984 – 2 AZR 62/83, AP Nr. 8 zu § 2 KSchG 1969.

geberseitigen Angebots auf Abschluss des Änderungsvertrages (§ 150 Abs. 2 BGB), verbunden mit der Ankündigung der Erhebung einer Kündigungsschutzklage. Der Arbeitgeber muss dann die Änderungskündigung erklären, die der Arbeitnehmer der gerichtlichen Überprüfung unterziehen kann.
- Selbst wenn der Arbeitnehmer das **Änderungsangebot vorbehaltlos ablehnt**, muss der Arbeitgeber regelmäßig eine Änderungskündigung aussprechen, weil anderenfalls die Rechte des Arbeitnehmers, insbesondere seine aus § 4 Satz 1 KSchG resultierende Überlegungsfrist von drei Wochen, verkürzt würden. Nur wenn die Änderung der Arbeitsbedingungen dem Arbeitnehmer **offensichtlich unzumutbar** wäre[1] oder der Arbeitnehmer unmissverständlich zu erkennen gegeben hat, dass er unter keinen Umständen bereit sein wird, zu den geänderten Arbeitsbedingungen zu arbeiten[2], darf der Arbeitgeber sogleich zur Beendigungskündigung greifen, weil die Berufung des Arbeitnehmers auf den Vorrang der Änderungskündigung dann widersprüchlich und damit **rechtsmissbräuchlich** wäre[3].

142 Bei der Frage, welche geänderten Vertragsbedingungen beiden Seiten zumutbar sind, ist das der **Erforderlichkeitsprüfung** immanente Merkmal der **Geeignetheit** zu beachten. Ein Änderungsangebot kann daher unterbleiben, wenn nicht zu erwarten ist, dass das Arbeitsverhältnis zu den geänderten Arbeitsbedingungen nunmehr ohne Störung fortgesetzt werden kann, was namentlich bei personen- und verhaltensbedingten Kündigungen in Betracht zu ziehen ist[4]. Darüber hinaus sind die Grenzen des Verhältnismäßigkeitsprinzips hinsichtlich der Wahl milderer Mittel zu beachten. Dem Arbeitgeber können nur solche milderen Mittel zur Vermeidung der Kündigung auferlegt werden, die zu ergreifen ihm rechtlich und tatsächlich möglich sind. Grenzen können insoweit durch kollektive Mitbestimmungsrechte, durch Gesetz oder durch Rechte Dritter gezogen werden.

2. Begriffsbestimmung

143 Eine Änderungskündigung iSv. § 2 KSchG liegt dann vor, wenn der Arbeitgeber dem Arbeitnehmer das Arbeitsverhältnis kündigt und im Zusammenhang mit der Kündigung die Fortsetzung des Arbeitsverhältnisses zu geänderten Arbeitsbedingungen anbietet. Ausgehend von dieser gesetzlichen Definition enthält die Änderungskündigung zwei Elemente: die Kündigung des Arbeitsverhältnisses und das Angebot auf Fortsetzung zu geänderten Arbeitsbedingungen.

a) Kündigung

144 Die Änderungskündigung ist eine echte Kündigung des bestehenden Arbeitsverhältnisses. Es muss seitens des Arbeitgebers eindeutig erklärt werden, dass das Arbeitsverhältnis **beendet** werden soll, falls das Fortsetzungsangebot nicht angenommen wird[5]. Wird lediglich ein Änderungsangebot ohne Kündigungserklärung unterbreitet, so liegt keine Änderungskündigung, sondern nur ein Angebot zu einer Vertragsänderung vor[6], das der Arbeitnehmer mit der Folge der Weiterbeschäftigung zu unveränderten Bedingungen ablehnen kann. Unzulässig ist es insbesondere, nur einzelne Bedingungen des Arbeitsvertrages zu kündigen, um auf diese Weise eine Veränderung

---

1 BAG 21.9.2006 – 2 AZR 607/05, NZA 2007, 431 (433 f.).
2 Vgl. BAG 7.12.2000 – 2 AZR 391/99, AP Nr. 113 zu § 1 KSchG 1969 – Betriebsbedingte Kündigung.
3 BAG 21.4.2005 – 2 AZR 132/04, AP Nr. 79 zu § 2 KSchG 1969; 21.4.2005 – 2 AZR 244/04, AP Nr. 80 zu § 2 KSchG 1969.
4 BAG 27.9.1984 – 2 AZR 62/83, AP Nr. 8 zu § 2 KSchG 1969.
5 BAG 12.1.1961 – 2 AZR 171/59, AP Nr. 10 zu § 620 BGB; 30.5.1980 – 7 AZR 215/78, AP Nr. 8 zu § 611 BGB – Arzt-Krankenhaus-Vertrag.
6 *von Hoyningen-Huene/Linck*, § 2 KSchG Rz. 13.

V. Änderungsschutzklage

der Arbeitsbedingungen zu erreichen[1]. Der Arbeitgeber muss, wenn er sich keinen Widerruf der entsprechenden Zusage im Arbeitsvertrag vorbehalten hat, den **ganzen Vertrag kündigen** und dem Arbeitnehmer zugleich das Angebot zum Abschluss eines neuen Vertrages, der die entsprechende Klausel nicht mehr enthält, unterbreiten. Diese Änderung unterliegt dann wieder dem Inhaltsschutz nach § 2 KSchG.

b) Änderungsangebot

Als zweiter Bestandteil der Änderungskündigung muss das Angebot zur Fortsetzung des Arbeitsverhältnisses unter geänderten Bedingungen hinzukommen, das wegen § 623 BGB ebenso wie die Kündigung der Schriftform bedarf[2]. Es muss eindeutig und so konkret formuliert sein, dass der Arbeitnehmer es mit einem einfachen „Ja" annehmen kann[3]. Das BAG verlangt nicht, dass der Arbeitgeber ein Angebot auf unbefristete Weiterbeschäftigung abgibt[4]. Vielmehr kann die **nachträgliche Befristung** eines zunächst auf unbestimmte Zeit eingegangenen Arbeitsverhältnisses nicht nur im Vergleichswege[5], sondern auch im Wege der Änderungskündigung erfolgen.

145

Die Änderung der Arbeitsbedingungen ist allerdings u.a. dann unwirksam, wenn die Befristung nicht aus sachlichen Gründen iSv. § 14 Abs. 1 TzBfG gerechtfertigt ist[6]. Insbesondere ist es unzulässig, ein bislang unbefristetes Arbeitsverhältnis zu kündigen, um im unmittelbaren Anschluss hieran mit dem Arbeitnehmer einen (nur) nach § 14 Abs. 2 TzBfG befristeten Arbeitsvertrag abzuschließen, weil eine solche Befristung wegen der Anschlussverbote des § 14 Abs. 2 Satz 2 TzBfG unwirksam wäre[7]. Vergleichbares gilt für alle anderen Arbeitsbedingungen. Soll mit einer Änderungskündigung ein Vertragsinhalt erreicht werden, der gegen Gesetz, Tarifvertrag oder Betriebsvereinbarung verstößt (zB Einführung einer tarifwidrigen Arbeitszeitgestaltung), so ist die Änderungskündigung eo ipso sozialwidrig und damit unwirksam[8].

146

c) Zusammenhang von Kündigung und Änderungsangebot

§ 2 Satz 1 KSchG normiert, dass die Kündigung im Zusammenhang mit dem Änderungsangebot erfolgt. Dies ist möglich, wenn die Kündigung **unbedingt** ausgesprochen wird. Jedoch wird auch anerkannt, dass den gesetzlichen Erfordernissen Genüge getan ist, wenn die Kündigung unter der **Bedingung** erfolgt, dass der Arbeitnehmer die vorgeschlagene Änderung der Arbeitsbedingungen nicht annimmt.

147

Im Gesetz ist die Frage der zeitlichen Abfolge von Kündigungserklärung und Änderungsangebot nicht geregelt. Werden beide Elemente der Änderungskündigung gleichzeitig ausgesprochen, so liegt der vom Gesetz geforderte Zusammenhang klar vor[9]. Keinesfalls soll das Änderungsangebot der Kündigungserklärung nachfolgen kön-

148

---

1 BAG 7.10.1982 – 2 AZR 455/80, AP Nr. 5 zu § 620 BGB – Teilkündigung; MünchArbR/*Berkowsky*, § 120 Rz. 9.
2 BAG 16.9.2004 – 2 AZR 628/03, AP Nr. 78 zu § 2 KSchG 1969.
3 BAG 10.9.2009 – 2 AZR 822/07, NZA 2010, 333 (335).
4 BAG 25.4.1996 – 2 AZR 609/95, AP Nr. 78 zu § 1 KSchG 1969 – Betriebsbedingte Kündigung unter Aufgabe von BAG 17.5.1984 – 2 AZR 109/83, AP Nr. 21 zu § 1 KSchG 1969 – Betriebsbedingte Kündigung; bestätigt in BAG 20.11.1997 – 2 AZR 631/96, AP Nr. 1 zu § 18 GVG; 8.7.1998 – 7 AZR 308/97, AP Nr. 201 zu § 620 BGB – Befristeter Arbeitsvertrag.
5 Dazu BAG 24.1.1996 – 7 AZR 496/95, AP Nr. 179 zu § 620 BGB – Befristeter Arbeitsvertrag.
6 BAG 25.4.1996 – 2 AZR 609/95, AP Nr. 78 zu § 1 KSchG 1969 – Betriebsbedingte Kündigung; 20.11.1997 – 2 AZR 631/96, AP Nr. 1 zu § 18 GVG; 8.7.1998 – 7 AZR 308/97, AP Nr. 201 zu § 620 BGB – Befristeter Arbeitsvertrag.
7 *Fischermeier*, NZA 2000, 737 (740); *Rolfs*, NZA 1996, 1134 (1135).
8 BAG 18.12.1997 – 2 AZR 709/96, AP Nr. 46 zu § 2 KSchG 1969; 10.2.1999 – 2 AZR 422/98, AP Nr. 52 zu § 2 KSchG 1969.
9 BAG 10.12.1975 – 4 AZR 41/75, AP Nr. 90 zu §§ 22, 23 BAT.

nen[1]. Infolge der gesetzlich eingeräumten Überlegungsfrist kann auch ein bis zum Beginn der Kündigungsfrist **nachfolgendes Angebot** nicht berücksichtigt werden[2]. Der Arbeitgeber kann hingegen das Änderungsangebot bereits vor Ausspruch der Kündigung abgeben. Er hat bei Kündigungsausspruch dann klarzustellen, dass sein Änderungsangebot aufrechterhalten bleibt[3].

d) Arten der Änderungskündigung

149 Das Gesetz differenziert in § 2 KSchG nicht hinsichtlich einer ordentlichen und außerordentlichen Kündigung. Seinem Wortlaut nach findet § 2 KSchG auf die **ordentliche Änderungskündigung** Anwendung. Der Arbeitgeber spricht die Beendigungskündigung unter Einhaltung der einschlägigen ordentlichen Kündigungsfrist aus. Nach allgemeiner Ansicht ist § 2 KSchG auch auf die **außerordentliche Änderungskündigung** entsprechend anzuwenden[4]. Das BAG hat im Wege richterlicher Rechtsfortbildung diese Anwendungsmöglichkeit bejaht[5] mit der Folge, dass auch die gegen eine außerordentliche schriftliche Änderungskündigung gerichtete Klage nach Maßgabe von § 4 Satz 1, § 13 Abs. 1 KSchG der dreiwöchigen Klagefrist unterliegt, und zwar auch für Arbeitnehmer außerhalb des Anwendungsbereichs des KSchG (§ 23 Abs. 1 Satz 2 KSchG)[6].

3. Reaktionen des Arbeitnehmers

a) Ablehnung des Änderungsangebotes

150 Der Arbeitnehmer kann das Änderungsangebot (ausdrücklich oder konkludent) ablehnen. In diesem Fall steht nur noch die **Beendigungskündigung** im Raum. Diese kann unter den allgemeinen Voraussetzungen des § 1 KSchG zur gerichtlichen Überprüfung gestellt werden. Der Arbeitnehmer wird im Obsiegensfalle zu den alten Arbeitsbedingungen weiterbeschäftigt. Verliert er hingegen den Prozess, so bedeutet dies den endgültigen Verlust seines Arbeitsplatzes.

b) Annahme des Änderungsangebotes ohne Vorbehalt

151 Der Arbeitnehmer kann das Änderungsangebot des Arbeitgebers ohne Vorbehalt annehmen. Welcher Zeitraum ihm hierfür zur Verfügung steht, hängt davon ab, ob der Arbeitgeber eine **Annahmefrist** gesetzt hat oder nicht: Hat der Arbeitgeber eine solche Frist ausdrücklich oder konkludent bestimmt (§ 148 BGB), muss der Arbeitnehmer sich innerhalb dieser erklären. Ansonsten erlischt das Angebot. Allerdings muss die vom Arbeitgeber gesetzte Frist mindestens drei Wochen betragen (§ 2 Satz 2 KSchG). Ist sie kürzer bemessen, verlängert sie sich kraft Gesetzes auf drei Wochen[7]. Hat der Arbeitgeber keine Frist gesetzt, muss der Arbeitnehmer die Annahme, wenn die Kün-

---

1 BAG 10.12.1975 – 4 AZR 41/75, AP Nr. 90 zu §§ 22, 23 BAT; *von Hoyningen-Huene/Linck*, § 2 KSchG Rz. 25.
2 *Stahlhacke/Preis/Vossen*, Rz. 1288; *von Hoyningen-Huene/Linck*, § 2 KSchG Rz. 25; *KDZ/Zwanziger*, § 2 KSchG Rz. 123.
3 BAG 27.9.1984 – 2 AZR 62/83, AP Nr. 8 zu § 2 KSchG 1969; 30.11.1989 – 2 AZR 197/89, AP Nr. 53 zu § 102 BetrVG 1972.
4 BAG 7.6.1973 – 2 AZR 450/72, AP Nr. 1 zu § 626 BGB – Änderungskündigung; 17.5.1984 – 2 AZR 161/83, AP Nr. 3 zu § 55 BAT; 19.6.1986 – 2 AZR 565/85, AP Nr. 16 zu § 2 KSchG 1969; 27.3.1987 – 7 AZR 790/85, AP Nr. 20 zu § 2 KSchG 1969.
5 BAG 17.5.1984 – 2 AZR 161/83, AP Nr. 3 zu § 55 BAT.
6 BAG 28.6.2007 – 6 AZR 873/06, NZA 2007, 972 (973); 28.10.2010 – 2 AZR 688/09, NZA-RR 2011, 155.
7 BAG 18.5.2006 – 2 AZR 230/05, NZA 2006, 1092 (1093); 1.2.2007 – 2 AZR 44/06, NZA 2007, 925 (926f.).

digungsfrist weniger als drei Wochen beträgt, innerhalb der Kündigungsfrist, ansonsten innerhalb von drei Wochen erklären[1]. Nach bisheriger Rechtsprechung[2] konnte die Annahmeerklärung auch durch konkludentes Handeln erfolgen, indem der Mitarbeiter widerspruchslos weiterarbeitete, wenn sich die neuen Bedingungen unmittelbar auf das Arbeitsverhältnis auswirkten und die Frist des § 2 Satz 2 KSchG abgelaufen war. Ob dies auch nach der neueren Ansicht des BAG weiter gelten kann, ist offen. Innerhalb der Überlegungsfrist muss dem Arbeitgeber auch die Angebotsannahme zugehen. Bei vorbehaltloser Annahme **besteht** das **Arbeitsverhältnis** dann zu den veränderten Bedingungen des Änderungsangebotes **fort**.

c) Annahme des Änderungsangebotes unter Vorbehalt

Der Arbeitnehmer hat auch die Möglichkeit, das Änderungsangebot unter dem Vorbehalt anzunehmen, dass die Änderung der Arbeitsbedingungen sozial nicht ungerechtfertigt ist. Der Vorbehalt bewirkt, dass der durch die Annahme zustande gekommene Änderungsvertrag unter die **rückwirkende auflösende Bedingung** gerichtlich festzustellender Sozialwidrigkeit der Änderung der Arbeitsbedingungen gestellt wird. Hat der Arbeitnehmer die Änderungskündigung unter dem Vorbehalt des § 2 KSchG angenommen und Änderungsschutzklage erhoben, so kann er diesen Vorbehalt nicht mehr einseitig zurücknehmen und eine Kündigungsschutzklage nach Maßgabe des § 4 Satz 1 KSchG führen[3]. Im Einzelnen gestaltet sich das Verfahren wie folgt: 152

Ist dem Arbeitnehmer die Änderungskündigung des Arbeitgebers zugegangen, so steht ihm eine bestimmte Überlegungsfrist zu, innerhalb derer er den in § 2 KSchG vorgesehenen Vorbehalt erklären muss. Bei der **ordentlichen Kündigung** entspricht diese Erklärungsfrist der geltenden Kündigungsfrist, sie beträgt jedoch maximal drei Wochen. Entscheidend für die Fristwahrung ist der Zugang der Vorbehaltserklärung (§ 130 BGB). Bei der **außerordentlichen Änderungskündigung** muss der Arbeitnehmer den Vorbehalt unverzüglich (ohne schuldhaftes Zögern, § 121 Abs. 1 Satz 2 BGB) erklären[4]. Die Vorbehaltserklärung ist an keine bestimmte Form gebunden, Wert zu legen ist aber auf einen eindeutigen Erklärungsinhalt. Insbesondere ist wohl davon auszugehen, dass die Fortsetzung des Arbeitsverhältnisses zu den geänderten Vertragsbedingungen nicht als konkludente Erklärung des Vorbehalts genügt, weil hierin zumindest nach älterer Rechtsprechung des BAG vielmehr die widerspruchslose Hinnahme der Änderungskündigung zu erblicken sein soll[5] (s. hierzu schon Rz. 151). 153

Der Vorbehalt ist auch dann wirksam, wenn er sich **nur aus der Änderungsschutzklage ergibt** und diese rechtzeitig erhoben, jedoch erst nach Ablauf der gem. § 2 Satz 2 KSchG einschlägigen Frist dem Arbeitgeber zugestellt wird. Zwar handelt es sich bei der Vorbehaltserklärungsfrist des § 2 Satz 2 KSchG und der Klagefrist des § 4 KSchG um zwei unterschiedliche Fristen, die nicht nur unterschiedlich lang sein können, sondern auch unterschiedliche Erklärungshandlungen des Arbeitnehmers erfordern. Während es für die Rechtzeitigkeit der Änderungsschutzklage auf den rechtzeitigen Eingang des Klageantrags bei Gericht ankommt, ist der Vorbehalt dem Arbeitgeber gegenüber zu erklären, so dass auch ihm gegenüber die Frist zu wahren ist. § 270 Abs. 3 ZPO, der die rechtzeitige Erhebung der Klage zur Fristwahrung genügen lässt, wenn diese „demnächst" zugestellt wird, findet jedoch nicht nur dann Anwendung, wenn 154

---

1 BAG 18.5.2006 – 2 AZR 230/05, NZA 2006, 1092 (1093).
2 BAG 20.5.1976 – 2 AZR 202/75, AP Nr. 4 zu § 305 BGB; 19.6.1986 – 2 AZR 565/85, AP Nr. 16 zu § 2 KSchG 1969; 27.3.1987 – 7 AZR 790/85, AP Nr. 20 zu § 2 KSchG 1969.
3 LAG Köln 6.12.2001 – 6 Sa 874/01, NZA-RR 2003, 82 (83).
4 BAG 19.6.1986 – 2 AZR 565/85, AP Nr. 16 zu § 2 KSchG 1969; 27.3.1987 – 7 AZR 790/85, AP Nr. 20 zu § 2 KSchG 1969.
5 BAG 19.6.1986 – 2 AZR 565/85, AP Nr. 16 zu § 2 KSchG 1969; 27.3.1987 – 7 AZR 790/85, AP Nr. 20 zu § 2 KSchG 1969.

zur Wahrung der Frist gerade eine Klageerhebung oder eine Prozesshandlung erforderlich ist, was bei der Vorbehaltserklärung nach § 2 Satz 2 KSchG nicht der Fall ist[1]. Nach der neueren Rechtsprechung des BGH zu § 167 ZPO entfaltet die Zustellung der gerichtlichen Klage nun auch für materiell-rechtliche Willenserklärungen Rückwirkung[2]. Ihr hat sich das BAG mittlerweile sowohl für den Sonderkündigungsschutz schwerbehinderter Menschen[3] als auch das Anti-Diskriminierungsrecht[4] angeschlossen, so dass sie auch auf § 2 Satz 2 KSchG zu übertragen ist[5].

155 Ist die Vorbehaltsfrist verstrichen und hat der Arbeitnehmer bereits zu den geänderten Arbeitsbedingungen weitergearbeitet, so muss diesem Verhalten konkludent die Erklärung einer **vorbehaltlosen** Annahme des Änderungsangebotes entnommen werden mit der Folge, dass mit Ablauf der Frist ein **Arbeitsvertrag zu den geänderten Arbeitsbedingungen** zustande kommt. Dieser geänderte Vertrag kann vom Arbeitnehmer nicht mehr dadurch in Frage gestellt werden, dass dem Arbeitgeber erst nach Ablauf der Vorbehaltsfrist eine Änderungsschutzklage zugestellt wird, die erstmals einen Vorbehalt gegen die Änderung der Arbeitsbedingungen enthält. Eine derartige Erklärung geht angesichts des bereits unbedingt zustande gekommenen Änderungsvertrages ins Leere[6]. Versäumt der Arbeitnehmer also die rechtzeitige Erklärung des Vorbehalts, so ist eine gleichwohl erhobene Änderungsschutzklage **unbegründet**. In vergleichbarer Weise erlischt ein rechtzeitig erklärter Vorbehalt, wenn der Arbeitnehmer die Änderungsschutzklage zurücknimmt[7].

4. Klagefrist, Streitgegenstand und Klageantrag

a) Bei Ablehnung des Änderungsangebotes

156 Lehnt der Arbeitnehmer das Änderungsangebot ausdrücklich oder konkludent, insbesondere dadurch ab, dass er nach Ablauf der Kündigungsfrist nicht weiterarbeitet, so geht er das Risiko des Verlustes des Arbeitsplatzes ein. Im Raum steht in einem solchen Fall nämlich nur noch die **Beendigungskündigung** des Arbeitgebers, die der Arbeitnehmer nach den allgemeinen Regeln (s. Rz. 3 ff.) zur gerichtlichen Überprüfung stellen kann.

b) Bei Annahme des Änderungsangebotes

157 Hat der Arbeitnehmer das Änderungsangebot des Arbeitgebers rechtzeitig (ausdrücklich oder konkludent) **angenommen**, so kommt eine Beendigung des Arbeitsverhältnisses nicht mehr in Betracht. Zu klären ist nur noch, ob die alten oder die neuen Arbeitsbedingungen gelten. Zu diesem Zweck muss der Arbeitnehmer **innerhalb von drei Wochen** Änderungsschutzklage (§§ 2, 4 Satz 2 KSchG) erheben. Hinzuweisen ist insbesondere darauf, dass die Frist **mit Zugang der schriftlichen Änderungskündigung** – und nicht etwa erst mit der Erklärung oder dem Zugang des Vorbehalts – beginnt. Der Arbeitnehmer muss also in zweifacher Hinsicht aktiv werden: Er muss in-

---

1 BAG 4.11.1969 – 1 AZR 141/69, NJW 1970, 583; 17.6.1998 – 2 AZR 336/97, AP Nr. 49 zu § 2 KSchG 1969.
2 BGH 17.7.2008 – I ZR 109/05, BGHZ 177, 319 (324 ff.); 25.6.2014 – VIII ZR 10/14, NJW 2014, 2568 (2569).
3 BAG 23.2.2010 – 2 AZR 659/08, NZA 2011, 411 (412). Danach genügt es, dass der Arbeitnehmer seine Schwerbehinderung in der fristgerecht erhobenen Kündigungsschutzklage offenbart, auch wenn diese erst nach Ablauf der Drei-Wochen-Frist dem Arbeitgeber zugestellt wird. Allerdings zitiert das BAG in seiner Begründung § 167 ZPO nicht.
4 BAG 22.4.2014 – 8 AZR 662/13, NZA 2014, 924 (925 f.).
5 *Nägele/Gertler*, NZA 2010, 1377 (1378); aA *Gehlhaar*, NZA-RR 2011, 169 (173 f.).
6 BAG 17.6.1998 – 2 AZR 336/97, AP Nr. 49 zu § 2 KSchG 1969.
7 LAG Schl.-Holst. 20.1.2005 – 4 Sa 428/04, NZA-RR 2005, 248 (249 f.).

V. Änderungsschutzklage

nerhalb der durch § 2 Satz 2 KSchG bestimmten Frist dem Arbeitgeber gegenüber den Vorbehalt erklären und innerhalb der dreiwöchigen Frist des § 4 KSchG Änderungsschutzklage erheben. Versäumt er eine der beiden Fristen, ist die Klage **unbegründet**, es sei denn, die Unwirksamkeit der Änderungskündigung ergäbe sich aus einem der Gründe, die nicht innerhalb der Klagefrist des § 4 Satz 1 KSchG gerichtlich geltend gemacht werden müssen (Rz. 126 ff.).

Streitgegenstand der Änderungsschutzklage ist die Sozialwidrigkeit der Änderung der Arbeitsbedingungen oder deren Rechtsunwirksamkeit aus anderen Gründen, ganz allgemein also deren Wirksamkeit. Vom Wortlaut des § 4 Satz 2 KSchG teilweise abweichend nimmt das **BAG** an, dass bei Annahme des Änderungsangebots unter Vorbehalt Streitgegenstand der Änderungsschutzklage nicht die Wirksamkeit der ausgesprochenen Kündigung, sondern die Geltung der geänderten Arbeitsbedingungen sei[1]. Auswirkungen hat dies insbesondere für den Fall, dass der Arbeitgeber eine „überflüssige" Änderungskündigung ausgesprochen hat, weil er berechtigt war, den Inhalt des Arbeitsverhältnisses auch ohne Kündigung (zB im Wege des Direktionsrechts, § 106 GewO) zu verändern. Dann erweist sich seine Änderungskündigung zwar als nicht erforderlich und damit unwirksam. Die Änderungsschutzklage ist gleichwohl abzuweisen, weil die geänderten Arbeitsbedingungen kraft der arbeitgeberseitigen Weisung (in die die unwirksame Kündigung ggf. nach § 140 BGB umzudeuten ist) Geltung beanspruchen[2].

158

Der **Klageantrag** ist entsprechend dem Wortlaut des § 4 Satz 2 KSchG zu formulieren:

159

Formulierungsbeispiel:

Es wird festgestellt, dass die Änderung der Arbeitsbedingungen im Zusammenhang mit der Änderungskündigung vom ... – zugegangen am ... – sozial ungerechtfertigt oder aus anderen Gründen rechtsunwirksam ist.

5. Rechtslage nach Ende des Änderungsschutzprozesses

Obsiegt der Arbeitnehmer mit seiner Klage, so gilt die Änderung der Arbeitsbedingungen gem. § 8 KSchG als von Anfang an rechtsunwirksam. Der Arbeitgeber muss den Arbeitnehmer so stellen, als ob die Änderungskündigung nicht erfolgt wäre. Für die Zukunft bedeutet dies, dass er ihn zu den Arbeitsbedingungen weiterbeschäftigen muss, die bis zur Änderungskündigung gegolten haben. In der Zwischenzeit eingetretene Änderungen müssen rückgängig gemacht werden, soweit dies tatsächlich noch möglich ist. Ist der Arbeitnehmer bspw. durch die Änderungskündigung auf einen anderen Arbeitsplatz mit geringerem Lohn versetzt worden, muss er nicht nur sofort auf seinen alten Arbeitsplatz zurückgelassen werden, sondern ihm muss auch die Entgeltdifferenz nachgezahlt werden, die während der Dauer des Änderungsschutzprozesses aufgelaufen ist[3].

160

Unterliegt der Arbeitnehmer, so ist zu differenzieren: Hat er den in § 2 KSchG vorgesehenen Vorbehalt erklärt, wird der Vorbehalt wirkungslos. Es bleibt bei den neuen Arbeitsbedingungen. Dies gilt auch dann, wenn das Unterliegen auf einer Versäumung der Klagefrist des § 7 KSchG beruht oder die Klage wirksam zurückgenommen

161

---

1 BAG 26.8.2008 – 1 AZR 353/07, NZA-RR 2009, 300 (301); 19.7.2012 – 2 AZR 25/11, NZA 2012, 1038 (1039).
2 BAG 26.1.2012 – 2 AZR 102/11, NZA 2012, 856; 19.7.2012 – 2 AZR 25/11, NZA 2012, 1038 (1039); vgl. auch BAG 29.9.2011 – 2 AZR 523/10, NZA 2012, 628 (630).
3 Vgl. *von Hoyningen-Huene/Linck*, § 2 KSchG Rz. 209.

wird (§ 269 ZPO). Hat der Arbeitnehmer der Änderung der Arbeitsbedingungen widersprochen, endet das Arbeitsverhältnis zu dem durch den Ablauf der Kündigungsfrist bestimmten Zeitpunkt.

VI. Weiterbeschäftigungsantrag

162 Der Kündigungsschutzprozess ermöglicht nur eine **nachträgliche Wirksamkeitskontrolle**. Auch wenn das ArbGG in seinem § 9 Abs. 1 Satz 1 als obersten allgemeinen Verfahrensgrundsatz die Beschleunigung des Verfahrens anordnet und § 61a ArbGG in Kündigungsverfahren nochmals eine besondere Prozessförderungspflicht des Gerichts statuiert, sind die Gerichte für Arbeitssachen häufig nicht in der Lage, über das Kündigungsschutzbegehren noch innerhalb der Kündigungsfrist zu entscheiden. Dies führt dazu, dass der Arbeitnehmer aufgrund der Kündigung zunächst aus dem Arbeitsverhältnis ausscheiden muss. Deshalb wird das primäre Ziel des KSchG, bei Unbegründetheit der Kündigung die Weiterbeschäftigung des Arbeitnehmers an seinem alten Arbeitsplatz zu ermöglichen, regelmäßig nicht erreicht.

163 Dieser Entwicklung zu begegnen dient das Institut der **Weiterbeschäftigung**, auf die ein Anspruch entweder aus § 102 Abs. 5 BetrVG (bzw. § 79 Abs. 2 BPersVG und den entsprechenden Vorschriften der Personalvertretungsgesetze der Länder) oder als sog. allgemeiner Weiterbeschäftigungsanspruch aus dem allgemeinen Persönlichkeitsrecht des Arbeitnehmers (Art. 1 Abs. 1, 2 Abs. 1 GG) folgen kann.

1. Materiell-rechtliche Grundlagen

a) Betriebsverfassungsrechtlicher Weiterbeschäftigungsanspruch

164 Gem. § 102 Abs. 5 BetrVG muss der Arbeitgeber den Arbeitnehmer bis zum rechtskräftigen Abschluss des Rechtsstreits bei unveränderten Arbeitsbedingungen weiterbeschäftigen, wenn der Betriebsrat einer ordentlichen Kündigung frist- und ordnungsgemäß widersprochen und der Arbeitnehmer nach dem Kündigungsschutzgesetz Klage auf Feststellung erhoben hat, dass das Arbeitsverhältnis durch die Kündigung nicht aufgelöst ist. Der Weiterbeschäftigungsanspruch endet mit dem rechtskräftigen Abschluss des Prozesses. Obsiegt der Arbeitnehmer, muss der Arbeitgeber ihn ohnehin zu unveränderten Bedingungen weiterbeschäftigen; unterliegt er, ist die Kündigung wirksam und das Weiterbeschäftigungsverhältnis endet.

165 Der Weiterbeschäftigungsanspruch ist an mehrere **Voraussetzungen** gebunden:

166 – Dem Arbeitnehmer muss **ordentlich gekündigt** worden sein. Der Weiterbeschäftigungsanspruch greift nicht ein, wenn dem Arbeitnehmer außerordentlich gekündigt worden ist, und zwar auch dann nicht, wenn die außerordentliche Kündigung nicht fristlos, sondern unter Gewährung einer sozialen Auslauffrist erfolgt ist. Kündigt der Arbeitgeber fristlos, **hilfsweise fristgerecht**, so vermag auch dies den Weiterbeschäftigungsanspruch nicht auszulösen, weil die primär erklärte Kündigung eine außerordentliche ist, bei der der Anspruch nicht besteht[1].

167 – Der Betriebsrat muss der Kündigung **frist- und ordnungsgemäß widersprochen** haben. Widerspruchsfrist für den Betriebsrat ist bei der – hier allein in Betracht kommenden – ordentlichen Kündigung eine Woche (§ 102 Abs. 2 Satz 1 BetrVG) seit der Unterrichtung durch den Arbeitgeber. Ordnungsgemäß ist der Widerspruch nur, wenn in dem Widerspruchsschreiben die Widerspruchsgründe durch Angabe von konkreten Tatsachen erläutert werden. Die bloß formelhafte Wiederholung

---
1 LAG Hess. 28.5.1973 – 7 Sa 292/73, EzA § 102 BetrVG 1972 – Beschäftigungspflicht Nr. 1; LAG Hamm 18.5.1982 – 11 Sa 311/82, DB 1982, 1679.

der in § 102 Abs. 3 BetrVG abstrakt genannten gesetzlichen Widerspruchsgründe genügt demgegenüber nicht[1]. Erforderlich ist ferner, dass die vom Betriebsrat zur Begründung seines Widerspruchs genannten Gründe es möglich erscheinen lassen, dass einer der in § 102 Abs. 3 BetrVG genannten Widerspruchsgründe vorliegt, ohne dass dies jedoch ohne Weiteres einleuchtend zu sein braucht (arg. e. § 102 Abs. 5 Nr. 3 BetrVG)[2]. Zu verlangen ist insoweit, dass die vom Betriebsrat angeführten Tatsachen zusammen mit anderen Tatsachen einen Widerspruchsgrund ergeben können. Die vom Betriebsrat vorgebrachten Tatsachen müssen als Teil der schlüssigen Darlegung des Widerspruchsgrundes denkbar und geeignet sein, dem Arbeitgeber und ggf. den Arbeitsgerichten die Nachprüfung zu ermöglichen, ob der vom Betriebsrat angeführte Widerspruchsgrund tatsächlich gegeben ist. Der **Beschluss** muss vom Betriebsrat ordnungsgemäß gefasst und dem Arbeitgeber **schriftlich mitgeteilt** worden sein[3].

– Die gesetzlichen **Widerspruchsgründe** des § 102 Abs. 3 BetrVG beziehen sich überwiegend auf die soziale Auswahl des Arbeitnehmers im Falle einer betriebsbedingten Kündigung (§ 1 Abs. 3 KSchG). So kann der Betriebsrat der Kündigung widersprechen, wenn der Arbeitgeber bei der Auswahl der zu kündigenden Arbeitnehmer soziale Gesichtspunkte nicht oder nicht ausreichend berücksichtigt hat, wenn die Kündigung gegen eine Auswahlrichtlinie iSd. § 95 BetrVG verstößt, wenn der zu kündigende Arbeitnehmer an einem anderen Arbeitsplatz im selben Betrieb oder in einem anderen Betrieb des Unternehmens weiterbeschäftigt werden kann oder die Weiterbeschäftigung nach zumutbaren Umschulungs- oder Fortbildungsmaßnahmen möglich ist. Auf den Ultima-ratio-Grundsatz hebt demgegenüber § 102 Abs. 3 Nr. 5 BetrVG ab, wenn er den Widerspruch unter der Voraussetzung zulässt, dass eine Weiterbeschäftigung des Arbeitnehmers unter geänderten Vertragsbedingungen möglich ist und der Arbeitnehmer sein Einverständnis hiermit erklärt hat. Stützt der Betriebsrat jedoch seinen Widerspruch auf die fehlerhafte soziale Auswahl, so hat er die seiner Meinung nach nicht berücksichtigten sozialen Gesichtspunkte konkret darzulegen sowie die weniger schutzbedürftigen Arbeitnehmer so genau zu benennen bzw. deren Merkmale so detailliert zu bestimmen, dass deren Identität sich für den Arbeitgeber erschließen lässt[4]. 168

– **Kein Widerspruchsgrund** ist demgegenüber das Fehlen dringender betrieblicher Erfordernisse[5], also die Behauptung des Betriebsrats, der betroffene Arbeitsplatz fiele gar nicht weg; ebenso wenig der Mangel von Gründen in der Person oder dem Verhalten des Arbeitnehmers. Ebenso wenig genügt der Hinweis auf Personalengpässe, wenn der Arbeitgeber die entsprechenden Arbeiten durch einen auf werkvertraglicher Basis arbeitenden Subunternehmer erledigen lässt[6]. 169

– Ferner muss der Arbeitnehmer **den Kündigungsschutz des KSchG genießen**. Er muss also in einem Betrieb beschäftigt sein, in dem regelmäßig mehr als zehn (übergangsweise fünf) Arbeitnehmer beschäftigt werden, und sein Arbeitsverhältnis muss zum Zeitpunkt des Wirksamwerdens der Kündigung in diesem Betrieb oder dem Unternehmen bereits mindestens sechs Monate bestanden haben. 170

– Der Arbeitnehmer muss ferner **binnen drei Wochen** nach Zugang der schriftlichen Kündigung **Klage** auf Feststellung erhoben haben, dass das Arbeitsverhältnis durch die Kündigung nicht aufgelöst ist. Zweifelhaft ist, ob es gegen das Verbot wider- 171

---

1 BAG 17.6.1999 – 2 AZR 608/98, AP Nr. 11 zu § 102 BetrVG 1972 – Weiterbeschäftigung; LAG Nds. 22.8.1975 – 7a (3) Sa 80/75, DB 1975, 1898; LAG Hamburg 29.10.1975 – 5 Sa 92/75, BB 1976, 184; LAG Düsseldorf 5.1.1976 – 9 Sa 1604/75, DB 1976, 1065; LAG Nürnberg 17.8.2004 – 6 Sa 439/04, NZA-RR 2005, 255 (256 f.).
2 *Fitting*, § 102 BetrVG Rz. 106; Richardi/*Thüsing*, § 102 BetrVG Rz. 213.
3 Richardi/*Thüsing*, § 102 BetrVG Rz. 95.
4 BAG 9.7.2003 – 5 AZR 305/02, AP Nr. 14 zu § 102 BetrVG 1972 – Weiterbeschäftigung.
5 APS/*Koch*, § 102 BetrVG Rz. 193; aA ArbG Rheine 23.12.1981 – 1 Sa 19/81, BB 1982, 431.
6 BAG 11.5.2000 – 2 AZR 54/99, AP Nr. 13 zu § 102 BetrVG 1972 – Weiterbeschäftigung.

sprüchlichen Verhaltens (venire contra factum proprium, § 242 BGB) verstößt, wenn der Arbeitnehmer gleichzeitig den Weiterbeschäftigungsantrag nach § 102 Abs. 5 BetrVG und den Auflösungsantrag nach § 9 KSchG stellt. Die hM bejaht die Widersprüchlichkeit mit der Folge, dass der Weiterbeschäftigungsantrag zurückgewiesen werden muss[1].

172 – Letztlich muss der Arbeitnehmer **deutlich erkennbar die vorläufige Weiterbeschäftigung verlangen**. Bis zu welchem Zeitpunkt dieses Verlangen geltend gemacht werden muss, ist derzeit unsicher. Während das BAG ursprünglich keine Frist setzen wollte[2], hat es mittlerweile ausdrücklich offen gelassen, ob es an dieser Rechtsprechung festzuhalten beabsichtigt[3]. Ausreichend ist es aber jedenfalls, wenn die Weiterbeschäftigung am ersten Arbeitstag nach Ablauf der Kündigungsfrist erfolgt, weil dadurch dem Zweck des Gesetzes, die kontinuierliche Beschäftigung des Arbeitnehmers während des laufenden Kündigungsrechtsstreits zu sichern, Genüge getan ist[4].

173 Der Weiterbeschäftigungsanspruch besteht nicht nur bei einer ordentlichen Beendigungs-, sondern auch bei einer **Änderungskündigung**. Unbestritten ist dies jedoch nur für den Fall, dass der Arbeitnehmer das Änderungsangebot ablehnt, weil er nur in diesem Fall Klage auf Feststellung erheben kann, dass das Arbeitsverhältnis durch die Kündigung nicht aufgelöst ist (§ 102 Abs. 5 Satz 1 BetrVG, § 4 Satz 1 KSchG). Die herrschende Auffassung in der Literatur steht auf dem Standpunkt, dass, wenn der Arbeitnehmer das Änderungsangebot **unter Vorbehalt angenommen** hat, er (nur) mit einer Änderungsschutzklage gegen die Kündigung vorgehen kann, ein Weiterbeschäftigungsanspruch zu unveränderten Arbeitsbedingungen jedoch nicht existiert. Der Arbeitnehmer müsse dann während des Rechtsstreits die geänderten Arbeitsbedingungen hinnehmen und könne erst nach einem Obsiegen die (rückwirkende) Wiederherstellung der alten Bedingungen verlangen[5]. Das BAG hat die Frage bislang nur für den allgemeinen Weiterbeschäftigungsanspruch in diesem Sinne entschieden[6], für den betriebsverfassungsrechtlichen jedoch offen gelassen. Die von der herrschenden Meinung vertretene Auffassung erscheint jedoch sachlich gerechtfertigt, weil bei einer bloßen Änderungsschutzklage die typischen Gefahren, denen § 102 Abs. 5 BetrVG mit dem Verbleiben des Arbeitnehmers an seinem Arbeitsplatz begegnen will, nicht bestehen.

174 Im Falle **wiederholter (vorsorglicher) Kündigungen** besteht der Weiterbeschäftigungsanspruch nur, wenn und solange der Betriebsrat jeder Kündigung frist- und ordnungsgemäß widerspricht und der Arbeitnehmer jede Kündigung fristgerecht durch Klage angreift. Unterbleibt dies, endet der gegenüber der ersten Kündigung begründete Weiterbeschäftigungsanspruch mit Ablauf der Frist, die für die nicht angegriffene Kündigung gilt[7].

b) Personalvertretungsrechtlicher Weiterbeschäftigungsanspruch

175 Auch im Bereich des **öffentlichen Dienstes** ist eine Kündigung, die ohne Mitwirkung des Personalrats erfolgt, unwirksam. Freilich sind die Beteiligungsrechte des Personalrats bei der Beendigung des Arbeitsverhältnisses im Personalvertretungsgesetz des Bundes und denen der Länder unterschiedlich geregelt. Während § 79 BPersVG

---

1 ErfK/*Kania*, § 102 BetrVG Rz. 33; *Fitting*, § 102 BetrVG Rz. 107.
2 BAG 31.8.1978 – 3 AZR 989/77, AP Nr. 1 zu § 102 BetrVG 1972 – Weiterbeschäftigung.
3 BAG 17.6.1999 – 2 AZR 608/98, AP Nr. 11 zu § 102 BetrVG 1972 – Weiterbeschäftigung.
4 BAG 11.5.2000 – 2 AZR 54/99, AP Nr. 13 zu § 102 BetrVG 1972 – Weiterbeschäftigung.
5 ErfK/*Kania*, § 102 BetrVG Rz. 32; *Fitting*, § 102 BetrVG Rz. 13.
6 BAG 18.1.1990 – 2 AZR 183/89, AP Nr. 27 zu § 2 KSchG 1969.
7 LAG Düsseldorf 19.8.1977 – 16 Sa 471/77, DB 1977, 1952.

eine Regelung enthält, die weitgehend der Bestimmung des § 102 BetrVG entspricht, enthalten die Landespersonalvertretungsgesetze mehrerer Länder echte Mitbestimmungsrechte[1].

Für den **Bereich des Bundes** regelt § 79 Abs. 2 BPersVG den Weiterbeschäftigungsanspruch in Anlehnung an die Bestimmung des § 102 Abs. 5 BetrVG, so dass auf die Ausführungen zu dieser Bestimmung verwiesen werden kann (s. Rz. 164 ff.). 176

c) Allgemeiner Weiterbeschäftigungsanspruch

Der betriebsverfassungs- bzw. personalvertretungsrechtliche Weiterbeschäftigungsanspruch allein vermag das Problem, dass ein gekündigter Arbeitnehmer uU erst lange Zeit nach Ablauf der Kündigungsfrist ein rechtskräftiges Urteil über die Unwirksamkeit der Kündigung erlangen und damit seine Weiterbeschäftigung durchsetzen kann, nicht sachgerecht zu lösen. Denn er setzt nicht nur voraus, dass in dem Betrieb überhaupt ein Betriebsrat existiert, sondern auch, dass dieser der Kündigung ordnungsgemäß widersprochen hat. Dies erfolgt jedoch verhältnismäßig selten. Der Arbeitnehmer, der in einem solchen Falle die Unwirksamkeit der Kündigung rügen will, steht mit Blick auf seinen Beschäftigungsanspruch weitgehend schutzlos. 177

Das BAG hat in der grundlegenden Entscheidung vom 27.2.1985 einen **allgemeinen Weiterbeschäftigungsanspruch** entwickelt und sich dabei zunächst auf seine ständige Rechtsprechung zum Beschäftigungsanspruch des Arbeitnehmers im **ungekündigten** Arbeitsverhältnis bezogen. Dieser ist bereits seit Mitte der 1950er Jahre anerkannt[2]. 178

Der Große Senat des BAG folgerte hieraus, dass auch außerhalb der Regelung der § 102 Abs. 5 BetrVG, § 79 Abs. 2 BPersVG der gekündigte Arbeitnehmer einen arbeitsvertragsrechtlichen Anspruch auf vertragsgemäße Beschäftigung über den Ablauf der Kündigungsfrist oder bei einer fristlosen Kündigung über deren Zugang hinaus **bis zum rechtskräftigen Abschluss des Kündigungsprozesses** haben muss, wenn die Kündigung unwirksam ist und überwiegende schutzwerte Interessen des Arbeitgebers einer solchen Beschäftigung nicht entgegenstehen. Außer im Falle einer offensichtlich unwirksamen Kündigung begründe die Ungewissheit über den Ausgang des Kündigungsprozesses ein schutzwertes Interesse des Arbeitgebers an der Nichtbeschäftigung des gekündigten Arbeitnehmers für die Dauer des Kündigungsprozesses. Dieses überwiege idR das Beschäftigungsinteresse des Arbeitnehmers bis zu dem Zeitpunkt, in dem im Kündigungsprozess ein die Unwirksamkeit der Kündigung feststellendes Urteil ergeht. Solange ein solches Urteil bestehe, könne die Ungewissheit des Prozessausgangs für sich allein ein überwiegendes Gegeninteresse des Arbeitgebers nicht mehr begründen. Hinzukommen müssten dann vielmehr zusätzliche Umstände, aus denen sich im Einzelfall ein überwiegendes Interesse des Arbeitgebers ergibt, den Arbeitnehmer nicht zu beschäftigen[3]. 179

Der allgemeine Weiterbeschäftigungsanspruch greift nicht nur dann ein, wenn um die Wirksamkeit einer Kündigung gestritten wird. Vielmehr hat das BAG ihn auf **alle Bestandsstreitigkeiten**, insbesondere also auch den Streit um die **Wirksamkeit einer Be-** 180

---

1 Zum PersVG Rh.-Pf. vgl. BAG 27.2.1997 – 2 AZR 513/96, AP Nr. 1 zu § 82 LPVG Rh.-Pf.; zum PersVG MV BAG 20.1.2000 – 2 AZR 65/99, AP Nr. 56 zu § 2 KSchG 1969; zum LPVG NW BAG 21.7.2005 – 6 AZR 498/04, AP Nr. 5 zu § 72a LPVG NW; zu Art. 34 des Staatsvertrages „Rundfunk Berlin-Brandenburg" BAG 27.10.2005 – 6 AZR 27/05, NZA 2006, 808.
2 BAG 10.11.1955 – 2 AZR 591/54, AP Nr. 2 zu § 611 BGB – Beschäftigungspflicht.
3 BAG 27.2.1985 – GS 1/84, AP Nr. 14 zu § 611 BGB – Beschäftigungspflicht.

fristung oder auflösenden Bedingung ausgeweitet[1]. Bei einer **Änderungskündigung** findet er dagegen keine Anwendung[2].

2. Klageverfahren

a) Anspruch des Arbeitnehmers

181 Der Arbeitnehmer kann im Kündigungsschutz- oder sonstigen Bestandsrechtsstreit das Begehren auf Weiterbeschäftigung mit dem Hauptantrag im Wege der sog. **Anspruchshäufung** (objektive Klagehäufung, § 260 ZPO) verbinden oder ihn als **uneigentlichen Hilfsantrag** unter der Bedingung stellen, dass seinem Begehren in der Hauptsache entsprochen wird[3].

182 Eine **isolierte** Klage, mit der der allgemeine Weiterbeschäftigungsanspruch geltend gemacht wird, ist möglich, weil nach der Rechtsprechung des BAG dieser ausnahmsweise auch schon vor einem stattgebenden Urteil bestehen kann, wenn nämlich die Kündigung offensichtlich unwirksam ist. Das Gericht wird in einem solchen Falle das Verfahren jedoch gem. § 148 ZPO bis zur Erhebung der Kündigungsschutzklage **aussetzen**. Auch der betriebsverfassungsrechtliche Weiterbeschäftigungsanspruch kann durch isolierte Klage geltend gemacht werden, diese ist allerdings mit Blick auf die materiell-rechtlichen Voraussetzungen des § 102 Abs. 5 BetrVG (bzw. § 79 Abs. 2 BPersVG) nur schlüssig, wenn neben der Erhebung des Widerspruchs durch den Betriebs-(bzw. Personal-)Rat auch die rechtzeitige Klageerhebung gegen die Kündigung nach dem KSchG behauptet wird. Das BAG erwägt überdies, das Weiterbeschäftigungsverlangen nur zuzulassen, wenn es spätestens mit dem Auslaufen der Kündigungsfrist gestellt worden ist. Bei einem später gestellten Antrag könne der Normzweck, dass einerseits der Arbeitnehmer dem Betrieb nicht entfremdet wird und andererseits der Arbeitgeber alsbald disponieren kann, nicht mehr erreicht werden[4].

183 Zweifelhaft ist, wie der **Antrag** zu formulieren ist, weil er, um zulässig zu sein, einen vollstreckungsfähigen Inhalt haben muss. Vielfach entsprechen die Arbeitsgerichte dem Antrag, den Kläger „zu unveränderten Bedingungen" bis zum rechtskräftigen Abschluss des Rechtsstreits weiter zu beschäftigen. Dies kann allerdings zur Folge haben, dass dann im Vollstreckungsverfahren nach § 888 ZPO Streit über den Inhalt der bisherigen Arbeitsbedingungen auftaucht. Da der Inhalt des Weiterbeschäftigungsanspruchs im Vollstreckungsverfahren jedoch nicht geklärt werden kann[5], muss der Antrag auf Festsetzung des Zwangsgeldes dann zurückgewiesen und der Arbeitnehmer auf ein erneutes streitiges Verfahren verwiesen werden, um einen neuen Titel mit vollstreckungsfähigem Inhalt zu erstreiten[6].

184 Daher ist schon im Erkenntnisverfahren vom Kläger so zu beantragen und vom Gericht so zu tenorieren, dass im Vollstreckungsverfahren kein Streit über den Inhalt der Beschäftigungspflicht des Arbeitgebers entstehen kann. Rechtsprechung und herr-

---

1 BAG 13.6.1985 – 2 AZR 410/84, AP Nr. 19 zu § 611 BGB – Beschäftigungspflicht.
2 BAG 18.1.1990 – 2 AZR 183/89, AP Nr. 27 zu § 2 KSchG 1969; LAG Köln 31.3.2000 – 4 Sa 1568/99, NZA-RR 2001, 531 (533); aA ArbG Hamburg 17.9.2009 – 17 Ca 179/09, NZA-RR 2010, 139 (141 f.).
3 *Stahlhacke/Preis/Vossen*, Rz. 2269.
4 BAG 17.6.1999 – 2 AZR 608/98, AP Nr. 11 zu § 102 BetrVG 1972 – Weiterbeschäftigung.
5 LAG Nürnberg 17.3.1993 – 7 Ta 170/92, LAGE § 888 ZPO Nr. 28; LAG Schl.-Holst. 6.9.2012 – 1 Ta 142/12, NZA-RR 2013, 101 (102).
6 Vgl. LAG Rh.-Pf. 30.3.1987 – 1 Ta 51/87, NZA 1987, 827; LAG Schl.-Holst. 6.1.1987 – 6 Ta 157/86, LAGE § 888 ZPO Nr. 10; LAG Hess. 27.11.1992 – 9 Ta 376/92, LAGE § 888 ZPO Nr. 30; LAG Hamm 21.11.1989 – 7 Ta 475/89, LAGE § 888 ZPO Nr. 20; LAG Berlin 17.5.1993 – 9 Ta 141/92, LAGE § 626 BGB Nr. 72; LAG Köln 24.10.1995 – 13 (5) Ta 245/95, NZA-RR 1996, 108.

VI. Weiterbeschäftigungsantrag

schende Lehre lassen es hierfür jedoch genügen, wenn im Antrag und im Tenor neben den „bisherigen Arbeitsbedingungen" die bisherige Tätigkeit (das Berufsbild) konkret bezeichnet ist[1].

Danach muss der **Antrag** also richtig lauten: 185

Formulierungsbeispiel:

Der Beklagte wird verurteilt, den Kläger zu den bisherigen Bedingungen als Gebäudereiniger über den Ablauf der Kündigungsfrist weiter zu beschäftigen.

---

b) Abwehr durch den Arbeitgeber

aa) Einwendungen im Klageverfahren

Im **Klageverfahren** kann der Arbeitgeber nur mit solchen Einwendungen gehört werden, die den Weiterbeschäftigungsanspruch ausschließen, nicht hingegen mit solchen, die nach § 102 Abs. 5 Satz 2 BetrVG eine Entbindung von der Weiterbeschäftigungspflicht ermöglichen. Gegen einen **allgemeinen Weiterbeschäftigungsanspruch** kann der Arbeitgeber also einwenden, diesem stünden überwiegende schutzwerte Interessen entgegen, die im Einzelfall eine Weiterbeschäftigung bis zum rechtskräftigen Abschluss des Prozesses verböten. Gegen den auf § 102 Abs. 5 BetrVG gestützten Anspruch kann der Arbeitgeber nur geltend machen, der Betriebsrat habe der Kündigung nicht frist- oder ordnungsgemäß widersprochen, der Arbeitnehmer falle nicht unter das KSchG oder habe die Klage nicht rechtzeitig iSd. § 4 Satz 1 KSchG erhoben[2]. Diese Beschränkungen sind von erheblicher praktischer Bedeutung, weil der Arbeitgeber, der den Weiterbeschäftigungsanspruch nicht erfüllt, selbst dann nach § 615 Satz 1 BGB Annahmeverzugslohn schuldet, wenn sich die Kündigung als rechtswirksam erweist, er also im Kündigungsschutzprozess letztlich obsiegt[3]. 186

bb) Antrag auf Erlass einer einstweiligen Verfügung

Im Übrigen, also wenn der Arbeitgeber gegenüber dem auf § 102 Abs. 5 BetrVG gestützten Anspruch geltend machen will, dass einer der Entbindungstatbestände des Satzes 2 dieser Vorschrift vorliegt, ist er auf das dort genannte Verfahren der einstweiligen Verfügung zu verweisen. In diesem muss der Arbeitgeber **glaubhaft machen** (§ 294 ZPO), dass 187

– die Kündigungsschutzklage nach der im Verfügungsverfahren gebotenen vorläufigen Prüfung **keine hinreichende Aussicht auf Erfolg** hat oder sogar **mutwillig** erscheint. Dabei hat das Arbeitsgericht das gesamte tatsächliche Vorbringen des Arbeitgebers – nicht nur die Widerspruchsgründe des Betriebsrats – zu berücksichtigen und seiner Entscheidung denselben Maßstab zugrunde zu legen, der bei der 188

---

1 BAG 15.4.2009 – 3 AZB 93/08, NZA 2009, 917 (919); LAG Hess. 27.11.1992 – 9 Ta 376/92, LAGE § 888 ZPO Nr. 30; LAG Schl.-Holst. 6.9.2012 – 1 Ta 142/12, NZA-RR 2013, 101 (102); noch großzügiger Hauck/Helml/Biebl/*Helml*, § 46 ArbGG Rz. 40 („zu den bisherigen Arbeitsbedingungen"); strenger LAG Rh.-Pf. 3.2.2005 – 2 Ta 23/05, NZA-RR 2005, 550 (551).
2 BAG 15.3.2001 – 2 AZR 141/00, AP Nr. 46 zu § 4 KSchG 1969; LAG Düsseldorf 30.8.1977 – 8 Sa 505/77, DB 1977, 2382; ArbG Düsseldorf 27.9.1983 – 1 Ga 77/83, DB 1984, 618; MünchArbR/*Wank*, § 99 Rz. 31.
3 BAG 17.6.1999 – 2 AZR 608/98, AP Nr. 11 zu § 102 BetrVG 1972 – Weiterbeschäftigung; 11.5.2000 – 2 AZR 54/99, AP Nr. 13 zu § 102 BetrVG 1972 – Weiterbeschäftigung.

Prüfung des Antrags auf Prozesskostenhilfe (§ 114 ZPO, dazu Teil 5 B Rz. 45ff.) Anwendung findet[1];

189 – die **Weiterbeschäftigung des Arbeitnehmers** zu einer **unzumutbaren wirtschaftlichen Belastung** führen würde. Dabei genügt es nicht, dass der Arbeitgeber den Arbeitnehmer nicht mehr benötigt, denn das ist bei jeder betriebsbedingten Kündigung der Fall. Die wirtschaftlichen Belastungen müssen vielmehr so erheblich sein, dass Auswirkungen für die Liquidität oder Wettbewerbsfähigkeit des Unternehmens nicht von der Hand zu weisen sind[2]. Daraus folgt, dass dieser Entbindungstatbestand praktisch vor allem bei der Kündigung einer größeren Zahl von Arbeitnehmern (Massenentlassung) in Betracht komm[t3];

190 – der Widerspruch des Betriebsrats aus rechtlichen oder tatsächlichen Gründen **offensichtlich unbegründet** ist. Unbegründet ist der Widerspruch zumeist, wenn auch die Klage des Arbeitnehmers in der Hauptsache wenig Erfolg verspricht, weil die Widerspruchsgründe überwiegend auf die fehlerhafte Sozialauswahl bei der betriebsbedingten Kündigung nach § 1 Abs. 3 KSchG bezogen sind. Offensichtlichkeit verlangt, dass es einer Beweiserhebung (die nach § 294 Abs. 2 ZPO ohnehin nur durch präsente Beweismittel zulässig wäre) nicht bedarf.

191 Die weiteren Voraussetzungen des § 935 ZPO für den Erlass einer einstweiligen Verfügung brauchen nicht vorzuliegen[4]. In dringenden Fällen kann eine Entscheidung **ohne mündliche Verhandlung** ergehen (§ 937 Abs. 2 ZPO), in aller Regel aber auch dann – abweichend von § 944 ZPO – nicht ohne Beteiligung der ehrenamtlichen Richter[5]. Die Entbindung des Arbeitgebers von der Weiterbeschäftigung wirkt (lediglich) ex nunc rechtsgestaltend auf das Arbeitsverhältnis ein und entbindet den Arbeitgeber nicht von der Pflicht, den Arbeitnehmer bis zum Erlass der Entscheidung zu beschäftigen und zu entlohnen[6].

192 Der **Antrag** lautet:

Formulierungsbeispiel:

Der Antragsteller wird im Wege der einstweiligen Verfügung von der Verpflichtung zur Weiterbeschäftigung des Antragsgegners entbunden.

---

3. Vorläufiger Rechtsschutz

193 Sowohl der allgemeine als auch der betriebsverfassungsrechtliche Weiterbeschäftigungsanspruch können nicht nur im Wege der Klage, sondern unter den Voraussetzungen der §§ 935, 940 ZPO auch im Verfahren der **einstweiligen Verfügung** geltend gemacht werden[7].

194 Der **allgemeine Weiterbeschäftigungsanspruch** ist dabei **vor** Erlass eines der Kündigungsschutzklage stattgebenden Instanzurteils materiell-rechtlich jedoch nur gegeben, wenn entweder die Kündigung offensichtlich unwirksam ist oder besondere Gründe in der Person des Arbeitnehmers vorliegen, die eine Weiterbeschäftigung gebieten. Letzteres kann insbesondere dann in Betracht kommen, wenn – wie bei Künst-

---

1 ArbG Stuttgart 5.4.1993 – 6 Ga 26/93, ArbuR 1993, 222; *Fitting*, § 102 BetrVG Rz. 118; Münch-ArbR/*Wank*, § 99 Rz. 36; Richardi/*Thüsing*, § 102 BetrVG Rz. 244.
2 LAG Hamburg 16.5.2001 – 4 Sa 33/01, NZA-RR 2002, 25 (27 ff.).
3 ErfK/*Kania*, § 102 BetrVG Rz. 39.
4 Richardi/*Thüsing*, § 102 Rz. 250.
5 Vgl. für das Beschlussverfahren BAG 28.8.1991 – 7 ABR 72/90, AP Nr. 2 zu § 85 ArbGG 1979.
6 BAG 7.3.1996 – 2 AZR 432/95, AP Nr. 9 zu § 102 BetrVG 1972 – Weiterbeschäftigung.
7 Ausführlich *Reidel*, NZA 2000, 454 ff.; *Schrader*, BB 2012, 445 ff.; ferner LAG Nds. 18.11.1994 – 3 Sa 1697/94, NZA 1995, 1176; aA ArbG Köln 9.5.1996 – 8 Ga 80/96, NZA-RR 1997, 186 (187).

VI. Weiterbeschäftigungsantrag

lern oder Sportlern – die ständige Ausübung des Berufs zur Wahrung der Leistungs- und Wettbewerbsfähigkeit des Arbeitnehmers zwingend erforderlich ist[1]. **Nach** der erstinstanzlichen Entscheidung fehlt es für einen im Wege der einstweiligen Verfügung verfolgten Weiterbeschäftigungsantrag am Verfügungsgrund, weil der Arbeitnehmer die Möglichkeit hatte, den Antrag im gewöhnlichen Klageverfahren mit der Kündigungsschutzklage zu verbinden[2].

Zur Durchsetzung des **betriebsverfassungsrechtlichen Weiterbeschäftigungsanspruchs** im Verfahren der einstweiligen Verfügung muss der Arbeitnehmer alle Voraussetzungen des § 102 Abs. 5 Satz 1 BetrVG glaubhaft machen (§ 294 ZPO), dazu gehört auch die Glaubhaftmachung eines ordnungsgemäßen, frist- und formgerecht erhobenen Widerspruchs des Betriebsrats[3]. Ob die Darlegung der Dringlichkeit als **Verfügungsgrund** überhaupt notwendig ist, ist umstritten[4], aber wohl zu bejahen.

195

Die **Vollstreckung** des Weiterbeschäftigungsanspruchs richtet sich nach § 888 ZPO, wobei es jedoch unzulässig ist, gegen den Arbeitgeber für jeden Tag der Nichterfüllung der Beschäftigungspflicht ein Zwangsgeld festzusetzen[5].

196

Der **Antrag** lautet:

197

Formulierungsbeispiel:

Dem Antragsgegner wird aufgegeben, bei Meidung eines vom Gericht festzusetzenden Zwangsgeldes bzw. der vom Gericht festzusetzenden Zwangshaft den Antragsteller bis zum rechtskräftigen Abschluss des Kündigungsschutzverfahrens zu unveränderten Bedingungen als Kraftfahrzeugmechaniker weiter zu beschäftigen.

Der Arbeitnehmer hat jedoch nach § 61 Abs. 2 ArbGG darüber hinaus die Möglichkeit, im Wege des **unechten Hilfsantrages** (Anspruchshäufung gem. § 260 ZPO) den Arbeitgeber zur Zahlung einer Entschädigung für den Fall verurteilen zu lassen, dass er den Arbeitnehmer nicht innerhalb einer bestimmten Frist weiterbeschäftigt[6]. Die Zwangsvollstreckung nach § 888 ZPO ist in diesem Falle ausgeschlossen, ebenso wie umgekehrt der Antrag nach § 61 Abs. 2 ArbGG nicht mehr verfolgt werden kann, wenn über den Antrag des Gläubigers zur Zwangsvollstreckung aus § 888 ZPO rechtskräftig positiv entschieden worden ist[7].

198

Der **Antrag** lautet dann:

199

Formulierungsbeispiel:

1. Dem Antragsgegner wird aufgegeben, die Antragstellerin bis zum rechtskräftigen Abschluss des Kündigungsschutzverfahrens zu unveränderten Bedingungen als Bankkauffrau weiter zu beschäftigen.

---

1 Zu eng dagegen LAG Hamm 18.2.1998 – 3 Sa 297/98, NZA-RR 1998, 422 (422).
2 LAG Köln 18.8.2000 – 12 Ta 189/00, NZA-RR 2001, 387 (387f.).
3 LAG Düsseldorf 26.6.1980 – 3 Sa 242/80, DB 1980, 2043.
4 Bejahend zB LAG Berlin 15.9.1980 – 12 Sa 42/80, DB 1980, 2449; aA LAG Hamburg 14.9.1992 – 2 Sa 50/92, NZA 1993, 141; Übersicht über die Rechtsprechung der Instanzgerichte bei *Reidel*, NZA 2000, 454 (461).
5 LAG München 11.9.1993 – 2 Ta 214/93, LAGE § 888 ZPO Nr. 34.
6 GMP/*Germelmann*, § 61 ArbGG Rz. 28; vgl. BAG 24.11.2004 – 10 AZR 169/04, AP Nr. 12 zu § 61 ArbGG 1979.
7 LAG Berlin 12.3.1999 – 2 Sa 3/98, NZA-RR 2000, 43.

> 2. Kommt der Antragsgegner der Verpflichtung zur Weiterbeschäftigung der Antragstellerin nicht innerhalb von fünf Arbeitstagen nach Zustellung der Entscheidung nach, wird er verurteilt, an die Antragstellerin eine Entschädigung in Höhe von 2 000 Euro zu zahlen.

200 Die **Höhe der Entschädigung** wird vom Gericht nach freiem Ermessen bestimmt (§ 61 Abs. 2 ArbGG). Es hat sie im Urteil zahlenmäßig genau festzusetzen[1]. Bei dem Entschädigungsanspruch nach § 61 Abs. 2 ArbGG handelt es sich um einen normalen Schadensersatzanspruch, der grundsätzlich zu beziffern ist[2].

201 Nur wenn die Schätzung des dem Arbeitnehmer durch die Nichtbeschäftigung erwachsenden Schadens schwer fällt (dieser Schaden ist nicht mit dem Entgeltanspruch gleichzusetzen, der ja bei obsiegendem Urteil im Kündigungsschutzprozess nach § 615 BGB bestehen bleibt), kann der Antragsteller wie in den Fällen des § 287 ZPO von einer Bezifferung absehen oder einen **Mindestbetrag** nennen[3]. Dann aber sind in der Klagebegründung im Einzelnen die Tatsachen anzugeben, die eine Berechnung bzw. Schätzung ermöglichen.

4. Darlegungs- und Beweislast

202 Für die Darlegungs- und Beweislast hinsichtlich des **allgemeinen Weiterbeschäftigungsanspruchs** gelten keine Besonderheiten, soweit der Arbeitnehmer diesen klageweise gemeinsam mit der Kündigungsschutz- oder sonstigen Bestandsschutzklage geltend macht. Aus dem seinem Begehren insoweit stattgebenden Urteil folgt ohne Weiteres zugleich die Begründetheit seines Weiterbeschäftigungsverlangens. Will der Arbeitgeber für den Fall seines – vorläufigen – Unterliegens im Kündigungsprozess dem Weiterbeschäftigungsanspruch entgegentreten, trifft ihn die Darlegungs- und Beweislast dafür, dass seine schutzwerten Interessen an der Abwehr der Beschäftigung den widerstreitenden Interessen des Arbeitnehmers, die durch das stattgebende Instanzurteil eine erste Bestätigung erfahren haben, überwiegen. Insoweit beruft er sich also auf einen Ausnahmetatbestand, den er nach allgemeinen Regeln darzutun und im Streitfalle zu beweisen hat[4].

203 Macht dagegen der Arbeitnehmer seinen Weiterbeschäftigungsanspruch isoliert, insbesondere im Wege der **einstweiligen Verfügung**, schon vor Erlass eines erstinstanzlichen Urteils im Kündigungsprozess geltend, trifft ihn die Darlegungs- und Beweislast dafür, dass die Kündigung offensichtlich unwirksam ist oder in seiner Person besondere Gründe vorliegen, die eine Weiterbeschäftigung auch schon während des erstinstanzlichen Verfahrens gebieten[5].

204 In den Fällen des **betriebsverfassungsrechtlichen Weiterbeschäftigungsanspruchs** hat der Arbeitnehmer die Tatsachen darzulegen und zu beweisen, die den Anspruch aus § 102 Abs. 5 Satz 1 BetrVG begründen. Er muss also vortragen, dass sein Arbeitsverhältnis dem KSchG unterliegt, dieses vom Arbeitgeber ordentlich gekündigt worden ist, er gegen diese Kündigung innerhalb der Drei-Wochen-Frist des § 4 KSchG Kündigungsschutzklage erhoben hat und der Betriebsrat der Kündigung frist- und ordnungsgemäß widersprochen hat[6]. Mit dem Einwand, einer der in § 102 Abs. 5 Satz 2 BetrVG genannten Entbindungstatbestände liege vor, wird der Arbeitgeber in diesem Verfahren nicht gehört (s. Rz. 186).

---

1 GMP/*Germelmann*, § 61 ArbGG Rz. 37.
2 ErfK/*Koch*, § 61 ArbGG Rz. 4; GMP/*Germelmann*, § 61 ArbGG Rz. 31.
3 Vgl. Thomas/Putzo/*Reichold*, § 253 ZPO Rz. 12; Zöller/*Greger*, § 253 ZPO Rz. 14.
4 *Schäfer*, NZA 1985, 691 (692).
5 AA LAG Nds. 18.11.1994 – 3 Sa 1697/94, NZA 1995, 1176.
6 *Fitting*, § 102 BetrVG Rz. 106.

Behauptet der Arbeitgeber, zur Weiterbeschäftigung nach § 102 Abs. 5 Satz 2 BetrVG nicht verpflichtet zu sein, muss er dies im Verfahren der einstweiligen Verfügung geltend machen, in dem ihn die Darlegungs- und Beweislast für das Vorliegen der Entbindungstatbestände trifft. Allerdings braucht der Arbeitgeber hier nicht den Vollbeweis zu führen, sondern es genügt nach § 294 ZPO insoweit die **Glaubhaftmachung**, also die überwiegende Wahrscheinlichkeit[1]. 205

VII. Auflösungsantrag

§ 9 KSchG eröffnet beiden Parteien des Arbeitsvertrages die Möglichkeit, einen Antrag auf Auflösung des Arbeitsverhältnisses für den Fall zu stellen, dass der Arbeitnehmer mit seiner Kündigungsschutzklage obsiegt[2]. Hinter dieser Regelung steht der Gedanke, dass ein Arbeitsverhältnis gerade durch den Kündigungsrechtsstreit so zerrüttet werden kann, dass einer oder beiden Seiten eine Weiterbeschäftigung nicht mehr zuzumuten ist. 206

Der **Arbeitnehmer** hat für seinen Auflösungsantrag darzulegen, dass ihm die Fortsetzung des Arbeitsverhältnisses nicht zumutbar ist. Der Antrag des **Arbeitgebers** ist davon abhängig, dass Gründe vorliegen, die eine den Betriebszwecken dienliche weitere Zusammenarbeit zwischen Arbeitgeber und Arbeitnehmer nicht erwarten lassen. Nur bei Geschäftsführern, Betriebsleitern und ähnlichen leitenden Angestellten, soweit diese zur selbständigen Einstellung oder Entlassung von Arbeitnehmern berechtigt sind, bedarf der Auflösungsantrag des Arbeitgebers keiner Begründung (§ 14 Abs. 2 Satz 2 KSchG). 207

In jedem Falle ist der Arbeitgeber zur Zahlung einer angemessenen **Abfindung** zu verurteilen, deren Höhe gem. § 10 Abs. 1 KSchG bis zu zwölf Monatsverdiensten beträgt. Hat der Arbeitnehmer das fünfzigste Lebensjahr vollendet und hat das Arbeitsverhältnis mindestens fünfzehn Jahre bestanden, so ist ein Betrag bis zu fünfzehn Monatsverdiensten, hat der Arbeitnehmer das fünfundfünfzigste Lebensjahr vollendet und hat das Arbeitsverhältnis mindestens zwanzig Jahre bestanden, so ist gem. § 10 Abs. 2 KSchG ein Betrag bis zu achtzehn Monatsverdiensten festzusetzen[3]. Dabei soll das Datum der gerichtlichen Entscheidung und nicht das Datum maßgebend sein, zu dem das Arbeitsverhältnis aufgelöst wird[4]. 208

1. Auflösungsantrag des Arbeitnehmers

a) Verfahrensrechtliche Voraussetzungen

Verfahrensrechtliche Voraussetzung des Auflösungsantrags ist zunächst die **Anhängigkeit eines Kündigungsrechtsstreits**. Der Auflösungsantrag kann nicht isoliert, sondern nur im Wege des unechten Hilfsantrags (unecht, weil der Antrag nicht – wie gewöhnlich – für den Fall des Unterliegens mit dem Hauptantrag, sondern für den Fall des Obsiegens gestellt wird)[5] gemeinsam mit einer Kündigungsschutzklage gestellt werden. Zulässig ist es jedoch, wie § 9 Abs. 1 Satz 3 KSchG deutlich macht, diesen 209

---

1 Thomas/Putzo/*Reichold*, § 294 ZPO Rz. 1; Zöller/*Greger*, § 294 ZPO Rz. 1.
2 Rechtsprechungsüberblick bei *Keßler*, NZA-RR 2002, 1 ff.
3 Einzelheiten bei *Keßler*, NZA-RR 2002, 1 (11 f.); *Lingemann/Steinhauser*, NJW 2013, 3624 (3624 f.).
4 LAG Rh.-Pf. 16.12.1994 – 3 Sa 761/94, NZA 1996, 94.
5 BAG 19.12.1958 – 2 AZR 390/58, AP Nr. 1 zu § 133b GewO; 5.11.1964 – 2 AZR 15/64, AP Nr. 20 zu § 7 KSchG; APS/*Biebl*, § 9 KSchG Rz. 19.

Antrag erst im Laufe des Verfahrens zu stellen. Die Präklusionsvorschriften des ArbGG und der ZPO finden keine Anwendung[1].

b) **Materiell-rechtliche Voraussetzungen**

aa) **Unwirksamkeit der Kündigung**

210 Materiell-rechtliche Voraussetzung des Auflösungsantrags nach § 9 KSchG ist zunächst, dass das Arbeitsverhältnis nicht schon durch die Kündigung aufgelöst ist. Diese Voraussetzung ist im Falle der **ordentlichen Kündigung** jedenfalls dann erfüllt, wenn die Kündigung **sozialwidrig** iSd. § 1 KSchG ist. Zweifelhaft ist, ob der Auflösungsantrag auch dann gestellt werden kann, wenn die Kündigung **ausschließlich aus einem anderen Grunde** (vgl. Rz. 20 ff.), insbesondere wegen unterbliebener oder fehlerhafter Anhörung des Betriebsrats, unwirksam ist. Die ganz hM verneint in diesen Fällen den Auflösungsanspruch des Arbeitnehmers[2], so dass der Antrag nur dann Erfolg haben kann, wenn die Kündigung nicht nur aus diesem anderen Grunde unwirksam, sondern **auch sozialwidrig** ist[3].

211 Etwas anderes gilt kraft ausdrücklicher Anordnung in § 13 Abs. 2 KSchG nur für den Fall der **sittenwidrigen Kündigung**. Verstößt eine Kündigung gegen § 138 BGB, was voraussetzt, dass sie auf einem verwerflichen Motiv des Kündigenden beruht, wie insbesondere Rachsucht oder Vergeltung, oder wenn sie aus anderen Gründen dem Anstandsgefühl aller billig und gerecht Denkenden widerspricht[4], kann der Arbeitnehmer den Auflösungsantrag stellen, wenn er innerhalb der Drei-Wochen-Frist des § 4 KSchG gegen die Kündigung Klage erhoben hat.

212 Das **Arbeitsverhältnis** muss zum Zeitpunkt der Auflösung **noch bestehen** und darf nicht in der Zwischenzeit – etwa durch Befristung oder den Eintritt einer auflösenden Bedingung – auf andere Weise beendet worden sein.

213 Voraussetzung des Auflösungsantrags ist darüber hinaus stets, dass der Arbeitgeber eine Beendigungskündigung ausgesprochen hat. Auf **Änderungskündigungen** findet § 9 KSchG keine Anwendung, und zwar unabhängig davon, ob der Arbeitnehmer sie unter dem Vorbehalt des § 2 KSchG angenommen hat[5] oder nicht[6]. Die Auflösung kommt hier nur dann in Betracht, wenn der Arbeitnehmer das Änderungsangebot abgelehnt hat. Im **Ausbildungsverhältnis** kommt eine gerichtliche Auflösung gem. §§ 9, 10 KSchG bei Unwirksamkeit einer vom Ausbildenden ausgesprochenen Kündigung nicht in Betracht[7].

214 Bei einer **außerordentlichen Kündigung** kann nur der Arbeitnehmer, nicht aber der Arbeitgeber einen Auflösungsantrag stellen. Das folgt aus § 13 Abs. 1 Satz 3 KSchG. Eine unwirksame außerordentliche Kündigung sieht der Gesetzgeber als eine besonders schwerwiegende Pflichtverletzung des Arbeitgebers an mit der Folge, dass er ihm die Möglichkeit verwehrt, seinerseits einen Auflösungsantrag zu stellen. Daher kommt auch eine analoge Anwendung des § 9 Abs. 1 Satz 2 KSchG auf Fälle einer un-

---

1 LAG Berlin 5.5.1997 – 9 Sa 129/96, NZA-RR 1998, 116 (117); KR/*Spilger*, § 9 KSchG Rz. 20.
2 LAG Köln 17.3.1995 – 13 Sa 1379/94, NZA-RR 1996, 127 (128); *Stahlhacke/Preis/Vossen*, Rz. 2096; KDZ/*Zwanziger*, § 9 KSchG Rz. 5.
3 LAG Köln 17.3.1995 – 13 Sa 1379/94, NZA-RR 1996, 127 (128); *von Hoyningen-Huene/Linck*, § 9 KSchG Rz. 11.
4 BAG 16.2.1989 – 2 AZR 347/88, AP Nr. 46 zu § 138 BGB.
5 BAG 24.10.2013 – 2 AZR 320/13, NZA 2014, 486 (487 f.).
6 BAG 29.1.1981 – 2 AZR 1055/78, NJW 1982, 1118 (1119); 28.4.1982 – 7 AZR 1139/79, NJW 1982, 2687 (2688); 27.9.2001 – 2 AZR 176/00, NZA 2002, 1277 (1281).
7 Vgl. BAG 29.11.1984 – 2 AZR 354/83, AP Nr. 6 zu § 13 KSchG 1969; KR/*Spilger*, § 9 KSchG Rz. 14b.

VII. Auflösungsantrag

wirksam erklärten fristlosen arbeitgeberseitigen Kündigung nicht in Betracht[1]. Eine Ausnahme ist nicht einmal für den Fall zu machen, dass die ordentliche Kündigung tariflich ausgeschlossen ist[2].

bb) Unzumutbarkeit der Fortsetzung des Arbeitsverhältnisses

Weitere materiell-rechtliche Voraussetzung des Auflösungsantrags des Arbeitnehmers ist, dass ihm die Fortsetzung des Arbeitsverhältnisses nicht zuzumuten ist. Bei der Unzumutbarkeit handelt es sich um einen **unbestimmten Rechtsbegriff**, der von den Gerichten im Einzelfall zu konkretisieren ist, jedoch **keine Ermessensentscheidung** zulässt[3]. 215

Das BAG hat zur Konkretisierung früher die gleichen strengen Anforderungen angelegt, die für die außerordentliche Kündigung nach § 626 BGB Anwendung finden[4]. Diese Rechtsprechung hat das Gericht jedoch mittlerweile zu Recht aufgegeben. Während sich bei § 626 BGB die Prüfung darauf beschränkt, ob die Fortsetzung des Arbeitsverhältnisses nicht wenigstens bis zum Ablauf der Kündigungsfrist oder bis zum vereinbarten Ende zumutbar ist, muss bei § 9 Abs. 1 Satz 1 KSchG geprüft werden, ob die Fortsetzung des Arbeitsverhältnisses überhaupt, dh. **auf unbestimmte Dauer zumutbar** ist. Darin liegt ein grundlegender Unterschied, der auch unterschiedliche Beurteilungsmaßstäbe erfordert. Gründe, die zur fristlosen Kündigung berechtigen, werden allerdings regelmäßig auch solche sein, die dem Arbeitnehmer iSd. § 9 Abs. 1 Satz 1 KSchG die Fortsetzung des Arbeitsverhältnisses unzumutbar machen. 216

Beispiele: 217

Der Auflösungsantrag ist **begründet**, wenn der Arbeitgeber trotz gegenteiliger Aussagen der Vorgesetzten des Arbeitnehmers behauptet, dass dieser für bestimmte Aufgaben nicht die nötige Qualifikation besitzt[5], oder sonst leichtfertig ehrverletzende Äußerungen über den Arbeitnehmer abgibt, die die Besorgnis begründen, dieser werde bei einer Rückkehr in den Betrieb unkorrekt behandelt[6], insbesondere, wenn der Arbeitgeber den Arbeitnehmer leichtfertig und ohne zureichende Anhaltspunkte einer Straftat beschuldigt hat[7]. Ebenso kann der Arbeitnehmer die Auflösung verlangen, wenn aufgrund konkreter Umstände die Befürchtung begründet ist, der Arbeitnehmer könne im Falle einer Fortsetzung des Arbeitsverhältnisses einer unsachlichen oder schikanösen Behandlung ausgesetzt sein und müsse bei nächster Gelegenheit wieder mit einer Kündigung rechnen[8].

Dagegen reicht es nicht aus, dass der Arbeitgeber lediglich unzutreffende Tatsachenbehauptungen über die Person oder das Verhalten des Arbeitnehmers aufgestellt hat, ohne ihn dadurch zu beleidigen[9]; ebenso wenig, dass der Arbeitnehmer den Auflösungsantrag nur damit begründet, der Arbeitgeber habe sich entgegen einer früheren Ankündigung nicht um eine Weiterbeschäftigung in einem anderen Betrieb desselben Unternehmens bemüht[10], dass er inzwischen eine neue Stelle gefunden hat[11] oder bloß die – nicht durch konkrete Tatsachen substanziierte – Sorge äußert, es könne zu Spannungen mit dem Arbeitgeber oder den alten Kollegen kommen[12]. 218

1　BAG 26.10.1979 – 7 AZR 752/77, NJW 1980, 1484; 30.9.2010 – 2 AZR 160/09, NZA 2011, 349 (350).
2　BAG 30.9.2010 – 2 AZR 160/09, NZA 2011, 349 (350).
3　BAG 25.11.1982 – 2 AZR 21/81, AP Nr. 10 zu § 9 KSchG 1969.
4　BAG 5.11.1964 – 2 AZR 15/64, AP Nr. 20 zu § 7 KSchG.
5　BAG 26.11.1981 – 2 AZR 509/79, AP Nr. 8 zu § 9 KSchG 1969.
6　LAG Düsseldorf 19.11.1996 – 3 Sa 1185/96, LAGE § 626 BGB Nr. 104.
7　LAG Schl.-Holst. 25.2.2004 – 3 Sa 491/03, NZA-RR 2005, 132 (135 f.).
8　BAG 29.1.1981 – 2 AZR 1055/78, AP Nr. 6 zu § 9 KSchG 1969.
9　LAG Köln 26.1.1995 – 10 Sa 1134/94, LAGE § 9 KSchG Nr. 25.
10　LAG Hamm 14.6.1994 – 2 Sa 1975/93, LAGE § 9 KSchG Nr. 22; vgl. auch BAG 27.3.2003 – 2 AZR 9/02, AP Nr. 48 zu § 9 KSchG 1969.
11　*Stahlhacke/Preis/Vossen*, Rz. 2110.
12　LAG Köln 2.2.1987 – 2 Sa 1265/86, LAGE § 9 KSchG Nr. 5; ArbG Hamburg 29.4.1996 – 21 Ca 100/95, NZA-RR 1997, 132 (135).

Wiederholte – unwirksame – Kündigungen des Arbeitgebers begründen den Auflösungsantrag jedenfalls dann nicht, wenn sie nicht leichtfertig erklärt oder Kündigungsgründe „an den Haaren herbeigezogen" worden sind[1], ebenso wenig die unsubstanziierte Behauptung des Arbeitnehmers, der Arbeitgeber versuche, ihn aus dem Arbeitsverhältnis zu drängen[2]. Auch bloße Unfreundlichkeiten oder Unhöflichkeiten des Arbeitgebers[3] begründen den Auflösungsantrag ebenso wenig wie eine Depression infolge der arbeitgeberseitigen Kündigung[4].

c) Verfahrensfragen

219 **Klagegegner** des Auflösungsantrags ist der Arbeitgeber. Daraus folgt, dass auch im Falle des Betriebsübergangs die Klage grundsätzlich gegen den Arbeitgeber zu richten ist, der die Kündigung erklärt hat. Wird der Auflösungsantrag in einem laufenden Kündigungsschutzprozess gegen den Betriebsveräußerer allerdings erst zu einem Zeitpunkt gestellt, da der Betrieb bereits auf den Erwerber übergegangen ist, ist allein Letzterer passiv legitimiert[5]. Die **Darlegungs- und Beweislast** für die Voraussetzungen des Auflösungsantrags einschließlich der Gründe, die die Unzumutbarkeit der Fortsetzung des Arbeitsverhältnisses rechtfertigen sollen, trägt der Arbeitnehmer[6].

220 Der Auflösungsantrag lautet:

Formulierungsbeispiel:

Das Arbeitsverhältnis wird gegen Zahlung einer Abfindung, die in das Ermessen des Gerichts gestellt wird, jedoch 20 000 Euro nicht unterschreiten sollte, aufgelöst.

221 Der Zeitpunkt, zu dem das Arbeitsverhältnis aufgelöst werden soll, braucht nicht beantragt zu werden, ihn setzt das Gericht gem. § 9 Abs. 2 KSchG zu dem Zeitpunkt fest, zu dem das Arbeitsverhältnis bei sozial gerechtfertigter Kündigung geendet hätte. Das gilt auch dann, wenn der Arbeitgeber die Kündigungsfrist nicht eingehalten und der Arbeitnehmer dies im Prozess nicht gerügt hatte[7]. Im Falle der außerordentlichen Kündigung wird das Arbeitsverhältnis dagegen gem. § 13 Abs. 1 Satz 4 KSchG vom Gericht als zu dem Zeitpunkt beendet festgelegt, zu dem die außerordentliche Kündigung ausgesprochen wurde.

222 Der Arbeitgeber kann dem Auflösungsantrag – ebenso wenig wie der Kündigungsschutzklage – nicht dadurch begegnen, dass er die **Kündigung zurücknimmt**. Die Kündigung ist eine einseitige rechtsgestaltende Willenserklärung, deren Wirkungen nicht einseitig beseitigt werden können. Die Kündigungsrücknahme ist ein Angebot zum Abschluss eines neuen Arbeitsvertrages zu unveränderten Vertragsbedingungen, das der Arbeitnehmer nach allgemeinen Grundsätzen annehmen oder ablehnen kann[8]. In der Erhebung der Kündigungsschutzklage liegt keine antizipierte Annahme des Angebots[9], vielmehr ist in der Stellung des Auflösungsantrags eine **Ablehnung** zu erblicken[10].

---

1 BAG 11.7.2013 – 2 AZR 241/12, NZA 2013, 1259 (1261).
2 BAG 11.7.2013 – 2 AZR 241/12, NZA 2013, 1259 (1261).
3 LAG Köln 17.3.1995 – 13 Sa 1379/94, LAGE § 9 KSchG Nr. 24.
4 BAG 11.7.2013 – 2 AZR 241/12, NZA 2013, 1259 (1262).
5 BAG 20.3.1997 – 8 AZR 769/95, AP Nr. 30 zu § 9 KSchG 1969.
6 *Stahlhacke/Preis/Vossen*, Rz. 2111.
7 BAG 21.6.2012 – 2 AZR 694/11, NZA 2013, 199 (202).
8 BAG 19.8.1982 – 2 AZR 230/80, AP Nr. 9 zu § 9 KSchG 1969; LAG Köln 12.6.1997 – 10 Sa 1494/96, NZA 1998, 767 (768); *Fischer*, NZA 1999, 459 (460); aA LAG Köln 17.3.1995 – 13 Sa 1379/94, NZA-RR 1996, 127 (128): Rücknahme sei Anerkenntnis der Sozialwidrigkeit.
9 BAG 16.3.2000 – 2 AZR 75/99, AP Nr. 114 zu § 102 BetrVG 1972.
10 BAG 19.8.1982 – 2 AZR 230/80, AP Nr. 9 zu § 9 KSchG 1969; *Fischer*, NZA 1999, 459 (460 f.); *Thüsing*, ArbuR 1996, 245 (248).

VII. Auflösungsantrag

Der **Auflösungsantrag** selbst kann **isoliert zurückgenommen** werden, und zwar bis zum Zeitpunkt der letzten mündlichen Verhandlung in der Berufungsinstanz[1]. Das gilt selbst dann, wenn das Arbeitsgericht in erster Instanz dem Auflösungsbegehren entsprochen hatte, weil die mit dem Auflösungsurteil verbundene Gestaltungswirkung erst mit der Rechtskraft des Urteils eintritt. Eine getrennte Entscheidung des Arbeitsgerichts über den Kündigungsschutzantrag und den Auflösungsantrag durch Teilurteil ist unzulässig[2].

2. Auflösungsantrag des Arbeitgebers

a) Verfahrensrechtliche Voraussetzungen

Auch für den Auflösungsantrag des Arbeitgebers ist die **Anhängigkeit eines Kündigungsschutzprozesses** Voraussetzung. Der Antrag ist – anders als der des Arbeitnehmers – ein **echter Hilfsantrag**, weil er für den Fall des Unterliegens in der Hauptsache gestellt wird. Obsiegt der Arbeitgeber nämlich im Kündigungsschutzrechtsstreit mit seinem Hauptsachebegehren, steht die Beendigung des Arbeitsverhältnisses schon aufgrund der sozialen Rechtfertigung der Kündigung fest. Im Übrigen gelten die Ausführungen s. Rz. 209 entsprechend.

b) Materiell-rechtliche Voraussetzungen

Voraussetzung des Auflösungsantrags des Arbeitgebers ist weiterhin, dass die von ihm ausgesprochene Kündigung **sozial nicht gerechtfertigt** war. Anders als beim Antrag des Arbeitnehmers, der auch dann begründet ist, wenn zusätzlich andere Unwirksamkeitsgründe vorliegen, kann der Auflösungsantrag des Arbeitgebers nur dann Erfolg haben, wenn die Kündigung **ausschließlich am Mangel ihrer sozialen Rechtfertigung** scheitert. Jeder weitere Unwirksamkeitsgrund hindert den Erfolg des Auflösungsantrags[3].

Auch im Falle der **außerordentlichen Kündigung** ist dem Arbeitgeber die Auflösung verwehrt. § 13 Abs. 1 Satz 3 KSchG gestattet in diesem Falle nur dem Arbeitnehmer, den entsprechenden Antrag zu stellen[4].

Der Auflösungsantrag des Arbeitgebers kann nur Erfolg haben, wenn Gründe vorliegen, die eine den Betriebszwecken dienliche weitere Zusammenarbeit zwischen Arbeitgeber und Arbeitnehmer nicht erwarten lassen. Auch wenn insoweit ein **strenger Maßstab** anzulegen ist[5], können nicht die zu § 626 BGB entwickelten Grundsätze angewandt werden, weil im Rahmen von § 9 KSchG die Zumutbarkeit der Weiterbeschäftigung auf Dauer maßgeblich ist. Bei der nach § 9 Abs. 1 Satz 2 KSchG anzustellenden Vorausschau kommt es nicht wie bei der Beurteilung der Sozialwidrigkeit einer Kündigung auf den Zeitpunkt der Kündigung an.

---

1 BAG 28.4.1961 – 2 AZR 482/59, AP Nr. 8 zu § 7 KSchG.
2 LAG Rh.-Pf. 10.7.1997 – 11 Sa 1144/96, NZA 1998, 903 (904).
3 BAG 21.9.2000 – 2 AZN 576/00, AP Nr. 35 zu § 9 KSchG 1969; 28.8.2008 – 2 AZR 63/07, NZA 2009, 275 (277 ff.); 26.3.2009 – 2 AZR 879/07, NZA 2009, 679 (683 f.); 23.2.2010 – 2 AZR 554/08, NZA 2010, 1123 (1128); aA Tschöpe, FS Schwerdtner, S. 217 (227).
4 BAG 26.10.1979 – 7 AZR 752/77, AP Nr. 5 zu § 9 KSchG 1969; 26.3.2009 – 2 AZR 879/07, NZA 2009, 679 (683); LAG Nds. 10.11.1994 – 1 Sa 1132/94, LAGE § 9 KSchG Nr. 23; Tschöpe, FS Schwerdtner, S. 217 (221).
5 BVerfG 22.10.2004 – 1 BvR 1944/01, NZA 2005, 41 (42); BAG 16.5.1984 – 7 AZR 280/82, AP Nr. 12 zu § 9 KSchG 1969; 14.5.1987 – 2 AZR 294/86, AP Nr. 18 zu § 9 KSchG 1969; 24.5.2005 – 8 AZR 246/04, AP Nr. 282 zu § 613a BGB.

228 Vielmehr ist im Zeitpunkt der Entscheidung über den Auflösungsantrag zu fragen, ob in Zukunft eine den Betriebszwecken dienliche **weitere Zusammenarbeit** zu erwarten ist[1]. Auch wenn bei dem Arbeitgeber erst in diesem Zeitpunkt die begründete Besorgnis aufkommen konnte, die weitere Zusammenarbeit mit dem Arbeitnehmer sei gefährdet, ist gerade darin der Auflösungsantrag begründet[2]. Zwar kommen als Auflösungsgründe nur Umstände in Betracht, die das persönliche Verhältnis, die Wertung der Persönlichkeit des Arbeitnehmers, seiner Leistung oder seiner Befähigung für die ihm gestellten Aufgaben betreffen[3], jedoch ist **nicht erforderlich**, dass der Arbeitnehmer sie **schuldhaft** herbeigeführt hat[4]. Hierbei sind auch diejenigen Umstände, auf die der Arbeitgeber seine – erfolglose – Kündigung gestützt hat, zu berücksichtigen[5]. Entscheidend ist die objektive Lage im Zeitpunkt der letzten mündlichen Verhandlung in der Tatsacheninstanz. Wie sich aus der Entstehungsgeschichte des Gesetzes ergibt, war die Erwägung, dass es insbesondere während des Kündigungsrechtsstreits zu zusätzlichen, die Zusammenarbeit zwischen den Parteien gefährdenden Spannungen kommen könne, für die gesetzliche Regelung mitbestimmend, wenn nicht allein ausschlaggebend[6].

229 **Beispiele:**[7]

Der Auflösungsantrag ist **begründet**, wenn der Arbeitnehmer im Prozess eine falsche eidesstattliche Versicherung abgegeben[8] oder sonst ein unkorrektes Prozessverhalten an den Tag gelegt hat, um sich einen erhöhten Annahmeverzugslohn zu erschleichen[9], wenn er während des Rechtsstreits verbotswidrig Wettbewerb getrieben[10] oder durch den Bruch einer ihm obliegenden Verschwiegenheitspflicht Misstrauen gegen seine Person geschaffen hat[11], er seinen Vorgesetzten wahrheitswidrig eines strafrechtlich relevanten Angriffs auf ihn bezichtigt[12] oder das Vertrauensverhältnis zwischen einem (höheren) Angestellten und dessen Vorgesetzten so zerstört hat, dass gedeihliches Zusammenarbeiten in Zukunft nicht mehr erwartet werden kann[13]. Als Auflösungsgrund kommen ferner Beleidigungen oder sonstige ehrverletzende Äußerungen gegenüber dem Arbeitgeber oder Vorgesetzten des Arbeitnehmers in Frage[14]. Ein solcher Fall kann zB anzunehmen sein, wenn der Arbeitnehmer während des Kündigungsrechtsstreits Mitarbeitern gegenüber behauptet, der gesamte Betrieb sei „ein Sumpf von Missständen, personellen Unfähigkeiten, Betrügereien und Unehrlichkeiten"[15]. Unzutreffende Tatsachenbehauptungen, insbesondere solche, die den Tatbestand der üblen Nachrede oder gar der Verleumdung erfüllen, sind gleichfalls grundsätzlich geeignet, das Auflösungsbegehren des Arbeitgebers zu rechtfertigen[16].

---

1 BAG 24.3.2011 – 2 AZR 674/09, NZA-RR 2012, 243 (244); 11.7.2013 – 2 AZR 994/12, NZA 2014, 250 (254).
2 BAG 30.6.1959 – 3 AZR 111/58, AP Nr. 56 zu § 1 KSchG; 25.11.1982 – 2 AZR 21/81, AP Nr. 10 zu § 9 KSchG 1969; LAG Köln 19.4.2005 – 9 (6) Sa 1059/04, NZA-RR 2005, 637 (637); zu eng LAG Köln 17.1.1996 – 8 (11) Sa 768/95, NZA 1996, 1100.
3 BAG 7.3.2002 – 2 AZR 158/01, AP Nr. 42 zu § 9 KSchG 1969; 23.6.2005 – 2 AZR 256/04, AP Nr. 52 zu § 9 KSchG 1969; 11.7.2013 – 2 AZR 994/12, NZA 2014, 250 (254).
4 BAG 23.6.2005 – 2 AZR 256/04, AP Nr. 52 zu § 9 KSchG 1969; 24.3.2011 – 2 AZR 674/09, NZA-RR 2012, 243 (245).
5 BVerfG 22.10.2004 – 1 BvR 1944/01, NZA 2005, 41 (42).
6 BAG 25.11.1982 – 2 AZR 21/81, AP Nr. 10 zu § 9 KSchG 1969; 6.9.2007 – 2 AZR 264/06, NZA 2008, 636 (641); LAG Berlin 5.5.1997 – 9 Sa 129/96, NZA-RR 1998, 116 (117).
7 Weitere Einzelfälle bei *Gravenhorst*, NZA-RR 2007, 57 (58 f.); *Müller*, NZA-RR 2009, 289 (289 ff.).
8 LAG Rh.-Pf. 16.2.1996 – 10 Sa 1090/95, NZA-RR 1997, 169 (170 f.).
9 BAG 25.11.1982 – 2 AZR 21/81, AP Nr. 10 zu § 9 KSchG 1969; ähnlich BAG 23.2.2010 – 2 AZR 554/08, NZA 2010, 1123 (1125).
10 LAG Köln 21.11.1997 – 11 Sa 342/97, NZA-RR 1998, 394 (395).
11 LAG Hamm 11.3.1997 – 11 Sa 521/96, NZA-RR 1998, 114 (116).
12 LAG Hamburg 27.6.1995 – 3 Sa 114/94, LAGE § 9 KSchG Nr. 26.
13 LAG Berlin 5.5.1997 – 9 Sa 129/96, NZA-RR 1998, 116 (118).
14 BAG 23.6.2005 – 2 AZR 256/04, AP Nr. 52 zu § 9 KSchG 1969.
15 BAG 18.11.1999 – 2 AZR 903/98, AP Nr. 5 zu § 14 KSchG 1969.
16 LAG Nürnberg 13.10.1998 – 6 (4) Sa 509/97, NZA-RR 1999, 238 (239); vgl. auch BAG 23.2.2010 – 2 AZR 554/08, NZA 2010, 1123 (1125).

VII. Auflösungsantrag

Der Auflösungsantrag ist dagegen **unbegründet**, wenn der Arbeitnehmer berechtigterweise Strafanzeige gegen seinen Arbeitgeber erstattet hat[1], das beanstandete Prozessverhalten des Arbeitnehmers durch die Wahrnehmung berechtigter Interessen gedeckt ist[2] oder die beleidigende Äußerung über den Arbeitgeber lediglich in einem vertraulichen Gespräch unter Kollegen gefallen ist[3]. Ebenso vermag selbst überspitzte oder polemische unternehmensöffentliche Kritik des Arbeitnehmers an den betrieblichen Verhältnissen während des „Betriebsratswahlkampfs" den Auflösungsantrag nicht zu begründen, solange es sich nicht um Formalbeleidigungen oder Schmähkritik handelt[4]. Das Verhalten dritter Personen ist als Grund für den Auflösungsantrag des Arbeitgebers nur dann geeignet, wenn der Arbeitnehmer dieses Verhalten durch eigenes Tun entscheidend veranlasst hat[5]. Deshalb kann eine Äußerung, die der Arbeitnehmer in einem vertraulichen Gespräch mit Kollegen gemacht hat, den Auflösungsantrag nicht rechtfertigen, wenn einer der Kollegen die Vertraulichkeit aufhebt[6]. Eine Auflösung kommt ferner dann nicht in Betracht, wenn der Arbeitgeber selbst oder Personen, für deren Verhalten er nach § 278 BGB einzustehen hat, die Auflösungsgründe treuwidrig herbeigeführt haben, um eine den Betriebszwecken dienliche weitere Zusammenarbeit als aussichtslos erscheinen zu lassen[7].

230

Eine Sonderregelung trifft § 14 Abs. 2 KSchG allerdings für **Geschäftsführer, Betriebsleiter und ähnliche leitende Angestellte**, soweit sie zur selbständigen Einstellung oder Entlassung von Arbeitnehmern berechtigt sind. Bei diesen Personen, die teilweise Arbeitgeberfunktionen wahrnehmen und deshalb ein besonderes Vertrauen des Arbeitgebers genießen müssen, bedarf der Auflösungsantrag des Arbeitgebers **keiner Begründung**. Zu diesem Personenkreis gehört freilich nur derjenige, der die Einstellungs- und Entlassungsbefugnis nicht nur im Innen-, sondern auch im Außenverhältnis besitzt, und bei dem die Ausübung dieser Befugnis einen wesentlichen Teil seiner Tätigkeit ausmacht und somit seine Stellung prägt[8].

231

c) Verfahrensfragen

Die **Darlegungs- und Beweislast** für alle den Auflösungsantrag begründenden Tatsachen trägt der Arbeitgeber[9]. Dieser Last kann er nicht schon durch die bloße Bezugnahme auf die nicht ausreichenden Kündigungsgründe genügen[10]. Vielmehr muss er im Einzelnen vortragen, weshalb die unzureichenden Kündigungsgründe einer den Betriebszwecken dienlichen weiteren Zusammenarbeit zwischen ihm und dem Arbeitnehmer entgegenstehen oder welche weiteren, erst im Laufe des Prozesses eingetretenen oder bekannt gewordenen Umstände sein Begehren rechtfertigen.

232

Der Auflösungsantrag lautet:

233

Formulierungsbeispiel:

Das Arbeitsverhältnis wird gegen Zahlung einer Abfindung, die in das Ermessen des Gerichts gestellt wird, aber 5 000 Euro nicht überschreiten sollte, aufgelöst.

---

1 LAG Hamburg 27.6.1995 – 3 Sa 114/94, LAGE § 9 KSchG Nr. 26.
2 BAG 29.8.2013 – 2 AZR 419/12, NZA 2014, 660 (664); LAG Sachs. 12.4.1996 – 2 (4) Sa 102/96, NZA-RR 1997, 9 (11); *Stahlhacke/Preis/Vossen*, Rz. 2117.
3 LAG Nürnberg 13.10.1998 – 6 (4) Sa 509/97, NZA-RR 1999, 238 (239).
4 BAG 29.8.2013 – 2 AZR 419/12, NZA 2014, 660 (663).
5 BAG 14.5.1987 – 2 AZR 294/86, AP Nr. 18 zu § 9 KSchG 1969.
6 BAG 10.12.2009 – 2 AZR 534/08, NZA 2010, 698 (701).
7 BAG 15.2.1973 – 2 AZR 16/72, AP Nr. 2 zu § 9 KSchG 1969; 2.6.2005 – 2 AZR 234/04, AP Nr. 51 zu § 9 KSchG 1969; LAG Köln 16.1.1998 – 11 Sa 146/97, NZA-RR 1998, 395 (396).
8 BAG 18.11.1999 – 2 AZR 903/98, AP Nr. 5 zu § 14 KSchG 1969 zu einem Chefarzt; 18.10.2000 – 2 AZR 465/99, AP Nr. 39 zu § 9 KSchG 1969; 24.3.2011 – 2 AZR 674/09, NZA-RR 2012, 243 (244).
9 LAG Berlin 5.5.1997 – 9 Sa 129/96, NZA-RR 1998, 116 (117).
10 KR/*Spilger*, § 9 KSchG Rz. 58.

3. Beiderseitiger Auflösungsantrag

234 Stellen beide Parteien einen Auflösungsantrag, so ist dem Gericht nach wohl hM die Prüfung der materiell-rechtlichen Begründetheit dieser Anträge verwehrt, weil es kaum zu rechtfertigen wäre, das Arbeitsverhältnis in einem solchen Falle gegen den Willen beider Parteien aufrechtzuerhalten[1]. In den Anträgen liegt keine wechselseitige Anerkennung des jeweils gegnerischen Antrags, weil sehr unterschiedliche Vorstellungen über die **Höhe der Abfindung** bestehen können. Allein über diese Frage hat das Gericht noch zu entscheiden.

VIII. Wiedereinstellungsanspruch

235 Das BAG gewährt einem Arbeitnehmer, dem zwar wirksam gekündigt worden ist, weil die Kündigung im Zeitpunkt ihres Zugangs sozial gerechtfertigt war, in Bezug auf den aber die Kündigungsvoraussetzungen später entfallen sind, uU einen (materiell-rechtlichen) Wiedereinstellungsanspruch[2]. Das BAG beschränkt diesen Anspruch jedoch auf Arbeitnehmer, denen *gekündigt* worden ist; einen Anspruch auf Wiedereinstellung nach einem wirksam befristeten Arbeitsverhältnis[3] gewährt es ebenso wenig wie einen Wiedereinstellungsanspruch in der Insolvenz des Arbeitgebers[4]. Nach Ansicht des LAG Hamm soll Voraussetzung des Anspruchs darüber hinaus sein, dass der Arbeitnehmer den allgemeinen Kündigungsschutz nach dem KSchG genoss[5].

236 Danach verbleiben als praktisch bedeutsamste Fälle:
– die **Verdachtskündigung**, die sich im Nachhinein als unberechtigt erweist,
– die krankheitsbedingte Kündigung, wenn der Arbeitnehmer die Voraussetzungen für eine **positive Gesundheitsprognose** belegt[6],
– die betriebsbedingte Kündigung, wenn der Arbeitgeber (oder im Falle des Betriebsübergangs der Betriebserwerber[7]) noch während des Laufs der Kündigungsfrist eine erneute, **abweichende Organisationsentscheidung** trifft, aufgrund derer der Arbeitsplatz nun doch erhalten bleibt[8] (zu den Anspruchsvoraussetzungen näher Teil 3 E Rz. 326 ff.).

237 Dieser Wiedereinstellungsanspruch kann, wenn die Wirksamkeit der Kündigung außer Streit steht, isoliert, anderenfalls auch hilfsweise neben dem Kündigungsschutzantrag geltend gemacht werden. Die dreiwöchige **Klagefrist** des § 4 KSchG findet auf ihn keine **Anwendung**[9]. Es handelt sich um einen gewöhnlichen Leistungsantrag, der auf Abgabe einer Willenserklärung (Annahme des vom Arbeitnehmer ausgehenden

---

1 *von Hoyningen-Huene/Linck*, § 9 KSchG Rz. 74; *Stahlhacke/Preis/Vossen*, Rz. 2129; aA KR/*Spilger*, § 9 KSchG Rz. 66.
2 BAG 27.2.1997 – 2 AZR 160/96, AP Nr. 1 zu § 1 KSchG 1969 – Wiedereinstellung; 6.8.1997 – 7 AZR 557/96, AP Nr. 2 zu 1 KSchG 1969 – Wiedereinstellung; 20.8.1997 – 2 AZR 620/96, AP Nr. 27 zu § 626 BGB – Verdacht strafbarer Handlung; 4.12.1997 – 2 AZR 140/97, AP Nr. 4 zu § 1 KSchG 1969 – Wiedereinstellung; dazu *Boewer*, NZA 1999, 1121 ff., 1177 ff.; *Ricken*, NZA 1998, 460 ff.
3 BAG 20.2.2002 – 7 AZR 600/00, AP Nr. 11 zu § 1 KSchG 1969 – Wiedereinstellung.
4 BAG 13.5.2004 – 8 AZR 198/03, AP Nr. 264 zu § 613a BGB.
5 LAG Hamm 26.8.2003 – 5 (11) Sa 589/03, NZA-RR 2004, 76 (79).
6 Vgl. BAG 17.6.1999 – 2 AZR 639/98, AP Nr. 37 zu § 1 KSchG 1969 – Krankheit; 27.6.2001 – 7 AZR 662/99, AP Nr. 10 zu § 1 KSchG 1969 – Wiedereinstellung; s. *Lepke*, NZA-RR 2002, 617 ff.
7 BAG 21.8.2008 – 8 AZR 201/07, NZA 2009, 29 (33 f.).
8 Vgl. BAG 2.12.1999 – 2 AZR 757/98, AP Nr. 45 zu § 1 KSchG 1969 – Soziale Auswahl; 28.6.2000 – 7 AZR 904/98, AP Nr. 6 zu § 1 KSchG 1969 – Wiedereinstellung; *Krieger/Willemsen*, NZA 2011, 1128 ff.
9 Streitig; wie hier *Ricken*, NZA 1998, 460 (465); aA *Luke*, NZA 2005, 92 ff.

Arbeitsvertragsangebots durch den beklagten Arbeitgeber) gerichtet ist. Diese gilt gem. § 894 Abs. 1 Satz 1 ZPO mit Rechtskraft des Urteils als abgegeben[1].

Der **Antrag** lautet: 238

Formulierungsbeispiel:

Der Beklagte wird verurteilt, den Kläger mit Wirkung vom ... zu unveränderten Arbeitsbedingungen als Installateur wieder einzustellen.[2]

Der Wiedereinstellungsanspruch kann uU auch nach einem **Betriebsübergang** gegen den Erwerber geltend gemacht werden, wenn bspw. die ursprünglich geplante und die Kündigung rechtfertigende Stilllegung des Betriebes durch die Übernahme verhindert werden konnte. Insoweit bestehen, wenn die Voraussetzungen der Kündigung noch während der laufenden Kündigungsfrist entfallen sind, gegenüber dem allgemeinen Wiedereinstellungsanspruch keine Besonderheiten, sieht man davon ab, dass die Klage gegen den Betriebserwerber zu richten ist[3]. Aufgrund der Rechtsprechung des EuGH zu der § 613a BGB zugrunde liegenden Richtlinie 2001/23/EG kann aber die eigentümliche Situation eintreten, dass sich ein Ereignis, das ursprünglich nicht in den Anwendungsbereich der Vorschrift fiel, nachträglich zum Betriebsübergang entwickelt[4]. Dies kann bspw. bei der Neuvergabe eines Auftrages eintreten, wenn der neue Auftragnehmer einen nach Zahl und/oder Qualifikation wesentlichen Teil des Personals des bisherigen Auftragnehmers übernimmt und dadurch die Voraussetzungen des § 613a BGB erfüllt. Hier können den nicht übernommenen Arbeitnehmern gegen den Erwerber Ansprüche auf Fortsetzung des Arbeitsverhältnisses zu unveränderten Bedingungen zustehen[5]. 239

Das BAG hat bislang offen gelassen, innerhalb welcher Frist die Klage zu erheben ist und verlangt nur, dass der gekündigte Arbeitnehmer ihn *dem Betriebserwerber gegenüber* „unverzüglich" (§ 121 Abs. 1 BGB) erhebt[6]. Sicher dürfte aber sein, dass der Anspruch nur von denjenigen Arbeitnehmern mit Erfolg geltend gemacht werden kann, deren Kündigungsfrist beim Betriebsübergang noch nicht abgelaufen war. 240

Einen Wiedereinstellungsanspruch der Arbeitnehmer nach **betriebsbedingter Kündigung** durch den **Insolvenzverwalter verneint** das BAG[7], falls aufgrund eines Betriebsüberganges das Unternehmen doch noch gerettet wird und die Arbeitsplätze erhalten bleiben. Hier überwiege das Interesse an einer zügigen und rechtsklaren Insolvenzabwicklung gegenüber dem Interesse der Arbeitnehmer an einer Wiedereinstellung. 241

---

1 Vgl. BAG 6.8.1997 – 7 AZR 557/96, AP Nr. 2 zu § 1 KSchG 1969 – Wiedereinstellung; 2.12.1999 – 2 AZR 757/98, AP Nr. 45 zu § 1 KSchG 1969 – Soziale Auswahl.
2 Vgl. BAG 8.5.2008 – 6 AZR 517/07, NZA 2008, 1148 (1149).
3 Vgl. BAG 6.8.1997 – 7 AZR 557/96, AP Nr. 2 zu § 1 KSchG 1969 – Wiedereinstellung; 8.8.2002 – 8 AZR 583/01, NZA 2003, 315; 18.12.2003 – 8 AZR 621/02, AP Nr. 263 zu § 613a BGB; *Krieger/Willemsen*, NZA 2011, 1128 (1133).
4 Vor allem EuGH 11.3.1997 – Rs. C-13/95, AP Nr. 14 zu EWG-Richtlinie 77/187; daran anschließend BAG 22.5.1997 – 8 AZR 101/96, AP Nr. 154 zu § 613a BGB; 13.11.1997 – 8 AZR 295/95, AP Nr. 169 zu § 613a BGB; 13.11.1997 – 8 AZR 375/96, AP Nr. 170 zu § 613a BGB.
5 BAG 13.11.1997 – 8 AZR 295/95, AP Nr. 169 zu § 613a BGB.
6 BAG 12.11.1998 – 8 AZR 265/97, AP Nr. 5 zu § 1 KSchG 1969 – Wiedereinstellung.
7 BAG 13.5.2004 – 8 AZR 198/03, AP Nr. 264 zu § 613a BGB; 28.10.2004 – 8 AZR 199/04, NZA 2005, 405 (406 ff.).

IX. Entgeltklagen

242 Vergütungsansprüche des Arbeitnehmers werden im Wege der gewöhnlichen Leistungsklage geltend gemacht, für die nur wenige arbeitsrechtliche Besonderheiten gelten.

1. Bruttolohnklage

243 Der Arbeitgeber schuldet, soweit einzel- oder tarifvertraglich nicht ausdrücklich etwas anderes vereinbart ist, grundsätzlich den **Bruttolohn**[1]. Da er öffentlich-rechtlich verpflichtet ist, Steuern und Sozialversicherungsbeiträge an das Finanzamt bzw. die Krankenkasse als Einzugsstelle für den Gesamtsozialversicherungsbeitrag abzuführen, und § 266a StGB das Vorenthalten von Sozialversicherungsbeiträgen sogar mit Freiheitsstrafe bis zu fünf Jahren oder Geldstrafe bewehrt, ist er gegenüber dem Arbeitnehmer berechtigt, diese Abzüge vorzunehmen. Das ändert aber nichts daran, dass der Arbeitgeber primär den Bruttolohn schuldet, so dass auch die Lohnklage auf den **Bruttobetrag** zu richten ist[2].

244 Hat der Arbeitnehmer einen Teil des Lohns erhalten und will er lediglich den streitigen Rest geltend machen, genügt die Klage auch dann den Anforderungen des § 253 ZPO, wenn der Bruttobetrag abzüglich des gezahlten Nettoentgelts eingeklagt wird[3]. Allerdings muss die Forderung exakt beziffert werden. Der Antrag, das Arbeitsverhältnis „ordnungsgemäß abzurechnen", ist mangels hinreichender Bestimmtheit (§ 253 Abs. 2 Nr. 2 ZPO) unzulässig[4].

245 Korrekt lautet der **Antrag**:

Formulierungsbeispiel:

Der Beklagte wird verurteilt, an den Kläger 2800 Euro brutto abzüglich gezahlter 800 Euro netto zu zahlen.

246 Im Vollstreckungsverfahren wird der gesamte zahlenmäßige Differenzbetrag einschließlich der auf das gezahlte Netto entfallenden Steuern und Sozialversicherungsbeiträge beigetrieben, wenn der Arbeitgeber nicht durch Quittungen, Einzahlungs- oder Überweisungsnachweise (§ 775 Nr. 4 und 5 ZPO) belegen kann, dass er auf den vom Kläger abgezogenen Nettobetrag diese öffentlich-rechtlichen Abgaben entrichtet hat[5].

247 In jedem Fall ist **der Arbeitnehmer** bei der Bruttolohnklage **selbst zur Abführung von Steuern und Sozialversicherungsbeiträgen** verpflichtet. Unterlässt er dies und werden die Steuern und Sozialversicherungsbeiträge beim im Außenverhältnis (gegenüber dem Finanzamt bzw. der Krankenkasse) leistungspflichtigen Arbeitgeber beigetrieben, hat der Arbeitnehmer ihm gem. § 826 BGB den gesamten Betrag zu erstatten[6]. Hierauf sollte der Rechtsanwalt hinweisen, zumal der Gerichtsvollzieher das für

---

1 MünchArbR/*Krause*, § 55 Rz. 42; Schaub/*Linck*, § 71 Rz. 4.
2 BAG 14.1.1964 – 3 AZR 55/63, AP Nr. 20 zu § 611 BGB – Dienstordnungs-Angestellte; BGH 21.4.1966 – VII ZB 3/66, AP Nr. 13 zu § 611 BGB – Lohnanspruch; Hauck/Helml/Biebl/*Helml*, § 46 ArbGG Rz. 34; Schaub/*Linck*, § 71 Rz. 5.
3 BAG 15.11.1978 – 5 AZR 199/77, AP Nr. 14 zu § 613a BGB.
4 BAG 25.4.2001 – 5 AZR 395/99, AP Nr. 33 zu § 253 ZPO; großzügiger BAG 7.9.2009 – 3 AZB 19/09, NZA 2010, 61 (61).
5 Zöller/*Stöber*, § 704 ZPO Rz. 6.
6 LAG Berlin 16.5.1990 – 13 Sa 23/90, EWiR SGB IV § 28g Nr. 1/91; LAG BW 28.4.1993 – 12 Sa 15/93, LAGE § 826 BGB Nr. 1.

IX. Entgeltklagen

den Vollstreckungsort zuständige Finanzamt unterrichtet, wenn der an den Gläubiger (Arbeitnehmer) abzuführende Betrag höher als 40 Euro ist (§ 86 Nr. 1 GVO).

Zinsen kann der Arbeitnehmer aus dem **Bruttobetrag** der Forderung beanspruchen. Bei der gem. § 611 BGB vom Arbeitgeber geschuldeten Gegenleistung handelt es sich um die Bruttovergütung, so dass der Arbeitgeber auch mit diesem Betrag in Verzug (§ 286 BGB) gerät, wenn er ihn nach Eintritt der Fälligkeit nicht leistet[1]. Der **Zinssatz** beträgt 5 Prozentpunkte (nicht: 5 %)[2] über dem Basiszinssatz[3] (§ 288 Abs. 1 BGB)[4]. Der nur für den unternehmerischen Geschäftsverkehr einschlägige höhere Zinssatz (§ 288 Abs. 2 BGB) ist nicht einschlägig, zumal der Arbeitnehmer nach Ansicht des BAG Verbraucher iSd. § 13 BGB sein soll[5].

Beantragt wird dann also:

Formulierungsbeispiel:

Der Beklagte wird verurteilt, an den Kläger 2 500 Euro brutto nebst 4,27 % Zinsen seit dem ..., abzüglich am ... gezahlter 700 Euro netto zu zahlen.

Häufig werden Zahlungsansprüche gemeinsam mit einer **Kündigungsschutzklage** erhoben. Verfahrensrechtlich bestehen gegen eine solche Klagehäufung keine Bedenken. Zu beachten ist jedoch, dass gem. § 332 Abs. 1 Satz 1 Nr. 7 SGB III die Agentur für Arbeit, die dem Arbeitnehmer nach dessen Arbeitslosmeldung und dem Ablauf der Kündigungsfrist **Arbeitslosengeld** gewährt, durch schriftliche Anzeige bewirken kann, dass das Arbeitsentgelt aus dem Arbeitsverhältnis, das während des Bezuges von Leistungen von der Bundesagentur für Arbeit (fort)bestanden hat, in Höhe der vom Arbeitnehmer zurückzuzahlenden Leistung auf die Bundesagentur für Arbeit übergeht. Obsiegt nämlich der Arbeitnehmer mit seinem Kündigungs- oder sonstigen Bestandsschutzbegehren, so steht fest, dass er in der Zwischenzeit rechtlich gar nicht arbeitslos war und also das Arbeitslosengeld bzw. die sonstigen Leistungen der Bundesagentur für Arbeit zu Unrecht erhalten hat.

Um die Rückabwicklung zu erleichtern, leitet die Agentur für Arbeit den Entgeltanspruch des Arbeitnehmers gegen den Arbeitgeber gem. § 332 SGB III durch Verwaltungsakt in der Höhe der geleisteten Beträge auf sich über (sog. **Magistralzession**) mit der Folge, dass der Arbeitnehmer insoweit nicht mehr Gläubiger der Forderung ist[6]. Um einer teilweisen Klageabweisung durch das Arbeitsgericht (das von der Bundesagentur für Arbeit eine Mitteilung über die Überleitung des Anspruchs erhält und zu den Prozessakten nimmt) zuvorzukommen, muss der entsprechende Betrag in Abzug gebracht werden. Die Bundesagentur für Arbeit ist jedoch berechtigt, den Arbeitnehmer zur Einziehung der auf sie übergegangenen Forderung zu ermächtigen. Dann kann der Arbeitnehmer im Wege der gewillkürten Prozessstandschaft auch den Teil

---

1 BAG 7.3.2001 – GS 1/00, AP Nr. 4 zu § 288 BGB; 2.3.2004 – 1 AZR 271/03, AP Nr. 31 zu § 3 TVG.
2 Vgl. BAG 2.3.2004 – 1 AZR 271/03, AP Nr. 31 zu § 3 TVG.
3 Der jeweils aktuell geltende Basiszinssatz kann im Internet unter www.bundesbank.de abgerufen werden.
4 BAG 23.2.2005 – 10 AZR 602/03, NZA 2005, 694.
5 BAG 25.5.2005 – 5 AZR 572/04, AP Nr. 1 zu § 310 BGB; 31.8.2005 – 5 AZR 545/04, AP Nr. 8 zu § 6 ArbZG.
6 LAG MV 25.3.1996 – 5 Sa 479/95, NZA-RR 1997, 249 (250); LAG Hess. 4.5.1998 – 11 Sa 2171/97, NZA-RR 2000, 162 (162 f.); Brand/*Düe*, § 332 SGB III Rz. 9.

des Arbeitsentgelts einklagen, in Bezug auf den er wegen des Forderungsübergangs nicht mehr Gläubiger ist[1].

252 Der **Antrag** lautet dann also:

Formulierungsbeispiel:
Der Beklagte wird verurteilt, an den Kläger 2650 Euro brutto nebst 4,27 % Zinsen abzüglich erhaltenen Arbeitslosengeldes in Höhe von 950 Euro zu zahlen.

253 Die Höhe des gezahlten Arbeitslosengeldes ist zu **beziffern**, sonst ist die Klage mangels bestimmten Antrages unzulässig[2].

254 Derjenige, der Arbeitslosengeld bezieht, ist nach § 5 Abs. 1 Nr. 2 SGB V **krankenversichert**. Obsiegt der Arbeitnehmer mit seiner Zahlungsklage, sind im Regelfall bei normaler Abwicklung doppelt Versicherungsbeiträge abgeführt worden: Durch die Agentur für Arbeit und – nach Verurteilung – durch den Arbeitgeber. Es bestanden somit zwei Versicherungsverhältnisse. In diesem Fall hat die Krankenkasse, an die die Agentur für Arbeit die Beiträge gezahlt hat, diese wieder zu erstatten.

255 Im Falle des **Annahmeverzugs** des Arbeitgebers, zB nach unwirksamer Kündigung, kann der Zahlungsantrag auch mit einem Antrag auf (Weiter-)Beschäftigung wie in Rz. 185 verbunden werden. **Beantragt** wird dementsprechend:

Formulierungsbeispiel:
1. Der Beklagte wird verurteilt, die Klägerin zu den bisherigen Bedingungen als Krankenpflegerin zu beschäftigen.
2. Der Beklagte wird verurteilt, an die Klägerin 1800 Euro brutto nebst 4,27 % Zinsen seit dem ... zu zahlen.

2. Überstundenvergütung

256 Hinsichtlich der Klage auf Mehrarbeitsvergütung wegen geleisteter Überstunden gelten keine Besonderheiten. Besondere gesetzliche Vorschriften über die Vergütung bestehen nur für das Berufsausbildungsverhältnis (§ 17 Abs. 3 BBiG), dagegen enthalten Tarifverträge idR Zuschläge für Arbeit, die über die durchschnittliche tarifliche Arbeitszeit hinaus geleistet wurde[3]. **Teilzeitarbeitnehmer** haben Anspruch auf Überstundenzuschläge idR nicht schon bei Überschreitung der persönlichen, sondern erst der gewöhnlichen, für Vollzeitarbeitskräfte geltenden tariflichen Arbeitszeit[4].

257 Der Arbeitnehmer trägt die **Darlegungs- und Beweislast** dafür, dass er über die vertraglich geschuldete Arbeitszeit hinaus gearbeitet hat und diese Überarbeit vom Arbeitgeber angeordnet, gebilligt oder geduldet worden ist oder sie jedenfalls zur Erledigung der geschuldeten Arbeit notwendig gewesen ist[5]. Die Anordnung kann konkludent dadurch erfolgen, dass der Arbeitgeber dem Arbeitnehmer Arbeit konkret zuweist, da-

---

1 BAG 19.3.2008 – 5 AZR 432/07, NZA 2008, 900 (901); 23.9.2009 – 5 AZR 518/08, NZA 2010, 781 (782).
2 BAG 15.11.1978 – 5 AZR 199/77, AP Nr. 14 zu § 613a BGB.
3 Vgl. zur Anwendung derartiger tariflicher Regelungen im Anwendungsbereich des AEntG BAG 19.5.2004 – 5 AZR 449/03, AP Nr. 16 zu § 1 AEntG.
4 EuGH 15.12.1994 – Rs. C-399/92, AP Nr. 7 zu § 611 BGB – Teilzeit; BAG 21.11.1991 – 6 AZR 551/89, AP Nr. 2 zu § 34 BAT; *Küttner/Poeche*, Überstunden Rz. 13.
5 BAG 18.4.2012 – 5 AZR 248/11, NZA 2012, 998 (999); 16.5.2012 – 5 AZR 347/11, NZA 2012, 939 (941); 10.4.2013 – 5 AZR 122/12, NZA 2013, 1100 (1101); *Klocke*, RdA 2014, 223 (223); *Küttner/Poeche*, Überstunden Rz. 16.

bei zum Ausdruck bringt, dass er ihre baldige Erledigung erwartet, und die Arbeit unter Ausschöpfung der persönlichen Leistungsfähigkeit des Arbeitnehmer von diesem nur unter Überschreitung der regelmäßigen Arbeitszeit alsbald erledigt werden kann[1]. Eine anspruchsbegründende Duldung der Überstunden ist anzunehmen, wenn die Überstunden sachdienlich waren, der Arbeitgeber von ihnen Kenntnis hatte und sie zugelassen hat[2]. Der Arbeitnehmer muss im Streit um die Überstundenvergütung diejenigen konkreten Tatsachen vortragen, die auf eine Anordnung oder Duldung des Arbeitgebers schließen lassen. Dazu muss er darlegen, dass eine bestimmte angewiesene Arbeit innerhalb der Normalarbeitszeit nicht zu leisten oder ihm zur Erledigung der aufgetragenen Arbeiten ein bestimmter Zeitrahmen vorgegeben war, der nur durch die Leistung von Überstunden eingehalten werden konnte. Dabei begründet allein die Anwesenheit des Arbeitnehmers im Betrieb oder an einem Arbeitsort außerhalb des Betriebs keine Vermutung dafür, Überstunden seien zur Erbringung der geschuldeten Arbeit notwendig gewesen[3]. Auf die Anordnung von Überstunden besteht regelmäßig kein Rechtsanspruch[4].

3. Nettolohnklage

Nettolohnvereinbarungen sind in der Praxis **selten**. Zum einen zwingen sie den Arbeitgeber, zunächst den sich aus dem Netto ergebenden Bruttobetrag zu berechnen, um von diesem dann Steuern und Sozialversicherungsbeiträge abzuführen. Zum anderen wirkt sich jede Änderung der Steuersätze unmittelbar auf die Gesamtbelastung des Arbeitgebers aus, die sich aus Nettolohn + Lohn-/Einkommensteuer (+ Solidaritätszuschlag) + Kirchensteuer + Arbeitnehmeranteile an der Sozialversicherung (= Bruttolohn) + Arbeitgeberanteile an der Sozialversicherung berechnet[5]. Die Fiktion des § 14 Abs. 2 Satz 2 SGB IV, dass bei einer „Schwarzgeldabrede" eine Nettolohnvereinbarung anzunehmen ist, beschränkt sich auf das Sozialversicherungsrecht. Für das Arbeitsrecht ist sie ohne Bedeutung[6]. 258

Haben die Vertragsparteien – auch die Tarifvertragsparteien[7] – eine Nettolohnvereinbarung getroffen, kann der Arbeitnehmer auch nur den Nettobetrag beanspruchen[8]. Auf den Bruttolohn hat er keinen Anspruch. Dementsprechend lautet der **Antrag**: 259

Formulierungsbeispiel:

Die Beklagte wird verurteilt, an den Kläger 4 900 Euro netto nebst 4,27 % Zinsen seit dem ... zu zahlen.

---

1 BAG 17.4.1957 – 4 AZR 315/54, AP Nr. 1 zu § 2 TOA; 2.12.1959 – 4 AZR 400/58, AP Nr. 2 zu § 2 TOA; 28.11.1973 – 4 AZR 62/73, AP Nr. 2 zu § 17 BAT; LAG BW 20.1.1993 – 12 Sa 76/92, DB 1993, 1479.
2 BAG 17.4.2002 – 5 AZR 644/00, NZA 2002, 1340 (1344); 25.5.2005 – 5 AZR 319/04, NZA 2005, 1432; ErfK/*Preis*, § 611 BGB Rz. 492; Schaub/*Linck*, § 69 Rz. 23.
3 BAG 10.4.2013 – 5 AZR 112/12, NZA 2013, 1100 (1101).
4 LAG Köln 21.1.1999 – 6 Sa 1252/98, NZA-RR 1999, 517 (518).
5 Differenzierend aber MünchArbR/*Krause*, § 55 Rz. 48.
6 BAG 17.3.2010 – 5 AZR 301/09, NZA 2010, 881 (882); 21.9.2011 – 5 AZR 629/10, NZA 2012, 145 (147).
7 Auch in Tarifverträgen sind Nettolohnvereinbarungen zulässig: BAG 24.10.1958 – 4 AZR 114/56, AP Nr. 7 zu § 670 BGB; 19.12.1963 – 5 AZR 174/63, AP Nr. 15 zu § 670 BGB.
8 BAG 29.8.1984 – 7 AZR 34/83, NZA 1985, 58 (59); Hauck/Helml/Biebl/*Helml*, § 46 ArbGG Rz. 34, verlangt für die Bestimmtheit des Klageantrags zusätzlich, dass die Merkmale für die Berechnung der Lohnsteuer und der Sozialversicherungsbeiträge angegeben werden.

4. Klage auf zukünftige Leistung

260 Lohn- und Gehaltsansprüche können auch für erst künftig fällig werdende Beträge eingeklagt werden, wenn die Voraussetzungen des § 259 ZPO vorliegen. Danach ist erforderlich, dass nach den Umständen die Besorgnis gerechtfertigt ist, der Schuldner werde sich der rechtzeitigen Leistung entziehen. Welche Voraussetzungen hierfür erfüllt sein müssen, wird unterschiedlich beurteilt. Das BAG legt einen strengen Maßstab an und hält ein Rechtsschutzbedürfnis des Arbeitnehmers in vielen Fällen nicht für gegeben[1]. Jedenfalls müsse ein Arbeitnehmer, der die Gegenleistung für noch nicht erbrachte, aber nach § 614 BGB vorzuleistende komplexe Eigenleistungen bereits jetzt auf unbegrenzte Zeit im Vorhinein titulieren lassen will, die weiteren Voraussetzungen, unter denen im Normalfall der Anspruch jeweils nach Ablauf einzelner Zeitabschnitte entsteht, im Antrag benennen und ihren Eintritt vor der Vollstreckung für jeden Einzelfall nachweisen[2]. Demgegenüber wird es von Teilen der Literatur als ausreichend erachtet, dass der Schuldner den Anspruch ernstlich bestreitet[3], wobei die instanzgerichtliche Rechtsprechung sogar die in gutem Glauben abgegebene Erklärung des Arbeitgebers, er sei zur Zahlung nicht verpflichtet, genügen lässt[4].

261 Das Gleiche gilt, wenn der Arbeitgeber das rechtswirksame Zustandekommen des Arbeitsvertrages bestreitet. Freilich wird sich hier idR eine Feststellungsklage, gerichtet auf die Feststellung des Bestehens des Arbeitsverhältnisses, empfehlen. Diese verschafft dem Arbeitnehmer zwar keinen vollstreckbaren Titel, sichert ihm aber wegen der Rechtskraftwirkung der Feststellungsklage alle Ansprüche aus dem Arbeitsverhältnis. Wird Leistungsklage erhoben, empfiehlt es sich in solchen Fällen, zugleich **Zwischenfeststellungsklage** (§ 256 Abs. 2 ZPO) auf das Bestehen des Arbeitsverhältnisses zu erheben. Der Zulässigkeit des Zwischenfeststellungsantrags steht – entgegen dem Wortlaut der Vorschrift – nicht entgegen, dass das Rechtsverhältnis bereits vor Prozessbeginn streitig war[5]. Das BAG hat allerdings Bedenken, eine Klage auf zukünftiges Arbeitsentgelt in Verbindung mit einer **Kündigungsschutzklage** zuzulassen, weil sich Leistungsfähigkeit und Leistungswille des Arbeitnehmers als Voraussetzungen des Gläubigerverzugs im Allgemeinen nur für Zeiträume feststellen ließen, die vor der letzten mündlichen Verhandlung liegen. Darüber hinausgehende Ansprüche könnten daher idR auch nicht aufgrund eines Feststellungsantrags zuerkannt werden[6].

262 Auf eine Bösgläubigkeit oder Böswilligkeit des Schuldners kommt es für die Besorgnis iSv. § 259 ZPO nicht an, das **ernstliche Bestreiten** genügt[7]. Dagegen reicht es nicht aus, dass der Arbeitgeber mit einer Gegenforderung aufrechnet[8], anders wiederum bei einer Eventualaufrechnung, also dem Bestreiten des Anspruchs verbunden mit der Ankündigung einer hilfsweisen Aufrechnung gegen ihn.

263 In den Fällen des § 259 ZPO lautet der Antrag:

---

1 Vgl. BAG 9.4.2008 – 4 AZR 104/07, NZA-RR 2009, 79 (82 ff.).
2 Vgl. BAG 9.4.2008 – 4 AZR 104/07, NZA-RR 2009, 79 (82 ff.); 28.1.2009 – 4 AZR 904/07, NZA 2009, 444 (447).
3 *Berkowsky*. RdA 2006, 77 ff.
4 LAG Düsseldorf 14.12.2000 – 11 Sa 1356/00, NZA-RR 2001, 406 (408).
5 BGH 6.7.1989 – IX ZR 280/88, NJW-RR 1990, 318 (320).
6 BAG 18.12.1974 – 5 AZR 66/74, AP Nr. 30 zu § 615 BGB; 16.10.1991 – 2 AZR 332/91, AP Nr. 1 zu § 18 SchwbG.
7 BGH 7.10.1977 – I ZR 10/76, NJW 1978, 1262; LAG Düsseldorf 14.12.2000 – 11 Sa 1356/00, NZA-RR 2001, 406 (408).
8 Zöller/*Greger*, § 259 ZPO Rz. 3.

Formulierungsbeispiel:

Der Beklagte wird verurteilt, am ... 2100 Euro brutto an den Kläger zu zahlen.

5. Urlaubsentgelt und -abgeltung

Materiell-rechtlich zu unterscheiden sind das Urlaubsentgelt, das Urlaubsgeld und die Urlaubsabgeltung. Das **Urlaubsentgelt** ist der gewöhnliche Arbeitslohn, den der Arbeitnehmer während des Urlaubs zu beanspruchen hat[1]. Es berechnet sich aus dem durchschnittlichen Einkommen der letzten dreizehn Wochen vor dem Beginn des Urlaubs mit Ausnahme des zusätzlich für Überstunden gezahlten Arbeitsverdienstes. Gem. § 11 Abs. 2 BUrlG ist das Urlaubsentgelt vor Antritt des Urlaubs auszuzahlen, es wird mithin abweichend vom normalen Lohn am letzten Arbeitstag vor Urlaubsantritt fällig. Demgegenüber ist das **Urlaubsgeld** eine zusätzliche, über das Urlaubsentgelt hinaus für die Dauer des Urlaubs gezahlte Vergütung[2], die dazu dient, erhöhte Urlaubsaufwendungen zumindest teilweise abzudecken[3]. Einen gesetzlichen Anspruch auf Urlaubsgeld gibt es nicht, dieser kann sich aber aus Einzelarbeits-, Tarifvertrag oder Betriebsvereinbarung ergeben, wobei dort zugleich die Höhe und die näheren Modalitäten der Auszahlung geregelt sind. **Urlaubsabgeltung** ist die finanzielle Ersatzleistung für nicht in Anspruch genommenen Urlaub. Sie ist nur zulässig, wenn der Urlaub wegen der Beendigung des Arbeitsverhältnisses ganz oder teilweise nicht gewährt werden kann (§ 7 Abs. 4 BUrlG)[4].

264

Ansprüche auf Urlaubsentgelt, Urlaubsgeld und Urlaubsabgeltung, für deren Voraussetzungen der Arbeitnehmer darlegungs- und beweispflichtig[5] ist, können nebeneinander bestehen.

265

Beispiel:

266

Arbeitnehmer A ist seit Jahren im Unternehmen des U beschäftigt. U gewährt aufgrund einer Betriebsvereinbarung ein Urlaubsgeld in Höhe von 250 Euro, das er vor Beginn des Jahresurlaubs auszahlt. Der Urlaubsanspruch des A beträgt vereinbarungsgemäß 28 Werktage. Am 15. August schließen A und U einen Aufhebungsvertrag, der das Arbeitsverhältnis zum 31. August beendet. A, der im laufenden Kalenderjahr noch keinen Urlaub genommen hatte, wird unter Anrechnung seines Urlaubsanspruchs bis zu diesem Tag von der Arbeit freigestellt.

In diesem Beispielsfall steht A Urlaubsentgelt für die Zeit vom 16. bis zum 31. August, also während des fortbestehenden Arbeitsverhältnisses zu. Ferner kann er das betriebliche Urlaubsgeld in Höhe von 250 Euro beanspruchen. Da vom 16. bis zum 31. August nur 12 Werktage verbleiben, kann A für den Resturlaub (16 Werktage) zudem Urlaubsabgeltung verlangen. Aus Gründen der Übersichtlichkeit und der Praktikabilität empfiehlt es sich, diese Beträge nicht zusammenzurechnen, sondern im Wege der Klagehäufung in drei getrennten Anträgen geltend zu machen.

267

---

1 BAG 30.9.1965 – 5 AZR 115/65, AP Nr. 5 zu § 850 ZPO; 12.1.1989 – 8 AZR 404/87, AP Nr. 13 zu § 47 BAT; 24.10.1989 – 8 AZR 5/89, AP Nr. 29 zu § 11 BUrlG; 28.8.2001 – 9 AZR 611/99, AP Nr. 80 zu § 7 BUrlG – Abgeltung.
2 BAG 11.1.1990 – 8 AZR 440/88, AP Nr. 11 zu § 4 TVG – Gemeinsame Einrichtungen; MünchArbR/*Düwell*, § 79 Rz. 51.
3 BAG 15.11.1990 – 8 AZR 283/89, AP Nr. 11 zu § 2 BeschFG 1985.
4 BAG 20.4.2012 – 9 AZR 504/10, NZA 2012, 982 (984); 16.10.2012 – 9 AZR 234/11, NZA 2013, 575 (576).
5 BAG 20.1.1998 – 9 AZR 812/96, AP Nr. 45 zu § 13 BUrlG.

268 Dementsprechend lautet der Antrag:

Formulierungsbeispiel:

Der Beklagte wird verurteilt, an den Kläger 900 Euro als Urlaubsentgelt, weitere 250 Euro als Urlaubsgeld und weitere 1 200 Euro als Urlaubsabgeltung zu zahlen.

B. Allgemeine Verfahrensfragen

	Rz.
I. Einführung	1
II. Voraussetzungen in Bezug auf die Parteien	
1. Parteifähigkeit im Urteilsverfahren	3
a) Parteifähigkeit gem. § 50 ZPO	11
b) Parteifähigkeit gem. § 10 ArbGG	15
2. Beteiligtenfähigkeit im Beschlussverfahren	21
3. Prozessfähigkeit	24
4. Postulationsfähigkeit und Prozesskostenhilfe	
a) Postulationsfähigkeit	29
b) Anwaltsbeiordnung	30
c) Prozesskostenhilfe	45
III. Voraussetzungen in Bezug auf das Gericht	49
1. Rechtsweg im Urteilsverfahren	51
a) Bürgerliche Rechtsstreitigkeiten	54
b) Streitigkeiten über Tarifverträge (§ 2 Abs. 1 Nr. 1 ArbGG)	57
c) Streitigkeiten über Arbeitskämpfe und Vereinigungsfreiheit (§ 2 Abs. 1 Nr. 2 ArbGG)	61
d) Individualstreitigkeiten betreffend das Arbeitsverhältnis (§ 2 Abs. 1 Nr. 3 ArbGG)	
aa) Ansprüche aus dem Arbeitsverhältnis (Nr. 3 lit. a)	65
bb) Bestehen oder Nichtbestehen eines Arbeitsverhältnisses (Nr. 3 lit. b)	76
cc) Verhandlungen über die Eingehung eines Arbeitsverhältnisses und dessen Nachwirkungen (Nr. 3 lit. c)	78
dd) Unerlaubte Handlungen im Zusammenhang mit dem Arbeitsverhältnis (Nr. 3 lit. d)	80
ee) Arbeitspapiere (Nr. 3 lit. e)	82
e) Rechtsstreitigkeiten zwischen Arbeitnehmern/Hinterbliebenen und Arbeitgebern oder gemeinsamen Einrichtungen (§ 2 Abs. 1 Nr. 4 ArbGG)	84
f) Streitigkeiten mit dem Träger der Insolvenzsicherung (§ 2 Abs. 1 Nr. 5 ArbGG)	88
g) Arbeitgeberklagen gegen Einrichtungen (§ 2 Abs. 1 Nr. 6 ArbGG)	89
h) Helfer nach dem Entwicklungshelfergesetz (§ 2 Abs. 1 Nr. 7 ArbGG)	90
i) Freiwillige nach dem Jugend- oder Bundesfreiwilligendienstgesetz (JFDG, BFDG) (§ 2 Abs. 1 Nr. 8 und Nr. 8a ArbGG)	91
j) Streitigkeiten zwischen Arbeitnehmern (§ 2 Abs. 1 Nr. 9 ArbGG)	92
k) Behinderte in Werkstätten für behinderte Menschen (§ 2 Abs. 1 Nr. 10 ArbGG)	95
l) Arbeitnehmererfindung und Urheberrechtsstreitigkeiten (§ 2 Abs. 2 ArbGG)	96
m) Zusammenhangsklagen (§ 2 Abs. 3 ArbGG)	97
n) Streitigkeiten der Organmitglieder (§ 2 Abs. 4 ArbGG)	101
o) Streitigkeiten mit Rechtsnachfolgern (§ 3 ArbGG)	102
2. Rechtsweg im Beschlussverfahren	103
a) Betriebsverfassungsrechtliche Streitigkeiten (§ 2a Abs. 1 Nr. 1 ArbGG)	104
b) Streitigkeiten nach dem Sprecherausschussgesetz (§ 2a Abs. 1 Nr. 2 ArbGG)	109
c) Mitbestimmungsrechtliche Streitigkeiten (§ 2a Abs. 1 Nr. 3 ArbGG)	110
d) Angelegenheiten der Schwerbehindertenvertretung und des Werkstattrats (§ 2a Abs. 1 Nr. 3a ArbGG)	111
e) Streitigkeiten nach dem EBRG (§ 2a Abs. 1 Nr. 3b ArbGG)	112
f) Angelegenheiten des § 51 BBiG (§ 2a Abs. 1 Nr. 3c ArbGG)	113
g) Angelegenheiten des § 10 Bundesfreiwilligendienstgesetz (§ 2a Abs. 1 Nr. 3d ArbGG)	114
h) Angelegenheiten nach dem SE- und dem SCE-Beteiligungsgesetz sowie dem MgVG (§ 2a Abs. 1 Nr. 3e bis g ArbGG)	115
i) Streitigkeiten über die Tariffähigkeit und Tarifzuständigkeit (§ 2a Abs. 1 Nr. 4 ArbGG)	116
j) Streitigkeiten über die Allgemeinverbindlicherklärung von Tarifverträgen und von Rechtsverordnungen nach dem AEntG und dem AÜG (§ 2a Abs. 1 Nr. 5 ArbGG)	117b
3. Rechtswegzuständigkeit und Verweisung	
a) Vorabentscheidung des Arbeitsgerichts	118
b) Rechtsmittel	132
c) Wirkung der Verweisung	135

Rz.		Rz.
4. Funktionelle Zuständigkeit 140	d) Gerichtsstandsvereinbarungen . . 160
5. Örtliche Zuständigkeit 144	e) Rügeloses Verhandeln zur
a) Allgemeiner Gerichtsstand . . . 148	Hauptsache 163
b) Gerichtsstand des Arbeitsortes . 150	f) Besonderheiten im Beschlussver-
c) Weitere besondere Gerichts-	fahren 164
stände 151	6. Internationale Zuständigkeit 167

Schrifttum:

Adlhoch, Anfechtung der Wahl zur Schwerbehindertenvertretung im öffentlichen Dienst, NZA 2004, 1372; *Bauer*, Betriebliche Bündnisse für Arbeit vor dem Aus?, NZA 1999, 957; *Bergwitz*, Der besondere Gerichtsstand des Arbeitsortes (§ 48 Ia ArbGG), NZA 2008, 443; *Blomeyer/Rolfs/Otto*, Betriebsrentengesetz, 5. Aufl. 2010; *Daub/Eckstein/Schimang*, Staatenimmunität versus Kündigungsschutz – Die (Un-)Zuständigkeit deutscher Arbeitsgerichte für Mitarbeiter ausländischer Vertretungen, NZA 2014, 397; *Däubler*, Die internationale Zuständigkeit der deutschen Arbeitsgerichte – Neue Regeln durch die Verordnung (EG) Nr. 44/2001, NZA 2003, 1297; *Domröse*, Der gewöhnliche Arbeitsort des Arbeitnehmers als besonderer Gerichtsstand im arbeitsgerichtlichen Urteilsverfahren, DB 2008, 1626; *Francken/Natter/Rieker*, Die Novellierung des Arbeitsgerichtsgesetzes und des § 5 KSchG durch das SGGArbGG-Änderungsgesetz, NZA 2008, 377; *Gaul*, Das neue Gesetz über die Europäischen Betriebsräte, NJW 1996, 3378; *Germelmann*, Neue prozessuale Probleme durch das Gesetz zur Beschleunigung des arbeitsgerichtlichen Verfahrens, NZA 2000, 1017; *Junker*, Internationale Zuständigkeit und anwendbares Recht in Arbeitssachen, NZA 2005, 199; *Kissel*, Die neuen §§ 17 bis 17b GVG in der Arbeitsgerichtsbarkeit, NZA 1995, 345; *Koch*, Neues im arbeitsgerichtlichen Verfahren, NJW 1991, 1856; *Lunk/Hinrichs*, Die Mitbestimmung der Arbeitnehmer bei grenzüberschreitenden Verschmelzungen nach dem MgVG, NZA 2007, 773; *Preis*, Der Arbeitsvertrag, 4. Aufl. 2012; *Reinecke*, Die Entscheidungsgrundlagen für die Prüfung der Rechtswegzuständigkeit, insbesondere der arbeitsgerichtlichen Zuständigkeit, ZfA 1998, 359; *Rolfs*, Aktuelle Entwicklungen im arbeitsrechtlichen Verfahrensrecht, NZA-RR 2000, 1; *Schaub*, Gesetz zur Vereinfachung und Beschleunigung des arbeitsgerichtlichen Verfahrens, NZA 2000, 344; *Schleusener*, Der Gewerkschaftsbegriff in § 11 ArbGG, NZA 1999, 408; *Schrader/Siebert*, Die neue Prozesskostenhilfe im Arbeitsrecht, NZA 2014, 348; *Vogel*, Die Bühnenschiedsgerichtsbarkeit – ein Modell für Tarifvertragsgerichte zur arbeitsrechtlichen Streitbeilegung?, NZA 1999, 26.

I. Einführung

1 Vor den Gerichten für Arbeitssachen sind zwei verschiedene Verfahrensarten streng voneinander zu unterscheiden: Das **Urteilsverfahren**, das vor allem für bürgerlich-rechtliche Streitigkeiten zwischen den Parteien des Arbeitsvertrages von Bedeutung ist, und das **Beschlussverfahren**, das namentlich dann Anwendung findet, wenn Arbeitgeber und Betriebsrat über Angelegenheiten nach dem Betriebsverfassungsgesetz streiten. **Nicht zuständig** sind die Arbeitsgerichte für Streitigkeiten über Angelegenheiten aus dem Personalvertretungsrecht, insoweit ist gem. § 83 Abs. 1 BPersVG bzw. § 106 BPersVG iVm. den entsprechenden Gesetzen der Länder der Rechtsweg zu den Verwaltungsgerichten eröffnet[1].

2 Für die beiden Verfahrensarten vor den Arbeitsgerichten – Urteils- und Beschlussverfahren – gelten nur wenige gemeinsame Grundsätze. Während das Urteilsverfahren ein echtes streitiges Verfahren ist, das weitgehend den Regeln des Zivilprozesses folgt, trägt das Beschlussverfahren wesentliche Züge des Verwaltungsprozesses oder des Verfahrens nach dem FamFG. Selbst bei grundlegenden Fragen wie der Partei- bzw.

---

[1] Vgl. MünchArbR/*Germelmann*, § 277 Rz. 84 sowie die Kommentare zum BPersVG und den Personalvertretungsgesetzen der Länder.

Beteiligtenfähigkeit gehen beide Verfahrensarten unterschiedliche Wege, so dass eine gesonderte Behandlung geboten ist.

II. Voraussetzungen in Bezug auf die Parteien

1. Parteifähigkeit im Urteilsverfahren

Das arbeitsgerichtliche Urteilsverfahren dient der Ausräumung von Rechtsstreitigkeiten zwischen mindestens zwei am Rechtsstreit beteiligten Parteien. Die Parteifähigkeit bezeichnet dabei die Fähigkeit, Träger von Rechten und Pflichten als Partei des Prozesses zu sein. Sie ist nicht notwendig identisch mit der Prozessfähigkeit, also der Fähigkeit, die Parteirechte im Prozess selbst ausüben zu können oder durch freiwillig gewählte Vertreter ausüben zu lassen. Insbesondere bei Minderjährigen, die durch ihren gesetzlichen Vertreter handeln können und – wichtiger – für juristische Personen, die durch das zuständige Organ (Vorstand, Geschäftsführer) vertreten werden, fallen Partei- und Prozessfähigkeit auseinander (dazu auch noch Rz. 24). 3

Partei ist diejenige Person oder Personenmehrheit, die **im eigenen Namen klagt oder verklagt wird.** Bedeutung hat die Frage, wer Partei des Verfahrens ist, vor allem für 4

– den **Gerichtsstand.** Der allgemeine Gerichtsstand einer natürlichen Person wird durch den Ort ihres Wohnsitzes, der allgemeine Gerichtsstand einer juristischen Person durch ihren Sitz bestimmt (§§ 13, 17 ZPO). Er bestimmt den Ort, an dem Klage gegen eine Person zu erheben ist (§ 12 ZPO). Daneben können weitere Gerichtsstände, insbesondere des Arbeitsorts (§ 48 Abs. 1a ArbGG), des vertraglichen Erfüllungsortes (§ 29 ZPO) und der unerlaubten Handlung (§ 32 ZPO) gegeben sein; 5

– die **Wirksamkeit der Prozesshandlungen.** Prozesshandlungen sind alle Betätigungen, die den Prozess gestalten, insbesondere Klage, Berufung, Revision, Einspruch, Nebenintervention, Anerkenntnis, Behaupten, Gestehen, Bestreiten, Beweisantritt, Anträge an das Gericht, Widerruf und Rücknahme von Prozesshandlungen, Verzicht, Empfangsbekenntnis. Prozesshandlungen können wirksam nur von den Parteien, den Nebenintervenienten und ihren Vertretern vorgenommen werden[1]; 6

– die Bewilligung oder Versagung von **Prozesskostenhilfe.** Insbesondere kommt es bei juristischen Personen für den Anspruch auf Prozesskostenhilfe nur auf deren wirtschaftliche Verhältnisse, nicht aber auf die ihrer gesetzlichen Vertreter an. Etwas anderes kann, weil § 116 Satz 1 Nr. 2 ZPO die Gewährung von Prozesskostenhilfe u.a. davon abhängig macht, dass weder die juristische Person noch die am Gegenstand des Rechtsstreits wirtschaftlich Beteiligten die Kosten aufbringen können, dann gelten, wenn der Geschäftsführer einer GmbH über hinreichendes Vermögen verfügt[2]; 7

– die Stellung im **Verfahren der Beweisaufnahme.** Während eine am Verfahren nicht beteiligte Person als **Zeuge** vernommen werden kann (§§ 373 ff. ZPO), kann die Partei eines Rechtsstreits nur im Rahmen der Parteivernehmung unter den Voraussetzungen der §§ 445 ff. ZPO als Beweismittel gehört werden. Als Partei werden aber auch vernommen die vertretungsberechtigten Organe juristischer Personen, also die Vorstandsmitglieder einer AG, der oder die Geschäftsführer einer GmbH sowie alle persönlich haftenden Gesellschafter einer OHG oder KG, soweit sie nicht durch den Gesellschaftsvertrag von der Vertretungsmacht ausgeschlossen sind. Demgegenüber werden der Kommanditist im Prozess der KG und der Gemeinschuldner im Prozess des Insolvenzverwalters als Zeugen vernommen[3]; 8

---

1 Thomas/Putzo/*Reichold*, ZPO, Einl. III Rz. 4, 10.
2 LAG Bremen 5.11.1986 – 4 Sa 6/86, NJW-RR 1987, 894; vgl. auch Zöller/*Geimer*, § 116 ZPO Rz. 22.
3 Zöller/*Greger*, § 373 ZPO Rz. 5, 6.

9 – den **Umfang der Rechtskraft**. Die Rechtskraft wirkt gem. § 325 Abs. 1 ZPO **im Urteilsverfahren** nur für und gegen die Parteien sowie diejenigen Personen, die nach dem Eintritt der Rechtshängigkeit Rechtsnachfolger der Parteien geworden sind oder den Besitz der im Streit befangenen Sache in solcher Weise erlangt haben, dass eine der Parteien oder ihr Rechtsnachfolger mittelbarer Besitzer geworden ist. Demgegenüber kommt eine **Rechtskrafterstreckung auf Dritte** grundsätzlich nicht in Betracht[1]. Im **Beschlussverfahren** haben Entscheidungen über die Tariffähigkeit und Tarifzuständigkeit einer Vereinigung (§ 97 Abs. 3 Satz 1 ArbGG), über die Wirksamkeit einer Allgemeinverbindlicherklärung und einer Rechtsverordnung (§ 98 Abs. 4 Satz 1 ArbGG) sowie über die gerichtliche Ersetzung der Zustimmung nach § 103 BetrVG[2] und zur Zustimmung des Arbeitsgerichts zur betriebsbedingten Kündigung in der Insolvenz gem. §§ 126, 127 InsO **inter-omnes-Wirkung**. Ob dies auch für Entscheidungen in weiteren Arten des Beschlussverfahrens, etwa in betriebsverfassungsrechtlichen Streitigkeiten, gilt, ist umstritten[3], aber wohl zu bejahen.

10 Das ArbGG enthält keine abschließende Regelung über die Parteifähigkeit im arbeitsgerichtlichen Verfahren. Vielmehr findet über die Verweisung des § 46 Abs. 2 ArbGG sowohl für das Urteils- wie für das Beschlussverfahren grundsätzlich das Recht der ZPO Anwendung, das durch die Sonderbestimmung des § 10 ArbGG ergänzt wird.

a) Parteifähigkeit gem. § 50 ZPO

11 Nach § 50 ZPO ist parteifähig, wer **rechtsfähig** ist. Die Rechtsfähigkeit richtet sich nach materiellem Recht. Rechtsfähig sind alle natürlichen (§ 1 BGB) sowie juristischen Personen, also insbesondere der eingetragene Verein[4], die Stiftung, die Aktiengesellschaft, die Kommanditgesellschaft auf Aktien, die Gesellschaft mit beschränkter Haftung, die eingetragene Genossenschaft, der Versicherungsverein auf Gegenseitigkeit, die Societas Europaea (SE) sowie alle Körperschaften, Anstalten und Stiftungen des öffentlichen Rechts. Die offene Handelsgesellschaft und die Kommanditgesellschaft sind zwar keine juristischen Personen, sondern Personenhandelsgesellschaften[5], doch können sie kraft ausdrücklicher gesetzlicher Regelung (§ 124 Abs. 1, § 161 Abs. 2 HGB) unter ihrem Namen klagen und verklagt werden. Die Rechts- und damit die Prozessfähigkeit der **Gesellschaft bürgerlichen Rechts** ist vom BGH anerkannt, soweit sie durch Teilnahme am Rechtsverkehr eigene Rechte und Pflichten begründet[6], so dass sie aktiv und passiv parteifähig und es folglich nicht erforderlich ist, dass alle Gesellschafter persönlich klagen oder verklagt werden[7]. Handwerksinnungen sind als Körperschaften des öffentlichen Rechts (§ 53 HwO), Innungsverbände als juristische Personen des Privatrechts (§ 80 HwO) rechts- und damit parteifähig.

12 **Vorgesellschaften**, also auf die Gründung einer Gesellschaft gerichtete Korporationen nach (notariell beurkundetem) Abschluss des Gesellschaftsvertrages, aber vor Eintra-

---

1 Zu Ausnahmen vgl. Zöller/*Vollkommer*, § 325 ZPO Rz. 28 ff.
2 Die Ersetzung der Zustimmung zur fristlosen Kündigung eines Betriebsratsmitglieds durch das Arbeitsgericht stellt wegen der Stellung des Betriebsratsmitglieds als Beteiligter im Beschlussverfahren (§ 103 Abs. 2 Satz 2 BetrVG) auch für den nachfolgenden Kündigungsschutzprozess bindend fest, dass die fristlose Kündigung berechtigt ist; BAG 24.4.1975 – 2 AZR 118/74, AP Nr. 3 zu § 103 BetrVG 1972; 18.9.1997 – 2 ABR 15/97, AP Nr. 35 zu § 103 BetrVG 1972.
3 Vgl. GMP/*Matthes*/*Spinner*, § 84 ArbGG Rz. 27 ff.
4 BAG 22.5.2012 – 1 ABR 11/11, NZA 2012, 1176 (1177).
5 BGH 24.1.1990 – IV ZR 270/88, BGHZ 110, 127 (128).
6 BGH 29.1.2001 – II ZR 331/00, BGHZ 146, 341 (343 ff.).
7 BAG 1.12.2004 – 5 AZR 597/03, AP Nr. 14 zu § 50 ZPO; aA früher BAG 16.10.1974 – 4 AZR 29/74, AP Nr. 1 zu § 705 BGB; 6.7.1989 – 6 AZR 771/87, AP Nr. 4 zu § 705 BGB.

gung in das Handelsregister, sind sowohl aktiv als auch passiv parteifähig[1]. **Vorgründungsgesellschaften**, also Zusammenschlüsse von Personen in der Absicht, eine Gesellschaft zu gründen, sind materiell-rechtlich entweder Gesellschaft bürgerlichen Rechts oder, wenn sie den Betrieb des Handelsgewerbes bereits aufgenommen haben, offene Handelsgesellschaft[2]. Sie sind, nachdem der BGH die Rechts- und damit die Prozessfähigkeit der BGB-Außengesellschaft anerkannt hat[3], jedenfalls in entsprechender Anwendung von § 124 Abs. 1 HGB prozessfähig.

Eine Gesellschaft **in Liquidation** ist auch nach Ablehnung des Antrags auf Insolvenzeröffnung mangels Masse so lange aktiv und passiv parteifähig, wie sie noch verteilungsfähiges Vermögen hat[4]. Selbst nach ihrer **Löschung** im Handelsregister kann sie noch verklagt oder ein bereits anhängiger Prozess fortgesetzt werden. Eine aufgelöste juristische Person ist zum Zweck der Schuldentilgung und Vermögensverteilung als fortbestehend zu behandeln[5].

Bei **Ausländern** und ausländischen juristischen Personen richtet sich die Rechts- und damit die Parteifähigkeit nach dem Recht ihres Heimatstaates, Art. 7 EGBGB[6]. Der **nicht eingetragene Verein** ist nicht rechts- und parteifähig. Er gilt jedoch als teilrechtsfähige Personenvereinigung[7] und kann daher als solche klagen und verklagt werden.

b) Parteifähigkeit gem. § 10 ArbGG

§ 10 ArbGG erweitert den Kreis der Parteifähigen für alle Verfahrensarten zunächst um **Gewerkschaften** und **Vereinigungen von Arbeitgebern** sowie Zusammenschlüsse solcher Verbände.

Im Hinblick auf **Gewerkschaften** hat die Regelung heute weitgehend an Bedeutung verloren. Nötig war sie ursprünglich, weil viele Gewerkschaften als nichtrechtsfähige Vereine organisiert sind und daher nach dem Recht der ZPO zwar verklagt werden, aber nicht selbst klagen können (§ 50 Abs. 2 ZPO). Diese – bei der Entstehung der ZPO im Kaiserreich gewollte – Rechtsfolge ist mit Blick auf die verfassungsrechtlich gewährleistete Koalitionsfreiheit (Art. 9 Abs. 3 GG) und den Umstand, dass eine Reihe von Gewerkschaften heute als eingetragene Vereine organisiert sind, überholt. Auch im Verfahren vor den **ordentlichen Gerichten** ist die Parteifähigkeit von Gewerkschaften inzwischen allgemein anerkannt[8], nicht jedoch die Parteifähigkeit von gewerkschaftlichen Unterorganisationen, wenn diese nicht selbst tariffähig sind[9].

§ 10 ArbGG verleiht die Parteifähigkeit nur **Gewerkschaften im arbeitsrechtlichen Sinne**[10]. Eine Vereinigung von Arbeitnehmern ist eine Gewerkschaft, wenn ihre sat-

---

1 BGH 18.11.1997 – V ZR 178/96, NJW 1998, 1079 (1080); BAG 8.11.1962 – 2 AZR 11/62, AP Nr. 1 zu § 11 GmbHG; GMP/*Matthes/Schlewing*, § 10 ArbGG Rz. 4.
2 BGH 9.3.1998 – II ZR 366/96, NJW 1998, 1645; LAG Köln 11.5.1999 – 10 Sa 14/99, NZA 2000, 36 (37).
3 BGH 29.1.2001 – II ZR 331/00, BGHZ 146, 341 (343 ff.).
4 BAG 19.9.2007 – 3 AZB 11/07, NZA 2008, 1030 (1031).
5 BAG 19.7.2012 – 2 AZR 386/11, NZA 2013, 333 (334).
6 Vgl. BAG 5.12.1966 – 3 AZR 207/66, AP Nr. 1 zu § 75b HGB.
7 BGH 11.7.1968 – VII ZR 63/66, BGHZ 50, 325 (327 ff.); 2.4.1979 – II ZR 141/78, NJW 1979, 2304 (2305).
8 BGH 11.7.1968 – VII ZR 63/66, AP Nr. 1 zu § 50 ZPO; 18.5.1971 – VI ZR 220/69, AP Nr. 6 zu Art. 5 Abs. 1 GG – Meinungsfreiheit; 6.10.1964 – VI ZR 176/63, AP Nr. 6 zu § 54 BGB; GMP/*Matthes/Schlewing*, § 10 ArbGG Rz. 8.
9 BGH 21.3.1972 – VI ZR 157/70, LM § 50 ZPO Nr. 25; LAG Hess. 17.9.2008 – 9 SaGa 1442/08, NZA-RR 2009, 26 (27 f.); GMP/*Matthes/Schlewing*, § 10 ArbGG Rz. 8; ErfK/*Koch*, § 10 ArbGG Rz. 5.
10 Hauck/Helml/Biebl/*Hauck*, § 10 ArbGG Rz. 4; ErfK/*Koch*, § 10 ArbGG Rz. 5.

zungsgemäße Aufgabe die Wahrnehmung der Interessen ihrer Mitglieder in ihrer Eigenschaft als Arbeitnehmer (die Regelung der Arbeits- und Wirtschaftsbedingungen iSd. Art. 9 Abs. 3 GG) und sie willens ist, Tarifverträge abzuschließen. Sie muss frei gebildet, auf Dauer angelegt und auf überbetrieblicher Grundlage körperschaftlich organisiert sein, auf dem freiwilligen Beitritt ihrer Mitglieder beruhen, gegnerfrei sein und das geltende Tarifrecht als verbindlich anerkennen[1]. Weiterhin ist Voraussetzung, dass die Arbeitnehmervereinigung ihre Aufgabe als Tarifpartnerin sinnvoll erfüllen kann. Dazu gehört zum einen die Durchsetzungskraft gegenüber dem tariflichen Gegenspieler, zum anderen aber auch eine gewisse Leistungsfähigkeit der Organisation. Sie muss von ihrem sozialen Gegenspieler ernst genommen werden, so dass die Arbeitsbedingungen nicht einseitig von der Arbeitgeberseite festgelegt, sondern tatsächlich ausgehandelt werden[2].

18 **Unterorganisationen der Gewerkschaften** (Ortsverwaltungen, Bezirksleitungen) können als solche selbst den Gewerkschaftsbegriff erfüllen. Dies setzt allerdings eine eigene vereinsgerechte körperschaftliche Verfassung voraus, die sie selbständig und handlungsfähig macht; ferner muss sie nach ihrer Satzung selbst tariffähig sein. Die tatsächliche Ausübung dieser Fähigkeit durch Tarifabschlüsse hat demgegenüber allenfalls indizielle Bedeutung[3].

19 **Vereinigungen von Arbeitgebern** sind in aller Regel auch jenseits der Regelung des § 10 ArbGG schon deshalb parteifähig, weil sie zumeist als eingetragene Vereine organisiert und damit als juristische Personen des Privatrechts rechtsfähig sind[4]. Soweit dies ausnahmsweise nicht der Fall ist, müssen sie nach allgemeiner Auffassung der Literatur wie die Gewerkschaften die Voraussetzungen des arbeitsrechtlichen Koalitionsbegriffs erfüllen. Sie müssen also ein körperschaftlich organisierter privatrechtlicher Zusammenschluss von Personen und Unternehmen in ihrer Eigenschaft als Arbeitgeber sein mit dem Ziel, die Arbeits- und Wirtschaftsbedingungen ihrer Mitglieder zu regeln und sie müssen tariffähig sein[5].

20 Parteifähig sind schließlich auch die **Spitzenorganisationen**, also die Zusammenschlüsse von Gewerkschaften und Vereinigungen von Arbeitgebern.

2. Beteiligtenfähigkeit im Beschlussverfahren

21 Im **Beschlussverfahren** spricht das Gesetz nicht von Partei-, sondern von Beteiligtenfähigkeit. Es ist dies die Fähigkeit, im eigenen Namen ein Beschlussverfahren zur Geltendmachung oder zur Verteidigung von Rechten zu betreiben. Die Beteiligtenfähigkeit stimmt sachlich mit der Parteifähigkeit weitgehend überein. Beteiligtenfähig sind zunächst **alle Personen, die** nach § 50 ZPO oder nach § 10 Halbs. 1 ArbGG **parteifähig sind**. Darüber hinaus erweitert § 10 Halbs. 2 ArbGG den Kreis der beteiligtenfähigen Personen, Stellen, Vereinigungen und Behörden für das Beschlussverfahren[6].

---

1 BAG 6.6.2000 – 1 ABR 10/99, AP Nr. 55 zu § 2 TVG; Küttner/*Röller*, Gewerkschaftsrechte (im Betrieb) Rz. 2; Schaub/*Treber*, § 189 Rz. 12 ff.
2 BAG 6.6.2000 – 1 ABR 10/99, AP Nr. 55 zu § 2 TVG; 28.3.2006 – 1 ABR 58/04, NZA 2006, 1112 (1114 ff.).
3 BAG 22.12.1960 – 2 AZR 140/58, AP Nr. 25 zu § 11 ArbGG 1953 (Ortsverein der IG Druck und Papier); 26.2.1964 – 5 AR 66/64, AP Nr. 5 zu § 36 ZPO (Bezirksleitung der IG Metall); 6.12.1977 – 1 ABR 28/77, AP Nr. 10 zu § 118 BetrVG 1972 (Kreisverwaltung der ÖTV); 19.11.1985 – 1 ABR 37/83, AP Nr. 4 zu § 2 TVG – Tarifzuständigkeit (Bezirksleitung der IG Chemie).
4 GMP/*Matthes/Schlewing*, § 10 ArbGG Rz. 14.
5 GMP/*Matthes/Schlewing*, § 10 ArbGG Rz. 14; aA BAG 16.11.1989 – 8 AZR 368/88, AP Nr. 11 zu § 11 ArbGG 1979 – Prozessvertreter.
6 BAG 25.8.1981 – 1 ABR 61/79, AP Nr. 2 zu § 83 ArbGG 1979; 29.8.1985 – 6 ABR 63/82, AP Nr. 13 zu § 83 ArbGG 1979.

II. Voraussetzungen in Bezug auf die Parteien

Im Einzelnen sind **beteiligtenfähige Personen** im Sinne dieser Vorschrift: Die Vertrauensperson der schwerbehinderten Arbeitnehmer (§ 94 Abs. 1 SGB IX), Beauftragte von Gewerkschaften oder von Arbeitgeberverbänden, Mitglieder des Betriebs- oder des Aufsichtsrats, Sicherheitsbeauftragte[1]. Beteiligtenfähige **Stellen** sind der Betriebsrat, der Gesamtbetriebsrat, der Konzernbetriebsrat, die Jugend- und Auszubildendenvertretung, die Gesamt-Jugend- und Auszubildendenvertretung, die Konzern-Jugend- und Auszubildendenvertretung, die Bordvertretung, der Seebetriebsrat, der Wirtschaftsausschuss, der Betriebsausschuss sowie sonstige nach § 28 BetrVG vom Betriebsrat errichtete Ausschüsse, Arbeitsgruppen des Betriebsrats (§ 28a BetrVG), der Wahlvorstand, die Einigungsstelle, die tarifliche Schlichtungsstelle, eine betriebliche Beschwerdestelle (§ 86 Satz 2 BetrVG), der Sprecherausschuss, der Personalrat, der Bezirkspersonalrat, der Hauptpersonalrat[2], ferner der Werkstattrat (§ 139 SGB IX), die Organe der Mitbestimmung nach dem EBRG, dem SE- und dem SCE-Beteiligungsgesetz sowie dem Gesetz über die Mitbestimmung der Arbeitnehmer bei einer grenzüberschreitenden Verschmelzung.

22

In einem Beschlussverfahren, in dem über die **Tariffähigkeit oder Tarifzuständigkeit** einer Vereinigung zu entscheiden ist (§ 2a Abs. 1 Nr. 4 ArbGG), ist auch die beteiligte Vereinigung von Arbeitnehmern oder Arbeitgebern sowie die oberste Arbeitsbehörde des Bundes (das Bundesministerium für Arbeit und Soziales) oder derjenigen Länder, auf deren Bereich sich die Tätigkeit der Vereinigung erstreckt, beteiligtenfähig (§ 10 Satz 2 ArbGG). Bei einem Streit über die Tarifzuständigkeit einer Vereinigung werden auch diejenigen beteiligt, die von der Entscheidung über die Tarifzuständigkeit in ihrer Rechtsstellung unmittelbar betroffen sind[3], dazu gehören jedoch nicht die Spitzenorganisationen der Arbeitgeber- und der Arbeitnehmerseite[4].

23

3. Prozessfähigkeit

Prozessfähigkeit ist die Fähigkeit einer Partei, innerhalb eines Verfahrens Prozesshandlungen selbst oder durch einen gewählten Vertreter vorzunehmen. Das ArbGG enthält keine besonderen Bestimmungen über die Prozessfähigkeit vor den Gerichten für Arbeitssachen, so dass im **Urteilsverfahren** gem. § 46 Abs. 2 ArbGG die Vorschriften der ZPO Anwendung finden. Gem. § 52 ZPO ist eine Person insoweit prozessfähig, als sie sich durch Verträge verpflichten kann. Prozessunfähig sind danach Minderjährige unter sieben Jahren (§ 104 Nr. 1 BGB) sowie Volljährige unter den Voraussetzungen des § 104 Nr. 2 BGB. Auch beschränkt Geschäftsfähige (§§ 107 ff. BGB) sind grundsätzlich prozessunfähig. Etwas anderes gilt gem. §§ 112, 113 BGB nur, soweit **Minderjährige** zum selbständigen Betrieb eines Erwerbsgeschäftes oder zur Eingehung eines Arbeitsverhältnisses ermächtigt worden sind[5]. Für aus diesen Rechtsverhältnissen sich ergebende Streitigkeiten sind sie voll prozessfähig. Die Ermächtigung des § 113 BGB bezieht sich nach herrschender Auffassung allerdings nicht auf Berufsausbildungsverhältnisse[6]. Die Prozessunfähigkeit einer Partei ist gem. § 86 ZPO unbeachtlich, wenn sie noch im Zustand der Prozessfähigkeit einen Prozessbevollmächtigten wirksam bestellt hat[7].

24

---

1 GMP/*Matthes*/*Schlewing*, § 10 ArbGG Rz. 20.
2 Hauck/Helml/Biebl/*Hauck*, § 10 ArbGG Rz. 7.
3 BAG 17.4.2012 – 1 ABR 5/11, NZA 2012, 1104 (1105 f.).
4 BAG 11.6.2013 – 1 ABR 32/12, NZA 2013, 1363 (1365 f.). Soweit in dieser Entscheidung auch die obersten Arbeitsbehörden der Länder für nicht beteiligtenfähig gehalten werden, ist der Beschluss durch die Änderung des § 10 ArbGG im Zuge des Gesetzes zur Stärkung der Tarifautonomie (vom 11.8.2014, BGBl. I, 1348) überholt.
5 Vgl. dazu BAG 8.6.1999 – 3 AZR 71/98, AP Nr. 7 zu § 113 BGB.
6 Palandt/*Ellenberger*, § 113 BGB Rz. 2; aA BAG 22.1.2008 – 9 AZR 999/06, NZA-RR 2008, 565 (566); offen lassend BAG 8.12.2011 – 6 AZR 354/10, NZA 2012, 495 (496).
7 BGH 8.2.1993 – II ZR 62/92, BGHZ 121, 263 (266); BAG 20.1.2000 – 2 AZR 733/98, AP Nr. 6 zu § 56 ZPO.

25 **Juristische Personen** sind nicht selbst prozessfähig, sie handeln – ebenso wie die parteifähigen Personengesamtheiten – durch ihre gesetzlichen Vertreter. Für die OHG und die KG handeln die zur Geschäftsführung berufenen Geschäftsführer, für den nichtrechtsfähigen Verein und die Gewerkschaft ihr Vorstand. Die objektive Beweislast für seine Prozessfähigkeit trifft den Kläger, jedoch hat das Gericht die erforderlichen Beweise ggf. von Amts wegen zu erheben, da eine subjektive Beweisführungslast insoweit nicht besteht[1].

26 Für das **Beschlussverfahren** verweist § 80 Abs. 2 ArbGG (bzw. für die zweite und dritte Instanz § 87 Abs. 2, § 92 Abs. 2 ArbGG) für die Prozessfähigkeit auf die Vorschriften des Urteilsverfahrens. Insoweit gelten also die vorangegangenen Ausführungen entsprechend. Das gilt auch für die Prozessfähigkeit des Minderjährigen. Soweit dieser Rechte nach dem Betriebsverfassungsrecht geltend macht, ist er – wenn die Zustimmung seiner gesetzlichen Vertreter zur Aufnahme des Arbeitsverhältnisses nach § 113 BGB vorgelegen hat – in den entsprechenden Verfahren auch prozessfähig[2]. Anders als im Urteilsverfahren gilt dies auch für Minderjährige im **Berufsausbildungsverhältnis**. Das aktive und passive Wahlrecht zur Jugend- und Auszubildendenvertretung ist nach § 61 BetrVG materiell-rechtlich nicht an eine entsprechende Einwilligung des gesetzlichen Vertreters geknüpft, weshalb es sachgerecht erscheint, den beschränkt Geschäftsfähigen Rechtsstreitigkeiten im Zusammenhang mit diesen Rechten selbständig führen zu lassen[3]. Das gilt jedoch nicht für das **Weiterbeschäftigungsverlangen** nach § 78a BetrVG, weil Ziel des Begehrens hier die Begründung eines echten Arbeitsverhältnisses ist, zu dessen Abschluss der Minderjährige nach bürgerlichem Recht der Einwilligung nach § 113 BGB bedarf.

27 Die **betriebsverfassungsrechtlichen Stellen** sind ungeachtet der missglückten Verweisung auf die Vorschriften über das Urteilsverfahren – die Stellen können sich schon mangels Rechtsfähigkeit idR nicht durch Verträge verpflichten, so dass sie nach § 52 ZPO auch nicht prozessfähig wären – insoweit prozessfähig, wie sie beteiligtenfähig sind. Dies gilt jedoch nicht ohne Weiteres für die **Jugend- und Auszubildendenvertretung**. Sie ist kein selbständiges und gleichberechtigt neben dem Betriebsrat bestehendes Organ der Betriebsverfassung, das die Interessen der jugendlichen Arbeitnehmer und der zu ihrer Berufsausbildung Beschäftigten unter 25 Jahren unabhängig vom Betriebsrat und unmittelbar gegenüber dem Arbeitgeber vertritt. Vielmehr kann sie materiell-rechtlich keine dem Arbeitgeber gegenüber wirksamen Beschlüsse fassen, dies obliegt allein dem Betriebsrat[4]. Daraus folgt zugleich, dass sie insoweit auch nicht prozessfähig ist[5]. Sie kann daher allein keinen Prozessbevollmächtigten bestellen[6] und Prozesshandlungen wirksam nur vornehmen, wenn ein entsprechender gemeinsamer Beschluss auch des Betriebsrats existiert. Etwas anderes gilt nur in den Fällen, in denen die Jugend- und Auszubildendenvertretung Rechte im Beschlussverfahren gerade gegenüber dem Betriebsrat geltend macht.

28 Bei Streitigkeiten über die Allgemeinverbindlicherklärung von Tarifverträgen und von Rechtsverordnungen nach dem AEntG und dem AÜG (§ 2a Abs. 1 Nr. 5 ArbGG) sind partei- (richtigerweise: beteiligten-) fähig die oberste Arbeitsbehörde des Bundes

---

1 BGH 9.1.1996 – VI ZR 94/95, NJW 1996, 1059 (1060); BAG 20.1.2000 – 2 AZR 733/98, AP Nr. 6 zu § 56 ZPO.
2 ArbG Bielefeld 16.5.1973 – 3 BV 26/72, DB 1973, 1754; GMP/*Matthes/Schlewing*, § 10 ArbGG Rz. 42.
3 GMP/*Matthes/Schlewing*, § 10 ArbGG Rz. 42.
4 BAG 20.11.1973 – 1 AZR 331/73, AP Nr. 1 zu § 65 BetrVG 1972; 10.5.1974 – 1 ABR 57/73, AP Nr. 3 zu § 65 BetrVG 1972; 10.5.1974 – 1 ABR 60/73, AP Nr. 4 zu § 65 BetrVG 1972; 21.1.1982 – 6 ABR 17/79, AP Nr. 1 zu § 70 BetrVG 1972.
5 BAG 20.2.1986 – 6 ABR 25/85, AP Nr. 1 zu § 63 BetrVG 1972.
6 BAG 20.11.1973 – 1 AZR 331/73, AP Nr. 1 zu § 65 BetrVG 1972.

oder die oberste Arbeitsbehörde eines Landes, soweit ihr nach § 5 Abs. 6 TVG Rechte übertragen sind (§ 10 Satz 3 ArbGG).

4. Postulationsfähigkeit und Prozesskostenhilfe

a) Postulationsfähigkeit

Die Postulationsfähigkeit bezeichnet die Fähigkeit, in eigener Person **rechtswirksam prozessual handeln** zu können[1]. Insoweit bestimmt § 11 Abs. 1 ArbGG, dass das Verfahren vor den Arbeitsgerichten in erster Instanz von den Parteien selbst geführt werden kann (Parteiprozess). Vor den Landesarbeitsgerichten sind dagegen nur Rechtsanwälte und Vertreter von Gewerkschaften[2] oder gewerkschaftseigenen Rechtsschutzorganisationen (DGB-Rechtsschutz GmbH) und Vereinigungen von Arbeitgebern oder von Zusammenschlüssen solcher Verbände postulationsfähig, wenn sie kraft Satzung oder Vollmacht zur Vertretung befugt sind[3] und der Zusammenschluss, der Verband oder deren Mitglied Partei ist[4]. Vor dem BAG sind die vorgenannten Verbandsvertreter nur postulationsfähig, wenn sie die Befähigung zum Richteramt haben (§ 11 Abs. 4 Satz 3 ArbGG). Im Übrigen sind dort allein Rechtsanwälte postulationsfähig.

29

b) Anwaltsbeiordnung

Bis zum 31.12.2013 sah § 11a ArbGG vor, dass einer Partei, die außerstande ist, die Kosten des Prozesses zu bestreiten, und die nicht durch einen Vertreter einer Gewerkschaft oder eines Arbeitgeberverbands vertreten werden kann, auf ihren Antrag durch den Vorsitzenden ein Rechtsanwalt beizuordnen ist, wenn die Gegenpartei anwaltlich vertreten ist. Diese Bestimmung ist im Zuge des Gesetzes zur Änderung des Prozesskostenhilfe- und Beratungsrechts[5] ersatzlos entfallen. Es gelten nunmehr auch im arbeitsgerichtlichen Verfahren allein die allgemeinen Vorschriften der ZPO über die Prozesskostenhilfe[6].

30

Einstweilen frei.

31–44

c) Prozesskostenhilfe

Sowohl im Urteils- als auch im Beschlussverfahren ist die Gewährung von Prozesskostenhilfe nach §§ 114ff. ZPO möglich (§ 11a Abs. 1 ArbGG). Gegenüber den im Zivilprozess geltenden Regeln gibt es nur wenige Abweichungen. Die beabsichtigte Rechtsverfolgung oder -verteidigung muss **hinreichende Aussicht auf Erfolg** haben, was voraussetzt, dass das Klagevorbringen schlüssig bzw. die mit der Klageerwiderung vorgebrachten Gründe erheblich sind. Dabei dürfen die Anforderungen an die Erfolgsaussichten der beabsichtigten Rechtsverfolgung oder -verteidigung nicht überspannt

45

---

1 Zöller/*Vollkommer*, Vor § 50 ZPO Rz. 16.
2 Zum Gewerkschaftsbegriff des § 11 ArbGG LAG Hamm 15.5.1997 – 16 Sa 1235/96, NZA 1998, 502 (503); ausführlich *Schleusener*, NZA 1999, 408 ff.
3 Dazu BAG 6.9.2006 – 5 AZR 684/05, NZA 2007, 526 (526 f.).
4 Solange die vertretene Partei nicht Mitglied des Verbandes ist, ist die Postulationsfähigkeit des Verbandsvertreters ausgeschlossen, LAG Hamm 22.11.1996 – 10 Sa 776/96, NZA-RR 1997, 221. Der Insolvenzverwalter kann sich jedenfalls dann nicht durch einen Verbandsvertreter vertreten lassen, wenn nach der Satzung des Verbandes die Mitgliedschaft des Gemeinschuldners mit der Insolvenzeröffnung geendet hat und der Insolvenzverwalter selbst nicht Mitglied des Verbandes ist, BAG 20.11.1997 – 2 AZR 52/97, AP Nr. 15 zu § 11 ArbGG 1979 – Prozessvertreter.
5 Vom 31.8.2013, BGBl. I, 3533.
6 Näher *Schrader/Siebert*, NZA 2014, 348 ff.

und dadurch der Zweck der Prozesskostenhilfe – dem Unbemittelten den weitgehend gleichen Zugang zu Gericht zu ermöglichen – deutlich verfehlt werden[1]. Ist eine Beweisaufnahme notwendig, kann eine gewisse Erfolgsaussicht in aller Regel angenommen werden. Eine gewisse Erfolgsaussicht besteht auch bei höchstrichterlich noch ungeklärten Rechtsfragen[2], selbst wenn das über den Prozesskostenhilfeantrag entscheidende Gericht die Rechtsauffassung des Antragstellers in der Hauptsache nicht teilt.

46 Die Rechtsverfolgung darf zudem **nicht mutwillig** erscheinen (§ 114 Satz 1 ZPO). Mutwillig ist in der Regel eine Rechtsverfolgung, wenn eine wirtschaftlich leistungsfähige, also nicht bedürftige Partei bei sachgerechter und vernünftiger Einschätzung der Prozesslage von ihr Abstand nehmen oder ihre Rechte nicht in gleicher Weise verfolgen würde, weil ihr ein kostengünstigerer Weg offensteht und dieser Weg genauso erfolgversprechend ist[3]. Mutwilligkeit iSv. § 114 Satz 1 ZPO liegt deshalb regelmäßig vor, wenn eine Partei keine nachvollziehbaren Sachgründe dafür vorbringt, warum sie ihre Ansprüche nicht in *einer* Klage, sondern im Wege die Kosten der Rechtsverfolgung erhöhender Teilklagen geltend macht, oder nicht plausibel erklärt, aus welchen Gründen sie einen neuen Prozess anstrengt, obwohl sie das gleiche Klageziel kostengünstiger im Wege der Erweiterung einer bereits anhängigen Klage hätte erreichen können[4].

47 Die Partei darf nach ihren persönlichen und wirtschaftlichen Verhältnissen die Kosten nicht, nur zum Teil oder nur in Raten aufbringen können (§ 114 Abs. 1 Satz 1 ZPO). Dabei hat sie ihr **Einkommen** (§ 115 Abs. 1 und 2 ZPO) sowie ihr **Vermögen** (§ 115 Abs. 3 ZPO) **einzusetzen**. Zu dem „Vermögen" in diesem Sinne gehört grundsätzlich auch die Möglichkeit eines Arbeitnehmers, zur Durchführung eines Arbeitsgerichtsprozesses gewerkschaftlichen Rechtsschutz in Anspruch zu nehmen. Eine andere Beurteilung ist nur dann geboten, wenn die Gewerkschaft den Rechtsschutz abgelehnt hat oder es als sicher erscheint, dass dies geschehen wird, oder das Vertrauensverhältnis zwischen der Gewerkschaft und ihrem Mitglied erheblich gestört ist[5].

48 Die Bewilligung der Prozesskostenhilfe bewirkt die **Befreiung** von der Pflicht zur Zahlung der Kosten für das Gericht, den Gerichtsvollzieher und den beigeordneten Rechtsanwalt. Die Verpflichtung, dem obsiegenden Gegner die außergerichtlichen Kosten in zweiter und dritter Instanz zu erstatten (in erster Instanz findet gem. § 12a Abs. 1 Satz 1 ArbGG eine Kostenerstattung nicht statt), bleibt jedoch unberührt. Die Prozesskostenhilfe kann auch über die in § 124 ZPO genannten Fälle[6] hinaus nachträglich entzogen werden, wenn die Partei wesentliche Punkte für die Beurteilung des Sachverhalts durch Verschweigen nicht dargelegt hat und das Gericht aufgrund der gelieferten Angaben im Bewilligungszeitpunkt zunächst eine umfassende Einschätzung des Sachverhalts nicht vornehmen konnte[7].

III. Voraussetzungen in Bezug auf das Gericht

49 Die Gerichte für Arbeitssachen bilden eine eigenständige Gerichtsbarkeit. Das gilt auch gegenüber den ordentlichen Gerichten. Ob der **Rechtsweg** zu den Arbeitsgerich-

---

1 BVerfG 7.4.2000 – 1 BvR 81/00, NZA 2000, 900 (901 f.); LAG Hess. 28.7.2011 – 7 Ta 184/11, NZA-RR 2011, 605.
2 Vgl. BVerfG 13.3.1990 – 2 BvR 94/88, BVerfGE 81, 347 (358 f.); 14.7.1993 – 1 BvR 1523/92, NJW 1994, 241 (242); BGH 27.1.1982 – IVb ZB 925/80, FamRZ 1982, 368; 9.9.1997 – IX ZB 92/97, NJW 1998, 82; OLG Hamm 23.9.1999 – 6 W 31/99, NZA-RR 2000, 499 (500).
3 BGH 10.3.2005 – XII ZB 20/04, NJW 2005, 1497.
4 BAG 17.2.2011 – 6 AZB 3/11, NZA 2011, 422 (423); 8.9.2011 – 3 AZB 46/10, NZA 2011, 1382 (1383 f.).
5 BAG 5.11.2012 – 3 AZB 23/12, NZA 2013, 110 (111 f.).
6 Zu § 124 Nr. 2 ZPO vgl. LAG Köln 8.1.1996 – 5 Ta 256/95, NZA-RR 1996, 349 f.
7 LAG Rh.-Pf. 16.8.1996 – 4 Ta 162/96, NZA 1997, 115 (116).

III. Voraussetzungen in Bezug auf das Gericht

ten eröffnet ist, bestimmt sich für das Urteilsverfahren nach § 2 ArbGG, für das Beschlussverfahren nach § 2a ArbGG. **Sachlich** zuständig ist im Urteilsverfahren in erster Instanz stets das Arbeitsgericht, eine Eingangszuständigkeit der übergeordneten Gerichte gibt es – vom nicht praxisrelevanten Fall des § 158 Nr. 5 SGB IX (Rechtsstreitigkeiten nach dem SGB IX im Geschäftsbereich des Bundesnachrichtendienstes) abgesehen – anders als in der ordentlichen, der Verwaltungs- und der Sozialgerichtsbarkeit – nicht. In bestimmten Beschlussverfahren ist dagegen durch § 97 Abs. 2, § 98 Abs. 2 ArbGG eine erstinstanzliche Zuständigkeit der Landesarbeitsgerichte begründet, dazu Rz. 117a, 117b. Beim Arbeitsgericht können **funktionell** jedoch der Vorsitzende, die Kammer oder der Rechtspfleger zuständig sein (dazu Rz. 140ff.), dies hat vor allem Auswirkungen auf das zulässige Rechtsmittel.

Der Rechtsweg zu den Arbeitsgerichten kann unter den Voraussetzungen des § 101 ArbGG durch einen **Schiedsvertrag** ausgeschlossen werden mit der Folge, dass Rechtsstreitigkeiten aus dem Arbeitsverhältnis ausschließlich vor dem zuständigen Schiedsgericht geltend zu machen sind (§ 102 Abs. 1 ArbGG). Von praktischer Bedeutung ist dies vor allem für die Bühnenschiedsgerichtsbarkeit der Bühnenkünstler, Filmschaffenden und Artisten[1]. Gegen einen bestandskräftigen Schiedsspruch kann nur unter den Voraussetzungen des § 110 Abs. 1 ArbGG Klage erhoben werden. Das Aufhebungsverfahren vor den Arbeitsgerichten hat dann revisionsähnlichen Charakter[2].

1. Rechtsweg im Urteilsverfahren

Anders als die Generalklauseln zB des § 13 GVG oder des § 40 VwGO bestimmt § 2 ArbGG die Streitigkeiten, für die der Rechtsweg zu den Gerichten für Arbeitssachen eröffnet ist, durch enumerative, **abschließende** Aufzählung[3].

Andere Gerichte können für die in § 2 Abs. 1 und 2 ArbGG genannten Streitigkeiten nicht zuständig sein oder durch Parteivereinbarung (Prorogation) oder rügeloses Verhandeln zur Hauptsache zuständig werden. Nur im Falle einer bindenden (aber sachlich unberechtigten) Verweisung einer arbeitsrechtlichen Streitigkeit durch ein Arbeitsgericht an ein Gericht eines anderen Rechtsweges kann auch dieses zur Entscheidung über eine derartige Streitigkeit berufen sein. Im zweiten und dritten Rechtszug prüft das Rechtsmittelgericht die Zulässigkeit des Rechtsweges nicht mehr (§ 17a Abs. 5 GVG), so dass der einmal (ggf. auch fälschlich) beschrittene Rechtsweg (oder die fehlerhafte, aber bindende Verweisung) in diesem Stadium nicht mehr korrigiert werden kann[4]. Dies gilt auch dann, wenn das erstinstanzliche Gericht den Rechtsweg nur stillschweigend durch Erlass eines Sachurteils bejaht hat[5], es sei denn, dass wegen der Rechtswegrüge einer Partei eine Vorabentscheidung des Arbeitsgerichts zwingend geboten gewesen wäre[6].

Umgekehrt kann die Zuständigkeit der Gerichte für Arbeitssachen in Angelegenheiten, in denen der Rechtsweg zu ihnen nicht eröffnet ist, auch **nicht durch Parteivereinbarung** oder rügeloses Verhandeln zur Hauptsache begründet werden. Ausnahmen gelten jedoch für Zusammenhangsklagen nach § 2 Abs. 3 ArbGG, für Rechtsstreitigkeiten zwischen juristischen Personen und ihren gesetzlichen Vertretern (§ 2 Abs. 4 ArbGG) sowie für den Fall der sachlich fehlerhaften, aber bindenden Verweisung des

---

1 Vgl. BAG 6.8.1997 – 7 AZR 156/96, AP Nr. 5 zu § 101 ArbGG 1979; Vogel, NZA 1999, 26ff.
2 BAG 6.11.1997 – 2 AZR 253/97, NZA 1998, 833; 16.12.2010 – 6 AZR 487/09, NZA 2011, 1441 (1442); Hauck/Helml/Biebl/*Hauck/Biebl*, § 110 ArbGG Rz. 3.
3 Rechtsprechungsüberblick bei *Rolfs*, NZA-RR 2000, 1ff.
4 BAG 14.12.1998 – 5 AS 8/98, AP Nr. 38 zu § 17a GVG; BGH 12.3.2002 – X ARZ 314/01, NZA 2002, 1109 (1110).
5 BAG 9.7.1996 – 5 AZB 6/96, AP Nr. 24 zu § 17a GVG; 21.8.1996 – 5 AZR 1011/94, AP Nr. 42 zu § 2 ArbGG 1979.
6 BAG 21.8.1996 – 5 AZR 1011/94, AP Nr. 42 zu § 2 ArbGG 1979.

Gerichts eines anderen Rechtsweges[1]. § 34 ZPO, der für Klagen von Prozessbevollmächtigten usw. wegen ihrer Gebühren und Auslagen die Zuständigkeit des Gerichts in der Hauptsache begründet, findet auf das arbeitsrechtliche Mandat keine Anwendung, so dass für derartige Klagen nur der Rechtsweg zu den ordentlichen Gerichten eröffnet ist[2].

a) Bürgerliche Rechtsstreitigkeiten

54 Alle Ziffern des § 2 Abs. 1 und 2 ArbGG setzen voraus, dass es sich um eine bürgerliche Rechtsstreitigkeit handelt. Der Begriff ist mit dem in § 13 GVG verwandten Begriff bedeutungsidentisch[3]. Um eine bürgerliche Rechtsstreitigkeit handelt es sich, wenn die Parteien um Rechtsfolgen oder Rechtsverhältnisse streiten, die dem Privatrecht zuzuordnen sind[4]. Maßgebend ist insoweit der dem jeweiligen Klagebegehren zugrunde liegende materiell-rechtliche Anspruch, wie er sich aus dem streitgegenständlichen Sachverhalt ergibt[5]. Dabei stehen privatrechtliche Ansprüche den öffentlich-rechtlichen gegenüber, die dadurch gekennzeichnet sind, dass um einen Anspruch oder ein Rechtsverhältnis gestritten wird, bei dem ein Träger öffentlicher Gewalt gerade in seiner Eigenschaft als Träger öffentlicher Gewalt berechtigt oder verpflichtet ist.

55 Zu Entscheidungen in **öffentlich-rechtlichen Streitigkeiten** sind die Verwaltungs-, Finanz- oder die Sozialgerichte berufen[6], Letztere sind insbesondere zuständig für öffentlich-rechtliche Streitigkeiten in Angelegenheiten der Sozialversicherung, der Arbeitslosenversicherung und der übrigen Aufgaben der Bundesagentur für Arbeit sowie der Kriegsopferversorgung (§ 51 Abs. 1 SGG)[7]. Daher gehören zB Streitigkeiten um die Anmeldung des Arbeitnehmers zu einer Krankenkasse oder um den Arbeitgeberzuschuss zur privaten Kranken- oder Pflegeversicherung (§ 257 SGB V, § 61 SGB XI) einschließlich dessen Rückforderung vor die Sozial-[8] und Klagen von Arbeitnehmern gegen die aufsichtsbehördliche Genehmigung von Sonntagsarbeit (§ 13 Abs. 3 ArbZG) vor die Verwaltungsgerichte[9]. Ob dem Arbeitnehmer eine zur Berufsausübung erforderliche behördliche Erlaubnis zu Recht versagt oder entzogen worden ist, unterliegt gleichfalls allein der Entscheidungsbefugnis der Verwaltungsgerichte, auch wenn der Arbeitnehmer gegen eine aus diesem Grund erklärte Kündigung seines Arbeitsverhältnisses Klage erhebt[10]. Dagegen hat das Arbeits- und nicht das Finanzgericht über die Frage zu entscheiden, ob der Arbeitnehmer einen Anspruch gegen den Arbeitgeber darauf hat, dass dieser bestimmte Entgeltbestandteile der Pauschalbesteuerung und nicht dem gewöhnlichen Lohnsteuer-Abzugsverfahren unterwirft[11],

---

1 GMP/*Schlewing*, § 2 ArbGG Rz. 3.
2 BAG 28.10.1997 – 9 AZB 35/97, AP Nr. 55 zu § 2 ArbGG 1979; zweifelnd hinsichtlich des Deckungsanspruchs gegen die Rechtsschutzversicherung LAG Hess. 4.11.1997 – 16 Ta 496/97, NZA 1998, 784.
3 Vgl. Hauck/Helml/Biebl/*Helml*, § 2 ArbGG Rz. 6.
4 BAG 22.9.1999 – 5 AZB 27/99, AP Nr. 67 zu § 2 ArbGG 1979; 16.2.2000 – 5 AZB 71/99, AP Nr. 70 zu § 2 ArbGG 1979.
5 GemSOGB 4.6.1974 – GmS-OGB 2/73, AP Nr. 3 zu § 405 RVO; 10.4.1986 – GmS-OGB 1/85, AP Nr. 3 zu § 13 GVG; BAG 16.2.2000 – 5 AZB 71/99, AP Nr. 70 zu § 2 ArbGG 1979; 30.8.2000 – 5 AZB 12/00, AP Nr. 75 zu § 2 ArbGG 1979.
6 Vgl. BAG 22.9.1999 – 5 AZB 27/99, AP Nr. 67 zu § 2 ArbGG 1979.
7 Vgl. LAG Hess. 14.7.1995 – 15 Ta 240/95, NZA-RR 1996, 66 (67).
8 BAG 1.6.1999 – 5 AZB 34/98, AP Nr. 1 zu § 257 SGB V; 5.10.2005 – 5 AZB 27/05, AP Nr. 87 zu § 2 ArbGG 1979; 19.8.2008 – 5 AZB 75/08, NZA 2008, 1313 (1313 f.).
9 BVerwG 19.9.2000 – 1 C 17.99, NZA 2000, 1232 (1233 f.).
10 BAG 7.12.2000 – 2 AZR 459/99, AP Nr. 23 zu § 1 KSchG 1969 – Personenbedingte Kündigung; anders noch 31.1.1996 – 2 AZR 68/95, AP Nr. 17 zu § 1 KSchG 1969 – Personenbedingte Kündigung.
11 LAG Sa.-Anh. 1.9.1995 – 5 Ta 104/95, NZA-RR 1996, 308; aA LAG Schl.-Holst. 12.2.2004 – 2 Ta 31/04, NZA-RR 2004, 493 (494).

während für einen Rechtsstreit um die richtige Ausfüllung der Lohnsteuerbescheinigung der Rechtsweg zu den Finanzgerichten jedenfalls dann gegeben ist, wenn die Entscheidung des Streits von der Anwendung steuerrechtlicher Normen abhängt, die Parteien bspw. ausschließlich darüber streiten, ob die für den Dezember eines Jahres geschuldete, aber erst im Folgejahr gezahlte Vergütung in die Lohnsteuerbescheinigung für das Folgejahr oder das vorangegangene Jahr einzutragen ist[1].

Beispiel: 56

Unternehmer U möchte seinem Arbeitnehmer X kündigen. X ist als schwerbehinderter Mensch mit einem Grad der Behinderung von 60 % anerkannt. Also benötigt U für die Kündigung des X die Zustimmung des Integrationsamts (§ 85 SGB IX). Wird ihm diese verweigert, kann er dagegen Widerspruch und bei Erfolglosigkeit desselben Klage vor dem Verwaltungsgericht erheben; umgekehrt kann X, wenn U die Zustimmung erhält, als Drittbetroffener ebenfalls Widerspruch und Klage erheben. Mit der Erteilung der Zustimmung ist aber noch nicht über die Wirksamkeit einer – erst nach Zustimmungserteilung auszusprechenden – Kündigung entschieden, diese kann aus allgemeinen kündigungsrechtlichen Erwägungen oder deshalb unwirksam sein, weil der Arbeitgeber die besonderen Kündigungsfristen der § 88 Abs. 3, § 91 Abs. 5 SGB IX versäumt hat. Hierüber ist im normalen Kündigungsschutzprozess vor den Arbeitsgerichten zu streiten.

b) Streitigkeiten über Tarifverträge (§ 2 Abs. 1 Nr. 1 ArbGG)

Tarifverträge sind privatrechtliche Verträge zwischen Gewerkschaften auf der einen 57
und einzelnen Arbeitgebern oder Vereinigungen von Arbeitgebern auf der anderen Seite (§ 2 Abs. 1 TVG). Sie bestehen aus einem **schuldrechtlichen (obligatorischen) Teil**, der die Rechte und Pflichten der Tarifvertragsparteien, namentlich die Durchführungspflicht der Arbeitgeberseite und die Friedenspflicht der Gewerkschaften regelt. Ferner beinhalten sie in ihrem **normativen Teil** Bestimmungen über den Inhalt, den Abschluss und die Beendigung des Arbeitsverhältnisses sowie ggf. über betriebliche und betriebsverfassungsrechtliche Fragen (§ 4 TVG). Weil Tarifverträge ungeachtet ihrer Normwirkung privatrechtliche Verträge sind[2], sind auch die aus ihnen resultierenden Ansprüche bürgerlich-rechtlicher Natur[3].

§ 2 Abs. 1 Nr. 1 ArbGG erfasst zunächst **Streitigkeiten aus dem obligatorischen Teil** 58
des Tarifvertrages, zB auf Durchführung[4] oder Unterlassung von Kampfmaßnahmen[5]. Gestritten werden kann auch über das Bestehen oder Nichtbestehen eines Tarifvertrages, insbesondere über die Wirksamkeit einer Kündigung[6]. Die Zuständigkeit der Arbeitsgerichte erstreckt sich auch auf Streitigkeiten zwischen Tarifvertragsparteien und Dritten aus Tarifverträgen und über das Bestehen oder Nichtbestehen von Tarifverträgen. Dritter im Sinne dieser Vorschrift ist jeder, der nicht Tarifvertragspartei ist, dazu zählen auch die Mitglieder der tarifschließenden Parteien. Sie können zB vom obligatorischen Teil des Tarifvertrages erfasst sein[7], wenn etwa der Tarifvertrag den Beauftragten der Gewerkschaft ein Zugangsrecht zu den Betrieben der Arbeitgeber einräumt.

Nicht zuständig sind die Arbeitsgerichte für Streitigkeiten zwischen einer Tarifvertragspartei und ihrem Mitglied aus dem Mitgliedschaftsverhältnis, insbesondere An- 59

---

1 BAG 7.5.2013 – 10 AZB 8/13, NZA 2013, 862 (862 f.).
2 *Wiedemann*, § 1 TVG Rz. 11.
3 GMP/*Schlewing*, § 2 ArbGG Rz. 12.
4 BAG 9.6.1982 – 4 AZR 274/81, AP Nr. 1 zu § 1 TVG – Durchführungspflicht; 3.2.1988 – 4 AZR 513/87, AP Nr. 20 zu § 1 TVG – Tarifverträge: Druckindustrie.
5 BAG 21.12.1982 – 1 AZR 411/80, AP Nr. 76 zu Art. 9 GG – Arbeitskampf.
6 BAG 26.9.1984 – 4 AZR 343/83, AP Nr. 21 zu § 1 TVG.
7 GMP/*Schlewing*, § 2 ArbGG Rz. 27.

sprüche auf Aufnahme in eine Gewerkschaft[1] oder die Wirksamkeit eines Ausschlusses[2]. Sie gehören vor die **ordentlichen Gerichte**.

60 Zu beachten ist die durch § 9 TVG statuierte **Bindungswirkung** rechtskräftiger arbeitsgerichtlicher Entscheidungen, die in Rechtsstreitigkeiten zwischen Tarifvertragsparteien (nicht aber zwischen diesen und einem Dritten) aus dem Tarifvertrag oder über das Bestehen oder Nichtbestehen des Tarifvertrages ergangen sind[3].

c) Streitigkeiten über Arbeitskämpfe und Vereinigungsfreiheit (§ 2 Abs. 1 Nr. 2 ArbGG)

61 Die Arbeitsgerichte entscheiden ferner über bürgerliche Rechtsstreitigkeiten zwischen tariffähigen Parteien oder zwischen diesen und Dritten aus unerlaubten Handlungen, soweit es sich um Maßnahmen zum Zwecke des Arbeitskampfes oder um Fragen der Vereinigungsfreiheit einschließlich des hiermit in Zusammenhang stehenden Betätigungsrechts der Vereinigungen handelt. „Unerlaubte Handlungen" in diesem Sinne meint nicht allein die Tatbestände der §§ 823 ff. BGB, sondern alle Verhaltensweisen, die nach Auffassung des einen Teils arbeitskampfrechtlich unzulässig sein sollen[4]. Ausreichend ist daher, dass Unterlassungs- oder Beseitigungsansprüche (§§ 862, 1004 BGB analog[5]), auch wegen ehrverletzender Äußerungen, ebenso Schadensersatzansprüche, die ein Verschulden nicht voraussetzen (§ 945 ZPO), im Zusammenhang mit einem Arbeitskampf geltend gemacht werden. Selbst Klagen auf Beseitigung einer Abmahnung, die im Zusammenhang mit einem Arbeitskampf stehen (zB Abmahnung wegen Verweigerung von Streikbrecherarbeit), fallen unter § 2 Abs. 1 Nr. 2 ArbGG[6]. Unerlaubte Handlung kann auch der Arbeitskampf selbst sein[7].

62 **Nicht** im Urteils-, sondern gem. § 2a Abs. 1 Nr. 1 ArbGG im Beschlussverfahren zu entscheiden sind Streitigkeiten, die **anlässlich eines Arbeitskampfes** zwischen Arbeitgeber und Betriebsrat über dessen Rechte und Pflichten entstehen. Dies betrifft sowohl die persönliche Stellung der Betriebsratsmitglieder im Arbeitskampf[8] als auch die Wahrnehmung von Beteiligungsrechten nach dem BetrVG[9].

63 Streitigkeiten um die **Vereinigungsfreiheit** iSv. § 2 Abs. 1 Nr. 2 ArbGG betreffen zwei verschiedene Bereiche: Zum einen geht es um Maßnahmen, die die positive oder negative Koalitionsfreiheit verletzen oder Betätigungsrechte beeinträchtigen[10], zum anderen sind Fragen der Vereinigungsfreiheit oder der Betätigungsrechte einer Koalition als solcher betroffen, wenn also darüber gestritten wird, ob Arbeitgeber oder Arbeitnehmer sich zu einer Koalition zusammenschließen dürfen oder ob eine Koalition

---

1 BGH 10.12.1984 – II ZR 91/84, BGHZ 93, 151 ff.; 19.10.1987 – II ZR 43/87, BGHZ 102, 265 ff.
2 BGH 30.5.1983 – II ZR 138/82, BGHZ 87, 337 ff.; 19.10.1987 – II ZR 43/87, BGHZ 102, 265 ff.
3 Vgl. BAG 18.4.2012 – 4 AZR 371/10, NZA 2013, 161 (163).
4 BAG 2.8.1963 – 1 AZR 9/63, AP Nr. 5 zu Art. 9 GG; 29.6.1965 – 1 AZR 420/64, AP Nr. 6 zu Art. 9 GG; 14.2.1978 – 1 AZR 280/77, AP Nr. 26 zu Art. 9 GG; 10.9.1985 – 1 AZR 262/84, AP Nr. 86 zu Art. 9 GG – Arbeitskampf; 18.8.1987 – 1 AZN 260/87, AP Nr. 33 zu § 72a ArbGG 1979.
5 OLG Frankfurt am Main 28.3.2007 – 3 W 20/07, NZA 2007, 710 (711).
6 BAG 18.8.1987 – 1 AZN 260/87, AP Nr. 33 zu § 72a ArbGG 1979 – Grundsatz.
7 GMP/*Schlewing*, § 2 ArbGG Rz. 35.
8 Dazu LAG Düsseldorf 5.7.1994 – 8 TaBV 57/94, LAGE § 74 BetrVG Nr. 2.
9 BAG 14.2.1978 – 1 AZR 54/76, AP Nr. 57 zu Art. 9 GG – Arbeitskampf; 14.2.1978 – 1 AZR 103/76, AP Nr. 58 zu Art. 9 GG – Arbeitskampf; 24.4.1979 – 1 ABR 43/77, AP Nr. 63 zu Art. 9 GG – Arbeitskampf; 22.12.1980 – 1 ABR 2/79, AP Nr. 70 zu Art. 9 GG – Arbeitskampf; 22.12.1980 – 1 ABR 76/79, AP Nr. 71 zu Art. 9 GG – Arbeitskampf.
10 BAG 18.8.1987 – 1 AZN 260/87, AP Nr. 33 zu § 72a ArbGG 1979 – Grundsatz.

III. Voraussetzungen in Bezug auf das Gericht

Demgegenüber sind die Gerichte für Arbeitssachen **nicht zuständig** für Rechtsstreitigkeiten von „Ein-Euro-Jobbern" (§ 16d SGB II)[1], für Klagen ehemaliger Zwangsarbeiter[2], von Beamten im Geschäftsbereich von Bahn, Post und Telekom, und zwar auch dann nicht, wenn sie unter gleichzeitiger Beurlaubung den Abschluss eines Arbeitsvertrages erstreben[3], von Klagen schwerbehinderter Menschen, die sich bei der Besetzung einer Beamtenposition benachteiligt sehen[4], von Arbeitnehmern des öffentlichen Dienstes, wenn sie von ihrem Arbeitgeber die Zulassung zu einer wissenschaftlichen Ausbildung an einer staatlichen Hochschule beanspruchen[5], von Organmitgliedern einer juristischen Person (§ 5 Abs. 1 Satz 3 ArbGG)[6] einschließlich der gesetzlichen Vertreter eines Kreditinstituts nach § 53 Abs. 2 Nr. 1 KWG[7] und der Geschäftsführer einer Kreishandwerkerschaft[8], und zwar auch dann nicht, wenn die Beklagte insolvent ist[9] oder sie geltend machen, in Wahrheit Arbeitnehmer gewesen zu sein[10], es sei denn, sie stützen diese Rechtsbehauptung nicht auf das der Organstellung zugrunde liegende Rechtsverhältnis, sondern auf eine andere Rechtsbeziehung zu dem Unternehmen[11] oder auf eine Umwandlung ihres Dienstverhältnisses in ein Arbeitsverhältnis mit Beendigung ihrer Organstellung[12]. — 70

Nicht zuständig sind die Gerichte für Arbeitssachen für Klagen von Dienstnehmern, deren vereinbarte Bestellung zum Geschäftsführer unterblieben ist[13], ebenso nicht für Klagen des Geschäftsführers einer Vor-GmbH[14] und solche ehemaliger Geschäftsführer, die nach ihrem Ausscheiden Ansprüche aus einer Zeit geltend machen, in der sie noch nicht Geschäftsführer waren[15]; nicht für Klagen eines selbständigen Frachtführers gegen seinen Spediteur[16], eines Handelsvertreters, der nicht die besonderen Voraussetzungen des § 5 Abs. 3 ArbGG erfüllt[17], eines sog. Agenturpartners der Deutschen Post AG[18], einer Franchisenehmerin, die selbständig ein Ladengeschäft führt[19], eines Partners einer Anwalts-GmbH gegen diese[20], einer als Zeitungsausträgerin tätigen Schülerin, die berechtigt ist, sich durch Familienangehörige oder Dritte vertreten zu lassen[21], ferner nicht für Klagen eines Hauswarts[22] und von Prostituierten — 71

---

1 BAG 8.11.2006 – 5 AZR 36/06, NZA 2007, 53 (53 f.); 17.1.2007 – 5 AZB 43/06, NZA 2007, 644 (645 f.); 20.2.2008 – 5 AZR 290/07, NZA-RR 2008, 401 (401 f.).
2 BAG 16.2.2000 – 5 AZB 71/99, AP Nr. 70 zu § 2 ArbGG 1979; aA LAG München 11.1.2000 – 5 Ta 446/99, NZA-RR 2000, 155.
3 BAG 24.10.1997 – 10 AZB 27/98, AP Nr. 57 zu § 2 ArbGG 1979; 16.6.1999 – 5 AZB 16/99, AP Nr. 65 zu § 2 ArbGG 1979.
4 LAG Hamm 6.10.2005 – 2 Ta 402/05, NZA-RR 2006, 157 (157 f.); 14.11.2012 – 2 Ta 398/12, NZA-RR 2013, 261 (261).
5 BAG 24.5.2000 – 5 AZB 66/99, AP Nr. 45 zu § 17a GVG.
6 BAG 20.8.2003 – 5 AZB 79/02, AP Nr. 58 zu § 5 ArbGG 1979; OLG München 10.4.2003 – 7 W 656/03, NZA-RR 2003, 439 (439); s. aber auch LAG Köln 14.10.2002 – 11 Ta 273/02, NZA-RR 2003, 492 (492); OLG Hamm 27.3.1998 – 8 W 2/98, NZA-RR 1998, 372; LAG Bln.-Bbg. 26.1.2009 – 6 Ta 174/09, NZA-RR 2009, 277 (277).
7 BAG 15.10.1997 – 5 AZB 32/97, AP Nr. 39 zu § 5 ArbGG 1979.
8 BAG 11.4.1997 – 5 AZB 32/96, AP Nr. 47 zu § 2 ArbGG 1979; vgl. auch LAG Nds. 4.2.2002 – 17 Ta 429/01, NZA-RR 2002, 491 (491 ff.).
9 BAG 4.2.2013 – 10 AZB 78/12, NZA 2013, 397 (399).
10 BAG 6.5.1999 – 5 AZB 22/98, AP Nr. 46 zu § 5 ArbGG 1979; 4.2.2013 – 10 AZB 78/12, NZA 2013, 397 (398).
11 BAG 15.3.2011 – 10 AZB 32/10, NZA 2011, 874 (875); 4.2.2013 – 10 AZB 78/12, NZA 2013, 397 (398).
12 BAG 23.8.2001 – 5 AZB 9/01, AP Nr. 54 zu § 5 ArbGG 1979; OLG Frankfurt am Main 11.5.1999 – 5 W 11/99, NZA-RR 2000, 385 (386).
13 BAG 25.6.1997 – 5 AZB 41/96, AP Nr. 36 zu § 5 ArbGG 1979.
14 BAG 13.5.1996 – 5 AZB 27/95, AP Nr. 27 zu § 5 ArbGG 1979.
15 BAG 20.5.1998 – 5 AZB 3/98, NZA 1998, 1247.
16 BGH 21.10.1998 – VIII ZB 54/97, NJW 1999, 648.
17 OLG Frankfurt am Main 27.3.1997 – 25 W 18/97, NZA-RR 1997, 399; LG Berlin 13.11.1997 – 52 T 97/97, NZA-RR 1999, 212; s. zur Abgrenzung aber BGH 18.7.2013 – VII ZB 27/12, DB 2013, 2143 (2143 f.).
18 OLG Karlsruhe 22.7.1998 – 19 W 55/98, NZA-RR 1998, 463.
19 BGH 27.1.2000 – III ZB 67/99, NZA 2000, 390 (391).
20 ArbG Berlin 9.10.2003 – 1 Ca 4598/03, NZA-RR 2004, 328 (328 ff.).
21 LG Darmstadt 9.3.2000 – 5 T 1294/99, NZA-RR 2001, 631 (632).
22 LG Berlin 20.10.1998 – 63 S 107/98, NZA-RR 1999, 244.

in einem Saunaclub gegen den Betreiber desselben[1] oder Rechtsstreitigkeiten, die ausschließlich die Pflicht zur Abführung von Sozialversicherungsbeiträgen des Arbeitgebers oder dessen Zuschuss zur privaten Kranken- und Pflegeversicherung zum Gegenstand haben[2].

72 § 2 Abs. 1 Nr. 3 lit. a ArbGG ist einschlägig, wenn der Arbeitnehmer beansprucht, bestimmte Teile seines Lohnes der Pauschalbesteuerung nach §§ 40ff. EStG zu unterwerfen[3], wenn er den Geschäftsführer der Arbeitgeber-GmbH oder die ausländische Konzernmutter seiner Arbeitgeberin im Wege der Durchgriffshaftung in Anspruch nimmt[4], oder er von seinem öffentlichen Arbeitgeber verlangt, anstelle eines zur Beförderung vorgesehenen Beamten auf die freie Stelle befördert zu werden, wenn damit nicht zugleich seine Berufung in das Beamtenverhältnis verbunden ist[5].

Weitere Beispiele für Klagen nach § 2 Abs. 1 Nr. 3 lit. a ArbGG:

73 Ansprüche des Arbeitnehmers auf Gegenleistung in jeder denkbaren Form, wie Vergütung, Gratifikationen, Sonderzuwendungen, Auslagen- und Schadensersatz, betriebliches Ruhegeld, Einhaltung der Arbeitsschutzvorschriften, Urlaub und Freistellung von der Arbeit, Entfernung von Abmahnungen aus der Personalakte[6]. Als Ansprüche des Arbeitgebers kommen unter anderem in Betracht: Ordnungsgemäße Erfüllung der Arbeitspflicht, Unterlassung von Wettbewerb, Schadensersatz wegen Pflichtverletzung oder unerlaubter Handlung – auch solche des Entleihers gegen den Leiharbeitnehmer[7] –, Erstattung von Fehlbeträgen oder überzahlten Beträgen[8].

74 Bei Streitigkeiten über **Werkwohnungen** ist zu unterscheiden: Handelt es sich um eine Werk**miet**wohnung, also eine solche, die mit Rücksicht auf das Arbeitsverhältnis vermietet worden ist (§§ 576, 576a BGB), so ist für Streitigkeiten aus dem Mietverhältnis kraft ausdrücklicher Zuweisung in § 23 Nr. 2 lit. a GVG das Amtsgericht erstinstanzlich zuständig, der Streit gehört also vor die ordentlichen Gerichte[9]. Anders liegen die Dinge dagegen bei den in § 576b BGB bezeichneten Werk**dienst**wohnungen, bei denen der Wohnraum ohne selbständigen Vertrag im Rahmen des Arbeitsverhältnisses (zB als Hausmeisterwohnung) überlassen worden ist. Hier ist § 2 Abs. 1 Nr. 3 ArbGG einschlägig, so dass der Rechtsweg zu den Arbeitsgerichten eröffnet ist[10]. Das gilt auch dann, wenn der Arbeitnehmer die Wohnung ganz oder überwiegend mit Einrichtungsgegenständen ausgestattet hat oder in dem Wohnraum mit seiner Familie oder Personen lebt, mit denen er einen auf Dauer angelegten eigenen Hausstand führt, so dass gem. § 576b BGB materiell-rechtlich wieder die Vorschriften über Werk**miet**wohnungen anzuwenden sind[11].

75 **Keine Arbeitssachen** iSv. § 2 Abs. 1 Nr. 3 ArbGG sind die Ansprüche der Vertrauensperson der schwerbehinderten Arbeitnehmer **aus ihrem Amt**, also etwa auf Freistellung oder Erstattung von Schulungskosten; insoweit ist der Rechtsweg zu den Verwal-

---

1 LAG Hess. 12.8.1997 – 16 Ta 231/97, NZA 1998, 221.
2 BAG 1.6.1999 – 5 AZB 34/98, AP Nr. 1 zu § 257 SGB V; LAG Hess. 14.7.1995 – 15 Ta 240/95, NZA-RR 1996, 66; LAG Köln 25.3.1998 – 7 Sa 1661/97, NZA-RR 1999, 327.
3 LAG Sa.-Anh. 1.9.1995 – 5 Ta 104/95, NZA-RR 1996, 308.
4 BAG 24.6.1996 – 5 AZB 35/95, AP Nr. 39 zu § 2 ArbGG 1979; 13.6.1997 – 9 AZB 38/96, AP Nr. 5 zu § 3 ArbGG 1979; LAG Berlin 27.3.1996 – 6 Ta 3/96, NZA-RR 1997, 24.
5 OVG Koblenz 10.12.1997 – 2 E 12965/97, NZA-RR 1998, 274.
6 GMP/*Schlewing*, § 2 ArbGG Rz. 60.
7 LAG Hamm 4.8.2003 – 2 Ta 739/02, NZA-RR 2004, 106.
8 GMP/*Schlewing*, § 2 ArbGG Rz. 60.
9 BAG 24.1.1990 – 5 AZR 749/87, AP Nr. 16 zu § 2 ArbGG 1979; 28.11.2007 – 5 AZB 44/07, NZA 2008, 843 (844).
10 BAG 23.8.1989 – 5 AZR 569/88, AP Nr. 3 zu § 620 BGB – Teilkündigung; 24.1.1990 – 5 AZR 749/87, AP Nr. 16 zu § 2 ArbGG 1979; 2.11.1999 – 5 AZB 18/99, AP Nr. 68 zu § 2 ArbGG 1979; LAG Berlin 14.9.1993 – 6 Ta 14/93, LAGE § 2 ArbGG 1979 Nr. 15.
11 ArbG Münster 4.8.1988 – 2 Ca 490/88, NZA 1989, 531.

tungsgerichten eröffnet[1]. Vor die ordentlichen Gerichte gehört der Streit, ob ein (mitbestimmter) Aufsichtsrat für das Unternehmen zu bilden ist und wie viele Mitglieder er ggf. zu haben hat[2], hierher gehören ferner Streitigkeiten **aus dem Amt** der Arbeitnehmervertreter im Aufsichtsrat[3] (anders für Streitigkeiten über ihre Wahl, § 2a Abs. 1 Nr. 3 ArbGG, dazu Rz. 110) sowie Klagen des Lohnpfändungsgläubigers gegen den Arbeitgeber als Drittschuldner auf Auskunftserteilung nach § 840 ZPO[4]. Ebenfalls vor den ordentlichen Gerichten zu verhandeln sind Streitigkeiten des Arbeitnehmers gegen einen externen Träger der betrieblichen Altersversorgung, wenn dieser keine „gemeinsame Einrichtung" iSv. Nr. 4 darstellt, also zB gegen ein Unternehmen der Lebensversicherung[5]. Ferner sind den ordentlichen Gerichten einige Streitsachen ausschließlich zugewiesen, dazu gehören Ansprüche aus dem ArbNErfG, vgl. § 39 Abs. 1 ArbNErfG[6].

bb) Bestehen oder Nichtbestehen eines Arbeitsverhältnisses (Nr. 3 lit. b)

Hinsichtlich des **Bestehens oder Nichtbestehens** (§ 2 Abs. 1 Nr. 3 lit. b ArbGG) kommen insbesondere Streitigkeiten darüber in Betracht, ob das zwischen den Parteien bestehende Vertragsverhältnis als Arbeitsverhältnis (oder etwa als freies Mitarbeiterverhältnis) zu qualifizieren ist (sog. **Statusklagen**)[7], ferner, ob es überhaupt besteht, ob es noch besteht, oder ob es einmal bestanden hat (soweit hierfür das nach § 256 ZPO erforderliche Feststellungsinteresse vorliegt und die Klage nicht rechtsmissbräuchlich ist)[8], einschließlich der Frage nach der Wirksamkeit einer Kündigung oder Zulässigkeit einer Befristung. Nach Auffassung des BAG ist der Rechtsweg zu den Arbeitsgerichten auch dann eröffnet, wenn der Kläger sich ausdrücklich gegen eine Kündigung seines *Arbeitsverhältnisses* wendet, der Beklagte aber die Arbeitnehmereigenschaft des Klägers bestreitet. In solchen Fällen bedürfe es nicht schon für die Frage der Zulässigkeit der Klage einer Beweisaufnahme über den Status des Klägers, vielmehr seien die Gerichte für Arbeitssachen in jedem Falle zur Entscheidung in der Sache berufen[9] (Einzelheiten s. Rz. 123 ff.). Zu § 2 Abs. 1 Nr. 3 lit. b ArbGG gehört auch die Geltendmachung eines (allgemeinen oder betriebsverfassungsrechtlichen, dazu Teil 5 A Rz. 162 ff.) Weiterbeschäftigungsanspruchs.

Eine besondere Situation ergibt sich im Falle der Bestandsschutzstreitigkeit eines **GmbH-Geschäftsführers:** War er vor seiner Bestellung zum Geschäftsführer „normaler" Arbeitnehmer desselben (nicht aber eines anderen)[10] Unternehmens, so endet mit der Bestellung zum Geschäftsführer dieses Arbeitsverhältnis, es ruht nicht nur[11]. Voraus-

---

1 BAG 21.9.1989 – 1 AZR 465/88, AP Nr. 1 zu § 25 SchwbG; aA BAG 16.8.1977 – 1 ABR 49/76, AP Nr. 1 zu § 23 SchwbG; LAG Düsseldorf 11.7.1977 – 19 Sa 39/77, EzA § 23 SchwbG Nr. 2.
2 BAG 16.4.2008 – 7 ABR 6/07, NZA 2008, 1025 (1026).
3 OLG München 13.7.1955 – 7 U 950/55, AP Nr. 18 zu § 2 ArbGG 1953; GMP/*Schlewing*, § 2 ArbGG Rz. 64.
4 BAG 31.10.1984 – 4 AZR 535/82, AP Nr. 4 zu § 840 ZPO.
5 BAG 5.12.2013 – 10 AZB 25/13, NZA 2014, 221 (222).
6 BAG 9.7.1997 – 9 AZB 14/97, AP Nr. 50 zu § 2 ArbGG 1979; vgl. BGH 4.4.2006 – X ZR 155/03, NZA-RR 2006, 474.
7 BAG 17.4.2013 – 10 AZR 272/12, NZA 2013, 903 (904); 25.9.2013 – 10 AZR 282/12, NZA 2013, 1348 (1350).
8 BAG 12.8.1999 – 2 AZR 632/98, AP Nr. 41 zu § 242 BGB – Unzulässige Rechtsausübung – Verwirkung; 2.12.1999 – 8 AZR 796/98, AP Nr. 188 zu § 613a BGB; 15.12.1999 – 5 AZR 457/98, AP Nr. 59 zu § 256 ZPO; 25.4.2001 – 5 AZR 395/99, AP Nr. 33 zu § 253 ZPO; 21.6.2000 – 5 AZR 782/98, AP Nr. 60 zu § 256 ZPO 1977; 17.10.2001 – 4 AZR 720/00, AP Nr. 65 zu § 256 ZPO 1977.
9 BAG 24.4.1996 – 5 AZB 25/95, AP Nr. 1 zu § 2 ArbGG 1979 – Zuständigkeitsprüfung; 26.10.2012 – 10 AZB 60/12, NZA 2013, 54 (55).
10 BAG 24.10.2013 – 2 AZR 1078/12, NZA 2014, 540 (542).
11 BAG 19.7.2007 – 6 AZR 774/06, NZA 2007, 1095; 5.6.2008 – 2 AZR 754/06, NZA 2008, 1002 (1003); 3.2.2009 – 5 AZB 100/08, NZA 2009, 669 (670).

setzung ist allerdings, dass der Geschäftsführer-Dienstvertrag schriftlich abgeschlossen wird, weil die Aufhebung des Arbeitsverhältnisses der Schriftform bedarf (§ 623 BGB). Macht der Arbeitnehmer geltend, wegen eines Mangels dieser Form sei mit seiner Bestellung zum Geschäftsführer das vorherige Anstellungsverhältnis nicht beendet worden, sind für diese Streitigkeiten die Gerichte für Arbeitssachen zuständig[1].

cc) Verhandlungen über die Eingehung eines Arbeitsverhältnisses und dessen Nachwirkungen (Nr. 3 lit. c)

78 **Eingehung und Nachwirkung** des Arbeitsverhältnisses (§ 2 Abs. 1 Nr. 3 lit. c ArbGG) betreffen Streitigkeiten über den Ersatz von Vorstellungskosten, auf Entschädigung (§ 15 Abs. 2 AGG) und/oder Schadensersatz (§ 15 Abs. 1 AGG) wegen behaupteter Benachteiligung nach dem AGG, auf ermessensfehlerfreie Besetzung eines Arbeitnehmer-Dienstpostens im öffentlichen Dienst einschließlich der (vorübergehenden) Nichtbesetzung der Stelle bis zur abschließenden Entscheidung über die Bewerbung[2], die Herausgabe von Bewerbungsunterlagen, die Löschung gespeicherter Daten[3], ferner die Zeugniserteilung, Auskunftsansprüche im Hinblick auf noch ausstehende Forderungen sowie Klagen des Arbeitgebers auf Unterlassung von Wettbewerb[4] oder die Herausgabe von Werkzeugen, Geschäftsunterlagen, ferner Klagen des Arbeitnehmers auf Feststellung der Unwirksamkeit eines Wettbewerbsverbots[5] etc.

79 Demgegenüber sind nicht die Gerichte für Arbeitssachen, sondern die **ordentlichen Gerichte** für eine Auskunftsklage eines Bewerbers gegen einen Rechtsanwalt, der im Namen eines namentlich nicht benannten Arbeitgebers eine Stellenanzeige schaltet, zuständig. Dies gilt auch dann, wenn die Auskunft zur Vorbereitung eines Entschädigungsanspruchs (§ 15 Abs. 2 AGG) gegen den Arbeitgeber dient[6].

dd) Unerlaubte Handlungen im Zusammenhang mit dem Arbeitsverhältnis (Nr. 3 lit. d)

80 Der Begriff der **unerlaubten Handlung** (§ 2 Abs. 1 Nr. 3 lit. d ArbGG) ist weit zu fassen und umfasst neben Wettbewerbsstreitigkeiten[7] (auch bei bereits beendetem Arbeitsverhältnis zum Zeitpunkt des Eintritts des Deliktserfolges[8]) auch Forderungen aus Gefährdungshaftung sowie auf Unterlassung und Beseitigung[9]. Die unerlaubte Handlung muss jedoch in einem inneren Zusammenhang mit dem Arbeitsverhältnis stehen und in dessen eigentümlichen Reibungs- und Berührungspunkten wurzeln[10], wobei aber die Beendigung des Arbeitsverhältnisses für die Eröffnung des Rechtsweges unerheblich ist[11]. Ist der Arbeitgeber eine juristische Person, ist auch für Kla-

---

1 BAG 15.3.2011 – 10 AZB 32/10, NZA 2011, 874 (875); vgl. auch LAG Köln 12.1.2012 – 12 Ta 274/11, NZA-RR 2012, 327.
2 OVG Münster 27.4.2010 – 1 E 404/10, NZA-RR 2010, 433 (434).
3 BAG 6.6.1984 – 5 AZR 286/81, AP Nr. 7 zu § 611 BGB – Persönlichkeitsrecht.
4 OLG Frankfurt am Main 20.5.2004 – 6 W 44/05, NZA-RR 2005, 499.
5 BAG 18.8.1997 – 9 AZB 15/97, AP Nr. 70 zu § 74 HGB; OLG München 6.10.2003 – 29 W 2155/03, NZA-RR 2004, 266 (267); sehr eng LAG Köln 2.9.1997 – 6 Ta 139/97, NZA-RR 1998, 226 (keine Nachwirkung in Bezug auf Hausverbot des Arbeitgebers, selbst wenn dieses im Zusammenhang mit der fristlosen Kündigung verhängt wurde).
6 BAG 27.8.2008 – 5 AZB 71/08, NZA 2008, 1259.
7 KG 3.3.1998 – 9 W 1129/98, NZA-RR 1998, 563 (564); OLG Frankfurt 23.9.2010 – 6 W 123/10, NZA-RR 2011, 102.
8 OLG München 6.10.2003 – 29 W 2155/03, NZA-RR 2004, 266; LAG Hamm 4.12.2006 – 2 Ta 804/06, NZA-RR 2007, 151 (152).
9 Vgl. auch OLG Stuttgart 19.11.1996 – 2 W 64/96, NZA-RR 1997, 267; OLG Zweibrücken 28.4.1997 – 2 W 7/97, NZA-RR 1998, 225.
10 BAG 7.2.1958 – 1 AZR 576/56, AP Nr. 58 zu § 2 ArbGG 1953.
11 OLG Hamburg 30.12.2002 – 11 W 43/02, NZA 2003, 935 (936).

gen der Arbeitnehmer gegen Organmitglieder (zB den Geschäftsführer einer GmbH) wegen von diesen begangener unerlaubter Handlungen der Rechtsweg zu den Arbeitsgerichten eröffnet[1]. Zuständig sind die Arbeitsgerichte auch dann, wenn der Arbeitgeber seinem gekündigten Arbeitnehmer vorwirft, dieser habe über ihn während der Laufzeit des Arbeitsverhältnisses anderen Mitarbeitern gegenüber mit dem Ziel der Abwerbung anschwärzende und geschäftsschädigende Behauptungen aufgestellt[2]. Ebenso können Streitigkeiten zwischen einem Leiharbeitnehmer und dem Entleiher aus unerlaubten Handlungen, die mit dem Leiharbeitsverhältnis in Zusammenhang stehen, vor die Arbeitsgerichte gebracht werden[3].

Nicht in die Zuständigkeit der Arbeits-, sondern der **ordentlichen Gerichte** fallen Streitigkeiten aus unerlaubten Handlungen von Arbeitnehmern *verschiedener Arbeitgeber*, auch wenn diese – zB am Bau – auf einer gemeinsamen Betriebsstätte iSv. § 106 Abs. 3 Alt. 3 SGB VII tätig waren[4], sowie Klagen der Versicherer von Betriebsmitteln des Arbeitgebers wegen deren Beschädigung durch den Arbeitnehmer[5]. **81**

ee) Arbeitspapiere (Nr. 3 lit. e)

Arbeitspapiere (§ 2 Abs. 1 Nr. 3 lit. e ArbGG) sind sämtliche Papiere und Bescheinigungen, die der Arbeitgeber dem Arbeitnehmer zu erteilen hat. Wegen des Eingangssatzes von § 2 Abs. 1 Nr. 3 ArbGG („bürgerliche Rechtsstreitigkeiten ...") ist jedoch auch hinsichtlich dieser Papiere danach zu differenzieren, ob der Anspruch auf ihre Erteilung und Herausgabe aus einem privatrechtlichen oder aus einem öffentlich-rechtlichen Rechtsverhältnis herrührt. Nur wenn ein bürgerlich-rechtlicher Anspruch zugrunde liegt, ist der Rechtsweg zu den Arbeitsgerichten eröffnet[6]. Infolgedessen ist der Rechtsweg zu den Arbeitsgerichten für Klagen bzgl. der Entgeltbelege nach § 9 HAG, der Urlaubsbescheinigungen nach § 9 BUrlG, Verdienstbescheinigungen und des Zeugnisses gegeben. Demgegenüber sind Klagen betreffend u.a. die Lohnsteuerbescheinigung[7] nicht vor den Arbeitsgerichten anhängig zu machen. **82**

Umstritten ist die Zuständigkeit der Arbeitsgerichte im Verhältnis zu den Sozialgerichten bei der **Arbeitsbescheinigung**, die der Arbeitgeber bei der Beendigung des Beschäftigungsverhältnisses dem Arbeitnehmer gem. § 312 SGB III unter Verwendung des amtlich vorgesehenen Vordrucks auszustellen hat[8] und in der alle Tatsachen zu bescheinigen sind, die für die Entscheidung der Agentur für Arbeit über den Anspruch auf Arbeitslosengeld erheblich sein können. Darin sind insbesondere die Art der Tätigkeit des Arbeitnehmers, Beginn, Ende, Unterbrechungen und Grund für die Beendigung des Beschäftigungsverhältnisses sowie das Arbeitsentgelt und die sonstigen Leistungen iSd. § 157 SGB III anzugeben, die der Arbeitnehmer erhalten oder zu beanspruchen hat. Das BAG differenziert wie folgt: Der Anspruch auf **Erteilung** der Arbeitsbescheinigung ist vor den Arbeitsgerichten[9], der Anspruch auf **Be-** **83**

---

1 BAG 24.6.1996 – 5 AZB 35/95, AP Nr. 39 zu § 2 ArbGG 1979; 12.4.2011 – 9 AZR 229/10, NZA 2011, 1350.
2 OLG Düsseldorf 19.7.2002 – 20 W 55/02, NZA-RR 2003, 211.
3 BAG 15.3.2011 – 10 AZB 49/10, NZA 2011, 653.
4 OLG Hamm 23.9.1999 – 6 W 31/99, NZA-RR 2000, 499.
5 BAG 7.7.2009 – 5 AZB 8/09, NZA 2009, 919.
6 BAG 11.6.2003 – 5 AZB 1/03, AP Nr. 84 zu § 2 ArbGG 1979.
7 BAG 11.6.2003 – 5 AZB 1/03, AP Nr. 84 zu § 2 ArbGG 1979.
8 Brand/*Düe*, § 312 SGB III Rz. 13 ff.
9 BAG 15.1.1992 – 5 AZR 15/91, AP Nr. 21 zu § 2 ArbGG 1979; 30.8.2000 – 5 AZB 12/00, AP Nr. 75 zu § 2 ArbGG 1979.

richtigung vor den Sozialgerichten geltend zu machen[1]. Beides ist jedoch nicht unumstritten[2].

e) Rechtsstreitigkeiten zwischen Arbeitnehmern/Hinterbliebenen und Arbeitgebern oder gemeinsamen Einrichtungen (§ 2 Abs. 1 Nr. 4 ArbGG)

84 § 2 Abs. 1 Nr. 4 lit. a ArbGG erfasst bürgerliche Rechtsstreitigkeiten zwischen Arbeitnehmern oder ihren Hinterbliebenen und Arbeitgebern über Ansprüche, die **in rechtlichem oder unmittelbar wirtschaftlichem Zusammenhang mit dem Arbeitsverhältnis** stehen.

85 **Beispiele:**

Streitigkeiten über ein Rechtsverhältnis, das ohne das Arbeitsverhältnis nicht zustande gekommen wäre[3], Ansprüche aus Wechseln oder Schecks, die zur Erfüllung von Gehaltsforderungen hingegeben wurden[4], betriebliche Altersvorsorge, private Unfallversicherung durch den Arbeitgeber, verbilligte Einkaufsmöglichkeiten, Zutrittsrecht zu Sport- oder Sozialeinrichtungen, Überlassung eines Parkplatzes, von Werkzeug uÄ, Auskunft über gespeicherte Daten[5], Erstattung von Kosten, die dem Arbeitgeber durch eine zulässige Nebentätigkeit des Arbeitnehmers entstehen[6].

86 § 2 Abs. 1 **Nr. 4 lit. b** ArbGG weist den Arbeitsgerichten Streitigkeiten zwischen Arbeitnehmern oder ihren Hinterbliebenen und Gemeinsamen Einrichtungen der Tarifvertragsparteien (§ 4 Abs. 2 TVG) oder Sozialeinrichtungen des **privaten** Rechts über Ansprüche aus dem Arbeitsverhältnis oder Ansprüche, die mit diesem in rechtlichem oder unmittelbar wirtschaftlichem Zusammenhang stehen, zu, soweit nicht die ausschließliche Zuständigkeit einer anderen Gerichtsbarkeit gegeben ist. Gemeinsame Einrichtungen der Tarifvertragsparteien sind zB die Lohnausgleichskasse und die Urlaubskasse des Baugewerbes und des Dachdeckerhandwerks. Sozialeinrichtungen sind vom Arbeitgeber oder von mehreren Arbeitgebern errichtete Einrichtungen[7], wozu auch eine Beschäftigungs- und Qualifizierungsgesellschaft zählen kann[8].

87 Für Streitigkeiten mit solchen Einrichtungen sind die Arbeitsgerichte nur zuständig, wenn sie privaten Rechts sind; daher sind Streitigkeiten der Arbeitnehmer im öffentlichen Dienst mit der Versorgungsanstalt des Bundes und der Länder (VBL) – einer Anstalt des öffentlichen Rechts – nicht vor den Arbeits-, sondern vor den ordentlichen Gerichten auszutragen[9]. Dasselbe gilt für Klagen gegen Zusatzversorgungskassen, die keine gemeinsamen Einrichtungen der Tarifvertragsparteien sind[10] sowie für die Insolvenzanfechtung von Beitragszahlungen eines Arbeitgebers an eine Sozialeinrichtung, auch wenn sie privaten Rechts ist[11].

---

1 BAG 13.7.1988 – 5 AZR 467/87, AP Nr. 11 zu § 2 ArbGG 1979; BSG 12.12.1990 – 11 RAr 43/88, SozR 3–4100 § 133 Nr. 1.
2 AA zB LAG Schl.-Holst. 28.10.2003 – 2 Sa 324/03, NZA-RR 2004, 375 (375): Auch für Streitigkeiten über die Erteilung der Bescheinigung sei der Rechtsweg zu den Sozialgerichten eröffnet, wenn der Inhalt der zu erstellenden Bescheinigung streitig sei.
3 ArbG Düsseldorf 8.3.2013 – 11 Ca 6953/12, NZA-RR 2013, 312 (313).
4 BAG 7.11.1996 – 5 AZB 19/96, AP Nr. 1 zu § 46 ArbGG 1979.
5 BAG 3.2.2014 – 10 AZB 77/13, NZA 2014, 391 (391 f.).
6 BAG 24.9.2004 – 5 AZB 46/04, NZA-RR 2005, 49 (49 f.).
7 BAG 2.3.1965 – 4 AZR 385/63, AP Nr. 12 zu § 5 TVG.
8 BAG 23.8.2001 – 5 AZB 11/01, AP Nr. 77 zu § 2 ArbGG.
9 BAG 28.4.1981 – 3 AZR 255/80, AP Nr. 3 zu § 4 TVG – Gemeinsame Einrichtungen; fehlerhaft dagegen BGH 14.7.2011 – III ZB 75/10, NZA-RR 2011, 603 (604).
10 Vgl. BAG 10.8.2004 – 5 AZB 26/04, NZA 2005, 128; BGH 14.12.2005 – IV ZB 45/04, NZA-RR 2006, 430 (430 f.).
11 BGH 6.12.2012 – IX ZB 84/12, NZA 2013, 694 (694 f.).

f) Streitigkeiten mit dem Träger der Insolvenzsicherung (§ 2 Abs. 1 Nr. 5 ArbGG)

Die Zuständigkeit der Arbeitsgerichte erstreckt sich auf bürgerliche Rechtsstreitigkeiten zwischen Arbeitnehmern und ihren Hinterbliebenen und dem Träger der Insolvenzsicherung über Ansprüche auf Leistungen der Insolvenzsicherung nach dem Vierten Abschnitt des Ersten Teils (= §§ 7–15) des BetrAVG. Träger der Insolvenzsicherung ist der **Pensions-Sicherungs-Verein** auf Gegenseitigkeit (PSVaG) mit Sitz in Köln. Bürgerlich-rechtlich ist die Streitigkeit, wenn ohne den Sicherungsfall (die Insolvenz) Ansprüche gegen den Arbeitgeber oder eine Sozialeinrichtung gegeben wären, für die nach § 2 Abs. 1 Nr. 4 ArbGG der Rechtsweg zu den Arbeitsgerichten eröffnet wäre. Nicht vor die Arbeits-, sondern vor die **Verwaltungsgerichte** gehören Streitigkeiten zwischen den **Arbeitgebern und dem PSV** über die Beitragspflicht zur Insolvenzversicherung sowie damit in Zusammenhang stehende Auskunfts- und Mitteilungspflichten, weil diese Verpflichtungen öffentlich-rechtlicher Natur sind (§ 10 Abs. 1 BetrAVG)[1].

88

g) Arbeitgeberklagen gegen Einrichtungen (§ 2 Abs. 1 Nr. 6 ArbGG)

Für bürgerliche Rechtsstreitigkeiten zwischen Arbeitgebern und Einrichtungen nach Nr. 4b und Nr. 5 sowie zwischen diesen Einrichtungen ist der Rechtsweg zu den Arbeitsgerichten gleichfalls eröffnet (§ 2 Abs. 1 Nr. 6 ArbGG). Vgl. insoweit Rz. 86f.

89

h) Helfer nach dem Entwicklungshelfergesetz (§ 2 Abs. 1 Nr. 7 ArbGG)

Den Arbeitsgerichten zugewiesen sind ferner bürgerliche Rechtsstreitigkeiten zwischen den Trägern des Entwicklungsdienstes und ihren Entwicklungshelfern, obwohl durch den Hilfsdienst kein Arbeitsverhältnis begründet wird.

90

i) Freiwillige nach dem Jugend- oder Bundesfreiwilligendienstgesetz (JFDG, BFDG) (§ 2 Abs. 1 Nr. 8 und Nr. 8a ArbGG)

Dasselbe gilt für bürgerliche Rechtsstreitigkeiten zwischen den Trägern des freiwilligen sozialen oder ökologischen Jahres, der Bundesrepublik Deutschland, den Einsatzstellen des Jugend- und des Bundesfreiwilligendienstes oder deren Trägern einerseits und Freiwilligen nach dem JFDG bzw. dem BFDG andererseits (§ 2 Abs. 1 Nr. 8 und Nr. 8a ArbGG)[2].

91

j) Streitigkeiten zwischen Arbeitnehmern (§ 2 Abs. 1 Nr. 9 ArbGG)

Der Rechtsweg zu den Arbeitsgerichten ist gem. § 2 Abs. 1 Nr. 9 ArbGG eröffnet für Streitigkeiten zwischen Arbeitnehmern aus gemeinsamer Arbeit und aus unerlaubten Handlungen, soweit diese mit dem Arbeitsverhältnis in Zusammenhang stehen. Arbeitnehmer im Sinne der Bestimmung sind alle Personen, die § 5 ArbGG als Arbeitnehmer iSd. ArbGG definiert. Hierzu zählen auch Arbeitnehmer einer sog. „Fremdfirma", die im Wege einer unerlaubten Handlung mit anderen Arbeitnehmern anlässlich einer gemeinsamen Tätigkeit in Kontakt kommen[3].

92

Streitigkeiten aus **gemeinsamer Arbeit** können zB solche sein, die aus der Verteilung einer Trinkgeldkasse, des Troncs, bei Gruppenarbeitsverhältnissen auch aus der Verteilung des Entgelts auf die einzelnen Gruppenmitglieder oder vice versa der Umlage

93

---

1 OVG Bremen 13.2.1979 – 1 BA 67/77, BB 1980, 370; OVG Münster 18.6.1980 – 2 A 2842/78, ZIP 1980, 686; *Blomeyer/Rolfs/Otto*, § 10 BetrAVG Rz. 44.
2 Vgl. LAG Sachsen 19.6.2013 – 2 Sa 171/12, NZA-RR 2013, 556 (557).
3 LG Frankenthal/Pfalz 27.6.2002 – 8 T 59/02, NZA 2003, 751.

von Passivforderungen (Schadensersatzansprüchen) resultieren. Der Begriff der **unerlaubten Handlung** ist – wie schon bei § 2 Abs. 1 Nr. 3 ArbGG (dazu Rz. 80) – weit zu fassen und umfasst neben der Gefährdungshaftung auch Unterlassungs- und Beseitigungsansprüche. Die unerlaubte Handlung muss aber mit dem Arbeitsverhältnis in Zusammenhang stehen, was erfordert, dass sie in der Eigenart des Arbeitsverhältnisses und den ihm eigentümlichen Berührungspunkten und Reibungen ihre Ursache findet[1]. Daran fehlt es bspw. bei Verkehrsunfällen auf dem Werksparkplatz oder wenn familiäre Streitigkeiten zwischen in selben Haus wohnenden Arbeitskollegen für die unerlaubte Handlung maßgeblich waren[2].

94 **Nicht vor die Arbeitsgerichte** gehören Streitigkeiten zwischen Arbeitgebern, zB Schadensersatzforderungen wegen Erteilung eines unrichtigen (zu guten) Zeugnisses an einen minder qualifizierten Arbeitnehmer[3].

k) Behinderte in Werkstätten für behinderte Menschen (§ 2 Abs. 1 Nr. 10 ArbGG)

95 Gem. § 2 Abs. 1 Nr. 10 ArbGG sind die Gerichte für Arbeitssachen für Streitigkeiten zwischen behinderten Menschen, die im Arbeitsbereich anerkannter Werkstätten für behinderte Menschen arbeiten, und den Trägern dieser Werkstätten zuständig, soweit um das in § 138 SGB IX geregelte Rechtsverhältnis gestritten wird. Werkstätten für behinderte Menschen werden eingerichtet, um schwerbehinderte Menschen, die nicht, noch nicht oder noch nicht wieder auf dem allgemeinen Arbeitsmarkt beschäftigt werden können, eine angemessene berufliche Bildung und eine Beschäftigung zu einem ihrer Leistung angemessenen Arbeitsentgelt aus dem Arbeitsergebnis anzubieten und ihnen zu ermöglichen, ihre Leistungs- oder Erwerbsfähigkeit zu erhalten, zu entwickeln, zu erhöhen oder wiederzugewinnen und dabei ihre Persönlichkeit weiterzuentwickeln (§ 136 Abs. 1 SGB IX). Behinderte Menschen im Arbeitsbereich anerkannter Werkstätten sind **keine Arbeitnehmer** dieser Werkstätten, weil bei ihnen die vorbezeichneten Ziele im Vordergrund stehen und Vertragsinhalt nicht primär der wechselseitige Austausch von Arbeitsleistung und -entgelt ist. Ihr Rechtsverhältnis zum Träger der Werkstatt wird von § 138 Abs. 1 SGB IX jedoch als „arbeitnehmerähnlich" bezeichnet (nicht iSv. § 5 Abs. 1 Satz 2 ArbGG), der Inhalt des Rechtsverhältnisses ist nach Maßgabe des § 138 Abs. 2 und 3 SGB IX auszugestalten.

l) Arbeitnehmererfindung und Urheberrechtsstreitigkeiten (§ 2 Abs. 2 ArbGG)

96 Die Zuständigkeit der Gerichte für Arbeitssachen erstreckt sich auch auf bürgerliche Rechtsstreitigkeiten zwischen Arbeitnehmern und Arbeitgebern, die ausschließlich Ansprüche auf Leistung einer festgestellten oder festgesetzten Vergütung für eine Arbeitnehmererfindung oder für einen technischen Verbesserungsvorschlag nach § 20 Abs. 1 ArbNErfG zum Gegenstand haben, sowie diejenigen, die als Urheberrechtsstreitsachen aus Arbeitsverhältnissen ausschließlich Ansprüche auf Leistung einer vereinbarten Vergütung zum Gegenstand haben. Die Zuständigkeit nach § 2 Abs. 2 ArbGG ist **keine ausschließliche**. Wird daher zugleich über andere Ansprüche aus dem Rechtsverhältnis über die Erfindung oder dem Urheberrechtsverhältnis gestritten, so können, weil der Streit hierüber nur vor den ordentlichen Gerichten ausgetragen werden kann, auch die Vergütungsansprüche vor den ordentlichen Gerichten erhoben werden[4].

---

1 BAG 11.7.1995 – 5 AS 13/95, AP Nr. 32 zu § 2 ArbGG 1979.
2 BAG 11.7.1995 – 5 AS 13/95, AP Nr. 32 zu § 2 ArbGG 1979; aA LAG Bremen 19.11.1998 – 4 Sa 131/98, NZA-RR 1999, 260.
3 BGH 26.11.1963 – VI ZR 221/62, AP Nr. 10 zu § 630 BGB; 15.5.1979 – VI ZR 230/76, BGHZ 74, 281 (290 ff.).
4 GMP/*Schlewing*, § 2 ArbGG Rz. 113.

m) Zusammenhangsklagen (§ 2 Abs. 3 ArbGG)

Nach § 2 Abs. 3 ArbGG können vor die Arbeitsgerichte auch solche Streitigkeiten gebracht werden, die zwar nicht unter § 2 Abs. 1 oder 2 ArbGG fallen, die aber mit einem bei dem Arbeitsgericht anhängigen oder gleichzeitig anhängig gemachten bürgerlichen Rechtsstreit nach Abs. 1 oder 2 in einem **rechtlichen oder unmittelbar wirtschaftlichen Zusammenhang** stehen, wenn für sie nicht die ausschließliche Zuständigkeit eines anderen Gerichts gegeben ist. Eine derartige ausschließliche Zuständigkeit statuiert zB § 13 Abs. 1 UWG. Nach dieser Norm sind die Landgerichte – Kammern für Handelssachen – für alle bürgerlichen Rechtsstreitigkeiten, mit denen ein Anspruch aufgrund des UWG geltend gemacht wird, ausschließlich zuständig. Daher können in Wettbewerbsstreitigkeiten Zusammenhangklagen nach § 2 Abs. 3 ArbGG gegen Personen, die keine Arbeitnehmer iSv. § 5 ArbGG sind, nicht vor die Gerichte für Arbeitssachen gebracht werden[1]. Ebenso findet § 2 Abs. 3 ArbGG keine Anwendung, wenn sich die arbeitsgerichtliche Zuständigkeit für die Zusammenhangsklage nur aus der Verbindung mit einem sog. Sic-non-Antrag (vgl. Rz. 124) ergibt[2]. 97

Voraussetzung ist also zunächst die (zumindest gleichzeitige) **Anhängigkeit** der Hauptklage, die in die Rechtswegzuständigkeit der Arbeitsgerichte fallen muss. Ob der Hauptklage andere Prozessvoraussetzungen fehlen, ist grundsätzlich unerheblich, es sei denn, dass der Kläger mit einer unzulässigen Hauptklage in treuwidriger Weise (§ 242 BGB) die Zusammenhangszuständigkeit nach § 2 Abs. 3 ArbGG zu erschleichen versucht[3]. Die einmal bei Klageerhebung begründete Zuständigkeit des Arbeitsgerichts bleibt – entsprechend § 261 Abs. 3 Nr. 2 ZPO – auch dann erhalten, wenn die Rechtshängigkeit der Hauptklage durch Teilurteil, Teilvergleich usw. endet[4]. Etwas anderes gilt nur dann, wenn der Kläger während des Prozesses seinen Klagevortrag in einer Weise ändert, die die Zuständigkeit der Arbeitsgerichte für die Hauptklage entfallen lässt. Auch wenn der Kläger die die Zuständigkeit begründende Hauptklage zurücknimmt, bevor der Beklagte zur Hauptsache verhandelt hat, entfällt die Zuständigkeit für die Zusammenhangsklage[5]. Umgekehrt genügt es aber, dass die Hauptklage erst später erhoben wird, weil die Rechtswegzuständigkeit nach § 2 Abs. 3 ArbGG Prozessvoraussetzung ist, die nach allgemeinen Grundsätzen[6] (erst) im Zeitpunkt der letzten mündlichen Verhandlung vorzuliegen braucht[7]. 98

Ferner ist ein **rechtlicher oder unmittelbar wirtschaftlicher Zusammenhang** mit der Hauptklage erforderlich. Für den rechtlichen Zusammenhang gelten die gleichen Maßstäbe wie bei § 33 ZPO (Widerklage). Hinsichtlich des unmittelbaren wirtschaftlichen Zusammenhangs wird überwiegend für eine weiterzige Auslegung votiert und eine allgemeine Definitionsformel für entbehrlich gehalten. Jedenfalls genügt, dass der Streit aus einem einheitlichen Lebenssachverhalt entspringt und nicht nur rein zufällig mit dem mit der Hauptklage erhobenen Anspruch in Verbindung steht[8]. 99

Parteien der Zusammenhangklage müssen nicht notwendig die Parteien der Hauptklage sein, es genügt, dass eine von ihnen die Zusammenhangklage gegen einen Dritten erhebt[9]. 100

---

1 BAG 10.6.2010 – 5 AZB 3/10, NZA 2010, 1086 (1087).
2 BAG 11.6.2003 – 5 AZB 43/02, AP Nr. 85 zu § 2 ArbGG 1979; 15.2.2005 – 5 AZB 13/04, AP Nr. 60 zu § 5 ArbGG 1979.
3 LAG Köln 22.4.2002 – 8 (13) Ta 8/02, NZA-RR 2002, 547 (548).
4 LAG Hess. 20.1.2000 – 2 Ta 739/99, NZA 2000, 1304; LAG Köln 22.4.2002 – 8 (13) Ta 8/02, NZA-RR 2002, 547 (548).
5 BAG 29.11.2006 – 5 AZB 47/06, NZA 2007, 110 (111).
6 Zöller/*Greger*, Vor § 253 ZPO Rz. 9.
7 LAG Düsseldorf 28.11.1991 – 7 Ta 321/91, LAGE § 2 ArbGG 1979 Nr. 10.
8 Vgl. OLG Düsseldorf 28.1.1997 – 22 W 5/97, NZA-RR 1997, 222 (223).
9 Hauck/Helml/Biebl/*Helml*, § 2 ArbGG Rz. 66.

n) Streitigkeiten der Organmitglieder (§ 2 Abs. 4 ArbGG)

101 Aufgrund einer **Vereinbarung** können auch bürgerliche Rechtsstreitigkeiten zwischen juristischen Personen des Privatrechts und Personen, die kraft Gesetzes allein oder als Mitglieder des Vertretungsorgans der juristischen Person zu deren Vertretung berufen sind, vor die Gerichte für Arbeitssachen gebracht werden[1].

o) Streitigkeiten mit Rechtsnachfolgern (§ 3 ArbGG)

102 Zuständig sind die Gerichte für Arbeitssachen auch dann, wenn die Klage gegen den **Rechtsnachfolger** des Arbeitgebers gerichtet ist (§ 3 ArbGG). Der Begriff der Rechtsnachfolge ist nach allgemeiner Auffassung weit auszulegen[2]. § 3 ArbGG gilt deshalb nicht nur bei einer Forderungsabtretung oder einer Schuldübernahme, sondern auch bei einem Schuldbeitritt, bei einer Pfändung oder Verpfändung von Ansprüchen, bei der Verfolgung von Ansprüchen aus Verträgen zugunsten Dritter oder mit Schutzwirkung für Dritte. Für die erweiterte Zuständigkeit spielt es außerdem keine Rolle, ob der Schuldner einer arbeitsrechtlichen Verpflichtung wechselt oder ein Dritter als Schuldner derselben Verpflichtung neben den Arbeitgeber tritt[3]. § 3 ArbGG will nämlich verhindern, dass über Inhalt und Umfang arbeitsrechtlicher Pflichten verschiedene Gerichtsbarkeiten entscheiden müssen. Durch eine übereinstimmende Zuständigkeit und eine einheitliche Verfahrensordnung sollen übereinstimmende Ergebnisse gewährleistet werden. Nach diesem Zweck des § 3 ArbGG genügt es, dass ein Dritter dem Arbeitnehmer die Erfüllung arbeitsrechtlicher Ansprüche zusätzlich schuldet[4]. Nicht in die Zuständigkeit der Gerichte für Arbeitssachen, sondern der **ordentlichen Gerichte** fallen jedoch Klagen der Bundesagentur für Arbeit gegen einen Arbeitgeber auf Schadensersatz in Höhe des an die Arbeitnehmer gezahlten Insolvenzgeldes wegen Insolvenzverschleppung[5].

2. Rechtsweg im Beschlussverfahren

103 § 2a ArbGG nennt eine weitere Gruppe von Arbeitssachen, für die der Rechtsweg zu den Gerichten für Arbeitssachen eröffnet ist. Das Beschlussverfahren folgt eigenständigen Regeln, die mit denen des Verwaltungsrechtsstreits oder des Verfahrens nach dem FamFG vergleichbar sind (Einzelheiten s. Teil 5 H). Die Zuständigkeiten nach § 2a ArbGG sind ausschließlich, sie sind durch Parteivereinbarung weder erweitert- noch beschränkbar.

a) Betriebsverfassungsrechtliche Streitigkeiten (§ 2a Abs. 1 Nr. 1 ArbGG)

104 Gem. § 2a Abs. 1 Nr. 1 ArbGG sind die Gerichte für Arbeitssachen ausschließlich zuständig für Angelegenheiten nach dem BetrVG, soweit nicht für Maßnahmen nach §§ 119–121 BetrVG (Straftaten und Ordnungswidrigkeiten) die Zuständigkeit eines anderen Gerichts gegeben ist. Durch diese Regelung sollte eine **umfassende Zuständigkeit** der Arbeitsgerichte begründet werden[6], die das BAG sogar dann für einschlägig hält, wenn eine Gewerkschaft die Unterlassung der Durchführung einer Betriebsver-

---

1 Vgl. BAG 18.12.1996 – 5 AZB 25/96, AP Nr. 3 zu § 2 ArbGG 1979 – Zuständigkeitsprüfung.
2 BAG 15.3.2000 – 5 AZB 70/99, AP Nr. 71 zu § 2 ArbGG 1979; 7.4.2003 – 5 AZB 2/03, AP Nr. 6 zu § 3 ArbGG 1979; 27.2.2008 – 5 AZB 43/07, NZA 2008, 549 (549).
3 BAG 13.6.1997 – 9 AZB 38/96, AP Nr. 5 zu § 3 ArbGG 1979; vgl. auch LAG Nürnberg 29.3.2004 – 5 Ta 153/03, NZA-RR 2005, 214 (214); ArbG Düsseldorf 23.6.2004 – 10 Ca 1430/04, NZA 2004, 1181 (1181); ArbG Münster 2.9.2004 – 3 Ca 53/04, NZA 2005, 182 (182 f.).
4 BAG 15.3.2000 – 5 AZB 70/99, AP Nr. 71 zu § 2 ArbGG 1979.
5 BAG 20.3.2002 – 5 AZB 25/01, AP Nr. 81 zu § 2 ArbGG 1979.
6 GMP/*Matthes/Schlewing*, § 2a ArbGG Rz. 8.

einbarung oder Regelungsabrede begehrt[1]. Zur Abgrenzung von Betriebsverfassungs- und Personalvertretungsrecht vgl. § 130 BetrVG[2]. Die Beendigung der Amtszeit oder das Ausscheiden des Mitglieds aus dem Betriebsrat lässt die Zuständigkeit der Arbeitsgerichte für die aus dem Amtsverhältnis resultierenden Streitigkeiten unberührt[3]. Die Zuständigkeit erstreckt sich auch auf solche betriebsverfassungsrechtlichen Streitigkeiten, die nicht aus dem BetrVG, sondern aus anderen Gesetzen resultieren, zB aus § 17 KSchG, § 9 ASiG, § 21a JArbSchG, § 14 AÜG, § 93 SGB IX.

Beispiele: 105

Streitigkeiten über die Bildung eines Betriebsrats, Gesamt- oder Konzernbetriebsrats sowie eines Wirtschaftsausschusses, über die Selbständigkeit von Nebenbetrieben und darüber, ob mehrere Unternehmen einen einheitlichen Betrieb gebildet haben. Ferner alle Streitigkeiten im Zusammenhang mit der Wahl eines Betriebsrats, innerhalb der einzelnen Organe der Betriebsverfassung, über den Umfang der Geschäftsführungsbefugnis des Betriebsrats, über Kosten und Sachmittel für den Betriebsrat, im Zusammenhang mit der Einigungsstelle sowie Streitigkeiten über die Befugnisse der Gewerkschaften und Arbeitgeberverbände im Betrieb[4]. Auch Streitigkeiten über den Umfang der Beteiligungsrechte des Betriebsrats (selbst wenn sie auf Tarifvertrag beruhen)[5], über Inhalt, Wirkung und Reichweite einer betrieblichen Ordnung, den Anspruch des Betriebsrats auf Durchführung einer Betriebsvereinbarung[6] sowie darüber, ob eine Gesamtzusage durch eine Betriebsvereinbarung wirksam abgelöst worden ist[7], gehören zu den von § 2a Abs. 1 Nr. 1 ArbGG erfassten Fällen.

Im Beschlussverfahren sind nur solche Streitigkeiten zu entscheiden, deren Streitgegenstand unmittelbar betriebsverfassungsrechtlicher Natur ist. Ist der Streitgegenstand ein anderer, kommt ggf. eine Zuständigkeit **im Urteilsverfahren** nach § 2 Abs. 1 ArbGG in Betracht, auch wenn betriebsverfassungsrechtliche Vorfragen zu entscheiden sind. 106

Beispiele: 107

Im Urteilsverfahren zu entscheiden ist über die Wirksamkeit einer Kündigung, auch wenn allein über die ordnungsgemäße Anhörung des Betriebsrats gestritten wird (vgl. Teil 5 A Rz. 121). Dasselbe gilt für Ansprüche auf Annahmeverzugslohn, wenn die Kurzarbeit mangels Beteiligung des Betriebsrats (§ 87 Abs. 1 Nr. 3 BetrVG) nicht wirksam angeordnet worden war. Demgegenüber ist über die Ersetzung der Zustimmung des Betriebsrats zu einer außerordentlichen Kündigung eines Betriebsratsmitglieds im Beschlussverfahren zu entscheiden, auch wenn die Zustimmungsersetzung den (Miss-)Erfolg der Kündigungsschutzklage faktisch präjudiziert[8].

---

1 BAG 20.4.1999 – 1 ABR 72/98, AP Nr. 89 zu Art. 9 GG; 13.3.2001 – 1 AZB 19/00, AP Nr. 17 zu § 2a ArbGG 1979; dagegen mit guten Gründen *Bauer*, NZA 1999, 957 (958).
2 Dazu BAG 3.12.1985 – 4 ABR 60/85, AP Nr. 2 zu § 74 BAT. Zum Rechtsweg, wenn der Betriebsrat in einem privatisierten Nachfolgeunternehmen der Deutschen Bundespost seine Mitwirkungsrechte sowohl auf das BetrVG als auch auf das BPersVG stützen könnte, vgl. BAG 26.6.1996 – 1 AZB 4/96, AP Nr. 12 zu § 2a ArbGG 1979; LAG Rh.-Pf. 15.1.1996 – 5 (7) Ta 252/95, NZA-RR 1997, 60 (61); vgl. auch LAG Nürnberg 19.4.2005 – 9 Ta 34/05, NZA-RR 2005, 655 (656).
3 BAG 10.10.1969 – 1 AZR 5/69, AP Nr. 1 zu § 8 ArbGG 1953.
4 BAG 20.4.2005 – 7 ABR 14/04, AP Nr. 84 zu § 40 BetrVG 1972.
5 BAG 16.8.2011 – 1 ABR 30/10, NZA 2012, 873 (874).
6 BAG 18.1.2005 – 3 ABR 21/04, AP Nr. 24 zu § 77 BetrVG 1972 – Betriebsvereinbarung.
7 BAG 17.6.2003 – 3 ABR 43/02, AP Nr. 44 zu § 1 BetrAVG – Ablösung.
8 Die Ersetzung der Zustimmung des Betriebsrats zur fristlosen Kündigung eines Betriebsratsmitglieds durch das Arbeitsgericht stellt wegen der Stellung des Betriebsratsmitglieds als Beteiligter im Beschlussverfahren (§ 103 Abs. 2 Satz 2 BetrVG) auch für den nachfolgenden Kündigungsschutzprozess bindend fest, dass die fristlose Kündigung berechtigt ist; BAG 24.4.1975 – 2 AZR 118/74, AP Nr. 3 zu § 103 BetrVG 1972; 18.9.1997 – 2 ABR 15/97, AP Nr. 35 zu § 103 BetrVG 1972.

108 Etwas unüberschaubar ist die Abgrenzung zwischen Urteils- und Beschlussverfahren, wenn die Arbeitnehmer Individualansprüche gegen den Arbeitgeber geltend machen, die mit betriebsverfassungsrechtlichen Normen in Zusammenhang stehen. **Im Urteilsverfahren** nach § 2 Abs. 1 Nr. 3 ArbGG sind Streitigkeiten über das Arbeitsentgelt für die Zeit der Teilnahme an einer Betriebsversammlung auszutragen[1], ebenso Ansprüche auf Nachteilsausgleich nach § 113 BetrVG[2] oder auf vorläufige Weiterbeschäftigung nach § 102 Abs. 5 BetrVG (s. Teil 5 A Rz. 181 ff.). Auch **Individualansprüche von Betriebsratsmitgliedern**, etwa wegen der Vergütung für die Dauer der Betriebsratstätigkeit[3], die Ersatzfreistellung für die außerhalb der Arbeitszeit erfolgte Teilnahme an einer erforderlichen Betriebsratsschulung[4] oder des Anspruchs auf geldwerte Vorteile für freigestellte Betriebsratsmitglieder (§ 37 Abs. 2 BetrVG)[5], gehören ins Urteilsverfahren. Demgegenüber sind **im Beschlussverfahren** solche Streitigkeiten auszutragen, die aus dem Amtsverhältnis des Betriebsratsmitglieds resultieren, etwa der Ersatz aufgewendeter Kosten für die Betriebsratstätigkeit[6].

b) Streitigkeiten nach dem Sprecherausschussgesetz (§ 2a Abs. 1 Nr. 2 ArbGG)

109 Im Beschlussverfahren zu entscheiden sind Angelegenheiten nach dem SprAuG, soweit nicht für Maßnahmen nach §§ 34–36 SprAuG (Straftaten und Ordnungswidrigkeiten) die Zuständigkeit eines anderen Gerichts gegeben ist. Insoweit gelten die Erwägungen zu Rz. 105 ff. entsprechend.

c) Mitbestimmungsrechtliche Streitigkeiten (§ 2a Abs. 1 Nr. 3 ArbGG)

110 Nach § 2a Abs. 1 Nr. 3 ArbGG ist das arbeitsgerichtliche Beschlussverfahren für Angelegenheiten aus dem Mitbestimmungsgesetz, dem Mitbestimmungsergänzungsgesetz und dem Drittelbeteiligungsgesetz eröffnet, soweit über die Wahl von Vertretern der Arbeitnehmer in den Aufsichtsrat und über ihre Abberufung mit Ausnahme der Abberufung nach § 103 Abs. 3 AktG zu entscheiden ist. Nicht in die Zuständigkeit der Arbeits-, sondern in die der **ordentlichen Gerichte** fallen Streitigkeiten aus dem Amt der Arbeitnehmervertreter im Aufsichtsrat (s. Rz. 75) sowie für die Wahl nach dem Montan-Mitbestimmungsgesetz vom 21.5.1951, weil diese durch die Hauptversammlung der Anteilseigner erfolgt[7].

d) Angelegenheiten der Schwerbehindertenvertretung und des Werkstattrats (§ 2a Abs. 1 Nr. 3a ArbGG)

111 In Betrieben und Dienststellen, in denen wenigstens fünf schwerbehinderte Menschen nicht nur vorübergehend beschäftigt sind, wird gem. § 94 Abs. 1 SGB IX eine Schwerbehindertenvertretung gewählt. Wahl und Amtszeit der Schwerbehindertenvertretung sind in § 94 SGB IX, ihre Aufgaben in § 95 SGB IX geregelt. Ferner wird in Werkstätten für behinderte Menschen ein Werkstattrat errichtet (§ 139 SGB IX). Seine Mitwirkungs- und Mitbestimmungsrechte, die Rechtsstellung seiner Mitglieder sowie Einzelheiten der Wahl, der Wählbarkeit, der Organisation und der Ge-

---

1 BAG 1.10.1974 – 1 AZR 394/73, AP Nr. 2 zu § 44 BetrVG 1972.
2 BAG 24.4.1979 – 6 AZR 69/77, AP Nr. 1 zu § 82 BetrVG 1972; 18.3.1975 – 1 ABR 102/73, AP Nr. 1 zu § 111 BetrVG 1972.
3 BAG 10.11.2004 – 7 AZR 131/04, AP Nr. 140 zu § 37 BetrVG 1972; 8.9.2010 – 7 AZR 513/09, NZA 2011, 159 (160).
4 BAG 16.2.2005 – 7 AZR 330/04, AP Nr. 141 zu § 37 BetrVG 1972.
5 BAG 23.6.2004 – 7 AZR 514/03, AP Nr. 139 zu § 37 BetrVG 1972.
6 BAG 18.1.1989 – 7 ABR 89/87, AP Nr. 28 zu § 40 BetrVG 1972; 25.5.2005 – 7 ABR 45/04, AP Nr. 13 zu § 24 BetrVG 1972; 23.6.2010 – 7 ABR 103/08, NZA 2010, 1298 (1299).
7 BAG 24.5.1957 – 1 ABR 3/56, AP Nr. 26 zu § 2 ArbGG 1953.

schäftsführung ergeben sich aus der nach § 144 Abs. 2 SGB IX erlassenen Rechtsverordnung. Streitigkeiten zwischen der Schwerbehindertenvertretung und dem Arbeitgeber oder einer sonstigen im Beschlussverfahren beteiligungsfähigen Person oder Stelle sowie zwischen dem Werkstattrat und dem Träger der Werkstätte für behinderte Menschen sind in Anlehnung an die Streitigkeiten nach dem BetrVG von den Gerichten für Arbeitssachen im Beschlussverfahren zu entscheiden (§ 2a Abs. 1 Nr. 3a ArbGG)[1]. Dies gilt auch dann, wenn es sich um eine Schwerbehindertenvertretung im Bereich des öffentlichen Dienstes handelt[2].

e) Streitigkeiten nach dem EBRG (§ 2a Abs. 1 Nr. 3b ArbGG)

Der Rechtsweg zu den Gerichten für Arbeitssachen im Beschlussverfahren ist gem. § 2a Abs. 1 Nr. 3b ArbGG ferner für Angelegenheiten nach dem Gesetz über Europäische Betriebsräte (EBRG) eröffnet[3]. Nur für Maßnahmen nach den Straf- und Bußgeldvorschriften der §§ 43–45 EBRG kann die Zuständigkeit der ordentlichen Gerichte gegeben sein. Die örtliche Zuständigkeit wurde in § 82 Abs. 2 ArbGG dergestalt geregelt, dass maßgeblich auf den Sitz des (herrschenden) Unternehmens abgestellt wird. Für Streitigkeiten aus einer freiwilligen Vereinbarung (§ 41 EBRG) ist für die örtliche Zuständigkeit der Sitz des vertragschließenden Unternehmens entscheidend[4].

f) Angelegenheiten des § 51 BBiG (§ 2a Abs. 1 Nr. 3c ArbGG)

Auszubildende, deren praktische Berufsbildung in einer sonstigen Berufsbildungseinrichtung außerhalb der schulischen und betrieblichen Berufsbildung (§ 2 Abs. 1 Nr. 3 BBiG) stattfindet, sind in diesen Einrichtungen nicht zur Wahl eines Betriebsrats berechtigt, da sie nicht zu deren Arbeitnehmern (§ 5 BetrVG) zählen[5]. In gleicher Weise fehlt diesen außerbetrieblichen Auszubildenden das aktive und passive Wahlrecht zur Jugend- und Auszubildendenvertretung (§ 60 BetrVG) oder zur Mitwirkungsvertretung (§ 36 SGB IX). § 51 BBiG eröffnet ihnen jedoch die Möglichkeit, eine besondere Interessenvertretung zu wählen, wenn die außerschulische Ausbildungseinrichtung idR mindestens fünf Auszubildende hat. Aus der Wahl und der Tätigkeit dieser Interessenvertretung resultierende Streitigkeiten gehören vor die Gerichte für Arbeitssachen, die sie im Beschlussverfahren erledigen (§ 2a Abs. 1 Nr. 3c ArbGG).

g) Angelegenheiten des § 10 Bundesfreiwilligendienstgesetz (§ 2a Abs. 1 Nr. 3d ArbGG)

Nach § 10 Satz 1 BFDG wählen die Freiwilligen Sprecherinnen und Sprecher, die ihre Interessen gegenüber den Einsatzstellen, Trägern, Zentralstellen und der zuständigen Bundesbehörde vertreten. Streitigkeiten über die Wahl, das Amt usw. dieser Sprecher sind Streitigkeiten nach dem BetrVG ähnlich, daher werden auch sie im arbeitsgerichtlichen Beschlussverfahren ausgetragen (§ 2a Abs. 1 Nr. 3d ArbGG).

---

1 Vgl. BAG 7.4.2004 – 7 ABR 42/03, AP Nr. 3 zu § 94 SGB IX; 7.4.2004 – 7 ABR 35/03, AP Nr. 2 zu § 95 SGB IX; 16.11.2005 – 7 ABR 9/05, AP Nr. 4 zu § 94 SGB IX; 22.3.2012 – 7 AZB 51/11, NZA 2012, 690.
2 BAG 11.11.2003 – 7 AZB 40/03, AP Nr. 1 zu § 94 SGB IX; 30.3.2010 – 7 AZB 32/09, NZA 2010, 668 (669 f.); *Adlhoch*, NZA 2004, 1372 (1373); vgl. auch BAG 7.4.2004 – 7 ABR 35/03, AP Nr. 2 zu § 95 SGB IX.
3 Vgl. BAG 30.3.2004 – 1 ABR 61/01, AP Nr. 3 zu § 5 EBRG; 26.9.2004 – 1 ABR 32/99, AP Nr. 6 zu § 5 EBRG.
4 *Gaul*, NJW 1996, 3378 (3385).
5 BAG 12.9.1996 – 7 ABR 61/95, AP Nr. 11 zu § 5 BetrVG 1972 – Ausbildung.

h) Angelegenheiten nach dem SE- und dem SCE-Beteiligungsgesetz sowie dem MgVG (§ 2a Abs. 1 Nr. 3e bis g ArbGG)

115 Ebenfalls im Beschlussverfahren zu entscheiden sind Angelegenheiten aus dem SE-Beteiligungsgesetz (SEBG)[1] mit Ausnahme der §§ 45 und 46 SEBG und nach den §§ 34–39 SEBG nur insoweit, als über die Wahl von Vertretern der Arbeitnehmer in das Aufsichts- oder Verwaltungsorgan sowie deren Abberufung mit Ausnahme der Abberufung nach § 103 Abs. 3 AktG zu entscheiden ist. Das Gleiche gilt für die Angelegenheiten aus dem SCE-Beteiligungsgesetz[2] und dem Gesetz über die Mitbestimmung der Arbeitnehmer bei einer grenzüberschreitenden Verschmelzung (MgVG)[3] mit Ausnahme der §§ 47 und 48 SCE-Beteiligungsgesetz bzw. §§ 34 und 35 MgVG und nach den §§ 34–39 SCE-Beteiligungsgesetz bzw. §§ 23–28 MgVG nur insoweit, als über die Wahl von Vertretern der Arbeitnehmer in das Aufsichts- oder Verwaltungsorgan sowie deren Abberufung zu entscheiden ist. Im Übrigen sind jeweils die ordentlichen Gerichte zuständig.

i) Streitigkeiten über die Tariffähigkeit und Tarifzuständigkeit (§ 2a Abs. 1 Nr. 4 ArbGG)

116 Weiterhin gehören Streitigkeiten über die Tariffähigkeit und Tarifzuständigkeit einer Vereinigung vor die Gerichte für Arbeitssachen (§ 2a Abs. 1 Nr. 4 ArbGG). **Tariffähig** sind nach § 2 Abs. 1 TVG Gewerkschaften, Vereinigungen von Arbeitgebern und einzelne Arbeitgeber. Praktische Bedeutung hat § 2a Abs. 1 Nr. 4 ArbGG insoweit allein für die Frage, ob eine **Vereinigung von Arbeitnehmern** eine Gewerkschaft in diesem Sinne darstellt, was voraussetzt, dass ihre satzungsgemäße Aufgabe die Wahrnehmung der Interessen ihrer Mitglieder in ihrer Eigenschaft als Arbeitnehmer (die Regelung der Arbeits- und Wirtschaftsbedingungen iSd. Art. 9 Abs. 3 GG) und sie willens ist, Tarifverträge abzuschließen. Sie muss frei gebildet, auf Dauer angelegt und auf überbetrieblicher Grundlage körperschaftlich organisiert sein, auf dem freiwilligen Beitritt ihrer Mitglieder beruhen, gegnerfrei sein und das geltende Tarifrecht als verbindlich anerkennen[4]. Weiterhin ist Voraussetzung, dass die Arbeitnehmervereinigung ihre Aufgabe als Tarifpartnerin sinnvoll erfüllen kann. Dazu gehört einmal die Durchsetzungskraft gegenüber dem tariflichen Gegenspieler, zum anderen aber auch eine gewisse Leistungsfähigkeit der Organisation. Sie muss von ihrem sozialen Gegenspieler ernst genommen werden, so dass die Arbeitsbedingungen nicht einseitig von der Arbeitgeberseite festgelegt, sondern tatsächlich ausgehandelt werden[5]. Die **Tarifzuständigkeit** bezeichnet die in der Satzung geregelte Befugnis eines tariffähigen Verbandes, Tarifverträge für einen bestimmten räumlichen, betrieblich-fachlichen und persönlichen Geltungsbereich abzuschließen[6].

117 Die Frage der Tariffähigkeit und Tarifzuständigkeit **kann nicht in einem anderen Verfahren als Vorfrage mit entschieden werden** (§ 97 Abs. 5 Satz 1 ArbGG). Das gilt auch dann, wenn einer Gewerkschaft lediglich die Fähigkeit zum Abschluss von Firmentarifverträgen bestritten wird[7] oder die Wirksamkeit einer Allgemeinverbindlich-

---

1 Vom 22.12.2004 (BGBl. I, 3675, 3686).
2 Vom 14.8.2006 (BGBl. I, 1911, 1917).
3 Vom 21.12.2006 (BGBl. I, 3332); dazu *Lunk/Hinrichs*, NZA 2007, 773 ff.
4 BAG 6.6.2000 – 1 ABR 10/99, AP Nr. 55 zu § 2 TVG; *Küttner/Röller*, Gewerkschaftsrechte (im Betrieb) Rz. 2; Schaub/*Treber*, § 189 Rz. 12 ff.
5 BAG 6.6.2000 – 1 ABR 10/99, AP Nr. 55 zu § 2 TVG; 5.10.2010 – 1 ABR 88/09, NZA 2011, 300 (302 f.); 14.12.2010 – 1 ABR 19/10, NZA 2011, 289 (295 f.).
6 BAG 19.11.1985 – 1 ABR 37/83, AP Nr. 4 zu § 2 TVG – Tarifzuständigkeit; 24.7.1990 – 1 ABR 46/89, AP Nr. 7 zu § 2 TVG – Tarifzuständigkeit; vgl. auch BAG 17.4.2012 – 1 ABR 5/11, NZA 2012, 1104 (1108 f.).
7 BAG 25.9.1996 – 1 ABR 25/96, AP Nr. 4 zu § 97 ArbGG 1979.

keitserklärung nach § 5 TVG im Streit steht[1], nicht aber, wenn der Tarifvertrag nicht normativ, sondern nur durch einzelvertragliche Inbezugnahme Geltung für das Arbeitsverhältnis beansprucht[2]. Das Gericht muss diesen Rechtsstreit bis zur Erledigung des Beschlussverfahrens nach § 2a Abs. 1 Nr. 4 ArbGG aussetzen[3]. Ebenso ist zu verfahren, wenn ein Arbeitgeber gegenüber einem tariflichen Anspruch geltend macht, er sei im tarifschließenden Arbeitgeberverband nur „Mitglied OT" (ohne Tarifbindung)[4].

Seit August 2014 neu ist die **erstinstanzliche Zuständigkeit der Landesarbeitsgerichte** in diesen Fällen (§ 97 Abs. 2 ArbGG). Eine vergleichbare Eingangszuständigkeit hatte es bislang allein in dem nicht praxisrelevanten Fall des § 158 Nr. 5 SGB IX gegeben. Die Neuregelung soll der Verfahrensbeschleunigung dienen und dadurch zu schnellerer Rechtssicherheit führen[5]. 117a

j) Streitigkeiten über die Allgemeinverbindlicherklärung von Tarifverträgen und von Rechtsverordnungen nach dem AEntG und dem AÜG (§ 2a Abs. 1 Nr. 5 ArbGG)

Im Zuge des Gesetzes zur Stärkung der Tarifautonomie 2014[6] neu begründet wurde die Zuständigkeit der Gerichte für Arbeitssachen für die Entscheidung über die Wirksamkeit einer Allgemeinverbindlicherklärung nach § 5 TVG, einer Rechtsverordnung nach §§ 7, 7a AEntG oder einer Rechtsverordnung nach § 3a AÜG. Streitgegenstand ist hier die Rechtmäßigkeit eines Hoheitsaktes, nämlich im Falle der Allgemeinverbindlicherklärung eines Rechtssetzungsaktes sui generis[7], in den übrigen Fällen einer Rechtsverordnung. Diese Streitigkeiten waren zuvor der Verwaltungsgerichtsbarkeit zugewiesen (§ 40 VwGO)[8]. Dies hielt der Gesetzgeber nicht länger für angemessen, sondern hat nunmehr die Gerichte für Arbeitssachen, die aufgrund ihrer Befassung mit Fragen des Arbeits- und Tarifrechts über besondere Sachnähe verfügen[9], für zuständig erklärt. Zugleich hat er eine für das arbeitsgerichtliche Verfahren bis dato ungewöhnliche Anordnung über den Instanzenzug geschaffen: Für die genannten Streitigkeiten ist **erstinstanzlich** nicht das Arbeits-, sondern sogleich **das Landesarbeitsgericht zuständig** (§ 98 Abs. 2 ArbGG). Gegen dessen Entscheidung ist (nur) die Rechtsbeschwerde zum BAG möglich. Die Neuregelung erfasst keine Rechtsverordnungen, die auf Vorschlag einer Kommission erlassen worden sind (§ 11 AEntG, § 11 MiLoG). 117b

3. Rechtswegzuständigkeit und Verweisung

a) Vorabentscheidung des Arbeitsgerichts

Die Zulässigkeit des Rechtsweges ist **Prozessvoraussetzung** und daher von Amts wegen zu prüfen. Die Prüfung erfolgt jedoch nur durch das erstinstanzliche Gericht[10]. 118

---

1 LAG Hess. 17.9.1999 – 15 Sa 1015/98 (A), NZA-RR 2000, 199.
2 LAG Hamburg 9.3.2000 – 5 Ta 4/00, NZA-RR 2000, 483 f.: Aussetzung kann aber nach § 148 ZPO erfolgen.
3 Vgl. BAG 23.5.2012 – 1 AZB 58/11, NZA 2012, 623 (624); 23.5.2012 – 1 AZB 67/11, NZA 2012, 625.
4 BAG 23.10.1996 – 4 AZR 409/95, AP Nr. 15 zu § 3 TVG – Verbandszugehörigkeit.
5 BR-Drucks. 147/14, 48.
6 Vom 11.8.2014, BGBl. I, 1348.
7 BVerfG 24.5.1977 – 2 BvL 11/74, BVerfGE 44, 322 (340); BVerwG 3.11.1988 – 7 C 115.86, NZA 1989, 364 (364); ErfK/*Franzen*, § 5 TVG Rz. 4.
8 BVerwG 6.6.1958 – VII CB 187.57, AP Nr. 6 zu § 5 TVG; 3.11.1988 – 7 C 115.86, AP Nr. 23 zu § 5 TVG.
9 BR-Drucks. 147/14, 50.
10 Dieses ist an seine Zuständigkeitsentscheidung in einem etwa vorangegangenen Verfahren der einstweiligen Verfügung nicht gebunden, BAG 29.12.1997 – 5 AZB 38/97, AP Nr. 40 zu § 5 ArbGG 1979.

Das Gericht, das über ein Rechtsmittel gegen eine Entscheidung in der Hauptsache entscheidet, prüft dagegen nicht mehr, ob der beschrittene Rechtsweg und die eingeschlagene Verfahrensart (Urteils- bzw. Beschlussverfahren) zulässig ist (§ 48 Abs. 1 ArbGG, § 17a Abs. 5 GVG), es sei denn, das Arbeitsgericht hätte in rechtsfehlerhafter Weise über die von einer Partei gerügte Zuständigkeit nicht vorab durch Beschluss entschieden[1]. Im Übrigen ist danach zu differenzieren, ob der beschrittene Rechtsweg zulässig ist oder nicht und ob eine der Parteien die Unzulässigkeit gerügt hat:

119 – Ist der beschrittene **Rechtsweg zu den Arbeitsgerichten eröffnet** und hat keine der Parteien (bzw. im Beschlussverfahren Beteiligten) dagegen eine Rüge erhoben, so erfolgt in aller Regel keine gesonderte Entscheidung über die Zulässigkeit des Rechtsweges. Das Gericht kann, wenn es dies für erforderlich hält, im Sachurteil hierzu Ausführungen machen, muss es aber nicht. Es kann auch, wenn es den Rechtsweg zwar für eröffnet hält, den Parteien aber die Möglichkeit zur gesonderten Prüfung der Rechtswegfrage durch die Rechtsmittelinstanz eröffnen will, die Zulässigkeit des Rechtsweges vorab durch Beschluss aussprechen (§ 17a Abs. 3 Satz 1 GVG).

120 – Ist der beschrittene Rechtsweg zu den Arbeitsgerichten eröffnet, wird dies jedoch von einer Seite (regelmäßig, aber nicht notwendig, dem Beklagten bzw. Antragsgegner) **in Zweifel gezogen**, so muss das Arbeitsgericht über die Zulässigkeit des Rechtsweges vorab entscheiden (§ 17a Abs. 3 Satz 2 GVG). Das Gericht darf nicht sogleich in der Sache entscheiden. Das gilt selbst dann, wenn die Rüge offensichtlich unbegründet ist. Die Vorabentscheidung ergeht durch Beschluss, vor dessen Erlass den Parteien rechtliches Gehör zu gewähren ist, ohne dass jedoch eine mündliche Verhandlung obligatorisch wäre (§ 17a Abs. 4 GVG). Gegen den – zu begründenden (§ 17a Abs. 4 Satz 2 GVG) und förmlich zuzustellenden (§ 329 Abs. 3 ZPO)[2] – Beschluss ist die sofortige Beschwerde zulässig (dazu Rz. 132 ff.), darauf hat das Gericht in der Rechtsmittelbelehrung (§ 9 Abs. 5 Satz 1 ArbGG) hinzuweisen. Der Beschluss ergeht auch außerhalb der mündlichen Verhandlung stets durch die Kammer (§ 48 Abs. 1 Nr. 2 ArbGG)[3]. Sobald er rechtskräftig ist, steht fest, dass das Arbeitsgericht den Rechtsstreit unter allen in Betracht kommenden rechtlichen Gesichtspunkten zu entscheiden hat (§ 17 Abs. 2 GVG)[4]. Ausgenommen bleibt jedoch die Entscheidung über die Aufrechnung mit einer rechtswegfremden Gegenforderung. Diese ist kein „rechtlicher Gesichtspunkt" iSv. § 17 Abs. 2 GVG, sondern ein selbständiges Gegenrecht. Insoweit können die Gerichte für Arbeitssachen lediglich ein Vorbehaltsurteil (§ 302 ZPO) erlassen und müssen den Rechtsstreit im Übrigen bis zur rechtskräftigen Entscheidung der anderen Gerichtsbarkeit über die zur Aufrechnung gestellte Gegenforderung aussetzen[5].

121 – Ist der beschrittene **Rechtsweg zu den Arbeitsgerichten nicht eröffnet**, hat das Arbeitsgericht den Rechtsstreit an das Gericht des zulässigen Rechtswegs zu verweisen, und zwar unabhängig davon, ob die mangelnde Rechtswegzuständigkeit von einer Partei gerügt worden ist oder nicht (§ 17a Abs. 2 GVG). Eine Abweisung der Klage als unzulässig kommt nicht in Betracht[6], es sei denn, die deutsche Ge-

---

1 BAG 21.5.1999 – 5 AZB 31/98, AP Nr. 1 zu § 611 BGB – Zeitungsverlage; 16.12.2009 – 5 AZR 125/09, NZA 2010, 472; 15.10.2013 – 1 ABR 31/12, NZA 2014, 319 (319 f.).
2 Zöller/*Lückemann*, ZPO, § 17a GVG Rz. 14. Fehlt es an der förmlichen Zustellung, gilt die Fünf-Monats-Frist des § 516 ZPO entsprechend, BAG 1.7.1992 – 5 AS 4/92, AP Nr. 39 zu § 36 ZPO.
3 LAG Schl.-Holst. 8.8.2005 – 2 Ta 166/05, NZA-RR 2005, 601 (601); GMP/*Germelmann*, § 48 ArbGG Rz. 80; *Koch*, NJW 1991, 1856 (1858); aA für Entscheidungen, die auf Antrag beider Parteien im unmittelbaren Anschluss an die Güteverhandlung ergehen, *Kissel*, NZA 1995, 345 (347).
4 Vgl. LAG Sachsen 13.4.2000 – 4 Ta 25/00, NZA-RR 2001, 604.
5 BAG 23.8.2001 – 5 AZB 3/01, AP Nr. 2 zu § 17 GVG.
6 LAG BW 24.6.1993 – 11 Sa 39/93, NZA 1994, 416; LAG Hess. 28.4.1998 – 9 Sa 2439/97, NZA 1999, 616; *Kissel*, NZA 1995, 345 (348); MünchArbR/*Jacobs*, § 342 Rz. 11.

richtsbarkeit ist überhaupt nicht zur Entscheidung berufen. Das Gericht hat den Parteien rechtliches Gehör zu gewähren (§ 17a Abs. 2 Satz 1 GVG)[1], eine mündliche Verhandlung ist aber auch hier nicht obligatorisch. Haben die Parteien die Problematik nicht erkannt, sind sie darauf hinzuweisen, und es ist ihnen Gelegenheit zu geben, darauf bezogene Tatsachen vorzutragen[2]. Die Entscheidung ergeht wiederum durch einen zu begründenden[3] und förmlich zuzustellenden Beschluss der Kammer, gegen den die sofortige Beschwerde gegeben ist. Hält das Gericht, an das der Rechtsstreit verwiesen worden ist, die Verweisung ausnahmsweise entgegen § 17a Abs. 2 Satz 3 GVG nicht für bindend, weil sie offensichtlich gesetzwidrig ist[4], legt es den Rechtsstreit gem. § 36 Abs. 1 Nr. 6 ZPO seinem obersten Bundesgericht (BGH, BAG, BVerwG usw.) vor; § 36 Abs. 2 und 3 ZPO finden keine Anwendung[5].

Im Rahmen der Prüfung der Rechtswegzuständigkeit differenziert das BAG zunächst danach, ob die die Zuständigkeit begründenden Tatsachen vom Beklagten bestritten sind oder nicht. Ist der Klägervortrag **unstreitig**, muss das angerufene Gericht sie rechtlich bewerten. Liegen die Voraussetzungen des § 2 ArbGG vor, ist die Zuständigkeit der Gerichte für Arbeitssachen begründet, anderenfalls ist der Rechtsstreit an das Gericht des zulässigen Rechtsweges zu verweisen[6]. Eine Ausnahme gilt nur dann, wenn der Arbeitnehmerstatus „doppelrelevant" ist und sich mit der Verneinung der Rechtswegzuständigkeit sogleich die Unbegründetheit der Klage ergibt. In einem solchen Fall, in dem der – unstreitige – Klägervortrag zugleich unschlüssig ist, soll das Gericht sogleich zur Abweisung der Klage als unbegründet befugt sein[7].

Sind die vom Kläger vorgetragenen Tatsachen dagegen **streitig**, genügt es für das Rechtswegbestimmungsverfahren, dass der Kläger **die Rechtsansicht vertritt**, er sei Arbeitnehmer oder eine arbeitnehmerähnliche Person (§ 5 Abs. 1 Satz 2 ArbGG)[8], ohne dass die dazu notwendigen Tatsachen vom Kläger schlüssig behauptet zu werden brauchen[9]. Einer **Beweisaufnahme** über die vom Kläger vorgetragenen Tatsachen bedarf es – wenn der Beklagte sie bestreitet – daher vielfach (nur) zur Prüfung der Begründetheit der Klage, über die die angerufenen Gerichte für Arbeitssachen zu entscheiden haben. Drei Fallgruppen unterscheidet das BAG mit Zustimmung des BVerfG[10]:

– Zunächst gibt es diejenigen Fälle, in denen der Anspruch lediglich auf eine arbeitsrechtliche Anspruchsgrundlage gestützt werden kann, jedoch fraglich ist, ob deren Voraussetzungen vorliegen (sog. **Sic-non-Fall**). Die entsprechenden Tatsachenbehauptungen sind hier „doppelrelevant", nämlich sowohl für die Rechtswegzuständigkeit als auch für die Begründetheit der Klage maßgebend. Diese Fallgruppe ist

---

1 Vgl. LAG Sachsen 11.3.1997 – 9 Ta 15/97, NZA 1997, 848.
2 Thomas/Putzo/*Hüßtege*, ZPO, § 17a GVG Rz. 8.
3 Vgl. BAG 31.8.2010 – 3 ABR 139/09, NZA 2011, 995.
4 Dazu BAG 1.7.1992 – 5 AS 4/92, AP Nr. 39 zu § 36 ZPO; 17.6.2004 – 5 AS 3/04, AP Nr. 60 zu § 36 ZPO.
5 BAG 22.7.1998 – 5 AS 17/98, AP Nr. 55 zu § 36 ZPO.
6 BAG 17.6.1999 – 5 AZB 23/98, AP Nr. 39 zu § 17a GVG.
7 BAG 17.6.1999 – 5 AZB 23/98, AP Nr. 39 zu § 17a GVG.
8 Zwischen Arbeitnehmern und arbeitnehmerähnlichen Personen ist für die Rechtswegzuständigkeit eine Wahlfeststellung zulässig, weil beide in die Zuständigkeit der Gerichte für Arbeitssachen fallen, BAG 8.9.1997 – 5 AZB 3/97, AP Nr. 38 zu § 5 ArbGG 1979; 29.12.1997 – 5 AZB 38/97, AP Nr. 40 zu § 5 ArbGG 1979; 17.6.1999 – 5 AZB 23/98, AP Nr. 39 zu § 17a GVG; 19.12.2000 – 5 AZB 16/00, AP Nr. 9 zu § 2 ArbGG 1979 – Zuständigkeitsprüfung.
9 BAG 24.4.1996 – 5 AZB 25/95, AP Nr. 1 zu § 2 ArbGG 1979 – Zuständigkeitsprüfung; 9.10.1996 – 5 AZB 18/96, AP Nr. 2 zu § 2 ArbGG 1979 – Zuständigkeitsprüfung; 29.8.2012 – 10 AZR 499/11, NZA 2012, 1433 (1434); LAG Köln 3.1.1996 – 13 Ta 179/95, NZA 1996, 1344; ausführlich *Reinecke*, ZfA 1998, 359 ff.
10 BVerfG 31.8.1999 – 1 BvR 1389/97, NZA 1999, 1234.

dadurch gekennzeichnet, dass mit der Verneinung der Zuständigkeit der Rechtsstreit auch in der Sache praktisch entschieden ist. Würde in diesen Fällen der Rechtsstreit verwiesen, so müsste das Gericht, wenn es der Begründung folgt, die zur Verweisung geführt hat, die Klage als unbegründet abweisen. Weder die gesetzliche Zuständigkeitsverteilung noch der Gedanke der „Respektierung der Nachbargerichtsbarkeit" gebieten daher die Verweisung auf einen anderen Rechtsweg[1]. Hier ist es nach der Rechtsprechung des BAG, die allerdings nicht von allen Landesarbeitsgerichten mitgetragen wird, nicht einmal erforderlich, dass der Kläger die Arbeitnehmereigenschaft schlüssig vorträgt, vielmehr soll die **schlichte Rechtsbehauptung** genügen[2].

125 **Beispiele:**
Der Kläger erhebt Kündigungsschutzklage gegen eine ordentliche Kündigung und behauptet deren Sozialwidrigkeit, der Beklagte bestreitet die Arbeitnehmereigenschaft des Klägers[3]. Wenn sich herausstellt, dass der Kläger nicht Arbeitnehmer ist, steht auch in der Sache fest, dass die Klage erfolglos bleiben muss, denn in einem freien Dienstverhältnis bedarf eine ordentliche Kündigung keiner sozialen Rechtfertigung.

126 Der als freier Mitarbeiter eingestellte Kläger beantragt die Feststellung, dass durch die Kündigung sein „Arbeitsverhältnis" nicht aufgelöst worden ist. Da in diesem Falle Streitgegenstand auch ist, ob zwischen den Parteien jedenfalls bis zur Kündigung überhaupt ein Arbeitsverhältnis bestand, sind die die Arbeitnehmereigenschaft begründenden Tatsachen doppelrelevant[4].

127 Der Kläger beansprucht Annahmeverzugslohn für die Dauer der – nur für Arbeitnehmer geltenden – Kündigungsfristen des § 622 BGB[5].

128 **Kein Sic-non-Fall** liegt dagegen vor, wenn der Kläger eine Entschädigung wegen seiner Diskriminierung im Zusammenhang mit der Einstellung (§ 15 Abs. 2 AGG) begehrt. Anspruchsberechtigt sind nämlich nicht nur Personen, die in die Rechtswegzuständigkeit der Gerichte für Arbeitssachen fallen (§ 6 Abs. 1 AGG), sondern auch Selbständige und Organmitglieder, insbesondere Geschäftsführer und Vorstandsmitglieder (§ 6 Abs. 3 AGG)[6].

129 – Davon zu unterscheiden sind diejenigen Fälle, in denen ein Anspruch entweder auf eine arbeitsrechtliche oder auf eine bürgerlich-rechtliche Anspruchsgrundlage gestützt werden kann, die in Betracht kommenden Anspruchsgrundlagen sich aber gegenseitig ausschließen (sog. **Aut-aut-Fall**). Auch in diesen Fällen hat der Kläger zwar kein rechtlich geschütztes Interesse daran, dass seine Klage zunächst an ein anderes Gericht verwiesen wird, vor dem er dann ggf. seinen Sachvortrag ergänzen kann, um in der Sache zum Erfolg zu gelangen, und dem Beklagten ist – wie auch in den Sic-non-Fällen – an einer möglichst raschen Klageabweisung gelegen. Da aber bspw. ein Streit um die Entgeltzahlung nicht dadurch zu einem arbeitsrechtlichen wird, dass der Kläger sich für einen Arbeitnehmer hält, weil sonst der Rechtsweg weitgehend zur Disposition des Klägers stünde, genügt hier für die Bejahung der Rechtswegzuständigkeit jedenfalls nicht schon die bloße Rechtsbehauptung des Klägers, Arbeitnehmer zu sein. Der Kläger muss also hier zumindest **schlüssig vor-**

---

1 BAG 24.4.1996 – 5 AZB 25/95, AP Nr. 1 zu § 2 ArbGG 1979 – Zuständigkeitsprüfung; 9.10. 1996 – 5 AZB 18/96, AP Nr. 2 zu § 2 ArbGG 1979 – Zuständigkeitsprüfung; 10.12.1996 – 5 AZB 20/96, AP Nr. 4 zu § 2 ArbGG 1979 – Zuständigkeitsprüfung.
2 BAG 10.12.1996 – 5 AZB 20/96, AP Nr. 4 zu § 2 ArbGG 1979 – Zuständigkeitsprüfung; 18.12. 1996 – 5 AZB 25/96, AP Nr. 3 zu § 2 ArbGG 1979 – Zuständigkeitsprüfung; 16.7.1997 – 5 AZB 29/96, AP Nr. 37 zu § 5 ArbGG 1979; LAG Köln 16.6.2010 – 5 Ta 164/10, NZA-RR 2010, 490 (490); aA LAG Saarland 18.12.1997 – 2 Ta 39/97, NZA-RR 1998, 316 (317 f.).
3 BAG 26.10.2012 – 10 AZB 60/12, NZA 2013, 54 (55).
4 BAG 19.12.2000 – 5 AZB 16/00, AP Nr. 9 zu § 2 ArbGG 1979 – Zuständigkeitsprüfung; 17.1. 2001 – 5 AZB 18/00, AP Nr. 53 zu § 5 ArbGG 1979.
5 LAG Köln 3.4.2001 – 4 Ta 307/00, NZA-RR 2001, 547 (548).
6 BGH 23.4.2012 – II ZR 163/10, NJW 2012, 2346 (2347 f.); übersehen von LAG Rh.-Pf. 25.1.2012 – 9 Ta 17/12, NZA-RR 2012, 272.

tragen. Ob bei einem Bestreiten des Beklagten eine Beweisaufnahme erforderlich ist, hat das BAG nach anfänglicher Verneinung zuletzt wieder ausdrücklich offen gelassen[1].

Beispiele: 130

Der Kläger wendet sich gegen eine außerordentliche Kündigung. Deren Wirksamkeit ist am Maßstab des § 626 BGB zu überprüfen, und zwar unabhängig davon, ob der Kläger Arbeitnehmer ist oder in einem freien Dienstverhältnis steht[2]. Oder: Der Kläger macht Zahlung des vereinbarten Entgelts für geleistete Arbeit aus einem Rechtsverhältnis geltend, das er für ein Arbeitsverhältnis, der Beklagte dagegen für ein – nicht arbeitnehmerähnliches – freies Mitarbeiterverhältnis hält[3].

– Schließlich gibt es – wenn auch selten – Fälle, in denen ein einheitlicher Anspruch widerspruchslos sowohl auf eine arbeitsrechtliche als auch auf eine nicht arbeitsrechtliche Anspruchsgrundlage gestützt werden kann (sog. **Et-et-Fall**). Hier muss der Kläger die für die Begründung der Rechtswegzuständigkeit maßgeblichen Tatsachen beweisen, sofern der Beklagte sie bestreitet[4]. 131

b) Rechtsmittel

Gegen den Beschluss des Arbeitsgerichts ist das Rechtsmittel der **sofortigen Beschwerde** gegeben (§ 78 ArbGG iVm. § 17a Abs. 4 Satz 3 GVG, § 567 ZPO). Beschwerdegericht ist das Landesarbeitsgericht, die Beschwerdefrist beträgt zwei Wochen (§ 569 Abs. 1 Satz 1 ZPO)[5]. Hat das Arbeitsgericht entgegen § 17a Abs. 2 und 4 GVG nicht durch Beschluss entschieden, sondern die Rechtswegfrage im Sachurteil mit behandelt, so ist nach dem Grundsatz der Meistbegünstigung wahlweise die sofortige Beschwerde oder die Berufung möglich[6]. Wird Berufung eingelegt, so muss mit der Berufungsbegründung die Rechtswegrüge erneut erhoben werden, sonst prüft das Landesarbeitsgericht als Berufungsgericht den Rechtsweg nicht mehr (§ 17a Abs. 5 GVG) (s. Rz. 118)[7]. 132

Hilft der iudex a quo (das Arbeitsgericht[8]) der Beschwerde nicht ab (§ 572 Abs. 1 ZPO), steht es dem Landesarbeitsgericht im Beschwerdeverfahren – wenn nicht eine Beweisaufnahme notwendig ist – gem. § 17a Abs. 4 Satz 3 GVG, § 78 ArbGG, § 572 ZPO frei, ob es aufgrund mündlicher Verhandlung entscheidet oder nicht[9]. Über die sofortige Beschwerde entscheidet das Landesarbeitsgericht ohne Hinzuziehung der ehrenamtlichen Richter (§ 78 Satz 3 ArbGG). 133

---

1 BAG 10.12.1996 – 5 AZB 20/96, AP Nr. 4 zu § 2 ArbGG 1979 – Zuständigkeitsprüfung; 18.12.1996 – 5 AZB 25/96, AP Nr. 3 zu § 2 ArbGG 1979 – Zuständigkeitsprüfung; anders noch BAG 24.4.1996 – 5 AZB 25/95, AP Nr. 1 zu § 2 ArbGG 1979 – Zuständigkeitsprüfung unter Aufgabe von BAG 30.8.1993 – 2 AZB 6/93, AP Nr. 6 zu § 17a GVG; 28.10.1993 – 2 AZB 12/93, AP Nr. 19 zu § 2 ArbGG 1979; bejahend KG 30.1.2001 – 5 W 8942/00, NZA-RR 2001, 605 (606); LAG Köln 1.8.2001 – 11 Ta 130/01, NZA-RR 2002, 156 f.; verneinend OLG Dresden 10.5.2004 – 15 W 0325/04, NZA-RR 2005, 215 (216).
2 AA LAG Sachs. 5.8.1997 – 9 Ta 93/97, NZA-RR 1998, 318 (319): Sic-non-Fall.
3 LAG Berlin 22.7.2005 – 10 Ta 1331/05, NZA-RR 2006, 98.
4 BGH 27.10.2009 – VIII ZB 42/08, BGHZ 183, 49 (54 ff.); weniger deutlich BAG 10.12.1996 – 5 AZB 20/96, AP Nr. 4 zu § 2 ArbGG 1979 – Zuständigkeitsprüfung.
5 Vgl. für den Fall der verspäteten Zustellung des Beschlusses BAG 5.8.1996 – 5 AZB 15/96, AP Nr. 25 zu § 17a GVG.
6 BAG 21.5.1999 – 5 AZB 31/98, AP Nr. 1 zu § 611 BGB – Zeitungsverlage; aA OLG Frankfurt am Main 3.9.2008 – 19 W 60/08, NZA-RR 2009, 104 (105).
7 Zum weiteren Verfahren in diesem Falle *Kissel*, NZA 1995, 345 (350 ff.).
8 In der Besetzung einer vollständigen Kammer, die aber nicht notwendig mit der Kammerbesetzung des angefochtenen Beschlusses identisch sein muss: LAG Schl.-Holst. 1.7.2005 – 2 Ta 160/05, NZA 2005, 1079.
9 Thomas/Putzo/*Reichold*, § 571 ZPO Rz. 8.

134 Gegen die Entscheidung des Landesarbeitsgerichts ist die **Rechtsbeschwerde** an das BAG nur zulässig, wenn das Landesarbeitsgericht sie wegen der grundsätzlichen Bedeutung der Rechtssache oder wegen Divergenz zugelassen hat (§ 17a Abs. 4 Satz 4 und 5 GVG). Eine Nichtzulassungsbeschwerde ist nicht möglich[1]. Das BAG entscheidet ohne mündliche Verhandlung und ohne Hinzuziehung der ehrenamtlichen Richter[2].

c) Wirkung der Verweisung

135 Gem. § 17a Abs. 2 GVG spricht das Gericht die Unzulässigkeit des beschrittenen Rechtsweges aus und verweist den Rechtsstreit zugleich an das zuständige Gericht des zulässigen Rechtsweges. Sind mehrere Gerichte zuständig, wird an das vom Kläger oder Antragsteller auszuwählende Gericht verwiesen oder, wenn die Wahl unterbleibt, an das vom Gericht bestimmte. Der Beschluss ist für das Gericht, an das der Rechtsstreit verwiesen worden ist, (nur) **hinsichtlich des Rechtswegs bindend**. Insoweit hat die Verweisung nicht nur abdrängende, sondern aufdrängende Wirkung mit der Folge, dass eine weitere Verweisung in einen anderen (dritten) Rechtsweg nicht mehr stattfindet[3].

136 Bindend ist auch die sachlich **unrichtige Verweisung**. Das ergibt sich aus § 17a Abs. 2 Satz 3 GVG. Nicht das Gericht, an das verwiesen wird, sondern die Parteien sollen vor willkürlichen oder sonst jeder gesetzlichen Grundlage entbehrenden Entscheidungen geschützt werden, mit der ihr Streitfall dem zuständigen Gericht und damit dem gesetzlichen Richter (Art. 101 Abs. 1 Satz 2 GG) entzogen wird. Steht den Parteien aber ein Rechtsmittel zu Gebote und wird dieses nicht genutzt, besteht kein Anlass, dem Gericht des für zulässig erklärten Rechtsweges die Befugnis zuzubilligen, sich an die Stelle des Rechtsmittelgerichts zu setzen.[4] Lediglich eine **offensichtlich gesetzeswidrige Verweisung** kann die Bindungswirkung nicht entfalten[5]. Offensichtlich gesetzeswidrig ist ein Verweisungsbeschluss dann, wenn er jeder Rechtsgrundlage entbehrt, willkürlich gefasst ist oder auf der Versagung rechtlichen Gehörs gegenüber einem Verfahrensbeteiligten beruht[6], weil er zB noch vor Rechtshängigkeit der Klage ergangen ist[7]. Die fehlende Begründung des Verweisungsbeschlusses stellt jedenfalls dann keine offensichtliche Gesetzeswidrigkeit dar, wenn der Beschluss auf übereinstimmenden Antrag beider Parteien ergangen ist[8]. Auch die Tatsache, dass ein ordentliches Gericht bei der Verweisung des Rechtsstreits an die Arbeitsgerichte die Vorschrift des § 5 Abs. 1 Satz 3 ArbGG übersehen hat, hebt die Bindungswirkung des Beschlusses nicht auf[9].

137 Die Bindungswirkung erstreckt sich aber allein auf die Rechtswegfrage, nicht auf **sachliche oder örtliche Zuständigkeiten** innerhalb der anderen Gerichtsbarkeit. Das Gericht, an das verwiesen worden ist, kann also insoweit erneut verweisen (zB vom

---

1 BAG 22.2.1994 – 10 AZB 4/94, AP Nr. 2 zu § 78 ArbGG 1979; 19.12.2002 – 5 AZB 54/02, AP Nr. 47 zu § 72a ArbGG 1979; *Kissel*, NZA 1995, 345 (350).
2 BAG 28.10.1993 – 2 AZB 12/93, AP Nr. 19 zu § 2 ArbGG 1979.
3 MünchArbR/*Jacobs*, § 342 Rz. 11; Zöller/*Lückemann*, ZPO, § 17a GVG Rz. 12.
4 BGH 23.6.2004 – X ARZ 146/14, NZS 2014, 675 (676).
5 BAG 29.9.1976 – 5 AR 232/76, AP Nr. 20 zu § 36 ZPO; 1.7.1992 – 5 AS 4/92, AP Nr. 39 zu § 36 ZPO; 11.7.1995 – 5 AS 13/95, AP Nr. 32 zu § 2 ArbGG 1979; 17.7.1995 – 5 AS 8/95, AP Nr. 33 zu § 2 ArbGG 1979; 12.7.2006 – 5 AS 7/06, NZA 2006, 1004; LAG München 28.10.2008 – 1 SHa 27/08, NZA-RR 2009, 218 (218f.).
6 BGH 15.3.1978 – IV ZR 17/78, BGHZ 71, 69 (72f.); BAG 1.7.1992 – 5 AS 4/92, AP Nr. 39 zu § 36 ZPO; 17.7.1995 – 5 AS 8/95, AP Nr. 33 zu § 2 ArbGG 1979; 28.2.2006 – 5 AS 19/05, AP Nr. 88 zu § 2 ArbGG 1979.
7 BAG 9.2.2006 – 5 AS 1/06, NZA 2006, 454.
8 LAG Köln 22.8.1995 – 5 Ta 127/95, NZA 1996, 280.
9 BGH 16.12.2003 – X ARZ 363/03, NZA 2004, 341.

Land- an das Amtsgericht, an ein Gericht desselben Rechtsweges an einem anderen Ort)[1]. Daraus folgt zugleich, dass die Beschwerde gegen den Verweisungsbeschluss auf derartige Mängel nicht gestützt werden kann[2].

Nach Eintritt der Rechtskraft des Verweisungsbeschlusses wird der Rechtsstreit mit Eingang der Akten bei dem im Beschluss bezeichneten Gericht anhängig. Die Wirkungen der **Rechtshängigkeit** bleiben bestehen (§ 17b Abs. 1 GVG). Der Verweisungsbeschluss enthält keinen **Kostenausspruch**. Vielmehr werden die Kosten vor dem zunächst angegangenen Gericht als Teil der Kosten behandelt, die vor dem Gericht erwachsen, an das der Rechtsstreit verwiesen wurde. Dem Kläger sind die entstandenen Mehrkosten auch dann aufzuerlegen, wenn er in der Hauptsache obsiegt (§ 17b Abs. 2 GVG). 138

Auch in einem **Prozesskostenhilfeverfahren** ist eine Verweisung möglich, diese hat Bindungswirkung allerdings nur für die PKH-Sache, sie erstreckt sich nicht auf das spätere Verfahren in der Hauptsache[3]. Dasselbe gilt hinsichtlich des **Verfahrens der einstweiligen Verfügung**. Auch hier entfaltet ein Rechtswegbeschluss für das Hauptsacheverfahren keine Bindungswirkung[4]. 139

4. Funktionelle Zuständigkeit

Innerhalb des Gerichts kommen als Entscheidungsträger in Betracht: Der Vorsitzende, die Kammer (beim BAG der Senat) und der Rechtspfleger. Insoweit greifen verschiedene Vorschriften des GVG, der ZPO, des ArbGG und des RPflG ineinander. 140

Dem **Rechtspfleger** obliegen gem. § 9 Abs. 3 ArbGG dieselben Aufgaben wie in der ordentlichen Gerichtsbarkeit. Insoweit ist also das RPflG, namentlich dessen § 3 zu beachten. Da die dort in Nr. 1 und 2 aufgeführten Aufgaben bei den Arbeitsgerichten nicht anfallen, kommt hier nur § 3 Nr. 3 und 4 RPflG in Betracht. In entsprechender Anwendung des § 3 Nr. 3 RPflG sind dem Rechtspfleger die in den §§ 20–24 RPflG einzeln aufgeführten Geschäfte im Verfahren nach der ZPO, im Festsetzungsverfahren und auf dem Gebiet der Entgegennahme von Erklärungen übertragen. Hier ist insbesondere auf die Zuständigkeit im Mahnverfahren und das Verfahren bei Zustellungen hinzuweisen. Entsprechend § 3 Nr. 4 RPflG ist der Rechtspfleger für die in den §§ 29–31 RPflG genannten Aufgaben zuständig, dies betrifft Geschäfte im internationalen Rechtsverkehr und die Vollstreckung von Ordnungs- und Zwangsmitteln[5]. Ferner ist der Rechtspfleger für die Erledigung der der Rechtsantragstelle übertragenen Aufgaben zuständig[6]. 141

Dem **Vorsitzenden** sind gem. §§ 53–56 ArbGG einzelne Aufgaben zur Erledigung allein übertragen. Davon betroffen sind namentlich 142

– die Entscheidung über die örtliche Zuständigkeit (§ 48 Abs. 1 Nr. 2, § 55 Abs. 1 Nr. 7 ArbGG)[7];

---

1 BAG 1.7.1992 – 5 AS 4/92, AP Nr. 39 zu § 36 ZPO; 14.1.1994 – 5 AS 22/93, AP Nr. 43 zu § 36 ZPO; 20.9.1995 – 5 AZB 1/95, AP Nr. 23 zu § 17a GVG; LAG Nürnberg 21.5.2001 – 7 Ta 95/01, NZA-RR 2002, 327 (328); *Kissel*, NZA 1995, 345 (349).
2 BAG 20.9.1995 – 5 AZB 1/95, AP Nr. 23 zu § 17a GVG.
3 BAG 27.10.1992 – 5 AS 5/92, AP Nr. 5 zu § 281 ZPO 1977.
4 BAG 29.12.1997 – 5 AZB 38/97, AP Nr. 40 zu § 5 ArbGG 1979; aA OLG Dresden 11.11.2011 – 4 W 1075/11, NZA-RR 2012, 210 (211 f.).
5 Vgl. GMP/*Prütting*, § 9 ArbGG Rz. 15.
6 Dazu GMP/*Prütting*, § 7 ArbGG Rz. 22.
7 *Germelmann*, NZA 2000, 1017 (1018); *Schaub*, NZA 2000, 344 (345).

- die nicht aufgrund mündlicher Verhandlung ergehenden Beschlüsse und Verfügungen (soweit nicht, wie insbesondere nach § 48 Abs. 1 Nr. 2 ArbGG, etwas anderes bestimmt ist) sowie Amtshandlungen aufgrund eines Rechtshilfeersuchens (§ 53 Abs. 1 ArbGG);
- die Durchführung der Güteverhandlung (§ 54 ArbGG);
- die Vorbereitung der streitigen Verhandlung, insbesondere den Parteien die Ergänzung oder Erläuterung ihrer vorbereitenden Schriftsätze sowie die Vorlegung von Urkunden und anderen Gegenständen aufzugeben und dazu Fristen zu setzen; Behörden usw. um Mitteilung von Urkunden oder Erteilung amtlicher Auskünfte zu ersuchen; das persönliche Erscheinen der Parteien anzuordnen; Zeugen und Sachverständige zu laden sowie schriftliche Sachverständigengutachten einzuholen (§ 56 Abs. 1 ArbGG);
- die Leitung der Verhandlung vor der Kammer (§ 46 Abs. 2 ArbGG iVm. § 136 Abs. 1 ZPO) einschließlich der Entscheidung über die Hinzuziehung eines Urkundsbeamten;
- Entscheidungen bei Klagerücknahme, Verzicht, Anerkenntnis, Säumnis einer oder beider Parteien sowie über die Aussetzung und Anordnung des Ruhens des Verfahrens und die einstweilige Einstellung der Zwangsvollstreckung (§ 55 Abs. 1 ArbGG), soweit sie außerhalb der streitigen Verhandlung ergehen; ferner, wenn die Parteien in einer sich unmittelbar an die Güteverhandlung anschließenden Verhandlung die Alleinentscheidung des Vorsitzenden beantragen und eine das Verfahren beendende Entscheidung ergehen kann (§ 55 Abs. 3 ArbGG);
- die Verwerfung des Einspruchs gegen ein Versäumnisurteil oder einen Vollstreckungsbescheid als unzulässig (§ 55 Abs. 1 Nr. 4a ArbGG); die Entscheidung über eine Berichtigung des Tatbestandes, soweit nicht eine Partei eine mündliche Verhandlung hierüber beantragt (§ 55 Abs. 1 Nr. 10 ArbGG), und im Falle des § 11 Abs. 3 ArbGG die Zurückweisung des Bevollmächtigten oder die Untersagung der weiteren Vertretung (§ 55 Abs. 1 Nr. 11 ArbGG);
- gem. § 944 ZPO ferner der Erlass einer einstweiligen Verfügung in dringenden Fällen, wenn deren Erledigung eine mündliche Verhandlung nicht erfordert[1].

143 Die **Kammer** entscheidet in allen Angelegenheiten, die nicht ausdrücklich einem anderen Rechtspflegeorgan zugewiesen sind[2]. Dazu zählen neben den Entscheidungen in der Hauptsache (Urteil, Beschluss) und denjenigen über die Rechtswegzuständigkeit (§ 48 Abs. 1 Nr. 2 ArbGG) namentlich die Entscheidungen über die Beanstandung von auf die Sachleitung bezogenen Anordnungen des Vorsitzenden oder einer von einem Gerichtsmitglied gestellten Frage und Wiedereröffnung der bereits geschlossenen mündlichen Verhandlung (§§ 140, 156, ZPO)[3].

5. Örtliche Zuständigkeit

144 § 48 ArbGG trifft für das arbeitsgerichtliche Verfahren Regelungen über die örtliche Zuständigkeit. Danach gelten die die Rechtswegzuständigkeit regelnden Bestimmungen der §§ 17–17b GVG auch für die örtliche Zuständigkeit entsprechend mit der Maßgabe, dass Beschlüsse nach § 17a Abs. 2 und 3 GVG unanfechtbar sind. Damit wird erreicht, dass **in erster Instanz über die örtliche Zuständigkeit abschließend ent-**

---

1 Vgl. LAG Nürnberg 1.4.1999 – 6 Ta 6/99, NZA 2000, 335 (336).
2 Zur Geschäftsverteilung, insbes. zur Heranziehung der ehrenamtlichen Richter, BAG 26.9.1996 – 8 AZR 126/95, AP Nr. 3 zu § 39 ArbGG 1979; 23.3.2010 – 9 AZN 1030/09, NZA 2010, 779.
3 GMP/*Germelmann*, § 53 ArbGG Rz. 24.

schieden wird[1], eine Prüfung dieser Frage in der Berufungs- und Revisionsinstanz findet nicht mehr statt (§§ 65, 73 Abs. 2 ArbGG).

Gem. § 46 Abs. 2 ArbGG finden für das arbeitsgerichtliche Verfahren grundsätzlich die **Regelungen der ZPO** (§§ 12–40 ZPO) über die örtliche Zuständigkeit Anwendung[2]. Den Tarifparteien wird darüber hinaus gestattet, für bestimmte Rechtsstreitigkeiten die Zuständigkeit eines an sich örtlich unzuständigen Arbeitsgerichts zu bestimmen (§ 48 Abs. 2 ArbGG).

145

Kommen mehrere Gerichtsstände in Betracht (zB der allgemeine Gerichtsstand des Beklagten und der des Arbeitsortes), steht dem Kläger ein **Wahlrecht** zu (§ 35 ZPO). Unter den Voraussetzungen des § 36 ZPO, insbesondere also für den Fall, dass sich sowohl das angerufene Arbeitsgericht als auch dasjenige, an das dieses den Rechtsstreit verwiesen hat, für örtlich unzuständig halten, bestimmt das Landesarbeitsgericht, zu dessen Bezirk das zuerst angerufene Arbeitsgericht gehört, das zuständige Gericht (§ 36 Abs. 2 ZPO)[3].

146

Die Zuständigkeit ist unverzichtbare **Sachurteilsvoraussetzung**, ihre Prüfung erfolgt daher – im Urteils- wie im Beschlussverfahren – von Amts wegen[4]. Maßgebender Zeitpunkt ist die Rechtshängigkeit der Klage (§ 261 Abs. 3 Nr. 2 ZPO). Ob für die örtliche Zuständigkeit die Behauptung des Klägers genügt oder ob es auf die tatsächliche Zuständigkeit ankommt, dürfte hier – auch angesichts der jüngeren Rechtsprechung des BAG – genauso zu beurteilen sein wie im Rahmen der Frage nach der Rechtswegzuständigkeit (s. Rz. 123 ff.). Auch das **Verfahren** folgt kraft der Verweisung in § 48 Abs. 1 ArbGG denselben Regeln, die auch für die Rechtswegfrage gelten, mit der einzigen Ausnahme, dass die Entscheidung gem. § 55 Abs. 1 Nr. 7 ArbGG auch dann allein durch den Vorsitzenden ergeht, wenn sie außerhalb der mündlichen Verhandlung erfolgt. Das Gericht muss also, wenn es sich für örtlich unzuständig hält oder seine örtliche Unzuständigkeit von einer Partei gerügt wurde, vorab durch Beschluss hierüber entscheiden (§ 48 Abs. 1 ArbGG, § 17a Abs. 2 Satz 1, Abs. 3 Satz 2 GVG); im Übrigen **kann** es einen solchen Beschluss erlassen (§ 48 Abs. 1 ArbGG, § 17a Abs. 3 Satz 1 GVG). Der Beschluss ist unanfechtbar (§ 48 Abs. 1 Nr. 1 ArbGG), es sei denn, er wäre greifbar gesetzeswidrig[5]. Seine **Bindungswirkung** erstreckt sich allein auf die Zuständigkeitsfrage, das Gericht kann dieselben Streitfragen in der Hauptsache – etwa nach einer dann erfolgten Beweiserhebung – anders entscheiden.

147

a) Allgemeiner Gerichtsstand

Das Gericht, bei dem eine Person ihren allgemeinen Gerichtsstand hat, ist für alle gegen sie zu erhebenden Klagen zuständig, sofern nicht für eine Klage ein ausschließlicher Gerichtsstand begründet ist. Der allgemeine Gerichtsstand einer natürlichen Person wird durch ihren **Wohnsitz** bestimmt (§ 13 ZPO, § 7 BGB). Maßgeblich sind insofern die Verhältnisse bei Klageerhebung (§ 261 Abs. 3 Nr. 2 ZPO). Der allgemeine Gerichtsstand einer juristischen Person, einer Personenhandelsgesellschaft[6] und einer Gesellschaft bürgerlichen Rechts ist der Ort des **Sitzes der Gesellschaft**. Ist der Klagegegner der Staat (zB als Arbeitgeber im öffentlichen Dienst), bestimmt sich sein allgemeiner Gerichtsstand nach dem Sitz der Behörde, die ihn in dem Rechtsstreit vertritt (§ 18 ZPO).

148

---

1 Zum Falle der irrtümlichen Verweisung an ein unzuständiges Gericht BAG 11.11.1996 – 5 AS 12/96, AP Nr. 51 zu § 36 ZPO.
2 BAG 15.11.1972 – 5 AZR 276/72, AP Nr. 1 zu § 38 ZPO.
3 Vgl. BAG 14.7.1998 – 5 AS 22/98, AP Nr. 54 zu § 36 ZPO.
4 BAG 25.6.1963 – 1 AZR 415/67, AP Nr. 3 zu § 1 ErstattG.
5 LAG Sachs. 11.3.1997 – 9 Ta 15/97, NZA 1997, 848; LAG Rh.-Pf. 2.1.2001– 5 Ta 1491/00, NZA-RR 2002, 216 (216f.).
6 Thomas/Putzo/*Hüßtege*, § 17 ZPO Rz. 1.

149 Der allgemeine Gerichtsstand eines **Insolvenzverwalters** für Klagen, die sich auf die Insolvenzmasse beziehen, wird durch den Sitz des Insolvenzgerichts (vgl. § 3 InsO) bestimmt (§ 19a ZPO). Welcher Art der Bezug zur Insolvenzmasse ist, ist unerheblich, so dass zB Lohnklagen, Kündigungsschutzklagen und Klagen auf Erteilung eines Zeugnisses in gleicher Weise betroffen sind. Der Gerichtsstand ist nicht ausschließlich[1], er gilt nur für Passivprozesse gegen den Insolvenzverwalter. Für dessen Klagen verbleibt es bei den Zuständigkeitsregelungen im Übrigen[2].

b) Gerichtsstand des Arbeitsortes

150 Der Gerichtsstand des Arbeitsortes ist durch § 48 Abs. 1a ArbGG eröffnet. Für Streitigkeiten nach § 2 Abs. 1 Nr. 3, 4a, 7, 8 und 10 sowie Abs. 2 ArbGG (s. Rz. 51 ff.) ist damit auch das Arbeitsgericht zuständig, in dessen Bezirk der Arbeitnehmer gewöhnlich seine Arbeit verrichtet oder zuletzt gewöhnlich verrichtet hat. Dieser Gerichtsstand ist bereits aus dem internationalen Zivilprozessrecht bekannt, so dass etwa die zu Art. 19 Abs. 2a EuGVVO und Art. 5 Nr. 1 des Luganer Übereinkommens über die gerichtliche Zuständigkeit und die Vollstreckung gerichtlicher Entscheidungen in Zivil- und Handelssachen ergangene Rechtsprechung zur Auslegung von § 48 Abs. 1a ArbGG herangezogen werden kann[3]. Nach Auffassung des BAG ist Arbeitsort in diesem Sinne derjenige Ort, den der Arbeitnehmer als tatsächlichen Mittelpunkt seiner Berufstätigkeit gewählt hat oder von dem aus er den wesentlichen Teil seiner Verpflichtungen gegenüber seinem Arbeitgeber tatsächlich erfüllt[4]. Ist ein gewöhnlicher Arbeitsort nicht feststellbar, ist das Arbeitsgericht örtlich zuständig, von dessen Bezirk aus der Arbeitnehmer gewöhnlich seine Arbeit verrichtet oder zuletzt gewöhnlich verrichtet hat[5].

c) Weitere besondere Gerichtsstände

151 Aus den durch § 48 Abs. 1 ArbGG in Bezug genommenen Vorschriften der ZPO über die örtliche Zuständigkeit haben für das arbeitsgerichtliche Verfahren praktische Bedeutung:

152 – **Der besondere Gerichtsstand des Aufenthaltsortes** (§ 20 ZPO). Hält sich eine natürliche Person für längere Dauer zur Erreichung eines bestimmten Zweckes an einem anderen Ort als an ihrem Wohnort auf, so können vermögensrechtliche Ansprüche gegen sie auch vor dem für den Aufenthaltsort zuständigen Gericht erhoben werden. Erforderlich ist, dass der Aufenthalt nicht nur vorübergehend (zB bei einem Geschäftsreisenden) ist, insbesondere nicht nur tagsüber. In Betracht kommen daher insbesondere Arbeitnehmer in Saison- und Kampagnebetrieben sowie Montagearbeiter, die für einen längeren Zeitraum ihren Wohnort verlassen, um ihre Arbeit zu verrichten[6].

153 – **Der Gerichtsstand der Niederlassung** (§ 21 ZPO). Für Klagen gegen den Arbeitgeber ist auch das Gericht des Ortes der gewerblichen Niederlassung zuständig, wenn der Gegenstand der Klage Bezug zum Geschäftsbetrieb der Niederlassung hat. Bei Arbeitsverhältnissen ist dies namentlich dann der Fall, wenn der Arbeitsvertrag von der Niederlassung abgeschlossen worden ist und das Arbeitsverhältnis von dieser aus – wenn auch nur mittelbar durch einen Betrieb oder eine Außenstelle – gelenkt

---

1 BayObLG 17.1.2003 – 1 ZAR 162/02, NJW-RR 2003, 925 (926).
2 BGH 27.5.2003 – IX ZR 203/02, NJW 2003, 2916; Thomas/Putzo/*Hüßtege*, § 19a ZPO Rz. 4.
3 *Bergwitz*, NZA 2008, 443 (443); *Domröse*, DB 2008, 1626; *Francken/Natter/Rieker*, NZA 2008, 377 (378).
4 BAG 29.5.2002 – 5 AZR 141/01, NZA 2002, 1108 (1109); 20.12.2012 – 2 AZR 481/11, NZA 2013, 925 (926 f.).
5 Näher *Bergwitz*, NZA 2008, 443 (444 ff.).
6 Vgl. Zöller/*Vollkommer*, § 20 ZPO Rz. 5.

wird. Die Niederlassung muss keine solche iSd. § 13 HGB sein; es genügt, wenn von ihr aus ein nach außen gerichteter Geschäftsbetrieb erfolgt[1].

– **Dem Gerichtsstand des Erfüllungsortes** (§ 29 ZPO), kommt neben dem Gerichtsstand des Arbeitsortes (s. Rz. 150) heute nur noch untergeordnete Bedeutung zu. Am Erfüllungsort (§ 269 BGB)[2], können alle Ansprüche aus der Vertragsbeziehung gerichtlich geltend gemacht werden. Der Gerichtsstand ist auch für Rechtsstreitigkeiten aus einem vertragsähnlichen Vertrauensverhältnis (für Ansprüche aus § 280 Abs. 1, § 311 Abs. 2, § 241 Abs. 2 BGB, früher: culpa in contrahendo) wie der Anbahnung eines Arbeitsverhältnisses[3] oder für Nachwirkungen aus demselben gegeben. 154

Nach materiellem Recht (§ 269 BGB) ist der Leistungs- und Erfüllungsort primär der durch die Vertragsparteien bestimmte Ort. Fehlt eine solche Bestimmung, sind die Umstände, namentlich die Natur des Vertragsverhältnisses maßgebend. Lässt sich auch hieraus nichts entnehmen, ist Erfüllungsort der Wohnsitz des Schuldners[4]. Eine danach materiell-rechtlich mögliche **Erfüllungsortvereinbarung** hat jedoch prozessual gem. § 29 Abs. 2 ZPO nur Bedeutung, wenn die (beide) Vertragsparteien Vollkaufleute, juristische Personen des öffentlichen Rechts oder öffentlich-rechtliche Sondervermögen sind. Da diese Voraussetzungen jedenfalls für den Arbeitnehmer praktisch nie vorliegen dürften, scheidet eine Vereinbarung des Gerichtsstandes im Wege der Erfüllungsortvereinbarung aus. 155

Maßgebend ist daher allein der sich aus der **Natur des Arbeitsverhältnisses** ergebende Erfüllungsort, also der, an dem der Schwerpunkt des Arbeitsverhältnisses liegt. Jedenfalls in den Fällen, in denen der Arbeitnehmer regelmäßig am Sitz des Betriebes beschäftigt wird, ist dieser auch der vertragliche Erfüllungsort[5]. Problematischer liegen die Dinge bei **Montage- und Außendienstmitarbeitern**[6]. Hier kommt es für die Bestimmung des Schwerpunktes des Arbeitsverhältnisses auf alle Umstände des Einzelfalles an, zB wo der Arbeitsvertrag geschlossen wurde, von wo die Einsätze gesteuert wurden, wo Berichts- und Zahlungspflichten zu erfüllen waren[7]. Bleibt danach die Betriebsstätte des Arbeitgebers als einzig deutlich bestimmbarer Schwerpunkt für die Erfüllung der arbeitsvertraglichen Verpflichtung übrig, so begründet der Firmensitz des Arbeitgebers die örtliche Zuständigkeit[8]. 156

Obwohl der Erfüllungsort nach § 269 BGB grundsätzlich für jede vertragliche Verpflichtung selbständig zu ermitteln ist, folgt gerade aus der Natur des Arbeitsverhältnisses, dass ein einheitlicher Erfüllungsort für alle vertraglichen Verpflichtungen anzunehmen ist[9]. Daher ist der sich aus den Umständen des Arbeitsverhältnisses ergebende Erfüllungsort für alle Verpflichtungen der Parteien maßgebend, also neben der Arbeitspflicht des Arbeitnehmers namentlich auch für die Lohnzahlungspflicht des Arbeitgebers[10]. Der daraus resultierende Gerichtsstand ist ferner für positive oder ne- 157

---

1 LAG Hess. 31.7.1987 – 13 Sa 1678/86, DB 1988, 816.
2 Vgl. BGH 20.5.1981 – VIII ZR 270/80, AP Nr. 11 zu § 38 ZPO – Internationale Zuständigkeit.
3 ArbG Hanau 21.12.1995 – 2 Ca 699/95, NZA-RR 1996, 186; Zöller/*Vollkommer*, § 29 ZPO Rz. 6.
4 Palandt/*Grüneberg*, § 269 BGB Rz. 17.
5 BAG 3.12.1985 – 4 AZR 325/84, AP Nr. 5 zu § 1 TVG – Tarifverträge: Großhandel.
6 Dazu ArbG Mainz 26.2.2003 – 2 Ca 3620/02, NZA-RR 2003, 324 (325).
7 LAG Rh.-Pf. 29.11.1984 – 8 Sa 694/84, NZA 1985, 540; 8.8.1995 – 2 Ta 124/95, NZA-RR 1996, 184; ArbG Augsburg 18.9.1995 – 8 Ca 2490/95, NZA-RR 1996, 185; ArbG Stuttgart 4.7.1996 – 8 Ca 220/96, NZA-RR 1996, 468 (469); aA LAG Bremen 3.9.2003 – 2 Ta 33/03, NZA-RR 2004, 323 (324); ArbG Hanau 20.7.1995 – 2 Ca 165/95, NZA-RR 1996, 67 (68): Wohnort.
8 ArbG Lübeck 12.1.2001 – 6 Ca 3479/00, NZA-RR 2002, 45; aA LAG Bremen 3.9.2003 – 2 Ta 33/03, NZA-RR 2004, 323 (324): Wohnort des Arbeitnehmers.
9 BAG 8.12.1982 – 4 AZR 134/80, AP Nr. 58 zu § 616 BGB; 3.12.1985 – 4 AZR 325/84, AP Nr. 5 zu § 1 TVG – Tarifverträge: Großhandel.
10 LAG Hess. 14.11.1951 – II La 277/51, BB 1952, 603.

gative Feststellungsklagen hinsichtlich des Bestehens des Vertragsverhältnisses oder einzelner Verbindlichkeiten[1] sowie für die **Kündigungsschutzklage**[2] gegeben. Der Erfüllungsort bleibt auch **nach Beendigung** des Vertragsverhältnisses erhalten, so dass der Gerichtsstand des Erfüllungsortes auch zB für Klagen auf Rückzahlung überzahlten Arbeitsentgelts oder Ruhegeldstreitigkeiten gegeben ist[3].

158 – **Der Gerichtsstand der unerlaubten Handlung** (§ 32 ZPO) ist für alle Rechtsstreitigkeiten eröffnet, an dem die unerlaubte Handlung begangen wurde oder der schädigende Erfolg eingetreten ist. Der Begriff der unerlaubten Handlung ist – wie im Rahmen der Rechtswegzuständigkeit nach § 2 Abs. 1 Nr. 3 lit. d ArbGG (s. Rz. 80) – weit auszulegen und umfasst auch Tatbestände der Gefährdungshaftung sowie Unterlassungs- und Beseitigungsansprüche[4], selbst solche aus § 280 Abs. 1, § 311 Abs. 2, § 241 Abs. 2 BGB (culpa in contrahendo)[5].

159 – **Der Gerichtsstand der Widerklage** (§ 33 ZPO). Steht der mit der Widerklage geltend gemachte Anspruch mit dem in der Klage erhobenen oder mit den dagegen vorgebrachten Verteidigungsmitteln im Zusammenhang, so kann die Widerklage auch dann bei dem Gericht der Hauptklage anhängig gemacht werden, wenn dieses nach den sonstigen Regeln über den Gerichtsstand nicht zuständig wäre. Insoweit gelten für das arbeitsgerichtliche Verfahren gegenüber dem Zivilprozess keine Besonderheiten. Hinzuweisen ist lediglich darauf, dass die Widerklage regelmäßig auch ohne das in § 33 ZPO statuierte Konnexitätserfordernis zulässig ist, weil für die gegenseitigen Ansprüche aus dem Arbeitsverhältnis wegen des einheitlichen Erfüllungsorts (s. Rz. 154) ohnehin ein einheitlicher Gerichtsstand gegeben ist. Das gilt freilich nur, soweit der Widerbeklagte mit dem Kläger des Verfahrens identisch ist. Eine Widerklage, die sich gegen eine bisher am Rechtsstreit nicht beteiligte Person (**Drittwiderklage**) richtet, begründet keinen Gerichtsstand nach § 33 Abs. 1 ZPO. Die Zuständigkeit des angerufenen Gerichts bedarf einer Gerichtsstandsbestimmung nach § 36 Abs. 1 Nr. 3 ZPO, wenn der Drittwiderbeklagte in seinem allgemeinen Gerichtsstand verklagt werden soll und sich die örtliche Zuständigkeit des angerufenen Gerichts nicht bereits aus anderen Bestimmungen ergibt[6].

d) Gerichtsstandsvereinbarungen

160 Ein an sich örtlich unzuständiges Gericht kann durch eine Vereinbarung über den Gerichtsstand zuständig werden (§ 38 ZPO). Das gilt auch im Verfahren vor den Gerichten für Arbeitssachen[7]. Nach § 38 Abs. 2 ZPO ist eine solche Vereinbarung zulässig, wenn mindestens eine der Parteien im Inland **keinen allgemeinen Gerichtsstand** hat. Ob ein **besonderer** Gerichtsstand im Inland begründet ist, ist unerheblich[8]. Die Vereinbarung muss schriftlich abgeschlossen oder, falls sie mündlich getroffen wird, schriftlich bestätigt werden[9]. Die Vereinbarung muss sich auf ein bestimmtes Rechts-

---

1 BAG 18.6.1971 – 5 AZR 13/71, AP Nr. 5 zu § 38 ZPO – Internationale Zuständigkeit; BGH 17.5.1977 – VI ZR 174/74, BGHZ 69, 37 (44 ff.).
2 EuGH 26.5.1982 – C-133/81, Slg. 1982, 1892; BAG 12.6.1986 – 2 AZR 398/85, AP Nr. 1 zu Art. 5 Brüsseler Übereinkommen.
3 LAG Berlin 19.5.1960 – 2 Sa 14/60, RdA 1961, 40; LAG Düsseldorf 19.11.1963 – 8 Ta 32/63, BB 1964, 393.
4 Zöller/*Vollkommer*, § 32 ZPO Rz. 6, 14. Streitig ist, ob der Gerichtsstand auch für die negatorische Unterlassungsklage (§ 1004 BGB) eröffnet ist; teilweise wird die Auffassung vertreten, dass die unerlaubte Handlung bereits begangen worden sein müsse, ihr bloßes Bevorstehen genüge nicht; vgl. Zöller/*Vollkommer*, § 32 ZPO Rz. 14 mwN.
5 BayObLG 31.8.1995 – 1Z AR 37/95, MDR 1995, 1261.
6 BAG 16.5.1997 – 5 AS 9/97, AP Nr. 53 zu § 36 ZPO.
7 BAG 15.11.1972 – 5 AZR 276/72, AP Nr. 1 zu § 38 ZPO.
8 BAG 27.1.1983 – 2 AZR 188/81, AP Nr. 12 zu § 38 ZPO – Internationale Zuständigkeit.
9 Vertragsmuster bei *Rolfs* in Preis, Der Arbeitsvertrag, II G 20 Rz. 23, 32.

verhältnis und die aus ihm entspringenden Rechtsstreitigkeiten beziehen, sonst ist sie unwirksam (§ 40 Abs. 1 ZPO). Eine Gerichtsstandsvereinbarung ist ferner zulässig, wenn sie ausdrücklich und schriftlich **nach dem Entstehen der Streitigkeit** (nicht notwendig nach Anhängigkeit eines Rechtsstreits) abgeschlossen worden ist (§ 38 Abs. 3 Nr. 1 ZPO). Sie ist schließlich möglich, wenn sie ausdrücklich und schriftlich für den Fall geschlossen wird, dass die im Klageweg in Anspruch zu nehmende Partei nach Vertragsschluss ihren Wohnsitz oder gewöhnlichen **Aufenthaltsort ins Ausland verlegt oder** dieser bei Klageerhebung **unbekannt** ist (§ 38 Abs. 3 Nr. 2 ZPO).

Die hieraus sich ergebenden erheblichen Beschränkungen der Prorogationsfreiheit gelten weitgehend nicht für die **Tarifvertragsparteien**. Diese sind nach § 48 Abs. 2 ArbGG befugt, im Tarifvertrag die Zuständigkeit eines an sich örtlich unzuständigen Arbeitsgerichts für bürgerliche Rechtsstreitigkeiten zwischen Arbeitnehmern und Arbeitgebern aus einem Arbeitsverhältnis und aus Verhandlungen über die Eingehung eines Arbeitsverhältnisses, das sich nach dem Tarifvertrag bestimmt, sowie für bürgerliche Rechtsstreitigkeiten aus dem Verhältnis einer gemeinsamen Einrichtung der Tarifvertragsparteien zu den Arbeitnehmern oder Arbeitgebern festzulegen. Die tarifliche Gerichtsstandsvereinbarung gilt nicht nur für Arbeitnehmer und Arbeitgeber, auf die der Tarifvertrag kraft beiderseitiger Tarifgebundenheit (§ 4 Abs. 1 TVG) Anwendung findet, sondern auch für diejenigen, die die Anwendung des Tarifvertrages einzelvertraglich vereinbart haben (§ 48 Abs. 2 Satz 2 ArbGG). 161

Für arbeitsrechtliche Streitigkeiten mit einem im Ausland (auch: Nicht-EU-Ausland)[1] ansässigen Vertragspartner gilt die VO (EG) Nr. 44/2001[2]. Deren Art. 21 gestattet Zuständigkeitsvereinbarungen nicht nur hinsichtlich der internationalen, sondern auch der örtlichen Zuständigkeit. Da die VO (EG) Nr. 44/2001 § 38 ZPO vorgeht[3], gelten in diesen Fällen die Beschränkungen des nationalen deutschen Rechts nicht. Allerdings lässt Art. 21 VO (EG) Nr. 44/2001 eine Gerichtsstandsvereinbarung nur zu, wenn die Vereinbarung nach der Entstehung der Streitigkeit getroffen wird oder sie dem Arbeitnehmer die Befugnis einräumt, andere als die in die in diesem Abschnitt angeführten Gerichte anzurufen. Ein im Arbeitsvertrag (also vor Entstehen einer Streitigkeit) vereinbarter Gerichtsstand hat daher nach EU-Recht **Wirkung ausschließlich zugunsten des Arbeitnehmers**[4]. Ihm eröffnet sie die Möglichkeit, außer an den nach der VO (EG) Nr. 44/2001 eröffneten Gerichtsständen auch an dem vereinbarten Gerichtsstand Klage zu erheben. Der vereinbarte Gerichtsstand tritt also nicht an die Stelle, sondern lediglich **neben die gesetzlich eröffneten Gerichtsstände**, und auch dies nur für Klagen des Arbeitnehmers. Allerdings kann der Arbeitgeber, wenn der Arbeitnehmer vor dem vereinbarten Gericht Klage erhebt, dort eine **Widerklage** anhängig machen (Art. 20 Abs. 2 VO [EG] Nr. 44/2001). 162

e) Rügeloses Verhandeln zur Hauptsache

Nach § 39 ZPO wird die Zuständigkeit des Gerichts des ersten Rechtszuges ferner dadurch begründet, dass der Beklagte, ohne die Unzuständigkeit geltend zu machen, zur Hauptsache mündlich verhandelt. Da § 46 Abs. 2 Satz 1 ArbGG für das arbeitsgerichtliche Verfahren jedoch auf die Vorschriften der ZPO über das Verfahren vor den Amtsgerichten verweist, ist § 504 ZPO zu beachten, wonach das Gericht den Beklagten vor der Verhandlung zur Hauptsache auf seine Unzuständigkeit und auf die Folgen der rügelosen Einlassung zur Hauptsache hinzuweisen hat. Unterbleibt der Hinweis, wird die Zuständigkeit gem. § 39 Satz 2 ZPO durch das Verhandeln zur Hauptsache nicht begründet. Der Beklagte kann dann jederzeit die Unzuständigkeit rügen; das Gericht 163

---

1 BAG 25.6.2013 – 3 AZR 138/11, NZA-RR 2014, 46 (48).
2 ABl. EG Nr. L 12 v. 16.1.2001, 1.
3 Thomas/Putzo/*Hüßtege*, ZPO, Vorbem. EuGVVO Rz. 4.
4 *Junker*, NZA 2005, 199 (201).

muss sodann nach § 48 Abs. 1 ArbGG, § 17a Abs. 3 GVG verfahren. Die Erörterung der Streitsache in der **Güteverhandlung** ist keine Verhandlung der Hauptsache[1]. § 39 ZPO findet auf nicht vermögensrechtliche Streitigkeiten sowie solche, für die ein ausschließlicher Gerichtsstand begründet ist (insb. Streitigkeiten im Zusammenhang mit Werkmietwohnungen, s. Rz. 74), keine Anwendung (§ 40 Abs. 2 ZPO).

f) Besonderheiten im Beschlussverfahren

164 Für das Beschlussverfahren trifft § 82 ArbGG eine **Sonderregelung** bzgl. der örtlichen Zuständigkeit. Danach ist dasjenige Gericht örtlich zuständig, in dessen Bezirk der Betrieb liegt; in Angelegenheiten der jeweiligen Gesamt- oder Konzernvertretung, des Wirtschaftsausschusses und der Arbeitnehmervertreter im Aufsichtsrat dasjenige Arbeitsgericht, in dessen Bezirk das Unternehmen seinen Sitz hat. Für Streitigkeiten nach dem EBRG stellt § 82 ArbGG auf den Sitz des (herrschenden) Unternehmens ab, bei freiwilligen Vereinbarungen nach § 41 EBRG auf den Sitz des vertragschließenden Unternehmens. Angelegenheiten nach dem SE- und dem SCE-Beteiligungsgesetz sind am Sitz der Gesellschaft bzw. Genossenschaft zu entscheiden (§ 82 Abs. 3 und 4 ArbGG). Der Gerichtsstand ist **ausschließlich** und kann weder durch Parteivereinbarung noch durch rügeloses Verhandeln zur Hauptsache abbedungen werden[2]. Die Zuständigkeitsprüfung erfolgt von Amts wegen. § 82 ArbGG regelt die Zuständigkeit allein danach, ob der Streit materiell einen Betrieb oder das Unternehmen betrifft. Auf den Gerichtsstand der einzelnen Beteiligten kommt es nicht an, mithin auch nicht darauf, ob der Betrieb oder das Unternehmen Antragsteller oder Beteiligter des Verfahrens ist[3].

165 Der **Sitz eines Betriebes** ist der Ort, an dem die Verwaltung des Betriebes, die Betriebsleitung, ihren Sitz hat. Besteht ein Betrieb aus mehreren Betriebsteilen, Verkaufsstellen oder Filialen, ist das Arbeitsgericht örtlich zuständig, in dessen Bezirk die **gemeinsame** Betriebsleitung ihren Sitz hat. Der **Sitz des Unternehmens** bestimmt sich nach § 17 ZPO (dazu Rz. 148). Bei ausländischen Unternehmen liegt der Sitz in dem Gerichtsbezirk, in dem im Inland die zentrale Leitung der inländischen Betätigung liegt[4].

166 Eine besondere Regelung enthält § 97 Abs. 2 ArbGG für Streitigkeiten über die **Tariffähigkeit oder Tarifzuständigkeit** einer Vereinigung (§ 2a Abs. 1 Nr. 4 ArbGG). Insoweit ist das Landesarbeitsgericht zuständig, in dessen Bezirk die betroffene Vereinigung ihren Sitz hat.

6. Internationale Zuständigkeit

167 Die internationale Zuständigkeit betrifft die Frage, ob die deutsche Gerichtsbarkeit überhaupt zur Entscheidung über den Streitfall berufen ist. Sie ist eine auch noch in der Revisionsinstanz von Amts wegen zu beachtende **Sachurteilsvoraussetzung**[5]. Fehlt sie, ist die Klage als unzulässig abzuweisen[6]. Die Vorschriften der §§ 65, 73 Abs. 2 ArbGG, § 513 Abs. 2 und § 545 Abs. 2 ZPO über die Rüge der Zuständigkeit in der Berufungs- und Revisionsinstanz gelten nicht für die internationale Zuständigkeit[7].

---

1 BAG 2.7.2008 – 10 AZR 355/07, NZA 2008, 1084 (1085 f.); 24.9.2009 – 8 AZR 306/08, NZA-RR 2010, 604 (606 f.); GMP/*Germelmann*, § 48 ArbGG Rz. 60 ff.
2 GMP/*Matthes/Spinner*, § 82 ArbGG Rz. 2.
3 BAG 19.6.1986 – 6 ABR 66/84, AP Nr. 1 zu § 82 ArbGG 1979.
4 BAG 31.10.1975 – 1 ABR 4/74, AP Nr. 2 zu § 106 BetrVG 1972.
5 BAG 3.5.1995 – 5 AZR 15/94, AP Nr. 32 zu Internationales Privatrecht, Arbeitsrecht; 13.11.2007 – 9 AZR 134/07, NZA 2008, 761 (762 f.); 20.9.2012 – 6 AZR 253/11, NZA 2013, 797 (798).
6 BAG 23.11.2000 – 2 AZR 490/99, AP Nr. 2 zu 20 GVG.
7 BAG 27.1.1983 – 2 AZR 188/81, AP Nr. 12 zu § 38 ZPO – Internationale Zuständigkeit; 7.2.2008 – 10 AZR 355/07, NZA 2008, 1084 (1085); 8.12.2010 – 10 AZR 562/08, NZA-RR 2012, 320 (322).

Die internationale Zuständigkeit der Gerichte für Arbeitssachen bestimmt sich wie bei der ordentlichen Gerichtsbarkeit nach den Vorschriften der Zivilprozessordnung über die **örtliche Zuständigkeit**[1]. Das bedeutet: Ist ein deutsches Gericht örtlich zuständig, so ist damit idR auch die internationale Zuständigkeit der deutschen Gerichte gegeben[2]. Das gilt auch im Beschlussverfahren[3]. Der internationale Gerichtsstand des Vermögens (§ 23 Satz 1 ZPO) setzt voraus, dass der Rechtsstreit einen hinreichenden Bezug zum Inland aufweist[4].

168

Nicht der deutschen Gerichtsbarkeit unterworfen sind die in den §§ 18–20 GVG genannten sog. „exterritorialen Personen". Nach dem in § 20 Abs. 2 GVG in Bezug genommenen allgemeinen Völkergewohnheitsrecht, das gem. Art. 25 GG Bestandteil des Bundesrechts ist, sind ausländische Staaten der deutschen Gerichtsbarkeit insoweit nicht unterworfen, als der Gegenstand des Rechtsstreits ihre hoheitliche Tätigkeit betrifft[5].

169

Demgegenüber ist für Arbeitnehmer, die in Deutschland beschäftigt und nicht mit der Wahrnehmung hoheitlicher Aufgaben eines fremden Staates betraut sind, der Rechtsweg zu den deutschen Gerichten eröffnet[6], auch wenn diese ihrer Entscheidung gem. Art. 8 Abs. 2 VO (EG) Nr. 593/2008 (sog. Rom I-Verordnung) dann uU das materielle Recht des ausländischen Staates zugrunde zu legen haben[7]. Denn es besteht keine Regel des Völkerrechts, die die inländische Gerichtsbarkeit für Klagen in Bezug auf ihre **nichthoheitliche Tätigkeit** ausschließt[8]. Für die Abgrenzung kommt es dabei nicht auf die rechtliche Form der Rechtsbeziehung (privatrechtlicher Vertrag oder öffentlich-rechtliches Verhältnis), sondern auf den Inhalt der ausgeübten Tätigkeit und den Streitgegenstand an[9]. Streiten die Parteien bspw. im Rahmen einer Vergütungsklage inhaltlich über die korrekte (ausländische) Besteuerung des Arbeitsentgelts, sind die deutschen Gerichte unzuständig, über die Erhebung einer Steuer durch einen ausländischen Staat von einem in Deutschland lebenden Bürger dieses Staates zu entscheiden[10]. Streitigkeiten ziviler Beschäftigter der in Deutschland stationierten Streitkräfte anderer NATO-Staaten gehören dagegen nach Art. 56 ZA-NTS (Zusatzabkommen zum NATO-Truppenstatut) vor die deutschen Gerichte, insoweit tritt die Bundesrepublik Deutschland als Prozessstandschafterin für den Entsendestaat auf[11]. Ebenso unterliegen der deutschen Gerichtsbarkeit Streitigkeiten über

170

---

1 BAG 8.12.2010 – 10 AZR 562/08, NZA-RR 2012, 320 (322); 25.6.2013 – 3 AZR 138/11, NZA-RR 2014, 46 (47); 18.7.2013 – 6 AZR 882/11, NZA-RR 2014, 32 (34); 18.7.2013 – 6 AZR 882/11, NZA-RR 2014, 32 (34).
2 BAG 24.8.1989 – 2 AZR 3/89, AP Nr. 30 zu Internationales Privatrecht, Arbeitsrecht; 3.5.1995 – 5 AZR 15/94, AP Nr. 32 zu Internationales Privatrecht, Arbeitsrecht; 9.10.2002 – 5 AZR 307/01, AP Nr. 18 zu § 38 ZPO – Internationale Zuständigkeit; 13.11.2007 – 9 AZR 134/07, NZA 2008, 761 (762f.).
3 BAG 31.10.1975 – 1 ABR 4/74, AP Nr. 2 zu § 106 BetrVG 1972.
4 BGH 2.7.1991 – XI ZR 206/90, BGHZ 115, 90 (92 ff.); BAG 17.7.1997 – 8 AZR 328/95, AP Nr. 2 zu § 38 ZPO – Internationale Zuständigkeit.
5 BAG 3.7.1996 – 2 AZR 513/95, AP Nr. 1 zu § 20 GVG; 25.10.2001– 2 AZR 501/00, NZA 2002, 640; LAG Hess. 11.5.1998 – 10 Sa 1506/97, NZA-RR 1999, 383.
6 EuGH 19.7.2012 – Rs. C-154/11, NZA 2012, 935 (938); BAG 20.11.1997 – 2 AZR 631/96, AP Nr. 1 zu § 18 GVG; 23.4.1998 – 2 AZR 489/97, AP Nr. 19 zu § 23 KSchG 1969; 14.2.2013 – 3 AZB 5/12, NZA 2013, 468 (469 ff.).
7 LAG Berlin 20.7.1998 – 9 Sa 74/97, NZA-RR 1998, 555; LAG Hess. 16.11.1999 – 4 Sa 463/99, NZA-RR 2000, 401.
8 EuGH 19.7.2012 – Rs. C-154/11, NZA 2012, 935 (938); BAG 1.7.2010 – 2 AZR 270/09, NZA 2012, 760.
9 BAG 1.7.2010 – 2 AZR 270/09, NZA 2012, 760; 10.4.2013 – 5 AZR 78/12, NZA 2013, 1102 (1103); 25.4.2013 – 2 AZR 960/11, NZA 2014, 280 (280); ausführlich *Daub/Eckstein/Schimang*, NZA 2014, 397 ff.
10 BVerfG 17.3.2014 – 2 BvR 736/13, NZA 2014, 1046 (1047).
11 BAG 25.10.2012 – 2 AZR 552/11, NZA-RR 2013, 632 (633).

den Umfang des Mitbestimmungsrechts der Betriebsvertretung bei Dienststellen der alliierten Streitkräfte, wenn sich die Bundesrepublik Deutschland nach Abs. 9 des Unterzeichnungsprotokolls zu Art. 56 ZA-NTS an dem Verfahren beteiligt[1].

171 Die internationale Zuständigkeit kann **vereinbart** werden. Die Wirksamkeit einer solchen Vereinbarung richtet sich nach den §§ 38, 40 ZPO[2]. Unwirksam ist die Vereinbarung, wenn sie einer Rechtsverweigerung gleichkäme, weil eine Rechtsverfolgung am vereinbarten Ort aus tatsächlichen oder rechtlichen Gründen nicht möglich ist. Haben die Parteien des Arbeitsvertrages die Geltung ausländischen Rechts und einen ausländischen Gerichtsstand vereinbart, so richtet sich die Frage der Wirksamkeit der Vereinbarung nach dem ausländischen materiellen Recht[3].

172 In vielen Fällen des grenzüberschreitenden Arbeitsverhältnisses kommt die VO (EG) Nr. 44/2001 über die gerichtliche Zuständigkeit und die Anerkennung und Vollstreckung von Entscheidungen in Zivil- und Handelssachen (vgl. schon Rz. 162) zum Zuge[4]. Diese enthält in ihren Art. 18–21 Zuständigkeitsregelungen für individuelle Arbeitsverträge.

173 Danach ist für **Klagen des Arbeitnehmers** gegen den Arbeitgeber das Gericht seines Wohnsitzes (Art. 19 Nr. 1 VO [EG] Nr. 44/2001) oder desjenigen Ortes, an dem sich der Betrieb einer Zweigniederlassung, einer Agentur oder einer sonstigen Niederlassung[5] des Arbeitgebers befindet, zuständig, wenn es sich um Streitigkeiten aus dem Betrieb dieser Niederlassung handelt (Art. 18 Abs. 1 iVm. Art. 5 Nr. 5 VO [EG] Nr. 44/2001)[6].

174 Ferner kann der Arbeitnehmer bei dem Gericht desjenigen Ortes Klage erheben, an dem er gewöhnlich seine Arbeit verrichtet oder zuletzt gewöhnlich verrichtet hat, oder, wenn er seine Arbeit gewöhnlich nicht in ein und demselben Staat verrichtet oder verrichtet hat, vor dem Gericht des Ortes, an dem sich die Niederlassung, die ihn eingestellt hat, befindet bzw. befand (Art. 19 Nr. 2 VO [EG] Nr. 44/2001)[7]. „**Gewöhnlicher Arbeitsort**" in diesem Sinne ist der Ort, den der Arbeitnehmer zum tatsächlichen Mittelpunkt seiner Berufstätigkeit gemacht hat. Dabei verbringt er im Zweifel den größten Teil seiner Arbeitszeit in dem Mitgliedstaat, in dem er ein Büro hat, von dem er seine Tätigkeit organisiert und in das er zurückkehrt. Verfügt er dagegen nicht über ein Büro, das den tatsächlichen Mittelpunkt seiner Berufstätigkeit bildet und von dem aus er den wesentlichen Teil seiner Verpflichtungen gegenüber seinem Arbeitgeber hauptsächlich erfüllt, ist der Ort maßgeblich, an dem oder von dem aus der Arbeitnehmer den wesentlichen Teil seiner Verpflichtungen gegenüber dem Arbeitgeber tatsächlich erfüllt. Dabei ist grundsätzlich forumeröffnend der Ort, an welchem der Arbeitnehmer den größten Teil seiner Arbeitszeit für den Arbeitgeber tätig war[8].

175 Da bei Arbeitnehmern, die auf einem **Seeschiff** beschäftigt sind, ein „gewöhnlicher Arbeitsort" nicht festgestellt werden kann, ist nach Art. 91 des Seerechtsüberein-

---

1 BAG 7.11.2000 – 1 ABR 55/99, AP Nr. 22 zu Art. 56 ZA-Nato-Truppenstatut.
2 BAG 29.6.1978 – 2 AZR 973/77, AP Nr. 8 zu § 38 ZPO – Internationale Zuständigkeit; 27.1.1983 – 2 AZR 188/81, AP Nr. 12 zu § 38 ZPO – Internationale Zuständigkeit.
3 BAG 29.6.1978 – 2 AZR 973/77, AP Nr. 8 zu § 38 ZPO – Internationale Zuständigkeit.
4 Ausführlich *Däubler*, NZA 2003, 1297 ff.
5 Dazu EuGH 15.12.2011 – Rs. C-384/10, NZA 2012, 227 (228 f.); BAG 25.6.2013 – 3 AZR 138/11, NZA-RR 2014, 46 (47 f.).
6 Vgl. BAG 20.9.2012 – 6 AZR 253/11, NZA 2013, 797 (798 f.).
7 Vgl. BAG 12.6.1986 – 2 AZR 398/85, AP Nr. 1 zu Art. 5 Brüsseler Übereinkommen; 29.5.2002 – 5 AZR 141/01, AP Nr. 17 zu § 38 ZPO – Internationale Zuständigkeit.
8 EuGH 27.2.2002 – Rs. C-37/00, NZA 2002, 459 (462); BAG 24.9.2009 – 8 AZR 306/08, NZA-RR 2010, 604 (607); 27.1.2011 – 2 AZR 646/09, NZA 2011, 1309 (1311); 20.12.2012 – 2 AZR 481/11, NZA 2013, 925 (927).

kommens der Vereinten Nationen[1] der Arbeitsort „Seeschiff" dem Staat zugehörig, dessen Flagge zu führen das Schiff berechtigt ist[2]. Demgegenüber soll für eine **Pilotin** der „gewöhnliche Arbeitsort" ihre Homebase sein, weil zu ihren Aufgaben neben dem Fliegen auch die Vor- und Nachbereitung der von ihr durchgeführten Flüge gehört[3].

Die **Klage des Arbeitgebers** gegen den Arbeitnehmer kann dagegen gem. Art. 20 VO (EG) Nr. 44/2001 nur vor den Gerichten des Mitgliedstaates erhoben werden, in dessen Hoheitsgebiet der Arbeitnehmer seinen Wohnsitz hat (Art. 20 Abs. 1 VO [EG] Nr. 44/2001). Lediglich eine Widerklage kann auch an dem Gericht anhängig gemacht werden, an dem der Arbeitnehmer selbst zulässigerweise Klage erhoben hat (Art. 20 Abs. 2 VO [EG] Nr. 44/2001).

---

1 Vom 10.12.1982, BGBl. II 1994, 1798.
2 BAG 24.9.2009 – 8 AZR 306/08, NZA-RR 2010, 604 (608).
3 BAG 20.12.2012 – 2 AZR 481/11, NZA 2013, 925 (927).

C. Urteilsverfahren erster Instanz

	Rz.		Rz.
I. Überblick	1	5. Die weitere Verhandlung	36
II. Verfahrensmaßnahmen des Gerichts		IV. Verhandlung vor der Kammer	
1. Allgemeines	2	1. Allgemeines	40
2. Besonderheiten im Hinblick auf das Verfahrensrecht	6	2. Gerichtlicher Vorschlag eines Mediationsverfahrens	43
3. Anordnung des persönlichen Erscheinens der Parteien	15	3. Beweisaufnahme	46
		4. Vertagung	50
III. Güteverhandlung		5. Urteil	51
1. Allgemeines	24	V. Aussetzung des Verfahrens	56
2. Das Verfahren in der Güteverhandlung	27	VI. Besonderheiten bei Berufsausbildungsverhältnissen	64
3. Die Verweisung der Parteien auf ein Mediationsverfahren	31	1. Prozessvoraussetzung	66
4. Das Ergebnis der Güteverhandlung	32	2. Verfahren vor dem Ausschuss	69
		3. Verfahren vor dem Arbeitsgericht	74

Schrifttum:

Bauer/Schansker, (Heimliche) Videoüberwachung durch den Arbeitgeber, NJW 2012, 3537; *Bergwitz*, Verdeckte Videoüberwachung weiterhin zulässig, NZA 2012, 1205; *Fischer*, Prozessuales Verwertungsverbot für mitbestimmungswidrig erlangte Beweismittel, BB 1999, 154; *Francken*, Das Gesetz zur Förderung der Mediation und das arbeitsgerichtliche Verfahren, NZA 2012, 836; *Germelmann*, Neue prozessuale Probleme durch das Gesetz zur Beschleunigung des arbeitsgerichtlichen Verfahrens, NZA 2000, 1017; *Kopke*, Heimliches Mithörenlassen eines Telefongesprächs, NZA 1999, 917; *Lepke*, „Früherer" Termin der mündlichen Verhandlung im arbeitsgerichtlichen Verfahren und Aktenlageentscheidung, DB 1997, 1564; *Lunk*, Prozessuale Verwertungsverbote im Arbeitsrecht, NZA 2009, 457; *Rolfs*, Schriftform für Kündigungen und Beschleunigung des arbeitsgerichtlichen Verfahrens, NJW 2000, 1227; *Schaub*, Gesetz zur Vereinfachung und Beschleunigung des arbeitsgerichtlichen Verfahrens, NZA 2000, 344; *Schlewing*, Prozessuales Verwertungsverbot für mitbestimmungswidrig erlangte Erkenntnisse aus einer heimlichen Videoüberwachung?, NZA 2004, 1071; *Schmädicke*, Wie weit geht die Aufklärungspflicht des Arbeitsrichters in der Güteverhandlung?, NZA 2007, 1029; *Tschöpe/Fleddermann*, Der Prozessbevollmächtigte als Vertreter seiner Partei nach § 141 III 2 ZPO im arbeitsgerichtlichen Verfahren, NZA 2000, 1269.

I. Überblick

1 Das Urteilsverfahren findet in den Rechtsstreitigkeiten Anwendung, für die der Rechtsweg zu den Gerichten für Arbeitssachen gem. § 2 ArbGG eröffnet ist. Für das erstinstanzliche Verfahren ordnet § 46 Abs. 2 ArbGG die Anwendung der meisten Vorschriften der Zivilprozessordnung über das Verfahren vor den Amtsgerichten an. Der Verfahrensablauf ist daher weitgehend mit dem im Zivilprozess identisch. Im Folgenden wird der typische Ablauf des arbeitsgerichtlichen Verfahrens unter besonderer Berücksichtigung seiner Abweichungen vom Verfahren vor den ordentlichen Gerichten dargestellt.

II. Verfahrensmaßnahmen des Gerichts

1. Allgemeines

2 Nach Eingang der Klage, die dem Vorsitzenden von der Geschäftsstelle unverzüglich vorzulegen ist, bestimmt dieser ebenso unverzüglich Termin (§ 46 Abs. 2 ArbGG, §§ 495, 216 Abs. 2 ZPO). Eines Antrages auf **Terminsbestimmung** bedarf es nicht.

II. Verfahrensmaßnahmen des Gerichts

Umgekehrt kann der Kläger nicht verlangen, die Terminsbestimmung, etwa wegen schwebender Vergleichsverhandlungen, zu unterlassen. Er kann jedoch, wenn er sich mit dem Beklagten bereits in einem Verfahren der **Mediation** oder der außergerichtlichen Konfliktbeilegung befindet oder ein solches aufzunehmen beabsichtigt, hierauf in der Klageschrift hinweisen und die Anordnung des Ruhens des gerichtlichen Verfahrens beantragen[1]. Im Einverständnis beider Parteien kann die Sache auch terminlos gestellt werden. Eine Überlastung des Gerichts rechtfertigt es nicht, eingehende Verfahren terminlos zu stellen, ggf. sind die Termine entsprechend weit hinauszuschieben[2].

Die Terminierung steht unter dem Gebot der **Beschleunigung** (§ 9 Abs. 1 ArbGG), wobei Bestandsschutzstreitigkeiten (§ 61a ArbGG) nochmals Vorrang einzuräumen ist. Die **Wahl des Terminstages** und der Terminsstunde liegt weitgehend im Ermessen des Vorsitzenden. Unter besonderen Umständen kann ein Verstoß gegen den Anspruch auf rechtliches Gehör verletzt sein, wenn ein Termin bestimmt wird, von dem der Vorsitzende weiß, dass er von einer Partei und/oder seinem Bevollmächtigten nicht wahrgenommen werden kann[3]. Die zwischen der Zustellung der Klage und dem Terminstag liegende **Einlassungsfrist** beträgt mindestens eine Woche (§ 47 Abs. 1 ArbGG); die **Ladungsfrist** nur drei Tage (§ 46 Abs. 2 ArbGG, § 217 ZPO). Sie ist auch dann einzuhalten, wenn ein bereits bestimmter Termin auf einen anderen Terminstag, nicht aber, wenn nur die Terminsstunde verlegt werden soll.

Zu bestimmen ist der Termin für die **Güteverhandlung**, wobei es zulässig (aber unüblich) ist, Güte- und streitige Verhandlung gleichzeitig anzuberaumen[4]. Auf die Güteverhandlung können die Parteien nicht verzichten, ebenso wenig, wie der Vorsitzende sogleich eine Verhandlung vor der Kammer anberaumen darf, auch wenn eine gütliche Einigung offensichtlich nicht zu erwarten ist. Eine Güteverhandlung findet nur im Verfahren der einstweiligen Verfügung oder dann nicht statt, wenn bereits ein Vollstreckungsbescheid ergangen ist (s. Rz. 25). In **Bestandsschutzstreitigkeiten**, also solchen über das Bestehen oder Nichtbestehen oder die Wirksamkeit einer Kündigung des Arbeitsverhältnisses, soll die Güteverhandlung innerhalb von zwei Wochen nach Klageerhebung stattfinden (§ 61a ArbGG). Im Wege der Klagehäufung mit erhobene Ansprüche genießen den Vorzug der besonderen Prozessförderung so lange mit, wie sich der Bestandsrechtsstreit nicht erledigt hat oder abgetrennt wird.

Bestimmt der Vorsitzende unverzüglich Termin, ist hiergegen grundsätzlich **kein Rechtsbehelf** statthaft. Beantragt werden kann unter den Voraussetzungen des § 227 ZPO die Terminsverlegung, die auch mit der Nichteinhaltung der einwöchigen Einlassungsfrist begründet werden kann. Das dem Gericht in § 227 ZPO eingeräumte Ermessen kann sich in Ausnahmefällen (s. Rz. 3) wegen der Notwendigkeit der Gewährung rechtlichen Gehörs auf Null reduzieren. Die Entscheidung des Gerichts über die Vertagung oder ihre Ablehnung ist unanfechtbar (§ 227 Abs. 4 Satz 3 ZPO)[5]. Verletzt die Entscheidung jedoch den Anspruch auf rechtliches Gehör der betroffenen Partei, kann die Endentscheidung (das Urteil bzw. im Beschlussverfahren der Beschluss) gem. § 78a ArbGG angefochten werden. Lehnt der Vorsitzende die Terminierung gänzlich ab oder terminiert er so weit in der Zukunft, dass dies einer Aussetzung des Verfahrens gleichkommt, ist in analoger Anwendung von § 252 ZPO die **sofortige Beschwerde** statthaft[6]. Dasselbe gilt, wenn bei einer zu späten

---

1 BT-Drucks. 17/5335, 24.
2 LAG Düsseldorf 9.10.1995 – 7 Ta 239/95, NZA 1996, 280.
3 Vgl. BSG 19.12.1991 – 4 RA 88/90, NJW 1992, 1190.
4 LAG Berlin 24.10.1988 – 9 Sa 71/88, LAGE § 611 BGB – Gefahrgeneigte Arbeit Nr. 6.
5 LAG Sachsen 4.7.2012 – 4 Ta 155/12, BeckRS 2012, 71091.
6 Vgl. LAG Düsseldorf 9.10.1995 – 7 Ta 239/95, NZA 1996, 280; LAG Sachs. 4.7.2012 – 4 Ta 155/12, BeckRS 2012, 71091; Thomas/Putzo/*Hüßtege*, § 216 ZPO Rz. 11 f.; Zöller/*Stöber*, § 216 ZPO Rz. 21.

Terminierung eine Gegenvorstellung und ein Verlegungsantrag erfolglos geblieben sind[1].

2. Besonderheiten im Hinblick auf das Verfahrensrecht

6 § 46 Abs. 2 Satz 1 ArbGG ordnet an, dass für das arbeitsgerichtliche Urteilsverfahren in erster Instanz grundsätzlich die Vorschriften der Zivilprozessordnung über das Verfahren vor den Amtsgerichten Anwendung finden. Daher findet hier wie dort die Dispositionsmaxime Anwendung[2]. Von der grundsätzlichen Verweisung auf die Vorschriften der §§ 495 ff. ZPO macht § 46 Abs. 2 Satz 2 ArbGG jedoch einige Ausnahmen. Diese betreffen insbesondere:

7 – Den **frühen ersten Termin** und das **schriftliche Vorverfahren** (§§ 275, 276 ZPO). Während das Amtsgericht nach Eingang der Klage die Wahl hat, welche der beiden Verfahrensarten es durchführt, muss das Arbeitsgericht zwingend Termin zur Güteverhandlung vor dem Vorsitzenden anberaumen, die bei Bestandsrechtsstreitigkeiten innerhalb von zwei Wochen nach Klageerhebung stattfinden soll (§ 61a Abs. 2 ArbGG). Vor dem Gütetermin kann das Gericht den Parteien keine Fristen nach § 275 Abs. 1, 3 und 4 bzw. § 276 Abs. 1 und 3 ZPO setzen.

8 – Die Vorschriften über das **vereinfachte Verfahren** vor den Amtsgerichten, das diese gem. § 495a ZPO bei einem Streitwert von bis zu 600 Euro anwenden können, gelten **nicht** für das Verfahren vor dem Arbeitsgericht.

9 – Ein **Urkunden- und Wechselprozess** (§§ 592–605a ZPO) findet vor den Arbeitsgerichten nicht statt.

10 – Eine **Entscheidung ohne mündliche Verhandlung** (§ 128 Abs. 2 ZPO) kommt gleichfalls nicht in Betracht.

11 – Die Vorschriften über die **Terminsverlegung in den Monaten Juli und August** (§ 227 Abs. 3 Satz 1 ZPO) finden im arbeitsgerichtlichen Verfahren keine Anwendung. Ein Anspruch auf Terminsverlegung besteht folglich auch in der Hauptferienzeit nicht.

12 – In Bestandsschutzstreitigkeiten ist die sofortige **Beschwerde gegen eine Ablehnung der Prozesskostenhilfe** ungeachtet des Streitwerts der Hauptsache stets zulässig, also auch dann, wenn der Streitwert 600 Euro nicht übersteigt.

13 Umstritten ist die Bedeutung von § 47 Abs. 2 ArbGG, der bestimmt, dass eine Aufforderung an den Beklagten, sich auf die Klage schriftlich zu äußern, idR nicht erfolgt. Ihren Sinn hat diese Bestimmung in dem Bemühen des Gesetzgebers, eine gütliche Einigung im Gütetermin möglichst nicht zu erschweren[3] und den Streitstoff nicht durch vorbereitende Schriftsätze „aufzublähen". Andererseits kann es dem Ziel, den Streit möglichst schon in der Güteverhandlung zu erledigen, dienlich sein, den Beklagten zur **vorherigen schriftlichen Äußerung** zu veranlassen, weil manchmal nur so der Umfang des Streites überhaupt erkennbar wird. Im Schrifttum wird daher zum Teil die Auffassung vertreten, der Vorsitzende könne schon vor der Güteverhandlung eine Frist setzen, sich über einen bestimmten Punkt zu erklären oder sogar den Parteien aufgeben, die mündliche Verhandlung durch Schriftsatz oder durch zu Protokoll der Geschäftsstelle abzugebende Erklärungen vorzubereiten[4]. Die wohl herrschende Auffassung widerspricht dem mit der Begründung, eine entsprechende Anwendung des § 56 ArbGG auf die Güteverhandlung komme aus systematischen

---

1 Zöller/*Stöber*, § 216 ZPO Rz. 21.
2 Zu den Grenzen der Dispositionsmaxime, wenn eine Tatsache zwar nicht bestritten, ihr Gegenteil aber offenkundig ist, vgl. BAG 17.4.1996 – 3 AZR 56/95, AP Nr. 35 zu § 16 BetrAVG; 9.12.1997 – 1 AZR 319/97, AP Nr. 11 zu § 77 BetrVG 1972 – Tarifvorbehalt.
3 BT-Drucks. 8/1567, 19.
4 S. dazu ErfK/*Koch*, § 54 ArbGG Rz. 3.

II. Verfahrensmaßnahmen des Gerichts

und teleologischen Gründen nicht in Betracht[1]. Der Streit ist in der Praxis letztlich ohne Bedeutung, denn auch diejenigen, die derartige Anordnungen für zulässig halten, gestehen zu, dass die Nichtbefolgung dieser prozessleitenden Verfügungen sanktionslos bleibt, insbesondere eine Zurückweisung verspäteten Vorbringens nicht in Betracht kommt.

Auch im Übrigen sind die Befugnisse des Vorsitzenden zur Vorbereitung der Güteverhandlung beschränkt. Insbesondere kommt eine Ladung von Zeugen usw. nicht in Betracht[2], weil eine Beweisaufnahme in der Güteverhandlung nicht erfolgen kann. Diese bleibt der Kammer vorbehalten (§ 58 ArbGG). 14

3. Anordnung des persönlichen Erscheinens der Parteien

Besondere Bedeutung hat im arbeitsgerichtlichen Verfahren die Befugnis des Vorsitzenden, in jeder Lage des Verfahrens das persönliche Erscheinen der Parteien anzuordnen (§ 51 Abs. 1 ArbGG). Sie liegt im pflichtgemäßen Ermessen des Vorsitzenden und dient der Aufklärung des Sachverhalts, der Förderung der gütlichen Erledigung des Rechtsstreits und der Förderung der Unmittelbarkeit des Verfahrens zwischen den Parteien, nicht jedoch der bloßen Disziplinierung eines Beteiligten. Die Anordnung erfolgt durch Beschluss oder prozessleitende Verfügung; zur **Begründung** genügt der allgemeine Hinweis auf § 51 ArbGG[3]. 15

Eine **Ladungsfrist** muss – anders als im Rahmen des § 217 ZPO – nicht eingehalten werden; allerdings wird das Gericht beim Nichterscheinen einer sehr kurzfristig geladenen Partei auf Sanktionen verzichten müssen. Im Übrigen ist die Partei bei ihrer Ladung über die Folgen ihres Ausbleibens (dazu Rz. 20 ff.) zu **belehren**. 16

Bei der Ausübung des dem Vorsitzenden hinsichtlich der Anordnung zustehenden **Ermessens** sind alle Umstände des Einzelfalles zu berücksichtigen. So kann die große Entfernung des Wohnsitzes einer Partei zum Gerichtsort oder ein anderer wichtiger Grund Anlass sein, auf das persönliche Erscheinen zu verzichten, obwohl § 51 Abs. 1 ArbGG auf die entsprechende Vorschrift des § 141 Abs. 1 Satz 2 ZPO nicht verweist. 17

Geladen werden können „**die Parteien**", das sind die in § 10 ArbGG, § 50 ZPO bezeichneten Personen. Partei ist auch die Partei kraft Amtes, zB der Insolvenzverwalter, ferner der streitgenössische Nebenintervenient nach § 69 ZPO, nicht aber der einfache Streithelfer. Bei juristischen Personen ist das Erscheinen des gesetzlichen Vertreters anzuordnen[4]. Das Gericht muss nicht notwendig beide Parteien laden, es kann sich auf eine beschränken. Die nicht geladene Partei kann selbstverständlich von sich aus erscheinen. 18

Gegen die Anordnung des persönlichen Erscheinens ist ein **Rechtsmittel** nicht gegeben, insbesondere nicht die sofortige Beschwerde. Ebenso wenig kann die Anordnung (im Hinblick auf die gegnerische Partei) erzwungen werden. 19

Bleibt die Partei der Verhandlung trotz ordnungsgemäßer Ladung **fern**, kommen verschiedene Sanktionen in Betracht: 20

– Es ist die **Verhängung von Ordnungsgeld** möglich (§ 51 Abs. 1 Satz 2 ArbGG, § 141 Abs. 3, § 380 Abs. 1 Satz 2 ZPO). Voraussetzung dafür ist, dass die Anordnung in zulässiger Weise ergangen und die Partei ordnungsgemäß – insbesondere unter Hinweis auf die Folgen ihres Nichterscheinens – geladen worden ist. Das Nichterscheinen der Partei muss ferner unentschuldigt erfolgt sein; als Entschuldigungs- 21

---

1 LAG Nds. 12.12.1989 – 6 Sa 357/89, LAGE § 56 ArbGG 1979 Nr. 2.
2 GMP/*Germelmann*, § 54 ArbGG Rz. 18.
3 LAG Nürnberg 25.11.1988 – 4 Ta 93/88, LAGE § 141 ZPO Nr. 6.
4 Zöller/*Greger*, § 141 ZPO Rz. 2.

gründe kommen zB eine zur Reise- oder Verhandlungsunfähigkeit führende Krankheit, Tod oder Erkrankung naher Angehöriger, lange vorher geplanter Urlaub, unerwartete Verkehrsstörungen oder Unkenntnis von der Zustellung der Ladung an eine Ersatzperson in Betracht[1].

22 – Umstritten ist, ob die Partei **eigenes Verschulden** treffen oder ob sie sich das Verschulden ihres Prozessbevollmächtigten (zB Nichtweitergabe der Ladung durch diesen an die Partei) entsprechend § 85 Abs. 2 ZPO zurechnen lassen muss. Die wohl herrschende Auffassung bejaht Letzteres[2]. Im Übrigen gelten die Vorschriften der Zivilprozessordnung entsprechend; insbesondere kann das Ordnungsgeld nicht verhängt werden, wenn die Partei zu der Verhandlung einen Vertreter entsendet, der zur Aufklärung des Tatbestandes in der Lage und zur Abgabe der gebotenen Erklärungen, insbesondere zu einem Vergleichsabschluss, ermächtigt ist (§ 141 Abs. 3 Satz 2 ZPO)[3]. Ein Prozessbevollmächtigter kann in den meisten Fällen jedoch nicht als Vertreter iSv. § 141 Abs. 3 Satz 2 ZPO angesehen werden, da er nicht über unmittelbare eigene Sachverhaltskenntnis verfügt[4]. Die Verhängung eines Ordnungsgeldes gegen die ausgebliebene Partei ist jedoch nicht davon abhängig, dass das Gericht zugleich den Prozessbevollmächtigten gem. § 52 Abs. 2 ArbGG (dazu Rz. 23) zurückweist[5]. Ein Ordnungsgeld kann aber nicht verhängt werden, wenn im Termin keine Fragen zum Sachverhalt offen geblieben sind und der Rechtsstreit trotz des Nichterscheinens der Partei ohne weiteren Tatsachenvortrag durch Urteil entschieden werden konnte[6].

23 – Abweichend vom Verfahren vor den ordentlichen Gerichten steht den Gerichten für Arbeitssachen neben dem Ordnungsgeld mit der **Ablehnung der Zulassung eines Prozessbevollmächtigten** (§ 51 Abs. 2 Satz 1 ArbGG) eine weitere (auch kumulativ neben der Verhängung des Ordnungsgeldes zulässige)[7] Sanktionsmöglichkeit zur Verfügung. Dabei muss ein Zurückweisungsbeschluss, wenn er in der Kammerverhandlung selbst getroffen wird, auch durch die gesamte Kammer ergehen[8]. Tatbestandlich müssen für den Ausschluss eines Prozessbevollmächtigten mehrere Voraussetzungen kumulativ erfüllt sein[9]. Zunächst muss die Partei unbegründet ausgeblieben sein, was ihrem nichtentschuldigten Fernbleiben iSv. § 141 Abs. 3, § 380 Abs. 1 Satz 2 ZPO gleichkommt[10]. Dafür ist zum einen u.a. eine ordnungsgemäße Ladung der Partei zum Termin erforderlich. Diese soll nach Ansicht des LAG Bremen nur dann gegeben sein, wenn für sie ein konkreter Anordnungsgrund angegeben ist. Sei dies nicht der Fall, sei den Erfordernissen des § 51 Abs. 2 ArbGG nicht Genüge getan und die Zulassung eines Prozessbevollmächtigten könne nicht abgelehnt werden[11]. Zum anderen muss durch das Ausbleiben der Partei der Zweck der Anordnung vereitelt worden sein, was wohl immer dann anzunehmen sein wird, wenn die Partei keinen Vertreter iSv. § 141 Abs. 3 Satz 2 ZPO entsandt hat. Ist ein solcher Vertreter anwesend, kommt die Ablehnung der Zulassung des Prozessbevollmächtigten ohnehin nicht in Betracht (§ 51 Abs. 2 Satz 2 ArbGG).

---

1 Zöller/*Greger*, § 381 ZPO Rz. 3.
2 LAG Rh.-Pf. 19.4.1985 – 1 Ta 70/83, LAGE § 51 ArbGG 1979 Nr. 2.
3 Dazu *Tschöpe/Fleddermann*, NZA 2000, 1269 ff.
4 LAG Schl.-Holst. 24.11.2003 – 2 Ta 250/03, NZA-RR 2004, 153.
5 LAG Schl.-Holst. 24.11.2003 – 2 Ta 250/03, NZA-RR 2004, 153 (154).
6 BAG 20.8.2007 – 3 AZB 50/05, NZA 2008, 1151 (1151).
7 LAG Schl.-Holst. 24.11.2003 – 2 Ta 250/03, NZA-RR 2004, 153; ErfK/*Koch*, § 51 ArbGG Rz. 13.
8 LAG Schl.-Holst. 16.1.2003 – 5 Ta 218/02, NZA-RR 2003, 215 (215).
9 LAG Bremen 24.1.2002 – 3 Sa 16/02, NZA-RR 2003, 158 (159).
10 GMP/*Germelmann*, § 51 ArbGG Rz. 27.
11 LAG Bremen 24.1.2002 – 3 Sa 16/02, NZA-RR 2003, 158 (159 f.).

III. Güteverhandlung

1. Allgemeines

Zum Zweck der **gütlichen Einigung der Parteien** findet (nur in der ersten Instanz) eine **obligatorische Güteverhandlung** vor dem Vorsitzenden statt (§ 54 Abs. 1 ArbGG). Die Güteverhandlung gilt als Teil der mündlichen Verhandlung, gleichwohl können in ihr jedoch nur beschränkt Prozesshandlungen mit Folgewirkungen vorgenommen werden. Eine Sachentscheidung durch streitiges Urteil kann nicht erfolgen. 24

Die Güteverhandlung ist im Urteilsverfahren **obligatorisch**. Auf sie können weder die Parteien noch das Gericht verzichten[1]. Sie entfällt jedoch, wenn bereits ein Vollstreckungsbescheid ergangen ist, weil dieser einem Versäumnisurteil gleichsteht (§ 700 Abs. 1 ZPO)[2]. Ferner findet nach Erhebung einer **Widerklage** und im **Verfahren der einstweiligen Verfügung** eine Güteverhandlung nicht statt[3]. 25

§ 54 Abs. 1 ArbGG gestattet es dem Gericht, mit Zustimmung der (dh. beider) Parteien die Güteverhandlung in einem **weiteren Termin**, der alsbald stattzufinden hat, fortsetzen. „Alsbald" bedeutet, dass der zweite Gütetermin jedenfalls zu einem früheren Zeitpunkt stattfinden muss, als nach der Geschäftslage des Gerichts eine Verhandlung vor der Kammer möglich wäre[4]. 26

2. Das Verfahren in der Güteverhandlung

Die Güteverhandlung findet vor dem Vorsitzenden statt, eine – auch nur passive – Beteiligung der ehrenamtlichen Richter ist unzulässig. Sie ist **öffentlich**[5]. Anders als die streitige Verhandlung beginnt sie jedoch nicht mit dem Stellen der Anträge, § 137 ZPO findet keine Anwendung. Denn ihr Ziel ist es, eine gütliche Einigung der Parteien zu erreichen, was durch Formalien, die gerichtsunkundige Personen verunsichern können, nur erschwert werden kann. Im Übrigen liegt die Art und Weise der Durchführung im Ermessen des Vorsitzenden. Er hat das gesamte Streitverhältnis mit den Parteien unter freier Würdigung der Umstände zu erörtern (§ 54 Abs. 1 Satz 2 ArbGG). Insbesondere kann er neben rechtlichen auch wirtschaftliche, soziale und sonstige Billigkeitserwägungen mit dem Ziel anstellen, wie die weitere Zusammenarbeit der Parteien in einem Arbeitsverhältnis gestaltet werden kann oder ob nicht eine einvernehmliche Beendigung desselben sachdienlicher ist[6]. 27

Der Vorsitzende kann **alle Handlungen zur Aufklärung des Sachverhalts vornehmen, die sofort erfolgen können**. Diese Formulierung ist jedoch missverständlich. Anders als im Verfahren der einstweiligen Verfügung, wo auch eine Beweisaufnahme zulässig ist, wenn sie sofort erfolgen kann („präsente Beweismittel", § 294 ZPO), kommt eine Beweisaufnahme in der Güteverhandlung nicht in Betracht (§ 58 ArbGG)[7]. Umstritten, aber wohl zu bejahen, ist die Frage, ob eine informative Befragung von Zeugen zulässig ist. Sie kann allein dem Zweck dienen, dem Gericht eine Übersicht darüber zu verschaffen, welche Personen für die Verhandlung vor der Kammer zweckmäßigerweise als Zeugen zu laden sind. Die Verwertung ihrer Angaben in der Güteverhandlung zu einem späteren Zeitpunkt, etwa durch Vorhalt, ist unzulässig. 28

---

1 Hauck/Helml/Biebl/*Helml*, § 54 ArbGG Rz. 2; MünchArbR/*Jacobs*, § 343 Rz. 26.
2 Vgl. GMP/*Germelmann*, § 54 ArbGG Rz. 54.
3 ErfK/*Koch*, § 54 ArbGG Rz. 2.
4 *Rolfs*, NJW 1998, 1227 (1229); vgl. auch *Germelmann*, NZA 2000, 1017 (1018f.); *Schaub*, NZA 2000, 344 (345).
5 Hauck/Helml/Biebl/*Helml*, § 54 ArbGG Rz. 5.
6 GMP/*Germelmann*, § 54 ArbGG Rz. 23.
7 GMP/*Germelmann*, § 54 ArbGG Rz. 26.

29 **Zulässigkeitsrügen** müssen, wie sich aus dem Verweis in § 54 Abs. 2 Satz 3 ArbGG ergibt, nicht schon in der Güteverhandlung angebracht werden. Durch die rügelose Verhandlung zur Hauptsache verliert eine Partei nicht das Recht, die entsprechende Rüge in der Verhandlung vor der Kammer zu erheben. Auch durch diese Verfahrensregelung soll erreicht werden, dass in der Güteverhandlung möglichst der Streit in der Sache beigelegt und nicht über Formalia gestritten wird.

30 **Gerichtliche Geständnisse** (§ 288 ZPO), also das Zugestehen einzelner vom Gegner behaupteter oder bestrittener Tatsachen, haben in der Güteverhandlung nur dann bindende Wirkung für das weitere Verfahren, wenn sie zu Protokoll erklärt werden (§ 54 Abs. 2 Satz 2 ArbGG).

3. Die Verweisung der Parteien auf ein Mediationsverfahren

31 In geeigneten Fällen kann der Vorsitzende die Parteien mit deren Einverständnis[1] für die Güteverhandlung sowie deren Fortsetzung vor einen hierfür bestimmten und nicht entscheidungsbefugten Richter (**Güterichter**) als ersuchten Richter verweisen. Die Beteiligten haben dann eine weitere Option, den bei Gericht anhängigen Konflikt einvernehmlich zu lösen. Der Güterichter kann alle Methoden der Konfliktbeilegung einschließlich der **Mediation** einsetzen (§ 54 Abs. 6 ArbGG). Die bestehenden Güterichtermodelle sind sowohl gerichtsintern als auch gerichtsübergreifend organisiert. Der ersuchte Richter, der zur Durchführung der Güteverhandlung bereit ist, kann deshalb einem anderen Spruchkörper desselben Gerichtes oder einem anderen Gericht – auch eines anderen Rechtsweges, zB der ordentlichen Gerichtsbarkeit – angehören[2]. Während der Mediation ruht das gerichtliche Verfahren (§ 54a Abs. 2 Satz 1 ArbGG). Für das Mediationsverfahren selbst trifft das Gesetz keinerlei Regelungen[3], selbst eine Protokollierung der Verhandlung vor dem Güterichter findet nur auf übereinstimmenden Antrag der Parteien statt (§ 159 Abs. 2 Satz 2 ZPO).

4. Das Ergebnis der Güteverhandlung

32 In der Güteverhandlung kann der Kläger die Klage ohne Zustimmung des Beklagten **zurücknehmen** oder auf den geltend gemachten Anspruch **verzichten**. Andererseits kann der Beklagte den Anspruch **anerkennen**. In all diesen Fällen schließt an die Güteverhandlung eine streitige Verhandlung unmittelbar an, in der der Vorsitzende allein (§ 55 Abs. 1 ArbGG) eine verfahrensbeendende Entscheidung treffen kann (s. Rz. 36 ff.). In der Güteverhandlung selbst kann in keinem Fall ein Urteil ergehen. Die **übereinstimmende Erklärung der Erledigung der Hauptsache** hat im arbeitsgerichtlichen Verfahren geringe Bedeutung, weil auch bei einer Klagerücknahme nur die Auslagen des Gerichts (für die Klagezustellung) zu erstatten sind.

33 Häufig kann in der Güteverhandlung jedoch eine **gütliche Einigung** der Parteien erreicht werden. Dann schließen die Parteien einen Prozessvergleich (§ 794 Abs. 1 Nr. 1 ZPO), der zu protokollieren ist[4].

34 Die Parteien können das Gericht bitten, das **Ruhen des Verfahrens** anzuordnen, wenn sie sich zB in außergerichtlichen Vergleichsverhandlungen befinden. Haben sie bereits iSv. § 54 Abs. 5 Satz 1 ArbGG „verhandelt", wozu es genügt, dass sie im Gütetermin die Sache erörtert haben, führt auch ein über sechs Monate hinausreichendes Ruhen des Verfahrens nicht zur Fiktion der Klagerücknahme nach § 54 Abs. 5 Satz 4

---

[1] BT-Drucks. 17/8058, 22.
[2] BT-Drucks. 17/8058, 21 f.; *Francken*, NZA 2012, 836 (838).
[3] *Francken*, NZA 2012, 836 (839).
[4] Zu einem außergerichtlichen Vergleich, der noch gerichtlich protokolliert werden sollte, BAG 16.1.1997 – 2 AZR 35/96, AP Nr. 14 zu § 779 BGB.

III. Güteverhandlung

ArbGG, § 269 Abs. 3 ZPO[1]. Vielmehr kann jede Partei jederzeit beantragen, das terminlos gestellte Verfahren wieder aufzunehmen. Eine Verwirkung der geltend gemachten Ansprüche (§ 242 BGB) tritt auch bei mehrjährigem Verfahrensstillstand nicht ein[2].

Bleibt die Güteverhandlung **erfolglos**, ist auch dies in das Protokoll aufzunehmen. Das Gericht beraumt sodann Termin zur Verhandlung vor der Kammer an (§ 54 Abs. 4 ArbGG). 35

5. Die weitere Verhandlung

Bleibt die Güteverhandlung erfolglos oder erscheint eine Partei im Gütetermin nicht, soll sich nach § 54 Abs. 4 ArbGG die weitere Verhandlung unmittelbar anschließen. In der Praxis geschieht dies jedoch in aller Regel nur im zweitgenannten Falle, weil die ehrenamtlichen Richter nicht anwesend sind. Stattdessen bestimmt der Vorsitzende, wenn nicht ein Versäumnisurteil ergehen kann (Rz. 38), am Ende des Gütetermins den **Termin zur Verhandlung** vor der Kammer. 36

Etwas anderes gilt lediglich dann, wenn eine **Alleinentscheidung durch den Vorsitzenden** nach § 55 ArbGG erfolgen kann. Dies ist zum einen dann der Fall, wenn der Kläger die **Klagerücknahme** oder den **Verzicht** erklärt oder der Beklagte den Anspruch **anerkannt** hat. In einem solchen Fall hat der Vorsitzende nach der entsprechenden Prozesserklärung der Partei die Güteverhandlung zu schließen und in der sodann sofort stattfindenden streitigen Verhandlung die prozessbeendende Entscheidung zu treffen. 37

Eine Alleinentscheidung durch den Vorsitzenden ergeht auch dann, wenn eine Partei **säumig** ist. Hiervon betroffen ist nicht nur das (echte) Versäumnisurteil, sondern jede Entscheidung, die auf die Säumnis einer Partei zurückzuführen ist. In Betracht kommt namentlich die Zurückweisung des Antrags auf Erlass eines Versäumnisurteils (§ 335 ZPO), nicht aber eine Entscheidung nach Lage der Akten (§ 331a ZPO), weil sie gem. § 251a Abs. 2 ZPO nur ergehen kann, wenn in einem früheren Termin bereits mündlich verhandelt worden ist[3]. Sind **beide Parteien säumig**, ordnet der Vorsitzende das Ruhen des Verfahrens an (§ 54 Abs. 5, § 55 Abs. 1 Nr. 5 ArbGG)[4]. Wird nicht innerhalb von sechs Monaten von einer Partei Termin zur streitigen Verhandlung beantragt, gilt die Klage als zurückgenommen. Das Verfahren kann nicht mehr aufgenommen werden, der Kläger muss erneut klagen[5]. 38

Schließlich kann der Vorsitzende **auf Antrag beider Parteien** auch dann allein entscheiden, wenn in der weiteren Verhandlung eine das Verfahren beendende Entscheidung ergehen kann (§ 55 Abs. 3 ArbGG). Diese Möglichkeit kommt in Betracht, wenn die Güteverhandlung erfolglos geblieben ist. In jedem Falle muss sich die weitere Verhandlung an die Güteverhandlung unmittelbar anschließen, zulässig ist allenfalls eine kurze Unterbrechung, **ohne** dass weitere Verhandlungen in der Zwischenzeit stattfinden[6]. Ferner muss eine das Verfahren beendende Entscheidung ergehen können; eine Vertagung ist unzulässig. 39

---

1 BAG 25.11.2010 – 2 AZR 323/09, NZA 2011, 821 (822).
2 BAG 25.11.2010 – 2 AZR 323/09, NZA 2011, 821 (823).
3 *Lepke*, DB 1997, 1564 (1567).
4 Vgl. auch BAG 22.4.2009 – 3 AZB 97/08, NZA 2009, 804 (804 f.).
5 LAG Düsseldorf 31.3.1982 – 7 Ta 52/82, EzA § 54 ArbGG 1979 Nr. 1.
6 GMP/*Germelmann*, § 55 ArbGG Rz. 41.

IV. Verhandlung vor der Kammer

1. Allgemeines

40 Hinsichtlich Form und Inhalt der Verhandlung vor der Kammer enthält das ArbGG keine von den Vorschriften der ZPO abweichenden Bestimmungen. § 57 Abs. 1 ArbGG regelt lediglich, dass die Verhandlung möglichst in einem Termin zu führen ist; ist dies nicht durchführbar, so soll der Termin zur weiteren Verhandlung alsbald stattfinden, er ist sofort zu verkünden. Im Übrigen finden gem. § 46 Abs. 2 ArbGG die Bestimmungen über das Verfahren vor den Amtsgerichten entsprechende Anwendung. Nach Aufruf der Sache und Eröffnung der mündlichen Verhandlung kann der Vorsitzende zunächst in den Sach- und Streitstand einführen. Sodann stellen die Parteien die Anträge und verhandeln zur Sache (§ 137 Abs. 1 ZPO). Nach etwaiger Durchführung einer Beweisaufnahme und erneuter Verhandlung zu deren Ergebnis schließt der Vorsitzende die Sitzung.

41 Wichtigster Bestandteil der sachlichen Prozessleitung ist die **sachliche Aufklärungspflicht** des Gerichts. Sie verpflichtet den Vorsitzenden, darauf hinzuwirken, dass die Parteien sich über alle erheblichen Tatsachen vollständig erklären und sachdienliche Anträge stellen, insbesondere auch ungenügende Angaben der geltend gemachten Tatsachen ergänzen und die Beweismittel bezeichnen. Zu diesem Zwecke hat er, soweit erforderlich, das Sach- und Streitverhältnis mit den Parteien in tatsächlicher und rechtlicher Hinsicht zu erörtern und Fragen zu stellen (§ 139 ZPO). Die Aufklärungspflicht findet ihre **Grenze** aber in der Pflicht zur **Neutralität und Gleichbehandlung der Parteien**. Zu beachten ist ferner, dass das Urteils-, anders als das Beschlussverfahren, der Verhandlungsmaxime unterliegt. Problematisch ist, dass der benachteiligten Partei fast keine Möglichkeit zur Verfügung steht, auf eine entsprechende Verhandlungsleitung Einfluss zu nehmen. Nur in ganz krassen Fällen kommt eine **Ablehnung des Richters wegen Befangenheit** gem. § 42 ZPO in Betracht[1].

42 In jeder Lage des Verfahrens hat das Gericht eine **gütliche Einigung anzustreben** (§ 57 Abs. 2 ArbGG). Das Gericht hat nicht nur das Recht, sondern die Pflicht, auf eine gütliche Beilegung des Streits hinzuwirken[2]. Dazu kann das Gericht insbesondere Vergleichsvorschläge unterbreiten, die jedoch vom Grundsatz der Klarheit und Ehrlichkeit getragen sein müssen. Es darf nicht versuchen, eine Partei gegen die andere auszuspielen, ebenso sollte es den Eindruck vermeiden, sich nur die Arbeit bei der Entscheidungsfindung und -begründung ersparen zu wollen. Ein **Verstoß** gegen die Pflicht zur Herbeiführung einer gütlichen Einigung hat grundsätzlich keine Auswirkungen auf das Streitverfahren und kann weder mit einem Rechtsmittel noch in sonstiger Weise gerügt werden. Nur in einem extremen Ausnahmefall hat das BAG einer Partei die Anfechtung des Aufhebungsvertrages wegen widerrechtlicher Drohung seitens des Kammervorsitzenden (§ 123 Abs. 2 BGB) zugestanden[3].

2. Gerichtlicher Vorschlag eines Mediationsverfahrens

43 Das Gericht kann den Parteien nach § 54a Abs. 1 ArbGG eine Mediation oder ein anderes Verfahren der außergerichtlichen Konfliktbeilegung vorschlagen. Ein solcher Vorschlag kann insbesondere dann angezeigt sein, wenn dem Rechtsstreit Konflikte zugrunde liegen, die im Prozess nicht oder nur unzureichend beigelegt werden kön-

---

1 *Schädicke*, NZA 2007, 1029 (1033); vgl. auch die Beispiele bei Thomas/Putzo/*Hüßtege*, § 42 ZPO Rz. 10 ff.; Zöller/*Vollkommer*, § 42 ZPO Rz. 20 ff.
2 Hauck/Helml/Biebl/*Helml*, § 57 ArbGG Rz. 7.
3 BAG 12.5.2010 – 2 AZR 544/08, NZA 2010, 1250 (1253 ff.): Der Vorsitzende hatte den Kläger u.a. mit den Worten „Ich reiße Ihnen sonst den Kopf ab" und „Sie werden sonst an die Wand gestellt und erschossen" zum Vergleichsabschluss bewegt.

nen. § 54a ArbGG dient damit dem gesetzgeberischen Ziel, die außergerichtliche Konfliktbeilegung auch bei bereits rechtshängigen Streitigkeiten zu ermöglichen[1].

Entscheiden sich die Parteien zur Durchführung einer Mediation oder eines anderen Verfahrens der außergerichtlichen Konfliktbeilegung, ordnet das Gericht (der Vorsitzende allein: § 55 Abs. 1 Nr. 8 ArbGG) das **Ruhen des Verfahrens** an. Auf Antrag (nur) einer Partei ist Termin zur mündlichen Verhandlung zu bestimmen (§ 54a Abs. 2 ArbGG). War das Verfahren bereits in der Gütesitzung in das Mediationsverfahren übergeleitet worden, kann das Gericht nach dem Scheitern der gerichtsnahen oder gerichtsinternen Mediation oder eines anderen Verfahrens der außergerichtlichen Konfliktbeilegung eine erneute Güteverhandlung anberaumen[2]. Anderenfalls findet eine Verhandlung vor der Kammer statt.

Wird von keiner Seite ein Terminsantrag gestellt, nimmt das Gericht das **Verfahren nach drei Monaten von Amts wegen wieder auf**, es sei denn, die Parteien legen übereinstimmend dar, dass eine Mediation oder eine außergerichtliche Konfliktbeilegung noch betrieben wird (§ 54a Abs. 2 Satz 3 ArbGG)[3]. Dies dient der Wahrung des im arbeitsgerichtlichen Verfahren geltenden Beschleunigungsgrundsatzes. Der Gesetzgeber wollte sicherstellen, dass Verfahren, die wegen einer vom Gericht vorgeschlagenen außergerichtlichen Konfliktbeilegung oder einer gerichtsnahen oder gerichtsinternen Mediation ruhen, in der Hauptsache zeitnah weiter betrieben werden[4].

3. Beweisaufnahme

Für die Beweisaufnahme vor den Gerichten für Arbeitssachen gelten grundsätzlich die Vorschriften der Zivilprozessordnung. Hier ist nur auf folgende Besonderheiten hinzuweisen:

– Soweit die Beweisaufnahme an der Gerichtsstelle möglich ist, erfolgt sie **vor der Kammer** (§ 58 Abs. 1 Satz 1 ArbGG); in den übrigen Fällen kann die Beweisaufnahme, unbeschadet des § 13 ArbGG, dem Vorsitzenden übertragen werden.

– In der **Güteverhandlung** kann eine Beweisaufnahme nicht stattfinden (s. Rz. 28).

– Vor der streitigen Verhandlung kann der Vorsitzende nur unter den Voraussetzungen des § 55 Abs. 4 ArbGG (1. Beweisaufnahme durch den ersuchten Richter; 2. schriftliche Beantwortung der Beweisfrage nach § 377 Abs. 3 ZPO; 3. Einholung amtlicher Auskünfte; 4. Parteivernehmung; 5. Einholung eines schriftlichen Sachverständigengutachtens) einen Beweisbeschluss erlassen und durchführen[5].

– Zeugen und Sachverständige werden nur beeidigt, wenn die Kammer dies im Hinblick auf die Bedeutung des Zeugnisses für die Entscheidung des Rechtsstreits für notwendig erachtet (§ 58 Abs. 2 Satz 1 ArbGG).

– Kostenvorschüsse werden nicht erhoben (§ 6 Abs. 4 iVm. § 9 GKG).

In Bezug auf die Beweisaufnahme ist insbesondere darauf hinzuweisen, dass die Verwertung von Zeugenaussagen, die ein ohne Einverständnis des Gesprächspartners mitgehörtes Telefongespräch betreffen, regelmäßig nicht in Betracht kommt. Nach Auffassung des BAG ist das **heimliche Mithörenlassen von Telefongesprächen** zwischen Arbeitnehmern und Arbeitgebern unzulässig. Es verletze das Persönlichkeitsrecht des Gesprächspartners, so dass auf diese Weise erlangte Beweismittel nicht verwertet werden dürften. Wer jemanden mithören lassen wolle, müsse seinen Ge-

---

1 BT-Drucks. 17/5335, 20.
2 BT-Drucks. 17/5335, 24.
3 *Francken*, NZA 2012, 836 (840).
4 BT-Drucks. 17/5335, 24.
5 *Schaub*, NZA 2000, 344 (345).

sprächspartner darüber vorab informieren. Dieser sei dagegen nicht gehalten, sich seinerseits vorsorglich zu vergewissern, dass niemand mithöre[1].

48 Die Verwertung von Erkenntnissen aus einer **verdeckten Videoüberwachung** ist an strenge Voraussetzungen geknüpft. Das Interesse des Arbeitgebers an der Aufklärung von gegen ihn gerichteten Straftaten oder sonstigen schweren Vertragsverletzungen hat gegenüber dem Schutz des informationellen Selbstbestimmungsrechts des Arbeitnehmers nur dann höheres Gewicht, wenn diese Art der Informationsbeschaffung trotz der mit ihr verbundenen Persönlichkeitsbeeinträchtigung als schutzbedürftig zu qualifizieren ist. Dies ist nur dann der Fall, wenn es keine Möglichkeit zur Aufklärung durch weniger einschneidende Maßnahmen (mehr) gab und die Videoüberwachung insgesamt nicht unverhältnismäßig war. Liegen diese Voraussetzungen vor, macht der bloße Verstoß gegen § 6b Abs. 2 BDSG („Der Umstand der Beobachtung und die verantwortliche Stelle sind durch geeignete Maßnahmen erkennbar zu machen") die Verwertung der Videoaufzeichnungen nicht per se unzulässig[2]. Unter diesen Voraussetzungen können auch Pflichtverletzungen des Arbeitnehmers, die anlässlich einer aus anderem Anlass installierten Videoüberwachung gleichsam als „**Zufallsfunde**" dokumentiert worden sind, mithilfe der Bildaufzeichnungen bewiesen werden. Erforderlich ist dann aber, dass es sich auch insoweit um eine schwerwiegende Pflichtverletzung handelt, die den Eingriff in das Allgemeine Persönlichkeitsrecht des Arbeitnehmers rechtfertigt[3].

49 In der Literatur wird inzwischen außerdem ein Beweisverwertungsverbot für den Fall erwogen, dass der Arbeitgeber das **Beweismittel unter Verletzung eines Mitbestimmungsrechts** des Betriebsrats (zB § 87 Abs. 1 Nr. 1 und 6, § 94 Abs. 1 BetrVG) **erlangt** hat[4]. Das BAG hat sich dem jedoch nicht angeschlossen[5]. Gegen die Verwertung von Beweisen, die der Arbeitgeber im Zuge sog. „Ehrlichkeitskontrollen" gewonnen hat, bestehen nämlich jedenfalls dann keine Bedenken, wenn der Arbeitgeber sie durch eigene Beschäftigte ohne Zuhilfenahme technischer Einrichtungen vornehmen lässt, weil auf diese Weise durchgeführte Kontrollen weder nach § 87 Abs. 1 Nr. 1 noch nach Nr. 6 BetrVG der Mitbestimmung des Betriebsrats unterliegen[6]. Und die zunächst ohne die nach § 87 Abs. 1 Nr. 6 BetrVG erforderliche Zustimmung des Betriebsrats durchgeführte Videoüberwachung zur Aufklärung von Diebstählen darf jedenfalls dann im Kündigungsschutzprozess als Beweismittel herangezogen werden, wenn der Betriebsrat der Kündigung des auf diese Weise überführten Mitarbeiters nicht ausdrücklich widersprochen hat[7]. Ein Beweisverwendungs- und -verwertungsverbot kommt allenfalls dann in Betracht, wenn durch das Verhalten des Arbeitgebers oder seiner Repräsentanten Persönlichkeitsrechte des Arbeitnehmers erheblich verletzt worden sind[8]. Allerdings hat das BVerfG erkannt, dass zwar die unter Verletzung des Persönlichkeitsrechts des Gesprächspartners gewonnene Tonbandaufnahme über

---

1 BAG 29.10.1997 – 5 AZR 508/96, AP Nr. 27 zu § 611 BGB – Persönlichkeitsrecht; dazu *Kopke*, NZA 1999, 917 ff.; erstaunlicherweise anders für den Fall, dass nicht der Arbeitgeber, sondern der Arbeitnehmer jemanden mithören lässt: BAG 23.4.2009 – 6 AZR 189/08, NZA 2009, 974 (976 ff.).
2 BAG 16.12.2010 – 2 AZR 485/08, NZA 2011, 571 (573 f.); 21.6.2012 – 2 AZR 153/11, NZA 2012, 1025 (1027 ff.; dazu *Bauer/Schansker*, NJW 2012, 3537 ff.; *Bergwitz*, NZA 2012, 1205 ff.); BAG 21.11.2013 – 2 AZR 797/11, NZA 2014, 243 (248 f.); LAG Köln 18.11.2010 – 6 Sa 817/10, NZA-RR 2011, 241 (243).
3 BAG 21.11.2013 – 2 AZR 797/11, NZA 2014, 243 (249).
4 *Fischer*, BB 1999, 154 ff.; *Schlewing*, NZA 2004, 1071 ff.
5 BAG 13.12.2007 – 2 AZR 573/06, NZA 2008, 1008 (1010 f.).
6 BAG 12.8.1999 – 2 AZR 932/98, AP Nr. 28 zu § 626 BGB – Verdacht strafbarer Handlung; 18.11.1999 – 2 AZR 743/98, AP Nr. 32 zu § 626 BGB – Verdacht strafbarer Handlung.
7 BAG 27.3.2003 – 2 AZR 51/02, AP Nr. 36 zu § 87 BetrVG 1972 – Überwachung; 13.12.2007 – 2 AZR 537/06, NZA 2008, 1008 (1010 f.); dazu *Lunk*, NZA 2009, 457 ff.
8 BAG 13.12.2007 – 2 AZR 537/06, NZA 2008, 1008 (1011).

ein Telefongespräch dem Verbot zwar der Beweisverwertung unterliegt, dieses Verbot aber der Einvernahme des einen Gesprächsteilnehmers als Zeuge nicht entgegensteht[1].

4. Vertagung

Eine Vertagung des Termins soll nicht stattfinden, sondern die Verhandlung ist nach Möglichkeit in einem Termin zu Ende zu führen (§ 57 Abs. 1 ArbGG). Gelegentlich wird eine Vertagung dennoch unumgänglich sein, etwa, wenn sich im Rahmen der Beweisaufnahme herausstellt, dass weitere nicht präsente Beweismittel herangezogen werden müssen. Dasselbe kann passieren, wenn der Beklagte im Kammertermin Widerklage erhebt und zum Beweis des mit der Widerklage geltend gemachten Anspruchs Zeugen gehört werden müssen. Das Gericht hat sodann den Termin für die weitere Verhandlung, die alsbald stattfinden soll, sofort zu verkünden. Gegen die Terminsbestimmung ist ein Rechtsmittel nicht gegeben (§ 227 Abs. 4 Satz 3 ZPO). Etwas anderes soll allerdings dann gelten, wenn die Entscheidung praktisch eine Aussetzung des Verfahrens darstellen würde[2].

5. Urteil

Das Urteil ergeht in aller Regel **am Schluss der mündlichen Verhandlung** (§ 60 Abs. 1 ArbGG). Ein besonderer Verkündungstermin darf nur anberaumt werden, wenn die Verkündung in dem Termin, aufgrund dessen das Urteil erlassen wird, aus besonderen Gründen nicht möglich ist, insbesondere weil die Beratung nicht mehr am Tage der Verhandlung stattfinden kann. Bei der Verkündung des Urteils ist der wesentliche Inhalt der Entscheidungsgründe mitzuteilen, es sei denn, dass beide Parteien bereits nicht mehr anwesend sind; in diesem Fall genügt die Bezugnahme auf die unterschriebene Urteilsformel. Der Anwesenheit der ehrenamtlichen Richter bei der Verkündung des Urteils bedarf es nicht, wenn die Urteilsformel vorher von allen Mitgliedern des Gerichts unterschrieben worden ist.

Das Urteil nebst Tatbestand und Entscheidungsgründen ist, wenn die Verkündung des Urteils sofort erfolgt ist, innerhalb von drei Wochen vom Vorsitzenden der Geschäftsstelle zu übergeben. Wird ein besonderer Verkündungstermin anberaumt, muss das Urteil in diesem Zeitpunkt bereits vollständig abgefasst vorliegen (§ 60 Abs. 4 ArbGG)[3]. Die Verletzung dieser bloßen Ordnungsvorschriften kann mit einem Rechtsmittel grundsätzlich nicht gerügt werden. Etwas anderes gilt nur dann, wenn das Urteil **nicht innerhalb von fünf Monaten** nach seiner Verkündung schriftlich niedergelegt[4], von den Richtern unterzeichnet[5] und der Geschäftsstelle übergeben worden ist[6].

Dabei ist die Bestimmung des § 222 Abs. 2 ZPO auf diese Frist nicht anzuwenden; eine Überschreitung der fünfmonatigen Frist liegt also auch dann vor, wenn der letzte Tag der Frist auf einen Samstag, Sonntag oder gesetzlichen Feiertag fällt und das vollständig abgefasste und unterschriebene Urteil erst am darauf folgenden Werktag der Geschäftsstelle übergeben wird[7]. Die Überschreitung dieser Frist kann mit der Beru-

---

1 BVerfG 31.7.2001 – 1 BvR 304/01, NZA 2002, 284 (284f.).
2 LAG BW 24.9.1985 – 14 Ta 27/85, NZA 1986, 338; 12.7.1985 – 14 Ta 22/85, NZA 1985, 636; LAG Köln 12.9.1995 – 6 Ta 160/95, LAGE § 57 ArbGG 1979 Nr. 1.
3 BAG 23.1.1996 – 9 AZR 600/93, AP Nr. 20 zu § 64 ArbGG 1979; vgl. auch BVerfG 27.4.2005 – 1 BvR 2674/04, NZA 2005, 781 (782).
4 Zu den Anforderungen an den Inhalt des Urteils BAG 20.12.2006 – 5 AZB 35/06, NZA 2007, 226 (227).
5 Vgl. dazu BAG 17.8.1999 – 3 AZR 526/97, AP Nr. 51 zu § 551 ZPO.
6 GemSOGB 27.4.1993 – GmS-OGB 1/92, AP Nr. 21 zu § 551 ZPO.
7 BAG 17.2.2000 – 2 AZR 350/99, AP Nr. 52 zu § 551 ZPO.

fung gerügt werden, ohne dass die Berufung einer weiteren Begründung bedürfte[1]. Die Frist für die Berufung bzw. Revision beginnt mit der Zustellung des verspätet abgesetzten Urteils, spätestens jedoch mit Ablauf der Fünf-Monats-Frist. Die Berufung muss daher spätestens innerhalb von sechs Monaten nach Verkündung des Urteils erhoben werden; § 9 Abs. 5 ArbGG findet keine Anwendung[2]. Allerdings gewährt das BAG relativ großzügig von Amts wegen eine Wiedereinsetzung in den vorigen Stand, wenn die Fristversäumung auf Fehlern des Gerichts beruht[3].

54 Im arbeitsgerichtlichen Verfahren ist jede mit einem befristeten Rechtsmittel anfechtbare Entscheidung mit einer **Rechtsbehelfsbelehrung** zu versehen (§ 9 Abs. 5 ArbGG). Da gegen jedes arbeitsgerichtliche Urteil – mit Ausnahme derjenigen, bei denen der Wert des Beschwerdegegenstandes 600 Euro nicht übersteigt, die keine Bestandsschutzstreitigkeiten sind und bei denen das Arbeitsgericht die Berufung nicht zugelassen hat – die **Berufung** zulässig ist (§ 64 ArbGG), hat das Arbeitsgericht auf die Form und die Frist der Berufungseinlegung im Urteil hinzuweisen[4]. Ist die Belehrung unterblieben oder wurde sie unrichtig erteilt, so ist die Einlegung des Rechtsmittels innerhalb eines Jahres seit Zustellung der Entscheidung zulässig; sie ist auch nach Ablauf des Jahres zulässig, wenn die Einlegung vor Ablauf der Jahresfrist infolge höherer Gewalt unmöglich war oder eine Belehrung dahin erfolgt ist, dass ein Rechtsmittel nicht gegeben sei.

55 Gegen die **Nichtzulassung der Berufung** ist ein Rechtsmittel nicht gegeben[5].

V. Aussetzung des Verfahrens

56 Gem. § 46 Abs. 2 ArbGG findet auch im arbeitsgerichtlichen Verfahren die Bestimmung des § 148 ZPO Anwendung, wonach das Gericht, wenn die Entscheidung ganz oder zum Teil von dem Bestehen oder Nichtbestehen eines Rechtsverhältnisses abhängt, das den Gegenstand eines anderen anhängigen Rechtsstreits bildet oder von einer Verwaltungsbehörde festzustellen ist, anordnen kann, dass die Verhandlung bis zur Erledigung des anderen Rechtsstreits oder bis zur Entscheidung der Verwaltungsbehörde auszusetzen ist.

57 In bestimmten Fällen **muss** das Gericht das Verfahren aussetzen. Das betrifft den Fall, dass
– die Entscheidung des Rechtsstreits davon abhängt, ob eine Vereinigung **tariffähig oder tarifzuständig** ist (§ 97 Abs. 5 Satz 1 ArbGG)[6];
– im Rahmen einer Schadensersatzklage wegen eines Personenschadens ein **Haftungsausschluss nach §§ 104 ff. SGB VII** in Betracht kommt und im sozialrechtlichen Verfahren noch nicht abschließend über die Anerkennung des Unfalls als Arbeitsunfall entschieden worden ist (§ 108 Abs. 2 SGB VII)[7];
– der **Insolvenzverwalter** in einem betriebsratslosen Betrieb oder nach einem Scheitern der Verhandlungen mit dem Betriebsrat ein **arbeitsgerichtliches Beschlussver-**

---

1 BAG 13.9.1995 – 2 AZR 855/94, AP Nr. 12 zu § 66 ArbGG 1979.
2 BAG 28.10.2004 – 8 AZR 492/03, AP Nr. 29 zu § 66 ArbGG 1979; 16.12.2004 – 2 AZR 611/03, AP Nr. 30 zu § 66 ArbGG 1979; 23.6.2005 – 2 AZR 423/04, AP Nr. 31 zu § 66 ArbGG 1979; aA früher BAG 8.6.2000 – 2 AZR 584/99, AP Nr. 21 zu § 66 ArbGG 1979.
3 BAG 16.12.2004 – 2 AZR 611/03, AP Nr. 30 zu § 66 ArbGG 1979.
4 Zu den Anforderungen an eine ordnungsgemäße Rechtsmittelbelehrung BAG 20.2.1997 – 8 AZR 15/96, AP Nr. 16 zu § 9 ArbGG 1979.
5 GMP/*Germelmann*, § 64 ArbGG Rz. 44.
6 Vgl. BAG 23.10.1996 – 4 AZR 409/95, AP Nr. 15 zu § 3 TVG – Verbandszugehörigkeit; 29.6.2004 – 1 ABR 14/03, AP Nr. 10 zu § 97 ArbGG; 28.1.2008 – 3 AZB 30/07, NZA 2008, 489 (490).
7 RG 6.11.1917 – III 183/17, RGZ 91, 94 (95); BAG 14.3.1967 – 1 AZR 310/66, AP Nr. 1 zu § 636 RVO; BGH 20.4.2004 – VI ZR 189/03, BGHZ 158, 394 (396).

V. Aussetzung des Verfahrens

fahren mit dem Ziel angestrengt hat, festzustellen, dass die Kündigung der Arbeitsverhältnisse bestimmter, im Antrag bezeichneter Arbeitnehmer durch dringende betriebliche Erfordernisse bedingt und sozial gerechtfertigt ist (§ 126 InsO), und ein betroffener Arbeitnehmer Kündigungsschutzklage erhebt; hier ist der Kündigungsschutzprozess auszusetzen (§ 127 Abs. 2 InsO)[1].

Im Übrigen steht die Entscheidung über die Aussetzung **im pflichtgemäßen Ermessen** des Gerichts[2] (§ 148 ZPO: „kann"). Dabei ist der verfassungsrechtliche Justizgewährungsanspruch zu beachten, er verpflichtet die Gerichte, Verfahren in angemessener Zeit zum Abschluss zu bringen[3]. Sie geschieht von Amts wegen oder auf Antrag aufgrund mündlicher Verhandlung[4]; funktionell zuständig ist der Vorsitzende. Wird das Verfahren ausgesetzt, ist hiergegen die **sofortige Beschwerde** statthaft (§ 252 ZPO).

Beispiele:

Kündigung eines **schwerbehinderten Arbeitnehmers**, der gegen die Zustimmung des Integrationsamts zur Kündigung Rechtsmittel eingelegt hat. Hier kann das Arbeitsgericht das Verfahren bis zum rechtskräftigen Abschluss des verwaltungsgerichtlichen Verfahrens aussetzen, muss es aber nicht[5]. Solange der Zustimmungsbescheid nicht bestands- oder rechtskräftig aufgehoben wird, entfaltet er für das Kündigungsschutzverfahren Wirksamkeit (§ 39 Abs. 2 SGB X)[6]. Obsiegt der Arbeitnehmer nach Rechtskraft des die Kündigungsschutzklage abweisenden Urteils im Verwaltungsprozess, kann er die Abänderung des Urteils im Wege der Restitutionsklage nach § 580 Nr. 6 ZPO erreichen[7].

Nachträgliche Zulassung der Kündigungsschutzklage: Hat das Arbeitsgericht eine nicht innerhalb der dreiwöchigen Frist des § 4 KSchG erhobene Kündigungsschutzklage gem. § 5 KSchG nachträglich durch Zwischenurteil zugelassen, so kann der Arbeitgeber hiergegen Berufung einlegen. Solange das Landesarbeitsgericht über diese Berufung nicht entschieden hat, wird das Arbeitsgericht den Kündigungsschutzprozess aussetzen[8].

Bei einer Streitigkeit um **Annahmeverzugslohn** (§ 615 BGB), der nach Ansicht des Arbeitnehmers aus dem Annahmeverzug des Arbeitgebers resultieren soll, weil die ausgesprochene Kündigung unwirksam ist und daher das Arbeitsverhältnis nicht beendet hat, kommt eine Aussetzung des Verfahrens mit Blick auf den arbeitsgerichtlichen **Beschleunigungsgrundsatz** (§ 9 Abs. 1 ArbGG) in der Regel nicht in Betracht. Etwas anderes kann nur bei Vorliegen besonderer Umstände gelten, die ausnahmsweise das schützenswerte Interesse des Arbeitnehmers an einer auch vorläufigen Existenzsicherung überwiegen[9].

Eine Aussetzung wird dagegen idR erfolgen, wenn der **Weiterbeschäftigungsanspruch** mit der Kündigungsschutzklage nicht im Wege der Klagehäufung verbunden, sondern isoliert erhoben wurde (dazu schon Teil 5 A Rz. 182).

---

1 BAG 29.6.2000 – 8 ABR 44/99, AP Nr. 2 zu § 126 InsO, ausführlich *Schrader*, NZA 1997, 70 (75 ff.); ferner *Stahlhacke/Preis/Vossen*, Rz. 2342.
2 BAG 27.4.2006 – 2 AZR 360/05, NZA 2007, 229 (231).
3 BVerfG 5.8.2013 – 1 BvR 2965/10, NJW 2013, 3432 (3432 f.).
4 *Zöller/Greger*, § 148 ZPO Rz. 7a.
5 BAG 13.9.1995 – 2 AZR 587/94, AP Nr. 25 zu § 626 BGB – Verdacht strafbarer Handlung; 20.1.2000 – 2 AZR 378/99, AP Nr. 38 zu § 1 KSchG 1969 – Krankheit.
6 BAG 23.5.2013 – 2 AZR 991/11, NZA 2013, 1373 (1374).
7 BAG 26.9.1991 – 2 AZR 132/91, AP Nr. 28 zu § 1 KSchG 1969 – Krankheit; 13.9.1995 – 2 AZR 587/94, AP Nr. 25 zu § 626 BGB – Verdacht strafbarer Handlung; die gegenteilige Auffassung (Verpflichtung zur Aussetzung) im Urteil des BAG 25.11.1980 – 6 AZR 210/80, AP Nr. 7 zu § 12 SchwbG ist überholt.
8 LAG Düsseldorf 2.4.1976 – 9 Sa 83/76, EzA § 5 KSchG Nr. 2.
9 BAG 16.4.2014 – 10 AZB 6/14, NJW 2014, 1903 (1904); vgl. aber auch BAG 11.1.2006 – 5 AZR 98/05, AP Nr. 7 zu § 11 KSchG 1969.

63 Zulässig kann die Aussetzung auch dann sein, wenn die Entscheidung des Rechtsstreits von der Beantwortung einer Frage abhängt, die dem EuGH bereits von einem anderen Gericht zur **Vorabentscheidung** vorgelegt worden ist. Dann darf das erkennende Gericht, auch wenn es den EuGH nicht selbst um Vorabentscheidung nach Art. 267 AEUV ersucht, analog § 148 ZPO den Rechtsstreit bis zur Entscheidung des EuGH aussetzen[1].

VI. Besonderheiten bei Berufsausbildungsverhältnissen

64 Zur Beilegung von Streitigkeiten zwischen Ausbildenden und Auszubildenden aus einem bestehenden Berufsausbildungsverhältnis können im Bereich des Handwerks die Handwerksinnungen, im Übrigen die zuständigen Stellen iSd. BBiG Ausschüsse bilden, denen Arbeitgeber und Arbeitnehmer mit gleicher Zahl angehören müssen (§ 111 Abs. 2 ArbGG). In der Praxis sind nicht bei allen Stellen Schlichtungsausschüsse gebildet worden, zB nicht bei manchen Rechtsanwaltskammern. **Besteht ein solcher Ausschuss**, gelten die nachfolgenden Erwägungen; besteht er nicht, erklärt er sich für nicht zuständig oder lehnt er es ab, ein Verfahren durchzuführen, finden die allgemeinen Regeln des arbeitsgerichtlichen Verfahrens einschließlich der fristgebundenen Klageerhebung (§ 4 KSchG) Anwendung[2].

65 Der Ausschuss ist nicht nur für Streitigkeiten „aus" dem Ausbildungsverhältnis, sondern auch für solche über seine **Beendigung**, namentlich die Wirksamkeit einer Kündigung, zuständig[3].

1. Prozessvoraussetzung

66 Die vorherige Anrufung des Ausschusses ist **Prozessvoraussetzung** einer Klage. Da die Prozessvoraussetzungen jedoch erst im Zeitpunkt der letzten mündlichen Verhandlung vorliegen müssen, soll es nach Ansicht des BAG zulässig sein, das Verfahren vor dem Ausschuss erst nach Klageerhebung, aber vor dem Termin vor der Kammer durchzuführen: Zwar ergebe sich aus § 111 Abs. 2 Satz 5 ArbGG nicht, dass einer vor der Verhandlung vor dem Ausschuss erhobenen Klage ein unbehebbares Prozesshindernis entgegenstehe. Die Verhandlung mache eine Klage nur dann überflüssig, wenn beide Parteien den Spruch des Ausschusses anerkannt haben. Dem Erfordernis des außergerichtlichen Schlichtungsverfahrens werde nach seinem Zweck und seiner Bedeutung aber auch dann genügt, wenn die Verhandlung vor dem Ausschuss erst nach Klageerhebung, aber vor der Streitverhandlung ohne bindenden Spruch stattfinde. Die zunächst unzulässige Klage werde dann nachträglich zulässig[4].

67 Hieraus folgt jedoch für die Parteien **nicht** die Möglichkeit, auf die Durchführung des Schlichtungsverfahrens **gänzlich verzichten** zu können. Die gesetzliche Regelung hat ihren Grund in der Rücksichtnahme auf das besondere Vertrauensverhältnis zwischen Ausbildendem und Auszubildendem. Um dieses Verhältnis zu schützen und zu erhalten, sollen Streitigkeiten vor paritätisch zusammengesetzten Ausschüssen beigelegt werden. Ziel der Regelung ist es, nach Möglichkeit zu vermeiden, dass

---

1 BAG 20.5.2010 – 6 AZR 481/09 (A), NZA 2011, 710.
2 BAG 26.1.1999 – 2 AZR 134/98, AP Nr. 43 zu § 4 KSchG 1969; LAG Köln 10.3.2006 – 3 Ta 47/06, NZA-RR 2006, 319 (320).
3 Vgl. BAG 18.10.1961 – 1 AZR 437/60, AP Nr. 1 zu § 111 ArbGG 1953; 18.9.1975 – 2 AZR 602/74, AP Nr. 2 zu § 111 ArbGG 1953; LAG Hamburg 5.3.1975 – 5 Sa 144/74, BB 1976, 186; GMP/*Prütting*, § 111 ArbGG Rz. 17; aA LAG Berlin 15.10.1974 – 8 Sa 61/74, BB 1975, 884.
4 BAG 25.11.1976 – 2 AZR 751/75, AP Nr. 4 zu § 15 BBiG; 13.4.1989 – 2 AZR 441/88, AP Nr. 21 zu § 4 KSchG 1969.

sich Prozessparteien streitend vor Gericht gegenüberstehen, solange Ungewissheit über die rechtswirksame Beendigung besteht[1].

Dieses Ziel wird zwar noch erreicht, wenn das Schlichtungsverfahren erst **nach Klageerhebung, aber vor der streitigen Verhandlung** ohne bindenden Spruch stattfindet. Dagegen würde der Gesetzeszweck vereitelt, wenn es die Parteien in der Hand hätten, den Ausschuss durch ausdrücklichen Verzicht oder rügeloses Verhandeln vor dem Arbeitsgericht gänzlich auszuschalten. Der Ausschuss ist aufgrund seiner größeren Sachnähe und Sachkunde eher in der Lage, einen Rechtsstreit oder zumindest seine Durchführung zu verhindern. Diese Vermittlungsfunktion kann er deshalb auch noch nach Klageerhebung, nicht aber im Falle des wirksamen Verzichts der Parteien auf die Durchführung des Schlichtungsverfahrens erfüllen[2]. 68

2. Verfahren vor dem Ausschuss

Für die Anrufung des Ausschusses gibt es **keine Frist**. Das BAG hat es namentlich abgelehnt, die dreiwöchige Klagefrist des § 4 KSchG auf die Anrufung des Schlichtungsausschusses zu übertragen, weil dadurch die Fristen des § 111 Abs. 2 Satz 3 ArbGG „wesentlich geändert" würden[3]. Diese Entscheidung ist nicht zu Unrecht kritisiert worden, weil dadurch Ungleichheiten je nachdem entstehen, ob ein Ausschuss errichtet worden ist oder nicht. 69

Zweifelhaft ist, ob die Anrufung des Ausschusses die **Verjährung** oder **tarifliche Ausschlussfristen** hemmt. Hierüber besteht in der Praxis Unklarheit, so dass aus Gründen anwaltlicher Sorgfalt zu empfehlen ist, bei drohender Verjährung oder Verwirkung Klage vor dem Arbeitsgericht zu erheben und gleichzeitig den Schlichtungsausschuss anzurufen. Die Klage hemmt die Verjährung (§ 204 Abs. 1 Nr. 1, § 209 BGB), obwohl sie erst zulässig wird, wenn das Verfahren vor dem Ausschuss abgeschlossen ist[4] (s. Rz. 66). 70

Über das Verfahren vor dem Ausschuss enthält § 111 Abs. 2 ArbGG kaum besondere Bestimmungen. Es muss rechtsstaatlichen Grundsätzen entsprechen und den Beteiligten die **Möglichkeit** einräumen, sich mündlich zu äußern. Regelungen, die eine Entscheidung in der Sache auch bei Säumnis einer Partei ermöglichen, sind unbedenklich. Ob der Ausschuss den Sachverhalt von Amts wegen ermitteln muss oder nicht, steht im Ermessen der Verfahrensordnung. Der **Spruch** kann – muss aber nicht – verkündet werden, zwingend ist dagegen, dass er begründet, schriftlich abgefasst, mit einer Rechtsmittelbelehrung versehen (§ 111 Abs. 2 Satz 4 iVm. § 9 Abs. 5 ArbGG), von allen Mitgliedern des Schlichtungsausschusses unterschrieben und zugestellt wird[5]. 71

Wird der gefällte Spruch innerhalb einer Woche nach Zustellung von beiden Seiten (ausdrücklich, konkludentes Verhalten genügt nicht)[6] anerkannt, erwächst er in **materielle Rechtskraft**. Aus ihm kann, wenn der Vorsitzende des Arbeitsgerichts, das für die Geltendmachung des Anspruchs zuständig (gewesen) wäre, ihn für vollstreckbar erklärt hat (§ 109 Abs. 1 ArbGG), die **Zwangsvollstreckung** betrieben werden. 72

---

1 BAG 18.9.1975 – 2 AZR 602/74, AP Nr. 2 zu § 111 ArbGG 1953.
2 BAG 13.4.1989 – 2 AZR 441/88, AP Nr. 21 zu § 4 KSchG 1969.
3 BAG 13.4.1989 – 2 AZR 441/88, AP Nr. 21 zu § 4 KSchG 1969; LAG Hamm 29.11.1984 – 9 Sa 1421/84, DB 1985, 391; 19.6.1986 – 8 Ta 138/86, LAGE § 5 KSchG Nr. 24; aA LAG Düsseldorf 3.5.1988 – 3 Sa 1824/87, LAGE § 111 ArbGG 1979 Nr. 1.
4 GMP/*Prütting*, § 111 ArbGG Rz. 26f.
5 GMP/*Prütting*, § 111 ArbGG Rz. 36.
6 RAG 29.11.1929 – RAG 161/1929, ARS 7, 359 (363).

73 Wird er nicht oder nur von einer Seite anerkannt, kann innerhalb von zwei Wochen nach ergangenem Spruch das **Arbeitsgericht angerufen** werden. Der Spruch entfaltet dann keinerlei Wirkung. Wird die Zweiwochenfrist trotz ordnungsgemäßer Rechtsbehelfsbelehrung[1] versäumt, ist die Klage unzulässig; Wiedereinsetzung in den vorigen Stand ist in entsprechender Anwendung des § 233 ZPO jedoch möglich[2].

3. Verfahren vor dem Arbeitsgericht

74 Für das Verfahren vor dem Arbeitsgericht gelten keine Besonderheiten. Es beginnt auch in den Fällen eines vorangegangenen Schlichtungsversuchs wie gewöhnlich mit einer Güteverhandlung[3].

---

1 Dazu BAG 30.9.1998 – 5 AZR 690/97, AP Nr. 8 zu § 10 BBiG.
2 LAG Hamm 3.3.1983 – 8 (1) Ta 318/82, ArbuR 1983, 250.
3 *Rolfs*, NJW 2000, 1227 (1229).

D. Berufungsverfahren

	Rz.
I. Vorbemerkung	1
II. Statthaftigkeit der Berufung	
1. Grundsatz	2
2. Zulassung der Berufung	3
a) Zulassungsvoraussetzungen	4
b) Zulassungsentscheidung	5
aa) Keine gerichtliche Entscheidung über Zulassung	6
bb) Falsche Verkündung	7
cc) Entscheidung des Gerichts	10
3. Wert des Beschwerdegegenstandes	
a) Definition	11
b) Offensichtliche Unrichtigkeit der Streitwertfestsetzung	13
c) Veränderung des Beschwerdewertes	14
aa) Änderung vor Berufungseinlegung	15
bb) Änderung nach Berufungseinlegung	16
4. Bestandsschutzstreitigkeiten	18
5. Zweites Versäumnisurteil	19
6. Weitere allgemeine Zulässigkeitsvoraussetzungen	
a) Endurteil	20
b) Beschwer	21
III. Berufungsfrist	22
1. Fristbeginn	23
2. Fristablauf	
a) Urteilszustellung innerhalb von fünf Monaten nach Verkündung	26
b) Urteilszustellung außerhalb von fünf Monaten nach Verkündung	28
3. Urteilsberichtigungen	30
IV. Formerfordernisse	
1. Zuständiges Gericht	32
2. Bezeichnung des anzufechtenden Urteils, Parteibezeichnung	33
3. Adressierung	35
4. Unterzeichnung	
a) Grundsatz	37
b) Ausnahmen	39
V. Anträge	
1. Antragspflicht	43
2. Antragsformulierung	
a) Berufungskläger	44
b) Berufungsbeklagter	45

	Rz.
VI. Berufungsbegründung	
1. Frist	46
a) Mehrfachberufung	48
b) Wiedereinsetzung	
aa) Frist	51
bb) Prozesskostenhilfe	51a
cc) Zuständigkeit	51b
dd) Nachholung der versäumten Prozesshandlung	52
ee) Begründetheit des Antrags	53
c) Fristverlängerung	60
aa) Keine Mehrfachverlängerung	61
bb) Antragsbegründung	63
cc) Eingang des Verlängerungsantrages vor Fristablauf	64
dd) Eingang des Verlängerungsantrages nach Fristablauf	65
2. Inhalt der Berufungsbegründung	
a) Begründungszwang	66
b) Unterschiedliche rechtliche Erwägungen	71
c) Unterschiedliche Streitgegenstände	72
d) Sonderfälle	73
e) Unterzeichnung	76
VII. Berufungsbeantwortung	78
VIII. Zulassung neuer Angriffs- und Verteidigungsmittel	
1. Grundsatz	82
2. Zeitpunkt des Vorbringens	84
IX. Neuerliche Beweisaufnahme	87
X. Verwerfung der Berufung	
1. Grundsatz	90
2. Rechtsmittel	92
XI. Rücknahme der Berufung	94
XII. Anschlussberufung	
1. Grundsatz	96
2. Statthaftigkeit	97
3. Frist	98
4. Begründung	99
5. Wirkungslosigkeit der Anschlussberufung	100
XIII. Urteil des Landesarbeitsgerichts	101

Schrifttum:

Bram, Häufige Fehler bei der Einlegung und Begründung von Berufung und Beschwerde, FA 2005, 226; *Brehm*, Rechtsmittel und Wiederaufnahme im Urteilsverfahren, Münchener Handbuch zum Arbeitsrecht, Band 2, 3. Aufl. 2009, § 344; *Düwell*, Die Auswirkungen der Reform des Zivilprozesses auf die Verfahren in Arbeitssachen, FA 2001, 294; *Germelmann*, Neue prozessuale Probleme durch das Gesetz zur Beschleunigung des arbeitsgerichtlichen Verfahrens,

NZA 2000, 1017; *Germelmann/Matthes/Prütting*, ArbGG, 8. Aufl. 2013; *Gift/Baur*, Das Urteilsverfahren vor den Gerichten für Arbeitssachen, 1993; *Grunsky/Waas/Benecke/Greiner*, ArbGG, 8. Aufl. 2013; *Hergarten*, Die Berufungszulassungsentscheidung, FA 2004, 73; *Kreutzfeldt*, Verfassungsbeschwerde statt Nichtzulassungsbeschwerde, FA 2001, 297; *Schmidt/Schwab/Wildschütz*, Die Auswirkungen der Reform des Zivilprozesses auf das arbeitsgerichtliche Verfahren (Teil 2), NZA 2001, 1217; *Schwab*, Die Fünf-Monats-Frist im arbeitsgerichtlichen Berufungsverfahren, FA 2003, 258; *Schwab*, Die Anschlussberufung im arbeitsgerichtlichen Verfahren, FA 2006, 130; *Schwab/Weth*, ArbGG, 3. Aufl. 2011.

I. Vorbemerkung

1 Die Berufung ist ein Rechtsmittel, das die Überprüfung der Urteile der Arbeitsgerichte in tatsächlicher sowie rechtlicher Hinsicht ermöglicht. Dementsprechend findet gem. § 64 ArbGG gegen Urteile der Arbeitsgerichte die Berufung an die Landesarbeitsgerichte statt, soweit nicht nach § 78 ArbGG das Rechtsmittel der sofortigen Beschwerde gegeben ist.

Beispiele für sofortige Beschwerde:
- Kostenentscheidung im Anerkenntnisurteil nach § 99 Abs. 2 ZPO;
- Aussetzungsbeschluss nach §§ 148, 252 ZPO;
- Zwischenurteil über die Zulassung der Nebenintervention nach § 71 Abs. 2 ZPO;
- Zwischenurteil über die Berechtigung der Aussageverweigerung eines Zeugen nach § 387 Abs. 3 ZPO.

II. Statthaftigkeit der Berufung

1. Grundsatz

2 Nach § 64 Abs. 2 ArbGG kann Berufung nur eingelegt werden,
- wenn sie in dem Urteil des Arbeitsgerichts zugelassen worden ist,
- wenn der Wert des Beschwerdegegenstandes 600 Euro übersteigt oder
- in Rechtsstreitigkeiten über das Bestehen, das Nichtbestehen oder die Kündigung eines Arbeitsverhältnisses[1] oder
- wenn es sich um ein Versäumnisurteil handelt, gegen das der Einspruch an sich nicht statthaft ist, wenn die Berufung oder Anschlussberufung darauf gestützt wird, dass der Fall der schuldhaften Versäumung nicht vorgelegen habe.

2. Zulassung der Berufung

3 Die Frage der Berufungszulassung stellt sich nur dann, wenn die Berufung nicht ohnehin schon aufgrund der Bestimmungen des § 64 Abs. 2 lit. b, c, d ArbGG statthaft ist.

a) Zulassungsvoraussetzungen

4 Das Arbeitsgericht hat die Berufung nach § 64 Abs. 3 ArbGG zuzulassen, wenn entweder die Rechtssache grundsätzliche Bedeutung hat, bestimmte tarifliche Streitigkeiten (im Einzelnen dazu § 64 Abs. 3 Nr. 2 lit. a–c ArbGG) betrifft, das Arbeitsgericht in der Auslegung einer Rechtsvorschrift von einem ihm im Verfahren vor-

---
1 ZPO-Reformgesetz v. 27.7.2001, Art. 30 – Änderung des ArbGG, BGBl. I, 1887.

gelegten Urteil, das für oder gegen eine Partei des Rechtsstreits ergangen ist, oder von einem Urteil des im Rechtszuge übergeordneten LAG abweicht und die Entscheidung auf dieser Abweichung beruht.

b) Zulassungsentscheidung

Die Zulassungsentscheidung erfolgt von Amts wegen. Das LAG ist gem. § 64 Abs. 4 ArbGG hieran gebunden[1]. Aus Gründen der Rechtssicherheit und Rechtsklarheit sind sowohl die Zulassung als auch die Nichtzulassung der Berufung in den Urteilstenor aufzunehmen. Bis zur Einführung des § 64 Abs. 3a ArbGG durch das Arbeitsgerichtsbeschleunigungsgesetz[2] war es nach der Rechtsprechung des BAG zwar ausreichend, wenn eine versehentlich nicht mitverkündete Zulassung eines Rechtsmittels in den Entscheidungsgründen des Urteils nachgeholt wurde[3]. Nunmehr ist klargestellt, dass eine wirksame Zulassung der Berufung (oder Revision, § 72 Abs. 1 Satz 2 ArbGG) in den Entscheidungsgründen nicht mehr möglich ist[4].

aa) Keine gerichtliche Entscheidung über Zulassung

Unterbleibt (überhaupt) eine Entscheidung über die Zulassung (ggf. auch versehentlich)[5], kann nach § 64 Abs. 3a Satz 2 ArbGG binnen zweier Wochen ab Verkündung des Urteils eine entsprechende Ergänzung beantragt werden. Wird kein Antrag gestellt, ist die Berufung nicht zugelassen. Von Bedeutung ist, dass die Frist zur Antragstellung auf die Verkündung des Urteils abstellt. Auf die Zustellung des Urteils oder die Übersendung eines Terminprotokolls kommt es nicht an. In der Praxis bedeutet dies, dass die Antragsfrist bereits abgelaufen sein kann, bevor die Entscheidung den Parteien zur Kenntnis gebracht wurde, etwa weil zur Verkündung niemand erschienen ist oder der Urteilstenor auch nicht telefonisch abgefragt wurde[6].

bb) Falsche Verkündung

Nicht geregelt ist in § 64 Abs. 3a ArbGG der Fall, dass eine Kammer ihre **intern getroffene Entscheidung** über die Zulassung oder Nichtzulassung eines Rechtsmittels **falsch verkündet**.

Dann sollen Arbeitsgericht oder Landesarbeitsgericht grundsätzlich die Möglichkeit haben, einen solchen Fehler gem. § 319 ZPO zu beseitigen[7].

Danach besteht die Möglichkeit, offensichtliche und sofort erkennbare Versehen zu korrigieren. § 319 ZPO schützt die Rechtsuchenden vor den Folgen solcher im Justizalltag unvermeidlichen Fehler und ist damit Ausdruck des das Prozessrecht durchziehenden Prinzips der Rücksichtnahme auf die Rechtsuchenden und ihrer fairen Behandlung[8]. Allerdings verlangt § 319 Abs. 1 ZPO (neben Schreib- und Rechenfehlern) ähnliche „offenbare Unrichtigkeiten". Ein gerichtsintern gebliebener Vorgang (Entscheidung über Zulassung oder Nichtzulassung der Berufung) kann aber nicht ohne weiteres als „offenbare Unrichtigkeit" iSd. § 319 ZPO bezeichnet werden, weil er

---

1 BAG 11.12.1998 – 6 AZB 48/97, NZA 1999, 333; unter Aufgabe seiner bisherigen Rechtsprechung ebenso BAG 30.9.1998 – 4 AS 36/98, nv.
2 BGBl. I 2000, 333.
3 Vgl. BAG 23.11.1994 – 4 AZR 528/92, BAGE 78, 294.
4 BAG 10.5.2005 – 9 AZR 251/04, NZA 2006, 439.
5 Begründung des Gesetzesentwurfs, BT-Drucks. 14/626, 10.
6 *Hergarten*, FA 2004, 73.
7 BAG 10.5.2005 – 9 AZR 251/04, NZA 2006, 439.
8 BVerfG 15.1.1992 – 1 BvR 1184/86, EzA § 64 ArbGG 1979 Nr. 29.

für Außenstehende idR nicht erkennbar ist[1]. Auf diese Weise könnte also durch einen bloßen Berichtigungsbeschluss (nach § 319 ZPO) zeitlich unbegrenzt die Rechtsmittelfähigkeit des Urteils nachgeholt werden[2]. Insofern mag man die These des Neunten Senats, § 64 Abs. 3a ArbGG habe nur die Fälle regeln sollen, in denen die gerichtsinterne Entscheidung über die Berufungszulassung gar nicht getroffen (und im Tenor verkündet) worden ist, kritisch betrachten. Die Norm sollte ja gerade hinsichtlich der Zulassung der Berufung Rechtsklarheit schaffen, weshalb die besseren Gründe dafür sprechen, sie auch für den Fall anzuwenden, dass die tenorierte Entscheidung über die (Nicht-)Zulassung der Berufung inhaltlich nicht dem entspricht, was die Kammer eigentlich verkünden wollte. Jedenfalls aber muss sich – wenn man eine (von Amts wegen mögliche!) Korrektur über § 319 ZPO eröffnet – die materiell-rechtliche Unrichtigkeit der Entscheidung aus nachvollziehbaren Tatsachen ergeben. So muss etwa das Gericht schon in der mündlichen Verhandlung klar zu erkennen gegeben haben, ob es die Berufung zulassen oder nicht zulassen werde.

cc) Entscheidung des Gerichts

10 Über den Antrag nach § 64 Abs. 3a ArbGG kann die (erstinstanzliche) Kammer ohne mündliche Verhandlung entscheiden. Es muss dieselbe erstinstanzliche Kammer sein. Fehlt ein mitwirkender Richter, bleibt nur die Wiedereröffnung der Verhandlung nach § 156 ZPO.

3. Wert des Beschwerdegegenstandes

a) Definition

11 Bei unterschiedlichen Streitgegenständen ist die Statthaftigkeit der Berufung für jeden von ihnen gesondert zu prüfen. Zur Ermittlung des Beschwerdewerts nach § 64 Abs. 2 lit. b ArbGG ist der Wert der Streitgegenstände gem. §§ 2, 5 ZPO zusammenzurechnen[3].

12 Der Beschwerdewert ist derjenige Wert, in dessen Höhe der Berufungskläger die Abänderung des angefochtenen Urteils begehrt. Dabei richtet sich der Beschwerdewert nach dem jeweiligen Antrag. Legt die beim Arbeitsgericht in vollem Umfang unterlegene Partei uneingeschränkt Berufung ein, so stimmt der **Wert der Beschwer** mit dem im Urteil des Arbeitsgerichts festgesetzten **Streitwert** überein[4]. Eine gesonderte Ermittlung des Streitwertes kommt in einem solchen Fall nicht in Betracht[5].

b) Offensichtliche Unrichtigkeit der Streitwertfestsetzung

13 Die Rechtsmittelinstanzen sind bei der Klärung der Statthaftigkeit einer Berufung so lange an die Streitwertfestsetzung des Arbeitsgerichts gebunden, als sie nicht offensichtlich unrichtig ist[6]. Eine offensichtliche Unrichtigkeit, die auf den ersten Blick erkennbar sein muss, liegt nur dann vor, wenn die Streitwertfestsetzung in jeder Beziehung unverständlich und unter keinem vernünftigen Gesichtspunkt zu rechtfertigen ist **und** außerdem der zutreffende Streitwert auf den ersten Blick die für den Beschwerdewert maßgebliche Grenze unterschreitet oder übersteigt[7].

---

1 BAG 23.11.1994 – 4 AZR 528/92, BAGE 78, 294.
2 So BAG 31.10.1995 – 1 AZR 372/95, EzA § 72 ArbGG 1979 Nr. 20.
3 BAG 27.1.2004 – 1 AZR 105/03, NZA 2004, 1239.
4 *Schäfer/Schmidt*, DB 1980, 1490.
5 BAG 27.5.1994 – 5 AZB 3/94, NZA 1994, 1054; 13.1.1988 – 5 AZR 410/87, NZA 1988, 705.
6 BAG 11.12.2007 – 3 AZR 280/06, NZA-RR 2008, 373.
7 BAG 16.5.2007 – 2 AZB 53/06, NZA 2007, 829 (keine offensichtliche Unrichtigkeit bei Festlegung des Streitwerts auf 200 Euro bei Klagen auf Rücknahme einer Abmahnung).

c) Veränderung des Beschwerdewertes

Für die Berechnung des Beschwerdewertes ist der Zeitpunkt der Einlegung des Rechtsmittels maßgeblich (§ 4 Abs. 1 ZPO). Neu im Berufungsverfahren gestellte Anträge sind deshalb ebenso wenig von Bedeutung wie erstinstanzlich gestellte, aber nicht mehr weiterverfolgte Anträge[1]. 14

Änderungen des Beschwerdewertes nach Urteilsverkündung können für die Zulassung der Berufung von Bedeutung sein:

aa) Änderung vor Berufungseinlegung

Erwirkt der erstinstanzlich obsiegende Beklagte gleichwohl die (teilweise) Erfüllung des geltend gemachten Anspruchs und sinkt dadurch die Beschwer des Klägers unter den Berufungswert, wird dessen Berufung unzulässig[2]. 15

bb) Änderung nach Berufungseinlegung

Grundsätzlich berührt die nach Berufungseinlegung eintretende Verringerung des Beschwerdewertes nicht die Zulässigkeit der Berufung; anders ist dies, wenn die Einschränkung des Berufungsantrags auf einer freien Entscheidung des Berufungsklägers beruht[3], zB durch Abschluss eines Teilvergleichs oder weil das Gericht die (teilweise) Rücknahme der Berufung nahegelegt hat[4]. 16

Einstweilen frei. 17

4. Bestandsschutzstreitigkeiten

Bei allen denkbaren Formen von Bestandsschutzstreitigkeiten ist die Berufung grundsätzlich unabhängig von ihrer Zulassung oder der Erreichung des Beschwerdewertes zulässig. 18

5. Zweites Versäumnisurteil

In Anlehnung an den durch das ZPO-Reformgesetz neu gefassten § 514 ZPO soll die Berufung ungeachtet des Beschwerdegegenstandes auch im Fall eines zweiten Versäumnisurteils dann zulässig sein, wenn der Berufungsführer darlegt, dass ein Fall der schuldhaften Versäumung nicht vorgelegen hat. Damit korrigiert der Gesetzgeber die Rechtsprechung des BAG[5], wonach wegen der speziellen Regelung in § 64 Abs. 2 ArbGG auch im Falle der Zulässigkeit der Berufung bei unverschuldeter Säumnis der Beschwerdewert von 600 Euro überschritten werden musste. 19

6. Weitere allgemeine Zulässigkeitsvoraussetzungen

a) Endurteil

Weitere Voraussetzung für die Zulässigkeit der Berufung ist das **Vorliegen eines Endurteils** oder Vorliegen einer **gleichgestellten Entscheidung**. Dies können Teilurteile, Vorbehaltsurteile und Ergänzungsurteile sein. Ein Zwischenurteil über die Zulässig- 20

---

1 BAG 4.6.2008 – 3 AZB 37/08, NZA-RR 2009, 555.
2 Schwab/Weth/*Schwab*, § 64 ArbGG Rz. 67.
3 BAG 27.1.2004 – 1 AZR 105/03, NZA 2004, 1239; 23.3.2004 – 3 AZR 35/03, NZA 2004, 808.
4 BAG 9.7.2003 – 10 AZR 615/02, EzA § 64 ArbGG Nr. 37; 19.1.2006 – 6 AZR 259/05, AP Nr. 39 zu § 64 ArbGG 1979.
5 BAG 4.4.1989 – 5 ARB 9/88, NZA 1989, 693.

keit der Klage ist ebenfalls in diesem Sinne als Endurteil anzusehen (§ 280 Abs. 2 Satz 1 ZPO). Keine Endurteile sind dagegen Zwischenurteile (§ 303 ZPO), mit denen vorab über den Grund des Anspruches entschieden wird. Diese sind gem. **§ 61 Abs. 3 ArbGG** nicht berufungsfähig, die Ausnahme des § 304 ZPO gilt in arbeitsrechtlichen Verfahren nicht.

b) Beschwer

21 Der Berufungskläger muss darüber hinaus beschwert sein, dh. der Inhalt des angefochtenen Urteils muss grundsätzlich hinter dem Beantragten zurückbleiben (formelle Beschwer)[1].

Beispiel für fehlende Beschwer:

Das Arbeitsgericht löst nach beiderseitigem Auflösungsantrag gem. §§ 9, 10 KSchG das Arbeitsverhältnis unter Bezugnahme auf die Antragsbegründung des Arbeitgebers auf. Der Arbeitnehmer legt nun Berufung ein, wendet sich aber nicht gegen die Höhe der Abfindung, sondern verfolgt mit der Berufung das Ziel, seinen erstinstanzlich gestellten Auflösungsantrag zurückzunehmen und eine Fortsetzung des Arbeitsverhältnisses zu erreichen. Die Berufung ist wegen fehlender formeller Beschwer unzulässig[2].

III. Berufungsfrist

22 Die Berufungsfrist beträgt einen Monat (§ 66 Abs. 1 Satz 1 Halbs. 1 ArbGG). Sie ist eine **Notfrist** (§ 517 ZPO)

1. Fristbeginn

23 Die Frist beginnt mit Zustellung der Ausfertigung[3] des in vollständiger Form abgefassten Urteils, spätestens aber mit Ablauf von fünf Monaten nach der Verkündung (§ 66 Abs. 1 Satz 2 ArbGG). Bei Zustellung an einen Anwalt reicht zum Nachweis ein Empfangsbekenntnis (§ 195 ZPO). Ansonsten muss sich die ordnungsgemäße Zustellung aus den Gerichtsakten nachweisen lassen[4]. Ist die Zustellung rechtsunwirksam, wird die Frist nicht in Lauf gesetzt[5]. Wurde aber ein die Klage abweisendes Urteil irrtümlich mit einem die Beklagten verurteilenden Tenor versehen, beginnt die Berufungsfrist erst mit der Zustellung eines diesen Fehler berichtigenden Beschlusses[6].

24 Die Berufung kann auch nach Verkündung und vor Zustellung des Urteils eingelegt werden[7], was jedoch am Beginn der Berufungsbegründungsfrist nichts ändert; sie beginnt erst mit Urteilszustellung[8].

25 Wird die Berufung schon vor Verkündung des Urteils eingelegt, ist dieses Rechtsmittel unzulässig. Für eine wirksame Berufungseinlegung ist erforderlich, sie nach Urteilsverkündung zu wiederholen[9].

---

1 *Gift/Baur*, Teil G Rz. 154.
2 BAG 23.6.1993 – 2 AZR 56/93, NZA 1994, 264.
3 BGH 9.6.2010 – XII ZB 132/09, EBE/BGH 2010, 219.
4 BAG 10.11.1993 – 4 AZR 375/92, NZA 1994, 948; 24.3.1993 – 4 AZN 5/93, NZA 1993, 849; *Baumbach/Lauterbach/Albers/Hartmann*, § 517 ZPO Rz. 9.
5 *Gift/Baur*, Teil G Rz. 328.
6 BAG 15.11.2001 – 6 AZR 629/00.
7 BAG 6.3.2003 – 2 AZR 596/02, NZA 2003, 814.
8 GMP/*Germelmann*, § 66 ArbGG Rz. 19.
9 *Gift/Baur*, Teil G Rz. 334.

2. Fristablauf

a) Urteilszustellung innerhalb von fünf Monaten nach Verkündung

Wird das vollständig abgefasste Urteil in dem Zeitraum von fünf Monaten nach Urteilsverkündung mit **richtiger Rechtsmittelbelehrung** zugestellt, endet die Frist zur Einlegung der Berufung einen Monat später (§ 222 ZPO, § 188 Abs. 2 BGB). **26**

Erfolgt die Zustellung **ohne oder mit fehlerhafter Rechtsmittelbelehrung**, ist strittig, ob gem. § 9 Abs. 5 Satz 4 ArbGG die Jahresfrist zur Einlegung der Berufung oder auch hier die Grenze des § 66 Abs. 1 Satz 2 ArbGG (spätestens sechs Monate nach Verkündung) gilt. Die Rechtsprechung des BAG scheint von Letzterem auszugehen, wenngleich sie bisher nur zu Fallkonstellationen ergangen ist, bei denen das Urteil nach fünf Monaten seit Verkündung zugestellt worden ist[1]. Das Bundesverwaltungsgericht[2] hält § 9 Abs. 5 Satz 4 ArbGG in diesen Fällen ausdrücklich für nicht anwendbar. In der Literatur[3] wird dagegen § 9 Abs. 5 Satz 4 ArbGG als speziellere Norm angesehen mit der Folge, dass in dem hier behandelten Fall die Berufungseinlegung und -begründung[4] innerhalb eines Jahres seit Zustellung erfolgen kann und muss. **27**

b) Urteilszustellung außerhalb von fünf Monaten nach Verkündung

Sind seit Urteilsverkündung fünf Monate vergangen, ist von einer fiktiven Zustellung des Urteils auszugehen. Es beginnt die Monatsfrist des § 66 Abs. 1 Satz 2 ArbGG zur Einlegung der Berufung, die also bis zum Ablauf des sechsten Monats nach Verkündung eingelegt und bis zum Ablauf des siebten Monats nach Verkündung begründet sein muss. Dies gilt ungeachtet einer späteren tatsächlichen Zustellung des Urteils und ungeachtet einer damit verbundenen richtigen, fehlenden oder fehlerhaften Rechtsmittelbelehrung[5]. **28**

Wird das arbeitsgerichtliche Urteil also später als fünf Monate nach der Verkündung, aber noch vor Ablauf von sechs Monaten zugestellt, verbleibt folglich ein nur noch geringer Zeitraum (bis zum Ablauf des sechsten Monats), um die Berufung zulässigerweise einzulegen. Auch hier muss sie bis zum Ablauf des siebten Monats nach Verkündung begründet sein. **29**

3. Urteilsberichtigungen

Auslassungen und **offenbare Unrichtigkeiten** im Urteil, die gem. §§ 319, 320 ZPO berichtigt werden können, vermögen die Berufungsfrist nicht hinauszuzögern. Die Berufungsfrist endet also grundsätzlich mit dem Ablauf eines Monats nach ordnungsgemäßer Zustellung des erstinstanzlichen Urteils. Mit Zustellung des **Berichtigungsbeschlusses** beginnt mithin **keine neue** Rechtsmittelfrist zu laufen[6]. **30**

Eine Ausnahme gilt jedoch in den Fällen, in denen aufgrund der Unrichtigkeiten die Parteien die Notwendigkeit oder auch die Möglichkeit der Berufungseinlegung nicht **31**

---

1 BAG 28.10.2004 – 8 AZR 492/03, NZA 2005, 125; 16.12.2004 – 2 AZR 611/03, NZA 2005, 1133; 23.6.2005 – 2 AZR 423/04, NZA 2005, 1135; 24.10.2006 – 9 AZR 709/05, NZA 2007, 228; 15.10.2013 – 3 AZR 640/13 (zur Revision).
2 BVerwG 5.10.2011 – 6 P 18.10, NZA-RR 2012, 165.
3 Vgl. *Tschöpe*, FS zum 25-jährigen Bestehen der AG Arbeitsrecht im DAV, S. 429 (442) mit ausführlicher Begründung; *Schwab*, FA 2003, 258 (260).
4 Vgl. *Tschöpe*, FS zum 25-jährigen Bestehen der AG Arbeitsrecht im DAV, S. 429 (442) mit ausführlicher Begründung.
5 BAG 16.1.2008 – 7 AZR 1090/06, FA 2008, 147 (zur Revisionseinlegung); aA *Schwab*, FA 2003, 258 (260).
6 BAG 15.8.2001 – 7 ABR 53/00, NZA 2002, 112.

ordnungsgemäß überprüfen konnten[1]. Wird dagegen das Urteil innerhalb der Berufungsfrist ergänzt, so beginnt gem. § 518 ZPO mit der Zustellung dieser nachträglichen Entscheidung der Lauf der Berufungsfrist auch für das zuerst ergangene Urteil von neuem[2].

IV. Formerfordernisse

1. Zuständiges Gericht

32 Nach § 519 ZPO iVm. § 64 ArbGG wird die Berufung durch Einreichung der Berufungsschrift beim zuständigen Landesarbeitsgericht eingelegt. Sind bei einem LAG auswärtige Kammern eingerichtet, kann die Berufung in einer dort zu verhandelnden Sache auch am eigentlichen Sitz des LAG eingelegt werden[3].

2. Bezeichnung des anzufechtenden Urteils, Parteibezeichnung

33 Die Berufungsschrift muss das angefochtene Urteil bezeichnen (§ 519 Abs. 2 Nr. 1 ZPO). Hierzu gehört auch, dass das Gericht angegeben wird, von dem das Urteil stammt[4]. Wird dagegen in der Berufungsschrift das Gericht unrichtig angegeben und das richtige Gericht vor Ablauf der Berufungsfrist nicht ausdrücklich bezeichnet oder durch sonstige Umstände benannt, so ist die Berufung als unzulässig zu verwerfen[5]. Unschädlich ist dagegen, wenn bei im Übrigen richtigen Angaben nur das Aktenzeichen erster Instanz falsch angegeben worden ist[6]. Ebenfalls ist das Verkündungsdatum entbehrlich, wenn sich das angefochtene Urteil aus den sonstigen Angaben ergibt und in demselben Verfahren nicht mehrere Urteile ergangen sind[7]. Die Rechtsmittelschrift ist auch dann ordnungsgemäß, wenn die ladungsfähige Anschrift des Rechtsmittelbeklagten oder seines Prozessbevollmächtigten fehlt[8]. Die fehlende Angabe der Parteistellung und das Fehlen der Anschriften der Parteien macht die Berufung unzulässig, wenn sich die fehlenden Angaben nicht innerhalb der Rechtsmittelfrist aus der Berufungsakte des LAG ergeben[9].

34 ⊃ **Hinweis:** Das anzufechtende Urteil sollte in Kopie der Berufungsschrift beigefügt werden. Dies dient der Auslegung und im Zweifel der Klarstellung.

3. Adressierung

35 Ist eine versehentlich an das Arbeitsgericht anstatt an das LAG gerichtete Berufungsschrift am letzten Tag der Berufungsfrist in einen gesonderten Nachtbriefkasten des Arbeitsgerichts und des LAG eingeworfen worden, wird die Berufungsschrift bei einer gemeinsamen Einlaufstelle für das Arbeitsgericht und das LAG abgegeben und gelangt sie infolge der falschen Anschrift erst nach Ablauf der Frist zum LAG, so ist die Berufung nicht rechtzeitig eingelegt worden[10].

---

1 GMP/*Germelmann*, § 66 ArbGG Rz. 11; LAG Hamm 26.4.1999 – 19 Sa 947/98, nv.
2 Hauck/Helml/Biebl/*Hauck/Biebl*, § 66 ArbGG Rz. 11; GMP/*Germelmann*, § 66 ArbGG Rz. 12.
3 BAG 23.9.1981 – 5 AZR 603/79, AP Nr. 2 zu § 64 ArbGG 1979; Hauck/Helml/Biebl/*Hauck/Biebl*, § 66 ArbGG Rz. 2.
4 BAG 1.11.1971 – 4 AZB 29/71, AP Nr. 16 zu § 518 ZPO.
5 BAG 5.12.1974 – 3 AZR 137/74, AP Nr. 26 zu § 518 ZPO.
6 BAG 5.7.1976 – 2 AZR 385/75, AP Nr. 35 zu § 518 ZPO.
7 GWBG/*Benecke*, § 64 ArbGG Rz. 34; BAG 5.7.1976 – 2 AZR 385/75, AP Nr. 35 zu § 518 ZPO.
8 BAG (GrS) 16.9.1986 – GS 4/85, DB 1987, 544; vgl. auch *Popp*, DB 1983, 2574.
9 BAG 26.6.2008 – 2 AZR 23/07, NZA 2008, 1241.
10 BAG 14.7.1988 – 4 AZB 6/88, AP Nr. 57 zu § 518 ZPO; 29.8.2001 – 4 AZR 388/00, BB 2002, 839 (bei Berufungsbegründung und gleichem Faxanschluss des ArbG und LAG).

IV. Formererfordernisse   Rz. 38 Teil 5 D

Wird die Rechtsmittelschrift statt an das Rechtsmittelgericht an das Ausgangsgericht 36
adressiert und wird dadurch die Rechtsmittelfrist versäumt, kann Wiedereinsetzung
nur dann gewährt werden, wenn der Schriftsatz bei unverzögerter Weiterleitung im
ordentlichen Geschäftsgang noch fristgerecht beim Rechtsmittelgericht eingegangen
wäre[1]. Ist dagegen die Berufungsschrift an das richtige Gericht adressiert, so geht die
Berufungsschrift mit Einwurf in den gemeinsamen Briefkasten zu[2].

4. Unterzeichnung

a) Grundsatz

Berufungsschrift (ebenso Berufungsbegründungsschrift) sind bestimmende Schriftsät- 37
ze. Diese müssen grundsätzlich eigenhändig unterschrieben sein. Fehlt also die Unterschrift des Anwalts oder eines sonst nach § 11 Abs. 4 ArbGG Vertretungsberechtigten, ist die Prozesshandlung unwirksam, die Berufung damit unzulässig[3]. Legt ein Rechtsanwalt für eine Partei, bei der er angestellt ist (**Syndikus**), Berufung ein, muss der Berufungsschrift zu entnehmen sein, dass der Rechtsanwalt als unabhängiger Prozessbevollmächtigter auftritt und als solcher ohne Bindung an die Weisungen seines Mandanten die Verantwortung für den Schriftsatz übernimmt. Die Unterzeichnung eines auf Geschäftspapier des Berufungsführers gefertigten Berufungseinlegungsschriftsatzes durch einen (als „Bearbeiter" gekennzeichneten) angestellten Rechtsanwalt reicht deshalb für eine zulässige Berufung nicht aus[4]. Zwar kann der Mangel fehlender Postulationsfähigkeit grundsätzlich durch Genehmigung geheilt werden. Dazu ist aber bei fristgebundenen Prozesshandlungen die Genehmigungserklärung vor Fristablauf erforderlich[5]. Was i.Ü. unter einer Unterschrift zu verstehen ist, ergibt sich aus dem Sprachgebrauch und dem Zweck der Formvorschrift. Danach muss die Unterschrift ein individuelles Schriftbild mit charakteristischen Merkmalen aufweisen und sich als eine die Identität des Unterzeichnenden ausreichende Kennzeichnung des Namens darstellen, die von Dritten nicht ohne Weiteres nachgeahmt werden kann. Zwar ist in Anbetracht der Variationsbreite, die selbst Unterschriften ein und derselben Person aufweisen, insoweit ein großzügiger Maßstab anzulegen, sofern die Autorenschaft gesichert ist[6]. Eine bewusste und gewollte Namensverkürzung (Handzeichen, Paraphe) stellt jedoch keine formgültige Unterschrift dar[7]. Ob ein Schriftzug eine Unterschrift oder lediglich eine Abkürzung darstellt, beurteilt sich dabei nach dem äußeren Erscheinungsbild[8]. Einen Namenszug, der den zweiten Teil eines Doppelnamens abkürzt, hat das BAG als ausreichende Unterschrift angesehen[9].

Selbst wenn nach diesen Grundsätzen die Absicht einer rechtsverbindlichen Unter- 38
schrift objektiv nicht erkennbar erscheint, kann ausnahmsweise die Zulässigkeit
der Berufung angenommen werden: Dann nämlich, wenn der Berufungsführer substantiiert vorträgt, sein Prozessbevollmächtigter habe bestimmende Schriftsätze an
das Berufungsgericht des Öfteren in der Weise unterzeichnet, wie die Berufungsschrift
(oder die Berufungsbegründungsschrift) in diesem Rechtsstreit, ohne dass diese Unterschriftspraxis jemals vom Berufungsgericht beanstandet worden wäre. Solche Umstände hat das Berufungsgericht für die von Amts wegen gebotene Prüfung der Zuläs-

---

1 BAG 20.8.1997 – 2 AZR 9/97, BB 1998, 594.
2 BAG 20.12.1999 – 2 AZR 275/99, EzA § 518 ZPO Nr. 41.
3 BGH 4.10.1984 – VII ZR 342/83, NJW 1985, 328; BAG 30.8.2005 – 5 AZB 17/00, NZA 2000, 1248.
4 BAG 17.9.2013 – 9 AZR 75/12.
5 BAG 17.9.2013 – 9 AZR 75/12.
6 BAG 30.8.2000 – 5 AZB 17/00, NZA 2000, 1248.
7 BAG 27.3.1996 – 5 AZR 576/94, BB 1997, 947.
8 BGH 10.7.1997 – IX ZR 24/97, NJW 1997, 3380.
9 BAG 15.12.1987 – 3 AZR 606/87, NZA 1989, 227.

sigkeit der Berufung zu berücksichtigen. Bei einem solchen Sachverhalt verbietet es der allgemeine Prozessgrundsatz des „fairen Verfahrens", die geübte Beurteilung der des Öfteren in gleicher Weise geleisteten Unterschrift eines Prozessbevollmächtigten abrupt zu ändern[1].

Dies gilt insbesondere dann, wenn die Änderung der Verfahrenspraxis zu dem Verlust eines Rechtsmittels führt[2].

b) Ausnahmen

39 Von der grundsätzlichen Notwendigkeit, Rechtsmittelschriften eigenhändig zu unterzeichnen, gibt es allerdings einige Ausnahmen. Unterschieden werden muss dabei zwischen der Übermittlung eines Schriftsatzes in **schriftlicher** Form und in **elektronischer** Form:

40 Ein Telefax gilt als **schriftliches Dokument** (§ 130 Nr. 6 ZPO), wenngleich es zunächst im Empfangsgerät des Gerichts elektronisch gespeichert wird. Denn nicht die Speicherung selbst, sondern erst der Ausdruck der auf elektronischem Weg übermittelten Datei ist es, der das Schriftformerfordernis erfüllt[3]; dies aber nur dann, wenn die Fax-Nachricht vor Versendung unterschrieben worden ist. Ein bloßer Faksimile-Stempel des Prozessbevollmächtigten reicht nicht[4].

41 Demgegenüber ist die Übermittlung in **elektronischer Form** dadurch gekennzeichnet, dass anstelle der Unterschrift die (qualifizierte) elektronische Signatur tritt (§ 126a Abs. 1 BGB, § 46c Abs. 1 Satz 2 ArbGG). § 46c Abs. 3 ArbGG bestimmt demgemäß, dass ein elektronisches Dokument eingereicht ist, sobald die für den Empfang bestimmte Einrichtung des Gerichts es aufgezeichnet hat. Ein Ausdruck ist also nicht erforderlich.

42 **Computerfaxe**, also Faxe, die unmittelbar aus dem Computer versandt werden, genügen dem Schriftlichkeitserfordernis des § 130 Nr. 6 ZPO, wenn in der als elektronisches Dokument übertragenen Textdatei die eingescannte Unterschrift des Prozessbevollmächtigten als Bilddatei eingefügt ist[5]. Eine eingescannte Unterschrift genügt aber nicht, wenn der Schriftsatz nicht unmittelbar aus dem Computer, sondern mit Hilfe eines normalen Faxgeräts versandt wird[6]. Darüber hinaus haben es BGH und BAG als schriftformwahrend ausreichen lassen, dass ein unterschriebener, eingescannter Schriftsatz im Einvernehmen mit der Geschäftsstelle per E-Mail an das Gericht geschickt und dort (innerhalb der Frist) ausgedruckt wurde[7].

V. Anträge

1. Antragspflicht

43 Nach § 520 Abs. 3 Satz 2 Nr. 1 ZPO muss **erst** die Berufungs**begründung** u.a. die **Erklärung** enthalten, inwieweit das Urteil angefochten wird und welche Abänderungen des Urteils beantragt werden (Berufungsanträge). Das bedeutet, dass die Berufungs-

---

1 BVerfG 26.4.1988 – 1 BvR 669/87, BVerfGE 78, 123; 7.10.1996 – 1 BvR 1183/95, nv.
2 BVerfG 26.4.1988 – 1 BvR 669/87, BVerfGE 78, 123 (127).
3 BGH 25.4.2006 – IV ZB 20/05, NJW 2006, 2263.
4 BAG 5.8.2009 – 10 AZR 692/08, NZA 2009, 1165; dazu *Salamon*, NZA 2009, 1249.
5 GemS-OGB 5.4.2000 – GmS-OGB 1/98, NZA 2000, 959; BGH 14.1.2008 – II ZR 85/07, MDR 2008, 868; 15.7.2008 – X ZB 8/08, NJW 2008, 2649.
6 BGH 10.10.2006 – XI ZB 40/05, NJW 2006, 3784, bestätigt durch BVerfG 18.4.2007 – 1 BvR 110/07, NJW 2007, 3117.
7 BGH 15.7.2008 – X ZB 8/08, NJW 2008, 2649; BAG 11.7.2013 – 2 AZB 6/13, NZA 2013, 983.

begründung bis zum Ablauf der Berufungsbegründungsfrist auch die angekündigten Berufungsanträge enthalten muss. Fehlt es daran, wird die Berufung unzulässig[1].

2. Antragsformulierung

a) Berufungskläger

Der Antrag des Berufungsklägers lautet: 44

Formulierungsbeispiel:

Der Berufungskläger beantragt,

das Urteil des Arbeitsgerichts ... vom ..., Az. ..., abzuändern und die Beklagte zu verurteilen, ...

oder

das Urteil des Arbeitsgerichts ... vom ..., Az. ..., abzuändern und die Klage abzuweisen.

oder (falls der Kläger im Bestandsschutzstreit Berufung eingelegt hat)

das Urteil des Arbeitsgerichts ... vom ..., Az. ..., abzuändern und festzustellen, dass das Arbeitsverhältnis der Parteien nicht durch die Kündigung der Beklagten vom ... aufgelöst worden ist.

b) Berufungsbeklagter

Der Antrag des Berufungsbeklagten lautet: 45

Formulierungsbeispiel:

Der Berufungsbeklagte beantragt,

... die Berufung zurückzuweisen.

VI. Berufungsbegründung

1. Frist

Die Berufungsbegründungsfrist beträgt zwei Monate und beginnt grundsätzlich mit der Zustellung des in vollständiger Form abgefassten Urteils (§ 66 Abs. 1 Halbs. 2 ArbGG), spätestens aber fünf Monate nach Verkündung. 46

Die Berufungsbegründung ist beim LAG einzureichen. Wird die Begründungsschrift dagegen vor Ablauf der Berufungsbegründungsfrist beim Arbeitsgericht eingereicht, ist die Frist nur dann gewahrt, wenn der Schriftsatz rechtzeitig vor Fristablauf beim Berufungsgericht eingeht[2]. 47

---

1 LAG Sachs. 31.7.2002 – 2 Sa 266/02, LAGE § 520 ZPO Nr. 1.
2 LAG Nürnberg 10.5.2005 – 7 Sa 622/04, NZA-RR 2005, 492.

a) Mehrfachberufung

48 Nach wie vor ist die Berufung auch vor Zustellung des Urteils zulässig[1]. Eine den gesetzlichen Anforderungen gerecht werdende Berufungsbegründung ist nämlich auch dann möglich, wenn der Berufungsführer auf andere Weise – etwa durch hinreichend deutliche Erläuterungen des Gerichts in der mündlichen Verhandlung, durch einen Hinweisbeschluss oder durch eine mündliche Urteilsbegründung – Kenntnis von den tragenden Gründen des angefochtenen Urteils erlangt hat oder diese für ihn aus sonstigen Umständen offenkundig waren[2].

49 Grundsätzlich kann deshalb (neuerlich) Berufung eingelegt werden, wenn das Urteil erster Instanz in vollständig abgefasster Form vorliegt. Einer Partei steht nämlich gegen ein Urteil des Gerichts des ersten Rechtszuges zwar nur ein Rechtsmittel zu. Es ist aber zwischen dem Rechtsmittel als solchem und dem einzelnen Rechtsmittelschriftsatz und dem durch ihn eingeleiteten Verfahren zu unterscheiden. Nach der gefestigten Rechtsprechung des BGH und der Lehre können Rechtsmittel wiederholt eingelegt werden[3]. Wenn die Partei von dem Rechtsmittel mehrmals Gebrauch macht, bevor über dasselbe, schon früher eingelegte Rechtsmittel entschieden ist, hat das Rechtsmittelgericht über diese Rechtsmittel einheitlich zu entscheiden. Das Berufungsgericht hat zu prüfen, ob eines der in verschiedener Form eingelegten Rechtsmittel zu einer sachlichen Überprüfung des Urteils führen kann. Die Bedeutung des zweiten Einlegungsaktes hängt von der Wirksamkeit und dem Wirksambleiben des ersten Einlegungsaktes ab. Die zweite Berufungseinlegung gewinnt immer dann selbständige Bedeutung, wenn und sobald die Unwirksamkeit der ersten feststeht.

50 Prinzipiell kann deshalb auch nach einer unzulässigen Berufung erneut Berufung eingelegt werden (wenn etwa die zuerst eingelegte Berufung nicht ordnungsgemäß unterzeichnet war). Das gilt aber nicht uneingeschränkt, wenn die erste Berufung rechtskräftig als unzulässig verworfen worden ist. Ein entsprechender Verwerfungsbeschluss entfaltet nämlich eine Bindungswirkung entsprechend § 318 ZPO jedenfalls insoweit, als er die (erste) Berufung wegen Versäumung der Berufungs**frist** für unzulässig gehalten hat. Dann kann mit der Folgeberufung nicht mehr geltend gemacht werden, diese Frist habe gar nicht zu laufen begonnen. Dagegen ist nach Verwerfung wegen Versäumung der Berufungs**begründungsfrist** eine erneute Berufung mit dem Argument zulässig, die Berufungs(**einlegungs**)frist habe noch nicht zu laufen begonnen[4].

b) Wiedereinsetzung

aa) Frist

51 Ist die Berufungsbegründungsfrist versäumt worden, kann die Wiedereinsetzung in den vorigen Stand beantragt werden. Die Wiedereinsetzungsfrist beginnt mit dem Tag, an dem das (die Verspätung verursachende) Hindernis behoben ist (§ 234 Abs. 2 ZPO). Sie beträgt für den Fall der Berufungs**begründungs**fristversäumnis einen Monat (§ 234 Abs. 1 Satz 2 ZPO), für den Fall der Berufungs**einlegungs**frist zwei Wochen

---

[1] BAG 6.3.2003 – 2 AZR 596/02, BB 2003, 1561, das zwar zu § 519 Abs. 3 Nr. 2 ZPO aF ergangen ist, aber ausdrücklich erwähnt, dass „Gleiches" für § 520 ZPO in der seit dem 1.1.2002 geltenden Fassung gilt.
[2] Ebenso bereits BGH 24.6.1999 – I ZR 164/97, NJW 1999, 3269.
[3] Seit BGH 3.5.1957 – VIII ZB 7/57, BGHZ 24, 179; *Baumbach/Lauterbach/Albers/Hartmann*, § 519 ZPO Rz. 18 mwN; BAG 18.11.2009 – 5 AZR 41/09, NZA 2010, 183.
[4] BAG 21.8.2003 – 8 AZR 444/02, NZA 2003, 1292.

(§ 234 Abs. 1 Satz 1 ZPO)[1]. Nach Ablauf eines Jahres, vom Ende der versäumten Frist an gerechnet, kann die Wiedereinsetzung nicht mehr beantragt werden.

bb) Prozesskostenhilfe

Eine mittellose Partei kann zunächst Prozesskostenhilfe und nach deren **Bewilligung** Wiedereinsetzung innerhalb der genannten Fristen beantragen.

Wird die beantragte Prozesskostenhilfe nach dem Ablauf der Rechtsmittelfrist verweigert, bleibt der Partei nach Bekanntgabe der Entscheidung noch eine Zeit von höchstens drei bis vier Tagen für die Überlegung, ob sie das Rechtsmittel auf eigene Kosten durchführen will[2].

cc) Zuständigkeit

Zuständig ist grundsätzlich das Gericht, das über die nachgeholte Prozesshandlung zu entscheiden hat, also das LAG. Nur wenn nach Aktenlage ohne Weiteres Wiedereinsetzung zu gewähren wäre, kann das BAG in einem bei ihm anhängigen Rechtsmittelverfahren diese Entscheidung auch für die Berufungsinstanz treffen[3].

dd) Nachholung der versäumten Prozesshandlung

Innerhalb der einmonatigen Antragsfrist muss die versäumte Prozesshandlung, also die Berufungsbegründung, nachgeholt werden (§ 236 Abs. 2 Satz 2 Halbs. 1 ZPO). Dabei können etwaige Formfehler einer verspätet eingelegten Berufung noch behoben werden[4].

ee) Begründetheit des Antrags

Nach § 233 ZPO ist Wiedereinsetzung in den vorigen Stand zu gewähren, wenn eine Partei ohne ihr Verschulden bzw. ohne ein ihr nach § 85 Abs. 2 ZPO zurechenbares Verschulden ihres Prozessbevollmächtigten verhindert war, die Berufungsfrist bzw. die Begründungsfrist einzuhalten.

– Zu den **Sorgfaltspflichten des bevollmächtigten Rechtsanwalts** gehört insbesondere eine ordnungsgemäße Büroorganisation im Sinne einer vorausschauenden Arbeitsplanung. Zu den hierbei zu berücksichtigenden Faktoren zählen zB gleichzeitig zu fertigende fristgebundene Schriftsätze, Gerichtstermine usw. sowie auch ein Büroumzug, bei dem die Bearbeitung einer Fristsache zeitweise ausgeschlossen ist[5].

– Der Rechtsanwalt muss auch den **Fristablauf eigenverantwortlich nachprüfen**, wenn ihm die Handakte zur Vorbereitung der fristgebundenen Prozesshandlung vorgelegt wird. Denn dann ist die Nachprüfung der Frist keine routinemäßige Büroarbeit mehr, von der sich der Anwalt im Interesse seiner eigentlichen Aufgabe freimachen darf, sondern die gebotene Feststellung einer gesetzlichen Voraussetzung, von der die Zulässigkeit der beabsichtigten Prozesshandlung abhängt[6]. Allerdings dürfen die Anforderungen an das vom Betroffenen Veranlasste bei der Wiedereinsetzung in den vorigen Stand nicht überspannt werden. Jedenfalls kann sich der Anwalt danach auf die Richtigkeit einer Eingangsbestätigung durch das Gericht

---

1 BAG 24.8.2005 – 2 AZB 20/05, NZA 2005, 1262.
2 BAG 3.7.2013 – 2 AZN 250/13, NZA-RR 2013, 660.
3 BAG 13.12.2012 – 6 AZR 303/12, NZA 2013, 636.
4 BAG 11.7.2013 – 2 AZB 6/13, NZA 2013, 983.
5 LAG Schl.-Holst. 16.11.2004 – 5 Sa 337/04, NZA-RR 2005, 323.
6 BAG 17.10.2012 – 3 AZR 633/12, nv.; 31.1.2008 – 8 AZR 27/07, NZA 2008, 705.

grundsätzlich verlassen[1]. Nach Eingang der gerichtlichen Mitteilung aber ist die Einhaltung und die Richtigkeit der ursprünglich notierten Notfrist zu überprüfen[2].

56 ⊃ **Hinweis:** Wird die Berufung dagegen erst nach Ablauf der Berufungsfrist eingelegt, läuft die Begründungsfrist nicht erst ab Gewährung der Wiedereinsetzung in den vorigen Stand, sondern gleichwohl ab Zustellung des anzufechtenden Urteils (§ 66 ArbGG).

57 – Auch ist Wiedereinsetzung in die versäumte Frist zu gewähren, wenn eine Einreichung beim Arbeitsgericht statt beim Landesarbeitsgericht darauf beruht, dass eine sonst zuverlässige Kanzleimitarbeiterin versehentlich die Faxnummer des Arbeitsgerichts statt des Landesarbeitsgerichts eingegeben hat und der Prozessvertreter seiner Mitarbeiterin die Weisung gegeben hatte, bei Faxsendung den ordnungsgemäßen Zugang zu überprüfen[3].

58 – Beruht die Fristversäumung auf einer unrichtigen Rechtsmittelbelehrung durch das Gericht, kann von einem fehlenden Verschulden des Prozessbevollmächtigten nur dann ausgegangen werden, wenn die unrichtige Rechtsmittelbelehrung zu einem zumindest entschuldbaren Rechtsirrtum geführt hat. Dies setzt die Nachvollziehbarkeit des von dem Gericht verursachten Irrtums voraus bzw. dass sie geeignet ist, den „Anschein der Richtigkeit" zu erwecken. Ist die Rechtsmittelbelehrung dagegen „offenkundig falsch" und daher nicht einmal geeignet, den Anschein der Richtigkeit zu erwecken, ist die Fristversäumnis regelmäßig als schuldhaft anzusehen[4].

59 – Die Behauptung, man habe sich über die Bedeutung der Änderung des § 66 Abs. 1 ArbGG geirrt (Beginn der Berufungsfrist und der Berufungsbegründungsfrist bereits nach fünf Monaten unter Änderung der früheren Rechtsprechung, nach der seit Verkündung des erstinstanzlichen Urteils eine Frist von 17 Monaten galt), schließt ein Verschulden, das einer Wiedereinsetzung in den vorigen Stand entgegensteht, nicht aus. Nach Auffassung des BAG ist es fahrlässig, davon auszugehen, auch nach einer derart weitgehenden Gesetzesänderung wie der Reform des Zivilprozessrechts habe sich die Rechtslage nicht geändert. Die fehlerhafte Rechtsansicht, die Berufungsfrist betrage bei unterbliebener Rechtsmittelbelehrung 17 Monate, entsprach auch vor den ersten Entscheidungen des BAG zu der Neufassung des § 66 Abs. 1 Satz 2 ArbGG nicht der herrschenden Auffassung in der Instanzrechtsprechung sowie des Schrifttums. Wird zur Entschuldigung vorgetragen, die Rechtsmittelbelehrung des Arbeitsgerichtes sei fehlerhaft gewesen, kommt ein Rechtsirrtum überhaupt nur dann in Betracht, wenn das erstinstanzliche Urteil mit fehlerhafter Rechtsmittelbelehrung dem Berufungsführer bereits vor Ablauf der Berufungsfrist zugestellt worden, also die Frist gerade **wegen** der fehlerhaften Rechtsmittelbelehrung versäumt worden ist[5].

– Denkbar ist schließlich auch eine Wiedereinsetzung wegen Krankheit des Rechtsanwalts, wenn die Erkrankung in verfahrensrelevanter Form Einfluss auf die Entschluss-, Urteils- und Handlungsfähigkeit hatte und dies zur Versäumung der Frist führte[6]. Im Übrigen ist der Rechtsanwalt verpflichtet, allgemeine Vorkehrungen dafür zu treffen, dass er unvorhergesehen zB wegen Krankheit ausfällt. Werden solche Vorkehrungen nicht getroffen und hätten diese Vorkehrungen die Fristversäumung verhindert, kommt eine Wiedereinsetzung nicht in Betracht[7].

---

1 BVerfG 30.5.1997 – 1 BvR 200/96, NJW 1997, 2941.
2 Vgl. BAG 19.2.2002 – 3 AZR 105/00, NZA-RR 2003, 44.
3 LAG Nürnberg 10.5.2005 – 7 Sa 622/04, NZA-RR 2005, 492.
4 BAG 16.12.2004 – 2 AZR 611/03, NZA 2005, 1133 (1134).
5 BAG 24.10.2006 – 9 AZR 709/05, NZA 2007, 228.
6 BAG 7.11.2012 – 7 AZR 314/12, NZA 2013, 1035.
7 BAG 20.8.2013 – 3 AZR 302/13, FA 2013, 340.

VI. Berufungsbegründung

c) Fristverlängerung

Die **Verlängerung** der Frist zur Begründung der Berufung kann vom Vorsitzenden des Berufungsgerichts **nur einmal** gewährt werden, wenn nach seiner freien Überzeugung der Rechtsstreit durch die Verlängerung nicht verzögert wird oder wenn die Partei erhebliche Gründe darlegt (§ 66 Abs. 1 Satz 5 ArbGG). 60

aa) Keine Mehrfachverlängerung

Für die Verlängerung ist keine Höchstdauer vorgegeben. Sie kann auch über einen Monat hinaus verlängert werden[1]. Eine **zweite** Verlängerung ist aber selbst dann **unzulässig**, wenn das erstinstanzliche Urteil noch nicht zugestellt ist[2] und auch dann **unbeachtlich**, wenn das LAG sie tatsächlich gewährt[3]. 61

Der Vorsitzende ist in seiner Entscheidung, wie lange er die Begründungsfrist verlängern will, frei[4]. 62

bb) Antragsbegründung

Die Begründung der beantragten Berufungsverlängerung darf sich – vor allem nach Auffassung der Instanzgerichte – aber nicht auf bloße schlagwortartige Gründe, wie Arbeitsüberlastung, Termindruck, Beschaffung weiterer Informationen etc., stützen. Das Vertrauen des Prozessbevollmächtigten, auf eine bloß schlagwortartige Begründung die Fristverlängerung zu gewähren, vermöge auch eine Wiedereinsetzung in den vorigen Stand nicht zu tragen[5]. Diese Rechtsprechung der Landesarbeitsgerichte hat das BAG eingeschränkt. Es hält die Ablehnung eines Verlängerungsantrages für unzulässig, wenn der antragstellende Prozessbevollmächtigte sich bei seiner (pauschalen) Begründung auf eine bisher bestehende gerichtsübliche Praxis stützen konnte[6]. Auch sei es regelmäßig nicht erforderlich, die Gründe für eine behauptete Arbeitsüberlastung und ihre Auswirkungen auf das konkrete Verfahren besonders darzulegen; nur wenn Anhaltspunkte vorlägen, dass die pauschal vorgebrachten Gründe nicht der Wahrheit entsprächen, dürfe der Kammervorsitzende im Einzelfall eine Substantiierung der Gründe für das Verlängerungsgesuch verlangen; dies folge aus Art. 19 Abs. 4 GG[7]. 63

cc) Eingang des Verlängerungsantrages vor Fristablauf

Eine Rechtsmittelbegründungsfrist kann im arbeitsgerichtlichen Verfahren auch noch nach ihrem Ablauf wirksam verlängert werden, sofern der Verlängerungsantrag vor Fristablauf bei Gericht eingegangen ist. 64

dd) Eingang des Verlängerungsantrages nach Fristablauf

Hat der Prozessbevollmächtigte rechtzeitig und ordnungsgemäß eine Verlängerung der Rechtsmittelfrist beantragt, deren Bewilligung er mit großer Wahrscheinlichkeit erwarten konnte, geht der Antrag aber nicht vor Ablauf der Frist beim Rechtsmittelgericht ein, so stellt es **kein** die Wiedereinsetzung gegen die Versäumung der Begrün- 65

---

1 BAG 16.7.2008 – 7 ABR 13/07, DB 2008, 2837.
2 BAG 13.9.1995 – 2 AZR 855/94, DB 1996, 788.
3 BAG 7.11.2012 – 7 AZR 314/12, NZA 2013, 1035.
4 BAG 4.2.1994 – 8 AZB 16/93, EzA § 66 ArbGG 1979 Nr. 17.
5 LAG Nürnberg 26.1.1994 – 4 Sa 1207/93, DB 1994, 640; LAG Berlin 26.1.1990 – 6 Sa 91/89, DB 1990, 1472.
6 BAG 4.2.1994 – 8 AZB 16/93, AP Nr. 5 zu § 66 ArbGG 1979.
7 BAG 20.10.2004 – 5 AZB 37/04, NZA 2004, 1350.

dungsfrist **hinderndes Verschulden** dar, dass der Prozessbevollmächtigte sich nicht vor Ablauf der Frist wegen der Verlängerung erkundigt hat[1].

2. Inhalt der Berufungsbegründung

a) Begründungszwang

66 Durch die Verweisungsklausel in § 64 Abs. 6 ArbGG gelten grundsätzlich auch für die Berufungsbegründung die Vorschriften der ZPO entsprechend.

67 § 520 ZPO (Berufungsbegründung) verpflichtet den Berufungsführer, die Umstände darzulegen, aus denen sich die Rechtsverletzungen des erstinstanzlichen Urteils ergeben sollen (§ 520 Abs. 3 Satz 2 Nr. 2 ZPO). Im Übrigen sind die neuen Angriffs- und Verteidigungsmittel sowie die Tatsachen zu bezeichnen, aufgrund derer die neuen Angriffs- und Verteidigungsmittel nach § 531 Abs. 2 ZPO zuzulassen sind (§ 520 Abs. 3 Satz 2 Nr. 4 ZPO). Damit korrespondiert der in § 529 ZPO geregelte Prüfungsumfang des Berufungsgerichts, der sich grundsätzlich auf die vom Gericht des ersten Rechtszugs festgestellten Tatsachen zu beschränken hat.

68 **Abweichend** von der ZPO ist im arbeitsgerichtlichen Verfahren durch die (wenn auch erweiterte) Beibehaltung der Regelungen über die Zulassung neuer Angriffs- und Verteidigungsmittel (§ 67 ArbGG) klargestellt, dass auch in der Berufungsinstanz vor dem LAG grundsätzlich **neuer Tatsachenvortrag zulässig** bleibt.

69 Das heißt aber auch, dass der Berufungskläger eine auf den zur Entscheidung stehenden Fall zugeschnittene Begründung liefern muss, die erkennen lässt, in welchen Punkten tatsächlicher oder rechtlicher Art das angefochtene Urteil nach seiner Ansicht unrichtig sein soll.

70 Er muss im Einzelnen angeben, in welchen Beziehungen und aus welchen Gründen er die rechtliche oder tatsächliche Würdigung des vorinstanzlichen Richters für unrichtig hält[2]. Unzureichend ist die bloße Verweisung auf den erstinstanzlichen Vortrag oder eine lediglich kursorische Wiederholung dieses Vorbringens ohne inhaltliche Auseinandersetzung mit den Entscheidungsgründen[3]. Auch der bloße Hinweis auf eine frühere Entscheidung derselben Kammer des LAG, die zu dem mit der Berufung angestrebten Ergebnis gekommen ist, genügt den Anforderungen an die Berufungsbegründung nicht. Das Berufungsgericht ist nicht gezwungen, sich auf Grund des bloßen Hinweises des Berufungsführers auf eine frühere Entscheidung aus dieser und der angefochtenen Entscheidung die Gesichtspunkte herauszusuchen, die gegen das erstinstanzliche Urteil und für das mit der Berufung angestrebte Ergebnis sprechen. Der Berufungsführer muss zumindest den Kern der Argumentation, mit der er die Entscheidung des Arbeitsgerichts angreifen will darlegen und muss damit ein Mindestmaß an eigenem Begründungsaufwand betreiben. Liegt keine den Anforderungen des § 120 ZPO genügende Auseinandersetzung mit den Gründen des angegriffenen Urteils vor, verlangt § 139 ZPO vom Gericht nicht, die Partei auf diesen Mangel der Berufung hinzuweisen. Dies gilt selbst dann, wenn diese um die Erteilung eines solchen Hinweises ausdrücklich bittet[4].

---

1 BAG 10.9.1985 – 5 AZR 307/85, AP Nr. 10 zu § 233 ZPO.
2 BAG 8.10.2008 – 5 AZR 526/07, NZA 2008, 1429; 18.5.2011 – 4 AZR 552/09, FA 2011, 319; 16.5.2012 – 4 AZR 245/10, NZA-RR 2012, 599.
3 BAG 10.2.2005 – 6 AZR 183/04, NZA 2005, 597; 25.4.2007 – 6 AZR 436/05, NZA 2007, 1387.
4 BAG 19.10.2010 – 6 AZR 118/10, NZA 2011, 62.

VI. Berufungsbegründung

b) Unterschiedliche rechtliche Erwägungen

Stützt das Arbeitsgericht seine Klageabweisung auf zwei voneinander unabhängige, selbständig tragende rechtliche Erwägungen, muss die Berufungsbegründung beide Erwägungen angreifen. Setzt sich die Berufungsbegründung nur mit einer der beiden Erwägungen auseinander, ist die Berufung insgesamt unzulässig[1]. Nur wenn die Berufung ausschließlich auf neue Tatsachen und Beweismittel gestützt wird, bedarf es in der Berufungsbegründung nicht einer Auseinandersetzung mit den Gründen des angefochtenen Urteils[2]. 71

c) Unterschiedliche Streitgegenstände

Richtet sich die Berufung gegen ein Urteil des Arbeitsgerichts, in dem festgestellt wird, dass das Arbeitsverhältnis durch die an einem bestimmten Tag ausgesprochene Kündigung nicht aufgelöst wird, und handelt es sich bei dieser Kündigung um eine fristlose und eine fristgemäße Kündigung, so muss die Berufungsbegründung sich mit der Begründung des Arbeitsgerichts zur Unwirksamkeit beider Kündigungen auseinandersetzen. Setzt sich die Berufungsführerin nur mit den Gründen auseinander, die zur Begründung der fristlosen Kündigung vorgetragen wurden, nicht aber mit denen, die zusätzlich zur Begründung der fristgemäßen Kündigung vom Kündigenden angeführt sind, ist die Berufung nur bzgl. der fristlosen Kündigung zulässig, hinsichtlich der fristgemäßen Kündigung aber unzulässig[3]. Generell gilt Gleiches (nur teilweise Zulässigkeit), wenn das Arbeitsgericht über verschiedene Streitgegenstände entschieden hat, die Berufung aber nicht sämtliche Streitgegenstände erfasst. Hinsichtlich der nicht erfassten Streitgegenstände ist die Berufung also unzulässig[4]. 72

d) Sonderfälle

Zulässig ist die Berufung, wenn das Arbeitsgericht im erstinstanzlichen Urteil gerügt hat, dass die beweispflichtige Beklagte für die beweiserheblichen Tatsachen einer Kündigung keinen Beweis angetreten habe, und der Kläger deshalb die Kündigungsschutzklage in der ersten Instanz gewonnen hat, die Beklagte in der Berufungsbegründung dann aber vorträgt, warum ihr ein zulässiger Beweisantritt erst in zweiter Instanz möglich war (Wechsel in der Geschäftsführung) und sie im Übrigen den Vortrag aus ihrem erstinstanzlichen Klageerwiderungsschriftsatz wörtlich als Berufungsbegründung wiederholt, allerdings mit zulässigen Beweisantritten[5]. 73

Nimmt ein Prozessbevollmächtigter in seiner als Berufungsbegründung bezeichneten Schrift auf das von seiner Mandantin verfasste oder von ihm unterschriebene Prozesskostenhilfegesuch Bezug, so wird dies den gesetzlichen Anforderungen für eine zulässige Berufung grundsätzlich gerecht[6]. 74

⊃ **Hinweis:** Wird die Klage eines Arbeitnehmers auf Weiterbeschäftigung für die Dauer eines Kündigungsrechtsstreits vom Arbeitsgericht schon deswegen abgewiesen, weil die Kündigung wirksam ist, bedarf es für den vom Arbeitnehmer im Berufungsverfahren weiterverfolgten Beschäftigungsanspruch keiner gesonderten Berufungsbegründung[7]. 75

---

1 BAG 11.3.1998 – 2 AZR 497/97, NZA 1998, 959; 24.1.2001 – 5 AZR 132/00, FA 2001, 245.
2 LAG Berlin 29.6.1998 – 9 Sa 49/98, NZA-RR 1999, 99.
3 LAG Bremen 6.9.2004 – 3 Sa 242/03, EzA-SD 2004, 13.
4 BAG 8.5.2008 – 6 AZR 517/07, NZA 2008, 1148.
5 LAG Bremen 6.9.2004 – 3 Sa 242/03, EzA-SD 2004, 13.
6 BAG 7.2.1983 – 3 AZB 26/82, nv.
7 BAG 2.4.1987 – 2 AZR 418/86, BB 1988, 1120.

e) Unterzeichnung

76 Die Berufungsbegründungsschrift muss von einem nach § 11 Abs. 4 ArbGG postulationsfähigen Prozessbevollmächtigten handschriftlich und eigenhändig unterzeichnet sein. Der Sinn einer solchen Unterzeichnung ist, dass der Unterzeichner für den Inhalt des von ihm unterzeichneten Schriftstückes gerade stehen will. Dabei reicht die Unterschrift als solche grundsätzlich für die Annahme aus, der Berufungsanwalt mache sich den Inhalt der Berufungsbegründungsschrift zu Eigen (Beispiel: Korrespondenzanwalt)[1]. Unterzeichnet ein zum Kreis der Prozessbevollmächtigten gehörender Rechtsanwalt in der Eigenschaft als Mitglied der bevollmächtigten Anwaltskanzlei eine von einem anderen Prozessbevollmächtigten abgefasste Rechtsmittelbegründungsschrift mit einem auf den sachbearbeitenden Rechtsanwalt hinweisenden Zusatz, so ist idR davon auszugehen, dass er auch die Verantwortung für den Inhalt dieser fristwahrenden Schriftsätze übernommen hat[2].

Zur Problematik des Syndikusanwalts s. Rz. 37.

77 Das Fehlen der Unterschrift des Prozessbevollmächtigten unter der Berufungsbegründungsschrift kann ausnahmsweise unschädlich sein, wenn sich aus anderen, eine Beweisaufnahme nicht erfordernden Umständen eine der Unterschrift vergleichbare Gewähr dafür ergibt, dass der Rechtsmittelanwalt die Verantwortung für den Inhalt der Rechtsmittelbegründungsschrift übernommen und diese willentlich in den Rechtsverkehr gebracht hat[3].

VII. Berufungsbeantwortung

78 Die Berufung muss innerhalb einer Frist von einem Monat nach Zustellung der Berufungsbegründung beantwortet werden. Die Berufungsbeantwortung ist obligatorisch (§ 66 Abs. 1 Satz 3 ArbGG).

79 Eine Verlängerung der Beantwortungsfrist ist in gleichem Umfang möglich wie die Verlängerung der Berufungsbegründungsfrist (Rz. 60 ff.).

80 Der Berufungsbeklagte ist auf die Monatsfrist für die Berufungsbeantwortung hinzuweisen (§ 66 Abs. 1 Satz 4 ArbGG). Fehlt eine solche Belehrung, wird die Frist nicht in Gang gesetzt.

81 Wird der Termin zur Verhandlung vor dem LAG jedoch vor Ablauf der Berufungsbeantwortungsfrist festgesetzt, so kann ein Versäumnisurteil gegen einen etwa nicht erschienenen Berufungsbeklagten in diesem Termin nicht ergehen. Vielmehr ist die Berufungsbeantwortungsfrist abzuwarten[4].

VIII. Zulassung neuer Angriffs- und Verteidigungsmittel

1. Grundsatz

82 Die Möglichkeit des Vorbringens neuer Angriffs- und Verteidigungsmittel ist in § 67 ArbGG geregelt. Klargestellt wird zunächst, dass Angriffs- und Verteidigungsmittel, die im ersten Rechtszug zu Recht zurückgewiesen worden sind, ausgeschlossen bleiben (§ 67 Abs. 1 ArbGG). Im Übrigen sind neue Angriffs- und Verteidigungsmittel, die im ersten Rechtszug entgegen einer hierfür nach § 56 Abs. 1 Satz 2 Nr. 1 oder § 61a

---

1 BGH 29.10.1997 – VIII ZR 141/97, NJW-RR 1998, 574.
2 BAG 11.8.1987 – 7 AZB 17/87, AP Nr. 54 zu § 518 ZPO.
3 BGH 10.5.2005 – XI ZR 128/04, BB 2005, 1470.
4 GMP/*Germelmann*, § 66 ArbGG Rz. 24.

Abs. 3 oder 4 ArbGG gesetzten Frist nicht vorgebracht worden sind, nur zuzulassen, wenn nach der freien Überzeugung des LAG ihre Zulassung die Erledigung des Rechtsstreits nicht verzögern würde oder wenn die Partei die Verspätung genügend entschuldigt. (§ 67 Abs. 2 Satz 1 ArbGG). Der Entschuldigungsgrund ist auf Verlangen des LAG glaubhaft zu machen (§ 67 Abs. 2 Satz 2 ArbGG). Dazu reicht eine einfache anwaltliche Erklärung aus, sofern sie sich auf die eigene Berufstätigkeit des Anwalts und eigene Wahrnehmung bezieht[1]. Eine ausdrückliche „anwaltliche Versicherung" oder eine Versicherung an Eides statt ist nicht erforderlich.

§ 67 Abs. 3 ArbGG nimmt ausdrücklich auf § 282 ZPO Bezug und will auch danach verspätetes Vorbringen nur zulassen, wenn dies die Erledigung des Rechtsstreits nicht verzögern würde oder wenn die Partei das Vorbringen im ersten Rechtszug nicht aus grober Nachlässigkeit unterlassen hat. 83

2. Zeitpunkt des Vorbringens

Soweit das Vorbringen neuer Angriffs- und Verteidigungsmittel nach § 67 Abs. 1 und 2 ArbGG zulässig ist, müssen diese vom Berufungskläger in der Berufungsbegründung und vom Berufungsbeklagten in der Berufungsbeantwortung vorgebracht werden. Werden sie später vorgebracht, sind sie nur zuzulassen, wenn sie nach der Berufungsbegründung oder der Berufungsbeantwortung entstanden sind oder das verspätete Vorbringen nach der freien Überzeugung des Landesarbeitsgerichts die Erledigung des Rechtsstreits nicht verzögern würde oder nicht auf Verschulden der Parteien beruht (§ 67 Abs. 4 Satz 2 ArbGG). Dies dient allein der Prozessbeschleunigung. Die Vorschrift hat weder Sanktionscharakter, noch ist sie Selbstzweck[2]. 84

Verspätetes Tatsachenvorbringen und verspätete Beweisantritte sind also dann nicht zuzulassen, wenn dadurch die Erledigung des Rechtsstreites verzögert würde. Diese Entscheidung trifft das LAG nach seiner freien Überzeugung. Eine Verzögerung liegt objektiv dann nicht vor, wenn das LAG dafür sorgen kann, dass die angebotenen Beweismittel bereits in der ersten Verhandlung verfügbar sind[3]. Ausreichend ist auch, wenn etwa ein Zeuge zum Termin gestellt wird und seine Vernehmung zumutbar ist[4]. Gleiches gilt etwa für den Fall, dass ein Schriftsatz so rechtzeitig beim LAG eingeht, dass die Ladung eines darin benannten Zeugen zu einem bereits anberaumten Termin möglich ist[5]. 85

Auch wenn das Gericht die verspätet vorgebrachten Verteidigungsmittel bei der Vorbereitung der mündlichen Verhandlung noch hätte berücksichtigen können oder die Verspätung durch zumutbare vorbereitende Maßnahmen des Gerichts hätte ausgeglichen werden können, kommt der Verspätungseinwand nicht in Betracht. 86

IX. Neuerliche Beweisaufnahme

Es steht im Ermessen des Berufungsgerichts, ob es die im erstinstanzlichen Rechtszug gehörten Zeugen nochmals nach § 398 ZPO vernimmt oder sich mit der Verwertung der protokollierten Aussagen begnügt. Im Revisionsverfahren ist nicht zu überprüfen, 87

---

1 BAG 14.11.1985 – 2 AZR 652/84, AP Nr. 1 zu § 251a ZPO.
2 BAG 23.11.1988 – 4 AZR 293/88, AP Nr. 104 zu § 1 TVG – Tarifverträge Bau.
3 BAG 18.1.1980 – 7 AZR 260/78, AP Nr. 1 zu § 626 BGB – Nachschieben von Kündigungsgründen – mwN.
4 Hauck/Helml/Biebl/*Helm/Biebl*, § 67 ArbGG Rz. 10.
5 BAG 23.11.1988 – 4 AZR 293/88, AP Nr. 104 zu § 1 TVG – Tarifverträge Bau.

ob das Berufungsgericht im Falle einer erneuten Tatsachenfeststellung die Voraussetzungen des § 529 Abs. 1 Nr. 1 ZPO beachtet hat[1].

Will das Berufungsgericht jedoch eine Zeugenaussage anders als das erstinstanzliche Gericht würdigen, muss es den Zeugen erneut vernehmen. Anderenfalls liegt ein Verstoß gegen das rechtliche Gehör der benachteiligten Partei vor[2].

88 Die gleichen Grundsätze gelten für die erstinstanzliche Würdigung der Aussage einer nach § 448 ZPO vernommenen Partei. Das LAG darf deshalb von dieser Würdigung idR nicht abweichen, ohne die Partei erneut vernommen zu haben.

89 Hat ein entscheidungserhebliches **Gespräch** der Parteien **unter „vier Augen"** stattgefunden und kann eine Partei ihre Behauptung über den Inhalt dieses Gesprächs nur durch den Antrag auf ihre eigene Vernehmung führen, ist sie selber im Wege der Parteivernehmung nach § 448 ZPO oder im Wege der Parteianhörung nach § 141 ZPO persönlich zu hören[3].

X. Verwerfung der Berufung

1. Grundsatz

90 § 66 Abs. 2 Satz 2 ArbGG verweist auf § 522 Abs. 1 ZPO. Danach kann eine nicht statthafte oder unzulässige Berufung durch Beschluss ohne mündliche Verhandlung als unzulässig verworfen werden. Zuständig für den Verwerfungsbeschluss ist – seit dem 1.4.2008[4] – der Vorsitzende der Kammer allein.

Denkbar ist aber – nach mündlicher Verhandlung – eine Entscheidung durch Urteil, gegen das grundsätzlich Revision möglich wäre[5].

91 § 522 Abs. 2 und 3 ZPO findet keine Anwendung, weshalb die Zurückweisung der Berufung mangels hinreichender Aussicht auf Erfolg oder mangels grundsätzlicher Bedeutung der Rechtssache ausgeschlossen ist.

2. Rechtsmittel

92 Gegen den Beschluss des LAG, der die Berufung als unzulässig verwirft, findet die **Rechtsbeschwerde** (= Revisionsbeschwerde) gem. § 77 ArbGG statt, allerdings nur dann, **wenn** das LAG sie im Verwerfungsbeschluss **zugelassen** hat. Frist, Form und Begründung der Rechtsbeschwerde richten sich nach § 575 ZPO. Danach ist die Rechtsbeschwerde insbesondere binnen einer Monatsfrist nach Zustellung des Beschlusses einzureichen und zu begründen (§ 575 Abs. 1 und 2 ZPO).

93 Materiell-rechtlich gilt für die Zulassung der Revisionsbeschwerde § 72 Abs. 2 ArbGG entsprechend.

XI. Rücknahme der Berufung

94 Nach § 516 ZPO ist die Rücknahme der Berufung auch nach Beginn der mündlichen Verhandlung ohne die Einwilligung des Berufungsbeklagten möglich. Das Gericht hat

---

1 BGH 9.3.2005 – VIII ZR 266/03, NJW 2005, 1583.
2 BGH 14.7.2009 – VIII ZR 3/09 im Anschluss an BVerfG 22.11.2004 – 1 BvR 1935/03, NJW 2005, 1487.
3 BAG 22.5.2007 – 3 AZR 1155/06, NZA 2007, 885.
4 BGBl. I 2008, 444.
5 BAG 7.11.2012 – 7 AZR 314/12.

II. Zulässigkeit

Klärungsbedürftig ist sie, wenn sie höchstrichterlich noch nicht entschieden und ihre Beantwortung nicht offenkundig ist[1]. Offenkundig ist sie auch dann, wenn sie so einfach zu beantworten ist, dass divergierende Entscheidungen der Landesarbeitsgerichte nicht zu erwarten sind.

Entscheidungserheblich ist sie schließlich, wenn die Entscheidung des Landesarbeitsgerichts von ihr abhängt[2].

Stützt ein Landesarbeitsgericht seine Entscheidung auf mehrere Alternativbegründungen, hängt die Entscheidung des Rechtsstreites nicht von einer klärungsfähigen und klärungsbedürftigen Rechtsfrage ab[3].

⊃ **Hinweis:** Eine Rechtsfrage kann auch grundsätzliche Bedeutung haben, wenn sie auf der Auslegung von Normen beruht, deren Geltungsbereich sich **nicht** über den Bezirk eines Landesarbeitsgerichts hinaus erstreckt. Die aktuelle Fassung des § 72a ArbGG enthält die in der früheren Fassung des § 72a Abs. 1 Nr. 2 ArbGG enthaltene Einschränkung nicht mehr[4].

Bejaht wird eine grundsätzliche Bedeutung idR auch, wenn ein **Musterprozess** geführt wird, dessen Entscheidung für eine **Vielzahl ähnlicher Prozesse** von Bedeutung ist[5]. Das BAG hat jedoch klargestellt, dass eine grundsätzliche Bedeutung nicht allein deshalb angenommen werden kann, weil von der aufgeworfenen Rechtsfrage eine Vielzahl, jedenfalls mehr als 20 Arbeitsverhältnisse bei dem beklagten Arbeitgeber, betroffen sein könnten[6].

b) Divergenz

Nach § 72 Abs. 2 Nr. 2 ArbGG ist die Revision vom LAG weiter zuzulassen, wenn seine Entscheidung von der Entscheidung divergenzfähiger Gerichte abweicht und auf dieser Abweichung beruht[7]. Entscheidungen eines (Landes-)Verwaltungsgerichtshofes sind also nicht divergenzfähig[8]. Eine **Divergenz** liegt vor, wenn das Urteil des LAG zu einer Rechtsfrage einen **abstrakten Rechtssatz** aufgestellt hat, der von einem abstrakten Rechtssatz in der gleichen Rechtsfrage in einer anderen Entscheidung **abweicht**. Welche Rechtsfrage der Rechtssatz betrifft, ist gleichgültig[9]. Er kann sich auf unbestimmte Rechtsbegriffe beziehen, wenn dazu ein neuer Obersatz aufgestellt wird. Der Rechtssatz kann auch in einem allgemeinen Erfahrungssatz bestehen. Er muss in der die Instanz beendenden Entscheidung des LAG enthalten sein oder in einem vorausgegangenen, das LAG bindenden Zwischen- oder Grundurteil[10]. Nach der bisherigen Rechtsprechung des BAG muss der Rechtssatz, von dem abgewichen wird, in der herangezogenen Entscheidung unmittelbar ausgesprochen sein. Dass er ihr nur mittelbar entnommen werden kann, soll nicht ausreichen[11].

Dabei müssen die voneinander abweichenden Rechtssätze zwar grundsätzlich die **gleichen gesetzlichen Bestimmungen** betreffen. Es ist aber nach der herrschenden

---

1 BAG 22.3.2005 – 1 ABN 1/05, EzA § 72a ArbGG 1979 Nr. 101; 10.11.2005 – 2 AZN 629/05, nv.
2 BAG 14.4.2005 – 1 AZN 840/04, EzA § 72a ArbGG 1979 Nr. 102; 10.11.2005 – 2 AZN 629/05, nv.
3 BAG 28.9.1989 – 6 AZN 303/89, BB 1990, 71; 18.3.2010 – 2 AZN 889/09, DB 2010, 1132.
4 BAG 26.9.2007 – 10 AZN 768/07, NZA 2007, 1316.
5 *Hauck/Helml/Biebl*, § 72 ArbGG Rz. 8.
6 BAG 28.6.2011 – 3 AZN 146/11, NZA 2011, 939.
7 *Späth*, BB 1982, 2189.
8 BAG 30.6.1997 – 9 AZR 9/97, NZA 1997, 1184.
9 GMP/*Müller-Glöge*, § 72 ArbGG Rz. 18.
10 GMP/*Müller-Glöge*, § 72 ArbGG Rz. 19.
11 BAG 10.7.1984 – 2 AZN 337/84, AP Nr. 15 zu § 72a ArbGG 1979 – Divergenzrevision.

Meinung nicht erforderlich, dass die abweichenden Rechtssätze sich auf dieselbe Gesetzesbestimmung beziehen. Es genügt, wenn die angewandten Rechtsnormen in ihrem Regelungsinhalt übereinstimmen[1] (zB inhaltsgleiche Regelungen in den unterschiedlichen Bildungsurlaubsgesetzen der Bundesländer).

14 Die Entscheidung des LAG muss auf dem divergierenden abstrakten Rechtssatz **beruhen**. Dieser muss die Entscheidung tragen. Das ist dann der Fall, wenn bei anderer Beantwortung der Rechtsfrage die Entscheidung möglicherweise zu einem anderen Ergebnis geführt hätte. Ist dagegen der Rechtssatz nur in einer hilfsweisen oder weiteren Begründung des LAG enthalten, beruht dessen Entscheidung nicht auf der Divergenz[2]. Die Revision muss nicht zugelassen werden, wenn die Abweichung nur ein **obiter dictum** betrifft[3].

15 ⊃ **Hinweis:** Herangezogen werden kann jeweils nur die **jüngste Entscheidung** zur strittigen Rechtsfrage. Auf eine Rechtsauffassung, die inzwischen nicht mehr aufrechterhalten wird, kann eine Divergenz nicht gestützt werden[4].

c) Absoluter Revisionsgrund/Verletzung rechtlichen Gehörs

16 Nach § 72 Abs. 2 Nr. 3 ArbGG wird die Revision zugelassen, wenn ein absoluter Revisionsgrund iSd. § 547 Nr. 1–5 ZPO oder eine entscheidungserhebliche Verletzung des rechtlichen Gehörs vorliegt. Da § 72 Abs. 2 Nr. 3 ArbGG auch „Rechtsfehler" des zweitinstanzlichen Gerichts erfasst, wird die Zulassung der Revision regelmäßig nicht im zweitinstanzlichen Urteil selbst, sondern erst im Wege der Nichtzulassungsbeschwerde nach § 72a ArbGG erfolgen.

Für die Rüge eines absoluten Revisionsgrundes muss der Revisionskläger nicht nur den Zulassungsgrund benennen, er hat auch diejenigen Tatsachen, aus denen sich der Verfahrensfehler des Berufungsgerichts ergeben soll, substantiiert vorzutragen[5].

17 Im Falle der verspäteten Urteilsabsetzung (Urteil ohne Gründe, § 547 Nr. 6 ZPO) ist außerhalb des Revisionsverfahrens mit § 72b ArbGG das besondere Rechtsmittel der sofortigen Beschwerde vorgesehen.

d) Bindung des BAG

18 Das BAG ist an die Zulassung der Revision durch das LAG zwingend **gebunden** (§ 72 Abs. 3 ArbGG)[6]. Dies auch dann, wenn es auf die Rechtsfrage von grundsätzlicher Bedeutung nicht ankommt oder wenn das LAG das Merkmal „grundsätzliche Bedeutung" verkannt hat.

Die Bindungswirkung gilt aber nur insoweit, als es sich um eine Entscheidung handelt, die an sich überhaupt revisibel ist[7].

3. Zulassung im Urteil

19 Nach § 72 Abs. 1 ArbGG muss die **Zulassung der Revision** im Urteil erfolgen.

---

1 BAG 8.12.1994 – 9 AZN 849/94, NZA 1995, 447; GWBG/*Benecke*, § 72 ArbGG Rz. 27; GMP/*Müller-Glöge*, § 72 ArbGG Rz. 20; aA *Hauck/Helml/Biebl*, § 72 ArbGG Rz. 10.
2 *Hauck/Helml/Biebl*, § 72 ArbGG Rz. 11.
3 BAG 23.3.1984 – 7 AZN 673/83, nv.
4 BAG 2.12.1994 – 4 AZB 17/94, NZA 1995, 286.
5 BAG 25.1.2012 – 4 AZR 185/10, FA 2012, 149 m. Anm. *Wagner*.
6 BAG 16.4.1997 – 4 AZR 653/95, NZA 1998, 45.
7 BAG 25.10.2001 – 2 AZR 340/00, EzA § 5 KSchG Nr. 33.

a) Aufnahme im Urteilstenor

Durch Bezugnahme auf § 64 Abs. 3a ArbGG in § 72 Abs. 1 Satz 2 ArbGG ist klargestellt, dass die Zulassungsentscheidung im **Urteilstenor** aufzunehmen ist[1]. Ist dies unterblieben, kann binnen zwei Wochen ab Verkündung des Urteils eine entsprechende Ergänzung beantragt werden. Über den Antrag kann die zweitinstanzliche Kammer ohne mündliche Verhandlung entscheiden. Die Ausführungen im Abschnitt „Grundzüge des Berufungsverfahrens" zu § 64 Abs. 3a ArbGG gelten hier entsprechend (§ 72 Abs. 1 Satz 2 ArbGG).

b) Unrichtige Belehrung

Wird dem Urteil des LAG nur eine **Rechtsmittelbelehrung** über die Revision beigefügt, kann hierin regelmäßig nicht die Zulassung der Revision gesehen werden, wenn diese im Urteil(stenor) selbst nicht enthalten ist[2].

Die Entscheidungen über die Zulassung der Revision muss das LAG stets von Amts wegen treffen. Diesbezügliche Anträge der Parteien stellen prozessual nur eine Anregung dar[3].

c) Beschränkte Zulassung

Auch eine **Beschränkung** der Revisionszulassung auf einen **Teil des Streitstoffes** (zB auf das Bestehen oder Nichtbestehen einer Forderung auf Urlaubsabgeltung) ist zulässig. Dagegen kann die Zulassung der Revision nicht auf einen einzelnen rechtlichen Gesichtspunkt beschränkt werden (etwa auf die Frage der Pfändbarkeit einer Urlaubsabgeltung). Denkbar ist aber, eine rechtlich insoweit unbeachtliche Revisionszulassung in eine – durchaus rechtlich zulässige, weil auf den Teil eines Streitstoffs bezogene – Revisionszulassung umzudeuten[4].

Hat das LAG die Revision laut Urteilstenor unbeschränkt zugelassen und verhält sich die Begründung der Zulassung nur zu einem Teil der Streitgegenstände, so ist aus Gründen der Rechtsklarheit im Zweifel von einer unbeschränkten Zulassung des Rechtsmittels auszugehen[5]. Auch eine im Tenor beschränkt ausgesprochene Revisionszulassung kann in den Entscheidungsgründen wirksam weiter eingeschränkt werden[6]. Gem. § 554 Abs. 2 ZPO ist eine Anschlussrevision auch dann statthaft, wenn die Revision für den Anschlussrevisionskläger nicht zugelassen worden ist[7].

III. Fristen

1. Grundsatz

Die Frist für die Einlegung der Revision beträgt einen Monat, die Frist für die Begründung zwei Monate. Beide Fristen beginnen mit der Zustellung des in vollständiger Form abgefassten Urteils, spätestens aber mit Ablauf von fünf Monaten nach der Verkündung (§ 74 Abs. 1 ArbGG)[8].

---

1 BAG 19.3.2003 – 5 AZN 751/02, NZA 2003, 575.
2 BAG 20.9.2000 – 2 AZR 345/00, BB 2001, 52.
3 BAG 15.12.1986 – 2 AZR 289/86, AP Nr. 1 zu § 8 GKG.
4 BAG 28.8.2001 – 9 AZR 611/99, FA 2002, 18; 6.11.2008 – 2 AZR 935/07, DB 2009, 515.
5 BAG 17.6.1993 – 6 AZR 620/92, DB 1994, 1930; 6.9.1990 – 2 AZR 165/90, NZA 1991, 221.
6 BAG 3.11.2003 – 4 AZR 643/02, NZA 2004, 447.
7 BAG 3.12.2003 – 10 AZR 124/03, AP Nr. 19 zu § 1 TVG Tarifverträge: Musiker.
8 BAG 16.1.2008 – 7 AZR 1090/06, FA 2008, 147.

26 Die Revisionsbegründungsfrist kann (und wird regelmäßig) **einmal** bis zu einem weiteren Monat verlängert werden (§ 74 Abs. 1 Satz 3 ArbGG).

2. Streithelfer

27 Die Rechtsmittel des Streithelfers (§§ 72, 74, 67 ZPO) und die der unterstützten Hauptpartei sind als **einheitliche Rechtsmittel** anzusehen, so dass eine nicht rechtzeitig begründete Revision des Streithelfers bei einer zulässigen Revision der Hauptpartei nicht unzulässig ist[1].

28 Einstweilen frei.

3. Revision nach Nichtzulassungsbeschwerde

29 Wird die Revision erst auf eine Nichtzulassungsbeschwerde durch das BAG selbst zugelassen, so gilt die form- und fristgerecht eingelegte Nichtzulassungsbeschwerde als Revisionseinlegung (§ 72a Abs. 6 Satz 2 ArbGG). Mit Zustellung der stattgebenden Entscheidung über die Nichtzulassungsbeschwerde beginnt die (zweimonatige) Revisionsbegründungsfrist (§ 72a Abs. 6 Satz 3 ArbGG)[2].

4. Feiertage

30 Für die **Berechnung** der Revisionsfrist ist zu beachten, dass das Ende einer Rechtsmittelfrist **wegen eines allgemeinen Feiertages** nur dann hinausgeschoben wird, wenn der betreffende Tag an dem Ort, wo das Rechtsmittel einzulegen ist, gesetzlicher Feiertag ist. Insofern sind für die Anwendung des § 222 Abs. 2 ZPO die am Sitz des BAG (Erfurt, Thüringen) geltenden allgemeinen Feiertage maßgebend[3].

31 ⊃ **Hinweise:** Wird die Wiedereinsetzung wegen Versäumung der Revisionsbegründungsfrist beantragt, so muss innerhalb der einmonatigen (§ 234 Abs. 1 Satz 2 ZPO) Frist die Revisionsbegründung als versäumte Prozesshandlung nachgeholt werden. Ein Antrag auf Verlängerung der Revisionsbegründungsfrist kann grundsätzlich die nachzuholende Prozesshandlung nicht ersetzen[4].

IV. Postulationsfähigkeit

32 Zugelassen zur Prozessvertretung vor dem BAG im Urteilsverfahren sind zum einen Rechtsanwälte und zum anderen (seit dem 1.7.2008) auch Gewerkschaften und Vereinigungen von Arbeitgebern sowie deren speziell zur Rechtsberatung und Prozessvertretung gegründete juristische Personen, wie zB die DGB-Rechtsschutz GmbH (§ 11 Abs. 4 Satz 2 ArbGG)[5]. Allerdings müssen alle beim BAG postulationsberechtigten Personen die Befähigung zum Richteramt haben, also Volljuristen sein (§ 11 Abs. 4 Satz 3 ArbGG).

33 Wie auch sonst, können aber die Parteien solche Prozesshandlungen selbst vornehmen, die zu Protokoll der Geschäftsstelle erklärt werden können (§ 11 Abs. 4 Satz 1

---

1 BAG 18.10.1990 – 2 AZR 172/90, AP Nr. 88 zu § 613a BGB; *May*, Die Revision, S. 91.
2 BAG 8.5.2008 – 1 ABR 56/06, NZA 2008, 726.
3 BAG 24.9.1996 – 9 AZR 364/95, DB 1997, 988; 24.8.2011 – 8 AZN 808/11, DB 2011, 2212 (Fronleichnam).
4 BAG 16.1.1989 – 5 AZR 579/88, AP Nr. 3 zu § 222 ZPO.
5 BGBl. I 2007, 2840.

ArbGG). So kann etwa die Partei selbst vor dem BAG einen Antrag auf Gewährung von Prozesskostenhilfe stellen[1].

Anders als im Berufungsverfahren ist es aber nicht zulässig, dass die Partei den Einspruch gegen ein Versäumnisurteil des BAG selbst einlegt, da § 72 Abs. 6 ArbGG gerade nicht auf § 59 ArbGG verweist[2]. 34

V. Revisionsbegründung

1. Begründungszwang

Für die **Revisionsbegründung** gelten grundsätzlich die Bestimmungen des § 551 ZPO. 35

Für eine ordnungsgemäße Begründung in der Revision ist die Auseinandersetzung mit den Gründen des angefochtenen Urteils zwingend erforderlich[3]. Dies setzt eine konkrete Darlegung der Gründe voraus, deretwegen das angefochtene Urteil rechtsfehlerhaft sein soll[4]. Dadurch soll u.a. sichergestellt werden, dass der Prozessbevollmächtigte des Revisionsklägers das angefochtene Urteil im Hinblick auf das Rechtsmittel überprüft und mit Blick auf die Rechtslage genau durchdenkt. Außerdem soll die Revisionsbegründung durch ihre Kritik des angefochtenen Urteils zur richtigen Rechtsfindung durch das Revisionsgericht beitragen[5]. Die bloße Darstellung anderer Rechtsansichten ohne jede Auseinandersetzung mit den Gründen des Berufungsurteils genügt demnach nicht[6], ebenso wenig der bloße Hinweis auf die Nichtberücksichtigung des europäischen Arbeitsrechts[7]. 36

a) Unterschiedliche rechtliche Erwägungen

Setzt sich die Revision nur unzulänglich mit dem Urteil des LAG auseinander, ist sie gem. § 552 Abs. 1 Satz 2 ZPO als unzulässig zu verwerfen[8]. Das gilt auch, wenn die Berufungsentscheidung auf zwei oder mehrere voneinander unabhängige, selbständig tragende rechtliche Erwägungen gestützt wird; die Revisionsbegründung muss beide bzw. alle Erwägungen angreifen. Setzt sie sich nur mit einer der Begründungen auseinander, ist die Revision also insgesamt unzulässig[9]. 37

b) Unterschiedliche Streitgegenstände

Ist in dem Berufungsurteil über **mehrere selbständige Streitgegenstände** entschieden worden, muss die Revision für jeden Streitgegenstand einzeln begründet werden. Andernfalls ist sie hinsichtlich des nicht begründeten Streitgegenstandes unzulässig[10]. Eine Ausnahme gilt nur dann, wenn die Entscheidung über den einen Streitgegen- 38

---

1 GMP/*Germelmann*, § 11 ArbGG Rz. 117.
2 BAG 4.5.1956 – 1 AZR 284/55, AP Nr. 44 zu § 72 ArbGG 1953; *Hauck/Helml/Biebl*, § 11 ArbGG Rz. 27.
3 BAG 16.4.2003 – 4 AZR 367/02, EzA § 74 ArbGG 1979 Nr. 3; 19.4.2005 – 9 AZR 184/04, AP Nr. 43 zu § 15 BErzGG.
4 BAG 13.11.2013 – 10 AZR 639/13.
5 BAG 19.4.2005 – 9 AZR 184/04, AP Nr. 43 zu § 15 BErzGG; 19.2.2008 – 1 AZR 1004/06, NZA 2008, 720; BAG 2.5.2014 – 2 AZR 490/13.
6 BAG 29.10.1997 – 5 AZR 624/96, NZA 1998, 336; 14.7.2005 – 8 AZR 300/04, AP Nr. 41 zu § 242 BGB – Auskunftspflicht; 28.1.2009 – 4 AZR 912/07, ArbRB 2009, 141.
7 BAG 7.7.1999 – 10 AZR 575/98, EzA § 554 ZPO Nr. 8.
8 BAG 19.4.2005 – 9 AZR 184/04, AP Nr. 43 zu § 15 BErzGG.
9 BAG 19.3.2008 – 5 AZR 442/07, NZA 2008, 1031; 16.12.2010 – 2 AZR 963/08, NZA-RR 2012, 269.
10 BAG 27.7.2010 – 1 AZR 186/09, NZA 2010, 1446.

stand notwendig von der Entscheidung über den anderen konkret angefochtenen abhängt. Insbesondere bedarf es jeweils einer eigenständigen Revisionsbegründung, wenn zum einen die Wirksamkeit einer Kündigung angegriffen, zum anderen aber auch ein Wiedereinstellungsanspruch geltend gemacht wird. Ein geltend gemachter Wiedereinstellungsanspruch ist gegenüber der Frage, ob das Arbeitsverhältnis wirksam durch Ausspruch einer Kündigung beendet worden ist, ein anderer Streitgegenstand. Ein Wiedereinstellungsantrag bedarf deshalb einer gesonderten Revisionsbegründung. Wenn diese nicht erfolgt, ist die Revision insoweit mangels ausreichender Revisionsbegründung nach § 72 Abs. 5 ArbGG, §§ 522, 520 ZPO unzulässig[1].

2. Inhaltliche Begrenzung der Begründung

39 Inhaltlich kann die Revision **nur** auf die **Verletzung einer Rechtsnorm** gestützt werden. Dies kann sowohl die Verletzung einer Verfahrensvorschrift (formelles Recht) wie auch die Verletzung von Normen des materiellen Rechts sein.

a) Verletzung formellen Rechts

40 Im Revisionsverfahren ist die Zulässigkeit des Rechtswegs gem. §§ 73 Abs. 2, 65 ArbGG nicht mehr zu überprüfen. Eine Ausnahme kommt allein dann in Betracht, wenn die Vorinstanzen das in § 17a GVG vorgesehene Vorabentscheidungsverfahren über die Zulässigkeit des Rechtsweges entgegen § 17a Abs. 3 Satz 2 GVG trotz Rüge einer Partei nicht durchgeführt haben[2].

aa) Verletzung der Hinweispflicht

41 Wird die Verletzung der richterlichen Hinweispflicht (§ 139 ZPO) gerügt, muss die Revision im Einzelnen angeben, was das Gericht hätte aufklären müssen, wie das Ergebnis der Aufklärung ausgesehen hätte und dass bei ordnungsgemäßer Behandlung die Entscheidung des Gerichts beeinflusst worden wäre[3].

Es sind in der Revisionsbegründung also folgende Fragen zu stellen und zu beantworten:

Checkliste

42 ☐ Welche Fragen hätte das Gericht stellen müssen?
☐ Welche Hinweise hätte es geben müssen?
☐ Was wäre darauf geantwortet und vorgetragen worden?
☐ Welche sachdienlichen Anträge wären gestellt worden?
☐ Weshalb hätte dies zu einer (für den Rechtsmittelführer) günstigen Entscheidung geführt oder führen müssen?

bb) Mangelnde Sachaufklärung

43 Mit der Revision kann gerügt werden, das Berufungsgericht habe eine Beweiswürdigung fehlerhaft vorgenommen oder die angebotenen Beweise nicht beachtet (§ 286 ZPO). Auch hier muss nicht nur vorgetragen werden, worin der Fehler der Vorinstanz gelegen haben soll, sondern auch, welches Ergebnis bei richtiger Behandlung durch die Vorinstanz herausgekommen wäre.

---

1 BAG 9.11.2006 – 2 AZR 532/05, EzA § 551 ZPO 2002 Nr. 4.
2 BAG 7.9.2004 – 9 AZR 545/03, NZA 2005, 105.
3 BAG 12.12.1996 – 2 AZR 7/96, EzA § 1 KSchG Krankheit Nr. 41; 6.1.2004 – 9 AZR 680/02, NZA 2004, 449.

V. Revisionsbegründung

Checkliste

Es ist also darzulegen,

☐ zu welchem Beweisthema der Rechtsmittelführer

☐ welche genau anzugebenden Beweismittel angeboten hat

☐ wo und wie der Beweisantritt erfolgte (bei umfangreichen Schriftsätzen Angabe der Seitenzahl der Fundstelle erforderlich)[1]

☐ inwiefern bei richtiger Sachbehandlung die Möglichkeit einer anderen Entscheidung gegeben war, wozu wiederum die entsprechenden Prozesstatsachen anzugeben sind, sofern die Möglichkeit einer Beeinflussung des Verfahrensergebnisses nicht aus der Art des Verstoßes selbst erfolgt, wie etwa beim völligen Übergehen einer relevanten Aussage[2].

b) Verletzung materiellen Rechts

Wird die Verletzung materiellen Rechts gerügt, ist zu unterscheiden:

– Geht es um die Auslegung eines **bestimmten Rechtsbegriffs** (zB auch einer bestimmten Tarifnorm), muss die Revision nach den Regeln der Auslegung von Gesetzesnormen[3] darlegen, worin der Auslegungsfehler des Berufungsgerichts gelegen haben soll und welches Ergebnis bei zutreffender Auslegung hätte erzielt werden müssen.

– Geht es dagegen um die Anwendung eines **unbestimmten Rechtsbegriffs** (zB den Begriff der Sozialwidrigkeit in § 1 Abs. 2 KSchG), kann in der Revisionsinstanz die Entscheidung des Berufungsgerichts nur **beschränkt nachgeprüft** werden; und zwar nur darauf, ob das Berufungsgericht den Rechtsbegriff selbst verkannt hat, ob es bei der Unterordnung des Sachverhalts unter die angewendete Rechtsnorm Denkgesetze oder allgemeine Erfahrungssätze verletzt hat, ob es bei der gebotenen Interessenabwägung, bei der dem Tatsachenrichter ein Beurteilungsspielraum zusteht, alle wesentlichen Umstände berücksichtigt hat und ob die Entscheidung in sich widerspruchsfrei ist[4].

c) Absolute Revisionsgründe

Die absoluten Revisionsgründe sind in § 547 ZPO enumerativ aufgeführt[5]. Liegt ein derartiger Verfahrensverstoß vor, so bedarf es keiner Darlegung mehr, dass die angefochtene Entscheidung auf dieser Verfahrensverletzung beruht.

⊃ **Hinweis:** Auch die absoluten Revisionsgründe (des § 547 Nr. 1–5 ZPO) können nur bei Zulassung der Revision geltend gemacht werden[6]!

Es bedarf – wenn die Revision vom LAG zugelassen wurde – auch bei Vorliegen absoluter Revisionsgründe einer entsprechenden Rüge.

---

1 BAG 6.1.2004 – 9 AZR 680/02, NZA 2004, 450.
2 Vgl. Näheres bei *Gift/Baur*, Teil I Rz. 161 f.
3 BAG 13.5.1998 – 4 AZR 107/97, AP Nr. 242 zu §§ 22, 23 BAT 1975.
4 St. Rspr., vgl. nur BAG 27.2.1997 – 2 AZR 302/96, AP Nr. 36 zu § 1 KSchG 1969 – verhaltensbedingte Kündigung; 29.10.1997 – 5 AZR 624/96, AP Nr. 30 zu § 554 ZPO.
5 Hierzu *Baumbach/Lauterbach/Albers/Hartmann*, § 547 ZPO Rz. 3 ff.
6 BVerfG 26.3.2001 – 1 BvR 383/00, EzA § 551 ZPO Nr. 9; BAG 1.2.1995 – 5 AZR 226/94, nv.

VI. Revisionsbeantwortung

48 Die Beantwortung der Revision ist **weder zwingend erforderlich noch an eine bestimmte Frist gebunden**. Dies liegt darin begründet, dass im Revisionsverfahren grundsätzlich neuer Tatsachenvortrag unzulässig ist.

49 ⮕ **Hinweis:** Eine ausführliche Stellungnahme des Revisionsbeklagten ist jedoch dringend anzuraten, um den eigenen Standpunkt deutlich zu machen.

Dies gilt insbesondere, wenn ausnahmsweise im Revisionsverfahren neues tatsächliches Vorbringen statthaft ist, etwa wenn zwischenzeitliche Verfügungen über den Streitgegenstand getroffen wurden. In diesem Fall muss der Revisionsbeklagte sich zu diesem neuen Sachvorbringen erklären, wenn er dieses nicht unstreitig stellen will[1].

VII. Revisionsanträge

1. Antrag des Revisionsklägers

50 Der korrekte Antrag des Revisionsklägers, der in der ersten und zweiten Instanz unterlegen war, ergibt sich aus § 562 Abs. 1 ZPO. Dementsprechend muss der Antrag lauten:

Formulierungsbeispiel:
1. Auf die Revision des Klägers/Beklagten wird das Urteil des Landesarbeitsgerichts ... vom ..., Az. ..., aufgehoben.
2. Auf die Berufung des Klägers/Beklagten wird das Urteil des Arbeitsgerichts ... vom ..., Az. ..., abgeändert.
3. Der Beklagte wird verurteilt, ... (Klageantrag).
   oder
3. Die Klage wird abgewiesen.

---

51 Bei (teilweisem) Obsiegen in der ersten Instanz und (teilweisem) Unterliegen in der zweiten Instanz, muss der Antrag in Nr. 2 lauten:

Formulierungsbeispiel:
2. Die Berufung des Klägers/Beklagten gegen das Urteil des Arbeitsgerichts ... vom ..., Az. ..., wird zurückgewiesen.
   oder
2. Die Berufung des Klägers/Beklagten gegen das Urteil des Arbeitsgerichts ... vom ..., Az. ..., wird zurückgewiesen, soweit ...

---

52 Es ist überflüssig, einen Antrag auf Zurückverweisung an das LAG zu stellen, da dies ggf. von Amts wegen erfolgt (§ 563 ZPO).

2. Antrag des Revisionsbeklagten

53 Der Antrag des Revisionsbeklagten muss lauten:

---

1 *Gift/Baur*, Teil I Rz. 236.

VIII. Revisionsentscheidung des BAG

Formulierungsbeispiel:

Die Revision des Klägers/Beklagten gegen das Urteil des Landesarbeitsgerichts ... vom ..., Az. ..., wird zurückgewiesen.

VIII. Revisionsentscheidung des BAG

1. Zurückverweisung und Bindungswirkung

Hat die Revision Erfolg, ist das Urteil des LAG **aufzuheben** und der **Rechtsstreit grundsätzlich an das LAG zurückzuverweisen** (§§ 562 Abs. 1, 563 Abs. 1 ZPO). Dabei kann das Revisionsgericht von der Möglichkeit des § 563 Abs. 1 Satz 2 ZPO Gebrauch machen und die Sache an einen anderen Spruchkörper des Berufungsgerichts zurückverweisen. 54

Das Berufungsgericht hat die rechtliche Beurteilung, die der Aufhebung zugrunde gelegt worden ist, auch seiner Entscheidung zugrunde zu legen (§ 563 Abs. 2 ZPO). Die **Bindungswirkung** besteht für das Berufungsgericht jedoch nur dann, wenn die rechtserheblichen, tatsächlichen Feststellungen unverändert bleiben. Das LAG ist aber nach Zurückverweisung berechtigt und ggf. verpflichtet, neue tatsächliche Feststellungen zu treffen[1]. 55

Beispiel:

Das LAG verneint bei verhaltensbedingter Kündigung den Kündigungsgrund an sich und nimmt deshalb – konsequent – keine Interessenabwägung vor. Das BAG bejaht den Kündigungsgrund an sich und muss deshalb grundsätzlich zurückverweisen, weil es die Interessenabwägung (zunächst) dem LAG als Tatsacheninstanz überlassen muss.

↪ **Hinweis:** Ist in den unteren Instanzen zu Unrecht im Urteils- statt im Beschlussverfahren entschieden worden, so ist eine Entscheidung in der Sache selbst nicht möglich. Das Verfahren muss an die erste Instanz, nicht also an das LAG, abgegeben werden[2]. 56

2. Abschließende Entscheidung

Unter den Voraussetzungen des § 563 Abs. 3 ZPO kann das BAG jedoch **in der Sache selbst entscheiden**. Das ist der Fall, wenn die Aufhebung des Urteils nur wegen **Gesetzesverletzung** bei Anwendung des Gesetzes auf das festgestellte Sachverhältnis erfolgt und nach Letzterem die Sache **zur Entscheidung reif** ist. 57

Das gilt auch dann, wenn das Berufungsgericht eine Klage zu Unrecht als unzulässig abgewiesen und zu ihrer Begründung nichts ausgeführt hat, im Berufungsurteil aber die für die Sachentscheidung maßgebenden Tatsachen festgestellt sind und weitere Sachaufklärung nicht erforderlich ist. Hier bedarf es einer Zurückverweisung nicht[3]. 58

Schließlich kann das Revisionsgericht eine eigene **Interessenabwägung** vornehmen, wenn die Abwägung des Berufungsgerichts fehlerhaft oder unvollständig ist und sämtliche relevanten Tatsachen feststehen[4]. 59

---

1 BAG 14.4.1967 – 5 AZR 535/65, AP Nr. 12 zu § 565 ZPO; Zöller/*Heßler*, § 563 ZPO Rz. 3 ff.
2 BAG 9.11.1971 – 1 AZR 417/70, AP Nr. 2 zu § 8 ArbGG 1953.
3 BAG 25.10.2001 – 6 AZR 718/00, DB 2002, 903.
4 BAG 10.6.2010 – 2 AZR 541/09, NZA 2010, 1227 (1231).

IX. Sprungrevision

60 Die Sprungrevision (vom Arbeitsgericht direkt zum BAG) ist in § 76 ArbGG geregelt.

1. Formelle Voraussetzungen

61 Eine Sprungrevision ist nur möglich, wenn der Gegner schriftlich zustimmt[1] und wenn sie vom Arbeitsgericht auf Antrag durch Urteil oder nachträglich durch Beschluss zugelassen wird[2]. Der Antrag ist innerhalb einer Notfrist von einem Monat nach Zustellung des in vollständiger Form abgefassten Urteils schriftlich zu stellen. Die Zustimmung des Gegners ist, wenn die Revision im Urteil zugelassen ist, der Revisionsschrift, anderenfalls dem Antrag beizufügen.

2. Zustimmungserklärung

62 Die für die Zulässigkeit der Sprungrevision erforderliche Zustimmung kann die gegnerische Partei selbst erklären oder sich dabei von einer prozessfähigen Person vertreten lassen (§ 11 Abs. 1 Satz 1 ArbGG). Insoweit besteht kein Vertretungszwang durch einen Rechtsanwalt oder einen Verbandsbevollmächtigten[3].

63 ⊃ **Hinweis:** Erklärt eine Partei schriftsätzlich oder zu Protokoll, sie stimme der **Beantragung** einer Sprungrevision zu, so bedeutet das noch nicht, dass sie auch schon der Einlegung einer Sprungrevision nach § 76 Abs. 1 ArbGG zustimmen will[4]. Das Gleiche gilt für die Erklärung der Gegenpartei, sie sei mit der Zulassung der Sprungrevision einverstanden[5].

64 Der Sprungrevision ist die schriftliche Zustimmung der Gegenpartei auch dann beizufügen, wenn die Gegenpartei der Zulassung der Sprungrevision bereits vor Verkündung des Beschlusses zugestimmt hatte. Die Zustimmungserklärung kann bis zum Ablauf der Rechtsmittelfrist nachgereicht werden[6].

3. Materiell-rechtliche Voraussetzungen

65 Die Sprungrevision ist nach § 76 Abs. 2 ArbGG nur zuzulassen, wenn die Rechtssache grundsätzliche Bedeutung hat und Rechtsstreitigkeiten betrifft,
- zwischen Tarifvertragsparteien aus Tarifverträgen oder über das Bestehen oder Nichtbestehen von Tarifverträgen;
- über die Auslegung eines Tarifvertrages, dessen Geltungsbereich sich über den Bezirk des Landesarbeitsgerichts hinaus erstreckt;
- zwischen tariflichen Parteien oder diesen und Dritten aus unerlaubten Handlungen, soweit es sich um Maßnahmen zum Zwecke des Arbeitskampfes oder um Fragen der Vereinigungsfreiheit einschließlich des hiermit im Zusammenhang stehenden Betätigungsrechtes der Vereinigungen handelt.

66 Da die Sprungrevision auch nicht auf Mängel des Verfahrens gestützt werden kann (§ 76 Abs. 4 ArbGG), muss eine Partei, die derartige Mängel des arbeitsgerichtlichen

---

1 BAG 14.3.2001 – 4 AZR 367/00, nv.; 30.5.2001 – 4 AZR 269/00, FA 2002, 23: Zustimmung des Gegners per Fax reicht aus.
2 *May*, S. 206.
3 BAG 17.4.1985 – 5 AZR 191/83, NZA 1986, 171.
4 BAG 28.10.1986 – 3 AZR 218/86, EzA § 76 ArbGG 1979 Nr. 5; *Hauck/Helml/Biebl*, § 76 ArbGG Rz. 9.
5 BAG 4.12.2002 – 10 AZR 83/02, EzA § 76 ArbGG 1979 Nr. 9.
6 BAG 16.4.2003 – 7 ABR 27/02, NZA 2003, 1105 zur Sprungrechtsbeschwerde.

Urteils geltend machen will, anstelle der zugelassenen Sprungrevision Berufung einlegen[1].

4. Berufungs- und Revisionsfrist

Wurde der Antrag auf Zulassung der Sprungrevision schon vor Erlass des erstinstanzlichen Urteils gestellt und hat das Arbeitsgericht sie dementsprechend **im Urteil** zugelassen, beginnt die Revisionsfrist mit Zustellung des in vollständiger Form abgefassten Urteils.

Ist die Zulassung dagegen erst **durch Beschluss** ausgesprochen worden, beginnt die Revisionsfrist mit der Zustellung dieses Beschlusses zu laufen (§ 76 Abs. 3 Satz 2 ArbGG), sofern die erforderliche Rechtsmittelbelehrung beigefügt war. Lehnt das Arbeitsgericht die Zulassung der Sprungrevision im Beschluss ab, so beginnt mit der Zustellung dieses Beschlusses die Berufungsfrist von neuem zu laufen. Das gilt aber nur, wenn der Antrag auf Zulassung der Sprungrevision form- und fristgerecht (inklusive beigefügter Zustimmungserklärung des Gegners!) gestellt worden war[2].

5. Bindung des Revisionsgerichts

Nach § 76 Abs. 2 Satz 1 ArbGG ist das BAG an die Zulassung der Sprungrevision gebunden. Lässt ein Arbeitsgericht jedoch die Sprungrevision zu, obwohl keine tarif- oder kollektivrechtliche Streitigkeit iSd. Nr. 1–3 des § 76 Abs. 2 ArbGG vorliegt, so ist die Zulassung unwirksam und für das BAG nicht bindend[3]. Allerdings sprechen nach Auffassung des Dritten Senats die besseren Gründe dafür, dass die Zulassung der Sprungrevision nicht mehr daraufhin überprüft werden kann, ob der Rechtsstreit einen der in § 76 Abs. 2 Satz 1 ArbGG genannten Streitgegenstände betrifft.

---

1 BAG 28.5.1998 – 6 AZR 349/96, EzA § 4 TVG Bühnen Nr. 5.
2 GMP/*Müller-Glöge*, § 76 ArbGG Rz. 24.
3 BAG 12.2.1985 – 3 AZR 335/82, NJW 1985, 2974; 15.10.1992 – 6 AZR 349/91, AP Nr. 19 zu § 17 BAT.

F. Nichtzulassungsbeschwerde und sofortige Beschwerde bei verspäteter Urteilsabsetzung

	Rz.
I. Nichtzulassungsbeschwerde	
1. Arten der Nichtzulassungsbeschwerde	1
a) Grundsatzbeschwerde	3
b) Divergenzbeschwerde	
aa) Voraussetzungen	5
bb) Divergenz-Tatbestand	7
cc) Beruhen auf Divergenz	12
dd) Zeitpunkt der divergenzfähigen Entscheidung	15
ee) Darlegungslast des Beschwerdeführers	17
c) Verfahrensbeschwerde/Rechtliches Gehör	18
aa) Darlegungslast	19
(1) Substantiierter Vortrag der Rechtsposition	20
(2) Konkrete Darlegung der Verletzung des rechtlichen Gehörs	22
(3) Entscheidungserheblichkeit	23
bb) Tatsächliches Vorliegen einer Verletzung des rechtlichen Gehörs	25
2. Formelle Voraussetzungen	
a) Einlegung beim BAG	26
b) Einlegungs-/Begründungsfrist	26a
c) Formeller Inhalt der Beschwerdeschrift	31
3. Aufschiebende Wirkung	35
4. Anträge	
a) Beschwerdeführer	37
b) Beschwerdegegner	38
5. Entscheidung des BAG	39
a) Ablehnung der Beschwerde	42
b) Stattgabe der Beschwerde	43
II. Sofortige Beschwerde bei verspäteter Urteilsabsetzung	
1. Grundsatz	45
2. Einlegungsfrist/Begründung	47
3. Entscheidung des BAG	48

Schrifttum:

Bepler, Änderungen im arbeitsgerichtlichen Verfahren durch das Anhörungsrügengesetz, RdA 2005, 65; *Düwell*, Das Anhörungsrügengesetz – Mehr Rechtsschutz in den arbeitsgerichtlichen Verfahren!, FA 2005, 75; *Etzel*, Die Nichtzulassungsbeschwerde nach dem Anhörungsrügengesetz, ZTR 2005, 249; *Gravenhorst*, Anhörungsrügengesetz und Arbeitsgerichtsverfahren, NZA 2005, 24; *Gross*, Nichtzulassungsbeschwerde – Der erzwungene Zugang zum Bundesarbeitsgericht, in: Festschrift zum 25-jährigen Bestehen der Arbeitsgemeinschaft Arbeitsrecht im DAV, 2006, S. 325; *Gross/Leschnig*, Nichtzulassungsbeschwerde – Eine Unerträglichkeit anwaltlichen Seins, JbArbR 39, 37; *Kreutzfeldt*, Verfassungsbeschwerde statt Nichtzulassungsbeschwerde, FA 2001, 297; *Schrader*, Anhörungsrügengesetz und Arbeitsgerichtsverfahren, NZA-RR 2006, 57; *Treber*, Neuerungen durch das Anhörungsrügengesetz, NJW 2005, 97.

I. Nichtzulassungsbeschwerde

1. Arten der Nichtzulassungsbeschwerde

1 Hat das Landesarbeitsgericht die Revision nicht zugelassen, fehlt es also an einer positiven Entscheidung des Berufungsgerichts über die Zulassung, kann die Nichtzulassung gem. § 72a ArbGG selbständig durch Beschwerde angefochten werden. Das Landesarbeitsgericht muss allerdings weder über den Rechtsbehelf der Nichtzulassungsbeschwerde belehren, noch auf die Möglichkeit der Nichtzulassungsbeschwerde hinweisen[1].

2 Die nachfolgende **Übersicht** zeigt die verschiedenen Nichtzulassungsbeschwerde-Arten einschließlich des absoluten Revisionsgrundes nach § 547 Nr. 6 ZPO (verspätete Zustellung) und den damit jeweils verbundenen Verfahrensablauf.

---

1 BAG 9.7.2003 – 5 AZN 316/03, AP Nr. 49 zu § 72a ArbGG 1979.

I. Nichtzulassungsbeschwerde

Fall	Zulassung Revision	Nichtzulassung Revision	Entscheidung BAG bei erfolgreicher Beschwerde
Grundsätzliche Bedeutung	Revision	Nichtzulassungsbeschwerde (§ 72a ArbGG)	Fortsetzung Beschwerde als Revisionsverfahren (§ 72a Abs. 6 ArbGG)
Divergenz	Revision	Nichtzulassungsbeschwerde	Fortsetzung ...
Absolute Revisionsgründe (§ 547 Nr. 1–5 ZPO)	Revision	Nichtzulassungsbeschwerde	Statt Fortsetzung ... Aufhebung LAG und Zurückverweisung möglich (§ 72a Abs. 7 ArbGG analog)
Verletzung rechtlichen Gehörs	Revision	Nichtzulassungsbeschwerde	statt Fortsetzung ... Aufhebung LAG und Zurückverweisung möglich (§ 72a Abs. 7 ArbGG)
Entscheidung ohne Gründe (§ 547 Nr. 6 ZPO) = verspätete Zustellung	sofortige Beschwerde (§ 72b ArbGG)		Aufhebung LAG und Zurückverweisung auch an andere Kammer (§ 72b Abs. 5 Satz 2 ArbGG)

a) Grundsatzbeschwerde

Nach § 72a Abs. 3 Satz 2 Nr. 1 ArbGG kann die Nichtzulassung der Revision (durch das LAG) wegen **grundsätzlicher Bedeutung** einer Rechtsfrage gerügt werden. 3

Eine **Rechtsfrage** ist eine Frage, welche die Wirksamkeit, den Geltungsbereich, die Anwendbarkeit oder den Inhalt einer Norm zum Gegenstand hat[1]. Die Darlegungslast des Beschwerdeführers zur Begründung (nicht nur) der Grundsatzbeschwerde wird häufig unterschätzt. Er muss nämlich im Einzelnen darlegen, dass 4

(1) das anzufechtende Urteil eine – im Einzelnen auszuformulierende[2] – abstrakte Rechtsfrage in einem bestimmten Sinn beantwortet hat, die in bestimmter anderer Weise hätte beantwortet werden müssen[3],

(2) die Rechtsfrage grundsätzliche Bedeutung hat. Dazu muss dargelegt werden, dass sie in der Revision klärungsfähig ist, der höchstrichterlichen Klärung bedarf und eine über den Einzelfall hinausgehende Bedeutung hat[4] (allgemeine Bedeutung für die Rechtsordnung und ihre Auswirkungen auf die Interessen jedenfalls eines größeren Teils der Allgemeinheit[5])

und schließlich

(3) die Entscheidung in der Begründungslinie des LAG anders ausgefallen wäre, wenn die abstrakte Rechtsfrage in dem von der Beschwerde für richtig gehaltenen Sinn und damit abweichend vom LAG beantwortet wird[6]. Das ist die Frage nach der Entscheidungserheblichkeit, die zB dann nicht gegeben ist, wenn das LAG seine Entscheidung noch auf eine weitere Begründungslinie (von nicht grundsätzlicher Bedeutung) stützt.

---

1 BAG 26.6.2008 – 6 AZN 648/07, NZA 2008, 1145.
2 Konkretisierung und Stellung so, dass die Rechtsfrage nur mit „ja" oder „nein" beantwortet werden kann: BAG 26.6.2008 – 6 AZN 648/07, NZA 2008, 1145.
3 BAG 22.8.2007 – 4 AZN 1225/06, AP Nr. 1 zu § 315 ZPO; 26.1.2006 – 9 AZN 11/05, EzA § 72a ArbGG 1979 Nr. 106.
4 BAG 22.8.2007 – 4 AZN 1225/06, AP Nr. 1 zu § 315 ZPO.
5 BAG 26.6.2008 – 6 AZN 648/07, NZA 2008, 1145; 10.7.2014 – 10 AZN 307/14 (Bindungswirkung nach § 9 TVG allein nicht ausreichend).
6 BAG 22.8.2007 – 4 AZN 1225/06, AP Nr. 1 zu § 315 ZPO.

b) Divergenzbeschwerde

aa) Voraussetzungen

5 Die Divergenzbeschwerde ist unter den Voraussetzungen des § 72 Abs. 2 Nr. 2 ArbGG statthaft, wenn die Entscheidung des Landesarbeitsgerichts von einer Entscheidung des Bundesverfassungsgerichts, einer Entscheidung des Gemeinsamen Senats der obersten Gerichtshöfe des Bundes, einer Entscheidung des BAG oder, solange eine Entscheidung des BAG in der Rechtsfrage nicht ergangen ist, von einer Entscheidung einer anderen Kammer desselben Landesarbeitsgerichts oder eines anderen Landesarbeitsgerichts **abweicht** und das LAG-Urteil **auf dieser Abweichung beruht**.

6 Die Regelung in § 72 Abs. 2 Nr. 2 ArbGG ist **abschließend**. Auf eine Abweichung von Entscheidungen in dieser Vorschrift nicht genannter Oberster Gerichtshöfe des Bundes (zB Bundesverwaltungsgericht, Bundessozialgericht, Bundesgerichtshof) kann eine Nichtzulassungsbeschwerde wegen Divergenz nicht gestützt werden, ebenso wenig auf einen Verfahrensmangel[1]. Urteile der Kammer des Landesarbeitsgerichts, dessen Entscheidung mit der Nichtzulassungsbeschwerde angefochten wird, sind ebenfalls nicht divergenzfähig[2].

bb) Divergenz-Tatbestand

7 Von einer Divergenz wird gesprochen, wenn das Landesarbeitsgericht in einem Urteil in einer Rechtsfrage einen **abstrakten Rechtssatz** aufgestellt hat, der von einem abstrakten Rechtssatz in gleicher Rechtsfrage in einer Entscheidung eines der in § 72 Abs. 2 Nr. 2 ArbGG genannten Gerichte abweicht. Das setzt voraus, dass das Landesarbeitsgericht einen eigenen fallübergreifenden Rechtssatz aufgestellt hat. Hieran fehlt es, wenn nur Rechtssätze des BAG übernommen werden[3].

8 Ein abstrakter Rechtssatz liegt nur vor, wenn durch **fallübergreifende Ausführungen** ein Grundsatz aufgestellt wird, der **für eine Vielzahl von gleichgelagerten Fällen Geltung beansprucht**. Er kann auch in scheinbar einzelfallbezogenen Ausführungen enthalten sein, wenn sich aus diesen nur scheinbar fallbezogenen Ausführungen aber zwingend ergibt, dass das Gericht von einem abstrakten Rechtssatz ausgegangen ist[4]. Jedoch müssen sich die voneinander abweichenden abstrakten Rechtssätze aus der anzufechtenden und der herangezogenen Entscheidung unmittelbar ergeben und so deutlich ablesbar sein, dass nicht zweifelhaft bleibt, welche abstrakten Rechtssätze die Entscheidungen jeweils aufgestellt haben[5].

9 Stützt sich eine Divergenzbeschwerde darauf, dass den scheinbar nur einzelfallbezogenen Ausführungen des Landesarbeitsgerichtes ein abstrakter fallübergreifender Rechtssatz zwingend zu entnehmen sei, obliegt es dem Beschwerdeführer – sofern das nicht offensichtlich ist –, dies konkret zu begründen. Die schlichte Gegenüberstellung der fallbezogenen Ausführungen eines Gerichts und des vom Beschwerdeführer daraus abgelesenen abstrakten Rechtssatzes ist regelmäßig nicht ausreichend. Insbesondere ist die bloße Behauptung nicht hinreichend, aus den fallbezogenen Ausführungen des Landesarbeitsgerichtes lasse sich ein bestimmter abstrakter Rechtssatz entnehmen. In aller Regel ist es erforderlich, dass die Beschwerde konkret und im Einzelnen begründet, warum das Landesarbeitsgericht gerade von einem bestimmten

---

1 BAG 9.2.1983 – 4 AZN 526/82, BAGE 41, 367; 26.6.2001 – 9 AZN 132/01, EzA § 72a ArbGG 1979 Nr. 94 (Verfahrensmangel).
2 BAG 21.2.2002 – 2 AZN 909/01, NZA 2002, 2582.
3 BAG 28.4.1998 – 9 AZN 227/98, EzA § 72a ArbGG 1979 Nr. 84; 18.1.2001 – 2 AZN 1001/00, NZA-RR 2001, 383.
4 BAG 6.12.2006 – 4 AZN 529/06, NZA 2007, 349.
5 BAG 22.3.2005 – 1 ABN 1/05, NZA 2005, 652.

abstrakten Rechtsschutzatz ausgeht. Der Beschwerdeführer muss regelmäßig die Gesichtspunkte und Schlussregeln für die Ableitung des behaupteten abstrakten Rechtssatzes (die „Deduktion") aus den fallbezogenen Ausführungen des Landesarbeitsgerichtes darlegen. Eine fehlende „Deduktion" ist insbesondere dann schädlich, wenn das Landesarbeitsgericht seinen fallbezogenen Ausführungen die Rechtssätze der von der Beschwerde herangezogenen Entscheidung des BAG selber vorangestellt hat. Entspricht das dann vom Landesarbeitsgericht gefundene Ergebnis nicht diesem Rechtssatz des BAG, handelt es sich lediglich um eine fehlerhafte Subsumtion des entschiedenen Sachverhalts unter diesen Rechtssatz und damit eine fehlerhafte Rechtsanwendung, die die Revisionsinstanz nicht zu eröffnen vermag[1].

Der aufgestellte Rechtssatz kann sich auf unbestimmte Rechtsbegriffe beziehen, wenn dementsprechend ein neuer Obersatz aufgestellt wird oder auch in einem allgemeinen Erfahrungssatz bestehen[2]. Weitere Voraussetzung ist, dass sowohl die Entscheidung des Landesarbeitsgerichts als auch die Entscheidung eines divergenzfähigen Gerichtes einen abstrakten Rechtssatz enthält und diese Rechtssätze voneinander divergieren[3]. Hierzu muss in der Beschwerdebegründung dargelegt werden, dass die in den Entscheidungen angewandten Rechtsnormen im Wortlaut und im Regelungsinhalt übereinstimmen. Der Hinweis der Beschwerde auf eine Vergleichbarkeit der Regelungen genügt nicht[4]. 10

Beruht die Entscheidung des LAG auf einer **Doppelbegründung**, ist die Revision sowohl im Falle der Divergenz- wie der Grundsatzbeschwerde nur zuzulassen, wenn mit der Nichtzulassungsbeschwerde beide Begründungen des LAG angegriffen werden und die Rügen gegen jede der beiden Begründungen für sich betrachtet begründet sind[5]. 11

cc) Beruhen auf Divergenz

Nach § 72 Abs. 2 Nr. 2 ArbGG muss die Entscheidung des Landesarbeitsgerichts auf dem abweichenden abstrakten Rechtssatz beruhen. Dies ist der Fall, wenn nicht auszuschließen ist, dass das Landesarbeitsgericht unter Zugrundelegung des divergierenden Rechtssatzes **möglicherweise anders entschieden hätte**[6]. 12

Die Zulässigkeit einer Divergenzbeschwerde erfordert die konkrete, fallbezogene Darlegung, dass die anzufechtende Entscheidung auf der behaupteten Divergenz beruht. Diesen Anforderungen genügt etwa der formelhafte Satz: „Auf den dargelegten divergierenden abstrakten Rechtssätzen beruht die Entscheidung des LAG auch, da bei Beantwortung der Rechtsfragen im Sinne der dargelegten abstrakten Rechtssätze in den bezeichneten Entscheidungen des BAG den Berufungsanträgen des Klägers stattzugeben gewesen wäre", nicht. Hierbei handelt es sich lediglich um eine formelhafte Behauptung der Erfüllung der Voraussetzungen der Nichtzulassungsbeschwerde[7]. 13

Ist ein abweichender Rechtsgrundsatz in der Entscheidung eines Landesarbeitsgerichts nur in einem **obiter dictum** oder in einer **Hilfsbegründung** aufgestellt worden, rechtfertigt dies ebenfalls nicht die Zulassung der Revision[8]. 14

---

1 BAG 6.12.2006 – 4 AZR 539/06, nv.; 22.3.2005 – 1 ABN 1/05, NZA 2005, 652.
2 BAG 12.12.1968 – 1 AZR 238/68, NJW 1969, 951.
3 BAG 5.12.1995 – 9 AZN 678/95, NJW 1996, 1493; maßgeblich ist immer die jeweils jüngste Entscheidung des divergenzfähigen Gerichts: BAG 8.8.2000 – 9 AZN 520/00, DB 2000, 2228.
4 BAG 8.12.1994 – 9 AZN 849/94, NZA 1995, 447.
5 BAG 10.3.1999 – 4 AZR 857/98, RdA 2000, 43.
6 BAG 15.7.1986 – 1 ABN 13/86, NZA 1986, 843; 22.3.2005 – 1 ABN 1/05, NZA 2005, 652.
7 BAG 15.9.2004 – 4 AZN 281/04, NZA 2004, 292, 293.
8 BAG 23.3.1984 – 7 AZN 673/83, nv.

dd) Zeitpunkt der divergenzfähigen Entscheidung

15 Grundsätzlich kann eine Nichtzulassungsbeschwerde wegen Divergenz nur auf einen Rechtssatz gestützt werden, der in einer **vor Verkündung** der anzufechtenden ergangenen divergenzfähigen Entscheidung enthalten ist. Wird zur Begründung der Divergenz eine Entscheidung herangezogen, die nach dem anzufechtenden Urteil ergangen ist, reicht dies aus, wenn in der herangezogenen Entscheidung lediglich wiederholend auf einen Rechtssatz verwiesen ist, den das Gericht schon vor der Verkündigung des anzufechtenden Urteils aufgestellt hatte[1].

16 Weicht das Landesarbeitsgericht von einem Rechtssatz ab, der zwar in einer Entscheidung des BAG aufgestellt, aber von der jüngeren Rechtsprechung des BAG wieder aufgegeben ist, rechtfertigt das keine Zulassung der Revision[2].

ee) Darlegungslast des Beschwerdeführers

17 Die Darlegungslast des Beschwerdeführers sieht also so aus:
– Er muss zunächst die divergierende Entscheidung nach Gericht, Datum, Aktenzeichen und Fundstelle so bezeichnen, dass dem Beschwerdegericht ohne eigene Nachforschung eine Überprüfung möglich ist[3].
– Ferner muss er darlegen, dass das LAG in der anzufechtenden Entscheidung zu einer bestimmten Rechtsfrage einen fallübergreifenden Rechtssatz aufgestellt hat, der von einem Rechtssatz abweicht, den zu derselben Rechtsfrage eines der in § 72 Abs. 2 Nr. 2 ArbGG genannten Gerichte aufgestellt hat[4]. Hat das LAG seiner Subsumtion keinen (abstrakten) Obersatz vorangestellt, muss der Beschwerdeführer den sich aus den fallbezogenen Ausführungen des LAG zwingend ergebenden Rechtssatz selbst formulieren[5].
– Schließlich ist darzulegen, dass die anzufechtende Entscheidung des LAG auf der Abweichung beruht. Es muss also dargelegt werden, dass dann, wenn das LAG dem anderweitigen abstrakten Rechtssatz eines divergenzfähigen Gerichts gefolgt wäre, die Entscheidung für den Beschwerdeführer möglicherweise anders, nämlich für ihn günstiger ausgefallen wäre[6].

c) Verfahrensbeschwerde/Rechtliches Gehör

18 Schließlich kann die Nichtzulassungsbeschwerde auf das Vorliegen eines absoluten Revisionsgrundes nach § 547 Nr. 1–5 ZPO (§ 72a Abs. 3 Nr. 3 **Alt. 1** ArbGG) oder die Verletzung des Anspruchs auf rechtliches Gehör (§ 72a Abs. 3 Nr. 3 **Alt. 2** ArbGG) gestützt werden.

aa) Darlegungslast

19 Die Darlegungslast des Beschwerdeführers zur Verletzung des Anspruchs auf rechtliches Gehör ist erheblich:

---

1 BAG 15.11.1994 – 5 AZN 617/94, NZA 1995, 286.
2 BAG 8.8.2000 – 9 AZN 520/00, EzA § 72a ArbGG Nr. 91.
3 BAG 22.10.2001 – 9 AZN 622/01, NZA 2002, 168.
4 BAG 14.2.2001 – 9 AZN 878/00, NZA 2001, 520.
5 BAG 14.2.2001 – 9 AZN 878/00, NZA 2001, 520.
6 BAG 22.3.2005 – 1 ABN 1/05, NZA 2005, 652.

(1) Substantiierter Vortrag der Rechtsposition

Zunächst ist der Beschwerdeführer verpflichtet, seine Rechtsposition so substantiiert vorzutragen, dass das Revisionsgericht in die Lage versetzt wird, anhand der Lektüre der Beschwerdebegründung und des Berufungsurteils die Voraussetzungen der Zulassung zu prüfen[1]. Macht der Beschwerdeführer bspw. geltend, das Berufungsgericht habe eine entscheidungserhebliche Rechtsfrage nicht angesprochen, muss er den Inhalt des ganzen Rechtsgesprächs in der Nichtzulassungsbeschwerde darlegen[2].

20

Das Revisionsgericht soll mit diesen strengen Anforderungen an die Substanzhaltigkeit des Beschwerdevortrags davon entlastet werden, die Voraussetzungen der Zulassung anhand der Akten erst ermitteln zu müssen[3].

21

(2) Konkrete Darlegung der Verletzung des rechtlichen Gehörs

Der Beschwerdeführer muss in diesem Rahmen die (behauptete) Verletzung des rechtlichen Gehörs durch das LAG darlegen, also konkret dartun, welches Vorbringen das LAG übergangen hat und woraus sich dies ergibt[4]. Dabei ist grundsätzlich davon auszugehen, dass das Gericht das Vorbringen der Parteien zur Kenntnis genommen und in Erwägung gezogen hat. Die Gerichte müssen nicht jedes Vorbringen in den Gründen der Entscheidung ausdrücklich behandeln[5]. Allein der Umstand, dass sich die Gründe einer Entscheidung mit einem bestimmten Gesichtspunkt nicht auseinandergesetzt haben, rechtfertigt daher nicht die Annahme, das Gericht habe diesen Gesichtspunkt bei seiner Entscheidung nicht erwogen. Hierfür bedarf es vielmehr besonderer, vom Beschwerdeführer darzustellender Umstände[6]. **Bspw.** dann, wenn der Beschwerdeführer darlegen kann, dass das LAG bei seiner Entscheidung ohne vorherigen Hinweis auf rechtliche Gesichtspunkte abgestellt hat, mit denen auch ein gewissenhafter und kundiger Prozessbeteiligter nach dem bisherigen Prozessverlauf nicht zu rechnen brauchte, könnte er – bei Vorliegen der übrigen Voraussetzungen – mit seiner Beschwerde Erfolg haben[7]. Gleiches gilt für den Hinweis des Beschwerdeführers darauf, das Gericht habe einen zentralen Parteivortrag lediglich mit einer formellen Wendung (hinreichende Anhaltspunkte für den Anspruch seien nicht ersichtlich) oder trotz seiner zentralen Bedeutung gar nicht bedacht und damit nicht erkennen lassen, ob es den Sachvortrag zur Kenntnis genommen und erwogen habe[8].

22

(3) Entscheidungserheblichkeit

Des Weiteren muss der Beschwerdeführer darlegen, warum das LAG, hätte es das betreffende Vorbringen berücksichtigt, nach seiner Entscheidungsfindung im Übrigen möglicherweise[9] anders und zwar zu Gunsten des Beschwerdeführers entschieden hätte. Nur dann nämlich ist die Gehörsverletzung entscheidungserheblich.

23

Die Entscheidungserheblichkeit der Verletzung des Anspruchs auf rechtliches Gehör ist umfassend unter allen rechtlichen Gesichtspunkten darzustellen. So kann es sein, dass eine Entscheidung zwar auf einem Gehörsverstoß beruht, dies aber nicht zwangsläufig entscheidungserheblich sein muss – zB dann nicht, wenn der Gehörsverstoß

24

---

1 BAG 20.1.2005 – 2 AZN 941/04, NZA 2005, 316.
2 BAG 10.5.2005 – 9 AZN 195/05, NJW 2005, 2637.
3 BAG 20.1.2005 – 2 AZN 941/04, NZA 2005, 316.
4 BAG 22.8.2007 – 4 AZN 1225/06, AP Nr. 1 zu § 315 ZPO; 1.9.2010 – 5 AZN 599/10.
5 BAG 22.3.2005 – 1 ABN 1/05, BAGE 114, 157 (160); 5.11.2008 – 5 AZN 842/08, NZA 2009, 55.
6 BVerfG 8.10.2003 – 2 BvR 949/02, EzA Art. 103 GG Nr. 5.
7 BAG 20.1.2005 – 8 AZN 1062/07, NZA 2008, 662.
8 BAG 5.11.2008 – 5 AZN 842/08, NZA 2009, 55; BVerfG 17.7.2013 – 1 BvR 2540/12, ArbR 2013, 495.
9 BAG 19.2.2008 – 9 AZN 1085/07, NJW 2008, 2362.

nur einen tragenden Grund der Entscheidung betrifft, diese aber auf mehrere tragende Gründe gestützt wird. Für das Erfordernis der Entscheidungserheblichkeit gilt, dass es gegeben sein muss, die bloße Möglichkeit genügt nicht[1].

bb) Tatsächliches Vorliegen einer Verletzung des rechtlichen Gehörs

25 § 72 Abs. 2 Nr. 3 ArbGG verlangt für die Zulässigkeit der Revision nicht nur die Geltendmachung der Verletzung des Anspruchs auf rechtliches Gehör, sondern auch, dass eine solche Verletzung „vorliegt". Das heißt, substantiierter Vortrag zur Gehörsverletzung genügt nicht. Das Revisionsgericht prüft, ob der Anspruch auf Gewährung rechtlichen Gehörs tatsächlich verletzt worden ist. Kommt das Revisionsgericht zu dem Ergebnis, ein Gehörsverstoß liege nicht vor, ist die Nichtzulassungsbeschwerde unzulässig.

2. Formelle Voraussetzungen

a) Einlegung beim BAG

26 Die Nichtzulassungsbeschwerde (in allen Varianten) ist beim BAG einzulegen (§ 72a Abs. 2 Satz 1 ArbGG). Sie muss von einem Rechtsanwalt (m/w) oder einer sonst beim BAG postulationsfähigen Personen (§ 11 Abs. 4 Satz 2 ArbGG) unterzeichnet sein. Die Einlegung der Nichtzulassungsbeschwerde beim LAG wahrt die Einlegungsfrist nicht[2].

b) Einlegungs-/Begründungsfrist

26a Die Nichtzulassungsbeschwerde ist gem. § 72a Abs. 2 Satz 1 ArbGG **innerhalb** einer Notfrist **von einem Monat** nach Zustellung des in vollständiger Form abgefassten Urteils schriftlich einzulegen. Die Fristberechnung richtet sich nach den Vorschriften der §§ 221, 222 ZPO.

27 Die Beschwerdefrist beginnt auch dann zu laufen, wenn der Beschwerdeführer über die Möglichkeit der Nichtzulassungsbeschwerde nach § 9 Abs. 5 ArbGG nicht belehrt worden ist, weil es sich bei der Nichtzulassungsbeschwerde nicht um ein Rechtsmittel (vgl. § 9 Abs. 5 ArbGG), sondern um einen Rechtsbehelf handelt. Eine Rechtsmittelbelehrung in dem Sinne ist deshalb nicht erforderlich. Eine entsprechende Anwendung von § 9 Abs. 5 ArbGG auf Rechtsbehelfe ist nicht möglich[3]. Ist die Beschwerdefrist schuldlos versäumt, kann dem Beschwerdeführer gem. §§ 233 ff. ZPO Wiedereinsetzung in den vorigen Stand gewährt werden[4].

28 Die Nichtzulassungsbeschwerde kann ohne Zustimmung des Gegners jederzeit zurückgenommen werden (§ 515 ZPO).

29 Die Beschwerde ist **innerhalb** einer Notfrist **von zwei Monaten** nach Zustellung des in vollständiger Form abgefassten Urteils zu begründen (§ 72a Abs. 3 Satz 1 ArbGG). Dies hat zur Folge, dass mit der Zustellung des Urteils zum einen die Einlegungsfrist und zum anderen auch die Begründungsfrist zu laufen beginnt. Dadurch wird bei vorzeitiger Einlegung der Beschwerde der Zeitraum für die Begründung nicht entsprechend verkürzt.

---

1 Prägnant *Zuck*, NJW 2008, 2078 (2080).
2 BAG 4.11.1980 – 4 AZN 370/80, DB 1981, 592.
3 BAG 9.7.2003 – 5 AZN 316/03, NZA-RR 2004, 42; GMP/*Müller-Glöge*, § 72a ArbGG Rz. 25.
4 BAG 19.9.1983 – 5 AZN 446/83, NJW 1984, 941.

⊃ **Hinweis:** Im Zusammenhang mit der möglichen Einlegung einer Verfassungsbeschwerde ist folgende Besonderheit zu beachten: Eine Verfassungsbeschwerde ist nur nach Erschöpfung des Rechtsweges zulässig (§ 90 Abs. 2 Satz 1 BVerfGG). Das ist dann der Fall, wenn eine Nichtzulassungsbeschwerde möglich und dadurch die Aussicht, in eine weitere Instanz zu kommen, nicht offenbar unbegründet ist. Der Rechtsweg wäre also nur dann erschöpft, wenn eine Nichtzulassungsbeschwerde ohne jede Erfolgsaussicht gewesen wäre[1]. Da selten sicher einzuschätzen ist, ob eine Nichtzulassungsbeschwerde „ohne jede Erfolgsaussicht" ist, sollte – um dem Verfristungseinwand bei Einlegung der Verfassungsbeschwerde zu begegnen – vorsorglich rechtzeitig Nichtzulassungsbeschwerde und gleichzeitig die Verfassungsbeschwerde eingelegt werden. Kommt das Verfassungsgericht zu dem Ergebnis, die Nichtzulassungsbeschwerde sei offensichtlich ohne jede Erfolgsaussicht, ist jedenfalls die Verfassungsbeschwerde rechtzeitig eingelegt worden. Andernfalls wäre zwar der Rechtsweg noch nicht erschöpft und die Verfassungsbeschwerde (zunächst) unzulässig. Der Einlegung einer neuerlichen Verfassungsbeschwerde nach (auch zurückweisender) Entscheidung über die Nichtzulassungsbeschwerde stünde aber nichts im Wege.

c) Formeller Inhalt der Beschwerdeschrift

Die Beschwerdeschrift muss angeben, für wen und gegen wen die Nichtzulassungsbeschwerde eingelegt wird, nicht erforderlich ist die Abgabe des vollen Rubrums des Rechtsstreites[2].

Nach § 72a Abs. 2 Satz 2 ArbGG soll der Beschwerdeschrift eine Ausfertigung oder beglaubigte Abschrift des Urteils beigefügt werden, gegen das die Revision eingelegt werden soll. Darüber hinaus hat die Beschwerdeschrift die Erklärung zu enthalten, dass Nichtzulassungsbeschwerde eingelegt wird. Dafür reicht aus, wenn sich dies aus den Umständen ergibt. Nicht entscheidend ist, dass der Beschwerdeführer den **Typus** der Nichtzulassungsbeschwerde angibt. So kann eine als Divergenzbeschwerde bezeichnete Schrift inhaltlich den Anforderungen einer Grundsatzbeschwerde entsprechen[3]. Hat das Landesarbeitsgericht die Revision nicht zugelassen und wird trotz Rechtsbehelfsbelehrung dagegen Revision eingelegt, so kann diese eindeutige Erklärung nicht in eine Beschwerde gegen die Nichtzulassung der Revision umgedeutet werden[4].

Die Nichtzulassungsbeschwerde kann nicht unter einer Bedingung eingelegt werden[5]. Die Beschwerdeschrift muss außerdem den Beschwerdeführer und den Beschwerdegegner erkennen lassen. Es soll nicht erforderlich sein, die ladungsfähigen Anschriften sowie die Prozessvertreter mitzuteilen[6].

Wenn die Revision **teilweise zugelassen** worden ist, erstreckt sich die Nichtzulassungsbeschwerde von selbst auf den nicht zugelassenen Teil. Hat allerdings der Beschwerdeführer seinen Antrag auf einen selbständig anfechtbaren Teil der LAG-Entscheidung beschränkt, so kann er nicht nach Ablauf der Beschwerdefrist die Beschwerde auf den anderen Teil erweitern. Insoweit steht mit Ablauf der Beschwerdefrist die Rechtskraft des Urteils entgegen. Wenn das Landesarbeitsgericht über mehrere Streitgegenstände entschieden hat, muss die Nichtzulassungsbeschwerde auch auf jeden der Streitgegenstände bezogen begründet werden, da sie ansonsten in Anbetracht des nicht begründeten Teils unzulässig ist.

---
1 BVerfG 23.1.1995 – 1 BvR 762/94, NJW 1995, 1416.
2 BAG 27.10.1981 – 3 AZN 283 u. 315/81, BB 1982, 122.
3 BAG 28.7.2009 – 3 AZN 224/09, EzA § 1 KSchG Nr. 74 – Verhaltensbedingte Kündigung Rz. 12.
4 BAG 4.7.1985 – 5 AZR 318/85, nv.
5 BAG 13.12.1995 – 4 AZN 5769/95, NZA 1996, 554; 13.8.1985 – 4 AZN 212/85, BAGE 49, 244.
6 BAG 27.10.1981 – 3 AZN 283 u. 315/81, BB 1982, 122.

3. Aufschiebende Wirkung

35 Gem. § 72a Abs. 4 ArbGG hat die Einlegung der Nichtzulassungsbeschwerde aufschiebende Wirkung. Aufgrund dieses Suspensiveffektes tritt hinsichtlich der landesarbeitsgerichtlichen Entscheidung keine Rechtskraft ein (§ 705 ZPO).

36 In entsprechender Anwendung des § 719 Abs. 2, 3 ZPO kann die Zwangsvollstreckung einstweilen auf Antrag eingestellt werden, wenn die Vollstreckung dem Schuldner einen nicht zu ersetzenden Nachteil bringen würde und nicht ein überwiegendes Interesse des Gläubigers entgegen steht (vgl. § 72a Abs. 4 Satz 2 ArbGG).

4. Anträge

a) Beschwerdeführer

37 Der Antrag des Beschwerdeführers kann wie folgt lauten:

Formulierungsbeispiel:

Es wird beantragt, die Revision gegen das Urteil des Landesarbeitsgerichts ... vom ... Az. ..., zuzulassen.

b) Beschwerdegegner

38 Der Antrag des Beschwerdegegners ist wie folgt zu formulieren:

Formulierungsbeispiel:

Es wird beantragt, die Nichtzulassungsbeschwerde zurückzuweisen.

5. Entscheidung des BAG

39 Das BAG entscheidet unter Hinzuziehung der ehrenamtlichen Richter durch Beschluss, der ohne mündliche Verhandlung ergehen kann (§ 72a Abs. 5 Satz 2 ArbGG). Die ehrenamtlichen Richter wirken nicht mit, wenn die Nichtzulassungsbeschwerde als unzulässig verworfen wird, weil sie nicht statthaft ist oder nicht in der gesetzlichen Form und Frist eingelegt und begründet ist.

40 Grundsätzlich ist dem Beschluss eine kurze **Begründung** beizufügen. Davon kann jedoch abgesehen werden, wenn sie nicht geeignet ist, zur Klärung der Voraussetzungen des § 72 Abs. 1 und 2 ArbGG beizutragen (§ 72a Abs. 5 Satz 4 und 5 ArbGG).

41 Das BAG ist bei Überprüfung einer Nichtzulassungsentscheidung an die in der Beschwerde dargelegten Gründe gebunden. Es kommt aber nicht darauf an, welche Rechtsansicht der Beschwerdeführer über das Vorliegen von Zulassungsgründen hat, sondern darauf, was er in der Beschwerdebegründung darlegt. Bezeichnet der Beschwerdeführer seine Beschwerde als „Divergenzbeschwerde", so wird das Beschwerdegericht an einer Überprüfung der Nichtzulassungsentscheidung unter dem Gesichtspunkt der Grundsatzbeschwerde nicht gehindert, soweit auch die Voraussetzungen einer Grundsatzbeschwerde dargelegt sind[1].

---

1 BAG 15.2.2005 – 9 AZN 892/04, NZA 2005, 484.

a) Ablehnung der Beschwerde

Mit der Ablehnung der Beschwerde durch das BAG wird das Urteil des Landesarbeitsgerichts **rechtskräftig** (§ 72a Abs. 5 Satz 6 ArbGG). Ein Rechtsmittel gegen den Zurückweisungsbeschluss ist nicht gegeben[1]. Möglich bleibt aber die Anhörungsrüge nach § 78a ArbGG oder eine Verfassungsbeschwerde.

b) Stattgabe der Beschwerde

Bei Stattgabe der Beschwerde wird das Beschwerdeverfahren als Revisionsverfahren fortgesetzt (§ 72a Abs. 6 ArbGG). In diesem Fall gilt die form- und fristgerechte Einlegung der Nichtzulassungsbeschwerde als Einlegung der Revision. Mit Zustellung der Entscheidung beginnt die (zweimonatige) Revisionsbegründungsfrist. Einer förmlichen Einlegung der Revision bedarf es also nicht mehr. Die Revisionsbegründung kann dabei gem. § 72 Abs. 5 ArbGG iVm. § 551 Abs. 3 Satz 2 ZPO durch Bezugnahme auf die Begründung der Nichtzulassungsbeschwerde erfolgen. Fehlt es an einer solchen ausdrücklichen oder konkludenten Bezugnahme, kann auf die Begründung der Nichtzulassungsbeschwerde allerdings nicht mehr zurückgegriffen werden[2].

Gem. § 72a Abs. 7 ArbGG kann das BAG von der Regelung in § 72a Abs. 6 ArbGG abweichen, wenn das Landesarbeitsgericht den Anspruch des Beschwerdeführers auf rechtliches Gehör in entscheidungserheblicher Weise verletzt hat. In diesen Fällen kann mit dem der Beschwerde stattgebenden Beschluss das angefochtene Urteil aufgehoben und der Rechtsstreit zur neuen Verhandlung und Entscheidung an das Landesarbeitsgericht zurückverwiesen werden[3]. Gleiches gilt bei Vorliegen eines absoluten Revisionsgrundes (§ 72a Abs. 7 ArbGG analog)[4].

II. Sofortige Beschwerde bei verspäteter Urteilsabsetzung

1. Grundsatz

Für den Fall der verspäteten Urteilsabsetzung ist in § 72b ArbGG ein besonderer Rechtsbehelf vorgesehen:

Danach kann ein Endurteil des LAG durch **sofortige Beschwerde** angefochten werden, wenn es nicht binnen fünf Monaten nach der Verkündung vollständig abgefasst und mit den Unterschriften sämtlicher Mitglieder der Kammer versehen der Geschäftsstelle übergeben worden ist. Vollständig abgefasst ist das Urteil dann, wenn es den formalen Anforderungen der §§ 313–313b ZPO, 69 ArbGG entspricht. Genügen dagegen die tatsächlich vorhandenen Entscheidungsgründe nicht den inhaltlichen Mindestanforderungen des § 547 Nr. 6 ZPO (etwa weil das Urteil eine Hilfsaufrechnung vergessen hat), kann dieser Mangel nur über eine Gehörsverletzung iSv. § 72a Abs. 3 Nr. 3 Alt. 2 ArbGG gerügt werden[5]. Mit den Unterschriften sämtlicher Mitglieder der Kammer ist das Urteil versehen, wenn – außer in Fällen der Verhinderung – die Mitglieder der Kammer unterzeichnet haben, die an der Entscheidung mitgewirkt haben. Fehlende Unterschriften können nur innerhalb der Fünf-Monats-Frist nachgeholt werden und spätere Unterschriften den Mangel nicht mehr heilen[6]. Eine erst

---

1 BAG 4.3.1980 – 5 AZN 102/79, AP Nr. 2 zu § 329 ZPO.
2 BAG 13.10.2009 – 9 AZR 875/08, NZA 2010, 245.
3 BAG 10.5.2005 – 9 AZN 195/05, NJW 2005, 2637.
4 BAG 5.6.2014 – 6 AZN 267/14.
5 BAG 20.10.2006 – 5 AZB 35/06, NZA 2007, 226.
6 BAG 19.12.2012 – 2 AZB 45/12, NJW 2013, 1982.

nach Fristablauf abgesetzte, ordnungsgemäß unterzeichnete Urteilsfassung muss daher nicht zusätzlich angegriffen werden[1].

46 Die sofortige Beschwerde nach **§ 72b ArbGG verdrängt** andere Rechtsbehelfe, insbesondere eine Nichtzulassungsbeschwerde nach § 72a ArbGG. Hat also das LAG in einem verspätet abgesetzten Urteil die Revision nicht zugelassen, kann keine Nichtzulassungsbeschwerde nach § 72a ArbGG eingelegt werden. Das schließt die Bestimmung des § 72b Abs. 1 Satz 2 ArbGG nach Wortlaut, Gesetzessystematik und Entstehungsgeschichte aus. Es ist nur die sofortige Beschwerde nach § 72b ArbGG statthaft. Macht der Beschwerdeführer gleichwohl im Rahmen einer Nichtzulassungsbeschwerde geltend, das anzufechtende Urteil sei im genannten Sinne verspätet abgesetzt worden, kommt an sich eine Umdeutung der unstatthaften Nichtzulassungsbeschwerde in eine sofortige Beschwerde nach § 72b ArbGG in Betracht. Sie kann jedoch nur erfolgen, wenn im Rahmen der eingelegten und begründeten Nichtzulassungsbeschwerde die Einlegungs- und Begründungsfrist des § 72b Abs. 2 ArbGG gewahrt wurde[2].

2. Einlegungsfrist/Begründung

47 In Abweichung zu § 72a ArbGG folgt die sofortige Beschwerde nach § 72b ArbGG anderen Gesetzmäßigkeiten. Sie ist innerhalb einer Notfrist von **einem Monat** beim BAG **einzulegen** und zu **begründen**. Die Frist beginnt mit Ablauf von fünf Monaten nach der Verkündung des Urteils des LAG (§ 9 Abs. 5 ArbGG findet keine Anwendung!). Die Beschwerde kann auch nur damit begründet werden, dass das Urteil des LAG verspätet abgefasst sei.

3. Entscheidung des BAG

48 Über die sofortige Beschwerde entscheidet das BAG ohne Hinzuziehung der ehrenamtlichen Richter durch **Beschluss**, der auch ohne mündliche Verhandlung ergehen kann.

49 Ist die sofortige Beschwerde zulässig und begründet, ist das Urteil des LAG aufzuheben und die Sache zur neuen Verhandlung und Entscheidung an das LAG zurückzuverweisen. Dabei kann die **Zurückverweisung** auch an eine andere Kammer des LAG erfolgen (§ 72 Abs. 5 ArbGG).

---

1 BAG 19.12.2012 – 2 AZB 45/12, NJW 2013, 1982.
2 BAG 2.11.2006 – 4 AZN 716/06, DB 2007, 868.

G. Anhörungsrüge

	Rz.		Rz.
I. Vorbemerkung	1	bb) Verletzung der Hinweispflicht	19
II. Zulässigkeitsvoraussetzungen		b) Entscheidungserheblichkeit	20
1. Durch Entscheidung beschwerte Partei	2	**III. Anträge**	21
2. Subsidiarität der Anhörungsrüge	4	1. Antragsteller	22
3. Frist	7	2. Antragsgegner	23
a) Fristbeginn	8	**IV. Entscheidung des Gerichts**	
b) Fristablauf	11	1. Besetzung des Spruchkörpers	24
4. Form, Einlegung	12	2. Verwerfung als unzulässig	25
5. Ordnungsgemäße Darlegung	13	3. Zurückweisung der Rüge	26
a) Verletzung rechtlichen Gehörs	14	4. Abhilfe bei Begründetheit	27
aa) Übergehen von Sachvortrag	15	**V. Zwangsvollstreckung**	28

Schrifttum:

Bepler, Änderungen im arbeitsgerichtlichen Verfahren durch das Anhörungsrügengesetz, RdA 2005, 65; *Düwell*, Das Anhörungsrügengesetz: Mehr Rechtsschutz in den arbeitsgerichtlichen Verfahren!, FA 2005, 75; *Gravenhorst*, Anhörungsrügengesetz und Arbeitsgerichtsverfahren, NZA 2005, 24; *Huber*, Anhörungsrüge bei der Verletzung des Anspruchs auf rechtliches Gehör, JuS 2005, 109; *Oberthür*, Verbesserter Rechtsschutz bei Verfahrensfehlern duch die Anhörungsrüge gem. § 78a ArbGG, ArbRB 2005, 26; *Schrader*, Anhörungsrügengesetz und Arbeitsgerichtsverfahren, eine Analyse aus anwaltlicher Sicht, NZA-RR 2006, 57; *Treber*, Neuerungen durch das Anhörungsrügengesetz, NJW 2005, 97; *Zuck*, Rechtliches Gehör im Zivilprozess – die anwaltlichen Sorgfaltspflichten nach dem Inkrafttreten des Anhörungsrügengesetzes, NJW 2005, 1226; *Zuck*, Die Anhörungsrüge im Zivilprozess, AnwBl. 2008, 168.

I. Vorbemerkung

Durch das am 1.1.2005 in Kraft getretene Anhörungsrügengesetz[1] ist mit dem an § 321a ZPO angelehnten **§ 78a ArbGG** die Möglichkeit der Einlegung einer Anhörungsrüge auch gegen LAG- und BAG-Entscheidungen eingeführt worden. Durch das ZPO-Reformgesetz[2] war zuvor mit Wirkung vom 1.1.2002 gem. §§ 321a, 495 ZPO iVm. § 46 Abs. 2 Satz 1 ArbGG lediglich die Möglichkeit geschaffen worden, unanfechtbare erstinstanzliche Entscheidungen mit der Gehörsrüge anzugreifen. Das BVerfG hatte dem Gesetzgeber anschließend aufgegeben, bis zum 31.12.2004 das festgestellte Rechtsschutzdefizit bei der Überprüfung gerichtlicher Entscheidungen auf die Vereinbarkeit mit dem grundrechtsgleichen Recht auf rechtliches Gehör nach Art. 103 Abs. 1 GG zu beseitigen. Gleichzeitig hatte das BVerfG judiziert, die von der Rechtsprechung entwickelten Rechtsbehelfe der außerordentlichen Beschwerde und der Gegenvorstellung genügten den verfassungsrechtlichen Anforderungen an die Rechtsmittelklarheit nicht[3]. Dies hat der Gesetzgeber zum Anlass genommen, die einzelnen Verfahrensordnungen zu ergänzen.

1

---

1 BGBl. I, 3220.
2 BGBl. I, 1987.
3 BVerfG 30.4.2003 – 1 PBvU 1/02, BVerfGE 107, 395.

II. Zulässigkeitsvoraussetzungen

1. Durch Entscheidung beschwerte Partei

2 Gegenstand der Anhörungsrüge nach § 78a Abs. 1 ArbGG ist jede arbeitsgerichtliche Entscheidung, durch die eine Partei beschwert und gegen die ein Rechtsmittel oder ein anderer Rechtsbehelf nicht gegeben ist. Mit der Anhörungsrüge angegriffen können deshalb grundsätzlich alle Arten von Entscheidungen, also unanfechtbare Urteile oder Beschlüsse sowie Entscheidungen über Anträge auf Erlass einer einstweiligen Verfügung[1] oder Prozesskostenhilfeersuchen[2].

3 Nicht erfasst von § 78a Abs. 1 ArbGG ist allerdings eine der Endentscheidung vorausgehende (Zwischen-)Entscheidung (§ 78a Abs. 1 Satz 2 ArbGG)[3]. Diese Bereichsausnahme betrifft insbesondere prozessleitende Verfügungen, Beweis- oder Rechtswegbeschlüsse[4].

2. Subsidiarität der Anhörungsrüge

4 Statthaft ist die Anhörungsrüge nur dann, wenn ein Rechtsmittel oder ein anderer Rechtsbehelf gegen die Entscheidung nicht gegeben ist.

5 Soweit arbeitsgerichtliche Urteile gem. § 64 ArbGG der Berufung[5] oder landesarbeitsgerichtliche Urteile der Revision oder der Nichtzulassungsbeschwerde[6] unterliegen, ist die Anhörungsrüge unzulässig; insbesondere die Nichtzulassungsbeschwerde ist ein „anderer Rechtsbehelf" iSv. § 78a Abs. 1 Nr. 1 ArbGG.

6 Strittig ist die Zulässigkeit der Anhörungsrüge, wenn ein Rechtsmittel oder Rechtsbehelf zunächst gegeben war, dieses aber – etwa wegen Fristablaufs – unzulässig geworden ist[7]. Der Hauptanwendungsbereich des § 78a ArbGG liegt deshalb im arbeitsgerichtlichen Bereich bei Rügen gegen nicht berufungsfähige Urteile des Arbeitsgerichts, Entscheidungen des BAG und bei Beschlüssen aller Instanzen, die nicht mehr mit einem Rechtsbehelf angegriffen werden könnten. Nicht geklärt ist, ob eine Anhörungsrüge gegen einen Beschluss des BAG statthaft ist, mit dem eine auf die Verletzung rechtlichen Gehörs gegründete Beschwerde gegen die Nichtzulassung der Revision zurückgewiesen wurde[8]. Bejaht man dies, wäre eine Verfassungsbeschwerde grundsätzlich erst nach Durchführung des Anhörungsrügeverfahrens (Erschöpfung des Rechtsweges gem. § 90 Abs. 2 Satz 1 BVerfGG) zulässig[9], es sei denn, die Anhörungsrüge wäre bereits wegen offenbarer Unbegründetheit ohne jede Erfolgsaussicht[10]. Gegen die Statthaftigkeit der Anhörungsrüge spricht, dass die Gesetzesbegründung die Anhörungsrüge für den Fall der Zulässigkeit der Nichtzulassungsbeschwerde für unstatthaft hält[11]. Dagegen spricht auch, dass der Gesetzgeber die Wahrung des Anspruchs auf rechtliches Gehör durch eine lediglich einmalige Überprüfungsmöglichkeit sicherstellen wollte. § 78a ArbGG soll einen außerordentlichen Rechtsbehelf gegen unanfechtbare Entscheidungen zur Verfügung stellen, nicht aber

---

1 BR-Drucks. 663/04, 33.
2 *Treber*, NJW 2005, 97 (98).
3 GMP/*Prütting*, § 78a Rz. 11.
4 LAG Hess. 27.6.2008 – 10 Ta 153/07, NZA-RR 2008, 605.
5 GWBG/*Benecke*, § 78a Rz. 5.
6 LAG München 21.4.2005 – 3 Sa 257/04, LAGE § 78a ArbGG 1979 Nr. 1; BVerfG 14.3.2007 – 1 BvR 2748/06, NJW 2007, 2241; *Zuck*, NJW 2008, 2078 (2081).
7 GMP/*Prütting*, § 78a Rz. 13; *Treber*, NJW 2005, 97 (98).
8 Bejahend, jedoch ohne Begründung BAG 24.4.2006 – 8 AZN 171/06, nv.; 19.4.2011 – 3 AZN 1383/10 (F), nv.
9 *Zuck*, NJW 2005, 1226 (1229).
10 Vgl. für die Nichtzulassungsbeschwerde: BVerfG 23.1.1995 – 1 BvR 762/94, NJW 1995, 1416.
11 BR-Drucks. 663/04, 51.

II. Zulässigkeitsvoraussetzungen

gegen eine bereits vorangegangene Überprüfung des Anspruchs auf rechtliches Gehör. Könnte die Zurückweisung einer wegen angeblicher Verletzung des rechtlichen Gehörs eingelegten Nichzulassungsbeschwerde durch eine Anhörungsrüge angegriffen werden, würde dies zu einer – überflüssigen – nochmaligen Überprüfung der Wahrung des Anspruchs auf rechtliches Gehör führen.

3. Frist

Die Anhörungsrüge ist nach § 78a Abs. 2 Satz 1 ArbGG innerhalb einer Notfrist von **zwei Wochen** nach subjektiver[1] Kenntnis von der Verletzung des rechtlichen Gehörs zu erheben. Bei schuldloser Fristversäumung – aber auch nur dann – ist der betroffenen Partei nach § 233 ZPO auf Antrag Wiedereinsetzung in den vorigen Stand zu gewähren.

a) Fristbeginn

Die Zwei-Wochen-Frist für die **Einlegung** und **Begründung**[2] beginnt mit der **Kenntniserlangung** des Berechtigten von der Verletzung des Anspruchs auf rechtliches Gehör. Erforderlich ist die positive Kenntnis, das bloße Kennen-Müssen ist nicht hinreichend[3]. Die Zwei-Wochen-Frist wird in Gang gesetzt, ohne dass eine dahingehende Belehrung erforderlich wäre. Insbesondere § 9 Abs. 5 ArbGG ist nicht anwendbar, da die Anhörungsrüge kein Rechtsmittel, sondern lediglich ein Rechtsbehelf ist[4].

Formlos mitgeteilte Entscheidungen gelten nach § 78a Abs. 2 Satz 3 ArbGG mit dem dritten Tage nach Aufgabe zur Post als bekannt gegeben. Auch der anwesenden Partei mitgeteilte Entscheidungen führen zu einer Ingangsetzung der Zwei-Wochen-Frist. In diesem Fall bietet sich – mangels Vorliegen eines Schriftstückes – die entsprechende Anwendung von § 78a Abs. 2 Satz 3 ArbGG an.

Der Zeitpunkt, in dem der Berechtigte von der Verletzung des rechtlichen Gehörs Kenntnis erlangt hat, ist glaubhaft (§ 294 ZPO) zu machen[5].

b) Fristablauf

Für die Berechnung der Frist zur Einlegung der Anhörungsrüge gelten die §§ 222 ZPO, 187 ff. BGB. Die Frist zur Einlegung der Anhörungsrüge endet also mit Ablauf des Wochentages zwei Wochen nach Kenntniserlangung von der Verletzung des rechtlichen Gehörs. Spätestens nach Ablauf eines Jahres seit Bekanntgabe der angegriffenen Entscheidung kann die Rüge nicht mehr erhoben werden, § 78a Abs. 2 Satz 2 ArbGG.

4. Form, Einlegung

Die Rüge ist gem. § 78a Abs. 2 Satz 4 ArbGG schriftlich **bei dem Gericht** zu erheben, **dessen Entscheidung** angegriffen wird (iudex a quo). Sie kann nicht zu Protokoll der Geschäftsstelle des Gerichtes erhoben werden[6]. Es ist also ein verfahrensbestimmen-

---

1 BVerfG 4.4.2007 – 1 BvR 66/07, NZA 2007, 1124.
2 BAG 27.4.2010 – 5 AZN 336/10, NZA 2010, 1032.
3 BAG 31.5.2006 – 5 AZR 342/06 (F), NZA 2006, 875; BVerfG 4.4.2007 – 1 BvR 66/07, NJW 2007, 2242; GWBG/*Benecke*, § 78a Rz. 7.
4 BAG 24.4.2006 – 8 AZN 171/06, nv.; GMP/*Prütting*, § 78a Rz. 16; ErfK/*Koch*, § 78a ArbGG Rz. 4.
5 Schwab/Weth/*Schwab*, § 78a Rz. 17.
6 LAG Rh.-Pf. 2.2.2005 – 2 Sa 1212/03, LAGReport 2005, 157; aA GK-ArbGG/*Dörner*, § 78a Rz. 25.

der Schriftsatz erforderlich, für den in gleichem Maße der Zwang zur Vertretung durch einen Prozessbevollmächtigten besteht wie für die angefochtene Entscheidung[1].

5. Ordnungsgemäße Darlegung

13 In der Begründung der Anhörungsrüge muss (innerhalb der nur zweiwöchigen Einlegungsfrist) die angegriffene Entscheidung bezeichnet und – vor allem – das Vorliegen der Verletzung des rechtlichen Gehörs dargelegt werden (§ 78a Abs. 2 Satz 5 ArbGG). Geschieht dies nicht oder nur unzureichend, ist die Rüge als unzulässig zu verwerfen (§ 78a Abs. 4 Satz 2 ArbGG)[2].

a) Verletzung rechtlichen Gehörs

14 Die Verletzung rechtlichen Gehörs kann sowohl auf das Übergehen von Sachvortrag der beschwerten Partei als auch mit einer Verletzung der Hinweispflicht nach § 139 ZPO begründet werden.

aa) Übergehen von Sachvortrag

15 Das Übergehen von Sachvortrag einer Partei kann in verschiedenen Formen vorkommen. So kann ein Vorbringen wegen **Verspätung** zurückgewiesen worden sein, obwohl die dafür erforderlichen Voraussetzungen nicht vorlagen.

16 Auch kann das Gericht eine **Entscheidung vor Ablauf einer gesetzten Stellungnahmefrist** gefällt haben, wodurch anschließender Sachvortrag unberücksichtigt blieb.

17 Schließlich kommt die Nichtberücksichtigung eines Beweisantritts in Betracht[3].

18 Die beschwerte Partei muss zunächst denjenigen Sachvortrag benennen, der ihrer Auffassung nach nicht gewürdigt worden ist und prozessual berücksichtigungsfähig gewesen wäre (was zB bei verspätetem Vortrag nicht der Fall wäre)[4].

bb) Verletzung der Hinweispflicht

19 Die Anhörungsrüge kann auch auf die Verletzung der nach § 139 ZPO bestehenden Hinweispflicht gestützt werden. Gemeint ist damit das Verbot einer „**Überraschungsentscheidung**". Dieser Einwand ist allerdings nur selten erfolgreich, weil das Bundesverfassungsgericht in ständiger Rechtsprechung den Standpunkt vertritt, überrascht werde ein Beschwerdeführer nur dann, wenn das Gericht ohne vorherigen Hinweis auf einen rechtlichen Gesichtspunkt abstellt, „mit dem auch ein gewissenhafter und kundiger Prozessbeteiligter selbst unter Berücksichtigung der Vielfalt vertretbarer Rechtsauffassungen nicht zu rechnen brauchte"[5]. Derart fern liegende Rechtsauffassungen gibt es selten[6]. Allerdings hat das BAG[7] einen „unklaren Hinweisbeschluss" als Verletzung des § 179 Abs. 2 ZPO gesehen, weil damit den Parteien die Möglichkeit genommen worden sei, ihren Vortrag sachdienlich zu ergänzen.

---

1 LAG Rh.-Pf. 2.2.2005 – 2 Sa 1212/03, LAGReport 2005, 157 (158); HWK/*Kalb*, § 78a ArbGG Rz. 2.
2 BAG 30.11.2005 – 2 AZR 622/05, NZA 2006, 452; HWK/*Kalb*, § 78a ArbGG Rz. 5.
3 HWK/*Kalb*, § 78a ArbGG Rz. 4.
4 BAG 12.7.2007 – 2 AZR 666/05, EzA § 551 ZPO 2002 Nr. 5.
5 BVerfG 17.2.2004 – 1 BvR 2341/00, EzFamR BGB § 426 Nr. 13; BAG 20.3.2008 – 8 AZN 1062/07, NZA 2008, 662.
6 Treffend *Zuck*, NJW 2008, 2078 (2080).
7 BAG 26.6.2008 – 6 AZN 1026/07, NZA 2008, 1206.

b) Entscheidungserheblichkeit

Ebenso wie bei der Nichtzulassungsbeschwerde wegen Gehörsverletzung nach § 72a Abs. 3 Nr. 3 Alt. 2 ArbGG muss die isolierte Anhörungsrüge die Entscheidungserheblichkeit ihres ggf. übergangenen Vortrags darlegen. Bei einer Anhörungsrüge gegen ein Urteil des BAG gehört hierzu der Nachweis, dass die nach Auffassung des Beschwerdeführers übergangenen Tatsachen nach § 559 ZPO berücksichtigungsfähig, also vom LAG festgestellt worden waren[1]. 20

III. Anträge

Im Verfahren über die Anhörungsrüge kommen im Wesentlichen folgende Anträge, deren Formulierung aus § 78a Abs. 4, Abs. 5 ArbGG iVm. § 343 ZPO ableitbar ist, in Betracht: 21

1. Antragsteller

Der Antrag lautet wie folgt: 22

Formulierungsbeispiel:

Es wird beantragt, das Urteil vom ..., Az. ..., aufzuheben und die Klage abzuweisen.

2. Antragsgegner

Der Antrag lautet wie folgt: 23

Formulierungsbeispiel:

Es wird beantragt, die Anhörungsrüge als unzulässig zu verwerfen.

Hilfsweise, die Anhörungsrüge zurückzuweisen,

hilfsweise, die Entscheidung des Arbeitsgerichts/Landesarbeitsgerichts/Bundesarbeitsgerichts vom ..., Az. ..., aufrechtzuerhalten.

IV. Entscheidung des Gerichts

1. Besetzung des Spruchkörpers

Umstritten ist, ob der Spruchkörper des Gerichtes über die Anhörungsrüge in derselben Besetzung zu entscheiden hat wie bei der angegriffenen Entscheidung. Insbesondere ist fraglich, ob die an der vormaligen Entscheidung beteiligten oder die nach § 31 ArbGG heranzuziehenden **ehrenamtlichen Richter** mit zu entscheiden haben. Eine Auffassung steht auf dem Standpunkt, der Spruchkörper dürfe für die Entscheidung über die Anhörungsrüge nicht verändert werden (Gedanke der Selbstkontrolle)[2]. Diese Auffassung verkennt, dass es nach dem Grundsatz des gesetzlichen Richters Aufgabe des Geschäftsverteilungsplanes gem. § 31 ArbGG ist, festzulegen, welche ehrenamtlichen Richter über die Anhörungsrüge entscheiden sollen[3]. Die ehrenamtlichen 24

---

1 BAG 30.11.2005 – 2 AZR 622/05, NZA 2006, 452.
2 ArbG Berlin 28.3.2006 – 30 Ca 1905/05, nv.; *Bepler*, RdA 2005, 65 (69); *Treber*, NJW 2005, 97 (100).
3 Schwab/Weth/*Schwab*, § 78a Rz. 54; GWBG/*Benecke*, § 78a Rz. 11; BAG 22.7.2008 – 3 AZN 584/08 (F), NJW 2009, 541.

Richter wirken an der Entscheidung allerdings nicht mit, wenn die Rüge bereits als unzulässig verworfen wird oder sich gegen eine Entscheidung richtet, die ohne ihre Hinzuziehung erlassen wurde, § 78a Abs. 6 Satz 2 ArbGG.

2. Verwerfung als unzulässig

25 Liegen die oben dargestellten Zulässigkeitsvoraussetzungen nicht vor, ist die Anhörungsrüge als unzulässig zu verwerfen[1]. Es ergeht dann ein Verwerfungsbeschluss; ein Rechtsmittel gegen die Entscheidung besteht grundsätzlich nicht. In Betracht kommt lediglich die Erhebung einer Verfassungsbeschwerde wegen Verletzung rechtlichen Gehörs[2].

3. Zurückweisung der Rüge

26 Ist die Rüge zwar in zulässiger Form erhoben, wird aber eine Verletzung des rechtlichen Gehörs nicht schlüssig dargelegt, wird die Rüge gem. § 78a Abs. 4 Satz 3 ArbGG unter Hinzuziehung der ehrenamtlichen Richter als unbegründet zurückgewiesen. Auch dieser Beschluss gem. § 78a Abs. 4 Satz 4 ArbGG ist unanfechtbar. Der beschwerten Partei steht nur die Verfassungsbeschwerde zur Verfügung[3].

4. Abhilfe bei Begründetheit

27 Ist die Rüge begründet, hilft ihr das Gericht ab, indem es das Verfahren fortführt, § 78a Abs. 5 Satz 1 ArbGG. Es wird unter entsprechender Anwendung von § 343 ZPO in die Lage zurückversetzt, in der es sich vor dem Schluss der mündlichen Verhandlung befand. Bei mehreren Streitgegenständen gilt dies nur für diejenigen, die von der Verletzung rechtlichen Gehörs betroffen sind[4]. Unter Anwendung von § 343 ZPO ist die angefochtene Entscheidung aufrechtzuerhalten, soweit sie nach Gewährung rechtlichen Gehörs mit der ursprünglichen Entscheidung übereinstimmt; anderenfalls wird sie im neuen Urteil aufgehoben[5].

V. Zwangsvollstreckung

28 Gem. § 78a Abs. 7 ArbGG kann der Beklagte nach § 707 ZPO die **einstweilige Einstellung der Zwangsvollstreckung** beantragen. Hierfür muss er glaubhaft machen (§ 294 ZPO), dass die Vollstreckung ihm einen nicht zu ersetzenden Nachteil bringen würde.

Diese Regelung ist erforderlich, da weder die Erhebung noch die Entscheidung über eine Anhörungsrüge den Eintritt der Rechtskraft der beanstandenden gerichtlichen Entscheidung hindern[6]; die Anhörungsrüge führt mithin zu keinem Suspensiveffekt.

---

1 Vgl. BAG 24.4.2006 – 8 AZN 171/06, nv.; 31.5.2006 – 5 AZR 342/06 (F), NZA 2006, 875.
2 Vgl. BVerfG 30.4.2003 – 1 PBvU 1/02, BVerfGE 107, 395.
3 Bepler, RdA 2005, 65 (68); *Gravenhorst*, NZA 2005, 24 (25); GK-ArbGG/*Dörner*, § 78a Rz. 41.
4 Treber, NJW 2005, 97 (99).
5 HWK/*Kalb*, § 78a ArbGG Rz. 10.
6 BR-Drucks. 663/04, 32; Schwab/Weth/*Schwab*, § 78a Rz. 54.

H. Beschlussverfahren

	Rz.
I. Grundsätzliches zum Urteils- und Beschlussverfahren	1
II. Anwendungsfälle des Beschlussverfahrens	5
1. Angelegenheiten aus dem Betriebsverfassungsgesetz, § 2a Abs. 1 Nr. 1 ArbGG	8
a) Beispielsfälle	14
b) Individualansprüche	18
2. Angelegenheiten aus dem Sprecherausschussgesetz, § 2a Abs. 1 Nr. 2 ArbGG	21
3. Angelegenheiten aus den Mitbestimmungsgesetzen, § 2a Abs. 1 Nr. 3 ArbGG	23
a) Mitbestimmungsgesetz	24
b) Mitbestimmungsergänzungsgesetz	27
c) Drittelbeteiligungsgesetz	29
4. Angelegenheiten aus den §§ 94, 95, 139 SGB IX und aus dem EBRG, § 2a Abs. 1 Nr. 3a, b ArbGG	
a) Sozialgesetzbuch (SGB) IX	30a
b) Gesetz über Europäische Betriebsräte (EBRG)	30c
5. Angelegenheiten aus dem BBiG, § 2a Abs. 1 Nr. 3c ArbGG	30d
6. Angelegenheiten aus dem BFDG, § 2a Abs. 1 Nr. 3d ArbGG	30e
7. Angelegenheiten aus dem SE-Beteiligungsgesetz (SEBG), § 2a Abs. 1 Nr. 3e ArbGG	30f
8. Angelegenheiten aus dem SCE-Beteiligungsgesetz (SCEBG), § 2a Abs. 1 Nr. 3f ArbGG	30g
9. Angelegenheiten aus dem MgVG, § 2a Abs. 1 Nr. 3g ArbGG	30h
10. Entscheidungen über Tariffähigkeit und Tarifzuständigkeit, § 2a Abs. 1 Nr. 4 ArbGG	31
a) Tariffähigkeit	32
b) Tarifzuständigkeit	35
11. Entscheidungen über die Wirksamkeit einer Allgemeinverbindlicherklärung nach § 5 TVG, einer Rechtsverordnung nach § 7 oder § 7a AEntG und einer Rechtsverordnung nach § 3a AÜG, § 2a Abs. 1 Nr. 5 ArbGG	35a
12. Bestellung der Einigungsstelle und Vorabentscheidung	36
a) Bestellungsverfahren nach § 99 ArbGG	38
b) Beschlussverfahren über streitige Mitbestimmungsrechte	43
c) Kosten der Einigungsstelle und gerichtliche Spruchüberprüfung	
aa) Kosten	46
bb) Nachprüfung des Spruchs	47
13. Beschlussverfahren nach der Insolvenzordnung	50
a) Zustimmung des Arbeitsgerichts zur Durchführung einer Betriebsänderung, § 122 InsO	51
b) Feststellungsantrag des Insolvenzverwalters, § 126 InsO	53
III. Beschlussverfahren vor dem Arbeitsgericht	
1. Örtliche Zuständigkeit	54
a) Lage des Betriebs	57
b) Sitz des Unternehmens	59
2. Beteiligte	62
a) Antragsteller	68
b) Übrige Beteiligte	70
aa) Arbeitgeber	72
bb) Arbeitnehmer	74
cc) Beteiligte Stellen	77
c) Rechtsfolgen bei fehlerhafter Beteiligung	95
3. Vertretung im Beschlussverfahren	
a) Vertretung	99
b) Kosten	103
4. Antrag	108
a) Antragsbefugnis	111
b) Fristen für die Verfahrenseinleitung	115
c) Antragsarten	120
d) Bestimmtheitsgrundsatz	129
e) Rechtsschutzinteresse	134
5. Verfahren	
a) Untersuchungsgrundsatz	139
b) Anhörung der Beteiligten	149
c) Beschwerde nach § 83 Abs. 5 ArbGG	160
6. Beendigung des Verfahrens	165
a) Antragsrücknahme und Verzicht	166
b) Vergleich und Anerkenntnis	172
c) Erledigungserklärung	177
aa) Übereinstimmende Erledigungserklärung	178
bb) Einseitige Erledigungserklärung	182
d) Entscheidung durch Beschluss	186
e) Kosten und Streitwert	
aa) Ausschluss der Kostentragungspflicht	191
bb) Streitwert	193
IV. Einstweilige Verfügung, § 85 Abs. 2 ArbGG	195
1. Anwendungsfälle	197

	Rz.		Rz.
2. Ausschluss einstweiliger Verfügungen	201	1. Zulassung der Rechtsbeschwerde	250
3. Anhörung und Beschluss	206	2. Zulassung nach Nichtzulassungsbeschwerde	254
4. Rechtsmittel	210	a) Grundsätzliche Bedeutung der Rechtssache	255
V. Beschwerde an das LAG	211	b) Divergenz und Verfahrensverstöße	257
1. Verweisung auf das Berufungsverfahren	214	c) Verfahren	258
2. Einlegung und Begründung		3. Rechtsbeschwerdeverfahren	
a) Beschwerdebefugnis und Beschwer	216	a) Verweisung auf das Revisionsverfahren	260
b) Vertretung	219	b) Einlegung und Begründung	262
c) Form und Frist	220	c) Verletzung einer Rechtsnorm als Rechtsbeschwerdegrund	270
d) Beschwerdebegründung	222	d) Anschlussrechtsbeschwerde	273
e) Antragsrücknahme und -änderung	227	e) Verfahren	274
3. Anschlussbeschwerde	229	4. Beendigung des Rechtsbeschwerdeverfahrens	
4. Beendigung des Beschwerdeverfahrens		a) Rücknahme	277
a) Rücknahme der Beschwerde	230	b) Vergleich und Erledigung der Hauptsache	278
b) Verzicht	233	c) Verwerfung als unzulässig	279
c) Vergleich und Erledigung der Hauptsache	235	d) Entscheidung durch Beschluss	282
d) Verwerfung der Beschwerde als unzulässig	236	**VII. Sprungrechtsbeschwerde, § 96a ArbGG**	288
e) Entscheidung durch Beschluss	241	1. Zulassung auf Antrag	290
f) Sofortige Beschwerde nach § 92b ArbGG	245a	2. Zustimmung der Beteiligten	292
VI. Rechtsbeschwerde an das BAG	246		

Schrifttum:

Kommentare, Monographien: *Korinth,* Einstweiliger Rechtsschutz im Arbeitsgerichtsverfahren, 2. Aufl. 2007; *Lansnicker,* Prozesse in Arbeitssachen, 3. Aufl. 2013; *Laux,* Die Antrags- und Beteiligungsbefugnis im arbeitsgerichtlichen Beschlussverfahren, 1985; *Schaub,* Arbeitsgerichtsverfahrens-Handbuch, 7. Aufl. 2001; *Weth,* Das arbeitsgerichtliche Beschlussverfahren, 1995.

Aufsätze: *Bengelsdorf,* Rechtliche Möglichkeiten zur Beschleunigung des erzwingbaren Einigungsstellenverfahrens, BB 1991, 613; *Bergmann,* Finanzielle Haftung von Betriebsratsmitgliedern, NZA 2013, 57; *Byers,* Die Höhe der Betriebsratsvergütung, NZA 2014, 65; *Dütz,* Aktuelle Fragen zur Arbeitsgerichtsgesetz-Novelle 1979, RdA 1980, 81; *Düwell,* Die Schriftform für Rechtsmittel in den arbeitsgerichtlichen Verfahrensarten, NZA 1999, 291; *Düwell,* Elektronisches Postfach für das Bundesarbeitsgericht, FA 2006, 172; *Düwell,* Mediation endlich gesetzlich geregelt, BB 2012, 1921; *Eich,* Betriebsvereinbarung – Das verkannte Medium, NZA 2010, 1389; *Eylert/Fenski,* Untersuchungsgrundsatz und Mitwirkungspflichten im Zustimmungsersetzungsverfahren nach § 103 Abs. 2 BetrVG, BB 1990, 2401; *Faulenbach,* Ausgewählte Fragen des Einigungsstellenverfahrens, NZA 2012, 953; *Fenn,* „Effektivere Gestaltung des Beschlussverfahrens" durch vermehrte Dispositionsbefugnisse für die Beteiligten, in: Festschrift 25 Jahre Bundesarbeitsgericht, 1979, S. 91; *Fischer,* Das Ehrenamtsprinzip der Betriebsverfassung „post Hartzem" – revisited, NZA 2014, 71; *Gaul,* Einigungsstelle: Aussetzung des Bestellungsverfahrens, DB 1980, 1894; *Gravenhorst,* Anhörungsrügengesetz und Arbeitsgerichtsverfahren, NZA 2005, 24; *Grunsky,* Prozessuale Fragen des Arbeitskampfrechts, RdA 1986, 196; *Heider,* Der Eilantrag auf Abbruch von Betriebsratswahlen, NZA 2010, 488; *Hinrichs/Plitt,* Die Wahl der Mitglieder des besonderen Verhandlungsgremiums in betriebsratslosen Gesellschaften bei SE-Gründung/grenzüberschreitender Verschmelzung, NZA 2010, 204; *Hoffmann/Alles,* Der „unternehmensübergreifende" Gesamtbetriebsrat, NZA 2014, 757; *Hümmerich/Holthausen,* Soziale Mächtigkeit durch aktive Teilnahme am Tarifgeschehen, NZA 2006, 1070; *Jost/Sundermann,* Reduzierung des Verfahrensaufwandes nach einseitiger Erledigungserklärung, ZZP 105, 261; *Lembke,* Die Aussetzung von Verfahren zur Prüfung der Tariffähigkeit einer Organisation (CGZP), NZA

2008, 451; *Lepke*, Die Antragsbefugnis im arbeitsgerichtlichen Beschlussverfahren, ArbuR 1973, 107; *Lepke*, Der Vergleich im arbeitsgerichtlichen Beschlussverfahren, DB 1977, 629; *Lipke*, Einstweiliger Rechtsschutz des Betriebsrates bei Missachtung betriebsverfassungsrechtlicher Beteiligungsrechte nach § 99 BetrVG, DB 1980, 2239; *Lunk/Schnelle/Witten*, Betriebsratswahl 2014 – Aktuelle Rechtsprechung seit der letzten Wahl, NZA 2014, 57; *Maul-Sartori*, Der neue § 98 ArbGG, NZA 2014, 1305; *Matthes*, Zur Antragstellung im Beschlussverfahren, DB 1984, 453; *Meyer*, Das Regelungsverhältnis beim Antrag des Betriebsrats von Verbands- und firmenbezogenem Verbandstarifvertrag im Vergleich zum Haustarifvertrag, NZA 2004, 366; *Müller*, Die Ausformung des arbeitsgerichtlichen Beschlussverfahrens durch die Rechtsprechung des Bundesarbeitsgerichts, ArbRGegw. Bd. 9, 23; *Natter*, Die Auswirkungen des Gesetzes zur Modernisierung des Kostenrechts auf das arbeitsgerichtliche Verfahren, NZA 2004, 686; *Olderog*, Probleme des einstweiligen Rechtsschutzes im Bereich der sozialen Mitbestimmung, NZA 1985, 756; *Otto/Schmidt*, Bestellung des Wahlvorstands – Grenzen des Beurteilungsspielraums des Betriebsrats und Rechtsschutzmöglichkeiten des Arbeitgebers, NZA 2014, 169; *Prütting*, Unterlassungsanspruch und einstweilige Verfügung in der Betriebsverfassung, RdA 1995, 257; *Rieble*, Das insolvenzarbeitsrechtliche Beschlussverfahren, NZA 2007, 1393; *Rieble/Triskatis*, Vorläufiger Rechtsschutz im Betriebsratswahlverfahren, NZA 2006, 233; *Rudolf*, Vorläufige Vollstreckbarkeit von Beschlüssen des Arbeitsgerichts, NZA 1988, 420; *Rummel*, Die Beschwerderechtsprechung des BAG nach Einführung der Rechtsbeschwerde, NZA 2004, 295; *Salomon*, Betriebsratswahlen unter Verkennung des Betriebsbegriffs, NZA 2014, 175; *Schaub*, Gesetz zur Vereinfachung und Beschleunigung des arbeitsgerichtlichen Verfahrens, NZA 2000, 344; *Schmädicke*, Der Verfügungsanspruch beim Antrag des Betriebsrats auf Unterlassung von Personalabbaumaßnahmen, NZA 2004, 295; *Schmidt/Schwab/Wildschütz*, Die Auswirkungen der Reform des Zivilprozesses auf das arbeitsgerichtliche Verfahren (Teil 2), NZA 2001, 1217; *Schrader*, Übergangsregelungen zum Konkursrecht, NZA 1997, 70; *Schüren*, Tariffähigkeit der Tarifgemeinschaft Christlicher Gewerkschaften für die Leiharbeitsbranche, NZA 2008, 453; *von Steinau-Steinrück/Glanz*, Dauerarbeitskämpfe durch Spartenstreiks – Die verbliebenen Kampfmittel der Arbeitgeber, NZA 2009, 113; *Thüsing/Forst*, Europäische Betriebsräte-Richtlinie: Neuerungen und Umsetzungserfordernisse, NZA 2009, 408; *Treber*, Arbeitsrechtliche Neuerungen durch das „Gesetz zur Änderung des Bürgerlichen Gesetzbuches und des Arbeitsgerichtsgesetzes", NZA 1998, 856; *Tschöpe*, Die Bestellung der Einigungsstelle – Rechtliche und taktische Fragen, NZA 2004, 945; *Vetter*, Probleme der Festsetzung des Gegenstandswertes im Beschlussverfahren, NZA 1986, 182; *Wenzel*, Zur einstweiligen Verfügung im Arbeitskampf-, Vertrags- und Betriebsverfassungsrecht, NZA 1984, 112; *Wybitul*, Neue Spielregeln bei Betriebsvereinbarungen und Datenschutz, NZA 2014, 225.

I. Grundsätzliches zum Urteils- und Beschlussverfahren

Das Verfahren vor den Arbeitsgerichten ist aufgeteilt in das Urteilsverfahren, §§ 46 ff. ArbGG, und das Beschlussverfahren. Beide Verfahren schließen sich gegenseitig aus[1]. Während sich die Zuständigkeit des Arbeitsgerichts im Urteilsverfahren auf bürgerliche Rechtsstreitigkeiten bezieht, § 2 ArbGG, erstreckt sich der Anwendungsbereich des Beschlussverfahrens ausschließlich auf **kollektivrechtliche Streitigkeiten**, vornehmlich aus dem Betriebsverfassungsrecht, § 2a ArbGG. Damit ist klargestellt, dass die Parteien hinsichtlich der Verfahrensart **keine Wahlmöglichkeit** haben. Ob ein Urteils- oder aber ein Beschlussverfahren durchzuführen ist, bestimmt sich **nach dem Antrag** des Klägers bzw. Antragstellers, ggf. nach Auslegung, §§ 133, 157 BGB[2]. Grundsätzlich sind Ansprüche im Beschlussverfahren geltend zu machen, wenn sie durch einen Träger der Betriebsverfassung erhoben werden und sich auf die Tätigkeit als Betriebsverfassungsorgan beziehen[3]. Ergeben sich die Ansprüche

---

1 BAG 3.4.1957 – 1 AZR 289/55, AP Nr. 46 zu § 2 ArbGG 1953; 1.12.1961 – 1 ABR 9/60, AP Nr. 1 zu § 80 ArbGG 1953; zur im Einzelfall schwierigen Abgrenzung: BAG 18.1.2005 – 3 ABR 21/04; GMP/*Prütting*, Einl. Rz. 151; vgl. auch GMP/*Matthes/Spinner*, § 80 ArbGG Rz. 6; Schwab/Weth/*Walker*, § 2 ArbGG Rz. 2.
2 GWBG/*Greiner*, § 80 ArbGG Rz. 9; GMP/*Prütting*, Einl. Rz. 152.
3 BAG 31.10.1972 – 1 ABR 7/72, AP Nr. 2 zu § 40 BetrVG 1972; 14.9.1976 – 7 Sa 69/76, AP Nr. 25 zu § 37 BetrVG 1972.

der Betriebsverfassungsorgane gegen den Arbeitgeber hingegen aus dem Arbeitsverhältnis, sind sie im Urteilsverfahren zu verfolgen. Hält das Arbeitsgericht die gewählte **Verfahrensart** für **unzulässig**, ist der Rechtsstreit nach Anhörung der Parteien von Amts wegen in die richtige Verfahrensart **zu verweisen**, §§ 48 Abs. 1, 80 Abs. 3 ArbGG, § 17a Abs. 2 Satz 1 GVG.

1a Das „Gesetz zur Förderung der Mediation und anderer Verfahren der außergerichtlichen Konfliktbeilegung" (**MediationsG**) vom 21.7.2012[1] wirkt sich auf das Beschlussverfahren aus. Die neuen gesetzlichen Möglichkeiten einer konsensualen Streitbeilegung durch gerichtsinterne oder außergerichtliche Mediation sind in § 80 Abs. 2 Satz 1 ArbGG durch Einfügung der Wörter „Mediation und außergerichtliche Konfliktbeilegung" ausdrücklich vorgesehen[2]. Gem. § 83a Abs. 1 ArbGG können die Beteiligten **zur Niederschrift des Güterichters** (anstelle des Kammervorsitzenden) einen Vergleich schließen. Für den **Beschwerderechtszug** lässt § 87 Abs. 2 Satz 1 ArbGG die Mediation expressis verbis zu.

2 Die Tätigkeit der Arbeitsgerichte im **Beschlussverfahren** ist **echte Rechtsprechung**[3]. Hierüber bestand lange Zeit vorrangig in der Literatur heftiger Streit. So wurde das Beschlussverfahren als verwaltungsgerichtliches Verfahren, aber auch als Verfahren der freiwilligen Gerichtsbarkeit oder gar der Arbeitsverwaltung qualifiziert[4]. Der Streit um die Rechtsnatur des Beschlussverfahrens ist letztlich ohne rechtliche Bedeutung, da Rechtsfolgen aus der unterschiedlichen Charakterisierung nicht gezogen werden dürfen. Man wird jedoch sagen können, dass das arbeitsgerichtliche Beschlussverfahren mit allen verfassungsrechtlichen Garantien des gerichtlichen Verfahrens ausgestattet ist. Das folgt insbesondere bereits daraus, dass der Gesetzgeber in § 2a ArbGG den Gerichten bestimmte Angelegenheiten zur Entscheidung im Beschlussverfahren übertragen hat[5].

3 Seiner Rechtsnatur nach ist das Beschlussverfahren ein völlig **eigenständiges Verfahren**, nicht etwa eine Unterart des Urteilsverfahrens. Das ergibt sich bereits daraus, dass es in den §§ 80–99 ArbGG zahlreiche Sonderregelungen erfährt, die vom Urteilsverfahren deutlich abweichen. Der Begriff Beschlussverfahren weist lediglich darauf hin, dass in ihm ergehende Entscheidungen nicht als Urteil, sondern als Beschluss bezeichnet werden. Anders als das Urteilsverfahren kennt das Beschlussverfahren nur **Beteiligte, nicht** aber **Parteien**. Die Einleitung des Beschlussverfahrens geschieht durch die Stellung eines Antrags, durch den der Streitgegenstand bestimmt wird. Für das gesamte Verfahren gilt der **Untersuchungsgrundsatz**, der das Gericht zur Sachverhaltserforschung von Amts wegen verpflichtet. Abweichend vom Urteilsverfahren findet das Versäumnisverfahren nicht statt. Ein Güteverfahren ist indes möglich, § 80 Abs. 2 Satz 2 ArbGG. Das Gericht entscheidet grundsätzlich nach mündlicher Verhandlung durch einen Beschluss, der seiner Bedeutung und Wirkung nach einem Urteil gleichsteht. Aus dem Beschluss findet die Zwangsvollstreckung statt; der Erlass einstweiliger Verfügungen im Beschlussverfahren ist zulässig. Wiederum anders als im Urteilsverfahren ergeht keine Kostenentscheidung.

4 Neben den in §§ 80–99 ArbGG geregelten Besonderheiten des Beschlussverfahrens **verweist** § 80 Abs. 2 Satz 1 ArbGG auf bestimmte Vorschriften über das Urteilsverfahren des ersten Rechtszugs und erklärt diese für auf das Beschlussverfahren anwendbar. Zudem enthält die Bestimmung einen Hinweis auf das auch im Beschlussverfahren zulässige gerichtsinterne oder außergerichtliche Mediationsverfahren (s. Rz. 1a). § 80 Abs. 2 ArbGG enthält jedoch keine allgemeine Verweisung auf die Vor-

---

1 BGBl. I 2012, 1577.
2 *Düwell*, BB 2012, 1921.
3 *Schaub*, Arbeitsgerichtsverfahren, § 57 Rz. 3; GMP/*Matthes/Spinner*, § 80 ArbGG Rz. 5.
4 Vgl. hierzu insb. *Weth*, S. 15 ff.
5 *Weth*, S. 20.

schriften der ZPO, wie dies bei § 46 Abs. 2 ArbGG für das Urteilsverfahren des ersten Rechtszugs der Fall ist. Berücksichtigt man darüber hinaus noch, dass die in § 80 Abs. 2 ArbGG ausdrücklich in Bezug genommenen Vorschriften nur gelten, soweit sich aus den besonderen Vorschriften über das Beschlussverfahren in den §§ 81–84 ArbGG nichts anderes ergibt, bleiben **Lücken** in der Regelung des Beschlussverfahrens, etwa zu Fragen der Rechtshängigkeit, der Rechtskraft, der Änderung und Zurücknahme von Anträgen oder der Aussetzung und Unterbrechung des Verfahrens. Es wird deshalb davon ausgegangen werden können, dass die **Verweisung** in § 80 Abs. 2 ArbGG **nicht ausschließlich und erschöpfend** ist und dass auch solche Vorschriften des Urteilsverfahrens und der ZPO anwendbar sind, die in § 80 Abs. 2 ArbGG nicht ausdrücklich in Bezug genommen werden[1].

II. Anwendungsfälle des Beschlussverfahrens

Die Zuständigkeit der Gerichte für Arbeitssachen im Beschlussverfahren bezieht sich ausschließlich auf kollektivrechtliche Streitigkeiten. Durch die Arbeitsgerichtsnovelle vom 21.5.1979[2] sind die gesetzlichen **Zuständigkeiten** in dem damals eingefügten § 2a ArbGG zusammengefasst worden. Nach dessen generalklauselartiger Nr. 1 ist das arbeitsgerichtliche Beschlussverfahren in allen betriebsverfassungsrechtlichen Streitigkeiten vorgesehen (Rz. 8 ff.). Ausschließlich zuständig sind die Arbeitsgerichte nach Nr. 2 auch für Streitigkeiten nach dem Sprecherausschussgesetz (Rz. 21). Streitigkeiten nach dem Mitbestimmungsgesetz, dem Mitbestimmungsergänzungsgesetz und dem Drittelbeteiligungsgesetz (s. Rz. 29), soweit über die Wahl von Vertretern der Arbeitnehmer in den Aufsichtsrat und ihre Abberufung zu entscheiden ist, fallen nach Nr. 3 (Rz. 23 ff.), solche über die Tariffähigkeit und Tarifzuständigkeit einer Vereinigung (Rz. 31 ff.) nach Nr. 4 und solche über die Wirksamkeit einer Allgemeinverbindlicherklärung nach § 5 TVG, einer Rechtsverordnung nach § 7 oder 7a AEntG und einer Rechtsverordnung nach § 3a AÜG (Rz. 35a) nach Nr. 5 in die Zuständigkeit der Gerichte für Arbeitssachen.

Zwischen 1996 und 2011 neu eingefügt in den Zuständigkeitskatalog des § 2a ArbGG sind die **Nummern 3a bis g** (Rz. 30a ff.). Sie sehen das arbeitsgerichtliche Beschlussverfahren vor für

– Angelegenheiten aus §§ 94, 95, 139 SGB IX,
– Angelegenheiten aus dem Gesetz über Europäische Betriebsräte,
– Angelegenheiten aus § 51 BBiG,
– Angelegenheiten aus § 10 BFDG,
– Angelegenheiten aus dem SE-Beteiligungsgesetz,
– Angelegenheiten aus dem SCE-Beteiligungsgesetz sowie
– Angelegenheiten aus dem MgVG.

§ 2a Abs. 2 ArbGG bestimmt für die genannten Zuständigkeiten der Nr. 2–5 ausdrücklich die Verfahrensart des Beschlussverfahrens. Die Frage, ob im **Urteils- oder Beschlussverfahren** zu entscheiden ist, hat das Arbeitsgericht **von Amts wegen** zu prüfen; sie unterliegt nicht der Disposition der Parteien oder Beteiligten[3]. Vielmehr verweist das Arbeitsgericht, wenn es die vom Kläger bzw. Antragsteller gewählte Verfahrensart für unzutreffend hält, den Rechtsstreit von Amts wegen in die richtige Ver-

---

1 LAG Berlin 18.12.1978 – 9 TaBV 8/78, AP Nr. 6 zu § 80 ArbGG 1953; BAG 1.2.1989 – 4 ABR 86/88, AP Nr. 63 zu § 99 BetrVG 1972; GMP/*Matthes/Spinner*, § 80 ArbGG Rz. 41; *Weth*, S. 39.
2 BGBl. I 1979, 545.
3 BAG 9.12.1975 – 1 ABR 7/75, AP Nr. 1 zu § 78a BetrVG 1972; 5.4.1984 – 6 AZR 70/83, AP Nr. 13 zu § 78a BetrVG 1972; GWBG/*Greiner*, § 80 ArbGG Rz. 9; GMP/*Matthes*, § 2a ArbGG Rz. 89; Schwab/Weth/*Walker*, § 2a ArbGG Rz. 120.

fahrensart. Das folgt aus § 48 Abs. 1 ArbGG, der bestimmt, dass sich die Zulässigkeit des Verfahrens aus §§ 17–17b GVG entsprechend ergibt.

7 Möglich ist auch die gerichtliche Festlegung der Verfahrensart vorab, wenn Zweifel bestehen, § 17a Abs. 3 Satz 1 GVG. Insbesondere hat ein solcher **Vorabentscheid** zu ergehen, wenn Beklagter bzw. Antragsgegner oder ein Beteiligter die Zulässigkeit der gewählten Verfahrensart rügt. Das Gericht entscheidet in diesen Fällen durch Beschluss der Kammer vor der Entscheidung zur Hauptsache. Die Parteien bzw. Beteiligten haben ein Anhörungsrecht, § 48 Abs. 1 Nr. 2 ArbGG. Wird der Beschluss über die richtige Verfahrensart rechtskräftig, ist eine Überprüfung durch das Rechtsmittelgericht nicht mehr zulässig, §§ 65, 73 Abs. 2, 88, 93 Abs. 2 ArbGG[1]. Aufgrund der vom Arbeitsgericht zu treffenden Vorabentscheidung kann es nicht mehr zur Abweisung einer Klage bzw. eines Antrags als unzulässig kommen.

1. Angelegenheiten aus dem Betriebsverfassungsgesetz, § 2a Abs. 1 Nr. 1 ArbGG

8 Nach § 2a Abs. 1 Nr. 1 ArbGG sind die Gerichte für Arbeitssachen im Beschlussverfahren **ausschließlich zuständig** für **Angelegenheiten aus dem Betriebsverfassungsgesetz**, soweit nicht für Maßnahmen nach seinen §§ 119–121 die Zuständigkeit eines anderen Gerichts gegeben ist. Die Abgrenzung des Betriebsverfassungsrechts zum Personalvertretungsrecht ergibt sich aus § 130 BetrVG. Ein privatrechtlich verfasstes Unternehmen (zB eingetragener Verein) fällt auch dann unter das Betriebsverfassungsgesetz, wenn es wirtschaftlich von Bund und Ländern abhängt und von diesen gefördert wird[2]. Wird in der Insolvenz des Arbeitgebers allein über den insolvenzrechtlichen Rang betriebsverfassungsrechtlicher Ansprüche gestritten, entscheiden hierüber die Arbeitsgerichte im Beschlussverfahren[3]. Ebenso sind Angelegenheiten aus dem Betriebsverfassungsgesetz iSd. § 2a Abs. 1 Nr. 1 ArbGG Streitigkeiten aus einer durch Tarifvertrag geregelten Betriebsverfassung. Die nach §§ 3 Abs. 1 Nr. 3, 117 Abs. 2 BetrVG gebildeten betrieblichen Vertretungen (für im Flugbetrieb beschäftigte Arbeitnehmer von Luftfahrtunternehmen) tragen ihre betriebsverfassungsrechtlichen Streitigkeiten im arbeitsgerichtlichen Beschlussverfahren aus[4]. Gleiches gilt für Streitigkeiten im Zusammenhang mit einer durch Tarifvertrag begründeten betrieblichen[5] oder einer tariflichen Schlichtungsstelle nach § 76 Abs. 8 BetrVG.

9 Anders als in § 2 Abs. 1 Nr. 4 ArbGG aF ist die Zuständigkeit nach § 2a Abs. 1 Nr. 1 ArbGG nicht mehr enumerativ geregelt. Die Norm erfasst vielmehr in Form einer **Generalklausel** alle Rechtsstreitigkeiten, die sich aus dem Betriebsverfassungsrecht schlechthin ergeben können[6]. Die verengende Formulierung des Gesetzes, das allein von Angelegenheiten aus dem Betriebsverfassungsgesetz spricht, kann nicht dazu führen, betriebsverfassungsrechtliche Streitigkeiten von seinem Anwendungsbereich auszuschließen, die in anderen arbeitsrechtlichen und sonstigen Gesetzen enthalten sind[7]. So finden sich Vorschriften betriebsverfassungsrechtlicher Art etwa in § 17 KSchG, § 9 ASiG, § 21a JArbSchG, §§ 93ff. SGB IX, § 14 AÜG und verschiedenen Bestimmungen des SGB III. Auch wenn es um Rechte betriebsverfassungsrechtlicher

---

1 Kritisch zur Vorabentscheidung über die Verfahrensart GMP/*Matthes/Schlewing*, § 2a ArbGG Rz. 96ff.
2 BAG 3.12.1985 – ABR 60/85, AP Nr. 2 zu § 74 BAT.
3 BAG 14.11.1978 – 6 ABR 85/75, AP Nr. 6 zu § 59 KO.
4 BAG 5.11.1985 – 1 ABR 56/83, AP Nr. 4 zu § 117 BetrVG 1972.
5 LAG Hamm 21.10.1977 – 3 TaBV 57/77, EzA § 76 BetrVG 1972 Nr. 19.
6 Vgl. BAG 19.5.1978 – 6 ABR 25/75, AP Nr. 1 zu § 88 BetrVG 1972; 24.2.1987 – 1 ABR 18/85, AP Nr. 21 zu § 77 BetrVG 1972; 26.5.1992 – 10 ABR 63/91, NZA 1992, 1135.
7 *Ascheid*, Urteils- und Beschlussverfahren, Rz. 1659; GMP/*Matthes/Schlewing*, § 2a ArbGG Rz. 8.

Organe geht, die ihre Grundlage in einem Tarifvertrag haben, ist eine Angelegenheit aus dem Betriebsverfassungsgesetz iSd. § 2a Abs. 1 Nr. 1 ArbGG anzunehmen[1].

Auch für Streitigkeiten aus der Betriebsvertretung der bei den **Stationierungsstreitkräften** beschäftigten zivilen Mitarbeiter ist das arbeitsgerichtliche Beschlussverfahren vorgesehen, Nr. 9 Unterzeichnungsprotokoll zu Art. 56 Abs. 9 ZA-NTS, soweit § 83 BPersVG in derartigen Streitigkeiten gerichtliche Entscheidungen ermöglicht[2]. Die deutsche Gerichtsbarkeit ist gegeben für ein Verfahren der Betriebsvertretung über den Umfang des Mitbestimmungsrechts bei der Einstellung von Arbeitnehmern, an dem sich die Bundesrepublik Deutschland auf Antrag einer Truppe beteiligt[3]. Auf nicht-deutsche Unternehmen wirtschaftlichen Charakters iSd. Art. 72 ZA-NTS ist deutsches Betriebsverfassungsrecht unmittelbar anwendbar[4]. Dagegen scheidet für nicht-deutsche Organisationen nicht-wirtschaftlicher Art iSd. Art. 71 ZA-NTS bereits deutsches Arbeitsrecht und damit auch deutsches Betriebsverfassungs- und Personalvertretungsrecht grundsätzlich aus, Art. 71 Abs. 3 ZA-NTS[5].

Aufgrund der Vorschriften des § 118 BetrVG und des § 112 BPersVG ist dagegen die **Geltung** dieser Gesetze **für Religionsgemeinschaften** und ihre karitativen und erzieherischen Einrichtungen ohne Rücksicht auf deren Rechtsform **ausgeschlossen**. Das Personalvertretungsrecht der Kirchen ist deren eigene Angelegenheit iSv. Art. 137 WRV iVm. Art. 140 GG und damit der staatlichen (Arbeits-)Gerichtsbarkeit entzogen[6]. Die evangelische und die katholische Kirche haben insoweit für ihre Bereiche sog. **Mitarbeitervertretungsordnungen** in Kraft gesetzt. Soweit diese die Rechte und Pflichten der Funktionsträger aus ihrem Arbeitsverhältnis berühren, ist hierfür die Zuständigkeit der Arbeitsgerichte im Urteilsverfahren gegeben. Es ist unschädlich, wenn dabei über Vorfragen aus dem Mitarbeitervertretungsrecht zu entscheiden ist[7].

Nach dem ausdrücklichen Hinweis in § 2a Abs. 1 Nr. 1 ArbGG zählen zu den Angelegenheiten aus dem Betriebsverfassungsgesetz im Sinne der Vorschrift nicht die in §§ 119–121 BetrVG geregelten **Straf- und Bußgeldbestimmungen**. Hier besteht eine Zuständigkeit der ordentlichen Gerichte nach § 13 GVG sowie §§ 68 ff. OWiG.

Im Wege des Beschlussverfahrens ist zu entscheiden bei Streitigkeiten aus dem **Personalvertretungsrecht**. Zuständig sind jedoch nicht die Arbeitsgerichte, sondern die Gerichte der **Verwaltungsgerichtsbarkeit**. Nach § 83 Abs. 2 BPersVG sind für die Rechtsstreitigkeiten aus diesem Gesetz die Vorschriften des Arbeitsgerichtsgesetzes über das Beschlussverfahren entsprechend anwendbar. Handelt es sich um Streitigkeiten aus dem Personalvertretungsrecht der Länder, regelt § 106 BPersVG die grundsätzliche Zuständigkeit ebenfalls der Verwaltungsgerichte, stellt aber die Entscheidung darüber, ob das Verfahren im Beschlussverfahren nach dem Arbeitsgerichtsgesetz oder im Verwaltungsverfahren nach der Verwaltungsgerichtsordnung zu entscheiden ist, den Ländern zur Wahl. Nahezu alle Länder haben insoweit das Beschlussverfahren nach dem Arbeitsgerichtsgesetz für anwendbar erklärt[8].

---

1 BAG 16.8.2011 – 1 ABR 30/10, NZA 2012, 873.
2 BAG 12.2.1985 – 1 ABR 3/83, AP Nr. 1 zu Art. 1 Nato-Truppenstatut.
3 BAG 7.11.2000 – 1 ABR 55/99, NZA 2001, 1211.
4 BAG 19.6.1984 – 1 ABR 65/82, AP Nr. 1 zu Art. 72 ZA-Nato-Truppenstatut.
5 Hierzu BAG 18.4.1979 – 5 AZR 1065/77, AP Nr. 1 zu Art. 71 ZA-Nato-Truppenstatut.
6 BAG 11.3.1986 – 1 ABR 26/84, AP Nr. 25 zu Art. 140 GG; 9.9.1992 – 5 AZR 456/91, AP Nr. 40 zu Art. 140 GG.
7 Vgl. BAG 25.3.1971 – 2 AZR 185/70, AP Nr. 5 zu § 57 BetrVG; 22.6.1984 – 7 AZR 587/83, AP Nr. 5 zu § 102 BetrVG 1972 – Weiterbeschäftigung.
8 Vgl. die zusammenfassende Aufstellung bei GMP/*Matthes*/*Spinner*, § 80 ArbGG Rz. 7.

a) Beispielsfälle

14 Um Angelegenheiten aus dem Betriebsverfassungsrecht iSd. § 2a Abs. 1 Nr. 1 ArbGG, die im Beschlussverfahren zu entscheiden sind, handelt es sich insbesondere bei Streit über
- die **Ab- und Rückmeldepflicht** eines Betriebsratsmitglieds[1];
- die Frage, ob ein **Betriebsrat**, Gesamtbetriebsrat oder Konzernbetriebsrat **zu bilden** ist und aus wie vielen Mitgliedern er bestehen muss[2];
- die Zuständigkeit des Gesamtbetriebsrats, des Konzernbetriebsrats[3];
- die **Wahlberechtigung** und die **Wählbarkeit**, §§ 7, 8 BetrVG[4];
- das **Wahlverfahren** zum Betriebsrat[5];
- die Eigenschaft eines Betriebs als **Betrieb** oder **Betriebsteil** iSd. Betriebsverfassungsgesetzes[6] sowie die Frage, ob ein **Gemeinschaftsbetrieb** vorliegt[7];
- die **Errichtung** eines gesetzlich oder durch Tarifvertrag vorgesehenen Organs der Betriebsverfassung, zB Wirtschaftsausschuss[8];
- die **Zuordnung von Betriebsteilen** zu einem Hauptbetrieb bei Zweifel, ob eine betriebsratsfähige Organisationseinheit vorliegt, § 18 Abs. 2 BetrVG, und die Frage, ob mehrere Unternehmen einen gemeinsamen Betrieb haben[9];
- das **Fortbestehen des Betriebsrats** bei Ausscheiden eines Unternehmens aus einem Gemeinschaftsbetrieb[10];
- das **Restmandat** des Betriebsrats bei einem Betriebszusammenschluss[11];

---

1 Grundsätzlich bejahend: BAG 29.6.2011 – 7 ABR 135/09, NZA 2012, 47.
2 BAG 15.8.1978 – 6 ABR 56/77, AP Nr. 3 zu § 47 BetrVG 1972; 5.6.2002 – 7 ABR 17/01, NZA 2003, 336 (zum Fortbestehen des Gesamtbetriebsrats bei Betriebsübergängen); 13.10.2004 – 7 ABR 56/03, NZA 2005, 647 (Konzernbetriebsrat); 10.11.2004 – 7 ABR 17/04, NZA 2005, 895 (unternehmensübergreifende Bildung von Arbeitnehmervertretungen nach § 3 Abs. 1 Nr. 3 BetrVG).
3 BAG 3.5.2005 – 1 ABR 15/05, NZA 2007, 1245 (Abschluss eines Sozialplans); 14.11.2006 – 1 ABR 4/06, NZA 2007, 399 (Einführung eines EDV-Systems); 17.4.2012 – 1 ABR 84/10, NZA 2013, 230; 25.9.2012 – 1ABR 45/11, NZA 2013, 275; *Hoffmann/Alles*, NZA 2014, 757.
4 BAG 10.3.2004 – 7 ABR 49/03, NZA 2004, 1340; 13.10.2004 – 7 ABR 6/04, NZA 2005, 480 (Wahlberechtigung von ABM-Beschäftigten); 10.11.2004 – 7 ABR 12/04, NZA 2005, 707 (Wählbarkeit gekündigter Arbeitnehmer); 20.4.2005 – 7 ABR 20/04, NZA 2005, 1006 (Arbeitnehmerüberlassung im Konzern) LAG Schl.-Holst. 25.3.2003 – 2 TaBV 39/02, NZA-RR 2004, 251 (Wahlberechtigung von Praktikanten; BAG 13.6.2007 – 7 ABR 44/06, NZA-RR 2008, 19 (Arbeitnehmereigenschaft von Azubis); 7.5.2008 – 7 ABR 17/07, NZA 2008, 1142 (Berücksichtigung von Aushilfskräften bei Betriebsratswahl); 17.2.2010 – 7 ABR 51/08, NZA 2010, 832 (Leiharbeitnehmer im Entleiherbetrieb nicht wählbar); 15.8.2012 – 7 ABR 24/11, juris (Wählbarkeit gestellter Arbeitnehmer); 13.3.2013 – 7 ABR 69/11, NZA 2013, 789 (Leiharbeitnehmer bei Betriebsratsgröße zu berücksichtigen); 10.10.2012 – 7 ABR 53/11, AP Nr. 15 zu § 8 BetrVG 1972 (Wählbarkeit: Anrechnung von Beschäftigungszeiten als Leiharbeitnehmer).
5 BAG 10.11.2004 – 7 ABR 19/04 (Bestellung eines Wahlvorstands auf Antrag einer Gewerkschaft); 16.3.2005 – 7 ABR 40/04 (Geschlechterquote); 21.1.2009 – 7 ABR 65/07, NZA-RR 2009, 481 (Wahlausschreiben in elektronischer Form); *Otto/Schmidt*, NZA 2014, 169.
6 BAG 28.9.1971 – 1 ABR 4/71, AP Nr. 14 zu § 81 BetrVG; 19.2.2002 – 1 ABR 26/01, NZA 2002, 1300; 11.2.2004 – 7 ABR 27/03, NZA 2004, 618; 21.7.2004 – 7 ABR 57/03, NZA-RR 2005, 671; 17.9.2013 – 1 ABR 21/12, NZA 2014, 96 (Zuordnung eines Betriebsteils dem Hauptbetrieb).
7 BAG 13.8.2008 – 7 ABR 21/07, NZA-RR 2009, 255.
8 BAG 1.10.1974 – 1 ABR 77/73, AP Nr. 1 zu § 106 BetrVG 1972.
9 BAG 7.8.1986 – 6 ABR 57/85, AP Nr. 5 zu § 1 BetrVG 1972; 11.2.2004 – 7 ABR 27/03, NZA 2004, 618; 22.6.2005 – 7 ABR 57/04, NZA 2005, 1248; 17.1.2007 – 7 ABR 63/05, NZA 2007, 703; 9.12.2009 – 7 ABR 38/08, NZA 2010, 906; 13.2.2013 – 7 ABR 36/11, NZA 2013, 1168 (gemeinsamer Betrieb mehrerer Unternehmen); LAG Hamm – 13 TaBV 84/13, juris; *Salomon*, NZA 2014, 175.
10 BAG 19.11.2003 – 7 AZR 11/03, NZA 2004, 435.
11 LAG Bremen 9.12.2004 – 3 TaBV 15/04, DB 2005, 1527 (Ls.).

II. Anwendungsfälle des Beschlussverfahrens

- die Arbeitnehmereigenschaft, § 5 BetrVG[1];
- die **Auflösung** des Betriebsrats oder den **Ausschluss** eines Betriebsratsmitglieds, § 23 Abs. 1 BetrVG[2];
- die **Wahl** (Anfechtung, Nichtigkeit, Abbruch)[3] eines Betriebsrats[4] (s. dazu das Beispiel Rz. 17); in einem Kündigungsrechtsstreit kann jedoch die Frage der Nichtigkeit der Betriebsratswahl auch als Vorfrage im Urteilsverfahren zu klären sein[5];
- die **Wahl** von **Aufsichtsrats**mitgliedern[6];
- das **Einsichtsrecht** des Arbeitgebers in **Wahlakten** der Betriebsratswahl[7];
- rechtliche Auseinandersetzungen **innerhalb** einzelner **Betriebsverfassungsorgane**[8], zB Freistellungen[9];
- die **Bildung von Ausschüssen** und die Sitzverteilung[10];
- **Zutrittsrechte** für Betriebsratsmitglieder zum Betrieb[11];
- das Bestehen und die Durchführung von **Betriebsvereinbarungen**[12];
- den Unterlassungsanspruch einer Gewerkschaft bei Durchführung oder Abschluss von Betriebsvereinbarungen[13];
- den **Kostenerstattungsanspruch** einer Gewerkschaft[14].

---

1 BAG 10.2.1981 – 6 ABR 86/78, AP Nr. 25 zu § 5 BetrVG 1972; 15.12.2011 – 7 ABR 65/10, NZA 2012, 519 (bejaht für in Privatbetrieben tätige Arbeitnehmer des öffentlichen Dienstes); ähnlich BAG 5.12.2012 – 7 ABR 17/11, NZA 2013, 690.
2 BAG 18.3.2014 – 1 ABR 77/12, NZA 2014, 987; ArbG Wesel 16.10.2008 – 5 BV 34/08, NZA-RR 2009, 21.
3 LAG BW 21.11.2008 – 7 TaBV 3/08, NZA-RR 2009, 373 (Anfechtung Betriebsratswahl); BAG 29.7.2009 – 7 ABR 91/07, NZA-RR 2010, 76 (Anfechtung der Wahl der Schwerbehindertenvertretung); 13.3.2013 – 7 ABR 70/11, NZA 2013, 738 (Anfechtung bei Verkennung des Betriebsbegriffs); 15.5.2013 – 7 ABR 40/11, NZA 2013, 1095 (Anfechtung: gewerkschaftlicher Wahlvorschlag); LAG Schl.-Holst. 2.4.2014 – 3 TaBVGa 2/14, juris (Abbruch nur bei offensichtlichen, besonders groben Fehlern); BAG 27.7.2011 – 7 ABR 61/10, NZA 2012, 345 (für den Fall der voraussichtlichen Nichtigkeit).
4 Vgl. etwa BAG 12.10.1976 – 1 ABR 14/76 N, AP Nr. 5 zu § 19 BetrVG 1972; 4.10.1977 – 1 ABR 37/77, AP Nr. 2 zu § 18 BetrVG 1972; 21.2.2001 – 7 ABR 41/99, NZA 2002, 282; 19.11.2003 – 7 ABR 24/03, NZA 2004, 395; 5.5.2004 – 7 ABR 44/03, NZA 2004, 1285 (Aushang des Wahlausschreibens); 21.7.2004 – 7 ABR 57/03; 20.4.2005 – 7 ABR 44/04, NZA 2005, 1426 (Beginn der Anfechtungsfrist nach Freistellungswahl); 16.1.2008 – 7 ABR 66/06, nv.; LAG Hess. 6.2.2003 – 9 TaBV 96/02, NZA-RR 2004, 27; LAG Berlin 8.4.2003 – 5 TaBV 1990/02, NZA-RR 2003, 587 (rkr.); BAG 7.5.2008 – 7 ABR 17/07, NZA 2008, 1142 (Berücksichtigung von Aushilfskräften).
5 BAG 27.4.1976 – 1 AZR 482/75, AP Nr. 4 zu § 19 BetrVG 1972.
6 BAG 16.4.2008 – 7 ABR 6/07, NZA 2008, 1025.
7 BAG 27.7.2005 – 7 ABR 54/04, NZA 2006, 59.
8 BAG 16.2.1973 – 1 ABR 18/72, AP Nr. 1 zu § 19 BetrVG 1972; 13.11.1991 – 7 ABR 8/91, AP Nr. 9 zu § 26 BetrVG 1972.
9 BAG 11.3.1992 – 7 ABR 50/91, AP Nr. 11 zu § 38 BetrVG 1972; 20.4.2005 – 7 ABR 44/04, NZA 2005, 1426 (Freistellungswahl); 10.7.2013 – 7 ABR 22/12, NZA 2013, 1221 (Zeiterfassung bei freigestellten Betriebsratsmitgliedern).
10 BAG 19.3.1974 – 1 ABR 44/73, AP Nr. 1 zu § 26 BetrVG 1972; 8.4.1992 – 7 ABR 71/91, AP Nr. 11 zu § 26 BetrVG 1972.
11 BAG 21.9.1989 – 1 ABR 32/89, AP Nr. 72 zu § 99 BetrVG 1972; LAG Hamm 6.5.2002 – 10 TaBV 53/02, NZA-RR 2003, 480 (Zutrittsrecht für gekündigten Wahlbewerber).
12 BAG 26.5.1992 – 10 ABR 63/91, NZA 1992, 1135; 18.2.2003 – 1 ABR 17/02, NZA 2004, 336 (Beschlussfassung zur Wirksamkeit einer Betriebsvereinbarung); 29.4.2004 – 1 ABR 30/02, NZA 2004, 670; 23.6.2009 – 1 ABR 214/08, NZA 2009, 1159 (Nachwirkung einer Betriebsvereinbarung Prämienlohn); 18.5.2010 – 1 ABR 6/09, NZA 2010, 1433; 5.10.2010 – 1 ABR 71/09 (keine Ordnungshaft bei mitbestimmungswidrigem Verhalten des Arbeitgebers); *Wybitul*, NZA 2014, 225 ff.
13 BAG 13.3.2001 – 1 ABR 19/00, NZA 2001, 1037.
14 BAG 2.10.2007 – 1 ABR 59/06, NZA 2008, 372.

- den **Auskunftsanspruch** des Betriebsrats[1];
- den **Umfang von Mitbestimmungsbefugnissen**[2] und anderen Beteiligungsrechten wie Beratung, Anhörung, Unterrichtung[3], Einsichtnahme[4], Vorlage von Unterlagen;
- Verfahren nach § 17 Abs. 2 AGG iVm. § 23 Abs. 3 BetrVG;

15 – die **Ersetzung der Zustimmung** des Betriebsrats zu einer Maßnahme des Arbeitgebers[5]: Im Rahmen der Mitbestimmung des Betriebsrats bei personellen Einzelmaßnahmen (§ 99 BetrVG) kann Gegenstand eines Feststellungsantrags im Beschlussverfahren sein, wann eine Einstellung iSv. § 99 Abs. 1 BetrVG vorliegt, die der Zustimmung des Betriebsrats bedarf[6]. Ein Zustimmungsersetzungsantrag nach § 99 Abs. 4 BetrVG ist vom Arbeitgeber hilfsweise zulässig zu dem Feststellungsantrag, dass die Zustimmung des Betriebsrats nach dessen ordnungsgemäßer Unterrichtung wegen Fristablaufs als erteilt gilt, wenn über die ordnungsgemäße Unterrichtung gestritten wird[7]. Will der Arbeitgeber mit einer fristgerechten Änderungskündigung eine Versetzung des Arbeitnehmers iSv. § 95 Abs. 3 BetrVG bewirken, so ist die Zustimmung des Betriebsrats nach § 99 BetrVG Wirksamkeitsvoraussetzung nur für die tatsächliche Zuweisung des neuen Arbeitsbereiches nach Ablauf der Kündigungsfrist[8]. Die **Erledigung** eines Zustimmungsersetzungsverfahrens nach § 99 Abs. 4 BetrVG kann eintreten durch **Rücknahme des Zustimmungsersuchens** durch den Arbeitgeber[9]. Nicht der Zustimmung des Betriebsrats nach § 99 Abs. 1 Satz 1 BetrVG unterliegt die Beendigung einer vorläufigen personellen Maßnahme[10].

16 – die **Kosten- und Sachmittel** für den Betriebsrat[11]: Gegenstand des arbeitsgerichtlichen Beschlussverfahrens können sein die Geschäftsführungskosten des Betriebsrats, insbesondere auch deren Notwendigkeit, sowie die Bereitstellung der erforder-

---

1 BAG 6.5.2003 – 1 ABR 13/02, NZA 2003, 1348 (Vertrauensarbeitszeit); 21.10.2003 – 1 ABR 39/02, DB 2004, 322 (Inhalt individueller Zielvereinbarungen); 30.4.2004 – 1 ABR 61/01, NZA 2004, 863 (Errichtungsvoraussetzungen für Europäischen Betriebsrat); 19.2.2008 – 1 ABR 84/06, NZA 2008, 1078; 30.9.2008 – 1 ABR 54/07, NZA 2009, 502 (Auskunftsanspruch über § 80 Abs. 2 BetrVG hinaus).
2 Etwa BAG 2.10.2007 – 1 ABR 60/06, NZA 2008, 244; 22.7.2008 – 1 ABR 40/07, NZA 2008, 1248 ff. (Ethik-Richtlinien „codes of conduct"); 9.12.2008 – 1 ABR 74/07, DB 2009, 743 f. (Arbeitszeiterhöhung als Einstellung); 21.7.2009 – 1 ABR 42/08, NZA 2009, 1049 (Errichtung einer Beschwerdestelle nach § 13 AGG); 23.3.2010 – 1 ABR 81/08, ArbR 2010, 372; 25.9.2012 – 1 ABR 49/11, NZA 2013, 159 (Beginn und Ende der täglichen Arbeitszeit); 11.12.2012 – 1 ABR 81/11, AP Nr. 19 zu § 87 BetrVG 1972 Gesundheitsschutz (Gesundheitsschutz); 11.12.2012 – 1 ABR 78/11, NZA 2013, 913 (Videoüberwachung); 11.9.2013 – 7 ABR 29/12, NZA 2014, 388 (Ein- und Umgruppierung); 18.3.2014 – 1 ABR 73/12, NZA 2014, 855 (Arbeitsschutz); 12.11.2013 – 1 ABR 59/12, NZA 2014, 557 (Umkleidezeiten); 14.1.2014 – 1 ABR 57/12, NZA 2014, 922 (Entgeltgestaltung); 18.3.2014 – 1 ABR 75/12, NZA 2014, 984 (Entgelt bei Samstagsarbeit).
3 BAG 27.10.2010 – 7 ABR 36/09, NZA 2011, 527 (Antrag auf Vornahme einer künftigen Handlung nach § 259 ZPO zulässig, hier: Unterrichtung bei Einstellungen).
4 BAG 14.1.2014 – 1 ABR 54/12, NZA 2014, 738 (grds. zu Bruttoentgeltlisten).
5 BAG 22.8.1974 – 2 ABR 17/74, AP Nr. 1 zu § 103 BetrVG 1972; 28.1.1986 – 1 ABR 10/84, AP Nr. 34 zu § 99 BetrVG.
6 BAG 28.4.1992 – 1 ABR 73/91, NZA 1992, 1141.
7 Vgl. BAG 28.1.1986 – 1 ABR 10/84, AP Nr. 34 zu § 99 BetrVG 1972.
8 BAG 30.9.1993 – 2 AZR 283/93, BB 1994, 426.
9 BAG 28.2.2006 – 1 ABR 1/05, NZA 2006, 1178.
10 BAG 15.4.2014 – 1 ABR 101/12, NZA 2014, 920.
11 BAG 31.10.1972 – 1 ABR 7/72, AP Nr. 2 zu § 40 BetrVG 1972; 6.5.1975 – 1 ABR 135/73, AP Nr. 5 zu § 65 BetrVG 1972; 16.5.2007 – 7 ABR 45/06, NZA 2007, 1117 (PC-Überlassung); LAG Hamm 10.3.2006 – 10 TaBV 154/05 (PC-Überlassung); LAG Schl.-Holst. 27.1.2010 – 3 TaBV 31/09 (PC für Betriebsrat).

II. Anwendungsfälle des Beschlussverfahrens Rz. 16 Teil 5 H

lichen Personal- und Sachmittel[1]. Auch Ansprüche von Betriebsratsmitgliedern auf Erstattung aufgewendeter Kosten für die Betriebsratstätigkeit sind im Beschlussverfahren zu verfolgen[2]. Streiten Betriebsrat und Arbeitgeber über den Umfang der Erstattungspflicht von Rechtsanwaltskosten, handelt es sich um eine betriebsverfassungsrechtliche Streitigkeit[3]. Ebenfalls gehört hierher der Anspruch eines Betriebsratsmitglieds auf Ersatz des ihm in Ausübung der Betriebsratstätigkeit entstandenen Schadens[4]. Ansprüche auf die Zurverfügungstellung von Räumen, Büromaterialien oder Fachliteratur[5] fallen schließlich unter § 2a Abs. 1 Nr. 1 ArbGG, gleichgültig, ob vom Betriebsrat oder einem anderen betriebsverfassungsrechtlichen Organ zur Erfüllung seiner Aufgaben geltend gemacht.

– die Kosten der Schwerbehindertenvertretung[6];
– **die Hinzuziehung** eines **Sachverständigen** des Betriebsrats zur **AGB-Kontrolle** von Arbeitsverträgen[7];
– die **Einigungsstelle** nach § 76 BetrVG (s. hierzu insgesamt Rz. 36 ff.);
– den **Antrag** des Arbeitgebers **nach** § 78a Abs. 4 BetrVG festzustellen, dass ein Arbeitsverhältnis mit einem Auszubildenden nicht begründet wird, oder ein solches Arbeitsverhältnis aufzulösen[8]. Dagegen ist im Urteilsverfahren über die Feststellungsklage des Auszubildenden zu entscheiden, die dieser erhebt, wenn der Arbeitgeber das Zustandekommen eines Arbeitsverhältnisses bestreitet[9].
– **Zutrittsrechte** von im Betrieb vertretenen **Gewerkschaften** zum Betrieb[10] wegen der Teilnahme an einer Betriebsversammlung[11], der Teilnahme an einer Sitzung des Wirtschaftsausschusses[12], zur Unterstützung des Wahlvorstands[13]. Handelt es sich bei dem in Anspruch genommenen Zutrittsrecht um die Wahrnehmung eines Betätigungsrechts der Vereinigung, ist die Entscheidung im **Urteilsverfahren** zu treffen[14].

---

1 BAG 3.9.2003 – 7 ABR 8/03, NZA 2004, 280 (Internet-Zugang); 3.9.2003 – 7 ABR 12/03, NZA 2004, 278, und 1.12.2004 – 7 ABR 18/04 (Intranet-Nutzung); 20.4.2005 – 7 ABR 14/04 (Büropersonal); LAG Düsseldorf 2.9.2008 – 9 TaBV 8/08, NZA-RR 2009, 198 (Internet für alle Betriebsratsmitglieder); BAG 9.1.2009 – 7 ABR 46/08, NZA 2010, 622 (Anspruch des Gesamtbetriebsrats auf Freischaltung der Telefonverbindungen in betriebsratslose Betriebe); 20.1.2010 – 7 ABR 79/08, NZA 2010, 709 (Internet-Zugang); 14.7.2010 – 7 ABR 80/08 (Internet und E-Mail für einzelne Betriebsratsmitglieder); 18.7.2012 – 7 ABR 23/11, NZA 2013, 49 (Internet ohne Personalisierung für Betriebsrat).
2 BAG 18.1.1989 – 7 ABR 89/87, NZA 1989, 641; 13.7.2007 – 7 ABR 62/06, NZA 2007, 1301 (keine Fahrtkosten für freigestelltes Betriebsratsmitglied); 16.1.2008 – 7 ABR 71/06, NZA 2008, 546 (Reisekosten bei Betriebsratssitzungen außerhalb persönlicher Arbeitszeit).
3 BAG 3.10.1978 – 6 ABR 102/76, AP Nr. 14 zu § 40 BetrVG 1972; 18.1.2012 – 7 ABR 83/10, NZA 2012, 683 (RA-Kosten für Vertretung der JAV); 18.7.2012 – 7 ABR 23/11, NZA 2013, 49 (RA-Kosten zur Durchsetzung des Internetanspruchs); LAG Hamm 14.10.2013 – 13 TaBV 42/13, juris (RA-Kosten zur Durchsetzung einer Teilnahme an Mobbing-Seminar).
4 BAG 3.3.1983 – 6 ABR 4/80, AP Nr. 8 zu § 20 BetrVG 1972.
5 BAG 21.4.1983 – 6 ABR 70/82 und 25.1.1995 – 7 ABR 37/94, AP Nr. 20, 46 zu § 40 BetrVG.
6 BAG 30.3.2010 – 7 AZB 32/09, NZA 2010, 668.
7 Ablehnend BAG 16.11.2005 – 7 ABR 12/05, BB 2006, 1004.
8 BAG 5.4.1984 – 6 AZR 70/83, AP Nr. 13 zu § 78a BetrVG 1972.
9 BAG 22.9.1983 – 6 AZR 323/81, AP Nr. 11 zu § 78a BetrVG 1972; 23.8.1984 – 6 AZR 519/82, AP Nr. 1 zu § 9 BPersVG; GMP/*Matthes/Schlewing*, § 2a ArbGG Rz. 55 mwN.
10 BAG 26.6.1973 – 1 ABR 24/72, AP Nr. 2 zu § 2 BetrVG 1972.
11 BAG 8.2.1957 – 1 ABR 11/55, AP Nr. 1 zu § 82 BetrVG.
12 BAG 18.11.1980 – 1 ABR 31/78, AP Nr. 2 zu § 108 BetrVG 1972.
13 LAG Hamm 30.9.1977 – 3 TaBV 59/77, EzA § 2 BetrVG 1972 Nr. 8.
14 GMP/*Matthes/Schlewing*, § 2a ArbGG Rz. 60; BAG 28.2.2006 – 1 AZR 460/04, NZA 2006, 798 (Zutrittsrecht betriebsfremder Gewerkschaftsbeauftragter zwecks Mitgliederwerbung); 22.6.2010 – 1 AZR 179/09 (Zutrittsrecht betriebsfremder Gewerkschaftsbeauftragter zur Mitgliederwerbung: einmal im Kalenderhalbjahr).

– die Frage, ob ein Arbeitnehmer **leitender Angestellter** iSv. § 5 Abs. 3 BetrVG ist[1];
– Ansprüche nach § 37 BetrVG: Hier ist grundsätzlich zu unterscheiden zwischen den individualrechtlichen Streitigkeiten, in denen eine Entscheidung im Urteilsverfahren ergeht (s. Rz. 18 ff.) und den allein betriebsverfassungsrechtlichen Streitfragen. Geht es um die Frage der Erforderlichkeit einer Arbeitsbefreiung zur ordnungsgemäßen Durchführung von Betriebsratsaufgaben (§ 37 Abs. 2 BetrVG), entscheidet das Arbeitsgericht ebenso im Beschlussverfahren wie über die Frage, ob betriebsbedingte Gründe die Durchführung der Betriebsratsaufgaben außerhalb der Arbeitszeit notwendig machen (§ 37 Abs. 3 BetrVG). Auch die **Erforderlichkeit** von Schulungs- und Bildungsveranstaltungen nach § 37 Abs. 6 BetrVG und deren Geeignetheit iSv. § 37 Abs. 7 BetrVG werden im Beschlussverfahren festgestellt[2].

17 Der Antrag auf Anfechtung einer Betriebsratswahl kann wie folgt formuliert werden:

Formulierungsbeispiel:

Antrag

auf Einleitung eines Beschlussverfahrens

mit den Beteiligten

1. (genaue Bezeichnung und Anschrift des/der Anfechtungsberechtigten, nämlich drei Arbeitnehmer, der Arbeitgeber oder eine im Betrieb vertretene Gewerkschaft)

– Antragsteller –

Verfahrensbevollmächtigte(r): ...

2. (genaue Bezeichnung und Anschrift des Anfechtungsgegners)

– Beteiligter zu 2 –

3. Betriebsrat der ... GmbH, vertreten durch den/die Betriebsratsvorsitzende(n)

– Beteiligter zu 3 –

4. ... GmbH, vertreten durch ihren Geschäftsführer ...

– Beteiligte zu 4 –

Es wird beantragt, die am ... durchgeführte Wahl des Betriebsrats für unwirksam zu erklären.

oder:

... die bei der Betriebsratswahl vom ... erfolgte Wahl des Beteiligten zu ... zum Betriebsratsmitglied für unwirksam zu erklären.

---

b) Individualansprüche

18 Abzugrenzen von den betriebsverfassungsrechtlichen Streitigkeiten, für die nach § 2a Abs. 1 Nr. 1 ArbGG das Beschlussverfahren gilt, sind die individualrechtlichen Streitigkeiten zwischen Arbeitnehmer und Arbeitgeber aus dem zwischen ihnen bestehenden Arbeitsverhältnis, deren **Anspruchsgrundlage** sich im **Betriebsverfassungsgesetz** findet. Hierzu gehören insbesondere

---

1 Vgl. etwa BAG 5.3.1974 – 1 ABR 19/73, AP Nr. 1 zu § 5 BetrVG 1972; 23.1.1986 – 6 ABR 22/82, AP Nr. 30 zu § 5 BetrVG 1972; 2.10.2007 – 1 ABR 60/06, NZA 2008, 244; 25.3.2009 – 7 ABR 2/08, NZA 2009, 1296 (Prokurist); LAG Hamm 7.7.2006 – 10 (13) TaBV 165/05, nv. (Chefarzt); LAG Hamm 10.12.2013 – 7 TaBV 80/13, ArbRB 2014, 140 (Personalleiter; Rechtsbeschwerde anhängig).
2 BAG 18.12.1973 – 1 ABR 35/73, AP Nr. 7 zu § 37 BetrVG 1972; 30.3.1994 – 7 ABR 45/93, DB 1994, 2295; 7.5.2008 – 7 AZR 90/07, NZA-RR 2009, 195; 18.1.2012 – 7 ABR 73/10, NZA 2012, 813 (BR-Schulung zur aktuellen Rspr. des BAG); LAG Hamm 15.11.2012 – 13 TaBV 56/12, juris (Mobbing-Seminar vermittelt keine Grundkenntnisse iSd. § 37 Abs. 6 Satz 1 BetrVG).

II. Anwendungsfälle des Beschlussverfahrens

- Ansprüche auf **Zahlung von Arbeitsentgelt** für die Zeit der Teilnahme an einer Betriebsversammlung, §§ 20 Abs. 3, 44 Abs. 1 BetrVG[1];
- Ansprüche auf einen **Nachteilsausgleich** nach § 113 BetrVG[2];
- Ansprüche auf **vorläufige Weiterbeschäftigung** nach § 102 Abs. 5 BetrVG[3]; ebenso der Anspruch des Arbeitgebers auf Entbindung von der Weiterbeschäftigungspflicht[4];
- Ansprüche aus einem **Sozialplan**[5].

Bei diesen Streitigkeiten steht der Individualanspruch des Arbeitnehmers deutlich im Vordergrund; sie sind daher aus dem Beschlussverfahren herausgenommen.

Daneben gibt es Streitfälle über Ansprüche von Arbeitnehmern in ihrer Eigenschaft als Betriebsratsmitglied, deren Arbeitsleistung in Folge der Amtstätigkeit unterblieben ist. Derartige **Entgeltersatzansprüche** sind durch die höchstrichterliche Rechtsprechung mittlerweile dem Urteilsverfahren zugeordnet worden[6]. Im arbeitsgerichtlichen Urteilsverfahren hat ein Betriebsratsmitglied auch die sich aus § 37 Abs. 3 BetrVG ergebenden Ansprüche auf Arbeitsbefreiung unter Fortzahlung des Arbeitsentgelts oder Vergütung von Betriebsratstätigkeit außerhalb der Arbeitszeit zu verfolgen[7].

19

Welche Verfahrensart bei **Schadensersatzansprüchen**[8] zwischen Betriebsratsmitgliedern einerseits und Arbeitnehmern oder Arbeitgeber andererseits zu wählen ist, bleibt durch die Rechtsprechung weitgehend ungeklärt. Für Schadensersatzansprüche von Arbeitnehmern gegen den Betriebsrat oder seine Mitglieder soll das Urteilsverfahren gegeben sein, wenn keine Amtspflichtverletzung vorliegt[9]. Gleiches nimmt das BAG[10] an bei einem Schadensersatzanspruch eines Betriebsratsmitglieds wegen Benachteiligung bei einer Beförderung. *Matthes/Schlewing*[11] halten zutreffend eine Streitigkeit darüber, ob der Betriebsrat oder einzelne Mitglieder ihre Amtspflichten verletzt haben und demzufolge schadensersatzpflichtig geworden sind, für eine im Beschlussverfahren zu entscheidende Angelegenheit aus dem Betriebsverfassungsgesetz. Nur dann, wenn in der Amtspflichtverletzung gleichzeitig auch ein Verstoß gegen arbeitsvertragliche Pflichten liege, könne das Urteilsverfahren in Betracht kommen.

20

---

1 BAG 1.10.1974 – 1 AZR 394/73, AP Nr. 2 zu § 44 BetrVG 1972.
2 BAG 24.4.1979 – 6 AZR 69/77, AP Nr. 1 zu § 82 BetrVG 1972; 18.3.1975 – 1 ABR 102/73, AP Nr. 1 zu § 111 BetrVG 1972.
3 ArbG Stuttgart 5.4.1993 – 6 Ga 21/93, nv.; GMP/*Matthes/Schlewing*, § 2a ArbGG Rz. 14.
4 LAG Düsseldorf 29.5.1974 – 6 TaBV 39/74, DB 1974, 1342; Schwab/Weth/*Walker*, § 2a ArbGG Rz. 52.
5 BAG 17.10.1989 – 1 ABR 75/88, AP Nr. 53 zu § 112 BetrVG 1972.
6 BAG 30.1.1973 – 1 ABR 22/72, AP Nr. 1 zu § 37 BetrVG 1972; seit BAG 18.6.1974 – 1 ABR 119/73, AP Nr. 16 zu § 37 BetrVG 1972 in st. Rspr.; LAG Köln 19.12.2013 – 12 Sa 682/13, LAGE § 37 BetrVG 2011 Nr. 7 (Nachtzuschläge; NZB eingelegt).
7 BAG 20.8.2002 – 9 AZR 261/01, NZA 2003, 1046 (Urlaub für freigestellte Betriebsratsmitglieder); 16.4.2003 – 7 AZR 423/01, NZA 2004, 171 (Freizeitausgleich einschl. Fahrtzeit); 10.11.2004 – 7 AZR 131/04, NZA 2005, 704 (Teilzeitbeschäftigte und Reisezeiten außerhalb der Arbeitszeit); 16.2.2005 – 7 AZR 330/04, NZA 2005, 936 (Begrenzung des Freizeitanspruchs bei Teilzeitbeschäftigten); 21.6.2006 – 7 AZR 389/05, NZA 2006, 1417 (Ausgleich von Reisezeiten); 19.3.2014 – 7 AZR 480/12 (Freizeitausgleich und betriebsbedingte Gründe); aA GMP/*Matthes/Schlewing*, § 2a ArbGG Rz. 19 unter Hinweis auf LAG Bremen 2.4.1985 – 4 Sa 255/84, ArbuR 1986, 220; für gesetzliche Neuregelungen einer Betriebsratsvergütung *Byers*, NZA 2014, 65 ff.; krit. *Fischer*, NZA 2014, 71 ff.
8 Vgl. auch *Bergmann*, NZA 2013, 57 ff.
9 LAG BW 22.9.1959 – VI Ta 16/59, DB 1959, 1170.
10 BAG 31.10.1985 – 6 AZR 129/83, AP Nr. 5 zu § 46 BPersVG.
11 GMP/*Matthes/Schlewing*, § 2a ArbGG Rz. 22.

2. Angelegenheiten aus dem Sprecherausschussgesetz, § 2a Abs. 1 Nr. 2 ArbGG

21 Im Beschlussverfahren behandelt werden Streitigkeiten nach dem Sprecherausschussgesetz, ausgenommen sind lediglich die Straf- und Bußgeldvorschriften, §§ 34–36 SprAuG. Es gelten im Wesentlichen die zu § 2a Abs. 1 Nr. 1 ArbGG angestellten Erwägungen, dh. im Beschlussverfahren zu entscheiden sind Streitigkeiten im Zusammenhang mit der **Bildung** von Sprecherausschüssen, der **Rechtsstellung** ihrer Mitglieder, der **Beteiligungsrechte** der Ausschüsse etc.

22 Keine Streitigkeit aus dem Sprecherausschussgesetz betrifft die Frage, ob ein Arbeitnehmer **leitender Angestellter** iSv. § 5 Abs. 3 BetrVG ist. Hier handelt es sich um eine Angelegenheit aus dem Betriebsverfassungsgesetz iSd. § 2a Abs. 1 Nr. 1 ArbGG[1]; s.a. Rz. 14.

3. Angelegenheiten aus den Mitbestimmungsgesetzen, § 2a Abs. 1 Nr. 3 ArbGG

23 § 2a Abs. 1 Nr. 3 ArbGG erklärt die Arbeitsgerichte für zuständig, in Beschlussverfahren zu entscheiden in **Streitigkeiten der Mitbestimmung** und unterscheidet insoweit zwischen dem Mitbestimmungsgesetz[2], dem Mitbestimmungsergänzungsgesetz[3] und dem Drittelbeteiligungsgesetz (s. Rz. 29). Diese Gesetze regeln zusammen mit dem Montan-Mitbestimmungsgesetz[4] die Vertretung der Arbeitnehmer im Aufsichtsrat der verschiedenen Unternehmen. Von § 2a Abs. 1 Nr. 3 ArbGG ist das Montan-Mitbestimmungsgesetz ausgeklammert, weil die Arbeitnehmervertreter zum Aufsichtsrat hier von der Hauptversammlung der Anteilseigner gewählt werden[5]. Die Anfechtung der Wahl dieser Aufsichtsratsmitglieder erfolgt nach §§ 250 ff. AktG vor den ordentlichen Gerichten.

a) Mitbestimmungsgesetz

24 §§ 21 Abs. 1, 22 Abs. 1 MitbestG beinhalten eine Zuständigkeit der Arbeitsgerichte für die **Anfechtung** der Wahl der Arbeitnehmervertreter zum Aufsichtsrat und die Anfechtung der Wahlmänner eines Betriebes. Darüber hinaus sind die Gerichte für Arbeitssachen zuständig für **alle Streitigkeiten** aus dem **MitbestG**, so etwa bei den Fragen, ob ein Unternehmen der Mitbestimmung unterliegt, wer Arbeitnehmer iSd. MitbestG ist, welchen Status (Angestellter, leitender Angestellter) er hat[6], ob ein Aufsichtsratsmitglied der Arbeitnehmer abberufen werden kann (§ 23 MitbestG), ob ein Arbeitsdirektor bestellt werden muss.

25 Auch für Streitigkeiten, die sich im Zusammenhang mit der Wahl von Arbeitnehmervertretern zum Aufsichtsrat **während des Wahlverfahrens** ergeben, ist die Zuständigkeit im Beschlussverfahren nach § 2a Abs. 1 Nr. 3 ArbGG gegeben[7]; ebenso gilt dies für Streitfälle hinsichtlich der Anwendung von Wahlordnungen.

26 Streiten hingegen Aufsichtsratsmitglieder der Arbeitnehmer über ihre Rechte und Pflichten, ist die Zuständigkeit der **ordentlichen Gerichte** gegeben[8]. Vor die Zivilgerichtsbarkeit gehören gleichfalls Auseinandersetzungen über die Kompetenzen des Arbeitsdirektors.

---

1 BAG 5.3.1974 – 1 ABR 19/73, AP Nr. 1 zu § 5 BetrVG 1972.
2 BGBl. I 1976, 1153.
3 BGBl. I 1956, 707.
4 BGBl. I 1951, 347.
5 BAG 24.5.1957 – 1 ABR 3/56, AP Nr. 26 zu § 2 ArbGG 1953.
6 Vgl. BAG 2.3.1955 – 1 ABR 9/54, AP Nr. 2 zu § 83 ArbGG 1953.
7 LAG Hamm 17.8.1977 – 3 TaBV 46/77, EzA § 5 MitbestG Nr. 1; LAG Düsseldorf 24.1.1978 – 5 TaBV 105/77, DB 1978, 987; LAG Hamburg 31.1.1979 – 5 TaBV 8/78, DB 1979, 899.
8 Vgl. OLG München 13.7.1955 – 7 U 950/55, AP Nr. 18 zu § 2 ArbGG 1953.

b) Mitbestimmungsergänzungsgesetz

§ 10l MitbestErgG regelt die Anfechtung der Wahl der Arbeitnehmervertreter zum Aufsichtsrat, § 10k MitbestErgG die Wahl der Delegierten des Betriebes. Beide Bestimmungen erklären die Arbeitsgerichte im Falle der **Anfechtung** für zuständig. Auch für das **Abberufungsverfahren** (§ 10m MitbestErgG) sind die Gerichte für Arbeitssachen ausschließlich zuständig.

Zwar kann die **Nichtigkeit** einer Aufsichtsratswahl, sofern Arbeitnehmervertreter betroffen sind, vor dem Arbeitsgericht überprüft werden; dies gilt auch für die Aufsichtsratswahl nach dem MitbestG[1]. In den Fällen besteht allerdings keine ausschließliche Zuständigkeit der Arbeitsgerichte, da eine Geltendmachung auch nach § 250 AktG erfolgen kann.

Im Übrigen ist die Zuständigkeit der Arbeitsgerichte auch im Rahmen des MitbestErgG eine umfassende, so dass auf das zum MitbestG (Rz. 24 ff.) Gesagte verwiesen werden kann.

c) Drittelbeteiligungsgesetz[2]

Weiter zuständig im Beschlussverfahren sind die Gerichte für Arbeitssachen nach § 2a Abs. 1 Nr. 3 ArbGG für die Angelegenheiten aus dem Drittelbeteiligungsgesetz, soweit über die **Wahl** von Vertretern der Arbeitnehmer zum Aufsichtsrat und ihre **Abberufung** zu entscheiden ist. Die Zuständigkeit umfasst alle Streitigkeiten im Zusammenhang mit der Wahl oder Abberufung eines Arbeitnehmervertreters im Aufsichtsrat.

Unabhängig von der Gesellschaftsform sind Streitigkeiten anlässlich der Wahl von Arbeitnehmervertretern zum Aufsichtsrat im arbeitsgerichtlichen Beschlussverfahren durchzuführen. In diesem sind überprüfbar die ordnungsgemäße Durchführung der Wahl[3], das Wahlergebnis, die Dauer der Wahl, die Frage, wer auf einen ausgeschiedenen Arbeitnehmer nachfolgt[4]. Zuständig sind die Arbeitsgerichte ebenfalls für Streitigkeiten über die Abberufung von Vertretern der Arbeitnehmer im Aufsichtsrat, mit **Ausnahme** ihrer **Abberufung** aus einem in der Person des Aufsichtsratsmitglieds liegenden wichtigen Grund nach § 103 Abs. 3 AktG. Hier entscheidet über den Antrag des Aufsichtsrats auf Abberufung das Amtsgericht, § 375 FamFG. Geht der Streit um die **Stellung des Arbeitnehmervertreters** im Aufsichtsrat, zB den Umfang seiner Verschwiegenheitspflicht[5] oder gegen ihn gerichtete Schadensersatzansprüche, ist ebenfalls die Zuständigkeit der ordentlichen Gerichte gegeben.

4. Angelegenheiten aus den §§ 94, 95, 139 SGB IX und aus dem EBRG, § 2a Abs. 1 Nr. 3a, b ArbGG

a) Sozialgesetzbuch (SGB) IX

Gem. § 139 SGB IX sind in den Werkstätten für Behinderte **Werkstatträte** zur Vertretung der Belange der Behinderten zu wählen. Ein Werkstattrat besteht aus mindestens drei Mitgliedern (§ 139 Abs. 2 SBG IX). Zum Werkstattrat wahlberechtigt sind alle in § 138 Abs. 1 SGB IX genannten behinderten Menschen (§ 139 Abs. 3 SGB IX). Rechtsstreitigkeiten über ihre Angelegenheiten entscheiden die Arbeitsgerichte im Beschlussverfahren, § 2a Abs. 1 Nr. 3a ArbGG.

---

1 GMP/*Matthes/Schlewing*, § 2a ArbGG Rz. 69; Schwab/Weth/*Walker*, § 2a ArbGG Rz. 85.
2 In Kraft seit dem 1.7.2004, BGBl. I 2004, 974; vorher: BetrVG 1952.
3 BAG 13.3.2013 – 7 ABR 47/11, NZA 2013, 853 (aktives Wahlrecht).
4 BAG 24.5.1957 – 1 ABR 9/56, AP Nr. 6 zu § 76 BetrVG.
5 OLG Düsseldorf 15.10.1973 – 6 U 131/72, ArbuR 1974, 251.

30b Darüber hinaus werden die Angelegenheiten der **Schwerbehindertenvertretung** iSd. §§ 94, 95 SGB IX im Beschlussverfahren behandelt[1], auch jedoch der Streit über die Wirksamkeit einer Wahl zur Gesamtschwerbehindertenvertretung (§ 97 SGB IX); hier gilt § 2a Abs. 1 Nr. 3a ArbGG analog[2].

b) Gesetz über Europäische Betriebsräte (EBRG)

30c Streitigkeiten des Europäischen Betriebsrats sind im Beschlussverfahren vor dem Arbeitsgericht zu entscheiden, soweit nicht für Maßnahmen nach §§ 43–45 EBRG die Zuständigkeit eines anderen Gerichts gegeben ist. Die Zuständigkeit gem. § 2a Abs. 1 Nr. 3b ArbGG betrifft insbesondere Streitigkeiten über den Auskunftsanspruch[3] nach § 5 EBRG, die Zusammensetzung, Geschäftsführung und Befugnisse des besonderen Verhandlungsgremiums nach §§ 8 ff. EBRG, den Inhalt der Vereinbarung über grenzübergreifende Unterrichtung und Anhörung nach § 17 EBRG sowie die Bildung, Geschäftsführung und Befugnisse des Europäischen Betriebsrats nach §§ 18, 19, 25 ff. EBRG.

Mit dem **2. Gesetz zur Änderung des Europäische Betriebsräte-Gesetzes** vom 14.6.2011[4] hat der Deutsche Bundestag die Richtlinie 2009/38/EG des Europäischen Parlaments und des Rates vom 6.5.2009[5] über die Einsetzung eines Europäischen Betriebsrats oder die Schaffung eines Verfahrens zur Unterrichtung und Anhörung der Arbeitnehmer in gemeinschaftsweit operierenden Unternehmen und Unternehmensgruppen umgesetzt[6].

5. Angelegenheiten aus dem BBiG, § 2a Abs. 1 Nr. 3c ArbGG

30d Eine **eigene Interessenvertretung** sieht das Gesetz in § 51 BBiG vor für Auszubildende, die ihre praktische Berufsausbildung **außerhalb** der schulischen und **betrieblichen Berufsbildung** erhalten; denn sie sind regelmäßig keine Arbeitnehmer und daher auch nicht zum Betriebsrat wahlberechtigt. Diese Gruppe ist berechtigt, ihre besondere Interessenvertretung zu wählen, wenn die Berufsbildung in einer Einrichtung mit regelmäßig mindestens fünf Auszubildenden erfolgt.

6. Angelegenheiten aus dem BFDG, § 2a Abs. 1 Nr. 3d ArbGG

30e Das Gesetz zur Einführung eines Bundesfreiwilligendienstes vom 28.4.2011[7] gewährt den Freiwilligen in **§ 10 BFDG** das **Recht, Sprecherinnen und Sprecher zu wählen** zur Interessenwahrnehmung gegenüber Einsatzstellen, Trägern, Zentralstellen und der zuständigen Bundesbehörde. Einzelheiten zum Wahlverfahren regelt eine vom zuständigen Bundesministerium zu erlassende Rechtsverordnung.

7. Angelegenheiten aus dem SE-Beteiligungsgesetz (SEBG), § 2a Abs. 1 Nr. 3e ArbGG

30f Das **Gesetz über die Beteiligung der Arbeitnehmer in der Europäischen Gesellschaft** vom 22.12.2004 (SEBG)[8] soll die in einer SE erworbenen Rechte der Arbeitnehmer auf Beteiligung an Unternehmensentscheidungen sichern.

---

1 BAG 30.3.2010 – 7 AZB 32/09, NZA 2010, 668.
2 BAG 22.3.2012 – 7 AZB 51/11, NZA 2012, 690.
3 BAG 30.3.2004 – 1 ABR 61/01, NZA 2004, 863; 21.7.2004 – 7 ABR 58/03, NZA 2005, 170.
4 BGBl. I, 1050.
5 ABl. EU 2009 Nr. L 122/28.
6 Zu den Neuerungen und Umsetzungserfordernissen: *Thüsing/Forst*, NZA 2009, 408.
7 BGBl. I, 687.
8 BGBl. I 3675, 3686.

II. Anwendungsfälle des Beschlussverfahrens   Rz. 31   Teil 5 H

Es unterscheidet **zwei Ebenen** der Arbeitnehmerbeteiligung: In der SE, ihren Tochtergesellschaften und Betrieben ist der **SE-Betriebsrat** Vertretungsorgan der Arbeitnehmer und nimmt seine Rechte auf Unterrichtung und Anhörung wahr. Auf der Unternehmensebene werden die Beteiligungsrechte realisiert durch die Entsendung von Vertretern in das **Aufsichts- oder Verwaltungsorgan**. Nach § 21 SEBG soll die Beteiligung grundsätzlich mittels **Verhandlungen** zwischen dem besonderen Verhandlungsgremium (der Arbeitnehmer) und den Leitungen der beteiligten Gesellschaften erfolgen. Kommt es nicht zu einem Konsens, greifen die gesetzlichen Auffangregeln der **§§ 22 ff. SEBG**, die dann eine die Errichtung eines **SE-Betriebsrats obligatorisch** vorsehen.

Streitigkeiten aus dem SEBG sind nach § 2a Abs. 1 Nr. 3e ArbGG – mit den dort genannten Einschränkungen – im arbeitsgerichtlichen Beschlussverfahren auszutragen.

8. Angelegenheiten aus dem SCE-Beteiligungsgesetz (SCEBG), § 2a Abs. 1 Nr. 3f ArbGG

Das SCE-Beteiligungsgesetz vom 14.8.2006[1] regelt die Arbeitnehmerbeteiligung in der **Europäischen Genossenschaft**. Es ist nach Zielsetzung, Aufbau und Inhalt dem SE-Beteiligungsgesetz angeglichen. Das Gesetz will die Sicherung der erworbenen Beteiligungsrechte an Unternehmensentscheidungen erreichen (§ 1 Abs. 1 Satz 2 SCEBG). Hierzu stehen Beteiligungsvereinbarungen (§ 21 SCEBG) und Mitbestimmungsrechte (§§ 22 ff. SCEBG) zur Verfügung. Streitigkeiten in Angelegenheiten aus dem SCE-Beteiligungsgesetz werden vor den Gerichten für Arbeitssachen ausgetragen (Nr. 3f), insbesondere Streitigkeiten über die Wahl der Arbeitnehmervertreter in das Aufsichts- oder Verwaltungsgremium und über deren Abberufung. Keine Rechtswegzuständigkeit der Arbeitsgerichte besteht in Straf- und Bußgeldangelegenheiten, §§ 47, 49 SCEBG.

30g

9. Angelegenheiten aus dem MgVG, § 2a Abs. 1 Nr. 3g ArbGG

Das Gesetz über die Mitbestimmung der Arbeitnehmer bei einer **grenzüberschreitenden Verschmelzung** (MgVG) vom 21.12.2006[2] dient der Umsetzung von Art. 16 der Richtlinie 2005/56/EG vom 26.10.2005[3] betr. die Verschmelzung von Kapitalgesellschaften aus verschiedenen Mitgliedstaaten. Das MgVG will die Arbeitnehmer-Mitbestimmung bei grenzüberschreitender Verschmelzung von Gesellschaften sichern. Dazu bedient es sich im Wesentlichen des Gestaltungsmittels der Vereinbarung zwischen den Leistungen und dem zu bildenden besonderen Verhandlungsgremium (vgl. §§ 6 ff. MgVG)[4] sowie der Bestimmungen zur Mitbestimmung (§§ 23 ff. MgVG). Streitigkeiten über die Mitbestimmung aus dem MgVG – die internationale deutsche Zuständigkeit vorausgesetzt – werden vor den Gerichten für Arbeitssachen ausgetragen (§ 2a Abs. 1 Nr. 3g ArbGG). Auch insoweit sind ausgenommen die Straf- und Bußgeldangelegenheiten nach den §§ 34, 35 MgVG.

30h

10. Entscheidungen über Tariffähigkeit und Tarifzuständigkeit, § 2a Abs. 1 Nr. 4 ArbGG

Nr. 4 des § 2a Abs. 1 ArbGG sieht die **ausschließliche Zuständigkeit** der Gerichte für Arbeitssachen bei der Entscheidung über die Tariffähigkeit und die Tarifzuständigkeit einer Vereinigung vor.

31

---

1 BGBl. I, 1911.
2 BGBl. I, 3332.
3 ABl. EU 2005 Nr. L 310/1.
4 *Hinrichs/Plitt*, NZA 2010, 204 zur Wahl der Mitglieder des besonderen Verhandlungsgremiums.

Jedoch enthält § 97 ArbGG **Sonderregelungen** für die Beschlussverfahren, in denen über die Tariffähigkeit und -zuständigkeit einer Vereinigung zu entscheiden ist. Kann über den erhobenen Anspruch ohne Klärung der in § 2a Abs. 1 Nr. 4 ArbGG genannten Eigenschaften entschieden werden, bedarf es einer **Aussetzung** iSd. § 97 Abs. 5 ArbGG **nicht**, so etwa, wenn am Vorliegen der in § 2a Abs. 1 Nr. 4 ArbGG genannten Eigenschaften keine vernünftigen Zweifel bestehen oder wenn über die Tariffähigkeit oder Tarifzuständigkeit einer Vereinigung bereits rechtskräftig entschieden ist[1].

a) Tariffähigkeit

32   Tariffähigkeit kommt nach § 2 Abs. 1 TVG Gewerkschaften, einzelnen Arbeitgebern und Vereinigungen von Arbeitgebern zu und bedeutet die rechtliche **Kompetenz, Tarifverträge** iSd. TVG **abzuschließen**. Auch die Spitzenorganisationen der Arbeitnehmer- und Arbeitgeberverbände sind grundsätzlich tariffähig, § 2 Abs. 2 und 3 TVG.

33   Eine Vereinigung von Arbeitnehmern kann nur dann Gewerkschaftseigenschaft beanspruchen, wenn sie zumindest ihre Aufgabe, die Arbeits- und Wirtschaftsbedingungen ihrer Mitglieder zu regeln, sinnvoll zu erfüllen in der Lage ist, was ihre **Durchsetzungskraft** gegenüber dem sozialen Gegenspieler bedingt[2]. Eine **partielle** Tariffähigkeit gibt es nicht[3].

34   Die Entscheidung über die Tariffähigkeit ergeht im **Beschlussverfahren**, § 2a Abs. 2 ArbGG. Örtlich und sachlich **zuständig** ist gem. § 97 Abs. 2 ArbGG[4] das **Landesarbeitsgericht**, in dessen Bezirk die Vereinigung, über deren Tariffähigkeit zu entscheiden ist, ihren Sitz hat. Das (Landes-)Arbeitsgericht ist auch zuständig, wenn über die Tariffähigkeit eines einzelnen Arbeitgebers Streit herrscht[5].

b) Tarifzuständigkeit

35   Die **Fähigkeit, Tarifverträge** mit einem bestimmten räumlichen, betrieblich-fachlichen und persönlichen Geltungsbereich **abzuschließen**, wird als Tarifzuständigkeit bezeichnet und bestimmt sich nach der Satzung der Vereinigung[6]. Sie kann nicht als Vorfrage in einem anderen gerichtlichen Verfahren entschieden werden. Hängt die Entscheidung in einem anderen Rechtsstreit von der Frage der Tarifzuständigkeit einer Vereinigung ab, ist das andere Verfahren auszusetzen[7]. Die Frage, welche von zwei Gewerkschaften für Tarifverhandlungen bzw. ob eine bestimmte Gewerkschaft in Ansehung ihrer Satzungsvorschriften für einen Branchenbereich zuständig ist, be-

---

1 BAG 24.7.2012 – 1 AZB 47/11, NZA 2012, 1061; vgl. auch BAG 23.5.2012 – 1 ABR 58 und 61/11, NZA 2012, 623.
2 BAG 16.11.1982 – 1 ABR 22/78, DB 1983, 1151; 10.9.1985 – 1 ABR 32/83, AP Nr. 32, 34 zu § 2 TVG; 25.11.1986 – 1 ABR 22/85, NZA 1987, 492; 20.11.1990 – 1 ABR 62/89, NZA 1991, 428; 6.6.2000 – 1 ABR 10/99, NZA 2001, 160; 14.12.2004 – 1 ABR 51/03 (Anerkennung der UFO als Gewerkschaft); 28.3.2006 – 1 ABR 58/04, NZA 2006, 1112 (Anerkennung der CGM als Gewerkschaft); 19.9.2006 – 1 ABR 53/05 (zum Gewerkschaftsbegriff im BetrVG); BVerwG 25.7.2006 – 6 P 17.05, NZA 2006, 1371 (Gewerkschaftseigenschaft einer Beamtenvereinigung); BAG 14.12.2010 – 1 ABR 19/10 (CGZP nicht tariffähig); *Lembke*, NZA 2008, 451; *Schüren*, NZA 2008, 453.
3 BAG 28.3.2006 – 1 ABR 58/04, NZA 2006, 1112.
4 Neu gefasst durch das Tarifautonomiestärkungsgesetz, Art. 2, BGBl. I, 2014, 1348.
5 BAG 10.12.2002 – 1 AZR 96/02, NZA 2003, 734; GMP/*Matthes*/*Schlewing*, § 2a ArbGG Rz. 83.
6 BAG 19.11.1985 – 1 ABR 37/83, AP Nr. 4 zu § 2 TVG – Tarifzuständigkeit; 22.11.1988 – 1 ABR 6/87, EzA § 2 TVG – Tarifzuständigkeit Nr. 1; 24.7.1990 – 1 ABR 46/89, AP Nr. 7 zu § 2 TVG – Tarifzuständigkeit; zum firmenbezogenen Verbandstarifvertrag vgl. *Meyer*, NZA 2004, 366; 18.7.2006 – 1 ABR 36/05, NZA 2006, 1225 (OT-Mitgliedschaft im sog. Stufenmodell).
7 GMP/*Matthes*/*Schlewing*, § 2a ArbGG Rz. 84.

trifft die Tarifzuständigkeit[1]. Auch die Entscheidung über die Tarifzuständigkeit ist im Beschlussverfahren zu treffen[2]. Die örtliche und sachliche **Zuständigkeit des Landesarbeitsgerichts** folgt aus § 97 Abs. 2 ArbGG.

11. Entscheidungen über die Wirksamkeit einer Allgemeinverbindlicherklärung nach § 5 TVG, einer Rechtsverordnung nach § 7 oder § 7a AEntG und einer Rechtsverordnung nach § 3a AÜG, § 2a Abs. 1 Nr. 5 ArbGG

Neu eingefügt in den Katalog des § 2a Abs. 1 ArbGG wurde durch das Tarifautonomiestärkungsgesetz[3] die Nummer 5. Ausschließlich zuständig sind nunmehr die Arbeitsgerichte auch für Entscheidungen über die Wirksamkeit einer Allgemeinverbindlicherklärung nach § 5 TVG, einer Rechtsverordnung nach § 7 oder § 7a AEntG und einer Rechtsverordnung nach § 3a AÜG. Bislang waren für diese Materien die Verwaltungsgerichte zuständig. Mit der Neuregelung trägt der Gesetzgeber der besonderen Sachnähe der Gerichte für Arbeitssachen hinsichtlich dieser Gegenstände Rechnung[4]. Wegen der dort geltenden Amtsermittlungsmaxime ist das Beschlussverfahren auch die richtige Verfahrensart[5].

35a

Eng zusammen mit der Ergänzung des § 2a Abs. 1 ArbGG um die Ziffer 5 hängt die Einfügung des neuen § 98 ArbGG, die gleichfalls durch das Tarifautonomiestärkungsgesetz erfolgte. Die Vorschrift trifft in ihren Abs. 2 und 3 Verfahrensregelungen, von denen die Anordnung in **§ 98 Abs. 2 ArbGG** besonders auffällig und bedeutsam ist: Für die Entscheidungen nach § 2a Abs. 1 Nr. 5 ArbGG ist **erstinstanzlich zuständig** das **Landesarbeitsgericht**, in dessen Bezirk die Behörde ihren Sitz hat, die den Tarifvertrag für allgemeinverbindlich erklärt oder die Rechtsverordnung erlassen hat.

35b

12. Bestellung der Einigungsstelle und Vorabentscheidung

Zur Beilegung von Meinungsverschiedenheiten zwischen Arbeitgeber und Betriebsrat, Gesamtbetriebsrat oder Konzernbetriebsrat ist nach § 76 Abs. 1 BetrVG bei Bedarf eine **Einigungsstelle** zu bilden. Die Einigungsstelle ist kein Gericht iSd. Art. 92 GG und ebenso wenig eine behördliche Einrichtung, sondern stellt ein von Arbeitgeber und Betriebsrat gemeinsam gebildetes **Organ der Betriebsverfassung** zur Beilegung von Meinungsverschiedenheiten dar. Sie nimmt als privatrechtliche innerbetriebliche Schlichtungs- und Entscheidungsstelle ersatzweise Funktionen der Betriebspartner wahr[6].

36

Im Gegensatz zu den Arbeitsgerichten, die über Rechtsstreitigkeiten zu entscheiden haben, ist die Einigungsstelle – oder eine tarifliche Schlichtungsstelle nach § 76 Abs. 8 BetrVG – im Allgemeinen zur Beilegung von **Regelungsstreitigkeiten** berufen. Wird eine Einigungsstelle zur Klärung einer sog. Regelungsstreitigkeit tätig, stellt sich sehr häufig die Frage, ob überhaupt ein mitbestimmungsrechtlicher Tatbestand vorliegt, ob also die Einigungsstelle zuständig ist. Zu unterscheiden sind somit zum einen Streitigkeiten über die Zulässigkeit der Anrufung der Einigungsstelle und über ihr Verfahren (§ 99 ArbGG, dazu Rz. 38 ff.), zum anderen Streitigkeiten im Zusammenhang mit der **Zuständigkeit der Einigungsstelle** (Rz. 44 f.). Schließlich zählen

37

---

1 Vgl. ArbG Osnabrück 27.2.1987 – 3 BV 24/86, nv.
2 Vgl. BAG 22.11.1988 – 1 ABR 6/87, AP Nr. 5 zu § 2 TVG – Tarifzuständigkeit; 13.3.2007 – 1 ABR 24/06, NZA 2007, 1069; 11.6.2013 – 1 ABR 32/12, NZA 2013, 1363 (Beteiligte im Verfahren um die Tarifzuständigkeit).
3 Art. 2 Tarifautonomiestärkungsgesetz, BGBl. I, 2014, 1348.
4 Vgl. auch Entwurf der Bundesregierung, BR-Drucks. 147/14, 48; ebenso *Maul-Sartori*, NZA 2014, 1305.
5 Schwab/Weth/*Walker*, § 2a ArbGG Rz. 116a.
6 BAG 22.1.1980 – 1 ABR 28/78, AP Nr. 7 zu § 111 BetrVG 1972.

zu den Streitigkeiten über die Einigungsstelle auch solche über die **Kosten** und über die rechtliche **Wirksamkeit eines** ergangenen **Spruchs** (Rz. 46ff.). In allen Fällen handelt es sich um Angelegenheiten nach dem Betriebsverfassungsgesetz[1].

a) Bestellungsverfahren nach § 99 ArbGG

38 Das Arbeitsgericht entscheidet nach § 99 ArbGG im Beschlussverfahren über die **Person des Vorsitzenden** und die **Zahl der Beisitzer** einer Einigungsstelle, § 76 Abs. 2 Satz 2 und 3 BetrVG, wenn hierüber zwischen Arbeitgeber und Betriebsrat Streit besteht. Der Kammervorsitzende entscheidet allein über die Person des Vorsitzenden und die Anzahl der Beisitzer der Einigungsstelle, § 99 Abs. 1 Satz 1 ArbGG. Für das Verfahren in erster Instanz gelten die das Beschlussverfahren regelnden allgemeinen Bestimmungen der §§ 80–84 ArbGG entsprechend, § 99 Abs. 1 Satz 3 ArbGG. Abgekürzt worden auf 48 Stunden sind allerdings die Einlassungs- und Ladungsfristen, § 99 Abs. 1 Satz 4 ArbGG.

39 Im Einverständnis mit den Beteiligten kann im schriftlichen Verfahren entschieden werden[2], § 83 Abs. 4 Satz 3 ArbGG. Im Verfahren nach § 99 ArbGG ist auch zu entscheiden, wenn zwischen den Betriebsparteien **Streit** darüber besteht, **ob** eine **Einigung** über die Zahl der Beisitzer der Einigungsstelle **erzielt** worden ist. Das Gericht ist an Anträge der Beteiligten hinsichtlich einer bestimmten Zahl[3] von Beisitzern ebenso wenig wie an Anträge hinsichtlich der Person des zu bestellenden Vorsitzenden gebunden[4]. Andererseits ist dem Arbeitsgericht die weitere Entscheidung, die die Auswahl der Beisitzer betrifft und die Betriebspartner bindet, verwehrt[5].

40 Der Antrag auf Bestellung einer Einigungsstelle kann wie folgt formuliert werden:

Formulierungsbeispiel:

In dem Beschlussverfahren nach § 99 ArbGG

des Betriebsrats der Firma

...,

vertreten durch den/die Betriebsratsvorsitzende(n)

...

– Antragsteller –

Verfahrensbevollmächtigte(r) ...

und

der Firma ...

– Beteiligte zu 2 –

wird beantragt,

1. Frau Vorsitzende Richterin am Landesarbeitsgericht ... zur Vorsitzenden einer Einigungsstelle zur Regelung von ... zu bestellen;
2. die Zahl der von jeder Seite zu benennenden Beisitzer auf ... festzusetzen.

---

1 GMP/*Matthes/Schlewing*, § 2a ArbGG Rz. 51ff.
2 LAG Hamm 1.3.1972 – 8 BV Ta 1/72, AP Nr. 1 zu § 112 BetrVG 1972.
3 LAG Hess. 3.11.2009 – 4 TaBV 185/09, NZA-RR 2010, 359 (ein Beisitzer pro Seite bei Beschwerde nach § 85 Abs. 2 BetrVG); LAG Hamm 18.3.2013 – 13 TaBV34/13, juris (je zwei Beisitzer als Regelbesetzung in Übereinstimmung mit GMP/*Matthes/Schlewing*, § 98 ArbGG Rz. 29 mwN; ebenso Schwab/Weth/*Walker*, § 99 ArbGG Rz. 56).
4 LAG Hamm 6.12.1976 – 3 TaBV 65/76, EzA § 76 BetrVG 1972 Nr. 13; *Tschöpe*, NZA 2004, 946f. mwN.
5 LAG Hamm 8.4.1987 – 12 TaBV 17/87, NZA 1988, 210.

Nach § 99 Abs. 1 Satz 1 ArbGG darf der Antrag auf Bestellung eines Vorsitzenden 41
und/oder Festlegung der Zahl der Beisitzer nur zurückgewiesen werden, wenn die Einigungsstelle offensichtlich unzuständig ist. Maßstab für eine **offensichtliche Unzuständigkeit** ist die sofortige Erkennbarkeit bei fachkundiger Beurteilung durch das Gericht, dass ein Mitbestimmungsrecht des Betriebsrats in der streitigen Angelegenheit unter keinem denkbaren rechtlichen Gesichtspunkt in Frage kommt[1]. Offensichtlich unzuständig iSd. § 99 Abs. 1 Satz 2 ArbGG ist die Einigungsstelle nach der Rechtsprechung zB:

- wenn das **BAG bereits entschieden** hat, dass der für die Regelung durch die Einigungsstelle beanspruchte Fragenkomplex nicht der betriebsverfassungsrechtlichen Mitbestimmung unterliegt[2];
- bei **Anrufung durch einen Einzelbetriebsrat**, wenn ein Unternehmen mit mehreren Betrieben ein einheitliches Vergütungssystem für sog. AT-Angestellte praktiziert, auch wenn der Gesamtbetriebsrat die Ausübung seines Mitbestimmungsrechts nach § 87 Abs. 1 Nr. 10 BetrVG unterlässt[3];
- wenn der Betriebsrat oder Gesamtbetriebsrat eine **Betriebsvereinbarung** anstrebt, die inhaltlich **im Betriebsverfassungsgesetz** ersichtlich **keine Grundlage** findet, weil sie lediglich generelle Regelungen zum Einsatz von Informationstechniken enthält[4];
- solange eine Betriebsvereinbarung nicht gekündigt oder für unwirksam erklärt ist[5];
- bei Vorliegen einer **rechtskräftigen Entscheidung** über das Nichtbestehen des geltend gemachten Mitbestimmungsrechts[6];
- bei Popularbeschwerden[7].

Ist dagegen aus wenigstens einem rechtlichen Gesichtspunkt ein Mitbestimmungsrecht des Betriebsrats nicht ausgeschlossen, kann von einer offensichtlichen Unzuständigkeit der Einigungsstelle nicht ausgegangen werden. Denn das Verfahren nach § 99 ArbGG ist als **summarisches Eilverfahren** ausgestattet und soll mit einer Entscheidung über schwierige Rechtsfragen nicht belastet werden[8]. Auch entfällt das Rechtsschutzinteresse für das Verfahren nach § 99 ArbGG nicht dadurch, dass die zunächst sich Verhandlungen über das Mitbestimmungsrecht sperrende Seite im Verlaufe des Bestellungsverfahrens Verhandlungsbereitschaft signalisiert durch Vorlage eines Entwurfs für eine Betriebsvereinbarung[9]. 42

b) Beschlussverfahren über streitige Mitbestimmungsrechte

Das Bestellungsverfahren des § 99 ArbGG dient der beschleunigten Bildung einer Einigungsstelle. Daneben ist die Bestellung des Vorsitzenden oder die Festlegung der 43

---

1 LAG Berlin 18.2.1980 – 9 TaBV 5/79, AP Nr. 1 zu § 98 ArbGG 1979; LAG Düsseldorf 21.12. 1981 – 20 TaBV 92/81, EzA § 98 ArbGG 1979 Nr. 4; LAG Hamm 16.4.1986 – 12 TaBV 170/85, BB 1986, 1359; LAG Nds. 30.9.1988 – 3 TaBV 75/88, NZA 1989, 149; LAG Düsseldorf 21.12. 1993 – 8 (5) TaBV 92/93, NZA 1994, 767; LAG Hamm 17.12.2013 – 7 TaBV 91/13, juris (Einigungsstelle zu betrieblichem Eingliederungsmanagement nicht offensichtlich unzuständig; NZB eingelegt).
2 LAG München 13.3.1986 – 7 TaBV 5/86, NZA 1987, 210.
3 LAG Düsseldorf 4.3.1992 – 5 TaBV 116/91, NZA 1992, 613; aA LAG Nürnberg 21.9.1992 – 7 TaBV 29/92, NZA 1993, 281.
4 LAG Düsseldorf 4.11.1988 – 17 (6) TaBV 114/88, NZA 1989, 146.
5 LAG Düsseldorf 9.9.1977 – 8 TaBV 27/77, EzA § 76 BetrVG 1972 Nr. 16.
6 LAG München 13.3.1986 – 7 TaBV 5/86, NZA 1987, 210.
7 LAG Schl.-Holst. 21.12.1989 – 4 TaBV 42/89, NZA 1990, 703.
8 LAG BW 16.10.1991 – 12 TaBV 10/91, NZA 1992, 186; vgl. auch LAG Nds. 3.11.2009 – 1 TaBV 63/09, NZA-RR 2010, 142 (Auskunftsanspruch des Wirtschaftsausschusses gegenüber Konzernholdinggesellschaft).
9 LAG BW 16.10.1991 – 12 TaBV 10/91, NZA 1992, 186.

Zahl der Beisitzer durch **einstweilige Verfügung abzulehnen**, da § 99 ArbGG ausdrücklich nur die §§ 80–84 ArbGG, nicht jedoch § 85 ArbGG für entsprechend anwendbar erklärt[1].

44 Ist die Einigungsstelle ggf. durch Beschluss des Arbeitsgerichts eingerichtet, hat sie über ihre **Zuständigkeit als Vorfrage** selbst zu befinden[2] und sich für unzuständig zu erklären, wenn sie ihre Zuständigkeit nicht erkennen kann[3]; das Verfahren ist einzustellen. Bei dieser Verfahrensweise kann jedoch nicht ausgeschlossen werden, dass zu einem späteren Zeitpunkt das Arbeitsgericht die Frage der Zuständigkeit und damit insgesamt die Wirksamkeit des Einigungsstellenspruchs anders beurteilt. Es kann daher sinnvoll sein, den Streit über das Bestehen eines Mitbestimmungsrechts in einer bestimmten Angelegenheit bereits vor Einrichtung der Einigungsstelle zur gerichtlichen Überprüfung zu stellen. Denn die Unsicherheit über das Bestehen geltend gemachter Mitwirkungsrechte hat auch Auswirkungen auf die Frage, wer den Vorsitz einer Einigungsstelle hat und in welcher Anzahl ihr Beisitzer angehören sollen. Deshalb ist es zulässig, im arbeitsgerichtlichen Beschlussverfahren durch sog. **Vorabentscheidung** über das Bestehen von Mitbestimmungsrechten zu befinden[4]. Es ist grundsätzlich ohne Bedeutung, ob die Einigungsstelle bereits entschieden hat. Das Vorabentscheidungsverfahren ist vielmehr **zulässig vor, während und nach** dem Bestellungsverfahren nach § 99 ArbGG[5]. Selbst wenn der Antrag auf Einrichtung einer Einigungsstelle aus Gründen offensichtlicher Unzuständigkeit zurückgewiesen wurde, kommt ein Beschlussverfahren zwecks Feststellung eines umstrittenen Mitbestimmungsrechts noch in Betracht[6]. Andererseits ist das Verfahren zur Errichtung der Einigungsstelle ohne Weiteres auch dann durchführbar, wenn schon ein Vorabentscheidungsverfahren anhängig ist. Weder darf das Bestellungsverfahren nach § 99 ArbGG wegen des Vorabentscheidungsverfahrens ausgesetzt werden[7], noch ist die Einigungsstelle selbst berechtigt, ihr Verfahren in entsprechender Anwendung von § 148 ZPO mit Rücksicht auf das anhängige Vorabentscheidungsverfahren auszusetzen, es sei denn im Einverständnis beider Betriebsparteien[8].

45 Ist im Vorabentscheidungsverfahren rechtskräftig über das Bestehen oder Nichtbestehen eines Mitbestimmungsrechts entschieden worden, hat dies **Bindungswirkung** für das Bestellungsverfahren nach § 99 ArbGG; auch die bereits installierte Einigungsstelle ist insoweit gebunden[9]. Nach rechtskräftiger Zurückweisung eines Antrags nach § 99 ArbGG kommt ein erneuter Antrag zur Besetzung der Einigungsstelle in Betracht, wenn in einem anderen Beschlussverfahren ein Mitbestimmungsrecht des Betriebsrats rechtskräftig bejaht wurde[10].

---

1 *Bengelsdorf*, BB 1991, 613; GWBG/*Greiner*, § 98 Rz. 2; GMP/*Matthes*/*Schlewing*, § 98 ArbGG Rz. 20; aA LAG Düsseldorf 8.2.1991 – 15 TaBV 11/91, LAGE § 98 ArbGG 1979 Nr. 19.
2 BAG 3.4.1979 – 6 ABR 29/77, AP Nr. 2 zu § 87 BetrVG 1972; 22.1.1980 – 1 ABR 48/77, AP Nr. 3 zu § 87 BetrVG – Lohngestaltung.
3 BAG 22.1.1980 – 1 ABR 47/77, DB 1980, 1895.
4 BAG 16.8.1983 – 1 ABR 11/82, AP Nr. 2 zu § 81 ArbGG 1979; GWBG/*Greiner*, § 98 ArbGG Rz. 10.
5 BAG 24.11.1981 – 1 ABR 42/79, AP Nr. 11 zu § 76 BetrVG 1972; 6.12.1983 – 1 ABR 43/81, AP Nr. 7 zu § 87 BetrVG – Überwachung.
6 BAG 25.4.1989 – 1 ABR 91/87, AP Nr. 3 zu § 98 ArbGG 1979.
7 BAG 24.11.1981 – 1 ABR 42/79, AP Nr. 11 zu § 76 BetrVG 1972; LAG Hamm 2.10.1978 – 3 TaBV 67/78, EzA § 148 ZPO Nr. 5; LAG Düsseldorf 21.12.1981 – 20 TaBV 92/81, EzA § 98 ArbGG 1979 Nr. 4; *Gaul*, DB 1980, 1894.
8 GMP/*Matthes*/*Schlewing*, § 98 ArbGG Rz. 11; GWBG/*Greiner*, § 98 ArbGG Rz. 10; differenzierend *Richardi*, § 76 BetrVG Rz. 105.
9 LAG Bln.-Bbg. 7.8.2008 – 14 TaBV 1212/08, BeckRS 2011, 67019; GWBG/*Greiner*, § 98 ArbGG Rz. 10.
10 BAG 25.4.1989 – 1 ABR 91/87, AP Nr. 3 zu § 98 ArbGG 1979.

II. Anwendungsfälle des Beschlussverfahrens

c) Kosten der Einigungsstelle und gerichtliche Spruchüberprüfung

aa) Kosten

Die Kosten einer Einigungsstelle (§ 76a BetrVG) können ebenfalls Gegenstand eines arbeitsgerichtlichen Beschlussverfahrens nach § 2a Abs. 1 Nr. 1 ArbGG sein. Betroffen sein können der **Honoraranspruch** des Vorsitzenden[1], Ansprüche auf Honorar, Entgeltfortzahlung und Auslagenersatz für betriebsfremde Einigungsstellenbeisitzer[2] sowie dem Betriebsrat durch die Beauftragung eines Rechtsanwalts für ein Einigungsstellenverfahren entstandene Kosten[3].

46

bb) Nachprüfung des Spruchs

Aus § 76 Abs. 7 BetrVG folgt die uneingeschränkte Befugnis der Arbeitsgerichte, die Entscheidungen der Einigungsstelle **auf Rechtsfehler**[4] zu überprüfen. Die Gerichte entscheiden im Beschlussverfahren nach § 2a Abs. 1 Nr. 1 ArbGG, da es sich um die Kontrolle betriebsverfassungsrechtlicher Streitigkeiten handelt. Der gerichtlichen Nachprüfung unterliegen sämtliche rechtlichen Mängel des Spruchs oder des Verfahrens der Einigungsstelle, insbesondere auch Verstöße gegen Gesetzesbestimmungen[5], Tarifverträge oder gültige Betriebsvereinbarungen. Eine **Frist** zur Geltendmachung derartiger Rechtsverstöße sieht das Gesetz **nicht** vor; die Ausschlussfrist des § 76 Abs. 5 Satz 4 BetrVG ist nicht anwendbar[6].

47

Entscheidungsbefugt im Beschlussverfahren sind die Gerichte für Arbeitssachen auch hinsichtlich der Frage, ob der **Spruch** der Einigungsstelle **bindende Wirkung** hat[7] und ob er von den Betriebsparteien **angenommen** worden ist.

Ein die Einigung zwischen Arbeitgeber und Betriebsrat ersetzender Spruch der Einigungsstelle ist unter angemessener Berücksichtigung der Belange des Betriebes oder Unternehmens und der betroffenen Arbeitnehmer nach **billigem Ermessen** (§ 315 Abs. 1 BGB) zu treffen, § 76 Abs. 5 Satz 3 BetrVG. Das Gesetz räumt der Einigungsstelle also einen Ermessensbereich ein, innerhalb dessen die Gestaltung der mitbestimmungspflichtigen Angelegenheiten erfolgen kann. Im Rahmen des der Einigungsstelle zur Verfügung stehenden Ermessensspielraums kann eine gerichtliche Nachprüfung der Entscheidung der Einigungsstelle nicht erfolgen; eine Kontrolle der sachlichen Richtigkeit und Zweckmäßigkeit des Einigungsstellenspruchs steht dem Arbeitsgericht nicht zu[8]. Hingegen ist das Arbeitsgericht befugt, die Entscheidung der Einigungsstelle auf **Ermessensfehler** hin zu überprüfen. Ermessensfehler können liegen in einer Überschreitung der gesetzlichen Grenzen des Ermessens, jedoch auch in einem Missbrauch des Ermessens in einer dem Zweck der Ermächtigung nicht entsprechenden Weise.

48

– Eine **Ermessensüberschreitung** ist anzunehmen, wenn der Spruch der Einigungsstelle keine sachgerechte Interessenabwägung mehr enthält, zB die Belange des Be-

---

1 BAG 15.12.1978 – 6 ABR 64/77, AP Nr. 5 zu § 76 BetrVG 1972.
2 BAG 6.4.1973 – 1 ABR 20/72, AP Nr. 1 zu § 76 BetrVG 1972; 26.7.1989 – 7 ABR 72/88, AP Nr. 4 zu § 2a ArbGG 1979; 13.11.1991 – 7 ABR 70/90, AP Nr. 1 zu § 76a BetrVG 1972; LAG Schl.-Holst. 12.8.1986 – 5 (6) TaBV 42/85, DB 1987, 104.
3 BAG 5.11.1981 – 6 ABR 24/78, AP Nr. 9 zu § 76 BetrVG 1972; für eine – meist vorherige – Vereinbarung der Erstattung auf das Rechtsanwaltshonorar anfallender MwSt. BAG 31.7.1986 – 6 ABR 79/83, BB 1987, 550.
4 BAG 8.6.2004 – 1 ABR 4/03, NZA 2005, 227 (Regelungen zum Gesundheitsschutz).
5 BAG 11.3.1976 – 2 AZR 43/75, AP Nr. 1 zu § 95 BetrVG 1972.
6 *Richardi*, § 76 BetrVG Rz. 128.
7 BAG 23.3.1962 – 1 ABR 7/60, AP Nr. 1 zu § 56 BetrVG – Akkord; 28.2.1984 – 1 ABR 37/82, AP Nr. 4 zu § 87 BetrVG 1972 – Tarifvorrang.
8 *Richardi*, § 76 BetrVG Rz. 120; *Fitting*, § 76 BetrVG Rz. 153.

triebes bzw. der Arbeitnehmer überhaupt nicht berücksichtigt oder dem Arbeitgeber eine übermäßige Gestaltungsfreiheit einräumt[1].

– Von **Ermessensmissbrauch** kann ausgegangen werden, wenn die Einigungsstelle unter Missachtung von ihr rechtlich gesetzten inneren Schranken ihres Handelns entscheidet. Das ist etwa auch dann der Fall, wenn ihr Spruch gegen den arbeitsrechtlichen Gleichbehandlungsgrundsatz verstößt oder von falschen Tatsachen ausgeht[2].

48a Häufig stellt sich die Frage nach der **wirtschaftlichen Vertretbarkeit** eines von der Einigungsstelle beschlossenen Sozialplans. Die Beachtung der wirtschaftlichen Vertretbarkeit der Entscheidung der Einigungsstelle hat gegenüber den sozialen Belangen eine Korrekturfunktion und gibt die äußerste Grenze des Gesamtbetrags der Sozialplanleistungen vor. Es ist eine Frage des Einzelfalls, wo sie genau verläuft. Bei der Interessenabwägung spielt neben dem Verhältnis von Aktiva und Passiva und der Liquiditätslage des Unternehmens auch eine Rolle, welche Einsparungen mit der Betriebsänderung verbunden sind, deren Nachteile für die Arbeitnehmer der Sozialplan kompensieren soll[3].

49 Nur bei derartigen Ermessensfehlern kann das Arbeitsgericht die Unwirksamkeit des Spruchs der Einigungsstelle im Beschlussverfahren auf Antrag des Arbeitgebers oder des Betriebsrats feststellen[4]. Der gerichtlichen Kontrolle unterliegt allein das Ergebnis der Tätigkeit der Einigungsstelle, ihr Spruch[5]. Die Entscheidung des Arbeitsgerichts auf Feststellung der Unwirksamkeit des Spruchs muss innerhalb einer **Ausschlussfrist von zwei Wochen** nach Zugang der Einigungsstellenentscheidung beantragt werden, § 76 Abs. 5 Satz 4 BetrVG. Wird die Frist versäumt, können jedenfalls Ermessensfehler nicht mehr geltend gemacht werden[6].

13. Beschlussverfahren nach der Insolvenzordnung

50 **§§ 122, 126 InsO** eröffnen dem Insolvenzverwalter die Möglichkeit, ein arbeitsgerichtliches Beschlussverfahren einzuleiten zwecks Beschleunigung des Interessenausgleichsverfahrens bzw. Überprüfung eines Personalabbaus.

a) Zustimmung des Arbeitsgerichts zur Durchführung einer Betriebsänderung, § 122 InsO

51 Zur Vermeidung eines langwierigen Einigungsstellenverfahrens kann der Insolvenzverwalter gem. § 122 Abs. 1 InsO im Wege des Beschlussverfahrens (§ 122 Abs. 2 Satz 2 Halbs. 1 InsO) die Zustimmung des Arbeitsgerichts zur Durchführung der Betriebsänderung ohne vorherige Anrufung der Einigungsstelle beantragen. § 122 InsO ist **lex specialis** zu §§ 112, 113 Abs. 3 BetrVG. Voraussetzung für eine Anrufung des Arbeitsgerichts ist, dass nicht
– innerhalb von drei Wochen nach Verhandlungsbeginn oder
– innerhalb von drei Wochen nach schriftlicher Aufforderung zur Aufnahme von Verhandlungen nach rechtzeitiger und umfassender Unterrichtung
– ein Interessenausgleich zustande kommt.

---
1 BAG 28.10.1986 – 1 ABR 11/85, AP Nr. 20 zu § 87 BetrVG 1972 – Arbeitszeit; 17.10.1989 – 1 ABR 31/87 (B), AP Nr. 39 zu § 76 BetrVG 1972.
2 Vgl. LAG Berlin 22.4.1980 – 3 TaBV 3/79, DB 1980, 2343.
3 BAG 6.5.2003 – 1 ABR 11/02, NZA 2004, 218.
4 BAG 30.10.1979 – 1 ABR 112/77, AP Nr. 9 zu § 112 BetrVG 1972; 22.1.1980 – 1 ABR 28/78, AP Nr. 7 zu § 111 BetrVG 1972; 27.5.1986 – 1 ABR 48/84, AP Nr. 15 zu § 87 BetrVG 1972 – Überwachung.
5 BAG 27.10.1992 – 1 ABR 4/92, BB 1993, 1285.
6 BAG 26.5.1988 – 1 ABR 11/87, AP Nr. 26 zu § 76 BetrVG 1972.

II. Anwendungsfälle des Beschlussverfahrens

Das Beschlussverfahren wird eingeleitet durch einen schriftlichen **Antrag des Insolvenzverwalters** oder dessen mündliche Erklärung vor der Geschäftsstelle des Arbeitsgerichts zur Niederschrift (vgl. Rz. 109). **Beteiligt** ist neben dem Insolvenzverwalter der **Betriebsrat**, § 122 Abs. 2 Satz 2 Halbs. 2 InsO.

52

Das Beschlussverfahren nach § 122 InsO steht unter der **Beschleunigungsmaxime** des § 61a Abs. 3–6 ArbGG (§ 122 Abs. 2 Satz 3 InsO)[1]. Das Arbeitsgericht hat die Zustimmung zu erteilen, wenn dies die wirtschaftliche Lage des Unternehmens unter Berücksichtigung der sozialen Belange der Arbeitnehmer erfordert, § 122 Abs. 1 Satz 1 InsO. Bei zustimmendem gerichtlichen Beschluss kann die Betriebsänderung durchgeführt werden ohne Einhaltung des Verfahrens nach § 112 Abs. 2 BetrVG (weitere Verhandlungen über den Interessenausgleich, Vermittlungsversuch des Vorstands der Bundesagentur für Arbeit oder eines von ihm genannten Bediensteten, Einigungsstelle) und ohne dass der Insolvenzverwalter Gefahr läuft, Nachteilsansprüche der Arbeitnehmer gem. § 113 Abs. 3 BetrVG ausgleichen zu müssen, § 122 Abs. 1 Satz 1 und 2 InsO.

Gegen den Beschluss des Arbeitsgerichts **findet** die **Beschwerde zum LAG nicht statt**, § 122 Abs. 3 Satz 1 InsO. Der Beschluss wird vielmehr sofort rechtskräftig, es sei denn, das Arbeitsgericht lässt die **Rechtsbeschwerde zum BAG** in seinem Beschluss ausdrücklich zu, § 122 Abs. 3 Satz 2 Halbs. 1 InsO. Aus dem Verweis in § 122 Abs. 3 Satz 2 Halbs. 2 InsO auf § 72 Abs. 2 und 3 ArbGG folgt, dass die Rechtsbeschwerde nur zugelassen werden darf, wenn die Rechtssache grundsätzliche Bedeutung hat oder das Arbeitsgericht von einer höchst- oder obergerichtlichen Entscheidung abweichen will; das BAG ist gem. § 72 Abs. 3 ArbGG an die Zulassung gebunden. Nach § 122 Abs. 3 Satz 3 InsO ist die Rechtsbeschwerde innerhalb eines Monats nach Zustellung der vollständigen Entscheidung des Arbeitsgerichts beim BAG einzulegen und zu begründen.

b) Feststellungsantrag des Insolvenzverwalters, § 126 InsO

Das **Beschlussverfahren nach** § 126 InsO, durch das dem Insolvenzverwalter die Möglichkeit gegeben wird, einen Personalabbau im Hinblick auf die in § 1 KSchG normierten dringenden betrieblichen Erfordernisse und die soziale Rechtfertigung gerichtlich überprüfen zu lassen, ist nur in Fällen zulässig, in denen kein Betriebsrat besteht oder in denen innerhalb von drei Wochen nach Verhandlungsbeginn bzw. schriftlicher Aufforderung zur Aufnahme von Verhandlungen keine Einigung mit dem Betriebsrat über einen Interessenausgleich nach § 125 InsO erzielt werden konnte. Darüber hinaus ist ein entsprechendes Beschlussverfahren zulässig, wenn die Kündigung der im Antrag bezeichneten Arbeitnehmer schon vor Einleitung des Verfahrens erfolgt ist[2]. Gleiches gilt für den Fall, dass die Betriebspartner einen Interessenausgleich nach § 125 InsO abgeschlossen haben, wegen einer weiteren Betriebsänderung ein Interessenausgleich jedoch nicht zustande kommt[3]. **Antragsbefugt** (s. Rz. 111). ist der Insolvenzverwalter, dessen Antrag auf Feststellung zielt, dass die Kündigung der Arbeitsverhältnisse bestimmter, im Antrag namentlich bezeichneter Arbeitnehmer durch dringende betriebliche Erfordernisse bedingt und sozial gerechtfertigt ist. Die Kündigungsbefugnis des vorläufigen Insolvenzverwalters kann im Beschlussverfahren gem. § 126 InsO mit geprüft werden[4]. **Beteiligte** des Beschlussverfahrens sind der Insolvenzverwalter, der Betriebsrat sowie sämtliche im Feststellungsantrag genannten, von der Kündigung betroffenen Arbeitnehmer, § 126 Abs. 2 Satz 1 Halbs. 2 InsO. Das Beschlussverfahren folgt dem **Rechtsmittelkonzept des** § 122 InsO

53

---

1 HwB-AR/*Weis*, Insolvenzarbeitsrecht, Rz. 53.
2 BAG 29.6.2000 – 8 ABR 44/99, NZA 2000, 1180.
3 BAG 20.1.2000 – 2 ABR 30/99, NZA 2001, 170.
4 BAG 29.6.2000 – 8 ABR 44/99, NZA 2000, 1180.

(vgl. § 126 Abs. 2 Satz 2 InsO, der ausdrücklich auf § 122 Abs. 2 Satz 3, Abs. 3 InsO verweist)[1]. Es kann somit Bezug genommen werden auf die Ausführungen unter Rz. 52.

III. Beschlussverfahren vor dem Arbeitsgericht

1. Örtliche Zuständigkeit

54 Im Beschlussverfahren erster Instanz bestimmt sich die örtliche Zuständigkeit nach § 82 ArbGG. Nach dessen Satz 1 ist bei betriebsverfassungsrechtlichen Angelegenheiten auf Betriebsebene das Arbeitsgericht zuständig, in dessen **Bezirk** der **Betrieb** liegt. Geht es dagegen um Streitigkeiten auf Unternehmensebene, legt § 82 Satz 2 und 3 ArbGG die Zuständigkeit des Arbeitsgerichts fest, in dessen **Bezirk** das **Unternehmen** seinen Sitz hat.

55 Ein Antrag kann nicht wegen fehlender örtlicher Zuständigkeit als unzulässig zurückgewiesen werden. Gem. § 80 Abs. 3 ArbGG findet § 48 Abs. 1 ArbGG entsprechende Anwendung. Die örtliche Zuständigkeit hat das Gericht **von Amts wegen** zu prüfen. Im Falle der örtlichen Unzuständigkeit des angerufenen Arbeitsgerichts ist das Verfahren gem. § 48 Abs. 1 ArbGG iVm. § 17a GVG von Amts wegen an das örtlich zuständige Arbeitsgericht **zu verweisen**. Das gilt auch für den Fall der fristwahrenden Einleitung eines Beschlussverfahrens beim örtlich unzuständigen Arbeitsgericht[2].

56 Die Regelung der örtlichen Zuständigkeit in § 82 ArbGG ist **abschließend und zwingend**. Weder durch Parteivereinbarung noch durch rügelose Einlassung kann eine andere örtliche Zuständigkeit begründet werden. Lediglich dann, wenn die Möglichkeit **mehrerer Gerichtsstände** gegeben ist, zB bei einem Abweichen des satzungsrechtlichen Sitzes des Unternehmens vom Ort, an dem die Verwaltung geführt wird, hat der Antragsteller das **Wahlrecht**, welches örtlich zuständige Gericht er anrufen will. Nur in einem solchen Fall ist auch durch Vereinbarung zwischen den Beteiligten die ausschließliche Zuständigkeit eines Arbeitsgerichts bestimmbar[3].

56a Die Frage, welche Rechtsstreitigkeiten mit **Auslandsbezug** vor ein deutsches Gericht gebracht werden können, ist die der **internationalen Zuständigkeit**. Ist diese nicht durch internationale Abkommen oder bilaterale Verträge geregelt, richtet sie sich grundsätzlich nach den gesetzlichen Bestimmungen über die örtliche Zuständigkeit. Für das arbeitsgerichtliche Beschlussverfahren beurteilt sich die internationale Zuständigkeit nach § 82 ArbGG[4]. Die Bestellung inländischer Arbeitnehmervertreter im Europäischen Betriebsrat bei gemeinschaftsweit tätigen Unternehmensgruppe mit Sitz des herrschenden Unternehmens im Ausland (§§ 18 Abs. 2, 23 Abs. 3 lit. a EBRG) ist eine Angelegenheit des Gesamtbetriebsrats iSv. § 82 Abs. 1 Satz 2 ArbGG. Für Streitigkeiten über die Rechtmäßigkeit der Bestellung der inländischen Arbeitnehmervertreter ist das Arbeitsgericht **örtlich und international** zuständig, in dessen Bezirk das Unternehmen seinen Sitz hat[5].

a) Lage des Betriebs

57 Nach § 82 Satz 1 ArbGG bestimmt sich die örtliche Zuständigkeit grundsätzlich nach der Lage des Betriebs. Der Begriff des Betriebs entspricht dabei dem in § 1

---

1 Ebenso *Schrader*, NZA 1997, 76.
2 BAG 15.7.1960 – 1 ABR 3/59, AP Nr. 10 zu § 76 BetrVG.
3 GMP/*Matthes/Spinner*, § 82 ArbGG Rz. 2; Schwab/Weth/*Weth*, § 82 ArbGG Rz. 2.
4 BAG 31.10.1975 – 1 ABR 4/74, AP Nr. 2 zu § 106 BetrVG.
5 BAG 18.4.2007 – 7 ABR 30/06, NZA 2007, 1375.

BetrVG. Maßgeblich ist allein, ob die Streitigkeit einen Betrieb oder ein Unternehmen betrifft. Nicht hingegen kommt es an auf den Gerichtsstand eines der Verfahrensbeteiligten[1].

Da sich § 82 Satz 1 ArbGG auf Satz 2 bezieht, ist neben der Prüfung des Betriebssitzes weitere Zuständigkeitsvoraussetzung, dass es sich um eine **Angelegenheit des Betriebes** handelt[2].

Ein Betrieb hat seinen Sitz an dem Ort, an dem die **Verwaltung bzw. Leitung** des Betriebs angesiedelt ist[3]. Besteht der Betrieb aus mehreren Betriebsstellen, Verkaufspunkten oder Filialen, ist örtlich zuständig das Arbeitsgericht, in dessen Bezirk die gemeinsame Betriebsleitung ihren Sitz hat. Findet im Verlauf des arbeitsgerichtlichen Beschlussverfahrens eine Betriebsverlegung statt, so bleibt es bei der Zuständigkeit des bereits angerufenen Gerichts, § 261 Abs. 3 Nr. 2 ZPO[4].

b) Sitz des Unternehmens

Bei betriebsverfassungsrechtlichen Angelegenheiten auf Unternehmensebene ist nach § 82 Satz 2 und 3 ArbGG das Arbeitsgericht örtlich zuständig, in dessen Bezirk das Unternehmen seinen Sitz hat. Dabei handelt es sich um Angelegenheiten des Gesamtbetriebsrats, §§ 47 ff. BetrVG, des Konzernbetriebsrats, §§ 54 ff. BetrVG, der Gesamtjugendvertretung oder Gesamt-Jugend- und Auszubildendenvertretung, §§ 72 f. BetrVG, des Wirtschaftsausschusses, §§ 106 ff. BetrVG, der Vertretung der Arbeitnehmer im Aufsichtsrat, des Gesamtsprecherausschusses, §§ 16 ff. SprAuG, des Unternehmenssprecherausschusses, § 20 SprAuG und des Konzernsprecherausschusses, §§ 21 ff. SprAuG. Der Sitz des Unternehmens richtet sich nach § 17 ZPO. Das ist zunächst der **Ort, an dem die Verwaltung geführt** wird. Ergibt sich indes aus der Satzung ein vom Verwaltungssitz abweichender Ort, kann der Antragsteller unter den mehreren zuständigen Arbeitsgerichten wählen[5]. Hat ein Unternehmen seinen **Sitz im Ausland**, richtet sich die örtliche Zuständigkeit danach, wo die zentrale Leitung der inländischen Betätigung angesiedelt ist[6].

Angelegenheiten des **Gesamtbetriebsrats** sind nur solche, die in seine originäre Kompetenz fallen, somit nicht von einem oder mehreren Betriebsräten nach § 50 Abs. 2 BetrVG übertragene. Um eine Angelegenheit des Gesamtbetriebsrats handelt es sich, wenn es um das Recht des Betriebsrats geht, Vertreter in den Gesamtbetriebsrat zu entsenden oder wenn der Betriebsrat die Rechtswirksamkeit einer vom Gesamtbetriebsrat abgeschlossenen Betriebsvereinbarung anficht[7].

Die örtliche Zuständigkeit in Streitigkeiten um die Tariffähigkeit einer Vereinigung oder ihre Tarifzuständigkeit (§ 2a Abs. 1 Nr. 3 ArbGG) richtet sich mangels gesetzlicher Regelung nicht nach § 82 ArbGG. Hier ist örtlich zuständig das Arbeitsgericht, in dessen Bezirk die **Vereinigung** ihren **Sitz** hat[8].

---

1 BAG 19.6.1986 – 6 ABR 66/84, AP Nr. 1 zu § 82 ArbGG 1979.
2 GMP/*MatthesSpinner*, § 82 ArbGG Rz. 7.
3 *Dietz/Nikisch*, § 82 ArbGG Rz. 10.
4 *Schaub*, Arbeitsgerichtsverfahren, § 58 Rz. 14.
5 GMP/*Matthes/Spinner*, § 82 ArbGG Rz. 11;aA Schwab/Weth/*Weth*, § 82 ArbGG Rz. 14 und GWBG/*Greiner*, § 82 ArbGG Rz. 7, die den durch die Satzung bestimmten Sitz für maßgeblich halten.
6 BAG 31.10.1975 – 1 ABR 4/74, AP Nr. 2 zu § 106 BetrVG 1972.
7 BAG 19.6.1986 – 6 ABR 66/84, AP Nr. 1 zu § 82 ArbGG 1979.
8 GMP/*Matthes/Spinner*, § 82 ArbGG Rz. 20; GWBG/*Greiner*, § 82 ArbGG Rz. 11.

2. Beteiligte

62 Das Beschlussverfahren unterscheidet sich vom Urteilsverfahren wesentlich dadurch, dass es keine Parteien im formellen Sinne kennt. Derjenige, der Rechtsschutz begehrt, ist nicht Kläger, und derjenige, gegen den Rechtsschutz begehrt wird, ist nicht Beklagter. Vielmehr sieht das ArbGG für die Subjekte des Beschlussverfahrens einheitlich die Bezeichnung als **Beteiligte** vor. An verschiedenen Stellen des Gesetzes (zB in den §§ 10, 83 Abs. 1, 2 und 4, 83a, 85 Abs. 1 ArbGG) findet sich dieser Begriff des Beteiligten. Lediglich in einer Vorschrift, § 83a Abs. 3 Satz 1 ArbGG, ist vom **Antragsteller** die Rede, der hier in einen Gegensatz zu den **übrigen Beteiligten** gebracht wird.

63 Den **Begriff des Antragsgegners**, die in der Praxis häufig so bezeichnete Person oder Stelle, gegen die Rechtsschutz begehrt wird, verwendet das Gesetz dagegen nicht. Eine solche Benennung ist zwar unschädlich und rechtsunerheblich, sollte aber dennoch in der Antragsschrift unterbleiben; denn das Beschlussverfahren kennt allein Beteiligte mit gleicher Rechtsstellung[1].

64 Das Gericht hat **von Amts wegen** zu ermitteln, wer Beteiligter ist[2]. Dabei ist für die Ermittlung der Beteiligtenfähigkeit auf § 10 ArbGG zurückzugreifen. Durch § 10 Halbs. 2 ArbGG wird der Kreis der parteifähigen natürlichen und juristischen Personen nach § 50 ZPO für das arbeitsgerichtliche Beschlussverfahren erweitert. Es ist somit zulässig, die Begriffe der Partei- und Beteiligtenfähigkeit gleichzusetzen[3].

65 Beteiligtenfähigkeit ist die Fähigkeit, im eigenen Namen in einem Beschlussverfahren Rechte zu reklamieren oder zu verteidigen. Wer diese Fähigkeit besitzt und folglich als Beteiligter zu begreifen ist, beantwortet zunächst, wenngleich nicht abschließend, § 10 Halbs. 2 ArbGG. Beteiligtenfähig sind über den Kreis der nach § 50 ZPO parteifähigen Personen, Organisationen und Gewerkschaften (§ 10 Halbs. 1 ArbGG) hinaus die im BetrVG, im SprAuG, im MitbestG, im MitbestErgG und im Drittelbeteiligungsgesetz sowie in den dazu ergangenen Rechtsverordnungen genannten Personen und Stellen sowie die Vereinigungen von Arbeitnehmern oder Arbeitgebern und die oberste Arbeitsbehörde des Bundes oder der Länder.

66 Die **beteiligtenfähigen Personen und Stellen** sind nicht ausdrücklich in § 10 ArbGG benannt; das Gesetz belässt es vielmehr bei seinem im Übrigen unvollständigen Verweis auf die entsprechenden Gesetze und Rechtsverordnungen. So bestimmen sich in personalvertretungsrechtlichen Streitigkeiten die Beteiligten des Beschlussverfahrens nach den Personalvertretungsgesetzen und deren Rechtsverordnungen. Ebenfalls sind die durch einen Tarifvertrag installierten betriebsverfassungsrechtlichen Organe Stellen iSd. § 10 Halbs. 2 ArbGG[4], soweit ihrer Errichtung Vorschriften des BetrVG nicht entgegenstehen.

67 Während sich die Beteiligtenfähigkeit im Wesentlichen nach § 10 ArbGG richtet, ist die Frage nach der tatsächlichen Beteiligung am Beschlussverfahren, die **Beteiligtenbefugnis**, anhand materiell-rechtlicher Bestimmungen zu ermitteln[5].

---

1 GMP/*Matthes*/*Spinner*, § 83 ArbGG Rz. 14, 16.
2 BAG 3.4.1979 – 6 ABR 64/76, AP Nr. 1 zu § 13 BetrVG 1972; 20.7.1982 – 1 ABR 19/81, AP Nr. 26 zu § 76 BetrVG 1952.
3 Vgl. BAG 25.8.1981 – 1 ABR 61/79, AP Nr. 2 zu § 83 ArbGG 1979; 29.8.1985 – 6 ABR 63/82, AP Nr. 13 zu § 83 ArbGG 1979.
4 BAG 5.11.1985 – 1 ABR 56/83, AP Nr. 4 zu § 117 BetrVG 1972; 24.8.2004 – 1 ABR 28/03, NZA 2005, 371 (Beteiligtenfähigkeit einer tariflichen Interessenvertretung außerbetrieblicher Auszubildender nach § 51 Abs. 1 BBiG); GWBG/*Waas*, § 10 ArbGG Rz. 22.
5 *Ascheid*, Urteils- und Beschlussverfahren, Rz. 1690.

a) Antragsteller

Notwendigerweise Beteiligter eines Beschlussverfahrens ist der Antragsteller. In seiner Hand liegt die Einleitung des Verfahrens, er initiiert das Verfahren durch seinen Antrag, § 81 Abs. 1 ArbGG. Doch ist die bloße Antragstellung nicht ausreichend dafür, dass eine Sachentscheidung durch das Gericht ergehen kann. Vielmehr muss der zunächst nur formell beteiligte Antragsteller zum einen die **Beteiligtenfähigkeit** (Rz. 65 f.) besitzen, andernfalls der Antrag als unzulässig zurückzuweisen ist. Zum anderen bedarf es für eine Sachentscheidung der **Antragsbefugnis** (Rz. 111 ff.) des Antragstellers. Er muss in der Angelegenheit materiell-rechtlich betroffen sein; das allerdings ist eine Frage der Begründetheit des Antrags[1]. 68

Der in § 83a Abs. 3 ArbGG ausdrücklich genannte Antragsteller hat im Vergleich zu den „übrigen Beteiligten" **keine herausgehobene Rechtsstellung**. Er unterscheidet sich von den weiteren Beteiligten lediglich durch die Rechte der Antragsrücknahme und -änderung, § 81 Abs. 2 und 3 ArbGG, sowie das Recht der einseitigen Erledigungserklärung, § 83a Abs. 3 ArbGG. 69

b) Übrige Beteiligte

Voraussetzung dafür, dass es in einem Beschlussverfahren weitere Beteiligte gibt, ist die Verfahrenseinleitung durch einen Antragsteller. Wer diese übrigen Beteiligten sind, bestimmt sich **nach materiellem Recht**. Die beteiligten Personen oder Stellen müssen durch die vom Antragsteller begehrte Entscheidung in ihrer betriebsverfassungsrechtlichen, personalvertretungsrechtlichen oder mitbestimmungsrechtlichen Rechtsstellung **unmittelbar betroffen** sein[2]. Hierzu reicht nicht die bloße Berührung rechtlicher Interessen einer Person oder Stelle[3]. Auch das Ersuchen an eine außenstehende Behörde, eine bestimmte Stellungnahme abzugeben, macht diese noch nicht zum Beteiligten in einem Beschlussverfahren; sie bleibt nur Dritte[4]. 70

Die Zulassung einer **Nebenintervention** oder **Streitverkündung** ist für das Beschlussverfahren nicht vorgesehen. Sie widerspräche auch dem Beteiligtenbegriff, nach dem beteiligt sein kann an einem konkreten Verfahren nur derjenige, der durch die Entscheidung unmittelbar in seinen betriebsverfassungsrechtlichen oder gleichgestellten Rechten betroffen ist[5]. Das BAG hat jetzt erstmals eine Grundsatzentscheidung zur **Zulässigkeit** der **Nebenintervention** im Beschlussverfahren getroffen[6]. Für die Zulassung bestehe **kein praktisches Bedürfnis**, da durch die Ausgestaltung der Beteiligtenstellung die Einbeziehung und Mitwirkung (§ 83 Abs. 1 Satz 2 ArbGG) der unmittelbar von der Entscheidung betroffenen Verfahrenssubjekte (dies sind der Antragsteller, § 81 ArbGG, und die sonstigen nach § 83 Abs. 3 ArbGG anzuhörenden oder am Verfahren zu beteiligenden Stellen) gewährleistet sei. Dem ist in vollem Umfang zuzustimmen. – Höchstrichterliche Rechtsprechung zur Frage der Zulässigkeit einer Streitverkündung im Beschlussverfahren liegt hingegen ersichtlich bislang nicht vor. 71

---

1 Vgl. hierzu BAG 15.8.1978 – 6 ABR 56/77, AP Nr. 3 zu § 47 BetrVG 1972; 30.10.1986 – 6 ABR 52/83, AP Nr. 6 zu § 47 BetrVG 1972.
2 BVerwG 25.7.1979 – 6 P 29.78, AP Nr. 1 zu § 44 BPersVG; BAG 13.3.1984 – 1 ABR 49/82, AP Nr. 9 zu § 83 ArbGG 1979; 29.8.1985 – 6 ABR 63/82, AP Nr. 13 zu § 83 ArbGG 1979; 25.9. 1986 – 6 ABR 68/84, AP Nr. 7 zu § 1 BetrVG 1972; 25.9.1996 – 1 ABR 25/96, NZA 1997, 668; 15.1.2002 – 1 ABR 10/01, NZA 2002, 989; 29.9.2004 – 1 ABR 39/03, NZA 2005, 420 (Beteiligte im Gemeinschaftsbetrieb); 31.5.2005 – 1 ABR 22/04, NZA 2006, 56; 15.5.2007 – 1 ABR 32/06, NZA 2007, 1240 (Gemeinschaftsbetrieb).
3 GMP/*Matthes*/*Spinner*, § 83 ArbGG Rz. 13.
4 *Ascheid*, Urteils- und Beschlussverfahren, Rz. 1694.
5 GMP/*Matthes*/*Spinner*, § 83 ArbGG Rz. 13.
6 BAG 5.12.2007 – 7 ABR 72/06, NZA 2008, 653.

aa) Arbeitgeber

72 § 83 Abs. 3 ArbGG gibt dem Arbeitgeber in jedem Beschlussverfahren ein **eigenes Anhörungsrecht**. Es fragt sich, ob aus diesem gesetzlichen Recht auf Anhörung ohne weiteres folgt, dass der Arbeitgeber im Beschlussverfahren zwingend Beteiligter ist[1]. Richtigerweise wird der Arbeitgeber nur dann als Beteiligter zu qualifizieren sein, wenn er durch die begehrte Entscheidung in seiner betriebsverfassungsrechtlichen oder mitbestimmungsrechtlichen Rechtsstellung unmittelbar betroffen ist[2]. Das ist etwa der Fall in einem Wahlanfechtungsverfahren, auch wenn der Arbeitgeber nicht selbst die Wahl angefochten hat[3], oder bei einer Anfechtung der Wahl von Arbeitnehmervertretern zum Aufsichtsrat[4].

73 Geht im Laufe eines Beschlussverfahrens der Betrieb des Arbeitgebers auf einen **neuen Inhaber** über, so wird dieser anstelle des bisherigen Betriebsinhabers **Beteiligter** des anhängigen Verfahrens[5]. Ebenso kann der **Insolvenzverwalter** als Arbeitgeber im Beschlussverfahren beteiligt sein, denn er tritt im Zeitpunkt der Insolvenzeröffnung auch in betriebsverfassungsrechtlicher Hinsicht an die Stelle des Gemeinschuldners[6].

bb) Arbeitnehmer

74 Auch die Beteiligung von Arbeitnehmern am Beschlussverfahren richtet sich **nach materiellem Recht**. Zwar ist zu sehen, dass in Angelegenheiten der Belegschaft eines Betriebes die Vertretung der Arbeitnehmer durch den Betriebsrat erfolgt. Andererseits bestimmt § 83 Abs. 3 ArbGG, dass „die Arbeitnehmer" in dem Verfahren zu hören sind, ohne genau anzuordnen, welche Arbeitnehmer im Einzelnen gemeint sind. Sinnvollerweise hat der einzelne Arbeitnehmer nur dann ein Anhörungsrecht iSv. § 83 Abs. 3 ArbGG, wenn seine individualrechtlichen Interessen durch die begehrte Entscheidung tangiert werden[7]. Das kann etwa dann sein, wenn in einem Beschlussverfahren die Frage des Vorliegens einer Betriebsänderung nach § 111 BetrVG streitig ist. Auch in einem arbeitsgerichtlichen Beschlussverfahren zwecks Ersetzung der Zustimmung des Betriebsrats zur Eingruppierung des Arbeitnehmers in eine tarifliche Entgeltgruppe ist der von ihr betroffene Arbeitnehmer nicht Beteiligter, ebenso wenig in einem sich anschließenden Zwangsgeldverfahren nach § 101 BetrVG[8]. Bereits mit Beschluss vom 27.5.1982[9] hatte das BAG seine bis dahin gültige Rechtsprechung zur Beteiligtenstellung des Arbeitnehmers in Rechtsstreitigkeiten um die betriebsverfassungsrechtliche Zulässigkeit personeller Einzelmaßnahmen aufgegeben und entschieden, dass von einer geplanten Versetzung betroffene Arbeitnehmer in dem Beschlussverfahren über die Zustimmungsersetzung **nicht Beteiligte** sind. In all diesen Fällen hat der Arbeitnehmer lediglich ein Anhörungsrecht nach § 83 Abs. 3 ArbGG.

---

1 So aber BAG 19.2.1975 – 1 ABR 94/73, AP Nr. 10 zu § 5 BetrVG 1972; wohl auch GWBG/*Greiner*, § 83 Rz. 22.
2 *Müller*, ArbRGegw. Bd. 9, 37; *Laux*, S. 82ff.; GMP/*Matthes/Spinner*, § 83 ArbGG Rz. 38; *Ascheid*, Urteils- und Beschlussverfahren, Rz. 1701; vgl. hierzu auch BAG 26.10.2004 – 1 ABR 31/03, NZA 2005, 540 hinsichtlich einer Differenzierung zwischen „fremdem" und „eigenem" Arbeitgeber des Betriebsrats; BAG 16.3.2005 – 7 ABR 43/04, NZA 2005, 1072 (betriebsratsinterne Streitigkeit).
3 BAG 4.12.1986 – 6 ABR 48/85, AP Nr. 13 zu § 19 BetrVG 1972.
4 *Laux*, S. 97.
5 BAG 28.9.1988 – 1 ABR 37/87, AP Nr. 55 zu § 99 BetrVG 1972; 22.11.2005 – 1 ABR 50/04, NZA 2006, 803; 9.12.2008 – 1 ABR 75/07, NZA 2009, 254.
6 BAG 17.9.1974 – 1 AZR 16/74, AP Nr. 1 zu § 113 BetrVG 1972.
7 So auch Schwab/Weth/*Weth*, § 83 ArbGG Rz. 66; GMP/*Matthes/Spinner*, § 83 ArbGG Rz. 44.
8 BAG 31.5.1983 – 1 ABR 57/80, EzA § 118 BetrVG 1972 Nr. 36.
9 BAG 27.5.1982 – 6 ABR 105/79, AP Nr. 3 zu § 80 ArbGG 1979.

Beteiligt ist der einzelne Arbeitnehmer immer dann, wenn er in seiner betriebsverfas- 75
sungsrechtlichen Rechtsstellung durch die beantragte Entscheidung **unmittelbar betroffen** ist[1], also zB beim Streit um sein aktives oder passives Wahlrecht zur Betriebsratswahl oder um seine Mitgliedschaft in einem Betriebsverfassungsorgan. Auch in
einem sog. Statusverfahren, in dem über die Eigenschaft eines Arbeitnehmers als leitender Angestellter zu entscheiden ist, hat der Arbeitnehmer Beteiligtenstellung[2].

In § 103 Abs. 2 Satz 2 BetrVG bestimmt das Gesetz ausdrücklich, dass das von einer 76
beabsichtigten außerordentlichen Kündigung betroffene Betriebsratsmitglied im Zustimmungsersetzungsverfahren **Beteiligter** ist.

cc) Beteiligte Stellen

Wer neben dem Antragsteller und ggf. dem Arbeitgeber sowie dem einzelnen Arbeit- 77
nehmer weiter Beteiligter eines Beschlussverfahrens ist, ergibt sich aus der unmittelbaren **materiell-rechtlichen Betroffenheit** der Personen oder Stellen, bezogen auf ihre
betriebsverfassungsrechtliche, personalvertretungsrechtliche oder mitbestimmungsrechtliche Rechtsposition[3]. Erforderlich ist, dass das Interesse der betroffenen Person
oder Stelle durch eine konkrete Norm geschützt ist; rein tatsächliches Betroffensein
reicht insoweit nicht[4].

Der **Betriebsrat** ist zwar nicht in allen Beschlussverfahren zwingend zu beteiligen. 78
Gleichwohl sind zahlreiche Verfahren denkbar, in denen er unmittelbar in seiner
Rechtsstellung betroffen ist. Das ist zunächst der Fall in den Verfahren, die seine
Wahl, seine Zusammensetzung und seine Existenz zum Gegenstand haben, gleichgültig, ob sie das Gesamtorgan oder nur einzelne Mitglieder berühren. Wenn die rechtlichen Interessen des Gesamtbetriebsrats oder des Konzernbetriebsrats im Streit stehen, ist das entsprechende Organ Beteiligter[5]. Geht im Laufe eines Beschlussverfahrens die Zuständigkeit für die Wahrnehmung des im Verfahren umstrittenen Mitbestimmungsrechts auf ein anderes betriebsverfassungsrechtliches Organ, etwa
vom Betriebsrat auf den Gesamtbetriebsrat, über, wird dieses Organ Beteiligter des anhängigen Beschlussverfahrens[6]. Andererseits ist der Gesamtbetriebsrat nicht Beteiligter, wenn er in einem Beschlussverfahren über ein streitbefangenes Mitbestimmungsrecht des örtlichen Betriebsrats nicht seine eigene Regelungskompetenz in Anspruch
nimmt, sondern ausdrücklich das Mitbestimmungsrecht des Betriebsrats verteidigt[7].

Im Fall einer Eingliederung eines Betriebs unter Verlust seiner Identität in einen (grö- 78a
ßeren) Betrieb verliert der im aufgenommen Betrieb gebildete Betriebsrat sein Mandat, wenn dort ein Betriebsrat gebildet ist (vgl. § 21a BetrVG). Der Betriebsrat des aufnehmenden Betriebs wird gem. § 83 Abs. 3 BetrVG *ipso iure* Beteiligter eines vom Betriebsrat des aufgenommenen Betriebs eingeleiteten Beschlussverfahrens, ohne dass
es der Vornahme besonderer Prozesshandlungen bedarf[8].

Einzelne Mitglieder des Betriebsrats sind im Verfahren auf Kostenerstattung in Bezug 79
auf ihre Funktionsausübung oder die Teilnahme an Schulungsveranstaltungen als

---

1 BAG 6.10.1978 – 1 ABR 75/76, AP Nr. 1 zu § 83 ArbGG 1979; *Laux*, S. 64 ff.
2 BAG 23.1.1986 – 6 ABR 47/82, AP Nr. 31 zu § 5 BetrVG 1972.
3 Vgl. nur BAG 13.3.1984 – 1 ABR 49/82, AP Nr. 9 zu § 83 ArbGG 1979; 28.3.2006 – 1 ABR 59/04, NZA 2006, 1367; 17.4.2012 – 1 ABR 84/10, ArbR 2012, 431; BAG 24.3.2013 – 7 ABR 82/11, NZA 2013, 857; GMP/*Matthes*/*Spinner*, § 83 ArbGG Rz. 13 mwN.
4 GWBG/*Greiner*, § 83 Rz. 17.
5 Vgl. BAG 16.11.2011 – 7 ABR 28/10, NZA 2012, 404.
6 BAG 18.10.1988 – 1 ABR 31/87, AP Nr. 10 zu § 81 ArbGG 1979.
7 BAG 13.3.1984 – 1 ABR 49/82, AP Nr. 9 zu § 83 ArbGG 1979; vgl. auch BAG 28.3.2006 – 1 ABR 59/04, NZA 2006, 1367.
8 BAG 21.1.2003 – 1 ABR 9/02, NZA 2003, 1097.

Antragsteller, der Betriebsrat als Organ beteiligt[1]. Macht dagegen eine Gewerkschaft Kostenerstattungsansprüche, die dem Grunde nach unstreitig sind, aus abgetretenem Recht geltend, kommt dem Betriebsrat die Stellung eines Beteiligten nicht zu[2]. Ebenso wenig ist der Betriebsrat beteiligt in einem Verfahren über den Honoraranspruch eines außerbetrieblichen Beisitzers der Einigungsstelle[3].

80 Geht es in einem Verfahren um das Bestehen und die Grenzen der vielfältigen **Beteiligungsrechte** des Betriebsrats (sei es auf Mitbestimmung, Anhörung, Unterrichtung oder Information) gegenüber dem Arbeitgeber, ist der Betriebsrat regelmäßig Beteiligter[4].

81 Die Beteiligtenstellung des **Konzernbetriebsrats** kommt in Frage für ein Verfahren, in dem streitig ist, aus welchen Unternehmen Mitglieder in ihn entsandt werden können[5].

82 Auch die **Jugend- und Auszubildendenvertretung**, § 60 BetrVG, hat eigene betriebsverfassungsrechtliche Positionen und kann daher Beteiligte sein. Das gilt zum einen in Verfahren über ihre Rechtsstellung und ihre Befugnisse[6], zum anderen ebenso in Streitigkeiten über die Erforderlichkeit der Teilnahme eines Mitglieds an einer Schulungsveranstaltung[7] sowie im Verfahren nach § 78a BetrVG[8]. Dagegen ist die Jugend- und Auszubildendenvertretung nicht Beteiligte in einem Beschlussverfahren, das einen Antrag gegen den Arbeitgeber nach § 23 Abs. 3 BetrVG zum Gegenstand hat; ggf. ist ihre Beteiligung jedoch anzunehmen an einem Verfahren des Betriebsrats oder der Gewerkschaft[9].

83 Eine Beteiligung der **Schwerbehindertenvertretung** (§ 94 SGB IX) hat zu erfolgen, wenn deren betriebsverfassungsrechtliche Stellung in Frage steht, etwa wegen einer Teilnahme an Sitzungen des Wirtschaftsausschusses[10].

84 Denkbar ist des Weiteren eine **Beteiligung des Wahlvorstandes** (§§ 16, 17 BetrVG) in solchen Beschlussverfahren, die während des laufenden Wahlverfahrens im Zusammenhang mit einzelnen Wahlhandlungen oder Maßnahmen des Wahlvorstands anhängig gemacht werden. So ist seine Beteiligung anerkannt, wenn es um die rechtliche Überprüfung des Vorliegens eines selbständigen Betriebes (jetzt: betriebsratsfähige Organisationseinheit) nach § 18 Abs. 2 BetrVG geht[11]. Gleichfalls steht eine Beteiligung des Wahlvorstandes außer Frage in Verfahren über seine Geschäftsführung, Abberufung oder Ersetzung[12], ebenfalls bei Streit um die Kosten eines vom Wahlvorstand beauftragten Rechtsanwalts[13]. Hat hingegen der Wahlvorstand seine ihm nach dem BetrVG obliegenden Aufgaben vollständig erledigt, kann er nicht mehr Beteiligter eines Wahlanfechtungsverfahrens sein, und zwar auch dann nicht, wenn die Wahl wegen seiner mangelhaften Bestellung angefochten wird[14]. Allein ein-

---

1 BAG 13.7.1977 – 1 ABR 19/75, AP Nr. 8 zu § 83 ArbGG 1953; 3.4.1979 – 6 ABR 63/76, AP Nr. 16 zu § 40 BetrVG 1972.
2 BAG 15.1.1992 – 7 ABR 23/90, AP Nr. 41 zu § 40 BetrVG 1972.
3 BAG 12.2.1992 – 7 ABR 20/91, AP Nr. 2 zu § 76a BetrVG 1972.
4 Vgl. beispielhaft nur GMP/*Matthes/Spinner*, § 83 ArbGG Rz. 52.
5 BAG 29.8.1985 – 6 ABR 63/82, AP Nr. 13 zu § 83 ArbGG 1979.
6 BAG 8.2.1977 – 1 ABR 82/74, AP Nr. 10 zu § 80 BetrVG 1972; 15.8.1978 – 6 ABR 10/76, AP Nr. 1 zu § 23 BetrVG 1972.
7 BAG 10.5.1974 – 1 ABR 47/73, AP Nr. 2 zu § 65 BetrVG 1972.
8 BAG 29.11.1989 – 7 ABR 67/88, AP Nr. 20 zu § 78a BetrVG 1972.
9 BAG 15.8.1978 – 6 ABR 10/76, AP Nr. 1 zu § 23 BetrVG 1972.
10 BAG 4.6.1987 – 6 ABR 70/85, AP Nr. 2 zu § 22 SchwbG.
11 BAG 25.9.1986 – 6 ABR 68/84, AP Nr. 7 zu § 1 BetrVG 1972.
12 *Dietz/Nikisch*, § 83 ArbGG Rz. 19.
13 BAG 8.4.1992 – 7 ABR 56/91, NZA 1993, 415.
14 BAG 14.1.1983 – 6 ABR 39/82, AP Nr. 9 zu § 19 BetrVG 1972.

zelne **Wahlvorstandsmitglieder** können noch nach Abschluss der Wahl eine Beteiligtenstellung haben, zB wegen Feststellung der Kosten für die Anfertigung von Wahlvorschlagslisten[1].

Zu hören nach § 83 Abs. 3 ArbGG sind auch die Stellen, die nach dem Sprecherausschussgesetz im Einzelfall beteiligt sind. Dabei handelt es sich um den **Sprecherausschuss** (§ 1 SprAuG), den **Gesamtsprecherausschuss** (§ 16 SprAuG), den **Unternehmenssprecherausschuss** (§ 20 SprAuG) und den **Konzernsprecherausschuss** (§ 21 SprAuG). Diese gesetzlichen Vertretungsorgane der leitenden Angestellten sind immer dann Beteiligte eines Beschlussverfahrens, wenn es um das Bestehen und die Grenzen ihrer Rechte gegenüber dem Arbeitgeber geht, so zB in einem Verfahren zur Überprüfung der Rechtmäßigkeit der Errichtung eines Gesamtsprecherausschusses für leitende Angestellte[2].

85

Neben den betriebsverfassungs- und personalvertretungsrechtlichen Organen selbst sind deren Mitglieder in Beschlussverfahren, die ihre **Position als Organmitglied** berühren, zu beteiligen. Wichtigste gesetzliche Beispiele sind § 103 Abs. 2 BetrVG und § 47 Abs. 1 BPersVG für die Verfahren auf Ersetzung der Zustimmung des Betriebsbzw. Personalrats zur fristlosen Kündigung eines Mitglieds. Aber auch in einem Verfahren über die Erforderlichkeit einer Schulungsveranstaltung ist das Betriebsratsmitglied, das den Besuch der Veranstaltung beabsichtigt, beteiligt[3]. Das gilt ebenfalls für ein Beschlussverfahren, in dem Streitgegenstand ist die Erstattung von durch einen Schulungsbesuch oder eine sonstige Amtstätigkeit entstandenen Kosten[4]. Keine Beteiligtenstellung hat ein Betriebsratsmitglied jedoch, wenn es seine Kostenerstattungsansprüche an die Gewerkschaft abgetreten hat und diese die im Übrigen dem Grunde nach berechtigten Ansprüche nunmehr gerichtlich geltend macht[5].

86

In einem Beschlussverfahren über die Ersetzung der Zustimmung des Betriebsrats zur Eingruppierung eines Arbeitnehmers in eine tarifliche Vergütungsgruppe nach § 99 Abs. 4 BetrVG ist der betroffene **Arbeitnehmer nicht Beteiligter**. Gleiches gilt für ein Mitbestimmungsverfahren nach § 101 BetrVG, dessen Gegenstand eine solche vom Arbeitgeber vorgenommene Eingruppierung ist[6]. Auch der Arbeitnehmer, der von einer geplanten Versetzung betroffen ist, hat in dem Beschlussverfahren über die Ersetzung der vom Betriebsrat verweigerten Zustimmung nicht die Stellung eines Beteiligten[7]. **Beteiligt ist** hingegen der **einzelne Arbeitnehmer**, wenn über sein aktives oder passives Wahlrecht oder seinen Status als leitender Angestellter gestritten wird[8].

87

In einem Verfahren um die Anfechtung seiner Wahl zum Vorsitzenden ist der **Betriebsratsvorsitzende** Beteiligter[9]. **Wahlbewerber**, die in den Betriebsrat gewählt worden sind, haben die verfahrensrechtliche Stellung von Beteiligten in einem Wahlanfechtungsverfahren oder einem Verfahren auf Berichtigung des Wahlergebnisses, das den Verlust ihrer Mitgliedschaft im Betriebsrat zur Folge haben kann[10].

88

Der Status einer beteiligtenfähigen Stelle iSd. § 83 Abs. 3 ArbGG ist schließlich für den Fall, dass betriebsverfassungsrechtliche Positionen nicht einzelnen Organmit-

89

---

1 BAG 3.12.1987 – 6 ABR 79/85, AP Nr. 13 zu § 20 BetrVG 1972.
2 Vgl. BAG 19.2.1975 – 1 ABR 94/73, AP Nr. 10 zu § 5 BetrVG 1972.
3 BAG 28.1.1975 – 1 ABR 92/73, AP Nr. 20 zu § 37 BetrVG 1972.
4 BAG 24.8.1976 – 1 ABR 109/74, AP Nr. 2 zu § 95 ArbGG 1953.
5 BAG 26.10.1994 – 7 ABR 15/94, AP Nr. 43 zu § 40 BetrVG 1972.
6 BAG 31.5.1983 – 1 ABR 57/80, EzA § 118 BetrVG 1972 Nr. 36.
7 BAG 27.5.1982 – 6 ABR 105/79, DB 1982, 2410.
8 BAG 28.4.1964 – 1 ABR 1/64, DB 1964, 1122.
9 BAG 19.3.1974 – 1 ABR 44/73, AP Nr. 1 zu § 26 BetrVG 1972.
10 BAG 12.10.1976 – 1 ABR 1/76, AP Nr. 1 zu § 8 BetrVG 1972.

gliedern, sondern **Beschäftigtengruppen** zukommen, allen Mitgliedern der Gruppe zuzuerkennen[1].

90 Nach der Rechtsprechung des BAG[2] ist die **Einigungsstelle** des § 76 BetrVG nicht beteiligt in einem Verfahren, bei dem es um die Anfechtung des von ihr gefällten Spruchs geht[3], und zwar selbst dann nicht, wenn in dem Beschlussverfahren eine Ermessensüberschreitung der Einigungsstelle zur Überprüfung steht[4]. Geht der Streit jedoch um andere Gegenstände, etwa die Aussetzung des Einigungsstellenverfahrens oder die Befangenheit eines Mitglieds der Einigungsstelle[5], kann die Einigungsstelle Beteiligte sein.

91 Differenziert zu betrachten ist die Frage der **Beteiligtenfähigkeit einer Gewerkschaft**. Nachdem das BAG zunächst Gewerkschaften an Beschlussverfahren immer dann als beteiligt qualifiziert hatte, wenn diese von sich aus dem Verfahren beitraten[6], befand es in seiner Entscheidung vom 20.7.1982[7], dass in Wahlanfechtungsverfahren alle im Betrieb oder Unternehmen vertretenen Gewerkschaften beteiligt sind, und entwickelte seine Rechtsprechung schließlich dahin fort, dass im Wahlanfechtungsverfahren nur diejenige im Betrieb oder Unternehmen vertretene Gewerkschaft die Stellung einer Beteiligten hat, die von ihrem Anfechtungsrecht tatsächlich Gebrauch macht[8]. In Fortsetzung seiner Tendenz der Einschränkung der Beteiligtenstellung von Gewerkschaften ist in einem Verfahren zu der Frage des Vorliegens eines selbständigen Betriebs nach § 18 Abs. 2 BetrVG aF eine Gewerkschaft ebenso wenig zu beteiligen[9] wie in einem Rechtsstreit über die Errichtung eines Gesamtbetriebsrats[10] oder eines Konzernbetriebsrats[11].

92 **Keine Beteiligtenstellung** hat eine **Gewerkschaft** in Beschlussverfahren über

– das Bestehen von Mitbestimmungsrechten[12], selbst dann nicht, wenn diese von tariflichen Normen abhängen[13];

– die Rechtswirksamkeit einer Betriebsvereinbarung, wenn nicht die Tarifautonomie berührt ist oder ein grober Gesetzesverstoß iSv. § 23 Abs. 3 BetrVG vorliegt[14];

– die Erforderlichkeit einer Schulungsveranstaltung für ein Betriebsratsmitglied, auch wenn die Gewerkschaft selbst Träger der Veranstaltung ist[15].

93 Dagegen ist die **Gewerkschaft beteiligt** in Verfahren um

---

1 BAG 29.7.1982 – 6 ABR 51/79, AP Nr. 5 zu § 83 ArbGG 1979; 15.1.1992 – 7 ABR 24/91, NZA 1992, 1091.
2 BAG 28.7.1981 – 1 ABR 65/79, AP Nr. 3 zu § 87 BetrVG 1972 – Arbeitssicherheit; 31.8.1982 – 1 ABR 27/80, AP Nr. 8 zu § 87 BetrVG 1972 – Arbeitszeit.
3 AA LAG Berlin 15.6.1977 – 9 TaBV 1/77, EzA § 87 BetrVG 1972 Nr. 6; LAG Hamm 21.10.1977 – 3 TaBV 57/77, EzA § 76 BetrVG 1972 Nr. 19.
4 BAG 28.4.1981 – 1 ABR 53/79, AP Nr. 1 zu § 87 BetrVG 1972 – Vorschlagswesen.
5 Vgl. GMP/*Matthes*/*Spinner*, § 83 ArbGG Rz. 67; LAG Hamm 2.6.1992 – 13 TaBV 70/92, BB 1992, 1929.
6 Vgl. etwa BAG 30.3.1963 – 1 ABR 11/62, AP Nr. 2 zu § 88 BetrVG.
7 BAG 20.7.1982 – 1 ABR 19/81, AP Nr. 26 zu § 76 BetrVG 1952.
8 BAG 19.9.1985 – 6 ABR 4/85, AP Nr. 12 zu § 19 BetrVG 1972; so jetzt auch GWBG/*Greiner*, § 83 ArbGG Rz. 42, 43.
9 S. BAG 25.9.1986 – 6 ABR 68/84, AP Nr. 7 zu § 1 BetrVG 1972.
10 BAG 30.10.1986 – 6 ABR 52/83, AP Nr. 6 zu § 47 BetrVG 1972.
11 BAG 14.2.2007 – 7 ABR 26/06, NZA 2007, 999.
12 BAG 24.4.1979 – 1 ABR 43/77, AP Nr. 63 zu Art. 9 GG – Arbeitskampf.
13 BAG 25.5.1982 – 1 ABR 19/80, AP Nr. 2 zu § 87 BetrVG 1972 – Prämie.
14 BAG 20.8.1991 – 1 ABR 85/90, AP Nr. 2 zu § 77 BetrVG 1972 – Tarifvorbehalt.
15 BAG 28.1.1975 – 1 ABR 92/73, AP Nr. 20 zu § 37 BetrVG 1972.

III. Beschlussverfahren vor dem Arbeitsgericht Rz. 96 Teil 5 H

- das Teilnahmerecht von Gewerkschaftsvertretern an Sitzungen des Wirtschaftsausschusses[1], des Betriebsrats oder an einer Betriebsversammlung[2];
- den Status eines Arbeitnehmers als leitender Angestellter[3];
- die Tarifzuständigkeit[4].

Keine beteiligtenfähigen Stellen iSd. § 83 Abs. 3 ArbGG sind 94
- der Wirtschaftsausschuss[5], es sei denn in einem Verfahren, in dem gegen ihn Rechte geltend gemacht werden[6];
- ein Arbeitgeberverband[7] mangels eigener betriebsverfassungsrechtlicher Rechtspositionen;
- der Sachverständige in einem Verfahren, in dem es um seine Bestellung geht[8];
- der betriebliche Datenschutzbeauftragte, dessen Rechte und Pflichten sich nicht aus dem Betriebsverfassungs-, sondern aus dem Datenschutzrecht ergeben[9];
- der Rechtsanwalt in einem Verfahren des Betriebsrats auf Freistellung von Honoraransprüchen des Anwalts[10];
- die Paritätische Kommission nach dem Entgeltrahmentarifvertrag in der Metall- und Elektroindustrie in Baden-Württemberg[11].

c) Rechtsfolgen bei fehlerhafter Beteiligung

Die **Anhörung und Hinzuziehung** der am Beschlussverfahren Beteiligten erfolgt durch das Arbeitsgericht von Amts wegen[12]. Es stellt einen Verfahrensfehler dar, Personen oder Stellen mit Beteiligtenstatus nicht hinzugezogen zu haben. Ein solcher Fehler, der allerdings nicht zur Rechtsunwirksamkeit der Entscheidung führt[13], lässt sich jederzeit dadurch beheben, dass die betroffenen Personen oder Stellen zukünftig beteiligt werden[14]. Ist bereits eine gerichtliche Entscheidung ergangen, steht dem bis dahin nicht Beteiligten das gegebene Rechtsmittel zu[15]. 95

Bleibt hingegen ein Beteiligter auf Ladung des Gerichts unentschuldigt aus, so hat das Gericht seiner Pflicht zur Anhörung Genüge getan[16].

Stellt sich erst im Beschwerdeverfahren vor dem LAG heraus, dass eine **Beteiligung** verfahrensfehlerhaft **unterblieben** ist, scheidet eine Zurückverweisung an das Arbeitsgericht wegen § 91 Abs. 1 ArbGG aus. Das LAG entscheidet jedoch unter Hinzuziehung des bis dahin nicht Beteiligten in der Sache neu[17]. 96

---

1 BAG 18.11.1980 – 1 ABR 31/78, AP Nr. 2 zu § 108 BetrVG 1972.
2 BAG 14.2.1967 – 1 ABR 7/66, AP Nr. 2 zu § 45 BetrVG 1972.
3 BAG 5.3.1974 – 1 ABR 19/73, AP Nr. 1 zu § 5 BetrVG 1972; s. aber BAG 19.11.1974 – 1 ABR 50/73, AP Nr. 3 zu § 5 BetrVG 1972.
4 BAG 11.6.2013 – 1 ABR 32/12, NZA 2013, 1363.
5 BAG 7.4.1981 – 1 ABR 83/78, AP Nr. 16 zu § 118 BetrVG 1972; 22.1.1991 – 1 ABR 38/89, AP Nr. 9 zu § 106 BetrVG 1972.
6 BAG 29.7.1982 – 6 ABR 51/79, AP Nr. 5 zu § 83 ArbGG 1979; 5.11.1985 – 1 ABR 56/83, AP Nr. 4 zu § 117 BetrVG 1972.
7 BAG 19.5.1978 – 6 ABR 41/75, AP Nr. 3 zu § 43 BetrVG 1972.
8 BAG 25.4.1978 – 6 ABR 9/75, AP Nr. 11 zu § 80 BetrVG 1972.
9 BAG 11.11.1997 – 1 ABR 21/97, NZA 1998, 385.
10 BAG 3.10.1978 – 6 ABR 102/76, AP Nr. 14 zu § 40 BetrVG 1972.
11 BAG 16.8.2011 – 1 ABR 30/10, NZA 2012, 873.
12 Vgl. BAG 26.11.1968 – 1 ABR 7/68, AP Nr. 18 zu § 76 BetrVG; 28.3.2006 – 1 ABR 58/04, NZA 2006, 1112 (Prüfung in jedem Verfahrensstadium).
13 GWBG/*Greiner*, § 83 ArbGG Rz. 45.
14 GMP/*Matthes/Spinner*, § 83 ArbGG Rz. 26.
15 BAG 26.11.1968 – 1 ABR 7/68, AP Nr. 18 zu § 76 BetrVG; GWBG/*Greiner*, § 83 ArbGG Rz. 45.
16 LAG Berlin 19.10.1998 – 9 TaBV 1/98 u.a., NZA 1998, 1354.
17 GMP/*Matthes/Spinner*, § 83 ArbGG Rz. 28.

97 **Unterbleibt** die **Hinzuziehung** eines Beteiligten **vor dem LAG**, hat dies das BAG in der Rechtsbeschwerdeinstanz im Zusammenhang mit der sachlichen Überprüfung der angefochtenen Entscheidung nur auf eine ordnungsgemäße Rüge hin zu berücksichtigen[1]; die Rüge kann von jedem Beteiligten erhoben werden[2]. In der Beschwerdeinstanz führt die Nichtbeteiligung zur Aufhebung des angefochtenen Beschlusses und zur Zurückverweisung an das LAG, wenn die Entscheidung auf diesem Verfahrensfehler beruht[3]. Allerdings muss zu erwarten stehen, dass die Anhörung des bislang nicht Beteiligten neue Erkenntnisse bringt[4].

98 Es bedeutet auch einen **Verfahrensfehler**, wenn Personen oder Stellen, die am Beschlussverfahren nach materiellem Recht **nicht beteiligt** sind, vom Arbeitsgericht **als Beteiligte herangezogen** werden. Ebenso wie bei der Nichtbeteiligung von Beteiligten ist dieser Fehler für die Zukunft dadurch behebbar, dass eine Beteiligung am Verfahren unterbleibt. Hierüber kann, muss jedoch nicht, durch unselbständigen Zwischenbeschluss nach § 303 ZPO entschieden werden[5]. Hat dagegen ein zu Unrecht Beteiligter gegen die ergangene Entscheidung ein Rechtsmittel eingelegt, ist über dessen Zulässigkeit förmlich zu entscheiden.

3. Vertretung im Beschlussverfahren

a) Vertretung

99 Für das Beschlussverfahren vor dem Arbeitsgericht gilt gem. § 80 Abs. 2 ArbGG die Bestimmung über die Prozessvertretung des § 11 ArbGG **entsprechend**. Das bedeutet zunächst einmal, dass die beteiligtenfähigen Beteiligten den Rechtsstreit in erster Instanz selbst führen können. Für den Betriebsrat handelt regelmäßig sein Vorsitzender, § 26 Abs. 3 Satz 1 BetrVG, allerdings nicht als gesetzlicher Vertreter des Betriebsverfassungsorgans, sondern lediglich als sog. Vertreter in der Erklärung[6]. Das bedeutet, dass der Betriebsratsvorsitzende sich nur im Bereich der vom Betriebsrat getroffenen Beschlüsse bewegen und nur insoweit Prozesshandlungen vornehmen kann.

100 **Vergleichbare Regelungen** gelten auch für die Außenvertretung von Gesamtbetriebsrat und Konzernbetriebsrat, ebenso für die Vertretung des Sprecherausschusses, § 11 Abs. 2 SprAuG, und des Gesamt- bzw. Konzernsprecherausschusses.

101 **Verfahrensbevollmächtigte** können insbesondere **Rechtsanwälte** sein. Die Beauftragung eines Rechtsanwalts durch den Betriebsrat führt zur Kostentragungspflicht des Arbeitgebers, wenn der Betriebsrat die Hinzuziehung eines Rechtsanwalts bei verständiger und pflichtgemäßer Abwägung aller zu berücksichtigenden Umstände für sachlich notwendig halten durfte[7]. Eine sachliche Notwendigkeit für die Prozessvertretung durch einen Rechtsanwalt liegt im erstinstanzlichen Beschlussverfahren nicht vor bei einem in tatsächlicher und rechtlicher Hinsicht **problemlosen Rechtsstreit**[8]. Da über § 80 Abs. 2 ArbGG auch die Vorschrift des § 11a ArbGG zum Tragen kommt, ist in Fällen, in denen Beteiligte natürliche Personen sind, die Beiordnung ei-

---

1 BAG 15.8.1978 – 6 ABR 56/77, AP Nr. 3 zu § 47 BetrVG 1972; 21.8.2001 – 3 ABR 44/00, NZA 2002, 575.
2 BAG 20.2.1986 – 6 ABR 25/85, AP Nr. 1 zu § 63 BetrVG 1972.
3 GMP/*Matthes*/*Spinner*, § 96 ArbGG Rz. 14, 16.
4 BAG 19.3.1974 – 1 ABR 44/73, AP Nr. 1 zu § 26 BetrVG 1972; *Schaub*, Arbeitsgerichtsverfahren, § 58 Rz. 34.
5 GMP/*Matthes*/*Spinner*, § 83 ArbGG Rz. 32.
6 Vgl. BAG 26.9.1963 – 2 AZR 220/63, AP Nr. 2 zu § 70 PersVG – Kündigung; BVerwG 21.7.1982 – 6 P 14.79, PersV 1983, 316; *Fitting*, § 26 BetrVG Rz. 22 mwN.
7 BAG 26.11.1974 – 1 ABR 16/74, AP Nr. 6 zu § 20 BetrVG 1972; 28.8.1991 – 7 ABR 72/90, BB 1991, 2306.
8 *Stege*/*Weinspach*, § 40 BetrVG Rz. 11.

III. Beschlussverfahren vor dem Arbeitsgericht   Rz. 115   Teil 5 H

Rechtes zu sein. Antragsbefugt in diesem Sinne ist derjenige, der ein **eigenes Recht** geltend macht[1], zB eine Leistung an sich verlangt. Auch für einen Antrag auf Feststellung eines Rechtsverhältnisses, an dem der Antragsteller selbst beteiligt ist, ist die Antragsbefugnis gegeben.

Es fehlt dagegen an einer Antragsbefugnis für einen Antrag des Betriebsrats, durch den dem Arbeitgeber die Anordnung bestimmter Arbeitsschichten untersagt werden soll, wenn insoweit das Mitbestimmungsrecht vom Arbeitgeber nicht in Frage gestellt wird[2]. 111a

Darüber hinaus gibt es zahlreiche ausdrücklich **normierte Antragsrechte** für bestimmte Personen oder Stellen, die allesamt bezwecken, mehr oder weniger gestaltend bzw. feststellend auf die betriebsverfassungsrechtliche Ordnung einzuwirken[3]. So enthalten das Betriebsverfassungsgesetz, aber auch die Personalvertretungsgesetze, Mitbestimmungsgesetze und Wahlordnungen in großer Anzahl Antragsrechte für die verschiedenen Personen und Stellen[4]. 112

Letztlich verfolgt das Erfordernis der Antragsbefugnis im arbeitsgerichtlichen Beschlussverfahren den Zweck, **Popularklagen auszuschließen**[5]. Nur wer in der Lage ist, eigene Rechte geltend zu machen, soll befugt sein, als Antragsteller ein Beschlussverfahren zu führen. Ob er das begehrte Recht tatsächlich beanspruchen kann, ist demgegenüber eine Frage der Begründetheit seines Anspruchs. 113

Nicht verwechselt werden darf die Antragsbefugnis mit der **Prozessstandschaft**. Grundsätzlich muss der Antragsteller eigene Rechte geltend machen, so dass eine Verfolgung arbeitnehmerseitiger Individualansprüche im Wege der Prozessstandschaft nicht zulässig ist[6]. Es sind jedoch im Beschlussverfahren auch Fälle gesetzlicher Prozessstandschaft denkbar. So kann der Betriebsrat nach § 50 Abs. 2 BetrVG bzw. § 58 Abs. 2 BetrVG den Gesamt- bzw. Konzernbetriebsrat beauftragen, eine Angelegenheit für ihn zu regeln, was die Ermächtigung zur Führung eines Rechtsstreits umfasst[7]. Auch eine Geltendmachung von Kostenerstattungsansprüchen einzelner Betriebsratsmitglieder kann durch den Betriebsrat als Prozessstandschafter erfolgen[8]. 114

Weigert sich der Arbeitgeber, im Rahmen von **Personalgesprächen** nach § 82 Abs. 2 Satz 1 BetrVG der **Hinzuziehung** eines **Betriebsratsmitglieds** zu entsprechen, kann der Betriebsrat die streitige Rechtsposition im Verhältnis zum Arbeitgeber feststellen lassen. Es ist dies der Fall einer sich aus § 23 Abs. 3 Satz 1 BetrVG ergebenden Prozessstandschaft[9].

b) Fristen für die Verfahrenseinleitung

Hier gelten keine Besonderheiten. § 80 Abs. 2 ArbGG verweist für das Beschlussverfahren des ersten Rechtszugs hinsichtlich der Vorschriften über Ladungen, Termine und Fristen auf das Urteilsverfahren. Zu beachten ist insoweit nur § 47 Abs. 1 ArbGG. Nach dieser Bestimmung iVm. § 80 Abs. 2 ArbGG muss auch die Antrags- 115

---

1 BAG 18.2.2003 – 1 ABR 17/02, NZA 2004, 336; 20.5.2008 – 1 ABR 19/07, NZA-RR 2009, 102; LAG Schl.-Holst. 15.9.2009 – 5 TaBV 9/09, NZA-RR 2010, 24.
2 BAG 18.2.2003 – 1 ABR 17/02, NZA 2004, 336.
3 *Lepke*, ArbuR 1973, 108 ff.
4 Vgl. die Zusammenstellung wichtiger Einzelfälle bei GMP/*Matthes*/*Spinner*, § 81 ArbGG Rz. 62 ff.
5 BAG 30.10.1986 – 6 ABR 52/83, AP Nr. 6 zu § 47 BetrVG 1972.
6 BAG 5.5.1992 – 1 ABR 1/92, NZA 1992, 1089; 18.1.2005 – 3 ABR 21/04, NZA 2006, 167.
7 BAG 6.4.1976 – 1 ABR 27/74, AP Nr. 2 zu § 50 BetrVG 1972.
8 BAG 29.1.1974 – 1 ABR 34/73, AP Nr. 8 zu § 37 BetrVG 1972; 9.9.1975 – 1 ABR 21/74, AP Nr. 6 zu § 83 ArbGG 1953.
9 BAG 16.11.2004 – 1 ABR 53/03, DB 2005, 504.

schrift mindestens **eine Woche vor dem Termin** den Beteiligten von Amts wegen **zugestellt** sein. Im Übrigen finden über § 46 Abs. 2 ArbGG die §§ 214 ff. ZPO Anwendung.

116 Von Bedeutung sind verschiedene durch rechtzeitige Antragserhebung beim Arbeitsgericht zu wahrende **Fristen:**
– Antrag nach § 103 Abs. 2 BetrVG auf Zustimmungsersetzung: ist innerhalb der **Zwei-Wochen-Frist** des § 626 Abs. 2 BGB zu stellen; Nichteinhalten der Frist macht den Antrag nicht unzulässig, sondern unbegründet[1].

117 – Anfechtung eines Einigungsstellenspruchs, § 76 Abs. 5 Satz 4 BetrVG: ist als Antrag auf Feststellung der Unwirksamkeit des Spruchs innerhalb einer Frist von **zwei Wochen**, gerechnet vom Tag der Zuleitung des Beschlusses, beim Arbeitsgericht anhängig zu machen. Eine Verlängerung dieser materiell-rechtlichen Ausschlussfrist oder eine Wiedereinsetzung in den vorigen Stand ist ausgeschlossen[2]. Der Antrag muss eine Begründung enthalten, die Zweifel an der Einhaltung des Ermessens durch die Einigungsstelle erkennen lässt. Wird die Begründung des Feststellungsantrags erst nach Fristablauf nachgeholt, gilt die Frist als versäumt[3].

118 – **Anfechtung der Betriebsratswahl:** nach § 19 Abs. 2 Satz 2 BetrVG binnen **zwei Wochen**, gerechnet vom Tag der Bekanntgabe des Wahlergebnisses durch den Wahlvorstand (vgl. §§ 18, 3 Abs. 4 WO) an, d.h., der Anfechtungsantrag muss spätestens am letzten Tag der Frist beim Arbeitsgericht in begründeter Form eingehen[4]. Die Benennung eines falschen Anfechtungsgegners ist dagegen unschädlich[5].

119 – Anfechtung der Aufsichtsratswahl:
  – nach § 22 Abs. 2 Satz 2 MitbestG binnen **zwei Wochen**, gerechnet vom Tag der Veröffentlichung im Bundesanzeiger an (für Anfechtung der Wahl der Arbeitnehmervertreter);
  – nach § 10k Abs. 2 Satz 2 MitbestErgG binnen **zwei Wochen**, gerechnet vom Tag der Bekanntgabe des Wahlergebnisses an (für Anfechtung der Wahl der Delegierten);
  – nach § 11 Abs. 2 DrittelbG binnen **zwei Wochen** (für Anfechtung der Wahl von Aufsichtsratsmitgliedern der Arbeitnehmer[6]);
  – nach § 37 Abs. 2 Satz 3 SEBG innerhalb **eines Monats** nach dem Bestellungsbeschluss der Hauptversammlung (für die Anfechtung der Wahl von inländischen Arbeitnehmervertretern);
  – nach § 37 Abs. 2 Satz 3 SCEBG innerhalb **eines Monats** nach dem Bestellungsbeschluss der Generalversammlung (für die Wahl von inländischen Arbeitnehmervertretern);
  – nach § 26 Abs. 2 Satz 3 MgVG innerhalb **eines Monats** nach Bekanntgabe gem. § 25 Abs. 3 Satz 2 oder 3 MgVG (für die Wahl von inländischen Arbeitnehmervertretern).

c) Antragsarten

120 Wie das Urteilsverfahren kennt auch das arbeitsgerichtliche Beschlussverfahren als mögliche Rechtsschutzformen insbesondere **Leistungs-, Feststellungs- und Gestaltungsanträge.**

---

1 BAG 18.8.1977 – 2 ABR 19/77, AP Nr. 10 zu § 103 BetrVG 1972.
2 BAG 26.5.1988 – 1 ABR 11/87, AP Nr. 26 zu § 76 BetrVG 1972.
3 BAG 26.5.1988 – 1 ABR 11/87, AP Nr. 26 zu § 76 BetrVG 1972.
4 BAG 24.5.1965 – 1 ABR 1/65, BB 1965, 1068.
5 LAG Hamm 27.3.1991 – 3 TaBV 110/90, BB 1991, 1340.
6 Vgl. zur Rechtslage unter Geltung der vormaligen §§ 76 ff. BetrVG 1952: BAG 20.7.1982 – 1 ABR 19/81, AP Nr. 26 zu § 76 BetrVG.

Leistungsanträge, denen gegenüber entsprechende Feststellungsanträge subsidiär sind[1], können gerichtet sein auf eine Handlung, Duldung oder Unterlassung. Ihre Vollstreckung richtet sich nach § 85 Abs. 1 ArbGG. **121**

Auf eine **Handlung** zielen zB Anträge auf Erstattung von Fahrtkosten, Herausgabe von Unterlagen, Zurverfügungstellung von Sachmitteln für die Betriebsratsarbeit, aber etwa auch die Erfüllung von Informationspflichten gegenüber dem Betriebsrat oder Wirtschaftsausschuss. Daneben können sich Leistungsanträge richten auf die **Duldung** eines Verhaltens, zB das Zutrittsrecht des Betriebsrats zu Arbeitsplätzen[2], sowie auf die **Unterlassung** von Handlungen[3], die jedoch im Antrag konkret zu bezeichnen sind[4]. **122**

Feststellungsanträge entsprechend § 256 Abs. 1 ZPO auf das Bestehen oder Nichtbestehen eines Rechtsverhältnisses oder auch nur einzelner Rechte und Pflichten aus diesem Rechtsverhältnis sind bereits rein quantitativ im Beschlussverfahren von herausragender Bedeutung. Einschränkend ist jedoch darauf hinzuweisen, dass ein Antrag auf **Feststellung von Tatsachen** grundsätzlich **nicht zulässig** ist. Beantragt der Betriebsrat zB festzustellen, dass ein bestimmter Vorgang eine Betriebsänderung iSv. § 111 BetrVG darstellt, so wird gleichwohl um ein Rechtsverhältnis iSd. § 256 Abs. 1 ZPO gestritten, weil hier das Gesetz an das Vorliegen bestimmter Tatsachen zwingende Rechtsfolgen knüpft. Ebenso wenig ist es Aufgabe der Arbeitsgerichte, lediglich rechtsgutachterlich tätig zu werden[5]. Jeder Feststellungsantrag muss vielmehr von einem **besonderen Feststellungsinteresse** getragen sein. Ein solches ist vielfach zu bejahen bei Anträgen auf Bestehen oder Nichtbestehen von Mitbestimmungsrechten an bestimmten Maßnahmen des Arbeitgebers oder an betrieblichen Vorgängen[6]. Der Antragsteller hat jedoch in seinem Sachantrag die Maßnahme oder den Vorgang, für die er ein Mitbestimmungsrecht in Anspruch nimmt, möglichst genau zu bezeichnen[7]. **123**

Für einen Antrag, durch den festgestellt werden soll, dass eine bestimmte Regelung von einem Mitbestimmungsrecht gedeckt ist, kann ein Feststellungsinteresse gegeben sein[8]. Des Weiteren hat die Rechtsprechung – nur beispielhaft aufgezählt – ein Feststellungsinteresse angenommen für **Anträge auf Feststellung** **124**
- der Zuständigkeit oder Unzuständigkeit der Einigungsstelle[9];
- einer mitbestimmungspflichtigen Versetzung, wenn eine Abordnung von Arbeitnehmern in eine andere Filiale des Unternehmens auch nur für wenige Tage erfolgt[10];

---

1 BAG 1.12.1961 – 1 ABR 9/60, AP Nr. 1 zu § 80 ArbGG 1953; 19.6.1984 – 1 ABR 6/83, AP Nr. 2 zu § 92 BetrVG 1972.
2 BAG 13.6.1989 – 1 ABR 4/88, AP Nr. 36 zu § 80 BetrVG 1972.
3 Etwa BAG 26.7.2005 – 1 ABR 29/04 für künftige Unterlassung mitbestimmungswidrigen Verhaltens; 18.8.2009 – 1 ABR 47/08, NZA 2010, 222 (Unterlassung mittelbar altersdiskriminierender Stellenausschreibung); 23.6.2009 – 1 ABR 23/08, NZA 2009, 1430 (kein allgemeiner Unterlassungsanspruch bei personellen Einzelmaßnahmen).
4 BAG 22.7.1980 – 6 ABR 5/78, AP Nr. 3 zu § 74 BetrVG 1972; 29.9.2004 – 1 ABR 29/03, NZA 2005, 313; 14.9.2010 – 1 ABR 32/09, NZA 2011, 364.
5 BAG 3.5.2006 – 1 ABR 63/04, NZA 2007, 285.
6 BAG 16.8.1983 – 1 ABR 11/82, AP Nr. 2 zu § 81 ArbGG 1979; vgl. aber BAG 1.7.2009 – 4 ABR 8/08, NZA 2010, 120 (kein Rechtsschutzinteresse an Feststellung, dass ein Arbeitgeber an einen bestimmten Tarifvertrag gebunden ist).
7 BAG 17.5.1983 – 1 ABR 21/80, AP Nr. 19 zu § 80 BetrVG 1972; 24.11.1981 – 1 ABR 108/79, AP Nr. 8 zu § 87 BetrVG 1972 – Lohngestaltung.
8 BAG 22.12.1981 – 1 ABR 38/79, AP Nr. 7 zu § 87 BetrVG 1972 – Lohngestaltung; 13.10.1987 – 1 ABR 10/86, AP Nr. 24 zu § 87 BetrVG 1972 – Arbeitszeit; ebenso wohl *Matthes*, DB 1984, 453.
9 BAG 24.11.1981 – 1 ABR 42/79, AP Nr. 11 zu § 76 BetrVG 1972.
10 BAG 16.12.1986 – 1 ABR 52/85, AP Nr. 40 zu § 99 BetrVG 1972.

- eines Zustimmungsverweigerungsrechts des Betriebsrats, wenn Leiharbeitnehmer trotz Beschäftigungsunterbrechung insgesamt länger als sechs Monate beschäftigt werden sollen[1];
- der Freistellung zu Schulungsveranstaltungen, auch noch nach deren Durchführung[2];
- des Status eines Arbeitnehmers als leitender Angestellter[3].

125 Der Feststellungsantrag **kann positiv** oder **negativ formuliert** sein und ist auch als allgemeiner Zwischenfeststellungsantrag entsprechend § 256 Abs. 2 ZPO zulässig[4].

126 In der betriebsverfassungsrechtlichen Praxis sind nicht selten **Gestaltungsanträge** von Relevanz. Wichtige Fälle, bei denen der gerichtlichen Entscheidung gestaltende Wirkung zukommt, sind der Antrag auf Auflösung des Betriebsrats oder Ausschluss eines seiner Mitglieder (§ 23 BetrVG), auf Zustimmungsersetzung zur fristlosen Kündigung eines betriebsverfassungsrechtlichen Funktionsträgers (§ 103 BetrVG), auf Zustimmungsersetzung zu einer personellen Maßnahme (§ 99 BetrVG), auf Bestellung des Vorsitzenden einer Einigungsstelle sowie Bestimmung der Zahl der Beisitzer (§ 76 BetrVG).

126a Kein Rechtsschutzbedürfnis besteht für die **Anfechtung** einer **Freistellungswahl** (§ 38 BetrVG), wenn die Amtszeit des Betriebsrats, der zuvor die Wahl der freizustellenden Betriebsratsmitglieder durchgeführt hat, abgelaufen ist[5].

127 Es ist zulässig, mehrere Anträge gleichzeitig zu stellen, um auf diese Weise unterschiedliche Streitgegenstände entscheiden zu lassen (**objektive Antragshäufung**). Ebenso zulässig ist es, zusammen mit weiteren Antragstellern verschiedene Anträge gegen mehrere Beteiligte zu richten (**subjektive Antragshäufung**). Die Antragshäufung kann schließlich auch darin bestehen, dass ein oder mehrere Hauptanträge zusammen mit einem oder mehreren Hilfsanträgen gestellt werden. In einem solchen Fall hat der jeweilige Antragsteller zu verdeutlichen, in welchem Verhältnis die Anträge zueinander stehen bzw. in welcher Reihenfolge über sie entschieden werden soll, falls sich dies nicht bereits aus den Anträgen selbst ergibt. So ist selbstverständlich zunächst über die geltend gemachte Nichtigkeit einer Betriebsratswahl und ggf. erst anschließend über die gleichzeitig erklärte Anfechtung zu entscheiden[6].

128 Um eine **Antragshäufung kraft Gesetzes** handelt es sich, wenn der Arbeitgeber gem. § 100 Abs. 2 Satz 3 BetrVG im Rahmen der vorläufigen Durchführung einer personellen Maßnahme beim Arbeitsgericht zusammen mit dem Zustimmungsersetzungsantrag den Feststellungsantrag stellt, dass die personelle Maßnahme aus sachlichen Gründen dringend erforderlich war[7].

d) Bestimmtheitsgrundsatz

129 Nicht nur aus Gründen einer späteren möglichst problemlosen Zwangsvollstreckung ist der Bestimmtheit des das Beschlussverfahren einleitenden Antrags besondere Aufmerksamkeit zu widmen. Vielmehr wird durch den vom Antragsteller vorgenommenen Antrag der **Verfahrensgegenstand bestimmt**; an ihn ist das Gericht während des

---

1 BAG 28.9.1988 – 1 ABR 85/87, AP Nr. 60 zu § 99 BetrVG 1972.
2 BAG 16.3.1976 – 1 ABR 43/74, AP Nr. 22 zu § 37 BetrVG 1972.
3 BAG 19.11.1974 – 1 ABR 20/73, AP Nr. 2 zu § 5 BetrVG 1972.
4 BAG 1.2.1989 – 4 ABR 86/88, AP Nr. 63 zu § 99 BetrVG 1972.
5 BAG 21.6.2006 – 7 ABR 45/05, nv.
6 BAG 17.1.1978 – 1 ABR 71/76, AP Nr. 1 zu § 1 BetrVG 1972.
7 Vgl. BAG 15.9.1987 – 1 ABR 44/86, AP Nr. 46 zu § 99 BetrVG 1972.

III. Beschlussverfahren vor dem Arbeitsgericht Rz. 132 Teil 5 H

gesamten Verfahrens gebunden. Dh., im Rahmen des gestellten Antrags ermittelt das Arbeitsgericht den Sachverhalt und entscheidet über ihn mit für die Beteiligten bindender Wirkung[1].

Allerdings hat der Vorsitzende des Arbeitsgerichts in jeder Phase des Verfahrens nach § 139 Abs. 1 ZPO auf **sachdienliche Anträge** hinzuwirken[2]. Dies kann eine Antragsänderung (Rz. 155 ff.) zur Folge haben. Darüber hinaus sollten sich der Antragsteller und sein Verfahrensbevollmächtigter einem vom Gericht her drohenden Hinweis auf einen unbestimmten Antrag schon im Vorfeld durch die Stellung von zusätzlichen Hilfsanträgen entziehen. — 130

In ständiger Rechtsprechung fordert das BAG für die Bestimmung des Streitgegenstandes im Antrag, wenn es um das Bestehen von Mitbestimmungsrechten geht, eine so **genaue Bezeichnung** der **Maßnahme des Arbeitgebers** oder des **betrieblichen Vorgangs**, für die ein Mitbestimmungsrecht beansprucht wird, dass aus dem Tenor der Entscheidung der tatsächliche Umfang des Mitbestimmungsrechts eindeutig hervorgeht[3]. Von einem in diesem Sinn klar formulierten Streitgegenstand ist auch dann auszugehen, wenn der Antragsteller sein Feststellungsbegehren auf verschiedene Mitbestimmungstatbestände stützt und hierzu die entsprechenden Gesetzesbestimmungen im Antrag benennt[4] oder wenn der Antrag die Frage, ob eine konkrete Detailregelung von einem Mitbestimmungsrecht gedeckt ist, zum Streitgegenstand macht[5]. Jedoch lässt sich der Gegenstand des Verfahrens nicht auf einzelne Anspruchsgrundlagen beschränken[6], indem etwa das Zutrittsrecht einer Gewerkschaft zum Betrieb nur auf § 2 Abs. 2 BetrVG gestützt wird[7]. Ein solches Vorgehen hindert eine gerichtliche Prüfung weiterer möglicher Anspruchsgrundlagen nicht[8]. — 131

Der **Antrag einer Gewerkschaft**, einen Arbeitgeber zu verurteilen, die Anwendung näher bezeichneter **Arbeitsbedingungen gegenüber** ihren **Mitgliedern zu unterlassen**, ist ohne namentliche Benennung der Gewerkschaftsmitglieder **nicht hinreichend bestimmt**. Ein solcher Antrag wälzt in unzulässiger Weise das Risiko des Unterliegens der Gewerkschaft auf den Arbeitgeber ab und verstößt gegen den das rechtsstaatliche Verfahren beherrschenden Grundsatz, dass der Prozessgegner die Möglichkeit haben muss, sich rechtmäßig zu verhalten, Kenntnis von allen entscheidungserheblichen Tatsachen zu nehmen und die Angaben der darlegungs- und beweisbelasteten Partei selbst nachzuprüfen[9]. — 131a

Auch ein sog. **Globalantrag**[10] kann dem Bestimmtheitserfordernis genügen. Ein solcher liegt vor, wenn hinsichtlich jeder Anordnung bestimmt bezeichneter Maßnahmen die Feststellung eines Mitbestimmungsrechts beantragt wird. So ist ein Antrag bestimmt genug, mit dem festgestellt werden soll, dass dem Betriebsrat ein Mit- — 132

---

1 Vgl. BAG 6.12.1983 – 1 ABR 43/81, AP Nr. 7 zu § 87 BetrVG 1972 – Überwachung.
2 So schon GWBG/*Greiner*, § 80 ArbGG Rz. 25.
3 BAG 17.5.1983 – 1 ABR 21/80, AP Nr. 19 zu § 80 BetrVG 1972; 16.8.1983 – 1 ABR 11/82, AP Nr. 2 zu § 81 ArbGG 1979; 14.9.1984 – 1 ABR 23/82, AP Nr. 9 zu § 87 BetrVG 1972 – Überwachung; 11.12.1991 – 7 AZR 16/91, EzA § 99 BetrVG Nr. 91; 3.5.2006 – 1 ABR 63/04, NZA 2007, 285; 14.9.2010 – 1 ABR 32/09, NZA 2011, 364 (Unterlassungsbegehren muss mit der gebotenen Eindeutigkeit feststehen).
4 GMP/*Matthes/Spinner*, § 81 ArbGG Rz. 16.
5 BAG 22.12.1981 – 1 ABR 38/79, AP Nr. 7 zu § 87 BetrVG 1972 – Lohngestaltung; 24.11.1981 – 1 ABR 108/79, AP Nr. 8 zu § 87 BetrVG 1972 – Ordnung des Betriebes; 13.10.1987 – 1 ABR 10/86, AP Nr. 24 zu § 87 BetrVG 1972 – Arbeitszeit; *Matthes*, DB 1984, 453.
6 BAG 15.4.2008 – 1 ABR 44/07, NZA-RR 2009, 98.
7 So aber BAG 9.3.1972 – 8 BV Ta 2/72, AP Nr. 1 zu § 2 BetrVG 1972.
8 BAG 11.3.1986 – 1 ABR 12/84, AP Nr. 14 zu § 87 BetrVG 1972 – Überwachung; GMP/*Matthes/Spinner*, § 81 ArbGG Rz. 33.
9 BAG 19.3.2003 – 4 AZR 271/02, NZA 2003, 1221.
10 Vgl. ausführlich *Matthes*, DB 1984, 453 ff.

bestimmungsrecht zusteht, wenn der Arbeitgeber Überstunden anordnen will, die darauf beruhen, dass die im Betrieb oder in einzelnen Abteilungen anfallende Arbeit mit den vorhandenen Arbeitnehmern nicht bewältigt werden kann[1]. Ein derartig weit gefasster Antrag ist jedoch im Ergebnis unbegründet, wenn nur für einen einzigen denkbaren Fall der Anordnung von Überstunden ein Mitbestimmungsrecht ausscheidet[2].

133 Für die Bestimmtheit eines Sachantrags reicht es aus, dass das konkrete Begehren **erst durch Auslegung ermittelbar** ist. Wie im Urteilsverfahren ist auch im Beschlussverfahren eine Auslegung des gestellten Antrags zulässig und oftmals sogar erforderlich[3]. Dabei hat das Arbeitsgericht sich zu orientieren an dem tatsächlichen Vorbringen des Antragstellers, mit dem dieser seinen Antrag begründet, sowie an dem Vorgang, der zu der Streitigkeit geführt hat[4]. Eine Auslegung hat zu unterbleiben bei einem Antrag, der nach seiner Begründung im Bezug auf das Verfahrensziel eindeutig ist[5]. Lediglich für den Fall, dass Antrag und angestrebtes Verfahrensziel nicht in Übereinstimmung zu bringen sind, trifft das Gericht nach § 139 Abs. 1 ZPO die Verpflichtung, auf sachgerechte Anträge hinzuwirken. Grenze einer jeden Antragsauslegung ist § 308 ZPO, wonach durch gerichtliche Entscheidung nicht etwas zugesprochen werden darf, was nicht beantragt worden ist[6].

e) Rechtsschutzinteresse

134 Voraussetzung einer jeden Sachentscheidung ist auch im Beschlussverfahren das Rechtsschutzinteresse des Antragstellers an der begehrten Entscheidung[7]. Das BAG erkennt dem Beschlussverfahren **in großzügigerer Weise** ein Rechtsschutzinteresse zu als dem Urteilsverfahren und begründet dies damit, dass der Zweck des Beschlussverfahrens nicht so sehr die Klärung subjektiver Rechtspositionen sei, sondern vielmehr die Erhaltung und Wiederherstellung des Betriebsfriedens[8]. Das Rechtsschutzinteresse ist jedoch zu verneinen, wenn das Verfahren nur der Klärung einer abstrakten Rechtsfrage ohne konkrete Bedeutung für die Verfahrensbeteiligten dienen soll[9] oder gar der Betriebsrat die Erstellung eines gerichtlichen Gutachtens begehrt[10]. Andererseits besteht für einen Antrag durchaus ein rechtlich schützenswertes Interesse, wenn dieser eine Streitfrage betrifft, die sich zwar zwischenzeitlich zunächst erledigt

---

1 BAG 10.6.1986 – 1 ABR 61/84, AP Nr. 18 zu § 87 BetrVG 1972 – Arbeitszeit; 25.8.2004 – 1 AZB 41/03, NZA 2004, 1240 (Unterlassung von Überstunden „für Arbeitnehmer im Betrieb", wenn auch Leiharbeitnehmer beschäftigt werden).
2 Vgl. auch BAG 16.11.2004 – 1 ABR 53/03, NZA 2005, 417 (BR-Hinzuziehung bei Personalgesprächen); 27.7.2005 – 7 ABR 54/04, NZA 2006, 59 (keine Einsichtnahme des Arbeitgebers in gesamte Wahlakten).
3 Vgl. aus der umfangreichen Rspr. etwa BAG 3.5.2006 – 1 ABR 15/05, NZA 2007, 1245; 19.1.2010 – 1 ABR 55/08, NZA 2010, 659.
4 BAG 15.12.1972 – 1 ABR 5/72, AP Nr. 5 zu § 80 ArbGG 1953; 26.10.1982 – 1 ABR 11/81, AP Nr. 10 zu § 111 BetrVG 1972; 3.12.1985 – 1 ABR 29/84, AP Nr. 28 zu § 99 BetrVG 1972; BVerwG 6.6.1991 – 6 P 8.89, AP Nr. 1 zu § 12 LPVG Berlin.
5 BAG 9.9.1975 – 1 ABR 21/74, AP Nr. 6 zu § 83 ArbGG 1953; 27.3.1979 – 6 ABR 15/77, AP Nr. 7 zu § 80 ArbGG 1953.
6 BAG 9.9.1975 – 1 ABR 21/74, AP Nr. 6 zu § 83 ArbGG 1953; 27.3.1979 – 6 ABR 15/77, AP Nr. 7 zu § 80 ArbGG 1953; 27.10.1992 – 1 ABR 17/92, DB 1993, 1143.
7 Seit BAG 1.12.1961 – 1 ABR 9/60, AP Nr. 1 zu § 80 ArbGG 1953, st. Rspr.
8 BAG 8.2.1957 – 1 ABR 11/55, AP Nr. 1 zu § 82 BetrVG; 17.12.1974 – 1 ABR 131/73, AP Nr. 6 zu § 5 BetrVG 1972; 18.3.1975 – 1 ABR 102/73, AP Nr. 1 zu § 111 BetrVG 1972; 29.7.1982 – 6 ABR 51/79, BAGE 39, 259; *Laux*, S. 17; vgl. auch GMPM/*Matthes/Spinner*, § 81 ArbGG Rz. 23 ff.; eher kritisch GWBG/*Greiner*, § 80 ArbGG Rz. 19, 20.
9 BAG 27.1.2004 – 1 ABR 5/03, NZA 2004, 941 (Feiertagsarbeit an Wertpapierbörsen).
10 BAG 15.4.2008 – 1 ABR 44/07, NZA-RR 2009, 98.

hat, jedoch jederzeit wieder aktuell werden kann[1]. Hierzu reicht eine auch nur **geringe Wahrscheinlichkeit**, dass sich ein gleichartiger Vorgang wiederholen wird[2].

Begehrt der Betriebsrat als Kollektivorgan die Freistellung eines seiner Mitglieder zur Teilnahme an einer Schulungsveranstaltung, so besteht für diesen Antrag auch **noch nach Durchführung der Veranstaltung** das Rechtsschutzinteresse[3]. Auch bei einem Streit über die Feststellung der Selbständigkeit eines Betriebes oder Betriebsteiles nach § 18 Abs. 2 BetrVG entfällt das Rechtsschutzinteresse nicht deshalb, weil die Betriebsratswahl zwischenzeitlich durchgeführt worden ist[4]. Von einem fortbestehenden Rechtsschutzinteresse ist auszugehen für ein Beschlussverfahren über die Anfechtung einer Betriebsratswahl, wenn der Betriebsrat vor der Rechtskraft der gerichtlichen Entscheidung seinen Rücktritt beschließt, und zwar bis zur Bekanntgabe des Wahlergebnisses der neuerlichen Betriebsratswahl[5]. Allerdings entfällt das Rechtsschutzinteresse im Wahlanfechtungsverfahren nach § 19 BetrVG für den Antrag, die Wahl für unwirksam zu erklären, mit Ablauf der Amtszeit des Gremiums, dessen Wahl angefochten wird[6].

135

Gerade im Bereich der personellen Mitbestimmung **erledigen sich Streitfragen** nicht selten **durch Zeitablauf**. Gleichwohl kann hier der Betriebsrat ein besonderes Interesse daran haben, Rechtsfragen losgelöst vom Einzelfall gerichtlich entschieden zu bekommen, so etwa bei einer generellen Streitigkeit mit dem Arbeitgeber, ob bei der Einstellung von Honorarlehrkräften ein Zustimmungsverweigerungs- oder zumindest ein Unterrichtungsrecht besteht[7].

136

Für einen Feststellungsantrag, der auf eine konkrete Maßnahme gerichtet ist, besteht das Rechtsschutzinteresse in jedem Fall nicht mehr, wenn diese **Maßnahme abgeschlossen** ist[8]. Auch wenn sich die Beteiligten im Laufe des Beschlussverfahrens über das streitige Rechtsverhältnis einigen, entfällt damit das Rechtsschutzinteresse, zB wird ein Antrag des Betriebsrats auf Unterlassung von Überstunden gegenstandslos, wenn hierüber in der Zwischenzeit mit dem Arbeitgeber eine Betriebsvereinbarung abgeschlossen werden konnte[9].

137

Auch ein bloßer **Entwurf einer Betriebsvereinbarung** durch den Arbeitgeber begründet noch kein feststellungsfähiges Rechtsverhältnis iSd. § 256 ZPO[10].

Das Rechtsschutzinteresse als Zulässigkeitsvoraussetzung muss **während der gesamten Dauer des Verfahrens** vorhanden sein, also noch im Zeitpunkt der letzten Entscheidung über diesen Antrag in der Rechtsbeschwerdeinstanz[11]. Das hat das Arbeitsgericht von Amts wegen zu prüfen. Die Tatsachen für das Vorliegen eines Rechtsschutzinteresses hat allein der Antragsteller vorzutragen; hier besteht für das Gericht keine Verpflichtung zur Aufforderung zu entsprechenden Darlegungen[12].

138

---

1 BAG 6.5.2003 – 1 AZR 340/02, NZA 2003, 1422.
2 BAG 29.7.1982 – 6 ABR 51/79, AP Nr. 5 zu § 83 ArbGG 1979.
3 BAG 16.3.1976 – 1 ABR 43/74, AP Nr. 22 zu § 37 BetrVG 1972.
4 BAG 25.11.1980 – 6 ABR 62/79, AP Nr. 3 zu § 18 BetrVG 1972.
5 BAG 29.5.1991 – 7 ABR 54/90, BB 1991, 2373.
6 BAG 13.3.1991 – 7 ABR 5/90, NZA 1991, 946.
7 BAG 3.7.1990 – 1 ABR 36/89, EzA § 99 BetrVG 1972 Nr. 90.
8 BAG 6.11.1990 – 1 ABR 34/89, EzA § 4 TVG – Metallindustrie Nr. 78; 18.2.2003 – 1 ABR 17/02, NZA 2004, 336; 2.3.2004 – 1 ABR 15/03, NZA 2004, 752 (Ls.).
9 BAG 12.1.1988 – 1 ABR 54/86, AP Nr. 8 zu § 81 ArbGG 1979.
10 BAG 18.2.2003 – 1 ABR 2/02, NZA 2003, 742.
11 BAG 29.7.1982 – 6 ABR 51/79, AP Nr. 5 zu § 83 ArbGG 1979.
12 BAG 17.7.1964 – 1 ABR 3/64, AP Nr. 3 zu § 80 ArbGG 1953.

5. Verfahren

a) Untersuchungsgrundsatz

139 Das Arbeitsgericht hat nach § 83 Abs. 1 ArbGG den Sachverhalt **von Amts wegen** zu erforschen (Satz 1); es haben jedoch die am Verfahren Beteiligten an der Aufklärung des Sachverhalts **mitzuwirken**. Aus der Gesetzesformulierung leitet die heute wohl herrschende Meinung in der Literatur die **Geltung des Untersuchungsgrundsatzes**[1] bzw. eines **eingeschränkten Untersuchungsgrundsatzes**[2] ab. Auch die neuere Rechtsprechung des BAG folgert die gerichtliche Verpflichtung, im Beschlussverfahren den Sachverhalt von Amts wegen aufzuklären, aus dem Untersuchungsgrundsatz, betont aber gleichzeitig die Mitwirkungspflicht der Beteiligten[3].

140 Der (eingeschränkte) Untersuchungsgrundsatz verpflichtet das Arbeitsgericht, im Rahmen der gestellten Anträge **von sich aus eigene Erhebungen** anzustellen[4]. Dies bedeutet indes nicht, aus eigenem Antrieb allen nur erdenklichen Anhaltspunkten nachgehen zu müssen, wie dies im staatsanwaltschaftlichen Ermittlungsverfahren der Fall ist. Vielmehr bedarf es zumindest irgendeiner Vorgabe der Beteiligten. Das Vorbringen etwa des Antragstellers muss so viele Anhaltspunkte enthalten, dass der Tatsachenrichter aus ihnen entnehmen kann, worauf der Antragsteller seinen Antrag stützt[5]. Liegen dem Gericht ausreichende Anhaltspunkte vor, ist es berechtigt und verpflichtet, von sich aus weitergehend tätig zu werden und weitere Tatsachen beizuschaffen. Jedoch ist es nicht Aufgabe der Gerichte für Arbeitssachen, ohne ausreichendes Sachvorbringen der Beteiligten quasi von Amts wegen Überlegungen darüber anzustellen, ob möglicherweise ein anderer, bislang noch nicht vorgetragener Sachverhalt geeignet wäre, eine ausreichende Begründung für die verfolgten Ansprüche zu geben[6]. Da die Verantwortung für die Beschaffung von Tatsachen zunächst jedenfalls ausschließlich bei den Beteiligten und nicht beim Gericht liegt, ist kein Platz für richterliche Hinweise nach § 139 ZPO, wenn sie erst dem Vortrag zur Schlüssigkeit verhelfen[7]. Im Beschlussverfahren haben **alle Beteiligten** unabhängig von ihrer Stellung im Verfahren und von ihrem Interesse an seinem Ausgang **alle entscheidungserheblichen Tatsachen vorzutragen**[8]. Dennoch lässt sich der in § 83 Abs. 1 ArbGG zum Ausdruck kommende Untersuchungsgrundsatz nicht in sein Gegenteil verkehren, indem es dem Gericht gar untersagt sein soll, sich überhaupt an der Tatsachenbeschaffung zu beteiligen[9]. Sinn und Zweck der gesetzlichen Bestimmung des § 83 Abs. 1 ArbGG ist es, den Beteiligten nicht allein die Verantwortung für die Beibringung des entscheidungsrelevanten Sachverhaltes zu überlassen. Das Arbeitsgericht als „Herr der Sachverhaltsaufklärung"[10] ist verantwortlich dafür, dass die Entscheidung auf einem zutreffend und vollständig ermittelten Sachverhalt beruht. Viel-

---

1 GWBG/*Greiner*, § 83 Rz. 1; GMP/*Matthes/Spinner*, § 83 ArbGG Rz. 1; Schwab/Weth/*Weth*, § 83 ArbGG Rz. 2; *Gaul*, Anm. zu BAG 25.5.1982 – 1 ABR 19/80, AP Nr. 2 zu § 87 BetrVG 1972 – Prämie.
2 Vgl. *Eylert/Fenski*, BB 1990, 2404 (2406); *Weth*, S. 278 f., der allerdings den Begriff des eingeschränkten Untersuchungsgrundsatzes als eher Verwirrung stiftend nicht gebrauchen will.
3 BAG 25.9.1986 – 6 ABR 68/84, AP Nr. 7 zu § 1 BetrVG 1972; 21.10.1980 – 6 ABR 41/78, AP Nr. 1 zu 54 BetrVG 1972; 14.3.1978 – 1 ABR 2/75, AP Nr. 3 zu § 97 ArbGG 1953; 29.3.1977 – 1 ABR 31/76, ArbuR 1978, 254; 13.3.1973 – 1 ABR 15/72, AP Nr. 1 zu § 20 BetrVG 1972.
4 Vgl. BAG 25.9.1986 – 6 ABR 68/84, AP Nr. 7 zu § 1 BetrVG 1972.
5 BAG 14.3.1978 – 1 ABR 2/75, AP Nr. 3 zu § 97 ArbGG 1953.
6 BAG 13.3.1973 – 1 ABR 15/72, AP Nr. 1 zu § 20 BetrVG 1972; 26.6.1973 – 1 ABR 21/72, AP Nr. 3 zu § 20 BetrVG 1972; 21.10.1980 – 6 ABR 41/78, AP Nr. 1 zu § 54 BetrVG 1972; 18.1.1989 – 7 ABR 62/78, NZA 1989, 728.
7 Vgl. BAG 14.3.1978 – 1 ABR 2/75, AP Nr. 3 zu § 97 ArbGG 1953; so auch LAG Hess. 31.5.1990 – 12 TaBV 26/90, DB 1990, 2125.
8 BAG 10.12.1992 – 2 ABR 32/92, AP Nr. 4 zu § 87 ArbGG 1979.
9 Vgl. in diesem Sinne aber BAG 2.2.1962 – 1 ABR 5/61, AP Nr. 10 zu § 13 BetrVG.
10 Schwab/Weth/*Weth*, § 83 ArbGG Rz. 10.

fach wird die Erforschung des Sachverhalts deshalb verbunden sein mit **gerichtlichen Fragen** (Auflagen) an die Beteiligten[1]. Aber auch die Ermittlung aller am Verfahren Beteiligter sowie deren tatsächliche Beteiligung zählt zu den arbeitsgerichtlichen Pflichten im Zusammenhang mit der Sachverhaltsaufklärung[2].

Letztlich wird man sagen können, dass die Verantwortung im Rahmen der Aufklärungspflicht nach § 83 Abs. 1 ArbGG zwischen dem Arbeitsgericht und den am Verfahren Beteiligten der **Ausbalancierung**[3] bedarf: Im Rahmen der gestellten Anträge klärt das Gericht den Sachverhalt von Amts wegen auf (§ 83 Abs. 1 Satz 1 ArbGG), wobei die Verfahrensbeteiligten eine gesetzliche Mitwirkungspflicht trifft (§ 83 Abs. 1 Satz 2 ArbGG). Die Mitwirkung der Beteiligten ist allerdings nicht erzwingbar. Weigert sich ein Beteiligter, an der Aufklärung des Sachverhalts mitzuwirken, obwohl ihn das Gericht hierzu aufgefordert hat, findet die gerichtliche Aufklärungspflicht jedenfalls dann ihre Grenze, wenn für weitere Ermittlungen durch das Gericht keine Möglichkeit mehr besteht[4]. Zu einer uferlosen Ermittlungstätigkeit „ins Blaue" besteht keine Verpflichtung[5]. Andererseits ist das Arbeitsgericht befugt, bei einer Verweigerung der gesetzlich normierten Mitwirkungspflicht nach entsprechender Belehrung Schlüsse hinsichtlich des Vorliegens oder Nichtvorliegens bestimmter Tatsachen zu ziehen[6]. 141

An **Geständnisse** ist das Arbeitsgericht, das den wahren Sachverhalt zu ermitteln hat, ebenso wenig gebunden wie an ein Nichtbestreiten einer Behauptung; die §§ 138 Abs. 3, 288 ZPO finden keine entsprechende Anwendung[7]. Daraus folgt jedoch nicht, dass gerichtlicherseits über jede Tatsache Beweis zu erheben ist. Bei übereinstimmendem Sachvortrag der Beteiligten, aber auch bei einem Nichtbestreiten eines in Einzelheiten vorgebrachten Sachvortrags, ist eine Entscheidung ohne Beweisaufnahme zulässig, wenn für das Gericht kein Anlass zum Zweifel an der Richtigkeit des Vorbringens besteht[8]. 142

Streitig war, ob die **Zurückweisung verspäteten Vorbringens** mit dem im Beschlussverfahren herrschenden Untersuchungsgrundsatz vereinbar ist[9]. 143

Da die gesetzliche Mitwirkungspflicht der Beteiligten nicht mit Hilfe von Zwangsmitteln erreichbar ist (vgl. Rz. 141, 143), hatte der Gesetzgeber des Arbeitsgerichtsbeschleunigungsgesetzes vom 30.3.2000 durch die Einfügung des § 83 Abs. 1a ArbGG eine Regelung über die Möglichkeit der Zurückweisung verspäteten Vorbringens geschaffen. Diese Regelung wurde als zum Teil sprachlich misslungen kritisiert. Insbesondere bezog sich die gesetzliche Zurückweisungsmöglichkeit auf „Angriffs- und Verteidigungsmittel", obgleich im Beschlussverfahren der Untersuchungsgrundsatz und eine damit korrespondierende Mitwirkungspflicht der Beteiligten bestehen[10]. 144

---

1 BAG 11.3.1998 – 7 ABR 59/96, NZA 1998, 953; 11.11.1998 – 7 ABR 57/97, NZA 1999, 945; 12.5.1999 – 7 ABR 36/97, NZA 1999, 1290.
2 BAG 26.11.1968 – 1 ABR 7/68, AP Nr. 18 zu § 76 BetrVG.
3 Vgl. hierfür auch BAG 16.5.2007 – 7 ABR 63/06, NZA 2008, 320.
4 Vgl. hierzu GMP/*Matthes/Spinner*, § 83 ArbGG Rz. 90; *Weth*, S. 291.
5 GMP/*Matthes/Spinner*, § 83 ArbGG Rz. 84.
6 BVerwG 26.9.1958 – IV C 14.57, BVerwGE 8, 29.
7 GWBG/*Greiner*, § 83 ArbGG Rz. 10; GMP/*Matthes/Spinner*, § 83 ArbGG Rz. 93.
8 BAG 19.11.1985 – 1 ABR 37/83, AP Nr. 1 zu § 87 ArbGG 1979; vgl. auch BAG 17.6.1998 – 7 ABR 25/97, NZA 1999, 163.
9 Für eine Unvereinbarkeit trat die hM ein: GMP/*Germelmann* (3. Aufl.), § 56 ArbGG Rz. 4; GMP/*Matthes* (3. Aufl.), § 83 ArbGG Rz. 95; *Schaub*, Arbeitsgerichtsverfahren, § 58 Rz. 54, 55; aA *Dütz*, RdA 1980, 98; *Grunsky*, NZA Beilage 2/1990, 9; *Weth*, S. 302.
10 Hierzu umfassend *Schmidt/Schwab/Wildschütz*, NZA 2001, 1217 (1223).

145 Seit dem 1.1.2002[1] gibt § 83 Abs. 1a ArbGG dem Vorsitzenden die Möglichkeit, den Verfahrensbeteiligten **für** ihr **Vorbringen** eine **Frist** zu setzen. Vorbringen, das erst nach Ablauf der gesetzten Frist erfolgt, **kann** zurückgewiesen werden, wenn nach der freien Überzeugung des Gerichts seine Zulassung die Erledigung des Beschlussverfahrens verzögern würde **und** der Beteiligte die Verspätung nicht genügend entschuldigt. Auf die Folgen der Fristversäumung sind die Beteiligten vorher hinzuweisen.

146 Einstweilen frei.

147 Für die **Beweiserhebung** im Beschlussverfahren gelten die Regeln des Urteilsverfahrens, § 80 Abs. 2 ArbGG. Angebotener Gegenbeweis ist zu erheben, wenn die behaupteten Tatsachen entscheidungserheblich sind und Erhebungshindernisse nicht bestehen. Durch die Formulierung in § 83 Abs. 2 ArbGG, wonach zur Aufklärung des Sachverhalts Urkunden eingesehen, Auskünfte eingeholt, Zeugen, Sachverständige und Beteiligte vernommen und der Augenschein eingenommen werden *können*, ist dem Gericht kein Ermessen eingeräumt. Im Gegensatz zum Urteilsverfahren – hier kann sich das Gericht nach § 139 ZPO im Wesentlichen darauf beschränken, auf eine Ergänzung ungenauer Angaben und eine Bezeichnung von Beweismitteln hinzuwirken – ist das Arbeitsgericht im Beschlussverfahren berechtigt und sogar zwingend verpflichtet, im Rahmen der gestellten Anträge von zur Verfügung stehenden Beweismitteln Gebrauch zu machen, selbst wenn sie nicht angeboten worden sind[2]. Es kann somit der **Beweis** mit allen Beweismitteln und ohne dass ein Beweis angetreten ist, **von Amts wegen erhoben** werden[3].

148 Über §§ 58, 46 Abs. 2 ArbGG finden die Beweisvorschriften der ZPO Anwendung. Das Gericht hat zur Aufklärung des Sachverhalts insbesondere die Beteiligten selbst anzuhören. Da Beteiligter nur sein kann, wer durch die beantragte Entscheidung in seinen Rechten unmittelbar betroffen werden kann, hat die Anhörung in Form der **Parteivernehmung** zu erfolgen[4].

b) Anhörung der Beteiligten

149 Auch **für das Beschlussverfahren** ist die **Möglichkeit** eröffnet, ein **Güteverfahren durchzuführen**, § 80 Abs. 2 Satz 2 ArbGG. Die Ansetzung eines Gütetermins ist hierbei in das pflichtgemäße Ermessen des Vorsitzenden gestellt[5]. Nach den Überlegungen des Gesetzgebers sollen durch die Einführung eines Güteverfahrens einstweilige Verfügungsverfahren vermieden werden können. Einem zwingenden Güteverfahren stehe indes entgegen, dass die Beteiligten in bestimmten Verfahren, etwa bei Unterlassungsansprüchen oder Arbeitskampfstreitigkeiten, an einer gerichtlichen Entscheidung interessiert seien. Sinnvoll ist eine vorgeschaltete Güteverhandlung in Verfahren, in denen die Beteiligten sich vergleichsweise einigen können oder bei komplizierten Sachverhalten[6].

Für das Güteverfahren im Beschlussverfahren gelten die Vorschriften des Urteilsverfahrens des ersten Rechtszugs entsprechend, § 80 Abs. 2 Satz 2 ArbGG.

---

1 BGBl. I 2001, 1887 ff.
2 BAG 25.9.1986 – 6 ABR 68/84, AP Nr. 7 zu § 1 BetrVG 1972.
3 Schwab/Weth/*Weth*, § 83 ArbGG Rz. 16; so wohl auch GMP/*Matthes/Spinner*, § 83 ArbGG Rz. 100.
4 LAG Berlin 29.8.1988 – 9 TaBV 4/88, LAGE § 15 KSchG Nr. 6; *Schaub*, Arbeitsgerichtsverfahren, § 59 Rz. 60; GMP/*Matthes/Spinner*, § 83 ArbGG Rz. 102.
5 Vgl. auch *Schaub*, NZA 2000, 344 (346).
6 Kritisch insoweit *Germelmann*, NZA 2000, 1017 (1024).

III. Beschlussverfahren vor dem Arbeitsgericht

Bei Verzicht auf ein vorgeschaltetes Güteverfahren wird die **mündliche Verhandlung** eingeleitet durch die Stellung der Anträge (§§ 80 Abs. 2, 46 Abs. 2 ArbGG, § 137 Abs. 1 ZPO) und ist möglichst in einem Termin zu Ende zu führen (§§ 80 Abs. 2, 57 Abs. 1 ArbGG). Hierzu hat der Kammervorsitzende die mündliche Verhandlung umfassend vorzubereiten; insoweit gelten §§ 55 Abs. 4, 56 Abs. 1 ArbGG. Ist eine erschöpfende Aufklärung des Sachverhalts in dem ersten Termin zur mündlichen Verhandlung, etwa weil eine Beweisaufnahme nicht sofort stattfinden kann, nicht möglich, so hat die Kammer den Termin zur weiteren Verhandlung, die sich alsbald anschließen soll, sofort zu verkünden, §§ 80 Abs. 2, 51 Abs. 1 ArbGG. 150

Die Beteiligten sind befugt, sich in der mündlichen Verhandlung zu allen ihnen relevant erscheinenden Tatsachen und Rechtsfragen zu äußern. Die mündliche Verhandlung ist gem. §§ 80 Abs. 2, 52 ArbGG **öffentlich**. 151

Nach vollständiger Erörterung **schließt** der Vorsitzende die mündliche Verhandlung, §§ 80 Abs. 2, 53 Abs. 2 ArbGG, § 136 Abs. 4 ZPO; Angriffs- und Verteidigungsmittel können von den Beteiligten anschließend nicht mehr vorgebracht werden, §§ 80 Abs. 2, 46 Abs. 2 ArbGG, § 296a ZPO[1]. 152

Ein **Versäumnisverfahren** kennt das Beschlussverfahren **nicht**[2]. Für den Fall, dass ein Beteiligter trotz ordnungsgemäßer Ladung unentschuldigt ausbleibt, bestimmt § 83 Abs. 4 Satz 2 ArbGG, dass der Pflicht zur Anhörung genügt ist. Bei Entscheidungsreife kann die Kammer in dem Rechtsstreit entscheiden. Auf die Folge des unentschuldigten Fernbleibens muss allerdings in der Ladung hingewiesen worden sein, § 83 Abs. 4 Satz 2 Halbs. 2 ArbGG. 153

Mit Einverständnis der Beteiligten kann das Arbeitsgericht gem. § 83 Abs. 4 Satz 3 ArbGG **ohne mündliche Verhandlung** entscheiden. Das Einverständnis ist jedoch von allen Beteiligten ausdrücklich zu erklären[3]. Doch liegt es selbst bei Einverständnis aller Beteiligten im freien Ermessen des Gerichts, ob die Entscheidung im schriftlichen Verfahren ergehen soll. Für den Fall des schriftlichen Verfahrens hat das Gericht den Beteiligten mitzuteilen, bis zu welchem Zeitpunkt Schriftsätze eingereicht werden können. Ebenso kann das Gericht den Beteiligten eine **schriftliche Äußerungsfrist** setzen. Auf die Folgen des Nichteinhaltens vom Gericht gesetzter Fristen sind die Beteiligten hinzuweisen. 154

Der Verlauf eines Beschlussverfahrens kann dadurch beeinflusst werden, dass der eingangs gestellte Antrag zu einem späteren Zeitpunkt **geändert**, der Streitgegenstand eines anhängigen Verfahrens also geändert oder erweitert wird[4]. Durch Auslegung des abgeänderten Antrags ist zu ermitteln, ob tatsächlich eine Modifikation des Streitgegenstandes eingetreten ist. Eine Antragsänderung liegt auch vor bei einem Wechsel in der Person des Antragstellers sowie bei dem Hinzutreten eines neuen Antragstellers[5]. 155

Zulässig ist eine **Antragsänderung** gem. § 81 Abs. 3 Satz 1 ArbGG nur, 156
– wenn ihr die übrigen Beteiligten zustimmen oder
– wenn das Gericht die Änderung für sachdienlich hält.

Der Antragsänderung haben **alle** am Verfahren **Beteiligten zuzustimmen**, und zwar durch Erklärung gegenüber dem Gericht; die Zustimmung ist unwiderruflich. 157

---
1 Ebenso *Weth*, S. 258.
2 *Schaub*, Arbeitsgerichtsverfahren, § 58 Rz. 26; GWBG/*Greiner*, § 83 ArbGG Rz. 14.
3 GMP/*Matthes*/*Spinner*, § 83 ArbGG Rz. 116; GWBG/*Greiner*, § 83 ArbGG Rz. 52; Schwab/ Weth/*Weth*, § 83 ArbGG Rz. 115.
4 Vgl. BAG 16.7.1991 – 1 ABR 69/90, AP Nr. 44 zu § 87 BetrVG 1972 – Arbeitszeit; 29.9.2004 – 1 ABR 29/03, NZA 2004, 313.
5 BAG 31.1.1989 – 1 ABR 60/87, AP Nr. 12 zu § 81 ArbGG 1979.

158 Nach § 81 Abs. 3 Satz 2 ArbGG **gilt** die Zustimmung zur Antragsänderung **als erteilt**, wenn sich ein Beteiligter, ohne der Änderung zu widersprechen, in einem Schriftsatz oder in der mündlichen Verhandlung auf den geänderten Antrag eingelassen hat[1].

159 Ohne Zustimmung sämtlicher übriger Beteiligter ist eine Änderung des Antrags nur zulässig, wenn sie das Gericht als **sachdienlich** anerkennt. Der Begriff der Sachdienlichkeit entspricht dem in § 263 ZPO, wonach durch eine Zulassung der Antragsänderung eine umfassende Erledigung des Rechtsstreits zu erwarten steht und somit ein weiteres Verfahren vermieden werden kann. Sachdienlichkeit ist insbesondere dann vielfach anzunehmen, wenn übergegangen wird von einem zwischenzeitlich erledigten Leistungsantrag auf einen abstrakten Feststellungsantrag[2]. Über die Zulässigkeit einer Antragsänderung kann das Gericht durch Zwischenbeschluss entsprechend § 303 ZPO entscheiden. Ebenso jedoch ist eine Sachentscheidung über den geänderten Antrag zulässig. Nach § 81 Abs. 3 Satz 3 ArbGG ist die **Entscheidung**, dass eine Änderung des Antrags nicht vorliegt oder zugelassen wird, **unanfechtbar**[3].

c) Beschwerde nach § 83 Abs. 5 ArbGG

160 Im Unterschied zur Beschwerde nach § 87 ArbGG, die gegen die das Verfahren beendenden Beschlüsse des Arbeitsgerichts nach § 84 ArbGG statthaft ist, sind mit der Beschwerde des § 83 Abs. 5 ArbGG Beschlüsse und Verfügungen des Arbeitsgerichts oder seines Vorsitzenden, die im Laufe des Beschlussverfahrens ergehen, die sog. **verfahrensleitenden Anordnungen**, anfechtbar. Die Beschwerde findet statt nach Maßgabe des § 78 ArbGG, über den die §§ 567 ff. ZPO Anwendung finden.

161 Nach § 567 Abs. 1 ZPO sind insbesondere Entscheidungen, die eine mündliche Verhandlung nicht erfordern und durch die ein das Verfahren betreffendes Gesuch zurückgewiesen wird, beschwerdefähig. Die sofortige Beschwerde wird eingelegt durch Einreichung einer **Beschwerdeschrift**, § 569 Abs. 2 ZPO; sie kann auch zu Protokoll der Geschäftsstelle des Arbeitsgerichts oder Landesarbeitsgerichts erklärt werden, § 569 Abs. 3 ZPO.

162 Die Beschwerde ist binnen einer **Notfrist von zwei Wochen** einzulegen, § 569 Abs. 1 Satz 1 ZPO, sofern nicht gesetzlich eine andere Frist bestimmt ist. Die Frist beginnt mit der Zustellung der angefochtenen Entscheidung, spätestens mit Ablauf von fünf Monaten nach Verkündung des Beschlusses. **Wiedereinsetzung** in den vorigen Stand ist bei Versäumung der Beschwerdefrist möglich. Aufschiebende Wirkung hat die Beschwerde nur, wenn sie sich gegen die Festsetzung eines Ordnungs- oder Zwangsgeldes wendet.

163 Das Arbeitsgericht oder der Vorsitzende muss der sofortigen Beschwerde **abhelfen**, wenn er sie für begründet hält. Wird der Beschwerde nicht abgeholfen, ist sie dem LAG zur Entscheidung vorzulegen. Die Entscheidung über die sofortige Beschwerde ergeht durch Beschluss, § 572 Abs. 4 ZPO und ist ohne mündliche Verhandlung statthaft.

164 Gegen eine Entscheidung des LAG über eine sofortige Beschwerde ist die **Rechtsbeschwerde an das BAG** nur dann gegeben, wenn sie das Beschwerdegericht nach § 78 Satz 2 ArbGG zugelassen hat. Die Voraussetzungen der Zulassung entsprechen § 72 Abs. 2 ArbGG. Wird die Rechtsbeschwerde nicht zugelassen, findet eine Nichtzulassungsbeschwerde nicht statt[4]. Das LAG kann der Rechtsbeschwerde nicht abhelfen.

---

1 BAG 16.7.1991 – 1 ABR 69/90, AP Nr. 44 zu § 87 BetrVG 1972 – Arbeitszeit.
2 Vgl. BAG 10.4.1984 – 1 ABR 73/82, AP Nr. 3 zu § 81 ArbGG 1979.
3 BAG 11.11.1997 – 1 ABR 29/97, NZA 1998, 319.
4 *Dütz*, RdA 1980, 81 (97).

III. Beschlussverfahren vor dem Arbeitsgericht

Die Rechtsbeschwerde ist innerhalb einer **Notfrist** von **einem Monat** nach Zustellung des Beschlusses des LAG beim BAG **einzulegen und gleichzeitig zu begründen**, es sei denn, für die Begründung wird eine Verlängerung bewilligt (§ 575 Abs. 2 ZPO)[1].

6. Beendigung des Verfahrens

Das arbeitsgerichtliche Beschlussverfahren kann auf verschiedene Weise beendet werden. Neben der Sachentscheidung durch **Beschluss** nach § 84 ArbGG (s. Rz. 186 ff.), der in seiner Funktion dem Urteil im Urteilsverfahren entspricht, kann das Verfahren gem. § 83a ArbGG durch **Erledigungserklärung** (s. Rz. 177 ff.) zum Abschluss gebracht werden. Eine weitere besondere Möglichkeit zur Verfahrenserledigung stellt der **Vergleich** (s. Rz. 172 ff.) nach § 83a Abs. 1 ArbGG dar, der das Beschlussverfahren ebenso wie die nach § 81 Abs. 2 Satz 1 ArbGG zulässige **Antragsrücknahme** (s. Rz. 166 ff.) ohne gerichtliche Entscheidung über die gestellten Anträge beendet. Unter engen Voraussetzungen führen auch das **Anerkenntnis** (s. Rz. 176) und der **Verzicht** (s. Rz. 171) zum Verfahrensende.   165

a) Antragsrücknahme und Verzicht

Der Antragsteller kann nach § 81 Abs. 2 Satz 1 ArbGG seinen Antrag **jederzeit** zurücknehmen. Die Rücknahme ist bis zum Ende der Instanz, dh. bis zur Verkündung des Beschlusses, und somit noch nach mündlicher Verhandlung und Beweisaufnahme möglich. Die Antragsrücknahme bedarf insoweit nicht der Zustimmung der übrigen Beteiligten[2]. Auch in der Zeit **nach Verkündung** der Entscheidung bis zu ihrer Rechtskraft kann der Antrag noch zurückgenommen werden, doch bedarf die Rücknahme entsprechend § 87 Abs. 2 Satz 3 ArbGG der **Zustimmung** der Beteiligten[3].   166

Die Rücknahme des Antrags erfolgt **in derselben Form**, in der er eingereicht worden ist, also entweder schriftlich oder zur Niederschrift der Geschäftsstelle. Möglich ist darüber hinaus die Rücknahmeerklärung **zu Protokoll** des Gerichts in der mündlichen Verhandlung, § 160 Abs. 3 Nr. 8 ZPO. Ist der Streitgegenstand teilbar, kann auch eine teilweise Rücknahme des Antrags vorgenommen werden[4].   167

Neben dem Antragsteller ist ein **sonstiger Beteiligter** zur Rücknahme nicht berechtigt[5]. Haben mehrere Antragsteller einen Antrag gestellt, ist grundsätzlich jeder berechtigt, seinen Antrag unabhängig vom Verhalten der weiteren Antragsteller zurückzunehmen. So kann bei der Anfechtung einer Betriebsratswahl jeder antragstellende Arbeitnehmer seinen Antrag ohne Zustimmung der übrigen Beteiligten zurückziehen[6].   168

Die Antragsrücknahme bewirkt, dass der Rechtsstreit **als nicht anhängig** geworden anzusehen ist. Es bedarf daher keiner ausdrücklichen Aufhebung einer noch nicht in Rechtskraft erwachsenen Entscheidung. Andererseits ist der Antragsteller durch die Rücknahme seines Antrags nicht gehindert, denselben Streitgegenstand zu einem späteren Zeitpunkt erneut rechtshängig zu machen[7].   169

---

1 Hierzu und zum Beschwerdeverfahren nach §§ 83 Abs. 5, 78 ArbGG weitergehend GMP/*Müller-Glöge*, § 78 ArbGG Rz. 2 ff.
2 *Schaub*, Arbeitsgerichtsverfahren, § 58 Rz. 61; GWBG/*Greiner*, § 81 ArbGG Rz. 22; GMP/*Matthes/Spinner*, § 81 ArbGG Rz. 73 f.
3 *Schaub*, Arbeitsgerichtsverfahren, § 58 Rz. 61; vgl. GMP/*Matthes/Spinner*, § 81 ArbGG Rz. 74.
4 *Dietz/Nikisch*, § 81 ArbGG Rz. 32; GMP/*Matthes/Spinner*, § 81 ArbGG Rz. 76.
5 *Dersch/Volkmar*, § 81 ArbGG Rz. 6.
6 BAG 12.2.1985 – 1 ABR 11/84, AP Nr. 27 zu § 76 BetrVG 1952; *Schaub*, Arbeitsgerichtsverfahren, § 58 Rz. 61; GMP/*Matthes/Spinner*, § 81 ArbGG Rz. 75.
7 *Dietz/Nikisch*, § 81 ArbGG Rz. 36.

170 Nach Rücknahme des Antrags durch den Antragsteller ist das Beschlussverfahren **von Amts wegen** durch den Vorsitzenden des Arbeitsgerichts – nicht durch die Kammer – per Beschluss **einzustellen**, § 81 Abs. 2 Satz 2 ArbGG. Der Beschluss hat nach richtiger Ansicht nicht nur deklaratorische Bedeutung, sondern stellt eine **die Instanz beendende Entscheidung** dar, gegen die das Rechtsmittel der Beschwerde nach § 87 ArbGG bzw. der Rechtsbeschwerde nach § 92 ArbGG stattfindet[1].

171 Soweit die Beteiligten über den Streitgegenstand verfügen können, kommt auch ein **Verzicht** auf den gerichtlich geltend gemachten Anspruch in Frage[2], so etwa bei Ansprüchen auf Kostenerstattung. Das Arbeitsgericht ist an den Verzicht gebunden und hat entsprechend § 306 ZPO einen **Verzichtsbeschluss** zu erlassen, wobei die Entscheidung gem. §§ 80 Abs. 2, 55 Abs. 1 Nr. 2 ArbGG durch den Vorsitzenden allein ergehen kann.

b) Vergleich und Anerkenntnis

172 Die Beendigung des Beschlussverfahrens durch gerichtlichen **Vergleich** sieht § 83a Abs. 1 ArbGG vor. Zur Niederschrift des Gerichts oder des Vorsitzenden kann das Verfahren ganz oder zum Teil vergleichsweise erledigt werden. Da der gerichtlich protokollierte Vergleich das Verfahren unmittelbar beendet, entfällt eine formelle Einstellung des Verfahrens durch den Vorsitzenden. Nach § 85 Abs. 1 Satz 1 ArbGG ist der gerichtliche Vergleich Vollstreckungstitel.

172a Der Gesetzestext des § 83a Abs. 1 ArbGG berücksichtigt nicht die Regelung in § 278 Abs. 6 ZPO, nach der ein gerichtlicher Vergleich auch dadurch geschlossen werden kann, dass die Parteien dem Gericht einen schriftlichen Vergleichsvorschlag unterbreiten bzw. einen schriftlichen Vergleichsvorschlag des Gerichts schriftsätzlich gegenüber dem Gericht annehmen. Gleichwohl **findet** § 278 Abs. 6 ZPO auch **im Beschlussverfahren Anwendung**, und zwar über die Verweisung in §§ 80 Abs. 2 Satz 1 – „gütliche Erledigung des Verfahrens" –, 46 Abs. 2 ArbGG[3]. Aus § 83a ArbGG ergibt sich nichts anderes (§ 80 Abs. 2 Satz 1 letzter Halbs. ArbGG). Denn die Regelung, dass der Vergleich zu protokollieren ist, stellt keine Besonderheit des Beschlussverfahrens dar[4]. Durch das **MediationsG** vom 21.7.23012 (s. Rz. 1a) ist den Beteiligten jetzt auch die Möglichkeit eröffnet, einen Vergleich **zur Niederschrift des Güterichters** zu schließen.

173 Der Vergleich muss **von allen Verfahrensbeteiligten** geschlossen werden[5]. Schließen nur bestimmte Beteiligte einen Vergleich, wird das Verfahren nur dann erledigt, wenn sämtliche übrigen Beteiligten dem Vergleich nach Aufforderung durch den Kammervorsitzenden ausdrücklich zustimmen.

174 Voraussetzung für den wirksamen Abschluss eines Vergleichs ist, dass die Beteiligten **befugt sind, über den Vergleichsgegenstand zu verfügen**[6]. Das bedeutet, dass dem Ergebnis des Vergleichs zwingende Rechtsvorschriften nicht entgegenstehen dürfen.

---

1 GMP/*Matthes/Spinner*, § 81 ArbGG Rz. 80; LAG Rh.-Pf. 25.6.1982 – 6 TaBV 10/82, EzA § 92 ArbGG 1979 Nr. 1; vgl. auch BAG 18.10.1988 – 1 ABR 36/87, AP Nr. 4 zu § 100 BetrVG 1972; LAG Köln 27.11.1995 – 3 Ta 297/95, NZA 1996, 840; LAG Hamm 21.9.1999 – 13 TaBV 13/99, NZA-RR 2000, 660; aA LAG Hess. 24.1.1984 – 4 TaBV 82/83, NZA 1984, 269; GWBG/*Greiner*, § 81 ArbGG Rz. 27; *Weth*, S. 326.
2 *Dütz*, RdA 1980, 99; *Fenn*, FS 25 Jahre BAG, S. 113 f.; vgl. GMP/*Matthes/Spinner*, § 80 ArbGG Rz. 57.
3 Überzeugend GMP/*Matthes/Spinner*, § 83a ArbGG Rz. 2.
4 GMP/*Matthes/Spinner*, § 83a ArbGG Rz. 2.
5 GMP/*Matthes/Spinner*, § 83a ArbGG Rz. 4; ausführlich Schwab/Weth/*Weth*, § 83a ArbGG, Rz. 4; differenzierend GWBG/*Greiner*, § 83a ArbGG Rz. 4.
6 BAG 23.6.1992 – 1 ABR 53/91, AP Nr. 51 zu § 87 BetrVG 1972 – Arbeitszeit.

Dies ist eine Frage des formellen und materiellen Rechts, insbesondere des Betriebsverfassungsrechts[1]. Der Verfügungsbefugnis der Beteiligten entzogen sind vor allem Organisationsnormen der Betriebsverfassung wie etwa das Wahlrecht bzw. die Wählbarkeit von Arbeitnehmern, die Wirksamkeit einer Betriebsratswahl oder das Vorliegen eines Tendenzbetriebes[2]. Ebenso wenig können die Beteiligten im Vergleichswege über einen groben Verstoß des Arbeitgebers gegen seine betriebsverfassungsrechtlichen Pflichten gem. § 23 Abs. 3 BetrVG befinden, da diese Rechtsfrage nicht ihrer Dispositionsbefugnis unterliegt[3]. Ist in derartigen Fällen der Verfahrensgegenstand der Verfügungsbefugnis der Beteiligten entzogen, ist der gleichwohl geschlossene Vergleich materiell unwirksam; er beendet das anhängige Beschlussverfahren nicht. Der Streit über die Wirksamkeit eines Vergleichs ist sodann im anhängigen Verfahren selbst oder in einem neuen Verfahren zu entscheiden[4].

Die Beteiligten können sich auch **außergerichtlich** vergleichen. Ein solcher Vergleich erledigt jedoch nicht das Verfahren vor dem Arbeitsgericht. Vielmehr hat zusätzlich entweder der Antragsteller seinen Antrag zurückzunehmen oder die Beteiligten müssen übereinstimmend die Erledigung des Verfahrens erklären[5]. In beiden Fällen hat wiederum der Vorsitzende das Verfahren einzustellen. 175

Entsprechend § 307 ZPO ist auch im Beschlussverfahren ein **Anerkenntnis** möglich. Es gilt dieselbe Voraussetzung wie beim Verzicht (s. Rz. 171): Die Beteiligten müssen über den Streitgegenstand verfügen können[6]. Wird der geltend gemachte Anspruch anerkannt, ergeht **Anerkenntnisbeschluss**, der vom Vorsitzenden allein erlassen werden kann, §§ 80 Abs. 2, 55 Abs. 1 Nr. 3 ArbGG. Da das Beschlussverfahren keine Privilegierung im Kostenbereich vorsieht, kommt dem Anerkenntnis in der Praxis keine besondere Bedeutung zu. 176

c) Erledigungserklärung

§ 83a ArbGG sieht die Erledigung des Verfahrens durch die Beteiligten ausdrücklich vor. 177

aa) Übereinstimmende Erledigungserklärung

§ 83a ArbGG regelt nur den Fall der übereinstimmenden Erledigungserklärung. Nach § 83a Abs. 1 ArbGG können die Beteiligten, um das Verfahren ganz oder zum Teil zu erledigen, eine Erledigungserklärung abgeben, und zwar in Schriftform oder in der mündlichen Verhandlung zu Protokoll des Gerichts. Die Erledigung des Verfahrens ist **von allen Beteiligten** zu erklären[7]. Sie kann noch nach Verkündung der Entscheidung bis zum Eintritt der Rechtskraft abgegeben werden[8]. Die Erledigungserklärung ist unwiderrufliche Prozesshandlung[9]. Anders als beim Vergleich verlangt die Erledi- 178

---

1 *Schaub*, Arbeitsgerichtsverfahren, § 58 Rz. 66; GMP/*Matthes/Spinner*, § 83a ArbGG Rz. 8; *Weth*, S. 339.
2 Vgl. zu Umfang und Grenzen der Verfügungsbefugnis der Beteiligten insbesondere *Lepke*, DB 1977, 633.
3 LAG Düsseldorf 26.7.1990 – 7 Ta 139/90, NZA 1992, 188; aA LAG Bremen 16.12.1988 – 4 TaBV 30/88, NZA 1989, 568; LAG Hamburg 27.2.1992 – 5 Ta 25/91, NZA 1992, 568.
4 BAG 25.6.1981 – 2 AZR 219/79, AP Nr. 30 zu § 794 ZPO.
5 GMP/*Matthes/Spinner*, § 83a ArbGG Rz. 9.
6 *Dütz*, RdA 1980, 99; *Fenn*, FS 25 Jahre BAG, S. 113 f.; GMP/*Matthes/Spinner*, § 80 ArbGG Rz. 57.
7 BAG 26.2.1985 – 3 AZR 1/83, NZA 1985, 635.
8 LAG Hamm 24.7.1974 – 8 Ta 54/73, EzA § 12 ArbGG 1979 Nr. 2.
9 LAG Berlin 13.7.2004 – 16 TaBV 2358/03, LAGE § 103 BetrVG 2001 Nr. 3.

gungserklärung nach dem insoweit eindeutigen Wortlaut des § 83a Abs. 1 ArbGG nicht, dass die Beteiligten über den Streitgegenstand verfügen können[1].

179 Haben alle Beteiligten das Verfahren für erledigt erklärt, beenden diese übereinstimmenden Erklärungen noch nicht das Beschlussverfahren. Vielmehr führt erst die **von Amts wegen** vorzunehmende **Einstellung** durch den Vorsitzenden nach § 83a Abs. 2 Satz 1 ArbGG zum Verfahrensabschluss[2]. Hierbei darf der Vorsitzende nicht prüfen, ob das Verfahren tatsächlich erledigt ist oder nicht, da die Erledigungserklärung lediglich eine Prozesshandlung ist und das materielle Recht nicht tangiert[3].

180 Der **Einstellungsbeschluss** ist allen Beteiligten, soweit ihnen der Antrag vom Arbeitsgericht mitgeteilt worden war, **zur Kenntnis zu bringen**, §§ 83a Abs. 2 Satz 2, 81 Abs. 2 Satz 3 ArbGG. Er kann mit der Beschwerde nach § 87 ArbGG angefochten werden[4].

181 Ebenfalls einen Fall der übereinstimmenden Erledigungserklärung regelt § 83a Abs. 3 ArbGG. Hier erklärt **zunächst nur der Antragsteller** die Hauptsache für erledigt. Der Vorsitzende hat nunmehr die übrigen Beteiligten **aufzufordern**, binnen einer mindestens zwei Wochen betragenden Frist zu erklären, **ob sie** der Erledigung **zustimmen**. Die Zustimmung gilt als erteilt, wenn sich die Beteiligten nicht innerhalb der gesetzten Frist äußern, § 83a Abs. 3 Satz 2 ArbGG. Einer Aufforderung des Vorsitzenden bedarf es nicht, wenn ein Beteiligter bereits vorab erklärt hat, er stimme der Erledigung nicht zu[5]. Haben alle Beteiligten der Erledigungserklärung des Antragstellers zugestimmt oder greift die Fiktion des § 83a Abs. 3 Satz 2 ArbGG, so ist das Beschlussverfahren wiederum vom Vorsitzenden einzustellen. Es gelten insoweit die Ausführungen zu § 83a Abs. 1 und 2 ArbGG entsprechend.

bb) Einseitige Erledigungserklärung

182 Der Fall einer einseitigen Erledigungserklärung liegt vor, wenn **mindestens ein Beteiligter** der Erledigungserklärung des Antragstellers **nicht zustimmt**. Das Gesetz, insbesondere § 83a ArbGG, regelt diese Variante nicht. Nach der Rechtsprechung des BAG[6] ist im Fall einer einseitigen Erledigungserklärung durch den Antragsteller – der Beteiligte widersprechen – lediglich zu prüfen, ob ein erledigendes Ereignis eingetreten ist. Das gilt auch bei einer auf das Nichtzulassungsbeschwerdeverfahren bezogenen Erledigterklärung des Beschwerdeführers[7].

183 **Erledigende Ereignisse** in diesem Sinne sind **nach Rechtshängigkeit** eingetretene tatsächliche Umstände, aufgrund deren der Antrag des Antragstellers jedenfalls jetzt als unzulässig oder unbegründet abgewiesen werden muss, unabhängig davon, ob er ursprünglich zulässig oder begründet war[8]. Ob ein erledigendes Ereignis tatsächlich vorliegt, hat das Gericht ggf. nach einer Anhörung der Beteiligten zu entscheiden. Ist ein erledigendes Ereignis eingetreten – auch schon **vor** Eintritt der Rechtshängigkeit[9] –, so

---

1 GWBG/*Greiner*, § 83a ArbGG Rz. 7.
2 BAG 18.10.1988 – 1 ABR 36/87, AP Nr. 4 zu § 100 BetrVG 1972; GMP/*Matthes/Spinner*, § 83a ArbGG Rz. 13; aA GWBG/*Greiner*, § 83a ArbGG Rz. 10; *Dütz*, RdA 1980, 99; *Weth*, S. 330, die von einer nur deklaratorischen Bedeutung der Einstellung ausgehen.
3 *Fenn*, FS 25 Jahre BAG, S. 102.
4 LAG Rh.-Pf. 25.6.1982 – 6 TaBV 10/82, LAGE § 92 ArbGG 1979 Nr. 1; GMP/*Matthes/Spinner*, § 83a ArbGG Rz. 14; aA GWBG/*Greiner*, § 83a ArbGG Rz. 10.
5 BAG 26.4.1990 – 1 ABR 79/89, AP Nr. 3 zu § 83a ArbGG 1979.
6 BAG 26.4.1990 – 1 ABR 79/89, AP Nr. 3 zu § 83a ArbGG 1979; 23.6.1993 – 2 ABR 58/92, NZA 1993, 1052; 8.12.2010 – 7 ABR 69/09, NZA 2011, 362; zustimmend *Jost/Sundermann*, ZZP 105 (1992), 274 ff.
7 BAG 15.2.2012 – 7 ABN 74/11, ArbR 2012, 220.
8 BAG 10.2.1999 – 10 ABR 42/98, NZA 1999, 1225; 15.8.2001 – 7 ABR 2/99, NZA 2002, 569; 19.2.2008 – 1 ABR 65/05, NZA-RR 2008, 490.
9 BAG 23.1.2008 – 1 ABR 64/06, NZA 2008, 841.

ist das Verfahren durch **Beschluss der Kammer** gem. § 84 ArbGG **einzustellen**. Gegen diesen Beschluss findet das Rechtsmittel der Beschwerde nach § 87 ArbGG statt.

Erklärt ein **anderer Beteiligter** als der Antragsteller das Verfahren für erledigt, kommt § 83a Abs. 3 ArbGG nicht zur Anwendung; eine Beendigung des Verfahrens tritt nicht ein[1]. Jedoch kann sich bei einer derartigen Erledigungserklärung die Frage nach dem Rechtsschutzinteresse des Antragstellers für seinen Antrag stellen. Ist dieses nachträglich entfallen, muss der Antrag als unzulässig zurückgewiesen werden[2]. 184

Eine Erledigung des Beschlussverfahrens durch gerichtliche Erklärung **von Amts wegen** ist unter Geltung des § 83a ArbGG nicht mehr vertretbar. Die Vorschrift verlangt vielmehr zwingend eine Erklärung der Beteiligten. 185

d) Entscheidung durch Beschluss

Die Entscheidung über den gestellten Antrag erfolgt im arbeitsgerichtlichen Beschlussverfahren durch den die Instanz beendenden Beschluss, § 84 ArbGG. Er ergeht durch das Gericht, also die Kammer des Arbeitsgerichts unter Mitentscheidung der ehrenamtlichen Richter. Da auch für das Beschlussverfahren der Beschleunigungsgrundsatz des § 9 Abs. 1 ArbGG gilt, hat das Gericht über den gestellten Antrag oder die gestellten Anträge zu entscheiden, sobald **Entscheidungsreife** gegeben ist. Das kann dazu führen, dass entsprechend § 301 ZPO nur ein Teilbeschluss über einen selbständigen Teil des Verfahrens ergeht. 186

Grundlage des Beschlusses ist die **freie**, aus dem Gesamtergebnis des Verfahrens gewonnene **Überzeugung des Gerichts**, § 84 Satz 1 ArbGG. Das Gericht ist im Beschlussverfahren nicht freier gestellt als im Urteilsverfahren, kann also keine Ermessensentscheidung treffen, sondern ist ausschließlich an materielles Recht und Verfahrensrecht gebunden[3]. Das Gericht muss nach Ermittlung des Sachverhalts gem. § 84 ArbGG voll überzeugt sein, dh. es muss eine sehr hohe Wahrscheinlichkeit für eine streitige Tatsachenbehauptung sprechen[4]. 187

Der Beschluss ist nach § 84 Satz 2 ArbGG **schriftlich abzusetzen**. § 313 ZPO gilt entsprechend[5]. Im Rubrum sind alle Beteiligten einschließlich ihrer gesetzlichen Vertreter und Verfahrensbevollmächtigten aufzuführen. Der Beschluss hat einen Entscheidungstenor, Tatbestand und Entscheidungsgründe – in der arbeitsgerichtlichen Praxis regelmäßig unter der Überschrift „Gründe" zusammengefasst – zu enthalten, §§ 84 Satz 3, 60 Abs. 4 Satz 1 ArbGG. Schließlich ist er mit einer Rechtsmittelbelehrung (vgl. § 9 Abs. 5 ArbGG) zu versehen und vom Vorsitzenden der Kammer zu unterschreiben. 188

In vermögensrechtlichen Streitigkeiten sind Beschlüsse der Arbeitsgerichte ausnahmsweise **vorläufig vollstreckbar**, § 85 Abs. 1 Satz 2 Halbs. 1 ArbGG. Die vorläufige Vollstreckbarkeit muss im Tenor zum Ausdruck kommen[6]. 189

Der Beschluss ist zu **verkünden**, §§ 84 Satz 3, 60 Abs. 1 ArbGG, und gem. §§ 80 Abs. 2, 50 Abs. 1 ArbGG allen Beteiligten[7] innerhalb von drei Wochen nach Übergabe an die Geschäftsstelle von Amts wegen **zuzustellen**. 190

---

1 BAG 26.3.1991 – 1 ABR 43/90, AP Nr. 32 zu § 75 BPersVG.
2 BAG 23.1.1986 – 6 ABR 47/82, AP Nr. 31 zu § 5 BetrVG 1972; 25.1.2005 – 1 ABR 61/03, NZA 2005, 1199.
3 GMP/*Matthes/Spinner*, § 84 ArbGG Rz. 8; vgl. auch *Dietz/Nikisch*, § 84 ArbGG Rz. 8.
4 *Weth*, S. 345.
5 GMP/*Matthes/Spinner*, § 84 ArbGG Rz. 10; aA *Dütz*, RdA 1980, 99.
6 GMP/*Matthes/Spinner*, § 84 ArbGG Rz. 12; Schwab/Weth/*Weth*, § 84 ArbGG Rz. 5; aA *Rudolf*, NZA 1988, 421.
7 BAG 6.10.1978 – 1 ABR 75/76, AP Nr. 2 zu § 101 BetrVG 1972.

190a Beschlüsse in arbeitsgerichtlichen Beschlussverfahren sind der formellen und materiellen Rechtskraft fähig[1]. Sie werden formell rechtskräftig, wenn sie mit einem ordentlichen Rechtsmittel nicht mehr angefochten werden können. Beschlüsse sind jedoch auch der materiellen (inneren) Rechtskraft fähig (vgl. nur den Wortlaut des § 85 Abs. 1 Satz 1 ArbGG), die zur Folge hat, dass die in dem Beschluss behandelten Fragen bei unverändertem Sachverhalt nicht erneut einer Entscheidung der Gerichte für Arbeitssachen zugeführt werden können[2].

e) Kosten und Streitwert

aa) Ausschluss der Kostentragungspflicht

191 Aufgrund der Bestimmung des § 2 Abs. 2 GKG (s. Rz. 103 mwN in den Fußnoten) werden im Beschlussverfahren gerichtliche Gebühren und Auslagen nicht erhoben. Bereits aus dem Umkehrschluss aus dem (bis 30.6.2004 gültigen) § 12 Abs. 1 ArbGG aF, wonach im Urteilsverfahren Gebühren nach dem Verzeichnis der Anlage 1 zum ArbGG nicht anfallen, ergab sich für das Beschlussverfahren die **Gerichtsgebührenfreiheit**. Jedoch ist der Ausschluss der Kostentragungspflicht nach § 2 Abs. 2 GKG umfassender und schließt neben den gerichtlichen Gebühren auch die Auslagen des Gerichts, zB für Zustellungen, Zeugen und Sachverständige, ein. Es bedarf im Tenor des Beschlusses folglich keiner Entscheidung darüber, wer die Gerichtskosten zu tragen hat[3].

192 Ebenso wenig ist im Beschluss darüber zu befinden, wer die **außergerichtlichen Kosten** eines Beteiligten zu tragen hat. Hier handelt es sich vielmehr um eine Frage, die nach materiellem Recht zu entscheiden ist und Gegenstand eines eigenen Beschlussverfahrens sein kann. So hat etwa der Arbeitgeber Aufwendungen in Form von Rechtsanwaltsgebühren, die im Zusammenhang mit einem Beschlussverfahren erforderlich geworden sind, nach § 40 Abs. 1 BetrVG als durch die Tätigkeit des Betriebsrats entstandene Kosten zu tragen. Keinen Anspruch auf Übernahme der außergerichtlichen (Rechtsanwalts-)Kosten hat ein Betriebsratsmitglied als Beteiligter eines Zustimmungsersetzungsverfahrens nach § 103 Abs. 2 BetrVG, da die entstandenen Kosten keine Kosten der Betriebsratstätigkeit sind[4]. Zur uneingeschränkten Kostentragung ist der Arbeitgeber allerdings dann verpflichtet, wenn das Betriebsratsmitglied im Verfahren obsiegt[5].

bb) Streitwert

193 Auch den Streitwert hat das Arbeitsgericht in der instanzbeendenden Entscheidung nicht festzusetzen. Hierfür fehlt es in § 84 ArbGG an einer Verweisung auf § 61 Abs. 1 ArbGG[6]. Es besteht darüber hinaus **für** eine **Streitwertfestsetzung** im Tenor des Beschlusses auch **kein Bedürfnis**, da die Statthaftigkeit eines Rechtsmittels vom Streitwert unabhängig ist.

194 Von Bedeutung ist der Wert eines Beschlussverfahrens allein für den Rechtsanwalt, der einen Beteiligten als Verfahrensbevollmächtigter vertritt. Auf seinen Antrag

---

1 St. Rspr. des BAG, vgl. nur BAG 20.3.1996 – 7 ABR 41/95, NZA 1996, 1058; 6.6.2000 – 1 ABR 21/99, NZA 2001, 156; 15.1.2002 – 1 ABR 10/01, NZA 2002, 989; für die hM im Schrifttum s. GMP/*Matthes/Spinner*, § 84 ArbGG Rz. 22ff.
2 BAG 6.6.2000 – 1 ABR 21/99, NZA 2001, 156; LAG Köln 16.5.2003 – 11 TaBV 61/02 (rkr.).
3 Vgl. bereits BAG 7.7.1954 – 1 ABR 2/54, AP Nr. 1 zu § 13 BetrVG 1952; 22.2.1963 – 1 ABR 8/62, AP Nr. 9 zu § 92 ArbGG 1953; GMPM/*Matthes*, § 84 ArbGG Rz. 31.
4 BAG 3.4.1979 – 6 ABR 63/76, AP Nr. 16 zu § 40 BetrVG 1972.
5 BAG 21.1.1990 – 7 ABR 39/89, AP Nr. 28 zu § 103 BetrVG 1972.
6 GMP/*Matthes/Spinner*, § 84 ArbGG Rz. 14.

IV. Einstweilige Verfügung, § 85 Abs. 2 ArbGG

oder auf Antrag seines Mandanten bzw. des erstattungspflichtigen Beteiligten hat das Gericht nach § 33 Abs. 1 RVG den **Gegenstandswert** festzusetzen. Gegen die gerichtliche Festsetzung, die regelmäßig nach Beendigung der Instanz erfolgt, findet die Beschwerde nach § 33 Abs. 3 RVG statt. Hinsichtlich der Kriterien für die Streitwertermittlung gelten grundsätzlich keine Besonderheiten im Vergleich zum Urteilsverfahren[1]. Zu weiteren Einzelheiten s. die Ausführungen Teil 5 J Rz. 93 ff.

IV. Einstweilige Verfügung, § 85 Abs. 2 ArbGG

Nach § 85 Abs. 2 Satz 1 ArbGG ist im arbeitsgerichtlichen Beschlussverfahren der **Erlass** einer einstweiligen Verfügung **zulässig**. Ihr Erlass setzt wie im Urteilsverfahren einen zu sichernden Verfügungsanspruch und einen Verfügungsgrund voraus. Einstweilige Verfügungen sind denkbar in der Form der Sicherungsverfügung nach § 935 ZPO, der Regelungsverfügung nach § 940 ZPO und der Leistungs- bzw. Befriedigungsverfügung, soweit diese zulässig ist. Einstweilige Verfügungen sind **grundsätzlich sofort vollstreckbar**.

195

Neben dem Erlass einstweiliger Verfügungen im Beschlussverfahren ist auch die **Anordnung eines Arrestes**, § 916 ZPO, möglich, soweit es eine im Beschlussverfahren geltend zu machende Geldforderung, zB einen Kostenerstattungsanspruch eines betriebsverfassungsrechtlichen Funktionsträgers, zu sichern gilt[2]; §§ 916 ff. ZPO sind entsprechend anwendbar.

196

1. Anwendungsfälle

Als Verfügungsanspruch kann grundsätzlich **jeder betriebsverfassungsrechtliche Anspruch** in Frage kommen, gleichgültig, ob es sich dabei um Ansprüche von Organen der Betriebsverfassung, ihren Mitgliedern, aber auch Gewerkschaften[3] gegen den Arbeitgeber oder um Ansprüche des Arbeitgebers gegen den Betriebsrat, einzelne Mitglieder oder eine im Betrieb vertretene Gewerkschaft handelt. Der Verfügungsanspruch ergibt sich regelmäßig aus dem materiellen Recht[4], also etwa aus Gesetzen, Tarifverträgen oder Betriebsvereinbarungen.

197

Beispiele aus der Rechtsprechung für **Ansprüche des Betriebsrats**:

198

- Durchführung eines Einigungsstellenspruchs[5];
- Hausrecht am oder Schlüssel zum Betriebsratsbüro[6];
- Zutritt des Betriebsrats zum Betriebsgelände[7];
- Anspruch eines Gewerkschaftsbeauftragten auf Zutritt zum Betrieb[8];

---

1 Vgl. die zahlreichen Beispiele bei *Vetter*, NZA 1986, 182 ff.
2 GMP/*Matthes/Spinner*, § 85 ArbGG Rz. 28; Hauck/Helml/Biebl/*Hauck*, § 85 ArbGG Rz. 8; Schwab/Weth/*Walker*, § 85 ArbGG Rz. 52.
3 BAG 17.5.2011 – 1 AZR 473/09, NZA 2011, 1169 (gewerkschaftlicher Beseitigungsanspruch bei tarifwidrigen betrieblichen Regelungen).
4 BAG 17.5.1983 – 1 ABR 21/80, AP Nr. 19 zu § 80 BetrVG 1972.
5 LAG Berlin 8.11.1990 – 14 TaBV 5/90, BB 1991, 206; LAG Hess. 16.12.2004 – 5 TaBVGa 153/03; LAG Hamm 14.8.2009 – 10 TaBVGa 3/09, NZA-RR 2010, 191 (gerichtliche Bestellung eines Wahlvorstands).
6 LAG Nürnberg 1.4.1999 – 6 Ta 6/99, NZA 2000, 335.
7 LAG Köln 12.12.2001 – 8 TaBV 72/01; LAG Hamm 6.5.2002 – 10 TaBV 53/02, NZA-RR 2003, 480 mwN; LAG Bln.-Bbg. 2.9.2009 – 17 TaBVGa 1372/09, LAGE § 78 BetrVG 2001 Nr. 4; LAG München 18.11.2009 – 11 TaBVGa 16/09, NZA-RR 2010, 189 (Aufhebung eines Hausverbots gegen Betriebsratsmitglied).
8 LAG Hamm 9.3.1972 – 8 BV Ta 2/72, AP Nr. 1 zu § 2 BetrVG 1972; s.a. *Korinth*, Einstweiliger Rechtsschutz, Teil K Rz. 1.

- Anspruch auf Duldung von Betriebsratstätigkeit nach Kündigung des Arbeitsverhältnisses ohne Zustimmung des Betriebsrats[1];
- Anspruch auf Freistellung eines Betriebsratsmitglieds für eine Schulungsveranstaltung[2];
- Durchführung/Abbruch von Betriebsratswahlen[3]:
- Die Wahlanfechtung nach § 19 BetrVG ermöglicht nur selten einen effektiven Rechtsschutz, da sie erst mit Rechtskraft des arbeitsgerichtlichen Beschlusses wirkt, § 85 Abs. 1 Satz 1 ArbGG[4]. Deswegen ist das Bedürfnis seit langem anerkannt, im Wege der einstweiligen Verfügung eine fehlerhafte Durchführung der **Wahl von vornherein** zu **verhindern**[5].
Voraussetzung eines Verfügungsanspruchs ist ein **wesentlicher Wahlfehler**, der geeignet ist, das Wahlergebnis zu verfälschen und somit eine objektiv richtige Zusammensetzung des Betriebsrats zu gefährden. Die für den Verfügungsgrund nach § 940 ZPO erforderliche Notwendigkeit der Wahlverfügung ergibt sich aus dem ansonsten **drohenden endgültigen Rechtsverlust**.
Zulässig ist ein berichtigender **Eingriff in das Wahlverfahren** im Wege der einstweiligen Verfügung (zB durch Ergänzung der Wählerliste)[6], letztlich aber auch eine auf den endgültigen **Abbruch der Wahl** gerichtete Befriedigungsverfügung, jedoch nur unter engen Voraussetzungen[7]. Abzubrechen auf Antrag des Arbeitgebers ist eine Betriebsratswahl, wenn sie **voraussichtlich nichtig** ist. Eine bloße Anfechtbarkeit genügt nicht[8]. Es reicht somit **nicht** aus die **nur voraussichtliche, sichere Anfechtbarkeit** einer Betriebsratswahl nach § 19 Abs. 1 BetrVG[9].
- Durchführung einer Betriebsvereinbarung sowie Unterlassung entgegenstehender Handlungen[10];
- Unterlassungsanspruch bei grober Verletzung der Mitbestimmung bei Versetzungen[11].

199 Ansprüche des Arbeitgebers?
- Unter Aufgabe seiner bisherigen Rechtsprechung[12] hat das BAG entschieden, dass dem **Arbeitgeber gegenüber dem Betriebsrat** bei Verstößen gegen das Verbot parteipolitischer Betätigung **generell kein Unterlassungsanspruch** zusteht. Dem Arbeitgeber bleibt allein die Möglichkeit, bei einer groben Pflichtverletzung gem. § 23 Abs. 1 BetrVG die Auflösung des Betriebsrats zu beantragen oder im Beschlussverfahren die Zulässigkeit einer Maßnahme durch Feststellungsantrag klären zu lassen[13];

---

1 LAG Hamm 27.4.1972 – 8 BV Ta 6/72, DB 1972, 1119.
2 LAG Hamm 23.11.1972 – 8 BV Ta 37/72, DB 1972, 2489.
3 BAG 15.12.1972 – 1 ABR 5/72, AP Nr. 5 zu § 80 ArbGG 1953; LAG Hess. 30.7.2009 – 9 TaBVGa 145/09, AE 2010, 40; LAG Hamm 30.8.2010 – 13 TaBVGa 8/10, nv. (Anspruch des Wahlvorstandes auf Auskunftserteilung zur Anfertigung einer Wählerliste).
4 BAG 13.11.1991 – 7 ABR 8/91, DB 1992, 1988; LAG Hamburg 26.4.2006 – 6 TaBV 6/06, NZA-RR 2006, 413.
5 So bereits BAG 15.12.1972 – 1 ABR 5/72, BB 1973, 520.
6 LAG Bremen 26.3.1998 – 1 TaBV 9/98, NZA-RR 1998, 401; LAG Hamm 10.4.1975 – 8 TaBV 29/75, DB 1975, 1176 f.; 30.3.2010 – 13 TaBVGa 8/10 (Mitteilung von Personaldaten bei Streit über Gemeinschaftsbetrieb); *Walker*, ZfA 2005, 70.
7 LAG Hamm 24.3.2010 – 10 TaBVGa 7/10.
8 BAG 27.7.2011 – 7 ABR 61/10, NZA 2012, 345.
9 LAG Hamm 19.3.2012 – 10 TaBVGa 5/12, AiB 2013, 718.
10 BAG 10.11.1987 – 1 ABR 55/86, AP Nr. 24 zu § 77 BetrVG 1972.
11 LAG Köln 19.3.2004 – 8 TaBV 13/04, LAGReport 2004, 277.
12 BAG 22.7.1980 – 6 ABR 5/78, AP Nr. 3 zu § 74 BetrVG 1972; 12.6.1986 – 6 ABR 67/84, AP Nr. 5 zu § 74 BetrVG 1872.
13 BAG 17.3.2010 – 7 ABR 95/08, NZA 2010, 1133.

- Unterlassung der Funktionsausübung durch ein von einem Amtsenthebungsverfahren betroffenes Betriebsratsmitglied[1];
- Verlegung einer Betriebsversammlung[2] oder Nichtbehandlung bestimmter Tagesordnungspunkte in der Versammlung.

Von Bedeutung ist die Frage, ob dem Arbeitgeber durch einstweilige Verfügung aufgegeben werden kann, eine Maßnahme so lange zu unterlassen, bis die erforderliche Mitwirkung des Betriebsrats erfolgt ist. Das Bestehen eines solchen **allgemeinen Unterlassungsanspruchs** war lange Zeit umstritten. Mit Beschluss vom 3.5.1994[3] hat der 1. Senat des **BAG** seine Rechtsprechung zum allgemeinen Unterlassungsanspruch des Betriebsrats bei mitbestimmungswidrigem Verhalten des Arbeitgebers im Rahmen von § 87 BetrVG[4] aufgegeben und **erkennt** den Unterlassungsanspruch nunmehr **an**. 200

Hingegen steht dem Betriebsrat **kein allgemeiner Unterlassungsanspruch** zur Seite, um eine gegen § 99 Abs. 1 Satz 1 BetrVG oder § 100 Abs. 2 BetrVG verstoßende personelle Einzelmaßnahme zu verhindern[5]. Denn ein solcher führte zu einer gesetzlich nicht gewollten Erweiterung der Handlungsmöglichkeiten des Betriebsrats. Die Ablehnung des allgemeinen Unterlassungsanspruchs **bei personellen Einzelmaßnahmen** schließt andererseits nicht aus, dass der Betriebsrat die durch § 23 Abs. 3 BetrVG begründeten Ansprüche geltend macht. 200a

Für eine Unterlassungsverfügung ist grundsätzlich allein darauf abzustellen, ob dem **Betriebsrat** ein **Mitwirkungsrecht** an der Maßnahme des Arbeitgebers zusteht. Ist dies der Fall, kann eine einstweilige Verfügung erlassen werden[6]. 200b

Ein Verfügungsanspruch des Betriebsrats auf Verhinderung der Durchführung eines Einigungsstellenspruchs kann allenfalls in engen Grenzen anerkannt werden, wenn etwa der Spruch krasse Rechtsverstöße enthält und dies zudem offensichtlich ist[7]. 200c

2. Ausschluss einstweiliger Verfügungen

Streitig ist, ob der Betriebsrat im Wege einstweiligen Rechtsschutzes die **Unterlassung** einer geplanten **Betriebsänderung** nach §§ 111 ff. BetrVG so lange verlangen kann, bis die Beratung des Arbeitgebers mit dem Betriebsrat bzw. ggf. das Einigungsstellenverfahren zur Herbeiführung eines Interessenausgleichs abgeschlossen ist[8]. Der mittlerweile wohl **nicht mehr überwiegende Teil** der arbeitsgerichtlichen Rechtsprechung **lehnt es ab**, dem Betriebsrat selbst vor unstreitig nicht oder nicht abschließend durchgeführten Interessenausgleichsverhandlungen einen Anspruch auf die Unterlassung von Kündigungen einzuräumen[9]. Ein derartiger Unterlassungsanspruch folgt auch **nicht aus** § 113 Abs. 3 BetrVG. Denn diese Vorschrift bezweckt lediglich im Interesse der betroffenen Arbeitnehmer eine Sanktionierung des Arbeitgebers, 201

---

1 LAG Hamm 18.9.1975 – 8 TaBV 65/75 u.a., BB 1975, 1302; LAG Hess. 3.9.2009 – 9 TaBVGa 159/09, NZA-RR 2010, 246.
2 LAG Düsseldorf 24.10.1972 – 1 (6) BV Ta 43/72, DB 1972, 2212.
3 BAG 3.5.1994 – 1 ABR 24/93, AP Nr. 23 zu § 23 BetrVG 1972.
4 BAG 22.2.1983 – 1 ABR 27/81, AP Nr. 2 zu § 23 BetrVG 1972.
5 BAG 23.6.2009 – 1 ABR 23/08, NZA 2009, 1340.
6 *Olderog*, NZA 1985, 759; vgl. auch BAG 17.5.1983 – 1 ABR 21/80, AP Nr. 19 zu § 80 BetrVG 1972.
7 LAG Köln 30.7.1999 – 11 TaBV 35/99, NZA 2000, 334.
8 Vgl. hierzu *Prütting*, RdA 1995, 257; kritisch zum Verfügungsgrund *Schmädicke*, NZA 2004, 295.
9 BAG 28.8.1991 – 7 ABR 72/90, BAGE 68, 232; LAG Düsseldorf 14.11.1983 – 12 TaBV 88/83, DB 1984, 511; LAG BW 28.8.1985 – 2 TaBV 8/85, BB 1986, 1015; LAG Rh.-Pf. 28.3.1989 – 3 TaBV 6/89, LAGE § 111 BetrVG 1972 Nr. 10; LAG Schl.-Holst. 13.1.1992 – 4 TaBV 54/91, DB 1992, 1788; LAG Köln 1.9.1995 – 13 Ta 223/95, BB 1995, 2115; LAG Düsseldorf 19.11.1996 – 8 TaBV 80/96, DB 1997, 1286; LAG Hamm 1.4.1997 – 13 TaBV 34/97, NZA-RR 1997, 343; ArbG Kaiserslautern 23.10.2002 – 3 BVGa 2002/02, BB 2003, 532; vgl. auch LAG Bln.-Bbg. 19.6.2014 – 7

der eine Betriebsänderung tatsächlich durchführt, **ohne** zuvor mit dem Betriebsrat einen Interessenausgleich **versucht zu haben**. § 113 Abs. 3 BetrVG ist somit keine kollektivrechtliche Anspruchsgrundlage auf Unterlassung beabsichtigter betriebsbedingter Kündigungen.

202 Einstweilen frei.

203 **Ebenso wenig** eignen sich **§§ 111, 112 BetrVG** als Anspruchsgrundlagen für einen Unterlassungsanspruch. Das bei der Durchführung von Betriebsänderungen nach §§ 111–113 BetrVG einzuhaltende Verfahren regeln diese Vorschriften abschließend. Der Gesetzgeber hat den Fall, dass ein Arbeitgeber die insoweit bestehenden Mitwirkungsrechte des Betriebsrats nicht oder nicht hinreichend beachtet, in § 113 BetrVG ausdrücklich geregelt und sich dafür entschieden, dass der Arbeitgeber bei einer Verletzung von Beteiligungsrechten des Betriebsrats im Zusammenhang mit interessenausgleichspflichtigen Betriebsänderungen individualrechtlichen Nachteilsausgleichsansprüchen der betroffenen Arbeitnehmer ausgesetzt ist. Dagegen hat der Gesetzgeber bewusst darauf verzichtet, dem Betriebsrat an dieser Stelle ein erzwingbares Mitbestimmungsrecht oder einen Unterlassungsanspruch einzuräumen[1].

204 Ein vorbeugender Unterlassungsanspruch gegen die Durchführung von Betriebsänderungen ohne den vorausgegangenen Versuch eines Interessenausgleichs steht dem Betriebsrat schließlich auch **nicht aus** § 23 Abs. 3 BetrVG zu. Ein Unterlassungsanspruch nach dieser Vorschrift kann überhaupt nur dann greifen, wenn das Betriebsverfassungsgesetz selbst keine speziellere Sanktionsmöglichkeit vorsieht[2]. Eine solche Spezialvorschrift stellt aber § 113 Abs. 3 BetrVG dar, der etwaigen Ansprüchen des Betriebsrats aus § 23 Abs. 3 BetrVG vorgeht. Eine weitere spezielle Sanktionsmöglichkeit bietet sich zudem durch § 121 BetrVG an. Nach dieser Bestimmung kann eine Verletzung der Unterrichtungspflicht des Arbeitgebers nach § 111 BetrVG als Ordnungswidrigkeit mit einer Geldbuße geahndet werden[3].

205 Platz für den Erlass einer einstweiligen Verfügung, mit der Rechtsverletzungen im Bereich des Betriebsverfassungsrechts vorgebeugt werden soll, ist dann nicht, wenn die Verletzung von Rechten eines Betriebspartners eine **abschließende gesetzliche Regelung** gefunden hat. Dies ist der Fall im Bereich der Mitbestimmung bei personellen Einzelmaßnahmen nach §§ 99–101 BetrVG. Missachtet hier der Arbeitgeber das Zustimmungsrecht des Betriebsrates nach § 99 BetrVG, bleibt der Betriebsrat auf das Aufhebungsverfahren des § 101 BetrVG verwiesen[4].

TaBVGa 1219/14, PM v. 20.8 2014 (kein Unterlassungsanspruch bei personellen Umsetzungsmaßnahmen); aA LAG Hess. 21.9.1982 – 4 TaBV Ga 94/82, BB 1984, 145; vgl. auch LAG Hamburg 13.11.1981 – 6 TaBV 9/81, ArbuR 1982, 389; LAG Hamm 23.3.1983 – 12 TaBV 15/83, ArbuR 1984, 54; LAG Berlin 7.9.1995 – 10 TaBV 5/95 u.a., NZA 1996, 1284; LAG Düsseldorf 19.11.1996 – 8 TaBV 80/96, DB 1997, 1286; jetzt auch LAG Hamm 1.8.2003 – 10 TaBV 2/03, NZA-RR 2004, 84; 28.8.2003 – 13 TaBV 127/03 (rkr.); LAG Hess. 19.1.2010 – 4 TaBVGa 3/10, NZA-RR 2010, 187; LAG Hamm 28.6.2010 – 13 Ta 372/10, ArbuR 2011, 79; 20.4.2012 – 10 TaBVGa 3/12, nv.

1 Vgl. LAG Schl.-Holst. 13.1.1992 – 4 TaBV 54/91, LAGE § 111 BetrVG 1972 Nr. 11; LAG BW 28.8.1985 – 2 TaBV 8/85, BB 1986, 1015.
2 LAG Rh.-Pf. 28.3.1989 – 3 TaBV 6/89, NZA 1989, 863.
3 Vgl. LAG Düsseldorf 14.11.1983 – 12 TaBV 88/83, DB 1984, 511.
4 BAG 17.3.1987 – 1 ABR 65/85, AP Nr. 7 zu § 23 BetrVG 1972; LAG Hess. 15.12.1987 – 4 TaBV Ga 160/87, NZA 1989, 232; GMP/*Matthes/Spinner*, § 85 ArbGG Rz. 39; aA *Lipke*, DB 1980, 2239 für Fälle, in denen überhaupt keine Unterrichtung des Betriebsrats stattgefunden hat oder bei kurzzeitigen Maßnahmen, bei denen das Verfahren nach § 101 BetrVG wirkungslos bliebe.

3. Anhörung und Beschluss

Kann im Beschlussverfahren auf Erlass einer einstweiligen Verfügung ein materiellrechtlicher Anspruch bejaht werden, muss des Weiteren ein **Verfügungsgrund** vorliegen. Dieser setzt die Besorgnis voraus, dass die Verwirklichung eines Rechts ohne eine alsbaldige einstweilige Regelung vereitelt oder doch wesentlich erschwert wird.

Zuständig für den Erlass einer einstweiligen Verfügung ist das **Gericht der Hauptsache**, §§ 937, 943 ZPO, also regelmäßig das Arbeitsgericht. Nur wenn der Rechtsstreit in der Hauptsache bereits beim LAG anhängig ist, entscheidet dieses Gericht im einstweiligen Verfügungsverfahren[1]. Verfügungsanspruch und Verfügungsgrund sind hinsichtlich ihrer tatsächlichen Umstände glaubhaft zu machen, § 920 Abs. 2 ZPO.

Auch für das Verfahren der einstweiligen Verfügung gilt der das Beschlussverfahren charakterisierende **Untersuchungsgrundsatz**. Dieser erfordert vom Verfügungsgericht, zur Sachverhaltsermittlung von Amts wegen tätig zu werden, soweit dies angesichts der Dringlichkeit noch in angemessener Zeit möglich ist. Insbesondere hat das Gericht zu diesem Zwecke einen **Anhörungstermin** vor der Kammer anzuberaumen[2]. Nur in dringenden Fällen kann die Entscheidung ohne mündliche Anhörung der Beteiligten ergehen, § 937 Abs. 2 ZPO; doch entscheidet in jedem Fall die Kammer, § 85 Abs. 2 Satz 2 ArbGG. Alleinentscheidungen durch den Vorsitzenden in dringenden Fällen entsprechend § 944 ZPO sind nicht zulässig[3].

Die Entscheidung der Kammer über den Antrag auf Erlass einer einstweiligen Verfügung ergeht durch **Beschluss**, § 85 Abs. 2 Satz 2 ArbGG, der, wenn ohne mündliche Verhandlung entschieden worden ist, keiner Begründung bedarf[4]. Der Beschluss ist nach § 85 Abs. 2 Satz 2 ArbGG **von Amts wegen zuzustellen**. Soweit eine Vollziehung der einstweiligen Verfügung nach § 929 Abs. 2 ZPO erforderlich ist, hat der Antragsteller im Parteibetrieb zuzustellen. Das Arbeitsgericht hat auf Antrag des Verfügungsgegners dem Antragsteller eine Frist zu setzen, innerhalb der er die Hauptsache anhängig zu machen hat, § 926 Abs. 1 ZPO.

4. Rechtsmittel

Welches Rechtsmittel gegen die Entscheidung über den Antrag auf Erlass einer einstweiligen Verfügung oder einen Arrest gegeben ist, richtet sich nach der Art und Weise der Entscheidung: Hat das Gericht **ohne** Durchführung einer **mündlichen Verhandlung** entschieden, so ist gegen die den Antrag zurückweisende Entscheidung die **sofortige Beschwerde** nach § 567 ZPO gegeben. Hat das Verfügungsgericht hingegen die beantragte einstweilige **Verfügung erlassen**, steht dem Antragsgegner das Rechtsmittel des **Widerspruchs**, § 924 ZPO, zur Seite. Über den Widerspruch entscheidet das Verfügungsgericht aufgrund mündlicher Anhörung der Beteiligten durch Beschluss, § 925 ZPO, § 84 ArbGG. Hiergegen ist sodann das Rechtsmittel der Beschwerde nach § 87 ArbGG statthaft. Ist die Entscheidung des Verfügungsgerichts **aufgrund einer mündlichen Anhörung** ergangen, so ist gegen den Beschluss stets die **Beschwerde** der betroffenen Beteiligten nach § 87 ArbGG gegeben.

---

1 *Schaub*, Arbeitsgerichtsverfahren, § 62 Rz. 14.
2 Vgl. LAG Hamm 3.1.1984 – 8 Ta 365/83, AR-Blattei Zwangsvollstreckung Entsch. 40.
3 BAG 28.8.1991 – 7 ABR 72/90, AP Nr. 2 zu § 85 ArbGG 1979; GMP/*Matthes*/*Spinner*, § 85 ArbGG Rz. 45; aA für Situationen, in denen die Heranziehung der ehrenamtlichen Richter zu einer unvertretbaren Verzögerung führen würde, GWBG/*Greiner*, § 85 ArbGG Rz. 27; *Schaub*, Arbeitsgerichtsverfahren, § 62 Rz. 15; *Wenzel*, NZA 1984, 115.
4 GMP/*Matthes*/*Spinner*, § 85 ArbGG Rz. 46.

V. Beschwerde an das LAG

211 Die §§ 87–91 ArbGG regeln das arbeitsgerichtliche Beschlussverfahren in zweiter Instanz. Als Grundsatznorm bestimmt § 87 Abs. 1 ArbGG, dass gegen die instanzbeendenden Beschlüsse der Arbeitsgerichte das Rechtsmittel der Beschwerde an das LAG statthaft ist. Im Beschwerdeverfahren überprüft das zweitinstanzliche Gericht den angefochtenen Beschluss des Arbeitsgerichts **in tatsächlicher und rechtlicher Hinsicht** in vollem Umfang.

212 Die Beschwerde hat aufschiebende Wirkung; der Eintritt der Rechtskraft wird gehemmt (sog. **Suspensivwirkung**), § 87 Abs. 4 Halbs. 1 ArbGG. Nicht berührt wird hierdurch allerdings die vorläufige Vollstreckbarkeit des arbeitsgerichtlichen Beschlusses in vermögensrechtlichen Streitigkeiten, § 87 Abs. 4 Halbs. 2 ArbGG iVm. § 85 Abs. 1 Satz 2 ArbGG.

213 Das Arbeitsgericht kann der Beschwerde selbst nicht abhelfen; die Zuständigkeit zur Entscheidung geht auf das LAG über (sog. **Devolutivwirkung**).

1. Verweisung auf das Berufungsverfahren

214 Die Beschwerde nach § 87 ArbGG entspricht ihrer Funktion nach der Berufung im Urteilsverfahren. § 87 Abs. 2 Satz 1 ArbGG erklärt ausdrücklich **zahlreiche Bestimmungen des Berufungsverfahrens** für auf das Beschwerdeverfahren **entsprechend anwendbar**. Es gelten somit grundsätzlich über § 64 Abs. 6 ArbGG die Vorschriften der ZPO über die Berufung, nämlich die §§ 517 ff. ZPO. Ergänzend wird für die in § 87 Abs. 2 ArbGG genannten Rechtsinstitute verwiesen auf Vorschriften für das erstinstanzliche Urteilsverfahren, § 64 Abs. 7 ArbGG; eine weitere Ergänzung durch Inbezugnahme von ZPO-Regelungen erfolgt durch § 46 Abs. 2 ArbGG.

215 Insgesamt lässt sich die Verweisungstechnik in § 87 Abs. 2 ArbGG so verstehen, dass für das Beschwerdeverfahren nach §§ 87 ff. ArbGG die Vorschriften über die Berufung im Urteilsverfahren in umfassender Weise entsprechende Anwendung finden. Das bedeutet, dass **auch ausdrücklich nicht in Bezug genommene** Bestimmungen der ZPO Geltung beanspruchen können, sofern nicht die Besonderheiten des Beschlussverfahrens, insbesondere die Beteiligtenstellung und der Untersuchungsgrundsatz, dem entgegenstehen[1].

2. Einlegung und Begründung

a) Beschwerdebefugnis und Beschwer

216 Die Beschwerde nach § 87 ArbGG ist **gegen alle instanzbeendenden Beschlüsse** der Arbeitsgerichte nach § 84 ArbGG gegeben. Weder kommt es darauf an, dass – wie bei der Berufung gegen erstinstanzliche Urteile – ein bestimmter Beschwerdewert erreicht ist, noch bedarf es einer ausdrücklichen Zulassung des Rechtsmittels wegen grundsätzlicher Bedeutung der Sache. Auch kommt es nicht darauf an, welchen Inhalt der Beschluss des Arbeitsgerichts hat. Lediglich hinsichtlich einer prozessualen Kostenentscheidung ist die Beschwerde unstatthaft[2]. Teil- und Zwischenbeschlüsse sind nach denselben Grundsätzen mit der Beschwerde anfechtbar wie entsprechende Urteile mit der Berufung[3]. Auch der Einstellungsbeschluss des Kammervorsitzenden

---

[1] GWBG/*Greiner*, § 87 ArbGG Rz. 16; *Dietz/Nikisch*, § 87 ArbGG Rz. 21 ff.; GMP/*Matthes/Schlewing*, § 87 ArbGG Rz. 10.
[2] BAG 22.2.1963 – 1 ABR 8/62, AP Nr. 9 zu § 92 ArbGG 1953.
[3] GWBG/*Greiner*, § 87 ArbGG Rz. 2; GMP/*Matthes/Schlewing*, § 87 ArbGG Rz. 3; Schwab/Weth/*Busemann*, § 87 ArbGG Rz. 3.

bei Antragsrücknahme oder Verfahrenserledigung stellt eine beschwerdefähige Entscheidung dar[1]; Gleiches gilt für die Rüge der Verletzung des rechtlichen Gehörs (§ 78a Abs. 8 ArbGG verweist auf §§ 80ff. ArbGG).

Zulässigkeitsvoraussetzung für die Beschwerde ist die **Beschwerdebefugnis** des Beschwerdeführers. Die Beschwerdebefugnis steht dabei nicht nur dem Antragsteller, der durch seinen Antrag das Verfahren eingeleitet hat, zu, sondern allen Beteiligten, die durch die Entscheidung des Arbeitsgerichts beschwert, also in ihrer betriebsverfassungsrechtlichen, personalvertretungsrechtlichen oder mitbestimmungsrechtlichen Rechtsstellung unmittelbar betroffen sind[2]. Auch jeder weitere Beteiligte, der im Verlauf des Beschlussverfahrens einen eigenen Sachantrag gestellt hat, ist daher beschwerdebefugt. Die Beschwerdebefugnis muss **im Zeitpunkt der Beschwerdeeinlegung** gegeben sein. Sie kann folgerichtig nicht mehr von einem Betriebsrat reklamiert werden, dessen Amtszeit, etwa nach Verkündung der Entscheidung, zwischenzeitlich abgelaufen ist[3]. Nicht beschwerdebefugt sind auch solche Personen und Stellen, die in erster Instanz nur irrtümlich Verfahrensbeteiligte waren[4]; sehr wohl können dagegen Beteiligte Beschwerde einlegen, die irrtümlich an dem Beschlussverfahren nicht beteiligt wurden[5]. 217

Als weitere Zulässigkeitsvoraussetzung fordert die Beschwerde das Vorliegen einer **Beschwer** in der Person des Beschwerdeführers[6]. Eine Beschwer ist dann anzunehmen, wenn der erstinstanzliche Beschluss hinter dem vom Beschwerdeführer gestellten Antrag zurückbleibt[7]. Sie ergibt sich also aus der Differenz zwischen dem gestellten Antrag und der durch das Arbeitsgericht getroffenen Entscheidung[8]. Für die übrigen Beteiligten kann sich die Beschwer nicht aus einem Abweichen des arbeitsgerichtlichen Beschlusses vom gestellten Antrag ergeben, sondern bemisst sich materiell nach dem Inhalt der Entscheidung[9]. Eine Beschwer liegt insoweit vor, wenn die **erstinstanzliche Entscheidung für** den **Beschwerdeführer** ihrem Inhalt nach **ungünstig** ist[10]. 218

b) Vertretung

Für die Vertretung der Beteiligten vor dem LAG gilt gem. § 87 Abs. 2 Satz 2 ArbGG § 11 Abs. 1 ArbGG **entsprechend**. Das bedeutet, dass die Beteiligten das Beschwerdeverfahren vor dem LAG selbst führen oder sich vertreten lassen können. Die Vertretung erfolgt durch einen Rechtsanwalt oder einen anderen Bevollmächtigten[11]. Zur wirksamen Beauftragung eines Verfahrensbevollmächtigten bedarf es auf Betriebsratsseite einer entsprechenden Beschlussfassung des Betriebsrats[12]. Von der gesetzlich eingeräumten Möglichkeit, sich im Beschwerdeverfahren selbst vertreten zu können, 219

---

1 LAG Rh.-Pf. 25.6.1982 – 6 TaBV 10/82, EzA § 92 ArbGG 1979 Nr. 1.
2 BAG 25.8.1981 – 1 ABR 61/79, AP Nr. 2 zu § 83 ArbGG 1979; 10.9.1985 – 1 ABR 32/83, AP Nr. 34 zu § 2 TVG; 19.11.1985 – 1 ABR 37/83, AP Nr. 4 zu § 2 TVG – Tarifzuständigkeit; BVerwG 13.10.1986 – 6 P 14.84, BVerwGE 75, 62; LAG Köln 5.7.1992 – 6 (13) TaBV 7/92, nv.; GWBG/*Greiner*, § 87 ArbGG Rz. 5.
3 LAG Hamm 4.2.1977 – 3 TaBV 75/76, AP Nr. 2 zu § 23 BetrVG 1972 Nr. 5.
4 BAG 13.3.1984 – 1 ABR 49/82, AP Nr. 9 zu § 83 ArbGG 1979.
5 BAG 19.5.1978 – 6 ABR 41/75, AP Nr. 3 zu § 43 BetrVG 1972; 10.9.1985 – 1 ABR 15/83, AP Nr. 2 zu § 117 BetrVG 1972.
6 *Schaub*, Arbeitsgerichtsverfahren, § 59 Rz. 5; GWBG/*Greiner*, § 87 ArbGG Rz. 7; GMP/*Matthes/Schlewing*, § 89 ArbGG Rz. 7.
7 GWBG/*Greiner*, § 87 ArbGG Rz. 7 mwN.
8 So anschaulich GMP/*Matthes*, § 89 ArbGG Rz. 7.
9 LAG Hamm 18.11.1977 – 3 TaBV 56/77, EzA § 83 ArbGG Nr. 27.
10 *Schaub*, Arbeitsgerichtsverfahren, § 59 Rz. 5.
11 Vgl. ausführlich GMP/*Germelmann*, § 11 ArbGG Rz. 50ff.
12 BAG 19.1.2005 – 7 ABR 24/04, nv.

macht § 89 Abs. 1 ArbGG für die Einlegung der Beschwerde eine wichtige Ausnahme. Danach **muss** die beim LAG eingereichte **Beschwerdeschrift von** einem **Rechtsanwalt** oder einem nach § 11 Abs. 2 Satz 2 ArbGG zur Vertretung befugten Bevollmächtigten (insbesondere Verbände) **unterzeichnet sein**[1]. Darüber hinaus besteht im weiteren Beschwerdeverfahren ein Vertretungszwang nicht[2]. Lediglich im Falle der Rücknahme der Beschwerde nach § 89 Abs. 4 ArbGG ist wiederum die für die Einlegung der Beschwerde vorgeschriebene Form einzuhalten, dh. bei schriftlicher Beschwerderücknahme ist der entsprechende Schriftsatz von einem Rechtsanwalt oder einem nach § 11 Abs. 2 Satz 2 ArbGG zugelassenen Bevollmächtigten zu unterzeichnen.

c) Form und Frist

220 Die Einlegung der Beschwerde erfolgt durch **Einreichung** einer Beschwerdeschrift **beim LAG**. Beim Arbeitsgericht kann die Beschwerde nicht wirksam eingelegt werden[3]. In solchem Fall ist die Beschwerdefrist (Rz. 221) nur gewahrt, wenn die Beschwerdeschrift rechtzeitig an das LAG weitergereicht worden ist. Verfügen Arbeitsgericht und LAG über einen gemeinsamen Briefkasten, so geht die Beschwerdeschrift beim Adressatengericht ein[4]. Die Beschwerdeschrift muss von einem Rechtsanwalt oder einem Bevollmächtigten iSd. § 11 Abs. 2 Satz 2 ArbGG unterzeichnet sein (Rz. 219). Ihr soll nach § 519 Abs. 3 ZPO eine Ausfertigung oder beglaubigte Abschrift des angefochtenen Beschlusses beigefügt werden. Die Einlegung der Beschwerde kann **durch Telegramm**[5], **Telekopie**[6] oder **Telefax**[7] erfolgen. Die Beschwerdeschrift muss den angefochtenen Beschluss genau bezeichnen, § 89 Abs. 2 Satz 1 ArbGG. Regelmäßig erfordert dies Angaben zu erstinstanzlichem Gericht, Datum der Verkündung und Aktenzeichen. Des Weiteren ist die Erklärung, dass gegen diesen Beschluss Beschwerde eingelegt wird, notwendig[8]. Hierbei schadet allein die falsche Benennung des Rechtsmittels nicht[9]. Die Beschwerdeschrift muss schließlich den Beschwerdeführer erkennen lassen[10]. Mängel der Beschwerdeschrift sind innerhalb der Beschwerdefrist (Rz. 221) jederzeit heilbar.

221 Die **Beschwerdefrist** beträgt **einen Monat**, § 87 Abs. 2 iVm. § 66 Abs. 1 Satz 1 ArbGG, **ab Zustellung** des vollständig abgefassten Beschlusses. Nicht ausreichend ist die Zustellung einer abgekürzten Fassung nach § 60 Abs. 4 Satz 3 Halbs. 2 ArbGG. Fehlt es an der Zustellung einer vollständig abgefassten Entscheidung, beginnt nach der Neufassung des § 66 Abs. 1 Satz 2 ArbGG die Beschwerde- (und Beschwerdebegründungs-)frist spätestens mit Ablauf von **fünf Monaten** nach Entscheidungsverkündung[11]. Folglich endet die Beschwerdefrist dann sechs Monate, die Begründungsfrist sieben Monate nach der Verkündung[12]. Überholt ist damit die frühere Rechtspre-

---

1 Keine Unterschrift stellt die in Computerschrift erfolgte Wiedergabe des Vor- und Zunamens des Verfahrensbevollmächtigten unter ein Computerfax dar: BGH 10.5.2005 – XI ZR 128/04, NJW 2005, 2086.
2 BAG 20.3.1990 – 1 ABR 20/89, AP Nr. 79 zu § 99 BetrVG 1972.
3 *Schaub*, Arbeitsgerichtsverfahren, § 59 Rz. 6.
4 BAG 29.4.1986 – 7 AZB 6/85, AP Nr. 36 zu § 519 ZPO.
5 BAG 1.7.1971 – 5 AZR 75/71, AP Nr. 1 zu § 129 ZPO.
6 BAG 1.6.1983 – 5 AZR 468/80, AP Nr. 54 zu § 1 LohnFG; 24.9.1986 – 7 AZR 669/84, AP Nr. 12 zu § 72 ArbGG 1979; 12.11.1992 – 8 AZR 232/92, AP Nr. 39 zu § 519 ZPO.
7 BAG 14.3.1989 – 1 AZB 26/88, NZA 1989, 525; s. weiter gehend auch oben Rz. 109.
8 BAG 23.8.2001 – 7 ABR 15/01, NZA 2001, 1214; LAG Hamm 15.4.2005 – 10 TaBV 101/04, nv.
9 BAG 3.12.1985 – 4 ABR 7/85, AP Nr. 1 zu § 74 BAT.
10 BAG 23.7.1975 – 5 AZB 27/75, AP Nr. 31 zu § 518 ZPO.
11 KGH-EKD (Hannover) v. 21.3.2011 – I-0124/S79–10 für das mitarbeitervertretungsrechtliche Beschlussverfahren.
12 BAG 28.10.2004 – 8 AZR 492/03, NZA 2005, 125; 23.6.2005 – 2 AZR 423/04, NZA 2005, 1135; *Schmidt/Schwab/Wildschütz*, NZA 2001, 1217.

chung[1], nach der mit Rücksicht auf die dann auch fehlende Rechtsmittelbelehrung die Beschwerdefrist 17 Monate (= ein Jahr und fünf Monate) beträgt. Da die Beschwerdefrist eine **Notfrist** (§ 517 ZPO) ist, kann gegen ihre schuldlose Versäumung **Wiedereinsetzung in den vorigen Stand** erfolgen, §§ 87 Abs. 2 Satz 1, 64 Abs. 6 Satz 1 ArbGG iVm. §§ 230ff. ZPO. Eine **Verlängerung** der Beschwerdefrist ist **nicht zulässig**[2].

d) Beschwerdebegründung

Aus § 89 Abs. 2 Satz 2 ArbGG ergibt sich, dass die Beschwerde, mit der der instanzbeendende Beschluss des Arbeitsgerichts angefochten wird, zu begründen ist. Die **Frist** für die Begründung der Beschwerde beträgt nach § 66 Abs. 1 Satz 1 ArbGG **zwei Monate** und **beginnt mit der Zustellung** des vollständig abgefassten Beschlusses[3]. Auf Antrag des Beschwerdeführers kann die Begründungsfrist vom Vorsitzenden **einmal verlängert** werden, § 66 Abs. 1 Satz 5 ArbGG, wenn nach dessen freier Überzeugung dadurch das Verfahren nicht verzögert wird oder wenn der Beschwerdeführer erhebliche Gründe darlegt[4]. Bei schuldloser Versäumung der Beschwerdebegründungsfrist kommt – wie bei der Beschwerdefrist (Rz. 221) – Wiedereinsetzung in den vorigen Stand nach § 233 ZPO in Betracht. Auch die **Beschwerdebegründung**, die per Telefax zulässig ist[5], **muss von** einem **Rechtsanwalt** oder **Verbandsvertreter unterzeichnet** sein, § 89 Abs. 1 ArbGG, der insoweit auf § 11 Abs. 4 ArbGG verweist.

222

§ 89 Abs. 2 Satz 2 ArbGG verlangt für die Beschwerdebegründung die Angabe, auf welche im Einzelnen anzuführenden Beschwerdegründe sowie auf welche neuen Tatsachen die Beschwerde gestützt wird. Nicht ausreichend ist hierbei eine reine Bezugnahme auf das erstinstanzliche Vorbringen[6]. Vielmehr muss die Begründung erkennen lassen, was der Beschwerdeführer gegen den angefochtenen Beschluss einzuwenden hat. Es ist somit eine **ausführliche Auseinandersetzung** mit der angegriffenen Entscheidung vonnöten[7]. Betrifft die arbeitsgerichtliche Entscheidung mehrere Anträge, hat sich die Beschwerdebegründung mit den Teilen des Beschlusses auseinanderzusetzen, die die verschiedenen Anträge behandeln[8].

223

Aus § 520 Abs. 3 Nr. 1 ZPO folgt des Weiteren, dass die Beschwerdebegründung einen **Beschwerdeantrag** enthalten muss[9], wobei es ausreicht, dass sich aus der Beschwerdebegründung ergibt, inwieweit eine Abänderung des angefochtenen Beschlusses begehrt wird[10]. Nach § 139 ZPO hat das Beschwerdegericht im Fall von Unklarheiten entsprechende Hinweise zu geben.

224

§ 87 Abs. 3 ArbGG regelt eigenständig die Zurückweisung verspäteten Vorbringens im Beschwerdeverfahren. Die Bestimmung ist den entsprechenden Regelungen des Berufungsverfahrens nachgebildet. In ihrem Satz 1 ordnet sie an, dass in erster Instanz zu Recht zurückgewiesenes Vorbringen auch in zweiter Instanz definitiv ausgeschlossen bleibt. Sodann regelt § 87 Abs. 3 Satz 2 ArbGG den in der Praxis wohl eher selte-

225

---

1 BAG 14.9.1984 – 7 AZR 528/83, AP Nr. 3 zu § 9 ArbGG 1979.
2 GWBG/*Greiner*, § 87 ArbGG Rz. 11; GMP/*Matthes/Schlewing*, § 89 ArbGG Rz. 12; Schwab/Weth/*Busemann*, § 89 ArbGG Rz. 2a.
3 Bei Rechtsmitteleinlegung durch Vorab-Telefax richtet sich die Begründungsfrist nach dem Eingang der Original-Begründung: BAG 19.5.1999 – 8 AZB 8/99, NZA 1999, 895 (für die Berufung).
4 *Schaub*, Arbeitsgerichtsverfahren, § 59 Rz. 9 mit Verweis auf § 51 Rz. 71ff.
5 BAG 27.6.2002 – 2 AZR 427/01, NZA 2002, 573.
6 BAG 31.10.1972 – 1 ABR 4/72, AP Nr. 7 zu § 89 ArbGG 1953.
7 GMP/*Matthes/Schlewing*, § 89 ArbGG Rz. 29; Schwab/Weth/*Busemann*, § 89 ArbGG Rz. 15.
8 BAG 16.6.1976 – 3 AZR 1/75, AP Nr. 27 zu § 72 ArbGG 1953 – Streitwertrevision.
9 BAG 3.12.1985 – 4 ABR 60/85, AP Nr. 2 zu § 74 BAT; 21.7.2005 – 6 AZR 592/04, NZA 2006, 162; GMP/*Matthes/Schlewing*, § 89 ArbGG Rz. 25.
10 BAG 22.5.1985 – 4 AZR 88/84, AP Nr. 6 zu § 1 TVG – Tarifverträge: Bundesbahn.

nen Fall von § 67 Abs. 2 ArbGG. § 87 Abs. 3 Satz 3 ArbGG bestimmt, dass zulässiges neues Vorbringen in der Beschwerdebegründung bzw. vom Gegner in der Beschwerdebeantwortung vorzutragen ist. Die Präklusionsregelungen des zweitinstanzlichen Beschlussverfahrens sind dadurch abgemildert, dass eine Zurückweisung in das Ermessen des LAG gestellt ist[1].

226 Beschwerdeschrift und Beschwerdebegründung sind nach § 90 Abs. 1 Satz 1 ArbGG den **Beteiligten zur Äußerung zuzustellen**. Das ArbGG geht in § 90 Abs. 1 Satz 1 und 2 wohl auch von einer Verpflichtung der Beteiligten zur schriftlichen Äußerung aus[2]. Dennoch kann das LAG den weiteren Beteiligten eine Beschwerdebeantwortungsfrist nicht wirksam setzen, da wegen des Untersuchungsgrundsatzes eine Zurückweisung neuer Angriffs- und Verteidigungsmittel grundsätzlich nicht möglich ist, so dass die Versäumung einer etwaigen Frist weitgehend sanktionslos bliebe; § 67 Abs. 2 Satz 2 ArbGG findet keine analoge Anwendung[3].

e) Antragsrücknahme und -änderung

227 Der im Beschlussverfahren gestellte Antrag kann nach § 87 Abs. 2 Satz 3 Halbs. 1 ArbGG **jederzeit**, somit auch noch in der Beschwerdeinstanz, zurückgenommen werden. Voraussetzung für seine Zurücknahme ist allerdings die ausdrücklich erklärte **Zustimmung aller Beteiligten**[4]. Aufgrund des gesetzlichen Verweises in § 87 Abs. 2 Satz 3 Halbs. 2 ArbGG hat der Vorsitzende des LAG das Verfahren nach erfolgter Zustimmung der Beteiligten zur Antragsrücknahme einzustellen und hiervon allen Beteiligten Mitteilung zu geben, § 81 Abs. 2 Satz 2 und 3 ArbGG.

228 Auch eine **Änderung** des zuvor gestellten Antrags[5] ist noch bis in die Beschwerdeinstanz hinein zulässig; dies belegt der Verweis in § 87 Abs. 2 Satz 3 ArbGG auf § 81 Abs. 3 ArbGG. Die Antragsänderung ist ebenfalls gebunden an eine **Zustimmung aller übrigen Beteiligten**. Ohne Zustimmung ist eine Änderung des Antrags nur zulässig, wenn das Gericht sie für sachdienlich hält, worüber die Kammer nach pflichtgemäßem Ermessen entscheidet.

3. Anschlussbeschwerde

229 Auch nach Ablauf der Beschwerdefrist kann sich ein Beteiligter mit einer eigenen Beschwerde der Beschwerde eines anderen Beteiligten anschließen durch Einlegung der **unselbständigen Anschlussbeschwerde** nach § 524 ZPO analog[6]. Wenn nämlich der Beschwerdeführer seinen Antrag noch in der Beschwerdeinstanz ändern kann, ist dem Beschwerdegegner ebenfalls die Möglichkeit einzuräumen, seinerseits im Wege der Anschlussbeschwerde den Streitstoff zu erweitern[7]. Voraussetzung für die Anschlussbeschwerde ist die **Beschwerdebefugnis** des das Rechtsmittel einlegenden Beteiligten[8].

---

1 *Schmidt/Schwab/Wildschütz*, NZA 2001, 1217 (1224).
2 So auch GMP/*Matthes/Schlewing*, § 90 ArbGG Rz. 4.
3 GWBG/*Greiner*, § 87 ArbGG Rz. 26.
4 GMP/*Matthes/Schlewing*, § 87 ArbGG Rz. 24; ebenso wohl auch Hauck/Helml/Biebl/*Hauck*, § 87 ArbGG Rz. 6; aA GWBG/*Greiner*, § 89 ArbGG Rz. 18.
5 LAG Hamm 4.3.2005 – 10 TaBV 124/04, nv.; vgl. auch BAG 21.2.2006 – 3 AZR 77/05, AP Nr. 4 zu § 1 BetrAVG Auslegung.
6 BAG 2.4.1987 – 6 ABR 29/85, AP Nr. 3 zu § 87 ArbGG 1979 unter Aufgabe von 27.5.1960 – 1 ABR 10/59, AP Nr. 3 zu § 89 ArbGG 1953; 12.1.1988 – 1 ABR 54/86, AP Nr. 8 zu § 81 ArbGG 1979; ebenso bereits LAG Hamm 8.2.1984 – 12 TaBV 92/83, NZA 1984, 59; LAG Düsseldorf 10.7.1980 – 14 TaBV 35/80, BB 1980, 1586; LAG Hess. 20.8.1987 – 12 TaBV 56/87, LAGE § 40 BetrVG 1972 Nr. 23; LAG München 1.3.1990 – 7 Ta 20/90, nv.
7 Vgl. insoweit auch BGH 12.1.2006 – VII ZR 73/04, MDR 2006, 586; *Fenn*, FS 25 Jahre BAG, S. 109 f.; *Dütz*, RdA 1980, 100.
8 GMP/*Matthes/Schlewing*, § 89 ArbGG Rz. 35.

V. Beschwerde an das LAG

Die Anschlussbeschwerde ist durch Einreichung einer Beschwerdeanschlussschrift beim LAG zu erheben, § 524 ZPO, in der der Anschlussbeschwerdeführer erklären muss, welcher Beschwerde er sich anschließt. Die Anschlussbeschwerde ist nur **zulässig bis** zum **Ablauf** der den Beteiligten gesetzten **Frist zur Beschwerdeerwiderung**[1]. Form und Inhalt richten sich im Übrigen nach den Erfordernissen der Beschwerdebegründung (Rz. 222ff.)[2]. Die unselbständige Anschlussbeschwerde verliert jedoch nach § 524 Abs. 4 ZPO ihre Wirkung, wenn die Beschwerde, der sich die Anschlussbeschwerde angeschlossen hat, zurückgenommen oder als unzulässig verworfen wird[3].

4. Beendigung des Beschwerdeverfahrens

a) Rücknahme der Beschwerde

Die Beschwerde kann nach § 89 Abs. 4 Satz 1 ArbGG **jederzeit** zurückgenommen werden. Anders als die Rücknahme des in erster Instanz gestellten Antrags (vgl. § 87 Abs. 2 Satz 3 Halbs. 1 ArbGG) bedarf die Rücknahme der Beschwerde nicht der Zustimmung der übrigen Beteiligten. Die Rücknahme ist selbst dann noch zulässig, nachdem das Gericht über die Beschwerde entschieden hat, **solange** diese Entscheidung **nicht rechtskräftig** geworden oder gegen sie Rechtsbeschwerde nach § 92 ArbGG eingelegt worden ist. 230

Die Rücknahme erfolgt in der für ihre Einlegung vorgeschriebenen Form, also **durch** einen **von einem Rechtsanwalt** oder **Verbandsvertreter** (§ 11 Abs. 2 Satz 2 ArbGG) **unterzeichneten** Schriftsatz. Daneben ist eine mündlich im Anhörungstermin vor der Kammer des LAG zu Protokoll erklärte Rücknahme der Beschwerde zulässig, § 516 Abs. 2 ZPO analog[4]. Nach wirksam vollzogener Beschwerderücknahme hat der Vorsitzende das Verfahren **durch Beschluss einzustellen**, wodurch die Beendigungswirkung eintritt[5]. Der Einstellungsbeschluss ist den Beteiligten formlos zur Kenntnis zu bringen, soweit ihnen die Beschwerdeschrift zugestellt worden war, § 89 Abs. 4 Satz 3 ArbGG. Gegen den Einstellungsbeschluss ist das Rechtsmittel der Rechtsbeschwerde nach § 92 ArbGG gegeben[6]. 231

Die Beschwerderücknahme führt zum **Verlust des** eingelegten **Rechtsmittels**, § 516 Abs. 3 ZPO; dies ist durch Beschluss auszusprechen. Allerdings hindert die Zurücknahme der Beschwerde nicht eine erneute Beschwerde innerhalb der noch offenen Beschwerdefrist. Erst der Ablauf der Beschwerdefrist hat die Rechtskraft des erstinstanzlichen Beschlusses für alle Beteiligten zur Rechtsfolge. 232

b) Verzicht

Entsprechend § 515 ZPO kann **jeder Beteiligte** auf die Beschwerde gegen die arbeitsgerichtliche Entscheidung verzichten. Der regelmäßig nach Erlass des erstinstanzlichen Beschlusses ausgesprochene Verzicht kann gegenüber dem LAG, aber auch gegenüber einzelnen oder allen Beteiligten erklärt werden. Er ist an keine Form gebun- 233

---

1 GMP/*Matthes/Schlewing*, § 89 ArbGG Rz. 37; BAG 27.7.2005 – 7 ABR 54/04, AP Nr. 1 zu § 19 WahlO BetrVG 1972: Anschließung bis zum Ablauf eines Monats nach Zustellung der Beschwerdebegründung.
2 Vgl. OVG NW 4.11.2005 – 1 A 4935/04. PVB, DuD 2006, 109.
3 GMP/*Matthes/Schlewing*, § 89 ArbGG Rz. 40.
4 GWBG/*Greiner*, § 89 ArbGG Rz. 21; GMP/*Matthes/Schlewing*, § 89 ArbGG Rz. 56.
5 GMP/*Matthes/Schlewing*, § 89 ArbGG Rz. 59; aA GWBG/*Greiner*, § 89 ArbGG Rz. 22 für einen nur deklaratorischen Charakter der Einstellung.
6 LAG Rh.-Pf. 25.6.1982 – 6 TaBV 10/82, EzA § 92 ArbGG 1979 Nr. 1; *Dietz/Nikisch*, § 89 ArbGG Rz. 22.

den und braucht vom Empfänger nicht angenommen zu werden, da mit ihm lediglich über eine prozessuale Befugnis verfügt wird[1].

234 Die **Folge** des Beschwerdeverzichts, die **Unzulässigkeit der** eingelegten **Beschwerde**, ist von Amts wegen zu beachten, kann jedoch, wenn nur einzelnen Beteiligten gegenüber erklärt, auch einredeweise geltend gemacht werden[2].

c) Vergleich und Erledigung der Hauptsache

235 Keine Besonderheiten kennt das Beschwerdeverfahren hinsichtlich der Instanzbeendigung durch Vergleich und Erklärung der Hauptsache für erledigt. Durch § 90 Abs. 2 ArbGG ist klargestellt, dass § 83a ArbGG entsprechende Anwendung im Verfahren des zweiten Rechtszuges findet. Soweit die Beteiligten also über den Streitgegenstand in der Lage sind zu verfügen, können sie das Verfahren durch einen Vergleich abschließen oder die Erledigung der Hauptsache erklären[3]. Unterstützend hat auch das LAG gem. §§ 87 Abs. 2, 64 Abs. 7, 57 Abs. 2 ArbGG in jeder Lage des Verfahrens auf eine gütliche Einigung hinzuwirken. Durch das „Gesetz zur Förderung der Mediation und anderer Verfahren der außergerichtlichen Konfliktbeilegung" vom 21.7.2012 (s. Rz. 1a) ist auch in den Beschwerderechtszug die **Mediation** eingezogen, § 87 Abs. 2 Satz 1 ArbGG.

d) Verwerfung der Beschwerde als unzulässig

236 Ist die Beschwerde nicht zulässig, hat sie das Gericht als unzulässig zu verwerfen. Die Unzulässigkeit kann sich **aus zahlreichen Gründen** ergeben. So können etwa die Beschwerdeschrift oder die Begründungsschrift nicht ordnungsgemäß unterzeichnet sein, die Beschwerdebefugnis oder die Beschwer fehlen, ein Beschwerdeverzicht vorliegen oder die Begründung nicht ordnungsgemäß erfolgt sein.

237 Die Entscheidung über die Beschwerde trifft das LAG grundsätzlich nach § 91 Abs. 1 Satz 1 ArbGG durch **Beschluss**. Eine Spezialvorschrift zu § 91 Abs. 1 Satz 1 ArbGG für den Fall, dass die Beschwerde nicht in der gesetzlichen Form oder Frist eingelegt worden ist, enthält § 89 Abs. 3 ArbGG. Auch hier sieht das Gesetz zwar als Rechtsfolge vor, dass die Beschwerde durch die Kammer als unzulässig verworfen wird. Doch kann der Verwerfungsbeschluss nach § 89 Abs. 3 Satz 2 ArbGG ohne mündliche Verhandlung ergehen; gleichzeitig ist er nicht anfechtbar[4]. Ob § 89 Abs. 3 ArbGG auf alle Fälle einer Unzulässigkeit auszudehnen ist, ist streitig[5].

238 Einstweilen frei.

239 Es steht im **Ermessen der Kammer**, ob sie eine **mündliche Verhandlung** durchführt. Für den Fall, dass eine Anhörung vor der Kammer nicht stattfindet, ist eine Zustellung der Beschwerdeschrift an die übrigen Beteiligten nicht erforderlich[6]. Zuzustellen, und zwar allein dem Beschwerdeführer, ist indes der Verwerfungsbeschluss, § 89 Abs. 3 Satz 3 ArbGG, ohne dass es darauf ankommt, ob zuvor eine mündliche Verhandlung durchgeführt worden ist oder nicht.

---

1 GMP/*Matthes/Schlewing*, § 89 ArbGG Rz. 62.
2 GMP/*Matthes/Schlewing*, § 89 ArbGG Rz. 65.
3 Vgl. für die einseitige Erledigungserklärung BAG 27.8.1996 – 3 AZR 21/95, NZA 1997, 623.
4 BAG 25.7.1989 – 1 ABR 48/88, AP Nr. 6 zu § 92 ArbGG 1979.
5 Ablehnend GWBG/*Greiner*, § 89 ArbGG Rz. 14 unter näherer Begründung; aA *Ascheid*, Urteils- und Beschlussverfahren, Rz. 1861; wohl auch Hauck/Helml/Biebl/*Hauck*, § 89 ArbGG Rz. 6.
6 GWBG/*Greiner*, § 89 ArbGG Rz. 15.

V. Beschwerde an das LAG   Rz. 245 Teil **5 H**

Der Beschluss, durch den die Beschwerde als unzulässig verworfen worden ist, **unter-** 240
liegt keinem Rechtsmittel; er ist unanfechtbar und damit endgültig, § 89 Abs. 3
Satz 2 Halbs. 2 ArbGG. Die Rechtsbeschwerde ist auch dann unstatthaft und somit
unzulässig, wenn das LAG sie irrtümlich ausdrücklich zugelassen hat[1].

e) Entscheidung durch Beschluss

Die Entscheidung über die Beschwerde trifft das LAG nach § 91 Abs. 1 Satz 1 ArbGG   241
durch **Beschluss** und beendet so die Instanz ganz oder teilweise. Gesetzlich gesondert
geregelt ist in § 89 Abs. 3 ArbGG lediglich die ebenfalls durch Beschluss ergehende
Entscheidung, mit der eine Beschwerde als unzulässig verworfen wird (Rz. 236 ff.).

Der Beschluss ergeht durch die Kammer unter Beteiligung der ehrenamtlichen Rich-   242
ter. Ausdrücklich für **unzulässig** erklärt § 91 Abs. 1 Satz 2 ArbGG die **Zurückverwei-**
sung des Beschlussverfahrens an das Arbeitsgericht. Dies gilt über die Zurückverweisung wegen eines Verfahrensmangels entsprechend § 68 ArbGG hinaus auch in den
Fällen des § 538 ZPO.

Der Vorsitzende hat den Beschluss, damit dieser Wirksamkeit erlangen kann, in je- 243
dem Fall **zu verkünden**, § 91 Abs. 2 Satz 2 ArbGG iVm. §§ 69 Abs. 1 Satz 2, 60
ArbGG, auch wenn er ohne mündliche Verhandlung ergangen ist[2]. Die Verkündung
erfordert die Anwesenheit der ehrenamtlichen Richter nicht zwingend, doch haben
sie in dem Fall den Beschlusstenor vorher mitzuunterschreiben, § 60 Abs. 3 ArbGG.
Ist ein Beteiligter bei der Verkündung anwesend, sind die wesentlichen Entscheidungsgründe mitzuteilen, § 60 Abs. 2 ArbGG.

Der Beschluss ist **schriftlich abzufassen**, § 91 Abs. 1 Satz 3 ArbGG iVm. § 84 Satz 2   244
ArbGG, innerhalb von vier Wochen nach der Verkündung der Geschäftsstelle zu übergeben (§ 91 Abs. 2 Satz 2, § 69 Abs. 1 Satz 2, § 60 Abs. 4 Satz 3 ArbGG), insgesamt
von allen Mitgliedern der Kammer zu unterschreiben und sodann den Beteiligten
von Amts wegen zuzustellen, § 91 Abs. 2 Satz 1 ArbGG. § 69 Abs. 2 ArbGG – ent-
behrliche Darstellung des Tatbestandes – findet im arbeitsgerichtlichen Beschlussverfahren keine Anwendung[3]. Ebenso wie der Beschluss in erster Instanz enthält auch
der Beschluss des LAG in seinem Tenor keine Entscheidung über die Kosten und
den Streitwert (vgl. hierzu Rz. 191 ff.). Da die Entscheidung des LAG nicht mit der
Verkündung des Beschlusses Rechtskraft erlangt, ist ggf. im Beschlusstenor eine Entscheidung über die vorläufige Vollstreckbarkeit aufzunehmen.

Die Beschwerdeentscheidung kann mit der **Rechtsbeschwerde** nach § 92 ArbGG nur   245
angefochten werden, wenn das LAG sie in seinem Beschluss zugelassen hat oder
wenn das BAG sie auf eine Nichtzulassungsbeschwerde nach § 92a ArbGG für zulässig erklärt. **Zwingend** bedarf der Beschluss des LAG einer **Rechtsmittelbelehrung**
nach § 9 Abs. 5 ArbGG **nur** im Falle der Zulassung der Rechtsbeschwerde durch
das LAG. Wird die Rechtsbeschwerde nicht zugelassen, bedarf es einer Rechtsmittelbelehrung in Bezug auf die Nichtzulassungsbeschwerde nicht, da diese kein Rechtsmittel, sondern lediglich einen Rechtsbehelf darstellt[4]. Hier ist vielmehr ein Hinweis
auf die mögliche Nichtzulassungsbeschwerde ausreichend[5]. Die formelle Rechtskraft

---

1 BAG 25.7.1989 – 1 ABR 48/88, AP Nr. 6 zu § 92 ArbGG 1979; keine Anwendung des § 89
  Abs. 3 Satz 2 Halbs. 2 ArbGG dagegen bei einer wegen eines wirksamen Rechtsmittelver-
  zichts unzulässigen Beschwerde: BAG 8.9.2010 – 7 ABR 73/09, NZA 2011, 934.
2 GWBG/*Greiner*, § 91 ArbGG Rz. 1.
3 BAG 26.4.2005 – 1 ABR 1/04, NZA 2005, 884.
4 BAG 1.4.1980 – 4 AZN 77/80, AP Nr. 5 zu § 72a ArbGG 1979; aA GWBG/*Greiner*, § 91 ArbGG
  Rz. 8; s. anschließend GMP/*Matthes/Schlewing*, § 91 ArbGG Rz. 11.
5 Schwab/Weth/*Busemann*, § 91 ArbGG Rz. 19.

der Beschwerdeentscheidung tritt ein mit Ablauf der Frist für die Einlegung der Nichtzulassungsbeschwerde[1].

f) Sofortige Beschwerde nach § 92b ArbGG

245a Nach dem Beschluss des BVerfG vom 30.4.2003[2] verlangt das Rechtsstaatsprinzip in Verbindung mit dem Grundsatz des rechtlichen Gehörs die Möglichkeit **fachgerichtlicher Abhilfe** für den Fall, dass ein Gericht in entscheidungserheblicher Weise den Anspruch auf **rechtliches Gehör verletzt**. Der Gesetzgeber hat dem für den Bereich der Arbeitsgerichtsbarkeit durch das **Anhörungsrügengesetz**[3] entsprochen und u.a. ein besonderes Rechtsmittel für den Fall verspäteter Absetzung von Beschwerdeentscheidungen geschaffen (§ 78a ArbGG).

Beschlüsse des LAG, die nicht innerhalb von **fünf Monaten** nach ihrer Verkündung vollständig abgefasst und mit den Unterschriften sämtlicher Mitglieder der Kammer der Geschäftsstelle des LAG übergeben worden sind, können durch **sofortige Beschwerde** beim BAG angefochten werden. Bei Begründetheit der sofortigen Beschwerde ist der Beschluss des LAG durch die Berufsrichter des Senats ohne Weiteres aufzuheben, und die Sache ist an das **LAG zurückzuverweisen**, ggf. an eine andere Kammer. Auch für das Beschlussverfahren gelten insoweit die Verfahrensregeln des Urteilsverfahrens (vgl. ausführlich zur Anhörungsrüge Teil 5 G).

VI. Rechtsbeschwerde an das BAG

246 Gesetzlich vorgesehenes Rechtsmittel im arbeitsgerichtlichen Beschlussverfahren dritter Instanz ist die Rechtsbeschwerde des § 92 ArbGG. Sie führt zur Überprüfung der landesarbeitsgerichtlichen Entscheidung durch das BAG. Die **Überprüfung** beschränkt sich jedoch auf eine **nur rechtliche**, vgl. § 93 Abs. 1 ArbGG, da das Rechtsbeschwerdegericht an den vom LAG festgestellten Sachverhalt gebunden ist. Überprüfbare Rechtsnormen iSv. § 93 Abs. 1 ArbGG sind solche des **formellen** und **materiellen** Rechts. Jedoch sind gemäß der einschränkenden Bestimmung des § 93 Abs. 2 ArbGG (vgl. Verweis auf § 65 ArbGG) im Rechtsbeschwerdeverfahren Beschwerdegründe hinsichtlich Rechtsweg, Verfahrensart und Berufung der ehrenamtlichen Richter ausgeschlossen.

247 Nach § 92 Abs. 1 ArbGG findet die Rechtsbeschwerde gegen einen die Instanz abschließenden Beschluss des LAG statt,
– wenn **in dem Beschluss** des LAG die Rechtsbeschwerde zugelassen ist, oder
– wenn das BAG die Rechtsbeschwerde **aufgrund** einer **Nichtzulassungsbeschwerde** nach § 92a Satz 2 ArbGG zugelassen hat.

248 Zu den **verfahrensbeendenden Beschlüssen**, die rechtsbeschwerdefähig sind, zählen vorrangig die Beschlüsse des LAG nach § 91 ArbGG, und zwar auch in der Form eines Teilbeschlusses entsprechend § 301 ZPO und Zwischenbeschlusses entsprechend § 304 ZPO. Daneben ist der **Einstellungsbeschluss** gem. § 89 Abs. 4 Satz 2 ArbGG nach Antragsrücknahme oder übereinstimmender Erledigungserklärung als ein das Verfahren beeendender Beschluss iSv. § 92 Abs. 1 Satz 1 ArbGG mit der Rechtsbeschwerde anfechtbar[4]. Keine Rechtsbeschwerde findet dagegen statt gegen verfahrensleitende Beschlüsse und Verfügungen des LAG, § 90 Abs. 3 ArbGG, gegen Be-

---

1 BAG 22.8.1974 – 2 ABR 17/74, AP Nr. 1 zu § 103 BetrVG 1972.
2 BVerfG 30.4.2003 – 1 PBvU 1/02, NJW 2003, 1924.
3 Anhörungsrügengesetz v. 9.12.2004, BGBl. I, 3220; s.a. *Gravenhorst*, NZA 2005, 24.
4 LAG Rh.-Pf. 25.6.1982 – 6 TaBV 10/82, EzA § 92 ArbGG 1979 Nr. 1; GMP/*Matthes/Schlewing*, § 92 ArbGG Rz. 4.

schlüsse des LAG in Verfahren auf Erlass einer einstweiligen Verfügung oder der Anordnung eines Arrestes, § 92 Abs. 1 Satz 3 ArbGG, sowie gegen einen Beschluss, durch den die Beschwerde als unzulässig verworfen wird, § 89 Abs. 3 Satz 2 ArbGG. Auch gegen die landesarbeitsgerichtliche Entscheidung des Vorsitzenden zur Bestimmung eines Einigungsstellenvorsitzenden und der Zahl der Beisitzer der Einigungsstelle nach § 98 ArbGG ist **mangels ausdrücklicher Rechtsmittelzulassung** in § 98 Abs. 2 Satz 4 ArbGG die Rechtsbeschwerde nicht gegeben.

Das LAG kann seit der zum 1.1.2002 in Kraft getretenen Änderung des Beschwerderechts im Beschlussverfahren die Rechtsbeschwerde gegen **verfahrensbegleitende Beschlüsse** jedenfalls dann zulassen, wenn es als Rechtsmittelgericht über eine sofortige Beschwerde nach § 78 ArbGG iVm. § 83 Abs. 5 ArbGG entscheidet[1]. — 248a

Nach § 92 Abs. 3 Satz 1 ArbGG hat die **Einlegung** der Rechtsbeschwerde aufschiebende Wirkung (sog. **Suspensiveffekt**) und verhindert somit, dass der Beschluss des LAG in Rechtskraft erwächst. Jedoch bleiben Beschlüsse des LAG in vermögensrechtlichen Streitigkeiten entsprechend § 85 Abs. 1 Satz 2 ArbGG vorläufig vollstreckbar, wenn und soweit nicht das BAG nach § 85 Abs. 1 Satz 3 ArbGG iVm. § 719 Abs. 2 ZPO die Zwangsvollstreckung einstweilen einstellt. — 249

1. Zulassung der Rechtsbeschwerde

Das LAG hat die Rechtsbeschwerde gem. §§ 92 Abs. 1 Satz 2, 72 Abs. 2 ArbGG **zuzulassen**, wenn — 250
– die Rechtssache grundsätzliche Bedeutung hat, oder
– sein Beschluss von einer Entscheidung des Bundesverfassungsgerichts, von einer Entscheidung des Gemeinsamen Senats der obersten Gerichtshöfe des Bundes, von einer Entscheidung des BAG oder, solange eine Entscheidung des BAG in der Rechtsfrage nicht ergangen ist, von einer Entscheidung einer anderen Kammer desselben Landesarbeitsgerichts oder eines anderen Landesarbeitsgerichts abweicht und die Entscheidung auf dieser Abweichung beruht, oder
– ein Verstoß gegen bestimmte Verfahrensgebote (absolute Revisionsgründe gem. § 547 Nr. 1–5 ZPO oder Verletzung rechtlichen Gehörs) vorliegt.

Grundsätzliche Bedeutung hat eine Rechtssache, wenn die Entscheidung abhängig von einer klärungsbedürftigen Rechtsfrage und die Klärung dieser Rechtsfrage entweder für die Rechtsordnung von allgemeiner Bedeutung ist oder wegen ihrer tatsächlichen Auswirkungen zumindest die Interessen eines größeren Teils der Allgemeinheit berührt[2]. Für die weiteren Einzelheiten zum Begriff der grundsätzlichen Bedeutung einer Rechtssache, die denen bei der Revisionszulassung entsprechen, s. Teil 5 E Rz. 5 ff. — 251

Für die Zulassung der Rechtsbeschwerde wegen **Divergenz** (§ 72 Abs. 2 Nr. 2 ArbGG) ist nicht erforderlich, dass die Entscheidung, von der das LAG abweicht, in einem Beschlussverfahren getroffen worden ist[3]. Da die Divergenzrechtsbeschwerde im Wesentlichen die Einheitlichkeit der Rechtsprechung innerhalb der gleichen Gerichtsbarkeit bezweckt, ist das LAG zu ihrer Zulassung nicht verpflichtet, wenn es mit seinem Beschluss von der Entscheidung eines obersten Bundesgerichts einer anderen Gerichtsbarkeit abweicht[4]. Zu den weiteren Einzelheiten des Vorliegens einer Diver- — 252

---

1 BAG 28.2.2003 – 1 ABR 53/02, NZA 2003, 516; vgl. zur BAG-Rspr. auch *Rummel*, NZA 2004, 418.
2 BAG 5.12.1979 – 4 AZN 41/79, AP Nr. 1 zu § 72a ArbGG 1979 – Grundsatz; 22.3.2005 – 1 ABN 1/05, NZA 2005, 652.
3 *Dietz/Nikisch*, § 92 ArbGG Rz. 17; GMP/*Matthes/Schlewing*, § 92 ArbGG Rz. 12; Schwab/Weth/*Busemann*, § 92 ArbGG Rz. 18.
4 BAG 9.2.1983 – 4 AZN 526/82, AP Nr. 25 zu § 72a ArbGG 1979 – Grundsatz.

genz vgl. die entsprechenden Ausführungen zur Revisionszulassung, Teil 5 E Rz. 12 ff.

253 Die Zulassung der Rechtsbeschwerde hat das LAG **in den Tenor** des Beschlusses, **zumindest** jedoch **in die Gründe**, aufzunehmen; in jedem Fall ist die Zulassung zu verkünden[1]. Ist der Streitgegenstand teilbar, kommt auch eine beschränkte Zulassung der Rechtsbeschwerde in Frage[2]. Nach § 92a Satz 2 ArbGG iVm. § 72a Abs. 5 Satz 1 ArbGG ist das LAG zur Korrektur seiner Zulassungsentscheidung nicht befugt. Das BAG seinerseits ist nach § 92 Abs. 2 Satz 2 iVm. § 72 Abs. 3 ArbGG an die Zulassung strikt gebunden. Eine solche Bindung ist ausnahmsweise dann nicht anzunehmen, wenn der Zulassung ein ausdrückliches gesetzliches Verbot entgegensteht, zB im Fall des § 89 Abs. 3 Satz 2 ArbGG[3]. Selbst wenn das LAG zu Unrecht in seinem Beschluss von einer grundsätzlichen Bedeutung der Rechtssache ausgeht, ist das BAG an die Zulassung gebunden.

2. Zulassung nach Nichtzulassungsbeschwerde

254 Hat das LAG die Rechtsbeschwerde in seinem Beschluss nicht zugelassen, obwohl die Voraussetzungen für eine Zulassung gegeben sind, kann diese **fehlerhafte Zulassungsentscheidung** durch Erhebung der Nichtzulassungsbeschwerde nach § 92a ArbGG angefochten werden. Die Anfechtung erfolgt entweder als **Grundsatz-** oder **Divergenzbeschwerde** oder wegen Verstoßes gegen bestimmte Verfahrensgebote (vgl. § 72 Abs. 2 ArbGG). Diese Möglichkeit der rechtlichen Überprüfung hinsichtlich der Nichtzulassung der Rechtsbeschwerde ist an § 72a ArbGG angelehnt. **Verfahrensmäßig und** seit Inkrafttreten des Anhörungsrügengesetzes[4] am 1.1.2005 auch **inhaltlich** deckt sie sich mit der Regelung über die Nichtzulassungsbeschwerde im **Urteilsverfahren**.

a) Grundsätzliche Bedeutung der Rechtssache

255 Die Nichtzulassungsbeschwerde kann darauf gestützt werden, dass das LAG in seinem Beschluss die Rechtsbeschwerde nicht zugelassen hat, obwohl die Rechtssache grundsätzliche Bedeutung hat. Hierbei gilt durch das Anhörungsrügengesetz seit dem **1.1.2005** nicht mehr die erhebliche Einschränkung des **ersatzlos entfallenen § 92a Satz 1 Halbs. 2 ArbGG aF**, nach der die Nichtzulassungsbeschwerde nur zulässig war, wenn die Rechtssache Streitigkeiten über die Tariffähigkeit und Tarifzuständigkeit einer Vereinigung betraf. Bei der Grundsatzbeschwerde im Beschlussverfahren sind somit die **gleichen Gesichtspunkte** zu beachten **wie** bei der Grundsatzbeschwerde im **Urteilsverfahren**.

256 Die Möglichkeit der Nichtzulassungsbeschwerde wegen grundsätzlicher Bedeutung setzt regelmäßig voraus, dass die entsprechende **Rechtsfrage für** das **Ergebnis** des Rechtsstreits **erheblich** ist. Dies wiederum erfordert, dass sich das LAG mit der in der Beschwerde formulierten Rechtsfrage tatsächlich befasst, sie also beantwortet hat[5].

b) Divergenz und Verfahrensverstöße

257 Kann die Nichtzulassungsbeschwerde auf einen Fall der Divergenz gestützt werden, gelten im Beschlussverfahren gegenüber dem Urteilsverfahren (s. Teil 5 F Rz. 5 ff.)

---

1 BAG 21.3.1974 – 1 ABR 19/74, AP Nr. 13 zu § 92 ArbGG 1953.
2 BAG 2.4.1996 – 1 ABR 47/95, AP Nr. 5 zu § 87 BetrVG – Gesundheitsschutz.
3 BAG 28.8.1969 – 1 ABR 12/69, AP Nr. 11 zu § 92 ArbGG 1953.
4 V. 9.12.2004, BGBl. I, 3220 (3222).
5 BAG 13.6.2006 – 9 AZN 226/06, NZA 2006, 1004.

VI. Rechtsbeschwerde an das BAG

keine Besonderheiten. § 72 Abs. 2 ArbGG findet über § 92 Satz 2 ArbGG Anwendung und erfährt in § 92a ArbGG keine Einschränkung.

Gleiches gilt auch für die Grundsätze zur Verfahrensbeschwerde (§§ 72, 72a ArbGG); sie greifen im Beschlussverfahren entsprechend.

c) Verfahren

Für das Verfahren der Nichtzulassungsbeschwerde sieht § 92a Satz 2 ArbGG die **entsprechende Geltung von** § 72a Abs. 2–7 ArbGG vor. Einlegung, Begründung, Einhaltung von Form und Fristen sowie Wirkung der Einlegung richten sich somit nach der für die Nichtzulassung der Revision geltenden Rechtsmittelnorm des § 72a ArbGG.

Ungeklärt ist trotz der Verweisung auf das Urteilsverfahren, ob die **Rechtsbeschwerdeschrift** und die **Rechtsbeschwerdebegründung** auch im Nichtzulassungsbeschwerdeverfahren **von einem Rechtsanwalt unterzeichnet** sein müssen. Dies ist in entsprechender Anwendung von § 94 Abs. 1 ArbGG zu bejahen[1]; ein Vertretungszwang für das weitere Verfahren besteht nicht. Die Nichtzulassungsbeschwerde kann von jedem Beteiligten erhoben werden, der im Falle der Zulassung der Rechtsbeschwerde befugt wäre, das Rechtsmittel einzulegen[2].

3. Rechtsbeschwerdeverfahren

a) Verweisung auf das Revisionsverfahren

Das Beschlussverfahren des dritten Rechtszuges ist gesetzlich geregelt in §§ 92–96 ArbGG. Gleichwohl beinhalten diese Bestimmungen selbst keine erschöpfende Regelung des Rechtsbeschwerdeverfahrens. Von zentraler Bedeutung für das Verfahren vor dem BAG ist vielmehr § 92 Abs. 2 ArbGG, der die für das Revisionsverfahren geltenden Vorschriften – und das sind, soweit das ArbGG keine Spezialnormen enthält, die Vorschriften der ZPO – weitgehend für entsprechend anwendbar erklärt. So gelten im Rechtsbeschwerdeverfahren aufgrund ausdrücklicher gesetzlicher Verweisung die Revisionsverfahrensvorschriften über Einlegung der Revision und ihre Begründung, Prozessfähigkeit, Ladung, Termine und Fristen, Ablehnung und Ausschließung von Gerichtspersonen, Zustellungen, persönliches Erscheinen der Parteien, Öffentlichkeit, Befugnisse des Vorsitzenden und der Beisitzer, gütliche Erledigung des Rechtsstreits, Wiedereinsetzung in den vorigen Stand, Wiederaufnahme des Verfahrens sowie § 85 ArbGG über die Zwangsvollstreckung entsprechend.

§ 92 Abs. 2 ArbGG entspricht weitgehend der Bestimmung des § 87 Abs. 2 Satz 1 ArbGG zum Beschwerdeverfahren. Doch kommt eine Verweisung auf die in Bezug genommenen Revisionsvorschriften nur in Betracht, soweit sich aus den §§ 93–96 ArbGG nichts anderes ergibt. Für die Einlegung und Begründung der Rechtsbeschwerde enthält insoweit § 94 Abs. 1 und 2 ArbGG eine **spezielle Regelung**, die den in Bezug genommenen Revisionsvorschriften vorgeht[3]. Besonderheiten im Rechtsbeschwerdeverfahren, in dem ausschließlich eine fehlerhafte Rechtsanwendung zur Überprüfung ansteht, ergeben sich daraus, dass **regelmäßig** eine **mündliche Verhandlung nicht** stattfindet[4]. Deshalb sind in § 92 Abs. 2 ArbGG die Vorschriften

---

1 Ebenso GMP/*Matthes/Schlewing*, § 92a ArbGG Rz. 10; Hauck/Helml/Biebl/*Hauck*, § 92a ArbGG Rz. 5.
2 GMP/*Matthes/Schlewing*, § 92a ArbGG Rz. 9.
3 GMP/*Matthes/Schlewing*, § 92 ArbGG Rz. 18.
4 BAG 22.10.1985 – 1 ABR 42/84, AP Nr. 23 zu § 99 BetrVG 1972; *Schaub*, Arbeitsgerichtsverfahren, § 60 Rz. 25.

über die Vorbereitung der streitigen Verhandlung, die Verhandlung vor der Kammer und die Beweisaufnahme nicht in Bezug genommen.

b) Einlegung und Begründung

262 **Jeder materiell Beteiligte** hat grundsätzlich die Befugnis, die Rechtsbeschwerde einzulegen. Hierbei kommt es nicht darauf an, ob er bis dahin am Beschlussverfahren beteiligt war[1]. Die Rechtsbeschwerdebefugnis hat in jedem Fall auch derjenige, dessen Beschwerde vom LAG mit der Begründung als unzulässig verworfen worden ist, es sei keine Beschwer oder keine Beschwerdebefugnis gegeben[2].

263 Für die Einlegung der Rechtsbeschwerde gilt als **lex specialis** § 94 Abs. 1, Abs. 2 Satz 1 ArbGG; ergänzend sind über § 92 Abs. 2 Satz 1 ArbGG die für das Revisionsverfahren geltenden Bestimmungen über die Einlegung und Begründung der Revision, nach der Änderung durch das ZPO-ReformG nur noch § 74 Abs. 1 ArbGG, anwendbar.

264 Die **Frist** für die Einlegung der Rechtsbeschwerde beträgt **einen Monat** und beginnt mit der Zustellung des vollständig abgefassten Beschlusses, spätestens mit Ablauf von fünf Monaten nach Verkündung der Entscheidung des LAG, § 74 Abs. 1 Satz 2 ArbGG. Für den Fall, dass die Rechtsbeschwerde erst auf eine Nichtzulassungsbeschwerde hin zugelassen worden ist, beginnt der Lauf der Rechtsbeschwerdefrist mit der Zustellung dieses Beschlusses, § 92a Satz 2 iVm. § 72a Abs. 5 Satz 7 ArbGG. Es ist unschädlich, wenn die Rechtsbeschwerde bereits vor Zustellung des Beschwerdebeschlusses eingelegt wird[3]. Gegen die schuldlose Versäumung der Rechtsbeschwerdefrist kommt die Wiedereinsetzung in den vorigen Stand in Betracht, da es sich bei der Rechtsmittelfrist um eine **Notfrist** iSd. § 548 ZPO handelt.

265 Die Rechtsbeschwerde ist **beim BAG** als Rechtsbeschwerdegericht **einzulegen**, § 549 Abs. 1 ZPO. Eine Einlegung beim LAG ist nicht fristwahrend; zu ihrer Wirksamkeit muss die Rechtsbeschwerde rechtzeitig innerhalb der Monatsfrist zum BAG weitergeleitet werden und dort eingehen. Die Einlegung der Rechtsbeschwerde erfolgt nach § 549 Abs. 1 ZPO durch **Einreichung** einer **Rechtsbeschwerdeschrift**. Diese hat den Beschluss zu bezeichnen, gegen den die Beschwerde gerichtet ist. Darüber hinaus muss sie die Erklärung enthalten, dass gegen diesen Beschluss die Rechtsbeschwerde eingelegt wird, § 94 Abs. 2 Satz 1 ArbGG. Die Rechtsbeschwerdeschrift ist – ebenso wie die Rechtsbeschwerdebegründung – nach § 94 Abs. 1 ArbGG **von einem Rechtsanwalt zu unterzeichnen**. Aufgrund der ausdrücklichen gesetzlichen Regelung ist die Unterzeichnung durch andere Personen, etwa Verbandsvertreter, hier nicht zulässig. Abgesehen von der Ausnahme des § 94 Abs. 1 ArbGG besteht für das drittinstanzliche Beschlussverfahren jedoch kein Anwalts- oder Vertretungszwang; § 11 Abs. 1 bis 3 und 5 ArbGG gilt entsprechend[4].

265a Die Bundesregierung hat mit VO über den elektronischen Rechtsverkehr v. 9.3.2006 (ERVVO-BAG)[5] aufgrund von § 46c Abs. 2 Satz 1 ArbGG für das BAG das „elektronische Postfach" (= elektronisches Gerichts- und Verwaltungspostfach) eingeführt. Seit dem 1.4.2006 können **elektronische Dokumente** beim BAG eingereicht werden[6].

266 Die **Begründung** der Rechtsbeschwerde ist ebenso wie ihre Einlegung **fristgebunden:** Die Frist beginnt mit der Einlegung der Rechtsbeschwerde und beträgt nach §§ 92

---

1 *Schaub*, Arbeitsgerichtsverfahren, § 60 Rz. 20.
2 GMP/*Matthes*/*Schlewing*, § 94 ArbGG Rz. 3.
3 BAG 26.4.1963 – 1 ABR 10/62, AP Nr. 3 zu § 94 ArbGG 1953.
4 GMP/*Matthes*/*Schlewing*, § 92 ArbGG Rz. 22; Schwab/Weth/*Busemann*, § 92 ArbGG Rz. 32.
5 BGBl. I 2006, 519.
6 *Düwell*, FA 2006, 172.

Abs. 2, 74 Abs. 1 Satz 1 ArbGG **zwei Monate**. Sie kann **einmal bis zu einem Monat verlängert** werden, § 74 Abs. 1 Satz 3 ArbGG. Nach § 94 Abs. 2 Satz 2 ArbGG ist in der Rechtsbeschwerdebegründung anzugeben, inwieweit die Abänderung des angefochtenen Beschlusses beantragt wird. Hierzu bedarf es zwar keines ausdrücklichen Antrags, doch muss sich aus der Rechtsbeschwerdebegründung das Begehren des Rechtsbeschwerdeführers **hinlänglich deutlich** ergeben; es genügt insoweit, wenn die Aufhebung des Beschlusses des LAG beantragt wird[1].

Eine **Rechtsbeschwerdebegründung** genügt auch dann den Anforderungen des Gesetzes, wenn sie sich lediglich mit den Gründen des Beschwerdegerichts für die Wirksamkeit einer der Regelungen auseinandersetzt, die das Beschwerdegericht sämtlich für wirksam gehalten hat[2]. **Nicht ausreichend** begründet ist die Rechtsbeschwerde hingegen, wenn sie lediglich auf vorinstanzliche Schriftsätze Bezug nimmt[3]. **266a**

Eine **Antragsänderung** in der Rechtsbeschwerdeinstanz ist grundsätzlich **nicht zulässig**[4]. Der Rechtsbeschwerdeführer ist an den Rechtsbeschwerdeantrag, das BAG an den festgestellten Sachverhalt gebunden, § 559 ZPO. Lediglich dann, wenn sich der geänderte Sachantrag auf einen vom LAG festgestellten Sachverhalt stützt, soll **aus prozessökonomischen Gründen** eine Änderung des Antrags zulässig sein[5]. Eine Antragsänderung liegt nicht vor, wenn der Hilfsantrag nunmehr zulässigerweise als Hauptantrag verfolgt wird[6]. **267**

Weiter ist in der Begründungsschrift anzugeben, **welche Normen verletzt** sind und darzulegen, **worin** die **Rechtsverletzung bestehen soll**, § 94 Abs. 2 Satz 2 ArbGG. Hierfür genügt es nicht vorzutragen, das LAG habe den in der angeblich verletzten Bestimmung enthaltenen Rechtsbegriff verkannt[7]. Die **Anforderungen** an die Begründung der Rechtsbeschwerde sind **streng** und gehen über die an eine Revisionsbegründung zu stellenden noch hinaus[8]. In der Begründung ist auszuführen, wie die verletzte Rechtsnorm richtig auszulegen ist. Dies erfordert eine Auseinandersetzung mit den Gründen der angefochtenen Entscheidung des LAG. **268**

Hat das LAG seine Entscheidung auf zwei voneinander unabhängige, selbständig tragende Erwägungen gestützt, bedarf es in der Rechtsbeschwerdebegründung der argumentativen Auseinandersetzung mit beiden Erwägungen. Bei einer Befassung der Begründung nur mit einer der beiden Erwägungen ist die Rechtsbeschwerde insgesamt unzulässig.

Verfolgt der Rechtsbeschwerdeführer in der Rechtsbeschwerdeinstanz **mehrere Ansprüche**, ist die Rechtsbeschwerde für jeden Antrag oder Teilantrag zu begründen[9]. Nicht oder nicht ausreichend begründete Anträge führen insoweit zur **Unzulässigkeit** der Rechtsbeschwerde[10]. Insgesamt unzulässig ist auch eine Rechtsbeschwerde, die **269**

---

1 BAG 22.10.1985 – 1 ABR 81/83, AP Nr. 24 zu § 99 BetrVG 1972; vgl. auch BAG 28.6.2005 – 1 ABR 26/04, NZA 2006, 113; 15.11.2006 – 7 ABR 6/06, nv.
2 BAG 22.7.2003 – 1 ABR 28/02, NZA 2004, 507.
3 BAG 11.2.2004 – 7 ABR 33/03, NZA 2005, 712.
4 BAG 10.4.1984 – 1 ABR 73/82, AP Nr. 3 zu § 81 ArbGG 1979; vgl. auch BAG 17.2.1970 – 1 ABR 15/69, AP Nr. 3 zu § 2 TVG – Tarifzuständigkeit; 13.12.2005 – 1 ABR 31/03, nv.; 2.10.2007 – 1 ABR 79/06, NZA 2008, 429.
5 BAG 5.11.1985 – 1 ABR 49/83, AP Nr. 2 zu § 98 BetrVG 1972; GMP/*Matthes*/*Schlewing*, § 94 ArbGG Rz. 18; *Fenn*, FS 25 Jahre BAG, S. 108; Hauck/Helml/Biebl/*Hauck*, § 94 ArbGG Rz. 5.
6 BAG 23.4.1985 – 1 ABR 39/81, AP Nr. 11 zu § 87 BetrVG 1972 – Überwachung; 11.2.1992 – 1 ABR 49/91, AP Nr. 50 zu § 118 BetrVG 1972.
7 BAG 10.4.1984 – 1 ABR 62/82, AP Nr. 1 zu § 94 ArbGG 1979.
8 BAG 26.4.1963 – 1 ABR 10/62, AP Nr. 3 zu § 94 ArbGG 1953; vgl. auch BAG 7.7.1999 – 7 ABR 4/98, NZA 1999, 1232; GWBG/*Greiner*, § 94 ArbGG Rz. 8, 9; vgl. auch GMP/*Matthes*/*Schlewing*, § 94 ArbGG Rz. 21.
9 BAG 15.9.1965 – 1 ABR 3/65, AP Nr. 4 zu § 94 ArbGG 1953.
10 GWBG/*Greiner*, § 94 ArbGG Rz. 9.

sich nicht mit **sämtlichen Erwägungen** befasst, auf die das LAG seine Entscheidung gestützt hat. Hat das LAG etwa zwei voneinander unabhängige, selbständig tragende Erwägungen zur Entscheidungsfindung herangezogen, bedarf es in der Rechtsbeschwerdebegründung der argumentativen Auseinandersetzung mit beiden Erwägungen[1].

c) Verletzung einer Rechtsnorm als Rechtsbeschwerdegrund

270 Die Rechtsbeschwerde kann nach § 93 Abs. 1 ArbGG nur darauf gestützt werden, dass der Beschluss des LAG auf der **Nichtanwendung oder unrichtigen Anwendung einer Rechtsnorm** beruht. Verletzt sein kann jede Norm des materiellen Bundes- oder Landesrechts oder des Verfahrensrechts. Eine unrichtige Anwendung von unbestimmten Rechtsbegriffen liegt dann vor, wenn das LAG bei seiner Entscheidung den Rechtsbegriff selbst verkannt oder bei der Subsumtion des festgestellten Sachverhalts unter den Rechtsbegriff Denkgesetze oder allgemeine Erfahrungssätze verletzt hat, oder wenn es bei der gebotenen Interessenabwägung nicht alle erheblichen Umstände berücksichtigt hat oder das gefundene Ergebnis in sich widersprüchlich ist[2]. Die Anwendung unbestimmter Rechtsbegriffe[3] kann somit in der Rechtsbeschwerdeinstanz nur eingeschränkt überprüft werden. Insgesamt gelten hinsichtlich der Verletzung einer Rechtsnorm die Grundsätze des Revisionsverfahrens nach § 73 Abs. 1 ArbGG – trotz des unterschiedlichen Wortlauts der Bestimmung – auch im Beschlussverfahren[4].

271 **Auf neue Tatsachen** kann die Rechtsbeschwerde **nicht gestützt** werden, da die dritte Instanz reine Rechtsinstanz ist[5]. Offenkundige Tatsachen hat das BAG jedoch wegen der Geltung des Untersuchungsgrundsatzes auch in der Rechtsbeschwerdeinstanz von Amts wegen in das Verfahren einzuführen[6]. Bei **Verfahrensrügen**[7] sind die Tatsachen, aus denen die Verletzung der Verfahrensvorschrift hergeleitet wird, anzugeben.

272 Der durch die Rechtsbeschwerde angefochtene Beschluss des LAG muss auf der Nichtanwendung oder fehlerhaften Anwendung der Rechtsnorm beruhen. Deshalb ist die Rechtsbeschwerde **entsprechend** § 561 ZPO zurückzuweisen, wenn sich der angefochtene Beschluss aus anderen Gründen als fehlerfrei erweist[8].

d) Anschlussrechtsbeschwerde

273 Ebenso wie im Verfahren vor dem LAG die Anschlussbeschwerde ist im Rechtsbeschwerdeverfahren die Anschlussrechtsbeschwerde **zulässig**[9]. Für sie gilt nach § 554 ZPO im Wesentlichen das Gleiche wie für die Anschlussbeschwerde (vgl. Rz. 229). Die Anschlussrechtsbeschwerde ist **innerhalb eines Monats nach Zustellung der Rechtsbeschwerdebegründung** einzulegen und muss in der Anschlussschrift begründet werden. Ausreichend ist, wenn eine Begründung innerhalb der Frist für die Anschlussrechtsbeschwerde beim Rechtsbeschwerdegericht eingeht.

---

1 BAG 11.2.2004 – 7 ABR 33/03, NZA 2005, 712.
2 BAG 24.7.1991 – 7 ABR 68/90, AP Nr. 23 zu § 78a BetrVG 1972.
3 BAG 21.7.2004 – 7 ABR 57/03, AP Nr. 15 zu § 4 BetrVG 1972; 25.5.2005 – 7 ABR 45/04, NZA 2005, 1002.
4 BAG 24.2.1976 – 1 ABR 62/75, AP Nr. 2 zu § 4 BetrVG 1972; zur Überprüfung von Ermessensentscheidungen der Einigungsstelle durch das Beschwerdegericht BAG 31.8.1982 – 1 ABR 27/80, AP Nr. 8 zu § 87 BetrVG 1972 – Arbeitszeit.
5 BAG 24.7.1990 – 1 ABR 46/89, AP Nr. 7 zu § 2 TVG – Tarifzuständigkeit; 27.1.1977 – 2 ABR 77/76, AP Nr. 7 zu § 103 BetrVG 1972.
6 GWBG/*Greiner*, § 93 ArbGG Rz. 2.
7 Vgl. BAG 28.3.2006 – 1 ABR 58/04, NZA 2006, 1112.
8 GWBG/*Greiner*, § 93 ArbGG Rz. 1.
9 BAG 20.12.1988 – 1 ABR 63/87, AP Nr. 5 zu § 92 ArbGG 1979; 11.7.1990 – 7 ABR 23/89, AP Nr. 9 zu Art. 56 ZA-NATO-Truppenstatut.

e) Verfahren

Nach dem in § 95 ArbGG geregelten Rechtsbeschwerdeverfahren sind sowohl die Rechtsbeschwerdeschrift wie auch die Rechtsbeschwerdebegründung **den Beteiligten zur Äußerung zuzustellen**. Die Zustellung hat sofort nach Eingang beim BAG an alle materiell Beteiligten des Verfahrens[1] zu erfolgen und ist nicht davon abhängig, ob im schriftlichen Verfahren oder nach mündlicher Verhandlung entschieden wird. Gleichzeitig sind die Beteiligten zur Äußerung aufzufordern. Da in aller Regel die Durchführung einer mündlichen Verhandlung unterbleibt, hat das Gericht die Aufforderung mit einer **Fristsetzung** zu verbinden. Nur in diesem Sinne ist § 95 Satz 3 ArbGG zu verstehen, wonach eine rechtzeitige Äußerung erwartet wird. Vor Ablauf der den Beteiligten gesetzten Frist darf das BAG nicht entscheiden wegen des grundrechtlichen Anspruchs auf Gewährung rechtlichen Gehörs. Auch eine nach Ablauf der Frist eingehende Äußerung ist noch zu berücksichtigen[2].

274

Die Äußerung der Beteiligten erfolgt durch **Einreichung eines Schriftsatzes** beim BAG oder durch Erklärung zur Niederschrift der Geschäftsstelle des Landesarbeitsgerichts, das den angefochtenen Beschluss erlassen hat, § 95 Satz 2 ArbGG. Die schriftlichen Äußerungen der Beteiligten bedürfen nicht der Zustellung, § 270 Abs. 2 ZPO analog. Verzichtet ein Verfahrensbeteiligter vollständig auf eine Äußerung oder erfolgt diese nicht rechtzeitig, nimmt das Verfahren gleichwohl seinen Fortgang, § 95 Satz 3 ArbGG.

275

Da das Rechtsbeschwerdeverfahren **im Regelfall** ein **schriftliches Verfahren** ist (s. auch Rz. 261), ergeht die Entscheidung des BAG auf die schriftlichen Äußerungen der Beteiligten hin[3]. Das schließt indes nicht aus, dass der Senat von sich aus oder auf Anregung eines Beteiligten eine mündliche Verhandlung ansetzt, wenn dies mit Rücksicht auf die Bedeutung der Rechtssache oder im Hinblick auf neue rechtliche Gesichtspunkte geboten erscheint. Die Bestimmung des Verhandlungstermins ist eine Maßnahme der Prozessleitung, die dem Vorsitzenden obliegt. Erfolgt ausnahmsweise eine mündliche Anhörung der Beteiligten, sind diese durch Zustellung und unter Einhaltung einer Frist von mindestens zwei Wochen (§§ 92 Abs. 2, 72 Abs. 5 ArbGG, § 553 iVm. § 274 Abs. 3 ZPO) zu laden. Vertretungszwang besteht nicht[4].

276

4. Beendigung des Rechtsbeschwerdeverfahrens

a) Rücknahme

Die Rechtsbeschwerde kann nach § 94 Abs. 3 Satz 1 ArbGG **jederzeit** in der gleichen Form, in der sie eingelegt worden ist, zurückgenommen werden. § 94 Abs. 3 Satz 1 ArbGG stimmt im Wortlaut überein mit § 89 Abs. 4 ArbGG, der die Rücknahme der Beschwerde regelt. Es gelten insoweit für das Rechtsbeschwerdeverfahren keine Besonderheiten (vgl. daher Rz. 230 ff.). Die **Einstellung** des Verfahrens erfolgt nach § 94 Abs. 3 Satz 2 ArbGG durch den (Senats-)Vorsitzenden allein und wird den Beteiligten **formlos mitgeteilt**, soweit ihnen die Rechtsbeschwerde zugestellt worden war.

277

b) Vergleich und Erledigung der Hauptsache

Eine Beendigung des Rechtsbeschwerdeverfahrens ist aufgrund des nach § 95 Satz 4 ArbGG für entsprechend anwendbar erklärten § 83a ArbGG auch durch einen das

278

---

1 BAG 20.7.1982 – 1 ABR 19/81, AP Nr. 26 zu § 76 BetrVG 1952.
2 *Dietz/Nikisch*, § 95 ArbGG Rz. 8.
3 BAG 22.10.1985 – 1 ABR 42/84, AP Nr. 23 zu § 99 BetrVG 1972.
4 BAG 20.3.1990 – 1 ABR 20/89, AP Nr. 79 zu § 99 BetrVG 1972.

Verfahren vor dem BAG beendenden Vergleich sowie eine übereinstimmende Erledigungserklärung zulässig[1]. Es kann daher auf die entsprechenden Ausführungen zum Beschwerdeverfahren verwiesen werden (s. Rz. 235).

c) Verwerfung als unzulässig

279 Die **Zulässigkeit** der Rechtsbeschwerde hat das BAG **von Amts wegen** zu prüfen. Dies ergibt sich aus § 94 Abs. 2 Satz 3 ArbGG, dessen Verweisung auf § 74 Abs. 2 ArbGG zur Anwendung von § 522 Abs. 1 ZPO führt. Ist danach die Rechtsbeschwerde an sich unstatthaft oder nicht in der gesetzlichen Frist und Form eingelegt und begründet worden, hat sie das Rechtsbeschwerdegericht als unzulässig zu verwerfen. Mangels eigenständiger Regelung der unzulässigen Rechtsbeschwerde im drittinstanzlichen Beschlussverfahren gelten im Übrigen die Grundsätze der Verwerfung einer Revision[2].

280 Der **Verwerfungsbeschluss** ergeht in aller Regel ohne mündliche Anhörung der Beteiligten (vgl. Rz. 237) und ist dann ohne Hinzuziehung der ehrenamtlichen Richter zu erlassen durch die Berufsrichter des Senats, § 74 Abs. 2 Satz 3 ArbGG. Der Beschluss ist allen Beteiligten formlos mitzuteilen, § 329 Abs. 2 ZPO, da im Rechtsbeschwerdeverfahren eine Zustellung an den Beschwerdeführer nicht vorgesehen ist. Die Verwerfungsentscheidung ist **unanfechtbar**. Jedoch steht eine Verwerfung der Rechtsbeschwerde ihrer erneuten Einlegung nicht entgegen, sofern die Beschwerdefrist noch läuft oder die Wiedereinsetzung in den vorigen Stand mit Erfolg beantragt werden kann[3].

281 Besteht **Streit über** die **Zulässigkeit** der Rechtsbeschwerde, kann hierüber entsprechend § 303 ZPO durch Zwischenbeschluss entschieden werden[4]; nach mündlicher Verhandlung unter Mitwirkung der ehrenamtlichen Richter, ansonsten ohne deren Hinzuziehung.

d) Entscheidung durch Beschluss

282 Das BAG entscheidet über die Rechtsbeschwerde letztinstanzlich durch **Beschluss**, § 96 Abs. 1 Satz 1 ArbGG, unabhängig davon, ob eine mündliche Verhandlung stattgefunden hat oder nicht. Neben den ausdrücklich für entsprechend anwendbar erklärten (§ 96 Abs. 1 Satz 2 ArbGG) §§ 562, 563 ZPO gelten im Rechtsbeschwerdeverfahren auch die die Revision regelnden §§ 559, 561 und 564 ZPO analog[5].

283 Über die zulässige (vgl. für die unzulässige Rechtsbeschwerde Rz. 279 ff.) Rechtsbeschwerde entscheidet der Senat des BAG in voller Besetzung. Der Beschluss ist **schriftlich abzufassen**, in vollständiger Form von allen Mitgliedern des Senats, einschließlich der ehrenamtlichen Richter, zu unterschreiben und den Beteiligten **von Amts wegen zuzustellen**, § 96 Abs. 2 ArbGG. Einer Verkündung des Beschlusses bedarf es nur im Fall einer Entscheidung über die Rechtsbeschwerde aufgrund mündlicher Verhandlung[6].

284 Das BAG hat die Beschwerdeentscheidung **in jeder rechtlichen Hinsicht** zu überprüfen. Hierbei ist es an die von den Rechtsbeschwerdeführern gestellten Anträge ebenso

---

1 *Schaub*, Arbeitsgerichtsverfahren, § 60 Rz. 29; GMP/*Matthes/Schlewing*, § 95 ArbGG Rz. 10.
2 GWBG/*Greiner*, § 94 ArbGG Rz. 12; GMP/*Matthes/Schlewing*, § 94 ArbGG Rz. 25; leicht differenzierend Schwab/Weth/*Busemann*, § 94 ArbGG Rz. 19.
3 BAG 5.2.1971 – 1 ABR 25/70, AP Nr. 5 zu § 94 ArbGG 1953.
4 BAG 30.5.1974 – 2 ABR 17/74, AP Nr. 14 zu § 92 ArbGG 1953.
5 GWBG/*Greiner*, § 96 ArbGG Rz. 1; GMP/*Matthes/Schlewing*, § 96 ArbGG Rz. 1, 2.
6 GMP/*Matthes/Schlewing*, § 96 ArbGG Rz. 22; unentschieden GWBG/*Greiner*, § 96 ArbGG Rz. 8.

gebunden (§ 557 Abs. 1 ZPO) wie an die tatsächlichen Feststellungen des Beschwerdegerichts (§ 559 ZPO). Insbesondere hat das Rechtsbeschwerdegericht neuen Tatsachenvortrag grundsätzlich nicht mehr zuzulassen[1]. Das gilt jedoch nicht für ein Vorbringen neuer Tatsachen zum Rechtsschutzinteresse[2]. Auch offenkundige und unstreitige Tatsachen sind neu in das Verfahren einführbar und dann von Amts wegen zu berücksichtigen[3].

Die Rechtsbeschwerde ist als **unbegründet** zurückzuweisen, wenn die Beschwerdeentscheidung eine Rechtsverletzung nicht enthält. 285

Sie ist **begründet**, wenn dem LAG in seiner Entscheidung ein Fehler bei der Anwendung materiellen Rechts unterlaufen ist oder wenn die Entscheidung auf einem gerügten oder von Amts wegen zu berücksichtigenden Verfahrensfehler beruht. Die begründete Rechtsbeschwerde führt zur **Aufhebung** des Beschwerdebeschlusses, § 562 Abs. 1 ZPO; bei einem festgestellten Verfahrensverstoß ist auch das dadurch betroffene **Verfahren aufzuheben**, § 562 Abs. 2 ZPO, soweit es von dem Verstoß betroffen ist. Das ist etwa dann der Fall, wenn das LAG nicht alle Verfahrensbeteiligten angehört hat[4]. Hebt das BAG die Beschwerdeentscheidung auf, hat es den Rechtsstreit zur anderweitigen Verhandlung und Entscheidung **an das LAG zurückzuverweisen**, § 563 Abs. 1 Satz 1 ZPO, wobei eine Zurückverweisung an eine **andere**, zu bezeichnende **Kammer** des Beschwerdegerichts **zulässig** ist. Keine Zurückverweisung kann dagegen an das Arbeitsgericht erfolgen, da eine solche bereits dem LAG als Beschwerdegericht verwehrt ist, § 91 Abs. 1 Satz 2 ArbGG[5]. 286

Nach § 563 Abs. 3 ZPO **entscheidet** das **BAG** als Rechtsbeschwerdegericht abschließend **selbst**, wenn keine Verfahrensfehler vorliegen und die Sache entscheidungsreif ist. Eine Entscheidungsreife setzt voraus, dass alle zur Beurteilung erforderlichen materiellen Tatsachen sich aus dem angefochtenen Beschluss, der sie lediglich fehlerhaft subsumiert hat, ergeben. In der Sache selbst entscheidet das BAG auch, wenn das Beschwerdegericht in fehlerhafter Weise die **internationale Zuständigkeit** der Arbeitsgerichte **bejaht** hat[6]. 287

VII. Sprungrechtsbeschwerde, § 96a ArbGG

Das Rechtsmittel der Sprungrechtsbeschwerde ermöglicht es den Beteiligten eines Beschlussverfahrens, **unter Übergehung der Beschwerdeinstanz** Entscheidungen des Arbeitsgerichts unmittelbar mit der Rechtsbeschwerde anzufechten. Eine solche prozessuale Vorgehensweise kann sich etwa dann anbieten, wenn nach vollständig geklärtem Sachverhalt für die Beteiligten des erstinstanzlichen Verfahrens feststeht, dass wegen der **Bedeutung der Sache** das Rechtsbeschwerdegericht in jedem Fall angerufen werden soll. Die Sprungrechtsbeschwerde bezweckt somit eine Verfahrensbeschleunigung[7]. 288

Die Voraussetzungen und Wirkungen der Sprungrechtsbeschwerde des § 96a ArbGG entsprechen ganz wesentlich denen der Sprungrevision nach § 76 ArbGG. Der wichtigste Unterschied besteht darin, dass § 96a ArbGG **allein auf die grundsätzliche Bedeutung der Rechtssache abstellt** und keine weiteren Einschränkungen wie in § 76 289

---

1 Vgl. BAG 12.7.2006 – 5 AZR 646/05, NZA 2006, 1294.
2 BAG 23.1.1986 – 6 ABR 47/82, AP Nr. 31 zu § 5 BetrVG 1972.
3 BAG 8.10.1985 – 1 ABR 40/83, AP Nr. 22 zu § 99 BetrVG 1972.
4 BAG 29.3.1974 – 1 ABR 124/73, AP Nr. 5 zu § 83 ArbGG 1953.
5 BAG 13.7.1977 – 1 ABR 19/75, AP Nr. 8 zu § 83 ArbGG 1953; GWBG/*Greiner*, § 96 ArbGG Rz. 6; für Verfahren nach §§ 122, 126 InsO s. BAG 20.1.2000 – 2 ABR 30/99, NZA 2001, 170.
6 GMP/*Matthes*/*Schlewing*, § 96 ArbGG Rz. 19.
7 GMP/*Matthes*/*Schlewing*, § 96a ArbGG Rz. 1.

ArbGG vorsieht. Die Sprungrechtsbeschwerde ist daher in allen Angelegenheiten statthaft, über die im Beschlussverfahren nach § 2a ArbGG zu entscheiden ist[1].

1. Zulassung auf Antrag

290   Die Sprungrechtsbeschwerde setzt zunächst einen **verfahrensbeendenden Beschluss des Arbeitsgerichts** voraus. In dem Beschluss oder nachträglich durch gesonderten Beschluss muss die Sprungrechtsbeschwerde **vom Arbeitsgericht zugelassen** worden sein.

291   Die Zulassung dieses Rechtsmittels bedingt neben der grundsätzlichen Bedeutung der Rechtssache zusätzlich den **Antrag** eines Beteiligten. Für den Begriff der grundsätzlichen Bedeutung einer Rechtssache kann verwiesen werden auf die entsprechenden Ausführungen zum Revisionsverfahren (Teil 5 E Rz. 5ff.). Den Zulassungsantrag können alle materiell Beteiligten des Verfahrens stellen; antragsbefugt ist daher auch ein vom Arbeitsgericht zunächst zu Unrecht nicht hinzugezogener Beteiligter. Eine Antragstellung kann bereits während des laufenden Verfahrens schriftlich, zur Niederschrift der Geschäftsstelle oder zu Protokoll des Gerichts erfolgen. Nach Verkündung des instanzbeendenden Beschlusses des Arbeitsgerichts hat der Antragsteller für seinen nachträglichen Zulassungsantrag die **Notfrist von einem Monat** nach Zustellung des in vollständiger Form abgefassten Beschlusses einzuhalten. Der Antrag ist in diesem Fall schriftlich beim Arbeitsgericht anzubringen. Bei schuldlosem Versäumen der Notfrist kann Wiedereinsetzung in den vorigen Stand nach Maßgabe der §§ 233ff. ZPO gewährt werden. Für die Antragstellung, auch die nachträgliche, besteht ein Vertretungszwang nicht.

2. Zustimmung der Beteiligten

292   Die wirksame Einlegung der Sprungrechtsbeschwerde erfordert zwingend eine schriftliche **Zustimmung der übrigen Beteiligten** zu dem Zulassungsantrag, § 96a Abs. 1 Satz 1 bzw. Satz 3 ArbGG. Zu unterscheiden sind dabei die Zustimmung der Beteiligten bei einer Antragstellung vor Verkündung der instanzbeendenden Entscheidung und nach deren Verkündung. Wird der Antrag auf Zulassung der Sprungrechtsbeschwerde vor Erlass des arbeitsgerichtlichen Beschlusses gestellt, muss die schriftlich erklärte Zustimmung der übrigen Beteiligten der Rechtsbeschwerdeschrift beigefügt werden. Bei einem nachträglichen Antrag auf Zulassung ist die Zustimmung der übrigen Beteiligten, ebenfalls schriftlich erklärt, dem Zulassungsantrag beizufügen. Auch für die Abgabe der Zustimmungserklärung unterliegen die Beteiligten keinem Vertretungszwang.

293   Bei Vorliegen der Voraussetzungen des § 96a Abs. 1 ArbGG hat das **Arbeitsgericht**, dem insoweit **kein Ermessensspielraum** zusteht, die Sprungrechtsbeschwerde zuzulassen[2]. Die Kammer entscheidet über die Zulassung in voller Besetzung, sofern der Zulassungsantrag schon im Verlauf des Verfahrens gestellt worden ist. Im Falle eines nachträglichen Antrags kann der Vorsitzende, ohne dass es einer mündlichen Verhandlung bedarf, allein entscheiden, § 53 Abs. 1 ArbGG[3]. Die Zulassungsentscheidung bedarf, wenn dem Antrag in vollem Umfang stattgegeben wird, keiner Begründung. Eine abweisende Entscheidung ist dagegen stets zu begründen.

---

1 BAG 16.1.2008 – 7 ABR 66/06, NZA-RR 2008, 634; zur Zulässigkeit der selbständigen und unselbständigen Anschlusssprungrechtsbeschwerde vgl. BAG 12.6.1996 – 4 ABR 1/95, NZA 1997, 565.
2 GMP/*Matthes*/*Schlewing*, § 96a ArbGG Rz. 11; GWBG/*Greiner*, § 96a ArbGG Rz. 3.
3 BAG 9.6.1982 – 4 AZR 247/80, AP Nr. 8 zu §§ 22, 23 BAT – Lehrer.

VII. Sprungrechtsbeschwerde, § 96a ArbGG

Wird die Sprungrechtsbeschwerde von der Kammer des Arbeitsgerichts durch Beschluss nach § 84 ArbGG zugelassen, ist diesem eine **Rechtsmittelbelehrung** beizufügen (§ 9 Abs. 5 ArbGG), die sich ebenso auf die Beschwerde- wie die Rechtsbeschwerdemöglichkeit beziehen muss. Mit der Zustellung des vollständig abgefassten Beschlusses beginnt der Lauf der Rechtsbeschwerdefrist, § 96a Abs. 2 ArbGG iVm. § 76 Abs. 3 Satz 2 ArbGG. Die Einlegung der Sprungrechtsbeschwerde beinhaltet gleichzeitig den **Verzicht auf** das Rechtsmittel der **Beschwerde**, § 96a Abs. 2 ArbGG iVm. § 76 Abs. 5 ArbGG.

Bei negativer Zulassungsentscheidung beginnt mit der Zustellung des ablehnenden Beschlusses der Lauf der Beschwerdefrist erneut, wenn der Antrag in gesetzlich vorgesehener Form und Frist gestellt und ihm die Zustimmungserklärung beigefügt war.

Die Sprungrechtsbeschwerde kann **nicht auf Mängel des arbeitsgerichtlichen Verfahrens** gestützt werden, § 96a Abs. 2 ArbGG iVm. § 76 Abs. 4 ArbGG, es sei denn, auf von Amts wegen zu beachtende Mängel. Auch ein materiell Beteiligter, der erstmals in der Rechtsbeschwerdeinstanz zum Verfahren hinzugezogen wird, kann seine unterbliebene Beteiligung in erster Instanz rügen und dadurch eine Aufhebung des Beschlusses erreichen.

deutet für Leistungsurteile, dass die Leistung im Tenor so genau umschrieben sein muss, dass der Gerichtsvollzieher der Entscheidung selbst ohne Weiteres den konkreten Vollstreckungsumfang entnehmen kann. Bei Entgeltbeträgen ist die Verurteilung zur Zahlung einer **Bruttosumme** vollstreckungsfähig[1]. Gleiches gilt für einen ausgeurteilten Bruttolohn abzüglich eines bezifferten Nettobetrages. Keinen vollstreckungsfähigen Inhalt hat dagegen eine Tenorierung, in der dem Kläger eine zahlenmäßig bestimmte Bruttovergütung abzüglich erhaltenen Arbeitslosengeldes zuerkannt wird[2].

5 Vorläufig vollstreckbar ist auch ein Urteil auf **Auflösung** des Arbeitsverhältnisses und zur **Zahlung** einer **Abfindung** nach §§ 9, 10 KSchG[3]. Im Gegensatz zu Leistungsurteilen haben Feststellungsurteile regelmäßig keinen vollstreckbaren Inhalt.

b) Andere Vollstreckungstitel

6 Da § 62 Abs. 1 Satz 1 ArbGG ausdrücklich nur Urteile der Arbeitsgerichte für vorläufig vollstreckbar erklärt, findet die Norm auf andere Vollstreckungstitel keine Anwendung[4]. Doch sind diese nach den Vorschriften des 8. Buches der ZPO, deren Anwendbarkeit sich durch die **Verweisung in** § 62 Abs. 2 Satz 1 ArbGG ergibt, ohne Weiteres vollstreckbar. Das gilt etwa für Entscheidungen, die in den Verfahren des Arrestes und der einstweiligen Verfügung, § 922 ZPO, ergehen und ergibt sich dort aus §§ 928 ff. ZPO. Das gilt insbesondere jedoch für die **Vollstreckungstitel des** § 794 ZPO. Die Einstellung der Zwangsvollstreckung kann insoweit nach den allgemeinen Regelungen der ZPO erfolgen. Das betrifft vor allem

- gerichtliche Vergleiche, § 794 Abs. 1 Nr. 1 ZPO[5],
- Kostenfestsetzungsbeschlüsse, § 794 Abs. 1 Nr. 2 ZPO,
- Beschlüsse, die mit dem Rechtsmittel der Beschwerde anfechtbar sind, § 794 Abs. 1 Nr. 3 ZPO,
- Vollstreckungsbescheide, § 794 Abs. 1 Nr. 4 ZPO.

7 Entscheidungen durch **Schiedsgerichte** nach §§ 101 ff. ArbGG bedürfen ebenso wie Sprüche der **Schlichtungsausschüsse** in Ausbildungsstreitigkeiten, § 111 Abs. 2 ArbGG, der gesonderten gerichtlichen Vollstreckbarerklärung, §§ 109, 111 ArbGG. Hierzu hat das Arbeitsgericht zu prüfen, ob ein wirksamer Schiedsspruch bzw. Schiedsvergleich vorliegt. Eine Vollstreckbarerklärung kann jedoch nicht erfolgen, wenn nachgewiesen wird, dass auf Aufhebung des Schiedsspruchs nach § 110 ArbGG geklagt worden ist. Aus dem Vorstehenden ergibt sich, dass auf Schiedssprüche wegen der Spezialvorschriften der §§ 109, 111 ArbGG die Vollstreckbarkeitsbestimmung des § 62 Abs. 1 ArbGG nicht entsprechend anwendbar ist.

---

[1] BAG 14.1.1964 – 3 AZR 55/63, AP Nr. 20 zu § 611 BGB – Dienstordnungs-Angestellte.
[2] BAG 15.11.1978 – 5 AZR 199/77, AP Nr. 14 zu § 613a BGB; GMP/*Germelmann*, § 62 ArbGG Rz. 56.
[3] BAG 9.12.1987 – 4 AZR 561/87, AP Nr. 4 zu § 62 ArbGG 1979; LAG Hamm 17.7.1975 – 3 Sa 251/75, LAG BW 9.7.1986 – 7 Ta 5/86, BB 1986, 1784; LAG Bremen 31.8.1983 – 7 Ta 72/83, BB 1983, 1797; LAG Hess. 14.8.1986 – 3 Ta 178/86, BB 1987, 552; GMP/*Germelmann*, § 62 ArbGG Rz. 63 f. mwN; GWBG/*Benecke*, § 62 ArbGG Rz. 1; aA LAG Hamburg 28.12.1982 – 1 Sa 6/82, DB 1983, 724; LAG Berlin 17.2.1986 – 9 Sa 110/85, LAGE § 9 KSchG Nr. 1 mit der Begründung, es handele sich um ein richterliches Gestaltungsurteil, welches erst mit Eintritt der Rechtskraft Vollstreckungsfähigkeit erlange.
[4] Zum Europäischen Vollstreckungstitel für unbestrittene Forderungen s. *Reichel*, NZA 2005, 1096.
[5] BAG 31.5.2012 – 3 AZB 29/12, NJW 2012, 2538 (nicht hinreichende Bestimmtheit eines Vergleichsinhalts für die Zwangsvollstreckung).

2. Ausschluss der vorläufigen Vollstreckbarkeit

a) Nicht zu ersetzender Nachteil

Auf Antrag der beklagten Partei hat das Arbeitsgericht im Urteil die vorläufige Vollstreckbarkeit auszuschließen, wenn die Vollstreckung dem Beklagten einen nicht zu ersetzenden Nachteil bringen würde, § 62 Abs. 1 Satz 2 ArbGG.

Der **Begriff** des **nicht zu ersetzenden Nachteils**, der den ZPO-Normen §§ 707 Abs. 1 Satz 2, 712 Abs. 1 Satz 1 und 719 Abs. 2 Satz 1 entnommen ist, stellt grundsätzlich ab auf die **Unersetzbarkeit**. Unersetzbar ist, was nicht mehr rückgängig gemacht oder ausgeglichen werden kann[1]. Für den nicht zu ersetzenden Nachteil soll nach LAG Düsseldorf[2] jedoch ausreichen, wenn wegen Vermögenslosigkeit des Arbeitnehmers nicht damit gerechnet werden kann, dass die beigetriebene Forderung zurückerstattet wird. Gleiches gilt, wenn dem Beklagten wegen des vorläufigen Entzugs von Vermögensstücken ein erheblicher Schaden droht, den der Kläger nicht ersetzen kann. Man wird insgesamt an den Begriff des nicht zu ersetzenden Nachteils **keinen zu strengen Maßstab** anlegen dürfen[3], damit der Ausschluss der vorläufigen Vollstreckbarkeit tatsächlich praktische Relevanz behält. Danach kann ein Nachteil dann als unersetzbar im Sinne der Vorschrift gelten, wenn ihn der Schuldner nicht durch sein Verhalten abwenden kann und der Vollstreckende bei späterem Wegfall des Vollstreckungstitels nicht in der Lage ist, den Schaden mit Geld oder anders auszugleichen, wenn insbesondere die Vollstreckungswirkungen nicht mehr rückgängig zu machen sind[4]. Denn die Vollstreckung soll keine vollendeten Tatsachen schaffen können.

Die **Erfolgsaussichten** eines möglichen Rechtsmittels sind **zu berücksichtigen** bei der Prüfung des nicht zu ersetzenden Nachteils[5]. Steht aufgrund von Umständen bereits fest, dass ein Rechtsmittel erfolglos bleiben wird, kann unterstellt werden, dass bei einer Vollstreckung kein nicht zu ersetzender Nachteil eintritt[6].

Bei einem zeitlich begrenzten Anspruch auf **Unterlassung von Wettbewerb** wird die einstweilige Einstellung der Zwangsvollstreckung sehr leicht zu einem nicht ersetzbaren Nachteil für den Schuldner führen können[7]. Dagegen stellt es bei einem auf **Beschäftigung** eines Arbeitnehmers gerichteten Urteil für sich allein noch keinen unersetzbaren Nachteil dar, dass die Beschäftigung bei einer späteren Aufhebung des Urteils nicht rückgängig gemacht werden kann[8]. Nur wenn durch die Beschäftigung selbst ein unersetzbarer Nachteil materieller oder immaterieller Art eintreten würde, kann eine Einstellung der Zwangsvollstreckung erfolgen.

Eine lediglich zu befürchtende **Kreditgefährdung** bedeutet keinen unersetzbaren Nachteil, ebenso wenig die Gefahr der Abgabe einer eidesstattlichen Versicherung durch den Schuldner. Derartige Nachteile können in jedem Zwangsvollstreckungsverfahren auftreten[9]. Auch in der **Arbeitslosigkeit**, bei einem Bezug von Arbeitslosen-

---

1 Zöller/*Herget*, § 707 ZPO Rz. 13.
2 LAG Düsseldorf 20.12.1985 – 15 Sa 1125/85, LAGE § 62 ArbGG 1979 Nr. 13.
3 *Dütz*, DB 1980, 1069; aA GWBG/*Benecke*, § 62 ArbGG Rz. 6.
4 LAG Düsseldorf 4.10.1979 – 14 (5) Sa 976/79, EzA § 62 ArbGG 1979 Nr. 1; 7.3.1980 – 8 Sa 59/80, EzA § 62 ArbGG 1979 Nr. 2.
5 LAG Düsseldorf 4.10.1979 – 14 (5) Sa 976/79, EzA § 62 ArbGG 1979 Nr. 1; 20.3.1980 – 19 Sa 142/80, EzA § 62 ArbGG 1979 Nr. 3; GWBG/*Benecke*, § 62 ArbGG Rz. 7; *Dütz*, DB 1980, 1070; *Groeger*, NZA 1994, 253; kritisch GMP/*Germelmann*, § 62 ArbGG Rz. 20 mwN.
6 BAG 6.1.1971 – 3 AZR 384/70, AP Nr. 3 zu § 719 ZPO.
7 Vgl. BAG 22.6.1972 – 3 AZR 263/72, AP Nr. 4 zu § 719 ZPO.
8 BAG 27.2.1985 – GS 1/84, AP Nr. 14 zu § 611 BGB – Beschäftigungspflicht; LAG Berlin 26.9.1980 – 12 Sa 63/80, DB 1980, 2448; LAG Hamm 25.1.1982 – 2 (11) Sa 1531/81, DB 1982, 653; LAG Rh.-Pf. 5.1.1981 – 3 Sa 688/80, EzA § 62 ArbGG 1979 Nr. 5.
9 LAG Nürnberg 30.7.1980 – 3 Ta 8/80, ARST 1981, 64.

geld bzw. von Sozialleistungen, in der Vermögenslosigkeit des Vollstreckungsgläubigers bei der Vollstreckung von Zahlungstiteln, in der Tatsache, dass der Gläubiger ausländischer Arbeitnehmer ist, liegt für sich genommen noch kein nicht zu ersetzender Nachteil. Ein solcher muss allerdings wohl dann angenommen werden, wenn die nicht nur abstrakte Gefahr besteht, dass sich der Vollstreckungsgläubiger durch ein Verlassen der Bundesrepublik Deutschland etwaigen Rückgriffsansprüchen entziehen wird[1].

13 Der Ausschluss der Zwangsvollstreckung ist auf bestimmte **einzelne Vollstreckungsmaßnahmen** zu beschränken, wenn deutlich wird, dass ein nicht zu ersetzender Nachteil lediglich auf spezielle Vollstreckungsmaßnahmen eintreten kann[2].

b) Rechtzeitiger Antrag und Glaubhaftmachung

14 Der Ausschluss der vorläufigen Vollstreckbarkeit im Urteil kann nur auf Antrag des Beklagten ergehen. Der Antrag kann in jeder Phase des Rechtsstreits bis zum **Schluss der mündlichen Verhandlung**, auf die das Urteil ergeht, gestellt werden, § 714 Abs. 1 ZPO analog. Eine Nachholung des Antrags in der Berufungsinstanz ist für das angefochtene Urteil nicht möglich, wohl aber im Hinblick auf das Berufungsurteil. Unterbleibt eine Antragstellung, kann lediglich noch die Einstellung der Zwangsvollstreckung nach §§ 707, 719 ZPO in Frage kommen (§ 62 Abs. 1 Satz 3 ArbGG, s. Rz. 19 ff.).

15 Als weitere Voraussetzung für einen Ausschluss der Zwangsvollstreckung hat der Beklagte in seinem Antrag glaubhaft zu machen, dass ihm die Vollstreckung einen unersetzbaren Nachteil bringt, § 62 Abs. 1 Satz 2 ArbGG. Hier gelten die **Anforderungen des § 294 ZPO**: Der Beklagte kann sich für seine Glaubhaftmachung aller in der ZPO vorgesehenen üblichen (§§ 355–455 ZPO) Beweismittel bedienen, sofern sie präsent sind, sowie auch der Versicherung an Eides statt. Letztere muss, gleichgültig, ob schriftlich oder mündlich abgegeben, eine eigene Darstellung der glaubhaft zu machenden Tatsachen enthalten. Eine „glaubhafte" Bezugnahme auf Angaben oder Schriftsätze Dritter, zB eines Rechtsanwalts, ist nicht hinreichend[3]. Geeignete Mittel der Glaubhaftmachung sind etwa die sog. anwaltliche Versicherung, schriftliche Erklärungen von Zeugen, die Bezugnahme auf dem Gericht sofort verfügbare Akten.

16 Ausdrücklich **nicht vorgesehen** ist in § 62 Abs. 1 Satz 2 ArbGG der Ausschluss der vorläufigen Vollstreckbarkeit **gegen Sicherheitsleistung**. Auch in zweifelhaften Fällen hat das Gericht über das Vorliegen der Voraussetzungen des § 62 Abs. 1 Satz 2 ArbGG zu befinden.

c) Entscheidung im Urteil

17 Die Entscheidung über den Antrag auf Ausschluss der vorläufigen Vollstreckbarkeit ist vom Gericht im Urteil zu treffen. Sie muss **in der Urteilsformel** erscheinen und lautet:

Formulierungsbeispiel:

Die vorläufige Vollstreckbarkeit wird ausgeschlossen.

---

1 Hauck/Helml/Biebl/*Helml*, § 62 ArbGG Rz. 5.
2 BAG 24.9.1958 – 2 AZR 395/58, AP Nr. 2 zu § 719 ZPO.
3 BGH 13.1.1988 – IVa ZB 13/87, NJW 1988, 2045.

I. Grundsatz der vorläufigen Vollstreckbarkeit

In den Urteilsgründen ist die getroffene Entscheidung **zu begründen**. Gleiches gilt für die Ablehnung des Ausschlusses der vorläufigen Vollstreckbarkeit; auch sie hat ihren Platz im Urteilstenor, auch sie ist zu begründen. Bei Vorliegen der Voraussetzungen der §§ 319, 321 ZPO kommt eine **Berichtigung** des Urteils (offenbare Unrichtigkeit: wenn zwar beschlossen, aber in den Tenor nicht aufgenommen) oder dessen **Ergänzung** (Antrag wurde übergangen) in Betracht.

3. Einstellung der Zwangsvollstreckung

a) Anwendungsbereich

Ist das Urteil erlassen worden, ohne dass der Beklagte bis zum Schluss der mündlichen Verhandlung einen Antrag auf Ausschluss der vorläufigen Vollstreckbarkeit gestellt hat[1], ist allein noch die **nachträgliche Einstellung** der Zwangsvollstreckung nach § 62 Abs. 1 Satz 3 ArbGG möglich. Der Hinweis auf die Bestimmungen der §§ 707 Abs. 1 und 719 Abs. 1 ZPO im Gesetz selbst umschreibt dessen Anwendungsbereich. Danach ist die einstweilige Einstellung der Zwangsvollstreckung zulässig **nach** § 707 Abs. 1 ZPO in Fällen der
- Wiedereinsetzung in den vorigen Stand, §§ 233 ff. ZPO,
- Wiederaufnahme des Verfahrens, §§ 578 ff. ZPO, in Form der Nichtigkeitsklage, § 579 ZPO, und der Restitutionsklage, § 580 ZPO,
- (Anhörungs-)Rüge nach § 321a ZPO (für die § 78a Abs. 7 ArbGG explizit klarstellt, dass § 707 ZPO entsprechend anzuwenden ist nur bei Glaubhaftmachung eines durch die Vollstreckung eintretenden nicht zu ersetzenden Nachteils),

sowie **nach** § 719 Abs. 1 ZPO bei
- Einspruch oder
- Berufung

gegen ein vorläufig vollstreckbares Urteil.

Formulierungsbeispiel für einen Antrag auf Einstellung der Zwangsvollstreckung aus einem Versäumnisurteil:

... beantrage ich, die Zwangsvollstreckung aus dem Versäumnisurteil des erkennenden Gerichts (des Arbeitsgerichts ...) vom ... einstweilen einzustellen.

Die einstweilige Einstellung der Zwangsvollstreckung setzt auch in den Fällen des § 62 Abs. 1 Satz 3 ArbGG voraus, dass die Fortsetzung der Vollstreckung dem Schuldner einen **nicht ersetzbaren Nachteil** bringen würde. Insoweit kann auf die Ausführungen unter Rz. 9 ff. verwiesen werden. **Ausnahmsweise** braucht ein unersetzlicher Nachteil nicht dargelegt zu werden, wenn der Einstellungsantrag auf eine Primäraufrechnung mit einer Forderung aus vorsätzlicher unerlaubter Handlung gestützt wird[2]. Auch dann, wenn der Vollstreckungsschuldner erfolgreich **materielle Einwendungen** gegen den zu vollstreckenden Anspruch geltend machen kann, die **erst nach Abschluss der mündlichen Verhandlung erster Instanz entstanden** sind, ist die Zwangsvollstreckung ohne Ersichtlichkeit eines nicht zu ersetzenden Nachteils einzustellen. Es wäre nämlich nicht interessengerecht, wenn der Vollstreckungsschuldner die Berufung teilweise zurücknehmen und eine Klage nach § 767 Abs. 1 ZPO erheben müsste, um dann erst einen Antrag auf Einstellung der Zwangsvollstreckung nach § 769 Abs. 1 Satz 1 ZPO stellen zu können[3].

---

1 Hierzu LAG Bln.-Bbg. 23.8.2007 – 15 Sa 1630/07, NZA-RR 2008, 42.
2 LAG Hamm 9.8.1984 – 8 Ta 144/84, NZA 1985, 68.
3 LAG Hamm 21.12.2010 – 18 Sa 1827/10, EzA-SD 2011, Nr. 13, 16 mwN.

21 Ebenso wie beim Ausschluss der vorläufigen Vollstreckbarkeit nach § 62 Abs. 2 Satz 1 ArbGG bedarf es auch für die Einstellung der Zwangsvollstreckung eines **Antrags des Vollstreckungsschuldners**, in dem die Tatsachen, aus denen sich der nicht zu ersetzende Nachteil ergibt, glaubhaft gemacht werden. Anders als vor den ordentlichen Gerichten, wo die Einstellung der Zwangsvollstreckung im Ermessen des Gerichts steht, darf sie im arbeitsgerichtlichen Verfahren nur dann angeordnet werden, wenn die Vollstreckung dem Schuldner einen nicht ersetzbaren Nachteil bringen würde. Kann dies glaubhaft gemacht werden, eröffnet sich dann allerdings dem entscheidenden Gericht ein **Ermessensspielraum**, unter Berücksichtigung der Belange von Vollstreckungsgläubiger und Vollstreckungsschuldner dem Einstellungsantrag stattzugeben oder nicht[1]. Dabei ist eine Berücksichtigung der Erfolgsaussichten des Rechtsbehelfs statthaft[2]. Die Einstellung der Zwangsvollstreckung ist etwa gerechtfertigt, wenn davon ausgegangen werden kann, dass wegen Vermögenslosigkeit des Arbeitnehmers mit einer Rückzahlung der beigetriebenen Forderung nicht zu rechnen ist[3].

b) Entscheidung durch Beschluss

22 Das Gericht entscheidet über den Einstellungsantrag in erster und zweiter Instanz durch den **Vorsitzenden** ohne Hinzuziehung der ehrenamtlichen Richter (§§ 53 Abs. 1 Satz 1, 55 Abs. 1 Nr. 6, 64 Abs. 7 ArbGG) in Form eines **zu begründenden Beschlusses**. Hierzu kann eine mündliche Verhandlung angeordnet werden, ohne dass diese jedoch regelmäßig erforderlich ist. Grundsätzlich ist dem Antragsgegner vor Erlass der Entscheidung **rechtliches Gehör** (Art. 103 Abs. 1 GG) zu gewähren[4]; diese Verpflichtung zur Anhörung des Vollstreckungsgläubigers kann ausnahmsweise in Eilfällen unterbleiben[5].

23 Die Entscheidung des Gerichts über den Antrag auf Einstellung der Zwangsvollstreckung ist **jederzeit abänderbar**. Eine Abänderung des Beschlusses setzt nicht notwendigerweise einen weiteren Antrag des Vollstreckungsschuldners voraus. Hierzu genügt schon die Einreichung einer Gegenvorstellung. Allerdings hat eine Beschlussabänderung allein von Amts wegen ohne entsprechende Hinweise der Parteien zu unterbleiben. Auch vor einer beabsichtigten Abänderung ist der Grundsatz des rechtlichen Gehörs zu beachten.

24 Streitig war die Frage, ob die Einstellung der Zwangsvollstreckung durch das Arbeitsgericht von einer **Sicherheitsleistung des Vollstreckungsschuldners** abhängig gemacht werden darf. Hierbei kam es auf die Auslegung von § 62 Abs. 1 Satz 3 ArbGG an, der bestimmt, dass in den Fällen des § 707 Abs. 1 und des § 719 Abs. 1 der ZPO die Zwangsvollstreckung nur unter denselben Voraussetzungen eingestellt werden kann. Die **herrschende Meinung** in der Literatur leitete aus der Gesetzesformulierung her, § 62 ArbGG enthalte eine eigenständige Rechtsfolge für die Fälle der §§ 707 Abs. 1, 719 Abs. 1 ZPO. Durch die Verweisung in § 62 Abs. 1 Satz 3 ArbGG auf Satz 2 werde die Regelung des § 707 Abs. 1 Satz 1 ZPO eingeschränkt[6].

---

1 LAG Hess. 8.1.1992 – 10 Sa 1901/91, NZA 1992, 427; *Dütz*, DB 1980, 1074; GMP/*Germelmann*, § 62 ArbGG Rz. 43.
2 BAG 6.1.1971 – 3 AZR 384/70, AP Nr. 3 zu § 719 ZPO; 22.6.1972 – 3 AZR 263/72, AP Nr. 4 zu § 719 ZPO; LAG Düsseldorf 7.3.1980 – 8 Sa 59/80, EzA § 62 ArbGG 1979 Nr. 2; *Dütz*, DB 1980, 1073; *Groeger*, NZA 1994, 253; differenzierend GWBG/*Benecke*, § 62 ArbGG Rz. 15; GMP/*Germelmann*, § 62 ArbGG Rz. 41, der auf den Rechtsgedanken des § 713 ZPO abstellt.
3 LAG Düsseldorf 20.12.1985 – 15 Sa 1125/85, LAGE § 62 ArbGG 1979 Nr. 13.
4 LAG Hamm 28.10.1971 – 8 Ta 37/71, MDR 1972, 362.
5 BVerfG 9.3.1965 – 2 BvR 176/63, BVerfGE 18, 404; GMP/*Germelmann*, § 62 ArbGG Rz. 44.
6 LAG Hess. 27.11.1985 – 13 Ta 344/85, LAGE § 62 ArbGG 1979 Nr. 12; LAG Rh.-Pf. 26.11.1984 – 1 Ta 247/84, n.v.; GMP/*Germelmann*, § 62 ArbGG Rz. 46; *Dütz*, DB 1980, 1074.

II. Verfahren der Zwangsvollstreckung

Mit der gesetzlichen Erweiterung des § 62 Abs. 1 ArbGG (angefügt wurden **Sätze 4 und 5**) durch das Gesetz zur Änderung des Sozialgerichtsgesetzes und des Arbeitsgerichtsgesetzes [1] ist diese Diskussion obsolet geworden. Es ist klargestellt, dass die **Zwangsvollstreckung ohne Sicherheitsleistung eingestellt** wird, wenn die Voraussetzungen der §§ 707 Abs. 1, 719 Abs. 1 ZPO vorliegen. Die weitere gesetzliche Regelung, dass die Entscheidung durch unanfechtbaren Beschluss ergeht, zieht eine Änderung der Rechtslage nicht nach sich.

Auch die **Aufhebung von bereits durchgeführten Vollstreckungsmaßnahmen** kann nicht abhängig gemacht werden von einer Sicherheitsleistung; § 62 Abs. 1 Satz 3 ArbGG stellt auch für diesen Fall eine sondergesetzliche Regelung dar[2]. 25

Die arbeitsgerichtliche **Entscheidung** auf Einstellung der Zwangsvollstreckung ist **zu begründen**. Die Begründung muss erkennen lassen, welche Tatsachen das Gericht veranlasst haben, von einem nicht zu ersetzenden Nachteil auszugehen bzw. einen solchen nicht anzunehmen. Gegen die Entscheidung des Vorsitzenden des Arbeitsgerichts ist die **sofortige Beschwerde** des § 793 ZPO gegeben; sie ist jedoch ausgeschlossen in den Fällen des § 707 Abs. 1 ZPO[3]. Zu beachten ist, dass eine unzulässige Beschwerde uU als Abänderungsantrag auszulegen ist, über den das Gericht jederzeit entscheiden kann. In der Berufungsinstanz ist die Entscheidung über den Einstellungsantrag grundsätzlich **unanfechtbar**[4]. 26

Nicht statthaft gegen Beschlüsse über die einstweilige Einstellung der Zwangsvollstreckung, die nach § 707 Abs. 2 Satz 2 ZPO unanfechtbar sind, ist die **Rechtsbeschwerde**, selbst wenn sie das LAG nach § 574 Abs. 1 Nr. 2 ZPO zugelassen hat[5]. 26a

c) Sonstige Fälle

Nicht für alle in der Zivilprozessordnung geregelten Fälle richtet sich die einstweilige Einstellung der Zwangsvollstreckung nach § 62 Abs. 1 Satz 3 ArbGG. Vielmehr gilt diese Sonderregelung nach ihrem Wortlaut nur für den Bereich der §§ 707 Abs. 1, 719 Abs. 1 ZPO. Jedoch lässt § 769 ZPO für die **Vollstreckungsgegenklage** des § 767 ZPO eine Einstellung der Zwangsvollstreckung auch im Arbeitsgerichtsverfahren gegen oder ohne Sicherheitsleistung zu[6]. Bereits angeordnete Maßnahmen der Vollstreckung können gegen Sicherheitsleistung aufgehoben werden[7]. Ebenso kann die Zwangsvollstreckung gegen Sicherheitsleistung eingestellt oder nur gegen Sicherheitsleistung fortgesetzt werden im Fall der **Drittwiderspruchsklage** des § 771 ZPO sowie in den Fällen der §§ 732 Abs. 2, 766 Abs. 1 Satz 2 und 768 ZPO[8]. 27

II. Verfahren der Zwangsvollstreckung

1. Vollstreckungsorgane und -titel

Für die Zwangsvollstreckung gelten aufgrund der gesetzlichen Bezugnahme in § 62 Abs. 2 Satz 1 ArbGG unmittelbar die Vorschriften des 8. Buchs der Zivilprozessord- 28

---

[1] BGBl. I 2008, 444, in Kraft getreten am 1.4.2008.
[2] GMP/*Germelmann*, § 62 ArbGG Rz. 46; GWBG/*Benecke*, § 62 ArbGG Rz. 17.
[3] § 707 Abs. 2 Satz 2 ZPO; vgl. auch LAG Thür. 29.12.1997 – 9 Ta 135/97, NZA 1998, 1358.
[4] Ausführlich GMP/*Germelmann*, § 62 ArbGG Rz. 48.
[5] BAG 5.11.2003 – 10 AZB 59/03, NZA 2003, 1421.
[6] LAG Köln 16.6.1983 – 3 Ta 86/83, DB 1983, 1827; 12.6.2002 – 4 Sa 480/02, NZA 2002, 1230; GMP/*Germelmann*, § 62 ArbGG Rz. 50; GWBG/*Benecke*, § 62 ArbGG Rz. 17; aA LAG Berlin 28.4.1986 – 9 Ta 5/86, MDR 1986, 787; LAG Bremen 24.6.1996 – 2 Ta 28/96, NZA 1997, 338.
[7] LAG Köln 16.6.1983 – 3 Ta 86/83, DB 1983, 1827.
[8] GMP/*Germelmann*, § 62 ArbGG Rz. 51 f.

nung, das sind die §§ 704–945 ZPO. Abgesehen von den Besonderheiten im Rahmen der vorläufigen Vollstreckbarkeit besteht **kein Unterschied** zum Vollstreckungsverfahren vor den ordentlichen Gerichten.

29 Auch im arbeitsgerichtlichen Verfahren ist grundsätzlich Vollstreckungsgericht nach § 764 Abs. 1 ZPO das **Amtsgericht**. Örtlich zuständig ist das Amtsgericht, in dessen Bezirk die Vollstreckungshandlung vorzunehmen ist. Die Zuständigkeit des Arbeitsgerichts besteht ausnahmsweise für Vollstreckungsmaßnahmen aus einem nach § 919 ZPO erlassenen Arrest, § 930 Abs. 1 Satz 3 ZPO.

30 Darüber hinaus sind die Arbeitsgerichte als Vollstreckungsorgane nur zuständig in Fällen, in denen das **Prozessgericht als Vollstreckungsgericht** tätig wird (§§ 887, 888, 890 ZPO) oder wenn im Zusammenhang mit der Zwangsvollstreckung Klage beim Prozessgericht erster Instanz zu erheben ist (§§ 731, 767, 768, 785, 786 ZPO). Die Zuständigkeit des Arbeitsgerichts als Prozessgericht erster Instanz besteht schließlich auch für die vom Gläubiger anstelle der Kostenbeitreibung nach § 788 ZPO gewählte Festsetzung der Zwangsvollstreckungskosten[1].

31 Vollstreckungstitel im arbeitsgerichtlichen Verfahren sind nach der Bezugsnorm des § 62 Abs. 2 Satz 1 ArbGG **die in § 794 ZPO genannten**. Insoweit gelten keine Besonderheiten. Lediglich zur Aufnahme von Urkunden, aus denen nach § 794 Abs. 1 Nr. 5 ZPO die Vollstreckung stattfindet, sind Arbeitsgerichte nicht befugt. Zuständig für die Aufnahme der Urkunde und Erteilung der vollstreckbaren Ausfertigung ist grundsätzlich der Notar, §§ 1, 20 BNotO. Nur wenn die Urkunde einen Anspruch zum Gegenstand hat, für den die Gerichte für Arbeitssachen zuständig sind, ist vor diesen die **Vollstreckungsabwehrklage** (§ 767 ZPO) zu erheben[2].

2. Vollstreckung in Forderungen

32 Die Vollstreckung in Forderungen richtet sich nach §§ 828 ff. ZPO. Von besonderer Bedeutung sind bei der Pfändung von Vergütungsansprüchen in die Zuständigkeit der Arbeitsgerichte fallende (vgl. § 3 ArbGG) **Rechtsstreitigkeiten zwischen Pfändungsgläubiger und Drittschuldner**. Für die Bestimmtheit der in einem Pfändungs- und Überweisungsbeschluss bezeichneten zu pfändenden Forderung ist zu verlangen, dass bei Auslegung auch für Dritte kein Zweifel am Gegenstand der Zwangsvollstreckung besteht. Es müssen zumindest allgemeine Angaben Schuldner und Drittschuldner ohne weiteres in die Lage versetzen zu erkennen, auf welche Forderung sich die Zwangsvollstreckung beziehen soll[3]. Die Angabe, dass das Arbeitseinkommen gepfändet wird, umfasst auch eine Abfindung nach §§ 9, 10 KSchG[4], ebenso Sozialplanabfindungen, Ansprüche nach § 113 BetrVG, nicht abgerechnete Vergütungsabschlagszahlungen und Vorschüsse aus einem Zeitraum vor Zustellung des Pfändungs- und Überweisungsbeschlusses. Insoweit erfolgt eine Anrechnung dieser Ansprüche auf den pfändungsfreien Betrag[5].

32a Ein Urteil, das eine **Sicherheitsleistung nach** § 8a ATZG ausurteilt, muss in seiner hinreichenden Bestimmtheit erkennen lassen, in welcher Höhe Sicherheit geleistet werden soll, um als Vollstreckungstitel gelten zu können[6].

---

1 BAG 24.2.1983 – 5 AS 4/83, AP Nr. 31 zu § 36 ZPO.
2 OLG Frankfurt 10.12.1984 – 17 W 46/84, NZA 1985, 196; *Baumbach/Lauterbach/Albers/Hartmann*, § 797 ZPO Rz. 14.
3 BAG 21.1.1975 – 5 AZR 200/74, AP Nr. 3 zu § 850c ZPO; 12.9.1979 – 4 AZR 420/77, AP Nr. 10 zu § 850 ZPO.
4 BAG 12.9.1979 – 4 AZR 420/77, AP Nr. 10 zu § 850 ZPO.
5 BAG 11.2.1987 – 4 AZR 144/86, NZA 1987, 485.
6 BAG 30.10.2006 – 3 AZB 39/06, NZA 2007, 647.

Für die **Zustellung** eines Pfändungs- und Überweisungsbeschlusses an den Drittschuldner ist zu beachten, dass diese nicht wirksam an den Schuldner bewirkt werden kann; § 178 Abs. 2 ZPO über die verbotene Ersatzzustellung gilt entsprechend[1]. 33

Aus § 832 ZPO folgt, dass sich das Pfändungspfandrecht bei einer Vergütungsforderung auch auf die **nach der Pfändung fällig werdenden Beträge** erstreckt. Erforderlich ist jedoch, dass die fortlaufenden Ansprüche aus einem einheitlichen Arbeitsverhältnis erwachsen. War das Arbeitsverhältnis für eine kurze Zeit unterbrochen, kann sich die Pfändung auch auf die Vergütungsansprüche aus dem zwischen denselben Parteien neu begründeten Arbeitsverhältnis erstrecken[2]. Im Falle eines Übergangs des Arbeitsverhältnisses auf einen neuen Betriebsinhaber nach § 613a BGB behält der Pfändungs- und Überweisungsbeschluss auch gegenüber dem neuen Arbeitgeber seine Rechtswirkung[3]. 34

Nach Eröffnung des **Verbraucherinsolvenzverfahrens** kann aus einem Pfändungs- und Überweisungsbeschluss wegen Unterhaltsrückständen aus der Zeit **vor** Verfahrenseröffnung die Zwangsvollstreckung nicht mehr betrieben werden, § 89 Abs. 1 InsO. Kein Vollstreckungsverbot gilt hingegen für während des Insolvenzverfahrens **neu entstehende** laufende Unterhaltsansprüche (Ausnahme von § 114 Abs. 3 Satz 3 InsO iVm. § 89 Abs. 2 Satz 2 InsO[4]). 34a

Gem. § 123 Abs. 3 Satz 2 InsO ist die Zwangsvollstreckung in die Masse wegen einer Sozialplanforderung unzulässig. **Unzulässig** ist deshalb auch eine **Leistungsklage gegen** den **Insolvenzverwalter** auf Abfindungszahlung aus einem nach Anzeige der Masseunzulänglichkeit vereinbarten Sozialplan; es ist vielmehr Feststellungsklage zu erheben[5]. 34b

Der **Pfändungsschutz für Arbeitseinkommen** ist geregelt in §§ 850–850l ZPO. Arbeitseinkommen umfasst dabei mehr als das regelmäßig als Lohn oder Gehalt bezeichnete Arbeitsentgelt. Einbezogen in den Begriff des geschützten Arbeitseinkommens sind auch alle aus dem Arbeitsverhältnis zu beanspruchenden sonstigen Vergütungen. Darunter fallen Abfindungszahlungen jeglicher Art, Bezüge zum Ausgleich für Wettbewerbsbeschränkungen, Sonderzuwendungen in Form von Prämien und Gratifikationen (vgl. § 850a ZPO), Ansprüche des Handelsvertreters auf Fixum und Provision[6], Urlaubsentgelt[7], Arbeitnehmersparzulagen[8]. 35

Die **Pfändung sog. verschleierten Arbeitseinkommens** (§ 850h Abs. 2 Satz 1 ZPO) wirkt nicht für die Vergangenheit, dh. ein Pfändungs- und Überweisungsbeschluss **erfasst** die bis zu seiner Zustellung fiktiv aufgelaufenen **Entgeltrückstände nicht**[9]. 35a

Bei **Übergang** eines Unterhaltsanspruchs **auf den Träger der Sozialleistung** bleibt dieser als Unterhaltsanspruch bestehen, was seine bevorzugte Pfändbarkeit nach § 850d ZPO zur Folge hat[10]. 36

---

1 BAG 15.10.1980 – 4 AZR 662/78, AP Nr. 7 zu § 829 ZPO.
2 BAG 31.12.1956 – 2 AZR 352/54, AP Nr. 1 zu § 832 ZPO.
3 LAG Hamm 29.9.1975 – 3 Sa 483/75, BB 1976, 364.
4 BAG 17.9.2009 – 6 AZR 369/08, NZA 2010, 300.
5 BAG 21.1.2010 – 6 AZR 785/08, NZA 2010, 413; 22.11.2005 – 1 AZR 458/04, EzA § 112 BetrVG 2001 Nr. 15.
6 BAG 10.12.1962 – 5 AZR 77/61, AP Nr. 3 zu § 850 ZPO.
7 BAG 30.9.1965 – 5 AZR 115/65, AP Nr. 5 zu § 850 ZPO.
8 BAG 23.7.1976 – 5 AZR 474/75, AP Nr. 1 zu § 12 3. VermBG.
9 BAG 12.3.2008 – 10 AZR 148/07, AP Nr. 20 zu § 850h ZPO; 23.4.2008 – 10 AZR 168/07, AP Nr. 21 zu § 850h ZPO; vgl. auch BAG 22.10.2008 – 10 AZR 703/07, NZA 2009, 163.
10 BAG 18.2.1971 – 5 AZR 296/70, AP Nr. 9 zu § 850d ZPO m. zust. Anm. von *Biederbick*; GMP/*Germelmann*, § 62 ArbGG Rz. 72; GWBG/*Benecke*, § 62 ArbGG Rz. 30; aA *Baumbach/Lauterbach/Albers/Hartmann*, § 850d ZPO Rz. 1.

37 Bei **mehreren Arbeitseinkommen** des Schuldners kann zunächst jedes einzelne Einkommen den vollen Pfändungsschutz des § 850c ZPO beanspruchen. Jedoch hat das Vollstreckungsgericht auf Antrag des Gläubigers die Zusammenrechnung der mehreren Arbeitseinkommen durch Beschluss anzuordnen, § 850e Nr. 2 ZPO. Zuständig ist der Rechtspfleger, § 20 Nr. 17 RPflG. In dem Beschluss wird zum einen die Zusammenrechnung angeordnet und zum anderen das Arbeitseinkommen bezeichnet, dem der unpfändbare Grundbetrag sowie die weiteren nicht pfändbaren Einkommensteile zu entnehmen sind[1]. Der unpfändbare Grundbetrag ist in erster Linie dem Arbeitseinkommen, das die wesentliche Grundlage der Lebenshaltung des Schuldners bildet, zu entnehmen. Das führt dazu, dass das Nebeneinkommen voll pfändbar ist[2].

3. Zwangsvollstreckung wegen Geldforderungen

38 Die §§ 803–882a ZPO regeln die Zwangsvollstreckung wegen Geldforderungen. Wichtig ist in diesem Zusammenhang die Handhabung der **Vollstreckung eines Bruttobetrages**. Seit langem ist anerkannt, dass die Verurteilung zur Zahlung eines Bruttobetrages grundsätzlich zulässig ist[3]. Zulässig ist gleichfalls ein Antrag auf Zahlung eines Bruttobetrages abzüglich eines bestimmten Nettobetrages[4], es sei denn, der abzuziehende Nettobetrag bleibt unbestimmt („abzüglich erhaltenen Arbeitslosengeldes"). Im Rahmen der Zwangsvollstreckung ist der Gesamtbetrag des Bruttolohnes beizutreiben[5] bzw. der ausgeurteilte Bruttobetrag um den unmittelbar abgezogenen Nettobetrag vermindert. Sache des vollstreckenden Arbeitnehmers ist es, die auf den Bruttobetrag fallenden Abzüge im Einzelnen zu errechnen und – da er insoweit haftet – an das Finanzamt sowie die Sozialversicherungsträger abzuführen[6]. In der Praxis kommt dieser Verpflichtung der Arbeitgeber zuvor, indem er seinerseits die ihm obliegende Pflicht zur Abführung von Lohnsteuer und Sozialversicherungsabgaben gegenüber den zuständigen Stellen erfüllt. Gegenüber dem Gerichtsvollzieher hat der Arbeitgeber die erfolgte Abführung der Lohnabzüge durch Quittungen nachzuweisen. Gelingt dies, ist die Zwangsvollstreckung nach § 775 Nr. 5 ZPO einzustellen[7].

39 ➲ **Hinweis:** Haben die Parteien eines (gerichtlichen) Vergleichs eine Vereinbarung dahin gehend getroffen, dass der Arbeitnehmer für den Verlust des Arbeitsplatzes eine **Abfindungszahlung brutto = netto** erhalten soll, so hat die Vollstreckung sich auf den Bruttobetrag zu beziehen. Denn die Prüfung der Frage, wer von dem vereinbarten Abfindungsbetrag gesetzliche Abzüge in welcher Höhe abzuführen hat, ist nicht Aufgabe des Vollstreckungsverfahrens. Die in Prozessvergleichen vereinzelt noch anzutreffende Formulierung brutto = netto sollte im Zusammenhang mit Abfindungen auf jeden Fall unterbleiben, da die **Parteien** eines Rechtsstreits hinsichtlich steuer- bzw. sozialversicherungsrechtlicher Fragen der Abgabenfreiheit **nicht dispositionsbefugt** sind[8].

4. Zwangsvollstreckung zwecks Herausgabe von Sachen

40 Die Zwangsvollstreckung zur Erwirkung der Herausgabe von Sachen ist geregelt in den §§ 883–898 ZPO. Herauszugeben sein muss eine **individuell bestimmte Sache**, die im Vollstreckungstitel bestimmt zu bezeichnen ist. Ungenügend ist daher etwa

---

1 Zöller/*Stöber*, § 850e ZPO Rz. 5.
2 Weitergehend *Grunsky*, ZIP 1983, 908.
3 S. nur BAG 14.1.1964 – 3 AZR 55/63, AP Nr. 20 zu § 611 BGB – Dienstordnungs-Angestellte; BGH 21.4.1966 – VII ZB 3/66, AP Nr. 13 zu § 611 BGB – Lohnanspruch.
4 BAG 15.11.1978 – 5 AZR 199/77, AP Nr. 14 zu § 613a BGB.
5 BGH 21.4.1966 – VII ZB 3/66, AP Nr. 13 zu § 611 BGB – Lohnanspruch; BAG (GS) 7.3.2001 – GS 1/00, NZA 2001, 1195; LG Stuttgart 25.9.2009 – 10 T 344/09.
6 GMP/*Germelmann*, § 62 ArbGG Rz. 56.
7 LAG Hamm 4.10.2013 – 10 Sa 621/13, mwN, juris.
8 GMP/*Germelmann*, § 62 ArbGG Rz. 57.

II. Verfahren der Zwangsvollstreckung

eine Bezeichnung als Hausrat oder als Software-Kopie[1]. Für das arbeitsrechtliche Verfahren von gewisser Bedeutung ist die **Herausgabe von Arbeitspapieren** (zB Lohnsteuerkarte, Sozialversicherungsnachweis). Der Anspruch auf Herausgabe der Arbeitspapiere wird nach § 883 ZPO vollstreckt, da Vollstreckungsgegenstand hier eine Einzelsache bzw. eine Mehrheit von Einzelsachen ist. Die Durchführung der Vollstreckung geschieht durch den Gerichtsvollzieher, der die Sache aus dem Gewahrsam des Schuldners oder eines herausgabebereiten Dritten wegnimmt. Sieht jedoch der Titel, aus dem vollstreckt wird, neben der Herausgabe der Arbeitspapiere deren **ordnungsgemäße Ausfüllung oder Berichtigung** vor, kommt – nach erfolgloser Vollstreckung gem. § 883 ZPO[2] – eine Vollstreckung nach § 888 ZPO durch Zwangsgeld oder Zwangshaft in Betracht, da die Ausfüllung eine durch den Arbeitgeber vorzunehmende, somit unvertretbare Handlung darstellt[3]. Alternativ kann eine Verurteilung des Arbeitgebers, verknüpft mit der Verpflichtung zur Zahlung einer Entschädigung, nach § 61 Abs. 2 ArbGG erfolgen. In diesem Fall ist jedoch die Zwangsvollstreckung nach §§ 887, 888 ZPO ausgeschlossen (s.a. Teil 3 K Rz. 62, 75).

5. Zwangsvollstreckung zur Erwirkung von Handlungen

Die Vollstreckung richtet sich nach den §§ 887, 888 ZPO. Prozessuale Besonderheit ist, dass für die Erzwingung der Handlungen das **Arbeitsgericht als Prozessgericht** zuständig ist. Das gilt auch, wenn der Rechtsstreit bereits in der Berufungs- oder Revisionsinstanz anhängig ist[4].

§ 887 ZPO regelt die Zwangsvollstreckung zur Erfüllung einer **vertretbaren Handlung** (Ersatzvornahme), § 888 ZPO die Zwangsvollstreckung zur Erfüllung einer **nicht vertretbaren Handlung** (sog. Beugezwang). Die Abgrenzung hängt ab von der Beantwortung der Frage, ob der zu vollstreckende Anspruch zu einer Handlung verpflichtet, die durch einen Dritten nicht vorgenommen werden kann, sondern ausschließlich abhängt vom Willen des Schuldners, ohne in der Abgabe einer Willenserklärung zu bestehen[5].

Danach sind für das arbeitsgerichtliche Verfahren die nachfolgenden **Beispiele** einer Vollstreckung nach §§ 887, 888 ZPO zu unterscheiden:

- **Abmahnung:**

Der Anspruch des Arbeitnehmers auf Entfernung einer Abmahnung aus den Personalakten ist nach den Grundsätzen über die Zwangsvollstreckung bei unvertretbaren Handlungen, § 888 ZPO, zu vollstrecken, da allein der Arbeitgeber zur Führung der Personalakten befugt ist[6].

- **Arbeitsleistung:**

Hier ist streitig, ob eine unvertretbare oder eine durch Ersatzvornahme vollstreckbare Handlung geschuldet wird. Im Regelfall wird man die Arbeitsleistung wegen ihres personalen Charakters als unvertretbare Handlung ansehen müssen, da es dem Arbeitgeber nicht völlig gleichgültig ist, wer die Leistung erbringt. Damit fällt sie unter § 888 Abs. 2 ZPO und kann nicht im Wege der Zwangsvollstreckung durchgesetzt

---

1 Zöller/*Stöber*, § 883 ZPO Rz. 5 mwN.
2 Zöller/*Stöber*, § 888 ZPO Rz. 3; LAG Düsseldorf 22.10.1984 – 7 Ta 195/84, JurBüro 1985, 1429.
3 LAG Hess. 25.6.1980 – 8 Ta 75/80, DB 1981, 534.
4 GMP/*Germelmann*, § 62 ArbGG Rz. 60; Hauck/Helml/Biebl/*Helml*, § 62 ArbGG Rz. 17.
5 Zöller/*Stöber*, § 888 ZPO Rz. 2.
6 LAG Hess. 9.6.1993 – 12 Ta 82/93, NZA 1994, 288; LAG BW 15.11.2012 – 4 Ta 15/12, juris.

werden[1]. Lediglich dann, wenn es dem Arbeitgeber wirtschaftlich gleichgültig sein kann, ob gerade der verpflichtete Arbeitnehmer die Arbeitsleistung erbringt, insbesondere bei einfachen Diensten, ist eine Vollstreckung nach § 887 ZPO zulässig[2].

- **Arbeitspapiere:**

45 Nach § 888 ZPO richtet sich die Ausfüllung bzw. Berichtigung von Arbeitspapieren durch den Arbeitgeber (s.a. Rz. 40).

- **Auskunft:**

46 Ansprüche auf Auskunft, zB über die Höhe von Provisionszahlungen, stellen unvertretbare Handlungen iSv. § 888 ZPO dar. Dies gilt auch für Einsichtsrechte (in Personalakten, Gehaltslisten, Bewerbungsunterlagen usw.) sowie den Anspruch auf Rechnungslegung aus einer umfangreichen Buchhaltung, die nur durch persönliches Wissen des Schuldners zu vervollständigen und möglicherweise nach § 259 BGB zu erhärten ist[3].

47 Dagegen ist eine vertretbare Handlung anzunehmen, wenn es um die Erteilung eines Buchauszuges geht[4].

- **Beschäftigung:**

48 Für das ungekündigte Arbeitsverhältnis ist der allgemeine Beschäftigungsanspruch nach § 888 ZPO zu vollstrecken, da das Zurverfügungstellen eines Arbeitsplatzes eine nicht vertretbare Handlung bedeutet[5].

- **Entgeltabrechnung:**

49 Der Anspruch des Arbeitnehmers auf Abrechnung seines Arbeitsentgelts nach § 108 GewO beinhaltet die tatsächliche Berechnung des Arbeitsentgelts unter **begründeter Angabe** der vorgenommenen **Abzüge** und **Abführung** derselben. Entsprechende Kenntnisse über **erfolgte** Entgeltzahlungen sowie Abzüge hat allein der Arbeitgeber; nur er – und kein Dritter – kann eine ordnungsgemäße Abrechnung erteilen. Deshalb stellt die **Abrechnungspflicht** eine **nicht vertretbare Handlung** dar. Soweit sie tituliert ist, richtet sich die Vollstreckung nach **§ 888 ZPO**[6]. Ist das Zwangsgeld nicht beizutreiben, kann unter Berücksichtigung des Grundsatzes der Verhältnismäßigkeit gem. § 901 ZPO ein **Haftbefehl** erlassen werden. Solange der Arbeitgeber das **Entgelt noch nicht gezahlt** hat, stellt die Abrechnungsverpflichtung eine **vertretbare Handlung** dar, die nach **§ 887 ZPO** durch Ersatzvornahme zu vollstrecken ist. Sie kann nämlich regelmäßig von einem sachkundigen Dritten anhand von Unterlagen des Verpflichteten vorgenommen werden[7].

---

1 LAG Düsseldorf 17.9.1957 – 3 Sa 253/57, BB 1958, 82; *Hueck/Nipperdey*, Bd. I, S. 212 Fn. 61; GMP/*Germelmann*, § 62 ArbGG Rz. 62 (Arbeitsleistung).
2 Vgl. LAG Berlin 6.6.1986 – 9 Ta 6/86, BB 1986, 1368; *Brill*, BB 1982, 625; GMP/*Germelmann*, § 62 ArbGG Rz. 62 (Arbeitsleistung); *Grunsky*, § 62 ArbGG Rz. 35.
3 LAG Hamm 21.8.1973 – 8 TaBV 57/73, DB 1973, 1951; 11.8.1983 – 1 Ta 245/83, DB 1983, 2257.
4 LAG Hamm 11.8.1983 – 1 Ta 245/83, DB 1983, 2257.
5 LAG Berlin 19.1.1978 – 9 Ta 1/78, EzA § 888 ZPO Nr. 1; 5.7.1985 – 4 Ta 4/85, NZA 1986, 36.
6 BAG 7.9.2009 – 3 AZB 19/09, NZA 2010, 61; vgl. auch LAG Hess. 12.3.2009 – 12 Ta 380/08.
7 LAG Rh.-Pf. 20.2.2008 – 8 Ta 22/08, nv.; LAG Hamm 23.3.2011 – 1 Ta 62/11, nv.

• **Urlaub:**

Bei einer Verurteilung des Arbeitgebers zur Gewährung von Urlaub richtet sich die Vollstreckung nach § 894 Abs. 1 Satz 1 ZPO[1]. Auch der Anspruch auf **Teilzeitarbeit** ist nach § 894 Abs. 1 Satz 1 ZPO zu vollstrecken[2].

• **Weiterbeschäftigung:**

Die Vollstreckung des ausgeurteilten Anspruchs auf Weiterbeschäftigung eines gekündigten Arbeitnehmers hat nach § 888 ZPO zu erfolgen[3], da der Arbeitgeber etwa in Form des Zurverfügungstellens eines Arbeitsplatzes Handlungen erbringen muss. Unter § 888 ZPO fällt dabei sowohl der allgemeine Weiterbeschäftigungsanspruch wie auch der Weiterbeschäftigungsanspruch aus § 102 Abs. 5 BetrVG. Für eine Vollstreckbarkeit reicht es aus, wenn aus einem Weiterbeschäftigungstitel die **Art der** ausgeurteilten **Beschäftigung** des Arbeitnehmers ersichtlich ist[4]. Eine Vollstreckbarkeit ist auch dann gegeben, wenn sich aus dem Titel ein Endzeitpunkt der Weiterbeschäftigung nicht ergibt[5].

Die Vollstreckung der Weiterbeschäftigung setzt jedoch voraus, dass dem Arbeitgeber die Vornahme der geschuldeten Handlung **tatsächlich und rechtlich möglich** ist. Das ist nicht der Fall, wenn der Arbeitsplatz zwischenzeitlich weggefallen ist[6], wenn der Arbeitnehmer aufgrund eines Hausverbotes an der bei Dritten zu erbringenden Tätigkeit gehindert ist[7], wenn der Beschäftigung die Krankheit des Arbeitnehmers oder ein Beschäftigungsverbot entgegensteht.

Die Zwangsvollstreckung nach § 888 ZPO durch **Festsetzung eines Zwangsgeldes**, dessen Androhung unterbleibt (§ 888 Abs. 2 ZPO), ist **in einem einheitlichen Betrag** vorzunehmen. Unzulässig ist eine Zwangsgeldanordnung für jeden Tag der Nichterfüllung des Beschäftigungsanspruchs[8]. Die Vollstreckung des Weiterbeschäftigungsanspruchs reicht zeitlich bis zum rechtskräftigen Abschluss des Kündigungsschutzrechtsstreits[9].

---

1 BAG 12.10.1961 – 5 AZR 294/60, AP Nr. 83 zu § 611 BGB – Urlaubsrecht.
2 BAG 19.8.2003 – 9 AZR 542/02, EzA § 8 TzBfG Nr. 4.
3 LAG Köln 7.7.1987 – 9 Ta 128/87, LAGE § 888 ZPO Nr. 15; LAG Berlin 19.1.1978 – 9 Ta 1/78, EzA § 888 ZPO Nr. 1; GMP/*Germelmann*, § 62 ArbGG Rz. 62 (Weiterbeschäftigungsanspruch).
4 BAG 15.4.2009 – 3 AZB 93/08, NZA 2009, 917: „als (technischer) Angestellter"; vgl. auch LAG Hess. 23.10.2008 – 12 Ta 383/08; LAG Rh.-Pf. 20.4.2009 – 5 Ta 84/09; LAG Schl.-Holst. 6.9.2012 – 1 Ta 142/12, NZA 2013, 232; LAG Hamm 6.6.2013 – 15 Sa 823/12, juris; GMP/*Germelmann*, § 62 ArbGG Rz. 62 (Weiterbeschäftigungsanspruch); weniger streng GWBG/*Benecke*, § 62 ArbGG Rz. 26.
5 GMP/*Germelmann*, § 62 ArbGG Rz. 62 (Weiterbeschäftigungsanspruch); aA LAG Hamm 29.8.1979 – 1 Ta 147/79 u.a., BB 1980, 160 m. abl. Anm. von *Frohner*.
6 LAG Hamm 29.8.1984 – 1 Ta 207/84; 29.11.1985 – 1 Ta 322/85 u. 15.2.1991 – 7 Ta 28/91, LAGE § 888 ZPO Nr. 2, 5, 22; zur zwangsweisen Durchsetzung des Weiterbeschäftigungsanspruchs in der Insolvenz des Arbeitgebers *Gaumann/Liebermann*, NZA 2005, 908.
7 LAG Berlin 6.6.1986 – 9 Ta 6/86, LAGE § 888 ZPO Nr. 7.
8 LAG Berlin 5.7.1985 – 4 Ta 4/85, LAGE § 888 ZPO Nr. 3; LAG Hamm 22.1.1986 – 1 Ta 399/85, LAGE § 888 ZPO Nr. 4; LAG Hess. 11.3.1988 – 9 Ta 20/88, LAGE § 888 ZPO Nr. 16; LAG München 11.9.1993 – 2 Ta 214/93, LAGE § 888 ZPO Nr. 34; GMP/*Germelmann*, § 62 ArbGG Rz. 62 (Weiterbeschäftigungsanspruch); aA LAG Hamburg 7.7.1988 – H 4 Ta 21/88, LAGE § 888 ZPO Nr. 17.
9 LAG Köln 24.6.1987 – 4 Sa 421/87, NZA 1988, 39; LAG Hess. 11.3.1988 – 9 Ta 20/88, LAGE § 888 ZPO Nr. 16.

- **Zeugnis:**

54 Der Anspruch auf Erteilung und Berichtigung eines Arbeitszeugnisses ist nach § 888 ZPO zu vollstrecken[1]. Die Zeugniserstellung stellt eine nicht vertretbare Handlung dar, da sie zum einen untrennbar mit einer Willensäußerung verknüpft ist, zum anderen die Unterschrift des Arbeitgebers nicht ersetzt werden kann. Allerdings bietet das Zwangsvollstreckungsverfahren keinen Platz für eine Überprüfung der inhaltlichen Richtigkeit eines Zeugnisses. Berichtigungsansprüche sind daher in einem gesonderten Rechtsstreit zu verfolgen[2]. Nur wenn der Vollstreckungstitel die Formulierung eines bestimmten Zeugnisinhalts vorgibt, lässt sich dieser erzwingen[3]. S. für weitere Einzelheiten auch Teil 3 K Rz. 61 ff.

> **Formulierungsbeispiel für einen Vollstreckungsantrag zur Erzwingung einer nicht vertretbaren Handlung nach § 888 ZPO:**
>
> ... beantrage ich, den Schuldner durch Androhung von Zwangsgeld und Zwangshaft anzuhalten, der Gläubigerin ein qualifiziertes Zeugnis zu erteilen.

6. Rechtsbehelfe

55 Die im Verfahren der Zwangsvollstreckung in Frage kommenden Rechtsbehelfe unterscheiden sich für das arbeitsgerichtliche Verfahren nicht von denen im Verfahren der ordentlichen Gerichtsbarkeit; die einschlägigen ZPO-Vorschriften sind entsprechend anwendbar. Wichtigste Rechtsmittel sind die **Erinnerung** nach § 766 ZPO und die **sofortige Beschwerde** nach § 793 ZPO. Die Entscheidung über eine Erinnerung trifft ausschließlich das Vollstreckungsgericht, §§ 764, 766 ZPO, durch den Richter, § 20 Nr. 17 Satz 2 RPflG. Die sofortige Beschwerde ist statthaft gegen alle Entscheidungen, die ohne mündliche Verhandlung ergehen[4].

56 Von Bedeutung für das Arbeitsgerichtsverfahren sind daneben:
 – die **Vollstreckungsabwehrklage** nach § 767 ZPO, für die hinsichtlich arbeitsgerichtlicher Urteile und Vergleiche das Arbeitsgericht in erster Instanz ausschließlich zuständig ist[5];
 – die **Drittwiderspruchsklage** nach § 771 ZPO, die vor dem Gericht zu erheben ist, in dessen Bezirk die Vollstreckung erfolgt, mithin nicht vor dem Arbeitsgericht[6];
 – die **Klauselgegenklage** nach § 768 ZPO;
 – **vorläufige Anordnungen** nach § 769 ZPO in den Fällen der §§ 767, 768 ZPO.

III. Besonderheiten der Zwangsvollstreckung im Beschlussverfahren

1. Anwendungsbereich und vorläufige Vollstreckbarkeit

57 Für das arbeitsgerichtliche Beschlussverfahren **regelt** § 85 ArbGG die **Zwangsvollstreckung eigenständig**. Vollstreckungsfähig sind Beschlüsse, die einem der am Be-

---

1 LAG Nürnberg 14.1.1993 – 6 Ta 169/92, LAGE § 888 ZPO Nr. 26.
2 LAG Hess. 17.3.2003 – 16 Sa 82/03, NZA-RR 2004, 382; LAG Hamm 4.8.2010 – 1 Ta 270/10, JurBüro 2010, 608.
3 Vgl. LAG München 23.5.1967 – 4 Ta 108/67, AP Nr. 7 zu § 888 ZPO.
4 AA in den Fällen des § 769 ZPO LAG Hamm 26.5.1988 – 8 Ta 171/88, LAGE § 769 ZPO Nr. 1; LAG Berlin 21.6.1989 – 9 Ta 7/89, LAGE § 769 ZPO Nr. 2.
5 BAG 19.2.2008 – 1 ABR 86/06, NZA 2008, 899: Geltendmachung der Unzulässigkeit der Zwangsvollstreckung aus gerichtlichem Vergleich in einem neuen Beschlussverfahren durch Vollstreckungsabwehrklage; vgl. auch BAG 18.3.2008 – 1 ABR 3/07, NZA 2008, 1259.
6 *Stein/Jonas*, § 771 ZPO Rz. 51.

schlussverfahren Beteiligten eine Verpflichtung auferlegen. Dabei kann es sich um die Verpflichtung zur Vornahme, Unterlassung oder Duldung einer Handlung, zur Herausgabe beweglicher Sachen oder zur Leistung einer Geldzahlung handeln[1].

Der **Beschluss**, durch den einem Beteiligten eine Verpflichtung auferlegt ist, muss grundsätzlich **rechtskräftig** sein. Gegen die Nichtzulassung der Rechtsbeschwerde nach § 574 Abs. 1 ZPO ist eine **Nichtzulassungsbeschwerde unzulässig**[2]. Dies entspricht einer bewussten Entscheidung des Gesetzgebers[3]. 58

Außer aus rechtskräftigen Beschlüssen der Arbeitsgerichte ist die **Zwangsvollstreckung aus Verfahrensvergleichen** iSv. § 83a Abs. 1 ArbGG zugelassen. Auch der gerichtliche Vergleich muss den aus ihm verpflichteten Beteiligten zu einem bestimmten Tun, Unterlassen etc. anhalten, damit von einem vollstreckungsfähigen Titel ausgegangen werden kann. 59

Vorläufig vollstreckbar sind nach § 85 Abs. 1 Satz 2 ArbGG **Beschlüsse** der Arbeitsgerichte **in vermögensrechtlichen Streitigkeiten**[4]. Um eine solche handelt es sich, wenn über Ansprüche entschieden wird, die auf eine Geldzahlung oder geldwerte Leistung gerichtet sind, auf vermögensrechtlichen Beziehungen beruhen oder die in erheblichem Umfang wirtschaftliche Zwecke verfolgen[5]. Auf **Streitigkeiten** aus dem **Betriebsverfassungsrecht** lässt sich der Begriff der vermögensrechtlichen Streitigkeiten nicht unbedingt übertragen. Insbesondere Streitigkeiten um das Bestehen von betriebsverfassungsrechtlichen Beteiligungsrechten stellen keine vermögensrechtlichen Streitigkeiten iSv. § 85 Abs. 1 Satz 2 ArbGG dar, da es bei ihnen nicht um die Verfolgung wirtschaftlicher Zwecke im weiteren Sinne geht, sondern um Teilhabe an der Gestaltung des Geschehens im Betrieb[6]. So scheiden etwa Unterrichtungsansprüche oder solche auf Vorlage von Unterlagen ebenso als vermögensrechtliche Streitigkeit aus wie der Streit über die rechtliche Wirksamkeit eines Sozialplans oder einer Betriebsvereinbarung. Keine vermögensrechtliche Streitigkeit ist der Einigungsstellenspruch über Fragen der betrieblichen Lohngestaltung[7]. Es verbleiben für vermögensrechtliche Streitigkeiten im Wesentlichen Beschlussverfahren über Sachmittel und Kosten der Tätigkeit der Betriebsverfassungsorgane. 60

Das Gericht hat die vorläufige Vollstreckbarkeit eines Beschlusses in vermögensrechtlichen Streitigkeiten auch ohne Antrag **im Beschluss selbst zu tenorieren**[8]. § 62 Abs. 1 Satz 2 und 3 ArbGG gelten entsprechend. Das bedeutet, dass der Beteiligte beantragen kann, die vorläufige Vollstreckbarkeit auszuschließen, § 62 Abs. 1 Satz 2 ArbGG analog. Auch nach ergangenem Beschluss kann die Zwangsvollstreckung bei Glaubhaftmachung eines nicht zu ersetzenden Nachteils jederzeit eingestellt werden, § 62 Abs. 1 Satz 3 ArbGG analog. Die Einstellung der Zwangsvollstreckung aus einem für vorläufig vollstreckbar erklärten Beschluss erfolgt ebenso wie die Einstellung aus einem rechtskräftigen Beschluss zumeist ohne mündliche Verhandlung durch den Vorsitzenden allein, § 53 Abs. 1 ArbGG. 61

Gegen den unterbliebenen Ausspruch der vorläufigen Vollstreckbarkeit im Beschluss ist die **Beschwerde** an das Landesarbeitsgericht nach § 87 ArbGG gegeben. Gleiches gilt für den Fall, dass dem Antrag des Verpflichteten auf Ausschluss der vorläufigen 62

---

1 Insgesamt *Korinth*, ArbRB 2011, 189.
2 BAG 2.6.2008 – 3 AZB 24/08, EzA § 23 BetrVG 2001 Nr. 2.
3 BT-Drucks. 14/4722, 69.
4 LAG Bln.-Bbg. 17.7.2012 – 10 Ta 1367/12, nv.
5 BAG 10.4.1984 – 1 ABR 62/82, AP Nr. 1 zu § 94 ArbGG 1979; 22.5.1984 – 2 AZB 25/82, AP Nr. 7 zu § 12 ArbGG 1979; 28.9.1989 – 5 AZB 8/89, AP Nr. 14 zu § 64 ArbGG 1979.
6 GMP/*Matthes*/*Spinner*, § 85 ArbGG Rz. 6.
7 LAG Nds. 19.12.1986 – 6 Ta 446/86, DB 1987, 1440.
8 GMP/*Matthes*/*Spinner*, § 85 ArbGG Rz. 6; aA LAG Bln.-Bbg. 17.7.2012 – 10 Ta 1367/12 mit zust. Anm. *Ulrici*, jurisPR-ArbR 35/2012 Anm. 6.

Vollstreckbarkeit nicht entsprochen wurde. Im Wege der Vorabentscheidung befindet das Landesarbeitsgericht über die vorläufige Vollstreckbarkeit des Beschlusses des Arbeitsgerichts. Diese als Teilbeschluss grundsätzlich nach mündlicher Anhörung der betroffenen Beteiligten ergehende Entscheidung ist unanfechtbar, § 718 Abs. 2 ZPO.

2. Stellen der Betriebsverfassung

63 Die nach dem Beschluss verpflichteten Beteiligten gelten als **Schuldner**, die berechtigten Beteiligten als **Gläubiger**, § 85 Abs. 1 Satz 3 ArbGG. Eine Vollstreckung kommt grundsätzlich nur für oder gegen Personen und Stellen in Betracht, die rechtsfähig sind. Das bereitet dann Schwierigkeiten, wenn Gläubiger und Schuldner aus Zwangsvollstreckungstiteln **Organe oder Stellen der Betriebsverfassung** (zB Betriebsrat, Wirtschaftsausschuss, Wahlvorstand) sind. Da jedoch den betriebsverfassungsrechtlichen Stellen durch das Betriebsverfassungsgesetz selbst Rechte und Pflichten eingeräumt sind, müssen diese auch zwangsweise durchgesetzt werden können. Aus der Beteiligtenfähigkeit dieser Stellen nach § 10 ArbGG für das Beschlussverfahren folgt die Geltung dieser Beteiligtenfähigkeit auch für das Zwangsvollstreckungsverfahren[1]. Sofern im Zwangsvollstreckungsverfahren **Maßnahmen zugunsten der Stellen** des Betriebsverfassungsrechts getroffen werden, sind diese Stellen rechtsfähig. Das bedeutet, dass etwa der Betriebsrat die Herausgabe von Gegenständen an sich verlangen und dass zugunsten des Betriebsrats gepfändet werden kann. Denn aus § 40 BetrVG folgt, dass der Betriebsrat Sach- und Geldmittel besitzen kann.

64 Diffiziler verhält es sich, wenn Stellen der Betriebsverfassung **Vollstreckungsschuldner** sind. Da der Betriebsrat nach herrschender Auffassung[2] nicht vermögensfähig ist, scheiden Pfändungen nach §§ 808 ff. ZPO aus. Zulässig ist hingegen die Wegnahme von Sachen nach § 883 ZPO, zB Bargeld, Unterlagen, Geschäftsbedarf, auch eine zwangsweise Räumung. Problematisch ist die Vollstreckung der Vornahme, Duldung oder Unterlassung einer Handlung gegen eine betriebsverfassungsrechtliche Stelle. Hier scheidet nach überwiegender Meinung[3] die Festsetzung eines Zwangs- bzw. Ordnungsgeldes nach §§ 888, 890 ZPO unmittelbar gegen die betriebsverfassungsrechtlichen Stellen aus; ebenso ist bei vertretbaren Handlungen eine Ersatzvornahme auf Kosten der Stelle nach § 887 ZPO nicht möglich. Selbstverständlich kann ein gegen eine betriebsverfassungsrechtliche Stelle gerichteter Titel nicht auf eines ihrer Mitglieder umgeschrieben werden. Lautet indes der Titel gegen eine natürliche **Person als Mitglied der Stelle**, zB auf den Betriebsratsvorsitzenden, ist eine Vollstreckung in das Privatvermögen nach den allgemeinen Vorschriften möglich[4].

3. Verfahren

65 Das Verfahren der Vollstreckung richtet sich nach den Vorschriften des 8. Buches der Zivilprozessordnung, §§ 704–915 ZPO. Organe der Zwangsvollstreckung sind der Gerichtsvollzieher, das Vollstreckungsgericht, das ist das Amtsgericht, § 764 ZPO, oder das Prozessgericht, also das Arbeitsgericht. Beschlüsse des Prozessgerichts nach §§ 887, 888, 890 ZPO können gem. § 891 ZPO ohne mündliche Verhandlung ergehen und nach § 53 Abs. 1 ArbGG vom Vorsitzenden allein getroffen werden. Vor der Entscheidung ist dem Schuldner in jedem Fall rechtliches Gehör zu gewähren, § 891

---

[1] GMP/*Matthes/Spinner*, § 85 ArbGG Rz. 12.
[2] BAG 29.9.2004 – 1 ABR 30/03, NZA 2005, 123; BGH 25.10.2012 – III ZR 266/11, NZA 2012, 1382 mwN; GMP/*Matthes/Spinner*, § 85 ArbGG Rz. 13, 14; Hauck/Helml/Biebl/*Helml*, § 85 ArbGG Rz. 5; GWBG/*Greiner*, § 85 ArbGG Rz. 4.
[3] Hauck/Helml/Biebl/*Helml*, § 85 ArbGG Rz. 5; LAG Hamburg 19.10.1976 – 1 TaBV 6/75, BB 1977, 846; 3.9.1987 – 1 TaBV 4/87, LAGE § 888 ZPO Nr. 11; LAG Berlin 26.3.1984 – 9 TaBV 4/84, NZA 1984, 333; aA GWBG/*Greiner*, § 85 ArbGG Rz. 7.
[4] *Jahnke*, S. 66 ff.

Satz 2 ZPO. Gegen diese Beschlüsse ist die sofortige Beschwerde nach § 793 ZPO gegeben.

Eine Besonderheit betrifft nach § 85 Abs. 1 Satz 3 ArbGG die Fälle der §§ 23 Abs. 3, 98 Abs. 5, 101 und 104 BetrVG, bei denen die Verhängung von Ordnungs- oder Zwangshaft zu unterbleiben hat. In diesen Fällen kann die Vollstreckung der Verpflichtung, eine Handlung vorzunehmen, zu dulden oder zu unterlassen, einen Ausbilder nicht zu bestellen bzw. abzuberufen, eine personelle Einzelmaßnahme iSd. § 99 Abs. 1 Satz 1 BetrVG aufzuheben bzw. einen betriebsstörenden Arbeitnehmer zu entlassen oder zu versetzen, allein durch ein **Ordnungs- oder Zwangsgeld** nach §§ 888, 890 ZPO vollstreckt werden; die Festsetzung von Ordnungs- oder Zwangshaft für den Fall der Nichtbeitreibung des Ordnungsgeldes ist dagegen unzulässig[1]. 66

Um eine Maßnahme der Zwangsvollstreckung, nicht um einen Teil des Erkenntnisverfahrens handelt es sich bei der in § 23 Abs. 3 BetrVG vorgesehenen **Androhung** und ggf. **Festsetzung** des **Ordnungsgeldes**[2]. Deshalb ergeht der arbeitsgerichtliche Beschluss über die Festsetzung des Ordnungsgeldes nach den allgemeinen Regeln des Zwangsvollstreckungsverfahrens. 66a

IV. Arrest und einstweilige Verfügung

Nach § 62 Abs. 2 Satz 1 ArbGG sind im arbeitsgerichtlichen Verfahren die **Vorschriften der ZPO** zum Arrest[3] und zur einstweiligen Verfügung (§§ 916–945 ZPO) **unmittelbar und uneingeschränkt anwendbar**. Beide Verfahrensarten sollen aufgrund ihres Eilcharakters Ansprüche sichern für Fälle, in denen das normale Arbeitsgerichtsverfahren aufgrund seiner zeitlichen Dauer einen ausreichenden Rechtsschutz nicht gewähren kann. Jedes der beiden Verfahren kann bereits während eines laufenden Hauptsacheverfahrens anhängig gemacht und entschieden werden. Eine endgültige Durchsetzung von Ansprüchen kann regelmäßig aber nicht erreicht werden (zur ausnahmsweisen Möglichkeit einer endgültigen Befriedigung s. Rz. 72). 67

1. Arrest

a) Verfahren

Zuständig für das Arrestverfahren ist grundsätzlich das **Gericht der Hauptsache**, § 919 ZPO. Das ist das Arbeitsgericht, das in dem Hauptsacheverfahren zu entscheiden hätte. Befindet sich das Hauptsacheverfahren bereits in der Berufungsinstanz, ist das LAG zuständig, § 943 Abs. 1 ZPO. Für den Fall, dass die Hauptsache in der Revision anhängig ist, entscheidet als Arrestgericht wiederum das Arbeitsgericht. 68

Eine Eilzuständigkeit des Amtsgerichts gibt es nicht mehr.

Über den Arrest kann **ohne mündliche Verhandlung**, deren Durchführung im Ermessen des Gerichts steht, entschieden werden, § 921 Abs. 1 ZPO. Unterbleibt eine mündliche Verhandlung wegen Dringlichkeit oder im Hinblick auf einen effektiven Rechtsschutz, entscheidet der Vorsitzende allein (§ 53 Abs. 1 ArbGG) durch **Beschluss** (§ 922 Abs. 1 ZPO) nach oder – aus Dringlichkeitsgründen – ohne Gewährung rechtlichen Gehörs. Gegen den den Arrest anordnenden Beschluss ist der **Widerspruch** nach § 924 ZPO gegeben, über den das Gericht in mündlicher Verhandlung durch Endurteil entscheidet, § 925 Abs. 1 ZPO. Das Endurteil unterliegt bei Vorliegen der Voraussetzungen der §§ 64 ff. ArbGG der Berufung. Wird hingegen das Arrest- 69

---
1 BAG 5.10.2010 – 1 ABR 71/09, NZA 2011, 174.
2 BAG 2.6.2008 – 3 AZB 24/08, AP Nr. 11 zu § 85 ArbGG 1979.
3 Näheres hierzu bei *Clemenz*, NZA 2007, 64; GMP/*Germelmann*, § 62 ArbGG Rz. 122.

gesuch ohne mündliche Verhandlung zurückgewiesen, kann dagegen die sofortige Beschwerde nach § 567 ZPO eingelegt werden. – Entscheidet das Gericht **nach mündlicher Verhandlung** über das Arrestgesuch, so ergeht ein **Endurteil** der Kammer, § 922 Abs. 1 ZPO. Hiergegen findet die **Berufung** nach § 64 ArbGG statt. Ein weiteres Rechtsmittel gegen die Entscheidung des LAG ist nicht gegeben, § 72 Abs. 4 ArbGG. Die **Nichtzulassungsbeschwerde** ist im einstweiligen Verfügungsverfahren **unstatthaft**[1].

Die **Gehörsrüge** nach § 78a ArbGG ist auch in den Verfahren des einstweiligen Rechtsschutzes der **statthafte und einschlägige** Rechtsbehelf bei Verletzungen des Anspruchs auf rechtliches Gehör gegen alle mit Rechtsmitteln oder Rechtsbehelfen nicht mehr angreifbaren Entscheidungen[2].

70 Der Arrest ist nach § 928 ZPO entsprechend den Vorschriften über die Zwangsvollstreckung **zu vollziehen**. Zu beachten ist, dass die Vollziehung des Arrestes nach einem Monat unzulässig ist, § 929 Abs. 2 ZPO.

b) Geldforderung

71 Arreste spielen in der arbeitsgerichtlichen Praxis keine bedeutsame Rolle. Grundsätzlich muss sich der Arrest beziehen auf eine Geldforderung oder einen Anspruch, der in eine Geldforderung übergehen kann, § 916 Abs. 1 ZPO. Zu unterscheiden sind der **dingliche** (§ 917 ZPO) und der **persönliche** (§ 918 ZPO) Arrest.

72 Der Antrag lautet wie folgt:

Formulierungsbeispiel für einen Antrag auf Erlass eines dinglichen Arrestes:

… beantrage ich, wegen Dringlichkeit ohne mündliche Verhandlung durch den Vorsitzenden allein,
1. zur Sicherung der Zwangsvollstreckung den dinglichen Arrest in das bewegliche und unbewegliche Vermögen der Schuldnerin wegen eines Betrages von … Euro und eines entsprechenden Kostenansatzes anzuordnen.
2. Die Vollstreckung des Arrestes wird durch Hinterlegung durch die Antragsgegnerin in Höhe von … Euro gehemmt.
3. In Vollziehung des Arrestes wird die Forderung der Antragsgegnerin … nebst … % Zinsen gegen … bis zum Höchstbetrag von … Euro gepfändet.

Formulierungsbeispiel für einen Antrag auf Erlass eines persönlichen Arrestes:

… beantrage ich, zur Sicherung der Zwangsvollstreckung wegen der dem Antragsteller gegen die Antragsgegnerin zustehenden Forderung von … Euro sowie eines Kostenansatzes von … Euro den dinglichen Arrest in das bewegliche und unbewegliche Vermögen der Antragsgegnerin sowie den persönlichen Sicherheitsarrest anzuordnen.

73 Entscheidende Voraussetzung für den Erlass eines Arrestes ist das Vorhandensein eines **Arrestgrundes**; dieser muss vom Gläubiger dargelegt und glaubhaft gemacht werden. Ein Arrestgrund ist anzunehmen, wenn der Schuldner vorsätzlich das Vermögen des Gläubigers schädigt[3], wenn er die Absicht hat, Vermögensteile einem Dritten zu-

---
1 BAG 16.12.2004 – 9 AZN 969/04, NZA 2005, 1016.
2 Zöller/*Vollkommer*, § 321a ZPO Rz. 3; vgl. auch BVerfG 30.4.2003 – 1 PBvU 1/02, NJW 2003, 1924; zu den Materialien: BT-Drucks. 15/3706, 13f.
3 LAG Hess. 12.1.1965 – 5 Ta 1/65, NJW 1965, 989.

zuwenden[1] oder beiseite zu schaffen[2]; wenn er sich durch Wohnsitzwechsel dem Gläubigerzugriff entziehen will. Keinen Arrestgrund ergibt die schlechte Vermögenslage des Schuldners oder die drohende Konkurrenz anderer Gläubiger[3]. Der Arrest in der Form des **persönlichen Sicherheitsarrestes** darf – subsidiär – nur verhängt werden, wenn die erforderliche Sicherung des Gläubigers nicht durch dinglichen Arrest zu gewährleisten ist, so zB für den Fall, dass der Schuldner sich der Abgabe der eidesstattlichen Versicherung über seine Vermögensverhältnisse zu entziehen versucht[4].

2. Einstweilige Verfügung

a) Verfahren

Für den Erlass der einstweiligen Verfügung ist, ebenso wie beim Arrest, das Gericht der Hauptsache (§ 937 Abs. 1 ZPO) **zuständig**, mithin das **Arbeitsgericht**, bei dem die Hauptsache anhängig ist bzw. anhängig zu machen wäre. Das bedeutet, dass grundsätzlich die Berufungsinstanz erst dann zu entscheiden befugt ist, wenn der oder die Ansprüche bereits in der ersten Instanz geltend gemacht worden sind[5]. **74**

Die Anrufung des Amtsgerichts **in Eilfällen** nach § 942 Abs. 1 ZPO ist 1991[6] entfallen, da es sich bei dem Verhältnis der Arbeitsgerichtsbarkeit zu der ordentlichen Gerichtsbarkeit um das Verhältnis zweier Gerichtsbarkeiten mit jeweils eigenständigen Rechtswegen handelt[7]. **75**

Für das Verfahren auf Erlass einstweiliger Verfügungen gelten im Wesentlichen die gesetzlichen Bestimmungen über die Anordnung des Arrestes entsprechend. Der Antrag auf Erlass einer einstweiligen Verfügung erfordert die schlüssige Darlegung eines **Verfügungsanspruchs** und **Verfügungsgrundes** sowie deren **Glaubhaftmachung**, §§ 936, 920 ZPO. Zu unterscheiden sind im einstweiligen Verfügungsverfahren nach dem verfolgten Zweck **76**
- die **Sicherungsverfügung**, § 935 ZPO, die der Sicherung eines Anspruchs auf eine gegenständliche Leistung dient,
- die **Regelungsverfügung**, § 940 ZPO, zur Regelung eines einstweiligen Zustandes im Bezug auf ein streitiges Rechtsverhältnis,
- die **Leistungsverfügung**, die ausnahmsweise schon zur Befriedigung des Gläubigers führen kann.

Unzulässig sind hingegen **feststellende** einstweilige Verfügungen[8], da sie weder zur Sicherung der Zwangsvollstreckung noch zur vorläufigen Durchsetzung eines Anspruchs geeignet sind. Auch ist durch sie keine verbindliche Klärung der Rechtslage zu erwarten.

Zwar kann auch über den Antrag auf Erlass der einstweiligen Verfügung mit und ohne mündliche Verhandlung entschieden werden. Doch darf **ohne mündliche Verhandlung** eine Entscheidung **nur in dringenden Fällen** ergehen, § 62 Abs. 2 Satz 2 **77**

---

1 Vgl. OLG München 15.6.1983 – 25 W 1560/83, NJW 1983, 2778.
2 Zöller/*Vollkommer*, § 918 ZPO Rz. 1.
3 Vgl. LAG Hamm 31.3.1977 – 8 Ta 48/77, MDR 1977, 611.
4 OLG München 19.10.1987 – 5 W 2977/87, NJW-RR 1988, 382.
5 LAG Hamm 17.5.1990 – 17 Sa 223/90, DB 1990, 1624; s. weiter GMPM/*Germelmann*, § 62 ArbGG Rz. 80; gegen eine Verkürzung der Fristen nach § 66 Abs. 1 ArbGG *Humberg*, NZA 2014, 1007.
6 BGBl. I 1990, 2809.
7 BAG 26.3.1992 – 2 AZR 443/91, NZA 1992, 954; 1.7.1992 – 5 AS 4/92, NZA 1992, 1047; zur Einrichtung eines Eildienstes bei den Arbeitsgerichten GMP/*Germelmann*, § 62 ArbGG Rz. 81; LAG Bremen 8.3.1982 – 3 Ta 64/81, BB 1982, 2188.
8 LAG Rh.-Pf. 18.11.1996 – 9 Sa 725/96, BB 1997, 1643; LAG Hamm 10.6.1998 – 14 Sa 883/98, LAGE § 611 BGB – Berufssport Nr. 9; *Walker*, ZfA 2005, 46.

ArbGG[1]. Ein in diesem Sinne dringender Fall ist etwa anzunehmen, wenn wegen der besonderen Eilbedürftigkeit ehrenamtliche Richter nicht mehr rechtzeitig herangezogen werden können oder wenn ein Überraschungseffekt von besonderer Bedeutung ist[2].

78 Nach § 62 Abs. 2 Satz 2 Alt. 2 ArbGG kann auch die **Zurückweisung** eines Antrags auf Erlass einer einstweiligen Verfügung als unzulässig oder unbegründet ohne mündliche Verhandlung durch Beschluss erfolgen, allerdings gestattet die gegenüber § 937 Abs. 2 ZPO zu begreifende Sonderregelung des § 62 Abs. 2 Satz 2 Alt. 2 ArbGG diese Vorgehensweise ebenfalls nur im Dringlichkeitsfall[3].

79 Für die **Rechtsbehelfe** und die **Vollziehung** der einstweiligen Verfügung gelten die entsprechenden Ausführungen zum Arrestverfahren (s. Rz. 69 f.).

80 Die **Gläubigerhaftung** bei ungerechtfertigter Anordnung eines Arrestes oder einer einstweiligen Verfügung regelt § 945 ZPO. Obgleich Entscheidungen im einstweiligen Verfügungsverfahren nur vorläufigen Charakter haben, kann es in Einzelfällen (zB Urlaubsfestlegung, Zuerkennen von Geldbeträgen, Untersagung von Wettbewerb) zu einer Befriedigung des Gläubigers und damit de facto zu einer endgültigen Regelung kommen. Hier greift die **Schadensersatzpflicht** des § 945 ZPO, die unabhängig vom Verschulden des Gläubigers eintritt. Zu berücksichtigen nach § 254 BGB ist ein mitwirkendes Verschulden des Schuldners, aber auch des Gläubigers, da es sich um einen Anspruch aus unerlaubter Handlung im weiteren Sinne handelt[4]. Neben dem Schadensersatzanspruch nach § 945 ZPO kann die Wiederherstellung des ursprünglichen Zustandes nicht verlangt werden. Anordnungen im einstweiligen Verfügungsverfahren zur endgültigen Befriedigung des Gläubigers sind daher nur unter dem strengen Maßstab zulässig, dass andere Maßnahmen nicht in Frage kommen[5].

81 § 945 ZPO ist **nicht anwendbar** im arbeitsgerichtlichen Beschlussverfahren auf einstweilige Verfügungen **in Angelegenheiten des Betriebsverfassungsgesetzes**, § 85 Abs. 2 Satz 2 ArbGG.

b) Fallgruppen

aa) Zahlung von Arbeitsentgelt

82 Eine Verurteilung des Arbeitgebers durch einstweilige Verfügung zur Zahlung von Arbeitsentgelt (§§ 611 oder 615, 293 ff. BGB) ist grundsätzlich möglich, obgleich diese zu einer Gläubigerbefriedigung führt. Voraussetzung ist in jedem Fall, dass der Arbeitnehmer auf die Zahlung zur Bestreitung seines Unterhalts **dringend angewiesen** ist bzw. sich in einer **Notlage** befindet[6]. Der Arbeitnehmer hat keinen Anspruch auf Befriedigung seines Entgeltanspruchs in voller Höhe, sondern lediglich auf die Zahlung des für den Lebensunterhalt Notwendigen. Hierfür kann ausgegangen werden von den

---

1 *Clemenz*, NZA 2005, 129.
2 GMP/*Germelmann*, § 62 ArbGG Rz. 83.
3 Vgl. BT-Drucks. 11/3621, 56 f.; LAG Sachs. 8.4.1997 – 1 Ta 89/97, NZA 1998, 223; vgl. auch LAG Hamm 3.1.1984 – 8 Ta 865/83, nv.; aA GMP/*Germelmann*, § 62 ArbGG Rz. 85.
4 BGH 22.3.1990 – IX ZR 23/89, NJW 1990, 2689 (2690).
5 LAG Düsseldorf 24.10.1977 – 5 TaBV 68/77, DB 1978, 211; LAG München 19.12.1979 – 9 Sa 1015/79, NJW 1980, 957; vgl. auch LAG Köln 5.11.2002 – 2 Ta 330/02, NZA-RR 2003, 300.
6 LAG Schl.-Holst. 26.8.1958 – 1 Ta 30/58, AP Nr. 1 zu § 940 ZPO; LAG BW 24.11.1967 – 7 Sa 114/67, BB 1968, 335; LAG Düsseldorf 20.1.1976 – 11 Sa 1555/75, DB 1976, 587; LAG Hess. 7.5.1976 – 8 Sa Ga 394/76, NJW 1977, 269; *Vossen*, RdA 1991, 216 ff.; GMP/*Germelmann*, § 62 ArbGG Rz. 103; GWBG/*Benecke*, § 62 ArbGG Rz. 38.

gesetzlichen **Pfändungsfreigrenzen**[1]. Nach hM kann der Arbeitnehmer hingegen nicht auf Inanspruchnahme von Arbeitslosengeld oder Sozialhilfe verwiesen werden, da zumindest der Anspruch auf Arbeitslosengeld gegenüber Entgeltansprüchen subsidiären Charakter hat[2], vgl. auch § 157 Abs. 1 SGB III. Da eine einstweilige Verfügung auf Entgeltzahlung in der Praxis vor allem dann erforderlich werden kann, wenn der gekündigte Arbeitnehmer Kündigungsschutzklage erhoben hat, ist für einen Entgeltanspruch neben der Notlage glaubhaft zu machen, dass die Kündigung unwirksam ist und die Voraussetzungen des Annahmeverzugs vorliegen.

bb) Herausgabe von Arbeitspapieren

Der Arbeitnehmer, der ein neues Arbeitsverhältnis aufnehmen will, ist zur Aushändigung seiner Arbeitspapiere an den Arbeitgeber verpflichtet. Nicht selten treten hier Schwierigkeiten für den Arbeitnehmer auf, wenn der Arbeitgeber des beendeten Arbeitsverhältnisses Lohnsteuerkarte, Sozialversicherungsnachweis und ggf. andere Unterlagen nicht oder noch nicht übergeben hat. Im Wege der **Regelungsverfügung** (§ 940 ZPO) kann in diesen Fällen rascher Rechtsschutz erlangt werden. Die Glaubhaftmachung, dass die noch nicht herausgegebenen Arbeitspapiere für den Antritt des neuen Beschäftigungsverhältnisses benötigt werden, kann durch eigene eidesstattliche Versicherung vorgenommen werden. 83

Formulierungsbeispiel für einen Antrag auf Herausgabe von Arbeitspapieren beim zuständigen Arbeitsgericht:

... beantrage ich, der Antragsgegnerin im Wege der einstweiligen Verfügung aufzugeben, die Arbeitspapiere des Antragstellers, bestehend aus der Lohnsteuerkarte für das Jahr ..., dem Sozialversicherungsnachweis sowie ... (weitere Unterlagen), herauszugeben.

---

cc) Anspruch auf (Weiter-)Beschäftigung

(1) Im bestehenden Arbeitsverhältnis

Unproblematisch ist der Anspruch des Arbeitnehmers auf seine tatsächliche Beschäftigung während des bestehenden Arbeitsverhältnisses. Die Durchsetzung dieses Anspruchs erfolgt im Wege der sog. **Leistungsverfügung**, die Vollstreckung nach § 888 ZPO. Allerdings bedarf es für das Vorliegen eines **Verfügungsgrundes** eines **gesteigerten Interesses an vertragsgemäßer Beschäftigung**. Der sukzessive Untergang des Beschäftigungsanspruchs durch Zeitablauf reicht allein nicht aus[3]. 84

Will dagegen der Arbeitgeber die geschuldete Arbeitsleistung vom Arbeitnehmer erzwingen, ist für die Zulässigkeit einer einstweiligen Verfügung zunächst zu unterscheiden, ob **vertretbare** oder **unvertretbare Dienste** geschuldet werden. Stellt die Arbeitsleistung eine unvertretbare Handlung dar, kann der Zweck der einstweiligen Verfügung nicht erreicht werden, weil eine Vollstreckung wegen § 888 Abs. 2 ZPO ausscheidet[4]. Die einstweilige Verfügung ist in diesem Fall nicht zulässig. 85

---

1 LAG Schl.-Holst. 26.8.1958 – 1 Ta 30/58, AP Nr. 1 zu § 940 ZPO; GMP/*Germelmann*, § 62 ArbGG Rz. 103; GWBG/*Benecke*, § 62 ArbGG Rz. 38; *Vossen*, RdA 1991, 221; aA LAG BW 24.11.1967 – 7 Sa 114/67, BB 1968, 335, das auf die Höhe der Arbeitslosenunterstützung abstellt; ähnlich *Korinth*, Einstweiliger Rechtsschutz, Teil I Rz. 242, für den wegen der Lohnersatzfunktion regelmäßig die Höhe des Arbeitslosengeldes maßgeblich ist.
2 Vgl. GWBG/*Benecke*, § 62 ArbGG Rz. 39; *Vossen*, RdA 1991, 222; *Walker*, ZfA 2005, 57; in diesem Sinne wohl auch GMP/*Germelmann*, § 62 ArbGG Rz. 104.
3 LAG Bln.-Bbg. 16.3.2011 – 4 SaGa 2600/10, NZA 2011, 1247.
4 Vgl. LAG BW 27.1.1958 – VII Ta 2/58, AP Nr. 5 zu § 611 BGB – Anspruch auf Arbeitsleistung; GWBG/*Benecke*, § 62 ArbGG Rz. 37; GMP/*Germelmann*, § 62 ArbGG Rz. 107.

86 Bei vertretbaren Diensten könnte die Vollstreckung nur nach § 887 ZPO im Wege der Ersatzvornahme geschehen. Der vertragsbrüchige Arbeitnehmer hätte somit lediglich eine **Geldleistung** zu erbringen[1]. Für die Geldzahlung **fehlt** es auch regelmäßig an einem **Verfügungsgrund**. Eine einstweilige Verfügung kommt somit nicht in Betracht.

87 Auch für den Fall, dass der Arbeitnehmer sich vertragsbrüchig verhält und eine **andere Arbeit aufnimmt**, scheidet die einstweilige Verfügung als Mittel zur Untersagung der anderweitigen Beschäftigung aus[2]. Andererseits stellt ein Ansehensverlust durch eine vorgenommene Änderung der Arbeitsinhalte im Rahmen einer Leistungsverfügung regelmäßig keinen ausreichenden Verfügungsgrund dar[3].

88 Eine Unterlassungsverfügung gegen einen Arbeitnehmer, der bei noch bestehendem Arbeitsverhältnis gegen ein **Wettbewerbsverbot** verstößt, lässt das LAG Düsseldorf[4] zu. Dagegen soll der neue Arbeitgeber durch einstweilige Verfügung nicht angehalten werden können, die Beschäftigung des Arbeitnehmers zu unterlassen[5].

(2) Weiterbeschäftigung nach § 102 Abs. 5 BetrVG

89 Während des Kündigungsschutzprozesses hat der Arbeitgeber den Arbeitnehmer grundsätzlich dann weiterzubeschäftigen, wenn der **Betriebsrat** einer ordentlichen Kündigung frist- und formgemäß **widersprochen** hat, § 102 Abs. 5 Satz 1 BetrVG. Dieser Anspruch kann auch im Verfahren der einstweiligen Verfügung durchgesetzt werden[6]. Der Verfügungsgrund liegt regelmäßig im endgültigen Rechtsverlust des Arbeitnehmers im Falle seiner Nichtbeschäftigung.

Formulierungsbeispiel für einen Antrag auf Erlass einer einstweiligen Verfügung zur Durchsetzung des Weiterbeschäftigungsanspruchs nach Widerspruch des Betriebsrates:

... beantrage ich, dem Antragsgegner (den gesetzlichen Vertretern der Antragsgegnerin) bei Meidung eines vom Gericht festzusetzenden Zwangsgeldes gegen den Antragsgegner bzw. der Zwangshaft gegen den Antragsgegner (die gesetzlichen Vertreter der Antragsgegnerin) aufzugeben, den Antragsteller bis zum rechtskräftigen Abschluss des Kündigungsschutzrechtsstreits als ... zu unveränderten Arbeitsbedingungen weiterzubeschäftigen.

---

90 Nach § 102 Abs. 5 Satz 2 BetrVG kann der **Arbeitgeber** von der Pflicht zur Weiterbeschäftigung **entbunden** werden, und zwar ebenfalls durch einstweilige Verfügung im Rahmen des Urteilsverfahrens, wenn die Kündigungsschutzklage keine hinreichende Aussicht auf Erfolg bietet, die Weiterbeschäftigung für den Arbeitgeber eine unzumutbare Belastung bedeutet oder der Widerspruch des Betriebsrates offensichtlich unbegründet ist. Diese Entbindungsvoraussetzungen hat der Arbeitgeber darzulegen und glaubhaft zu machen. Ein darüber hinausgehender Verfügungsgrund ist nicht erforderlich. Auch bei einem nicht ordnungsgemäßen Widerspruch des Betriebsrates, der dem Arbeitnehmer keinen Weiterbeschäftigungsanspruch nach § 102 Abs. 5 Satz 1 BetrVG gibt, ist aus Gründen der Rechtssicherheit für den Arbeitgeber die einstwei-

---

[1] GMP/*Germelmann*, § 62 ArbGG Rz. 107; GWBG/*Benecke*, § 62 ArbGG Rz. 36.
[2] LAG Berlin 23.9.1965 – 6 Ta 5/65, AP Nr. 6 zu § 888 ZPO; LAG Düsseldorf 10.8.1965 – 8 Sa 390/64, DB 1965, 1522; GWBG/*Benecke*, § 62 ArbGG Rz. 36.
[3] LAG Köln 24.11.1998 – 13 Sa 940/98, NZA 1999, 1008.
[4] LAG Düsseldorf 1.3.1972 – 2 Sa 520/71, DB 1972, 878.
[5] LAG Berlin 23.9.1965 – 6 Ta 5/65, AP Nr. 6 zu § 888 ZPO.
[6] LAG Hess. 18.6.1976 – 8 Sa Ga 302/76, NJW 1978, 76; LAG Nürnberg 27.10.1992 – 6 Sa 496/92, LAGE § 102 BetrVG 1972 – Beschäftigungspflicht Nr. 11; GMP/*Germelmann*, § 62 ArbGG Rz. 111; GWBG/*Benecke*, § 62 ArbGG Rz. 40.

lige Verfügung zuzulassen[1]. Die Entscheidung nach § 102 Abs. 5 Satz 2 BetrVG ergeht im **Urteils-**, nicht im Beschluss**verfahren**[2]. § 945 ZPO ist auf den Entbindungsantrag durch einstweilige Verfügung anwendbar.

Auch der Anspruch des **Jugendvertreters** gem. § 78a Abs. 2 BetrVG, nach Beendigung des Ausbildungsverhältnisses vom Arbeitgeber weiterbeschäftigt zu werden, kann im Wege der Befriedigungsverfügung verfolgt werden; zu entscheiden ist im Urteilsverfahren[3]. 90a

(3) Allgemeine Weiterbeschäftigung während des Kündigungsschutzrechtsstreits

Der allgemeine Beschäftigungsanspruch des gekündigten Arbeitnehmers während der Dauer des Kündigungsschutzprozesses besteht nach der Grundsatzentscheidung des BAG vom 27.2.1985[4] in Fällen, in denen die **Kündigung offensichtlich unwirksam** ist oder wenn ein die Unwirksamkeit der Kündigung feststellendes Instanzurteil ergeht und keine besonderen Umstände vorliegen, die ein überwiegendes Interesse des Arbeitgebers begründen, den Arbeitnehmer nicht weiterzubeschäftigen; dies ist in der Praxis nur ausnahmsweise der Fall[5]. In allen anderen Fällen kann der Arbeitnehmer seine Weiterbeschäftigung nicht verlangen, da das Interesse des Arbeitgebers an der Nichtbeschäftigung des Arbeitnehmers unter Berücksichtigung der Ungewissheit des Prozessausgangs überwiegt. 91

Gegen den **Betriebserwerber** soll ein im einstweiligen Verfügungsverfahren durchsetzbarer vorläufiger Beschäftigungsanspruch gegeben sein, wenn der Arbeitnehmer im Kündigungsschutzrechtsstreit gegen den Betriebsveräußerer obsiegt und er mangels Kenntnis keine Möglichkeit hatte, den Beschäftigungsanspruch zeitgleich mit der arbeitsgerichtlichen Klärung der vor dem Betriebsübergang ausgesprochenen Kündigung durchzusetzen[6]. 91a

Unter den genannten Voraussetzungen kann der Beschäftigungsanspruch auch durch einstweilige Verfügung durchgesetzt werden, und zwar vor oder parallel zur Kündigungsschutzklage[7]. Es kommt hierfür regelmäßig die **Leistungsverfügung** in Frage, weil der Arbeitnehmer seinen Beschäftigungsanspruch voll durchsetzen will. Der Arbeitnehmer hat den Verfügungsanspruch glaubhaft zu machen und in dem Zusammenhang Tatsachen vorzutragen, die es als überwiegend wahrscheinlich erscheinen lassen, dass die Kündigung unwirksam ist. Ein Verfügungsgrund[8] ist gegeben, wenn ohne die Befriedigung des Beschäftigungsanspruchs dem Arbeitnehmer ein erheblicher Nachteil droht. Dies wird allein wegen der Gefährdung des Arbeitsplatzes in aller 92

---

1 LAG BW 15.5.1974 – 6 Sa 35/74, BB 1975, 43; LAG Hamm 31.1.1979 – 8 Sa 1578/78, DB 1979, 1232; GWBG/*Benecke*, § 62 ArbGG Rz. 40; aA LAG Berlin 11.6.1974 – 8 Sa 37/74, DB 1974, 1629; LAG Düsseldorf 5.1.1976 – 9 Sa 1604/75, BB 1976, 1462.
2 LAG Düsseldorf 29.5.1974 – 6 TaBV 39/74, DB 1974, 1342; LAG Berlin 11.6.1974 – 8 Sa 37/74, DB 1974, 1629; LAG BW 15.5.1974 – 6 Sa 35/74, BB 1975, 43; GWBG/*Benecke*, § 62 ArbGG Rz. 40.
3 BAG 14.5.1987 – 6 AZR 498/85, DB 1987, 2104.
4 BAG 27.2.1985 – GS 1/84, EzA § 611 BGB – Beschäftigungspflicht Nr. 9; vgl. auch LAG Hamm 3.2.2004 – 19 Sa 120/04, NZA-RR 2005, 358.
5 LAG Hamm 18.9.2003 – 17 Sa 1275/03, NZA-RR 2004, 244 (Wegfall von Arbeitsplätzen aufgrund von Neuorganisation); 12.12.2001 – 10 Sa 17411/01, NZA-RR 2003, 311 (Gefahr des Verrats von Betriebsgeheimnissen).
6 LAG Hamm 9.6.2006 – 19 Sa 897/06, nv.
7 LAG München 10.2.1994 – 5 Sa 969/93, LAGE § 102 BetrVG 1972 – Beschäftigungspflicht Nr. 14; GMP/*Germelmann*, § 62 ArbGG Rz. 105; GWBG/*Benecke*, § 62 ArbGG Rz. 41.
8 *Reidel*, NZA 2000, 454 (461 f.) zur Rspr. zum Verfügungsgrund in verschiedenen LAG-Bezirken.

Regel zu bejahen sein[1]. Versäumt jedoch der Arbeitnehmer über einen längeren Zeitraum die Einleitung eines Eilverfahrens zur Durchsetzung seiner Beschäftigung, kann es an einem Verfügungsgrund fehlen[2].

92a Auch die Weiterbeschäftigung eines gekündigten **Auszubildenden** kann im Verfügungsverfahren durchgesetzt werden. Zuständig ist insoweit allein das Arbeitsgericht, nicht der Ausschuss des § 111 Abs. 2 ArbGG[3]. Ein vorgeschaltetes Verfahren vor dem Ausschuss ist weder erforderlich noch möglich.

dd) Urlaubsgewährung

93 Ausgesprochen praxisrelevant ist die Durchsetzung des Anspruchs auf Erholungsurlaub im Wege der einstweiligen Verfügung[4]. Während hier der Verfügungsanspruch keine besonderen Probleme bereitet, sind an den **Verfügungsgrund strenge Anforderungen** zu stellen. Es darf für den Arbeitnehmer keine andere Möglichkeit bestehen, die Klärung der zeitlichen Lage seines Urlaubs (vgl. § 7 BUrlG) zu erreichen. Das ist dann der Fall, wenn aus zeitlichen Gründen weder das Mitbestimmungsverfahren nach § 87 Abs. 1 Nr. 5 BetrVG durchgeführt werden kann, noch eine Entscheidung im Urteilsverfahren rechtzeitig ergehen wird. Kein Rechtsschutzinteresse hat eine einstweilige Verfügung, wenn allein das Verhalten des Arbeitnehmers ursächlich für die Eilbedürftigkeit geworden ist, zB durch grundloses Hinauszögern der Anrufung des Arbeitsgerichts.

Im Übertragungszeitraum nach § 7 Abs. 3 Satz 3 BUrlG hat der Arbeitgeber kein Leistungsverweigerungsrecht nach § 7 Abs. 1 BUrlG[5].

ee) Teilzeitanspruch nach § 8 TzBfG

93a Nach § 8 TzBfG hat grundsätzlich jeder Arbeitnehmer einen Anspruch gegen seinen Arbeitgeber auf Verringerung seiner vertraglich vereinbarten Arbeitszeit nebst deren Verteilung (§ 8 Abs. 2 Satz 2 TzBfG). Der Arbeitgeber hat der Verringerung der Arbeitszeit zuzustimmen, soweit betriebliche Gründe nicht entgegenstehen, § 8 Abs. 4 Satz 1 TzBfG[6]. Verweigert der Arbeitgeber die Zustimmung, ist der Arbeitnehmer auf die gerichtliche Durchsetzung seines Teilzeitanspruchs angewiesen. Die Klage ist auf Abgabe einer Willenserklärung zu richten. Die Zustimmung gilt nach § 894 ZPO als erteilt, sobald das entsprechende Urteil Rechtskraft erlangt hat. Zieht sich das Verfahren über mehrere Instanzen, können sich erhebliche Verzögerungen zwischen der erstmaligen Geltendmachung des Teilzeitanspruchs und dessen Realisierung ergeben. Unter den besonderen Voraussetzungen der §§ 935, 940 ZPO kann der Arbeitnehmer den Teilzeitanspruch auch im Wege einer einstweiligen Verfügung erzwingen. Zwar ist zu berücksichtigen, dass insoweit zumindest teilweise bereits eine Befriedigung in der Hauptsache eintritt[7]. Der Arbeitnehmer wird daher für die **Eilbedürftigkeit Erhebliches** vorzutragen haben[8]. Hierfür soll ausreichen, dass die Teilzeit-

---

1 LAG Hamm 12.12.2001 – 10 Sa 1741/01, NZA-RR 2003, 311; zurückhaltend GMP/*Germelmann*, § 62 ArbGG Rz. 111; aA LAG Rh.-Pf. 21.8.1986 – 1 Ta 140/86, LAGE § 611 BGB – Beschäftigungspflicht Nr. 19.
2 LAG Hamm 18.2.1986 – 11 Sa 1656/85, NZA 1986, 399; LAG Köln 18.8.2000 – 12 Ta 189/00, NZA-RR 2001, 387; LAG Hess. 10.5.2010 – 16 SaGa 341/10, FA 2010, 240.
3 GWBG/*Greiner*, § 111 ArbGG Rz. 9.
4 Zur grundsätzlichen Zulässigkeit: LAG BW 3.6.2009 – 10 SaGa 1/09, NZA-RR 2010, 178; *Corts*, NZA 1998, 375.
5 LAG BW 3.6.2009 – 10 SaGa 1/09, NZA-RR 2010, 178.
6 LAG Hamburg 4.9.2006 – 4 Sa 41/06, NZA-RR 2007, 122.
7 *Kliemt*, NZA 2001, 63 (67 f.).
8 In diesem Sinne auch *Gotthardt*, NZA 2001, 1183 (1186).

arbeit zur Abwendung wesentlicher Nachteile (zB Kinderbetreuung nicht gewährleistet) des Arbeitnehmers geboten ist[1].

ff) Konkurrentenklage

Die sog. arbeitsrechtliche Konkurrentenklage ist vorrangig, aber nicht ausschließlich eine Besonderheit des Rechts des **öffentlichen Dienstes**. Der unterlegene Bewerber um eine (Beförderungs-)Stelle kann mit ihrer Hilfe eine Neuvornahme der getroffenen Auswahlentscheidung erreichen. Um einer definitiven Besetzung der umworbenen Stelle wirksam zu begegnen, ist der (zunächst) unterlegene Bewerber darauf angewiesen, im Wege der einstweiligen (Sicherungs-)Verfügung dem Arbeitgeber untersagen zu lassen, die Stelle bis zum Abschluss des Hauptsacheverfahrens mit einem anderen Bewerber endgültig zu besetzen[2].   93b

Als Verfügungsanspruch kommt für Bewerber des öffentlichen Dienstes Art. 33 Abs. 2 GG oder ein **Gleichstellungsgesetz** auf Länderebene in Betracht[3]. Abzuwarten bleibt, ob möglicherweise §§ 7, 8 AGG für Konkurrentenklagen bei Einstellungen oder Beförderungen in der **privaten Wirtschaft** einschlägig sein können. – Der Verfügungsgrund wird leicht angenommen werden können wegen der Gefahr des Schaffens **vollendeter Tatsachen**; eine entsprechende Glaubhaftmachung des Arbeitgebers, die Stelle (bis zum Abschluss des Hauptsacheverfahrens) nicht zu besetzen, lässt die Dringlichkeit entfallen.   93c

Der unterlegene Bewerber kann **nach Beendigung** des **Auswahlverfahrens** und verbindlicher Stellenbesetzung **Schadensersatz** nach § 280 Abs. 1 BGB und § 823 Abs. 2 BGB iVm. Art. 33 Abs. 2 GG beanspruchen, wenn der öffentliche Arbeitgeber bei fehlerfreier Auswahl nach den Grundsätzen des Art. 33 Abs. 2 GG dem unterlegenen Bewerber das Amt hätte übertragen müssen[4].   93d

gg) Arbeitskampf

Arbeitskampfmaßnahmen wie Streik oder Aussperrung sind einer Regelung durch einstweilige Verfügung grundsätzlich zugänglich[5]. Voraussetzung ist, dass die **Rechtswidrigkeit** des Arbeitskampfes oder bestimmter Maßnahmen im Einzelnen **dargelegt und glaubhaft gemacht** werden kann. Dabei ist eine offensichtliche Rechtswidrigkeit nicht zu verlangen[6]. Auch kommt es nicht darauf an, dass durch den Arbeitskampf die Existenz des bekämpften Betriebes bedroht ist[7]. Für den Verfügungsgrund reicht es, dass ohne den Erlass der einstweiligen Verfügung der Anspruch auf Unterlassung des Arbeitskampfes endgültig nicht mehr durchgesetzt werden könnte. Allerdings hat bei der Prüfung, ob eine auf Unterlassung eines Arbeitskampfes gerichtete einst-   94

---

1 LAG Berlin 20.2.2002 – 4 Sa 2243/01, NZA 2002, 858; LAG Rh.-Pf. 12.4.2002 – 3 Sa 161/02, NZA 2002, 856; LAG Hamm 6.5.2002 – 8 Sa 641/02, NZA-RR 2003, 178.
2 LAG Thür. 13.1.1997 – 8 Sa 232/96, NZA-RR 1997, 234; LAG Sachs. 21.3.2003 – 3 Sa 125/03, NZA-RR 2004, 448; BAG 24.3.2009 – 9 AZR 277/08, NZA 2009, 901; vgl. auch BAG 17.8.2010 – 9 AZR 347/09; vgl. insgesamt auch *Reinhard/Kliemt*, NZA 2005, 545.
3 Vgl. BAG 2.12.1997 – 9 AZR 668/96, NZA 1998, 882; 18.9.2001 – 9 AZR 410/00, NJW 2002, 1220; BVerfG 20.3.2007 – 2 BvR 2470/06, NZA 2007, 607; BAG 19.2.2008 – 9 AZR 70/07, NZA 2008, 1016.
4 BAG 19.2.2008 – 9 AZR 70/07, NZA 2008, 1016.
5 LAG BW 8.8.1973 – 4 Sa 29/73, MDR 1973, 1055; LAG Düsseldorf 11.12.1978 – 7 Ta 239/78, ArbuR 1979, 60; LAG Hamm 17.3.1987 – 8 Sa 484/87, NZA Beilage 2/1988, 26; LAG Hamm 7.8.1987 – 8 Sa 1369/86, NZA 1987, 825; LAG Sachs. 2.11.2007 – 7 SaGa 19/07, NZA 2008, 59; GWBG/*Benecke*, § 62 ArbGG Rz. 43 mwN.
6 LAG München 19.12.1979 – 9 Sa 1015/79, NJW 1980, 957; LAG Hamm 17.3.1987 – 8 Sa 884/87; 31.5.2000 – 18 Sa 858/00.
7 GMP/*Germelmann*, § 62 ArbGG Rz. 113; GWBG/*Benecke*, § 62 ArbGG Rz. 43.

weilige Verfügung iSd. § 940 ZPO zur Abwendung wesentlicher Nachteile nötig erscheint, eine **Interessenabwägung** stattzufinden, in die sämtliche in Betracht kommenden materiell- und vollstreckungsrechtlichen Erwägungen sowie die wirtschaftlichen Auswirkungen für beide Seiten einzubeziehen sind[1]. Ist die Rechtslage in hohem Maße zweifelhaft, kann regelmäßig keine einstweilige Verfügung ergehen[2].

95 Soll durch einstweilige Verfügung eine **Aussperrung** untersagt werden, können sowohl Gewerkschaften wie auch die betroffenen Arbeitnehmer den Unterlassungsanspruch erwirken[3].

96 Da Anträge, die einen Streik oder eine Aussperrung insgesamt verhindern sollen, den Kernbereich des Art. 9 Abs. 3 GG tangieren, kann es angezeigt sein, die Rechtswidrigkeit nur **einzelner Kampfmaßnahmen** durch einstweilige Verfügung geltend zu machen[4]. Bei exzessiven Streikmaßnahmen wie verbotenen Betriebsblockaden hat das Gericht regelnd einzugreifen und insbesondere den ungehinderten Zu- und Abgang von arbeitswilligen Arbeitnehmern, Lieferanten und Kunden sicherzustellen[5].

Zur einstweiligen Verfügung im arbeitsgerichtlichen **Beschlussverfahren** (§ 85 Abs. 2 ArbGG) s. Teil 5 H Rz. 195 ff.

---

1 LAG Köln 14.6.1996 – 4 Sa 177/96, NZA 1997, 327; LAG Hess. 2.5.2003 – 9 SaGa 637/03, FA 2003, 211; LAG Köln 12.12.2005 – 2 Ta 457/05, NZA 2006, 62 (Untersagung eines Streikaufrufs).
2 HwB-AR/*Wenzel*, Einstweilige Verfügung, Rz. 37a.
3 GWBG/*Benecke*, § 62 ArbGG Rz. 44.
4 LAG Köln 12.12.2005 – 2 Ta 457/05, NZA 2006, 62; LAG Hessen 2.5.2003 – 9 SaGa 636/03, NZA 2003, 679; für eine eher zurückhaltende Handhabung beim Erlass einstweiliger Verfügungen plädiert GMP/*Germelmann*, § 62 ArbGG Rz. 114.
5 HwB-AR/*Wenzel*, Einstweilige Verfügung, Rz. 39.

J. Streitwert und Kosten

	Rz.
I. Grundsatz	1
II. Der Streitwertkatalog für die Arbeitsgerichtsbarkeit als Versuch zur Vereinheitlichung der uneinheitlichen Rechtsprechung	2
III. Streitwerte in arbeitsgerichtlichen Urteilsverfahren	
1. Kündigungsschutzklage gegen Beendigungskündigung	
a) Gesetzliche Regelung	3
b) Maßgeblicher Bezugszeitraum	4
c) Brutto- oder Nettovergütung	5
d) Maßgebliches Arbeitsentgelt	6
aa) Geldbezüge	7
bb) Gratifikationen, 13. Monatsgehälter und Tantiemen	9
cc) Sachbezüge	11
e) Streitwertgrenze des § 42 Abs. 2 Satz 1 GKG	13
aa) Höchststreitwert	14
bb) Rahmenstreitwert	15
cc) Regelstreitwert	16
dd) Streitwertkatalog	17
f) Streitwert bei mehreren Kündigungen in einem Prozess	
aa) Grundsätze des BAG	18
bb) Differenzierende Ansichten	20
(1) LAG Bremen, Köln, Düsseldorf, Hamm und Niedersachsen	21
(2) LAG Berlin-Brandenburg	22
(3) LAG Hessen, Schleswig-Holstein, Thüringen und Sachsen	23
(4) LAG München, Hamburg, Hamm und Niedersachsen	24
(5) Streitwertkatalog	25
g) Streitwert bei mehreren Kündigungen in verschiedenen Prozessen	27
h) Streitwert bei mehreren Kündigungen durch mehrere Arbeitgeber	31
i) Streitwert bei Betriebsübergang und Klagehäufung	32
j) Kündigungsschutzprozess mit vorläufigem Weiterbeschäftigungsanspruch und Besonderheiten beim hilfsweisen Weiterbeschäftigungsanspruch	34
k) Klage auf tatsächliche Beschäftigung	37

	Rz.
l) Kündigungsschutzprozess mit allgemeinem Feststellungsantrag	38
m) Kündigungsschutzprozess mit Wiedereinstellungsanspruch	39
n) Kündigungsschutzprozess mit Vergütungsansprüchen	
aa) Ansprüche aus der Zeit vor Ablauf der Kündigungsfrist	40
bb) Ansprüche aus der Zeit nach Ablauf der Kündigungsfrist – Begrenzter Antrag	41
cc) Ansprüche aus der Zeit nach Ablauf der Kündigungsfrist – Unbegrenzter Antrag	42
o) Kündigungsschutzprozess mit Abfindung	
aa) Abfindungen iSd. §§ 9 Abs. 1, 10 KSchG	45
bb) Andere Abfindungen	48
2. Kündigungsschutzklage gegen Änderungskündigung	
a) Keine Annahme unter Vorbehalt	51
b) Annahme unter Vorbehalt	52
aa) 36facher Wert der Differenz und Begrenzung durch Vierteljahresverdienst	53
(1) Vergütungsdifferenz oder bis zu 1 ½ Monatsverdienste	54
(2) Zwei Monatsverdienste	55
(3) Drei Monatsverdienste	56
(4) BAG	57
bb) Streitwertkatalog – Vergütungsdifferenz, begrenzt ein auf bis drei Monatsverdienste	58
3. Bestandsschutzklage des organschaftlichen Vertreters und Klage gegen Abberufung	61
4. Klage gegen Versetzung und Streit über den Umfang des Direktionsrechts	63
5. Klage auf Verringerung der Arbeitszeit	
a) Verringerung der Arbeitszeit nach § 8 TzBfG	64
b) Altersteilzeitvereinbarung	65
6. Klage auf wiederkehrende Leistungen und Eingruppierung	
a) Wiederkehrende Leistungen	66
aa) Klage auf Ruhegeldansprüche	67
bb) Drittschuldnerprozesse	68

	Rz.
cc) Klagen auf Schadensersatz wegen künftig entgehender Gehaltsansprüche, auf künftigen Schadensersatz und auf Vergütungsdifferenzen aus zurückliegenden Anspruchsjahren	69
b) Eingruppierung	71
7. Feststellungsklage	
a) Negative Feststellungsklage	72
b) Positive Feststellungsklage	73
8. Zeugnisklage	
a) Schlusszeugnis	74
b) Zwischenzeugnis	76
c) Zeugniserteilung nach Vergleich	77
9. Klage gegen Abmahnung	78
10. Klage auf Ausstellung/Ausfüllung bzw. Herausgabe von Arbeitspapieren und Erteilung von Abrechnungen	79
11. Klage auf Überlassung oder Herausgabe eines Dienstwagens und einer Dienstwohnung	81
12. Vergleichsinhalte	
a) Streitwerthöhung und Titulierungsinteresse	82
b) Vergütungsansprüche	83
c) Freistellung, Sprinterklausel und Dienstwagen	84
d) Arbeitspapiere und Direktversicherung	88
e) Wiedereinstellung und Neubegründung eines Arbeitsverhältnisses mit Dritten	89
13. Nachvertragliches Wettbewerbsverbot	91
14. Streitwert der Nebenintervention	91a
III. Streitwerte in arbeitsgerichtlichen Beschlussverfahren	
1. Kostenentscheidung und Gerichtsgebühren	92
2. Anwaltsgebühren	
a) Grundlagen der Streitwertbemessung	93
b) Besonderheiten bei betriebsverfassungsrechtlichen Streitigkeiten	95
c) Regelwert oder Hilfswert	100
d) Einzelfälle	102
IV. Einstweilige Verfügungen	123
V. Streitwertbeschwerde	
1. Streitwertbeschwerde nach § 33 Abs. 3 RVG	124
a) Frist	125
b) Beschwerdebefugnis, Begründung, Verzicht und Gebühren	126

	Rz.
c) Entscheidung des LAG und Verschlechterung	128
2. Streitwertbeschwerde nach § 68 GKG	129
a) Frist	130
b) Beschwerdebefugnis und Gebühren	131
c) Entscheidung des LAG und Ermessensprüfung	132
VI. Kosten und Kostenerstattung im arbeitsgerichtlichen Urteilsverfahren	
1. Gerichtskosten	134
a) Urteilsverfahren erster Instanz	135
b) Berufungs- und Revisionsverfahren	136
2. Anwaltskosten	
a) Urteilsverfahren erster Instanz	
aa) Grundsatz	137
bb) Geltungsbereich	138
b) Ausschluss materiell-rechtlicher Kostenerstattung	
aa) Grundsatz	140
bb) Ausnahmen	
(1) Anrufung eines unzuständigen Gerichts	142
(2) Fahrtkosten der Partei	144
c) Rechtsmittelinstanzen	146
aa) Verbandsvertreter in zweiter Instanz	147
bb) Reise- und Übernachtungskosten	148
d) Anwaltsgebühren	
aa) Urteilsverfahren erster Instanz	149
bb) Besonderheiten bei der Termins- und Einigungsgebühr und Vergleichsmehrwerte	150
cc) Berufungsinstanz	151
dd) Revisionsinstanz	152
ee) Beschwerde und Nichtzulassungsbeschwerde	153
ff) Auslagen, Fahrtkosten, Abwesenheitsgelder, Dokumentenpauschale und Umsatzsteuer	154
gg) Außergerichtliche Vertretung und Anrechnung	155
hh) Beratung	157
ii) Stundenvergütung und Erfolgshonorar	158
jj) Zwangsvollstreckung	159
VII. Beschlussverfahren	160
VIII. Exkurs – Probleme mit Rechtsschutzversicherungen	
1. Der Eintritt des Versicherungsfalls bei der Kündigung und beim Aufhebungsvertrag	161

Rz.		Rz.
2. Besonderheiten bei Kündigungen . 162		5. Außergerichtliche Tätigkeit 165
3. Kündigungsschutzprozess mit Vergütungsansprüchen 163		6. Streitwertbeschwerde 166
4. Besonderheiten beim Weiterbeschäftigungsantrag 164		7. Vergleichsmehrwerte 167

Schrifttum:

Anders/Gehle/Kunze, Streitwertlexikon, 4. Aufl. 2002; *Bader*, Die Praxis der Wertfestsetzung im arbeitsgerichtlichen Urteilsverfahren in Hessen, NZA-RR 2005, 346; *Bader/Jörchel*, Vereinheitlichung der arbeitsgerichtlichen Streitwerte, NZA 2013, 809; *Bader/Nungeßer*, Die arbeitsgerichtliche Kostenentscheidung in besonderen Konstellationen, NZA 2007, 1200; *Bertelsmann*, Grundlagen für Gegenstandswerte im Beschlussverfahren, FA 2001, 141; *Bertelsmann*, Gegenstandswerte in nicht vermögensrechtlichen Streitigkeiten in Beschlussverfahren, FA 2001, 194; *Brinkmann*, Die Ermittlung des Gegenstandswertes in arbeitsgerichtlichen Beschlussverfahren, JurBüro 2010, 119; *Corts/Bader*, Rund um Streitwert und Gebühren – die Rechtsprechung des Landesarbeitsgerichts Berlin und des Hessischen Landesarbeitsgerichts, FA 2004, 87; *Ernst*, Rechtsanwaltsvergütungsgesetz, 2005; *Ernst*, Festsetzung des Gegenstandswertes im Beschlussverfahren, ArbuR 2002, 154; *Finke*, Streitwerttabelle, 8. Aufl. 2014; *Fleddermann*, Die Vergütung des Anwalts im Kündigungsschutzverfahren, ArbR 2010, 461; *Gerold/Schmidt*, Rechtsanwaltsvergütungsgesetz, 21. Aufl. 2013; *Gross*, Weiterbeschäftigung auch für den rechtsschutzversicherten Kläger – eine Handreichung, AE 2013, 81; *Hartmann*, Kostengesetze (KostG), 44. Aufl. 2014; *Hartung/Schons/Enders*, Rechtsanwaltsvergütungsgesetz, 2. Aufl. 2013; *Hümmerich*, Die Streitwertrechtsprechung der Arbeitsgerichte im Urteilsverfahren, NZA-RR 2000, 225; *Klein*, Streitwert der Anträge auf Weiterbeschäftigung und Zeugniserteilung, AiB 2003, 644; *Mayer*, Die Vereinbarung eines Erfolgshonorars nach § 4a RVG, AnwBl. 2008, 473; *Mayer*, Die Gebühren- und Vergütungsvereinbarung im Arbeitsrecht, NZA 2006, 753; *Mayer/Kroiß*, Rechtsanwaltsvergütungsgesetz, 6. Aufl. 2013; *Meier/Becker*, Streitwerte im Arbeitsrecht, 3. Aufl. 2012; *Roloff*, Das moderne Kostenrecht im arbeitsgerichtlichen Verfahren, NZA 2007, 900; *Schäder*, Streitwert-Lexikon Arbeitsrecht, 2000; *Schäder*, Die Vergütungsvereinbarung im Arbeitsrecht, ArbRB 2008, 283; *Schäder*, Gegenstandswert im Individualarbeitsrecht, ArbR 2008, 177; *Schaefer/Kiemstedt*, Anwaltsgebühren im Arbeitsrecht, 3. Aufl. 2011; *Schleusener/Kühn*, Die Reichweite der Kostenpräklusion nach § 12a I ArbGG, NZA 2008, 147; *Schmeel*, Die Ermittlung des Streitwerts bei Nebenintervention, MDR 2012, 13; *Schneider*, Die Vergütung nach dem RVG in arbeitsrechtlichen Mandaten, ArbRB 2004, 152; *Schneider/Herget*, Streitwertkommentar für den Zivilprozess, 13. Aufl. 2011; *Schneider/Volpert/Fölsch*, Gesamtes Kostenrecht, 2014; *Selzer*, Arbeitsgerichtliche Tenorierung im Urteil, NZA Beilage 2011, Nr. 4, 164; *Sieger*, Streitwertberechnung bei einer Klage auf Arbeitszeitverringerung, NZA 2005, 1276; *Steffen*, Streitwertfestsetzung im Beschlussverfahren, FA 1998, 74; *Steffen*, Der Streitwert im arbeitsgerichtlichen Verfahren, AR-Blattei SD 160.13.1; *Streitwertkommission*, Aktueller Streitwertkatalog für die Arbeitsgerichtsbarkeit, NZA 2014, 745 ff.; *Tschöpe/Ziemann/Altenburg*, Streitwert und Kosten im Arbeitsrecht, 2013 (zitiert: TZA/Bearbeiter); *Weimar*, Grundsatzfragen der Kostenregelung im arbeitsgerichtlichen Vergleich, NZA 2003, 540; *Willemsen/Schipp/Reinhard/Meier*, Der Streitwertkatalog für die Arbeitsgerichtsbarkeit – Eine kritische Stellungnahme des DeutschenAnwaltvereins, NZA 2013, 1112 u. AE 2014, 10; *Willemsen/Schipp/Oberthür/Reinhard*, Der Streitwertkatalog für die Arbeitsgerichtsbarkeit – Eine ergänzende Stellungnahme des Deutschen Anwaltvereins für das Beschlussverfahren, NZA 2014, 365; *Willemsen/Schipp/Oberthür*, Der Streitwertkatalog der Arbeitsgerichtsbarkeit vom 15.7.2014 – Stellungnahme des DAV, NZA 2014, 886 u. AE 2014, 198; *Zintl/Naumann*, Die streitwertrechtliche Berücksichtigung von Folgekündigungen, NZA-RR 2014, 1.

I. Grundsatz

Gem. § 3 Abs. 1 GKG bestimmen sich die Gebühren nach dem **Wert des Streitgegenstands** (**Streitwert**). Das ArbGG enthält keine eigenständige Regelung zu **Streitwert und Kosten**. § 61 Abs. 1 ArbGG regelt nur, dass der **Wert des Streitgegenstands im Urteil** festzusetzen ist. Dieser Wert ist gem. § 64 Abs. 2 lit. b ArbGG für die **Zulässigkeit** der **Berufung** von Bedeutung. Er ist für das Berufungsgericht bindend, wenn er nicht **offensichtlich unrichtig** ist[1]. Die Streitwertfestsetzung im Urteil ist **nicht gesondert anfechtbar**[2]. Für die **Berechnung der Gerichts- und Anwaltsgebühren** ist die Streitwertfestsetzung im Urteil **nicht entscheidend**, eben so wenig **für die Gerichtsgebühren**, § 62 Satz 2 GKG.

Den **Gebührenstreitwert** setzt das Arbeitsgericht gem. § 63 Abs. 2 Satz 1 und 2 GKG auf Antrag fest, sobald eine Entscheidung über den gesamten Streitgegenstand ergeht oder sich das Verfahren anderweitig erledigt. Der Gebührenstreitwert ist gem. § 32 Abs. 1 RVG für die Berechnung der Rechtsanwaltsgebühren **verbindlich**, es sei denn, die **anwaltliche Tätigkeit deckt sich nicht damit**. Gem. § 33 Abs. 1 RVG setzt das Gericht auf Antrag den Wert des **Gegenstands der anwaltlichen Tätigkeit (Gegenstandswert**, vgl. § 2 Abs. 1 RVG) fest[3].

Gesetzliche Regelungen für die Wertberechnung in arbeitsgerichtlichen Verfahren befinden sich in den §§ 42–45, 47 und 48 GKG. Im Übrigen ist auch hier § 3 ZPO von Bedeutung, wonach die Gerichte den Wert **nach freiem Ermessen festsetzen**. Die arbeitsgerichtliche Rechtsprechung zu Streitwerten ist seit jeher sehr **uneinheitlich**.

II. Der Streitwertkatalog für die Arbeitsgerichtsbarkeit als Versuch zur Vereinheitlichung der uneinheitlichen Rechtsprechung

2   Die Konferenz der Präsidentinnen und Präsidenten der Landesarbeitsgerichte hat 2012 eine **Streitwertkommission** eingerichtet. Diese Kommission stellte im Mai 2013 den **Entwurf eines Streitwertkatalogs für die Arbeitsgerichtsbarkeit** vor[4]. Dessen Ziel ist es, eine **Grundlage zur Vereinheitlichung der unterschiedlichen Rechtsprechung** zu schaffen. Der Katalog hat aber **keine bindende Wirkung**, sondern nur **empfehlenden Charakter**. Das wurde teilweise wohl ein wenig ausgeblendet[5]. Er ist in Urteils- und Beschlussverfahren unterteilt. Die Anwaltschaft, dh. der Ausschuss Arbeitsrecht des DAV und die BRAK, haben sich kritisch mit dem Katalog auseinandergesetzt und verschiedene **Änderungsvorschläge** eingebracht[6]. Kritisiert wurde auch, dass die Anwaltschaft nicht beteiligt wurde, was von der Konferenz aufgegriffen wurde. Einige Änderungen enthält der am 9.7.2014 vorgestellte „**Aktuelle Streitwertkatalog für die Arbeitsgerichtsbarkeit**"[7], der erneut klarstellt, dass er sich nur als Angebot auf dem Weg zu einer möglichst einheitlichen Wertrechtsprechung sieht und **keine Verbindlichkeit** beansprucht. Auch dazu gibt es eine Stellungnahme des DAV[8].

Der Streitwertkatalog hat zu **keiner umfassenden Vereinheitlichung** geführt. Einige Gerichte folgen ihm, was zum Teil unter ausdrücklicher Aufgabe der bisherigen

---

1 ZB BAG 16.5.2007 – 2 AZB 53/06, NZA 2007, 829; 27.5.1994 – 5 AZB 3/94, NZA 1994, 1054; 13.1.1988 – 5 AZR 410/87, NZA 1988, 705.
2 Vgl. nur LAG Köln 9.12.2008 – 9 Ta 440/08, AE 2009, 158; LAG Düsseldorf 2.3.2000 – 7 Ta 39/00, MDR 2000, 708.
3 Vgl. auch LAG Hamm 28.4.2006 – 6 Ta 95/06, nv., mwN, das meint, ein Antrag nach § 33 RVG komme nur im PKH- und im Beschlussverfahren in Betracht; dagegen etwa LAG Schl.-Holst. 15.11.2011 – 6 Ta 198/11, AGS 2012, 487.
4 Abgedruckt bei *Bader/Jörchel*, NZA 2013, 809 ff.
5 Vgl. etwa die Überschrift bei *Bader/Jörchel*, NZA 2013, 809 („Bundeseinheitlicher Streitwertkatalog").
6 Vgl. *Willemsen/Schipp/Reinhard/Meier*, NZA 2013, 1112 ff. = AE 2014, 10 ff. und *Willemsen/Schipp/Oberthür/Reinhard*, NZA 2014, 356 ff. sowie die Stellungnahme der BRAK 20/2013; vgl. ferner die Stellungnahme des GDV e.V. vom 29.11.2013.
7 NZA 2014, 745 ff.
8 *Willemsen/Schipp/Oberthür*, NZA 2014, 886 ff. = AE 2014, 198 ff.

Rechtsprechung geschieht[1]. Dabei liegt die Annahme nahe, dass die LAG, die den Katalog ausgearbeitet haben[2], ihn auch anwenden werden. Schon das ist nicht zwingend, wie etwa eine Entscheidung des **LAG Hessen** zeigt, die im Einzelfall von dem Katalog unter Hinweis auf die Änderungsvorschläge der Anwaltschaft abweicht[3]. Zudem stellt das **LAG Hessen** auf seiner Internetseite klar, die Beschwerdekammern beabsichtigten, sich künftig an den Empfehlungen des Streitwertkatalogs „orientieren" zu wollen[4]. Andere Entscheidungen befassen sich eingehend mit Streitwertfragen, erwähnen den Streitwertkatalog aber nicht[5]. Das **LAG Nürnberg** wendet den Streitwertkatalog durchaus konsequent an[6], hält ihn aber auch nur für einen Leitfaden, an dem sich die Streitwertfestsetzung regelmäßig orientieren kann und sollte[7]. Das entspricht der Linie der **LAG Sachsen**[8] und **Sachsen-Anhalt**[9], die beide gleichlautend in ihren Internetauftritten betonen, der Streitwertkatalog beanspruche keine Verbindlichkeit[10]. Das **LAG Hamburg** äußert sich im Einzelfall recht zurückhaltend[11] und verweist in seinem Internetauftritt auf den aktuellen Streitwertkatalog, was es auch mit dem Hinweis auf dessen Unverbindlichkeit verbindet[12]. Das **LAG Hamm** hält (zum ersten Entwurf des Katalogs) einerseits einzelne Werte für **„durchaus angemessen"**[13]. Andererseits lehnt es einzelfallbezogen die Empfehlungen des Aktuellen Streitwertkatalogs ab[14]. Es empfiehlt nun wohl in seinem Internetauftritt dessen Anwendung, wenngleich es zugleich betont, der Katalog erhebe weder Anspruch auf Vollständigkeit noch auf Verbindlichkeit, es handele sich lediglich um Empfehlungen, die abschließende Festsetzung obliege alleine dem Gericht[15]. Eine inhaltlich identische Stellungnahme liegt vom **LAG Düsseldorf** vor[16]. Die **LAG Köln und Schleswig-Holstein** lehnen bislang in ihrer Rechtsprechung eine Anwendung ab und betonen, es seien nicht alle Bundesländer an dem Streitwertkatalog beteiligt, dieser habe nur Empfehlungs-

---

1 So LAG Bln.-Bbg. 6.8.2014 – 17 Ta (Kost) 6068/14, AE 2014, 312; vgl. auch den ausdrücklichen Hinweis unter www.berlin.de (unter gerichte/landesarbeitsgericht/entscheidungen/index.html); LAG Hess. 20.3.2014 – 1 Ta 379/13, NZA-RR 2014, 384; 11.2.2014 – 1 Ta 357/13, nv.; 27.8.2013 1 – 1 Ta 90/13, nv.; 16.8.2013 – 1 Ta 123, 178 u. 219/13, JurBüro 2014, 75 u. FA 2013, 370; 5.8.2013 – 1 Ta 251/13, nv.; LAG Rh-Pf., vgl. dessen Stellungnahme und Gegenüberstellung unter www.mjv.rlp.de (unter Gerichte, Fachgerichte, Arbeitsgerichte, Streitwertkatalog); LAG Nürnberg 20.12.2013 – 2 Ta 156/13. NZA-RR 2014, 212; 12.12.2013 – 4 Ta 133/13, NZA-RR 2014, 261; 21.6.2013 – 7 Ta 41/13, NZA-RR 2013, 549; LAG Sa.-Anh. 29.8.2013 – 1 Ta 40/13, NZA-RR 2013, 604; 27.8.2013 – 1 Ta 90/13, nv.
2 Den Vorsitz hatte anfangs der Präsident des LAG Rheinland-Pfalz a.D. Dr. *Schwab*, nun hat ihn die Präsidentin des LAG Hessen *Jörchel* inne; die Kommissionsmitglieder kamen zunächst aus den Bezirken der LAG Bremen, Düsseldorf, Hamburg, Hessen, Nürnberg, Saarland, Sachsen-Anhalt und Thüringen, später kamen noch Mitglieder von den LAG Baden-Württemberg, Berlin-Brandenburg und Hamm hinzu.
3 LAG Hess. 6.1.2014 – 4 Sa 677/13, AE 2014, 88, das gegen den Katalog mit eingeklagte Annahmeverzugsansprüche mit einem eigenständigen Wert berücksichtigt.
4 www.lag-frankfurt.justiz.hessen.de (unter Service, Wertfestsetzung).
5 LAG Hamburg 30.4.2014 – 1 Ta 6/14, nv.
6 ZB LAG Nürnberg 15.8.2014 – 4 Ta 103/14, nv.; 30.7.2014 – 4 Ta 83/14, AE 2014, 312; 1.10.2013 – 4 Ta 128/13, JurBüro 2014, 67.
7 So LAG Nürnberg 21.6.2013 – 7 Ta 41/13, NZA-RR 2013, 549; in seinem Internetauftritt verweist das LAG nur auf ein download des Aktuellen Streitwertkatalogs.
8 LAG Sachs. 28.10.2013 – 4 Ta 172/13 (2), ArbR 2014, 62 u. 23.6.2014 – 4 Ta 95/14 (3), nv. folgen dem Streitwertkatalog.
9 LAG Sa.-Anh. 29.8.2013 – 1 Ta 40/13, NZA-RR 2013, 604 folgt dem Streitwertkatalog.
10 www.justiz.sachsen.de (unter /lag/content/1309.htm) und www.sachsen-anhalt.de (unter /streitwertkatalog/).
11 LAG Hamburg 17.4.2014 – 2 Ta 2/14, nv., das eine Anwendung ablehnt, weil dem (ersten Entwurf des) Katalog „nicht zwangsläufig" zu folgen sei.
12 www.justiz.hamburg.de (unter /landesarbeitsgericht/rechtsprechung/).
13 LAG Hamm 18.3.2014 – 7 Ta 73/14, NZA-RR 2014, 385.
14 LAG Hamm 8.8.2014 – 13 TaBVGa 12/14, nv.; 8.8.2014 – 13 Ta 332/14, nv.
15 www.lag-hamm.nrw.de (unter infos/kosten/streitwert).
16 www.lag-duesseldorf.nrw.de (unter infos/streitwertkatalog/index.php).

charakter und sei daher nicht bindend[1]. Das **LAG Baden-Württemberg** erstellte zum ersten Entwurf des Katalogs eine Gegenüberstellung, der sich entnehmen ließ, mit welchen Streitwerten es einverstanden war, welche es ablehnte[2] und für welche es „offen" ist[3]. Nach Vorstellung des Aktuellen Streitwertkatalogs teilte es mit, der Vorsitzende Richter der Streitwertbeschwerdekammer werde den Aktuellen Streitwertkatalog auf sämtliche Fälle anwenden, bei denen der erstinstanzliche Streitwertbeschluss ab dem 21.7.2014 datiere. Die **LAG Bremen, Mecklenburg-Vorpommern, München, Thüringen, Saarland** sowie nun auch das **LAG Köln** haben den Aktuellen Streitwertkatalog als download in ihren Internetauftritt eingestellt. Das mag als Zustimmung im Sinne einer unverbindlichen Empfehlung verstanden werden.

Eine Darstellung der bisherigen Rechtsprechung ist **nicht hinfällig**. Es ist **nicht absehbar**, was die einzelnen Gerichte aus dem Katalog anwenden und an welcher bisherigen Rechtsprechung sie doch ggf. festhalten. Zudem sind weitere **Änderungen und/oder Modifikationen** des Katalogs in der täglichen Spruchpraxis zu erwarten[4]. Auch die Streitwertkommission, die 2015 wieder tagt, will den Streitwertkatalog weiterentwickeln. Jeder Kammer eines Gerichts steht es schließlich weiterhin frei, alleine nach seiner Rechtsauffassung zu entscheiden, ohne dabei dem Streitwertkatalog oder der Rechtsprechung anderer Kammern/Gerichte zu folgen.

Soweit der Aktuelle Streitwertkatalog zu den hier erläuterten Fallkonstellationen Streitwerte enthält, werden diese und die davon ggf. abweichenden Vorschläge des DAV dargestellt. Auch die bisherige Rechtsprechung wird wiederum erläutert, weil nicht absehbar ist, was sich ändern wird und was bleibt. Bei Lektüre dieser Rechtsprechung mag aber berücksichtigt werden, dass von zahlreichen Gerichten inzwischen Stellungnahmen vorliegen, in denen zumindest empfohlen wird, den Aktuellen Streitwertkatalog anzuwenden. Damit mag die bisherige Rechtsprechung dieser Gerichte zumindest in Teilen überholt sein. Ob und ggf. in welchem Umfang das der Fall sein wird, bleibt auch wegen der Unverbindlichkeit des Streitwertkatalogs abzuwarten.

III. Streitwerte in arbeitsgerichtlichen Urteilsverfahren

1. Kündigungsschutzklage gegen Beendigungskündigung

a) Gesetzliche Regelung

3 Gem. § 42 Abs. 2 Satz 1 GKG ist für die Wertberechnung von **Streitigkeiten über** das **Bestehen, Nichtbestehen** oder die **Kündigung** eines Arbeitsverhältnisses höchstens der Betrag des für die Dauer eines **Vierteljahres** zu leistenden **Arbeitsentgelts** maßgebend. § 42 Abs. 2 Satz 1 GKG findet auf **alle Bestandsstreitigkeiten** Anwendung. Sie gilt auch für Verfahren, in denen
- über die Wirksamkeit der Anfechtung eines Arbeits-[5] oder eines Aufhebungsvertrages[6],
- die Wirksamkeit einer Befristung[7],

---

1 LAG Köln 7.7.2014 – 4 Ta 223/14, AE 2014, 312; 27.2.2014 – 11 Ta 360/13, nv.; 18.12.2013 – 5 Ta 340/13, AE 2014, 263; LAG Schl.-Holst. 9.4.2014 – 3 Ta 22/14, nv.; 8.4.2014 – 5 Ta 38/14, ArbR 2014, 371 („allenfalls Empfehlungscharakter"); 14.1.2014 – 5 Ta 2/14, RVG professionell 2014, 74; ablehn. auch ArbG Heilbronn 4.11.2013 – 7 Ca 268/13, AE 2014, 51.
2 ZB LAG BW 8.1.2014 – 5 Ta 184/13, NZA-RR 2014, 152 lehnt die Anwendung des Katalogs ab.
3 Vgl. www.lag-baden-wuerttemberg.de (unter Streitwertkatalog).
4 LAG Nürnberg 20.12.2013 – 2 Ta 156/13, NZA-RR 2014, 212, führt bereits eine „Präzisierung" zu B. Nr. 13.6 des ersten Entwurfs des Streitwertkatalogs an.
5 ZB LAG Hess. 9.11.2011 – 2 Ta 365/11, nv.
6 ZB LAG Rh.-Pf. 8.12.2011 – 1 Ta 231/11, AE 2012, 118; LAG MV 11.6.2003 – 2 Sa 64/03, nv.
7 ZB LAG Köln 6.1.2010 – 8 Ta 210/09, nv.; LAG Nds. 8.12.2009 – 13 Sa 636/09, nv.

III. Streitwerte in arbeitsgerichtlichen Urteilsverfahren   Rz. 7   Teil 5 J

- die Frage der Einordnung als Arbeits- oder sonstiges Rechtsverhältnis[1] oder
- die Versetzung in den Ruhestand[2] gestritten wird.

Sie gilt ferner im Verfahren nach § 5 KSchG auf nachträgliche Zulassung einer Kündigungsschutzklage[3]. **Keine Anwendung** findet § 42 Abs. 2 Satz 1 GKG in Verfahren auf behördliche Zustimmung zu einer Kündigung bzw. Zulässigkeitserklärung, §§ 85 ff. SGB IX, 9 MuSchG, 18 BEEG[4].

⊃ **Hinweis:** Wird über die **Zulässigkeit des Rechtswegs** zu den Arbeitsgerichten gestritten, setzt die wohl hM mit dem BAG für das **Beschwerdeverfahren** ⅓ des **Vierteljahresverdienstes** fest[5].

b) Maßgeblicher Bezugszeitraum

Entscheidend ist nach § 42 Abs. 2 Satz 1 GKG das **Arbeitsentgelt**, das der Arbeitnehmer bei Fortbestand des Arbeitsverhältnisses in den ersten **drei Monaten** nach dem streitigen Beendigungszeitpunkt beanspruchen könnte (**Lohnausfallprinzip**)[6]. 4

c) Brutto- oder Nettovergütung

Auch wenn sich aus dem Gesetz nicht ergibt, ob eine **Brutto- oder Nettovergütung** gemeint ist, ist von einer **Bruttovergütung** auszugehen[7]. Ist eine Nettovergütung vereinbart, ist die **Netto-** auf die **Bruttovergütung hochzurechnen**[8]. 5

d) Maßgebliches Arbeitsentgelt

Zum Arbeitsentgelt iSd. § 42 Abs. 2 Satz 1 GKG gehören **Geld- und Sachbezüge**. 6

aa) Geldbezüge

Geldbezüge sind etwa das **Grundgehalt**, ein **Fixum, Provisionen**, regelmäßige **Prämien** (zB Verkaufs- und Anwesenheitsprämien, Nacht-, Schicht-, Gefahren- und Leistungszulagen) sowie **Essensgeldzuschüsse** (sofern betriebsüblich) und nach richtiger An- 7

---

1 Vgl. etwa LAG Nürnberg 26.7.2000 – 6 Ta 180/00, NZA-RR 2001, 53 (Einordnung als Arbeitnehmer oder Handelsvertreter).
2 LAG Schl.-Holst. 4.7.1996 – 1 Ta 68/96, LAGE § 12 ArbGG 1979 – Streitwert Nr. 105.
3 Vgl. nur LAG Rh.-Pf. 5.6.2008 – 3 Ta 77/08, EzA-SD 2008, Nr. 17, 6; LAG Hamm 19.4.2006 – 1 Ta 23/06, nv.; LAG Düsseldorf 9.11.2003 – 15 Ta 395/03, FA 2004, 60.
4 Dort wird der Hilfswert nach § 52 Abs. 2 GKG (5 000 Euro) zugrunde gelegt, vgl. nur BayVerwGH 11.5.2010 – 12 C 10.1026, nv.; 11.10.2006 – 9 ZB 05.3289, nv.; 16.9.2005 – 9 C 05.1972, AE 2006, 66; BVerwG 16.5.1992 – 5 C 39.89, MDR 1993, 584.
5 BAG 3.2.2009 – 5 AZB 100/08, NZA 2009, 669; so auch LAG Sachs. 11.9.2003 – 4 Ta 248/03, nv.; LAG Nürnberg 20.8.2002 – 6 Ta 63/02, ARST 2002, 65; LAG Hess. 23.6.2000 – 9 Ta 169/00, nv.; ähnl. LAG Hamm 1.2.2012 – 2 Ta 394/11, NZA-RR 2012, 324 und 2.8.2006 – 2 Ta 248/03, JurBüro 2007, 425: 3/10; aA etwa LAG Thür. 7.4.2014 – 1 Ta 31/14, nv.: 20 % des Hauptsachewerts; ebenso LAG Hamm 3.2.2014 – 11 Ta 274/13, nv.: 1/5; vgl. ferner LAG Köln 14.10.1995 – 14 Ta 121/92, MDR 1993, 915: Hauptsachewert; LAG Rh.-Pf. 7.3.1994 – 6 Ta 176/93, nv.: Orientierung am Kosteninteresse.
6 BAG 19.7.1973 – 2 AZR 190/73, AP Nr. 20 zu § 12 ArbGG 1953; LAG Schl.-Holst. 27.7.2010 – 6 Ta 110/10, nv.; LAG Köln, 19.8.1999, MDR 1999, 1449.
7 ZB LAG Hamm 8.6.2010 – 6 Ta 248/10, AE 2011, 92.
8 Vgl. nur LAG Nürnberg 15.8.2014 – 7 Ta 103/14, AE 2014, 312; LAG Hess. 15.2.2002 – 15 Ta 497/01, nv.; LAG Düsseldorf 7.1.1991 – 7 Ta 414/90, LAGE § 12 ArbGG 1979 – Streitwert Nr. 89; KR/*Friedrich*, § 4 KSchG, Rz. 274a; *Meier/Becker*, Streitwerte im Arbeitsrecht, S. 70; str., aA LAG BW 4.10.2002 – 3 Ta 89/02, nv.; LAG Berlin 7.1.1981 – 2 Ta 96/80, ArbuR 1981, 353.

sicht **Trinkgelder**[1]. Ferner **variable Vergütungen**[2], **vermögenswirksame Leistungen**[3] und **Fahrtkostenpauschalen**[4], zumindest dann, wenn Fahrkostenpauschalen auch im Urlaub gezahlt werden[5]. **Nicht** zu berücksichtigen sind **Trennungsentschädigungen**[6] und **Auslösungen**[7] sowie sonstiger **Aufwendungsersatz**.

8 Da Arbeitsentgelt die Vergütung ist, die der Arbeitgeber im Falle seines Annahmeverzuges schuldet, ist nicht schematisch ein Geldbezug einzubeziehen und ein anderer außen vor zu lassen. Es ist alles zu berücksichtigen, was **bei Fortbestand des Arbeitsverhältnisses in den nächsten drei Monaten** nach dem streitigen Beendigungszeitpunkt vom Arbeitnehmer **beansprucht werden könnte**[8]. Fallen Prämien, Zulagen oder sonstige Bezüge **schwankend** an, ist der monatliche **Durchschnitt der letzten drei Beschäftigungsmonate** zu ermitteln.

⊃ Hinweis: Bei einer Kündigung in der **Elternzeit** ist das Einkommen, das **nach Ablauf der Elternzeit** gelten würde, maßgebend[9].

bb) Gratifikationen, 13. Monatsgehälter und Tantiemen

9 **Gratifikationen** sind nach überwiegender Ansicht nicht zu berücksichtigen[10]. Auch **13. Monatsgehälter** werden zum Teil nicht einbezogen[11]. Nach aA sind vertraglich zugesagte Gratifikationen, ggf. anteilig, zu berücksichtigen, sofern es sich **nicht um freiwillige Leistungen** handelt, die unberücksichtigt bleiben[12]. Nach richtiger Ansicht kommt es darauf an, ob ein 13. Monatsgehalt, eine Gratifikation oder eine sonstige Sonderzahlung **Entgeltcharakter** hat. Ist das der Fall, sind sie als **echtes Arbeitsentgelt**, bei einem unterjährigen Ausscheiden ggf. nur anteilig, **einzubeziehen**[13].

10 **Tantiemen** sollen nur zu berücksichtigen sein, wenn sie **fest zugesagt** sind („fest zugesagte Jahrestantieme")[14].

cc) Sachbezüge

11 Zu den Sachbezügen gehören etwa freie Unterkunft, Verpflegung, unentgeltlicher Bezug einer Hausmeisterwohnung, Lebensmittel- (Freitrunk), Kohle- und Stromdeputa-

---

1 Zutreffend LAG Düsseldorf 18.2.1981 – 12 Sa 1534/80, nv.; str., aA LAG Köln 23.6.2006 – 3 Ta 196/06, NZA-RR 2006, 598; LAG Hamburg 29.7.2004 – 8 Ta 11/04, nv.; KR/*Friedrich*, § 4 KSchG, Rz. 274.
2 LAG München 24.3.2005 – 2 Ta 79/05, AE 2005, 277.
3 LAG Berlin 27.5.2003 – 17 Ta (Kost) 6054/03, AE 2004, 74.
4 LAG Berlin 27.5.2003 – 17 Ta (Kost) 6054/03, AE 2004, 74.
5 So LAG BW 16.8.1984 – 1 Ta 119/84, AuR 1985, 197; LAG Hess. 12.6.1984 – 1 Ta 119/84, AP Nr. 14 zu § 12 ArbGG 1953.
6 LAG Hess. 12.4.1966 – 5 Sa 227/66, RdA 1966, 439.
7 LAG Köln 23.4.1999 – 10 Ta 69/99, AE 1999, 168.
8 Zutreffend etwa LAG Berlin 23.1.2004 – 17 Ta 6147/03, EzA-SD 6/2004, 19.
9 LAG Köln 12.8.1999 – 13 Ta 232/99, AE 2000, 71.
10 LAG Sachs. 21.6.2007 – 4 Ta 10/07, LAGE § 42 GKG 2004 Nr. 7a; LAG München 7.6.2002 – 3 Ta 130/02, AE 2002, 140; LAG Hess. 12.8.1999 – 15 Ta 137/99, ARST 2001, 71; 22.6.1998 – 6 Ta 40/98, AE 1999, 48; LAG Köln 18.7.1994 – 10 Ta 113/94, LAGE § 12 ArbGG 1979 – Streitwert Nr. 100 (aber offen gelassen von LAG Köln 17.11.1995 – 5 Ta 288/95, NZA-RR 1996, 392); LAG Berlin 16.10.1985 – 2 Ta 97/85, LAGE § 12 ArbGG 1979 – Streitwert Nr. 44; LAG Saarl. 3.12.1984 – 2 Ta 34/84, JurBüro 1985, 592.
11 So etwa LAG Rh.-Pf. 25.4.1985 – 1 Ta 76/85, NZA 1986, 34.
12 LAG Düsseldorf 28.6.1990 – 7 Ta 93/90, LAGE § 12 ArbGG 1979 – Streitwert Nr. 84; vgl. auch LAG Rh.-Pf. 24.4.2007 – 1 Ta 81/07, MDR 2007, 1106.
13 Zutreffend LAG BW 1.2.2011 – 5 Ta 189/10, nv.; LAG Hamm 8.6.2010 – 6 Ta 248/10, AE 2011, 92; vgl. auch LAG Rh.-Pf. 24.4.2007 – 1 Ta 81/07, MDR 2007, 1106.
14 So LAG Hess. 29.5.2002 – 15 Ta 93/02, nv.; KR/*Friedrich*, § 4 KSchG Rz. 274.

te. Bei der häufigsten Form eines Sachbezuges, der Überlassung eines Dienstwagens auch zur privaten Nutzung, kommt es auf die Höhe der steuerlichen Bewertung der privaten Nutzungsmöglichkeit (geldwerter Vorteil) an. Das sind bei der pauschalen Besteuerung 1 % des Bruttolistenpreises auf den monatlichen zu versteuernden Bruttobetrag[1]. Sofern ein Fahrtenbuch geführt wird, sollte zur Vereinfachung auch der Satz nach der pauschalen Besteuerung zugrunde gelegt werden. Dann ist der Wert des jeweiligen Sachbezuges für drei Monate zu ermitteln, der zum Vierteljahresverdienst hinzukommt.

Im Kündigungsschutzprozess eines **Chefarztes** ist bei der Streitwertfestsetzung nicht nur von den effektiven Gehaltsbezügen auszugehen. Sind ihm vertraglich Nebentätigkeiten unter Einsatz von Personal und Ausstattung des Krankenhauses gestattet (zB Kassenambulanz, berufsgenossenschaftliche Durchgangsverfahren und Privatpraxis), ist **diese Betätigungsmöglichkeit angemessen zu berücksichtigen**[2]. Das LAG Hamm berücksichtigt das Recht zur **Privatliquidation** aber wegen der Abzüge davon für die Inanspruchnahme von Mitarbeitern, Räumen und Arbeitsgeräten nur mit ⅓ **des vierteljährlichen Werts**[3].   11a

Checkliste   12

☐ Beide Parteien sollten generell substantiiert und vollständig auch zum Streitwert vortragen. Eine lückenhafte Darstellung wird zu entsprechender Zurückhaltung bei der Streitwertfestsetzung führen.

☐ Substantiiert und vollständig heißt, dass in einer Kündigungsschutzklage genau angeben wird, wie hoch die monatliche Vergütung aussieht und aus ggf. welchen Bestandteilen sie sich zusammensetzt (zB: monatliche Vergütung von 6850 Euro, die sich aus einem Grundgehalt von 6000 Euro, dem geldwerten Vorteil für einen Dienstwagen von 350 Euro und einem anteiligen 13. Monatsgehalt von 500 Euro zusammensetzt).

☐ Der Vertreter des Arbeitgebers sollte darauf achten, dass nicht alleine von der vom Arbeitnehmer angegebenen Höhe des Arbeitsentgelts ausgegangen wird. Der Arbeitgeber hat ein berechtigtes Interesse, im Falle des Unterliegens die Kosten nur nach dem wirklichen Wert der Feststellung zu tragen und nicht nach dem vom Arbeitnehmer möglicherweise mit Blick auf hohe Abfindungsvorstellungen übertrieben dargestellten Wert. Bei unterschiedlichen Angaben hat das Gericht zu versuchen, das wahre Interesse des Arbeitnehmers an der Feststellung zu ermitteln bzw. sich diesem zu nähern[4].

e) Streitwertgrenze des § 42 Abs. 2 Satz 1 GKG

Nach § 42 Abs. 2 Satz 1 GKG ist für die Wertberechnung der Rechtsstreitigkeiten über das Bestehen, das Nichtbestehen oder die Kündigung eines Arbeitsverhältnisses **höchstens** der Betrag des **für die Dauer eines Vierteljahres zu leistenden Arbeitsentgeltes** maßgebend. **Umstritten** ist, ob es sich bei dem Vierteljahresverdienst um einen Höchst-, Rahmen- oder Regelstreitwert handelt: 13

---

1 LAG Rh.-Pf. 8.5.2008 – 1 Ta 49/08, nv.; 24.4.2007 – 1 Ta 81/07, MDR 2007, 1106; LAG Berlin 28.10.2002 – 17 Ta 6098/02, nv.; 27.11.2000 – 7 Ta 61117/00, AE 2001, 43, 96.
2 LAG Nds. 17.4.2013 – 2 Sa 179/12, NZA-RR 2013, 251; LAG Hamm 30.6.2006 – 6 Ta 136/06, nv.; 29.1.1976 – 8 Ta 116/75, BB 1976, 746; LAG Rh.-Pf. 18.6.1991 – 4 Ta 10/91, MedR 1992, 18; TZA/Ziemann, S. 130 f./Rz. 349; str., aA etwa LAG BW 15.11.2013 – 12 Ta 15/13, nv.: keine Berücksichtigung.
3 So LAG Hamm 30.6.2006 – 6 Ta 136/06, nv.
4 Vgl. LAG Köln 6.3.1985 – 7 Sa 1186/84, nv.

aa) Höchststreitwert

14 Das BAG sah bisher (vgl. Rz. 16) im Vierteljahresverdienst nur die **Obergrenze** für den nach **billigem Ermessen** festzusetzenden Streitwert[1]. Der Streitwert hing insbesondere von der **bisherigen Dauer des Arbeitsverhältnisses** ab. Wenn nicht besondere Umstände Abweichungen rechtfertigten, setzte es bei einem Bestand des Arbeitsverhältnisses **bis zu sechs Monaten ein Monatsverdienst, von sechs bis zwölf Monaten zwei Monatsverdienste** und von **mehr als einem Jahr drei Monatsverdienste** fest. Dem haben sich einzelne Gerichte angeschlossen[2].

ZB LAG Rheinland-Pfalz: Bei Bestand **bis zu sechs Monate**, ist **ein Monatsverdienst** zugrunde zu legen, **von sechs bis zwölf Monaten** sind es **zwei Monatsverdienste** und bei einer **darüber hinausgehenden Dauer drei**[3]. Das gilt auch bei einer Befristung, oder wenn wegen § 23 Abs. 1 Satz 1 oder 2 KSchG kein Kündigungsschutz besteht[4]. Begrenzt der Kläger den Streitgegenstand auf die **Einhaltung der Kündigungsfrist** und begehrt er für den Zeitraum bis zum Ablauf dieser Frist eine **bezifferte Vergütung**, kommt es auf deren Wert an.[5]

bb) Rahmenstreitwert

15 Andere Gerichte sehen im Vierteljahresverdienst einen **Rahmenstreitwert**[6]. Im **Rahmen** des § 42 Abs. 2 Satz 1 GKG sei der Streitwert unter Berücksichtigung verschiedener Umstände wie etwa **der Dauer des Arbeitsverhältnisses, des Alters, des Familienstandes** und **der Stellung des Arbeitnehmers** festzusetzen[7]. Letztlich kommt es auch danach in erster Linie auf die **Dauer des Arbeitsverhältnisses** an.

ZB LAG Berlin-Brandenburg und Schleswig-Holstein: Bei Bestand unter sechs Monaten ein Monatsverdienst, bei Bestand von sechs Monaten bis zu einem Jahr zwei und erst aber bei mehr als einem Jahr drei Monatsverdienste[8]. Ist nicht der unbefristete Fortbestand des Arbeitsverhältnisses streitig, ist der Streitwert, abhängig von der Länge des streitigen Zeitraums, ebenfalls herabzusetzen[9]. Findet das KSchG noch keine Anwendung, kommt es auf die bis zum Ablauf der Kündigungsfrist anfallende Vergütung an[10].

---

1 BAG 30.11.1984 – 2 AZN 572/82 (B), NZA 1985, 369.
2 LAG Rh.-Pf. 28.11.2011 – 1 Ta 272/11, NZA-RR 2012, 155; 11.2.2010 – 1 Ta 13/10, nv.; 30.11.2009 – 1 Ta 255/09, NZA-RR 2010, 264; 22.5.2009 – 1 Ta 105/09, AE 2009, 350; 21.11.2008 – 1 Ta 200/08, nv.; 26.11.2007 – 1 Ta 249/07, NZA-RR 2008, 206; 2.7.2004 – 3 Ta 135/04, NZA-RR 2005, 131; LAG BW 16.5.1990 – 8 Ta 50/90, JurBüro 1990, 1271.
3 LAG Rh.-Pf. 1.2.2012 – 1 Ta 15/12, nv.; 16.1.2012 – 1 Ta 269/11, AE 2012, 118; 11.2.2010 – 1 Ta 13/10, nv.; 22.5.2009 – 1 Ta 105/09, AE 2009, 350; 20.1.2009 – 1 Ta 1/09, AE 2009, 289; 11.12.2008 – 1 Ta 220/08, EzA-Sd 2009, Nr. 3, 15; 28.11.2008 – 1 Ta 200/08, nv.; 14.3.2007 – 1 Ta 55/07, nv.
4 LAG Rh.-Pf. 30.11.2009 – 1 Ta 255/09, NZA-RR 2010, 264.
5 LAG Rh.-Pf. 1.3.2010 – 1 Ta 24/10, AE 2011, 90.
6 LAG Berlin 13.3.2001 – 17 Ta 6026/01, NZA-RR 2001, 436; 20.5.1979 – 2 Ta 18/79, nv.; LAG Schl.-Holst. 17.2.1998 – 3 Ta 34/98c, nv.; LAG BW 27.1.1982 – 1 Ta 17/82, LAGE § 12 ArbGG 1979 – Streitwert Nr. 16.
7 Vgl. etwa LAG Berlin 13.3.2001 – 17 Ta 6026/01, NZA-RR 2001, 436; LAG Schl.-Holst. 17.2.1998 – 3 Ta 34/98c, nv.; LAG Nürnberg 20.2.1987 – 1 Ta 3/86, ZfSch 1989, 17; 5.5.1986 – 1 Ta 3/85, LAGE § 12 ArbGG 1979 – Streitwert Nr. 53.
8 Vgl. LAG Bln.-Bdb. 27.1.2012 – 6 Sa 2062/11, nv.; 13.3.2001 – 17 Ta 6026/01, NZA-RR 2001, 436; LAG Schl.-Holst. 27.10.2010 – 6 Ta 110/10, nv.; 24.6.2009 – 6 Ta 74/09, nv.; 19.11.2002 – 2 Ta 185/02, AE 2003, 87; 10.5.2000 – 4 Ta 63/00, nv.
9 LAG Bln.-Bdb. 8.6.2012 – 1 Ta (Kost) 6068/12, nv.
10 So LAG Schl.-Holst. 30.11.2005 – 1 Ta 202/05, NZA-RR 2006, 157.

cc) Regelstreitwert

Die überwiegende Rechtsprechung sieht im Vierteljahresverdienst einen **Regelstreitwert**[1]. Der in § 42 Abs. 2 Satz 1 GKG bestimmte Höchstwert von einem Vierteljahresverdienst ist auszuschöpfen, **sofern nicht der Fortbestand** des Arbeitsverhältnisses **für eine kürzere Zeit als drei Monate begehrt** wird[2]. Auch das **BAG** scheint dies nun so zu sehen, geht es in einer jüngeren Entscheidung davon aus, im **Regelfall sei der Dreimonatsverdienst** festzusetzen, es sei denn, der Bestand des Arbeitsverhältnisses werde **für einen geringeren Zeitraum** geltend gemacht[3]. Ganz klar wird dies nicht, weil es sich nicht mit seiner bisherigen Rechtsprechung auseinander setzt (vgl. Rz. 14). Zudem ging es um mehrere Kündigungen. Weitere Beispiele:

16

LAG Sachsen: Bei einem Bestand von mehr als sechs Monaten ist immer der Vierteljahresverdienst anzusetzen[4].

LAG Köln: Bestand das Arbeitsverhältnis zwar noch keine sechs Monate, wird aber dessen **unbefristeter Fortbestand** geltend gemacht, bleibt es beim **Vierteljahresverdienst**[5], bzw. reicht es dafür aus, wenn der Kläger die Anwendbarkeit des KSchG behauptet und einen unbefristeten Fortbestand geltend macht[6]. Wird der Fortbestand nur für eine **kürzere Zeit** geltend gemacht, ist der Streitwert in Höhe des Betrags festzusetzen, der der **Bruttovergütung für diese kürzere Zeit** entspricht[7]. Ebenso LAG Baden-Württemberg: **Grundsätzlich bei zeitlich unbefristetem Bestandsschutzantrag Vierteljahresverdienst**, es sei denn, es wird ein **kürzerer Fortbestandszeitraum** geltend gemacht[8]. In diesem Sinne auch LAG Düsseldorf: Der **Vierteljahresverdienst** ist selbst dann maßgebend, wenn das Arbeitsverhältnis noch keine sechs Monate bestand und eine **Fortsetzung bis zum Ablauf der vereinbarten Befristung** (etwa nach einem Jahr) beantragt wird[9].

dd) Streitwertkatalog

Der **Aktuelle Streitwertkatalog** (I. Nr. 19.) legt grundsätzlich die Vergütung für ein Vierteljahr zugrunde, es sei denn, unter Auslegung des Klageantrags ist nur ein Fortbestand des Arbeitsverhältnisses von **unter drei Monaten im Streit**, dann ist der **geringere Wert** anzusetzen.

17

---

1 LAG Nds. 7.12.2009 – 8 Ta 516/09, AE 2010, 116; 27.4.1995 – 9 Ta 141/95, nv.; 13.7.1993 – 10 Ta 210/93, AnwBl. 1994, 152; LAG Düsseldorf 22.12.2008 – 6 Ta 640/08, nv.; 17.10.1985 – 7 Ta 302/85, LAGE § 12 ArbGG 1979 – Streitwert Nr. 41; LAG Hamm 17.10.2006 – 6 Ta 598/06, nv.; 9.2.2000 – 9 Ta 571/99, nv.; 27.6.1985 – 8 Ta 184/85, LAGE § 12 ArbGG 1979 – Streitwert Nr. 38; LAG Köln 26.9.2006 – 9 Ta 347/06, BB 2007, 612; 15.11.1985 – 9 Ta 185/85, LAGE § 12 ArbGG 1979 – Streitwert Nr. 42; LAG München 3.11.2003 – 9 Ta 384/03, AE 2004, 73; 20.7. 2000 – 3 Ta 326/00, NZA-RR 2000, 661; LAG Hess. 21.1.1999 – 15/6 Ta 630/98, LAGE § 12 ArbGG – Streitwert Nr. 116; 29.4.1986 – 6 Ta 116/86, BB 1986, 1512; LAG Thür. 7.10.1996 – 8 Ta 135/96, AGS 1997, 18; LAG Bremen 28.2.1986 – 4 Ta 8/86, AnwBl. 1986, 250.
2 LAG Köln 18.12.2013 – 5 Ta 340/13, AE 2014, 263; 22.5.2009 – 4 Ta 124/09, AE 2010, 63; 26.9. 2006 – 9 Ta 347/06, BB 2007, 612; LAG München 3.11.2003 – 9 Ta 384/03, AE 2004, 73; 16.9. 2003 – 9 Ta 338/03, AE 2004, 139; 13.1.1986 – 5 Ta 211/85, NZA 1986, 496; 22.11.1985 – 6 Ta 150/85, ARST 1987, 173; LAG Hamburg 15.5.1990 – 2 Ta 21/89, nv.; LAG Nds. 13.7.1993 – 10 Ta 210/93, AnwBl. 1994, 152.
3 So BAG 19.10.2010 – 2 AZN 194/10 (A), AP Nr. 1 zu § 42 GKG 1975.
4 LAG Sachs. 2.11.1999 – 4 Ta 308/99, NZA-RR 2001, 326; 8.12.1998 – 1 Ta 312/98, nv.; 15.9. 1998 – 1 Ta 236/98, nv.
5 LAG Köln 18.12.2013 – 5 Ta 340/13, AE 2014, 263; 1.12.2011 – 9 Ta 350/11, nv.
6 LAG Köln 2.5.2011 – 2 Ta 122/11, AE 2012, 72.
7 LAG Köln 18.12.2013 – 5 Ta 340/13, AE 2014, 263.
8 LAG BW 8.1.2014 – 5 Ta 184/13, NZA-RR 2014, 152.
9 LAG Düsseldorf 30.6.2003 – 5 Sa 225/03, AE 2004, 73.

Das ist richtig, **grundsätzlich** ist der **Vierteljahresverdienst festzusetzen**, es sei denn, es wird ein **kürzerer Fortbestandszeitraum** geltend gemacht[1]. Auf die Dauer des Arbeitsverhältnisses kommt es dabei nicht an. Denn es geht um dessen **zukünftigen Fortbestand**, nicht um die Dauer der bereits erworbenen Betriebszugehörigkeit[2].

f) Streitwert bei mehreren Kündigungen in einem Prozess

aa) Grundsätze des BAG

18 Werden in einem Prozess **mehrere zeitlich aufeinander folgende Kündigungen** zu einem Beendigungszeitpunkt und/oder zu unterschiedlichen Zeitpunkten angegriffen, setzt das BAG unter Hinweis auf § 45 Abs. 1 Satz 3 GKG auch für diese nur einmal bis zur **Höchstgrenze den Vierteljahresverdienstes** fest[3].

19 Dem BAG haben sich verschiedene Gerichte angeschlossen[4], wobei es nur das LAG Baden-Württemberg alleine beim Vierteljahresverdienst belässt[5]. Diesen halten einige Gerichte für zu gering, wenn die Kündigungen **nicht zeitlich oder sachlich zusammenhängen**:

LAG Rheinland-Pfalz: Die **Begrenzung auf den Vierteljahresverdienst** ist dann **verbindlich**, wenn die verschiedenen Kündigungen in einem **engen zeitlichen Zusammenhang** stehen und die **Kündigungsgründe identisch** sind[6]. Haben die Kündigungen keinen unmittelbaren Bezug zueinander, sind der **Kündigungssachverhalt und die Beendigungszeitpunkte nicht identisch** und wurden die Kündigungen in einem zeitlichen Zusammenhang von **bis zu sechs Monaten** ausgesprochen, sind sie nur jeweils mit **höchstens einem Bruttomonatsverdienst** zu berücksichtigen; bei der ersten Kündigung bleibt es **je nach Dauer des Arbeitsverhältnisses** bei **bis zu drei Bruttomonatsverdiensten**[7].

LAG Nürnberg: Die Festsetzung nur des **einmaligen Vierteljahresverdienstes** ist dann **nicht ermessenfehlerhaft**, wenn die weitere(n) Kündigung(en) nur **vorsorglich** ausgesprochen wurden[8]; es können auch nur **zwei Monatsverdienste** angemessen sein, wenn der weiteren Kündigung ein **anderer Sachverhalt** zugrunde liegt (Tat- und Verdachtskündigung) und die **Entlassungstermine nicht identisch** sind[9].

---

1 So auch zutreffend gegen den ersten Entwurf des Streitwertkatalogs LAG BW 8.1.2014 – 5 Ta 184/13, NZA-RR 2014, 152.
2 Zutreffend *Willemsen/Schipp/Oberthür*, NZA 2014, 886 (887).
3 BAG 19.10.2010 – 2 AZN 194/10 (A), AP Nr. 1 zu § 42 GKG 1975; 6.12.1984 – 2 AZR 754/79 (B), NZA 1985, 296.
4 LAG Nürnberg 11.12.2007 – 4 Ta 159/07, Jur Büro 2008, 252; 7.2.1992 – 4 Ta 144/91, NZA 1992, 516; LAG München 1.2.2001 – 10 Ta 27/01, nv.; 20.7.2000 – 3 Ta 326/00, NZA-RR 2000, 661; 21.4.1988 – 5 Ta 66/88, JurBüro 1989, 57; LAG Nds. 8.2.1994 – 4 Ta 35/94, MDR 1994, 627; LAG BW 15.10.1991 – 8 Ta 92/91, JurBüro 1992, 535; LAG Rh.-Pf. 18.4.1986 – 1 Ta 63 u. 64/86, LAGE § 12 ArbGG 1979 – Streitwert Nr. 59; LAG Berlin 22.10.1984 – 2 Ta 102/84, NZA 1985, 297.
5 Vgl. etwa LAG BW 20.12.2011 – 5 Ta 225/11, AE 2012, 117; 6.8.2010 – 5 Ta 110/10, nv.
6 LAG Rh.-Pf. 4.5.2012 – 1 Ta 86/12, NZA-RR 2012, 442; 28.4.2010 – 1 Ta 60/10, nv.; 24.2.2007 – 1 Ta 81/07, MDR 2007, 1106; 13.6.2001 – 2 Ta 619/01, MDR 2001, 1174.
7 LAG Rh.-Pf. 28.4.2010 – 1 Ta 60/10, nv.; 11.2.2010 – 1 Ta 13/10, nv.; 21.10.2009 – 1 Ta 241/09, nv.; 21.11.2008 – 1 Ta 200/08, NZA-RR 2009, 220; 28.4.2008 – 1 Ta 60/08, NZA-RR 2009, 39; 21.1.2008 – 1 Ta 284/07, NZA-RR 2008, 429; 11.6.2007 – 1 Ta 103707, AE 2007, 372; 24.2.2007 – 1 Ta 81/07, AE 2007, 372.
8 LAG Nürnberg 22.11.2010 – 4 Ta 31/10, JurBüro 2011, 138; 11.12.2007 – 4 Ta 159/07, JurBüro 2008, 252.
9 So LAG Nürnberg 1.3.2010 – 4 Ta 171/09, nv.

bb) Differenzierende Ansichten

Die Auffassung des BAG begegnet Bedenken, weil unstreitig bei mehreren Kündigungen **mehrere Streitgegenstände** vorliegen[1]. Diese führen zur **Klagehäufung**. Die Anträge sind **nicht wirtschaftlich identisch**. Zutreffend differenzieren deshalb einige Gerichte und tendieren dahin, nur **für eine Kündigung den Vierteljahresverdienst** zu berücksichtigen und bei weiteren auf den **Verdienst zwischen den Beendigungszeiträumen** abzustellen und diesen mit dem Vierteljahresverdienst zu addieren (sog. Differenztheorie). Dabei wird aber nicht einheitlich verfahren:

20

(1) LAG Bremen, Köln, Düsseldorf, Hamm und Niedersachsen

LAG Bremen: Bei mehreren Kündigungen eines Arbeitsverhältnisses, das dem KSchG unterliegt, die innerhalb von **drei Monaten ausgesprochen** werden, ist regelmäßig die **erste Kündigung** mit dem **Vierteljahresverdienst** zu bewerten. Für jede **weitere Kündigung** kommt wegen wirtschaftlicher Teilidentität der Wert der **Differenz des Verdienstes** für den Zeitraum zwischen dem ersten und zweiten bzw. dritten usw. Beendigungszeitpunkt hinzu, mindestens **ein Monatsverdienst**[2]. Ein **Monatsverdienst** ist auch für die außerordentliche, fristlose Kündigung festzusetzen, die im Anschluss an eine ordentliche Kündigung ausgesprochen wird[3].

21

LAG Köln und Düsseldorf: Für nachfolgende Kündigungen, die in einem Abstand von **weniger als drei Monaten** ausgesprochen werden, ist nicht der Vierteljahresverdienst festzusetzen. Vielmehr ist zu dem **Vierteljahresverdienst** nur die „**Zeitdifferenz zwischen den einzelnen Kündigungen**" zu addieren, **mindestens** für jede weitere Kündigung **ein Monatsverdienst**. Bei **mehr als drei Monaten Abstand** ist wieder der **Vierteljahresverdienst** anzusetzen[4].

LAG Hamm: Hinsichtlich der **ersten Kündigung** bleibt es beim **Vierteljahresverdienst**, die weiteren Kündigungen bewertet es geringer. Entscheidend ist, **welche Zeiträume zusätzlich streitig werden**. Für **jeden angefangenen Monat** des Fortbestehens des Arbeitsverhältnisses ist **ein Monatsverdienst** anzusetzen. Liegen die Kündigungstermine **mindestens drei Monate auseinander**, ist auch für die weitere Kündigung der **Vierteljahresverdienst** zugrunde zu legen. Eine Folgekündigung ist **mindestens mit einem Monatsverdienst** zu bewerten. Kein zusätzlicher Wert ist bei **wirtschaftlicher Identität** mit der vorangegangenen Kündigung festzusetzen[5].

LAG Niedersachsen: Entscheidend sind die **Beendigungszeitpunkte**[6]. Für jede Kündigung ist der **volle Vierteljahresverdienst** angemessen, wenn die weitere Kündigung auf ein Beendigungsdatum gerichtet ist, das **drei Monate und mehr nach dem Beendigungsdatum der ersten Kündigung** liegt[7]. Ist das nicht der Fall, ist für weitere Kündigungen nur der **Verdienst zwischen den Beendigungszeitpunkten** festzusetzen, wenn zwischen den Kündigungen **ein enger tatsächlicher oder wirtschaftlicher Zusammenhang** besteht. Davon geht es bei zwei innerhalb von knapp drei Monaten ausgespro-

---

1 Zutreffend LAG München 3.11.2003 – 9 Ta 384/03, AE 2004, 73.
2 LAG Bremen 13.2.1987 – 4 Ta 5/87, BB 1987, 479; vgl. auch 25.8.2005 – 3 Ta 39/05, LAGE § 42 GKG 2004 Nr. 5.
3 LAG Bremen 25.8.2005 – 3 Ta 39/05, LAGE § 42 GKG 2004 Nr. 5.
4 LAG Köln 8.10.2013 – 11 Ta 246/13, ArbR 2014, 112; 2.5.2011 – 2 Ta 122/11, AE 2012, 72; 16.10.2007 – 9 Ta 298/07, NZA-RR 2008, 380; 8.3.1989 – 5 Ta 3/89, LAGE § 12 ArbGG 1979 – Streitwert Nr. 79; 6.12.1988 – 10 Ta 264/88, nv.; 19.7.1984 – 3 Ta 113/84, LAGE § 12 ArbGG 1979 – Streitwert Nr. 27; LAG Düsseldorf 6.5.2008 – 6 Ta 138/08, nv.; 8.11. 2007 – 6 Ta 590/07, nv.; 21.12.2006 – 6 Ta 640/06, nv.; 27.9.2005 – 17 Ta 552/05, nv.
5 LAG Hamm 14.10.2011 – 10 Sa 560/11, AE 2012, 117.
6 LAG Nds. 1.2.2006 – 4 Ta 31/06, AE 2006, 307; 23.5.2005 – 14 Ta 368/05, AE 2005, 279; 17.4. 2001 – 3 Ta 118/01, NZA-RR 2001, 495; 8.11.1996 – 16 Ta 349/96, NdsRpfl 1997, 35.
7 LAG Nds. 23.5.2005 – 14 Ta 368/05, AE 2005, 279.

chenen Kündigungen aus; dann setzt das LAG wegen der 2 ½ Monate auseinander liegenden Beendigungszeitpunkte insgesamt **5 ½ Monatsverdienste** fest[1]. Auch bei kurz aufeinander folgenden Kündigungen setzt es aber **mindestens einen Monatsverdienst** fest[2].

(2) LAG Berlin-Brandenburg

22 Bislang fand eine Anrechnung des Wertes einer weiteren Kündigung statt, soweit sich die Kündigungsschutzanträge innerhalb eines Zeitraums von **drei Monaten** überschnitten. Der Umfang richtete sich nach dem **Verdienst zwischen den Beendigungszeiträumen (bis zu drei Monatsverdiensten)**. Allerdings war für die **zuletzt ausgesprochene Kündigung** der Höchstwert nach § 42 Abs. 2 Satz 1 GKG zugrunde zu legen[3]. Lagen **mehr als drei Monate** zwischen den Kündigungen, nahm es eine **Wertaddition** vor; die dann pro Kündigung zugrunde zu legenden **Vierteljahresverdienste addierte** es[4]. Ggf. war nicht der Vierteljahresverdienst maßgeblich, weil etwa ein Arbeitsverhältnis **noch keine sechs Monate** bestand. Dann war nur **ein Monatsverdienst** festzusetzen (vgl. Rz. 15). Eine **vorsorglich ordentliche Kündigung** blieb unberücksichtigt[5].

(3) LAG Hessen, Schleswig-Holstein, Thüringen und Sachsen

23 LAG Hessen[6]: Für die **erste Kündigung** ist der **Vierteljahresverdienst** festzusetzen, für weitere Kündigungen, die in einem Zeitraum von **bis zu sechs Monaten nach Zugang** der ersten ausgesprochen werden, nur **ein Monatsverdienst**. Kündigungen, die nach diesem Zeitpunkt ausgesprochen werden, fehlt es an der erforderlichen Zeitnähe, so dass dafür wieder der volle Vierteljahresverdienst festzusetzen ist[7]. Das LAG Sachsen argumentiert ähnlich und setzt aufgrund der **wirtschaftlichen Teilidentität**, die etwa bei einer **nachgeschobenen Kündigung** oder einer **zeitlicher Nähe**, dh. bei einem **zeitlichen Abstand von drei bis vier, maximal bis zu sechs Monaten** nach Zugang der ersten Kündigung vorliegt, für die weitere Kündigung nur **einen Monatsverdienst** fest, bei **mehr als sechs Monaten** wieder den **Vierteljahresverdienst**[8].

LAG Schleswig-Holstein: Wie das LAG Hessen, wobei es aber schon einen Zeitraum von „nahezu" sechs Monaten ausreichen lässt[9]; im Übrigen setzt es bei **nicht lang währenden Arbeitsverhältnissen** reduzierte Streitwerte fest (vgl. Rz. 15)[10].

LAG Thüringen: Wie das LAG Hessen, als zeitnah ist ebenfalls ein Zeitraum von **sechs Monaten** anzusehen, aber im Gegensatz zum LAG Hessen wird zusätzlich noch eine **Identität der Kündigungsgründe** vorausgesetzt[11].

---

1 LAG Nds. 17.4.2001 – 3 Ta 118/01, NZA-RR 2001, 495.
2 LAG Nds. 1.2.2006 – 4 Ta 31/06, AE 2006, 307.
3 LAG Berlin 12.11.2003 – 17 Ta 6071/03, AE 2004, 73; 10.4.2001 – 17 Ta 6052/01, NZA-RR 2001, 438.
4 LAG Bln.-Bdb. 27.1.2012 – 6 Sa 2062/11, nv.; 12.11.2003 – 17 Ta 6071/03, AE 2004, 73.
5 LAG Berlin 25.4.2003 – 17 Ta 6023/03, AE 2003, 142; 23.10.2001 – 17 Ta 6137/01, AE 2002, 40.
6 LAG Hess. 16.8.2013 – 1 Ta 123 u. 209/13, FA 2013, 370 folgt dazu nun aber dem Streitwertkatalog.
7 LAG Hess. 27.10.2003 – 15 Ta 308/03, AE 2004, 138; 21.1.1999 – 15/6 Ta 630/98, LAGE § 12 ArbGG 1979 – Streitwert Nr. 116.
8 LAG Sachs. 23.9.2011 – 4 Ta 208/11, nv.; 19.4.2010 – 4 Ta 33/10, nv.; 31.5.2006 – 1 Ta 97/06, AE 2006, 303; 16.1.2003 – 4 Ta 359/02, nv.
9 So LAG Schl.-Holst. 26.4.2011 – 3 Ta 60/11, nv., für eine Kündigung vom 7.7. und eine weitere vom 30.12.
10 LAG Schl.-Holst. 10.5.2000 – 4 Ta 63/00, nv.
11 LAG Thür. 14.11.2000 – 8 Ta 134/00, MDR 2001, 538 u. 23.10.1996 – 8 Ta 109/96, LAGE § 12 ArbGG 1979 – Streitwert Nr. 107.

(4) LAG München, Hamburg, Hamm und Niedersachsen

LAG München und Hamburg: Grundsätzlich ist eine **echte Wertaddition** vorzunehmen und **für jede Kündigung der Vierteljahresverdienst** zugrunde zu legen[1]. Eine mit einer außerordentlichen Kündigung vorsorglich ausgesprochene ordentliche Kündigung ist nicht zu berücksichtigen[2]. Im Übrigen reduzieren beide Gerichte den Streitwert für den Fall, dass die **Beendigungstermine** zweier Kündigungen in einem **Zeitraum von einem Vierteljahr und weniger** liegen. Dann richtet sich der Streitwert der ersten Kündigung nach dem **Zwischenverdienst** bis zum Beendigungszeitpunkt der zweiten Kündigung[3]. Allerdings setzt das LAG München für eine weitere, **kurze Zeit** (sieben Tage bzw. ca. vier Wochen später) nach einer ersten Kündigung ausgesprochene Kündigung nur pauschal **einen Monatsverdienst** fest[4].

24

(5) Streitwertkatalog

Der erste Entwurf des Streitwertkatalogs (A. I. Nr. 19.) unterscheidet **nicht** danach, ob die Kündigungen **in einem oder mehreren Verfahren** angegriffen werden. Daran soll wohl festgehalten werden. Der aktuelle Entwurf (I. Nr. 20.1 bis 20.3) regelt Folgendes: Bei einer **außerordentlichen Kündigung**, die **hilfsweise auch als ordentliche** erklärt wird (einschließlich einer Umdeutung nach § 140 BGB), bleibt es bei dem **Vierteljahresverdienst** nach § 42 Abs. 2 Satz 1 GKG, **unabhängig** davon, ob die Kündigungen **in einem oder mehreren Schreiben** erklärt werden.

25

Bei Folgekündigungen ist zu differenzieren: Bei mehreren Kündigungen ohne Veränderung des Beendigungszeitpunktes kommt es zu keiner Erhöhung. Bei Veränderung des Beendigungszeitpunktes ist kommt es auf die Entgeltdifferenz zwischen den verschiedenen Beendigungszeitpunkten, maximal jedoch die Vergütung für ein Vierteljahr für jede Folgekündigung. Die erste Kündigung ist stets die mit dem frühesten Beendigungszeitpunkt, auch wenn sie später ausgesprochen und später angegriffen wird. Diese Grundsätze gelten jeweils für die betreffende Instanz. Fallen Klagen gegen einzelne Kündigungen im Laufe des Verfahrens in einer Instanz weg, gelten die Grundsätze ab diesem Zeitpunkt für die in dieser Instanz verbleibende Kündigung.

Das **begegnet teilweise Bedenken**: Der bloße Umstand, dass Kündigungen zum selben Zeitpunkt wirken, besagt nichts darüber, ob der Folgekündigung derselbe oder ein völlig **anderer Beendigungstatbestand** zugrunde liegt[5]. Mit den LAG München und Hamburg ist eine **echte Wertaddition** vorzunehmen. Davon ist auch nicht **abzuweichen**, wenn zwischen zwei Kündigungen ein Zeitraum von **weniger als drei** Monaten liegt. Wird nämlich innerhalb kurzer Zeit eine betriebs- und eine verhaltensbedingte Kündigung ausgesprochen, begründen diese jeweils eine **eigenständige Bedrohung des Arbeitsverhältnisses**[6]. Eine Reduzierung auf den **Zwischenverdienst** bis zum Beendi-

---

1 LAG München 3.11.2003 – 9 Ta 384/03, AE 2004, 73; 16.9.2003 – 9 Ta 338/03, AE 2004, 139; 3.5.1995 – 9 Sa 1046/94, nv.; LAG Hamburg 30.5.2002 – 6 Ta 14/02, n.v.; 4.2.2002 – 6 Ta 1/02, nv.; 8.2.1994 – 4 Ta 20/93, NZA 1995, 495; 7.8.1987 – 1 Ta 5/87, LAGE § 12 ArbGG 1979 – Streitwert Nr. 67; 11.11.1983 – 1 Ta 12/83, AnwBl. 1984, 316; abw. aber LAG München 1.2.2001 – 10 Ta 27/01, nv.; 20.7.2000 – 3 Ta 326/00, NZA-RR 2000, 661; 21.4.1988 – 5 Ta 66/88, JurBüro 1989, 57: nur Vierteljahresverdienst.
2 LAG Hamburg 11.1.2008 – 8 Ta 13/07, JurBüro 2008, 593; LAG München 2.5.2006 – 7 Ta 138/06, AE 2006, 216.
3 LAG München 18.8.2004 – 5 Ta 18/04, AE 2005, 84; 3.11.2003 – 9 Ta 384/03, AE 2004, 73; 16.9.2003 – 9 Ta 338/03, AE 2004, 139; 7.6.2002 – 3 Ta 130/02, AE 2002, 140; 12.11.1993 – 3 Ta 63/92, nv.; 12.7.1989 – 9 Ta 104/89, JurBüro 1990, 40; 13.10.1988 – 5 Ta 78/88, JurBüro 1989, 191; LAG Hamburg 30.5.2002 – 6 Ta 14/02, n.v.; 4.2.2002 – 6 Ta 1/02, nv.
4 LAG München 12.12.2006 – 7 Ta 378/06, AE 2007, 276; 2.5.2006 – 7 Ta 138/06, AE 2006, 216.
5 So die Kritik von *Willemsen/Schipp/Reinhard/Meier*, NZA 2013, 1112 (1115); vgl. auch die Kritik von *Willemsen/Schipp/Oberthür*, NZA 2014, 886 (887).
6 Zutreffend *Willemsen/Schipp/Oberthür*, NZA 2014, 886 (887).

gungszeitpunkt der zweiten Kündigung kommt allenfalls bei Kündigungen in Betracht, die auf **demselben Lebenssachverhalt** beruhen[1]. Liegen allerdings die Beendigungszeitpunkte **drei Monate und mehr** auseinanderliegen, ist jedenfalls dann auch bei demselben Lebenssachverhalt jeweils der volle **Vierteljahresverdienst** festzusetzen.

26 **Beispiel:**

Einem mehrjährig beschäftigten Arbeitnehmer, der monatlich 2500 Euro brutto verdient, wird am 10.1. zum 31.7. betriebsbedingt ordentlich und am 15.5. aus anderen Gründen ordentlich zum 31.12. gekündigt. Er greift beide Kündigungen in einem Rechtsstreit an.

BAG und LAG Baden-Württemberg: Streitwert 7500 Euro (3facher Verdienst); die LAG Rheinland-Pfalz und Nürnberg folgten dem zwar grundsätzlich, setzten aber wegen des fehlenden zeitlichen Zusammenhanges hier 15000 Euro fest (6facher Monatsverdienst).

LAG Bremen, Berlin, Köln, Düsseldorf, München, Hamburg und Niedersachsen: 15000 Euro (6facher Monatsverdienst). Die Kündigungen sind nicht innerhalb von drei Monaten ausgesprochen bzw. fehlt ein enger zeitlicher bzw. tatsächlicher/wirtschaftlicher Zusammenhang; ebenso LAG Thüringen (Kündigungsgründe nicht identisch), LAG Sachsen (keine wirtschaftliche Identität, zwischen den Kündigungen liegen mehr als vier Monate), LAG Hamm (die Kündigungstermine liegen drei und mehr Monate auseinander) und der Aktuelle Streitwertkatalog (I. Nr. 20.3).

LAG Hessen und Schleswig-Holstein: 10000 Euro (4facher Verdienst), weil zwischen den Zugängen der Kündigungen nicht mehr als sechs Monate liegen.

g) Streitwert bei mehreren Kündigungen in verschiedenen Prozessen

27 Auf den ersten Blick noch größer sind die Unterschiede, wenn **mehrere Kündigungen in getrennten Rechtsstreiten** angegriffen werden. Das liegt aber oft daran, dass nicht erkennbar ist, ob überhaupt differenziert werden soll, ob mehrere Kündigungen in einem oder mehreren Rechtsstreiten angegriffen werden. Die LAG Rheinland-Pfalz[2], Köln[3], Hessen[4], Thüringen[5], Hamm[6], München[7] und Niedersachsen[8] und der erste Entwurf des Streitwertkatalogs (A. I. Nr. 19.) **differenzieren ausdrücklich nicht** danach, ob mehrere Kündigungen in einem oder mehreren Rechtsstreiten angegriffen werden. Es gelten die vorherigen Ausführungen (vgl. Rz. 21 ff.).

28 Das BAG sieht dies anders und nimmt eine **getrennte und unabhängige Streitwertfestsetzung für jedes Verfahren** vor[9]. Das LAG Düsseldorf wendet auch hier die sog. Differenztheorie an (vgl. Rz. 22), in älteren Entscheidungen setzte es für eine außerordentliche Kündigung auch noch einen **„Makelzuschlag"** fest[10].

29 Nach richtiger Ansicht ist in getrennten und unabhängigen Verfahren unabhängig voneinander **für jedes Verfahren der Vierteljahresverdienst** nach § 42 Abs. 2 Satz 1 GKG festzusetzen. Eine verfahrensübergreifende Anrechnung bzw. Reduzierung ist gesetzlich nicht vorgesehen.

---

1 Vgl. *Willemsen/Schipp/Oberthür*, NZA 2014, 886 (887).
2 LAG Rh.-Pf. 21.11.2008 – 1 Ta 200/08, NZA-RR 2009, 220.
3 LAG Köln 8.3.1989 – 5 Ta 3/89, LAGE § 12 ArbGG 1979 – Streitwert Nr. 79; 6.12.1988 – 10 Ta 264/88, nv.
4 LAG Hess. 21.1.1999 – 15/6 Ta 630, LAGE § 12 ArbGG 1979 – Streitwert Nr. 116.
5 LAG Thür. 14.11.2000 – 8 Ta 134/00, MDR 2001, 538; 23.10.1996 – 8 Ta 109/96, LAGE § 12 ArbGG 1979 – Streitwert Nr. 107.
6 LAG Hamm 30.1.2002 – 9 Ta 652/98, AE 2002, 85; 15.10.2001 – 9 Ta 552/01, AE 2002, 39; 9.6.1994 – 8 Ta 196/94, EzA-SD 16/1994, 10; 29.3.1990 – 8 Ta 585/89, JurBüro 1990, 1607.
7 LAG München 8.5.1989 – 5 Ta 15/89, LAGE § 12 ArbGG 1979 – Streitwert Nr. 81.
8 LAG Nds. 1.2.2006 – 4 Ta 31/06, AE 2006, 307.
9 BAG 19.10.2011 – 2 AZN 194/10 (A), AP Nr. 1 zu § 42 GKG 1975.
10 LAG Düsseldorf 16.2.1989 – 7 Ta 47/89, JurBüro 1989, 955; 8.7.1985 – 7 Ta 244/85, LAGE § 12 ArbGG 1979 – Streitwert Nr. 39.

Beispiel:

Einem seit zwei Jahren beschäftigten Arbeitnehmer wird am 30.6. zum 31.8. betriebsbedingt ordentlich und am 15.8. aus anderen Gründen ordentlich zum 31.10. gekündigt. Sein Monatsverdienst beläuft sich auf 2500 Euro brutto. Die Kündigungen greift er in getrennten Rechtsstreiten an.

BAG: 7500 Euro (Vierteljahresverdienst) pro Rechtsstreit, die voneinander getrennt und unabhängig zu behandeln sind.

Aktueller Streitwertkatalog (I. Nr. 20.3), LAG Düsseldorf, Hamm, Köln, München und Niedersachsen: 7500 Euro (3facher Verdienst) im ersten Rechtsstreit und für 5000 Euro im zweiten (Verdienst vom 31.8. bis zum 31.10. bzw. pro angefangenem Monat ein Verdienst).

LAG Hessen und Thüringen: 7500 Euro (3facher Verdienst) im ersten Rechtsstreit und 2500 Euro (ein Verdienst) im zweiten, weil zwischen den Zugängen der Kündigungen nicht mehr als sechs Monate liegen. Ebenso LAG Rheinland-Pfalz: die Kündigungen sind zwar nicht identisch, aber innerhalb von sechs Monaten ausgesprochen wurden.

h) Streitwert bei mehreren Kündigungen durch mehrere Arbeitgeber

Wenn unklar ist, wer Arbeitgeber und deshalb kündigungsberechtigt ist, können alle möglichen Arbeitgeber kündigen, ggf. auch nur vorsorglich. Wehrt sich der Arbeitnehmer gegen **alle Kündigungen** etwa dreier juristischer Personen, sei es in einem oder mehreren Rechtsstreiten, muss er gegen drei Parteien Kündigungsschutzanträge stellen. Dann liegen **drei unterschiedliche Streitgegenstände** vor. Daher sind, auch in nur einem Rechtsstreit, **neun Monatsverdienste** gem. § 42 Abs. 2 Satz 1 GKG festzusetzen. Die Rechtsprechung sieht dies anders:

Das LAG Rheinland-Pfalz setzte für die **erste Kündigung** einer juristischen Person den **Vierteljahresverdienst** fest und stellte für eine weitere Kündigung einer anderen juristischen Person nur auf den **Verdienst zwischen den Beendigungszeitpunkten** (gut elf Wochen) ab, den es aber auf **einen Monatsverdienst** beschränkte[1].

Das LAG Hamm nimmt einen Abschlag vor, wenn der Arbeitnehmer die verklagten Arbeitgeber als **Gesamtschuldner und -gläubiger** ansieht[2].

Das LAG Hessen setzte im Einzelfall (Kündigungen von drei zu einem Konzern gehörenden Gesellschaften) nur **einmal den Vierteljahresverdienst** fest[3].

i) Streitwert bei Betriebsübergang und Klagehäufung

In Kündigungsschutzverfahren können Dritte als **(Teil-)Betriebserwerber** iSd. § 613a Abs. 1 Satz 1 BGB einbezogen werden. Das geschieht vor allem in der Weise, dass ein Arbeitnehmer neben seinem Kündigungsschutzantrag gegen den bisherigen Arbeitgeber die Verpflichtung zur **Weiterbeschäftigung** gegen den Erwerber mit einem Feststellungsantrag geltend macht, oder mit einem Feststellungsantrag auf Fortbestand des Arbeitsverhältnisses mit dem Erwerber klagt.

Die LAG Schleswig-Holstein, Nürnberg, Sachsen und Baden-Württemberg halten auch in einem solchen Rechtsstreit gegen zwei Parteien nur **einmal den Vierteljahresverdienst** für angemessen[4].

---

1 LAG Rh.-Pf. 21.11.2008 – 1 Ta 200/08, NZA-RR 2009, 220.
2 LAG Hamm 28.1.1982 – 8 Ta 289/81, nv.
3 LAG Hess. 9.1.1985 – 9 Ta 275/84, nv.
4 LAG Sachs. 21.5.2012 – 4 Ta 90/12, NZA-RR 2013, 262; LAG Nürnberg 13.7.2006 – 6 Ta 102/06, AGS 2006, 565; LAG Schl.-Holst. 12.4.2005 – 1 Ta 85/04, LAGReport 2005, 223; LAG BW 25.11.2002 – 3 Ta 135/02, nv.

Das LAG Bremen hält **vier Monatsverdienste** für angemessen, drei für das Verfahren gegen den Betriebserwerber, ein weiterer kommt für die Kündigung des Betriebsveräußerers hinzu[1].

Das LAG Hamm setzt für den **Kündigungsschutzantrag** gem. § 42 Abs. 2 Satz 1 GKG den **Vierteljahresverdienst** und für einen **Weiterbeschäftigungsantrag zwei Monatsverdienste** fest (vgl. auch Rz. 34)[2]. Kündigt der Betriebserwerber einige Zeit nach dem früheren Arbeitgeber und erhebt der Arbeitnehmer dagegen eine Kündigungsschutzklage, die später mit dem bereits anhängigen Kündigungsschutzverfahren gegen den früheren Arbeitgeber verbunden wird, setzt auch das LAG Hamm **sechs Monatsverdienste** fest[3].

Der Aktuelle Streitwertkatalog (I. Nr. 13.) differenziert: Bei einer Bestandsschutzklage gegen den Veräußerer und einer Feststellungs- bzw. Bestandsschutzklage gegen den Erwerber bleibt es alleine bei dem **Vierteljahresverdienst, es kommt zu keiner Erhöhung**. Bei einer Bestandsschutzklage gegen den Veräußerer und einem Beschäftigungs-/Weiterbeschäftigungsantrag gegen den Erwerber im selben Verfahren, sind **vier Monatsverdienste** angemessen. Beim alleinigen Streit in der **Rechtsmittelinstanz** über den Bestand des Arbeitsverhältnisses mit dem Erwerber ist der **Vierteljahresverdienst** festzusetzen.

Angemessen ist es, grundsätzlich für den Kündigungsschutzantrag und für den Feststellung-, Weiterbeschäftigungs- oder weiteren Bestandsschutzantrag in einem Rechtsstreit jeweils den Höchstwert des § 42 Abs. 2 Satz 1 GKG festzusetzen, also **sechs Monatsverdienste**[4]. Dabei ist zu berücksichtigen ist, dass es zwei Streitgegenstände gibt, die sich gegen zwei Parteien richten.[5]

33 Für die nur auf **Weiterbeschäftigung gegen den neuen Arbeitgeber** gerichtete Klage ist in Anlehnung an § 42 Abs. 2 Satz 1 GKG auch der **Vierteljahresverdienst** festzusetzen[6]. Auch in diesem Rechtsstreit geht es um die Frage des Bestehens oder Nichtbestehens eines Arbeitsverhältnisses. Für eine Klage alleine gegen einen Betriebserwerber auf Feststellung des **Übergangs des Arbeitsverhältnisses und Weiterbeschäftigung** sind **vier bis fünf Monatsverdienste** angemessen, sofern man den Weiterbeschäftigungsantrag neben dem Feststellungsantrag mit **ein bis zwei Monatsverdienst(en)** berücksichtigt (vgl. Rz. 34).

j) Kündigungsschutzprozess mit vorläufigem Weiterbeschäftigungsanspruch und Besonderheiten beim hilfsweisen Weiterbeschäftigungsanspruch

34 Der neben der Kündigungsschutzklage verfolgte vorläufige Weiterbeschäftigungsanspruch wird unterschiedlich bewertet:

Von den meisten Gerichten und dem Aktuellen Streitwertkatalog (I. Nr. 24.) wird der Weiterbeschäftigungsanspruch mit **einem Monatsverdienst** bewertet[7], vereinzelt

---

1 LAG Bremen 11.12.2006 – 1 Sa 97/06, RVGreport 2008, 79.
2 LAG Hamm 5.6.2003 – 4 (16) Sa 1976/02, ZInsO 2003, 1060.
3 LAG Hamm 9.1.1985 – 8 Ta 275/84, BB 1985, 667.
4 Vgl. LAG Köln 19.5.2005 – 7 Ta 439/04; EzA-SD 2005, Nr. 26, 15; 16.12.1993 – 12 Ta 204/93, ARST 1994, 57; zustimmend *Schäder*, Streitwert-Lexikon Arbeitsrecht, S. 35; LAG Berlin 5.1. 2004 – 17 Ta (Kost) 6122/03, DB 2004, 1376, das aber, wenn Arbeitgeber und Erwerber zum gleichen Zeitpunkt Kündigungen aussprechen, die der Arbeitnehmer in einem Rechtsstreit angreift, nur einmal den Vierteljahresverdienst festsetzt, vgl. LAG Berlin 4.12.2001 – 17 Ta (Kost) 6172/01, nv.
5 Vgl. BAG 4.3.1993 – 2 AZR 507/92, NZA 1994, 260.
6 Zutreffend LAG Rh.-Pf. 8.5.2009 – 1 Ta 104/09, AE 2009, 351.
7 LAG Schl.-Holst. 21.2.2014 – 3 Ta 17/14, nv.; 13.8.2009 – 1 Ta 100d/09, ArbRB 2010, 81; LAG Hess. 31.7.2013 – 1 Ta 182/13, nv.; 6.5.2013 – 1 Ta 105/13, NZA-RR 2013, 661; 23.4.1999 – 15/6 Ta 28/98, NZA-RR 1999, 434; LAG Düsseldorf 25.6.2013 – 2 Ta 291/13, nv. (Aufgabe

auch mit **1 ½**[1]. Die LAG Hamm und Köln setzen **zwei Monatsverdienste** fest[2]. Das LAG Köln setzt nur **einen Monatsverdienst** an, wenn der Weiterbeschäftigungsantrag ohne konkrete, fallbezogene Begründung als „Reflex zum Kündigungsschutzantrag" mitläuft[3]. Für den nicht begründeten „Annex zum Kündigungsschutzantrag" setzt es regelmäßig **einen Monatsverdienst** fest[4].

Die Bewertung mit **zwei Monatsverdiensten** wird dem **wirtschaftlichen Gewicht des Antrags gerecht**, denn der Arbeitnehmer kann mit diesem Antrag erreichen, dass ihm der Arbeitgeber einen funktionsfähigen Arbeitsplatz zur Verfügung stellt[5].

Wird der Anspruch auf Weiterbeschäftigung sowohl nach **§ 102 Abs. 5 BetrVG** als auch aufgrund des **allgemeinen Weiterbeschäftigungsanspruchs** mit zwei Anträgen verfolgt, soll jedenfalls **nach Ablauf der Kündigungsfrist** für beide Anträge nur **ein Monatsverdienst** angemessen sein[6]. **Vor Ablauf der Kündigungsfrist** sind **zwei Monatsverdienste** angebracht, weil die Wirkungszeiträume der Anträge nicht identisch sind. 35

Der Antrag auf vorläufige Weiterbeschäftigung ist ein **unechter oder uneigentlicher Hilfsantrag, gestellt für den Fall des Obsiegens** mit dem Feststellungsantrag[7]. Bei einem unechten Hilfsantrag ist § 45 Abs. 1 Satz 2 GKG zu beachten. Danach ist der höhere Wert eines hilfsweise geltend gemachten Anspruchs maßgebend, soweit über ihn entschieden wird, andernfalls bleibt er außer Betracht. Nach wohl hM und nach dem Aktuellen Streitwertkatalog (I. Nr. 18.) führt der **unechte Hilfsantrag zu keiner Werterhöhung**, soweit **nicht über ihn entschieden**, § 45 Abs. 1 Satz 2 GKG, oder ein entsprechender **Vergleich vereinbart wird**, § 45 Abs. 4 GKG[8]. Andere Gerichte rechnen 36

---

der bisherigen Rspr.); LAG Nds. 17.4.2013 – 2 Sa 179/12, NZA-RR 2013, 251; 17.4.2001 – 3 Ta 118/01, NZA-RR 2001, 495; LAG Rh.-Pf. 28.2.2013 – 11 Ta 21/13, nv.; 11.2.2010 – 1 Ta 13/10, nv.; 20.1.2009 – 1 Ta 1/09, AE 2009, 289; 25.5.2004 – 2 Ta 113/04, NZA-RR 2005, 326; LAG Hamburg 6.6.2012 – 4 Ta 12/12, nv.; 11.1.2008 – 8 Ta 13/07, nv.; 2.9.2002 – 7 Ta 21/02, MDR 2003, 178; LAG BW 14.2.2011 – 5 Ta 214/10, nv.; 27.4.2010 – 5 Ta 63/10, AE 2010, 209; 27.1.1982 – 1 Ta 17/82, LAGE § 12 ArbGG 1979 – Streitwert Nr. 16; LAG München 19.10.2009 – 2 Ta 305/09, AE 2010, 62; 30.10.1990 – 5 Ta 135/90, NZA 1992, 140; LAG Nürnberg 14.7.2004 – 6 Ta 2/04, MDR 2005, 223; 24.8.1999 – 6 Ta 166/99, nv.; 3.1.1989 – 7 Ta 134/88, NZA 1989, 862; LAG Berlin 18.11.2003 – 17 Ta 6116/03, EzA-SD 4/2004, S. 14; 13.3.2001 – 17 Ta 6026/01, NZA-RR, 2001, 436; LAG Sachs. 15.5.1997 – 7 Ta 101/97, LAGE § 12 ArbGG 1979 – Streitwert Nr. 111; 14.6.1993 – 4 Ta 12/93, LAGE § 12 ArbGG 1979 – Streitwert Nr. 97; LAG Thür. 27.2.1996 – 8 Ta 19/96, ArbuR 1996, 196.

1 LAG Saarl. 4.9.2007 – 2 Sa 107/05, nv.
2 LAG Hamm 4.6.2003 – 4 Sa 900/02, ZInso 2004, 163; 24.2.2000 – 4 Ta 1731/99, ZInsO 2000, 467; 11.9.1986 – 8 Ta 218/86, MDR 1987, 85; 3.4.1986 – 8 Ta 25/86, DB 1986, 1184; 11.11.1982 – 8 Ta 305/82, LAGE § 12 ArbGG 1979 – Streitwert Nr. 18; LAG Köln 12.2.2010 – 7 Ta 363/09, AE 2010, 267; 21.6.2002 – 7 Ta 59/02, MDR 2002, 1441; 4.7.1995 – 10 Ta 80/95, LAGE § 19 GKG Nr. 15; 19.4.1982 – 1 Ta 41/82, BB 1982, 1427.
3 LAG Köln 6.8.2009 – 7 Ta 241/09, nv.; 21.6.2002 – 7 Ta 59/02, MDR 2002, 1441; vgl. auch LAG Köln 17.7.2002 – 7 Ta 116/02, EzA-SD 20/2002, 19.
4 LAG Köln 16.10.2007 – 9 Ta 298/07, NZA-RR 2008, 380; aA noch LAG Köln 16.2.2005 – 2 Ta 49/05, AE 2005, 193: keine Berücksichtigung.
5 Zutreffend LAG Hamm 30.1.2002 – 9 Ta 591/00, NZA-RR 2002, 380.
6 LAG Hamburg 6.6.2012 – 4 Ta 12/12, AE 2012, 247.
7 Vgl. nur BAG 13.8.2014 – 2 AZR 871/12, NZA 2014, 1359; 8.4.1988 – 2 AZR 777/87, NZA 1988, 741.
8 BAG 13.8.2014 – 2 AZR 871/12, NZA 2014, 1359; LAG Hamburg 30.4.2014 – 1 Ta 6 /14, nv.; 17.4.2014 – 2 Ta 2/14, nv.; 23.12.2013 – 5 Ta 9/13, nv.; LAG Sa.-Anh. 3.12.2013 – 1 Ta 121/13, nv.; 8.5.2013 – 1 Ta 49/13, nv.; LAG BW 5.11.2013 – 5 Ta 126/13, nv.; 14.2.2011 – 5 Ta 214/10, nv.; LAG Düsseldorf 14.3.2012 – 2 Ta 83/12, LAGE § 45 GKG 2004 Nr. 1; 21.12.2006 – 6 Ta 640/06, nv.; 27.7.2000 – 7 Ta 249/00, LAGE § 19 GKG Nr. 17; 8.11.1990 – 7 Ta 356/90, LAGE § 19 GKG Nr. 10; 5.1.1989 – 7 Ta 406/88, JurBüro 1989, 955; LAG Hamm 8.6.2010 – 6 Ta 248/10, AE 2011, 92; LAG BW 27.4.2010 – 5 Ta 63/10, nv.; 10.9.1987 – 3 Ta 114/87, JurBüro 1988, 1156; LAG Schl.-Holst. 11.1.2010 – 3 Ta 196/09, SchlHA 2010, 205; 14.1.2003 – 2 Ta 224/02, AGS 2003, 169; LAG Nds. 9.3.2009 – 15 Ta 53/09, nv.; LAG Bremen 30.7.2001 – 1

den Wert des Antrags dem **Wert der Kündigungsschutzklage hinzu**. § 45 Abs. 1 Satz 2 GKG wenden sie nicht an[1]. Zur Begründung wird zutreffend argumentiert, der hilfsweise Antrag werde nicht für den Fall der Erfolglosigkeit sondern für den Fall gestellt, dass dem Hauptantrag stattgegeben werde; der Arbeitnehmer begehre eine Verurteilung nach beiden Anträgen. Es gehe ihm nicht darum, nach Abweisung des Hauptantrags zumindest mit dem Hilfsantrag durchzudringen[2]. Selbst wenn man dem nicht folgt, mag für die **Gerichtsgebühren** zwar § 45 Abs. 1 Satz 2 GKG maßgebend sein, nicht aber für die **Anwaltsgebühren**, weil diese nicht von der Entscheidung des Gerichts abhängig sind[3]. Zumindest im Rahmen des § 33 Abs. 1 RVG ist daher der unechte Hilfsantrag streitwerterhöhend zu berücksichtigen. Auch das **lehnt das BAG ab**[4].

k) Klage auf tatsächliche Beschäftigung

37 Klagt ein Arbeitnehmer im ungekündigten Arbeitsverhältnis auf **tatsächliche Beschäftigung**, werden in Anlehnung an den Streitwert einer vorläufigen Weiterbeschäftigung **ein**[5] bzw. **zwei**[6] **Monatsverdienste** festgesetzt. Nach anderer Ansicht können alleine unter Berücksichtigung des objektiven Interesses der klagenden Partei **bis zu drei**[7] **Monatsverdienste** angemessen sein, wobei § 42 Abs. 2 Satz 1 GKG aber den Wert nach oben hin begrenze. Nach bisheriger Ansicht des LAG Baden-Württemberg war es weder ermessenfehlerhaft, sich an der **monatlichen Vergütung** des Arbeitnehmers zu orientieren, noch ein „vielfaches" dieses Einkommens festzusetzen.[8]

l) Kündigungsschutzprozess mit allgemeinem Feststellungsantrag

38 Ein allgemeiner Feststellungsantrag gem. § 256 ZPO **neben punktuellen Bestandsschutzanträgen** bleibt nach hM und dem Aktuellen Streitwertkatalog (I. Nr. 17.2) bei der Streitwertfestsetzung so lange **unberücksichtigt**, bis eine Folgekündigung oder ein sonstiger weiterer Auflösungstatbestand in das Verfahren einbezogen wird[9].

Ta 51/01, LAGE § 19 GKG Nr. 18; LAG Hess. 23.4.1999 – 15/6 Ta 28/98, NZA-RR 1999, 434; 7.8.1996 – 6 Ta 1327/96, nv.; LAG München 12.5.1987 – 2 Ta 94/87, LAGE § 19 GKG Nr. 5.

1 LAG Hamburg 12.8.2011 – 4 Ta 17/11, AE 2011, 260; 26.3.1992 – 4 Ta 20/91, nv.; LAG Schl.-Holst. 13.8.2009 – 1 Ta 100d/09, ArbRB 2010, 81; 25.6.2009 – 6 Ta 112/09, AE 2010, 63; LAG Nürnberg 13.3.2008 – 6 Ta 58/08, nv.; LAG Rh.-Pf. 25.5.2004 – 2 Ta 113/04, NZA-RR 2005, 326; LAG Hamm 28.6.2002 – 9 Ta 283/02, nv.; 2.7.1998 – 4 Sa 2233/97, nv.; 28.7.1988 – 8 Ta 122/88, NZA 1989, 231; LAG Nds. 17.4.2001 – 3 Ta 118/01, NZA-RR 2001, 495; LAG Rh.-Pf. 19.3.1999 – 6 Ta 48/99, NZA-RR 2000, 161; LAG Sachs. 4.4.1996 – 6 Ta 48/96, NZA-RR 1997, 150; LAG Köln 31.7.1995 – 13 Ta 114/95, NZA 1996, 840; LAG Rh.-Pf. 16.4.1992 – 10 Ta 76/92, NZA 1992, 664; LAG München 30.10.1990 – 5 Ta 135/90, NZA 1992, 140.
2 LAG Nds. 17.4.2001 – 3 Ta 118/01, NZA-RR 2001, 495.
3 LAG Nürnberg 30.9.2004 – 6 Ta 27/04, MDR 2005, 120; LAG Hamm 28.6.2002 – 9 Ta 234/02, nv.; 26.5.1989 – 8 Ta 65/89, LAGE § 19 GKG Nr. 6; vgl. auch LAG Berlin 9.3.2004 – 17 Ta 6010/04, NZA-RR 2004, 492.
4 BAG 13.8.2014 – 2 AZR 871/12, NZA 2014, 1359; ebenso LAG Bremen 30.7.2001 – 1 Ta 51/01, LAGE § 19 GKG Nr. 18.
5 Aktueller Streitwertkatalog (I. Nr. 12.); LAG Rh.-Pf. 28.2.2013 – 1 Ta 21/13, nv.; 25.9.2012 – 1 Ta 182/12, NZA-RR 2013, 158; 20.1.2009 – 1 Ta 1/09, nv.; LAG Berlin 18.11.2003 – 17 Ta 6116/03, EzA-SD 4/2004, S. 14; LAG München 28.2.1990 – 10 (9) Ta 85/89, JurBüro 1990, 1609.
6 LAG Köln 7.1.2010 – 7 Ta 386/09, nv.; 12.9.2007 – 7 Ta 125/07, AE 2008, 154; 24.5.2004 – 2 Ta 194/04, AE 2005, 85.
7 LAG Bln.-Bdb. 26.7.2013 – 17 Ta (Kost) 6078/13, AE 2014, 51.
8 LAG BW 9.11.2009 – 5 Ta 123/09, nv.; 28.9.2009 – 5 Ta 87/09, nv.
9 LAG Hamm 27.9.2010 – 6 Ta 446/10, AE 2011, 258; 3.2.2003 – 9 Ta 520/02, LAGE § 12 ArbGG – Streitwert Nr. 128; LAG Rh.-Pf. 21.10.2009 – 1 Ta 241/09, nv.; 22.5.2009 – 1 Ta 105/09, AE 2009, 350; 26.6.2007 – 1 Ta 156/07, NZA-RR 2007, 539; LAG Nürnberg 11.12.2007 – 4 Ta 159/07, JurBüro 2008, 252; 7.2.1992 – 4 Ta 144/91, NZA 1992, 617; LAG Köln 16.10.2007 –

Davon wichen bisher etwa die LAG Berlin-Brandenburg (¹/₁₀ **des Wertes der Kündigungsschutzklage**[1], es sei denn, der Antrag wurde nicht begründet[2]) und Hessen (**ein Monatsverdienst**[3]) ab.

m) Kündigungsschutzprozess mit Wiedereinstellungsanspruch

Der Wiedereinstellungsanspruch stellt im Kündigungsschutzverfahren einen eigenen Streitgegenstand dar. Berücksichtigt wird er überwiegend mit **einem**[4] bis **zwei Monatsverdiensten**[5], vereinzelt aber auch **mit keinem Wert**[6]. Der Aktuelle Streitwertkatalog (I. Nr. 15.) schlägt **keine Werterhöhung** vor, wenn der Antrag als unechter Hilfsantrag im Bestandsschutzverfahren gestellt wird.

Da das Interesse an einer (Wieder-)Einstellung dem **Bestandsinteresse gleichzusetzen** ist, ist in Anlehnung an § 42 Abs. 2 Satz 1 GKG grundsätzlich ohne Einschränkung der **Vierteljahresverdienst** angemessen[7]. Wird der Wiedereinstellungsanspruch mit einem **Hilfsantrag** verfolgt, gilt das zum hilfsweisen Weiterbeschäftigungsanspruch Gesagte (vgl. Rz. 36 f.).

Wird alleine ein Anspruch auf erstmalige Einstellung bzw. Wiedereinstellung verfolgt, ist gem. § 42 Abs. 2 Satz 1 GKG ebenfalls der Vierteljahresverdienst zugrunde zu legen[8].

n) Kündigungsschutzprozess mit Vergütungsansprüchen

aa) Ansprüche aus der Zeit vor Ablauf der Kündigungsfrist

Eingeklagte Gehalts- und Lohnansprüche aus der Zeit **vor dem** streitigen **Beendigungszeitpunkt** sind dem Kündigungsfeststellungsantrag **hinzuzurechnen**. Dem steht § 42 Abs. 3 Satz 1 Halbs. 2 GKG nicht entgegen. Im Rahmen des § 12 Abs. 7 ArbGG aF fand auch eine Addition statt. § 12 Abs. 7 ArbGG aF sollte nach dem gesetzgeberischen Willen vollständig in § 42 Abs. 2, 3 und 4 GKG aF übernommen werden[9].

---

9 Ta 298/07, NZA-RR 2008, 380; 7.11.2003 – 9 Ta 190/03, NZA-RR 2004, 660; 1.7.2003 – 6 Ta 85/03, AR-Blattei ES 160.13 Nr. 246; 16.2.2005 – 2 Ta 49/05, EzA-SD 2005, Nr. 13, 15; 8.9. 1998 – 4 Ta 207/98, NZA 1999, 224; LAG Düsseldorf 8.5.2007 – 6 Ta 99/07, EzA-SD 2007, Nr. 14, 16; 27.7.2000 – 7 Ta 249/00, LAGE § 19 GKG Nr. 17; LAG München 5.1.2004 – 4 Ta 228/03, AE 2004, 206; 28.11.2001 – 9 Ta 366/01, NZA-RR 2002, 657; LAG Schl.-Holst. 10.5.2000 – 4 Ta 63/00, nv.; LAG Bremen 14.1.1999 – 2 Ta 84/98, nv.; LAG Thür. 3.6.1996 – 8 Ta 76/96, LAGE § 12 ArbGG 1979 – Streitwert Nr. 106; BAG 6.12.1984 – 2 AZR 754/79, NZA 1985, 296.

1 LAG Berlin 12.9.2003 – 17 Ta 6071/03, AE 2004, 73; 26.1.2001 – 17 Ta 6017/01, nv.
2 LAG Berlin 13.8.2003 – 17 Ta 6069/03, AE 2004, 75.
3 LAG Hess. 7.1.2005 – 15 Ta 688/04, nv.
4 LAG Hamm 24.6.1999 – 8 Sa 2071/98, LAGE § 1 KSchG – Wiedereinstellungsanspruch Nr. 3; so auch für Wiedereinstellungszusagen des Arbeitgebers LAG Berlin 27.5.2003 – 17 Ta 6054/03, AE 2004, 74; ArbG Regensburg 6.10.2000 – 3 Ca 1624/00, JurBüro 2001, 310.
5 ArbG Frankfurt/M. 20.7.1999 – Ca 7905/97, NZA-RR 1999, 580.
6 LAG Saarland 4.9.2007 – 2 Sa 10//05, nv.; wohl auch LAG BW 23.7.2013 – 5 Ta 74/13, nv.
7 So auch LAG BW 6.8.2010 – 5 Ta 110/10, nv.; 31.3.2010 – 5 Ta 45/10, nv.; *Willemsen/Schipp/Reinhard/Meier*, NZA 2013, 1112 (1114 f.); *Meier/Becker*, S. 89.
8 Aktueller Streitwertkatalog I. Nr. 15.; LAG Düsseldorf 8.4.2008 – 6 Ta 167/08, nv.; LAG Hamm 26.6.2002 – 10 TaBV 61/02, AE 2003, 40; 30.1.2000 – 10 Sa 1961/98, nv.; 26.1.2000 – 9 Ta 703/99, nv.; 27.11.1986 – 8 Ta 222/86, LAGE § 12 ArbGG 1979 – Streitwert Nr. 57; LAG Köln 23.1.1985 – 6 Ta 228/84, LAGE § 12 ArbGG 1979 – Streitwert Nr. 35.
9 Zutreffend LAG Bremen 25.8.2005 – 3 Ta 39/05, LAGE § 42 GKG 2004 Nr. 5.

bb) Ansprüche aus der Zeit nach Ablauf der Kündigungsfrist – Begrenzter Antrag

41 Wird eine Kündigungsschutzklage mit einem **nominal begrenzten, bezifferten Antrag** auf Zahlung der **nach der streitigen Beendigung** des Arbeitsverhältnisses fällig werdenden Vergütung verbunden, nehmen die meisten Gerichte zutreffend eine **Wertaddition** des Wertes des Feststellungs- mit dem des Leistungsantrags vor[1]. Teils wird bislang auch **nur ein Teil addiert**, etwa von den LAG Hamburg und Hessen (**20 %** des in Frage stehenden Betrages, höchstens – begrenzt durch § 42 Abs. 2 Satz 1 GKG – **drei Monatsverdienste**[2]).

Von anderen Gerichten wird der **Leistungsantrag** grundsätzlich **nicht berücksichtigt**, weil der Feststellungsantrag Vergütungsansprüche konsumiere[3] bzw. zwischen den Anträgen wirtschaftliche Identität bestehe[4]. Dabei wird aber nicht einheitlich verfahren:

LAG Bremen und Niedersachsen: Konsumtion von Vergütungsansprüchen für eine Zeit von **höchstens drei Monaten nach beabsichtigter Beendigung** des Arbeitsverhältnisses[5].

LAG Nürnberg: Berücksichtigung des Leistungsantrags dann nicht, wenn über die Höhe des Verdienstes nicht gestritten wird und die Begründetheit oder Unbegründetheit des Leistungsantrags **alleine vom Feststellungsantrag abhängt**[6].

BAG und ihm folgend einige Gerichte: Berücksichtigung des Leistungsantrags nur, wenn und **soweit er über den Vierteljahresverdienst** nach § 42 Abs. 2 Satz 1 GKG **hinausgeht**[7]. Ist das der Fall, ist mit Blick auf den Schutzzweck des § 42 Abs. 2 Satz 1 GKG **nur der höhere Wert** des Leistungsantrags maßgeblich[8]. Auch der Aktuelle Streitwertkatalog (I. Nr. 6.) nimmt **keine Wertaddition** vor und hält **alleine den höheren Wert für maßgeblich**.

---

1 LAG München 14.12.2012 – 6 Ta 404/12, ArbRB 2013, 106; 5.1.2004 – 4 Ta 228/03, AE 2004, 206; 20.11.2001 – 9 Ta 354/01, AE 2002, 138; LAG Düsseldorf 26.8.2010 – 2 Ta 50/10, nv.; 8.1.2007 – 6 Ta 647/06, nv.; LAG Schl.-Holst. 19.1.2009 – 1 Ta 182/08, nv.; 28.11.2008 – 1 Ta 109/08, AE 2009, 290; LAG Sachs. 21.6.2007 – 4 Ta 10/07, LAGE § 42 GKG 2004 Nr. 7a (folgt jetzt aber dem Streitwertkatalog); LAG Hamburg 5.3.2002 – 5 Ta 2/02, JurBüro 2002, 479; 15.5.1990 – 2 Ta 21/89, LAGE § 12 ArbGG 1979 – Streitwert Nr. 85; LAG Berlin 5.1.1996 – 7 Ta 120/95, nv. (folgt jetzt dem Streitwertkatalog); 15.10.1982 – 2 Ta 60/82, DB 1983, 833; ebenso Willemsen/Schipp/Reinhard/Meier, NZA 2013, 1112 (1114); Willemsen/Schipp/Oberthür, NZA 2014, 886 (887).

2 LAG Hamburg 11.1.2008 – 8 Ta 13/07, JurBüro 2008, 593; LAG Hess. 2.9.1999 – 15 Ta 465/99, LAGE § 12 ArbGG 1979 Streitwert Nr. 119a (folgt jetzt aber dem Streitwertkatalog).

3 So etwa LAG BW 23.6.2010 – 5 Ta 111/10, nv. (folgt jetzt dem Streitwertkatalog); LAG Bremen 25.8.2005 – 3 Ta 39/05, LAGE § 42 GKG 2004 Nr. 5; 13.4.1989 – 2 Ta 12/89, LAGE § 12 ArbGG – Streitwert Nr. 80; LAG Berlin 29.12.2003 – 17 Ta 6109/03, NZA-RR 2004, 494; 1.6.1995 – 1 Ta 31/95, nv. (folgt jetzt aber dem Streitwertkatalog).

4 So LAG Rh.-Pf. 4.5.2012 – 1 Ta 86/12, NZA-RR 2012, 442 (wendet nun den Streitwertkatalog an).

5 LAG Bremen 13.11.2013 – 2 Sa 42/13, nv. (n.rkr.); LAG Nds. 20.4.2005 – 2 Ta 235/05, AE 2005, 194.

6 LAG Nürnberg 2.2.2011 – 4 Ta 189/10, AE 2011, 259; 25.6.2007 – 7 Ta 101/07, AE 2008, 153; 15.2.2005 – 8 Ta 26/05, nv.; 7.11.2003 – 9 Ta 190/03, NZA-RR 2004, 660; 1.8.2003 – 6 Ta 98/03, AR-Blattei ES 160.13 Nr. 248.

7 BAG 5.4.1984 – 2 AZB 5/84, nv.; 16.1.1968 – 2 AZR 156/66, AP zu § 12 ArbGG Nr. 17; LAG Rh.-Pf. 30.11.2009 – 1 Ta 255/09, NZA-RR 2010, 264; 17.7.2007 – 1 Ta 167/07, AE 2008, 148.

8 LAG BW 23.6.2010 – 5 Ta 111/10, nv.; 20.11.2009 – 5 Ta 130/09, nv.; LAG Rh.-Pf. 30.11.2009 – 1 Ta 255/09, NZA-RR 2010, 264; 17.7.2007 – 1 Ta 167/07, AE 2008, 148; LAG Sa.-Anh. 23.5.1995 – 1 (3) Ta 93/95, LAGE § 12 ArbGG 1979 – Streitwert Nr. 104.

cc) Ansprüche aus der Zeit nach Ablauf der Kündigungsfrist – Unbegrenzter Antrag

Eine Kündigungsschutzklage kann auch mit einem **unbegrenzten Antrag** auf Zahlung der nach der streitigen Beendigung des Arbeitsverhältnisses fällig werdenden Vergütung verbunden werden, vgl. § 258 ZPO. Beim Streitwert wird uneinheitlich verfahren: 42

LAG Köln: Beschränkung des Wertes der Klage **insgesamt** auf den **Vierteljahresverdienst**, wenn die künftige Leistung vom Bestand des Arbeitsverhältnisses abhängt und der Höhe nach unstreitig ist[1].

LAG Baden-Württemberg und Düsseldorf: Anwendung von § 42 Abs. 1 Satz 1 GKG, aber nur **Festsetzung des höheren der beiden Werte** für den Feststellungs- und Leistungsantrag[2]. Der volle Wert des dreijährigen Bezugs ist zugrunde zu legen, wenn die geforderten Beträge nicht geringer sind, was etwa der Fall ist, wenn eine Befristung vereinbart oder ein unbefristeter Arbeitsvertrag ordentlich kündbar ist. Dann richtet sich der Streitwert nach den bis **zum nächst zulässigen Kündigungstermin** zu erbringenden Leistungen[3].

LAG Bremen: Anträge auf künftige Leistung sind dahin auszulegen, dass Zahlung bis zum Abschluss des erstinstanzlichen Verfahrens begehrt wird; mit Blick auf die durchschnittliche Dauer der ersten Instanz sind regelmäßig **sechs Monatsverdienste** festzusetzen[4].

LAG Hamm: Die **bis zum Urteilserlass** oder sonstiger Erledigung fälligen Beträge werden **voll**, danach anfallende Ansprüche nur **mit einem Monatsverdienst** berücksichtigt[5]. Ähnlich LAG Rheinland-Pfalz: Zur Vermeidung unverhältnismäßiger Kosten Festsetzung nur **eines Monatsverdienstes**, wenn der Antrag mit der Feststellung der Wirksamkeit/Unwirksamkeit der Kündigung steht und fällt[6].

LAG Hessen: Keine Berücksichtigung des vollen Betrages nach § 42 Abs. 1 Satz 1 GKG, sondern nur **20 %** davon, **maximal drei Monatsverdienste**[7].

Andere Gerichte: **Keine Berücksichtigung des Leistungsantrags**[8], zumindest dann nicht, wenn über die Höhe des Verdienstes nicht gestritten wird und die Begründetheit oder Unbegründetheit des Leistungsantrags vom Feststellungsantrag abhängt[9].

Der Streitwert künftiger Leistungen kann zwar **nicht unberücksichtigt bleiben**. Allerdings ist der **Streitwert** zur Vermeidung ausufernder Kosten **einzugrenzen**. Sinnvoll ist es, mit dem LAG Köln **drei Monatsverdienste** als festen Wert anzusetzen. 43

Beispiel: 44

Einem mehrjährig beschäftigten, mit einer Kündigungsfrist von drei Monaten zum Quartalsende ordentlich kündbaren Arbeitnehmer (Monatsverdienst 2500 Euro) wird am 31.3. zum 30.6. ordentlich gekündigt. Dagegen erhebt er Kündigungsschutzklage und Klage auf Zahlung künftiger Verdienste nach dem 30.6. Das Arbeitsgericht entscheidet durch stattgebendes Urteil am 1.11.

---

1 LAG Köln 29.5.2006 – 11 (14) Ta 110/06, AE 2006, 306; ebenso LAG Nürnberg 14.7.2006 – 6 Ta 108/06, nv.
2 LAG BW 12.2.1991 – 8 Ta 9/91, Jur Büro 1991, 1479.
3 LAG BW 8.11.1985 – 1 Ta 202/85, LAGE § 12 ArbGG 1979 – Streitwert Nr. 48.
4 LAG Bremen 17.6.1999 – 1 Ta 36/99, nv.; 31.8.1993 – 3 Ta 24/93, nv.
5 LAG Hamm 15.8.2007 – 6 Ta 454/07, nv.; 30.1.2002 – 9 Ta 591/00, NZA-RR 2002, 380; 28.1.2002 – 9 Ta 44/01, FA 2002, 248.
6 LAG Rh.-Pf. 20.1.2009 – 1 Ta 1/09, AE 2009, 289.
7 LAG Hess. 2.9.1999 – 15 Ta 465/99, LAGE § 12 ArbGG 1979 – Streitwert Nr. 109a.
8 So etwa LAG Nds. 15.3.1988 – 13 Ta 10/88, JurBüro 1988, 855.
9 LAG Nürnberg 2.12.2003 – 9 Ta 190/03, MDR 2004, 718; 1.8.2003 – 6 Ta 98/03, AR-Blattei ES 160.13 Nr. 248; 21.7.1988 – 1 Ta 6/88, LAGE § 12 ArbGG – Streitwert Nr. 74.

LAG Baden-Württemberg: 7500 Euro – Beschränkung des Werts des dreijährigen Bezugs nach § 42 Abs. 1 Satz 1 GKG wegen der ordentlichen Kündbarkeit. Der Vierteljahresverdienst ist identisch mit drei Monatsbezügen bis zum nächstzulässigen Kündigungstermin, dem 30.9.; so iE auch der Aktuelle Streitwertkatalog (I. Nr. 6.).

LAG Bremen: Streitwert 22500 Euro – neun Monatsverdienste. Zum Vierteljahresverdienst kommen noch sechs Monatsverdienste hinzu.

LAG Hamm: 20000 Euro – vier Monatsverdienste. Zum Vierteljahresverdienst kommen noch die vollen Verdienste bis zum 1.11. hinzu, für die Zeit danach noch einmal ein Monatsverdienst.

LAG Hessen: 15000 Euro – sechs Monatsverdienste. Zum Vierteljahresverdienst kommen noch drei Monatsverdienste hinzu.

LAG Nürnberg und Köln: 7500 Euro – drei Monatsverdienste. Der Leistungsantrag wird nicht berücksichtigt, wenn die Höhe des Verdienstes unstreitig ist und die Begründetheit des Leistungsantrags alleine vom Feststellungsantrag abhängt.

o) Kündigungsschutzprozess mit Abfindung

aa) Abfindungen iSd. §§ 9 Abs. 1, 10 KSchG

45 **Auflösungsanträge** bleiben nach hM unberücksichtigt[1]. Das wird zu Recht kritisiert[2]. Die 7. Kammer des LAG Berlin setzte zutreffend **einen Monatsverdienst** fest, einzelne Gerichte folgten dem[3]. Die für Streitwertbeschwerden zuständige 17. Kammer lehnt dies mit der hM ab[4]. Das LAG Saarland setzt sogar **50 % des Wertes der Kündigungsschutzklage** fest[5].

Wird in der **Rechtsmittelinstanz isoliert über einen Auflösungsantrag gestritten**, bleibt es nach dem Aktuellen Streitwertkatalog (I. Nr. 1.) bei dem Vierteljahresverdienst nach § 42 Abs. 2 Satz 1 GKG es sei denn, **nur die Abfindungshöhe ist streitig**, dann ist der **streitige Differenzbetrag** maßgeblich, **höchstens der Vierteljahresverdienst**.

46 **Gerichtlich festgesetzte Abfindungen** nach §§ 9, 10 KSchG bleiben gem. § 42 Abs. 2 Satz 1 Halbs. 2 GKG auch dann unberücksichtigt, wenn der Arbeitnehmer eine konkret bezifferte Abfindung fordert anstatt den Betrag, wie es § 9 Abs. 1 Satz 1 KSchG voraussetzt, in das Ermessen des Gerichts zu stellen[6].

47 Im Rahmen eines Kündigungsschutzverfahrens **ausgehandelte Abfindungen** („entsprechend §§ 9, 10 KSchG") bleiben wegen § 42 Abs. 2 Satz 1 Halbs. 2 GKG ebenfalls unberücksichtigt[7].

---

1 Aktueller Streitwertkatalog I. Nr. 9.; LAG Köln 19.4.2011 – 5 Ta 90/11, nv.; 29.12.2000 – 8 Ta 230/00, NZA-RR 2001, 324; 16.1.1998 – 11 Sa 146/97, LAG § 1 KSchG – Verhaltensbedingte Kündigung Nr. 64; LAG Hamburg 1.4.2011 – 5 Ta 8/11, nv.; 3.9.2003 – 4 Ta 11/03, EzA-SD 2003, Nr. 22, 15; LAG Nürnberg 29.8.2005 – 2 Ta 109/05, AE 2006, 144; 26.7.2001 – 8 Ta 111/01, nv.; LAG Sachs. 9.5.2005 – 4 Ta 390/04, nv.; LAG Bdb. 17.4.2003 – 6 Ta 62/03, EzA-SD 2003, Nr. 11, 13; LAG München 14.9.2001 – 4 Ta 200/01, NZA-RR 2002, 493; LAG Hamm 3.12.1998 – Ta 703/98, nv.; 16.4.1998 – 4 Sa 1371/97, nv.; LAG Düsseldorf 20.7.1987 – 7 Ta 198/87, LAGE § 12 ArbGG 1979 – Streitwert Nr. 66.
2 Vgl. etwa *Willemsen/Schipp/Oberthür*, NZA 2014, 886 (887).
3 LAG Berlin 30.12.1999 – 7 Ta 6121/99, DB 2000, 484; ArbG München 20.10.2002 – 21 Ca 4706/02, AE 2003, 43; ArbG Würzburg 5.6.2000 – 6 Ca 118/99 A, NZA-RR 2001, 107.
4 LAG Berlin 13.3.2001 – 17 Ta 6026/01, NZA-RR 2001, 436; 5.3.2001 – 17 Ta 6032/01, nv.
5 LAG Saarl. 5.1.2005 – 1 Sa 5/04, nv.
6 LAG Köln 29.12.2000 – 8 Ta 230/00, NZA-RR 2001, 324; LAG Düsseldorf 20.7.1987 – 7 Ta 198/87, LAGE § 12 ArbGG 1979 – Streitwert Nr. 66; BAG 26.6.1986 – 2 AZR 522/85, NZA 1987, 139; LAG Hamm 21.10.1982 – 8 Ta 275/82, MDR 1983, 170; LAG Nürnberg 14.3.1985 – 8 Ta 3/85, ARST 1987, 13.
7 Vgl. nur LAG Saarl. 22.11.2011 – 2 Ta 40/11, nv.; Aktueller Streitwertkatalog I. Nr. 1.

bb) Andere Abfindungen

Nachteilsausgleichsansprüche nach § 113 Abs. 3 BetrVG sind bei der Streitwertfestsetzung im Wege einer **Streitwertaddition** zu berücksichtigen; § 42 Abs. 2 Satz 1 Halbs. 2 GKG findet keine Anwendung[1]. Wird die Zahlung eines Nachteilsausgleichs nur als **Hilfsantrag** gestellt, über den nicht entschieden wird, gilt auch nach dem Aktuellen Streitwertkatalog (vgl. I. Nr. 18.) § 45 Abs. 1 Satz 2 GKG[2]. Das mag für die Gerichtsgebühren richtig sein, gem. § 33 Abs. 1 RVG bleibt es nach richtiger Ansicht für die **Anwaltsgebühren** bei einer Streitwertaddition[3].

48

Einige Gerichte nehmen **keine Addition** vor, sondern legen alleine den höheren Wert, d.h. **nur den Wert des Kündigungsschutzantrages oder des Nachteilsausgleichs**, zugrunde[4].

Enthält der Antrag auf Zahlung eines Nachteilsausgleichs keinen konkret bezifferten Betrag, wird **pro Beschäftigungsjahr ein halber Bruttomonatsverdienst** zugrunde gelegt[5]. Wegen des Sanktionscharakters des Nachteilsausgleichsanspruchs ist **ein ganzer Monatsverdienst** pro Beschäftigungsjahr angemessen[6].

Abfindungen aus Sozialplänen sind ebenfalls im Weg der **Streitwertaddition** zu berücksichtigen[7]. Das gilt auch für Abfindungsansprüche aus einem **Tarifvertrag**[8] oder **Rationalisierungsschutzabkommen**[9]. Werden diese Ansprüche mit einem **Hilfsantrag** verfolgt, gilt das zuvor Gesagte (vgl. Rz. 48). Nach aA sollen (unstreitige) Abfindungsansprüche aus einem Sozialplan, die neben einem Kündigungsschutzantrag verfolgt werden, nicht zu berücksichtigen sein, wenn der Anspruch auf die Abfindung von der **vorgreiflichen Frage der Wirksamkeit oder Unwirksamkeit einer Kündigung** abhängt[10]: Nach dem Aktuellen Streitwertkatalog (I. Nrn. 1., 18.) kommt es wegen § 45 Abs. 1 Satz 2 und 3 GKG auf den **höheren Wert** an.

49

Besteht **kein Streit** darüber, ob etwa tarifvertragliche Abfindungsansprüche bei Beendigung eines Arbeitsverhältnisses bestehen, berücksichtigte das LAG Berlin für die tarifvertragliche Abfindung (oder den tarifvertraglichen Anteil der Abfindung) **10 %** davon als streitwerterhöhend[11]. Daran dürfte es schon deshalb nicht mehr festhalten,

---

1 Aktueller Streitwertkatalog I. Nr. 1.; LAG Düsseldorf 18.5.2010 – 6 Ta 279 u. 280/10, nv.; 8.5.2007 – 6 Ta 99/07, EzA-SD 2007, Nr. 14, 16; LAG Hamburg 19.9.2003 – 4 Ta 16/03, EzA-SD 22/2003, 15; 15.10.1984 – 2 Ta 3/84, AnwBl. 1984, 315; LAG Köln 14.9.2001 – 13 Ta 214/01, NZA-RR 2002, 437; LAG Hess. 26.5.1995 – 6 Ta 170/95, nv.; 27.3.1985 – 6 Ta 123/85, nv.; LAG Berlin 17.3.1995 – 1 Ta 6 u. 8/95, NZA 1995, 1072; LAG Düsseldorf 17.1.1985 – 7 Ta 267/84, LAGE § 12 ArbGG – Streitwert Nr. 33; LAG Bremen 15.3.1983 – 4 Sa 265/82, LAGE § 12 ArbGG 1979 – Streitwert Nr. 20; wohl auch LAG Nds. 7.10.2005 – 2 Ta 707/05, AE 2006, 144.
2 Vgl. LAG Düsseldorf 23.11.2009 – 6 Ta 713/09, nv.
3 Zutreffend LAG Hamburg 19.9.2003 – 4 Ta 16/03, EzA-SD 22/2003, 15; LAG Köln 14.9.2001 – 13 Ta 214/01, NZA-RR 2002, 437; aA etwa LAG Berlin 3.3.2004 – 17 Ta 6138/03, NZA-RR 2004, 374.
4 LAG BW 4.2.2004 – 3 Ta 7/04, nv.; 10.11.2003 – 3 Ta 153/03, EzA-SD 4/2004, S. 14; LAG Düsseldorf 17.1.1984 – 7 Ta 267/84, LAGE § 12 ArbGG 1979 – Streitwert Nr. 33.
5 BAG 2.1.2001 – 1 AZN 547/00, nv.; LAG Köln 14.9.2001 – 13 Ta 214/01, NZA-RR 2002, 437.
6 Vgl. LAG Düsseldorf 27.5.2010 – 6 Ta 303/10, nv.
7 Aktueller Streitwertkatalog I. Nr. 1; LAG Schl.-Holst. 26.10.2009 – 5 Ta 176/09, AE 2010, 64; LAG München 12.12.2006 – 7 Ta 378/06, AE 2007, 276; LAG Berlin 17.3.1995 – 1 Ta 6 u. 8/95 NZA 1995, 1072; LAG Düsseldorf 8.2.1979 – 7 Ta 2038/78, nv.; *Willemsen/Schipp/Reinhard/Meier*, NZA 2013, 1112 (1113).
8 LAG Berlin 26.10.2001 – 17 Ta 6152/01, AE 2002, 140.
9 LAG Hamm 15.10.1981 – 8 Ta 137/81, DB 1981, 2388; daran hält das LAG Hamm fest, vgl. die Anm. AE 2003, 43.
10 LAG BW 14.5.2012 – 5 Ta 52/12, nv.; 15.5.1990 – 8 Ta 51/90, JurBüro 1990, 1267; LAG Düsseldorf 17.4.2007 – 6 Ta 172/07, nv.; LAG Hess. 25.2.1977 – 8 Ta 24/77, BB 1977, 1549.
11 LAG Berlin 26.10.2001 – 17 Ta 6152/01, AE 2002, 140.

weil die für Streitwertbeschwerden zuständige 17. Kammer nun den Streitwertkatalog anwendet. Die nur **klarstellende Erwähnung** einer unstreitigen Sozialplanabfindung in einem Vergleich führte bislang zu **keiner Streitwerterhöhung**[1]. **Ist die Regelung allerdings** vollstreckungsfähig, **dürfte der** Streitwertkatalog (vgl. I. Nr. 22.2) **davon nun abweichen** (vgl. Rz. 82).

50 **Beispiel:**

Ein Arbeitnehmer mit einem Monatsverdienst von 2500 Euro klagt in einem Kündigungsschutzverfahren, das sich gegen eine betriebsbedingte Kündigung wendet, hilfsweise eine unstreitig bei Beendigung aufgrund ordentlicher arbeitgeberseitiger Kündigung aus betriebsbedingten Gründen fällige tarifvertragliche Abfindung über 30000 Euro ein. Die Parteien vergleichen sich auf eine Beendigung aufgrund der Kündigung und Zahlung der Abfindung über 30000 Euro (vollstreckungsfähige Regelung).

Richtige Ansicht: 37500 Euro – die Abfindung ist mit dem Vierteljahresverdienst zu addieren.

Bei Annahme von Vorgreiflichkeit: 7500 Euro – Vierteljahresverdienst.

LAG Berlin-Brandenburg: zunächst 10500 Euro – zum Vierteljahresverdienst kamen 10 % der Abfindung hinzu; später erhöhte es den Wert von 7500 Euro mit zahlreichen anderen Gerichten (vgl. Rz. 82) nicht, weil der Abfindungsanspruch nicht streitig war.

LAG Baden-Württemberg: 30000 Euro – Berücksichtigung nur des höheren Werts, § 45 Abs. 1 Satz 2 und 3 GKG.

Aktueller Streitwertkatalog (I. Nr. 22.2): 13500 Euro – zu dem Vierteljahresverdienst kommen 20 % der Abfindung hinzu

➲ Hinweis: **Streiten** die Parteien **nicht über den Bestand des Arbeitsverhältnisses**, sondern etwa über Abmahnungen oder eine Versetzung und kommt es in diesem Rechtsstreit zu einer vergleichsweisen Beendigung des Arbeitsverhältnisses bei gleichzeitiger Zahlung einer Abfindung, wirkt sich die **Beendigung streitwerterhöhend** aus. Der Streitwert erhöht sich für die Einigungsgebühr nach richtiger Ansicht **wegen der Beendigung um den Vierteljahresverdienst**[2].

2. Kündigungsschutzklage gegen Änderungskündigung

a) Keine Annahme unter Vorbehalt

51 Wird die Kündigung nicht unter dem Vorbehalt der sozialen Rechtfertigung angenommen, bleibt es gem. § 42 Abs. 2 Satz1 GKG beim **Vierteljahresverdienst**[3].

b) Annahme unter Vorbehalt

52 Wird die Änderung der Arbeitsbedingungen unter Vorbehalt angenommen, wird nicht einheitlich verfahren:

---

1 ZB LAG Düsseldorf 30.5.2006 – 6 Ta 291/06, nv.
2 ZB Aktueller Streitwertkatalog I. Nr. 22.1; LAG Rh.-Pf. 16.1.2012 – 1 Ta 258/11, AE 2012, 119; LAG Köln 1.4.2010 – 5 Ta 71/10, nv.; LAG München 21.2.2003 – 8 Ta 61/02, NZA-RR 2003, 382; LAG Bdb. 29.12.1999 – 6 Ta 221/99, JurBüro 2000, 209; aber str., aA etwa LAG Nürnberg 8.12.2008 – 4 Ta 148/08, JurBüro 2009, 196; LAG Köln 1.4.2010 – 5 Ta 71/10, nv.: keine Erhöhung; ebenso LAG Berlin 26.2.1999 – 7 Ta 149/98, AE 1999, 124.
3 ZB Aktueller Streitwertkatalog I. Nr. 4.; LAG Rh.-Pf. 28.4.2008 – 1 Ta 60/08, NZA-RR 2009, 39; 25.7.2007 – 1 Ta 179/07, NZA-RR 2007, 604.

aa) 36facher Wert der Differenz und Begrenzung durch Vierteljahresverdienst

Überwiegend wird vom **36fachen monatlichen Wert der Änderung** ausgegangen, **begrenzt auf den Vierteljahresverdienst**[1]. Die Begründungen gehen auseinander, teilweise wird § 42 Abs. 2 Satz 1 GKG – direkt oder entsprechend – angewandt, teilweise auch offengelassen, ob § 42 Abs. 2 Satz 1, 2 oder Abs. 1 Satz 1 GKG greift. Welcher Wert festzusetzen ist, wird nicht einheitlich beantwortet:

(1) Vergütungsdifferenz oder bis zu 1 ½ Monatsverdienste

Das LAG Hessen prüfte bisher, ob die geänderten Arbeitsbedingungen zu einer **Vergütungsdifferenz** führen. War das nicht der Fall, legte es **einen Monatsverdienst** zugrunde, anderenfalls kam es auf die Vergütungsdifferenz an, begrenzt durch § 42 Abs. 2 Satz 2 GKG[2]. Ähnlich verfuhr das LAG Rheinland-Pfalz, das sich aber bei Fehlen einer Vergütungsdifferenz nicht auf einen bestimmten Betrag festlegte, sondern **von Fall zu Fall Abschläge** vornahm[3]. Bei Annahme des Änderungsangebotes betrug dieser Abschlag regelmäßig **50 %**. Im **Regelfall** setzte das LAG Rheinland-Pfalz **1 1/2 Monatsverdienste** fest[4].

(2) Zwei Monatsverdienste

Die LAG Berlin-Brandenburg, Düsseldorf und Sachsen setzen mit der Begründung, bei einer unter Vorbehalt angenommenen Änderungskündigung stehe **nur der Inhalt, nicht der Bestand** des Arbeitsverhältnisses in Frage, regelmäßig **zwei Monatsverdienste** fest[5].

Das LAG Hamm hält für Klagen, die die **Änderung von Arbeitsbedingungen** zum Inhalt haben, wozu auch die Änderungsschutzklage zählt – es differenziert bewusst nicht danach, ob die Änderungen unter Vorbehalt angenommen wurden oder nicht – **höchstens zwei Monatsverdienste** für angemessen[6].

---

1 Vgl. nur LAG Sachs. 23.5.2012 – 4 Ta 103/12, nv.; LAG BW 5.8.2009 – 5 Ta 58/09, nv.; LAG Rh.-Pf. 25.7.2007 – 1 Ta 179/07, NZA-RR 2007, 604; 3.12.2004 – 10 Ta 241/04, AE 2005, 133; 19.3.1999 – 6 Ta 48/99, LAGE § 12 ArbGG – Streitwert Nr. 117a; LAG Nürnberg 19.12.2005 – 9 Ta 247/05, AE 2006, 146; 12.9.2003 – 9 Ta 127/03, NZA-RR 2004, 103; LAG Köln 12.5.2005 – 7 Ta 32/05, AE 2006, 145; 22.3.2005 – 9 Ta 100/05, AE 2007, 276; 26.1.2005 – 3 Ta 457/04, MDR 2005, 840; 19.8.1999 – 13 Ta 252/99, NZA-RR 2000, 662; 20.4.1982 – 1/8 Sa 528/81, LAGE § 12 ArbGG 1979 – Streitwert Nr. 12; LAG Berlin 19.8.2003 – 17 Ta 6064/03, EzA-SD 1/2004, S. 9; LAG Sa.-Anh. 6.7.1999 – 5 Ta 101/99, nv.; LAG Hess. 18.2.1999 – 15/6 Ta 352/98, JurBüro 1999, 475; LAG Hamm 21.5.1990 – 8 Ta 17 Sa 1568/89, ZTR 1990, 485; 19.10.1989 – 8 Ta 385/89, LAGE § 12 ArbGG – Streitwert Nr. 82; LAG Bremen 5.5.1987 – 4 Ta 8/87, NZA 1987, 716; LAG München 16.1.1984 – 7 Sa 701/82, LAGE § 12 ArbGG 1979 – Streitwert Nr. 26.
2 LAG Hess. 18.2.1999 – 15/6 Ta 352/98, JurBüro 1999, 475; 18.2.1999 – 15/6 Ta 423/98, AGS 1999, 67.
3 LAG Rh.-Pf. 25.7.2007 – 1 Ta 179/07, NZA-RR 2007, 604.
4 LAG Rh.-Pf. 28.6.2010 – 1 Ta 117/10, NZA-RR 2010, 608; 28.4.2008 – 1 Ta 60/08, NZA-RR 2009, 39; 26.10.2007 – 1 Ta 242/07, nv.; 25.7.2007 – 1 Ta 179/07, NZA-RR 2007, 604.
5 LAG Sachs. 23.5.2012 – 4 Ta 103/12, LAGE § 42 GKG 2004 Nr. 16 (Aufgabe der früheren Rspr.); LAG Düsseldorf 16.10.2006 – 6 Ta 491/05, nv.; 8.11.1990 – 7 Ta 355/90, RzK I 10I Nr. 53; 27.4.1989 – 7 Ta 157/89, nv.; LAG Bdb. 19.2.2004 – 6 Ta 203/03, AE 2004, 206; 1.10.2003 – 6 Ta 130/03, nv.; 29.12.1999 – 6 Ta 221/99, JurBüro 2000, 209; LAG Berlin 30.11.2000 – 7 Ta 6088/00, nv.; 29.5.1998 – 7 Ta 129/97, NZA-RR 1999, 45; 17.7.1997 – 7 Ta 17/98, NZA-RR 1998, 512.
6 ZB LAG Hamm 17.8.2007 – 6 Ta 444/07, AGS 2008, 93; 15.8.2007 – 6 Ta 454/07, nv.; 16.6.2005 – 9 Ta 493/04, nv.

(3) Drei Monatsverdienste

56 Die LAG Baden-Württemberg, Hamburg, Köln, Niedersachsen, Nürnberg und Schleswig-Holstein setzen zutreffend regelmäßig **drei Monatsverdienste** fest[1]. Das LAG Sachsen-Anhalt folgte dem zunächst[2], später stellte es bei finanziellen Auswirkungen auf deren Umfang ab (bis 14 %, bis 29 % und ab 30 %), und setzte je nach Auswirkung **ein** bis **drei Monatsverdienste** fest[3].

(4) BAG

57 Auch das BAG wendet bei einer unter Vorbehalt angenommenen Änderungskündigung § 42 Abs. 1 GKG iVm. § 3 ZPO an und geht vom **dreifachen Jahresbetrag** des Wertes der Änderung aus, begrenzt auf den **Vierteljahresverdienst** entsprechend § 42 Abs. 2 Satz 1 GKG. Weichen die Beträge voneinander ab, ist der **niedrigere Wert** maßgeblich[4].

bb) Streitwertkatalog – Vergütungsdifferenz, begrenzt ein auf bis drei Monatsverdienste

58 Der Aktuelle Streitwertkatalog (I. Nr. 4.1 und 4.2) stellt ebenfalls darauf ab, ob es zu **Vergütungsdifferenzen** gekommen ist. Ist das der Fall, ist die **dreifache Jahresdifferenz** festzusetzen, nach oben und unten begrenzt (**mindestens eine Monatsvergütung, höchstens drei Monatsvergütungen**). Ist das nicht der Fall, ist **in der Regel ein Monatsverdienst** angemessen, je nach Grad der Vertragsänderung auch **bis zu drei**.

Beispiel:

59 Ein Arbeitnehmer mit einem Monatsverdienst von 2 500 Euro nimmt unter Vorbehalt eine Änderungskündigung an, durch die ihm die Leitung einer Abteilung entzogen wird und er einen um monatlich 500 Euro geringeren Verdienst erhält.

LAG Hessen und Aktueller Streitwertkatalog (I. Nr. 4.2): 7 500 Euro – monatliche Vergütungsdifferenz 500 Euro, bezogen auf drei Jahre, begrenzt durch § 42 Abs. 2 Satz 1 GKG auf einen Vierteljahresverdienst; ähnlich bisher LAG Rheinland-Pfalz, das aber einen Abschlag von 50 % vornahm – daher 3 750 Euro.

LAG Berlin-Brandenburg, Düsseldorf und Hamm: 5 000 Euro – zwei Monatsverdienste.

BAG, LAG Köln, Sachsen-Anhalt, Hamburg, Niedersachsen, Nürnberg und Schleswig-Holstein: 7 500 Euro – drei Monatsverdienste.

60 Für eine **Teilkündigung** gelten die Grundsätze zur Änderungskündigung[5].

---

1 LAG Schl.-Holst. 26.4.2011 – 3 Ta 60/11, nv.; LAG Hamburg 16.3.2011 – 7 Ta 4/11, LAGE § 42 GKG 2004 Nr. 12; 2.6.1998 – 4 Ta 8/98, FA 1998, 355; 28.10.1996 – 4 Ta 18/96, LAGE § 12 ArbGG 1979 – Streitwert Nr. 110; LAG BW 5.8.2009 – 5 Ta 58/09, nv., 31.7.2009 – 5 Ta 35/09, NZA-RR 2010, 47; LAG Köln 7.4.2010 – 6 Ta 96/10, JurBüro 2010, 478; 19.8.1999 – 13 Ta 252/99, NZA-RR 2000, 662; LAG Nürnberg 19.12.2005 – 9 Ta 247/05, NZA-RR 2006, 156; LAG Nds. 28.12.1993 – 2 Ta 410/93, AGS 1994, 28; so auch *Willemsen/Schipp/Reinhard/Meier*, NZA 2013, 1112 (1113f.).
2 LAG Sa.-Anh. 6.7.1999 – 5 Ta 101/99, nv.
3 LAG Sa.-Anh. 12.12.2006 – 1 Ta 169/06, EzA-SD 2007, Nr. 2, 23.
4 BAG 22.1.1997 – 5 AZR 658/95, AP Nr. 6 zu § 620 BGB – Teilkündigung; 23.3.1989 – 7 AZR 527/85, DB 1989, 1880 (beide zu § 17 Abs. 3 GKG aF).
5 ZB LAG Rh.-Pf. 15.12.2009 – 1 Ta 284/09, AE 2010, 116.

3. Bestandsschutzklage des organschaftlichen Vertreters und Klage gegen Abberufung

Der Streitwert einer Klage auf Feststellung der **Unwirksamkeit der Kündigung** des Anstellungsverhältnisses eines Geschäftsführers einer GmbH, Vorstands einer AG oder eG wird regelmäßig nach dem **dreifachen Jahresbezug** gem. § 3 ZPO unter Berücksichtigung von § 42 Abs. 1 Satz 1 GKG festgesetzt[1]. Bei einer positiven Feststellungsklage soll ein **20%iger Abschlag** erfolgen[2]. Dem ist nicht zu folgen, weil der Streitwert bereits durch § 42 Abs. 1 Satz 1 GKG begrenzt ist[3], mag auch ansonsten bei einer positiven Feststellungsklage ein Abschlag angemessen sein (vgl. Rz. 73).

61

Der dreifache Jahresbezug ist nicht zugrunde zu legen, wenn ein Anstellungsvertrag **auf unbestimmte Zeit geschlossen** und **ordentlich kündbar** ist. Dann richtet sich der Streitwert nach dem **Gesamtbetrag der Bezüge**, die bis zum **Zeitpunkt der nächstmöglichen ordentlichen Kündigung** angefallen wären, wenn diese **geringer sind als der dreifache Jahresbezug**[4].

Die Klage nur gegen eine **Abberufung** ist nach § 3 ZPO zu bemessen; dabei ist das Interesse, den Abberufenen von der Leistungsmacht fernzuhalten, und sein gegenteiliges Interesse zu berücksichtigen[5]. Wird sowohl eine Abberufung als auch eine Kündigung angegriffen, handelt es sich um **zwei Streitgegenstände**. Diese sind **getrennt zu bewerten** und **zu addieren**.

62

4. Klage gegen Versetzung und Streit über den Umfang des Direktionsrechts

Der Streit über die Wirksamkeit einer **Versetzung** wird zumeist mit **einem**[6], teils auch mit **zwei**[7] **Monatsverdiensten** bewertet. Teilweise werden auch die **Auswirkungen der Versetzung** berücksichtigt und so **höhere Werte**[8], **bis zu drei Monatsverdiensten**[9] festgesetzt. Zur Begründung wird auf die Parallelen zur Änderungskündigung verwiesen[10], was aber auch abgelehnt wird[11]. Das BAG hält im Einzelfall einen Streitwert in Höhe von **250 Euro** für nicht offensichtlich unrichtig[12]. Mit Blick auf die Parallelen zur Änderungskündigung (vgl. Rz. 51 ff.) ist regelmäßig ein Streitwert von **drei Monatsverdiensten** angemessen.

63

---

1 ZB BGH 9.6.2005 – III ZR 21/04, NZA 2006, 287; OLG Rostock 7.4.2014 – 1 W 88/13, NZG 2014, 286; OLG Düsseldorf 4.4.2013 – I-24 W 27/11, 24 W 27/11, nv.; OLG Celle 22.6.1994 – 20 W 12/94, OLGR 1994, 298.
2 OLG Düsseldorf 4.4.2013 – I-24 W 27/11, 24 W 27/11, nv.; OLG München 12.3.1998 – 20 W 1073/98, OLGR 1998, 162; KG 8.11.1996 – 14 W 7683/96, KGR Berlin 1997, 228; OLG Celle 22.6.1994 – 20 W 12/94, OLGR 1994, 298.
3 Zutreffend LG Hamburg 14.1.2002 – 303 O 353/01, NZS 2002, 336.
4 OLG Köln 9.9.1994 – 19 W 31/94, AnwBl. 1995, 317; 8.9.1994 – 19 W 31/94, NJW-RR 1995, 318; OLG Celle 22.6.1994 – 20 W 12/94, OLGR 1994, 298; LG Bayreuth 14.3.1990 – 2 O 287/90, JurBüro 1990, 772.
5 ZB BGH 22.5.1995 – II ZR 247/95, NJW-RR 1995, 1502.
6 ZB LAG Rh.-Pf. 8.12.2011 – 1 Ta 231/11, AE 2012, 118; LAG Schl.-Holst. 23.9.2009 – 5 Ta 157/09, nv.; 27.4.1988 – 5 Ta 187/88, DB 1988, 2260; LAG BW 30.8.2007 – 9 Sa 83/06, AE 2009, 293; LAG Berlin 2.11.2005 – 17 Ta 6070/05, AE 2006, 67; LAG Hamburg 4.4.2005 – 2 Ta 33/04, AE 2005, 191; LAG Sachs. 13.11.2002 – 2 Sa 205/02, nv.; 31.3.1999 – 2 Sa 1384/97, DB 1999, 1508; LAG Nürnberg 27.12.1994 – 8 Ta 150/94, ARST 1995, 142.
7 LAG Düsseldorf 11.5.1999 – 7 Ta 143/99, LAGE § 8 BRAGO Nr. 41; wohl auch LAG Köln 3.3.2004 – 7 Sa 297/03, nv. u. LAG Hamm 22.11.2001 – 8 (6) Sa 30/01, nv.
8 So etwa LAG Berlin 2.11.2005 – 17 Ta 6070/05, AE 2006, 67.
9 LAG Bremen 31.8.1988 – 4 Ta 41/88, LAGE § 12 ArbGG 1979 – Streitwert Nr. 75; ArbG Rostock 11.5.2004 – 3 Ca 3088/03, nv.
10 ZB LAG Düsseldorf 11.5.1999 – 7 Ta 143/99, LAGE § 8 BRAGO Nr. 41.
11 So etwa LAG Sachs. 13.11.2002 – 2 Sa 205/02, nv.
12 BAG 10.8.1989 – 6 AZR 776/87, nv.

Bei Streit über den **Umfang des Direktionsrechts** ist es naheliegend, auf die Grundsätze zum Weiterbeschäftigungsanspruch (vgl. Rz. 34 f.) zurückzugreifen[1].

Der Aktuelle Streitwertkatalog (I. Nr. 14.) hält **einheitlich** für Versetzungen und Streitigkeiten über das Direktionsrecht **regelmäßig einen Monatsverdienst** für angemessen, **je nach Grad der Belastung der Änderung der Arbeitsbedingungen bis zu drei**.

5. Klage auf Verringerung der Arbeitszeit

a) Verringerung der Arbeitszeit nach § 8 TzBfG

64 Überwiegend gehen die Gerichte gem. § 42 Abs. 1 Satz 1 GKG von der **36fachen Differenz** zwischen dem Verdienst in Teilzeit und dem in Vollzeit aus, **begrenzt auf den Vierteljahresverdienst** entsprechend § 42 Abs. 2 Satz 1 GKG[2]. Zur Begründung wird auf naheliegenden Vergleich zur Annahme einer Änderungskündigung unter Vorbehalt verwiesen. Davon ausgehend werden zumeist zutreffend **drei**[3], zT auch nur **zwei**[4] oder **1 1/2 Monatsverdienste**[5] zugrunde gelegt. Für den Fall der **Verlängerung der Arbeitszeit** nach § 9 TzBfG wird genauso verfahren[6]. Auch der Aktuelle Streitwertkatalog (I. Nr. 8.) stellt bei wirtschaftlicher Messbarkeit auf die **36fache Monatsdifferenz** ab, **begrenzt auf mindestens eine Monatsvergütung und höchstens den Vierteljahresverdienst**. Bei fehlender wirtschaftlicher Messbarkeit wendet er die **Grundsätze zur Änderungskündigung** an (vgl. Rz. 54).

Das LAG Schleswig-Holstein legt den **dreifachen Jahreswert** der Änderung entsprechend § 42 Abs. 1 Satz 1 GKG zugrunde; um Wertungswidersprüche zu vermeiden, zieht es auch die Obergrenze des § 42 Abs. 2 Satz 1 GKG heran und setzt den sich danach ergebenden **niedrigeren Wert**, also den **Vierteljahresverdienst** oder den **dreifachen Jahreswert**, fest[7].

> **Hinweis:** Wird die **Verringerung der Arbeitszeit** mit einem **Haupt-** und ihre **Verteilung** mit einem **Hilfsantrag** verfolgt, liegen zwei Streitgegenstände vor. Es gilt das zum hilfsweisen Weiterbeschäftigungsanspruch Gesagte (vgl. Rz. 36 f.), wobei die Verteilung der Arbeitszeit mit **zwei Monatsverdiensten** zu berücksichtigen ist[8].

---

1 Zutreffend LAG Schl.-Holst. 23.9.2009 – 5 Ta 157/09, nv.
2 LAG Hamburg 16.3.2011 – 4 Ta 7/11, LAGE § 42 GKG 2004 Nr. 12; LAG Köln 7.4.2010 – 6 Ta 96/10, nv.; LAG Nürnberg 8.12.2008 – 4 Ta 148/08, nv.; 19.12.2005 – 9 Ta 247/05, AE 2006, 146; LAG Köln 5.4.2005 – 3 Ta 61/05, NZA 2005, 1135; LAG Nürnberg 12.9.2003 – 9 Ta 127/03, NZA-RR 2004, 103; LAG Sachs. 28.4.2003 – 4 Ta 93/03–3, AE 2004, 69; LAG Schl.-Holst. 23.1.2003 – 4 Ta 190/02, nv.; LAG Nds. 14.12.2001 – 17 Ta 396/01, NZA-RR 2002, 550; LAG Hess. 28.11.2001 – 15 Ta 361/01, NZA-RR 2002, 327; LAG Düsseldorf 12.11.2001 – 7 Ta 375/01, NZA-RR 2002, 103; LAG Hamburg 8.11.2001 – 6 Ta 24/01, LAGE § 8 TzBfG Nr. 4; LAG Berlin 4.9.2001 – 17 Ta 612/01, AE 2002, 41; LAG Köln 29.8.2001 – 11 Ta 200/01, AE 2002, 41; LAG Berlin 24.11.2000 – 7 Ta 6057/00, JurBüro 2001, 252.
3 LAG Nürnberg 8.12.2008 – 4 Ta 148/08, nv.; 12.9.2003 – 9 Ta 127/03, NZA-RR 2004, 103; LAG Sachs. 28.4.2003 – 4 Ta 93/03–3, AE 2004, 69; LAG Nds. 14.12.2001 – 17 Ta 396/01, NZA-RR 2002, 550; LAG Hess. 28.11.2001 – 15 Ta 361/01, NZA-RR 2002, 327; LAG Hamburg 8.11.2001 – 6 Ta 24/01, LAGE § 8 TzBfG Nr. 4.
4 LAG Hamm 17.8.2007 – 6 Ta 444/07, AGS 2008, 93; LAG Düsseldorf 12.11.2001 – 7 Ta 375/01, NZA-RR 2002, 103; LAG Berlin 24.11.2000 – 7 Ta 6057/00 JurBüro 2001, 252; vgl. auch LAG Köln 19.4.2010 – 11 Ta 357/09, nv.
5 LAG Rh.-Pf. 8.3.2011 – 1 Ta 27/11, nv.; 28.4.2008 – 1 TA 60/08, NZA-RR 2009, 39; 26.10.2007 – 1 Ta 242/07, nv.; 25.7.2007 – 1 Ta 179/07, NZA-RR 2007, 604.
6 LAG Berlin 9.3.2004 – 17 Ta 6006/04, NZA-RR 2004, 493.
7 LAG Schl.-Holst. 13.11.2001 – 3 Ta 161/01, LAGReport 2002, 59.
8 Vgl. ArbG Stuttgart 16.12.2002 – 3 Ca 4487/02, AE 2003, 140, das aber entsprechend § 19 Abs. 1 Satz 3 GKG aF eine Wertaddition zu Unrecht ablehnte.

b) Altersteilzeitvereinbarung

Klagen auf **Abschluss einer Altersteilzeitvereinbarung** werden mit **zwei**[1] bis **drei**[2] **Monatsverdiensten**, die vor Abschluss der Vereinbarung gezahlt werden, bewertet. Dabei wird der nahe liegende Vergleich zu der unter Vorbehalt angenommenen Änderungskündigung gezogen[3]. Auch bei **Streit über den Beginn der Freistellungsphase** im sog. Blockmodell ist entsprechend § 42 Abs. 2 Satz 1 GKG der Vierteljahresverdienst zugrunde zu legen[4]. Der Aktuelle Streitwertkatalog (I. Nr. 5.) geht von der **36fachen Monatsdifferenz** der Vergütung aus, **begrenzt nach oben und unten, dh. mindestens eine Monatsvergütung, höchstens der Vierteljahresverdienst**.

65

6. Klage auf wiederkehrende Leistungen und Eingruppierung

a) Wiederkehrende Leistungen

Gem. § 42 Abs. 1 Satz 1 GKG ist bei Rechtsstreitigkeiten über wiederkehrende Leistungen **der Wert des dreijährigen Bezuges** maßgebend, sofern nicht der Gesamtbetrag der geforderten Leistungen geringer ist. Bis zur Klageerhebung entstandene **Rückstände** sind gem. § 42 Abs. 3 Satz 1 Halbs. 2 GKG nicht **hinzuzurechnen**. Geschieht das dennoch, liegt ein Fall einer offensichtlich unrichtigen Streitwertfestsetzung vor (vgl. Rz. 2)[5].

66

Die Streitwertbegrenzung des § 42 Abs. 1 Satz 1 GKG gilt auch für **während eines Rechtsstreits fällig gewordene Rückstände**; die während eines Rechtsstreits fällig werdenden Beträge erhöhen nicht den Streitwert[6].

aa) Klage auf Ruhegeldansprüche

Klagen auf **laufende Ruhegeldansprüche**, auch gegen den Pensions-Sicherungs-Verein aG als Träger der gesetzlichen Insolvenzsicherung nach den §§ 7 ff. BetrAVG, fallen unter § 42 Abs. 1 Satz 1 GKG[7]. Das gilt auch für **Gehalts- und Pensionsklagen** von organschaftlichen Vertretern[8]. Wird Klage auf **Auskunft** zu Ruhegeldansprüchen erhoben, ist regelmäßig ein Abschlag vorzunehmen, etwa von 30 %[9].

67

bb) Drittschuldnerprozesse

Klagt der Pfändungsgläubiger im **Drittschuldnerprozess auf wiederkehrende Leistungen**, bestimmt sich der Streitwert nach § 42 Abs. 1 Satz 1 GKG[10]. Ob der Pfändungsgläubiger die Lohnpfändung aufgrund eines Unterhaltstitels ausgebracht hat, ist unerheblich.

68

---

1 LAG Hamm 17.8.2007 – 6 Ta 444/07, AGS 2008, 93; LAG Sachs. 1.3.2001 – 6 Sa 310/00, nv.
2 LAG Hamburg 15.2.2012 – 1 Sa 31/11, nv.; LAG Köln 28.1.2009 – 2 Sa 875/08, AE 2009, 157; LAG Hamm 23.8.2007 – 6 Ta 444/07, nv.; 25.11.2003 – 6 Sa 1736/02, nv.; LAG Berlin 26.9. 2005 – 17 Ta 6059/05, AE 2006, 64.
3 Vgl. nur LAG Hamm 17.8.2007 – 6 Ta 444/07, AGS 2008, 93; LAG Nürnberg 19.12.2005 – 9 Ta 247/05, AE 2006, 146; 2.12.2003 – 9 Ta 170/03, nv.
4 LAG Köln 25.7.2003 – 6 Ta 183/03, nv.; LAG Hamm 23.3.2001 – 5 Sa 1424/00, nv.
5 LAG Köln 23.11.2003 – 8 Ta 706/03, DB 2004, 196.
6 LAG Bremen 24.3.1988 – 4 Sa 316/87 u. 4 Sa 335/87, LAGE § 12 ArbGG 1979 – Streitwert Nr. 69.
7 Vgl. BAG 4.6.2008 – 3 AZB 37/08, NZA-RR 2009, 555.
8 BGH 24.11.1980 – II ZR 183/80, DB 1981, 1232; OLG Frankfurt 14.8.1995 – 19 W 22/95, OLGR 1995, 238; OLG München 12.3.1998 – 20 W 1073/98, OLGR 1998, 162.
9 So LAG Rh.-Pf. 1.3.2010 – 1 Ta 29/10, nv.
10 ZB LAG BW 21.12.2001 – 3 Ta 137/01, JurBüro 2002, 196; LAG Schl.-Holst. 8.12.2000 – 3 Sa 266/00, JurBüro 2001, 196; LAG Düsseldorf 14.10.1991 – 7 Ta 216/91, JurBüro 1992, 91; LAG Hamm 21.10.1982 – 8 Ta 264/82, MDR 1983, 170.

cc) Klagen auf Schadensersatz wegen künftig entgehender Gehaltsansprüche, auf künftigen Schadensersatz und auf Vergütungsdifferenzen aus zurückliegenden Anspruchsjahren

69 Klagt ein Arbeitnehmer auf **Schadensersatz wegen künftig entgehender Bezüge** greift § 42 Abs. 1 Satz 1 GKG. Der Streitwert eines solchen Antrages ist auf den Betrag des **dreijährigen Bezugs** zu begrenzen[1].

Bei Klagen auf künftigen Schadensersatz ist der Streitwert gem. **§ 3 ZPO nach billigem Ermessen** unter Berücksichtigung **künftig zu erwartender Schäden** festzusetzen[2].

70 Bei Streit über **Vergütungsdifferenzen aus zurückliegenden Anspruchsjahren** ist der Streitwert entsprechend § 42 Abs. 1 Satz 1 GKG auf die aus den letzten drei Anspruchsjahren stammenden Differenzen zu begrenzen.

b) Eingruppierung

71 Bei **Streitigkeiten über Eingruppierungen** ist gem. § 42 Abs. 2 Satz 2 GKG der Wert des **dreijährigen Unterschiedsbetrags** zur begehrten Vergütung festzusetzen, sofern nicht der Gesamtbetrag der geforderten Leistung geringer ist.

Der Charakter als Feststellungsklage rechtfertigt **keinen Abschlag**, da die Eingruppierungsfeststellungsklage letztlich den Charakter einer Statusklage hat und von ihr nicht nur Vergütungsansprüche, sondern auch andere arbeitsrechtliche Folgen abhängen können[3].

7. Feststellungsklage

a) Negative Feststellungsklage

72 Der Streitwert einer negativen Feststellungsklage ist nach einer Ansicht **nicht geringer als** der der **entsprechenden Leistungsklage** anzusetzen[4]. Nach aA ist wie bei der positiven Feststellungsklage (vgl. Rz. 73) ein **Abschlag von 20 %** vorzunehmen[5].

b) Positive Feststellungsklage

73 Der Wert einer positiven Feststellungsklage ist regelmäßig mit **80 % des Wertes der entsprechenden Leistungsklage** anzusetzen, auch wenn die Leistungen von Gegen-

---

1 LAG Hamm 27.9.1990 – 8 Ta 222/224/90, DB 1990, 2380.
2 ZB LAG Rh.-Pf. 24.10.2011 – 1 Ta 168/11, RVGreport 2012, 273.
3 LAG Köln 23.12.2004 – 4 (3) Ta 468/04, AE 2005, 278; LAG Berlin 16.9.2002 – 17 Ta 6093/02, nv.; LAG Hamm 18.12.1996 – 7 Sa 1539/96, AnwBl. 1997, 292; LAG Berlin 7.12.1987 – 9 Sa 92/87, AnwBl. 1988, 487; LAG BW 12.7.1990 – 8 Ta 79/90, JurBüro 1991, 665.
4 LAG Rh.-Pf. 20.10.2010 – 1 Ta 220/10, AE 2011, 142; LAG München 16.2.2007 – 9 Ta 43/07, NZA-RR 2007, 382; LAG Hamburg 12.7.1993 – 6 Ta 16/93, AGS 1993, 68; LAG Düsseldorf 13.4.1988 – 7 Ta 131/88, JurBüro 1988, 1234; BAG 19.7.1961 – 3 AZR 387/59, DB 1961, 1428; ebenso in st. Rspr. der BGH, vgl. etwa BGH 25.2.1997 – XI ZB 3/97, NJW 1997, 1787.
5 So LAG Hamm 15.7.1999 – 17 Sa 877/99, NZA-RR 2000, 215.

leistungen abhängen[1]. Das gilt auch für eine auf **Feststellung der Verpflichtung zur Zahlung wiederkehrender Leistungen** gerichtete Klage.[2]

8. Zeugnisklage

a) Schlusszeugnis

Die Rechtsprechung setzt zutreffend sowohl für den **Anspruch auf Erteilung als auch auf Berichtigung eines Zeugnisses** grundsätzlich **einen Monatsverdienst** fest[3]. Einige Gerichte wichen davon bisher ab: 74

LAG Köln: Je nach **Bedeutung des Berichtigungsbegehrens** sind einzelfallbezogen von dem Monatsverdienst Abzüge vorzunehmen[4]. Wird nur unter Wiederholung des Wortlautes des § 630 BGB ohne weitere Begründung ein qualifiziertes Zeugnis eingeklagt, soll **ein halber Monatsverdienst** angemessen sein[5]. 75

LAG Hessen: Für ein qualifiziertes Zeugnis setzte es einen Monatsverdienst für ein einfaches 500 Euro fest[6].

LAG Hamburg: Für die bloße **Erteilung** eines Zeugnisses ohne Festlegung des Inhalts hält es regelmäßig **250 Euro** für angemessen; wird auch über den **Inhalt** gestritten, bleibt es bei **einem Monatsverdienst**[7]. Ähnlich das LAG München, das aber erst „nahe" an **einen Monatsverdienst** kommt, wenn der Arbeitnehmer im Zeugnis ein „höchstes Lob" verlangt[8].

LAG Baden-Württemberg: Kein fester Wert ist entscheidend, es kommt alleine auf das **wirtschaftliche Interesse des Arbeitnehmers an der Änderung** an[9].

Aktueller Streitwertkatalog (I. Nr. 25.1 und 2)[10]: Für Erteilung oder Berichtigung eines **einfachen Zeugnisses 10 % einer Monatsvergütung**. Für die Erteilung oder Berichtigung eines **qualifizierten Zeugnisses** unabhängig von Art und Inhalt des Berichtigungsverlangens und der Dauer des Arbeitsverhältnisses **eine Monatsvergütung**.

---

1 BAG 4.6.2008 – 3 AZB 37/08, NZA-RR 2009, 555; 18.4.1961 – 3 AZR 313/59, NJW 1961, 1788; LAG Rh.-Pf. 4.12.2007 – 1 Ta 213/07, NZA-RR 2008, 159; LAG Hamm 15.7.1999 – 17 Sa 877/99, NZA-RR 2000, 215; LAG Köln 27.11.1992 – 14 (11) Ta 225/92, LAGE § 12 ArbGG 1979 – Streitwert Nr. 95.
2 BAG 18.4.1961 – 3 AZR 313/59, NJW 1961, 1788; LAG Hamburg 22.3.2012 – H 6 Ta 2/12, nv.; LAG Rh.-Pf. 26.10.2011 – 1 Ta 189/11, AE 2012, 118.
3 BAG 20.2.2001 – 9 AZR 44/00, NZA 2001, 843; LAG Rh.-Pf. 21.10.2009 – 1 Ta 241/09, nv.; 23.4.2009 – 1 Ta 87/09, AE 2009, 289; 12.6.2007 – 1 Ta 135/07, AE 2007, 374; 31.7.1991 – 9 Ta 138/91, NZA 1992, 524; LAG Köln 18.7.2007 – 9 Ta 164/07, NZA-RR 2008, 92; 15.4.2002 – 5 Ta 93/02, nv.; 29.12.2000 – 8 Ta 299/00, NZA-RR 2001, 324; 28.4.1999 – 13 Ta 96/99, NZA-RR 2000, 218; 26.8.1991 – 10 Ta 61/91, AnwBl. 1992, 496; LAG Berlin 13.8.2003 – 17 Ta 6069/03, AE 2004, 75; 27.4.2001 – 17 Ta 6085/01, nv.; LAG Sachs. 20.12.2002 – 2 Sa 96/02, AE 2004, 76; LAG Hess. 19.11.2001 – 15 Ta 85/01, NZA-RR 2002, 384; LAG Hamm 28.3.2000 – 4 Sa 648/99, BB 2000, 2578; 4.12.1997 – 4 Sa 2376/96, nv.; 19.6.1986 – 8 Ta 142/86, AnwBl. 1987, 497; LAG Düsseldorf 5.11.1987 – 7 Ta 339/87, JurBüro 1988, 726; LAG Schl.-Holst. 18.3.1986 – 2 Ta 31/86, AnwBl. 1987, 497; LAG Saarl. 8.2.1977 – 2 Ta 5/77, AnwBl. 1977, 253.
4 LAG Köln 29.12.2000 – 8 Ta 299/00, NZA-RR 2001, 324; 28.4.1999 – 13 Ta 96/99, NZA-RR 2000, 218.
5 LAG Köln 15.4.2002 – 5 Ta 93/02, nv.; 27.3.2001 – 10 Ta 38/01, nv.
6 LAG Hess. 9.7.2003 – 15 Ta 123/03, NZA-RR 2003, 660; vgl. auch LAG Hess. 19.11.2001 – 15 Ta 85/01, NZA-RR 2002, 384.
7 LAG Hamburg 12.1.1998 – 4 Ta 28/97, LAGE § 3 ZPO Nr. 9; dem folgt – bei Streit über ein Zwischenzeugnis – LAG Thür. 14.11.2000 – 8 Ta 134/00, MDR 2001, 538.
8 LAG München 4.3.1986 – 6 Ta 39/86, ARST 1988, 60.
9 LAG BW 6.10.2005 – 3 Ta 152/05, AE 2006, 68; 13.2.1991 – 8 Ta 12/91, JurBüro 1991, 1537.
10 Dem folgt etwa LAG Sa.-Anh. 29.8.2013 – 1 Ta 40/13, NZA-RR 2013, 604.

b) Zwischenzeugnis

76 Auch bei Zwischenzeugnissen ist die Rechtsprechung nicht einheitlich. **Ein Monatsverdienst**[1], ein **halber**[2], ⅓[3] sowie nur pauschal **250 Euro**[4] wurden bisher für angemessen erachtet, das LAG Baden-Württemberg bestimmte auch hier den Streitwert allein nach dem wirtschaftlichen Interesse des Arbeitnehmers[5].

Da ein Zwischenzeugnis vor allem für Bewerbungen aus einem laufenden Arbeitsverhältnis heraus große Bedeutung hat und eine wesentliche Indizwirkung haben kann, ist **ein Monatsverdienst** angemessen[6].

Der Aktuelle Streitwertkatalog (I. Nr. 25.3) wendet die Grundsätze zum **qualifizierten Schlusszeugnis** an (vgl. Rz. 75).

c) Zeugniserteilung nach Vergleich

77 Wird der Anspruch auf Erteilung eines Zeugnisses zwar nicht rechtshängig gemacht, aber **in einem rechtshängigen Verfahren mitverglichen**, besteht auch keine Einigkeit:

LAG Düsseldorf: Regelmäßig ¼ **Monatsverdienst**[7]

LAG Schleswig-Holstein: Uneinheitlich – zum Teil setzt es (höchstens) einen **halben Monatsverdienst** fest[8], bei detaillierter Regelung zum Zeugnisinhalt **einen Monatsverdienst**[9], teilweise berücksichtigt es grundsätzlich **keinen Vergleichsmehrwert**[10].

LAG Hessen: Pauschal ein Monatsverdienst[11].

LAG Sachsen-Anhalt, Hamburg und Bremen: **pauschal 250 Euro**[12], Erhöhung dieses Betrages, wenn im Vergleich der Inhalt des Zeugnisses im Einzelnen geregelt wird.

LAG Nürnberg: **Generell 200–500 Euro** bzw. **10 % eines Monatseinkommens**[13]. Wird im Vergleich auch noch eine Gesamtbeurteilung festgelegt, sollen **25 % eines Monatsverdienstes** zugrunde zu legen sein[14]. Ähnlich das LAG Sachsen: Grundsätz-

---

1 LAG München 16.9.2003 – 9 Ta 338/03, AE 2004, 139; LAG Berlin 14.11.2002 – 16 Sa 970/02, NZA-RR 2003, 523; LAG Düsseldorf 19.8.1999 – 7 Ta 238/99, LAGE § 3 ZPO Nr. 10; LAG Hamburg 13.1.1987 – 5 Ta 35/86, JurBüro 1988, 1158; LAG Schl.-Holst. 18.3.1986 – 2 Ta 31/86, AnwBl. 1987, 497.
2 LAG Köln 23.11.2011 – 11 Ta 265/11, AA 2012, 54; 10.12.2006 – 4 (5) Ta 437/06, AE 2007, 374; 21.12.2000 – 12 Ta 315/00, nv.; LAG Rh.-Pf. 28.9.2011 – 1 Ta 178/11, nv.; 23.4.2009 – 1 Ta 87/09, AE 2009, 289; 25.5.2004 – 2 Ta 113/04, NZA-RR 2005, 326; 18.1.2002 – 9 Ta 1472/01, MDR 2002, 954; LAG Hess. 19.1.2005 – 15 Ta 594/04, AE 2005, 134; 19.11.2001 – 15 Ta 85/01, NZA-RR 2002, 384; LAG Sachs. 19.10.2000 – 9 Ta 173/00, MDR 2001, 823; LAG Hamm 31.8.1989 – 8 Ta 377/89, JurBüro 1990, 39; 23.2.1989 – 8 Ta 3/89, DB 1989, 1344; 19.6.1986 – 8 Ta 142/86, AnwBl. 1987, 497.
3 LAG Düsseldorf 19.12.2001 – 7 Ta 425/01, AE 2007, 374; 2.11.2000 – 7 Ta 321/01, nv.
4 LAG BW 19.4.1985 – 1 Ta 53/85, AnwBl. 1985, 588; LAG Thür. 14.11.2000 – 8 Ta 134/00, MDR 2001, 538, aber nur, sofern weder die Ausstellung noch der Inhalt streitig ist.
5 LAG BW 6.10.2005 – 3 Ta 152/05, AE 2006, 68.
6 Vgl. auch die Kritik von *Willemsen/Schipp/Reinhard/Meier*, NZA 2013, 1112 (1115).
7 LAG Düsseldorf 28.3.2006 – 6 Ta 137/06, nv.; 23.9.2005 – 17 Ta 528/05, nv.; 14.5.1985 – 7 Ta 180/85, LAGE § 3 ZPO Nr. 4.
8 LAG Schl.-Holst. 3.7.1998 – 5 Ta 19/98, nv.; 6.3.1997 – 4 Ta 110/96, MDR 1999, 814.
9 LAG Schl.-Holst. 21.2.2014 – 3 Ta 17/14, nv.
10 LAG Schl.-Holst. 25.1.2000 – 6 Ta 78/99, nv.; 16.10.2000 – 3 Ta 119/00, JurBüro 2001, 196.
11 LAG Hess. 16.8.2013 – 1 Ta 209/13, FA 2013, 380; 5.8.2013 – 1 Ta 38/13, nv. (Aufgabe der bisherigen Rspr.).
12 LAG Sa.-Anh. 27.9.2005 – 11 Ta 162/05, nv.; LAG Hamburg 15.11.1994 – 1 Ta 7/94, LAGE § 12 ArbGG 1972 – Streitwert Nr. 102; LAG Bremen 23.12.1982 – 4 Ta 82/82, DB 1983, 1152.
13 LAG Nürnberg 22.10.2009 – 4 Ta 135/09, AE 2010, 64; 8.12.2008 – 4 Ta 148/08, nv.; 13.3.2008 – 6 Ta 57/08, AGS 2008, 359.
14 LAG Nürnberg 22.10.2009 – 4 Ta 135/09, AE 2010, 64.

lich **10 % eines Monatsverdienstes** und bei Festlegung einer Gesamtbeurteilung ½ **Monatsverdienst**[1].

LAG Berlin-Brandenburg: In früheren Entscheidungen setzte es **pauschal ¹/₁₀ Monatsverdienst** fest[2]. Nun berücksichtigt es nur noch einen Vergleichsmehrwert, wenn der **Zeugnisanspruch streitig oder ungewiss** war[3]. Davon geht es etwa aus, wenn in einem Kündigungsschutzverfahren auch eine Regelung über ein Zeugnis getroffen wird und das Kündigungsgeschehen Einfluss auf die Führungs- und Leistungsbeurteilung gehabt haben dürfte, was bei Ausspruch einer Kündigung aus personen- und verhaltensbedingten Gründen der Fall ist[4].

LAG Baden-Württemberg, Köln, München und Rheinland-Pfalz: Regelmäßig gibt es für den mitverglichenen Zeugnisanspruch **keinen Vergleichsmehrwert**[5]. Wenn der Vergleich auch eine weitergehende **inhaltliche Regelung** über das Zeugnis trifft und nichts die Annahme rechtfertigt, dass über den Inhalt zwischen den Parteien bereits Konsens bestand, hält das LAG Köln **einen Monatsverdienst** für angemessen[6], das LAG Rheinland-Pfalz verfährt mit ähnlicher Argumentation ebenso[7].

LAG Hamm: ½ **Monatsverdienst** für ein qualifiziertes Zeugnis[8], bei einem **einfachen Zeugnis** keine Erhöhung[9].

⮕ **Hinweis:** Wird im Kündigungsschutzverfahren ein **Zwischenzeugnis** und **hilfsweise** für den Fall Wirksamkeit der Kündigung ein **Schlusszeugnis** eingeklagt, und wird im Vergleich auch die **Erteilung eines qualifizierten Schlusszeugnisses** vereinbart, ist für diese Regelung **ein Monatsverdienst** gerechtfertigt[10]. Gem. § 45 Abs. 1 Satz 3, Abs. 4 GKG kommt es zu keiner Erhöhung hinsichtlich des hauptweise eingeklagten Zwischenzeugnisses, auch dann nicht, wenn das Zeugnis zunächst als **Zwischen-** und mit Ablauf der Kündigungsfrist als **Schlusszeugnis** zu erteilen ist[11].

9. Klage gegen Abmahnung

Das BAG hielt im Einzelfall bei einer Monatsvergütung von 1 100 Euro einen Streitwert von **300 Euro** für nicht offensichtlich unrichtig[12]. Vereinzelt wurde auch **ein halber Monatsverdienst** für angemessen gehalten[13]. Die hM und ihr folgend der Aktuelle

---

1 LAG Sachs. 19.3.2007 – 4 Ta 28/07 (5), LAGE Nr. 3 zu § 33 RVG.
2 So etwa LAG Berlin 13.8.2003 – 17 Ta 6069/03, AE 2004, 75; 31.5.2001 – 17 Ta 6092/01, nv.
3 LAG Bln.-Bbg. 22.3.2010 – 17 Ta (Kost) 6030/10, nv.; 27.1.2010 – 17 Ta (Kost) 6144/09, nv.
4 LAG Bln.-Bbg. 27.1.2014 – 17 Ta (Kost) 6115/13, AE 2014, 88.
5 LAG Rh.-Pf. 21.10.2009 – 1 Ta 241/09, nv.; 6.5.2008 – 1 Ta 66/08, NZA-RR 2008, 660; LAG München 21.2.2003 – 8 Ta 61/02, NZA-RR 2003, 382; LAG Köln 21.6.2002 – 7 Ta 59/02, MDR 2002, 1441; 29.12.2000 – 8 Ta 230/00, NZA-RR 2001, 324; 13.5.1998 – 5 Ta 88/98, nv.; LAG BW 6.6.1983 – 1 Ta 109/83, DB 1984, 784.
6 LAG Köln 23.11.2011 – 11 Ta 265/11, AA 2012, 54; 5.3.2011 – 10 Ta 368/10, nv.; 23.10.2010 – 4 Ta 436/10, nv.; 29.6.2009 – 7 Ta 91/09, RVGreport 2009, 398.
7 LAG Rh.-Pf. 28.2.2013 – 11 Ta 21/13, nv.; 30.6.2011 – 1 Ta 111/11, AE 2011, 260; 6.8.2007 – 1 Ta 181/07, AGS 2007, 634.
8 LAG Hamm 7.9.2005 – 9 Ta 77/05, AE 2006, 68.
9 Vgl. LAG Hamm 14.7.2007 – 6 Ta 145/07, nv.
10 LAG Köln 11.6.2010 – 10 Ta 157/10, AE 2011, 95; LAG Hess. 19.11.2001 – 15 Ta 85/01, NZA-RR 2002, 384.
11 LAG Köln 18.7.2007 – 9 Ta 164/07, NZA-RR 2008, 92; ähnl. der Aktuelle Streitwertkatalog I. Nr. 25.3.
12 BAG 26.10.1988 – 5 AZR 78/87, nv.; 22.4.1987 – 5 AZR 91/86, nv.
13 So LAG Schl.-Holst. 13.12.2000 – 6 Ta 168/00, NZA-RR 2001, 496; 12.3.1997 – 6 Ta 44/97, nv.; 6.7.1994 – 6 Ta 28/94, nv.

Streitwertkatalog (I. Nr. 2.1) setzen zutreffend grundsätzlich **einen Monatsverdienst** fest[1]. Einige Gerichte weichen davon bei **mehreren Abmahnungen** ab:

LAG Hessen und Köln: Bei mehreren kurzfristig ausgesprochenen Abmahnungen für die **ersten beiden je ein Monatsverdienst**, für jede weitere nur ⅓ davon, wenn die **weiteren Abmahnungen innerhalb von sechs Monaten** nach Ausspruch/Zugang der ersten Abmahnung ausgesprochen werden[2]. Das LAG Köln hält aber **Abweichungen nach oben und unten** für möglich. Es reduziert daher den Streitwert auf **einen Monatsverdienst**, wenn es zu mehreren Abmahnungen in kurzer Folge kommt, mit denen gleichförmige Verhalten gerügt werden[3].

LAG Düsseldorf: Für jede Abmahnung **ein Monatsverdienst**, wenn zwischen den Abmahnungen **mindestens drei Monate** liegen, bei einem kürzeren Zeitraum nur ⅓ **Monatsverdienst**[4].

LAG Rheinland-Pfalz: Für die **erste Abmahnung ein Monatsverdienst**, für jede weitere, die in **engem zeitlichen, wirtschaftlichen und tatsächlichen Zusammenhang** mit der ersten Abmahnung steht, nur ⅕[5]. So verfährt auch das LAG Schleswig-Holstein für drei an einem Tag ausgesprochene Abmahnungen, die gleichartige Pflichtverstöße zum Inhalt haben[6].

LAG Hamm: Selbst bei mehreren (sieben) Abmahnungen nur **zwei Monatsverdienste** (ggf. mit einer „leichten" Erhöhung), **unabhängig von der Anzahl** der Abmahnungen und zusätzlichen, auf einen Widerruf gerichteten Anträgen[7].

LAG Berlin-Brandenburg: Keine Abstufung, grundsätzlich **ein Monatsverdienst für jede Abmahnung**; Ausnahmen sind davon zu machen, wenn die weiteren Abmahnungen sich auf einen Lebenssachverhalt beziehen oder im selben Konflikt ihre Ursache haben[8].

LAG Baden-Württemberg: Wegen der vielfältigen Einzelumstände einer Abmahnung Ablehnung eines festen Wertes und Ermittlung des Streitwerts allein nach § 3 ZPO nach **freiem Ermessen** unter Berücksichtigung geltend gemachter **persönlicher und wirtschaftlicher Interessen**[9].

---

1 LAG Schl.-Holst. 8.4.2014 – 5 Ta 38/14, nv.; 7.6.1995 – 1 Ta 63/95, LAGE § 12 ArbGG 1979 – Streitwert Nr. 103; LAG Rh.-Pf. 6.5.2010 – 1 Ta 70/10, AE 2011, 90; 23.4.2009 – 1 Ta 87/09, AE 2009, 289; 20.4.2007 – 1 Ta 67/07, AE 2007, 369; LAG Hamm 16.4.2007 – 6 Ta 49/07, NZA-RR 2007, 439; LAG München 8.11.2006 – 11 Ta 340/06, nv.; LAG Köln 11.9.2003 – 3 Ta 228/03, ArbuR 2004, 39; LAG Berlin 28.4.2003 – 17 Ta 6024/03, MDR 2003, 1021; LAG Nds. 10.3.2003 – 14 Ta 214/02, AE 2004, 69; LAG Hess. 24.5.2000 – 15 Ta 16/00, NZA-RR 2000, 438; 23.4.1999 – 15/6 Ta 426/98, NZA-RR 1999, 382; 26.2.1999 – 15/6 Ta 181/98, nv.; LAG Nds. 8.11.1996 – 14 Ta 349/96, NdsRpfl. 1997, 35; LAG Rh.-Pf. 20.12.1993 – 6 Ta 258/93, ARST 1994, 137; LAG Nürnberg 11.11.1992 – 6 Ta 153/92, NZA 1993, 430; LAG Hamburg 12.8.1991 – 1 Ta 6/91, LAGE § 12 ArbGG 1979 – Streitwert Nr. 94; LAG Hamm 16.8.1989 – 2 Sa 308/89, DB 1989, 2032; LAG Hess. 1.3.1988 – 6 Ta 60/88, LAGE § 12 ArbGG 1979 – Streitwert Nr. 72; LAG Hamm 5.7.1984 – 8 Ta 115/84, NZA 1984, 236; LAG Bremen 3.5.1983 – 4 Ta 32/83, ARST 1983, 141; *Willemsen/Schipp/Reinhard/Meier*, NZA 2013, 1112 (1113).
2 LAG Köln 15.7.2014 – 10 Ta 62/14, AE 2014, 312; 11.9.2003 – 3 Ta 228/03, ArbuR 2004, 39; LAG Hess. 24.5.2000 – 15 Ta 16/00, NZA-RR 2000, 438.
3 ZB LAG Köln 15.1.2014 – 4 Ta 217/13, AE 2014, 262; 20.5.2009 – 3 Ta 144/09, nv.
4 LAG Düsseldorf 4.9.1995 – 7 Ta 245/95, NZA-RR 1996, 391.
5 LAG Rh.-Pf. 30.6.2011 – 1 Ta 111/11, AE 2011, 260; 6.5.2010, 1 Ta 70/10, AE 2011, 90; 23.4.2009 – 1 Ta 87/09, AE 2009, 289; 20.4.2007 – 1 Ta 67/07, AE 2007, 369.
6 LAG Schl.-Holst. 8.4.2014 – 5 Ta 38/14, nv.
7 LAG Hamm 16.4.2007 – 6 Ta 49/07, NZA-RR 2007, 439.
8 LAG Berlin 28.4.2003 – 17 Ta 6024/03, MDR 2003, 1021; vgl. auch LAG Nds. 10.3.2003 – 14 Ta 214/02, AE 2004, 69.
9 ZB LAG BW 12.10.2006 – 21 Sa 59/06, nv.; 7.9.2006 – 3 Ta 159/06, NZA-RR 2006, 656; 6.9.2006 – 3 Ta 155/06, nv.; 11.6.2004 – 3 Ta 95/04, LAGReport 2005, 224; 26.6.2001 – 3 Ta 75/01, nv.

Aktueller Streitwertkatalog (I. Nr. 2.2): Mehrere in einem Verfahren angegriffene Abmahnungen werden mit **„maximal"** dem **Vierteljahresverdienst** bewertet. Dem folgt nun das LAG Nürnberg[1].

Grundsätzlich muss es auch bei mehreren Abmahnungen bei der Festsetzung **von einer Monatsvergütung für jede Abmahnung** bleiben; eine Deckelung kommt nicht in Betracht, weil die Ausnahmeregelung des § 42 Abs. 2 Satz 1 GKG nicht analogiefähig ist. Das schließt es nicht aus, dass **im Einzelfall Abweichungen** nach oben oder unten angemessen sind[2].

↻ Hinweis: Durch den zusätzlichen **Antrag auf Widerruf** bzw. **Rücknahme einer Abmahnung** erhöht sich der Streitwert um **einen halben Monatsverdienst**[3]. Und wird eine Abmahnung aus der Personalakte entfernt, wodurch sich ein erster Rechtsstreit erledigt, sodann aber aus **demselben Grund** nochmals innerhalb kurzer Zeit ausgesprochen, was zu einem weiteren Rechtsstreit führt, bleibt es **für jeden Rechtsstreit bei einem Monatsverdienst**[4].

10. Klage auf Ausstellung/Ausfüllung bzw. Herausgabe von Arbeitspapieren und Erteilung von Abrechnungen

Die Klage auf **Ausstellung/Ausfüllung** bzw. **Herausgabe von Arbeitspapieren** wird regelmäßig gering bewertet. Teilweise werden bisher **125 Euro**[5] bzw. **150 Euro**[6] pro Arbeitspapier zugrunde gelegt, überwiegend wurde bislang ein Wert von **250 Euro pro Arbeitspapier**[7] festgesetzt, teils auch von **300 Euro**[8]. Für die **Berichtigung einer Lohnsteuerkarte** hat das BAG im Einzelfall einen Streitwert von 200 Euro nicht beanstandet[9]. Das LAG Hessen hielt bisher **500 Euro** für angemessen[10].

Nach dem Aktuellen Streitwertkatalog (A. I. Nr. 7.1) sollen bei **reinen Bescheinigungen**, zB zu sozialversicherungsrechtlichen Vorgängen, zu Urlaub oder zur Lohnsteuer **pro Arbeitspapier 10 % einer Monatsvergütung** angemessen sein. Da der anwaltliche Aufwand oft erheblich ist, ist selbst ein Satz von **20 %** noch sehr gering[11].

Die Forderung nach **Erteilung einer Lohn-/Gehaltsabrechnung** oder sonstigen Abrechnung stellt die Forderung nach **Erteilung einer Auskunft** dar und wird oft im Wege

---

1 LAG Nürnberg 30.7.2014 - 4 Ta 83/14, AE 2014, 312.
2 Zutreffend *Willemsen/Schipp/Reinhard/Meier*, NZA 2013, 1112 (1113).
3 Zutreffend LAG BW 7.9.2006 – 3 Ta 159/06, nv.; LAG Schl.-Holst. 13.12.2000 – 6 Ta 168/00, NZA-RR 2001, 496; ähnlich LAG Rh.-Pf. 30.6.2011 – 1 Ta 111/11, AE 2011, 260; aA LAG München 8.11.2006 – 11 Ta 340/06, nv.: keine Berücksichtigung.
4 LAG Rh.-Pf. 6.5.2010, 1 Ta 70/10, AE 2011, 90.
5 Vgl. die Nachweise bei TZA/*Ziemann*, S. 46, Rz. 113; LAG Thür. 14.11.2000 – 8 Ta 134/00, MDR 2001, 538.
6 LAG Hamm 7.9.2005 – 9 Ta 77/05, AE 2006, 68; LAG München 7.6.2002 – 3 Ta 130/02, AE 2002, 140.
7 LAG Bln.-Bdb. 9.9.2011 – 17 Ta (Kost) 6085/11, nv.; 24.11.2009 – 17 Ta (Kost) 6096/09, nv.; LAG Hamburg 11.1.2008 – 8 Ta 13/07, JurBüro 2008, 593; LAG Düsseldorf 31.8.2006 – 6 Ta 467/06, nv.; 31.7.2007 – 6 Ta 4/07, nv.; 20.5.1997 – 7 Ta 120/97, nv.; 16.12.1996 – 7 Ta 344/96, LAGE § 3 ZPO Nr. 8; LAG Hamm 5.1.2005 – 9 Ta 145/04, nv., aber nur zur Bescheinigung nach dem SGB III und zur Verdienstbescheinigung für Insolvenzgeld, für andere Papiere setzt es geringere Werte an; LAG Saarl. 10.10.2003 – 2 Ta 44/03, nv.; LAG Köln 16.6.2003 – 2 Ta 157/03, nv.; 21.1.2002 – 5 Ta 22/02, nv.; LAG Sachs. 14.2.2001 – 2 Sa 10/01, MDR 2001, 960; LAG Köln 13.12.1999 – 13 (7) Ta 366/99, DB 2000, 432.
8 LAG Rh.-Pf. 27.7.2011 – 1 Ta 98/09, nv.; 2.6.2009 – 1 Ta 98/09, nv.; 14.3.2007 – 1 Ta 55/07, AE 2007, 371; allerdings differenzierte das LAG Rh.-Pf. bisher je nach Papier und setzte 50 bis zu 300 Euro fest, vgl. die Nachweise bei TZA/*Ziemann*, S. 47f., Rz. 119.
9 BAG 11.6.2003 – 5 AZB 1/03, NZA 2003, 877.
10 LAG Hess. 9.7.2003 – 15 Ta 123/03, NZA-RR 2003, 660; vgl. auch LAG Hess. 23.4.1999 – 15/6 Ta 426/98, NZA-RR 1999, 382.
11 Zutreffend *Willemsen/Schipp/Reinhard/Meier*, NZA 2013, 1112 (1114).

einer Stufenklage verfolgt. Die begehrte Auskunft wird mit **10 %**[1] bis **50 %**[2] der darin enthaltenen Forderung bewertet[3]. Das LAG Hessen hat wiederholt den **vollen Wert** der Forderung zugrunde gelegt[4]. Hier ist zu **differenzieren**: Da der Arbeitnehmer mit **Erteilung einer Abrechnung** einen wesentlichen Schritt zur Durchsetzung seiner Ansprüche gemacht hat, ist eine geringe Bewertung als **25 %** nicht angemessen. Kann der Arbeitnehmer allerdings seine **Ansprüche beziffern** und macht er auch die Erteilung von Abrechnungen geltend, reicht ein Satz von **10 %**[5]. Der Aktuelle Streitwertkatalog (I. Nr. 3.) hält **5 % der Vergütung für den geltend gemachten Abrechnungszeitraum** für angemessen (bei reiner Abrechnung nach § 108 GewO).

11. Klage auf Überlassung oder Herausgabe eines Dienstwagens und einer Dienstwohnung

81 Klagt ein Arbeitnehmer auf **Überlassung eines Dienstwagens**, kommt es gem. § 42 Abs. 1 Satz 1 GKG auf den **36fachen monatlichen Sachbezugswert**, also den 36fachen monatlich zu versteuernden geldwerten Vorteil an[6]. Klagt ein Arbeitgeber auf **Herausgabe eines Dienstwagens**, richtet sich der Streitwert nach §§ 12, 15 GKG, 3, 6 ZPO. Es kommt auf den **Verkehrswert** des Dienstwagens **zum Zeitpunkt der Klageeinreichung** an, der vom Gericht zu **schätzen** ist[7], auch für einen **geleasten** Dienstwagen[8].

Bei einer **Dienstwohnung** findet im arbeitsgerichtlichen Verfahren § 41 Abs. 1 Satz 1 GKG Anwendung. Es kommt auf das auf die streitige Zeit entfallende Entgelt an, wenn nicht **eine Jahresmiete** geringer ist[9].

12. Vergleichsinhalte

a) Streitwerthöhung und Titulierungsinteresse

82 In jüngerer Zeit erhöhen einige Gerichte den Streitwert nur noch für Vergleichsinhalte, über die bereits vor Vergleichsabschluss tatsächlich oder rechtlich, nicht notwendigerweise gerichtlich **gestritten wurde**[10], oder mit deren Leistung sich der **Arbeitgeber in Verzug** befand[11]. Mit dieser Ansicht führen viele Regelungen, die immer wieder Gegenstand eines Vergleichs sind, ohne dass über sie gestritten wurde, zu **keiner Streitwerterhöhung**. Das gilt auch für die Vereinbarung von **Zahlungsmodalitäten** etwa des Inhalts, dass ein Anspruch auf eine bestimmte Gratifikation wegen eines vorzeitigen Ausscheidens nicht besteht[12]. Das ist schon nicht sachgerecht, weil sich jedenfalls mit der Aufnahme derartiger Regelungen in einen Vergleich künftiger

---

1 LAG Köln 21.1.2002 – 5 Ta 22/02, nv.
2 Vgl. LAG Düsseldorf 19.12.2001 – 7 Ta 425/01, nv.; LAG Hamm 25.11.1998 – 2 Sa 453/98, ZInsO 1999, 120.
3 Vgl. auch die Nachweise bei *Meier/Becker*, S. 52 f.
4 LAG Hess. 19.7.2002 – 16 Sa 1618/01, nv.; 25.11.1995 – 6 Ta 443/95, nv.
5 So zutreffend LAG Köln 21.1.2002 – 5 Ta 22/02, nv.
6 LAG Berlin 27.11.2000 – 7 Ta 6017/00, AE 2001, 44.
7 LAG Düsseldorf 6.3.2003 – 17 Ta 42/03, AE 2003, 141.
8 LAG Rh.-Pf. 16.10.2008 – 1 Ta 190/08, AE 2009, 88.
9 LAG Rh.-Pf. 28.9.2011 – 1 Ta 178/11, nv.
10 Vgl. LAG Köln 7.7.2014 – 4 Ta 140/14, AE 2014, 311; 16.10.2009 – 3 Ta 349/09, AE 2010, 63; 13.10.2008 – 2 Ta 353/08, nv.; 12.12.2007 – 11 Ta 358/07, ArbuR 2008, 232; LAG Rh.-Pf. 16.5.2012 – 1 Ta 81/12, nv.; 27.7.2011 – 1 Ta 141/11, nv.; 9.10.2007 – 1 Ta 219/07, nv.; 19.10.2004 – 9 Ta 208/94, NZA-RR 2005, 211; LAG Hamburg 15.2.2012 – 1 Sa 31/11, nv.; LAG Bln.-Bbg. 22.3.2010 – 17 Ta (Kost) 6030/10, nv.; 27.1.2010 – 17 Ta (Kost) 6144/09, nv.; 10.12.2009 – 17 Ta (Kost) 6144/09, nv.; LAG Hamm 8.6.2010 – 6 Ta 248/10, AE 2011, 92; LAG BW 23.12.2009 – 5 Ta 158/09, nv.; LAG Sa.-Anh. 8.12.2004 – 8 Ta 163/04, nv.; wohl auch LAG Nürnberg 27.11.2003 – 9 Ta 154/03, NZA-RR 2004, 261.
11 ZB LAG Rh.-Pf. 16.5.2012 – 1 Ta 81/12, nv.
12 So LAG Hamm 8.11.2011 – 5 Ta 345/10, nv.

Streit vermeiden lässt. Zudem sind spätestens mit Abschluss eines Vergleichs darin geregelte Ansprüche als streitig gewordene Ansprüche anzusehen. Außerdem regelt alleine das Gebührenrecht mit der Nr. 3101 VV RVG, wie nicht streitige Verfahrensgegenstände, für die auch ein **Gebührenstreitwert** festzusetzen ist, ermäßigt abzurechnen sind.

Der Aktuelle Streitwertkatalog (I. Nr. 22.2) hält mit Teilen der Rechtsprechung für **unstreitige Ansprüche, deren Durchsetzung ungewiss ist**, ein zusätzliches pauschales **Titulierungsinteresse von 20 %** des Wertes des Anspruchs für angemessen[1]. Ansonsten (vgl. I. Nr. 22.1) soll ein Vergleichsmehrwert nur in Betracht kommen, wenn ein **weiterer Rechtsstreit vermieden** und/oder **außergerichtlicher Streit erledigt** und/oder **die Ungewissheit über ein Rechtsverhältnis beseitigt werden**. Zumindest letzteres ist eigentlich immer der Fall.

Allgemeine Abwicklungs- und Ausgleichsklauseln bleiben nach richtiger Ansicht **unberücksichtigt**, es sei denn, durch solche Klauseln werden **konkrete Ansprüche** erledigt, etwa in der Weise, dass die Parteien überstimmend festhalten, dass sie, ggf. auch nur anteilig, bestehen. Dabei ist **nicht erforderlich**, dass die Ansprüche zuvor Streitgegenstand oder aber zumindest streitig waren[2].

b) Vergütungsansprüche

Eingeklagte streitige Vergütungsansprüche aus der Zeit **vor dem Beendigungszeitpunkt** wirken sich nach richtiger Ansicht (vgl. Rz. 40) streitwerterhöhend aus. **Nicht eingeklagte** und unstreitig **bis zum Beendigungszeitpunkt** noch zu zahlende Vergütungsansprüche sind Teil der allgemeinen Abwicklung und führen zu keiner Erhöhung (vgl. Rz. 82).

83

Eingeklagte streitige Vergütungsansprüche nach dem Beendigungszeitpunkt sind nach hier vertretener Ansicht (vgl. Rz. 42 ff.) ebenfalls zu berücksichtigen. Auch wenn diese Vergütungsansprüche nach dem Vergleich nicht mehr zu zahlen sind, besteht eben diese Klarheit, was einen Vergleichsmehrwert rechtfertigt. Das BAG etwa sieht dies anders[3].

c) Freistellung, Sprinterklausel und Dienstwagen

Enthält ein Vergleich eine Regelung, nach der der Arbeitnehmer bis zum Ablauf der Kündigungsfrist **von der Arbeit freigestellt** wird, kommt diesem Vergleichsgegenstand nach überwiegender Ansicht ein **eigenständiger Wert** zu. Die Einzelheiten sind umstritten:

84

LAG Düsseldorf und Schleswig-Holstein: Pauschale Festsetzung von **25 % des Bruttoverdienstes** bis zum Kündigungstermin[4].

LAG Hamburg (1. Kammer): **25 % der Vergütung** für den Zeitraum, der zu einer **tatsächlichen Freistellung** durch den Vergleich führt, **maximal eine Monatsvergütung**[5].

---

1 Ebenso LAG Hess. 5.8.2013 – 1 Ta 38/13, nv.; LAG BW 14.7.2011 – 5 Ta 101/11, nv.; LAG Hamburg 12.1.1998 – 4 Ta 28/97, LAGE § 3 ZPO Nr. 9; LAG Düsseldorf 14.5.1985 – 7 Ta 180/85, LAGE § 3 ZPO Nr. 4.
2 AA etwa LAG Rh.-Pf. 10.10.2011 – 1 Ta 179/11, nv.; LAG Köln 28.10.2010 – 2 Ta 316/10, nv.
3 BAG 20.1.1967 – 2 AZR 232/65, DB 1967, 472.
4 LAG Schl.-Holst. 21.2.2014 – 3 Ta 17/14, nv.; 28.11.2008 – 1 Ta 109/08, nv.; 27.2.2006 – 1 Ta 165/05, nv.; 7.7.2005 – 2 Ta 142/05, nv.; 20.5.1998 – 3 Ta 37/98d, LAGE § 12 ArbGG – Streitwert Nr. 113; LAG Düsseldorf 8.5.2007 – 6 Ta 99/07, EzA-SD 2007, Nr. 14, 16; 6.7.2006 – 6 Ta 371/06, AE 2006, 305; 6.7.2006 – 6 Ta 371/06, AE 2006, 305; 8.4.2003 – 17 Ta 139/03, nv.; LAG Sachs. 19.3.2007 – 4 Ta 28/07 (5), LAGE Nr. 3 zu § 33 RVG; LAG Bremen 8.10.1996 – 1 Ta 58/96, nv.
5 LAG Hamburg 30.4.2014 – 1 Ta 6/14, nv.

LAG Rheinland-Pfalz (vgl. aber auch Rz. 82): Bislang regelmäßig **10 % des Verdienstes** des Freistellungszeitraums, sofern nicht ein besonderes Beschäftigungsinteresse einen höheren Wert rechtfertigt[1]. Eine Erhöhung war gerechtfertigt, wenn die Freistellung **vorher streitig war**[2] oder wenn eine **Anrechnung anderweitigen Verdienstes** während des Freistellungszeitraums **ausgeschlossen** wird (Erhöhung um 15 %)[3].

LAG Köln: Je nach Lage des Falles bisher **nur für streitige Freistellungen 10–25 %**[4], inzwischen will es aber wohl **Freistellungen generell nicht mehr berücksichtigen**[5]. Ähnlich LAG Sachsen-Anhalt[6]: Berücksichtigung von **streitigen Freistellungen** mit **10–25 % der in der Freistellungsphase zu zahlenden Vergütung**[7].

LAG München, Nürnberg, Hessen und Niedersachsen: **Unabhängig von der Freistellungsdauer ist ein Monatsverdienst** angemessen[8].

LAG Hamburg (7. Kammer), Sachsen: Für streitige Freistellungen, die länger als einen Monat dauern, ist pauschal ein Monatsverdienst festzusetzen[9].

LAG Hamm: Berücksichtigung nur **streitiger** Freistellungen, wobei es für eine mögliche Erhöhung des Streitwertes auch voraussetzt, dass der Arbeitnehmer **Entgeltansprüche oder einen Beschäftigungsanspruch** anderweitig **rechtshängig** gemacht hat[10].

Aktueller Streitwertkatalog (I. Nr. 22.1): Nur wenn sich eine Partei eines Anspruchs oder eines Rechts zur Freistellung rühme, soll die Freistellungsvereinbarung **mit bis zu einer Monatsvergütung** berücksichtigt werden, dies aber unter **Anrechnung des Wertes einer Beschäftigungs- oder Weiterbeschäftigungsklage.**

85 Angemessen ist für eine – auch unstreitige – Freistellung **pauschal ein Monatsverdienst.**

86 Beispiel:

Einem Arbeitnehmer mit einem Monatsverdienst von 2 500 Euro brutto wird ordentlich zum 30.6. gekündigt. Im Gütetermin am 30.4. vergleicht er sich mit seinem Arbeitgeber u.a. auf eine unwiderrufliche Freistellung bis zum 30.6. ohne Verzicht auf eine Anrechnung anderweitigen Verdienstes. Zuvor war er nicht freigestellt und eine Freistellung nicht streitig. Ein besonderes Interesse an der Freistellung ist nicht vorhanden.

---

1 LAG Rh.-Pf. 17.10.2008 – 1 Ta 192/08, AE 2009, 157; 8.5.2008 – 1 Ta 49/08, nv.; 7.5.2008 – 1 Ta 63/08, AE 2008, 338; 19.6.2002 – 2 Ta 531/02, LAGE § 12 ArbGG 1979 – Streitwert Nr. 127a; so auch LAG Düsseldorf 7.8.1998 – 7 Ta 174/98, FA 1998, 387; 29.8.1997 – 7 Ta 191/97, nv.
2 LAG Rh.-Pf. 19.6.2002 – 2 Ta 531/02, LAGE § 12 ArbGG 1979 – Streitwert Nr. 127a.
3 LAG Rh.-Pf. 7.5.2008 – 1 Ta 63/08, nv.
4 LAG Köln 16.10.2009 – 3 Ta 349/09, AE 2010, 63.
5 Vgl. LAG Köln 22.1.2014 – 5 Ta 369/13, nv.
6 Folgt dazu aber ausdrücklich dem Streitwertkatalog, vgl. LAG Sa.-Anh. 29.8.2013 – 1 Ta 40/13, NZA-RR 2013, 604.
7 LAG Sa.-Anh. 8.12.2004 – 8 Ta 163/04, nv.; aA noch LAG Sa.-Anh. 22.11.2000 – 1 Ta 133/00, NZA-RR 2001, 435 und 20.9.1995 – 1 (3) Ta 93/95, LAGE § 12 ArbGG 1979 – Streitwert Nr. 104: volle Berücksichtigung.
8 LAG Nds. 15.11.2010 – 7 Ta 395/10, AE 2011, 142; LAG Hess. 8.1.2010 – 15 Ta 613/09, AE 2010, 208; LAG Hamburg 11.1.2008 – 8 Ta 13/07, JurBüro 2008, 593; LAG Nds. 26.11.2007 – 9 Ta 314/07, JurBüro 2008, 147; LAG München 12.9.2005 – 2 Ta 337/05, AE 2006, 66; LAG Nürnberg 14.7.2004 – 6 Ta 2/04, MDR 2005, 223; LAG Hess. 23.4.1999 – 15/6 Ta 426/98, NZA-RR 1999, 382; LAG Hamburg 5.12.1994 – 2 Ta 20/94, nv.; ebenso *Willemsen/Schipp/Reinhard/Meier*, NZA 2013, 1111 (1116).
9 LAG Hamburg 7.12.2011 – 7 Ta 31/11, AE 2012, 118; 13.1.2010 – 7 Ta 29/09, nv.; LAG Sachs. 23.6.2014 – 4 Ta 95/17 (3), nv. (Änderung der bisherigen Rspr.).
10 LAG Hamm 17.3.1994 – 8 Ta 465/93, MDR 1994, 625; vgl. auch 27.7.2007 – 6 Ta 357/07, nv.; 20.9.1995 – 1 (3) Ta 93/95, LAGE § 12 ArbGG 1979 – Streitwert Nr. 104: volle Berücksichtigung.

LAG Schleswig-Holstein, Düsseldorf und die 1. Kammer des LAG Hamburg: 1 250 Euro Vergleichsmehrwert – 25 % der Verdienste bis zum 30.6.

LAG München, Hessen, Niedersachsen und Nürnberg: 2 500 Euro für die Vereinbarung über die Freistellung – ein Monatsverdienst; ebenso LAG Sachsen und die 7. Kammer des LAG Hamburg.

LAG Berlin-Brandenburg, Hamburg, Hamm, Köln, Nürnberg, Rheinland-Pfalz, Sachsen-Anhalt und Aktueller Streitwertkatalog (I. Nr. 22.1): keine Streitwerterhöhung.

Bei der privaten **Nutzungsmöglichkeit eines Dienstwagens** ist darauf abzustellen, ob diese **streitig** war. Denn die private Nutzungsmöglichkeit ist ein Vergütungsbestandteil und somit, sofern sie unstreitig ist, nur Teil der allgemeinen Abwicklung (vgl. Rz. 82). War die Nutzung **streitig** und darf der Arbeitnehmer nach dem Vergleich den Dienstwagen während der Freistellungsphase weiternutzen, ist die Nutzung mit dem monatlichen, während der Freistellung zu versteuernden **geldwerten Vorteil** streitwerterhöhend zu berücksichtigen[1]. 86a

Sog. **Sprinterklauseln**, die **ein vorzeitiges Sonderlösungsrecht** des Arbeitnehmers iSe Option vorsehen, wodurch sich zumeist eine vereinbarte Abfindung erhöht, sollen nach überwiegender Ansicht zu **keiner Streitwerterhöhung** führen[2]. Nach richtiger Ansicht ist eine solche Klausel pauschal mit **einem Monatsverdienst** zu bewerten[3]. 87

Wird in einem Kündigungsschutzverfahren ein Vergleich ausgehandelt, in dem ein **fester früherer Beendigungszeitpunkt** und damit eine unbedingte Verkürzung der Kündigungsfrist vereinbart wird, wodurch sich die Abfindung erhöht, ist **für jeden Monat des vorzeitigen Ausscheidens ein halber Monatsverdienst** angemessen[4]. Gleichermaßen wirkt sich eine Regelung über eine **Verlängerung der Kündigungsfrist** streitwerterhöhend aus. Für jeden Monat erhöht sich der Streitwert ebenfalls um den **halben Monatsverdienst**[5].

d) Arbeitspapiere und Direktversicherung

Eine Regelung im Vergleich über die **Ausfüllung und Aushändigung von Arbeitspapieren** berücksichtigte das LAG Hessen bisher angemessen **pro Arbeitspapier** mit **150 Euro**[6]. Andere Gerichte lehnen dies ab, wenn der Arbeitgeber sich mit der **Ausfüllung und Aushändigung noch nicht in Verzug** befand und darüber auch **nicht gestritten** wurde[7] (vgl. Rz. 82). 88

Der **Übertragung der Versicherungsnehmereigenschaft** einer Direktversicherung wird, wenn sie **unstreitig** war, kein Vergleichsmehrwert zugesprochen[8], zumindest soll dies dann gelten, wenn die Regelung dazu **keinen vollstreckungsfähigen Inhalt**

---

1 LAG Köln 12.2.2010 – 7 Ta 363/09, AE 2010, 267, vgl. auch LAG Rh.-Pf. 7.5.2008 – 1 Ta 63/08, nv.
2 ZB LAG Hamburg 30.4.2014 – 1 Ta 6/14, nv.; 7.12.2011 – 7 Ta 31/11, AE 2012, 118; 13.1.2010 – 7 Ta 29/09, nv.; LAG Köln 22.1.2014 – 5 Ta 369/13, nv.; 12.2.2010 – 7 Ta 363/09, AE 2010, 267; 3.3.2009 – 4 Ta 467/08, NZA-RR 2009, 503; LAG Düsseldorf 4.2.2009 – 6 Ta 245/98, nv.; 29.1.2008 – 6 Ta 504/07, nv.; 5.12.2006 – 6 Ta 583/06, nv.
3 Zutreffend LAG Saarl. 22.11.2011 – 2 Ta 42/11, NZA-RR 2012, 156; iE. auch *Willemsen/Schipp/Reinhard/Meier*, NZA 2013, 1112 (1116) unter Anwendung der Grundsätze zur Bewertung von Freistellungsvereinbarungen in Vergleichen.
4 Zutreffend LAG Hamm 10.11.1983 – 8 Ta 306/83, LAGE § 12 ArbGG 1979 – Streitwert Nr. 21.
5 AA etwa LAG Köln 7.7.2014 – 4 Ta 140/14, AE 2014, 311; 22.1.2014 – 5 Ta 369/13, nv.; LAG Rh.-Pf. 17.10.2008 – 1 Ta 192/08, nv.; LAG Hess. 5.9.2005 – 15 Ta 280/05, AE 2006, 66: jeweils keine Erhöhung.
6 LAG Hess. 9.7.2003 – 15 Ta 123/03, NZA-RR 2003, 660; 23.4.1999 – 15/6 Ta 426/98, NZA-RR 1999, 382; ebenso LAG Hamm 7.9.2005 – 9 Ta 77/05, AE 2006, 68.
7 So etwa LAG Köln 17.7.2002 – 7 Ta 116/02, EzA-SD 20/2002, 19.
8 LAG BW 29.7.2009 – 5 Ta 30/09, nv.

hat[1]. Vertreten wird auch, dass, wenn die Regelung einen vollstreckungsfähigen Inhalt hat, dafür **allenfalls ein Titulierungsinteresse von 10 %** angemessen sei[2], bzw. könne ein Vergleichsmehrwert von **4 000 Euro** (jetzt 5 000 Euro) angemessen sein, wenn die Regelung zur Abgabe der für die Übertragung notwendigen Willenserklärung zur **Klarstellung bestehender Verpflichtungen** erfolge[3].

e) Wiedereinstellung und Neubegründung eines Arbeitsverhältnisses mit Dritten

89 Vereinbaren die Parteien im Kündigungsschutzverfahren die **Wiedereinstellung des Arbeitnehmers** zu einem späteren Zeitpunkt, sind dafür **drei Monatsverdienste** festzusetzen[4].

90 Vereinbaren die Parteien in einem Kündigungsschutzverfahren, dass der Rechtsstreit durch die Begründung eines **Arbeitsverhältnisses mit einem Dritten** erledigt wird, ist auch dafür ein Vergleichsmehrwert von **drei Monatsverdiensten** angemessen[5].

13. Nachvertragliches Wettbewerbsverbot

91 Streit über die Gültigkeit eines **nachvertraglichen Wettbewerbsverbotes** wird mit der **höchstens geschuldeten Karenzentschädigung**, also mit **einem Jahresgehalt** bewertet, es sei denn, der streitige Zeitraum ist kürzer, oder es gibt **konkrete Anhaltspunkte** für eine abweichende Streitwertfestsetzung[6]. Der Streitwert kann wegen eines **konkret zu erwartenden, hohen Schadens** durch Wettbewerbsverstöße auch höher als die Karenzentschädigung sein[7].

14. Streitwert der Nebenintervention

91a Nach wohl hM ist der **Streitwert** gem. § 3 ZPO alleine **nach dem Interesse des Nebenintervenienten** und unabhängig von seinen Anträgen zu **schätzen**[8]. Da dieses Interesse häufig vom Interesse der unterstützten Partei abweicht, wird von diesem Streitwert regelmäßig ein **Abschlag von 20 %** vorgenommen[9].

Abweichend setzt der BGH den **Streitwert der Nebenintervention mit dem der Hauptsache** vor allem dann **gleich**, wenn der Streitverkündete dieselben Anträge wie die von ihm unterstützte Partei stellt[10]. Einige Gerichte folgen dieser Ansicht zumindest

---

1 TZA/*Ziemann*, S. 28, Rz. 70.
2 LAG Düsseldorf 30.10.2007 – 6 Ta 585/07, nv.
3 LAG Düsseldorf 1.2.2011 – 2 Ta 751/10, nv.
4 LAG Hamm 22.3.2000 – 13 Sa 717/99, AE 2000, 162.
5 LAG Rh.-Pf. 13.8.2010 – 1 Ta 139/10, nv.
6 LAG Schl.-Holst. 31.5.2012 – 6 Ta 86/12, nv.; LAG Köln 12.11.2007 – 7 Ta 295/07, AE 2008, 154; 24.5.2005 – 6 Ta 145/05, NZA-RR 2005, 547; LAG Berlin 28.5.2003 – 17 Ta 6046/03, BRAGOreport 2003, 184; LAG Hamm 23.12.1980 – 8 Ta 148/80, EzA § 61 ArbGG 1979 Nr. 4; LG Magdeburg 5.12.2011 – 2 S 449/11, AE 2012, 190; vgl. auch *Willemsen/Schipp/Reinhard/Meier*, NZA 2013, 1112 (1116): Karenzentschädigung für den streitigen Zeitraum.
7 Vgl. LAG Nürnberg 25.6.1999 – 2 Ta 56/99, MDR 1999, 1410.
8 Vgl. etwa LAG Hamburg 27.2.2004 – 7 Ta 3/04, nv.; OLG Rostock 21.10.2009 – 3 W 50/08, nv.; OLG Schleswig 28.8.2008 – 14 W 51/08, MDR 2009, 56; OLG Frankfurt 13.2.2009 – 10 W 4/09, OLGR Frankfurt 2009, 763; OLG Hamm 16.1.2007 – 27 W 86/06, OLGR Hamm 2007, 607; OLG Köln 16.10.1989 – 7 W 37/89, MDR 1990, 251; OLG Saarbrücken 24.10.1984 – 1 W 38/84, JurBüro1985, 445; OLG Koblenz 10.9.1982 – 14 W 418/82, MDR 1983, 59; OLG Hamburg 13.7.1977 – 10 W 17/77, MDR 1977, 1026.
9 Vgl. etwa LAG Hamburg 27.2.2004 – 7 Ta 3/04, nv.
10 BGH 30.10.1959 – V ZR 204/57, NJW 1960, 42; OLG München 24.4.2007 – 28 W 1334/07, JurBüro 2007, 426; OLG Düsseldorf 10.1.2006 – I-24 W 64/05, MDR 2006, 1017.

dann, wenn sich der Nebenintervenient **uneingeschränkt den Anträgen angeschlossen** hat[1]. Andere Gerichte setzen **pauschal** ohne Berücksichtigung der Anträge den Streitwert gleich[2].

III. Streitwerte in arbeitsgerichtlichen Beschlussverfahren

1. Kostenentscheidung und Gerichtsgebühren

In **arbeitsgerichtlichen Beschlussverfahren** nach § 2a Abs. 1 ArbGG werden gem. § 2 Abs. 5 GKG **Kosten nicht erhoben**. Gebühren und Auslagen sind nicht zu zahlen. Für eine Kostenentscheidung ist kein Raum[3].   92

2. Anwaltsgebühren

a) Grundlagen der Streitwertbemessung

Der **Ausschluss der Kostentragungspflicht** gem. § 2 Abs. 5 GKG betrifft nur die **gerichtlichen Kosten**, nicht die Kosten, die den Beteiligten selbst entstehen. Für die Berechnung der **Anwaltsgebühren** ist daher eine gesonderte **Streitwertfestsetzung** erforderlich und zulässig[4]. Denn anders als im arbeitsgerichtlichen Urteilsverfahren gibt es **keine Wertvorschriften** für Gerichtsgebühren, die nicht erhoben werden.   93

Bei **vermögensrechtlichen Streitigkeiten** ist der Wert gem. § 23 Abs. 3 Satz 1 RVG zu ermitteln. Zurückzugreifen ist auf die dort genannten Vorschriften des GNotKG, u.a. auf § 99 Abs. 2 GNotKG (Geschäftswert bei Dienstverträgen). Lässt sich der Wert danach nicht ermitteln und steht er auch sonst nicht fest, ist er gem. § 23 Abs. 3 Satz 2 Halbs. 1 RVG **nach billigem Ermessen** zu bestimmen. Erst wenn nicht genügend Anhaltspunkte für eine Schätzung vorhanden sind, ist der Gegenstandswert gem. § 23 Abs. 3 Satz 2 Halbs. 2 RVG auf 5 000 Euro, nach Lage des Falls niedriger oder höher, jedoch nicht über 500 000 Euro festzusetzen. Das gilt auch gem. § 23 Abs. 3 Satz 2 Halbs. 2 RVG für **nicht vermögensrechtliche Streitigkeiten**.   94

b) Besonderheiten bei betriebsverfassungsrechtlichen Streitigkeiten

Den wesentlichen Anteil an arbeitsgerichtlichen Beschlussverfahren machen betriebsverfassungsrechtliche Streitigkeiten **zwischen Arbeitgebern und Betriebsräten** aus, etwa Anträge nach §§ 37 Abs. 6 und 7, 40, 99 Abs. 4 BetrVG.   95

Streitig ist, ob es sich dabei um **vermögensrechtliche oder nicht vermögensrechtliche Streitigkeiten** handelt. Je nachdem, wie man dies bewertet, ist Grundlage der Streitwertbemessung § 3 ZPO oder § 23 RVG.   96

Die Frage, wie die **vermögensrechtliche von der nicht vermögensrechtlichen Streitigkeit abzugrenzen** ist, wird oft nicht genau beantwortet. Dass etwa die Mitbestimmung des Betriebsrats bei Kündigung eines Betriebsratsmitglieds nach § 103 Abs. 2 BetrVG nicht vermögensrechtlicher Art sei, weil die Mitbestimmung nur bezwecke, dass der Arbeitgeber nicht alleine, sondern unter Beteiligung des Betriebsrats über den Verbleib eines Betriebsratsmitglieds entscheide[5], überzeugt nicht. Eine Vielzahl be-   97

---

1 So etwa OLG Frankfurt 13.2.2009 – 10 W 4/09, OLGR Frankfurt 2009, 763; OLG Hamm 16.1.2007 – 27 W 86/06, OLGR Hamm 2007, 607.
2 ZB OLG Karlsruhe 7.10.2002 – 9 W 38/02, JurBüro 2003, 83.
3 Vgl. nur BAG 2.10.2007 – 1 ABR 59/06, NZA 2008, 372; 20.4.1999 – 1 ABR 13/98, DB 1999, 1964; 31.10.1972 – 1 ABR 7/72, DB 1973, 528.
4 ZB LAG München 28.1.1987 – 5 (6) Ta 268/86, JurBüro 1987, 858.
5 So LAG Schl.-Holst. 23.5.2001 – 4 TaBV 46/99, nv.

triebverfassungsrechtlicher Streitigkeiten ist mit erheblichen Kosten für den Arbeitgeber verbunden. Das legt es nahe, auf die **materiellen Auswirkungen** abzustellen[1]. Das ist nur aber verlässlich, wenn sich diese Auswirkungen und wirtschaftlichen Interessen für den Streitwert beziffern lassen[2]. Ungenau ist es auch nur zu prüfen, ob der erhobene Anspruch auf **„Geld oder Geldwert"** gerichtet ist, bzw. im Wesentlichen der **Wahrung wirtschaftlicher Belange** dient[3].

98 Überwiegend werden betriebsverfassungsrechtliche Streitigkeiten als **nicht vermögensrechtliche Streitigkeiten** angesehen, **soweit nicht bezifferte oder bezifferbare Zahlungsanträge** gestellt werden[4]. Das gilt etwa für

– die Anfechtung einer Betriebsratswahl nach § 19 Abs. 1 BetrVG und deren Untersagung[5],
– die Auflösung des Betriebsrats gem. § 23 Abs. 1 BetrVG[6],
– die Besetzung einer Einigungsstelle nach § 98 ArbGG[7],
– die Bestellung eines Wahlvorstandes[8],
– die Einberufung von Betriebsversammlungen nach § 43 Abs. 1 BetrVG[9],
– die Einführung eines Rauchverbotes[10],
– personelle Maßnahmen nach §§ 99 Abs. 4, 100, 101 BetrVG[11],
– betriebverfassungsrechtliche Mitbestimmungsrechte[12], etwa Beteiligungsrechte nach § 87 Abs. 1 Nr. 2, 3 oder 10 BetrVG[13],

---

1 So LAG Berlin 6.4.2001 – 17 Ta 6049/01, LAGE § 8 BRAGO Nr. 49.
2 Vgl. LAG Hamburg 2.11.2011 – 4 TaBV 9/09, JurBüro 2012, 364.
3 Vgl. BAG 10.8.1989 – 6 AZR 776/87, nv.; LAG München 21.2.2003 – 8 Ta 61/02, NZA-RR 2003, 382; LAG Schl.-Holst. 12. 9.2002 – 4 TaBV 3/02, ARST 2003, 214; 5.9.2002 – 2 Ta 93/02, nv.; LAG Rh.-Pf. 31.8.2000 – 3 Ta 918/00, NZA-RR 2001, 325; LAG Berlin 1.3.1999 – 9 Sa 133/98 u. 9 Sa 135/98, BB 1999, 800; LAG Thür. 21.1.1997 – 8 Ta 137/96, JurBüro 1997, 420; LAG Hamburg 4.8.1992 – 2 Ta 6/92, NZA 1993, 43.
4 Vgl. LAG Hamm 2.2.2009 – 10 Ta 801/08, nv.; 12.6.2001 – 10 TaBV 50/01, NZA-RR 2002, 472; LAG Hamburg 24.7.2003 – 4 TaBV 1/02, MDR 2003, 338; LAG Berlin 21.10.2002 – 17 Ta 6085/92, NZA-RR 2003, 383; LAG Schl.-Holst. 21.8.2002 – 4 Ta 112/01, nv.; 6.2.2002 – 2 Ta 145/01, JurBüro 2003, 27; LAG Nürnberg 25.6.2001 – 2 Ta 74/01, nv.; LAG Hess. 8.3.2001 – 5 Ta 68/01, nv.; LAG MV 16.11.2000 – 1 Ta 67/00, LAGE § 8 BRAGO Nr. 47; LAG Bremen 18.8.2000 – 1 Ta 45/00, LAGE § 8 BRAGO Nr. 46; LAG Thür. 28.7.1999 – 8 Ta 62/99, ArbuR 2000, 39; LAG Köln 20.10.1997 – 12 Ta 263/97, NZA-RR 1998, 275; LAG Düsseldorf 29.11. 1994 – 7 Ta 1336/94, LAGE § 8 BRAGO Nr. 25; LAG Rh.-Pf. 6.8.1992 – 9 Ta 163/92, NZA 1993, 93; LAG München 28.1.1987 – 5 (6) Ta 268/86, JurBüro 1987, 858.
5 LAG BW 22.9.2008 – 3 Ta 182/08, AE 2008, 334; LAG Hamm 17.6.2008 – 10 Ta 341/08, AE 2008, 336; LAG Hess. 5.5.1999 – 5/6 Ta 253/98, nv.
6 LAG Nürnberg 10.10.2013 – 7 Ta 112/13, JurBüro 2014, 77; LAG Köln 20.10.1997 – 12 Ta 263/97, NZA-RR 1998, 275.
7 LAG Köln 22.9.2008 – 7 Ta 188/08, nv.; LAG Hess. 23.8.2002 – 5 Ta 406/02, AE 2003, 86.
8 LAG Köln 10.6.2005 – 9 Ta 34/05, NZA-RR 2006, 383.
9 LAG Thür. 21.1.1997 – 8 Ta 137/96, JurBüro 1997, 420.
10 LAG Hamm 9.11.2005 – 13 TaBV 148/05, NZA-RR 2006, 96.
11 ZB Aktueller Streitwertkatalog II. Nr. 13.1; LAG Köln 27.2.2014 – 11 Ta 360/13, nv.; LAG Hamm 21.2.2014 – 7 Ta 9/14, nv.; LAG Nürnberg 20.12.2013 – 2 Ta 156/13, NZA-RR 2014, 212; LAG Hamburg 18.9.2013 – 4 Ta 13/13, JurBüro 2013 – 5 Ta 108/13, NZA-RR 2013, 606; LAG Rh.-Pf. 19.7.2012 – 1 Ta 110/12, NZA-RR 2012, 658; 1.3. 2010 – 1 Ta 24/10, nv.; LAG Saarl. 31.3.2011 – 2 Ta 11/11, nv.; LAG Bln.-Bdb. 28.3.2008 – 17 Ta 6027/08 (Kost), RVGreport 2008, 275.
12 So grds. BAG 9.11.2004 – 1 ABR 11/02 (A), NZA 2005, 70.
13 Vgl. LAG Hamm 21.2.2014 – 13 Ta 62/14, nv.; LAG Rh.-Pf. 1.3.2010 – 1 Ta 24/10, nv.; LAG Hess. 23.10.2008 – 5 (4) TaBV 1/08, AE 2009, 291; LAG Hamm 11.5.2005 – 10 TaBV 61/05, nv.; LAG Nürnberg 14.7.2005 – 7 Ta 54/05, NZA-RR 2006, 46; 25.6.2001 – 2 Ta 74/01, ArbuR 2002, 153.

III. Streitwerte in arbeitsgerichtlichen Beschlussverfahren   Rz. 100   Teil 5 J

- den Umfang der Freistellung eines Betriebsratsmitglieds nach § 37 Abs. 2 BetrVG[1], ebenso eine Freistellung nach § 37 Abs. 6 BetrVG[2]
- Zustimmungsersetzungsverfahren nach § 103 Abs. 2 BetrVG[3] und
- die Verschaffung eines Büros für den Betriebsrat gem. § 40 Abs. 2 BetrVG[4].

Beispiele für vermögensrechtliche Streitigkeiten sind   99
- die Anfechtung eines Einigungsstellenspruchs über einen Sozialplan nach § 112 BetrVG gem. § 76 Abs. 5 Satz 4 BetrVG[5], aber streitig[6],
- das Anmieten von Tagungsräumen durch einen Betriebsrat und die Erstattung der damit verbundenen Kosten nach § 40 Abs. 1 BetrVG[7],
- die Hinzuziehung eines Sachverständigen gem. § 80 Abs. 3 BetrVG[8], aber streitig[9],
- die Stellung eines Computers als Sachmittel gem. § 40 Abs. 2 BetrVG und
- die Teilnahme an Betriebsratsschulungen nach § 37 Abs. 6 und 7 BetrVG[10], aber streitig[11].

c) Regelwert oder Hilfswert

Hält man betriebsverfassungsrechtliche Streitigkeiten grundsätzlich für nicht ver-   100
mögensrechtliche Streitigkeiten, greift § 23 Abs. 3 Satz 2 RVG. Umstritten ist, ob der dort normierte Wert von 5 000 Euro ein **Regelwert** ist, von dem nur in Ausnahmefällen abzuweichen ist[12], oder ein **Hilfs- oder Auffangwert**, der nur dann zur Anwendung kommt, wenn es für eine andere Bewertung keine Anhaltspunkte gibt[13].

---

1 LAG BW 21.3.1991 – 8 Ta 15/91, JurBüro 1991, 1483.
2 ZB LAG Sachs. 7.4.2014 – 4 Ta 270/13, nv.; LAG Schl.-Holst. 11.10.2013 – 1 Ta 163/13, NZA-RR 2014, 96; LAG Rh.-Pf. 14.6.2007 – 1 Ta 150/07, nv.
3 LAG Schl.-Holst. 9.4.2014 – 3 Ta 22/14, nv.; 23.5.2001 – 4 TaBV 46/99, nv.; LAG Köln 15.5.2008 – 7 Ta 114/08, AE 2009, 158.
4 LAG Hamm 28.8.2007 – 10 Ta 353/07, nv.
5 BAG 20.7.2005 – 1 ABR 23/03, NZA 2005, 302; LAG Bdb. 20.11.1992 – 1 Ta 41/92, LAGE § 8 BRAGO Nr. 20.
6 AA etwa LAG Hess. 13.1.2006 – 5 Ta 553/05, AE 2006, 307; 11.2.2004 – 5 Ta 510/03, LAGE § 8 BRAGO Nr. 57; LAG Hamburg 24.7.2003 – 4 TaBV 01/02, MDR 2003, 338; LAG Schl.-Holst. 6.2.2002 – 2 Ta 145/01, LAGE § 8 BRAGO Nr. 52; LAG Düsseldorf 29.11.1994 – 7 Ta 1336/94, LAGE § 8 BRAGO Nr. 25.
7 LAG Hess. 11.9.1984 – 6 Ta 225/84, nv.
8 LAG Hamm 12.6.2001 – 10 TaBV 50/01, NZA-RR 2002, 472.
9 AA LAG Köln 14.8.2006 – 14 Ta 265/06, NZA-RR 2007, 31.
10 LAG Hamm 27.10.2010 – 10 Ta 467/10, NZA-RR 2011, 213; 26.11.2007 – 10 Ta 693/07, RVGReport 2008, 277; LAG Köln 26.6.2007 – 7 Ta 75/07, nv.
11 AA etwa LAG Sachs. 27.9.2011 – 4 Ta 209/11 (9), nv.; LAG Bln.-Bbg. 25.5.2008 – 17 Ta 6056/08, AE 2008, 240; LAG Rh.-Pf. 14.6.2007 – 1 Ta 150/07, nv.; LAG Düsseldorf 22.5.2005 – 17 Ta 521/05, AE 2009, 293; LAG Schl.-Holst. 21.8.2002 – 4 Ta 112/02, nv.
12 So etwa LAG Rh.-Pf. 1.2.2010 – 1 Ta 24/10, nv.; 26.2.2004 – 6 Ta 63/04, nv.; LAG Köln 20.1.2003 – 2 Ta 1/03, LAG § 8 BRAGO Nr. 52a; 29.10.1991 – 10 Ta 205/91, MDR 1992, 165; LAG Schl.-Holst. 12. 9.2002 – 4 TaBV 3/02, ARST 2003, 214; 7.12.2000 – 2 Ta 127/00, NZA-RR 2001, 384; 29.9.1998 – 4 Ta 84/98, LAGE § 8 BRAGO Nr. 38; 31.8.1998 – 3 Ta 57b/98, ARST 1998, 261; 20.2.1998 – 2 Ta 32/98, AnwBl. 2000, 695; 15.12.1988 – 6 Ta 204/87, LAGE § 8 BRAGO Nr. 10; LAG Bremen 12.5.1999 – 1 Ta 16/99 u. 1 Ta 27–29/99, LAGE § 8 BRAGO Nr. 43; 24.4.1978 – 3 TaBV 3/77, BB 1979, 1096; LAG Hess. 5.5.1999 – 5/6 Ta 253/98, nv.; LAG München 24.5.1993 – 2 Ta 295/92, DB 1993, 2088; 21.6.1982 – 6 Ta 61/82, AnwBl. 1984, 160.
13 So etwa BAG 17.10.2001 – 7 ABR 42/99, nv.; LAG Köln 2.8.2012 – 7 Ta 216/12, nv.; 14.10.2010 – 7 Ta 249/10, ArbuR 2010, 528; LAG Hamm 2.7.2012 – 13 Ta 234/12, JurBüro 2012, 532 (Änderung der bisherigen Rspr.); LAG Hamm 2.2.2009 – 10 Ta 801/08, nv.; 12.6.2001 – 10 TaBV 50/01, nv.; 23.2.1989 – 8 TaBV 146/88, LAGE § 8 BRAGO Nr. 12; LAG Hamburg 30.06.2011 – 8 Ta 11/11, NZA-RR 2011, 488; 23.6.2008 – 5 Ta 14/08, nv.; 4.4.2005 – 2 Ta 33/04, AE 2005, 191; 6.1.1999 – 4 Ta 9/98, LAGE § 8 BRAGO Nr. 44; LAG Rh.-Pf.

101 Unabhängig davon, wie man diese Frage beantwortet – richtig ist die Einordnung als Hilfs- oder Auffangwert –, muss vor allem auch die **wirtschaftliche Bedeutung** bei § 23 Abs. 3 Satz 2 RVG vorrangig sein[1]. Da der Gesetzgeber in § 23 Abs. 2 RVG keine Bemessungskriterien genannt hat, anhand deren der konkrete Streitwert innerhalb des Rahmens bis 500 000 Euro bestimmt werden kann, bietet es sich weiterhin an, die **Bemessungskriterien der § 14 Abs. 1 Satz 1 RVG und § 48 Abs. 2 Satz 1 GKG** heranzuziehen. Danach sind die **Bedeutung der Sache** für den Mandanten, **der Umfang der Sache**, insbesondere der **zeitliche Einsatz** des Rechtsanwalts für die sachliche Vorbereitung der Angelegenheit, die **tatsächliche** und **rechtliche Schwierigkeit des Falles** sowie die **Einkommens- und Vermögensverhältnisse** des Auftraggebers maßgebend[2].

d) Einzelfälle

• **Anfechtung einer Betriebsratswahl**

102 Bei der Anfechtung einer Betriebsratswahl nach § 19 BetrVG besteht Einigkeit, dass sich der Streitwert nach der **Größe des Betriebs und der Zahl der zu wählenden Betriebsratsmitglieder** richtet[3]. Die meisten Gerichte ziehen die **Staffelung** des § 9 BetrVG heran. Ansonsten wird nicht einheitlich verfahren:

BAG und dem folgend die LAG Bremen, Düsseldorf, Hamburg, Hamm, Hessen, Rheinland-Pfalz, 1. Kammer des LAG Schleswig-Holstein und die 7. Kammer des LAG Köln: Grundsätzlich ist vom **zweifachen Hilfswert** (10 000 Euro) auszugehen, bei einem auf Nichtigkeit gerichteten Antrag vom **dreifachen**, der für **jede Stufe der Staffel** des § 9 BetrVG um ½ **zu erhöhen** ist[4]. Ebenso der Aktuelle Streitwertkatalog (II. Nr. 2.3), der aber **auch bei Nichtigkeit – gegen das BAG**[5] **– nur den zweifachen Hilfswert** zugrunde legt.

LAG Niedersachsen und die 11. und 12. Kammer des LAG Köln: Beginnend mit dem ersten Betriebsratsmitglied ist der **1 ½ fachen Hilfswert** (7 500 Euro) zugrunde zu legen, der **für jedes weitere Betriebsratsmitglied um ¼** (1 250 Euro) zu **erhöhen** ist[6].

  1.3.2010 – 1 Ta 24/10, nv.; 30.3.2004 – 2 Ta 69/04, NZA-RR 2004, 373; LAG Sachs. 11.12.2001 – 4 Ta 286/01 L, ArbuR 2003, 35; 9.4.2001 – 4 Ta 371/00, BB 2001, 1689; LAG MV 16.11.2000 – 1 Ta 67/00, LAGE § 8 BRAGO Nr. 47; LAG Schl.-Holst. 24.5.2000 – 1 Ta 66/00, nv.; LAG Düsseldorf 11.5.1999 – 7 Ta 143/99, LAGE § 8 BRAGO Nr. 41; LAG Nürnberg 2.11.1998 – 7 Ta 167/98, nv.; LAG MV 3.4.1997 – 2 Ta 14/97, LAGE § 8 BRAGO Nr. 32; LAG München 7.12. 1995 – 3 Ta 10/95, NZA-RR 1996, 419; LAG Bdb. 21.9.1995 – 2 Ta 155/95, NZA 1996, 112; LAG BW 2.4.1992 – 8 Ta 5/92, JurBüro 1992, 601; 5.11.1981 – 1 Ta 128/81, DB 1982, 1016; wohl auch LAG Thür. 21.1.1997 – 8 Ta 137/96, LAGE § 8 Nr. 34 BRAGO: Ausgangswert.
1 Zutreffend LAG Sachs. 7.4.2014 – 4 Ta 270/13 (1), NZA-RR 2014, 497; LAG Hamm 21.2.2014 – 7 Ta 9/14, nv.; 2.8.2010 – 10 Ta 269/10, nv.; LAG Hamburg 17.5.2013 – 2 Ta 8/13, NZA-RR 2013, 413; LAG Bremen 18.8.2000 – 1 Ta 45/00, LAGE § 8 BRAGO Nr. 46; LAG MV 3.4.1997 – 2 Ta 14/97, LAGE § 8 BRAGO Nr. 32.
2 So LAG Schl.-Holst. 26.6.2000 – 3 Ta 68/00, AnwBl. 2000, 695.
3 Das gilt auch bei Streit über die Zusammensetzung, vgl. nur LAG Köln 22.6.2005 – 10 (5) Ta 144/04, NZA-RR 2006, 269.
4 BAG 17.10.2001 – 7 ABR 42/99, nv.; LAG Schl.-Holst. 2.6.2014 – 1 Ta 77/14, NZA-RR 2014, 494; LAG Rh.-Pf. 25.1.2013 – 10 Ta 1/13, AE 2013, 71; 2.4.2012 – 1 Ta 59/12, nv.; 21.5.2007 – 1 Ta 117/07, NZA-RR 2007, 379; LAG Köln 2.8.2012 – 7 Ta 216/12, nv.; 14.10.2010 – 7 Ta 249/10, ArbuR 2010, 528; LAG Hamm 2.7.2012 – 13 Ta 234/12, nv.; LAG Hamburg 6.2. 2012 – 4 Ta 35/11, AE 2012, 190; 30.6.2011 – 8 Ta 11/11, NZA-RR 2011, 488; LAG Düsseldorf 24.11.2010 – 2 Ta 656/10, AE 2011, 144; 15.6.2010 – 6 Ta 344/10, nv.; LAG Hess. 16.3.2009 – 5 Ta 103/09, AE 2009, 292; 16.11.2007 – 5 Ta 392/07, nv.; LAG Bremen 16.2.2007 – 3 Ta 4/07, NZA 2007, 1389.
5 Dagegen zutreffend kritisch *Willemsen/Schipp/Oberthür/Reinhard*, NZA 2014, 356.
6 LAG Nds. 12.8.2002 – 8 Ta 269/02, AE 2002, 41, abw. aber noch LAG Nds. 26.4.1996 – 3 Ta 79/95, LAGE § 8 BRAGO Nr. 31; LAG Köln 10.10.2002 – 11 Ta 28/02, NZA-RR 2003, 493; LAG Köln 20.10.1997 – 12 Ta 263/97, NZA-RR 1998, 275.

Ebenso die 4. Kammer des LAG Sachsen[1] und das LAG Thüringen, das je nach **Umfang und Schwierigkeit** den Streitwert erhöht oder herabsetzt[2]. Auch das LAG Niedersachsen begrenzt den Wert in „einfach gelagerten Fällen" auf den **dreifachen Hilfswert**[3].

3. Kammer des LAG Schleswig-Holstein: Für das **erste Betriebsratsmitglied** legt es den Hilfswert zugrunde, den es **für weitere Mitglieder um je ¼** erhöht[4].

LAG Berlin-Brandenburg: Auszugehen ist vom **dreifachen Hilfswert** (15 000 Euro), der bei mehreren Betriebsratsmitgliedern **für jede Staffel um jeweils den einfachen Hilfswert zu erhöhen** ist; wenn besondere Umstände dies rechtfertigten, sollte eine Verringerung in Betracht kommen[5]. Ähnlich die 9. Kammer des LAG München, die **für jede Staffel den 1 ½fachen Hilfswert** festsetzt[6].

LAG Baden-Württemberg und 8. Kammer des LAG Köln: Als Ausgangspunkt bzw. für das **erste Betriebsratsmitglied** ist der **1 ½fache Hilfswert** (7 500 Euro) festzusetzen, der **für jede weitere Staffel um den einfachen Hilfswert**, also für jedes weiteres Betriebsratsmitglied um den halben Hilfswert zu erhöhen ist[7]. Die 10. Kammer des LAG Köln verfährt ähnlich, erhöht aber **pro Staffel nur um den halben Hilfswert**[8].

2. Kammer des LAG Köln: Eine **schematische Berechnung nach der Größe ist nicht zwingend**, daher kann im Einzelfall (Anfechtung der Wahl eines fünfzehnköpfigen Betriebsrats) nur der 2 ½fache Hilfswert (12 500 Euro) angemessen sein[9].

LAG Nürnberg: **Keine Bemessung des Streitwertes nach der Anzahl der Betriebsratsmitglieder**, zumindest dann nicht, wenn es nicht darum geht, ob überhaupt ein Betriebsrat gewählt werden soll, sondern nur um die Ordnungsmäßigkeit der Wahl. Bei der Anfechtung der Wahl eines siebenköpfigen Betriebsrats setzt es den Hilfswert von 5 000 Euro fest, den es „angemessen" auf den dreifachen Wert (15 000 Euro) erhöht[10]. Bei einem fünfzehnköpfigen Betriebsrat hält es 20 000 Euro für angemessen[11].

4. Kammer des LAG Schleswig-Holstein: **Keine Berücksichtigung der Anzahl der gewählten Betriebsratsmitglieder**, vielmehr legt sie den Hilfswert zugrunde, den sie je nach Schwierigkeit, Bedeutung der Sache etc. erhöht[12].

Beispiel:
Der Arbeitgeber ficht die Wahl eines siebenköpfigen Betriebsrats wegen verschiedener, rechtlich unproblematischer Verstöße gegen das Wahlverfahren an.

BAG, LAG Bremen, Düsseldorf, Hamburg, Hamm, Hessen, Rheinland-Pfalz, 1. Kammer des LAG Schleswig-Holstein, die 7. Kammer des LAG Köln und der Aktuelle Streitwertkatalog (II. Nr. 2.3): 20 000 Euro – 10 000 Euro als zweifacher Hilfswert und für vier Stufen der Staffel des § 9 BetrVG nochmals 10 000 Euro

LAG Niedersachsen, Thüringen, die 11. und 12. Kammer des LAG Köln und die 4. Kammer des LAG Sachsen: 15 000 – den 1 ½fachen Hilfswert über 7 500 Euro für das erste Betriebsratsmitglied und für jedes weitere ¼ von dem Hilfswert, also je 1 250 Euro

---

1 LAG Sachs. 25.9.2007 – 4 Ta 174/07 (5), AE 2007, 370.
2 LAG Thür. 13.11.1998 – 8 Ta 134/98, ArbuR 1999, 146.
3 LAG Nds. 12.8.2002 – 8 Ta 269/02, AE 2002, 41.
4 LAG Schl.-Holst. 9.7.2003 – 3 Ta 215/02, NZA-RR 2004, 212.
5 LAG Bln.-Bbg. 23.4.2010 – 17 Ta (Kost) 6031/10, NZA-RR 2010, 491; 21.6.2007 – 17 Ta 6137/07, nv.; LAG Berlin 6.1.2004 – 17 Ta 6134/03, nv.
6 LAG München 17.7.2003 – 9 Ta 276/03, AE 2004, 72.
7 LAG BW 27.11.2011 – 5 Ta 215/11, nv.; 24.11.2009 – 5 Ta 124/09, nv.; 17.6.2009 – 5 TaBVGa 1/09, nv.; LAG Köln 3.1.2008 – 8 Ta 277/07, NZA-RR 2008, 541.
8 LAG Köln 19.5.2004 – 10 Ta 79/04, MDR 2005, 342.
9 LAG Köln 20.1.2003 – 2 Ta 1/03, NZA-RR 2003, 555.
10 LAG Nürnberg 8.5.2003 – 6 TaBV 2/01, AE 2004, 72; 27.3.2003 – 2 TaBV 13/02, nv.
11 LAG Nürnberg 7.4.1999 – 6 Ta 61/99, NZA 1999, 850.
12 LAG Schl.-Holst. 12.9.2002 – 4 TaBV 3/02, AR-Blattei ES 160.13 Nr. 239.

9. Kammer des LAG München: 30 000 Euro – 1 ½facher Hilfswert pro Staffel

10. Kammer des LAG Köln: 15 000 Euro – für das erste Betriebsratsmitglied 7 500 Euro und für jede weitere Staffel 2 500 Euro

LAG Baden-Württemberg und 8. Kammer des LAG Köln: 22 500 Euro – für das erste Betriebsratsmitglied den 1 ½fachen Hilfswert, für jede weitere Staffel den einfachen Hilfswert

LAG Berlin-Brandenburg: 30 000 Euro – der dreifache Hilfswert (15 000 Euro), erhöht für drei weitere Staffeln um insgesamt 15 000 Euro; ggf., weil die Verstöße rechtlich unproblematisch sind, Verringerung

2. Kammer des LAG Köln, die 4. Kammer des LAG Schleswig-Holstein und das LAG Nürnberg: einzelfallbezogene Werte

- **Anfechtung eines Sozialplans**

104 Bei der Anfechtung eines Sozialplans gem. § 76 Abs. 5 Satz 4 BetrVG ist zu differenzieren: Macht der Arbeitgeber eine zu hohe Belastung (**Überdotierung**) geltend, ist der **streitige Teil des Sozialplanvolumens**, dh. die Differenz der Volumina, die zur Anfechtung geführt hat, maßgeblich[1]. Abweichend hält etwa das LAG Schleswig-Holstein nicht das umstrittene Sozialplanvolumen für entscheidend, der Streitwert sei vielmehr „**nach Lage des Falles**" festzusetzen, wobei ein „mehrfacher Regelwert" angemessen sein könne[2].

Wird der Sozialplan wegen einer zu geringen Ausstattung (**Unterdotierung**) angefochten, kommt es nach dem BAG auf das **subjektive Dotierungsverlangen** an, das nach billigem Ermessen zu bestimmen ist, § 23 Abs. 3 Satz 2 RVG[3]. Der Aktuelle Streitwertkatalog (II. Nr. 6.2) legt die **Anwendung von § 23 Abs. 3 Satz 2 RVG** nahe. Beides überzeugt nicht, vielmehr liegt es nahe, auch hier alleine auf das **wirtschaftliche Dotierungsinteresse** abzustellen[4].

- **Auflösung des Betriebsrats**

105 Beim Beschlussverfahren auf Auflösung eines Betriebsrats nach § 23 Abs. 3 BetrVG sind nach richtiger Ansicht die **Grundsätze zur Wahlanfechtung anzuwenden** (vgl. Rz. 102).[5]

- **Ausschluss aus dem Betriebsrat**

106 Beim Ausschluss eines Betriebsratsmitglieds aus dem Betriebsrat nach § 23 Abs. 1 BetrVG wird nicht einheitlich verfahren:

---

1 BAG 20.7.2005 – 1 ABR 23/03, NZA 2005, 302; ebenso etwa LAG Rh.-Pf. 24.8.2010 – 1 Ta 129/10, nv.; LAG Hess. 13.1.2006 – 5 Ta 553/05, AE 2006, 307; LAG Hamburg 24.7.2003 – 4 TaBV 1/02, MDR 2003, 338; LAG Düsseldorf 29.11.1994 – 7 Ta 1336/94, LAGE § 8 BRAGO Nr. 25; LAG Bdb. 20.11.1992 – 1 Ta 41/92, LAGE § 8 BRAGO Nr. 20; LAG Rh.-Pf. 6.8.1992 – 9 Ta 163/92, NZA 1993, 93; LAG Hamm 13.10.1988 – 8 TaBV 53/88, LAGE § 8 BRAGO Nr. 8; Aktueller Streitwertkatalog II. Nr. 6.1.
2 LAG Schl.-Holst. 6.2.2002 – 2 Ta 145/01, LAGE § 8 BRAGO Nr. 52.
3 BAG 20.7.2005 – 1 ABR 23/03, NZA 2005, 302.
4 Zutreffend *Willemsen/Schipp/Reinhard/Meier*, NZA 2013, 1112 (1116); *Willemsen/Schipp/Oberthür*, NZA 2014, 886 (888).
5 Vgl. nur LAG Rh.-Pf. 2.4.2012 – 1 Ta 59/12, nv.; 15.6.2005 – 11 Ta 40/05, nv.; LAG Bln.-Bbg. 23.4.2010 – 17 Ta (Kost) 6031/10, NZA-RR 2010, 491; LAG Hess. 16.3.2009 – 5 Ta 103/09, AE 2009, 292; LAG Hamm 6.3.2009 – 13 Ta 846/09, nv.; LAG Köln 20.10.1997 – 12 Ta 263/97, NZA-RR 1998, 275.

III. Streitwerte in arbeitsgerichtlichen Beschlussverfahren

Überwiegend wird entsprechend § 42 Abs. 2 Satz 1 GKG der **Vierteljahresverdienst des betroffenen Betriebsratsmitglieds** zugrunde gelegt[1]. Das ist angemessen.

Teilweise werden mit Blick auf Parallelen zur Änderungskündigung nur **zwei Monatsverdienste** festgesetzt[2].

Einige Gerichte belassen es beim **Hilfswert** (5 000 Euro) nach § 23 Abs. 3 Satz 2 RVG[3].

- **Besetzung einer Einigungsstelle**

Bei Streit über die Besetzung einer Einigungsstelle nach § 99 ArbGG setzt die hM **regelmäßig den Hilfswert** (5 000 Euro) an, sofern die Lage des Falles keinen höheren oder niedrigeren Wert rechtfertigt[4]. Auch hier wird aber nicht einheitlich verfahren: 107

Einige Gerichte halten nur den **halben Hilfswert** (2 500 Euro) für angemessen, wenn ausschließlich über die personelle Zusammensetzung gestritten wird[5]. 108

Nach richtiger Ansicht des LAG Hamm ist der volle **Hilfswert** zu **erhöhen**, wenn auch **Streit über die Person des Vorsitzenden** (weitere 2 500 Euro) besteht; wird auch über die **Anzahl der Beisitzer gestritten**, also die Größe der Einigungsstelle, kommen nochmals 2 500 Euro hinzu[6].

Das LAG Hamburg hält regelmäßig nur den **halben bis höchstens ganzen Hilfswert** (2 500–5 000 Euro) für angemessen[7]. Bei Streit über die **Person des Vorsitzenden und die Anzahl der Beisitzer** hält es für den Vorsitzenden ¼–½ **des Hilfswertes** (1 250 bis 2 500 Euro) und für jeden Beisitzer ¼ (1 250 Euro) für angemessen[8]. Im Übrigen bringt es den **Streitwert in Relation zum Gegenstand der Einigungsstelle**, weswegen etwa für eine Einigungsstelle über eine Beschwerde nach § 85 BetrVG 1 000 Euro angemessen sein sollen[9].

Auch das LAG Schleswig-Holstein hält grundsätzlich **nicht den vollen Hilfswert** sondern nur ⅙ (jetzt 833,33 Euro) davon für angemessen. Wird über die **Anzahl der Beisitzer** gestritten, ist dieser Betrag um ⅙ zu erhöhen, noch ⅙ kommt hinzu, wenn auch **Streit über die Person des Vorsitzenden** besteht[10].

---

1 ZB LAG Rh.-Pf. 14.2.2006 – 9 Ta 1/06, nv.; LAG Hess. 10.5.1999 – 5/6 Ta 370/98, nv.; LAG BW 17.7.1980 – 1 Ta 61/80, BB 1980, 1695; LAG Hamm 7.3.1980 – 8 TaBV 1/80, DB 1980, 1176.
2 LAG Düsseldorf 11.5.1999 – 7 Ta 143/99, LAGE § 8 BRAGO Nr. 41.
3 LAG Nürnberg 10.10.2013 – 7 Ta 112/13, JurBüro 2014, 77, das eine Erhöhung nur für angemessen hält, wenn es um den Vorsitzenden geht; LAG BW 29.6.1983 – 9 Ta 73/83, nv.; vgl. auch LAG Sachs. 9.11.2005 – 1 Ta 282/05, AE 2006, 144.
4 LAG Köln 7.7.2014 – 4 Ta 223/14, AE 2014, 312; 2.9.2010 – 7 Ta 277/10, nv.; 3.6.2009 – 4 Ta 167/09, AE 2009, 351; 22.9.2008 – 7 Ta 188/08, AE 2009, 158; LAG Rh.-Pf. 3.8.2011 – 1 Ta 146/11, nv. (folgt nun aber dem Streitwertkatalog); LAG Hamm 15.4.2011 – 13 Ta 180/11, nv.; 9.6.2008 – 10 Ta 279/08, nv.; 11.3.2002 – 10 TaBV 12/02, nv.; 12.9.2001 – 10 TaBV 81/01, nv.; LAG BW 19.3.2010 – 5 Ta 52/10, nv.; LAG Hamburg 23.6.2008 – 5 Ta 14/98, nv.; LAG Sachs. 16.7.2007 – 4 Ta 136/07 (1), LAGE § 23 RVG Nr. 10; LAG Hess. 23.8.2002 – 5 Ta 406/02, AE 2003, 86; 19.2.2002 – 5 Ta 31/01, AE 2002, 82 (die LAG Sachs. und Hess. wenden nun aber den Streitwertkatalog an); LAG Düsseldorf 5.1.2004 – 17 Ta 699/03, AE 2004, 208; 5.3.2001 – 7 Ta 61/01, nv.; 21.9.1990 – 7 Ta 248/90, DB 1991, 184; LAG Nds. 30.4.1999 – 1 Ta 71/99, LAGE § 8 BRAGO Nr. 40.
5 So LAG Berlin 15.1.2001 – 17 Ta 6021/01, nv.
6 LAG Hamm 25.7.2012 – 10 Ta 267/12, nv.; 15.4.2011 – 13 Ta 180/11, nv.; 9.6.2008 – 10 Ta 279/08, nv.; 23.4.2007 – 13 Ta 130/07, nv.; 18.10.2006 – 10 Ta 643/06, nv.; 11.3.2002 – 10 TaBV 12/02, nv.
7 Vgl. nur LAG Hamburg 9.3.2005 – 3 Ta 28/04, nv.
8 LAG Hamburg 9.3.2009 – 3 Ta 28/09, nv.; 23.6.2008 – 5 Ta 14/08, nv.; 16.11.2005 – 3 TaBV 6/05, LAGE § 23 RVG Nr. 4.
9 LAG Hamburg 2.7.2002 – 5 TaBV 2/02, AE 2002, 138.
10 Vgl. LAG Schl.-Holst. 16.9.2005 – 1 Ta 69/05, NZA-RR 2006, 43; 31.8.1998 – 3 Ta 57b/98, ARST 1998, 261; so auch noch LAG Sachs. 20.12.1999 – 4 Ta 321/99, AiB 2000, 646.

108a Wird in Wahrheit über die **Zuständigkeit der Einigungsstelle** gestritten, spricht sich das BAG zu Recht für eine **Erhöhung (Verdoppelung) des Hilfswerts** aus[1]. Nach aA ist der Hilfswert von 5 000 Euro zugrunde zu legen, der nach einer Ansicht **Hilfswert nur verdoppelt**, wenn nicht nur über **die Zuständigkeit**, sondern auch über **den Vorsitz** und **die Anzahl der Beisitzer** gestritten wird[2]; nach aA ist bei Streit über den Vorsitz und die Anzahl der Beisitzer noch je ¼ anzusetzen[3].

Nach wiederum aA bleibt es **grundsätzlich**, auch beim Streit über die Zuständigkeit, beim **Hilfswert**. Nach dieser Ansicht kann nur im **Einzelfall eine Erhöhung gerechtfertigt** sein, was aber nicht von vorherein feststeht[4].

Der Aktuelle Streitwertkatalog (II. Nr. 4.1, 4.2 und 4.3) differenziert: Bei offensichtlicher Unzuständigkeit soll höchstens der Hilfswert angemessen sein, bei Streit über die Person des Vorsitzenden grundsätzlich ¼ des Hilfswertes und bei Streit über die Anzahl der Beisitzer auch nur grundsätzlich ¼ des Hilfswertes. Der DAV hat dies zu Recht kritisiert und schlägt statt ¼ je ½ vor[5].

109 **Beispiel:**

Arbeitgeber und Betriebsrat streiten auf den ersten Blick über den Einigungsstellenvorsitz, die Anzahl der Beisitzer (zwei oder drei), aber in Wahrheit vor allem über die nicht offensichtliche Unzuständigkeit der Einigungsstelle.

LAG Hamm: 15 000 Euro – Hilfswert über 5 000 Euro; da auch über die Größe der Einigungsstelle gestritten wird, kommen nach richtiger Ansicht 5 000 Euro hinzu sowie weitere 5 000 Euro, weil in Wahrheit Streit über die Zuständigkeit der Einigungsstelle herrscht.

BAG: 10 000 Euro – Verdoppelung des Hilfswertes, weil über die Zuständigkeit gestritten wird; ebenso LAG Hessen – der Hilfswert für den Streit über die Zuständigkeit erhöht sich um 5 000 Euro für die beiden anderen Streitpunkte.

LAG Schleswig-Holstein und Sachsen (bisher): 2 500 Euro – ⅜ des Hilfswertes, für jeden Streitpunkt ⅛. So iE auch der Aktuelle Streitwertkatalog (II. Nrn. 4.1 und 4.2): ¾ des Hilfswertes.

LAG Hamburg: 5 000 bis 6 250 Euro – 1 250/2 500 Euro für den Vorsitz und je 1 250 Euro für einen Beisitzer; der Streitwert ist im Übrigen in Relation zum Gegenstand der Einigungsstelle zu bringen, kann also auch geringer ausfallen.

LAG Köln und Düsseldorf: 5 000 Euro – einfacher Hilfswert, ggf. einzelfallbezogene Erhöhung.

- **Betriebsratsfähige Organisationseinheiten**

110 **Beschlussverfahren** nach § 18 Abs. 2 BetrVG betreffen wesentliche Fragen für Betriebsratswahlen und -anfechtungen. Nach richtiger Ansicht sind daher die **Grundsätze zur Streitwertbemessung bei Wahlanfechtungen** (vgl. Rz. 101) anzuwenden[6]. Wird etwa über die Zuordnung eines Betriebsteils mit 55 Mitarbeitern gestritten, für den ggf. ein eigener fünfköpfiger Betriebsrat zu wählen ist, ist nach hier vertretener Ansicht (vgl. Rz. 102) ein Streitwert von 30 000 Euro (fünfmal der 1 ½fache Hilfswert) angemessen. Dieser Wert soll nach Ansicht des LAG Hessen um **20 % zu kür-**

---

1 BAG 21.10.1998 – 1 ABN 21/98, nv.
2 LAG Hess. 19.2.2002 – 5 Ta 31/01, AE 2002, 83.
3 LAG Hamm 18.3.2014 – 7 Ta 73/14, nv. (Aufgabe seiner früheren Rspr.).
4 LAG Köln 2.9.2010 – 7 Ta 277/10, nv.; 22.10.2009 – 7 Ta 104/09, nv.; 22.9.2008 – 7 Ta 188/08, AE 2009, 158; LAG Düsseldorf 5.1.2004 – 17 Ta 699/03, AE 2004, 208; 5.8.2002 – 17 Ta 300/02, n.; 21.9.1990 – 7 Ta 248/90, DB 1991, 184.
5 *Willemsen/Schipp/Oberthür/Reinhard*, NZA 2014, 356 (357).
6 LAG Hamburg 27.7.2011 – 8 Ta 10/11, nv.; 17.12.1996 – 3 Ta 27/96, LAGE § 8 BRAGO Nr. 37; LAG Köln 8.1.2008 – 8 Ta 277/07, NZA-RR 2008, 541; LAG Rh.-Pf. 18.5.2006 – 2 Ta 79/06, nv.; LAG Hamm 1.3.2006 – 10 Ta 21/06, EzA-SD 2006, Nr. 7, 18; LAG Hess. 3.1.2003 – 5 Ta 499/02, AE 2003, 85.

zen sein, sofern ein **Feststellungsantrag** gestellt wird[1]. Das ist nicht angemessen, weil auch bei Wahlanfechtungen kein Abschlag vorgenommen wird.

Die Grundsätze zum Streitwert bei Wahlanfechtungen gelten auch, wenn die **Feststellung der Existenz eines Gemeinschaftsbetriebes** beantragt wird[2]. Der Aktuelle Streitwertkatalog (II. Nr. 16.2) will bei Fragen zur Abgrenzung Betrieb/gemeinsamer Betrieb/Betriebsteil **alleine den Hilfswert** heranziehen, der nach Lage des Falles erhöht oder herabgesetzt werden kann.

- **Betriebsversammlung**

Bei Streit über die Durchführung oder Untersagung einer **Betriebsversammlung** wird der **Hilfswert** nach § 23 Abs. 3 Satz 2 RVG zugrunde gelegt, der ggf. nach der Anzahl der betroffenen Mitarbeiter zu erhöhen ist[3]. 111

- **Einrichtung eines Wirtschaftsausschusses**

Streiten Arbeitgeber und Betriebsrat über die **Einrichtung eines Wirtschaftsausschusses** nach §§ 106 ff. BetrVG, ist der Hilfswert (5 000 Euro) angemessen[4]. 112

- **Einstellung, Eingruppierung und Versetzung**

Die Bestimmung des Streitwerts bei Streit über die **Zustimmung des Betriebsrats zu personellen Einzelmaßnahmen**, § 99 Abs. 1 und 4 BetrVG, ist in vielerlei Hinsicht umstritten[5]: 113

Zahlreiche Gerichte gehen **grundsätzlich vom Hilfswert** aus, gleich ob es um Einstellungen, Ein- bzw. Umgruppierungen oder Versetzungen geht, der nach LAG des Falles **ggf. zu erhöhen** ist[6]. Auch das LAG Baden-Württemberg[7] zieht als **Maßstab § 23 Abs. 3 Satz 2 RVG** heran, von dem Hilfswert kann sodann **nach oben und unten abgewichen** werden. So können etwa für die Einstellung eines ersten Mitarbeiters 5 000 Euro angemessen sein und für weitere 42 nur jeweils $^{1}/_{10}$ davon[8]. Eine Anwendung von § 42 Abs. 2 GKG lehnt es ab.[9] Auch bei **Ein- bzw. Umgruppierungen** zieht es § 23 Abs. 3 Satz 2 RVG heran[10].

---

1 LAG Hess. 3.1.2003 – 5 Ta 499/02, AE 2003, 85.
2 AA LAG Rh.-Pf. 20.7.2009 – 1 Ta 171/09, AE 2009, 351 (Hilfswert, der ggf. zu erhöhen ist).
3 Vgl. LAG Thür. 27.7.1999 – 8 Ta 82/99, ArbuR 2000, 39; LAG Hess. 17.2.1999 – 5/6 Ta 118/98 u. 5/6 Ta 659/97, nv.
4 LAG Bremen 13.12.1984 – 4 Ta 81/84, DB 1985, 768.
5 Vgl. auch die Darstellungen bei *Meier/Becker*, Streitwerte im Arbeitsrecht, S. 130 ff. und *TZA/Paschke*, S. 302 ff./Rz. 181 ff.
6 So etwa LAG Bln.-Bbg. 18.6.2014 – 17 Ta (Kost) 6050/14, ZTR 2014, 499; 9.10.2009 – 17 Ta 6073/09, AE 2010, 65; LAG Schl.-Holst. 9.7.2013 – 5 Ta 108/13, NZA-RR 2013, 606; 26.3.2012 – 1 Ta 81/12, nv.; LAG Rh.-Pf. 2.10.2012 – 1 Ta 191/12, nv.; 7.11.2011 – 1 Ta 208/11, AE 2012, 119; LAG Köln 6.6.2011 – 2 Ta 173/11, nv.; 11.11.2008 – 13 Ta 368/08, AE 2009, 350; 15.5.2008 – 7 Ta 114/08, AE 2009, 157; 16.12.2008 – 9 Ta 537/08, nv.; 15.5.2008 – 7 Ta 114/08, nv.; LAG Rh.-Pf. 17.7.2007 – 1 Ta 173/07, nv.; LAG Berlin 18.3.2003 – 17 Ta 6009/03, NZA 2004, 342; 21.10.2002 – 17 Ta 6085/02, NZA-RR 2003, 383; 6.4.2001 – 17 Ta 6049/01, LAGE § 8 BRAGO Nr. 49; LAG Bremen 19.7.2001 – 4 Ta 33/01, NZA-RR 2001, 591; 18.8.2000 – 1 Ta 45/00, LAGE § 8 BRAGO Nr. 46; 20.1.1993 – 4 Ta 79/92, DB 1993, 492; LAG Hess. 6.1.2000 – 5 Ta 630/99, nv.; LAG Thür. 21.1.1997 – 8 Ta 137/96, JurBüro 1997, 420; LAG München 7.12.1995 – 3 Ta 10/95, NZA-RR 1996, 419.
7 LAG BW 14.5.2013 – 5 Ta 55/13, nv.; 30.7.2009 – 5 Ta 33/09, nv.
8 LAG BW 30.7.2009 – 5 Ta 33/09, nv.
9 LAG BW 14.5.2013 – 5 Ta 55/13, nv.; 4.8.2011 – 5 Ta 90/11, JurBüro 2011, 578.
10 LAG BW 29.9.2011 – 5 Ta 104/11, nv.; 28.9.2009 – 5 Ta 77/09, nv.

Andere Gerichte wollen nicht vom Hilfswert ausgehen. Das LAG Hamburg etwa legt bei einem Zustimmungsersetzungsverfahren, gerichtet auf die Ersetzung der Zustimmung des Betriebsrats zur **Einstellung** eines Arbeitnehmers, **zwei Monatsverdienste** des oder der einzustellenden oder schon beschäftigten Arbeitnehmer zugrunde[1]. Den Antrag, dass die Zustimmung als erteilt gilt, bewertet es nur mit **einem Monatsverdienst**[2].

Die LAG Hamm und Düsseldorf orientieren sich bei streitigen **Einstellungen** an § 42 Abs. 3 Satz 1 GKG und legen **grundsätzlich drei Monatseinkommen** zugrunde[3]. Das LAG Hamm differenziert aber in der Weise, dass es bei einer Einstellung bis zu sechs Monaten nur **zwei Monatseinkommen** und bei einer Einstellung bis zu drei Monaten nur ein **Monatseinkommen** für angemessen hält[4]. Dem ist zu folgen. Für die Zustimmung zur Einstellung als „actus contrarius" zur Kündigung ist entsprechend § 42 Abs. 3 Satz 1 GKG der **Vierteljahresverdienst** festzusetzen, je nach Dauer der Beschäftigung auch weniger[5].

Das LAG Hamm zieht auch bei **Versetzungen** § 42 Abs.2 Satz 1 GKG heran[6]. Das LAG Düsseldorf zieht den Vergleich zur Änderungskündigung und legt daher (vgl. Rz. 54 f.) **zwei Monatsverdienste** zugrunde[7].

Auch das LAG Hamburg bemisst einen Antrag nach § 99 Abs. 4 BetrVG regelmäßig mit **zwei Monatsverdiensten**[8]. Die 5. Kammer des LAG Schleswig-Holstein legt nur **einen Monatsverdienst** zugrunde und verringert diesen Wert auf ⅓, wenn die Versetzung nicht zu **Verdiensteinbußen** führt[9].

Bei **Streit über eine Ein- bzw. Umgruppierung** ziehen die LAG Hamburg, Hamm, Düsseldorf, Nürnberg, Rheinland-Pfalz und Saarland § 42 Abs. 2 Satz 1 GKG heran und legen den **36fachen Differenzbetrag** zugrunde[10]. Die LAG Hamburg und Saarland nehmen davon einen **Abschlag** von **20 %** vor[11], das LAG Düsseldorf zieht **25 %**[12] und das LAG Hamm **40 %**[13] ab. Das LAG Rheinland-Pfalz zieht sogar **50 %** ab[14], außerdem deckelt es den Streitwert auf **höchstens 1 ½ Monatsverdienste** des betroffenen

---

1 LAG Hamburg 4.4.2005 – 3 Ta 33/04, AE 2005, 191; 15.3.2000 – 5 Ta 2/00, nv.
2 LAG Hamburg 15.3.2000 – 5 Ta 2/00, nv.
3 LAG Hamm 21.2.2014 – 7 Ta 9/14, nv.; 30.11.2009 – 10 Ta 601/09, nv.; 18.1.2008 – 13 Ta 736/07, EzAÜG RVG Nr. 6; 9.11.2006 – 13 Ta 508/06, NZA-RR 2007, 96; 19.10.2006 – 13 Ta 549/06, NZA-RR 2007, 96; 5.12.2006 – 13 TaBV 158/05, AE 2006, 64; 28.4.2005 – 10 TaBV 45/05, nv.; 25.4.2005 – 13 TaBV 39/05, nv.; 23.2.1989 – 8 TaBV 146/88, LAGE § 8 BRAGO Nr. 12; LAG Düsseldorf 10.2.2000 – 7 Ta 694/99, nv.; 25.4.1995 – 7 Ta 399/94, ArbuR 1995, 332.
4 LAG Hamm 30.11.2009 – 10 Ta 601/09, nv.; ähnlich LAG Düsseldorf 28.11.2006 – 6 Ta 614/06, nv., das bei einer kürzeren Einstellungsdauer weniger als drei Monatsverdienste festsetzt.
5 AA *Willemsen/Schipp/Oberthür/Reinhard*, NZA 2014, 356 (357), die § 42 Abs. 2 Satz 1 GKG für nicht anwendbar halten und eine Kappung auf drei Monatsverdienste ablehnen.
6 LAG Hamm 21.2.2014 – 7 Ta 9/14, nv.
7 LAG Düsseldorf 18.7.2006 – 6 Ta 386/06, nv.; 11.5.1999 – 7 Ta 143/99, NZA-RR 2000, 592.
8 LAG Hamburg 20.11.2006 – 8 Ta 14/06, AE 2007, 272; 2.12.2004 – 4 Ta 26/04, NZA-RR 2005, 209; 15.3.2000 – 5 Ta 2/00, nv.; 9.12.1996 – 3 Ta 21/95, nv.
9 LAG Schl.-Holst. 27.4.1988 – 5 Ta 188/87, LAGE § 8 BRAGO Nr. 6.
10 LAG Hamm 10.4.2012 – 13 Ta 686/11, nv.; LAG Rh.-Pf. 21.7.2008 – 1 Ta 116/08, nv.; LAG Hamm 24.9.2007 – 10 Ta 523/07, nv.; LAG Düsseldorf 28.11.2006 – 6 Ta 614/06, nv.; LAG Rh.-Pf. 31.8.2000 – 3 Ta 918/00, NZA-RR 2001, 325; LAG Nürnberg 2.11.1998 – 7 Ta 167/98, LAGE § 8 BRAGO Nr. 39.
11 LAG Saarl. 11.3.2011 – 1 Ta 5/11, AE 2011, 143; LAG Hamburg 4.4.2005 – 3 Ta 33/04, AE 2005, 191; 1.9.1995 – 7 Ta 13/95, LAGE § 8 BRAGO Nr. 30.
12 LAG Düsseldorf 20.3.2006 – 6 Ta 126/06, nv.; 14.9.2004 – 17 Ta 445/04, nv.
13 LAG Hamm 8.6.2011 – 10 Ta 261/11, AE 2011, 260; 24.9.2007 – 10 Ta 523/07, nv.; 2.2.2005 – 10 TaBV 154/04, nv.; 28.4.2005 – 10 TaBV 11/05, NZA-RR 2005, 435.
14 LAG Rh.-Pf. 21.7.2008 – 1 Ta 116/08, nv.

Arbeitnehmers bei einer **Neueinstellung** und der damit verbundenen Eingruppierung[1].

Das LAG Köln legt auch bei **Eingruppierungen** den **Hilfswert** zugrunde[2].

Oft geht es in Beschlussverfahren nach § 99 Abs. 4 BetrVG um eine **Vielzahl von gleich gelagerten Fällen**. Die 1. Kammer des LAG Schleswig-Holstein will dies nicht berücksichtigen und eine **echte Wertaddition** vornehmen[3]. Die meisten Gerichte nehmen in verschiedenem Umfang **Abschläge** vor:

114

LAG Berlin-Brandenburg: Bei der **Versetzung** von rund 300 Arbeitnehmern, die auf **einer unternehmerischen Entscheidung** beruhen, ist **§ 9 BetrVG** heranzuziehen[4]. So legt es für die erste Versetzung den Hilfswert über 4000 Euro zugrunde, für die zweite bis 20. je 1000 Euro (insgesamt 19000 Euro), für die 21. bis 50. je 500 Euro (insgesamt 15000 Euro), für die 51. bis 100. je 100 Euro (insgesamt 20000 Euro), für die 101. bis 200. je 500 Euro (insgesamt 30000 Euro) und für die 201. bis 300. je 100 Euro (insgesamt 22000 Euro). So gelangt es zu einem Streitwert von 110000 Euro. Bei **Einstellungen** legt es für die erste Einstellung den Hilfswert und für jede weitere ¼ davon zugrunde[5].

Ähnlich LAG Hamm: **In Anlehnung an § 9 BetrVG Staffelung** in der Weise, dass für die 2. bis 20. Maßnahme jeweils 25 %, für die 21. bis 50. jeweils 12,5 %, für die 51. bis 100. jeweils 10 % und für die 101. bis 200. jeweils 7,5 % des Ausgangswertes festzusetzen ist[6].

LAG Hamburg: Im Einzelfall legt es zunächst für jede personelle Maßnahme einen Monatsverdienst (konkret 43 × 1500 Euro) zugrunde, reduziert die Summe aber unter **Abwägung der wirtschaftlichen Interessen des Arbeitgebers** und den Umfang und der Dauer des Streits auf 25000 Euro[7]. Ansonsten lehnt es eine Reduzierung ab[8].

LAG Düsseldorf: Reduzierung des Streitwertes bei jedem weiteren Parallelverfahren **auf ³⁄₁₀ bzw. ⅓ des Ausgangswerts** von drei bzw. zwei Monatsverdiensten (vgl. Rz. 113)[9].

LAG Bremen: Reduzierung des Streitwertes von einem Monatsgehalt, wenn die zu bewertenden Mitbestimmungsrechte auf den **gleichen Tatsachen** beruhen und auch in der **rechtlichen Beurteilung keine Unterschiede** bestehen. Dann hält es nur den **hälftigen Hilfswert** pro Arbeitnehmer für angemessen[10], teilweise auch nur **1500** Euro pro Arbeitnehmer[11], bzw. wegen eines „Massencharakters" auch nur **500 Euro**[12].

---

1 LAG Rh.-Pf. 7.11.2011 – 1 Ta 208/11, AE 2012, 119; 9.9.2009 – 1 Ta 202/09, NZA-RR 2010, 49; 21.7.2008 – 1 Ta 116/08, nv.; 15.10.2007 – 1 Ta 232/07, nv.
2 Vgl. LAG Köln 20.7.2007 – 5 Ta 173/07, nv.
3 LAG Schl.-Holst. 18.4.1996 – 1 Ta 30/96, nv.
4 LAG Berlin 18.3.2003 – 17 Ta 6009/03, NZA 2004, 342.
5 LAG Berlin 21.10.2002 – 17 Ta 6085/02, NZA-RR 2003, 383; 6.4.2001 – 17 Ta 6049/01, LAGE § 8 BRAGO Nr. 49.
6 LAG Hamm 21.2.2014 – 7 Ta 9/14, nv.; 8.6.2011 – 10 Ta 261/11, AE 2011, 260; 30.11.2009 – 10 Ta 601/09, nv.; 24.9.2007 – 10 Ta 523/07, nv.; 28.4.2005 – 10 TabV 45/05, nv.; 22.2.2005 – 13 TaBV 119/04, nv.; 14.2.2005 – 13 TaBV 100/04, EzA-SD 2005, Nr. 6, 11.
7 LAG Hamburg 4.8.1992 – 2 Ta 6/92, BB 1992, 1857; vgl. auch LAG Hamburg 12.9.1995 – 3 Ta 17/95, NZA-RR 1996, 267.
8 Vgl. LAG Hamburg 18.4.2007 – 4 Ta 4/07, AE 2007, 272; 20.11.2006 – 8 Ta 14/06, AE 2007, 272.
9 LAG Düsseldorf 28.11.2006 – 6 Ta 614/06, nv.; 16.5.2006 – 6 Ta 250/06, nv.; 2.7.2004 – 17 Ta 390/04, nv.; vgl. auch 11.1.2007 – 6 Ta 638/06, NZA-RR 2007, 263.
10 LAG Bremen 18.8.2000 – 1 Ta 45/00, LAGE § 8 BRAGO Nr. 46.
11 LAG Bremen 18.7.1989 – 4 Ta 22/89, ARST 1989, 176.
12 LAG Bremen 19.7.2001 – 4 Ta 33/01, NZA-RR 2001, 591.

LAG Sachsen: Für die erste Maßnahme ist der **volle Hilfswert** zugrunde zu legen, für jede weitere Maßnahme **je nach Sachverhalt** eine Reduzierung auf ¼, ⅛ bzw. ¹⁄₁₆ vorzunehmen[1].

LAG Köln: **Reduzierung** des **Hilfswerts** grundsätzlich für jede weitere Maßnahme um ¼[2], es betont aber zugleich, dass eine Reduzierung nicht in Betracht kommt, wenn die parallelen Sachverhalte in **prozessual getrennten Verfahren** geführt würden[3].

LAG Nürnberg: Bei Streit über mehrere Eingruppierungen ist nur beim **ersten Arbeitnehmer die 36fache Differenz** zugrunde zu legen (vgl. Rz. 113), dieser Wert ist für jeden weiteren Arbeitnehmer entsprechend Nr. 1008 VV RVG **um ³⁄₁₀ zu erhöhen**[4]. Bei „kurzzeitigen personellen Einzelmaßnahmen" hält es nur jeweils ⅛ bis ¹⁄₁₆ des Hilfswertes pro Maßnahme für angemessen[5].

LAG Hessen, München und Thüringen: „Völlig gleichgelagerte Gegenstände" führen zu einer **Minderung**[6].

Das Problem ist, dass diese Rechtsprechung überwiegend nicht von festen Regeln ausgeht[7]. Ungeachtet dessen sind Abschläge zur Vermeidung einer **unangemessenen Kostenlast** für den Arbeitgeber unabdingbar. Deshalb empfiehlt es sich, bei gleich gelagerten Sachverhalten jeweils **nur für einen ersten Arbeitnehmer den Vierteljahresverdienst** zugrunde zu legen und für jeden weiteren nur ⅓ **davon**.

115 Der zusätzlich zum Antrag nach § 99 Abs. 4 BetrVG vom Arbeitgeber gestellte **Antrag nach § 100 BetrVG** wird vereinzelt mit dem **Hilfswert** von 5 000 Euro bewertet[8], überwiegend nur mit dem **hälftigen Wert des Antrages nach § 99 Abs. 4 BetrVG**[9], so dass für ihn, wenn man den Antrag nach § 99 Abs. 4 BetrVG nur mit dem Hilfswert berücksichtigt, 2 500 Euro festzusetzen sind[10].

Der **Antrag** des Betriebsrats **nach § 101 BetrVG** wird zumeist mit dem Hilfswert bewertet[11]. Die LAG Bremen und die 1. Kammer des LAG Schleswig-Holstein legen nur den **hälftigen Hilfswert** zugrunde, bei **mehreren Arbeitnehmern** um jeweils ¼ des Hilfswertes für jeden weiteren Arbeitnehmer **erhöht**[12]. Nach aA ist bei einem Antrag,

---

1 LAG Sachs. 27.4.2007 – 4 Ta 41/07 (5), AE 2008, 14.
2 LAG Köln 27.2.2014 – 11 Ta 360/13, nv.; 11.11.2008 – 13 Ta 368/08, AE 2009, 351; 20.12.2005 – 8 (5) Ta 417/05, nv.
3 LAG Köln 27.2.2014 – 11 Ta 360/13, nv.; 16.4.2012 – 7 Ta 67/12, nv.
4 LAG Nürnberg 2.11.1998 – 7 Ta 167/98, LAGE § 8 BRAGO Nr. 39.
5 LAG Nürnberg 21.7.2005 – 9 Ta 137/05, AE 2006, 64.
6 LAG Hess. 4.11.2005 – 5 Ta 533/05, AE 2006, 64; LAG Thür. 21.1.1997 – 8 Ta 137/96, LAGE § 8 BRAGO Nr. 34; LAG München 7.12.1995 – 3 Ta 10/95, NZA-RR 1996, 419.
7 Vgl. nur LAG Hess. 4.11.2005 – 5 Ta 533/05, AE 2006, 64.
8 LAG Hess. 4.11.2005 – 5 Ta 533/05, AE 2006, 64; 6.1.2000 – 5 Ta 630/99, nv.; 17.5.1999 – 5/5 Ta 580/99, nv.
9 LAG Hamm 30.11.2009 – 10 Ta 601/09, nv.; LAG Köln 11.11.2008 – 13 Ta 368/08, AE 2009, 351; 28.4.2005 – 10 TaBV 45/05, nv.; 7.7.1994 – 8 TaBV 80/94, LAGE § 8 BRAGO Nr. 26; 23.2.1989 – 8 TaBV 146/88, LAGE § 8 BRAGO Nr. 12; LAG Köln 19.1.2005 – 4 Ta 2/05, AE 2005, 191; LAG Berlin 21.10.2002 – 17 Ta 6085/02, NZA-RR 2003, 383; LAG Bremen 19.7.2001 – 4 Ta 33/01, NZA-RR 2001, 591; 17.12.1997 – 1 Ta 60 u. 64/97, AnwBl. 1999, 176; 3.6.1991 – 4 Ta 24/91, nv.; LAG Düsseldorf 25.4.1995 – 7 Ta 399/94, ArbuR 1995, 332.
10 So etwa LAG Köln 19.1.2005 – 4 Ta 2/05, AE 2005, 191; aA LAG Schl.-Holst. 11.3.1997 – 4 Ta 2/97, LAGE § 8 BRAGO Nr. 33: 1/8.
11 LAG Schl.-Holst. 26.9.2013 – 6 Ta 161/13, nv.; LAG Sa.-Anh. 27.8.2013 – 1 Ta 90/13, nv.; LAG Köln 11.7.2012 – 12 Ta 78/12, AE 2013, 28; 18.2.1997 – 7 Ta 22/97, MDR 1997, 600; LAG Sachs. 21.8.2007 – 4 Ta 182/07, nv.; 9.11.2005 – 1 Ta 282/05, AE 2006, 144; LAG Nürnberg 27.7.2006 – 4 Ta 100/06, nv.; LAG München 24.5.1993 – 2 Ta 295/92, NZA 1994, 47.
12 LAG Schl.-Holst. 23.5.2012 – 1 Ta 81/12, nv.; 30.8.2006 – 1 Ta 71/06, nv.; LAG Bremen 18.8. 2000 – 1 Ta 45/00, LAGE § 8 BRAGO Nr. 46; 3.6.1991 – 4 Ta 24/91, nv.

der sich gegen eine Einstellung wendet, in Anlehnung an § 42 Abs. 2 Satz 1 GKG **ein Monatsverdienst** angemessen[1].

Wird der Antrag nach § 101 BetrVG nur **im Verfahren des Arbeitgebers** nach §§ 99 Abs. 4, 100 BetrVG gestellt, **bewerten** ihn einzelne Gerichte **nicht**[2] oder **geringer**, etwa mit **250 Euro**[3], dem **hälftigen Hilfswert**[4] oder mit **20 % des Streitwertes des Zustimmungsersetzungsverfahrens**[5].

Der **zusätzlich zum Antrag nach § 99 Abs. 4 BetrVG** gestellte **Antrag nach § 100 BetrVG** ist mit dem **halben Wert** des Antrags auf Zustimmungsersetzung zu berücksichtigen. Für einen **Antrag nach § 101 BetrVG**, den ein Betriebsrat in das vom Arbeitgeber eingeleitete Beschlussverfahren einbringt, sind nur ¼ davon festzusetzen. Diese Abstufung ist gerechtfertigt, weil es vor allem um die Frage der Ersetzung der Zustimmung des Betriebsrats zu einer oder mehreren personellen Maßnahmen geht. Für den **eigenständigen Antrag nach § 101 BetrVG** gelten die Grundsätze zu § 99 BetrVG (vgl. Rz. 113 f.). Nach richtiger Ansicht kommt es dort auf den **Vierteljahresverdienst** des betroffenen Arbeitnehmers an[6].

Der Aktuelle Streitwertkatalog (II. Nr. 13.1 bis 13.7) schlägt Folgendes vor: 115a

Einstellungen (II. Nr. 13.2.1 und 13.2.2): Als Anhaltspunkte könne der **Hilfswert des § 23 Abs. 3 Satz 2 RVG oder § 42 Abs. 2 Satz 1 GKG** dienen, wobei eine Orientierung am **zweifachen Monatsverdienst** des Arbeitnehmers sachgerecht erscheine.

Eingruppierung/Umgruppierung (II. Nr. 13.3): Die Grundsätze zur Einstellung gelten unter Berücksichtigung des Einzelfalls auch hier, wobei eine **Orientierung an § 42 Abs. 1 Satz 1 GKG** vorzunehmen sei. Bei der **36fachen Monatsdifferenz** erfolge ein **Abschlag von 25 % wegen der nur beschränkten Rechtskraftwirkung** für den betroffenen Arbeitnehmer.

Versetzung (II. Nr. 13.4): Je nach Bedeutung der Maßnahme Hilfswert oder Bruchteil davon bzw. ein bis zwei Monatsgehälter, angelehnt an die Grundsätze für eine Versetzung im Urteilsverfahren.

Verfahren nach § 100 BetrVG (II. Nr. 13.5): ½ des Wertes des Verfahrens nach § 99 Abs. 4 BetrVG

Verfahren nach § 101 BetrVG (II. Nr. 13.6): **Wert des Verfahrens nach § 99 Abs. 4 BetrVG**, als **kumulativer Antrag** ½ **des Wertes** des Verfahrens nach § 99 Abs. 4 bzw. § 100 BetrVG

Massenverfahren (II. Nr. 13.7): Bei **Massenverfahren mit wesentlich gleichem Sachverhalt**, insbesondere bei der einheitlichen unternehmerischen Maßnahme und parallelen Zustimmungsverweigerungsgründen und/oder vergleichbaren Eingruppierungsmerkmalen, erfolgt – ausgehend von den voranstehenden Grundsätzen – ein **linearer Anstieg des Gesamtwerts**, wobei als Anhaltspunkt folgende Staffelung für eine Erhöhung angewendet wird:
- beim 2. bis einschließlich 20. parallel gelagerten Fall wird für jeden Arbeitnehmer der für den Einzelfall ermittelte Ausgangswert mit **25 %** bewertet,
- beim 21. bis einschließlich 50. parallel gelagerten Fall wird für jeden Arbeitnehmer der für den Einzelfall ermittelte Ausgangswert mit **12,5 %** bewertet

---

1 LAG Hamburg 19.7.2010 – 4 Ta 11/10, nv.; 18.4.2007 – 4 Ta 4/07, AE 2007, 272; 13.11.1995 – 2 Ta 20/95, NZA-RR 1996, 306; LAG Rh.-Pf. 11.5.1995 – 6 Ta 48/95, LAGE § 8 BRAGO Nr. 28.
2 LAG Berlin 21.10.2002 – 17 Ta 6085/02, NZA-RR 2003, 383.
3 LAG Schl.-Holst. 11.3.1997 – 4 Ta 2/97, LAGE § 8 BRAGO Nr. 33.
4 LAG Köln 21.6.2006 – 2 Ta 195/06, AE 2006, 305.
5 LAG Düsseldorf 20.3.2006 – 6 Ta 126/06, nv.; LAG Hamm 28.4.2005 – 10 TaBV 11/05, NZA-RR 2005, 435; 2.2.2005 – 10 TaBV 154/04, nv.
6 ZB LAG Hamm 30.11.2009 – 10 Ta 601/09, nv.; 9.11.2006 – 13 TaBV 508/06, NZA-RR 2007, 96.

– ab dem 51. parallel gelagerten Fall wird für jeden Arbeitnehmer der Ausgangswert mit **10 %** bewertet.

- **Mitbestimmung**

116 Bei Streit über **Mitbestimmungsrechte nach § 87 BetrVG** zieht die Rechtsprechung den Hilfswert des § 23 Abs. 3 Satz 2 RVG heran, betont aber, **schematisches Vorgehen verbiete sich, Abweichungen** nach oben oder unten seien möglich[1]. Welche Abweichung im Einzelfall angemessen ist, lässt sich kaum eingrenzen. Angemessen wird **regelmäßig eine Verdoppelung** sein[2], denkbar ist aber auch „ein Vielfaches"[3].

Bei **zahlreichen gleichgelagerten Fällen** ist es sachgerecht, mit den LAG Hamm und Hamburg den Hilfswert nach der **Staffelung des § 9 BetrVG** zu erhöhen (vgl. Rz. 114)[4]. Dabei ist für **die ersten 20 betroffenen Arbeitnehmer** von dem Hilfswert von 5 000 Euro auszugehen, für jede **weitere Staffel des § 9 BetrVG** kommen 5 000 Euro hinzu[5].

Auch bei **Unterlassungsansprüchen** zur Sicherung von Mitbestimmungsrechten wird vom Hilfswert ausgegangen (vgl. auch Rz. 123), von dem Abweichungen nach oben und unten denkbar sind.[6] Auch hier liegt es nahe, bei **zahlreichen gleichgelagerten Fällen** den Streitwert wie zuvor **nach der Anzahl der betroffenen Arbeitnehmer** nach § 9 BetrVG **zu erhöhen**[7].

- **Sachmittel**

117 Der Streit über die Stellung von Sachmitteln nach § 40 Abs. 2 BetrVG richtet sich nach richtiger Ansicht nach dem **Wert der Sachmittel**[8]. Dem folgt der Aktuelle Streitwertkatalog (II. Nr. 14.1 – Wert der Aufwendungen), wobei er bei **dauernden Kosten** (zB Mietzahlungen) **maximal 36 Monatsaufwendungen** für möglich hält.

Das LAG Hessen will „**Folgekosten**" entsprechend § 42 Abs. 2 Satz 1 GKG für einen **Zeitraum von drei Jahren** angemessen berücksichtigen und deshalb den **Hilfswert nach § 23 Abs. 3 Satz 2 RVG erhöhen**[9]. Der Streitwert beim Streit über einen Anspruch des Betriebsrats auf **Bewilligung einer Bürokraft** entspricht in Anlehnung an § 42 Abs. 2 Satz 1 GKG der 36fachen monatlichen Vergütung der Bürokraft[10].

1 LAG Hess. 23.10.2008 – 5 (4) TaBV 1/08, AE 2009, 291; 17.2.1999 – 5/6 Ta 729/99, nv.; 25.6.2001 – 5 Ta 154/01, AE 2001, 147; LAG Rh.-Pf. 30.8.2007 – 1 Ta 194/07, NZA-RR 2007, 658; LAG Düsseldorf 12.11.2001 – 7 Ta 382/01, AE 2002, 38; LAG Nürnberg 25.6.2001 – 2 Ta 74/01, ArbuR 2002, 154; LAG Schl.-Holst. 7.12.2000 – 2 Ta 127/00, NZA-RR 2001, 384; LAG Sachs. 4.1.1999 – 1 Ta 325/98, nv.; LAG Schl.-Holst. 29.9.1998 – 4 Ta 84/98, LAGE § 8 BRAGO Nr. 38; LAG Hamm 27.1.1994 – 8 TaBV 147/93, nv.; so auch der Aktuelle Streitwertkatalog (II. Nr. 10.).
2 Vgl. TZA/*Paschke*, S. 289 f., Rz. 150; ferner LAG Sachs. 4.1.1999 – 1 Ta 325/98, nv., bei Abweichungen von einem Arbeitszeitplan; ebenso LAG Rh.-Pf. 18.3.2004 – 5 Ta 41/04, AE 2004, 208, bei „massenweisen Mehrarbeitsvereinbarungen".
3 So LAG Hamm 27.1.1994 – 8 TaBV 147/93, nv. bei mitbestimmungspflichtigen Überstunden für 462 Arbeitnehmer.
4 LAG Hamburg 10.2.2012 – H 6 Ta 1/12, nv.; 30.11.2009 – 4 Ta 12/09, nv.; LAG Hamm 23.3.2009 – 10 Ta 83/09, LAGE § 23 RVG Nr. 14; 31.3.2008 – 13 Ta 138/08, nv.; 2.8.2005 – 13 TaBV 10/05, EzA-SD 2005, Nr. 18, 16.
5 LAG Hamburg 10.2.2012 – H 6 Ta 1/12, nv.; 30.11.2009 – 4 Ta 12/09, nv.; LAG Hamm 23.3.2009 – 10 Ta 83/09, LAGE § 23 RVG Nr. 14.
6 Vgl. nur Aktueller Streitwertkatalog II. Nr. 15.; LAG Köln 4.6.2007 – 9 Ta 104/07, NZA-RR 2008, 158.
7 LAG Hamm 23.3.2009 – 10 Ta 83/09, LAGE § 23 RVG Nr. 14.
8 LAG Düsseldorf 12.10.1995 – 7 Ta 267/95, nv.
9 LAG Hess. 5.1.2001 – 5 Ta 465/00, AE 2001, 45.
10 LAG Bln.-Bbg. 31.7.2014 – 17 Ta (Kost) 6059/14, AE 2014, 313; LAG Hess. 16.7.2007 – 13 Ta 232/07, nv.

III. Streitwerte in arbeitsgerichtlichen Beschlussverfahren

- **Sachverständige**

Besteht Streit über die Hinzuziehung eines Sachverständigen nach § 80 Abs. 3 BetrVG, bemisst sich der Wert nach den **veranschlagten Kosten des Sachverständigen**[1]. Nach aA sollen ausgehend vom Hilfswert nach § 23 Abs. 2 Satz 2 RVG daneben auch die **Bedeutung** der mit der Einholung verbundenen **Mitbestimmung** und ggf. noch weitere Umstände zu berücksichtigen sein[2]. 118

- **Schulungsveranstaltung**

Streit über die **Erforderlichkeit einer Schulungsveranstaltung** nach § 37 Abs. 6 Satz 1 BetrVG wird regelmäßig mit dem Hilfswert von 5000 Euro bewertet[3]. Häufig wird aber mit Blick auf die **Dauer kurzer Schulungsveranstaltungen**[4] dieser **Wert unterschritten**[5]. Der Aktuelle Streitwertkatalog (II. Nr. 14.2) zieht die **Schulungskosten inklusive etwaiger Fahrtkosten** heran[6]. 119

Bei **Streit über eine Freistellung** gem. § 37 Abs. 2, Abs. 6 Satz 1 BetrVG für eine Schulungsveranstaltung wird nicht anders verfahren[7]. Abweichend will das LAG Hamm den Streitwert beim Streit über die Freistellung nach den **Gesamtaufwendungen des Arbeitgebers**, die dieser **für eine Schulungsveranstaltung** zu tragen hätte, bemessen[8]. Bei Feststellungsanträgen nimmt es einen **Abschlag von 20 %** vor, ein weiterer Abschlag von 25 % soll wegen der beschränkten Rechtskraftwirkung angemessen sein[9]. Der Ansatz ist richtig. Nach Möglichkeit sind die **Gesamtaufwendungen des Arbeitgebers** zugrunde zu legen, gleich ob diese geltend gemacht werden oder über die Erforderlichkeit oder Freistellung gestritten wird. Der Aktuelle Streitwertkatalog (II. 8.1) zieht für Freistellungen nach § 37 Abs. 2 und 3 BetrVG **§ 23 Abs. 3 Satz 2 RVG** heran, wobei abhängig vom Anlass eine **Erhöhung oder Herabsetzung des Hilfswertes** in Betracht kommen soll[10].

- **Statusverfahren**

Für den Streit über den **Status als leitender Angestellter** gem. § 5 Abs. 3 BetrVG wird überwiegend der **Hilfswert** nach § 23 Abs. 3 Satz 2 RVG zugrunde gelegt, sofern **keine** 120

---

1 LAG Hamm 2.2.2009 – 10 Ta 801/08, nv.; 12.6.2001 – 10 TaBV 50/01, NZA-RR 2002, 472; LAG BW 26.9.1990 – 8 Ta 108/90, nv.
2 LAG Köln 14.8.2006 – 14 Ta 265/06, NZA-RR 2007, 31.
3 LAG Rh.-Pf. 17.6.2007 – 1 Ta 150/07, nv.; LAG Düsseldorf 22.5.2005 – 17 Ta 521/05, AE 2009, 293; LAG Schl.-Holst. 21.8.2002 – 4 Ta 112/02, nv.; LAG Hess. 1.2.2002 – 5 Ta 29/02, AE 2002, 84; 8.3.2001 – 5 Ta 68/01, nv.; LAG Düsseldorf 2.7.1990 – 7 Ta 217/90, LAGE § 8 BRAGO Nr. 15; LAG Schl.-Holst. 15.12.1988 – 6 Ta 204/87, LAGE § 8 BRAGO Nr. 10.
4 Kürzer als eine Woche, bei einer Woche soll der volle Hilfswert zugrunde gelegt werden, vgl. LAG Düsseldorf 22.5.2005 – 17 Ta 521/05, AE 2009, 293.
5 ZB LAG Düsseldorf 22.5.2005 – 17 Ta 521/05, AE 2009, 293: dreitägige Veranstaltung Minderung um ½; LAG Schl.-Holst. 21.8.2002 – 4 Ta 112/02, nv.: zweitägige Veranstaltung Minderung um ⅗; LAG Hess. 1.2.2002 – 5 Ta 29/02, AE 2002, 84: eintägige Veranstaltung Minderung um ¼; 8.3.2001 – 5 Ta 68/01, nv.: knapp zweitägige Veranstaltung Minderung um ¼; 22.12.2000 – 5 Ta 68/01, nv.: 1 ½tägige Veranstaltung Minderung um ¼.
6 Dagegen *Willemsen/Schipp/Oberthür/Reinhard*, NZA 2014, 356 (358), die als Maßstab der Bewertung auf das Interesse des Betriebsrats an einer sachgerechten Mandatsführung abstellen, weshalb die Kosten der Schulung zu gering seien.
7 LAG Sachs. 7.4.2014 – 4 Ta 270/13, NZA-RR 2014, 497; LAG Rh.-Pf. 20.6.2007 – 1 Ta 157/07, nv.; LAG Hess. 1.2.2002 – 5 Ta 29/02, AE 2002, 84; 8.3.2001 – 5 Ta 68/01, nv.
8 LAG Hamm 24.11.1994 – 8 TaBV 144/94, LAGE § 8 BRAGO Nr. 27.
9 LAG Hamm 24.11.1994 – 8 TaBV 144/94, LAGE § 8 BRAGO Nr. 27.
10 Kritisch dazu *Willemsen/Schipp/Oberthür/Reinhard*, NZA 2014, 356 (357).

werden[1]. Zum Teil wird auch der **doppelte Hilfswert** als Ausgangswert zugrunde gelegt[2].

Beim **Personalabbau** orientieren sich die LAG Hamm und Niedersachsen an den Werten des § 17 Abs. 1 KSchG und gehen für die Entlassung der ersten sechs Arbeitnehmer vom **einfachen Hilfswert** (5000 Euro) aus, den sie für jeden weiteren Arbeitnehmer um ⅙ (833,33 Euro) erhöhen[3]. Auch das LAG Mecklenburg-Vorpommern legt §§ 17 KSchG, 112a BetrVG zugrunde und setzt **für jeweils sechs zu entlassende Arbeitnehmer den Hilfswert** fest, also für 80 Arbeitnehmer einen Betrag von 53333,32 Euro[4]. Ähnlich verfährt das LAG Berlin-Brandenburg, das beim bloßen Personalabbau die Werte des **§ 112a BetrVG** heranzieht[5]. Das LAG Düsseldorf legt auch jeweils für **sechs Arbeitnehmer** den Hilfswert zugrunde, differenziert dann aber, ob es sich um eine **Betriebsstilllegung** oder nur um eine **Betriebsänderung** handelt; bei einer Betriebsstilllegung soll der Streitwert zu **verdoppeln** sein[6].

V. Streitwertbeschwerde

1. Streitwertbeschwerde nach § 33 Abs. 3 RVG

124 Die Streitwertfestsetzung im arbeitsgerichtlichen Urteil bestimmt den **Rechtsmittelstreitwert**, der für die Zulässigkeit der Berufung wesentlich ist, §§ 61 Abs. 1, 64 Abs. 2 lit. b ArbGG.

§ 62 Satz 1 GKG findet in Arbeitsgerichtsverfahren keine Anwendung, § 62 Satz 2 GKG, so dass der Rechtsmittelstreitwert nicht auch für die Gebührenberechnung maßgebend ist. Deshalb ist vom Rechtsmittelstreitwert der Gebührenstreitwert **zu unterscheiden**. Gem. **§ 33 Abs. 1 RVG** kommt eine **Streitwertfestsetzung** in Betracht, wenn Gerichtskosten von vornherein nicht vorgesehen sind (vgl. Rz. 134), etwa im arbeitsgerichtlichen Beschlussverfahren, oder wenn die Gegenstände, nach denen sich die Gerichtskosten und die Rechtsanwaltsgebühren richten, nicht identisch sind (vgl. Rz. 2).

Gegen die Streitwertentscheidung nach § 33 Abs. 1 RVG ist nach § 33 Abs. 3 Satz 1 RVG die Beschwerde statthaft, wenn der Wert des **Beschwerdegegenstands 200 Euro übersteigt**. Der Wert des Beschwerdegegenstands richtet sich nach der **Differenz der Kosten**, um die sich der **Beschwerdeführer verbessern** will, nicht nach der Differenz zwischen dem festgesetzten und dem gewünschten Gegenstandswert[7]. Die Beschwerde ist gem. § 33 Abs. 3 Satz 2 RVG auch zulässig, wenn sie das Gericht, das die Entscheidung erlassen hat, wegen **grundsätzlicher Bedeutung** in dem Beschluss **zulässt**.

---

1 LAG Hamburg 14.4.2005 – 5 Ta 7/05, AE 2005, 193; LAG Schl.-Holst. 24.5.2000 – 1 Ta 66/00, LAGE § 8 BRAGO Nr. 45; LAG Köln 9.6.1999 – 12 Ta 144/99, NZA-RR 1999, 608; LAG Bremen 15.2.1990 – 2 Ta 85/89, LAGE § 8 BRAGO Nr. 14.
2 LAG Berlin 24.10.2003 – 17 Ta 6080/03, RVGReport 2004, 194.
3 LAG Nds. 17.1.2011 – 17 Ta 21/11, NZA-RR 2011, 271; LAG Hamm 2.8.2010 – 10 Ta 269/10, nv.; 10.10.2005 – 10 Ta BV 102/05, LAGE § 23 RVG Nr. 3; 15.3.2005 – 13 TaBV 139/04, nv.
4 LAG MV 16.11.2000 – 1 Ta 67/00, NZA-RR 2001, 551.
5 LAG Berlin 24.10.2003 – 17 Ta 6080/03, RVGReport 2004, 194.
6 LAG Düsseldorf 12.2.2008 – 6 Ta 44/08, NZA-RR 2009, 276; ebenso LAG Köln 9.5.2011 – 12 Ta 63/11, nv.
7 LAG Rh.-Pf. 27.1.2012 – 1 Ta 285/11, NZA-RR 2012, 443; 24.9.2007 – 1 Ta 208/07, NZA-RR 2008, 270.

V. Streitwertbeschwerde

a) Frist

Gem. § 33 Abs. 3 Satz 3 RVG ist die Beschwerde binnen **zwei Wochen**, die mit der Zustellung der Entscheidung beginnt, einzulegen. Im Übrigen gelten die für die Beschwerde in der Hauptsache geltenden Verfahrensvorschriften. 125

b) Beschwerdebefugnis, Begründung, Verzicht und Gebühren

Beschwerdebefugt sind gem. § 33 Abs. 2 Satz 2 RVG der **Rechtsanwalt** mit dem Ziel der **Erhöhung** (auch Unterbevollmächtigter und Verkehrsanwalt), der **Auftraggeber** und **Gegner** sowie die **Staatskasse** bei Prozesskostenhilfeverfahren mit dem Ziel der **Herabsetzung**. Ungeschriebene Voraussetzung des § 33 Abs. 3 RVG ist eine **Abweichung** zwischen der angegriffenen Entscheidung und dem Begehr des Beschwerdeführers[1]. 126

Eine **Begründung** der Streitwertbeschwerde ist **nicht erforderlich**, aber empfehlenswert.

Die Beschwerde soll nach einer Ansicht **auch zulässig** sein, wenn beide Parteien mit der Streitwertfestsetzung bei Abschluss eines gerichtlichen Vergleichs **einverstanden** waren[2]. Dem ist nicht zu folgen, weil das Einverständnis als **Verzicht** auf das Beschwerderecht zu bewerten ist[3].

Nur der **Antrag**, nicht das Beschwerdeverfahren ist **gebührenfrei**. **Kosten** werden **nicht erstattet** (§ 33 Abs. 9 Satz 1 und 2 RVG).

Einstweilen frei. 127

c) Entscheidung des LAG und Verschlechterung

Hilft das Arbeitsgericht der Beschwerde gem. § 33 Abs. 4 Satz 1 RVG nicht ab, ist diese dem **LAG** vorzulegen. **Umstritten** ist, ob im Streitwertbeschwerdeverfahren das **Verschlechterungsverbot** (reformatio in peius) gilt. Das wird mit Blick auf § 63 Abs. 3 Satz 1 GKG von vielen Gerichten abgelehnt[4], was aber **umstritten** ist[5]. 128

Die Entscheidung des LAG ist **unanfechtbar** (§ 33 Abs. 4 Satz 4 RVG).

---

1 Zutreffend etwa LAG Rh.-Pf. 14.5.2010 – 1 Ta 73/10, nv.
2 So etwa OLG Karlsruhe 19.10.2009 – 4 W 41/09, JurBüro 2010, 200; OLG Düsseldorf 9.6.2008 – I-24 W 17/08, 24 W 17/08, NJW-RR 2008, 1697; OLG Celle 13.5.2005 – 3 W 142/05, OLGR Celle 2006, 270; LAG Köln 14.7.1982 – 8 Ta 88/82, EzA § 10 BRAGO Nr. 1.
3 LAG Hess. 24.5.2000 – 15 Ta 16/00, NZA 2000, 960; LAG Thür. 30.8.1999 – 8 Ta 108/99, AE 2000, 71; LAG Rh.-Pf. 18.4.1989 – 1 Ta 83/89, NZA 1989, 863; OLG Hamm 5.11.1993 – 11 WF 440/93, FamRZ 1997, 691.
4 So etwa LAG Köln 19.11.2012 – 5 Ta 287/12, AE 2013, 187; LAG Nürnberg 8.12.2008 – 4 Ta 148/08, nv.; LAG Hamm 9.8.2007 – 6 Ta 292/07, nv.; 17.4.2007 – 6 Ta 145/07, NZA-RR 2007, 437; 16.4.2007 – 6 Ta 49/07, NZA-RR 2007, 439; LAG Düsseldorf 6.7.2006 – 6 Ta 371/06, AE 2006, 305; 30.5.2006 – 6 Ta 291/06, nv.; LAG Thür. 14.11.2000 – 8 Ta 134/00, AE 2001, 43; LAG Hamburg 13.11.1995 – 2 Ta 20/95, NZA-RR 1996, 306; 28.10.1987 – 1 Ta 4/87, LAGE § 10 BRAGO Nr. 2.
5 AA etwa LAG Sachs. 28.10.2013 – 4 Ta 17213 (2), ArbR 2014, 162; 15.3.2004 – 11 Ta 35/04, nv.; LAG Rh.-Pf. 27.2.2011 – 1 Ta 134/11, nv.; 11.2.2010 – 1 Ta 13/10, nv.; 20.7.2009 – 1 Ta 171/09, AE 2009, 352; 30.8.2007 – 1 Ta 194/07, NZA-RR 2007, 658; LAG Hamburg 11.1.2008 – 8 Ta 13/07, JurBüro 2008, 593; LAG Sa.-An. 29.11.2006 – 1 Ta 156/06, nv.; LAG Hamm 2.8.2005 – 13TaBV 17/05, AGS 2006, 301; LAG Köln 29.1.2002 – 7 Ta 285/01, LAGReport 2002, 225; LAG Hess. 19.11.2001 – 15 Ta 85/01, NZA-RR 2002, 384; LAG Köln 13.12.1999 – 13 (7) Ta 366/99, LAGE § 10 BRAGO Nr. 9; LAG Hess. 23.10.1999 – 15/6 Ta 426/98, NZA-RR 1999, 382; LAG Rh.-Pf. 26.10.1984 – 1 Ta 221/84, nv.

2. Streitwertbeschwerde nach § 68 GKG

129 Fallen Gerichtsgebühren an oder decken sich die Gegenstände, nach denen sich die Gerichtskosten und die Rechtsanwaltsgebühren richten, kommt eine Streitwertbeschwerde nach § 68 GKG in Betracht. Auch dabei handelt es sich um eine **einfache Beschwerde**, die gem. § 68 Abs. 1 Satz 1 GKG nur zulässig ist, wenn der **Beschwerdewert 200 Euro** übersteigt oder wenn sie das Gericht wegen der **grundsätzlichen Bedeutung** der zur Entscheidung stehenden Frage in dem Beschluss **zulässt**.

a) Frist

130 Die Beschwerdefrist beträgt **sechs Monate** nach Rechtskraft der Entscheidung in der Hauptsache oder anderweitiger Verfahrenserledigung (§ 68 Abs. 1 Satz 3 Halbs. 1 GKG). Ist der Streitwert später als einen Monat vor Ablauf der Frist festgelegt worden, kann sie noch innerhalb **eines Monats** nach Zustellung oder formeller Mitteilung des Festsetzungsbeschlusses eingelegt werden (§ 68 Abs. 1 Satz 3 Halbs. 2 GKG). Bei der formlosen Mitteilung ist zu beachten, dass der Beschluss **mit dem dritten Tage** nach Aufgabe zur Post als bekannt gemacht gilt (§ 68 Abs. 1 Satz 4 GKG).

b) Beschwerdebefugnis und Gebühren

131 Beschwerdebefugt sind der **Rechtsanwalt** mit dem Ziel der **Erhöhung**, die **Partei** mit dem Ziel der **Herabsetzung** und die **Staatskasse** mit **beiden Zielen**.

Auch das **Beschwerdeverfahren** ist **gebührenfrei**. Kosten werden nicht erstattet (§ 68 Abs. 3 Satz 1 und 2 GKG).

c) Entscheidung des LAG und Ermessensprüfung

132 Hilft das Arbeitsgericht der Beschwerde gem. § 68 Abs. 1 Satz 5 GKG iVm. § 66 Abs. 3 Satz 1 GKG nicht ab, ist diese dem **LAG** vorzulegen.

133 Die meisten LAG setzen als Tatsacheninstanz ggf. auch ihr **eigenes Ermessen** anstelle der ersten Instanz[1]. Soweit ersichtlich schränkt nur noch das LAG Sachsen seine Prüfung dahingehend ein, ob der 1. Instanz ein **Ermessensfehler** unterlaufen ist[2].

Die Entscheidung des LAG ist **unanfechtbar** (§ 68 Abs. 1 Satz 5 GKG iVm. § 66 Abs. 3 Satz 3 GKG).

Checkliste

133a
- ☐ Es ist sorgfältig zu prüfen, ob eine Beschwerde nach § 33 oder nach § 68 RVG einschlägig ist. Die Fristen dafür sind unterschiedlich, die Frist bei der Beschwerde nach § 33 RVG ist deutlich kürzer (binnen zwei Wochen nach Zustellung).
- ☐ Vor einer Beschwerde nach § 33 RVG ist zu bedenken, dass für einige LAG nicht das Verschlechterungsverbot gilt. Und bei der Beschwerde nach § 68 GKG ist darauf zu achten, dass die meisten LAG ihr eigenes Ermessen ausüben. Eine Beschwerde kann daher auch zu schlechteren Ergebnissen führen.
- ☐ Die Beschwerde sollte in jedem Fall begründet werden. Häufig findet sich in Beschwerdeentscheidungen der Hinweis, ohne Begründung könne nicht geprüft werden, welchen Fehler die erstinstanzliche Entscheidung haben soll.
- ☐ Nach Abschluss eines Vergleichs sollte nicht vorschnell ein Streitwert genehmigt werden. Einige Gerichte sehen darin einen Verzicht auf das Beschwerderecht.

---

1 ZB LAG Nürnberg 30.7.2014 – 4 Ta 83/14, nv. (Aufgabe der früheren Rspr.); LAG BW 28.7.2006 – 3 Ta 125/06, NZA-RR 2006, 537; vgl. auch TZA/*Paschke*, S. 347f., Rz. 290.
2 ZB LAG Sachs. 27.4.2007 – 4 Ta 41/07 (5), AE 2008, 149 mwN.

VI. Kosten und Kostenerstattung im arbeitsgerichtlichen Urteilsverfahren

1. Gerichtskosten

Im arbeitsgerichtlichen Urteilsverfahren werden **Gebühren** gem. Teil 8 GKG KostVerz erhoben. **Vorschüsse** werden nicht erhoben. 134

Die Gerichtskosten werden gem. § 6 Abs. 4 GKG iVm. § 9 GKG erst **fällig**, wenn
- eine unbedingte Entscheidung über die Kosten ergangen ist,
- das Verfahren oder der Rechtszug durch Vergleich oder Rücknahme beendet ist,
- das Verfahren sechs Monate ruht oder sechs Monate von den Parteien nicht betrieben worden ist,
- das Verfahren sechs Monate unterbrochen oder sechs Monate ausgesetzt war oder
- das Verfahren durch anderweitige Erledigung erledigt ist.

Der Antragsteller haftet gem. § 22 Abs. 1 Satz 1 GKG dann für die Kosten nicht mehr, wenn ein **Entscheidungs- oder Übernahmeschuldner** nach § 29 Nr. 1 oder 2 GKG vorhanden ist.

a) Urteilsverfahren erster Instanz

In erster Instanz entsteht eine **Verfahrensgebühr in Höhe von 2,0** (GKG KostVerz Nr. 8210)[1]. 135

b) Berufungs- und Revisionsverfahren

Im Berufungsverfahren fällt eine **3,2** (GKG KostVerz Nr. 8220) und in der Revisionsinstanz eine **4,0 Verfahrensgebühr** an (GKG KostVerz Nr. 8230). 136

2. Anwaltskosten

a) Urteilsverfahren erster Instanz

aa) Grundsatz

Nach § 12a Abs. 1 Satz 1 ArbGG besteht im Urteilsverfahren des ersten Rechtszugs **kein Anspruch** der obsiegenden Partei auf Entschädigung wegen Zeitversäumnis oder auf Erstattung der Kosten für die Zuziehung eines Prozessbevollmächtigten oder Beistands. Eine **Ausnahme** von diesem Grundsatz enthält § 12a Abs. 1 Satz 3 ArbGG (s. Rz. 142f.). 137

bb) Geltungsbereich

Die Bestimmung über die Kostenfreiheit gilt **ausnahmslos**, auch wenn der Arbeitnehmer obsiegt[2]. Sie gilt auch für das **einstweilige Verfügungsverfahren** gem. §§ 935ff. ZPO[3] und die **Vollstreckungsgegenklage** gem. § 767 ZPO[4]. § 12a ArbGG gilt aber nur für das **Erkenntnisverfahren, nicht** für die **Zwangsvollstreckung**[5]. Im **Klauseler-** 138

---

1 Vgl. auch *Braun*, FA 2004, 133; *Natter*, NZA 2004, 686.
2 BAG 18.12.1972 – 5 AZR 248/72, DB 1973, 1077.
3 LAG Düsseldorf 9.6.2005 – 16 Ta 299/05, LAGE § 12a ArbGG 1979 Nr. 23; LAG BW 7.11.1988 – 1 Ta 78/88, BB 1989, 850.
4 LAG Düsseldorf 9.6.2005 – 16 Ta 299/05, LAGE § 12a ArbGG 1979 Nr. 23.
5 LAG Köln 31.10.1994 – 2 Ta 225/94, AnwBl. 1995, 316; LAG Berlin 17.2.1986 – 9 Sa 110/85, DB 1986, 753; LAG Hess. 16.10.1967 – 1 Ta 56/67, BB 1968, 630.

innerungsverfahren findet § 12a Abs. 1 Satz 1 ArbGG entsprechende Anwendung[1]. Auch die **Vertreterkosten des Nebenintervenienten** sind nicht erstattungsfähig[2].

139 Einstweilen frei.

b) Ausschluss materiell-rechtlicher Kostenerstattung

aa) Grundsatz

140 § 12a Abs. 1 Satz 1 ArbGG entfaltet materiell-rechtliche Wirkungen und schränkt nicht nur den **prozessualen Kostenerstattungsanspruch** ein. Damit die Vorschrift nicht leer läuft, ist auch die Geltendmachung materiell-rechtlicher Ansprüche ausgeschlossen, soweit es um die Erstattung von Kosten für Prozessvertreter in erster Instanz bzw. um Entschädigung wegen Zeitversäumnis geht[3]. Die Parteien können **auch nicht als Schadensersatz** die Erstattung außerprozessualer Anwaltskosten verlangen[4].

141 Umstritten ist, ob § 12a Abs. 1 ArbGG auch einer Erstattungsfähigkeit der Anwaltskosten bei einem gegen den **Drittschuldner** nach § 840 Abs. 2 Satz 2 ZPO gerichteten **Schadensersatzanspruch** entgegensteht. Nach Ansicht des BAG besteht zwar auch insoweit ein **materiell-rechtlicher Erstattungsanspruch**, der aber wegen § 12a Abs. 1 ArbGG jedenfalls **nicht im Kostenfestsetzungsverfahren** nach §§ 104 ff. ZPO verfolgt werden kann[5].

bb) Ausnahmen

(1) Anrufung eines unzuständigen Gerichts

142 Der Ausschluss des Erstattungsanspruchs gilt nicht für die Kosten, die dem Beklagten durch die Anrufung eines Gerichts der **ordentlichen Gerichtsbarkeit**, der **allgemeinen Verwaltungsgerichtsbarkeit**, der **Finanz- oder Sozialgerichtsbarkeit** entstanden sind (§ 12a Abs. 1 Satz 3 ArbGG).

143 Umstritten ist, ob die Kosten nach der Verweisung des Rechtsstreits in voller Höhe erstattungsfähig sind. Nach hM sind die **vor der Verweisung** des Rechtsstreits **an das Arbeitsgericht** beim ordentlichen Gericht entstandenen Anwaltskosten in **vollem Umfang** vom Kläger ohne Rücksicht darauf zu erstatten, ob der Anwalt der beklagten Partei die Prozessvertretung vor dem Arbeitsgericht fortgesetzt hat oder nicht[6]. Der

---

1 LAG Rh.-Pf. 8.4.1991 – 9 Ta 57/91, LAGE § 12a ArbGG 1979 Nr. 17.
2 LAG BW 27.9.1982 – 1 Ta 182/82, AP Nr. 2 zu § 12a ArbGG 1979.
3 BAG 30.4.1992 – 8 AZR 288/91, NZA 1992, 1101; LAG Köln 2.1.2001 – 8 Ta 263/00, MDR 2001, 775; LAG Hess. 4.8.1999 – 9 Ta 570/99, NZA-RR 2000, 500.
4 LAG 14.12.1977 – 5 AZR 711/76, DB 1978, 895.
5 BAG 16.11.2005 – 3 AZB 45/05, NZA 2006, 343; 15.6.1990 – 4 AZR 56/90, DB 1990, 1826; AG Wermelskirchen 21.6.2012 – 2a C 322/11, JurBüro 2012, 547; LAG München 14.7.2009 – 10 Ta 18/08, JurBüro 2009, 554; 15.5.2006 – 10 Ta 159/06, nv.; LAG Düsseldorf 14.2.1995 – 16 Sa 1996/94, BB 1995, 1248; OLG Karlsruhe 2.8.1993 – 13 W 12/93, MDR 1994, 95; LAG Hess. 4.2.1991 – 10 Ta 539/90, nv.; LG Oldenburg 29.1.1991 – 5 T 19/91, JurBüro 1991, 727; OLG Stuttgart 31.7.1986 – 8 W 524/85, JurBüro 1986, 1735.
6 BAG 1.11.2004 – 3 AZB 10/04, NZA 2005, 429; LAG Köln 3.1.2008 – 8 Ta 377/07, NZA-RR 2008, 491; LAG Schl.-Holst. 27.3.2003 – 2 Ta 31/03, JurBüro 2004 142; LAG Thür. 31.8.2000 – 8 Ta 87/00, NZA-RR 2001, 106; LAG Hess. 8.3.1999 – 9/6 Ta 651/98, NZA-RR 1999, 498; LAG Nds. 21.12.1990 – 8 Ta 312/90, Rpfleger 1991, 218; LAG Hamm 16.7.1987 – 8 Ta 197/87, MDR 1987, 876; LAG Nürnberg 8.10.1986 – 4 Ta 7/86, LAGE § 12a ArbGG 1979 Nr. 8; LAG Rh.-Pf. 13.3.1986 – 1 Ta 36/86, LAGE § 12a ArbGG 1979 Nr. 7; LAG BW 9.8.1984 – 1 Ta 134/84, NZA 1985, 132; LAG Hess. 15.5.1984 – 6 Ta 134/84, AnwBl. 1985, 104; LAG Schl.-Holst. 9.11.1983 – 4 Ta 81/83, EzA § 91 ZPO Nr. 7.

obsiegenden Partei sind aber bei einer **Verweisung vom Arbeitsgericht an ein ordentliches Gericht** nur die nach Verweisung entstehenden bzw. erneut entstehenden Kosten zu erstatten[1].

(2) Fahrtkosten der Partei

Auch im arbeitsgerichtlichen Verfahren sind die eigenen **Fahrtkosten** der Partei erstattungsfähig. § 12a Abs. 1 Satz 1 ArbGG will nur das Prozesskostenrisiko für die im ersten Rechtszug unterliegende Partei beschränken, nicht aber dieser einen ungerechtfertigten Kostenvorteil verschaffen. Deshalb werden die **Vertreterkosten** im Rahmen hypothetischer eigener Kosten der Partei erstattet[2].

Beispiel:

Wohnt eine Partei 100 km vom Gerichtsort entfernt und bestellt sie einen Anwalt am Sitz des Gerichtes, müsste sie zum Termin erscheinen, wenn sie den Prozess selbst führen würde. Die Fahrtkosten wären im Obsiegensfall von der unterliegenden Partei zu erstatten. Da die Partei jedoch durch die Anwaltsbestellung nicht schlechter gestellt werden darf als bei einer eigenen Prozessführung, sind die Anwaltskosten in Höhe der ersparten Fahrtkosten erstattungsfähig.

c) Rechtsmittelinstanzen

Im Urteilsverfahren des **zweiten Rechtszuges** gilt § 12a ArbGG nicht, sondern § 91 ZPO.

◌ **Hinweis:** Legt eine Partei Berufung „**nur zur Fristwahrung**" ein und bittet sie den Gegner, noch keinen Rechtsanwalt zu beauftragen bzw. sich zu bestellen, sind die angefallenen Kosten des Berufungsverfahrens auch dann vom Berufungsführer zu erstatten, wenn er sein Rechtsmittel innerhalb der Begründungsfrist zurücknimmt[3].

aa) Verbandsvertreter in zweiter Instanz

Werden im zweiten Rechtszug die Kosten nach § 92 Abs. 1 ZPO verhältnismäßig aufgeteilt und ist eine Partei durch einen **Rechtsanwalt**, die andere durch einen **Verbandsvertreter** vertreten, so ist diese Partei nach § 12a Abs. 2 ArbGG hinsichtlich ihrer außergerichtlichen Kosten so zu stellen, als wenn sie durch einen Rechtsanwalt vertreten worden wäre. Im Rahmen der Kostenausgleichung nach §§ 103 ff. ZPO sind also auf Seiten der von einem Verband vertretenen Partei **fiktive Anwaltskosten** anzusetzen.

---

1 OLG Brandenburg 9.3.2000 – 8 W 246/99, MDR 2000, 788; OLG Karlsruhe 1.8.1991 – 3 W 56 u. 3 W 57/91, JurBüro 1991, 1637; OLG München 15.1.1988 – 11 W 629/88, AnwBl. 1989, 108; OLG Stuttgart 12.4.1984 – 8 W 67/84, JurBüro 1984, 1732; OLG Frankfurt 10.6.1983 – 20 W 109/83, MDR 1983, 941.
2 LAG Rh.-Pf. 23.8.2007 – 11 Ta 169/07, nv.; LAG München 27.6.2001 – 1 Ta 44/01, NZA-RR 2002, 161; LAG Nürnberg 22.11.1994 – 6 Ta 155/94, JurBüro 1995, 266; LAG BW 27.7.1994 – 1 Ta 36/94, nv.; LAG Hamburg 13.8.1992 – 2 Ta 8/92, LAGE § 12a ArbGG 1979 Nr. 18; LAG Rh.-Pf. 28.1.1987 – 10 Ta 1/87, AnwBl. 1988, 299; LAG Düsseldorf 10.4.1986 – 7 Ta 390/85, JurBüro 1986, 1394; LAG BW 10.4.1985 – 1 Ta 42/85, AnwBl. 1986, 160.
3 ZB LAG Schl.-Holst. 1.9.2006 – 1 Ta 53/06, NZA-RR 2007, 99; 25.4.2003 – 2 Ta 60/03, nv.; LAG Nürnberg 26.4.2001 – 6 Ta 57/01, nv.; LAG Schl.-Holst. 23.4.2001 – 1 Ta 45e/01, NZA-RR 2001, 494; LAG Thür. 12.12.2000 – 8 Ta 138/00, FA 2001, 183; LAG Sachs. 16.10. 2000 – 10 Ta 112/00, FA 2001, 279; LAG Sa.-Anh. 16.6.2000 – 10 Ta 112/00, FA 2001, 279; LAG Hess. 13.12.1999 – 9 Ta 620/99, NZA-RR 2001, 51; LAG Köln 17.12.1996 – 4 Ta 285/96, MDR 1997, 754; LAG Düsseldorf 30.12.1994 – 7 Ta 342/94, LAGE § 91 ZPO Nr. 25; OLG Schleswig 26.11.1998 – 9 W 59/98, MDR 1999, 381; LAG Köln 13.9.1984 – 10 (9) 110/84, MDR 1985, 83; OLG Nürnberg 5.11.1981 – 3 W 2890/81, NJW 1982, 1056; aA LAG Hamm 20.7.1998 – 4 Sa 428/98, NZA 1999, 335.

bb) Reise- und Übernachtungskosten

148 Die **Reisekosten des Anwalts** am Wohnsitz der Partei oder am Sitz des Arbeitsgerichts zum LAG oder zum BAG sind zu erstatten[1]. Erstattungsfähig sind die Kosten für die **Benutzung eines Pkw oder der Bahn**[2] und zwar mit Blick auf § 5 Abs. 1 JVEG die Kosten der **1. Klasse einschließlich einer Sitzplatzreservierung**[3].

Flugkosten werden zum Teil nur als erstattungsfähig angesehen, wenn die Benutzung der Bahn **unzumutbar** ist, was nicht der Fall sein soll, wenn der Anwalt den Gerichtstermin mit einem Zug, der um 6.59 Uhr seinen Heimatbahnhof verlässt, erreichen kann[4]. Das LAG Rheinland-Pfalz hält grundsätzlich unter Hinweis auf § 5 Abs. 1 JVEG nur die vermeintlich niedrigeren **Kosten der Benutzung der Bahn** für erstattungsfähig[5]. Im Einzelfall soll aber auch die Benutzung eines Flugzeugs (von Hamburg nach Frankfurt für einen Termin in Mainz) erforderlich sein[6]. Da Flugkosten keineswegs immer geringer sind als die Kosten einer Bahnfahrt, sind sie zu erstatten, wenn nachgewiesen wird, dass sie günstiger waren. Dabei sind bei kurzen innerdeutschen Flügen nur die Kosten eines Flugs in der **Economy Class** erstattungsfähig, nicht die eines Flugs in der Business Class[7].

Die Reisekosten eines **auswärtigen Anwalts** zum Termin vor dem LAG sind nur zu erstatten, wenn besondere **objektive Gründe** es rechtfertigen, den Anwalt zum Prozessbevollmächtigten zu bestellen. Das ist etwa der Fall, wenn ein Interesse der Partei besteht, die aus einem bundesweit geltenden Tarifvertrag herrührenden streitigen Rechtsfragen schon durch die Instanzgerichte entscheiden zu lassen und der Prozessbevollmächtigte mit der Spezialmaterie vertraut ist[8]. Sie sind außerdem zu erstatten, wenn Reisekosten für Informationsreisen der Partei zu einem Prozessbevollmächtigten am Sitz des LAG angefallen wären. Nichts anderes gilt für Reisekosten eines auswärtigen Anwalts zum BAG[9].

Bei Übernachtungskosten sollen in Anlehnung an § 6 Abs. 2 JVEG iVm. dem BRKG bis zu **60 Euro pro Übernachtung bzw. 64 Euro inkl. Frühstück** erstattungsfähig sein[10], teils wird auch ein unwesentlich höherer Betrag zugesprochen[11]. Damit lässt sich in vielen deutschen Städten nur ein unterdurchschnittliches Quartier bezahlen[12]. Angemessen sind unter Einbeziehung eines Frühstücks 120 Euro.

d) Anwaltsgebühren

aa) Urteilsverfahren erster Instanz

149 Auch im arbeitsgerichtlichen Verfahren fallen eine **Verfahrens-** (1,3) und **Terminsgebühr** (1,2) gem. Nrn. 3100, 3104 VV RVG an. Da das RVG keine Beweis- und Erör-

---

1 LAG Köln 23.1.2004 – 6 (11) Ta 426/03, FA 2004, 160; 18.3.1997 – 13 (2) Ta 38/97, LAGE § 91 ZPO Nr. 29.
2 Vgl. LAG Bremen 8.6.2004 – 3 Ta 23/04, EzA-SD 17/2004, 12.
3 Vgl. LAG Rh.-Pf. 16.7.2007 – 6 Ta 145/07, nv.
4 LAG Bremen 8.6.2004 – 3 Ta 23/04, NZA-RR 2004, 604.
5 LAG Rh.-Pf. 16.7.2007 – 6 Ta 145/07, nv.
6 LAG Rh.-Pf. 22.9.2002 – 2 Ta 808/02, NZA-RR 2003, 261; ebenso LAG Hess. 13.8.2001 – 2 Ta 311/01, LAGReport 2002, 23.
7 LAG Hamburg 9.10.2009 – 1 Ta 10/09, Jur Büro 2010, 309.
8 LAG Schl.-Holst. 10.9.1993 – 3 Ta 101/93, LAGE § 91 ZPO Nr. 22; 21.9.1988 – 5 Ta 126/88, DB 1988, 2656; vgl. auch LAG Sachs. 7.2.1997 – 10 Ta 39/96, LAGE § 91 ZPO Nr. 28.
9 LAG Hess. 19.11.1999 – 9 Ta 652/99, nv.
10 So LAG Rh.-Pf. 16.7.2007 – 6 Ta 145/07, nv.
11 Vgl. LAG Rh.-Pf. 18.3.2009 – 11 Ta 11/09, nv.: 66,39 Euro für ein „durchschnittliches Mittelklasse-Hotel in Deutschland".
12 Der durchschnittliche Hotel-Zimmerpreis betrug 2013 für eine Übernachtung ohne Frühstück in Berlin 85,09 Euro, in Frankfurt/Main 98,18 Euro, in Hamburg 99,21 Euro, in Köln 97,56 Euro, in München 109,42 Euro und in Stuttgart 88,90 Euro.

terungsgebühr enthält, bleibt es – ungeachtet einer Beweisaufnahme – bei einer 2,5 Gebühr. Für einen Vergleich kommt eine **1,0 Einigungsgebühr** gem. Nrn. 1000, 1003 VV RVG hinzu. Wird lediglich ein Antrag auf Erlass eines **Versäumnisurteils** gestellt, fällt nur eine **0,5 Terminsgebühr** an (Nr. 3105 VV RVG).

bb) Besonderheiten bei der Termins- und Einigungsgebühr und Vergleichsmehrwerte

Die **Terminsgebühr** setzt nicht voraus, dass in einem Termin Anträge gestellt oder die Sach- und Rechtslage erörtert wird. Sie fällt gem. Nr. 3104 Abs. 1 Nr. 1 VV RVG auch an, wenn das Zustandekommen eines **Vergleichs durch Beschluss** nach §§ 46 Abs. 2 Satz 1 ArbGG, 278 Abs. 6 ZPO **ohne mündliche Verhandlung** festgestellt wird[1]. Die Terminsgebühr entsteht auch, wenn ein Rechtsanwalt nach seiner Beauftragung aber **vor Einreichung einer Klage bei Gericht** erfolgreich außergerichtliche Vergleichsverhandlungen führt. Denn die Terminsgebühr entsteht gem. Teil 3, Vorbem. 3 Abs. 3 VV RVG auch für die **Mitwirkung an einer auf die Vermeidung oder Erledigung des Verfahrens gerichteten Besprechung** ohne Beteiligung des Gerichts. Es muss aber bereits **Klageauftrag** erteilt worden sein[2]. Ferner kann ein Anspruch auf eine Terminsgebühr entstehen, wenn sich die Parteien zwar direkt ohne Rechtsanwälte außergerichtlich einigen, aber noch eine **Besprechung zwischen den Rechtsanwälten über die Beendigung des Rechtsstreits** geführt wird[3].   150

Ein Anspruch auf eine **Einigungsgebühr** entsteht auch bei einer **Einigung** im Kündigungsschutzverfahren über eine **ungekündigte Fortsetzung** des Arbeitsverhältnisses[4], ebenso bei einer Verständigung über die **„Rücknahme" einer Kündigung**[5].   150a

Bei gerichtlichen Vergleichen, die zu **Vergleichsmehrwerten** führen, ist **§ 15 Abs. 3 RVG** zu beachten. Die 1,3 Verfahrensgebühr für die Klage (zu dessen nicht erhöhtem Streitwert) und die 0,8 Verfahrensgebühr für den mitvergleichen, nicht rechtshängigen Anspruch (zu dessen eigenem Streitwert) dürfen zusammen eine 1,3 Verfahrensgebühr zum gesamten Streitwert **nicht überschreiten**. Weiterhin dürfen die 1,5 Einigungsgebühr für den Mehrvergleich (nur zu dessen eigenem Streitwert) und die 1,0 Einigungsgebühr für den Vergleich über die Klageforderung (zu dessen separatem Streitwert) eine 1,5 Einigungsgebühr zum gesamten Streitwert **nicht überschreiten**.   150b

cc) Berufungsinstanz

In der Berufungsinstanz beträgt die **Verfahrensgebühr 1,6** (Nr. 3200 VV RVG) und die **Terminsgebühr 1,2** (Nr. 3202 VV RVG).   151

dd) Revisionsinstanz

In der Revisionsinstanz entsteht gem. Nr. 3206 VV RVG eine **1,6 Verfahrensgebühr** und gem. Nr. 3210 VV RVG eine **1,5 Terminsgebühr**.   152

---

1 BAG 20.6.2006 – 3 AZB 78/05, NZA 2006, 1060; BGH 22.2.2007 – VII ZB 101/06, MDR 2007, 917; 27.10.2005 – III ZB 42/05, BB 2005, 2600; LAG Hess. 22.10.2007 – 13 Ta 400/07, nv.; LAG Schl.-Holst. 13.1.2006 – 2 Ta 2/06, NZA-RR 2006, 268; LAG Nds. 10.10.2005 – 10 Ta 282/05, AE 2006, 147.
2 LAG Nürnberg 13.1.2011 – 4 Ta 172/10, JurBüro 2011, 589.
3 LAG Bln.-Bbg. 26.4.2011 – 17 Ta (Kost) 6030/11, AE 2011, 261.
4 ZB LAG Schl.-Holst. 15.2.2006 – 1 Ta 252/06, NZA-RR 2006, 381; LAG Rh.-Pf. 19.10.2005 – 7 Ta 218/05, AE 2006, 69; LAG Köln 2.9.2005 – 5 Ta 134/05, NZA-RR 2006, 44; LAG Düsseldorf 30.8.2005 – 16 Ta 452/05, nv.; LAG Berlin 8.6.2005 – 17 Ta 6023/05, AE 2005, 280; LAG Nds. 18.2.2005 – 10 Ta 129/05, LAGE § 11 RVG Nr. 1.
5 BAG 29.3.2006 – 3 AZB 69/05, NZA 2006, 693.

ee) Beschwerde und Nichtzulassungsbeschwerde

153 Für die **Beschwerde** fällt regelmäßig eine 0,5 Gebühr an (Nr. 3500 VV RVG). Für die **Beschwerde über die Nichtzulassung der Revision** fällt eine 1,6 Gebühr an, die auf die Verfahrensgebühr eines folgenden Revisionsverfahrens angerechnet wird (Nr. 3506 VV RVG)[1].

ff) Auslagen, Fahrtkosten, Abwesenheitsgelder, Dokumentenpauschale und Umsatzsteuer

154 Der Pauschsatz für die **Postpauschale** beträgt 20 %, maximal 20 Euro (Nr. 7002 VV RVG).

Fahrtkosten werden bei Benutzung eines eigenen **Pkw** mit 0,30 Euro für jeden gefahrenen Kilometer erstattet (Nr. 7003 VV RVG), Fahrtkosten bei Benutzung eines **anderen Verkehrsmittels** in voller Höhe (Nr. 7004 VV RVG).

Abwesenheitsgelder betragen bei einer Geschäftsreise von nicht mehr als vier Stunden 25 Euro, von mehr als vier bis acht Stunden 40 Euro und bei mehr als acht Stunden 70 Euro (Nr. 7005 VV RVG).

Die **Pauschale für die Herstellung und Überlassung von Dokumenten für Ablichtungen** beträgt für die ersten 50 abzurechnenden Seiten je Seite 0,50 Euro, für jede weitere Seite 0,15 Euro (Nr. 7000 VV RVG). Für Ablichtungen in gerichtlichen Verfahren, die als Anlagen den Schriftsätzen beigefügt werden, können aber erst ab der 101. Ablichtung Kosten geltend gemacht werden (Nr. 7000 VV RVG). Das gilt auch für Ablichtungen an den Auftraggeber.

Die **Umsatzsteuer** ist nach Nr. 7008 VV RVG zu erstatten.

gg) Außergerichtliche Vertretung und Anrechnung

155 Für die **außergerichtliche Vertretung** fällt gem. Nr. 2300 VV RVG eine **Geschäftsgebühr** von **0,5 bis 2,5** an. Wenn die Angelegenheit **nicht umfangreich oder schwierig ist**, wird die Gebühr auf **1,3** gekappt (Nr. 2300 VV RVG). Eine Erhöhung dieses Satzes kann nur gefordert werden, wenn die Tätigkeit **umfangreich und schwierig**, mithin „überdurchschnittlich" war[2]. Ob eine Rechtssache als wenigstens durchschnittlich anzusehen ist, richtet sich gem. § 14 Abs. 1 Satz 1 RVG nach dem **Einzelfall unter Berücksichtigung aller Umstände**[3].

Eine **1,5** Gebühr fällt gem. Nr. 2303 VV RVG stets für das Verfahren nach § 111 Abs. 2 ArbGG an (**Streitigkeiten zwischen Ausbildenden und Auszubildenden**).

Die außergerichtliche Geschäftsgebühr wird **höchstens mit** einem **Satz** von **0,75** auf die gerichtlichen Gebühren **angerechnet** (Nr. 2303 VV RVG). Ein Teil der außergerichtlich verdienten Gebühren bleibt somit erhalten, regelmäßig eine **0,65 Gebühr** (die Hälfte einer 1,3 Gebühr nach Nr. 2300 VV RVG)[4].

156 Einstweilen frei.

hh) Beratung

157 Nach § 34 Abs. 1 Satz 1 RVG soll der Anwalt nicht nur für eine Tätigkeit als Mediator, sondern generell für einen mündlichen oder schriftlichen Rat oder eine Auskunft,

---

1 Zutreffend LAG Hess. 5.5.2006 – 13 Ta 127/06, nv.
2 BGH 11.7.2012 – VIII ZR 323/11, MDR 2012, 1127.
3 BGH 13.1.2011 – IX ZR 110/10, NJW 2011, 1603.
4 *Braun*, FA 2004, 133.

die nicht mit einer anderen gebührenpflichtigen Tätigkeit zusammenhängen, und für die Ausarbeitung eines schriftlichen Gutachtens auf eine **Gebührenvereinbarung** hinwirken, soweit in Teil 2 Abschnitt 1 des Vergütungsverzeichnisses keine Gebühren bestimmt sind. Kommt es zu keiner Vereinbarung und ist der Auftraggeber Verbraucher, beträgt die Gebühr für eine **Beratung oder die Ausarbeitung eines schriftlichen Gutachtens** gem. § 34 Abs. 1 Satz 3 Halbs. 1 RVG **höchstens 250 Euro** und für ein **erstes Beratungsgespräch höchstens 190 Euro** (§ 34 Abs. 1 Satz 3 Halbs. 3 RVG).

Subsidiär ist eine Gebührenvereinbarung gegenüber den Nrn. 2100, 2101. Danach erhält der Anwalt für die **Prüfung der Erfolgsaussichten eines Rechtsmittels** eine Gebühr von **0,5 bis 1,0**. Die Mittelgebühr liegt bei **0,75** (Nr. 2100). Ist die Prüfung mit der Ausarbeitung eines **schriftlichen Gutachtens** verbunden, beträgt die Gebühr **1,3** (Nr. 2101).

ii) Stundenvergütung und Erfolgshonorar

Nach zutreffender Ansicht gibt es für Stundensätze **keine generelle Vergütungshöchstgrenze**[1]. Das BVerfG lehnt auch einen bestimmten Faktor (fünffache Überschreitung der gesetzlichen Gebühren) als Maßstab der Unangemessenheit für einen Stundensatz ab. Eine **gerichtliche Kürzung** eines vereinbarten Stundensatzes nur am Maßstab der gesetzlichen Gebühren greift seiner Ansicht nach in die Berufsfreiheit des Rechtsanwalts[2]. Die Rechtsprechung hält 500 Euro pro Stunde nicht per se für unangemessen[3], 295 Euro pro Stunde für wirksam[4], 250 Euro pro Stunde für üblich[5] bzw. nicht unangemessen[6], und 150 Euro pro Stunde und weniger für unangemessen[7]. 158

Gem. §§ 49b Abs. 2 Satz 1 BRAO, 4a RVG darf **ein Erfolgshonorar** im Einzelfall vereinbart werden, wenn der Mandant aufgrund seiner **wirtschaftlichen Verhältnisse** und bei **verständiger Betrachtung** ohne die Vereinbarung eines Erfolgshonorars von der **Rechtsverfolgung abgehalten** würde. Für viele arbeitsgerichtliche Verfahren ist ein Erfolgshonorar ungeeignet. Der „Erfolg" etwa, dass das Arbeitsverhältnis gegen Zahlung einer Abfindung, für die es gängige Berechnungsmethoden gibt, endet, ist oft absehbar. 158a

jj) Zwangsvollstreckung

In der Zwangsvollstreckung erhält der Rechtsanwalt eine **0,3 Gebühr** (Nr. 3309 VV RVG). 159

VII. Beschlussverfahren

Beschlussverfahren sind **gerichtskostenfrei**. In ihnen ergeht grundsätzlich **keine Kostenentscheidung**. Für die im Beschlussverfahren entstehenden außergerichtlichen Kosten gibt es **keinen prozessualen Kostenerstattungsanspruch**[8]. Ein materiell-recht- 160

---

1 Vgl. OLG Hamm 5.12.2006 – 28 U 31/05, AGS 2007, 550; OLG Frankfurt 22.12.2005 – 16 U 63/05, AGS 2006, 113.
2 BVerfG 15.6.2009 – 1 BvR 1342/07, NJW-RR 2010, 259.
3 OLG Celle 18.11.2009 – 3 U 115/09, AGS 2010, 5; OLG Koblenz 26.4.2010 – 5 U 1409/09, AGS 2010, 282.
4 OLG Düsseldorf 16.10.2011 – I-24 U 47/11, NJW 2012, 621.
5 LAG Hess. 23.5.2013 – 9 TaBV 17/13, PersF 2013, 95; LAG Rh.-Pf. 7.11.2011 – 7 TaBv 22/11, nv.; OLG Koblenz 26.4.2010 – 5 U 1409/09, AGS 2010, 282; vgl. auch OLG Hamm 5.12.2006 – 28 U 31/05, AGS 2007, 550.
6 Vgl. BGH 21.10. 2010 – IX ZR 37/10, NJW 2011, 63.
7 OLG Celle 18.11.2009 – 3 U 115/09, AGS 2010, 5.
8 BAG 2.10.2007 – 1 ABR 59/06, NZA 2008, 372.

licher Anspruch auf Erstattung der in einem Beschlussverfahren entstehenden außergerichtlichen Kosten besteht nur, wenn das **BetrVG** oder ein Personalvertretungsgesetz einen Kostenerstattungsanspruch vorsieht, wie etwa in § 40 BetrVG[1].

Die **Anwaltsgebühren** richten sich nach dem **RVG**. In erster Instanz fällt eine **Verfahrens- (1,3)** und eine **Terminsgebühr (1,2)** gem. Nrn. 3100, 3104 VV RVG an. In zweiter Instanz beträgt gem. Vorbem. 3.2.1 Ziffer 3, Nrn. 3200, 3202 VV RVG die **Verfahrensgebühr 1,6** und die **Terminsgebühr 1,2**.

VIII. Exkurs – Probleme mit Rechtsschutzversicherungen

1. Der Eintritt des Versicherungsfalls bei der Kündigung und beim Aufhebungsvertrag

161   Ein Rechtsschutzfall iSd. ARB[2] liegt regelmäßig zu dem Zeitpunkt vor, in dem der Versicherungsnehmer oder ein anderer einen **Verstoß gegen Rechtspflichten oder Rechtsvorschriften begangen hat oder begangen haben soll**. Das ist unproblematisch bei **Ausspruch einer Kündigung** der Fall[3]. Nach richtiger Absicht des BGH liegt auch schon ein Rechtsschutzfall bei **Androhung einer betriebsbedingten Kündigung** für den Fall, dass der Abschluss eines Aufhebungsvertrages abgelehnt wird, vor[4]. Das ist **umstritten**[5], die Gegenansicht **überzeugt aber nicht**. Denn der Arbeitnehmer wird nicht nur bei Ausspruch einer Kündigung sondern auch bei Androhung einer solchen für den Fall, dass ein Aufhebungsvertrag abgelehnt wird, damit konfrontiert, dass der Arbeitgeber das Arbeitsverhältnis beenden möchte. Weiterhin wird vertreten, alleine der Vorschlag des Arbeitgebers, das Arbeitsverhältnis **durch Aufhebungsvertrag** aufzuheben, löse noch **keinen Versicherungsfall** aus[6]. Auch das überzeugt nicht, nach richtiger Ansicht reicht schon die **Unterbreitung eines Angebots auf Abschluss eines Aufhebungsvertrages** aus[7]. Auch die Rechtsanwaltskosten, die im Falle des Abschlusses eines Aufhebungsvertrages anfallen, sind **von der Rechtsschutzversicherung zu tragen**[8].

⊃   **Hinweis:** Bei Streit über die Wirksamkeit der Befristung eines Arbeitsvertrages soll es auf das **Datum des Abschlusses der letzten Befristung** und nicht des Ablaufs der Befristung ankommen[9].

---

1   BAG 2.10.2007 – 1 ABR 59/06, NZA 2008, 372.
2   Es gibt keine einheitlichen ARB.
3   Diese Situation ist unproblematisch ein Versicherungsfall, vgl. nur LG Düsseldorf 30.5.2008 – 22 S 504/07, nv.; AG Köln 1.10.1999 – 111 C 230/99, ZfSch 2000, 359.
4   BGH 19.11.2008 – IV ZR 305/07, NZA 2009, 92; ebenso LG Bremen 30.1.2014 – 6 S 148/13, RuS 2014, 234; vgl. auch OLG München 23.10.2009 – 25 U 2800/09, nv.
5   AA etwa LG Düsseldorf 30.5.2008 – 22 S 504/07, nv.; der Rechtsstreit wurde aber vom BGH (7.1.2009 – IV ZR 145/08, nv.) durch Anerkenntnisurteil zugunsten des Versicherungsnehmers entschieden; AG Hannover 12.1.1998 – 558 C 14783/97, RuS 1998, 336; AG München 25.1.1996 – 281 C 26689/95, NZA-RR 1997, 151; AG Frankfurt a.M. 3.11.1994 – 29 C 1489/94-82, ZfSch 1995, 273.
6   ZB OLG Frankfurt 7.5.2009 – 3 U 200/08, NJW-RR 2010, 175; AG Leipzig 5.11.1998 – 10 C 7948/97, ZfSch 1999, 535.
7   Zutreffend OLG Saarbrücken 19.7.2006 – 5 U 719/05, AE 2007, 267; vgl. auch LG Baden-Baden 19.12.1996 – 3 S 42/96, ZfSch 1997, 272; LG Stuttgart 19.12.1995 – 16 S 171/95, ZfSch 1996, 446; einschränkend LG Darmstadt 14.4.1999 – 7 S 13/99, ZfSch 2000, 51, das eine „ernsthafte" Androhung einer Kündigung oder die Drohung sonstiger „persönlicher Nachteile" verlangt.
8   Zutreffend LG Baden-Baden 19.12.1996 – 3 S 42/96, ZfSch 1997, 272.
9   So etwa LG Berlin 26.9.1993 – 7 S 2/93, ZfSch 1994, 183; LG Essen 7.7.1984 – 20 S 98/87, ZfSch 1988, 110.

2. Besonderheiten bei Kündigungen

Bei einer **betriebsbedingten Kündigung** wird der Versicherungsfall nicht schon durch die unternehmerische Entscheidung des Arbeitgebers ausgelöst, weshalb auch die einer Kündigung vorangegangenen **Umstrukturierungsmaßnahmen** (u.a. Auslagerung eines Betriebsteils und Abschluss einer Überleitungsvereinbarung) **noch nicht den Versicherungsfall auslösen** sollen, sondern erst die Kündigung[1]. Das wird für den Versicherungsnehmer gerade bei komplexen Maßnahmen des Arbeitgebers unbefriedigend sein, weil für ihn regelmäßig schon früher Beratungs- und Handlungsbedarf besteht. 162

Bei **verhaltensbedingten Kündigungen** stellt sich oft das Problem, dass der Arbeitgeber dem Arbeitnehmer schon eine längere Zeit ein sich **wiederholendes Fehlverhalten** vorgeworfen wird, das ggf. auch in der Vergangenheit abgemahnt wurde. Die überwiegende Rechtsprechung sieht schon in dem **ersten behaupteten vertragswidrigen Verhalten** den **Auslöser für einen Versicherungsfall**[2]. Dabei soll es nach Ansicht des BGH schon ausreichen, wenn vorgetragen wird, es seien durch fehlerhafte Geschäftsführung vom Versicherungsnehmer ab einem bestimmten Zeitpunkt erhebliche Umsatzrückgänge verursacht worden, wofür als Beweis das Zeugnis eines Steuerberaters angetreten wird[3]. Das ist zwar im Zivilrechtsstreit völlig unsubstantiiert (was auch der BGH einräumt) und läuft auf einen Ausforschungsbeweis hinaus, soll aber als „ernsthaft erhobener Vorwurf" versicherungsrechtlich zur **Vorvertraglichkeit** iSd. ARB und damit zu einem **Leistungsausschluss** führen. In vielen Fällen wird das für den Versicherungsnehmer, dem ggf. schon länger zurückliegende und unberechtigte Abmahnungen entgegengehalten werden, zu ungerechten Ergebnissen führen. Bei **rechtlich unhaltbaren und irrelevanten Verfehlungen** sowie nur **pauschalen, nicht hinreichend substantiierten Vorwürfen** sollte daher Versicherungsschutz gewährt werden. Auch bei einer **vorangegangenen Abmahnung** soll es nicht auf deren Datum sondern auf das **Datum der darin behaupteten Pflichtverstöße** ankommen[4]. Das begegnet u.a. dann Bedenken, wenn der Arbeitgeber erst nach Ablauf einer gewissen Zeit abmahnt, wodurch er sich ggf. schon des Rechts zur Abmahnung begeben hat.

Bei krankheitsbedingten Kündigungen sind die vorherigen Grundsätze nach richtiger Ansicht nicht heranzuziehen. Nach dieser Ansicht tritt der Versicherungsfall nicht schon mit einer ersten, ggf. schon länger zurückliegenden Krankmeldung sondern erst mit der Kündigung ein, sofern der Arbeitgeber nicht die Korrektheit der Krankmeldungen anzweifelt[5].

3. Kündigungsschutzprozess mit Vergütungsansprüchen

Die Rechtsprechung geht davon aus, dass in der Regel **nach Anhängigkeit einer Kündigungsschutzklage** die **Zurückstellung** einer Klage auf Vergütung, deren Zahlung 163

---

1 So – iE bedenklich einschränkend – AG Wiesbaden 17.9.2009 – 93 C 10223/08 (39), AE 2010, 61.
2 LG Karlsruhe 8.1.2010 – 9 S 474/09, VersR 2010, 757; AG Hannover 23.7.2002 – 534 C 3268/02, RuS 2003, 17; AG Pirna 28.3.2002 – 2 C 574/01, RuS 2002, 334; AG Berlin-Charlottenburg 19.12.2000 – 14 C 500/00, RuS 2001, 333; AG Coburg 19.11.1998 – 15 C 1231/98, VersR 1999, 1142; LG Heilbronn 4.7.1986 – 5 T 141/86 Au, RuS 1987, 315; LG Hamburg 16.4.1986 – 17 S 132/85, ZfSch 1986, 241; ebenso zu Schadensersatzansprüchen wegen Mobbings OLG Saarbrücken 11.11.2009 – 5 U 63/09 – 21, 5 U 63/09, ZfSch 2010, 280, das auf die ersten Verstöße abstellt.
3 BGH 20.3.1985 – IVa ZR 186/83, MDR 1985, 654.
4 So AG Northeim 22.10.1986 – 3 C 748/86, 1987, 176.
5 Vgl. nur AG Lennestadt 17.7.2003 – 3 C 272/03, NZA-RR 2004, 40; LG Paderborn 23.2.1995 – 1 S 268/94, ZfSch 1995, 273; *Meier/Becker*, S. 150 mwN; aA etwa (zu häufigen Kurzerkrankungen) AG Hannover 19.7.2001 – 525 C 5845/01, RuS 2002, 22; AG Frankfurt a.M. 5.5.1995 – 30 C 3735/94 - 47, 30 C 3735/94, RuS 2002, 161.

vom Ausgang des Bestandsschutzverfahrens abhängt, **zumutbar** ist, sofern nicht der Ablauf einer **Ausschlussfrist** droht[1]. **Ausnahmen** sind denkbar, wenn etwa **berechtigte Zweifel** bestehen, ob der Arbeitgeber ohne Titel willens ist, die Ansprüche des Arbeitnehmers zu befriedigen[2].

4. Besonderheiten beim Weiterbeschäftigungsantrag

164 Vorsicht ist aus anwaltlicher Sicht beim **Weiterbeschäftigungsantrag** geboten. Teile der arbeitsrechtlichen Rechtsprechung bewerten diesen Antrag als **mutwillig** iSd. § 114 Abs. 1 Satz 1 ZPO, wenn er **vor der Güteverhandlung** gestellt wird[3]. Zum Teil wird auch nur der **unbedingte Antrag** als **mutwillig** erachtet[4]. Einige Zivilgerichte sehen vor diesem Hintergrund im Stellen eines **Weiterbeschäftigungsantrags vor dem Gütetermin**, mit dessen Durchführung vor Ablauf der Kündigungsfrist zu rechnen ist, eine **Verletzung der anwaltlichen Sorgfaltspflicht** und damit eine **Obliegenheitsverletzung** iSd. ARB mit der Folge, dass die Rechtsanwaltskosten dafür nicht zu begleichen sind[5]. Dem wird zu Recht entgegengehalten, dass der Weiterbeschäftigungsantrag ein **in der Praxis üblicher und zumindest nicht unvernünftiger Antrag**[6] bzw. schon zur **Erhöhung eines Vergleichsdrucks** sachlich gerechtfertigt ist[7]. Das arbeitsrechtliche Schrifttum hat sich dem überwiegend angeschlossen[8]. Nach vermittelnder Ansicht liegt jedenfalls dann keine Obliegenheitsverletzung vor, wenn der Weiterbeschäftigungsantrag als **unechter Hilfsantrag** gestellt wird [9]. Zumindest bei Ausspruch einer Kündigung **mit gleichzeitiger Freistellung** ist nach weiterer Ansicht auch eine Kostendeckungszusage für einen sofortigen Weiterbeschäftigungsantrag zu erteilen[10].

5. Außergerichtliche Tätigkeit

165 Der Rechtsanwalt muss **nicht sofort Kündigungsschutzklage** erheben. Er kann auch erst außergerichtlich tätig werden. Die Beauftragung eines Rechtanwalts **ohne sofortigen Klageauftrag** stellt nach richtiger Ansicht **kein schuldhaftes Verhalten des Versicherungsnehmers** dar, das den Versicherer berechtigt, die Begleichung der außerge-

---

1 Vgl. OLG Oldenburg 6.2.2002 – 2 U 259/01, VersR 2002, 1022; OLG Frankfurt 16.12.1998 – 7 U 234/97, NVersZ 1999,584; AG Karlsruhe 15.12.1988 – 5 C 518/88, ZfSch 1990, 20; AG Bremen 26.10.1988 – 18 C 276/88, ZfSch 1990, 20; AG München 28.8.1986 – 10 C 9767/86, ZfSch 1987, 81.
2 OLG Frankfurt 16.12.1998 – 7 U 234/97, NVersZ 1999, 584.
3 LAG Schl.-Holst. 9.10.2009 – 4 Ta 164/09, nv.; LAG Hamm 16.12.2004 – 4 Ta 335/04, LAG-Report 2005, 124; ArbG Bremen-Bremerhaven 16.11.2006 – 5 Ca 5312/06, nv.; ArbG Bocholt 19.11.2004 – 3 Ca 22/04, nv.; aA LAG Sa.-Anh. 22.11.1999 – 5 Ta 188/99, ZFSH/SGB 2001, 614.
4 LAG Hamm 9.12.2013 – 14 Ta 347/13, nv.; LAG Hess. 23.3.2007 – 16 Ta 94/07, AGS 2007, 512; LAG Berlin 10.5.2005 – 17 Ta 849/05, EzA-SD 2005, Nr. 13, 15; LAG Düsseldorf 17.5. 1989 – 14 Ta 52/89, JurBüro 1989, 1441.
5 So etwa LG Arnsberg 28.1.2014 – I-31 S 91/13, AE 2014, 898; LG Köln 20.2.1997 – 24 S 35/96, nv.
6 AG Dortmund 7.12.2005 – 126 C 9954/04, nv.; ähnl. AG Lingen 29.6.1988 – 14 C 79/88, ZfSch 1988, 320: durch Weiterbeschäftigungsantrag Rechtsposition gegenüber dem Arbeitgeber soweit wie möglich stärken; AG Nürnberg 28.3.1988 – 15 C 43/88, NZA 1988, 706; AG Hamburg 23.1.1987 – 4 C 897/86, ZfSch 1989, 168.
7 AG Balingen 25.7.2012 – 4 C 314/12, AE 2013, 132.
8 Vgl. die Nachw. bei *Gross*, AE 2013, 81 (82); welche Nachteile im einstweiligen Verfügungsverfahren entstehen können, wenn ein Weiterbeschäftigungsantrag unter Hinweis auf die fehlende Zusage einer Rechtsschutzversicherung im Hauptsacheverfahren nicht gestellt wird, zeigt LAG Rh.-Pf. 7.9.2005 – 9 Sa 561/05, nv. auf.
9 LG München 2.3.1988 – 31 S 12936/87, ZfSch 1988, 144; AG Hagen 18.5.2007 – 16 C 71/07, nv.; AG Berlin-Charlottenburg 28.6.1990 – 6 C 565/90, JurBüro 1991, 1376.
10 So LG Köln 23.5.2007 – 20 S 46/06, JurBüro 2007, 423.

richtlichen Anwaltskosten, die bei einer späteren Klage nur zum Teil angerechnet werden (vgl. Rz. 156), zu verweigern[1]. Der Rechtsanwalt ist vor allem dann nicht gehalten, unmittelbar Kündigungsschutzklage zu erheben und nur daneben im Rahmen des Prozessmandats Vergleichsverhandlungen zu führen, wenn der Arbeitnehmer **möglichst eine außergerichtliche Einigung** wünscht[2], bzw. es sich bei den außergerichtlichen Verhandlungen um eine „**vernünftige Gestaltungsvariante der Verfahrensführung**" handelt[3].

6. Streitwertbeschwerde

Teile der Rechtsprechung sehen eine **grob fahrlässige Obliegenheitsverletzung** iSd. ARB darin, dass der Versicherungsnehmer bzw. dessen Prozessbevollmächtigter gegen einen **offensichtlich fehlerhaften Streitwertbeschluss keine Beschwerde** einlegt[4]. Das kann zur (teilweisen) Leistungsfreiheit des Versicherers führen. Soweit der Prozessbevollmächtigte den Streitwertbeschluss **für richtig halten darf**, wird man ihm **keine Obliegenheitsverletzung** vorwerfen können[5]. Die Fülle der Rechtsprechung zu Streitwerten und deren Uneinheitlichkeit legt es nahe, dem Rechtsanwalt hier einen gewissen **Beurteilungsspielraum** einzuräumen. Er sollte gleichwohl der Versicherung unverzüglich den Streitwertbeschluss zukommen lassen und dazu auch seine Ansicht mitteilen.

166

7. Vergleichsmehrwerte

Fallen **Vergleichsmehrswerte** an, ist zunächst zu prüfen, ob solche auch von den **einschlägigen ARB** erfasst werden. Viele Rechtsschutzversicherungen übernehmen die Gebühren für Vergleichsmehrwerte, wenngleich sich zunehmend ein gegenläufiger Trend abzeichnet. Der **BGH** geht davon aus, dass die Gebühren **auch insoweit vom Versicherer zu tragen** sind, als in den Vergleich weitere, den Gebührenstreitwert erhöhende, nicht wegen eines bestimmten Rechtsverstoßes streitige Gegenstände einbezogen worden sind, wenn für sie **grundsätzlich ebenfalls Versicherungsschutz** besteht und sie mit dem eigentlichen Gegenstand des verglichenen Rechtsstreits **in rechtlichem Zusammenhang stehen**[6]. Die Voraussetzungen liegen etwa vor, wenn in einem Kündigungsschutzverfahren auch vergleichsweise Regelungen zum **Arbeitszeugnis, der Ausfüllung und Herausgabe von Arbeitspapieren, zum Urlaub, zum Ausschluss von Schadenersatzansprüchen** etc. getroffen werden[7].

167

---

1 Zutreffend AG Erding 6.5.2010 – 1 C 1263/08, AE 2010, 61; ebenso AG Rosenheim 27.6.2013 – 18 C 105/12, JurBüro 2014, 88; AG Stuttgart 3.9.2009 – C 13 C 6358/08, AnwBl. 2009, 800; LG Stuttgart 22.8.2007 – 5 S 64/07, VersR 2008, 1205; vgl. a. OLG Hamm 1.4.1992 – 20 U 283/91, NJW-RR 1992, 927; str., aA etwa AG München 22.3.2007 – 111 C 30353/06, JurBüro 2007, 424; LG Hamburg 7.9.2006 – 310 S 4/06, JurBüro 2006, 649.
2 Vgl. AG Büdingen 8.6.2006 – 2 C 50/06 (22), ArbRB 2006, 362.
3 AG Velbert 8.9.2006 – 12 C 144/05, AnwBl. 2006, 770.
4 AG Hamburg 6.10.1999 – 21a C 288/99, ZfSch 2000, 360; AG Berlin-Charlottenburg 28.6.1990 – 6 C 565/90, JurBüro 1991, 1376; LG Mannheim 23.11.1988 – 1 S 98/88, ZfSch 1989, 130.
5 Vgl. LG Stuttgart 22.8.2007 – 5 S 64/07, VersR 2008, 1205.
6 BGH 14.9.2005 – IV ZR 145/04, NZA 2006, 229.
7 Zutreffend *Meier/Becker*, S. 154 f.

6. Teil
Arbeitnehmerschutz

A. Arbeitszeitrecht

	Rz.		Rz.
I. Rechtsgrundlage	1	4. Nacht- und Schichtarbeit	53
II. Gesetzeszweck	3	5. Abweichungsbefugnisse der Tarifvertragsparteien	69
III. Öffentlich-rechtliches Arbeitszeitrecht	4	6. Gefährliche Arbeiten	81
IV. Geltungsbereich		7. Überstunden und Mehrarbeit	82
1. Persönlicher Geltungsbereich	7	8. Sonn- und Feiertagsarbeit	83
2. Räumlicher und sachlicher Geltungsbereich	17	9. Frauenbeschäftigungsverbote	111
V. Arbeitszeitbegriff	20	VII. Aushangpflichten und Arbeitszeitnachweise	112
VI. Einzelregelungen		VIII. Durchführung des Arbeitszeitgesetzes	117
1. Begrenzungen der werktäglichen Arbeitszeit	26	1. Bußgeldtatbestände	118
2. Ruhepausen	37	2. Straftatbestände	121
3. Ruhezeit	45	3. Übergangsvorschrift für Tarifverträge und Betriebsvereinbarungen	126

Schrifttum:

Anzinger, Neues Arbeitszeitgesetz in Kraft getreten, BB 1994, 1492; *Anzinger/Koberski*, Kommentar zum Arbeitszeitgesetz, 3. Aufl. 2009; *Baeck/Deutsch*, Arbeitszeitgesetz, 3. Aufl. 2014; *Baeck/Lösler*, Neue Entwicklungen im Arbeitszeitrecht, NZA 2005, 247; *Barthel/Müller*, Reisezeit ist nicht gleich Arbeitszeit, AuA 2011, 152; *Bauer/Günther*, Heute lang, morgen kurz – Arbeitszeit nach Maß!, DB 2006, 950; *Bermig*, Die Änderung des Arbeitszeitgesetzes durch das Gesetz zu Reformen am Arbeitsmarkt, BB 2004, 101; *Bissels/Domke/Wisskirchen*, BlackBerry & Co.: Was ist heute Arbeitszeit?, DB 2010, 2052; *Boerner/Boerner*, Bereitschaftsdienst – auch in Deutschland Arbeitszeit, NZA 2003, 883; *Buschmann/Ulber*, Arbeitszeitgesetz, 7. Aufl. 2011; *Didier*, Arbeitszeit im Straßentransport, NZA 2007, 120; *Didier*, Neue Sonderregelungen für Fahrer, AuA 2007, 656; *Dobberahn*, Das neue Arbeitszeitgesetz in der Praxis, 2. Aufl. 1996; *Erasmy*, Ausgewählte Rechtsfragen zum neuen Arbeitszeitrecht (II), NZA 1995, 97; *Falder*, Immer erreichbar – Arbeitszeit und Urlaubsrecht in Zeiten des technologischen Wandels, NZA 2010, 1150; *Fauth-Herkner/Wiebrock*, Arbeitszeit – Flexible Modelle, Auswahl und erfolgreiche Umsetzung, AuA 1999, 148; *Fischer*, Neues aus Europa: Arbeitszeitrichtlinie für das Luftfahrtpersonal, NZA 2001, 1064; *Gastell*, Arbeit auf Abruf, AuA 2008, 200; *Groeger/Sadtler*, Möglichkeiten und Grenzen der flexiblen Gestaltung des Umfangs der Arbeitszeit, ArbRB 2009, 117; *Heins/Leder*, Die arbeitsrechtliche Behandlung von Wegezeiten bei Dienstreisen, NZA 2007, 249; *Hoffmann/Günter/Rowold*, Die neue Offshore-Arbeitszeitverordnung, NZA 2013, 1332; *Hohenstatt/Schramm*, Neue Gestaltungsmöglichkeiten zur Flexibilisierung der Arbeitszeit, NZA 2007, 238; *Horstmann*, Neue Gesetzgebungskompetenzen bei Ladenschluss und Arbeitszeit, NZA 2006, 1246; *Hunold*, Änderung, insbesondere Erhöhung der vertraglichen Arbeitszeit als Einstellung, NZA 2005, 910; *Kawik*, Zur Auslegung einer Zusatzvereinbarung zum Arbeitsvertrag über die Verlängerung der wöchentlichen Arbeitszeit, ZTR 2009, 564; *Kleinebrink*, Vertragliche Flexibilisierung der Arbeitszeit durch Arbeit auf Abruf, ArbRB 2006, 152; *Kleinebrink*, Die Dienstreise, ArbRB 2011, 26; *Linnenkohl/Rauschenberg*, Arbeitszeitgesetz, 2. Aufl. 2004; *Linnenkohl/Rauschenberg/Gressierer/Schütz*, Arbeitszeitflexibilisierung, 4. Aufl. 2001; *Litschen*, § 25 ArbZG – Ein Ende mit Schrecken?, ZTR 2006, 182; *Lohbeck*, Arbeitszeitrechtliche Rahmenbedingung bei der Gestaltung betrieblicher Arbeitszeitmodelle, ZTR 2001, 342; *Matthiessen/Shea*, Europarechtswidrige tarifliche Arbeitszeitregelungen, DB 2005, 106; *Maul-Sartori*, Das neue Seearbeitsrecht, NZA 2013, 821; *Neumann/Biebl*, Arbeitszeitgesetz, 16. Aufl. 2012; *Ohlendorf/Fabritius*, Aspekte der Arbeitszeit, AuA 2009, 642; *Perreng*, Neues zur Arbeitszeit, FA 2006, 43; *Perreng*, Arbeiten ohne Ende?, FA 2005, 2;

Preis/Ulber, Direktionsrecht und Sonntagsarbeit, NZA 2010, 729; *Reim*, Die Neuregelungen im Arbeitszeitgesetz zum 1.1.2004, DB 2004, 186; *Richardi*, Die Mitbestimmung des Betriebsrats bei flexibler Arbeitszeitgestaltung, NZA 1994, 593; *Richardi/Annuß*, Bedarfsgewerbeverordnungen: Sonn- und Feiertagsarbeit ohne Grenzen?, NZA 1999, 953; *Rixen*, Europarechtliche Grenzen des deutschen Arbeitszeitrechts, EuZW 2001, 421; *Rose*, Die uneingeschränkte Erlaubnis der Sonn- und Feiertagsarbeit nach § 13 Abs. 5 ArbZG, DB 2000, 1662; *Scheiwe/Schwach*, Das Arbeitszeitrecht für Hausangestellte nach Ratifizierung der ILO-Konvention 189, NZA 2013, 1116; *Schlegel*, Grenzenlose Arbeit, NZA-Beilage 2014, 16; *Schliemann*, Allzeit bereit, NZA 2004, 513; *Schliemann*, Bereitschaftsdienst im EG-Recht, NZA 2006, 1009; *Schliemann*, Arbeitszeitgesetz mit Nebengesetzen, 2009; *Schlottfeldt/Hoff*, „Vertrauensarbeitszeit" und arbeitszeitrechtliche Aufzeichnungspflicht nach § 16 II ArbZG, NZA 2001, 530; *Schlottfeldt/Kutsch*, Freizeitausgleich für Bereitschaftsdienst: Arbeitszeitrechtliche Aspekte der Anrechnung von Bereitschaftsdienst auf die Regelarbeitszeit, NZA 2009, 697; *Schramm/Kuhnke*, Neue Grundsätze des BAG zur Überstundenvergütung, NZA 2012, 127; *Stamm*, Arbeitszeitregelung in Allgemeinen Geschäftsbedingungen: Reglementierung oder Flexibilisierung im Gefolge der Schuldrechtsform, RdA 2006, 288; *Stückmann*, Wartungsarbeiten an Sonntagen bei vollkontinuierlichem Schichtbetrieb, DB 1998, 1462; *Tietje*, Grundfragen des Arbeitszeitrechts 2001; *Ulber*, Ersatzruhetage bei Sonn- und Feiertagsarbeit, AiB 1999, 181; *Wahlers*, Die Anordnung von Rufbereitschaft als mitbestimmungspflichte Maßnahme, ZTR 2010, 341; *Wessel*, Arbeitszeit, in: Bürger/Oehmann/Matthes/Göhle-Sander, Handwörterbuch des Arbeitsrechts, Loseblatt; *Wiebauer*, Zeitarbeit und Arbeitszeit, NZA 2012, 68; *Wiebauer*, Arbeitszeitgrenzen für selbständige Kraftfahrer, NZA 2012, 1331; *Zwanziger*, Das BAG und das Arbeitszeitgesetz – Aktuelle Tendenzen, DB 2007, 1356.

I. Rechtsgrundlage

1   Mit dem am 1.7.1994 in Kraft getretenen **Gesetz zur Vereinheitlichung und Flexibilisierung des Arbeitszeitrechts**[1] (ArbZG) erfüllte der Gesetzgeber den Gesetzgebungsauftrag aus Art. 30 Abs. 1 Nr. 1 EV, das öffentlich-rechtliche Arbeitszeitrecht einschließlich der Zulässigkeit von Sonn- und Feiertagsarbeit und den besonderen Frauenarbeitsschutz einheitlich zu kodifizieren und eine neue Rechtsgrundlage zu schaffen, die die zuvor geltende Arbeitszeitordnung (AZO) ersetzte. Das ArbZG folgte im Wesentlichen der EG-Richtlinie 93/104/EG des Rates der Europäischen Union vom 23.11.1993 über bestimmte Aspekte der Arbeitszeitgestaltung[2]. Diese Richtlinie ist durch die Richtlinie 2003/88/EG vom 4.11.2003, verkündet am 18.11.2003, neugefasst worden[3]. Nach Art. 6 lit. b der Richtlinie 2003/88/EG sind die Mitgliedstaaten verpflichtet, die erforderlichen Maßnahmen zu treffen, damit nach Maßgabe der Erfordernisse der Sicherheit und des Gesundheitsschutzes der Arbeitnehmer die durchschnittliche Arbeitszeit pro Sieben-Tages-Zeitraum 48 Stunden einschließlich der Überstunden nicht überschreitet. Diese Obergrenze hinsichtlich der durchschnittlichen wöchentlichen Arbeitszeit ist eine besonders wichtige Regel des Sozialrechts der Union, wonach jedem Arbeitnehmer als ein zum Schutz seiner Sicherheit und seiner Gesundheit bestimmter Mindestanspruch zugutekommen muss[4]. Der EuGH betont jedoch, dass die Mitgliedstaaten, wenn ihnen das Unionsrecht die Befugnis einräumt, von Bestimmungen einer Richtlinie abzuweichen, ihr Ermessen unter Beachtung der allgemeinen Grundsätze des Unionsrechts ausüben müssen, zu denen der Grundsatz der Rechtssicherheit gehört. Bestimmungen, die fakultative Abweichungen von den Grundsätzen einer Richtlinie erlauben, müssen mit der Bestimmtheit und Klarheit umgesetzt werden, die erforderlich sind, um den Erfordernissen dieses Grundsatzes zu genügen[5]. Da das ArbZG die Umsetzung der Arbeitszeit-Richtlinien

---

1 Vom 10.6.1994, BGBl. I, 1170; Gesetzesbegründung BT-Drucks. 12/5888.
2 ABl. EG 1993 Nr. L 307/18.
3 ABl. EG 2003 Nr. L 299/9. Vgl. zu Reformbestrebungen zur Arbeitszeitrichtlinie *Schliemann*, NZA 2006, 1009.
4 EuGH 14.10.2010 – Rs. C-243/09, NZA 2010, 1344.
5 EuGH 21.10.2010 – Rs. C-227/09, NZA 2011, 215.

I. Rechtsgrundlage

93/104/EG und 2003/88/EG darstellt, muss das ArbZG **europarechtskonform** ausgelegt werden. Bei mehreren Auslegungsmöglichkeiten ist stets diejenige zu wählen, die dem Zweck der EG-Richtlinie am nächsten kommt[1]. Das BAG[2] betont jedoch, dass bei einer Unvereinbarkeit von Vorschriften des ArbZG mit den Vorgaben der Richtlinie die betreffenden Regelungen des ArbZG trotzdem weiterhin anzuwenden sind, wenn die richtlinienkonforme Auslegung letztendlich einer Aufhebung der Vorschriften gleich käme. Eine Reduzierung unzulässiger Regelungen des Arbeitszeitgesetzes auf ein europarechtskonformes Maß lässt das BAG jedoch ausdrücklich zu, so etwa die Absenkung der tariflichen Arbeitszeit eines Hausmeisters von 50,5 Stunden wöchentlich auf 48 Wochenstunden[3]. Wird diese Höchstarbeitszeit überschritten, kann der Arbeitnehmer für die über 48 Wochenstunden hinausgehende Dienstzeit einen Anspruch auf Freizeitausgleich in vollem Umfang der zuviel geleisteten Stunden geltend machen[4]. Kann der Freizeitausgleich nicht binnen eines Jahres gewährt werden, so besteht ein Anspruch auf angemessene Entschädigung in Geld, dessen Höhe sich nach der Mehrarbeitsvergütung bemisst[5]. Zu beachten ist, dass die Richtlinie 2003/88/EG auch für Beamte die unionsrechtlich höchstens zulässige wöchentliche Arbeitszeit regelt. Grundsätzlich begünstigen flexible Arbeitszeiten das Wirtschaftswachstum, wie das Institut für Arbeitsmarkt- und Berufsforschung erarbeitet hat[6].

Durch Art. 4b des Gesetzes zu Reformen am Arbeitsmarkt vom 24.12.2003[7] hat das Arbeitszeitgesetz umfassende Änderungen erfahren, mit denen der Gesetzgeber insbesondere auf das Urteil des EuGH vom 9.9.2003[8] zum **ärztlichen Bereitschaftsdienst** (sog. Jaeger-Entscheidung) reagiert hat. Nach dieser Gesetzesnovelle sind Bereitschaftsdienste Arbeitszeit iSd. Gesetzes. Damit hat der Gesetzgeber eine schon nach der Simap-Entscheidung längst fällige europarechtlich gebotene Anpassung des deutschen Arbeitszeitgesetzes vorgenommen[9]. Die Einordnung des Bereitschaftsdienstes als Arbeitszeit unabhängig davon, ob der Arbeitnehmer während des Bereitschaftsdienstes tatsächlich zur Arbeitsleistung herangezogen wird, hat erhebliche Auswirkungen auf die Regelungen zur Ruhezeit (vgl. Rz. 45 ff.) und zu den Abweichungsbefugnissen der Tarifvertragsparteien. Diese sind – insbesondere bezogen auf den Bereitschaftsdienst – weitgehend neu gefasst (vgl. Rz. 69 ff.).

Durch die Aufnahme der Dienstvereinbarung in den Gesetzestext hat der Gesetzgeber zudem klargestellt, dass Arbeitszeitverlängerungen nicht nur im Rahmen von Betriebsvereinbarungen, sondern auch auf der Grundlage der im öffentlichen Dienst üblichen Dienstvereinbarungen möglich sind[10]. Anders als die Vorgängerregelung beinhaltet die Regelung zur Arbeitszeitverlängerung auf acht Stunden nunmehr ein Stufenmodell. In Abhängigkeit von der Dauer der Überschreitung der gesetzlichen Regelarbeitszeit wird die Einhaltung bestimmter Voraussetzungen verlangt (vgl. Rz. 69a). Dem Gesetzgeber wurde das Bemühen, durch die Änderungen des ArbZG die Möglichkeiten der Richtlinie im Hinblick auf eine größtmögliche Flexibilität bei der Gestaltung der Arbeitszeit auszuschöpfen[11], attestiert. Dieses Lob muss jedoch im Hinblick auf die misslungene Vorschrift des § 7 Abs. 7 ArbZG eingeschränkt werden.

---

1 ErfK/*Wank*, § 1 ArbZG Rz. 4.
2 BAG 18.2.2003 – 1 ABR 2/02, NZA 2003, 742.
3 BAG 14.10.2004 – 6 AZR 564/03, DB 2005, 834; vgl. auch BAG 28.6.2008 – 6 AZR 851/06, ZTR 2009, 68.
4 BVerwG 29.9.2011 – 2 C 32.10, BVerwGE 140, 351.
5 BVerwG 26.7.2012 – 2 C 70.11, NZA 2012, IX.
6 Vgl. NZA 2011, XIII.
7 BGBl. I 2003, 3002 (3005).
8 EuGH 9.9.2003 – Rs. C-151/02 – Jaeger, NZA 2003, 1019.
9 Vgl. 3. Aufl. Rz. 23a.
10 *Reim*, DB 2004, 187.
11 *Schliemann*, ArbZG, Teil B, § 1 Rz. 8.

2a Nach der Einigung der EU-Arbeitsminister vom 10.6.2008 zeichnete sich zunächst eine **Neufassung der Arbeitszeit-Richtlinie** ab. Die wöchentliche Höchstarbeitszeit sollte grundsätzlich weiterhin auf 48 Stunden begrenzt bleiben, jedoch sollte in Ausnahmefällen eine Ausdehnung der wöchentlichen Arbeitszeit auf 65 Stunden zulässig sein. Des Weiteren sollten beim Bereitschaftsdienst Abstufungen zwischen aktiven und inaktiven Zeiten eingeführt werden[1]. Ende April 2009 war die angestrebte Neufassung der EU-Arbeitsrichtlinie im Vermittlungsverfahren zwischen Ministerrat und Parlament gescheitert. Gleichwohl hat die Europäische Kommission im Jahr 2010 einen neuen Vorstoß hinsichtlich der Überarbeitung der Arbeitszeit-Richtlinie unternommen, indem sie am 24.3.2010 die Anhörung der Sozialpartner auf europäischer Ebene eingeleitet hat. Nach Auswertung dieser Anhörung war für den Spätherbst 2010 eine Überarbeitung geplant, in deren Mittelpunkt die Einführung einer neuen Zeitkategorie „Inaktive Arbeit" für Zeiten der Nichtinanspruchnahme im Rahmen von Bereitschaftsdiensten stehen sollte. Die EU-Kommission hatte zunächst die zweite Anhörungsrunde zur Anpassung der EU-Arbeitszeitvorschriften eröffnet, so dass eine Überarbeitung der Arbeitszeitrichtlinie im Jahr 2011 erwartet wurde[2]. Derzeit ist jedoch davon auszugehen, dass das Projekt „Überarbeitung der Arbeitszeitrichtlinie" bei der EU auf Eis liegt.

II. Gesetzeszweck

3 Leitlinie des ArbZG ist die **Sicherung der Arbeitnehmergesundheit** durch Begrenzung der höchstzulässigen täglichen Arbeitszeit, Festsetzung von Mindestruhepausen während der Arbeit und Mindestruhezeiten zwischen Beendigung und Wiederaufnahme der Arbeit sowie durch Einhaltung der Arbeitsruhe an Sonn- und Feiertagen[3]. Darüber hinaus werden die Gestaltungsmöglichkeiten der Tarifvertragsparteien und Betriebspartner bei Arbeitszeitfragen erweitert und die **Rahmenbedingungen für flexible und individuelle Arbeitszeitmodelle** verbessert (s.a. Teil 2 A Rz. 104)[4]. Diese beiden Zweckbestimmungen sind in § 1 ArbZG verankert. Sie sind bei der Anwendung und Auslegung des ArbZG heranzuziehen, ohne selbst als eigenständige Rechtsgrundlage für behördliche Entscheidungen in Betracht zu kommen[5]. Ob die Schutzziele (Gesundheitsschutz/Flexibilisierung der Arbeitszeit) gleichrangig sind oder ob der Gesundheitsschutz vorrangig ist, ist umstritten[6].

III. Öffentlich-rechtliches Arbeitszeitrecht

4 Die Regelungen des ArbZG sind **öffentlich-rechtlicher Natur**. Durch sie wird der Arbeitgeber gegenüber dem Staat verpflichtet, Arbeitnehmer nicht über die im Gesetz festgesetzten Grenzen hinaus zu beschäftigen. Verstöße werden durch die Bußgeld- und Strafvorschriften der §§ 22–23 ArbZG sanktioniert. Die öffentlich-rechtlichen Arbeitszeitvorschriften verpflichten den Arbeitgeber zu einer Einsatzplanung, mit der gewährleistet wird, dass die Rahmenbedingungen des ArbZG eingehalten werden, der Arbeitnehmer bspw. die vorgeschriebenen Ruhezeiten auch tatsächlich erhält. Ist

---

1 *Hornung-Draus*, EURO AS 2004, 107.
2 Vgl. 6. Aufl., Rz. 2a.
3 Vgl. BT-Drucks. 12/5888, 19; BAG 24.2.2005 – 2 AZR 211/04, NZA 2005, 759.
4 Vgl. zu einzelnen Arbeitszeitmodellen *Linnenkohl/Rauschenberg*, S. 27 ff.; *Groeger/Sadtler*, ArbRB 2009, 117.
5 *Neumann/Biebl*, § 1 ArbZG Rz. 3; HzA/*Schliemann*, Gruppe 12, Rz. 32.
6 Für Vorrang des Gesundheitsschutzes: *Anzinger/Koberski*, Teil C, § 1 Rz. 9; HzA/*Schliemann*, Gruppe 12, Rz. 41; für Gleichrangigkeit: *Dobberahn*, Teil C Rz. 26; *Linnenkohl/Rauschenberg*, § 1 Rz. 2; *Baeck/Deutsch*, § 1 Rz. 10, wonach die Abwägung von Arbeitnehmerschutz und Flexibilisierungserfordernis nicht generell, sondern nur von Fall zu Fall vorzunehmen ist.

III. Öffentlich-rechtliches Arbeitszeitrecht

der Arbeitnehmer der Auffassung, dass der Arbeitgeber dieser Verpflichtung nicht nachkommt, kann er hiergegen nicht eine Klage auf Unterlassung bestimmter Arbeitszeitplanung richten, er muss vielmehr Feststellungsklage über den Inhalt der Anordnungsbefugnis des Arbeitgebers erheben[1].

Das ArbZG begründet **keine privatrechtliche Verpflichtung** des Arbeitnehmers, innerhalb der gesetzlichen Höchstgrenzen tatsächlich zu arbeiten[2]. Die Leistungsverpflichtung im Einzelfall ergibt sich grundsätzlich aus Tarifvertrag, Betriebsvereinbarung oder Arbeitsvertrag[3]. Ist der Umfang der Arbeitszeit im Arbeitsvertrag nicht geregelt, ist in der Regel die betriebsübliche Arbeitszeit vereinbart[4]. Ebenso wenig ergibt sich aus der Einordnung einer bestimmten Zeit als Arbeitszeit iSd. ArbZG eine Aussage zur Vergütungspflicht bzw. zur Vergütungshöhe[5]. Dabei kann sich aus der Vertragsgestaltung ergeben, dass der Arbeitnehmer die gesetzlich zulässige Höchstarbeitszeit zu leisten hat[6]. Treffen die Arbeitsvertragsparteien die Vereinbarung, der Arbeitnehmer schulde die Arbeitszeit, die arbeitszeitrechtlich erlaubt sei, bestimmt sich die Frage, ob Überstunden geleistet worden sind, nach den Regeln des Arbeitszeitgesetzes unter Berücksichtigung der darin geregelten Ausgleichszeiträume[7]. Bei der Gestaltung der arbeitsvertraglichen Regelungen zur Arbeitszeit sind die Vorgaben der AGB-Vorschriften zu beachten (s. Teil 2 A Rz. 369 ff.)[8]. Eine Klausel in Allgemeinen Geschäftsbedingungen, die ausschließlich die Vergütung von Überstunden, nicht aber die Anordnungsbefugnis des Arbeitgebers zur Leistung von Überstunden regelt, ist eine **Hauptleistungsabrede** und deshalb von der Inhaltskontrolle nach § 307 Abs. 1 Satz 1 BGB ausgenommen[9]. Dies gilt auch für Klauseln in AGB, die den Umfang der Arbeitszeit und die Höhe der Vergütung regeln[10]. Grundsätzlich kann sich die zu leistende Arbeitszeit auch aus einem in Bezug genommenen Tarifvertrag ergeben, ohne dass insoweit eine intransparente oder mehrdeutige Regelung vorliegt[11]. Die Dauer der Wochenarbeitszeit bestimmt sich dann auch im Fall einer Arbeitszeiterhöhung nach der in Bezug genommenen tariflichen Regelung[12]. Auch die Klausel „Die Arbeitszeit ist dem Arbeitnehmer bekannt" ist intransparent, wenn die Arbeitszeit des betreffenden Arbeitnehmers Schwankungen unterworfen war[13]. Mit einer in einem Formulararbeitsvertrag enthaltenen dynamischen Verweisung auf die für Beamte geltende Arbeitszeit bestimmen die Parteien die von dem Arbeitnehmer zu erbringende Hauptleistung. Eine Klausel, die zur Bestimmung des Umfangs der Arbeitszeit auf die durch Rechtsverordnung geregelte Arbeitszeit vergleichbarer Beamter verweist, ist nicht unklar oder unverständlich iSv. § 307 Abs. 1 Satz 2 BGB[14].

---

1 BAG 24.3.1998 – 9 AZR 172/97, NZA 1999, 107.
2 *Anzinger/Koberski*, Teil B, Einführung Rz. 3.
3 *Anzinger*, BB 1994, 1493; zu Arbeitszeitregelungen nach der Schuldrechtsreform vgl. auch *Stamm*, RdA 2006, 288 ff.; BAG 9.7.2008 – 5 AZR 810/07, NZA 2008, 1407; *Kawik*, ZTR 2009, 654 zur Auslegung einer Zusatzvereinbarung zur Verlängerung der wöchentlichen Arbeitszeit im Bereich des TVöD.
4 BAG 15.5.2013 – 10 AZR 325/12, AP § 611 Arbeitszeit Nr. 42.
5 BAG 12.3.2008 – 4 AZR 616/06, DB 2009, 122.
6 LAG Schl.-Holst. 31.5.2005 – 5 Sa 38/05, NZA-RR 2005, 458.
7 BAG 18.4.2012 – 5 AZR 195/11, NZA 2012, 796.
8 Vgl. zu Einzelheiten der Vertragsgestaltung *Hohenstatt/Schramm*, NZA 2007, 238 ff.; *Gastell*, AuA 2008, 200; LAG Düsseldorf 11.7.2008 – 9 Sa 1958/07, AuA 2009, 442; LAG Hamm 18.3.2009 – 2 Sa 1108/08, LAGE § 307 BGB 2002 Nr. 17.
9 BAG 16.5.2012 – 5 AZR 331/11, NZA 2012, 908.
10 BAG 17.10.2012 – 5 AZR 792/11, ZIP 2013, 474.
11 BAG 14.8.2007 – 9 AZR 587/06, ArbRB 2007, 355; 23.3.2011 – 10 AZR 831/09, NZA 2012, 396.
12 BAG 10.7.2013 – 10 AZR 898/11, NZA 2014, 392.
13 LAG Hamm 18.4.2013 – 8 Sa 1649/12, BeckRS 2013, 69785.
14 BAG 14.3.2007 – 5 AZR 630/06, NZA 2008, 45.

Vereinbart der Arbeitgeber mit dem Arbeitnehmer eine deutliche Erhöhung der vertraglichen Arbeitszeit, kann eine mitbestimmungspflichtige Einstellung iSv. § 99 BetrVG vorliegen[1]. In der Verlängerung der regelmäßigen wöchentlichen Arbeitszeit eines Vollzeitbeschäftigten um fünf Stunden (40 statt 35 Stunden) liegt nach der Rechtsprechung des BAG jedoch typischerweise **keine** Einstellung[2], beläuft sich dagegen die Erhöhung auf mindestens 10 Stunden pro Woche für die Dauer von mehr als einem Monat, ist eine mitbestimmungspflichtige Einstellung gegeben[3].

Der arbeitsvertragliche Vorbehalt, **Dauer** und zeitliche Lage der Arbeitszeit nach den betrieblichen Erfordernissen einseitig dem Weisungsrecht des Arbeitgebers zu überlassen, ist gem. § 134 BGB unwirksam[4]. In gleicher Weise ist eine Vereinbarung in einem vorformulierten Arbeitsvertrag, nach der der Umfang der Arbeitspflicht völlig offen ist, nach § 307 Abs. 1 Satz 1 BGB unwirksam[5]. Die Lage der vereinbarten Arbeitszeit kann der Arbeitgeber regelmäßig in Ausübung seines Weisungsrechtes im Rahmen billigen Ermessens festlegen (§ 106 Satz 1 GewO), wobei grundsätzlich auch das Recht besteht, die Zuweisung von Arbeit an Sonn- und Feiertagen – vorbehaltlich der Regelung des § 9 ArbZG – vorzunehmen[6]. Gleiches gilt für die Einführung von Schichtdiensten[7]. Diese Berechtigung entfällt, wenn die Lage der täglichen Arbeitszeit vertraglich vereinbart ist[8]. Auch die Herausnahme eines Arbeitnehmers aus einer mit Wochenend- und Nachtarbeit verbundenen Wechselschicht bei gleichzeitiger Zuweisung zu einer montags bis freitags gleichbleibenden Tagschicht unterliegt grundsätzlich dem nach billigem Ermessen auszuübenden Weisungsrecht des Arbeitgebers. Sie stellt auch keine Zuweisung eines anderen Arbeitsbereichs iSv. § 95 Abs. 3 BetrVG dar[9]. Eine Konkretisierung auf eine bestimmte Verteilung der Arbeitszeit auf einzelne Wochentage tritt nicht allein dadurch ein, dass der Arbeitnehmer längere Zeit in derselben Weise eingesetzt wurde, zB bisher keine Sonn- und Feiertagsarbeit zu leisten hatte. Vielmehr müssen hinsichtlich einer Konkretisierung der Arbeitszeit auf bestimmte Wochentage besondere Umstände hinzutreten[10]. Bei der Ausübung des Weisungsrechtes zur näheren Bestimmung der Lage der Arbeitszeit hat der Arbeitgeber die Interessen des Arbeitnehmers angemessen zu berücksichtigen. Die Grenzen dieses billigen Ermessens sind überschritten, wenn der Arbeitgeber die Arbeitszeit in unzumutbarer Weise stückelt und durch zu lange unbezahlte Pausen unterbricht[11]. Stehen betriebliche Gründe einer Berücksichtigung der schutzwürdigen Belange aller Arbeitnehmer entgegen, hat der Arbeitgeber eine personelle Auswahlentscheidung zu treffen, in die er eigene Interessen wie die einer Vermeidung einer möglichen Beeinträchtigung des Betriebsfriedens einstellen kann[12]. Beabsichtigt der Arbeitgeber im Rahmen einer Änderungskündigung, die Arbeitszeiten des Arbeitnehmers erheblich zu verändern, insbesondere Arbeit in den Abendstunden und am Wochenende zu verlangen, muss er dies dem Betriebsrat im Anhörungsverfahren zum Ausspruch der Änderungskündigung mitteilen[13]. Das Weisungsrecht erfasst hingegen nicht den Umfang der geschuldeten Arbeitsleistung[14].

---

1 BAG 25.1.2005 – 1 ABR 59/03, NZA 2005, 945; 9.12.2008 – 1 ABR 74/07, ArbRB 2009, 104; vgl. auch *Hunold*, NZA 2005, 910.
2 BAG 15.5.2007 – 1 ABR 32/06, NZA 2007, 1240.
3 BAG 9.12.2008 – 1 ABR 74/07, FA 2009, 176.
4 LAG Düsseldorf 30.8.2002 – 9 Sa 709/02, NZA-RR 2003, 407.
5 BAG 9.7.2008 – 5 AZR 810/07, NZA 2008, 1407.
6 BAG 15.9.2009 – 9 AZR 757/09, DB 2009, 2551; kritisch dazu *Preis/Ulber*, NZA 2010, 729.
7 LAG Köln 30.7.2009 – 7 Sa 571/09, NZA-RR 2010, 514.
8 BAG 17.7.2007 – 9 AZR 819/06, NZA 2008, 118.
9 LAG Köln 29.7.2010 – 7 Sa 240/10.
10 BAG 15.9.2009 – 9 AZR 757/09, DB 2009, 2551.
11 LAG Köln 15.6.2009 – 5 Sa 179/09, LAGE § 106 GewO 2003 NR. 7.
12 BAG 23.9.2004 – 6 AZR 567/03, NZA 2005, 359.
13 LAG Köln 19.7.2010 – 5 Sa 604/10, NZA-RR 2010, 642.
14 BAG 23.6.2009 – 2 AZR 606/08, NZA 2009, 1011.

Die Verpflichtung zur Ableistung von **Überstunden** ist nicht selbstverständlicher Bestandteil des Direktionsrechts des Arbeitgebers, sie kann sich jedoch unmittelbar aus einer Betriebsvereinbarung ergeben[1]. In der Praxis empfiehlt es sich daher, die Verpflichtung des Arbeitnehmers zur Ableistung von Überstunden im Arbeitsvertrag ausdrücklich zu regeln und besondere Sorgfalt hinsichtlich der Gestaltung der Überstundenklausel, die regelmäßig der AGB-Kontrolle unterliegt[2], zu verwenden (vgl. dazu Teil 2 A Rz. 369ff.). Gleiches gilt für die Verpflichtung des Arbeitnehmers im Hinblick auf die Teilnahme an **Rufbereitschaften**. Fehlt es an einer arbeitsvertraglichen oder kollektivrechtlichen Verpflichtung zur Ableistung solcher Dienste, begeht der Arbeitnehmer keine Arbeitsverweigerung, wenn er die geforderte Rufbereitschaft nicht ableistet. Eine auf diesen Vorgang gestützte arbeitgeberseitige Kündigung ist unwirksam[3]. An eine konkludente einvernehmliche Änderung von Arbeitsbedingungen, insbesondere im Hinblick auf die Arbeitszeit, sind hohe Anforderungen zu stellen[4]. Aus den Umständen des Zustandekommens einer Teilzeitvereinbarung, dem tatsächlichen Verhalten von Arbeitgeber und Arbeitnehmer in der Folgezeit, ihrer Interessenlage und der Entwicklung der Verhältnisse kann sich jedoch ergeben, dass stillschweigend (wieder) die volle tarifliche Arbeitszeit vereinbart worden ist[5]. Arbeitsvertragliche Vereinbarungen, die den Arbeitnehmer zur **Überschreitung der gesetzlich zulässigen Höchstgrenzen** verpflichten, sind gem. §§ 134, 138 BGB nichtig. § 139 BGB ist nicht anzuwenden, da dies dem Schutzzweck des ArbZG zuwiderliefe. Bei besonders krassen Fallgestaltungen kommt sogar ein Verstoß gegen Art. 1 Abs. 1 GG (Menschenwürde) in Betracht[6]. Der Arbeitnehmer wird im Falle der Leistung unzulässiger Mehrarbeit auch nicht von der Lohnzahlungspflicht freigestellt[7]. Führt eine Arbeitsanweisung des Arbeitgebers dazu, dass der Arbeitnehmer die gesetzlich zulässige Arbeitszeit überschreiten muss, hat der Arbeitnehmer ein Leistungsverweigerungsrecht. Auf diese berechtigte Arbeitsverweigerung kann der Arbeitgeber weder durch fristlose Kündigung noch durch andere arbeitsrechtliche Sanktionen reagieren[8].

Die Vereinbarung von gegen den gesetzlichen Rahmen des ArbZG verstoßenden Arbeitszeiten führt ausnahmsweise dann zur **Nichtigkeit des Arbeitsvertrages** insgesamt, wenn es den Parteien gerade auf die nichtige Arbeitszeitvereinbarung ankommt, etwa in einem Doppelarbeitsverhältnis bei sehr erheblicher Überschreitung der gesetzlich zulässigen Höchstgrenzen[9]. Das BAG stellt für die Beurteilung der Frage, welcher Arbeitsvertrag in einem Mehrfachbeschäftigungsverhältnis nichtig ist, auf die Reihenfolge der abgeschlossenen Verträge ab[10]. 6

IV. Geltungsbereich

1. Persönlicher Geltungsbereich

Gemäß § 2 Abs. 2 ArbZG erstreckt sich der persönliche Geltungsbereich des ArbZG auf **alle volljährigen Arbeitnehmer** einschließlich der zu ihrer Berufsbildung Beschäf- 7

---

1 BAG 3.6.2003 – 1 AZR 349/02, ArbRB 2003, 297, zu Anordnung, Billigung und Duldung von Überstunden BAG 10.4.2013 – 5 AZR 122/12, NZA 2013, 1100.
2 BAG 17.8.2011 – 5 AZR 406/10, NZA 2011, 1335; 21.6.2011 – 9 AZR 238/10, NZA 2012, 527; 22.2.2012 – 5 AZR 765/10, NZA 2012, 861; vgl. auch *Schramm/Kuhnke*, NZA 2012, 127.
3 LAG Hess. 6.11.2007 – 12 Sa 1606/06.
4 BAG 8.10.2008 – 5 AZR 155/08, ArbRB 2009, 67; 22.4.2009 – 5 AZR 133/08, DB 2009, 1652.
5 BAG 9.7.2003 – 10 AZR 564/02, DB 2004, 192.
6 BAG 24.2.1982 – 4 AZR 223/80, AP Nr. 7 zu § 17 BAT.
7 BAG 18.9.2001 – 9 AZR 307/00, NZA 2001, 268, 271; 28.9.2005 – 5 AZR 52/05, NZA 2006, 149.
8 LAG Rh.-Pf. 25.5.2007 – 6 Sa 53/07, BB 2008, 59.
9 BAG 19.6.1959 – 1 AZR 565/57, AP Nr. 1 zu § 611 BGB – Doppelarbeitsverhältnis.
10 BAG 19.6.1959 – 1 AZR 565/57, AP Nr. 1 zu § 611 BGB – Doppelarbeitsverhältnis.

tigten. Bestimmte Arbeitnehmergruppen und Beschäftigungsbereiche sind jedoch durch die Sonderregelungen der §§ 18–21 ArbZG ausgenommen (vgl. Rz. 10 ff., 17 f.). Der Arbeitnehmerbegriff ist aus § 5 BetrVG ohne die Einschränkungen des § 5 Abs. 2 BetrVG übernommen worden. Da das ArbZG auf eine eigenständige Definition verzichtet, ist die Abgrenzung zu freien Mitarbeitern und arbeitnehmerähnlichen Personen nach den allgemeinen Grundsätzen vorzunehmen (vgl. auch Teil 1 B Rz. 103 ff.)[1]. Arbeitnehmer ist, wer aufgrund eines privatrechtlichen Vertrages im Dienste eines anderen zur Leistung fremdbestimmter Arbeit in persönlicher Abhängigkeit – Weisungsgebundenheit vor allem in zeitlicher Hinsicht[2] – verpflichtet ist[3]. Reisende, sofern sie keine Handelsvertreter sind, und Telearbeiter unterfallen daher dem ArbZG, nicht jedoch in Heimarbeit Beschäftigte[4], da diese keine Arbeitnehmer sind. Für werdende und stillende Mütter gelten nach dem MuSchG Sonderregelungen (Anspruch auf Stillpausen, § 7 MuSchG; Verbot der Mehrarbeit zwischen 20 und 6 Uhr und der Sonn- und Feiertagsarbeit, § 8 MuSchG), die dem ArbZG als leges speciales vorgehen[5].

8 Keine Arbeitnehmer sind die aufgrund eines **öffentlich-rechtlichen Dienstverhältnisses** beschäftigten Personen wie Beamte, Beamtenanwärter, Richter, Hochschullehrer, Soldaten, Zivildienstleistende, Entwicklungshelfer, Fürsorgezöglinge und Strafgefangene sowie Personen in karitativer oder religiöser Tätigkeit als Angehörige geistlicher Orden oder Gemeinschaften[6].

9 Das ArbZG ist anwendbar auf **Auszubildende** nach § 10 BBiG und auf in Vertragsverhältnissen nach § 26 BBiG Beschäftigte wie Schwesternschülerinnen, Volontäre und Praktikanten, nicht jedoch auf Helfer im freiwilligen sozialen Jahr[7].

10 Ausgenommen vom Anwendungsbereich sind **leitende Angestellte** nach § 5 Abs. 3 BetrVG, **Chefärzte, Leiter von öffentlichen Dienststellen** und deren Vertreter sowie Arbeitnehmer im öffentlichen Dienst, die zu selbständigen Entscheidungen in Personalangelegenheiten befugt sind, § 18 Abs. 1 Nr. 1 und 2 ArbZG. Aus Gründen der Rechtsklarheit und der Rechtsvereinheitlichung[8] verzichtet das ArbZG im Gegensatz zum früheren § 1 Abs. 2 Nr. 2 AZO auf eine eigenständige Definition des leitenden Angestellten. Es ist auf die Legaldefinition des § 5 Abs. 3 BetrVG und die Auslegungsregel des § 5 Abs. 4 BetrVG zurückzugreifen (vgl. Teil 1 A Rz. 80 ff.).

11 Parallel zu § 1 Abs. 2 lit. a TVöD-AT sind Chefärzte vom Anwendungsbereich des ArbZG ausgenommen. **Chefärzte** sind die ärztlichen Leiter einer Krankenhausabteilung, die die Gesamtverantwortung für die Patientenversorgung tragen und Vorgesetzte des ärztlichen und nichtärztlichen Personals ihrer Abteilung sind[9]. Unerheblich ist insoweit, ob der Chefarzt tatsächlich auch leitender Angestellter iSd. § 5 Abs. 3 BetrVG ist[10].

12 Weiterhin vom ArbZG ausgenommen sind **Arbeitnehmer, die in häuslicher Gemeinschaft mit den ihnen anvertrauten Personen zusammenleben** und sie eigenverant-

---

1 Vgl. den umfangreichen Rechtsprechungsnachweis bei *Neumann/Biebl*, § 2 ArbZG Rz. 21a.
2 Zu Einzelheiten HzA/*Schliemann*, Gruppe 12, Rz. 104 ff.; BAG 19.11.1997 – 5 AZR 653/96, BB 1997, 2592.
3 BAG 29.5.2002 – 5 AZR 161/01, EzA § 611 BGB – Arbeitnehmerbegriff Nr. 88.
4 BAG 25.3.1992 – 7 ABR 52/91, AP Nr. 48 zu § 5 BetrVG 1972; HwB-AR/*Wessel*, Arbeitszeit Rz. 16.
5 HzA/*Schliemann*, Gruppe 12, Rz. 8.
6 *Anzinger/Koberski*, Teil C, § 2 ArbZG Rz. 74 ff.
7 BAG 12.2.1992 – 7 ABR 42/91, AP Nr. 52 zu § 5 BetrVG 1972.
8 BT-Drucks. 12/5888, 32.
9 MünchArbR/*Richardi*, § 197 Rz. 4.
10 *Baeck/Deutsch*, § 18 ArbZG Rz. 20.

IV. Geltungsbereich

wortlich erziehen, pflegen oder betreuen, § 18 Abs. 1 Nr. 3 ArbZG[1]. Grund dieser Ausnahme ist die Bewahrung bestimmter pädagogischer Konzepte, etwa im Bereich der SOS-Kinderdörfer[2]. Entscheidend für die Herausnahme des Arbeitnehmers aus dem Anwendungsbereich ist das Zusammenleben mit dem Betreuten, also das gemeinschaftliche Wohnen und Leben. Auf Nichtmitglieder der Hausgemeinschaft findet das ArbZG hingegen in vollem Umfang Anwendung[3].

Wegen Art. 4 Abs. 2 GG ist der **liturgische Bereich** der Kirchen und Religionsgemeinschaften aus dem Anwendungsbereich des ArbZG ebenfalls herausgenommen (§ 18 Abs. 1 Nr. 4 ArbZG). Was zum liturgischen Bereich gehört, ist je nach Kirche und Religionsgemeinschaft zu bestimmen[4]. Jedenfalls zum außerliturgischen Bereich gehören Krankenhäuser, Kindergärten, Altersheime und Beherbergungsbetriebe.

Für Arbeitnehmer unter 18 Jahren gelten die Normen des JArbSchG, § 18 Abs. 2 ArbZG. Gem. §§ 8–21b JArbSchG dürfen **Jugendliche** nur an fünf Wochentagen insgesamt maximal 40 Wochenstunden beschäftigt werden (§§ 8, 15 JArbSchG); durch Tarifvertrag ist eine Ausdehnung auf 44 Stunden an 5 ½ Tagen zulässig, wenn der Ausgleich auf 40 Wochenarbeitsstunden in zwei Monaten gesichert ist (§ 21a JArbSchG). Die Pausen- und Ruhezeiten sind länger (§§ 11, 12, 13 JArbSchG). Nachtarbeit sowie Arbeiten an Samstagen, Sonn- und Feiertagen sind bis auf wenige Ausnahmen verboten (§§ 14, 16–18 JArbSchG).

Weitere Ausnahmen gelten nach § 18 Abs. 3 für die Beschäftigten auf **Kauffahrteischiffen** als Besatzungsmitglieder nach § 3 SeeArbG. Hier kommen anstelle des ArbZG die §§ 42–55 SeeArbG zur Anwendung[5]. Auf der Grundlage des § 15 Abs. 2a ArbZG sind für Offshore-Tätigkeiten Ausnahmevorschriften sowohl vom ArbZG als auch vom SeeArbG erlassen worden[6]. Für Beschäftigte in Bäckereien und Konditoreien gilt das ArbZG seit dem 1.11.1996 uneingeschränkt. Das frühere Nachtbackverbot ist entfallen[7].

Die **Aufsichtsbehörde** überprüft nach § 17 Abs. 1 ArbZG auch das Vorliegen der Ausschlusstatbestände des § 18 ArbZG. Nimmt der Arbeitgeber zu Unrecht einen Arbeitnehmer vom Anwendungsbereich des ArbZG aus, kann eine entsprechende Ahndung erfolgen. Haben die Arbeitsvertragsparteien in einem Beschlussverfahren eine Entscheidung des Arbeitsgerichts über die Zuordnung eines Arbeitnehmers zu dem in § 5 Abs. 3 BetrVG genannten Personenkreis herbeigeführt, ist die Aufsichtsbehörde an diese Entscheidung gebunden[8].

2. Räumlicher und sachlicher Geltungsbereich

Das ArbZG ist öffentliches Recht. Nach dem **Territorialitätsprinzip** beschränkt sich seine Geltung räumlich auf das deutsche Hoheitsgebiet[9]. Daher werden Auslandsbeschäftigungen selbst dann vom ArbZG nicht erfasst, wenn der Arbeitnehmer nur

---

1 Diese Personengruppe hat die Bundesrepublik Deutschland auch aus dem Anwendungsbereich der ILO-Konvention 189 „Menschenwürdige Arbeit für Hausangestellte" herausgenommen. Dazu kritisch: *Scheiwe/Schwach*, NZA 2013, 1116.
2 BT-Drucks. 12/6990, 44.
3 *Anzinger/Koberski*, Teil C, § 18 ArbZG Rz. 21.
4 *Neumann/Biebl*, § 18 ArbZG Rz. 8.
5 *Baerk/Deutsch*, § 18 ArbZG Rz. 32; vgl. auch *Maul-Sartori*, NZA 2013, 821.
6 Einzelheiten: *Hoffmann/Rowold*, NZA 2013, 1332.
7 Zu beachten ist, dass nach § 2 Abs. 3 ArbZG die Nachtzeit für Bäckereien und Konditoreien von 22 bis 5 Uhr dauert.
8 *Anzinger/Koberski*, Teil C, § 18 ArbZG Rz. 35.
9 BAG 12.12.1990 – 4 AZR 238/90, DB 1991, 865; beachte auch Art. 56 ZA-NTS (BGBl. II 1994, 2594 [2598]).

vorübergehend entsandt ist[1]. Die Materie des Ladenschlussrechts ist nunmehr in die ausschließliche Gesetzgebungskompetenz der Bundesländer überführt (s.a. Rz. 104)[2].

18 Der **sachliche Geltungsbereich** erstreckt sich auf alle Betriebe und Verwaltungen einschließlich der privaten Haushalte mit Ausnahme der Luft- und Binnenschifffahrt, §§ 20, 21 ArbZG. Die Arbeitszeit nebst Ruhezeiten für Besatzungsmitglieder von Luftfahrzeugen sind in der 2. DVLuftBO geregelt[3]. Durch § 21a ArbZG hat der Gesetzgeber die EU-Fahrpersonalrichtlinie 2002/15/EG in das deutsche Recht umgesetzt[4]. Betroffen von dieser Regelung sind Transportunternehmen, Kraftwagenspeditionen, Busunternehmen sowie alle Betriebe, die in ihrem Werkverkehr einen eigenen Fuhrpark betreiben. Nach § 21a Abs. 4 ArbZG ist eine maximale Höchstarbeitszeit von 60 Wochenarbeitsstunden möglich, so dass die monatliche Arbeitszeit für den betroffenen Personenkreis auf 260 Arbeitsstunden ausgedehnt werden kann. Gleichzeitig wird jedoch der Ausgleichszeitraum auf vier Monate begrenzt[5]. Bestimmte Warte- und Bereitschaftszeiten sowie Beifahrerzeiten müssen nach § 21a Abs. 3 ArbZG nicht als Arbeitszeit iSv. § 2 Abs. 1 ArbZG angerechnet werden[6]. Diese Regelung berührt jedoch nicht die Vergütungspflicht für diese Zeiten[7]. So sind die Zeiten, die ein Lkw-Fahrer als Beifahrer auf dem Lkw verbringt, vergütungspflichtig. Dies gilt auch dann, wenn im Arbeitsvertrag vereinbart ist, dass die Reisezeiten mit der Bruttomonatsvergütung abgegolten sind. Eine solche Regelung ist intransparent, da sich aus ihr nicht ergibt, welche Reisetätigkeit von dieser Klausel in welchem Umfang erfasst werden soll[8]. Hinsichtlich der Tagesarbeitszeit gelten keine Besonderheiten zum sonstigen Arbeitsrecht. Die Regelung über Lenkzeitunterbrechungen und Ruhezeiten für Kraftfahrer begründen als bloße Nebenpflichten des Arbeitgebers keinen einklagbaren Leistungsanspruch des Arbeitnehmers[9].

18a Zu beachten ist, dass für selbstständige Kraftfahrer eine gesetzliche Regelung zur Arbeitszeit besteht[10]. Das Gesetz zur Regelung der Arbeitszeit von selbstständigen Kraftfahrern beschränkt die zulässige Gesamtarbeitszeit der selbstständigen Kraftfahrer, unabhängig davon, ob diese am Steuer oder mit anderen Tätigkeiten im Zusammenhang mit dem Transport erbracht wird. Ferner finden sich im Gesetz Regelungen zu Ruhepausen und Ruhezeiten, Nachtarbeit und Aufzeichnungspflichten[11].

19 Im öffentlichen Dienst können im Zusammenhang mit der Wahrnehmung **hoheitlicher Aufgaben** durch die zuständige Dienstbehörde die für Beamte geltenden Bestimmungen über die Arbeitszeit auf die Arbeitnehmer unter Ausschluss der §§ 3–13 ArbZG übertragen werden, soweit nicht eine tarifliche Regelung entgegensteht. Wegen der §§ 6–11 TVöD-AT, die die Arbeitszeit der Beschäftigten im öffentlichen Dienst des Bundes und der Kommunen regeln, kommt § 19 ArbZG keine große praktische Bedeutung zu.

---

1 BAG 12.12.1990 – 4 AZR 238/90, DB 1991, 865.
2 Zu Einzelheiten *Horstmann*, NZA 2006, 1246.
3 Vgl. hierzu BAG 24.3.1998 – 9 AZR 172/97, NZA 1999, 107.
4 BGBl. I 2006, 1962.
5 Zu Einzelheiten: *Didier*, NZA 2007, 120.
6 Übersicht bei *Didier*, AuA 2007, 656.
7 LAG Bln.-Bbg. 4.2.2010 – 2 Sa 498/09, LAGE § 21a ArbZG Nr. 1.
8 BAG 20.4.2011 – 5 AZR 200/10, NZA 2011, 917.
9 LAG Bln.-Bbg. 21.5.2010 – 6 Sa 350/10, DB 2010, 1533.
10 Gesetz zur Regelung der Arbeitszeit von selbstständigen Kraftfahrern (SKrfArbZG) v. 11.7.2012, BGBl. I, 1479.
11 *Wiebauer*, NZA 2012, 1331.

V. Arbeitszeitbegriff

Der Arbeitszeitbegriff in § 2 Abs. 1 Satz 1 ArbZG[1] entspricht dem früheren § 2 AZO; die zu dieser Vorschrift ergangene Rechtsprechung ist daher weiterhin von Bedeutung. Arbeitszeit ist die Zeit vom Beginn bis zum Ende der Arbeitszeit ohne die Ruhepausen, also der Zeitraum, in dem **der Arbeitnehmer auf Weisung des Arbeitgebers zur Arbeitsleistung an einem vom Arbeitgeber bestimmten Ort zur Verfügung steht**[2]. Dabei kommt es nicht auf die tatsächliche Arbeitsleistung an, vielmehr zählen betriebsbedingte Wartezeiten[3], Zeiten, in denen der Arbeitnehmer sich lediglich zum Eingreifen bereithalten muss (Arbeitsbereitschaft)[4], sowie im Interesse des Arbeitgebers erfolgende Gesundheitsuntersuchungen des Arbeitnehmers[5] zur Arbeitszeit. Immer mehr Beschäftigte leisten – teils aus eigenem Antrieb – mehr oder minder geringfügige Arbeitsleistungen in ihrer Freizeit, etwa durch Abrufen von dienstlichen E-Mails und Führen von dienstlichen Telefonaten per Handy[6]. Richtigerweise wird man auch solche Tätigkeiten als Arbeitszeit iSv. § 2 ArbZG einordnen müssen, mit allen daraus folgenden Konsequenzen hinsichtlich der Einhaltung der Ruhezeiten, der Beachtung der Sonn- und Feiertagsruhe sowie der Aufzeichnungspflichten[7]. Will der Arbeitgeber derartige Arbeitsleistungen nicht als Arbeitszeit gegen sich gelten lassen, muss er diese Tätigkeiten ausdrücklich untersagen. Die Nichtanerkennung dieser Zeiten als Arbeitszeiten kommt unter dem Gesichtspunkt der Freiwilligkeit der Leistungserbringung nicht in Betracht. 20

Beginn und Ende der Arbeitszeit sind nach den Umständen des Einzelfalles zu bestimmen[8]. Maßgeblich sind der räumliche, organisationsbedingte Bezug zum Betrieb sowie die Direktionsbefugnisse des Arbeitgebers[9]. Abzustellen ist regelmäßig nicht[10] auf das Betreten und Verlassen des Betriebsgeländes, sondern auf die Aufnahme der tatsächlichen Arbeitsleistung des betroffenen Arbeitnehmers an dem fraglichen Arbeitsplatz[11]. Notwendige Vor- und Abschlussarbeiten, wie zB Einrichten und Säubern des Arbeitsplatzes, Materialausgabe und -rückgabe, Werkzeugausgabe und -rückgabe, An- und Abstellen von Maschinen gehören zur Arbeitszeit[12]. Auch eine schwankende Arbeitsintensität kann uU arbeitsschutzrechtlich als volle Arbeitszeit anzusehen sein[13]. Wasch- und Umkleidezeiten gehören selbst dann nicht zur arbeitsschutzrechtlichen Arbeitszeit, wenn sie bezahlt werden[14], es sei denn, diese Verrichtungen müssen notwendig im Betrieb erfolgen[15]. Die gesetzliche Vergütungspflicht des Arbeitgebers knüpft nach § 611 Abs. 1 BGB allein an die Leistung der versprochenen Dienste an und ist unabhängig von der arbeitszeitrechtlichen Einordnung der Zeit- 21

---

1 Vgl. auch Übersicht über die verschiedenen Arbeitszeitarten bei *Zwanziger*, NZA 2007, 1356.
2 BayObLG 23.3.1992 – 3 ObOWi 18/92, NZA 1992, 811; HzA/*Schliemann*, Gruppe 12, Rz. 48.
3 *Baeck/Deutsch*, § 2 ArbZG Rz. 4.
4 *Neumann/Biebl*, § 2 ArbZG Rz. 12.
5 BAG 10.5.1957 – 2 AZR 56/55, AP Nr. 5 zu § 611 BGB – Lohnanspruch: keine Arbeitszeit. Tauglichkeitsuntersuchungen nach polizeilichen Vorschriften für den Bergbau, vgl. BAG 8.3.1961 – 4 AZR 71/59, AP Nr. 12 zu § 611 BGB – Lohnanspruch.
6 Differenzierend *Schlegel*, NZA-Beilage 2014, 16.
7 Vgl. im Einzelnen *Falder*, NZA 2010, 1150.
8 *Linnenkohl/Rauschenberg*, § 2 ArbZG Rz. 10; *Neumann/Biebl*, § 2 ArbZG Rz. 16.
9 HzA/*Schliemann*, Gruppe 12, Rz. 84; OVG Rh.-Pf. 27.8.1999 – 2 A 1104/99, FA 1999, 399 zum Beamtenrecht.
10 AA *Buschmann/Ulber*, § 2 ArbZG Rz. 10.
11 ErfK/*Wank*, § 2 ArbZG Rz. 16; *Baeck/Deutsch*, § 2 ArbZG Rz. 9; BAG 29.10.2002 – 1 AZR 603/01, EzA § 4 ArbZG Nr. 1.
12 *Anzinger/Koberski*, Teil C, § 2 ArbZG Rz. 10.
13 LAG Hamm 22.4.1988 – 17 Sa 2000/87, DB 1988, 1856.
14 BAG 11.10.2000 – 5 AZR 122/99, AuA 2001, 327.
15 BAG 19.9.2012 – 5 AZR 678/11, NZA-RR 2013, 63; *Buschmann/Ulber*, § 2 ArbZG Rz. 10; vgl. auch HzA/*Schliemann*, Gruppe 12, Rz. 72.

spanne, während derer der Arbeitnehmer die geschuldete Arbeitsleistung erbringt[1]. Das vom Arbeitgeber im Rahmen des Direktionsrechts angeordnete Abholen von Dienstkleidung an einer außerbetrieblichen Ausgabestelle ist daher unter Einschluss der erforderlichen Wegezeiten vergütungspflichtig[2]. Dagegen zählt das An- und Ausziehen von Sicherheitskleidung zur Arbeitszeit[3]. Teilweise sind Beginn und Ende der Arbeitszeit tariflich geregelt, wie in §§ 6ff. TVöD, § 3 Nr. 1, 5 BRTV-Bau oder § 5 RTV Dachdeckerhandwerk.

22 Fahrten von der Wohnung des Arbeitnehmers zum Betrieb, sog. **Wegezeiten**, gehören grundsätzlich nicht zur Arbeitszeit[4], es sei denn, der Arbeitnehmer fährt unmittelbar von seiner Wohnung zu einer außerhalb des Betriebes gelegenen Arbeitsstätte[5]. Dann ist die Zeit als Arbeitszeit zu werten, die vom Betrieb zur außerhalb gelegenen Arbeitsstätte benötigt worden wäre. Ist die so aufgewandte Wegezeit geringer, gilt diese als Arbeitszeit. Wege vom Betrieb zu außerhalb gelegenen Arbeitsorten zählen ebenfalls zur Arbeitszeit[6]. Gleiches gilt für Wartezeiten eines Kraftfahrers am Zielort[7]. Da die Reisetätigkeit bei Außendienstmitarbeitern zu den vertraglichen Hauptleistungspflichten gehört, ist sie zugleich Arbeitszeit im arbeitsvertraglichen Sinne und in der Regel zu vergüten[8].

23 **Dienstreisen** sind dann Arbeitszeit, wenn sie selbst die Erfüllung der arbeitsvertraglichen Verpflichtung darstellen[9], ansonsten sind sie keine Arbeitszeit[10]. Wird der Arbeitnehmer während einer Dienstreise in einem Umfang beansprucht, der eine Einordnung als Arbeitszeit erfordert, so ist die aufgewandte Zeit in jedem Fall als Arbeitszeit im arbeitsschutzrechtlichen Sinne zu qualifizieren[11]. Das LAG Niedersachsen lehnt in dieser Entscheidung ausdrücklich eine Gleichsetzung der Fahrzeiten mit dem Bereitschaftsdienst ab. Fahrzeiten sind jedenfalls dann Arbeitszeit im arbeitszeitrechtlichen Sinne, wenn der Arbeitnehmer selbst mit dem eigenen Pkw fährt und dies der unmittelbaren Erfüllung seiner arbeitsvertraglichen Pflichten dient (zB Außendienst)[12] oder er insoweit einer ausdrücklichen Anordnung des Arbeitgebers folgt[13]. Entscheidet der Arbeitnehmer jedoch selbständig, mit dem Pkw zu fahren, obwohl der Arbeitgeber ihm eine alternative Transportmöglichkeit angeboten hat, erscheint es geboten, diese Zeiten nicht als Arbeitszeit im arbeitszeitrechtlichen Sinne anzusehen[14]. Die Wegezeiten (Dauer der Hin- und Rückfahrt) einer Dienstreise gelten nicht als Arbeitszeit iSv. § 2 Abs. 1 ArbZG, wenn der Arbeitgeber lediglich die Benutzung eines öffentlichen Verkehrsmittels vorgibt und dem Arbeitnehmer überlassen bleibt, wie der die Zeit nutzt[15]. Daher ist hinsichtlich der Vergütungspflicht bei fehlender ausdrücklicher Regelung auf die Umstände des Einzelfalls abzustellen[16].

---

1 BAG 19.9.2012 – 5 AZR 678/11, NZA-RR 2013, 63 Rz. 15.
2 BAG 19.3.2014 – 5 AZR 954/12, NZA 2014, 787.
3 LAG BW 12.2.1987 – 6 Sa 195/85, AiB 1987, 247; BAG 11.10.2000 – 5 AZR 122/99, NZA 2001, 458.
4 Grundlegend BAG 8.12.1960 – 5 AZR 304/58, AP Nr. 1 zu § 611 BGB – Wegezeit; vgl. auch BAG 19.1.1977 – 4 AZR 595/75, AP Nr. 5 zu § 42 BAT; zur Festlegung der Arbeitszeit von Außendienstmitarbeitern BAG 22.4.2009 – 5 AZR 292/08, DB 2009, 1602.
5 AA HzA/*Schliemann*, Gruppe 12, Rz. 76.
6 *Neumann/Biebl*, § 2 ArbZG Rz. 14.
7 LAG Stuttgart 28.3.1960 – IV Sa 113/59, BB 1960, 627.
8 BAG 22.4.2009 – 5 AZR 292/08, DB 2009, 1602; *Barthel/Müller*, AuA 2011, 154.
9 *Anzinger/Koberski*, Teil C, § 2 ArbZG Rz. 21;*Ohlendorf/Fabritius*, AuA 2009, 643.
10 *Neumann/Biebl*, § 2 ArbZG Rz. 15; HwB-AR/*Wessel*, Arbeitszeit, Rz. 22.
11 LAG Nds. 20.7.2005 – 15 Sa 1812/04, LAGReport 2005, 315.
12 *Gaul*, AktuellAR 2006, S. 113.
13 *Kleinebrink*, ArbRB 2011, 28.
14 *Baeck/Deutsch*, § 2 ArbZG Rz. 76.
15 BAG 11.7.2006 – 9 AZR 519/05, BB 2007, 272.
16 BAG 3.9.1997 – 5 AZR 428/96, DB 1998, 264.

V. Arbeitszeitbegriff

Dienstreisezeiten müssen nicht wie Arbeitszeit vergütet werden[1]. Reisezeiten, die über die reguläre Arbeitszeit hinausgehen, sind nur dann vergütungspflichtig, wenn eine Vergütung „den Umständen nach" zu erwarten ist. Dies folgt aus § 612 Abs. 1 BGB[2]. Zum Teil finden sich jedoch in Tarifverträgen ausdrückliche Regelungen zu der Vergütungspflicht von Reisezeit[3]. Eine tarifliche Regelung (hier § 44 Abs. 2 TvöD), die nur unter engen Voraussetzungen für geleistete Dienstreisen einen Anspruch des Arbeitnehmers auf Freizeitausgleich vorsieht, verstößt nicht gegen höherrangiges Recht. Zeiten einer Dienstreise fallen nicht unter den Begriff der Arbeitszeit in § 87 Abs. 1 Nr. 2 und 3 BetrVG[4], soweit der Arbeitnehmer währenddessen keine Arbeitsleistung zu erbringen hat[5]. In einer Betriebsvereinbarung kann wirksam geregelt werden, welche Leistungen des Arbeitnehmers als Arbeitsleistung und damit als Erfüllung seiner vertraglich geschuldeten Arbeitspflicht anzusehen sind. Eine solche Regelung betrifft den Inhalt der vom Arbeitnehmer zu erbringenden Arbeitsleistung und stellt weder eine Vergütungsregelung noch eine Regelung über die Dauer der regelmäßigen wöchentlichen Arbeitszeit dar. Deshalb unterfällt sie auch nicht der Sperre des § 77 Abs. 3 BetrVG[6].

Der Begriff des **Bereitschaftsdienstes** ist im ArbZG nicht definiert. Bereitschaftsdienst liegt nach einhelliger Auffassung dann vor, wenn der Arbeitnehmer sich für Zwecke des Betriebes lediglich an einem vom Arbeitgeber bestimmten Ort innerhalb oder außerhalb des Betriebes aufzuhalten hat, um erforderlichenfalls seine volle Arbeitstätigkeit unverzüglich aufnehmen zu können[7]. Jeder Bereitschaftsdienst, der eine persönliche Anwesenheit des Arbeitnehmers an seinem Arbeitsplatz erfordert, erfüllt den Rechtsbegriff der Arbeitszeit iSd. Richtlinie 93/104/EG[8]. **Bereitschaftsdienste** sind nach dem ArbZG **in vollem Umfang als Arbeitszeit** zu werten und daher bei der Ermittlung der täglichen und wöchentlichen Arbeitszeit zu berücksichtigen[9]. Dies gilt selbstverständlich nicht nur für Bereitschaftsdienste, die von Ärzten und Pflegepersonal in Krankenhäusern geleistet werden[10], sondern für alle Bereiche mit vergleichbarer Arbeitsorganisation wie zB Wachdienste, Feuerwehr und Polizei. Die bis zur Gesetzesänderung in Deutschland geführte Diskussion um die Einordnung des Bereitschaftsdienstes als Arbeitszeit[11] ist damit obsolet geworden. Die Zuordnung des Bereitschaftsdienstes zur Arbeitszeit hat sich mit der Gesetzesreform insbesondere auf die Abweichungsbefugnisse und Gestaltungsmöglichkeiten der Tarifvertragsparteien nach § 7 ArbZG ausgewirkt (vgl. Rz. 69 ff.).

Bei Anordnung von Bereitschaftsdienst im Anschluss an die Regelarbeitszeit kann der Arbeitgeber in unmittelbarem Anschluss daran Arbeitsleistungen in Anspruch nehmen und ist nicht verpflichtet, insoweit Überstunden anzuordnen[12].

Der Betriebsrat hat **kein Mitbestimmungsrecht** bei der Festlegung der Dauer der wöchentlichen Arbeitszeit, verstanden als Umfang des vom Arbeitnehmer vertraglich geschuldeten Arbeitszeitvolumens. Daraus folgt, dass der Betriebsrat auch nicht darü-

---

1 BAG 11.7.2006 – 9 AZR 519/05, BB 2007, 272.
2 *Heins/Leder*, NZA 2007, 249.
3 BAG 27.6.2002 – 6 AZR 378/01, AP Nr. 18 zu § 1 TVG – Tarifverträge: Musiker.
4 LAG Berlin 11.11.2005 – 2 TaBV 1134/05, LAGE § 87 BetrVG 2001 – Arbeitszeit Nr. 4.
5 BAG 14.11.2006 – 1 ABR 5/06, NZA 2007, 458.
6 BAG 10.10.2006 – 1 ABR 59/05, DB 2007, 751.
7 St. Rspr., BAG 10.6.1959 – 4 AZR 567/56, BAGE 8, 25; 18.2.2003 – 1 ABR 2/02, NZA 2003, 742; vgl. zur Abgrenzung von der Bereitschaftszeit BAG 24.9.2008 – 10 AZR 770/07, ZTR 2009, 74; BVerwG 22.1.2009 – 2 C 90.07, NZA 2009, 733.
8 *Heinze*, ZTR 2002, 102; *Trägner*, NZA 2002, 126 (128); *Schliemann/Meyer*, Rz. 65/1.
9 *Reim*, DB 2004, 187; OVG Lüneburg 23.7.2008 – 18 LP 1/07, NZA-RR 2009, 112.
10 Zur Anordnung von Bereitschaftsdiensten bei leitenden Oberärzten BAG 16.10.2013 – 10 AZR 9/13, NZA 2014, 264.
11 Vgl. 3. Aufl. Rz. 23a aE.
12 BAG 25.4.2007 – 6 AZR 799/06, NZA 2007, 1108.

ber mitzubestimmen hat, wie Zeiten von Arbeitsbereitschaft und Bereitschaftsdienst arbeitszeitrechtlich zu qualifizieren sind. Nach Auffassung des BAG[1] ist dies keine der Mitbestimmungen nach § 87 Abs. 1 Nr. 2 und 3 BetrVG zugängliche Regelungsfrage, sondern eine von den Gerichten zu entscheidende Frage der Auslegung arbeitszeitrechtlicher Vorschriften.

Bereits wenige Tage nach der Simap-Entscheidung hat das BAG entschieden, dass die Zuordnung des Bereitschaftsdienstes zur Arbeitszeit für die Frage der **Vergütung von Bereitschaftsdiensten** ohne Bedeutung sei, sondern allein den öffentlich-rechtlichen Arbeitsschutz betreffe[2]. Diese Rechtsprechung hat das BAG konsequent fortgeführt[3]. Ihr haben sich auch die Untergerichte angeschlossen[4]. Nach Auffassung des BAG[5] ist der gesamte Bereitschaftsdienst und nicht nur die darin enthaltene Vollarbeit zu vergüten, denn der Arbeitnehmer erbringt auch in der Ruhezeit eine Leistung für den Arbeitgeber, weil er in seinem Aufenthalt beschränkt ist und mit jederzeitiger Arbeitsaufnahme rechnen muss. Die Vergütungsvereinbarung darf nicht nur die Zeiten der Heranziehung zur Vollarbeit, sondern muss auch den Verlust an Freizeit im Übrigen angemessen berücksichtigen. Unter Beachtung dieser Voraussetzungen können die Arbeitsvertragsparteien die Vergütung des Bereitschaftsdienstes nach dem voraussichtlichen Grad der Heranziehung zur Vollarbeit pauschalieren. Vom BAG nicht entschieden ist die Frage, welche Vergütung der Arbeitnehmer erhält, wenn die Arbeitsvertragsparteien keine festen Sätze für Bereitschaftsdienste und Vollarbeit vereinbart haben, etwa wenn lediglich ein festes Monatsgehalt vereinbart ist. In diesen Fällen muss die Lösung über eine ergänzende Auslegung des Arbeitsvertrages erfolgen[6]. Eine Reihe von Fragen wirft auch die Gewährung von Freizeitausgleich für Bereitschaftsdienst auf[7]. Nach der Rechtsprechung des BAG können Auf- und Abbau eines Arbeitszeitkontos jeweils eigenen Regeln folgen[8]. Dabei besteht nicht der Grundsatz, dass das Arbeitszeitkonto spiegelbildlich zu seinem Aufbau abzubauen ist. Maßgeblich ist insoweit allein, dass der Abbau eines Arbeitszeitkontos durch Freizeitausgleich erfolgt, wobei sich der Umfang des Freizeitausgleichs nach der vom Arbeitnehmer geschuldeten Arbeitszeit richtet. Zu dieser Arbeitszeit zählen nicht nur Zeiten tatsächlicher Arbeitsleistung, sondern auch innerhalb der regelmäßigen Arbeitszeit liegende Bereitschaftszeiten[9]. Das BAG hat ferner darauf erkannt, dass der Freizeitausgleich für Bereitschaftsdienstzeiten von Ärzten in der gesetzlichen Ruhezeit erfolgen kann. Die Gewährung der Ruhezeit setze keine unentgeltliche Freistellung voraus, erforderlich ist lediglich, dass der Arbeitnehmer während der Ruhezeit nicht in einem Umfang beansprucht wird, der eine Einstufung als Arbeitszeit erfordert[10].

Ordnet der Arbeitgeber rechtswidrig Bereitschaftsdienste unter Verstoß gegen das ArbZG oder die Arbeitszeit-Richtlinie an, führt dies nicht zu weitergehenden Vergütungsansprüchen als den arbeitsvertraglich vorgesehenen[11]. Ein Schadenersatzanspruch nach § 823 Abs. 2 BGB scheidet ebenfalls aus, da die Nichtgewährung der gesetzlich vorgeschriebenen Ruhezeiten zu einem Verlust an Freizeit führt, wobei dieser Verlust als solcher keinen Schaden iSd. §§ 249 ff. BGB darstellt. Auch ein berei-

---

1 BAG 22.7.2003 – 1 ABR 28/02, EzA § 87 BetrVG 2001 Nr. 4.
2 BAG 24.10.2000 – 9 AZR 634/99, BB 2001, 735.
3 BAG 28.1.2004 – 5 AZR 530/02, EzA § 611 BGB 2002 – Arbeitsbereitschaft Nr. 2; 12.3.2008 – 4 AZR 616/06, EzA § 4 TVG Chemische Industrie Nr. 10.
4 LAG Nds. 17.5.2002 – 10 TaBV 22/02, NZA-RR 2003, 351 u. 20.4.2004 – 9 Sa 2140, 2141, 2142/03, LAGE § 7 ArbZG Nr. 3; LAG Köln 14.10.2002 – 2 Sa 690/02, NZA-RR 2003, 292.
5 BAG 28.1.2004 – 5 AZR 530/02, EzA § 611 BGB 2002 – Arbeitsbereitschaft Nr. 2.
6 *Bauer/Krieger*, BB 2004, 549.
7 Vgl. Einzelheiten: *Schlottfeldt/Kutsch*, NZA 2009, 697.
8 BAG 17.3.2010 – 5 AZR 269/09, NZA 2011, 367 (Ls.).
9 BAG 17.3.2010 – 5 AZR 269/09, NZA 2011, 367 (Ls.).
10 BAG 22.7.2010 – 6 AZR 78/09, NZA 2010, 1194.
11 BAG 16.10.2013 – 10 AZR 9/13, NZA 2014, 264.

V. Arbeitszeitbegriff

cherungsrechtlicher Anspruch scheidet nach Auffassung des BAG aus[1]. In entgegengesetzter Richtung hat nunmehr der EuGH bzgl. der Rechtsfolgen der Überschreitung der wöchentlichen Höchstarbeitszeit entschieden. Danach kann ein Arbeitnehmer, der in einem zum öffentlichen Sektor gehörenden Einsatzdienst beschäftigt ist und dessen Arbeitszeit die Höchstarbeitszeit gem. Art. 6b der Richtlinie 2003/88/EG überschreitet, unmittelbar nach Unionsrecht einen Anspruch auf Ersatz des Schadens haben, der ihm durch den Verstoß gegen diese Bestimmungen entstanden ist. Nach Auffassung des EuGH ist ein solcher Schadensersatzanspruch daran geknüpft, dass die unionsrechtliche Norm – hier die Arbeitszeitrichtlinie, gegen die verstoßen worden ist – die Verlängerung von Rechten an den Geschädigten bezwecken muss, der Verstoß gegen diese Norm hinreichend qualifiziert ist und zwischen diesem Verstoß und dem dem Geschädigten entstandenen Schaden ein unmittelbarer Kausalzusammenhang besteht[2].

Rufbereitschaften gehören nicht zur Arbeitszeit[3], wirken sich jedoch im Einzelfall auf die Ruhezeiten aus, da die Inanspruchnahme des Arbeitnehmers während der Rufbereitschaft zur Arbeitszeit führt[4]. Die Rufbereitschaft unterscheidet sich von Bereitschaftsdienst oder Arbeitsbereitschaft dadurch, dass der Arbeitnehmer sich in der Zeit, in der Rufbereitschaft zu leisten ist, nicht in dem Betrieb oder der Einrichtung des Arbeitgebers aufhalten muss. Die den Bereitschaftsdienst kennzeichnende Aufenthaltsbeschränkung entfällt, der Mitarbeiter ist nicht nur in der Verwendung seiner Zeit vollkommen frei, er kann auch den Aufenthaltsort frei bestimmen[5]. Es muss nur die jederzeitige Erreichbarkeit durch den Arbeitgeber gewährleistet sein[6]. Die Entfernung vom Arbeitsplatz darf nicht so groß sein, dass sie dem Zweck der Rufbereitschaft zuwiderläuft; der Arbeitnehmer muss seine Tätigkeit alsbald aufnehmen können[7]. Sofern ein Tarifvertrag vorschreibt, dass der Arbeitnehmer bei Rufbereitschaft lediglich verpflichtet ist, die Arbeit „kurzfristig" aufzunehmen, ist der Arbeitgeber nicht berechtigt, dieses Tarifmerkmal in eine konkrete zeitliche Vorgabe (vorliegend 20 Minuten) umzusetzen[8]. Nach Auffassung des BAG führt eine derartige starre Festlegung der Zeit, innerhalb derer die Arbeit aufgenommen werden muss, faktisch zu einer Beschränkung des Rechts des Mitarbeiters, seinen Aufenthaltsort frei zu wählen[9]. Muss ein Arbeitnehmer ständig innerhalb von 15 Minuten zum Dienst erreichbar sein, ist die zeitliche und mittelbar die räumliche Bindung des Arbeitnehmers derart eng, dass keine Rufbereitschaft, sondern Bereitschaftsdienst vorliegt[10]. Die Zeit für den Weg zur Arbeitsstelle während der Rufbereitschaft ist keine Arbeitszeit[11]. Ein Arbeitnehmer, der im Rahmen seiner Rufbereitschaft bei der Fahrt von seinem Wohnort zum Arbeitsort mit seinem Privatfahrzeug verunglückt, hat grundsätzlich Anspruch gegen seinen Arbeitgeber auf Ersatz des Unfallschadens, wenn er es für erforderlich halten dürfte, seinen privaten Wagen für die Fahrt zur Arbeitsstätte zu benutzen, um rechtzeitig zu erscheinen. Der Ersatzanspruch besteht jedoch nur in dem Umfang, in dem der Arbeitgeber eine Beschädigung seiner eigenen Sachmittel hin-

---

1 BAG 28.1.2004 – 5 AZR 530/02, EzA § 611 BGB 2002 – Arbeitsbereitschaft Nr. 2.
2 EuGH 25.11.2010 – Rs. C-429/09, NZA 2011, 53.
3 EuGH 3.10.2000 – Rs. C 303/98, EzA § 7 ArbZG Nr. 1; HzA/*Schliemann*, Gruppe 12, Rz. 65; *Erasmy*, NZA 1994, 1103 (1107).
4 BAG 10.1.1991 – 6 AZR 352/89, NZA 1991, 516; zur Verpflichtung, Rufbereitschaft zu leisten: LAG Köln 16.4.2008 – 7 Sa 1520/07, ZTR 2009, 77.
5 BAG 3.12.1986 – 4 AZR 7/86, AP Nr. 1 zu § 30 MTB II.
6 BAG 29.6.2000 – 6 AZR 900/98, BB 2001, 261.
7 BAG 19.12.1991 – 6 AZR 592/89, NZA 1992, 560; ArbG Marburg 4.11.2003 – 2 Ca 212/03, DB 2004, 1563.
8 BAG 31.1.2002 – 6 AZR 214/00, NZA 2002, 871.
9 AA ArbG Marburg 4.11.2003 – 2 Ca 212/03, DB 2004, 1563.
10 LAG Köln 13.8.2008 – 3 Sa 1453/07, ZTR 2009, 76.
11 LAG München 15.12.2009 – 6 Sa 637/09, LAGE § 670 BGB 2002 Nr. 2.

zunehmen hätte[1]. Mitbestimmungsrechtlich hat das BAG die Rufbereitschaft der Anordnung sonstiger Arbeitszeit gleichgestellt[2]. Ordnet der Arbeitgeber Rufbereitschaft an, ist die Zeit der geleisteten Rufbereitschaft grundsätzlich auch dann nach den für die Rufbereitschaft geltenden Bestimmungen zu vergüten, wenn der Arbeitgeber die Rufbereitschaft aufgrund des erfahrungsgemäß zu erwartenden Arbeitsanfalls nicht hätte anordnen dürfen[3].

24a Die **Arbeitsbereitschaft**, die zur Achtsamkeit oder Beobachtung bestimmter Vorgänge verpflichtet[4], ist hingegen Arbeitszeit iSd. ArbZG[5]. Dies ergibt sich aus § 7 Abs. 1 Nr. 1 lit. a ArbZG, wonach die Arbeitszeit über zehn Stunden am Tag hinaus verlängert werden kann, wenn in diese Zeit regelmäßig in einem erheblichen Umfang Arbeitsbereitschaft fällt[6]. Nach der Beanspruchungstheorie liegt Arbeitsbereitschaft vor, wenn der Arbeitnehmer im Verhältnis zur Vollarbeit geringer beansprucht wird, dh. der Grad seiner körperlichen und/oder geistigen Belastung soviel geringer ist, dass er sich entspannen kann. Im Einzelfall ist der Umfang der Beanspruchung anhand einer umfassenden Gesamtwürdigung festzustellen[7]. Im Rahmen dieser Würdigung sind folgende Kriterien zu berücksichtigen: Häufigkeit und Dauer der Arbeitsbereitschaft, Häufigkeit von Nacht- und Wochenendbereitschaft, Grad der geforderten Aufmerksamkeit, Häufigkeit der Inanspruchnahme, Regelmäßigkeit bzw. Unregelmäßigkeit der Unterbrechungen, Verantwortlichkeit im Hinblick auf die Schwere der Folgen bei Versäumen eines rechtzeitigen Eingreifens, Grad der Bequemlichkeit, Belastungen durch Störfaktoren wie Lärm, Geräusche und Erschütterungen. Ausgehend von diesen Kriterien ist im Rahmen einer wertenden Gesamtbetrachtung der Grad der Beanspruchung des Arbeitnehmers zu ermitteln[8].

24b Nach § 2 Abs. 1 Satz 1 Halbs. 2 ArbZG sind die **Beschäftigungszeiten bei mehreren Arbeitgebern zusammenzurechnen**. Den Arbeitnehmer trifft in diesem Zusammenhang eine Hinweispflicht, wenn er feststellt, dass die beim zweiten Arbeitgeber zu leistende Arbeitszeit die Grenzen des ArbZG übersteigt. Auch bei Verletzung dieser Hinweispflicht durch den Arbeitnehmer treffen die Straf- und Bußgeldvorschriften der §§ 22, 23 ArbZG allein den Arbeitgeber. Den Arbeitgeber trifft daher eine Erkundigungspflicht, wenn Anhaltspunkte für eine Zweitbeschäftigung bestehen. Es ist daher zulässig, durch Tarifvertrag eine generelle Beschränkung der Nebentätigkeitserlaubnis des Arbeitnehmers zu statuieren, wenn dadurch bspw. die Lenkzeitkontrolle, für die der Arbeitgeber nach § 6 Abs. 5 FPersVO verantwortlich ist, sichergestellt wird[9]. Die Zusammenrechnung der Arbeitszeiten setzt stets voraus, dass das ArbZG auf beide Beschäftigungsverhältnisse Anwendung findet. Nimmt der Arbeitnehmer neben seinem Arbeitsverhältnis ein echtes freies Mitarbeiterverhältnis auf, unterbleibt diesbezüglich eine Zusammenrechnung gem. § 2 Abs. 1 Satz 1 Halbs. 2 ArbZG[10].

25 Nicht zur Arbeitszeit gehören die **Ruhepausen** nach § 4 ArbZG und die Ruhezeiten nach § 5 ArbZG.

---

1 BAG 22.6.2011 – 8 AZR 102/10, NZA 2012, 91.
2 BAG 29.2.2000 – 1 ABR 15/99, ZTR 2000, 524; zu Einzelheiten, insbesondere zu den landespersonalvertretungsrechtlichen Bestimmungen, vgl. *Wahlers*, ZTR 2010, 341.
3 BAG 24.3.2011 – 6 AZR 796/09, NZA 2011, 698.
4 BAG 28.1.1981 – 4 AZR 892/78, AP Nr. 1 zu § 18 MTL II.
5 *Junker*, ZfA 1998, 107.
6 ErfK/*Wank*, § 2 ArbZG Rz. 21.
7 *Baeck/Lösler*, NZA 2005, 247 (248).
8 *Schliemann/Meyer*, § 2 ArbZG Rz. 58.
9 BAG 26.6.2001 – 9 AZR 343/00, BB 2002, 150.
10 *Baeck/Deutsch*, § 2 ArbZG Rz. 16.

VI. Einzelregelungen

1. Begrenzungen der werktäglichen Arbeitszeit

§ 3 ArbZG enthält drei **Kernaussagen:** 26
- Die werktägliche Arbeitszeit darf grundsätzlich acht Stunden nicht überschreiten, § 3 Satz 1 ArbZG; es bleibt bei der 48-Stunden-Woche.
- Sie darf aus jedem Grund ohne Zustimmung der Aufsichtsbehörde auf bis zu zehn Stunden verlängert werden, § 3 Satz 2 Halbs. 1 ArbZG; mit Zustimmung der Aufsichtsbehörde sind weitere Verlängerungen möglich; vgl. §§ 14, 15 ArbZG.
- Innerhalb eines Ausgleichszeitraumes von sechs Kalendermonaten oder 24 Wochen muss die verlängerte Arbeitszeit auf durchschnittlich acht Stunden werktäglich ausgeglichen sein; vgl. dazu Rz. 32 ff.

Werktage sind alle Tage, die weder ein Sonn- noch ein gesetzlicher Feiertag sind. Der Samstag ist auch dann Werktag iSd. ArbZG, wenn im betreffenden Betrieb üblicherweise samstags arbeitsfrei ist[1]. 27

Die in § 3 ArbZG geregelte werktägliche Arbeitszeit richtet sich nicht nach dem Kalendertag, sondern – wie sich aus § 5 ArbZG ergibt – nach der **individuellen Arbeitszeit** des Arbeitnehmers an einem Arbeitstag[2]. Es ist auf den 24-stündigen Arbeitstag des einzelnen Arbeitnehmers abzustellen, der bspw. um 7 Uhr des einen Kalendertages beginnt und um 7 Uhr des folgenden Kalendertages endet. Innerhalb dieses Zeitraums darf der Arbeitnehmer nur 8 bzw. 10 Stunden beschäftigt werden. Ändern sich im Laufe der Woche die Anfangszeiten des Arbeitnehmers, so ändert sich auch der Beginn des Arbeitstages. Eine Vorverlegung des neuen Arbeitstages vor Ablauf des noch nicht vollendeten 24-stündigen Arbeitstages ist nur möglich, wenn und soweit die zulässigen Höchstarbeitsgrenzen für den andauernden Arbeitstag noch nicht verbraucht sind[3]. 28

Die **10-Stunden-Obergrenze** ist zwingend, sie darf auch bei Teilzeitkräften mit geringer Wochenstundenzahl (zB 21 Stunden) nicht überschritten werden. Der Arbeitnehmer mit 21 Wochenstunden müsste mindestens an drei Wochentagen beschäftigt werden. Die Obergrenze ist auch dann zu beachten, wenn die Arbeitszeit in erheblichem Umfang aus Arbeitsbereitschaft oder Bereitschaftsdienst besteht. Die Verlängerung der Arbeitszeit von acht auf zehn Stunden bedarf keiner Rechtfertigung, der Arbeitgeber hat jedoch beschränkende Regelungen aus Arbeitsvertrag, Tarifvertrag oder Betriebsvereinbarung zu beachten. Schließlich muss die Anordnung durch den Arbeitgeber im Rahmen des Direktionsrechts billigem Ermessen (§ 315 BGB) entsprechen[4]. 29

Die zur Verfügung stehende werktägliche Arbeitszeit wird nach § 11 Abs. 2 ArbZG durch **Sonn- und Feiertagsarbeit** zusätzlich eingegrenzt[5]. Leistet der Arbeitnehmer Sonn- bzw. Feiertagsarbeit, darf dies nicht zu einer Erhöhung der Wochenarbeitszeit führen. Im äußersten Maximum dürfen 60 Wochenstunden nicht überschritten werden[6]. 30

Die Rahmenbedingungen des § 3 ArbZG müssen bei jeder Vereinbarung über flexible Arbeitszeitmodelle beachtet werden[7]. Vereinbaren die Betriebsparteien, dass die über zehn Stunden hinaus geleistete werktägliche Arbeitszeit zwar protokolliert, aber 31

---

1 *Anzinger/Koberski*, Teil C, § 3 ArbZG Rz. 10.
2 HzA/*Schliemann*, Gruppe 12, Rz. 179.
3 *Baeck/Deutsch*, § 3 ArbZG Rz. 17.
4 HzA/*Schliemann*, Gruppe 12, Rz. 198.
5 *Neumann/Biebl*, § 3 ArbZG Rz. 4; *Erasmy*, NZA 1994, 1105 (1107).
6 HzA/*Schliemann*, Gruppe 12, Rz. 193.
7 Vgl. Einzelheiten bei: *Lohbeck*, ZTR 2001, 342; BAG 10.12.2013 – 1 ABR 40/12, NZA 2014, 675.

nicht dem Gleitzeitkonto gutgeschrieben sondern gekappt wird, liegt kein Verstoß gegen höherrangiges Recht vor[1]. Die Kappungsgrenze beseitigte im entschiedenen Fall nicht die Vergütungsansprüche der Arbeitnehmer. Weiterhin ist das **Mitbestimmungsrecht des Betriebsrates** nach § 87 Abs. 1 Nr. 2 BetrVG bei der Festsetzung von Beginn und Ende der täglichen Arbeitszeit einschließlich der Pausen zu beachten. Dieses Mitbestimmungsrecht umfasst auch die Aufstellung von Dienstplänen sowie das Abweichen von bereits aufgestellten Plänen[2]. Der Betriebsrat kann nicht nur die Beseitigung eines mitbestimmungswidrigen Zustandes verlangen, sondern sich gegen zu erwartende weitere Verstöße des Arbeitgebers gegen ein Mitbestimmungsrecht aus § 87 Abs. 1 BetrVG unabhängig von den Voraussetzungen des § 23 Abs. 3 BetrVG im Wege eines allgemeinen Unterlassungsanspruchs wehren[3]. Bei einer Arbeitnehmerbeschwerde über eine fehlerhafte oder benachteiligende Schichtplaneinteilung, kann die Einigungsstelle nicht nach § 85 BetrVG angerufen werden, denn der Arbeitgeber kann der Beschwerde nicht einseitig abhelfen. Ob ein Dienstplan die Mitbestimmungsrechte nach § 87 BetrVG richtig beachtet und entsprechend den abgeschlossenen Betriebsvereinbarungen umsetzt, kann der Betriebsrat aus eigenem Recht überprüfen. Er kann insoweit entweder einen Unterlassungsanspruch geltend machen, die Einigungsstelle nach § 87 BetrVG anrufen oder die Betriebsvereinbarung kündigen, wenn sie zu einer strukturellen Benachteiligung führt, die der Betriebsrat nicht mehr mittragen will[4]. Ein Mitbestimmungsrecht besteht auch bei der Verteilung der Arbeitszeit auf die einzelnen Wochentage. Das Mitbestimmungsrecht bezieht sich aber nur auf die Lage der Arbeitszeit, nicht dagegen auf ihre Dauer[5] und auch nicht auf die Vergütung von vorübergehend verkürzten oder verlängerten Arbeitszeiten[6]. Die nicht nur vorübergehende Erhöhung der regelmäßigen wöchentlichen Arbeitszeit eines Unternehmens bedarf daher keiner Zustimmung des Betriebsrates nach § 87 Abs. 1 Nr. 2 oder 3 BetrVG[7]. Betriebsrat und Gewerkschaft können vom Arbeitgeber nicht die Durchführung einer tarifvertragswidrigen Betriebsvereinbarung verlangen. Hingegen kann der Betriebsrat im Wege der Unterlassungsverfügung die Einhaltung der in einer wirksamen Betriebsvereinbarung festgelegten Arbeitszeitgrenzen erzwingen[8]. Sieht ein im Betrieb anwendbarer Tarifvertrag zwingend den vollständigen Ausgleich von Gleitzeitguthaben innerhalb eines bestimmten Zeitraumes vor, können die Betriebsparteien in einer Betriebsvereinbarung nicht wirksam die Übertragung von Gleitzeitguthaben über den Ausgleichszeitraum hinaus vereinbaren[9]. Eine unternehmensweite Arbeitszeitregelung durch den Gesamtbetriebsrat ist nur ausnahmsweise zulässig, wenn zwingende technische Gründe dies erfordern[10]. Zulässig ist es jedoch, dem Gesamtbetriebsrat ein gewillkürtes Mandat durch die Einzelbetriebsräte zu erteilen, um auf diese Weise eine unternehmensweite Arbeitszeitregelung zu ermöglichen. Dem Betriebsrat steht kein Unterlassungsanspruch zu, wenn der Arbeitgeber mit einem **nicht tarifgebundenen Mitarbeiter** eine von den Bestimmungen des Tarifvertrags abweichende Arbeitszeitregelung trifft, **wenn diese keine Betriebsnorm** iSd. § 3 Abs. 2 TVG darstellen und somit die alleinige Tarifbindung des Arbeitgebers nicht genügt[11].

---

1 BAG 10.12.2013 – 1 ABR 40/12, NZA 2014, 675.
2 BAG 23.9.2012 – 1 ABR 49/11, NZA 2013, 159.
3 BAG 7.2.2012 – 1 ABR 63/10, NZA 2012, 685.
4 LAG Köln 17.9.2007 – 2 TaBV 42/07, ZTR 2008, 405.
5 BAG 29.8.2007 – 4 AZR 561/06, ZTR 2008, 309; HwB-AR/*Wessel*, Arbeitszeit, Rz. 8; anders im Fall der Kurzarbeit: LAG Hamm 1.8.2012 – 5 Sa 27/12, NZA 2013, 747.
6 BAG 21.1.2003 – 1 ABR 92/02, NZA 2003, 1097; LAG Hamm 9.8.2007 – 15 Sa 435/07, AuA 2008, 374.
7 BAG 15.5.2007 – 1 ABR 32/06, NZA 2007, 1240.
8 LAG Köln 8.2.2010 – 5 TaBV 28/09, ArbRB 2010, 102.
9 BAG 29.4.2004 – 1 ABR 30/02, NZA 2004, 670.
10 BAG 9.12.2003 – 1 ABR 49/02, AP Nr. 27 zu § 50 BetrVG 1972.
11 LAG Nürnberg 19.10.2005 – 9 TaBV 47/04, NZA-RR 2006, 204.

VI. Einzelregelungen

Lediglich bei der Festlegung des Ausgleichszeitraumes dürfen die **Tarifvertragsparteien** längere Fristen vereinbaren oder entsprechende Betriebs- oder Dienstvereinbarungen zulassen (Öffnungsklauseln), § 7 Abs. 1 Nr. 1 lit. b ArbZG. Eine Höchstgrenze für die Länge des durch Tarifvertrag bestimmten Ausgleichszeitraums ist nicht vorgeschrieben. Die gesetzliche Zulassung des sechsmonatigen Ausgleichszeitraumes widerspricht Art. 16b der Richtlinie 2003/88/EG, die ausdrücklich vier Monate vorsieht[1]. 31a

Der **Ausgleichszeitraum** ist arbeitnehmerbezogen und nicht betriebsbezogen. Daraus folgt, dass mit jeder über acht Stunden hinausgehenden Arbeitsleistung ein neuer Ausgleichszeitraum beginnt. Für den Arbeitgeber empfiehlt sich daher die vorherige Festlegung des Ausgleichszeitraums. Der Arbeitgeber ist frei in der Wahl des Ausgleichszeitraums. Er kann den sechsmonatigen, den 24-wöchigen oder einen kürzeren Zeitraum wählen, nicht aber einen längeren. Es ist zulässig, die Ausgleichszeiträume zu wechseln[2]. Die Wahl des Ausgleichszeitraumes ist mitbestimmungspflichtig, § 87 Abs. 1 Nr. 2 BetrVG[3]. Die Möglichkeiten der Verteilung der Arbeitszeit richten sich nach der Länge des gewählten Ausgleichszeitraumes, da durch diesen das zur Verfügung stehende Arbeitsstundenpotential ermittelt wird. 32

Beispiel: 33

In einem Ausgleichszeitraum von 20 Wochen fallen 960 Arbeitsstunden an 120 Werktagen an (8 Stunden × 6 Werktage × 20 Wochen). Es kann an 96 Werktagen jeweils 10 Stunden (960 Arbeitsstunden) gearbeitet werden, die restlichen 24 Werktage müssen dann arbeitsfrei bleiben.

Fallen in den 20-wöchigen Ausgleichszeitraum gesetzliche Feiertage, sind von der Gesamtarbeitszeit (960 Stunden) acht Stunden pro Feiertag abzuziehen[4]. ZB führen drei in den Ausgleichszeitraum fallende Feiertage zu einer Minderung des zur Verfügung stehenden Stundenpotentials auf 936 Arbeitsstunden (8 × 6 × 20–24). Nunmehr kann an 93 Werktagen 10 Stunden und an einem Werktag 6 Stunden gearbeitet werden, die restlichen 23 Werktage[5] müssen dann erneut arbeitsfrei bleiben.

Umstritten und noch nicht abschließend geklärt ist die Frage, ob bei der Berechnung des Ausgleichszeitraums **Krankheits- und Urlaubstage** zu berücksichtigen sind oder ein Ausgleich iSd. § 3 Satz 2 ArbZG nur zu Zeiten erfolgen kann, an denen der Arbeitnehmer seine Leistung erbringt[6]. Die Nichtberücksichtigung von Krankheits- und Urlaubstagen wird mit dem Gesundheitsschutz des Arbeitnehmers begründet[7], während sich die Gegenmeinung auf den Gesetzeszweck, die Arbeitszeit zu flexibilisieren, stützt[8]. Im Hinblick auf Art. 16 Nr. 2 der Arbeitszeit-Richtlinie 93/104/EG und Art. 16b der Richtlinie 2003/88/EG, wonach Zeiten des bezahlten Jahresurlaubs sowie Krankheitszeiten bei der Berechnung des Durchschnitts unberücksichtigt bleiben, ist im Wege der europarechtskonformen Auslegung des ArbZG davon auszugehen, dass Urlaubs- und Krankheitstage als Ausgleichstage nicht berücksichtigt werden können[9]. 34

---

1 *Buschmann/Ulber*, § 3 ArbZG Rz. 12.
2 *Dobberahn*, Teil C Rz. 29.
3 *Baeck/Deutsch*, § 3 ArbZG Rz. 37.
4 *Anzinger/Koberski*, Teil C, § 3 ArbZG Rz. 40.
5 In den Ausgleichszeitraum fallen wegen der Feiertage nur noch 117 Werktage.
6 Gegen Berücksichtigung von Urlaubs- und Krankheitstagen als Ausgleichstage: *Anzinger*, DB 1994, 1493; *Linnenkohl/Rauschenberg*, § 3 ArbZG Rz. 26; *Neumann/Biebl*, § 3 ArbZG Rz. 10; *Anzinger/Koberski*, Teil C, § 3 ArbZG Rz. 62, 63; Ministerium für Arbeit, Gesundheit und Soziales NRW, Erlass 23.6.1994. Dafür: *Dobberahn*, Teil C Rz. 31; HwB-AR/*Wessel*, Arbeitszeit, Rz. 34; vermittelnd: *Erasmy*, NZA 1994, 1105 (1107).
7 HzA/*Schliemann*, Gruppe 12, Rz. 256.
8 *Dobberahn*, Teil C Rz. 31.
9 ErfK/*Wank*, § 3 ArbZG Rz. 10; *Baeck/Deutsch*, § 3 ArbZG Rz. 43.

35 Die **Lage der Ausgleichszeiträume** ist durch das ArbZG nicht vorgeschrieben. Die Tage mit längerer oder kürzerer Arbeitszeit können am Anfang, in der Mitte oder am Ende des Ausgleichszeitraumes liegen[1]. Es ist daher eine Verknüpfung von zwei aufeinander folgenden Ausgleichszeiträumen zulässig.

Beispiel:

Im ersten Ausgleichszeitraum von sechs Monaten wird in den ersten sechs Wochen gar nicht, danach 20 Wochen lang 60 Stunden gearbeitet; im zweiten Ausgleichszeitraum erfolgt die Arbeitsverteilung genau spiegelbildlich. Auf diese Weise kann in 40 aufeinander folgenden Wochen jeweils 60 Stunden gearbeitet werden.

36 Die **Gegenmeinung**, nach der wegen des notwendigen Gesundheitsschutzes die Tage mit längerer Arbeitszeit immer am Anfang des Ausgleichszeitraumes liegen müssen[2], findet im Gesetz keine Stütze, da § 3 ArbZG gerade nicht festlegt, dass der Ausgleich in den folgenden sechs Kalendermonaten bzw. 24 Wochen zu erfolgen hat[3]. Eine solche Einengung widerspräche auch dem Flexibilisierungszweck nach § 1 ArbZG. Aus den gleichen Gründen muss die Arbeitszeit nicht zum Zeitpunkt der ersten Verlängerung nach § 3 Satz 2 ArbZG für die nächsten sechs Monate im Voraus feststehen[4].

36a Die Führung von **Arbeitszeitkonten** führt in der Praxis häufig zu Schwierigkeiten, insbesondere im Zusammenhang mit ihrer Abrechnung[5]. Zunächst ist zu klären, ob ein Arbeitszeitkonto als reines Überstundenkonto geführt wird, oder ob es sich um ein reguläres Arbeitszeitkonto handelt, auf das sowohl Mehr- als auch Minderarbeit gebucht werden kann. Das Bundesarbeitsgericht stellt in diesem Zusammenhang darauf ab, welche konkrete Vereinbarung zwischen den Arbeitsvertragsparteien getroffen worden ist[6]. Der Arbeitgeber ist nicht zur Verrechnung sog. Minusstunden berechtigt, die aufgrund einer Unterschreitung der vereinbarten Wochenarbeitszeit aus betrieblichen Gründen entstanden sind, wenn er mit dem Arbeitnehmer keine Vereinbarung über ein Arbeitszeitkonto mit der Möglichkeit eines negativen Kontostands getroffen hat. Fehlt es an einer wirksamen Vereinbarung eines Arbeitszeitkontos, kommt es bei betriebsbedingt veranlassten Minusstunden nicht zu einem vom Arbeitnehmer auszugleichenden Vergütungsvorschuss, da der Arbeitgeber das Risiko des Arbeitsausfalls zu tragen hat und sich deshalb nach § 615 Satz 1 und 3 BGB im Annahmeverzug befindet[7]. Die Gutschrift von Arbeitsstunden auf einem Arbeitszeitkonto setzt voraus, dass die gutzuschreibenden Stunden nicht vergütet wurden oder die dafür geleistete Vergütung vom Arbeitgeber wegen eines Entgeltfortzahlungstatbestandes auch ohne tatsächliche Arbeitszeitleistung hätte erbracht werden müssen. Eine zu geringe Vergütung von geleisteten Arbeitsstunden begründet keinen Anspruch, diese Stunden auf einem Arbeitszeitkonto als Mehrarbeit zu verbuchen, sondern nur auf Zahlung der Vergütungsdifferenz[8]. Der Antrag, einem Arbeitszeitkonto Stunden „gutzuschreiben", ist hinreichend bestimmt iSv. § 253 Abs. 2 Nr. 2 ZPO, wenn der Arbeitgeber für den Arbeitnehmer ein Zeitkonto führt, auf dem zu erfassende Arbeitszeiten nicht aufgenommen wurden und noch gutgeschrieben werden können.

---

1 *Dobberahn*, Teil C Rz. 32; *Neumann/Biebl*, § 3 ArbZG Rz. 8; *Anzinger/Koberski*, Teil C, § 3 ArbZG Rz. 33; *Erasmy*, NZA 1994, 1106.
2 *Buschmann/Ulber*, § 3 ArbZG Rz. 13.
3 *Neumann/Biebl*, § 3 ArbZG Rz. 9.
4 *Erasmy*, NZA 1994, 1106; aA *Buschmann/Ulber*, § 3 ArbZG Rz. 13.
5 BAG 10.12.2013 – 1 ABR 40/12, NZA 2014, 675 zur Auslegung einer Betriebsvereinbarung mit Kappungsregelung.
6 BAG 21.3.2012 – 5 AZR 676/11, NZA 2012, 870.
7 LAG Rh-Pf. 15.11.2011 – 3 Sa 493/11.
8 BAG 10.11.2010 – 5 AZR 766/09, NZA 2011, 876.

2. Ruhepausen

Ruhepausen sind **im Voraus festliegende Unterbrechungen der Arbeitszeit** für bestimmte Zeiten, die der Erholung dienen[1]. „Im Voraus" bedeutet, dass spätestens zu Beginn der täglichen Arbeitszeit zumindest ein bestimmter zeitlicher Rahmen festliegen muss, innerhalb dessen der Arbeitnehmer seine Ruhepause nehmen kann[2]. Entscheidendes Kriterium ist, dass der Arbeitnehmer von jeglicher Dienstverpflichtung[3] – auch von der Arbeitsbereitschaft[4] – freigestellt ist. Die Pause ist nur dann wirksam gewährt, wenn der Arbeitnehmer diesen Zeitraum zu einer selbst bestimmten freien Verfügung hat und die Dauer der Pause bei Beginn feststeht[5]. Daraus folgt, dass der Arbeitgeber nicht anordnen darf, dass sich der Arbeitnehmer während der Pause nur in bestimmten Räumen aufhalten darf oder sich zur Arbeitsaufnahme bereithalten muss[6]. Bislang ungeklärt war, ob für die Dauer der Pause Rufbereitschaft oder Bereitschaftsdienst angeordnet werden kann. Nach Auffassung des LAG Baden-Württemberg ist dies zumindest zweifelhaft[7]. Mit der gesetzlichen Neufassung steht fest, dass Bereitschaftsdienst, da dieser jedenfalls zur Arbeitszeit gehört, während der Ruhepausen nicht angeordnet werden kann. Ausnahmen sind nur in Fällen des § 14 ArbZG denkbar[8].

Die **Länge der Ruhepause** ist abhängig von der Dauer der Arbeitszeit, wobei Zeiten des Bereitschaftsdienstes mitzurechnen sind[9]. Die Arbeit muss bei einer Arbeitszeit von mehr als sechs und weniger als neun Stunden durch Ruhepausen von mindestens 30 Minuten unterbrochen werden. Beträgt die Arbeitszeit mehr als neun Stunden, muss die Pause mindestens 45 Minuten betragen, § 4 Satz 1 ArbZG. Sie kann in Einzelpausen von mindestens 15 Minuten Dauer aufgeteilt werden.

§ 11 JArbSchG enthält für die Ruhepausen Jugendlicher eine Sonderregelung.

Pausen von weniger als 15 Minuten sind keine Ruhepausen iSd. § 4 ArbZG, sondern zu vergütende Arbeitszeit[10]. Dies gilt auch für solche **Kurzpausen**, die nach § 7 ArbZG tariflich vereinbart werden[11]. Nicht ordnungsgemäß festgelegte und eingehaltene Ruhepausen sind ebenfalls vergütungspflichtige Arbeitszeit[12]. Behauptet der Arbeitgeber im Rahmen eines Streits um die Vergütung unstreitig von ihm angeordneter Arbeitsunterbrechungen, es habe sich um **nicht** vergütungspflichtige Ruhepausen gehandelt, muss er darlegen, dass diese im Voraus feststanden[13]. Der Betriebsrat hat nach § 87

---

1 BAG 29.10.2002 – 1 AZR 603/01, EzA § 4 ArbZG Nr. 1.
2 BAG 27.2.1992 – 6 AZR 478/90, AP Nr. 5 zu § 3 AZO Kr; 23.9.1992 – 4 AZR 562/91, AP Nr. 6 zu § 3 AZO Kr; 13.10.2009 – 9 AZR 139/08, NZA-RR 2010, 623; *Neumann/Biebl*, § 4 ArbZG Rz. 3; *Dobberahn*, Teil C Rz. 53; aA HzA/*Schliemann*, Gruppe 12, Rz. 303, der auf den Beginn der Pause abstellt.
3 BAG 27.2.1992 – 6 AZR 478/90, AP Nr. 5 zu § 3 AZO Kr; 23.9.1992 – 4 AZR 562/91, AP Nr. 6 zu § 3 AZO Kr.
4 BAG 5.5.1988 – 6 AZR 658/85, AP Nr. 1 zu § 3 AZO Kr.
5 BAG 29.10.2002 – 1 AZR 603/01, EzA § 4 ArbZG Nr. 1; LAG Köln 3.8.2012 – 5 Sa 252/12, BeckRS 2012, 73354.
6 LAG BW 14.10.1998 – 3 Sa 16/98, ZTR 1999, 365; anders jedoch für Beamte der Feuerwehr: OVG Koblenz 23.3.2012 – 2 A 11355/11. OVG.
7 LAG BW 14.10.1998 – 3 Sa 16/98, ZTR 1999, 365, aA LAG Schl.-Holst. 14.1.2009 – 6 Sa 347/08, LAGE § 4 ArbZG Nr. 1.
8 *Neumann/Biebl*, § 4 ArbZG Rz. 2; *Dobberahn*, Teil C Rz. 58.
9 BAG 16.12.2009 – 5 AZR 157/09, EzA § 4 ArbZG Nr. 3; LAG Schl.-Holst. 14.1.2009 – 6 Sa 347/08, LAGE § 4 ArbZG Nr. 1.
10 BAG 27.4.2000 – 6 AZR 861/98, NZA 2001, 274 (275); 24.5.2007 – 6 AZR 706/06, NZA 2007, 1175.
11 *Neumann/Biebl*, § 4 ArbZG Rz. 4; aA *Linnenkohl/Rauschenberg*, § 4 ArbZG Rz. 8.
12 BAG 5.5.1988 – 6 AZR 658/85, 27.2.1992 – 6 AZR 478/90 u. 23.9.1992 – 4 AZR 562/91, AP Nr. 1, 5, 6 zu § 3 AZO Kr.
13 LAG Köln 3.8.2010 – 12 Sa 610/10, LAGE § 4 ArbZG Nr. 2; LAG Köln 3.8.2012 – 5 Sa 252/12, BeckRS 2012, 73354.

Abs. 1 Nr. 2 BetrVG bei der Festlegung der zeitlichen Lage vergütungspflichtiger tariflicher Kurzpausen mitzubestimmen[1]. Fällt Mehrarbeit allein dadurch an, dass Arbeitnehmer die gesetzliche bzw. tarifliche Mindestpause nicht wahrnehmen oder wahrnehmen können, ist gleichwohl kein Mitbestimmungsrecht des Betriebsrates eröffnet, da er den Verzicht auf die Pause ebenfalls nicht regeln könnte[2].

41 Der Forderung der Gewerkschaften nach gesetzlicher Verankerung **bezahlter Pausen** ist der Gesetzgeber nicht nachgekommen. Ob und inwieweit ein Anspruch auf Bezahlung der Pausen besteht, richtet sich nach dem jeweiligen Tarif- oder Einzelarbeitsvertrag[3]. Nicht tarifdispositiv ist – außer nach § 7 Abs. 1 Nr. 2 ArbZG – hingegen die Pausenlänge.

42 Bzgl. der **Lage der Ruhepausen** schreibt das ArbZG lediglich vor, dass Arbeitnehmer nicht länger als sechs Stunden ohne Ruhepause beschäftigt werden dürfen. Nach § 4 Satz 1 ArbZG muss die Arbeitszeit jedoch durch die Ruhepause unterbrochen werden, so dass die Arbeit nicht mit einer Pause beginnen oder enden darf[4]. Da die Ruhepause der Erholung des Arbeitnehmers dienen soll, wird dieser Zweck nicht erfüllt, wenn die Pause in der ersten oder letzten Arbeitsstunde genommen wird[5]. Zudem muss der Arbeitgeber bei der Pausengestaltung die Grenzen billigen Ermessens (§ 315 BGB) beachten[6] und darf unter Beachtung von § 106 GewO längere Ruhepausen anordnen, da § 4 ArbZG nur eine Mindestdauer garantiert[7]. Es ist zulässig, die Ruhepause in eine im Voraus feststehende Betriebsunterbrechung zu legen, etwa bei Wartezeiten oder Wendepausen. Der Arbeitgeber erfüllt seine Pflicht, die Pause zu gewähren, nur dann, wenn der Arbeitnehmer aufgrund des Arbeitsablaufes auch in die Lage versetzt wird, die Pause tatsächlich in Anspruch zu nehmen[8]. Der Arbeitgeber darf die Einnahme der Pausen an die Arbeitnehmer delegieren.

43 Hinsichtlich der **Aufenthaltsräume** sind die Vorschriften der Arbeitsstättenverordnung vom 12.8.2004 zu beachten[9].

44 Die **Aufstellung von Pausenregelungen** für den gesamten Betrieb, Betriebsabteilungen oder nach abstrakten Kriterien für bestimmte Arbeitnehmergruppen unterliegt der Mitbestimmung gem. §§ 87 Abs. 1 Nr. 2 BetrVG, 75 Abs. 3 Nr. 1 BPersVG[10]. Die Betriebsparteien sind an die rechtlichen Vorgaben aus § 4 ArbZG im Rahmen von § 87 Abs. 1 Nr. 2 BetrVG gebunden[11]. Eine gegen § 4 ArbZG verstoßende Betriebsvereinbarung ist unwirksam. Sie ist vom Mitbestimmungsrecht des Betriebsrates nach § 87 Abs. 1 Nr. 2, 10 oder 11 BetrVG nicht gedeckt. Auch als freiwillige Betriebsvereinbarung verstößt sie gegen § 77 Abs. 3 BetrVG[12]. Die Frage, ob die Arbeitnehmer das Betriebsgelände während der Pause verlassen dürfen, unterliegt ebenfalls der Mitbestimmung des Betriebsrates, sofern eine tarifvertragliche Regelung nicht besteht[13]. Ein Mitbestimmungsrecht des Betriebsrates nach § 87 Abs. 1 Nr. 2 BetrVG hinsichtlich der Einführung und Dauer von Pausen setzt voraus, dass es sich um unbezahlte

---

1 BAG 1.7.2003 – 1 ABR 20/02, ZTR 2004, 383.
2 LAG Köln 27.9.2010 – 2 TaBV 11/10, AuA 2011, 305.
3 LAG Köln 20.8.1998 – 6 (13) Sa 577/98, ZTR 1999, 123 (Vorinstanz); BAG 27.4.2000 – 6 AZR 861/98, NZA 2001, 274.
4 ErfK/*Wank*, § 4 ArbZG Rz. 2.
5 *Baeck/Deutsch*, § 4 ArbZG Rz. 23.
6 BAG 19.5.1992 – 1 AZR 418/91, NZA 1992, 979.
7 BAG 16.12.2009 – 5 AZR 157/09, EzA § 4 ArbZG Nr. 3.
8 BAG 23.9.1992 – 4 AZR 562/91, NZA 1993, 752.
9 BGBl. I 2004, 2179.
10 *Anzinger/Koberski*, Teil C, § 4 ArbZG Rz. 50.
11 LAG Köln 23.8.2001 – 6 Sa 567/01, AE 2002, Nr. 237.
12 BAG 29.10.2002 – 1 AZR 603/01, EzA § 4 ArbZG Nr. 1.
13 BAG 21.8.1990 – 1 AZR 567/89, NZA 1991, 154.

VI. Einzelregelungen

Pausen handelt. Bei tariflich geregelten vergütungspflichtigen Pausen besteht ein Mitbestimmungsrecht nur hinsichtlich der Festlegung ihrer zeitlichen Lage[1].

3. Ruhezeit

Die Ruhezeit ist der **Zeitraum zwischen Arbeitsende und Arbeitsbeginn desselben Arbeitnehmers am Folgetag**[2]. Folgetag ist nicht der Kalendertag, sondern der nach § 3 ArbZG bestimmte individuelle Arbeitstag (s. Rz. 28)[3]. Sie beträgt elf Stunden und muss im Anschluss an die Arbeitszeit gewährt werden[4]. Eine Sonderregelung enthält § 8 Abs. 4 MuSchG für werdende oder stillende Mütter. Zur Ruhezeit zählen alle Zeiten, die nicht Arbeit, dh. weder Vollarbeit noch Arbeitsbereitschaft noch Bereitschaftsdienst sind[5]. Nach der gesetzlichen Neuregelung kann nur noch die Rufbereitschaft in die Ruhezeit fallen. Die Ruhezeit schließt auch die Wegezeit vom und zum Arbeitsplatz ein. Während der Ruhezeit ist jede Inanspruchnahme des Arbeitnehmers, die dem Zweck der Ruhezeit zuwiderläuft, verboten[6].

Wird die **Ruhezeit** auch nur kurzfristig **durch Arbeitsleistung unterbrochen**, insbesondere durch Tätigkeiten im Rahmen der Rufbereitschaft oder in Fällen des § 14 ArbZG, beginnt sie neu zu laufen[7]. Dem Arbeitnehmer ist nach Abschluss der Arbeit somit eine weitere elfstündige Ruhezeit zu gewähren, der neuerliche Arbeitsbeginn ist entsprechend zu verschieben. Fällt hierdurch Arbeitszeit aus, hat der Arbeitnehmer weder einen Anspruch auf Bezahlung der ausgefallenen Zeit noch einen Anspruch auf Gutschrift der ausgefallenen Arbeitszeit auf ein geführtes Arbeitszeitkonto[8], es sei denn, tarifvertraglich oder einzelvertraglich ist etwas anderes vereinbart[9]. Dem Arbeitnehmer steht während der Ruhezeit außer in den Fällen des § 14 ArbZG ein Leistungsverweigerungsrecht zu[10].

Nach § 5 Abs. 2 ArbZG kann die Ruhezeit in Krankenhäusern und vergleichbaren Pflegeeinrichtungen, in Gastronomie- und Beherbergungsbetrieben, in Verkehrsbetrieben, beim Rundfunk[11], in der Landwirtschaft und in der Tierhaltung um eine Stunde gekürzt werden, wenn innerhalb eines Kalendermonats oder innerhalb von vier Wochen ein Ausgleich durch Verlängerung einer anderen Ruhezeit auf mindestens 12 Stunden gewährt wird. Der Ausgleich muss nicht der einzelnen Verkürzung entsprechen, vielmehr kann eine Gesamtabrechnung vorgenommen werden[12]. ZB kann die viermalige **Verkürzung der Ruhezeit** um 15 Minuten durch eine zwölfstündige Ruhezeit ausgeglichen werden. Würde man für jede noch so kurzfristige Verkürzung der Ruhezeit jeweils eine 12-stündige Ruhezeit gewähren müssen, läge kein Ausgleich, sondern eine Überkompensation vor[13].

---

1 BAG 1.7.2003 – 1 ABR 20/02, EzA § 87 BetrVG 2001 – Arbeitszeit Nr. 3.
2 BAG 23.11.1960 – 4 AZR 257/59, AP Nr. 6 zu § 12 AZO; 13.2.1992 – 6 AZR 638/89, EzA § 12 AZO Nr. 4.
3 *Anzinger/Koberski*, Teil C, § 5 ArbZG Rz. 5.
4 *Anzinger/Koberski*, Teil C, § 5 ArbZG Rz. 18 ff.
5 *Neumann/Biebl*, § 5 ArbZG Rz. 2.
6 *Anzinger/Koberski*, Teil C, § 5 ArbZG Rz. 13.
7 AA *Bissels/Domke/Wisskirchen*, DB 2010, 2054, wonach kurze Telefonate oder das Versenden einer E-Mail nicht die Ruhezeit erneut in Gang setzen sollen.
8 BAG 13.12.2007 – 6 AZR 197/07, NZA-RR 2008, 418.
9 BAG 5.7.1976 – 5 AZR 264/75, AP Nr. 10 zu § 12 AZO.
10 LAG Düsseldorf 19.4.1967 – 9 Sa 44/67, BB 1967, 921; Schaub/*Vogelsang*, § 159 IV 1; *Baeck/Deutsch*, § 5 ArbZG Rz. 17.
11 Gemeint sind der Hörfunk und das Fernsehen, unabhängig davon, ob sie öffentlich-rechtlich oder privatrechtlich organisiert sind, vgl. *Neumann/Biebl*, § 5 ArbZG Rz. 12.
12 *Dobberahn*, Teil C Rz. 64; *Neumann/Biebl*, § 5 ArbZG Rz. 5; ErfK/*Wank*, § 5 ArbZG Rz. 6; aA *Anzinger/Koberski*, Teil C, § 5 ArbZG Rz. 32.
13 *Neumann/Biebl*, § 5 ArbZG Rz. 5; aA HzA/*Schliemann*, Gruppe 12, Rz. 346; *Junker*, ZfA 1998, 119.

48 Weitere **Ausnahmemöglichkeiten** sieht § 5 Abs. 3 ArbZG **für den Krankenhaus- und Pflegebereich** vor. Der Begriff ist weit zu fassen; die Art der Trägerschaft ist ohne Bedeutung. Entscheidend ist, dass in den Einrichtungen eine ständige Dienstbereitschaft zur Behandlung, Pflege und Betreuung von Personen besteht[1]. § 5 Abs. 3 ArbZG erlaubt in diesen Bereichen eine Unterbrechung der Ruhezeit bis zu 5 ½ Stunden, ohne dass im Anschluss an diese Arbeitsleistungen eine erneute Ruhezeit erforderlich wird[2]. Einzige Voraussetzung ist die Schaffung eines Ausgleichs, der jedoch nicht in der Frist des § 5 Abs. 2 ArbZG gewährt werden muss. Zu beachten ist, dass der zur Mehrarbeit herangezogene Arbeitnehmer eine neue volle Ruhezeit von mindestens 10 Stunden erhalten muss, bevor er die nächste Schicht antreten darf. Durch die Neufassung des § 5 Abs. 3 ArbZG ist der Bereitschaftsdienst aus diesem Ausnahmetatbestand gestrichen worden. Der krankenhausspezifische Bereitschaftsdienst in seiner früheren Form ist damit praktisch abgeschafft[3]. Erhebliche praktische Tragweite hat daher die den Tarifvertragsparteien nach § 7 Abs. 2 Nr. 3 ArbZG eingeräumte Abweichungsbefugnis, die auch durch die Gesetzesnovelle nicht geändert worden ist.

49 Der frühere § 5 Abs. 4 ArbZG ist durch das Gesetz zur Änderung personenbeförderungsrechtlicher Vorschriften und arbeitszeitrechtlicher Vorschriften für das Fahrpersonal[4] aufgehoben und durch § 21a Abs. 5 ArbZG ersetzt worden.

50 Anders als früher nach der AZO können die **Aufsichtsbehörden Abweichungen von der Ruhezeit** außer in Fällen der §§ 14, 15 Abs. 1 Nr. 3 und 4 sowie Abs. 2 ArbZG **nicht mehr zulassen**[5].

51 § 5 ArbZG gilt auch für Sonn- und Feiertagsarbeit, § 11 Abs. 2 ArbZG. Nach § 11 Abs. 4 ArbZG ist der **Ersatzruhetag** zusammen mit der Ruhezeit zu gewähren.

52 Die **Ruhezeit Jugendlicher** beträgt nach § 13 JArbSchG zwölf Stunden und wird als „Freizeit" bezeichnet. Der Begriff „Freizeit" bedeutet völlig bedingungslose, persönlich frei verfügbare Zeit[6]. Daraus folgt, dass Jugendliche in ihrer Freizeit weder zu Bereitschaftsdiensten noch zur Rufbereitschaft herangezogen werden dürfen[7].

4. Nacht- und Schichtarbeit

53 **Nachtarbeit** ist gem. § 2 Abs. 4 ArbZG jede Arbeit, die mehr als zwei Stunden Nachtzeit erfasst, wobei § 2 Abs. 3 ArbZG als Nachtzeit die Zeit von 23 bis 6 Uhr definiert (vgl. auch Rz. 76). Nachtarbeitnehmer nach § 2 Abs. 5 Nr. 1 ArbZG ist, wer aufgrund der Arbeitszeitgestaltung normalerweise Nachtarbeit in Wechselschicht zu leisten hat. „Normalerweise" bedeutet, dass der Arbeitnehmer in ein Drei-Schicht-System eingebunden ist und in nicht unerheblichem Umfang zur Nachtarbeit herangezogen wird[8]. Die Arbeitszeit muss dabei mindestens zwei Stunden der Nachtzeit umfassen. Arbeitnehmer, die als Springer nur gelegentlich zur Nachtarbeit herangezogen werden, sind daher keine Nachtarbeitnehmer.

54 Nachtarbeitnehmer ist auch, wer außerhalb von Wechselschichtsystemen an **mindestens 48 Tagen im Kalenderjahr** Nachtarbeit leistet, § 2 Abs. 5 Nr. 2 ArbZG. Abzustellen ist auf die arbeitsvertragliche Verpflichtung, nicht auf die tatsächlich geleisteten

---

1 *Neumann/Biebl*, § 5 ArbZG Rz. 7; *Anzinger/Koberski*, § 5 ArbZG Rz. 62.
2 *Linnenkohl/Rauschenberg*, § 5 ArbZG Rz. 32.
3 *Schliemann*, ArbZG, Teil B, § 5 ArbZG Rz. 47.
4 BGBl. I 2006, 1962.
5 *Anzinger/Koberski*, Teil C, § 5 ArbZG Rz. 2.
6 *HzA/Schliemann*, Gruppe 12, Rz. 117.
7 *Dobberahn*, Teil C Rz. 72.
8 *Erasmy*, NZA 1994, 1105 (1108); HwB-AR/*Wessel*, Arbeitszeit, Rz. 41a.

VI. Einzelregelungen

Nachtarbeiten[1]. Zu beachten ist, dass die Wortwahl in Nr. 1 („zu leisten haben") und Nr. 2 („leisten") unterschiedlich ist. Somit kommt es in Nr. 1 auf die **rechtliche Verpflichtung** an, in Nr. 2 dagegen auf die **tatsächliche Leistung** von 48 Tagen. Im Hinblick darauf, dass es nach § 2 Abs. 5 Nr. 2 ArbZG allein auf die tatsächliche Ableistung der Nachtarbeit ankommt, sind die Nachtarbeitstage aus verschiedenen Arbeitsverhältnissen des betreffenden Arbeitnehmers im Kalenderjahr zusammenzuzählen. Die Folgen, die sich hieraus ergeben, sind jedoch gänzlich ungeklärt. So stellt sich in erster Linie die Frage, wer den Ausgleich für Nachtarbeit zu leisten hat. Für den Fall, dass der Arbeitnehmer nach seinem Arbeitsplatzwechsel keine Nachtarbeit mehr leistet, gilt § 3 Abs. 2 ArbZG, auf den in § 6 Abs. 2 Satz 3 ArbZG verwiesen wird. Wird jedoch im neuen Arbeitsverhältnis ebenfalls Nachtarbeit geleistet, ist ein Ausgleich unter verschiedenen Arbeitgebern, anders als nach § 6 BUrlG, nicht vorgesehen[2].

Abzulehnen ist die Auffassung, dass § 2 Abs. 5 Nr. 2 ArbZG ein Prognoseelement beinhaltet. So soll die Nachtarbeitnehmereigenschaft schon dann gegeben sein, wenn mit Sicherheit von der Ableistung auszugehen ist oder sich aus dem Arbeitsvertrag oder der Arbeit im Vorjahr ergibt[3]. Soweit sich die Ableistung von 48 Nachtschichten aus dem Arbeitsvertrag ergibt, ist ohnehin nicht auf die Nr. 2 zurückzugreifen, in diesen Fällen ergibt sich die Nachtarbeitnehmereigenschaft schon aus § 2 Abs. 5 Nr. 1 ArbZG. Der Gesetzgeber hat in der Nr. 2 bewusst kein Prognoseelement aufgenommen, sondern hat in den beiden Nummern von Abs. 5 klar zwischen zu erwartender und tatsächlicher Arbeitsleistung differenziert. Die Auffassung, § 5 Abs. 2 Nr. 2 ArbZG enthalte ein Prognoseelement, ist daher mit dem klaren Gesetzeswortlaut nicht zu vereinbaren. Überdies ergeben sich aus dieser Auffassung auch weitere ungeklärte Probleme, etwa wenn der Arbeitnehmer entgegen der Prognose tatsächlich nur an 35 Tagen im Kalenderjahr Nachtarbeit geleistet hat. Hat der Arbeitgeber im Hinblick auf die erwartete Nachtarbeitnehmereigenschaft Leistungen an den Arbeitnehmer erbracht, müssten diese dann rückabgewickelt werden, was regelmäßig nicht möglich ist.

§ 6 iVm. § 2 Abs. 3–5 ArbZG regelt erstmals gesetzlich die Nacht- und Schichtarbeit, die nach „den **gesicherten arbeitswissenschaftlichen Erkenntnissen über die menschengerechte Gestaltung der Arbeit**" festzulegen ist. Dazu gehören (nach der Europäischen Stiftung zur Verbesserung der Lebens- und Arbeitsbedingungen in Dublin): 55

- möglichst kurze Nachtschichtfolgen, idR nicht mehr als zwei bis vier Nachtschichten hintereinander
- ausreichende Ruhezeiten zwischen zwei Schichten
- regelmäßige freie Wochenenden
- keine Arbeitsperioden von acht und mehr Tagen
- Vorwärtswechsel der Schichten, also erst Früh-, dann Spät-, dann Nachtschicht
- rechtzeitige Information der Arbeitnehmer über den Schichtplan.

Die vorstehende Aufzählung sollte als **Checkliste** bei der Erstellung einer entsprechenden Betriebsvereinbarung herangezogen werden. Betriebsvereinbarungen aufgrund von Einigungsstellensprüchen, die diesen Erfordernissen nicht gerecht werden, sind nach § 76 Abs. 5 BetrVG aufzuheben[4].

---

[1] *Neumann/Biebl*, § 2 ArbZG Rz. 28; aA *Anzinger/Koberski*, Teil C, § 2 ArbZG Rz. 93; HzA/ *Schliemann*, Gruppe 12, Rz. 170; *Junker*, ZfA 1998, 111.
[2] *Neumann/Biebl*, § 3 ArbZG Rz. 10; *Schliemann*, ArbZG, Teil B, § 2 ArbZG Rz. 140.
[3] *Buschmann/Ulber*, § 2 ArbZG Rz. 24; ErfK/*Wank*, § 2 ArbZG Rz. 19.
[4] *Neumann/Biebl*, § 6 ArbZG Rz. 9.

56 Umstritten ist, ob § 6 ArbZG **eine Soll- oder eine Mussvorschrift** ist. Diese Unterscheidung hat erhebliche Konsequenzen. Wäre § 6 ArbZG eine Mussvorschrift, dann ist die Berücksichtigung der arbeitswissenschaftlichen Erkenntnisse (vgl. Rz. 55) echte Wirksamkeitsvoraussetzung für die Einteilung des Arbeitnehmers zur Nacht- und Schichtarbeit. Aus der Verletzung der arbeitswissenschaftlichen Erkenntnisse würde dann ein Leistungsverweigerungsrecht des Arbeitnehmers gem. § 273 BGB resultieren. Die amtliche Begründung nimmt zu diesem Problem nicht Stellung. Die fehlende Strafbewehrung des § 6 ArbZG im Gegensatz zu vielen anderen Normen des ArbZG spricht für den Charakter einer **Sollvorschrift**[1]. Das BAG vertritt zwar die Auffassung, dass es keine gesicherten arbeitsmedizinischen Erkenntnisse darüber gäbe, ob eine kurze oder längere Schichtfolge die Gesundheit der Arbeitnehmer stärker beeinträchtigt[2]. Jedoch geht es davon aus, dass Nachtarbeit grundsätzlich für jeden Menschen schädlich ist und negative gesundheitliche Auswirkungen hat. Nach bisherigem Stand der Arbeitsmedizin steigt die Belastung und Beanspruchung der Beschäftigten durch die Anzahl der Nächte pro Monat und die Anzahl der Nächte hintereinander, in denen Nachtarbeit geleistet wird[3]. Der Arbeitgeber kann daher kraft seines Direktionsrechts die Anzahl der in Folge zu leistenden Nachtschichten festlegen, soweit durch Arbeitsvertrag, Betriebsvereinbarung oder Tarifvertrag keine Regelung getroffen sei, wird dabei aber diese Erkenntnisse der Arbeitsmedizin berücksichtigen müssen.

57 Die **werktägliche Arbeitszeit für Nachtarbeiter** darf gem. § 6 Abs. 2 Satz 1 ArbZG acht Stunden nicht überschreiten. Eine flexible Verteilung ist nach § 6 Abs. 2 Satz 2 ArbZG nur in einem engeren Rahmen möglich, da der Ausgleichszeitraum auf einen Monat begrenzt wird. Gemeint ist der Zeit- und nicht der Kalendermonat (vgl. Rz. 32). Abweichende tarifliche Regelungen – insbesondere längere Ausgleichszeiträume – sind zulässig, § 7 Abs. 1 Nr. 4 ArbZG. Aufgenommen in § 7 Abs. 1 Nr. 4 lit. a ArbZG ist nunmehr auch der Bereitschaftsdienst.

58 § 6 Abs. 3 ArbZG regelt das **Untersuchungsrecht** als Ausfluss des verbesserten Arbeitnehmergesundheitsschutzes. Danach hat der Arbeitnehmer ein Untersuchungsrecht, den Arbeitgeber trifft aber keine Initiativpflicht[4]. Der Arbeitnehmer kann sich vor Aufnahme der Beschäftigung und während der Beschäftigung im Drei-Jahres-Rhythmus untersuchen lassen. Ab Vollendung des 50. Lebensjahres besteht ein jährlicher Untersuchungsanspruch.

59 Die **Kosten der Untersuchungen** fallen dem Arbeitgeber zur Last[5]. Bietet der Arbeitgeber die Durchführung der Untersuchung durch einen Betriebsarzt oder einen überbetrieblichen Dienst von Betriebsärzten an, entfällt die Kostentragungspflicht, wenn sich der Arbeitnehmer in Kenntnis dieses Angebots ohne triftige Gründe von einem Arzt seiner Wahl untersuchen lässt[6]. Hinsichtlich der ausgefallenen Arbeitszeit besteht ein Vergütungsanspruch nach § 616 BGB[7].

60 § 6 Abs. 4 Satz 1 ArbZG gewährt dem Nachtarbeiter einen betriebsbezogenen[8] **Umsetzungsanspruch auf einen geeigneten Tagarbeitsplatz**, wenn eine Gesundheitsgefährdung droht oder der Arbeitnehmer ein Kind unter 12 Jahren oder einen schwer

---

1 *Dobberahn*, Teil C Rz. 77; *Erasmy*, NZA 1994, 1108; *Sondermann*, DB 1993, 1925; aA *Neumann/Biebl*, § 6 ArbZG Rz. 8; ohne Festlegung: *Anzinger/Koberski*, Teil C, § 6 ArbZG Rz. 101.
2 BAG 11.2.1998 – 5 AZR 472/97, EzA § 315 BGB Nr. 48.
3 BAG 11.12.2013 – 10 AZR 736/12, NZA 2014, 670.
4 *Neumann/Biebl*, § 6 ArbZG Rz. 14.
5 *Schaub/Vogelsang*, § 157 II 3a.
6 *Erasmy*, NZA 1994, 1109.
7 *Anzinger/Koberski*, Teil C, § 6 ArbZG Rz. 49; BAG 7.3.1990 – 5 AZR 189/89, AP Nr. 83 zu § 616 BGB.
8 *Dobberahn*, Teil C Rz. 87.

pflegebedürftigen Angehörigen[1] zu versorgen hat. Die Geeignetheit des Tagesarbeitsplatzes beurteilt sich vorrangig nach der vertraglich übernommenen Arbeitspflicht; die tarifvertragliche Eingruppierung nach Lohn- und Gehaltsgruppen mit den dazugehörigen Tätigkeitsmerkmalen der neuen Tätigkeit kann zur Beurteilung der Vergleichbarkeit der Tätigkeiten herangezogen werden[2]. Die Umsetzungspflicht besteht nicht, wenn ihr „dringende betriebliche Erfordernisse entgegenstehen".

Es besteht **keine Verpflichtung des Arbeitgebers**, der über keinen freien Tagarbeitsplatz verfügt, **einen entsprechenden Arbeitsplatz freizukündigen**[3]. Nach der amtlichen Begründung[4] soll der Umsetzungsanspruch davon abhängen, ob ein Tagarbeitsplatz „zur Verfügung steht". Daraus folgt, dass auch keine Verpflichtung des Arbeitgebers besteht, einen entsprechenden Tagarbeitsplatz zu schaffen[5]. Die Prüfung der Beschäftigungsmöglichkeit beschränkt sich auf den Betrieb und ist nicht unternehmensbezogen[6]. Der Umsetzungsanspruch besteht nur dann, wenn der Arbeitnehmer die für den freien Platz erforderliche Qualifikation mitbringt[7], ein Beförderungsanspruch auf einen besseren Arbeitsplatz besteht nicht. Der Begriff der Umsetzung ist jedoch umfassend zu verstehen und bezieht auch Versetzungen iSd. BetrVG ein. Ist eine Änderung des Arbeitsvertrages erforderlich, sind beide Parteien gehalten, ihr zuzustimmen[8]. 61

Ist kein freier Tagarbeitsplatz vorhanden oder stehen **dringende betriebliche Belange** der Umsetzung entgegen, geht der Umsetzungsanspruch ins Leere. Das Tatbestandsmerkmal „dringend" ist in Anlehnung an § 7 Abs. 1 BUrlG zu prüfen[9]. Andere Autoren wollen das Merkmal „dringend" anhand des Maßstabs der Verhältnismäßigkeit ermitteln[10]. Nicht jedes betriebliche Erfordernis soll dem Umsetzungsanspruch entgegengehalten werden können. Vielmehr sind dem Arbeitgeber bestimmte Maßnahmen wie Ringtausch von Arbeitnehmern etc. im Einzelfall durchaus zumutbar[11]. Je größer die Schutzbedürftigkeit des Arbeitnehmers, umso gravierender müssen die betrieblichen Erfordernisse sein[12]. Der Umsetzungsanspruch erlischt in diesen Fällen nicht dauerhaft, sondern kann insbesondere bei einer Änderung der Sachlage weiter geltend gemacht werden[13]. 62

Darlegungs- und beweisbelastet ist der Arbeitnehmer für das Vorliegen der Voraussetzungen des Umsetzungsanspruches[14]. Für den Nachweis der gesundheitlichen Beeinträchtigung ist eine arbeitsmedizinische Feststellung erforderlich, das Attest des Hausarztes reicht nicht aus[15]. Die familienpolitisch motivierten Tatbestände muss 63

---

1 Der Begriff „schwerpflegebedürftig" ist in Anlehnung an § 53 SGB V aF gewählt worden (vgl. BT-Drucks. 12/5888, 26). Die frühere Schwerpflegebedürftigkeit nach § 53 SGB V aF entspricht in etwa den Pflegestufen II und III des § 15 SGB XI, vgl. HzA/*Schliemann*, Gruppe 12, Rz. 460.
2 ErfK/*Wank*, § 6 ArbZG Rz. 10.
3 HzA/*Schliemann*, Gruppe 12, Rz. 451.
4 BT-Drucks. 12/5888, 26.
5 *Erasmy*, NZA 1994, 1105 (1110); HwB-AR/*Wessel*, Arbeitszeit, Rz. 69; *Junker*, ZfA 1998, 124.
6 *Erasmy*, NZA 1994, 1105 (1110); aA *Buschmann/Ulber*, § 6 ArbZG Rz. 24.
7 *Neumann/Biebl*, § 6 ArbZG Rz. 22.
8 HzA/*Schliemann*, Gruppe 12, Rz. 449.
9 *Anzinger/Koberski*, Teil C, § 6 ArbZG Rz. 58; vgl. auch BVerfG 28.1.1992 – 1 BvR 1025/82, EzA § 19 AZO Nr. 5.
10 *Baeck/Deutsch*, § 6 ArbZG Rz. 61.
11 *Neumann/Biebl*, § 6 ArbZG Rz. 22; *Baeck/Deutsch*, § 6 ArbZG Rz. 58; aA *Junker*, ZfA 1998, 105 (124), der eine Verpflichtung, einen Arbeitsplatz frei zu machen, generell ablehnt.
12 *Anzinger/Koberski*, Teil C, § 6 ArbZG Rz. 61; vgl. auch BVerfG 28.1.1992 – 1 BvR 1025/82, EzA § 19 AZO Nr. 5.
13 *Buschmann/Ulber*, § 6 ArbZG Rz. 25.
14 *Linnenkohl/Rauschenberg*, § 6 ArbZG Rz. 20; *Neumann/Biebl*, § 6 ArbZG Rz. 18.
15 *Erasmy*, NZA 1994, 1105 (1109).

der Arbeitnehmer ebenfalls substantiiert darlegen. Regelmäßig wird dem Arbeitgeber in diesen Fällen ein substantiiertes Bestreiten kaum möglich sein, da er die persönlichen Verhältnisse seines Arbeitnehmers idR nicht kennt[1]. Hinsichtlich der dringenden betrieblichen Erfordernisse, die der Umsetzung entgegenstehen, trägt der Arbeitgeber die Darlegungs- und Beweislast[2]. Bei der Prüfung, ob ein freier Arbeitsplatz vorhanden ist, gilt in Anlehnung an die Rechtsprechung zur Weiterbeschäftigungsmöglichkeit bei betriebsbedingten Kündigungen eine abgestufte Darlegungs- und Beweislast[3].

64 Der Nachtarbeiter hat außer in unvermeidbaren Zwangslagen kein **Leistungsverweigerungsrecht**[4]. Er muss sich notfalls mit seinem Arbeitgeber über eine unbezahlte Freistellung einigen oder selbst kündigen[5]. Ist der angestrebte Arbeitsplatzwechsel gesundheitlich motiviert, wird häufig zugleich eine Arbeitsunfähigkeit bestehen, so dass es eines Leistungsverweigerungsrechts nicht bedarf. Jedoch besteht keine Arbeitsunfähigkeit, wenn der Arbeitnehmer seine vertraglich geschuldete Leistung mit Ausnahme von Nachtschichten erbringen kann. In diesem Fall kann der Arbeitnehmer die vertraglich festgelegte volle Arbeitsleistung erbringen und ist nach Auffassung des BAG nur hinsichtlich der Lage der Arbeitszeit eingeschränkt verwendbar. Diesem Umstand muss der Arbeitgeber bei Ausübung seines Direktionsrechts Rechnung tragen[6].

65 Die Umsetzung auf einen Tagarbeitsplatz kann gleichzeitig eine **Versetzung** nach § 99 BetrVG sein, so dass der Betriebsrat oder Personalrat zu hören ist. Unabhängig davon besteht nach § 6 Abs. 4 Satz 2 ArbZG eine **Anhörungspflicht**, die Wirksamkeitsvoraussetzung für eine Ablehnung des Umsetzungsgesuchs ist[7]. Die Anhörungspflicht begründet aber kein Mitbestimmungsrecht iSd. § 87 BetrVG[8]. Der Betriebs- oder Personalrat ist dezidiert zu unterrichten und hat das Recht, Lösungsvorschläge einzubringen, die nach den Grundsätzen der vertrauensvollen Zusammenarbeit mit dem Arbeitgeber zu erörtern sind[9].

66 § 6 Abs. 5 ArbZG überlässt die Ausgestaltung des vom Arbeitgeber geschuldeten **Ausgleichs für Nachtarbeit** grundsätzlich den Tarifvertragsparteien. Diese können eine Ausgleichsregelung iSv. § 6 Abs. 5 ArbZG ausdrücklich oder stillschweigend treffen. Eine tarifliche Regelung, die sich darin erschöpft, den Anspruch auf Nachtarbeitszuschlag auszuschließen, ist keine Ausgleichsregelung iSd. § 6 Abs. 5 ArbZG[10]. In diesem Fall reduziert sich die gesetzlich eröffnete Wahlmöglichkeit auf die Gewährung von Freizeitausgleich. Bei dessen Ausgestaltung hat der Betriebsrat – mangels tariflicher Regelung – mitzubestimmen.

Bei der Entscheidung des Arbeitgebers darüber, ob ein Ausgleich für Nachtarbeit nach § 6 Abs. 5 ArbZG durch bezahlte freie Tage oder durch Entgeltzuschlag zu gewähren ist, hat der Betriebsrat nach § 87 Abs. 1 Nr. 7 und 10 BetrVG mitzubestimmen[11]. Das Mitbestimmungsrecht erstreckt sich auch auf eine Regelung, nach der sich ein Freizeitausgleichsanspruch in einen Entgeltanspruch umwandelt, wenn aus betrieblichen Gründen die Gewährung von Freizeitausgleich innerhalb eines bestimmten Zeit-

---

1 Unzutreffend *Buschmann/Ulber*, § 6 ArbZG Rz. 23, die den Arbeitgeber rechtsschutzlos stellen, indem sie jede Einwendung des Arbeitgebers ablehnen wollen.
2 HzA/*Schliemann*, Gruppe 12, Rz. 466.
3 *Dobberahn*, Teil C Rz. 90.
4 BAG 21.5.1992 – 2 AZR 10/92, NZA 1993, 115.
5 *Erasmy*, NZA 1994, 1105 (1111).
6 BAG 9.4.2014 – 10 AZR 637/13, NZA 2014, 719.
7 HK-ArbZG/*Rauschenberg*, § 6 Rz. 90; ErfK/*Wank*, § 6 ArbZG Rz. 13.
8 HwB-AR/*Wessel*, Arbeitszeit, Rz. 70.
9 *Anzinger/Koberski*, Teil C, § 6 ArbZG Rz. 62.
10 BAG 26.4.2005 – 1 ABR 1/04, NZA 2005, 884.
11 BAG 26.8.1997 – 1 ABR 16/97, BB 1997, 1899.

VI. Einzelregelungen

raums nicht möglich ist. Das Mitbestimmungsrecht des Betriebsrates entfällt nur dann, wenn der Tarifvertrag eine abschließende Ausgleichsregelung iSv. § 6 Abs. 1 ArbZG enthält[1].

Nach der unabdingbaren[2] Vorschrift des § 6 Abs. 5 ArbZG hat der Nachtarbeiter in Ermangelung einer tariflichen Regelung für die geleisteten Nachtarbeitsstunden einen **Anspruch auf einen angemessenen Freizeitausgleich oder auf einen angemessenen Zuschlag**. Die Gesetzesbestimmung bezweckt einen Ausgleich im Verhältnis zu den Arbeitnehmern, die keine Nachtarbeit verrichten müssen[3]. Es handelt sich um eine Wahlschuld. Der Arbeitgeber kann wählen, ob er den Ausgleich des § 6 Abs. 5 ArbZG durch Zahlung von Geld, durch bezahlte Freistellung oder durch eine Kombination von beidem erfüllt[4]. Die Wahl erfolgt gem. § 263 Abs. 1 BGB durch Erklärung gegenüber dem anderen Teil, wobei das Wahlrecht des Arbeitgebers auch bei einer Klage des Arbeitnehmers bestehen bleibt, was im Klageantrag entsprechend zu berücksichtigen ist[5]. Sie kann auch durch schlüssige Handlung erfolgen. Das Wahlrecht des Arbeitgebers erlischt nicht infolge Zeitablaufs, wenn zwischen der Leistung der Nachtarbeit und der Erfüllung des Anspruchs des Arbeitnehmers ein erheblicher zeitlicher Abstand liegt[6]. § 6 Abs. 5 ArbZG stellt die Möglichkeit der Zahlung eines Zuschlages und der Freizeitgewährung gleichwertig nebeneinander. Ein Vorrang des Freizeitausgleichs besteht nicht. Daraus folgt, dass der Anspruch auf eine angemessene Zahl bezahlter freier Tage als Ausgleich für geleistete Nachtarbeit in seinem Umfang der Höhe des angemessenen Zuschlags auf das Bruttoarbeitsentgelt entsprechen muss. Gleichwertige Leistungen iSd. Wahlrechts aus § 263 Abs. 1 BGB liegen allein bei einem gleichen prozentualen Aufschlag in Geld oder Zeit vor. Vergütung und Arbeitszeit entsprechen sich auf Grund des vertraglichen Synallagmas[7].

Bei dem Merkmal „**angemessen**" handelt es sich um einen unbestimmten Rechtsbegriff, bei dessen Rechtsanwendung dem Tatsachengericht ein Beurteilungsspielraum zukommt. Nach Auffassung des BAG[8] erfordert die Angemessenheit eines Zuschlags auf das dem Nachtarbeitnehmer für die während der Nachtarbeit geleisteten Arbeitsstunden zustehende Bruttoarbeitsentgelt nicht in jedem Fall, dass dieser Zuschlag Tarifniveau erreicht. Die tariflichen Regelungen zum Nachtarbeitszuschlag sind auf § 6 Abs. 5 ArbZG nicht übertragbar, weil die einzelne Tarifnorm Teil des Gesamtpaketes „Tarifvertrag" sei. Dem Argument der Richtigkeitsgewähr der tariflichen Regelung erteilt das BAG mithin eine klare Absage[9]. Die im Wirtschaftszweig des Arbeitgebers bestehenden Tarifverträge bieten lediglich eine Orientierung. Zur Ausfüllung des Begriffs „angemessen" ist nach Auffassung des BAG auch nicht auf § 17 Abs. 1 Satz 1 BBiG oder § 850h Abs. 2 ZPO zurückzugreifen[10]. Die Angemessenheit muss sich daher im Einzelfall nach der Gegenleistung richten, für die sie bestimmt ist. Sie muss ferner den vom Gesetzgeber mit dem Lohnzuschlag verfolgten Zweck erreichen, im Interesse der Gesundheit des Arbeitnehmers die Nachtarbeit für den Arbeitgeber finanziell zu belasten[11]. Dabei orientiert sich das BAG auch an § 3b

---

1 BAG 17.1.2012 – 1 ABR 62/10, NZA 2012, 513.
2 LAG Schl.-Holst. 21.1.1997 – 1 Sa 467/96, NZA-RR 1998, 200.
3 BAG 27.1.2000 – 6 AZR 471/98, BB 2000, 416.
4 BAG 1.2.2006 – 5 AZR 422/04, NZA 2006, 494; LAG Bln.-Bbg. 17.9.2009 – 26 Sa 809/09, LAGE § 6 ArbZG Nr. 4.
5 *Gaul*, AktuellAR 2000, S. 97.
6 BAG 5.9.2002 – 9 AZR 202/01, NZA 2003, 563 (Zeitraum von vier Jahren); BAG 1.2.2006 – 5 AZR 422/04, NZA 2006, 494.
7 BAG 1.2.2006 – 5 AZR 422/04, NZA 2006, 494.
8 BAG 24.2.1999 – 4 AZR 62/98, EzA § 3 TVG Nr. 16.
9 BAG 5.9.2002 – 9 AZR 202/01, NZA 2003, 563 unter B I 3b) der Gründe; vgl. auch LAG Hamm 14.6.2004 – 8 Sa 1289/01, NZA-RR 2005, 183.
10 BAG 27.5.2003 – 9 AZR 180/02, EzA § 6 ArbZG Nr. 5.
11 BAG 11.2.2009 – 5 AZR 148/08, NZA 2009, 1440 (Ls.) zum Bewachungsgewerbe.

EStG, wonach für Nachtarbeit ein Satz von 25 %[1] und für Nachtarbeit von 0–4 Uhr ein Satz von 40 % steuerfrei ist, wenn die Arbeit vor Mitternacht aufgenommen wird. Das LAG Schleswig-Holstein hat einen Zuschlag von 20 % für angemessen erachtet[2]. Für Angehörige eines Rettungsdienstes ist regelmäßig ein Nachtzuschlag iHv. 10 % des Arbeitsverdienstes angemessen, da für diesen Personenkreis durch den Zuschlag nur die mit der Nachtarbeit verbundene Erschwernis abgegolten werden soll. Der ansonsten mit dem Zuschlag verbundene Zweck, Nachtarbeit einzuschränken, kommt hier nicht zum Tragen[3]. Gewährt ein Tarifvertrag Zuschläge für Nachtarbeit sowie Arbeit an Sonn- und gesetzlichen Feiertagen, fallen diese für Pausen während der Nacht- Sonn- und Feiertagsarbeit nicht an, selbst wenn aufgrund einer Betriebsvereinbarung die Pausen mit der tariflichen Grundvergütung bezahlt werden[4].

66c **Hinweis:** Bei der Arbeitsvertragsgestaltung mit Nachtarbeitnehmern sollte der Nachtarbeitszuschlag nicht unberücksichtigt bleiben. Grundsätzlich ist es dem Arbeitgeber überlassen, in welcher Weise die Ausgleichsleistung im Rahmen des Arbeitsvertrages festgelegt wird[5]. Es ist dem Arbeitgeber nicht verwehrt, auf eine gesonderte Zuschlagsregelung zu verzichten und stattdessen den Grundlohn wegen der vereinbarten Nachtarbeit entsprechend zu erhöhen. Von einer derartigen pauschalen Abgeltung des Nachtarbeitszuschlags kann jedoch nur ausgegangen werden, wenn der Arbeitsvertrag konkrete Anhaltspunkte für eine Pauschalierung enthält[6]. Aus dem Arbeitsvertrag muss der Zuschlag jedenfalls durch Auslegung ermittelbar sein[7]. Auf jeden Fall muss ein Bezug zwischen der zu leistenden Nachtarbeit und der Lohnhöhe hergestellt sein. Bei der Arbeitsvertragsgestaltung ist es daher regelmäßig erforderlich, zwischen der Grundvergütung und dem (zusätzlichen) Nachtarbeitszuschlag zu unterscheiden. Eine arbeitsvertragliche Regelung, nach der „durch die Höhe des Lohnes" unter anderem Zuschläge für geleistete Nachtarbeit sowie Schichtarbeit „mitumfasst und abgegolten" seien, genügt diesen Anforderungen nicht[8]. Die im Arbeitsvertrag vereinbarte Pauschalabgeltung der Zuschläge für Nachtarbeit sowie Sonn- und Feiertagsarbeit unterliegt der Inhaltskontrolle nach § 307 Abs. 3 Satz 2 BGB iVm. §§ 307 Abs. 1 Satz 2, 310 Abs. 3 Nr. 3 BGB[9].

66d Seit dem 1.7.2006 sind die Zuschläge für Sonn-, Feiertags- und Nachtarbeit unter bestimmten Voraussetzungen sozialversicherungspflichtig. Zuvor waren sie bis zu einem Grundlohn von 50 Euro pro Stunde steuer- und sozialabgabenfrei. Nunmehr wird die Beitragsfreiheit auf einen Grundlohn von höchstens 25 Euro pro Stunde beschränkt. Steuerfrei bleiben die Zuschläge weiterhin. Zu beachten ist jedoch, dass pauschale Zuschläge nach § 3b EStG nicht steuerfrei sind, wenn sie Teil einer einheitlichen Tätigkeitsvergütung sind. Die Steuerfreiheit kommt nur dann zur Anwendung, wenn die Zuschläge als Abschlagszahlung oder Vorschüsse auf Zuschläge für **tatsächlich geleistete** Sonntagsarbeit, Feiertagsarbeit oder Nachtarbeit gezahlt werden[10].

67 Nachtarbeiter sind gem. § 6 Abs. 6 ArbZG bei **Weiterbildungen und Beförderungen** mit anderen Arbeitnehmern gleichzubehandeln.

68 Folgende Institutionen geben **Informationsmaterial** zu den Erkenntnissen der Nacht- und Schichtarbeitsforschung ab:
– Bundesanstalt für Arbeitsschutz und Arbeitsmedizin (BAuA), Friedrich-Henkel-Weg 1–25, 44149 Dortmund, www.baua.de, Stichwort Gestaltung von Nacht- und Schichtarbeit

---

1 BAG 1.2.2006 – 5 AZR 422/04, NZA 2006, 494.
2 LAG Schl.-Holst. 21.1.1997 – 1 Sa 467/96, NZA-RR 1998, 200.
3 BAG 31.8.2005 – 5 AZR 545/04, DB 2006, 1273.
4 BAG 18.11.2009 – 5 AZR 774/08, EzA § 615 BGB 2002 Nr. 31.
5 BAG 15.7.2009 – 5 AZR 867/08, NZA 2009, 1333.
6 BAG 27.5.2003 – 9 AZR 180/02, EzA § 6 ArbZG Nr. 5.
7 *Zwanziger*, DB 2007, 1358.
8 BAG 27.5.2003 – 9 AZR 180/02, EzA § 6 ArbZG Nr. 5.
9 Vgl. zur Vertragsgestaltung: BAG 31.8.2005 – 5 AZR 545/04, DB 2006, 1273.
10 BFH 16.12.2010 – VI R 27/10, NZA-RR 2011, 203.

- Bayrisches Staatsministerium für Arbeit und Sozialordnung, Familie und Frauen, Winzererstraße 9, 80797 München
- Europäische Stiftung zur Verbesserung der Lebens- und Arbeitsbedingungen, (Eurofound), Wyattville Road, Loughlinstown, Dublin; www.eurofond.europa.eu.

5. Abweichungsbefugnisse der Tarifvertragsparteien

Von den Grundregeln zur werktäglichen Arbeitszeit, zu den Ruhepausen und Ruhezeiten und zur Nacht- und Schichtarbeit können gem. § 7 ArbZG die **Tarifvertragsparteien** oder aufgrund eines Tarifvertrages die Betriebsparteien abweichen, nicht dagegen die Arbeitsvertragsparteien, die allein die Möglichkeit haben, tarifvertragliche Abweichungen im Rahmen einer schriftlichen Vereinbarung nach § 7 Abs. 3 Satz 1 ArbZG zu übernehmen[1]. Auch Regelungsabreden sind unzulässig, selbst wenn eine Öffnungsklausel vorliegt[2]. Die in dem Einleitungssatz von § 7 Abs. 1 ArbZG aufgenommene Dienstvereinbarung steht hinsichtlich der Abweichungsbefugnisse aufgrund von Öffnungsklauseln gleichberechtigt neben der Betriebsvereinbarung. Für Sonn- und Feiertagsarbeit sind die Abweichungsbefugnisse der Tarifvertragsparteien in § 12 ArbZG geregelt.

Die frühere Möglichkeit der **Arbeitszeitverlängerung ohne Ausgleich** nach § 7 Abs. 1 Nr. 1 lit. a ArbZG aF ist **gestrichen** worden. Mit dieser Streichung folgte der Gesetzgeber der Rechtsprechung des EuGH, wonach die Verpflichtung eines Arbeitnehmers zur Ausübung seiner Tätigkeit länger als 48 Stunden durchschnittlich pro Sieben-Tage-Zeitraum nicht zulässig ist[3]. Der EuGH hat ausdrücklich klargestellt, dass die Tätigkeit der staatlichen Feuerwehrleute in den Anwendungsbereich der Richtlinie 89/391 und 93/104 fällt, so dass Art. 6 Nr. 2 der Richtlinie 93/104/EG der Überschreitung der Obergrenze von 48 Stunden entgegensteht, die für die wöchentliche Höchstarbeitszeit einschließlich Bereitschaftsdienst vorgesehen ist[4]. Jede über 48 Stunden wöchentlich hinausgehende Arbeitszeitverlängerung ist in den Arbeitszeitausgleich einzubeziehen[5]. Nach Art. 16b der Richtlinie 2003/88/EG dürfen die Mitgliedstaaten für die Bestimmung der wöchentlichen Höchstarbeitszeit einen Bezugszeitraum von bis zu vier Monaten vorsehen. Durch Art. 19 Abs. 2 der Richtlinie 2003/88/EG ist es einem Mitgliedstaat jedoch unter Wahrung der allgemeinen Grundsätze der Sicherheit und des Gesundheitsschutzes freigestellt, zuzulassen, dass in Tarifverträgen aus objektiven, technischen oder arbeitsorganisatorischen Gründen längere Bezugszeiträume festgelegt werden, die auf keinen Fall zwölf Monate überschreiten dürfen.

Ebenfalls im Anschluss an die soeben zitierte Entscheidung des EuGH ist der **Bereitschaftsdienst** in § 7 Abs. 1 Nr. 1 lit. a ArbZG verankert worden. Der Bereitschaftsdienst ist zwar stets als Arbeitszeit zu werten[6] und somit in die Ermittlung der Höchstarbeitszeiten einzubeziehen[7]. Im Gegensatz zur Vollarbeit stellt der Bereitschaftsdienst jedoch eine Form der reduzierten Arbeitsleistung mit geringerer Belastung dar, die es rechtfertigt – ebenso wie bei der Arbeitsbereitschaft – die tägliche Arbeitszeit zu verlängern[8]. Weitere Abweichungsbefugnisse sind in § 7 Abs. 2a und § 7 Abs. 7–9 ArbZG (vgl. Rz. 77f.) geregelt.

Es ergeben sich unter Berücksichtigung der Regelungen des § 7 Abs. 8 und 9 ArbZG folgende **Fallkonstellationen:**

---

1 *Linnenkohl/Rauschenberg*, § 7 ArbZG Rz. 16; *Anzinger/Koberski*, Teil C, § 7 ArbZG Rz. 72 f.
2 *Neumann/Biebl*, § 7 ArbZG Rz. 6.
3 EuGH 1.12.2005 – Rs. C-14/04, NZA 2006, 89.
4 EuGH 14.7.2005 – Rs. C-52/04, NZA 2005, 921.
5 BAG 24.1.2006 – 1 ABR 6/05, DB 2006, 1161; *Schliemann*, ArbZG, Teil B, § 7 ArbZG Rz. 37.
6 *Reim*, DB 2004, 187.
7 BAG 24.1.2006 – 1 ABR 6/05, DB 2006, 1161.
8 *Schliemann*, ArbZG, Teil B, § 7 ArbZG Rz. 39.

	Arbeitszeitverlängerung	
	mit Zeitausgleich	ohne Zeitausgleich
Durchschnittliche Wochenarbeitszeit von 48 Stunden binnen 12 Monaten, § 7 Abs. 8 ArbZG.	Verlängerung der werktäglichen Arbeitszeit über acht Stunden hinaus **ohne Ausgleich, wenn** in die Arbeitszeit in erheblichem Umfang Arbeitsbereitschaft oder Bereitschaftsdienst fällt **und** durch besondere Regelungen sichergestellt ist, dass die Gesundheit der Arbeitnehmer nicht gefährdet wird (§ 7 Abs. 2a ArbZG) und schriftliche Einwilligung des Arbeitnehmers nach § 7 Abs. 7 ArbZG vorliegt (zum Einwilligungserfordernis des Arbeitnehmers vgl. Rz. 80a).	
Arbeitszeit bis zu 12 Stunden mit **voller Ruhezeit** (§ 7 Abs. 1 Nr. 1 lit. a ArbZG); Ruhezeit nach § 7 Abs. 9 ArbZG nicht erforderlich, regelmäßige Ruhezeit nach § 5 Abs. 1 ArbZG wird ebenfalls nicht berührt.	
Arbeitszeit bis 12 Stunden mit **gekürzter Ruhezeit** (§ 7 Abs. 1 Nr. 3 ArbZG)	Arbeitszeit bis zu 12 Stunden mit anschließender gekürzter Ruhezeit möglich gem. § 7 Abs. 2a ArbZG iVm. § 7 Abs. 1 Nr. 3 ArbZG (Kürzung der Ruhezeit auf bis zu neun Stunden).
Arbeitszeit mehr als 12 bis zu 24 Stunden. Erforderlich: Ausgleich binnen 12 Monaten (§ 7 Abs. 8 ArbZG). Zwingende Ruhezeit von mindestens 11 Stunden nach § 7 Abs. 9 ArbZG.	Arbeitszeit bis zu 24 Stunden mit anschließender voller Ruhezeit gem. § 7 Abs. 2a ArbZG iVm. §§ 5, 7 Abs. 9 ArbZG; Zeitausgleich gem. § 7 Abs. 8 ArbZG entfällt.

70 Die **Ausübung der Abweichungsbefugnisse** liegt im Ermessen der Tarifvertragsparteien bzw. Betriebspartner, sie ist für sich allein weder gerichtlich noch durch Anrufung der Einigungsstelle erzwingbar[1]. Die originäre Zuständigkeit liegt bei den Tarifvertragsparteien, die jedoch Öffnungsklauseln für die Betriebspartner zulassen können. Eine solche Öffnungsklausel muss deutlich und genau sein[2]. Je nach dem Wortlaut der Öffnungsklausel sind die Betriebsparteien in der Ausgestaltung der Abweichung frei oder gebunden[3]. Ist die Reichweite der Öffnungsklausel unklar, ist der Wille der Tarifvertragsparteien durch Auslegung zu ermitteln. Im Zweifel ist davon auszugehen, dass die Tarifvertragsparteien den Betriebspartnern den Gestaltungsraum überlassen wollen, den sie nicht selbst ausgeschöpft haben. Es ist umstritten, ob die Betriebspartner durch eine entsprechende Öffnungsklausel befugt sein können, Regelungen der wöchentlichen Arbeitszeit mit normativer Wirkung für den nicht organisierten Arbeitnehmer zu vereinbaren[4].

---

1 HzA/*Schliemann*, Gruppe 12, Rz. 511; LAG Hamburg 17.12.2008 – 5 Ta BV 8/08, LAGE § 7 ArbZG Nr. 3.
2 *Neumann/Biebl*, § 7 ArbZG Rz. 4.
3 *Anzinger/Koberski*, Teil C, § 7 ArbZG Rz. 11.
4 Für Zulässigkeit BAG 18.8.1987 – 1 ABR 30/86, AP Nr. 23 zu § 77 BetrVG 1972; gegen Zulässigkeit: ErfK/*Wank*, § 7 ArbZG Rz. 3.

VI. Einzelregelungen

Die **Betriebsvereinbarung** muss den Voraussetzungen des § 77 Abs. 2 BetrVG entsprechen, sie ist nach § 77 Abs. 5 BetrVG kündbar. Nach § 77 Abs. 6 BetrVG gilt die gekündigte Betriebsvereinbarung kraft Nachwirkung bis zu einer anderen Abmachung weiter. Können sich die Betriebspartner über die **Ausgestaltung der Arbeitszeit** nicht einigen, kann die Einigungsstelle angerufen werden, da ein Fall der erzwingbaren Mitbestimmung gem. § 87 Abs. 1 Nr. 2 BetrVG vorliegt. Eine Betriebsvereinbarung mit langjähriger Laufzeit (neun Jahre) über die Verpflichtung zu Zusatzschichten regelt die betriebsübliche Arbeitszeit nicht dauerhaft, sondern nur vorübergehend, weshalb eine solche Regelung nach § 87 Abs. 1 Nr. 3 BetrVG zulässig ist[1]. Eine Betriebsvereinbarung, die nur einen bestimmten Dienstrahmen vorgibt, der durch mitbestimmte Dienste noch ausgefüllt werden muss, aus denen sich erst die Arbeitszeiten der betroffenen Arbeitnehmer verbindlich ergeben, kann nicht gegen arbeitszeitrechtliche Vorgaben verstoßen[2]. **Kein Mitbestimmungsrecht** des Betriebsrates besteht hingegen bei der Festlegung der Dauer der wöchentlichen Arbeitszeit, verstanden als Umfang des vom Arbeitnehmer vertraglich geschuldeten Arbeitszeitvolumens[3]. Gleiches gilt sinngemäß für die Dienstvereinbarung. 71

Die höchstzulässige werktägliche Arbeitszeit kann ohne zeitliche Obergrenze über zehn Stunden hinaus verlängert werden, wenn in die Arbeitszeit regelmäßig und in erheblichem Umfang **Arbeitsbereitschaft** (vgl. Rz. 23a)[4] **oder Bereitschaftsdienst** fällt, § 7 Abs. 1 Nr. 1 lit. a ArbZG. Regelmäßigkeit liegt vor, wenn es zur Eigenart der Tätigkeit gehört, dass Zeiten der Vollarbeit mit Zeiten geringer Inanspruchnahme wechseln. Ein erheblicher Umfang ist zu bejahen, wenn die während der Vollarbeit anfallende Zeit der Arbeitsbereitschaft einen Anteil von mindestens 30 % erreicht[5], wobei kurzfristige Unterbrechungen der Vollarbeit, die die Mindestdauer einer Ruhepause nicht erreichen, nicht mitzurechnen sind[6]. Das BAG hat sogar einen Anteil von 27 % für ausreichend erachtet[7]. § 7 Abs. 1 Nr. 1 lit. a ArbZG ermöglicht die Ausdehnung auf bis zu 24 Stunden[8]. Anders als nach der Vorgängerregelung ist die Verlängerung der Arbeitszeit ohne Ausgleich nicht mehr zulässig, der Arbeitnehmer kann auch nicht verlangen, entsprechend einer während der Geltung der tariflichen Regelung getroffenen eigenständigen Abrede zum Arbeitsvertrag weiterbeschäftigt zu werden[9]. Hinsichtlich des Ausgleichszeitraumes ist § 7 Abs. 8 ArbZG zu beachten. 72

Abweichend von § 3 ArbZG kann ein **längerer Ausgleichszeitraum** vereinbart werden, § 7 Abs. 1 Nr. 1 lit. b ArbZG, wobei die Tarifvertragsparteien an keine Obergrenze gebunden sind[10]. 73

Eine **Verlängerung der werktäglichen Arbeitszeit** auf bis zu zehn Stunden **ohne Ausgleich** an bis zu 60 Tagen im Jahr[11] durch Tarifvertrag oder aufgrund einer entsprechenden Öffnungsklausel durch Betriebsvereinbarung ist nach der ersatzlosen Streichung des früheren § 7 Abs. 1 Nr. 1 lit. c ArbZG **nicht mehr möglich**. 74

In **Schicht- und Verkehrsbetrieben** können die gesetzlichen Mindestpausen abweichend von § 4 Abs. 2 ArbZG anders aufgeteilt[12] und die gesetzliche Mindestruhezeit 75

---

1 BAG 3.6.2003 – 1 AZR 349/02, ArbRB 2003, 297.
2 BAG 18.2.2003 – 1 ABR 17/02, NZA 2004, 336.
3 BAG 22.7.2003 – 1 ABR 28/02, EzA § 87 BetrVG 2001 – Arbeitszeit Nr. 4.
4 Vgl. *Neumann/Biebl*, § 7 ArbZG Rz. 9.
5 *Neumann/Biebl*, § 7 ArbZG Rz. 18; *Schliemann*, ArbZG, Teil B, § 7 Rz. 41.
6 *Anzinger/Koberski*, Teil C, § 7 ArbZG Rz. 24; HwB-AR/*Wessel*, Arbeitszeit, Rz. 34.
7 BAG 24.1.2006 – 1 ABR 6/05, DB 2006, 1161.
8 HzA/*Schliemann*, Gruppe 12, Rz. 529.
9 LAG Düsseldorf 28.9.2007 – 10 SA 1078/07, ZTR 2008, 148.
10 Vgl. *Andritzky*, NZA 1994, 1069; zu europarechtlichen Bedenken dieser Vorschrift vgl. *Ulber*, ZTR 2005, 72 und *Buschmann/Ulber*, § 7 ArbZG Rz. 11.
11 Es ist nicht auf das Kalenderjahr abzustellen.
12 Vgl. zum MTV Bayerisches Rotes Kreuz: BAG 24.5.2007 – 6 AZR 706/06, FA 2007, 359.

in bestimmten Beschäftigungsbereichen verkürzt werden, § 7 Abs. 1 Nr. 2 und 3 ArbZG. Der Arbeitgeber erfüllt mit der Gewährung von gesetzeskonformen Kurzpausen seine gesetzliche Verpflichtung aus § 4 ArbZG; in einem Dienstplan vorgesehene Lenkzeitunterbrechungen erfüllen regelmäßig diese Anforderungen[1].

76 Nach § 7 Abs. 1 Nr. 4 lit. a ArbZG kann die **Nachtarbeit abweichend von** § 6 Abs. 2 ArbZG geregelt werden. Analog zur Neufassung des § 7 Abs. 1 Nr. 1 lit. a ArbZG ist auch in Nr. 4 lit. a der Bereitschaftsdienst verankert worden. Im Gegenzug ist auch hier die zwingend erforderliche Durchführung eines Zeitausgleichs nach § 7 Abs. 8 ArbZG eingeführt worden. Der Beginn des siebenstündigen Nachtzeitraums (23 Uhr bis 6 Uhr, § 2 Abs. 3 ArbZG) kann um eine Stunde vor- oder zurückverlegt werden, § 7 Abs. 1 Nr. 5 ArbZG.

77 Weitere **Abweichungen unter zwingender Einbeziehung eines Zeitausgleichs** lässt § 7 Abs. 2 ArbZG für die Ruhezeiten bei Rufbereitschaft, für die Landwirtschaft, in der Personenpflege und im öffentlichen Dienst zu[2]. Die Anpassungsmöglichkeit der Tarif- bzw. Betriebspartner (unter Einbeziehung der Dienstvereinbarung) ist mit der Streichung des Bereitschaftsdienstes in § 7 Abs. 2 ArbZG auf die Fälle der Rufbereitschaft begrenzt. Der Zeitausgleich kann nicht durch andere Maßnahmen, insbesondere Geldleistungen uÄ abbedungen werden. Vielmehr muss der gewährte Zeitausgleich dem Gesundheitsschutz entsprechen. Das ist zu bejahen, wenn über den Zeitraum eines Jahres gesehen die Grundnormen der §§ 3, 4, 5 Abs. 1, 6 Abs. 2 ArbZG erfüllt werden[3].

77a Mit der Regelung des § 7 Abs. 2a ArbZG ist den Tarifvertrags- sowie den Betriebsparteien die Möglichkeit eingeräumt, in Abweichung zu § 7 Abs. 1 und 2 ArbZG **ohne Ausgleich** Arbeitszeiten zuzulassen, die über den Rahmen der §§ 3 ArbZG (werktägliche Arbeitszeit) und 6 Abs. 2 ArbZG (werktägliche Arbeitszeit der Nachtarbeitnehmer) hinausgehen[4], wenn in die Arbeitszeit regelmäßig und in erheblichem Umfang Arbeitsbereitschaft oder Bereitschaftsdienst fällt und durch besondere Regelungen sichergestellt wird, dass die Gesundheit der Arbeitnehmer nicht gefährdet wird. Hinsichtlich der Merkmale „regelmäßig" und „in erheblichem Umfang" kann auf die Ausführungen in Rz. 72 verwiesen werden. Erforderlich gem. § 7 Abs. 2a ArbZG ist, dass im Hinblick auf den fehlenden Zeitausgleich durch besondere Regelungen sicherzustellen ist, dass die Gesundheit der Arbeitnehmer nicht gefährdet wird[5]. In der Gesetzesbegründung wird lediglich auf die besonderen Gesundheitsrisiken verwiesen, die von überlangen Arbeitszeiten ausgehen[6]. Naheliegend ist hier insbesondere die Vereinbarung von speziellen arbeitsmedizinischen Untersuchungen in Anlehnung an § 6 ArbZG, aber auch die Einführung verlängerter Ruhezeiten[7] und besonderer, zusätzlicher Pausenvorschriften[8]. Der Gesetzgeber hat die Gestaltungsmöglichkeiten für die Tarifvertragsparteien und die Betriebsparteien in § 7 Abs. 2 ArbZG unnötig eingeschränkt. Gem. Art. 18 der Richtlinie wird weder der Tarifvorbehalt verlangt noch dass in die Arbeitszeit regelmäßig und in erheblichem Umfang Arbeitsbereitschaft oder Bereitschaftsdienst fallen muss. Die EG-Richtlinie hat den Freiwilligkeitsvorbehalt und das Benachteiligungsverbot, das in § 7 Abs. 7 ArbZG verankert ist, als ausreichenden Schutz zur Begrenzung der Gestaltungsmöglichkeit ange-

---

1 BAG 13.10.2009 – 9 AZR 139/08, ZTR 2010, 79.
2 *Gaul*, AktuellAR 2006, S. 98.
3 *Anzinger/Koberski*, Teil C, § 7 ArbZG Rz. 40; aA *Ulber*, ZTR 2005, 76, der § 7 Abs. 2 ArbZG für europarechtswidrig hält.
4 Vgl. BAG 14.10.2004 – 6 AZR 535/03, ZTR 2005, 144; 28.6.2008 – 6 AZR 851/06, ZTR 2009, 68.
5 BAG 23.6.2010 – 10 AZR 543/09, DB 2010, 2109.
6 BT-Drucks. 15/1587, 35.
7 *Reim*, DB 2004, 188.
8 BAG 23.6.2010 – 10 AZR 543/09, DB 2010, 2109.

VI. Einzelregelungen

sehen. Vor diesem Hintergrund muss die Regelung des § 7 Abs. 2a ArbZG als misslungene Vorschrift angesehen werden. Durch die Änderung der Absätze 3–5 des § 7 ist jedoch gewährleistet, dass die Arbeitszeitverlängerung nach § 7 Abs. 2a ArbZG auch in Betrieben nicht tarifgebundener Arbeitgeber im Geltungsbereich eines Tarifvertrages, in Bereichen, in denen Tarifverträge üblicherweise nicht geschlossen werden, sowie von Kirchen und von Religionsgemeinschaften genutzt werden können.

Nicht tarifgebundene Arbeitgeber können im Geltungsbereich eines Tarifvertrages nach § 7 Abs. 3 ArbZG tarifvertragliche Regelungen durch Betriebsvereinbarung oder Dienstvereinbarung übernehmen. Solche von den Grundsätzen des ArbZG über § 7 Abs. 3 ArbZG abweichende Betriebsvereinbarungen können jedoch nicht über die Einigungsstelle erzwungen werden[1]. In betriebsratlosen Betrieben kann der Arbeitgeber die abweichenden tariflichen Regelungen durch schriftliche Vereinbarung mit dem einzelnen Arbeitnehmer übernehmen. Das Erfordernis der Schriftlichkeit ergibt sich im Hinblick auf § 17 Abs. 1 ArbZG.

78

Das Selbstbestimmungsrecht der verfassten Kirchen wird in § 7 Abs. 4 ArbZG gewährleistet, die die in § 7 Abs. 1 und 2 ArbZG genannten Abweichungen in ihre Regelungen aufnehmen können. Abweichungen von der im ArbZG vorgesehenen Höchstdauer sind in **kirchlichen Regelungen** unter bestimmten Einschränkungen zugelassen. Sie setzen voraus, dass sie in einem kirchenrechtlich legitimierten Arbeitsrechtsregelungsverfahren ergangen sind. Ein „Hausvertrag" der zwischen kirchlichem Träger der Einrichtung und Mitarbeitervertretung ausgeschlossen ist, erfüllt diese Voraussetzungen nicht[2]. In seiner Entscheidung lässt das BAG offen, ob es mit dem Gemeinschaftsrecht vereinbar ist, wenn ein Mitgliedstaat es zulässt, durch kirchliche Regelungen von der Höchstarbeitszeit abzuweichen, die in der europäischen Arbeitszeitrichtlinie geregelt ist.

79

Nach § 7 Abs. 5 ArbZG besteht zusätzlich die Möglichkeit, in Bereichen, in denen Regelungen durch Tarifvertrag üblicherweise nicht getroffen werden, **Abweichungen durch Ausnahmebewilligung der Aufsichtsbehörde** zuzulassen. Dazu gehören Rechtsanwälte und Notare, Wirtschaftsprüfer, Unternehmens- und Steuerberater, Arbeitgeber- und Unternehmerverbände, Industrie- und Handelskammern[3].

80

Nach § 7 Abs. 7 ArbZG kann eine Arbeitszeitverlängerung nach § 7 Abs. 2a ArbZG und aufgrund § 7 Abs. 3–5 ArbZG **nur dann durchgeführt werden, wenn der jeweilige Arbeitnehmer schriftlich hierin eingewilligt hat**. Der Gesetzgeber hat dem Arbeitnehmer darüber hinaus die Möglichkeit eingeräumt, seine Einwilligung mit einer Frist von sechs Monaten schriftlich zu widerrufen. Ferner wurde ein Benachteiligungsverbot für den Fall der Versagung der Einwilligung bzw. des Widerrufs der Einwilligung verankert[4], um im Hinblick auf die Verlängerung der Arbeitszeit das Freiwilligkeitsprinzip einzuführen. Das Einwilligungserfordernis und das Benachteiligungsverbot basieren auf der EG-Arbeitszeitrichtlinie[5]. Über die Erfordernisse der EG-Richtlinie hinausgehend hat der Gesetzgeber hingegen die Möglichkeit des Widerrufs verankert. Einzige Voraussetzung hierfür ist die Wahrung der Frist und die Schriftlichkeit. Eine Begründung muss der Arbeitnehmer nicht geben.

80a

Mit der Einführung des überflüssigen Widerrufsrechts hat der Gesetzgeber die Abweichungsbefugnis aus § 7 Abs. 2a ArbZG konterkariert. Er hat zwar in der Gesetzesbegründung[6] darauf verwiesen, dass die Wahrung der Widerrufsfrist dem Arbeitgeber

---

1 LAG Hamburg 17.12.2008 – 5 TaBV 8/08, LAGE § 7 ArbZG Nr. 3.
2 BAG 16.3.2004 – 9 AZR 93/03, NZA 2004, 927.
3 BT-Drucks. 12/5888, 28.
4 Einzelheiten: *Neumann/Biebl*, § 7 ArbZG Rz. 57.
5 Art. 18 Abs. 1 lit. b i Richtlinie 93/104 (Art. 22 Abs. 1 Richtlinie 2003/88/EG).
6 BT-Drucks. 15/1587, 17.

Gelegenheit geben soll, erforderliche organisatorische Maßnahmen zu treffen. Planungssicherheit für den Arbeitgeber wird jedoch damit nicht hergestellt, auch nicht durch die im Vermittlungsverfahren beschlossene Verlängerung der Widerrufsfrist auf sechs Monate. Ein Arbeitszeitmodell, das den Arbeitgeber zwingt, wegen des Widerrufs einzelner Arbeitnehmer ständig neues Personal einzustellen oder sonstige umfangreiche organisatorische Maßnahmen zu treffen, ohne die Möglichkeit zu haben, betriebsbedingte Kündigungen auszusprechen (Benachteiligungsverbot!), wird in der Praxis kaum Bedeutung erlangen. Die Regelung des § 7 Abs. 7 Satz 2 ArbZG muss daher als misslungen bezeichnet werden. Sie läuft dem mit § 7 ArbZG verfolgten gesetzgeberischen Zweck, Arbeitszeitflexibilisierungen zu schaffen, zuwider.

6. Gefährliche Arbeiten

81 Durch Rechtsverordnung kann die Bundesregierung mit Zustimmung des Bundesrates, Art. 80 Abs. 2 GG, den Gesundheitsschutz von Arbeitnehmern, die **gefährliche Arbeiten** ausüben, verstärken[1]. Nicht von dieser Ermächtigung erfasst werden wegen der Spezialvorschrift des § 66 BBergG die Arbeitsbedingungen im Bergbau[2]. Zu den gefährlichen Arbeiten gehören insbesondere der Umgang mit gefährlichen Stoffen und Chemikalien[3]. Aufgrund der vielfältigen tariflichen Regelungen in den einzelnen Branchen wird § 8 ArbZG keine besondere praktische Bedeutung erlangen[4].

7. Überstunden und Mehrarbeit

82 **Überstunden** sind Arbeitszeiten, die der Arbeitnehmer außerhalb der vertraglich vereinbarten Arbeitszeit mit Zustimmung oder zumindest Duldung des Arbeitgebers erbringt[5]. Der Begriff der **Mehrarbeit** wird im ArbZG nicht mehr verwendet; § 15 AZO, der die Vergütung von Mehrarbeit regelte, hat im ArbZG kein Pendant gefunden. Unter den Begriff der Mehrarbeit fällt jedoch jede die höchstzulässige gesetzliche regelmäßige Arbeitszeit überschreitende Arbeitszeit (vgl. § 14 ArbZG)[6]. Die Bezahlung von Überstunden und Mehrarbeit bleibt somit unverändert Gegenstand der Tarif-[7] und Arbeitsverträge. Eine gesetzliche Vergütungsregelung, die zur Folge hat, dass Teilzeitbeschäftigte für die gleiche Zeit von Arbeitsstunden schlechter vergütet werden als Vollzeitbeschäftigte, verstößt gegen den Gleichbehandlungsgrundsatz, wenn sie einen erheblich höheren Prozentsatz weiblicher als männlicher Beschäftigter betrifft und nicht sachlich gerechtfertigt ist[8]. Arbeitsvertragliche Regelungen, mit denen Überstunden durch wirksam vereinbarte Pauschalen abgegolten sind, erfassen nur die im Rahmen des § 3 ArbZG **zulässige** Mehrarbeit, nicht die darüber hinausgehenden Arbeitsstunden (vgl. zu Einzelheiten der Vertragsgestaltung und Vergütungsverpflichtung Teil 2 A Rz. 349 ff.) Für die unzulässige Mehrarbeit besteht gem. § 612 Abs. 1 BGB ein Vergütungsanspruch. Das Beschäftigungsverbot, das aus den Grenzen des § 3 ArbZG folgt, bezweckt, die Arbeitsleistung und damit eine Überforderung des Arbeitnehmers zu verhindern, nicht aber den Vergütungsanspruch auszuschließen. Ist die Vergütung für die regelmäßige Arbeitszeit im Arbeitsvertrag bestimmt, sind Überstunden anteilig zu vergüten, wenn es insoweit an einer Regelung fehlt[9]. Ansonsten bestimmt sich die Ver-

---

1   Vgl. Druckluftverordnung v. 4.12.1972, BGBl. I, 1909 und Gefahrstoffverordnung (GefStoffV) idF v. 26.11.2010, BGBl. I, 1643, geändert am 28.7.2011 (BGBl. I, 1622).
2   Zu diesen Sonderregelungen vgl. *Anzinger/Koberski*, Teil C, § 8 ArbZG Rz. 9 ff.
3   *Buschmann/Ulber*, § 8 ArbZG Rz. 2.
4   *Neumann/Biebl*, § 8 ArbZG Rz. 3.
5   LAG Nds. 26.11.2007 – 9 Sa 92/07, AuA 2008, 560.
6   *Linnenkohl/Rauschenberg*, § 1 ArbZG Rz. 41.
7   Vgl. zu § 2 MTV TÜV SÜD: BAG 12.12.2007 – 4 AZR 966/06, NZA-RR 2008, 451.
8   EuGH 6.12.2007 – Rs. C-300/06 – Voß/Land Berlin, AuA 2008, 242.
9   BAG 28.9.2005 – 5 AZR 52/05, NZA 2006, 149.

gütung nach dem einschlägigen Tarifvertrag[1]. Eine der AGB-Kontrolle unterliegende Vereinbarung, nach der durch den vereinbarten Wochen-/Monatslohn alle anfallende Mehrarbeit abgegolten ist, verstößt gegen das Transparenzgebot aus § 307 Abs. 1 Satz 2 BGB und ist unwirksam, weil der Arbeitnehmer nicht erkennen kann, in welcher Höhe er Anspruch auf Mehrarbeitsvergütung hat[2]. Der Inhalt des Vertrages richtet sich in diesem Fall nach den gesetzlichen Vorschriften[3]. Eine Arbeitsvertragsklausel, die ausschließlich die Vergütung einer festgelegten Zahl von Überstunden zum Gegenstand hat, nicht aber der Anordnungsbefugnis zur Leistung von Überstunden regelt, ist eine Hauptleistungsabrede und deshalb von der Inhaltskontrolle nach § 307 Abs. 1 Satz 1 BGB ausgenommen[4].

Abzustellen ist dann auf § 612 Abs. 2 BGB[5]. Die tarifvertraglich vorgesehene Vergütung für Mehrarbeit ist **nicht** die übliche Vergütung iSv. § 612 Abs. 2 BGB, wenn der Arbeitgeber auch mit vergleichbaren Arbeitnehmern Pauschallohnvereinbarungen abgeschlossen hat. Sofern keine Tarifverträge angewendet werden, entspricht vielmehr die Fortzahlung der vereinbarten Vergütung bei Leistung von Mehrarbeit der Üblichkeit. In einem solchen Fall besteht mithin kein Anspruch auf tarifvertragliche Zuschläge für Mehrarbeit[6].

⊃ **Hinweis:** Verlangt der Arbeitnehmer Arbeitsvergütung für Überstunden, hat er darzulegen und ggf. zu beweisen, dass er Arbeit in einem die normale Arbeitszeit übersteigenden zeitlichen Umfang verrichtet hat. Dabei genügt der Arbeitnehmer seiner Darlegungslast, indem er vorträgt, an welchen Tagen er von wann bis wann Arbeit geleistet oder sich auf Weisung des Arbeitgebers zur Arbeit bereitgehalten hat. Auf diesen Vortrag muss der Arbeitgeber im Rahmen einer abgestuften Darlegungslast substantiiert erwidern und im Einzelnen vortragen, welche Arbeiten er dem Arbeitnehmer zugewiesen hat oder in welchen Teilen der Arbeitnehmer von wann bis wann den Weisungen – nicht – nachgekommen ist. Der schriftsätzliche Vortrag im Prozess darf sich keinesfalls auf die Inbezugnahme beigefügter Anlagen erschöpfen[7]. Klagt ein Arbeitnehmer im vom Arbeitgeber abgezeichneten Dienstplan ausgewiesene Mehrarbeitsansprüche ein, obliegt dem Arbeitgeber die umfassende Darlegung, dass dieser Saldo fehlerhaft ist. Dieser Nachweis kann in aller Regel nur durch Vorlage der Dienstpläne aus der Vergangenheit geführt werden. Durch die Ausweisung von abgelaufenen Überstunden von Monat zu Monat in einem Dienstplan wird der sich daraus ergebende Freistellungsanspruch des Arbeitnehmers streitlos gestellt. Die Einhaltung einer vertraglichen Ausschlussfrist ist dann nicht erforderlich[8].

82a

Abzugrenzen sind Überstunden von der **Arbeit auf Abruf** nach § 12 Abs. 1 Satz 1 TzBfG[9]. Überstunden werden wegen bestimmter besonderer Umstände vorübergehend zusätzlich erbracht. Sie dienen der Befriedigung eines unvorhergesehenen zusätzlichen Arbeitsbedarfs[10]. Um Arbeit auf Abruf handelt es sich, wenn für den Arbeitnehmer eine selbständige, nicht auf Unregelmäßigkeiten oder Dringlichkeit beschränkte Verpflichtung besteht, auf Anforderung des Arbeitgebers zu arbeiten[11]. Damit schließen sich Abrufarbeit und Überstunden nicht aus, dh. die Anordnung von Überstunden ist auch bei der Vereinbarung von Arbeit auf Abruf zulässig[12].

82b

---

1 BAG 19.2.2004 – 6 AZR 211/03, NZA 2004, 624.
2 BAG 1.9.2010 – 5 AZR 517/09, NZA 2011, 575.
3 LAG Düsseldorf 11.7.2008 – 9 Sa 1958/07, ArbuR 2009, 57.
4 BAG 16.5.2012 – 5 AZR 331/11, NZA 2012, 908.
5 BAG 28.9.1994 – 4 AZR 619/93, AP Nr. 38 zu § 2 BeschFG 1985; 21.9.2011 – 5 AZR 629/10, NZA 2012, 145.
6 LAG Düsseldorf 11.7.2008 – 9 Sa 1958/07, ArbuR 2009, 57.
7 BAG 16.5.2012 – 5 AZR 347/11, NZA 2012, 939.
8 LAG Schl.-Holst. 9.8.2011 – 1 Sa 83e/11.
9 Vgl. zu Einzelheiten: *Gastell*, AuA 2008, 200; *Hohenstatt/Schramm*, NZA 2007, 238; BAG 24.9.2014 – 5 AZR 1024/12, NZA 2014, 328.
10 BAG 7.12.2005 – 5 AZR 535/04, DB 2006, 897.
11 Vgl. zu Vertragsgestaltungen *Kleinebrink*, ArbRB 2006, 152.
12 *Bauer/Günther*, DB 2006, 950.

Das Recht des Arbeitgebers zur Anordnung von Überstunden folgt nicht bereits aus seinem Direktionsrecht. Voraussetzung ist vielmehr eine ausdrückliche Verpflichtung des Arbeitnehmers im Arbeitsvertrag zur Erbringung der abgerufenen Arbeitsleistung[1].

82c Ein **schwerbehinderter Arbeitnehmer** kann nach § 124 SGB IX verlangen, von Mehrarbeit freigestellt zu werden. Dabei ist Mehrarbeit iSd. § 124 SGB IX nicht die über die individuelle Arbeitszeit des Schwerbehinderten hinausgehende tägliche Arbeitszeit, sondern die die werktägliche Dauer von acht Stunden überschreitende Arbeitszeit iSv. § 3 Satz 1 ArbZG[2]. unter Einschluss der Zeiten von Bereitschaftsdienst[3]. § 124 SGB IX enthält mehr als ein Leistungsverweigerungsrecht. Verlangt der Arbeitnehmer die Freistellung, so wird die Mehrarbeit nicht mehr geschuldet. Einer besonderen Freistellungserklärung des Arbeitgebers bedarf es anders als im Urlaubsrecht nicht. Nach der gesetzlichen Regelung tritt die Rechtsfolge der Freistellung bei Erfüllung der Anspruchsvoraussetzungen auf Arbeitnehmerseite allein mit dem Verlangen des schwerbehinderten Menschen ein[4].

82d Ein Lkw-Fahrer hat nach Art. 14 Abs. 2 Verordnung (EWG) 3821/85 einen Anspruch auf Kopien der Fahrtenschreiberdiagramme. Diese Verordnung ist gem. Art. 288 AEUV unmittelbar geltendes Recht. Dieser Anspruch kann insbesondere zur Vorbereitung einer Klage auf Überstundenvergütung geltend gemacht werden[5]. Ansonsten hat der Arbeitnehmer grundsätzlich keinen Auskunftsanspruch gegen den Arbeitgeber, in welchem Umfang er Überstunden geleistet hat[6].

8. Sonn- und Feiertagsarbeit

83 Art. 140 GG iVm. Art. 139 WRV enthalten eine **institutionelle Garantie der Sonn- und Feiertagsruhe**[7], die den Gesetzgeber verpflichtet, einen für alle Beteiligten verbindlichen Gestaltungsrahmen vorzugeben. Arbeitnehmer dürfen daher nach § 9 Abs. 1 ArbZG an Sonn- und Feiertagen von 0 bis 24 Uhr grundsätzlich nicht beschäftigt werden. Maßgeblich ist die gesetzliche Regelung der Feiertage[8] am Beschäftigungsort des Arbeitnehmers. § 9 Abs. 1 ArbZG übernimmt die abgelöste Vorschrift des § 105b GewO und dehnt sie auf alle Beschäftigungsbereiche aus[9]. Das Beschäftigungsverbot erfasst Tätigkeiten aller Art und an jedem Ort, auch außerhalb des Betriebes[10], also auch Bereitschaftsdienst und Rufbereitschaft. Der Arbeitgeber darf freiwillig geleistete Sonn- und Feiertagsarbeit nicht dulden, er muss sie unterbinden. Mit der Neugestaltung der Regelungen der Sonn- und Feiertagsarbeit wollte der Gesetzgeber jedoch keine Einschränkungen gegenüber den bisherigen Vorschriften herbeiführen[11]. Bei der Schichtplaneinteilung muss der Arbeitgeber das Grundrecht der Glaubens- und Bekenntnisfreiheit und die Gewährleistung der ungestörten Religionsausübung berücksichtigen. Verweigert ein Mitarbeiter aus religiösen Gründen die – ansonsten in rechtlich zulässiger Weise angeordnete – Sonntagsarbeit, darf der Arbeitgeber eine

---

1 MünchArbR/*Schüren*, Erg.-Bd. 2, § 166 Rz. 13.
2 BAG 8.11.1989 – 5 AZR 642/88, NZA 1990, 309; ArbG Aachen 2.12.1999 – 9 (7) Ca 3454/99, NZA-RR 2000, 462 (beide Entscheidungen noch zu § 46 SchwbG).
3 BAG 21.11.2006 – 9 AZR 176/06, NZA 2007, 446.
4 BAG 3.12.2002 – 9 AZR 462/01, EzA § 81 SGB IX Nr. 2; 21.11.2006 – 9 AZR 176/06, NZA 2007, 446.
5 LAG Nds. 10.5.2005 – 13 Sa 842/04, NZA-RR 2005, 461.
6 ArbG Berlin 14.9.2011 – 21 Ca 7273/11.
7 BVerfG 14.12.1965 – 1 BvR 413, 416/60, BVerfGE 19, 206.
8 Vgl. die Übersicht für alle Bundesländer bei *Neumann/Biebl*, § 9 ArbZG Rz. 10; Ostersonntag ist kein Feiertag, vgl. BAG 17.3.2010 – 5 AZR 317/09, DB 2010, 1406.
9 HzA/*Schliemann*, Gruppe 12, Rz. 583.
10 *Anzinger/Koberski*, Teil C, § 9 ArbZG Rz. 4.
11 BT-Drucks. 12/5888, 29 (36).

VI. Einzelregelungen

Kündigung nur in Betracht ziehen, wenn andere Möglichkeiten, den Mitarbeiter unter Beachtung seiner religiösen Überzeugungen zu beschäftigen, nicht mehr bestehen. Ggf. muss der Mitarbeiter in eine andere Abteilung ohne Sonntagsarbeit versetzt werden. Auch die unbezahlte Freistellung von der Arbeit ist dabei in Betracht zu ziehen[1].

Nach § 9 Abs. 2 ArbZG können **Beginn und Ende der Sonn- und Feiertagsruhe** in mehrschichtigen Betrieben mit regelmäßiger Tag- und Nachtarbeit um bis zu sechs Stunden vor- oder zurückverlegt werden, wenn der Betrieb in den folgenden 24 Stunden ruht. Voraussetzung ist eine absolute Betriebsruhe[2]. Es ist nicht auf die Arbeitsunterbrechung des einzelnen Arbeitnehmers abzustellen[3]. Für Kraftfahrer und deren Beifahrer lässt § 9 Abs. 3 ArbZG im Hinblick auf das Sonntagsfahrverbot des § 30 Abs. 3 StVO eine entsprechende Verschiebung von Beginn und Ende der Sonn- und Feiertagsruhe zu. 84

§ 10 ArbZG enthält einen abschließenden **Ausnahmekatalog**, in dem enumerativ 16 Generalklauseln verankert sind, die kraft Gesetzes die Beschäftigung von Arbeitnehmern an Sonn- und Feiertagen ausnahmsweise erlauben. Sie werden durch die Vorschrift des § 10 Abs. 2 ArbZG noch erweitert. Andere Erlaubnisfälle sind nach § 13 Abs. 3–5 ArbZG von einer behördlichen Genehmigung abhängig. Durch Rechtsverordnung kann die Bundesregierung nach § 13 Abs. 1 ArbZG weitere Ausnahmefälle über § 10 ArbZG hinaus zulassen. Für den Bereich der Bedürfnisbefriedigung der Bevölkerung sieht § 13 Abs. 2 ArbZG eine zusätzliche Ermächtigungsgrundlage für die Landesregierungen vor. Hiervon haben zunächst Bayern und Berlin mit den sog. **Bedürfnisgewerbeverordnungen** Gebrauch gemacht, es folgten Baden-Württemberg, Niedersachsen, Nordrhein-Westfalen, Brandenburg, Bremen, Hamburg, Mecklenburg-Vorpommern, Rheinland-Pfalz, Saarland, Sachsen-Anhalt, Schleswig-Holstein und Thüringen[4]. Nach Auffassung von *Richardi/Annuß*[5] ist die Bedarfsgewerbeordnung Nordrhein-Westfalen vom 5.5.1998 wegen Verstoßes gegen höherrangiges Recht unwirksam. Dies hätte weitreichende arbeitsrechtliche Folgen, da eine auf die Bedarfsgewerbeverordnung Nordrhein-Westfalen gestützte Anordnung von Sonntagsarbeit rechtswidrig wäre, so dass sie vom Arbeitnehmer nicht befolgt werden müsste. 85

Nach § 10 Abs. 4 ArbZG dürfen Arbeitnehmer zur **Durchführung bestimmter Bankgeschäfte** abweichend von § 9 Abs. 1 ArbZG an den auf einen Werktag fallenden Feiertagen beschäftigt werden, die nicht in allen Mitgliedstaaten der Europäischen Union Feiertage sind[6]. Ob § 10 Abs. 4 ArbZG gegen das Grundgesetz verstößt, hat das BAG offen gelassen. Nach seiner Auffassung hätte der Betriebsrat die von ihm für verfassungswidrig gehaltene Feiertagsbeschäftigung dadurch verhindern können, dass er seine Zustimmung versagt[7]. 85a

Da die Ausnahmetatbestände des § 10 ArbZG kraft Gesetzes gelten, obliegt dem Arbeitgeber eine **Prüfungspflicht**[8]. Im Hinblick auf die Bußgeldvorschrift des § 22 Abs. 1 Nr. 5 ArbZG und die Strafvorschrift des § 23 Abs. 1 ArbZG empfiehlt es sich für den Arbeitgeber dringend, in Zweifelsfällen eine Entscheidung der Aufsichtsbehörde nach 86

---

1 LAG Hamm 8.11.2007 – 15 Sa 271/07, AuA 2008, 304 (n.rkr.).
2 *Linnenkohl/Rauschenberg*, § 9 ArbZG Rz. 15; *Neumann/Biebl*, § 9 ArbZG Rz. 6.
3 So aber *Dobberahn*, Teil C Rz. 98.
4 BayGVBl. Nr. 16/1997, 395, zuletzt geändert am 9.5.2006 (GVBl. 190); BWGBl. 1998, 616; BerlGVBl. 1997, 270, zuletzt geändert am 23.7.2002 (GVBl. 236); BbgGVBl. II 1998, 622; BremGBl. 1997, 577; MVGVBl. 1998, 802; Ns GVBl. 1999, 161; NWGV 1998, 381; SaarlABl. 1997, 890; SHGVBl. 1999, 82; GVBl. HH 2005, 349; GVBl. RP 1999, 147; GVBl. LSA 2000, 230; GVOBl. TH 1998, 140.
5 *Richardi/Annuß*, NZA 1999, 953.
6 *Anzinger*, NZA 1998, 845.
7 BAG 27.1.2004 – 1 ABR 5/03, ArbuR 2004, 106.
8 HzA/*Schliemann*, Gruppe 12, Rz. 605.

§ 13 Abs. 3 ArbZG über die Zulässigkeit der Sonn- und Feiertagsarbeit herbeizuführen[1]. Der Arbeitgeber kann im Wege der Verpflichtungs- bzw. Untätigkeitsklage die Behörde zwingen, einen feststellenden Verwaltungsakt zu erlassen, da eine schnelle Klärung der Rechtslage erzielt werden soll[2].

87 Alle Ausnahmebestimmungen sind nach dem Einleitungssatz des § 10 ArbZG an die Voraussetzung gebunden, dass die **Arbeiten nicht an Werktagen vorgenommen werden können**[3]. Davon werden zum einen Arbeiten erfasst, die schon aus technischen Gründen nicht auf Werktage verlagert werden können und zum anderen Arbeiten, deren Vornahme an Werktagen unverhältnismäßige Nachteile auch wirtschaftlicher Art zur Folge hätten[4]. Zulässig sind daher alle Arbeiten, die nach ihrer Art oder nach der Art des Betriebes einen Aufschub oder eine Unterbrechung nicht gestatten. Weiterhin werden alle Arbeiten erfasst, ohne die eine störungsfreie Erreichung des Betriebszweckes nicht oder nur mit unzumutbaren Maßnahmen möglich ist[5]. Maßgeblich sind die konkreten betrieblichen Verhältnisse. Der Arbeitgeber muss sich daher in Produktionsbetrieben nicht auf Verfahrenstechniken verweisen lassen, die Sonn- und Feiertagsarbeit vermeiden[6]. Im Hinblick auf die Bedeutung des Sonn- und Feiertags muss vom Arbeitgeber jedoch die Ausschöpfung der allgemein gebräuchlichen und zumutbaren Maßnahmen zur Vermeidung der Sonn- und Feiertagsarbeit verlangt werden[7]. Es ist somit eine Interessenabwägung zwischen den Belangen des Betriebes und der Beeinträchtigung der Sonn- und Feiertagsruhe vorzunehmen.

88 **Hilfs- und Nebenarbeiten** sind nach § 10 Abs. 1 ArbZG dann zulässig, wenn sie in unmittelbarem Zusammenhang mit der zulässigen Tätigkeit stehen und ohne sie die erlaubte Arbeit nicht ausgeübt werden könnte[8]. Dabei ist unerheblich, ob die Hilfsarbeiten in rechtlich selbständigen Betrieben oder in rechtlich unselbständigen Betriebsabteilungen vorgenommen werden[9].

89 Die **Ausnahmetatbestände** des § 10 Abs. 1 ArbZG lassen sich in vier Gruppen einteilen:
- Beschäftigung von Arbeitnehmern in **nichtgewerblichen Dienstleistungsbereichen:** § 10 Abs. 1 Nr. 1, 2, 3, 6, 7 ArbZG. Hierunter fallen Not- und Rettungsdienste, Feuerwehr, Gerichte, Behörden, Krankenhäuser und ähnliche Einrichtungen, sowie nichtgewerbliche Veranstaltungen in Sport- und Freizeiteinrichtungen.
- Beschäftigung von Arbeitnehmern für **Dienstleistungen iSd. früheren §§ 105e, i GewO:** § 10 Abs. 1 Nr. 4, 5, 8, 10, 11 ArbZG. Hierzu gehören die Bereiche Gaststätten, Haushalt, Musik und Theater, Rundfunk und Fernsehen, Presse[10], Verkehrsbetriebe, Energie- und Versorgungsbetriebe.
- Beschäftigung von Arbeitnehmern bei **Messen, Ausstellungen und Märkten** iSd. Titels IV der GewO, sowie bei **Volksfesten:** § 10 Abs. 1 Nr. 9 ArbZG.
- Beschäftigung von Arbeitnehmern in **sonstigen Bereichen** und zu sonstigen Zwecken: § 10 Abs. 1 Nr. 12, 13, 14, 15, 16 ArbZG. Hierunter fallen die Landwirtschaft und das Bewachungsgewerbe, aber auch alle Arbeiten, deren Notwendigkeit sich aus der Natur der Sache ergibt. Im Wege der analogen Anwendung des § 10 Abs. 1 Nr. 14 ArbZG sollen Wartungsarbeiten an Sonntagen im vollkontinuierlichen

---

1 *Neumann/Biebl*, § 10 ArbZG Rz. 4.
2 HzA/*Schliemann*, Gruppe 12, Rz. 750.
3 An die zu § 105c Abs. 1 Nr. 3 und 4 GewO aF entwickelten Maßstäbe kann daher angeknüpft werden.
4 Schaub/*Vogelsang*, § 159 II 3; HzA/*Schliemann*, Gruppe 12, Rz. 609.
5 *Baeck/Deutsch*, § 10 ArbZG Rz. 16.
6 BayObLG 10.1.1963 – 4 St 236/62, AP Nr. 1 zu § 105c GewO.
7 *Anzinger/Koberski*, Teil C, § 10 ArbZG Rz. 25.
8 *Erasmy*, NZA 1995, 97 (98).
9 *Neumann/Biebl*, § 10 ArbZG Rz. 6.
10 Vgl. zu Einzelheiten: *Berger-Delhey*, BB 1994, 2199.

VI. Einzelregelungen

Schichtbetrieb ausnahmsweise zulässig sein, wenn bei der Durchführung dieser Arbeiten erheblich weniger Mannstunden geleistet werden müssen, als bei weiterlaufender Produktion am Sonntag[1]. In diesem Fall empfiehlt es sich aber dringend, nach § 13 Abs. 3 Nr. 1 ArbZG eine entsprechende Feststellung von der zuständigen Aufsichtsbehörde einzuholen.

Auch die **industrielle Sonn- und Feiertagsarbeit** ist zulässig, wenn technische Erfordernisse eine ununterbrochene Produktion erfordern, zB um das Verderben von Rohstoffen, das Misslingen von Arbeitsergebnissen oder die Zerstörung bzw. Beschädigung von Produktionseinrichtungen zu verhindern, § 10 Abs. 1 Nr. 15 und 16 ArbZG. Ein Misslingen der Produktionsergebnisse ist idR bei einem Ausschuss von 5 % anzunehmen[2]. Bezugsgröße ist die Wochenproduktion an den sechs Werktagen von Montag bis Samstag mit 144 Arbeitsstunden (6 × 24). Der Ausschuss, der durch das Produktionsverfahren selbst anfällt, bleibt außer Betracht. Allein entscheidend ist der durch die Unterbrechung der Produktion wegen der Sonn- und Feiertagsruhe entstehende Ausschuss[3]. Im Einzelfall kann auch ein geringer Ausschuss von Bedeutung sein, da Folgeschäden zu berücksichtigen sind[4]. Es ist eine Gesamtschadensbetrachtung vorzunehmen. In den Anwendungsbereich von § 10 Abs. 1 Nr. 15 und 16 ArbZG fallen auch kontinuierliche Arbeiten. 90

§ 10 Abs. 1 Nr. 16 ArbZG stellt eine **Generalklausel für technisch bedingte Ausnahmen** dar, die von § 10 Abs. 1 Nr. 15 ArbZG nicht erfasst werden. Auf diese Weise ist die Anpassung an zukünftige Entwicklungen gewährleistet. 91

Die Ausnahmevorschrift des § 10 Abs. 2 ArbZG verfolgt das Ziel der **Verringerung der Zahl der von Sonntagsarbeit betroffenen Arbeitnehmer**. Es soll vermieden werden, dass durch die Unterbrechung einer kontinuierlichen Produktion mehr Arbeitnehmer an Sonntagen aufgrund dieser Unterbrechung für Reinigungs- und Instandhaltungsmaßnahmen beschäftigt werden als bei einem fortlaufenden Produktionsprozess, da dies dem Sinn des Beschäftigungsverbots an Sonn- und Feiertagen zuwiderliefe[5]. Zur Vermeidung von Missbräuchen ist auf die „Mannstundenzahl" und nicht auf die Zahl der tatsächlich eingesetzten Arbeitnehmer abzustellen[6]. Ihre Anwendung ist jedoch auf Fälle des § 10 Abs. 1 Nr. 14 ArbZG beschränkt. Diese Beschränkung ist allgemein auf Kritik gestoßen[7]. Eine analoge Anwendung dieser Bestimmung auf alle Fälle der Sonn- und Feiertagsarbeit nach § 10 Abs. 1 Nr. 15 und 16 ArbZG wird trotz des Wortlautes der Vorschrift vor dem Hintergrund einer verfassungsrechtlich gebotenen Auslegung von § 10 Abs. 2 ArbZG befürwortet[8]. 92

Für Arbeitnehmer, die an Sonn- und Feiertagen beschäftigt werden, sieht § 11 ArbZG eine Reihe von **Ausgleichsregelungen** vor, von denen die Tarifvertragsparteien im Einzelfall abweichen dürfen, § 12 ArbZG. Für Sonn- oder Feiertagsbeschäftigung ist dem Arbeitnehmer ein individueller Ersatzruhetag zu gewähren, so dass zwingend ein Werktag in der Zeit von 0–24 Uhr beschäftigungsfrei sein muss. Dieser Ersatzruhetag steht dem Arbeitnehmer auch dann zu, wenn er an einem Sonn- oder Feiertag nur für kurze Zeit in Anspruch genommen wurde oder nur Bereitschaftsdienst oder Rufbereitschaft hatte[9]. 93

---

1 *Stückmann*, DB 1998, 1462.
2 BT-Drucks. 12/5888, 29; in Einzelfällen kann die Quote unterschritten werden.
3 *Neumann/Biebl*, § 10 ArbZG Rz. 47; vgl. auch BVerwG 19.9.2000 – 1 C 17.99, NZA 2000, 1235.
4 *Anzinger/Koberski*, Teil C, § 10 ArbZG Rz. 167.
5 *Dobberahn*, Teil C Rz. 112; HzA/*Schliemann*, Gruppe 12, Rz. 663.
6 *Erasmy*, NZA 1995, 97 (100); *Linnenkohl/Rauschenberg*, § 10 ArbZG Rz. 106.
7 *Anzinger/Koberski*, Teil C, § 10 ArbZG Rz. 245.
8 *Baeck/Deutsch*, § 10 ArbZG Rz. 148.
9 *Baeck/Deutsch*, § 11 ArbZG Rz. 18.

94 Nach § 11 Abs. 1 ArbZG müssen – bezogen auf den einzelnen Arbeitnehmer – mindestens **15 Sonntage im Jahr beschäftigungsfrei** bleiben. Abzustellen ist nicht auf das Kalenderjahr, sondern auf den individuellen Jahreszeitraum, der vom ersten Sonntag, an dem der Arbeitnehmer gearbeitet hat, berechnet wird[1].

95 Auf die Sonn- und Feiertagsarbeit sind die werktäglichen **Arbeitszeitgrenzen** der §§ 3–8 ArbZG anzuwenden, § 11 Abs. 2 ArbZG. Bei dieser Vorschrift handelt es sich um eine Rechtsgrundverweisung. Nach der Gesetzessystematik kommen die im 2. Abschnitt des Arbeitszeitgesetzes verankerten Vorschriften der §§ 3–8 ArbZG nur bei einer Beschäftigung an Werktagen unmittelbar zur Anwendung. § 11 ArbZG ist demgegenüber im 3. Abschnitt „Sonn- und Feiertagsruhe" des Arbeitszeitgesetzes verankert. Erst durch die Rechtsgrundverweisung gelten auch bei Sonn- und Feiertagsarbeit der Achtstundentag (§ 3 ArbZG) und die Mindestruhezeit (§ 5 ArbZG). Die in § 11 Abs. 2 ArbZG ebenfalls enthaltene Verweisung auf § 6 Abs. 5 ArbZG hat deshalb zur Folge, dass ein Arbeitnehmer, der an Sonn- und Feiertagen Nachtarbeit leistet, wegen dieser Nachtarbeit Anspruch auf eine angemessene Zahl bezahlter freier Tage oder einen angemessenen Zuschlag auf das ihm hierfür zustehende Arbeitsentgelt hat[2]. Durch die Verweisung in § 11 Abs. 2 ArbZG auf § 6 ArbZG entsteht jedoch **kein Anspruch auf einen gesetzlichen Sonn- und Feiertagszuschlag**. Vielmehr hat der Arbeitnehmer bei Sonn- und Feiertagsarbeit nach der speziellen Vorschrift des § 11 Abs. 3 ArbZG einen Anspruch auf einen Ersatzruhetag. Wie sich aus der Gesetzesbegründung ergibt[3], soll aus Gründen des Arbeitsschutzes ein Ausgleich für Sonn- und Feiertagsarbeit erfolgen. Demgegenüber bezweckt § 11 Abs. 2 ArbZG aus Gründen des Gesundheitsschutzes der Arbeitnehmer die §§ 3–8 ArbZG auch auf die Beschäftigung von Arbeitnehmern an Sonn- und Feiertagen anzuwenden. Der systematische Zusammenhang und die unterschiedlichen Zwecke der Absätze 2 und 3 des § 11 ArbZG schließen die Annahme eines in § 11 Abs. 2 ArbZG geregelten gesetzlichen Zuschlags für die Arbeit an Sonn- und Feiertagen aus[4]. Aus der Ausgleichsfunktion von **tariflichen Sonn- und Feiertagszuschlägen** folgt, dass diese Zuschläge idR auf den für die entsprechende Arbeit individuell geschuldeten Lohn gezahlt werden. Soll sich der Zuschlag an einer davon abweichenden Bezugsgröße orientieren, etwa der des tariflichen Grundstundenlohnes, muss dies in der tariflichen Regelung hinreichend zum Ausdruck kommen[5].

96 Der nach § 11 Abs. 3 ArbZG zu gewährende **Ersatzruhetag** begrenzt mittelbar die durchschnittliche wöchentliche Arbeitszeit innerhalb der Ausgleichszeiträume. Gilt in dem Betrieb die Fünftagewoche, kann auch der arbeitsfreie Samstag der Ersatzruhetag sein[6]. Der Ersatzruhetag muss bei einer Beschäftigung am Sonntag, zu der auch der Bereitschaftsdienst oder die Rufbereitschaft gehören, innerhalb eines Zeitraumes von zwei Wochen gewährt werden. Bei einer Feiertagsbeschäftigung beträgt der Zeitraum acht Wochen. Der Ersatzruhetag kann auch an einem ohnehin arbeitsfreien Samstag oder einem schichtplanmäßig arbeitsfreien sonstigen Werktag gewährt werden[7]. Eine bezahlte Freistellung kann nicht verlangt werden[8].

96a Die Verpflichtung zur Gewährung eines Ersatzruhetages bedeutet, dass der Arbeitnehmer an diesem Tag überhaupt keine Arbeit im Rahmen **irgendeines** Arbeitsverhältnisses erbringen darf. Es reicht deshalb nicht aus, dass der Arbeitgeber, bei dem

---

1 *Neumann/Biebl*, § 11 ArbZG Rz. 3.
2 *Baeck/Deutsch*, § 11 ArbZG Rz. 14.
3 BT-Drucks. 11/588, 30.
4 BAG 11.1.2006 – 5 AZR 97/05, BB 2006, 783.
5 BAG 6.12.2006 – 4 AZR 711/05, BB 2007, 1172.
6 LAG Sachs. 21.4.1999 – 2 Sa 1077/98, ZTR 1999, 477 (Ls.); *Dobberahn*, Teil C Rz. 122; *Junker*, ZfA 1998, 127.
7 BAG 23.3.2006 – 6 AZR 497/05, DB 2006, 1435; 13.7.2006 – 6 AZR 55/06, DB 2006, 2820.
8 BAG 12.12.2001 – 5 AZR 294/00, DB 2002, 1111.

VI. Einzelregelungen

die – ausnahmsweise gestattete – Sonntagsarbeit geleistet wird, vom Arbeitnehmer an einem Werktag keine Arbeitsleistung abfordert. Der Arbeitgeber darf die Sonntagsarbeit weder dulden, noch kann der Arbeitnehmer auf die Arbeitsruhe verzichten. § 9 ArbZG soll vielmehr die institutionelle Garantie des Sonntags verwirklichen. Das Beschäftigungsverbot ist mithin ein objektives Verbot, das durch § 11 Abs. 3 ArbZG auf den Ersatzruhetag erstreckt wird. Die gesetzliche Vorschrift kann deshalb auch nicht einschränkend dahingehend ausgelegt werden, dass § 11 Abs. 3 ArbZG nur dann zur Anwendung kommt, wenn durch die Sonntagsarbeit die wöchentlich höchstzulässige Arbeitszeit überschritten wird. Nach dem Sinn und Zweck des Gesetzes soll die Gesundheit des Arbeitnehmers sowohl hinsichtlich des Umfangs als auch der Lage der Arbeitszeit geschützt werden.

Daraus folgt: Kann der Ersatzruhetag nicht gewährt werden, darf der Arbeitgeber den Arbeitnehmer sonntags nicht beschäftigen. Dies gilt auch dann, wenn ein Arbeitgeber einen Arbeitnehmer **ausschließlich sonntags** beschäftigt, der vorgeschriebene Ersatzruhetag jedoch deshalb nicht gewährt werden kann, weil der Arbeitnehmer von Montag bis Samstag in einem anderen Arbeitsverhältnis tätig ist. In diesen Fällen ist das Arbeitsverhältnis, das allein die sonntägliche Arbeit zum Gegenstand hat, nicht nichtig. Der Arbeitnehmer ist jedoch aus Gründen, die in seiner Sphäre liegen, jedoch nicht von ihm verschuldet sein müssen, zu der nach dem Vertrag vorausgesetzten Arbeitsleistung nicht mehr in der Lage. In diesen Fällen liegt idR eine schwere und dauerhafte Störung des Austauschverhältnisses vor, so dass eine ordentliche Kündigung aus Gründen in der Person des Arbeitnehmers gerechtfertigt ist[1].

Nach § 11 Abs. 4 ArbZG wird eine wöchentliche **Mindestruhezeit** von 35 Stunden sichergestellt, die in Schichtbetrieben jedoch auf 32 Stunden abgekürzt werden kann[2]. 97

Den Tarifvertragsparteien räumt § 12 ArbZG **Abweichungsbefugnisse** zu den Regelungen des § 11 ArbZG ein. Nicht tarifdispositiv ist hingegen § 10 ArbZG. Nach § 12 Nr. 1 ArbZG kann in besonderen Beschäftigungsbereichen die Anzahl der beschäftigungsfreien Sonntage auf zehn, acht bzw. sechs Sonntage im Jahr reduziert werden. Nr. 2 erlaubt die Streichung der Ersatzruhetage sowie die Festlegung von Ausgleichszeiträumen abweichend von § 11 Abs. 3 ArbZG[3]. Nr. 3 sieht Sonderregelungen für die Seeschifffahrt vor. Nr. 4 ermöglicht eine Verlängerung der Sonn- und Feiertagsarbeit auf bis zu zwölf Stunden in vollkontinuierlichen Schichtbetrieben, wenn dadurch zusätzliche Freischichten an Sonn- und Feiertagen erreicht werden. Durch die Neuregelung des ArbZG sind die Abweichungsbefugnisse nunmehr auch auf Dienstvereinbarungen ausgedehnt. 98

Gemäß § 13 Abs. 3 Nr. 1 ArbZG kontrolliert die **Aufsichtsbehörde** das Vorliegen des Ausnahmetatbestandes. Dabei kann durch Verwaltungsakt die Zulässigkeit bzw. Unzulässigkeit der Sonn- und Feiertagsarbeit verbindlich festgestellt werden. Nach § 13 Abs. 3 Nr. 2 ArbZG können aufgrund eines entsprechenden Antrages in Abweichung zu § 9 ArbZG (und damit auch über § 10 ArbZG hinaus) weitere Ausnahmegenehmigungen von dem Beschäftigungsverbot an Sonn- und Feiertagen erteilt werden. Die Aufsichtsbehörde hat nach pflichtgemäßem Ermessen zu entscheiden[4]. Danach kann im Handelsgewerbe an bis zu zehn Sonn- und Feiertagen im Jahr, an denen besondere Verhältnisse einen erweiterten Geschäftsverkehr erforderlich machen, die Beschäftigung zugelassen werden, § 13 Abs. 3 Nr. 2 lit. a ArbZG. Die Sonn- und Feiertagsbeschäftigung kann bewilligt werden, wenn besondere Verhältnisse zur Verhütung eines unverhältnismäßigen Schadens dies verlangen, § 13 Abs. 3 Nr. 2 lit. b ArbZG. Schaden ist sowohl jede Vermögensminderung als auch entgangener Ge- 99

---

1 BAG 24.2.2005 – 2 AZR 211/04, BB 2005, 2022.
2 *Neumann/Biebl*, § 11 ArbZG Rz. 15.
3 BAG 23.3.2006 – 6 AZR 497/05, DB 2006, 1435.
4 ErfK/*Wank*, § 13 ArbZG Rz. 5.

winn[1]. Schließlich kann die Erlaubnis erteilt werden, eine gesetzlich vorgeschriebene Inventur an einem Sonntag im Jahr zuzulassen, § 13 Abs. 3 Nr. 2 lit. c ArbZG. Arbeitnehmer, die arbeitsvertraglich an Sonn- und Feiertagen beschäftigt werden dürfen, sind befugt, gegen eine auf Antrag des Unternehmens ergangene behördliche Feststellung zu klagen, dass eine Beschäftigung von Arbeitnehmern an Sonn- und Feiertagen zulässig ist[2].

100 § 13 Abs. 4 ArbZG – im Gegensatz zu Abs. 3 eine „Sollbestimmung" – ist zurzeit ohne praktische Bedeutung, da die von ihm erfassten Fälle bereits durch § 10 Abs. 1 Nr. 15 und 16 ArbZG abgedeckt sind[3]. Mit dieser Vorschrift sollen aber zukünftige Entwicklungen erfasst werden können[4].

101 § 13 Abs. 5 ArbZG erlaubt die **Zulässigkeit von Sonn- und Feiertagsarbeit allein aus wirtschaftspolitischen Gründen**. Die Aufsichtsbehörde hat die Zustimmung zu erteilen, wenn das antragstellende Unternehmen die gesetzlich zulässigen wöchentlichen Betriebszeiten weitgehend ausnutzt[5], im Ausland längere Betriebszeiten bestehen[6], die Konkurrenzfähigkeit des Unternehmens unzumutbar beeinträchtigt ist[7] und durch die Genehmigung der Sonn- und Feiertagsarbeit die Beschäftigung gesichert[8] wird[9]. Liegen diese Tatbestandsvoraussetzungen kumulativ vor, muss die Genehmigung erteilt werden, die Behörde hat insoweit kein Ermessen. Insbesondere ist die Behörde nicht berechtigt, die sog. hohen Feiertage (Ostern, Pfingsten, Weihnachten, Neujahrstag, 1. Mai) aus der Erlaubnis auszuklammern[10]. Die Behörde ist grundsätzlich auch nicht berechtigt, eine Ausnahmebewilligung nach § 13 Abs. 5 ArbZG mit einer auflösenden Bedingung des Inhalts zu versehen, dass die Bewilligung erlischt, falls es in dem betroffenen Produktionsbereich zu einer betriebsbedingten Kündigung kommt[11] oder anzuordnen, dass die Beschäftigungszeit unter Berücksichtigung der für den öffentlichen Gottesdienst bestimmten Zeiten festzulegen ist[12].

Checkliste für die Antragstellung nach § 13 Abs. 5 ArbZG[13]:

102 ☐ Zeitpunkt und Umfang der geplanten Sonn- und Feiertagsarbeit
☐ Anzahl der betroffenen Beschäftigten unter gesonderter Hervorhebung der Jugendlichen und der werdenden und stillenden Mütter
☐ Art und Umfang der Beschäftigung
☐ Benennung der betroffenen Betriebe bzw. Betriebsteile
☐ Darlegung der tatsächlichen Ausnutzung der Betriebslaufzeiten in den betroffenen Betrieben bzw. Betriebsteilen (Beibringung von Beweismitteln: Betriebsvereinbarungen zur Schichtarbeit, Beschäftigtenliste, Stempelkarten etc.)
☐ Darlegung der längeren Betriebszeiten im Ausland unter Einbeziehung der Situation der ausländischen Konkurrenten

---

1 *Dobberahn*, Teil C Rz. 130.
2 BVerwG 19.9.2000 – 1 C 17.99, NZA 2000, 1232.
3 *Neumann/Biebl*, § 13 ArbZG Rz. 20.
4 BT-Drucks. 12/6990, 41.
5 Bezugsgröße 144 Stunden (6 × 24).
6 Abzustellen ist auf die ausländischen gesetzlich zulässigen Betriebszeiten.
7 Kausalität zwischen Beeinträchtigung der Konkurrenzfähigkeit und den längeren Auslandsarbeitszeiten bzw. der Ausnutzung der wöchentlichen Höchstarbeitszeit ist nicht erforderlich; vgl. *Dobberahn*, Teil C Rz. 138; ErfK/*Wank*, § 13 ArbZG Rz. 17; *Baeck/Deutsch*, § 13 ArbZG Rz. 83.
8 Erhalt der bestehenden oder Schaffung neuer Arbeitsplätze, vgl. *Neumann/Biebl*, § 13 ArbZG Rz. 28.
9 Vgl. im Einzelnen *Anzinger/Koberski*, Teil C, § 13 ArbZG Rz. 103 ff.
10 OVG Münster 10.4.2000 – 4 A 756/97, NZA-RR 2000, 491.
11 VG Arnsberg 11.12.1996 –1 K 4797/96, DB 1997, 580.
12 BVerwG 19.9.2000 – 1 C 17.99, NZA 2000, 1232.
13 Vgl. *Dobberahn*, Teil C Rz. 142; HzA/*Schliemann*, Gruppe 12, Rz. 788.

VI. Einzelregelungen

- ☐ Darlegung der konkreten betrieblichen Konkurrenzsituation
- ☐ Darlegung der Unzumutbarkeit (Verlust von Marktanteilen, Situation nationaler Wettbewerber, regionale Besonderheiten)
- ☐ Darlegung der geplanten Ersatzruhetage
- ☐ Darlegung bzgl. des Erhalts oder Schaffung neuer Arbeitsplätze (Beibringung von Beweismitteln: Betriebsvereinbarungen, Stellenausschreibungen, Stellungnahmen des Betriebsrates zu Einstellungen)
- ☐ Beibringung einer Stellungnahme des Betriebsrates zum Antrag nach § 13 Abs. 5 ArbZG.

Die Ausnahmebewilligung erlischt im Falle eines **Betriebsübergangs**, da sie kein dinglicher Verwaltungsakt ist[1]. Der Erwerber muss eine neue Ausnahmegenehmigung einholen[2]. **103**

Hinsichtlich der Sonn- und Feiertagsruhebestimmungen sind die **Ladenschlussgesetze** der einzelnen Bundesländer für die Beschäftigten des Einzelhandels leges speciales[3]. **104**

Die §§ 9, 10 ArbZG regeln allein die öffentlich-rechtliche Zulässigkeit der Sonn- und Feiertagsarbeit[4]. Der Arbeitnehmer kann außer in den Notfällen des § 14 ArbZG nur dann zur Leistung an Sonn- und Feiertagen herangezogen werden, wenn eine entsprechende **tarifvertragliche oder arbeitsvertragliche Regelung** besteht[5]. Ein Verzicht des Arbeitnehmers auf das Beschäftigungsverbot ist nicht möglich. Vielmehr steht dem Arbeitnehmer bei unberechtigter Anordnung von Sonn- und Feiertagsarbeit ein Leistungsverweigerungsrecht zu. **105**

Zu beachten sind auch beim Vorliegen eines Ausnahmetatbestandes iSd. § 10 ArbZG die **Mitbestimmungsrechte** des Betriebsrats nach § 87 Abs. 1 Nr. 2 BetrVG bzw. des Personalrats nach § 75 Abs. 3 Nr. 1 BPersVG, da es sich um die Verteilung der Arbeitszeit auf einzelne Wochentage handelt[6]. **106**

In **Notfällen und außergewöhnlichen Fällen** erlaubt § 14 ArbZG ohne Genehmigung oder Feststellung der Aufsichtsbehörde weitreichende Abweichungen von den gesamten Vorschriften des ArbZG. Von § 8 ArbZG darf auch in den Fällen des § 14 ArbZG nicht abgewichen werden. Der Arbeitgeber muss die Tatbestandsvoraussetzungen des § 14 ArbZG, an deren Vorliegen strenge Anforderungen zu stellen sind[7], selbst prüfen und eine Güterabwägung vornehmen. **Notfälle** liegen vor, wenn die Arbeiten durch ungewöhnliche, unvorhersehbare und plötzlich eintretende Ereignisse veranlasst sind und unverzüglich zur Beseitigung eines Notstandes oder zur Abwendung einer dringenden Gefahr vorgenommen werden. Die Gefahr oder der drohende Schaden müssen nicht notwendig beim Arbeitgeber auftreten, sondern können auch einen Dritten betreffen[8]. Das Verschieben der Arbeit auf einen späteren Zeitpunkt muss unmöglich sein[9]. Ein Notfall liegt nicht vor, wenn erfahrungsgemäß mit dem Eintritt dieses Ereignisses zu rechnen ist, das organisatorisch vorausplanend zu bewältigen **107**

---

1 *Anzinger/Koberski*, Teil C, § 13 ArbZG Rz. 135.
2 AA *Baeck/Deutsch*, § 13 ArbZG Rz. 92, wonach die Ausnahmebewilligung betriebsbezogen sei.
3 *Schliemann*, ArbZG, Teil B, Vorbem. Rz. 18; in Bayern gilt weiterhin das Ladenschlussgesetz des Bundes.
4 *Anzinger/Koberski*, Teil C, § 10 ArbZG Rz. 16.
5 *Dobberahn*, Teil C Rz. 114.
6 BAG 25.2.1997 – 1 ABR 69/96, NZA 1997, 955.
7 *Anzinger/Koberski*, Teil C, § 14 ArbZG Rz. 2.
8 *Linnenkohl/Rauschenberg*, § 14 ArbZG Rz. 8; HwB-AR/*Wessel*, Arbeitszeit, Rz. 79.
9 *Dobberahn*, Teil C Rz. 152.

ist, etwa plötzliche Auftragshäufung[1], üblicher Ausfall von Arbeitskräften durch Krankheit[2], im gewöhnlichen Betrieb auftretende Störungen einer EDV-Anlage[3]. **Außergewöhnliche Fälle** sind unvorhersehbare, unabhängig vom Willen der Beteiligten eintretende Ereignisse, deren Folgen nur durch eine Abweichung von den Vorschriften des ArbZG zu beseitigen sind[4]. Sie unterscheiden sich nur graduell vom Notfall. § 14 ArbZG erlaubt nur vorübergehende Arbeiten, soweit sie zur Beseitigung des Notfalls oder des außergewöhnlichen Falles erforderlich sind[5]. Zu beachten ist, dass § 14 Abs. 2 ArbZG keine Abweichung vom Beschäftigungsverbot an Sonn- und Feiertagen zulässt[6].

107a Nach § 14 Abs. 3 ArbZG darf die Arbeitszeit 48 Stunden wöchentlich im Durchschnitt von sechs Kalendermonaten oder 24 Wochen nicht überschreiten, sofern von der Befugnis nach § 14 Abs. 1 oder 2 ArbZG Gebrauch gemacht wurde. Die Regelung enthält eine Klarstellung, die auf der EG-Arbeitszeitrichtlinie beruht.

108 Das **Mitbestimmungsrecht** des Betriebsrates bzw. Personalrates entfällt nur in wirklichen Notfällen[7]. Es muss jedoch unverzüglich nach Abwendung des Notfalles nachgeholt werden[8].

109 In bestimmten Beschäftigungsbereichen kann die Aufsichtsbehörde auf Antrag unter Abweichung vom ArbZG längere tägliche Arbeitszeiten und eine abweichende Dauer oder Lage der Ruhezeit bewilligen, § 15 ArbZG. Diese Ausnahmen gelten für kontinuierliche Schichtbetriebe, Bau- und Montagestellen sowie für Saison- und Kampagnebetriebe. Sonderregelungen für den öffentlichen Dienst sind nach § 15 Abs. 1 Nr. 3 ArbZG möglich. Es besteht jedoch lediglich ein Anspruch auf ermessensfehlerfreie Entscheidung der Behörde.

109a Analog zu § 14 Abs. 3 ArbZG ist in § 15 Abs. 4 ArbZG ebenfalls verankert, dass die Arbeitszeit 48 Stunden wöchentlich im Durchschnitt von sechs Kalendermonaten oder 24 Wochen nicht überstritten werden darf, wenn Ausnahmen nach § 15 Abs. 1 oder 2 ArbZG zugelassen werden.

110 In den Fällen des § 15 ArbZG besteht ein **Mitbestimmungsrecht** des Betriebsrates bzw. des Personalrates.

9. Frauenbeschäftigungsverbote

111 Die früheren **Beschäftigungsverbote für Frauen**, insbesondere im Bauhauptgewerbe, sind im Rahmen der Gleichstellung weitgehend aufgehoben worden. Es bleibt allein beim Beschäftigungsverbot im Bergbau.

VII. Aushangpflichten und Arbeitszeitnachweise

112 Nach § 16 ArbZG ist jeder Arbeitgeber – auch wenn nur ein Arbeitnehmer beschäftigt wird[9] – verpflichtet, einen **Abdruck des ArbZG** und der aufgrund dieses Gesetzes erlassenen Rechtsverordnungen sowie die für den Betrieb geltenden Tarifverträge und

---

1 OLG Düsseldorf 13.4.1992 – 5 Ss (OWi) 106/92 – (OWi 60/92 I), GewArch 1992, 382.
2 OLG Karlsruhe 22.5.1981 – 1 Ss 9/81, GewArch 1981, 268.
3 VG Köln 5.6.1989 – 1 K 1753/88, GewArch 1990, 360.
4 BAG 17.9.1986, 5 AZR 369/85, nv.
5 OLG Düsseldorf 30.7.1959 – (1) Ss 494/59, BB 1959, 994; *Linnenkohl/Rauschenberg*, § 14 ArbZG Rz. 9.
6 HzA/*Schliemann*, Gruppe 12, Rz. 847.
7 *Neumann/Biebl*, § 14 ArbZG Rz. 20.
8 BAG 19.2.1991 – 1 ABR 31/90, AP Nr. 42 zu § 87 BetrVG 1972 – Arbeitszeit.
9 ZB Haushaltskräfte, vgl. *Anzinger/Koberski*, Teil C, § 16 ArbZG Rz. 4.

VII. Aushangpflichten und Arbeitszeitnachweise

Betriebs- oder Dienstvereinbarungen an geeigneter Stelle im Betrieb auszuhängen oder auszulegen. Der Text muss frei zugänglich sein, ohne dass es der Inanspruchnahme Dritter bedarf[1].

Der Arbeitgeber ist ferner verpflichtet, die über die **werktägliche Arbeitszeit** des § 3 ArbZG hinausgehende Arbeitszeit jedes einzelnen Arbeitnehmers **aufzuzeichnen** und diese Nachweise zwei Jahre lang aufzubewahren. Aufzeichnungspflichtig ist jede acht Stunden überschreitende Arbeitszeit an Werktagen[2]. Der Inhalt der Aufzeichnungspflicht der an Sonn- und Feiertagen geleisteten Arbeitszeit ist streitig. Nach herrschender Auffassung[3] ist jede Arbeitszeit an Sonn- und Feiertagen aufzeichnungspflichtig. Eine Aufzeichnung der täglichen Gesamtarbeitszeit reicht aus[4]. Keine Einigkeit besteht darüber, ob die Ausgleichszeiträume gem. §§ 3, 6 Abs. 2 und 11 Abs. 2 ArbZG aufzeichnungspflichtig sind[5]. Darüber hinaus ist ein Verzeichnis der Arbeitnehmer zu führen, die in eine Verlängerung der Arbeitszeit gem. § 7 Abs. 7 ArbZG eingewilligt haben. Dieses Verzeichnis gehört zu den Arbeitszeitnachweisen, die der Arbeitgeber der Aufsichtsbehörde gem. § 17 Abs. 4 ArbZG vorlegen oder zur Einsicht einsenden muss. Die Aufzeichnungen der Arbeitszeiten fallen unter den Begriff der „personenbezogenen Daten" iSv. Art. 2 lit. a der Richtlinie 95/46/EG. Die Erhebung dieser Daten durch den Arbeitgeber entspricht dem mit Art. 6 lit. b der Richtlinie 2003/88/EG verfolgten Schutzzweck und ist daher rechtmäßig[6]. 113

Eine bestimmte **Form der Arbeitszeiterfassung** ist nicht vorgeschrieben[7]. Daher reicht es aus, wenn die einzelnen Arbeitnehmer die von ihnen geleistete Arbeitszeit bei gleitender Arbeitszeit durch Stempeluhrkarten, in Lohnlisten oder Arbeitszeitkarteien festhalten lassen. Sog. „Selbstaufschreibungen" sind jedoch vom Arbeitgeber stichprobenartig zu kontrollieren. Auch durch EDV-Anlagen und sonstige Zeiterfassungssysteme erstellte Aufzeichnungen sind zulässig; die gespeicherten Daten müssen aber jederzeit für die Aufsichtsbehörde abrufbar sein[8]. 114

Nach § 80 Abs. 2 Satz 1 BetrVG iVm. § 80 Abs. 1 Nr. 1 BetrVG hat der **Betriebsrat** Anspruch auf Erteilung der Auskünfte, anhand derer er überprüfen kann, ob in dem Betrieb die zwingenden Bestimmungen des ArbZG eingehalten werden. Der Arbeitgeber hat dem Betriebsrat die notwendigen Informationen zur Verfügung zu stellen und sich diese ggf. in geeigneter Weise selbst zu beschaffen. Der Arbeitgeber kann sich der gesetzlichen Kontrollpflicht und dem daraus resultierenden Auskunftsanspruch des Betriebsrates nicht dadurch entziehen, dass er selbst darauf verzichtet, von der tatsächlichen Arbeitszeit seiner Beschäftigten Kenntnis zu nehmen (Vertrauensarbeitszeit)[9]. Dem Betriebsrat sind daher die Aufzeichnungen nach § 16 Abs. 2 ArbZG vorzulegen. Mit der Aufgabe, die Einhaltung von Schutzvorschriften zugunsten der Arbeitnehmer zu überwachen, geht nicht die Befugnis zur Wahrnehmung der betroffenen Individualinteressen einher[10]. Informiert ein Betriebsratsmitglied mit Bil- 114a

---

1 *Kollmer*, DB 1995, 1662.
2 *Baeck/Deutsch*, § 16 ArbZG Rz. 21.
3 *Neumann/Biebl*, § 16 ArbZG Rz. 5; *Anzinger/Koberski*, Teil C, § 16 ArbZG Rz. 11; *Baeck/Deutsch*, § 16 ArbZG Rz. 23.
4 *Dobberahn*, Teil C Rz. 165; *Neumann/Biebl*, § 16 ArbZG Rz. 5.
5 Dafür: *Buschmann/Ulber*, § 16 ArbZG Rz. 8; *Neumann/Biebl*, § 16 ArbZG Rz. 6; *Fauth-Herkner/Wiebrock*, AuA 1999, 155 unter Hinweis auf die Überwachungstätigkeit der Aufsichtsbehörden; dagegen *Baeck/Deutsch*, § 16 ArbZG Rz. 24; *ErfK/Wank*, § 16 ArbZG Rz. 4 unter Hinweis auf den Gesetzeswortlaut.
6 EuGH 30.5.2013 – Rs. C-342/12, NZA 2013, 723.
7 *Schlottfeldt/Hoff*, NZA 2001, 530 mit Vorschlägen für die praktische Gestaltung der Aufzeichnungen.
8 *Anzinger/Koberski*, Teil C, § 16 ArbZG Rz. 12.
9 BAG 6.5.2003 – 1 ABR 13/02, NZA 2003, 1348; LAG Nds. 8.11.2004 – 4 TaBV 36/04, NZA-RR 2005, 424.
10 BAG 20.5.2008 – 1 ABR 19/07, DB 2008, 2490.

ligung des Gremiums die Aufsichtsbehörde über einen tatsächlichen oder vermeintlichen Arbeitszeitverstoß des Arbeitgebers (zB unzulässige Sonntagsarbeit), so stellt dieses Verhalten jedenfalls dann keinen Grund für eine fristlose Kündigung oder eine Amtsenthebung des Betriebsratsmitglieds dar, wenn der Arbeitgeber zuvor in rechtswidriger Weise ohne Zustimmung des Betriebsrats den Schichtbeginn am Sonntagabend vorverlegt hat[1].

115 Besonderes Augenmerk ist auf die Erfassung der Arbeitszeit von **Teilzeitbeschäftigten** zu richten, da die bei mehreren Arbeitgebern erbrachten Arbeitszeiten zusammenzurechnen sind, § 2 Abs. 1 Satz 1 Halbs. 2 ArbZG. Übersteigt die Arbeitszeit des Teilzeitbeschäftigten die gesetzlichen Höchstgrenzen, werden die Ruhezeiten nicht gewährt oder Verkürzungen der Ruhezeiten nicht entsprechend ausgeglichen, droht dem Arbeitgeber ein Bußgeld nach § 22 ArbZG. Es empfiehlt sich daher, bei der Einstellung von Teilzeitbeschäftigten eine Nebentätigkeitsvereinbarung im Arbeitsvertrag zu verankern, die eine Offenbarungspflicht des Teilzeitbeschäftigten hinsichtlich weiterer Beschäftigungsverhältnisse statuiert[2].

116 Ein **Verstoß** gegen die Aushangpflicht kann mit einem Bußgeld bis zu 2 500 Euro, ein Verstoß gegen die Führung der Arbeitszeitnachweise mit einer Geldbuße bis zu 15 000 Euro geahndet werden, § 22 Abs. 1 Nr. 8 und 9 ArbZG.

VIII. Durchführung des Arbeitszeitgesetzes

117 Die Durchführung des Gesetzes ist gem. Art. 83 GG Sache der Länder und obliegt idR den **Gewerbeaufsichtsämtern**. In Nordrhein-Westfalen ist der Regierungspräsident zuständig. Die Überwachungsaufgaben und die damit verbundenen Befugnisse sind in § 17 ArbZG geregelt. Nach § 17 Abs. 4 ArbZG ist der Arbeitgeber verpflichtet, erforderliche Auskünfte zu erteilen und Unterlagen (insb. Arbeitszeitnachweise und Betriebs- oder Dienstvereinbarungen) vorzulegen. Ihm steht ein Auskunftsverweigerungsrecht gem. § 17 Abs. 6 ArbZG iVm. § 383 Abs. 1 Nr. 1–3 ZPO zu. Die Aufsichtsbehörde hat zusätzlich ein Besichtigungsrecht. Die Besichtigung, bei der der Betriebsrat oder der Personalrat hinzuziehen sind (§ 89 Abs. 2 BetrVG, § 81 Abs. 2 BPersVG), muss nicht vorher angekündigt werden[3]. Bei einer Verweigerung des Arbeitgebers kann die Besichtigung im Wege der Duldungsverfügung mit Hilfe von Zwangsgeld durchgesetzt werden[4].

1. Bußgeldtatbestände

118 Nach § 22 ArbZG werden **Verstöße gegen bestimmte Regelungen des ArbZG** bzw. gegen die aufgrund des ArbZG erlassenen Rechtsverordnungen als Ordnungswidrigkeit mit einem Bußgeld geahndet.

Täter ist nach § 22 Abs. 1 ArbZG jeder **Arbeitgeber**, der einen der genannten Tatbestände rechtswidrig und schuldhaft erfüllt. Als Arbeitgeber in diesem Sinne wird jede natürliche Person angesehen, die einen Arbeitnehmer iSd. § 2 Abs. 2 ArbZG beschäftigt[5]. Ist nach § 9 OWiG eine juristische Person Arbeitgeber, so handelt jedes Mitglied des Organs als Arbeitgeber, bei Personenhandelsgesellschaften handeln deren vertretungsberechtigte Gesellschafter. Auch ein Handeln der gesetzlichen Vertreter als Arbeitgeber kommt in Betracht. Nach § 9 Abs. 2 OWiG kommen als Täter

---

1 ArbG Marburg 20.11.2010 – 2 BV 4/10, DB 2011, 360.
2 *Hunold*, NZA 1995, 561.
3 *Linnenkohl/Rauschenberg*, § 17 ArbZG Rz. 10.
4 *Baeck/Deutsch*, § 17 ArbZG Rz. 32.
5 HzA/*Schliemann*, Gruppe 12, Rz. 974; *Linnenkohl/Rauschenberg*, § 23 ArbZG Rz. 1.

VIII. Durchführung des Arbeitszeitgesetzes

auch vom Arbeitgeber **beauftragte Personen** in Betracht, die aufgrund dieses Auftrages handeln. Eine Beauftragung liegt vor, wenn eine Person den Betrieb ganz oder zum Teil leitet (auch ohne ausdrücklich beauftragt zu sein[1]) oder ausdrücklich eigene Aufgaben in eigener Verantwortung wahrnimmt, die sonst dem Inhaber des Betriebes obliegen. Die Begriffe Betrieb und Unternehmen stehen insoweit gleich[2]. Beauftragt können bspw. Angestellte eines Betriebes sein, aber auch Insolvenzverwalter[3].

Die Ordnungswidrigkeiten nach § 22 Abs. 1 ArbZG werden mit einer **Geldbuße** bis zu 15 000 Euro geahndet, die Ordnungswidrigkeit nach § 22 Abs. 1 Nr. 8 ArbZG lediglich mit einer Geldbuße bis zu 2 500 Euro. Nach § 17 Abs. 3 OWiG sind Grundlage für die Zumessung des Bußgeldes die Bedeutung der Ordnungswidrigkeit und der Vorwurf, der den Täter trifft. Von besonderer Bedeutung ist die Vorschrift des § 17 Abs. 4 OWiG. Danach soll die Geldbuße den wirtschaftlichen Vorteil, den der Täter aus der Ordnungswidrigkeit gezogen hat, übersteigen. Reicht das gesetzliche Höchstmaß des § 22 ArbZG nicht aus, um den Vorteil des Unternehmens aus der Ordnungswidrigkeit abzuschöpfen, kann nach § 17 Abs. 4 Satz 2 OWiG eine entsprechend höhere Geldbuße festgesetzt werden. Zur Geldbuße hinzu kommen noch Verfahrenskosten und Auslagen[4].

Nach § 31 Abs. 2 Nr. 2 OWiG beträgt die **Verjährungsfrist zwei Jahre** und beginnt nach § 31 Abs. 3 OWiG mit der beendeten Handlung oder dem Eintritt des Erfolges, soweit dieser zum Tatbestand gehört und erst später eintritt. Unterbrechungen, die zu einem erneuten Lauf der Verjährungsfrist führen, sind nach § 33 OWiG möglich, so zB durch die Vernehmung des Betroffenen.

2. Straftatbestände

§ 23 ArbZG stellt **besonders schwerwiegende ordnungswidrige Handlungen des Arbeitgebers** unter Strafe. Darunter fasst das Gesetz die Handlungen nach § 22 Abs. 1 Nr. 1–3 und Nr. 5–7 ArbZG, wie zB die Beschäftigung von Arbeitnehmern über die Grenzen der zulässigen Arbeitszeit hinaus oder die Nichtgewährung der Ruhezeit bzw. eines Ruhezeitausgleichs. Eine Straftat nach § 23 Abs. 1 Nr. 1 ArbZG erfordert eine vorsätzliche Gefährdung hinsichtlich der Gesundheit oder Arbeitskraft des Arbeitnehmers. Eine Gesundheitsgefährdung liegt vor, wenn die konkrete Gefahr besteht, dass durch den Verstoß die intakte körperliche, geistige und seelische Verfassung des Arbeitnehmers nicht mehr gewährleistet ist[5]. Unter Arbeitskraft versteht man die auf den geistigen und physischen Kräften des Arbeitnehmers beruhende Fähigkeit, in bestimmtem Umfang Arbeit zu leisten, wobei Ausbildung und Übung zu berücksichtigen sind[6]. Für eine konkrete Gefährdung reicht eine deutliche Übermüdung aus[7]. Unter Strafe wird auch ein vorsätzliches Handeln gestellt, das nur eine fahrlässige Gefährdung der Gesundheit oder der Arbeitskraft des Arbeitnehmers nach sich zieht (§ 23 Abs. 2 ArbZG).

Die beharrliche **Wiederholung** der in § 23 Abs. 1 ArbZG aufgeführten Ordnungswidrigkeiten stellt nach § 23 Abs. 1 Nr. 2 ArbZG ebenfalls eine Straftat dar. Eine Wiederholung liegt vor, wenn der Arbeitgeber die gleiche oder eine andere der in § 23 Abs. 1 ArbZG genannten Ordnungswidrigkeiten erneut begeht, und damit eine rechtsfeindliche Einstellung gegen die Vorschriften zu erkennen gibt[8].

---

1 HzA/*Schliemann*, Gruppe 12, Rz. 976.
2 HzA/*Schliemann*, Gruppe 12, Rz. 976.
3 *Neumann/Biebl*, § 22 ArbZG Rz. 6.
4 *Neumann/Biebl*, § 22 ArbZG Rz. 7.
5 HzA/*Schliemann*, Gruppe 12, Rz. 990.
6 HzA/*Schliemann*, Gruppe 12, Rz. 990.
7 HzA/*Schliemann*, Gruppe 12, Rz. 990.
8 ErfK/*Wank*, § 23 ArbZG Rz. 3.

123 § 23 Abs. 1 ArbZG sieht eine **Freiheitsstrafe** bis zu einem Jahr vor, während § 23 Abs. 2 ArbZG eine Geldstrafe ausreichen lässt. Zusätzlich kann ein Verfall nach § 73 StGB angeordnet werden.

124 Die **Verjährungsfrist** beträgt nach § 78 Abs. 3 Nr. 5 StGB drei Jahre. § 78a StGB regelt den Beginn und § 78c StGB die Unterbrechung.

125 Da es sich um Straftaten handelt, ist für die Verfolgung die Staatsanwaltschaft zuständig.

3. Übergangsvorschrift für Tarifverträge und Betriebsvereinbarungen

126 § 25 ArbZG enthielt für am 1.1.2004 bestehende oder nachwirkende Tarifverträge und für Betriebsvereinbarungen (nicht für Dienstvereinbarungen) bis zum 31.12.2006 geltende Übergangsvorschriften[1]. Zu Einzelheiten vgl. die 6. Auflage.

---

[1] Verlängerung der Übergangsfrist durch Art. 5 des 5. SGB-III-Änderungsgesetzes v. 22.12.2005 (BGBl. I, 3676).

B. Arbeitssicherheit/Technischer Arbeitnehmerschutz

	Rz.		Rz.
I. Einleitung	1	2. Privatrechtlicher Arbeitnehmerschutz	17
II. Gesetzlicher Arbeitsschutz		3. Geräte- und Produktsicherheit	18
1. Geltungsbereich des Arbeitsschutzgesetzes	9	**IV. Organisation und Unfallverhütung**	
2. Zielsetzung	10	1. Sicherheitsbeauftragte	24
3. Aufgaben der Arbeitgeber	11	2. Betriebsärzte und Fachkräfte für Arbeitssicherheit	25
4. Aufgaben der Beschäftigten	12	3. Überwachung und Kontrolle durch den Staat und die Unfallversicherungsträger	35
5. Aufgaben der öffentlichen Behörden	13		
6. Arbeitsstättenverordnung	14		
III. Betrieblicher Arbeitsschutz			
1. Unfallverhütungsbestimmungen	16	**V. Betriebliche Mitbestimmung**	36

Schrifttum:

Aufhauser/Brunhöber/Igl, Arbeitssicherheitsgesetz, 4. Aufl. 2010; Bundesanstalt für Arbeitsschutz und Arbeitsmedizin (BAuA) (Hrsg.), Gefährdungsbeurteilung psychischer Belastung, Berlin 2014; *Dahl*, Anmerkung zum Beschluss des BAG vom 9.10.2013 – 7 ABR 1/12, Keine Verpflichtung zur Gefährdungsbeurteilung vor einer Versetzung, jurist PR-ArbR 27/2014; *Diepold*, Arbeitssicherheit und Arbeitsschutz, AuA 2014, 154; *Gaul*, Leistungsdruck, psychische Belastung und Stress, DB 2013, 60; *Julius*, Arbeitsschutz und Fremdfirmenbeschäftigung, Diss. Halle-Wittenberg 2004; *Koll*, Kommentar zum Arbeitsschutzgesetz, Stand: 11. Lfg. März 2010; *Kohte/Faber/Feldhoff* (Hrsg.), Gesamtes Arbeitsschutzrecht, 2014 (zit. HK-ArbSchR/*Bearbeiter*); *Kollmer/Klindt*, Kommentar zum Arbeitsschutzgesetz, 2. Aufl. 2011; *Kollmer*, Kommentar zur Arbeitsstättenverordnung, 3. Aufl. 2009; *Lützeler*, Herausforderung für Arbeitgeber: Die psychische Gesundheit im Arbeitsverhältnis, BB 2014, 309; *Nöthlichs*, Arbeitsschutz und Arbeitssicherheit, Loseblatt, Stand: 2012; *Pieper*, Arbeitsschutzgesetz, 5. Aufl. 2012; *Richenhagen/Prümper/Wagner*, Handbuch der Bildschirmarbeit, 3. Aufl. 2002; *Schorn*, Die straf- und ordnungswidrigkeitsrechtliche Verantwortung im Arbeitsschutzrecht und deren Abwälzung, BB 2010, 1345.

I. Einleitung

Die Arbeitsschutz-Rahmenrichtlinie der EG vom 12.6.1989 (89/391/EWG) bildete den Motor für die Entwicklung des deutschen Arbeitsschutzrechts von den 1990er Jahren bis heute. Nach der Entscheidung des EuGH über ein Verletzungsverfahren gegen die Bundesregierung wegen fehlerhafter Umsetzung der Rahmenrichtlinie wurde sie forciert[1]. Art. 114 und 153 AEUV sind die zentralen Ermächtigungsgrundlagen für den Arbeitsschutz. 1

Der Arbeitsschutz lässt sich aufteilen in den technischen und in den sozialen Arbeitsschutz. Zum technischen Arbeitsschutz gehören der **Unfallschutz** und die **Arbeitshygiene**, zum sozialen Arbeitsschutz vor allem der Schutz besonderer Personengruppen. Der persönliche Anwendungsbereich des Gesetzes ergibt sich aus §§ 1 Abs. 2, 2 Abs. 2 und Abs. 3 ArbSchG. Danach sind alle „Beschäftigten", also auch alle Arbeitnehmer im öffentlichen Dienst, umfasst. Ausgenommen sind lediglich Hausangestellte in privaten Haushalten (§ 1 Abs. 2 Satz 1 ArbSchG) und Beschäftigte in den Branchen See, Schifffahrt und Bergbau (§ 1 Abs. 2 Satz 2 ArbSchG)[2]. Das Zusammen- 2

---

[1] EuGH 7.2.2002 – Rs. C-5/00, NZA 2002, 321; s. dazu auch Art. 153 Abs. 1 AEUV und Art. 114 Abs. 4 AEUV.
[2] S. dazu ErfK/*Wank*, § 1 ArbSchG Rz. 3.

spiel der einzelnen Vorschriften des Arbeitsschutzes wird ersichtlich aus nachstehender Übersicht[1]:

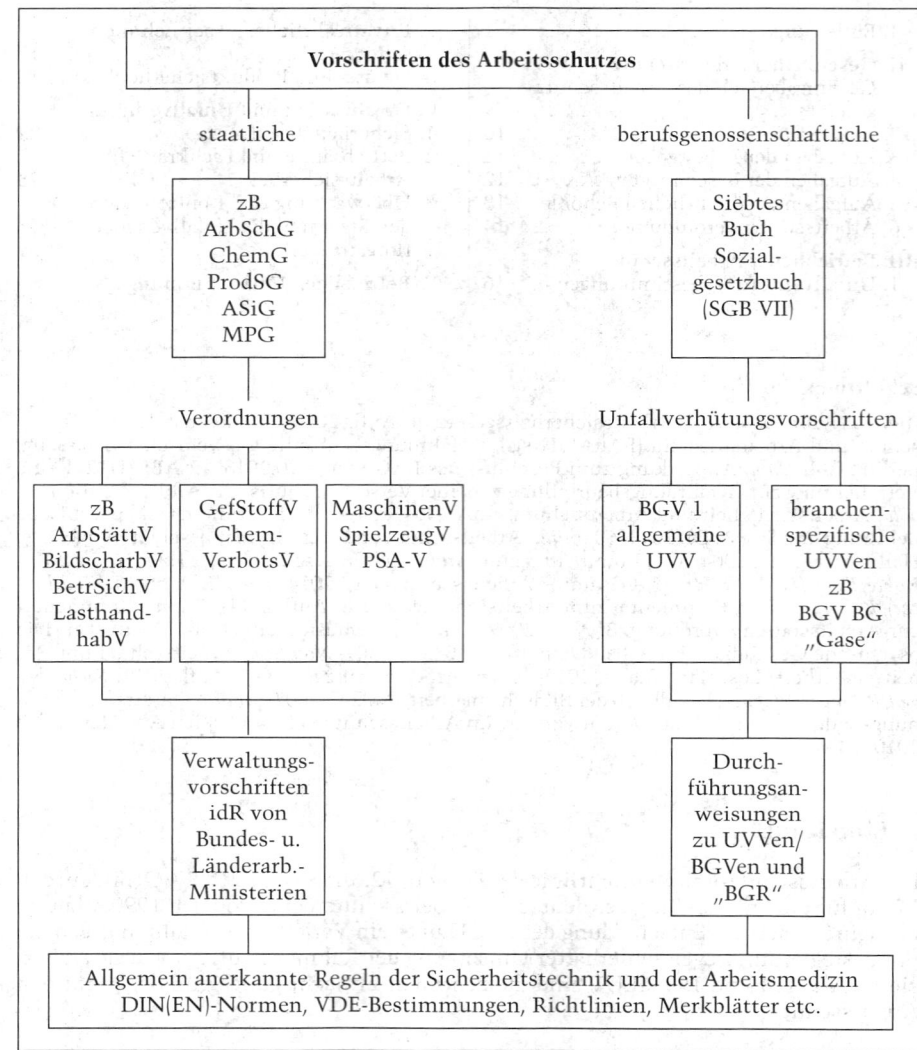

4 Das **Arbeitsschutzgesetz** übernimmt die Funktion eines „Allgemeinen Teils" des Arbeitsschutzrechts. Die Kernpunkte des Arbeitsschutzgesetzes lassen sich wie folgt zusammenfassen:
- die Festlegung der Verantwortlichkeiten des Arbeitgebers und etwaiger weiterer verantwortlicher Personen als Erfüllungsgehilfen (§§ 3–14 ArbSchG),
- die gesetzliche Verankerung eines präventiven und ganzheitlichen Arbeitsschutzverständnisses (§§ 3, 4 ArbSchG),

---
1 Quelle: *Kollmer/Klindt*, vor § 1 ArbSchG Rz. 2.

I. Einleitung

– die Festlegung des Grundsatzes der menschengerechten Gestaltung der Arbeit (§ 2 Abs. 1 ArbSchG),
– die Pflichten und Rechte der Beschäftigten (§§ 15–17 ArbSchG) und
– die Konkretisierung des Arbeitsschutzes durch Verordnungen auf der Basis der Ermächtigungsgrundlage in §§ 18, 19 ArbSchG[1].

Der öffentlich-rechtliche Arbeitsschutz kann als „duales System" bezeichnet werden[2]: 5

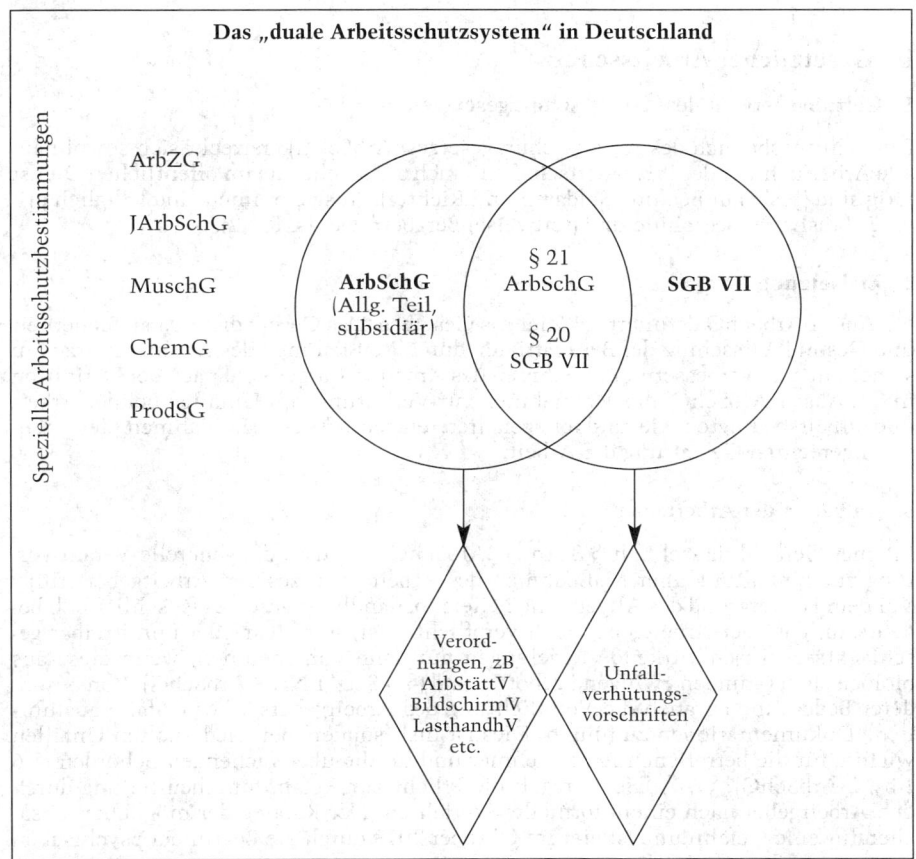

Von **dualem Arbeitsschutzsystem** wird gesprochen, weil neben den staatlichen Rechtssetzungen das System der gesetzlichen Unfallversicherung verankert ist, das den Arbeitsschutz abfedert und selbst maßgeblich zB an der Gestaltung sicherer Arbeitsplätze beteiligt ist[3]. 6

Auf das privatrechtliche Arbeitsverhältnis haben die öffentlich-rechtlichen Arbeitsschutzvorschriften **reflexartige Auswirkungen**. Verstoßen Regelungen des Arbeitsver- 7

---

1 ZB Bildschirmarbeitsverordnung, Biostoffverordnung, Betriebssicherheitsverordnung, Baustellenverordnung usw.; s. dazu *Pieper*, ArbSchR, Einleitung Rz. 100.
2 Quelle: *Kollmer/Klindt*, ArbSchG, vor § 1 ArbSchG Rz. 89.
3 *Kollmer/Klindt*, § 21 ArbSchG Rz. 10.

trages oder Weisungen des Arbeitgebers gegen eine Arbeitsschutz- oder Unfallverhütungsvorschrift, sind diese nach § 134 BGB nichtig. Die staatlichen Arbeitsschutzvorschriften sind zumeist auch Schutzgesetze iSd. § 823 Abs. 2 BGB. Ein Verstoß gegen Arbeitsschutznormen gibt daher dem betroffenen Arbeitnehmer einen Schadensersatzanspruch und ein Zurückbehaltungsrecht[1].

8 Arbeitsschutzrechtliche Regelungen können wegen der unmittelbaren Gestaltung des einzelnen Arbeitsverhältnisses durch **Einzelarbeitsvertrag, Betriebsvereinbarung** oder **Tarifvertrag** konkretisiert oder erweitert werden[2].

II. Gesetzlicher Arbeitsschutz

1. Geltungsbereich des Arbeitsschutzgesetzes

9 Der Geltungsbereich des Arbeitsschutzgesetzes (ArbSchG) erstreckt sich sowohl auf alle Arbeitnehmer der Privatwirtschaft als auch auf solche, die im öffentlichen Dienst tätig sind (insb. auf Beamte, Soldaten und Richter). Ausgenommen sind lediglich private Haushalte, Seeschiffe und (teilweise) Bergbetriebe[3] (s. Rz. 2).

2. Zielsetzung

10 § 1 Abs. 1 ArbSchG definiert das Ziel des Gesetzes. Das Gesetz dient dazu, Sicherheit und Gesundheitsschutz der Beschäftigten durch Maßnahmen des Arbeitsschutzes zu sichern und zu verbessern. Maßnahmen des Arbeitsschutzes sind nach der Definition in § 2 Abs. 1 ArbSchG alle Maßnahmen zur Verhütung von Unfällen bei der Arbeit und arbeitsbedingten Gesundheitsgefahren einschließlich Maßnahmen der menschengerechten Gestaltung der Arbeit.

3. Aufgaben der Arbeitgeber

11 In einer Generalklausel hält § 3 Abs. 1 ArbSchG fest, dass die generelle Verantwortung zur Einhaltung aller Maßnahmen des Arbeitsschutzes den Arbeitgeber trifft[4]. Vor dem Hintergrund des Allgemeinen Gleichbehandlungsgesetzes ist schließlich bedeutsam, dass der Arbeitgeber auch verpflichtet ist, mittelbar oder unmittelbar geschlechtsspezifisch wirkende Regelungen nur dann vorzunehmen, wenn diese aus biologischen Gründen zwingend geboten sind (§ 4 Satz 1 Nr. 8 ArbSchG). Von besonderer Bedeutung ist auch die Verpflichtung des Arbeitgebers, über Unfälle ausführliche Dokumentationen zu führen. Dies ist insbesondere bei wiederholten Unfällen wichtig für die betroffenen Arbeitnehmer und für die überwachenden Behörden (§ 6 Abs. 2 ArbSchG). § 5 ArbSchG regelt die Pflicht zur Gefährdungsbeurteilung durch den Arbeitgeber nach einem formellen Verfahren. Der Katalog der möglichen Ursachen für eine Gefährdung ist erst im Oktober 2013 durch die Begriff der psychischen Belastungen bei der Arbeit erweitert worden[5].

4. Aufgaben der Beschäftigten

12 Aber auch die Beschäftigten sollen nach ihren Möglichkeiten sowie gemäß der Unterweisung und Weisung des Arbeitgebers für ihre Sicherheit und Gesundheit bei der Arbeit Sorge tragen (§ 15 Abs. 1 Satz 1 ArbSchG[6]). Der Dokumentationsverpflichtung

---

1 HK-ArbSchR/*Nebe*, § 618 BGB Rz. 53.
2 *Pieper*, ArbSchR, Einleitung Rz. 33.
3 *Pieper*, ArbSchR, § 1 ArbSchG Rz. 14 ff.
4 *Pieper*, ArbSchR, § 3 ArbSchG Rz. 1.
5 S. dazu *Lützeler*, BB 2014, 309; *Gaul*, DB 2013, 60.
6 HK-ArbSchG/*Feldhoff*, § 15-17 ArbSchG, Rz. 8.

auf Seiten des Arbeitgebers entspricht die Meldeverpflichtung bei etwaigen Gefahren auf Seiten der Arbeitnehmer (§ 16 Abs. 1 ArbSchG).

5. Aufgaben der öffentlichen Behörden

Da das Arbeitsschutzrecht ein Rechtsgebiet an der Schnittstelle von Arbeitsrecht zu öffentlichem Recht darstellt, sind dementsprechend auch die Befugnisse der öffentlichen Behörden weitgehend und detailliert ausgestaltet (so in §§ 21 ff. ArbSchG)[1]. Wie in der Übersicht (Rz. 3) dargestellt, wird das öffentliche Arbeitsschutzrecht ergänzt durch das Gesetz über Betriebsärzte, Sicherheitsingenieure und andere Fachkräfte für Arbeitssicherheit (**Arbeitssicherheitsgesetz**) vom 12.12.1973[2]. Dieses Gesetz regelt in § 2 die Voraussetzungen, unter denen Arbeitgeber Betriebsärzte bestellen müssen und in § 3 die Aufgaben der Betriebsärzte. Außerdem verpflichtet das Gesetz alle Arbeitgeber, Fachkräfte für Arbeitssicherheit (Arbeitssicherheitsingenieure, -techniker, -meister) zu bestellen und ihnen die im Gesetz vorgesehenen Aufgaben zu übertragen. Nach einer Entscheidung des BAG vom 15.4.2014 begründet § 11 ASiG keinen Anspruch des Betriebsrats gegen den Arbeitgeber auf Einrichtung eines Arbeitsschutzausschusses[3]. Das Gesetz ist nicht anwendbar auf Arbeitnehmer, die im Haushalt beschäftigt werden. Außerdem ist es nur teilweise anwendbar auf die Seeschifffahrt und für das Bergrecht (§ 17 ASiG).

13

6. Arbeitsstättenverordnung

Von besonderer praktischer Bedeutung ist die Arbeitsstättenverordnung (ArbStättV) vom 24.8.2004[4]. Diese hat die alte Verordnung aus dem Jahr 1975 abgelöst. Sie ist deshalb nicht nur von praktischer, sondern auch von rechtlicher Bedeutung, weil sie allgemein als erster großer Schritt zum Abbau bürokratischer Hemmnisse angesehen wurde[5]. Formal ist der Bürokratieabbau gelungen, wenn man in einer Reduzierung des Umfanges eines Gesetzes schon einen Beitrag zum Bürokratieabbau sieht[6]. Die ArbStättV ist mit der alten Fassung nicht mehr vergleichbar, weil der Gesetzgeber von konkreten Vorgaben abgesehen und weitgehend unbestimmte Rechtsbegriffe verwandt hat[7]. Mit der neuen ArbStättV wurde die EG-Arbeitsstättenrichtlinie 89/654/EG umgesetzt, der EuGH[8] hatte die Bundesregierung zur Umsetzung gezwungen.

14

Praktisch bedeutsam ist die Regelung in § 5 ArbStättV. Danach hat der Arbeitgeber die erforderlichen Maßnahmen zu treffen, damit die nicht rauchenden Beschäftigten

15

---

1 *Kollmer/Klindt* nennen bei § 21 ArbSchG Rz. 42 alle zuständigen Behörden in Deutschland mit Adressen, Telefon- und Telefaxnummern.
2 S. allgemein *Aufhauser/Brunhöber/Igl*, ASiG, 4. Aufl. 2010.
3 BAG 15.4.2014 – 1 ABR 82/12, juris; dieser Anspruch ergibt sich auch nicht aus § 87 Abs. 1 Nr. 7 BetrVG, der Betriebsrat kann lediglich die zuständige Arbeitsschutzbehörde ersuchen, gegenüber dem Arbeitgeber auf Einhaltung seiner Verpflichtungen nach § 11 ASiG vorzugehen.
4 BGBl. I 2004, 2179; zum Inhalt s. *Kollmer*, Kommentar zur ArbStättV, 3. Aufl. 2009.
5 Vgl. *Kohte/Farber*, DB 2005, 224 (225); *Taeger/Rose*, DB 2005, 1852.
6 So wurden aus 58 Paragraphen nunmehr 9 Paragraphen in Verbindung mit einem straff gehaltenen Anhang zur Verordnung; s.a. *Kollmer*, ArbStättV, Einführung Rz. 37.
7 So zitierten *Kohte/Farber* (DB 2005, 224 [227]) das Beispiel, dass nach § 20 ArbStättV 1975 Steigleitern nur zulässig waren, wenn der Einbau einer Treppe nicht möglich oder wegen der geringen Unfallgefahr nicht notwendig war. In Anhang 1.11 der neuen ArbStättV fehlt eine solche, die Zulässigkeit von Steigleitern begrenzende Bestimmung. Nach jetzigem Recht ist die Arbeit so zu gestalten, dass eine Gefährdung für Leben und Gesundheit möglichst vermieden wird und die verbliebene Gefährdung möglichst gering gehalten wird (§ 4 Nr. 1 ArbSchG).
8 EuGH 28.10.2004 – Rs. C-16/04, DB 2005, 233.

wirksam vor den **Gesundheitsgefahren durch Tabakrauch** geschützt sind. In Arbeitsstätten mit Publikumsverkehr gilt dies jedoch nur insoweit, als die Natur des Betriebes und die Art der Beschäftigung dies zulassen. Umstritten ist, ob die in § 5 ArbStättV vorausgesetzten Gesundheitsgefahren ohne Weiteres ein generelles Rauchverbot zulassen oder nur wirksame Schutzmaßnahmen zugunsten der nicht rauchenden Beschäftigten zu treffen sind (wie zB Belüftungen)[1].

III. Betrieblicher Arbeitsschutz

1. Unfallverhütungsbestimmungen

16 **Betrieblich** werden die staatlichen Arbeitsschutzvorschriften durch Unfallverhütungsvorschriften (UVV) der Träger der gesetzlichen Unfallversicherung gem. § 15 SGB VII als autonomes Recht ergänzt. Die Unfallverhütungsvorschriften sind für die Mitgliedsunternehmen und die dort versicherten Beschäftigten verbindlich und haben beiden gegenüber normativen Charakter[2]. Die Unfallverhütungsvorschriften erfahren ihre staatliche Genehmigung nach § 15 Abs. 4 SGB VII. Sie sind den Unternehmen gem. § 15 Abs. 5 SGB VII bekannt zu machen. Innerhalb der Unternehmen sind sodann die Versicherten bzw. Arbeitnehmer zu informieren.

2. Privatrechtlicher Arbeitnehmerschutz

17 Grundlagen des **individualrechtlichen Arbeitsschutzes** sind § 618 BGB iVm. § 619 BGB und § 62 HGB[3]. Danach ist der Arbeitgeber zwingend verpflichtet, die Arbeitnehmer gegen Gefahren für Leben und Gesundheit zu schützen. Die vertraglichen Pflichten des Arbeitgebers nach § 618 Abs. 1 BGB werden durch die Gebote und Verbote des öffentlich-rechtlichen Arbeitsschutzrechtes konkretisiert, so dass sie, soweit sie als Gegenstand einer vertraglichen Vereinbarung geeignet sind, auch entsprechende unabdingbare Vertragspflichten des Arbeitgebers gegenüber dem Arbeitnehmer begründen. Zu der Schutzverpflichtung des Arbeitgebers gehört auch die Verpflichtung, den Arbeitnehmer über Sicherheit und Gesundheitsschutz am Arbeitsplatz ausreichend und angemessen zu unterweisen. Damit Arbeitnehmer eine Gesundheitsgefährdung erkennen und entsprechend den vorgesehenen Maßnahmen auch handeln können, verlangt § 12 Abs. 1 Satz 2 ArbSchG, dass die Unterweisung auf die individuelle Arbeitsplatzsituation des Beschäftigten zugeschnittene Informationen, Erläuterungen und Anweisungen enthalten muss. Ergeben sich Veränderungen bei der Gefahrensituation, sind des Weiteren erneute Unterweisungen vorzunehmen. Je schwerer ein möglicher Schaden für den Arbeitnehmer sein kann, desto stärker müssen die Schutzmaßnahmen sein, die der Arbeitgeber zu treffen hat. Diese öffentlich-rechtlichen Maßstäbe gelten gerade auch im Rahmen des § 618 BGB[4].

---

1 S. dazu *Bergwitz*, Das betriebliche Rauchverbot, NZA-RR 2004, 169. In der Entscheidung des BVerfG 30.7.2008 – 1 BvR 3262/07, 1 BvR 402/08, 1 BvR 906/08, NJW 2008, 2409 – zum Rauchverbot in Gaststätten wird herausgearbeitet, dass sich der Raucherschutz in § 5 Abs. 1 ArbStättV an die nicht rauchenden Beschäftigten richtet, während die zum Schutze gegen Passivrauchen in Gaststätten erlassenen Landesgesetze das Ziel verfolgen, die Bevölkerung vor den Gesundheitsgefahren durch Passivrauchen zu schützen.
2 *Pieper*, ArbSchR, SGB VII Rz. 10.
3 HK-ArbSchR/*Nebe*, § 618 BGB Rz. 1.
4 So BAG 14.12.2006 – 8 AZR 628/05, NZA 2007, 262 (263 f.) in dem Fall einer Berufsschullehrerin, die sich im Rahmen eines praktischen Unterrichts an einem mit dem Hepatitis-C-Virus infizierten Schüler mit Hepatitis-C infiziert hatte; dieser Lehrerin hat das BAG einen Schadensersatzanspruch zugebilligt, nach derzeitiger Rechtslage bestünde auch gem. § 618 Abs. 3 BGB iVm. § 847 BGB ein Schmerzensgeldanspruch gegen den Träger der Berufsschule, der es unterlassen hat, die Lehrerin auf die Ansteckungsgefahr in diesem Praxisunterricht hinzuweisen.

Die Arbeitsschutz- und Unfallverhütungsvorschriften können arbeitsvertraglich geregelt und auch erweitert werden. Dies gilt entsprechend für Betriebsvereinbarungen (§ 88 Abs. 1 BetrVG) und Tarifverträge.

3. Geräte- und Produktsicherheit

Zur Umsetzung von mehr als zehn Verordnungen und Richtlinien der EU hat der deutsche Gesetzgeber den Bereich der Geräte- und Produktsicherheit mit einem umfassenden Artikelgesetz vom 8.11.2011 (ohne Übergangsbestimmungen) neu geregelt und vor allem den erwähnten EU-Vorgaben angepasst[1]. Kern dieses Artikelgesetzes ist die Ablösung des aus dem Jahr 2004 stammenden Geräte- und Produktsicherheitsgesetzes durch das **Produktsicherheitsgesetz (ProdSG)**[2]. 18

Das ProdSG verkörpert den „Allgemeinen Teil" des nationalen Produktsicherheitsrechts und hat damit einen weiteren Geltungsbereich als das GPSG aF. Es stellt neue Anforderungen an die Verkehrsfähigkeit des Vertriebes von Produkten[3]. Zum einen gilt das ProdSG auch für Produkte, für die bislang keine europäisch harmonisierten Vorgaben existierten, zum anderen gilt dieses neue Gesetz auch für das Bereitstellen gebrauchter Produkte auf dem Markt[4]. 19

Mit einem umfassenden Katalog von insgesamt 31 **Begriffsdefinitionen** führt das ProdSG eine völlig neue „Begriffswelt" in den Bereich der Produktsicherheit ein[5]. Die allgemeinen Anforderungen an die Bereitstellung von Produkten auf dem Markt definiert das ProdSG in der Weise, dass zum einen die Anforderungen erfüllt werden, die sich aus den aufgrund des Gesetzes erlassenen Rechtsverordnungen ergeben, und zum anderen allgemein die Sicherheit und Gesundheit von Personen oder der sonstigen in § 8 Abs. 1 ProdSG aufgeführten Rechtsgüter nicht gefährdet werden dürfen. 20

Dabei richtet sich das ProdSG an den Hersteller, den Bevollmächtigten des Herstellers und den Importeur, die jeweils im Rahmen ihrer Geschäftstätigkeit sicherzustellen haben, dass die Produkte mit den notwendigen Sicherheitsinformationen versehen sind und die Namen und die Kontaktanschrift des Herstellers bzw. des Importeurs angebracht sind. Damit erfasst das ProdSG nicht nur die von dem früheren GPSG aF allein betroffenen technischen Arbeitsmittel oder Verbraucherprodukte, sondern auch nicht verwendungsfähige Bauteile, Stoffe und Zubereitungen aus dem kaufmännischen Geschäftsverkehr, die lediglich dazu bestimmt sind, weiterverarbeitet zu werden[6]. 21

Arbeitsrechtlich von Bedeutung sind in dem neuen ProdSG vor allem die der **Bundesanstalt für Arbeitsschutz und Arbeitsmedizin** zugewiesenen Aufgaben. Diese sind in § 32 ProdSG in der Weise geregelt, dass die Bundesanstalt präventiv Sicherheitsrisiken und gesundheitliche Risiken ermitteln soll, die mit der Verwendung von Produkten verbunden sind. Außerdem soll sie Vorschläge zu ihrer Verringerung unterbreiten. In Eilfällen muss sie Risikobewertungen von Produkten vornehmen, wenn eine unmittelbare Gefahr für die Sicherheit und Gesundheit von Personen droht oder ein ernstes Risiko mit diesen Produkten verbunden ist. Vor dem Hintergrund der Diskussion um das arbeitsrechtliche „Whistleblowing" ist bedeutsam, dass die Bundesanstalt für Arbeitsschutz und Arbeitsmedizin in Zusammenarbeit mit der jeweils zuständigen Marktüberwachungsbehörde unter Umständen verpflichtet sein kann, die 22

---

1 S. zu der Neuregelung *Kapoor/Klindt*, Das Neue Produktsicherheitsgesetz (ProdSG), NVwZ 2012, 719.
2 BGBl. I, 2178.
3 *Kapoor/Klindt*, NVwZ 2012, 719 (720).
4 *Kapoor/Klindt*, NVwZ 2012, 719 (720).
5 Die Begriffsbestimmungen finden sich in § 2 ProdSG.
6 *Kapoor/Klindt*, NVwZ 2012, 719 (720).

Öffentlichkeit über Erkenntnisse zu Produkten, die mit Risiken für die Sicherheit und Gesundheit von Personen verbunden sein können, zu informieren (§ 31 Abs. 2 ProdSG).

23 Erheblich verschärft gegenüber dem GPSG aF wurde der **Bußgeldkatalog** in § 39 ProdSG. Die Obergrenzen für die von den Behörden zu verhängenden Bußgeldern wurden von bisher 3 000 Euro bzw. 30.000 Euro auf 10 000 Euro bzw. 100000 Euro erhöht. Werden Verstöße gegen die im Bußgeldkatalog sanktionierten Vorgänge beharrlich wiederholt oder werden durch eine vorsätzliche Handlung Leben oder Gesundheit eines anderen oder fremde Sachen von bedeutendem Wert gefährdet, kann das entsprechende Verhalten mit Freiheitsstrafe bis zu einem Jahr oder mit Geldstrafe bestraft werden (§ 40 ProdSG).

IV. Organisation und Unfallverhütung

1. Sicherheitsbeauftragte

24 Der Arbeitgeber hat in Unternehmen mit mehr als 20 Arbeitnehmern unter Beteiligung des Betriebsrats oder Personalrats **Sicherheitsbeauftragte** zu bestellen (§ 22 SGB VII). Ihre Anzahl ist gesetzlich nicht festgelegt. Sie richtet sich nach den im Unternehmen für die Beschäftigten bestehenden Unfall- und Gesundheitsgefahren und nach der Anzahl der Beschäftigten[1]. Bei den Sicherheitsbeauftragten handelt es sich um Arbeitnehmer des Unternehmens, die sich zusätzlich zu ihren beruflichen Tätigkeiten während der Arbeitszeit auch um den Unfall- und Gesundheitsschutz in ihrem engeren Arbeitsbereich kümmern sollen. Gem. § 22 Abs. 2 Satz 1 SGB VII haben die Sicherheitsbeauftragten den Unternehmer bei der Durchführung der Maßnahmen zur Verhütung von Arbeitsunfällen und Berufskrankheiten zu unterstützen.

2. Betriebsärzte und Fachkräfte für Arbeitssicherheit

25 Eine zusätzliche gesetzliche Pflicht, sich bei der Erfüllung seiner Arbeitsschutz- und Unfallverhütungsaufgaben fachlich kompetent unterstützen zu lassen, ergibt sich für den Arbeitgeber aus § 1 ASiG. Für jeden Betrieb sind **Betriebsärzte** und **Fachkräfte für Arbeitssicherheit** zu bestellen (s. auch § 19 BGV A 1). Die Betriebsärzte und Fachkräfte für Arbeitssicherheit haben beratende und unterstützende Funktion. Ihre Bestellung kann im Wege des Direktionsrechtes erfolgen[2].

Ob überhaupt Betriebsärzte und Fachkräfte für Arbeitssicherheit bestellt werden, hat der Arbeitgeber eigenverantwortlich zu entscheiden. Die Erforderlichkeit der Bestellung ergibt sich für die Betriebsärzte und Fachkräfte für Arbeitssicherheit (gem. § 2 bzw. § 5 ASiG) aus der Betriebsart, der Zahl der beschäftigten Arbeitnehmer und der Zusammensetzung der Arbeitnehmerschaft sowie aus der jeweiligen Betriebsorganisation.

Die Berufsgenossenschaften geben jedoch durch die Unfallverhütungsvorschrift Betriebsärzte BGV A 7 (VBG 123) für einzelne Gewerbezweige die notwendige Mindestanzahl der zu bestellenden Betriebsärzte vor.

26 Betriebsärzte und vor allem Fachkräfte der Arbeitssicherheit müssen **nicht Arbeitnehmer des Betriebes** sein, für welchen sie bestellt sind. Die Funktion eines Betriebsarztes und einer Fachkraft für Arbeitssicherheit kann auch freiberuflich Tätigen oder einem überbetrieblichen Dienst von Betriebsärzten oder Fachkräften von Arbeitssicher-

---

[1] HK-ArbSchR/*Kohte*, § 22 SGB VII Rz. 9 f.
[2] LAG Berlin 2.2.1998 – 9 Sa 114/97, NZA-RR 1998, 437; HK-ArbSchR/*Kohte*, §§ 2-7 ASiG Rz. 8.

heit übertragen werden (vgl. § 2 Abs. 3 Satz 4, § 5 Abs. 3 Satz 4, § 9 Abs. 3 Satz 3 und § 19 ASiG). Welche Möglichkeit gewählt wird, unterliegt dem Mitbestimmungsrecht des Betriebsrats gem. § 87 Abs. 1 Nr. 7 BetrVG.

Die **Bestellung** der Betriebsärzte und Fachkräfte für Arbeitssicherheit hat gem. §§ 2 Abs. 1 und 5 Abs. 1 ASiG schriftlich (§ 126 BGB) zu erfolgen[1]. Auch müssen ihnen die gem. § 3 Abs. 1 Satz 2 bzw. § 6 Satz 2 ASiG genannten Aufgaben schriftlich übertragen werden. Die Bestellung und Abberufung der Betriebsärzte und der Fachkräfte für Arbeitssicherheit bedarf gem. § 9 Abs. 3 ASiG der **Zustimmung des Betriebsrats**. Das Gleiche gilt auch für eine Aufgabenerweiterung oder -einschränkung. 27

Gem. § 3 Abs. 1 Satz 1 ASiG haben die **Betriebsärzte** den Arbeitgeber beim Arbeitsschutz und bei der Unfallverhütung in allen Fragen des Gesundheitsschutzes zu unterstützen. Der Arbeitnehmer muss sich der Untersuchung durch den Betriebsarzt unterziehen, wenn seine Arbeitsfähigkeit in Frage steht. Insoweit besteht eine entsprechende arbeitsvertragliche Nebenpflicht, die ggf. auch die Entbindung von der ärztlichen Schweigepflicht[2] umfassen kann. Zu den Aufgaben der Betriebsärzte gehört es nicht, Krankmeldungen der Arbeitnehmer auf ihre Berechtigung hin zu kontrollieren (§ 3 Abs. 3 ASiG). 28

Bei ihrer ärztlichen Untersuchung und Beurteilung sind die Betriebsärzte gem. § 8 Abs. 1 Satz 3 ASiG nur ihrem ärztlichen Gewissen unterworfen und haben die **ärztliche Schweigepflicht** zu beachten[3]. Aus der Funktion als Betriebsarzt folgt also keine Einschränkung der Schweigepflicht gegenüber dem Arbeitgeber[4]. Allerdings ist in dem Einverständnis des Arbeitnehmers mit der ärztlichen Untersuchung zugleich die Befreiung des Arztes von der Schweigepflicht hinsichtlich der Arbeitsfähigkeit zu sehen. 29

Zur ärztlichen Untersuchung im Zusammenhang mit der Einstellung s. im Übrigen Teil 1 C Rz. 132 ff.

Die **Fachkräfte für Arbeitssicherheit** haben gem. § 6 Abs. 1 Satz 1 ASiG die Aufgabe, den Arbeitgeber beim Arbeitsschutz und bei der Unfallverhütung in allen Fragen der Arbeitssicherheit einschließlich der menschengerechten Gestaltung der Arbeit zu unterstützen. In Erfüllung dieser Aufgabe haben sie den Arbeitgeber und die sonst für den Arbeitsschutz und die Unfallversicherung verantwortlichen Personen in den in § 6 Abs. 1 Satz 2 Nr. 1 lit. a–e ASiG genannten Bereichen zu beraten. 30

Als Fachkräfte für Arbeitssicherheit dürfen nach § 7 ASiG nur Sicherheitsingenieure, -techniker und -meister bestellt werden. § 7 Abs. 2 ASiG lässt in Einzelfällen Ausnahmen zu.

Sowohl die Betriebsärzte wie auch die Fachkräfte für Arbeitssicherheit sind bei der Anwendung ihrer arbeitsmedizinischen und sicherheitstechnischen Fachkunde **weisungsfrei**[5] und dürfen nicht wegen der Erfüllung der ihnen übertragenen Aufgaben benachteiligt werden (§ 8 Abs. 1 Satz 1 und 2 ASiG). 31

Die Tätigkeit des gem. § 22 SGB VII bestellten **Sicherheitsbeauftragten** ergänzt die Aufgaben der Fachkraft für Arbeitssicherheit. Sicherheitsbeauftragte müssen nicht die fachlichen Anforderungen des § 7 ASiG erfüllen. In der Regel sind Sicherheitsbeauftragte stärker in die betriebliche Tätigkeit einbezogen und daher eher in der Lage, Arbeitnehmer zu einem sicherheitsgerechten Verhalten anzuhalten und etwaige Sicherheitsmängel festzustellen. Im Einzelnen sind die Aufgaben und Befugnisse 32

---

1 Muster für Vereinbarung bei *Aufhauser/Brunhöber/Igl*, § 4 Rz. 6.
2 LAG Berlin 27.11.1989 – 9 Sa 82/89, NJW 1990, 2956.
3 *Aufhauser/Brunhöber/Igl*, § 8 Rz. 3.
4 HK-ArbSchR/*Kohte*, §§ 2–7 ASiG Rz. 28.
5 LAG Köln 3.4.2003 – 10 (1) Sa 1231/02, NZA-RR 2004, 319.

der Sicherheitsbeauftragten in der Unfallverhütungsvorschrift § 20 BGV A 1 beschrieben.

33 In allen Betrieben mit mehr als 20 Arbeitnehmern (bzw. entsprechender quotenmäßigen Berücksichtigung von Teilzeitbeschäftigten) hat der Arbeitgeber gem. § 11 ASiG einen **Arbeitsschutzausschuss** zu bilden.

34 Die Einhaltung der öffentlich-rechtlichen Arbeitsschutzregelungen ist eine **vertragliche Verpflichtung** des Arbeitgebers aus dem Arbeitsvertrag. Dies ist insofern bedeutsam, als sich der Arbeitgeber nicht gem. § 831 BGB darauf berufen kann, seine Hilfspersonen/Arbeitnehmer seien von ihm sorgfältig ausgesucht und überwacht worden, wenn bei der Auswahl nicht die gesetzlichen Anforderungen erfüllt wurden. Die Arbeitsschutzregelungen werden nach hM als Schutzgesetz iSd. § 823 Abs. 2 BGB angesehen, soweit sie auf den Schutz von Leben und Gesundheit des Arbeitnehmers zielen[1].

Die früher in § 14 Abs. 2 ASiG eingeräumte Möglichkeit, für bestimmte Betriebsarten unter Berücksichtigung der Zahl der Beschäftigten die Betriebsärzte und die Fachkräfte für Arbeitssicherheit ganz oder teilweise von Aufgaben, darunter der Berichtspflicht, zu befreien, und damit die Unternehmen von der Verpflichtung, über derartige Unterlagen zu verfügen, zu entbinden, war europarechtswidrig[2] und ist 2002 aufgehoben worden[3].

3. Überwachung und Kontrolle durch den Staat und die Unfallversicherungsträger

35 Grundsätzlich obliegt die **Überwachung, Beratung** und ggf. **Durchsetzung des Arbeitsschutzes** in den Betrieben und Verwaltungen den Arbeitsschutzbehörden der Länder (teilweise auch Gewerbeaufsichtsamt oder Amt für Arbeitsschutz und Sicherheitstechnik oder Amt für Arbeitsschutz genannt)[4].

Neben dem Staat sind die **Unfallversicherungsträger** an der Gestaltung und Überwachung des Arbeitsschutzes beteiligt. Die Träger der Unfallversicherung sind – ausgenommen der Bund als Unfallversicherungsträger – rechtsfähige Körperschaften des öffentlichen Rechts mit Selbstverwaltung. Gem. § 1 Nr. 1 SGB VII sind die Unfallversicherungsträger verpflichtet, „mit allen geeigneten Mitteln Arbeitsunfälle und Berufskrankheiten sowie arbeitsbedingte Gesundheitsgefahren zu verhüten". Außerdem ist es gem. § 1 Nr. 2 SGB VII ihre Aufgabe, nach Eintritt von Arbeitsunfällen oder Berufskrankheiten die Gesundheit und die Leistungsfähigkeit der Versicherten/Arbeitnehmer mit allen geeigneten Mitteln wiederherzustellen und sie oder ihre Hinterbliebenen durch Geldleistungen zu entschädigen.

V. Betriebliche Mitbestimmung

36 Das Mitbestimmungsrecht nach § 87 Abs. 1 Nr. 7 BetrVG ist von großer Bedeutung für die Umsetzung des Arbeitsschutzgesetzes und der auf der Grundlage dieses Gesetzes erlassenen Arbeitsschutzverordnungen[5]. Das BAG hat mittlerweile entschieden,

---

1 DFL/*Kamanabrou*, § 618 BGB Rz. 37; *Podehl*, DB 2007, 2090 (2093).
2 EuGH 7.2.2002 – Rs. C-5/00, NZA 2002, 321.
3 Drittes Gesetz zur Änderung der Gewerbeordnung und sonstiger gewerberechtlicher Vorschriften vom 24.8.2002, BGBl. I 2002, 3412.
4 *Kollmer/Klindt*, § 22 ArbSchG Rz. 4.
5 S. dazu *Kollmer/Klindt*, § 5 ArbSchG Rz. 71.

dass der Betriebsrat ein umfassendes Mitbestimmungsrecht sowohl bei der Gefährdungsbeurteilung nach § 3 Bildschirmarbeitsverordnung iVm. § 5 ArbSchG als auch bei der Ausgestaltung der Unterweisung nach § 12 ArbSchG besitzt[1]. Das Mitwirkungsrecht des Betriebsrats aus § 89 BetrVG sieht lediglich ein Mitwirkungsrecht des Betriebsrats vor.

---

1 BAG 8.6.2004 – 1 ABR 13/03, AP Nr. 13 zu § 87 BetrVG 1972 Gesundheitsschutz.

C. Personenbezogener Arbeitnehmerschutz

	Rz.		Rz.
I. Jugendarbeitsschutz		d) Beschäftigungsverbote	28
1. Allgemeines	1	e) Entgelt	32
2. Kinderarbeit	2	f) Umlageverfahren	34
3. Arbeit Jugendlicher	5	g) Sonderkündigungsschutz	37
4. Aufsicht und Interessenvertretung	14	h) Urlaub	38
II. Frauenarbeitsschutz/Mutterschutz		**III. Schwerbehinderte Menschen**	
1. Frauenarbeitsschutz		1. Gesetzliche Grundlage	39
a) Allgemeines	16	2. Begriffe	40
b) Gleichbehandlung	17	3. Feststellung der Behinderung	43
c) Allgemeines Gleichbehandlungsgesetz	20	4. Beschäftigungspflicht	46
d) Öffentlich-rechtlicher Frauenarbeitsschutz	21	5. Einstellung eines schwerbehinderten Menschen	50
2. Mutterschutz		6. Arbeitsvertragliche Pflichten	52
a) Rechtliche Grundlage	24	7. Allgemeine Förderung	57
b) Mitteilungspflichten	25	8. Schwerbehindertenvertretung	61
c) Gesundheitsschutz	27	9. Beendigung des Arbeitsverhältnisses	73

Schrifttum:

Zum Jugendarbeitsschutz: *Kohte/Faber/Feldhoff* (Hrsg.), Gesamtes Arbeitsschutzrecht, 2014 (zit. HK-ArbSchR/*Bearbeiter*); *Lakies/Schoden*, Jugendarbeitsschutzgesetz, Kommentar, 6. Aufl. 2010; *Lakies/Malottke*, BBiG mit Kurzkommentar des JArbSchG, 4. Aufl. 2011; *Neumann*, 50 Jahre Jugendarbeitsschutzgesetz, AIB 2010, 716; *Weyand*, Jugendarbeitsschutzgesetz, 2012.

Zum Frauenarbeitsschutz/Mutterschutz: *Buchner/Becker*, Mutterschutzgesetz, Bundeselterngeld- und Elternzeitgesetz, 8. Aufl. 2008; *Grüner/Dalichau*, Bundeselterngeld- und Elternzeitgesetz, Loseblatt, Stand: Mai 2012; *Kohte/Faber/Feldhoff* (Hrsg.), Gesamtes Arbeitsschutzrecht, 2014 (zit. HK-ArbSchR/*Bearbeiter*); *Meisel/Sowka*, Mutterschutz und Erziehungsurlaub, 5. Aufl. 1999; *Rancke* (Hrsg.), Mutterschutz/Elterngeld/Elternzeit, Handkommentar, 3. Aufl. 2014; *Roos/Bieresborn* (Hrsg.), Mutterschutzgesetz, Bundeselterngeld- und Elternzeitgesetz, 2014; *Willikonsky*, Mutterschutzgesetz, Kommentar, 2. Aufl. 2007; *Zmarzlik/Zipperer/Viethen/Vieß*, Mutterschutzgesetz, Mutterschaftsleistungen, 9. Aufl. 2006.

Zum Schutz schwerbehinderter Menschen: *Cramer/Fuchs/Hirsch/Ritz*, SGB IX, 6. Aufl. 2011; *Dau/Düwell/Joussen* (Hrsg.), SGB IX, 4. Aufl. 2014; *Feldes/Kothe/Stevens*-Bartol, SGB IX, Kommentar, 2. Aufl. 2011; *Kossens/von der Heide/Maaß*, SGB IX, 3. Aufl. 2009; *Lachwitz/Schellhorn/Welti*, HK-SGB IX, 3. Aufl. 2010; *Müller-Wenner/Schorn*, SGB IX Teil 2 Schwerbehindertenrecht, 2003; *Neumann/Pahlen/Majerski-Pahlen*, Sozialgesetzbuch IX, 12. Aufl. 2010; *Wiegand* (Hrsg.), SGB IX, Handkommentar, Stand: Okt. 2014.

I. Jugendarbeitsschutz

1. Allgemeines

1 Um Kinder und Jugendliche vor gesundheitlichen Überforderungen und vor Gefahren am Arbeitsplatz zu schützen, stellt die EU-Richtlinie 94/33/EG über den Jugendarbeitsschutz vom 22.6.1994 heraus, dass „eine strenge Regelung und ein strenger **Schutz der Arbeit von Jugendlichen** erforderlich" sind. Aus diesem Grunde ist Kinderarbeit grundsätzlich zu verbieten und dafür Sorge zu tragen, dass das Mindestalter für den Zugang zur Beschäftigung oder Arbeit nicht unter dem Alter liegt, mit dem gemäß den einzelstaatlichen Rechtsvorschriften die Vollzeitschulpflicht endet und das in keinem Fall unter 15 Jahren liegt. Dem Alter des jungen Menschen sind die Arbeits-

bedingungen anzupassen. Dabei sind Jugendliche vor den spezifischen Gefahren zu schützen, die aus der mangelnden Erfahrung, dem fehlenden Bewusstsein für tatsächliche oder potentielle Gefahren und der noch nicht abgeschlossenen Entwicklung herrühren. Hierzu ist die Höchstdauer der Arbeitszeit strikt zu begrenzen und Nachtarbeit, abgesehen von Ausnahmefällen, generell zu verbieten. Zudem darf sich bei Jugendlichen, die noch in schulischer Ausbildung stehen, die Arbeitszeit nicht nachteilig auf die Fähigkeit auswirken, dem Unterricht mit Nutzen zu folgen.

Das **Jugendarbeitsschutzgesetz** gilt für alle Personen, die noch nicht 18 Jahre alt sind und sich in der Berufsausbildung befinden oder als Arbeitnehmer, als Heimarbeiter oder in ähnlicher Tätigkeit beschäftigt sind. Dabei wird gem. § 2 JArbSchG zwischen Kindern (noch nicht 15 Jahre alt) und Jugendlichen (15, aber noch nicht 18 Jahre alt) unterschieden. Soweit Jugendliche noch der Vollzeitschulpflicht unterliegen, finden jedoch die für Kinder geltenden Vorschriften des Jugendarbeitsschutzgesetzes auch auf sie Anwendung (§ 2 Abs. 3 JArbSchG).

Ausgeschlossen von dem sachlichen Geltungsbereich sind gem. § 1 Abs. 2 JArbSchG geringfügige und gelegentliche Hilfeleistungen sowie die Beschäftigung im Familienhaushalt. Gem. § 61 JArbSchG gelten für die Seeschifffahrt besondere Bestimmungen nach dem Seearbeitsgesetz.

2. Kinderarbeit

Grundsätzlich ist die Beschäftigung von **Kindern** gem. § 5 Abs. 1 JArbSchG verboten. Dies gilt für Kinder iSd. § 2 Abs. 1 JArbSchG („wer noch nicht 15 Jahre alt ist") und gem. § 2 Abs. 3 JArbSchG für Jugendliche, die der Vollzeitschulpflicht unterliegen. Es gelten jedoch im Wesentlichen drei Ausnahmen:

– **Ohne an ein Mindestalter** gebunden zu sein, können gem. § 5 Abs. 2 JArbSchG Kinder zum Zwecke der Beschäftigungs- und Arbeitstherapie, im Rahmen des Betriebspraktikums während der Vollzeitschulpflicht und in Erfüllung einer richterlichen Weisung beschäftigt werden. Es gelten dafür jedoch die Einschränkungen hinsichtlich der Arbeitszeit gem. § 7 Satz 1 Nr. 2 JArbSchG und gem. §§ 9–21b JArbSchG.

– Mit Bewilligung der Aufsichtsbehörde können **Kinder über sechs Jahre** gem. § 6 Abs. 1 JArbSchG bei Theatervorstellungen und bei Musikaufführungen und anderen Aufführungen in dem in § 6 Abs. 1 JArbSchG aufgeführten zeitlichen Rahmen mitwirken.

– Die Beschäftigung von **Kindern über 13 Jahren** ist mit Einwilligung des Personensorgeberechtigten gem. § 5 Abs. 3 JArbSchG zulässig, wenn die Beschäftigung leicht und für Kinder geeignet ist. Die Beschäftigung darf höchstens zwei Stunden täglich, in landwirtschaftlichen Familienbetrieben höchstens drei Stunden täglich durchgeführt werden, jedoch nicht zwischen 18:00 Uhr und 8:00 Uhr sowie vor dem Schulunterricht und nicht während des Schulunterrichts. Nähere Einzelheiten zum Arbeitsschutz von Kindern über 13 Jahren enthält die Verordnung über den Kinderarbeitsschutz vom 23.6.1998[1], die die zulässigen Tätigkeiten für Kinder konkretisiert. Mit dieser Verordnung wird zB das Austragen von Zeitungen und Zeitschriften für Kinder erlaubt (§ 2 Abs. 1 Nr. 1 Kinderarbeitsschutzverordnung). Auch das Austragen von Anzeigenblättern und Werbeprospekten wird ausdrücklich zugelassen. Es ist aber gerade in diesen Fällen darauf zu achten, dass die in § 2 Abs. 2 Nr. 1 Kinderarbeitsschutzverordnung festgelegten Grenzwerte für die manuelle Handhabung von Lasten nicht überschritten werden[2].

---

[1] BGBl. I 1998, 1508.
[2] Vgl. dazu *Lakies/Schoden*, § 5 JArbSchG Rz. 18.

3 Während der Schulferien dürfen **Jugendliche, die wegen der Vollzeitschulpflicht** ansonsten Kindern gleichgestellt sind, gem. § 5 Abs. 4 JArbSchG für höchstens vier Wochen im Kalenderjahr beschäftigt werden. Dabei sind die zusätzlichen Einschränkungen gem. §§ 8–31 JArbSchG bzgl. der Arbeits- und Freizeit, der Einsatzbeschränkungen und Arbeitsbedingungen zu berücksichtigen. Zwar dürfen die vier Wochen auf verschiedene Schulferien im Kalenderjahr verteilt werden, die Gesamtdauer von höchstens vier Wochen darf aber nicht überschritten werden[1].

4 Kinder, die noch nicht 15 Jahre alt sind und nicht mehr der Vollzeitschutzpflicht unterliegen, dürfen in einem **Berufsausbildungsverhältnis** beschäftigt werden (§ 7 JArbSchG). **Außerhalb eines solchen** dürfen sie nur zu leichten und für sie geeigneten Tätigkeiten bis zu sieben Stunden täglich und höchstens 35 Stunden wöchentlich eingesetzt werden. Für die Beschäftigung dieser Gruppe gelten ansonsten die die Tätigkeit Jugendlicher und deren Schutz betreffenden §§ 8–46 JArbSchG entsprechend.

3. Arbeit Jugendlicher[2]

5 Die Beschäftigung **Jugendlicher**, also von Personen zwischen dem 15. und dem 18. Lebensjahr (§ 2 Abs. 2 JArbSchG) ist nach Maßgabe der § 8–46 JArbSchG zulässig.

Die Arbeitszeit ist auf grundsätzlich acht Stunden täglich und 40 Stunden wöchentlich begrenzt (§ 8 JArbSchG). Für die sog. Schichtzeit (§ 4 Abs. 2 JArbSchG) im Bergbau, im Gaststättengewerbe, in der Landwirtschaft, in der Tierhaltung und auf Bau- und Montagestellen sind gem. § 12 JArbSchG und für die Binnenschifffahrt gem. § 20 JArbSchG die dort genannten längeren Arbeitszeiten möglich. Wird ein Kind oder ein Jugendlicher von mehreren Arbeitgebern beschäftigt, werden gem. § 4 Abs. 5 JArbSchG die Arbeits- und Schichtzeiten sowie die Arbeitstage zusammengerechnet.

Berufsschultage, Prüfungen und Zeiten außerbetrieblicher Ausbildungsmaßnahmen werden nach Maßgabe der §§ 9 und 10 JArbSchG auf die Arbeitszeit angerechnet.

6 Die Jugendlichen einzuräumenden **Mindestpausen** ergeben sich aus § 11 JArbSchG. Jugendliche dürfen nicht länger als viereinhalb Stunden hintereinander ohne Ruhepause beschäftigt werden (§ 11 Abs. 2 Satz 2 JArbSchG). Grundsätzlich ist die Ruhepause außerhalb des Arbeitsraumes zu gewähren. Ist dies nicht möglich, so ist zu gewährleisten, dass die Arbeit während der Pause eingestellt ist, und auch sonst die notwendige Erholung nicht beeinträchtigt wird (§ 11 Abs. 3 JArbSchG). Gem. § 13 JArbSchG muss die tägliche **Freizeit** zwölf Stunden betragen. Grundsätzlich dürfen Jugendliche gem. § 14 Abs. 1 JArbSchG nur in der Zeit von 6:00 Uhr bis 20:00 Uhr beschäftigt werden. Gem. § 14 Abs. 2–7 und § 20 Nr. 2 JArbSchG sind Ausnahmen für bestimmte Tätigkeitsbereiche und unter bestimmten Umständen möglich. Grundsätzlich ist es verboten, Jugendliche an Samstagen sowie an Sonn- und Feiertagen zu beschäftigen (§§ 16–18 JArbSchG). Auch von diesem Arbeitsverbot an Samstagen sowie an Sonn- und Feiertagen sind in den gesetzlich angeführten Fällen Ausnahmen möglich. Auf jeden Fall müssen zwei Samstage und zwei Sonntage im Monat sowie der 25. Dezember, der 1. Januar, der 1. Osterfeiertag und der 1. Mai (§ 18 Abs. 2 JArbSchG) beschäftigungsfrei bleiben.

7 Abgesehen von den in den einzelnen Bestimmungen jeweils angeführten Ausnahmen finden die Arbeitszeit- und Ruhepauseregelungen sowie die täglichen Beschäftigungsbeschränkungen gem. §§ 11–18 JArbSchG nach § 21 JArbSchG keine Anwendung, wenn Jugendliche mit vorübergehenden und unaufschiebbaren Arbeiten in **Notfällen** beschäftigt werden müssen, sofern Erwachsene nicht zur Verfügung stehen. Derartige (ausnahmsweise gem. § 21 JArbSchG zugelassene) Einsätze sind auf Notfälle im ei-

---
1 Lakies/Schoden, § 5 JArbSchG Rz. 30.
2 HK-ArbSchR/Ritschel, Jugendarbeitsschutz Rz. 19 ff.

I. Jugendarbeitsschutz

gentlichen Sinne beschränkt, also zB bei Naturkatastrophen[1]. Notfälle sind dagegen nicht Umstände, die in den Verantwortungsbereich des Unternehmens fallen.

Weitere Ausnahmen können durch einen **Tarifvertrag** oder aufgrund eines Tarifvertrages durch Betriebsvereinbarung gem. § 21a Abs. 1 JArbSchG zugelassen werden.

Die Dauer des bezahlten **Erholungsurlaubs** beträgt gestaffelt nach dem Alter (gem. § 19 JArbSchG) 30 bis 25 Werktage pro Jahr. **8**

Jugendliche sind für den **Berufsschulunterricht** und an **Prüfungstagen** sowie **am Tag vor der Prüfung** freizustellen (§§ 9, 10 JArbSchG). Beginnt der Unterricht vor 9:00 Uhr, darf ein Berufsschulpflichtiger vorher nicht beschäftigt werden. An einem Berufsschultag in der Woche mit mehr als fünf Unterrichtsstunden ist der Jugendliche gem. § 9 Abs. 1 Nr. 2 JArbSchG den gesamten Tag von der Arbeitsleistung freizustellen. Bei Blockunterricht mit planmäßig mindestens 25 Stunden an mindestens fünf Tagen darf der Jugendliche nur für betriebliche Ausbildungsveranstaltungen von bis zu zwei Stunden beschäftigt werden (§ 9 Abs. 1 Nr. 3 JArbSchG). **9**

Beschäftigungsverbote und -beschränkungen bestehen in den in §§ 22–25 JArbSchG genannten Fällen. Dies sind neben gefährlichen Arbeiten Akkordarbeit und Untertagearbeit gem. § 23 JArbSchG und die Beschäftigung durch bestimmte in § 25 JArbSchG aufgeführte Personen. Zur Erreichung eines Ausbildungsziels sind von diesen Beschäftigungsverboten Ausnahmen gesetzlich vorgesehen. **10**

In § 28 JArbSchG ist ausdrücklich bestimmt, dass Vorkehrungen und Maßnahmen zu treffen sind, die der **Gefahrenverhütung** dienen und eine **Beeinträchtigung der körperlichen und seelischen Entwicklung** des Jugendlichen vermeiden. Außerdem ist der Arbeitgeber nach § 28a JArbSchG vor Beginn der Beschäftigung und bei wesentlichen Änderungen der Arbeitsbedingungen verpflichtet, die mit der Arbeit des Jugendlichen verbundenen Gefährdungen zu beurteilen und sodann gem. § 29 JArbSchG die Jugendlichen entsprechend zu unterweisen. **11**

Zwingend vorgeschrieben ist eine **ärztliche Betreuung** während der ersten Berufsjahre durch die Erst- und Nachuntersuchung (§§ 32–46 JArbSchG). **12**

Der Arbeitgeber ist gem. § 47 JArbSchG verpflichtet, einen **Abdruck des Jugendarbeitsschutzgesetzes** an geeigneter Stelle auszulegen. **13**

Arbeitgeber, die mehr als drei Jugendliche beschäftigen, haben gem. § 48 JArbSchG einen **Aushang** über Beginn und Ende der regelmäßigen täglichen Arbeitszeit und der Pausen der Jugendlichen an geeigneter Stelle im Betrieb anzubringen.

4. Aufsicht und Interessenvertretung

Die **Ausführung des Jugendarbeitsschutzgesetzes** und der aufgrund des Jugendarbeitsschutzgesetzes erlassenen Rechtsverordnungen unterliegt gem. § 51 JArbSchG der Aufsicht der durch Landesrecht bestimmten Behörde. Dies sind im Bereich des Bergbaus die Bergämter, ansonsten die Gewerbeaufsichtsämter oder die Ämter für Arbeitsschutz. Den Behörden stehen umfassende Kontrollmöglichkeiten gem. § 51 Abs. 2 JArbSchG zur Verfügung. Dazu ist der Arbeitgeber verpflichtet, ein Verzeichnis der bei ihm beschäftigten Jugendlichen zu führen und auf Verlangen vorzulegen (§§ 49, 50 JArbSchG). Die Aufsichtsbehörden können nach allgemeinen Regeln Untersagungsverfügungen erlassen. Es gelten insoweit die landesrechtlichen Bestimmungen des Polizei- bzw. Ordnungsbehördenrechtes und des Verwaltungsverfahrensrechtes sowie des Verwaltungszwanges. **14**

---

[1] Vgl. ErfK/*Schlachter*, § 21 JArbSchG Rz. 2.

Verstöße gegen das Jugendarbeitsschutzgesetz gelten als Ordnungswidrigkeiten oder im Fall des vorsätzlichen Verhaltens als strafbare Handlung (§§ 58–60 JArbSchG).

15 In Betrieben mit idR mindestens fünf Arbeitnehmern, die das 18. Lebensjahr noch nicht vollendet haben, oder die zu ihrer Berufsausbildung beschäftigt sind und das 25. Lebensjahr noch nicht vollendet haben, sind **Jugend- und Auszubildendenvertretungen** zu wählen. Dies ist eine rechtliche Verpflichtung des Betriebsrats, die naturgemäß das Bestehen eines solchen voraussetzt[1]. Die Jugend- und Auszubildendenvertretung hat u.a. die Aufgabe, die Einhaltung des Jugendarbeitsschutzgesetzes zu überwachen (§ 70 Abs. 1 Nr. 2 BetrVG). Die Jugend- und Auszubildendenvertretung hat überdies für die Interessen der von ihr Vertretenen gegenüber dem Betriebsrat einzutreten (§§ 66 ff. BetrVG).

II. Frauenarbeitsschutz/Mutterschutz

1. Frauenarbeitsschutz

a) Allgemeines

16 Im Vordergrund des Frauenarbeitsschutzes steht die **rechtliche Gleichstellung von Frauen im Arbeitsleben**. Der besondere öffentlich-rechtliche Frauenarbeitsschutz soll den geschlechtsspezifischen und physiologischen Besonderheiten Rechnung tragen. Dem Frauenarbeitsschutz zuzurechnen ist auch das Verbot sexueller Beeinträchtigung. Das Mutterschutzrecht gewährleistet einen arbeitsrechtlichen Schutz in der Zeit vor und nach der Entbindung.

b) Gleichbehandlung

17 Die **Gleichstellung** von weiblichen und männlichen Arbeitnehmern folgt aus Art. 3 Abs. 2 Satz 1 GG. Um dies zu erreichen, ist der Staat gem. Art. 3 Abs. 2 Satz 2 GG aufgefordert, die tatsächliche Durchsetzung der Gleichberechtigung von Frauen und Männern zu fördern und bestehende Nachteile zu beseitigen. Ein **Diskriminierungsverbot** ergibt sich aus Art. 3 Abs. 3 GG.

18 Seine praktische Ausprägung findet der Gleichbehandlungsgrundsatz in dem **Gebot der Lohngleichheit**, der zum einen ausdrücklich in Art. 23 GrCh[2] festgeschrieben ist, zum anderen findet er seine Ausprägung in Art. 157 AEUV.

19 Von besonderer Bedeutung für die Gleichstellung der Frauen im Berufsleben ist das europäische Recht, so
- die Richtlinie 76/207/EWG zur Verwirklichung des Grundsatzes der Gleichbehandlung von Männern und Frauen hinsichtlich des Zugangs zur Beschäftigung, zur Berufsbildung und zum beruflichen Aufstieg sowie in Bezug auf die Arbeitsbedingungen vom 9.2.1976;
- die Richtlinie 75/117/EWG zur Angleichung der Rechtsvorschriften der Mitgliedsstaaten über die Anwendung des Grundsatzes des gleichen Entgelts für Männer und Frauen vom 10.2.1975;
- die Richtlinie 79/7/EWG zur schrittweisen Verwirklichung des Grundsatzes der Gleichbehandlung von Männern und Frauen im Bereich der sozialen Sicherheit vom 19.12.1978;

---

1 *Fitting*, § 60 BetrVG Rz. 10.
2 ABl. 2007 Nr. C 303/1.

- die Richtlinie 86/378/EWG zur Verwirklichung des Grundsatzes der Gleichbehandlung von Männern und Frauen bei dem betrieblichen System der sozialen Sicherheit vom 24.7.1986;
- die Richtlinie 97/80/EG des Rates über die Beweislast bei Diskriminierung aufgrund des Geschlechts vom 15.12.1997;
- die Richtlinie 2002/73/EG[1] zur Änderung der Richtlinie 76/207/EWG zur Verwirklichung des Grundsatzes der Gleichbehandlung von Männern und Frauen hinsichtlich des Zugangs zur Beschäftigung, zur Berufsbildung und zum beruflichen Aufstieg sowie in Bezug auf die Arbeitsbedingungen. Mit dieser Richtlinie werden u.a. in Ergänzung der Richtlinie 76/207/EWG nicht nur die unmittelbare und mittelbare Diskriminierung definiert, sondern auch die geschlechtsbezogene sowie die sexuelle Belästigung.

c) Allgemeines Gleichbehandlungsgesetz

Am 18.8.2006 ist das Allgemeine Gleichbehandlungsgesetz (AGG) in Kraft getreten, das in Umsetzung der vorgenannten letzten Richtlinie sowie verschiedener weiterer Richtlinien eine ausführliche gesetzliche Kodifikation des Verbotes der Benachteiligung wegen des Geschlechtes enthält. Im Zuge dieses Gesetzes wurden die §§ 611a, 611b und 612 Abs. 3 BGB aF aufgehoben (vgl. ausführlich zum AGG Teil 1 F).

d) Öffentlich-rechtlicher Frauenarbeitsschutz

Das AGG hat das Gesetz zur Gleichstellung von Frauen und Männern in der Bundesverwaltung und in den Gerichten des Bundes (**Bundesgleichstellungsgesetz – BGleiG**[2]) nur geringfügig geändert. Damit bildet dieses Gesetz immer noch eine Grundlage des öffentlich-rechtlichen Frauenarbeitsschutzes. Ziel dieses Gesetzes ist es, die Gleichstellung von Frauen und Männern wegen des Geschlechts in der Bundesverwaltung und in den Gerichten des Bundes zu fördern. Es erfasst alle Beschäftigten dieser Verwaltungen und Gerichte, also Beamtinnen und Beamte, Angestellte, Arbeiterinnen und Arbeiter sowie zu ihrer Berufsausbildung Beschäftigte, ferner Inhaberinnen und Inhaber öffentlich-rechtlicher Ämter sowie Richterinnen und Richter. In Abschnitt 2 dieses Gesetzes sind im Einzelnen die Maßnahmen zur Gleichstellung von Frauen und Männern beginnend mit der Arbeitsplatzausschreibung geregelt. Um die Berufstätigkeit mit der Familie vereinbaren zu können, enthält Abschnitt 3 Regelungen zu familiengerechten Arbeitszeiten und Teilzeitbestimmungen. In jeder Dienststelle mit regelmäßig mindestens 100 Beschäftigten ist aus dem Kreis der weiblichen Beschäftigten eine Gleichstellungsbeauftragte nach geheimer Wahl durch die weiblichen Beschäftigten der Dienststelle zu bestellen. Die Wahl, die Amtszeit, die Rechtsstellung und die Aufgaben sind im Einzelnen in Abschnitt 4 des Gesetzes geregelt.

Diesem auf Bundesebene geltenden Gesetz zur Durchsetzung der Gleichstellung von Frauen und Männern entsprechen die in den einzelnen Bundesländern verkündeten Landesgleichstellungsgesetze[3] mit sog. Quotenregelungen.

Im Gesetz über die Berufung und Entsendung von Frauen und Männern in Gremien im Einflussbereich des Bundes (Bundesgremienbesetzungsgesetz)[4] wird bestimmt, dass der Bund und andere am Besetzungsverfahren von Gremien Beteiligte darauf hinzuwirken haben, dass eine gleichberechtigte **Teilhabe von Frauen und Männern in**

---
1 ABl. 2002 Nr. L 269/15.
2 V. 30.11.2001, BGBl. I 2001, 3234, zuletzt geändert am 5.2.2009, BGBl. I, 160.
3 So in Brandenburg, Bremen, Nordrhein-Westfalen, Rheinland-Pfalz und im Saarland.
4 Art. 11 des 2. Gleichberechtigungsgesetzes, BGBl. I 1994, 1406.

Gremien geschaffen oder erhalten wird. Gremien iS dieses Gesetzes sind Vorstände, Beiräte, Kommissionen, Ausschüsse, Verwaltungs- und Aufsichtsräte, kollegiale Organe und vergleichbare Gruppierungen, soweit der Bund für deren Mitglieder Benennungs- oder Entsendungsrechte hat.

23 Durch ein Artikelgesetz vom 18.8.2006[1] sind entsprechende Verbote ausdrücklich auch wegen einer möglichen Benachteiligung wegen des Geschlechts durch folgende Gesetze eingeführt bzw. in folgenden Bestimmungen konkretisiert worden:
– § 75 Abs. 1 BetrVG;
– § 67 Abs. 1 Satz 1 BPersVG;
– § 8 Abs. 1 BBG;
– § 27 Abs. 1 SprAuG;
– § 19a SGB IV; in § 4 Abs. 6 des Soldatinnen- und Soldatengleichstellungsgesetzes v. 27.12.2004[2] heißt es ausdrücklich: „Eine unmittelbare Diskriminierung von Soldatinnen ist gegeben, wenn diese aufgrund ihres Geschlechts in einer vergleichbaren Situation eine weniger günstige Behandlung als Soldaten erfahren, erfahren haben oder erfahren würden."

Das AGG stellt ausdrücklich fest, dass sonstige Benachteiligungsverbote oder Gebote der Gleichbehandlung nicht berührt werden und damit unverändert gültig bleiben (§ 2 Abs. 3 AGG).

2. Mutterschutz[3]

a) Rechtliche Grundlage

24 Das Mutterschutzrecht bezweckt einen **arbeitsrechtlichen Schutz für die Zeit vor und nach der Entbindung**. Rechtsgrundlage ist das Mutterschutzgesetz vom 20.6.2002. Gem. § 1 MuSchG gilt dieses Gesetz für alle Frauen, die in einem Arbeitsverhältnis stehen (auch für in Heimarbeit Beschäftigte). Für Beamtinnen findet über die Begründung eines öffentlich-rechtlichen Dienst- und Treueverhältnisses (Art. 33 Abs. 5 GG) die Verordnung über den Mutterschutz für Beamtinnen (Mutterschutzverordnung idF vom 25.4.1997[4]) Anwendung. In Leiharbeitsverhältnissen hat der entleihende Arbeitgeber die öffentlich-rechtlichen Arbeitsschutzpflichten zu beachten, während die materiellen Ansprüche durch den eigentlichen Arbeitgeber, den Verleiher, zu erfüllen sind.

Das AGG stellt ausdrücklich heraus, dass eine unmittelbare Benachteiligung wegen des Geschlechts auch im Falle einer ungünstigeren Behandlung einer Frau wegen der Schwangerschaft oder der Mutterschaft vorliegt (§ 3 Abs. 1 Satz 2 AGG).

b) Mitteilungspflichten

25 Werdende Mütter sollen dem Arbeitgeber ihre **Schwangerschaft** und den **mutmaßlichen Tag der Entbindung** mitteilen, sobald ihnen ihr Zustand bekannt ist. § 5 Abs. 1 Satz 1 MuSchG enthält lediglich eine Empfehlung, keine Rechtspflicht zur Offenbarung der Schwangerschaft[5]. Aufgrund der arbeitsvertraglichen Treuepflicht kann die Arbeitnehmerin jedoch zur unverzüglichen Mitteilung der Schwangerschaft verpflichtet sein, wenn ein berechtigtes Interesse des Arbeitgebers besteht. Dies ist zB der Fall, wenn Beschäftigungsverbote beachtet werden müssen oder wenn für die

---
1 BGBl. I, 1897, mit dem auch das AGG verkündet wurde.
2 BGBl. I 2004, 3822.
3 S. allgemein *Oberthür*, Mütter und Väter im Arbeitsverhältnis, AuA 2009, 638–641.
4 BGBl. I 1997, 986.
5 ErfK/*Schlachter*, § 5 MuSchG Rz. 1.

Schwangere erkennbar ist, dass sich der Arbeitgeber rechtzeitig um eine Vertretung bemühen muss[1].

Nach § 5 Abs. 1 Satz 3 MuSchG hat der Arbeitgeber unverzüglich die **Aufsichts- 26 behörde** von der mitgeteilten Schwangerschaft der Arbeitnehmerin **zu unterrichten**. Als Aufsichtsbehörde gelten die Gewerbeaufsichtsämter, in Berlin, Brandenburg, Hamburg und Thüringen die Ämter für Arbeitsschutz, in Nordrhein-Westfalen und Hessen die Regierungspräsidenten, in Rheinland-Pfalz das Landesgewerbeamt und im Saarland der Minister für Frauen, Arbeit, Gesundheit und Soziales. Grundsätzlich darf der Arbeitgeber die Mitteilung über die Schwangerschaft Dritten nicht bekannt geben. Diese Verschwiegenheitspflicht kann nur durchbrochen werden, wenn schwerwiegendere Interessen der Vertraulichkeit der Schwangerschaftsmitteilung entgegenstehen (wie zB eine durch Vorgesetzte oder Arbeitskollegen veranlasste Arbeitsüberforderung)[2].

Bzgl. einer etwaigen Mitteilungspflicht bei der Einstellung[3] wird auf die Ausführungen zu Teil 1 C Rz. 151 verwiesen.

c) Gesundheitsschutz

Um **Gesundheitsgefährdungen** aus der beruflichen Tätigkeit **entgegenzuwirken**, hat 27 der Arbeitgeber bei der Einrichtung und der Unterhaltung des Arbeitsplatzes einschließlich der Maschinen, Werkzeuge und Geräte sowie bei der Regelung der Beschäftigung die erforderlichen Vorkehrungen und Maßnahmen zum Schutze von Leben und Gesundheit der werdenden oder stillenden Mutter zu treffen (§ 2 Abs. 1 MuSchG). Dies gilt nicht nur für den Arbeitsplatz, an dem die Frau unmittelbar tätig ist, sondern auch für die sonstigen von der Arbeitnehmerin zu benutzenden Einrichtungen, wie zB Umkleide- und Toilettenräume[4].

Eine nähere Konkretisierung der erforderlichen Maßnahmen folgt aus den auszuübenden Tätigkeiten und den sich dabei für die schwangere Arbeitnehmerin ergebenden Gefahren. Lediglich für Arbeiten, bei denen die Arbeitnehmerin ständig stehen oder gehen muss, oder bei denen sie ständig sitzen muss, sieht das Gesetz (§ 2 Abs. 2 und 3 MuSchG) konkrete Regelungen vor[5]. Danach sind Sitzgelegenheiten zum kurzen Ausruhen bereitzustellen bzw. ist bei sitzender Tätigkeit Gelegenheit zu kurzen Unterbrechungen zu geben. Nach der aufgrund der Ermächtigung in § 2 Abs. 4 MuSchG von der Bundesregierung am 14.4.1997 erlassenen Verordnung (Verordnung zum Schutze der Mütter am Arbeitsplatz)[6] wird der Arbeitgeber verpflichtet, bei der Beschäftigung von werdenden oder stillenden Müttern unter bestimmten Voraussetzungen die Arbeitsbedingungen im Einzelnen zu beurteilen, um alle Risiken für Sicherheit und Gesundheit sowie Schwangerschaft und Stillzeit abzuschätzen, die Arbeitnehmerin und den Betriebs- bzw. Personalrat über das Ergebnis der Beurteilung und die zu ergreifenden Maßnahmen zu informieren sowie die notwendigen Schutzmaßnahmen umzusetzen.

Daneben kann gem. § 2 Abs. 5 MuSchG die Aufsichtsbehörde in Einzelfällen anordnen, welche Vorkehrungen und Maßnahmen zum Schutz von Leben und Gesundheit der werdenden oder stillenden Mutter zu treffen sind.

---

1 Roos/Biersborn/*Evers-Vosgerau*, § 5 MuSchG Rz. 9.
2 Roos/Biersborn/*Evers-Vosgerau*, § 5 MuSchG Rz. 20.
3 S. dazu auch EuGH 27.2.2003 – Rs. C-320 – Wiebke Busch/Klinikum Neustadt, BB 2003, 686; danach keine Pflicht zur Mitteilung einer Schwangerschaft bei vorzeitiger Rückkehr aus der Elternzeit.
4 ErfK/*Schlachter*, § 2 MuSchG Rz. 2.
5 Roos/Biersborn/*Evers-Vosgerau*, § 2 MuSchG Rz. 12.
6 BGBl. I 1997, 782.

d) Beschäftigungsverbote

28 Individuelle Beschäftigungsverbote ergeben sich aus § 3 MuSchG, generelle Beschäftigungsverbote aus § 4 MuSchG.

Nach § 3 Abs. 1 MuSchG dürfen werdende Mütter nicht beschäftigt werden, soweit nach ärztlichem Zeugnis Leben oder Gesundheit von Mutter oder Kind bei Fortdauer der Beschäftigung gefährdet sind. Ein Beschäftigungsverbot nach § 3 Abs. 1 MuSchG kommt insbesondere bei den in der Schwangerschaft üblichen Beschwerden wie Übelkeit, Rückenschmerzen oder auch der Gefahr einer Fehl- oder Frühgeburt in Betracht[1]. Es muss ein ursächlicher Zusammenhang zwischen der Gefährdung und der Schwangerschaft bestehen. Ansonsten liegt eine krankheitsbedingte Arbeitsunfähigkeit vor. Bei Zweifeln am Beschäftigungsverbot kann der Arbeitgeber eine ärztliche Begründung mit Bezug auf die Arbeitsbedingungen und Einschränkungen der Arbeitnehmerin verlangen[2]. Unterbleibt diese, ist der Beweiswert des Beschäftigungsverbots erschüttert.

29 Bedeutsam ist die **Abgrenzung** zwischen krankheitsbedingter Arbeitsunfähigkeit und einem nach § 3 Abs. 1 MuSchG erteilten Beschäftigungsverbot deshalb, weil dadurch der Umfang der Entgeltfortzahlungspflicht des Arbeitgebers bestimmt wird. Liegt eine krankheitsbedingte Arbeitsunfähigkeit vor, so dass die Schwangere nicht allein wegen des Beschäftigungsverbotes die Arbeitsleistung nicht erbringen kann, erhält sie vom Arbeitgeber die Entgeltfortzahlung im Krankheitsfall gem. § 3 EFZG für die Dauer von sechs Wochen[3]. Ansonsten hat die schwangere Arbeitnehmerin nach § 11 Abs. 1 Satz 1 MuSchG Anspruch auf Zahlung des Mutterschutzlohnes ohne die zeitliche Begrenzung des § 3 Abs. 1 Satz 1 EFZG[4]. Das Beschäftigungsverbot muss jedoch für die Nichtleistung der Arbeit ursächlich sein. Mitursächlichkeit reicht aus[5]. Nach der Rechtsprechung kann ein Beschäftigungsverbot nur ausgesprochen werden, solange die Schwangere arbeitsfähig ist. Führen andere (auch schwangerschaftsbedingte) Beschwerden zur Arbeitsunfähigkeit, so ist die Arbeitsunfähigkeit und damit die Lohnfortzahlung dem Beschäftigungsverbot gegenüber vorrangig[6]. Probleme bereiten die Folgen der Beschäftigungsverbote für einen möglichen Arbeitslosengeldanspruch. Nach der Rechtsprechung steht ein Beschäftigungsverbot nach § 3 Abs. 1 MuSchG einer Verfügbarkeit nach § 138 Abs. 5 SGB III nicht entgegen[7].

30 Ein **generelles Beschäftigungsverbot** besteht gem. § 3 Abs. 2 MuSchG für die letzten **sechs Wochen** vor der Entbindung. Die Schwangere kann sich jedoch freiwillig zur Weiterarbeit bereiterklären (§ 3 Abs. 2 MuSchG)[8] und damit auf das Beschäftigungsverbot verzichten[9]. Diese Erklärung kann sie jederzeit widerrufen.

---

1 LAG Köln 13.12.2001 – 6 Sa 953/01, NZA-RR 2002, 569: auch wenn psychisch bedingter Stress Leben oder Gesundheit von Mutter oder Kind gefährdet; OVG Rh.-Pf. 11.9.2003 – 12 A 10856/03, NZA-RR 2004, 93: Beschäftigungsverbot für schwangere Erzieherin ohne Mumps-Impfung.
2 Zu der zu beachtenden abgestuften Darlegungs- und Beweislast s. BAG 7.11.2007 – 5 AZR 883/06, DB 2008, 303.
3 BAG 9.10.2002 – 5 AZR 443/01, NZA 2004, 257.
4 BAG 13.2.2002 – 5 AZR 588/00, DB 2002, 1218; zur Zuweisung einer Ersatztätigkeit: BAG 15.11.2000 – 5 AZR 365/99, NZA 2001, 386.
5 Erfk/*Schlachter*, § 3 MuSchG Rz. 9.
6 So BAG 17.10.2013 – 8 AZR 742/12, NZA 2014, 303 Rz. 25; 5.7.1995 – 5 AZR 35/94, AP Nr. 7 zu § 3 MuSchG 1968; aA ErfK/*Schlachter*, § 3 MuSchG Rz. 9, die die Ansicht vertritt, dass im Zweifel ein Beschäftigungsverbot und nicht Arbeitsunfähigkeit zu bescheinigen ist.
7 So zuletzt BSG 22.2.2012 – B 11 AL 26/10 R, juris (Rz. 15ff.); s.a. HK-MuschG/BEEG/*Pepping*, vor §§ 3–8 MuSchG Rz. 49a.
8 Davon kann die Zahlung eines tariflich vorgesehenen Urlaubsgeldes nicht abhängig gemacht werden, BAG 20.8.2002 – 9 AZR 353/01, NZA 2003, 333.
9 So LAG Schl.-Holst. 15.12.2005 – 2 Ta 210/05, NZA-RR 2006, 178.

II. Frauenarbeitsschutz/Mutterschutz

Weitere Beschäftigungsverbote vor der Entbindung ergeben sich aus § 4 MuSchG wegen bestimmter Arbeiten, die nach allgemeiner Erfahrung zu einer Gefährdung der Gesundheit von Mutter oder Kind führen können. Gem. § 8 MuSchG dürfen werdende und stillende Mütter nicht mit Mehrarbeit und (mit gewissen Ausnahmen) nicht mit Arbeiten zwischen 20.00 Uhr und 6.00 Uhr bzw. mit Sonn- oder Feiertagsarbeit betraut werden. **30a**

Nach der Entbindung dürfen „Wöchnerinnen" gem. § 6 Abs. 1 MuSchG **acht Wochen** nicht beschäftigt werden. Bei Früh- und Mehrlingsgeburten verlängert sich diese Frist auf zwölf Wochen. Bei Frühgeburten und sonstigen vorzeitigen Entbindungen verlängern sich diese Fristen um den Zeitraum der Schutzfrist nach § 3 Abs. 2 MuSchG, der nicht in Anspruch genommen werden konnte. Damit ergibt sich ein „Mutterschaftsurlaub" von insgesamt mindestens 14 Wochen (vor und nach der Geburt). Dieses Beschäftigungsverbot nach der Entbindung ist zwingend und kann auch nicht (zB auf Wunsch der Mutter) verkürzt werden. **30b**

⊃ **Hinweis:** Bei allen Geburten vor dem errechneten Termin verlängert sich das Beschäftigungsverbot nach der Entbindung um die vor der Entbindung nicht genommenen Tage der Schutzfrist. Durch diese Regelung wird eine ungerechtfertigte Benachteiligung der vorzeitig Gebärenden, deren Geburt keine medizinische Frühgeburt war, beseitigt. **30c**

Frauen, die in den ersten Monaten nach der Entbindung nach ärztlichem Zeugnis zwar arbeitsfähig, aber noch nicht voll leistungsfähig sind, dürfen nicht zu Arbeiten herangezogen werden, die ihre Leistungsfähigkeit übersteigen (§ 6 Abs. 2 MuSchG). **30d**

Für **stillende Mütter** gelten besondere Schutzregelungen. Zum einen unterliegen sie gem. § 6 Abs. 3 MuSchG den generellen Beschäftigungsverboten des § 4 MuSchG (mit Ausnahme der Verbote aus § 4 Abs. 2 Nr. 2 und 7 MuSchG). Nach Ablauf der Schutzfrist des § 6 Abs. 1 MuSchG und Aufnahme der Tätigkeit hat sich der Arbeitgeber zu erkundigen, ob die Arbeitnehmerin ihr Kind stillt. Wird diese Frage nicht beantwortet, braucht er das Beschäftigungsverbot nicht zu beachten. Die Mutter ist dann verpflichtet, dem Arbeitgeber unverzüglich die Beendigung der Stillzeit anzuzeigen. **31**

Nach § 7 MuSchG können stillende Mütter bezahlte Freistellung von der Arbeit für die zum Stillen erforderliche Zeit verlangen, mindestens jedoch zweimal täglich eine halbe Stunde oder einmal täglich eine Stunde. Bei einer zusammenhängenden Arbeitszeit von mehr als acht Stunden sollen täglich auf Wunsch der Mutter zweimal mindestens 45 Minuten oder einmal 90 Minuten gewährt werden.

Dieser Anspruch auf Arbeitsbefreiung für die Stillzeit besteht, solange die Mutter tatsächlich das Kind stillt, ist also zeitlich nicht begrenzt.

e) Entgelt

Während der Beschäftigungsverbote hat die Arbeitnehmerin Anspruch auf Arbeitsentgelt (**Mutterschutzlohn**), während der gesetzlichen Schutzfristen auf **Mutterschaftsgeld** sowie auf einen **Arbeitgeberzuschuss zum Mutterschaftsgeld**. **32**

Frauen haben während der Dauer der Beschäftigungsverbote Anspruch auf ein Arbeitsentgelt, das mindestens dem Durchschnittsverdienst der letzten 13 Wochen oder der letzten drei Monate vor Beginn des Monats, in dem die Schwangerschaft eingetreten ist, entsprechen muss (§ 11 MuSchG). Bei gleich bleibendem Monats- oder Wochenverdienst ist dieses als sog. Mutterschutzlohn weiterzuzahlen. Ansonsten ist der Gesamtverdienst des Bezugszeitraumes durch die bezahlten Zeiteinheiten zu dividieren, woraus sich das Entgelt je Zeiteinheit ergibt. Einzubeziehen sind alle regelmäßigen festen Bezüge einschließlich etwaiger Prämien. Dies gilt auch für Akkord, selbst wenn die Akkordarbeit während der Schwangerschaft verbotswidrig erfolgte[1]. Verdiensterhöhungen und dauerhafte Verdienstkürzungen sind zu berücksichtigen, nicht jedoch Verdienstkürzungen infolge Kurzarbeit, Arbeitsausfällen oder unverschuldeter Arbeitsversäumnis (§ 11 Abs. 2 Satz 2 MuSchG).

33 Bei dem **Mutterschaftsgeld** handelt es sich um Leistungen der gesetzlichen Krankenversicherung (§ 13 MuSchG, § 200 Abs. 1 RVO). Dieses wird bei Arbeitsunfähigkeit gewährt, wenn Anspruch auf Krankengeld besteht oder wenn die Arbeitnehmerin wegen der Schutzfristen des § 3 Abs. 2 MuSchG bzw. § 6 Abs. 1 MuSchG kein Arbeitsentgelt erhält. Der Arbeitgeber hat während der gesetzlichen Schutzfristen und für den Entbindungstag einen lohnsteuer- und sozialversicherungsfreien Zuschuss zum Mutterschaftsgeld zu gewähren (§ 14 MuSchG). Dieser Arbeitgeberzuschuss entspricht der Differenz zwischen dem um die gesetzlichen Abzüge verminderten durchschnittlichen kalendertäglichen Arbeitsentgelt und dem von der Krankenkasse bezahlten Mutterschaftsgeld. Für den Anspruch der Arbeitnehmerin gegen den Arbeitgeber auf Zuschuss zum Mutterschaftsgeld kommt es nicht auf die tatsächliche Zahlung von Mutterschaftsgeld durch die Krankenkasse, sondern auf das Bestehen des sozialrechtlichen Anspruchs an. Ruhen wegen eines unbezahlten Sonderurlaubs zu Beginn der Schutzfristen die Hauptleistungspflichten aus dem Arbeitsverhältnis, entsteht der Anspruch auf Mutterschaftsgeld mit der Beendigung des unbezahlten Sonderurlaubs[2]. Ein Anspruch auf Zuschuss zum Mutterschaftsgeld nach § 14 Abs. 1 MuSchG besteht nicht, wenn das Arbeitsverhältnis während der Elternzeit ruht und die Arbeitnehmerin keine zulässige Teilzeitarbeit leistet (§ 14 Abs. 4 MuSchG)[3]. Aufgrund eines Beschlusses des Bundesverfassungsgerichts vom 18.11.2003[4] hat der Gesetzgeber das Ausgleichs- und Umlageverfahren für die Zahlungspflichten des Arbeitgebers mit dem Aufwendungsausgleichsgesetz vom 22.12.2005 (dazu sogleich Rz. 34 ff.) neu geregelt.

33a Frauen, die in einem Arbeitsverhältnis stehen, jedoch **nicht Mitglied einer gesetzlichen Krankenversicherung** sind, erhalten nach Maßgabe des § 13 Abs. 2 Satz 1 und 2 MuSchG vom Bundesversicherungsamt Mutterschaftsgeld (höchstens aber insgesamt 210 Euro). Dahin gehende Absicherungen erfahren auch Frauen, deren Arbeitsverhältnis gekündigt wird oder die von einem Beamten- in ein Arbeitsverhältnis wechseln (§ 13 Abs. 2 Satz 3 und Abs. 3 MuSchG).

f) Umlageverfahren

34 Am 1.1.2006 ist das Gesetz über den Ausgleich von Arbeitgeberaufwendungen (Aufwendungsausgleichsgesetz – AAG) in Kraft getreten[5]. Das **Aufwendungsausgleichsgesetz** regelt nach einer Entscheidung des BVerfG vom 18.11.2003 das Umlageverfahren neu, das bis zum 31.12.2005 im Lohnfortzahlungsgesetz enthalten war[6]. Es handelt sich bei diesem Umlageverfahren um eine kraft Gesetzes bestehende Zwangsversicherung, nach der die Krankenkassen den Arbeitgebern in vollem Umfang den von ihnen nach § 14 Abs. 1 MuSchG gezahlten Zuschuss zum Mutterschaftsgeld erstatten[7]. Im sog. U1-Verfahren werden den beteiligten Arbeitgebern die Aufwendungen für Entgeltfortzahlung im Krankheitsfall erstattet, im U2-Verfahren erfolgt der Ausgleich der Aufwendungen bei Mutterschaft.

---

1 BAG 20.12.1972 – 3 AZR 60/72, BB 1973, 566.
2 BAG 25.2.2004 – 5 AZR 160/03, NZA 2004, 537.
3 BAG 29.1.2003 – 5 AZR 701/01, DB 2003, 1633.
4 BVerfG 18.11.2003 – 1 BvR 302/96, DB 2003, 2788.
5 BGBl. I 2005, 3686.
6 BVerfG 18.11.2003 – 1 BvR 302/96, DB 2003, 2788.
7 So LSG NW 10.12.2009 – L 16 (5) Kr 211/08.

An dem **U1-Verfahren** nehmen nur Arbeitgeber teil, die ausschließlich der Auszubildenden nicht mehr als 30 Arbeitnehmer beschäftigen (**Kleinunternehmer**). Auf Antrag des Arbeitgebers erstattet die Krankenkasse der jeweiligen Beschäftigten dem Arbeitgeber diejenigen Aufwendungen, die aufgrund der Entgeltfortzahlung im Krankheitsfall nach dem EFZG entstanden sind. Dazu gehören neben der eigentlichen Entgeltfortzahlung auch die Arbeitgeberanteile an Beiträgen zur Sozialversicherung und Beitragszuschüsse des Arbeitgebers. Die Höhe der Erstattung ist in diesem Verfahren auf 80 % begrenzt[1]. 35

In das **U2-Verfahren** sind **alle Arbeitgeber** einbezogen, unabhängig von der Zahl ihrer Beschäftigten. Die Krankenkassen erstatten diesen Arbeitgebern zu 100 % die Arbeitgeberzuschüsse zum Mutterschaftsgeld nach § 14 MuSchG, die Entgeltfortzahlung bei Beschäftigungsverboten während der Schwangerschaft nach § 11 MuSchG und die auf diese Leistungen entfallenden Arbeitgeberanteile zur Sozialversicherung sowie Beitragszuschüsse des Arbeitgebers. 36

g) Sonderkündigungsschutz

Grundsätzlich sind **Kündigungen** gegenüber einer Frau während der Schwangerschaft und bis zum Ablauf von vier Monaten nach der Entbindung unzulässig. Wegen der Einzelheiten wird auf die Ausführungen zu Teil 3 H Rz. 1 ff. verwiesen. 37

h) Urlaub

Der Anspruch auf den bezahlten **Erholungsurlaub** und dessen Dauer wird nicht durch die mutterschutzrechtlichen Beschäftigungsverbote eingeschränkt bzw. nicht um den auf die Beschäftigungsverbote entfallenden Zeitraum gekürzt (§ 17 Satz 1 MuSchG). Einen möglichen Verfall des Urlaubsanspruchs wegen des Ablaufs des Kalenderjahres bzw. Übertragungszeitraumes gem. § 7 Abs. 3 BUrlG verhindert § 17 Satz 2 MuSchG für die Dauer der Inanspruchnahme der Beschäftigungsverbote[2], wobei die Frist von 15 Monaten nach der neuen Rechtsprechung[3] noch länger läuft als die zwölf Monate Übertragungszeitraum nach § 17 Satz 2 MuSchG. 38

III. Schwerbehinderte Menschen

1. Gesetzliche Grundlage

Das Recht der **Rehabilitation und Teilhabe behinderter Menschen** ist im **Sozialgesetzbuch IX** zusammengefasst. Zweck des Gesetzes ist es, für Behinderte oder von Behinderung bedrohte Menschen die Selbstbestimmung und gleichberechtigte Teilhabe am Leben in der Gesellschaft zu fördern, Benachteiligungen zu vermeiden oder ihnen entgegenzuwirken. Dabei ist den besonderen Bedürfnissen behinderter und von Behinderung bedrohter Frauen und Kinder Rechnung zu tragen. Insbesondere der Verbesserung der Möglichkeiten für eine betriebliche Ausbildung behinderter Jugendlicher und der Erweiterung der Präventionspflicht auf nicht schwerbehinderte Menschen 39

---

1 Die Krankenkassen können aber nach § 9 Abs. 2 Nr. 1 AAG diese Erstattungshöhe per Satzungsregelung einschränken, in diesem Fall wird auch die Höhe der Umlagesätze entsprechend reduziert; die in § 11 Abs. 1 AAG genannten Arbeitgeber nehmen an diesem Verfahren nicht teil, vgl. dazu BSG 27.10.2009 – B 1 Kr 12/09.
2 S. dazu *Friese*, Das Verhältnis von Erholungsurlaub und Mutterschutz – die Neuregelung in § 17 MuSchG, NZA 2003, 597.
3 Ursächlich war die Entscheidung des EuGH 22.11.2011 – Rs. C 214/10 – Schulte, NZA 2011, 1333.

dient das **Gesetz zur Förderung der Ausbildung und Beschäftigung schwerbehinderter Menschen**[1].

39a Mit dem **Gesetz zur Gleichstellung behinderter Menschen (BGG)** vom 30.4.2002[2] sollen barrierefreie Lebensbereiche für behinderte Menschen gestaltet werden. Behinderte Menschen sollen zu allen Lebensbereichen einen umfassenden Zugang und eine uneingeschränkte Nutzung haben. Das Ziel einer allgemeinen Barrierefreiheit umfasst neben der Beseitigung räumlicher Barrieren für Rollstuhlfahrer und gehbehinderte Menschen auch die kontrastreiche Gestaltung der Lebensumwelt für sehbehinderte Menschen sowie die barrierefreie Kommunikation im Verwaltungsverfahren etwa mittels Gebärdensprachdolmetscher oder über barrierefreie elektronische Medien. Für das Einrichten und Betreiben von Arbeitsstätten enthält § 3a Abs. 2 ArbStättV eine Konkretisierung. Das Allgemeine Gleichbehandlungsgesetz (AGG) gilt nach § 1 AGG ausdrücklich auch für die Beseitigung von Ungleichbehandlung wegen einer Behinderung (vgl. ausführlich zum AGG Teil 1 F).

2. Begriffe

40 Menschen sind als **behindert** anzusehen, wenn ihre körperliche Funktion, geistige Fähigkeit oder ihre seelische Gesundheit mit hoher Wahrscheinlichkeit länger als sechs Monate von dem für das Lebensalter typischen Zustand abweichen und daher ihre Teilhabe am Leben in der Gesellschaft beeinträchtigt ist (§ 2 SGB IX). Von einer drohenden Behinderung wird gesprochen, wenn die gesetzlich definierte Beeinträchtigung zu erwarten ist.

Soweit es um die besonderen Regelungen zur Teilhabe schwerbehinderter Menschen (Schwerbehindertenrecht) iSd. Teils 2 des SGB IX geht, also auch um die Pflichten der Arbeitgeber gegenüber behinderten Menschen und den Kündigungsschutz, gelten Menschen als schwerbehindert, wenn bei ihnen ein **Grad der Behinderung von wenigstens 50** vorliegt und sie ihren Wohnsitz, ihren gewöhnlichen Aufenthalt oder ihre Beschäftigung auf einem Arbeitsplatz iSd. § 73 SGB IX rechtmäßig in der Bundesrepublik Deutschland haben (§ 2 Abs. 2 SGB IX). Dieser Gruppe schwerbehinderter Menschen sollen (gem. § 2 Abs. 3 SGB IX) behinderte Menschen mit einem Grad der Behinderung von weniger als 50, aber wenigstens 30 gleichgestellt werden, wenn sie infolge ihrer Behinderung ohne die Gleichstellung einen geeigneten Arbeitsplatz iSd. § 73 SGB IX nicht erlangen oder nicht behalten können (**gleichgestellte behinderte Menschen**). Erfasst werden nur solche behinderte Menschen, die ihren Wohnsitz, Aufenthalt und Beschäftigung in der Bundesrepublik rechtmäßig haben.

Die Beschäftigung muss an einem **Arbeitsplatz** iSd. § 73 SGB IX erfolgen. Arbeitsplätze sind danach alle Stellen, auf denen Arbeitnehmer und Arbeitnehmerinnen, Beamte und Beamtinnen, Richter und Richterinnen sowie Auszubildende und andere zu ihrer beruflichen Bildung Eingestellte beschäftigt werden. Nicht dazu gehören die in § 73 Abs. 2 SGB IX angeführten Arbeitsplätze, wie zB solche, die der Rehabilitation dienen. Als „Arbeitsplatz" gilt nicht die Tätigkeit des schwerbehinderten Geschäftsführers einer GmbH[3].

41 Während die Schwerbehinderung des gem. § 2 Abs. 2 SGB IX behinderten Menschen (Behinderungsgrad von wenigstens 50) ab dem Zeitpunkt des **Eintritts der Behinderung** anerkannt wird, ist die **Gleichstellung** (§ 2 Abs. 3 SGB IX: Grad der Behinderung weniger als 50, aber wenigstens 30) erst ab **Antragstellung** auszusprechen (§ 68 Abs. 2 Satz 2 SGB IX).

---

1 BGBl. I 2004, 606.
2 BGBl. I, 1468.
3 S. dazu OLG Düsseldorf 18.10.2012 – 6 U 47/12.

III. Schwerbehinderte Menschen

Behinderte **Jugendliche** und nach § 2 Abs. 1 SGB IX als behindert geltende **junge Erwachsene** sind während der Zeit einer Berufsausbildung schwerbehinderten Menschen gleichgestellt, auch wenn der Grad der Behinderung weniger als 30 beträgt oder ein Grad der Behinderung nicht festgestellt ist (wegen des Nachweises s. § 68 Abs. 4 Satz 2 SGB IX).

Im Gegensatz zur Schwerbehinderung kann die Gleichstellung **befristet** werden. Mit Ausnahme eines Anspruchs auf Zusatzurlaub (§ 125 SGB IX) und des Anspruchs auf unentgeltliche Beförderung schwerbehinderter Menschen im öffentlichen Personenverkehr (§§ 145 ff. SGB IX) sind auf gleichgestellte behinderte Menschen die besonderen Regelungen für schwerbehinderte Menschen anzuwenden (§ 68 Abs. 3 SGB IX). 42

3. Feststellung der Behinderung

Eine Behinderung iSd. § 2 Abs. 1 SGB IX und eine Schwerbehinderung iSd. § 2 Abs. 2 SGB IX bestehen, wenn die gesetzlichen Voraussetzungen vorliegen. Die behördliche Feststellung der Behinderung wird **nur auf Antrag** getroffen (§ 69 Abs. 1 SGB IX). Dagegen reicht für die Gleichstellung der behinderten Jugendlichen und der jungen Erwachsenen während der Berufsausbildung der Nachweis gem. § 68 Abs. 4 Satz 2 SGB IX. Für das Feststellungsverfahren gilt § 69 SGB IX mit den dort genannten Fristen. Zuständig für die Feststellung des Grades der Behinderung und für die Ausstellung des Schwerbehindertenausweises (§ 69 Abs. 5 SGB IX) sind die Versorgungsämter. Der Bundesagentur für Arbeit bzw. den Agenturen für Arbeit obliegen die Gleichstellung sowie deren Widerruf und Rücknahme (§ 104 Abs. 1 Nr. 5 SGB IX). 43

Eine Feststellung über das Vorliegen einer Behinderung und deren Grad ist dann nicht durch das Versorgungsamt zu treffen, wenn diese schon im Rentenbescheid, einer entsprechenden Verwaltungs- oder einer Gerichtsentscheidung oder einer vorläufigen Bescheinigung der dafür zuständigen Dienststellen getroffen worden ist, es sei denn, der behinderte Mensch macht ein Interesse an anderweitiger Feststellung glaubhaft. Als Entscheidung anderer Behörden kommen solche der Berufsgenossenschaft oder öffentlicher Dienstherren in Frage. Ein Interesse an der Feststellung durch den Antrag gem. § 69 Abs. 1 SGB IX besteht, wenn unterschiedliche Maßstäbe für die Anerkennung der Behinderung gelten.

Entfallen die in § 2 Abs. 2 SGB IX angeführten Voraussetzungen, sind die besonderen Regelungen für schwerbehinderte Menschen nicht mehr anzuwenden. Wenn sich der Grad der Behinderung auf weniger als 50 verringert, gilt dies erst am Ende des dritten Kalendermonats nach Eintritt der Unanfechtbarkeit des die Verringerung feststellenden Bescheides (§ 116 Abs. 1 SGB IX). Der gesetzliche Schutz gleichgestellter behinderter Menschen erlischt mit dem Widerruf oder der Rücknahme der Gleichstellung bzw. im Falle des § 68 Abs. 4 SGB IX mit Beendigung der Berufsausbildung. Der Widerruf der Gleichstellung ist zulässig, wenn die Voraussetzungen nach § 2 Abs. 3 iVm. § 68 Abs. 2 SGB IX weggefallen sind. Dieser Widerruf beendet die Gleichstellung am Ende des dritten Kalendermonats nach Eintritt seiner Unanfechtbarkeit. 44

Die besonderen Hilfen für schwerbehinderte Menschen sowie für gleichgestellte behinderte Menschen können **zeitweilig entzogen** werden, wenn der schwerbehinderte bzw. ein gleichgestellter behinderter Mensch einen zumutbaren Arbeitsplatz ohne berechtigten Grund zurückweist oder aufgibt oder sich ohne berechtigten Grund weigert, an einer Maßnahme zur Teilhabe am Arbeitsleben teilzunehmen, oder sonst durch sein Verhalten seine Teilhabe am Arbeitsleben schuldhaft vereitelt. Die besonderen Hilfen für schwerbehinderte Menschen können gem. § 117 Abs. 2 Satz 3 SGB IX nur für maximal sechs Monate entzogen werden. 45

4. Beschäftigungspflicht

46 **Private und öffentliche Arbeitgeber** mit jahresdurchschnittlich monatlich mindestens 20 Arbeitsplätzen sind **verpflichtet**, auf wenigstens 5 % der Arbeitsplätze schwerbehinderte Menschen zu beschäftigen (§§ 71 Abs. 1, 73 SGB IX). Dabei sind schwerbehinderte Frauen besonders zu berücksichtigen. Bei Arbeitgebern mit weniger als 40 Arbeitsplätzen ist jahresdurchschnittlich ein schwerbehinderter Mensch, bei Arbeitgebern mit weniger als 60 Arbeitsplätzen sind zwei schwerbehinderte Menschen zu beschäftigen. Bei der Berechnung der Pflichtquote ist auf das Unternehmen abzustellen, nicht auf den Betrieb[1]. Im Rahmen dieser Verpflichtung zur Beschäftigung schwerbehinderter Menschen sind in angemessenem Umfang schwerbehinderte Menschen zu beschäftigen, die nach Art oder Schwere ihrer Behinderung im Arbeitsleben besonders betroffen sind (§ 72 SGB IX). Dies sind Arbeitnehmer, die nicht nur vorübergehend einer besonderen Hilfskraft bedürfen, die wegen Art oder Schwere der Behinderung keine abgeschlossene Berufsausbildung iSd. Berufsbildungsgesetzes haben und schwerbehinderte Menschen, die das 50. Lebensjahr vollendet haben. Die Agentur für Arbeit kann die Anrechnung eines schwerbehinderten Menschen, besonders eines schwerbehinderten iSd. § 72 Abs. 1 SGB IX auf mehr als einen Pflichtarbeitsplatz, höchstens auf drei Pflichtarbeitsplätze zulassen, wenn dessen Teilhabe am Arbeitsleben auf besondere Schwierigkeiten stößt (§ 76 Abs. 1 SGB IX). Von vornherein auf zwei Pflichtarbeitsplätze wird ein schwerbehinderter Mensch angerechnet, der beruflich ausgebildet wird (§ 76 Abs. 2 Satz 1 SGB IX). Das Gleiche gilt nach § 76 Abs. 2 Satz 4 SGB IX, wenn ein schwerbehinderter Mensch nach Abschluss der Ausbildung in ein Arbeits- oder Beschäftigungsverhältnis übernommen wird, im ersten Jahr der Beschäftigung.

47 Kommt ein Arbeitgeber seiner Pflicht zur Beschäftigung der in § 71 SGB IX genannten Pflichtquote nicht nach, hat er für jeden **unbesetzten Pflichtarbeitsplatz** monatlich eine **Ausgleichsabgabe** zu entrichten[2]. Da die frühere Ausgleichsabgabe nicht dazu führte, dass mehr Schwerbehinderte eingestellt wurden, gilt nunmehr ein gestaffeltes System (§ 77 Abs. 2 SGB IX). Je geringer die Anzahl der beschäftigten schwerbehinderten Menschen ist, desto höher ist die Ausgleichsabgabe.

Die Ausgleichsabgabe ist jährlich zugleich mit der Erstattung der Anzeige über die Berechnung des Umfangs der Beschäftigungspflicht gem. § 80 Abs. 2 SGB IX zu leisten. Die Ausgleichsabgabe ist zweckgebunden (§ 77 Abs. 5 und 6 SGB IX).

48 Aus der Beschäftigungspflicht des Arbeitgebers gem. § 71 SGB IX folgt kein **Beschäftigungsanspruch** eines schwerbehinderten Arbeitnehmers. Die Beschäftigungspflicht besteht nur als öffentlich-rechtliche Verpflichtung gegenüber dem Staat. Der einzelne behinderte Mensch besitzt daher keinen einklagbaren subjektiven Anspruch auf Einstellung[3].

49 Arbeitgeber haben gesondert für jeden Betrieb und jede Dienststelle ein **Verzeichnis** der bei ihnen beschäftigten Schwerbehinderten, ihnen gleichgestellten behinderten Menschen und sonstigen anrechnungsfähigen Personen laufend zu führen und der zuständigen Agentur für Arbeit sowie dem zuständigen Integrationsamt auf Verlangen vorzulegen (§ 80 SGB IX). Einmal jährlich, und zwar spätestens bis zum 31.3. für das vorangegangene Kalenderjahr, sind aufgegliedert nach Monaten die Daten anzuzeigen, die zur Berechnung des Umfanges der Beschäftigungspflicht, zur Überwachung ihrer Erfüllung sowie zur Berechnung der Ausgleichsabgabe notwendig sind (§ 80 Abs. 2 Satz 1 SGB IX). Arbeitgeber, die Arbeitsplätze für schwerbehinderte Menschen

---

1 BVerwG 17.4.2003 – 5 B 7.03, NZA-RR 2004, 406.
2 Zur Verbindlichkeit der Feststellungsbescheide der zuständigen Agenturen für Arbeit gegenüber den Integrationsämtern s. OVG Münster 12.12.2001 – 12 A 4737/01, NZA-RR 2002, 632.
3 BAG 14.11.1989 – 1 ABR 88/88, NZA 1990, 368.

nicht zur Verfügung stellen müssen (also weniger als 20 Arbeitsplätze iSd. § 73 SGB IX aufweisen) müssen nur nach Aufforderung durch die Bundesagentur für Arbeit im Rahmen einer repräsentativen Teilerhebung eine derartige Anzeige erstatten (§ 80 Abs. 4 SGB IX).

5. Einstellung eines schwerbehinderten Menschen

Arbeitgeber sind verpflichtet, vor jeder Einstellung zu **überprüfen**, ob freie Arbeitsplätze mit schwerbehinderten Menschen, insbesondere mit bei der Agentur für Arbeit arbeitslos oder arbeitssuchend gemeldeten schwerbehinderten Menschen besetzt werden können (§ 81 SGB IX). Diese Prüfungspflicht besteht unabhängig von der Beschäftigungspflicht[1]. Zu diesem Zweck haben Arbeitnehmer frühzeitig Verbindung mit der Agentur für Arbeit aufzunehmen und auf Einstellungsvorschläge der Agentur für Arbeit in der in § 81 Abs. 1 SGB IX vorgesehenen Weise zu reagieren.

Sofern dem Arbeitgeber nicht bekannt ist, ob es sich um einen behinderten Menschen handelt, war nach früherer Auffassung der Arbeitgeber berechtigt, nach einer Schwerbehinderung oder einer Gleichstellung zu fragen, und zwar unabhängig davon, ob die Behinderung für die auszuübende Tätigkeit von Bedeutung ist oder nicht (s. dazu Teil 1 C Rz. 99 ff.). Seit Bestehen des AGG (vgl. § 2 AGG) besteht dieses unbeschränkte Fragerecht nicht mehr. Allerdings hat das BAG festgestellt, dass die **Frage nach der Schwerbehinderung** im Vorfeld einer Kündigung den Arbeitnehmer nicht wegen seiner Behinderung diskriminiert. Antwortet der Arbeitnehmer wahrheitswidrig auf diese Frage, kann er sich später nicht auf seine Schwerbehinderteneigenschaft berufen[2].

6. Arbeitsvertragliche Pflichten

Das Schwerbehindertenrecht räumt einem schwerbehinderten Menschen im bestehenden Arbeitsverhältnis einen Anspruch darauf ein, im Rahmen der betrieblichen Möglichkeiten so beschäftigt zu werden, dass er entsprechend seiner Vorbildung und seinem Gesundheitszustand seine Fähigkeiten und Kenntnisse möglichst voll verwerten und weiterentwickeln kann (vgl. § 81 Abs. 4 Nr. 1 SGB IX)[3]. Arbeitgeber dürfen schwerbehinderte Beschäftigte **nicht wegen ihrer Behinderung benachteiligen**. Im Einzelnen gelten dazu gem. § 81 Abs. 2 Satz 2 SGB IX die Regelungen des Allgemeinen Gleichbehandlungsgesetzes[4] (vgl. ausführlich zum AGG Teil 1 F).

Gegenüber schwerbehinderten Arbeitnehmern besteht gem. § 81 Abs. 4 SGB IX eine **besondere Förderungspflicht**. Auch wenn der Arbeitgeber nicht verpflichtet ist, für den schwerbehinderten Arbeitnehmer einen entsprechenden zusätzlichen Arbeitsplatz einzurichten, trifft ihn gleichwohl die Pflicht, dem schwerbehinderten Arbeitnehmer den Abschluss eines Arbeitsvertrages zu den betriebsüblichen Bedingungen anzubieten, soweit eine entsprechende Beschäftigungsmöglichkeit besteht[5]. Dies gilt nicht, wenn es sich um eine Beförderungsstelle handelt. Fällt der Arbeitsplatz des schwerbehinderten Arbeitnehmers im Beschäftigungsbetrieb weg, besteht eine Pflicht zur Weiterbeschäftigung in einem anderen Betrieb des Unternehmens. Auf eine eventuelle Zustimmungsverweigerung des Betriebsrats des „aufnehmenden" Betriebs nach § 99 BetrVG muss der Arbeitgeber mit einem Zustimmungsersetzungs-

---

1 BAG 1.8.1985 – 2 AZR 101/83, NZA 1986, 635.
2 BAG 16.2.2012 – 6 AZR 553/10, NZA 2012, 555.
3 BAG 14.3.2006 – 9 AZR 411/05, NZA 2006, 1214.
4 Zu möglichen Entschädigungspflichten wegen fehlerhafter Stellenausschreibung oder Bewerbungsverfahren nach § 81 Abs. 2 Satz 2 SGB IX aF s. *Gaul/Süßbrich*, BB 2005, 2811.
5 BAG 7.4.2011 – 8 AZR 679/09, AP Nr. 6 zu § 15 AGG; 28.4.1998 – 9 AZR 348/97, NZA 1999, 152.

verfahren nach § 99 Abs. 4 BetrVG reagieren, es sei denn, dieses ist von vornherein aussichtslos[1]. In derartigen Fällen ist an eine vorläufige Personalmaßnahme nach § 100 Abs. 1 BetrVG zu denken. Eine Förderungspflicht gilt auch hinsichtlich der außerbetrieblichen Maßnahmen der beruflichen Bildung und der Ausstattung des Arbeitsplatzes.

54 Schwerbehinderte Menschen haben **Anspruch auf Teilzeitbeschäftigung**, wenn die kürzere Arbeitszeit wegen Art oder Schwere der Behinderung notwendig ist (§ 81 Abs. 5 SGB IX). – Diese gesetzliche Regelung dürfte wegen des Teilzeitanspruchs nach § 8 TzBfG überholt sein, da die Forderung nach einer Teilzeitarbeit gem. § 8 TzBfG anders als der Anspruch aus § 81 Abs. 5 SGB IX nicht der Begründung durch den Arbeitnehmer bedarf. Anders verhält es sich, wenn das Arbeitsverhältnis noch keine sechs Monate besteht oder nicht mehr als 15 Arbeitnehmer in dem Betrieb beschäftigt werden (wenn also die spezifischen Voraussetzungen des § 8 TzBfG noch nicht erfüllt sind).

55 Schwerbehinderte Menschen können **Mehrarbeit** ablehnen (§ 124 SGB IX). Daraus ergibt sich jedoch kein Anspruch auf Einhaltung der Fünf-Tage-Woche und auf Befreiung von Nachtarbeit, es sei denn, der Arbeitgeber kann dies mit zumutbaren und nicht unverhältnismäßigen Aufwendungen vermeiden bzw. abändern (§ 81 Abs. 4 Nr. 4 SGB IX)[2]. Nach § 125 SGB IX haben schwerbehinderte Menschen Anspruch auf einen bezahlten **zusätzlichen Urlaub** von fünf Arbeitstagen im Urlaubsjahr, ggf. gem. § 125 Abs. 2 SGB IX anteilig. Dies gilt aber nicht für gleichgestellte behinderte Menschen (§ 68 Abs. 3 SGB IX). – Zum Urlaub schwerbehinderter Menschen s. Teil 2 C Rz. 221 ff.

56 Bei der **Bemessung des Arbeitsentgelts**[3] und der Dienstbezüge aus einem Beschäftigungsverhältnis dürfen Renten und vergleichbare Leistungen, die wegen der Behinderung bezogen werden, nicht berücksichtigt werden (§ 123 Abs. 1 SGB IX).

7. Allgemeine Förderung

57 Die Rehabilitationsträger (§ 6 SGB IX) haben den gesetzlichen Auftrag, darauf hinzuwirken, dass der Eintritt einer Behinderung einschließlich einer chronischen Krankheit vermieden wird (§ 3 SGB IX). § 84 Abs. 2 SGB IX erweitert die **Präventionspflicht** auf nicht schwerbehinderte Menschen. Es ist ein „**betriebliches Eingliederungsmanagement**" zugunsten solcher Arbeitnehmer einzurichten, die innerhalb eines Jahres – ununterbrochen oder wiederholt – länger als sechs Wochen krank sind. Während das betriebliche Eingliederungsmanagement allgemein für Kündigungen wegen Krankheit keine Voraussetzung für eine wirksame Kündigung ist[4], hat die Unterlassung der Durchführung des betrieblichen Eingliederungsmanagements bei schwerbehinderten Menschen mittelbare Auswirkungen. Kommt es zu einer Kündigung und wurden rechtzeitige Abwehrmaßnahmen nicht getroffen, wird dies auch von dem Integrationsamt berücksichtigt. Hätte durch ein betriebliches Eingliederungsmanagement die Kündigung vermieden werden können, wird das Integrationsamt der Kündigung nicht zustimmen[5].

---

1 BAG 3.12.2002 – 9 AZR 481/01, BB 2003, 1014.
2 BAG 3.12.2002 – 9 AZR 462/01, FA 2003, 334.
3 Zur Entgeltfortzahlungspflicht, wenn keine Arbeitsleistung erbracht werden kann: BAG 23.1.2001 – 9 AZR 287/99, NZA 2001, 1020.
4 So *Schlewing*, ZfA 2005, 485; *Schlewing*, NZA 2005, 1218; s. dazu BAG 23.4.2008 – 2 AZR 1012/06, BB 2008, 2409.
5 *Brose*, DB 2005, 390; *Neumann/Pahlen/Majerski-Pahlen*, § 84 SGB IX Rz. 17; s.a. *Namendorf/Natzel*, DB 2005, 1794; zum Mitbestimmungsrecht des Betriebsrats beim BEM s. BAG 13.3.2012 – 1 ABR 78/10, NZA 2012, 748 u. BAG 7.2.2012 – 1 ABR 46/10, NZA 2012, 744.

III. Schwerbehinderte Menschen

Die **Leistungen zur Teilhabe am Arbeitsleben** ergeben sich im Einzelnen aus Teil 1 Kapitel 5 SGB IX. Diesen Leistungen ist der Zweck vorangestellt, die Erwerbsfähigkeit behinderter oder von Behinderung bedrohter Menschen entsprechend ihrer Leistungsfähigkeit zu erhalten, zu verbessern, herzustellen oder wiederherzustellen und ihre Teilhabe am Arbeitsleben möglichst auf Dauer zu sichern (§ 33 Abs. 1 SGB IX). Behinderten Frauen werden gleiche Chancen im Erwerbsleben gesichert, insbesondere durch in der beruflichen Zielsetzung geeignete, wohnortnahe und auch in Teilzeit nutzbare Angebote (§ 33 Abs. 2 SGB IX). Wegen der einzelnen Leistungen wird auf § 33 Abs. 3–8 SGB IX verwiesen. Ergänzt werden diese Leistungen durch die dem **Integrationsamt** gem. § 102 SGB IX obliegenden Aufgaben, wozu auch sog. begleitende Hilfen im Arbeitsleben zählen, u.a. auch der Anspruch auf Übernahme der Kosten einer notwendigen Arbeitsassistenz (§ 102 Abs. 4 SGB IX). Gem. § 108 SGB IX sind die näheren Voraussetzungen des Anspruchs auf eine Arbeitsassistenz einer Verordnung zu entnehmen. Zu den Leistungen zählen gem. § 34 SGB IX auch Leistungen an Arbeitgeber, insbesondere Ausbildungszuschüsse, Eingliederungszuschüsse, Zuschüsse für Arbeitshilfen im Betrieb und teilweise oder volle Kostenerstattung für eine befristete Probebeschäftigung.

Als zusätzliche unterstützende Einrichtungen können **Integrationsfachdienste** beteiligt werden (§§ 109 ff. SGB IX), die dem Zweck dienen, schwerbehinderten Menschen, die auf dem allgemeinen Arbeitsmarkt nur schwer zu vermitteln sind, durch arbeits- und berufsbegleitende Dienste zu unterstützen. Die Aufgaben der Integrationsfachdienste sind im Einzelnen in § 110 SGB IX niedergelegt.

Integrationsprojekte sollen gem. §§ 132 ff. SGB IX als „dritter Weg" besonderen Problemgruppen von schwerbehinderten Menschen, die langzeitarbeitslos oder unzureichend qualifiziert sind, den Weg ins Arbeitsleben und auf den allgemeinen Arbeitsmarkt ebnen.

8. Schwerbehindertenvertretung

Die Mitarbeitervertretungen, also insbesondere Betriebs- und Personalräte, haben die Eingliederung schwerbehinderter Menschen zu fördern. Ihre Aufgabe ist es, auf die Wahl von **Schwerbehindertenvertretungen** hinzuwirken (§ 93 SGB IX).

In Betrieben und Dienststellen, in denen nicht nur vorübergehend fünf schwerbehinderte Menschen beschäftigt werden, sind als Schwerbehindertenvertretung eine Vertrauensperson und wenigstens ein stellvertretendes Mitglied zu wählen (§ 94 SGB IX)[1]. Ihre Amtszeit beträgt vier Jahre.

Ist für mehrere Betriebe eines Arbeitgebers ein Gesamtbetriebsrat oder für den Geschäftsbereich mehrerer Dienststellen ein Gesamtpersonalrat errichtet, wählen die Schwerbehindertenvertretungen der Betriebe oder Dienststellen eine **Gesamtschwerbehindertenvertretung** (§ 97 Abs. 1 Satz 1 SGB IX). Ist nur in einem von mehreren Betrieben oder Dienststellen eine Schwerbehindertenvertretung gewählt, nimmt diese die Rechte und Pflichten der Gesamtschwerbehindertenvertretung wahr (§ 97 Abs. 1 Satz 2 SGB IX). Nach § 97 Abs. 2 SGB IX kann auch eine **Konzernschwerbehindertenvertretung** gewählt werden.

Die Schwerbehindertenvertretung nimmt das Amt unentgeltlich als **Ehrenamt** wahr (§ 96 Abs. 1 SGB IX). Die Vertrauensperson und das von ihr nach § 95 Abs. 1 Satz 4 SGB IX herangezogene stellvertretende Mitglied sind während der Arbeitszeit von ihrer beruflichen Tätigkeit ohne Minderung des Arbeitsentgelts **zu befreien**, wenn und soweit das zur Durchführung ihrer Aufgaben erforderlich ist (§ 96 Abs. 4 Satz 1 SGB IX). Die Vertrauensperson darf zur Sicherung ihrer unabhängigen Amtsführung weder

---

[1] S. dazu *Sieg*, Wahl der Schwerbehindertenvertretung, NZA 2002, 1064.

behindert noch benachteiligt oder begünstigt werden. Die Vertrauensperson ist gem. § 96 Abs. 3 SGB IX in ihrer Rechtsstellung gegenüber dem Arbeitgeber und den Mitgliedern des Betriebs-, Personal-, Staatsanwalts- oder Richterrats gleichgestellt. Während der Dauer der Vertretung und der Heranziehung nach § 95 Abs. 1 Satz 4 SGB IX gilt dies auch zugunsten der stellvertretenden Vertrauensperson. In Betrieben und Dienststellen, in denen idR wenigstens 200 schwerbehinderte Menschen beschäftigt werden, wird die Vertrauensperson auf ihren Wunsch **freigestellt** (§ 96 Abs. 4 Satz 2 SGB IX). Weiter gehende Vereinbarungen sind zulässig, also auch Teilfreistellungen von mehreren Personen, wie dies in § 38 Abs. 1 Satz 2 BetrVG vorgesehen ist.

63 Zum Ausgleich für Tätigkeiten, die aus betriebsbedingten oder dienstlichen Gründen außerhalb der Arbeitszeit durchzuführen sind, haben die Vertrauenspersonen Anspruch auf entsprechende **Arbeits- oder Dienstbefreiung** unter Fortzahlung des Arbeitsentgelts oder der Dienstbezüge (§ 96 Abs. 6 SGB IX). Diese Regelung entspricht § 37 Abs. 3 Satz 1 BetrVG. Wegen der Gleichstellung zu Betriebsratsmitgliedern wird dementsprechend auch die Regelung des § 37 Abs. 3 Satz 2 BetrVG gelten, wonach betriebsbedingte Gründe auch vorliegen, wenn die Betriebsratstätigkeit wegen der unterschiedlichen Arbeitszeiten der Betriebsratsmitglieder nicht innerhalb der persönlichen Arbeitszeit erfolgen kann. Aus diesem Grund haben auch Vertrauenspersonen, die in Teilzeit beschäftigt sind, Anspruch auf Arbeitsentgelt, wenn sie außerhalb der persönlichen Arbeitszeit als Vertrauensperson Aufgaben wahrnehmen.

64 Die Vertrauenspersonen genießen den gleichen **Kündigungsschutz** wie die Mitglieder des Betriebsrates (§ 96 Abs. 3 SGB IX iVm. § 15 KSchG). Unter den in § 103 Abs. 3 BetrVG genannten Voraussetzungen bedarf auch die Versetzung einer Vertrauensperson der Schwerbehindertenvertretung der Zustimmung der Arbeitnehmervertretung.

65 Die **Aufgaben** der Schwerbehindertenvertretung bestehen in der Förderung der Eingliederung schwerbehinderter Menschen in dem Betrieb oder der Dienststelle, die Vertretung der Interessen in dem Betrieb oder der Dienststelle und in der Beratung und Hilfe von schwerbehinderten Menschen. Diese Aufgaben werden in § 95 Abs. 1 SGB IX im Einzelnen konkretisiert. Sie gelten ungeachtet § 36 SGB IX auch zugunsten schwerbehinderter Rehabilitanden[1].

66 Um diesen Aufgaben nachkommen zu können, ist der Arbeitgeber gem. § 95 Abs. 2 SGB IX verpflichtet, die Schwerbehindertenvertretung in allen Angelegenheiten, die die einzelnen oder mehrere schwerbehinderte Menschen als Gruppe berühren, unverzüglich und umfassend **zu unterrichten** und vor einer Entscheidung **anzuhören**. Auch der Abschluss einer Aufhebungsvereinbarung mit einem schwerbehinderten Menschen ist eine „Angelegenheit" iSd. § 95 Abs. 2 Satz 1 Halbs. 1 SGB IX. Der Arbeitgeber muss daher den Schwerbehindertenvertreter unverzüglich spätestens nach Abschluss des Aufhebungsvertrages unterrichten. Der Arbeitgeber ist demnach nicht verpflichtet, die Schwerbehindertenvertretung vor dem Abschluss eines Aufhebungsvertrages anzuhören, da es sich bei dem Aufhebungsvertrag nicht um eine „Entscheidung" iSv. § 95 Abs. 2 Satz 1 Halbs. 1 SGB IX handelt[2].

67 Die Schwerbehindertenvertretung hat das Recht, **an allen Sitzungen** des Betriebs-, Personal-, Richter-, Staatsanwalts- oder Richterrates und deren Ausschüssen sowie des Arbeitsschutzausschusses beratend teilzunehmen[3]. Nach § 95 Abs. 4 SGB IX kann die Schwerbehindertenvertretung auch insofern **initiativ** werden, als sie beantragen kann, Angelegenheiten, die einzelne oder mehrere der schwerbehinderten Menschen als Gruppe besonders betreffen, auf die Tagesordnung der nächsten Sitzung dieser Gremien zu setzen. Steht die Schwerbehindertenvertretung auf dem Standpunkt,

---

1 BAG 16.4.2003 – 7 ABR 27/02, NZA 2003, 1106.
2 BAG 14.3.2012 – 7 ABR 67/10, EzA § 95 SGB IX Nr. 4.
3 LAG Hess. 4.12.2001 – 15 Sa 384/01, NZA-RR 2002, 587.

III. Schwerbehinderte Menschen

dass durch einen Beschluss des Betriebsrats oder Personalrates die Interessen der Schwerbehinderten erheblich beeinträchtigt werden, kann die Aussetzung der Entscheidung für die Dauer einer Woche ab Beschlussfassung verlangt werden (§ 95 Abs. 4 Satz 2 SGB IX).

Auch wenn die Mitglieder der Schwerbehindertenvertretung nicht Angehörige des jeweiligen Betriebes oder der jeweiligen Dienststelle sind, können sie an Betriebs- und Personalversammlungen in Betrieben und Dienststellen teilnehmen, für die sie als Schwerbehindertenvertretung zuständig sind. Sie haben dort ein Rederecht (§ 95 Abs. 8 SGB IX).

Die Schwerbehindertenvertretung hat nach § 95 Abs. 6 SGB IX das Recht, mindestens einmal im Kalenderjahr eine **Versammlung schwerbehinderter Menschen** im Betrieb oder in der Dienststelle durchzuführen. **68**

Arbeitgeber, Betriebsrat und Schwerbehindertenvertretung müssen zur Teilhabe schwerbehinderter Menschen am Arbeitsleben **eng zusammenarbeiten** und sich gegenseitig bei der Erfüllung ihrer Aufgaben **unterstützen**. Die Schwerbehindertenvertretung hat demzufolge auch einen Anspruch gegen den Arbeitgeber auf namentliche Benennung der von ihr repräsentierten schwerbehinderten Menschen (§ 99 SGB IX). **69**

Nach § 80 Abs. 1 Nr. 4 BetrVG hat der **Betriebsrat** die allgemeine Aufgabe, die Eingliederung schwerbehinderter Menschen und sonstiger besonders schutzbedürftiger Personen zu fördern. **70**

Von dem Arbeitgeber ist gem. § 98 SGB IX ein **Personalverantwortlicher** als Beauftragter zu bestellen. Dieser vertritt ihn verantwortlich in den Angelegenheiten schwerbehinderter Menschen. Nach Möglichkeit soll dieser Beauftragte selbst ein schwerbehinderter Mensch sein. **71**

Um die Eingliederung schwerbehinderter Menschen in den Betrieb zu fördern, sind gem. § 83 SGB IX unter Einbeziehung des Beauftragten nach § 98 SGB IX mit der Schwerbehindertenvertretung und den Arbeitnehmervertretungen **Integrationsvereinbarungen** zu treffen. Auf Antrag der Schwerbehindertenvertretung muss über eine Integrationsvereinbarung verhandelt werden. Der Inhalt und die Regelungsgegenstände einer Interventionsvereinbarung ergeben sich aus § 83 Abs. 2 und 2a SGB IX. **72**

9. Beendigung des Arbeitsverhältnisses

Nach § 85 SGB IX bedarf die **Kündigung** des Arbeitsverhältnisses eines schwerbehinderten Menschen oder einer ihm gleichgestellten behinderten Person (§ 2 Abs. 3, § 68 Abs. 3 und 4 SGB IX) der **vorherigen Zustimmung des Integrationsamtes**. **73**

Gem. § 84 SGB IX hat der Arbeitgeber allerdings schon die Schwerbehindertenvertretung, die zuständige Arbeitnehmervertretung sowie das Integrationsamt einzuschalten, wenn personen-, verhaltens- oder betriebsbedingte Schwierigkeiten auftreten, die zur **Gefährdung** des Arbeitsverhältnisses führen können. Diese Einschaltung dient dazu, die Möglichkeiten und Hilfen zur Beratung sowie mögliche finanzielle Leistungen zu erörtern, mit denen die aufgetretenen Schwierigkeiten beseitigt und das Arbeitsverhältnis möglichst dauerhaft fortgesetzt werden kann. Eine derartige Prävention sieht § 84 Abs. 2 SGB IX nicht nur für schwerbehinderte Beschäftigte, sondern auch für den Fall vor, dass ein Arbeitnehmer innerhalb eines Jahres länger als sechs Wochen ununterbrochen oder wiederholt arbeitsunfähig ist. Diese präventiven Maßnahmen setzen die Zustimmung der betroffenen schwerbehinderten Person voraus.

Bzgl. des Sonderkündigungsschutzes, seiner Voraussetzungen, Ausnahmen und Verfahrensweise wird auf die Ausführungen in Teil 3 H Rz. 33 ff. verwiesen.

D. Arbeitnehmerüberlassungsrecht

	Rz.
I. Abgrenzungen	
1. Begriff der Arbeitnehmerüberlassung	1
2. Sonstige Vertragsformen	18
3. Arbeitsvermittlung	19
II. Rechtsquellen	20
1. Gesetzliche Vorschriften außerhalb des AÜG	21
2. Rechtsakte der Europäischen Union	22
III. Regelungsgegenstand und Regelungsinhalt des AÜG	
1. Arbeitnehmerüberlassung im Rahmen der wirtschaftlichen Tätigkeit	
a) Erlaubnisvorbehalt	24
b) Form und Dauer des Arbeitnehmerüberlassungsvertrages	29
c) Ausnahmen im AÜG, Anzeige statt Erlaubnis	30
d) Sondergesetzlich geregelte Ausnahmen	37
e) Gemeinschaftsbetrieb mehrerer Unternehmen	44
f) Personalführungsgesellschaften	45
2. Leiharbeitsverträge und Leiharbeitnehmerschutz im Verhältnis zwischen Verleiher und Leiharbeitnehmer	
a) Abschluss des Leiharbeitsvertrags, Urkunde über den Inhalt	46
b) Aushändigung des Merkblatts der Erlaubnisbehörde	52
c) Befristetes Arbeitsverhältnis	53
d) Unwirksamkeit nachvertraglicher Tätigkeits- und Einstellungsverbote, Verbot der Vermittlungsgebühr zu Lasten des Leiharbeitnehmers	60
e) Leistungsverweigerungsrecht bei Arbeitskampf	65
f) Arbeits- und Entgeltbedingungen des Leiharbeitnehmers	67

	Rz.
g) Kündigungsfristen, Annahmeverzug, Meldepflicht	132
h) Auflagen der Erlaubnisbehörde	136
i) Besonderheiten im Kündigungsrecht?	137
3. Rechtsbeziehungen zwischen Entleiher und Leiharbeitnehmer	145
4. Rechtsfolgen bei Arbeitnehmerüberlassung nach § 1 AÜG ohne Erlaubnis	157
5. Vermutung der Arbeitsvermittlung	163
6. Betriebsübergang	170
IV. Ordnungswidrigkeiten, Straftaten	172
V. Sozialversicherungsrecht, Steuerrecht	174
VI. Abgrenzung zwischen Arbeitnehmerüberlassung und sonstigen Einsatzarten in Fremdbetrieben	
1. Abgrenzung der Arbeitnehmerüberlassung gegenüber dienst- und werkvertraglichen Einsätzen in Fremdbetrieben	178
a) Dreistufiges Prüfungsverfahren	180
b) Kriterien der Abgrenzung	181
c) Konsequenzen von Scheinwerk- und Scheindienstverträgen	196
2. Abgrenzung der Arbeitnehmerüberlassung gegenüber der Überlassung von Maschinen mit Bedienungspersonal	198
VII. Betriebsverfassungsrechtliche Besonderheiten beim Einsatz von Leiharbeitnehmern	
1. Zuordnung der Leiharbeitnehmer	199
2. Beteiligungsrechte vor dem Einsatz von Leiharbeitnehmern	205
3. Beteiligungsrechte während des Einsatzes von Leiharbeitnehmern	221
4. Arbeitnehmerüberlassung außerhalb wirtschaftlicher Tätigkeit	224
5. Illegale Arbeitnehmerüberlassung	225

Schrifttum:

Anton-Dyck/Böhm, Kein Arbeitsschutz für Leiharbeitnehmer?, ArbRB 2012, 58; *Augustin*, Vorübergehend unklar – zur Anwendung des Arbeitnehmerüberlassungsgesetzes im öffentlichen Dienst, ZTR 2014, 319; *Bartl/Romanowski*, Keine Leiharbeit auf Dauerarbeitsplätzen!, NZA 2012, 845; *Bayreuther*, Bezugnahmeabreden und mehrgliedrige Tarifverträge in der Arbeitnehmerüberlassung, DB 2014, 717; *Bayreuther*, Nachwirkung von Zeitarbeitstarifverträgen im Kontext des Equal Pay/Treatment Gebots des AÜG, BB 2010, 309; *Bayreuther*, Vollständige Arbeitnehmerfreizügigkeit zu Gunsten der MOE-Staaten, DB 2011, 706; *Bayreuther*, Ausschlussfristen und Verjährung im Umfeld der CGZP-Tarifverträge, DB 2011, 2267; *Bayreuther*, Tarifzuständigkeit beim Abschluss mehrgliedriger Tarifverträge im Bereich der Arbeitnehmerüberlassung, NZA 2012, 14; *Bayreuther*, Die Stellung von Leiharbeitnehmern im Einsatzbetrieb nach den jüngsten Tarifabschlüssen in der Zeitarbeitsbranche und der M+E-Industrie, NZA Beilage 4/2012, 115; *Bissels*, Geplante Regulierung des Fremdpersonaleinsatzes durch die Große Koalition, ArbRB 2014, 109; *Bissels*, Rückwirkende Tarifunfähigkeit der CGZP – Arbeitsrechtliche Konsequenzen der aktuellen BAG-Rspr. für die Zeitarbeitsbranche, ArbRB 2012, 212; *Bissels*, Rückwirkende Tarifunfähigkeit der CGZP – Sozialversicherungsrechtliche Konsequenzen der aktuellen BAG-Rspr. für die Zeitarbeitsbranche, ArbRB 2012, 244; *Bissels/Khalil*, Die Anwendbarkeit von Tarifverträgen der Zeitarbeit in Mischbetrieben, BB 2013, 315; *Bissels/Kiehn*, Tarifeinigung in der Zeitarbeitsbranche, DB 2014, 523; *Bissels/Kiehn*, Zeitarbeit im Spiegel des Bundestagswahlkampfes 2013, PuR 2013, 147; *Bissels/Lützeler/Domke*, Entscheidung des BAG zur Tariffähigkeit der CGZP: Nüchterne Bewertung statt Panikmache, ArbRAktuell 2011, 136; *Bissels/Mehnert*, Tarifverträge über Branchenzuschläge in der Zeitarbeit – Aktuelle Rspr., DB 2014, 2407; *Bissels/Raus*, Tariffähigkeit der CGZP: Entscheidungen der Landessozialgerichte im einstweiligen Rechtsschutz, BB 2013, 885; *Blanke*, Der Gleichbehandlungsgrundsatz in der Arbeitnehmerüberlassung, DB 2010, 1528; *Böhm*, Umsetzung der EU-Leiharbeitsrichtlinie – mit Fragezeichen!, DB 2011, 473; *Böhm*, Änderungen für konzerninterne Personalgestellung durch § 1 AÜG n.F., DB 2012, 918; *Böhm/Hennig/Popp*, Zeitarbeit, 3. Aufl. 2013; *Boemke/Lembke*, Arbeitnehmerüberlassungsgesetz, 3. Aufl. 2013; *Brandl/Haberkorn/Veit*, Betriebliche Altersversorgung bei Leiharbeitnehmern, NZA 2014, 1167; *Brauneisen/Ibes*, Der Tatbestand der Arbeitnehmerüberlassung - Zur Abgrenzung verschiedener Formen des Fremdpersonaleinsatzes in Unternehmen, RdA 2014, 213; *Brors*, Zur Übertragbarkeit der Rspr. zu den CGZP-Tarifverträgen auf die derzeit geltenden Tarifverträge, RdA 2014, 182; *Brors*, Der Übernahmeanspruch von Leiharbeitnehmern nach den Tarifverträgen Leih-/Zeitarbeit in der Metall- und Elektroindustrie, ArbuR 2014, 258; *Brors*, Nochmals: Neuregelung der Darlegungs- und Beweislast zur Abgrenzung von Leiharbeit und Fremdpersonaleinsatz bei Werk- oder Dienstverträgen, NZA 2014, 1377; *Brose*, Die Wirkung einer vorsorglichen Verleiherlaubnis im AÜG, DB 2014, 1739; *Düwell*, Überlassung zur Arbeitsleistung – Neues aus Rechtsprechung und Gesetzgebung, DB 2011, 1520; *Düwell/Dahl*, Verhinderung des missbräuchlichen Einsatzes von Arbeitnehmerüberlassung und Umsetzung der Leiharbeitsrichtlinie, DB 2010, 1759; *Düwell/Dahl*, Mitbestimmung des Betriebsrats beim Einsatz von Leiharbeitnehmern, NZA-RR 2011, 1; *Eismann*, Lohnsteuer- rechtliche Arbeitgeberpflichten nach der Änderung des AÜG, ArbRAktuell 2012, 8; *Fiebig*, Die Personalgestellung nach TVöD – kein Fall für das AÜG!, NZA 2014, 187; *Fischer*, Zeitarbeit zwischen allen (Tarif-)Stühlen? – oder: Gewerkschaften in den Untiefen der Tarifzuständigkeit, RdA 2013, 326; *Francken*, Neuregelung der Darlegungs- und Beweislast in Verfahren nach §§ 9, 10 AÜG, NZA 2014, 1064; *Freckmann/Müller/Wahl*, Welche Auswirkungen hat der Beschluss des BAG zur Tarifunfähigkeit der CGZP in der Sozialversicherung?, ZIP 2012, 1327; *Freihube/Sasse*, Das Ende der kurzfristigen Personalplanung durch Leiharbeit?, BB 2011, 1657; *Friemel*, Muss Zeitarbeitsbranche Milliarden nachzahlen? NZS 2011, 851; *Fuhlrott/Fabritius*, Besonderheiten der betriebsbedingten Kündigung von Leiharbeitnehmern, NZA 2014, 122; *Gaul/Koehler*, CGZP-Streit über die Rückwirkung der BAG-Entscheidung, ArbRB 2011, 273; *Gaul/Koehler*, Tarifunfähigkeit der CGZP, ArbRB 2011, 112; *Gaul/Koehler*, CGZP-Konsequenzen für die Zeitarbeitsbranche, ArbRB 2011, 309; *Giesen*, Vorübergehend unklar, FA 2012, 66; *Giesen*, Tarifvertragliche Erweiterung von Betriebsratsrechten beim Leiharbeitseinsatz, ZfA 2012, 143; *Giesen*, Neue BAG-Beschlüsse zur Tariffähigkeit der CGZP, FA 2012, 226; *Greiner*, Werkvertrag und Arbeitnehmerüberlassung – Abgrenzungsfragen und aktuelle Rechtspolitik, NZA 2013, 7697; *Greiner*, „Personalhoheit" als Schlüsselbegriff der Abgrenzung von echtem Fremdpersonaleinsatz und verdeckter Arbeitnehmerüberlassung, RdA 2014, 262; *Grimm/Brock*, Praxis der Arbeitnehmerüberlassung, 2004; *Gussen*, Auswahlrichtlinien nach § 95 BetrVG als Arbeitgeberkorsett für die Einstellung von Leiharbeitnehmern?, NZA 2011, 830; *Hamann*, „Vorübergehend" i.S.v. § 1 Abs. 1 Satz 2 AÜG – Regelungsauftrag für den Gesetzgeber, RdA 2014, 271; *Hamann*, Fremdpersonal im Unternehmen – Industriedienstleistung statt Leiharbeit?, NZA Beilage 1/2014, 3; *Hamann*, Die Reform des AÜG im Jahr 2011, RdA 2011, 321; *Hamann*, Kurswechsel bei der Arbeitnehmerüberlassung?, NZA 2011, 70; *Hansen/Ragnit*, Neue Regeln für die Zeitarbeit, AuA 2011, 1; *Henssler/Höpfner/Orlowski*, Der CGZP-Beschluss des BAG und seine tarifrechtlichen Folgen, 2012; *Herrmann/Molle*, Neue Rspr. des BAG zu Bezugnahmeklauseln auf mehrgliedrige Tarifverträge, BB 2013, 1781; *Heuchemer/Schielke*, Herausforderungen für die Zeitarbeitsbranche, DB 2011, 758; *Hinrichs/Wenzel/Knoll*, Die Personalgestellung nach der Reform des AÜG – Bleibt alles anders?, ZTR 2014, 68; *Huke/Neufeld/Luickhardt*, Das neue AÜG: Erste Praxiserfahrungen und Hinweise zum Umgang mit den neuen Regelungen, BB 2012, 921; *Hurst*, Tarifverträge in der Zeitarbeit, 2010; *Jordan/Bissels*, Brennpunkt Fremdpersonaleinsatz – Echter Werkvertrag oder verdeckte Arbeitnehmerüberlassung?, AuA 2013, 636; *Kock*, Neue Pflichten für Entleiher: Information über freie Stellen und Zugang zu Gemeinschaftseinrichtungen und -diensten (§ 13a und § 13b AÜG), BB 2012, 323; *Krannich/Grieser*, Zugang zur Gemeinschaftseinrichtung, AuA 2012, 81; *Krannich/Simon*, Das neue AÜG – zur Auslegung des Begriffs „vorübergehend" in § 1 Abs. 1 AÜG n.F., BB 2012, 1414; *Krause*, Neue tarifvertragliche Regeln für die Leiharbeit in der Metallindustrie, NZA 2012, 830; *Krieger/Kruchen*, Die Drehtürklausel im Konzern – raus, rein Gehalt hoch?, NZA 2014, 393; *Küpperfahrenberg/Lagadère*, Vermittlungsprovisionen für Zeitarbeitsfirmen – „Jobwechsel schwer gemacht?", BB 2012, 2952; *Lambrich/Göhler*, Vertrauensschutz bei Rechtsprechungsänderungen im Arbeits- und Sozialrecht – Königsweg zur Abwehr von Equal-Pay-Klagen und Nachzahlungsbescheiden der DRV?, RdA 2014, 299; *Lambrich/Grünberg*, Die CGZP-Tarifverträge auf dem Prüfstand der Sozialgerichtsbarkeit – eine Zwischenbilanz, DB 2012, 2868; *Legerlotz*, Die neuen Branchenzuschläge in der Zeitarbeit, ArbRB 2013, 21; *Lembke*, Neues vom EuGH zum Befristungsschutz von Leiharbeitnehmern, NZA 2013, 815; *Lembke*, Gesetzesvorhaben der Großen Koalition im Bereich der Arbeitnehmerüberlassung, BB 2014, 1333; *Lembke*, Die geplanten Änderungen im Recht der Arbeitnehmerüberlassung, DB 2011, 414; *Lembke*, Sachverhalte vor dem 14.12.2010: Aussetzen oder Durchentscheiden?, NZA 2011, 1062; *Lembke*, Der CGZP-Beschluss des BAG vom 14.12.2010 und seine Folgen, NZA Beilage 2/2012, 66; *Lembke*, Neue Rechte von Leiharbeitnehmern gegenüber Entleihern, NZA 2011, 319; *Lembke/Mengel/Schüren/Stoffels/Thüsing/Schunder*, Erfurt (ist ge)fordert: Mehr Transparenz bei der Bezugnahme auf Zeitarbeitstarifverträge, NZA 2013, 948; *Leuchten*, Das neue Recht der Leiharbeit, NZA 2011, 608; *Linsenmaier/Kiel*, Der Leiharbeitnehmer in der Betriebsverfassung – „Zwei-Komponenten-Lehre" und normzweckorientierte Gesetzesauslegung, RdA 2014, 135; *Lipinski*, Die Konsequenzen des Zeitarbeit-Beschlusses des BAG für die Praxis, NZA 2013, 1245; *Lipinski/Praß*, BAG zu „vorübergehend" – mehr Fragen als Antworten!, BB 2014, 1465; *Löwisch/Domisch*, Zur Anwendbarkeit des Arbeitnehmerüberlassungsgesetzes auf Personalgestellungen durch juristische Personen des öffentlichen Rechts, BB 2012, 1408; *Lunk/Rodenbusch*, Der CGZP-Beschluss des BAG vom 14.12.2010 und seine Folgen – Ein Zwischenbericht, RdA 2011, 375; *Lützeler/Bissels*, Leiharbeit: Neue tarif- und sozialversicherungsrechtliche Aspekte nach der CGZP-Entscheidung, DB 2011, 1636; *Maschmann*, Fremdpersonaleinsatz im Unternehmen und die Flucht in den Werkvertrag, NZA 2013, 1305; *Mehnert/Stubbe/Haber*, Branchenzuschlagstarifverträge für Arbeitnehmerüberlassungen in der Zeitarbeit – Regelungen, Anwendungsbereiche, Konkurrenzen, BB 2013, 1269; *Moderegger*, Die Kündigung von Leiharbeitnehmern, ArbRB 2014, 118; *Neef*, Reichweite des CGZP-Beschlusses, NZA 2011, 615; *Neidert/Scheer*, Beitragsprüfung und Bestandsschutz in der Sozialversicherung: BSG bestätigt erneut die Zulässigkeit des Eingriffs in abgeschlossene Prüfzeiträume, DB 2014, 2471; *Nießen/Fabritius*, Die neuen Branchenzuschläge in der Zeitarbeit – Auswirkungen auf die Praxis, BB 2013, 375; *Nießen/Fabritius*, Was ist vorübergehende Arbeitnehmerüberlassung – Das Rätsel weiter ungelöst?, NJW 2014, 263; *Niklas/Schauß*, Die Arbeitnehmerüberlassung ist endlich – was kommt dann?, BB 2014, 2805; *Plagemann/Brand*, Sozialversicherungsrechtliche Beiträge für nicht erfüllte „Equal pay" – Ansprüche?, NJW 2011, 1488; *Plum*, Unterrichtung des Betriebsrats bei der Einstellung von Leiharbeitnehmern, DB 2011, 2916; *Reiserer*, Gestaltung von Leiharbeitsverträgen nach dem Beschluss des BAG zur Tarifunfähigkeit der CGZP, DB 2011, 764; *Rieble*, Leiharbeitnehmer zählen doch?, NZA 2012, 485; *Rieble*, Industrienahe Dienstleistungen zwischen freiem Werkvertrag und regulierter Arbeitnehmerüberlassung, ZfA 2013, 137; *Rieble*, Tariflose Zeitarbeit, BB 2012, 2177; *Rieble*, CGZP-Tarifunfähigkeit und Vertrauensschutz, BB 2012, 2945; *Rieble/Vielmeier*, Rechtsirrige Bemessung des Arbeitsentgelts und Beitragsschuld, ZIP 2011, 789; *Rödel/D. Ulber*, Unvereinbarkeit von § 9 Nr. 2 Halbs. 4 AÜG mit der Leiharbeitsrichtlinie, NZA 2012, 841; *Ruge/von Tiling*, Die tarifliche Personalgestellung im öffentlichen Dienst nach der Reform des AÜG, ZTR 2012, 263; *Sandmann/Marschall/Schneider*, Arbeitnehmerüberlassungsgesetz, Loseblatt; *Salamon*, Auswirkungen der Änderungen des AÜG auf die konzerninterne Personalgestellung im Baugewerbe, NZA-RR 2012, 61; *Schindele/Söhl*, Bezugnahmeklauseln auf die Tarifverträge der DGB-Tarifgemeinschaft Zeitarbeit, NZA 2014, 1049; *Schlegel*, Arbeits- und sozialversicherungsrechtliche Konsequenzen des CGZP-Beschlusses, NZA 2011, 380; *Schmid/Topoglu*, Gemeinschaftsbetrieb als Gestaltungsinstrument des konzerninternen Fremdpersonaleinsatzes – eine Alternative zur Arbeitnehmerüberlassung (Teil 1), ArbRAktuell 2014, 6; *Schöttler/Müllerleile*, Entleiherhaftung auf dem Prüfstand – Auswirkungen des BAG-Beschlusses zur Tarifunfähigkeit der CGZP, BB 2011, 3061; *Schüren*, Beweislastumkehr zur Bekämpfung von Scheinwerkverträgen, BB 2014, 2613; *Schüren*, Scheinwerk- und Scheindienstverträge mit Arbeitnehmerüberlassungserlaubnis, NZA 2013, 176; *Schüren*, War die CGZP seit 2003 nur Vertreterin einer christlichen Tarifgemeinschaft?, NZA 2011, 1406; *Schüren*, Tarifwidrige Personalkostensenkung für Leiharbeitnehmer durch unbezahlte Nichteinsatzzeiten, BB 2012, 1411; *Schüren/Brors*, Neue gesetzliche Rahmenbedingungen für den Fremdpersonaleinsatz, NZA 2014, 569; *Schüren/Hamann*, Arbeitnehmerüberlassungsgesetz, 4. Aufl. 2010; *Seel*, Verhinderung „dauerhafter" Arbeitnehmerüberlassung durch den Entleiherbetriebsrat, FA 2014, 9; *Seel*, § 1 Abs. 1 Satz 2 AÜG als Verbotsgesetz gem. § 99 Abs. 2 Nr. 1 BetrVG, FA 2012, 360; *Sieweke*, Voraussetzungen und Folgen der missbräuchlichen Ausübung von Mitbestimmungsrechten, NZA 2012, 426; *Steinheimer/Haeder*, Erdbeben in der Zeitarbeitsbranche, NZA 2012, 903; *Steinmeyer*, Was bedeutet „vorübergehend"? – Die neue Grundsatzfrage des deutschen Arbeitsrechts, DB 2013, 2740; *Stoffels*, Die Verjährung von Equal-Pay-Ansprüchen, NZA 2011, 1057; *Stoffels/Bieder*, AGB-rechtliche Probleme der arbeitsvertraglichen Bezugnahme auf mehrgliedrige Zeitarbeitstarifverträge, RdA 2012, 27; *Stück*, Mitbestimmung bei Leiharbeit, AuA 2012, 78; *Teusch/Verstege*, Vorübergehend unklar – Zustimmungsverweigerungsrecht des Betriebsrats bei Einstellung von Leiharbeitnehmern?, NZA 2012, 1326; *Thüsing*, Dauerhafte Arbeitnehmerüberlassung: Neues vom BAG, vom EuGH und auch vom Gesetzgeber, NZA 2014, 10; *Thüsing*, Arbeitnehmerüberlassungsgesetz, 3. Aufl. 2012; *Thüsing/Pötters*, Flexibilisierung der Arbeitszeit durch Zeitkonten im Rahmen der Arbeitnehmerüberlassung, BB 2012, 317; *Thüsing/Stiebert*, Zum Begriff „vorübergehend" in § 1 Abs. 1 Satz 2 AÜG, DB 2012, 632; *Thüsing/Thieken*, Der Begriff der „wirtschaftlichen Tätigkeit" im neuen AÜG, DB 2012, 347; *Timmermann*, Die Beweisnot des Arbeitnehmers bei illegaler Arbeitnehmerüberlassung, BB 2012, 1729; *Trebeck*, Möglichkeiten einer befristeten Zustimmung zur Einstellung im Rahmen des § 99 BetrVG bei Einstellung von Leiharbeitnehmern, ArbRAktuell 2012, 343; *Tschöpe*, Leiharbeitnehmer als Arbeitnehmer des Entleiherbetriebs bei Betriebsänderungen?, NJW 2012, 2161; *Tuengerthal/Andorfer*, Die CGZP-Entscheidungen und die angeblichen Ansprüche der Sozialversicherungen, BB 2011, 2939; *Tuengerthal/Geißer/Seeger*, „Missbrauch von Werkverträgen": Rechnung ohne den Wirt!, EWS 2014, 27; *Tuengerthal/Geißer*, Anspruch der Sozialversicherungsträger in Deutschland bei der Fiktion eines Arbeitsverhältnisses, BB 2014, 2874; *Tuengerthal/Geißer*, Fremdpersonaleinsatz: Man merkt die Absicht, und man ist verstimmt!, BB 2013, 1845; *D. Ulber*, Erweiterte Mitbestimmungsrechte des Betriebsrats durch Tarifverträge zur Leiharbeit, ArbuR 2014, 114; *J. Ulber* (Hrsg.), Arbeitnehmerüberlassungsgesetz, 4. Aufl. 2011; *Urban-Crell/Germakowski/Bissels/Hurst*, Arbeitnehmerüberlassungsgesetz, 2. Aufl. 2013; *Vielmeier*, Zugang zu Gemeinschaftseinrichtungen nach § 13b AÜG, NZA 2012, 535; *Wank*, Die Neufassung des AÜG, JbArbR, Bd. 49 (2012), 23; *Werths*, Werkverträge – ein unkalkulierbares Compliancerisiko?, BB 2014, 697; *Wiebauer*, Zeitarbeit und Arbeitszeit, NZA 2012, 68; *Zeppenfeld/Faust*, Zeitarbeit nach dem CGZP-Beschluss des BAG, NJW 2011, 1643; *Zimmermann*, Berücksichtigung von Leiharbeitnehmern bei Schwellenwerten der Betriebsverfassung – der Status quo, DB 2014, 2591; *Zimmermann*, CGZP-Folgen und Handlungsmöglichkeiten, FA 2011, 201.

I. Abgrenzungen

1. Begriff der Arbeitnehmerüberlassung

Arbeitnehmerüberlassung liegt vor, wenn ein Arbeitgeber (Verleiher) einem Dritten (Entleiher) einen bei ihm angestellten Arbeitnehmer (Leiharbeitnehmer) zur Verfügung stellt, den dieser nach seinen Vorstellungen und Zielen in seinem Betrieb wie einen eigenen Arbeitnehmer einsetzt; der Arbeitnehmer muss in den Betrieb des Dritten eingegliedert sein und dessen alleinigen Weisungen hinsichtlich der Arbeitsausführung unterliegen[1]. Dass der Arbeitnehmer aufgrund seines Arbeitsvertrages Weisungen des Dritten zu befolgen hat, genügt allein nicht; erforderlich ist, dass er

---

[1] BAG 1.6.1994 – 7 AZR 7/93, DB 1994, 2549; 26.4.1995 – 7 AZR 850/94, NZA 1996, 92; 3.12.1997 – 7 AZR 764/96, NZA 1998, 876; 3.12.1997 – 7 AZR 727/96, BB 1998, 1482; 28.6.2000 – 7 AZR 45/99, BB 2001, 98; 25.1.2005 – 1 ABR 61/03, NZA 2005, 1199; 18.1.2012 – 7 AZR 723/10; 15.4.2013 – 3 AZR 395/11; BGH 16.4.2014 – 1 StR 516/13, NJW 2014, 1975; *Urban-Crell/Germakowski/Bissels/Hurst*, AÜG, § 1 Rz. 4; zur Abgrenzung von Arbeitnehmerüberlassung zur „Industriedienstleistung": *Hamann*, NZA Beilage 1/2014, 3.

innerhalb der Betriebsorganisation des Dritten für diesen und nicht weiterhin allein für seinen Arbeitgeber tätig wird[1]. Bei der Arbeitnehmerüberlassung erschöpft sich der Betriebszweck des Arbeitgebers darin, Dritten Arbeitnehmer zur Arbeitsleistung zur Verfügung zu stellen. Keine Arbeitnehmerüberlassung liegt daher vor, wenn die beteiligten Arbeitgeber im Rahmen einer unternehmerischen Zusammenarbeit mit dem Einsatz ihrer Arbeitnehmer jeweils ihre eigenen Betriebszwecke verfolgen[2]. Arbeitnehmerüberlassung setzt also eine – wenn auch uU nur konkludente – Vereinbarung zwischen dem Arbeitgeber und dem Dritten voraus, nach der der Arbeitnehmer für den Dritten tätig werden soll[3]. Der Verleiher überträgt dem Entleiher denjenigen Teil seines Direktionsrechts, den der Entleiher zur konkreten Steuerung des Arbeitseinsatzes des überlassenen Arbeitnehmers in seinem Betrieb benötigt (= arbeitsbezogenes Weisungsrecht)[4]. Ein Leiharbeitnehmer verfügt typischerweise nicht über eine regelmäßige Arbeitsstätte[5].

2 Kein Vertrag besteht bei der Arbeitnehmerüberlassung zwischen dem Entleiher und dem Leiharbeitnehmer. Zwischen ihnen kommt aber ein gesetzliches Schutzpflichtenverhältnis zustande.

3 Seit dem 1.12.2011 stellt § 1 Abs. 1 Satz 1 AÜG darauf ab, dass die Arbeitnehmerüberlassung im Rahmen einer wirtschaftlichen Tätigkeit des Verleihers erfolgt[6]. Überlässt ein Arbeitgeber als Verleiher einem Dritten als Entleiher Arbeitnehmer in diesem Sinne zur Arbeitsleistung, handelt es sich nach der Definition des § 1 Abs. 1 Satz 1 AÜG um eine erlaubnispflichtige Arbeitnehmerüberlassung. Der Begriff der „wirtschaftlichen Tätigkeit" hat die „Gewerbsmäßigkeit" und das sich daraus ergebende Kriterium der „Gewinnerzielungsabsicht"[7] ersetzt. Der Begriff der wirtschaftlichen Tätigkeit ist aus Art. 1 Abs. 2 der LeiharbeitsRL 2008/104/EG entnommen, die aber keine Definition einer solchen enthält. Dieses gesetzgeberische Definitions-Vakuum sowohl auf europäischer als auch auf deutscher Ebene hat in Teilen der Literatur zu der Auffassung geführt, dass das Kriterium der „wirtschaftlichen Tätigkeit" im AÜG aufgrund des bewussten Wortwahl des europäischen Richtliniengebers entsprechend der Rechtsprechung des EuGH zum Wettbewerbsrecht auszulegen ist, so dass wesentliches Kriterium das Anbieten von Dienstleistungen auf einem Markt maßgeblich ist[8]. Legt man diese Definition der wirtschaftlichen Tätigkeit zugrunde, erfasst das AÜG nicht die konzerninterne Arbeitnehmerüberlassung, sofern sie nicht ausnahmsweise in Konkurrenz mit externen Leiharbeitsunternehmen tritt. Einer solchen Auslegung des AÜG sollen aber historische und systematische Argumente – Erwähnung der konzerninternen Arbeitnehmerüberlassung in der Gesetzesbegründung als maßgeblicher Unterschied zwischen alter und neuer Fassung des AÜG[9], Erwähnung der konzerninternen Arbeitnehmerüberlassung in § 1 Abs. 3 Nr. 2 AÜG – entgegenstehen, so dass der Fall der konzerninternen Arbeitnehmerüberlassung doch von § 1 Abs. 1 Satz 1 AÜG erfasst wird[10]. Unter das AÜG fallen ebenfalls gemeinnützige

---

1 BAG 22.6.1994 – 7 AZR 286/93, DB 1995, 981.
2 BAG 25.10.2000 – 7 AZR 487/99, NZA 2001, 259.
3 BAG 26.4.1995 – 7 AZR 850/94, DB 1995, 2427; 22.6.1994 – 7 AZR 286/93, NZA 1995, 462.
4 Schüren/Hamann, § 1 AÜG Rz. 153 ff.; Urban-Crell/Germakowski/Bissels/Hurst, AÜG, § 1 Rz. 19.
5 BFH 17.6.2010 – VI R 35/08, NZA-RR 2010, 650.
6 Erstes Gesetz zur Änderung des Arbeitnehmerüberlassungsgesetzes – Verhinderung von Missbrauch der Arbeitnehmerüberlassung, BGBl. I 2011, 642.
7 Dazu zuletzt noch BAG 21.10.2014 – 9 AZR 1021/12.
8 Thüsing/Thieken, DB 2012, 347 (348, 349); Wank, JbArbR, Bd. 49, 23 (26); Urban-Crell/Germakowski/Bissels/Hurst, AÜG, § 1 Rz. 89a.
9 BR-Drucks. 847/10, 7.
10 Urban-Crell/Germakowski/Bissels/Hurst, AÜG, § 1 Rz. 89b; Thüsing/Thieken, DB 2012, 347 (349, 350).

I. Abgrenzungen

Einrichtungen[1], weil sie als Verleiher regelmäßig in Konkurrenz zu anderen Verleihern treten und damit am Wirtschaftsverkehr teilnehmen. Auch karitative Unternehmen üben eine wirtschaftliche Tätigkeit aus[2]. Das gilt ebenso für Transfergesellschaften, die nach den §§ 110 und 111 SGB III gefördert werden[3].

⮕ **Hinweis:** Das BAG[4] hat angenommen, dass der bislang ohne Erlaubnis nach § 1 Abs. 1 Satz 1 AÜG (rechtmäßig) tätige Verleiher für den Zeitraum eines Jahres (ausgehend vom 1.12.2011) so behandelt werden muss, als ob er über eine solche verfügt. Zur Vermeidung von Wertungswidersprüchen ist der § 2 Abs. 4 Satz 4 AÜG zugrunde liegende Rechtsgedanke auf die Situation zu übertragen, in der die Pflicht zur Einholung einer Arbeitnehmerüberlassungserlaubnis nicht deshalb entstand, weil die alte Arbeitnehmerüberlassungserlaubnis abzulaufen drohte, sondern weil erstmals durch die gesetzliche Neuregelung des AÜG zum 1.12.2011 eine Erlaubnispflicht entstand[5]. Das gilt jedenfalls dann, wenn der Verleiher eine solche Erlaubnis beantragt hat und diese abgelehnt wurde oder eine solche von vornherein nicht erteilt worden wäre. Denn ebenso wie im unmittelbaren Anwendungsbereich von § 2 Abs. 4 AÜG handelt es sich um eine Konstellation, in der der Verleiher bislang legal Arbeitnehmerüberlassung betrieb, es ihm aber nunmehr erstmals an der erforderlichen Erlaubnis fehlt. Auch in einem solchen Fall kann mangels einer Erteilung der Erlaubnis die Abwicklung bestehender Verträge gefährdet sein[6]. **3a**

Ob die Personalgestellung im öffentlichen Dienst im Rahmen einer wirtschaftlichen Tätigkeit erfolgt, wird vom Einzelfall abhängen. Die bloße Abgabe von Personal durch einen öffentlichen Arbeitgeber bedeutet in der Regel nicht, dass der öffentliche Arbeitgeber dadurch Dienstleistungen auf einem Markt anbietet und in Konkurrenz zu anderen Anbietern tritt. Wenn eine Aufgabe durch Gesetz oder Vertrag auf einen anderen öffentlichen Arbeitgeber übertragen wird und die Arbeitnehmer lediglich der übertragenen Aufgabe folgen, bewegt sich der öffentliche Arbeitgeber nicht auf einem Markt und bietet dort keine Dienstleistungen an[7]. Die Arbeitnehmerüberlassung nach dem AÜG ist eine solche, der ein Vertrag zwischen überlassendem Arbeitgeber und Entleiher zugrunde liegt. Deshalb liegt keine Arbeitnehmerüberlassung iSd. AÜG vor, wenn die Überlassung von Arbeitnehmern kraft Gesetzes erfolgt[8]. Nicht unter das AÜG fällt auch die Überlassung von Beamten[9] an andere juristische Personen des öffentlichen Rechts oder an private Unternehmen. Daran ändert im letzteren Falle auch nichts, dass solche Beamte durch § 5 Abs. 1 Satz 3 BetrVG betriebsverfassungsrechtlich den Arbeitnehmern des privaten Unternehmens gleichgestellt werden. **3b**

Nach § 1 Abs. 1 Satz 2 AÜG erfolgt die Überlassung von Arbeitnehmern an Entleiher vorübergehend. Den Begriff „vorübergehend" hat der deutsche Gesetzgeber nicht definiert. In der Gesetzesbegründung heißt es lediglich, dass das Kriterium „vorübergehend" iSd. Leiharbeitsrichtlinie als flexible Zeitkomponente verstanden und insbesondere auf genau bestimmte Höchstüberlassungsfristen verzichtet wird. Mit der **4**

---

1 BAG 23.7.2014 – 7 AZR 853/12; LAG Düsseldorf 26.7.2012 – 15 Sa 336/12, BB 2012, 2112; *Wank*, JbArbR, Bd. 49, 23 (26, 27); *Urban-Crell/Germakowski/Bissels/Hurst*, AÜG, § 1 Rz. 89c.
2 Für eine weite Auslegung des Begriffs: BAG 23.7.2014 – 7 AZR 853/12; *Lembke*, DB 2011, 414 (414); *Lembke*, FA 2011, 290 (290); *Leuchten*, NZA 2011, 608 (609); aA *Hamann*, NZA 2011, 70 (71).
3 *Böhm*, DB 2012, 918 (918).
4 BAG 23.7.2014 – 7 AZR 853/12.
5 Beispiel: Der Verleiher bedurfte vor dem 1.12.2011 keiner Erlaubnis, da dieser keine erlaubnispflichtige „gewerbsmäßige" Arbeitnehmerüberlassung betrieb; diese ist aber als „wirtschaftliche" Tätigkeit nach dem 1.12.2011 inzwischen erlaubnispflichtig geworden.
6 So BAG 23.7.2014 – 7 AZR 853/12.
7 *Augustin*, ZTR 2014, 319; *Fiebig*, NZA 2014, 187; *Löwisch/Domisch*, BB 2012, 1408; *Ruge/von Tiling*, ZTR 2012, 263; dazu auch: *Hinrichs/Wenzel/Knoll*, ZTR 2014, 68; aA aber LAG BW 17.4.2103 – 4 TaBV 7/12, ArbRAktuell 2013, 342.
8 *Löwisch/Domisch*, BB 2012, 1408; *Ruge/von Tiling*, ZTR 2012, 263.
9 *Urban-Crell/Germakowski/Bissels/Hurst*, AÜG, Einl. Rz. 45.

Einfügung des Wortes „vorübergehend" in § 1 Abs. 1 Satz 2 AÜG wollte der Gesetzgeber klarstellen, dass das deutsche Modell der Arbeitnehmerüberlassung den europäischen Vorgaben entspricht[1]. Die Richtlinie 2008/104/EG definiert den Begriff „vorübergehend" allerdings ebenfalls nicht näher.

5 Vor diesem Hintergrund stellt sich die Frage, ob ein nicht mehr vorübergehender Dauerverleih von Arbeitnehmern überhaupt europarechtlichen und/oder deutschen Einschränkungen unterliegt. Nach Stimmen in der Literatur[2] soll der Dauerverleih weder von der europäischen LeiharbeitsRL noch von dem AÜG erfasst werden. Dass eine bestimmte Form der Gestaltung der Zusammenarbeit nicht in den Anwendungsbereich einer bestimmten Richtlinie falle, bedeute dabei nicht, dass eine solche Form der Zusammenarbeit unzulässig sei. Wenn der Richtliniengeber und/oder der Gesetzgeber ein Verbot der dauerhaften Arbeitnehmerüberlassung gewollt hätte, hätte dies wesentlich deutlicher zum Ausdruck kommen und als Verbot formuliert sein müssen[3]. Der Dauerverleih sei vor diesem Hintergrund nicht erlaubnispflichtig, unterliege aber – unabhängig vom AÜG – einer Missbrauchskontrolle. Er dürfe nicht zur Umgehung arbeitnehmerschützender Vorschriften genutzt werden, weil dann eine Beschädigung und Verdrängung des Normalarbeitsverhältnisses eintrete. Es wird auch vertreten, die dauerhafte Arbeitnehmerüberlassung werde nur durch Verleihunternehmen missbilligt, die ebenfalls vorübergehende Arbeitnehmerüberlassung betreiben. Aus § 1 Abs. 1 Satz 2 AÜG könne keine Missbilligung dauerhafter Arbeitnehmerüberlassung etwa bei Personalgestellung oder beim Widerspruch gegen den Betriebsübergang gefolgert werden. Ein undifferenziertes Verbot jeder dauerhaften Überlassung würde vieles für unzulässig erklären, was der Gesetzgeber offensichtlich nicht ausschließen wollte[4]. Andere Literaturstimmen folgen zwar der Auffassung, dass weder die LeiharbeitsRL noch das AÜG den Dauerverleih erfasse, wollen aber, weil der dauerhaft überlassene Arbeitnehmer nicht minder schutzwürdig sei als der vorübergehend überlassene, die Arbeitnehmerschutzbestimmungen erst recht auf den Dauerverleih anwenden[5]. Wiederum andere[6] beziehen den Dauerverleih trotz des „misslungenen Wortlauts" in den Anwendungsbereich der Richtlinie und des AÜG ein. Das AÜG erfasse wie bisher die vorübergehende und die zeitlich unbegrenzte Überlassung. § 1 Abs. 1 Satz 2 AÜG sei dabei aber als ein bloßer „Programmsatz" ohne konkrete Rechtsfolgen zu verstehen. Die wohl hM in der Literatur hält den Dauerverleih von Arbeitnehmern im Rahmen einer wirtschaftlichen Tätigkeit nach der LeiharbeitsRL und dem AÜG für rechtswidrig. Der Umstand, dass die Richtlinie den Dauerverleih nicht ausdrücklich für unzulässig erkläre, lasse nicht den Umkehrschluss auf seine Zulässigkeit zu[7].

6 Das BAG[8] hat zu dieser Frage zumindest mittelbar Stellung genommen und § 1 Abs. 1 Satz 2 AÜG als Kontrollmaßstab herangezogen, um vermeintlich dauerhafte Einsätze einer Prüfung zu unterziehen. Dabei hat es ausdrücklich festgestellt, dass die Vorschrift die nicht mehr vorübergehende Arbeitnehmerüberlassung untersagt. Damit hat der 7. Senat zumindest im Ergebnis entschieden, dass dauerhafte Einsätze den gesetzlichen Beschränkungen unterfallen und gerade nicht erlaubnisfrei oder gar gesetzlich nicht reguliert sind.

---

1 BT-Drucks. 17/4804, 7 (8).
2 *Thüsing/Stiebert*, DB 2012, 635; *Ruge/von Tiling*, ZTR 2012, 263 f.; *Huke/Neufeld/Luickhardt*, BB 2012, 964 f.; *Boemke*, jurisPR-ArbR 27/12 Anm. 2.
3 *Ruge/von Tiling*, ZTR 2012, 263 f.
4 *Giesen*, FA 2012, 68 f.
5 *Boemke*, RIW 2009, 179.
6 *Rieble/Vielmeier*, EuZA 2011, 489; *Lembke*, DB 2011, 414 f.; *Lembke*, FA 2011, 290.
7 *Hamann*, NZA 2011, 75; *Hamann*, RdA 2011, 324; *Leuchten*, NZA 2011, 608 f.; *Böhm*, DB 2012, 918 f.; *Düwell*, ZESAR 2011, 454 f.; *Schüren/Wank*, RdA 2011, 3; *Heuchemer/Schielke*, BB 2011, 763; *Bartl/Romanowski*, NZA 2012, 845 f.
8 BAG 11.7.2013 – 7 ABR 91/11, NZA 2013, 1296.

I. Abgrenzungen

Die Antwort auf die Frage, ob der Dauerverleih von Arbeitnehmern den Einschränkungen der LeiharbeitsRL und des AÜG unterliegt, hat auch Auswirkungen auf die Frage der Zulässigkeit der Personalgestellung insbesondere im öffentlichen Dienst. Dort ist die Personalgestellung in § 4 Abs. 3 TVöD-AT und § 4 Abs. 3 TV-L geregelt für den Fall, dass Aufgaben der Mitarbeiter zu einem Dritten verlagert werden. Die Beschäftigung bei diesem ist auf Dauer angelegt, wie es in der Protokollerklärung ausdrücklich heißt. Aus diesen tariflichen Regelungen entnehmen Stimmen in der Literatur[1], dass „auf Dauer angelegte" Überlassungsformen durch das AÜG von vornherein nicht geregelt werden sollten, so dass die Personalgestellung nicht unter das AÜG fällt[2]. Zumindest dieses Argument dürfte aber unter Beachtung der Rechtsprechung des BAG[3] zu § 1 Abs. 1 Satz 2 AÜG nicht mehr aufrecht zu erhalten sein[4]. 7

⊃ **Hinweis:** Ob eine Personalgestellung damit zukünftig erlaubnispflichtig ist[5], ist bislang nicht abschließend geklärt, so dass zumindest vorsorglich eine entsprechende Arbeitnehmerüberlassungserlaubnis beantragt werden sollte, um zumindest die Fiktionswirkung nach § 10 Abs. 1 Satz 1 AÜG ausschließen zu können („Fallschirmlösung").

Welche inhaltlichen Anforderungen an eine vorübergehende Überlassung zu stellen sind, ist bislang nicht höchstrichterlich entschieden[6]. Vorübergehend ist dabei alles, was nicht dauerhaft ist; „vorübergehend" ist nur dann ausgeschlossen, wenn eine Rückholabsicht überhaupt nicht besteht[7]. Für die Feststellung, ob die Überlassung „vorübergehend" erfolgt ist, ist auf den ursprünglich erfolgten Zweck des Einsatzes abzustellen[8]. Das Wort „vorübergehend" kann dabei nur auf die jeweilige Arbeitnehmerüberlassung bezogen werden; diese muss „vorübergehend" sein[9]. „Vorübergehend" ist die Tätigkeit des Leiharbeitnehmers beim Entleiher, nicht aber die Besetzung von Arbeitsplätzen beim Entleiher mit Leiharbeitnehmern. Es kommt auf den Arbeitseinsatz des konkreten Leiharbeitnehmers an[10]. Der Begriff „vorübergehend" ist damit arbeitnehmer- und nicht arbeitsplatzbezogen auszulegen, so dass auch der Einsatz auf Dauerarbeitsplätzen beim Entleiher weiterhin zulässig ist[11]. Der Begriff „vorübergehend" belebt auch nicht das frühere Synchronisationsverbot wieder[12]. 8

---

1 *Ruge/von Tiling*, ZTR 2012, 263 f.; vgl. auch *Böhm*, DB 2012, 920.
2 Mit ausführlicher und überzeugender Begründung: OVG NRW 19.9.2014 – 20 A 281/12.PVB.
3 Vgl. BAG 10.12.2013 – 9 AZR 51/13, NZA 2014, 196.
4 So LAG BW 17.4.2103 – 4 TaBV 7/12, ArbRAktuell 2013, 342.
5 Dagegen: OVG NRW 19.9.2014 – 20 A 281/12.PVB; *Augustin*, ZTR 2014, 319; *Fiebig*, NZA 2014, 187; *Löwisch/Domisch*, BB 2012, 1408; *Ruge/von Tiling*, ZTR 2012, 263; dafür LAG BW 17.4.2103 – 4 TaBV 7/12, ArbRAktuell 2013, 342; *Steinmeyer*, DB 2013, 2740; *Breier/Dassau/Kiefer/Thivessen*, § 4 TV-L Rn. 19.1, 21; Rundschreiben des Bundesministeriums des Inneren v. 21.12.2011 – D5-220 110/7 und v. 10.10.2013 – D5-31001/4; in diese Richtung auch, aber ohne Erörterung der Gegenargumente BAG 24.5.2012 – 6 AZR 648/10, ZTR 2012, 515; dazu auch: *Hinrichs/Wenzel/Knoll*, ZTR 2014, 68.
6 Zu den Alternativen einer „endlichen" Arbeitnehmerüberlassung: *Niklas/Schauß*, BB 2014, 2805.
7 LAG Düsseldorf 2.10.2012 – 17 TaBV 48/12, NZA 2012, 1378; *Thüsing/Stiebert*, DB 2012, 632 (632); *Teusch/Verstege*, NZA 2012, 1326 (1328, 1329); in diesem Sinne auch *Urban-Crell/Germakowski/Bissels/Hurst*, AÜG, § 1 Rz. 177d mwN.
8 *Leuchten*, NZA 2011, 608 (609); *Giesen*, FA 2012, 66 (67).
9 *Giesen*, FA 2012, 66 (67).
10 *Boemke*, jurisPR-ArbR 27/2012 Anm. 2.
11 LAG Bln.-Bbg. 22.5.2014 – 14 TaBV 184/14 mit abl. Anmerkung von *Hamann*, jurisPR-ArbR 43/2014 Anm. 2; LAG Düsseldorf 2.10.2012 – 17 TaBV 38/12; LAG Hamburg 4.9.2013 – 5 TaBV 6/13; ArbG Offenbach 1.8.2012 – 10 BV 1/12; in diesem Sinne auch: LAG Saarl. 18.12.2013 – 2 TaBV 2/13; LAG München 27.2.2013 – 8 TaBV 110/12; *Urban-Crell/Germakowski/Bissels/Hurst*, AÜG, § 1 Rz. 177d mwN.; aA LAG Nds 19.9.2012 – 17 TaBV 124/11; LAG BW 31.7.2013 – 4 Sa 18/13; 22.11.2012 – 11 Sa 84/12; LAG Hamm 25.2.2014 – 14 Sa 1174/13; LAG Bln.-Bbg. 9.1.2013 – 24 TaBV 1868/12, 24 TaBV 1869/12; 19.12.2012 – 4

9 Die Auffassung, die neben der Zeitkomponente noch eine Anlasskomponente fordert und deshalb meint, der Begriff „vorübergehende Überlassung" sei sachlich zu begrenzen, so dass der Leiharbeitnehmer keine Daueraufgaben im Einsatzbetrieb wahrnehmen dürfe (Arbeitnehmerüberlassung solle einen flexiblen Personaleinsatz, nicht aber die Substitution der Stammbelegschaft durch Leiharbeitnehmer ermöglichen)[1], geht fehl. Eine solche sachbezogene Einschränkung lässt sich weder der LeiharbeitsRL 2008/104/EG noch dem AÜG entnehmen[2]. Das Gleiche gilt für die Forderung, es müsse ein anerkennenswerter Grund für den Einsatz des Leiharbeitnehmers bestehen; nur dann sei das Kriterium „vorübergehend" erfüllt. Der Begriff „vorübergehend" sei im Sinne einer Missbrauchskontrolle zu verstehen. Der Einsatz eines Leiharbeitnehmers sei dann nicht „vorübergehend", wenn die Entscheidung hierüber offensichtlich unsachlich, unvernünftig oder willkürlich erfolge, es für die Entscheidung zugunsten des Einsatzes des Leiharbeitnehmers also keinen plausiblen, nachvollziehbaren Grund gebe. „Vorübergehend" sei die Arbeitnehmerüberlassung, wenn die Dauer des Leiharbeitsverhältnisses die Dauer des konkreten Einsatzes bei dem Entleiher übersteige und der Einsatz nicht eine Substitution eigener Arbeitnehmer durch Leiharbeitnehmer bewirke. „Vorübergehend" sei demnach, wenn es Unsicherheit über die Fortdauer eines aktuell bestehenden zusätzlichen Beschäftigungsbedarfs gebe. Dagegen sei das Argument, das Unternehmen durch den Einsatz von Leiharbeitnehmern profitabler zu machen, nicht anzuerkennen[3]. Nach einer weiteren Auffassung soll die Überlassung nur dann vorübergehend sein, wenn die Voraussetzungen für eine Sachgrundbefristung iSv. § 14 Abs. 1 TzBfG vorliegen[4].

10 ⊃ **Hinweis:** Vor dem EuGH[5] ist seit Oktober 2013 ein Vorlageverfahren eines finnischen Gerichtes anhängig, in dem geklärt werden soll, inwieweit der Gesetzgeber die Arbeitnehmerüberlassung unter Berücksichtigung der LeiharbeitsRL 2008/104/EG überhaupt gesetzlich zeitlich bzw. sachlich-inhaltlich einschränken kann. In dem Rechtsstreit geht es um eine finnische tarifliche Regelung, nach der Einsatz von Leiharbeitnehmern nur in den eigens aufgeführten Fällen, zB Ausgleich von Arbeitsspitzen oder bei Arbeiten, die nicht durch eigene Mitarbeiter eines Unternehmens erledigt werden können, zulässig sein soll. Sollte der EuGH hierin einen Verstoß gegen das europäische Recht sehen, dürfte eine Beschränkung der Arbeitnehmerüberlassung auf „vorübergehende" Einsätze in § 1 Abs. 1 Satz 2 AÜG ebenfalls kritisch zu bewerten sein. Wann mit einer Entscheidung aus Luxemburg zu rechnen ist, ist allerdings (noch) nicht absehbar. In den Schlussanträgen[6] geht Generalanwalts Szpunar jedenfalls davon aus, dass die streitgegenständlichen Bestimmungen gerechtfertigt sind. Ob der EuGH dieser Ansicht folgt, ist allerdings offen.

TaBV 1163/12; 15.4.2014 – 7 TaBV 2194/13; 21.8.2014 – 10 TaBV 671/14, allerdings mit der Maßgabe, dass Leiharbeitnehmer dann auf Dauerarbeitsplätzen beschäftigt werden können, wenn dies zB aufgrund eines konkreten Vertretungsbedarfs für den auf dem Dauerarbeitsplatz beschäftigten Arbeitnehmer erforderlich ist.

12 *Giesen*, FA 2012, 66 (67); *Krannich/Simon*, BB 2012, 1414 (1417); aA ArbG Offenbach 1.8.2012 – 10 BV 1/12, ArbRAktuell 2013, 27; LAG Hessen 21.5.2013 – 4 TaBV 298/12, ZTR 2013, 679; 19.3.2013 – 4 TaBV 199/12.

1 LAG Bln.-Bbg. 19.12.2012 – 4 TaBV 1163/12; LAG Nds. 19.9.2012 – 17 TaBV 124/11, DB 2012, 2468; *Düwell*, ZESAR 2011, 449 (454); *Hamann*, NZA 2011, 70 (72); *Bartl/Romanowski*, NZA 2012, 845 (846); *Wank*, JbArbR, Bd. 49, 23 (28).

2 *Boemke*, jurisPR-ArbR 27/2012 Anm. 2.

3 *Hamann*, RdA 2011, 321 (326); ähnlich *Krannich/Simon*, BB 2012, 1414 (1417), wonach allerdings die Frage, ob die Dauer des Leiharbeitsverhältnisses die Dauer des konkreten Einsatzes beim Entleiher übersteigt, keine Rolle im Rahmen der Missbrauchskontrolle spielt.

4 *Bartl/Romanowski*, NZA 2012, 845 (846); *Zimmermann*, ArbRAktuell 2011, 62; *Ulber/J. Ulber*, § 1 AÜG Rz. 230g; aA *Krannich/Simon*, BB 2012, 1414 (1417); LAG Düsseldorf 2.10.2012 – 17 TaBV 48/12, NZA 2012, 1378.

5 EuGH Vorlage v. 9.10.2013, Rs. C-533/13 „Työtuomioistuin".

6 Schlussanträge vom 20.11.2014 zu Rs. C-533/13.

I. Abgrenzungen

Das BAG[1] hat sich mit der konkreten Auslegung von § 1 Abs. 1 Satz 2 AÜG bislang noch nicht vertieft befassen müssen. Es hat lediglich festgestellt, dass zumindest die Absicht des Arbeitgebers, einen Leiharbeitnehmer ohne jegliche zeitliche Begrenzung statt einer Stammkraft einzusetzen, nicht mehr als vorübergehend gem. § 1 Abs. 1 Satz 2 AÜG zu qualifizieren ist[2]. **11**

⊃ **Hinweis:** Im Koalitionsvertrag von CDU/CSU und SPD vom 16.12.2013[3] ist vorgesehen, dass eine Höchstüberlassungsdauer von 18 Monaten gesetzlich geregelt werden soll[4]. Durch einen Tarifvertrag der Tarifvertragsparteien der Einsatzbranche oder aufgrund eines solchen Tarifvertrags in einer Betriebs- bzw. Dienstvereinbarung sollen unter Berücksichtigung der berechtigten Interessen der Stammbelegschaften abweichende Lösungen vereinbart werden können. Ob und im Zweifel welche Änderungen im AÜG nach Maßgabe dieser politischen Festlegungen tatsächlich erfolgen werden, bleibt abzuwarten. Es ist aber davon auszugehen, dass sich die gegenwärtig geführte Diskussion über die Auslegung des Begriffs „vorübergehend" zumindest hinsichtlich einer zulässigen zeitlichen auf eine zulässige Maximalgrenze der Überlassung zukünftig erledigen wird, allerdings dürfte weiterer Streit – je nach Ausgestaltung der Änderung des AÜG – gerade mit Blick auf die geplanten Öffnungsklauseln und/oder eine arbeitnehmer- bzw. arbeitsplatzbezogene Betrachtung vorprogrammiert sein. **12**

Welche Rechtsfolgen sich aus einer nicht vorübergehenden Arbeitnehmerüberlassung ergeben, lässt sich weder der LeiharbeitsRL noch dem AÜG entnehmen. Dauerhafte Arbeitnehmerüberlassung stellt keine Ordnungswidrigkeit nach § 16 AÜG darf. **13**

Die Fiktion eines Arbeitsverhältnisses scheidet selbst dann aus, wenn man in der nicht „vorübergehenden" Arbeitnehmerüberlassung eine Arbeitsvermittlung sehen würde[5]. Es liegt keine Regelungslücke vor. Obwohl während des Gesetzgebungsverfahrens darauf hingewiesen wurde, dass die Neufassung keine Rechtsfolge für den Fall einer nicht vorübergehenden Überlassung anordnet, hat der Gesetzgeber von einer Regelung abgesehen[6]. **14**

Diese Ansicht hat das BAG[7] inzwischen bestätigt[8]. Besitzt ein Arbeitgeber die nach § 1 Abs. 1 Satz 1 AÜG erforderliche Arbeitnehmerüberlassungserlaubnis, kommt zwischen einem Leiharbeitnehmer und einem Entleiher kein Arbeitsverhältnis zustande, wenn dessen Einsatz entgegen der Regelung in § 1 Abs. 1 Satz 2 AÜG nicht nur vorübergehend erfolgt. § 10 Abs. 1 Satz 1 AÜG fingiert das Zustandekommen eines Arbeitsverhältnisses ausschließlich bei fehlender Arbeitnehmerüberlassungserlaubnis des Verleihers[9]. Für eine analoge Anwendung dieser Vorschrift fehlt es an einer planwidrigen Regelungslücke. Der Gesetzgeber hat bei einer nicht nur vorüber- **15**

---

1 Vgl. BAG 10.7.2013 – 7 ABR 91/11, NZA 2013, 1296.
2 BAG 10.7.2013 – 7 ABR 91/11, NZA 2013, 1296; dazu *Nießen/Fabritius*, NJW 2014, 263.
3 Abrufbar unter: http://www.cdu.de/koalitionsvertrag.
4 S. 49f. Koalitionsvertrag; dazu *Bissels*, ArbRB 2014, 109; *Lembke*, BB 2014, 1333; zu den Parteiprogrammen im Einzelnen *Bissels/Kiehn*, PuR 2013, 147.
5 BAG 28.6.2000 – 7 AZR 100/99, NZA 2000, 1160; LAG Bln.-Bbg. 16.10.2012 – 7 Sa 1182/12, BB 2012, 2752; *Krannich/Simon*, BB 2012, 1414 (1418).
6 LAG Düsseldorf 21.6.2013 – 10 Sa 1747/12, BB 2013, 1652; 21.6.2013 – 10 Sa 1513/12; LAG Bln.-Bbg. 16.4.2013 – 16 Sa 1637/12; 16.10.2012 – 7 Sa 1182/12, ZIP 2013, 844; 17.12.2013 – 3 Sa 1092/13, DB 2014, 2116; 3.9.2013 – 12 Sa 1028/13; 8.8.2013 – 18 Sa 845/13; *Urban-Crell/Germakowski/Bissels/Hurst*, AÜG, § 1 Rz. 177f mwN.; *Krannich/Simon*, BB 2012, 1414 (1418); aA LAG Bln.-Bbg. 9.1.2013 – 15 Sa 1635/12, NZA-RR 2013, 234; LAG BW 22.11.2012 – 11 Sa 84/12, AE 2013, 102; 31.7.2013 – 4 Sa 18/13, BB 2013, 2036; LAG Rh.-Pf. 1.8.2013 – 11 Sa 112/13.
7 BAG 10.12.2013 – 9 AZR 51/13, NZA 2014, 196; bestätigt durch BAG 3.6.2014 – 9 AZR 111/13, ArbRAktuell 2014, 436.
8 Vgl. *Hamann*, RdA 2014, 271, der das derzeitige nationale Sanktionssystem als nicht richtlinienkonform qualifiziert.
9 *Urban-Crell/Germakowski/Bissels/Hurst*, AÜG, § 1 Rz. 177f.

gehenden Arbeitnehmerüberlassung bewusst nicht die Rechtsfolge der Begründung eines Arbeitsverhältnisses mit dem Entleiher angeordnet. Das Unionsrecht gibt kein anderes Ergebnis vor. Die LeiharbeitsRL sieht keine bestimmte Sanktion bei einem nicht nur vorübergehenden Einsatz des Leiharbeitnehmers vor. Art. 10 Abs. 2 Satz 1 der LeiharbeitsRL überlässt die Festlegung wirksamer, angemessener und abschreckender Sanktionen bei Verstößen gegen Vorschriften des AÜG vielmehr den Mitgliedstaaten. Angesichts der Vielzahl möglicher Rechtsfolgen obliegt deren Auswahl dem Gesetzgeber und nicht den Arbeitsgerichten[1].

16 Dennoch ist eine Missachtung von § 1 Abs. 1 Satz 2 AÜG nicht folgenlos. Eine solche kann zum Entzug der Arbeitnehmerüberlassungserlaubnis wegen Unzuverlässigkeit führen. Allerdings müssen Verleiher – zumindest nach Ansicht der Bundesagentur für Arbeit[2] – bei einem Verstoß gegen das Gebot der vorübergehenden Überlassung bis zu einer Präzisierung dieses unbestimmten Rechtsbegriffs durch die Rechtsprechung noch mit keinen erlaubnisrechtlichen Konsequenzen rechnen[3]. Darüber hinaus kann der Betriebsrat des Entleiherbetriebs dem nicht mehr nur vorübergehenden Einsatz eines Leiharbeitnehmers widersprechen (dazu Rz. 208).

17 ⇨ **Hinweis:** Das BAG[4] hat hinsichtlich der individualrechtlichen Rechtsfolgen eines Verstoßes gegen § 1 Abs. 1 Satz 2 AÜG bislang nur festgestellt, dass ein Arbeitsverhältnis zwischen Leiharbeitnehmer und Verleiher nicht fingert wird, wenn die betreffende Arbeitnehmerüberlassungserlaubnis vor dem 1.12.2011 – den Tag des Inkrafttretens von § 1 Abs. 1 Satz 2 AÜG – erteilt wurde. Ob insoweit eine abweichende Bewertung zu erfolgen hat, wenn die dauerhafte Überlassung auf Grundlage einer nach dem 1.12.2011 oder einer Verlängerung einer vor dem 1.12.2011 erteilten Erlaubnis erfolgt, ist nach wie vor offen. Insoweit könnte zumindest argumentiert werden, dass sich diese von vornherein nur auf eine vorübergehende Überlassung beziehe. Ein dauerhafter Einsatz wäre folglich nicht von der Legitimationswirkung der Erlaubnis gedeckt und würde in diesem Sinne ohne eine solche erfolgen[5]. Die Anwendung von 10 Abs. 1 Satz 1 AÜG wäre in einem solchen Fall zumindest nicht von vornherein ausgeschlossen.

2. Sonstige Vertragsformen

18 Neben der Arbeitnehmerüberlassung gibt es sonstige Formen des drittbezogenen Personaleinsatzes: Einsatz von Arbeitnehmern in Fremdbetrieben aufgrund eines Werk- oder Dienstvertrages, Überlassung von Maschinen mit Bedienungspersonal, Steuerung des Personaleinsatzes durch Personalführungsgesellschaften und Organisation von Umschlagarbeiten in den Gesamthafenbetrieben (vgl. dazu Rz. 37ff., 45, 178ff. und 198).

---

1 Vgl. aber ArbG Cottbus 6.2.2014 – 3 BV 96/13, ArbuR 2014, 243, das als Reaktion auf die Rspr. des BAG dem Leiharbeitnehmer Ansprüche auf eine Eingruppierung und ein Differenzentgelt gegen den Entleiher und dem Betriebsrat spiegelbildlich ein Mitbestimmungsrecht bei der Eingruppierung zuspricht; dagegen zu Recht *Hamann*, jurisPR-ArbR 14/2014 Anm. 4.
2 HEGA 02/14 - 01 – Durchführung des AÜG (OS 12 – 7160.4 / 7162.3).
3 AA ArbG Frankfurt (Oder) 7.8.2013 – 6 Ca 154/13; 17.4.2013 – 6 Ca 1754/12: Erlaubnisbehörde ist zum Widerruf verpflichtet (Ermessensreduktion auf Null); dazu *Hamann/Rudnik*, jurisPR-ArbR 34/2013 Anm. 1; dagegen: *Lipinski/Praß*, BB 2014, 1468f.
4 BAG 10.12.2013 – 9 AZR 51/13, NZA 2014, 196; 3.6.2014 – 9 AZR 111/13, ArbRAktuell 2014, 436.
5 Zu Recht dagegen: *Lipinski/Praß*, BB 2014, 1465: „§§ 9, 10 AÜG knüpfen lediglich an das Vorliegen einer Erlaubnis an. Eine Differenzierung, ob die Überlassung im Rahmen der Erlaubnis erfolgt oder nicht, ist von §§ 9, 10 AÜG nicht vorgesehen. §§ 9, 10 AÜG sehen für einfache Rechtsverstöße gerade nicht die Sanktion eines fingierten Arbeitsverhältnisses mit dem Entleiher vor. Der Entleiher soll durch Einsicht der Erlaubnis pauschal das Risiko ausschließen können, dass die Fiktionswirkung der §§ 9, 10 AÜG eintritt."

3. Arbeitsvermittlung

Bei der Arbeitsvermittlung geht es um eine Tätigkeit, die darauf gerichtet ist, Arbeitsuchende mit Arbeitgebern zur Begründung eines Arbeitsverhältnisses zusammenzuführen (§ 35 Abs. 1 SGB III). § 1 Abs. 2 AÜG knüpft an bestimmte Umstände die Vermutung, dass der Überlassende Arbeitsvermittlung betreibt. Ziel dieser Regelung war ursprünglich, die Abgrenzung zwischen Arbeitnehmerüberlassung und Arbeitsvermittlung für die Arbeitsverwaltung praktikabel zu machen und ihr die Durchführung des AÜG zu erleichtern[1]. Ihr Zweck ist aufgrund des im Jahr 1997 erfolgten Wegfalls der Erlaubnispflicht für die Arbeitsvermittlung und der Aufhebung des § 13 AÜG zweifelhaft geworden[2]. Die Vermutung hat vor diesem Hintergrund inzwischen arbeitsrechtlich keine Bedeutung mehr[3]. Teilweise wird davon abweichend in der Vermutung eine Beweislastregel gesehen, die es erleichtert, legale Arbeitnehmerüberlassung und Arbeitsvermittlung voneinander abzugrenzen („Vermittlungsvermutung als Identifikationshilfe")[4]. Diese Auffassung lässt den „Scheinentleiher" Arbeitgeber des Leiharbeitnehmers werden. Sie überzeugt u.a. deshalb nicht, weil sich aus § 1 Abs. 2 AÜG keine Folgen auf arbeitsvertraglicher Ebene ableiten lassen (vgl. dazu Rz. 163, 169).

19

II. Rechtsquellen

Das Recht der Arbeitnehmerüberlassung ist im Wesentlichen durch das AÜG vom 7.8.1972 geregelt. Seitdem hat es zahlreiche Änderungen dieses Gesetzes gegeben[5]. Durch das am 1.1.2003 in Kraft getretene „Erste Gesetz für moderne Dienstleistungen am Arbeitsmarkt" wurden die Höchstüberlassungsdauer, das besondere Befristungsrecht, das Wiedereinstellungsverbot und das Synchronisationsverbot aufgehoben und der Grundsatz der Gleichbehandlung von Leiharbeitnehmern mit vergleichbaren Stammarbeitnehmern des Verleihers eingeführt. Ziel der Gesetzesänderungen war eine Flexibilisierung der Arbeitnehmerüberlassung und eine Lockerung des Regelungsrahmens. Durch das „Erste Gesetz zur Änderung des Arbeitnehmerüberlassungsgesetzes" vom 28.4.2011[6] soll insbesondere durch Einführung einer gesetzlichen Lohnuntergrenze gem. § 3a AÜG und durch den Ausschluss des sog. „Drehtüreffektes" in § 3 Abs. 1 Nr. 3 Satz 4 und § 9 Nr. 2 Satz 4 AÜG der Schutz der Leiharbeitnehmer verstärkt werden. Außerdem war Ziel, das AÜG der europarechtlichen LeiharbeitsRL 2008/104/EG anzupassen. Durch das „Gesetz zur Änderung des Arbeitnehmerüberlassungsgesetzes und des Schwarzarbeitsbekämpfungsgesetzes" vom 20.7.2011[7] wurden in den §§ 17a–17c AÜG erweiterte Befugnisse der Behörden und der Zollverwaltung sowie besondere Melde- und Dokumentationspflichten von Entleihern, die Leiharbeitnehmer von Verleihern mit Sitz im Ausland einsetzen, vorgesehen.

20

1. Gesetzliche Vorschriften außerhalb des AÜG

§ 7 Satz 2 BetrVG regelt das Wahlrecht des Leiharbeitnehmers zum Betriebsrat. Der Entleiher haftet für die Sozialversicherungsbeiträge als gesamtschuldnerischer Bürge gem. § 28e Abs. 2 SGB IV. § 28a Abs. 4 SGB IV regelt die Verpflichtung des Entleihers zur Abgabe einer Kontrollmeldung. Nach § 42d Abs. 6 EStG haftet der Entleiher für

21

---

1 Schüren/*Hamann*, § 1 AÜG Rz. 364.
2 *Boemke/Lembke*, § 1 AÜG Rz. 9, 158f.
3 *Thüsing/Waas*, § 1 AÜG Rz. 154a; *Urban-Crell/Germakowski/Bissels/Hurst*, AÜG, § 1 Rz.185.
4 Schüren/*Hamann*, § 1 AÜG Rz. 373ff.
5 Übersicht zur Entstehungsgeschichte und zur Fortentwicklung des AÜG bei Thüsing/*Thüsing*, AÜG, Einführung Rz. 28, 28a.
6 BGBl. I 2011, 642.
7 BGBl. I 2011, 1506.

die Lohnsteuer des Leiharbeitnehmers. § 8 Abs. 3 AEntG erstreckt den persönlichen Anwendungsbereich bestimmter Tarifverträge über Mindestarbeitsbedingungen auf Leiharbeitnehmer, die Tätigkeiten ausüben, die in den Geltungsbereich des Tarifvertrages fallen (vgl. Rz. 83 f.). Gem. § 21 SchwarzArbG besteht die Möglichkeit, die illegal tätig gewordenen Verleiher und Entleiher vom Wettbewerb um öffentliche Aufträge auszuschließen. Für die sozialrechtlichen Vorschriften des AÜG gilt weder das SGB IV noch das SGB X. Das AÜG ist nicht Teil des SGB[1]. Auch das VwVfG ist nicht auf das Verwaltungsverfahren nach dem AÜG anzuwenden.

2. Rechtsakte der Europäischen Union

22 Die im Vertrag über die Arbeitsweise der Europäischen Union geregelte Freizügigkeit der Arbeitnehmer (Art. 45 AEUV), die Niederlassungsfreiheit (Art. 49 AEUV) und die Dienstleistungsfreiheit (Art. 56 AEUV) sind bei der grenzüberschreitenden Arbeitnehmerüberlassung zu beachten; die Vorschriften dienen der Herstellung der Inländergleichbehandlung. Sie gelten auch dann, wenn die Arbeitnehmerüberlassung zwar in dem Geltungsbereich des AÜG erfolgt, aber ein Beteiligter nicht die deutsche Staatsangehörigkeit, sondern diejenige eines anderen EU-Mitgliedstaates besitzt oder nach dem EWR-Abkommen vom 2.5.1992 als Bürger des Europäischen Wirtschaftsraums weitgehend mit EU-Angehörigen gleichgestellt ist. Art. 56 AEUV, der auch selbständige Erwerbstätigkeiten von Arbeitnehmerüberlassungsunternehmen erfasst, verbietet nicht, einen Verleiher eines anderen Mitgliedslandes derselben Erlaubnispflicht zu unterwerfen, wie sie für ein inländisches Unternehmen gilt[2].

23 Zur sozialen Sicherheit der Leiharbeitnehmer bestehen Vorschriften für Wanderarbeitnehmer. In VO Nr. 574/72[3] ist geregelt, dass bei einer vorübergehenden Überlassung eines Leiharbeitnehmers an einen in einem anderen Mitgliedstaat ansässigen Entleiher der für das Arbeitnehmerüberlassungsunternehmen zuständige Träger der sozialen Sicherheit zuständig bleibt, es sei denn, die voraussichtliche Dauer übersteigt einen Zeitraum von zwölf Monaten (mit einmaliger Verlängerungsmöglichkeit). Die arbeitsrechtliche Position der grenzüberschreitend entsandten Leiharbeitnehmer richtet sich nach den Regeln des internationalen Privatrechts. Einheitliche Rahmenbedingungen für die befristete Entsendung von Arbeitnehmern in einen anderen Mitgliedstaat enthält die Richtlinie 96/71/EG vom 16.12.1996[4]. Am 19.11.2008 haben das Europäische Parlament und der Rat der Europäischen Union die Richtlinie 2008/104/EG über Leiharbeit erlassen[5]. Diese löste einen nicht unwesentlichen Handlungsbedarf des Gesetzgebers im Hinblick auf das AÜG aus[6]. Die europarechtlich veranlassten Anpassungen im Sinne einer Harmonisierung des AÜG mit der europäischen LeiharbeitsRL erfolgte durch das Erste Gesetz zur Änderung des Arbeitnehmerüberlassungsgesetzes – Verhinderung von Missbrauch der Arbeitnehmerüberlassung vom 28.4.2011[7].

---

1 LSG München 7.8.1980 – L 9/Al 181/78, EzAÜG SGB X Nr. 1; Schüren/*Schüren*, § 2 AÜG Rz. 9.
2 EuGH 17.12.1981 – Rs. 279/80, EzAÜG EGV Nr. 1.
3 Abgedr. in *Oetker/Preis*, EAS Teil A 2030.
4 Abgedr. in *Oetker/Preis*, EAS Teil A 3510.
5 ABl. EU 2008 Nr. L 327/9; zu der LeiharbeitsRL *Riesenhuber*, Europäisches Arbeitsrecht, 2009, § 18.
6 Zum Änderungsbedarf im deutschen Recht: *Fuchs*, NZA 2009, 57; *Thüsing*, RdA 2009, 118; *Düwell/Dahl*, DB 2009, 1070 (1073); *Waltermann*, NZA 2010, 482 (484, 485); *Blanke*, DB 2010, 1528; *Lembke*, BB 2010, 1533 (1539, 1540); *Düwell/Dahl*, DB 2010, 1759 (1761, 1762); *Hansen/Ragnit*, AuA 2011, 1; *Schüren/Wank*, RdA 2011, 1.
7 BGBl. I 2011, 642.

III. Regelungsgegenstand und Regelungsinhalt des AÜG

1. Arbeitnehmerüberlassung im Rahmen der wirtschaftlichen Tätigkeit

a) Erlaubnisvorbehalt

Die Zulässigkeit der Arbeitnehmerüberlassung im Rahmen einer wirtschaftlichen Tätigkeit (vgl. Rz. 3 ff.) hängt grundsätzlich von der Erteilung einer speziellen gewerberechtlichen Erlaubnis (§ 1 Abs. 1 Satz 1, § 2 AÜG) ab. Dieses Verbot mit Erlaubnisvorbehalt dient dem individuellen arbeits- und sozialversicherungsrechtlichen Schutz des Leiharbeitnehmers. Der Erlaubnispflicht unterliegen nicht nur reine Verleiher; auch Mischbetriebe, die neben einem anderen Betriebszweck Arbeitnehmerüberlassung betreiben, bedürfen der Erlaubnis[1]. Unerheblich ist, ob die Arbeitnehmer ausschließlich zum Zwecke des Verleihs eingestellt werden oder ob sie wechselweise im Stammbetrieb und in fremden Betrieben tätig werden. Voraussetzung für die Anwendung des AÜG ist aber, dass die Tätigkeit des Mitarbeiters im Verhältnis zu seinem Vertragspartner die eines Arbeitnehmers ist[2].

Die grenzüberschreitende Arbeitnehmerüberlassung ist in § 3 Abs. 2–5 AÜG geregelt[3]. Ausländische Verleiher erhalten gem. § 3 Abs. 2 AÜG keine Erlaubnis, wenn diese ihren Sitz oder ihre Niederlassung, von der aus die Überlassung erfolgt, nicht in einem EU-Mitgliedstaat oder einem Vertragsstaat des EWR-Abkommens haben[4]. Die Vorschriften des AÜG gelten für Verleiher aus der EU bzw. dem EWR, die aus dem Ausland im Rahmen ihrer wirtschaftlichen Tätigkeit Arbeitnehmer nach Deutschland hinein überlassen, auch dann, wenn sie hierfür eine Erlaubnis ihres Heimatstaates besitzen oder nach dem dortigen Recht nicht benötigen[5]. Ausländische Verleiher, die ihre Leiharbeitnehmer nach Deutschland überlassen, unterliegen nach § 2 Nr. 4 AEntG – unabhängig von der im Leiharbeitsvertrag getroffenen Rechtswahl – dem Grundsatz von equal pay/treatment gem. §§ 9 Nr. 2, 3 Abs. 1 Nr. 3 und 10 Abs. 4 AÜG (vgl. Rz. 67 ff.)[6]. Dessen Anwendung kann ausgeschlossen werden, wenn der Verleiher einen ausländischen Tarifvertrag in Bezug nimmt oder der Tarifvertrag von Gesetzes wegen gilt, der von seinem Geltungsbereich her für das der grenzüberschreitenden Arbeitnehmerüberlassung zugrunde liegende Arbeitsverhältnis einschlägig ist[7]. Der Tarifvertrag muss allerdings einem deutschen Tarifvertrag gleichwertig sein[8]. Die Bundesagentur für Arbeit ist der Auffassung, dass Verleiher mit Sitz im EU/EWR-Ausland einen einschlägigen inländischen Flächentarifvertrag zur Abweichung vom Gleichstellungsgrundsatz auch dann im Arbeitsvertrag mit dem Leiharbeitnehmer in Bezug nehmen können, wenn sie keinen Betriebssitz in Deutschland haben. Eine Geltung des deutschen Arbeitsvertrags- und Tarifvertrags-

---

1 *Urban-Crell/Germakowski/Bissels/Hurst*, AÜG, § 1 Rz. 15 ff.; *Hurst*, Tarifverträge in der Zeitarbeit, 2010, S. 23.
2 LAG Düsseldorf 6.7.2012 – 6 TaBV 30/12, ZTR 2012, 650; *Urban-Crell/Germakowski/Bissels/Hurst*, AÜG, § 1 Rz. 24.
3 *Ebert*, ArbRB 2007, 83.
4 *Boemke/Lembke*, AÜG, Einleitung Rz. 14; *Thüsing/Thüsing*, AÜG, Einführung Rz. 48, *Urban-Crell/Germakowski/Bissels/Hurst*, AÜG, Einl. Rz. 57.
5 EuGH 17.12.1981 – Rs. 279/80, EzAÜG EGV Nr. 1; BayObLG 26.2.1999 – 3 ObOWi 4/99, DB 1999, 1019; *Urban-Crell/Germakowski/Bissels/Hurst*, AÜG, Einl. Rz. 56.
6 *Thüsing/Thüsing*, AÜG Einf. Rz. 62; aA *Schüren/Hamann/Riederer von Paar*, AÜG, Einl. Rz. 687 ff.
7 *Thüsing/Lembke*, ZfA 2007, 87 (94).
8 *Thüsing/Lembke*, ZfA 2007, 87 (94, 97); Bundesagentur für Arbeit, GA-AÜG 3.1.8 Nr. 9; *Hurst*, Tarifverträge in der Zeitarbeit, S. 20; *Böhm*, NZA 2010, 1218 (1219).

status sei insofern nicht notwendig[1]. Seit dem 1.5.2011 gilt die vollständige Arbeitnehmerfreizügigkeit der EU auch zu Gunsten der MOE-Staaten[2].

26 Überlässt ein Verleiher mit Sitz im Ausland einen Arbeitnehmer an einen deutschen Entleiher zur Beschäftigung im Geltungsbereich des AEntG, muss der deutsche Entleiher die Beschäftigung vor deren Beginn nach § 18 Abs. 3 AEntG der zuständigen Behörde der Zollverwaltung schriftlich anmelden[3]. Nach § 18 Abs. 4 AEntG ist der Anmeldung eine Versicherung des ausländischen Verleihers über die Einhaltung der Mindestarbeitsbedingungen nach § 8 AEntG beizufügen. Es verstößt aber gegen die Dienstleistungsfreiheit des Art. 56 AEUV, wenn bei ausländischen Zeitarbeitsunternehmen, im Gegensatz zu in Deutschland ansässigen Verleihern, nach § 18 Abs. 3 AEntG jede Änderung des Einsatzortes mitgeteilt werden muss[4]. Eine Meldepflicht besteht hingegen nicht, sofern die Arbeitnehmer nicht von den Bestimmungen eines Mindestlohn- oder andere Mindestarbeitsbedingungen vorsehenden Tarifvertrages oder Rechtsverordnung nach dem AEntG erfasst werden[5]. Die Vorschrift des § 8 Abs. 3 AEntG stellt sicher, dass für jeden, einschließlich der aus dem Ausland entliehenen Leiharbeitnehmer, die Mindestarbeitsbedingungen des Entleiherbetriebs gewährt werden müssen[6] (vgl. Rz. 67ff.). § 17c AÜG sieht besondere Meldepflichten für den Entleiher bei dem Einsatz von Leiharbeitnehmern eines Verleihers mit Sitz im Ausland vor, wenn die gesetzliche Lohnuntergrenze nach § 3a AÜG auf das Arbeitsverhältnis Anwendung findet[7]. Arbeitet ein EU-Arbeitnehmer vorübergehend in einem anderen EU-Staat, gibt die Entsendebescheinigung A 1 (früher E-101) sozialversicherungsrechtlich und möglicherweise auch arbeitsrechtlich Sicherheit[8]. Für das Lohnsteuerrecht ist die Entsendebescheinigung aber bedeutungslos, verhindert mithin die Inanspruchnahme des Entleihers nicht[9]. Arbeitsunfälle bei der Beschäftigung ausländischer Leiharbeitnehmer bergen dabei erhebliche wirtschaftliche Risiken für deutsche Entleiher in sich[10].

27 Selbständige können nicht als Leiharbeitnehmer an Entleiher überlassen werden[11]. Das AÜG findet weder ausdrücklich noch analog Anwendung auf Beamte[12].

28 Nicht erlaubnisfähig ist nach § 1b AÜG die Arbeitnehmerüberlassung nach § 1 AÜG in Betriebe des Baugewerbes (vgl. § 101 Abs. 2 SGB III iVm. der Baubetriebe-VO) für Arbeiten, die üblicherweise dort verrichtet werden (vgl. das Berufsgruppenverzeichnis im Anhang zum BRTV). Die Einschränkung ist mit der LeiharbeitsRL nicht vereinbar[13]. Diese

---

1 E-Mail-Info der Bundesagentur für Arbeit v. 7.5.2012 – Gz.: OS 12 – 7160.11/7160.4, NZA 2012, 784.
2 Ausnahme: Beschränkung der Freizügigkeit für Kroatien zunächst bis zum 31.6.2015 (Verlängerung möglich), das zum 1.7.2013 der EU beigetreten ist; im Einzelnen: *Bayreuther*, DB 2011, 706.
3 *Urban-Crell/Germakowski/Bissels/Hurst*, AÜG, Einl. Rz. 59.
4 EuGH 18.7.2007 – Rs. C-490/04, NZA 2007, 916.
5 BSG 6.3.2003 – B 11 AL 27/02 R, EzAÜG § 3 AEntG Nr. 2; unberührt davon bleiben aber entsprechende Meldepflichten nach § 18 Abs. 3 MiLoG.
6 ErfK/*Schlachter*, § 8 AEntG Rz. 5.
7 Dazu *Urban-Crell/Germakowski/Bissels/Hurst*, AÜG, § 17c Rz. 1ff.
8 EuGH 26.1.2006 – Rs. C-2/05, EuroAS 2006, 3; Bayer. LSG 27.2.2007 – L 5 KR 32/04, EzAÜG Sozialversicherungsrecht Nr. 47; *Mauer*, FA 2006, 133; *Zimmermann*, AuA 2010, 514 (516); aA *D. Ulber*, ZESAR 2015, 3.
9 FG Hess. 13.2.2008 – 8 K 2258/01; *Zimmermann*, AuA 2010, 514 (516, 517).
10 Ausführlich: *Jerczynski/Zimmermann*, NZS 2007, 243.
11 BAG 9.11.1994 – 7 AZR 217/94, NZA 1995, 572; *Urban-Crell/Germakowski/Bissels/Hurst*, AÜG, § 1 Rz. 24.
12 BAG 23.6.1993 – 5 AZR 337/92, DB 1994, 482; *Urban-Crell/Germakowski/Bissels/Hurst*, AÜG, Einl. Rz. 45.
13 *Hamann*, RdA 2011, 321 (339); *Lembke*, DB 2011, 414 (416); aA *Ulber*, § 1b AÜG Rz. 4/6; *Urban-Crell/Germakowski/Bissels/Hurst*, AÜG, § 1b Rz. 1 mwN.

erlaubt Beschäftigungsverbote nämlich nur in den Grenzen von Art. 4; die dortigen Voraussetzungen liegen aber in Bezug auf Arbeitnehmerüberlassungen in Betrieben des Baugewerbes nicht vor. § 1b AÜG gilt nur für das Bauhauptgewerbe, nicht hingegen für die Betriebe des in § 2 Baubetriebe-VO enthaltenen Negativkatalogs, zu denen zB das Elektroinstallationsgewerbe gehört[1]. Sog. Mischbetriebe werden von der Vorschrift erfasst, wenn die Arbeitnehmer überwiegend, also mehr als die Hälfte ihrer Arbeitszeit, Bauleistungen erbringen; ausschlaggebend ist, ob nach der Gesamtarbeitszeit im Betrieb Bauleistungen sonstige Leistungen überwiegen[2]. Die Arbeitnehmerüberlassung ist zwischen Betrieben des Baugewerbes lediglich unter den Voraussetzungen des § 1b Satz 2 AÜG gestattet, wobei die Vorschrift nicht von der Notwendigkeit der Verleihererlaubnis dispensiert[3]. Das Verbot der Arbeitnehmerüberlassung in Betrieben des Baugewerbes nach § 1b Satz 1 AÜG gilt auch für die ansonsten zulässige konzerninterne und für sonstige Überlassungen zur Vermeidung von Kurzarbeit oder Entlassungen oder an ein deutsch-ausländisches Gemeinschaftsunternehmen. Gleiches gilt für die „Kollegenhilfe" nach § 1 Abs. 3 AÜG[4]. Ein Arbeitnehmerüberlassungsvertrag, der gegen § 1b AÜG verstößt, ist nichtig; gewährte Leistungen sind grundsätzlich nach den §§ 812 ff. BGB zurückzuerstatten[5]. Betreibt ein Verleiher trotz des gesetzlichen Verbots Arbeitnehmerüberlassung an einen Betrieb des Baugewerbes, ohne die nach § 1 AÜG erforderliche Erlaubnis zu besitzen, gilt nach § 10 Abs. 1 Satz 1 AÜG ein Arbeitsverhältnis zwischen dem entleihendem Baubetrieb und dem Leiharbeitnehmer als zustande gekommen. Diese Rechtsfolge wird durch das Verbot des § 1b AÜG nicht ausgeschlossen. Der Entleiher ist daher auch verpflichtet, für die überlassenen Leiharbeitnehmer Beiträge zu den Sozialkassen des Baugewerbes abzuführen[6]. Bei Vorliegen einer Verleiherlaubnis sind die Folgen eines Verstoßes gegen § 1b AÜG auf den Leiharbeitsvertrag umstritten. Zutreffend ist, danach zu differenzieren, ob das Leiharbeitsverhältnis ausschließlich auf die Verrichtung von Tätigkeiten in fremden Baubetrieben abzielt oder ob nicht. Im zuerst genannten Sachverhalt ist der Leiharbeitsvertrag gem. § 134 BGB nichtig[7], im zweiten Sachverhalt aber nicht, wobei dem Leiharbeitnehmer jedoch insofern ein Leistungsverweigerungsrecht zusteht[8]. Ist der Leiharbeitsvertrag nach § 134 BGB nichtig, greift § 10 Abs. 1 Satz 1 AÜG analog nicht ein[9].

b) Form und Dauer des Arbeitnehmerüberlassungsvertrages

Der in § 12 AÜG erwähnte, aber nicht abschließend geregelte Arbeitnehmerüberlassungsvertrag[10] ist die Grundlage für das Verhältnis zwischen Verleiher und Entleiher. Dieser bedarf der Schriftform[11]. Dies gilt auch für nachträgliche Änderungen und Anpassungen sowie Zusatzvereinbarungen des Arbeitnehmerüberlassungsvertrags. Erforderlich ist, dass alle wesentlichen vertraglichen Abreden in der Urkunde enthalten

29

---

1 BGH 17.2.2000 – III ZR 78/99, NZA 2000, 608; *Sandmann/Marschall/Schneider*, Art. 1 § 1b Anm. 8; *Thüsing/Waas*, § 1b AÜG Rz. 18; *Urban-Crell/Germakowski/Bissels/Hurst*, AÜG, § 1b Rz. 15; aA *Ulber*, § 1b AÜG Rz. 19.
2 *Boemke/Lembke*, § 1b AÜG Rz. 47; *Thüsing/Waas*, § 1b AÜG Rz. 22; *Urban-Crell/Germakowski/Bissels/Hurst*, AÜG, § 1b Rz. 18 f.
3 *Thüsing/Waas*, § 1b AÜG Rz. 32; zu den Ausnahmetatbeständen: *Salamon*, NZA-RR 2012, 61 (62, 63).
4 *Thüsing/Waas*, § 1b AÜG Rz. 14; *Urban-Crell/Germakowski/Bissels/Hurst*, AÜG, § 1b Rz. 8.
5 *Thüsing/Waas*, § 1b AÜG Rz. 48; *Urban-Crell/Germakowski/Bissels/Hurst*, AÜG, § 1b Rz. 30.
6 BAG 8.7.1998 – 10 AZR 274/97, NZA 1999, 493; LAG Hess. 20.1.2010 – 18 Sa 1339/09, ArbRAktuell 2010, 277.
7 *Boemke/Lembke*, § 1b AÜG Rz. 23; aA *Sandmann/Marschall/Schneider*, Art. 1 § 1b Anm. 14.
8 *Boemke/Lembke*, § 1b AÜG Rz. 22.
9 BAG 13.12.2006 – 10 AZR 674/05, NZA 2007, 751; LAG Hess. 24.5.2005, 15 Sa 511/03, EzAÜG § 1b AÜG Nr. 3; *Schüren/Hamann*, § 1b AÜG Rz. 89.
10 Mustertext bei *Bauer/Lingemann/Diller/Haußmann*, M 10.2.
11 Nach *Ulber*, § 12 AÜG Rz. 3 ist das Schriftformerfordernis für alle Fälle der Arbeitnehmerüberlassung zu beachten; aA *Thüsing/Thüsing*, § 12 AÜG Rz. 4.

sind[1]. Bei einem Leiharbeitnehmer-Pool stellt jeder einzelne Abruf daraus einen Arbeitnehmerüberlassungsvertrag dar, der der gesetzlichen Schriftform bedarf[2]. Ist die Vereinbarung mangels Schriftform nach § 125 BGB nichtig (die Durchführung des Vertrages bewirkt keine Heilung), richtet sich die Rückabwicklung allein nach Bereicherungsrecht[3]. Der Verleiher ist berechtigt, als Wertausgleich die allgemein übliche Vergütung (einschließlich des Gewinns) zu verlangen. Der Entleiher soll Schäden, die ihm wegen angeblich mangelnder Qualifikation des überlassenen Leiharbeitnehmers entstanden sind, nicht mit dem dem Verleiher geschuldeten Bereicherungsausgleich saldieren können[4]. Ist der Arbeitnehmerüberlassungsvertrag wegen eines Mangels der Schriftform nichtig, kann der Entleiher Sozialversicherungsbeiträge, die er nach Eröffnung des Insolvenzverfahrens über das Vermögen des Verleihers zum Ausgleich der diesem obliegenden Zahlungspflicht geleistet hat, der vom Insolvenzverwalter geltend gemachten Bereicherungsforderung nicht anspruchsmindernd entgegensetzen[5]. Ist in einem Arbeitnehmerüberlassungsvertrag eine bestimmte Person als Arbeitnehmer bezeichnet und dort keine Klausel vorgesehen, nach der der Verleiher berechtigt ist, den Arbeitnehmer auszuwechseln, ist der Verleiher bei Ausfall des Arbeitnehmers nicht verpflichtet, einen Ersatz zur Verfügung zu stellen[6]. Nach § 12 Abs. 1 Satz 3 AÜG hat der Entleiher u.a. im schriftlichen Vertrag grundsätzlich, die im Entleiherbetrieb für einen vergleichbaren Arbeitnehmer des Entleihers geltenden wesentlichen Arbeitsbedingungen anzugeben[7]. Diese Informationen sollen es dem Verleiher ermöglichen, seine Gleichbehandlungspflicht aus den §§ 3 Abs. 1 Nr. 3 und 9 Nr. 2 AÜG zu erfüllen. Ihr Fehlen (ganz oder teilweise) macht aber den Überlassungsvertrag nicht nach § 125 BGB nichtig. Der Verleiher hat aber uU Schadensersatzansprüche und kann ein Leistungsverweigerungsrecht nach § 273 Abs. 1 BGB geltend machen[8]. Besitzt der Verleiher nicht die erforderliche Erlaubnis, ist der Arbeitnehmerüberlassungsvertrag gem. § 9 Nr. 1 AÜG unwirksam. Zu nachvertraglichen Einstellungsverboten, vgl. Rz. 60.

c) Ausnahmen im AÜG, Anzeige statt Erlaubnis

30 Nach § 1 Abs. 1 Satz 3 AÜG gilt die Abordnung zu einer zur Herstellung eines Werkes gebildeten Arbeitsgemeinschaft unter bestimmten Voraussetzungen nicht als Arbeitnehmerüberlassung. Bei dieser Regelung trug der Gesetzgeber Forderungen der Bauwirtschaft Rechnung.

31 Keine Anwendung findet das AÜG weitgehend gem. § 1 Abs. 3 Nr. 1 auf Arbeitnehmerüberlassungen zwischen Arbeitgebern desselben Wirtschaftszweiges zur Vermeidung von Kurzarbeit oder Entlassungen, wenn ein für den Entleiher und Verleiher geltender Tarifvertrag dies vorsieht. Die Vorschrift ist wegen ihrer unbestimmten

---

1 BGH 2.12.2004 – IX ZR 200/03, BB 2005, 1389; *Urban-Crell/Germakowski/Bissels/Hurst*, AÜG, § 12 Rz. 3f.
2 *Böhm*, DB 2008, 2026 (2027).
3 BGH 17.1.1984 – VI ZR 187/82, EzAÜG § 10 AÜG – Fiktion Nr. 22; 17.2.2000 – III ZR 78/99, NZA 2000, 608 (auch zu § 817 BGB); 2.12.2004 – IX ZR 200/03, BB 2005, 1389; OLG München 8.12.2010, 7 U 3874/10, ArbRB 2011, 78 (unzulässige Berufung auf Formrichtigkeit); *Urban-Crell/Germakowski/Bissels/Hurst*, AÜG, § 12 Rz. 7.
4 AG Neuruppin 10.3.2000 – 42 C 216/99, NZA-RR 2000, 524; OLG Köln 9.7.2002 – 22 U 258/01, ArbRB 2002, 525; zu Schadensersatzansprüchen wegen Schlechtleistung des Leiharbeitnehmers: *Dahl/Färber*, DB 2009, 1650.
5 BGH 2.12.2004 – IX ZR 200/03, BB 2005, 1389; 14.7.2005 – IX ZR 142/02, NZA 2006, 375; *Urban-Crell/Germakowski/Bissels/Hurst*, AÜG, § 12 Rz. 9.
6 AG Solingen 8.8.2000 – 13 C 236/00, NZA-RR 2000, 579; u.a. zu diesem Sachverhalt, aber auch umfassend zum Annahmeverzug des Entleihers bei Nichtbeschäftigung des Leiharbeitnehmers: *Boemke*, BB 2006, 997.
7 Ausnahme: es liegen die Voraussetzungen nach § 3 Abs. 1 Nr. 3, § 9 Nr. 2 AÜG vor.
8 *Boemke/Lembke*, § 12 AÜG Rz. 28, 29.

III. Regelungsgegenstand und Regelungsinhalt des AÜG

Rechtsbegriffe praktisch nur schwer handhabbar; zudem haben die Tarifvertragsparteien von der ihnen eingeräumten Regelungsbefugnis, die Voraussetzung für die Privilegierung ist, bislang kaum Gebrauch gemacht[1].

Erleichtert wird nach § 1 Abs. 3 Nr. 2 AÜG die konzerninterne Arbeitnehmerüberlassung[2]. Die Vorschrift gilt nicht nur für Konzerne iSd. AktG, sondern für alle Unternehmen unabhängig von ihrer Rechtsform, sofern sie zu einem Konzern verbunden sind[3]. Das Konzernprivileg gilt für internationale Konzerne jedenfalls dann, wenn die Konzernspitze ihren Sitz in Deutschland hat und diese von dort aus ihre Leitungsmacht auch bezüglich des Tochterunternehmens im Ausland ausübt[4]. Der Einsatz eines Arbeitnehmers der Muttergesellschaft bei einer Tochtergesellschaft ist keine Arbeitnehmerüberlassung, wenn die Tochtergesellschaft nicht über eine eigene Betriebsorganisation verfügt oder mit der Muttergesellschaft einen Gemeinschaftsbetrieb führt[5]. 32

Das Konzernprivileg in § 1 Abs. 3 Nr. 2 AÜG, das in der LeiharbeitsRL nicht vorgesehen ist, enthält die Negativbedingung, dass der Arbeitnehmer nicht zum Zweck der Überlassung eingestellt und beschäftigt wird. Die Vorschrift wird so auszulegen sein, dass das verwendete „und" wie ein „oder" zu verstehen ist[6], um eine Umgehung zu verhindern, wenn ein Mitarbeiter nicht als Leiharbeitnehmer eingestellt, aber – ggf. nach einer Vertragsänderung – nur als solcher eingesetzt wird. Vor der Novellierung des AÜG zum 1.12.2011 war Voraussetzung für die Konzernprivilegierung, dass der Arbeitnehmer seine Arbeit nur vorübergehend nicht bei seinem Arbeitgeber leistet. Die Neufassung des § 1 Abs. 3 Nr. 2 AÜG wird in der Literatur kritisch gesehen. Unklar ist nach dem Wortlaut, ob es darauf ankommt, dass der Arbeitnehmer „überhaupt nicht" oder „nicht ausschließlich" zum Zweck der Überlassung eingestellt und beschäftigt wird[7]. Der Gesetzeszweck, das Konzernprivileg nicht auf Personalführungsgesellschaften zu erstrecken, legt nahe, dessen Geltung zu bejahen, wenn der Arbeitnehmer auch beim überlassenden Unternehmen beschäftigt wird[8]. Personalführungsgesellschaften, deren alleiniger Zweck die Einstellung und Überlassung von Personal ist, werden damit aus dem Anwendungsbereich des Konzernprivilegs herausgenommen[9]. Echte Konzernüberlassungsgesellschaften benötigen folglich eine Arbeitnehmerüberlassungserlaubnis und müssen die Bestimmungen des AÜG beachten, wie dies bei einem konzernfremden Verleiher der Fall wäre[10]. 32a

⊃ **Hinweis:** Bei einer Arbeitnehmerüberlassung im Konzern kann uU auch hinsichtlich dieser Leiharbeitsverhältnisse bei einem Betriebsübergang die Vorschrift des § 613a BGB anzuwenden sein[11]. Es soll unerheblich sein, dass zwischen dem Betriebsveräußerer und dem Leiharbeitnehmer keine arbeitsvertragliche Bindung besteht. 33

---

1 *Urban-Crell/Germakowski/Bissels/Hurst*, AÜG, § 1 Rz. 207.
2 Die Vorschrift wird teilweise als europarechtswidrig angesehen: vgl. *Vogt*, Arbeitsrecht im Konzern, 2014, § 6 Rz. 31 mwN.
3 BAG 5.5.1988 – 2 AZR 795/87, AP Nr. 8 zu § 1 AÜG.
4 LAG Saarl. 26.3.2014 – 1 TaBV 9/12, ArbRAktuell 2014, 341.
5 BAG 3.12.1997 – 7 AZR 764/96, NZA 1998, 876; 3.12.1997 – 7 AZR 727/96, BB 1998, 1482. Vgl. auch: LAG München 7.9.1998 – 10 Sa 130/98, EzAÜG § 10 AÜG Fiktion Nr. 95; 2.12.1998 – 7 Sa 127/98, EzAÜG § 10 AÜG Fiktion Nr. 96.
6 Dazu auch *Vogt*, Arbeitsrecht im Konzern, 2014, § 6 Rz. 30 mwN.
7 *Lembke*, DB 2011, 414 (415); *Lembke*, FA 2011, 290 (291); *Urban-Crell/Germakowski/Bissels/Hurst*, AÜG, § 1 Rz. 225b mwN.
8 *Lembke*, FA 2011, 290 (291).
9 *Urban-Crell/Germakowski/Bissels/Hurst*, AÜG, § 1 Rz. 218, 233 ff.
10 *Leuchten*, NZA 2011, 608 (609).
11 EuGH 21.10.2010 – Rs. C-242/09, NZA 2010, 1225; *Urban-Crell/Germakowski/Bissels/Hurst*, AÜG, § 1 Rz. 248 ff.; krit. *Abele*, FA 2011, 7.

34 Mit Wirkung zum 1.12.2011 regelt § 1 Abs. 3 Nr. 2a AÜG die Privilegierung der Arbeitnehmerüberlassung zwischen Arbeitgebern, wenn der Einsatz nur gelegentlich erfolgt und der Arbeitnehmer nicht zum Zweck der Überlassung eingestellt und beschäftigt wird (sog. Kollegenhilfe). Damit wird das „Konzernprivileg" auf Unternehmen ausgedehnt, die nicht konzernmäßig miteinander verbunden sind[1]. Die Privilegierung wird allerdings – und dies fehlt in § 1 Abs. 3 Nr. 2 AÜG – dadurch beschränkt, dass die Überlassung nur gelegentlich erfolgen darf. Gelegentlich heißt nicht regelmäßig, sowohl bezogen auf den gleichen „Entleiher" als auch bezogen auf den „Verleiher"[2]. Der Gesetzgeber wollte damit einen gewissen Ausgleich für die europarechtlich notwendige Ausweitung der Erlaubnispflicht schaffen[3]. Teilweise wird die Neuregelung als europarechtswidrig qualifiziert[4].

35 Keine Anwendung findet das AÜG gem. § 1 Abs. 3 Nr. 3 AÜG auf Arbeitnehmerüberlassungen in das Ausland, wenn der Leiharbeitnehmer in ein auf der Grundlage zwischenstaatlicher Vereinbarungen gegründetes deutsch-ausländisches Gemeinschaftsunternehmen verliehen wird, an dem der Verleiher beteiligt ist.

36 Eine Erleichterung der Arbeitnehmerüberlassung (Anzeige statt Erlaubnis) enthält die Regelung in § 1a AÜG. Überlassungen bis zur Dauer von zwölf Monaten sind ohne Erlaubnis zulässig, wenn der Verleiher weniger als 50 Arbeitnehmer beschäftigt, die Überlassung zur Vermeidung von Kurzarbeit oder Entlassungen erfolgt und sie vorher schriftlich bei der Bundesagentur für Arbeit angezeigt wurde[5]. Ansonsten finden sämtliche Regelungen des AÜG Anwendung. Kurzarbeit oder Entlassungen (Mehrzahl) müssen konkret drohen[6]. Für die Anzeige gibt es einen Vordruck der Bundesagentur für Arbeit.

d) Sondergesetzlich geregelte Ausnahmen

37 Es gibt darüber hinaus weitere Ausnahmetatbestände in Gesetzen, die bereits vor Inkrafttreten des AÜG bestanden. Ob die spezialgesetzlich geregelten Erlaubnisse zur Ausübung bestimmter Gewerbe die Erlaubnis zur Arbeitnehmerüberlassung miteinschließen, ist allerdings umstritten[7].

38 Die nach dem GesamthafenbetriebsG gebildeten Gesamthafenbetriebe überlassen ihre Arbeitnehmer den Hafeneinzelbetrieben für Hafenarbeiten. Nach § 1 Abs. 1 Satz 2 GesamthafenbetriebsG ist für Gesamthafenbetriebe eine erwerbswirtschaftliche Tätigkeit ausgeschlossen, so dass im Regelfall keine Arbeitnehmerüberlassung nach § 1 Abs. 1 Satz 1 AÜG vorliegt und keine Kollision mit dem AÜG besteht[8]. Ob überhaupt das für Arbeitnehmerüberlassungen typische Beziehungsgeflecht vorliegt, muss ggf. für jeden Gesamthafenbetrieb geprüft werden. Das GesamthafenbetriebsG ermächtigt zu unterschiedlicher Ausgestaltung der Arbeitsverhältnisse durch statuarisches Recht[9]. § 2 Abs. 3 GesamthafenbetriebsG erlaubt dem Gesamthafenbetrieb die Durchführung einer nicht gewerbsmäßigen Arbeitsvermittlung.

---

1 *Leuchten*, NZA 2011, 608 (609).
2 *Leuchten*, NZA 2011, 608 (609); *Urban-Crell/Germakowski/Bissels/Hurst*, AÜG, § 1 Rz. 257b ff.
3 *Hamann*, RdA 2011, 321 (333).
4 *Lembke*, DB 2011, 414 (416).
5 Einzelheiten bei *Urban-Crell/Germakowski/Bissels/Hurst*, AÜG, § 1a Rz. 2 ff.
6 *Urban-Crell/Germakowski/Bissels/Hurst*, AÜG, § 1a Rz. 6; Einzelheiten bei *Ulber*, § 1a AÜG Rz. 24.
7 Bej. *Sandmann/Marschall/Schneider*, Art. 1 § 1 Anm. 45 ff.; vern. *Schüren/Schüren*, Einl. Rz. 18 ff.
8 *Thüsing/Thüsing*, Einf. Rz. 18; *Schüren/Schüren*, Einl. Rz. 21; *Urban-Crell/Germakowski/Bissels/Hurst*, AÜG, Einleitung Rz. 39.
9 Zum Gesamthafenbetrieb Hamburg BAG 25.11.1992 – 7 ABR 7/92, AP Nr. 8 zu § 1 GesamthafenbetriebsG.

Das GesamthafenbetriebsG lässt jedoch die Anwendung des AÜG nicht entfallen, wenn der Gesamthafenbetrieb an der Überlassung nicht beteiligt wurde. Bei der Beteiligung eines Gesamthafenbetriebes an einer Überlassung greift das AÜG nicht ein. Bei einer Überlassung unmittelbar zwischen Hafeneinzelbetrieben können die Privilegierungen nach § 1 Abs. 3 Nr. 1 und § 1a AÜG einschlägig sein.

Zu den spezialgesetzlichen Ausnahmeregelungen zählt das PersonenbeförderungsG. **39** Das Vermieten eines Kraftfahrzeugs mit Fahrer ist an sich Arbeitnehmerüberlassung, weil der wirtschaftliche Wert der Überlassung eines Fahrzeugs nicht eindeutig gegenüber dem wirtschaftlichen Wert der Stellung des Fahrers überwiegt (vgl. zur Abgrenzung zur Überlassung von Maschinen mit Bedienungspersonal Rz. 199). Auf das Vermieten von Kraftfahrzeugen mit Fahrer durch Mietwagenunternehmen finden jedoch die Vorschriften des PersonenbeförderungsG Anwendung. Derartige Mietwagenunternehmen sind nach §§ 9 Abs. 1 Nr. 5, 49 PersonenbeförderungsG genehmigungspflichtig. Ist die Genehmigung erteilt, soll es keiner zusätzlichen Erlaubnis nach dem AÜG bedürfen, wenn sich die Überlassung des Fahrers auf das Fahren des Mietwagens beschränkt[1].

Gleiches gilt, wenn ein bemanntes Kraftfahrzeug zum Gütertransport durch einen **40** Unternehmer nach Weisung des Auftraggebers gestellt wird. Auch hier würde in vielen Fällen die Gestellung an sich dem AÜG unterliegen, da nur ausnahmsweise der wirtschaftliche Wert der Überlassung des Fahrzeugs eindeutig gegenüber dem Wert der Überlassung des Fahrers überwiegt. Die gewerberechtliche Erlaubnis nach dem GüterkraftverkehrsG ersetzt allerdings die Erlaubnis nach dem AÜG für die sondergesetzlich geregelten Verträge[2]. Der überlassene Arbeitnehmer darf aber nicht außerhalb des Gütertransports tätig werden.

Ein Unternehmen, das Bewachungsaufgaben wahrnehmen will, bedarf einer Erlaubnis **41** nach § 34a GewO und der Verordnung über das Bewachungsgewerbe. Weil es sich bei diesen Vorschriften um Spezialregelungen gegenüber dem AÜG handelt, dürfte an sich auf die Überlassung von Bewachungspersonal das AÜG keine Anwendung finden; die gewerberechtliche Erlaubnis müsste eine Verleiherlaubnis nach dem AÜG entbehrlich machen[3]. Das BAG hat in Abweichung dazu aber eine nach dem AÜG erlaubnispflichtige Arbeitnehmerüberlassung angenommen, wenn Wachleute des Bewachungsunternehmens den Weisungen des Inhabers des bewachten Betriebs unterworfen sind und gemeinsam mit den Wachleuten des Betriebs eingesetzt werden[4]. Das Gericht vermutet eine Arbeitnehmerüberlassung hingegen, wenn die Ausführung der zu leistenden Wachdienste einschließlich der Verhaltenspflichten des Wachpersonals im zugrunde liegenden Bewachungsvertrag im Einzelnen genau festgelegt ist und das Bewachungsunternehmen nur solche Wachleute einsetzen darf, für die eine entsprechende Genehmigung des Auftraggebers vorliegt. Die Festlegung der geschuldeten Dienstleistung bis in Einzelheiten sei dabei kein zwingendes Indiz für Arbeitnehmerüberlassung[5].

⊃ **Hinweis:** Der Praxis ist anzuraten, der Ansicht des BAG zu § 34a GewO zu folgen und eine **42** Überlassungserlaubnis zu beantragen oder von der Möglichkeit Gebrauch zu machen, in den Bewachungsvertrag bis ins Einzelne gehende Regelungen aufzunehmen und dadurch Weisungen des Inhabers des bewachten Betriebs überflüssig zu machen.

---

1 *Sandmann/Marschall/Schneider*, Art. 1 § 1 Anm. 47; *Grimm/Brock*, Arbeitnehmerüberlassung, § 3 Rz. 70; Bundesagentur für Arbeit, GA-AÜG 1.1.4; iE auch Schüren/*Schüren*, Einl. Rz. 19; Thüsing/*Thüsing*, Einf. Rz. 17.
2 Bundesagentur für Arbeit, GA-AÜG 1.1.4.
3 AA: Bundesagentur für Arbeit, GA-AÜG 1.1.4; *Grimm/Brock*, Arbeitnehmerüberlassung, § 3 Rz. 72, 73.
4 BAG 28.11.1989 – 1 ABR 90/88, BB 1990, 1343.
5 BAG 31.1.1993 – 7 AZR 338/92, DB 1993, 2337.

43 Die Personalgestellung eines Bundeslandes an das Bundesamt für die Anerkennung ausländischer Flüchtlinge auf der Grundlage des § 5 Abs. 4 AsylVfG ist nicht an den Vorschriften des AÜG zu messen[1]. Die Durchführung der einem öffentlichen Träger obliegenden Jugendhilfemaßnahmen durch einen bei einem freien Träger angestellten Arbeitnehmer unterliegt jedenfalls dann nicht den Vorschriften des AÜG, wenn sich das Zusammenwirken beider Träger auf der Grundlage des SGB VIII vollzieht[2]. Das AÜG ist auch dann nicht einschlägig, wenn der Arbeitnehmer von einen auf Rechnung der Gemeinde tätigen Sanierungsträger im Rahmen städtebaulicher Sanierungsmaßnahmen nach dem BauGB eingesetzt wird[3]. Demgegenüber wird die Anwendung des AÜG durch § 5 Abs. 5 LuftSiG nicht ausgeschlossen. Es soll eine spezialgesetzliche Regelung zur Ausgestaltung des Verhältnisses zwischen der Luftsicherheitsbehörde und dem privaten Sicherheitsunternehmen fehlen[4].

e) Gemeinschaftsbetrieb mehrerer Unternehmen

44 Beim Gemeinschaftsbetrieb stehen die Arbeitnehmer regelmäßig nur in einem Arbeitsverhältnis zu einem der am Gemeinschaftsbetrieb beteiligten Unternehmen[5]. Die Schaffung eines einheitlichen Leitungsapparates durch diese führt nicht zu einem Arbeitgeberwechsel. Arbeitnehmerüberlassung scheidet bei einem Gemeinschaftsbetrieb schon begrifflich aus[6]. Der Personaleinsatz auf Seiten des Vertragsarbeitgebers beschränkt sich nicht darauf, einem Dritten den Arbeitnehmer zur Förderung von dessen Betriebszwecken zur Verfügung zu stellen, sondern dieser verfolgt mit dem Gemeinschaftsbetrieb übergeordnete, eigene Betriebszwecke. Daran ändert ein fachliches Weisungsrecht des Dritten und die Zusammenarbeit mit dessen Arbeitnehmern nichts.

f) Personalführungsgesellschaften

45 Personalführungsgesellschaften[7], die sich nicht auf die Personalverwaltung für konzernangehörige Unternehmen als Service-Leistung beschränken, sondern Arbeitnehmer im eigenen Namen einstellen und sie ausschließlich anderen Konzernunternehmen je nach Bedarf zuweisen, betreiben Arbeitnehmerüberlassung und fallen nicht unter das Konzernprivileg (vgl. auch Rz. 32)[8]. Ob die Personalführungsgesellschaft neben dem Verleih weitere Unternehmensaufgaben wahrnimmt, ist unerheblich (vgl. Rz. 169).

2. Leiharbeitsverträge und Leiharbeitnehmerschutz im Verhältnis zwischen Verleiher und Leiharbeitnehmer

a) Abschluss des Leiharbeitsvertrags, Urkunde über den Inhalt

46 Der Verleiher ist Arbeitgeber des Leiharbeitnehmers mit allen sich aus dem Arbeitsverhältnis ergebenden Rechten und Pflichten. Ein Leiharbeitsvertrag kann dabei

---

1 BAG 5.3.1997 – 7 AZR 357/96, NZA 1997, 1165.
2 BAG 11.6.1997 – 7 AZR 487/96, NZA 1998, 480.
3 LAG Köln 10.2.2000 – 10 Sa 674/99, ZTR 2000, 274.
4 BAG 18.1.2012 – 7 AZR 723/10, ZTR 2012, 404.
5 BAG 13.9.1995 – 2 AZR 954/94, EzA § 1 KSchG Nr. 48.
6 BAG 3.12.1997 – 7 AZR 764/96, NZA 1998, 876; 25.10.2000 – 7 AZR 487/99, NZA 2001, 259; LAG München 7.9.1998 – 10 Sa 130/98, EzAÜG § 10 AÜG Fiktion Nr. 95; 2.12.1998 – 7 Sa 127/98, EzAÜG § 10 AÜG Fiktion Nr. 96; im Erg. ebenso: *Boemke/Lembke*, § 1 AÜG Rz. 39; *Schönhöft/Lermen*, BB 2008, 2515; dazu auch *Schmid/Topoglu*, ArbRAktuell 2014, 6.
7 Ausführlich: Schüren/*Hamann*, § 1 AÜG Rz. 513 ff.
8 LAG Hamm 23.10.1987 – 17 (9) Sa 578/87, EzAÜG § 10 Fiktion Nr. 57; LAG Hessen 27.11.2003 – 9 TaBV 51/03, NZA-RR 2004, 343; *Urban-Crell/Germakowski/Bissels/Hurst*, § 1 AÜG Rz. 233, 237.

mündlich wirksam abgeschlossen werden[1]. Für die Arbeitnehmerüberlassung im Rahmen der wirtschaftlichen Tätigkeit des Verleihers gelten aber nach § 11 Abs. 1 Satz 1 AÜG die Vorschriften des NachwG. Der Arbeitsvertrag bzw. der Nachweis hat die Arbeitsaufgabe ihrer Art nach näher zu beschreiben. Nach der Rechtsprechung des EuGH kann die „kurze Charakterisierung oder Beschreibung" nicht durch die bloße Bezeichnung einer Tätigkeit ersetzt werden[2]. Ergänzt werden die Bestimmungen des NachwG durch § 11 Abs. 1 Satz 2 AÜG. Nichtdeutsche Leiharbeitnehmer haben auf Verlangen Anspruch auf den Nachweis in ihrer Muttersprache (§ 11 Abs. 2 Satz 2 AÜG). Bei Verletzung der Pflichten durch den Entleiher kommen sowohl Schadensersatzansprüche des Leiharbeitnehmers als auch bei erheblichen Pflichtverletzungen Sanktionen der Erlaubnisbehörde (bis zum Widerruf der Erlaubnis nach § 1 Abs. 1 Satz 1 AÜG) in Betracht[3]. Schließlich können Verstöße nach § 16 Abs. 1 Nr. 8 AÜG als Ordnungswidrigkeit geahndet werden. Die Verletzung der Pflichten führt hingegen nicht zur Nichtigkeit des Vertrages nach § 125 BGB[4].

Der Arbeitsvertrag[5] weist die Besonderheit auf, dass der Leiharbeitnehmer seine Arbeitsleistung nicht bei seinem Vertragsarbeitgeber, sondern bei Dritten zu erbringen hat. Die Verpflichtung aus § 81 Abs. 1 SGB IX trifft den Verleiher und nicht den entleihenden Betrieb (vgl. Rz. 205)[6]. 47

Tarifverträge über Arbeitnehmerüberlassungen gibt es einige[7]. Der für den Entleihbetrieb geltende Tarifvertrag ist im Grundsatz nicht maßgeblich (uU aber über § 9 Nr. 2 AÜG), selbst wenn sich der Verleihbetrieb auf die Überlassung von Arbeitnehmern in einem bestimmten Wirtschaftsbereich spezialisiert hat[8]. Allerdings gibt es zB in der Metall- und Elektroindustrie Tarifverträge zur Leih-/Zeitarbeit, abgeschlossen im Mai 2012 zwischen den Verbänden der Metall- und Elektroindustrie und der IG Metall, die aber lediglich die Entleiher binden. In früheren Jahren wurden bereits verschiedene Firmentarifverträge abgeschlossen, die teilweise sehr detaillierte Beschränkungen der Leiharbeit durch Höchstquoten vorsehen. In der Stahlbranche NRW, Niedersachsen und Bremen wurde bereits vor einigen Jahren zwischen dem Arbeitgeberverband der Stahlindustrie und der IG Metall tariflich vereinbart, dass Leiharbeitnehmer das gleiche Entgelt erhalten wie Stammarbeitnehmer. Rechtlich wurde dies über eine Einwirkungspflicht umgesetzt. Hat die „Einwirkung" auf die Verleihunternehmen keinen Erfolg, haftet der Entleiher für die Differenz. Der Tarifvertrag zur Leih-/Zeitarbeit für die Metall- und Elektroindustrie[9] versucht zB das Merkmal „vorübergehend" durch Fallgruppen zu konkretisieren, regelt, dass den Entleiher nach einer Überlassungsdauer von 18 Monaten die Pflicht trifft, zu prüfen, ob er dem Arbeitnehmer einen unbefristeten Arbeitsvertrag anbieten kann, und sieht nach einer Überlassungsdauer von 24 Monaten die Verpflichtung vor, dem Arbeitnehmer grundsätzlich einen unbefristeten Arbeitsplatz anzubieten[10]. Darüber hinaus modifiziert der Tarifvertrag die betriebliche Mitbestimmung und regelt eine Einlassungspflicht zu leih- 48

---

1 Schüren/*Schüren*, § 11 AÜG Rz. 26; *Urban-Crell/Germakowski/Bissels/Hurst*, AÜG, § 11 Rz. 2.
2 EuGH 4.12.1997 – Rs. C-253/96 bis C-258/96, NZA 1998, 137; Schüren/*Hamann*, § 11 AÜG Rz. 39.
3 *Urban-Crell/Germakowski/Bissels/Hurst*, AÜG, § 11 Rz. 8.
4 Schüren/*Schüren*, § 11 AÜG Rz. 27; *Urban-Crell/Germakowski/Bissels/Hurst*, § 11 AÜG Rz. 7.
5 Mustertext bei *Bauer/Lingemann/Diller/Haußmann*, M 10.1.1 und M 10.1.2.
6 *Edenfeld*, NZA 2006, 126.
7 Vgl. *Bissels/Kiehn*, DB 2014, 423 zum Tarifvertragsschluss zwischen BAP/iGZ und den DGB-Gewerkschaften im Jahr 2013; allgemein *Hurst*, Tarifverträge in der Zeitarbeit, S. 26 ff.
8 LAG Hamm 1.2.1996 – 4 Sa 1044/95, LAGE § 11 AÜG Nr. 1; vgl. auch LAG Köln 4.4.2001 – 7 Sa 1311/00, NZA-RR 2001, 648 zum Geltungsbereich von Tarifverträgen und Arbeitnehmerüberlassung.
9 Vgl. zB Tarifvertrag zur Leih-/Zeitarbeit für die Metall- und Elektroindustrie NRW 24.5.2012.
10 Dazu *Brors*, ArbuR 2014, 258.

arbeitsbezogenen Betriebsvereinbarungen[1]. Zeitlich nahezu parallel dazu hat die IG Metall mit den Arbeitgeberverbänden BAP und iGZ einen Tarifvertrag über Branchenzuschläge für Arbeitnehmerüberlassungen in der Metall- und Elektroindustrie abgeschlossen[2]. Außerdem gibt es solche Branchenzuschlagstarifverträge inzwischen in elf Branchen (Stand: 1.10.2014), u.a. in der chemischen Industrie, der Papier, Pappe und Kunststoff verarbeitenden Industrie; weitere Branchen sollen folgen[3].

48a Auch bei Sachverhalten ohne Grenzüberschreitung ist die Regelung in § 8 Abs. 3 AEntG zu beachten[4]. Ob die Vorschrift in dem Sinne zu verstehen ist, dass die Mindestarbeitsbedingungen eines für allgemeinverbindlich erklärten Tarifvertrags oder einer Rechtsverordnung nur dann zu gewähren sind, wenn der Entleiherbetrieb dem Geltungsbereich eines für allgemeinverbindlich erklärten Tarifvertrages oder einer Rechtsverordnung unterfällt und eine entsprechend einschlägige Tätigkeit ausgeübt wird[5] oder ob allein die ausgeübte Tätigkeit des Leiharbeitnehmers maßgeblich ist, wurde vom BAG[6] im erstgenannten Sinne entschieden, jedoch ist eine derartige Auslegung des Gesetzes durch die Einfügung von § 18 Abs. 3, letzter Halbsatz AEntG mit Wirkung zum 16.8.2014 ausgeschlossen. Dort heißt es nun, dass die Mindestarbeitsbedingungen nach dem AEntG auch dann zu gewähren sind, wenn der Betrieb des Entleihers nicht in den fachlichen Geltungsbereich des betreffenden Tarifvertrages oder einer Rechtsverordnung fällt. Damit ist nicht mehr ausschlaggebend, welchen fachlichen Schwerpunkt der Einsatzbetrieb aufweist. Es kommt in Abweichung zur bisherigen Rechtsprechung des BAG folglich nicht mehr darauf an, ob dieser fachlich von dem betreffenden Tarifvertrag und/oder der Rechtsverordnung nach dem AEntG erfasst wird. Vielmehr hat ausschließlich eine tätigkeitsbezogene Abgrenzung zu erfolgen.

49 ᗡ **Hinweis:** Vor diesem Hintergrund müssen Verleiher zukünftig genau prüfen, ob und inwieweit sich unter Berücksichtigung der konkreten Einsätze und der beim Entleiher ausgeübten Tätigkeiten der Leiharbeitnehmer Änderungen hinsichtlich der zu gewährenden (Mindest-)Arbeitsbedingungen ergeben. Im Zweifel ist dies nur nach einer Auslegung der nach dem AEntG jeweils relevanten Tarifverträge und/oder Rechtsverordnungen zu klären.

50 Ob und ggf. welche Besonderheiten beim Teilzeitbegehren eines Leiharbeitnehmers gelten, ist weitgehend ungeklärt. Der Verleiher befindet sich dabei in einer Sondersituation, da der Einsatz des Leiharbeitnehmers maßgeblich von den betrieblichen Arbeitszeiten des Kunden geprägt ist. Das Organisationskonzept des Entleihers soll dabei nach Ansicht des BAG dennoch nur eingeschränkt von Bedeutung sein[7].

51 Unwirksam ist nach § 9 Nr. 1 AÜG der Arbeitsvertrag zwischen Verleiher und Leiharbeitnehmer, wenn der Verleiher nicht die nach § 9 Nr. 1 AÜG notwendige Erlaubnis der Bundesagentur für Arbeit hat. Gem. § 11 Abs. 3 AÜG hat der Verleiher den Leiharbeitnehmer über den Zeitpunkt des Wegfalls der Erlaubnis zu unterrichten, ggf. auch über das Ende der Abwicklungsfrist gem. § 2 Abs. 4 Satz 4 AÜG. Für die gesetzliche Unfallversicherung der Leiharbeitnehmer ist die Verwaltungsberufsgenossenschaft (VBG) zuständig[8].

---

1 *D. Ulber*, ArbuR 2014, 114; *Krause*, NZA 2012, 830; *Bayreuther*, NZA Beilage 4/2012, 115 (116, 122).
2 Vgl. dazu *Mehnert/Stubbe/Haber*, BB 2013, 1269; *Bayreuther*, NZA Beilage 4/2012, 115 (115, 116); *Legerlotz*, ArbRB 2013, 21; *Nießen/Fabritius*, BB 2013, 375.
3 BMAS PM 18.12.2012; s. Überblick zur aktuellen Rspr. bei *Bissels/Mehnert*, DB 2014, 2407 ff.
4 Schüren/Hamann/*Riederer von Paar*, Einl. Rz. 597.
5 So *Dreyer*, ArbRB 2007, 270.
6 BAG 21.10.2009 – 5 AZR 951/08, NZA 2010, 237; zust. *Hamann*, jurisPR-ArbR 8/2010 Anm. 1.
7 BAG 13.11.2012 – 9 AZR 259/11, NJW 2013, 1835.
8 BSG 9.5.2006 – B 2 U 34/04 R, EzAÜG SGB VII Nr. 42; BVerfG 3.7.2007 – 1 BvR 1696/03, NZS 2008, 144.

b) Aushändigung des Merkblatts der Erlaubnisbehörde

Der Verleiher ist nach § 11 Abs. 2 AÜG verpflichtet, dem Leiharbeitnehmer bei Vertragsschluss ein Merkblatt der Erlaubnisbehörde über den wesentlichen Inhalt des AÜG auszuhändigen. Nichtdeutsche Leiharbeitnehmer erhalten das Merkblatt auf ihr Verlangen in ihrer Muttersprache. Dabei kommt es nicht darauf an, ob der ausländische Leiharbeitnehmer im Einzelfall hinreichende deutsche Sprachkenntnisse besitzt[1]. Regelmäßig wird die Amtssprache des Staates maßgeblich sein, dessen Staatsangehörigkeit der Ausländer hat. Bei Staaten mit mehreren Amtssprachen ist entscheidend, zu welcher Muttersprache sich der ausländische Leiharbeitnehmer bekennt[2]. Entsprechendes gilt, wenn die Muttersprache nicht mit der Amtssprache des Heimatstaates übereinstimmt[3]. Soweit in der Muttersprache ein Merkblatt der Erlaubnisbehörde nicht zur Verfügung steht, ist der Verleiher nach allerdings umstrittener Auffassung nicht verpflichtet, auf eigene Kosten eine Übersetzung des Merkblatts fertigen zu lassen[4].

c) Befristetes Arbeitsverhältnis

Durch das Erste Gesetz für moderne Dienstleistungen am Arbeitsmarkt vom 23.12. 2002[5] wurde u.a. die besondere Befristungsregelung in § 9 Nr. 2 AÜG aF aufgehoben. Es sollte damit die Einführung des Schlechterstellungsverbots (vgl. Rz. 67) kompensiert und die Arbeitnehmerüberlassung liberalisiert und flexibilisiert werden. Seitdem gelten die allgemeinen Befristungsregelungen der §§ 14 ff. TzBfG. Befristungen im Bereich der Leiharbeit sind damit nur noch nach § 14 TzBfG zulässig[6]. Dass dies gemessen an der zuvor geltenden Bestimmung zu einer Liberalisierung der Zeitarbeit führt – so die Absicht des Gesetzgebers –, ist allerdings nicht zutreffend[7].

Wenn mit dem Verleiher nicht bereits in den vergangenen drei Jahren[8] ein Arbeitsverhältnis bestanden hat, kann der Leiharbeitnehmer gem. § 14 Abs. 2 TzBfG in den ersten zwei Jahren sachgrundlos befristet beschäftigt werden. Eine Verlängerung liegt nur vor, wenn sich der nachfolgende Vertrag nahtlos an die vorangegangene Befristung anschließt; dieser muss vor Ablauf des zu verlängernden Vertrages abgeschlossen werden[9]. Auch müssen die Vertragsbedingungen identisch bleiben[10].

Von der Tariföffnungsklausel in § 14 Abs. 2 Satz 4 TzBfG haben die Tarifvertragsparteien im Manteltarifvertrag Zeitarbeit zwischen dem Bundesverband Zeitarbeit Personal-Dienstleistungen (jetzt: Bundesverband der Personaldienstleister, BAP) und ver-

---

1 Thüsing/Mengel, § 11 AÜG Rz. 33; Boemke/Lembke, § 11 AÜG Rz. 103; Urban-Crell/Germakowski/Bissels/Hurst, AÜG, § 11 Rz. 28.
2 Boemke/Lembke, § 11 AÜG Rz. 104.
3 Thüsing/Mengel, § 11 AÜG Rz. 33.
4 Schüren/Schüren, § 11 AÜG Rz. 87; Boemke/Lembke, § 11 AÜG Rz. 105; aA: Ulber, § 11 AÜG Rz. 87.
5 BGBl. I 2002, 4607.
6 BAG 23.7.2014 – 7 AZR 853/12; Lembke, DB 2003, 2702; EuGH 11.4.2013 – Rs. C-290/12 „Della Rocca", NZA 2013, 495 zur Nichtanwendbarkeit der Befristungsrichtlinie auf Leiharbeitnehmer; vgl. Lembke, NZA 2013, 815: § 14 TzBfG bleibt dennoch anwendbar.
7 Lembke, DB 2003, 2702; Lembke, BB 2003, 98 (104); Wank, NZA 2003, 14 (20, 21); Wank, RdA 2003, 1 (9).
8 BAG 6.4.2011 – 7 AZR 716/09, NZA 2011, 905; 21.9.2013 – 7 AZR 375/10, NZA 2012, 255; aA LAG BW 21.2.2014 – 7 Sa 64/13, BB 2014, 883; 26.9.2013 – 6 Sa 28/13, ZIP 2013, 2481; ArbG Gelsenkirchen 26.2.2013 – 5 Ca 2133/12; ArbG Braunschweig 3.4.2014 – 5 Ca 463/13, ArbRAktuell 2014, 366: Aussetzung des Verfahrens nach Art. 100 GG und Vorlage an das BVerfG.
9 BAG 26.7.2000 – 7 AZR 51/99, DB 2001, 100; 18.1.2006 – 7 AZR 178/05, DB 2006, 1221.
10 BAG 26.7.2000 – 7 AZR 51/99, DB 2001, 100; 18.1.2006 – 7 AZR 178/05, DB 2006, 1221; krit. Meinel/Heyn/Herms, TzBfG, 4. Aufl. 2012, § 14 Rz. 214.

schiedenen DGB-Gewerkschaften vom 22.7.2003 (Fassung vom 17.9.2013) unter § 9.2 insoweit Gebrauch gemacht[1], dass bei einer sachgrundlosen Befristung bis zu einer Gesamtdauer von zwei Jahren die viermalige Verlängerung zulässig ist[2].

56 Ebenso wenig wie die Vorbeschäftigung eines Leiharbeitnehmers in einem Kundenbetrieb den späteren Abschluss eines befristeten, sachgrundlosen Arbeitsvertrages zwischen (ehemaligem) Leiharbeitnehmer und (ehemaligem) Entleiher hindert[3], steht § 14 Abs. 2 TzBfG einem sachgrundlos befristeten Einsatz als Leiharbeitnehmer im Betrieb des bisherigen Arbeitgebers entgegen; dies gilt auch für den Fall, dass Verleiher und Entleiher demselben Konzern angehören[4]. Das Anschlussverbot knüpft seinem eindeutigen Wortlaut nach nicht an eine vorangegangene Beschäftigung im selben Betrieb oder die tatsächliche Eingliederung in den Betrieb, sondern allein daran an, dass der Arbeitgeber in beiden Vertragsverhältnissen identisch ist[5]. Eine missbräuchliche, dem Zweck der gesetzlichen Befristungsregelung widersprechende Gestaltung kann allerdings vorliegen, wenn der Wechsel ausschließlich deshalb erfolgt, um auf diese Weise über die gesetzlich vorgesehenen Befristungsmöglichkeiten hinaus sachgrundlose Befristungen aneinander zu reihen[6]. An der Rechtsprechung, dass ein Missbrauch idR erst bei einer länger als vierjährigen Beschäftigung (unter Beteiligung eines weiteren Arbeitgebers) vorliegen soll[7], hält das BAG[8] nicht fest. Die Rechtsmissbrauchskontrolle hat sich vielmehr an allen Umständen des Einzelfalls zu orientieren. Die Gesamtdauer der befristeten Arbeitsverhältnisse soll zukünftig (nur) noch ein in diese Gesamtabwägung einzustellender Aspekt sein.

56a ⊃ **Hinweis:** Selbst wenn die Voraussetzungen für einen Rechtsmissbrauch vorliegen sollten, kann dies nach Ansicht des BAG „nur" zu einem unbefristeten Arbeitsverhältnis mit dem letzten Vertragsarbeitgeber (hier: Verleiher), nicht hingegen zu einer Fiktion eines unbefristeten Arbeitsvertrags mit dem Entleiher führen[9]. Bei einer geltend gemachten rechtsmissbräuchlichen Umgehung des Anschlussverbots nach § 14 Abs. 2 Satz 2 TzBfG besteht die mit Treu und Glauben nicht zu vereinbarende Rechtsfolge nicht in dem Vertragsschluss „an sich", sondern in der Rechtfertigung der in dem Vertrag vereinbarten Befristung nach § 14 Abs. 2 Satz 1 TzBfG[10]. Der unredliche Vertragspartner kann sich auf eine solche Befristung nicht berufen. § 10 Abs. 1 Satz 1 ist in diesen Konstellationen aber weder unmittelbar noch analog anwendbar[11].

57 Bei der Anwendung von § 14 Abs. 1 Satz 2 Nr. 1 TzBfG auf das Leiharbeitsverhältnis ist nicht auf den vorübergehenden Bedarf beim Entleiher, sondern beim Verleiher ab-

---

1 In dem zwischen dem Interessenverband Deutscher Zeitarbeitsunternehmen (iGZ) und der Tarifgemeinschaft der DGB-Gewerkschaften abgeschlossenen Manteltarifvertrag wird die Möglichkeit einer abweichenden tariflichen Regelung nach § 14 Abs. 2 Satz 4 TzBfG hingegen nicht genutzt.
2 Vgl. LAG Düsseldorf 21.6.2013 – 10 Sa 1513/12 zur Zulässigkeit einer Regelung in einem Haustarifvertrag.
3 BAG 23.9.2014 – 9 AZR 1025/12; 8.12.1988 – 2 AZR 308/88, DB 1989, 1034; 17.1.2007 – 7 AZR 20/06, NZA 2007, 566; LAG BW 30.6.2005 – 13 Sa 71/04, EzAÜG § 14 TzBfG Nr. 2.
4 BAG 18.10.2006 – 7 AZR 145/06, DB 2007, 1471; 9.2.2011 – 7 AZR 32/10, DB 2011, 1528; 9.3.2011 – 7 AZR 657/09, DB 2011, 2494; LAG Schl.-Holst. 20.1.2009 – 5 TaBV 33/08, EzAÜG § 14 TzBfG Nr. 4; LAG Hamm 30.7.2009 – 8 Sa 523/09; aA *Brose*, DB 2008, 1378 (1381); krit. auch *Düwell/Dahl*, DB 2010, 1759 (1760).
5 BAG 17.1.2007 – 7 AZR 20/06, DB 2007, 863; 9.3.2011 – 7 AZR 657/09, NZA 2011, 1147; 15.5.2013 – 7 AZR 525/11, NZA 2013, 1214.
6 LAG Nds. 29.1.2003 – 10 SHa 18/02, NZA-RR 2003, 624.
7 BAG 18.10.2006 – 7 AZR 145/06, DB 2007, 1471; aA LAG Köln 25.3.2011 – 4 Sa 1399/10, EzA-SD 2011, Nr. 20, 6.
8 BAG 15.5.2013 – 7 AZR 525/11, NZA 2013, 1214.
9 Vgl. BAG 15.5.2013 – 7 AZR 525/11, NZA 2013, 1214; 23.9.2014 – 9 AZR 1025/12.
10 Vgl. BAG 4.12.2013 – 7 AZR 290/12, NZA 2014, 426; 23.9.2014 – 9 AZR 1025/12.
11 BAG 23.9.2014 – 9 AZR 1025/12.

zustellen[1]. Dabei rechtfertigt nach den allgemeinen Grundsätzen zu § 14 Abs. 1 Satz 2 Nr. 1 TzBfG die bloße Ungewissheit über einen weiteren Beschäftigungsbedarf eine Befristung nicht[2]. Der Befristungsgrund ist bei einem Leiharbeitsvertrag deshalb nur dann erfüllt, wenn eine Prognose zum Zeitpunkt des Vertragsschlusses mit hinreichender Sicherheit ergibt, dass der Bedarf für die Tätigkeit des Verleihers und damit generell für Arbeitnehmerüberlassung künftig entfällt. Vorübergehender Bedarf für ein Leiharbeitsverhältnis liegt folglich nur vor, wenn die Nachfrage nach Leiharbeitnehmern „dieser Art" am gesamten Markt „nur vorübergehend" ist. Wenn also zB ein Verleiher Saisonkräfte, etwa Erntehelferüberlässt, kann es gerechtfertigt sein, das Leiharbeitsverhältnis auf die jeweilige Saison zu befristen[3]. Demgegenüber stellt die Prognose des Verleihers, den Leiharbeitnehmer nur für eine bestimmte Zeit zwecks Überlassung an einen Entleiher zu benötigen, keine im Rahmen von § 14 Abs. 1 Satz 2 Nr. 1 TzBfG zulässige Prognose dar, denn hier handelt es sich um das für den Verleiher typische unternehmerische Beschäftigungsrisiko, das er nicht auf den Leiharbeitnehmer abwälzen darf[4]. Auch aus der Aufhebung des Synchronisationsverbots (§ 3 Abs. 1 Nr. 5 AÜG aF) kann man wegen der in § 11 Abs. 4 Satz 2 AÜG zum Ausdruck kommenden Wertung eine großzügigere Betrachtungsweise nicht ableiten[5]. Bei § 14 Abs. 1 Satz 2 Nr. 3 TzBfG kommt es auf den Vertretungsbedarf beim Verleiher an[6].

Nach anderer Auffassung soll demgegenüber zu differenzieren sein: Bei betriebsbezogenen sachlichen Gründen (§ 14 Abs. 1 Satz 2 Nr. 1, Nr. 3, Nr. 4 und Nr. 7 TzBfG) sei auf die Situation im Entleiherbetrieb abzustellen, bei arbeitnehmerbezogenen sachlichen Gründen (§ 14 Abs. 1 Satz 2 Nr. 2, Nr. 5 und Nr. 6 TzBfG) dagegen auf das Verhältnis zwischen Verleiher und Leiharbeitnehmer[7]. So interessant dieser Lösungsansatz auch ist: Eine arbeitsvertragliche Beziehung besteht ausschließlich zwischen dem Verleiher und dem Leiharbeitnehmer; Befristungsgründe können sich deshalb nur aus der Situation bei dem Verleiher als Arbeitsvertragspartner und nicht aus dem Verhältnis von Entleiher und Verleiher ergeben. Ansonsten würde man § 14 Abs. 1 TzBfG „verbiegen"[8]. 58

Es bleibt die Frage, ob es einen speziellen Befristungsgrund für die Leiharbeit gibt. Die Aufzählung von Sachgründen für die Befristung von Arbeitsverträgen in § 14 Abs. 1 Satz 2 Nr. 1–8 TzBfG ist nicht abschließend; diese kann auch durch andere, § 14 Abs. 1 Satz 2 TzBfG entsprechende Sachgründe gerechtfertigt sein[9]. Im Grundsatz ausgeschlossen ist also ein gesetzlich nicht ausdrücklich geregelter Sachgrund „Leiharbeit" nicht[10]. Es ist aber unwahrscheinlich, dass die Rechtsprechung einen Sachgrund „Leiharbeit" anerkennen wird. Die nicht genannten Sachgründe müssen den Wertungsmaßstäben des § 14 Abs. 1 TzBfG entsprechen und den genannten Sachgründen von ihrem Gewicht her gleichwertig sein. Das ist der Fall, wenn ein rechtlich anerkennenswertes Interesse – idR des Arbeitgebers – daran besteht, anstelle eines 59

---

1 LAG Sachsen 25.1.2008, 3 Sa 458/07, EzA-SD 2008, Nr. 7, 8/9; *Lembke*, DB 2003, 2702 (2704); *Düwell/Dahl*, NZA 2007, 889 (890, 891); *Urban-Crell/Germakowski/Bissels/Hurst*, AÜG, § 11 Rz. 92.
2 *Annuß/Thüsing/Maschmann*, § 14 TzBfG Rz. 23; *Urban-Crell/Germakowski/Bissels/Hurst*, AÜG, § 11 Rz. 91.
3 Beispiel von Schüren/*Schüren*, § 3 AÜG Rz. 100.
4 ErfK/*Wank*, Einl. AÜG Rz. 7; *Ulber*, § 9 AÜG Rz. 335/337.
5 ErfK/*Wank*, Einl. AÜG Rz. 7; *Düwell/Dahl*, NZA 2007, 889 (890, 891).
6 Schüren/*Schüren*, § 3 AÜG Rz. 96.
7 *Frik*, NZA 2005, 386 (388, 389).
8 *Werthebach*, NZA 2005, 1044; *Böhm*, RdA 2005, 360 (362, 364); *Hiekel*, FS ARGE Arbeitsrecht, S. 337.
9 BAG 16.3.2005 – 7 AZR 289/04, DB 2005, 1911; 9.12.2009 – 7 ABR 399/08, DB 2010, 847.
10 Abl.: KR/*Bader*, § 23 TzBfG Rz. 4; ErfK/*Wank*, Einl. AÜG Rz. 9.

unbefristeten Arbeitsverhältnisses ein befristetes zu vereinbaren[1]. Worin soll bei der „Leiharbeit" aber ein solches rechtlich anerkennenswertes Interesse liegen? Das Befristungsrecht von Leiharbeits- und traditionellen Arbeitsverhältnissen ist seit dem Ersten Gesetz für moderne Dienstleistungen am Arbeitsmarkt vom 23.12.2002 von der Gesetzeslage vollkommen harmonisiert. Trotz der Einführung von equal pay/ equal treatment (allerdings tariflich abdingbar) hat der Gesetzgeber an einem verleiherbezogenen Modell[2] festgehalten, bei dem das Leiharbeiterunternehmen das Verwendungsrisiko trägt, dh. dieses muss die Vergütung an den Leiharbeitnehmer auch zahlen, wenn es für ihn keine neue Einsatzmöglichkeit findet. Auf dieser Grundlage gibt es kein rechtlich anerkennenswertes Interesse, einen Sachgrund „Leiharbeit" zuzulassen und damit den Verleihern gegenüber Arbeitgebern mit „traditionellen Arbeitsverhältnissen" deren Beschäftigungssituation häufig ebenfalls kaum vorhersehbar ist, zu privilegieren.

d) Unwirksamkeit nachvertraglicher Tätigkeits- und Einstellungsverbote, Verbot der Vermittlungsgebühr zu Lasten des Leiharbeitnehmers

60 Nachvertragliche Tätigkeits- und Einstellungsverbote zu Lasten des Leiharbeitnehmers bzw. des Entleihers sind nach § 9 Nr. 3 und 4 AÜG rechtsunwirksam. Ob § 9 Nr. 4 AÜG als Sondervorschrift den Bestimmungen über ein nachvertragliches Wettbewerbsverbot vorgeht, hat keine praktische Bedeutung[3]. Die Beschäftigung bei einem früheren Entleiher im erlernten Beruf ist keine Konkurrenztätigkeit[4]. § 9 Nr. 4 AÜG steht einem Wettbewerbsverbot, das dem Leiharbeitnehmer den Wechsel zu einem anderen Verleiher oder den Aufbau eines eigenen Verleihunternehmens verbietet, nicht entgegen[5]. § 9 Nr. 4 AÜG erfasst auch Nebenabreden, die in einem Zusammenhang mit einem unwirksamen Abschlussverbot stehen (Vertragsstrafeversprechen[6], Rückzahlungsklauseln bei Abfindungen)[7]. Das Verbot des § 9 Nr. 3 AÜG schließt allerdings die Vereinbarung einer Vermittlungs-vergütung[8] an den Verleiher für den Fall, dass der Entleiher den Arbeitnehmer in ein Arbeitsverhältnis übernimmt, nicht aus[9]. Einer separaten Vermittlungsvereinbarung bedarf es nicht; eine solche kann bereits im Arbeitnehmerüberlassungsvertrag (auch formularmäßig) erfolgen[10]. Bei der Entscheidung der Frage, ob die Vergütungsvereinbarung zwischen Verleiher und Entleiher angemessen ist, ist nach dem Willen des Gesetzgebers die Dauer des vorangegangenen Verleihs, die Höhe des vom Entleiher für den Verleih bereits gezahlten Entgelts und der Aufwand für die Gewinnung eines vergleichbaren Arbeitnehmers zu berücksichtigen[11]. Diese Kriterien führen nach dem BGH dazu, dass die Vereinbarung einer Vermittlungsprovision die Verleihdauer bei der Höhe der Pro-

---

1 BAG 16.3.2005 – 7 AZR 289/04, DB 2005, 1911 (1913); 9.12.2009 – 7 AZR 399/08, DB 2010, 847.
2 Vgl. zu den unterschiedlichen Modellen: *Wank*, RdA 2003, 1 (3).
3 *Urban-Crell/Germakowski/Bissels/Hurst*, AÜG, § 9 Rz. 52.
4 Schüren/*Schüren*, § 9 AÜG Rz. 90.
5 *Bauer/Diller*, Wettbewerbsverbot, 6. Aufl. 2012, Rz. 360; Schüren/*Schüren*, § 9 AÜG Rz. 92; *Urban-Crell/Germakowski/Bissels/Hurst*, AÜG, § 9 Rz. 53.
6 Zur AGB-rechtlichen Zulässigkeit einer Vertragsstrafe bei einer Abwerbung der überlassenen Arbeitnehmer, vgl. OLG Köln 19.12.2013 – 15 U 99/13.
7 *Ulber*, § 9 AÜG Rz. 398; *Urban-Crell/Germakowski/Bissels/Hurst*, AÜG, § 9 Rz. 55.
8 Vgl. OLG Saarbrücken 15.10.2014 – 1 U 113/13 zu den Anforderungen an eine anspruchsbegründende Vermittlungstätigkeit.
9 *Böhm*, DB 2004, 1150; *Urban-Crell/Germakowski/Bissels/Hurst*, AÜG, § 9 Rz. 40; *Küpperfahrenberg/Lagardère*, BB 2012, 2952 ff.
10 BGH 7.12.2006 – III ZR 82/06, DB 2007, 526; 11.3.2010 – III ZR 240/09, NZA 2010, 511; 10.11.2011 – III ZR 77/11, NZA-RR 2012, 67.
11 Zur Berücksichtigung des Recruitingaufwandes: *Küpperfahrenberg/Lagardère*, BB 2012, 2952 (2953); *Urban-Crell/Germakowski/Bissels/Hurst*, AÜG, § 9 Rz. 41.

vision berücksichtigen muss[1]. Der Bezugspunkt „Jahresbruttoeinkommen" für die nach Zeitabschnitten degressiv gestaffelte Vermittlungsvergütung ist zulässig[2]. In der Literatur wird vorgeschlagen, sich zunächst an den Provisionen zu orientieren, die Zeitarbeitsunternehmen für die Vermittlung von Personal erheben[3]; dies sollen grundsätzlich bis zu drei Bruttomonatsvergütungen sein[4]. Mit zunehmender Überlassungsdauer sei die Vermittlungsprovision ratierlich zu kürzen, bis nach sechs Monaten vorangegangener Überlassung keine Vermittlungsprovision mehr zu zahlen sei[5]. Der BGH[6] geht hingegen davon aus, dass eine entsprechende Vergütung zugunsten des Verleihers auch bis zu einem Zeitraum von zwölf Monaten wirksam vereinbart werden kann.

Eine Reduktion einer zu hoch vereinbarten Vermittlungsprovision scheidet aus[7]. 61
§ 655 Satz 1 BGB ist von seinen Tatbestandsvoraussetzungen her nicht einschlägig; auch steht der Schutzzweck des § 9 Nr. 3 AÜG einer Anwendung der Vorschrift entgegen. Aus dem zuletzt genannten Grund scheidet eine geltungserhaltende Reduktion der die Vermittlungsprovision beinhaltenden Allgemeinen Geschäftsbedingungen aus[8]. Für die notwendige Ursächlichkeit zwischen Überlassung und Übernahme genügt ein zeitlicher Zusammenhang von bis zu sechs Monaten nach dem Ende des Einsatzes, wobei die Ursächlichkeit vom ehemaligen Entleiher widerlegt werden kann[9].

⊃ **Hinweis:** Da sich bislang nur wenige gerichtliche Entscheidungen mit der AGB-rechtlichen Zulässigkeit von Vermittlungsprovisionen bei einer Übernahme eines Leiharbeitnehmers durch den Entleiher beschäftigen, bestehen für den Verleiher bei der entsprechenden Formulierung der Klausel zahlreiche Risiken, dass dieser im Vermittlungsfall leer ausgeht. 62

Klauselvorschlag:

Vor diesem Hintergrund kann sich insbesondere an der vom BGH[10] bereits „abgenickten" Formulierung orientiert werden, die wie folgt lautet: 63

„Bei Übernahme in ein Anstellungsverhältnis eine(r)/s Mitarbeiter(in)/s aus der Überlassung steht dem Verleiher ein Vermittlungshonorar zu. Die Höhe der Vermittlungsgebühr ist wie folgt gestaffelt: Übernahme innerhalb der ersten drei Monate 15 % des Jahresbruttoeinkommens, nach drei Monaten 12 % des Jahresbruttoeinkommens, nach sechs Monaten 9 % des Jahresbruttoeinkommens, nach neun Monaten 5 % des Jahresbruttoeinkommens. Nach zwölf Monaten wird keine Vermittlungsgebühr mehr fällig (Jahresbruttogehalt = Arbeitsentgelt brutto ohne Nebenzuwendungen zuzüglich der gesetzlichen Umsatzsteuer)."

---

1 BGH 11.3.2010 – III ZR 240/09, NZA 2010, 511; 10.11.2011 – III ZR 77/11, DB 2011, 2852.
2 BGH 10.11.2011 – III ZR 77/11, DB 2011, 2852; wenig überzeugend: LG Flensburg 6.12.2013 – 2 O 89/13: Unzulässigkeit der Berechnung der Vermittlungsvergütung anhand des zwischen Verleiher und Entleiher vereinbarten Verrechnungssatzes; ebenso OLG Oldenburg 30.10.2014 – 1 U 42/14; aA zu einer wortgleichen Klausel hingegen OLG Oldenburg 14.12.2012 – 11 U 4/13.
3 *Düwell/Dahl*, FA 2007, 330 (331).
4 *Sandmann/Marschall/Schneider*, Art. 1 § 9 AÜG Anm. 29; *Düwell/Dahl*, FA 2007, 330 (331); aA *Lembke/Fesenmeyer*, DB 2007, 801 (803): im Regelfall maximal ein Bruttomonatsgehalt.
5 *Düwell/Dahl*, FA 2007, 330 (331); aA wohl Schüren/*Schüren*, § 99 AÜG Rz. 82.
6 BGH 10.11.2011 – III ZR 77/11, DB 2011, 2852.
7 BGH 11.3.2010 – III ZR 240/09, NZA 2010, 511; *Düwell/Dahl*, FA 2007, 330 (331); *Lembke/Fesenmeyer*, DB 2007, 801 (804).
8 *Urban-Crell/Germakowski/Bissels/Hurst*, AÜG, § 9 Rz. 46.
9 LG Aachen 23.3.2010 – 9 G 545/09, AE 2010, 195; *Düwell/Dahl*, FA 2007, 330 (331); *Urban-Crell/Germakowski/Bissels/Hurst*, § 9 AÜG Rz. 43; wesentlich enger Schüren/*Schüren*, § 9 AÜG Rz. 84/87.
10 BGH 10.11.2011 – III ZR 77/11, NZA-RR 2012, 67.

64 Ob die Vereinbarung einer Vermittlungsvergütung die mit einem Entleiher verbundenen Unternehmen iSd. AktG einbeziehen darf, ist zweifelhaft[1]. § 9 Nr. 5 AÜG regelt im Übrigen ausdrücklich die Unwirksamkeit von Vereinbarungen, nach denen der Leiharbeitnehmer eine Vermittlungsgebühr an den Verleiher zu zahlen hat.

e) Leistungsverweigerungsrecht bei Arbeitskampf

65 Dem Leiharbeitnehmer steht bei einem Arbeitskampf im Entleiherbetrieb, der durch einen Streik unmittelbar betroffen ist, ein Leistungsverweigerungsrecht nach § 11 Abs. 5 Satz 1 AÜG zu. Der Verleiher hat den Leiharbeitnehmer auf dieses Recht nach § 11 Abs. 5 Satz 2 AÜG hinzuweisen, und zwar vor dem geplanten Einsatz, wenn der Betrieb bereits von einem Arbeitskampf betroffen ist, ansonsten unverzüglich nach Beginn der Arbeitskampfmaßnahme[2]. Kann der Verleiher den Leiharbeitnehmer, der von dem Leistungsverweigerungsrecht Gebrauch macht, nicht anderweitig einsetzen, soll er in der beschäftigungslosen Zeit zur Vergütung verpflichtet sein[3].

66 ⊃ **Hinweis** Eine arbeitsvertragliche Vereinbarung des Verleihers mit dem Leiharbeitnehmer dahingehend, dass die Pflicht zur Zahlung des Entgelts entfällt, wenn die Nichtbeschäftigung durch einen Arbeitskampf bedingt ist, soll das Verbot nach § 11 Abs. 4 Satz 2 AÜG iVm. § 615 Satz 3 BGB verletzen und daher nach § 134 BGB nichtig sein[4].

Im Koalitionsvertrag von CDU/CSU und SPD vom 16.12.2013[5] ist vorgesehen, dass Leiharbeitnehmer nicht mehr als Streikbrecher eingesetzt werden sollen können[6]. Ob diese Bestimmung dazu führt, dass das bisher in § 11 Abs. 5 Satz 1 AÜG vorgesehene Leistungsverweigerungsrecht verschärft wird, zB in ein gesetzliches Verbot, bleibt abzuwarten.

f) Arbeits- und Entgeltbedingungen des Leiharbeitnehmers

67 Nach §§ 9 Nr. 2 und 10 Abs. 4 AÜG[7] hat der Leiharbeitnehmer einen Anspruch auf die im Betrieb des Entleihers für einen vergleichbaren Arbeitnehmer geltenden wesentlichen Arbeitsbedingungen einschl. des Arbeitsentgelts. Die Vorschriften gelten nicht in den in § 1 Abs. 3 AÜG geregelten Fällen und nicht für die Arbeitnehmerüberlassung außerhalb einer wirtschaftlichen Tätigkeit. Die Gleichbehandlungspflicht nach dem AÜG[8] gilt nur für die Zeit der Überlassung; in verleihfreien Zeiten sind ausschließlich die mit dem Verleiher vereinbarten Arbeitsbedingungen[9] einschließlich der Lohnuntergrenze nach § 3a AÜG zu beachten. Von den Bestimmungen des equal pay bzw. equal treatment kann durch einen wirksamen Tarifvertrag oder eine arbeitsvertragliche Bezugnahme auf diesen zu Lasten des Leiharbeitnehmers abgewichen werden; dies ist in der Praxis die Regel. Die gesetzlichen Vorschriften sind verfassungsgemäß[10].

---

1 Ausführlich: *Urban-Crell/Germakowski/Bissels/Hurst*, § 9 AÜG Rz. 44.
2 Schüren/*Schüren*, § 11 AÜG Rz. 132.
3 Schüren/*Schüren*, § 11 AÜG Rz. 125; Thüsing/*Mengel*, § 11 AÜG Rz. 50; aA *Boemke/Lembke*, § 11 AÜG Rz. 137; *Urban-Crell/Germakowski/Bissels/Hurst*, AÜG, § 11 Rz. 63.
4 LSG NRW 30.8.2006 – L 12 AL 168/05, EzAÜG § 615 BGB Nr. 3; aA *Böhm*, NZS 2007, 404.
5 Abrufbar unter: http://www.cdu.de/koalitionsvertrag; *Bissels*, ArbRB 2014, 109; *Lembke*, BB 2014, 1333; zu den Parteiprogrammen im Einzelnen *Bissels/Kiehn*, PuR 2013, 147.
6 S. 50.
7 § 3 Abs. 1 Nr. 3 AÜG enthält einen entsprechenden Versagungstatbestand.
8 Auch „equal treatment" genannt; „equal pay" bezieht sich hingegen nur auf die ebenfalls vom „equal treatment" erfasste Entgeltgleichheit.
9 *Boemke/Lembke*, § 9 AÜG Rz. 95, 96; Thüsing/*Mengel*, § 9 AÜG Rz. 29; *Urban-Crell/Germakowski/Bissels/Hurst*, AÜG, § 10 Rz. 82.
10 BVerfG 29.12.2004 – 1 BvR 2283/03, 1 BvR 2504/03, 1 BvR 2582/03, BB 2005, 495; BAG 13.3.2013 – 5 AZR 954/11, BB 2013, 755; dazu: *Bayreuther*, NZA 2005, 341; *Lembke*, BB 2005, 499; *Schüren*, RdA 2006, 303; für Verfassungswidrigkeit: *Rieble/Klebeck*, NZA 2003, 23 (27, 29); krit. auch *Thüsing*, DB 2003, 446 (449, 450).

Darlegungs- und beweispflichtig für die Höhe des Anspruchs auf Gleichbehandlung ist nach allgemeinen Grundsätzen der Leiharbeitnehmer. Seiner Darlegungslast kann dieser zunächst dadurch genügen, dass er sich auf eine ihm vom Entleiher nach § 13 AÜG erteilte Auskunft beruft und diese in den Prozess einführt. Es obliegt sodann dem Verleiher, die maßgeblichen Umstände der Auskunft in erheblicher Art und im Einzelnen zu bestreiten. Trägt er nichts vor oder lässt er sich nicht substantiiert ein, gilt der Inhalt der vom Leiharbeitnehmer vorgetragenen Auskunft als zugestanden. Erschüttert der Verleiher die Auskunft des Entleihers, muss der Anspruchsteller die anspruchsbegründenden Tatsachen darlegen und beweisen[1]. Stützt sich der Leiharbeitnehmer im Prozess nicht auf eine Auskunft nach § 13 AÜG, muss er zur Darlegung des Anspruchs auf gleiches Arbeitsentgelt alle für dessen Berechnung erforderlichen Tatsachen vortragen. Dazu gehören vorrangig die Benennung eines vergleichbaren Stammarbeitnehmers und das diesem vom Entleiher gewährte Arbeitsentgelt. Beruft sich der Leiharbeitnehmer – alternativ – auf ein allgemeines Entgeltschema, hat er nicht nur dessen Inhalt, sondern auch darzulegen, dass ein solches im Betrieb des Entleihers im Überlassungszeitraum tatsächlich Anwendung fand und wie er danach fiktiv einzugruppieren gewesen wäre[2] (s. dazu auch Rz. 123). Außerdem umfasst die Darlegungslast des Leiharbeitnehmers den zur Ermittlung der Höhe des Anspruchs auf gleiches Arbeitsentgelt erforderlichen Gesamtvergleich der Entgelte im Überlassungszeitraum und die Berechnung der Differenzvergütung[3]. Zur substantiierten Darlegung des Gesamtvergleichs gehört die Erläuterung, in welchem konkreten Umfang im Überlassungszeitraum die Differenzvergütung etwa für geleistete Arbeit, aufgrund einer krankheitsbedingten Arbeitsunfähigkeit oder von Feiertagen, für gewährten Urlaub oder Freizeitausgleich oder für die Abgeltung von Stunden aus einem Arbeitszeitkonto oder für einen sonstigen Tatbestand, der eine Vergütungspflicht ohne Arbeit regelt, begehrt wird[4].

68

Der Leiharbeitnehmer kann der Darlegungslast zur Höhe des Anspruchs auf equal pay nicht durch die bloße Bezugnahme auf die den Schriftsätzen beigefügten Unterlagen genügen. Anlagen können lediglich zur Erläuterung oder Belegung des schriftsätzlichen Vortrags dienen, diesen aber nicht ersetzen. Die Darlegung der Höhe der Vergütung vergleichbarer Stammarbeitnehmer und die Berechnung der Differenzvergütung durch den Leiharbeitnehmer hat entsprechend § 130 Nr. 3 ZPO schriftsätzlich zu erfolgen[5].

69

⊃ **Hinweis:** Nach Ansicht des BAG zeichnet sich ein gewissenhafter und kundiger Prozessbevollmächtigter, der einen Equal-pay-Anspruch geltend macht, dadurch aus, dass er in den Tatsacheninstanzen alle ihm bekannten, für die Anspruchshöhe relevant sein könnenden Tatsachen substantiiert vorträgt, insbesondere eine Auskunft nach § 13 AÜG einholt und in den Prozess einführt[6]. Dies soll selbst für den Fall gelten, dass die Klage im Instan-

70

---

1 BAG 23.3.2011 – 5 AZR 7/10, NZA 2011, 850; 13.3.2013 – 5 AZR 294/12, NZA 2013, 1226; 13.3.2013 – 5 AZR 146/12, NZA 2013, 782; 13.3.2013 – 5 AZR 242/12, BB 2013, 755; 23.10.2013 – 5 AZR 667/12, AP Nr. 32 zu § 10 AÜG; zu den Besonderheiten bei einer Überlassung in das Ausland, wenn der Leiharbeitnehmer den Anspruch nach § 13 AÜG nicht gegen den Entleiher geltend machen kann: BAG 28.5.2014 – 5 AZR 422/12, DB 2014, 1688; *Urban-Crell/Germakowski/Bissels/Hurst*, AÜG, § 10 Rz. 83.
2 BAG 13.3.2013 – 5 AZR 146/12, NZA 2013, 782; 13.3.2013 – 5 AZR 242/12, BB 2013, 755; 23.10.2013 – 5 AZR 135/12, NZA 2014, 200; 19.2.2014 – 5 AZR 1047/12, NZA 2014, 915; 19.2.2014 – 5 AZR 680/12; 19.2.2014 – 5 AZR 1048/12; 24.9.2014 – 5 AZR 254/13; 24.9.2014 – 5 AZR 256/14; LAG Nds. 21.9.2012 – 6 Sa 113/12, AE 2013, 60; *Bissels*, BB 2014, 1658.
3 BAG 23.10.2013 – 5 AZR 667/12, AP Nr. 32 zu § 10 AÜG; 13.3.2013 – 5 AZR 294/12, NZA 2013, 1226.
4 BAG 19.2.2014 – 5 AZR 700/12, FA 2014, 181; 20.11.2013 – 5 AZR 365/13, AP Nr. 35 zu § 10 AÜG.
5 BAG 19.2.2014 – 5 AZR 700/12, FA 2014, 181; 23.10.2013 – 5 AZR 556/12, NZA 2014, 313; 23.10.2013 – 5 AZR 667/12, AP Nr. 32 zu § 10 AÜG.
6 Vgl. BAG 25.9.2013 – 5 AZR 617/13 (F), NZA 2013, 1231; kritisch dazu *Gravenhorst*, jurisPR-ArbR 1/2014 Anm. 2 („unschöne Überrumpelungsentscheidung").

zenzug bereits wegen nicht eingehaltener Ausschlussfristen abgewiesen wurde und sich die Gerichte folglich nicht damit befassen mussten, ob der Leiharbeitnehmer zur Höhe des Anspruchs bereits hinreichend substantiiert vorgetragen hat. Dieser darf nicht darauf vertrauen, in einem weiteren Berufungsverfahren Gelegenheit zu erhalten, in den Tatsacheninstanzen zurückgehaltenen Sachvortrag oder eine erst nach der mündlichen Verhandlung vor dem BAG eingeholte Auskunft nach § 13 AÜG in das Verfahren einführen zu können[1], wenn das Urteil zugunsten des Leiharbeitnehmers in der Revision aufgehoben wird.

71 Vergleichbar mit dem Leiharbeitnehmer sind solche Mitarbeiter des Entleihers, die dieselbe oder eine ähnliche Tätigkeit wie dieser ausführen[2]. Die Vergleichbarkeit der Arbeitnehmer ist vor allem anhand tätigkeitsbezogener Merkmale zu überprüfen[3]. Ausgangspunkt dafür ist der konkrete Arbeitsplatz, den der Leiharbeitnehmer besetzt. Ist eine zu gewährende Arbeitsbedingung an besondere persönliche Merkmale gebunden, wie eine bestimmte Qualifikation oder einen Berufsabschluss, muss auch der Leiharbeitnehmer diese erfüllen. Darüber hinaus sind auch personenbezogene Komponenten zu berücksichtigen[4], zB die Berufserfahrung[5].

72 Nicht geregelt ist, welche Arbeitsbedingungen dem Leiharbeitnehmer zu gewähren sind, wenn es im Betrieb des Entleihers keine vergleichbaren Mitarbeiter gibt. Die wohl überwiegende Auffassung nimmt an, dass dann zu ermitteln ist, wie ein Arbeitnehmer zu behandeln wäre, wenn er unmittelbar beim Entleiher beschäftigt worden wäre, wobei auch auf einschlägige Tarifverträge abgestellt werden kann[6]. Diese Ansicht hat das BAG[7] inzwischen bestätigt: Wendet der Entleiher in seinem Betrieb ein allgemeines Entgeltschema an, kann auf die fiktive Eingruppierung des Leiharbeitnehmers in dieses Entgeltschema abgestellt werden. Maßstab ist in diesem Falle das Arbeitsentgelt, das der Leiharbeitnehmer erhalten hätte, wenn er für die gleiche Tätigkeit unmittelbar beim Entleiher eingestellt worden wäre. Gibt es mehrere vergleichbare Arbeitnehmer, für die unterschiedliche individuell ausgehandelte Arbeitsbedingungen gelten, wird man sich am „Minimum" zu orientieren haben[8]. Gelten im Entleiherbetrieb für neu eingestellte vergleichbare Stammarbeitnehmer andere Arbeitsbedingungen als für schon länger beschäftigte Mitarbeiter, ergibt sich die Vergleichsgruppe des Leiharbeitnehmers aus dem Einstellungsdatum, dh. der Leiharbeitnehmer ist so behandeln wie die Stammarbeitnehmer, die zum Zeitpunkt seiner Überlassung vom Entleiher eingestellt wurden[9].

---

1 BAG 25.9.2013 – 5 AZR 617/13 (F), NZA 2013, 1231.
2 LAG Rh.-Pf. 15.3.2012 – 2 Sa 468/11, ArbRAktuell 2012, 330; *Boemke/Lembke*, § 9 AÜG Rz. 104; *Urban-Crell/Germakowski/Bissels/Hurst*, AÜG, § 3 Rz. 93; *Hurst*, Tarifverträge in der Zeitarbeit, 2010, S. 8f.
3 Vgl. LAG Hamm 28.7.2014 – 17 Sa 1479/13.
4 LAG Nds. 21.9.2012 – 6 Sa 113/12, AE 2013, 60; LAG BW 16.5.2014 – 12 Sa 36/13, ArbRAktuell 2014, 419, das aber ergänzend noch auf die arbeitsvertraglich zwischen Verleiher und Leiharbeitnehmer im Arbeitsvertrag vereinbarte Funktion als maßgebliches Kriterium abstellt; vgl. auch BAG 23.3.2011 – 5 AZR 7/10, NZA 2011, 850.
5 Vgl. LAG BW 16.5.2014 – 12 Sa 36/13, ArbRAktuell 2014, 419 mwN; LAG Schl.-Holst. 12.2.2014 – 6 Sa 325/13 zur Vergleichbarkeit von Arbeitnehmern bei tariflichen Branchenzuschlägen nach dem TV BZ ME; zust. *Bissels*, jurisPR-ArbR 21/2014 Anm. 3.
6 *Däubler*, DB 2008, 1914; *Boemke/Lembke*, § 9 AÜG Rz. 108, 110; *Urban-Crell/Germakowski/Bissels/Hurst*, AÜG, § 3 Rz. 96; aA *Thüsing*, DB 2003, 446 (447f.): Leerlaufen des Gebots; *Grimm/Brock*, Arbeitnehmerüberlassung, § 7 Rz. 37ff.
7 BAG 13.3.2013 – 5 AZR 242/12, FA 2013, 180; 19.2.2014 – 5 AZR 920/12, DB 2014, 1143; 19.2.2014 – 5 AZR 1048/12; 19.2.2014 – 5 AZR 1049/12; 19.2.2014 – 5 AZR 1046/12; 24.9.2014 – 5 AZR 254/13; 24.9.2014 – 5 AZR 259/13.
8 Vgl. LAG Schl.-Holst. 12.2.2014 – 6 Sa 325/13; zust. *Bissels*, jurisPR-ArbR 21/2014 Anm. 3; *Urban-Crell/Germakowski/Bissels/Hurst*, AÜG, § 3 Rz. 94, mwN.; HWK/*Kalb*, § 3 AÜG Rz. 34; *Lembke*, BB 2003, 98 (100, 101); *Thüsing*, DB 2003, 446 (448).
9 *Thüsing*, DB 2003, 446 (448); *Boemke/Lembke*, § 9 AÜG Rz. 115.

Die Gleichbehandlungspflicht bezieht sich auf die wesentlichen Arbeitsbedingungen[1]. Der Gesetzgeber hat versäumt, festzulegen, welche Arbeitsbedingungen er für „wesentlich" hält. In der Gesetzesbegründung heißt es, ohne die „Wesentlichkeit" zu erwähnen: „Arbeitsbedingungen sind dabei alle nach dem allgemeinen Arbeitsrecht vereinbarten Bedingungen, wie Dauer der Arbeitszeit und des Urlaubs oder die Nutzung sozialer Einrichtungen. Unter Arbeitsentgelt ist nicht nur das laufende Arbeitsentgelt, sondern auch Zuschläge und andere Lohnbestandteile zu verstehen"[2]. Das BAG[3] hat im Rahmen einer europarechtskonformen Auslegung entschieden, dass die in Art. 3 Abs. 1 lit. f der LeiharbeitsRL genannten Regelungsgegenstände den Begriff der „wesentlichen Arbeitsbedingungen" in § 9 Nr. 2 AÜG abschließend ausformen. Dazu gehören neben dem Arbeitsentgelt die Dauer der Arbeitszeit, Überstunden, Pausen, Ruhezeiten, Nachtarbeit, Urlaub sowie arbeitsfreie Tage. Beim Entleiher geltende (tarifliche) Ausschlussfristen zählen dagegen nach Auffassung des BAG[4] nicht zu den „wesentlichen Arbeitsbedingungen"; diese sollen kein integraler Bestandteil des „Arbeitsentgelts" sein und können folglich von einem Verleiher nicht gegenüber dem von einem Leiharbeitnehmer verlangten equal pay geltend gemacht werden[5]. 73

Darüber hinaus bestimmt die LeiharbeitsRL 2008/104/EG in Art. 6 Abs. 4, dass Leiharbeitnehmer grundsätzlich den gleichen Zugang zu den Gemeinschaftseinrichtungen oder -diensten, insbesondere zur Gemeinschaftsverpflegung, zu Kinderbetreuungseinrichtungen und zu Beförderungsmitteln des Entleihers haben müssen (vgl. dazu Rz. 155)[6]. 74

Zum Arbeitsentgelt gehört alles, was für die Arbeitsleistung pro Zeiteinheit oder für das Arbeitsergebnis bezahlt wird; Provisionen, Tantiemen, Gewinnbeteiligungen, ein 13. Monatsgehalt und eine (tarifliche) Sonderzahlung zählen ebenso dazu wie Zuschläge und Zulagen, die an die Arbeitsstunden geknüpfte Belastungen ausgleichen[7], sowie sämtliche weitere Vergütungsbestandteile, die als Gegenleistung für die Erbringung der Arbeitsleistung vergleichbarer Arbeitnehmer des Entleihers erbracht werden[8]. Dazu gehören auch vermögenswirksame Leistungen[9] sowie (steuerpflichtige) geldwerte Vorteile eines zur privaten Nutzung überlassenen Firmenwagens[10]. Außer Betracht bleibt hingegen ein echter Aufwendungsersatz (Fahrt-, Übernachtungs-, Verpflegungskosten)[11]. Soweit sich dieser allerdings als „verschleiertes" und damit steuerpflichtiges Arbeitsentgelt darstellt, ist er beim Gesamtvergleich der Entgelte zu be- 75

---

1 Dazu *Hurst*, Tarifverträge in der Zeitarbeit, 2010, S. 9 f.
2 BT-Drucks. 15/25, 38.
3 BAG 23.3.2011 – 5 AZR 7/10, NZA 2011, 850; *Boemke/Lembke*, § 9 AÜG Rz. 119 ff.; aA unter Rückgriff auf § 2 Abs. 1 Satz 2 NachwG noch: *Lembke*, BB 2010, 1537; *Boemke*, RIW 2009, 180.
4 Vgl. BAG 23.3.2011 – 5 AZR 7/10, NZA 2011, 850; dazu *Bissels*, BB 2011, 893; ArbG Bielefeld 9.2.2010 – 5 Ca 2730/09, ArbRAktuell 2010, 537; aA LAG München 12.11.2009 – 3 Sa 579/09, ArbRAktuell 2010, 99; *Lützeler/Bissels/Domke*, ArbRAktuell 2011, 136; *Lemke*, BB 2010, 1536 f.
5 *Bissels*, BB 2011, 893.
6 Inzwischen umgesetzt durch die Einfügung von § 13b AÜG.
7 *Schüren/Schüren*, § 9 AÜG Rz. 132, 135; *Urban-Crell/Germakowski/Bissels/Hurst*, AÜG, § 3 Rz. 100.
8 BAG 13.3.2013 – 5 AZR 294/12, NZA 2013, 1226; 19.2.2014 – 5 AZR 1047/12, NZA 2014, 915; LAG Nds. 21.9.2012 – 6 Sa 113/12, AE 2013, 60; *Brandl/Haberkorn/Veit*, NZA 2014, 1167 zur betriebliche Altersversorgung als „wesentliche Arbeitsbedingung".
9 BAG 19.2.2014 – 5 AZR 1047/12, NZA 2014, 915; 13.3.2013 – 5 AZR 242/12, FA 2013, 180.
10 BAG 19.2.2014 – 5 AZR 1047/12, NZA 2014, 915; *Bissels*, BB 2014, 1658.
11 BAG 29.9.2014 – 5 AZR 256/14; 19.2.2014 – 5 AZR 700/12, FA 2014, 181; 19.2.2014 – 5 AZR 1046/12; 13.3.2013 – 5 AZR 294/12, NZA 2013, 1226; 23.10.2013 – 5 AZR 135/12, NZA 2014, 200; LAG München 6.3.2013 – 10 Sa 829/12.

rücksichtigen[1]. Bei Vergütungsbestandteilen, die über das laufende Entgelt hinausgehen, ist zu fragen, ob ein entsprechend der Überlassungsdauer befristet beschäftigter Stammarbeitnehmer Anspruch auf die Leistung hätte oder nicht[2]. Gewährt der Entleiher dessen Mitarbeitern zu einem bestimmten Stichtag eine Sonderzahlung, kann der Leiharbeitnehmer diese im Rahmen des equal pay nur für sich reklamieren, wenn dieser an diesem Stichtag auch bei dem betreffenden Entleiher im Einsatz ist[3].

76 Erhalten die vergleichbaren Stammarbeitnehmer ein Monatsgehalt, richtet sich der Equal-pay-Anspruch des Leiharbeitnehmers auch auf ein Monatsgehalt; dessen „Herunterrechnen" auf einen insoweit fiktiven Stundenlohn kommt nicht in Betracht[4]. Ausgangspunkt für die Berechnung der Differenzvergütung ist vielmehr das Monatsgehalt, das der Leiharbeitnehmer erhalten hätte, wenn er unmittelbar bei dem Entleiher beschäftigt gewesen wäre. Erstreckt sich ein Überlassungszeitraum (auch) auf nicht volle Kalendermonate, muss das anteilige Monatsgehalt nach den beim Entleiher geltenden Berechnungsregeln bestimmt werden. Fehlt es an solchen, ist dieses auf der Basis eines Dreißigstel je Tag des Überlassungszeitraums, der in den nicht vollen Kalendermonat fällt, zu ermitteln[5].

77 Nur schwer lösbare Probleme gibt es bei der Urlaubsdauer, wenn der Leiharbeitnehmer im Urlaubsjahr bei verschiedenen Entleihern mit unterschiedlichen Urlaubsregelungen tätig war. Der Leiharbeitnehmer erwirbt immer nur einen anteiligen Urlaubsanspruch für die Dauer des Einsatzes, soweit dieser über die Urlaubsdauer aus dem Leiharbeitsvertrag hinausgeht[6]. Gewährt der Verleiher dem Leiharbeitnehmer während des Zeitraums einer Überlassung Urlaub, berechnet sich das Urlaubsentgelt nach den dafür beim Entleiher anzuwendenden Bestimmungen. Fehlt es dort an einschlägigen tariflichen Urlaubsregelungen (§ 13 Abs. 1 Satz 1, 2 BUrlG), bleibt es bei der Bemessung des Urlaubsentgelts bei den Vorgaben des § 11 Abs. 1 BUrlG[7].

78 Der gesetzlichen Regelung zur Gleichbehandlungspflicht ist nicht zu entnehmen, ob das Vorliegen einer „schlechteren Arbeitsbedingung" beim Verleiher auf jeden einzelnen Vertragsbestandteil bezogen werden muss oder ob eine solche nur vorliegt, wenn der Arbeitsvertrag insgesamt „schlechter" ist. Letztlich muss auf einen Sachgruppenvergleich abgestellt werden, der Regelungen zusammenfasst, die in einer sachlichen Einheit zueinander stehen[8]. Damit kann es aber bei einer Gesamtbetrachtung der Arbeitsbedingungen zu einer Besserstellung des Leiharbeitnehmers gegenüber der Stammbelegschaft des Entleihers kommen. Deshalb wird zur Gewährleistung eines equal treatment eine Vertragsgestaltung empfohlen, nach der im Arbeitsvertrag des Leiharbeitnehmers hinsichtlich der Zeit der Überlassung vollständig auf die Arbeitsbedingungen im Entleiherbetrieb verwiesen wird.

79 Das equal-treatment-Gebot gilt nach § 9 Nr. 2 AÜG unter dem Vorbehalt, dass ein Tarifvertrag abweichende Regelungen zulassen kann, also letztlich einzelvertraglich vereinbarte Arbeitsbedingungen, die das an sich geltende equal pay/equal treatment

---

1 BAG 13.3.2013 – 5 AZR 294/12, NZA 2013, 1226.
2 Schüren/*Schüren*, § 9 AÜG Rz. 131.
3 Vgl. LAG Schl.-Holst. 21.5.2013 – 2 Sa 398/12, AuA 2013, 485.
4 BAG 23.10.2013 – 5 AZR 556/12, NZA 2014, 313; 19.2.2014 – 5 AZR 700/12, FA 2014, 181; 19.2.2014 – 5 AZR 680/12; 19.2.2014 – 5 AZR 1047/12, NZA 2014, 915; 23.10.2013 – 5 AZR 135/12, NZA 2014; *Bissels*, BB 2014, 1658.
5 BAG 19.2.2014 – 5 AZR 700/12, FA 2014, 181; 23.10.2013 – 5 AZR 556/12, NZA 2014, 313; 23.10.2013 – 5 AZR 135/12, NZA 2014, 200.
6 Thüsing/*Pelzner*/*Kock*, § 3 AÜG Rz. 66.
7 Vgl. BAG 23.10.2013 – 5 AZR 135/12, NZA 2014, 200; 19.2.2014 – 5 AZR 700/12, FA 2014, 181; 19.2.2014 – 5 AZR 680/12.
8 BAG 23.3.2011 – 5 AZR 7/10, NZA 2011, 850; *Thüsing*, DB 2003, 446 (447); *Boemke/Lembke*, § 9 AÜG Rz. 147 f.; *Böhm/Henning/Popp*, Rz. 641; *Urban-Crell/Germakowski/Bissels/Hurst*, AÜG, § 3 Rz. 106.

III. Regelungsgegenstand und Regelungsinhalt des AÜG

im Verleihzeitraum unterschreiten[1]. Erst recht kann ein Tarifvertrag selbst abweichende Regelungen treffen. Nur Letzteres wird in der Praxis vorkommen[2]. Dafür ist eine beiderseitige Tarifbindung erforderlich; es reicht nicht aus, dass nur der Arbeitgeber an den Tarifvertrag gebunden ist[3]. Im räumlichen, zeitlichen und fachlichen Geltungsbereich eines solchen Tarifvertrages können allerdings nach § 9 Nr. 2 AÜG nicht tarifgebundene Arbeitgeber und Arbeitnehmer die Anwendung der tariflichen Regelungen vereinbaren; von dieser Möglichkeit wird in der Praxis regelmäßig Gebrauch gemacht. Vereinzelte Stimmen in der Literatur vertreten allerdings die Auffassung, dass die Möglichkeit der Bezugnahme auf Tarifverträge zur Abweichung vom Gleichbehandlungsgrundsatz von Art. 5 der LeiharbeitsRL nicht gedeckt sein soll[4]. Individualvertragliche Abweichungen vom Gleichbehandlungsgrundsatz zu Lasten der Leiharbeitnehmer im Übrigen sollen auch aus sachlichem Grund weder in Bezug auf die Vergütung noch hinsichtlich der ansonsten zu gewährenden Arbeitsbedingungen zulässig sein[5]. Diese Ansichten vermögen allerdings nicht zu überzeugen.

Im Rahmen des § 9 Nr. 2 AÜG kommt dem Tarifvertrag eine andere Bedeutung zu, als er im Regelfall hat; die gesetzliche Regelung lässt nämlich einen Tarifvertrag zur Verschlechterung, also zur Unterschreitung der gesetzlichen Gleichbehandlungspflicht zu[6]. Ob und ggf. mit welcher Grenze die Tarifdispositivität eingeschränkt ist, ist umstritten. Einerseits wird auf den Grundsatz der Gleichbehandlung verwiesen, der als Schutzgedanke der tariflichen Gestaltungsfreiheit Grenzen setze[7], andererseits wird die Richtigkeitsgewähr des Tarifvertrages betont und darauf hingewiesen, dass die Tarifpartner nicht ohne Weiteres an die in einem Gesetz innewohnenden Wertentscheidungen gebunden seien[8]. Auch ein nach § 4 Abs. 5 TVG nachwirkender Tarifvertrag kann dabei für die Abbedingung des Gleichbehandlungsgrundsatzes nach § 9 Nr. 2 AÜG ausreichen[9], wenn er durch eine dynamische Verweisung in Bezug genommen wurde bzw. normativ galt. Eine arbeitsvertragliche Inbezugnahme des nachwirkenden Tarifvertrages ist nach umstrittener Auffassung auch bei der Einstellung von Leiharbeitnehmern im Nachwirkungszeitraum zur Abbedingung des equal-treatment-Grundsatzes wirksam, wenn die Verweisung dynamisch gestaltet ist[10]. Allerdings scheidet eine Nachwirkung und damit ein hinreichendes tarifliches Substrat aus, wenn die bisherigen Tarifvertragspartner keinen Anschlusstarifvertrag mehr anstreben[11]. Es wird darüber hinaus vertreten, die Nachwirkung jedenfalls ein Jahr nach dem Außerkraftsetzen des Tarifvertrages auslaufen zu lassen[12]. Mischbetriebe, die überwiegend Arbeitnehmerüberlassung betreiben, können nach Aufgabe des Grundsatzes der Tarifeinheit durch das BAG[13] die Anwendung des Grundsatzes von equal pay/equal treatment durch die Inbezugnahme

---

1 Grundsätzliche Kritik an dieser Vorschrift: *Schüren*, FS Löwisch, S. 367.
2 *Urban-Crell/Germakowski/Bissels/Hurst*, AÜG, § 3 Rz. 116.
3 AA *Röder/Krieger*, DB 2006, 2122 (2123) und DB 2007, 168 (170).
4 *Rödl/D. Ulber*, NZA 2012, 841 (841, 845).
5 *Reim*, ZTR 2003, 106 (108).
6 *Thüsing*, DB 2003, 446 (448); *Schüren*, RdA 2006, 303 (304).
7 *Waltermann*, NZA 2010, 482 (485, 486); *Blanke*, DB 2010, 1528 (1531); vgl. auch LAG Hamburg 24.3.2009 – H 2 Sa 164/08.
8 *Thüsing*, ZfA 2008, 590 (594, 599); *Lembke*, BB 2010, 1533 (1540); *Thüsing/Pelzner/Kock*, § 3 AÜG Rz. 89, 92.
9 *Thüsing*, DB 2003, 446 (449); *Hamann*, BB 2005, 2185 (2188); *Röder/Krieger*, DB 2006, 2122 (2123); *Urban-Crell/Germakowski/Bissels/Hurst*, AÜG, § 3 Rz. 141; aA *D. Ulber*, ZTR 2010, 287, der sowohl bei ursprünglich normativer Tarifgeltung als auch Inbezugnahme eine Nachwirkung ablehnt.
10 *Urban-Crell/Germakowski/Bissels/Hurst*, § 3 AÜG Rz. 143; aA *Thüsing/Mengel*, § 9 AÜG Rz. 36.
11 *Bayreuther*, BB 2010, 309 (314); *Kocher*, DB 2010, 900 (903); *Urban-Crell/Germakowski/Bissels/Hurst*, AÜG, § 3 Rz. 143a.
12 *Bayreuther*, BB 2010, 309 (314); *Kocher*, DB 2010, 900 (903).
13 BAG 7.7.2010 – 4 AZR 549/08, NZA 201, 1068; 27.1.2010 – 4 AZR 549/08 (A), NZA 2010, 645; *Hurst*, Tarifverträge in der Zeitarbeit, 2010, S. 23.

von einschlägigen Tarifverträgen der Zeitarbeitsbranche vermeiden, wenn sie unter deren (fachlichen) Geltungsbereich fallen[1]. Erst recht können Leiharbeitstarifverträge angewendet werden, wenn die Bereiche der Zeitarbeit und des sonstigen Betriebszwecks getrennt und als jeweils selbständige Organisation geführt werden[2]. Unklar ist, ob es sich um eine Bezugnahme auf den Tarifvertrag im Ganzen handeln muss oder auch ein Verweis auf tarifliche Einzelregelungen in Betracht kommt[3]. Nicht ausreichend ist zumindest die Verweisung auf einzelne unzusammenhängende Tarifnormen. Hinreichend ist aber, dass die Bezugnahmeklausel auf sachlich und inhaltlich zusammenhängende Regelungskomplexe verweist. Es muss daher nicht der gesamte Tarifvertrag in Bezug genommen werden. Soweit nicht entsprechend verwiesen wird, verbleibt es bei der gesetzlich an sich vorgesehenen Gleichbehandlungspflicht.

80 Für den Abschluss abweichender Tarifverträge gem. § 9 Nr. 2 AÜG haben sich die DGB-Tarifgemeinschaft und die Tarifgemeinschaft Christlicher Gewerkschaften gebildet, die jeweils mit verschiedenen Arbeitgeberverbänden Tarifverträge abgeschlossen haben. Die für eine Gewerkschaft erforderliche Tariffähigkeit wird man den DGB-Gewerkschaften trotz ihres geringen Organisationsgrades unter den Leiharbeitnehmern nicht absprechen können, da sie im Ganzen sozial mächtig sind und der Gesetzgeber den Tarifvorbehalt in Kenntnis der tatsächlichen Organisationsverhältnisse in das AÜG aufgenommen hat[4]. Ob ansonsten die DGB-Gewerkschaften bzw. ihre Tarifgemeinschaft für die Zeitarbeitsbranche ausreichend tarifzuständig sind und ihre Satzungsgestaltung einer Überprüfung durch die Rechtsprechung des BAG standhält, ist umstritten, wird aber überwiegend bejaht[5].

81 Ob die mit der Tarifgemeinschaft Christliche Gewerkschaften (CGZP) von Arbeitgeberverbänden abgeschlossenen Tarifverträge rechtswirksam sind, wurde demgegenüber in der Literatur seit längerem bezweifelt[6]. An den Risiken hatte sich durch die Anerkennung der Christlichen Gewerkschaft Metall (CGM) als tariffähig[7] nicht geändert, da damit nicht über die Tariffähigkeit und Tarifzuständigkeit der Tarifgemeinschaft CGZP entschieden wurde. Nachdem das BAG längere Zeit keine Gelegenheit hatte, zu der Frage Stellung zu nehmen[8], hat es am 14.12.2010 entschieden, dass die CGZP keine Spitzenorganisation nach § 2 Abs. 3 TVG ist, die im eigenen Namen Tarifverträge abschließen kann. Sie erfülle die hierfür erforderlichen Voraussetzungen nicht, weil sich ihre Mitgliedsgewerkschaften nicht im vollen Umfang ihrer Tariffähigkeit zusammengeschlossen haben (Unteilbarkeit der Tariffähigkeit).

---

1 *Bissels/Khalil*, BB 2013, 315; *Thüsing/Pelzner/Kock*, § 3 AÜG Rz. 96/98; *Lembke/Distler*, NZA 2006, 952 (954, 959); einschränkend Bundesagentur für Arbeit, GA-AÜG 3.1.8. Nr. 5: nur solche Mischbetriebe erfasst werden, die arbeitszeitlich überwiegend Arbeitnehmerüberlassung betreiben (sog. Überwiegensprinzip).
2 *Nebeling/Gründel*, BB 2009, 2366 (2370, 2371); *Urban-Crell/Germakowski/Bissels/Hurst*, AÜG, § 3 Rz. 136.
3 *Thüsing*, DB 2003, 446 (449): Eine Globalverweisung ist nicht erforderlich, jedoch darf der Teilverweis sachlich zusammenhängende Regelungen nicht voneinander trennen.
4 *Böhm*, DB 2003, 2598.
5 LAG BW 4.6.2013 – 22 Sa 73/12; in diesem Sinne auch: BAG 19.12.2012 – 1 AZB 72/12, FA 2013, 207; LAG Hessen 16.1.2014 – 9 TaBV 127/13 zur Tarifzuständigkeit von ver.di zum 20.6.2003, 22.12.2004 und 30.5.2006; ArbG Frankfurt a.M. 11.2.2014 – 4 BV 532/13 zur Tarifzuständigkeit der IG Metall am 9.3.2010; LAG Nürnberg 11.10.2013 – 3 Sa 699/10; aA LAG BW 20.3.2012 – 22 Sa 71/11, DB 2013, 127; *Rieble*, BB 2012, 2177; *Fischer*, RdA 2013, 326; dazu auch *Bissels*, jurisPR-ArbR 25/2014 Anm. 1; *Bissels*, BB 2013, 128.
6 *Schüren*, RdA 2006, 303 (307); *Schüren*, NZA 2007, 1213; *Schüren*, NZA 2008, 453; *Böhm*, DB 2003, 2598; *D. Ulber*, NZA 2008, 438; eher für Bejahung der Tariffähigkeit: *Ankersen*, NZA 2003, 421 (424); *Buchner*, DB 2004, 1042; bej. *Lembke*, NZA 2007, 1333 und NZA 2008, 451; zum Streitstand *Urban-Crell/Germakowski/Bissels/Hurst*, AÜG, § 3 Rz. 152 ff; *Hurst*, Tarifverträge in der Zeitarbeit, 2010, S. 16.
7 BAG 28.3.2006 – 1 ABR 58/04, DB 2006, 2070.
8 Vgl. BAG 28.1.2008 – 3 AZB 30/07, NZA 2008, 489.

Außerdem gehe der in der Satzung der CGZP festgelegte Organisationsbereich für die gewerbliche Arbeitnehmerüberlassung über den ihrer Mitgliedsgewerkschaften hinaus[1]. Der Beschluss des BAG hat viele Fragen aufgeworfen. Insbesondere war die zeitliche Reichweite des „CGZP-Beschlusses" äußerst umstritten. In der Entscheidung heißt es lediglich, es gehe um eine gegenwartsbezogene Feststellung. Durch Beschluss vom 9.1.2012 hat das LAG Berlin-Brandenburg sodann festgestellt, dass die CGZP auch am 29.11.2004, 16.6.2006 und 9.7.2008 nicht tariffähig war[2]. Die hiergegen eingelegte Nichtzulassungsbeschwerde wurde vom BAG zurückgewiesen[3]. Damit ist auch der Streit in der Literatur darüber erledigt, ob die CGZP die bis zur Änderung ihrer Satzung im Dezember 2005 vereinbarten Tarifverträge als Vertreterin der in der Tarifgemeinschaft vereinten Einzelgewerkschaften abgeschlossen hat[4]. Mit der Rechtskraft des Beschlusses des LAG Berlin-Brandenburg vom 9.1.2012 stellt sich inzwischen auch nicht mehr die sich aus dem Beschluss des BAG vom 14.12.2010 ergebende Frage „Aussetzen oder Durchentscheiden?"[5]. In einem Rechtsbeschwerdeverfahren zur Notwendigkeit einer Aussetzung gem. § 97 Abs. 1 ArbGG hat das BAG nämlich entschieden, dass sich die Rechtskraft des Beschlusses des LAG Berlin-Brandenburg vom 9.1.2012 nicht nur auf die in dort genannten Zeitpunkte, sondern auf den Zeitraum von der Gründung der CGZP am 11.12.2002 bis zum 7.10.2009 erstreckt[6]. Rechtsstreitigkeiten, in denen es auf die Tariffähigkeit der CGZP ankommt, sind nunmehr unter Zugrundelegung der Tarifunfähigkeit der Tarifgemeinschaft zu entscheiden. In einem weiteren Beschluss konkretisiert das BAG die Rechtskraftwirkung seines Beschlusses vom 14.12.2010[7]. Gegenstand des Beschlusses vom 14.12.2010 war die Feststellung der Tarifunfähigkeit der CGZP im Geltungsbereich ihrer am 8.10.2009 geänderten Satzung. Die CGZP war aber darüber hinaus gehend im zeitlichen Geltungsbereich ihrer Satzungen vom 11.12.2002, 5.12.2005 sowie vom 8.10.2009 weder als Gewerkschaft nach § 2 Abs. 1 TVG noch als Spitzenorganisation nach § 2 Abs. 3 TVG tariffähig[8]. Ein von einer nicht tariffähigen Vereinigung abgeschlossener Tarifvertrag ist nichtig[9]. Dieser Grundsatz soll nach hM auch in Bezug auf die CGZP-Tarifverträge gelten[10].

---

1 BAG 14.12.2010 – 1 ABR 19/10, NZA 2011, 289; dazu *Bissels*, BB 2011, 893; krit.: *Lembke*, NZA Beilage 2/2012, 66 (67); *Giesen*, FA 2012, 226 (226, 227); Verfassungsbeschwerde gegen den Beschluss des BAG wurde nicht zur Entscheidung angenommen: BVerfG 10.3.2014 – 1 BvR 1104/11, NZA 2014, 496.
2 LAG Bln.-Bbg. 9.1.2012 – 24 TaBV 1285/11, DB 2012, 693; dazu *Bissels*, BB 2012, 1739.
3 BAG 22.5.2012 – 1 ABN 27/12, ArbRB 2012, 174.
4 Vgl. dazu *Neef*, NZA 2011, 615 (617).
5 So die Überschrift des Aufsatzes von *Lembke*, NZA 2011, 1062; vgl. auch *Gaul/Koehler*, ArbRB 2011, 273; Zusammenfassung der instanzgerichtlichen Rspr. bei: *Bissels*, jurisPR-ArbR 16/12 Anm. 4.
6 BAG 23.5.2012 – 1 AZB 58/11, NZA 2012, 623.
7 BAG 23.5.2012 – 1 AZB 67/11, NZA 2012, 625; krit. *Giesen*, FA 2012, 226 (227, 228).
8 BAG 23.5.2012 – 1 AZB 67/11, NZA 2012, 625 mit Anm. von *Bissels*, jurisPR-ArbR 35/2012 Anm. 5; 23.5.2012 – 1 AZB 58/11, NZA 2012, 623; 24.7.2012 – 1 AZB 47/11, DB 2012, 1995; 13.3.2013 – 5 AZR 954/11, BB 2013, 755; 13.3.2013 – 5 AZR 424/12, NZA 2013, 785; 13.3.2013 – 5 AZR 146/12, NZA 2013, 782; 13.3.2013 – 5 AZR 293/12, NZA 2013, 1226; 13.3.2013 – 5 AZR 242/12, BB 2013, 755; 25.9.2013 – 5 AZR 778/12, NZA 2014, 94; ausführlich zu den arbeits- und sozialversicherungsrechtlichen Konsequenzen *Bissels*, ArbRB 2012, 212 und ArbRB 2012, 244.
9 BAG 24.9.2014 – 5 AZR 506/12; 13.3.2013 – 5 AZR 954/11, BB 2013, 755; 13.3.2013 – 5 AZR 424/12, NZA 2013, 785; 13.3.2013 – 5 AZR 146/12, NZA 2013, 782; 13.3.2013 – 5 AZR 293/12, NZA 2013, 1226; 13.3.2013 – 5 AZR 242/12, BB 2013, 755; 15.11.2006 – 10 AZR 665/05, NZA 2007, 448; vgl. auch: *Bissels*, BB 2013, 1664; *D. Ulber*, ZTR 2010, 288; *Geißler*, ArbRAktuell 2010, 115; *Rolf/Witschen*, DB 2010, 1183; *Düwell/Dahl*, DB 2009, 1072 f.; *Urban-Crell/Germakowski/Bissels/Hurst*, AÜG, § 3 Rz. 155.
10 BAG 24.9.2014 – 5 AZR 254/13; LAG Bln.-Bbg. 22.8.2012 – 4 Sa 960/12, DB 2013, 71; LSG Nds.-Bremen 22.10.2012 – L 4 KR 316/12 B ER, EzA-SD 2013, Nr. 1, 16; LAG Düsseldorf 28.6.2012 – 15 Sa 228/12, ArbRAktuell 2012, 516; *D. Ulber*, ZTR 2010, 287 (288); *Geißler*, ArbRAktuell 2012, 115; *Rolf/Witschen*, DB 2010, 1183; *Düwell/Dahl*, DB 2009, 1072 f.; krit. *Bissels*, ArbRB 2012, 214.

82 Nach Ansicht des LAG Berlin-Brandenburg gibt es für die Anwender der CGZP-Tarifverträge keinen „pauschalen Vertrauensschutz"; dieser sei vielmehr im jeweiligen Einzelfall nachzuweisen[1]. Die Annahme einer ex nunc-Wirkung trotz eines bereits fehlenden wirksamen Zustandekommens eines Tarifvertrags sei regelmäßig nicht begründbar[2]. Vertreten wird demgegenüber auch, dass von der Wirksamkeit der Tarifverträge bis zum 14.12.2010 auszugehen ist[3]. Diskutiert wird vereinzelt die „Lehre vom fehlerhaften Tarifvertrag"[4], die in Anlehnung an die Regeln der fehlerhaften Gesellschaft und des fehlerhaften Arbeitsverhältnisses zur Vermeidung einer Rückabwicklung die Unwirksamkeit vollzogener Tarifverträge ex nunc annimmt. Vertrauensschutz soll sich auch aus dem europarechtlichen Transparenzgebot und Art. 4 Abs. 1 LeiharbeitsRL 2008/104/EG ergeben können[5]. Das BAG[6] hat dazu inzwischen festgestellt, dass ein etwaiges Vertrauen der Verleiher in die Tariffähigkeit der CGZP nicht geschützt ist[7]. Der aus Art. 20 Abs. 3 GG hergeleitete Grundsatz des Vertrauensschutzes könne es, obwohl höchstrichterliche Urteile kein Gesetzesrecht seien und keine vergleichbare Rechtsbindung erzeugten, gebieten, einem durch gefestigte Rechtsprechung begründeten Vertrauenstatbestand erforderlichenfalls durch Bestimmungen zur zeitlichen Anwendbarkeit einer geänderten Rechtsprechung oder Billigkeitserwägungen im Einzelfall Rechnung zu tragen. Die Entscheidungen zur fehlenden Tariffähigkeit der CGZP seien aber nicht mit einer Rechtsprechungsänderung verbunden. Weder das BAG noch Instanzgerichte hätten in dem dafür nach § 97 ArbGG vorgesehenen Verfahren jemals die Tariffähigkeit der CGZP festgestellt. Zwar habe das BAG[8] in der Vergangenheit bei der Prüfung der Sittenwidrigkeit der Vergütung eines Leiharbeitnehmers auch einen von der CGZP abgeschlossenen Entgelttarifvertrag als Referenz herangezogen, eine Feststellung von deren Tariffähigkeit sei damit aber nicht verbunden gewesen. Die bloße Erwartung, das BAG werde eine noch nicht geklärte Rechtsfrage in einem bestimmten Sinne, etwa entsprechend im Schrifttum geäußerter Auffassungen, entscheiden, vermöge einen Vertrauenstatbestand nicht zu begründen. Ein dennoch von Verleihern möglicherweise und vielleicht aufgrund des Verhaltens der Bundesagentur für Arbeit oder sonstiger öffentlicher Stellen entwickeltes Vertrauen in die Tariffähigkeit der CGZP sei ebenfalls nicht geschützt. Die Tariffähigkeit der CGZP sei bereits nach deren ersten Tarifvertragsabschluss im Jahre 2003 in Frage gestellt und öffentlich diskutiert worden[9]. Wenn ein Verleiher gleichwohl zur Vermeidung einer Gleichbehandlung der Leiharbeitnehmer von der CGZP abgeschlossene Tarifverträge arbeitsvertraglich in Bezug genommen habe, bevor die dazu allein berufenen Arbeitsgerichte über deren Tariffähigkeit befunden hätten, sei er ein Risiko eingegangen, das sich durch die rechtskräftigen Entscheidungen zur fehlenden Tariffähigkeit der CGZP realisiert habe[10]. Et-

---

1 LAG Bln.-Bbg. 9.1.2012 – 24 TaBV 1285/11, DB 2012, 693.
2 LAG Bln.-Bbg. 22.8.2012 – 4 Sa 960/112, DB 2013, 71.
3 *Giesen*, FA 2012, 226 (229); *Steinheimer/Haeder*, NZA 2012, 903 (903).
4 *Lembke*, NZA 2011, 1062 (1067); *Lembke*, NZA Beilage 2/2012, 66 (68, 69); *Henssler/Clemens/Orlowski*, CGZP-Beschluss, S. 41 ff.; vgl. auch LSG Schl.-Holst. 20.4.2012 – L 5 KR 9/12 B ER; krit. *Rieble*, BB 2012, 2945 (2948).
5 *Rieble*, BB 2012, 2945 (2946, 2951).
6 BAG 28.5.2014 – 5 AZR 423/12; 28.5.2014 – 5 AZR 422/12, DB 2014, 1688; 13.3.2013 – 5 AZR 954/11, BB 2013, 755; 13.3.2013 – 5 AZR 424/12, NZA 2013, 785; 13.3.2013 – 5 AZR 146/12, NZA 2013, 782; 13.3.2013 – 5 AZR 293/12, NZA 2013, 1226; 13.3.2013 – 5 AZR 242/12, BB 2013, 755; so auch LAG Hess. 9.4.2013 – 13 Sa 1608/12; LAG Bln.-Bbg. 9.1.2012 – 24 TaBV 1285/11, BB 2012, 1733.
7 Mit überzeugender Begründung dagegen: *Lambrich/Göhler*, RdA 2014, 299.
8 BAG 24.3.2004 – 5 AZR 303/03, NZA 2004, 971.
9 Vgl. *Ulber*, NZA 2008, 438; *Rolfs/Witschen*, DB 2010, 1180; *Lunk/Rodenbusch*, RdA 2011, 375.
10 BAG 13.3.2013 – 5 AZR 954/11, BB 2013, 755; 13.3.2013 – 5 AZR 424/12, NZA 2013, 785; 13.3.2013 – 5 AZR 146/12, NZA 2013, 782; 13.3.2013 – 5 AZR 293/12, NZA 2013, 1226; *Bissels*, BB 2013, 1664.

was Abweichendes ergebe sich nach Auffassung des BAG[1] auch nicht aus der Lehre vom fehlerhaften Tarifvertrag[2]. Es gehe nicht um die Rückabwicklung vollzogener Tarifverträge, sondern um die Rechtsfolge des Scheiterns einer vom Gesetz nach §§ 9 Nr. 2, 10 Abs. 4 Satz 2 AÜG eröffneten Gestaltungsmöglichkeit. Dabei müsse nichts rückabgewickelt werden. Der Leiharbeitnehmer behalte die bezogene Vergütung aufgrund der arbeitsvertraglichen Vereinbarung und erwerbe darüber hinaus nach § 10 Abs. 4 AÜG einen Anspruch auf die Differenz zu dem Entgelt, das er erhalten hätte, wenn das Gebot der Gleichbehandlung von Anfang an beachtet worden wäre.

Soweit im Arbeitsvertrag auf die nichtigen CGZP-Tarifverträge verwiesen wird, wird argumentiert, dass die dort geregelte Ausschlussfrist im Grundsatz trotzdem einzelvertraglich Geltung beanspruchen kann[3]. Der Tarifvertrag ist zwar als solcher „unwirksam", besteht aber als ganz gewöhnlicher Vertrag fort[4]. Das BAG[5] vertritt in Zusammenhang mit der Bezugnahme auf die CGZP-Tarifverträge dagegen eine restriktive Ansicht: zwar seien Arbeitsvertragsparteien grundsätzlich frei, ein kollektives Regelwerk in Bezug zu nehmen, ohne dass es auf dessen normative Wirksamkeit ankomme. Eine derartige Abrede scheide jedoch aus, wenn Anhaltspunkte dafür vorlägen, dass nur ein wirksamer Tarifvertrag habe vereinbart werden sollen. Das sei aber zumindest in einem Equal-pay-Verfahren der Fall. Nur mit einer Bezugnahme auf einen wirksamen Tarifvertrag könne nämlich ein Verleiher den Zweck der Bezugnahme – das Abweichen vom Equal-pay-Gebot nach § 9 Nr. 2 AÜG – erreichen. 83

⊃ **Hinweis:** Im Rahmen eines Equal-pay-Rechtsstreits kann sich der Verleiher unter Beachtung der strengen Grundsätze des BAG regelmäßig nicht darauf berufen, dass die Geltung der unwirksamen Tarifverträge der CGZP und insbesondere der dort vorgesehenen Ausschlussfristen zumindest einzelvertraglich vereinbart wurden. Hierzu bedarf es deutlicher Anhaltspunkte, dass dies von den Parteien tatsächlich beabsichtigt war. 84

Demgegenüber kann sich der Verleiher gegenüber einem von einem Leiharbeitnehmer geltend gemachten Equal-pay-Anspruch auf (wirksame) Ausschlussfristen berufen, die (konstitutiv und eigenständig) arbeitsvertraglich vereinbart wurden. Dabei geht das BAG[6] von einem grundsätzlichen Vorrang einer ausdrücklich in den Arbeitsvertrag aufgenommenen Klausel vor einer nur durch die pauschale Bezugnahme auf 85

---

1 BAG 13.3.2013 – 5 AZR 954/11, BB 2013, 755; 13.3.2013 – 5 AZR 424/12, NZA 2013, 785; 13.3.2013 – 5 AZR 146/12, NZA 2013, 782; 13.3.2013 – 5 AZR 242/12, BB 2013, 755.
2 *Lembke*, NZA 2011, 1067; *Lembke*, NZA Beilage 2/2012, 68 f.; *Henssler/Clemens/Orlowski*, CGZP-Beschluss, S. 41 ff.
3 ArbG Herford 10.8.2011 – 2 Ca 245/11, DB 2011, 2269; *Bayreuther*, DB 2011, 2267 (2267, 2268); aA LAG MV 10.7.2012 – 5 Sa 248/11, NZA-RR 2012, 584; ArbG Frankfurt (Oder) 9.6.2011 – 3 Ca 422/11, LAGE § 9 AÜG Nr. 8; *Brors*, jurisPR-ArbR 38/11 Anm. 2; *Schlegel*, NZA 2011, 380 (382); *Giesen*, FA 2012, 226 (230); *Freckmann/Müller/Wahl*, ZIP 2012, 1327 (1332); *Steinheimer/Haeder*, NZA 2012, 903 (903).
4 *Bayreuther*, DB 2011, 2268; vgl. auch: BAG 22.1.2002 – 9 AZR 601/00, NZA 2002, 1041; 9.12.2009 – 4 AZR 190/08, NZA 2010, 712.
5 BAG 24.9.2014 – 5 AZR 506/12; 24.9.2014 – 5 AZR 254/13; 24.9.2014 – 5 AZR 256/14; 28.5.2014 – 5 AZR 423/12; 28.5.2014 – 5 AZR 422/12, DB 2014, 1688; 20.11.2013 – 5 AZR 365/13, AP Nr. 35 zu § 10 AÜG; 25.9.2013 – 5 AZR 815/12, AP Nr. 28 zu § 10 AÜG; dazu *Bissels*, jurisPR-ArbR 7/2014 Anm. 3; 25.9.2013 – 5 AZR 939/12; 25.9.2013 – 5 AZR 778/12, NZA 2014, 94; 13.3.2013 – 5 AZR 954/11, BB 2013, 755; 13.3.2013 – 5 AZR 424/12, NZA 2013, 785; 13.3.2013 – 5 AZR 293/12, NZA 2013, 1226; 13.3.2013 – 5 AZR 242/12, BB 2013, 755; 14.12.2011 – 4 AZR 26/10, NZA-RR 2012, 630; LAG Nürnberg 26.10.2012 – 8 Sa 126/12; 19.9.2014 – 3 Sa 91/14; LAG Düsseldorf 5.6.2012 – 8 Sa 128/12; LAG Sachsen 23.8.2011 – 1 Sa 322/11, dazu *Bissels*, BB 2011, 2944; aA LAG Köln 8.3.2013 – 9 Sa 720/12; LAG Bln.-Bbg. 13.6.2012 – 24 Sa 213/12.
6 BAG 24.9.2014 – 5 AZR 506/12; 23.10.2013 – 5 AZR 918/12; 23.10.2013 – 5 AZR 556/12, NZA 2014, 313; 25.9.2013 – 5 AZR 939/12; 25.9.2013 – 5 AZR 778/12, NZA 2014, 94; 13.3.2013 – 5 AZR 954/11, BB 2013, 755; dazu *Bissels*, BB 2013, 1664.

einen Tarifvertrag anwendbaren Regelung aus. Beließen es nicht tarifgebundene Arbeitsvertragsparteien nicht dabei, ihr Arbeitsverhältnis pauschal einem bestimmten Tarifregime zu unterwerfen, sondern vereinbarten sie zu einzelnen Gegenständen darüber hinaus im Arbeitsvertrag ausformulierte Regelungen, brächten sie damit typischerweise zum Ausdruck, dass unabhängig von dem in Bezug genommenen Tarifwerk jedenfalls (auch) die in den Arbeitsvertrag aufgenommenen Bestimmungen für das Arbeitsverhältnis gelten sollten. Davon könnten die Arbeitsvertragsparteien abweichen, indem sie etwa einer ausdrücklich in den Arbeitsvertrag aufgenommenen Klausel eine nur „deklaratorische", den Wortlaut des in Bezug genommenen Tarifwerks wiedergebende Bedeutung beimessen und damit gleichsam die Bezugnahme „ausformulieren" würden. Des Weiteren bleibe es ihnen unbenommen, andere Kollisionsregeln für das Verhältnis einer ausdrücklich in den Arbeitsvertrag aufgenommenen Klausel zu den inkorporierten tariflichen Regelungen zu schaffen[1].

86 ⊃ **Hinweis:** In der Praxis waren oftmals komplexe Kollisionsklauseln in den mit den Leiharbeitnehmern geschlossenen Arbeitsverträgen mit Bezug auf die CGZP-Tarifverträge vorgesehen, zB dass eine ausdrücklich in dem Vertrag vorgesehene Bestimmung nicht in jedem Falle eigenständige Bedeutung hat und bei sich widersprechenden Regelungen die tariflichen Bestimmungen maßgeblich sein sollen, es sei denn, der Arbeitsvertrag enthält eine für den Arbeitnehmer günstigere Abrede[2]. Eine solche Klausel führt nach Ansicht des BAG aber nicht zur Unanwendbarkeit einer im Arbeitsvertrag vereinbarten Ausschlussfrist. Denn die o.g. Kollisionsregel setze erkennbar voraus, dass auf arbeitsvertraglicher Ebene überhaupt eine in Bezug genommene tarifliche und eine ausdrücklich in den Arbeitsvertrag aufgenommene Bestimmung Anwendung finden und kollidieren könnten. Das sei aber nicht der Fall, wenn wegen der Unwirksamkeit der CGZP-Tarifverträge die Verweisungsklausel insgesamt ins Leere gehe. Die in Bezug genommenen Tarifverträge könnten auf arbeitsvertraglicher Ebene keine Wirkung entfalten, damit sei auch die dazugehörigen Kollisionsregeln hinfällig[3]. Konsequenz dieser verleiherfreundlichen Ansicht des BAG ist, dass sich Zeitarbeitsunternehmen im Rahmen von Leiharbeitnehmern wegen der Tarifunfähigkeit der CGZP angestoßenen Equal-pay-Verfahren grundsätzlich auf die im Arbeitsvertrag vereinbarten Ausschlussfristen berufen können.

87 Durch Auslegung ist zu ermitteln, ob die arbeitsvertragliche Verfallfrist auch einen Equal-pay-Anspruch erfasst; dies ist nach Ansicht des BAG[4] regelmäßig der Fall, wenn sich diese auf „Ansprüche der Vertragsparteien aus dem Arbeitsverhältnis und solche, die mit dem Arbeitsverhältnis in Verbindung stehen", bezieht. Dazu gehören alle Ansprüche, die die Parteien aufgrund ihrer durch den Arbeitsvertrag begründeten Rechtsbeziehungen gegeneinander haben, ohne dass es auf die materiellrechtliche Anspruchsgrundlage ankommt. Der durchschnittliche Leiharbeitnehmer muss zumindest aus der Formulierung „die mit dem Arbeitsverhältnis in Verbindung stehen" erkennen, dass die Klausel auch den Anspruch auf gleiches Arbeitsentgelt erfasst. Ohne ein Arbeitsverhältnis hätte er keinen derartigen Anspruch[5].

88 Die einzelvertraglich vereinbarte Verfallklausel muss darüber hinaus einer AGB-Kontrolle standhalten[6]. Dabei benachteiligt eine vorgesehene schriftliche Geltendmachung aller Ansprüche aus dem Arbeitsverhältnis innerhalb einer Frist von weniger als drei Monaten ab Fälligkeit den Arbeitnehmer unangemessen[7].

---

1 BAG 25.9.2013 – 5 AZR 939/12; 25.9.2013 – 5 AZR 778/12, NZA 2014, 94.
2 So BAG 25.9.2013 – 5 AZR 778/12, NZA 2014, 94.
3 BAG 24.9.2014 – 5 AZR 506/12; 25.9.2013 – 5 AZR 939/12; 25.9.2013 – 5 AZR 778/12, NZA 2014, 94; *Bissels*, jurisPR-ArbR 18/2013 Anm. 5.
4 BAG 13.3.2013 – 5 AZR 954/11, BB 2013, 755; dazu *Bissels*, BB 2013, 1664.
5 BAG 13.3.2013 – 5 AZR 954/11, BB 2013, 755.
6 Zu einer intransparenten Formulierung einer arbeitsvertraglich vereinbarten Verfallfrist in Zusammenhang mit Equal-pay-Ansprüchen BAG 19.2.2014 – 5 AZR 920/12, NZA 2014, 808; 19.2.2014 – 5 AZR 700/12, FA 2014, 181; kritisch dazu *Bissels*, jurisPR-ArbR 18/2014 Anm. 2.
7 BAG 13.3.2013 – 5 AZR 954/11, BB 2013, 755; dazu *Bissels*, BB 2013, 1664.

Sehr umstritten war, wann der Anspruch auf die Differenzvergütung in den „CGZP-Sachverhalten" fällig wird und damit die Ausschlussfrist beginnt. Ein Anspruch ist regelmäßig im Sinne der Ausschlussfrist fällig, wenn der Gläubiger ihn annähernd beziffern kann. Dies ist unter Zugrundelegung des Grundgedankens des § 199 Abs. 1 Nr. 2 BGB der Fall, wenn der Gläubiger alle seinen Anspruch begründenden Tatsachen kennt oder zumindest ohne grobe Fahrlässigkeit kennen konnte[1]. Die Forderung muss in ihrem Bestand feststellbar sein und geltend gemacht werden können. Teilweise ließen die Gerichte die Ausschlussfrist erst mit der Verkündung des CGZP-Beschlusses am 14.12.2010 anlaufen[2]. Teilweise wurde vertreten, dass die Ausschlussfrist für Ansprüche aus § 10 Abs. 4 Satz 1 AÜG mit der Entscheidung des LAG Berlin-Brandenburg vom 7.12.2009 für bis dahin entstandene Ansprüche zu laufen begann[3]. Nach anderer Auffassung soll der Anspruch auf die Differenzvergütung mit Ende des jeweiligen Arbeitsmonats und nicht erst mit der Verkündung des CGZP-Beschlusses durch das BAG fällig werden[4]. Eine etwaige fehlerhafte Bewertung, ob der in Bezug genommene Tarifvertrag wirksam war, sei kein Irrtum über die anspruchsbegründenden Tatsachen, sondern allenfalls ein unbeachtlicher Rechtsirrtum[5]. Andere Gerichte haben als frühestmöglichen Beginn der Ausschlussfrist auf die Veröffentlichung der Entscheidungsgründe des Beschlusses des BAG vom 14.12.2010 in der Fachpresse im März 2011 abgestellt[6]. Schließlich soll für den Beginn der Verfallfrist der Zeitpunkt der Auskunft von Ver- und Entleiher über die Höhe des Entgelts vergleichbarer Stammarbeitnehmer in Betracht kommen, da erst zu diesem Zeitpunkt die genaue Bezifferung der Equal-pay-Ansprüche möglich sein soll[7]. Das BAG[8] hat diese Frage inzwischen „verleiherfreundlich" entschieden, indem es die Fälligkeit des Equal-pay-Anspruchs an die Fälligkeit des (in der Regel monatlich zu gewährenden) „normalen" Anspruchs auf Entgelt geknüpft hat. Der Anspruch des Leiharbeitnehmers auf gleiches Arbeitsentgelt nach § 10 Abs. 4 AÜG sei ein die arbeitsvertragliche Vergütungsabrede korrigierender gesetzlicher Entgeltanspruch, der mit der Überlassung entstehe und zu dem vereinbarten oder gesetzlich für die Vergütung bestimmten Zeitpunkt fällig werde. Zudem dürften in der jeweils vereinbarten Verfallsfrist regelmäßig Anhaltspunkte fehlen, eine entsprechende Fälligkeit würde die tatsächliche Kenntnis des Leiharbeitnehmers von dem Anspruch und der für die Bezifferung maßgeblichen Tatsachen voraussetzen[9].

○ **Hinweis:** Auch in Zusammenhang mit der Anwendung von vertraglichen Ausschlussfristen auf Equal-pay-Ansprüche gilt der sog. blue-pencil-Test, nach der insbesondere die AGB-rechtliche Unwirksamkeit der zweiten Stufe keine Auswirkungen für die Wirksam-

---

1 BAG 1.3.2006 – 5 AZR 511/05, NZA 2006, 783; 14.3.2012 – 10 AZR 172/11, DB 2012, 1275.
2 LAG Köln 16.1.2013 – 3 Sa 744/12; LAG BW 27.8.2012 – 9 Sa 187/11, ArbRAktuell 2012, 540; LAG Thür. 31.5.2012 – 6 Sa 327/11; ArbG Herford 10.8.2011 – 2 Ca 542/11, DB 2011, 2269; LAG Bln.-Bbg. 20.9.2011 – 7 Sa 1318/11, DB 2012, 119; LAG Sa.-An. 26.6.2013 – 4 Sa 169/12; *Lunk/Rodenbusch*, RdA 2011, 377; ablehnend: *Bissels*, jurisPR-ArbR 8/2014 Anm. 4.
3 LAG Düsseldorf 8.12.2011 – 11 Sa 852/11, DB 2012, 921 („allerspätestens"); LAG Sachs. 23.8. 2011 – 1 Sa 322/11, BB 2011, 2943 („allerspätestens").
4 LAG Sa.-Anh. 26.2.2013 – 4 Sa 169/12; abl. *Bissels*, jurisPR-ArbR 8/2014 Anm. 4; LAG Schl.-Holst. 11.10.2012 – 5 Sa 499/11; LAG Thür. 24.1.2013 - 2 Sa 2/12; LAG Hamm 18.4.2012 – 3 Sa 1598/11; 22.8.2012 – 3 Sa 1852/11; LAG Nürnberg 18.5.2012 – 3 Sa 221/12; 2.5.2012 – 2 Sa 516/11, DB 2012, 1689; 11.1.2013 – 3 Sa 114/12; 6.3.2013 – 4 Sa 106/12; ArbG Köln 7.9.2011 – 20 Ca 4254/11, NZA-RR 2012, 29.
5 LAG Sachs. 23.8.2011 – 1 Sa 322/11, BB 2011, 2943; 17.4.2012 – 1 Sa 53/12, ArbRB 2012, 203; LAG Düsseldorf 8.12.2011 – 11 Sa 852/11, DB 2012, 921; *Steinheimer/Haeder*, NZA 2012, 904.
6 Angesprochen, aber offen gelassen von ArbG Bremen-Bremerhaven 12.5.2011 – 5 Ca 5129/10, AiB 2011, 690; abl. *Bissels*, jurisPR-ArbR 33/2011 Anm. 2.
7 Vgl. *Lunk/Rodenbusch*, RdA 2011, 377.
8 BAG 24.9.2014 – 5 AZR 506/12; 25.9.2013 – 5 AZR 815/12, AP Nr. 28 zu § 10 AÜG; 25.9.2013 – 5 AZR 939/12; 25.9.2013 – 5 AZR 778/12, NZA 2014, 94; 13.3.2013 – 5 AZR 954/11, BB 2013, 755; 13.3.2013 – 5 AZR 424/12, NZA 2013, 785; *Bissels*, jurisPR-ArbR 7/2014 Anm. 3.
9 Vgl. BAG 13.3.2013 – 5 AZR 954/11, BB 2013, 755.

keit der ersten Stufe hat, wenn und soweit diese selbst nicht zu beanstanden ist und eine in sich geschlossene, verständliche Regelung darstellt[1].

91 Um zu gewährleisten, dass der Leiharbeitnehmer den Equal-pay-Anspruch auch dann fristwahrend geltend machen kann, wenn er die Höhe des vergleichbaren Stammarbeitnehmern des Entleihers gewährten Arbeitsentgelts (noch) nicht im Einzelnen kennt, muss es die erste Stufe einer arbeitsvertraglichen Ausschlussfrist im Leiharbeitsverhältnis zulassen, dass eine schriftliche Geltendmachung des Anspruchs aus § 10 Abs. 4 AÜG „dem Grunde nach" ausreicht. Dies ist der Fall, wenn in der betreffenden Ausschlussfrist nur von einer schriftlicher Geltendmachung, aber nicht davon die Rede ist, dass der Anspruch schon konkret beziffert werden muss[2]. Im Ergebnis bleibt so der Zweck der ersten Stufe einer arbeitsvertraglichen Ausschlussfrist gewahrt. Der Arbeitgeber erhält zeitnah Gewissheit, ob der Leiharbeitnehmer den Ausschluss des Anspruchs aus § 10 Abs. 4 AÜG hinnimmt oder sich ein vergleichbaren Stammarbeitnehmern gewährtes Entgelt vorbehält. Der Leiharbeitnehmer erhält hingegen eine angemessene Überlegungsfrist und kann sich – auch wenn er die Entgeltregelung für Stammarbeitnehmer im Entleiherbetrieb noch nicht im Einzelnen kennt – durch die schriftliche Geltendmachung „dem Grunde nach" für jede Überlassung den Anspruch auf gleiches Arbeitsentgelt sichern[3].

92 ⇨ **Hinweis:** Das BAG[4] hat hinsichtlich vertraglich vereinbarter Ausschlussfristen, von der ausdrücklich Ansprüche aus unerlaubter Handlung ausgeschlossen sind, entschieden, dass der Equal-pay-Anspruch ein solcher gerade nicht ist. § 10 Abs. 4 AÜG stelle nicht bloß ein Verhaltensgebot für den Entleiher mit das Vermögen des Leiharbeitnehmers drittschützender Wirkung dar. Die Norm regele vielmehr die arbeitsvertragliche Sonderbeziehung zwischen Verleiher und Leiharbeitnehmer und begründe selbst einen gesetzlichen Entgeltanspruch. § 10 Abs. 4 AÜG sei deshalb kein Schutzgesetz iSv. § 823 Abs. 2 BGB. Auch die Bestimmung des § 16 Abs. 1 Nr. 7a AÜG sei kein Schutzgesetz, denn die dort als Ordnungswidrigkeit eingestufte Verletzung des Gebots der Gleichbehandlung werde im Verhältnis zum Leiharbeitnehmer über den gesetzlichen Entgeltanspruch aus § 10 Abs. 4 AÜG gesichert[5]. Dies bedeutet, dass Leiharbeitnehmer, die die Verfallfrist für den vermeintlichen Equal-pay-Anspruch versäumt haben, nicht über die „Krücke", dass deliktische Ansprüche nicht von dieser erfasst werden, dennoch materiell mit ihrer Forderung durchdringen können.

93 Werden Ausschlussklauseln aufgrund einer nachträglichen arbeitsvertraglichen Vereinbarung oder einer einvernehmlichen Anpassung der Bezugnahmeklausel, die sodann auf ein anderes, im Zweifel wirksames Tarifwerk verweist, erst im Laufe des Leiharbeitsverhältnisses Bestandteil des Leiharbeitsvertrages, beziehen sie sich ebenfalls auf bereits in der Vergangenheit bereits entstandene Equal-pay-Ansprüche, wobei aber Fristbeginn frühestens das Datum der Unterzeichnung der entsprechenden Vereinbarung bzw. das Inkrafttreten des Vertrages ist[6]. Richtigerweise können auch gesetzlich zwingend ausgestaltete Ansprüche durch eine arbeitsvertragliche Ausschlussfrist (nachträglich) begrenzt werden, soweit das Gesetz nicht ausdrücklich an-

---

1 BAG 25.9.2013 – 5 AZR 815/12, AP Nr. 28 zu § 10 AÜG; 25.9.2013 – 5 AZR 939/12; 13.3.2013 – 5 AZR 954/11, BB 2013, 755; *Bissels*, jurisPR-ArbR 7/2014 Anm. 3.
2 BAG 24.9.2014 – 5 AZR 506/12; 23.10.2013 – 5 AZR 556/12, NZA 2014, 313; 25.9.2013 – 5 AZR 815/12, AP Nr. 28 zu § 10 AÜG; 13.3.2013 – 5 AZR 954/11, BB 2013, 755; 25.9.2013 – 5 AZR 778/12, NZA 2014, 94.
3 BAG 23.10.2013 – 5 AZR 918/12; 13.3.2013 – 5 AZR 954/11, BB 2013, 755.
4 BAG 24.9.2014 – 5 AZR 506/12; 25.9.2013 – 5 AZR 815/12, AP Nr. 28 zu § 10 AÜG; 25.9.2013 – 5 AZR 939/12; 25.9.2013 – 5 AZR 778/12, NZA 2014, 94; 13.3.2013 – 5 AZR 954/11, BB 2013, 755; *Bissels*, jurisPR-ArbR 7/2014 Anm. 3.
5 BAG 13.3.2013 – 5 AZR 954/11, BB 2013, 755.
6 LAG Nürnberg 14.5.2013 – 6 Sa 708/12; 8.5.2013 – 4 Sa 565/12, ArbRAktuell 2013, 425; LAG Nds. 13.12.2013 – 6 Sa 1324/12, AE 2014, 65; ArbG Düsseldorf 9.3.2012 – 11 Ca 6767/11; *Bissels*, jurisPR-ArbR 23/2012 Anm. 5; *Bayreuther*, DB 2011, 2268.

III. Regelungsgegenstand und Regelungsinhalt des AÜG   Rz. 95 Teil 6 D

deres anordnet[1]. Das BAG hat sich mit dieser Frage bislang nicht ausdrücklich befassen müssen. Es hat aber klargestellt, dass eine rückwirkende Anordnung der Geltung einer vereinbarten oder in Bezug genommenen Ausschlussfrist zu einer unangemessenen Benachteiligung des Leiharbeitnehmers führt, da der bereits entstandene Equal-pay-Anspruch im Nachgang zeitlich begrenzt wird, ohne dass dem Gläubiger die faire Chance gegeben wurde, diesen durchzusetzen; bei einer Rückwirkung ist nämlich regelmäßig die (neu vorgesehene) Frist zur Geltendmachung des Anspruchs bereits abgelaufen[2].

⊃ **Hinweis:** Ob das BAG AGB-rechtlich zwischen einer „echten" Rückwirkung oder einer „nur" nachträglichen Vereinbarung von Ausschlussfristen, die mit ex nunc Wirkung auch in der Vergangenheit entstandene Equal-pay-Ansprüche erfasst, differenzieren wird, ist zumindest zweifelhaft. Dies dürfte insbesondere gelten, wenn in der neu vereinbarten Ausschlussfrist nicht ausdrücklich auf den Umstand hingewiesen wird, dass auch „Altansprüche" von der Verfallfrist erfasst werden[3] und wann diese letztlich zu laufen beginnt. Vor diesem Hintergrund ist die Aufnahme entsprechender „Hinweise" in der Ausschlussfrist zumindest aus AGB-rechtlicher Sicht zu empfehlen[4]. 94

In der Praxis haben Verjährungsvorschriften mit Blick auf Equal-pay-Ansprüche grundsätzlich eine geringere Bedeutung als (vertraglich vereinbarte) Ausschlussfristen. Sie sind nur relevant, wenn es an einer wirksamen Ausschlussfrist fehlt. Die Verjährung richtet sich nach den §§ 194 ff. BGB; damit gilt die regelmäßige Verjährungsfrist des § 195 BGB von drei Jahren. Deren Beginn ist in § 199 Abs. 1 BGB geregelt. Dieser hängt zum einen von der Entstehung des Anspruches, zum anderen von der Kenntnis bzw. grob fahrlässigen Unkenntnis des Anspruchsinhabers, hier des Leiharbeitnehmers ab. Dabei ist – wie bei dem Beginn der Verfallfrist – entscheidend, welche Auswirkungen das subjektive Element des § 199 Abs. 1 Nr. 2 BGB auf den Beginn der Verjährungsfrist hat: Kann eine ungeklärte Rechtslage einen Aufschub des Anlaufens der Verjährungsfrist bis zur rechtlichen Klärung bewirken?[5] Teilweise wurde die Meinung vertreten, die Verjährung sei bis zur Veröffentlichung der Begründung der Entscheidung des BAG vom 14.12.2010 aufgeschoben gewesen, die Verjährungsfrist habe erst ab diesem Zeitpunkt zu laufen begonnen[6]. Demgegenüber vertraten andere die Auffassung, es komme für den Beginn der Verjährungsfrist nur auf die Kenntnis bzw. grob fahrlässige Unkenntnis der anspruchsbegründenden Tatsachen und nicht darauf an, dass aus diesen Tatsachen auch auf die zutreffende Rechtsfolge geschlossen werde, so dass die Verjährungsfrist für etwaige Entgeltansprüche bereits am Schluss des jeweiligen Kalenderjahres begonnen habe[7], jedenfalls aber mit dem Beschluss des LAG Berlin-Brandenburg vom 7.10.2009[8]. 95

---

1 BAG 24.3.1988 – 2 AZR 630/87, NZA 1989, 101; 25.5.2005 – 5 AZR 572/04, NZA 2005, 1111; LAG Sachs. 17.4.2012 – 1 Sa 53/12, ArbRB 2012, 203; LAG Nürnberg 2.5.2012 – 2 Sa 516/11; *Reiserer*, DB 2011, 764 (765); *Ulrici*, jurisPR-ArbR 48/2011 Anm. 2.
2 Vgl. BAG 24.9.2014 – 5 AZR 506/12; 24.9.2014 – 5 AZR 254/13; 24.9.2014 – 5 AZR 256/14; 24.9.2014 – 5 AZR 265/14; 19.2.2014 – 5 AZR 920/12, NZA 2014, 808; 19.2.2014 – 5 AZR 1046/12.
3 Vgl. BAG 19.2.2014 – 5 AZR 920/12, NZA 2014, 808 zur Differenzierung zwischen „Alt-" und „Neuansprüchen".
4 Nachteilig wirkt sich bei dieser Klauselgestaltung natürlich aus, dass im Zweifel „schlafende Hunde erst geweckt werden".
5 Ausführlich: *Stoffels*, NZA 2011, 1057 (1059, 1061).
6 LAG Bln.-Bbg. 5.6.20112 – 3 Sa 134/12, ArbRAktuell 2012, 594; 26.10.2012 – 8 Sa 977/12, DB 2013, 235; dazu *Bissels*, jurisPR-ArbR 16/2013 Anm. 6; Schüren/Hamann/*Schüren*, § 10 AÜG Rz. 245.
7 LAG Sachs. 19.7.2012 – 6 Sa 90/12; *Stoffels*, NZA 2011, 1057 (1060, 1062); *Gaul/Koehler*, ArbRB 2011, 112 (114); Sandmann/Marschall/Schneider, § 10 AÜG Rz. 35.
8 *Gaul/Koehler*, ArbRB 2011, 112 (114).

96 Das BAG[1] hat diese Frage inzwischen geklärt: die von § 199 Abs. 1 Nr. 2 BGB geforderte Kenntnis des Gläubigers ist vorhanden, wenn er aufgrund der ihm bekannten Tatsachen gegen eine bestimmte Person eine Klage, sei es auch nur eine Feststellungsklage, erheben kann. Die erforderliche Kenntnis setze keine zutreffende rechtliche Würdigung voraus, es genüge vielmehr die Kenntnis der den Anspruch begründenden tatsächlichen Umstände. Danach habe der Leiharbeitnehmer von dem Equal-pay-Anspruch ausreichende Kenntnis, wenn ihm bekannt sei, dass vergleichbare Stammarbeitnehmer des Entleihers mehr verdienten als er[2]. Grundsätzlich unbeachtlich sei dagegen die zutreffende rechtliche Würdigung einer arbeitsvertraglichen Klausel, mit der der Verleiher von der ihm gesetzlich eröffneten Möglichkeit, von dem Gebot der Gleichbehandlung abzuweichen, Gebrauch mache. Vertraue der Leiharbeitnehmer auf deren Rechtswirksamkeit und in diesem Zusammenhang auf die Tariffähigkeit einer Arbeitnehmerkoalition, sei dieses Vertrauen ebenso wenig geschützt wie das des Verleihers[3].

97 Etwas anderes gilt nach Ansicht des BAG nur dann, wenn und solange dem Leiharbeitnehmer die Erhebung einer die Verjährung hemmenden Klage (§ 204 Abs. 1 Nr. 1 BGB)[4] unzumutbar war. Dies sei aber nicht der Fall, da dem Leiharbeitnehmer eine solche auch vor einer rechtskräftigen Entscheidung über die Tariffähigkeit der CGZP zuzumuten gewesen wäre. Eine solche hätte hinreichende Erfolgsaussicht gehabt[5]. Nach einer an allen deutschen Arbeitsgerichten durchgeführten Befragung, an der sich 83% der Arbeitsgerichte beteiligten (Stand: August 2007), bezweifelten diese seit 2003 nahezu ausnahmslos die Tariffähigkeit der CGZP. Leiharbeitnehmer, die den Anspruch auf gleiches Arbeitsentgelt einklagten, hätten damit regelmäßig ganz oder teilweise Erfolg, nur eine einzige Klage sei abgewiesen worden[6]. Auch im Schrifttum sei die Tariffähigkeit der CGZP seit deren erstem Tarifvertragsabschluss im Jahre 2003 in Frage gestellt und ihr der Vorwurf gemacht worden, Leiharbeitsunternehmen mit „billigen" Tarifverträgen „zu versorgen"[7]. Selbst wenn eine entsprechende Zahlungsklage nach § 97 Satz 1 ArbGG ausgesetzt worden wäre und der Leiharbeitnehmer von der Antragsbefugnis des § 97 Abs. 5 Satz 2 ArbGG hätte Gebrauch machen müssen, hätte dies keine Unzumutbarkeit der gerichtlichen Geltendmachung des Anspruchs bewirkt. Ein gesetzlich vorgesehenes Verfahren zur Klärung einer entscheidungserheblichen Rechtsfrage sei – so das BAG – stets zumutbar[8].

98 Im Nachgang zu der Beendigung eines Leiharbeitsverhältnisses zu einem Zeitpunkt, zu dem der Leiharbeitnehmer keine Kenntnis über diesem (vermeintlich) zustehende Equal-pay-Ansprüche hatte, stellt sich in der Praxis regelmäßig die Frage, ob diese nachträglich geltend gemacht werden können, wenn der Zeitarbeitnehmer eine vom Verleiher vorformulierte Ausgleichsquittung unterzeichnet hat. Das BAG[9]

---

1 BAG 24.9.2014 – 5 AZR 256/14; 13.3.2013 – 5 AZR 424/12, NZA 2013, 785; 23.10.2013 – 5 AZR 135/12, NZA 2014, 200; 20.11.2013 – 5 AZR 776/12, AP Nr. 30 zu § 10 AÜG; zust. *Bissels*, jurisPR-ArbR 16/2013 Anm. 6.
2 Zur Verjährung von Zuschlägen, Urlaubsgeld etc., wenn der Zeitarbeitnehmer klageweise nur den Grundlohn geltend gemacht hat: vgl. LAG Nürnberg 26.8.2014 – 7 Sa 571/13.
3 BAG 24.9.2014 – 5 AZR 506/12; 20.11.2013 – 5 AZR 776/12, AP Nr. 30 zu § 10 AÜG.
4 BAG 13.3.2014 – 5 AZR 424/12, NZA 2013, 785; 28.5.2014 – 5 AZR 794/12, NJW 2014, 2607: offen gelassen, unter welchen Voraussetzungen eine Klage auf Feststellung des Bestehens eines Anspruchs auf equal pay zur Hemmung der Verjährung zulässig wäre; vgl. LAG Köln 16.1.2013 – 3 Sa 744/12 zur Hemmung durch eine Stufenklage gegen den Verleiher, die in der ersten Stufe auf eine Auskunft gerichtet war.
5 BAG 13.3.2013 – 5 AZR 424/12, NZA 2013, 785; 20.11.2013 – 5 AZR 776/12, AP Nr. 30 zu § 10 AÜG.
6 *Schüren*, NZA 2007, 1213.
7 Vgl. *Ankersen*, NZA 2003, 421.
8 BAG 20.11.2013 – 5 AZR 776/12, AP Nr. 30 zu § 10 AÜG; 13.3.2013 – 5 AZR 424/12, NZA 2013, 785; aA *Schüren*, ArbuR 2011, 142.
9 BAG 23.10.2013 – 5 AZR 135/12, NZA 2014, 200.

III. Regelungsgegenstand und Regelungsinhalt des AÜG

nimmt dabei einen restriktiven Standpunkt ein: obwohl der Leiharbeitnehmer ausdrücklich anerkannte, „dass sich beide Parteien darüber einig sind, dass sämtliche gegenseitigen Ansprüche, insbesondere Lohn- und Gehaltsansprüche, ob bekannt oder unbekannt, aus dem Arbeitsverhältnis und anlässlich seiner Beendigung, aus welchem Rechtsgrund auch immer, erledigt sind", ging der 5. Senat[1] davon aus, dass lediglich ein deklaratorisches negatives Schuldanerkenntnis vorliegen soll, durch das die Parteien nur die von ihnen angenommene Rechtslage eindeutig dokumentieren und damit fixieren wollen. Ein solches hindere den Leiharbeitnehmer allerdings nicht an einer späteren Geltendmachung, sondern ihm verbleibe damit die Möglichkeit, nachträglich die Unrichtigkeit seiner Erklärung nachzuweisen, indem er seine (bestehenden) Ansprüche beweise[2].

▷ **Hinweis:** Eine abweichende Auslegung dürfte in Betracht kommen, wenn es – gerade in Zusammenhang mit Equal-pay-Ansprüchen – bereits zu einem der Ausgleichsquittung vorausgehenden Konflikt gekommen ist oder die Parteien ausdrücklich auf (etwaige) Ansprüche verzichten und sich nicht auf die Feststellung beschränken, dass diese „nur" erledigt sind[3]. In diesem Fall wird man davon ausgehen müssen, dass die Beteiligten das Arbeitsverhältnis und daraus erwachsende Ansprüche umfänglich erledigen möchten. Damit ist aber immer noch nicht geklärt, ob eine entsprechende Ausgleichsquittung AGB-rechtlich wirksam ist. Dies wird von der Rechtsprechung[4] aufgrund der in der Regel einseitig den Leiharbeitnehmer belastenden Wirkung überwiegend in Abrede gestellt. Zu empfehlen ist vor diesem nach wie vor bestehenden Unwägbarkeiten statt einer nur vom Leiharbeitnehmer unterzeichneten Ausgleichsquittung eine umfänglich wirkende Ausgleichsklausel[5] mit einem ausdrücklichen Verzicht auf ggf. bestehende Ansprüche in einem Aufhebungsvertrag oder optimalerweise in einem gerichtlichen Vergleich zu vereinbaren[6]. Bei der Formulierung ist eingedenk der sehr restriktiven Rechtsprechung besondere Vorsicht und Sorgsamkeit geboten.

99

Aufgrund der Unwirksamkeit CGZP-Tarifverträge in der Zeit ab dem 11.12.2002 wurden Ansprüche der Sozialversicherungsträger[7] auf Nachzahlung von Beiträgen[8] gegen die betroffenen Verleiher nach § 28e Abs. 1 Satz 1 SGB IV und aufgrund der Subsidiärhaftung nach § 28e Abs. 2 SGB IV gegen den Entleiher in nicht unerheblicher Höhe geltend gemacht[9].

100

Die teilweise unterschiedlich begründete Auffassung, es finde unmittelbar oder zumindest analog gem. § 22 Abs. 1 Satz 2 SGB IV das Zuflussprinzip und nicht das Entstehungsprinzip Anwendung (entsprechend den Grundsätzen des BSG zu einer rück-

101

---

1 Vgl. BAG 23.10.2013 – 5 AZR 135/12, NZA 2014, 200; aA LAG Hamm 6.2.2013 – 3 Sa 1026/12; LAG Sachs. 14.11.2012 – 2 Sa 259/12; 12.7.2013 – 1 Sa 22/13; 6.9.2013 – 3 Sa 26/13 zu einer wortgleichen Ausgleichsquittung.
2 BAG 25.9.2013 – 5 AZR 936/12, ArbRB 2014, 7: zur Qualifizierung einer Ausgleichsklausel in einem Aufhebungsvertrag bei Equal-pay-Ansprüchen als deklaratorisches negatives Schuldanerkenntnis.
3 Vgl. BAG 23.10.2013 – 5 AZR 135/12, NZA 2014, 200.
4 Vgl. LAG Bln.-Bbg. 5.6.2007 – 12 Sa 524/07, FA 2008, 22; zu einer Ausgleichsklausel in einem Aufhebungsvertrag LAG Hamburg 31.5.2012 – 8 Sa 21/12; aA LAG Thür. 17.4.2012 – 1 Sa 253/11; LAG Hamm 6.2.2013 – 3 Sa 1026/12; LAG Sa.-Anh. 4.3.2014 – 6 Sa 264/12 zu einer Ausgleichsklausel in einem auf Initiative des Arbeitnehmers zustande gekommenen, jedoch von dem Arbeitgeber vorformulierten Aufhebungsvertrag.
5 Vgl. LAG Sa.-Anh. 4.3.2014 – 6 Sa 264/12.
6 Dazu LAG Nürnberg 16.10.2013 – 4 Sa 288/13, AE 2014, 223.
7 Hier: Deutsche Rentenversicherung (DRV).
8 Zum Überblick über die Rspr. der Sozialgerichte zu den Nachforderungen der DRV wegen der Tarifunfähigkeit der CGZP: *Bissels/Raus*, BB 2013, 885.
9 Dazu ausführlich: *Bissels*, ArbRB 2012, 24; krit. zur Entleiherhaftung zumindest bei nachträglicher Feststellung der Tariffähigkeit: *Schöttler/Müllerleile*, BB 2011, 3061; *Urban-Crell/Germakowski/Bissels/Hurst*, AÜG, § 3 Rz. 158 mwN.

wirkenden Lohnerhöhung)[1], hat die Rechtsprechung bislang nicht überzeugen können[2]. Bemessungsgrundlage der zu entrichtenden Beiträge soll mithin die rechtlich geschuldete und nicht die geringere tatsächlich geleistete Vergütung sein. Arbeitsvertraglich vereinbarte oder tarifliche Ausschlussfristen sollen für die Pflicht zur Abführung von Sozialversicherungsbeiträgen keine Bedeutung haben[3]. Ob der Leiharbeitnehmer seine Vergütungsdifferenz geltend macht oder zB wegen einer abgelaufenen Ausschlussfrist gar nicht mehr erfolgreich geltend machen kann, soll für die Beitragspflicht ebenfalls keine Rolle spielen[4].

102 Umstritten ist, ob es eine arbeitgeberseitige Nachermittlungspflicht[5] gibt oder ob es dafür an einer gesetzlichen Grundlage fehlt[6]. Zutreffenderweise sind die Sozialversicherungsträger auf die Nachermittlung durch Betriebsprüfung angewiesen (§ 28p SGB IV). Dabei ist die DRV berechtigt, bei Verleihern Auskünfte einzuholen, um so Feststellungen über die Arbeitsbedingungen, insbesondere die Entlohnung, der vergleichbaren Arbeitnehmer der Entleiher zu treffen[7]. Dabei muss zunächst ausreichend versucht werden, eine personenbezogene konkrete Feststellung der Beitragshöhe durchzuführen[8]. Nach § 28f Abs. 2 Satz 3 SGB IV hat der prüfende Träger der Rentenversicherung die Höhe der Arbeitsentgelte zu schätzen, wenn er diese nicht oder nicht ohne unverhältnismäßig großen Verwaltungsaufwand ermitteln kann. Ob eine solche Schätzungsbefugnis eine subjektive Pflichtverletzung des Arbeitgebers voraussetzt, ist umstritten[9]. Zur zulässigen Schätzung müssen jedenfalls konkret-individuelle Anknüpfungstatsachen ermittelt werden; eine Pauschalschätzung ist unzulässig[10]. Dies gilt selbst für den Fall, dass sich die Schätzung auf ein Gutachten stützt, durch das abstrakt ein allgemeiner Lohnabstand zwischen den Leiharbeitnehmern und den Stammbeschäftigten festgelegt wird[11]. Es ist der Amtsermittlungsgrundsatz des § 20 SGB X zu beachten. Ansatzpunkte für eine Schätzung nennt das Rundschreiben des GKV-Spitzenverbandes vom 25.5.2011, RS 2011/244.

---

1 *Plagemann/Brand*, NJW 2011, 1488 (1490, 1491); *Tuengerthal/Andorfer*, BB 2011, 2939 (2940, 2941); *Freckmann/Müller/Wahl*, ZIP 2012, 1327 (1330, 1332); *Steinheimer/Haeder*, NZA 2012, 903 (904).
2 LSG NRW 15.11.2012 – L 8 R 416/12 B ER; LSG Sa.-Anh. 25.3.2014 – L 1 R 40/14 B ER; LSG Nds.-Bremen 22.10.2012 – L 4 KR 316/12 B ER, EzA-SD 2013, Nr. 1, 16; 21.2.2013 – L 1 KR 441/12 B; LSG Hess. 23.4.2012 – L 1 KR 95/12 B ER mit Anmerkung von *Bissels*, ArbRB 2012, 179; SG Kassel 4.9.2013 – S 12 KR 246/12; SG Karlsruhe 28.1.2014 – S 16 R 4136/12; SG Detmold 29.1.2013 – S 6 R 1181/12; SG Dresden 15.5.2013 – S 15 KR 817/12; SG Augsburg 15.7.2014 – S 2 R 611/13; SG Hannover 25.6.2014 – S 14 R 649/12 (Sprungrevision anhängig beim BSG unter dem Az. B 12 R 11/14 R); *Lunk/Rodenbusch*, RdA 2011, 375 (378).
3 BSG 30.8.1994 – 12 RK 59/92, NZA 1995, 701; *Reiserer*, DB 2011, 764 (765); *Schlegel*, NZA 2011, 380 (382, 383).
4 LSG Hess. 23.4.2012 – L 1 KR 95/12 B ER mit Anmerkung von *Bissels*, ArbRB 2012, 179; *Zimmermann*, FA 2011, 201 (203).
5 *Zeppenfeld/Faust*, NJW 2011, 1643 (1646).
6 *Lunk/Rodenbusch*, RdA 2011, 375 (379); *Rieble/Vielmeier*, ZIP 2011, 789 (792, 794).
7 LSG Schl.-Holst. 27.8.2014 – L 5 KR 149/14 B ER.
8 *Lunk/Rodenbusch*, RdA 2011, 375 (379).
9 Bej.: *Vielmeier/Rieble*, ZIP 2011, 789 (796); LSG BW 19.11.2012 – L 11 R 3954/12 ER-B; 5.3.2013 – L 4 R 4381/12 ER-B; LSG Hamburg 15.9.2014 – L 3 R 48/14 B ER; LSG Rh.-Pf. 14.8.2012 – L 6 R 223/12 B ER; LSG Schl.-Holst. 20.4.2012 – L 5 KR 9/12 B ER; SG Dresden 15.5.2013 – S 15 KR 440/12, NZA 2013, 1068; SG Augsburg 15.7.2014 – S 2 R 611/13; wohl auch: SG Hannover 25.6.2014 – S 14 R 649/12 (Sprungrevision anhängig beim BSG unter dem Az. B 12 R 11/14 R); vern.: LSG NRW 10.5.2012 – L 8 R 164/12 B ER, ArbuR 2012, 271; LSG Bln.-Bbg. 29.7.2014 – L 1 KR 131/14 B ER; zur Zulässigkeit einer Schätzung: LSG NRW 15.11.2012 – L 8 R 416/12 B ER; SG Kassel 4.9.2013 – S 12 KR 246/12.
10 *Rieble/Vielmeier*, ZIP 2011, 789 (796, 797).
11 Vgl. LSG Sa.-Anh. 16.10.2013 – L 3 R 485/12 B ER zu einer von der DRV in Auftrag gegebenen Studie des Instituts für Arbeitsmarkt- und Berufsforschung (IAB) vom 14.4.2011.

III. Regelungsgegenstand und Regelungsinhalt des AÜG Rz. 105 Teil 6 D

Ob ein Schutz des Vertrauens der Verleiher in die Wirksamkeit der CGZP-Tarifverträge für die Vergangenheit in beitragsrechtlicher Hinsicht zu gewähren ist, wird kontrovers behandelt, von der Rechtsprechung aber überwiegend abgelehnt[1]. 103

Sehr umstritten – auch innerhalb der Rechtsprechung – ist, ob die Bestandskraft eines Betriebsprüfungsbescheides eine Beitragsnachforderung für den (teil)identischen Prüfzeitraum nur bei Anwendung des § 45 SGB X ermöglicht[2]. Im Ergebnis muss dieser Prüfbescheid zunächst aufgehoben werden, bevor – wegen der Nachforderungen aufgrund der Tarifunfähigkeit der CGZP und der dadurch bedingten Unwirksamkeit der entsprechenden Tarifverträge – der bereits geprüfte Zeitraum erneut Gegenstand einer Betriebsprüfung sein kann[3]. 104

Nach § 25 Abs. 1 Satz 1 SGB IV verjähren Ansprüche auf Sozialversicherungsbeiträge in vier Jahren nach Ablauf des Kalenderjahres, in dem sie fällig geworden sind. Ansprüche auf zumindest bedingt vorsätzlich vorenthaltene Beiträge verjähren hingegen nach § 25 Abs. 1 Satz 2 SGB IV erst in 30 Jahren nach Ablauf des Kalenderjahres, in dem sie fällig geworden sind. Die lange Verjährungsfrist gilt auch, wenn der Vorsatz bei Fälligkeit der Beiträge nicht vorlag, aber noch vor Ablauf der vierjährigen Verjährungszeit eingetreten ist. Es wird dabei nur nach Maßgabe des Einzelfalles feststellbar sein, ob der Arbeitgeber die Unwirksamkeit der CGZP-Tarifverträge ernsthaft für möglich gehalten und die daraus resultierenden Folgen billigend in Kauf genommen hat[4]. Bei der Prüfung, ob (bedingter) Vorsatz vorgelegen hat, kommt es nicht auf das Vorenthalten des equal pay-Anspruchs, sondern der sich daraus ergebenden Gesamtsozialversicherungsbeiträge an; wenn sich der Entleiher keinem equal pay-Anspruch der Leiharbeitnehmer ausgesetzt sah, kann diesem in der Regel auch nicht der Vor- 105

---

[1] Vern.: LSG Sa.-Anh. 25.3.2014 – L 1 R 40/14 B ER; LSG Bln.-Bbg. 29.7.2014 – L 1 KR 131/14 B ER; LSG NRW 10.5.2012 – L 8 R 164/12 B ER, ArbuR 2012, 271; 27.6.2012 – L 8 R 163/12 B ER; LSG Hessen 23.4.2012 – L 1 KR 95/12 B ER, ArbRB 2012, 189; LSG Nds.-Bremen 22.10.2012 – L 4 KR 316/12 B ER, EzA-SD 2013, Nr. 1, 16; SG Kassel 4.9.2013 – S 12 KR 246/12; SG Dortmund 11.7.2014 – S 34 R 1525/13; SG Augsburg 21.5.2014 – S 13 R 1258/12; 15.7.2014 – S 2 R 611/13; SG Detmold 29.1.2013 – S 6 R 1181/12; SG Karlsruhe 28.1.2014 – S 16 R 4136/12; SG Dresden 15.5.2013 – S 15 KR 440/12, NZA 2013, 1068; SG Duisburg 14.6.2012 – S 10 R 547/12 ER; aA LSG Schl.-Holst. 20.4.2012 – L 5 KR 20/12 B ER, NZS 2012, 627 mit Anmerkung von *Bissels*, jurisPR-ArbR 31/2012 Anm. 6; SG Duisburg 18.1.2012 – S 41 R 1564/11; 18.1.2012 – S 21 R 1564/11 ER; LSG Schl.-Holst. 25.6.2012 – L 5 KR 81/12 B ER, AuA 2012, 681; vgl. *Freckmann/Müller/Wahl*, ZIP 2012, 1327 (1333, 1334).

[2] So Bayer. LSG 8.10.2013 – L 5 R 554/13; 20.4.2012 – L 5 R 246/12 B ER; 22.3.2012 – L 5 R 138/12 B ER, AuA 2012, 491; 31.7.2012 – L 5 R 345/12 B ER; 13.12.2012 – L 5 R 972/12 B ER; LSG Nds.-Bremen 10.5.2012 – L 4 R 129/12 ER; SG Augsburg 9.7.2012 – S 3 R 510/12 ER; SG Magdeburg 7.5.2012 – S 12 R 192/12 ER; SG Köln 29.3.2012 – S 12 R 369/12 ER; aA LSG Sa.-Anh. 25.3.2014 – L 1 R 40/14 B ER; LSG Bln.-Bbg. 29.7.2014 – L 1 KR 131/14 B ER; 20.9.2013 – L 1 KR 126/11; LSG NRW 10.5.2012 – L 8 R 164/12 B ER; LSG NRW 15.11.2012 – L 8 R 416/12 B ER; LSG Hessen 23.4.2012 – L 1 KR 95/12 B ER, ArbRB 2012, 179; 19.9.2012 – L 8 KR 205/12 B ER; LSG Sachsen 22.3.2013 – L 1 KR 14/13 B ER; SG Dortmund 11.7.2014 – S 34 R 1525/13; SG Kassel 4.9.2013 – S 12 KR 246/12; SG Augsburg 21.5.2014 – S 13 R 1258/12; 15.7.2014 – S 2 R 611/13; SG Dresden 15.5.2013 – S 15 KR 440/12, NZA 2013, 1068; SG Hannover 25.6.2014 – S 14 R 649/12 (Sprungrevision anhängig beim BSG unter dem Az. B 12 R 11/14 R); SG Mainz 22.3.2012 – S 11 R 160/12 ER; offen gelassen: LSG Sa.-Anh. 16.10.2013 – L 3 R 485/12 B ER; SG Bayreuth 30.4.2012 – S 16 R 6009/12 ER; wie LSG Bayern: *Rittweger*, DB 2011, 2147, dort insb. zum „Stichprobenargument" der Gegenauffassung; *Bissels*, ArbRB 2012, 244 (245, 246); *Lambrich/Göhler*, RdA 2014, 299; dagegen *Neidert/Scheer*, DB 2011, 2547; *Neidert/Scheer*, DB 2014, 2471; vgl. auch *Steinheimer/Haeder*, NZA 2012, 903 (904); *Lambrich/Grünberg*, DB 2012, 2868 (2869, 2870).

[3] AA wohl BSG 30.10.2013 – B 12 AL 2/11 R, NZA 2014, 524; *Neidert/Scheer*, DB 2014, 2471.

[4] LSG NRW 10.5.2012 – L 8 R 164/12 B ER; *Lunk/Rodenbusch*, RdA 2011, 375 (378); vgl. auch: *Lembke*, NZA Beilage 2/2012, 66 (71, 72); *Schlegel*, NZA 2011, 380 (381) zu den verjährungsrechtlichen Auswirkungen „doppelter" Verweisungsklauseln; *Lambrich/Grünberg*, DB 2012, 2865 (2870).

wurf gemacht werden, bewusst die zusätzlichen Gesamtsozialversicherungsbeiträge vorenthalten zu haben[1]. Zur Herleitung eines entsprechenden Eventualvorsatzes reicht zudem die Veröffentlichung des Beschlusses des BAG[2] zur mangelnden Tariffähigkeit der CGZP vom 14.12.2010 – 1 ABR 19/10 im Jahr 2010 nicht aus[3]. Eine abschließende Bewertung der Rechtsfolgen war erst auf Grundlage der Entscheidungen des BAG vom 22.5.2012 bzw. 23.5.2012 möglich, da erst zu diesem Zeitpunkt höchstrichterlich bestätigt wurde, dass die CGZP zu keinem Zeitpunkt tariffähig gewesen ist[4]. Erst ab diesem Zeitpunkt ist überhaupt erst eine Bösgläubigkeit denkbar[5]. Ein bedingter Vorsatz ergibt sich auch nicht aus Pressemitteilungen der DRV zur Entscheidung des BAG vom 14.12.2010 und aus den in allgemeiner Form gehaltenen Schreiben an die (vermeintlichen) Anwender der CGZP-Tarifverträge, die von der DRV noch im Jahr 2010 an zahlreiche Entleiher verschickt worden sind[6].

106 ⊃ **Hinweis:** Da zahlreiche Betriebsprüfungen erst ab dem Jahr 2011 formal eingeleitet und begonnen wurden, dürfte in zahlreichen Fällen zumindest die Nachforderungen für die Jahre 2005 und 2006 nach Maßgabe der regulären Verjährungsfrist tatsächlich verjährt sein[7].

107 Ein Antrag auf Anordnung der aufschiebenden Wirkung des eingelegten Widerspruchs gegen einen Nachforderungsbescheid der DRV ist im Wege des einseitigen Rechtsschutzes vor den Sozialgerichten zu stellen (§ 89a und b SGG). Die Aussetzung der Vollziehung eines Beitragsbescheides setzt voraus, dass ernstliche Zweifel an seiner Rechtmäßigkeit bestehen oder eine unbillige Härte vorliegt (§ 86a Abs. 3 Satz 2 SGG). Letztgenannte kann sich insbesondere aus einer wirtschaftlichen Unzumutbarkeit ergeben, weil durch die Nachforderung der DRV eine Zahlungsunfähigkeit, Insolvenz oder Existenzgefährdung droht[8]. Ernstliche Zweifel können auch dann vorliegen, wenn die Rechtmäßigkeit des Bescheides von einer Mehrzahl von Voraussetzungen abhängt, deren Prüfung die Klärung schwieriger Rechtsfragen beinhaltet[9].

---

1 SG Braunschweig 13.10.2014 – S 64 KR 568/13.
2 BAG 14.12.2010 – 1 ABR 19/10, NZA 2011, 289; dazu *Bissels*, BB 2011, 893.
3 Vgl. LSG NRW 10.5.2012 – L 8 R 164/12 B ER; 3.7. 2012 – L 8 R 197/12 B ER; 27.6.2012 – L 8 R 163/12 B ER; 26.6.2012 – L 8 R 382/12 B ER; 23.7.2012 – L 8 R 197/12 B ER; 27.6.2012 – L 8 R 163/12 B ER; 20.9.2012 – L 8 R 630/12 B ER; LSG Bln.-Bbg. 29.7.2014 – L 1 KR 131/14 B ER; 13.11.2012 – L 1 KR 350/12 B ER; LSG Rh.-Pf. 20.3.2013 – L 2 R 31/13 B ER; LSG Nds.-Bremen 21.2.2013 – L 1 KR 441/12 B ER; 12.2.2013 – L 1 KR 442/12 B; 11.6.2012 – L 4 115/12 B ER; SG Detmold 29.1.2013 – S 6 R 1181/12; SG Dortmund 11.7.2014 – S 34 R 1525/13; aA LSG Hessen 23.4.2012 – L 1 KR 95/12 B ER mit Anm. *Bissels*, ArbRB 2012, 179; 19.9.2012 – L 8 KR 205/12 B ER; LSG Sa.-Anh. 25.3.2014 – L 1 R 40/14 B ER; SG Karlsruhe 28.1.2014 – S 16 R 4136/12; SG Detmold 22.3.2013 – S 5 KR 55/13 ER; SG Hannover 25.6.2014 – S 14 R 649/12 (Sprungrevision anhängig beim BSG unter dem Az. B 12 R 11/14 R); SG Augsburg 15.7.2014 – S 2 R 611/13; 21.5.2014 – S 13 R 1258/12, das pauschal einen bedingten Vorsatz unterstellt; SG Kassel 4.9. 2013 – S 12 KR 246/12.
4 BAG 22.5.2012 – 1 ABN 27/12, ArbRB 2012, 174; 23.5.2012 – 1 AZB 58/11; 23.5.2012 – 1 AZB 67/11; dazu: *Bissels*, ArbRB 2012, 212ff.; *Bissels*, jurisPR-ArbR 35/2012 Anm. 5.
5 LSG NRW 25.6.2012 – L 8 R 382/12 B ER, juris; 10.5.2012 – L 8 R 164/12 B ER; 20.9.2012 – L 8 R 630/12 B ER; LSG Rh.-Pf. 20.3.2013 – L2 R 31/13 B ER.
6 LSG NRW 31.5.2012 – L 8 R 55/12 B ER; LSG Rh.-Pf. 14.8.2012 – L 6 R 223/12 B ER; aA LSG Sachsen 22.3.2013 – L 1 KR 14/13 B ER; LSG NRW 21.12.2012 – L 8 R 690/12 B ER; 15.11.2012 – L 8 R 416/12 B ER; LSG Rh.-Pf. 20.3.2013 – L 2 R 31/12 B ER; SG Dresden 15.5.2013 – S 15 KR 440/12, NZA 2013, 1068; SG Augsburg 15.7.2014 – S 2 R 611/13.
7 Vgl. LSG NRW 20.9.2012 – L 8 R 630/12 B ER; 27.6.2012 – L 8 R 163/12 B ER.
8 Vgl. LSG Nds.-Bremen 2.5.2012 – L 1 KR 121/12 B ER.
9 LSG Schl.-Holst. 20.4.2012 – L 5 KR 9/12 B ER; 20.4.2012 – L 5 KR 20/12 B ER, NZS 2012, 627 mit Anm. *Bissels*, jurisPR-ArbR 31/2012 Anm. 6; 25.6.2012 – L 5 KR 81/12 B ER, AuA 2012, 681; LSG Nds.-Bremen 2.5.2012 – L 1 KR 121/12 B ER; aA unter ausdrücklicher Aufgabe der bisherigen Rspr. LSG Nds.-Bremen 20.7.2012 – L 1 KR 72/12 B ER; 22.10.2012 – L 4 KR 316/12 B ER.

III. Regelungsgegenstand und Regelungsinhalt des AÜG   Rz. 110   Teil 6 D

⮌ **Hinweis:** Aufgrund der zahlreichen, bislang nicht höchstrichterlich geklärten Fragen in Zusammenhang mit den Nachforderungen der DRV aufgrund der Tarifunfähigkeit der CGZP sollten gerade Entleiher, bei denen die Betriebsprüfung zu wirtschaftlich spürbaren Belastungen führt, im Zweifel entsprechende Rechtsmittel gegen den Bescheid einlegen. Ist der Bescheid bestandskräftig geworden, kann der Entleiher grundsätzlich keine Erstattung der Beiträge verlangen, selbst wenn sich das Vorgehen der DRV im Nachhinein als rechtswidrig herausstellen sollte. Bei der Abwägung, ob Rechtsschutz in Anspruch genommen werden soll, sind aber immer die Umstände des Einzelfalls zu berücksichtigen.

108

Nach der Satzungsänderung im Oktober 2009 dürfen die Mitgliedsorganisationen der CGZP selbst Tarifverträge mit Arbeitgebern der Zeitarbeitsbranche abschließen[1]. Tarifpartner ist deshalb bei den seit März 2010 abgeschlossenen Tarifverträgen nicht mehr allein die Tarifgemeinschaft CGZP, sondern es sind zusätzlich die Einzelgewerkschaften des CGB (CGM, DHV, ALEB, BIGD und medsonet) beteiligt. Dabei treten die Tarifgemeinschaft und die Einzelgewerkschaften jeweils als eigenständige Tarifvertragsparteien auf[2], die mehrgliedrige Tarifverträge abgeschlossen haben[3]. Diese sind dadurch gekennzeichnet, dass jeder der Tarifverträge losgelöst von der ursprünglichen Zusammenfassung in einer einzigen Urkunde durch jede der beteiligten Tarifvertragsparteien geändert oder beendet werden kann. Die Tarifunfähigkeit nur einer Tarifvertragspartei führt bei mehrgliedrigen Tarifverträgen nicht dazu, dass alle Tarifverträge unwirksam werden. Die fehlende Tariffähigkeit einer der beteiligten Gewerkschaften hat also insoweit keine rechtlichen Auswirkungen auf die von anderen beteiligten Gewerkschaften geschlossenen Tarifverträge[4]. Die Tariffähigkeit der Gewerkschaften CGM, DHV und ALEB ist jedenfalls in früheren Jahren von der Rechtsprechung anerkannt worden[5].

109

In der Instanzrechtsprechung und der Literatur war hochumstritten, ob eine Bezugnahmeklausel auf derartige mehrgliedrige Verbandstarifverträge intransparent und deshalb nach den §§ 307 Abs. 1 Satz 2, 306 Abs. 1 BGB AGB-rechtlich unwirksam ist. Teilweise wurde angenommen, insbesondere wegen der dynamischen Bezugnahme sei nicht erkennbar, welche der tariflichen Regelungen unter welchen Voraussetzungen auf das Arbeitsverhältnis Anwendung finden sollten[6]. Vereinzelt ist vertreten worden, dass auch diese Nachfolgetarifverträge nichtig seien, weil die unterzeichnenden Einzelgewerkschaften ihre satzungsgemäße Zuständigkeit überschritten hätten, indem sie einen Tarifvertrag für die branchenübergreifende Arbeitnehmerüber-

110

---

1 *Schindele* zu BAG 14.12.2010 – 1 ABR 19/10, ArbRAktuell 2010, 656.
2 *Hurst*, AuA 2010, 602 (604).
3 Zur Zulässigkeit von mehrgliedrigen Tarifverträgen: BAG 10.11.1993 – 4 AZR 184/93, NZA 1994, 892.
4 *Zimmermann*, FA 2011, 201 (201).
5 CGM: BAG 28.3.2006 – 1 ABR 58/04, DB 2006, 2070; DHV: vgl. BAG 10.2.2009 – 1 ABR 36/08, NZA 2009, 908; ALEB: vgl. BAG 10.9.1985 – 1 BR 32/85, NZA 1986, 332; abweichend aber kürzlich: ArbG Bonn 31.10.2012 – 4 BV 90/12; Tariffähigkeit verneint für die medsonet: LAG Hamburg 21.3.2012 – 3 TaBV 7/11, ArbuR 2012, 229; inzwischen bestätigt durch: BAG 11.6.2013 – 1 ABR 33/12, NZA-RR 2013, 641; Tariffähigkeit verneint für BIGD: ArbG Duisburg 22.8.2012 – 4 BV 29/12.
6 LAG Sachsen 18.1.2013 – 3 Sa 683/11; 21.9.2012 – 3 Sa 250/12; LAG München 19.12.2012 – 10 Sa 609/12; LAG Sa.-Anh. 4.3.2014 – 6 Sa 264/12; LAG BW 8.1.2013 – 15 Sa 43/12; LAG Düsseldorf 11.3.2013 – 9 Sa 30/13; 18.3.2013 – 9 Sa 1585/12; 20.2.2013 – 4 Sa 1541/12; 21.6.2012 – 13 Sa 319/12, AuA 2012, 611; 5.6.2012 – 8 Sa 213/12; LAG Thür. 31.5.2012 – 6 Sa 327/11; LAG Bln.-Bbg. 20.9.2011 – 7 Sa 1318/11, BB 2012, 1544; 6.5.2013 – 21 Sa 2286/12, 21 Sa 2313/12, 21 Sa 2286/12, 21 Sa 2313/12, BB 2013, 2291; LAG Nds. 19.4.2012 – 5 Sa 1607/11, ArbRAktuell 2012, 329; 13.11.2013 – 17 Sa 195/13; 28.11.2012 – 2 Sa 76/12, AE 2013, 54; 15.11.2012 – 7 Sa 1787/11, AE 2013, 55; LAG Hamm 29.2.2012 – 3 Sa 889/11; 19.9.2012 – 3 Sa 420/12; 24.4.2012 – 3 Sa 1657/11; LAG Schl.-Holst. 14.8.2012 – 1 Sa 495/11; 4.10.2012 – 5 Sa 402/11; ArbG Lübeck 15.3.2011 – 3 Ca 3147/10, ArbRB 2011, 340.

lassung abgeschlossen hätten[1]. Nach anderer Meinung ist die Bezugnahmeklausel transparent. Sie hält der AGB-Kontrolle nach den §§ 305 ff. BGB Stand. Die Gestaltung sei auch nicht unangemessen[2]. Wenn man sich dieser Meinung anschließt, ist zu prüfen, ob einer der Tarifverträge einschlägig ist, da die beteiligten CGB-Gewerkschaften nicht sämtliche Branchen abdecken. Das BAG hat diesen Streit inzwischen entschieden: Eine entsprechende Verweisung ist aufgrund einer AGB-rechtlichen Intransparenz gem. § 307 Abs. 1 Satz 2 BGB unwirksam[3]. Bei einer Bezugnahmeklausel, durch die mehrere eigenständige tarifliche Regelungswerke gleichzeitig auf das Arbeitsverhältnis zur Anwendung gebracht würden, bedürfe es einer Kollisionsregel, der sich entnehmen lasse, welcher der Tarifverträge bei sich widersprechenden Regelungen den Vorrang haben solle. Anderenfalls lasse sich nicht für jeden Zeitpunkt bestimmen, welcher der in Bezug genommenen Tarifverträge sich jeweils durchsetzen und gelten solle. Nach Ansicht des BAG[4] sei unerheblich, dass die Tarifwerke bei Vertragsschluss zwischen dem Verleiher und dem Leiharbeitnehmer noch inhaltsgleich gewesen seien[5]. Der Mitarbeiter müsse bereits zu diesem Zeitpunkt für die Dauer des Arbeitsverhältnisses erkennen können, was ggf. „auf ihn zukomme".

111 ⊃ **Hinweis:** Dies bedeutet, dass ab dem 1.1.2010 – aufgrund der (intransparenten) Bezugnahmeklausel auf die mehrgliedrigen CGB-Tarifverträge – in der überwiegenden Anzahl der danach abgewickelten Leiharbeitsverhältnisse ein Equal-pay-Anspruch entstanden ist. Die regelmäßig in der Praxis verwendeten Bestimmungen dürften den hohen Anforderungen des BAG nämlich idR nicht gerecht werden. Zudem dürften die DRV, die bislang den Zeitraum ab dem 1.1.2010 aufgrund der bestehenden Rechtsunsicherheit im Rahmen von „CGZP-Sonderbetriebsprüfungen" ausgespart hat, weitere Nachforderungen geltend machen (dazu Rz. 67 ff.).

112 Ob Verweisungsklauseln, die sowohl auf die von den Christlichen Gewerkschaften abgeschlossenen Tarifverträge als auch hilfsweise auf den DGB-Tarifvertrag verweisen, zulässig sind, ist sehr zweifelhaft, jedenfalls in Formulararbeitsverträgen[6]. Zumindest ist eine Änderungskündigung, die zunächst den einen und im Fall seiner Unwirksamkeit den anderen Tarifvertrag anbietet, unklar und damit unwirksam[7]. Klauseln, die es dem Verleiher ermöglichen sollen, durch eine einseitige Erklärung den bisher in Bezug genommenen Tarifvertrag durch ein anderes Tarifwerk zu ersetzen, sind

---

1 ArbG Herford 4.5.2011 – 2 Ca 144/11, ArbRAktuell 2011, 309 mit zustimmender Anm. *Brors*, jurisPR-ArbR 25/2011 Anm. 1; aA LAG Düsseldorf 8.12.2011 – 11 Sa 852/11, DB 2012, 921; *Bayreuther*, NZA 2012, 14 (15, 17).
2 LAG Nürnberg 26.10.2012 – 8 Sa 126/12; LAG Düsseldorf 8.12.2011 – 11 Sa 852/11, DB 2012, 921; LAG Rh.-Pf. 1.6.2012 – 9 Sa 24/12, ArbRAktuell 2012, 408; 29.11.2012 – 2 Sa 171/12, ZTR 2013, 200; 29.11.2012 – 2 Sa 172/12; 29.11.2012 – 2 Sa 166/12; ArbG Trier 14.2.2012 – 3 Ca 880/11; zust. *Bissels*, jurisPR-ArbR 36/2012 Anm. 5; *Stoffels/Bieder*, RdA 2012, 27; *Bayreuther*, NZA 2012, 14 (17, 18); ; *Lützeler/Bissels*, DB 2011, 1636 (1639).
3 Vgl. BAG 24.9.2014 – 5 AZR 256/14; 13.3.2013 – 5 AZR 954/11, NZA 2013, 680; 13.3.2013 – 5 AZR 242/12, FA 2013, 180; 23.10.2013 – 5 AZR 556/12, NZA 2014, 313; 23.10.2013 – 5 AZR 918/12; 19.2.2014 – 5 AZR 920/12, NZA 2014, 808; 19.2.2014 – 5 AZR 700/12, FA 2014, 181; 19.2.2014 – 5 AZR 680/12; dazu auch *Bissels*, jurisPR-ArbR 18/2014 Anm. 2; *Bissels*, BB 2013, 1664.
4 Vgl. BAG 13.3.2013 – 5 AZR 954/11, NZA 2013, 680; dazu *Bissels*, BB 2013, 1664.
5 So aber: LAG Nürnberg 26.10.2012 – 8 Sa 126/12; dazu auch: *Bissels*, jurisPR-ArbR 17/2013 Anm. 4.
6 Vgl. *Thüsing/Mengel*, § 9 AÜG Rz. 43b; abl.: ArbG Bielefeld 9.2.2010 – 5 Ca 2730/09, ArbRAktuell 2010, 537; *Brors*, BB 2006, 101; *Lembke*, BB 2010, 1533 (1536); *Schüren/Wilde*, NZS 2009, 303 (304); offen gelassen, da die Voraussetzungen der gestaffelten Bezugnahme nicht erfüllt waren: BAG 19.2.2014 – 5 AZR 920/12, NZA 2014, 808; 19.2.2014 – 5 AZR 700/12, FA 2014, 181.
7 BAG 15.1.2009 – 2 AZR 641/07, NZA 2009, 957; LAG Rh.-Pf. 2.3.2012 – 9 Sa 627/11, AE 2012, 157.

nach überwiegender Ansicht AGB-rechtlich unzulässig (Verstoß gegen § 308 Nr. 4 BGB)[1].

Die Frage der AGB-rechtlichen Transparenz der Bezugnahmeklausel kann sich auch bei den Tarifverträgen stellen, die zwischen den Arbeitgeberverbänden der Zeitarbeit (BZA bzw. BAP und iGZ[2]) sowie der von den DGB-Gewerkschaften gebildeten Tarifgemeinschaft geschlossen worden sind, sofern diese ebenfalls als mehrgliedrig zu qualifizieren sein sollten[3]. Dies wird vom LAG Baden-Württemberg[4] unter Hinweis auf die RL Organisationszuständigkeit Zeit- und Leiharbeit vom 5.3.2003 abgelehnt. Nach deren Ziff. 5 gelten die von der Tarifgemeinschaft vereinbarten Tarifverträge für alle Gewerkschaftsmitglieder, unabhängig davon, in welcher DGB-Gewerkschaft sie organisiert sind[5]. Diese Formulierung spricht tatsächlich gegen eine Mehrgliedrigkeit der entsprechenden Tarifverträge und folglich für eine Wirksamkeit der Bezugnahme ohne eine Kollisionsklausel, wie sie das BAG[6] bei den CGB-Tarifverträgen verlangt hat (vgl. Rz. 110). Auch in der Literatur[7] wird die Verweisung auf die entsprechenden DGB-Tarifverträge überwiegend als wirksam angesehen. 113

⊃ **Hinweis** Da eine höchstrichterliche Klärung zur rechtlichen Qualität der DGB-Tarifverträge der Zeitarbeit[8] und damit einhergehend die AGB-rechtlichen Anforderungen an eine transparente Gestaltung der Bezugnahmeklausel noch aussteht, ist zu empfehlen, zumindest vorsorglich eine Kollisionsregelung in den Arbeitsvertrag aufzunehmen, durch die der Tarifvertrag der jeweiligen DGB-Gewerkschaft für anwendbar erklärt wird, deren satzungsgemäßem Organisationsbereich der Kundenbetrieb unterliegt. 114

Nicht abschließend entschieden ist – selbst wenn man davon ausgeht, dass die Bezugnahmeklausel AGB-rechtlich nicht zu beanstanden ist – zudem, ob die recht kurzen Ausschlussfristen in den DGB-Tarifverträgen der Arbeitnehmerüberlassungsbranche in der bis zum 17.9.2013 geltenden Fassung[9] überhaupt einen Equal-pay-Anspruch wirksam erfassen können. Diese Frage kann sich insbesondere stellen, wenn in dem Arbeitsvertrag zunächst auf die (unwirksamen) Tarifverträge der CGZP Bezug genommen wurde, sodann aber aufgrund einer Änderungsvereinbarung die tariflichen Bestimmungen zwischen BAP bzw. iGZ und den DGB-Gewerkschaften angewendet 115

---

1 BAG 24.9.2014 – 5 AZR 254/13; LAG Nds. 25.1.2013 – 6 Sa 737/12, ArbRB 2013, 143; 21.9.2012 – 6 Sa 113/12, AE 2013, 60; 21.9.2012 – 6 Sa 1063/11; LAG Rh.-Pf. 2.3.2012 – 9 Sa 627/11, AE 2012, 157.
2 *Hurst*, Tarifverträge in der Zeitarbeit, 2010, S. 27f.
3 Für eine Mehrgliedrigkeit: LAG Düsseldorf 24.10.2012 – 5 Sa 704/12, ZTR 2013, 154; ArbG Frankfurt a.M. 11.2.2014 – 4 BV 523/13; LAG Hessen 16.1.2014 – 9 TaBV 127/13; LAG Bln.-Bbg. 21.2.2013 – 9 TaBVHa 2446/12; *Schindele/Söhl*, NZA 2014, 1049.
4 LAG BW 4.6.2013 – 22 Sa 73/12; in diesem Sinne auch ArbG Freiburg 14.1.2014 – 5 Ca 555/12; 14.1.2014 – 5 Ca 531/13; LAG Hamm 13.3.2014 – 17 Sa 1479/13; LAG Nürnberg 11.10.2013 – 3 Sa 699/10; dazu *Bissels*, jurisPR-ArbR 25/2014 Anm. 1.
5 Dazu *Bissels*, ArbRB 2013, 243.
6 Vgl. BAG 13.3.2013 – 5 AZR 954/11, NZA 2013, 680; 13.3.2013 – 5 AZR 242/12, FA 2013, 180; 23.10.2013 – 5 AZR 556/12, NZA 2014, 313; 23.10.2013 – 5 AZR 918/12; 19.2.2014 – 5 AZR 920/12, NZA 2014, 808; 19.2.2014 – 5 AZR 700/12, FA 2014, 181; 19.2.2014 – 5 AZR 680/12; dazu auch *Bissels*, jurisPR-ArbR 18/2014 Anm. 2; *Bissels*, BB 2013, 1664.
7 *Bayreuther*, DB 2014, 717; *Brors*, RdA 2014, 182; *Schüren*, jurisPR-ArbR 37/2013 Anm. 1; *Herrmann/Molle*, BB 2013, 1781; iE auch: *Lembke/Mengel/Schüren/Stoffels/Thüsing/Schunder*, NZA 2013, 948ff.; aA *Schindele/Söhl*, NZA 2014, 1049.
8 Mehrgliedrig, einheitlich oder mehrgliedrig-einheitlich?
9 § 10 MTV iGZ/DGB in der bis zum 17.9.2013 gültigen Fassung lautete: „Alle Ansprüche aus dem Arbeitsverhältnis und solche, die mit dem Arbeitsverhältnis in Verbindung stehen, sind ausgeschlossen, wenn sie nicht innerhalb einer Ausschlussfrist von einem Monat nach ihrer Fälligkeit gegenüber der anderen Vertragspartei schriftlich erhoben werden. Lehnt die Gegenseite den Anspruch schriftlich ab oder erklärt sie sich nicht innerhalb von zwei Wochen nach der Geltendmachung des Anspruchs, so verfällt dieser, wenn er nicht innerhalb von einem Monat nach der Ablehnung oder dem Fristablauf gerichtlich geltend gemacht wird." Ver-

werden. Das BAG[1] hat dazu bislang nicht abschließend Stellung genommen. Zumindest nach Ansicht des LAG Düsseldorf[2] ergibt bereits die unionsrechtskonforme, am Grundsatz der Effektivität des Rechtsschutzes orientierte Auslegung, dass von § 10 MTV iGZ/DGB keine Equal-pay-Ansprüche erfasst sein sollen. Die dort vorgesehene kurze Ausschlussfrist von einem Monat solle deren Durchsetzung übermäßig erschweren. Bereits der Gesetzgeber gehe davon aus, dass der Leiharbeitnehmer nicht ohne weiteres aus eigener Anschauung schlüssig für eine Klage auf equal pay vortragen könne. Aus diesem Grunde habe er diesem die Rechte aus § 13 AÜG gewährt. Die Auskunft könne der Leiharbeitnehmer aber typischerweise nicht in einem Monat erlangen. Dies gelte schon dann, wenn man dem Mitarbeiter eine angemessene Überlegungsfrist und dem Entleiher eine angemessene Bearbeitungszeit einräumen wolle und ggf. erforderliche Postlaufzeiten hinzurechne. Verweigere der Entleiher die Auskunft und müsse der Arbeitnehmer diese gerichtlich durchsetzen, sei die Wahrung einer einmonatigen Ausschlussfrist von vornherein nicht möglich. Diese erschwere so die Durchsetzung der dem Leiharbeitnehmer gewährten Rechte übermäßig. Sie berücksichtige nicht hinreichend die spezifische Verfahrenssituation, in der der Leiharbeitnehmer seine Rechte geltend machen müsse. Auch wenn das berechtigte Anliegen, Rechtssicherheit zu gewährleisten, berücksichtigt werde, sei die Frist zu kurz und nicht auf die spezifische Verfahrenssituation zugeschnitten. Diese Ansicht vermag indes nicht zu überzeugen, da den vom LAG Düsseldorf vorgebrachten Bedenken bereits dadurch Rechnung getragen wird, dass es nach Auffassung des BAG ausreichend ist, dass der Leiharbeitnehmer seinen Anspruch auf equal pay nur dem Grunde nach gegenüber dem Verleiher geltend machen muss, um zumindest die erste Stufe der Ausschlussfrist zu wahren[3]. Es ist folglich nicht erforderlich, dass der Leiharbeitnehmer zu diesem Zeitpunkt bereits über eine Auskunft nach § 13 AÜG verfügt. Deren Einholung und die ggf. erfolgreiche Durchsetzung dieses Anspruchs gegenüber dem Entleiher ist – anders als das LAG Düsseldorf meint – gerade nicht notwendig, um den Ablauf der Ausschlussfrist[4] zu verhindern[5].

116 Die kurzen Verfallfristen der Tarifverträge von BZA bzw. BAP sowie iGZ und der DGB-Tarifgemeinschaft verstoßen auch nicht gegen den europarechtlichen Grundsatz der Äquivalenz[6]. Dafür spricht bereits, dass das BAG[7] – allerdings noch vor der

---

   gleichbar ist der Wortlaut in § 16 MTV BZA/DGB der bis zum 17.9.2013 gültigen Fassung: „Ansprüche aus dem Arbeitsverhältnis sind innerhalb von zwei Monaten (bei Ausscheiden ein Monat) nach Fälligkeit schriftlich geltend zu machen. Lehnt die Gegenpartei den Anspruch schriftlich ab, so muss der Anspruch innerhalb von einem Monat nach der Ablehnung bzw. dem Fristablauf gerichtlich geltend gemacht werden. Ansprüche, die nicht innerhalb dieser Fristen geltend gemacht werden, sind ausgeschlossen." Mit Abschluss der Tarifvertragsverhandlungen am 17.9.2013 wurde in beiden Tarifwerken die Dauer der Ausschlussfrist auf beiden Stufen auf jeweils drei Monate erhöht. Spätestens ab diesem Zeitpunkt dürften sich die Fragen zur Vereinbarkeit dieser Regelungen mit dem Grundsatz der Effektivität des Rechtsschutzes und der Äquivalenz erledigt haben.
1 Vgl. BAG 19.2.2014 – 5 AZR 920/12, NZA 2014, 808; 13.3.2013 – 5 AZR 954/11, NZA 2013, 680; 13.3.2013 – 5 AZR 424/12, NZA 2013, 785; 13.3.2013 – 5 AZR 242/12, BB 2013, 755.
2 LAG Düsseldorf 29.8.2012 – 12 Sa 576/12, ArbuR 2013, 50; in diesem Sinne auch LAG München 13.3.2013 – 10 Sa 960/12.
3 BAG 13.3.2013 – 5 AZR 954/11, BB 2013, 755.
4 BAG 28.5.2014 – 5 AZR 794/12, NJW 2014, 2607; 13.3.2013 – 5 AZR 954/11, BB 2013, 755: offen gelassen, ob bis zur rechtskräftigen Feststellung der als Vorfrage für den Equal-pay-Anspruch maßgeblichen fehlenden Tariffähigkeit einer Koalition eine Klage nach § 256 Abs. 1 ZPO zur gerichtlichen Geltendmachung für die Wahrung der zweiten Stufe des Ausschlussfrist ausreicht.
5 Im Ergebnis auch LAG Nürnberg 18.5.2012 – 3 Sa 22/12; 11.1.2013 – 3 Sa 114/12; 11.10.2013 – 3 Sa 699/10; LAG Düsseldorf 24.10.2012 – 5 Sa 704/12.
6 Offen gelassen LAG Düsseldorf 29.8.2012 – 12 Sa 576/12, ArbuR 2013, 50; LAG München 13.3.2013 – 10 Sa 960/12.
7 BAG 13.12.2000 – 10 AZR 168/00, DB 2001, 928.

Schuldrechtsreform und damit vor der in diesem Rahmen vorgesehenen Erstreckung der Anwendbarkeit der §§ 305 ff. BGB auf Arbeitsverträge – eine (tarifliche) Ausschlussfrist von einem Monat akzeptiert und dabei darauf hingewiesen hat, dass diese keine Seltenheit darstellt. Abgesehen davon wird es dem Arbeitnehmer auch sonst im Arbeitsrecht durchaus zugemutet, innerhalb von Fristen tätig zu werden, die unterhalb von einem Monat liegen, um eigene Ansprüche durchzusetzen, wie zB § 4 Satz 1 KSchG, § 17 Satz 1 TzBfG, § 111 Abs. 2 Satz 3 ArbGG oder § 626 Abs. 2 BGB zeigen[1]. Erst recht stellen sich keine europarechtlichen Angriffspunkte mehr, nachdem BAP, iGZ und die DGB-Gewerkschaften die tariflichen Ausschlussfristen zum 17.9.2013 auf drei Monate auf beiden Stufen erhöht haben.

Regelt der Tarifvertrag die Arbeitsbedingungen nur partiell, ist in den offen gebliebenen Sachgebieten der Equal-pay-Grundsatz anzuwenden; es gilt insoweit also die gesetzlich als Regelfall vorgesehene Gleichbehandlungspflicht[2]. Es ist anhand des jeweiligen Leiharbeitstarifvertrages zu prüfen, welche Arbeitsbedingung dort festgelegt ist und welche nicht[3]. In der Literatur wird dabei teilweise geprüft, ob der Normsetzungsbefugnis der Tarifvertragsparteien Grenzen aus den Zwecken der tarifdispositiven Gesetzesnormen gesetzt sind[4]. 117

Ist keine der Parteien tarifgebunden oder besteht zwar bei dem Verleiher, nicht aber beim Leiharbeitnehmer eine Mitgliedschaft im tarifschließenden Verband und lehnt der Leiharbeitnehmer eine Ergänzung seines Arbeitsvertrages um eine Tarifbezugnahmeklausel ab, stellt sich die Frage, ob der Verleiher eine solche im Wege der Änderungskündigung durchsetzen kann. Das BAG lehnt eine solche Möglichkeit ab[5] und zwar auch dann, wenn lediglich eine kleine Zahl von Leiharbeitnehmern die Vereinbarung einer Bezugnahmeklausel verweigert. Der 2. Senat hat die Änderungskündigung an dem Maßstab der Lohnsenkungskündigung[6] gemessen und verneint einen Kündigungsgrund. Auch das Ziel des Verleihers, einheitliche Arbeitsbedingungen zu schaffen, sei nicht geeignet, die Änderungskündigung zu rechtfertigen. 118

Eine Einschränkung der Tariföffnungsklausel enthält § 9 Nr. 2 AÜG (und § 3 Abs. 1 Nr. 3 AÜG); dort ist vorgesehen dass eine vom Equal-pay-Grundsatz abweichende tarifliche Regelung nicht für Leiharbeitnehmer gilt, die in den letzten sechs Monaten vor der Überlassung an den Entleiher aus einem Arbeitsverhältnis bei diesem oder einem Arbeitgeber, der mit dem Entleiher einen Konzern iSd. § 18 AktG bildet, ausgeschieden sind (sog. „Drehtürklausel")[7]. Die Bestimmung soll verhindern, dass Mitarbeiter entlassen und anschließend – unmittelbar oder nach kurzer Zeit – zu schlechteren Arbeitsbedingungen als Leiharbeitnehmer wieder bei ihrem ehemaligen Arbeitgeber oder in einem anderen Unternehmen desselben Konzerns eingesetzt werden[8]. Ein früheres Ausbildungsverhältnis ist einem früheren Arbeitsverhältnis nicht gleichzusetzen[9]. Mit der gesetzlichen Regelung wird der „Rückverleih" also nicht unterbunden (bleibt rechtlich grundsätzlich zulässig), es gibt aber keine Möglichkeit der 119

---

1 BAG 24.9.2009 – 8 AZR 705/08, DB 2010, 618.
2 *Däubler*, DB 2008, 1914 (1915); *Ulber*, NZA 2009, 232 (235); *Urban-Crell/Germakowski/Bissels/Hurst*, AÜG, § 3 Rz. 118.
3 Dazu ausführlich *Däubler*, DB 2008, 1914 (1916, 1917).
4 *Ulber*, NZA 2009, 232.
5 BAG 12.1.2006 – 2 AZR 126/05, DB 2006, 1114; 15.1.2009 – 2 AZR 641/07, NZA 2009, 957; LAG Rh.-Pf. 2.3.2012 – 9 Sa 627/11, AE 2012, 157; vgl. auch *Hamann*, BB 2005, 2185 (2185, 2188); krit. zum BAG 12.1.2006: *Röder/Krieger*, DB 2006, 2122 (2124).
6 BAG 20.8.1998 – 2 AZR 84/98, NZA 1999, 255; 12.11.1998 – 2 AZR 91/98, NZA 1999, 471.
7 Kritisch dazu *Krieger/Kruchen*, NZA 2014, 393.
8 *Lembke*, DB 2011, 414 (418, 419); *Heuchemer/Schielke*, BB 2011, 758 (760); *Urban-Crell/Germakowski/Bissels/Hurst*, AÜG, § 3 Rz. 167a, § 9 Rz. 31.
9 *Lembke*, DB 2011, 414 (419); *Huke/Neufeld/Luickhardt*, BB 2012, 961 (963); *Urban-Crell/Germakowski/Bissels/Hurst*, AÜG, § 3 Rz. 167d.

Abweichung vom Equal-pay-Gebot durch Tarifvertrag oder eine Bezugnahme auf diesen. Ein „Ausscheiden aus dem Arbeitsverhältnis" ist jede Form der Beendigung des bisherigen Arbeitsvertrags[1]. Ob es an einem Ausscheiden fehlt, wenn das bisherige Arbeitsverhältnis ruht, ist wohl zu bejahen[2]. Der Gleichstellungsgrundsatz gilt auf Dauer, ist also nicht befristet[3]. Vor dem Gesetzgeber hatten bereits die Tarifpartner auf solche „Drehtürfälle" reagiert und den Geltungsbereich ihrer Tarifverträge der Zeitarbeit jeweils in der Weise beschränkt, dass deren Anwendung bei diesen Sachverhalten versagt ist, mit der Folge, dass in diesen Fällen der Gleichstellungsgrundsatz eingreift[4].

120 Nach § 12 Abs. 1 Satz 3 AÜG hat der Entleiher im schriftlichen Arbeitnehmerüberlassungsvertrag u.a. anzugeben, welche wesentlichen Arbeitsbedingungen einschließlich des Arbeitsentgelts in seinem Betrieb für einen mit dem Leiharbeitnehmer vergleichbaren Stammmitarbeiter gelten. Um dem Leiharbeitnehmer die Überprüfung der Vertragsbedingungen zu ermöglichen, wird ihm mit § 13 AÜG ein Auskunftsanspruch gegenüber dem Entleiher über die in dessen Betrieb für einen vergleichbaren Arbeitnehmer geltenden wesentlichen Arbeitsbedingungen einschließlich des Arbeitsentgelts gewährt. Der Entleiher ist also gegenüber dem Verleiher und dem Leiharbeitnehmer zur Auskunft über die bei ihm geltenden wesentlichen Arbeitsbedingungen verpflichtet. Der Auskunftsanspruch lässt dabei die Nachweispflicht des Verleihers gem. § 11 Abs. 1 AÜG unberührt[5].

121 Bei der Auskunft nach § 13 AÜG handelt es sich nach Ansicht des BAG[6] um eine Wissenserklärung. Die Auskunftspflicht treffe zunächst den Entleiher selbst, also diejenige natürliche oder juristische Person, in deren Betrieb der Leiharbeitnehmer eingesetzt werde. Das Gesetz hindere den Entleiher aber nicht, zur Erstellung und Bekanntgabe der Auskunft Hilfspersonen hinzuzuziehen, sofern diese über das für eine ordnungsgemäße Auskunft erforderliche Wissen verfügten. Insbesondere könnten konzernverbundene Unternehmen, die die Personalverwaltung für die Entleiherin wahrnähmen, mit der Auskunftserteilung betraut, oder ein Arbeitgeberverband eingeschaltet werden[7]. Der Leiharbeitnehmer muss in einer gerichtlichen Auseinandersetzung hinsichtlich des Auskunftsverlangens nach § 13 AÜG nur seine eigene Stellung als Leiharbeitnehmer sowie eine Überlassung an den Entleiher darlegen und ggf. beweisen; es ist sei sodann Sache des Entleihers seinerseits darzulegen und im Zweifel zu beweisen, dass der Auskunftsanspruch nach Maßgabe des § 13 Halbs. 2 AÜG (dazu Rz. 122) nicht entstanden ist[8]. Der Anspruch auf Auskunft entsteht grundsätzlich an jedem Tag der Überlassung und unterliegt der regelmäßigen dreijährigen Verjährungsfrist nach § 195 BGB[9].

122 Die Informationspflichten nach § 12 Abs. 1 Satz 3 und § 13 AÜG bestehen nach § 12 Abs. 1 Satz 3 Halbs. 2 und § 13 Halbs. 2 AÜG nicht, wenn sich die Arbeitsbedingungen nicht nach den Konditionen im Entleiherbetrieb richten, sondern nach einem auf das Leiharbeitsverhältnis anwendbaren Tarifvertrag. Besteht die Auskunftspflicht, weil ein solcher Tarifvertrag nicht zu beachten ist, bietet es sich uU an, auf einschlä-

---

1 *Huke/Neufeld/Luickhardt*, BB 2012, 961 (963); *Urban-Crell/Germakowski/Bissels/Hurst*, AÜG, § 3 Rz. 167e.
2 *Huke/Neufeld/Luickhard*, BB 2012, 961 (963); *Lembke*, DB 2011, 414 (419).
3 *Hamann*, RdA 2011, 321 (328).
4 Vgl. zB § 1.2 MTV BAP/DGB idF 17.9.2013.
5 *Brors*, NZA 2010, 1385 (1388).
6 Vgl. nur BAG 19.2.2014 – 5 AZR 680/12.
7 BAG 19.2.2014 – 5 AZR 680/12; 19.2.2014 – 5 AZR 1047/12, NZA 2014, 915; 19.2.2014 – 5 AZR 1048/12; 19.2.2014 – 5 AZR 680/12; 23.3.2011 – 5 AZR 7/10, NZA 2011, 850; dazu *Bissels*, BB 2014, 1658.
8 Vgl. BAG 24.4.2014 – 8 AZR 1081/12, NZA 2014, 968.
9 BAG 24.4.2014 – 8 AZR 1081/12, NZA 2014, 968.

gige, beim Entleiher geltende Tarifverträge zu verweisen und entsprechend einschlägige Betriebsvereinbarungen in Ablichtung dem Arbeitnehmerüberlassungsvertrag beizufügen[1]. Die Unvollständigkeit der Angaben zu den wesentlichen Arbeitsbedingungen im Entleiherbetrieb führt nicht nach § 125 BGB zu dessen Nichtigkeit. Das Gleiche gilt, wenn entsprechende Angaben vollständig fehlen[2]. Der Verleiher kann seinen Auskunftsanspruch einklagen oder Leistungsverweigerungsrechte geltend machen. Auch wird der Entleiher dem Verleiher zum Schadensersatz für schuldhaft verzögerte oder falsche Auskünfte verpflichtet sein[3]. Das Gleiche gilt bei dem Auskunftsanspruch des Leiharbeitnehmers gegen den Entleiher nach § 13 AÜG[4]. Besteht Grund zu der Annahme, dass die nach § 13 AÜG erteilte Auskunft unvollständig ist, hat der Entleiher auf Verlangen des Leiharbeitnehmers zudem eine eidesstattliche Versicherung analog §§ 260, 261 BGB abzugeben[5]. Für die Klage des Leiharbeitnehmers gegen den Entleiher ist die Zuständigkeit der Arbeitsgerichtsbarkeit nach § 2 Abs. 1 Nr. 3 lit. a ArbGG begründet[6].

➲ **Hinweis** Die von dem Entleiher dem Leiharbeitnehmer erteilte Auskunft über die an vergleichbare Stammarbeitnehmer gezahlte Vergütung enthält grundsätzlich auch eine Aussage über die Vergleichbarkeit der eigenen Tätigkeit mit derjenigen der vergleichbaren Stammarbeitnehmer. Für die Schlüssigkeit einer Klage auf equal pay reicht es aus, wenn der Leiharbeitnehmer den Inhalt der Auskunft mitteilt und sich zur Begründung seines (vermeintlichen) Zahlungsanspruches auf die Differenz beruft. Es ist dann Sache des Verleihers, ggf. zu der fehlenden Vergleichbarkeit der Tätigkeiten substantiiert vorzutragen[7] (ausführlich dazu Rz. 67). 123

Nach § 8 Abs. 3 AEntG haben Verleiher, die nach den §§ 4, 5 Nr. 1–3, 6 und 7 AEntG zwingenden Mindestarbeitsbedingungen einzuhalten, wenn der Entleiher die Leiharbeitnehmer mit Tätigkeiten beschäftigt, die in den Geltungsbereich eines entsprechenden Tarifvertrages bzw. einer Rechtsverordnung fallen. Die Regelung soll sicherstellen, dass Arbeitgeber nicht auf den Einsatz von Leiharbeitnehmern ausweichen, um sich der Anwendung der nach dem AEntG zwingenden Arbeitsbedingungen zu entziehen[8]. Das BAG hat dazu entschieden, dass die Anwendung der Mindestarbeitsbedingungen voraussetzt, dass der Leiharbeitnehmer bei einem Entleiher eingesetzt wird, der in den betrieblichen Geltungsbereich des TV-Mindestlohn bzw. der Rechtsverordnung fällt[9]. Es genügt nicht, wenn der Leiharbeitnehmer im Entleiherbetrieb Tätigkeiten ausführt, die unter den TV-Mindestlohn bzw. der Rechtsverordnung fallen. Diese Rechtsprechung ist durch die Ergänzung von § 18 Abs. 3 AÜG mit Wirkung zum 16.8.2014 allerdings nicht mehr aufrecht zu erhalten. Zukünftig erfolgt eine ausschließlich tätigkeitsbezogene Abgrenzung; ob der Verleiherbetrieb vom fachlichen Geltungsbereich des betreffenden Tarifvertrages bzw. der Rechtsverordnung erfasst wird, ist zukünftig nicht mehr maßgeblich (s. Rz. 48). 124

Die Möglichkeit einer Lohnuntergrenze für die Arbeitnehmerüberlassung ist in § 3a AÜG geregelt. Mit dieser Ermächtigung wurde die Voraussetzung dafür geschaffen, 125

---

1 *Boemke/Lembke*, § 12 AÜG Rz. 24; Thüsing/*Thüsing*, § 12 AÜG Rz. 21.
2 *Boemke/Lembke*, § 12 AÜG Rz. 32 f.
3 Thüsing/*Thüsing*, § 12 AÜG Rz. 22; *Urban-Crell/Germakowski/Bissels/Hurst*, AÜG, § 13 Rz. 8.
4 BAG 24.4.2014 – 8 AZR 1081/12, NZA 2014, 968: Schadensersatzanspruch des Leiharbeitnehmers, wenn der Verleiher die Auskunft nicht, verspätet oder inhaltlich unzutreffend erteilt; *Urban-Crell/Germakowski/Bissels/Hurst*, AÜG, § 13 Rz. 8.
5 *Boemke/Lembke*, § 13 AÜG Rz. 22; *Urban-Crell/Germakowski/Bissels/Hurst*, AÜG, § 13 Rz. 9.
6 BAG 24.4.2014 – 8 AZR 1081/12, NZA 2014, 968; 15.3.2011 – 10 AZB 49/10, BAGE 137, 125; *Boemke/Lembke*, § 13 AÜG Rz. 25, 26; *Urban-Crell/Germakowski/Bissels/Hurst*, AÜG, § 13 Rz. 10.
7 BAG 19.9.2007 – 4 AZR 656/06, DB 2008, 243 m. Anm. *Schüren*, RdA 2009, 58.
8 Thüsing/*Bayreuther*, AEntG, 2010, § 8 AEntG Rz. 18.
9 BAG 21.10.2009 – 5 AZR 951/08, NZA 2010, 237.

nach übereinstimmender Initiative von Arbeitgeberverbänden und Gewerkschaften bundesweit geltende tarifliche Regelungen in eine Rechtsverordnung zu übernehmen. Der Vorschlag muss für Verleihzeiten und verleihfreie Zeiten nach § 3a Abs. 1 Satz 2 AÜG einheitliche Mindeststundenentgelte enthalten. § 3a AÜG ist die Folge der Öffnung des Leiharbeitsmarktes für die neuen EU-Mitgliedstaaten aus Mittel- und Osteuropa zum 1.5.2011[1]. Durch die Lohnuntergrenze sollte der Einsatz von Billiglöhnern aus diesen Ländern verhindert werden. Durch die erste Verordnung über eine Lohnuntergrenze in der Arbeitnehmerüberlassung (LohnUGAÜV 1) vom 21.12.2011 ist für die Zeit vom 1.1.2012 bis zum 31.10.2013 eine verbindliche untere Grenze für die Entlohnung in der Zeitarbeit festgesetzt worden. Die Höhe des Mindeststundenentgelts betrug für Ostdeutschland einschließlich Berlin 7,50 Euro und für die westlichen Bundesländer 8,19 Euro[2]. Nach § 10 Abs. 5 AÜG ist der Verleiher verpflichtet, dem Leiharbeitnehmer mindestens das in der Verordnung festgesetzte Mindeststundenentgelt für Einsatzzeiten und verleihfreie Zeiten zu zahlen. Mit Wirkung zum 1.4.2014[3] ist die zweite Verordnung über eine Lohnuntergrenze in der Arbeitnehmerüberlassung (LohnUGAÜV 2[4]) vom 21.3.2013 mit einer Laufzeit bis zum 31.12.2016 in Kraft getreten. Das Mindeststundenentgelt (brutto) beträgt in den neuen/alten Bundesländern vom 1.4.2014 bis zum 31.3.2015 7,86/8,50 Euro, vom 1.4.2015 bis zum 31.5.2016 8,20/8,80 Euro und vom 1.6.2016 bis zum 31.12.2016 8,50/9,00 Euro.

126 ⊃ **Hinweis:** Da in der LohnUGAÜV 2 auch in den neuen Bundesländern ab dem 1.6.2016 ein Entgelt von mindestens 8,50 Euro brutto je Zeitstunde vorgesehen ist, besteht in der Zeitarbeitsbranche zumindest mit Blick auf den gesetzlichen Mindestlohn nach § 1 Abs. 2 MiLoG – zumindest noch – kein weiterer Anpassungsbedarf. Insoweit ist die Übergangsregelung nach § 24 Abs. 1 Satz 2 MiLoG einschlägig, die sich ausdrücklich auf eine Lohnuntergrenze nach § 3a AÜG bezieht.

127 Die LohnUGAÜV sieht in § 2 Abs. 4 für Arbeitsverhältnisse, in denen Arbeitszeitkonten zur Flexibilisierung der Arbeitszeit genutzt werden, eine Maximalgrenze von 200 Plusstunden vor. Beträgt das Arbeitszeitguthaben mehr als 150 Plusstunden, ist der Verleiher verpflichtet, die darüber hinausgehenden Plusstunden einschließlich der darauf entfallenden Sozialversicherungsabgaben gegen Insolvenz zu sichern. Auf Verlangen des Leiharbeitnehmers werden Stunden aus dem Arbeitszeitkonto, die über 105 Plusstunden hinausgehen, ausbezahlt[5].

128 § 17c AÜG verpflichtet den Entleiher, sofern eine Rechtsverordnung nach § 3a AÜG auf ein Arbeitsverhältnis Anwendung findet, Beginn, Ende und Dauer der täglichen Arbeitszeit des Leiharbeitnehmers aufzuzeichnen und diese Aufzeichnungen mindestens zwei Jahre aufzubewahren[6].

129 Ob der Leiharbeitnehmer ohne positive ausdrückliche Festlegung einen Anspruch auf Ersatz von Fahrtkosten aus § 670 BGB hat, ist umstritten. Teilweise wird ein solcher vollständig abgelehnt[7]. Nach anderer Meinung hat der Leiharbeitnehmer mangels anderweitiger vertraglicher Regelung einen Anspruch auf Erstattung der ihm tatsächlich entstandenen Fahrtkosten, soweit die Reisekosten zu dem Arbeitsort, den der Verlei-

---

1 *Düwell*, DB 2011, 1520; *Huke/Neufeld/Luickhardt*, BB 2012, 961 (961, 962).
2 BAnz 2011, Nr. 195, 4608.
3 In der Zeit vom 1.11.2013 bis zum 31.3.2013 existierte folglich kein zwingender „Mindestlohn" nach Maßgabe von § 3a AÜG in der Zeitarbeitsbranche.
4 BAnz 2013, AT 26.3.2014 V1.
5 Die Regelung zu den Arbeitszeitkonten entsprechen §§ 4.3, 4.5 lit. e) MTV BAP/DGB idF v. 17.9.2013; enger dagegen teilweise §§ 3.2.2., 3.2.7. MTV iGZ/DGB idF v. 17.9.2013; dazu *Bissels/Kiehn*, DB 2014, 426f.
6 Dazu ausführlich: *Urban-Crell/Germakowski/Bissels/Hurst*, AÜG, § 17c Rz. 1.
7 LAG Hamm 16.7.2008 – 2 Sa 1797/09, EzAÜG § 670 BGB Aufwendungsersatz Nr. 2; LAG Rh.-Pf. 8.9.2009 – 1 Sa 331/09, AuA 2010, 378; *Bissels*, jurisPR-ArbR 50/2011 Anm. 6.

her ihm zuweist, die für die Abfahrt von der Wohnung zur Geschäftsstelle des Verleihers übersteigen[1]. In Fortentwicklung dieser Auffassung soll der Leiharbeitnehmer, wenn sich aus dem Arbeitsvertrag nichts anderes ergibt, einen Anspruch auf Erstattung der Fahrtkosten haben, wenn er auf Weisung des Arbeitgebers nicht direkt von seiner Wohnung zum Entleiher, sondern zunächst zum Betrieb des Verleihers fährt, um mit seinem privaten Fahrzeug von dort Kollegen zum Einsatzort mitzunehmen; in einem solchen Fall kann die Fahrtzeit auch gem. § 612 Abs. 1 BGB als Arbeitszeit zu vergüten sein[2]. Nach einer weiteren Meinung hat ein Leiharbeitnehmer grundsätzlich einen Anspruch auf Aufwendungsersatz nach § 670 BGB. Die Eigenart der Zeitarbeit mache die Anerkennung eines solchen erforderlich. Der Ausschluss des Anspruchs in Allgemeinen Geschäftsbedingungen weiche von § 670 BGB ab und unterliege deshalb der Inhaltskontrolle nach § 307 Abs. 1 und 2 BGB[3].

Im Ergebnis sprechen die besseren Gründe dafür, einen entsprechenden gesetzlich vermittelten Erstattungsanspruch abzulehnen: § 670 BGB bezieht sich auf den Geschäftsbesorgungsvertrag und findet im Arbeitsverhältnis nur entsprechende Anwendung, so dass grundsätzlich eine restriktive Anwendung geboten ist. Was zur selbstverständlichen Einsatzpflicht des Arbeitnehmers bei der Arbeit gehört, wird bereits durch das ausdrücklich vereinbarte Entgelt ausgeglichen. Nur wer im Interesse des Arbeitgebers und auf dessen Wunsch Aufwendungen macht, die nicht durch Vergütung abgegolten werden, kann deren Ersatz verlangen[4]. Diese Voraussetzungen liegen bei einem Leiharbeitsverhältnis aber ersichtlich nicht vor. Zu den Verpflichtungen des Leiharbeitnehmers gehört es, an wechselnden Einsatzorten tätig zu sein, so dass dieser auch die damit verbundenen Kosten nicht erstattet verlangen kann. Die Aufwendungen für Fahrten vom Wohnort zur Arbeitsstätte hat damit grundsätzlich der Arbeitnehmer selbst zu tragen[5]. 130

⊃ **Hinweis:** Selbst wenn ein Anspruch gem. § 670 BGB zu bejahen wäre, kann dieser vertraglich abbedungen werden, zB durch eine beim Verleiher geltende abweichende betriebliche Übung, die eine Fahrtkostenerstattung gar nicht oder nur begrenzt vorsieht[6]. 131

g) Kündigungsfristen, Annahmeverzug, Meldepflicht

Für die Kündigungsfristen gilt grundsätzlich § 622 BGB, jedoch mit der Ausnahme, dass § 622 Abs. 5 Nr. 1 BGB auf Arbeitsverhältnisse zwischen Verleihern und Leiharbeitnehmern nicht anzuwenden ist (§ 11 Abs. 4 Satz 1 AÜG). Tarifvertragliche Abkürzungen der Kündigungsfristen können einzelvertraglich nach § 622 Abs. 4 Satz 2 BGB übernommen werden, wenn Verleiher und Leiharbeitnehmer in den Geltungsbereich des Tarifvertrages fallen, dessen Bestimmungen über Kündigungsfristen einzelvertraglich einbezogen werden sollen. 132

Das Recht des Leiharbeitnehmers auf Vergütung bei Annahmeverzug des Verleihers kann nach § 11 Abs. 4 Satz 2 AÜG vertraglich nicht aufgehoben oder beschränkt werden. Der Verleiher bleibt zur Zahlung des Arbeitsentgelts verpflichtet, auch wenn er den Leiharbeitnehmer nicht beschäftigen kann[7]. Das Risiko der Nichteinsetzbarkeit soll nach dem eindeutigen Willen des Gesetzgebers zwingend den Arbeitgeber treffen[8]. 133

---

1 LAG Köln 15.11.2002 – 4 Sa 692/02, MDR 2003, 755.
2 LAG Köln 24.10.2006 – 13 Sa 881/06, NZA-RR 2007, 345.
3 LAG Nds. 20.12.2013 – 6 Sa 392/13, AE 2014, 65; LAG Düsseldorf 30.7.2009 – 15 Sa 268/09, EzA-SD 2010, Heft Nr. 1, 7; im Ergebnis ebenso: LAG Hamm 30.6.2011 – 8 Sa 387/11, EzA-SD 2011, Heft 21, 14.
4 St. Rspr.: BAG 16.10.2007 – 9 AZR 170/07, NZA 2008, 1012.
5 Vgl. *Bissels*, jurisPR-ArbR 50/2011 Anm. 6.
6 So LAG Nds. 20.12.2013 – 6 Sa 392/13, AE 2014, 65.
7 LAG Köln 29.11.2005 – 9 Sa 659/04, EzA-SD 2006 Nr. 9, 8.
8 *Urban-Crell/Germakowski/Bissels/Hurst*, AÜG, § 11 Rz. 40.

An dieser Vorschrift sind auch flexible Arbeitszeiten zu messen[1] (vgl. auch Rz. 125). Die Vereinbarung von Arbeitszeitkonten, die auch arbeitsfreie Zeiten mit einschließen, ist im Leiharbeitsverhältnis grundsätzlich zulässig, wenn sich das Konto auf eine Flexibilisierung der Arbeitszeit beschränkt[2]. Die Vergütung darf nie an die tatsächliche Arbeitszeit gebunden sein, sondern sie hat sich nach der vereinbarten Arbeitszeit zu richten (verstetigtes Monatseinkommen).

134 Nicht abschließend geklärt ist, ob längerfristige Zeiten der Nichteinsetzbarkeit vom Verleiher unter Anrechnung auf im Arbeitszeitkonto angelaufene Plusstunden „überbrückt" werden können. Das BAG[3] scheint diese weit verbreitete Praxis eher kritisch zu sehen[4], allerdings hat es den Einsatz der Zeitkonten als zulässig qualifiziert, wenn der Leiharbeitnehmer im Ergebnis tatsächlich die vertraglich vereinbarte (Wochen-)Arbeitszeit eingesetzt und lediglich an einzelnen Tagen unter Anrechnung auf Guthaben im Zeitkonto (bezahlt) nicht beschäftigt wurde.

135 Ob das Leiharbeitsverhältnis als Abrufarbeitsverhältnis iSv. § 12 TzBfG begründet werden darf, ist umstritten[5]. Zum Teil wird aus § 11 Abs. 4 Satz 2 AÜG gefolgert, dass eine vertragliche Verpflichtung des Arbeitnehmers, täglich seine Arbeitskraft anzubieten bzw. sich nach anstehenden Aufträgen zu erkundigen, unwirksam ist[6]. Eine derart weitgehende Auffassung begegnet Bedenken. In einer solchen Vereinbarung kann keine unzumutbare Belastung des Arbeitnehmers gesehen werden; die Verpflichtung findet ihren Ausgleich – unabhängig von einem tatsächlich eintretenden Einsatz – in dem Entgeltanspruch[7].

h) Auflagen der Erlaubnisbehörde

136 Die Erlaubnisbehörde (vgl. § 17 AÜG) kann den Schutz der Leiharbeitnehmer nach § 2 Abs. 2 AÜG konkretisieren. So kann zB die Auflage erteilt werden, bei Vereinbarung einer Anpassung der Arbeitszeit an den Arbeitsanfall in den Leiharbeitsverträgen eine regelmäßige wöchentliche, mindestens aber monatliche Arbeitszeit festzulegen[8]. Diese muss aber hinreichend bestimmt sein, dh. der Adressat muss eindeutig erkennen können, welches Verhalten ihm von der Erlaubnisbehörde abverlangt wird[9].

---

1 LAG Rh.-Pf. 24.4.2008 – 10 Sa 19/08, EzAÜG § 11 AÜG Verleiherpflicht Nr. 5, vgl. näher: *Boemke/Lembke*, § 11 AÜG Rz. 124; *Böhm/Hennig/Popp*, Rz. 637.
2 BAG 16.4.2014 – 5 AZR 483/12, ArbRAktuell 2014, 357; LAG Hamburg 22.7.2014 – 4 Sa 56/13; LAG BW 29.4.2009 – 17 Sa 4/09; LAG Düsseldorf 16.11.2011 – 7 Sa 567/11, AE 2012, 149; ArbG Duisburg 30.7.2012 – 3 Ca 916/12; bej.: *Bissels*, jurisPR-ArbR 34/2014 Anm. 1; *Bissels*, BB 2014, 2368; *Thüsing/Pötters*, BB 2012, 317; dagegen: LAG Rh.-Pf. 24.4.2008 – 10 Sa 19/08; LAG Bln.-Bbg. 17.12.2014 – 15 Sa 982/14; *Schüren*, BB 2012, 1411.
3 BAG 16.4.2014 – 5 AZR 483/12, ArbRAktuell 2014, 357; zust. *Bissels*, jurisPR-ArbR 34/2014 Anm. 1; *Bissels*, BB 2014, 2368.
4 Für die Zulässigkeit auch unter Berücksichtigung der Beschränkungen durch das BAG: LAG Hamburg 22.7.2014 – 4 Sa 56/13.
5 Dafür: *Schüren/Schüren*, AÜG Einl. Rz. 193; *Boemke/Lembke*, § 11 AÜG Rz. 126; *Böhm/Hennig/Popp*, Rz. 741; *Hamann*, NZA 2008, 1042 (1044, 1045); dagegen: *Ulber*, § 11 AÜG Rz. 47.
6 LAG Hessen 23.1.1987 – 13 Sa 1007/86, DB 1987, 1741; ArbG Frankfurt 20.12.2005 – 5 Ca 6207/04, EzAÜG § 11 AÜG Annahmeverzug Nr. 1; *Schüren/Schüren*, § 11 AÜG Rz. 103.
7 *Boemke/Lembke*, § 11 AÜG Rz. 121; in diesem Sinne wohl auch BAG 16.4.2014 – 5 AZR 483/12, ArbRAktuell 2014, 357.
8 BSG 29.7.1992 – 11 RAr 51/91, DB 1993, 1477.
9 BSG 6.4.2000 – B 11/7 AL 10/99 R, NZA-RR 2000, 453; *Urban-Crell/Germakowski/Bissels/Hurst*, AÜG, § 2 Rz. 24.

i) Besonderheiten im Kündigungsrecht?

Eine als Leiharbeitnehmer im Betrieb verbrachte Zeit ist regelmäßig nicht auf die Wartezeit nach § 1 Abs. 1 KSchG anzurechnen, wenn ein Arbeitsverhältnis mit dem Entleiher begründet wird[1]. Zu prüfen ist nach Ansicht des BAG[2] aber, ob sich die Parteien nicht ausnahmsweise auf eine Anrechnung der im Vorfeld absolvierten Beschäftigungszeiten verständigt haben. Dies gilt insbesondere bei der Übernahme von Leiharbeitnehmern zwischen Konzernunternehmen. Werde der Leiharbeitnehmer nach Auflösung seines bisherigen Arbeitsverhältnisses im Unternehmens-/Konzernverbund weiterbeschäftigt, bedürfe es aber insbesondere für die Annahme einer konkludenten Vereinbarung über die Anerkennung der Vorbeschäftigungszeiten besonderer Anhaltspunkte. Diese könnten sich aus den Umständen ergeben, unter denen der Wechsel vollzogen worden sei. Gehe dieser ausschließlich auf die Initiative des Arbeitgebers zurück und werde der Leiharbeitnehmer beim verbundenen Unternehmen zu annähernd gleichen Arbeitsbedingungen ohne Vereinbarung einer Probezeit weiterbeschäftigt, könne dies ein gewichtiges Indiz für eine solche Vereinbarung sein. Drängten „alter" und „neuer" Arbeitgeber den Leiharbeitnehmer gemeinsam zum Unternehmenswechsel und verfolgten sie dabei vorrangig das Ziel, den Verlust des Kündigungsschutzes herbeizuführen, könne der Leiharbeitnehmer überdies unter Berücksichtigung eines Rechtsmissbrauchs so zu stellen sein, als hätte er die Wartefrist beim neuen Arbeitgeber bereits erfüllt[3].

137

> ⊃ **Hinweis:** Diese Grundsätze gelten auch für Leiharbeitsverhältnisse, die von der sog. Drehtürklausel gem. § 3 Abs. 1 Nr. 3 Satz 4 AÜG erfasst werden. Mit dieser Regelung soll eine Arbeitnehmerüberlassung in den betreffenden Fällen nicht unterbunden, sondern nur verhindert werden, dass Arbeitnehmer als Mitglieder der Stammbelegschaft entlassen und kurz darauf zu schlechteren Arbeitsbedingungen als Leiharbeitnehmer wieder im Unternehmen oder Konzernverbund beschäftigt werden. Zu deren Schutz soll in den gesetzlich vorgesehenen Fällen vielmehr der Equal pay-/Equal treatment-Grundsatz uneingeschränkt gelten. § 3 Abs. 1 Nr. 3 Satz 4 AÜG verhält sich allerdings nicht dazu, ob Vorbeschäftigungszeiten als Leiharbeitnehmer auf die Wartezeit des § 1 Abs. 1 KSchG anzurechnen sind[4].

138

Unabhängig davon, finden auf das Leiharbeitsverhältnis die allgemeinen kündigungsschutzrechtlichen Bestimmungen Anwendung[5].

139

Eine betriebsbedingte Kündigung des Leiharbeitsverhältnisses kommt in Betracht, wenn der Verleiher den Leiharbeitnehmer mangels geeigneten Überlassungsaufträgen nicht mehr beschäftigen kann[6]. Schwierig ist die zur sozialen Rechtfertigung der Kündigung erforderliche Negativprognose, dass die Beschäftigungsmöglichkeit für den Leiharbeitnehmer auf hinreichende Dauer entfällt. Denn kurzfristige Auftragslücken stellen bei einem Leiharbeitsverhältnis ein unternehmerisches Risiko dar, das der Verleiher typischerweise zu tragen hat[7]. Aus § 9 Nr. 3 AÜG aF wurde der Schluss gezogen, dass dem Verleiher zugemutet werden müsse, das Arbeitsverhältnis auch bei

140

---

1 BAG 20.2.2014 – 2 AZR 859/11, BB 2014, 2227; in diesem Sinne auch LAG Düsseldorf 8.10.2014 – 7 Sa 1042/13; 24.1.2013 – 15 Sa 1633/12; LAG Nds. 5.4.2013 – 12 Sa 50/13, NZA-RR 2013, 465; LAG Rh.-Pf. 14.5.2013 – 6 Sa 552/12, AE 2013, 166; 8.5.2011 – 8 Sa 137/11; 27.11.2008 – 10 Sa 486/08, ZTR 2009, 225; LAG Köln 29.5.2009 – 4 Sa 1096/08, PersV 2010, 276.
2 So BAG 20.2.2014 – 2 AZR 859/11, BB 2014, 2227.
3 BAG 20.2.2014 – 2 AZR 859/11, BB 2014, 2227.
4 Vgl. BAG 20.2.2014 – 2 AZR 859/11, BB 2014, 2227.
5 *Urban-Crell/Germakowski/Bissels/Hurst*, AÜG, § 11 Rz. 115.
6 Dazu *Moderegger*, ArbRB 2014, 118; *Fuhlrott/Fabritius*, NZA 2014, 122.
7 BAG 18.5.2006 – 2 AZR 412/05, DB 2006, 1962; LAG Köln 10.12.1998 – 6 Sa 493/98, NZA 1999, 991; *Dahl*, DB 2006, 2519; *Urban-Crell/Germakowski/Bissels/Hurst*, AÜG, § 11 Rz. 123, 125.

fehlender Beschäftigungsmöglichkeit über einen Zeitraum von drei Monaten aufrechtzuerhalten und finanziell zu erfüllen, bevor die Negativprognose eines dauerhaften Wegfalls der Beschäftigungsmöglichkeit gerechtfertigt sein könne[1]. War diese Rechtsprechung schon früher zweifelhaft, ist ihr zumindest seit der Aufhebung des § 9 Nr. 3 AÜG aF die argumentative Grundlage entzogen worden. Da das AÜG keine Sondervorschriften zur Kündigung von Leiharbeitsverhältnissen durch den Verleiher mehr enthält, gelten die allgemeinen Regelungen des KSchG uneingeschränkt; es gibt folglich keine „Mindestwartezeit" von drei Monaten[2]. Es kommt allein auf die sich aus einem Auftragsrückgang ergebende Negativprognose hinsichtlich des Beschäftigungsbedarfs an[3]. Dabei kann die Abgrenzung von „Auftragslücke" (die bei Leiharbeit typisch ist und keine betriebsbedingte Kündigung rechtfertigt) und „Auftragsrückgang" Schwierigkeiten bereiten[4]. Nichteinsatzzeiten sind bei Arbeitnehmerüberlassung in einem gewissen Umfang unvermeidbar; dass der Verleiher den Leiharbeitnehmer nicht unmittelbar wieder einsetzen kann, wenn der bisherige Einsatz endet, schafft daher idR noch keinen betriebsbedingten Kündigungsgrund. Einen kündigungsrelevanten Auftragsrückgang kann der Verleiher dagegen zB durch einen Vergleich mit Referenzperioden darlegen[5]. Ein weiteres Anzeichen für den dauerhaften Wegfall des Beschäftigungsbedarfs ist eine stetig rückläufige Auftragslage über einen nennenswerten Zeitraum[6] oder der dauerhafte Verlust eines bedeutenden Kunden[7]. Ist ein Arbeitszeitkonto vereinbart, ist es erforderlich, die „Auftragslücke" zumindest bis zum vollständigen „Verbrauch" der Plusstunden zu überbrücken[8]. Wenn in der Vergangenheit regelmäßig Einsatzmöglichkeiten vorgelegen haben, ohne dass es zu längeren Unterbrechungen gekommen ist, spricht dies jedenfalls zunächst dafür, dass auch in Zukunft eine Beschäftigungsmöglichkeit besteht[9]; anders ist es, wenn es zu unüblich langen Überbrückungszeiten kommt. Da der Verleiher das Vermittlungsrisiko trägt, hat er für alle arbeitsvertragsadäquaten Tätigkeiten die fehlende Weiterbeschäftigungsmöglichkeit darzulegen[10].

141 ⊃ **Hinweis:** Der Arbeitsausfall von Arbeitnehmern in einem Betrieb der Arbeitnehmerüberlassung ist branchenüblich; er gilt deshalb regelmäßig als vermeidbar, so dass grundsätzlich kein Kurzarbeitergeld gewährt werden kann[11]. Für die Zeit bis zum 31.12.2011 war durch § 11 Abs. 4 Satz 3 AÜG hingegen die Vereinbarung von Kurzarbeit bei gleichzeitiger Gewährung von Kurzarbeitergeld zulässig[12].

142 Bzgl. der Sozialauswahl hat das BAG[13] festgestellt, dass zum Betrieb eines Verleihers alle unter einer einheitlichen Leitung zusammengefassten, zu dem Zweck der Überlassung an Dritte beschäftigten Mitarbeiter gehören. Soweit das Recht des Verleihers zum Austausch der eingesetzten Leiharbeitnehmer nicht vertraglich oder nach Treu

---

1 LAG Hessen 17.11.1983 – 9 Sa 599/83, EzAÜG KSchG Nr. 2.
2 BAG 18.5.2006 – 2 AZR 412/05, DB 2006, 1962; *Bayreuther*, RdA 2007, 176; *Dahl*, DB 2003, 1626 (1628); *Brose*, DB 2008, 1378 (1379); ErfK/*Wank*, Einl. AÜG Rz. 27; *Urban-Crell/Germakowski/Bissels/Hurst*, AÜG, § 11 Rz. 126; aA Schüren/*Schüren*, Einl. AÜG, Rz. 279; LAG Köln 3.6.2005 – 11 Sa 1014/04, EzAÜG KSchG Nr. 14; *Ulber*, § 1 AÜG Rz. 107.
3 *Dahl*, DB 2003, 1626 (1628); *Brose*, DB 2008, 1378 (1379).
4 *Urban-Crell/Germakowski/Bissels/Hurst*, AÜG, § 11 Rz. 128.
5 *Dahl*, DB 2003, 1626 (1628).
6 *Dahl*, DB 2003, 1626 (1628).
7 LAG Köln 12.1.2009 – 2 Sa 1116/08, EzAÜG KSchG Nr. 29.
8 ErfK/*Wank*, Einl. AÜG Rz. 27.
9 LAG Köln 10.12.1998 – 6 Sa 493/98, NZA 1999, 991.
10 LAG Köln 3.6.2005 – 11 Sa 1014/04, EzAÜG KSchG Nr. 14.
11 BSG 21.7.2009 – B 7 AL 3/08R, NZA-RR 2010, 216; LSG Hessen 18.3.2011 – L 7 AL 21/08, NZS 2011, 678.
12 BGBl. I 2010, 1417 (1421); *Düwell/Dahl*, DB 2009, 1070 (1073).
13 BAG 20.6.2013 – 2 AZR 271/12, NZA 2013, 837; dazu *Kräckenmeister*, jurisPR-ArbR 34/2013 Anm. 2.

und Glauben (§ 242 BGB) ausgeschlossen ist, sind in die Sozialauswahl im Verleiherbetrieb grundsätzlich auch diejenigen Arbeitnehmer einzubeziehen, die Entleihern zur Arbeitsleistung auf vergleichbaren Arbeitsplätzen überlassen sind[1]. Auch die einsatzfreien Leiharbeitnehmer sind im Rahmen der Sozialauswahl zu berücksichtigen. Dies gilt auch, wenn diese von einem Entleiher „abgemeldet" wurden.

⊃ **Hinweis:** Die Entscheidung des BAG verdeutlicht, wie wichtig die Ausgestaltung des Arbeitnehmerüberlassungsvertrags ist. Der Vorbehalt, aus Gründen der Flexibilisierung jederzeit die Leiharbeitnehmer austauschen zu können, hat für den Verleiher zumindest aus kündigungsschutzrechtlicher Sicht nicht unerhebliche Nachteile; der Kreis der in die Sozialauswahl einzubeziehenden Mitarbeiter wird vergrößert. Dieser kann beschränkt werden, wenn sich der Verleiher vertraglich seines Austauschrechts begibt und die einzelnen überlassenen Arbeitnehmer im Arbeitnehmerüberlassungsvertrag namentlich genannt werden. Eine betriebsbedingte Kündigung kann insoweit sozial gerechtfertigt sein, wenn nach der „Abmeldung" der Einsatz des Leiharbeitnehmers bei einem anderen Entleiher nicht in Betracht kommt, da zB bei diesen insoweit ebenfalls kein Austauschrecht für die dort tätigen Leiharbeitnehmer besteht oder sich der Mitarbeiter für die betreffenden Stellen nicht eignet. Die erstgenannte Variante wird freilich in der Praxis nur selten vorkommen und sich auf Fälle beschränken, in denen der Verleiher nur wenige (Groß-)Kunden betreut[2].

Bei personen- oder verhaltensbedingten Kündigungen ist der Verleiher häufig auf Informationen des Entleihers angewiesen. Er darf sich vor der Erklärung einer Kündigung aber nicht einfach die Angaben des Entleihers zu Eigen machen, sondern hat diese zu überprüfen. Der Verleiher kann eine verhaltensbedingte Kündigung sowohl auf Pflichtwidrigkeiten des Leiharbeitnehmers in den Entleiherbetrieben als auch auf solche im Verleiherbetrieb stützen[3]. Bei Pflichtverstößen, die ihre Ursache in den besonderen Verhältnissen eines Entleiherbetriebs haben, ist im Rahmen der Interessenabwägung zu berücksichtigen, dass der Leiharbeitnehmer dort meist nur zeitlich begrenzt tätig ist[4]. Soweit es zB bei einer krankheitsbedingten Kündigung auf negative betriebliche Auswirkungen ankommt, kann der Verleiher sowohl die Auswirkungen in den einzelnen Entleiherbetrieben als auch diejenigen im Verleiherbetrieb zur sozialen Rechtfertigung der Kündigung anführen. Der Entleiher ist nicht befugt, dem Leiharbeitnehmer eine Abmahnung zu erteilen, da er nicht kündigungsbefugt ist[5]. Für die zweiwöchige Kündigungserklärungsfrist des § 626 Abs. 2 BGB kommt es regelmäßig darauf an, wann der Verleiher von dem zur Kündigung berechtigenden wichtigen Grund erfahren hat. Die Grundsätze, die die Rechtsprechung zur Zurechnung der Kenntnis anderer nicht kündigungsberechtigter Personen entwickelt hat[6], sind auf das Verhältnis zwischen Entleiher und Verleiher nicht anzuwenden. Weder ist der Entleiher zur Meldung noch zur Feststellung der für eine außerordentliche Kündigung maßgebenden Tatsachen verpflichtet.

3. Rechtsbeziehungen zwischen Entleiher und Leiharbeitnehmer

Zwischen Entleiher und Leiharbeitnehmer besteht bei erlaubter Arbeitnehmerüberlassung kein Arbeitsverhältnis[7]. Zwischen ihnen kommt aber ein gesetzliches Schutzpflichtenverhältnis zustande[8].

---

1 *Urban-Crell/Germakowski/Bissels/Hurst*, AÜG, § 11 Rz. 133.
2 BAG 20.6.2013 – 2 AZR 271/12, NZA 2013, 837: im streitgegenständlichen Sachverhalt lediglich zwei Unternehmen.
3 *Urban-Crell/Germakowski/Bissels/Hurst*, AÜG, § 11 Rz. 122.
4 LAG Hessen 18.7.1978 – 9 Sa 104/78, EzAÜG § 626 BGB Nr. 1.
5 Schüren/*Schüren*, Einl. Rz. 290.
6 KR/*Fischermeier*, § 626 BGB Rz. 355.
7 *Urban-Crell/Germakowski/Bissels/Hurst*, AÜG, § 1 Rz. 72.
8 Str. *Urban-Crell/Germakowski/Bissels/Hurst*, AÜG, § 1 Rz. 74 mwN.

146 Darüber hinaus erhält der Entleiher aus dem Leiharbeitsvertrag einen eigenen Leistungsanspruch gegen den Leiharbeitnehmer[1]. Er kann ihn für die Dauer der Überlassung wie einen eigenen Arbeitnehmer nach seinen Vorstellungen und Zielen in seinem Betrieb einsetzen. Zu diesem Zweck überträgt ihm der Verleiher denjenigen Teil seines Direktionsrechts, den er zur Steuerung des Arbeitseinsatzes benötigt, das arbeitsbezogene Weisungsrecht[2]. Bei dessen Ausübung ist der Entleiher durch den Inhalt des Arbeitsvertrages zwischen Verleiher und Leiharbeitnehmer beschränkt. Er darf dem Leiharbeitnehmer daher nur solche Aufgaben übertragen, zu deren Ausführung dieser aufgrund des Arbeitsvertrages mit dem Verleiher verpflichtet ist.

147 Nach § 6 Abs. 2 Satz 2 AGG gilt der Entleiher als Arbeitgeber iSd. Abschnitts 2 des AGG. Daraus ergibt sich, dass den Entleiher dieselben Pflichten nach dem AGG treffen, die für den Verleiher bzw. jeden anderen Betrieb gelten[3].

148 Die Tätigkeit des Leiharbeitnehmers unterliegt den für den Betrieb des Entleihers geltenden öffentlich-rechtlichen Vorschriften des Arbeitsschutzrechts[4]. Nach § 11 Abs. 6 AÜG obliegen die sich hieraus ergebenden Pflichten dem Entleiher unbeschadet der Pflichten des Verleihers[5]. Da der Leiharbeitnehmer in den Entleiherbetrieb eingegliedert ist, greift die Haftungsprivilegierung der §§ 104, 105 SGB VII zugunsten des Entleihers und der anderen im Betrieb tätigen Arbeitnehmer, wenn sie den Leiharbeitnehmer verletzen[6]. Auch zugunsten des Leiharbeitnehmers greift die Privilegierung nach § 105 SGB VII bei nicht vorsätzlich verursachten Personenschäden, die er den anderen in dem Betrieb eingegliederten Mitarbeitern zufügt[7]. Erleidet der Leiharbeitnehmer bei Arbeitsunfällen Schäden an eigenen Sachen, haftet der Entleiher nur, wenn er oder seine Erfüllungsgehilfen schuldhaft Fürsorgepflichten verletzt haben. Bei Sachschäden kann ein Anspruch des Leiharbeitnehmers auf Aufwendungsersatz in entsprechender Anwendung des § 670 BGB gegen den Entleiher entstehen[8].

149 Hat der Leiharbeitnehmer während der Dauer der Tätigkeit bei dem Entleiher eine Erfindung oder einen technischen Verbesserungsvorschlag gemacht, gilt der Entleiher nach § 11 Abs. 7 AÜG aufgrund einer Fiktion als Arbeitgeber iSd. ArbNErfG. Die Vorschrift ist aber nur auf solche Erfindungen und technischen Verbesserungsvorschläge anwendbar, die auf den Betrieb des Entleihers bezogen sind[9]. Die Fiktion knüpft an die Entwicklung der Erfindung an, also daran, ob sie im Verhältnis zum Entleiher eine Erfindung darstellt. Insoweit wird der Entleiher unter Ausschluss des Verleihers alleiniger Träger aller Rechte und Pflichten aus dem ArbNErfG. Nutzt der Entleiher seine Rechte nicht, bestehen keine Pflichten des Leiharbeitnehmers, seine während dieser Zeit fertig gestellten Erfindungen und technischen Verbesserungsvorschläge zusätzlich noch dem Verleiher zu melden[10]

150 Dem Leiharbeitnehmer obliegt eine Treuepflicht gegenüber dem Entleiher, insbesondere eine Pflicht zur Verschwiegenheit über Tatsachen, an deren Geheimhaltung der Entleiher ein schutzwürdiges Interesse hat. Die Pflicht zur Verschwiegenheit wirkt

---

1 ErfK/*Wank*, Einl. AÜG Rz. 32, 33; aA (keine primäre Leistungspflicht): Thüsing/*Thüsing*, AÜG Einführung Rz. 35.
2 *Urban-Crell/Germakowski/Bissels/Hurst*, AÜG, § 1 Rz. 75.
3 *Oberwetter*, BB 2007, 1109 (1110).
4 *Urban-Crell/Germakowski/Bissels/Hurst*, AÜG, § 1 Rz. 77.
5 *Anton-Dyck/Böhm*, ArbRB 2012, 58; *Urban-Crell/Germakowski/Bissels/Hurst*, AÜG, § 1 Rz. 81.
6 Schüren/*Brors*, Einl. Rz. 504; *Urban-Crell/Germakowski/Bissels/Hurst*, AÜG, § 1 Rz. 82.
7 BAG 27.5.1983 – 7 AZR 1210/79, EzAÜG § 611 BGB – Haftung Nr. 7.
8 Vgl. BGH 18.11.2014 – VI ZR 141/13, UV-Recht Aktuell 2014, 985; 18.11.2014 – VI ZR 47/13; Schüren/*Brors*, Einl. Rz. 507, 508; *Urban-Crell/Germakowski/Bissels/Hurst*, AÜG, § 1 Rz. 82.
9 *Urban-Crell/Germakowski/Bissels/Hurst*, § 11 AÜG Rz. 69; Thüsing/*Mengel*, § 11 AÜG Rz. 59.
10 Schüren/*Schüren*, § 11 AÜG Rz. 142.

auch nach dem Ende der Überlassungszeit fort. Im Übrigen ergeben sich die Pflichten des Leiharbeitnehmers aus dem Umfang seiner tatsächlichen Einbindung in den Betrieb des Entleihers in Anlehnung an die allgemeinen Pflichten der dort tätigen Stammarbeitnehmer des.

Schädigt der Leiharbeitnehmer den Entleiher durch schuldhafte Schlechtleistung, trifft ihn eine Haftung aus § 280 Abs. 1 BGB. Voraussetzung ist, dass der Leiharbeitsvertrag entweder als Vertrag zugunsten Dritter oder – so die wohl überwiegende Ansicht – als Vertrag mit Schutzwirkung zugunsten des Entleihers qualifiziert wird (vgl. Rz. 146)[1]. Zu beachten sind die von der Rechtsprechung entwickelten Grundsätze über die Haftungsbeschränkung im Arbeitsverhältnis[2], die entsprechend zwischen Leiharbeitnehmer und Entleiher anzuwenden sind[3]. Auch bei der Verletzung von Nebenpflichten (zB der Verschwiegenheitspflicht) kann sich der Leiharbeitnehmer schadensersatzpflichtig machen. Schließlich haftet der Leiharbeitnehmer, wenn er die Arbeit, soweit die Arbeitspflicht nicht wegen Krankheit oder aus sonstigen Gründen ausgeschlossen ist, bei dem Entleiher nicht aufnimmt. Für Schadensansprüche des Entleihers gegen den Leiharbeitnehmer ist der Rechtsweg zu den Gerichten für Arbeitssachen eröffnet[4]; gleiches gilt für Schadensersatzansprüche des Leiharbeitnehmers gegen den Entleiher[5].

151

§ 13a AÜG regelt die Informationspflicht des Entleihers über freie Arbeitsplätze, die besetzt werden sollen. Die Regelung umfasst auch befristete Stellen[6]. Zutreffenderweise beschränkt sich die Informationspflicht auf „entsprechende" Arbeitsplätze und ist insoweit nicht grenzenlos[7]. § 13a AÜG stellt auf „Arbeitsplätze des Entleihers" ab und ist jedenfalls nach seinem Wortlaut damit unternehmensbezogen auszulegen[8]. Eine Informationspflicht des Entleihers scheidet allerdings aus, wenn der Arbeitsplatz mit einem Leiharbeitnehmer besetzt werden soll, da das Ziel der Norm, die Übernahme in die Stammbelegschaft, nicht erreicht werden kann[9]. Die Informationspflicht entsteht, sobald die unternehmerische Entscheidung gefallen ist, dass ein bestimmter Arbeitsplatz besetzt bzw. wieder besetzt werden soll.

152

⊃ **Hinweis:** § 13a AÜG dient der Umsetzung der LeiharbeitsRL, ist aber dennoch überraschend ausgestaltet, da die Vorschrift Leiharbeitnehmer besser stellt als die Stammbeschäftigten des Entleihers[10]. Nach § 18 TzBfG ist der Arbeitgeber nämlich nur verpflichtet, befristet tätige Arbeitnehmer über entsprechende unbefristete Arbeitsplätze zu informieren.

153

Verletzt der Entleiher die Informationspflicht, entsteht aus dieser Pflichtverletzung kein Einstellungsanspruch des Leiharbeitnehmers[11]. Der Entleiher macht sich jedoch schadensersatzpflichtig. Der Informationsanspruch des Leiharbeitnehmers kann weder durch Individual- noch durch Kollektivvereinbarung für diesen nachteilig modifi-

154

---

1 *Urban-Crell/Germakowski/Bissels/Hurst*, § 1 AÜG Rz. 86.
2 BAG 27.9.1994 – GS 1/89 A, NZA 1994, 1083.
3 *Niebler/Biebl/Roß*, Rz. 546 f.; *Urban-Crell/Germakowski/Bissels/Hurst*, § 1 AÜG Rz. 86.
4 LAG Hamm 4.8.2003 – 2 Ta 739/02, NZA-RR 2004, 106; *Urban-Crell/Germakowski/Bissels/Hurst*, AÜG, § 1 Rz. 88.
5 ArbG Freiburg 7.7.2010 – 12 Ca 188/10.
6 *Huke/Neufeld/Luickhardt*, BB 2012, 961 (966).
7 *Kock*, BB 2012, 323 (323).
8 *Kock*, BB 2012, 323 (323); *Schindele*, ArbRAktuell 2011, 577.
9 *Kock*, BB 2012, 323 (323); *Lembke*, NZA 2011, 319 (321).
10 Vgl. *Vogt*, Arbeitsrecht im Konzern, 2014, § 6 Rz. 15.
11 *Schindele*, ArbRAktuell 2011, 577; *Kock*, BB 2012, 323 (324); *Urban-Crell/Germakowski/Bissels/Hurst*, AÜG, § 13a Rz. 16.

155 § 13b AÜG begründet einen Anspruch des Leiharbeitnehmers auf Gewährung von Zugang zu den bei dem Entleiher existierenden Gemeinschaftseinrichtungen oder -diensten, obwohl der Entleiher nicht Arbeitsvertragspartner des Leiharbeitnehmers ist[2]. Der Anspruch aus § 13b AÜG auf Gleichbehandlung – es sei denn, eine unterschiedliche Behandlung ist aus sachlichen Gründen gerechtfertigt – ist nach § 9 Nr. 2a AÜG nicht abdingbar. Als Gemeinschaftseinrichtungen oder Dienste nennt § 13b AÜG beispielhaft Kinderbetreuungseinrichtungen, die Gemeinschaftsverpflegung und Beförderungsmittel. Ansonsten definiert weder die LeiharbeitsRL noch das AÜG, was unter Gemeinschaftseinrichtungen und -diensten im Sinne der Vorschrift zu verstehen ist. In der Literatur werden genannt Kantinen, Kindergärten, Fahrdienste zum Transport von Arbeitnehmern, Erholungsheime, Sportanlagen, Werkmietwohnungen, Parkplätze oder betriebseigene Tankstellen zum verbilligten Bezug von Treibstoff sowie Einrichtungen zum verbilligen Personaleinkauf[3]. Umstritten ist, ob § 13b AÜG Schulungen umfasst. Dies soll mitunter zu bejahen sein, wenn diese in Schulungseinrichtungen des Entleihers stattfinden[4]. Externe Schulungen sollen hingegen nicht unter die Vorschrift fallen[5]. Unter den Begriff Gemeinschaftsdienste sollen auch Betriebsausflüge oder Betriebsfeiern fallen[6]. Die Vorschrift erfasst hingegen keine vom Entleiher an seine Arbeitnehmer gewährten Geldleistungen, wie zB eine betriebliche Altersversorgung, Essens-/Fahrtkosten-/Mietkostenzuschuss oder entsprechende Geldsurrogate wie Gutscheine[7]. Die Gewährung des Zugangs zu Gemeinschaftseinrichtungen oder -diensten kann steuer- und sozialversicherungsrechtliche Auswirkungen haben[8]. Nach § 38 Abs. 1 Satz 3 EStG unterliegt der im Rahmen eines Dienstverhältnisses von einem Dritten gewährte Arbeitslohn der Lohnsteuerpflicht, wenn der Arbeitgeber weiß oder erkennen kann, dass derartige Leistungen erbracht werden. Der Verleiher muss deshalb den Leiharbeitnehmer anhalten, ihn über die Gewährung eines Zugangs zu Gemeinschaftseinrichtungen oder -diensten vollständig zu informieren. In diesem Rahmen muss der Verleiher den Leiharbeitnehmer auch auf die Vorschrift des § 38 Abs. 4 Satz 3 EStG hinweisen, nach der der Arbeitnehmer seinem Arbeitgeber die von einem Dritten gewährten Bezüge am Ende des jeweiligen Lohnzahlungszeitraums anzugeben hat. Dabei ist zu berücksichtigen, dass der Verleiher den Drittlohn individuell besteuern muss, er also genaue Werte für die Versteuerung benötigt. Ist der Drittlohn steuerpflichtig, ist er regelmäßig ebenfalls als sozialabgabenpflichtiges Arbeitsentgelt nach § 14 Abs. 1 Satz 1 SGB IV anzusehen.

156 Für Rechtsstreitigkeiten zwischen dem Leiharbeitnehmer und dem Entleiher aus dem Leiharbeitsverhältnis ist der Rechtsweg zu den Arbeitsgerichten eröffnet[9].

---

1 *Schindele*, ArbRAktuell 2011, 577; *Lembke*, NZA 2011, 319 (322); *Urban-Crell/Germakowski/Bissels/Hurst*, AÜG, § 13a Rz. 14.
2 *Urban-Crell/Germakowski/Bissels/Hurst*, AÜG, § 13b Rz. 5.
3 So *Schindele*, ArbRAktuell 2011, 577; vgl. auch: *Lembke*, FA 2011, 290 (291); *Lembke*, NZA 2011, 319 (323); *Urban-Crell/Germakowski/Bissels/Hurst*, AÜG, § 13b Rz. 6.
4 *Schindele*, ArbRAktuell 2011, 577; *Lembke*, NZA 2011, 319 (324); aA: *Kock*; BB 2012, 323 (325); *Vielmeier*, NZA 2012, 535 (537); *Urban-Crell/Germakowski/Bissels/Hurst*, AÜG, § 13b Rz. 9.
5 *Lembke*, NZA 2011, 319 (324).
6 *Vielmeier*, NZA 2012, 535 (537); *Urban-Crell/Germakowski/Bissels/Hurst*, AÜG, § 13b Rz. 9 mwN.
7 *Lembke*, NZA 2011, 319 (323, 324); *Huke/Neufeld/Luickhardt*, BB 2012, 961 (968); vgl. auch *Vielmeier*, NZA 2012, 535 (537); *Urban-Crell/Germakowski/Bissels/Hurst*, AÜG, § 13b Rz. 7.
8 Vgl. dazu: *Eismann*, ArbRAktuell 2012, 8; *Kock*, BB 2012, 323 (326); *Krannich/Grieser*, AuA 2012, 81 (83, 84); *Huke/Neufeld/Luickhardt*, BB 2012, 961 (968).
9 BAG 15.3.2011 – 10 AZB 49/10, DB 2011, 1116.

4. Rechtsfolgen bei Arbeitnehmerüberlassung nach § 1 AÜG ohne Erlaubnis

§ 10 Abs. 1–3 AÜG regelt die Rechtsfolgen, wenn der Vertrag zwischen Verleiher und Leiharbeitnehmer nach § 9 Nr. 1 AÜG unwirksam ist, weil dem Verleiher die nach § 1 Abs. 1 AÜG erforderliche Erlaubnis fehlt. Es wird nicht abdingbar ein Arbeitsverhältnis zwischen Entleiher und Leiharbeitnehmer fingiert[1]. Die Auffassung, nach der § 10 Abs. 1 Satz 1 AÜG verfassungswidrig sei, als darin zwingend ein Arbeitsverhältnis mit dem Entleiher fingiert werde, und die Vorschrift deshalb verfassungskonform so auszulegen sei, dass dem Arbeitnehmer ein Widerspruchsrecht gegen die Fiktion eines Arbeitsverhältnisses mit dem Entleiher zustehen müsse[2], hat sich nicht durchgesetzt[3]. Der Beginn des Arbeitsverhältnisses ist in § 10 Abs. 1 Satz 1 AÜG bestimmt; ggf. ist die Abwicklungsfrist nach § 2 Abs. 4 Satz 4 AÜG zu beachten. Die Fiktion des Arbeitsverhältnisses gilt unabhängig von der Kenntnis der Beteiligten und ihrem Willen. Auf einen „Schuldvorwurf" kommt es nicht an. Ob der Leiharbeitnehmer ein außerordentliches Kündigungsrecht gegenüber dem Entleiher hat, ist umstritten[4]. § 10 Abs. 1 Satz 1 AÜG war auf die nicht gewerbsmäßige Arbeitnehmerüberlassung nicht entsprechend anwendbar[5].

157

Fehlt bei Abschluss des Arbeitsvertrages die Erlaubnis, wird sie aber später erteilt, führt dies nicht dazu, dass die Fiktion wieder entfällt oder der Arbeitsvertrag zwischen Verleiher und Leiharbeitnehmer geheilt wird[6]. Dies gilt auch, wenn der Leiharbeitnehmer ein Arbeitsverhältnis mit einem anderen (konzernangehörigen) Entleiher, der über eine Erlaubnis verfügt, begründet und auf dieser Grundlage der Einsatz beim Entleiher fortgesetzt wird[7]. Sofern das Leiharbeitsverhältnis aber nach Erteilung der Erlaubnis fortgesetzt wird, kann darin ggf. der formlos mögliche Neuabschluss eines nunmehr wirksamen Leiharbeitsverhältnisses gesehen werden[8].

158

Der Inhalt des fingierten Arbeitsverhältnisses ist in § 10 Abs. 1 Satz 3–5 AÜG geregelt. Nach § 10 Abs. 1 Satz 4 AÜG gilt, dass sich dieses nach den für den Betrieb des Entleihers geltenden Arbeitsbedingungen richtet; Ausnahmen von diesem Grundsatz sind in § 10 Abs. 1 Satz 3 und 5 AÜG festgelegt. Kommt es bei Sozialleistungen auf die Dauer der Betriebszugehörigkeit an, ist nur die Zeit ab Begründung des gesetzlichen Arbeitsverhältnisses zu berücksichtigen[9]. § 10 Abs. 1 Satz 5 AÜG enthält zugunsten des Leiharbeitnehmers eine statische Besitzstandswahrung; der Begriff Arbeitsentgelt ist weit zu verstehen. Die Vorschrift begründet aber keinen Anspruch des Leiharbeitnehmers, dass ihm ein bei Zustandekommen des Arbeitsverhältnisses mit dem Entleiher bestehender Vergütungsvorsprung vor vergleichbaren Arbeitnehmern des Entleihers auf Dauer ungeschmälert erhalten bleibt[10]. Vergütungsforderungen aus einem solchen Arbeitsverhältnis, die der Arbeitnehmer gegenüber dem Ent-

159

---

1 Urban-Crell/Germakowski/Bissels/Hurst, AÜG, § 10 Rz. 7; vgl. ArbG Stuttgart 5.11.2014 – 11 Ca 8426/13: Zulässigkeit einer Klage auf die vergangenheitsbezogene Feststellung, dass ein Arbeitsverhältnis mit dem Entleiher entstanden ist.
2 LAG Hessen 6.3.2001 – 2/9 Sa 1246/00, NZA-RR 2002, 73; Ulber, § 10 AÜG Rz. 5.
3 Abl.: Boemke/Lembke, § 10 AÜG Rz. 34; ErfK/Wank, § 10 AÜG Rz. 8; Thüsing/Mengel, § 10 AÜG Rz. 6; für die gesetzliche Etablierung eines Wahlrechts: Reineke, FS Löwisch, S. 211 (225, 227).
4 Bej.: Thüsing/Mengel, § 10 AÜG Rz. 6; ErfK/Wank, § 10 AÜG Rz. 8; Urban-Crell/Germakowski/Bissels/Hurst, AÜG, § 10 Rz. 47; aA Boemke/Lembke, § 10 AÜG Rz. 36.
5 BAG 2.6.2010 – 7 AZR 946/08, ZTR 2010, 667.
6 LAG Schl.-Holst. 19.7.2012 – 5 Sa 474/11, GWR 2012, 476; 6.4.1984 – 3 (4) Sa 597/82, EzAÜG § 10 AÜG Fiktion Nr. 35; Sandmann/Marschall/Schneider, Art. 1 § 10 Anm. 4a.
7 Vgl. ArbG Stuttgart 5.11.2014 – 11 Ca 8426/13; Hamann, juris PR-ArbR 2/2015 Anm. 3.
8 Niebler/Biebl/Roß, Rz. 524.
9 Boemke/Lembke, § 10 AÜG Rz. 66; Urban-Crell/Germakowski/Bissels/Hurst, AÜG, § 10 Rz. 13; aA Ulber, § 10 AÜG Rz. 65, 45.
10 BAG 21.7.1993 – 5 AZR 554/92, DB 1993, 2536; Urban-Crell/Germakowski/Bissels/Hurst, AÜG, § 10 Rz. 26.

leiher geltend macht, werden in Bezug auf eine Ausschlussfrist erst fällig, wenn der Entleiher seine Schuldnerstellung als Arbeitgeber eingeräumt hat, denn bevor eine Klärung des Rechtsverhältnisses nicht erfolgt ist, kann der mit der Ausschlussfrist angestrebte Rechtsfrieden nicht eintreten[1]. Auf den dem Arbeitnehmer gegenüber dem Entleiher für den Überlassungszeitraum nach § 10 Abs. 1 AÜG zustehenden Vergütungsanspruch hat sich der Arbeitnehmer nicht den Teil der ihm für den Überlassungszeitraum von dem Verleiher erbrachten Vergütung anrechnen zu lassen, den der Arbeitnehmer wegen seines vermeintlich selbständigen Handelsvertreterverhältnisses als freiwillige Beiträge zu Kranken- und Rentenversicherung sowie als zwangsweisen Beitrag zur IHK aufgewendet hat[2].

160 Die Dauer des fingierten Arbeitsverhältnisses bestimmt sich gem. § 10 Abs. 1 Satz 4 AÜG nach den für den Betrieb des Entleihers geltenden Vorschriften und sonstigen Regelungen. Nach § 10 Abs. 1 Satz 2 AÜG ist das Arbeitsverhältnis aber nur befristet, wenn die Tätigkeit des Leiharbeitnehmers bei dem Entleiher nur befristet vorgesehen war (also der Arbeitnehmerüberlassungsvertrag eine Befristungsabrede zum konkreten Einsatz des Leiharbeitnehmers enthält[3]) und ein die Befristung des Arbeitsverhältnisses rechtfertigender Grund vorliegt (also bei unterstelltem vertraglichen Zustandekommen die Befristungsabrede zwischen Entleiher und Leiharbeitnehmer durch einen sachlichen Grund iSd. § 14 Abs. 1 TzBfG und der Befristungsrechtsprechung des BAG gerechtfertigt wäre[4]); dabei muss dieser nur im Zeitpunkt des Eintritts der Rechtswirkung nach § 10 Abs. 1 Satz 1 AÜG vorliegen[5]. Beide Voraussetzungen müssen kumulativ erfüllt sein. In diesem Fall ist das fingierte Arbeitsverhältnis wirksam befristet, wenn ein vertraglich begründetes Arbeitsverhältnis zwischen Entleiher und Leiharbeitnehmer auf die vorgesehene Einsatzzeit des Leiharbeitnehmers hätte befristet werden können[6]. Es gilt zudem die Klagefrist des § 17 TzBfG[7], nicht aber das Schriftformerfordernis des § 14 Abs. 4 TzBfG[8]. Ob der Leiharbeitsvertrag zwischen Entleiher und Verleiher befristet oder unbefristet abgeschlossen worden war, ist dagegen unerheblich.

161 Das Recht eines Leiharbeitnehmers, sich gegenüber dem Entleiher darauf zu berufen, infolge unerlaubter Arbeitnehmerüberlassung gelte nach § 10 Abs. 1 AÜG ein Arbeitsverhältnis als zustande gekommen, kann nach Treu und Glauben verwirkt[9]. Mit der Annahme der Verwirkung von Rechten aus dem fingierten Arbeitsverhältnis ist das BAG aber äußerst zurückhaltend. Eine solche tritt nicht allein deshalb ein, weil der Leiharbeitnehmer in einem Rechtsstreit mit dem illegalen Verleiher einen

---

1 BAG 27.7.1983 – 5 AZR 194/81, AP Nr. 6 zu § 10 AÜG (zu § 16 BRTV-Bau); LAG Rh.-Pf. 19.10.1999 – 10 Ta 175/99, NZA-RR 2000, 523; *Urban-Crell/Germakowski/Bissels/Hurst*, AÜG, § 10 Rz. 62.
2 LAG Hamm 21.11.1996 – 17 Sa 1026/96, NZA-RR 1997, 380.
3 Thüsing/*Mengel*, § 10 AÜG Rz. 36; *Urban-Crell/Germakowski/Bissels/Hurst*, AÜG, § 10 Rz. 36.
4 Schüren/*Schüren*, § 10 AÜG Rz. 57; vgl. auch Thüsing/*Mengel*, § 10 AÜG Rz. 39; *Urban-Crell/Germakowski/Bissels/Hurst*, AÜG, § 10 Rz. 37.
5 *Boemke/Lembke*, § 10 AÜG Rz. 53.
6 Schüren/*Schüren*, § 10 AÜG Rz. 59 ff.
7 *Boemke/Lembke*, § 10 AÜG Rz. 59; Schüren/*Schüren*, § 10 AÜG Rz. 65.
8 *Ulber*, § 10 AÜG Rz. 28; *Urban-Crell/Germakowski/Bissels/Hurst*, AÜG, § 10 Rz. 37.
9 BAG 30.1.1991 – 7 AZR 497/89, NZA 1992, 19; zweifelnd BAG 18.2.2003 – 3 AZR 160/02, EzA § 10 AÜG Nr. 11: Es spreche mehr dafür, die sich aus einem solchen Arbeitsverhältnis ergebenden Rechte einer Verwirkung zu unterwerfen, soweit dies rechtlich möglich ist; BAG 17.1.2007 – 7 AZR 23/06, DB 2007, 1034; 10.10.2007 – 7 AZR 448/06, EzAÜG § 10 AÜG Verwirkung Nr. 4; LAG BW 12.4.1989 – 2 Sa 107/88, EzAÜG § 10 AÜG – Fiktion Nr. 64; LAG Köln 28.11.1986 – 4 Sa 918/86, DB 1987, 2419; 14.11.1991 – 6 Sa 543/91, LAGE Nr. 5 zu § 242 BGB – Prozessverwirkung; 28.1.2002 – 2 Sa 272/01, NZA-RR 2002, 458; 3.6.2003 – 13 Sa 2/03, BB 2004, 275; LAG Düsseldorf 2.6.2005 – 11 Sa 218/05, DB 2005, 2529; *Urban-Crell/Germakowski/Bissels/Hurst*, AÜG, § 10 Rz. 63 ff.

Vergleich über das mit ihm streitige Arbeitsverhältnis abgeschlossen hat[1] oder weil er arbeitsrechtliche Ansprüche auch gegenüber dem Verleiher geltend macht[2]. Allgemein soll es entscheidend auf das Verhalten des Leiharbeitnehmers nach Beendigung der unerlaubten Arbeitnehmerüberlassung ankommen; eine Untätigkeit von drei bis vier Monaten soll dabei schon für eine Verwirkung ausreichen können[3]. Ein Aufhebungsvertrag zwischen Verleiher und Leiharbeitnehmer soll auch ein fingiertes Arbeitsverhältnis zwischen Entleiher und Arbeitnehmer beenden, wenn sich der Arbeitnehmer bis zum Zeitpunkt des Abschlusses des Aufhebungsvertrages nicht auf die Fiktion berufen hat[4]. Deren Folgen werden aber jedenfalls nicht ohne Weiteres durch einen Arbeitsvertrag aufgehoben, der im unmittelbaren Anschluss an das Leiharbeitsverhältnis zwischen Entleiher und Leiharbeitnehmer abgeschlossen wird und ein aktuelles Datum für den Beginn des Arbeitsverhältnisses vorsieht. Eine solche die Fiktion ausschließende Vereinbarung kommt allenfalls dann in Betracht, wenn die Arbeitsvertragsparteien ihren hierauf gerichteten einvernehmlichen rechtsgeschäftlichen Willen zweifelsfrei zum Ausdruck gebracht haben[5]. Nach der wohl hM in der Literatur kann die Fiktion als zwingendes Arbeitnehmerschutzrecht allerdings auch nachträglich nicht abbedungen werden[6].

§ 10 Abs. 2 AÜG gewährt dem Leiharbeitnehmer einen Ersatzanspruch gegen den Verleiher, wenn er den Grund der Unwirksamkeit des Arbeitsvertrages gem. § 9 Nr. 1 AÜG nicht kannte. Dieser kann sich darauf beziehen, dass der Entleiher seine Verpflichtungen aus dem fingierten Arbeitsverhältnis mit dem Leiharbeitnehmer nicht erfüllt. Der Verleiher kann hingegen vom Entleiher aus ungerechtfertigter Bereicherung Herausgabe dessen verlangen, was der Entleiher erspart hat, weil nicht er, sondern der Verleiher den Leiharbeitnehmer entlohnt hat[7]. Bereicherungsansprüche des Verleihers gegen den Leiharbeitnehmer gibt es insoweit nicht[8]. § 10 Abs. 3 AÜG begründet eine gesamtschuldnerische Haftung von illegalem Verleiher und Entleiher, insbesondere für den Gesamtsozialversicherungsbeitrag[9], wenn der Verleiher dem Leiharbeitnehmer eine Vergütung zahlt.

5. Vermutung der Arbeitsvermittlung

Werden Arbeitnehmer bei einem Dritten zur Arbeitsleistung eingesetzt und übernimmt der Überlassende nicht die üblichen Arbeitgeberpflichten oder das Arbeitgeberrisiko (was darunter zu verstehen ist, wird durch Bezugnahme auf § 3 Abs. 1 Nr. 1–3 AÜG konkretisiert), besteht nach § 1 Abs. 2 AÜG die Vermutung dafür, dass der Überlassende Arbeitsvermittlung betreibt. Arbeitsvermittlung ist eine Tätigkeit, die darauf gerichtet ist, Arbeitsuchende mit Arbeitgebern zur Begründung eines Arbeitsverhältnisses zusammenzuführen. Bei der (erlaubnispflichtigen) Arbeitnehmerüberlassung nach § 1 AÜG kann diese Vermutung nicht widerlegt werden; anders ist es bei der Arbeitnehmerüberlassung, die ausnahmsweise nicht im Rahmen einer

---

1 LAG Köln 28.11.1986 – 4 Sa 918/86, DB 1987, 2419.
2 LAG Berlin 25.7.1988 – 12 Sa 9/88 u. 10/88, EzAÜG § 10 AÜG – Fiktion Nr. 63.
3 LAG Köln 14.11.1991 – 6 Sa 543/91, LAGE Nr. 5 zu § 242 BGB – Prozessverwirkung; 28.1.2002 – 2 Sa 272/01, NZA-RR 2002, 458; ArbG Stuttgart 5.11.2014 – 11 Ca 8426/13: keine Verwirkung nach 9,5 Jahren.
4 LAG München 7.9.1998 – 10 Sa 130/98, EzAÜG § 10 AÜG – Fiktion Nr. 95.
5 BAG 18.2.2003 – 3 AZR 160/02, EzA § 10 AÜG Nr. 11; 17.1.2007 – 7 AZR 23/06, DB 2007, 1034; 13.8.2008 – 7 AZR 269/07.
6 *Boemke/Lembke*, § 10 AÜG Rz. 31; *Hamann*, Anm. zu BAG 18.2.2003 – 3 AZR 160/02, EzA § 10 AÜG Nr. 11.
7 BGH 8.11.1979 – VII ZR 337/78, AP Nr. 2 zu § 10 AÜG; 17.2.2000 – III ZR 78/99, NZA 2000, 608.
8 BGH 31.3.1982 – 2 StR 744/81, AP Nr. 4 zu § 10 AÜG.
9 *Urban-Crell/Germakowski/Bissels/Hurst*, AÜG, § 10 Rz. 80.

wirtschaftlichen Tätigkeit erfolgt[1]. Als widerlegt anzusehen ist die Vermutung, wenn nach der Gestaltung und Durchführung der vertraglichen Beziehungen mittels einer wertenden Gesamtbetrachtung davon auszugehen ist, dass der Schwerpunkt des Arbeitsverhältnisses beim überlassenden Arbeitgeber liegt[2]. Der Überlassende muss also Tatsachen vortragen, aus denen sich ergibt, dass er Arbeitnehmerüberlassung betrieben hat. Eine Widerlegung scheidet aus, wenn schon die Einstellung des Arbeitnehmers von der Zustimmung des Entleihers abhängt sowie dessen Arbeitsort ausschließlich eine vom Entleiher betriebene Einrichtung war und der Entleiher verlangen konnte, dass der Verleiher den Arbeitnehmer nicht anderweitig einsetzt[3]. Nimmt der Arbeitnehmer beim Entleiher über einen längeren Zeitraum hinweg Daueraufgaben wahr, kann dies ebenfalls ein Indiz für eine Schwerpunktverlagerung des Arbeitsverhältnisses zum Entleiher sein.

164 Wenn der Verleiher mit der Überlassung des Leiharbeitnehmers Arbeitsvermittlung betreibt, kam nach früherer Gesetzeslage und Rechtsprechung ein Arbeitsverhältnis zwischen Entleiher und Leiharbeitnehmer zustande[4]. Die Rechtsfolge wurde bis zum AFRG 1997 aus § 13 AÜG aF abgeleitet.

165 Ob mit der Streichung des § 13 AÜG aF die Fiktion eines Arbeitsverhältnisses zum Entleiher „still liquidiert" werden sollte, ist umstritten[5]. Ein Teil des Schrifttums geht davon aus, dass sich die Begründung eines Arbeitsverhältnisses kraft Gesetzes auch ohne § 13 AÜG aF nach § 1 Abs. 2 AÜG oder unter analoger Anwendung des § 10 Abs. 1 AÜG vollzieht (vgl. Rz. 19). Das BAG hat demgegenüber seine frühere Rechtsprechung aufgegeben; seit der ersatzlosen Streichung des § 13 AÜG aF gäbe es in den Fällen vermuteter Arbeitsvermittlung keine gesetzliche Grundlage mehr, um mit dem Entleiher ohne dessen Willen ein Arbeitsverhältnis entstehen zu lassen[6]. Die von § 1 Abs. 2 AÜG getroffene Vermutung für das Vorliegen von Arbeitsvermittlung hat danach keine arbeitsrechtlich relevanten Rechtsfolgen mehr: Der Arbeitnehmer hat ausschließlich ein Arbeitsverhältnis zu seinem Verleiher[7]. Es bleiben gewerberechtliche Konsequenzen[8].

166 Mit dieser geänderten Ansicht des BAG hat sich zugleich das Problem erledigt, ob der Arbeitnehmer – ähnlich wie beim Betriebsübergang – die Fiktion des Arbeitsverhältnisses zum Entleiher durch einen Widerspruch verhindern kann[9].

167 Bei nach § 1 Abs. 2 AÜG vermuteter Arbeitsvermittlung ist im Ergebnis der Leiharbeitsvertrag zwischen dem Leiharbeitnehmer und dem Verleiher mit Verleiherlaub-

---

1 BAG 23.11.1988 – 7 AZR 34/88, DB 1989, 1572; 21.3.1990 – 7 AZR 198/89, DB 1991, 282; 3.12.1997 – 7 AZR 764/96, NZA 1998, 876; *Urban-Crell/Germakowski/Bissels/Hurst*, AÜG, § 1 Rz. 187.
2 *Urban-Crell/Germakowski/Bissels/Hurst*, AÜG, § 1 Rz. 189.
3 BAG 1.6.1994 – 7 AZR 7/93, DB 1994, 2549.
4 *Urban-Crell/Germakowski/Bissels/Hurst*, AÜG, § 1 Rz. 192.
5 Vgl. *Hamann*, BB 1999, 1654 (1655, 1656); *Bauschke*, NZA 2000, 1201 (1207); vgl. auch *Feuerborn/Hamann*, BB 1997, 2530 (2534); *Groeger*, DB 1998, 470 (471); *Rolfs*, ZfA 1999, 403 (469); *Urban*, AP Nr. 1 zu § 13 AÜG; *Säcker/Kühnast*, ZfA 2001, 117 (126, 131); offen gelassen BAG 15.4.1999 – 7 AZR 437/97, DB 1999, 2315.
6 BAG 28.6.2000 – 7 AZR 100/99, BB 2000, 2522; 19.9.2001 – 7 AZR 574/00, EzA § 1 BeschFG 1985 – Klagefrist Nr. 7; 19.3.2003 – 7 AZR 267/02, DB 2003, 2793; 2.6.2010 – 7 AZR 946/08, EzA-SD 2010, Nr. 21, 9; 15.5.2013 – 7 AZR 494/11, NZA 2013, 1267; 15.5.2013 – 7 AZR 525/11, NZA 2013, 1214; abl.: *Ulber*, AÜG, Einl. D Rz. 47/51, § 1 AÜG Rz. 300, 302.
7 *Säcker/Kühnast*, ZfA 2001, 117 (131); *Boemke*, BB 2000, 2524; *Plander*, NZA 2002, 69 (71); *Urban-Crell/Germakowski/Bissels/Hurst*, AÜG, § 1 Rz. 193.
8 *Boemke/Lembke*, § 1 AÜG Rz. 188; *Urban-Crell/Germakowski/Bissels/Hurst*, AÜG, § 1 Rz. 195 f.
9 LAG Köln 11.12.1996 – 7 (11) 802/96, NZA-RR 1997, 244; offen gelassen BAG 3.12.1997 – 7 AZR 764/96, NZA 1998, 876.

nis die einzige arbeitsvertragliche Beziehung. Die vermutete Arbeitsvermittlung hat nicht die Nichtigkeit des Leiharbeitsvertrages zur Folge; dieser bleibt wirksam. Auch für die Rechtsbeziehung zwischen Verleiher und Entleiher ist die vermutete Arbeitsvermittlung ohne Belang, da der Erlaubnisvorbehalt für die private Arbeitsvermittlung im Jahre 2002 aufgehoben wurde (vgl. Rz. 19).

Bei einer vermuteten Arbeitsvermittlung und dem Fehlen der Arbeitnehmerüberlassungserlaubnis ist das Leiharbeitsverhältnis hingegen grundsätzlich unwirksam; zwischen Leiharbeitnehmer und Entleiher wird nach § 10 Abs. 1 AÜG ein Arbeitsverhältnis fingiert[1]. Nur außerhalb einer wirtschaftlichen Tätigkeit bleibt es bei dem Leiharbeitsverhältnis zwischen Verleiher und Leiharbeitnehmer.

168

Es war und ist streitig, ob die dauerhafte Arbeitnehmerüberlassung im Konzern als Mittel der Personalkostensenkung genutzt werden kann. Für die Rechtslage bis zum 30.11.2011 wurde teilweise eine solche Möglichkeit mit der Begründung abgelehnt, dass, wer nur für ein bestimmtes oder wenige bestimmte Unternehmen Personal akquiriere und diesen dauerhaft Leiharbeitnehmer überlasse, kein Verleiher, sondern ein Strohmann sei; Arbeitgeber sei der Scheinentleiher[2]. Demgegenüber hielten andere Stimmen in der Literatur und insbesondere das LAG Niedersachsen einen solchen Weg zu Recht für zulässig[3]. Das AÜG enthielt für die Überlassung eines Arbeitnehmers an einen Entleiher keine Höchstgrenze mehr[4]. § 1 Abs. 2 AÜG spielt hier schon deswegen keine Rolle, weil aufgrund des Leiharbeitsvertrages als Gegenstand des Parteiwillens unzweifelhaft die Begründung eines Arbeitsverhältnisses mit dem Verleiher feststeht[5]. Der Gesetzgeber bestätigt im Umkehrschluss aus § 1 Abs. 3 Nr. 2 AÜG aF, dass konzerninterne Arbeitnehmerüberlassung auch vorgenommen werden kann, wenn sie nicht vorübergehend ist; sie ist dann nur nicht privilegiert[6]. Erforderlich ist aber auch hier, dass der Verleiher seinen üblichen Arbeitgeberpflichten, die im Wesentlichen die Abrechnung und Auszahlung des Entgelts, das Abführen von Lohnsteuer und Sozialversicherungsbeiträgen und das Erfüllen von Melde-, Anzeige- und Auskunftspflichten umfassen, nachkommen kann[7]. Für die Rechtslage seit dem 1.12.2011 kommt es maßgeblich darauf an, was unter den Begriff „vorübergehend" nach § 1 Abs. 1 Satz 2 AÜG zu verstehen ist, welche Rechtsqualität dieser Begriff hat (vgl. Rz. 4–12) und ob der Dauerverleih von Arbeitnehmern überhaupt europarechtlichen und/oder deutschen Einschränkungen unterliegt (vgl. Rz. 17). Die 15. Kammer des LAG Berlin-Brandenburg hat angenommen, die dauerhafte Arbeitnehmerüberlassung sei unzulässig; Rechtsfolge sei das Zustandekommen eines Arbeitsverhältnisses zwischen dem Entleiher und dem Leiharbeitnehmer. Es

169

---

1 Vgl. *Urban-Crell/Germakowski/Bissels/Hurst*, AÜG, § 1 Rz. 199 ff.
2 *Brors/Schüren*, BB 2004, 2745 und BB 2005, 494; *Schüren*, BB 2007, 2346; im Erg. auch LAG Schl.-Holst. 18.6.2008 – 3 TaBV 12/08, DB 2008, 2428; ArbG Düsseldorf 11.8.2004 – 4 BV 90/04, EzAÜG § 14 AÜG Betriebsverfassung Nr. 59.
3 LAG Nds. 28.2.2006 – 13 TaBV 56/05, EzAÜG § 14 AÜG Betriebsverfassung Nr. 64; 20.2.2007 – 9 TaBV 107/05, EzAÜG § 1 AÜG Konzerninterne Arbeitnehmerüberlassung Nr. 18; einschränkend: 3.5.2001 – 3 Sa 1432/10, ArbRB 2011, 233: „Von einer rechtsmissbräuchlichen Arbeitnehmerüberlassung ist dann auszugehen, wenn der Konzernentleiher alle typischen Arbeitgeberfunktionen, wie Urlaubsplanung oder den Ausspruch von Abmahnungen, übernimmt, der Verleiher am Markt nicht werbend tätig ist, freiwillig die Arbeitsbedingungen des Konzernentleihers anpasst oder der Verleiher auf Betriebsstrukturen und Betriebsmittel eines Konzernentleihers angewiesen ist."; 31.10.2006 – 12 TaBV 1/06, EzAÜG § 1 AÜG Konzerninterne Arbeitnehmerüberlassung Nr. 16; LAG Düsseldorf 30.10.2008 – 15 Ta BV 114/08, EzA-SD 2009, Nr. 5, 14; LAG Schl.-Holst. 20.1.2009 – 5 TaBV 33/08, EzAÜG § 14 TzBfG Nr. 4; *Melms/Lipinski*, BB 2004, 2409; *Willemsen/Annuß*, BB 2005, 437; *Leuchten*, FS ARGE Arbeitsrecht, S. 927 (934, 936); *Lembke*, BB 2010, 1533 (1538); *Thüsing/Mengel*, § 10 AÜG Rz. 40.
4 BAG 25.1.2005 – 1 AZR 61/03, NZA 2005, 1199.
5 *Willemsen/Annuß*, BB 2005, 437 (439).
6 *Gaul*, AktuellAR 2005, 83 (84).
7 *Leuchten*, FS ARGE Arbeitsrecht, S. 927 (934).

läge ein Fall des „institutionellen Rechtsmissbrauchs" vor, wenn das konzerneigene Verleihunternehmen am Markt nicht werbend tätig sei und seine Beauftragung nur dazu diene, Lohnkosten zu senken[1]. Demgegenüber verneint insbesondere die 7. Kammer des LAG Berlin-Brandenburg in solchen Konstellationen die Begründung eines Arbeitsverhältnisses. Es fehle dafür nach dem Wegfall des § 13 AÜG aF „an einer ausreichenden gesetzlichen Grundlage"[2]. Letztgenannter Ansicht hat sich auch das BAG[3] angeschlossen: Entleiher und Verleiher, die sich seit dem 1.12.2011 über die nicht nur vorübergehende Überlassung eines Leiharbeitnehmers einigen, missbrauchen kein Recht, sondern verstoßen „nur" gegen ein gesetzliches Verbot. Habe sich der Gesetzgeber aber entschieden, einen solchen Verstoß nicht mit der Sanktion der Begründung eines Arbeitsverhältnisses zum Entleiher zu versehen, dürfe diese Rechtsfolge nicht über § 242 BGB herbeigeführt werden. Dies würde bedeuten, sich über den klar erkennbaren Willen des demokratisch legitimierten Gesetzgebers hinwegzusetzen und unzulässig in dessen Kompetenzen einzugreifen[4].

6. Betriebsübergang

170 Unklar war bislang, unter welchen Voraussetzungen ein Betriebsübergang gem. § 613a BGB bei einem Betrieb der Zeitarbeit ausgelöst werden kann[5]. Das BAG[6] hat in Übereinstimmung mit der Rechtsprechung des EuGH[7] festgestellt, dass die Tätigkeit von Leiharbeitsunternehmen dadurch gekennzeichnet ist, dass sie entleihenden Unternehmen Arbeitnehmer vorübergehend zur Verfügung stellen, damit diese dort verschiedene Aufgaben entsprechend den Bedürfnissen und nach Anweisung des Entleihunternehmens wahrnehmen. Die Ausübung solcher Tätigkeiten erfordere insbesondere Fachkenntnisse, eine geeignete Verwaltungsstruktur zur Organisation des Verleihens der Arbeitnehmer und eine Gesamtheit von Leiharbeitnehmern, die sich in die entleihenden Unternehmen integrieren und für diese die geforderten Aufgaben wahrnehmen könnten. Dagegen seien weitere bedeutende Betriebsmittel für die Ausübung der in Rede stehenden wirtschaftlichen Tätigkeiten nicht notwendig. Allerdings könne nur die Gesamtheit aus Verwaltungsangestellten, Leiharbeitnehmern und Fachkenntnissen den eigenen Zweck haben, Dienstleistungen zu erbringen, die darin bestünden, dem einzelnen Entleiher Arbeitnehmer gegen Entgelt zur Verfügung zu stellen. Weiterhin müsse für das Vorliegen einer übertragungsfähigen wirtschaftlichen Einheit hinzukommen, dass diese ohne Inanspruchnahme anderer wichtiger Betriebsmittel und ohne Inanspruchnahme anderer Teile des Veräußerers einsatzbereit sei.

171 ➲ **Hinweis:** Nach Ansicht des BAG[8] kann folglich die ausschließliche „Übernahme" von Leiharbeitnehmern durch einen Dritten keinen Betriebsübergang auslösen. Der Betrieb eines Verleihers iSv. § 613a BGB ist mehr als die Summe der dort beschäftigten und bei den Entleihern eingesetzten Mitarbeiter. Vielmehr ist erforderlich, dass auch die Verwaltung oder Teile von dieser und das dort befindliche Know-how auf den Betriebserwerber überführt werden. Die übernommenen Leiharbeitnehmer sind – so das BAG[9] – ohne dass bei dem Veräußerer vorhandene Verwaltungspersonal bei einem Entleiher nämlich nicht ein-

---

1 LAG Bln.-Bbg. 9.1.2013 – 15 Sa 1635, NZA-RR 2013, 234; so auch LAG Nds. 19.9.2012 – 17 TaBV 124/11, AE 2013, 63; LAG Rh.-Pf. 1.8.2013 – 11 Sa 112/13.
2 LAG Bln.-Bbg. 16.10.2012 – 7 Sa 1182/12, AuA 2013, 51; 3.9.2013 – 12 Sa 1028/13; 16.4.2013 – 16 Sa 1637/12; 16.4.2013 – 16 Sa 2355/12; LAG Düsseldorf 21.6.2103 – 10 Sa 1513/12.
3 BAG 10.12.2013 – 9 AZR 51/13, NZA 2014, 196.
4 So BAG 10.12.2013 – 9 AZR 51/13, NZA 2014, 196; 3.6.2014 – 9 AZR 111/13, ArbRAktuell 2014, 436; 3.6.2014 – 9 AZR 829/13.
5 Dazu *Urban-Crell/Germakowski/Bissels/Hurst*, AÜG, § 1 Rz. 248 ff.
6 BAG 12.12.2013 – 8 AZR 1023/12, NZA 2014, 436.
7 EuGH 13.9.2007 – Rs. C-458/05 – Jouini, NZA 2007, 1151.
8 Vgl. BAG 12.12.2013 – 8 AZR 1023/12, NZA 2014, 436.
9 BAG 12.12.2013 – 8 AZR 1023/12, NZA 2014, 436.

satzfähig ist. Vor diesem Hintergrund ermöglicht die Argumentation der Rechtsprechung in der Praxis interessante (ergebnisorientierte) Gestaltungsmöglichkeiten, einen Betriebsübergang bei einem Verleiher herbeizuführen oder einen solchen gerade zu vermeiden.

IV. Ordnungswidrigkeiten, Straftaten[1]

Gegen einen Verleiher, der vorsätzlich oder fahrlässig ohne Erlaubnis Arbeitnehmer überlässt, kann nach § 16 Abs. 1 Nr. 1, Abs. 2 AÜG eine Geldbuße in der Höhe von bis zu 30000 Euro verhängt werden. Bei fahrlässigem Handeln beträgt nach § 17 Abs. 2 OWiG die Geldbuße im Höchstmaß die Hälfte der Geldbuße bei vorsätzlichem Handeln. Nach § 17 Abs. 4 OWiG soll die Geldbuße den wirtschaftlichen Vorteil, den der Täter aus der Ordnungswidrigkeit gezogen hat, übersteigen. Reicht das gesetzliche Höchstmaß nicht aus, kann es überschritten werden. § 17 Abs. 4 OWiG gilt nicht nur bei Vorsatztaten, sondern auch bei fahrlässigen Zuwiderhandlungen.

172

Eine Straftat nach § 15 Abs. 1 AÜG liegt vor, wenn ein Verleiher ohne Erlaubnis vorsätzlich einen Ausländer, der einen Aufenthaltstitel, eine Aufenthaltsgestattung, eine Duldung oder eine Genehmigung nach § 284 Abs. 1 Satz 1 SGB III besitzt, einem Dritten überlässt. Nur der vorsätzliche Verstoß ist mit Strafe belegt, weil das AÜG fahrlässiges Handeln nicht ausdrücklich mit Strafe bedroht (vgl. § 15 StGB). Ein Entleiher, der vorsätzlich oder fahrlässig einen ihm von einem Verleiher ohne Erlaubnis überlassenen Leiharbeitnehmer tätig werden lässt, begeht nach § 16 Abs. 1 Nr. 1a AÜG ebenfalls eine Ordnungswidrigkeit. Auch hier gilt § 17 Abs. 2 und 4 OWiG. § 16 Abs. 1 Nr. 1b regelt die Ordnungswidrigkeit bei einem Verstoß gegen § 1b AÜG (Einschränkungen der Arbeitnehmerüberlassung im Baugewerbe). § 16 Abs. 1 Nr. 2 AÜG bedroht den Entleiher, der von einem Verleiher mit einer Arbeitnehmerüberlassungserlaubnis entliehene ausländische Leiharbeitnehmer, die über eine erforderliche aufenthaltsrechtliche Genehmigung nicht verfügen, tätig werden lässt, mit Bußgeld. Die Höhe des Bußgeldes beträgt bis zu 500000 Euro. Wer als Entleiher vorsätzlich einen ihm überlassenen Ausländer, der eine erforderliche aufenthaltsrechtliche Erlaubnis nicht besitzt, zu Arbeitsbedingungen des Leiharbeitsverhältnisses tätig werden lässt, die in einem auffälligen Missverhältnis zu den Arbeitsverhältnissen deutscher Leiharbeitnehmer stehen, kann nach § 15a AÜG bestraft werden. Zu weiteren Bußgeldtatbeständen vgl. § 16 AÜG. Rechtskräftige Bußgeldentscheidungen sind nach § 149 Abs. 2 Nr. 3 GewO in das Gewerbezentralregister einzutragen, wenn die Geldbuße mehr als 200 Euro beträgt. UU droht die Nichtberücksichtigung betroffener Unternehmen bei der Vergabe öffentlicher Aufträge (§ 21 SchwarzArbG, § 19 MiLoG).

173

V. Sozialversicherungsrecht[2], Steuerrecht[3]

Bei erlaubter Arbeitnehmerüberlassung treffen grundsätzlich den Verleiher die Arbeitgeberpflichten iSd. Sozialversicherungsrechts. Er ist gem. § 28f SGB IV zur Führung der Lohnunterlagen über seine Arbeitnehmer verpflichtet, die die Ermittlung der Beiträge ermöglichen. Die Meldepflichten des § 28a SGB IV treffen den Verleiher. § 28e Abs. 2 Satz 1 SGB IV begründet aber im Beitragsrecht eine subsidiäre Haftung des Entleihers für die ordnungsgemäße Abführung der Sozialversicherungsbeiträge. In § 28e Abs. 2 SGB IV ist keine Exkulpationsmöglichkeit vorgesehen, auch nicht bei Vorliegen einer Unbedenklichkeitsbescheinigung. Nach § 28e Abs. 2 Satz 2 SGB IV

174

---

1 Ausführlich: MünchKommStGB/*Mosbacher*, Nebenstrafrecht II, 2010, AÜG; *Kraft/Richter/Gercke*, Arbeitsstrafrecht, 2012, 2. Kap. E; *Urban-Crell/Germakowski/Bissels/Hurst*, AÜG, § 16 Rz. 1 ff.
2 Ausführlich: *Urban-Crell/Germakowski/Bissels/Hurst*, AÜG, Einleitung Rz. 100 ff.
3 Ausführlich: *Urban-Crell/Germakowski/Bissels/Hurst*, AÜG, Einleitung Rz. 115 ff.

kann der Entleiher die Zahlung verweigern, solange die Einzugsstelle den Verleiher nicht mit Fristsetzung gemahnt hat und die Frist nicht verstrichen ist. Nach der Eröffnung des Insolvenzverfahrens über das Vermögen des Verleihers kann sich der Entleiher nicht mehr auf dessen fehlende Mahnung berufen[1]. Die Haftung des Entleihers ist auf den Zeitraum beschränkt, für den ihm der Arbeitnehmer tatsächlich überlassen wurde. Durch die Zahlung von Insolvenzgeld werden Ansprüche der Sozialversicherungsträger nicht berührt[2]. Ist bei unerlaubter Arbeitnehmerüberlassung der Entleiher Arbeitgeber des eingesetzten Leiharbeitnehmers, hat er den Gesamtsozialversicherungsbeitrag zu zahlen. Gewährt aber tatsächlich der Verleiher das Arbeitsentgelt, ist er auch zur Zahlung der darauf entfallenden Beiträge neben dem Entleiher nach § 28e Abs. 2 Satz 3 und 4 SGB IV verpflichtet.

175 ⊃ **Hinweis:** Bestehen wegen einer illegalen Arbeitnehmerüberlassung ohne Erlaubnis gem. § 10 Abs 1 AÜG sowohl ein fehlerhaftes Arbeitsverhältnis zwischen Verleiher und Leiharbeitnehmer als auch ein fingiertes Arbeitsverhältnis zwischen Leiharbeitnehmer und Entleiher, sind nicht für beide Beschäftigungsverhältnisse Sozialversicherungsbeiträge zu leisten[3]. Werden damit vom Verleiher aufgrund des fehlerhaften Arbeitsverhältnisses die Beiträge abgeführt, ist eine Inanspruchnahme des Entleihers aus dem fingierten Arbeitsverhältnis nicht mehr möglich.

176 Im Lohnsteuerrecht ist bei der erlaubten Arbeitnehmerüberlassung der Verleiher Arbeitgeber mit den sich daraus ergebenden Pflichten. Nach § 38 Abs. 1 Satz 1 Nr. 2 EStG hat auch ein ausländischer Entleiher, der Arbeitnehmer gewerbsmäßig[4] zur Arbeitsleistung in das Inland überlässt, ohne inländischer Arbeitgeber zu sein, für die im Inland tätigen Arbeitnehmer grundsätzlich die Lohnsteuer einzubehalten und abzuführen. Bei im Ausland ansässigen, aber im Inland eingesetzten Arbeitnehmern steht das Besteuerungsrecht grundsätzlich der Bundesrepublik Deutschland nicht zu, wenn sich der Leiharbeitnehmer im Laufe des Kalenderjahres nicht länger als insgesamt 183 Tage im Inland aufgehalten hat. Dennoch ist der ausländische Verleiher zunächst zur Einbehaltung der Lohnsteuer verpflichtet; erst durch eine vom Betriebsstättenfinanzamt (§ 41 Abs. 2 EStG) erteilte Freistellungsbescheinigung wird der Arbeitgeber von seiner Einhaltungspflicht befreit. Auch für im Inland ansässige Arbeitnehmer des ausländischen Verleihers ist Lohnsteuer einzubehalten[5].

177 Der Entleiher haftet für die Lohnsteuer der ihm überlassenen Arbeitnehmer im Rahmen des § 42d Abs. 6 EStG. Es gilt folgender Grundsatz: Sowohl bei der unerlaubten als auch bei der erlaubten Arbeitnehmerüberlassung besteht die Möglichkeit, den Entleiher als Haftenden in Anspruch zu nehmen. Im Fall der erlaubten Arbeitnehmerüberlassung haftet der Entleiher aber dann nicht, wenn er bestimmte Mitwirkungspflichten nach 51 Abs. 1 Nr. 2d EStG erfüllt hat. Die Haftung des Entleihers setzt, da sie akzessorisch ist, eine Schuld des Verleihers voraus. Nach § 42d Abs. 6 Satz 3 EStG scheidet eine Haftung des Entleihers zudem aus, wenn er über das Vorliegen einer Arbeitnehmerüberlassung ohne Verschulden irrte. Die Vorschrift gilt sowohl bei erlaubter wie auch bei unerlaubter Arbeitnehmerüberlassung. Ein Irrtum führt hingegen nicht zum Haftungsausschluss, wenn er auch nur auf geringem Verschulden beruht; leichte Fahrlässigkeit entschuldigt nicht. Ein schuldhafter Irrtum liegt sowohl beim Unterlassen einer gebotenen Erkundigung als auch bei Zweifeln über die Auslegung des Vertrages vor[6]. Die Haftung des Entleihers beschränkt sich auf die Lohnsteuer für die Zeit, für die ihm der Arbeitnehmer überlassen worden ist. So-

---

1 BSG 7.3.2007 – B 12 KR 11/06 R, DB 2007, 1870.
2 BSG 7.3.2007 – B 12 KR 11/06 R, DB 2007, 1870.
3 LSG Rh.-Pf. 28.5.2014 – L 4 R 148/13, NZS 2014, 704; dazu: *Tuengerthal/Geißer*, BB 2014, 2874.
4 In dieser Vorschrift ist bisher keine Anpassung an § 1 Abs. 1 Satz 1 AÜG erfolgt.
5 Schmidt/*Krüger*, EStG, 33. Aufl. 2014, § 38 Rz. 4.
6 Schmidt/*Krüger*, EStG, 31. Aufl. 2012, § 42d Rz. 71.

weit die Haftung des Entleihers reicht, sind der Arbeitgeber, der Entleiher und der Arbeitnehmer Gesamtschuldner. Der Entleiher darf auf Zahlung allerdings nur in Anspruch genommen werden, soweit die Vollstreckung in das inländische bewegliche Vermögen des Arbeitgebers fehlgeschlagen ist oder keinen Erfolg verspricht.

VI. Abgrenzung zwischen Arbeitnehmerüberlassung und sonstigen Einsatzarten in Fremdbetrieben

1. Abgrenzung der Arbeitnehmerüberlassung gegenüber dienst- und werkvertraglichen Einsätzen in Fremdbetrieben

Die Abgrenzung zwischen Arbeitnehmerüberlassung und sonstigen Arten des Einsatzes in Fremdbetrieben entscheidet über die Anwendbarkeit des AÜG (vgl. Rz. 1 und 18). Handelt es sich um eine andere Form des drittbezogenen Personaleinsatzes, entfällt jegliche weitere Überlegung zum AÜG. Insbesondere geht es in der Praxis um die Abgrenzung zwischen Arbeitnehmerüberlassung und Vorliegen eines Werk- oder Dienstvertrages[1]. Beim drittbezogenen Personaleinsatz aufgrund eines Dienst- oder Werkvertrages organisiert der beauftragte Unternehmer die zur Durchführung des Auftrages notwendigen Handlungen selbst und bedient sich dabei seiner Arbeitnehmer als Erfüllungsgehilfen. Die Arbeitnehmer bleiben auch bei ihrer Tätigkeit im fremden Betrieb in die Organisation des Dienst- oder Werkunternehmers eingegliedert und sind nur dessen Weisungen unterstellt. Der Auftraggeber kann dem dienstverpflichteten Unternehmer bzw. dem Werkunternehmer oder dessen Erfüllungsgehilfen nur dienst- bzw. werk-, nicht aber arbeitsvertragliche Weisungen erteilen[2]. Demgegenüber liegt Arbeitnehmerüberlassung vor, wenn dem Dritten geeignete Arbeitskräfte überlassen werden, die er nach seinen eigenen betrieblichen Erfordernissen und Vorstellungen in seinem Betrieb nach seinen Weisungen zur Arbeitsleistung einsetzt[3]. Wird ein Werk- oder Dienstvertrag als illegale Arbeitnehmerüberlassung „enttarnt", greifen die bereits beschriebenen negativen Folgen ein[4]. Das BAG lässt den Einsatz von Erfüllungsgehilfen eines Werk- oder Dienstunternehmens prinzipiell in allen Bereichen zu. Es gibt keinen Bereich, in dem der Einsatz von Fremdpersonal nur auf der Grundlage einer Arbeitnehmerüberlassung zulässig wäre[5].

So einleuchtend und überzeugend diese Unterscheidung beim Einsatz von Fremdpersonal aufgrund von Dienst- oder Werkverträgen und im Rahmen einer Arbeitnehmerüberlassung klingt, so schwierig kann ihre Handhabung in der betrieblichen Praxis sein. Für die Abgrenzung zwischen Arbeitnehmerüberlassung und werk- oder dienstvertraglichen Tätigkeiten von Fremdfirmenarbeitnehmern hat die Rechtsprechung ein Prüfungsverfahren und eine Reihe von Abgrenzungskriterien entwickelt. Die Bundesagentur für Arbeit hat Durchführungsanweisungen erlassen, die sich an der

---
1 *Urban-Crell/Germakowski/Bissels/Hurst*, AÜG, § 1 Rz. 116, zum Werkvertrag Rz. 132 ff., zum Dienstvertrag Rz. 153 ff.; *Brauneisen/Ibes*, RdA 2014, 213 ff.; *Greiner*, RdA 2014, 262 ff.
2 BAG 31.3.1993 – 7 AZR 338/92, DB 1993, 2337; 9.11.1994 – 7 AZR 217/94, DB 1995, 1566.
3 BAG 15.4.2014 – 3 AZR 395/11; 18.1.2012 – 7 AZR 723/10, NZA-RR 2012, 455; 30.1.1991 – 7 AZR 497/89, DB 1991, 2342; 31.3.1993 – 7 AZR 338/92, DB 1993, 2337; 9.11.1994 – 7 AZR 217/94, DB 1995, 1566; LAG BW 1.8.2013 – 2 Sa 6/13, NZA 2013, 1017 („Daimler"); LAG Hessen 9.4.2013 – 8 Sa 1270/12; LAG Hamm 24.7.2013 – 3 Sa 1749/12, AuA 2013, 546 („Arvato"); ArbG Berlin 5.9.2013 – 33 Ca 5347/13, ArbRAktuell 2013, 558 („Heinrich-Böll-Stiftung"); LSG BW 9.7.2013 – L 11 KR 279/12; ebenso BVerwG 6.9.1995 – 6 P 9.93, ZTR 1996, 281, soweit sich nicht aus Gründen des öffentlichen Rechts Besonderheiten ergeben; *Jordan/Bissels*, AuA 2013, 636; *Rieble*, ZfA 2013, 137.
4 Insbesondere Fiktion eines Arbeitsverhältnisses gem. § 10 Abs. 1 AÜG, wenn der vermeintliche Dienst- oder Werkunternehmer nicht über eine Erlaubnis nach § 1 Abs. 1 Satz 1 AÜG verfügt.
5 BAG 9.7.1991 – 1 ABR 45/90, AP Nr. 94 zu § 99 BetrVG 1972.

Rechtsprechung orientieren¹. Sie binden die Dienststellen der Bundesagentur für Arbeit, nicht aber Gerichte oder andere Verwaltungsstellen.

a) Dreistufiges Prüfungsverfahren

180 Das BAG wendet bei der Beurteilung von Einsätzen von Fremdfirmenarbeitnehmern ein dreistufiges Prüfungsverfahren an². Auf der ersten Stufe werden die ausdrücklichen Vereinbarungen der Vertragsparteien untersucht. Maßgeblich ist der Geschäftsinhalt und nicht die von den Parteien gewünschte Rechtsfolge oder eine von ihnen gewählte Bezeichnung. Auf der zweiten Stufe wird die tatsächliche Vertragsdurchführung überprüft. Widerspricht sie den vertraglichen Vereinbarungen, entscheidet sie über die rechtliche Einordnung, weil sie den wirklichen Parteiwillen widerspiegelt, sofern die auf beiden Seiten zum Vertragsschluss Berechtigten sie kennen und zumindest dulden³. Einzelne Vorgänge der Vertragsabwicklung sind zur Feststellung eines vom Vertragswortlaut abweichenden Geschäftsinhalts aber nur geeignet, wenn es sich dabei nicht um untypische Einzelfälle, sondern um beispielhafte Erscheinungsformen einer durchgehend geübten Vertragspraxis handelt⁴. Auf der dritten Stufe nimmt die Rechtsprechung schließlich eine Gesamtbetrachtung aller für die rechtliche Einordnung der Vertragsbeziehungen wesentlichen Umstände vor und wägt diese ab. Diese Gesamtbetrachtung hat den Zweck, atypische Merkmale oder Einzelfälle herauszufiltern oder einzubeziehen.

b) Kriterien der Abgrenzung

181 Den Hauptabgrenzungskriterien (Eingliederung in die betriebliche Organisation des Beschäftigungsbetriebes und Ausübung des arbeitsrechtlichen Weisungsrechts) hat die Rechtsprechung zur besseren Bestimmbarkeit eine größere Zahl von Unterkriterien zugeordnet. Nachdem deren Zahl immer mehr auszuufern drohte und kaum vorhersehbar war, ob Kriterien für die Abgrenzung überhaupt noch als relevant erachtet wurden und welches Gewicht diese haben⁵, hat das BAG in weiteren Entscheidungen deren Zahl reduziert⁶. In den Vordergrund gerückt werden dabei folgende Gesichtspunkte:

182 – Ist zwischen dem Dienst-/Werkunternehmer und seinem Auftraggeber ein konkreter, abgrenzbarer dienst- oder werkvertragsfähiger Leistungsgegenstand verein-

---

1 GA AÜG Nr. 1.1.6.
2 BAG 15.4.2014 – 3 AZR 395/11; 30.1.1991 – 7 AZR 497/89, AP Nr. 8 zu § 10 AÜG; 27.1.1993 – 7 AZR 476/92, EzAÜG § 10 AÜG – Fiktion Nr. 75; LAG Bln.-Bbg. 12.12.2012 – 15 Sa 1217/12, BB 2013, 1020; LAG Hessen 9.4.2013 – 8 Sa 1270/12; OLG Frankfurt 14.3.2013 – 26 U 43/12; ArbG Halle 14.2.2013 – 2 Ca 1903/12; LSG NRW 19.1.20212 – L 8 R 289/12 B ER; SG München 21.11.2013 – S 15 R 1528/11 („Software-Entwickler"); ArbG Stuttgart 5.11.2014 – 11 Ca 8426/13; *Jordan/Bissels*, AuA 2013, 636; *Maschmann*, NZA 2013, 1305; *Rieble*, ZfA 2013, 137; *Schüren*, NZA 2013, 176.
3 BAG 18.1.2012 – 7 AZR 723/10, ZTR 2012, 404; 27.1.1993 – 7 AZR 476/92, EzAÜG § 10 AÜG – Fiktion Nr. 75; 6.8.2003 – 7 AZR 180/03, BB 2004, 669; 13.8.2008 – 7 AZR 269/07; BGH 25.6.2002 – X ZR 83/00, NZA 2002, 1086; 21.1.2003 – X 261/01, NZA 2003, 616; LAG Hessen 19.11.2007 – 16 Sa 569/07, EzAÜG § 10 AÜG Inhalt Nr. 3; LAG Rh.-Pf. 11.11.2010 – 11 Sa 289/10, AE 2011, 126; *Urban-Crell/Germakowski/Bissels/Hurst*, AÜG, § 1 Rz. 115.
4 BAG 6.8.2003 – 7 AZR 180/03, BB 2004, 669; LAG BW 1.8.2013 – 2 Sa 6/13, NZA 2013, 1017 („Daimler"); LAG Düsseldorf 27.8.2007 – 17 Sa 270/07, EzAÜG § 10 AÜG Fiktion Nr. 119; LAG Hessen 19.11.2007 – 16 Sa 569/07, EzAÜG § 10 AÜG Inhalt Nr. 3; *Jordan/Bissels*, AuA 2013, 636.
5 Überblick bei *Jordan/Bissels*, AuA 2013, 636; *Schüren/Hamann*, § 1 AÜG Rz. 117ff.
6 BAG 30.1.1991 – 7 AZR 497/89, AP Nr. 8 zu § 10 AÜG; 5.3.1991 – 1 ABR 39/90; 9.7.1991 – 1 ABR 45/90, AP Nr. 90, 94 zu § 99 BetrVG; 22.6.1994 – 7 AZR 286/93, NZA 1995, 462; 9.11.1994 – 7 AZR 217/94, DB 1995, 1566.

VI. Abgrenzung von sonstigen Einsatzarten

bart[1] oder richten sich die zu erbringenden Leistungen nach dem Bedarf des Auftraggebers[2]? Es deutet dabei auf eine Arbeitnehmerüberlassung hin, wenn der Auftraggeber durch seine Anweisungen den Gegenstand der von dem Arbeitnehmer zu erbringenden Leistungen überhaupt erst bestimmt und damit Arbeit und Einsatz bindend organisiert[3].

– Verfügt der Dienst-/Werkunternehmer über eine eigene Betriebsorganisation und eine eigene fachliche Kompetenz, die es ihm ermöglicht, die Arbeit seiner Mitarbeiter im Einsatzbetrieb eigenverantwortlich zu organisieren[4]? **183**

– Wer übt das arbeitsvertragliche Weisungsrecht gegenüber den im Betrieb des Auftraggebers eingesetzten Mitarbeitern aus und wer hat die unternehmerische Dispositionsfreiheit über diese (zB Auswahl und Zahl der eingesetzten Arbeitnehmer, Bestimmung der Arbeitszeit und Anordnung von Überstunden, Durchführung der Anwesenheitskontrolle, Überwachung der Ordnungsmäßigkeit der Arbeitsabläufe)[5]? Arbeitsvertragliche Weisungen liegen vor, wenn sich diese nicht auf die Beschaffenheit des herzustellenden wirtschaftlichen Erfolges (zB Qualitätsvorgaben, Angaben bzgl. Größe, Menge, Art) beschränken (sog. werkbezogene Anweisungen), sondern sich auf die zur Erreichung des wirtschaftlichen Erfolges notwendigen Handlungen erstrecken[6]. Ein Arbeitnehmer wird aber nicht bereits dann einem Dritten zur Arbeitsleistung überlassen, wenn er aufgrund seines Arbeitsvertrages zwar auch Weisungen des Dritten zu befolgen hat, nach wie vor aber allein innerhalb der Betriebsorganisation seines Arbeitgebers für diesen eingesetzt wird. Es fehlt bereits an einem Tätigwerden für Betriebszwecke des Dritten jedenfalls dann, wenn der Arbeitgeber sich gegenüber dem Dritten in keiner Form zur Förderung von dessen Betriebszwecken verpflichtet hat[7]. Eine detaillierte Beschreibung der zu erbringenden Werk- oder Dienstleistung im Vertrag genügt zur Annahme einer Arbeitnehmerüberlassung nicht[8]. **184**

– Arbeiten die Fremdfirmenarbeitnehmer arbeitsteilig mit Mitarbeiter des Einsatzbetriebs zusammen[9]? **185**

– Kommt es zu einem Einsatz der Fremdfirmenarbeitnehmer in zeitlicher oder sachlicher Hinsicht auch außerhalb des im Werk- oder Dienstvertrag vereinbarten Leistungsgegenstandes[10]? Die rückwirkende Vereinbarung eines entsprechend erweiterten Dienst- oder Werkvertrages beseitigt den Tatbestand einer Arbeitnehmerüberlassung nicht[11]. **186**

---

1 BAG 5.3.1991 – 1 ABR 39/90, 9.7.1991 – 1 ABR 45/90; 5.5.1992 – 1 ABR 78/90, AP Nr. 90, 94, 97 zu § 99 BetrVG 1972; 9.11.1994 – 7 AZR 217/94, NZA 1995, 572; LAG Köln 27.1.1995 – 13 Sa 524/94, EzAÜG § 1 AÜG – Fiktion Nr. 89; LAG Hess. 19.11.2007 – 16 Sa 569/07; ArbG Freiburg 30.1.2007 – 3 Ca 174/06, EzAÜG § 631 BGB Werkvertrag Nr. 45.
2 LAG Bln.-Bbg. 12.12.2012 – 15 Sa 1217/12, BB 2013, 1020; ArbG Berlin 5.9.2013 – 33 Ca 5347/13, ArbRAktuell 2013, 558 („Heinrich-Böll-Stiftung"); in diesem Sinne auch LAG Hamm 24.7.2013 – 3 Sa 1749/12, AuA 2013, 546 („Arvato").
3 Vgl. LAG Bln.-Bbg. 12.12.2012 – 15 Sa 1217/12, BB 2013, 1020.
4 BAG 1.12.1992 – 1 ABR 30/92, EzA § 99 BetrVG 1972 Nr. 110; 9.11.1994 – 7 AZR 217/94, NZA 1995, 572; LAG Hessen 19.11.2007 – 16 Sa 569/07, EzAÜG § 10 AÜG Inhalt Nr. 3.
5 BAG 5.3.1991 – 1 ABR 39/90, 9.7.1991 – 1 ABR 45/90; 5.5.1992 – 1 ABR 78/90, AP Nr. 90, 94, 97 zu § 99 BetrVG 1972; BGH 21.1.2003 – X ZR 261/01, NZA 2003, 616.
6 BayObLG 18.12.1995 – 3 ObOWi 108/95, BB 1996, 1556; nach *Schüren*, FS Däubler, S. 90 (92, 95), lässt sich im Baubereich aus dem Nachweis einer tätigkeitsbegleitenden Einflussnahme des Werkbestellers keine Arbeitnehmerüberlassung ableiten.
7 BAG 22.6.1994 – 1 ABR 39/90, NZA 1995, 462.
8 BAG 5.5.1992 – 1 ABR 78/90, AP Nr. 97 zu § 99 BetrVG 1972.
9 BAG 9.7.1991 – 1 ABR 45/90, AP Nr. 94 zu § 99 BetrVG; LAG Hess. 19.11.2007 – 16 Sa 569/07, EzAÜG § 10 AÜG Inhalt Nr. 3.
10 BAG 9.11.1994 – 7 AZR 217/94, NZA 1995, 572.
11 Offen gelassen BAG 9.11.1994 – 7 AZR 217/94, NZA 1995, 572.

187 – Wer trägt das Unternehmerrisiko, insbesondere die Gewährleistung[1]?
188 – Gibt es einen sachlichen Grund für den ggf. vereinbarten Ausschluss von Gewährleistungsansprüchen bzw. sind solche seitens des Auftraggebers im Rahmen der Vertragsabwicklung in der Vergangenheit bereits geltend gemacht worden[2]?
189 – Erfolgt eine Abrechnung für das Gesamtwerk oder einzelne Teilabschnitte nach vereinbarten Berechnungsmaßstäben oder auf Stundenbasis trotz Möglichkeit einer erfolgsorientierten Abrechnung[3]?

190 Letztlich bedarf es einer wertenden Gesamtbetrachtung aller für die rechtliche Einordnung der Vertragsbeziehung wesentlichen Umstände[4]. Das Vorliegen einzelner Merkmale für eine Arbeitnehmerüberlassung lässt nicht schon ohne Weiteres den Rückschluss zu, dass eine solche tatsächlich erfolgt. Es kommt auf eine Gesamtschau anhand der obigen Prüfungskriterien an. So soll zB die Tatsache, dass nach Stundenverrechnungssätzen abgerechnet wird, nicht schon allein auf das Vorliegen eines Arbeitnehmerüberlassungsvertrages schließen lassen. Dasselbe soll für den Umstand gelten, dass der Mitarbeiter seinen Urlaub mit dem Dritten bzw. dessen Arbeitnehmer abstimmen muss[5]. Im Rahmen der abschließenden Gesamtbetrachtung werden alle Indizien bewertet und abgewogen.

191 Die beim Werkvertrag verwendeten Kriterien hinsichtlich Vergütungsgefahr und Leistungsgegenstand haben bei der Abgrenzung der Arbeitnehmerüberlassung zum Dienstvertrag keine Bedeutung, da bei diesem ein abgrenzbarer Leistungserfolg fehlt. Dafür erhalten die Kriterien der Organisationsgewalt, des unternehmerischen Dispositionsspielraums und der ausschließlich arbeitsbezogenen Weisungsgebundenheit ein besonders großes Gewicht. Ein Dienstvertrag wird nur dann vorliegen, wenn die Erfüllungsgehilfen des Dienstverpflichteten in dem Betrieb des Dienstberechtigten selbständig Dienstleistungen erbringen, weil sie die Dienste in eigener Verantwortung und nach eigenen Planungen des Dienstverpflichteten durchführen. Ein drittbezogener Personaleinsatz auf dienstvertraglicher Basis ist bei Dienstleistungen, die gegenständlich umschrieben werden können und deren Ausführung keine Integration in die Betriebsorganisation des Drittbetriebs bedingt[6], ohne weiteres möglich[7]. Der BGH geht davon aus, dass im Zweifel bei der Abgrenzung zwischen Dienstvertrag und Arbeitnehmerüberlassung der Auslegung der Vorzug zu geben ist, die die Nichtigkeit der Vereinbarung vermeidet. Dass die Arbeitnehmer weitgehend in die Organisation des Auftraggebers eingegliedert waren, spreche – wenn das in der Natur der Aufgabenstellung liege – nicht entscheidend für eine Arbeitnehmerüberlassung[8].

192 Ein erheblicher Teil der Literatur[9] will nur auf ein „wirkliches" Abgrenzungsmerkmal, die Ausübung des arbeitsbezogenen Weisungsrechts, abstellen. Arbeitnehmerüberlassung liegt danach vor, wenn dieses allein vom Inhaber des Einsatzbetriebs aus-

---

1 BAG 31.5.1989 – 5 AZR 173/88, EzAÜG § 631 BGB – Werkvertrag Nr. 23; 9.7.1991 – 1 ABR 45/90; 5.5.1992 – 1 ABR 78/90, AP Nr. 94, 97 zu § 99 BetrVG 1972; *Schüren*, FS Däubler, S. 90 (96, 98), will bei der Abgrenzung der Arbeitnehmerüberlassung zum Werkvertrag im Baubereich ausschließlich auf die Gewährleistungsübernahme abstellen und nicht auf eine „methodisch sehr dubiose Gesamtbetrachtung".
2 LAG BW 1.8.2013 – 2 Sa 6/13, NZA 2013, 1017 („Daimler"); ArbG Berlin 5.9.2013 – 33 Ca 5347/13, ArbRAktuell 2013, 558 („Heinrich-Böll-Stiftung").
3 BAG 14.8.1985 – 5 AZR 84/84, EzAÜG § 10 AÜG – Fiktion Nr. 42; 25.6.1986 – 5 AZR 507/83, EzAÜG § 1 AÜG – Gewerbsmäßige Arbeitnehmerüberlassung Nr. 20.
4 BAG 30.1.1991 – 7 AZR 497/89, AP Nr. 8 zu § 10 AÜG.
5 BAG 30.1.1991 – 7 AZR 497/89, AP Nr. 8 zu § 10 AÜG.
6 Vgl. auch BAG 5.5.1992 – 1 ABR 78/90, AP Nr. 97 zu § 99 BetrVG 1972; 28.11.1989 – 1 ABR 90/88, AP Nr. 5 zu § 14 AÜG; 31.3.1993 – 7 AZR 338/92, AP Nr. 2 zu § 9 AÜG.
7 LAG Hamm 2.2.2012 – 8 Sa 1502/11, AuA 2012, 435.
8 BGH 2.2.2006 – III ZR 61/05, BGHReport 2006, 549.
9 Schüren/*Hamann*, § 1 AÜG Rz. 144 ff.; Thüsing/*Waas*, § 1 AÜG Rz. 56; vgl. auch *Timmermann*, BB 2012, 1729 (1731, 1732).

geübt wird. Alle sonstigen Kriterien könnten allenfalls helfen, die Verlagerung des arbeitsbezogenen Weisungsrechts nachzuweisen.

Hinsichtlich der Darlegungs- und Beweislast gilt nach Ansicht des BAG[1] Folgendes: ein Arbeitnehmer, der die vertraglichen Vereinbarungen zwischen seinem Vertragsarbeitgeber und dem Dritten nicht kennt, muss Tatsachen vortragen, die eine Würdigung rechtfertigen, nach der der Arbeitnehmer einem Entleiher zur Arbeitsleistung überlassen ist. Es ist dann Aufgabe des Entleihers, die Tatsachen darzulegen, die gegen das Vorliegen des Tatbestands aus § 1 Abs. 1 AÜG sprechen. Er genügt seiner Darlegungslast, wenn er die eine werkvertragliche Vereinbarung begründenden Tatsachen vorträgt. In diesem Fall ist es nunmehr Sache des Arbeitnehmers, die Kenntnis der auf Seiten der beteiligten Arbeitgeber handelnden und zum Vertragsabschluss berechtigten Personen von der tatsächlichen Vertragsdurchführung vorzutragen[2]. Nach einer abweichenden Ansicht[3] ist dem Arbeitnehmer nach den Grundsätzen der sekundären Darlegungs- und Beweislast die Möglichkeit einzuräumen, sich zunächst auf die Darlegung und den Beweis solcher Umstände zu beschränken, die seiner Wahrnehmung zugänglich sind und für eine Arbeitnehmerüberlassung sprechen. Sache des beklagten Arbeitgebers ist es dann die für das Gegenteil sprechenden Tatsachen darzulegen und zu beweisen, wonach die Abgrenzungskriterien Weisungsstruktur und Risikotragung auch in der gelebten Vertragsdurchführung werkvertragstypisch ausgestaltet sind. Da viele auf eine Arbeitnehmerüberlassung hindeutende Tatsachen (vertragliche Vereinbarungen zwischen dem Dritten und dem vermeintlichen Werkunternehmer, Weisungsstruktur: auf wen gehen Weisungen letztlich zurück?, faktische Geltendmachung von Gewährleistungsrechten) außerhalb des Wahrnehmungsbereichs des Arbeitnehmers liegen, soll ihm nämlich eine Darlegungs- und Beweisnot drohen, der mit den Grundsätzen der sekundären Darlegungs- und Beweislast zu begegnen sein soll[4].

○ **Hinweis:** Im Koalitionsvertrag[5] von CDU/CSU und SPD vom 16.12.2013[6] ist vorgesehen, dass zur Erleichterung der Prüftätigkeit von Behörden die wesentlichen durch die Rechtsprechung entwickelten Abgrenzungskriterien zwischen ordnungsgemäßem und missbräuchlichem Fremdpersonaleinsatz gesetzlich niedergelegt werden sollen[7]. Welches Modell der Großen Koalition vorschwebt, wird nicht konkretisiert. Diese Formulierung dürfte aber als deutlicher Hinweis zu verstehen sein, dass in das AÜG zukünftig eine Bestimmung aufgenommen wird, die anhand von im Gesetz aufgeführten Kriterien zwischen Werk-/Dienstvertrag und Arbeitnehmerüberlassung bzw. zwischen einer selbständigen und einer scheinselbständigen Tätigkeit abschichtet. Diese Idee wurde bereits von der SPD-Fraktion in der letzten Legislaturperiode in einen Gesetzesentwurf gegossen[8]. Die Abgrenzung der Leiharbeit von Werkverträgen sollte danach über verschiedene, enumerativ im Gesetz genannte sieben Merkmale erfolgen, u.a. die beauftragte Tätigkeit entspricht dem äußeren Erscheinungsbild nach der Tätigkeit eines im Einsatzbetrieb angestellten oder eines dort innerhalb der letzten zwei Jahre angestellten Arbeitnehmers oder Verwendung von Material oder Werkzeug des Einsatzbetriebs. Liegen mindestens drei der genann-

---

1 BAG 15.4.2014 – 3 AZR 395/11 mwN; 13.8.2008 – 7 AZR 269/07, AP Nr. 19 zu § 10 AÜG; LAG Hessen 9.4.2013 – 8 Sa 1270/12; LAG Hamm 24.7.2013 – 3 Sa 1749/12, AuA 2013, 546 („Arvato"); ArbG Stuttgart 5.11.2014 – 11 Ca 8426/13; *Jordan/Bissels*, AuA 2013, 636.
2 Zu rechtspolitischen Erwägungen bei der Beweislast: *Franken*, NZA 2014, 1064; zu einer Beweislastumkehr: *Schüren*, BB 2014, 2613; *Schüren/Brors*, NZA 2014, 569; *Brors*, NZA 2014, 1377; dagegen: *Tuengerthal/Geißer*, BB 2013, 1845.
3 Vgl. LAG BW 1.8.2013 – 2 Sa 6/13, NZA 2013, 1017 („Daimler"); *Greiner*, NZA 2013, 702f.; *Franken*, NZA 2014, 1064; mit Zweifeln an dieser Ansicht: *Timmermann*, BB 2012, 1729.
4 LAG BW 1.8.2013 – 2 Sa 6/13, NZA 2013, 1017 („Daimler"); *Greiner*, NZA 2013, 702f.; *Franken*, NZA 2014, 1064.
5 S. 49.
6 Abrufbar unter: http://www.cdu.de/koalitionsvertrag.
7 Dazu *Tuengerthal/Geißer/Seeger*, EWS 2014, 27.
8 BT-Drucks. 17/12378 v. 19.2.2013.

ten Merkmale vor, soll eine Vermutung für eine Arbeitnehmerüberlassung bestehen. Wird diese nicht widerlegt, gilt als Rechtsfolge ein Arbeitsverhältnis mit dem Entleiher als begründet.

195 An dieser Abgrenzungsmethode wurde bereits zu Recht deutliche Kritik geäußert: Dem Gesetzesentwurf fehle es an einer nachvollziehbaren Struktur, da die Abgrenzungsfrage „anhand eines ungeordneten Sammelsuriums vermeintlich gleichrangiger, tatsächlich aber höchst unterschiedlich zu gewichtender Kriterien vorzunehmen" ist[1]. Abgesehen davon zeigt die Historie, dass eine Abgrenzung nach Vermutungstatbeständen eingedenk der Vielzahl von denkbaren Sachverhaltskonstellationen – gerade bei der Verschiedenartigkeit von Werkverträgen – nicht praxistauglich ist. Eine ähnliche gesetzliche Konstruktion wurde bereits gewählt, um eine Scheinselbständigkeit zu identifizieren – der Versuch scheiterte mit Anpassung der einschlägigen gesetzlichen Vorschrift zum 31.12.2002 (§ 7 Abs. 4 SGB IV a.F.). Ein vergleichbares Schicksal wäre wohl auch einer ähnlich gestalteten Regelung zum Werkvertrag vergönnt.

c) Konsequenzen von Scheinwerk- und Scheindienstverträgen

196 Liegt ein Scheindienst- oder Scheinwerkvertrag vor (verdeckte Arbeitnehmerüberlassung), kommt mit dem dann als Entleiher zu behandelnden Kunden des vermeintlichen Dienst- oder Werkvertragsunternehmers gem. § 10 Abs. 1 AÜG ein Arbeitsverhältnis kraft Gesetzes zustande, wenn eine Überlassung im Rahmen wirtschaftlicher Tätigkeit vorliegt und der Unternehmer nicht (vorsorglich) über eine gültige Erlaubnis zur Arbeitnehmerüberlassung verfügt (vgl. dazu Rz. 157 ff.). Für die Zeit des illegalen Einsatzes entsteht eine gesamtschuldnerische Haftung auf rückständige Sozialversicherungsbeiträge nach § 28e Abs. 2 Satz 4 SGB IV. Im Steuerrecht haftet der Entleiher als selbstschuldnerischer Bürge für die vom Verleiher nicht abgeführte Lohnsteuer gem. § 42d Abs. 6 bis 8 EStG. Im Übrigen wird zumindest eine Ordnungswidrigkeit nach § 16 Abs. 1 Nr. 1 bzw. 1a AÜG verwirklicht[2].

197 ⊃ **Hinweis:** Wer im Grenzbereich zur Arbeitnehmerüberlassung im Rahmen wirtschaftlicher Tätigkeit auf der Grundlage eines Werk- oder Dienstvertrages Arbeiten verrichten lässt, sollte dafür Sorge tragen, dass der Vertragspartner vorsorglich über eine Arbeitnehmerüberlassungserlaubnis verfügt[3].

Unter Berücksichtigung des Koalitionsvertrags[4] muss allerdings gefragt werden, wie lange diese sog. „Fallschirmlösung" noch trägt[5]. Dort heißt es, dass der vermeintliche Werkunternehmer und sein Auftraggeber auch bei Vorlage einer Verleiherlaubnis nicht bessergestellt sein dürfen, als derjenige, der unerlaubt Arbeitnehmerüberlassung betreibt[6]. Die Große Koalition beabsichtigt damit, dass zukünftig die verdeckte Arbeitnehmerüberlas-

---

1 *Greiner*, NZA 2013, 703.
2 Zu den Konsequenzen ausführlich *Werths*, BB 2014, 697.
3 Vgl. LAG BW 18.12.2014 – 3 Sa 33/14; ArbG Stuttgart 12.3.2014 – 19 Ca 7077/13; 8.4.2014 – 16 Ca 8713/13; 8.4.2014 – 16 BV 121/13, BB 2014, 1980: „Wird ein Arbeitnehmer von seinem Arbeitgeber in einem anderen Unternehmen im Wege eines Werk-/Dienstvertrages eingesetzt und stellt sich der Einsatz in Wirklichkeit als verdeckte Arbeitnehmerüberlassung (Scheinwerk-/Scheindienstvertrag) heraus, wird kein Arbeitsverhältnis zwischen dem Arbeitnehmer und dem anderen Unternehmen (Entleiher) begründet, soweit der Arbeitgeber (Verleiher) über eine Arbeitnehmerüberlassungserlaubnis iSd. § 1 Abs. 1 Satz 1 AÜG verfügt. Die Grundsätze, die das BAG in seiner Entscheidung vom 10.12.2013 – 9 AZR 51/13, bezüglich der nicht vorübergehenden Arbeitnehmerüberlassung aufgestellt hat, gelten auch bei verdeckter Arbeitnehmerüberlassung (Scheinwerk-/Scheindienstvertrag)."; aA LAG BW 3.12.2014 – 4 Sa 41/14.
4 Abrufbar unter: http://www.cdu.de/koalitionsvertrag.
5 Ablehnend dazu bereits de lege lata: *Brose*, DB 2014, 1739; ebenfalls LAG BW 3.12.2014 – 4 Sa 41/14.
6 S. 49; dazu *Bissels*, ArbRB 2014, 109; *Lembke*, BB 2014, 1333; zu den Parteiprogrammen im Einzelnen *Bissels/Kiehn*, PuR 2013, 147.

sung sanktioniert wird. Es soll ausgeschlossen werden, dass Unternehmen formal auf Werkvertragsbasis tätig werden, de facto aber eine Zeitarbeit betreiben und die mit einer illegalen Überlassung verbundenen Rechtsfolgen (vor allem Fiktion eines Arbeitsverhältnisses zwischen Kundenunternehmen und eingesetztem Arbeitnehmer) dadurch ausgeschlossen wird, dass das beauftragte Unternehmen „pro forma" über eine Arbeitnehmerüberlassungserlaubnis verfügt. Es dürfte nahe liegen, dass sich die Große Koalition an einem Gesetzesentwurf vom 11.9.2013 der Bundesländer mit SPD-Regierungsbeteiligung[1] erinnern wird. Dort ist vorgehen, dass die Verträge zwischen dem Auftragnehmer und dem Kunden sowie zwischen dem Erstgenannten und dem Leiharbeitnehmer selbst bei vorhandener Erlaubnis unwirksam sind, wenn die Überlassung des Leiharbeitnehmers nicht eindeutig als Arbeitnehmerüberlassung kenntlich gemacht und als solche bezeichnet wird. Insoweit würde ein weitgehender Gleichlauf zwischen illegaler und „nur" verdeckter Arbeitnehmerüberlassung erreicht. Ob dies gerechtfertigt ist, erscheint aufgrund des erheblichen Eingriffs in die Vertragsfreiheit der Beteiligten aber höchst zweifelhaft.

2. Abgrenzung der Arbeitnehmerüberlassung gegenüber der Überlassung von Maschinen mit Bedienungspersonal

Bei der Überlassung von Maschinen mit Bedienungspersonal[2] erfolgt die Abgrenzung zur Arbeitnehmerüberlassung danach, was Nebenleistung und was Hauptleistung sein soll[3]. Die Überlassung der Maschinen ist die Hauptleistung, wenn ihr wirtschaftlicher Wert erheblich höher ist als der der Arbeitsleistung. Es soll dann ein zulässiger gemischter Miet- und Dienstverschaffungsvertrag vorliegen, auch wenn sich der Arbeitnehmer nach den Anweisungen des Dritten zu richten hat[4]. Derart gemischte Verträge sollen von den Vorschriften des AÜG jedenfalls dann nicht erfasst werden, wenn nicht die Überlassung von Arbeitnehmern, sondern die Gebrauchsüberlassung des Gerätes oder der Maschine den Inhalt des Vertrages prägt[5]. Sinn und Zweck eines solchen gemischten Miet- und Dienstverschaffungsvertrages soll nicht primär sein, dem Dritten Personal zur Verfügung zu stellen, das er nach seinem Belieben in seinem Betrieb und damit auch an Geräten oder Maschinen, über die er ohnehin verfügt, einsetzen kann, sondern dem Dritten durch die Personalüberlassung überhaupt erst den Einsatz der Geräte oder Maschinen zu ermöglichen, die ihm im Rahmen des gemischten Vertrages zum Gebrauch überlassen werden. Es kommt also darauf an, ob die Gebrauchsüberlassung des Gerätes im Vordergrund steht und die Zurverfügungstellung des Personals nur dienende Funktion hat, indem sie den Einsatz des Gerätes erst ermöglichen soll, oder ob der Vertrag schwerpunktmäßig auf die Verschaffung der Arbeitsleistung des Personals gerichtet ist und die Überlassung des Gerätes demgegenüber nur untergeordnete Bedeutung hat. Dementsprechend soll die Zurverfügungstellung von medizinischem Assistenzpersonal im Rahmen eines sog. „Slot-Time"-Vertrages für eine Arztpraxis keine Arbeitnehmerüberlassung darstellen, weil die Überlassung des Personals nur ein subsidiäres vertragliches Element im Rahmen der Bereitstellung der Praxisräume und ihrer Gerätschaften beinhaltet[6].

198

---

1 BT-Drucks. 687/13.
2 Dazu auch GA AÜG Nr. 1.1.6.5.
3 *Urban-Crell/Germakowski/Bissels/Hurst*, AÜG, § 1 Rz. 150.
4 BAG 16.6.1982 – 4 AZR 862/79, EzAÜG § 5 TVG Nr. 1; 17.2.1993 – 7 AZR 167/92, NZA 1993, 1125; 22.2.1994 – 7 AZR 77/93; abl.: *Boemke/Lembke*, § 1 AÜG Rz. 38; zust.: Sandmann/Marschall/*Schneider*, Art. 1 § 1 Anm. 23; zu Haftungsfragen bei Schadensverursachung durch das gestellte Bedienungspersonal: OLG Celle 22.5.1996 – 20 U 15/95, EzAÜG § 611 BGB – Haftung Nr. 10.
5 *Urban-Crell/Germakowski/Bissels/Hurst*, AÜG, § 1 Rz. 169.
6 OLG Düsseldorf 30.4.2002 – 24 U 109/01, BB 2002, 2339.

VII. Betriebsverfassungsrechtliche Besonderheiten beim Einsatz von Leiharbeitnehmern

1. Zuordnung der Leiharbeitnehmer

199 Betriebsverfassungsrechtlich ist der Leiharbeitnehmer grundsätzlich nach § 14 Abs. 1 und 2 Satz 1 AÜG dem Betrieb des Verleihers zugeordnet[1], auch wenn er zu keiner Zeit vor der Überlassung in die dortige Betriebsorganisation tatsächlich eingegliedert war[2]. Dies gilt in entsprechender Anwendung auch für die nicht im Rahmen einer wirtschaftlichen Tätigkeit betriebene Arbeitnehmerüberlassung[3]. § 14 Abs. 1 AÜG ist anwendbar, wenn ein in Deutschland ansässiger Vertragsarbeitgeber Arbeitnehmer an den Inhaber eines im Ausland liegenden Betriebs verleiht[4]. Leiharbeitnehmer sind im Betrieb des Entleihers nicht wählbar, aber nach § 7 Satz 2 BetrVG wahlberechtigt, wenn sie länger als drei Monate dort eingesetzt werden[5]. § 7 Satz 2 BetrVG gewährt ein zusätzliches Wahlrecht und lässt die betriebsverfassungsrechtliche Stellung der Leiharbeitnehmer im Übrigen, nämlich im Betrieb des Verleihers, unberührt. Das Wahlrecht gilt sowohl für im Rahmen einer wirtschaftlich (§ 1 Abs. 1 Satz 1 AÜG) wie einer nicht wirtschaftlich betriebenen und auch für eine Arbeitnehmerüberlassung im Konzern[6]. Ein Leiharbeitnehmer ist auch am letzten Tag seines Einsatzes wahlberechtigt, wenn er zu diesem Zeitpunkt länger als drei Monate im Betrieb eingesetzt war; es ist also unerheblich, dass er von den Folgen der Wahl nicht mehr betroffen sein wird[7]. Ob ein Einsatz von länger als drei Monaten vorliegt, ist uU aufgrund einer Prognoseentscheidung zu treffen, für die der Überlassungsvertrag die relevante Grundlage ist. Maßgeblich ist die geplante Überlassungsdauer. Ist ein Einsatz von mehr als drei Monaten vorgesehen, ist der Leiharbeitnehmer schon wahlberechtigt, wenn er erst am Tage der Wahl seine Tätigkeit im Entleiherbetrieb beginnt[8]. Man wird in diesem Zusammenhang allerdings einen im Wesentlichen ununterbrochenen Einsatz verlangen müssen[9].

200 Umstritten ist, ob Leiharbeitnehmer nur mitwählen oder auch mitzählen, soweit das BetrVG auf die Zahl der (wahlberechtigten) Arbeitnehmer im Betrieb des Entleihers abstellt[10]. Nach bisheriger Auffassung des BAG waren Leiharbeitnehmer (auch bei einer Arbeitnehmerüberlassung im Konzern)[11] nach Maßgabe der „Zwei-Komponentenlehre"[12] grundsätzlich keine Arbeitnehmer des Entleiherbetriebs iSv. § 9 BetrVG. Sie waren folglich bei der für die Anzahl der zu wählenden Betriebsratsmitglieder

---

1 BAG 22.3.2000 – 7 ABR 34/98, NZA 2000, 1119; 16.4.2003 – 7 ABR 53/02, NZA 2003, 1345; *Urban-Crell/Germakowski/Bissels/Hurst*, AÜG, § 14 Rz. 52.
2 BAG 20.4.2005 – 7 ABR 20/04, NZA 2005, 1006; *Urban-Crell/Germakowski/Bissels/Hurst*, AÜG, § 14 Rz. 5.
3 BAG 10.3.2004 – 7 ABR 49/03, DB 2004, 1836; 20.4.2005 – 7 AZR 20/04, NZA 2005, 1006; Thüsing/*Thüsing*, § 14 AÜG Rz. 7; *Urban-Crell/Germakowski/Bissels/Hurst*, AÜG, § 14 Rz. 6.
4 BAG 22.3.2000 – 7 ABR 34/98, BB 2000, 2098; *Urban-Crell/Germakowski/Bissels/Hurst*, AÜG, § 14 Rz. 8.
5 Krit. *Böhm*, DB 2006, 104 unter Hinweis auf zahlreiche Zweifelsfragen.
6 *Maschmann*, DB 2001, 2446; Richardi/*Thüsing*, § 7 BetrVG Rz. 11; *Urban-Crell/Germakowski/Bissels/Hurst*, AÜG, § 14 Rz. 18.
7 Richardi/*Thüsing*, § 7 BetrVG Rz. 10; aA *Maschmann*, DB 2001, 2446 (2447).
8 *Boemke/Lembke*, § 14 AÜG Rz. 68; ErfK/*Wank*, § 14 AÜG Rz. 6.
9 Richardi/*Thüsing*, § 7 BetrVG Rz. 10.
10 Keine Berücksichtigung: *Löwisch*, BB 2001, 1734 (1737); *Maschmann*, BB 2001, 2446 (2448); *Hanau*, ZIP 2001, 1981 (1982) u. RdA 2001, 65 (68); *Schiefer*, DB 2002, 1774; *Dewender*, RdA 2003, 274; aA *Reichold*, NZA 2001, 857 (861); *Richardi*, NZA 2001, 346 (350); *Däubler*, AuR 2001, 285 (286).
11 BAG 12.9.2012 – 7 ABR 37/11, EzA-SD 2013, Nr. 2, 14.
12 Diese ablehnend: *Blanke*, DB 2008, 1153; *Boemke/Lembke*, § 14 AÜG Rz. 58; aA Richardi/*Richardi*, § 5 BetrVG Rz. 97.

VII. Betriebsverfassungsrechtliche Besonderheiten

maßgeblichen Belegschaftsstärke nicht zu berücksichtigen[1]; das Gleiche galt bei den Freistellungen nach § 38 BetrVG[2]. An der Richtigkeit dieser Rechtsprechung hat sich zunächst durch die Aufgabe der Überlassungshöchstdauer durch das Erste Gesetz für moderne Dienstleistungen am Arbeitsmarkt vom 23.12.2002 nichts geändert[3]. Das passive Wahlrecht gem. § 8 BetrVG haben Leiharbeitnehmer nicht[4]; für die im Rahmen einer wirtschaftlichen Tätigkeit erfolgenden Arbeitnehmerüberlassung ist dies ausdrücklich in § 14 Abs. 2 Satz 1 AÜG geregelt. Allerdings sind Beschäftigungszeiten als Leiharbeitnehmer im entleihenden Betrieb auf die in § 8 Abs. 1 Satz 1 BetrVG für das passive Wahlrecht vorausgesetzte sechsmonatige Dauer der Betriebszugehörigkeit anzurechnen, wenn der Arbeitnehmer im unmittelbaren Anschluss an die Überlassung ein Arbeitsverhältnis mit dem Entleiher begründet[5].

Eine Besonderheit gilt bei den in § 5 Abs. 1 Satz 3 BetrVG genannten Beamten sowie Arbeitnehmern des öffentlichen Dienstes, die in Betrieben privatrechtlich organisierter Unternehmen tätig sind. Diese Beschäftigten sind jedenfalls bei den organisatorischen Vorschriften des BetrVG zu berücksichtigen („mitzuzählen"), die auf die regelmäßige Anzahl der (wahlberechtigten) Arbeitnehmer des Betriebs abstellen[6]. Sie sind bei einer mindestens sechsmonatigen Tätigkeit in dem Einsatzbetrieb bei Betriebsratswahlen auch wählbar, wenn sie dort eingegliedert sind[7]. 201

Den strengen Grundsatz, dass Leiharbeitnehmer zwar wählen können, aber nicht zählen, hat das BAG inzwischen aufgegeben: bereits mit Beschluss vom 18.10.2011[8] hat der 1. Senat entschieden, dass Leiharbeitnehmer beim Entleiher wie betriebsangehörige Mitarbeiter bei dem Schwellenwert gem. § 111 Satz 1 BetrVG mitzuzählen sind, wenn sie zu den „in der Regel" Beschäftigten gehören, obwohl sie in keinem Arbeitsverhältnis zu diesem stehen. Der 7. Senat[9] ist auf diese Linie eingeschwenkt. Die „Zwei-Komponentenlehre" führe bei einem drittbezogenen Personaleinsatz mit einer aufgespaltenen Arbeitgeberstellung, wie zB bei der Arbeitnehmerüberlassung, nicht zu sachgerechten Ergebnissen. In diesen Fällen seien – so der 7. Senat – vielmehr differenzierende Lösungen geboten, die zum einen die ausdrücklich normierten spezialgesetzlichen Konzepte, zum anderen aber auch die Funktion des Arbeitnehmerbegriffs im jeweiligen betriebsverfassungsrechtlichen Zusammenhang angemessen berücksichtigten. Vor diesem Hintergrund nimmt das BAG nunmehr an, dass Leiharbeitnehmer bei dem für die Bestimmung der Größe des Betriebsrats relevanten 202

---

1 BAG 16.4.2003 – 7 ABR 53/02, NZA 2003, 1345; 10.3.2004 – 7 ABR 49/03, DB 2004, 1836; 15.3.2006 – 7 ABR 39/05, EzAÜG BetrVG Nr. 93.
2 BAG 22.10.2003 – 7 ABR 3/03, EzA § 38 BetrVG 2001 Nr. 2.
3 LAG Thür. 29.3.2007 – 8 TaBV 12/06, EzAÜG BetrVG Nr. 97; LAG Schl.-Holst. 2.7.2009 – 4 TaBV 7/09, AuA 2009, 672; 23.6.2011 – 5 TaBV 38/10, DB 2012, 240; LAG Hamm 15.7.2011 – 10 TaBV 1/11, LAGE § 9 BetrVG 2001, Nr. 3; *Brose*, NZA 2005, 797; aA: ArbG Elmshorn 16.2.2012 – 3 BV 43d/11, AiB 2012, 398 (jedenfalls bei Einsatz auf Dauerarbeitsplatz); *Brors*, NZA 2003, 1380.
4 BAG 10.3.2004 – 7 ABR 49/03, DB 2004, 1836; 17.2.2010 – 7 ABR 51/08, DB 2010, 1298; 10.10.2012 – 7 ABR 53/11, EzA-SD 2013, Nr. 2, 14; *Düwell/Dahl*, NZA-RR 2011, 2; Thüsing/*Thüsing*, § 14 AÜG Rz. 48; die Rspr. zu den Landespersonalvertretungsgesetzen ist je nach LPVG unterschiedlich: BVerwG 25.4.2012 – 6 PB 24.11, ZTR 2012, 538; VG Frankfurt 18.3.2010 – 23 K 3864/09. F. PV; VGH Hessen 18.11.2010 – 22 A 959/10. PV, ZTR 2011, 126; VG Gelsenkirchen 22.9.2009 – 12c K 3354/08. PVL; OVG MV 10.11.2010 – 8 L 102/10, ZTR 2011, 126.
5 BAG 10.10.2012 – 7 ABR 53/11, NZA 2013, 863.
6 BAG 15.12.2011 – 7 ABR 65/10, NZA 2012, 519; vgl. dazu *Rieble*, NZA 2012, 486.
7 BAG 15.8.2012 – 7 ABR 34/11, NZA 2013, 107; 15.8.2012 – 7 ABR 24/11, ZTR 2012, 495; 12.9.2012 – 7 ABR 37/11, EzA-SD 2013, Heft 2, 14; LAG Bln.-Bbg. 16.2.2011 – 15 TaBV 2347/10, AE 2011, 193; LAG Schl.-Holst. 5.4.2011 – 2 TaBV 35/10, ArbRB 2011, 129.
8 BAG 18.10.2011 – 1 AZR 335/10, NZA 2012, 221.
9 BAG 5.12.2012 – 7 ABR 69/11, NZA 2013, 793.

Schwellenwert nach § 9 BetrVG mitzuzählen sind[1]. Dies dürfte – zumindest auf Grundlage der Ansicht des BAG – ebenfalls für die Bestimmung der Anzahl der Freistellungen nach § 38 BetrVG gelten[2].

203 ⮕ **Hinweis:** Die Korrektur der höchstrichterlichen Rechtsprechung hat auch Eingang in den Koalitionsvertrag vom 16.12.2013[3] gefunden. Dort heißt es, dass „zur Erleichterung der Arbeit der Betriebsräte gesetzlich klargestellt wird, dass Leiharbeitnehmer bei den betriebsverfassungsrechtlichen Schwellenwerten grundsätzlich zu berücksichtigen sind, sofern dies der Zielrichtung der jeweiligen Norm nicht widerspricht." Ob und inwieweit die Große Koalition diesen Programmsatz tatsächlich durch eine Anpassung des BetrVG umsetzen wird, bleibt zunächst abzuwarten.

204 Ob Leiharbeitnehmer im Rahmen der für die Unternehmensmitbestimmung relevanten Schwellenwerten[4] mitzählen, ist auch nach der Änderung der Rechtsprechung des BAG (vgl. Rz. 202) umstritten. Zu Recht ist dies aufgrund einer unterschiedlichen Betroffenheit der Interessen der Leiharbeitnehmer und der Stammbelegschaft weiterhin abzulehnen[5]. Das vom Aufsichtsrat zu wahrende mittel- und langfristige Gesellschaftsinteresse ist für die Leiharbeitnehmer, gerade aufgrund der ihnen möglichen Rückkehr zum verleihenden Betrieb, von wesentlich geringerer Bedeutung als für die Stammbelegschaft. Leiharbeitnehmer sind vor diesem Hintergrund zumindest in diesem Zusammenhang nicht mitzuzählen.

2. Beteiligungsrechte vor dem Einsatz von Leiharbeitnehmern

205 Kein Beteiligungsrecht hat der bei dem Entleiher gewählte Betriebsrat im Rahmen der grundsätzlichen Entscheidung des Arbeitgebers, Leiharbeitnehmer einzusetzen[6]. Diese ist mitbestimmungsfrei[7]. Die Überlassung von Leiharbeitnehmern ist als solche keine Betriebsänderung iSv. § 111 BetrVG. Nach § 14 Abs. 3 Satz 1 AÜG ist der Betriebsrat des Entleiherbetriebs aber vor der Übernahme eines Leiharbeitnehmers zur Arbeitsleistung nach § 99 BetrVG zu beteiligen. Bei jedem – und sei es kurzfristigen – tatsächlichen Einsatz beim Entleiher handelt es sich um eine mitbestimmungspflichtige Einstellung nach § 99 Abs. 1 Satz 1 BetrVG[8]. Der Entleiher ist auch dann zur Einholung der Zustimmung des Betriebsrats nach § 99 BetrVG verpflichtet, wenn in einer Betriebsvereinbarung eine bestimmte Quote von Leiharbeitnehmern mit dem Betriebsrat vereinbart wurde[9]. Umstritten ist, ob § 14 Abs. 3 Satz 1 AÜG ein eigenes Mitbestimmungsrecht begründet oder nur auf § 99 BetrVG mit der Folge verweist, dass das Mitbestimmungsrecht lediglich in Unternehmen mit idR mehr als 20 wahlberechtigten Arbeitnehmern besteht[10]. Der Gesetzgeber wollte mit der Ver-

---

1 Vgl. BAG 13.3.2013 – 7 ABR 69/11, NZA 2013, 789; dazu *Bissels*, BB 2013, 2048; *Hamann*, jurisPR-ArbR 32/2013 Anm. 2; im Ergebnis ebenfalls, aber mit abweichender Begründung: ArbG Elmshorn 16.2.2012 – 3 BV 43 d/11; BAG 24.1.2013 – 2 AZR 140/12, NZA 2013, 726: zu dem für die Anwendung des KSchG relevanten Schwellenwert nach § 23 Abs. 1 Satz 3 KSchG; *Urban-Crell/Germakowski/Bissels/Hurst*, AÜG, § 14 Rz. 53.
2 *Bissels*, BB 2013, 2047; *Zimmermann*, DB 2014, 2591.
3 Abrufbar unter: http://www.cdu.de/koalitionsvertrag.
4 § 1 Abs. 1 Nr. 1 MitbestG: „in der Regel mehr als 2 000 Arbeitnehmer"; § 1 Abs. 1 Nr. 1 DrittelbG: „in der Regel mehr als 500 Arbeitnehmer".
5 OLG Hamburg 31.1.2014 – 11 W 89/13, NZA 2014, 858; aA zu § 9 Abs. 1, 2 MitbestG: LAG Hessen 11.4.2013 – 9 TaBV 308/12.
6 *Grimm/Brock*, Arbeitnehmerüberlassung, § 8 Rz. 67.
7 LAG Nds. 16.11.2011, 17 TaBV 99/11; *von Tiling*, BB 2009, 2422 (2425); aA: DKKW/*Bachner*, § 99 BetrVG Rz. 58; *Fitting*, § 99 BetrVG Rz. 59.
8 BAG 9.3.2011 – 7 ABR 137/09, NZA 2011, 871; *Urban-Crell/Germakowski/Bissels/Hurst*, AÜG, § 14 Rz. 107.
9 LAG Hess. 3.11.2011 – 5 TaBV 70/11, ArbRAktuell 2012, 258.
10 *Urban-Crell/Germakowski/Bissels/Hurst*, AÜG, § 14 Rz. 109.

VII. Betriebsverfassungsrechtliche Besonderheiten

weisung das Mitbestimmungsrecht des Betriebsrats auf Leiharbeitnehmer ausdehnen, nicht aber seinen betrieblichen Geltungsbereich erweitern[1], so dass eine Zustimmung erst ab einem Schwellenwert von 20 (wahlberechtigten) Arbeitnehmern erforderlich ist. Ob es allein auf die Zahl der Stammarbeitnehmer ankommt und die beschäftigten Leiharbeitnehmer nicht hinzuzuzählen sind[2], ist zweifelhaft geworden. Das BAG hat in Bezug auf § 111 Satz 1 BetrVG entschieden, dass Leiharbeitnehmer, die länger als drei Monate im Entleihunternehmen eingesetzt sind, bei der Ermittlung des dortigen Schwellenwerts von 20 wahlberechtigten Arbeitnehmern mitzuzählen sind, obwohl sie nicht in einem Arbeitsverhältnis zum Entleiher stehen[3]. Wenn bei der Ermittlung der maßgeblichen Unternehmensgröße in § 111 Satz 1 BetrVG Leiharbeitnehmer, die länger als drei Monate eingesetzt sind, zu berücksichtigen sind, kann zumindest argumentiert werden, dass dies – unter Zugrundelegung dieser Rechtsprechung – auch im Rahmen des § 99 Abs. 1 Satz 1 BetrVG gelten muss. Übernahme iSv. § 14 Abs. 3 Satz 1 AÜG ist die dabei tatsächliche Arbeitsaufnahme des Leiharbeitnehmers im Entleiherbetrieb[4]. Die Überführung von Leiharbeitnehmern in einen Stellenpool, aus dem der Verleiher auf Anforderung des Entleihers Kräfte für die Einsätze im Entleiherbetrieb auswählt, ist hingegen keine nach § 99 Abs. 1 BetrVG mitbestimmungspflichtige Übernahme iSv. § 14 Abs. 3 Satz 1 AÜG[5]. Der Betriebsrat des Entleiherbetriebs hat bei der Eingruppierung der dort eingesetzten Leiharbeitnehmer kein Mitbestimmungsrecht nach § 99 BetrVG[6]. Da der Entleiher nicht Vertragsarbeitgeber des Leiharbeitnehmers ist, fehlt ihm die Entscheidungsmacht bei der Eingruppierung. Das Mitbestimmungsrecht steht ausschließlich dem Betriebsrat des Verleiherbetriebs zu[7]. Bei einem Wechsel des Leiharbeitgebers liegt bei ansonsten unverändert fortgesetztem Einsatz des Leiharbeitnehmers im Einsatzbetrieb keine Einstellung iSd. § 99 BetrVG vor[8]. Der spätere Austausch von Leiharbeitnehmern ist allerdings wiederum als Einstellung iSd. § 99 BetrVG zu qualifizieren[9]. Die Verlängerung des Einsatzzeitraums bedarf ebenfalls der Zustimmung des Betriebsrates beim Entleiher[10].

⊃ **Hinweis:** Der Einsatz von Fremdarbeitnehmern, die aufgrund eines Dienst- oder Werkvertrags ihres Vertragsarbeitgebers auf dem Betriebsgelände des Auftraggebers tätig sind, führt

---

1 *Leuchten*, FS ARGE Arbeitsrecht, S. 927 (928); *Boemke/Lembke*, § 14 AÜG Rz. 101; *Wensing/Freise*, BB 2004, 2238; aA: Sandmann/Marschall/*Schneider*, Art. 1 § 14 Anm. 16; *Körner*, NZA 2006, 573 (578).
2 *Wensing/Freise*, BB 2004, 2238.
3 BAG 18.10.2011 – 1 AZR 335/10, NZA 2012, 221; abl.: *Tschöpe*, NJW 2012, 2161; *Rieble*, NZA 2012, 485; *Mosig*, NZA 2012, 1411.
4 BAG 23.1.2008 – 1 ABR 74/06, DB 2008, 822; *Wensing/Freise*, BB 2004, 2239; Schüren/*Hamann*, § 14 AÜG Rz. 149; *Urban-Crell/Germakowski/Bissels/Hurst*, AÜG, § 14 Rz. 110.
5 BAG 23.1.2008 – 1 ABR 74/06, DB 2008, 822; *Böhm*, DB 2008, 2026; *Hamann*, NZA 2008, 1042 (insb. zur Alternative „Leiharbeitnehmer-Pool mit Selbstbedienungsrecht des Entleihers"); BVerwG 7.4.2010 – 6 P 6.09, NZA-RR 2010, 389; *Urban-Crell/Germakowski/Bissels/Hurst*, AÜG, § 14 Rz. 111.
6 BAG 17.6.2008 – 1 ABR 39/07, DB 2008, 2658; LAG Düsseldorf 26.1.2007 – 17 TaBV 109/06, EzAÜG § 14 AÜG Betriebsverfassung Nr. 67; LAG Nds. 23.10.2009 – 12 TaBV 123/08, NZA-RR 2010, 144; 8.3.2011 – 3 TaBV 118/09, AE 2011, 251.
7 *Urban-Crell/Germakowski/Bissels/Hurst*, AÜG, § 14 Rz. 43.
8 LAG Düsseldorf 30.10.2008 – 15 TaBV 12/08, EzAÜG BetrVG Nr. 110; *von Tiling*, BB 2009, 2422 (2423); *Urban-Crell/Germakowski/Bissels/Hurst*, AÜG, § 14 Rz. 116; aA Schüren/*Hamann*, § 14 AÜG Rz. 155.
9 LAG Hessen 16.1.2007 – 4 TaBV 203/06, EzAÜG § 14 AÜG Betriebsverfassung Nr. 66; *Fitting*, § 99 BetrVG Rz. 58; *von Tiling*, BB 2009, 2422 (2423); möglicherweise auch bereits BAG 23.1.2008 – 1 ABR 74/06, DB 2008, 822; dazu *Fröhlich*, ArbRB 2008, 212 (215); aA: LAG Nds. 13.10.1999 – 13 Ta BV 106/98; *Wensing/Freise*, BB 2004, 2238 (2240, 2241); *Leuchten*, FS ARGE Arbeitsrecht, S. 927 (928); *Hunold*, NZA-RR 2008, 281 (282); *Unger-Hellmich*, AuA 2008, 660 (662); zum Streit *Urban-Crell/Germakowski/Bissels/Hurst*, AÜG, § 14 Rz. 114f.
10 BAG 9.3.2011 – 7 ABR 137/09, NZA 2011, 871; 1.6.2011 – 7 ABR 117/09, NZA 2011, 1435.

hingegen nach Ansicht des BAG[1] allein noch nicht zu ihrer Eingliederung und damit zu einer Einstellung iSd. § 99 Abs. 1 Satz 1 BetrVG, selbst wenn die von diesen zu erbringende Dienst- oder Werkleistung hinsichtlich Art, Umfang, Güte, Zeit und Ort in den betrieblichen Arbeitsprozess eingeplant wird. Vielmehr ist erforderlich, dass sie so in den fremden Betrieb eingegliedert sind, dass deren Inhaber die für ein Arbeitsverhältnis typischen Entscheidungen über den Arbeitseinsatz des Fremdpersonals trifft[2]. Erst in diesem Fall ist der Betriebsrat des Einsatzbetriebs gem. § 99 Abs. 1 BetrVG zu beteiligen.

207 Die Unterrichtungspflichten des Entleihers gegenüber dem Betriebsrat entsprechen denen des Arbeitgebers bei der Einstellung von eigenen Arbeitnehmern[3]. Die Besonderheiten der Arbeitnehmerüberlassung führen zu keinen Abweichungen von den allgemein geltenden Grundsätzen der Unterrichtung des Betriebsrats[4]. Diese umfasst deshalb die Personalien des Leiharbeitnehmers, insbesondere dessen Namen. Der Entleiher ist gehalten, diesen erforderlichenfalls beim Verleiher zu erfragen und auf eine so rechtzeitige Auswahlentscheidung zu drängen, dass er seinen Pflichten nach § 99 Abs. 1 BetrVG nachkommen kann[5]. Neben dem Namen sind auch die Sozialdaten des zu beschäftigenden Leiharbeitnehmers anzugeben. Die Unterrichtungspflicht des Entleihers umfasst ferner die Qualifikation, die vorgesehene Einsatzzeit (Einstellungstermin, Einsatzdauer, Einsatztage), den Arbeitsplatz, auf dem der Leiharbeitnehmer tätig werden soll, die Arbeitszeit sowie im Hinblick auf ein mögliches Widerspruchsrecht des Betriebsrats nach § 99 Abs. 2 Nr. 3 BetrVG auch die Auswirkungen auf die Stammbelegschaft[6]. Von einer Regelungsabsprache, in der der Betriebsrat auf die Anforderungen des § 99 BetrVG verzichtet, kann sich dieser jederzeit mit sofortiger Wirkung lösen[7]. Der Betriebsrat des Entleiherbetriebs kann die Vorlage des relevanten Arbeitnehmerüberlassungsvertrags verlangen[8]. Ihm ist ferner nach § 14 Abs. 3 Satz 2 AÜG die schriftliche Erklärung des Verleihers darüber, dass er über eine Erlaubnis zur Arbeitnehmerüberlassung und § 1 Abs. 1 Satz 1 AÜG verfügt, nicht hingegen die Überlassungserlaubnis selbst vorzulegen[9]. Dagegen erstreckt sich die Unterrichtungspflicht nicht auf den Leiharbeitsvertrag, den der Leiharbeitnehmer mit seinem Verleiher abgeschlossen hat[10]. Der Entleiher ist nicht verpflichtet, seinem Betriebsrat Informationen über die auf das Leiharbeitsverhältnis anzuwendenden Tarifverträge zu verschaffen[11]; er hat dem Betriebsrat auch nicht die Höhe des Entgelts der bei ihm stammbeschäftigt tätigen und mit den Leiharbeitnehmern vergleichbaren Mitarbeitern mitzuteilen[12]. Bei der Einstellung eines Leiharbeitnehmers ist der Ent-

---

1 BAG 13.5.2014 – 1 ABR 50/12, BB 2014, 2291; LAG Hamm 3.12.2013 – 7 TaBV 89/13.
2 BAG 13.5.2014 – 1 ABR 50/12, BB 2014, 2291; LAG Hamm 3.12.2013 – 7 TaBV 89/13.
3 LAG Bln.-Bbg. 24.11.2011 – 18 TaBV 789/11; dazu *Urban-Crell/Germakowski/Bissels/Hurst*, AÜG, § 14 Rz. 117 ff.
4 *Plum*, DB 2011, 2916 (2917).
5 BAG 9.3.2011, 7 ABR 137/09, NZA 2011, 871; *Grimm/Brock*, DB 2003,1113 (1114); *Düwell/Dahl*, NZA-RR 2011, 1 (3).
6 *Fitting*, § 99 BetrVG Rz. 178a; *Plum*, DB 2011, 2916 (2917, 2918); *Stück*; AuA 2012, 78 (78); *Wensing/Freise*, BB 2004, 2238 (2240); *Urban-Crell/Germakowski/Bissels/Hurst*, AÜG, § 14 Rz. 121.
7 ArbG Darmstadt 4.12.2001 – 8 BV 17/01, AE 2002 Nr. 242.
8 BAG 6.6.1978 – 1 ABR 66/75, AP Nr. 6 zu § 99 BetrVG 1972; 31.1.1989 – 1 ABR 72/87, DB 1989, 982; aA: LAG Nds. 28.2.2006 – 13 TaBV 56/05, EzAÜG § 14 AÜG Betriebsverfassung Nr. 64; *Wensing/Freise*, BB 2004, 2238 (2240, 2241); *Leuchten*, FS ARGE Arbeitsrecht, S. 927 (928 f.); *Hunold*, NZA-RR 2008, 281 (283); *Plum*, DB 2011, 2916 (2919).
9 LAG Hessen 29.1.2013 – 4 TaBV 202/12, NZA-RR 2013, 359: das Beteiligungsverfahren gem. § 99 BetrVG, § 14 Abs. 3 Satz 1 AÜG wird nicht wirksam in Gang gesetzt, wenn die schriftliche Erklärung des Verleihers nach § 12 Abs. 1 Satz 2 AÜG nicht vorgelegt wird.
10 BAG 6.6.1978 – 1 ABR 66/75, AP Nr. 6 zu § 99 BetrVG 1972; *Fitting*, § 99 BetrVG Rz. 178; *Wensing/Freise*, BB 2004, 2238 (2241); *Düwell/Dahl*, NZA-RR 2011, 1 (3).
11 BAG 1.6.2011 – 7 ABR 117/09, NZA 2011, 1435; *Stück*, AuA 2012, 78 (78); *Plum*, DB 2011, 2916 (2918).
12 BAG 1.6.2011 – 7 ABR 117/09, NZA 2011, 1435; *Stück*; AuA 2012, 78 (78).

VII. Betriebsverfassungsrechtliche Besonderheiten

leiher nicht verpflichtet, den Betriebsrat darüber zu unterrichten, welche teilzeitbeschäftigten Arbeitnehmer aufgrund ihres angezeigten Wunsches auf Aufstockung ihrer Arbeitszeit für die zu besetzende Stelle grundsätzlich in Betracht gekommen wären. Informieren muss der Arbeitgeber den Betriebsrat bei der Einstellung eines Leiharbeitnehmers aber über ein konkretes Angebot des aufstockungswilligen Arbeitnehmers, seine Arbeitszeit zu dem für die Einstellung vorgesehenen Termin und im entsprechenden Umfang zu erhöhen[1]. Dem Betriebsrat sind keine Bewerbungsunterlagen des einzustellenden Leiharbeitnehmers vorzulegen[2]. Dieser ist aber über eine innerbetriebliche Ausschreibung des mit dem Leiharbeitnehmer zu besetzenden Arbeitsplatzes zu informieren[3].

Der Betriebsrat konnte – zumindest nach bislang hM[4] – die Zustimmung zur Einstellung nicht mit der Begründung verweigern, es handele sich um eine Überlassung, die ihrer Struktur nach nicht zur Überbrückung eines vorübergehenden Bedarfs, sondern auf Dauer angelegt sei. Ob diese Ansicht unter Berücksichtigung der Regelung in § 1 Abs. 1 Satz 2 AÜG, nach der die Überlassung von Arbeitnehmern an Entleiher vorübergehend erfolgt, noch aufrecht erhalten werden konnte, war hoch umstritten. Einerseits wurde vertreten, dass § 1 Abs. 1 Satz 2 AÜG keine Verbotsnorm iSv. § 99 Abs. 2 Nr. 1 BetrVG darstellt[5]. § 1 Abs. 1 Satz 2 AÜG habe nicht den Zweck, die personelle Maßnahme selbst zu verhindern. Andererseits wurde argumentiert, der nicht nur vorübergehende Einsatz eines Leiharbeitnehmers sei an sich gesetzeswidrig und müsse dem Entleiherbetriebsrat konsequenterweise ein Zustimmungsverweigerungsrecht gem. § 99 Abs. 1 Nr. 1 BetrVG geben[6]. Das BAG[7] hat diesen Streit inzwischen entschieden und ein Zustimmungsverweigerungsrecht des Betriebsrats nach § 99 Abs. 2 Nr. 1 BetrVG bejaht, wenn der Einsatz des Leiharbeitnehmers nicht mehr vorüber-

208

---

1 BAG 1.6.2011 – 7 ABR 117/09, NZA 2011, 1435; *Plum*, DB 2011, 2916 (2919); abweichend LAG Bremen 11.3.2010 – 3 TaBV 24/09; vgl. auch *Düwell/Dahl*, NZA-RR 2011, 1 (3, 4).
2 LAG Nds. 19.11.2008 – 15 TaBV 159/07; *Plum*, DB 2011, 2916 (2919).
3 BAG 1.6.2011 – 7 ABR 18/10, AP Nr. 136 zu § 99 BetrVG 1972.
4 BAG 12.11.2002 – 1 ABR 1/02, DB 2003, 1228; LAG Düsseldorf 4.10.2001 – 11 (17) TaBV 23/01, DB 2002, 328; LAG Nds. 31.10.2006 – 12 TaBV 1/06, EzAÜG § 1 AÜG Konzerninterne Arbeitnehmerüberlassung Nr. 16; 20.2.2007 – 9 Ta BV 107/05, EzAÜG § 1 AÜG Konzerninterne Arbeitnehmerüberlassung Nr. 18; 16.11.2011 – 17 TaBV 99/11; ausführlich zu in Betracht kommenden Zustimmungsverweigerungsgründen: *Wensing/Freise*, BB 2004, 2242 f.; *Hunold*, NZA-RR 2008, 283 (285); *von Tiling*, BB 2009, 2425 (2428); vgl. auch BAG 25.1.2005 – 1 ABR 61/03, NZA 2005, 1199.
5 LAG München 27.3.2013 – 8 TaBV 110/12; LAG Nds. 14.11.2102 – 12 TaBV 62/12, AE 2013, 63; ArbG Leipzig 15.2.2012 – 11 BV 79/11, ArbRB 2012, 114; 22.8.2012 – 6 BV 76/11 u. 6 BV 86/11; 23.3.2012 – 5 BV 85/11; ArbG Mönchengladbach 29.3.2012 – 1 BV 11/12; ArbG Braunschweig 6.6.2011 – 7 BV 3/11, AE 2012, 109; *Urban-Crell/Germakowski/Bissels/Hurst*, AÜG, § 1 Rz. 177g mwN; *Boemke*, jurisPR-ArbR 27/2012 Anm. 1; *Thüsing/Thüsing*, § 14 AÜG Rz. 168; *Seel*, FA 2012, 360 (361, 363); *Teusch/Verstege*, NZA 2012, 1326 (1329, 1330); vgl. auch die Rz. 4, 12 und 17.
6 LAG Hessen 21.5.2013 – 4 TaBV 298/12, ZTR 2013, 679; 19.3.2013 – 4 TaBV 199/12; LAG Schl.-Holst. 8.1.2014 – 3 TaBV 43/13, DB 2014, 489; 24.10.2013 – 4 TaBV 8/13; LAG Hamburg 4.9.2013 – 5 TaBV 6/13; 29.8.2013 – 1 TaBV 3/13, AE 2014, 36; 23.9.2014 – 2 TaBV 6/14; LAG Nds. 19.9.2012 – 17 TaBV 124/11, DB 2012, 2468; LAG Bln.-Bbg. 21.8.2014 – 10 TaBV 671/14; 16.4.2013 – 3 TaBV 1983/12, 3 TaBV 1987/12, 3 TaBV 1983/12, 3 TaBV 1987/12, NZA-RR 2013, 621; 10.4.2013 – 4 TaBV 2094/12, NZA-RR 2013, 527; 19.7.2013 – 9 TaBV 749/13, 9 TaBV 1089/13, 9 TaBV 749/13, 9 TaBV 1089/13; 21.3.2013 – 18 TaBV 2150/12, 18 TaBV 2192/12, 18 TaBV 2150/12, 18 TaBV 2192/12; dazu: *Bissels*, jurisPR-ArbR 32/2013 Anm. 3; 19.12.2012 – 4 TaBV 1163/12; ArbG Cottbus 22.8.2012 – 4 BV 2/12, LAGE § 99 BetrVG 2001 Nr. 14; ArbG Offenbach 1.8.2012 – 10 BV 1/12, ArbRAktuell 2013, 27; *Hamann*, RdA 2011, 321 (327); *Hamann*, NZA 2011, 70 (75, 76); *Böhm*, DB 2012, 918 (921); *Bartl/Romanowski*, NZA 2012, 845 (846).
7 BAG 10.7.2013 – 7 ABR 91/11, NZA 2013, 1296; 30.9.2014 – 1 ABR 79/12; mit überzeugenden Erwägungen dagegen *Seel*, FA 2014, 9; *Lipinski*, NZA 2013, 1245; dazu auch *Nießen/Fabritius*, NJW 2014, 263; *Thüsing*, NZA 2014, 10.

gehend erfolgt. Dabei soll es – so das BAG – nicht darauf ankommen, ob und ggf. welche Rechtsfolgen sich aus einem Verstoß gegen § 1 Abs. 1 Satz 2 AÜG für das Rechtsverhältnis des einzelnen Leiharbeitnehmers zum Entleiher ergeben. Die Bestimmung enthalte nicht nur einen unverbindlichen Programmsatz, sondern untersage die nicht nur vorübergehende Arbeitnehmerüberlassung. Sie diene zum einen dem Schutz der Leiharbeitnehmer. Zum andern solle sie die dauerhafte Aufspaltung der Belegschaft des Entleiherbetriebs in eine Stammbelegschaft und eine entliehene Belegschaft verhindern.

209 ⊃ **Hinweis:** Trotz der höchstrichterlichen Klärung dieser Frage vertreten einzelne Landesarbeitsgerichte[1] unter ausdrücklicher Ablehnung der Auffassung des BAG[2] nach wie vor die Ansicht, dass § 1 Abs. 1 Satz 2 AÜG nicht als ein Verbotsgesetz iSv. § 99 Abs. 2 Nr. 1 BetrVG zu qualifizieren ist, das den Betriebsrat des Entleihers bei einem nicht mehr vorübergehenden Einsatz zu einem Widerspruch berechtigt. Obwohl die insoweit vorgebrachten Argumente gegen die Auffassung des BAG überzeugen, wird sich die Praxis wohl darauf einzustellen haben, dass der Betriebsrat des Entleiherbetriebs die dauerhafte Überlassung mit seinem Widerspruch verhindern kann, da nicht davon auszugehen ist, dass die Ansicht des LAG Nürnberg flächendeckende Verbreitung finden wird.

210 Ob der Betriebsrat des Entleiherbetriebs ein Widerspruchsrecht wegen einer Verletzung des Gleichbehandlungsgrundsatzes (equal pay/equal treatment) hat, ist umstritten[3]. Das BAG lehnt eine Erstreckung des § 99 BetrVG auf die Arbeitsbedingungen der Leiharbeitnehmer ab[4]. Das Gericht hat zunächst für den Sachverhalt der (seinerzeitigen) nicht gewerbsmäßigen Arbeitnehmerüberlassung – wenn denn dort das Gleichstellungsgebot überhaupt zur Anwendung kommen sollte – ein Zustimmungsverweigerungsrecht[5] und alsdann auch für die gewerbsmäßige Arbeitnehmerüberlassung[6] verneint.

211 Verlangt der Betriebsrat vom Entleiher vor der geplanten Einstellung von Leiharbeitnehmern eine innerbetriebliche Stellenausschreibung gem. § 93 BetrVG und unterbleibt diese, kann der Betriebsrat dieser nach allerdings nicht unumstrittener Meinung gem. § 99 Abs. 1 Nr. 5 BetrVG die Zustimmung versagen[7]. Dies hat das BAG für den Fall entschieden, dass der Betriebsrat zuvor die Ausschreibung von Arbeitsplätzen verlangt hat, die vom Arbeitgeber dauerhaft[8] für die Besetzung mit Leiharbeitnehmern vorgesehen sind[9]. Dies soll – zumindest nach der Instanzrechtsprechung – auch gelten, wenn mit internen Bewerbungen höchstwahrscheinlich nicht zu rechnen ist[10] Für

---

1 So LAG Nürnberg 29.10.2013 – 7 TaBV 15/13; 9.5.2014 – 3 TaBV 29/13.
2 BAG 10.7.2013 – 7 ABR 91/11, NZA 2013, 1296; 30.9.2014 – 1 ABR 79/12 unter ausdrücklicher Ablehnung von LAG Nürnberg 29.10.2013 – 7 TaBV 15/13.
3 Bej.: *Grimm/Brock*, DB 2003, 1113 (1114, 1116); vern.: LAG Nds. 26.11.2007 – 6 TaBV 32/07 – EzAÜG § 9 AÜG Nr. 25; 18.2.2008 – 12 TaBV 142/07, EzAÜG § 14 AÜG Betriebsverfassung Nr. 73; *Wensing/Freise*, BB 2004, 2238 (2242); *Hunold*, NZA-RR 2008, 281 (283, 285); *Düwell/Dahl*, NZA-RR 2011, 1 (4).
4 BAG 6.6.1978 – 1 ABR 66/75, AP Nr. 6 zu § 99 BetrVG 1972.
5 BAG 25.1.2005 – 1 ABR 61/03, NZA 2005, 1199.
6 BAG 21.7.2009 – 1 ABR 35/08, NZA 2009, 1156.
7 LAG BW 12.3.2008 – 16 TaBV 12/08; LAG Bremen 3.3.2009 – 1 TaBV 21/08; 5.11.2009 – 3 TaBV 16/09; ArbG Detmold 12.9.2007 – 1 BV 43/07, EzAÜG § 14 AÜG Betriebsverfassung Nr. 68; *Urban-Crell/Germakowski/Bissels/Hurst*, AÜG, § 14 Rz. 135; aA LAG Nds. 9.8.2006 – 15 TaBV 53/05 EzAÜG BetrVG Nr. 94.
8 Seit dem 1.12.2011 sieht § 1 Abs. 1 Satz 2 AÜG vor, dass die Arbeitnehmerüberlassung „vorübergehend" zu erfolgen hat, so dass zweifelhaft ist, ob die Besetzung eines Dauerarbeitsplatzes mit einem Leiharbeitnehmer überhaupt noch möglich ist, vgl. dazu LAG Bln.-Bbg. 19.12.2012 – 4 TaBV 1163/12; LAG Düsseldorf 2.10.2012 – 17 TaBV 38/12.
9 BAG 1.2.2011 – 1 ABR 79/09; 1.6.2011 – 7 ABR 18/10, AP Nr. 136 zu § 99 BetrVG 1972.
10 Vgl. LAG Köln 14.9.2012 – 5 TaBV 18/12, AE 2013, 177; LAG Bln-Bbg. 14.1.2010 – 26 TaBV 1954/09, AuA 2010, 370; 5.9.2013 – 21 TaBV 843/13, BB 2014, 819 mit der Maßgabe, dass sich der Betriebsrat nicht auf eine unterbliebene Ausschreibung berufen kann, wenn mit Sicherheit feststeht, dass kein Belegschaftsmitglied über die erforderliche Qualifikation verfügt oder Interesse an der Stelle hat und dem Betriebsrat bekannt ist.

VII. Betriebsverfassungsrechtliche Besonderheiten

den Regelungszweck des § 93 BetrVG sei es ohne Bedeutung, ob der Arbeitgeber mit dem einzustellenden Arbeitnehmer durch einen Arbeitsvertrag verbunden sei oder die Besetzung des Arbeitsplatzes mit einem Leiharbeitnehmer erfolge. Die Pflicht des Arbeitgebers zur Durchführung einer innerbetrieblichen Stellenausschreibung sei allein von der Äußerung eines entsprechenden Verlangens durch den Betriebsrat abhängig. Dieser soll die Ausschreibung ebenfalls dann verlangen können, wenn der Arbeitgeber den Arbeitsplatz – wenn auch nur kurzzeitig – mit einem Leiharbeitnehmer besetzen will[1]. Das BAG hat inzwischen festgestellt, dass der Betriebsrat des Entleihers eine Ausschreibung zumindest verlangen kann, wenn der Arbeitgeber beabsichtigt, auf der betreffenden Stelle für zumindest vier Wochen[2] Leiharbeitnehmer zu beschäftigen[3]. Der Betriebsrat kann allerdings nicht verhindern, dass der Arbeitgeber in einer internen Stellenausschreibung darauf hinweist, dass der Arbeitsplatz (ausschließlich) mit einem Leiharbeitnehmer besetzt werden soll; dies gilt zumindest, soweit in einer Betriebsvereinbarung nichts anderes geregelt ist[4].

⊃ **Hinweis:** In der Praxis dürfte sich die Frage, wann der bei dem Entleiher gewählte Betriebsrat eine entsprechende Ausschreibung verlangen kann, de facto erledigt haben. Nach § 13a AÜG hat der Entleiher Leiharbeitnehmer an geeigneter Stelle über zu besetzende Arbeitsplätze durch eine allgemeine Bekanntgabe zu informieren (vgl. Rz. 152). In diesem Sinne dürften grundsätzlich sämtliche offene Stellen, ob mit oder ohne Verlangen des Betriebsrates de facto gem. § 93 BetrVG auszuschreiben sein[5].

212

Regelmäßig werden befristet beschäftigte Stammarbeitnehmer des Entleihers durch die Übernahme von Leiharbeitnehmern nicht iSv. § 99 Abs. 2 BetrVG benachteiligt[6]. Ein Widerspruchsrecht des Betriebsrats besteht folglich nicht.

213

Umstritten ist, ob das Unternehmen vor dem Einsatz von Leiharbeitnehmern, der für mehr als acht Wochen beabsichtigt ist, die Prüfungs- und Konsultationspflichten nach § 81 Abs. 1 SGB IX einzuhalten hat, so dass der Betriebsrat bei Nichteinhaltung gem. § 99 Abs. 2 Nr. 1 BetrVG zur Verweigerung der Zustimmung berechtigt ist[7]. Das BAG bejaht die Entstehung entsprechender Pflichten des Entleihers aus § 81 Abs. 1 SGB IX, selbst wenn beabsichtigt ist, den Arbeitsplatz mit einem Leiharbeitnehmer zu besetzen, und billigt dem Betriebsrat des Entleiherbetriebs bei einem Verstoß ein Zustimmungsverweigerungsrecht zu[8]. Es sei nicht ausgeschlossen, dass ein Arbeitgeber infolge der Prüfung nach § 81 SGB IX von der beabsichtigten Einstellung eines Leiharbeitnehmers absehe und stattdessen einen schwerbehinderten Menschen einstelle.

214

Ein Verstoß gegen Beteiligungsrechte des Betriebsrats bei der Personalplanung (§§ 92a, 95 Abs. 1 BetrVG) rechtfertigt hingegen keine Zustimmungsverweigerung zur Einstellung[9].

215

---

1 LAG Schl.-Holst. 29.2.2012 – 6 TaBV 43/11, ArbRB 2012, 237.
2 BAG 15.10.2013 – 1 ABR 25/12, NZA 2014, 214. Ob dies auch für Einsätze von Zeitarbeitnehmer von unter vier Wochen gilt, ist nach wie vor höchstrichterlich ungeklärt.
3 Vgl. BAG 1.2.2011 – 1 ABR 79/09, DB 2011, 1282; 1.6.2011 – 7 ABR 18/10, NZA 2012, 472; bejahend auch bei einer nur vorübergehenden Besetzung der Stelle mit einem Leiharbeitnehmer: ArbG Berlin 18.8.2011 – 33 BV 5005/11, AE 2012, 110.
4 LAG Hessen 24.4.2007 – 4 TaBV 24/06; vgl. auch: BAG 27.10.1992 – 1 ABR 4/92, NZA 1993, 607.
5 Ausnahme: die Stelle soll ausschließlich mit einem Leiharbeitnehmer besetzt werden.
6 BAG 25.1.2005 – 1 ABR 61/03, NZA 2005, 1199; von Tiling, BB 2009, 2422 (2427).
7 Bej. LAG Hessen 24.4.2007 – 4 TaBV 24/07; Urban-Crell/Germakowski/Bissels/Hurst, AÜG, § 14 Rz. 128; abl.: LAG Düsseldorf 30.10.2008 – 15 TaBV 114/08, EzAÜG § 1 AÜG Konzerninterne Arbeitnehmerüberlassung Nr. 21; Edenfeld, NZA 2006, 126 (127 ff.); von Tiling, BB 2009, 2422 (2426, 2427).
8 BAG 23.6.2010 – 7 ABR 3/09, NZA 2010, 1361; LAG Bln.-Bbg. 12.12.2013 – 26 TaBV 1164/13; 21.8.2014 – 10 TaBV 671/14; Düwell/Dahl, NZA-RR 2011, 1 (5, 6); Freihube/Sasse, BB 2011, 1657.
9 LAG Nds. 19.11.2008 – 15 TaBV 159/07.

216 Ob eine zeitlich befristete Zustimmung des Betriebsrats nach § 99 BetrVG zulässig ist, ist höchstrichterlich nicht entschieden. Man wird eine solche wohl als Zustimmung iSd. § 99 BetrVG qualifizieren müssen, so dass ein gerichtliches Ersetzungsverfahren nicht notwendig ist[1].

217 Die Überlassung nach § 1a AÜG kann das Beteiligungsrecht des Betriebsrats im Entleiherbetrieb ebenfalls auslösen.

218 Obwohl § 14 Abs. 3 Satz 1 AÜG ausdrücklich nur auf § 99 BetrVG verweist, sind auch die §§ 100, 101 BetrVG anwendbar[2]. Das Unternehmen ist nicht verpflichtet, ein Zustimmungsersetzungsverfahren für die Übernahme eines Leiharbeitnehmers einzuleiten, wenn eine vorläufige Maßnahme den in § 100 Abs. 2 BetrVG vorgesehenen Zeitraum von drei Tagen nicht überschreitet[3].

219 Der Einsatz von Leiharbeitnehmern ist aber keine wirtschaftliche Angelegenheit iSd. § 106 BetrVG, wenn es um den Einsatz einzelner Leiharbeitnehmer geht; anders kann es sein, wenn zB die Ersetzung der eigenen Personalreserve durch Leiharbeitnehmer beabsichtigt ist[4].

220 Zur Überbrückung eines kurzzeitigen Beschäftigungsbedarfs darf auch der diakonische Dienstgeber auf Leiharbeit zurückgreifen (Vertretung bei Urlaub, Krankheit oder kurzfristigem Spitzenbedarf). Die auf Dauer angelegte Beschäftigung von Leiharbeitnehmern und die Substituierung von eigenen Mitarbeitern durch diese soll demgegenüber dem kirchlichen Arbeitsrecht, insbesondere dem Leitbild von der Dienstgemeinschaft, widersprechen[5]. Daraus folgt, dass die Mitarbeitervertretung ihre Zustimmung bei einem auf Dauer angelegten Einsatz eines Leiharbeitnehmers verweigern könne; eine Einsatzzeit von zwei Jahren begründe insoweit ein entsprechendes Zustimmungsverweigerungsrecht[6].

3. Beteiligungsrechte während des Einsatzes von Leiharbeitnehmern

221 Der Betriebsrat des Entleiherbetriebs hat auch Beteiligungsrechte während des dortigen Einsatzes der Leiharbeitnehmer. Für eine Versetzung innerhalb des Entleiherbetriebs ist die Zustimmung des Betriebsrates erforderlich[7]; für eine Umsetzung gilt das nicht[8]. Bewirkt die Versetzung zugleich eine Änderung der Einstufung in dem anzuwendenden Vergütungssystem (Umgruppierung), ist für die gem. § 99 BetrVG erforderliche Mitbestimmung aber der Verleiherbetriebsrat zuständig (vgl. Rz. 223)[9]. Nach § 14 Abs. 2 AÜG haben Leiharbeitnehmer die Möglichkeit, Sprechstunden des Betriebsrats im Entleiherbetrieb aufzusuchen[10]. Ist der Besuch erforderlich, erhalten sie die Vergütung vom Verleiher ungekürzt fortgezahlt. Der Betriebsrat des Entleiherbetriebs ist zur Entgegennahme und Behandlung von Beschwerden der Leiharbeitnehmer iSd. § 85 BetrVG befugt. Das gilt aber nur, wenn diese mit der Tätigkeit im Entleiherbetrieb zusammenhängen; ansonsten ist der Betriebsrat des Verleiherbetriebs

---

1 *Trebeck*, ArbRAktuell 2012, 343.
2 BAG 1.8.1989 – 1 ABR 54/88, AP Nr. 68 zu § 99 BetrVG 1972; LAG Hess. 7.4.1987 – 4 Ta BV 159/86, BB 1987, 2093.
3 LAG Rh.-Pf. 14.12.2007 – 6 TaBV 49/07, NZA-RR 2008, 248.
4 Schüren/*Hamann*, § 14 AÜG Rz. 343/344; zum Streit *Urban-Crell/Germakowski/Bissels/Hurst*, AÜG, § 14 Rz. 143 ff.; gänzlich abl. *Boemke/Lembke*, § 14 AÜG Rz. 151; immer bej. ErfK/*Wank*, § 14 AÜG Rz. 28.
5 Vgl. KGH. EKD 25.8.2014 – II-0214/W10-14.
6 KGH. EKD 9.10.2006 – II – 0124/M 35–06, NZA 2007, 761; 25.8.2014 – II-0214/W10-14; krit.: *Andelewski/Stützle*, NZA 2007, 723; *Böhm/Hennig/Popp*, Rz. 914 ff.
7 *Hamann*, NZA 2003, 526 (533); aA *von Tiling*, BB 2009, 2422 (2424).
8 ErfK/*Wank*, § 14 AÜG Rz. 20; *Hunold*, NZA-RR 2008, 281 (285, 286).
9 *Hamann*, NZA 2003, 526 (533); *Boemke/Lembke*, § 14 AÜG Rz. 51.
10 *Urban-Crell/Germakowski/Bissels/Hurst*, AÜG, § 14 Rz. 68.

VII. Betriebsverfassungsrechtliche Besonderheiten

zuständig. Ist dort kein Betriebsrat vorhanden, berechtigt das den Betriebsrat des Entleiherbetriebs nicht, sich in weitergehendem Umfang der Interessen des Leiharbeitnehmers anzunehmen.

Die gesetzlich geregelten Zuständigkeiten des Betriebsrats des Entleiherbetriebs sind nicht abschließend[1]. Die Rechtsprechung hat die Position des Betriebsrates im Interesse des Sozialschutzes der Leiharbeitnehmer, aber auch zum Schutz der Stammbelegschaft, über den Gesetzeswortlaut hinaus gestärkt. Die das Leiharbeitsverhältnis kennzeichnende Aufspaltung der Arbeitgeberfunktion zwischen dem Verleiher als dem Vertragsarbeitgeber und dem Entleiher, der die wesentlichen Arbeitgeberbefugnisse in Bezug auf die Arbeitsleistung ausübt, darf nicht die Schutzfunktion der Betriebsverfassung außer Kraft setzen. Abgestellt wird auf den Normzweck des jeweiligen Mitbestimmungsrechts und darauf, ob das Weisungsrecht des Entleihers eine betriebsverfassungsrechtliche Zuordnung des Leiharbeitnehmers zum Entleiherbetrieb erforderlich macht, weil sonst die Schutzfunktion der jeweiligen Norm des Betriebsverfassungsrechts ins Leere laufen würde[2]. Allgemein lässt sich sagen, dass Rechte des Entleiherbetriebsrats in Bezug auf Leiharbeitnehmer überall dort in Betracht kommen, wo sie an den Arbeitseinsatz im Entleiherbetrieb und damit an die Eingliederung in die dortige Betriebsorganisation anknüpfen[3]; keine Mitbestimmungsrechte bestehen dort, wo sie in unmittelbarem Zusammenhang mit der Arbeitgeberstellung stehen (zB Entlohnungsfragen, Urlaubsgewährung)[4]. Die Festlegung des vergütungspflichtigen Beginns und Endes der Arbeitszeit liegt in der Entscheidungshoheit des Vertragsarbeitgebers und betrifft mithin jedenfalls nicht den Zuständigkeitsbereich des Betriebsrats beim Entleiherbetrieb[5]. Dieser hat aber zB mitzubestimmen, wenn Leiharbeitnehmer in Betriebsvereinbarungen über die Ordnung im Betrieb (Alkoholverbot, Taschenkontrollen) und das Verhalten am Arbeitsplatz (Tragen von Arbeitskleidung, Rauchverbot) einbezogen werden sollen (§ 87 Abs. 1 Nr. 1 BetrVG). Die Lage der Arbeitszeit richtet sich meist auch für Leiharbeitnehmer nach den betrieblichen Regelungen im Entleiherbetrieb. Deshalb kann der Entleiherbetriebsrat das Mitbestimmungsrecht nach § 87 Abs. 1 Nr. 2 BetrVG auch hinsichtlich der Leiharbeitnehmer insoweit ausüben, wie der Entleiher deren Arbeitszeit festlegen darf[6]. Ordnet der Entleiher kraft des ihm gegenüber den Leiharbeitnehmern partiell zustehenden Direktionsrechts Überstunden an, greift der Mitbestimmungstatbestand des § 87 Abs. 1 Nr. 3 BetrVG ein[7]. Das gilt allerdings nur, wenn für Leiharbeitnehmer im Entleiherbetrieb aufgrund einer nach dem Überlassungsbeginn liegenden Entscheidung des Entleihers die Leistung von Mehrarbeit angeordnet wird und diese Anordnung zu einer vorübergehenden Veränderung der betriebsüblichen Arbeitszeit des Entleiherbetriebs führt[8]. Der Entleiher ist zudem verpflichtet die für seinen Betrieb geltenden Arbeitsschutzbestimmungen zu wahren, deshalb ist der dortige Betriebsrat berufen, die Einhaltung dieser Pflichten zu überwachen und sein Mitbestimmungs-

---

1 BAG 15.12.1992 – 1 ABR 38/92, AP Nr. 7 zu § 14 AÜG; 19.6.2001 – 1 ABR 43/00, DB 2001, 2301; LAG Hess. 17.3.1992 – 5 Ta BV 147/91, BB 1992, 2431.
2 GK-BetrVG/*Raab*, § 5 Rz. 78; ausführlich *Schirmer*, FS 50 Jahre BAG, 2004, S. 1063, 1080; vgl. zu datenschutzrechtlichen Fragen *Kort*, DB 2010, 1291.
3 Ausführlich zu den Mitbestimmungsrechten des Betriebsrates des Entleihers: *Linsenmaier/Kiel*, RdA 2014, 150 ff.
4 *Körner*, NZA 2006, 573 (576), BAG 19.6.2001 – 1 ABR 43/00, BB 2001, 2582.
5 LAG MV 29.2.2008 – 3 TaBV 12/07, EzAÜG § 14 AÜG Betriebsverfassung Nr. 74.
6 BAG 15.12.1992 – 1 ABR 38/92, AP Nr. 7 zu § 14 AÜG; 19.6.2001 – 1 ABR 43/00, DB 2001, 2301; LAG Bln.-Bbg. 9.8.2012 – 5 TaBV 770/12, AuA 2013, 306; *Hunold*, NZA-RR 2008, 281 (286); *Wiebauer*, NZA 2012, 68 (69).
7 *Wiebauer*, NZA 2012, 68 (69, 70); vgl. auch LAG Köln 21.10.1994 – 13/10 Ta BV 45/94, MDR 1995, 393, wonach kein Mitbestimmungsrecht des bei dem Verleiher amtierenden Betriebsrats bei Anordnung oder Duldung von Überstunden im Entleiherbetrieb besteht.
8 Vgl. zur Abgrenzung BAG 19.6.2001 – 1 ABR 43/00, DB 2001, 2301.

recht gem. § 87 Abs. 1 Nr. 7 BetrVG auszuüben[1], zB hinsichtlich der Bereitstellung von Schutzkleidung. Mitbestimmungsrechte des Entleiherbetriebsrats kommen auch bei § 87 Abs. 1 Nr. 6, 8 und 12 BetrVG in Betracht. Soweit der Betriebsrat im Entleiherbetrieb in sozialen Angelegenheiten der Leiharbeitnehmer gem. § 87 Abs. 1 BetrVG mitzubestimmen hat, kann er vom Entleiher die Unterlassung einer nicht von ihm mitbestimmten Maßnahme nach den für die Stammbelegschaft geltenden Grundsätze verlangen. Die sich aus § 75 BetrVG ergebende Überwachungsaufgabe des Betriebsrates erfasst auch Leiharbeitnehmer[2].

223 Der Verleiherbetriebsrat ist für die zutreffende Eingruppierung des Leiharbeitnehmers auch dann zuständig, wenn sich die zu zahlende Vergütung aus einer beim Entleiher geltenden Vergütungsordnung ergibt[3]. Das Gleiche gilt anlässlich einer Umgruppierung bei Zuweisung einer anderen Tätigkeit im selben Entleiherbetrieb[4]. Befindet sich nach dem Einsatz der Leiharbeitnehmer im Wartestand und erhält er die Vergütung entsprechend der Regelung in seinem Arbeitsvertrag, ist stellt dies keine Umgruppierung dar[5].

4. Arbeitnehmerüberlassung außerhalb wirtschaftlicher Tätigkeit

224 Bei Arbeitnehmerüberlassung außerhalb einer wirtschaftlichen Tätigkeit ist wie bisher bei nicht gewerbsmäßiger Arbeitnehmerüberlassung § 14 Abs. 1 AÜG entsprechend anzuwenden[6]. Für die betriebsverfassungsrechtliche Stellung ist es unerheblich, ob die Überlassung wirtschaftlich oder nicht wirtschaftlich geschieht. Die in § 14 Abs. 2 AÜG genannten betriebsverfassungsrechtlichen Individualrechte stehen den Leiharbeitnehmern auch hier zu. Der Entleiherbetriebsrat ist entsprechend § 14 Abs. 3 AÜG vor der erstmaligen Übernahme des Leiharbeitnehmers und der Verlängerung des Einsatzes gem. § 99 BetrVG zu beteiligen[7]. Die besonderen Unterrichtungspflichten nach § 14 Abs. 3 Satz 2 und 3 AÜG bestehen hingegen nicht.

5. Illegale Arbeitnehmerüberlassung

225 Greift § 10 Abs. 1 Satz 1 AÜG ein, gilt das Arbeitsverhältnis zwischen Leiharbeitnehmer und Entleiher als zustande gekommen, so dass der Leiharbeitnehmer uneingeschränkt zur Belegschaft des Entleiherbetriebs gehört. Eine Zugehörigkeit zum Betrieb des Verleihers ist aufgrund der Fiktion des Arbeitsverhältnisses ausgeschlossen. § 14 AÜG findet keine Anwendung, auch nicht entsprechend[8]. Darauf, ob die Beteiligten die Rechtsbeziehung wie ein wirksames Rechtsverhältnis behandeln oder die Konsequenzen aus der illegalen Überlassung ziehen, kommt es nicht an[9]. Allein die objektive Rechtslage ist entscheidend.

---

1 LAG Hamburg 9.4.2014 – 5 TaBV 15/13.
2 *Urban-Crell/Germakowski/Bissels/Hurst*, AÜG, § 14 Rz. 75.
3 *Hamann*, NZA 2003, 526 (531 f.).
4 *Hamann*, NZA 2003, 526 (532).
5 *Hamann*, NZA 2003, 526 (532).
6 BAG 18.1.1989 – 7 ABR 62/87, AP Nr. 2 zu § 14 AÜG; 22.3.2000 – 7 ABR 34/98, BB 2000, 2098; 10.3.2004 – 7 ABR 49/03, DB 2004, 1836; 20.4.2005 – 7 AZR 20/04, NZA 2005, 1006; *Urban-Crell/Germakowski/Bissels/Hurst*, AÜG, § 14 Rz. 6.
7 BAG 25.1.2005 – 1 ABR 61/03, NZA 2005, 1199.
8 BAG 20.4.2005 – 7 ABR 20/04, NZA 2005, 1006.
9 BAG 20.4.2005 – 7 ABR 20/04, NZA 2005, 1006; aA wenn die Rechtsbeziehung zwischen Verleiher und Entleiher wie ein wirksames Rechtsverhältnis vollzogen wird: *Boemke/Lembke*, § 14 AÜG Rz. 6.

E. Regelungen zu Mindestarbeitsbedingungen

	Rz.
I. Einführung	1
II. Arbeitnehmer-Entsendegesetz	
1. Überblick	3
2. Allgemeinverbindlicher oder durch Rechtsverordnung anwendbarer Tarifvertrag	
a) Bundesweiter Tarifvertrag	5
b) Allgemeinverbindlicherklärung	6
c) Rechtsverordnung	7
3. Regelung bestimmter Mindestarbeitsbedingungen	13
4. Einbezogene Branchen	
a) Katalogbranchen	14
b) Andere Branchen nach § 4 Abs. 2 AEntG	17
5. Zwingende Anwendung des Tarifvertrages	
a) Voraussetzungen	18
b) Inländische Arbeitgeber	19
c) Ausländische Arbeitgeber	23
d) Verleiher	27
e) Sozialkassen	29
6. Zusätzliche Sicherungen	30
7. Aktuelle Tarifverträge	31
8. Auftraggeberhaftung	35
9. Melde-, Mitteilungs- und Aufzeichnungspflichten	38
10. Kontrollen und Sanktionen	
a) Überwachung durch Hauptzollämter	40
b) Geldbuße	
aa) Ausländischer Arbeitgeber/Verleiher	42
bb) Deutscher Generalunternehmer	43
cc) Inländische Arbeitgeber	45
c) Ausschluss von öffentlichen Aufträgen	46
11. Sonderregelungen für die Pflegebranche	47
12. Regelungen für alle Wirtschaftszweige	51
13. Zuständigkeit deutscher Arbeitsgerichte	53
III. Mindestlohngesetz	56
1. Ziel und Grundlagen	57
2. Anwendungsbereich	
a) Räumlicher Anwendungsbereich	62
b) Personeller Anwendungsbereich	64
c) Fachlicher Anwendungsbereich	83
3. Berechnung des Mindestlohns	86
4. Fälligkeit und Arbeitszeitkonten	99
5. Unabdingbarkeit des Mindestlohnanspruchs	105
6. Sonderproblem: Ausschlussfristen	112
7. Durchsetzung des Mindestlohns	115
8. Aufzeichnungspflichten	117
9. Haftung des Auftraggebers (Generalunternehmerhaftung)	126
10. Rechtsfolgen und Sanktionen bei Verstößen	131

Schrifttum:

Barczak, Mindestlohngesetz und Verfassung, RdA 2014, 290; *Bayreuther,* Der gesetzliche Mindestlohn, NZA 2014, 865; *Bayreuther,* Die Novellen des Arbeitnehmerentsende- und des Mindestarbeitsbedingungsgesetzes, BB 2009, 678; *Bissels/Falter,* Gesetzlicher Mindestlohn – Fallstricke bei der Haftung für Subunternehmer nach dem MiLoG, DB 2015, 65; *Bonanni/Hahne,* Mindestlohn und Arbeitszeit, ArbRB 2014, 343; *Bonanni/Otto,* Die Auftraggeberhaftung des MiLoG – Effektive Reaktionsmöglichkeiten auf die neuen Risiken bei der Einschaltung von Subunternehmen, ArbRB 2014, 349; *Brors,* Europäische Rahmenbedingungen für den neuen Mindestlohn und seine Ausnahmen, NZA 2014, 938; *Deckers,* Der Mindestentgeltbegriff in § 1a AEntG, NZA 2008, 321; *Grau/Sittard,* Der neue Mindestlohn – Eine Rechtsfolgenbetrachtung, KSzW 2014, 227; *Grimm/Linden,* Die Wirksamkeit von Ausschlussfristen nach Inkrafttreten des MiLoG, ArbRB 2014, 339; *Hanau,* Das Arbeitnehmer-Entsendegesetz, NJW 1996, 1369; *Hohenstatt/Schramm,* Tarifliche Mindestlöhne: Ihre Wirkungsweise und ihre Vermeidung am Beispiel des Tarifvertrags zum Post-Mindestlohn, NZA 2008, 433; *Insam/Hinrichs/Tacou,* Der Mindestlohn für Arbeitnehmer von Werk- und Dienstleistungsunternehmen – Haftung des Auftraggebers um jeden Preis, NZA-RR 2014, 569; *Jöris/v.Steinau-Steinrück,* Der gesetzliche Mindestlohn, BB 2014, 2101; *Kühn/Reich,* Haftung für die Zahlung des Mindestlohns an fremde Arbeitnehmer/-innen, BB 2014, 2938; *Lambrich/Mitius,* Behandlung von monatlichem Pauschallohn nach dem Mindestlohngesetz, DB 2015, 126; *Legerlotz,* Haftung für Mindestlohn bei der Beauftragung von Subunternehmern, ArbRB 2011, 29; *Löwisch,* Rechtsschutz gegen das Mindestlohngesetz, NZA 2014, 948; *Maschmann,* Die staatliche Durchsetzung des allgemeinen Mindestlohns nach den §§ 14ff. MiLoG, NZA 2014, 929; *Natzel,* Der Praktikant als Mindestlöhner, BB 2014, 2490; *Nebel/Kloster,* Zur Entstehung, Fälligkeit und

Unabdingbarkeit des Mindestlohnanspruchs, BB 2014, 2933; *Picker/Sausmikat*, Ausnahmsweise Mindestlohn? – Das MiLoG und die Praktikanten, NZA 2014, 942; *Reinhard/Kettering*, Der Mindestlohn und seine Auswirkungen, ArbRB 2014, 302; *Reufels/Blöchl*, Mindestlohn bei Praktikanten und in untypischen Arbeitsverhältnissen, ArbRB 2014, 352; *Sagan/Witschen*, Mindestlohn für alle? Zum Anwendungsbereich des Mindestlohngesetzes und dessen Kollision mit vertraglichen Entgeltabreden, jM 2014, 372; *Sasse*, Haftungsfalle: Fortführung des Bauvertrages im Insolvenzantragsverfahren, ArbRB 2008, 220; *Schwab*, Das neue Arbeitnehmer-Entsendegesetz, NZA-RR 2010, 225; *Sittard*, Das MiLoG – Ausblick auf die Folgen und anstehende Weichenstellungen, NZA 2014, 951; *Sittard*, Staatliche Außenseiterbindung zum Konkurrenzschutz?, NZA 2007, 1090; *Sittard*, Neue Mindestlohngesetze in Deutschland, NZA 2009, 346; *Sittard*, Keine Nachwirkung von Mindestlohntarifverträgen, NZA 2012, 299; *Sodan/Zimmermann*, Tarifvorrangige Mindestlöhne versus Koalitionsfreiheit, NJW 2009, 2001; *Spielberger/Schilling*, Das Mindestlohngesetz, NJW 2014, 2897 (zum Entwurf NZA 2014, 414); *Schweibert/Leßmann*, Mindestlohngesetz – Der große Wurf? DB 2014, 1866; siehe auch Heft 11/2014 des Arbeitsrechtsberaters (ArbRB) zum Themenschwerpunkt Mindestlohn.

I. Einführung

1 Das „Gesetz über zwingende Arbeitsbedingungen für grenzüberschreitend entsandte und für regelmäßig im Inland beschäftige Arbeitnehmer und Arbeitnehmerinnen" (Arbeitnehmer-Entsendegesetz – AEntG vom 20.4.2009)[1] wurde durch das **Tarifautonomiestärkungsgesetz** vom 11.8.2014[2] auf alle Branchen (§ 4 Abs. 2 AEntG) erstreckt. Zugleich wird dem Normierungsinstrument der Rechtsverordnung erheblich größere Bedeutung als bisher beigemessen.

2 Das nie angewandte „Gesetz über die Festsetzung von Mindestarbeitsbedingungen" (Mindestarbeitsbedingungengesetz – MiArbG) vom 11.1.1952 trat am 16.8.2014 außer Kraft und wurde durch das „Gesetz zur Regelung eines allgemeinen Mindestlohns" abgelöst.

II. Arbeitnehmer-Entsendegesetz

1. Überblick

3 Das AEntG war zuletzt im Jahr 2009 insgesamt neu gefasst worden. Die Einführung bestimmter Mindestarbeitsbedingungen erfolgt über Tarifverträge, die entweder durch **Allgemeinverbindlicherklärung** oder durch **Rechtsverordnung** auf Außenseiter erstreckt werden.

Durch das **Tarifautonomiestärkungsgesetz** ist auch das AEntG geändert worden. Die Erstreckung von Tarifverträgen gem. § 3 AEntG wird nach den neuen §§ 4 Abs. 2, 7a AEntG über die in § 4 Abs. 1 AEntG aufgeführten (Katalog-) Branchen hinaus auf **alle Branchen** erweitert, bei denen die Erstreckung „im **öffentlichen Interesse** geboten erscheint", um die Gesetzesziele zu erreichen „und dabei insbesondere einem **Verdrängungswettbewerb** über die Lohnkosten entgegenzuwirken". Es gilt dann das modifizierte Erstreckungsverfahren des § 7a AEntG.

4 Zielsetzung des AEntG ist es, in den im Gesetz genannten Branchen bestimmte **Mindestarbeitsbedingungen** sowohl für **grenzüberschreitend entsandte** wie auch für regelmäßig **im Inland beschäftigte Arbeitnehmer** sicherzustellen und gleiche Wettbewerbsbedingungen zu gewährleisten (§ 1 Satz 1 AEntG). Da das AEntG also auch gilt, wenn auf das Arbeitsverhältnis eine ausländische Rechtsordnung Anwendung findet, regelt das Gesetz nicht nur rein innerstaatliche, sondern auch grenzüberschrei-

---
1 BGBl. I, 799.
2 BGBl. I, 1348.

tende Sachverhalte und hat insoweit international-privatrechtlichen Charakter[1]. Das Gesetz sanktioniert die Nichteinhaltung der Mindestarbeitsbedingungen mit einem Bußgeld (§ 23 AEntG) und eröffnet dem ausländischen Arbeitnehmer die Möglichkeit, die Gewährung der Mindestarbeitsbedingungen gegenüber seinem ausländischen Arbeitgeber vor einem deutschen Arbeitsgericht einzuklagen (§ 15 AEntG). Daneben besteht eine Auftraggeberhaftung (§ 14 AEntG).

2. Allgemeinverbindlicher oder durch Rechtsverordnung anwendbarer Tarifvertrag

a) Bundesweiter Tarifvertrag

Nach § 3 AEntG finden die Rechtsnormen eines **bundesweiten Tarifvertrages** zwingend Anwendung, wenn der Tarifvertrag gem. § 5 TVG für allgemeinverbindlich erklärt ist oder eine Rechtsverordnung vorliegt. Von dem Erfordernis „bundesweit" wird abgesehen, wenn mehrere regionale Tarifverträge zusammen genommen das gesamte Bundesgebiet abdecken; es muss sich allerdings um Urlaubs- oder Urlaubskassenregelungen handeln (§ 3 Satz 2 AEntG). 5

b) Allgemeinverbindlicherklärung

Die Geltung **allgemeinverbindlicher Tarifverträge** (zu den Voraussetzungen einer Allgemeinverbindlicherklärung vgl. Teil 4 C Rz. 241 ff.) ergibt sich für inländische Arbeitgeber bereits aus § 5 TVG. Die Besonderheit der Tarifverträge auf der Grundlage des AEntG liegt zum einen darin, dass inländische Arbeitgeber, die von dem Geltungsbereich eines solchen Tarifvertrages erfasst werden, sich dieser Bindung nicht durch einen sachnäheren Tarifvertrag, also zB einen Firmentarifvertrag, entziehen können (vgl. Rz. 20). Die zweite Besonderheit besteht in der **Erstreckung** solcher Tarifverträge auch auf ausländische Arbeitgeber, die ihre Arbeitnehmer im Inland zum Einsatz bringen (vgl. Rz. 23 ff.). Die Allgemeinverbindlicherklärung ist durch das Tarifautonomiestärkungsgesetz dahingehend eingeschränkt worden, dass sie künftig den Tarifverträgen der Baubranche vorbehalten bleibt. Für andere Branchen ist die Erstreckung durch Rechtsverordnung vorgesehen. 6

c) Rechtsverordnung

Die dritte Besonderheit von Tarifverträgen auf der Grundlage des AEntG ist, dass die Allgemeinverbindlicherklärung durch **Rechtsverordnung** des Bundesministeriums für Arbeit und Soziales (BMAS) ersetzt werden kann (§ 7 und § 7a AEntG). Dabei regelt § 7 AEntG die Rechtsverordnung für die in § 4 Abs. 1 AEntG genannten (**Katalog-)Branchen**. Für alle **anderen** Branchen (§ 4 Abs. 2 AEntG) sieht der neue § 7a AEntG das Verfahren vor. 7

Durch das Rechtsverordnungsverfahren sollen Verzögerungen bei der Umsetzung vermieden werden. Der entscheidende Vorteil gegenüber der Allgemeinverbindlicherklärung liegt in der **Umgehung des Tarifausschusses**. Dieser ist in einer Branche nach § 4 Abs. 1 Nr. 9 AEntG nur dann einzuschalten, wenn der Tarifvertrag erstmals eine Branche betrifft, die neu in das AEntG einbezogen wurde, sonst nicht mehr (§ 7 Abs. 5 Satz 4 AEntG). Der Ersatz der Allgemeinverbindlicherklärung durch Rechtsverordnung ist verfassungsgemäß und verstößt weder gegen die positive noch gegen die negative Koalitionsfreiheit[2].

---

[1] *Junker*, RdA 1998, 44.
[2] So zur alten Regelung: BVerfG 18.7.2000 – 1 BvR 948/00, NZA 2000, 948.

Allgemeinverbindlicherklärung und Rechtsverordnung stehen gleichberechtigt nebeneinander[1]. In beiden Fällen wirken die Normen dieser Tarifverträge auch gleichermaßen. Allerdings kann ein kraft Rechtsverordnung anwendbarer Tarifvertrag die besondere Wirkung nach dem AEntG auch nur **für die Dauer der Rechtsverordnung** entfalten; diese ist von der Laufzeit des Tarifvertrags selbst nicht abhängig. Ein kraft Rechtsverordnung anwendbarer Tarifvertrag hat auch **keine Nachwirkung** gem. § 4 Abs. 5 TVG[2]. Dagegen endet die **Allgemeinverbindlichkeit** mit Ablauf des Tarifvertrags (§ 5 Abs. 5 Satz 3 TVG).

8   Voraussetzung für den Erlass der Rechtsverordnung ist zunächst ein **gemeinsamer Antrag der Parteien dieses Tarifvertrages auf Allgemeinverbindlicherklärung** (§ 7 Abs. 1, § 7a Abs. 1 AEntG). Der Antrag nur einer Tarifvertragspartei genügt also nicht. Wie bei der Allgemeinverbindlicherklärung hat der Verordnungsgeber zu prüfen, ob der Erlass der Rechtsverordnung **im öffentlichen Interesse** geboten erscheint, um die in § 1 AEntG genannten Gesetzesziele zu erreichen (§ 7 Abs. 1 AEntG). Bei § 7a AEntG ist in den Fällen des § 4 Abs. 2 AEntG zusätzlich zu prüfen, ob die Erstreckung geboten ist, um einem **Verdrängungswettbewerb** über die Lohnkosten entgegenzuwirken[3]. Es ist insbesondere zu prüfen, ob der Erlass der Verordnung verhältnismäßig ist[4]. Dagegen müssen die Voraussetzungen der Allgemeinverbindlicherklärung gem. § 5 Abs. 1 Satz 1 Nr. 1 TVG nicht vorliegen, das dort normierte 50 %-Quorum der Tarifbindung muss also nicht erfüllt sein. Der Erlass einer Rechtsverordnung ist also im Vergleich zum Erlass einer Allgemeinverbindlicherklärung leichter möglich[5]. Der Antrag auf Allgemeinverbindlicherklärung muss auch nicht erfolglos geblieben sein, das Verfahren ist nicht abzuwarten.

9   Für den Fall einer **Konkurrenz von Tarifverträgen** legen §§ 7 Abs. 2 und 7a Abs. 2 AEntG bestimmte Abwägungskriterien fest, die das BMAS zu berücksichtigen hat. Neben den in § 1 AEntG genannten Gesetzeszielen soll die Repräsentativität der Tarifverträge berücksichtigt werden (§§ 7 Abs. 2 Satz 2, 7a Abs. 2 AEntG). Wurde die Allgemeinverbindlicherklärung für mehrere konkurrierende Tarifverträge beantragt, hat der Verordnungsgeber mit besonderer Sorgfalt die betroffenen Güter von Verfassungsrang abzuwägen und die widerstreitenden Grundrechtsinteressen zu einem schonenden Ausgleich zu bringen (§§ 7 Abs. 3, 7a Abs. 2 AEntG).

10 Wird in der Branche Schlachten und Fleischverarbeitung (§ 4 Abs. 1 Nr. 9 AEntG) oder in den übrigen Branchen gem. § 4 Abs. 2 AEntG erstmals ein gemeinsamer Antrag auf Allgemeinverbindlicherklärung gestellt, ist mit dem Antrag zusätzlich zunächst der Tarifausschuss nach § 5 Abs. 1 Satz 1 TVG zu befassen (§§ 7 Abs. 5, 7a Abs. 4 AEntG). Je nach Abstimmungsergebnis im Tarifausschuss kann sodann das BMAS selbst oder nur die Bundesregierung die Verordnung erlassen. Bei keinem oder nur einem Befürworter darf die Rechtsverordnung nicht erlassen werden.

11 Den Tarifvertragsparteien sowie den von der Rechtsverordnung betroffenen Arbeitgebern und Arbeitnehmern ist Gelegenheit zur schriftlichen Stellungnahme innerhalb von drei Wochen ab Bekanntgabe des Entwurfs zu geben, § 7 Abs. 4, § 7a Abs. 3 AEntG.

12 Für die nicht vom Katalog des § 4 Abs. 1 AEntG erfassten Branchen (also anderen Branchen, § 4 Abs. 2 AEntG) trifft § 7a Abs. 4 AEntG besondere Verfahrensregelungen.

---

1 *Hohenstatt/Schramm*, NZA 2008, 433 (434).
2 BAG 20.4.2011 – 4 AZR 467/09, NZA 2011, 1105.
3 Dazu ErfK/*Schlachter*, § 7a AEntG Rz. 2.
4 *Sittard*, NZA 2009, 346 (348).
5 Gesetzesbegründung, BT-Drucks. 16/11669, 21.

3. Regelung bestimmter Mindestarbeitsbedingungen

§ 5 AEntG nennt die Arbeitsbedingungen, die Gegenstand eines Tarifvertrages nach dem AEntG sein können. Dazu gehören das **Mindest- und Überstundenentgelt** (§ 5 Nr. 1 AEntG), die **Urlaubsdauer,** das **Urlaubsentgelt** und ein zusätzliches **Urlaubsgeld** (§ 5 Nr. 2 AEntG), das **Urlaubskassenverfahren** (§ 5 Nr. 3 AEntG) sowie die Arbeitsbedingungen iSd. § 2 Nr. 3–7 AEntG. Ob es sich um eine Überstunde handelt, ist nach dem Recht des Entsendestaats zu beurteilen, da § 5 Nr. 1 AEntG hierauf nicht verweist[1]. Der Tarifvertrag kann auch weitere – höhere – Lohngruppen umfassen (§ 5 Nr. 1 AEntG) sowie nach § 5 Nr. 4 iVm. § 2 Nr. 3–7 AEntG Regelungen enthalten über Höchstarbeits- und Mindestruhezeiten, Arbeitnehmerüberlassung, Sicherheit und Gesundheitsschutz, Schutzmaßnahmen im Zusammenhang mit Arbeitsbedingungen für Schwangere, Kinder und Jugendliche sowie die Gleichbehandlung von Männern und Frauen und andere Nichtdiskriminierungsbestimmungen.

4. Einbezogene Branchen

a) Katalogbranchen des § 4 Abs. 1 AEntG

Zu den in den Geltungsbereich des Gesetzes nach § 4 Abs. 1 AEntG einbezogenen Katalogbranchen gehören Betriebe oder selbständige Betriebsabteilungen
- des Bauhaupt- wie des Baunebengewerbes iSd. Baubetriebe-Verordnung[2] (§ 4 Abs. 1 Nr. 1, § 6 Abs. 2 AEntG);
- für Gebäudereinigung (§ 4 Abs. 1 Nr. 2, § 6 Abs. 3 AEntG);
- für Briefdienstleistungen (§ 4 Abs. 1 Nr. 3, § 6 Abs. 4 AEntG);
- für Sicherheitsdienstleistungen (§ 4 Abs. 1 Nr. 4, § 6 Abs. 5 AEntG);
- für Bergbauspezialarbeiten auf Steinkohlebergwerken (§ 4 Abs. 1 Nr. 5, § 6 Abs. 6 AEntG);
- für Wäschereidienstleistungen (§ 4 Abs. 1 Nr. 6, § 6 Abs. 7 AEntG);
- der Abfallwirtschaft einschließlich Straßenreinigung und Winterdienst (§ 4 Abs. 1 Nr. 7, § 6 Abs. 8 AEntG);
- die überwiegend Aus- und Weiterbildungsmaßnahmen nach SGB II und SGB III durchführen (§ 4 Abs. 1 Nr. 8, § 6 Abs. 9 AEntG);
- für Schlachten und Fleischverarbeitung (§ 4 Abs. 1 Nr. 9, § 6 Abs. 10 AEntG)
- sowie Pflegebetriebe (§ 10 AEntG).

Bei Tarifverträgen im Bereich des Baugewerbes ist die Betriebsdefinition nicht im Gesetz vorgegeben, sondern erfolgt nach den Tarifverträgen selbst (§ 6 Abs. 2 AEntG). Maßgebliche Bezugsgröße ist bei allen Branchen der Betrieb bzw. die selbständige Betriebsabteilung iSd. fachlichen Geltungsbereichs der erstreckten Tarifverträge[3]. „**Betriebsabteilung**" ist nach allgemeinem arbeitsrechtlichem Sprachgebrauch ein räumlich, personell und organisatorisch vom Gesamtbetrieb abgegrenzter Betriebsteil, der mit eigenen technischen Betriebsmitteln einen eigenen Betriebszweck verfolgt, der auch nur Hilfszweck sein kann. Das Merkmal der **Selbständigkeit** verlangt eine nach außen hin erkennbare deutliche räumliche und organisatorische Abgrenzung sowie einen besonders ausgeprägten arbeitstechnischen Zweck[4]. Eine selbständige Betriebsabteilung liegt jedenfalls vor, wenn der ausländische Arbeitgeber in Deutschland eine Niederlassung unterhält. Der Tarifvertrag kann den Begriff der selbständigen Betriebsabteilung erweitern[5].

---

1 BAG 19.5.2004 – 5 AZR 449/03, NZA 2004, 1170.
2 BGBl. I 1980, 2033, zuletzt geändert durch Gesetz vom 20.12.2011 (BGBl. I, 2854).
3 BAG 25.1.2005 – 9 AZR 44/04, NZA 2005, 1365 (1369).
4 BAG 25.1.2005 – 9 AZR 146/04, NZA 2006, 171.
5 BAG 25.1.2005 – 9 AZR 44/04, NZA 2005, 1365.

16 Die maßgeblichen Tätigkeiten müssen „überwiegend" (vgl. § 101 Abs. 2 SGB III) erbracht werden. Dies ist der Fall, wenn sie die überwiegende Arbeitszeit der Arbeitnehmer – also mehr als 50 % – in Anspruch nehmen[1]. Hilfs- und Nebenarbeiten, die zu einer sachgerechten Ausführung der Tätigkeit notwendig sind und deshalb mit ihnen im Zusammenhang stehen, sind hinzuzurechnen[2]. Auf wirtschaftliche Gesichtspunkte wie Umsatz oder Verdienst kommt es nicht an[3].

b) Andere Branchen nach § 4 Abs. 2 AEntG

17 Infolge des mit dem Tarifautonomiestärkungsgesetzes eingeführten § 4 Abs. 2 AEntG kann nunmehr für **alle** anderen **Branchen** die Erstreckung beantragt werden, um insbesondere einem **Verdrängungswettbewerb** über die **Lohnkosten** entgegenzuwirken. Auch hier gilt das Überwiegensprinzip[4].

5. Zwingende Anwendung des Tarifvertrages

a) Voraussetzungen

18 Ist ein
– bundesweiter Tarifvertrag zustande gekommen,
– der gem. § 5 TVG für **allgemeinverbindlich** erklärt ist oder dessen Anwendung durch **Rechtsverordnung** gem. §§ 7 bzw. 7a AEntG bestimmt ist,
– der die Regelung **bestimmter Mindestarbeitsbedingungen** (§ 5 AEntG) enthält,
– ist der Betrieb des Arbeitgebers einer der **Katalogbranchen gem. § 4 Abs. 1 AEntG** zuzuordnen oder erscheint die Erstreckung bei allen anderen Branchen im **öffentlichen Interesse** geboten (§ 4 Abs. 2 AEntG),
– erbringt der Betrieb oder die selbständige Betriebsabteilung überwiegend eine der in § 6 Abs. 2–9 AEntG aufgeführten Leistungen und
– fällt der Arbeitnehmer in den sachlichen und fachlichen Geltungsbereich des Tarifvertrages,

so sind Arbeitgeber verpflichtet, mindestens die für den Beschäftigungsort vorgeschriebenen Arbeitsbedingungen zu gewähren (§ 8 Abs. 1 AEntG). Die Normen dieses Tarifvertrages haben also zwingende Wirkung, und zwar unabhängig davon, ob sich der Sitz des Arbeitgebers im In- oder Ausland befindet.

b) Inländische Arbeitgeber

19 Dass ein **inländischer Arbeitgeber** im Rahmen des sachlichen und räumlichen Geltungsbereichs einen für allgemeinverbindlich erklärten Tarifvertrag einzuhalten hat, ergibt sich bereits aus § 5 TVG (vgl. Teil 4 C Rz. 236 f.). Die **Besonderheit nach dem AEntG** besteht darin, dass dieselbe Wirkung auch durch Rechtsverordnung erreicht werden kann.

20 Zum anderen kann sich der inländische Arbeitgeber dem nicht durch Abschluss eines speziellen Tarifvertrages entziehen[5]. Die zwingende Bindung an den Tarifvertrag gilt also auch dann, wenn der (deutsche) Arbeitgeber an sich an eine speziellere tarifliche Regelung, zB einen Firmen-Tarifvertrag, gebunden ist. Sodann finden die **Regeln**

---

[1] BAG 17.12.2012 – 10 AZR 500/11, NZA-RR 2013, 365; HWK/*Tillmanns*, § 6 AEntG Rz. 2.
[2] BAG 25.1.2005 – 9 AZR 258/04, NZA 2005, 1130.
[3] BAG 25.1.2005 – 9 AZR 146/04, NZA 2006, 171; 28.5.2008 – 10 AZR 358/07, AP Nr. 301 zu § 1 TVG Tarifverträge Bau.
[4] ErfK/*Schlachter*, § 4 AEntG Rz. 10.
[5] BAG 20.7.2004 – 9 AZR 343/03, NZA 2005, 114.

der **Tarifkonkurrenz keine Anwendung**. Dies stellt § 8 Abs. 2 AEntG ausdrücklich klar. Danach hat ein Arbeitgeber einen Tarifvertrag gem. §§ 4–6 AEntG auch dann einzuhalten, wenn er nach § 3 oder § 5 TVG an einen anderen Tarifvertrag gebunden ist[1]. Das arbeitsrechtliche **Günstigkeitsprinzip** wird durch § 8 Abs. 2 AEntG nicht infrage gestellt[2]. Ist also der Arbeitnehmer nach den Regelungen des sachnäheren Tarifvertrages besser gestellt als nach einem Tarifvertrag auf der Grundlage des AEntG, kommt letzterer nicht zur Anwendung[3].

Durch den **Ausschluss des Spezialitätsprinzips** wird die Gleichbehandlung in- wie ausländischer Arbeitgeber sichergestellt, so dass die Dienstleistungsfreiheit gem. Art. 56 AEUV nicht eingeschränkt ist[4]. 21

Ferner trifft den inländischen Arbeitgeber, der den Regeln des AEntG unterliegt, die **Bußgeldandrohung** des AEntG, wenn er den Tarifvertrag nicht einhält[5] (vgl. Rz. 45). 22

c) Ausländische Arbeitgeber

Die zwingende Wirkung von Tarifverträgen auf der Grundlage der §§ 4–6 AEntG gilt auch für **Arbeitsverhältnisse zwischen einem Arbeitgeber mit Sitz im Ausland und dessen Arbeitnehmern**, die im räumlichen Geltungsbereich dieses (deutschen) Tarifvertrages beschäftigt werden. Unerheblich ist, ob sich aus dem Tarifvertrag entnehmen lässt, dass er auch für vom Ausland aus eingesetzte, also „entsandte" Arbeitnehmer gelten soll. Diese Folge leitet sich vielmehr direkt aus dem AEntG her[6]. Die Arbeitsbedingungen des Tarifvertrages werden also zu **Eingriffsnormen** und verdrängen das nach den allgemeinen Kollisionsregeln des Art. 8 Rom-I-VO auf das Arbeitsverhältnis anwendbare Recht eines anderen Staates (vgl. Teil 1 G Rz. 11 ff.). Sie regeln den Sachverhalt also international zwingend iSv. Art. 9 Rom-I-VO[7]. 23

Zu gewähren sind die Arbeitsbedingungen, wie sie der Tarifvertrag für den Beschäftigungsort vorschreibt (§ 8 Abs. 1 AEntG). Alle anderen Verpflichtungen wie zB die Frage, was rechtlich als Überstunde anzusehen ist[8], und die Abführung von Sozialversicherungsbeiträgen richten sich weiterhin nach der anwendbaren ausländischen Rechtsordnung, soweit über Art. 9 Rom-I-VO (vgl. Teil 1 G Rz. 22 ff.) bzw. § 2 AEntG (vgl. Rz. 51) keine anderweitigen deutschen gesetzlichen Regelungen gelten. Vom ausländischen Arbeitgeber gezahlte Zulagen, die das Verhältnis zwischen der Leistung des Arbeitnehmers und der von ihm erhaltenen Gegenleistung nicht verändern, sind als Bestandteil des Mindestlohns zu berücksichtigen. Danach finden ein 13. und 14. Monatsgehalt Anrechnung, nicht aber Schmutz-, Erschwernis- oder Gefahrenzulagen[9]. 24

Das **Günstigkeitsprinzip** findet auch hinsichtlich der erstreckten Tarifverträge Anwendung. Danach kommt zB das Urlaubskassenverfahren nicht zur Anwendung, wenn die entsandten Arbeitnehmer nach den Regelungen des Entsendelandes besser 25

---

1 In § 8 Abs. 2 AEntG sehen manche einen Verstoß gegen Art. 9 Abs. 3 GG, differenzierend: *Bayreuther*, NJW 2009, 2006 (2008 f.).
2 Gesetzesbegründung, BT-Drucks. 16/10485, 17.
3 So auch zum AEntG aF: BAG 18.10.2006 – 10 AZR 576/05, NZA 2007, 1111.
4 BAG 20.7.2004 – 9 AZR 343/03, NZA 2005, 114; die anderslautende Entscheidung des EuGH 24.1.2002 – Rs. C-164/99, NZA 2002, 207, hatte als Grundlage noch die vor dem 1.1.1999 geltende Fassung des § 1 AEntG.
5 BGH 21.3.2000 – 4 StR 287/99, NZA 2000, 558.
6 *Hanau*, NJW 1996, 1369; *Hickl*, NZA 1997, 516.
7 Gesetzesbegründung, BT-Drucks. 16/10486, 14; so auch bereits zum AEntG aF: *Hickl*, NZA 1997, 516.
8 BAG 19.5.2004 – 5 AZR 449/03, NZA 2004, 1170.
9 Vgl. EuGH 14.4.2005 – Rs. C-341/02, NZA 2005, 573.

gestellt sind als vergleichbare deutsche Arbeitnehmer nach Maßgabe dieser Tarifverträge[1]. Gilt der ausländische Arbeitgeber seinen nach Deutschland entsandten Arbeitnehmern den Urlaub nach Heimatrecht ab, hat er einen Erstattungsanspruch gegen die Urlaubskasse. Voraussetzung ist allerdings die Erfüllung der Meldepflichten[2].

26 Die Bestimmungen des AEntG sind, im Gegensatz zu der zugrundeliegenden EG-Entsenderichtlinie, nicht auf **Arbeitgeber mit Sitz in** einem Mitgliedstaat der **Europäischen Union** begrenzt, sondern gelten auch für Arbeitgeber mit Sitz im übrigen **Ausland**[3]. Bei Letzteren bedarf es eines Aufenthaltstitels, der die Zustimmung der Bundesagentur für Arbeit voraussetzt, die gem. § 39 Abs. 2 AufenthG erteilt wird, wenn die Arbeitsbedingungen denen vergleichbarer deutscher Arbeitnehmer entsprechen.

d) Verleiher

27 Die Bestimmungen des AEntG sind auch auf Verleiher anwendbar (§ 8 Abs. 3 AEntG), sofern die übrigen Voraussetzungen des AEntG erfüllt sind (vgl. Rz. 18). Dies gilt nicht nur für inländische, sondern auch für ausländische Verleiher, die ihre Leiharbeitnehmer im Inland einsetzen. Leiharbeitnehmer werden nur dann erfasst, wenn der Betrieb des Entleihers in den Geltungsbereich des erstreckten Tarifvertrags fällt. Dass die Tätigkeit selbst vom Tarifvertrag erfasst wird, genügt nicht[4]. Das AEntG soll nicht durch Leiharbeit umgangen werden.

28 Ferner haben ausländische Verleiher die Bestimmungen des Arbeitnehmerüberlassungsgesetzes einzuhalten, soweit die Bedingungen der Überlassung betroffen sind (§ 2 Nr. 4 AEntG). Diese Regelung gilt auch für Verleiher außerhalb der in § 4 Abs. 1 AEntG genannten Branchen. Die Lohnuntergrenze nach § 3a AÜG darf durch Abweichungstarifverträge nicht umgangen werden[5].

e) Sozialkassen

29 Sind zur Einziehung von Beiträgen und zur Gewährung des Urlaubsanspruchs Sozialkassen als gemeinsame Einrichtung der Tarifvertragsparteien eingeschaltet, ist nicht nur der inländische, sondern auch der ausländische Arbeitgeber zur **Beitragszahlung an die Sozialkasse** verpflichtet, § 5 Nr. 3 AEntG. Dies gilt nicht, wenn und soweit der Arbeitgeber nicht gleichzeitig im Staat seines Sitzes zu Beiträgen zu einer vergleichbaren Einrichtung herangezogen wird. Ferner muss die tarifliche Regelung eine Anrechnung der durch den ausländischen Arbeitgeber bereits gewährten Urlaubsleistungen vorsehen. § 5 Nr. 3 AEntG dürfte europarechtskonform sein[6] und nicht die Koalitionsfreiheit (Art. 9 Abs. 3 GG) verletzen, da er weder einen unzulässigen Eingriff in die negative Koalitionsfreiheit noch in die Tarifautonomie darstellt[7].

6. Zusätzliche Sicherungen

30 § 9 AEntG enthält zusätzliche Sicherungen zum Schutz des Anspruchs nach § 8 AEntG: So ist ein **Verzicht** nur durch gerichtlichen Vergleich zulässig. Ebenso ist

---

1 BAG 18.10.2006 – 10 AZR 576/05, NZA 2007, 1111; 20.7.2004 – 9 AZR 343/03, NZA 2005, 114.
2 BAG 25.1.2005 – 9 AZR 146/04, NZA 2006, 171.
3 BAG 20.7.2004 – 9 AZR 345/03, NZA 2005, 1375.
4 BAG 21.10.2009 – 5 AZR 951/08, NZA 2010, 237.
5 HWK/*Tillmanns*, § 8 AEntG Rz. 5.
6 EuGH 25.10.2001 – verb. Rs. C-49/98, C-50/98, C-52/98 bis 54/98 und C-68/98 bis C-71/98, EuZW 2001, 759 mit Anm. *Bayreuther*.
7 BAG 25.6.2002 – 9 AZR 405/00, NZA 2003, 275.

die **Verwirkung** ausgeschlossen. Ausschlussfristen kann ausschließlich der maßgebliche Tarifvertrag selbst beinhalten. Sie müssen zusätzlich mindestens sechs Monate betragen. § 9 AEntG gilt nach seinem Wortlaut nur hinsichtlich des **Mindestentgelts**.

7. Aktuelle Tarifverträge

Eine vollständige Übersicht über die jeweils aktuellen Mindestlohn-Tarifverträge nebst vollem Wortlaut dieser Tarifverträge findet sich auf der Internetseite des Bundesministeriums für Arbeit und Soziales[1]. 31

Einstweilen frei. 32–34

8. Auftraggeberhaftung

Nach § 14 AEntG haftet ein Unternehmer (Generalunternehmer), der einen anderen Unternehmer (Subunternehmer) mit der Erbringung von Werk- oder Dienstleistungen beauftragt, für die Verpflichtungen dieses Unternehmers, eines Nachunternehmers oder eines von dem Unternehmer oder einem Nachunternehmer beauftragten Verleihers zur **Zahlung des Mindestentgelts** sowie der **Beiträge an eine gemeinsame Einrichtung** der Tarifvertragsparteien nach § 8 AEntG **wie ein Bürge**, der auf die Einrede der Vorausklage verzichtet hat. 35

Die Durchgriffshaftung ist **verschuldensunabhängig**[2] und erstreckt sich nur auf das **Nettoentgelt** (§ 14 Satz 2 AEntG), das der Arbeitnehmer für tatsächlich erbrachte Arbeitsleistung von seinem Arbeitgeber verlangen kann. Erfasst ist lediglich der **Mindestlohn**, nicht auch ein eventuelles zusätzliches Entgelt[3]. Umfasst sind auch **Überstundenzuschläge**, da diese zu den in § 5 Nr. 1 AEntG genannten Arbeitsbedingungen gehören[4]. Für andere Zuschläge (zB für Sonn- oder Feiertagsarbeit) gilt dies dagegen nicht, da diese dort nicht genannt sind. Die Bürgenhaftung tritt auch bei **insolvenzbedingtem Zahlungsausfall** ein[5]. Dagegen kann sich die **Bundesagentur für Arbeit**, soweit sie **Insolvenzgeld** zahlt, beim Generalunternehmen oder anderen Nachunternehmen nicht schadlos halten[6]. Nicht umfasst sind ferner **Verzugszinsen**, Ansprüche aus **Annahmeverzug**[7], die **Entgeltfortzahlung im Krankheitsfall** und die **Feiertagsbezahlung**[8]. Die Haftung gilt auch bei der Einschaltung von **Verleihfirmen** und **inländischen Subunternehmern** sowie für Bedingungen aus solchen Tarifverträgen, die durch **Rechtsverordnung** für anwendbar erklärt sind. 36

Der Generalunternehmer haftet nicht nur für **Subunternehmer**, sondern auch für weitere **Nachunternehmer**. Der Subunternehmer haftet ebenfalls für weitere Nachunternehmer, also auch für die Nachunternehmerkette[9]. Der **Begriff Unternehmer** iSv. § 14 AEntG ist **einschränkend** auszulegen; er trifft auf Unternehmer, die sich zur Erfüllung ihrer Verpflichtungen keiner Subunternehmer bedienen oder als Bauherren eine Bauleistung in Auftrag geben, nicht zu. Dies gilt auch dann, wenn der Bauherr selbst Bauunternehmer ist[10]. Die Bürgenhaftung setzt neben dem Bestehen der Hauptschuld die 37

---

1 http://www.bmas.de/SharedDocs/Downloads/DE/pr-mindestloehne-aentg-uebersicht.pdf?__blob=publicationFile.
2 BAG 6.11.2002 – 5 AZR 617/01, NZA 2003, 490.
3 *Deckers*, NZA 2008, 321 (322).
4 *Sasse*, ArbRB 2008, 220 (221); aA *Deckers*, NZA 2008, 321 (323).
5 ErfK/*Schlachter*, § 14 AEntG Rz. 2. Offen gelassen in BAG 8.12.2010 – 5 AZR 95/10, NZA 2011, 514.
6 BAG 8.12.2010 – 5 AZR 95/10, NZA 2011, 514.
7 BAG 12.1.2005 – 5 AZR 617/01, NZA 2005, 627.
8 *Deckers*, NZA 2008, 321 (324).
9 HWK/*Tillmanns*, § 14 AEntG Rz. 3; BAG 6.11.2002 – 5 AZR 617/01, NZA 2003, 490.
10 BAG 28.3.2007 – 10 AZR 76/06, NZA 2007, 613.

Wahrung der **tariflichen Ausschlussfristen** gemäß dem Mindestlohntarifvertrag voraus[1]. Die verschuldensunabhängige Bürgenhaftung verstößt nicht gegen Art. 12 Abs. 1 GG[2]. Die Bürgenhaftung ist auch mit der Freiheit des Dienstleistungsverkehrs (Art. 56 AEUV) vereinbar[3].

9. Melde-, Mitteilungs- und Aufzeichnungspflichten

38 Der **ausländische Arbeitgeber** ist verpflichtet, die von ihm in Deutschland eingesetzten Arbeitnehmer bei der zuständigen **Behörde der Zollverwaltung** schriftlich und in deutscher Sprache anzumelden, § 18 AEntG. Die **Meldepflichten** umfassen Name nebst Vorname der in Deutschland beschäftigten Arbeitnehmer, Beginn und voraussichtliche Dauer sowie Ort der Beschäftigung (bei Bauleistungen außerdem die Baustelle), den Ort in Deutschland, an dem die vorgeschriebenen Unterlagen bereitgehalten werden, sowie die persönlichen Daten und die Anschrift des in Deutschland Verantwortlichen und Zustellungsbevollmächtigten. Der Arbeitgeber hat der Anmeldung zusätzlich die Versicherung beizufügen, dass er seine Verpflichtungen nach § 8 AEntG einhält (§ 18 Abs. 2 AEntG). Die Meldepflicht gilt auch hinsichtlich **ausländischer Verleiher**, § 18 Abs. 3 AEntG. Der EuGH[4] hat einen Verstoß gegen die Dienstleistungsfreiheit darin gesehen, dass ein ausländischer Verleiher nach § 18 Abs. 3 AEntG im Gegensatz zu einem deutschen Verleiher nicht nur die Überlassung eines Arbeitnehmers an einen Entleiher in Deutschland, sondern auch jede Änderung des Einsatzorts anmelden muss.

39 Den Arbeitgeber trifft ferner die **Pflicht zur Aufzeichnung** von Beginn, Ende und Dauer der **täglichen Arbeitszeit** der Arbeitnehmer, § 19 Abs. 1 AEntG. Ferner hat ein ausländischer Arbeitgeber **Arbeitsverträge, Lohnunterlagen** und **Unterlagen über die Arbeitszeit** für die gesamte Dauer der Beschäftigung, mindestens für die Dauer der Werk- oder Dienstleistung, insgesamt jedoch nicht länger als zwei Jahre, im Inland bereit zu halten und auf Verlangen den Prüfbehörden vorzulegen. Die Unterlagen, in deutscher Sprache abgefasst, sind auf Verlangen der Prüfbehörde auch am Ort der Beschäftigung, bei Bauleistungen auf der Baustelle bereitzuhalten (§ 19 Abs. 2 AEntG).

10. Kontrollen und Sanktionen

a) Überwachung durch Hauptzollämter

40 Die Überwachung der nach § 8 AEntG einzuhaltenden Arbeitsbedingungen erfolgt durch die Behörden der Zollverwaltung, § 16 AEntG. Diese haben zu diesem Zweck ein weitgehendes **Prüfungs- und Einsichtsrecht**, die Unterlagen und Aufzeichnungen des Arbeitgebers betreffend (§ 17 AEntG).

41 Nach § 22 AEntG gilt der im Inland gelegene Ort der Werk- oder Dienstleistung sowie das vom Arbeitgeber eingesetzte Fahrzeug als Geschäftsraum iSv. § 5 Abs. 2 VwZustG iVm. § 178 Abs. 1 Nr. 2 ZPO. Die Gleichstellung des vom Arbeitgeber eingesetzten Fahrzeugs mit dem Ort der Erbringung der Werk- oder Dienstleistung erfolgte mit Blick auf die Aufnahme der Briefdienstleistungen in das AEntG, um so mobilen Dienstleistungen bzw. Arbeitsplätzen Rechnung tragen zu können[5].

---

1 ErfK/*Schlachter*, § 14 AEntG Rz. 6.
2 BAG 12.1.2005 – 5 AZR 617/01, NZA 2005, 627. Die Verfassungsbeschwerde wurde nicht zur Entscheidung angenommen, BVerfG 20.3.2007 – 1 BvR 1047/05, NZA 2007, 609.
3 BAG 12.1.2005 – 5 AZR 617/01, NZA 2005, 627, im Anschluss an EuGH 12.10.2004 – Rs. C-60/03, NZA 2004, 1211.
4 EuGH 18.7.2007 – Rs. C-490/04, NZA 2007, 917. Die Entscheidung bezieht sich zwar auf § 2 Abs. 3 AEntG aF, ist aber auf den insoweit wortgleichen § 18 Abs. 3 AEntG zu übertragen.
5 Gesetzesbegründung, BT-Drucks. 16/10486, 18.

b) Geldbuße

aa) Ausländischer Arbeitgeber/Verleiher

Kommt der **ausländische Arbeitgeber** seinen Verpflichtungen nach § 8 AEntG nicht nach, stellt dies eine Ordnungswidrigkeit dar, die bei **Nichteinhaltung der Mindestarbeitsbedingungen** sowie **Nichtabführung der Beiträge** an die Sozialkasse geahndet werden kann mit Geldbußen bis zu 500 000 Euro; gleiches gilt für den Verleiher (§ 23 Abs. 1 Nr. 1 iVm. Abs. 3 AEntG). Die **Verletzung der Mitwirkungspflichten** ist mit Geldbußen bis zu 30 000 Euro bedroht (§ 23 Abs. 1 Nr. 2 iVm. Abs. 3 AEntG). Die Nichteinhaltung der allgemeinen Arbeitsbedingungen nach § 2 AEntG (Höchstarbeits- und Mindestruhezeiten, Arbeitnehmerüberlassung, Sicherheit und Gesundheitsschutz etc.) ist dagegen keine Ordnungswidrigkeit. 42

bb) Deutscher Generalunternehmer

Ordnungswidrig handelt auch ein deutscher Unternehmer, der in erheblichem Umfang Werk- oder Dienstleistungen ausführen lässt und hierfür einen **Subunternehmer** einsetzt, von dem er **leichtfertig nicht weiß**, dass dieser die **Bestimmungen des AEntG nicht einhält** bzw. seinerseits zulässt, dass ein von ihm eingesetzter Subunternehmer das Gesetz nicht einhält (§ 23 Abs. 2 AEntG). Es reicht aus, wenn der Hauptunternehmer die Sorgfalt, zu der er nach den Umständen und seinen persönlichen Kenntnissen und Fähigkeiten verpflichtet ist, außer Acht lässt[1]. **Werk- oder Dienstleistungen „in erheblichem Umfang"** dürften gegeben sein bei einem Auftragsvolumen von etwa 10 000 Euro, bezogen auf einen Auftraggeber und einen Auftragnehmer[2]. Eine Pflichtverletzung kann bereits gegeben sein, wenn der Hauptunternehmer die **Überprüfung seines Nachunternehmers unterlässt**. Dies gilt erst recht, wenn Umstände erkennbar sind, die für einen Verstoß des Nachunternehmers sprechen[3]. 43

Da § 23 Abs. 2 AEntG Schutzgesetz iSv. § 823 Abs. 2 BGB ist[4], kommt auch ein Schadensersatzanspruch des Arbeitnehmers gegen den Generalunternehmer in Höhe des nicht gezahlten Mindestentgelts in Betracht, wenn sich der ausländische Arbeitgeber als vermögenslos erweist. Dieser Schadensersatzanspruch ist allerdings neben der verschuldensunabhängigen Auftraggeberhaftung nach § 14 AEntG (vgl. Rz. 36) weitgehend bedeutungslos. 44

cc) Inländische Arbeitgeber

Den inländischen Arbeitgeber trifft die **Bußgeldandrohung** des AEntG ebenso wie den ausländischen Arbeitgeber, wenn er seinen in Deutschland beschäftigten deutschen oder ausländischen Arbeitnehmern **nicht die tariflichen Arbeitsbedingungen** gewährt oder seine **Verpflichtungen gegenüber der Urlaubskasse** nicht erfüllt. Dies stellt das Gesetz eindeutig klar[5]. 45

c) Ausschluss von öffentlichen Aufträgen

Nach § 21 Abs. 1 Satz 1 AEntG kann ein **ausländischer wie inländischer Unternehmer**, der mit einer **Geldbuße von wenigstens 2 500 Euro** belegt wurde, zeitlich befristet für eine angemessene Zeit bis zur nachgewiesenen Wiederherstellung der Zuver- 46

---

1 *Marschall*, NZA 1998, 633 (635).
2 ErfK/*Schlachter*, § 23 AEntG Rz. 5.
3 ErfK/*Schlachter*, § 23 AEntG Rz. 5. Die Überprüfungspflicht verneint OLG München 30.12.2010 – 1112 OWi 298 Js 35029/10, BB 2011, 2494 (2495).
4 *Schwab*, FS ARGE Arbeitsrecht, S. 1371.
5 BGH 21.3.2000 – 4 StR 287/99, NZA 2000, 558.

lässigkeit von der Vergabe öffentlicher Liefer-, Bau- oder Dienstleistungsaufträge ausgeschlossen werden. Dies gilt bei **schwerwiegender Verfehlung** auch schon vor Durchführung eines Bußgeldverfahrens (§ 21 Abs. 1 Satz 2 AEntG).

11. Sonderregelungen für die Pflegebranche

47 Die Pflegebranche ist ebenfalls in das AEntG einbezogen, unterliegt allerdings Sonderregelungen (§§ 10–13 AEntG). Grund ist, dass die Arbeitsbedingungen in dieser Branche nicht nur in Tarifverträgen, sondern auch in kirchenrechtlichen Regelungen enthalten sind. Diesen Unterschieden wird durch eine **Kommissionslösung** Rechnung getragen[1].

48 § 10 AEntG **definiert** zunächst die **Pflegebranche**. Diese umfasst die Versorgung von Menschen, die pflegebedürftig sind, ohne dass es darauf ankommt, ob die Voraussetzungen für eine der Pflegestufen (§ 15 Abs. 1 SGB XI) gegeben sind. Zur Versorgung gehören die Grund- und Behandlungspflege sowie die damit verbundenen hauswirtschaftlichen Dienstleistungen[2]. Unerheblich ist, ob die Pflege ambulant, stationär oder teilstationär erbracht wird. Nicht umfasst ist die überwiegend stationäre Krankenpflege in Krankenhäusern.

49 Der maßgebliche Unterschied zu den übrigen in § 4 AEntG genannten Branchen liegt darin, dass **nicht ein Tarifvertrag** durch Allgemeinverbindlicherklärung oder Rechtsverordnung zur Anwendung gelangt, **sondern die Empfehlung einer Kommission** (§ 12 AEntG). Diese Kommission wird errichtet durch das BMAS auf Antrag einer Tarifvertragspartei aus der Pflegebranche oder der Dienstgeber- bzw. -nehmerseite von paritätisch besetzten Kommissionen, die Arbeitsbedingungen für den Bereich kirchlicher Arbeitgeber in der Pflegebranche festlegen. Die Kommission beschließt nach § 12 Abs. 4 AEntG Empfehlungen. Gegenstand können nur **Arbeitsbedingungen nach § 5 Nr. 1 und 2 AEntG** sein.

50 Das BMAS kann sodann auf der Grundlage der Kommissionsempfehlung eine **Rechtsverordnung** erlassen, § 11 Abs. 1 AEntG. Die Empfehlung der Kommission kann nur unverändert in die Rechtsverordnung übernommen werden, eine inhaltliche Abweichung ist also nicht möglich[3]. Eine solche Rechtsverordnung wirkt wie die Rechtsverordnung nach § 7 AEntG (§ 13 AEntG). Zum Mindestentgelt und zur Bewertung von **Bereitschaftsdiensten** und **Rufbereitschaft** ab dem 1.1.2015 hat das BMAS am 27.11.2014 die 2. PflegeArbbV erlassen[4].

12. Regelungen für alle Wirtschaftszweige

51 § 2 AEntG sieht zusätzlich vor, dass bestimmte gesetzliche Vorschriften deutschen Rechts zwingend Anwendung finden, auch wenn das Arbeitsverhältnis von einer ausländischen Rechtsordnung regiert wird. Bei den in § 2 AEntG genannten Regelungen handelt es sich um Eingriffsnormen iSv. Art. 9 Rom-I-VO[5] (vgl. auch Teil 1 G Rz. 22 ff.).

Die Regelung gilt **für alle Wirtschaftszweige**. Es genügt, dass ein ausländischer Arbeitgeber einen Arbeitnehmer im Inland beschäftigt, einer Entsendungssituation bedarf es nicht. Sodann finden die deutschen Regelungen über **Mindestentgelt- und Überstundensätze**, bezahlten **Mindestjahresurlaub, Höchstarbeits- und Mindestruhezeiten**, die **Arbeitnehmerüberlassung**, die **Gleichbehandlung von Männern und Frauen**

---

1 Gesetzesbegründung, BT-Drucks. 16/11669, 22.
2 Gesetzesbegründung, BT-Drucks. 16/11669, 22.
3 Gesetzesbegründung, BT-Drucks. 16/11669, 23.
4 BAnz AT v. 28.11.2014 V1.
5 BAG 18.4.2012 – 10 AZR 200/11, NZA 2012, 1152.

und den **Arbeitsschutz** zwingend Anwendung, unabhängig davon, ob das Arbeitsverhältnis deutschem Recht unterliegt. Dies gilt auch für das **MiLoG**[1].

Die Nichteinhaltung dieser Bestimmungen ist im AEntG nicht gesondert mit Bußgeld bedroht. Die Kontrollbefugnisse und die Bußgeldbewehrung ergeben sich aus den jeweiligen spezialgesetzlichen Grundlagen. 52

13. Zuständigkeit deutscher Arbeitsgerichte

Der ausländische, **nach Deutschland entsandte Arbeitnehmer** hat eine eigene Klagemöglichkeit vor einem deutschen Gericht für Arbeitssachen, § 15 AEntG. Der Arbeitnehmer kann gegen seinen ausländischen Arbeitgeber eine **auf den Zeitraum der Entsendung bezogene Klage** auf Gewährung der Arbeitsbedingungen nach § 8 AEntG auch vor einem deutschen Arbeitsgericht erheben und ist nicht darauf angewiesen, vor dem für seinen Arbeitgeber im Ausland daneben auch weiterhin zuständigen ausländischen Gericht zu klagen. Die Klagemöglichkeit vor einem deutschen Arbeitsgericht besteht **auch gegenüber dem Generalunternehmer** auf Zahlung des Mindestentgelts nach § 14 AEntG. Welches deutsche **Arbeitsgericht örtlich zuständig** ist, regelt § 8 AEntG nicht. Insoweit dürfte in Anlehnung an § 48 Abs. 1a ArbGG (Gerichtsstand des Arbeitsortes) das Arbeitsgericht in Betracht kommen, in dessen Bezirk sich der Betrieb befindet, wo der Arbeitnehmer seine Arbeitsleistung erbringt bzw. erbracht hat. 53

Die Klagebefugnis ist nicht auf Zahlung des Mindestlohns und des Urlaubs beschränkt, sondern gilt auch für die **Einhaltung der gem. § 2 AEntG anwendbaren Beschäftigungsbedingungen**. 54

Die Klagemöglichkeit vor einem deutschen Arbeitsgericht steht auch den **gemeinsamen Einrichtungen der Tarifvertragsparteien** nach § 5 Abs. 3 AEntG bezüglich der **Abführung der Beiträge** zu (§ 15 Satz 2 AEntG). 55

III. Mindestlohngesetz

Am 16.8.2014 ist das Mindestlohngesetz (**MiLoG**)[2] in Kraft getreten. Es ersetzt das aufgehobene MiArbG von 1952 und ist Teil des **Tarifautonomiestärkungsgesetzes**. Ob die Tarifautonomie durch die Einführung des Mindestlohngesetzes gestärkt wird, wird in der Literatur problematisiert. Auch die Verfassungsmäßigkeit wird manchmal bezweifelt[3]. 56

1. Ziel und Grundlagen

Im Grundsatz hat **jeder** in Deutschland beschäftigte Arbeitnehmer ab dem 1.1.2015 gem. § 1 MiLoG einen Anspruch auf ein **Mindestentgelt von 8,50 Euro** brutto je Arbeitszeitstunde. Die Höhe des Mindestlohns kann auf Vorschlag einer Mindestlohnkommission durch Rechtsverordnung der Bundesregierung geändert werden, erstmals zum 1.1.2017, §§ 9, 11 MiLoG. Ziel ist die Sicherung eines Existenzminimums. 57

Das MiLoG ist **subsidiär** zu anderen Mindestlohnvorgaben, § 1 Abs. 3 MiLoG. Dies gilt insbesondere für diejenigen des AEntG und nach § 3a AÜG. Dies gilt entsprechend für einen nach § 5 TVG für allgemeinverbindlich erklärten Tarifvertrag nach § 4 Abs. 1 Nr. 1, §§ 5 und 6 Abs. 2 AEntG. Branchenmindestlöhne dürfen die Min- 58

---

1 ErfK/*Schlachter*, § 2 AEntG Rz. 1.
2 BGBl. I 2014, 1348.
3 Die Verfassungsgemäßheit bejaht *Barczak*, RdA 2014, 290 (298).

destlohngrenze zudem nach § 1 MiLoG nicht unterschreiten. Ein „besserer" Mindestlohn nach dem AEntG und § 3a AÜG setzt sich jedoch gegenüber dem gesetzlichen Mindestentgelt durch, § 1 Abs. 3 MiLoG.

59 Auch die Sittenwidrigkeitsrechtsprechung des BAG nach Maßgabe des § 138 BGB (dazu Teil 1 C Rz. 264b) ist weiter anzuwenden[1]. Zudem bleiben die **Landestariftreuegesetze** unberührt[2]. Abreden, die den Mindestlohn unterschreiten, sind zudem nach § 3 Satz 1 MiLoG „insoweit" unwirksam; der Arbeitsvertrag bleibt iÜ wirksam (dazu s. Rz. 105).

60 Die Höhe des Mindestlohns kann auf Vorschlag einer ständigen Kommission der Tarifpartner (**Mindestlohnkommission**) durch Rechtsverordnung der Bundesregierung geändert werden, § 1 Abs. 2 Satz 2 MiLoG. Die Mindestlohnkommission (§§ 4–12 MiLoG) wird für jeweils fünf Jahre von der Bundesregierung berufen. Jeweils drei Mitglieder werden von Arbeitgeber- und Arbeitnehmerseite auf Vorschlag der Spitzenorganisationen der Arbeitgeber und der Arbeitnehmer gewählt; zwei nicht stimmberechtigte Mitglieder kommen aus dem Kreis der Wissenschaft. Der Vorsitzende wird auf gemeinsamen Vorschlag der Spitzenverbände berufen oder nach einem Wechsel zwischen Arbeitgeber- und Arbeitnehmervertreter nach jeweiligem Beschluss (§ 6 MiLoG).

61 Eine Beschlussfassung über die Anpassung der Höhe des Mindestlohns findet erstmals bis zum 30.6.2016 mit Wirkung zum 1.1.2017 statt, danach alle zwei Jahre. Die Mindestlohnkommission prüft im Rahmen einer **Gesamtabwägung**, welche Höhe des Mindestlohns geeignet ist, zu einem angemessenen Mindestschutz der Arbeitnehmer beizutragen, faire und funktionierende Wettbewerbsbedingungen zu ermöglichen sowie Beschäftigung nicht zu gefährden. Die Kommission orientiert sich bei der Festsetzung des Mindestlohns nachlaufend an der Tarifentwicklung, § 9 Abs. 2 MiLoG.

2. Anwendungsbereich

a) Räumlicher Anwendungsbereich

62 Das Gesetz begründet eine Pflicht für alle Arbeitgeber mit Sitz im In- oder Ausland, den **in Deutschland beschäftigten** Arbeitnehmern den Mindestlohn nach Maßgabe der §§ 1 und 2 MiLoG zu zahlen[3], auch wenn das Beschäftigungsverhältnis nur von kurzer Dauer ist. Es gilt das **Arbeitsortprinzip**. Für die Beschäftigung von Arbeitnehmern im Ausland gilt das MiLoG gem. § 20 MiLoG nicht, auch wenn das Arbeitsverhältnis deutschem Recht unterliegt[4]. Der Mindestlohn soll zudem **unabhängig von der Dauer** des Einsatzes des Arbeitnehmers im Inland gezahlt werden. Dies gilt auch für einen Einsatz in Deutschland von nur wenigen Stunden (zB Reparatur einer technischen Anlage)[5].

63 Problematisch ist die Einordnung von **typengemischten Verträgen** wie Lieferverträgen mit Montageverpflichtung. Ein Kaufvertrag dürfte vorliegen, wenn die Montageleistungen von untergeordneter Bedeutung sind[6]. Selbst wenn die Montage-, Anschluss- und Inbetriebnahmeverpflichtungen des Subunternehmers erhebliche Be-

---

1 Ausführlich dazu *Bayreuther*, NZA 2014, 865 (866), differenzierend *Grau/Sittard*, KSzW 2014, 227; *Grau/Sittard*, ArbRB 2014, 336 ff.
2 *Bayreuther*, NZA 2014, 865 (867).
3 ErfK/*Franzen*, § 20 MiLoG Rz. 1.
4 ErfK/*Franzen*, § 20 MiLoG Rz. 1, der auf die aus dem Fürsorgeprinzip abgeleitete Pflicht, für einen gleichwertigen Schutz zu sorgen, hinweist.
5 *Insam/Hinrichs/Tacou*, NZA-RR 2014, 569 (570).
6 Dazu *Insam/Hinrichs/Tacou*, NZA-RR 2014, 569 (570).

III. Mindestlohngesetz

deutung haben, dürften die kaufvertraglichen Pflichten noch im Vordergrund stehen[1]. Dies spricht aus teleologischer Sicht dafür, diese Verträge vom Anwendungsbereich des MiLoG auszuschließen[2], auch wenn das MiLoG keine § 6 Abs. 1 Satz 1 AEntG entsprechende Regelung enthält.

b) Personeller Anwendungsbereich

Das MiLoG gilt grundsätzlich für alle **Arbeitnehmer**, § 22 Abs. 1 MiLoG. Maßgeblich ist der Arbeitnehmerbegriff im allgemeinen arbeitsrechtlichen Sinne. Zu den Arbeitnehmern gehören befristet Beschäftigte, vorübergehend Beschäftige, Saisonarbeitskräfte, Teilzeitbeschäftigte, Aushilfskräfte, geringfügig Beschäftigte (Minijobber, 450-Euro-Jobber), Nebenberufler, Rentner, Studenten, Werkstudenten, die in den Semesterferien reguläre Arbeit auf der Grundlage eines Arbeitsvertrages leisten und Au-Pairs entsprechend dem Arbeitsumfang.

Das MiLoG gilt nicht für Dienstleistende auf dienst- oder werkvertraglicher Grundlage („Soloselbständige"). Umgehungsgestaltungen werden von der „Finanzkontrolle Schwarzarbeit" im Rahmen der Prüfung verstärkt untersucht werden (etwa bei einfachen Dienstleistungen wie zB im Reinigungsgewerbe usw.). Ebenfalls soll das Gesetz nicht gelten für arbeitnehmerähnliche Personen, Heimarbeiter, Hausgewerbetreibende, (auf familienrechtlicher Grundlage) mithelfende Familienangehörige und „1-Euro-Jobber" (§ 16d Abs. 7 SGB II).

Das MiLoG soll weiterhin nicht gelten für bestimmte **Praktikanten** (§ 22 Abs. 1 Nr. 1–3 MiLoG), bei einer Einstiegsqualifizierung nach § 54a SGB III (§ 22 Abs. 1 Nr. 4 MiLoG), bei der Berufsausbildungsvorbereitung nach §§ 68–70 SGB III (§ 22 Abs. 2 Nr. 4 MiLoG), für Personen unter 18 Jahren (vgl. § 2 Abs. 1 und 2 JArbSchG) ohne abgeschlossene Berufsausbildung (§ 22 Abs. 2 MiLoG), für Auszubildende in der betrieblichen Berufsausbildung (§ 22 Abs. 3 MiLoG), für ehrenamtlich tätige Personen (§ 22 Abs. 3 MiLoG; dazu s. Rz. 69) und für ehemalige Langzeitarbeitslose in den ersten sechs Monaten ihrer neuen Beschäftigung (§ 22 Abs. 4 MiLoG).

Für **Saisonarbeiter** – vor allem in der Landwirtschaft – gilt der Mindestlohn zwar grundsätzlich, aber eine sozialversicherungsrechtlich privilegierte Beschäftigung wird künftig zeitlich länger möglich sein. Art. 9 des Tarifautonomiestärkungsgesetzes enthält insofern eine Änderung des § 115 SGB IV. Die Zeitgrenzen für eine **geringfügige Beschäftigung** werden zudem ausgeweitet. Vom 1.1.2015 bis 31.12.2018 kann die Beschäftigung geringfügig Beschäftigter innerhalb eines Kalenderjahres auf längstens drei Monate (statt bisher zwei Monate) oder 70 Arbeitstage (statt bisher 50 Arbeitstage) erstreckt werden. Die Regelung tritt am 31.12.2018 automatisch außer Kraft. Zudem wird eine Verwaltungsanweisung zur Berücksichtigung von Sachbezügen erlassen werden.

Für den Sonderbereich der **Zeitungszusteller** enthält § 24 Abs. 2 MiLoG eine Übergangsregelung: Zeitungszusteller erhalten vom gesetzlichen Mindestlohn jeweils 75% ab dem 1.1.2015, 85% ab 1.1.2016 und ab dem 1.1. bis 31.12.2017 8,50 Euro, wenn ausschließlich periodische Zeitungen und Zeitschriften an Endkunden zugestellt werden. Dies umfasst auch Zusteller von Anzeigenblättern mit redaktionellem Inhalt. Die Regelung greift also nicht bei zusätzlich zugestellten Briefen, Wurfsendungen und Waren. Damit gilt sie nicht für Briefdienstleister. Die Regelung ist im Hinblick auf Art. 3 GG äußerst problematisch, weil andere nach Art. 5 GG grundrechtlich geschützte Tätigkeiten nicht von der Mindestlohnpflicht ausgenommen wurden.

---

[1] MünchKommBGB/*Westermann*, § 434 BGB Rz. 36.
[2] *Insam/Hinrichs/Tacou*, NZA-RR 2014, 569 (570).

69 Mindestlohn ist darüber hinaus nicht zu zahlen für **ehrenamtlich Tätige**. § 22 Abs. 3 MiLoG enthält jedoch keine Definition des ehrenamtlich Tätigen, daher wird die Auslegung durch die Rechtsprechung erfolgen müssen. Ehrenamtlich tätig ist, wer ein öffentliches Amt (im weiteren Sinne) bekleidet oder Amtsträger einer privaten, meist gemeinnützigen Organisation ist oder sonst eine Tätigkeit übernommen hat, die sich ihrem Gesamteindruck nach als Ausdruck eines bürgerschaftlichen Engagements erweist und vom Willen auf das Allgemeinwohl ausgerichtet ist. Zudem muss es sich um eine Tätigkeit handeln, die nicht in der berechtigten Erwartung einer finanziellen Gegenleistung oder nur gegen eine Aufwandsentschädigung erbracht wird[1]. **Beispiele**: Freiwillige beim THW, BRK, DRK, bei der freiwilligen Feuerwehr, in Kirchengemeinden und in sozialen Einrichtungen; Arbeit aufgrund Vereinsmitgliedschaft in Sportvereinen, auch bei Amateur- und Vertragssportlern[2]. Mindestlohn ist ebenfalls nicht zu zahlen für Personen, die einen freiwilligen Dienst iSd. § 32 Abs. 4 Satz 1 Nr. 2d EStG leisten, zB freiwilliges soziales oder ökologisches Jahr, Entwicklungshilfe, Freiwilligendienst nach BundesfreiwilligendienstG.

70 Das MiLoG gilt zudem nicht für **Kinder und Jugendliche unter 18 Jahren** ohne abgeschlossene Berufsausbildung, § 22 Abs. 2 MiLoG, zB ferien- bzw. freizeitjobbende Schüler. Ziel der Norm ist es, Jugendlichen keinen Anreiz zu geben, unmittelbar für den Mindestlohn tätig zu werden und eine reguläre Berufsausbildung auszulassen. Diskutiert wird die Verfassungswidrigkeit dieser Norm wegen Verstoßes gegen Art. 3 Abs. 1 GG. Die Regelung könnte zudem altersdiskriminierend nach Art. 21 EuGRCh, Art. 6 RL 2000/78 EG sein. Allerdings besteht ein gesetzgeberischer Prognosespielraum bei der Gestaltung der Ausnahmen zum Mindestlohn, der auch hier zu beachten ist[3].

71 Weiterhin gilt das MiLoG nicht für **Auszubildende** in einem regulären Ausbildungsberuf mit Berufsausbildungsvertrag nach § 10 BBiG (§ 22 Abs. 3 MiLoG), sowie nicht für **ehemalige Langzeitarbeitslose** in den ersten sechs Monaten ihrer Beschäftigung (§ 22 Abs. 4 Satz 1 MiLoG), wenn die Person zuvor ein Jahr oder länger arbeitslos war. Maßgeblich für die Dauer der Wartefrist ist der vertraglich vereinbarte Beginn der Beschäftigung. Nach Ablauf der Wartefrist, dh. ab dem 7. Monat, besteht ein Anspruch auf den Mindestlohn.

72 Grundsätzlich haben auch **Praktikanten** einen Anspruch auf den Mindestlohn, so § 22 Abs. 1 Satz 2 MiLoG, der auf § 26 BBiG Bezug nimmt[4].

73 Bemerkenswert ist die erstmalige **Definition** der Praktikanten in § 22 Abs. 1 Satz 3 MiLoG: Nach der tatsächlichen Ausgestaltung und Durchführung des Vertragsverhältnisses, also unabhängig von der Bezeichnung des Rechtsverhältnisses, unterzieht sich der Praktikant für eine begrenzte Dauer zum Erwerb praktischer Kenntnisse und Erfahrungen einer bestimmten betrieblichen Tätigkeit mit dem Ziel der Vorbereitung auf eine berufliche Tätigkeit, ohne dass es sich um eine Berufsausbildung oder eine vergleichbare Tätigkeit handelt.

Dabei hat sich der Gesetzgeber an der Empfehlung des Rates der EU vom 10.3.2014[5] orientiert. § 22 Abs. 1 MiLoG stellt Praktikanten den Arbeitnehmern gleich, weil sie ausweislich §§ 1 Satz 2, 2 Abs. 1a NachwG, §§ 10, 17, 26 BBiG keine Arbeitnehmer sind.

74 Missbräuchliche **Scheinpraktika** erfasst die Norm von Anfang an nicht[6]. Bei diesen liegt ein echtes Arbeitsverhältnis vor und kein Praktikum iSv. § 26 BBiG. Damit ist

---

1 Vgl. BT-Drucks. 18/2010, 17; ErfK/*Franzen*, § 22 MiLoG Rz. 4.
2 ErfK/*Franzen*, § 22 MiLoG Rz. 4.
3 Meinungsstand bei *Sittard*, NZA 2014, 951 (953).
4 S. dazu *Reufels/Blöchl*, ArbRB 2014, 352.
5 Qualitätsrahmen für Praktika, ABlEU. v. 27.3.2014, Nr. C. 88/1; dazu *Düwell*, DB 2014, 2047.
6 *Picker/Sausmikat*, NZA 2014, 942 (944).

III. Mindestlohngesetz

der Scheinpraktikant geschützt, es gilt § 138 iVm. § 612 Abs. 2 BGB[1] (dazu Teil 1 C Rz. 263ff.).

Ausnahmen von der Mindestlohnpflicht auch für Praktikanten bestehen nach § 22 Abs. 1 Satz 1 MiLoG, wenn das Praktikum im Rahmen einer ausbildungs-/hochschul-/**studienrechtlichen** Ordnung oder Bestimmung (Nr. 1) erfolgt, etwa bei juristischen Pflichtpraktika (§ 5a Abs. 3 Satz 2 DRiG), bei Praktika an gesetzlich geregelten Berufsakademien und im Rahmen **dualer Studiengänge**[2]; oder wenn das Praktikum zur **Orientierung** für Ausbildung oder Studium (Nr. 2) geleistet wird, sofern ein inhaltlicher Bezug zu einer Ausbildung oder zu einem Studium besteht.

Weitere Ausnahmen von der Mindestlohnpflicht bestehen, wenn das Praktikum **freiwillig** und **begleitend** zur Ausbildung oder dem Studium erfolgt, wenn nicht zuvor[3] ein solches Praktikumsverhältnis bestanden hat und das Praktikum nicht länger als drei Monate dauert (Nr. 3). Unklar ist aber, ob Nr. 3 auch dann einschlägig ist, wenn mehrere freiwillige Praktika bis zur Gesamtdauer von drei Monaten absolviert werden[4]. Bei demselben Betrieb geleistete Pflichtpraktika nach Nr. 1 und 2 werden nicht auf den Drei-Monats-Zeitraum angerechnet[5]. Somit können Praktikanten bei einer Kombination aus Pflichtpraktikum und freiwilligem Praktikum ggf. deutlich länger als drei Monate mindestlohnfrei beschäftigt werden[6]. Bei tatsächlicher Beschäftigung über den Drei-Monats-Zeitraum hinaus, setzt **ab dem vierten Monat** die Pflicht zur Zahlung des Mindestlohns ein[7]. Andernfalls müsste der Arbeitgeber, der von vornherein ein freiwilliges Praktikum für einen Zeitraum von sechs Monaten vergeben will, den Zeitraum künstlich aufspalten[8].

Schließlich sind diejenigen Praktikanten nicht mindestlohnpflichtig, die an einer Einstiegsqualifizierung (§ 54a SGB III) oder an Berufsausbildungsvorbereitungsmaßnahmen (§§ 68–70 BBiG) teilnehmen (Nr. 4). Denn hierbei handelt es sich um Maßnahmen, bei denen die Integration in den Arbeitsmarkt im Vordergrund steht[9].

⊃ **Hinweis:** In den Praktikumsvertrag oder den Nachweis nach §§ 2 Abs. 1a Nr. 2, 1 Satz 2 NachwG sollten die Art und der Zweck des Praktikums sowie die verfolgten Lern- oder Ausbildungsziele im Hinblick auf die Beweislastverteilung aufgenommen werden[10].

Differenziert werden muss weiterhin bei **Diplomanden-Verträgen**, insbesondere in technischen Studiengängen[11]. Die Ausgestaltung als Rechtsverhältnis sui generis, Arbeitsverhältnis oder Praktikumsverhältnis ist möglich. Ist der Student hauptsächlich mit der Anfertigung der Diplomarbeit beschäftigt, besteht keine Mindestlohnpflicht, selbst er sich wegen der Nutzung des betrieblichen Arbeitsplatzes dem betrieblichen

---

1 Zur Abgrenzung und zu den Folgen: *Grimm/Linden*, ArbRB 2014, 51ff.
2 So unter Hinweis auf die Materialien *Bayreuther*, NZA 2014, 865 (871), der auf die Einzelfallbetrachtung bei praxisintegrierten Studiengängen insbesondere bei nachgelagerten Praxisphasen hinweist. Die Mindestlohnpflicht bei Praxisphasen während des Studiums bzw. der parallelen Berufsausbildung verneinen *Picker/Sausmikat*, NZA 2014, 942 (947).
3 Zuvor soll gleichbedeutend sein mit „niemals", so *Bayreuther*, NZA 2014, 865 (871).
4 Bejahend *Bayreuther*, NZA 2014, 865 (872).
5 So *Bayreuther*, NZA 2014, 865 (872) unter Hinweis auf den Wortlaut („... wenn nicht zuvor ein *solches* Praktikumsverhältnis mit demselben Ausbildenden bestanden hat ..."); ErfK/*Franzen*, § 22 MiLoG Rz. 11; *Sagan/Witschen*, jM 2014, 372 (379).
6 *Reufels/Blöchl*, ArbRB 2014, 352 (355).
7 *Reufels/Blöchl*, ArbRB 2014, 352 (355); ErfK/*Franzen*, § 22 MiLoG Rz. 12; aA wohl *Sagan/Witschen*, jM 2014, 372 (379) zu § 22 Abs. 1 Satz 2 Nr. 2 MiLoG.
8 Vgl. ErfK/*Franzen*, § 22 MiLoG Rz. 12, der zudem auf die Zielsetzung des Gesetzgebers hinweist, das Instrument Praktikum nicht über Gebühr einzuschränken.
9 BR-Drucks. 147/14, 46; *Sagan/Witschen*, jM 2014, 372 (379).
10 *Reufels/Blöchl*, ArbRB 2014, 352 (353).
11 *Picker/Sausmikat*, NZA 2014, 942 (947).

Arbeitszeitregime unterwirft[1]. Etwas anderes gilt, wenn eine Anwesenheits- und Arbeitspflicht besteht[2].

79 Nach der beiläufigen Formulierung in der Gesetzesbegründung[3] sollen **Volontäre** nicht unter das MiLoG fallen. Dies ist zweifelhaft, weil es voraussetzen würde, dass es sich um ein nach § 22 Abs. 1 MiLoG privilegiertes Praktikum handelt[4]. Die Rechtsprechung wird mutmaßlich im Rahmen einer an Sinn und Zweck der Norm orientierten Auslegung über diese Überlegung des Gesetzgebers hinweggehen. Volontariatsverträge unterfallen wohl im Regelfall als anderes Rechtsverhältnis iSd. § 26 BBiG der Geltung des MiLoG. Anderes gilt für das tarifvertraglich geregelte Redaktionsvolontariat, wenn der Tarifvertrag strukturiert und dezidiert die zweijährige Ausbildung regelt. Die bislang üblichen **Langzeitpraktika** im Kulturbereich (Orchester, Theater, Film) sind mindestlohnpflichtig, es sei denn, sie bilden umfassend, strukturiert und mindestens zwei Jahre für einen bestimmten künstlerischen Beruf aus[5].

80 Mindestlohn ist hingegen zu zahlen für jegliche Form der freiwilligen Praktika **nach** Abschluss einer Ausbildung oder eines Studiums, soweit dieses nur Fähigkeiten und Fertigkeiten für einen Beruf vermitteln soll, für den keine (weitere oder neue) Ausbildung oder ein Studium angestrebt wird („Generation Praktikum") [6].

81 Mindestlohn ist auch zu zahlen für **Werkstudenten**, die in den Semesterferien reguläre Arbeit auf der Grundlage eines Arbeitsvertrages leisten, da ein ganz normales Arbeitsverhältnis vorliegt[7].

82 Es stellt sich die Folgefrage, ob die Definition des Praktikanten in anderen Rechtsbereichen übernommen werden kann. Denn Praktikanten, die gem. § 22 Abs. 1 MiLoG als Arbeitnehmer gelten, sind nun auch vom Anwendungsbereich des **NachwG** erfasst, § 1 Satz 2 NachwG. Die Fehleinschätzung des § 26 BBiG, wonach bei Praktika auf eine Vertragsniederschrift nach § 11 BBiG verzichtet werden kann, wird damit korrigiert. Für alle „anderen Vertragsverhältnisse" iSv. § 26 BBiG und damit insbesondere für Volontäre kann hingegen auf die Niederschrift verzichtet werden[8]. Frühzeitige Niederschrift bedeutet dabei spätestens **vor** Antritt des Praktikums (§ 2 Abs. 1a Satz 1 NachwG), nicht einen Monat nach Tätigkeitsaufnahme wie sonst nach dem NachwG.

c) Fachlicher Anwendungsbereich

83 Grundsätzlich enthält das MiLoG keine **Öffnungsklausel** zugunsten von Tarifverträgen.

Es bestehen jedoch Ausnahmen, in denen das MiLoG nicht gilt. Dies ist insbesondere der Fall bei abweichenden Tarifverträgen „repräsentativer" Tarifvertragsparteien, § 24 Abs. 1 Satz 1 MiLoG, wenn sie für alle unter den Geltungsbereich des Tarifvertrags fallenden Arbeitgeber mit Sitz im In- und Ausland verbindlich gemacht worden sind. Diese Tarifverträge gehen bis einschließlich 31.12.2017 dem MiLoG vor, wenn sie für allgemeinverbindlich erklärt (§ 5 TVG) oder per Rechtsverordnung zwingend

---

1 *Picker/Sausmikat*, NZA 2014, 942 (947).
2 *Natzel*, BB 2011, 1589 (1593); *Picker/Sausmikat*, NZA 2014, 942 (947).
3 Ausschuss Arbeit und Soziales, BT-Drucks. 18/2010, 26.
4 So auch *Bayreuther*, NZA 2014, 865 (873) mwN.
5 So *Picker/Sausmikat*, NZA 2014, 942 (946).
6 Krit. *Picker/Sausmikat*, NZA 2014, 942 (947).
7 Krit. *Picker/Sausmikat*, NZA 2014, 942 (947).
8 Dazu *Düwell*, DB 2014, 2047 (2049).

III. Mindestlohngesetz

geworden sind (§ 7 AEntG) und in den Anwendungsbereich des AEntG fallen. Dies gilt auch bei Tarifvertragsabschluss in den Jahren 2015 bis 2017[1].

Ab 1.1.2017 müssen auch diese Tarifverträge mindestens 8,50 Euro pro Arbeitszeitstunde vorsehen. Das kann zur Folge haben, dass der Tarifvertrag unter dem dann geltenden (ab 1.1.2017 erhöhten) Mindestlohnniveau liegen kann.

Der Begriff der **abweichenden Tarifverträge „repräsentativer" Tarifvertragsparteien** nach § 24 Abs. 1 Satz 1 MiLoG ist unklar und bedarf der Konkretisierung. Die Gesetzesbegründung definiert „repräsentativ" wie folgt: „sachnah und für die Branche repräsentativ"[2]. Maßgeblich dürften auch nach dem MiLoG die in § 7 Abs. 2 AEntG genannten Indizien sein: die Zahl der von den tarifgebundenen Arbeitgebern im Geltungsbereich des Tarifvertrages beschäftigten Arbeitnehmer und die darunter fallenden Mitglieder der tarifschließenden Gewerkschaft[3]. 84

Rechtsverordnungen nach § 11 AEntG und § 3a AÜG, § 24 Abs. 1 Satz 2 MiLoG gehen ebenfalls vor. Relevant sind diese allerdings wohl nur noch in der Pflegebranche in den neuen Bundesländern (dort bis 31.12.2014: 8 Euro Lohn). Das Friseurhandwerk kann nicht von der Übergangsregelung Gebrauch machen, da der für allgemeinverbindlich erklärte Lohntarifvertrag nicht in den Geltungsbereich des AEntG einbezogen ist[4]. 85

Das MiLoG tritt des Weiteren dauerhaft hinter die Regelungen des AEntG und des AÜG zurück, soweit die Höhe der auf ihrer Grundlage festgesetzten Branchenmindestlöhne die Höhe des gesetzlichen Mindestlohns nicht unterschreitet, § 1 Abs. 3 Satz 1 MiLoG. Entsprechendes gilt für allgemeinverbindlich erklärte Tarifverträge nach § 4 Abs. 1 Nr. 1, §§ 5, 6 AEntG, § 1 Abs. 3 Satz 2 MiLoG.

3. Berechnung des Mindestlohns

Der Mindestlohn beträgt ab dem 1.1.2015 8,50 Euro brutto je Zeitstunde (§ 1 Abs. 2 Satz 1 MiLoG). Der Begriff der „**Zeitstunde**" ist nicht gesetzlich definiert. Arbeitszeit richtet sich grundsätzlich nach allgemeinen Grundsätzen und den auf das jeweilige Rechtsverhältnis anwendbaren Rechtsquellen (Tarifvertrag, Betriebsvereinbarung, Arbeitsvertrag). Arbeitszeitrechtliche Kategorien der **Arbeitsbereitschaft**, **Rufbereitschaft** und **Bereitschaftsdienst** werden vergütungsrechtlich in Bezug genommen. Nur soweit diese Arbeitsleistungen wie Arbeitszeit zu vergüten sind, entsteht auch der Mindestlohnanspruch. Gibt es keine Regelungen, sind Arbeitsbereitschaft und Bereitschaftsdienst[5] wie Arbeitszeit zu behandeln und daher mindestlohnrelevant, nicht aber Rufbereitschaft[6]. 86

Bei pauschalem Lohn (**Monatslohn**) ist dieser umzurechnen. Bezugsgröße des Entgelts ist grundsätzlich der Kalendermonat. Auf den Stundenmindestlohn heruntergerechnet wird wie folgt: vereinbarter Bruttomonatslohn geteilt durch die regelmäßige monatliche Arbeitszeit in Stunden ergibt den fiktiven Bruttostundensatz, der den gesetzlichen Mindestlohnsatz erreichen muss[7]. 87

---

1 *Bayreuther*, NZA 2014, 865 (873).
2 BT-Drucks. 18/1558, 51.
3 ErfK/*Franzen*, § 24 MiLoG Rz. 1; *Bayreuther*, NZA 2014, 865 (873).
4 *Bayreuther*, NZA 2014, 865 (873).
5 So für die PflegeArbbV BAG 19.11.2014 – 5 AZR 1101/12, juris; quantitativ relativiert durch § 2 Abs. 3 2. PflegeArbbV vom 27.11.2014, BAnz AT v. 28.11.2014 V 1.
6 Ähnlich *Däubler*, NJW 2014, 1924 (1926); ErfK/*Franzen*, § 1 MiLoG Rz. 4. So auch § 2 Abs. 4 2. PflegeArbbV.
7 ErfK/*Franzen*, § 1 MiLoG Rz. 8.

88 Es hat eine **Durchschnittsbetrachtung für jeden Monat** stattzufinden[1]. Bei schwankendem, diskontinuierlichem Arbeitsanfall kann auch ein anderer Zeitrhythmus zugrunde gelegt werden. Im Zwei-Monats-Zeitraum muss aber mindestens der gesetzliche Mindestlohn erreicht werden. Gem. § 2 Abs. 1 MiLoG ist der Arbeitgeber verpflichtet, den Mindestlohn zum Zeitpunkt der vereinbarten Fälligkeit, spätestens jedoch am letzten Bankarbeitstag des Monats zu zahlen, der auf den Monat folgt, in dem die Arbeitsleistung erbracht wurde. Daraus kann man eine **Zwei-Monats-Betrachtung** ableiten[2].

89 Das MiLoG beantwortet nicht ausdrücklich, ob der Arbeitgeber Mindestlohn auch in Fällen zu zahlen hat, in denen **keine Arbeitsleistung** erbracht wird, obwohl der arbeitsvertragliche Vergütungsanspruch nach § 615 BGB, § 1 BUrlG, § 3 EFZG erhalten bleibt. § 21 Abs. 1 Nr. 2 MiLoG knüpft an die erbrachte Arbeitsleistung an. Dies entspräche jedenfalls dem AEntG: dort ist der Mindestlohn nur für die tatsächlich geleistete Arbeit zu zahlen[3]. Diese Rechtslage gilt aber nur für Auslandssachverhalte. Teilweise wird deshalb differenziert[4]: Im Fall des § 615 BGB hat der Arbeitnehmer die Arbeitsunfähigkeit nicht verursacht und im Fall des BUrlG bleibt der Erholungszweck weiter bestehen, daher soll das MiLoG gelten. Durch das EFZG sollen hingegen nur die Sozialversicherungssysteme geschützt werden, daher bestehe kein Anspruch auf den Mindestlohn[5].

90 Die Vereinbarung eines **Stücklohns** bleibt weiterhin zulässig, wenn gewährleistet ist, dass umgerechnet auf die Stunde der Mindestlohn gezahlt wird. Das Gesetz gibt keine Hilfestellung, wie umzurechnen ist. Auch dem **Leistungslohn** liegt eine – wenn auch vielleicht nur gedachte – Leistungszeit zugrunde. Der jeweilige Geldfaktor muss so bemessen sein, dass für eine „Normalleistung" die Höhe des Mindestlohns (8,50 Euro) erreicht werden kann. Diese Überlegung kann man auf **Akkordlöhne** übertragen[6].

91 Fraglich ist, welche **Vergütungsbestandteile** sonst zum Mindestlohn gehören. Einzubeziehen ist jegliche Vergütung, die der Arbeitgeber als konkrete Gegenleistung für die Arbeitsleistung des Arbeitnehmers zahlt, mit der dessen „Normalleistung" abgegolten werden soll, also das „Entgelt im eigentlichen Sinne". Dazu rechnen zunächst die Entgeltbestandteile, die untrennbar mit der Erfüllung der dem Arbeitnehmer nach seinem Arbeitsvertrag obliegenden Aufgaben verbunden sind. Ebenso gilt dies für Bestandteile, die an die berufliche Stellung anknüpfen, wie etwa eine leitende Position, die Dauer der Betriebszugehörigkeit oder die berufliche Qualifikation[7]. Auslegungsausgangspunkt ist dabei die Sicherstellung existenzsichernder Arbeitsbedingungen[8].

92 Die **Anrechenbarkeit** sonstiger Arbeitgeberleistungen auf den Mindestlohn ist trotz entsprechender Aufforderung des Bundesrats nicht gesetzlich geregelt worden. Damit bestimmen sich die Grenzen nach der **EuGH-Rechtsprechung**[9]. Im Kern fragt der EuGH danach, ob ein Vergütungselement „Lohn im eigentlichen Sinne" ist. Es können nur solche Vergütungsbestandteile einbezogen werden, die das Verhältnis von Leistung und Gegenleistung nicht ändern. Die Grundsätze über die Anrechnung bei branchenweit gültigen Tarifverträgen nach AEntG sind hier entsprechend anwendbar.

---

1 *Sittard*, NZA 2014, 951; *Bayreuther*, NZA 2014, 865 (867).
2 Dafür bei diskontinuierlichem Arbeitsanfall ErfK/*Franzen*, § 1 MiLoG Rz. 8.
3 *Koberski*, § 5 AEntG Rz. 17 mwN; *Grau/Sittard*, ArbRB 2014, 375 (376).
4 ErfK/*Franzen*, § 1 MiLoG Rz. 18.
5 ErfK/*Franzen*, § 1 MiLoG Rz. 19, 20, str.
6 ErfK/*Franzen*, § 1 MiLoG Rz. 9.
7 BAG 18.4.2012 – 4 AZR 168/10, NZA 2013, 386.
8 BT-Drucks. 18/1558, 33.
9 EuGH 7.11.2013 – Rs. C-522/12 – Isbir/DB Services, NZA 2013, 1359, dazu detailliert *Brors*, NZA 2014, 938f.

III. Mindestlohngesetz

Anrechenbar sind zusätzliche Leistungen danach nur dann, wenn ihr Zweck ausschließlich darin liegt, die Arbeitsleistung des Arbeitnehmers zu entgelten, sie also funktional gleichwertig zum Mindestlohn sind und sie tatsächlich und unwiderruflich zum Fälligkeitszeitpunkt ausbezahlt werden.

Darunter fallen **Urlaubsgeld, Weihnachtsgeld** und ein **13. Gehalt** nicht, wenn sie erst zum Urlaubsantritt oder zu Weihnachten ausbezahlt werden oder wenn sie unter Freiwilligkeits- oder Widerrufsvorbehalt gezahlt werden. Zudem bleiben Arbeitgeberanteile zur Sozialversicherung außer Betracht. **Vermögenswirksame Leistungen** und **Leistungen der betrieblichen Altersversorgung** werden nie angerechnet, da der Arbeitnehmer über diese Leistungen nicht zeitnah verfügen kann oder da er an bestimmte Anlage- und Verwendungsformen gebunden ist und damit zugleich sozialpolitische Ziele verfolgt werden (und nicht nur Entlohnung). **Mankogeld** wird ebenfalls nicht angerechnet, da es nicht allein für die Arbeitsleistung gezahlt wird, sondern einen Ausgleich dafür bildet, dass der Arbeitnehmer verschuldensunabhängig für einen Kassenfehlbetrag oder Warenfehlbestand haftet.

Provisionen werden nur dann angerechnet, wenn sie laufend monatlich ohne Widerrufs- oder Verrechnungsvorbehalt gezahlt werden. Der Zwei-Monats-Zeitraum kann dabei wegen erheblicher Schwankungen zu knapp sein[1]. Hier ist zu beachten, dass das MiLoG anerkannte Vergütungsformen nicht beseitigen will. Wertungskriterium kann § 87c Abs. 1 HGB sein: Der Abrechnungszeitraum beträgt dann bis zu drei Monate zuzüglich eines weiteren Monats[2]. Sofern der Arbeitgeber diese gesetzliche Regelung auf das Arbeitsverhältnis anwendet, gilt dieser Zeitraum ebenso für die Umrechnung in den Mindestlohn. Dies führt zu einem Zeitraum von max. vier Monaten[3], § 87c Abs. 1 Satz 1 Halbs. 2 und Satz 2 HGB. Ob dem gefolgt wird, ist noch abzuwarten.

Trinkgelder werden nicht angerechnet, weil diese von einem Dritten (Kunden, Gast) ohne rechtliche Verpflichtung gezahlt werden. **(Pauschalierter) Aufwendungsersatz** ist ebenfalls nicht anrechenbar, weil er unabhängig von der tatsächlichen Arbeitsleistung erbracht wird. Darunter fallen zB das Wegegeld und das Job-Ticket sowie Entsendezulagen, soweit sie der Erstattung beim Arbeitnehmer tatsächlich angefallener Entsendungskosten (zB Unterkunft, Verpflegung, Reisekosten) dienen.

Geldwerte Sachleistungen (zB freie Unterkunft, Verpflegung) sind nur anrechenbar, wenn die Anrechnung dem Interesse des Arbeitnehmers oder der Eigenart des Arbeitsverhältnisses entspricht, § 107 Abs. 2 GewO. Strittig ist die Anrechenbarkeit eines **jährlichen Bonus**. Wegen der Fälligkeitsregelung des § 2 Abs. 1 Nr. 1 MiLoG entsteht die Fälligkeit für den Stundenlohn jedenfalls am Ende des jeweiligen Arbeitsmonats. Damit könnte ein variabler Bonus, der anrechenbar sein soll, nicht über das ganze Jahr verteilt werden.

Auch hinsichtlich von **Zulagen und Zuschlägen** ist die Anrechenbarkeit strittig. Teilweise wird angenommen, anrechenbar seien ausnahmslos alle Zahlungen, die Entgelt für Arbeitsleistung seien, nicht hingegen reiner Aufwendungsersatz[4]. Nach anderer Ansicht gelten hier die Vorgaben der **EuGH-Rechtsprechung zum AEntG** (Branchenmindestlöhne). So hatte sich die Bundesregierung geäußert und auf die Rechtsprechung des BAG[5] verwiesen. Eine Anrechnung sei daher regelmäßig (nur) dann möglich, wenn Zulagen oder Zuschläge zusammen mit anderen Leistungen des Arbeitgebers ihrem Zweck nach diejenige Arbeitsleistung des Arbeitnehmers entgelten,

---
1 ErfK/*Franzen*, § 1 MiLoG Rz. 10.
2 ErfK/*Franzen*, § 1 MiLoG Rz. 10.
3 So ErfK/*Franzen*, § 1 MiLoG Rz. 10.
4 *Bayreuther*, NZA 2014, 865 (869).
5 BAG 18.4.2012 – 4 AZR 168/10, NZA 2013, 386.

die mit dem Mindestlohn zu vergüten sei[1]. Nur bei **„funktionaler Gleichwertigkeit"** der Zulagen oder Zuschläge mit Entgelt, das ausschließlich die „normale" Arbeitsleistung des AN vergüten soll, solle eine Anrechnung stattfinden.

98 Nach den Grundsätzen des EuGH[2] sind jedoch **nicht anrechenbar** Zuschläge für Mehrarbeit pro Zeiteinheit (Akkordprämien), überdurchschnittliche qualitative Arbeitsergebnisse (Qualitätsprämien), Arbeit zu besonderen Zeiten (zB Überstunden, Sonn- oder Feiertagsarbeit), Arbeit unter erschwerten oder gefährlichen Bedingungen (zB Schmutzzulagen, Gefahrenzulagen), ferner Zahlungen, die aufgrund zusätzlich erbrachter Tätigkeit geleistet werden und die nicht die Normalleistung vergüten sowie Zahlungen, die keine Lohnbestandteile sind, weil sie einem anderen Zweck dienen und ihre Anrechnung deshalb den bereits verdienten Lohn herabsetzen würde[3].

4. Fälligkeit und Arbeitszeitkonten

99 Mindestlohn ist bei vereinbarter **Fälligkeit** spätestens nach der Vereinbarung zu zahlen. Ohne vereinbarte Fälligkeit richtet sich die Fälligkeit nach § 2 Abs. 1 Nr. 1 MiLoG, der auf § 614 BGB verweist, dh. Fälligkeit tritt nach erfolgter Arbeitsleistung ein. Die Norm bildet auch die Grenze der möglichen Vereinbarung.

Allerspätestens tritt Fälligkeit damit nach § 2 Abs. 1 Nr. 2 MiLoG am letzten Bankarbeitstag (Frankfurt a.M.) des Monats ein, der auf den Monat der Arbeitsleistung folgt. Die verspätete Zahlung des Mindestlohns begründet Verzug (§ 286 Abs. 2 Nr. 1 BGB) und eine Ordnungswidrigkeit (§ 21 Abs. 1 Nr. 9 MiLoG).

100 Von dieser Grundregel enthält § 2 Abs. 2 MiLoG eine Öffnungsklausel zu Gunsten von **Arbeitszeitkonten**[4]. Arbeitszeit, die über die vertraglich vereinbarte Arbeitszeit hinausgeht (Mehrarbeit), kann auf ein schriftlich (auch durch Betriebsvereinbarung, normativ geltenden Tarifvertrag oder schriftlich in Bezug genommenen Tarifvertrag)[5] vereinbartes oder auf Basis einer Betriebsvereinbarung oder eines Tarifvertrags eingerichtetes Arbeitszeitkonto gutgeschrieben werden. Folge ist, dass die gutgeschriebene Arbeitszeit innerhalb von zwölf Monaten nach ihrer monatlichen Erfassung auszugleichen ist. Diese zeitliche Beschränkung gilt jedoch nicht, wenn der Anspruch auf den Mindestlohn bereits durch Zahlung des verstetigten Arbeitsentgelts erfüllt ist, § 2 Abs. 2 Satz 3 MiLoG.

101 Die Gutschriften dürfen monatlich nicht jeweils mehr als maximal 50 % der vertraglich vereinbarten Arbeitszeit betragen, § 2 Abs. 2 Satz 3 MiLoG[6]. Wörtlich genommen könnte dies im Extremfall dazu führen, dass der Arbeitgeber dem Arbeitnehmer bspw. nur 4,25 Euro pro Stunde auszahlt und die andere Hälfte des Lohns auf das Arbeitszeitkonto bucht. Problematisch ist dabei, dass nach dem BAG bei Abrufarbeit (§ 12 TzBfG) die über die vertragliche Mindestarbeitszeit hinausgehende Arbeitsleistung max. 25% der wöchentlichen Arbeitszeit betragen darf (§ 307 BGB). Fraglich ist deshalb, ob mit der Formulierung im MiLoG gemeint war, dass die gesamte Arbeitszeitgutschrift auf dem Konto zu keinem Zeitpunkt nicht mehr als 50 % der vertraglich vereinbarten Arbeitszeit erreichen darf[7].

102 § 2 Abs. 2 MiLoG macht insgesamt keine allgemeine Vorgabe für sämtliche Arbeitszeitkonten. Die Führung eines Arbeitszeitkontos unterfällt damit **nicht** § 2 Abs. 2

---

1 BT-Drucks. 18/1558, 84f.
2 Dazu *Brors*, NZA 2014, 938 (939).
3 Zusammenfassend ErfK/*Franzen*, § 1 MiLoG Rz. 14; *Wortmann*, ArbRB 2014, 346 (348).
4 Dazu *Bonanni/Hahne*, ArbRB 2014, 343.
5 So BT-Drucks. 18/1558, 41.
6 *Spielberger/Schilling*, NJW 2014, 2897 (2900).
7 *Bayreuther*, NZA 2014, 865 (870).

III. Mindestlohngesetz

Satz 1 MiLoG, wenn bereits durch das **verstetigte** Monatseinkommen für sämtliche geleistete Arbeitsstunden – einschließlich der Überstunden – der vom Arbeitgeber gesetzlich geschuldete Mindestlohn bewirkt wird[1].

Hier ist zu beachten, dass auch der Wert der in das Konto eingestellten Überstunden (obgleich diese noch nicht abgegolten sind) rechnerisch im Wert des verstetigten Monatseinkommens enthalten sein muss. Das Monatseinkommen muss also insgesamt über dem Mindestlohn liegen. Sonst muss das Konto innerhalb der zwölf Monate ausgeglichen sein. Das Arbeitszeitkonto ist zudem bei Beendigung des Arbeitsverhältnisses „spätestens" in dem auf die Beendigung folgenden Monat auszugleichen, § 2 Abs. 2 Satz 2 MiLoG.

⊃ **Hinweis:** Unterfällt ein Arbeitszeitkonto teilweise § 2 Abs. 2 MiLoG, muss ausgewiesen werden, welcher Teil der eingestellten Arbeitszeit aus welchem Monat den Begrenzungen des § 2 Abs. 2 MiLoG unterfällt. Nur so kann eine zutreffende Zuordnung zu dem gesetzlich oder durch Tarifvertrag oder Betriebsvereinbarung angeordneten Ausgleichszeitraum erfolgen. Sinnvoll ist ferner eine Regelung, wonach die § 2 Abs. 2 MiLoG unterfallenden Stunden zunächst angebaut werden[2]. 103

Fälligkeitsregelungen finden gem. § 2 Abs. 3 MiLoG zudem keine Anwendung auf **Wertguthabenvereinbarungen** iSd. SGB IV; darunter fallen Altersteilzeitvereinbarungen und (schriftlich vereinbarte) Langzeitkontenregelungen nach § 7b SGB IV. 104

5. Unabdingbarkeit des Mindestlohnanspruchs

Gem. § 3 Satz 1 MiLoG kann der Mindestlohnanspruch **weder beschränkt noch ausgeschlossen** werden. Ein Verzicht ist nur für die Vergangenheit durch gerichtlichen Vergleich (§ 278 Abs. 6 ZPO) möglich, § 3 Satz 2 MiLoG. **Konsequenz** einer den Mindestlohn unterschreitenden oder seine Geltendmachung beschränkenden oder ausschließenden Vergütungsabrede ist grundsätzlich die Unwirksamkeit der Regelung. 105

Abreden, die den Mindestlohn unterschreiten, sind nach § 3 Satz 1 MiLoG unwirksam. Der Arbeitsvertrag bleibt im Übrigen wirksam; § 139 BGB greift nicht (§ 3 Satz 1 MiLoG: „insoweit"). An die Stelle der unwirksamen Regelung tritt nach § 612 Abs. 2 BGB die „übliche Vergütungsregelung", mindestens in Höhe des Mindestlohns. Der Arbeitgeber schuldet damit die Vergütung, die im örtlichen Wirtschaftsgebiet üblicherweise für eine vergleichbare Tätigkeit bezahlt wird, was häufig der in einem fachlich (branchenüblich) und räumlich einschlägigen **Tarifvertrag** vorgesehene Arbeitslohn sein wird. Folge ist ein „Aufstockungsanspruch" auf das regelmäßige branchenübliche Gehalt, das höher als der Mindestlohn sein kann.

Einem differenzierenden Ansatz nach geht der Aufstockungsanspruch zunächst (nur) bis 8,50 Euro[3]. Dann sei jedoch zweistufig vorzugehen: Nach Anhebung auf 8,50 Euro (erste Stufe) werde geprüft (zweite Stufe), ob der gesetzliche Mindestlohn im Hinblick auf die konkrete Tätigkeit des Arbeitnehmers eine iSv. § 138 Abs. 1 BGB sittenwidrige Entgeltregelung darstellt[4]. Hierfür gilt als Orientierungswert die Rechtsprechung des BAG[5], wonach Entgeltunterschreitungen, die den üblichen Lohn um mehr als ⅓ unterschreiten, eine Sittenwidrigkeit indizieren (dazu Teil 1 C Rz. 264b). 106

---

1 *Spielberger/Schilling*, NJW 2014, 2897 (2900).
2 *Bonanni/Hahne*, ArbRB 2014, 343 (344), die auch auf den Anpassungsbedarf für länger als 12 Monate angeordnete Ausgleichszeiträume in betrieblichen oder tarifvertraglichen Arbeitszeitkonten hinweisen.
3 *Grau/Sittard*, KSzW 2014, 227 (228).
4 So auch *Däubler*, NJW 2014, 1924 (1927).
5 BAG 18.4.2012 – 5 AZR 630/10, NZA 2012, 978.

107 **Vereinbarungen**, die den Anspruch auf Mindestlohn unterschreiten oder seine Geltendmachung beschränken oder ausschließen, sind insoweit **unwirksam**. Dies gilt zB für die Vereinbarung einer unter Mindestlohnniveau liegenden Vergütung, die Vereinbarung einer Absenkung des Lohnes unter Mindestlohnniveau in den ersten sechs Monaten des Arbeitsverhältnisses (außer bei Langzeitarbeitslosen), die Vereinbarung einer Absenkung des Lohnes unter Mindestlohnniveau für bestimmte Arbeitszeiten (Bereitschaftszeiten, Reisezeiten, Wartezeiten, Hilfstätigkeiten, Notarbeiten), die Vereinbarung von Abzügen bei Minderleistungen oder bei Abweichung von Durchschnittsleistungen bzw. Normalleistungen, wenn dadurch das Mindestlohnniveau unterschritten wird, die Vereinbarung der Unentgeltlichkeit des Arbeitsverhältnisses, die Vereinbarung der Unentgeltlichkeit bestimmter Arbeitsstunden (Bereitschaftszeiten, Wartezeiten, Überstunden, Vor- und Nacharbeiten, Rüstzeiten) sowie die Vereinbarung einer zum Nachteil des Arbeitnehmers von § 2 MiLoG abweichenden Regelung der Fälligkeit oder der Führung von Arbeitszeitkonten.

108 Auf einen bereits **entstandenen** Mindestlohnanspruch kann der Arbeitnehmer nur durch **gerichtlichen Vergleich** verzichten. Erfasst ist auch ein Vergleich nach § 278 Abs. 6 ZPO[1]. Kein wirksamer Verzicht ist möglich durch einen außergerichtlichen Vergleich (zB in einem Kündigungsschutzprozess), durch einen Aufhebungsvertrag, durch eine Ausgleichsklausel, die ausdrücklich auch unbekannte Ansprüche erfasst[2], und durch eine Ausgleichsquittung.

109 Ein Problem stellt sich hier, wenn Vergütungsansprüche in Abfindungen verlagert werden, was häufig in der Praxis geschieht[3]. Ein Verzicht für die **Zukunft** ist nicht zulässig, auch nicht im gerichtlichen Vergleich[4].

110 ⊃ **Hinweis:** Soweit der gesetzliche Mindestlohn betroffen ist, können Arbeitnehmer den insoweit unwirksam verglichenen Anspruch erneut geltend machen, weshalb von derartigen Gestaltungen abzuraten ist.

111 Der Mindestlohnanspruch (bzw. der Mindestlohnanteil in der regulären Vergütung) kann **nicht verwirkt** werden. Dh. bis zum Eintritt der gesetzlichen Verjährungsfrist von drei Jahren (§ 195 BGB) kann der Arbeitnehmer den Mindestlohnanspruch geltend machen. Beginn der Verjährungsfrist ist der Schluss des Jahres, in dem der Mindestlohnanspruch entstanden ist und der Arbeitnehmer zumindest ohne grobe Fahrlässigkeit von den den Anspruch begründenden Umständen und der Person des Schuldner Kenntnis erlangen müsste (§ 199 Abs. 1 BGB).

6. Sonderproblem: Ausschlussfristen

112 Ausschlussfristen, die den Mindestlohnanspruch des Arbeitnehmers nicht ausdrücklich aus ihrem Anwendungsbereich ausnehmen („... sämtliche Ansprüche aus dem Arbeitsverhältnis verfallen ..."), sind im Ausgangspunkt unwirksam, soweit sie den Mindestlohnanspruch umfassen.

113 Sie sind aber nicht insgesamt unwirksam, jedenfalls nach einer weit verbreiteten Meinung. Als Argument wird angeführt, dass § 3 Satz 1 MiLoG eine Spezialregelung zum AGB-Recht ist und eine geltungserhaltende Reduktion vollumfänglicher Ausschlussklauseln ermöglicht, da mindestlohnwidrige Abreden ausweislich des Gesetzeswortlauts nur „**insoweit**" unwirksam sind, als sie den Anspruch auf den Mindestlohn auch

---

1 So ErfK/*Franzen*, § 3 MiLoG Rz. 5.
2 Vgl. BAG 23.10.2013 – 5 AZR 135/12, juris.
3 Dazu *Spielberger/Schilling*, NJW 2014, 2897 (2901).
4 ErfK/*Franzen*, § 3 MiLoG Rz. 5.

tatsächlich beschränken[1]. Andernfalls wäre der Sinn von Ausschlussfristen unterminiert[2]. Für diese Rechtsansicht lässt sich die Rechtsprechung des BAG[3] zu Ausschlussklauseln anführen, bei welchen die Vorsatzhaftung des Arbeitgebers (§§ 202, 276 Abs. 3 BGB) nicht ausgenommen wurde. Derartige Klauseln seien deshalb nicht unwirksam, weil durchschnittliche Arbeitsvertragsparteien wegen der eindeutigen Gesetzeslage die Vorsatzhaftung bei Vertragsschluss nicht bedenken und daher auch nicht von der Ausschlussfrist erfassen wollen würden.

⊃ **Hinweis:** Gleichwohl ist künftig eine differenzierte Formulierung empfehlenswert: Mindestlohnansprüche, Ansprüche aus Tarifverträgen und aus Betriebsvereinbarungen sollten aus Ausschlussfristen herausgenommen werden; §§ 308 Nr. 7 und 7a BGB sollten beachtet werden[4]. 114

7. Durchsetzung des Mindestlohns

Individualarbeitsrechtlich müssen Arbeitnehmer den Mindestlohn vor dem Arbeitsgericht individuell einklagen. Es besteht hingegen **kein Verbandsklagerecht** (zB für Gewerkschaften) oder ein Klagerecht von Behörden, den Individualanspruch auf den Mindestlohn im eigenen Namen für den Arbeitnehmer einzuklagen (anders: § 25 HAG). 115

Die **staatliche Durchsetzung** geschieht durch die Behörden der Zollverwaltung, die **Finanzkontrolle Schwarzarbeit** bei den Hauptzollämtern. Hier findet das Prüfverfahren nach §§ 15 MiLoG, 2 ff. SchwarzArbG statt. Kontrolliert wird in den Betrieben verdachts- und **anlassunabhängig**[5] ohne Vorankündigung, § 15 Abs. 2 MiLoG iVm. §§ 3 ff. SchwarzArbG. Es besteht zudem ein Betretungs- und Befragungsrecht der Zollbehörden. Das Auskunftsverweigerungsrecht der in Anspruch genommenen Personen besteht nach „nemo tenetur"-Grundsätzen. Es besteht die Pflicht zur Vorlage von Unterlagen. Maßnahmen der Zollbeamten sind Verwaltungsakte. Der Widerspruch hat keine aufschiebende Wirkung. Ein Antrag auf Aussetzung der Vollziehung ist möglich. 116

8. Aufzeichnungspflichten

Ebenfalls der Durchsetzung des Mindestlohns dient die Pflicht, **die tägliche Arbeitszeit** aufzuzeichnen, § 17 Abs. 1 MiLoG, und Dokumente bereitzuhalten, § 17 Abs. 2 MiLoG. Die Aufzeichnungspflicht betrifft alle Arbeitgeber, die Arbeitnehmer als **geringfügig** Beschäftigte nach § 8 Abs. 1 SGB IV (außerhalb von Privathaushalten) oder in den nach **§ 2a SchwarzArbG** genannten Wirtschaftsbereichen beschäftigen. 117

⊃ **Hinweis:** Die Aufzeichnungspflicht nach § 17 Abs. 1 MiLoG kann der Arbeitgeber auf den Arbeitnehmer oder Dritte übertragen[6]. Der Arbeitgeber darf grundsätzlich auf die Richtigkeit und Vollständigkeit der Angaben des Arbeitnehmers vertrauen[7]. Allerdings wird er diese kontrollieren müssen, um sich nicht der Ordnungswidrigkeit einer fahrlässigen Nichterfüllung der Aufzeichnungspflicht nach § 21 Abs. 1 Nr. 7 MiLoG auszusetzen. 118

---

1 *Bayreuther*, NZA 2014, 865 (871); für nach dem 16.8.2014 abgeschlossene Arbeitsverträge aA: *Grimm/Linden*, ArbRB 2014, 339 (342).
2 ErfK/*Franzen*, § 3 MiLoG Rz. 3.
3 S. nur BAG 20.6.2013 – 8 AZR 280/12, NZA 2013, 1265.
4 Mit Musterformulierung *Grimm/Linden*, ArbRB 2014, 339 (343).
5 Sehr str.; aA *Maschmann*, NZA 2014, 929 (931): nur bei konkretem Verdacht, nicht zur Abschreckung, „nicht ins Blaue hinein".
6 *Spielberger/Schilling*, NJW 2014, 2897 (2902) . Das gilt schon bei der Aufzeichnungspflicht des § 19 AEntG: OLG Jena 3.5.2005 – 1 Ss 115/05, NStZ-RR 2005, 278.
7 *Bonanni/Hahne*, ArbRB 2014, 343 (345).

119 Aufzeichnung der **täglichen Arbeitszeit** umfasst nach § 17 Abs. 1 MiLoG, § 19 Abs. 1 AEntG, § 17c AÜG Beginn, Ende, Pausen an jedem Arbeitstag. Die Aufzeichnung ist spätestens bis zum Ablauf des siebten auf den Tag der Arbeitsleistung folgenden Kalendertages aufzubewahren.

120 ➲ **Hinweis: Vertrauensarbeitszeitmodelle** bleiben im Mindestlohnbereich zwar grundsätzlich möglich. Mit Blick auf die Dokumentationspflicht nach § 21 Abs.1 Nr. 7 MiLoG müssen die Arbeitnehmer jedoch zur Vornahme der erforderlichen Aufzeichnungen angewiesen werden und es sind entsprechende Kontrollen zur Überprüfung durchzuführen[1].

121 Abweichend von § 17 Abs. 1 MiLoG und § 19 Abs. 1 AEntG ist bei ausschließlich **mobilen Tätigkeiten** nach § 1 MiLoAufzV[2] die Aufzeichnungspflicht erfüllt, wenn bei eigenverantwortlicher Einteilung der Arbeitszeit nur die Dauer der täglichen Arbeitszeit aufgezeichnet wird, sofern keine Vorgaben zur konkreten täglichen Arbeitszeit bestehen.

122 Die Aufbewahrung hat für mindestens **zwei Jahre** zu erfolgen. Zur Form gibt es keine genauen Vorgaben, nur, dass die Angaben richtig und vollständig sein müssen, § 21 Abs. 1 Nr. 7 MiLoG. Sanktion bei Nichterfüllung ist ein Bußgeld von bis zu 30 000 Euro, § 21 Abs. 1 Nr. 7, Abs. 3 MiLoG, § 23 Abs. 1 Nr. 8, Abs. 3 AEntG, § 16 Abs. 1 Nr. 17, Abs. 2 AÜG und eine Vergabesperre für öffentliche Aufträge, § 19 MiLoG, § 21 AEntG.

123 Der Arbeitgeber ist zudem verpflichtet, die für die Kontrolle der Einhaltung des gesetzlichen oder tariflichen Mindestlohns erforderlichen **Unterlagen bereitzuhalten**. Dies umfasst eine Niederschrift über die wesentlichen Arbeitsbedingungen nach § 2 NachwG, die nach § 8 Abs. 2 Nr. 6 BeitragsVfVO zu den Entgeltunterlagen gehört und alle Belege, die sich auf die tatsächliche Entgeltzahlung beziehen (Überweisungsträger, Kontoauszüge, Quittungen). Hierzu gehören auch Unterlagen zu den Arbeitszeitkonten[3].

Frist für die Aufbewahrung ist mindestens die Dauer der Arbeitsleistung, längstens zwei Jahre. Die Unterlagen müssen in deutscher Sprache aufbewahrt werden und auf Verlangen der Prüfbehörde auch am Ort der Beschäftigung aufbewahrt werden. Sanktionen bei Nichterfüllung ist ein Bußgeld von bis zu 30 000 Euro, § 21 Abs. 1 Nr. 8, Abs. 3 MiLoG, § 23 Abs. 1 Nr. 9, Abs. 3 AEntG, § 16 Abs. 1 Nr. 18, Abs. 2 AÜG und eine Vergabesperre für öffentliche Aufträge, § 19 MiLoG, § 21 AEntG.

124 Des Weiteren besteht eine **Meldepflicht** für ausländische Arbeitgeber oder Verleiher, § 16 MiLoG[4]. Hierzu hat die Bundesregierung eine **Mindestlohnmeldeverordnung** (MiLoMeldV) erlassen, die auch die Meldung nach § 18 AEntG erfasst[5].

125 ➲ **Hinweis:** Für Arbeitnehmer oberhalb der Gehaltsgrenze von 2 958 Euro sind die Dokumentationspflichten nach §§ 16, 17 MiLoG durch die aufgrund der Ermächtigung nach § 17 Abs. 3 MiLoG ergangenen MiLoDokV entfallen[6].

9. Haftung des Auftraggebers (Generalunternehmerhaftung)

126 Zur Haftung eines Auftraggebers verweist § 13 MiLoG schlicht auf § 14 AEntG (vgl. Rz. 35 ff.). Danach haftet ein Unternehmer (§ 14 BGB), der einen anderen Unternehmer mit der Erbringung von Werk- oder Dienstleistungen beauftragt, für die Verpflich-

---

1 *Bonanni/Hahne*, ArbRB 2014, 343 (345).
2 MindestlohnaufzeichnungsVO v. 26.11.2014, BGBl. I Nr. 55 v. 4.12.2014, 1824.
3 *Bonanni/Hahne*, ArbRB 2014, 343 (345).
4 Dazu *Spielberger/Schilling*, NJW 2014, 2897 (2903).
5 Vom 26.11.2014, BGBl. I Nr. 55 v. 4.12.2014, 1825 f.
6 Mindestlohndokumentationspflichten-Verordnung v. 17.12.2014, BAnz AT v. 29.12.2014 V 1.

III. Mindestlohngesetz

tungen dieses Unternehmers (und etwaiger Nachunternehmer usw.) zur Zahlung des Mindestentgelts wie ein Bürge, der auf die Einrede der Vorausklage (§§ 765, 771 Satz 1 BGB) verzichtet hat.

Anders als es nach den Überschriften der § 13 MiLoG bzw. § 14 AEntG naheliegt, begründet die Norm **keine Auftraggeberhaftung**, sondern lediglich eine verschuldensunabhängige **Generalunternehmerhaftung**[1]. Es handelt sich um eine gesamtschuldnerische Haftung, dh. der Arbeitnehmer kann den (General-)Unternehmer sofort in Anspruch nehmen. Die Haftung besteht zudem auch für die gesamte Nachunternehmerkette: Subunternehmer, die ihrerseits Nachunternehmer beauftragen, werden wie Generalunternehmer erfasst[2]. Nachunternehmer haften untereinander ggf. als Gesamtschuldner. Der Arbeitnehmer kann sich an den Schuldner seiner Wahl wenden. Geschützt werden die Arbeitnehmer des beauftragten Unternehmens, die Arbeitnehmer des von diesem beauftragten Nachunternehmens sowie Leiharbeitnehmer[3]. Sinnvoll ist somit eine Haftungsvereinbarung innerhalb der Nachunternehmerkette. 127

Will der Auftraggeber einer Haftung **vorbeugen**, sollte er für eine sorgfältige Auswahl des Auftragnehmers auf möglichst seriöse und/oder bekannte Anbieter sorgen[4]. Sinnvoll ist auch eine Plausibilitätsprüfung des Angebots des Auftragnehmers: Kann die angefragte Leistung bei Zahlung des Mindestlohns vom Auftragnehmer gewinnbringend erbracht werden? Zudem kann eine Garantie des Auftragnehmers über die stetige und fristgerechte Zahlung des Mindestlohns im Vertrag aufgenommen werden, ggf. zusätzlich versehen mit einer Vertragsstrafe. Die Verpflichtung des Auftragnehmers in Bezug auf den Einsatz von Nachunternehmern sollte sich auch darauf erstrecken, dass diese sich gleichermaßen zur Zahlung des Mindestlohns vertraglich verpflichten und ihrerseits bei Einsatz weiterer Nachunternehmer die Verpflichtung ebenfalls vertraglich aufnehmen (einschließlich Kontrollrechten). 128

Zweckmäßig ist auch die Vereinbarung einer Verpflichtung des Auftragnehmers zum regelmäßigen (monatlichen) Nachweis über die Zahlung des Mindestlohns (Dokumente nach § 17 MiLoG usw.) und Überprüfung der Nachweise durch den Auftraggeber[5].

Eine Vertragsstrafe für die o.g. Verpflichtung ist ebenfalls sinnvoll. Sinnvoll ist zudem eine entsprechende Verpflichtung zur Überprüfung der Nachunternehmer durch den Auftragnehmer. Empfehlenswert ist darüber hinaus die Vereinbarung eines Informations- oder sogar Zustimmungserfordernisses für den Einsatz von Nachunternehmern durch den Auftragnehmer und die Verpflichtung des Auftragnehmers, seinerseits nur seriöse oder bekannte Nachunternehmer einzusetzen. Ggf. sollten konkrete Vorgaben im Sinne eines Kriterienkataloges für die Auswahl vereinbart werden. 129

Denkbar ist ferner die Stellung einer verwertbaren **Sicherheitsleistung** für das Haftungsrisiko durch den Auftragnehmer sowie die Vereinbarung, dass der Auftragnehmer zu Gunsten des Auftraggebers für jede Inanspruchnahme nach § 13 MiLoG alle damit zusammenhängenden Kosten übernimmt[6]. Möglich wäre auch die Vereinbarung eines Sonderkündigungsrechts zu Gunsten des Auftraggebers für den Fall des Verstoßes gegen das Mindestlohngesetz und/oder die in diesem Zusammenhang vereinbarten Pflichten des Auftragnehmers. 130

---

1 Unter Hinweis auf die Rspr. zu § 14 AEntG *Bayreuther*, NZA 2014, 865 (871).
2 ErfK/*Schlachter*, § 14 AEntG Rz. 3.
3 Zum Ganzen *Schwab*, NZA-RR 2000, 225 (227).
4 So auch *Grau/Sittard*, KSzW 2014, 227 (231).
5 Dazu *Grau/Sittard*, KSzW 2014, 227 (231).
6 Zur Freistellung *Bonanni/Otto*, ArbRB 2014, 349 (351).

10. Rechtsfolgen und Sanktionen bei Verstößen

131 Als Folgen von Verstößen gegen das MiLoG kommen **Bußgeldverfahren** nach § 21 MiLoG und – bei Belegung mit einem Bußgeld von mindestens 2500 Euro – der **Ausschluss von der Vergabe öffentlicher Aufträge** für eine angemessene Zeit bis zur nachgewiesenen Wiederherstellung der Zuverlässigkeit (vgl. § 97 Abs. 4 GWB), in Betracht, § 19 Abs. 1 MiLoG[1]. Der Unternehmer ist für die Wiederherstellung seiner Zuverlässigkeit beweispflichtig[2].

132 **Ordnungswidrig** handelt u.a., wer vorsätzlich oder fahrlässig den Mindestlohn nicht oder nicht rechtzeitig zahlt (§ 21 Abs. 1 Nr. 9 MiLoG); ferner derjenige, der Werk- oder Dienstleistungen in erheblichem Umfang ausführen lässt, indem er als Unternehmer einen anderen Unternehmer beauftragt, von dem er weiß oder fahrlässig nicht weiß, dass dieser bei der Erfüllung dieses Auftrags den Mindestlohn nicht oder nicht rechtzeitig zahlt **oder** der einen Nachunternehmer einsetzt oder zulässt, dass ein Nachunternehmer tätig wird, der den Mindestlohn nicht oder nicht rechtzeitig zahlt (§ 21 Abs. 2 MiLoG). Auch wer seine Dokumentationspflichten verletzt, begeht eine Ordnungswidrigkeit, § 21 Abs. 1 Nr. 7, 8 MiLoG. Die Geldbuße beträgt bis zu 500000 Euro. Bei einem Bußgeld von mehr als 200 Euro erfolgt zudem ein Gewerbezentralregistereintrag, § 149 GewO.

---

[1] Die Vorschrift nebst ihrer Folgeregelungen entspricht § 21 AEntG.
[2] *Grau/Sittard*, ArbRB 2014, 375 (378).

F. Beschäftigtendatenschutz und Social Media

	Rz.
I. Normative Grundlagen und Grundbegriffe	
1. Zweck und Subsidiarität des BDSG	1
2. Begriffe	5
3. Datenschutzrechtliche Grundsätze	9
4. Auftragsdatenverarbeitung und Funktionsübertragung	13
II. Anwendungsbereich des BDSG	
1. Persönlicher Anwendungsbereich	15
2. Erweiterung des Anwendungsbereiches auf alle personenbezogenen Daten	16
3. Räumlicher Geltungsbereich	18
III. Regelungen zur Organisation und Kontrolle	
1. Betrieblicher Datenschutzbeauftragter (§§ 4f, 4g BDSG)	19
2. Meldepflicht und Vorabkontrolle (§§ 4d, 4e BDSG)	23
3. Maßnahmen nach § 9 BDSG	26
IV. Erlaubnistatbestände für die Datenerhebung, -verarbeitung und -nutzung	
1. Präventives Verbot mit Erlaubnisvorbehalt (§ 4 Abs. 1 BDSG)	27
2. Grundregelung in § 32 Abs. 1 Satz 1 BDSG	
a) Verdrängung des § 28 Abs. 1 Nr. 1 BDSG durch § 32 Abs. 1 Satz 1 BDSG	30
b) Verbleibender Anwendungsbereich des § 28 Abs. 1 Nr. 2 BDSG	34
c) Geltung der § 28 Abs. 6–9 BDSG	35
3. Sonderregelung zur Aufdeckung von Straftaten (§ 32 Abs. 1 Satz 2 BDSG)	36
4. Einwilligung nach § 4a BDSG	44
5. Tarifverträge und Betriebsvereinbarungen als Zulässigkeitsnorm nach § 4 Abs. 1 BDSG	52
V. Besondere Formen der Datenverarbeitung und -übermittlung	
1. Grenzüberschreitender Datentransfer	55
2. Datenübermittlung im Konzern	63
3. Beschäftigtendaten in der Cloud	67
4. Whistleblowing-Hotlines	73
VI. Sonderfälle der Datenübermittlung und -nutzung	
1. Gesundheitsmanagement/BEM	77
2. Due Diligence	81
3. Bewerberdaten	85
4. Kündigungsvorbereitung	86
5. Abwicklung	87
VII. Datenerhebungen von A–Z	
1. Biometrische Verfahren	89
2. Ortung von Arbeitnehmern	90
3. Screening (Elektronischer Datenabgleich)	93
4. Terrorismuslistenscreening und IT-Sicherheitsmaßnahmen	96
5. Unternehmensinterne Ermittlungen und Mitarbeiterbefragung	98
6. Videoüberwachung	104
a) Leitentscheidungen des BAG	105
b) Videoüberwachung in öffentlich zugänglichen Räumen	106
c) Videoüberwachung in nicht öffentlich zugänglichen Räumen	113
VIII. Datenschutz und Telekommunikationsmittel	115
1. Dienstliche Nutzung	116
2. Gestattete private Nutzung	121
3. Argumentationsansatz: Abgeschlossene Telekommunikation	133
4. Empfehlung	135
5. Überwachung der Internet-Nutzung	136
6. Kontrolle eines E-Mail-Accounts	138
IX. Social Media und Web 2.0	140
1. Social Media	141
2. Social Media Guidelines	149
3. Bring Your Own Device (BYOD)	155
4. Umgang mit dienstlichen Daten nach Beendigung des Arbeitsverhältnisses	163
5. Fotos und Inhalte auf Homepage des Arbeitgebers	169
X. Mitbestimmungsrechte von Betriebsrat und Mitarbeitervertretung	173
1. Datenschutzkontrolle (§ 80 Abs. 1 Nr. 1 BetrVG)	174
2. Datenschutzrechtlich relevante Mitbestimmungsrechte	
a) Einführung und Anwendung von technischen Einrichtungen	176
b) Ordnungsverhalten	178
c) Personalfragebögen	179
d) Nichtbeachtung der Mitbestimmung	182
3. Datenverwendung durch den Betriebsrat	183
XI. Individualrechte der Beschäftigten	187
1. Informationsrechte	
a) Benachrichtigungsanspruch	188
b) Auskunftsanspruch	189

	Rz.		Rz.
c) Einsichtsrecht	191	d) Ersatz immaterieller Schäden	206
2. Berichtigungsanspruch	193	8. Unterlassungsansprüche	207
3. Löschungsanspruch	195	9. Zurückbehaltungsrecht	209
4. Sperrungsanspruch	197	**XII. Beweis- und Sachverwertungsverbote**	210
5. Widerspruchsrecht	198		
6. Gegendarstellungsrecht	199		
7. Schadensersatzansprüche	200	**XIII. Ordnungswidrigkeiten- und Straftatbestände**	
a) Ansprüche nach § 7 BDSG	201		
b) Ansprüche nach §§ 280 Abs. 1, 241 Abs. 2 BGB	203	1. Ordnungswidrigkeiten	220
c) Ansprüche nach §§ 823 ff. BGB	205	2. Straftatbestände	221

Schrifttum:

Allgemein: *Bayreuther*, Zulässigkeit und Verwertbarkeit heimlicher Videoaufzeichnungen am Arbeitsplatz, DB 2012, 2222; *Besgen/Prinz* (Hrsg.), Handbuch Internet. Arbeitsrecht, 3. Aufl. 2013; *Brink/Wybitul*, Der „neue Datenschutz" des BAG, ZD 2014, 225; *Däubler*, Gläserne Belegschaften, 5. Aufl. 2010; *Däubler/Klebe/Wedde/Weichert*, Bundesdatenschutzgesetz, 3. Aufl. 2009 (zit.: DKWW/*Bearbeiter*); *Dzida/Grau*, Verwertung von Beweismitteln bei Verletzung des Arbeitnehmerdatenschutzes, NZA 2010, 1201; *Dzida/Schütt*, Arbeitnehmerdatenschutz: Rechte und Pflichten des Betriebsrats, ArbRB 2012, 21; *Forst*, Verarbeitung personenbezogener Daten in der internationalen Unternehmensgruppe, Der Konzern 2012, 170; *Gola/Wronka*, Handbuch zum Arbeitnehmerdatenschutz, 6. Aufl. 2013; *Göpfert/Meyer*, Datenschutz bei Unternehmenskauf; Due Diligence und Betriebsübergang, NZA 2011, 486; *Grimm*, Beweis- und Sachvortragsverbote im Arbeitsgerichtsverfahren, ArbRB 2012, 126; *Grimm/Freh*, Rechte des Betriebsrats bei unternehmensinternen Ermittlungen, ArbRB 2012, 241; *Grimm/Schiefer*, Videoüberwachung am Arbeitsplatz, RdA 2009, 329; *Legerlotz*, Datenübermittlung und -verarbeitung im Konzern, ArbRB 2012, 190; *Lunk*, Prozessuale Verwertungsverbote im Arbeitsrecht, NZA 2009, 457; *Plath*, BDSG, Kommentar, 2013; *Thüsing*, Beschäftigtendatenschutz und Compliance, 2. Aufl. 2014; *Weth/Herberger/Wächter*, Daten- und Persönlichkeitsschutz im Arbeitsverhältnis, 2014.

Zu aktuellen Entwicklungen und zu Social Media: *Bissels/Lützeler/Wisskirchen*, Facebook, Twitter & Co.: Das Web 2.0 als arbeitsrechtliches Problem, BB 2010, 2433; *Bonanni/Strauf*, Die Veröffentlichung von Arbeitnehmer-Fotos auf Unternehmenshomepages, ArbRB 2014, 214; *Buschbaum/Rosak*, Der Zugriff des Arbeitgebers auf den E-Mail-Account des Arbeitnehmers, DB 2014, 2530; *Byers/Mößner*, Die Nutzung des Web 2.0 am Arbeitsplatz, BB 2012, 1665; *Forst*, Social Media Guidelines, ZD 2012, 251; *Gaul/Koehler*, Mitarbeiterdaten in der Computer Cloud – Datenschutzrechtliche Grenzen des Outsourcings, DB 2011, 2229; *Gleich*, Terrorlisten-Screening von Mitarbeitern: Notwendigkeit und datenschutzrechtliche Zulässigkeit; DB 2013, 1967; *Göpfert/Wilke*, Nutzung privater Smartphones für dienstliche Zwecke, NZA 2012, 765; *Grimm/Freh*, Arbeitsrecht und Compliance (Teil II – Datenschutz), ZWH 2013, 89; *Hinrichs/Hörtz*, Web 2.0: Bild' Dir Deine Meinung – auf Kosten des Arbeitgebers?, NJW 2013, 648; *Hoeren*, Das Konzerntelefonverzeichnis – ein datenschutzrechtlicher Sündenpfuhl, ZD 2014, 441; *Joussen*, Weitergabe BEM-relevanter Daten durch den Arbeitgeber an den Betriebsrat, ZD 2013, 546; *Kamps*, „Bring your own device" (BYOD) als datenschutzrechtliche Herausforderung, ArbRB 2013, 350; *Kort*, Datenschutzrechtliche und betriebsverfassungsrechtliche Fragen bei IT-Sicherheitsmaßnahmen, NZA 2011, 1319; *Kort*, Recht des Betriebsrats auf Daten der elektronischen Personalakte, ZD 2015, 3; *Legerlotz*, Social Media im Unternehmen, ArbRB 2011, 250; *Melot de Beauregard/Gleich*, Social Media am Arbeitsplatz, BB 2012, 2044; *Pötters*, Beschäftigtendaten in der Cloud, NZA 2013, 1055; *Wortmann*, Mitbestimmung des Betriebsrats bei Social-Media-Leitfäden, ArbRB 2013, 375; *Wybitul*, E-Mail-Auswertung in der betrieblichen Praxis, NZA 2014, 3605.

Musterformulierungen: *Liebers* (Hrsg.) Formulbuch des Fachanwalts Arbeitsrecht, 3. Aufl. 2015, S. 147 ff. zur dienstlichen Nutzung von Internet und E-Mail S. 863 ff, zu datenschutzrelevanten Betriebsvereinbarungen, zur Auftragsdatenverarbeitung S. 1220, S. 1231 zu BYOD (Bearb. *Dröll, Julis, Jungkind*); *Lunk* (Hrsg.), AnwaltFormulare Arbeitsrecht, 2. Aufl. 2014, S. 229 ff. zur Arbeitsvertragsgestaltung, S. 1113–1149 zu datenschutzrelevanten Betriebsvereinbarungen (Bearb. *Urban, Kaya, Panzer-Heemeier*).

I. Normative Grundlagen und Grundbegriffe

1. Zweck und Subsidiarität des BDSG

Beschäftigtendatenschutz ist angewandter Schutz des **Persönlichkeitsrechts** der **Beschäftigten**. Das allgemeine Persönlichkeitsrecht (Art. 2 Abs. 1 und Art. 1 Abs. 1 GG) kollidiert mit dem Grundrecht des Arbeitgebers auf wirtschaftliche Handlungs- und Betätigungsfreiheit (Art. 2 Abs. 1 GG) und auf Berufsfreiheit (Art. 12 Abs. 1 GG). Arbeitsvertraglich wirken die Grundrechte als Ausprägung des allgemeinen Persönlichkeitsrechts über die Rücksichtnahmepflicht des § 241 Abs. 2 BGB. Daneben tritt der deliktsrechtliche Schutz als absolutes Recht nach § 823 Abs. 1 BGB[1]. 1

Europarechtlich sind die Vorgaben der **EU-Datenschutzrichtlinie** 95/46/EG[2] zu beachten. Nach Auffassung des EuGH[3] folgt aus Art. 7 der RL anders als sonst bei Richtlinien **unmittelbar** das **Gebot** einer umfassenden europäischen (Voll-)**Harmonisierung**. Ob dadurch ein höherer Schutzstandard zugunsten der Betroffenen (=Beschäftigten) überhaupt noch möglich ist, ist sehr zweifelhaft. Der Einfluss des Europarechts würde nach dem für ca. 2015/16 zu erwartenden Erlass einer Allgemeinen **Datenschutzgrundverordnung der** EU noch weiter gestärkt werden. 2

Andere Rechtsvorschriften des Bundes (zB das TKG) gehen dem BDSG vor, „soweit" sie auf personenbezogene Daten einschließlich deren Veröffentlichung anzuwenden sind. Das BDSG ist also **subsidiär** anzuwenden (§ 1 Abs. 3 Satz 1 BDSG). 3

Die Vorschriften des BDSG über den Datenschutz in nicht-öffentlichen Stellen[4] (§ 2 Abs. 4 BDSG) sind für den privatwirtschaftlichen Bereich bei der unter Einsatz von Datenverarbeitungsanlagen[5] oder der unter Bezug[6] zu einer (nicht notwendigerweise automatischen) Datei erfolgenden Verarbeitung personenbezogener Daten maßgeblich (§§ 1 Abs. 2 Nr. 3, 27 Abs. 1 Satz 1 Nr. 1, 32 Abs. 1, 2 BDSG). 4

2. Begriffe

Personenbezogene Daten sind Einzelangaben über persönliche oder sachliche Verhältnisse einer bestimmten oder bestimmbaren natürlichen Person, § 3 Abs. 1 BDSG. Ein innerer Zusammenhang zum Arbeitsverhältnis ist nicht notwendig. Sind die Daten iSd. § 3 Abs. 6 BDSG anonymisiert, liegen keine personenbezogenen Daten vor[7]. 5

§ 3 Abs. 9 BDSG definiert **besonders sensible Arten personenbezogener Daten**, deren Erhebung, Verarbeitung und Nutzung besonderen Restriktionen unterliegt (§§ 4a Abs. 3, 28 Abs. 6–9 BDSG). Dies sind Angaben über die rassische und ethnische Herkunft, politische Meinungen, religiöse oder philosophische Überzeugungen, Gewerkschaftszugehörigkeit, Gesundheit oder das Sexualleben.

Verantwortliche Stelle nach § 3 Abs. 7 BDSG ist jede Person, die personenbezogene Daten für sich selbst erhebt (§ 3 Abs. 3 BDSG), verarbeitet (Speichern, Verändern, 6

---

1 MünchArbR/*Reichold*, § 88 Rz. 5.
2 RL 95/46 (ABl. EU Nr. L 281/31), dazu ErfK/*Franzen*, § 1 BDSG Rz. 6.
3 EuGH 24.11.2011 – Rs. C-468, 469/10, NZA 2011, 1409 (1410).
4 Alle privatwirtschaftlichen Arbeitgeber und jene Kapitalgesellschaften, deren Anteile sich in öffentlicher Hand befinden, soweit sie nicht öffentliche Aufgaben wahrnehmen.
5 Ausreichend ist, wenn die Datensammlung automatisiert ausgewertet werden kann.
6 Diese Alternative liegt nach der Definition des Begriffs „nicht automatisierte Datei" in § 3 Abs. 2 Satz 2 BDSG bei einer Sammlung gleichartig aufgebauter und nach bestimmten Merkmale zugänglichen und auswertbaren Daten vor. Dies sind zB standardisierte Personalfragebögen, Karteien über Lohn-, Fehlzeiten- oder Urlaubsdaten und in Vorrichtungen zusammengefasste Stempelkarten. Einfache Akten bzw. Aktensammlungen sind (nur) dann keine Datei, wenn eine manuelle Auswertbarkeit unmöglich ist, MünchArbR/*Reichold*, § 88 Rz. 16.
7 HWK/*Lembke*, Vorb. BDSG Rz. 14.

Übermitteln, Sperren und Löschen, § 3 Abs. 4 BDSG) oder nutzt (§ 3 Abs. 5 BDSG) oder dies durch andere im Auftrag vornehmen lässt. Darunter fällt insbesondere der Arbeitgeber in Bezug auf die Daten seiner Mitarbeiter[1].

7 **Dritter** ist jede Person oder Stelle außerhalb der verantwortlichen Stelle (§ 3 Abs. 8 Satz 2 BDSG). Dritte sind insbesondere Konzernunternehmen[2].

8 **Arbeitnehmervertretungen** (Betriebsrat oder Gesamtbetriebsrat, Schwerbehindertenvertretung) innerhalb des Unternehmens sind nicht Dritte, sondern selbst Teil der verantwortlichen Stelle und eigenverantwortlich für die Einhaltung des Datenschutzes[3]. Es liegt keine – dem Verbot mit Erlaubnisvorbehalt des § 4 BDSG unterliegende – Übermittlung vor.

3. Datenschutzrechtliche Grundsätze

9 Bedeutsam im Arbeitsverhältnis sind die Grundsätze der „**Datenvermeidung** und **Datensparsamkeit**" (§ 3a BDSG), **Verhältnismäßigkeit** (§ 28 Abs. 1 Satz 1 Nr. 1 und 2 BDSG) und die allgemein datenschutzrechtlich vorgegebene „**enge Zweckbindung**" (§ 28 Abs. 1 Satz 2, § 32 Abs. 1 Satz 1 BDSG).

Nach der datenschutzrechtlichen Zielvorgabe der **Datenvermeidung** und **-sparsamkeit** (§ 3a BDSG) sollen so wenig personenbezogene Daten wie möglich erhoben, verarbeitet und genutzt werden. Daneben soll von der **Pseudonymisierung** (§ 3 Abs. 6a BDSG) Gebrauch gemacht werden.

10 Grundsätzlich sind Daten bei dem Betroffenen zu erheben, sog. **Grundsatz der Direkterhebung** nach § 4 Abs. 2 BDSG[4]. Die Daten dürfen nur in den Fällen des § 4 Abs. 2 Satz 2 BDSG ohne Mitwirkung des Betroffenen erhoben werden[5].

11 Nach § 4 Abs. 3 Satz 1 Nr. 2 BDSG muss der Arbeitgeber über die Zweckbestimmung der Erhebung, Verarbeitung und Nutzung und die Empfänger, geordnet nach Kategorien, **informieren**. Der Betroffene ist auf die Freiwilligkeit seiner Angaben hinzuweisen, wenn die personenbezogenen Daten nicht aufgrund einer Rechtsvorschrift erhoben werden oder die Gewährung einer Auskunft nicht Voraussetzung für die Gewährung von Rechtsvorteilen ist (§ 4 Abs. 3 Satz 2 BDSG). Nicht notwendig ist dies, wenn der Betroffene auf andere Weise Kenntnis erlangt hat oder dies so offenkundig ist, dass man ihm praktisch eine Kenntnis unterstellen kann[6].

12 Bedeutsam ist ferner § 5 BDSG. Danach ist es den bei der Datenverarbeitung beschäftigten Personen untersagt, personenbezogene Daten unbefugt zu erheben, zu verarbeiten oder zu nutzen (**Datengeheimnis**). Diese Personen sind bei der Aufnahme der Tätigkeit auf das Datengeheimnis zu verpflichten.

4. Auftragsdatenverarbeitung und Funktionsübertragung

13 Bei der **Auftragsdatenverarbeitung**, die in § 11 BDSG geregelt ist, ist der im Inland, der EU oder im Gebiet des EWR[7] ansässige Auftragnehmer nicht „Dritter", weshalb der Arbeitgeber „Herr der Daten" und verantwortliche Stelle iSd. § 3 Abs. 7 BDSG und

---

1 HWK/*Lembke*, Vorb. BDSG Rz. 18.
2 *Vogt*, BB 2014, 245 (246).
3 BAG 18.7.2012 – 7 ABR 23/11, NZA 2013, 49 (52f.); HWK/*Lembke*, Vorb. BDSG Rz. 19.
4 Spezialgesetzlich gestattet § 275 SGB V die Erhebung beim Dritten.
5 Der Einsatz von Detektiven zur Aufdeckung von Vertragsverletzungen kann nach § 4 Abs. 2 Satz 2 BDSG gerechtfertigt sein, HWK/*Lembke*, Vorb. BDSG Rz. 67.
6 Bspw. bei der Weitergabe von Personaldaten an den Betriebsrat, HWK/*Lembke*, Vorb. BDSG Rz. 68.
7 HWK/*Lembke*, Vorb. BDSG Rz. 21.

damit für die Einhaltung der Datenschutzvorschriften verantwortlich bleibt (vgl. § 11 Abs. 1 Satz 1 BDSG)[1]. Bei einer Übertragung in das EU-Ausland sind die Anforderungen an die Übermittlung in Drittstaaten nach §§ 4b und 4c BDSG zu beachten, was die Auftragsdatenverarbeitung dorthin erheblich erschwert[2].

Die Weitergabe von Daten an Dritte oder Auftragsdatenverarbeiter (§§ 3 Abs. 8 Satz 3, 11 BDSG) ist offenzulegen. Auftragsdatenverarbeitung liegt zB beim Outsourcing der Gehaltsabrechnung oder der nach den Vorschriften des § 11 Abs. 2 BDSG[3] erfolgenden Personaldatenverarbeitung[4] durch ein Konzernunternehmen vor[5], wenn keinerlei personalpolitische Befugnisse auf den Auftragsdatenverarbeiter übertragen werden. Zu beachten sind die enumerativ aufgelisteten Vorgaben des § 11 Abs. 2 Satz 2 BDSG zu den Inhalten des entgeltlichen Geschäftsbesorgungs-, Dienst- oder Werkvertrages, der schriftlich (§ 126 BGB) abgeschlossen werden muss.

Der Auftragnehmer muss vom Auftraggeber sorgfältig ausgewählt (§ 11 Abs. 2 Satz 1 BDSG) und dokumentierbar überprüft werden (§ 11 Abs. 2 Satz 4 und 5 BDSG)[6]. Verstöße gegen diese Pflichten sind eine Ordnungswidrigkeit (§ 43 Abs. 1 Nr. 2b BDSG).

Sonst liegt eine sog. „**Funktionsübertragung**" vor, bei der die rechtliche Zuständigkeit für die Aufgabenerledigung als solche dem externen Dienstleister in der Art und Weise zugewiesen wird, dass diese dort mit **eigener Entscheidungsbefugnis** des Dienstleisters erledigt werden[7]. Abgrenzungskriterium ist, ob der Auftraggeber – also der Arbeitgeber – die Entscheidungsbefugnis über die Daten und den Zweck der Datenverwendung sowie Weisungsbefugnisse behält (dann liegt Auftragsdatenverarbeitung vor)[8]. Bei der Funktionsübertragung ist das dienstleistende Unternehmen verantwortliche Stelle iSd. § 3 Abs. 7 BDSG. 14

II. Anwendungsbereich des BDSG

1. Persönlicher Anwendungsbereich

§ 3 Abs. 11 Nr. 1–8 BDSG enthält eine abschließende Definition des Begriffs **Beschäftigter**, die u.a. Arbeitnehmer, zur Berufsausbildung Beschäftigte, Bewerber und ehemalige Beschäftigte, arbeitnehmerähnliche Personen und Beamte und Richter des Bundes erfasst. Leiharbeitnehmer haben nur zum Verleiher als ihrem Arbeitgeber ein Beschäftigungsverhältnis[9]. Zu Auszubildenden zählen auch Praktikanten, Volontäre und Personen in beruflicher Umschulung (vgl. § 1 Abs. 1 Satz 1 BDSG). 15

2. Erweiterung des Anwendungsbereiches auf alle personenbezogenen Daten

Nach **§ 32 Abs. 2 BDSG** genügt seit dem 1.9.2009 für die Anwendung des § 32 Abs. 1 BDSG **jegliche** Art der Verwendung von Beschäftigtendaten, unabhängig davon, ob 16

---

1 Bei der Auftragsdatenverarbeitung liegt keine Übermittlung iSd. § 3 Abs. 4 Nr. 3 BDSG vor, was den Datentransfer zwischen Unternehmen – auch in Konzernstrukturen – erleichtert, HWK/*Lembke*, Vorb. BDSG Rz. 20 f.
2 Auftragnehmer außerhalb der EU sind immer „Dritte", vgl. § 3 Abs. 8 Satz 3 BDSG.
3 Zu den Voraussetzungen *Thüsing/Granetzky*, Beschäftigtendatenschutz und Compliance, § 16 Rz. 9 ff.
4 Zu den Voraussetzungen und zur Ausgestaltung HWK/*Lembke*, Vorb. BDSG Rz. 21 ff.
5 Für Konzernunternehmen gilt kein „Konzernprivileg", HWK/*Lembke*, Vorb. BDSG Rz. 44.
6 Im einzelnen *Thüsing/Granetzky*, Beschäftigtendatenschutz und Compliance, § 16 Rz. 21 ff.
7 HWK/*Lembke*, Vorb. BDSG Rz. 24. In der Praxis wird regelmäßig Auftragsdatenverarbeitung vorliegen, da die Entscheidungen auch aus Gründen der betrieblichen Mitbestimmung im Beschäftigungsbetrieb verbleiben müssen.
8 BAG 25.9.2013 – 10 AZR 270/12, NZA 2104, 41 (43).
9 HWK/*Lembke*, § 32 BDSG Rz. 14.

Daten automatisiert oder dateigebunden verarbeitet werden. § 32 Abs. 1 BDSG erfasst damit auch die **nicht automatisierte** und nicht wenigstens strukturierte Datenerhebung und -verarbeitung und damit auch den bloßen unstrukturierten „**Merkzettel**" des Personalverantwortlichen. Erfasst ist **jegliche Handlung**, die eine Erhebung, Nutzung oder Verarbeitung von Beschäftigtendaten iSd. § 3 Abs. 3–5 BDSG darstellt[1]. Dies gilt zB bei Spindkontrollen[2].

17 Auch wenn die Norm als nicht sachgerecht kritisiert wird[3], erfasst sie zB die Frage eines Vorgesetzten an den Mitarbeiter, wo sich ein Kollege aufhält, oder die Kontrolle von Mitarbeitern, also tatsächliches Handeln, unabhängig davon, ob dies zu einer Speicherung (zB in einer „Kladde" des Meisters oder auf Merkzetteln) führt. Erfasst sind auch die Befragung von Mitarbeitern oder eines früheren Arbeitgebers oder der Erkenntnisgewinn durch Taschen- und Torkontrollen sowie Beobachtungen des Wach- oder Sicherheitspersonals[4]. Auch die bloße **Beobachtung** durch einen Vorgesetzten, die der Beschaffung von Daten über den Betroffenen dient, ist Datenerhebung nach § 32 Abs. 2 BDSG. Damit bedarf **jede Informationsbeschaffung in Bezug auf einen Beschäftigten** der Rechtfertigung.

3. Räumlicher Geltungsbereich

18 Die Anwendbarkeit des BDSG bei grenzüberschreitenden Sachverhalten regelt § 1 Abs. 5 BDSG für den Fall, dass ausländische Unternehmen und sonstige Stellen in Deutschland tätig werden. Grundsätzlich gilt das **Territorialitätsprinzip** und damit das BDSG. Nur im Anwendungsbereich der EG-Datenschutzrichtlinie (also im EU/EWR-Bereich) gilt das sog. **Sitzprinzip**. Danach ist ausschlaggebend, wo die verantwortliche Stelle belegen ist, also ihren Sitz hat. Anwendung findet das dort geltende Datenschutzrecht.

Hat die verantwortliche Stelle ihren Sitz in Deutschland und erhebt, verarbeitet oder nutzt sie Daten in Deutschland, gilt das BDSG. In den Fällen, in denen Stellen aus **Drittstaaten** (also nicht EU/EWR) im deutschen Inland Daten verwenden, gilt wieder das Territorialitätsprinzip[5], also das BDSG (vgl. Rz. 55).

III. Regelungen zur Organisation und Kontrolle

1. Betrieblicher Datenschutzbeauftragter (§§ 4f, 4g BDSG)

19 Nicht-öffentliche Stellen, in denen mit der automatisierten Datenverarbeitung regelmäßig mindestens **zehn** (§ 4f Abs. 1 Satz 4 BDSG) und im Falle der nicht automatisierten Datenvereinbarung mindestens **20 Personen** (§ 4f Abs. 1 Satz 3 BDSG) ständig mit der Verarbeitung personenbezogener Daten beschäftigt sind, müssen einen betrieblichen Datenschutzbeauftragten bestellen. Der Datenschutzbeauftragte steht als Instrument der **Selbstkontrolle** des Unternehmens neben der Fremdkontrolle durch die Aufsichtsbehörde nach § 38 BDSG. Der Datenschutzbeauftragte kann, muss aber nicht dem Unternehmen angehören (§ 4f Abs. 2 Satz 3 BDSG) und muss die zur Erfüllung seiner Aufgaben erforderliche **Fachkunde** und **Zuverlässigkeit** besitzen (§ 4f Abs. 2 Satz 1 BDSG)[6]. Er kann auch nebenamtlich tätig sein. Um Interessenkonflikte zu vermeiden, ist die Bestellung eines Personalleiters oder seiner Mitarbei-

---

1 HWK/*Lembke*, § 32 BDSG Rz. 8; *Franzen*, RdA 2010, 257 (258).
2 BAG 20.6.2013 – 2 AZR 546/12, NZA 2014, 143 Rz. 24 zur heimlichen Spindkontrolle.
3 *Franzen*, RdA 2010, 257 (258); HWK/*Lembke*, § 32 BDSG Rz. 8.
4 ErfK/*Franzen*, § 32 BDSG Rz. 2.
5 Ausführlich dazu *Plath*, § 1 BDSG Rz. 49 ff.
6 Kenntnisse im Datenschutzrecht, hinreichende Kenntnis über die Techniken der Datenverarbeitung und Verständnis der betrieblichen Abläufe, MünchArb/*Reichold*, § 88 Rz. 76.

ter oder des IT-Verantwortlichen unzulässig[1]. Sofern kein Interessenkonflikt zur Kontrollaufgabe besteht, kann auch ein leitender Angestellter bestellt werden. Da der Betriebsrat ohnehin Datenschutzinteressen der Belegschaft wahrzunehmen hat, sind seine Mitglieder ungeeignet[2]. Die Aufsichtsbehörde kann bei fehlender Fachkunde und Zuverlässigkeit die Abberufung verlangen, § 38 Abs. 5 Satz 3 BDSG.

Wird ein bisher im Unternehmen beschäftigter Arbeitnehmer bestellt, liegt eine **Versetzung** iSd. § 95 Abs. 3 BetrVG vor[3]. Die Bestellung des externen oder internen Datenschutzbeauftragten kann (nur) widerrufen werden, wenn ein wichtiger Grund für den Widerruf iSd. § 626 BGB gegeben ist (§ 4f Abs. 3 Satz 4 BDSG)[4]. Die wichtigen Gründe müssen sich aus der Funktion oder Tätigkeit (zB Unzuverlässigkeit) ergeben. Das Arbeitsverhältnis des betrieblichen Datenschutzbeauftragten kann während des Arbeitsverhältnisses und innerhalb eines Jahres nach der Beendigung der Bestellung nur aus **wichtigem Grund** gem. § 626 BGB gekündigt werden (§ 4f Abs. 3 Satz 5 und 6 BDSG). Das gilt ab dem Zeitpunkt der Bestellung und somit auch während einer vereinbarten Probezeit[5]. Die Entscheidung, zukünftig Datenschutzaufgaben durch einen externen Dritten wahrnehmen zu lassen, stellt auch in einer Konzernstruktur keinen Grund für die Abberufung des internen Datenschutzbeauftragten dar[6]. Der Datenschutzbeauftragte genießt also **Sonderkündigungsschutz** (vgl. Teil 3 H Rz. 110g). Weitere Rechte und Pflichten ergeben sich aus § 4f Abs. 3–5 BDSG. 20

Hauptaufgabe ist gem. § 4g Abs. 1 Satz 1 BDSG, auf die Einhaltung des BDSG und anderer Datenschutzvorschriften hinzuwirken. Dazu kommt dem Datenschutzbeauftragten eine Kontrollfunktion zu. Er ist in die Programmerstellung und Architektur des IT-Systems so frühzeitig einzuschalten, dass er noch eine Möglichkeit zur Einflussnahme hat[7]. Kraft Gesetzes übernimmt der Datenschutzbeauftragte die Sonderverantwortlichkeit für die Integrität des von ihm übernommenen Verantwortungsbereiches und hat eine **Garantenstellung** iSd. § 13 StGB inne[8]. 21

Die Tätigkeit des **Betriebsrats** wird nicht vom Datenschutzbeauftragten kontrolliert, weil dies mit der vom BetrVG vorgesehenen Unabhängigkeit des Betriebsrats vom Arbeitgeber unvereinbar ist[9]. Der Betriebsrat kontrolliert sich selbst. 22

2. Meldepflicht und Vorabkontrolle (§§ 4d, 4e BDSG)

Arbeitgeber sind nach § 4d Abs. 1 BDSG grundsätzlich vor der Inbetriebnahme von Verfahren automatisierter Datenverarbeitungen zur **Meldung** gegenüber der Aufsichtsbehörde (§ 38 BDSG) verpflichtet[10]. Die Meldepflicht entfällt, sofern der Arbeitgeber einen Datenschutzbeauftragten bestellt hat (§ 4d Abs. 2 BDSG). 23

---

1 MünchArb/*Reichold*, § 88 Rz. 76; *Simitis*, § 4f BDSG Rz. 100.
2 *Simitis*, § 4f BDSG Rz. 108; aA DKWW/*Däubler*, § 4f BDSG Rz. 32.
3 Der Betriebsrat kann bei fehlender Fachkunde und Zuverlässigkeit der Bestellung nach § 99 Abs. 2 Nr. 1 BetrVG widersprechen: BAG 11.11.1997 – 1 ABR 21/97, NZA 1998, 385 (387); DKWW/*Däubler*, § 4f BDSG Rz. 39.
4 Zu den Kriterien HWK/*Lembke*, §§ 4f, 4g BDSG Rz. 18 mwN.
5 ArbG Dortmund 20.2.2013 – 10 Ca 4800/12, RDV 2013, 319; ErfK/*Franzen*, § 4f BDSG Rz. 8.
6 BAG 23.3.2011 – 10 AZR 562/09, NZA 2011, 1036.
7 Hierzu *Däubler*, Gläserne Belegschaften, § 12 Rz. 601 ff.; *Gola/Wronka*, Handbuch zum Arbeitnehmerdatenschutz, Rz. 1561 ff.
8 So unter Berufung auf BGH 17.7.2009 – 5 StR 394/08, NJW 2009, 3173 (3174) und *Wybitul*, BB 2009, 2590 (2592) zutreffend HWK/*Lembke*, §§ 4f, 4g BDSG Rz. 26.
9 So BAG 11.11.1997 – 1 ABR 21/97, NZA 1998, 385 (388); HWK/*Lembke*, §§ 4f, 4g BDSG Rz. 27.
10 Die Meldepflicht entfällt auch nach § 4d Abs. 3 BDSG bei geringerer Wahrscheinlichkeit einer Beeinträchtigung der Rechte Betroffener, sofern höchstens neun Personen mit personenbezogenen Daten beschäftigt sind und eine Einwilligung des Betroffenen vorliegt oder die Erhebung, Verarbeitung oder Nutzung erforderlich ist.

24 Weisen automatisierte Verarbeitungen besondere Risiken für die Rechte und Freiheiten der Betroffenen auf, werden diese vor Beginn der Verarbeitung geprüft, sog. **Vorabkontrolle**. Die Vorabkontrolle ist insbesondere bei der Verarbeitung besonderer Arten personenbezogener Daten gem. § 3 Abs. 9 BDSG durchzuführen oder dann, wenn die Verarbeitung dazu bestimmt ist, die Persönlichkeit der Arbeitnehmer einschließlich der Fähigkeiten, Leistung oder des Verhaltens zu bewerten (§ 4d Abs. 5 Satz 2 Nr. 2 BDSG). Liegt eine gesetzliche Verpflichtung oder eine Einwilligung des Betroffenen vor oder ist die Datenverarbeitung zur Durchführung des Arbeitsverhältnisses erforderlich, bedarf es keiner Vorabkontrolle[1].

25 Vorabkontrolle bedeutet, dass der Datenschutzbeauftragte die **Rechtmäßigkeit** vor der Inbetriebnahme zu **prüfen** hat. In Zweifelsfällen hat er sich nach § 4d Abs. 6 Satz 3 BDSG an die Aufsichtsbehörde (§ 38 BDSG) zu wenden.

3. Maßnahmen nach § 9 BDSG

26 Aus § 9 BDSG sowie der Anlage zu § 9 Satz 1 BDSG, die im Fall der automatisierten Datenverarbeitung gilt, ergibt sich, welche technischen und organisatorischen **Maßnahmen** der Arbeitgeber oder die in seinem Auftrag datenverarbeitende Stelle zur Einhaltung des BDSG treffen muss. Die Erforderlichkeit konkretisiert § 9 Satz 2 BDSG unter Hinweis auf das Verhältnismäßigkeitsprinzip, wobei sich dies nicht auf das „Ob" der Maßnahmen sondern nur auf das „Wie" bezieht[2].

IV. Erlaubnistatbestände für die Datenerhebung, -verarbeitung und -nutzung

1. Präventives Verbot mit Erlaubnisvorbehalt (§ 4 Abs. 1 BDSG)

27 Das BDSG stellt in § 4 Abs. 1 BDSG die Datenverarbeitung unter ein **präventives Verbot mit Erlaubnisvorbehalt**[3]. Die **Erhebung** (vgl. § 3 Abs. 3 BDSG), **Verarbeitung** (Speichern, Verändern, Übermitteln, Sperren und Löschen, § 3 Abs. 4 BDSG) und **Nutzung** (§ 3 Abs. 5 BDSG[4]) personenbezogener Daten sind nur zulässig, soweit das BDSG **selbst** (zB in § 32 BDSG) oder eine **andere Rechtsvorschrift** dies erlaubt oder anordnet oder der Betroffene nach § 4a BDSG eingewilligt hat. Die Zulässigkeit muss bezogen auf **jedes** personenbezogene Datum und alle **Phasen** der Datenverarbeitung festgestellt werden[5]. Denkbar ist daher, dass eine Erhebung der Daten erlaubt, die Verarbeitung aber unzulässig ist. Das **Risiko** der Zulässigkeit trägt die datenverarbeitende Stelle, im Arbeitsverhältnis also im Regelfall der **Arbeitgeber**.

28 Eine **andere Rechtsvorschrift** iSd. § 4 Abs. 1 BDSG liegt vor, wenn diese den jeweiligen Umgang mit den Daten eindeutig für zulässig erklärt oder den Normadressaten dazu verpflichtet. Die Art der Daten und der Verwendungszweck müssen **explizit** benannt sein oder sich aus dem gesetzlichen Kontext ergeben[6]. Im BDSG sind solche Normen die §§ 28, 32 BDSG und in Bezug auf die Videoüberwachung § 6b BDSG als Spezialvorschrift. Die Umschreibung von Normen und Pflichten der Arbeitsvertragsparteien wie zB in § 1 Abs. 3 KSchG, der den Arbeitgeber zur Sozialauswahl ver-

---

1 Der Befreiungstatbestand bezieht sich auf beide Nummern des § 4d Abs. 5 Satz 2 BDSG, *Gola/Schomerus*, § 4d BDSG Rz. 11; MünchArb/*Reichold*, § 88 Rz. 49.
2 ErfK/*Franzen*, § 9 BDSG Rz. 1.
3 *Franzen*, RdA 2010, 257 (258).
4 Auffangtatbestand für jede Verwendung personenbezogener Daten, soweit es sich nicht um Verarbeitung handelt.
5 ErfK/*Franzen*, § 4 BDSG Rz. 1; *Gola/Schomerus*, § 4 BDSG Rz. 5.
6 BAG 3.6.2003 – 1 ABR 19/02, AP Nr. 1 zu § 89 BetrVG 1972; HWK/*Lembke*, Vorb. BDSG Rz. 35.

pflichtet, genügt nicht[1]. Datenschutzrechtlich unerheblich ist, ob die Erlaubnisnorm **hinter** dem **Schutzniveau** des BDSG zurückbleibt[2]. Das BDSG wird durch Landesdatenschutzgesetze ergänzt, die für die Arbeitnehmer im Landes- und Kommunaldienst gelten[3].

Andere Normen iSd. § 4 Abs. 1 BDSG sind im Arbeitsrecht auch **Tarifverträge, Betriebs-** oder **Dienstvereinbarungen sowie Einigungsstellensprüche** (dazu Rz. 52 ff.). 29

2. Grundregelung in § 32 Abs. 1 Satz 1 BDSG

a) Verdrängung des § 28 Abs. 1 Nr. 1 BDSG durch § 32 Abs. 1 Satz 1 BDSG

Bis zum 31.8.2009 war die für alle Vertragsverhältnisse geltende Norm des § 28 BDSG die zentrale gesetzliche Erlaubnisnorm der Datenerhebung, -verarbeitung und -nutzung im Arbeitsverhältnis. Seit dem 1.9.2009 besteht für Beschäftigungsverhältnisse (§ 3 Abs. 11 BDSG) mit § 32 Abs. 1 BDSG eine **Spezialvorschrift**. Ausweislich der Gesetzesbegründung war mit der Einfügung des § 32 BDSG keine Änderung der zu § 28 Abs. 1 Nr. 1 aF BDSG entwickelten Grundsätze beabsichtigt[4]. Die Rechtslage sollte konkretisiert werden und es sollten zugleich die von der Rechtsprechung entwickelten Grundsätze kodifiziert werden[5]. Das Konkurrenzverhältnis des § 32 BDSG zu den einzelnen Tatbeständen des § 28 BDSG ist umstritten[6]. 30

Ausgangspunkt ist der **Wortlaut** des § 32 Abs. 1 Satz 1 BDSG. Danach dürfen personenbezogene Daten eines Beschäftigten für Zwecke des Beschäftigungsverhältnisses erhoben, verarbeitet oder genutzt werden, wenn dies für die **Entscheidung über die Begründung** eines Beschäftigungsverhältnisses oder nach Begründung des Beschäftigungsverhältnisses für dessen **Durchführung** oder **Beendigung erforderlich** ist. Es handelt sich in § 32 Abs. 1 Satz 1 BDSG um die **allgemeine Erlaubnisnorm** für die Erhebung, Verarbeitung und Nutzung für alle Phasen des Beschäftigungsverhältnisses[7]. 31

Daraus entnimmt die hM, dass § 28 Abs. 1 Nr. 1 BDSG vollständig durch § 32 Abs. 1 BDSG verdrängt wird. Nach dem Verständnis von Literatur und Rechtsprechung zum „alten" § 28 BDSG, der nach dem Wortlaut die bloße „Dienlichkeit" ausreichen ließ, war in einer **ersten Prüfungsstufe** notwendig, dass die Datenerhebung, -verarbeitung oder -nutzung iSd. § 28 Abs. 1 Nr. 1 BDSG „geeignet und **erforderlich**" sein muss. Damit wurde vom Wortlaut zugunsten härterer tatbestandlicher Voraussetzungen abgewichen. Die Voraussetzung der Erforderlichkeit darf dabei nicht zu eng verstanden werden, etwa in dem Sinne, dass Erforderlichkeit vorliegt, wenn die Datenbeschaffung oder -verwendung „zwingend geboten" oder gar unverzichtbar ist[8]. Der Arbeitgeber soll die Daten vernünftigerweise benötigen[9]. Zur alten Rechtslage ließ das 32

---

1 ErfK/*Franzen*, § 4 BDSG Rz. 3. Dort auch zu § 89 BetrVG, der dem Betriebsrat keine vom Einzelfall unabhängige, generelle und einschränkungslose Übermittlung von Arbeitnehmerdaten gestattet.
2 BAG 27.5.1986 – 1 ABR 48/84, AP Nr. 15 zu § 87 BetrVG Überwachung; ErfK/*Franzen*, § 4 BDSG Rz. 3 .
3 Nachweise bei MünchArbR/*Reichold*, § 88 Rz. 8. Bestimmungen mit Bezug zu Arbeits- und Dienstverhältnis sind: § 36 LDSG BW; § 29 BBgDSG; § 20 BremDSG; § 28 HmbDSG; § 34 HessDSG; § 35 DSG M-V; § 29 DSG NRW; § 21 LDSG RP; § 31 SDSG; § 28 DSG-LSA; § 23 LDSG SH.
4 HWK/*Lembke*, Vorb. BDSG Rz. 40.
5 ErfK/*Franzen*, § 32 BDSG Rz. 1 unter Hinweis auf BT-Drucks. 16/13657, 34 f.
6 Zum Meinungsstand ErfK/*Franzen*, § 32 BDSG Rz. 3; *Franzen*, RdA 2010, 257 (260 f.).
7 HWK/*Lembke*, § 32 BDSG Rz. 9.
8 ErfK/*Franzen*, § 32 BDSG Rz. 6; HWK/*Lembke*, § 32 BDSG Rz. 10.
9 Gola/Schomerus, § 32 BDSG Rz. 11.

BAG[1] unter Hinweis auf die Wirtschaftlichkeit des EDV-Einsatzes bereits die generelle Möglichkeit genügen, dass die Daten im Verlauf des Arbeitsverhältnisses erforderlich werden können.

33 Auf der **zweiten Prüfungsstufe** findet eine Interessenabwägung nach der Maßgabe des **Verhältnismäßigkeitsprinzips** statt. Bei der vorzunehmenden Interessenabwägung wurden im Rahmen der Zweckbestimmung des Arbeitsverhältnisses die berechtigten Interessen des Arbeitgebers und die Belange der Arbeitnehmer abgewogen[2]. Dies erfolgt auf der Grundlage der Grundrechtspositionen von Arbeitgeber und Arbeitnehmer. Die Maßnahme ist unzulässig, wenn das Interesse des Arbeitnehmers am Ausschluss der Erhebung oder Verwendung seiner personenbezogenen Daten überwiegt[3].

b) Verbleibender Anwendungsbereich des § 28 Abs. 1 Nr. 2 BDSG

34 Obwohl § 28 Abs. 1 Nr. 2 BDSG nicht durch § 32 Abs. 1 Satz 1 BDSG verdrängt wird, bleibt der Anwendungsbereich gering. Es handelt sich wegen des Verzichts auf das Erforderlichkeitskriterium um eine **restriktiv** auszulegende Ausnahmevorschrift, die für Sachverhalte im Zusammenhang mit der Durchführung des Beschäftigungsverhältnisses **nicht** als Auffangtatbestand herangezogen werden kann, falls ein Sachverhalt nicht mit § 32 Abs. 1 Satz 1 BDSG vereinbar ist[4]. Ein solcher Zweck außerhalb des Beschäftigungsverhältnisses liegt zB vor, wenn ein Arbeitgeber in einer Due-Diligence-Phase Daten an potentielle Erwerber übermittelt, wobei dabei die berechtigten Interessen des Arbeitgebers (§ 28 Abs. 1 Nr. 2 BDSG) mit dem Vertraulichkeitsinteresse der Arbeitnehmer abzuwägen sind.

c) Geltung der § 28 Abs. 6–9 BDSG

35 Die dem besonderen Schutz der Beschäftigten dienenden § 28 Abs. 6–9 BDSG werden nicht durch § 32 BDSG verdrängt[5].

3. Sonderregelung zur Aufdeckung von Straftaten (§ 32 Abs. 1 Satz 2 BDSG)

36 Nach § 32 Abs. 1 Satz 2 BDSG dürfen personenbezogene Daten eines Beschäftigten (§ 3 Abs. 11 BDSG) zur Aufdeckung von **Straftaten** nur dann erhoben, verarbeitet oder genutzt werden, wenn „zu **dokumentierende** tatsächliche Anhaltspunkte den **Verdacht** begründen, dass der Betroffene im Beschäftigungsverhältnis eine **Straftat** begangen hat" und „die Erhebung, Verarbeitung oder Nutzung zur Aufdeckung **erforderlich** ist" und „das schutzwürdige Interesse des Beschäftigten an dem Ausschluss der Erhebung, Verarbeitung oder Nutzung nicht überwiegt, insbesondere Art und Ausmaß im Hinblick auf den Anlass nicht **unverhältnismäßig** sind." Dem Arbeitgeber dürfen keine ebenso effektiven, den Arbeitnehmer weniger belastenden Möglichkeiten zur Aufklärung des Sachverhalts zur Verfügung stehen. Zudem muss die Art und Weise der Kontrolle als solche den Verhältnismäßigkeitsgrundsatz wahren[6].

---

1 BAG 22.10.1986 – 5 AZR 660/85, AP § 23 Nr. 2 BDSG; zustimmend ErfK/*Franzen*, § 32 BDSG Rz. 6.
2 Fallgruppen HWK/*Lembke*, Vorb. BDSG Rz. 87 ff.; ErfK/*Franzen*, § 32 BDSG Rz. 7–28.
3 BAG 20.6.2013 – 2 AZR 546/12, NZA 2014, 143 Rz. 28, 33; dazu *Brink/Wybitul*, ZD 2014, 225 (228).
4 HWK/*Lembke*, Vorb. BDSG Rz. 46 zur Zulässigkeit konzernweiter elektronischer Kommunikationsverzeichnisse oder Skill-Datenbanken zur Stellenbesetzung.
5 ErfK/*Franzen*, § 32 BDSG Rz. 3; HWK/*Lembke*, Vorb. BDSG Rz. 36, 40, 45.
6 BAG 20.6.2013 – 2 AZR 546/12, NZA 2014, 143 Rz. 35; zust. *Brink/Wybitul*, ZD 2014, 225 (230).

IV. Erlaubnistatbestände für die Datenerhebung   Rz. 42 Teil 6 F

⮑ **Hinweis:** Im Urteil zur heimlichen Spindkontrolle[1] hat das BAG herausgestellt, dass weder 37
ein Einverständnis des Betriebsrats noch die Hinzuziehung von Betriebsratsmitgliedern
bei ansonsten rechtswidriger Datenerhebung ein anderes Ergebnis rechtfertigen würden.
Die Hinzuziehung weiterer Personen verletze die Privatsphäre sogar noch stärker.

§ 32 Abs. 1 Satz 2 BDSG gilt nur bei der Aufdeckung von Straftaten bei Vorliegen ei- 38
nes gegenüber einem Beschäftigten oder einem räumlich oder funktional abgrenzbaren Kreis bestimmter Beschäftigter bestehenden **konkreten** Verdachts[2].

Die Norm ist § 100 Abs. 3 Satz 1 TKG nachgebildet und in ihrer Auslegung heftig 39
umstritten. Nicht anlassbezogene Torkontrollen zur Vermeidung von Diebstählen
dürften mangels tatsächlich dokumentierbarer Anhaltspunkte unzulässig sein, es
wird wohl auch an konkreten Verdachtsmomenten fehlen[3]. Auch sind Ordnungswidrigkeiten und andere Vertragsverletzungen vom Wortlaut des Gesetzes nicht erfasst.
Die hM[4] hat daher zu Recht die Gesetzesformulierung als **mangelhaft** angesehen.

Die Aufdeckung von **Ordnungswidrigkeiten** und (bloßen) **Vertragsverletzungen** un- 40
terliegt den Maßstäben des § 32 Abs. 1 Satz 1 BDSG. Da es sich bei § 32 BDSG um
ein nicht ausgereiftes Gesetz handelt[5], bedeutet das Schweigen des Gesetzgebers
nicht, dass Ordnungswidrigkeiten und (bloße) Vertragsverletzungen keinen Anlass
zu Datenerhebung (= Kontrolle) geben können. Es gilt der gegenüber § 32 Abs. 1
Satz 2 BDSG weniger strenge Maßstab der bloßen Erforderlichkeit[6].

Gleiches gilt für die Bewertung einer stichprobenartigen Kontrolle der Beschäftigten 41
durch den Arbeitgeber und Maßnahmen der **Compliance**[7]. Compliance bedeutet „die
Einhaltung aller relevanten Gesetze, Verordnungen, Richtlinien und Selbstverpflichtungen durch ein Unternehmen als Ganzes"[8] und ist ein unabdingbarer Teil zeitge-
mäßer Unternehmensorganisation. Nach der Gesetzesbegründung soll die Norm
auch bzgl. der Zulässigkeit von Maßnahmen gelten, die zur Vermeidung von Straftaten und sonstigen Rechtsverstößen, die im Zusammenhang mit dem Beschäftigungsverhältnis stehen, konkret und unter Beachtung des Verhältnismäßigkeitsprinzips erforderlich sind[9]. Das macht eine vorherige Risikoanalyse erforderlich. **Präventive
Maßnahmen** zur Korruptionsbekämpfung sind im Ausgangspunkt nach **§ 32 Abs. 1
Satz 1 BDSG** zulässig, unterliegen also dem gegenüber § 32 Abs. 1 Satz 2 BDSG weniger strengen Maßstab der bloßen Erforderlichkeit[10].

Werden **konkrete Verdachtserkenntnisse** gewonnen, die gegenüber einer **konkreti-** 42
sierten Person oder Personengruppe weiterverfolgt werden, gilt der strengere Maßstab
des § 32 Abs. 1 Satz 2 BDSG. Die Verdachtsmomente sind zu **dokumentieren**. Dies

---

1 BAG 20.6.2013 – 2 AZR 546/12, NZA 2014, 143 Rz. 28, 33; ausführlich *Brink/Wybitul*, ZD 2014, 225 (228).
2 BAG 19.2.2015 – 8 AZR 1007/13 (PM 7/15) zur Detektiv- und Videoüberwachung ohne konkrete Verdachtsmomente in Bezug auf eine vorgetäuschte Arbeitsunfähigkeit; HWK/
Lembke, § 32 BDSG Rz. 13; ErfK/*Franzen*, § 32 BDSG Rz. 32.
3 So *Joussen*, NZA 2010, 254 (257). Richtigerweise wird man sich aber auf § 32 Abs. 1 Satz 1
BDSG stützen können, ErfK/*Franzen*, § 32 BDSG Rz. 30.
4 HWK/*Lembke*, § 32 BDSG Rz. 8; ErfK/*Franzen*, § 32 BDSG Rz. 1.
5 So die Formulierung von ErfK/*Franzen*, § 32 BDSG Rz. 31.
6 ErfK/*Franzen*, § 32 BDSG Rz. 30.
7 Dazu *Thüsing*, Beschäftigtendatenschutz und Compliance, § 2 Rz. 3 ff.; § 3 Rz. 25 ff.
8 Für einzelne Branchen gelten Sonderregelungen, etwa für die Kreditwirtschaft im KWG bzw.
GwG. Die Unternehmensleitungen sind zur Compliance nach §§ 91 Abs. 2, 93 Abs. 1 Satz 1
und 111 Abs. 2 AktG bzw. § 43 Abs. 1 GmbHG verpflichtet. Weitere Kontrollpflichten ergeben sich aus § 33 Abs. 1 WpHG, § 130 OWiG und § 90 Abs. 1 AktG. Relevant ist schließlich auch Nr. 4.1.3 des Deutschen Corporate Governance Kodex, nach dem der Vorstand für
die Einhaltung der gesetzlichen Bestimmungen zu sorgen hat.
9 BT-Drucks. 16/13657, 21; HWK/*Lembke*, § 32 BDSG Rz. 13.
10 ErfK/*Franzen*, § 32 BDSG Rz. 30.

auch deshalb, weil die Datenaufsichtsbehörde nach § 38 Abs. 5 BDSG Maßnahmen zur Beseitigung festgestellter Verstöße anordnen und dazu den Sachverhalt durch Einholung von Auskünften und die Vornahme von Prüfungen, Besichtigungen und Einsichtnahme klären kann (§ 38 Abs. 3 und 4 BDSG).

Checkliste:

43 Der Rechtsprechung des BAG[1] lässt sich diese Prüfungsreihenfolge entnehmen:
☐ Konkreter Verdacht einer Straftat oder einer anderen schwerwiegenden Pflichtverletzung zu Lasten des Arbeitgebers.
☐ Schriftlich oder elektronisch aktenkundig dokumentierte Anhaltspunkte in Bezug auf einen Schaden, einen räumlich und funktional abgrenzbaren Verdächtigenkreis und Indizien dafür. Der Verdacht muss sich nicht gegen einen bestimmten Arbeitnehmer richten[2].
☐ Weniger einschneidende Mittel zur Aufklärung des Verdachts sind ergebnislos ausgeschöpft, so dass die Maßnahme damit das einzig verbleibende Mittel darstellt[3].
☐ Der Erforderlichkeitsmaßstab des § 32 Abs. 1 Satz 2 BDSG gebietet dann eine Verhältnismäßigkeitsprüfung.
☐ Maßgeblich dafür ist zunächst die Bestimmung der Tiefe des Grundrechtseingriffs[4].
☐ Sodann erfolgt die Verhältnismäßigkeitsprüfung:
  ☐ Geeignet
  ☐ Erforderlich
  ☐ Angemessenheit bei der Abwägung der gegenseitigen Grundrechtspositionen (sog. Verhältnismäßigkeit ieS)[5].

4. Einwilligung nach § 4a BDSG

44 Das BDSG verfolgt das Prinzip der **informierten** Einwilligung. Eine Einwilligung liegt nach § 183 Satz 1 BGB bei der vorherigen Zustimmung des Betroffenen zur jeweiligen Erhebung, Verarbeitung oder Nutzung von Daten vor. Nach § 4a Abs. 1 Satz 1 BDSG setzt die Einwilligung die **freie Entscheidung** des Betroffenen voraus, was Zwang ausschließt und andererseits im konkreten Fall die Kenntnis der Sachlage voraussetzt[6]. Gegen die Wirksamkeit einer dem Arbeitgeber gegenüber erklärten Einwilligung werden vor allen von der datenschutzrechtlichen Literatur Bedenken wegen des strukturellen **Machtungleichgewichts** im Arbeitsverhältnis erhoben[7]. Mit der hM[8] ist dem entgegenzuhalten, dass die Arbeitnehmer durch die Schutznormen des Arbeitsrechts (§ 612a, §§ 305 ff. BGB, § 1 KSchG) so umfangreich geschützt sind, dass eine Unfreiwilligkeit der Einwilligung nicht angenommen werden kann. Denkbar ist allenfalls[9],

---

1 BAG 20.6.2013 – 2 AZR 546/12, NZA 2014, 143 Rz. 28, 33; ausführlich *Brink/Wybitul*, ZD 2014, 225 (228) zu LAG Hamm 11.7.2013 – 11 Sa 312/13, ZD 2014, 204 (206f.) als Vorinstanz zu BAG 19.2.2015 – 8 AZR 1007/13 (PM 7/15).
2 BAG 21.6.2012 – 2 AZR 153/11, NZA 2012, 1025 Rz. 30.
3 So für die heimliche Videoüberwachung BAG 21.6.2012 – 2 AZR 153/11, NZA 2012, 1025 Rz. 30; dazu *Bayreuther*, DB 2012, 2222 (2226).
4 Der Spind ist Teil der Privatsphäre des Arbeitnehmers, nicht aber des absolut geschützten Kernbereichs der privaten Lebensgestaltung, BAG 21.6.2012 – 2 AZR 153/11, NZA 2012, 1025 Rz. 27.
5 BAG 20.6.2013 – 2 AZR 546/12, NZA 2014, 143 Rz. 30 erachtete die Spindkontrolle als unverhältnismäßig, weil diese heimlich und ohne Hinzuziehung des Arbeitnehmers durchgeführt worden war.
6 MünchArb/*Reichold*, § 88 Rz. 23; ErfK/*Franzen*, § 4a BDSG Rz. 1.
7 *Gola/Schomerus*, § 4a BDSG Rz. 16; aA BT-Drucks. 16/13657, 20.
8 HWK/*Lembke*, Vorb. BDSG Rz. 60; *Franzen*, RdA 2010, 257 (259).
9 So *Simitis*, § 4a BDSG Rz. 63; HWK/*Lembke*, Vorb. BDSG Rz. 60.

Koppelungsverbote bzgl. Einwilligung und Arbeitsvertragsschluss oder Zuwendung von Entgeltbestandteilen zu fordern und die Freiwilligkeit im Einzelfall in Frage zu stellen, falls die Einwilligung Voraussetzung für bestimmte arbeitgeberseitige Leistungen ist (vgl. auch § 28 Abs. 3b BDSG, § 95 Abs. 5 TKG).

Nach § 4a Abs. 1 Satz 2 BDSG hat der Arbeitgeber den Arbeitnehmer auf den vorhergesehenen **Zweck** der Erhebung, Verarbeitung oder Nutzung sowie – soweit dies nach den Umständen des Einzelfalles erforderlich ist oder vom Arbeitnehmer verlangt wird – auf die Folgen der Verweigerung der Einwilligung **hinzuweisen**. Unklarheiten gehen zu Lasten des Arbeitgebers[1]. Eine für eine Vielzahl von Fällen vorbereitete Blankoeinwilligung ist unwirksam[2].

Werden **besondere Arten personenbezogener Daten** (§ 3 Abs. 9 BDSG) erhoben, muss sich die Einwilligung ausdrücklich auf diese Daten beziehen (§ 4a Abs. 3 BDSG). Eine nur globale oder umrisshafte Vorstellung des Betroffenen genügt nicht[3]. Besteht kein Fragerecht des Arbeitgebers, darf auch keine Einwilligung zur Informationsbeschaffung herbeigeführt werden[4]. 45

Einwilligungsklauseln in **Formulararbeitsverträgen** werden durch die Rechtsprechung nach den §§ 305 ff. BGB kontrolliert[5]. Eine ohne sachlichen Zusammenhang eingebaute Einwilligungsklausel verstößt gegen das Transparenzgebot des § 307 Abs. 1 Satz 2 BGB[6]. Der bloße Hinweis des Arbeitgebers auf allgemeine Arbeitsbedingungen genügt nicht, auch wenn darin der Einwilligungstatbestand fettgedruckt ist. Erforderlich ist, dass die Einwilligungsklausel an deutlich **sichtbarer Stelle** drucktechnisch vom anderen Text abgesetzt erscheint[7]. Dies folgt aus § 4a Abs. 1 Satz 4 BDSG, wonach die Einwilligung besonders hervorzuheben ist, wenn sie zusammen mit anderen Erklärungen **schriftlich** abgegeben wird (§ 4a Abs. 1 Satz 3 BDSG). 46

➲ **Hinweis:** Die Einwilligung des Arbeitnehmers sollte daher nicht bloß als eigenständige Regelung des Arbeitsvertrages, sondern besser als gesonderte Erklärung – bspw. als Anlage zum Arbeitsvertrag – abgegeben werden[8]. Mindestens ist eine drucktechnische Absetzung der Einwilligung vom übrigen Text wie zB durch Fettdruck oder Einrahmung erforderlich. 47

Vom Schriftlichkeitsgebot kann nur in Ausnahmefällen – etwa bei besonderer Eilbedürftigkeit – abgewichen werden, soweit nicht wegen besonderer Umstände eine andere Form angemessen ist (§ 4a Abs. 1 Satz 3 BDSG). Im Arbeitsverhältnis ist hier daran zu denken, dass ein ortsabwesender Bewerber per Internet/E-Mail mit dem Arbeitgeber über längere Zeit korrespondiert und eine andere Übermittlungsform ausscheidet[9]. Eine konkludente, stillschweigende oder gar mutmaßliche Einwilligung genügt aber nicht[10], weshalb in jedem Fall die inhaltlichen Anforderungen an die Einwilligung erfüllt sein müssen. 48

➲ **Hinweis:** Da der Arbeitgeber das Bewertungsrisiko trägt und ohne Einwilligung die Datenerhebung, -verarbeitung und -nutzung rechtswidrig ist, sollte von dieser Ausnahme zurückhaltend Gebrauch gemacht werden. 49

---

1 *Gola/Schomerus*, § 4a BDSG Rz. 11.
2 ErfK/*Franzen*, § 4a BDSG Rz. 1.
3 ErfK/*Franzen*, § 4a BDSG Rz. 5.
4 ErfK/*Franzen*, § 4a BDSG Rz. 1.
5 *Franzen*, RdA 2010, 257 (259).
6 LG Bonn 31.10.2006 – 11 O 66/06, MMR 2007, 124 (125); ErfK/*Franzen*, § 4a BDSG Rz. 2.
7 *Simitis*, § 4a BDSG Rz. 43; *Gola/Schomerus*, § 4a BDSG Rz. 1.4.
8 HWK/*Lembke*, Vorb. BDSG Rz. 65.
9 HWK/*Lembke*, Vorb. BDSG Rz. 64. AA *Kleinebrink*, ArbRB 2012, 61 (62) wonach Telefax und E-Mail ungeeignet sind, weil diese die elektronische Form des § 126 Abs. 3 BGB nicht wahren.
10 BT-Drucks. 16/12011, 29; ErfK/*Franzen*, § 4a BDSG Rz. 3.

50 Die Einwilligung kann grundsätzlich jederzeit und ohne Begründung (begrenzt allenfalls durch die Grundsätze von Treu und Glauben, § 242 BGB) mit Wirkung ex nunc schriftlich **widerrufen** werden[1]. Die Einwilligung ist vor allem dann notwendig, wenn eine Betriebsvereinbarung als Rechtfertigung nicht in Betracht kommt. Dies ist bei leitenden Angestellten gem. § 5 Abs. 3 BetrVG und in betriebsratslosen Betrieben, die nicht von einem Konzern- oder Gesamtbetriebsrat mit repräsentiert werden (vgl. §§ 58 Abs. 1, 50 Abs. 1 BetrVG), der Fall.

51 Ein vom Arbeitgeber verwendetes Formular unterliegt dann der **Mitbestimmung** nach § 94 Abs. 1 BetrVG, wenn im Einwilligungsformular konkrete Fragen zur Erhebung personenbezogener Daten des Beschäftigten oder Bewerbers abgeleitet werden können[2], was angesichts der Konkretisierungsnotwendigkeit der Einwilligung regelmäßig der Fall sein wird. Das gilt auch bei Vorgaben ausländischer Konzernmütter.

5. Tarifverträge und Betriebsvereinbarungen als Zulässigkeitsnorm nach § 4 Abs. 1 BDSG

52 Andere Normen iSd. § 4 Abs. 1 BDSG sind im Arbeitsrecht auch **Tarifverträge**, **Betriebs-** oder **Dienstvereinbarungen sowie Einigungsstellensprüche**. Dabei ist der Datenschutz nach dem BDSG kein unabdingbarer Mindeststandard[3], der nur zugunsten der Arbeitnehmer verbessert werden könnte, sondern kann **zu Lasten** der Arbeitnehmer unterschritten werden, sofern die wechselseitigen Interessen und Rechtsgüter der Betriebsparteien und Arbeitnehmer ordnungsgemäß abgewogen werden[4]. Eine Betriebsvereinbarung kann daher möglicherweise eine ansonsten unzulässige Datenverarbeitung rechtfertigen, sofern dabei den aus **§ 75 Abs. 2 BetrVG** abzuleitenden Grundsätzen über das allgemeine Persönlichkeitsrecht des Arbeitnehmers im Arbeitsverhältnis materiell Rechnung getragen ist[5]. Allerdings ist es kaum denkbar, den datenschutzrechtlichen Standard des BDSG zu unterschreiten, ohne gegen § 75 Abs. 2 BetrVG zu verstoßen[6].

53 **Betriebsvereinbarungen** können die materiellen Schutzkriterien des BDSG (wie Erforderlichkeit und Verhältnismäßigkeit) durch andere Kriterien ersetzen, wie bspw. Information, Konsultation und Zustimmung des Betriebsrats zum Umgang mit Arbeitnehmerdaten. Sie können auf die betrieblichen Abläufe und die konkreten Arbeitnehmerinteressen **zugeschnittene Regelungen** schaffen und haben sich als zweckmäßig und mit Blick auf § 75 Abs. 2 BetrVG als die Interessen der Beschäftigten hinreichend schützend erwiesen[7], ohne dass sie im Einzelnen am BDSG gemessen werden müssen.

Das zulässige Maß der Beschränkung des Arbeitnehmerpersönlichkeitsrechts zugunsten schützenswerter Belange des Arbeitgebers richtet sich nach dem **Verhältnismäßigkeitsgrundsatz**. Die Regelung muss **geeignet**, **erforderlich** und unter Berücksichtigung der gewährleisteten Freiheitsrechte **angemessen** sein, um den erstrebten Zweck zu erreichen. Den Betriebsparteien dürfen zur Zielerreichung keine anderen, gleich wirksamen und das Persönlichkeitsrecht der Arbeitnehmer weniger einschränkenden Mittel zur Verfügung stehen. Die Betriebsvereinbarung ist darüber hinaus ver-

---

1 HWK/*Lembke*, Vorb. BDSG Rz 58.
2 HWK/*Lembke*, Vorb. BDSG Rz 66 mwN. AA *Kleinebrink*, ArbRB 2012, 61 (64), da mit der Einwilligung keine persönlichen Verhältnisse erfragt würden.
3 AA die Aufsichtsbehörden, vgl. *Gola/Schomerus*, § 4 BDSG Rz. 10a.
4 BAG 27.5.1986 – 1 ABR 48/84, AP Nr. 15 zu § 87 BetrVG Überwachung; HWK/*Lembke*, Vorb. BDSG Rz. 53.
5 MünchArbR/*Reichold*, § 88 Rz. 21; *Thüsing*, NZA 2011, 16 (19).
6 Statt aller mit Beispielen *Franzen*, RdA 2010, 257 (260).
7 ErfK/*Franzen*, § 4 BDSG Rz. 3; HWK/*Lembke*, Vorb. BDSG Rz. 54; *Franzen*, RdA 2010, 257 (259).

hältnismäßig im engeren Sinn, wenn die Schwere des Eingriffs bei einer Gesamtabwägung nicht außer Verhältnis zu dem Gewicht der ihn rechtfertigenden Gründe steht. Die Bedeutung des Verhältnismäßigkeitsgrundsatzes hat das BAG[1] im Rahmen der Bewertung einer Betriebsvereinbarung zur Zulässigkeit von Torkontrollen herausgestellt.

⊃ **Hinweis:** Eine Betriebsvereinbarung, die die Erhebung, Verarbeitung oder Nutzung personenbezogener Daten der Beschäftigten erlaubt, sollte insbesondere die Art der Daten und den Verwendungszweck angeben sowie die technischen und organisatorischen Datenschutzmaßnahmen (§ 9 BDSG mit Anlage 1), die Rechte der Beschäftigten (§§ 33–35 BDSG), die Kontrollmöglichkeiten des Betriebsrats und des betrieblichen Datenschutzbeauftragten regeln[2].

54

V. Besondere Formen der Datenverarbeitung und -übermittlung

1. Grenzüberschreitender Datentransfer

§§ 4b und 4c BDSG regeln den grenzüberschreitenden Datentransfer. Die **übermittelnde Stelle** (also regelmäßig der Arbeitgeber) trägt die **Verantwortung** für deren Zulässigkeit (§ 4b Abs. 5 BDSG). Bei der Übermittlung ist die empfangende Stelle auf den Zweck der Datenübermittlung hinzuweisen (§§ 4b Abs. 6, 4c Abs. 1 Satz 2 BDSG). Das BDSG ist nach § 1 Abs. 5 Satz 2 BDSG anwendbar, sofern eine verantwortliche Stelle, die nicht in einem Mitgliedstaat der EU oder einem Vertragsstaat des EWR liegt, personenbezogene Daten im Inland erhebt, verarbeitet oder nutzt. Es gilt also das **Territorialitätsprinzip**[3].

55

Zu unterscheiden ist weiter zwischen dem **innereuropäischen** Datentransfer und dem Datentransfer in **Drittstaaten**, wobei es rechtlich keinen Unterschied macht, ob die Datenverarbeitung im international tätigen Konzern oder außerhalb eines solchen Konzerns erfolgt. Dabei bereitet es zunehmend Schwierigkeiten, weil unbekannt ist, ob Daten in Drittstaaten übermittelt werden, insbesondere durch die Datenverarbeitung über das **Internet**, wenn die Server nicht in EU/EWR betrieben werden oder eine Auftragsdatenverarbeitung erfolgt[4], was oft bei einer Cloud-Nutzung (vgl. Rz. 67 ff.) der Fall ist.

Der innereuropäische Datentransfer ist gem. § 4b Abs. 1 Nr. 1 BDSG dem inländischen Datentransfer **gleichgestellt**. Es gilt § 4 Abs. 1 BDSG. Sondervorschriften können den Datenschutz nicht absenken.

56

Werden die Daten **außerhalb** der **EU** oder des **EWR** (Liechtenstein, Norwegen, Island) übermittelt, erfolgt eine **zweistufige Prüfung**.

57

Erstens ist zu prüfen, ob der Transfer nach den allgemeinen Vorschriften (also § 4 Abs. 1 BDSG, § 32 BDSG) ohne Berücksichtigung des Drittstaatenbezuges zulässig ist (§ 4b Abs. 2 Satz 1 iVm. Abs. 1 BDSG)[5].

---

1 Innerhalb eines Jahres waren 1.890 Stück Parfüm im Wert von mehr als 250.000 Euro entwendet worden und die Auswahl der Kontrollierten erfolgte mittels eines Zufallsgenerators, BAG 15.4.2014 – 1 ABR 2/13 (B), NZA 2014, 551, dazu *Brink/Wybitul*, ZD 2014, 225 (226 f.).
2 HWK/*Lembke*, Vorb. BDSG Rz. 54.
3 *Thüsing/Forst*, Beschäftigtendatenschutz und Compliance, § 17 Rz. 3. Zur internationalen Datenübermittlung in der Unternehmensgruppe *Forst*, Der Konzern 2012, 170 ff.
4 *Thüsing/Forst*, Beschäftigtendatenschutz und Compliance, § 17 Rz. 13.
5 *Thüsing/Forst*, Beschäftigtendatenschutz und Compliance, § 17 Rz. 15; HWK/*Lembke*, Vorb. BDSG Rz. 50.

Auf einer **zweiten** Stufe wird geprüft, ob im Empfängerstaat ein dem BDSG in materieller und prozessualer Hinsicht im Wesentlichen gleichwertiges und damit **angemessenes Datenschutzniveau** besteht (§ 4b Abs. 2 Satz 2, § 4b Abs. 3 BDSG)[1].

58 Die EU-Kommission hat das angemessene Schutzniveau für die Schweiz, Kanada, Argentinien, Guernsey, die Isle Of Man, Israel und andere Staaten festgestellt[2].

59 Für die **USA** gilt dies nur dann, falls sich die Unternehmen den sog. „**Safe Harbor Privacy Principles**" (SHPP) der Federal Trade Commission (FTC) (verbunden mit einer dort erfolgenden Eintragung) verbindlich unterworfen haben[3]. Dies beruht auf der Anerkennung durch die Europäische Kommission durch die Entscheidung 2000/520/EG[4]. Da für die Unterwerfung die bloße Selbstzertifizierung genügt, bedarf es nach Auffassung der deutschen Datenschutzbehörden weiterer Kontrollmaßnahmen[5]. Mehr als sieben Jahre alte Zertifizierungen werden überhaupt nicht mehr anerkannt[6].

60 ⇨ **Hinweis:** Angesichts dessen kann nicht geraten werden, den internationalen Datenfluss auf Safe Harbour Privacy Principles zu stützen[7].

61 Angemessen ist das Datenschutzniveau auch, wenn die **Standardvertragsklauseln** der EU-Kommission zwischen den verantwortlichen Stellen unverändert – also ohne jegliche Modifikation – vereinbart werden[8].

62 Liegen diese Voraussetzungen nicht vor, kann der Datentransfer dennoch unter den Voraussetzungen des **§ 4c BDSG**[9] zulässig sein. Die gilt zum einen im Falle der **Einwilligung** des Betroffenen (§ 4c Abs. 1 Satz 1 Nr. 1 BDSG). Zum anderen kann die Zulässigkeit durch die **Ausnahmegenehmigung** der Aufsichtsbehörde (§ 4c Abs. 2 BDSG) eintreten. In diesem Fall müssen Garantien hinsichtlich des Schutzes des Persönlichkeitsrechtes und der daraus folgenden Rechte vorliegen.

Solche können sich aus Vertragsklauseln oder Unternehmensregeln (**Binding Corporate Rules**, BCR), die verbindlich und nicht als bloße Wohlverhaltenserklärungen vereinbart werden, ergeben, wie aus § 4c Abs. 2 Satz 1 Halbs. 2 BDSG folgt[10]. BCR bedürfen nach deutscher Datenschutzpraxis der Genehmigung durch die Datenschutzbehörden[11]. Dies gilt für alle Datenschutzbehörden der EU/EWR-Staaten, in denen die Daten verarbeitet werden[12]. Sie sind also ein **unpraktikables** Instrument, zumal dies auch bei jeder Änderung der BCR zu wiederholen ist[13]. Zur Datenübertragung von Beschäftigtendaten in die Computer-Cloud s. Rz. 67 ff.

---

1 *Simitis*, § 4b BDSG Rz. 52 ff.; HWK/*Lembke*, Vorb. BDSG Rz. 51.
2 Weitere Nachweise bei *Thüsing/Forst*, Beschäftigtendatenschutz und Compliance, § 17 Rz. 21.
3 HWK/*Lembke*, Vorb. BDSG Rz. 51; Besgen/Prinz/*Giesen*, Handbuch Internet. Arbeitsrecht, § 11 Rz. 57 ff.
4 ABl. Nr. L-215 v. 25.8.2000, S. 7 ff., krit. *Thüsing/Forst*, Beschäftigtendatenschutz und Compliance, § 17 Rz. 58.
5 Dazu *Legerlotz*, ArbRB 2012, 190 (192). Krit. auch *Simitis*, § 4b BDSG Rz. 73 ff.
6 *Forst*, Der Konzern 2012, 170 (184).
7 So prägnant *Thüsing/Forst*, Beschäftigtendatenschutz und Compliance, § 17 Rz. 60.
8 Zu den drei anerkannten Standardvertragsklauseln ausführlich *Thüsing/Forst*, Beschäftigtendatenschutz und Compliance, § 17 Rz. 24, 28 ff.
9 Vgl. Art. 26 EU-Datenschutz-RL 95/46/EG.
10 HWK/*Lembke*, Vorb. BDSG Rz. 52; *Wisskirchen*, CR 2004, 862 (866). Ein Muster enthält Besgen/Prinz/*Giesen*, Handbuch Internet. Arbeitsrecht, § 11 Rz. 145. Ausführlich zu Inhalt und Genehmigung *Thüsing/Forst*, Beschäftigtendatenschutz und Compliance, § 17 Rz. 35 ff.
11 *Forst*, Der Konzern 2012, 170 (175 ff.).
12 *Thüsing/Forst*, Beschäftigtendatenschutz und Compliance, § 17 Rz. 56.
13 *Thüsing/Forst*, Beschäftigtendatenschutz und Compliance, § 17 Rz. 57.

2. Datenübermittlung im Konzern

Das BDSG enthält keine Regelung zur erleichterten Datenübermittlung im Rahmen von Konzernen und Unternehmenszusammenschlüssen. Die RL 95/46/EG enthält **kein Konzernprivileg**, weshalb die Weitergabe von Beschäftigtendaten an ein anderes Konzernunternehmen (Konzernmutterunternehmen, andere Konzernunternehmen, konzerninterne Personaldienstleistungsgesellschaften) eine nach allgemeinen Regeln zu bewertende **Übermittlung** iSd. § 3 Abs. 4 Satz 1 bzw. § 32 Abs. 1 Satz 1 BDSG darstellt[1].

Verantwortliche Stelle iSd. § 3 Abs. 7 BDSG ist der Vertragsarbeitgeber, nicht die Konzernmutter[2]. Es gelten die **allgemeinen Regeln** zur Auftragsdatenverarbeitung (§ 3 Abs. 8, § 11 BDSG) oder im Rahmen der Funktionsübertragung[3].

Da auch **Einwilligungserklärungen** der Beschäftigten jetzt jederzeit widerruflich sind, stellen auch diese kein probates Mittel zur konzerndimensionalen Datenerhebung, -verarbeitung und -übermittlung dar.

Gerechtfertigt durch § 28 Abs. 1 Satz 1 Nr. 2 BDSG ist ein **konzernweit** verfügbares Internet-**Telefonverzeichnis**, das die Namen der Mitarbeiter, die dienstliche Anschrift, Aufgabengebiet, dienstliche Telefon- und Fax-Nummer sowie die dienstliche E-Mail-Adresse enthält[4]. Verboten – jedenfalls ohne Einwilligung – ist die Aufnahme der privaten Telefonnummern der Mitarbeiter[5].

Auch konzernweite „**Skill-Datenbanken**" sind nach § 28 Abs. 1 Satz 1 Nr. 2 BDSG zulässig, um Stellen entsprechend im Konzern vorhandener Fähigkeiten so gut wie möglich besetzen zu können[6].

Die Betriebspraxis behilft sich mit dem Abschluss von **Konzernbetriebsvereinbarungen zum konzerninternen Datentransfer**. Diese können nach § 4 Abs. 1 BDSG die Datenverarbeitung rechtfertigen. Geregelt wird, welche Daten an andere Konzernunternehmen zu welchem konkret bezeichneten Zweck übermittelt werden dürfen, sofern dies den Grundsätzen des § 75 Abs. 2 BetrVG und des BDSG insgesamt entspricht[7]. Allerdings können solche Betriebsvereinbarung im Hinblick auf die auf Deutschland bezogene Geltung des BetrVG (Territorialitätsprinzip) **keine Auslandssachverhalte** und insbesondere keine Datenübermittlung zwischen Gesellschaften einer internationalen Unternehmensgruppe regeln.

3. Beschäftigtendaten in der Cloud

Weitgehend unterschätzt werden die datenschutzrechtlichen Probleme infolge der Übertragung und externen Bearbeitung von Beschäftigtendaten, wenn technische Dienstleistungen infolge von **Cloud-Computing**[8], also des weltweit lokalisierten und vernetzten Zur-Verfügung-Stellens von IT-Ressourcen, ausgelagert werden. Oft ist gar nicht bekannt, wo die Server stehen und wer unter Geltung welchen Datenschutzrechts die Daten verarbeitet. Da bei allen Handlungen eines Unternehmens Beschäftigtendaten erhoben und verarbeitet werden, sind nicht nur die konkreten personenbezogenen Daten der Beschäftigten, sondern alle zwangsläufig als Datum erho-

---

1 *Däubler*, Gläserne Belegschaften, § 8 Rz. 450. Ausführlich *Legerlotz*, ArbRB 2012, 190 ff.
2 *Thüsing/Granetzky*, Beschäftigtendatenschutz und Compliance, § 16 Rz. 7.
3 *Thüsing/Granetzky*, Beschäftigtendatenschutz und Compliance, § 16 Rz. 6; HWK/*Lembke*, Vorb. BDSG Rz. 44. Zum internationalen Konzern *Forst*, Der Konzern 2012, 170 ff.
4 HWK/*Lembke*, Vorb. BDSG Rz. 46; *Hoeren*, ZD 2014, 441 (442).
5 *Hoeren*, ZD 2014, 441 (442).
6 HWK/*Lembke*, Vorb. BDSG Rz. 46; *Gola/Schomerus*, § 4b BDSG Rz. 8.
7 *Däubler*, Gläserne Belegschaften, Rz. 453.
8 Zu den auf Mitarbeiterdaten bezogenen Fallgestaltungen *Gaul/Koehler*, BB 2011, 2229.

benen Handlungen (wie zB bei einer IT-gestützten Vertriebssteuerung über die Cloud) am Maßstab des § 32 BDSG zu messen.

68 ⮕ **Hinweis:** Da bei einer „Private-Cloud", also einer solchen, die vom Arbeitgeber (ggf. auf gemieteten also „gehosteten" Rechnern) betrieben wird, die datenschutzkonforme Ausgestaltung viel eher möglich ist als bei den geschilderten Strukturen einer „Public-Cloud", sollten diese eingesetzt werden. Alternativ sollten „bewährte" europäische Anbieter von Cloud-Anwendungen genutzt werden[1].

69 **Verantwortlicher** iSd. § 3 Abs. 7 BDSG ist der Arbeitgeber, wenn er sich zur Nutzung einer Cloud entschließt und dort Daten der Arbeitnehmer verarbeitet werden[2]. Daneben ist der Cloud-Anbieter Dritter iSd. § 3 Abs. 8 BDSG. Die Übermittlung der Beschäftigtendaten an den Cloud-Anbieter als Auftragnehmer ist als **Auftragsdatenvereinbarung** iSd. § 11 BDSG (zu deren Anforderungen Rz. 13) zu qualifizieren[3] oder bedarf einer anderen Rechtsgrundlage.

Der Arbeitgeber muss den Cloud-Anbieter sorgfältig **auswählen** (§ 11 Abs. 2 Satz 1 BDSG), was Zweifel hinsichtlich vieler amerikanischer Anbieter erweckt[4]. Vertragliche Vereinbarungen und die Organisation der Zusammenarbeit und Ausgestaltung der Technik haben den allgemeinen Anforderungen an die Auftragsdatenvereinbarung nach § 11 Abs. 2 und 3 BDSG zu genügen[5].

70 ⮕ **Hinweis:** Sinnvoll ist es, nur solche Anbieter einzusetzen, die erfolgreich ein Datenschutzaudit nach § 9a BDSG durchgeführt haben. Zudem muss der Auftraggeber in regelmäßigen zeitlichen Abständen die Einhaltung der gesetzlichen Bestimmungen überprüfen (§ 11 Abs. 2 Satz 4 BDSG).

Notwendig ist ferner die Dokumentation der Überprüfungen. Beim Einsatz solcher Anbieter kann die bei der Nutzung der Cloud praktisch nur schwer mögliche Kontrolle durch den Auftragnehmer möglicherweise durch standardisierte Prüfberichte des Auftragnehmers ersetzt werden[6].

71 Bei **grenzüberschreitenden** Übermittlungen sind daneben die §§ 4b und 4c BDSG zu beachten. Dienstleistungen eines Cloud-Anbieters, die durch technische Einrichtungen außerhalb von EU und EWR erbracht werden, dürften diesen Maßstäben nicht genügen[7]. Cloud-Anbieter aus Drittstaaten (also nicht EU/EWR) sind keinesfalls Auftragnehmer iSv. § 11 BDSG, sondern Dritte, weshalb jede Datenübermittlung der Rechtfertigung bedarf[8].

72 Da die Rechtfertigung der Datenerhebung mangels Erforderlichkeit nicht durch § 32 Abs. 1 Satz 1 BDSG erfolgen kann, bedarf es der Einwilligung der einzelnen Beschäftigten und im Hinblick auf § 87 Abs. 1 Nr. 6 BetrVG einer Regelung durch Betriebsvereinbarung oder Spruch der Einigungsstelle[9]. In Bezug auf die konkret verwendete Cloud-Struktur haben die Betriebsräte den Unterrichtungsanspruch nach § 80 Abs. 2 BetrVG.

---

1 So *Pötters*, NZA 2013, 1055 (1057).
2 *Pötters*, NZA 2013, 1055 (1056).
3 Ausführlich *Thüsing/Pötters*, Beschäftigtendatenschutz und Compliance, § 15 Rz. 23 ff.
4 *Thüsing/Pötters*, Beschäftigtendatenschutz und Compliance, § 15 Rz. 24.
5 Zu den Inhalten *Thüsing/Pötters*, Beschäftigtendatenschutz und Compliance, § 15 Rz. 25.
6 So mwN *Thüsing/Pötters*, Beschäftigtendatenschutz und Compliance, § 15 Rz. 26.
7 Ausführlich *Gaul/Koehler*, BB 2011, 2229 (2230 ff.); HWK/*Lembke*, Vorb. BDSG Rz. 90a.
8 *Thüsing/Pötters*, Beschäftigtendatenschutz und Compliance, § 15 Rz. 24.
9 *Gaul/Koehler*, BB 2011, 2229 (2234).

4. Whistleblowing-Hotlines

Die Begrenzungen für den Datentransfer in Staaten außerhalb der EU/des EWR (s. Rz. 55 ff.) gelten insbesondere für die Datenübermittlung in die USA im Rahmen sog. **Whistleblowing-Hotlines** („Hinweisgebersystem" als Teil von Compliance-Programmen), sofern die Daten an eine US-amerikanische Muttergesellschaft im Rahmen von Vorschriften (etwa Sabranes-Oxley-Act von 2002) zur Einhaltung der Bilanzregeln und im Rahmen interner Kontrollsysteme zur Einhaltung an das im Geschäftsverkehr erwartete Verhalten übermittelt werden[1]. Oftmals sehen solche Verhaltensrichtlinien vor, Fehlverhalten anderer Arbeitnehmer und Vorgesetzter an eine festgelegte Stelle zu melden. Dabei ist zu beachten, dass es „ein" Whistleblowing nicht gibt, sondern eine Vielzahl von Fallgruppen mit unterschiedlichen rechtlichen Anforderungen und Verhaltensvorgaben[2]. 73

Darüber hinaus ist die Erhebung, Nutzung und Verarbeitung der dabei anfallenden personenbezogenen Daten an § 32 Abs. 1 Satz 1 BDSG zu messen[3]. Setzte man den Rechtfertigungsmaßstab des § 32 Abs. 1 Satz 2 BDSG an, müssten zu dokumentierende tatsächliche Anhaltspunkte vorliegen, die einen konkreten Verdacht gegen einen Beschäftigten begründen[4], was wohl nur im Ausnahmefall gegeben sein wird. 74

⊃ **Hinweis:** Das Whistleblowing-System sollte in jedem Fall so ausgestaltet sein, dass es den vom Hinweis betroffenen Arbeitnehmer vor Verleumdung schützt, sonst wäre die Datenerhebung unverhältnismäßig[5]. 75

Ausländische Regelungen – wie etwa US-amerikanische Gesetze oder Börsenregelungen – sind **keine** Erlaubnisnormen iSd. § 4 Abs. 1 BDSG, sollen aber ggf. bei einer Interessenabwägung nach § 28 Abs. 1 Satz 1 Nr. 2 berücksichtigt werden können[6].

Die Systeme sind überdies nach § 87 Abs. 1 Nr. 1 BetrVG **mitbestimmungspflichtig**[7]. Das wird in der Praxis oft missachtet. Das BAG[8] lässt eine in einer Betriebsvereinbarung geregelte Pflicht zum Whistleblowing insoweit zu, als nicht in die grundrechtlich und durch § 75 Abs. 2 BetrVG geschützte Individualsphäre der Arbeitnehmer eingegriffen wird. 76

VI. Sonderfälle der Datenübermittlung und -nutzung

1. Gesundheitsmanagement/BEM

Datenerhebungen etwa für Fragen der Gruppenunfallversicherung oder für die Durchführung eines **Gesundheitsmanagements/BEM** sind nicht ausgeschlossen[9]. Zwingende Voraussetzung für die Durchführung des BEM ist das Einverständnis des betroffenen Arbeitnehmers. Beim BEM ist der Beschäftigte dabei vor der Datenerhebung auf die Ziele des BEM sowie auf Art und Umfang der hierfür erhobenen Daten hinzuweisen (§ 84 Abs. 2 Satz 3 SGB IX)[10]. Zugleich kann dann seine Einwilligung (§ 4a BDSG) zur Erhebung, Verarbeitung und Nutzung der Daten eingeholt werden. 77

---

1 *Thüsing/Forst*, Beschäftigtendatenschutz und Compliance, § 6 Rz. 4.
2 Ausführlich *Thüsing/Forst*, Beschäftigtendatenschutz und Compliance, § 6 Rz. 10 ff.
3 *Thüsing/Forst*, Beschäftigtendatenschutz und Compliance, § 6 Rz. 69 mwN.
4 ErfK/*Franzen*, § 32 BDSG Rz. 22; *Gola/Schomerus*, § 32 BDSG Rz. 16.
5 ErfK/*Franzen*, § 32 BDSG Rz. 22.
6 So HWK/*Lembke*, Vorb. BDSG Rz. 35.
7 HWK/*Lembke*, Vorb. BDSG Rz. 96, 46 mwN; ErfK/*Kania*, § 87 BetrVG Rz. 21a.
8 BAG 22.7.2008 – 1 ABR 40/07, NZA 2008, 1248; *Thüsing/Forst*, Beschäftigtendatenschutz und Compliance, § 6 Rz. 41.
9 *Beckschulze/Natzel*, BB 2010, 2368 (2371).
10 BAG 24.3.2011 – 2 AZR 170/10, NZA 2011, 992.

78 Daten zu **krankheitsbedingten Fehlzeiten** sind im Grundsatz **ohne** Angabe des Krankheitsgrundes zu speichern. Dies gilt auch für die Aufbewahrung in der Personalakte[1]. Die Daten bedürfen des Schutzes gegen eine zufällige Kenntnisnahme und der Zugang ist auf einen kleinen Personenkreis zu begrenzen[2]. Bestimmte **Krankheiten** eines Arbeitnehmers können bei möglichen **betrieblichen** Auswirkungen dokumentiert werden, wobei das nicht unmittelbar in der Personalakte, sondern in einem geschlossenen Umschlag geschehen muss[3]. Dies gilt auch für die beim BEM gewonnenen sensiblen Daten nach § 3 Abs. 9 BDSG[4].

79 Die Teilnahme an der ärztlichen Untersuchung im laufenden Beschäftigungsverhältnis darf der Arbeitgeber (nur) **verlangen**, wenn (und soweit) dies erforderlich ist, um die fachliche und persönliche **Eignung** des Beschäftigten zu überprüfen und wenn ferner tatsächliche Anhaltspunkte in Bezug auf konkrete und ernsthafte **Zweifel** an der fortdauernden Eignung des Beschäftigten bestehen[5] oder ein **Wechsel** seiner Tätigkeit oder seines Arbeitsplatzes beabsichtigt ist.

Nach § 28 Abs. 7 BDSG ist die Erhebung von Krankheitsdaten zulässig, wenn dies zu Zwecken der **Gesundheitsvorsorge**, also zur Verhinderung zukünftiger Erkrankungen erfolgt, und die Daten durch ärztliches oder einer entsprechenden Geheimhaltungspflicht unterliegendes Personal erhoben werden[6].

80 Auch routinemäßige Alkohol- oder Drogenkontrollen in Betrieben mit einem erhöhten Gefahrpotential bei Produktionsprozessen können auf der Grundlage des § 32 Abs. 1 Satz 1 BDSG durchgeführt werden. Einer Einwilligung des Beschäftigten bedarf es nicht. Die Anordnungsgründe müssen nicht dokumentiert werden[7].

2. Due Diligence

81 Auch im Fall eines Unternehmenskaufes und insbesondere bei der Übermittlung von Arbeitnehmerdaten im Rahmen einer **Due Diligence**[8] gelten die normalen Regeln.

82 Materiell-rechtlich richtet sich die Zulässigkeit nach § 28 Abs. 1 Satz 1 Nr. 2 BDSG, da es sich um einen außerhalb des Beschäftigungsverhältnisses liegenden Zweck handelt und § 32 Abs.1 Satz 1 BDSG damit nicht eingreift[9]. Rechtlich denkbar ist auch die Rechtfertigung des Datentransfers durch eine (Konzern)-**Betriebsvereinbarung** als Rechtsnorm nach § 4 Abs. 1 BDSG[10]. Bei **grenzüberschreitenden** Transaktionen sind zusätzlich die §§ 4b und 4c BDSG zu beachten.

Unabhängig davon empfehlen sich vertragliche **Vereinbarungen** der an der Due Diligence beteiligten Unternehmen über die vertrauliche Behandlung der Beschäftigtendaten[11].

83 Maßgeblich ist somit vor allem das Kriterium der **Erforderlichkeit** und die dort vorzunehmende konkrete **Interessenabwägung**. Nur absolut notwendige Daten dürfen – und nur in **anonymisierter** Form – übermittelt werden. Musterverträge sind zu schwärzen.

---

1 *Iraschko-Luscher/Kiekenbeck*, NZA 2009, 1239 (1241).
2 BAG 12.9.2006 – 9 AZR 271/06, NZA 2007, 269; Plath/*Stamer/Kuhnke*, § 32 BDSG Rz. 72.
3 BAG 12.9.2006 – 9 AZR 271/06, NZA 2007, 269; ErfK/*Franzen*, § 32 BDSG Rz. 24.
4 HWK/*Lembke*, Vorb. BDSG Rz. 88, 102.
5 Plath/*Stamer/Kuhnke*, § 32 BDSG Rz. 61 ff.
6 Plath/*Stamer/Kuhnke*, § 32 BDSG Rz. 67.
7 *Tinnefeld/Petri/Brink*, MMR 2010, 727 (731).
8 *Göpfert/Meyer*, NZA 2011, 486 ff.
9 Plath/*Stamer/Kuhnke*, § 32 BDSG Rz. 145.
10 HWK/*Lembke*, Vorb. BDSG Rz. 91 mwN. Plath/*Stamer/Kuhnke*, § 32 BDSG Rz. 145.
11 *Diller/Deutsch*, K&R 1998, 16 (20); HWK/*Lembke*, Vorb. BDSG Rz. 91 mwN.

VI. Sonderfälle der Datenübermittlung und -nutzung

Die Daten sind auf das jeweilige Ziel und den jeweilig begrenzten Zweck der Due Diligence zu begrenzen und danach zu löschen (vgl. § 35 Abs. 2 Satz 2 Nr. 3 BDSG). Dabei kommt es entscheidend auf die jeweilige **Phase** des Betriebsübergangs (Vertragsverhandlung und Due Diligence, Zwischenphase nach Abschluss der Verhandlungen bis zum Vollzug des Betriebsübergangs, Phase des Vollzugs des Betriebsübergangs) und die hierarchische Einordnung der jeweiligen Beschäftigten an.

Insbesondere vor dem Vollzug des Betriebsübergangs dürfte die Weitergabe von Personaldaten regelmäßig nur mit einer Einwilligung nach § 4a BDSG zu rechtfertigen sein[1].

Ob bei Daten des **Managements** oder von **Know-how-Trägern** ein großzügiger Maßstab angelegt werden kann, ist nicht unumstritten, aber wohl zu bejahen, weil es sich bei Vereinbarungen über die Vergütung, Altersversorgung, nachvertragliche Wettbewerbsverbote, Sonderkündigungsrechte und Abfindungen bei „Change of Control" um für den Erwerber wesentliche Informationen handelt[2]. 84

3. Bewerberdaten

Bewerberdaten sind zu **sperren** (§ 3 Abs. 4 Nr. 4 BDSG: Kennzeichnung gespeicherter personenbezogener Daten, um ihre weitere Verarbeitung oder Nutzung einzuschränken), wenn die Personalentscheidung getroffen ist[3]. 85

Daten sind unter den Voraussetzungen des § 35 Abs. 2 BDSG zu **löschen** (§ 3 Abs. 4 Nr. 5 BDSG: Löschen ist das Unkenntlichmachen von gespeicherten Daten). Bei Bewerberdaten ist dies der Fall, wenn der Arbeitgeber kein berechtigtes Interesse an der Aufbewahrung mehr hat[4]. Dies ist insbesondere der Fall, wenn **Sicherheit** besteht, dass keine Ansprüche abgelehnter Bewerber wegen behaupteter Verstöße gegen § 7 AGG aus § 15 AGG geltend gemacht werden. Da die Ausschlussfrist des § 15 Abs. 4 AGG auch für konkurrierende Ansprüche gilt[5], ist ein Zeitraum von **sechs Monaten** nach Zugang der Absage nicht unangemessen (so das Bayerische Landesamt für Datenschutzaufsicht[6]).

4. Kündigungsvorbereitung

Für die **Sozialauswahl** und Weitergabe der Daten zur Sozialauswahl gilt bzgl. des Auskunftsanspruchs § 1 Abs. 3 Satz 1 aE KSchG. Hinsichtlich der **Sozialdaten** besteht für den Arbeitgeber eine Erkundigungspflicht, die aus seinen Pflichten nach § 1 Abs. 3 KSchG folgt[7]. Der Arbeitgeber darf grundsätzlich alle Daten erheben und verarbeiten, die er zur Erfüllung der ihm obliegenden Darlegungs- und Beweislast in einem potentiellen Kündigungsschutzprozess benötigt[8]. 86

Mit Blick auf die Pflichten nach § 85 SGB IX darf der Arbeitgeber im **Vorfeld von Kündigungen** nach dem **Schwerbehindertenstatus** fragen. Das BAG[9] verwehrt dem schwerbehinderten Arbeitnehmer wegen widersprüchlichen Verhaltens, sich bei einer im Übrigen wirksam ausgesprochenen Kündigung auf die fehlende Zustimmung

---

1 *Woerz*, Arbeitnehmerdatenschutz beim Betriebsübergang, 2011, S. 261.
2 Dafür HWK/*Lembke*, Vorb. BDSG Rz. 91; Plath/*Stamer/Kuhnke*, § 32 BDSG Rz. 146.
3 ErfK/*Franzen*, § 32 BDSG Rz. 16.
4 BAG 6.6.1984 – 5 AZR 286/81, NZA 1984, 321; HWK/*Lembke*, Vorb. BDSG Rz. 77.
5 BAG 21.6.2012 – 8 AZR 188/11, NZA 2012, 1211; HWK/*Lembke*, Vorb. BDSG Rz. 43.
6 RDV 2013, 141 f.; folgend ErfK/*Franzen*, § 32 BDSG Rz. 16.
7 BAG 16.2.2012 – 6 AZR 553/10, NZA 2012, 553; HWK/*Quecke*, § 1 KSchG Rz. 377.
8 Plath/*Stamer/Kuhnke*, § 32 BDSG Rz. 149; HWK/*Lembke*, § 32 BDSG Rz. 15.
9 BAG 16.2.2012 – 6 AZR 553/10, NZA 2012, 553.

des Integrationsamtes zu berufen, wenn er die zuvor an ihn gestellte Frage wissentlich falsch beantwortet und das Integrationsamt einer nachfolgenden Kündigung des Arbeitsverhältnisses zugestimmt hat.

5. Abwicklung

87 Wie lange im Hinblick auf die Klärung einer **Vorbeschäftigung** nach § 14 Abs. 2 Satz 2 TzBfG die Aufbewahrung von Beschäftigtendaten als „erforderlich" iSd. § 32 Abs. 1 Satz 1 BDSG angesehen werden kann, bedarf im Hinblick auf das Erforderlichkeitskriterium des § 35 Abs. 2 Satz 2 Nr. 3 BDSG, das für das abgewickelte Beschäftigungsverhältnis nicht als Maßstab angemessen erscheint, noch der Klärung durch die Rechtsprechung. **Drei Jahre** sind aber aus dem Gesetz gut ableitbar[1].

88 Zu **löschen** sind Daten nach § 35 Abs. 2 Nr. 3 BDSG, wenn sie für den Zweck, für den sie erhoben worden sind, nicht mehr erforderlich sind. Im Arbeitsverhältnis kann daraus grundsätzlich ein **weitgehendes** Speicherungsrecht auch nach der Beendigung abgeleitet werden[2]. Das beinhaltet in jedem Fall die Beachtung der dem Arbeitgeber obliegenden gesetzlichen **Fristen** zur Aufbewahrung von Unterlagen oder Speicherung von Daten[3]. Auch können nachvertragliche Pflichten und deren Kontrolle (wie zB bei nachvertraglichen Wettbewerbsverboten) eine Speicherung rechtfertigen[4].

VII. Datenerhebungen von A–Z

1. Biometrische Verfahren

89 Biometrische Daten sind zB der Fingerabdruck (Fingerlinienleitbild), Gesichts- oder Handgeometrie, Stimmen- oder Augenmerkmale (Iris, Retina). Eine Legaldefinition fehlt[5]. Technische Geräte zur Erhebung, Verarbeitung und Nutzung finden sich häufig in Zugangskontrollsystemen[6].

Die Nutzung ist (nur) zulässig, soweit dies aus betrieblichen Gründen zu Autorisierungs- und Authentifikationszwecken nach § 32 Abs. 1 Satz 1 BDSG **erforderlich** ist[7]. Teilweise wird verlangt, dass die Datenspeicherung auf einer im Besitz des Arbeitnehmers befindlichen Chipkarte erfolgt und der Arbeitgeber selbst keinen Zugriff auf die Informationen hat[8]. Andere lassen im Hinblick auf die Verlustgefahr auch eine Speicherung im Unternehmen zu, sofern die Daten dort anonymisiert sind[9].

2. Ortung von Arbeitnehmern

90 Die Fortentwicklung der Technik ermöglicht es, durch GPS-Technik oder Handyortung den Aufenthaltsort der Arbeitnehmer oder der ihnen überlassenen Betriebsmittel (Firmenwagen, Mobiltelefon durch GSM-Ortung) festzustellen. Die technischen Möglichkeiten werden sich noch intensivieren (zB durch RFID[10]).

Gegenwärtig richtet sich die Zulässigkeit nach § 4 Abs. 1 BDSG. Erforderlich ist entweder eine Einwilligung (§ 4a BDSG) oder eine andere Rechtsgrundlage, wie bspw.

---

1 ErfK/*Franzen*, § 32 BDSG Rz. 29.
2 *Gola/Schomerus*, § 32 BDSG Rz. 32; Plath/*Stamer/Kuhnke*, § 32 BDSG Rz. 150.
3 HWK/*Lembke*, § 32 BDSG Rz 15.
4 Plath/*Stamer/Kuhnke*, § 32 BDSG Rz. 150.
5 Beispiele und Charakteristika bei *Weth/Herberger/Wächter/Kramer*, Teil B IV Rz. 2 ff., 6 ff.
6 BAG 27.1.2004 – 1 ABR 7/03, NZA 2004, 556 zu § 87 Abs. 1 Nr. 6 BetrVG.
7 *Weth/Herberger/Wächter/Kramer*, Teil B IV Rz. 10.
8 *Oberwetter*, NZA 2008, 609 (612); Simitis/*Seifert*, § 32 BDSG Rz. 98.
9 *Gola*, NZA 2007, 1139 (1141); Plath/*Stamer/Kuhnke*, § 32 BDSG Rz. 132.
10 Dazu umfassend *Gola/Wronka*, Handbuch Arbeitnehmerdatenschutz, Rz. 1089 ff.

eine Betriebsvereinbarung (§ 87 Abs. 1 Nr. 6 BetrVG)[1], wobei dabei der Schutz des Persönlichkeitsrechts nach § 75 Abs. 2 BetrVG zu beachten ist. Eine Dauerüberwachung wird nur dann zulässig sein, wenn diese dem Schutz des Arbeitnehmers dient[2].

Daneben muss die Überwachung von Arbeitnehmern diesen gegenüberüber **offenbart** werden, was aus § 98 Abs. 1 TKG, in jedem Fall aus § 4 Abs. 3 BDSG folgt[3].

Mit Blick auf die erhebliche Persönlichkeitsbeeinträchtigung wird man bei einer Rechtfertigung durch die Generalklausel des § 32 Abs. 1 Satz 1 BDSG eine **strikte** Zweckbindung annehmen müssen[4]. Der Arbeitgeber darf Beschäftigtendaten durch elektronische Einrichtungen zur Bestimmung eines geografischen Standortes (Ortungssysteme) nur erheben, verarbeiten und nutzen, soweit dies aus betrieblichen Gründen zur Sicherheit des Beschäftigten, zum Schutz beweglicher Sachen (LKW, PKW) oder zur Koordinierung des Einsatzes der Beschäftigten erforderlich ist. Speditionen können den Einsatz ihres Fuhrparks mit Hilfe von Ortungssystemen wie GPS koordinieren. Die Ortung eines seine Arbeit selbst organisierenden und koordinierenden Außendienstmitarbeiters wird dagegen nach § 32 Abs. 1 Satz 1 BDSG unzulässig sein, da der Arbeitgeber für die Funktionsfähigkeit seines Betriebes nicht den Aufenthaltsort seines Mitarbeiters kennen muss[5].

Ortungssysteme dürfen auch bei einem durch Tatsachen begründeten Verdacht der Begehung einer Straftat oder schweren Pflichtverletzung nicht eingesetzt werden, selbst wenn diese eine außerordentliche Kündigung rechtfertigen würde[6]. Die Ortung eines Außendienstmitarbeiters, dessen Vertriebsaktivitäten über einen längeren Zeitraum einen signifikanten Rückgang auswiesen (ca. 50 %), mittels GPS hatte das LAG Baden-Württemberg[7] im Jahr 2002 noch als zulässig angesehen. Ob dies im Lichte des seit 2009 geltenden § 32 Abs. 1 Satz 1 BDSG und der damit verbundenen Verhältnismäßigkeitsprüfung noch gelten kann, ist sehr zweifelhaft.

3. Screening (Elektronischer Datenabgleich)

Welche datenschutzrechtlichen Anforderungen an eine solche Maßnahme zu stellen sind, ist gegenwärtig noch ungeklärt[8]. Hier kommt insbesondere § 32 Abs. 1 Satz 2 BDSG in Betracht. Allerdings wird es regelmäßig an den für die Anwendbarkeit erforderlichen Verdachtsmomenten fehlen, da gerade unklar ist, ob und von wem Straftaten begangen wurden[9]. Geht es „nur" um die Aufdeckung von Ordnungswidrigkeiten oder einfachen Vertragsverletzungen, gilt der Maßstab des § 32 Abs. 1 Satz 1 BDSG[10].

Soweit hinreichend gewichtige Rechts- oder Pflichtverletzungen der Beschäftigten verfolgt werden, zu denen neben Straftaten (wie zB den in §§ 266, 299, 331, 333 StGB benannten als Regelbeispiele) auch **Ordnungswidrigkeiten** von **erheblichem** Gewicht[11] sowie der Vorwurf einer Kartellabsprache gehören können, kann **anlasslos**

---

1 Plath/*Stamer/Kuhnke*, § 32 BDSG Rz. 130.
2 Simitis/*Seifert*, § 32 BDSG Rz. 83; Plath/*Stamer/Kuhnke*, § 32 BDSG Rz. 130.
3 *Gola/Wronka*, Handbuch Arbeitnehmerdatenschutz, Rz. 1118. Eine geheime Überwachung kann nach § 32 Abs. 1 Satz 1 BDSG nur bei Anhaltspunkten zur missbräuchlichen Verwendung gerechtfertigt sein, *Gola/Wronka*, Handbuch Arbeitnehmerdatenschutz, Rz. 1129.
4 HWK/*Lembke*, Vorb. BDSG Rz. 99.
5 *Beckschulze/Natzel*, BB 2010, 2368 (2373).
6 BRAK-Stellungnahme 36/2010, 23.
7 LAG BW 25.10.2002 – 5 Sa 59/00. Die Verwertung der dadurch gewonnenen Daten zum Nachweis des Spesenbetruges war zulässig gewesen, dazu *Grimm*, ArbRB 2012, 126 (128).
8 Vgl. *Kock/Francke*, NZA 2009, 646 ff.; Plath/*Stamer/Kuhnke*, § 32 BDSG Rz. 133 f.
9 *Müller-Bonanni*, AnwBl. 2010, 651 (654).
10 *Grimm/Freh*, ZWH 2013, 89 (90) mwN.
11 BT-Drucks. 17/4230, 18; *Forst*, NZA 2010, 1043 (1046).

und damit **ohne Anfangsverdacht** zur Aufdeckung ein automatisierter **Abgleich**[1] von Beschäftigtendaten (zB Kontendaten, Adressen, Namen, Telefonnummern) in **anonymisierter** oder **pseudonymisierter** Form (vgl. § 3 Abs. 6a BDSG) mit vom Arbeitgeber geführter Daten erfolgen. Notwendig ist die Anonymisierung oder Pseudonymisierung aus Gründen des Beschäftigtenschutzes und im Hinblick auf die Abwägung der Grundrechtspositionen (**Verhältnismäßigkeit** ieS)[2]. Manche erwägen deshalb, nur stichprobenartige Kontrollen bestimmter Arbeitnehmergruppen zuzulassen[3].

95 ⮕ **Hinweis:** In Trefferfällen kann dann – nach den Umständen des Einzelfalls – ein konkreter Verdacht aus § 32 Abs. 1 Satz 2 BDSG abgeleitet werden und die Anonymisierung oder Pseudonymisierung aufgehoben werden[4].

Denkbar ist ferner die datenschutzrechtliche Rechtfertigung durch Betriebsvereinbarung (§ 4 Abs. 1 BDSG), da beim Screening das Mitbestimmungsrecht des § 87 Abs. 1 Nr. 6 BetrVG ohnehin zu beachten[5] ist.

4. Terrorismuslistenscreening und IT-Sicherheitsmaßnahmen

96 Auf der Grundlage der EG-Verordnungen VO (EG) 2580/2001 und VO (EG) 881/2002 verlangt das Außenwirtschaftsgesetz Mitarbeiterscreenings in Bezug auf sog. Terrorlisten[6]. Aufgrund des sog. **Bereitstellungsverbotes** darf in diesen Listen genannten Personen und Organisationen weder direkt noch indirekt Geld zur Verfügung gestellt werden. Verstöße gegen das Bereitstellungsverbot sind in § 34 AWG sanktioniert[7].

Auch die **Zollbehörden** verlangen als Voraussetzung für das sog. AEO-Zertifikat (Authorised Economic Operator), dass der Antragsteller in sicherheitsrelevanten Bereichen tätige Arbeitnehmer einer solchen Sicherheitsüberprüfung unterzieht. Dies ist insbesondere für Unternehmen der Außenwirtschaft relevant[8] und mit dem BFH erforderlich iSd. § 32 Abs. 1 Satz 1 BDSG[9]. Dies wird aus datenschutzrechtlicher Sicht heftig kritisiert[10], gibt der Praxis aber Planungssicherheit.

97 Aufgrund der Bedrohung durch interne oder externe Angriffe auf IT-Systeme sind – bei Beachtung der Mitbestimmungsrechte des Betriebsrats nach § 87 Abs. 1 Nr. 6 BetrVG – besondere Maßnahmen der **IT-Sicherheit**, etwa durch den Einsatz von Security Incident und Event Management-Systemen (SIEM) zulässig[11].

5. Unternehmensinterne Ermittlungen und Mitarbeiterbefragung

98 Beim Verdacht von Straftaten sind oftmals unternehmensinterne Ermittlungen[12] und Mitarbeiterbefragungen erforderlich. Auch wenn man dies nicht grundsätzlich kritisiert[13], stellt sich die Frage, welche Mitwirkungspflichten – insbesondere **Auskunfts-**

---

1 Dazu *Heinson*, BB 2010, 3014 ff.; HWK/*Lembke*, Vorb. BDSG Rz. 104a.
2 Dagegen *Thüsing/Granetzky*, Beschäftigtendatenschutz und Compliance, § 8 Rz. 9 ff.
3 Plath/*Stamer/Kuhnke*, § 32 BDSG Rz. 134; dagegen *Thüsing/Granetzky*, Beschäftigtendatenschutz und Compliance, § 8 Rz. 5 ff.
4 HWK/*Lembke*, Vorb. BDSG Rz. 104a; *Grimm/Freh*, ZWH 2013, 89 (90).
5 HWK/*Lembke*, Vorb. BDSG Rz. 104a; *Kock/Francke*, NZA 2009, 646 (649); aA *Diller*, BB 2009, 438.
6 *Otto/Lampe*, NZA 2011, 1134. Zum Screening im Luftfrachttransport *Becker/Barlage-Melber*, BB 2012, 3075.
7 *Gleich*, DB 2013, 1967 (1968). Daneben können die §§ 130, 30 OWiG greifen.
8 *Gleich*, DB 2013, 1967 (1968).
9 BFH 19.6.2012 – VII R 43/11 BFHE 237, 562, dazu *Traut*, RDV 2014, 119 ff.
10 *Kirsch*, ZD 2012, 519; referierend ErfK/*Franzen*, § 32 BDSG Rz. 28a. *Gleich*, DB 2013, 1967 (1970) leitet die Zulässigkeit aus § 28 Abs. 1 Satz 1 Nr. 2 BDSG ab.
11 Dazu *Kort*, NZA 2011, 1319 ff.; zu den aus der Anwendung des TKG entstehenden Problemen *Kort*, DB 2011, 2092 ff.
12 Zusammenfassend *Grimm/Freh*, KSzW 2012, 88 ff.
13 So aber *Tinnefeld/Petri/Brink*, MMR 2010, 727 (732).

pflichten – Arbeitnehmer haben und wie das Verbot des Zwanges zur **Selbstbezichtigung**, die Sicherstellung des anwaltlichen **Beistands** bei Befragungen und Regelungen im Fall einer vom Arbeitgeber in Aussicht gestellten „**Amnestie**" zu bewerten sind.

Grundsätzlich sind Arbeitnehmer nach § 666 iVm. § 675 BGB analog und aus §§ 611, 241 Abs. 2 bzw. § 242 BGB zur umfassenden **Auskunft** und Rechenschaft über Vorgänge verpflichtet[1]. Ein Arbeitnehmer ist über alle Vorgänge auskunftspflichtig, die er bei Gelegenheit seiner Tätigkeit für den Arbeitgeber erfahren hat, auch wenn diese Umstände ihn **selbst** betreffen[2]. Die Auskunftspflicht eines „Compliance-Officers" ergibt sich nicht nur als Nebenpflicht, sondern unmittelbar aus dem Arbeitsvertrag[3]. 99

Ungeklärt ist, ob das **Verbot des Zwangs zur Selbstbezichtigung** im Hinblick auf Pflichtverletzungen auch im Zivilrecht anwendbar ist[4]. Ist ein Arbeitnehmer öffentlich-rechtlich zur Auskunft verpflichtet und offenbart er strafbare Handlungen, ist er nach Auffassung des LAG Hamm[5] zwar zur Aussage verpflichtet, es besteht aber ein Verwertungsverbot im Arbeitsgerichtsprozess. Ein Teil der Literatur[6] nimmt in Anlehnung an § 9 Abs. 9 WpHG hinsichtlich der Begrenzung der arbeitsvertraglichen Mitwirkungs- und Auskunftspflicht an, dass diese nicht besteht, wenn dadurch die Gefahr einer **straf- oder ordnungswidrigkeitsrechtlichen Verfolgung** geschaffen wird. Inwieweit diese Grundsätze im Beschäftigungsverhältnis als Folge von Ermittlungen und anschließenden Befragungen der Mitarbeiter gelten, ist gegenwärtig noch ungeklärt. 100

Die **Bundesrechtsanwaltskammer**[7] hat einen als Thesen bezeichneten „**Code of Conduct**" für die Durchführung unternehmensinterner strafrechtlicher Ermittlungen, die als „Erhebungen" bezeichnet werden, vorgelegt. Danach ist der Untersuchungsgegenstand ständig zu definieren, um „ausufernde" Mitarbeiterbefragungen zu vermeiden. Dem Beschäftigten soll die Einschaltung eines Rechtsanwalts ermöglicht werden. Selbst wenn der Arbeitgeber die Kosten trägt, besteht das Mandat zwischen Beschäftigtem und Rechtsanwalt. Unerlaubte Einwirkungen, insbesondere die nach § 136a StPO unzulässigen Methoden, und die Drohung mit arbeitsrechtlichen Maßnahmen sind zu unterlassen. Die Befragung ist zu dokumentieren. 101

Ob der Arbeitnehmer bei der Befragung nach § 82 Abs. 2 Satz 2 BetrVG ein **Betriebsratsmitglied** hinzuziehen kann, ist umstritten, aber zu verneinen, weil es sich nicht um Beratungs- und Führungsgespräche handelt[8]. Dass der Arbeitnehmer für den Fall einer möglichen strafrechtlichen Selbstbelastung die Hinzuziehung eines **Rechtsanwalts** verlangen kann, ist nicht unumstritten[9], aber nach der BRAK-Stellungnahme 35/2010 wohl grundsätzlich zu bejahen. 102

Ein Mitbestimmungsrecht des Betriebsrats besteht aus §§ 87 Abs. 1 Nr. 1 und Nr. 6, 94 Abs. 1, 82 Abs. 2 und 80 Abs. 2 BetrVG[10], weshalb eine Betriebsvereinbarung, die Erlaubnisgrundlage nach § 4 Abs. 1 BetrVG sein kann, erzwungen werden kann. 103

---

1 *Schneider*, NZG 2010, 1201 (1204); *Grimm/Freh*, ZWH 2013, 89 f.
2 BAG 1.6.1995 – 6 AZR 912/94, NZA 1996, 135.
3 *Oberthür*, ArbRB 2011, 184; *Grimm/Freh*, ZWH 2013, 89.
4 *Müller-Bonanni*, AnwBl. 2010, 651 (653); *Dann/Schmitt*, NJW 2009, 1851 (1853).
5 LAG Hamm 3.3.2009 – 14 Sa 1689/08.
6 *Schneider*, NZG 2010, 1201 (1204); *Müller-Bonanni*, AnwBl. 2010, 651 (653).
7 BRAK-Stellungnahme 35/2010 vom November 2010.
8 *Müller-Bonanni*, AnwBl. 2010, 651 (653); *Grimm/Freh*, ArbRB 2012, 241 (242).
9 Bejahend LAG Bln.-Bbg. 6.11.2009 – 6 Sa 1121/09, DB 2009, 2724. Zur Anhörung bei der Verdachtskündigung *Mengel/Ulrich*, NZA 2006, 240 (244).
10 Zusammenstellung bei *Grimm/Freh*, ArbRB 2012, 241 (242).

6. Videoüberwachung

104 Bei der Videoüberwachung steht die Leistungs- und Verhaltenskontrolle der Beschäftigten weniger im Vordergrund als die **Überwachung** der **Funktionsfähigkeit** technischer Anlagen, Wahrnehmung des **Hausrechts, Straftatenprävention** durch den von erkennbaren Videoanlagen ausgehenden Abschreckungseffekt sowie die **Aufklärung** bereits begangener Straftaten. Die Videoüberwachung dient schließlich der **Beweismittelbeschaffung**[1].

a) Leitentscheidungen des BAG

105 Das **BAG** hat sich in **sechs** Entscheidungen mit der Zulässigkeit der Videoüberwachung von Arbeitnehmern befasst.

In einem Urteil vom 27.3.2003[2] hielt der 2. Senat Aufnahmen verdeckter Videokameras für beweisverwertbar, welche eine Mitarbeiterin eines Getränkemarktes der Unterschlagung von Firmengeldern überführten.

Der 1. Senat hatte zweimal im Jahr 2004[3] durch Einigungsstellenspruch zustande gekommene Betriebsvereinbarungen zu Videoüberwachungsanlagen in Briefverteilungszentren der Deutsche Post AG zu bewerten.

Den Gestaltungsspielraum der Betriebsparteien konkretisierte eine weitere Entscheidung des 1. Senats vom 26.8.2008[4]. Das BAG nimmt eine Abwägung zwischen den Grundrechtspositionen des Arbeitgebers aus Art. 12 Abs. 1 und 14 Abs. 1 GG einerseits und dem Schutz des informationellen Selbstbestimmungsrechts als Ausfluss des durch Art. 2 Abs. 1 iVm. Art. 1 Abs. 1 GG gewährleisteten allgemeinen Persönlichkeitsrechts vor. Dazu tritt eine Verhältnismäßigkeitsabwägung im Einzelfall[5].

Mit Urteil vom 21.6.2012 hat sich der 2. Senat[6] zu einer 2008 und damit noch vor Inkrafttreten des § 32 BDSG durchgeführten heimlichen Videoüberwachung geäußert. Auch wenn zu diesem Zeitpunkt rechtlicher Bewertungsmaßstab § 28 Abs. 1 BDSG war, lässt die Entscheidungsbegründung eine weitgehende inhaltliche Orientierung an den Wertungen des § 32 Abs. 1 Satz 2 BDSG erkennen, so dass ihre Maßstäbe für das geltende Recht übernommen werden können[7]. Auch der 2. Senat bedient sich zur konkreten Bewertung der oben dargestellten Grundrechtsabwägung.

Die seit dem 1.6.2009 geltende Rechtslage (also unter Geltung des § 32 BDSG) behandelt ein Urteil des 2. Senats vom 21.11.2013[8].

b) Videoüberwachung in öffentlich zugänglichen Räumen

106 Für die Videoüberwachung in **öffentlich** zugänglichen Räumen gilt auch im Beschäftigungsverhältnis § 6b BDSG. Öffentlich zugänglich ist ein Raum, der nach seinem Zweck dazu bestimmt ist, von einer unbestimmten Zahl oder nach nur allgemeinen Merkmalen bestimmten Personen betreten und genutzt zu werden (zB Bahnsteige, Ausstellungsräume eines Museums, Verkaufsräume und Schalterhallen).

---

1 Zusammenfassend *Grimm/Schiefer*, RdA 2009, 329 ff.
2 BAG 27.3.2003 – 2 AZR 51/02, NZA 2003, 1193.
3 BAG 29.6.2004 – 1 ABR 21/04, NZA 2004, 1278; 14.12.2004 – 1 ABR 34/04, AP Nr. 42 zu § 87 BetrVG 1972 Überwachung.
4 BAG 26.8.2008 – 1 ABR 16/07, NZA 2008, 1187, dazu *Grimm/Schiefer*, RdA 2009, 329 (337 ff.).
5 HWK/*Lembke*, Vorb. BDSG Rz. 107 ff.; *Forst*, NZA 2010, 1043 (1047).
6 BAG 21.6.2012 – 2 AZR 153/11, NZA 2012, 1025, dazu *Bayreuther*, DB 2012, 2222 ff.; *Bauer/Schransker*, NJW 2012, 3557 ff.
7 So zutreffend *Bayreuther*, DB 2012, 2222 (2226).
8 BAG 21.11.2013 – 2 AZR 797/11, NZA 2014, 810.

VII. Datenerhebungen von A–Z

Nicht öffentlich sind demgegenüber Räume, die nur von einem **bestimmten** Personenkreis betreten werden dürfen. Liegt der Arbeitsplatz in Räumlichkeiten, die dem Publikumsverkehr zugänglich sind (Banken, Supermärkte), kann keine „Nichtöffentlichkeitsenklave" des innerhalb des öffentlich zugänglichen Verkaufsraums gelegenen Arbeitsplatzes des Beschäftigten angenommen werden, weshalb es sich insgesamt um einen Arbeitsplatz in einem öffentlich zugänglichen Raum handelt[1].

Nach § 6b Abs. 1 BDSG findet hierbei eine **Abwägung** zwischen den Interessen des Arbeitgebers und den Interessen der Betroffenen (Besucher und Beschäftigte) statt, wobei die zulässigen **Zwecke enumerativ** in § 6b Abs. 1 Satz 1 Nr. 1–3 BDSG bezeichnet sind und zweckmäßigerweise **dokumentiert** werden sollen[2]. Die Videoüberwachung muss danach zunächst geeignet und erforderlich sein, weshalb kein gleich geeignetes milderes Mittel denkbar sein darf, um den festgelegten Zweck zu erreichen. Weniger einschneidende Mittel zur Aufklärung des Verdachts müssen ergebnislos ausgeschöpft und damit die Videoüberwachung praktisch das **einzige verbleibende Mittel** sein[3]. Der erfolglose Versuch alternativer Aufklärungsmaßnahmen muss dokumentiert werden.

Die Videoüberwachung muss sich sachlich und räumlich auf das **Notwendige** beschränken sowie in der technischen Ausgestaltung das in § 3a BDSG normierte Prinzip der Datenvermeidung und -sparsamkeit wahren[4].

In einem zweiten Schritt findet eine **Einzelfall-Abwägung** zwischen den Interessen des Arbeitgebers und den schutzwürdigen Interessen der Betroffenen statt. Maßgeblich hängt das Ergebnis von der Intensität des Eingriffs in das allgemeine Persönlichkeitsrecht der Betroffenen ab.

Hierfür sind u.a. der Ort der Videoüberwachung, das zeitliche Ausmaß[5], die Zahl der von der Überwachung betroffenen Personen und nicht von einem Verdacht betroffenen, aber überwachten Personen und in technischer Hinsicht die Frage, ob der Arbeitgeber zu digitaler oder analoger Aufzeichnungstechnik greift[6], maßgeblich.

Danach ist die (auch **heimliche**) Videoüberwachung eines Arbeitnehmers zulässig, wenn der **konkrete Verdacht einer strafbaren Handlung** oder einer anderen schweren Verfehlung zu Lasten des Arbeitnehmers besteht, weniger einschneidende Mittel zur Aufklärung des Verdachts ergebnislos ausgeschöpft sind, die verdeckte Videoüberwachung damit praktisch das **einzig** verbleibende Mittel darstellt und sie insgesamt **nicht unverhältnismäßig** ist[7]. Der Verdacht muss in Bezug auf eine **konkrete** strafbare Handlung oder andere schwere Verfehlung zu Lasten des Arbeitgebers gegen einen zumindest **räumlich** und **funktional** abgrenzbaren **Kreis** von **Arbeitnehmern** bestehen[8]. Die allgemeine Mutmaßung, es könnten Straftaten begangen werden, genügt nicht. Der Verdacht muss sich jedoch nicht notwendig gegen einen einzelnen, bestimmten Arbeitnehmer richten[9].

Der Umstand der Beobachtung und die verantwortliche Stelle sind nach § 6b Abs. 2 BDSG durch geeignete Maßnahmen **erkennbar** zu machen. Teilweise wird hieraus abgeleitet, es seien hiervon keine Ausnahmen möglich und auch ein Rückgriff auf die allgemeinen Rechtfertigungs- und Entschuldigungsgründe sei unzulässig[10].

---

1 *Grimm/Schiefer*, RdA 2009, 329 (330f.) mwN.
2 *Grimm/Schiefer*, RdA 2009, 329 (331).
3 BAG 21.6.2012 – 2 AZR 153/11, NZA 2012, 1025 Rz. 30; HWK/*Lembke*, Vorb. BDSG Rz. 108.
4 BAG 29.6.2004 – 1 ABR 21/03, NZA 2004, 1278 (1280).
5 Dazu *Thüsing/Pötters*, Beschäftigtendatenschutz und Compliance, § 11 Rz. 30, 36.
6 Zur Einzelfallkasuistik und Fallgruppenbildung *Grimm/Schiefer*, RdA 2009, 329 (331 ff.).
7 BAG 21.11.2013 – 2 AZR 797/11, NZA 2014, 810 Rz. 50, 53.
8 BAG 21.6.2012 – 2 AZR 153/11, NZA 2012, 1025; *Wortmann*, ArbRB 2012, 279 (281).
9 BAG 21.11.2013 – 2 AZR 797/11, NZA 2014, 810 Rz. 50.
10 *Bayreuther*, NZA 2005, 1038 (1040f.); *Bayreuther*, DB 2012, 2222 ff.

Das BAG hat entschieden, dass trotzdem die verdeckte, **heimliche Videoüberwachung zulässig** sein kann, weil der Kennzeichnung der Videoüberwachung nur ein **formeller**, nicht hingegen ein materieller Charakter zukomme[1]. Aus der Formulierung des BAG im Jahr 2013[2] („steht nicht zwingend entgegen"), wird deutlich, dass dann der Einzelfallabwägung ein **besonderes** Gewicht zukommt. Den Umstand, dass die heimliche Videoüberwachung zum Nachweis der Absicht, sich einige Münzen im Wert von Centbeträgen zuzueignen, durchgeführt worden war, bewertete das BAG „schlechthin unverhältnismäßig"[3].

110 Die Rechtmäßigkeit der **weiteren Verwendung** bestimmt sich nach § 6b Abs. 3–5 BDSG. Die Verarbeitung oder Nutzung der Videoaufnahmen orientiert sich streng an dem nach § 6b Abs. 1 Nr. 1–3 BDSG festgelegten konkreten Zweck der Beobachtung. Ausnahmen bestehen nur zur Gefahrenabwehr (§ 6b Abs. 3 Satz 2 BDSG) und zur Verwertung im Prozess[4].

111 Neben der **Unterrichtungspflicht** nach § 6b Abs. 4 BDSG und der Pflicht zur datenschutzrechtlichen **Vorabkontrolle** nach § 6b Abs. 5 BDSG ist die Pflicht zur **Löschung** nach § 6b Abs. 5 BDSG bedeutsam. Die Löschung hat unverzüglich, laut Gesetzesbegründung „in der Regel innerhalb von ein bis zwei Arbeitstagen"[5], zu erfolgen, wenn die Speicherung zur Zweckerreichung nicht mehr erforderlich ist oder schutzwürdige Interessen des Betroffenen entgegenstehen.

112 Bei der Ausgestaltung der Videoüberwachung durch im Rahmen von nach § 87 Abs. 1 Nr. 6 BetrVG geschaffene Betriebsvereinbarungen (Erlaubnistatbestand nach § 4 Abs. 1 BDSG) haben die Betriebsparteien eine **Einschätzungsprärogative**[6]. Im besonderen Maße ist das allgemeine Persönlichkeitsrecht der Arbeitnehmer (§ 75 Abs. 2 BetrVG) zu beachten[7].

c) Videoüberwachung in nicht öffentlich zugänglichen Räumen

113 Im nicht öffentlich zugänglichen Bereich ist § 6b Abs. 1 BDSG weder direkt noch analog anwendbar[8]. Vielmehr ist die allgemeine datenschutzrechtliche Eingriffsnorm des § 32 BDSG heranzuziehen[9], wobei auch hier auf die oben dargestellte (Rz. 107 f.) an den Grundrechten der Beteiligten orientierte **Einzelfallabwägung** stattfindet. Von Bedeutung ist demnach insbesondere die in § 32 Abs. 1 Satz 2 BDSG enthaltene Sonderregelung zur Aufdeckung von Straftaten. Das BAG stellt unmittelbar auf den Verhältnismäßigkeitsgrundsatz ab[10], gelangt aber zu gleichen Ergebnissen.

Im Rahmen der Interessenabwägung ist zu berücksichtigen, dass Arbeitnehmer in nicht öffentlich zugänglichen Betriebsstätten regelmäßig nicht damit rechnen müssen, von Dritten beobachtet zu werden und demnach einen erhöhten Schutz ihrer Privatsphäre erwarten dürfen[11].

---

1 BAG 21.6.2012 – 2 AZR 153/11, NZA 2012, 1025; ErfK/*Franzen*, § 6b BDSG Rz. 2.
2 BAG 21.11.2013 – 2 AZR 797/11, NZA 2014, 810 Rz. 51.
3 BAG 21.11.2013 – 2 AZR 797/11, NZA 2014, 810 Rz. 57.
4 Dazu *Grimm/Schiefer*, RdA 2009, 329 (340).
5 BT-Drucks. 14/5793, 63.
6 BAG 26.8.2008 – 1 ABR 16/07, NZA 2008, 1187 (1189).
7 BAG 29.6.2004 – 1 ABR 21/04, NZA 2004, 1278 (1279 ff.); 14.12.2004 – 1 ABR 34/04, AP Nr. 42 zu § 87 BetrVG 1972 Überwachung; HWK/*Lembke*, Vorb. BDSG Rz. 105 mwN. Muster-Betriebsvereinbarung bei *Thüsing/Pötters*, Beschäftigtendatenschutz und Compliance, § 11 Rz. 63 ff.
8 *Grimm/Schiefer*, RdA 2009, 329 (336 und 337).
9 S.a. *Thüsing/Pötters*, Beschäftigtendatenschutz und Compliance, § 11 Rz. 33.
10 BAG 26.8.2008 – 1 ABR 16/07, NZA 2008, 1187 (1193).
11 *Bayreuther*, DB 2012, 2222 (2224).

In Bereichen, die überwiegend oder ausschließlich der **privaten Lebensgestaltung** der Arbeitnehmer dienen (etwa Sanitär-, Umkleide und Schlafräume,) lässt sich eine Videoüberwachung in keinem Fall rechtfertigen[1]. Regelmäßig wird dann ein Beweisverwertungsverbot bestehen[2]. 114

VIII. Datenschutz und Telekommunikationsmittel

Die Überwachung von Telekommunikationsdaten (insbesondere E-Mail und Internet) ist gegenwärtig ein besonders konfliktreiches und rechtlich **ungeklärtes** Feld[3]. Die Gesetzeslage ist unübersichtlich, weil nur bruchstückhaft und unsystematisch geregelt. Sie birgt für Arbeitgeber zudem erhebliche rechtliche Risiken. 115

1. Dienstliche Nutzung

Zu **unterscheiden** ist, ob eine **ausschließlich dienstliche** Nutzung von Telekommunikationsdiensten besteht oder ob der Arbeitgeber die **Privatnutzung** der dienstlichen Kommunikationsmittel zulässt. 116

Ohne ausdrückliche Erlaubnis der privaten Nutzung stellt das Verbot der privaten Nutzung den Regelfall dar[4]. Wird die Nutzung von E-Mails und/oder Internet nur **dienstlich** gestattet, ist der Arbeitnehmer **nicht** „Dritter" iSd. § 3 Nr. 10 TKG, da er für das Unternehmen tätig und als dessen Teil anzusehen ist[5]. 117

⮕ **Hinweis:** Untersagt der Arbeitgeber die private Nutzung, besteht insoweit auch kein Mitbestimmungsrecht nach § 87 Abs. 1 Nr. 6 BetrVG[6]. Das gilt auch für das Verbot der Privatnutzung des Internets[7]. 118

Regelungen zur Überwachung und Nutzung von Internet und E-Mail sind aber mitbestimmungspflichtig nach § 87 Abs. 1 Nr. 6 BetrVG. Gleiches gilt für die Nutzungsbedingungen bei gestatteter privater Nutzung.

Das Fernmeldegeheimnis des § 88 TKG gilt nicht[8]. Maßstab der Überwachung des E-Mail-Verkehrs (also der Verbindungsdaten – den sog. E-Mail-Logfiles – und der Inhaltsdaten) ist § 32 Abs. 1 Satz 1 oder 2 BDSG, sofern keine Betriebsvereinbarung als rechtfertigende Norm iSd. § 4 Satz 1 BDSG vorliegt[9]. Das gilt auch beim Zugriff zur Aufdeckung von Straftaten oder im Rahmen von Compliance-Maßnahmen[10]. 119

⮕ **Hinweis:** Weiteres praktisch nutzbares Mittel zur Überwachung der E-Mail und Internet-Nutzung ist die den Anforderungen des § 4a Abs. 1 Satz 4 BDSG genügende Einwilligung[11]. Diese kann allerdings jederzeit widerrufen werden, weshalb eine Regelung durch Betriebsvereinbarung vorzugswürdig ist. 120

---

1 *Bayreuther*, DB 2012, 2222 (2224).
2 LAG Köln 18.11.2010 – 6 Sa 817/10, NZA-RR 2011, 241 Rz. 42; *Thüsing/Pötters*, Beschäftigtendatenschutz und Compliance, § 11 Rz. 60.
3 Zum Meinungsstand *Wytibul*, NJW 2014, 3605 (3607); HWK/*Lembke*, Vorb. BDSG Rz. 92, 105.
4 BAG 7.7.2005 – 2 AZR 581/04, NZA 2006, 98 (100); Lunk/*Kaya*, § 1a Rz. 803 mwN.
5 *Vietmeyer/Byers*, MMR 2010, 807 (808).
6 HWK/*Lembke*, Vorb. BDSG Rz. 93.
7 LAG Hamm 7.4.2006 – 10 TaBV 1/06, ArbRB 2006, 356.
8 Plath/*Stamer/Kuhnke*, § 32 BDSG Rz. 81, 88.
9 Plath/*Stamer/Kuhnke*, § 32 BDSG Rz. 81, 85; Lunk/*Panzer-Heemeier*, § 2 Rz. 338.
10 *Buschbaum/Rosak*, DB 2014, 2530 (2531).
11 HWK/*Lembke*, Vorb. BDSG Rz. 92; Lunk/*Kaya*, § 1a Rz. 812 mwN.

2. Gestattete private Nutzung

121 Ist die Nutzung **auch** zu **privaten** Zwecken gestattet, sind das **TKG** und das **TMG** infolge des Subsidiaritätsgrundsatzes des § 1 Abs. 3 BDSG vorrangig vor dem BDSG **anwendbar**.

Ist die **Privatnutzung** gestattet, gilt der Arbeitgeber nach hM als **Diensteanbieter iSd. TMG**, was sich aus einem Umkehrschluss aus § 11 Abs. 1 Nr. 1 TMG ergibt. Personenbezogene Daten des Arbeitnehmers als Nutzer dürfen nur insoweit erhoben und verwendet werden, als dies zur Abrechnung erforderlich ist (§ 15 TMG).

Er ist auch Diensteanbieter iSd. **§ 3 Nr. 6 TKG**. Danach ist Diensteanbieter, wer „geschäftsmäßig Telekommunikationsdienste erbringt" oder an der Erbringung mitwirkt. Das Letztere wird nach § 3 Nr. 10 TKG definiert als das „nachhaltige Angebot von Telekommunikation für Dritte mit oder ohne Gewinnerzielungsabsicht". Geschäftsmäßig bedeutet nicht zwingend gewerblich. Eine Gewinnerzielungsabsicht wird nicht gefordert und mit „nachhaltig" wird die auf Dauer angelegte Bereitstellung eines Zugangs gemeint[1]. Dann gilt das **Fernmeldegeheimnis** nach § 88 TKG.

122 Entgegen der hM soll nach Auffassung des LAG Berlin-Brandenburg und LAG Niedersachsen[2] der Arbeitgeber nicht Diensteanbieter iSd. § 3 Nr. 6 TKG sein. Ein vehementer Verfechter dieser Rechtsansicht ist ferner *Thüsing*[3], weil die Erstreckung auf den Arbeitgeber Sinn und Zweck des TKG widerspreche.

123 ⊃ **Hinweis:** Ungeachtet des Umstandes, dass viel für diese Rechtsauffassung spricht, ist sie telekommunikationsrechtlich bis zu einer Klarstellung durch die Rechtsprechung ungesichert und kann als Grundlage von Handlungsempfehlungen für die betriebliche Praxis mit Blick auf das Strafbarkeitsrisiko (§ 206 StGB) nicht herangezogen werden.

124 In der Praxis stellt sich zudem die Frage nach einer Gestattung der Privatnutzung aus **betrieblicher Übung**[4]. Teile der Lit.[5] bejahen diese bei einem mehr als zwölf Monate langen Hinnehmen einer bekannten privaten Internet- und E-Mail-Nutzung. Nach Auffassung des ArbG Wesel[6] genügen dazu (nur) sechs Monate. Dies ist mit Blick darauf, dass der Arbeitgeber hier keine Leistung gewährt, sondern nur eine Überwachung unterlässt, zweifelhaft. Die Möglichkeit der Gestattung der Privatnutzung durch betriebliche Übung wird von der hM daher zu Recht abgelehnt[7].

125 ⊃ **Hinweis:** Da noch keine obergerichtliche Rechtsprechung vorliegt, sind Überwachung und Sanktionierung daher notwendig, wobei dabei § 87 Abs. 1 Nr. 6 BetrVG zu beachten ist.

126 Nach § 88 TKG ist der Arbeitgeber als Diensteanbieter der Telekommunikation verpflichtet, das **Fernmeldegeheimnis** und die Datenschutzregeln der §§ 11 ff. TMG einzuhalten. E-Mails unterfallen nicht nur dem allgemeinen Datenschutz, sondern auch dem Schutz von **Art. 10 GG**. Daneben ist § 206 StGB zu beachten. Die Anwendung des TKG führt somit dazu, dass selbst in betrieblichen Alltagssituationen die Kontrollmöglichkeiten des Arbeitgebers eingeschränkt sind und faktisch jeder Zugriff

---

1 *de Wolf*, NZA 2010, 1206 (1207 f.) mwN.
2 LAG Bln.-Bbg. 16.2.2011 – 4 Sa 2132/10, BB 2011, 2298 (2300) und LAG Nds. 31.5.2010 – 12 Sa 875/09, NZA-RR 2010, 406 (408). Ebenso VG Karlsruhe 27.5.2013 – 2 K 3249/12, NVwZ-RR 2013, 797 (800).
3 *Thüsing*, Beschäftigtendatenschutz und Compliance, § 3 Rz.79 ff.; folgend *Wytibul*, NJW 2014, 3605 (3607 f.).
4 *Thüsing*, Beschäftigtendatenschutz und Compliance, § 3 Rz.79 ff.; Lunk/*Panzer-Heemeier*, § 2 Rz. 341.
5 *Däubler*, Internet und Arbeitsrecht, Rz. 185; *Krämer*, NZA 2006, 457 (459).
6 ArbG Wesel 21.3.2001 – 5 Ca 4021/00, NJW 2001, 2490 (2491).
7 Ablehnend *Waltermann*, NZA 2007, 529 (533); *Kania/Ruch*, ArbRB 2012, 352 ff.; Plath/*Stamer/Kuhnke*, § 32 BDSG Rz. 94.

auf bei der Nutzung von Telekommunikationsdiensten angefallene Beschäftigtendaten erhebliche datenschutzrechtliche Risiken nach sich zieht[1].

Selbst **Verbindungsdaten** (E-Mail-Absender, Dauer der Internet-Sitzung, Protokolle der aufgerufenen Websites) können nur unter strengen Voraussetzungen ausgewertet werden (vgl. § 96 Abs. 1 TKG, § 100 TKG)[2]. 127

Eine **Inhaltskontrolle** ist nach dem Fernmeldegeheimnis grundsätzlich unzulässig. Eine Einsichtnahme insbesondere in **gespeicherte E-Mails** ist nach bislang hM so gut wie ausgeschlossen[3]. Erwogen wird dies nur in extremen Ausnahmefällen – wie das Begehen einer Straftat –, für deren Vorliegen strenge Maßstäbe angelegt werden[4]. Das gilt auch bei exzessiver Nutzung des Internets oder E-Mail-Systems[5]. 128

Auch die nach gesetzlichen Vorschriften (zB § 257 HGB, § 147 AO) notwendige automatische **Archivierung** stellt eine Inhaltskontrolle dar, die bei erlaubter Privatnutzung unzulässig wäre. Denkbar wäre hier nur die Argumentation, auf dem Rechner des Arbeitnehmers abgespeicherte E-Mails würden nicht mehr dem Fernmeldegeheimnis unterliegen[6], da der Kommunikationsvorgang abgeschlossen sei. Das ist höchstrichterlich aber noch ungeklärt und gibt daher der Praxis keine sichere Bewertungsgrundlage. 129

Betriebsvereinbarungen stellen **keine** gesetzlichen Vorschriften iSd. § 88 Abs. 3 Satz 3 TKG dar, durch die über das Fernmeldegeheimnis disponiert werden darf. Anders als in § 4 Abs.1 BDSG genügt zur Rechtfertigung eines Eingriffs in das Persönlichkeitsrecht nicht eine Rechtsvorschrift, sondern es bedarf einer formellen **gesetzlichen** Regelung[7]. 130

⊃ **Hinweis:** Einziges praktisch nutzbares Mittel ist die Einwilligung nach § 96 Abs. 3 TKG in die Kontrolle der Inhalts- oder Verbindungsdaten bei eingeräumter Privatnutzung. Diese unterliegt den allgemeinen Regeln, muss also bestimmt sein und sich auf einen eindeutigen und genau umschriebenen Verarbeitungsvorgang beziehen[8]. Sie ist insbesondere stets und ohne Angabe von Gründen widerrufbar (§ 4a BDSG)[9]. 131

Die vertragliche Gestattung der Privatnutzung sollte eine Gestaltung beinhalten, wonach die Erlaubnis zur Privatnutzung automatisch widerrufen wird, wenn der Beschäftigte seine Einwilligung zu der Kontrolle der Verkehrs-, Verbindungs- und Inhaltsdaten widerruft[10].

Lassen sich private und geschäftliche Mails nicht voneinander trennen, ist dem Arbeitgeber bei Anwendbarkeit des TKG (also insbesondere bei erlaubter Privatnutzung) sogar ein Zugriff auf **geschäftliche** E-Mails untersagt[11], was in der Praxis – jedenfalls aus Rechtsgründen – zur **Empfehlung** des weitgehenden **Ausschlusses** der **Privatnutzung** geführt hat[12]. 132

---

1 Zusammenfassend *Vietmeyer/Byers*, MMR 2010, 807 ff.
2 *Vietmeyer/Byers*, MMR 2010, 807 (808).
3 *Barton*, NZA 2006, 460 (461 ff.); HWK/*Lembke*, Vorb. BDSG Rz. 92 mwN.
4 *Vietmeyer/Byers*, MMR 2010, 807 (809).
5 Vgl. den Fall LAG Nds. 31.5.2010 – 12 Sa 875/09, NZA-RR 2010, 406 (408); Übersicht bei HWK/*Lembke*, Vorb. BDSG Rz. 94 mwN.
6 So unter Hinweis auf VGH Kassel 19.5.2009 – 6 A 2672/08 Z, MMR 2009, 714 und die unten bei Rz. 133 zitierte Lit. sowie Liebers/*Dröll*, O II 6 Rz. 472.
7 HWK/*Lembke*, Vorb. BDSG Rz. 92 mwN.
8 Lunk/*Panzer-Heemeier*, § 2 Rz. 336.
9 Plath/*Stamer/Kuhnke*, § 32 BDSG Rz. 87.
10 Plath/*Stamer/Kuhnke*, § 32 BDSG Rz. 87.
11 *Koch*, NZA 2008, 911 (913); *Vietmeyer/Byers*, MMR 2010, 807 (80).
12 Plath/*Stamer/Kuhnke*, § 32 BDSG Rz. 94.

3. Argumentationsansatz: Abgeschlossene Telekommunikation

133 In der Literatur[1] wird auf der Grundlage der Rechtsprechung des BVerfG und des VGH Kassel[2] zum Fernmeldegeheimnis ferner damit argumentiert, dass der Schutz des Fernmeldegeheimnisses aus Art. 10 Abs. 1 GG mit dem technisch abgeschlossenen Empfang einer E-Mail **enden** soll, weil und soweit der Betroffene die technische **Möglichkeit** hat, die empfangenen Daten zu verarbeiten und insbesondere zu löschen.

Demgegenüber soll der zugangsgesicherte Kommunikationsinhalt in dem E-Mail-Postfach eines Providers, auf das der Nutzer nur über eine **Internet-Verbindung** zugreifen kann, durch das Fernmeldegeheimnis geschützt sein[3].

134 ⇨ **Hinweis:** Da die Geltung des Fernmeldegeheimnisses von der für den Arbeitgeber nicht vorhersehbaren technischen Ausgestaltung abhängt, kann diese Argumentation für die Betriebspraxis in einer planbaren Weise nicht herangezogen werden.

4. Empfehlung

135 Sicherster Weg ist eine klare **Trennung** zwischen dienstlicher und privater Nutzung von Telekommunikationseinrichtungen (Internet, E-Mail). Dazu ist aus Arbeitgebersicht ratsam, den betrieblichen Account nur zur dienstlichen Nutzung zu gestatten und dieses Verbot der privaten Nutzung zu überwachen[4].

Zugleich kann den Arbeitnehmern angeboten werden, entweder einen eigenen privaten Account unter der Mail-Adresse des Arbeitgebers einzurichten, oder die Arbeitnehmer sind auf die Nutzung anderer privat einzurichtender Accounts, die sie auf dem Arbeitsplatzrechner abrufen können, zu verweisen[5]. Denkbar ist auch der Verweis auf Free-Mail-Konten wie zB gmx, google-mail und andere Anbieter.

5. Überwachung der Internet-Nutzung

136 Bei der Überwachung der Internet-Nutzung stellen sich im Wesentlichen die gleichen Fragen wie bei der Überwachung der E-Mail-Nutzung[6]. Sowohl die Nutzungsdauer als auch die besuchten Webseiten können bei bloß **dienstlicher** Nutzung – nicht hingegen bei gestatteter Privatnutzung – überprüft werden, wobei – wie immer – eine **dauerhafte Überwachung** des Arbeitnehmers **unzulässig** ist[7].

137 ⇨ **Hinweis:** Auch hier empfiehlt sich der Abschluss einer Betriebsvereinbarung als Rechtfertigungsnorm gem. § 4 Abs. 1 BDSG, zumal ein Mitbestimmungsrecht nach § 87 Abs. 1 Nr. 6 BetrVG besteht[8].

6. Kontrolle eines E-Mail-Accounts

138 Auch wenn keine klare gesetzliche Regelung besteht, besteht für die Einsicht in den E-Mail-Account eines Arbeitnehmers ein erhebliches praktisches Bedürfnis. Bei der Durchführung einer Einsichtnahme bzw. Kontrolle des E-Mail-Accounts eines Ar-

---

1 Plath/*Stamer*/*Kuhnke*, § 32 BDSG Rz. 102 ff.; HWK/*Lembke*, Vorb. BDSG Rz. 92 mwN.
2 So VGH Kassel 19.5.2009 – 6 A 2672/08 Z, MMR 2009, 714.
3 BVerfG 16.6.2009 – 2 BvR 902/06, NJW 2009, 2431 (2432); HWK/*Lembke*, Vorb. BDSG Rz. 92.
4 Prägnant *Thüsing*, NZA 2011, 16 (20): Diese Gestaltung sei personalpolitisch misslich.
5 Gestaltungshinweise bei Liebers/*Dröll*, O II 6 Rz. 445 ff.
6 So Plath/*Stamer*/*Kuhnke*, § 32 BDSG Rz. 113.
7 *Oberwetter*, NZA 2008, 609 (611); *Wellhöner*/*Byers*, BB 2009, 2310 (2311).
8 HWK/*Lembke*, Vorb. BDSG Rz. 92. Gestaltungshinweise bei Liebers/*Dröll*, O II 6 Rz. 445 ff.

beitnehmers kann eine für die Max-Planck-Gesellschaft unter Berücksichtigung der aktuellen Rechtsprechung entwickelte **Checkliste** herangezogen werden[1].

Checkliste

- ☐ Zunächst sollte eine Dringlichkeitsprüfung durchgeführt werden, warum die Einsichtnahme in die E-Mails des Mitarbeiters notwendig ist und eine Rückkehr des Beschäftigten nicht abgewartet werden kann.
- ☐ Anschließend sollte mehrmals der Versuch unternommen werden, den Beschäftigten zu erreichen, um dessen Zustimmung zur Einsichtnahme zu erlangen.
- ☐ Bei Erfolglosigkeit der Kontaktaufnahme sind sowohl der Betriebsrat als auch der Datenschutzbeauftragte in Kenntnis zu setzen.
- ☐ Die bevorstehende Öffnung des E-Mail-Accounts ist dem Mitarbeiter rechtzeitig vorher anzukündigen.
- ☐ Das Passwort ist von einem Administrator im Beisein des Vorgesetzten zurückzusetzen, aufzuschreiben und diesem auszuhändigen.
- ☐ Die Einsichtnahme sollte wenigstens im Vier-Augen-Prinzip erfolgen. Dabei sollten ausschließlich die erforderlichen dienstlichen E-Mails ausgedruckt oder an die Adresse des Stellvertreters weitergeleitet werden. Eine entsprechende Klassifikation ist vorab – anhand von Absender und Betreff – durch „neutrale Zeugen" (Betriebsratsmitglied oder Datenschutzbeauftragter) durchzuführen.
- ☐ Das (neue) Passwort ist in einem verschlossenen Umschlag durch den Vorgesetzten in Verwahrung zu nehmen und darf nur dem betroffenen Beschäftigten nach dessen Rückkehr ausgehändigt werden.
- ☐ Die Checkliste ist revisionssicher aufzubewahren und von allen Beteiligten zu unterschreiben.

139

IX. Social Media und Web 2.0

Social Media haben auf zwei Wegen Eingang in die Beziehungen am Arbeitsplatz gefunden: Einmal mittels der Nutzung des **Internets** am Arbeitsplatz (PC bzw. Dienst-Handy) und zum anderen dadurch, dass Mitarbeiter **eigene Endgeräte** (Mobile Device) wie etwa Smart-Phone, Tablet oder einen Laptop nutzen. Verbunden ist dies regelmäßig mit Nutzung von **Portalen** wie zB Facebook, Twitter, Xing oder LinkedIn[2].

140

1. Social Media

Facebook, Twitter, Webblogs und andere Applikationen des Web 2.0 (Social Media) ermöglichen das aktive Mitgestalten von Internetinhalten durch den Nutzer. Unternehmen sehen einen kostengünstigen Kanal für Werbeaktivitäten oder ein gutes Mittel zur Personalgewinnung. Ihr Einsatz in Unternehmen und die Schaffung von „Social-Media-Richtlinien" wirft Fragen auf, insbesondere im Hinblick auf **Loyalitätspflichten**, Kontrolle vor missbräuchlicher Verwendung der **Arbeitszeit**, das Recht der Arbeitnehmer zur freien **Meinungsäußerung** und die Pflicht zur Wahrung der **Geschäfts-** und **Betriebsgeheimnisse**.

141

⮕ **Hinweis:** Mitbestimmungsrechte des Betriebsrats können sich aus § 87 Abs. 1 Nr. 1 und 6 BetrVG ergeben[3]. Die bloße Eröffnung einer konzernweiten Facebook-Seite, auf der Nutzer bzw. Kunden Kommentare und Beschwerden – auch zur Qualität der vom Arbeitgeber er-

142

---

1 *Fischer*, ZD 2012, 265 (268). Eine weitergehende Checkliste, die sich mit der Vorbereitung, den rechtlichen Rahmenbedingungen, der Durchführung der E-Mail-Sichtung und deren Dokumentation befasst, stellt *Wytibul*, NJW 2014, 3605 (3609 ff.) dar.
2 *Schmid/Hofmann*, KSzW 2014, 260.
3 *Melot de Beauregard/Gleich*, DB 2012, 2044 (2047 f.).

brachten Dienstleistungen – abgeben können, stellt nach Auffassung des LAG Düsseldorf[1] keine technische Kontrolleinrichtung iSd. § 87 Abs. 1 Nr. 6 BetrVG dar.

143 Unproblematisch kann der Arbeitnehmer mittels Weisungsrecht (§ 106 GewO) angewiesen werden, einen vom Arbeitgeber eröffneten **Firmen-Account** zu eröffnen und pflegen. Dabei können einzelne Arbeitnehmer als Kontaktperson angegeben werden, sofern dies zur Erfüllung der Arbeitspflicht erforderlich ist (§ 32 Abs. 1 Satz 1 BDSG).

Ist die private Nutzung des Internets am Arbeitsplatz nicht eingeschränkt – was durch den Arbeitgeber erfolgen kann –, ist wie auch sonst bei der Internet-Nutzung alles gestattet, was die Betriebstätigkeit nicht stört. Dabei gelten die allgemeinen arbeitsrechtlichen Pflichten.

144 Das Grundrecht zur freien **Meinungsäußerung** nach Art. 5 Abs. 1 GG gestattet, dass der Arbeitnehmer sich nach Dienstschluss[2] auch in der Öffentlichkeit unternehmenskritisch äußern darf, wenn dies sachlich erfolgt[3]. Allerdings ist mit Blick auf die Schwierigkeit der Abgrenzung zwischen bloßer Meinungsäußerung und Beleidigung und im Hinblick auf die einzelfallorientierte Abwägung der Grundrechtspositionen (Art. 5 Abs. 1 GG auf Seiten des Arbeitnehmers) Vorsicht geboten[4]. Dies gilt auch im Hinblick auf **Tatsachenbehauptungen** über den Arbeitgeber, bei denen sich der Arbeitnehmer als solcher zu erkennen gibt[5].

Aus der arbeitsvertraglichen **Rücksichtnahmepflicht** (§ 241 Abs. 2 BGB) folgt, dass der Arbeitnehmer sich nicht über seinen Arbeitgeber, Kollegen oder Kunden **beleidigend** äußern darf, bewusst unwahre Tatsachen behaupten oder Betriebs- oder Geschäftsgeheimnisse veröffentlichen darf[6]. Das gilt auch im Hinblick auf eine **Rufschädigung** des Arbeitgebers durch private bzw. außerdienstliche Äußerungen, wenn diese bewusst zur Geschäftsschädigung erfolgen[7].

145 Noch ungeklärt ist, ob sich Arbeitnehmer bei Nutzung einer nur einem **bestimmten Personenkreis** zugänglichen Web 2.0-**Plattform** darauf berufen können, dass diese Äußerungen nicht über den Kreis dieser Plattform hinausdringen (sollten)[8]. Mit einer Beleidigung auf einer Facebook-Pinnwand hatte sich das ArbG Hagen[9] befasst und die Privilegierung versagt, wenn die beleidigende Äußerung über Facebook gepostet wird, so dass auch nicht betriebsangehörige Dritte Kenntnis nehmen können. Andere Gerichte verweigern die Übernahme der Vertraulichkeitsrechtsprechung wegen der technischen Besonderheiten des Web 2.0 grundsätzlich[10]. Diese Auffassung ist zumindest dann richtig, wenn – wie oftmals in Web 2.0-Plattformen – kein Zugangsschutz durch **Passwort** besteht[11].

---

1 LAG Düsseldorf 12.1.2015 – 9 TaBV 51/14, juris.
2 Während der Dienstzeit wird die Arbeitspflicht verletzt, *Kort*, NZA 2012, 1321 (1322).
3 Zu den Schranken von Äußerungen im Web 2.0 und Sanktionen *Kort*, NZA 2012, 1321 (1322f.); *Hinrichs/Hörtz*, NJW 2013, 648 ff. mwN aus der Rspr. zu kündigungsrelevanten Meinungsäußerungen.
4 *Byers/Mößner*, BB 2012, 1665; *Frings/Wahlers*, BB 2011, 3126 (3131).
5 *Hinrichs/Hörtz*, NJW 2013, 648 (651) mwN; *Kort*, NZA 2012, 1321.
6 *Legerlotz*, ArbRB 2011, 250 (251); *Oberwetter*, NZA 2011, 417 (420f.).
7 *Byers/Mößner*, BB 2012, 1665; *Oberwetter*, NZA 2011, 417 (419).
8 Im Falle vertraulicher Gesprächskreise hatte BAG 10.12.2009 – 2 AZR 534/08, NZA 2010, 698 (700) solche Äußerungen privilegiert. Es geht nicht zu Lasten des Arbeitnehmers, wenn der Gesprächspartner die Vertraulichkeit aufhebt.
9 ArbG Hagen 16.5.2012 – 3 Ca 2597/11, ArbRB 2012, 365 (*Jacobi*).
10 ArbG Dessau-Roßlau 21.3.2012 – 1 Ca 148/11, ZD 2012, 344 für den Fall eines „Gefällt mir" Buttons zu einer den Arbeitgeber beleidigenden Äußerung; VG Ansbach 16.1.2012 – AN 4 K 11.02132, juris.
11 Bei Passwortschutz oder geschlossenen Foren/Blogs bejahen *Hinrichs/Hörtz*, NJW 2013, 648 (652) mwN die Anwendbarkeit der Vertraulichkeitsrechtsprechung.

IX. Social Media und Web 2.0

Ist die private Nutzung des Internets (ausdrücklich) untersagt, stellt sich die Frage, inwieweit der Arbeitgeber mittels seines Weisungsrechts nach § 106 Satz 1 GewO eine bestimmte Art und Weise der nach außen erkennbaren **dienstlichen Nutzung** (also als **Repräsentant** des Unternehmens) vorgeben kann, auch wenn sich der Arbeitnehmer bei einem bestimmten Netzwerk unter seinem eigenen Namen aber explizit als Vertreter des Arbeitgebers anmeldet[1].

146

Dabei kommt es zunächst auf die **Position** und **Aufgabe** des Arbeitnehmers an (zB Führungskraft oder Mitarbeiter im Bereich Öffentlichkeitsarbeit oder Personal). Selbst in diesen Fällen geht eine Meinung davon aus, dass der Arbeitgeber den Arbeitnehmer im Hinblick auf das Arbeitnehmerpersönlichkeitsrecht nicht anweisen kann, sich in einem vornehmlich der privaten Präsentation dienenden Netzwerk wie zB Facebook unter eigenem Namen und ggf. mit Profilfoto anzumelden, um dies beruflich (zB Vertrieb) zu nutzen[2], sofern dies nicht ausnahmsweise dienstlich erforderlich ist[3]. Andere[4] bejahen eine solche Verpflichtung bei Berufen mit Außenkontakt grundsätzlich.

Das gilt auch für **berufliche Netzwerke**, wie bspw. XING oder LinkedIn (sieht man einmal davon ab, dass die Trennung zwischen beruflichen und privaten Netzwerken ohnehin immer mehr verschwindet)[5]. Nach einer in der Literatur vertretenen Auffassung soll auch eine entsprechende vertragliche Verpflichtung unzulässig sein[6].

Der Arbeitgeber kann den Arbeitnehmer nicht mittels Ausübung des Weisungsrechts (§ 106 Satz 1 GewO) verpflichten, einen vollständig **privaten Zugang** nicht mehr als Repräsentant des Arbeitgebers sondern **in eigener Person** in einer bestimmten Art und Weise zu nutzen[7]. Denkbar ist dies nur, wenn die Nutzung der Persönlichkeit des Arbeitnehmers ausdrücklich zum Gegenstand des **Arbeitsvertrages** gemacht und entsprechend vergütet wird[8].

147

Eine routinemäßige, **anlasslose Überprüfung** der Äußerungen der Arbeitnehmer in Social Media, der Angaben in Internetverkaufsplattformen sowie allgemein das Googeln der Namen der Beschäftigten ist unzulässig, wenn es keinen konkreten Anlass für die Datenerhebung gibt[9]. Der Arbeitgeber darf keine ziellose Internetrecherche zu seinen Beschäftigten durchführen, weil auch in Social Media die **allgemeinen Grundsätze** der § 32 Abs. 1 Satz 1 BDSG bei der Aufdeckung von Vertragsverletzungen bzw. § 32 Abs. 1 Satz 2 BDSG bei der Aufdeckung von Straftaten gelten[10].

148

2. Social Media Guidelines

Gestattet der Arbeitgeber die Nutzung des Web 2.0, bedarf es der Einflussnahme auf die durch die Nutzung der Social Media erfolgende Außendarstellung des Unternehmens. Dies geschieht durch sog. „**Social Media Guidelines**", die für die private Nutzung des Internets bzw. der Social Media über den dienstlichen Internet-Anschlusses entsprechende Handlungsempfehlungen – regelmäßig als bindende Weisung – beinhalten[11].

149

---

1 *Legerlotz*, ArbRB 2011, 250 (251); *Thüsing/Traut*, Beschäftigtendatenschutz und Compliance, § 14 Rz. 52.
2 *Legerlotz*, ArbRB 2011, 250 (251); *Oberwetter*, NZA 2011, 417 (418).
3 Zur dienstlichen Erforderlichkeit *Byers/Mößner*, BB 2012, 1665 (1669).
4 *Thüsing/Traut*, Beschäftigtendatenschutz und Compliance, § 14 Rz. 52, die als Gegenbeispiel den Buchhalter im Backoffice benennen.
5 *Melot de Beauregard/Gleich*, DB 2012, 2044 (2045).
6 *Legerlotz*, ArbRB 2011, 250 (251), zweifelhaft.
7 *Legerlotz*, ArbRB 2011, 250 (251); *Melot de Beauregard/Gleich*, DB 2012, 2044 (2045).
8 *Thüsing/Traut*, Beschäftigtendatenschutz und Compliance, § 14 Rz. 53.
9 *Thüsing/Traut*, Beschäftigtendatenschutz und Compliance, § 14 Rz. 37.
10 *Thüsing/Traut*, Beschäftigtendatenschutz und Compliance, § 14 Rz. 35 f.
11 Beispiel bei *Thüsing/Traut*, Beschäftigtendatenschutz und Compliance, § 14 Rz. 69; Musterformulierung bei *Melot de Beauregard/Gleich*, DB 2012, 2044 (2047).

150 **Mindestinhalt** sollte eine Aussage bezüglich des Umfangs und der Begrenzung der Social Media Nutzung während der Arbeitszeit sein und die Pflicht zur Kennzeichnung als persönliche Meinung, sofern kein dienstlicher Auftrag vorliegt, verbunden mit der Vorgabe, dass der Arbeitnehmer in der „Ich-Form" schreibt. Auch sollte die Anmeldung nur über eine private E-Mail-Adresse des Arbeitnehmers erfolgen.

Aussagen sollten nur zum Fachgebiet gemacht werden und Aussagen zu fachfremden Themen sollten als solche gekennzeichnet sein. Fehler sollten eingestanden und korrigiert werden[1].

151 Der Arbeitgeber wird durch die Beiträge des Arbeitnehmers **repräsentiert**. Im Hinblick hierauf erfolgt regelmäßig ein Hinweis auf die Einhaltung der Regeln des Anstands und Respekts bei der Kommunikation. Daneben sollte das kollegiale Miteinander nicht durch negative Äußerungen über Vorgesetzte und Kollegen gefährdet werden. Entsprechendes gilt auch in Bezug auf Wettbewerber, Kunden und Geschäftspartner[2].

Zumindest sollten Beleidigungen und falsche Tatsachenbehauptungen ebenso wie geschäfts- oder rufschädigende Äußerungen und Drohungen verbindlich untersagt werden.

152 Daneben ist gesondert auf den Schutz der **Vertraulichkeit** von Betriebs- und Geschäftsgeheimnissen[3], die arbeitsvertragliche Rücksichtnahme- bzw. Loyalitätspflicht und die Strafvorschrift des § 17 UWG hinzuweisen.

Veröffentlichungen sollten bei Zweifeln mit dem Vorgesetzten abgestimmt werden. Inhaltlich ist noch auf die Einhaltung der weiteren, im Einzelnen benannten gesetzlichen Vorgaben (zB **Urheberrecht**[4]) bei öffentlicher Kommunikation hinzuweisen. Schließlich ist auf die Sanktionierung und ggf. Schadensersatzpflicht bei Verstößen hinzuweisen[5].

153 Nach allgemeiner Auffassung in der Literatur[6] unterliegen Social Media Guidelines der **Mitbestimmung** nach § 87 Abs. 1 Nr. 1 BetrVG. *Thüsing/Traut*[7] stellen sich jedenfalls dann auf einen anderen Standpunkt, wenn lediglich auf die bestehende Rechtslage nach Gesetzen oder Tarifverträgen hingewiesen wird oder es sich um – der Mitbestimmung entzogenes – außerdienstliches Verhalten handelt. Mitbestimmungsfrei sollen auch unverbindliche Verhaltensregelungen sein, die keine zwingenden Maßnahmen anordnen sondern als bloße „Hilfestellung" zu qualifizieren sind[8].

Das wird im Hinblick darauf, dass das über die Arbeitspflicht hinausgehende Kommunikationsverhalten der Beschäftigten geregelt werden soll, in der Praxis selten der Fall sein, weshalb mit der hM die durch den Betriebsrat erzwingbare Mitbestimmung nach § 87 Abs. 1 Nr. 1 BetrVG zu bejahen ist[9].

154 ⮩ **Hinweis:** Grundsätzlich empfiehlt sich der Abschluss einer Betriebsvereinbarung als Rechtfertigungsnorm gem. § 4 Abs. 1 BDSG, zumal der Gestaltungsspielraum der Be-

---

1 So *Thüsing/Traut*, Beschäftigtendatenschutz und Compliance, § 14 Rz. 69.
2 Beispiel bei *Thüsing/Traut*, Beschäftigtendatenschutz und Compliance, § 14 Rz. 69.
3 *Byers/Mößner*, BB 2012, 1665 (1667) weisen zu Recht auf die Notwendigkeit der Verdeutlichung der Eigenverantwortlichkeit des Arbeitnehmers hin.
4 *Byers/Mößner*, BB 2012, 1665 (1669).
5 *Frings/Wahlers*, BB 2011, 3126 (3132).
6 *Frings/Wahlers*, BB 2011, 3126 (3130); *Oberwetter*, NZA 2011, 417 (418).
7 *Thüsing/Traut*, Beschäftigtendatenschutz und Compliance, § 14 Rz. 67.
8 ArbG Düsseldorf 21.6.2013 – 14 BVGa 16/13, NZA-RR 2013, 470 (472) zu Regeln für eine betriebliche Facebook-Seite; *Wortmann*, ArbRB 2013, 375 (377).
9 Darstellung zu den einzelnen mitbestimmungsfreien und mitbestimmungspflichtigen Regelungsgegenständen: *Wortmann*, ArbRB 2013, 375 (376).

triebsparteien[1] (unter Beachtung des Arbeitnehmerpersönlichkeitsrechts nach § 75 Abs. 2 BetrVG) größer ist und eine Betriebsvereinbarung innerbetrieblich eine höhere Akzeptanz hat[2].

Solche Betriebsvereinbarungen können auch ein Fehlverhalten auf den Social-Media-Anwendungen mit negativen Auswirkungen auf den Arbeitgeber regeln, wie etwa Beleidigungen von Arbeitgeber, Vorgesetzten, Kollegen, Kunden und Lieferanten. Gleiches gilt für Arbeitspflichtverletzungen, wie dies beim Verrat von Geschäftsgeheimnissen, Konkurrenztätigkeit oder der Werbung für Konkurrenten der Fall ist[3].

3. Bring Your Own Device (BYOD)

Gegenwärtig wird häufig von Arbeitnehmern der Wunsch geäußert, moderne Kommunikationsmittel nicht mehr vom Arbeitgeber gestellt zu erhalten, sondern eigene – **private** – Smartphones, Tablets oder Laptops (zusammenfassend als **Device** bezeichnet) auch dienstlich zu nutzen. Den Arbeitnehmern erscheint die Trennung lästig, Unternehmen sehen Einsparpotential.

155

Beim **klassischen** BYOD verwendet der Arbeitnehmer sein privates Gerät und auch seine private SIM-Karte. Mit Blick auf die Tarifsituation stellen manche Arbeitgeber dem Arbeitnehmer für dessen privates Gerät eine dienstliche SIM-Karte zur Verfügung. Eine Alternative ist das Modell **COPE** (Corporate Owned, Personally Enabled). Dabei stellt das Unternehmen ein dienstliches Endgerät zur Verfügung, das der Mitarbeiter auch privat nutzen kann. Der Vorteil liegt hier darin, dass keine Eigentumsrechte des Arbeitnehmers zu beachten sind und die Kontrolle und Konfiguration erleichtert ist. Beim Modell **CYOD** (Choose Your Own Device) hat der Arbeitnehmer ein Auswahlrecht aus einer Liste verschiedener unternehmenseigener Endgeräte[4].

Beim Einsatz in Deutschland bestehen von der technischen Praxis oft unterschätzte datenschutzrechtliche Pflichten des Arbeitgebers[5] im Hinblick auf die **Datensicherheit** nach § 9 Satz 1 BDSG bzw. der Anlage zu § 9 Satz 1 BDSG, die die Nutzung nicht ohne weitere organisatorische Maßnahmen erlauben. Der Arbeitgeber ist **verantwortliche Stelle** iSd. § 3 Abs. 7 BDSG[6].

156

Ferner ist die **zentrale Administration** und Überwachung des Endgeräts und der Nutzung durch den Arbeitgeber sicherzustellen[7]. Dies betrifft die Speicherung, das Lesen und die Löschung von Daten auf dem Endgerät.

Durch eine verbindliche vertragliche Regelung, die dann auch die datenschutzrechtliche Einwilligung nach § 4a BDSG erfasst[8], sind insbesondere auch Fragen im Hinblick auf gesetzliche **Aufbewahrungspflichten** (§ 257 Abs. 1 HBG, § 147 Abs. 1 AO, GoBS, GdPdU[9]), **Lizenzen**[10] und Nutzungsrechte, Ersatz- und Entgeltpflichten des Arbeitgebers, **Herausgabepflichten** des Arbeitnehmers zB zur Aufklärung von Verfehlungen zu regeln[11].

157

---

1 Nur bei notwendig unternehmens- oder konzerneinheitlichem Auftritt und der Erforderlichkeit einheitlicher Regelungen besteht die Zuständigkeit von Unternehmens- oder Konzernbetriebsrat. Der bloße Gestaltungswunsch der Betriebsparteien genügt nicht, *Wortmann*, ArbRB 2013, 375 (377) unter Hinweis auf BAG 25.9.2012 – 1 ABR 45/11, ArbRB 2013, 74 (*Weber*). Sonst bleibt es bei der Zuständigkeit des örtlichen Betriebsrats.
2 So auch *Thüsing/Traut*, Beschäftigtendatenschutz und Compliance, § 14 Rz. 57.
3 So *Thüsing/Traut*, Beschäftigtendatenschutz und Compliance, § 14 Rz. 63.
4 Zu den Ausgestaltungen *Arning/Moos*, DB 2013, 2607 (2608).
5 Eingehend *Göpfert/Wilke*, NZA 2012, 765 (766 f.); *Arning/Moos*, DB 2013, 2607 (2608 ff.).
6 *Kamps*, ArbRB 2013, 350 (351).
7 *Arning/Moos*, DB 2013, 2607 (2610 ff.).
8 *Liebers/Jungkind*, T Rz. 40 (mit Muster einer solchen Vereinbarung).
9 *Liebers/Jungkind*, T Rz. 46.
10 Dazu *Arning/Moos*, DB 2013, 2607 (2612 f.).
11 *Göpfert/Wilke*, NZA 2012, 765 (769); *Frings/Wahlers*, BB 2011, 3126 (3129).

158 Der Arbeitgeber haftet für etwaige **Urheberrechtsverletzungen** seiner Arbeitnehmer nach § 99 UrhG[1]. Notwendig ist daher die Möglichkeit, Lizenzaudits durchführen zu können[2]. Da die meisten Softwareanwendungen im Privatgebrauch andere Lizenzgebühren als bei der geschäftlichen Nutzung vergüten müssen, ist privat und geschäftlich genutzte Software zu separieren[3].

159 Problematisch kann ferner sein, dass bei der Nutzung des privaten Kommunikationsmittels die Abgrenzung zwischen Freizeit und **Arbeitszeit** nach § 3 ArbZG verschwimmt[4].

160 ➲ **Hinweis:** Mitbestimmungsrechte des Betriebsrats ergeben sich aus § 87 Abs. 1 Nr. 1, 2 und 6 BetrVG[5].

161 Eine rein technische Lösung für den Einsatz von BYOD ist demzufolge nicht ausreichend. Die Eigentümerstellung des Beschäftigten macht es notwendig, dem Arbeitgeber eine **rechtliche Dispositionsbefugnis** auf die Geräte zu vermitteln[6]. In Anlehnung an Darstellungen der Literatur[7] kann zu den wesentlichen Inhalten zusammengefasst werden:

Checkliste

162 ☐ Maßgeblichkeit des Arbeitgeber-Konzepts für die Verarbeitung seiner Daten auf dem Endgerät des Arbeitnehmers.
☐ Berechtigung zur Nutzung von BYOD nur bei Akzeptanz der Nutzungsbedingungen (insbesondere relevant, wenn keine Betriebsvereinbarung besteht).
☐ Standardvorgaben für die Konfiguration und Systemeinstellungen.
☐ Fragen der Sicherheit der Daten des Arbeitgebers oder Dritter (Kunden) gegen unberechtigten Zugriff Dritter (Verwandter usw., kein Einsatz von Familiengeräten).
☐ Schutz des Persönlichkeitsrechts, des Fernmeldegeheimnis und des Rechts auf informationelle Selbstbestimmung des Arbeitnehmers.
☐ Modalitäten der Speicherung beruflicher Daten auf dem Endgerät (insbesondere Abgrenzung von privaten Daten auf dem Endgerät).
☐ Modalitäten von Zugriff und Kontrolle durch den Arbeitgeber (Lesezugriff auf berufliche Daten, Änderung/Löschung, Mobile-Device-Management).
☐ Sicherungsmaßnahmen (Passwortsicherung, Verbot von Cloud-Computing für betriebliche Daten, Löschung der auf dem privaten bzw. CYOD – Mobilgerät gespeicherten geschäftlichen bzw. privaten Daten bei Beendigung des Arbeitsverhältnisses bzw. bei Verlust des Endgeräts; Back-Up-Funktionalität).
☐ Vorgaben für die Installation von Software und Apps.
☐ Vereinbarkeit der Nutzung mit dem Mobilfunkvertrag.
☐ Haftung bei Vertragsverstößen oder Lizenzverletzungen.
☐ Pflichten des Arbeitnehmers bei Diebstahl und Verlust.
☐ Erstattung der dem Arbeitnehmer bei dienstlicher Nutzung entstehenden Kosten oder Schäden (§ 670 BGB analog, Pauschalbetrag?).

---

1 Ausführlich *Arning/Moos*, DB 2013, 2607 (2612 f.), die auch auf eine mögliche Haftung der Organe der Gesellschaft hinweisen.
2 *Arning/Moos*, DB 2013, 2607 (2613).
3 Liebers/*Jungkind*, T Rz. 52; *Herrnleben*, MMR 2012, 205 (206).
4 *Göpfert/Wilke*, NZA 2012, 765 (768); *Zöll/Kielkowski*, BB 2012, 2625 (2628 f.).
5 *Göpfert/Wilke*, NZA 2012, 765 (769 ff.); *Zöll/Kielkowski*, BB 2012, 2625 (2629).
6 *Arning/Moos*, DB 2013, 2607 (2615).
7 Angelehnt an die Darstellungen bei HWK/*Lembke*, Vorb. BDSG Rz. 90a und *Kamps*, ArbRB 2013, 350 (352). Mit noch stärkerem datenschutzrechtlichen Ansatz *Arning/Moos*, DB 2013, 2607 (2615).

IX. Social Media und Web 2.0

- ☐ Nutzungsregelungen (zB Pflicht zur Meldung bei Verlust, Vertraulichkeitspflichten gegenüber Familienangehörigen und sonstigen Dritten).
- ☐ Regelung der Beendigung der Nutzung des privaten Endgeräts (Herausgabe der geschäftlichen Daten, Herausgabe des Geräts zur Deinstallation und Löschung von Daten).
- ☐ Kontrollrechte für Datenschutzbeauftragten, Betriebsrat, Arbeitgeber, Aufsichtsbehörde.
- ☐ Einsichts- und Kontrollmöglichkeiten des Arbeitgebers zB in E-Mails.
- ☐ Qualifizierung der Nutzung des Geräts in Bezug auf Arbeitszeit nach dem ArbZG und etwaigen Arbeitszeitbetriebsvereinbarungen und Vergütung (§ 612 BGB).
- ☐ Mitbestimmungsrechte des Betriebsrats nach §§ 87 Abs. 1 Nr. 1, 2 und 6 BetrVG.

4. Umgang mit dienstlichen Daten nach Beendigung des Arbeitsverhältnisses

Von Beschäftigten (insbesondere im Vertriebsbereich) über berufsorientierte **Netzwerke** akquirierte neue **Geschäftskontakte** einschließlich des dort niedergelegten Schriftverkehrs müssen die Beschäftigten bei Beendigung des Arbeitsverhältnisses aufgrund einer ausdrücklichen Bestimmung im Arbeitsvertrag[1] herausgeben. Das gilt auch bei der Nutzung von BYOD[2]. 163

⇨ **Hinweis:** Der Abschluss einer solchen Regelung ist zwecks Vermeidung von Auslegungsunsicherheiten dringend zu empfehlen. 164

Fehlt eine solche Vereinbarung, folgt die Herausgabepflicht aus §§ 861f., 677, 985 BGB[3]. Für den **Mail-Account** und die **E-Mails** bedeutet das, dass diese bei rein dienstlichem Charakter herauszugeben sind, weil sie ein Arbeitsmittel darstellen[4]. Das gilt auch, wenn der Arbeitgeber die Kosten der Mitgliedschaft getragen oder das Benutzerkonto zur Verfügung gestellt hat[5]. Privat im Account niedergelegte Daten muss der Arbeitnehmer löschen können[6]. 165

Bei einem **rein privaten** Konto kann der Arbeitgeber keine Herausgabe verlangen, da dieses mit privaten Aufzeichnungen des Arbeitnehmers vergleichbar ist[7]. Zu erwägen ist, dass bei Notwendigkeit für die Fortführung der Kundenbeziehungen der Beschäftigte verpflichtet sein kann, die entsprechenden Informationen zu überlassen[8]. 166

Bei dem häufigsten Fall der fehlenden Abgrenzbarkeit des Kontos (**Mischcharakter**) wird der Arbeitgeber zwar nicht die Übertragung des gesamten Accounts verlangen dürfen, wohl aber die Übertragung der Kundendateien einschließlich der geschäftlichen Korrespondenz[9].

Der Arbeitgeber kann bei einem Wechsel des Arbeitnehmers zu einem anderen Arbeitgeber die **Löschung** von Daten auf privaten Geräten oder einem privaten Account 167

---

1 Dies empfehlen *Bissels/Lützeler/Wisskirchen*, BB 2010, 2433 (2438).
2 Für BYOD *Göpfert/Wilke*, NZA 2012, 765 (769).
3 Zu den Ableitungen im einzelnen *Weth/Herberger/Wächter/Broy*, Teil B IX Rz. 47 mwN.
4 *Legerlotz*, ArbRB 2011, 250 (252f.).
5 *Oberwetter*, NJW 2011, 417 (420).
6 *Oberwetter*, NJW 2011, 417 (420).
7 *Legerlotz*, ArbRB 2011, 250 (252); *Weth/Herberger/Wächter/Broy*, Teil B IX Rz. 48 mwN.
8 Die Parallele zu privat gefertigten Kopien von Geschäftsunterlagen ziehen *Bissels/Lützeler/Wisskirchen*, BB 2010, 2433 (2438).
9 *Bissels/Lützeler/Wisskirchen*, BB 2010, 2433 (2438f.); *Oberwetter*, NJW 2011, 417 (420).

verlangen, wenn die weitere Nutzung durch den Arbeitnehmer unzulässig wäre und er diese nicht nur im Kopf, sondern in elektronischer Form gespeichert hat[1].

168 ⊃ **Hinweis:** Ob und wie der Arbeitgeber nach dem Ausscheiden eines Arbeitnehmers verlangen und durchsetzen kann, dass dieser seine in Internet-Berufsportalen (XING, LinkedIn) angegebene Unternehmenszugehörigkeit löscht und diese nicht mehr bestehende „virtuelle" Unternehmenszugehörigkeit beendet, ist mit Blick auf § 241 Abs. 2 BGB zu bejahen[2].

5. Fotos und Inhalte auf Homepage des Arbeitgebers

169 Immer häufiger nutzen Unternehmen **Lichtbilder** in Broschüren, auf einer Unternehmens-Homepage, in Werkszeitungen und anderen unternehmensinternen Mitarbeiterpublikationen und in Katalogen. Jegliche Veröffentlichung von Bildern kann mangels Zweckbezug zum Arbeitsverhältnis nicht durch § 32 Abs. 1 Satz 1 BDSG, sondern nur durch eine Einwilligung nach 4a BDSG gerechtfertigt werden[3]. Hier ist auch § 22 KUG ist zu beachten, der eine ausdrückliche oder konkludente **Einwilligung** verlangt[4].

170 Die Einwilligung sollte **unbegrenzt** und **ausdrücklich** erteilt werden. Ist arbeitsvertraglich ein freies Widerrufsrecht für den Arbeitnehmer eingeräumt, bleibt dies verbindlich, auch wenn die Fotos umfangreich genutzt werden[5].

Offen ist noch, ob die Einwilligung mit Ablauf des Arbeitsverhältnisses jederzeit frei **widerruflich** ist[6]. Treu und Glauben (§ 242 BGB) widerspricht es jedenfalls, wenn der Widerruf der Einwilligung erst neun Monate nach Beendigung des Arbeitsverhältnisses erklärt wird[7]. Haben die Arbeitsvertragsparteien bei Beendigung des Arbeitsverhältnisses eine umfassende Ausgleichsklausel vereinbart, soll der Widerruf der Einwilligung unzulässig sein[8].

171 Die Einwilligung erlischt aber **nicht** automatisch im Zeitpunkt der Beendigung des Arbeitsverhältnisses, sofern der Arbeitnehmer nichts Gegenteiliges erklärt[9]. Das gilt jedenfalls dann, wenn das Foto nur allgemeinen Illustrationszwecken dient und (ehemalige) Arbeitnehmer nicht besonders sondern nur als Teil der Belegschaft herausgestellt werden[10].

Wohl zu weit geht es, wenn die datenschutzrechtliche Literatur[11] angesichts der Bedeutung des Grundrechts am eigenen Bild über die Einwilligung hinaus eine **sach-**

---

1 *Byers/Mößner*, BB 2012, 1665 (1670) unter Bezug auf BGH 26.2.2009 – I ZR 28/06, BB 2009, 841. *Weth/Herberger/Wächter/Broy*, Teil B IX Rz. 49 beschränkt dies auf die Herausgabe der Daten, die für die Fortführung der Geschäftsbeziehung auf der gleichen Plattform erforderlich sind. Dies seien der Accountname des Kunden, Angaben zum Kundenstatus (wie dem letzten Kontakt) sowie die Geschäftskorrespondenz.
2 *Elking/Fürsen*, NZA 2014, 1111 (1115) mwN.
3 *Gola/Schomerus*, § 28 BDSG Rz. 22a; *Weth/Herberger/Wächter/Broy*, Teil B IX Rz. 43.
4 BAG 19.2.2015 – 8 AZR 1011/13 (PM 18/15); *HWK/Lembke*, Vorb. BDSG Rz. 96a; *Bonanni/Strauf*, ArbRB 2014, 214.
5 ArbG Frankfurt 20.6.2012 – 7 Ca 1649/12, ZD 2012, 530; *Bonanni/Strauf*, ArbRB 2014, 214 (215).
6 Dagegen die von LAG Rh.-Pf. 30.11.2012 – 6 Sa 4129/11, DB 2013, 1239 (1240 Fn. 7) zitierte urheberrechtliche Lit. sowie MünchKommBGB/*Rixecker*, Anh. zu § 12 BGB Rz. 56 und *Bonanni/Strauf*, ArbRB 2014, 214 (217). Einen „**plausiblen**" Grund verlangt BAG 19.2.2015 – 8 AZR 1011/13, PM 8/15.
7 LAG Rh.-Pf. 30.11.2012 – 6 Sa 4129/11, DB 2013, 1239 (1240).
8 LAG Rh.-Pf. 30.11.2012 – 6 Sa 4129/11, DB 2013, 1239 (1240); *Bonanni/Strauf*, ArbRB 2014, 214 (217).
9 BAG 19.2.2015 – 8 AZR 1011/13 (PM 18/15); LAG Köln 10.7.2009 – 7 Ta 126/09, RdV 2009, 283 f.
10 LAG Rh.-Pf. 30.11.2012 – 6 Sa 4129/11, DB 2013, 1239; LAG Rh.-Pf. 8.5.2013 – 8 Sa 36/13, juris (bestätigt durch BAG 19.2.2015 – 8 AZR 1011/13, PM 8/15); LAG Kiel 23.6.2010 – 3 Sa 72/10, K&R 2011, 69; *HWK/Lembke*, Vorb. BDSG Rz. 96a.
11 *Tinnefeld/Petri/Brink*, MMR 2010, 728 (733).

liche Notwendigkeit für die Verwendung der Bilddaten durch den Arbeitgeber verlangt.

Das Arbeitnehmerpersönlichkeitsrecht ist hingegen verletzt, wenn ein Arbeitgeber **persönliche** Daten (auch Textbeiträge) und Fotos **ausgeschiedener** Arbeitnehmer weiterhin auf der Homepage in einem News-Blog präsentiert, weshalb dem betroffenen Arbeitnehmer ein ggf. im Wege der einstweiligen Verfügung durchsetzbarer Löschungsanspruch nach § 1004 Abs. 1 Satz 2 analog iVm. § 823 Abs. 1, Abs. 2 BGB iVm. §§ 22, 23 KUG zusteht[1]. 172

X. Mitbestimmungsrechte von Betriebsrat und Mitarbeitervertretung

Das **Kontrollrecht** der Arbeitnehmervertretungen dient der Gewährleistung der Persönlichkeitsrechte der Beschäftigten und soll sowohl die Rechtmäßigkeit als auch die Verhältnismäßigkeit der Personaldatenvereinbarung sicherstellen. 173

1. Datenschutzkontrolle (§ 80 Abs. 1 Nr. 1 BetrVG)

Das BDSG gehört zu den Gesetzen iSd. § 80 Abs. 1 Nr. 1 BetrVG, deren Einhaltung und Durchführung der Betriebsrat zu **überwachen** hat[2]. Der Betriebsrat kontrolliert darüber hinaus die Einhaltung aller anderen datenschutzrechtlichen Rechtsvorschriften, wie etwa das Einsichtsrecht des Arbeitnehmers nach § 83 BetrVG, die von der Rechtsprechung entwickelten Grenzen des „Fragerechts" des Arbeitgebers im Vertragsanbahnungsverhältnis sowie die in Tarifverträgen oder Betriebsvereinbarungen enthaltenen Vorschriften[3]. 174

Nach § 80 Abs. 2 Satz 1 BetrVG hat der Betriebsrat das Recht zur umfassenden und rechtzeitigen **Unterrichtung** durch den Arbeitgeber und kann auf Verlangen jederzeit die zur Durchführung dieser Aufgabe erforderlichen **Unterlagen** zur Verfügung gestellt bekommen (§ 80 Abs. 2 Satz 2 Halbs. 1 BetrVG). Anzugeben sind zB Art und Gegenstand der Daten, die Beschreibung der Datenverarbeitungsprogramme, Schnittstellen und Verknüpfungsmöglichkeiten, Verarbeitungszweck, zugriffsberechtigte Personen, Datenflüsse, konkrete Datenauswertungen und Sicherungsvorkehrungen[4]. Die Überwachungsaufgabe des Betriebsrats erstreckt sich **nicht** auf den Datenschutzbeauftragten[5]. Über **Mitarbeiterbefragungen** im Zusammenhang mit der Aufklärung von Straftaten ist der Betriebsrat nach § 80 Abs. 2 BetrVG nach wohl hM zu unterrichten[6].

Der Betriebsrat ist nach § 80 Abs. 3 BetrVG zur Heranziehung von **Sachverständigen** berechtigt, falls dies zur ordnungsgemäßen Erfüllung seiner Aufgaben erforderlich ist. Dies ist insbesondere bei Fragen des Datenschutzes unter Einführung elektronischer Datenverarbeitung der Fall (s. Teil 4 A Rz. 476). 175

2. Datenschutzrechtlich relevante Mitbestimmungsrechte

a) Einführung und Anwendung von technischen Einrichtungen

Praktisch besondere Bedeutung hat wegen der technologischen Durchdringung der Unternehmen das Mitbestimmungsrecht bei der Einführung und Anwendung tech- 176

---

1 LAG Hess. 24.1.2012 – 19 SaGa 1480/11, ArbRB 2012, 204 (*Grimm*); zustimmend Weth/Herberger/Wächter/Broy, Teil B IX Rz. 44.
2 BAG 20.12.1995 – 7 ABR 8/95, NZA 1996, 945 (946); zusammenfassend *Dzida/Schütt*, ArbRB 2012, 21 ff.
3 *Franzen*, EAS Datenschutz im Arbeitsverhältnis B 5300 Rz. 75.
4 MünchArb/*Reichold*, § 88 Rz. 88.
5 MünchArb/*Reichold*, § 88 Rz. 88.
6 Str., zum Umfang der Unterrichtung *Grimm/Freh*, ArbRB 2012, 241.

nischer Einrichtungen zur Verhaltens- und Leistungsüberwachung nach § 87 Abs. 1 Nr. 6 BetrVG (s. Teil 4 A Rz. 617 ff. mwN zu den weiteren Voraussetzungen). Gleiches gilt für die Verarbeitung und Abgleichung von im Rahmen von Amnestieprogrammen gewonnenen Daten mittels IT[1] und auch bei IT-Sicherheitsmaßnahmen[2]. Weitere Beispiele sind Zugangskontrollsysteme unter Nutzung biometrischer Verfahren[3].

177 ◯ **Hinweis:** Zuständig ist grundsätzlich der örtliche Betriebsrat. Eine originäre Zuständigkeit des Gesamtbetriebsrats bzw. des Konzernbetriebsrats besteht nur bei objektiv zwingenden Gründen oder aufgrund der „subjektiven Unmöglichkeit" einer Regelung auf Betriebs- oder Unternehmensebene[4]. Sonst bedarf es der Delegation nach §§ 50 Abs. 2 bzw. 58 Abs. 2 BetrVG. Bei der Korruptionsbekämpfung im Konzern dürfte der Konzernbetriebsrat etwa für Massenscreenings zuständig sein[5].

b) Ordnungsverhalten

178 Regelungen über die Datenerhebung und -übermittlung können ferner das sog. Ordnungsverhalten der Arbeitnehmer (§ 87 Abs. 1 Nr. 1 BetrVG) betreffen, wie bspw. die Pflicht zur Attestvorlage, die Durchführung formalisierter Krankengespräche oder die Einführung von Ethik-Richtlinien in Verbindung mit Regelungen zur Meldung von Pflichtverstößen („**Whistleblowing**") oder von entsprechenden **Compliance**-Strukturen (s. Teil 4 A Rz. 579 f.)[6]. Mitbestimmungspflichtig ist die **formale** Ausgestaltung des Vernehmungsprozesses im Rahmen interner Ermittlungen[7].

c) Personalfragebögen

179 Werden Personalfragebögen oder Formularverträge zur systematischen Befragung (Fragenkatalog) zwecks Erhebung von personenbezogenen Daten der Arbeitnehmer verwendet und die Resultate gespeichert, besteht ein Mitbestimmungsrecht nach **§ 94 Abs. 1 Satz 1 BetrVG**. Dies gilt nach Auffassung des BAG auch bei mündlicher Datenerhebung (vgl. Teil 4 A Rz. 691 mit Hinweisen zu zulässigen Fragen in Rz. 495 ff.)[8].

180 Die Befragung von Arbeitnehmern zu persönlichen Verhältnissen im Rahmen **unternehmensinterner Ermittlungen** anhand standardisierter Fragebögen unterfällt ebenfalls § 94 Abs. 1 Satz 1 BetrVG[9]. Die Verwendung der Daten unterliegt nicht der Mitbestimmung[10].

Das Mitbestimmungsrecht besteht auch gegenüber dem im Inland ansässigen Arbeitgeber, der Tochter einer im **Ausland** ansässigen **Konzernmutter** ist, wenn diese per Intranet oder E-Mail eine **Befragung** der Arbeitnehmer der in Deutschland ansässigen Tochter durchführt bzw. steuert[11].

---

1 *Annuß/Pelz*, BB Special 4/2010, 14 (20).
2 Dazu *Kort*, NZA 2011, 1319 (1321 ff.).
3 Muster einer Betriebsvereinbarung *Weth/Herberger/Wächter/Kramer*, Teil B IV Rz. 23.
4 BAG 19.6.2007 – 1 AZR 454/06, NZA 2007, 1184 (1186).
5 *Kock/Francke*, NZA 2009, 646 (650); Plath/*Stamer/Kuhnke*, § 32 BDSG Rz. 163 mwN.
6 HWK/*Lembke* Vorb. BDSG Rz. 96; Muster-Betriebsvereinbarung bei *Bauer/Lingemann/Diller/Haußmann*, Anwaltsformularbuch-Arbeitsrecht, M 70.1
7 BAG 27.5.2005 – 1 ABR 32/04, AP Nr. 25 zu Art. 56 ZA NATO-Truppenstatut; *Annuß/Pelz*, BB Special 4/2010, 14 (20); differenzierend *Grimm/Freh*, ArbRB 2012, 241 f.
8 BAG 21.9.1993 – 1 ABR 28/93, NZA 1994, 375 (376).
9 *Annuß/Pelz*, BB Special 4/2010, 14 (20); *Grimm/Freh*, ArbRB 2012, 241 (242).
10 *Grimm/Freh*, ArbRB 2012, 241 (242), nicht unumstritten.
11 LAG Hess. 5.7.2001 – 5 TaBV 153/00, NZA-RR 2002, 200; HWK/*Lembke* Vorb. BDSG Rz. 98.

kunft hat unverzüglich zu erfolgen[1]. In Anlehnung an § 226 BGB ist eine Auskunftspflicht zu verneinen, wenn sie rein **querulatorisch** oder schikanös ist[2]. Die Verweigerung der Auskunft muss so detailliert **begründet** werden, dass sie gerichtlich nachprüfbar ist[3]. Auskunftsansprüchen kann der Einwand faktischer **Unmöglichkeit** entgegengehalten werden[4]. Können personenbezogene Daten durch Einblick in den eigenen E-Mail-Account selbst ermittelt werden, ist das Verlangen nach Auskunft in Textform **rechtsmissbräuchlich**[5].

c) Einsichtsrecht

Nach § 83 Abs. 1 BetrVG und § 26 Abs. 2 SprAuG steht Arbeitnehmern und leitenden Angestellten das Recht zur **Einsichtnahme in die Personalakte**[6] zu[7]. Der Anspruch folgt auch aus § 241 Abs. 2 BGB (vgl. Teil 2 A Rz. 785)[8]. Das Einsichtsrecht in die Personalakte besteht auch **nach** Beendigung des Arbeitsverhältnisses[9]. Vom **Begriff** der Personalakte erfasst werden alle Unterlagen über den einzelnen Arbeitnehmer, die das Arbeitsverhältnis angehen und in innerem Zusammenhang stehen[10].

191

Die Anwendungsbereiche des Einsichtsnahmerechts und des Auskunftsanspruchs nach § 34 BDSG sind nicht identisch[11]. Das Einsichtsrecht hat keinen Ausnahmekatalog, der Auskunftsanspruch hingegen ist weiter, denn er erfasst auch sich nicht aus der Personalakte ergebende Informationen wie etwa den Empfänger der Daten bei einer Übermittlung[12]. Auch wenn ein konkretes Interesse an der Einsichtnahme nicht mehr notwendig ist[13], darf der Anspruch nicht in unangemessen kurzen Zeitabständen geltend gemacht werden[14]. Soweit die Vorschriften des BetrVG oder des SprAuG an einen mit dem BDSG identischen Tatbestand anknüpfen, gehen sie nach § 1 Abs. 3 BDSG den Bestimmungen des BDSG vor[15]. Greifen die tatbestandlichen Voraussetzungen der genannten Normen nicht, kommt das BDSG zur Anwendung[16].

192

2. Berichtigungsanspruch

Nach § 35 Abs. 1 BDSG sind **unrichtig gespeicherte Daten** vom Arbeitgeber von sich aus zu berichtigen. Praktisch wichtiger ist der ebenfalls aus § 35 Abs. 1 BDSG abzuleitende Anspruch des Betroffenen auf Berichtigung[17]. Es genügen bereits **geringfügige** Unrichtigkeiten, das nachträgliche Unrichtigwerden oder die eine Fehlinterpretation nahelegende Löschung aus dem ursprünglichen Kontext[18]. Zwar beinhaltet § 35

193

---

1 Innerhalb von zwei bis drei Wochen, MünchArbR/*Reichold*, § 88 Rz. 54 mwN.
2 Ähnlich EAS/*Franzen*, Datenschutz im Arbeitsverhältnis B 5300, Rz. 93 mwN; unter Bezug auf § 242 BGB *Gola/Schomerus*, § 34 BDSG Rz. 20.
3 ErfK/*Franzen*, § 34 BDSG Rz. 1.
4 LAG Hess. 29.1.2013 – 13 Sa 263/12, ZD 2013, 392 Rz. 110.
5 LAG Hess. 29.1.2013 – 13 Sa 263/12, ZD 2013, 392 Rz. 107.
6 Zu den Arbeitnehmerrechten in Bezug auf die Personalakte *Müller*, DB 2011, 2604 ff.
7 Vergleichbare Rechte enthalten § 110 Abs. 1 BBG und § 3 Abs. 5 Satz 1 TVöD.
8 GK-BetrVG/*Franzen*, vor § 81 Rz. 25; *Fitting*, § 83 BetrVG Rz. 1.
9 BAG 16.11.2010 – 9 AZR 573/09, NZA 2011, 453; exemplarisch für die Abmahnung *Kleinebrink*, DB 2012, 1508 (1511 f.).
10 BAG 7.5.1980 – 4 AZR 214/78, ArbuR 1981, 124 (Ls. 1); *Fitting*, § 83 BetrVG Rz. 5; WPK/*Preis*, § 83 BetrVG Rz. 3 mwN.
11 Ausführlich MünchArbR/*Reichold*, § 88 Rz. 55.
12 ErfK/*Franzen*, § 34 BDSG Rz. 2.
13 BAG 16.11.2010 – 9 AZR 573/09, NZA 2011, 453.
14 *Müller*, DB 2011, 2604 (2407).
15 ErfK/*Franzen*, § 34 BDSG Rz. 2; *Däubler*, Gläserne Belegschaften?, Rz. 537.
16 MünchArbR/*Reichold*, § 88 Rz. 56; weitergehend *Däubler*, Gläserne Belegschaften?, Rz. 537.
17 *Däubler*, Gläserne Belegschaften?, Rz. 548.
18 ErfK/*Franzen* § 35 BDSG Rz. 1 mwN; *Gola/Schomerus*, § 35 BDSG Rz. 5.

BDSG keine **Berichtigungsfrist**, aus dem Verhältnismäßigkeitsprinzip lässt sich jedoch die Berichtigung innerhalb angemessener Zeit herleiten[1]. Bestreitet der Arbeitnehmer die Richtigkeit, sind die betroffenen Daten im Falle eines *non liquet* nach § 35 Abs. 4 BDSG zu sperren.

194 Der Berichtigungsanspruch nach § 35 Abs. 1 BDSG deckt sich im Wesentlichen mit dem aus der arbeitsvertraglichen Fürsorgepflicht abgeleiteten Anspruch, **unrichtige Tatsachenbehauptungen** aus der **Personalakte** zu entfernen oder zu berichtigen[2]. Dieser verdrängt die Ansprüche nach § 35 Abs. 1 und Abs. 2 BDSG nicht[3].

3. Löschungsanspruch

195 Zu löschen sind nach § 35 Abs. 2 Satz 2 Nr. 1 BDSG Daten, deren **Speicherung unzulässig** ist. Die Betrachtung hat ex nunc zu erfolgen[4]. Daraus folgt, dass eine unzulässige Speicherung rechtmäßig geworden sein kann und umgekehrt[5]. § 35 Abs. 2 Satz 2 Nr. 2 BDSG beinhaltet eine erleichterte Beweisregelung zur Löschung **sensitiver Daten**. Wenn die verantwortliche Stelle ihre Richtigkeit nicht beweisen kann, sind sie zu löschen. Nach § 35 Abs. 2 Satz 2 Nr. 3 BDSG hat eine Löschung auch zu erfolgen, wenn die Daten für eigene Zwecke verarbeitet wurden, ihre Kenntnis für die Erfüllung des Zwecks aber **nicht mehr erforderlich** ist. So sind etwa Abmahnungen zu löschen, wenn sie sich durch Zeitablauf erledigt haben[6].

196 Noch andauernde zivilrechtliche **Verjährungsfristen** berechtigen nicht zur Aufbewahrung der zu löschenden Daten, es sei denn, eine Auseinandersetzung ist ausnahmsweise mit hinreichender Wahrscheinlichkeit zu erwarten[7]. Ob für die **Geltendmachungsfrist** nach § 15 AGG etwas anderes gelten muss, ist bisher unklar. Bei strenger Handhabe des § 22 AGG wird man hiervon ausgehen müssen, um dem Arbeitgeber die Beweiserbringung nicht unmöglich zu machen[8] (vgl. Rz. 85).

4. Sperrungsanspruch

197 Der Anspruch auf Sperrung der Daten nach § 35 Abs. 3 und 4 BDSG hat gegenüber der Löschung nur **subsidiäre Funktion**. Er greift, wenn eine Löschung wegen der Ausnahmen in § 35 Abs. 3 BDSG ausscheidet. Dies ist der Fall, wenn der Löschung **Aufbewahrungsfristen** entgegenstehen, die Löschung **schutzwürdige Interessen** des Betroffenen beeinträchtigen würde oder nur mit einem **unverhältnismäßig hohen Aufwand** möglich wäre. Nach § 35 Abs. 4 BDSG sind Daten auch zu sperren, wenn bzgl. der bestrittenen Richtigkeit ein *non liquet* vorliegt. Die Sperrung bewirkt ein relatives Nutzungsverbot[9] (§ 35 Abs. 8 BDSG).

5. Widerspruchsrecht

198 Der Betroffene kann nach § 35 Abs. 5 Satz 1 BDSG der Verwendung seiner personenbezogenen Daten widersprechen, wenn sein schutzwürdiges Interesse wegen seiner

---

[1] *Gola/Schomerus*, § 35 BDSG Rz. 6; MünchArbR/*Reichold*, § 88 Rz. 59.
[2] Vgl. BAG 8.5.2001 – 9 AZR 208/00, EzA § 611 BGB Fürsorgepflicht Nr. 60. Zur Abmahnung: *Müller*, DB 2011, 2604 (2408).
[3] ErfK/*Franzen*, § 35 BDSG Rz. 2; WPK/*Preis*, § 83 BetrVG Rz. 17.
[4] MünchArbR/*Reichold*, § 88 Rz. 61.
[5] DKWW/*Däubler*, § 35 BDSG Rz. 18; ErfK/*Franzen*, § 35 BDSG Rz. 3.
[6] *Gola/Schomerus*, § 35 BDSG Rz. 13 mwN; ErfK/*Franzen*, § 35 BDSG Rz. 4 mit Einzelheiten zur Rspr. bzgl. des zeitlichen Umfangs.
[7] *Gola/Schomerus*, § 35 BDSG Rz. 13a.
[8] Die Zulässigkeit der Aufbewahrung bejahend *Wisskirchen*, DB 2006, 1491 (1497); Däubler/Bertzbach, § 22 AGG Rz. 66; offen *Gola/Schomerus*, § 35 BDSG Rz. 13b.
[9] DKWW/*Däubler*, § 35 BDSG Rz. 30.

besonderen persönlichen Situation das Interesse der verantwortlichen Stelle überwiegt. Das muss der Arbeitnehmer vortragen und ggf. nachweisen[1].

6. Gegendarstellungsrecht

Das datenschutzrechtliche Gegendarstellungsrecht nach § 35 Abs. 6 Satz 2 BDSG bezieht sich nur auf Fälle geschäftsmäßiger Datenspeicherung und ist im Arbeitsrecht nicht relevant. Von Bedeutung ist hingegen das sich auf die Personalakte beziehende Gegendarstellungsrecht nach § 83 Abs. 2 BetrVG bzw. § 26 Abs. 2 Satz 4 SprAuG. Wie das Recht zur Einsichtnahme ist auch das Gegendarstellungsrecht als **Ableitung aus dem Persönlichkeitsrecht** des Arbeitnehmers dem Arbeitsvertragsrecht (§ 241 Abs. 2 BGB) zuzuordnen und gilt deshalb über das BetrVG hinaus[2]. Ein Bezug zu einem bestimmten Element der Personalakte ist nicht notwendig, der Arbeitnehmer kann seine Personalakte auch schlicht ergänzen[3]. Der Arbeitgeber hat dabei nur ein **formelles Prüfungsrecht**, ob die Erklärung überhaupt Bestandteil der Personalakte sein kann[4]. Der Gegendarstellungsanspruch steht neben den übrigen datenschutzrechtlichen Ansprüchen[5] und bezieht sich auch auf **Werturteile**[6]. 199

7. Schadensersatzansprüche

Materielle Schäden durch Datenschutzverletzungen im Arbeitsverhältnis sind selten[7]. Bedeutung erlangt immer mehr der Ersatz immaterieller Schäden. 200

a) Ansprüche nach § 7 BDSG

§ 7 BDSG ist Anspruchsgrundlage für den Ersatz von Schäden, die dem Betroffenen durch eine rechtswidrige Datenverarbeitung entstehen. Nach § 7 Satz 2 BDSG hat der Arbeitgeber als verantwortliche Stelle die Möglichkeit zur **Exkulpation**[8], wenn der Schaden trotz Anwendung der gebotenen Sorgfalt eingetreten ist. Streitig ist, inwieweit die Beweislastumkehr über den Wortlaut der Norm hinaus auf die haftungsbegründende Kausalität auszudehnen ist[9]. Eine Übertragung der Wertung von § 831 Satz 2 BGB, das Entfallen der Haftung bei vorheriger sorgfältiger Auswahl und Überwachung der Beschäftigten mit Fehlverhalten, scheidet aus[10]. 201

§ 7 BDSG differenziert, anders als etwa § 8 Abs. 2 BDSG, nicht nach materiellem oder immateriellem **Schaden**. Es sind die §§ 249 ff. BGB anzuwenden[11]. Da § 253 Abs. 1 BGB immateriellen Schadensersatz jedoch nur in gesetzlich bestimmten Fällen zulässt, scheidet der Ausgleich immaterieller Schäden unmittelbar über § 7 BDSG aus[12]. 202

---

1 *Gola/Schomerus*, § 35 BDSG Rz. 24; MünchArbR/*Reichold*, § 88 Rz. 66.
2 *Fitting*, § 81 BetrVG Rz. 1; WPK/*Preis*, Vor § 81 ff. BetrVG Rz. 2 f.
3 GK-BetrVG/*Franzen*, § 83 Rz. 33 mwN; WPK/*Preis*, § 83 BetrVG Rz. 14.
4 HM, vgl. GK-BetrVG/*Franzen*, § 83 Rz. 34 mwN; WPK/*Preis*, § 83 BetrVG Rz. 14.
5 *Däubler*, Gläserne Belegschaften?, Rz. 572 mwN; MünchArbR/*Reichold*, § 88 Rz. 67; aA EAS/*Franzen*, Datenschutz im Arbeitsverhältnis B 5300, Rz. 100.
6 *Däubler*, Gläserne Belegschaften?, Rz. 573 mwN.
7 Bespiele bei *Däubler*, Gläserne Belegschaften?, Rz. 577.
8 *Grimm/Freh*, ArbRB 2012, 151 (152).
9 Befürwortend ErfK/*Franzen*, § 7 BDSG Rz. 1; MünchArbR/*Reichold*, § 88 Rz. 68; für eine Einzelfallbetrachtung DKWW/*Däubler*, § 7 BDSG Rz. 18.
10 DKWW/*Däubler*, § 7 BDSG Rz. 15, *Thüsing/Pötters*, Beschäftigtendatenschutz und Compliance, § 21 Rz. 11.
11 Ebenso *Thüsing/Pötters*, Beschäftigtendatenschutz und Compliance, § 21 Rz. 13.
12 *Gola/Schomerus*, § 7 BDSG Rz. 12 mwN.

b) Ansprüche nach §§ 280 Abs. 1, 241 Abs. 2 BGB

203 Die öffentlich-rechtlichen Pflichten des Arbeitgebers bestimmen zugleich dessen **arbeitsvertragliche Nebenpflichten**[1]. Damit stellt ein Verstoß gegen diese auch eine Vertragsverletzung des Arbeitgebers dar. Führt der nach § 276 Abs. 1 BGB schuldhafte Verstoß des Arbeitgebers zu einem Schaden nach den §§ 249 ff. BGB, so hat er diesen nach den §§ 280 Abs. 1 Satz 1, 241 Abs. 2 BGB zu ersetzen. Der Anspruch besteht neben Ansprüchen aus § 7 BDSG[2]. Über § 278 Satz 1 BGB haftet der Arbeitgeber auch für Erfüllungsgehilfen, wovon auch der **Datenschutzbeauftragte** erfasst wird[3]. Das Verschulden wird nach § 280 Abs. 1 Satz 2 BGB widerlegbar vermutet. In Abweichung von § 7 BDSG obliegt die **Beweislast** für die haftungsbegründende Kausalität dem Betroffenen[4].

204 Besteht kein Arbeitsvertragsverhältnis, jedoch bereits ein **vorvertragliches Schuldverhältnis**, gelten nach § 311 Abs. 2 BGB die Pflichten nach § 241 Abs. 2 BGB. Entsprechend kann ein Schadensersatzanspruch auf die §§ 280 Abs. 1, 241 Abs. 2, 311 Abs. 2 BGB (culpa in contrahendo) gestützt werden[5].

c) Ansprüche nach §§ 823 ff. BGB

205 In Betracht kommen kann auch eine Haftung nach **§ 823 Abs. 1 BGB**, wenn durch den Datenschutzverstoß das **Allgemeine Persönlichkeitsrecht** des Betroffenen verletzt wird[6]. Soweit nicht Organe selbst, sondern Mitarbeiter gehandelt haben, greift **§ 831 Abs. 1 Satz 1 BGB**, wobei hier die Exkulpationsmöglichkeit nach § 831 Abs. 1 Satz 2 BGB bei Wahrung der erforderlichen Sorgfalt bei Auswahl und Leitung besteht. Sofern diese greift, kann dennoch weiterhin ein Organisationsverschulden bestehen[7]. In Einzelfällen kann auch ein Anspruch nach **§ 824 Abs. 1** oder **§ 826 BGB** gegeben sein[8]. Möglich ist auch ein Anspruch aus **§ 823 Abs. 2 BGB** in Verbindung mit der Verletzung eines **Schutzgesetzes**. Das setzt voraus, dass die Norm nach Inhalt und Zweck nicht nur dem Schutz des öffentlichen Interesses, sondern **auch dem Schutz von individuellen Rechtsgütern** und Interessen dient[9]. Bei den Vorschriften des BDSG über die Verarbeitung personenbezogener Daten wird dies **meist** der Fall sein[10]. Die ausschließlich den Datenschutzbeauftragen betreffenden Regelungen wie die §§ 4f und 4g BDSG bezwecken keinen Individualschutz[11].

d) Ersatz immaterieller Schäden

206 Der Ersatz immaterieller Schäden über § 253 Abs. 2 BGB wird faktisch ausscheiden, denn dieser wird nur bei Verletzung des Körpers, der Gesundheit, der Freiheit und der sexuellen Selbstbestimmung gewährt. Jedoch kann sich ein Anspruch auf angemessene Entschädigung wegen erlittener immaterieller Nachteile aus deliktsrechtlichen

---

1 MünchArbR/*Reichold*, § 88 Rz. 68.
2 *Gola/Schomerus*, § 7 BDSG Rz. 16; MünchArbR/*Reichold*, § 88 Rz. 68.
3 DKWW/*Däubler*, § 7 BDSG Rz. 27.
4 *Thüsing/Pötters*, Beschäftigtendatenschutz und Compliance, § 21 Rz. 12.
5 DKWW/*Däubler*, § 7 BDSG Rz. 28; MünchArbR/*Reichold*, § 88 Rz. 68.
6 Etwa BGH 22.5.1984 – 6 ZR 105/82, NJW 1984, 1886; *Thüsing/Pötters*, Beschäftigtendatenschutz und Compliance, § 21 Rz. 17 mwN.
7 DKWW/*Däubler*, § 7 BDSG Rz. 29.
8 *Thüsing/Pötters*, Beschäftigtendatenschutz und Compliance, § 21 Rz. 20.
9 Etwa BGH 14.5.2005 – VI ZR 185/04, NJW 2005, 2923 (2924); vgl. MünchKommBGB/*Wagner*, § 823 BGB Rz. 405.
10 DKWW/*Däubler*, § 7 BDSG Rz. 33; zumindest für die §§ 28 ff., 32 und 33 ff. BDSG EAS/*Franzen*, Datenschutz im Arbeitsverhältnis B 5300, Rz. 103; für die §§ 4, 6, 27 ff., 33 ff. BDSG MünchArbR/*Reichold*, § 88 Rz. 68.
11 *Thüsing/Pötters*, Beschäftigtendatenschutz und Compliance, § 21 Rz. 19.

Vorschriften iVm. **Art. 2 Abs. 1, 1 Abs. 1 GG** ergeben[1]. Notwendig ist hierfür ein **schwerer Eingriff in das Allgemeine Persönlichkeitsrecht** und dass der Eingriff **nicht** in anderer Art und Weise befriedigend ausgeglichen werden kann[2]. Das wird vor allem bei **unrechtmäßiger Videoüberwachung** der Fall sein[3]. Der abschließende Charakter von § 253 Abs. 2 BGB steht dem nicht entgegen, weil die Norm das allgemeine Persönlichkeitsrecht nicht erfasst[4].

Das LAG Hessen[5] hat im Fall einer länger andauernden Videoüberwachung eine schwerwiegende und „hartnäckige" Verletzung des informationellen Selbstbestimmungsrechts und eine schwere Persönlichkeitsverletzung angenommen und den Arbeitgeber zu einer Entschädigung von 7 000 Euro verurteilt[6].

8. Unterlassungsansprüche

Bei Datenschutzverstößen können dem Betroffenen entsprechend **§§ 12, 862, 1004 BGB analog** Beseitigungs- und Unterlassungsansprüche zustehen[7]. Voraussetzung hierfür ist ein rechtswidriger Eingriff in das Allgemeine Persönlichkeitsrecht sowie Wiederholungsgefahr, auf ein Verschulden kommt es jedoch nicht an[8]. Da dieser Anspruch jedoch richterrechtlich aus allgemeinen Rechtsgrundsätzen abgeleitet wird, hat er in erster Linie lückenfüllenden Charakter[9]. Er wird verdrängt, soweit das BDSG zur Anwendung kommt[10].

§ 7 BDSG selbst gewährt keinen Anspruch auf Unterlassung. Das BAG hat jedoch einen Unterlassungsanspruch aus **§ 7 BDSG analog** in Erwägung gezogen[11]. Dem Anspruch aus §§ 12, 862, 1004 BGB analog wird er als Spezialnorm vorgehen. Weitere Anspruchsgrundlage kann schließlich die Verletzung einer Nebenpflicht aus dem Arbeitsvertrag (§§ 611, 241 Abs. 2 BGB) sein.

9. Zurückbehaltungsrecht

Mit Blick auf die Rechtsfolge von § 615 Satz 1 BGB besteht ein Zurückbehaltungsrecht nach § 273 Abs. 1 BGB nur unter dem Vorbehalt der **Verhältnismäßigkeit** von Nebenpflichtverletzung und Arbeitspflicht[12]. Die **Erheblichkeit** ist bei Datenschutzverletzungen sorgfältig zu prüfen[13]. Das **Prognoserisiko** trägt der Arbeitnehmer. Der

---

1 *Thüsing/Pötters*, Beschäftigtendatenschutz und Compliance, § 21 Rz. 18 mwN.
2 Einzelfälle bei *Gola/Schomerus*, § 7 BDSG Rz. 19; *Grimm/Freh*, ArbRB 2012, 151 (153f.).
3 Das gilt auch bei einer Videoüberwachung im häuslichen und privaten Umfeld durch Detektive, LAG Hamm 11.7.2013 – 11 Sa 312/13, ZD 2014, 204; bestätigt durch BAG 19.2.2015 – 8 AZR 1007/13 (PM 7/15).
4 *Thüsing/Pötters*, Beschäftigtendatenschutz und Compliance, § 21 Rz. 13 mwN.
5 LAG Hess. 25.10.2010 – 7 Sa 1586/09, ArbRB 2011, 138 (*Jacobi*); das ArbG Wetzlar hatte 15 000 Euro ausgeurteilt. S.a. LAG Rh.-Pf. 13.3.2014 – 2 Sa 96/13, ArbR 2014, 393, das in einem schwerwiegenden Fall ein Schmerzensgeld von 20 000 Euro zugesprochen hat.
6 Beispiele zur unverhältnismäßigen Videoüberwachung bei *Grimm/Schiefer*, RdA 2009, 329 (343); ausführlich *Grimm/Freh*, ArbRB 2012, 151 (153).
7 MünchArbR/*Reichold*, § 88 Rz. 70; *Kock/Francke*, NZA 2009, 646 (651).
8 MünchArbR/*Reichold*, § 88 Rz. 70.
9 EAS/*Franzen*, Datenschutz im Arbeitsverhältnis B 5300, Rz. 106.
10 BGH 5.12.1995 – VI ZR 332/94, NJW 1996, 984; vgl. ausführlich EAS/*Franzen*, Datenschutz im Arbeitsverhältnis B 5300, Rz. 106; MünchArbR/*Reichold*, § 88 Rz. 71.
11 BAG 20.1.2009 – 1 AZR 515/08, NZA 2009, 615 (621); ablehnend *Thüsing/Pötters*, Beschäftigtendatenschutz und Compliance, § 21 Rz. 24.
12 BAG 13.3.2008 – 2 AZR 88/07, AP Nr. 87 zu § 1 KSchG 1969; ausführlich *Thüsing/Pötters*, Beschäftigtendatenschutz und Compliance, § 21 Rz. 7.
13 ErfK/*Preis*, § 611 BGB Rz. 617; *Thüsing/Pötters*, Beschäftigtendatenschutz und Compliance, § 21 Rz. 8.

geltend gemachte Gegenanspruch muss konkret bezeichnet werden, um dem Arbeitgeber die Möglichkeit zur Abhilfe zu geben[1].

XII. Beweis- und Sachverwertungsverbote

210 Nicht alle tatsächlich möglichen Beweisführungen sind rechtlich zulässig. Verletzt der Arbeitgeber datenschutzrechtliche Bestimmungen, stellt sich die Frage nach der **Verwertbarkeit**[2] hierdurch erlangter **Beweismittel**.

211 Verletzt eine technische Überwachung oder eine Datenerhebung, -verarbeitung oder -nutzung **Mitbestimmungsrechte des Betriebsrats** nach § 87 Abs. 1 Nr. 1 oder 6 BetrVG, folgt alleine hieraus **kein Verwertungsverbot**. Nach Auffassung des BAG[3] gibt eine entgegen § 87 Abs. 1 Nr. 6 BetrVG unterbliebene Mitbestimmung der Beweisverwertung keinen eigenen Unrechtsgehalt, weil nicht erneut in das Persönlichkeitsrecht des betroffenen Arbeitnehmers eingegriffen wird.

212 ArbGG und ZPO enthalten kein **Verbot der Verwertung rechtswidrig erlangter Beweismittel**[4]. Die Meinungen[5] schwanken zwischen der Auffassung, jedes auch rechtswidrig erlangte Beweismittel sei verwertbar, und der gegenteiligen Meinung, rechtswidrig erlangte Beweismittel seien generell unverwertbar. Richtigerweise ist im Einzelfall danach zu fragen, ob der **Schutzzweck der verletzten Norm** ein Beweisverwertungsverbot gebietet. Das allgemeine Interesse, sich Beweismittel für zivilrechtliche Ansprüche zu sichern, reicht nicht aus, um dem Verwertungsinteresse den Vorzug zu geben. Ein erneuter bzw. im Prozess fortgesetzter Eingriff in das allgemeine Persönlichkeitsrecht des Arbeitnehmers bedarf der gesonderten Rechtfertigung durch **überwiegende** Interessen des Arbeitgebers[6].

213 Ein Beweisverwertungsverbot wird bei Eingriffen in das allgemeine Persönlichkeitsrecht (Art. 2 GG) bejaht, wenn die im Einzelfall durchzuführende **Güterabwägung** mit dem Recht des Arbeitgebers auf unternehmerische Betätigungsfreiheit (Art. 12 Abs. 1 GG) und Schutz seines Eigentums (Art. 14 GG) nicht ausnahmsweise den Eingriff rechtfertigt[7]. Dabei ergeben sich aus § 32 Abs. 1 Satz 2 BDSG gegenüber einer unmittelbar an Art. 2 Abs. 1 GG orientierten Überprüfung der Rechtmäßigkeit keine anderen Vorgaben[8].

214 Dabei ist zunächst zwischen verschiedenen **Sachgruppen** der Video- bzw. Kameraüberwachung[9], Telefonüberwachung, Überwachung des Arbeitsplatzcomputers, E-Mail-Kontrolle, elektronischen Ortung, Überwachung durch Detektive sowie Per-

---

1 BAG 13.3.2008 – 2 AZR 88/07, AP Nr. 87 zu § 1 KSchG 1969; *Thüsing/Pötters*, Beschäftigtendatenschutz und Compliance, § 21 Rz. 7.
2 Dazu GMP/*Prütting*, § 58 ArbGG Rz. 33 ff.; Schwab/Weth/*Schwab*, § 58 ArbGG Rz. 72 ff.; *Lunk*, NZA 2009, 457 ff.
3 BAG 13.12.2007 – 2 AZR 537/06, NZA 2008, 1008 (1010 f.); *Thüsing/Pötters*, Beschäftigtendatenschutz und Compliance, § 11 Rz. 59; Schwab/Weth/*Schwab*, § 58 ArbGG Rz. 72a.
4 GMP/*Prütting*, § 58 ArbGG Rz. 35; *Grimm/Schiefer*, RdA 2009, 329 (339).
5 GMP/*Prütting*, § 58 ArbGG Rz. 37; *Dzida/Grau*, NZA 2010, 1201 (1202).
6 Ein Beweisverwertungsverbot im Fall der heimlichen und nicht durch § 32 Abs. 1 Satz 2 BDSG gerechtfertigten Spindkontrolle bejaht BAG 20.6.2013 – 2 AZR 546/12, NZA 2014, 143 Rz. 19, 29; zustimmend *Brink/Wybitul*, ZD 2014, 225 (229).
7 Zur „Abwägungslehre" BAG 21.6.2012 – 2 AZR 153/11, NZA 2012, 1025; Schwab/Weth/*Schwab*, § 58 ArbGG Rz. 72 mwN.
8 BAG 20.6.2013 – 2 AZR 546/12, NZA 2014, 143 Rz. 25; ErfK/*Kania*, § 87 BetrVG Rz. 137.
9 BAG 21.6.2012 – 2 AZR 153/11, NZA 2012, 1025 (1027) bezieht sich auf einen Sachverhalt aus dem Jahr 2008, also vor Inkrafttreten des § 32 Abs. 1 Satz 2 BDSG am 1.9.2009. *Bayreuther* [DB 2012, 2222 (2226)] sieht zu Recht eine Übereinstimmung der vom BAG entwickelten Grundsätze mit § 32 Abs. 1 Satz 2 BDSG.

sonen- und Ehrlichkeitskontrollen zu unterscheiden[1]. Daneben kommt es auf die Umstände des Einzelfalls an, wie etwa Heimlichkeit. Hieraus ergeben sich unterschiedliche Eingriffsintensitäten in die **Grundrechtsposition „Arbeitnehmerpersönlichkeitsrecht"**. Mit Blick hierauf sind im Kündigungsschutzprozess die aus einer rechtswidrigen **Videoüberwachung** gewonnenen Beweise im Regelfall nicht verwertbar[2], weil damit die eingetretene Grundrechtsverletzung perpetuiert wird, wobei das BAG jedoch jede schematische Lösung ablehnt[3].

Ein Beweismittel, das danach durch eine ungerechtfertigte Persönlichkeitsverletzung erlangt worden ist, kann auf einer **zweiten Prüfungsstufe** nur dann verwertet werden, wenn sich die auf die Beweisverwertung angewiesene Partei in einer Notwehrlage iSv. § 227 BGB oder einer notwehrähnlichen Lage befindet und der Beweiserhebung besondere Bedeutung für die Rechtsverwirklichung dieser Partei zukommt[4]. Ob diese Erwägungen mit Blick auf die Perpetuierung der Grundrechtsverletzung bei einer rechtswidrigen **Videoüberwachung** gelten können, ist zweifelhaft[5]. 215

Wird ein bestimmtes Beweismittel bei der rechtswidrigen Erlangung eines anderen Beweismittels, das einem Beweisverwertungsverbot unterfällt, bekannt[6], stellt sich die Frage nach der **Fernwirkung eines Beweisverwertungsverbots**. Diese aus dem US-amerikanischen Strafverfahren abgeleitete Doktrin lehnt die überwiegende Meinung unter Bezug auf die Rechtsprechung des BGH zu Recht ab[7]. 216

Nach Auffassung des BAG[8] impliziert das Beweisverwertungsverbot ein **Beweiserhebungsverbot**. Dies schließt es aus, die Personen, die eine unzulässige heimliche Spindkontrolle durchgeführt oder zu ihr hinzugezogen worden waren, als Zeugen zu vernehmen. 217

Sind die in rechtswidriger Art und Weise erlangten[9] und im Prozess vom Arbeitgeber vorgetragenen Tatsachen unstritten geblieben oder ausdrücklich zugestanden, stellt sich ferner die Frage nach einem **Sachvortragverwertungsverbot**. Dies wird im Schrifttum abgelehnt, weil Parteivortrag nicht ohne gesetzliche Grundlage unbeachtet bleiben darf[10]. Das BAG[11] ist dieser Auffassung dem Grunde nach gefolgt, hat aber ein 218

---

1 Kasuistik bei *Lunk*, NZA 2009, 457 (459ff.); *Dzida/Grau*, NZA 2010, 1201 (1202f.); *Grimm*, ArbRB 2012, 126 (127f.). Kein Beweisverwertungsverbot bei der Nutzung von Chatprotokollen zum Nachweis illegaler Aktivitäten gegen den Arbeitgeber besteht nach Ansicht des LAG Hamm 10.7.2012 – 14 Sa 1711/10, RDV 2012, 674, wenn der Arbeitgeber auf die eingeschränkte Vertraulichkeit der IT-Nutzung hingewiesen hat (Revision unter BAG 2 AZR 743/12).
2 *Thüsing/Pötters*, Beschäftigtendatenschutz und Compliance, § 11 Rz. 7, 56ff.
3 BAG 21.11.2013 – 2 AZR 797/1, NZA 2014, 810 Rz. 30.
4 *Lunk*, NZA 2009, 457 (461); *Dzida/Grau*, NZA 2010, 1201 (1202), die auf die Rechtfertigungsmöglichkeit der Abwehr eines versuchten Prozessbetruges hinweisen (1203f.).
5 *Thüsing/Pötters*, Beschäftigtendatenschutz und Compliance, § 11 Rz. 60.
6 Bei einer rechtswidrigen Videoüberwachung wird ein den Diebstahl beobachtender Zeuge, der vernommen werden kann, erkannt.
7 *Dzida/Grau*, NZA 2010, 1201 (1206) unter Bezugnahme auf BGH 1.3.2006 – XII ZR 210/04, NJW 2006, 1657 (1659f.).
8 BAG 20.6.2013 – 2 AZR 546/12, NZA 2014, 143 Rz. 19; zust. *Brink/Wybitul*, ZD 2014, 225 (229).
9 ZB durch eine ohne Beachtung der Mitbestimmungsrechte nach § 87 Abs. 1 Nr. 6 BetrVG oder unter Verstoß gegen § 6b BDSG durchgeführte Videoüberwachung, die einen Beschäftigten eines Diebstahls oder einer anderen zur Kündigung berechtigenden schwerwiegenden Pflichtverletzung überführt.
10 *Schwab/Weth/Schwab*, § 58 ArbGG Rz. 75a; *Lunk*, NZA 2009, 457f.; *Dzida/Grau*, NZA 2010, 1201 (1205). Für eine unzulässige Videoüberwachung ebenso *Grimm/Schiefer*, RdA 2009, 329 (342).
11 BAG 13.12.2007 – 2 AZR 537/06, NZA 2008, 1008 (1012); zu Recht kritisch *Lunk*, NZA 2009, 457 (458); *Dzida/Grau*, NZA 2010, 1201 (1205).

Sachvortragsverbot unter der Voraussetzung für möglich gehalten, dass eine **erhebliche Verletzung des Persönlichkeitsrechts** die Annahme eines prozessualen Verwertungsverbots als geboten erscheinen lasse. Dies wird zu Recht heftig kritisiert, weil sich das BAG damit über die Dispositions- und Beibringungsmaxime hinwegsetzt, die Arbeitsgerichte an ordnungsgemäß in den Prozess eingeführten Sachvortrag der Parteien gebunden sind und unstrittige Tatsachen berücksichtigen müssen[1]. Folge der Rechtsprechung wäre auch, dass der Arbeitgeber auch unstrittige Tatsachen nur unter Angabe der Beschaffungsmodalitäten in den Prozess einbringen kann[2], was im Bereich der Beschäftigtendatennutzung eine entsprechende Dokumentation bedingt.

219 ⊃ **Hinweis:** Für den betroffenen Arbeitnehmer ist es in der konkreten Befragungssituation bzw. beim Vorhalt von Videoaufzeichnungen empfehlenswert, zu den dort erkennbaren Handlungen nichts zu erklären. Auch im Prozess sollte man sich auf die Rechtswidrigkeit der Informationsgewinnung durch eine Videoaufzeichnung und ein daraus folgendes Sachvortrags- und Beweisverwertungsverbot berufen. Die Rechtswirkungen des § 138 Abs. 3 ZPO treten dadurch nicht ein[3].

XIII. Ordnungswidrigkeiten- und Straftatbestände

1. Ordnungswidrigkeiten

220 Bei Verstößen gegen die Vorschriften des BDSG gilt der **Katalog** der Bußgeldvorschriften des § 43 BDSG. Die Bußgeldtatbestände des § 43 Abs. 1 BDSG sanktionieren insbesondere vornehmlich formelle Verstöße, wobei der Bußgeldrahmen auf 50 000 Euro begrenzt ist (§ 43 Abs. 3 Satz 1 BDSG).

Bis zu 300 000 Euro beträgt der Bußgeldrahmen nach § 43 Abs. 2 Nr. 1 BDSG, wenn unbefugt nicht allgemein zugängliche Daten **erhoben** oder **verarbeitet** werden. Dies kann bei **jeder** nicht zulässigen vorsätzlichen oder fahrlässigen Datenerhebung oder -verarbeitung und Nichteinhaltung des § 32 BDSG der Fall sein.

2. Straftatbestände

221 Praxisrelevant ist zunächst **§ 44 BDSG**, der die gegen Entgelt oder in Bereicherungs- oder Schädigungsabsicht erfolgte unbefugte, vorsätzliche Handlung nach § 43 Abs. 2 BDSG unter Strafe stellt[4]. Konkurrierend können Straftatbestände des StGB anwendbar sein, insbesondere § 201a StGB (Bildaufnahmen), § 202a StGB (Ausspähung), § 203 StGB (Verletzung von Privatgeheimnissen sowie § 303a StGB (Datenveränderung)[5]. Insbesondere beim Einsatz moderner Kommunikationsmittel wird die Nichteinhaltung des **Fernmeldegeheimnisses** nach § 88 TKG durch § 206 StGB sanktioniert[6].

---

1 *Dzida/Grau*, NZA 2010, 1201 (1205). Für den Fall der Verwertung heimlich ausgewerteter E-Mails verneint LAG Nds. 31.5.2010 – 12 Sa 875/09, NZA-RR 2010, 406 ein Sachvortragsverwertungsverbot, folgend *Grimm*, ArbRB 2012, 126 (127).
2 Zutreffend *Lunk*, NZA 2009, 457 (458); *Dzida/Grau*, NZA 2010, 1201 (1205).
3 BAG 16.12.2010 – 2 AZR 485/08, NZA 2011, 571 (574); HWK/*Lembke*, Vorb. BDSG Rz. 112.
4 Strafbar ist es zB, als Detektiv GPS-Empfänger an einem privaten Kfz anzubringen, um den Aufenthaltsort der Betroffenen zu ermitteln und Bewegungsprofile zu erstellen, BGH 4.6.2013 – 1 StR 32/13, NJW 2013, 2530 Rz. 94; ErfK/*Franzen*, § 32 BDSG Rz. 20.
5 Eine umfassende Darstellung gibt *Weth/Herberger/Wächter/Hassemer*, Teil C VI Rz. 19ff.
6 Vgl. die Darstellung zur Rspr. bei HWK/*Lembke*, Vorb. BDSG Rz. 92.

7. Teil
Arbeitsförderung und Rentenrecht

A. Arbeitslosengeld I und SGB III im Überblick

	Rz.
I. Vorbemerkung	1
II. Arbeitslosengeld I	
1. Anwendungsbereich	3
2. Anspruchsvoraussetzungen	5
a) Arbeitslosigkeit	6
b) Arbeitslosmeldung	17
c) Erfüllung der Anwartschaftszeit	20
3. Dauer des Leistungsbezuges	24
4. Höhe des Leistungsanspruchs	31
5. Sozialversicherungsrechtliche Stellung des Arbeitslosen	39
6. Ruhen des Leistungsanspruchs gem. §§ 156, 157 SGB III	
a) Ruhen des Leistungsanspruchs wegen Arbeitsentgelt und Urlaubsabgeltung	
aa) Voraussetzung des Ruhens	44
bb) Gleichwohlgewährung	47
b) Ruhen wegen Entlassungsentschädigung	56
c) Rechtsfolgen des Ruhens	71
7. Sperrzeit wegen Arbeitsaufgabe	73
a) Lösung des Beschäftigungsverhältnisses	74
b) Veranlassung der Lösung durch arbeitsvertragswidriges Verhalten	86
c) Kausalität	91

	Rz.
d) Wichtiger Grund	96
e) Beginn und Dauer der Sperrzeit	107
f) Rechtsfolgen der Sperrzeit	110
8. Sperrzeit wegen Verletzung der Meldepflicht	115
9. Arbeitsbescheinigung gem. § 312 SGB III	119
III. Teil-Arbeitslosengeld	122
IV. Erstattung des ALG I bei älteren Arbeitslosen (§ 147a SGB III aF)	126
V. Kurzarbeitergeld	127
1. Konjunkturelles Kurzarbeitergeld	129
a) Erheblicher Arbeitsausfall	130
b) Betriebliche Voraussetzungen	136
c) Persönliche Voraussetzungen	137
d) Höhe und Dauer des Anspruchs	139
e) Anzeige und Antragstellung	142
f) Sozialversicherungsrechtliche Auswirkungen	146
2. Transfer-Kurzarbeitergeld	148
a) Dauerhafter Arbeitsausfall	150
b) Betriebliche Voraussetzungen	152
c) Persönliche Voraussetzungen	154
d) Beratungspflichten	156
3. Saisonkurzarbeitergeld	157
VI. Insolvenzgeld	158

Schrifttum:

Bauer/Günther, Ungelöste Probleme bei der Einführung von Kurzarbeit, BB 2009, 662; *Bauer/Krieger*, Das Ende der außergerichtlichen Beilegung von Kündigungsstreitigkeiten?, NZA 2004, 640; *Bayer*, § 147a SGB III wieder eingeführt?, NZS 2008, 473; *Boecken/Hümmerich*, Gekündigt, abgewickelt, gelöst, gesperrt, DB 2004, 2046; *Brachmann*, Sozialverträgliche Restrukturierungen, AuA 2009, 150; *Brand*, Sozialgesetzbuch III, 6. Aufl. 2012; *Bubeck/Sartorius*, Eintritt von Sperrzeiten nach Beendigung eines Beschäftigungsverhältnisses, ASR 2009, 75; *Cohnen/Röger*, Kurzarbeit als Antwort auf kurzfristig auftretende Konjunkturschwächen, BB 2009, 46; *Dendorfer/Krebs*, Kurzarbeit und Kurzarbeitergeld, DB 2009, 902; *Düwell*, Das neue Abfindungsrecht, ZTR 2004, 130; *Ebert*, Die neue Abfindungsoption nach § 1a KSchG und Sperrzeiten nach § 144 SGB III, ArbRB 2004, 246; *Eicher*, Die Sperrzeit für das ALG bei Lösung des Beschäftigungsverhältnisses durch den Arbeitnehmer, SGb 2005, 553; *Eicher/Schlegel* (Hrsg.), SGB III, Loseblatt; *Engesser Means/Klebeck*, Sperrzeit durch Widerspruch bei Betriebsübergang, NZA 2008, 143; *Gagel* (Hrsg.), SGB III mit SGB II – Loseblatt; *Gagel*, Sperrzeiten durch Aufhebungsvereinbarungen bei drohender Kündigung, SGb 2006, 264; *Gagel*, Sperrzeitfragen bei arbeitsgerichtlichen Vergleichen, NZA 2005, 1328; *Gagel*, Die Wirkungen der Teilauszahlung von Abfindungen im System der Gleichwohlgewährung nach § 143a Abs.4 SGB III, NZS 2002, 230; *Gagel*, Zum Ruhen von Arbeitslosengeld durch Abfindungen aus Sozialplänen, NZS 2000, 327; *Gagel*, Sozialrechtliche Behandlung von Urlaubsabgeltungen, insbesondere ihre Berücksichtigung beim Insolvenzgeld, ZIP 2000, 257; *Gagel*, Ratschlag – Sperrzeiten vermeiden!, FA 2000, 9; *Gaul/Niklas*, Neue Grundsätze zur Sperrzeit bei Aufhebungsvertrag, Abwicklungsvereinbarung und gerichtlichem Vergleich, NZA 2008, 137; Gemeinschaftskommentar zum Arbeitsförderungsrecht (GK-SGB III), bearbeitet von *Ambs/Baumeister/Feckler/ Götze/Hess* u.a., Loseblatt; *Geiger*, Neues zu Aufhebungsvertrag und Sperrzeit, NZS 2003, 838; *Grimm/Linden*, Kurzarbeit 2013, ArbRB 2013, 85; *Hauck/Noftz*, SGB III – Arbeitsförderung, Loseblatt; *Heuchemer/ Insam*, Keine Bevorzugung von Abwicklungsverträgen gegenüber Aufhebungsverträgen bei der Verhängung von Sperrzeiten, BB 2004, 1679; *Heuchemer/Insam*, Keine Sperrzeit nach Freistellung im Aufhebungsvertrag, BB 2004, 1562; *Hoehl*, Zur Arbeitsbescheinigung nach § 312 SGB III, insbesondere zum Rechtsweg, NZS 2005, 631; *Hoehl*, Änderungen in der Arbeitslosenversicherung (SGB III) zum 1.1.2008, NZS 2008, 76; *Hoehl*, Erstattungspflicht des Arbeitgebers (§ 147a SGB III) und verlängertes Arbeitslosengeld, NZS 2008, 584; *Hoehl/Grimmke*, SGB III-Leistungen an Arbeitgeber nach den Hartz-Reformen, NZS 2004, 345; *Hümmerich*, Neues zum Abwicklungsvertrag, NZA 2001, 1280; *Johannsen*, Neues zur Berücksichtigung von Entlassungsentschädigungen beim Arbeitslosengeld, ZTR 1999, 241; *Kleinebrink*, In der Krise: Arbeitsrechtliche Möglichkeiten zur Verringerung des Volumens der Arbeitszeit, DB 2009, 342; *Köhler*, Einführung von Kurzarbeit, DB 2013, 232; *Köster*, Ruhenszeit beim Arbeitslosengeld nach § 143a SGB III – Aktuelle Probleme, NZS 2000, 536; *Kossens*, Das neue Saison-Kurzarbeitergeld, AuA 2006, 292; *Korinth*, Herausgabe von Arbeitspapieren, Tipps für effektiven Rechtsschutz, ArbRB 2004, 62; *Kruse/Lüdtke/ Reinhard/Winkler/Zamponi*, SGB III – Arbeitsförderung, Lehr- und Praxiskommentar, 2008; *Laber/Goetzmann*, Neue Spielregeln bei der Freistellung, ArbRB 2006, 122; *Lakies*, Der Anspruch auf Insolvenzgeld, NZA 2000, 565; *Lembke*, Aufhebungsverträge: Neues zur Sperrzeit, DB 2008, 293; *Lilienfeld/Spellbrink*, Für eine sperrzeitrechtliche Neubewertung des Abwicklungsvertrages im Lichte des § 1a KSchG, RdA 2005, 88; *Lindemann/ Simon*, Die Freistellung von der Arbeitspflicht – neue Risiken und Nebenwirkungen, BB 2005, 2462; *Lipinski*, Konjunkturpaket II: Klarstellung in Bezug auf Kurzarbeit und Leiharbeitnehmer verpasst, BB 2009, 493; *Lipinski/Kumm*, Renaissance des Aufhebungs- und Abwicklungsvertrages durch die aktuelle Änderung der Durchführungsanweisungen der Bundesagentur für Arbeit?, BB 2008, 162; *Lützeler/ Bissels*, Die Rückkehr des Aufhebungsvertrages, AuA 2008, 141; *Maties*, Die sozialrechtlichen Folgen der Beendigung eines Arbeitsverhältnisses, NZS 2006, 73; *Mengel/Ullrich*, Erste praktische Erfahrungen mit dem neuen Recht der Beschäftigungs- und Qualifizierungsgesellschaften, BB 2005, 1109; *Meyer*, Transfer-Maßnahmen und Transfer-Kurzarbeitergeld nach §§ 216a und b SGB III, BB 2004, 490; *Moderegger*, Transferleistungen: Eine Ergänzung zur Abfindung, ArbRB 2005, 23; *Moderegger*, Neue wichtige Gründe zur Sperrzeitvermeidung, ArbRB 2007, 361; *Nägele*, Die Abfindungsoption nach § 1a KSchG – praxisrelevant?, ArbRB 2004, 80; *Oberthür*, Die vollständige Freistellung in der Altersteilzeit – ein riskantes Trennungsmodell, NZA 2005, 377; *Oberthür*, Aktuelles zur Sperrzeit, ArbRB 2007, 113; *Oberthür*, Wechselwirkungen zwischen Kurzarbeit und betriebsbedingter Kündigung, ArbRB 2010, 148; *Oberthür*, Neues zur konjunkturellen Kurzarbeit, ArbRB 2010, 148; *Oberthür/Becker*, Probleme der Aktivlegitimation und Prozessführungsbefugnis, ArbRB 2009, 345; *Ohle*, Keine Sperrfrist wegen Aufhebungsvertrags für leitenden Angestellten, ArbRB 2006, 74; *Osterheider*, Die Meldepflicht nach § 37b SGB III bei Änderungskündigungen, FA 2004, 41; *Peters-Lange*, Sozialrecht in der Insolvenz, 2005; *Peters-Lange/Gagel*, Arbeitsförderungsrechtliche Konsequenzen aus § 1a KSchG, NZA 2005, 740; *Pohlmann-Weide/Ahrendt*, Arbeitslosengeld I: Keine Sperrzeit in der Insolvenz, ZIP 2008, 589; *Preis*, Die „Reform" des Kündigungsschutzrechts, DB 2004, 70; *Preis/ Schneider*, § 1a KSchG – die sozialrechtliche Aufwertung eines bisher arbeitsrechtlich unbedeutenden Vorschrift, NZA 2006, 1297; *Preis*, Einvernehmliche Beendigung des Beschäftigungsverhältnisses und Sperrzeiten, in: FS zum 25-jährigen Bestehen der AG Arbeitsrecht, 2005, S. 1301; *Preis/Schneider*, Das 5. SGB III-Änderungsgesetz – ein Übergangsgesetz schafft neue Probleme, NZA 2006, 177; *Preis/Schneider*, § 1a KSchG – die sozialrechtliche Aufwertung einer bisher arbeitsrechtlich unbedeutenden Vorschrift, NZA 2006, 1297; *Rolfs*, Die Lösung des Beschäftigungsverhältnisses als Voraussetzung der Sperrzeit wegen Arbeitsaufgabe, in: Festschrift 50 Jahre Bundesarbeitsgericht, 2004, S. 445; *Roos*, Sperrzeit nach § 144 SGB III – Voraussetzungen, Dauer, Wirkung, ArbRB 2002, 343; *Sauer*, Die Beendigung von Arbeitsverhältnissen mit Blick auf die Sperrzeit nach dem Arbeitsförderungsgesetz, NZA 1997, 798; *Schlegel*, Versicherungs- und Beitragspflicht bei Freistellung von der Arbeit, NZA 2005, 972; *Schmidt*, Kündigungsschutz und Arbeitslosengeld, NZA 2002, 1380; *Schweiger*, Die Systematik der Sperrzeitnorm des § 144 Abs. 1 S. 1 Nr. 1 SGB III, NZS 2002, 79; *Seel*, Sperrzeit für Gesetzestreue?, NZS 2006, 184; *Seel*, Sperrzeitprivilegierter „§ 1a KSchG – Aufhebungsvertrag"?, NZS 2007, 513; *Seel*, § 140 SGB III – Ein stumpfes Schwert?, NZS 2006, 525; *Seewald*, Sozialversicherung bei Freistellung, SGb 2010, 448; *Spellbrink*, Der Eintritt einer Sperrzeit gemäß § 144 Abs. 1 S. 2 Nr. 1 Alt. 1 SGB III bei einvernehmlicher Änderung des Beschäftigungsverhältnisses, BB 2006, 1274; *Steinau-Steinrück/Hurek*, Aus für sperrzeitneutrale Beendigung von Arbeitsverhältnissen?, ZIP 2004, 1486; *Stück*, Transferkurzarbeitergeld, AuA 2006, 418; *Valgolio*, Gleichwohlgewährung und Kündigungsschutzprozess, FA 2001, 322; *Voelzke*, Das Eingliederungschancengesetz – neue Regeln für das Arbeitsförderungsrecht, NZA 2012, 177 *Wank*, Ruhen des Arbeitslosengeldanspruchs wegen Sperrzeit (Anmerkung), SGb 2003, 112; *Welkoborsky*, Transferleistungen für betriebliche Restrukturierungen, NZS 2004, 509; *Zahn*, Keine Sperrzeit wegen eines Abfindungsvergleiches im Kündigungsschutzprozess, AE 2008, 5.

I. Vorbemerkung

Das **Arbeitsförderungsrecht** befindet sich seit Jahren im **Umbruch**. Wesentliche Änderungen erfolgten durch das Dritte und Vierte „Gesetz für moderne Dienstleistungen am Arbeitsmarkt" vom 23.12.2003 bzw. 24.12.2003 und das „Gesetz zu Reformen am Arbeitsmarkt" vom 24.12.2003, in deren Zuge insbesondere die frühere Arbeitslosenhilfe mit der Sozialhilfe zusammengeführt wurde. Seitdem gibt es als Versicherungsleistung das ehemalige Arbeitslosengeld als Arbeitslosengeld I (ALG I) und als bedarfsabhängige Leistung für Erwerbsfähige die Grundsicherung für Arbeitsuchende, insbesondere das Arbeitslosengeld II (ALG II) als Leistung zur Sicherung des Lebensunterhalts. Seitdem hat es zahlreiche Gesetzesänderungen gegeben. Mit dem „Gesetz zur Verbesserung der Eingliederungschancen am Arbeitsmarkt" vom 20.12.2011[1] wurden die Regelungen zur aktiven Arbeitsförderung zuletzt vollständig neu strukturiert. Neben einigen inhaltlichen Änderungen haben die bestehenden Regelungen aufgrund der umfassenden Änderung des strukturellen Aufbaus des Leistungsrechts eine neue Paragraphenzuordnung erfahren.

Übersicht SGB III

In der **Systematik des SGB III** waren die Leistungen der Agentur für Arbeit bislang in Leistungen für Arbeitnehmer, Arbeitgeber und Träger aufgeteilt. Seit dem 1.4.2012 gliedern sich die Instrumentarien des SGB III demgegenüber nicht mehr in Form einer empfängerbezogenen Dreiteilung, sondern entsprechend dem Leistungsbedarf im Rahmen einer typischen Erwerbsbiographie:

Beratung und Vermittlung (§§ 29–43 SGB III), u.a.:
- Beratungsangebote zur Vermittlung von Ausbildungs- und Arbeitsplätzen (§§ 29–34 SGB III)
- Vermittlungsleistungen (§§ 35–39 SGB III), die neben dem Aktivierungs- und Vermittlungsgutschein (§ 45 Abs. 4 SGB III) auch die Pflichtenstellung des Arbeitslosen mit der Eingliederungsvereinbarung (§ 37 SGB III) und der Meldepflicht (§ 38 SGB III) enthalten

Berufliche Eingliederung, Berufswahl, Berufsvorbereitung, Berufsausbildungsbeihilfe, Berufsausbildung und Jugendwohnheime (§§ 44–80 SGB III), u.a.:
- Förderung aus dem Vermittlungsbudget, § 44 SGB III
- Förderung der Probebeschäftigung und Arbeitshilfe, § 46 SGB III
- Berufsausbildungsbeihilfen, §§ 56 ff. SGB III
- Zuschüsse zur Ausbildungsvergütung, § 73 SGB III

Berufliche Weiterbildung (§§ 81–87 SGB III), u.a.:
- Übernahme der Weiterbildungskosten, § 81 SGB III
- Besondere Förderung älterer Arbeitnehmer, § 82 SGB III

---

1 BGBl. I 2011, 2854.

Aufnahme einer Erwerbstätigkeit (§§ 88–94 SGB III), u.a.:
- Eingliederungszuschuss, §§ 88 ff. SGB III
- Gründungszuschuss zur Aufnahme einer selbständigen Tätigkeit, §§ 93 ff. SGB III

Verbleib in Beschäftigung (§§ 95–135 SGB III), u.a.:
- Kurzarbeitergeld, §§ 95 ff. SGB III
- Transferleistungen, §§ 110 ff. SGB III
- Teilhabeleistungen für behinderte Menschen, §§ 112 ff. SGB III

ALG I und **Insolvenzgeld** (§§ 136–175 SGB III)

Sonderregelungen (§§ 408 ff. SGB III), u.a.:
- Entgeltsicherung für ältere Arbeitnehmer, § 417 SGB III (befristet bis 31.12.2013)
- Sonderregelungen zum Kurzarbeitergeld, § 419 SGB III (befristet bis 31.12.2011)

II. Arbeitslosengeld I

1. Anwendungsbereich

3   Der **räumliche Anwendungsbereich** des SGB III ist gem. § 30 Abs. 1 SGB I beschränkt auf Personen, die ihren Wohnsitz oder gewöhnlichen Aufenthalt in Deutschland haben (**Territorialitätsprinzip**). Diese Beschränkung verstößt nicht gegen Unionsrecht[1], ist allerdings verfassungskonform auszulegen und schließt Leistungen für Arbeitslose mit grenznahem Auslandswohnsitz nicht aus[2]. Die weitergehende Koordination der Sozialversicherungssysteme innerhalb der EU erfolgt durch überstaatliches Recht, insbesondere die VO 883/2004 und die Durchführungsverordnung 987/09[3].

4   Der **persönliche Anwendungsbereich** des Arbeitsförderungsrechts ist zum 1.2.2006 auf selbständig Tätige und Pflegepersonen erweitert worden, für die § 28a SGB III die Möglichkeit der **freiwilligen Arbeitslosenversicherung** eröffnet hat. Voraussetzung für diese Versicherungspflicht auf Antrag sind bestimmte Vorversicherungszeiten (§ 28a Abs. 2 SGB III), die gewährleisten sollen, dass von der freiwilligen Versicherung nur Personen profitieren, die der Versichertengemeinschaft der Arbeitslosenversicherung bereits in der Vergangenheit angehört haben. Es handelt sich daher nicht um eine uneingeschränkte Möglichkeit zur freiwilligen Versicherung, sondern um eine Möglichkeit der freiwilligen Weiterversicherung. Die Versicherungspflicht auf Antrag ist an die tatsächliche Entrichtung der Beiträge geknüpft. Die in § 28a Abs. 2 Satz 3 Nr. 4 SGB III aF ursprünglich für den 31.12.2010 vorgesehene Beendigung des Versicherungspflichtverhältnisses ist zugunsten einer unbefristeten Fortsetzung aufgehoben worden. Die Kündigung des freiwilligen Versicherungspflichtverhältnisses ist frühestens nach fünf Jahren möglich.

2. Anspruchsvoraussetzungen

5   **Anspruch auf ALG I** hat gem. §§ 136 Abs. 1, 137 Abs. 1 SGB III, wer
- arbeitslos ist,
- sich bei der Agentur für Arbeit arbeitslos gemeldet, und
- die Anwartschaftszeit erfüllt hat.

Die Anspruchsberechtigung entfällt gem. § 136 Abs. 2 SGB III mit Vollendung des für den Bezug der gesetzlichen Regelaltersrente iSd. § 35 SGB VI maßgeblichen Lebensjahres.

---

1 EuGH 18.7.2006 – Rs. C-406/04, EuroAS 2006, 99.
2 BSG 7.10.2009 – B 11 AL 25/08 R; BVerfG 30.12.1999 – 1 BvR 809/95.
3 BSG 3.7.2003 – B 7 AL 42/02 R, SozR 4-6050 Art. 71 Nr. 2; EuGH 18.7.2006 – Rs. C-406/04, EuroAS 2006, 99; 11.9.2008 – Rs. C-228/07, EuroAS 2008, 139.

a) Arbeitslosigkeit

Arbeitslos ist gem. § 138 Abs. 1 SGB III, wer nicht in einem Beschäftigungsverhältnis steht (Beschäftigungslosigkeit), sich bemüht, seine Beschäftigungslosigkeit zu beenden (Eigenbemühungen) und den Vermittlungsbemühungen der Agentur für Arbeit zur Verfügung steht (Verfügbarkeit).

Beschäftigungslos ist, wer nicht in einem Beschäftigungsverhältnis steht oder eine Beschäftigung von weniger als 15 Wochenstunden ausübt (vgl. § 138 Abs. 3 SGB III). Dabei ist der Bestand des (sozialrechtlich definierten) Beschäftigungsverhältnisses von dem des (arbeitsrechtlich definierten) Arbeitsverhältnisses klar abzugrenzen. Den sozialrechtlichen **Begriff des Beschäftigungsverhältnisses** definiert § 7 Abs. 1 SGB IV als „nichtselbständige Arbeit, insbesondere in einem Arbeitsverhältnis." Beschäftigungs- und Arbeitsverhältnis sind damit nicht identisch, vielmehr kann auch in einem bestehenden Arbeitsverhältnis das Beschäftigungsverhältnis unterbrochen oder beendet sein[1]. Der für den Anspruch auf ALG I maßgebliche **leistungsrechtliche Beschäftigungsbegriff** wird dabei eng ausgelegt, um dem Interesse des Arbeitslosen an der Sicherung seiner Existenzgrundlage gerecht zu werden. Das Vorliegen eines Beschäftigungsverhältnisses richtet sich daher nicht nach dem rechtlichen Bestand des Arbeitsverhältnisses, sondern nach den tatsächlichen Verhältnissen[2]. Sobald eine tatsächliche Beschäftigung nicht mehr erfolgt, ist ungeachtet eines etwa noch bestehenden Arbeitsverhältnisses in aller Regel Beschäftigungslosigkeit gegeben[3]. Die **unwiderrufliche Freistellung** von der Arbeitsleistung begründet daher leistungsrechtliche Beschäftigungslosigkeit, ebenso die unterbleibende Beschäftigung eines Arbeitnehmers während des Kündigungsschutzprozesses nach Ablauf der Kündigungsfrist. Meldet sich ein langzeiterkrankter Arbeitnehmer bei fortbestehendem Arbeitsverhältnis arbeitslos, ist der Fortbestand des Beschäftigungsverhältnisses nach einer Gesamtwürdigung der tatsächlichen Verhältnisse zu beurteilen[4]. Die nach Aussteuerung aus dem Krankengeldbezug geäußerte Bitte um eine Arbeitsbescheinigung gem. § 312 SGB III zur Vorlage bei der Bundesagentur für Arbeit wird regelmäßig das Angebot beinhalten, das Arbeitsverhältnis zum Ruhen zu bringen[5], und damit zu einer Beendigung des Beschäftigungsverhältnisses führen. Dabei wird die Beschäftigungslosigkeit auch nicht durch eine unentgeltliche Tätigkeit für den Arbeitgeber im Rahmen einer stufenweisen Wiedereingliederung beendet[6].

Der übereinstimmende **Wille der Arbeitsvertragsparteien**, das Beschäftigungsverhältnis fortzusetzen, kann die Unterbrechung der tatsächlichen Beschäftigung in Ausnahmefällen allerdings überwinden; diesbezügliche Äußerungen der Vertragspartner haben jedoch nur indizielle Bedeutung[7]. So soll während der Elternzeit das Beschäftigungsverhältnis fortbestehen[8]. Auch eine widerrufliche Freistellung, bei der sich der Arbeitgeber die Verfügung über die Arbeitskraft des Arbeitnehmers vorbehält, soll nicht zu einer Beendigung des Beschäftigungsverhältnisses führen[9].

---

1 BSG 9.9.1993 – 7 RAr 96/92; SozR 3-4100 § 101 Nr. 4.
2 BSG 3.6.2004 – B 11 AL 70/03 R, SozR 4-4300 § 123 Nr. 2.
3 BSG 10.9.1998 – B 7 AL 96/97 R, NZS 1999, 305 (zur Behandlung sog. Aussetzzeiten im Rahmen eines fortbestehenden Arbeitsverhältnisses); 3.6.2004 – B 11 AL 70/03 R, NZA-RR 2005, 52; SG Mannheim 26.8.2003 – S 4 AL 1788/03 AK-A, NZS 2004, 109.
4 BSG 28.9.1993 – 11 RAr 69/92, NZS 1994, 140; LAG Düsseldorf 22.10.1997 – 11 Sa 1053/97, NZA 1999, 105.
5 BAG 14.3.2006 – 9 AZR 312/05, NZA 2006, 1232.
6 BSG 21.3.2007 – B 11a AL 31/06 R, NZS 2008, 160.
7 BSG 28.9.1993 u. 9.9.1993 – 11 RAr 69/92 u. 7 RAr 96/92, NZS 1994, 140 und 142; *Brand*, § 138 SGB III Rz. 14.
8 LSG NRW 16.11.2011 – L 9 AL 82/11.
9 LSG NRW 23.2.2010 – L 1 AL 9/09.

8 ➲ **Hinweis:** Der Anspruch auf ALG I ruht, wenn und solange der Arbeitnehmer ungeachtet der Beendigung des Beschäftigungsverhältnisses Anspruch auf Arbeitsentgelt hat. Verweigert der Arbeitgeber allerdings die Zahlung, kann der Arbeitnehmer ALG I im Wege der sog. **Gleichwohlgewährung** beanspruchen, § 157 Abs. 3 SGB III (vgl. Rz. 47 ff.).

9 Von dem für den Bezug von ALG I maßgeblichen leistungsrechtlichen Beschäftigungsbegriff ist der **beitragsrechtliche Beschäftigungsbegriff** zu unterschieden, mit dem die die Versicherungspflicht in der Arbeitslosenversicherung begründende Beschäftigung definiert wird. Angesichts der unterschiedlichen Zwecksetzung des Beschäftigungsbegriffs in verschiedenen Normen ist dieser funktionsdifferent auszulegen. Während der leistungsrechtliche Beschäftigungsbegriff eng ausgelegt wird, um den Eintritt des durch die Sozialversicherung abgedeckten Risikos der Arbeitslosigkeit zu bestimmen und dem Interesse des Arbeitnehmers an der Sicherung seiner wirtschaftlichen Existenzgrundlage durch den Bezug von ALG I gerecht zu werden, soll der beitragsrechtliche Beschäftigungsbegriff den Sozialversicherungsschutz des Arbeitnehmers (Einbeziehung in die Arbeitslosenversicherung) ebenso wie eine solidarische Einbeziehung aller Beschäftigten in die bestehenden Sicherungssysteme (Beitragszahlung) gewährleisten. Dementsprechend wird in diesem Zusammenhang der Begriff des Beschäftigungsverhältnisses weitgehend an dem Bestand des Arbeitsverhältnisses ausgerichtet, so dass er auch vorübergehende Zeiten der Nichtbeschäftigung erfassen kann[1]. Allerdings wurde in der Vergangenheit überwiegend angenommen, dass auch in beitragsrechtlicher Hinsicht eine Beschäftigung bei tatsächlich fehlender Arbeitsleistung nur in Ausnahmefällen gegeben ist. Als Voraussetzung für die Annahme des fortbestehenden Beschäftigungsverhältnisses trotz fehlender Arbeitsleistung musste insbesondere das charakteristische Merkmal der Beschäftigung weiter gegeben sein, mithin die persönliche Abhängigkeit des Beschäftigten, die sich in der Verfügungsbefugnis des Arbeitgebers und der Dienstbereitschaft des Arbeitnehmers ausdrückt. Die bloße Fortzahlung des Entgelts wurde ebenso wenig als ausreichend angesehen wie der nur rechtliche Fortbestand des Arbeitsverhältnisses[2]. Von diesen Erwägungen ausgehend, hatten die Spitzenorganisationen der Sozialversicherung in ihrer Besprechung vom 5./6.7.2005 den gemeinsamen Schluss gezogen, dass im Falle einer Freistellung das (beitragsrechtliche) Beschäftigungsverhältnis dann ende, wenn die Freistellung einvernehmlich vereinbart und unwiderruflich ausgestaltet ist, da in diesem Fall die Weisungsunterworfenheit des Arbeitnehmers endgültig aufgehoben sei. Wenn auch diese Auffassung zu Recht kritisiert worden ist[3], ist der Vorwurf unzutreffend, der Unterschied zwischen dem leistungs- und dem beitragsrechtlichen Beschäftigungsbegriff sei bei dieser Beurteilung nicht hinreichend berücksichtigt worden. Das BSG selbst hat in früheren Entscheidungen angenommen, dass das beitragsrechtliche Beschäftigungsverhältnis bei unwiderruflicher Freistellung endet[4]. Ungeachtet dessen hat das BSG[5] klargestellt, dass auch im Falle einer **einvernehmlichen, unwiderruflichen Freistellung** das beitragsrechtliche Beschäftigungsverhältnis und damit die **Versicherungspflicht** des Arbeitnehmers **fortbesteht**. Vor dem argumentativen Hintergrund, dass die beitragsrechtliche Beschäftigung maßgeblich den Sozialschutz des Arbeitnehmers gewährleisten soll, genügt es nunmehr, dass ein Rechtsverhältnis vorliegt, das – in Abgrenzung zur selbständigen Tätigkeit – die Erbringung einer Arbeitsleistung zum Gegenstand hat, und dass dieses Rechtsverhältnis

---

1 BSG 28.9.1993 – 11 RAr 69/92, SozR 3-4100 § 101 Nr. 5.
2 BSG 3.12.1998 – B 7 AL 108/97 R, SozR 3-4100 § 104 Nr. 16; LSG Nds. 13.12.2001 – L 8 AL 368/00, nv.
3 Vgl. hierzu *Laber/Goetzmann*, ArbRB 2006, 122 (125); *Lindemann/Simon*, BB 2005, 2462 (2465, 2466).
4 BSG 21.8.1997 – 12 BK 63/97; dem folgend LSG Nds. 13.12.2001 – L 8 AL 368/00, nv.; vgl. auch *Oberthür*, NZA 2005, 377.
5 BSG 24.9.2008 – B 12 KR 22/07 R; angedeutet bereits in BSG 29.5.2008 – B 11a AL 23/07 R, SozR 4-4300 § 132 Nr. 1; ebenso *Schlegel*, NZA 2005, 972.

II. Arbeitslosengeld I

entweder durch Arbeitsleistung oder durch Entgeltzahlung vollzogen wird. Die Sozialversicherungsträger sind dieser Rechtsprechung gefolgt und halten an ihrer bisherigen Auffassung jedenfalls für Zeiträume seit dem 1.7.2009 nicht mehr fest[1], sofern nicht die Freistellung einen Zeitraum von zehn Jahren überschreitet[2]. Auf die tatsächliche Erbringung der Arbeitsleistung kommt es damit in beitragsrechtlicher Hinsicht im bestehenden Arbeitsverhältnis nicht mehr entscheidend an. Bei vollständiger Einstellung der Betriebstätigkeit entfällt jedoch auch im fortbestehenden Arbeitsverhältnis das Beschäftigungsverhältnis[3].

⊃ **Hinweis:** Die Vereinbarung einer **unwiderruflichen Freistellung** hat damit keine Auswirkungen auf die Versicherungspflicht in der Arbeitslosenversicherung, kann aber angesichts der Beendigung des leistungsrechtlichen Beschäftigungsverhältnisses Auswirkungen auf den Leistungsanspruch des Arbeitslosen haben (vgl. auch Rz. 74). 10

Arbeitslosigkeit wird nicht nur durch eine abhängige Beschäftigung ausgeschlossen. Auch eine **Tätigkeit als Selbständiger** oder als mithelfender Familienangehöriger mit einem Zeitaufwand von mindestens 15 Stunden wöchentlich schließt gem. § 138 Abs. 3 SGB III Arbeitslosigkeit aus. 11

Arbeitslos ist gem. § 138 Abs. 1 Nr. 2 SGB III nur, wer sich bemüht, die Beschäftigungslosigkeit durch **Eigenbemühungen** zu überwinden. Der Arbeitslose hat im Rahmen dieser Bemühungen alle Möglichkeiten zur beruflichen Eingliederung zu nutzen, § 138 Abs. 4 Satz 1 SGB III, mithin jede zumutbare Gelegenheit zur Beendigung der Arbeitslosigkeit durch Aufnahme einer Beschäftigung zu ergreifen. Konkretisiert wird diese Pflicht durch § 138 Abs. 4 Satz 2 SGB III, demgemäß der Arbeitslose insbesondere die Selbstinformationseinrichtungen der Agentur für Arbeit zu nutzen und die Verpflichtungen aus einer mit der Agentur für Arbeit getroffenen **Eingliederungsvereinbarung** (§ 37 Abs. 2 SGB III) wahrzunehmen hat. Besteht im Einzelfall keine Eingliederungsvereinbarung, kann die Agentur für Arbeit durch Verwaltungsakt bestimmen, welche Bemühungen der Arbeitslose entfalten soll. Zumutbar ist etwa die Vorgabe, in einem Zeitraum von sechseinhalb Wochen sechs telefonische Kurzbewerbungen, zehn persönliche Vorstellungen bei Arbeitgebern sowie die Auswertung von allgemein zugänglichen Stellenangeboten vorzunehmen[4]. Ohne eine Konkretisierung durch die Agentur für Arbeit kann von unzureichenden Eigenbemühungen jedoch nur ausgegangen werden, wenn der Arbeitslose über die Arbeitslosmeldung hinaus überhaupt nichts unternimmt[5]. Hat die Agentur für Arbeit die erforderlichen Eigenbemühungen hinreichend konkretisiert, kann die Bewilligung des ALG I bei deren Nichterfüllung auch rückwirkend aufgehoben werden[6]. 12

Neben der Entfaltung von Eigenbemühungen hat der Arbeitslose auch für die **Vermittlungsbemühungen der Agentur für Arbeit** zur Verfügung zu stehen, § 138 Abs. 1 Nr. 3, Abs. 5 SGB III. Das Erfordernis der Verfügbarkeit verbindet dabei objektive und subjektive Voraussetzungen. **Objektive Verfügbarkeit** liegt vor, wenn der Arbeitslose an jedem Tag, für den er ALG I begehrt, eine versicherungspflichtige, mindestens 15 13

---

1 Besprechung des GKV-Spitzenverbandes, der Deutschen Rentenversicherung Bund und der Bundesagentur für Arbeit am 30./31.3.2009, abrufbar unter www.vdek.com/arbeitgeber/Besprechungsergebnisse/be_versicherung/versicherung_9/index.htm.
2 Besprechung des GKV-Spitzenverbandes, der Deutschen Rentenversicherung Bund und der Bundesagentur für Arbeit über Fragen des gemeinsamen Beitragseinzugs am 13./14.10.2009, abrufbar unter http://www.aok-business.de/fileadmin/user_upload/global/Fachthemen/Besprechungsergebnisse/2009/bsperg_20091014_BeitrEinz.pdf.
3 BSG 4.7.2010 – B 11 AL 16/11 R.
4 LSG BW 12.12.2006 – L 13 AL 4255/06, nv.
5 LSG Hess. 20.6.2006 – L 9 AL 79/04, nv.
6 BSG 20.10.2005 – B 7a AL 18/05 R, NZS 2006, 436; 31.1.2006 – B 11a AL 5/05 R, NZS 2006, 603.

Stunden wöchentlich umfassende zumutbare Beschäftigung unter den üblichen Arbeitsmarktbedingungen ausüben kann und darf (§ 138 Abs. 5 Nr. 1 SGB III) und den Vorschlägen der Agentur für Arbeit zur beruflichen Eingliederung zeit- und ortsnah Folge leisten kann (§ 138 Abs. 5 Nr. 2 SGB III). Die Ausübung einer anderweitigen Beschäftigung steht der Verfügbarkeit regelmäßig entgegen; die Möglichkeit, diese jederzeit durch Aufhebungsvertrag zu beenden, genügt nicht[1]. Die Betreuung minderjähriger Kinder beseitigt die Verfügbarkeit demgegenüber nicht, wenn eine Betreuungsalternative vorhanden ist[2], ebenso wenig eine unentgeltliche Tätigkeit für einen Arbeitgeber im Rahmen einer stufenweise Wiedereingliederung.[3] In welchem Umfang der Arbeitslose seine jederzeitige Erreichbarkeit gewährleisten muss, ist im Detail in der **Erreichbarkeits-Anordnung** (EAO) der Bundesagentur für Arbeit geregelt. Demnach ist erforderlich, dass die Agentur für Arbeit den Arbeitslosen persönlich an jedem Werktag unter der von ihm benannten Anschrift postalisch erreichen kann; der Arbeitslose hat dafür Sorge zu tragen, dass eine ordnungsmäßige Postzugangseinrichtung vorhanden ist[4]. Ein Arbeitsloser ist nicht erreichbar, wenn er wiederkehrend mehrtägig ortsabwesend ist, ohne dass die Tage der Abwesenheit im Voraus feststehen[5]. Am Wochenende genügt es, wenn der Arbeitslose die am Samstag eingehende Briefpost am Sonntag zur Kenntnis nimmt[6]. Der Arbeitslose ist zudem verpflichtet, einen Wohnungswechsel der Agentur für Arbeit unverzüglich mitzuteilen; ein Postnachsendeauftrag genügt dem regelmäßig nicht[7]. Dass ein Arbeitsloser lediglich für drei Wochen im Jahr von dem Erfordernis der Verfügbarkeit freigestellt werden kann, um Urlaub zu machen (§ 3 EAO), ist verfassungsrechtlich nicht zu beanstanden[8].

14 ⊃ **Hinweis:** Entfällt die Verfügbarkeit wegen der Aufnahme einer neuen Beschäftigung auch für nur einen Tag, erlischt der Anspruch auf ALG I gem. § 141 Abs. 2 SGB III. Der Anspruch lebt nach Wiederherstellung der Verfügbarkeit nicht automatisch wieder auf, sondern entsteht erst mit erneuter Arbeitslosmeldung.

15 **Subjektive Verfügbarkeit** setzt voraus, dass der Arbeitslose auch innerlich bereit ist, jede Beschäftigung iSd. § 138 Abs. 5 Nr. 1 SGB III anzunehmen und auszuüben und an Maßnahmen zur beruflichen Eingliederung teilzunehmen. Die subjektive Verfügbarkeit wird durch die Arbeitslosmeldung grundsätzlich indiziert, doch kann ihr Fehlen angenommen werden, wenn aufgrund des Verhaltens des Arbeitslosen oder seiner Erklärung zu erkennen ist, dass er nicht vermittelt werden will. Der Erklärungswert muss allerdings eindeutig sein[9]. Die subjektive Verfügbarkeit muss sich nur auf solche Beschäftigungen erstrecken, deren Ausübung dem Arbeitslosen gem. § 140 SGB III zumutbar ist. Wegen § 139 Abs. 4 SGB III ist allerdings ausreichend, dass der Arbeitslose zur Aufnahme einer **Teilzeitbeschäftigung** von wenigstens 15 Wochenstunden bereit ist.

16 Subjektive Verfügbarkeit setzt weiterhin voraus, dass der Arbeitslose **leistungsfähig** ist. Ist der Arbeitslose arbeitsunfähig erkrankt, besteht kein Anspruch auf ALG I; da die Mitgliedschaft in der gesetzlichen Krankenversicherung wegen § 192 Abs. 1 Nr. 2 SGB V erhalten bleibt, kann der Arbeitslose jedoch Krankengeld beziehen[10]. Er-

---

1 LSG Bayern 26.3.2009 – L 10 AL 203/06, nv.
2 LSG NRW 26.4.2010 – L 19 B 45/09 AL; BSG 12.12.1990 – 11 RAr 137/89, SozR 3-4100 § 103 Nr. 4.
3 LSG NRW 11.7.2013 – L 9 AL 88/12, nv.
4 BSG 2.3.2000 – B 7 AL 8/99 R, NZS 2000, 570.
5 BSG 9.12.2003 – B 7 AL 56/02 R, NZA-RR 2004, 267.
6 BSG 3.5.2001 – B 11 AL 71/00 R, NZA-RR 2002, 36.
7 BSG 20.6.2001 – B 11 AL 10/01 R, NZS 2002, 163; LSG Hess. 20.6.2011 – L 7 AL 209/10 ZVW, nv.
8 BSG 10.8.2000 – B 11 AL 101/99 R, NZS 2001, 329.
9 LSG Sa.-Anh. 20.7.2011 – L 2 AL 21/07, nv.
10 Das Krankengeld ist auch nach der Arbeitslosmeldung weiter zu gewähren: BSG 8.2.2000 – B 1 KR 11/99 R, NZS 2000, 611.

krankt der Arbeitslose während des Leistungsbezuges, behält er den Leistungsanspruch für die Dauer von sechs Wochen, § 146 SGB III. Nur bei dauerhafter Minderung der Leistungsfähigkeit kann trotz fehlender Leistungsfähigkeit gem. § 145 SGB III ALG I bezogen werden, bis der Rentenversicherungsträger über das Vorliegen einer Erwerbsminderung entschieden hat. Ein ärztliches Beschäftigungsverbot während der **Schwangerschaft** steht der Verfügbarkeit nicht generell entgegen, sondern nur dann, wenn es neben der zuletzt ausgeübten auch jede andere zumutbare Tätigkeiten untersagt[1].

b) Arbeitslosmeldung

Der Anspruch auf ALG I setzt voraus, dass sich der Arbeitslose gem. § 141 Abs. 1 SGB III bei der für ihn zuständigen Agentur für Arbeit (§ 327 Abs. 1 SGB III) persönlich arbeitslos meldet. Die **persönliche Arbeitslosmeldung** ist von der Meldung als arbeitsuchend (vgl. Rz. 116) zu unterscheiden, die im Gegensatz zur Arbeitslosmeldung keine Anspruchsvoraussetzung für den Bezug des ALG I ist[2]. Die fernmündliche, schriftliche oder auf elektronischem Wege übermittelte Arbeitslosmeldung genügt nicht, eine Vertretung ist nur in den Fällen des § 145 Abs. 1 Satz 3 SGB III bei gesundheitlicher Einschränkung möglich. Auf das Erfordernis einer persönlichen Arbeitslosmeldung kann auch dann nicht verzichtet werden, wenn die Agentur für Arbeit auf anderem Wege zuverlässige Kenntnis von der eingetretenen Arbeitslosigkeit erhalten hat[3].

Die Arbeitslosmeldung gilt als **Antrag** auf den Bezug von ALG I (§ 323 Abs. 1 Satz 2 SGB III). Sie kann frühestens drei Monate vor Eintritt der Arbeitslosigkeit erfolgen. Leistungen werden frühestens ab dem Tag der Meldung gewährt (§ 325 SGB III).

Die Meldung wirkt bei einer bis zu sechswöchigen Unterbrechung der Arbeitslosigkeit gem. § 141 Abs. 2 Nr. 1 SGB III fort mit der Folge, dass der Anspruch auf ALG I wieder auflebt, sofern die übrigen Voraussetzungen erfüllt sind; § 161 Abs. 2 SGB III gilt in diesem Fall nicht[4]. Diese **Fortwirkung** gilt allerdings nicht in dem praktisch bedeutsamen Fall der Aufnahme einer Beschäftigung von mindestens 15 Wochenstunden. In diesem Fall **erlischt** die Wirkung der Meldung, unabhängig von der Dauer der Beschäftigung, mithin auch bei der Aufnahme eines kurzzeitigen Probearbeitsverhältnisses[5]. Ob die ausgeübte Beschäftigung sozialversicherungspflichtig ist und ob Arbeitsentgelt geleistet wird, ist ebenfalls unerheblich[6]. Der Anspruch auf ALG I lebt in diesem Fall erst mit Erneuerung der Meldung wieder auf[7].

c) Erfüllung der Anwartschaftszeit

Die **Anwartschaftszeit** hat gem. § 142 SGB III erfüllt, wer in der Rahmenfrist von zwei Jahren (§ 143 SGB III) vor dem Tag, an dem alle Voraussetzungen für den Anspruch auf ALG I erfüllt sind, mindestens zwölf Monate versicherungspflichtig (§§ 24 ff. SGB III) gewesen ist. Für die Berechnung der Rahmenfrist gilt § 339 Satz 2 SGB III. Für **EU-Angehörige** richtet sich die maßgebliche Anwartschaftszeit nach den Rechtsvorschriften

---

1 BSG 22.2.2012 – B 11 AL 26/10 R, PflR 2012, 450; 30.11.2011 – B 11 AL 7/11 R, NZS 2012, 475.
2 Zur Abgrenzung vgl. SG Aachen 26.9.2006 – S 11 AL 34/06, nv.
3 LSG Rh.-Pf. 1.3.2007 – L 1 AL 7/06, NZA-RR 2007, 443.
4 BSG 3.5.2005 – B 11a/11 AL 61/04 R, NZS 2006, 259.
5 LAG Hess. 26.8.2011 – L 7 AL 72/09, nv.
6 BSG 13.7.2006 – B 7a AL 16/05, NZA-RR 2007, 382; vgl. zur Aufnahme von Schwarzarbeit auch LSG Bayern 26.4.2011 – L 8 AL 258/07, nv.
7 BSG 1.6.2006 – B 7a AL 76/05 R, NZA-RR 2007, 663; 29.10.2008 – B 11 AL 52/07 R und B 11 AL 44/07 R, nv.; für Begrenzung der Erlöschenswirkung auf einen Zeitraum von drei Monaten: *Brand*, § 141 SGB III Rz. 10.

des Mitgliedstaates, in dem Leistungen begehrt werden, dies allerdings mit der Maßgabe, dass diese Zeit auch durch Beiträge als erfüllt gilt, die in die Sozialsysteme eines anderen Mitgliedstaats entrichtet wurden[1].

21 Da der regelmäßige Einsatz in **kurzfristigen Beschäftigungsverhältnissen** die Erfüllung der Anwartschaftszeit häufig verhindert[2], wird die notwendige **Anwartschaftszeit** gem. § 142 Abs. 2 SGB III (derzeit befristet bis zum 1.12.2014) auf sechs Monate **verkürzt**, wenn die Beschäftigung in der Rahmenfrist überwiegend in befristeten Arbeitsverhältnissen von maximal sechswöchiger Dauer erbracht und mit dem Arbeitsentgelt die Bezugsgröße der gesetzlichen Rentenversicherung nicht überschritten wurde.

22 ⊃ **Hinweis:** Die Anwartschaftszeit kann auch nach Ausspruch einer Kündigung noch erfüllt werden, wenn der Arbeitnehmer nicht mehr beschäftigt wird und sich arbeitslos gemeldet hat, das Arbeitsverhältnis allerdings rechtlich noch fortbesteht[3]. In diesem Fall beginnt die Rahmenfrist erst mit Vollendung der Anwartschaftszeit.

23 In die Rahmenfrist werden gem. § 143 Abs. 3 SGB III Zeiten, in denen Übergangsgeld wegen einer berufsfördernden Maßnahme geleistet wurde, nicht eingerechnet. Sie verlängern die Rahmenfrist auf bis zu fünf Jahre[4]. **Krankheits-, Kindererziehungs- und Pflegezeiten** verlängern die Rahmenfrist nicht, werden aber gem. § 26 Abs. 2, 2a und 2b SGB III in die Versicherungspflicht einbezogen, wenn zuvor eine versicherungspflichtige Beschäftigung bestand oder Entgeltersatzleistungen bezogen wurden; diese Zeiten wirken damit innerhalb der allgemeinen Rahmenfrist anwartschaftsbegründend. Hat der Arbeitslose in der Vergangenheit bereits eine Anwartschaftszeit erfüllt, endet die neue Rahmenfrist gem. § 143 Abs. 2 SGB III spätestens an dem Tag vor Beginn der vorherigen Rahmenfrist.

3. Dauer des Leistungsbezuges

24 Die Dauer des Anspruchs auf ALG I richtet sich gem. § 147 Abs. 1 SGB III einerseits nach der **Dauer der Versicherungspflichtverhältnisse** innerhalb der um drei Jahre erweiterten, gem. § 143 SGB III individuell zu bestimmenden Rahmenfrist, andererseits nach dem **Lebensalter**, das der Arbeitslose bei der Entstehung des Anspruchs vollendet hat.

25 Die **Anspruchsdauer** beträgt gem. § 147 SGB III

Bei einer Dauer der Versicherungspflicht von mindestens ... Monaten	Nach Vollendung des ... Lebensjahres	Monate
12		6
16		8
20		10
24		12
30	50	15
36	55	18
48	58	24

---

1 EuGH 25.2.1999 – Rs. C-326/95, EuroAS 1999, 41.
2 BSG 3.12.1998 – B 7 AL 108/97, NZS 1999, 465.
3 BSG 3.6.2004 – B 11 AL 70/03 R, NZA-RR 2005, 52.
4 *Brand*, § 143 SGB III Rz. 4.

II. Arbeitslosengeld I

Bei Erfüllung der Anwartschaftszeit durch **kurzzeitige Beschäftigungen** nach § 142 Abs. 2 SGB III beträgt die Anspruchsdauer unabhängig vom Lebensalter 26

Bei einer Dauer der Versicherungspflicht von mindestens ... Monaten	Monate
6	3
8	4
10	5

Die Anspruchsdauer richtet sich stets nach den **im Zeitpunkt der Antragstellung** maßgeblichen Verhältnissen; spätere Veränderungen haben keinen Einfluss auf den bereits entstandenen Anspruch. Verschiebt sich daher zB der Leistungsbeginn nachträglich, weil mit dem Arbeitgeber eine Vereinbarung über die Verlängerung der Kündigungsfrist getroffen wird, führt dies auch dann nicht zu einer Verlängerung der Anspruchsdauer, wenn der Arbeitslose zwischenzeitlich eine höhere Lebensaltersstufe erreicht hat[1]. 27

⊃ **Hinweis:** Die Arbeitslosmeldung kann auf einen bestimmten späteren Zeitpunkt bezogen werden, § 137 Abs. 2 SGB III, was insbesondere dann sinnvoll sein kann, wenn der Arbeitslose in absehbarer Zeit eine für die Anspruchsdauer maßgebliche Lebensaltersstufe erreicht. Die Agentur für Arbeit muss auf eine solche Gestaltungsmöglichkeit ausdrücklich auch ohne besonderes Auskunftsersuchen hinweisen. Versäumt sie dies, kann die Wirkung eines bereits gestellten Antrages uU im Wege des sozialrechtlichen Herstellungsanspruchs auf einen späteren Zeitpunkt verschoben werden[2]. 28

Gem. § 154 SGB III wird das ALG I für **Kalendertage** berechnet und geleistet; volle Kalendermonate werden einheitlich mit 30 Tagen berücksichtigt. 29

Die **Minderung der Anspruchsdauer** erfolgt unter Berücksichtigung der in § 148 SGB III näher bestimmten Tatbeständen. Gem. § 148 Abs. 1 SGB III mindert sich der Anspruch auf ALG I um die Anzahl von Tagen, für die der Anspruch auf Arbeitslosengeld bei Arbeitslosigkeit erfüllt worden ist. Auch die sog. Gleichwohlgewährung (vgl. Rz. 47) führt dabei zu einer Minderung der Anspruchsdauer[3], worauf die Agentur für Arbeit den Arbeitslosen ggf. hinweisen muss[4]. Der Leistungsbezug in einem anderen EU-Mitgliedstaat kann die Anspruchsdauer mindern, wenn die Versicherungszeiten dort zu einer Leistung gleicher Art geführt haben[5]. Weiterhin führt der Eintritt einer Sperrzeit, etwa wegen Arbeitsaufgabe (vgl. Rz. 73 ff.) oder wegen einer Verletzung der Meldepflicht (vgl. Rz. 115 ff.) zu einer Minderung der Anspruchsdauer. 30

4. Höhe des Leistungsanspruchs

Die **Höhe des ALG I** richtet sich nach dem Entgelt, das der Arbeitslose im Bemessungszeitraum (§ 150 SGB III) kalendertäglich erzielt hat (Bemessungsentgelt, § 151 SGB III), begrenzt durch die Beitragsbemessungsgrenze. Das Bemessungsentgelt wird um pauschalierte gesetzliche Abzüge (Sozialversicherungsbeiträge, Lohnsteuer und Solidaritätszuschlag) vermindert. Das ALG I beträgt **60 % des** so ermittelten **Leistungsentgelts** (§ 153 SGB III). Haben der Arbeitslose und/oder sein Ehegatte mindestens ein steuerlich zu berücksichtigendes Kind, erhöht sich das ALG I auf 67 % des Leistungsentgelts. 31

---

1 LSG Bremen 27.9.2011 – L 11 AL 47/08, nv.
2 LSG Hessen 22.10.2007 – L 7/10 AL 185/04; LSG NRW 29.1.2007 – L 1 AL 62/06, nv.; SG Karlsruhe 31.10.2012 – S 16 AL 726/12; SG Lübeck 3.3.2011 – S 38 AL 165/08, nv.
3 LSG NRW 18.6.2008 – L 12 AL 96/07, nv.
4 SG Karlsruhe 23.9.2009 – S 16 AL 1723/09, nv.
5 BSG 21.3.2007 – B 11a AL 49/06 R, EuroAS 2007, 128.

32 Der **Bemessungszeitraum** umfasst die abgerechneten, versicherungspflichtigen Entgeltzeiträume in dem letzten Jahr vor der Entstehung des Anspruchs (§ 150 Abs. 1 SGB III). Außer Betracht bleiben die in § 150 Abs. 2 SGB III näher benannten Zeiträume des verminderten Entgeltbezuges, etwa Zeiten der Arbeitslosigkeit, der Kinderbetreuung[1], der Pflegezeit oder Familienpflegezeit oder der erst in jüngerer Zeit vereinbarten Teilzeitarbeit. Der Bemessungszeitraum kann zudem gem. § 150 Abs. 3 SGB III auf zwei Jahre erweitert werden, wenn in dem regelmäßigen Bemessungszeitraum weniger als 150 Tage mit einem Anspruch auf Arbeitsentgelt enthalten sind oder das Abstellen auf den regelmäßigen Bemessungszeitraum eine unbillige Härte darstellen würde[2]. Die unterbliebene Auszahlung von Arbeitsentgelt ungeachtet eines bestehenden Anspruchs rechtfertigt allerdings noch nicht die Annahme eines Härtefalls[3].

33 **Bemessungsentgelt** ist gem. § 151 SGB III das im Bemessungszeitraum durchschnittlich auf einen Tag entfallene Arbeitsentgelt. Wegen der Beendigung des Arbeitsverhältnisses oder der drohenden Arbeitslosigkeit gezahlte Entgelte werden dabei nicht einbezogen (§ 151 Abs. 2 Nr. 1 SGB III). Einmalig gezahltes Arbeitsentgelt iSv. § 23a SGB IV ist demgegenüber in die Bemessungsgrundlage einbezogen[4]. Es kommt nicht darauf an, ob das innerhalb des Bemessungszeitraumes erzielte Entgelt während der regelmäßigen Arbeitszeit erarbeitet wurde, so dass auch Mehrarbeitsvergütungen einschließlich der darauf entfallenden Zuschläge in die Bemessung einzubeziehen sind. Als gezahlt gelten gem. § 151 Abs. 1 Satz 2 SGB III auch Arbeitsentgelte, auf die der Arbeitslose bei Ausscheiden aus dem Beschäftigungsverhältnis Anspruch hatte, wenn sie später oder allein wegen Zahlungsunfähigkeit des Arbeitgebers nicht zuflossen[5].

34 Zeiten, in denen der Arbeitslose **Kurzarbeitergeld**[6] bezogen oder ein **Wertguthaben** (etwa bei Altersteilzeit oder Familienpflegezeit) aufgebaut hat, wirken sich gem. § 151 Abs. 3 SGB III nicht nachteilig auf das Bemessungsentgelt aus. Gem. § 151 Abs. 4 SGB III werden zudem Nachteile für Arbeitslose, die vor dem Leistungsbezug eine im Vergleich zu ihrer bisherigen Tätigkeit niedriger entlohnte Beschäftigung aufgenommen und dadurch eine Arbeitslosigkeit beendet haben, weitgehend verhindert.

35 Ist der Arbeitslose nicht bereit oder in der Lage, die **bisherige Arbeitszeit** auch zukünftig zu leisten, verringert sich das Bemessungsentgelt entsprechend dem Verhältnis der Zahl der durchschnittlichen regelmäßigen wöchentlichen Arbeitsstunden, die der Arbeitslose künftig leisten kann oder will, zu der Zahl der durchschnittlich auf die Woche entfallenden Arbeitsstunden im Bemessungszeitraum[7].

36 Die zur Bemessung des **Leistungsentgelts** zu berücksichtigenden Abgaben richten sich nach den Umständen im Zeitpunkt der Entstehung des Anspruchs, insbesondere nach der maßgeblichen **Steuerklasse** des Arbeitslosen. Änderungen der Steuerklasse während des Leistungsbezuges werden gem. § 153 Abs. 2, Abs. 3 SGB III regelmäßig nur zu Ungunsten des Arbeitslosen berücksichtigt. Auf die damit verbundenen Nachteile hat die Agentur für Arbeit den Arbeitslosen hinzuweisen. Anderenfalls kann uU auf der Grundlage des sozialrechtlichen Herstellungsanspruchs ein Ausgleich der eingetretenen Nachteile verlangt werden[8].

---

1 Zur Verfassungsmäßigkeit dieser Regelung LSG NRW 9.6.2011 – L 16 AL 29/11.
2 BSG 15.2.1990 – 7 RAr 82/89, SozR 3-4100 § 112 Nr. 2; LSG Rh.-Pf. 1.6.2006 – L 1 AL 4/6, NZA-RR 2007, 158 (verneint bei Wechsel in eine Beschäftigungsgesellschaft).
3 BSG 29.1.2008 – B7/7a AL 40/06 R, NZA 2008, 1054.
4 *Brand*, § 150 SGB III Rz. 6.
5 BSG 5.12.2006 – B 11a AL 43/05 R, SozR 4-4300 § 134 Nr. 1; 14.12.2006 – B 7a AL 54/05 R, NZA 2007, 430.
6 SG Karlsruhe 14.4.2010 – S 15 AL 2714/07.
7 LSG Hamburg 11.5.2011 – L 2 AL 74/08.
8 BSG 31.1.2006 – B 11a AL 11/05 R, NZS 2006, 601.

○ **Hinweis:** Bei bevorstehender Arbeitslosigkeit kann es sich empfehlen, im Rahmen der steuerrechtlichen Gestaltungsfreiheit rechtzeitig in eine günstigere Steuerklasse zu wechseln. **37**

Neben dem ALG I erzieltes **Nebeneinkommen** wird gem. § 155 Abs. 1 SGB III abzüglich eines **Freibetrages von 165 Euro** auf das ALG I angerechnet. Nebeneinkommen aus einer bereits während der Beschäftigung ausgeübten Nebentätigkeit ist gem. § 155 Abs. 2 SGB III privilegiert. Übt der Arbeitslose neben der privilegierten eine weitere Nebentätigkeit aus und erreichen beide gemeinsam nicht einen zeitlichen Umfang von 15 Stunden wöchentlich, kann der Arbeitslose den Freibetrag kumulativ für jede der beiden Nebentätigkeiten beanspruchen[1]. **38**

5. Sozialversicherungsrechtliche Stellung des Arbeitslosen

Der Arbeitslose wird durch den tatsächlichen Bezug des ALG I gem. § 5 Abs. 1 Nr. 2 SGB V **Pflichtmitglied in der gesetzlichen Krankenversicherung**, unabhängig von dem bisherigen Versicherungsstatus (zum Krankenversicherungsschutz bei Ruhen des Anspruchs und bei Sperrzeiten vgl. Rz. 72 und 113). Nach Vollendung des 55. Lebensjahres werden Arbeitslose gem. § 6 Abs. 3a SGB V nur noch bei Erfüllung bestimmter Vorversicherungszeiten versicherungspflichtig, es sei denn, sie unterfallen der allgemeinen gesetzlichen Versicherungspflicht gem. § 5 Abs. 1 Nr. 13 SGB V. Arbeitslose, die seit mindestens fünf Jahren vor Eintritt der Arbeitslosigkeit privat krankenversichert waren, können sich gem. § 8 Abs. 1 Nr. 1a SGB V von der Versicherungspflicht befreien lassen. Der **Befreiungsantrag** muss innerhalb von drei Monaten nach Eintritt der Versicherungspflicht gestellt werden. **39**

○ **Hinweis:** Die Fortsetzung einer **privaten Krankenversicherung** während der Arbeitslosigkeit kann eine erhebliche finanzielle Belastung darstellen. Ein Recht zur Kündigung des Versicherungsvertrages ergibt sich aus § 205 Abs. 2 VVG; zudem ist es regelmäßig möglich, die Versicherung ruhend zu stellen oder in eine Anwartschaftsversicherung umzuwandeln. Die spätere Rückkehr in die private Krankenversicherung zu unveränderten Bedingungen wird unter den Voraussetzungen des § 5 Abs. 9 SGB V ermöglicht. **40**

Nach Beendigung der Arbeitslosigkeit ist die Fortsetzung der Mitgliedschaft in der gesetzlichen Krankenversicherung unter den Voraussetzungen des § 9 Abs. 1 Nr. 1 SGB V als **freiwillige Mitgliedschaft** möglich. Arbeitslose mit unzureichenden Vorversicherungszeiten, die bislang von der freiwilligen Mitgliedschaft ausgeschlossen waren, können mittlerweile gem. § 5 Abs. 1 Nr. 13 SGB V in der gesetzlichen Krankenversicherung verbleiben. **41**

Die Beiträge zur Krankenversicherung versicherungspflichtiger Arbeitsloser werden gem. § 251 Abs. 4a SGB V von der Bundesagentur für Arbeit allein getragen. Arbeitslose, die versicherungsfrei oder von der Versicherungspflicht befreit sind, haben gem. § 174 SGB III Anspruch auf die **Übernahme der Beiträge zur privaten Krankenversicherung und Pflegeversicherung** durch die Bundesagentur in Höhe der Beiträge, die für einen gesetzlich Versicherten zu zahlen wären. **42**

Ein Arbeitsloser, der in dem letzten Jahr vor Eintritt der Arbeitslosigkeit versicherungspflichtig beschäftigt war, ist während des Bezuges von ALG I gem. § 3 Satz 1 Nr. 3 SGB VI auch in der **gesetzlichen Rentenversicherung versicherungspflichtig**. Die Beiträge werden gem. § 170 Abs. 1 Nr. 2 lit. b SGB VI von der Bundesagentur für Arbeit allein getragen. Die beitragspflichtigen Einnahmen ergeben sich aus § 166 Abs. 1 Nr. 2 SGB VI (80 % des Bruttoarbeitsentgelts, das für die Berechnung des ALG I maßgeblich war). Alternativ trägt die Agentur für Arbeit bis zur durch- **43**

---

1 BSG 5.9.2006 – B 7a AL 88/05 R, NZS 2007, 426.

schnittlichen Beitragshöhe für einen gesetzlich Versicherten die **Beiträge zu befreienden Lebensversicherungen** und öffentlich-rechtlichen berufsständischen Versicherungs- und Versorgungseinrichtungen sowie freiwillig an die gesetzliche Rentenversicherung gezahlte Beiträge (§ 173 SGB III).

6. Ruhen des Leistungsanspruchs gem. §§ 156, 157 SGB III

a) Ruhen des Leistungsanspruchs wegen Arbeitsentgelt und Urlaubsabgeltung

aa) Voraussetzung des Ruhens

44 Gem. § 157 Abs. 1 SGB III ruht der Anspruch auf ALG I während der Zeit, für die der Arbeitnehmer **Arbeitsentgelt** erhält oder zu beanspruchen hat. Dementsprechend ruht der Anspruch etwa trotz bestehender Arbeitslosigkeit während einer bezahlten Freistellung oder in Zeiten des Annahmeverzuges nach einer unwirksamen Kündigung. Ist der Bestand des Entgeltanspruchs streitig, kann das Ruhen des Anspruchs auf ALG I von der Agentur für Arbeit auch nachträglich noch festgestellt werden.

45 Ebenso ruht der Anspruch auf ALG I gem. § 157 Abs. 2 SGB III für den Zeitraum, für den der Arbeitnehmer einen Anspruch auf **Urlaubsabgeltung** hat. Die Ruhenszeit knüpft allein an den gesetzlich vorgesehenen Abgeltungsanspruch an; eine während dem laufenden Arbeitsverhältnis gewährte Urlaubsabgeltung ist kein Abgeltungsanspruch iSd. § 157 Abs. 2 SGB III, kann allerdings Vergütung iSd. § 157 Abs. 1 SGB III sein[1]. Wird die Urlaubsabgeltung tatsächlich erbracht, kommt es nicht darauf an, ob diese von einem Rechtsanspruch getragen war[2]; auch die Abgeltung bereits verfallenen Urlaubs begründet eine Ruhenszeit[3]. Der arbeitsrechtliche Anspruch eines Arbeitnehmers auf Schadensersatz wegen eines im Verzug des Arbeitgebers untergegangenen Urlaubsanspruchs ist allerdings keine Urlaubsabgeltung iSd. § 157 Abs. 2 SGB III[4]. Die Zahlung einer Urlaubsabgeltung wegen Beendigung des Beschäftigungsverhältnisses führt auch dann zum Ruhen, wenn das Arbeitsverhältnis formal fortbesteht[5].

46 Der Ruhenszeitraum beginnt gem. § 157 Abs. 2 Satz 2 SGB III mit dem Ende des Arbeitsverhältnisses und läuft kalendermäßig ab[6], unabhängig davon, ob der Anspruch auf ALG I auch aus anderen Gründen ruht. Nur bei gleichzeitigem Ruhen des Anspruchs gem. § 158 Abs. 1 SGB III wegen Zahlung einer Entlassungsentschädigung (vgl. Rz. 56 ff.) werden die Ruhenszeiten gem. § 158 Abs. 1 Satz 5 SGB III kumuliert.

bb) Gleichwohlgewährung

47 Ob ein Ruhenstatbestand gem. § 157 Abs. 1 oder 2 SGB III eingetreten ist, steht häufig erst nach Abschluss eines Kündigungsschutzverfahrens fest. Um die damit verbundene Unsicherheit über den Leistungsanspruch des Arbeitslosen zu vermeiden, wird ALG I gem. § 157 Abs. 3 Satz 1 SGB III ungeachtet des Ruhens des Anspruchs auch dann gewährt, wenn der Arbeitgeber seine Zahlungsverpflichtungen nicht er-

---

1 BAG 14.3.2006 – 9 AZR 312/05, NZA 2006, 1232 (die Urlaubsabgeltung im fortbestehenden Arbeitsverhältnis ist keine Urlaubsabgeltung iSv. § 157 Abs. 2 SGB III; uU kommt § 157 Abs. 1 SGB III in Betracht).
2 BSG 23.1.1997 – 7 RAr 72/94, NZS 1997, 530.
3 BSG 29.7.1993 – 11 RAr 17/92, EzA § 117 AFG Nr. 9.
4 BSG 21.6.2001 – B 7 AL 62/00 R, NZA-RR 2002, 275; aA LSG Rh.-Pf. 16.3.2000 – L 1 AL 118/99, NZS 2000, 469.
5 BSG 23.1.1997 – 7 RAr 72/94, NZS 1997, 530.
6 LSG Bln.-Bbg. 30.3.2010 – L 18 AL 212/09 NZB, nv.

füllt. Diese sog. **Gleichwohlgewährung** ist keine vorläufige Leistung, sondern eine endgültige und rechtmäßige Zahlung des ALG I[1]. Eine spätere Rückabwicklung des Sozialrechtsverhältnisses erfolgt daher nicht.

> ⊃ **Hinweis:** Der entstandene und mit der Gleichwohlgewährung realisierte Anspruch auf ALG I bleibt für die gesamte Dauer des Leistungsbezugs maßgebend. Wenn in einem arbeitsgerichtlichen Vergleich der Kündigungstermin auf einen späteren Zeitpunkt verschoben wird, kann der Arbeitnehmer daher **keine Verlängerung der Anspruchsdauer** erreichen, auch wenn er in der Zwischenzeit die nächste maßgebliche Lebensaltersstufe erreicht hat. Ebenso kommt es hinsichtlich der Beurteilung der Rahmenfrist, der Anwartschaftszeit und der Entgeltabrechnungszeiträume allein auf die Umstände vor der erstmaligen Anspruchsentstehung an[2].

48

Da die Agentur für Arbeit mit der Gleichwohlgewährung für den eigentlich leistungspflichtigen Arbeitgeber in Vorleistung tritt[3], geht der Zahlungsanspruch des Arbeitnehmers gegen den Arbeitgeber in Höhe des geleisteten Arbeitslosengeldes gem. § 115 SGB X auf die Agentur für Arbeit über. Teilweise wird angenommen, dass der **Anspruchsübergang** nicht nur in Höhe des an den Arbeitslosen tatsächlich gezahlten ALG I, sondern auch in Höhe der von der Agentur für Arbeit für diesen entrichteten **Sozialabgaben** erfolgt[4]. Dies überzeugt nicht. Denn der Anspruchsübergang gem. § 115 SGB X erfolgt ausweislich des eindeutigen Gesetzeswortlauts nur in Höhe der „erbrachten Sozialleistung", dh. in Höhe der an den Arbeitslosen ausgezahlten Beträge. Hiervon sind die auf die Sozialleistung entrichteten Beiträge nicht erfasst[5]. Auch § 11 Nr. 2 KSchG, der eine Erstattung anzurechnender Sozialleistungen an den Sozialversicherungsträger vorsieht, erfasst nur Leistungen, die an den Arbeitslosen gezahlt worden sind. Dementsprechend erfolgt der Ausgleich der geleisteten Sozialabgaben dergestalt, dass der Arbeitgeber gem. **§ 335 Abs. 3 SGB III** der Arbeitsverwaltung die für den Arbeitnehmer erbrachten Sozialabgaben ersetzt und im selben Umfang von der eigenen Beitragspflicht befreit wird.

49

> ⊃ **Hinweis:** Auch wenn der Arbeitgeber aufgrund des gesetzlichen Anspruchsübergangs die Zahlung unmittelbar an die Arbeitsverwaltung leistet, führt dies beim Arbeitnehmer steuerrechtlich zum Zufluss von Arbeitslohn[6].

50

Sobald der Arbeitgeber von dem Anspruchsübergang Kenntnis erlangt hat, die regelmäßig durch die schriftliche **Überleitungsanzeige** der Agentur für Arbeit eintritt, kann er die übergegangenen Ansprüche nicht mehr mit befreiender Wirkung durch Zahlung an den Arbeitnehmer erfüllen. Hat der Arbeitgeber ungeachtet des Anspruchsübergangs ausnahmsweise mit befreiender Wirkung an den Arbeitslosen geleistet, hat dieser aufgrund des öffentlich-rechtlichen Rückzahlungsanspruchs gem. § 157 Abs. 3 Satz 2 SGB III das ALG I an die Arbeitsverwaltung zu erstatten[7]. Diesen Erstattungsanspruch kann die Arbeitsverwaltung auch dadurch begründen, dass sie die Zahlung des Arbeitgebers an den Arbeitslosen nachträglich genehmigt[8].

51

---

1 LSG Hamburg 26.3.2014 – L 2 AL52/13, nv.; *Valgolio*, FA 2001, 322; *Schmidt*, NZA 2002, 1380 (1382).
2 LSG Bln.-Bbg. 11.3.2009 – L 18 AL 141/08, nv.; BSG 3.12.1998 – B 7 AL 34/98 R, NZS 1999, 468.
3 BSG 26.11.1985 – 12 RK 51/83, SozR 4100 § 168 Nr. 19.
4 LAG Nürnberg 24.6.2003 – 6 Sa 424/02, ZTR 2004, 46.
5 LAG Hamm 18.6.1998 – 8 Sa 2397/97, nv.
6 BFH 15.11.2007 – VI R 66/03, DB 2008, 329.
7 BSG 16.10.1991 – 11 RAr 137/90, NZA 1992, 619.
8 LSG Hamburg 28.8.2009 – L 5 AL 84/06, nv.; BSG 14.9.1990 – 7 RAr 128/89, SozR 3-4100 § 117 Nr. 3; 16.10.1991 – 11 RAr 137/90, SozR 3-4100 § 117 Nr. 7.

52 Der Arbeitslose kann über die auf die Agentur für Arbeit übergegangenen Ansprüche nicht mehr wirksam verfügen oder auf sie verzichten[1]. Der Anspruchsübergang begrenzt damit auch die **Gestaltungsfreiheit** der Prozessparteien im Kündigungsschutzverfahren. Steht nach rechtskräftigem Abschluss eines Kündigungsschutzverfahrens fest, dass das Arbeitsverhältnis fortbesteht, sind Ansprüche des Arbeitnehmers aus **Annahmeverzug** entstanden und auf die Agentur für Arbeit übergegangen[2]. Vereinbart allerdings ein fristgerecht entlassener Arbeitnehmer nach erstinstanzlichem Obsiegen während des Laufs der Berufungsfrist mit dem Arbeitgeber einen **Abfindungsvergleich** mit Beendigung des Arbeitsverhältnisses zum ursprünglichen Kündigungstermin, liegt ein Anspruchsübergang iSd. § 157 Abs. 3 Satz 2 SGB III nicht vor, da Vergütungsansprüche des Arbeitnehmers iSd. § 151 Abs. 1 SGB III im Zeitpunkt des Vergleichsabschlusses mangels Rechtskraft des erstinstanzlichen Urteils rechtlich noch nicht entstanden waren. Ein solcher Vergleich beinhaltet auch grundsätzlich weder einen unzulässigen Vertrag zu Lasten Dritter noch eine sittenwidrige Vertragsgestaltung[3]. Wird durch Prozessvergleich das Ende des Arbeitsverhältnisses unter Verzicht des Arbeitnehmers auf etwaige Gehaltsansprüche auf einen nach Ausspruch der fristlosen Kündigung liegenden Zeitpunkt hinausgeschoben, so ist, wenn die Arbeitsverwaltung für die Zeit des gezahlten ALG I aus übergegangenem Recht einen Anspruch aus § 615 BGB geltend macht, zunächst als Vorfrage die Berechtigung der fristlosen Kündigung zu prüfen. Bestand aufgrund wirksamer Kündigung kein über den Zeitpunkt der fristlosen Kündigung hinausgehender Lohnanspruch, gibt es keine Vergütungsansprüche, die auf die Arbeitsverwaltung übergegangen sein könnten[4].

53 ⊃ **Hinweis:** In einem auf Verzugslohn gerichteten Zahlungsantrag des Arbeitslosen müssen die übergegangenen Ansprüche in Abzug gebracht werden. Dabei wird ein Antrag, in dem von dem als Bruttobetrag bezifferten Vergütungsanspruch der Nettobetrag des ALG I in Abzug gebracht wird, als hinreichend bestimmt angesehen, da die Umrechnung eines Bruttoanspruchs in einen Nettobetrag im Rahmen des Zwangsvollstreckungsverfahrens unproblematisch möglich ist. Berücksichtigt der Arbeitnehmer den Anspruchsübergang in seinem Klageantrag nicht, ist der Zahlungsantrag insgesamt unschlüssig.

54 Die **Gleichwohlgewährung** führt, da es sich um eine rechtmäßige Leistung des ALG I handelt, gem. § 148 Abs. 1 Nr. 1 SGB III zu einer **Minderung der Anspruchsdauer**[5]. Dieses Ergebnis ist allerdings unbillig, wenn der Arbeitgeber die von der Arbeitsagentur erbrachten Aufwendungen durch Ausgleich der gem. § 115 SGB X übergeleiteten Ansprüche erstattet. In diesem Fall tritt aus Billigkeitsgründen die Anspruchsminderung nicht ein[6], der Arbeitslose kann weiterhin ALG I beziehen. Allerdings wird die Anspruchsdauer nur dann in dieser Form verlängert, wenn die auf die Agentur für Arbeit übergeleiteten Ansprüche auch tatsächlich erfüllt werden. Verweigert der Arbeitgeber die Erfüllung der übergeleiteten Ansprüche, ist er dem Arbeitnehmer zum Schadensersatz verpflichtet[7]; die Arbeitsagentur ist jedoch nach überwiegender Auffassung nicht verpflichtet, die auf sie übergegangene Vergütungsforderung gegenüber dem Arbeitgeber geltend zu machen[8].

55 ⊃ **Hinweis:** Der Arbeitnehmer kann auf die Erfüllung der übergeleiten Ansprüche und damit die Verlängerung seines ALG-Anspruchs nur dadurch Einfluss nehmen, dass er mit Einwil-

---

1 BSG 10.8.2000 – B 11 AL 83/99 R, NZA-RR 2001, 441.
2 LAG Hamm 19.2.1987 – 16 Sa 1705/87, NZA 1988, 773; *Valgolio*, FA 2001, 322 (323).
3 LAG Hess. 9.2.1983 – 10 Sa 759/82, DB 1983, 1932; SG Osnabrück 28.6.1984 – S 6 Ar 152/82, NZA 1985, 303; LAG Rh.-Pf. 17.1.2002 – 4 Sa 1110/01, DB 2002, 1113.
4 BAG 28.4.1983 – 2 AZR 446/81, DB 1983, 2091.
5 LSG NRW 18.6.2008 – L 12 AL 96/07, nv.
6 BSG 24.7.1986 – 7 RAr 4/85, SozR 4100 § 117 Nr. 16; 29.1.2008 – B 7/7a AL 58/06 R, FA 2008, 351; *Valgolio*, FA 2001, 322 (323); *Schmidt*, NZA 2002, 1380.
7 LAG MV 18.3.2010 – 5 Sa 241/09, nv.
8 LSG Sa.-Anh. 25.11.2010 – L 2 AL 79/08; BSG 11.6.1987 – 7 RAr 16/86, NZA 1987, 330; kritisch LSG Nds.-Bremen 3.9.2009 – L 12 AL 46/07.

ligung der Bundesagentur für Arbeit die übergegangenen Vergütungsansprüche im Wege der **gewillkürten Prozessstandschaft** für die Bundesagentur gerichtlich geltend macht. Das hierfür erforderliche berechtigte Interesse ergibt sich aus den Auswirkungen der Erfüllung der übergegangenen Ansprüche auf die Dauer des ALG I-Anspruchs[1]. Verweigert die Arbeitsagentur die Einwilligung zu der gerichtlichen Geltendmachung, kann auch dies die Minderung der Anspruchsdauer beseitigen[2].

b) Ruhen wegen Entlassungsentschädigung

Wird das Arbeitsverhältnis bei Zahlung einer Entlassungsentschädigung (Abfindung) ohne Einhaltung der für den Arbeitgeber geltenden Kündigungsfrist beendet, unterstellt § 158 SGB III in typisierender Weise, dass die Entlassungsentschädigung zumindest teilweise aus der Vergütung der nicht eingehaltenen Kündigungsfrist besteht und ordnet dementsprechend das Ruhen des ALG I an. Damit ist eine vereinbarte Abfindung zwar entgegen einer weit verbreiteten Laienmeinung nicht auf das ALG I „anzurechnen", sie kann aber zu einer Verschiebung der Leistungszeit führen. Der Ruhenstatbestand des § 158 Abs. 1 SGB III normiert dabei zwei Voraussetzungen, die kumulativ vorliegen müssen: zum einen muss der Arbeitnehmer **vorzeitig**, mithin unter Nichteinhaltung der für den Arbeitgeber maßgeblichen Kündigungsfrist **aus dem Arbeitsverhältnis ausgeschieden** sein, zum anderen muss er eine Abfindung, Entschädigung oder ähnliche Leistung (**Entlassungsentschädigung**) erhalten oder zu beanspruchen haben. Die Regelung gilt auch bei vorzeitiger Beendigung eines **befristeten Arbeitsverhältnisses** durch außerordentliche Kündigung oder einvernehmliche Regelung[3]. Bei der Beurteilung kommt es nicht auf das Arbeitsverhältnis, sondern auf das **Beschäftigungsverhältnis** an (vgl. Rz. 7); auch die Vereinbarung einer unbezahlten Freistellung kann daher bei gleichzeitiger Abfindungszahlung nach § 158 Abs. 3 SGB III zum Ruhen des Leistungsanspruchs führen. Der Anspruch auf ALG I ruht auch dann, wenn dem Arbeitslosen wegen anhaltender Arbeitsunfähigkeit gegen den Arbeitgeber objektiv kein Anspruch auf Arbeitsentgelt mehr zugestanden hätte[4].

⊃ **Hinweis:** Das Ruhen gem. § 157 SGB III tritt – im Gegensatz zum Ruhen aufgrund einer Sperrzeit – unabhängig davon ein, ob der Arbeitslose einen **wichtigen Grund** für den Abschluss der Abfindungsvereinbarung hatte[5]. Der Eintritt des Ruhens ist keine Sanktion für ein Fehlverhalten des Arbeitslosen, sondern soll allein den Doppelbezug von Arbeitsentgelt und ALG I verhindern.

Der Ruhenstatbestand erfasst nicht nur Abfindungszahlungen, sondern auch „ähnliche Leistungen". Dieser Begriff wird weit ausgelegt; erfasst werden alle im Zusammenhang mit einer vorzeitigen Beendigung des Arbeitsverhältnisses gewährten Leistungen, unabhängig von deren Bezeichnung, sofern nur ein ursächlicher Zusammenhang zwischen der Beendigung des Arbeitsverhältnisses und der Gewährung der Leistung besteht[6]. Ob demgegenüber gerade die *vorzeitige* Beendigung des Arbeitsverhältnisses zu der Leistung geführt hat, ist unerheblich. Der Ruhenstatbestand kann daher auch eingreifen, wenn die Abfindung auch bei Einhaltung der ordentlichen Kündigungsfrist zu zahlen gewesen wäre[7]. Auch ein **Schadensersatzanspruch nach § 628 Abs. 2 BGB** ist eine der Abfindung ähnliche Leistung[8]. Eine nach gerichtlicher **Auflösung** des Arbeitsverhältnisses festgesetzte Abfindung führt nur bei außerordent-

---

1 BAG 23.9.2009 – 5 AZR 518/08, NZA 2010, 781; 19.3.2008 – 5 AZR 432/07, NZA 2008, 900; *Oberthür/Becker*, ArbRB 2009, 345.
2 LAG Hess. 2.9.2011 – L 9 AL 107/09.
3 BSG 12.12.1984 – 7 RAr 87/83, NZA 1985, 302.
4 BSG 20.1.2000 – B 7 AL 48/99, EzA § 143a SGB III Nr. 1.
5 LSG Bayern 30.6.2011 – L 10 AL 294/10.
6 BSG 15.11.1984 – 7 RAr 109/83, NZA 1985, 438.
7 BSG 21.9.1995 – 11 RAr 41/95, NZA 1997, 680.
8 BSG 13.3.1990 – 11 RAr 69/89, NZA 1990, 829.

licher Kündigung zum Ruhen, da die Abfindung in diesem Fall regelmäßig das dem Arbeitnehmer in der Kündigungsfrist entgangene Arbeitsentgelt enthält[1]; bei einer Auflösung nach ordentlicher Kündigung ist dies gem. § 9 Abs. 2 KSchG grundsätzlich ausgeschlossen[2]. Leistungen, die der Arbeitslose während der Beschäftigung erworben hat, beruhen demgegenüber nicht auf der Beendigung des Arbeitsverhältnisses, sondern sind regelmäßig nur mit dem Ende des Arbeitsverhältnisses fällig geworden[3]. Ein mit Beendigung des Arbeitsverhältnisses ausgezahltes **Wertguthaben** aus einem flexiblen Arbeitszeitmodell ist dementsprechend keine Entlassungsentschädigung[4]. Gleiches gilt in der Regel auch für die Abfindung einer Betriebsrente, doch kann diese eine Entlassungsentschädigung darstellen, wenn auf die Betriebsrente bzw. deren Kapitalisierung kein Rechtsanspruch bestand[5]. Eine der Abfindung ähnliche Leistung kann auch der Ausgleich von Darlehensforderungen Dritter oder die Gewährung eines **Darlehens** sein, wenn Einigkeit besteht, dass der Arbeitnehmer dieses nicht zurückzahlen muss[6]. **Einzahlungen in die Rentenversicherung**, die der Arbeitgeber für den Arbeitslosen, dessen Arbeitsverhältnis frühestens mit Vollendung des 55. Lebensjahres beendet wird, gem. § 187a Abs. 1 SGB VI aufwendet, bleiben gem. § 158 Abs. 1 Satz 6 SGB III unberücksichtigt. Dies gilt gem. § 158 Abs. 1 Satz 7 SGB III entsprechend für Beiträge des Arbeitgebers zu einer berufsständischen Versorgungseinrichtung. Leistungen, die dem Arbeitnehmer selbst zum Ausgleich von Renteneinbußen zugewandt werden, sind demgegenüber als Entlassungsentschädigung zu berücksichtigen.

59 Die Entlassungsentschädigung ist in der tatsächlich ausgezahlten **Höhe** zu berücksichtigen. Bei wiederkehrenden Leistungen ist der Kapitalwert zu berechnen[7]. Steht die Höhe nicht abschließend fest, etwa weil der Arbeitgeber dem Arbeitnehmer unter Einbeziehung des ALG I einen bestimmten Prozentsatz des letzten Nettoeinkommens garantiert, ist eine Schätzung der Höhe der Gesamtabfindung durch die Arbeitsverwaltung erforderlich. Erhält der Arbeitslose nur einen Teil der Entlassungsentschädigung, kann der Berechnung des Ruhenszeitraums auch nur dieser Teil zugrunde gelegt werden[8]. Besondere Zahlungsmodalitäten haben demgegenüber keine Auswirkungen auf das Ruhen des Anspruchs auf ALG I[9].

60 Der Ruhenstatbestand setzt weiter voraus, dass – unabhängig von der Form der Beendigung des Beschäftigungsverhältnisses – die **ordentliche, für den Arbeitgeber geltende Kündigungsfrist** nicht eingehalten wird. Maßgebend ist dabei nicht eine etwa im Kündigungsschutzprozess besonders vereinbarte, sondern die „richtige" Kündigungsfrist des Arbeitgebers, wie sie sich aus den zuletzt maßgeblichen arbeitsvertraglichen Bedingungen ergibt[10]. Ein Irrtum über die zutreffende Länge der Kündigungsfrist ist unbeachtlich.

61 Ist die **ordentliche Kündigung** des Arbeitsverhältnisses durch den Arbeitgeber **ausgeschlossen**, müssen die in § 158 Abs. 1 Satz 3 SGB III normierten **fiktiven Kündigungsfristen** eingehalten werden, um ein Ruhen des Anspruchs zu vermeiden: Bei zeitlich unbegrenztem Ausschluss gilt arbeitsförderungsrechtlich eine Kündigungs-

---

1 BSG 8.12.1987 – 7 RAr 48/86, BB 1988, 1827.
2 LSG Hess. 20.6.2011 – L 7 AL 37/08, nv.
3 *Johannsen*, ZTR 1999, 241 (244).
4 *Johannsen*, ZTR 1999, 241 (244).
5 BSG 22.2.1984 – 7 RAr 55/82, SozR 4100 § 118 Nr. 13; *Johannsen*, ZTR 1999, 241 (244) mit Beispielen.
6 BSG 3.3.1993 – 11 RAr 57/92, SozR 3/4100 § 117 Nr. 10.
7 BSG 15.11.1984 – 7 RAr 109/83, NZA 1985, 438.
8 BSG 8.2.2001 – B 11 AL 59/00 R, NZS 2001, 558 (Aufgabe von BSG 13.3.1990 – 11 RAr 69/89, SozR 3-4100 § 117 Nr. 2).
9 *Bauer*, Arbeitsrechtliche Aufhebungsverträge, VIII Rz. 26.
10 BSG 28.11.1996 – 7 RAr 56/96, NZS 1997, 378.

frist von 18 Monaten[1], bei zeitlich begrenztem Ausschluss oder bei Vorliegen der Voraussetzungen für eine **fristgebundene Kündigung aus wichtigem Grund**[2] gilt die Kündigungsfrist, die ohne den Ausschluss der ordentlichen Kündigung maßgeblich gewesen wäre. Ein zeitlich begrenzter Ausschluss der ordentlichen Kündigung liegt insbesondere in den Fällen der §§ 9 MuSchG, 5 PflegeZG, 9 Abs. 3 FPfZG, 15 KSchG, 85 SGB IX und 18 BEEG vor. § 158 Abs. 1 Satz 3 Nr. 2 SGB III ist auch anzuwenden, wenn ein Tarifvertrag aus Anlass einer besonderen Personalreduzierungsmaßnahme zwar eine ordentliche Kündigung nicht zulässt, aber eine einvernehmliche Beendigung des Arbeitsverhältnisses mit einer Abfindungszahlung ermöglicht[3]. Ob der Ausschluss der ordentlichen Kündigung zeitlich begrenzt oder unbegrenzt ist, ist anhand des konkreten Arbeitsverhältnisses und der üblichen Lebensarbeitszeit zu bestimmen. Sieht ein Tarifvertrag Ausnahmen von der ordentlichen Unkündbarkeit vor[4], ist im Einzelfall konkret festzustellen, ob und ggf. welcher Ausnahmetatbestand vorliegt. Ist die ordentliche Kündigung bspw. mit Zustimmung des Betriebsrats ausnahmsweise zulässig, ist lediglich die ordentliche Kündigungsfrist einzuhalten, wenn die Entlassung auch tatsächlich mit Zustimmung des Betriebsrats erfolgt.

Wird die **ordentliche Kündigungsmöglichkeit nur bei Zahlung einer Abfindung** oder ähnlichen Leistung eröffnet, gilt nach § 158 Abs. 1 Satz 4 SGB III eine fiktive Kündigungsfrist von einem Jahr[5]. Dies gilt auch, wenn die ordentliche Kündigung nur bei Vorliegen einer Betriebsänderung möglich ist und diese einen Sozialplan nach sich zieht[6]. Nicht einschlägig ist § 158 Abs. 1 Satz 4 SGB III allerdings, wenn das Arbeitsverhältnis auch bei Zahlung einer Abfindung nicht gekündigt werden kann[7], oder wenn nur betriebsbedingte, nicht aber andere ordentliche Kündigungen begrenzt sind[8]. Bestehen bei einem ordentlich unkündbaren Arbeitnehmer ausnahmsweise verschiedene Möglichkeiten einer ordentlichen Kündigung (zB mit Zustimmung des Betriebsrats oder bei Vorliegen eines Sozialplans), kommt es darauf an, welche Möglichkeit der Arbeitgeber konkret realisieren konnte[9]. Die einjährige Kündigungsfrist des § 158 Abs. 1 Satz 4 SGB III ist zudem nach Auffassung des BSG teleologisch auf die Dauer der ordentlichen Kündigungsfrist des Arbeitgebers zu reduzieren, wenn ungeachtet der Zulässigkeit der ordentlichen Kündigung bei Vorliegen eines Sozialplans zugleich die Voraussetzungen für eine fristgebundene Kündigung aus wichtigem Grund nach § 158 Abs. 1 Satz 3 Nr. 2 Alt. 2 SGB III vorgelegen haben[10]. Voraussetzung für das Eingreifen der fiktiven Kündigungsfrist des § 158 Abs. 1 Satz 4 SGB III ist damit, dass dem Arbeitnehmer ausschließlich bei Zahlung einer Entlassungsentschädigung gekündigt werden kann. Stehen für den Arbeitgeber realisierbare alternative Möglichkeiten der Kündigung auch ohne Abfindung zur Verfügung, ist die Anwendung des § 158 Abs. 1 Satz 4 SGB III mit der Folge ausgeschlossen, dass bei Ein-

---

1 LSG BW 26.7.2006 – L 3 AL 1308/05, NZS 2006, 609: kein altersbedingter Verstoß gegen den Gleichheitssatz des Art. 3 Abs. 1 GG oder die EU-Gleichbehandlungsrichtlinien.
2 BSG 17.12.2013 – B 11 AL 13/12 R, NZA-RR 2014, 327.
3 LSG Bayern 15.12.1998 – L 8 AL 238/97, NZS 1999, 564.
4 ZB MTV Metall NRW § 20 Nr. 4; MTV Einzelhandel NRW § 11 Abs. 9.
5 BSG 19.12.2001 – B 11 AL 53/01 R, NZA-RR 2002, 217; krit. *Hiekel*, FS Schwerdtner, S. 407.
6 BSG 5.2.1998 – B 11 AL 65/97 R, NZS 1998, 538; krit. dazu, auch verfassungsrechtliche Bedenken: *Gagel*, NZS 2000, 327 und *Köster*, NZS 2000, 536 (536, 537); BSG 29.1.2001 – B 7 AL 62/99 R, NZS 2001, 552; krit. dazu *Gagel*, EWiR § 143a SGB III 1/01, 741; BSG 9.2.2006 – B 7a AL 44/05 R, NZA-RR 2006, 663 (auch keine verfassungsrechtlichen Bedenken); 9.2.2006 – B 7a/7 AL 48/04 R, info also 2006, 175; LSG Bayern 24.2.2005 – L 10 AL 322/03, NZA-RR 2005, 499.
7 BSG 15.12.1999 – B 11 AL 29/99 R, DB 2000, 1467.
8 LSG Nds.-Bremen 21.8.2012 – L 11 AL 20/10, nv.
9 BSG 5.2.1998 – B 11 AL 65/97 R, NZS 1998, 538; *Johannsen*, ZTR 1999, 241 (245).
10 BSG 29.1.2001 – B 7 AL 62/99 R, NZA-RR 2002, 441; 9.2.2006 – B 7a/7 AL 48/04 R, info also 2006, 175; 9.2.2006 – B 7a AL 44/05 R, NZS 2006, 662; ebenso LSG BW 24.1.2002 – L 12 AL 1164/01, NZS 2002, 608; LSG Bayern 24.2.2005 – L 10 AL 322/03, NZA-RR 2005, 499.

haltung der ordentlichen Kündigungsfrist ein Ruhen des ALG I nicht in Betracht kommt. Dabei schließt jedoch eine nur abstrakte Möglichkeit, aus wichtigem Grund ordentlich auch ohne Abfindung kündigen zu können, die Anwendung des § 158 Abs. 1 Satz 4 SGB III nicht aus. Erforderlich ist vielmehr eine einzelfallbezogene konkrete Betrachtungsweise; hätte der Arbeitgeber ohne die tarifliche Kündigungsmöglichkeit bei Vorliegen eines Sozialplans das Recht und die Möglichkeit einer fristgebundenen Kündigung aus wichtigem Grund gehabt, ist die nach § 158 Abs. 1 Satz 4 SGB III vorgegebene fiktive Kündigungsfrist von einem Jahr teleologisch zu reduzieren, um Wertungswidersprüche zu vermeiden.

63 Der Ruhenszeitraum **beginnt** gem. § 158 Abs. 1 Satz 2 SGB III am Tag nach dem Ende des Arbeitsverhältnisses, für das die Entlassungsentschädigung gezahlt wird; er läuft kalendermäßig und unabhängig davon ab, ob alle Voraussetzungen für den Anspruch auf ALG I erfüllt sind und dieser geltend gemacht wird[1].

64 Die **Dauer des Ruhenszeitraums** ergibt sich aus § 158 Abs. 1 und 2 SGB III. Dort sind sechs unterschiedliche Begrenzungen des Ruhenszeitraums normiert, wobei jeweils die **für den Arbeitslosen günstigste Regelung** anzuwenden ist. Der Ruhenszeitraum endet demnach entweder:
– nach Ablauf der ordentlichen arbeitgeberseitigen Kündigungsfrist (§ 158 Abs. 1 Satz 1 SGB III),
– nach Ablauf der fiktiven Kündigungsfristen gem. § 158 Abs. 1 Sätze 3 und 4 SGB III,
– nach Ablauf eines Jahres (§ 158 Abs. 2 Satz 1 SGB III),
– nach Ablauf des Zeitraums, bis zu dem der Arbeitslose bei Weiterzahlung des während der letzten Beschäftigungszeit kalendertäglich verdienten Arbeitsentgelts einen Betrag in Höhe von 60 % der Abfindung als Arbeitsentgelt verdient hätte; der berücksichtigungsfähige Anteil der Abfindung reduziert sich bei zunehmendem Alter und Betriebszugehörigkeit (§ 158 Abs. 2 Satz 2 Nr. 1, Satz 3 SGB III),
– zum Zeitpunkt einer vereinbarten Befristung (§ 158 Abs. 2 Satz 2 Nr. 2 SGB III), oder
– an dem Tag, an dem der Arbeitgeber das Arbeitsverhältnis aus wichtigem Grund ohne Einhaltung einer Kündigungsfrist hätte kündigen können (§ 158 Abs. 2 Satz 2 Nr. 3 SGB III).

65 Bei der **Jahresfrist** des § 158 Abs. 2 Satz 1 SGB III ist darauf zu achten, dass sie mit dem Zeitpunkt der rechtlichen Beendigung des Arbeitsverhältnisses beginnt, also mit dem Eintritt des Ruhens. Sie läuft kalendermäßig ab. Die Jahresfrist macht also insbesondere die 18-Monats-Frist des § 158 Abs. 1 Satz 3 Nr. 1 SGB III nicht in jedem Fall gegenstandslos. Die **Befristung** iSv. § 158 Abs. 2 Satz 2 Nr. 2 SGB III muss arbeitsrechtlich wirksam sein. § 158 Abs. 2 Satz 2 Nr. 3 SGB III wird schließlich nicht von vornherein dadurch ausgeschlossen, dass der Arbeitnehmer im Kündigungsschutzverfahren das **Vorliegen eines wichtigen Grundes** für den Ausspruch der Kündigung bestritten hat und mit dem Arbeitgeber einen Vergleich abgeschlossen hat[2].

66 Der nach § 158 Abs. 2 Satz 2 Nr. 1, Satz 3 SGB III zu berücksichtigende Anteil der Abfindung, Entschädigung oder ähnlichen Leistung ist der nachfolgenden Tabelle zu entnehmen:

Zu berücksichtigender Anteil der Abfindung, Entschädigung oder ähnlichen Leistungen (in %):

---
1 BSG 15.2.2000 – B 11 AL 45/99 R, NZA-RR 2001, 328.
2 *Bauer*, Arbeitsrechtliche Aufhebungsverträge, VIII Rz. 32.

II. Arbeitslosengeld I

Betriebs- oder Unter-nehmenszugehörigkeit	Lebensalter am Ende des Arbeitsverhältnisses					
	unter 40 Jahre	ab 40 Jahre	ab 45 Jahre	ab 50 Jahre	ab 55 Jahre	ab 60 Jahre
weniger als 5 Jahre	60	55	50	45	40	35
5 und mehr Jahre	55	50	45	40	35	30
10 und mehr Jahre	50	45	40	35	30	25
15 und mehr Jahre	45	40	35	30	25	25
20 und mehr Jahre	40	35	30	25	25	25
25 und mehr Jahre	35	30	25	25	25	25
30 und mehr Jahre	–	25	25	25	25	25
35 und mehr Jahre	–	–	25	25	25	25

Maßgeblich ist das Alter des Arbeitslosen **im Zeitpunkt der Beendigung** des Arbeitsverhältnisses. Für die Höhe der Entlassungsentschädigung ist der Bruttozahlbetrag unabhängig von seiner Fälligkeit anzusetzen; ein Nettobetrag ist ggf. um die vom Arbeitgeber zusätzlich übernommene Lohnsteuer zu erhöhen. Der Tabelle kann dann der maßgebliche Prozentsatz entnommen werden. Alsdann wird das Brutto-Arbeitsentgelt während der letzten Beschäftigungszeit (vgl. § 158 Abs. 2 Satz 4 SGB III) errechnet und durch die Kalendertage der letzten Beschäftigungszeit dividiert. Der zu berücksichtigende Anteil der Abfindung wird durch das so errechnete kalendertägliche Entgelt dividiert; hieraus ergibt sich die Anzahl der Kalendertage, an denen der Anspruch auf ALG I ruht. 67

Zahlt der Arbeitgeber die dem Arbeitslosen zustehende Entlassungsentschädigung tatsächlich nicht aus, wird ALG I gem. § 158 Abs. 4 SGB III im Wege der **Gleichwohlgewährung** (vgl. Rz. 46) auch für die Zeit geleistet, in der der Anspruch auf ALG I eigentlich ruht[1]. Mit der Zahlung des ALG I geht gem. § 115 SGB X der Abfindungsanspruch gegen den Arbeitgeber in Höhe des ALG I auf die Agentur für Arbeit über. Erfüllt der Arbeitgeber den auf die Agentur für Arbeit **übergegangenen Anspruch**, wird die gem. § 148 Abs. 1 Satz 1 SGB III eingetretene Minderung der Anspruchsdauer aus Billigkeitsgründen korrigiert. Diese Korrektur erfolgt in vollem Umfang unabhängig davon, dass die Arbeitsagentur keinen Anspruch gegen den Arbeitgeber auf Erstattung der für den Arbeitslosen während der Gleichwohlgewährung entrichteten Beiträge zur Sozialversicherung hat[2]. § 158 Abs. 4 Satz 2 SGB III sieht einen **Erstattungsanspruch der Arbeitsagentur gegen den Arbeitslosen** vor, wenn der Arbeitgeber ungeachtet des Anspruchsübergangs ausnahmsweise mit befreiender Wirkung an den Arbeitslosen gezahlt hat. Insoweit unterliegt es der freien Entscheidung der Arbeitsverwaltung, diese Verfügung zu genehmigen und den Erstattungsanspruch gegen den Arbeitslosen geltend zu machen, ohne zuvor den Arbeitgeber in Anspruch zu nehmen[3]. Zahlt der Arbeitgeber die in einem Vergleich vereinbarte Abfindung aufgrund einer unrichtigen Überleitungsanzeige an die Agentur für Arbeit, hat dies gegenüber dem Arbeitslosen als wahren Gläubiger keine schuldbefreiende Wirkung[4]. 68

Wird nur ein **Teilbetrag** der zustehenden Abfindung ausgezahlt, wird der Teilbetrag zunächst als Zahlung auf die Forderung der Arbeitsagentur angesehen[5]. 69

---

1 Zu Problemen bei der Teilauszahlung von Abfindungen: *Gagel*, NZS 2002, 230.
2 LSG Hess. 26.6.2006 – L 9 AL 1189/03.
3 BSG 22.10.1998 – B 7 AL 106/97 R, NZS 1999, 354; 24.6.1999 – B 11 AL 7/99 R, NZA-RR 2000, 270.
4 LAG Köln 21.1.1999 – 10 (9) Sa 924/98, NZA-RR 1999, 663.
5 BSG 8.2.2001 – B 11 AL 59/00 R, SozR 3-4100 § 117 Nr. 23; aA *Gagel*, NZS 2002, 230.

70 ⊃ **Hinweis:** Auf den gesetzlichen Forderungsübergang nach § 115 SGB X ist mithin auch im Rahmen des § 158 SGB III zu achten. In einem **Vergleich** bedarf es einer ausdrücklichen Regelung, wenn eine vereinbarte Abfindung entgegen § 158 SGB III nicht um den Betrag des geleisteten ALG I gekürzt werden soll, die auf die Arbeitsverwaltung übergegangenen Ansprüche vielmehr zusätzlich vom Arbeitgeber getragen werden sollen. Eine allgemeine Ausgleichsklausel in einem Vergleich, den die Parteien im Kündigungsschutzprozess geschlossen haben, reicht hierzu nicht aus[1].

c) Rechtsfolgen des Ruhens

71 Während des Ruhenszeitraums wird **ALG I nicht gezahlt**. Die Verhängung eines Ruhenszeitraums gem. §§ 156, 157 SGB III verkürzt aber – anders als bei einer Sperrzeit, vgl. Rz. 110 – die Gesamtdauer des Anspruchs auf ALG I nicht (arg. aus § 148 SGB III), sondern führt nur zu dessen **zeitlicher Verlagerung** auf einen späteren Zeitpunkt nach Ablauf der Ruhenszeit.

72 Während des Ruhenszeitraumes werden von der Agentur für Arbeit keine **Beiträge** an die Rentenversicherung abgeführt, weil der Arbeitslose nicht im Leistungsbezug steht und daher **nicht versicherungspflichtig** iSd. §§ 3 Satz 1 Nr. 3, 166 SGB VI ist. In der gesetzlichen **Krankenversicherung** ist der Arbeitslose für die Dauer eines Monats uU über den nachwirkenden Versicherungsschutz des § 19 Abs. 2 SGB V geschützt, sofern nicht ohnehin gem. § 5 Nr. 13 SGB V Versicherungspflicht besteht. Zudem kann er über eine Familienversicherung gem. § 10 SGB V oder über eine eigene freiwillige Krankenversicherung Versicherungsschutz erwerben. Ab dem zweiten Monat der Ruhenszeit ist der **Kranken- und Pflegeversicherungsschutz** gem. § 5 Abs. 1 Nr. 2 Halbs. 1 Alt. 2 SGB V, § 1 Abs. 2 Satz 1 SGB XI nur bei einem Ruhen wegen Urlaubsabgeltung gem. § 157 Abs. 2 SGB III gesichert, die Arbeitsverwaltung muss während dieser Zeit Beiträge an die Krankenkasse und die Pflegeversicherung leisten. Auch eine Übernahme der Beiträge zur befreienden Lebensversicherung und zur privaten Kranken- und Pflegeversicherung nach den §§ 173 und 174 SGB III ist in diesem Fall gewährleistet.

7. Sperrzeit wegen Arbeitsaufgabe

73 Versicherungswidriges Verhalten des Arbeitslosen wird durch den Eintritt einer Sperrzeit sanktioniert. Sie soll die Versichertengemeinschaft davor bewahren, uneingeschränkt für Versicherungsfälle einzutreten, die der Arbeitslose selbst zu verantworten hat. **Sperrzeitauslösende Sachverhalte** gem. **§ 159 Abs. 1 SGB III** sind Verhaltensweisen, durch die der Arbeitslose zum Eintritt oder zum Fortbestand der Arbeitslosigkeit beigetragen hat, ohne einen wichtigen Grund für sein Verhalten zu haben. Neben der Verletzung der Pflicht zur Arbeitsuchendmeldung (s. Rz. 115) und der Pflicht, bei der Aufnahme einer neuen Beschäftigung in gebotener Weise mitzuwirken, führt insbesondere die eigene Beteiligung bei der Beendigung einer Beschäftigung zu dem Eintritt einer Sperrzeit.

a) Lösung des Beschäftigungsverhältnisses

74 Gem. § 159 Abs. 1 Satz 2 Nr. 1 Alt. 1 SGB III kommt es zu dem Eintritt einer Sperrzeit, wenn der Arbeitslose das **Beschäftigungsverhältnis gelöst** hat.

⊃ **Hinweis:** Hierbei kommt es allein auf die Lösung des (leistungsrechtlichen) Beschäftigungsverhältnisses, nicht des Arbeitsverhältnisses an. Mit der Beendigung des Arbeitsverhältnisses geht zwar regelmäßig auch die Lösung des Beschäftigungsverhältnisses einher,

---

1 BAG 25.3.1992 – 5 AZR 254/91, EzA § 117 AFG Nr. 8; 12.3.1997 – 10 AZR 648/96, DB 1997, 680.

II. Arbeitslosengeld I

doch kann auch im bestehenden Arbeitsverhältnis, etwa durch die Vereinbarung einer **Freistellung**, das Beschäftigungsverhältnis gelöst werden.

Die **Eigenkündigung** des Arbeitnehmers stellt grundsätzlich eine Lösung des Beschäftigungsverhältnisses dar, selbst wenn die Arbeitslosigkeit damit nur einen Tag vorverlegt wird[1]. Eine **Arbeitgeberkündigung** ist demgegenüber nur dann sperrzeitrelevant, wenn diese durch **vertragswidriges Verhalten** des Arbeitslosen veranlasst war (§ 159 Abs. 1 Satz 2 Nr. 1 Alt. 2 SGB III, vgl. Rz. 86 ff.). 75

Der **Abschluss eines Aufhebungsvertrages** beinhaltet ebenfalls einen Lösungssachverhalt iSd. § 159 Abs. 1 Satz 2 Nr. 1 SGB III, da der Arbeitnehmer damit den Eintritt der Arbeitslosigkeit mitverursacht[2]. Auf die Einhaltung der Schriftform des § 623 BGB kommt es nicht an, da die Lösung des allein maßgeblichen Beschäftigungsverhältnisses nicht der Schriftform bedarf. Gleichermaßen unerheblich ist, von wem die Initiative zur Beendigung des Arbeitsverhältnisses ausgegangen ist[3] und ob dem Arbeitnehmer eine Abfindung zugesagt worden ist. Auch die Beendigung eines bereits gekündigten Arbeitsverhältnisses zu einem Zeitpunkt vor dem ursprünglichen Kündigungstermin löst das Beschäftigungsverhältnis und kann eine Sperrzeit begründen, auch wenn der Arbeitslose ALG I erst ab dem Zeitpunkt beansprucht, zu dem er aufgrund der Kündigung ohnehin arbeitslos geworden wäre[4]. Ein Aufhebungsvertrag löst damit in aller Regel nur dann keine Sperrzeit aus, wenn ein **wichtiger Grund** iSd. § 159 Abs. 1 Satz 1 SGB III vorliegt (vgl. Rz. 96 ff.). 76

Ob auch ein **Abwicklungsvertrag**, mit dem der Arbeitnehmer nach Ausspruch einer arbeitgeberseitigen Kündigung Regelungen zur Abwicklung des Arbeitsverhältnisses trifft, einen Lösungstatbestand darstellt, ist lange Zeit umstritten gewesen. 77

Früheren Erwägungen[5], der Problematik durch eine offenere Interpretation des Lösungsbegriff zu begegnen, ist das BSG[6] entgegengetreten: auch ohne rechtsfortbildende Interpretation ließen sich Vereinbarungen nach Ausspruch einer Kündigung als Lösungssachverhalt verstehen. Mit dem grundlegenden **Urteil vom 18.12.2003**[7] betonte das BSG, es sei bei einer Bewertung des tatsächlichen Geschehensablaufs unter Einbeziehung der zugrunde liegenden Interessen der Beteiligten nicht zweifelhaft, dass der Arbeitslose auch durch den Abschluss eines Abwicklungsvertrages, in dem auf die Geltendmachung des Kündigungsschutzes verzichtet wird, einen wesentlichen Beitrag zur Herbeiführung seiner Beschäftigungslosigkeit leiste. Es kommt nach Auffassung des BSG nicht entscheidend darauf an, ob eine Vereinbarung über die Akzeptanz einer Arbeitgeberkündigung vor oder nach deren Ausspruch getroffen wird. Es mache keinen wesentlichen Unterschied, ob der Arbeitslose an der Beendigung des Beschäftigungsverhältnisses durch Abschluss eines Aufhebungsvertrages mitwirke, oder ob seine aktive Beteiligung darin liege, dass er über den Bestand einer ausgesprochenen Kündigung und deren Folgen verbindliche Vereinbarungen treffe. In beiden Fällen treffe den Arbeitslosen eine wesentliche Verantwortung für die Beendigung des Beschäftigungsverhältnisses. Dies gilt nach Auffassung des BSG auch, wenn eine Abwicklungsvereinbarung ohne vorherige Absprache erstmals nach Ausspruch der Kündigung geschlossen wird. Eine **Ausnahme** soll nur dann in Betracht kommen, 78

---

1 BSG 14.9.2010 – B 7 AL 33/09 R, NZS 2011, 713.
2 Bundesagentur für Arbeit, GA Alg zu §§ 136 ff. SGB III Rz. 159.10; *Gaul/Niklas*, NZA 2008, 137.
3 BSG 13.8.1986 – 7 RAr 1/86, NZA 1987, 180.
4 BSG 5.8.1999 – B 7 AL 14/99 R, EzA § 144 SGB III Nr. 2 und B 7 AL 38/98 R, NZS 2000, 155 (157); *Gagel*, FA 2000, 9 (10, 11).
5 BSG 9.11.1995 – 11 RAr 27/95, NZA-RR 1997, 109.
6 BSG 25.4.2002 – B 11 AL 65/01 R, NZS 2003, 330 (Anm. von *Wank*, SGb 2003, 112); 25.4.2002 – B 11 AL 89/01R, NZA-RR 2003, 162.
7 BSG 18.12.2003 – B 11 AL 35/03 R, NZA 2004, 661; aA *Boecken/Hümmerich*, DB 2004, 2046.

wenn nach Ablauf der Klagefrist gem. § 4 KSchG und ohne vorherige Absprachen Details zur Beendigung des Beschäftigungsverhältnisses geregelt werden.

79 Damit hat sich das BSG einer rein formaljuristischen Betrachtungsweise, die allein darauf abgestellt hatte, dass der Abwicklungsvertrag keine Regelung über die Beendigung des Arbeitsverhältnisses trifft[1], entgegengestellt[2]. Denn in der Regel enthält auch der Abwicklungsvertrag eine Regelung über die Hinnahme der Kündigung und damit über die Beendigung des Arbeitsverhältnisses, jedenfalls aber eine Regelung über die Beendigung des Beschäftigungsverhältnisses. Für die Beurteilung der Frage, ob eine Lösung des Beschäftigungsverhältnisses vorliegt, kann es jedoch nicht auf Wortlaut oder äußere Form der abgegebenen Erklärungen ankommen, sondern allein auf den tatsächlichen Willen der Vertragspartner[3].

80 Ein sperrzeitrelevanter Abwicklungsvertrag liegt auch dann vor, wenn die Vereinbarung im Rahmen eines **arbeitsgerichtlichen Vergleichs** geschlossen wird[4]. Arbeitsgerichtliche Vergleichsregelungen sind nicht grundsätzlich privilegiert[5]; allerdings kann die Einhaltung des gerichtlichen Verfahrens Auswirkungen auf die Beurteilung haben, ob dem Arbeitslosen ein wichtiger Grund zur Seite steht (vgl. Rz. 102).

81 Das bloße **Verstreichenlassen der Klagefrist** bei einer betriebsbedingten Kündigung mit Abfindungsangebot **gem. § 1a KSchG**[6] begründet keinen Lösungssachverhalt[7]. Das schließt allerdings nicht aus, dass die Agentur für Arbeit Umgehungstatbestände prüft[8], die häufig vorliegen, wenn eine Kündigung offensichtlich rechtswidrig ist. Weicht der Arbeitgeber von der gesetzlich vorgesehenen **Abfindungshöhe** ab, liegt ein Angebot zum Abschluss eines von § 1a KSchG abweichenden individualrechtlichen Vertrages vor; ein gesetzlicher Abfindungsanspruch entsteht dabei überhaupt nicht oder wird durch die individuelle Vereinbarung modifiziert[9]. Ob in diesem Fall ein Sperrzeittatbestand iSv. § 159 Abs. 1 Satz 2 Nr. 1 SGB III vorliegt, ist umstritten[10]. Teilweise werden bewusste Abweichungen beim Abfindungsbetrag – auch solche zugunsten des Arbeitnehmers – als Angebot auf Abschluss eines Abwicklungsvertrages qualifiziert[11]. Richtigerweise kann die bloße Hinnahme einer Kündigung jedoch auch bei Zusage einer höheren als der gesetzlich vorgesehenen Abfindung keine Sperrzeit begründen; allerdings ist in diesen Fällen eine eingehende Prüfung geboten, ob nicht möglicherweise eine stillschweigende Vereinbarung getroffen wurde[12]. Denn auch **mündliche oder stillschweigend getroffene Vereinbarungen** über die Beendigung des Beschäftigungsverhältnisses stellen einen Sperrzeittatbestand dar.

---

1 Vgl. *Hümmerich*, NZA 2001, 1280.
2 Zustimmend *Geiger*, NZA 2003, 838 (838, 839); *Preis/Schneider*, NZA 2006, 1297 (1303).
3 Bundesagentur für Arbeit, GA Alg zu §§ 136 ff. SGB III Rz. 159.20; *Brand*, § 159 SGB III Rz. 33, 34.
4 BSG 17.10.2007 – B 11a AL 51/06 R, DB 2008, 1048 unter Aufgabe insoweit von BSG 18.12.2003 – B 11 AL 35/03 R, NZA 2004, 661.
5 BSG 17.10.2007 – B 11a AL 51/06 R, NZS 2008, 663.
6 Zum Regelungskonzept des § 1a KSchG: *Lilienfeld/Spellbrink*, RdA 2005, 88 (93, 94).
7 *Preis*, DB 2004, 70 (76); *Preis/Schneider*, NZA 2006, 1297 (1302); *Düwell*, ZTR 2004, 130 (132); *Steinau-Steinrück/Hurek*, ZIP 2004, 1486 (1489, 1490); *Lilienfeld/Spellbrink*, RdA 2005, 88 (94, 95); *Voelzke*, NZS 2005, 281 (286, 287).
8 *Preis*, DB 2004, 70 (76).
9 *Lilienfeld/Spellbrink*, RdA 2005, 88 (95, 96).
10 Zweifelnd *Lilienfeld/Spellbrink*, RdA 2005, 88 (96); abl. *Bauer/Krieger*, NZA 2004, 640 (642); *Preis/Schneider*, NZA 2006, 1297 (1302, 1303); *Lützeler/Bissels*, AuA 2008, 141 (143); vgl. auch *Maties*, NZS 2006, 73 (79, 80).
11 *Seel*, NZS 2006, 184 (187).
12 Gagel/*Winkler*, § 159 SGB III Rz. 76.

II. Arbeitslosengeld I

Die Beendigung eines **befristeten Beschäftigungsverhältnisses** stellt keinen Lösungssachverhalt durch den Arbeitnehmer dar, selbst wenn dieser eine Option der Vertragsverlängerung ungenutzt verstreichen lässt[1]. 82

Auch der Abschluss eines **Altersteilzeitvertrages** beinhaltet eine Lösung des Beschäftigungsverhältnisses[2], die allerdings regelmäßig von einem wichtigen Grund getragen ist (vgl. Rz. 103). 83

Die **Nichtannahme einer** im Wege der **Änderungskündigung** unterbreiteten Vertragsänderung beinhaltet keine Lösung des Beschäftigungsverhältnisses durch den Arbeitslosen[3]. 84

Ein Arbeitnehmer, der im Rahmen eines **Betriebs(teil)übergangs** dem Übergang seines Arbeitsverhältnisses auf den Betriebs(teil)erwerber widerspricht und anschließend von dem bisherigen Betriebsinhaber betriebsbedingt gekündigt wird, hat ebenfalls keinen sperrzeitrelevanten Beitrag zu der Lösung seines Beschäftigungsverhältnisses gesetzt. Der mit der Einräumung eines Widerspruchsrechts intendierte Schutz des Arbeitnehmers vor dem Zwangsverkauf seiner eigenen Person wäre lückenhaft, wenn er nur um den Preis verminderter Versicherungsleistungen bestünde[4]. 85

b) Veranlassung der Lösung durch arbeitsvertragswidriges Verhalten

Auch wenn der Arbeitslose an der Beendigung des Beschäftigungsverhältnisses nicht aktiv beteiligt ist, tritt gem. § 159 Abs. 1 Satz 2 Nr. 1 Alt. 2 SGB III eine Sperrzeit ein, wenn die arbeitgeberseitige Beendigung des Beschäftigungsverhältnisses, insbesondere eine Kündigung, auf einem **arbeitsvertragswidrigen Verhalten** des Arbeitslosen beruht. Maßgeblich für die Beurteilung durch die Agentur für Arbeit sind die tatsächlichen Kündigungsgründe; die objektiv unzutreffende Bezeichnung einer Kündigung als „betriebsbedingte Kündigung" genügt auch dann nicht, wenn dies im Rahmen eines arbeitsgerichtlichen Vergleichs erfolgt[5]. Die Arbeitsverwaltung ist auch an die Inhalte eines arbeitsgerichtlichen Verfahrens nicht gebunden[6], so dass ggf. die Berechtigung einer arbeitgeberseitigen Kündigung im Rahmen des sozialgerichtlichen Verfahrens geklärt werden muss[7]. 86

➲ **Hinweis:** Bei verhaltensbedingten Kündigungen kann es nützlich sein, in den arbeitsgerichtlichen Vergleich eine Klarstellung dahingehend aufzunehmen, dass die erhobenen Vorwürfe von dem Arbeitgeber nicht aufrechterhalten werden. Auch dies beseitigt das Sperrzeitrisiko allerdings nicht, wenn die verhaltensbedingten Kündigungsgründe objektiv vorgelegen haben[8]. 87

Das vertragswidrige Verhalten muss die Kündigung **objektiv** sozial rechtfertigen können[9]; nur dann kann ein ursächlicher Zusammenhang zwischen dem vertragswid- 88

---

1 Gagel/*Winkler*, § 159 SGB III Rz. 61; *Maties*, NZS 2006, 73 (80).
2 BSG 21.7.2009 – B 7 AL 6/08 R, NZA-RR 2010, 323.
3 *Maties*, NZS 2006, 73 (80).
4 BSG 8.7.2009 – B 11 AL 17/08 R, SozR 4-4300 § 144 Nr. 20; *Bauer*, Arbeitsrechtliche Aufhebungsverträge, VIII Rz. 64; *Maties*, NZS 2006, 73 (80); *Klumpp*, NZA 2009, 354; aA *Engesser Means/Klebeck*, NZA 2008, 143.
5 BSG 25.4.1991 – 11 RAr 99/90, NZA 1992, 95; 3.6.2004 – B 11 AL 70/03 R, NZA-RR 2005, 52.
6 BSG 25.4.1990 – 7 RAr 106/89, NZA 1990, 791 (792).
7 LSG Nds. 24.1.2012 – L11/12AL 139/08.
8 *Brand*, § 159 SGB III Rz. 55.
9 BSG 25.4.1990 – 7 RAr 106/89, NZA 1990, 791; 6.3.2003 – B 11 AL 69/02 R, NZS 2004, 165 (Kündigung eines Berufskraftfahrers wegen Trunkenheitsfahrt während der Freizeit); Sächs. LSG 15.8.2013 – L 3 AL 133/10, NZA 2014, 300 (Verlust der Fahrerlaubnis); LSG Rh.-Pf. 25.7.2002 – L 1 AL 134/01, NZS 2003, 105 (Kündigung eines Außendienstmitarbeiters wegen Trunkenheitsfahrt während der Freizeit); SG Stuttgart 18.7.2007 – S 20 AL 7291/05 (Kündigung eines Berufskraftfahrers wegen Trunkenheitsfahrt während der Freizeit); LSG Nds.

rigen Verhalten und der Beendigung des Beschäftigungsverhältnisses bestehen. Bei der Beurteilung der Rechtmäßigkeit der Kündigung ist ggf. auch eine nach Ausspruch der Kündigung eingetretene arbeitsgerichtliche Rechtsprechungsänderung zu berücksichtigen[1]. Ob die **formellen Voraussetzungen** für die Wirksamkeit einer Kündigung erfüllt sind (insbesondere § 623 BGB, § 102 BetrVG), ist demgegenüber unerheblich[2]. Rechtfertigt vertragswidriges Verhalten des Arbeitslosen eine fristgemäße Kündigung, nicht aber eine ebenfalls erklärte fristlose Kündigung, tritt die Sperrzeit nicht vor Ablauf der ordentlichen Kündigungsfrist ein[3].

89 Eine arbeitgeberseitige Kündigung aus **anderen als verhaltensbedingten Gründen**[4] führt demgegenüber nicht zu dem Eintritt einer Sperrzeit, auch wenn der Arbeitnehmer die Kündigung hingenommen und eine Abfindungszahlung erhalten hat[5]. Bei einer rechtmäßigen, nicht verhaltensbedingten Kündigung wird das Arbeitsverhältnis allein auf Veranlassung des Arbeitgebers beendet, selbst wenn der Arbeitnehmer vor, bei oder nach Ausspruch der Kündigung sein Einverständnis signalisiert hat. Die bloße **Hinnahme einer arbeitgeberseitigen Kündigung**, auch wenn diese etwa wegen eines **Verstoßes gegen ein gesetzliches Kündigungsverbot** (vgl. §§ 9 MuSchG, 18 BEEG, 5 PflegeZG, 9 Abs. 3 FPfZG, 85 SGB IX, 15 KSchG) offensichtlich unwirksam ist oder ohne Einhaltung der geltenden Kündigungsfrist ausgesprochen wird, beinhaltet keine Beteiligung an der Lösung des Beschäftigungsverhältnisses[6]. Die fehlende Bereitschaft des Arbeitnehmers, sich gerichtlich gegen eine Kündigung des Arbeitgebers zur Wehr zu setzen, stellt kein Fehlverhalten gegenüber der Versichertengemeinschaft dar[7]. Die Hinnahme einer arbeitgeberseitigen Kündigung durch den Arbeitnehmer kann allerdings dann eine Beteiligung an der Lösung des Beschäftigungsverhältnisses darstellen, wenn die Kündigung – auch konkludent – im Hinblick auf eine zugesagte finanzielle Vergünstigung akzeptiert, mithin stillschweigend eine Lösung des Beschäftigungsverhältnisses vereinbart wird (s. Rz. 81).

90 ⮑ **Hinweis:** Kündigt der Arbeitgeber unter Verkürzung der einschlägigen Kündigungsfrist und erleidet der Arbeitnehmer hierdurch Nachteile bei dem Bezug von ALG I, insbesondere der Bezugsdauer, hat der Arbeitgeber diese im Wege des Schadensersatzes auszugleichen[8].

c) Kausalität

91 Eine Sperrzeit tritt gem. § 159 Abs. 1 Satz 2 Nr. 1 SGB III nur ein, wenn der Arbeitslose die Arbeitslosigkeit vorsätzlich oder grob fahrlässig herbeigeführt, die **Arbeitslosigkeit** daher **in zurechenbarer Weise verschuldet** hat (Theorie der wesentlichen Bedingung). Beurteilungsgrundlage ist der tatsächliche Geschehensablauf; hypothetische Kausalverläufe bleiben außer Betracht[9].

26.10.1999 – L 7 AL 73/98, NZA-RR 2000, 163 (Kündigung in der Probezeit ohne vorherige Abmahnung).
1 LAG BW 11.5.2011 – L 3 AL 5286/10, NZA 2012, 80.
2 *Brand*, § 159 SGB III Rz. 43.
3 BSG 25.4.1990 – 7 RAr 106/89, NZA 1990, 791.
4 Vgl. SG München 26.5.2011 – S 35 AL 203/08, NZS 2011, 877, zur Kündigung wegen Kirchenaustritts.
5 Bundesagentur für Arbeit, GA zu §§ 137ff. SGB III Rz. 159.18; *Sauer*, NZA 1997, 798 (803, 804).
6 *Brand*, § 159 SGB III Rz. 37, 38; aA *Moderegger*, ArbRB 2007, 361.
7 BSG 18.12.2003 – B 11 AL 35/03 R, NZA 2004, 661; 9.2.1995 – 7 RAr 34/94, EzA § 119a AFG Nr. 1; 25.4.2002 – B 11 AL 89/01 R, NZS 2003, 221.
8 BAG 17.7.2003 – 8 AZR 486/02, ArbRB 2003, 356.
9 BSG 8.7.2009 – B 11 AL 17/08 R; *Spellbrink*, BB 2006, 1274 (1275).

⊃ **Hinweis:** Ein Arbeitnehmer, der ein vom Arbeitgeber gekündigtes Beschäftigungsverhältnis mit Wirkung zu einem früheren Zeitpunkt löst, kann den Eintritt einer Sperrzeit deshalb nicht dadurch vermeiden, dass er ALG I erst für die Zeit beansprucht, in der er ohnehin aufgrund der Kündigung arbeitslos geworden wäre[1]. 92

Grobe Fahrlässigkeit wird angenommen, wenn der Arbeitnehmer im Zeitpunkt der Lösung des Beschäftigungsverhältnisses keine konkrete Aussicht auf einen neuen Arbeitsplatz hat[2] und aufgrund der allgemeinen Verhältnisse auf dem Arbeitsmarkt vernünftigerweise auch nicht mit einem Anschlussarbeitsplatz rechnen kann[3]. Das ist der Fall, wenn der Arbeitslose sein Beschäftigungsverhältnis löst oder sich arbeitsvertragswidrig verhält, ohne einen Anschlussarbeitsplatz zu haben oder ernsthaft damit rechnen zu können, nicht arbeitslos zu werden[4]. Hat der Arbeitnehmer einen **Anschlussarbeitsplatz**, stellt sich die Sperrzeitfrage nur, wenn er voraussehen kann, dass er trotz des Anschlussarbeitsverhältnisses arbeitslos werden wird. Das kann im Einzelfall auf befristete (vgl. auch Rz. 105)[5], nicht dagegen auf unbefristete Anschlussarbeitsverhältnisse zutreffen, wobei eine befristete Probezeit einer Befristung aus anderen Gründen nicht gleichgestellt werden kann[6]. 93

Führt vertragswidriges Verhalten des Arbeitslosen zu einer **Kündigung** des Arbeitsverhältnisses, ist dieses für die nachfolgende Arbeitslosigkeit nicht hinreichend kausal, wenn das Verhalten während eines befristeten Arbeitsverhältnisses erfolgt ist, das Arbeitsverhältnis aber dennoch vor Ausspruch der Kündigung in ein unbefristetes Arbeitsverhältnis umgewandelt worden ist[7]. Zudem kann es auch bei einem Verhalten, das eine verhaltensbedingte Kündigung arbeitsrechtlich grundsätzlich rechtfertigt, im Einzelfall an einer groben Fahrlässigkeit hinsichtlich der nachfolgenden Arbeitslosigkeit fehlen[8]. 94

⊃ **Hinweis:** Ist das Beschäftigungsverhältnis durch eine von dem Arbeitslosen nicht veranlasste Freistellung bereits gelöst, ist davon auszugehen, dass ein späterer Aufhebungsvertrag für die Arbeitslosigkeit nicht mehr kausal ist[9]. 95

d) Wichtiger Grund

Auch versicherungswidriges Verhalten des Arbeitslosen wird nicht durch eine Sperrzeit sanktioniert, wenn dieser für sein Verhalten einen **wichtigen Grund** iSv. § 159 Abs. 1 Satz 1 SGB III hat. Bei der Beurteilung des wichtigen Grundes sind die Interessen der Versichertengemeinschaft und die Rechte des Arbeitslosen gegeneinander abzuwägen. Dabei muss der wichtige Grund nicht nur den Lösungssachverhalt an sich, sondern auch den konkreten Zeitpunkt der Auflösung des Beschäftigungsverhältnisses abdecken[10]. 96

Ein wichtiger Grund ist gegeben, wenn Umstände vorliegen, die nach verständiger Betrachtung dem Arbeitslosen die **Fortsetzung des Beschäftigungsverhältnisses nicht** 97

---

1 BSG 5.8.1999 – B 7 AL 14/99 R, NZS 2000, 261; 20.1.2000 – B 7 AL 20/99 R, EzA § 144 SGB III Nr. 3.
2 BSG 2.5.2010 – B 11 AL 6/11 R, SGb 2012, 334.
3 *Spellbrink*, BB 2006, 1274 (1275).
4 BSG 29.11.1988 – 11/7 RAr 91/87, SozR 4100 § 119 Nr. 34; 26.3.1998 – B 11 AL 49/97 R, NZS 1998, 537.
5 Vgl. dazu aber: BSG 26.10.2004 – B 7 AL 98/03 R, NZA-RR 2005, 217; SG Trier 9.4.2003 – S 5 AL 93/02.
6 LSG Hess. 23.4.2003 – L 6 AL 671/02; Beispiele bei *Schweiger*, NZS 2002, 79.
7 BSG 15.12.2005 – B 7a AL 46/05 R, NZA 2006, 534.
8 LSG BW 8.6.2011 – L 3 AL 1315/11, DAR 2011, 603: Verlust der Fahrerlaubnis bei fahrlässiger Straßenverkehrsgefährdung.
9 BSG 10.8.2000 – B 11 AL 115/99 R, SozSich 2004, 324.
10 BSG 13.8.1986 – 7 RAr 1/86, NZA 1987, 180.

mehr zumutbar erscheinen lassen. Dabei kommt es auf den Sachverhalt im konkreten Einzelfall an. Der wichtige Grund muss **objektiv vorliegen**[1]. Es genügt nicht, dass der Arbeitslose subjektiv das Vorliegen eines wichtigen Grundes annimmt, etwa weil die tatsächlich vorliegenden Umstände fehlerhaft als wichtiger Grund bewertet werden. UU kann aber eine die Sperrzeit vermindernde besondere Härte iSv. § 159 Abs. 3 Satz 2 Nr. 2 lit. b SGB III vorliegen, wenn der Irrtum über das Vorliegen eines wichtigen Grundes unverschuldet war[2].

98 Ein wichtiger Grund für den **Abschluss eines Aufhebungsvertrages** liegt vor, wenn der Arbeitgeber ernsthaft mit dem Ausspruch einer **rechtmäßigen betriebsbedingten Kündigung** – zum selben Zeitpunkt[3] – **gedroht** hat und dem Arbeitslosen das **Abwarten** dieser Kündigung **nicht zumutbar** ist[4]. Die angedrohte Kündigung muss, was die Agentur für Arbeit eigenverantwortlich zu prüfen hat, objektiv rechtmäßig sein; ein diesbezüglicher Irrtum des Arbeitslosen ist auch dann unerheblich, wenn er auf fachkundiger Beratung beruht[5]. Ob dem Arbeitslosen das Abwarten der Kündigung zumutbar ist, beurteilt das BSG jedoch zunehmend großzügig. Bislang wurde ein **beschäftigungsbezogenes Interesse** etwa dahingehend gefordert, dass der Arbeitslose durch die Kündigung Nachteile für das weitere berufliche Fortkommen zu befürchten[6] oder eine Verschlechterung der Arbeitsbedingungen zu erwarten hatte[7]. Auch wurde ein wichtiger Grund anerkannt, wenn durch das Ausscheiden des Arbeitslosen einem anderen, insbesondere jüngeren Arbeitnehmer die Kündigung erspart blieb[8] und die drohende Arbeitslosigkeit durch den örtlichen Arbeitsmarkt nicht aufgefangen werden konnte[9].

99 Das Interesse, durch den Aufhebungsvertrag finanzielle Vorteile in Form einer **Abfindung** zu erzielen, wurde demgegenüber zunächst nicht als wichtiger Grund angesehen[10]. Mit Urteil vom 12.7.2006[11] hat das BSG allerdings anerkannt, dass angesichts einer ohnehin nicht zu vermeidenden Beschäftigungslosigkeit dem Interesse des Arbeitslosen daran, sich durch den Abschluss eines Aufhebungsvertrages zumindest eine Abfindung zu sichern, kein gleichwertiges Interesse der Versichertengemeinschaft gegenübersteht, das den Arbeitslosen verpflichten würde, bis zum Ausspruch der Kündigung zuzuwarten. Bei **angedrohter rechtmäßiger Arbeitgeberkündigung** liegt ein wichtiger Grund für den Abschluss eines Aufhebungsvertrages deshalb immer schon dann vor, wenn der Arbeitslose mit diesem Vertrag eine **Abfindung** vereinbart, **auf die bei Ausspruch der Kündigung kein Anspruch bestanden hätte**, oder sonst eine **günstigere Gestaltung der Beendigungsmodalitäten** erreicht. Auf die Höhe der

---

1 BSG 13.3.1997 – 11 RAr 25/96, NZS 1997, 583; 5.6.1997 – 7 RAr 22/96, NZS 1998, 136.
2 BSG 13.3.1997 – 11 RAr 25/96, NZS 1997, 583; 5.6.1997 – 7 RAr 22/96, NZS 1998, 136.
3 BSG 12.6.2006 – B 11a AL 47/05 R; LAG Hess. 22.6.2012 – L 7 AL 186/11, NZA 2012, 1024.
4 BSG 17.11.2005 – B 11a/11 AL 69/04 R – SozR 4-4300 § 144 Nr. 11 mwN; 25.4.2002 – B 11 AL 65/01 R, SozR 3-4300 § 144 Nr. 8.
5 BSG 25.4.2002 – B 11 AL 65/01 R, NZA-RR 2003, 105; 29.11.1989 – 7 RAr 86/88, SozR 4100 § 119 Nr 36; BSG 13.3.1997 – 11 RAr 25/96, NZS 1997, 583; einschränkend (Einzelfallentscheidung bei Vertrauen auf tarifliche Regelung) BSG 18.12.2003 – B 11 AL 35/03, SozR 4-4300 § 144 Nr. 6; dagegen zutreffend *Preis/Schneider*, NZA 2006, 1297 sowie in FS zum 25-jährigen Bestehen der Arbeitsgemeinschaft Arbeitsrecht im DAV, 2005, S. 1300; *Gagel*, SGb 2006, 264, zieht als Maßstab eine objektive Beurteilung der subjektiven Sicht des Arbeitslosen vor.
6 BSG 12.4.1984 – 7 RAr 28/83, SozSich 1984, 388; 25.4.2002 – B 11 AL 65/01 R, SozR 3-4300 § 144 Nr. 8.
7 BSG 29.11.1989 – 7 RAr 86/88, NZA 1990, 628.
8 BSG 27.5.1964 – 7 RAr 30/63, SozR 4100 § 119 Nr. 14.
9 BSG 17.2.1981 – 7 RAr 90/79, DB 1981, 1523; 13.5.1987 – 7 RAr 38/86, NZA 1987, 717; 13.3.1997 – 11 Rar 17/96, NZA-RR 1997, 495.
10 BSG 29.11.1989 – 7 RAr 86/88, SozR 4100 § 119 Nr. 36; 17.10.2002 – B 7 AL 13601 R, SozR 3-4300 § 144 Nr. 12.
11 BSG 12.7.2006 – B 11a AL 47/05 R, NZA 2006, 1359.

Abfindung kommt es dabei nicht an[1]. Allerdings muss die Kündigung dem Arbeitslosen individuell angedroht worden sein, was bei sog. Freiwilligenprogrammen mit „Sprinterprämie" häufig nicht der Fall ist[2].

Ein wichtiger Grund wird darüber hinaus – **ohne Prüfung der Rechtmäßigkeit der angedrohten Kündigung** – anerkannt, wenn eine **Abfindung nach Maßgabe des § 1a KSchG** vereinbart wird. Die seit dem 1.1.2004 bestehende Möglichkeit, eine betriebsbedingte Kündigung mit einer Abfindungszusage zu verbinden, soll eine einfache, effiziente und kostengünstige vorgerichtliche Klärung der Beendigung des Arbeitsverhältnisses ermöglichen. Um diesen Zweck nicht zu konterkarieren, wird von der Arbeitsverwaltung bei Aufhebungsverträgen, mit denen eine Abfindung in Höhe von 0,25 bis 0,5 eines Monatsgehaltes für jedes Beschäftigungsjahr vereinbart wird, in der Regel keine Sperrzeit verhängt, sofern die angedrohte Kündigung **nicht offensichtlich rechtswidrig** ist[3]. Auch das BSG erkennt mittlerweile unabhängig von der materiellen Berechtigung der angedrohten Kündigung einen wichtigen Grund an, wenn die **Höhe der vereinbarten Abfindung** den in § 1a Abs. 2 KSchG festgelegten Satz von **0,5 Monatsverdiensten** für jedes Jahr der Betriebszugehörigkeit nicht überschreitet[4]. Allerdings soll dies nur bei betriebsbedingten Beendigungsgründen gelten[5].

100

Bei **leitenden Angestellten** iSd. § 14 Abs. 2 Satz 1 KSchG liegt unabhängig von der Wirksamkeit der angedrohten Kündigung und der Höhe der Abfindung stets ein wichtiger Grund für den Abschluss eines Aufhebungsvertrages vor. Da sich ein leitender Angestellter wegen der Möglichkeit der gerichtlichen Auflösung des Arbeitsverhältnisses gem. § 9 Abs. 1 Satz 2 KSchG iVm. § 14 Abs. 2 Satz 2 KSchG letztlich nicht gegen eine Beendigung des Arbeitsverhältnisses zur Wehr setzen kann, besteht kein Interesse der Versichertengemeinschaft, diesen von dem Abschluss eines Aufhebungsvertrages abzuhalten[6]. Gleiches muss auch für **Organvertreter** gelten.

101

Die Tatsache, dass ein Aufhebungs- oder Abwicklungsvertrag im Rahmen eines **arbeitsgerichtlichen Vergleichs** abgeschlossen wird, führt für sich allein nicht zur Annahme eines wichtigen Grundes. Allerdings ist der Arbeitslose nicht verpflichtet, überhaupt Kündigungsschutzklage zu erheben, auch wenn die Kündigung offensichtlich rechtswidrig ist[7]. Es ist daher auch kein sachlicher Grund ersichtlich, von dem Arbeitslosen zu verlangen, einen einmal eingeleiteten Rechtsstreit unter allen Umständen weiter zu verfolgen[8]. Eine andere Bewertung ist allerdings geboten, wenn sich ergibt, dass der Weg über eine rechtswidrige Arbeitgeberkündigung mit anschließender Klage vor dem Arbeitsgericht einvernehmlich mit dem Ziel beschritten wurde, durch einen arbeitsgerichtlichen Vergleich den Eintritt einer Sperrzeit zu verhindern. Mit dem Vergleich darf nicht zu Lasten der Versichertengemeinschaft manipuliert werden[9]. Entscheidend

102

---

1 *Oberthür*, ArbRB 2007, 113.
2 LSG BW 21.10.2011 – L 12 AL 4621/10, ArbR 2012, 50.
3 Bundesagentur für Arbeit, GA zu §§ 159 ff. SGB III Rz. 159.103; dazu auch HWK/*Quecke*, § 1a KSchG Rz. 6; *Ebert*, ArbRB 2004, 246; *Nägele*, ArbRB 2004, 80; *Voelzke*, NZS 2005, 281; *Lilienfeld/Spellbrink*, RdA 2005, 88; *Bauer/Krieger*, NZA 2004, 640; *Lützeler/Bissels*, AuA 2008, 141; *Gaul/Niklas*, NZA 2008, 137 (139, 140); *Lembke*, DB 2008, 293; *Lipinski/Kumm*, BB 2008, 162.
4 BSG 2.5.2012 – B 11 AL 6/11 R; 8.7.2009 – B 11 AL 17/08 R, NJW 2010, 2459; 12.7.2006 – B 11a AL 47/05 R, NZA 2006, 1359; ebenso Bundesagentur für Arbeit, DA zu § 144 SGB III Rz. 9.1.2; *Peters-Lange/Gagel*, NZA 2005, 740; *Spellbrink*, BB 2006, 1274; *Voelzke*, NZS 2005, 281; kritisch *Eicher*, SGb 2005, 553; *Preis/Schneider*, NZA 2006, 1297.
5 LSG BW 21.8.2012 – L 13 AL 1434/11.
6 BSG 11.11.2005 – B 11a/11 AL 69/04 R, m. Anm. *Ohle*, ArbRB 2006, 74; zustimmend *Spellbrink*, BB 2006, 1274; ablehnend *Hase*, AuB 2006, 58 f.; vgl. auch *Gagel*, SGb 2006, 264.
7 BSG 17.10.2007 – B 11a AL 51/06 R, DB 2008, 1048; *Gaul/Niklas*, NZA 2008, 137 (142); *Spellbrink*, BB 2006, 1274 (1276); *Zahn*, AE 2008, 5; restriktiver *Gagel*, NZA 2005, 1328.
8 Vgl. Bundesagentur für Arbeit, GA zu §§ 137 ff. SGB Rz. 159.19: „Ein arbeitsgerichtlicher Vergleich kann eine Sperrzeit nicht auslösen."
9 BSG 17.10.2007 – B 11a AL 51/06 R, DB 2008, 1048.

ist also auch im Rahmen eines gerichtlichen Vergleichs, ob die arbeitgeberseitige Kündigung rechtmäßig gewesen ist oder die Höhe der Abfindung den Rahmen des § 1a KSchG nicht überschreitet. Dabei kann zwar allein aus einer höheren Abfindung nicht der generelle Verdacht hergeleitet werden, es sei ein von der Versicherungsgemeinschaft nicht mehr zu tolerierender „Freikauf" erfolgt. Entscheidend ist vielmehr, ob der Arbeitslose nach dem Stand des Prozesses davon ausgehen durfte, dass er den Eintritt der Beschäftigungslosigkeit nicht mehr vermeiden konnte[1]. Diese Grundsätze müssen auch gelten, wenn der Vergleich nach **§ 278 Abs. 6 ZPO** außerhalb der mündlichen Verhandlung im schriftlichen Verfahren abgeschlossen wird[2].

103 Die sonst denkbaren wichtigen Gründe zur Lösung des Beschäftigungsverhältnisses sind vielfältig[3]. Der Umzug zum Ehepartner ist ein solcher Grund, auch der **Umzug zum nichtehelichen Lebenspartner**[4], sofern die eheähnliche Gemeinschaft bereits seit längerem bestanden hat oder die Betreuung minderjähriger Kinder[5] oder eine Problemschwangerschaft mit dem Risiko einer Fehlgeburt[6] den Umzug erforderlich macht. Auch **Mobbing-Sachverhalte** können einen wichtigen Grund für eine Eigenkündigung darstellen[7]. Rechts- oder **vertragswidriges Verhalten des Arbeitgebers** (zB Nichteinhaltung von gesetzlichen Arbeits- und Ruhezeiten) kann einen wichtigen Grund darstellen, wenn der Arbeitnehmer versucht hat, eine Änderung herbeizuführen oder ein solcher Versuch nicht zumutbar oder erfolgversprechend gewesen wäre[8]. Die Arbeitsaufgabe ist zB durch einen wichtigen Grund gerechtfertigt, wenn der Arbeitgeber mit nicht unerheblichen **Lohnzahlungen** über längere Zeit in Verzug geraten ist und der Arbeitnehmer die vertragsgemäße Entlohnung angemahnt hat[9]. Scheitern die Bemühungen eines Arbeitnehmers, am Arbeitsplatz nicht dem **Passivrauchen** ausgesetzt zu werden, ist ein wichtiger Grund unabhängig von der persönlichen Disposition des Arbeitnehmers und der Intensität der Belastung anzuerkennen[10]. **Beschimpfungen** durch gewaltbereite Dritte können die Aufgabe des Arbeitsplatzes ebenfalls rechtfertigen[11]. Bei Inanspruchnahme von **Altersteilzeit** liegt ein wichtiger Grund vor, wenn der Arbeitnehmer beabsichtigt, nach der Altersteilzeit aus dem Erwerbsleben auszuscheiden und diese Annahme im Hinblick auf die objektiv bestehenden Möglichkeiten des Rentenbezuges auch prognostisch gerechtfertigt ist[12]. Arbeitnehmer bei einer kirchlichen Einrichtung, die zur Verwirklichung der **Religionsfreiheit** ihren Arbeitsplatz aufgeben, handeln in der Regel ebenfalls aus wichtigem Grund[13]. Ein wichtiger Grund liegt schließlich auch bei der **Insolvenz des Arbeitgebers**[14] und bei dem Abschluss eines Aufhebungsvertrages zum **Wechsel in eine**

---

1 BSG 17.10.2007 – B 11a AL 51/06 R, DB 2008, 1048; enger *Spellbrink*, BB 2006, 1274 (1277).
2 *Gaul/Niklas*, NZA 2008, 137 (142).
3 Vgl. Bundesagentur für Arbeit, GA zu §§ 137 ff. SGB Rz. 159.84 ff.
4 Vgl. SG München 22.7.2011 – S 57 AL 816/08 zur gleichgeschlechtlichen nichtehelichen Lebensgemeinschaft.
5 BSG 17.10.2002 – B 11a/7a AL 52/06 R; SG Berlin 13.1.2012 – S 70 AL 4653/10, FamRZ 2012, 1176.
6 SG Dortmund 27.2.2012 – S 31 AL 262/08, NZA 2012, 554.
7 BSG 21.10.2003 – B 7 AL 92/02 R, NZS 2004, 382.
8 BSG 6.2.2003 – B 7 AL 72/01 R, NZA-RR 2003, 662.
9 LSG Rh.-Pf. 25.2.2005 – L 1 AL 125/03, NZS 2005, 610.
10 LSG Hess. 11.10.2006 – L 6 AL 24/05, NJW 2007, 1837.
11 LSG Rh.-Pf. 22.12.2011 – L 1 AL 90/10, NZS 2012, 356 (Vorstand eines Fußballvereins bei gewaltbereitem Fanumfeld).
12 BSG 21.7.2009 – B 7 AL 6/08 R, NZA-RR 2010, 323; LSG BW 25.2.2014 – L 13 AL 283/12, NZS 2014, 396; Sächs. LSG 13.2.2014 – L 3 AL 100/12, nv.
13 AA LSG Rh.-Pf. 30.3.2006 – L 1 AL 162/05, NZA-RR 2006, 386 (in der Verhandlung vor dem 11a. Senat des BSG hat die Arbeitsagentur die Berufung gegen das der Klage der Arbeitnehmerin stattgebende Urteil des SG Koblenz zurückgenommen).
14 Bundesagentur für Arbeit, GA zu §§ 137 ff. SGB Rz. 159.87; *Pohlmann-Weide/Ahrendt*, ZIP 2008, 589.

Transfergesellschaft vor[1]. Wirtschaftliche Interessen des Arbeitgebers an einer vorzeitigen Vertragsauflösung sind demgegenüber bei der Beurteilung des wichtigen Grundes nicht zu berücksichtigen[2].

Die Lösung des Beschäftigungsverhältnisses kann zudem insbesondere aus **gesundheitlichen Gründen** gerechtfertigt sein; in der Regel ist aber zunächst zu versuchen, diese Gründe (zB durch eine Umsetzung) zu beseitigen[3]. Erfolgt die Lösung des Beschäftigungsverhältnisses auf ärztliches Anraten, lässt die Agentur für Arbeit dies regelmäßig als Nachweis des wichtigen Grundes ausreichen[4]. Auch die schwerwiegende Erkrankung und anschließende Pflegebedürftigkeit eines Angehörigen kann ein wichtiger Grund sein[5]. 104

Die Lösung eines unbefristeten Beschäftigungsverhältnisses zugunsten der Aufnahme einer **befristeten Beschäftigung** ist jedenfalls dann von einem wichtigen Grund getragen, wenn im Zeitpunkt der Lösung objektiv eine konkrete Aussicht bestand, dass sich das neue Beschäftigungsverhältnis in ein dauerhaftes umwandelt[6]. Das BSG betont, dass im Hinblick auf die grundrechtlich geschützte Berufsfreiheit einem Arbeitnehmer grundsätzlich die Möglichkeit offen stehen muss, ein ihm attraktiv erscheinendes Arbeitsverhältnis ohne das Risiko einer Sperrzeit auch dann aufzunehmen, wenn es befristet ist[7]. Ein wichtiger Grund kann jedoch nicht anerkannt werden, wenn das befristete Beschäftigungsverhältnis lediglich für die kurze Zeit von sechs Wochen begründet wird und völlig offen ist, ob sich daran weitere, ebenfalls lediglich auf ein Quartal befristete Beschäftigungsverhältnisse anschließen würden[8]. 105

Das Vorliegen eines wichtigen Grundes ist **von Amts wegen** (§ 20 SGB X, § 103 SGG) zu ermitteln. Die **Feststellungslast** für das Fehlen eines wichtigen Grundes trifft im Grundsatz die Bundesagentur für Arbeit[9]. Der Arbeitslose ist aber verpflichtet, zeitnah die notwendigen Angaben über einen möglichen wichtigen Grund zu machen. Gem. § 159 Abs. 1 Satz 3 SGB III hat der Arbeitslose die für die Beurteilung eines wichtigen Grundes maßgebenden Tatsachen nicht nur darzulegen, sondern auch nachzuweisen, wenn diese in seiner Sphäre oder in seinem Verantwortungsbereich liegen. Gelingt ihm dies nicht, trägt der Arbeitslose die Feststellungslast. 106

e) Beginn und Dauer der Sperrzeit

Die **Sperrzeit beginnt** am Tag nach dem sperrzeitbegründenden Ereignis (§ 159 Abs. 2 Satz 1 SGB III). Darunter ist das Ereignis zu verstehen, mit dem der „Erfolg" des Verhaltens des Arbeitslosen eintritt, bei der Arbeitsaufgabe also die **Beendigung des Beschäftigungsverhältnisses**[10]. Für den Beginn der Sperrzeit kommt es nicht auf die Arbeitslosmeldung oder die Inanspruchnahme von Leistungen der Arbeitslosenversicherung an. Die **Sperrzeit läuft** ohne Rücksicht auf das Bestehen eines Anspruchs auf ALG I **kalendermäßig ab**. 107

---

1 Bayer. LSG 28.2.2013 – L 9 AL 42/10, NZS 2013, 674; Bundesagentur für Arbeit, GA zu §§ 137 ff. SGB Rz. 159.97.
2 LSG BW 2.6.2004 – L 13 AL 1087/04, nv.
3 *Brand*, § 159 SGB III Rz. 129.
4 Bundesagentur für Arbeit, GA zu §§ 137 ff. SGB Rz. 159.89.
5 SG Chemnitz 9.5.2011 – S 24 AL 241/09; Bundesagentur für Arbeit, GA zu §§ 137 ff. SGB Rz. 159.100a: Inanspruchnahme von Pflegezeit.
6 BSG 26.10.2004 – B 7 AL 98/03 R, NZA-RR 2005, 217.
7 BSG 12.7.2006 – B 11a AL 55/05 R, NZA 2006, 1362; 12.7.2006 – B 11a AL 73/05 R.
8 LSG BW 10.10.2006 – L 13 AL 2057/03, nv.
9 BSG 2.9.2004 – B 7 AL 18/04, FA 2005, 23.
10 BSG 5.8.1999 – B 7 AL 99 R, EzA § 144 SGB III Nr. 2 u. – B 7 AL 38/98 R, NZS 2000, 155; 25.4.2002 – B 11 AL 65/01 R, NZS 2003, 330.

108 ⊃ **Hinweis:** Bei einer **Freistellung** beginnt die Sperrzeit daher mit Beginn des Freistellungszeitraums (vgl. auch Rz. 7)[1]. Ist die Freistellungsphase mindestens zwölf Wochen lang, kann nach ihrer Beendigung nahtlos ALG I bezogen werden. Allerdings bleibt es auch dann bei der Minderung der Leistungsdauer gem. § 148 Abs. 1 Nr. 4 SGB III.

109 Die **Dauer der Sperrzeit** wegen Arbeitsaufgabe beträgt grundsätzlich **zwölf Wochen**. Stellt die zwölfwöchige Sperrzeit eine besondere **Härte** für den Arbeitslosen dar, reduziert sie sich gem. § 159 Abs. 3 Satz 2 Nr. 2 lit. b SGB III auf sechs Wochen. Die Beurteilung, ob eine besondere Härte vorliegt, ist die Anwendung eines unbestimmten Rechtsbegriffs, die Arbeitsverwaltung hat keinen Ermessensspielraum[2]. Bei der Beurteilung sind auch Umstände zu berücksichtigen, die den Arbeitslosen zur Aufhebung des Beschäftigungsverhältnisses veranlasst haben, ohne das Gewicht eines wichtigen Grundes zu haben. Hätte das Arbeitsverhältnis ohne das Verhalten des Arbeitslosen innerhalb von sechs Wochen nach dem sperrzeitbegründenden Ereignis ohne Sperrzeit geendet, beträgt die Sperrzeit gem. § 159 Abs. 3 Satz 2 Nr. 1 SGB III drei Wochen; bei einer Beendigung innerhalb von zwölf Wochen beträgt sie sechs Wochen. Eine weitere Verkürzung der Sperrzeit auf den Zeitraum, der der tatsächlichen vorzeitigen Beendigung des Arbeitsverhältnisses entspricht, kommt dabei jedoch nicht in Betracht und ist auch aus verfassungsrechtlichen Gründen nicht geboten[3].

f) Rechtsfolgen der Sperrzeit

110 Während der Dauer der Sperrzeit **ruht der Anspruch** auf ALG I gem. § 159 Abs. 1 Satz 1 SGB III. Darüber hinaus führt die Sperrzeit gem. § 148 Abs. 1 Nr. 4 SGB III zu einer **Minderung der Anspruchsdauer**. Die Anspruchsdauer mindert sich bei einer Sperrzeit wegen Arbeitsaufgabe um die Dauer der Sperrzeit; beträgt die Sperrzeit den vollen Zeitraum von zwölf Wochen, mindert sich die Anspruchsdauer um diesen Zeitraum, mindestens aber um ein Viertel.

⊃ **Hinweis:** Die Dauer der Sperrzeit kann sich gem. § 159 Abs. 3 SGB III auf sechs bzw. drei Wochen verkürzen. Eine besondere Härte, die die Sperrzeit auf sechs Wochen verkürzt, kann insbesondere vorliegen, wenn der Arbeitnehmer von einer bevorstehenden Personalabbaumaßnahme betroffen gewesen wäre[4].

111 Zu beachten ist, dass die Minderung der Anspruchsdauer **entfällt**, wenn das sperrzeitbegründende Ereignis im Zeitpunkt der Entstehung des Anspruchs auf ALG I länger als ein Jahr zurückliegt (§ 148 Abs. 2 Satz 2 SGB III).

112 ⊃ **Hinweis:** Die Minderung der Anspruchsdauer kann demnach vermieden werden, indem der Antrag auf ALG I frühestens ein Jahr nach Eintritt der Arbeitslosigkeit gestellt oder die Wirkung des Antrages auf diesen Zeitpunkt hinausgeschoben wird. Die Jahresfrist muss aber genau eingehalten werden[5]. Zudem darf gleichzeitig die Meldepflicht gem. § 38 Abs. 1 SGB III (vgl. Rz. 115) nicht übersehen werden.

113 Während der Sperrzeit besteht auch ohne den tatsächlichen Leistungsbezug **Krankenversicherungsschutz** in der gesetzlichen Krankenversicherung ab Beginn des zweiten Monats (§ 5 Abs. 1 Nr. 2 SGB V). Während des ersten Monats der Sperrzeit besteht ggf. nachwirkender Krankenversicherungsschutz über § 19 Abs. 2 SGB V. Dies gilt jedoch nur für Arbeitslose, die in der gesetzlichen Krankenversicherung pflichtversichert wa-

---

1 BSG 25.4.2002 – B 11 AL 65/01 R, NZS 2003, 330; 17.10.2002 – B 7 AL 92/01 und B 7 AL 136/01 R, nv.; *Heuchemer/Insam*, BB 2004, 1562 und BB 2004, 1679 (1681); zur Ausnahme bei Altersteilzeit im Blockmodell vgl. BSG 21.7.2009 – B 7 AL 6/08 R, NZA-RR 2010, 323.
2 BSG 22.3.1979 – 7 RAr 23/78, BSGE 48, 109 (114).
3 BSG 5.2.2004 – B 11 AL 31/03 R, NZS 2005, 219.
4 SG Darmstadt 16.12.2013 – S 1 AL 419/10, AA 2014, 94.
5 BSG 5.8.1999 – B 7 Al 38/98 R, NZS 2000, 155 (158).

ren, wenn prognostisch zu erwarten ist, dass binnen eines Monats eine Absicherung im Krankheitsfall erlangt wird[1]; eine vergleichbare Regelung für freiwillig Versicherte existiert nicht. Auch Arbeitslose, die privat krankenversichert sind, müssen während des ersten Monats der Sperrzeit selbst für ihren Krankenversicherungsschutz sorgen. Beiträge zur **Rentenversicherung** werden während der Sperrzeit nicht gezahlt; ein Kalendermonat, der voll mit einer Sperrzeit belegt ist, ist auch keine Anrechnungszeit nach § 58 Abs. 1 Satz 1 Nr. 3 SGB VI. Wird der Arbeitslose **während der Sperrzeit arbeitsunfähig krank**, ruht auch der Anspruch auf Krankengeld (§ 49 Abs. 1 Nr. 3 SGB V).

⊃ Hinweis: Der Krankenversicherungsschutz gem. § 5 Abs. 1 Nr. 2 SGB V greift nur ein, wenn das ALG I allein wegen der Sperrzeit nicht geleistet wird, nicht aber, wenn der Leistungsanspruch (auch) aus anderen Gründen (zB gem. §§ 157, 158 SGB III) ruht (zur Ausnahme bei Urlaubsabgeltung vgl. Rz. 72).

8. Sperrzeit wegen Verletzung der Meldepflicht

Der Bezug von ALG I soll durch die Vermeidung der Arbeitslosigkeit möglichst von vornherein vermieden werden, indem die Agentur für Arbeit in die Lage versetzt wird, ihre Vermittlungsbemühungen bereits vor Eintritt der Arbeitslosigkeit zu entfalten.

Personen, deren Arbeits- oder Ausbildungsverhältnis endet, sind deshalb gem. § 38 Abs. 1 SGB III verpflichtet, sich spätestens drei Monate vor der Beendigung bei der Agentur für Arbeit **arbeitsuchend zu melden**. Liegen zwischen der Kenntnis des Beendigungszeitpunktes und der Beendigung weniger als drei Monate, hat die Meldung innerhalb von drei Tagen nach Kenntnis des Beendigungszeitpunktes zu erfolgen. Unsicherheiten über den Eintritt der Arbeitslosigkeit lassen nach § 38 Abs. 1 Satz 4 SGB III die Meldepflicht nicht entfallen. Die Meldepflicht gilt auch für befristet beschäftigte Arbeitnehmer. Nur wenn sich ein Arbeitsloser zur Aufnahme einer befristeten Beschäftigung unter Angabe des Endzeitpunktes aus dem Bezug von ALG I abmeldet, bedarf es vor Ablauf der Befristung keiner erneuten Arbeitsuchendmeldung, wenn nicht diese von der Agentur für Arbeit ausdrücklich verlangt wird[2]. Die Meldung hat persönlich zu erfolgen. Gem. § 38 Abs. 1 Satz 3 SGB III genügt zur Wahrung der Frist jedoch eine fernmündliche Meldung, wenn die persönliche Meldung nach terminlicher Vereinbarung nachgeholt wird. Wochenenden und Feiertage werden auf die Drei-Tages-Frist nicht angerechnet, da sich die Meldefrist nur auf solche Tage beziehen kann, an denen die Arbeitsagentur dienstbereit ist (vgl. § 141 Abs. 3 SGB III)[3].

Die Verletzung der Meldepflicht gem. § 38 Abs. 1 SGB III begründet einen **Sperrzeittatbestand** gem. § 159 Abs. 1 Satz 2 Nr. 7 SGB III. Gem. § 159 Abs. 6 SGB III beträgt die Dauer einer Sperrzeit bei verspäteter Arbeitsuchend-Meldung **eine Woche**; sie zieht gem. § 148 Abs. 1 Nr. 3 SGB III eine entsprechende Minderung der Anspruchsdauer nach sich. Nach früherer Rechtsprechung[4] konnte eine Sperrzeit nur bei **schuldhaftem Verhalten** des Arbeitnehmers eintreten, das bei fehlender Kenntnis von der Meldepflicht nicht gegeben war. Dieser Rechtsprechung lag mit der Vorgängerregelung des § 37b SGB III aF allerdings eine Verpflichtung zur „unverzüglichen" Meldung zugrunde; sie kann daher auf die von individuellen Umständen und insbeson-

---

1 BSG 4.3.2014 – B 1 KR 68/12 R, NZS 2014, 418; BSG 10.5.2012 – B 1 KR 19/11 R, SozR 4-2500 § 192 Nr. 5.
2 BSG 20.10.2005 – B 7a/11 AL 50/05 R, SozR 4-4300 § 37b Nr. 2.
3 SG Dresden 1.4.2008 – S 34 AL 769/07; *Brand*, § 38 SGB III Rz. 15; GK-SGB III/*Rademacher*, § 38 Rz. 37; vgl. auch BSG 18.8.2005 – B 7a/7 AL 94/04 R, NZA-RR 2006, 48.
4 BSG 25.5.2005 – B 11a/11 AL 81/04 R, NZS 2006, 219; 18.8.2005 – B 7a AL 40/05, NZA-RR 2006, 215; 18.8.2005 – B 7a/7 AL 94/04 R, NZS 2006, 500; 17.10.2007 – B 11a/7a AL 72/06 R, NZS 2008, 609; *Preis/Schneider*, NZA 2006, 177 (180, 181); *Rolfs*, DB 2006, 1009 (1010); krit. dazu *Seel*, NZS 2006, 525.

dere von der Kenntnis der Meldeverpflichtung unabhängige Frist des § 38 Abs. 1 SGB III in der aktuell geltenden Fassung nicht ohne Weiteres übertragen werden. Mangelndes Verschulden kann allerdings im Rahmen des Sperrzeittatbestandes des § 159 SGB III berücksichtigt werden[1].

118 Gem. § 2 Abs. 2 Satz 2 Nr. 3 SGB III soll der Arbeitgeber den Arbeitnehmer frühzeitig u.a. über die Verpflichtung zur unverzüglichen Meldung bei der Agentur für Arbeit **informieren** und ihn hierzu freistellen. Ein Verstoß gegen diese Informationspflicht begründet zwar keinen Schadensersatzanspruch gegen den Arbeitgeber[2], kann jedoch das Verschulden des Arbeitslosen und damit die Sperrzeit entfallen lassen.

9. Arbeitsbescheinigung gem. § 312 SGB III

119 Mit der Beendigung des Beschäftigungsverhältnisses (im leistungsrechtlichen Sinn, s. Rz. 7) entsteht die Pflicht des Arbeitgebers, in einer **Arbeitsbescheinigung** gem. § 312 SGB III alle Tatsachen zu bescheinigen, die für die Entscheidung über den Anspruch auf Arbeitslosengeld erheblich sein können. Eine besondere Aufforderung durch den Arbeitnehmer ist nicht erforderlich[3].

120 Für eine Klage auf Erteilung der Arbeitsbescheinigung ist der **Rechtsweg** zu den Arbeitsgerichten gegeben[4], wobei der Anspruch erforderlichenfalls im Wege der einstweiligen Verfügung verfolgt werden kann[5]. Wird nicht die Ausstellung, sondern die inhaltliche Änderung der Arbeitsbescheinigung verlangt, ist der Rechtsweg zu den Sozialgerichten eröffnet[6]. Einer Klage auf Berichtigung der Arbeitsbescheinigung fehlt allerdings während des Verwaltungsverfahrens betreffend die Gewährung von ALG I regelmäßig das Rechtsschutzinteresse, da der Sachverhalt zur Feststellung des Leistungsanspruchs des Arbeitslosen von der Agentur für Arbeit auch unabhängig von dem Inhalt der Arbeitsbescheinigung von Amts wegen ermittelt werden muss[7]. Die Bundesagentur für Arbeit ist nicht an den Inhalt der Arbeitsbescheinigung gebunden[8], ebenso wenig an den Inhalt eines arbeitsgerichtlichen Vergleichs[9]. Die Beurteilung der Leistungsvoraussetzungen obliegt daher allein der Arbeitsverwaltung.

121 Der Arbeitgeber ist verpflichtet, die Arbeitsbescheinigung vollständig und objektiv richtig auszufüllen. Ein **Verstoß** gegen diese Pflicht ist nach § 404 Abs. 2 Nr. 19 SGB III als **Ordnungswidrigkeit** mit Geldbuße bedroht. Zudem kann die unrichtige oder unvollständige Ausfüllung nach § 321 SGB III einen **Schadensersatzanspruch** der Bundesagentur für Arbeit[10], aber auch des Arbeitnehmers[11] nach sich ziehen. Vereinbaren die Parteien in einem Vergleich über eine Kündigung unzutreffend, dass das Arbeitsverhältnis aufgrund betriebsbedingter Kündigung geendet habe, ist der Arbeitgeber weder berechtigt noch verpflichtet, in der Arbeitsbescheinigung betriebs-

---

1 LSG NRW 2.2.2012 – L 16 AL 201/11, nv.; LSG BW 21.8.2008 – L 7 AL 3358/08, nv.
2 BAG 29.9.2005 – 8 AZR 571/04, NZA 2005, 1406; LAG Berlin 29.4.2005 – 13 SHa 724/05, BB 2005, 1576; LAG Düsseldorf 29.9.2004 – 12 Sa 1323/04, BB 2005, 888; LAG Schl.-Holst. 15.6.2005 – 3 Sa 63/05, EzA-SD 2005, Nr. 17, 13; *Rolfs*, DB 2006, 1009 (1011); aA *Seel*, NZS 2006, 184.
3 *Hoehl*, NZS 2005, 631 (632).
4 BAG 15.1.1992 – 5 AZR 15/91, AP Nr. 21 zu § 2 ArbGG 1979.
5 *Korinth*, ArbRB 2004, 62.
6 BAG 13.7.1983 – 5 AZR 467/87, AP Nr. 11 zu § 2 ArbGG 1979; BSG 12.12.1990 – 11 RAr 43/88, NZA 1991, 696.
7 LSG Bln.-Bbg. 14.1.2008 – L 16 B 426/07 AL, nv.; BSG 12.12.1990 – 11 RAr 43/88, NZA 1991, 696; *Hoehl*, NZS 2005, 631 (636, 637).
8 BSG 12.12.1990 – 11 RAr 43/88, SozR 3-4100 § 133 Nr. 1.
9 LSG Bln.-Bbg. 27.9.2005 – L 6 AL 153/05 NZB; BSG 25.4.1991 – 11 RAr 99/90.
10 LAG Hamm 26.9.1985 – 8 Sa 824/85; vgl. auch BSG 11.1.1989 – 7 RAr 88/87, NZA 1989, 535 und 16.10.1991 – 11 RAr 119/90, NZA 1993, 46; *Hoehl*, NZS 2005, 631 (637).
11 LAG Nds. 28.3.2003 – 16 Sa 19/03, NZA-RR 2004, 46.

bedingte Gründe als Kündigungsgründe anzugeben. Die Parteien können **keine wirksame Verpflichtung zur Erteilung einer Arbeitsbescheinigung bestimmten** (unzutreffenden) **Inhalts** begründen; ein (Abwicklungs-) Vertrag, der eine solche Vereinbarung beinhaltet, ist insgesamt nichtig[1].

III. Teil-Arbeitslosengeld

Arbeitnehmer, die eine von mehreren versicherungspflichtigen Beschäftigungen verlieren, können mit dem in § 162 SGB III geregelten Anspruch auf Teil-Arbeitslosengeld den ausgefallenen Anteil ihres Arbeitsentgelts ausgleichen. 122

Ein Anspruch auf den Bezug von Teil-ALG besteht, wenn der Arbeitslose in einer Rahmenfrist von zwei Jahren für mindestens zwölf Monate **mehrere**, mindestens zwei jeweils **versicherungspflichtige Beschäftigungen** nebeneinander ausgeübt hat. Die beiden Beschäftigungsverhältnisse können auch mit demselben Arbeitgeber bestehen; hierbei ist allerdings zu prüfen, ob es sich nicht in Wirklichkeit nur um eine künstliche Aufspaltung innerhalb eines einheitlichen Beschäftigungsverhältnisses handelt. Dabei kommt es maßgeblich auf die inhaltliche und organisatorische Abgrenzbarkeit der beiden Beschäftigungsverhältnisse an, die arbeitsvertragliche Ausgestaltung hat lediglich Indizcharakter[2]. Kein Anspruch auf Teil-ALG besteht allerdings, wenn eine versicherungspflichtige Beschäftigung, die neben einer selbständigen Tätigkeit ausgeübt worden ist, beendet wird[3]. 123

Für das Teil-ALG gelten grundsätzlich die Vorschriften über das ALG. Die Vorgabe, dass die Rahmenfrist nicht in eine vorangegangene Rahmenfrist hineinreichen darf, in der der Arbeitslose eine Anwartschaftszeit erfüllt hatte (§ 134 Abs. 2 SGB III), bezieht sich beim Teil-ALG jedoch nur auf die Beschäftigung, die bei Erfüllung der früheren Anwartschaftszeit verloren gegangenen ist[4]. 124

Der Anspruch auf Teil-ALG besteht für längstens **sechs Monate**[5]. Der Anspruch auf Teil-ALG erlischt bei erneuter Aufnahme einer Beschäftigung oder selbständigen Tätigkeit für mehr als zwei Wochen oder mit einer Arbeitszeit von mehr als fünf Stunden wöchentlich. 125

IV. Erstattung des ALG I bei älteren Arbeitslosen (§ 147a SGB III aF)

Die früher in § 147a SGB normierte Pflicht zur Erstattung des ALG I bei Entlassung älterer Arbeitnehmer ist bei gleichzeitiger Verkürzung der Anspruchsdauer für Ansprüche auf ALG I, die nach dem 31.1.2006 entstanden sind, ersatzlos aufgehoben worden. Auch mit der später erneut normierten Verlängerung der Bezugsdauer für ältere Arbeitslose ab dem 1.1.2008 wurde die Erstattungspflicht nicht wieder eingeführt[6]. 126

---

1 LAG BW 6.2.2006 – 21 Sa 8/06, AuA 2007, 176.
2 BSG 21.6.2001 – B 7 AL 54/00 R, NZS 2002, 326; 6.2.2003 – B 7 AL 12/01 R, NZA 2003, 788; LSG Rh.-Pf. 15.12.2000 – L 1 AL 51/00, NZS 2001, 274.
3 BSG 3.12.2009 – B 11 AL 28/08 R, SozR 4-4300 § 118 Nr 5.
4 BSG 17.11.2005 – B 11a AL 1/05 R, FA 2006, 192.
5 Zur Verfassungsmäßigkeit der begrenzten Anspruchsdauer BSG 21.7.2005 – B 11a AL 37/05 B, nv.
6 *Hoehl*, NZS 2008, 584; zweifelnd *Bayer*, NZS 2008, 473.

V. Kurzarbeitergeld

127 Die Leistung von Kurzarbeitergeld durch die Agentur für Arbeit verlagert das **Betriebsrisiko** des Arbeitgebers gem. § 615 Satz 3 BGB ganz oder teilweise auf die Arbeitslosenversicherung. Die wirksame Anordnung von Kurzarbeit lässt die Arbeitspflicht der kurzarbeitenden Arbeitnehmer ganz oder teilweise entfallen. Der damit verbundene Ausfall des Arbeitsentgelts wird durch das Kurzarbeitergeld kompensiert.

128 **Konjunkturelles Kurzarbeitergeld**[1] dient der Vermeidung von Arbeitslosigkeit bei nur vorübergehendem Arbeitsausfall. Kommt es demgegenüber aufgrund einer Betriebsänderung zu einem dauerhaften Arbeitsausfall, kann **Transfer-Kurzarbeitergeld** (§ 111 SGB III) bezogen werden. Seit dem 1.4.2006 ermöglichen saisonbedingte Arbeitsausfälle zudem den Bezug von **Saison-Kurzarbeitergeld** (§ 101 SGB III).

1. Konjunkturelles Kurzarbeitergeld

129 Gem. § 95 SGB III haben Arbeitnehmer **Anspruch auf** (konjunkturelles) **Kurzarbeitergeld**, wenn
- ein erheblicher Arbeitsausfall mit Entgeltausfall vorliegt,
- die betrieblichen Voraussetzungen erfüllt sind,
- die persönlichen Voraussetzungen erfüllt sind, und
- der Arbeitsausfall der Agentur für Arbeit angezeigt worden ist.

a) Erheblicher Arbeitsausfall

130 Die an einen **erheblichen Arbeitsausfall** gestellten Voraussetzungen sind **§ 96 SGB III** zu entnehmen. Demnach muss der Ausfall auf wirtschaftlichen Gründen oder einem unabwendbaren Ereignis beruhen. Anerkennenswerte **wirtschaftliche Gründe**, sind nur solche, die im Zusammenhang mit dem allgemeinen Wirtschaftsprozess stehen[2] und damit nicht in den Risikobereich des Betriebes fallen. Sie liegen etwa bei Auftragsmangel oder Absatzschwierigkeiten infolge von Währungsschwankungen vor und sind auch dann gegeben, wenn der Arbeitsausfall auf einer durch die wirtschaftliche Entwicklung bedingten Veränderung der betrieblichen Strukturen beruht (§ 96 Abs. 2 SGB III). Der allgemeine Akzeptanzverlust eines Produktes, das aus der Mode gekommen ist, ist demgegenüber nicht als wirtschaftliche Ursache iSd. § 96 SGB III anzusehen[3]. **Unabwendbar** ist ein Ereignis gem. § 96 Abs. 3 SGB III insbesondere dann, wenn es auf ungewöhnlichen Witterungsverhältnissen oder behördlichen Anordnungen beruht.

131 Der Arbeitsausfall muss weiterhin **vorübergehend** sein. Davon ist auszugehen, wenn mit einer gewissen Wahrscheinlichkeit voraussehbar ist, dass in absehbarer Zeit wieder mit dem Übergang zur Vollarbeit zu rechnen ist; absehbar ist diese Zeit nicht mehr, wenn sie die Dauer des möglichen Kurzarbeitergeldbezuges deutlich überschreitet[4].

132 **Unvermeidbar** ist der Arbeitsausfall, wenn alle zumutbaren Maßnahmen zur Abwendung des Arbeitsausfalls getroffen wurden. Hierzu gehört insbesondere der Abbau von

---

1 Ausführlich *Bauer/Günther*, BB 2009, 662; *Cohnen/Röger*, BB 2009, 46; *Kleinebrink*, DB 2009, 342; *Dendorfer/Krebs*, DB 2009, 902.
2 BSG 29.4.1998 – B 7 AL 102/97 R, NZS 1999, 94; ArbG Dessau-Roßlau 18.6.2009 – 10 Ca 77/09, ArbR 2009, 171.
3 BSG 15.12.2005 – B 7a AL 10/05 R, AuB 2006, 245: Rheumabandage aus Katzenfell.
4 BSG 17.5.1983 – 7 RAr 13/82, SozR 4100 § 63 Nr. 2.

V. Kurzarbeitergeld

Urlaub und die Ausnutzung flexibler Arbeitszeitkonten, soweit diese nicht gesetzlich privilegiert sind (§ 96 Abs. 4 Satz 2 Nr. 3 und Sätze 3 und 4 SGB III)[1].

⇨ **Hinweis:** Die Möglichkeiten zum Bezug von Kurzarbeitergeld sind zur Bewältigung der weltweiten Finanz- und Wirtschaftskrise vorübergehend erheblich erweitert worden. So mussten bis zum 31.3.2012 vor der Inanspruchnahme von Kurzarbeitergeld keine Minusstunden auf Arbeitszeitkonten aufgebaut werden (§ 421t Abs. 2 Nr. 2 SGB III aF). Die Klarstellung, dass Leiharbeitnehmer nicht erst entlassen werden müssen, um Kurzarbeitergeld für die Stammbelegschaft zu erhalten, ist im Laufe des Gesetzgebungsverfahrens auf der Strecke geblieben; ob absichtlich oder versehentlich, ist nicht erkennbar[2]. Leiharbeitnehmer selbst konnten zur Vermeidung von Entlassungen bis zum 31.3.2011 ebenfalls in den Bezug von Kurzarbeitergeld einbezogen werden, vgl. § 11 Abs. 4 Satz 3 AÜG[3].

133

Der Arbeitsausfall muss schließlich mindestens **ein Drittel der Arbeitnehmer** mit jeweils mehr als 10 % ihres Arbeitseinkommens betreffen. Um das Vorliegen dieser Voraussetzung festzustellen, muss eine ordnungsgemäße Arbeitszeiterfassung stattfinden[4]. Zudem muss die Kurzarbeit wirksam angeordnet worden sein[5], da anderenfalls ein Entgeltausfall tatsächlich nicht eintritt. Der Entgeltausfall muss sich nicht auf einen Teil der Vergütung beschränken. Wie § 96 Abs. 1 Nr. 4 Halbs. 2 SGB III nunmehr ausdrücklich klarstellt, begründet auch die sog. **„Kurzarbeit Null"**, bei der die Arbeitspflicht vollständig suspendiert wird, einen erheblichen Entgeltausfall[6].

134

⇨ **Hinweis:** Bis zum 31.3.2012 ist ein Arbeitsausfall auch dann erheblich gewesen, wenn im jeweiligen Kalendermonat weniger als ein Drittel der in dem Betrieb beschäftigten Arbeitnehmer von einem Entgeltausfall betroffen ist, soweit dieser jeweils mehr als 10 % des monatlichen Bruttoentgelts betraf (§ 421t Abs. 2 Nr. 1 SGB III aF).

135

b) Betriebliche Voraussetzungen

Die **betrieblichen Voraussetzungen** des Anspruchs auf Kurzarbeitergeld sind gem. § 97 SGB III erfüllt, wenn in dem Betrieb oder in der Betriebsabteilung, die von dem Entgeltausfall betroffen ist, regelmäßig mindestens ein Arbeitnehmer beschäftigt ist (§ 97 SGB III). Dabei ist von dem allgemeinen arbeitsrechtlichen Betriebsbegriff auszugehen[7].

136

c) Persönliche Voraussetzungen

Die **persönlichen Voraussetzungen** für den Bezug von Kurzarbeitergeld erfüllen gem. § 98 SGB III Arbeitnehmer, die eine versicherungspflichtige Beschäftigung nach Beginn des Arbeitsausfalls fortsetzen und deren Arbeitsverhältnis nicht gekündigt oder durch Aufhebungsvertrag aufgelöst ist. Sobald die Beendigung des Arbeitsverhältnisses feststeht, auch bei arbeitnehmerseitiger Eigenkündigung[8], entfällt daher der Anspruch auf Kurzarbeitergeld. Der Arbeitnehmer darf weiterhin nicht gem. § 98 Abs. 3 SGB III während der Teilnahme an einer geförderten beruflichen Weiterbildungsmaß-

137

---

1 *Grimm/Linden*, ArbRB 2013, 85; *Cohnen/Röger*, BB 2009, 46 (50).
2 *Lipinski*, BB 2009, 493.
3 BGBl. I 2009, 416 (432); zur abweichenden Rechtslage außerhalb dieser gesetzlichen Sonderregelung BSG 21.7.2009 – B 7 AL 3/08 R, NZA-RR 2010, 216.
4 LSG Hamburg 6.4.2011 – L 2 AL 51/07, nv.
5 LAG Rh.-Pf. 10.8.2010 – 10 Sa 160/10, ArbRB 2011, 207; *Bauer/Günther*, BB 2009, 662; zur Unwirksamkeit formularvertraglicher Kurzarbeiterklauseln vgl. LAG Bln.-Bbg. 7.10.2010 – 2 Sa 1230/10, NZA-RR 2011, 65.
6 Die gesetzliche Klarstellung beruht auf dem insoweit zweifelnden Urteil des BSG 14.9.2010 – B 7 AL 21/09 R, NZA-RR 2011, 319.
7 BSG 20.1.1982 – 10/8b RAr 9/80, SozR 4100 § 75 Nr. 9.
8 BSG 21.11.2002 – B 11 AL 17/02 R, SozR 3-4300 § 172 Nr. 1.

nahme und während des Bezugs von Krankengeld vom Kurzarbeitergeldbezug ausgeschlossen sein. Zudem sind die persönlichen Voraussetzungen nicht erfüllt, wenn und solange der Arbeitnehmer an einer Vermittlung nicht ausreichend mitwirkt.

138 ⮕ **Hinweis:** Arbeitnehmer, die die persönlichen Voraussetzungen für den Bezug des Kurzarbeitergeldes nicht erfüllen, behalten ihren Anspruch gegen den Arbeitgeber auf Zahlung der Vergütung, allerdings nur in Höhe des Kurzarbeitergeldes[1].

d) Höhe und Dauer des Anspruchs

139 Konjunkturelles Kurzarbeitergeld kann längstens für die **Dauer** von **sechs Monaten** gewährt werden (§ 104 SGB III). Gem. § 109 SGB III kann das Bundesministerium für Arbeit und Soziales bei außergewöhnlichen Verhältnissen auf dem Arbeitsmarkt die Bezugsfristen für das Kurzarbeitergeld durch Rechtsverordnung verlängern. Derzeit kann Kurzarbeitergeld aufgrund der Verordnung über die Bezugsfrist für das Kurzarbeitergeld vom 7.12.2012 idF vom 31.10.2013 bei Anspruchsentstehung bis zum 31.12.2014 für maximal 12 Monate bezogen werden[2].

140 Die **Höhe des Kurzarbeitergeldes** entspricht der des ALG I (vgl. Rz. 31). Für die Bemessung ist der konkrete Entgeltausfall maßgeblich (sog. Nettoentgeltdifferenz, § 106 SGB III). Die Nettoentgeltdifferenz ist der Differenzbetrag zwischen dem pauschalierten[3] Nettoentgelt aus dem Soll-Entgelt (Entgelt, das ohne den Arbeitsausfall gezahlt worden wäre, begrenzt durch die Beitragsbemessungsgrenze) und dem pauschalierten Nettoentgelt aus dem Ist-Entgelt (Entgelt, das während der Kurzarbeit tatsächlich gezahlt wird).

141 ⮕ **Hinweis:** Sind vor Inanspruchnahme des Kurzarbeitergeldes im Betrieb kollektivrechtliche Vereinbarungen zur Beschäftigungssicherung geschlossen worden, die eine Reduzierung der Arbeitszeit vorsehen, orientierte sich bis zum 31.3.2012 die Bemessung des Kurzarbeitergeldes an dem Arbeitsentgelt, das der Arbeitnehmer ohne die Vereinbarung zur Beschäftigungssicherung verdient hätte (§ 421t Abs. 2 Nr. 3 SGB III aF).

e) Anzeige und Antragstellung

142 Der Arbeitsausfall ist gem. § 99 Abs. 1 SGB III der Agentur für Arbeit, in deren Bezirk der Betrieb seinen Sitz hat (vgl. § 320 SGB III), schriftlich anzuzeigen. Zur Erstattung der **Anzeige** sind nur der Arbeitgeber und die Betriebsvertretung berechtigt, nicht aber der einzelne Arbeitnehmer, dessen Anspruch auf Kurzarbeitergeld durch die Anzeige begründet wird. In der Anzeige sind das Vorliegen eines erheblichen Arbeitsausfalls und die betrieblichen Voraussetzungen glaubhaft zu machen.

143 Kurzarbeitergeld wird gem. § 99 Abs. 2 SGB III frühestens von dem Kalendermonat an geleistet, in dem die Anzeige über den Arbeitsausfall bei der Agentur für Arbeit eingegangen ist[4]. Bei Arbeitsausfällen infolge eines unabwendbaren Ereignisses gilt eine unverzüglich erstattete Anzeige als für den Kalendermonat erstattet, in dem der Arbeitsausfall eingetreten ist. Die Agentur für Arbeit hat dem Anzeigenden unverzüglich einen schriftlichen Bescheid darüber zu erteilen, ob aufgrund des Antrags ein erheblicher Arbeitsausfall vorliegt und die betrieblichen Voraussetzungen erfüllt sind (§ 99 Abs. 3 SGB III). Dieser positive **Anerkennungsbescheid** beinhaltet die verbindli-

---

1 BAG 22.4.2009 – 5 AZR 310/08; *Oberthür*, ArbRB 2010, 148.
2 BGBl. I 2012, 2570.
3 Verordnung über die pauschalierten Nettoentgelte für das Kurzarbeitergeld für das Jahr 2012, BGBl. I 2011, 2696; Beispielsberechnung bei *Cohnen/Röger*, BB 2009, 46 (51).
4 Keine Möglichkeit der Wiedereinsetzung in den vorigen Stand: BSG 14.2.1989 – 7 RAr 18/87, NZA 1989, 613.

che Feststellung, dass den betroffenen Arbeitnehmern nach fristgerechter Antragstellung (§§ 323 Abs. 2, 325 Abs. 3 SGB III) bei Vorliegen der persönlichen Voraussetzungen für die Zeit des Arbeitsausfalls Kurzarbeitergeld gewährt wird[1].

Der **Antrag** auf Zahlung des Kurzarbeitergeldes ist schriftlich bei der Agentur für Arbeit einzureichen (§§ 323 ff. SGB III). Er ist für den jeweiligen Kalendermonat innerhalb einer **Ausschlussfrist**[2] von drei Kalendermonaten zu stellen, wobei die Frist mit Ablauf des Zeitraumes beginnt, für den das Kurzarbeitergeld beantragt wird (§ 325 Abs. 3 SGB III)[3]. Der Arbeitgeber ist dem Arbeitnehmer gegenüber verpflichtet, der Agentur für Arbeit alle für die Gewährung und die ordnungsgemäße Berechnung des Kurzarbeitergeldes notwendigen Informationen zu geben. 144

Eine Pflicht des Arbeitgebers zum **Widerspruch gegen den Bescheid** über den Anspruch auf Kurzarbeitergeld besteht gegenüber den betroffenen Arbeitnehmern nur dann, wenn der Bescheid offensichtlich unzutreffend ist oder der Arbeitnehmer die Berechnung der Agentur für Arbeit rechtzeitig und substantiiert gerügt hat[4]. Der Arbeitnehmer selbst ist nicht berechtigt, den Bescheid anzufechten; er hat selbst dann keine Klagebefugnis, wenn es um individuelle Besonderheiten bei der Anspruchshöhe geht oder zwischen ihm und dem Arbeitgeber eine unterschiedliche Interessenlage besteht[5]. 145

f) Sozialversicherungsrechtliche Auswirkungen

Die auf das Kurzarbeitergeld entfallenden Beiträge zur Kranken-, Pflege- und Rentenversicherung trägt der Arbeitgeber gem. § 249 Abs. 2 SGB V, § 58 Abs. 1 Satz 2 SGB XI und § 168 Abs. 1 Nr. 1a SGB VI allein[6]. Ihre Höhe bemisst sich nach einem fiktiven Arbeitsentgelt auf der Basis von 80 % des Unterschiedsbetrages zwischen dem ungerundeten Soll-Entgelt und dem Ist-Entgelt. 146

⊃ **Hinweis:** Gem. § 421t Abs. 1 und 3 SGB III aF wurden dem Arbeitgeber die Beiträge zur Sozialversicherung bis zum 31.3.2012 auf Antrag zu 50 % in pauschalierter Form erstattet. Für Zeiten der Qualifizierung bzw. ab dem siebten Monat der Kurzarbeit wurden die Sozialversicherungsbeiträge in vollem Umfang erstattet. 147

2. Transfer-Kurzarbeitergeld

Während das konjunkturelle Kurzarbeitergeld vorübergehende Entgeltausfälle ausgleichen soll, ermöglicht das Transfer-Kurzarbeitergeld den Ausgleich auch **dauerhaften Arbeitsausfalls** mit dem Ziel, die Arbeitslosigkeit der betroffenen Arbeitnehmer zu vermeiden und deren Vermittlungsaussichten durch Qualifikation zu verbessern[7]. Obgleich § 111 Abs. 1 Satz 1 SGB III die Vermeidung von Entlassungen anstrebt, steht das Ausscheiden aus dem bisherigen Betrieb und der Neuabschluss eines Arbeitsvertrages mit einer Transfergesellschaft dem Bezug von Transfer-Kurzarbeitergeld nicht entgegen[8]. Die Gewährung von Transfer-Kurzarbeitergeld kann für die 148

---

1 LSG BW 1.8.2012 – L 3 AL 3581/11, NZS 2012, 956; *Cohnen/Röger*, BB 2009, 46 (51).
2 Zur Verfassungsmäßigkeit der Frist vgl. LSG NRW 6.7.2011 – L 16 AL 88/11 NZB.
3 Keine Möglichkeit der Wiedereinsetzung in den vorigen Stand gem. § 27 Abs. 5 SGB X: BSG 14.2.1978 – 7/12 RAr 73/76, BSGE 46, 34; LSG NRW 6.7.2011 – L 16 AL 88/11 NZB, nv.; offen gelassen von BSG 6.4.2000 – B 11 AL 81/99 R, NZA-RR 2001, 609.
4 LAG Sachs. 30.8.2002 – 3 Sa 996/01, LAGE § 611 BGB – Fürsorgepflicht Nr. 26.
5 BSG 25.5.2005 – B 11a/11 AL 15/04 R, NZA-RR 2006, 102.
6 Vgl. im Einzelnen *Kleinebrink*, DB 2009, 342 (343).
7 Vgl. hierzu *Meyer*, BB 2004, 490 (493, 494); *Hoehl/Grimmke*, NZS 2004, 345 (348, 349); *Moderegger*, ArbRB 2005, 277; *Stück*, AuA 2006, 418; *Welkoborsky*, NZS 2004, 509 (513, 516); *Mengel/Ullrich*, BB 2005, 1109 (1112, 1114); *Podewin*, FA 2007, 264 (265, 266).
8 *Peters-Lange*, Sozialrecht in der Insolvenz, Rz. 29, 33.

von einer Entlassung betroffenen Arbeitnehmer erhebliche Vorteile bieten: So soll durch **Qualifizierungs- und Vermittlungsmaßnahmen** Arbeitslosigkeit bereits von vornherein vermieden werden; gelingt dies nicht, wird zumindest der Bezugszeitraum für das ALG I hinausgeschoben[1]. Auf die Höhe des ALG I hat der vorangegangene Bezug von Kurzarbeitergeld gem. § 151 Abs. 3 Nr. 1 SGB III keine negative Auswirkung. Allerdings sollte die Verweildauer in der Transfergesellschaft die individuelle Kündigungsfrist nicht unterschreiten, da anderenfalls bei späterem Bezug von ALG I zum einen der Eintritt einer Sperrzeit gem. § 159 SGB III droht[2] und zum anderen das Ziel der Vermeidung von Entlassungen nicht erreicht wird.

149 Gem. § 111 SGB III haben Arbeitnehmer **Anspruch auf Transfer-Kurzarbeitergeld**, wenn
– und solange sie von einem dauerhaften, unvermeidlichen Arbeitsausfall mit Entgeltausfall betroffen sind,
– die betrieblichen Voraussetzungen erfüllt sind,
– die persönlichen Voraussetzungen erfüllt sind, und
– sich die Betriebsparteien im Vorfeld über die Inanspruchnahme von Transfer-Kurzarbeitergeld von der Arbeitsagentur haben beraten lassen.

Soweit § 111 SGB III keine eigenständigen Regelungen trifft, gelten für das Transfer-Kurzarbeitergeld die Bestimmungen zum konjunkturellen Kurzarbeitergeld entsprechend.

a) Dauerhafter Arbeitsausfall

150 Ein **dauerhafter Arbeitsausfall** liegt gem. § 111 Abs. 2 SGB III vor, wenn aufgrund einer Betriebsänderung die Beschäftigungsmöglichkeit für die betroffenen Arbeitnehmer nicht nur vorübergehend entfallen und unter Berücksichtigung der Gesamtumstände des Einzelfalles davon auszugehen ist, dass der betroffene Betrieb in absehbarer Zeit die Arbeitskapazitäten nicht mehr in dem bisherigen Umfang benötigen wird[3]. Auch beim Transfer-Kurzarbeitergeld kann der Entgeltausfall nur einen Teil oder auch den gesamten Arbeitsumfang umfassen (Kurzarbeit Null). Unvermeidbar ist ein Arbeitsausfall, wenn in dem Betrieb alle zumutbaren Anstrengungen unternommen worden sind, den Eintritt des Arbeitsausfalls zu verhindern. Ein Arbeitsausfall wegen einer Betriebsänderung ist in diesem Sinne regelmäßig nicht vermeidbar, auch nicht durch die vorherige Gewährung von Erholungsurlaub[4].

151 Eine **Betriebsänderung** liegt vor, wenn die Voraussetzungen des § 111 Satz 3 BetrVG erfüllt sind, unabhängig von der Unternehmensgröße und der Anwendbarkeit des BetrVG im jeweiligen Betrieb (vgl. § 111 Abs. 3 Nr. 1 SGB III)[5]. Der betriebsverfassungsrechtliche Begriff der Betriebsänderung wird daher arbeitsförderungsrechtlich nur insoweit modifiziert, als Betriebsänderungen auch bei Kleinunternehmen den Zugang zum Transfer-Kurzarbeitergeld eröffnen. Auf Ursache oder Inhalt der Betriebsänderung kommt es nicht an.

b) Betriebliche Voraussetzungen

152 Betriebliche Voraussetzung des Transfer-Kurzarbeitergeldes ist die Zusammenfassung der von dem Arbeitsausfall betroffenen Arbeitnehmer in einer **betriebsorganisatorisch eigenständigen Einheit (beE)** zur Vermeidung von Entlassungen und zur Ver-

---

1 *Moderegger*, ArbRB 2005, 23 (25).
2 Vgl. GA Transferleistungen der BA v. 1.4.2012, S. 46.
3 *Brand*, § 111 SGB III Rz. 5.
4 LSG Rh.-Pf. 25.8.2009 – L 1 AL 103/08, ArbRB 2009, 369.
5 *Mengel/Ullrich*, BB 2005, 1109 (1113).

besserung der Eingliederungschancen. Die beE kann im Betrieb des Arbeitgebers oder bei einem gem. §§ 111 Abs. 3 Satz 2, 178 SGB III zugelassenen externen Anbieter eingerichtet werden[1]. Bei der in der Praxis üblichen Einschaltung einer externen **Transfergesellschaft** (häufig auch **Beschäftigungs- und Qualifizierungsgesellschaft/BQG** genannt) erfolgt der Wechsel durch einen dreiseitigen Vertrag zwischen dem bisherigen Arbeitgeber, dem Arbeitnehmer und der Transfergesellschaft[2]. Das bisherige Arbeitsverhältnis wird durch Aufhebungsvertrag beendet, gleichzeitig wird mit der Transfergesellschaft ein in der Regel befristetes Arbeitsverhältnis begründet[3]. Richtet der Arbeitgeber eine betriebsinterne beE ein, ist eine klare Trennung zu den im Betrieb verbleibenden Arbeitnehmern erforderlich. Der Wechsel in eine innerbetriebliche beE erfordert eine Änderung des Arbeitsvertrages, auf dem bisherigen Arbeitsplatz dürfen die betroffenen Arbeitnehmer allenfalls noch kurzfristig eingesetzt werden. Eine Mindestanzahl von in die beE verlagerten Arbeitnehmern wird nicht verlangt[4]. Allerdings muss gem. § 111 Abs. 3 Satz 1 Nr. 3 und 4 SGB III gewährleistet sein, dass die organisatorische und finanzielle Ausstattung der beE eine erfolgreiche Eingliederungstätigkeit erwarten lässt und dass diese ein Qualitätssicherungssystem unterhält. Externe Transfergesellschaften bedürfen seit dem 1.1.2013 der Trägerzulassung gem. § 178 SGB III.

Unzureichend ist die nur **vorübergehende Zusammenfassung** von Arbeitnehmern in einer beE mit dem Ziel, diese anschließend auf einem anderen Arbeitsplatz innerhalb des Unternehmens oder Konzerns weiter zu beschäftigen. In diesem Fall ist ein Anspruch auf Transfer-Kurzarbeitergeld gem. § 111 Abs. 8 SGB III ausgeschlossen. 153

c) Persönliche Voraussetzungen

Zu den **persönlichen Voraussetzungen** gem. § 111 Abs. 4 SGB III gehört zunächst, dass die betroffenen Arbeitnehmer von Arbeitslosigkeit bedroht sind, vgl. § 17 SGB III. Dies ist der Fall, wenn eine durch konkrete objektive Anhaltspunkte gerechtfertigte Prognose besteht, dass die Beschäftigung in absehbarer Zeit beendet sein wird, insbesondere durch Befristung, Kündigung oder Aufhebungsvertrag. Die drohende Arbeitslosigkeit hängt dabei nicht davon ab, ob bspw. eine beabsichtigte Kündigung rechtmäßig wäre. Maßgebend ist allein die ernste Absicht des Arbeitgebers, die betroffenen Arbeitnehmer zu entlassen, so dass auch tariflich unkündbare Arbeitnehmer von Arbeitslosigkeit betroffen sein können[5]. Die Arbeitslosigkeit darf allerdings noch nicht eingetreten sein. Der Wechsel in die Transfergesellschaft muss daher nahtlos erfolgen. Dabei ist zu beachten, dass auch die Beendigung des Beschäftigungsverhältnisses durch eine unwiderrufliche Freistellung Arbeitslosigkeit im leistungsrechtlichen Sinn begründet (vgl. Rz. 7), so dass in einem solchen Fall vor dem Bezug von Transfer-Kurzarbeitergeld das Arbeitsverhältnis reaktiviert werden muss[6]. 154

Der Arbeitnehmer darf weiterhin nicht von dem Bezug von Kurzarbeitergeld ausgeschlossen sein (vgl. Rz. 137). Zudem muss er sich vor Eintritt in die Transfergesellschaft gem. § 38 SGB III **arbeitsuchend gemeldet** und an einer Maßnahme zur Fest- 155

---

1 *Peters-Lange*, Sozialrecht in der Insolvenz, Rz. 24; *Brachmann*, AuA 2009, 150.
2 Zu den damit verbundenen Fragestellungen vgl. BSG 14.9.2010 – B 7 AL 29/09 R, SGb 2010, 647.
3 Str.; ebenso ErfK/*Kania*, §§ 112, 112a BetrVG Rz. 37c; LAG Rh.-Pf. 26.1.2011 – 7 Sa 503/10, nv.: Arbeitsverhältnis mit Besonderheiten; aA *Moderegger*, ArbRB 2005, 23 (25): kein Arbeits-, sondern Beschäftigungsverhältnis; LAG Rh.-Pf. 31.11.2010 – 6 Ta 215/10, AE 2011, 135: zivilrechtliches Rechtsverhältnis.
4 *Welkoborsky*, NZS 2004, 509 (514).
5 BSG 29.1.2008 – B 7/7a AL 20/06 R, SozR 4-4300 § 175 Nr 1; HWK/*Nimscholz*, § 111 SGB III Rz. 4; aA GA Transferleistungen der BA v. 1.4.2012, S. 56.
6 GA Transferleistungen der BA v. 1.4.2012, S. 49, die allerdings unzutreffend in der Freistellung auch die Beendigung des beitragsrechtlichen Beschäftigungsverhältnisses annimmt.

stellung der Eingliederungsaussichten (**Profiling**) teilgenommen haben, § 111 Abs. 4 Satz 1 Nr. 4 SGB III.

d) Beratungspflichten

156 Voraussetzung der Förderung durch Transfer-Kurzarbeitergeld ist die vorherige Beratung der Betriebspartner durch die Agentur für Arbeit. Dadurch soll gewährleistet werden, dass insbesondere im Rahmen eines Interessenausgleichs und Sozialplans arbeitsmarktorientierte Regelungen getroffen und die bestehenden Transferleistungen beschäftigungswirksam eingesetzt werden. Eine Beratung der Betriebspartner in arbeitsrechtlicher Hinsicht ist in diesem Zusammenhang allerdings weder vorgesehen noch geboten.

3. Saisonkurzarbeitergeld

157 Seit dem 1.4.2006 ermöglicht die Sonderform des Saisonkurzarbeitergeldes[1] die Förderung bei **witterungsbedingtem Arbeitsausfall**, der die Voraussetzungen eines erheblichen Arbeitsausfalls iSv. § 96 SGB III nicht erfüllt. Saisonkurzarbeitergeld wird in der Schlechtwetterzeit vom 1. 12. bis zum 31.3. geleistet. Voraussetzung ist neben der Erfüllung der betrieblichen und persönlichen Voraussetzungen gem. §§ 97, 98 SGB III, dass ein erheblicher Arbeitsausfall gem. § 101 Abs. 5 SGB III vorliegt, insbesondere bei witterungsbedingten, branchenüblichen oder saisonbedingtem Arbeitsausfall. Gem. § 101 Abs. 1 Nr. 1, Abs. 4 SGB III kann Saisonkurzarbeitergeld nicht mehr nur im Baugewerbe geleistet werden, sondern auch in anderen Branchen, die von saisonbedingtem Arbeitsausfall betroffen sind.

VI. Insolvenzgeld

158 Das Insolvenzgeld ist Lohnersatzleistung, mit dem Vergütungsansprüche des Arbeitnehmers aus dem Arbeitsverhältnis abgesichert werden, wenn diese aufgrund einer Insolvenz des Arbeitgebers nicht erfüllt werden[2].

159 **Insolvenzgeldberechtigt** sind Arbeitnehmer, die im Inland beschäftigt waren, auch wenn das Insolvenzereignis ausländischem Recht unterfällt[3], § 165 Abs. 1 Satz 3 SGB III. Das Insolvenzereignis der Betriebseinstellung kann einen Insolvenzgeldanspruch aber wohl nur begründen, wenn auch im Inland ein Betrieb im Sinne einer organisatorischen Einheit bestanden hat[4]. Der Arbeitnehmerbegriff richtet sich, da § 165 SGB III keine eigenständige Definition enthält, nach den allgemeinen Kriterien der §§ 25 ff. SGB III iVm. § 7 SGB IV[5].

160 Das Insolvenzgeld sichert die Entgeltansprüche der **letzten drei Monate** des Arbeitsverhältnisses vor dem Insolvenzereignis ab. Nicht erforderlich ist, dass das Arbeitsverhältnis zu diesem Zeitpunkt noch bestanden hat. Ist das Arbeitsverhältnis bereits vorher beendet gewesen, bezieht sich der Insolvenzgeldzeitraum auf die letzten drei

---

1 Kossens, AuA 2006, 292.
2 Zur Verfassungsgemäßheit der Insolvenzgeldumlage: BSG 29.5.2008 – B 11a AL 61/06 R, NZA-RR 2008, 661; BVerfG 2.2.2009 – 1 BvR 2553/08, ZIP 2009, 680.
3 SG Frankfurt a.M. 1.8.2003 – S - 33/AL - 4293/02, NZA-RR 2004, 435; aA vor der gesetzlichen Neuregelung durch das Job-AQTIV-Gesetz: BSG 29.6.2000 – B 11 AL 75/99 R, NZS 2001, 392.
4 Brand, § 165 SGB III Rz. 37.
5 LSG Sa.-Anh. 16.12.2010 – L 2 AL 22/08, NZI 2011, 260 (GmbH-Alleingesellschafter); LSG BW 18.7.2006 – L 13 AL 1766/06, nv. (kein Insolvenzgeldanspruch für Vorstandsmitglieder und stellvertretende Vorstandsmitglieder einer Aktiengesellschaft); ebenso LSG Bln.-Bbg. 7.2.2008 – L 30 AL 124/05, nv.

VI. Insolvenzgeld   Rz. 163   Teil 7 A

Monate des Arbeitsverhältnisses, unabhängig davon, wie lange die Beendigung des Arbeitsverhältnisses bereits zurückliegt[1].

◯ **Hinweis:** Die Arbeitsverwaltung ist im Insolvenzgeldverfahren bei der Feststellung des maßgeblichen Insolvenzgeldzeitraums an eine rechtskräftige arbeitsgerichtliche Entscheidung über die Beendigung des Arbeitsverhältnisses nicht gebunden[2].

Insolvenzereignis[3] kann sein: 161
– Die Eröffnung des Insolvenzverfahrens[4] (§ 165 Abs. 1 Satz 1 Nr. 1 SGB III),
– die Abweisung des Antrages auf Eröffnung des Insolvenzverfahrens mangels Masse (§ 165 Abs. 1 Satz 1 Nr. 2 SGB III), oder
– die vollständige Beendigung der Betriebstätigkeit im Inland, wenn ein Antrag auf Eröffnung des Insolvenzverfahrens nicht gestellt worden ist und ein Insolvenzverfahren offensichtlich mangels Masse nicht in Betracht kommt (§ 165 Abs. 1 Satz 1 Nr. 3 SGB III),

wobei das jeweils zuerst eintretende Ereignis maßgeblich ist. Ein erneuter Anspruch auf Insolvenzgeld entsteht nur, wenn nach Eintritt des Insolvenzereignisses die Insolvenz bis zum Eintritt eines erneuten Insolvenzereignisses beendet worden ist[5]. Die Agentur für Arbeit hat das Vorliegen eines Insolvenzereignisses von Amts wegen zu prüfen, wobei der Arbeitnehmer bei dem Insolvenzereignis der Betriebseinstellung gem. § 165 Abs. 1 Satz 1 Nr. 3 SGB III die Feststellungslast trägt[6]. In Zweifelsfällen kann sich deshalb für Arbeitnehmer empfehlen, gem. § 14 InsO selbst einen Antrag auf Eröffnung des Insolvenzverfahrens über das Vermögen des Arbeitgebers zu stellen.

◯ **Hinweis:** Der Arbeitgeber ist verpflichtet, Beschlüsse des Insolvenzgerichts gem. § 165   162
Abs. 1 Nr. 1 und 2 SGB III dem Betriebsrat oder den Arbeitnehmern bekannt zu machen, § 165 Abs. 5 SGB III. Unterbleibt dies und arbeiten die Arbeitnehmer in Unkenntnis des Insolvenzereignisses weiter, besteht der Anspruch auf Insolvenzgeld gem. § 165 Abs. 3 SGB III für die drei Monate, die der Kenntnis von dem Insolvenzereignis vorausgehen.

Die **Höhe des Insolvenzgeldes** entspricht gem. § 167 Abs. 1 SGB III dem um die ge-   163
setzlichen Abzüge verminderten Arbeitsentgelt für die maßgeblichen drei Monate des Arbeitsverhältnisses, mittlerweile begrenzt allerdings auf die Beitragsbemessungsgrenze[7]. Der Arbeitnehmer wie auch die Arbeitsagentur sind an einen arbeitsgerichtlichen Vergleich über die Höhe der geschuldeten Vergütung gebunden, wenn es keine Anhaltspunkte für dessen inhaltliche Unrichtigkeit gibt[8]; die Bindungswirkung entfällt jedoch, wenn das im arbeitsgerichtlichen Vergleich vereinbarte Arbeitsentgelt auf das tatsächlich im Insolvenzgeldzeitraum erarbeitete Arbeitsentgelt übersteigt[9]. Besteht kein Vergütungsanspruch, etwa während der Elternzeit oder nach Erklärung der Beendigung des Arbeitsverhältnisses gem. § 12 KSchG, besteht auch kein Anspruch auf Insolvenzgeld[10]. Verzichtet der Arbeitnehmer in ei-

---

1 *Brand*, § 165 SGB III Rz. 44.
2 LSG Berlin 30.11.2001 – L 10 AL 116/00, NZS 2002, 392.
3 Im Einzelnen: *Lakies*, NZA 2000, 565 (565, 566).
4 LSG Bln.-Bbg. 27.9.2005 – L 4 AL 15/03, nv.; BSG 18.12.2003 – B 11 AL 27/03R, NZA 2004, 782; EuGH 15.5.2003 – Rs. C-160/01, BB 2003, 1440.
5 LSG Sachs. 9.3.2011 – L 1 AL 241/06, NZI 2011, 608.
6 LSG NRW 2.6.2010 – L 12 AL 12/09, nv.
7 Zur Übergangsregelung des § 434j Abs. 12 Nr. 5 SGB III vgl. BSG 1.7.2010 – B 11 AL 6/09 R, ZIP 2010, 2215.
8 LSG Bayern 30.6.2011 – L 10 AL 54/09, nv.; LSG Nds.-Bremen 21.11.2002 – L 8 AL 190/02, NZA-RR 2003, 603.
9 LSG Sa.-Anh. 22.9.2011 – L 2 AL 63/07, nv.
10 BSG 18.12.2003 – B 11 AL 27/03R, NZA 2004, 782.

nem arbeitsgerichtlichen Vergleich teilweise auf Entgeltansprüche, entfällt insoweit auch der Insolvenzgeldanspruch[1].

164 Zu dem insolvenzgeldfähigen **Arbeitsentgelt** zählen alle Leistungen des Arbeitgebers, die eine Gegenleistung für die Leistung des Arbeitnehmers darstellen und in unlösbarem Zusammenhang mit der Beschäftigung stehen[2], auch wenn diese wegen Annahmeverzuges tatsächlich nicht ausgezahlt werden[3]. Dies umfasst bspw. auch Überstundenvergütungen, Zuschläge, Reisekosten und Auslösungen[4], Wertguthaben aus einem Arbeitszeitkonto[5], Auslagenerstattungen[6], Sonderzahlungen und Entgeltfortzahlung bei Arbeitsunfähigkeit. Variable Vergütungsansprüche sind auch dann mit dem Insolvenzgeld auszugleichen, wenn die zugrunde liegende Zielvereinbarung aus Gründen nicht zustande kommt, die der Arbeitnehmer nicht zu vertreten hat[7]. Bei einer Entgeltumwandlung wird gem. § 165 Abs. 2 Satz 3 SGB III der Umwandlungsbetrag fiktiv als Entgelt berücksichtigt.

165 Insolvenzgeldfähig sind nur Vergütungsansprüche, die dem **Insolvenzgeldzeitraum zuzuordnen** sind. Dabei ist nicht die Fälligkeit, sondern die Entstehung des Vergütungsanspruchs maßgeblich[8]. Bei regelmäßigen Vergütungsansprüchen ist die Zuordnung zum Insolvenzgeldzeitraum in der Regel unproblematisch. Bei **variabler Vergütung** kommt es auf den Erarbeitungszeitraum an[9]. Bei **Provisionsansprüchen** muss zumindest der Rechtsgrund für die Entstehung des Anspruchs gelegt sein; der Arbeitnehmer muss im Insolvenzzeitraum bereits alles dafür getan haben, dass der Geschäftserfolg eintritt[10]. Die Zuordnung von **Sonderzahlungen** richtet sich nach dem arbeitsrechtlichen Entstehungsgrund und der Zweckbestimmung der Leistung. Sie sind nur dann berücksichtigungsfähig, wenn sie sich aufgrund ihres Entgeltcharakters ganz oder anteilig den dem Insolvenzereignis vorausgehenden drei Monaten zuordnen lassen, wie dies regelmäßig bei Sonderzahlungen der Fall ist, für die im Falle des unterjährigen Ausscheidens eine anteilige Zahlung vorgesehen ist. Lässt sich die Sonderzuwendung nicht in dieser Weise einzelnen Monaten zurechnen, ist sie in voller Höhe bei dem Insolvenzgeld zu berücksichtigen, wenn sie im Insolvenzgeldzeitraum hätte ausgezahlt werden müssen, anderenfalls überhaupt nicht[11]. Fällt der Insolvenzgeldzeitraum in eine Zeit des Abbaus von Arbeitszeitguthaben, gilt der vereinbarte Auszahlungsbetrag als Arbeitsentgelt, § 165 Abs. 2 Satz 2 SGB III.

166 Vereinbarungen über die **Fälligkeit** von Entgeltansprüchen sind für das Insolvenzgeld unerheblich. Bereits verdientes Arbeitsentgelt, das nach erfolgter Stundung erst im Insolvenzgeldzeitraum nachgezahlt werden soll, begründet keinen Anspruch auf Insolvenzgeld[12]. Eine nach Eintritt der Zahlungsunfähigkeit des Arbeitgebers geschlossene Betriebsvereinbarung, die den Fälligkeitszeitpunkt einer Jahressonderzahlung in den

---

1 BSG 27.9.1994 – 10 RA 1/93, AP Nr. 17 zu § 141b AFG.
2 BSG 23.3.2006 – B 11a AL 29/05 R, NZA-RR 2007, 101.
3 LSG Bln.-Bbg. 23.5.2012 – L 18 AL 385/10, nv.
4 BSG 18.9.1991 – 10 RAr 12/90, SozR 3-4100 § 141b AFG Nr. 2.
5 Vgl. § 165 Abs. 2 SGB III; zuvor bereits: BSG 3.5.2001 – B 11 AL 80/01R, EzA-SD 2002, Heft 14, 15; vgl. auch LSG Rh.-Pf. 31.1.2002 – L1 AL 156/00, NZS 2002, 439.
6 BSG 8.9.2010 – B 11 AL 34/09 R, NZA-RR 2011, 437.
7 BSG 23.3.2006 – B 11a AL 29/05 R, ZIP 2006, 1414.
8 Eicher/Schlegel/*Estelmann*, § 165 SGB III Rz. 130.
9 LAG Hess. 20.8.2010 – L 7 AL 165/06, ZIP 2010, 2019.
10 BSG 24.3.1983 – 10 RAr 15/81, SozR 4100 § 141b AFG Nr. 26; *Brand*, § 165 SGB III Rz. 68; *Lakies*, NZA 2000, 565 (568).
11 BSG 23.3.2006 – B 11a AL 65/05 R, ZIP 2006, 1882; 18.3.2004 – B 11 AL 57/03 R, NZS 2005, 385.
12 BSG 2.11.2000 – B 11 AL 87/99 R, DB 2001, 649; 18.3.2004 – B 11 AL 57/03, NZS 2005, 385; 21.7.2005 – B 11a/11 AL 53/04 R, NZA-RR 2006, 437; LSG NRW 4.8.2004 – L 12 AL 254/03, ZIP 2004, 2397.

VI. Insolvenzgeld

Insolvenzgeldzeitraum vorverlegt, ist wegen Verstoßes gegen die guten Sitten nichtig[1].

Anspruch auf Insolvenzgeld besteht **nicht für Ansprüche**: 167
- auf Arbeitsentgelt, die der Arbeitnehmer wegen der Beendigung des Arbeitsverhältnisses hat (§ 166 Abs. 1 Nr. 1 SGB III): Urlaubsabgeltung[2], Abfindung[3], Schadensersatzansprüche aus § 628 Abs. 2 BGB;
- auf Arbeitsentgelt, die der Arbeitnehmer für die Zeit nach der Beendigung des Arbeitsverhältnisses hat (§ 166 Abs. 1 Nr. 1 SGB III): Ansprüche aus § 8 EFZG;
- aus anfechtbaren Rechtsgeschäften (§ 166 Abs. 1 Nr. 2 SGB III).

Das Insolvenzgeld wird auf **Antrag** gewährt, der gem. § 324 Abs. 3 SGB III innerhalb einer **Ausschlussfrist von zwei Monaten** nach dem Insolvenzereignis gestellt werden muss[4]. Bei unverschuldeter Fristversäumnis kann der Antrag binnen zwei Monaten nach Wegfall des Hinderungsgrundes nachgeholt werden[5]. Der Antrag bedarf keiner **Form**. Zuständig ist nach § 327 Abs. 3 SGB III die Agentur für Arbeit, in deren Bezirk die für den Arbeitgeber zuständige Lohnabrechnungsstelle liegt. Sie kann unter den Voraussetzungen des § 168 SGB III einen **Vorschuss** auf das Insolvenzgeld bewilligen. 168

Verfügungen über die insolvenzgeldfähigen Entgeltansprüche wie Abtretungen und Verpfändungen lassen den Insolvenzgeldanspruch in der Person des Berechtigten entstehen, § 170 Abs. 1 und 2 SGB III. Die kollektive Übertragung von Entgeltansprüchen vor Eintritt des Insolvenzereignisses zur **Vorfinanzierung** des Insolvenzgeldes[6] bedarf allerdings der Zustimmung der Agentur für Arbeit, § 170 Abs. 4 SGB III, über deren Erteilung nach billigem Ermessen zu entscheiden ist[7]. Die vorläufige Bewilligung von Insolvenzgeld gem. § 328 SGB III zur Förderung der Betriebsfortführung durch den vorläufigen Insolvenzverwalter ist gesetzlich nicht vorgesehen[8]. 169

Mit Gewährung des Insolvenzgeldes gehen die dadurch ausgeglichenen Entgeltansprüche auf die Agentur für Arbeit über, § 169 SGB III. Der **Anspruchsübergang** umfasst das Arbeitsentgelt in Höhe des Insolvenzgeldes; er umfasst auch den auf den Nettobetrag des Arbeitsentgelts entfallenden (fiktiven) Lohnsteuerbetrag[9], so dass dessen Auszahlung nicht von dem Insolvenzverwalter verlangt werden kann[10]. Der Anspruchsübergang erfolgt auch bei einem letztlich unbegründeten Antrag, wenn nur die entfernte Möglichkeit besteht, dass die Leistung von Insolvenzgeld in Betracht kommt[11]; wird der Antrag später bestandskräftig abgelehnt, fällt der Vergütungsanspruch an den Arbeitnehmer zurück. Insolvenzrechtliche Vorzugsrechte, etwa die Einordnung als Masseverbindlichkeit gem. § 55 Abs. 2 Satz 2 InsO, gehen jedoch nicht auf die Agentur für Arbeit über[12]. 170

Arbeitnehmer und Agentur für Arbeit haben gegen den Insolvenzverwalter gem. § 314 SGB III Anspruch auf Erteilung einer **Insolvenzgeldbescheinigung**. Mit der Insolvenz- 171

---

1 BSG 18.3.2004 – B 11 AL 57/03 R, NZS 2005, 385.
2 BSG 20.2.2002 – B 11 AL 71/01 R, NZS 2002, 551; *Lakies*, NZA 2000, 565 (568); teilw. aA *Gagel*, ZIP 2000, 257; aA SG Kiel 6.5.2003 – SG AL 201/02, NZS 2004, 217.
3 LSG Bayern 30.6.2011 – L 10 AL 54/09, nv.
4 LSG BW 12.4.2012 – L 12 AL 5192/11, nv.; LSG Hess. 24.3.2011 – L 1 AL 89/10, nv.
5 LSG Hess. 24.3.2011 – L 1 AL 89/10, nv.
6 Vgl. *Peters-Lange*, Sozialrecht in der Insolvenz, Rz. 196, 197.
7 *Brand*, § 169 SGB III Rz. 16; aA Gagel/*Peters-Lange*, § 169 SGB III Rz. 75.
8 LSG NRW 12.4.2000 – L 12 AL 164/99, NZA-RR 2000, 386; SG Aachen 16.7.1999 – S 8 AL 72/99, NZS 1999, 621.
9 BSG 20.6.2001 – B 11 AL 97/00 R, SozR 3-4100 § 141m Nr. 3.
10 BAG 17.4.1985 – 5 AZR 74/84, NZA 1986, 191; 20.1.1998 – 9 AZR 593/96, BB 1998, 957.
11 BSG 17.7.1979 – 12 RAr 15/78, ZIP 1980, 126.
12 BAG 3.4.2001 – 9 AZR 301/00, ZIP 2001, 1964; LAG Hamm 10.1.2000 – 19 Sa 1638/99, NZS 2000, 414.

geldbescheinigung wird der Bestand der bescheinigten Entgeltansprüche anerkannt[1]. Sie verhindert den Anspruchsverlust durch Ablauf von Ausschlussfristen[2]. Ansprüche, die bereits verfallen sind, werden durch eine später ausgestellte Insolvenzgeldbescheinigung jedoch nicht neu begründet[3]. Die Rechtswegzuständigkeit für Auseinandersetzung über die Insolvenzgeldbescheinigung ist wie bei der Arbeitsbescheinigung gem. § 312 SGB III zu beurteilen (vgl. Rz. 120)[4].

---

[1] Offen gelassen von LAG Köln 17.3.2004 – 3 Sa 1288/03, LAGReport 2005, 36.
[2] Gagel/*Peters-Lange*, § 314 SGB III Rz. 11.
[3] LAG Köln 17.3.2004 – 3 Sa 1288/03, LAGReport 2005, 36.
[4] *Brand*, § 314 SGB III Rz. 5; aA LAG Schl.-Holst. 28.10.2003 – 2 Sa 324/03, NZA-RR 2004, 375.

B. Altersteilzeit

	Rz.
I. Grundlagen und Zweck des Altersteilzeitgesetzes	
1. Altersteilzeit bis zum 31.12.2009	1
2. Altersteilzeit seit dem 1.1.2010	3a
II. Altersteilzeit nach dem Altersteilzeitgesetz	
1. Allgemeine Voraussetzungen	
a) Vereinbarung nach dem 14.2.1996	4
b) In Betracht kommende Arbeitnehmer	5
c) Geförderte Altersteilzeit: Beginn bis spätestens 31.12.2009	5a
d) Vereinbarung der Verminderung der Arbeitszeit	6
e) Fortlaufende Zahlung von Arbeitsentgelt und Aufstockungsbetrag	17
f) Zahlung eines Aufstockungsbetrages und von Beiträgen zur gesetzlichen Rentenversicherung	18
aa) Aufstockungsbeträge	19
bb) Zahlung von Rentenversicherungsbeiträgen	24
g) Wiederbesetzung des Arbeitsplatzes	26
h) Freie Entscheidung des Arbeitgebers	33
2. Leistungen der Bundesagentur	35
3. Ausschlussgründe für die Förderleistung	38
III. Schutz der Altersteilzeitarbeitnehmer	
1. Sozialrechtliche Sicherung	
a) Versicherungspflicht	43
b) Bemessungsentgelt	44
c) Vorzeitige Beendigung	47
2. Arbeitsrechtliche Sicherung	48
a) Bestandsschutz	
aa) Kündigung	49
bb) Betriebsübergang/Arbeitgeberwechsel	54
cc) Befristung	57
b) Entgeltsicherung	60
c) Betriebsverfassungsrecht/Mitbestimmungsrecht	61
3. Probleme der Altersteilzeit im Blockmodell	64
a) Erkrankung	65
b) Urlaub	67
c) Vorzeitige Beendigung	68
d) Insolvenz des Arbeitgebers	69
aa) Insolvenzsicherung	70
bb) Betriebsübergang in der Insolvenz	74
IV. Verfahrensfragen	75
V. Steuerrechtliche Aspekte	78

Schrifttum:

Abeln/Gaudernack, Keine Altersrente bei völliger Freistellung schon während der Arbeitsphase im so genannten Blockmodell, BB 2005, 43; *von Ahsen/Nölle*, Risiko Altersteilzeit?, DB 2003, 1384; *Bauer*, Rechtliche und taktische Probleme der Altersteilzeit, NZA 1997, 401; *Engesser Means/Clauss*, Eintritt in Altersteilzeitvertrag bei Arbeitgeberwechsel, NZA 2006, 293; *Froehner*, Das Altersteilzeitverhältnis in der Insolvenz des Arbeitgebers, NZA 2012, 1405; *Gaul/Koehler*, Gestaltungsspielraum für Arbeitsflexibilisierung nach Flexi II, ArbRB 2009, 272; *Hampel*, Die Änderung des Altersteilzeitgesetzes durch Hartz III und IV, DB 2004, 706; *Hanau*, Neue Altersteilzeit, NZA 2009, 225; *Hanau/Veit*, Neues Gesetz zur Verbesserung der Rahmenbedingungen für die Absicherung flexibler Arbeitszeitregelungen und zur Änderung anderer Gesetze, NJW 2009, 182; *Hoß*, Regelung von Störfällen in der Altersteilzeit, ArbRB 2002, 28; *Kallhoff*, Umbau des Altersteilzeitgesetzes im Rahmen von „Hartz IV", NZA 2004, 692; *Kleinebrink*, Altersteilzeit und Betriebsübergang – Rechtsfolgen und Gestaltungsmöglichkeiten, ArbRB 2002, 266; *Kock*, Risiken bei endgültiger Freistellung des Arbeitnehmers während der Altersteilzeit, ArbRB 2005, 275; *Kock/Fandel*, Unwiderrufliche Freistellung bis zum Ende des Arbeitsverhältnisses, DB 2009, 2321; *Kossens*, „Hartz III" – Durchblick im Paragraphendschungel, ArbRB 2004, 52; *Kovács/Koch*, Neue Berechnungsmethode zur Ermittlung der Aufstockungsbeträge nach dem Altersteilzeitgesetz ab dem 1.7.2004, NZA 2004, 585; *Langohr-Plato*, Insolvenzschutz von Wertguthaben aus Altersteilzeit, BB 2002, 2330; *Langohr-Plato/Sopora*, Neue gesetzliche Rahmenbedingungen für Zeitwertkonten, NZA 2008, 1377; *Melms/Schwarz*, Die verpasste Rente nach Altersteilzeit, DB 2006, 2010; *Moderegger*, Aufhebungsvertrag oder Altersteilzeitvertrag, ArbRB 2002, 177; *Nicolai*, Zum Zählen und Wählen bei Betriebsratswahlen, DB 2003, 2598; *Oberthür*, Die vollständige Freistellung in der Altersteilzeit – ein riskantes Trennungsmodell, NZA 2005, 377; *Schrader*, Aufhebungsverträge und Ausgleichszahlungen, NZA 2003, 593; *Schulte*, Arbeitnehmeransprüche in der Insolvenz, ArbRB 2003, 184; *Schweig/Eisenreich*, Ist die betriebsbedingte Kündigung eines Arbeitnehmers in der Altersteilzeit während der Freistellungsphase möglich?, BB 2003, 1434.

I. Grundlagen und Zweck des Altersteilzeitgesetzes

1. Altersteilzeit bis zum 31.12.2009

1 Gem. § 1 ATZG soll älteren Arbeitnehmern ein **gleitender Übergang vom Erwerbsleben in die Altersrente** ermöglicht werden. Deshalb fördert die Bundesagentur für Arbeit durch Leistungen nach dem ATZG die Teilzeitarbeit älterer Arbeitnehmer, die ihre Arbeitszeit ab Vollendung des 55. Lebensjahres spätestens ab dem 31.12.2009 vermindern und damit die **Einstellung eines sonst arbeitslosen Arbeitnehmers** ermöglichen, § 1 Abs. 2 ATZG. Zugleich dient das ATZG auch dazu, die ausgiebige Frühverrentungspraxis der Vergangenheit einzudämmen, die insbesondere zu Lasten der gesetzlichen Rentenversicherung und der Bundesagentur ging. Ferner soll dem hohen Arbeitslosenstand entgegengewirkt werden[1].

2 Das Altersteilzeitgesetz vom 1.8.1996 hat das gleichnamige Gesetz vom 20.12.1988 abgelöst[2]. Es wurde inzwischen mehrfach geändert und ergänzt[3], insbesondere durch das Dritte und Vierte Gesetz für moderne Dienstleistungen am Arbeitsmarkt[4]. Damit wurden die Anspruchsvoraussetzungen für den Erhalt von Erstattungsleistungen durch die Bundesagentur für Arbeit vereinfacht und – neben einer Reihe weiterer Änderungen – insbesondere die Verpflichtung des Arbeitgebers eingefügt, vom Arbeitnehmer erworbene Wertguthaben gegen Insolvenz abzusichern[5].

Die sozialrechtlichen Rahmenbedingungen haben schließlich durch die schrittweise Anhebung der Altersgrenze für die vorzeitige Inanspruchnahme einer Altersrente nach Arbeitslosigkeit und Altersteilzeit durch das Gesetz zur Sicherung der nachhaltigen Finanzierung der gesetzlichen Rentenversicherung[6] sowie das RV-Altersgrenzenanpassungsgesetz durch die Anhebung der Regelaltersgrenze auf 67 Jahre ebenfalls erhebliche Änderungen erfahren (s. zu den Einzelheiten Teil 7 C).

3 Das Gesetz regelt in den §§ 1–7 den Anspruch des Arbeitgebers gegen die Bundesagentur für Arbeit auf Erstattungsleistungen. Die §§ 8–11 ATZG enthalten Regelungen zum Schutz der Altersteilzeit-Mitarbeiter sowie deren Mitwirkungspflichten. In § 12 ATZG ist das Verfahren geregelt. Schließlich finden sich in den §§ 13–16 ATZG noch Regelungen über Auskünfte und Prüfung, Bußgeldvorschriften, die Verordnungsermächtigung des Bundes über die Mindestentgeltverordnung sowie Übergangsvorschriften.

2. Altersteilzeit seit dem 1.1.2010[7]

3a Die von der Bundesagentur **geförderte** Altersteilzeit ist allerdings ein **Auslaufmodell**, weil die Erstattung der Aufstockungsbeiträge nur für vor dem 1.1.2010 begonnene Al-

---

1 Kasseler Handbuch/*Schlegel*, 2.8 Rz. 6f.
2 BGBl. I 1996, 1078.
3 Art. 7 des Gesetzes zur Absicherung von flexibler Arbeitszeitregelungen v. 6.4.1998 (BGBl. I 1998, 688 [690]); Art. 8 des Gesetzes v. 24.3.1999 (BGBl. I 1999, 388 [393]); Art. 3 des Gesetzes v. 21.7.1999 (BGBl. I 1999, 1648 [1654]); die Gesetze zur Fortentwicklung der Altersteilzeit v. 20.12.1999 (BGBl. I 1999, 2494) und v. 27.6.2000 (BGBl. I, 2000, 1046); 4. Euro-Einführungsgesetz v. 21.12.2000 (BGBl. I 2000, 1983); Änderungsgesetz v. 19.6.2000 (BGBl. I 2000, 1046); Gesetz v. 23.12.2000 (BGBl. 2002, 4621).
4 BGBl. I 2003, 2848, 2993 ff. (sog. *Hartz*-Gesetze III u. IV).
5 Einen Überblick geben *Kossens*, ArbRB 2004, 52 und *Hampel*, DB 2004, 706.
6 BT-Drucks. 15/2678.
7 Dazu auch *Hanau*, NZA 2009, 225.

tersteilzeitverhältnisse möglich ist. Eine weitere Verlängerung der Regelung war zwar erwogen, jedoch unter Hinweis auf die weitere Eindämmung der faktischen Frühverrentung unterlassen worden[1].

Wie § 1 Abs. 2 Satz 3 ATZG zeigt, bleibt das ATZG aber auch für **nach dem 1.1.2010 beginnende Altersteilzeitverhältnisse** anwendbar. Die flankierenden Regelungen zur **arbeits- und sozialrechtlichen Absicherung** des Altersteilzeiters und zur **Insolvenzsicherung** (§§ 8f. ATZG) haben weiterhin praktische Bedeutung. Insbesondere ist es weiterhin möglich, dass Altersteilzeit Arbeitsverhältnis gem. § 8 Abs. 3 ATZG zu **befristen**. Die **steuerliche Privilegierung** der Aufstockungsbeiträge (§ 3 Nr. 28 EStG) bleibt unabhängig von einer Förderung durch die Bundesagentur erhalten, § 1 Abs. 2 Satz 2 ATZG. Daraus folgt, dass die Aufstockungsbeträge auch künftig **beitragsfrei** in der Sozialversicherung bleiben [2]. 3b

Noch nicht geklärt ist, ob für diese Besserstellung alle übrigen Voraussetzungen der §§ 2, 3 ATZG vorliegen müssen[3]. Der Wortlaut des befreit nur vom Erfordernis der Förderung durch die Bundesagentur. Der Gesetzesbegründung lässt sich zu dieser Frage nichts entnehmen[4]. Geht man allerdings davon aus, dass die Förderung seinerzeit im Wesentlichen auch ihre Rechtfertigung in dem Freimachen eines Arbeitsplatzes für einen anderen sozialversicherungspflichtig beschäftigten Arbeitnehmer fand, wird man die Wiederbesetzung des Arbeitsplatzes für nach dem 31.12.2009 begonnene Altersteilzeitarbeitsverhältnisse nicht mehr verlangen können. 3c

Auch **kollektivrechtliche Regelungen** zur Altersteilzeit bestehen fort, soweit sie nicht die Förderung durch die Bundesagentur zwingend voraussetzen[5]. Für die Beschäftigten des **öffentlichen Dienstes** gilt weiterhin der TV ATZ[6], auch nach Einführung des TVöD bzw TV-L[7]. Für die Beschäftigten des Bundes und der Kommunen wurden mit den TV FlexAZ Bund/VKA[8] Nachfolgeregelungen für die Vereinbarung von Altersteilzeit auch nach dem 31.12.2009 geschaffen. Für die Beschäftigten der Länder existiert derzeit keine Regelung.

II. Altersteilzeit nach dem Altersteilzeitgesetz

1. Allgemeine Voraussetzungen

a) Vereinbarung nach dem 14.2.1996

§ 2 Abs. 1 Nr. 2 ATZG definiert Altersteilzeitarbeit als die **Verminderung der Arbeitszeit auf die Hälfte**[9] der bisherigen wöchentlichen Arbeitszeit aufgrund einer 4

---

1 Koalitionsvertrag CDU, CSU und FDP v. 27.10.2009.
2 Vgl. § 1 ArEV (Arbeitsentgeltverordnung).
3 So wohl HWK/*Stindt*/*Nimscholz*, § 1 ATZG Rz. 2; ErfK/*Rolfs*, § 1 ATG Rz. 2 allerdings unter Ausnahme der Wiederbesetzungspflicht.
4 § 1 Abs. 3 ATZG ist über Art. 26a des Jahressteuergesetzes 2008 eingeführt worden. Im ursprünglichen Gesetzentwurf war die Regelung noch nicht enthalten, sondern wurde erst auf Anregung des Finanzausschusses aufgenommen. In der Begründung heißt es lediglich, durch die Neuregelung solle klargestellt werden, dass Altersteilzeit nach diesem Gesetz unbefristet über den 31.12.2009 hinaus möglich und nicht von einer Förderung durch die Bundesagentur abhängig sei. Weiter werde klargestellt, dass auch § 3 Nr. 28 EStG unabhängig von der Förderung weiter gilt (BT-Drucks. 16/7036).
5 *Hanau*, NZA 2009, 225.
6 Tarifvertrag zur Regelung der Altersteilzeitarbeit v. 5.5.1998.
7 Vgl. § 2 Abs. 3 TVÜ-Bund iVm. Teil C Anlage 1, § 2 Abs. 5 TVÜ-Länder iVm. Teil C Anlage 1.
8 Tarifvertrag zur Regelung flexibler Arbeitszeiten für ältere Beschäftigte (Bund) bzw. Tarifvertrag zu flexiblen Arbeitszeiten für ältere Beschäftigte (VKA) v. 27.2.2010.
9 ALG II oder umgangssprachlich Hartz IV.

mit dem Arbeitgeber **nach dem 14.2.1996 getroffenen Vereinbarung**, die sich zumindest auf die Zeit erstrecken muss, bis eine Rente wegen Alters beansprucht werden kann. Dabei muss der Arbeitnehmer mehr als geringfügig iSv. § 8 SGB IV beschäftigt sein[1].

b) In Betracht kommende Arbeitnehmer

5   Altersteilzeit im Sinne des ATZG kann mit solchen Arbeitnehmern vereinbart werden, die das 55. Lebensjahr vollendet haben und innerhalb der letzten fünf Jahre vor Beginn der Altersteilzeitarbeit mindestens 1 080 Kalendertage arbeitslosenversicherungspflichtig beschäftigt gewesen sind. Gleichgestellt sind die Zeiten des Bezuges von Arbeitslosengeld und „Arbeitslosenhilfe" sowie von Entgeltersatzleistungen gem. § 26 Abs. 2 SGB III (zB Krankengeld, Verletztengeld, Übergangsgeld), sowie im europäischen Ausland erbrachte Arbeitszeiten, sofern nach den Vorschriften eines Mitgliedstaates der EU, des EWR oder der Schweiz Versicherungspflicht bestand. Die Ermittlung der Arbeitszeit richtet sich nach § 6 Abs. 2 ATZG. Im Gegensatz zur Ursprungsfassung des ATZG ist eine vorherige Vollbeschäftigung des Arbeitnehmers seit dem 1.1.2000 nicht mehr erforderlich[2]. Die Regelungen des ATZG stehen deshalb auch für Teilzeitarbeitsverhältnisse zur Verfügung. Voraussetzung ist allerdings, dass bei einer Halbierung der Arbeitszeit die Versicherungspflichtgrenze des § 8 SGB IV nicht unterschritten wird.

c) Geförderte Altersteilzeit: Beginn bis spätestens 31.12.2009

5a Gem. § 1 Abs. 2 ATZG wird die Altersteilzeit von der Bundesagentur nur noch für solche Altersteilzeitarbeitsverhältnisse gefördert, bei denen bis spätestens 31.12.2009 die Arbeitsphase beginnt[3]. Die geförderte Altersteilzeit ist also nur noch für den Geburtsjahrgang einschließlich 1954 möglich[4].

d) Vereinbarung der Verminderung der Arbeitszeit

6   Altersteilzeit nach dem ATZG setzt die **Verminderung der bisherigen wöchentlichen Arbeitszeit** nach Maßgabe des § 2 Abs. 1 Nr. 2 ATZG **durch Vereinbarung**, die sich zumindest auf die Zeit erstrecken muss, bis eine Rente wegen Alters[5] beansprucht werden kann, voraus[6]. Dabei sind zwingend die Altersgrenzen des § 237 Abs. 1 SGB IV zu beachten, weil anderenfalls weder eine Förderung durch die Bundesagentur erfolgt, noch Steuer- und Sozialversicherungsfreiheit für die Aufstockungsbeträge vorliegt[7].

Das ATZG sieht **keinen Anspruch** des Arbeitnehmers auf Abschluss eines Altersteilzeitvertrages mit dem Arbeitgeber vor. In Tarifverträgen oder Betriebsvereinbarungen kann jedoch eine Pflicht des Arbeitgebers zum Abschluss solcher Vereinbarungen normiert werden[8]. Sehen auch kollektivrechtliche Regelungen keinen Anspruch

---

1   Demgegenüber sah § 2 Abs. 1 Nr. 2 ATZG aF eine Mindestwochenarbeitszeit von 18 Stunden vor.
2   Vgl. dazu *Wolf*, NZA 2000, 637 (638 f.); BSG 29.1.2001 – B 7 AL 98/99 R, NZA-RR 2001, 596.
3   Vgl. auch § 16 ATZG.
4   *Hanau*, NZA 2009, 225 f.
5   Vgl. zu steuerlichen Gestaltungsmöglichkeiten bei Zahlung von Abfindungen *Schrader*, NZA 2003, 593 f.; die Vorteile der Altersteilzeit gegenüber dem Aufhebungsvertrag beleuchtet *Moderegger*, ArbRB 2002, 177 f.
6   Eine Rente wegen Alters ist auch die Altersrente für schwerbehinderte Menschen nach § 236a SGB VI, BAG 18.11.2003 – 9 AZR 122/03, DB 2004, 1106.
7   *Melms/Schwarz*, DB 2006, 2010 f.
8   Vgl. zum Tarifvertrag zur Regelung der Altersteilzeit im öffentlichen Dienst (TV-ATZ) v. 5.5.1998 BAG 12.12.2000 – 9 AZR 706/99, DB 2001, 1995 u. 26.6.2001 – 9 AZR 244/00, BB 2002, 887.

II. Altersteilzeit nach dem Altersteilzeitgesetz

vor, steht die Entscheidung, mit dem Arbeitnehmer einen Altersteilzeitvertrag abzuschließen, im pflichtgemäßen **Ermessen** des Arbeitgebers[1]. Der Altersteilzeitvertrag muss grundsätzlich **vor dem Beginn der Altersteilzeit abgeschlossen** werden. Etwas anderes gilt nur dann, wenn der Vertrag das Ergebnis einer gerichtlichen Auseinandersetzung ist und der Arbeitnehmer den auf die Zukunft gerichteten Anspruch rechtzeitig geltend gemacht hat. Der Arbeitgeber kann dann zum rückwirkenden Vertragsabschluss verurteilt werden[2].

Die Arbeitszeit ist auf die **Hälfte der bisherigen wöchentlichen Arbeitszeit zu vermindern**, darf aber nicht auf die Geringfügigkeitsgrenze des § 8 SGB IV herabsinken. Durch die die Geringfügigkeitsgrenze überschreitende Arbeitszeit wird gewährleistet, dass der Altersteilzeitarbeitnehmer auch im Rahmen seiner Altersteilzeitarbeit weiterhin in der gesetzlichen Sozialversicherung versicherungspflichtig ist (vgl. §§ 24, 25, 27 Abs. 2 SGB III).

Die **bisherige wöchentliche Arbeitszeit** wird in § 6 Abs. 2 ATZG als diejenige Arbeitszeit definiert, die mit dem Arbeitnehmer vor dem Beginn der Altersteilzeit vereinbart war, begrenzt auf den Durchschnitt der letzten 24 Monate. Es kommt also zunächst nur auf die vorher individuell vereinbarte Arbeitszeit an[3]. Unerheblich ist hingegen, welche Arbeitszeit zum Zeitpunkt des **Abschlusses** der Altersteilzeitvereinbarung galt[4]. In einem zweiten Schritt ist die so ermittelte Arbeitszeit mit dem Durchschnittswert der letzten 24 Monate zu vergleichen. Der Durchschnittswert gilt nur, wenn er geringer ist[5]. Auch im Bereich des öffentlichen Dienstes (TV-ATZ) zählt für die Ermittlung der Arbeitszeit nur die vereinbarte **Arbeitszeit** der letzten 24 Monate vor dem Übergang in die Altersteilzeitarbeit, Zeiten unbezahlten Sonderurlaubs sind nicht zu berücksichtigen[6]. Wurde die Arbeitszeit vor Vereinbarung der Altersteilzeit aufgestockt, handelt es sich insoweit nicht um Überarbeit, sondern um die regelmäßige Arbeitszeit iSv. § 6 Abs. 2 Satz 1 ATZG[7].

Im Rahmen des Altersteilzeitarbeitsverhältnisses muss die Arbeitszeit konkret festgelegt werden. Die Vereinbarung einer variablen, von der jeweiligen tariflichen Arbeitszeit eines Vollbeschäftigten abhängigen Arbeitszeit ist ausgeschlossen. Richtet sich die Dauer der bisherigen Arbeitszeit nach der regelmäßigen tariflichen Arbeitszeit eines Vollbeschäftigten, ist die bei Abschluss des Altersteilzeitarbeitsvertrages geltende Stundenzahl deshalb für die **Gesamtdauer der Altersteilzeit** maßgebend[8].

Für **vor dem 1.7.2004** begonnene Altersteilzeitarbeitsverträge war zusätzlich die tarifliche Arbeitszeit als Höchstgrenze zu beachten (§ 6 Abs. 2 Satz 3 u. Abs. 3 ATZG aF).

Das ATZG räumt für unterschiedliche wöchentliche Arbeitszeiten und die unterschiedliche Verteilung der wöchentlichen Arbeitszeit durch § 2 Abs. 2 ATZG einen weiten Gestaltungsspielraum ein. Danach kommt es auf den Drei-Jahres-Durchschnitt, im Falle der Regelung in einem Tarifvertrag, aufgrund eines Tarifvertrages in einer Betriebsvereinbarung oder in einer Regelung der Kirchen und der öffentlich-rechtlichen Religionsgemeinschaften sogar auf einen Sechs-Jahres-Durchschnitt an, wenn das Entgelt für die Altersteilzeitarbeit fortlaufend gezahlt wird, § 2 Abs. 2 Satz 1 Nr. 1, 2 ATZG.

---

1 BAG 3.12.2002 – 9 AZR 457/01, DB 2003, 1851; 26.6.2001 – 9 AZR 244/00, ArbRB 2002, 7.
2 BAG 23.1.2007 – 9 AZR 393/06, NZA 2007, 1236. Vgl. aber auch BAG 15.9.2009 – 9 AZR 608/08, NZA 2010, 32 und 4.5.2010 – 9 AZR 155/09, NJW 2010, 3180, wonach ein rückwirkender Vertragsschluss über die Fiktion des § 894 ZPO nicht herbeigeführt werden kann.
3 *Hampel*, DB 2004, 706.
4 BAG 11.6.2013 – 9 AZR 758/11, DB 2013, 2632.
5 BAG 15.12.2009 – 9AZR 46/09, NZA 2010, 452; 11.6.2013 – 9 AZR 758/11, DB 2013, 2632.
6 BAG 1.10.2002 – 9 AZR 278/02, BAGReport 2003, 359.
7 BAG 19.5.2009 – 9 AZR 145/08, DB 2009, 1716; 18.8.2009 – 9 AZR 482/08, DB 2009, 2443.
8 BAG 11.4.2006 – 9 AZR 369/05, DB 2006, 1685.

In der Praxis haben sich zwei Formen der Arbeitszeitverteilung während der Altersteilzeit durchgesetzt:

11 – **Kontinuierliche Verringerung der Arbeitszeit:** Hier erfolgt idR eine kontinuierliche Halbierung der Arbeitszeit über die gesamte Dauer der Altersteilzeitvereinbarung. Möglich ist aber auch ein Wechsel von Arbeits- und Freistellungsphasen in verschiedenen Rhythmen (zB täglich, wöchentlich oder monatlich).

12 – **Blockmodell:** Beim Blockmodell wird die Altersteilzeit aufgeteilt in eine Arbeitsphase, innerhalb derer der Altersteilzeitmitarbeiter in unverändertem Umfang arbeitet, und in eine anschließende Freistellungsphase, innerhalb der der Arbeitnehmer keine Arbeitsleistung mehr erbringt und die während der Arbeitsphase „angesparten" Guthaben verbraucht. Das Blockmodell ist das in der Praxis ganz vorherrschende Arbeitszeitmodell.

13 Die Anwendung des Blockmodells in drei Jahre überschreitenden Verteilungszeiträumen setzt allerdings bei **tarifgebundenen** Arbeitgebern voraus, dass die Verteilung der Arbeitszeit in einem Tarifvertrag oder aufgrund einer Öffnungsklausel in einer Betriebsvereinbarung geregelt ist, § 2 Abs. 2 Satz 1 Nr. 1 Alt. 2 ATZG.

14 Durch die Regelungen in § 2 Abs. 2 Satz 3 und 4 ATZG und in § 2 Abs. 3 ATZG sind die Verblockungsmöglichkeiten noch erweitert worden. § 2 Abs. 2 Satz 3 ATZG sieht den Abschluss einer Betriebsvereinbarung in **nicht tarifgebundenen** Unternehmen für den Fall vor, dass der Tarifvertrag nicht selbst einen längeren Ausgleichszeitraum vorsieht, sondern lediglich eine Öffnungsklausel zugunsten betrieblicher Regelungen enthält.

15 Soweit keine tarifvertragliche Regelung über die Verteilung der Arbeitszeit besteht oder diese nicht tarifüblich ist, kann ein bis zu sechsjähriger **Ausgleichszeitraum** durch Betriebsvereinbarung oder, wenn ein Betriebsrat nicht besteht, einzelvertraglich vereinbart werden, § 2 Abs. 2 Satz 5 ATZG.

16 § 2 Abs. 3 ATZG sieht die Möglichkeit vor, den Ausgleichszeitraum auf bis zu zehn Jahre zu verlängern, wobei die Höchstförderungsdauer durch die Bundesagentur auf sechs Jahre beschränkt bleibt[1].

e) Fortlaufende Zahlung von Arbeitsentgelt und Aufstockungsbetrag

17 Altersteilzeit im Sinne des ATZG setzt sowohl bei der kontinuierlichen Herabsetzung der Arbeitszeit als auch im Blockmodell voraus, dass das für die Altersteilzeitarbeit zu zahlende Arbeitsentgelt und der Aufstockungsbetrag **kontinuierlich** gezahlt werden, § 2 Abs. 2 Satz 1 Nr. 2 ATZG.

Im **Blockmodell** ist für die Bemessung der Altersteilzeitvergütung während der Freistellungsphase grundsätzlich **spiegelbildlich** dieselbe tarifliche Vergütungsgruppe zugrundezulegen, nach der während der Arbeitsphase die Vergütung bemessen worden war[2]. Monatlich zu zahlende Bezüge werden in der Weise fällig, dass die Ordnungszahl des Monats der Arbeitsphase der Ordnungszahl des Monats der Freistellungsphase entspricht[3]. Demgegenüber hat der Arbeitgeber Bezüge, die auf das Jahr bezogene Zahlungen beinhalten, in dem Monat der Freistellungsphase zu zahlen, der durch seine kalendermäßige Benennung dem Monat der Arbeitsphase entspricht[4]. Der Arbeitnehmer hat während der Freistellungsphase Anspruch auf die durch seine Vorarbeit in der Arbeitsphase erworbenen Entgeltansprüche. Dazu gehört ggf. auch

---

1 Vgl. im Einzelnen *Diller*, NZA 1998, 792 (796).
2 BAG 4.10.2005 – 9 AZR 449/04, DB 2006, 1167.
3 BAG 21.1.2011 – 9 AZR 870/09, NZA 2011, 593.
4 BAG 21.1.2011 – 9 AZR 870/09, NZA 2011, 593.

ein **Ortszuschlag**[1]. Die **Anrechnung von Tarifentgelterhöhungen** in der Freistellungsphase ist möglich, wenn der in der Arbeitsphase entstandene Vergütungsanspruch damit bereits „belastet" war[2]. Kommt es in der Freistellungsphase zu **Lohnerhöhungen**, einem Einfrieren oder einer Kürzung von Zuwendungszahlungen, ist mindestens das auszuzahlen, was der Altersteilzeitarbeitnehmer erarbeitet hat[3]. **Schichtzuschläge**, die nur in der Arbeitsphase anfallen und voll ausgezahlt werden, fallen nicht darunter[4].

f) Zahlung eines Aufstockungsbetrages und von Beiträgen zur gesetzlichen Rentenversicherung

Weitere Voraussetzung für das Vorliegen von Altersteilzeit ist, dass der Arbeitgeber einen **Aufstockungsbetrag** auf das Arbeitsentgelt sowie **Beiträge zur gesetzlichen Rentenversicherung auf einen Unterschiedsbetrag** zahlt. Gem. § 3 Abs. 1 ATZG muss der Arbeitgeber

– das **Regelarbeitsentgelt** (vgl. dazu Rz. 20) für die Altersteilzeit **um mindestens 20 %** dieses Arbeitsentgelts **aufgestockt** haben **und**

– für den Arbeitnehmer **Beiträge zur gesetzlichen Rentenversicherung** mindestens in Höhe des Beitrags entrichtet haben, der auf 80 % des Regelarbeitsentgelts, begrenzt auf den Unterschiedsbetrag zwischen 90 % der monatlichen Beitragsbemessungsgrenze und dem Regelarbeitsentgelt, entfällt, höchstens bis zur Beitragsbemessungsgrenze.

aa) Aufstockungsbeträge

§ 3 Abs. 1 Nr. 1 lit. a ATZG regelt zunächst die Zahlung von Aufstockungsbeträgen, die der Arbeitgeber als Erhöhung des Teilzeitarbeitsentgelts an den Arbeitnehmer zu leisten hat. Die **Höhe des Teilzeitarbeitsentgelts** wird durch das Gesetz nicht geregelt und unterliegt der freien Vereinbarung der Arbeitsvertragsparteien. Allerdings darf die Geringfügigkeitsgrenze nach § 8 SGB IV nicht unterschritten werden.

Für **bis zum 1.7.2004** begonnene Altersteilzeitverträge war jedoch der sog. **Mindestnettobetrag** einzuhalten[5]. Dieser in § 3 Abs. 1 Nr. 1 lit. a ATZG aF so bezeichnete Betrag, der für die Berechnung des Aufstockungsbetrages maßgeblich ist, wurde aufgrund der Verordnungsermächtigung des § 15 ATZG jeweils für ein Kalenderjahr durch Rechtsverordnung des Bundesministeriums für Arbeit und Sozialordnung bestimmt. Soweit gültige Tarifverträge die Mindestnettoberechnung vorsehen, bleibt der Arbeitgeber weiter verpflichtet, die sich daraus ergebenden Aufstockungsleistungen zu zahlen[6]. Der tarifgebundene Arbeitgeber hat auch kein Wahlrecht, Altersteilzeit auf tarifvertraglicher oder gesetzlicher Grundlage zu vereinbaren. Er schuldet daher den ggf. höheren tariflichen Aufstockungsbetrag[7].

Der Aufstockungsbetrag errechnet sich gem. § 3 Abs. 1 Nr. 1 lit. a ATZG nach dem sog. **Regelarbeitsentgelt** für die Altersteilzeitarbeit. Das ist das vom Arbeitgeber für die Altersteilzeit monatlich regelmäßig zu zahlende sozialversicherungspflichtige Arbeitsentgelt, soweit es die Beitragsbemessungsgrenze des SGB III nicht überschreitet, § 6 Abs. 1 Satz 1 ATZG.

---
1 BAG 20.3.2012 – 9 AZR 489/10, NZA 2012, 1169.
2 BAG 19.4.2012 – 6 AZR 14/11, NZA 2012, 1456.
3 BAG 20.5.2012 – 9 AZR 423/10; 4.10.2005 – 9 AZR 449/04, NZA 2006, 506.
4 BAG 17.10.2012 – 10 AZR 821/11; 24.9.2008 – 10 AZR 639/07, ZTR 2009, 20.
5 Vgl. die Übergangsregelung § 15g ATZG.
6 BAG 19.2.2013 – 9 AZR 452/11, NZA-RR 2013, 494; *Hampel*, DB 2004, 706.
7 BAG 20.1.2009 – 9 AZR 677/07, DB 2009, 1474.

21 Entgeltbestandteile, die nicht laufend gezahlt werden, (zB **Einmalzahlungen**) werden bei der Berechnung des Aufstockungsbetrages nicht berücksichtigt, wie § 6 Abs. 1 Satz 2 ATZG ausdrücklich klarstellt[1].

22 Ausgenommen sind auch solche Entgeltbestandteile, die dem Arbeitnehmer ohne Rücksicht auf die Verringerung der Arbeitszeit in voller Höhe auf arbeits- oder tarifvertraglicher Grundlage gewährt werden (zB Vermögenswirksame Leistungen, Zulagen, Sachbezüge), § 3 Abs. 1a ATZG. Diese sog. **100 %-Leistungen**[2] werden daher bei der Berechnung des Aufstockungsbetrages nicht berücksichtigt. Auch auf der Lohnsteuerkarte evtl. eingetragene **Freibeträge** bleiben bei der Ermittlung des Aufstockungsbetrages außer Betracht[3].

Unzulässig ist die Kürzung des Aufstockungsbetrages um während der Arbeitsphase im Blockmodell tatsächlich gezahlte **Zuschläge für erschwerte Arbeitsbedingungen** (zB Sonntags-, Feiertags-, Nachtzuschläge), weil dies im Ergebnis zu einer nicht gerechtfertigten Ungleichbehandlung der Altersteilzeitarbeitnehmer gegenüber vergleichbaren Vollzeitarbeitnehmern führen würde[4]. Eine tarifvertragliche Anrechnungsregelung ist wegen des Verstoßes gegen den Gleichheitsgrundsatz unwirksam[5]. Gleiches gilt für eine Trennungsentschädigung im öffentlichen Dienst[6]. Die Zahlung einer geringeren Aufstockungsleistung an Grenzgänger aufgrund der fiktiven Anwendung deutschen Steuerrechts ist europarechtswidrig[7].

23 Für **vor dem 1.7.2004** begonnene Altersteilzeitarbeitsverhältnisse errechnete sich das bisherige Arbeitsentgelt unter Berücksichtigung des gesamten Teilzeitentgeltes, insbesondere also unter Berücksichtigung weiterer, über die übliche Vergütung hinausgehender Vergütungsbestandteile (wie Prämien, Zulagen, Zuschlägen, Vermögenswirksamen Leistungen, 13. Gehalt, Gratifikationen), soweit die Beitragsbemessungsgrenze nicht überschritten wird, §§ 3 Abs. 1a Satz 1, 6 Abs. 1 Satz 1 ATZG aF iVm. § 15g ATZG.

bb) Zahlung von Rentenversicherungsbeiträgen

24 Die in § 3 Abs. 1 Nr. 1 lit. b ATZG enthaltene Regelung zur erhöhten Zahlung von Beiträgen zur gesetzlichen Rentenversicherung sollte die Attraktivität der Altersteilzeit steigern, indem die späteren Rentenansprüche nicht zu sehr gemindert wurden durch das infolge der Teilzeitarbeit reduzierte Arbeitsentgelt. Einen darüber hinausgehenden Ausgleich von **Rentenminderungen** für die vorzeitige Inanspruchnahme einer Altersrente schuldete der Arbeitgeber allerdings nicht. Auch eine Aufstockung der Beiträge für die anderen Versicherungszweige (Arbeitslosen-, Kranken- und Pflegeversicherung) sieht das ATZG nicht vor.

25 Für **bis zum 1.7.2004** begonnene Altersteilzeitverträge hatte der Arbeitgeber insgesamt folgende Beiträge zur gesetzlichen Rentenversicherung abzuführen: Der Arbeitgeber entrichtete – wie üblich – zunächst **die Hälfte** der Beiträge zur gesetzlichen Rentenversicherung von dem Teilzeit-Bruttoarbeitsentgelt. Dabei wurde auch hier auf das Regelarbeitsentgelt für die Altersteilzeitarbeit abgestellt. Er entrichtete darüber hinaus den **vollen Rentenversicherungsbeitrag**, der für ein Arbeitsentgelt in Höhe von 90 % des (hypothetischen) bisherigen Bruttoarbeitsentgelts abzüglich des tat-

---

1 Zur Berechnung des Altersteilzeitentgelts nach alter und neuer Rechtslage vgl. *Kallhoff*, NZA 2004, 692, sowie *Kovács/Koch*, NZA 2004, 586.
2 Vgl. Nr. 3.1.4 Durchführungsanweisung-ATZG (DA).
3 BAG 17.1.2006 – 9 AZR 558/04, NZA 2006, 1001.
4 BAG 21.11.2006 – 9 AZR 623/05, DB 2007, 1092.
5 BAG 4.5.2010 – 9 AZR 181/09, DB 2010, 2343.
6 BAG 17.9.2013 – 9 AZR 9/12, NZA-RR 2014, 271.
7 EuGH 28.6.2012 – Rs. C-172/11, NZA 2012, 863.

sächlichen Altersteilzeitarbeitsentgelts zu zahlen gewesen wäre; Obergrenze für die Beitragszahlung blieb die Beitragsbemessungsgrenze (§ 168 Abs. 1 Nr. 6 SGB VI).

Für **seit dem 1.7.2004** begonnene Altersteilzeit gilt ein anderer Berechnungsansatz: Der Arbeitgeber hat Rentenversicherungsbeiträge in Höhe des Betrags zu entrichten, der auf 80 % des Regelarbeitsentgelts für die Teilzeitarbeit, begrenzt auf den Differenzbetrag zwischen 90 % des Regelarbeitsentgelts und der Beitragsbemessungsgrenze, entfällt, höchstens jedoch bis zur Beitragsbemessungsgrenze[1].

g) Wiederbesetzung des Arbeitsplatzes

Die Bundesagentur gewährte die Förderungsleistungen gem. § 3 Abs. 1 Nr. 2 ATZG nur dann, wenn der Arbeitgeber **aus Anlass** des Übergangs des Arbeitnehmers in die Altersteilzeitarbeit einen bei der Arbeitsagentur arbeitslos gemeldeten Arbeitnehmer oder einen Arbeitnehmer nach Abschluss der Ausbildung auf dem freigemachten oder auf einem in diesem Zusammenhang durch Umsetzung frei gewordenen Arbeitsplatz **beitragspflichtig** iSd. SGB III beschäftigt. Die Kausalität wird gem. § 3 Abs. 1 Nr. 2 lit. a Halbs. 2 ATZG bei Arbeitgebern, die idR nicht mehr als 50 Arbeitnehmer beschäftigen, unwiderleglich vermutet[2]. 26

Dem Arbeitgeber ist für die Wiederbesetzung eine Suchfrist zuzubilligen. Der erforderliche **zeitliche Zusammenhang** dürfte gegeben sein, wenn die Wiederbesetzung innerhalb von **drei Monaten** seit Eintritt in die Altersteilzeitarbeit erfolgt (arg. ex § 5 Abs. 2 Satz 2 ATZG). 27

Zulässig ist auch die Einstellung eines Wiederbesetzers **vor** dem Wechsel des Vollzeitmitarbeiters in die Teilzeitarbeit. In Anlehnung an § 101 Abs. 1 SGB VI dürfte dies innerhalb eines Sechs-Monats-Zeitraums zulässig sein[3].

Der Arbeitgeber hat bei der Wiederbesetzung umfangreiche **Gestaltungsmöglichkeiten**. Der zur Wiederbesetzung eingestellte Arbeitnehmer kann ebenfalls eine Teilzeittätigkeit ausüben, oder mehrere Altersteilzeitarbeitnehmer können sich Arbeitsplätze teilen und der frei gewordene Arbeitsplatz kann mit einem vollzeitarbeitenden Arbeitnehmer wiederbesetzt werden[4]. 28

Der wiederbesetzte Arbeitsplatz muss auch **nicht** mit dem frei gewordenen Arbeitsplatz **identisch** sein, denn es genügt, wenn der übergeordnete arbeitstechnische Zweck erhalten bleibt und der veränderte Arbeitsplatz im Wesentlichen gleiche Kenntnisse und Fertigkeiten verlangt[5]. Es reicht auch aus, wenn der neu zu besetzende Arbeitsplatz durch betriebliche **Umsetzungen** im Zusammenhang mit der Altersteilzeitarbeit frei geworden ist[6]. Die Wiederbesetzung muss allerdings beim Vertragsarbeitgeber erfolgen. Die Wiederbesetzung bei einem anderen Unternehmen reicht – auch wenn dieses mit ihm **konzernrechtlich** verbunden ist – nicht aus[7]. 29

Auch eine **Nachbesetzung** des Arbeitsplatzes innerhalb einer Frist von drei Monaten ist ohne Verlust des Anspruchs auf die Förderleistungen möglich, falls der Arbeitgeber 30

---

1 Berechnungsbeispiele in Ziff. 3.1.2 DA.
2 Gem. Nr. 3.1.7 Abs. 10 Durchführungsanweisung-ATZG (DA) wendet die Bundesagentur diese Vermutung auch auf Unternehmen mit insgesamt mehr als 50 Arbeitnehmern an, wenn es sich um „selbständige Organisationseinheiten" mit nicht mehr als 50 Beschäftigten handelt.
3 Für diesen Zeitraum auch *Bauer*, NZA 1997, 401 (404); die Bundesagentur hält einen Zeitraum bis zu zwölf Monaten für unschädlich (Nr. 3.1.7 Abs. 17 DA).
4 *von Einem*, BB 1996, 1883 (1885).
5 Nr. 3.1.7 Abs. 5 DA.
6 *von Einem*, BB 1996, 1883 (1885); so auch ausdrücklich § 3 Abs. 1 Nr. 2 lit. a ATZG.
7 BSG 23.2.2011 – B 11 AL 14/10 R, DB 2011, 2155.

den zur Zeit der Anspruchsentstehung zur Wiederbesetzung eingesetzten Arbeitnehmer später nicht mehr auf dem Arbeitsplatz beschäftigt. Der Anspruch auf die Förderleistungen bleibt auch ohne Nachbesetzung bestehen, wenn der Arbeitgeber insgesamt für vier Jahre die Leistungen zu Recht erhalten hat (§ 5 Abs. 2 Satz 2 ATZG).

31 In jedem Fall beginnt die Förderung durch die Bundesagentur aber erst mit der tatsächlichen Wiederbesetzung des Arbeitsplatzes, § 5 Abs. 2 Satz 1 ATZG. Einen rückwirkenden Beginn der Zuschusszahlung kennt das ATZG nicht[1].

32 **Im Blockmodell** ist deshalb die Förderung frühestens ab der Freistellungsphase mit der tatsächlichen Wiederbesetzung möglich. Das ist inzwischen durch die Streichung des Wortes „auch" in § 3 Abs. 3 ATZG klargestellt worden[2].

Für ab dem 1.1.2010 begonnene Altersteilzeitarbeitsverhältnisse hat die Wiederbesetzung des freigewordenen Arbeitsplatzes aber keine Bedeutung mehr (s. Rz. 3c).

h) Freie Entscheidung des Arbeitgebers

33 Schließlich erbringt die Bundesagentur Förderleistungen nur dann, wenn gem. § 3 Abs. 1 Nr. 3 ATZG bei einer über 5 % der Arbeitnehmer des Betriebs hinausgehenden Inanspruchnahme von Altersteilzeitarbeit die freie Entscheidung des Arbeitgebers sichergestellt ist oder wenn eine Ausgleichskasse der Arbeitgeber oder eine gemeinsame Einrichtung der Tarifvertragsparteien besteht. Damit soll eine wirtschaftliche **Überforderung** kleinerer Betriebe oder solcher Betriebe mit überdurchschnittlich vielen älteren Arbeitnehmern vermieden werden[3].

Bei der Ermittlung der 5 %-Grenze ist auf den **Betrieb**, nicht auf das Unternehmen abzustellen. Nach § 7 Abs. 2 ATZG sind für die Berechnung der Zahl der Arbeitnehmer die letzten zwölf Kalendermonate vor Beginn der Altersteilzeit des Arbeitnehmers maßgebend, wobei ein Durchschnitt zu bilden ist. Hat der Betrieb noch nicht zwölf Monate bestanden, ist der Durchschnitt während des Bestehens des Betriebs maßgebend. Schwerbehinderte Menschen und Gleichgestellte iSd. SGB IX sind nach § 7 Abs. 4 ATZG bei der Ermittlung der Zahl der in Altersteilzeit Beschäftigten ebenfalls zu berücksichtigen, soweit sie selbst Altersteilzeit in Anspruch nehmen. Bei einem sich aus Tarifvertrag ergebenden Anspruch sind für die Berechnung der Quote auch diejenigen Mitarbeiter mitzuzählen, die nicht unter den persönlichen Geltungsbereich des Tarifvertrags fallen[4]. Der Arbeitgeber kann die Berufung auf den Grenzwert auch verwirken. Das setzt aber besondere Umstände voraus, die darauf schließen lassen, er werde sich dauerhaft nicht auf die Überlastquote berufen[5]

34 Besteht **kein Rechtsanspruch** auf den Abschluss eines Altersteilzeitarbeitsvertrages, ist der Arbeitgeber lediglich verpflichtet, über eine entsprechende Anfrage des Arbeitnehmers **nach billigem Ermessen** zu entscheiden[6]. Er kann sich dabei von eigenen wirtschaftlichen Interessen leiten lassen. Eine Ablehnung hat das BAG insbesondere dann nicht als ermessensfehlerhaft angesehen, wenn der Arbeitgeber Altersteilzeitverträge nur deshalb abgelehnt hat, weil sie nicht zu einem Bereich gehörten, in dem ein abzubauender Stellenüberhang bestand[7]. Das gilt auch dann, wenn durch den Abschluss eines Altersteilzeitvertrages rentenrechtliche Verschlechterungen vermieden werden könnten[8]. Auch finanzielle Erwägungen können die Ablehnung be-

---

1 AA *Bauer*, NZA 1997, 401 (404).
2 *Hampel*, DB 2004, 708.
3 *von Einem*, BB 1996, 1883 (1885); vgl. dazu auch BAG 18.9.2001 – 9 AZR 397/00, BB 2002, 681.
4 BAG 30.9.2003 – 9 AZR 590/02, DB 2004, 935.
5 BAG 18.10.2011 – 9 AZR 225/10, DB 2012, 1045.
6 BAG 12.12.2000 – 9 AZR 706/99, DB 2001, 1995 zum TV-ATZ.
7 BAG 12.12.2000 – 9 AZR 706/99, DB 2001, 1995.
8 ArbG Marburg 11.5.2007 – 2 Ca 523/06, NZA 2007, 1107.

gründen, insbesondere der Erlass einer Haushaltssperre bei öffentlichen Arbeitgebern[1]. Das Interesse des öffentlichen Arbeitgebers an Vertragskonformität allein ist jedoch kein zureichender Ablehnungsgrund[2]. Hat der Arbeitnehmer die Altersteilzeit im Blockmodell beantragt, ist der Arbeitgeber gehindert, sie im Teilzeitmodell zu gewähren. Der Arbeitgeber kann dem Antrag nur ganz oder gar nicht entsprechen[3]. Schließt der Arbeitgeber über die in einem Tarifvertrag geregelte Quote hinaus Altersteilzeitarbeitsverträge ab, gewährt er eine freiwillige Leistung und hat deshalb auch den arbeitsrechtlichen Gleichbehandlungsgrundsatz zu beachten[4]. Dabei kann es sachlich gerechtfertigt sein, wenn der Arbeitgeber einen Stichtag benennt, ab dem er weitere Abschlüsse von Altersteilzeitarbeitsverträgen ablehnen will[5]

Strenger sind die Anforderungen, wenn ein – zB tarifvertraglicher – **Rechtsanspruch** auf Abschluss eines Altersteilzeitarbeitsvertrages besteht. Sieht ein Tarifvertrag vor, dass der Antrag auf Altersteilzeit nur aus dringenden dienstlichen oder betrieblichen Gründen abgelehnt werden kann, so stellen Mehraufwendungen für die Altersteilzeit im Blockmodell – weil typische Folge – keinen hinreichenden Ablehnungsgrund dar[6]. Auch die mit jedem Altersteilzeitarbeitsverhältnis verbundenen finanziellen Belastungen allein rechtfertigen die Ablehnung regelmäßig nicht[7]. Es bedarf vielmehr des Vorliegens gewichtiger, die Belange des Arbeitgebers in erheblichem Maß beeinträchtigender Umstände[8].

34a

Es gibt keine Verpflichtung der Arbeitnehmer, die Altersteilzeit in der Form zu beantragen, dass die während des Altersteilzeitarbeitsverhältnisses geschuldete Arbeitszeit gleichmäßig auf dessen gesamte Laufzeit verteilt wird (lineares Modell)[9]. § 8 Abs. 4 TzBfG findet allerdings keine Anwendung, so dass auch kein Anspruch auf eine **bestimmte Verteilung** der Arbeitszeit besteht[10].

Voraussetzung für die **prozessuale Durchsetzung** eines Anspruchs auf Abschluss eines Altersteilzeitvertrages ist immer, dass der Arbeitnehmer dem Arbeitgeber ein Angebot unterbreitet, das den Erfordernissen des § 145 BGB entspricht und das mit einem einfachen „Ja" angenommen werden kann[11]. Die Nicht- oder nicht rechtzeitige Annahme des Altersteilzeitantrags kann bei erkennbarer Fristgebundenheit zu einer **Schadensersatzverpflichtung** des Arbeitgebers führen[12].

34b

2. Leistungen der Bundesagentur

Bei Vorliegen der Anspruchsvoraussetzungen **erstattet** die Bundesagentur dem Arbeitgeber gem. § 4 Abs. 1 ATZG für längstens sechs Jahre den Aufstockungsbetrag und die gezahlten **Rentenversicherungsbeiträge**. Für den Regelfall der bis zu sechsjährigen Altersteilzeit wird die Förderung deshalb Ende 2015 auslaufen. Voraussetzung für die Erstattung ist, dass der Arbeitgeber den Aufstockungsbetrag und die Beiträge zur Rentenversicherung **tatsächlich erbracht** hat[13].

35

---

1 BAG 15.9.2009 – 9AZR 643/08, DB 2009, 2668; LAG Kiel 16.5.2002 – 1 Sa 582/01, LAGReport 2002, 334.
2 BAG 15.9.2009 – 9AZR 643/08, DB 2009, 2668.
3 BAG 17.8.2010 – 9 AZR 414/09, NZA 2011, 367.
4 BAG 15.11.2011 – 9 AZR 382/10, NZA 2012, 218.
5 BAG 15.11.2011 – 9 AZR 382/10, NZA 2012, 218.
6 BAG 21.2.2012 – 9 AZR 479/10, ArbRB 2012, 236 (zum TV-ATZ).
7 BAG 23.1.2007 – 9 AZR 624/06, DB 2007, 1708.
8 BAG 21.2.2012 – 9 AZR 479/10, DB 2012, 1880.
9 BAG 23.1.2007 – 9 AZR 624/06, DB 2007, 1708.
10 BAG 12.4.2011 – 9 AZR 19/10, NZA 2011, 1044.
11 BAG 14.5.2013 – 9 AZR 664/11, NZA 2013, 1358.
12 BAG 27.1.2011 – 8 AZR 280/09, DB 2011, 1060.
13 Nr. 4.1 Abs. 3 DA.

36 Ist der Arbeitnehmer **von der Versicherungspflicht** in der gesetzlichen Rentenversicherung **befreit** und scheidet deswegen eine Beitragszahlung aus, so erstattet die Bundesagentur auch vergleichbare Aufwendungen des Arbeitgebers in Höhe der Beiträge, die zur gesetzlichen Rentenversicherung zu zahlen gewesen wären, wenn der Arbeitnehmer nicht von der Versicherungspflicht befreit gewesen wäre, § 4 Abs. 2 ATZG.

37 Die Förderleistungen werden seit Beginn der Altersteilzeitarbeit gezahlt, wenn die **Wiederbesetzung des Arbeitsplatzes fristgerecht**, also seit Beginn der Altersteilzeitarbeit, erfolgt. Erfolgt die Wiederbesetzung erst nach Ablauf von drei Monaten, so erbringt die Bundesagentur ihre Leistungen erst mit dem Zeitpunkt der Wiederbesetzung des Arbeitsplatzes[1] (vgl. dazu auch Rz. 31).

3. Ausschlussgründe für die Förderleistung

38 Förderleistungen nach dem ATZG werden nicht erbracht, wenn der Anspruch gem. § 5 ATZG erloschen ist oder ruht.

39 Der **Anspruch** auf die Förderleistungen **erlischt** gem. § 5 Abs. 1 Nr. 1 ATZG mit Ablauf des Kalendermonats, in dem der Arbeitnehmer die Altersteilzeit beendet hat. Der Anspruch erlischt auch, wenn der Arbeitnehmer nach näherer Maßgabe des § 5 Abs. 1 Nr. 2 und 3 ATZG eine Altersrente oder vergleichbare Leistungen bezieht oder beanspruchen kann.

40 Der Arbeitgeber hat nach § 5 Abs. 2 Satz 1 ATZG auch dann **keinen Anspruch** auf Förderleistungen, solange er auf dem freigemachten oder frei gewordenen Arbeitsplatz keinen Arbeitnehmer mehr beschäftigt, der bei Beginn der Beschäftigung entweder arbeitslos gemeldet war oder nach Abschluss der Ausbildung auf gerade diesem Arbeitsplatz beschäftigt worden ist. Der Arbeitgeber behält den Anspruch unverändert, wenn er den vakanten Arbeitsplatz **nachbesetzt** oder wenn er insgesamt für vier Jahre die Leistungen erhalten hat.

41 Der **Anspruch** auf Förderleistungen **ruht** gem. § 5 Abs. 3 ATZG für die Dauer der Überschreitung, wenn der Arbeitnehmer neben seiner Altersteilzeitarbeit Beschäftigungen oder selbständige Tätigkeiten ausübt, die die Geringfügigkeitsgrenze des § 8 SGB IV überschreiten, oder er aufgrund solcher Beschäftigungen eine Lohnersatzleistung erhält. Das Ruhen des Anspruchs tritt nicht ein, soweit der altersteilzeitarbeitende Arbeitnehmer die zur Überschreitung führenden Beschäftigungen oder selbständigen Tätigkeiten bereits innerhalb der letzten fünf Jahre vor Beginn der Altersteilzeitarbeit ständig ausgeübt hat. Dabei werden mehrere Ruhenszeiträume zusammengerechnet. Der Anspruch auf die Leistungen ruht auch in der Zeit, in der der Altersteilzeitarbeitnehmer über die Altersteilzeitarbeit hinaus Mehrarbeit in die Geringfügigkeitsgrenze des § 8 SGB IV überschreitendem Umfang leistet, § 5 Abs. 4 ATZG. Ein zunächst nur ruhender Anspruch **erlischt** schließlich, wenn das Ruhen mindestens 150 Kalendertage gedauert hat.

42 **Kein Anspruch auf Förderleistungen** der Bundesagentur dürfte auch dann bestehen, wenn beim Blockmodell der Arbeitnehmer schon **in der Arbeitsphase** einvernehmlich von der Arbeitsleistung unter Erbringung sämtlicher Vergütungsbestandteile **freigestellt** wird[2]. Solche Vereinbarungen sind zwar zulässig und führen auch nicht dazu, dass die Altersteilzeitvereinbarung unwirksam wäre[3]. Wegen des Fehlens einer Verringerung der Arbeitszeit für mindestens 24 Monate auf die Hälfte liegt jedoch keine

---

1 *von Einem*, BB 1996, 1883 (1885).
2 *Abeln/Gaudernack*, BB 2005, 43; *Kock*, ArbRB 2005, 275; *Oberthür*, NZA 2005, 377.
3 BAG 10.2.2004 – 9 AZR 401/02, DB 2004, 1046; LAG Rh.-Pf. 7.6.2002 – 2 Sa 1141/01, LAGReport 2003, 47 (Vorinstanz).

Altersteilzeit iSd. § 2 Abs. 1 Nr. 2 ATZG vor, mit der Folge, dass sie auch nicht förderfähig ist[1]. Die Sozialversicherungspflicht dürfte allerdings fortbestehen, soweit trotz der Freistellung Wertguthaben aufgebaut werden[2]. Schließlich sind die Aufstockungsbeträge – weil nicht von einer Altersteilzeit im Sinne der gesetzlichen Vorgaben gesprochen werden kann – nicht steuerbefreit und es dürfte auch kein Anspruch des Arbeitnehmers auf vorgezogene Altersrente wegen Altersteilzeit bestehen[3]. Zwar berechtigt der Irrtum über die sozialrechtlichen Folgen der Altersteilzeit den Arbeitnehmer nicht zur Anfechtung des Altersteilzeitvertrages[4]. Wegen der Falschaufklärung über die Möglichkeit der Inanspruchnahme vorzeitiger Altersrente kann der Arbeitnehmer aber ggf. vom Arbeitgeber Schadensersatz verlangen[5], so dass von solchen Vertragsgestaltungen nur **dringend abgeraten** werden kann[6].

III. Schutz der Altersteilzeitarbeitnehmer

1. Sozialrechtliche Sicherung

a) Versicherungspflicht

Der Altersteilzeitmitarbeiter bleibt in der gesetzlichen Sozialversicherung versicherungspflichtig, weil § 2 Abs. 1 Nr. 2 ATZG verlangt, dass eine versicherungspflichtige und damit mehr als nur geringfügige Beschäftigung iSd. § 8 SGB IV ausgeübt werden muss. Beitragspflichtig ist nur das Altersteilzeitentgelt, nicht jedoch der steuerfreie Aufstockungsbetrag, vgl. § 1 ArEV.

43

b) Bemessungsentgelt

Ein besonderes Schutzbedürfnis des Altersteilzeitarbeitnehmers besteht in seiner sozialen Absicherung trotz des verminderten Arbeitsentgelts. Aus diesem Grund ordnet § 10 Abs. 1 Satz 1 ATZG an, dass sich im Falle der **Arbeitslosigkeit** des altersteilzeitarbeitenden Arbeitnehmers das Bemessungsentgelt für das Arbeitslosengeld, das Arbeitslosengeld II[7] und das Unterhaltsgeld bis zu dem Betrag erhöht, der zugrunde zu legen wäre, wenn der Arbeitnehmer seine Arbeitszeit nicht im Rahmen der Altersteilzeit vermindert hätte. Sobald der Arbeitnehmer eine Altersrente in Anspruch nehmen kann, ist das Bemessungsentgelt maßgebend, das ohne die Erhöhung zugrunde zu legen gewesen wäre, § 10 Abs. 1 Satz 2 ATZG. Vereinbart ein Arbeitnehmer mit seinem Arbeitgeber Altersteilzeit im Blockmodell unter Umwandlung eines unbefristeten Arbeitsverhältnisses in ein befristetes, liegt darin die Lösung eines Beschäftigungsverhältnisses, die eine **Sperrzeit** für das Arbeitslosengeld auslösen kann[8].

44

Liegt der Bemessung von **Krankengeld, Versorgungskrankengeld, Verletztengeld oder Übergangsgeld** ausschließlich das Altersteilzeitentgelt zugrunde, oder bezieht der Arbeitnehmer Krankentagegeld von einem privaten Krankenversicherungsunternehmen, so erbringt gem. § 10 Abs. 2 ATZG die Bundesagentur die Leistung des Aufstockungsbetrages und der Beiträge zur gesetzlichen Rentenversicherung auf den Unter-

45

---

1 *Kock/Fandel*, DB 2009, 2321 (2324); vgl. auch Nr. 2.2 Abs. 10 DA.
2 BSG 24.9.2008 – B 12 KR 27/07 R, DB 2009, 2328; *Kock/Fandel*, DB 2009, 2321.
3 BAG 10.2.2004 – 9 AZR 401/02, DB 2004, 1046.
4 BAG 10.2.2004 – 9 AZR 401/02, DB 2004, 1046 (unbeachtlicher Rechtsfolgenirrtum).
5 BAG 10.2.2004 – 9 AZR 401/02, DB 2004, 1046.
6 Zu Lösungsmöglichkeiten s. *Kock*, ArbRB 2005, 275.
7 Der Gesetzestext spricht noch von „Arbeitslosenhilfe", die jedoch durch das Vierte Gesetz für moderne Dienstleistungen am Arbeitsmarkt seit dem 1.1.2005 durch das Arbeitslosengeld II ersetzt worden ist.
8 BSG 21.7.2009 – B 7 AL 6/08 R, NZA-RR 2010, 323. Zur Frage der Rechtmäßigkeit einer solchen Befristung vor Eintritt in die Altersrente s. unten Rz. 53.

schiedsbetrag nach § 3 Abs. 1 Nr. 1 ATZG anstelle des Arbeitgebers, soweit sie bereits Leistungen nach § 4 ATZG erbracht hat (zu den deshalb im Blockmodell uU auftretenden Schwierigkeiten vgl. Rz. 62 ff.). Allerdings gelten auch hier der längstmögliche Förderzeitraum von sechs Jahren ebenso wie die Erlöschensgründe des § 5 Abs. 1 ATZG.

46 Für den Fall, dass der Altersteilzeitarbeitnehmer **Kurzarbeitergeld** bezieht, gilt gem. § 10 Abs. 4 ATZG für die Berechnung der Beträge nach § 3 Abs. 1 Nr. 1 ATZG das vereinbarte Entgelt als Arbeitsentgelt. Der Arbeitgeber zahlt insofern die Aufstockungsbeträge in der Höhe, als ob das volle Teilzeit-Arbeitsentgelt gezahlt worden wäre. Folgerichtig erbringt die Bundesagentur ihre Erstattungsleistung auch in dieser Höhe.

c) Vorzeitige Beendigung

47 Endet das im Blockmodell geführte Altersteilzeitarbeitsverhältnis vorzeitig, so regelt § 10 Abs. 5 ATZG die beitragsmäßige Behandlung der aufgebauten Wertguthaben. Abweichend von § 23b Abs. 2 SGB IV muss der Arbeitgeber auf den Rentenversicherungsbeitrag nur noch die Differenz zum vollen Beitrag zahlen, da er bereits auf 80 % aufgestockt hat, § 10 Abs. 5 Satz 1 Halbs. 1 ATZG. Für die anderen Versicherungszweige bleibt es bei der Regelung des § 23b Abs. 2 SGB IV, § 10 Abs. 5 Satz 1 Halbs. 2 ATZG. Es gilt dann das fiktive Arbeitsentgelt (ohne die Altersteilzeitvereinbarung) als Bemessungsgrundlage.

2. Arbeitsrechtliche Sicherung

48 In arbeitsrechtlicher Hinsicht ist der Altersteilzeitarbeitnehmer ausdrücklich nach Maßgabe des § 8 ATZG geschützt.

a) Bestandsschutz

aa) Kündigung

49 Nach § 8 Abs. 1 Satz 1 ATZG stellt die Möglichkeit der Inanspruchnahme von Altersteilzeitarbeit **keinen Kündigungsgrund** iSd. § 1 Abs. 2 Satz 1 KSchG dar; sie kann auch nicht bei der sozialen Auswahl nach § 1 Abs. 3 Satz 1 KSchG zum Nachteil des Arbeitnehmers berücksichtigt werden.

50 Darüber hinaus schränkt das ATZG die Kündigungsmöglichkeiten des Arbeitgebers nicht ein. Das Altersteilzeitarbeitsverhältnis kann deshalb, wie jedes andere Arbeitsverhältnis auch, bei Vorliegen der Voraussetzungen ordentlich oder außerordentlich aus wichtigem Grund gekündigt werden. Zu beachten ist aber, dass für das befristete Altersteilzeitarbeitsverhältnis § 15 Abs. 3 TzBfG gilt, so dass die ordentliche Kündigungsmöglichkeit vereinbart werden muss. Deshalb können sich auch gegenüber einem im **Blockmodell** arbeitenden und noch für einige Zeit in der Arbeitsphase befindlichen Arbeitnehmer dringende betriebliche Erfordernisse ergeben, die seiner Weiterbeschäftigung entgegenstehen[1]. Kündigt der **Insolvenzverwalter** wegen der Stilllegung des Betriebes, setzt sich das Sonderkündigungsrecht des § 113 InsO auch gegenüber einem ggf. vereinbarten Ausschluss der ordentlichen Kündigung in der Altersteilzeitvereinbarung durch[2]. Das **Recht zur außerordentlichen Kündigung** kann durch Vereinbarung auch im Altersteilzeitvertrag nicht ausgeschlossen werden[3].

---

1 LAG Düsseldorf 27.5.2003 – 16 Sa 1439/02, NZA-RR 2003, 635.
2 BAG 16.6.2005 – 6 AZR 476/04, DB 2005, 2303.
3 LAG Hamm 15.1.2004 – 16 Sa 391/04, LAGReport 2004, 383.

III. Schutz der Altersteilzeitarbeitnehmer

Beim Blockmodell sind die Kündigungsmöglichkeiten des Arbeitgebers schon aus tatsächlichen Gründen **während der Freistellungsphase** deutlich eingeschränkt. 51

So dürfte eine **betriebsbedingte** Kündigung in der Freistellungsphase praktisch nicht in Betracht kommen, da der Arbeitsplatz des Altersteilzeitmitarbeiters nicht mehr wegfallen kann, allenfalls der Arbeitsplatz des Wiederbesetzers. Der 2. Senat des BAG hat das auch für den Fall der **Stilllegung** nach Eröffnung des Insolvenzverfahrens so entschieden und darin kein dringendes betriebliches Erfordernis gesehen, das nach § 1 Abs. 2 KSchG die Kündigung eines in der Freistellungsphase befindlichen Altersteilzeitarbeitnehmers rechtfertigen könne[1]. 52

Gleiches gilt im Ergebnis für **personenbedingte** Gründe, die sich auf das Arbeitsverhältnis nicht mehr auswirken können. Allein **verhaltensbedingte** Kündigungsgründe sind noch denkbar, insbesondere die Verletzung von Nebenpflichten des Arbeitnehmers, die unabhängig von der Erbringung der Arbeitsleistung bestehen[2]. 53

bb) Betriebsübergang/Arbeitgeberwechsel

Im Falle eines **Betriebsübergangs** gehen kraft Gesetzes auch die beim Veräußerer bestehenden Altersteilzeitarbeitsverhältnisse unabhängig davon, ob sie sich (beim Blockmodell) in der Arbeits- oder Freistellungsphase befinden, auf den Erwerber über[3]. Der Erwerber tritt nach § 613a Abs. 1 Satz 1 BGB in die Rechte und Pflichten eines zu diesem Zeitpunkt bestehenden Altersteilzeitarbeitsverhältnisses ein[4]. Das gilt bei Altersteilzeitarbeitsverhältnissen im Blockmodell auch dann, wenn der Betriebsübergang während der Freistellungsphase stattfindet[5]. Findet ein **Betriebsteilübergang** statt, erfolgt die Zuordnung der sich in der Freistellungsphase befindenden Arbeitnehmer nach dem zuletzt inne gehabten Arbeitsplatz[6]. Ob die für die Freistellungsphase im Blockmodell angesparten Wertguthaben (§ 7 Abs. 1a SGB IV) ebenfalls kraft Gesetzes auf den Erwerber übergehen[7], ist bislang höchstrichterlich noch nicht entschieden. Arbeitgeber sollten daher vor dem Betriebsübergang die Übertragung der Wertguthaben vereinbaren, was nach Einschätzung der Spitzenverbände der Sozialversicherungsträger zulässig ist. Dies setzt voraus, dass der Abgang des Wertguthabens beim Veräußerer und der Zugang beim Erwerber dokumentiert sind[8]. 54

Auch den betroffenen Altersteilzeitarbeitnehmern steht in diesem Fall das gesetzliche **Widerspruchsrecht** nach § 613a Abs. 6 BGB zu. Für den sich noch in der Arbeitsphase befindlichen Altersteilzeitarbeitnehmer birgt das aber das Risiko, dass der Veräußerer ihm fristgerecht betriebsbedingt kündigt, soweit das im Vertrag ausdrücklich vorgesehen ist (§ 15 Abs. 3 TzBfG). In der Freistellungsphase dürfte eine betriebsbedingte Kündigung des widersprechenden Altersteilzeitmitarbeiters aber ausgeschlossen sein, weil der Betriebsübergang nicht zum Wegfall des Arbeitsplatzes beim Veräußerer geführt hat[9]. Wird der in der Freistellungsphase befindliche Arbeit- 55

---

1 BAG 5.12.2002 – 2 AZR 571/01, ArbRB 2002, 353; kritisch dazu *Schweig/Eisenreich*, BB 2003, 1434f.
2 Vgl. zur Problematik *Stück*, NZA 2000, 749f.
3 BAG 19.10.2004 – 9 AZR 647/03, NZA 2005, 408 (409); LAG Düsseldorf 22.10.2003 – 12 Sa 1202/02, NZA-RR 2004, 288.
4 BAG 19.10.2004 – 9 AZR 647/03, NZA 2005, 408 (409); LAG Düsseldorf 22.10.2003 – 12 Sa 1202/02, NZA-RR 2004, 288.
5 BAG 31.1.2008 – 8 AZR 27/07, NZA 2008, 705.
6 BAG 31.1.2008 – 8 AZR 27/07, NZA 2008, 705 (708).
7 So LAG Düsseldorf 16.7.2004 – 9 (8) Sa 110/04, LAGReport 2005, 7 (9).
8 Gemeinsames Gespräch v. 16./17.11.1999, BB 2000, 467 (468).
9 So auch *Kleinebrink*, ArbRB 2002, 366.

nehmer durch ein inhaltlich unzutreffendes Unterrichtungsschreiben zum Widerspruch veranlasst, unterliegt dieser uU der Anfechtung[1].

56 Auch der vertraglich **vereinbarte** Arbeitgeberwechsel außerhalb eines Betriebsübergangs wird für zulässig gehalten[2]. Voraussetzung ist, dass ein inländisches Versicherungspflichtverhältnis bestehen bleibt, der Übernehmer mit dem Altersteilzeitarbeitnehmer eine Vereinbarung gem. § 7 Abs. 1a SGB IV abschließt und der Abfluss des Wertguthabens beim alten Arbeitgeber sowie der Zufluss beim neuen Arbeitgeber dokumentiert sind[3].

cc) Befristung

57 Dem Zweck des Gesetzes entsprechend, einen gleitenden Übergang in die Altersrente zu ermöglichen, sah § 8 Abs. 3 ATZG aF ausdrücklich die Befristung der Altersteilzeitarbeitsverhältnisses auf den Zeitpunkt vor, zu dem eine **Rente nach Altersteilzeit** (§ 237 SGB VI) beansprucht werden kann (zu den Voraussetzungen s. die 7. Aufl., Teil 7 C Rz. 121 ff.). Die Regelung galt entsprechend für Befristungen auf den Ablauf des Kalendermonats vor dem Kalendermonat, zu dem eine Rente wegen Alters beansprucht werden kann[4]. Das galt auch im Fall einer vorzeitigen Inanspruchnahme der Rente aufgrund einer Schwerbehinderung und stellt keine gem. § 81 Abs. 2 Satz 2 Nr. 1 Satz 1 SGB IX benachteiligende Regelung dar[5].

58 Durch das RV-Altersgrenzenanpassungsgesetz vom 20.4.2007[6] wurde die Regelung dahingehend angepasst, dass die Beendigung (idR Befristung) zu einem Zeitpunkt zulässig ist, zu dem der Arbeitnehmer Anspruch auf eine **Rente wegen Alters** hat. Hintergrund ist, dass es für die Jahrgänge ab 1952 die Rente nach Arbeitslosigkeit oder Altersteilzeit gem. § 237 SGB VI nicht mehr geben wird (vgl. dazu auch die 7. Aufl. Teil 7 C Rz. 121, 125). Die Befristung von Altersteilzeitverträgen ist also dann zulässig, wenn der Altersteilzeitarbeitnehmer im unmittelbaren Anschluss an das Befristungsende eine Rente wegen Alters iSd. § 33 Abs. 2 SGB VI in Anspruch nehmen kann. Insoweit ist § 8 Abs. 3 ATZG auch die speziellere Regelung gegenüber § 41 SGB VI[7]. Dazu zählt grundsätzlich auch die vorzeitige **Altersrente für schwerbehinderte Menschen** (§ 236a SGB VI)[8]. Die zeitliche Begrenzung der Laufzeit eines Altersteilzeitvertrages bis zu diesem Zeitpunkt und die damit verbundene Verkürzung der Möglichkeit, weitere Rentenanwartschaften zu erwerben kann jedoch zu einer mittelbaren Benachteiligung Schwerbehinderter führen und damit gegen den Gleichbehandlungsgrundsatz verstoßen[9].

59 Keine – auch keine analoge – Anwendung findet die Vorschrift aber auf Vereinbarungen, nach denen der Arbeitnehmer entgegen § 2 Abs. 1 Nr. 2 ATZG auch während der Arbeitsphase vollständig **freigestellt** wird[10]. In solchen Fällen riskiert der Arbeitgeber die Unwirksamkeit der Befristungsabrede, weil regelmäßig auch § 41 SGB VI nicht eingehalten sein wird.

---

1 BAG 15.12.2011 – 8 AZR 220/11, NZA 2012, 1101.
2 *Engesser Means/Claus*, NZA 2006, 293 f.
3 *Engesser Means/Claus*, NZA 2006, 293 (296).
4 BAG 27.4.2004 – 9 AZR 18/03, NZA 2005, 821.
5 BAG 27.4.2004 – 9 AZR 18/03, NZA 2005, 821 (825).
6 BGBl. I, 554.
7 *Birk*, NZA 2007, 244 (245); *Schreiner*, NZA 2007, 846 (847).
8 BAG 18.11.2003 – 9 AZR 122/03, DB 2004, 1106.
9 BAG 12.11.2013 – 9 AZR 410 80/12.
10 BAG 22.5.2012 – 9 AZR 453/10 („Sabbatical").

b) Entgeltsicherung

§ 8 Abs. 2 ATZG sieht ausdrücklich vor, dass die Verpflichtung des Arbeitgebers gegenüber dem Arbeitnehmer auf Zahlung der Aufstockungsbeträge gem. § 3 Abs. 1 Nr. 1 ATZG zwingend auch dann besteht, wenn der Arbeitgeber seinerseits keinen Erstattungsanspruch gegen die Bundesagentur hat, weil er den Arbeitsplatz nicht wiederbesetzt hat, den erforderlichen Antrag nicht oder nicht richtig gestellt hat oder seinen Mitwirkungspflichten nicht nachgekommen ist. Bei der Gewährung **freiwilliger Entgeltleistungen** darf der Arbeitgeber Altersteilzeitmitarbeiter nicht wegen der Altersteilzeit benachteiligen. Es verstößt deshalb gegen den arbeitsrechtlichen Gleichbehandlungsgrundsatz, wenn ein Arbeitgeber Altersteilzeitarbeitnehmer von der Gewährung einer jährlichen Leistungsprämie ausschließt[1]. Zulässig ist es jedoch, in der Freistellungsphase befindliche Arbeitnehmer von Bonuszahlungen, die vom Unternehmenserfolg abhängen, auszuschließen[2]. In der Freistellungsphase im Blockmodell wird auch die **Bewährungszeit** unterbrochen, so dass eine Höhergruppierung im Wege des Bewährungsaufstiegs ausscheidet[3]. 60

c) Betriebsverfassungsrecht/Mitbestimmungsrecht

Bei kontinuierlicher Herabsetzung der Arbeitszeit treten für den Altersteilzeitmitarbeiter im Hinblick auf die Regelungen des BetrVG keine Änderungen ein. 61

Für in der **Freistellungsphase im Blockmodell** befindliche Mitarbeiter besteht jedoch die Besonderheit, dass sie weder bei der Bestimmung der wahlberechtigten Arbeitnehmer iSd. § 9 BetrVG mitzuzählen sind[4], noch passiv[5] und aktiv[6] wahlberechtigt sind, weil sie endgültig aus dem Betrieb ausgeschieden sind. Aus diesem Grund verliert ein Betriebsratsmitglied bei Eintritt in die Freistellungsphase sein Amt[7], auch dann, wenn er gem. § 38 BetrVG freigestelltes Mitglied war[8]. Mit dem Ausscheiden des Altersteilzeiters rückt ein Ersatzmitglied nach, § 25 Abs. 1 BetrVG. 62

Gleiches gilt im Prinzip für die **Unternehmensmitbestimmung**. Die Wählbarkeit eines Altersteilzeitmitarbeiters sowie die Fähigkeit, als Arbeitnehmervertreter in den Aufsichtsrat gewählt oder entsandt zu werden, ist bei kontinuierlicher Verringerung der Arbeitszeit nicht eingeschränkt. 63

Während der Freistellungsphase im Blockmodell ist der Arbeitnehmer aber nicht mehr in den Betrieb eingegliedert und seine Rückkehr in der Regel auch ausgeschlossen. Deshalb verliert er mit dem Eintritt in die Freistellungsphase auch seine Wählbarkeit[9]. Mit dem Verlust der Wählbarkeit ist das Ausscheiden aus dem Aufsichtsrat verbunden. Im Bereich des Mitbestimmungsgesetzes ergibt sich das ausdrücklich aus § 24 Abs. 1 MitbestG. Im Bereich des DrittelbG gilt aber Gleiches[10].

---

1 BAG 24.10.2006 – 9 AZR 681/05, DB 2007, 695.
2 LAG Nds. 22.6.2009 – 6 Sa 389/09.
3 BAG 4.5.2010 – 9 AZR 184/09, DB 2010, 2227.
4 BAG 16.4.2003 – 7 ABR 53/02, DB 2003, 2128.
5 BAG 25.10.2000 – 7 ABR 18/00, DB 2001, 706 (für die Mitgliedschaft im Aufsichtsrat).
6 *Nicolai*, DB 2003, 2599 f.
7 *Fitting*, § 25 BetrVG Rz. 13.
8 BAG 25.10.2000 – 7 ABR 18/00, DB 2001, 706.
9 BAG 25.10.2000 – 7 ABR 18/00, DB 2001, 706.
10 *Ulmer/Habersack/Henssler*, § 12 DrittelbG Rz. 16; *Wlotzke/Wißmann/Koberski/Kleinsorge*, § 5 DrittelbG Rz. 72.

3. Probleme der Altersteilzeit im Blockmodell

64 Störungen innerhalb der Arbeits- und/oder Freistellungsphase können zu erheblichen Abwicklungsschwierigkeiten führen.

a) Erkrankung

65 **Erkrankt** der Altersteilzeitmitarbeiter während der Arbeitsphase über den Entgeltfortzahlungszeitraum von sechs Wochen hinaus, hat er, soweit nicht durch Kollektiv- oder Individualregelung etwas anderes vereinbart ist, keinen Anspruch auf die Aufstockungszahlung. Das ergibt sich daraus, dass die Bundesagentur zur Übernahme der Aufstockungszahlung im Krankheitsfall gem. § 10 Abs. 2 ATZG erst verpflichtet ist, wenn sie für diesen Arbeitnehmer bereits Leistungen nach § 4 ATZG **erbracht hat**. Da beim Blockmodell der Wiederbesetzer regelmäßig erst in der Freistellungsphase den Förderungsanspruch für den Arbeitgeber auslöst (wegen **§ 12 Abs. 3 Satz 3 ATZG** in doppelter Höhe), entfällt beim Blockmodell bei einer Langzeiterkrankung während der Arbeitsphase der Anspruch auf die Aufstockungsleistung. Der Altersteilzeitmitarbeiter bleibt also auf seinen Krankengeldanspruch beschränkt. Diese **Versorgungslücke** kann durch Kollektiv- oder Individualvereinbarung geschlossen werden[1].

66 Problematisch ist auch die Frage, ob der Arbeitnehmer bei einer **Langzeiterkrankung** während der Arbeitsphase zur **Nacharbeit** verpflichtet ist bzw. ob sich der Beginn der Freistellungsphase verschiebt. Da der Arbeitnehmer während einer den gesetzlichen Entgeltfortzahlungszeitraum überschreitenden Krankheitsphase keine Wertguthaben aufbauen kann (vgl. § 7 Abs. 1a SGB IV), dürften in der Regel diese Zeiten nachzuarbeiten sein[2]. Auch für diese Fälle sollte deshalb, soweit kollektivrechtliche Regelungen nicht bestehen[3], eine individualrechtliche Regelung zwischen den Vertragsparteien getroffen werden[4].

b) Urlaub

67 **Resturlaubsansprüche** aus dem bisherigen Arbeitsverhältnis und der Arbeitsphase eines verblockten Altersteilzeitarbeitsverhältnisses gelten mit der Freistellung von der Arbeit in der Freistellungsphase als erfüllt und sind nicht mehr vom Arbeitgeber abzugelten[5]. Das gilt auch dann, wenn Resturlaubsansprüche vor Eintritt in die Freistellungsphase wegen Krankheit nicht mehr in Natur gewährt werden können. Der Übergang von der Arbeits- in die Freistellungsphase stellt keine Beendigung des Arbeitsverhältnisses iSd. § 7 Abs. 4 BUrlG dar[6].

c) Vorzeitige Beendigung

68 Gesetzlich nicht geregelt ist auch die Frage der Abwicklung des Altersteilzeitverhältnisses im Blockmodell, wenn dieses **vorzeitig**, zB durch Kündigung, Tod des Altersteilzeitarbeitnehmers oder Insolvenz des Arbeitgebers, **endet**. In diesen Fällen hat der Altersteilzeitarbeitnehmer bereits eine Vorleistung erbracht, die wegen der vorzeitigen Beendigung vor Ablauf der Freistellungsphase nicht mehr ausgeglichen werden kann.

---

1 Vgl. zB § 9 Nr. 3 Tarifvertrag zur Förderung der Altersteilzeit in der chemischen Industrie v. 17.7.1996 idF v. 22.3.2000; § 13 Satz 2 Tarifvertrag über Altersteilzeit der Stahlindustrie v. 20.6.2002, § 8 Abs. 1 TV-ATZ.
2 *Debler*, NZA 2001, 1285 (1286); *Hoß*, ArbRB 2002, 28.
3 Vgl. § 15 Abs. 3 Tarifvertrag zur Altersteilzeit in der Metall- und Elektroindustrie Nordrhein-Westfalens v. 20.11.2000, § 8 Abs. 2 TV ATZ.
4 Gestaltungsvorschläge bei *Hoß*, ArbRB 2002, 28.
5 LAG Hamburg 26.6.2002 – 4 Sa 30/02, EzA-SD 2002, Nr. 26, 9.
6 BAG 15.3.2005 – 9 AZR 143/04, DB 2005, 1858; 16.10.2012 – 9 AZR 234/11, NZA 2013, 575.

III. Schutz der Altersteilzeitarbeitnehmer

Dem Altersteilzeitarbeitnehmer steht in solchen Fällen die Zahlung eines **Differenzausgleichs** zwischen den aufgrund der Altersteilzeitvereinbarung ausgezahlten Leistungen und einem entsprechenden Vollzeitentgelt für die tatsächlich erbrachte Arbeitsleistung zu[1]. Auch hier empfiehlt es sich, soweit nicht kollektive Regelungen greifen[2], eine individualrechtliche Regelung zwischen den Vertragsparteien zu treffen[3]. Eine tarifliche Regelung, die einen Ausgleichsanspruch nur für den Fall bestimmt, dass das rechnerische Entgelt für die während der Arbeitsphase geleistete Tätigkeit höher wäre als das tatsächlich bezogene Entgelt zuzüglich der Aufstockungsbeiträge, ist nicht zu beanstanden[4]. Der Arbeitgeber ist aber nicht berechtigt, die von ihm aufgestockten zusätzlichen Rentenbeiträge bei der Differenzberechnung als erhaltene Aufstockungsleistung zu Lasten des Arbeitnehmers anzurechnen[5]. Unabhängig von der vorzunehmenden Differenzberechnung berechnet sich ein – zB tarifvertraglich vorgesehenes – Sterbegeld nach den Teilzeitbezügen[6].

d) Insolvenz des Arbeitgebers

In der Insolvenz des Arbeitgebers stellt sich das Problem, dass auch die Vergütungsansprüche von Altersteilzeitmitarbeitern nur **einfache Insolvenzforderungen** iSd. § 38 InsO sind. Die Entgeltansprüche eines in der Freistellungsphase befindlichen Altersteilzeitmitarbeiters sind ausnahmsweise **Masseverbindlichkeiten** iSd. § 55 Abs. 1 Nr. 2 Alt. 2 InsO, wenn die Wertguthaben aus der Arbeitsphase nach Insolvenzeröffnung zur Masse erbracht wurden[7]. Sie sind **Neumasseverbindlichkeiten**, soweit sie nach dem ersten Termin erbracht wurden, zu dem der Verwalter nach Anzeige der Masseunzulänglichkeit kündigen konnte[8]. Rückzahlungsansprüche eines Arbeitnehmers aus einem Wertguthaben iSd. § 7 Abs. 1a SGB IV sollen dagegen nur einfache **Insolvenzforderungen** nach § 38 InsO darstellen[9].

Da der Altersteilzeitarbeitnehmer im Blockmodell in Vorleistung geht, kommt einer Absicherung seiner in der Arbeitsphase erworbenen Wertguthaben besondere Bedeutung zu.

aa) Insolvenzsicherung

Im Falle der Insolvenz des Arbeitgebers sah **§ 7d SGB IV** für **vor dem 1.7.2004** begonnene Altersteilzeitverträge eine Insolvenzsicherung der erworbenen Wertguthaben vor, wenn im Falle des Blockmodells das angesammelte Wertguthaben über einen Zeitraum von mehr als 27 Monaten abgebaut werden soll. Wegen § 7d Abs. 1 Nr. 1 SGB IV aF war allerdings noch der Drei-Monats-Zeitraum für den Insolvenzgeldbezug hinzuzurechnen, so dass im Ergebnis Altersteilzeitvereinbarungen mit einer Laufzeit von bis zu fünf Jahren ohne Insolvenzsicherung abgeschlossen werden konnten[10]. Die

---

1 BAG 18.11.2003 – 9 AZR 270/03, ArbRB 2004, 169; *Debler*, NZA 2001, 1289; *Hoß*, ArbRB 2002, 29.
2 Vgl. § 5 Nr. 3 Tarifvertrag zur Förderung der Altersteilzeit in der chemischen Industrie v. 29.3.1996, § 6 Nr. 4 Tarifvertrag zur Altersteilzeit in der Metall- und Elektroindustrie Nordrhein-Westfalens v. 20.11.2000, § 9 Abs. 3 TV ATZ.
3 Gestaltungshinweise bei *Hoß*, ArbRB 2002, 29 (30).
4 BAG 14.10.2003 – 9 AZR 146/03, ArbRB 2004, 207; 16.3.2004 – 9 AZR 267/03, NZA 2005, 784.
5 BAG 18.11.2003 – 9 AZR 270/03, NZA 2004, 1223 (1225).
6 BAG 12.5.2005 – 6 AZR 311/04, NZA 2006, 50.
7 BAG 19.10.2004 – 9 AZR 647/03, ArbRB 2005, 133; 23.2.2005 – 10 AZR 602/03, BAGReport 2005, 208; aA LAG Düsseldorf 10.9.2003 – 4 (5) Sa 684/03, NZA-RR 2004, 95.
8 BAG 23.2.2005 – 10 AZR 602/03, BAGReport 2005, 208.
9 LAG Düsseldorf 16.10.2003 – 5 Sa 1022/03, LAGReport 2004, 107.
10 Vgl. dazu auch *von Ahsen/Nölle*, DB 2003, 1384 f.; zu den möglichen Absicherungswegen vgl. *Schulte*, ArbRB 2003, 184 f. und *Langohr-Plato*, BB 2002, 2330 f.

Regelung hat sich daher als unzureichend herausgestellt, zumal auch eine Sanktion fehlt. Weder stellt das von dem Altersteilzeitmitarbeiter erworbene Wertguthaben ein sonstiges Recht iSd. § 823 Abs. 1 BGB dar, noch ist § 7d Abs. 1 SGB IV Schutzgesetz iSd. § 823 Abs. 2 BGB[1]. Das gilt auch dann, wenn ein Altersteilzeitarbeitsverhältnis verlängert wird und zum Zeitpunkt der Verlängerung eine Insolvenzsicherung des bereits erworbenen Wertguthabens noch nicht erfolgt war[2]. Eine persönliche **Haftung des Vertretungsorgans** einer juristischen Person kommt aber in Betracht, wenn der Altersteilzeitarbeitnehmer – auch unter Einschaltung eines Tatmittlers – über das Bestehen einer Insolvenzsicherung getäuscht wird (§ 823 Abs. 2 Satz 1 BGB iVm. § 263 StGB)[3].

71 **Für seit dem 1.7.2004** begonnene[4] Altersteilzeitarbeitsverhältnisse hat der Gesetzgeber daher mit **§ 8a ATZG** eine verbindliche und zwingende **Insolvenzsicherung** eingeführt, wenn die Vereinbarung über die Altersteilzeitarbeit zum Aufbau eines Wertguthabens führt, das den Betrag des Dreifachen des Regelarbeitsentgelts nach § 6 Abs. 1 ATZG einschließlich des darauf entfallenden Arbeitgeberanteils am Gesamtsozialversicherungsbeitrag übersteigt. In diesem Fall ist der Arbeitgeber **verpflichtet**, das Wertguthaben einschließlich des darauf entfallenden Arbeitgeberanteils mit der ersten Gutschrift in geeigneter Weise gegen das Risiko seiner Zahlungsunfähigkeit abzusichern. Bilanzielle Rückstellungen, wechselseitige Bürgschaften, Patronatserklärungen oder Schuldbeitritte von Unternehmen innerhalb eines Konzerns sind ausdrücklich nicht ausreichend (§ 8a Abs. 1 Satz 2 ATZG). In Betracht kommen aber zB fondsgestützte Treuhandsicherungsmodelle, Bankbürgschaften und Kautionsversicherungen[5]. Die Absicherung mittels einer sog. doppelten Treuhand (Verwaltung Treuhand und Sicherung Treuhand) hat die Rechtsprechung als insolvenzfest anerkannt[6]

72 Der Arbeitgeber hat gegenüber dem Arbeitnehmer ab der ersten Gutschrift und danach alle sechs Monate in Textform eine **Nachweispflicht** zu erfüllen. Kommt er dieser Nachweispflicht nicht nach, kann der Arbeitnehmer Sicherheitsleistung verlangen (§ 8a Abs. 3, 4 ATZG). Erfüllt der Arbeitgeber seine Absicherungsverpflichtung nicht oder nicht in der geeigneten Weise, kann der Altersteilzeitmitarbeiter sein Sicherungsbedürfnis auch gerichtlich durchsetzen[7]. Abzusichern ist das gesamte Wertguthaben, da § 8a Abs. 2 ATZG ausdrücklich die Anrechnung der Aufstockungsbeträge verbietet[8]. Dieser Anspruch ist beschränkt auf die Zeit **vor Insolvenzeröffnung**[9], kann also nicht gegenüber der Masse geltend gemacht werden.

73 **Unterbleibt** die Absicherung, verpflichtet dies den Arbeitgeber gegenüber dem Arbeitnehmer zum Schadensersatz, führt jedoch idR nicht zu einer Durchgriffshaftung auch der gesetzlichen Vertreter des Arbeitgebers[10]. Diese Rechtsprechung wird durch die Neufassung des § 8a Abs. 1 Satz 1 ATZG, wonach § 7e SGB IV keine Anwendung findet[11], bestätigt[12]. Eine **Organhaftung** kommt nur in Betracht, wenn die Voraussetzun-

---

1 BAG 16.8.2005 – 9 AZR 470/04 und 9 AZR 79/05, DB 2006, 677 und 679.
2 BAG 21.11.2006 – 9 AZR 206/06, NZA 2007, 693.
3 BAG 12.4.2011 – 9 AZR 229/10, DB 2011, 2538.
4 Eine rückwirkende Anwendung der Vorschrift auf vorher begonnene Altersteilzeitarbeitsverhältnisse ist ausgeschlossen, BAG 16.8.2005 – 9 AZR 79/05, DB 2006, 679 (680).
5 *Hampel*, DB 2004, 707.
6 BAG 18.7.2013 – 6 AZR 47/12, DB 2013, 2395.
7 *Kolmhuber*, ArbRB 2004, 354.
8 *Kallhoff*, NZA 2004, 692 (696); *Gaul/Süßbrich*, ArbRB 2004, 149 (150); aA *Kolmhuber*, ArbRB 2004, 354 (355).
9 BAG 15.1.2013 – 9 AZR 148/11.
10 BAG 23.2.2010 – 9 AZR 44/09, ArbRB 2010, 235: Schutzgesetz nur im Verhältnis zum Arbeitgeber.
11 § 7e Abs. 7 Satz 2 SGB IV sieht bei juristischen Personen ausdrücklich Organhaftung gesamtschuldnerisch mit dem Arbeitgeber vor.
12 Sog. Flexi-II-Gesetz, BGBl. I 2008, 2940; dazu *Gaul/Koehler*, ArbRB 2009, 272, *Langohr-Plato/Sopora*, NZA 2008, 1377 und *Hanau/Veit*, NJW 2009, 182.

gen des § 826 BGB vorliegen, was aber zumindest bedingten Schädigungsvorsatz voraussetzt[1]. Möglich ist eine Durchgriffshaftung aber dann, wenn der Arbeitnehmer durch ein Organ des Arbeitgebers über die angebliche Insolvenzsicherung des Wertguthabens **getäuscht** wurde und daraufhin die gerichtliche Durchsetzung des Absicherungsanspruchs unterlässt[2].

bb) Betriebsübergang in der Insolvenz

Kommt es im Zusammenhang mit der Insolvenz zu einem **Betriebs- oder Betriebsteilübergang**, kommt eine Weiterhaftung des Betriebserwerbers in Betracht. Hier gelten zunächst die allgemeinen Haftungsgrundsätze für den Betriebsübergang im Zusammenhang mit einer Insolvenz, so dass der Betriebserwerber uneingeschränkt haftet, wenn sich der Betriebsübergang vor Eröffnung des Insolvenzverfahrens vollzieht[3]. In diesem Fall gilt § 613a Abs. 2 BGB uneingeschränkt.

Vollzieht sich der Betriebsübergang hingegen erst **nach Eröffnung des Insolvenzverfahrens**, haftet der Betriebserwerber gegenüber den übergehenden Arbeitnehmern nicht für solche Ansprüche, die **vor** der Eröffnung des Insolvenzverfahrens **entstanden** sind[4]. Erfolgt die Insolvenzeröffnung noch während der Arbeitsphase, haftet der Erwerber nicht nur für die restlichen Entgeltansprüche, die sich auf die Arbeitsphase beziehen, sondern auch für diejenigen Arbeitsentgeltansprüche des Altersteilzeitarbeitnehmers einschließlich Aufstockungsbeträgen, die sich – spiegelbildlich – auf die nach Verfahrenseröffnung liegende Arbeitsphase beziehen[5].

Vollzieht sich die **Insolvenzeröffnung** jedoch erst **nach Abschluss der Arbeitsphase**, so sind die für die Freistellungsphase geschuldeten Entgeltansprüche einschließlich der Aufstockungsbeiträge Gegenleistung für die während der Arbeitsphase geleistete Arbeit und deshalb auch im insolvenzrechtlichen Sinne für diese Zeit geschuldet[6]. Infolgedessen scheidet eine Weiterhaftung für den den Betrieb oder Betriebsteil erst nach Insolvenzeröffnung erwerbenden Übernehmer aus[7].

IV. Verfahrensfragen

Die Förderleistungen werden gem. § 12 Abs. 1 ATZG nur auf schriftlichen **Antrag des Arbeitgebers** an die Agentur für Arbeit erbracht.

Der Arbeitnehmer ist gem. § 11 Abs. 1 ATZG verpflichtet, Änderungen der ihn betreffenden Verhältnisse, die für die Förderleistungen erheblich sind, unverzüglich **mitzuteilen**. Die Auskunfts- und Mitteilungspflichten für den Arbeitgeber ergeben sich aus §§ 60 ff. SGB I.

Hat der Arbeitnehmer **unrechtmäßige Zahlungen** dadurch bewirkt, dass er vorsätzlich oder grob fahrlässig unrichtige oder unvollständige Angaben gemacht hat oder ist er seiner Mitteilungspflicht gem. § 11 Abs. 1 ATZG nicht nachgekommen, so hat er der Bundesagentur die dem Arbeitgeber zu Unrecht gezahlten Leistungen zu **erstatten**. Eine Erstattung durch den Arbeitgeber kommt insoweit nicht in Betracht (§ 11 Abs. 2 Satz 3 ATZG).

---

1 BAG 16.8.2005 – 9 AZR 79/05, DB 2006, 679 (680); 13.12.2005 – 9 AZR 436/04, DB 2006, 1619 (1620) noch zum alten Recht.
2 BAG 13.2.2007 – 9 AZR 207/06, NZA 2007, 878.
3 BAG 20.6.2002 – 8 AZR 559/01, BB 2003, 423 (426).
4 BAG 20.6.2002 – 8 AZR 559/01, BB 2003, 423 (426).
5 BAG 19.10.2004 – 9 AZR 645/03, ZIP 2005, 457; 30.10.2008 – 8 AZR 54/07, NZA 2009, 741.
6 BAG 19.10.2004 – 9 AZR 645/03, ZIP 2005, 457.
7 BAG 19.10.2004 – 9 AZR 645/03, ZIP 2005, 457; 30.10.2008 – 8 AZR 54/07, NZA 2009, 741.

V. Steuerrechtliche Aspekte

78 Das Arbeitsentgelt für die Altersteilzeitarbeit unterliegt dem üblichen Lohnsteuerabzug. Die vom Arbeitgeber nach § 3 Abs. 1 Nr. 1 ATZG gezahlten **Aufstockungsbeträge** sind gem. § 3 Nr. 28 EStG **steuerfrei**. Das gilt auch nach Auslaufen der Förderung durch die Bundesagentur, § 1 Abs. 3 Satz 2 ATZG. Die Steuerfreiheit der Aufstockungsbeträge bleibt sogar dann bestehen, wenn der Arbeitgeber höhere Mehrleistungen als nach § 3 Abs. 1 Nr. 1 ATZG gefordert erbringt, denn § 3 Nr. 28 EStG sieht insoweit eine Einschränkung nicht vor. Das Gleiche gilt, wenn der Arbeitgeber mangels Wiederbesetzung des Arbeitsplatzes keine Erstattung erhält, weil die Vereitelung des Gesetzeszwecks nicht das steuerliche Privileg des § 3 Nr. 28 EStG beseitigt[1].

79 Die Aufstockungsbeträge bleiben auch dann steuerfrei, wenn das Altersteilzeitarbeitsverhältnis vorzeitig beendet wird bis zu diesem Zeitpunkt. Die vom Arbeitgeber dann ggf. zu erbringenden Nachzahlungen sind steuerpflichtig[2] und nach dem Zuflussprinzip zu erfassen[3].

80 Die Aufstockungsbeträge unterliegen allerdings gem. § 32b Abs. 1 Nr. 1 lit. g EStG dem **Progressionsvorbehalt**. Die übrigen steuerpflichtigen Einkünfte werden also dem Steuersatz unterworfen, der sich ergäbe, wenn die Aufstockungsbeträge nicht von der Steuerpflicht befreit wären. Einen evtl. durch die Altersteilzeitvereinbarung eintretenden Progressionsschaden muss der Arbeitgeber dem Arbeitnehmer nicht ersetzen[4].

81 Eine **Änderung der Lohnsteuerklasse** zum Beginn der Altersteilzeit ist für die Berechnung des Aufstockungsbetrages dann zu beachten, wenn die Änderung aus steuerlichen Gründen sinnvoll ist[5]. An einen rechtsmissbräuchlichen – weil offensichtlich steuerlich nachteiligen Wechsel – ist der Arbeitgeber aber nicht gebunden[6].

82 Steuerfrei sind auch die vom Arbeitgeber gem. § 3 Abs. 1 Nr. 1 lit. b ATZG aufgestockten **Rentenversicherungsbeiträge**, auch soweit sie die Mindestbeträge überschreiten oder eine Wiederbesetzung nicht stattfindet[7].

---

1 Kasseler Handbuch/*Schlegel*, 2.8 Rz. 66.
2 Küttner/*Seidel*, Altersteilzeit, Rz. 27; BFH 15.12.2011 – VIR 26/11, DB 2012, 440.
3 BFH 15.12.2011 – VIR 26/11, DB 2012, 440.
4 BAG 25.6.2002 – 9 AZR 155/01, ArbRB 2002, 358; 1.10.2002 – 9 AZR 298/01, nv.; LAG Bremen 22.3.2001 – 4 Sa 255/00, NZA-RR 2001, 498.
5 BAG 13.6.2006 – 9 AZR 423/05, DB 2006, 2074; LAG Nürnberg 6.8.2002 – 6 (3) Sa 190/01, NZA-RR 2003, 95.
6 BAG 9.9.2003 – 9 AZR 554/02, DB 2004, 821.
7 LStR 18 Abs. 2.

C. Rentenrecht

	Rz.
I. Wechsel und Wandel im Rentenrecht	1
1. Regelaltersrente	2
2. Altersrente für besonders langjährig Versicherte mit 45 Pflichtbeitragsjahren	3
3. Altersrente für langjährig Versicherte mit 35 Versicherungsjahren	4
4. Altersrente für schwerbehinderte Menschen mit 35 Versicherungsjahren	5
5. Altersrente für langjährig unter Tage beschäftigte Bergleute	6
6. Altersrente für Frauen	7
7. Altersrente wegen Arbeitslosigkeit oder nach Altersteilzeitarbeit	8
8. Rente wegen verminderter Erwerbsfähigkeit	9
9. Vertrauensschutz	10
10. Übertragung auf die Alterssicherung der Landwirte	11
11. Tabellarische Gegenüberstellung der Änderungen durch das RV-Altersgrenzenanpassungsgesetz und RV-Leistungsverbesserungsgesetz	12
12. Folgeänderungen	13
13. Ausblick	14
II. Überblick	15
III. Rentenauskünfte	17
1. Renteninformation und Rentenauskunft	18
a) Vollendung des 27. und 55. Lebensjahres	20
b) Vorzeitige Inanspruchnahme einer Altersrente	23
c) Verminderung der Erwerbsfähigkeit	25
d) Form und Verbindlichkeit der Auskünfte	27
aa) Versicherungszeiten	28
bb) Rentenhöhe	30
e) Zweckmäßigkeit der Rentenauskunft	31
2. Zuständiger Rentenversicherungsträger	
a) Sachliche Zuständigkeit	32
b) Örtliche Zuständigkeit	34
c) Rentenversicherungsträger	35
IV. Renten wegen Alters	37
1. Regelaltersrente	
a) Rechtsgrundlage	39
b) Voraussetzungen	
aa) Vollendung des 67. Lebensjahres	40
bb) Wartezeit	43
(1) Beitragszeiten	44
(a) Arbeitsverhältnis	45
(b) Kindererziehungszeiten	46
(c) Geringfügig Beschäftigte	48
(d) Sonstige Pflichtbeitragszeiten und gleichgestellte Zeiten	53
(2) Ersatzzeiten	57
c) Beginn	59
d) Übergangsregelung	63
e) Arbeitsrechtliche Verknüpfung	64a
2. Altersrente für langjährig Versicherte	65
a) Rechtsgrundlage	66
b) Voraussetzungen	
aa) Vollendung eines bestimmten Lebensalters	69
bb) Wartezeit	70
(1) Anrechnungszeiten	71
(2) Berücksichtigungszeiten	74
c) Beginn	79
d) Rentenkürzung	80
e) Anhebung der Altersgrenzen	82
f) Übergangsregelungen	85
g) Besondere Vertrauensschutzregelung	87
h) Arbeitsrechtliche Verknüpfung	90
3. Altersrente für besonders langjährig Versicherte	91
a) Rechtsgrundlage	92
b) Voraussetzungen	
aa) Vollendung des 65. Lebensjahres	94
bb) Wartezeit	95
(1) Pflichtbeitragszeiten	96
(2) Berücksichtigungszeiten	96a
(3) Entgeltersatzleistungen	96b
(4) Freiwillige Beiträge	96c
(5) Ersatzzeiten	97
c) Beginn	99
d) Übergangsregelung	100a
e) Arbeitsrechtliche Verknüpfung	101
4. Altersrente für schwerbehinderte Menschen	102
a) Rechtsgrundlage	103
b) Voraussetzungen	
aa) Vollendung des 65. Lebensjahres	105
bb) Anerkennung der Schwerbehinderung	106
cc) Wartezeit	110
c) Beginn	111
d) Rentenminderung bei vorzeitiger Inanspruchnahme	112

	Rz.		Rz.
e) Übergangsregelung 1: Anhebung der Altersgrenzen	113	**V. Renten wegen verminderter Erwerbsfähigkeit**	193
f) Übergangsregelung 2: Geburtsjahrgänge vor dem 1.1.1952	114	1. Rente wegen Erwerbsminderung	
		a) Rechtsgrundlage	195
g) Besonderer Vertrauensschutz bei Altersteilzeitvereinbarung	115	b) Voraussetzungen	
		aa) Erwerbsminderung	197
h) Besonderer Vertrauensschutz für vor dem 1.1.1951 geborene Versicherte	116	(1) Teilweise Erwerbsminderung	198
		(2) Volle Erwerbsminderung	206
i) Besonderer Vertrauensschutz für vor dem 17.11.1950 geborene Versicherte	118	bb) Vorversicherungszeit	211
		cc) Allgemeine Wartezeit	213
j) Arbeitsrechtliche Verknüpfung	119	c) Beginn	214
5. Altersrente wegen Arbeitslosigkeit oder nach Altersteilzeitarbeit	120	d) Rentenkürzung	215
		aa) Höhe des Abschlages	216
6. Altersrente für Frauen	148	bb) Berücksichtigung in Rentenberechnung	217
7. Ausgleichszahlungen	158		
a) Auskunftsanspruch	159	cc) Übergangsregelung	219
b) Rechtsgrundlage	166	dd) Ausnahme: Durchgängige Erwerbsbiographie	220
c) Höhe	169		
aa) Rentenminderungen bei vorzeitigem Bezug einer Altersrente im Kalenderjahr 2014	171	e) Anrechenbare Zeiten	222
		f) Vertrauensschutzregelung	229
		g) Arbeitsrechtliche Verknüpfung	232
		2. Rente wegen Berufs- oder Erwerbsunfähigkeit	233
bb) Beiträge zum Ausgleich der Rentenminderung auf der Grundlage des Rentenwertes von 28,14 Euro	172	**VI. Sonderfälle**	234
		VII. Teilrente	235
d) Sozialrechtliche Auswirkungen	173	1. Rechtsgrundlage	236
e) Steuerliche Auswirkungen	177	2. Voraussetzungen	237
aa) Steuerliche Behandlung der Abfindung	178	3. Sinn und Zweck der Teilrente	239
		4. Arbeitsrechtliche Verknüpfung	241
bb) Beiträge an die Rentenversicherung	179	**VIII. Hinzuverdienstgrenzen**	244
		1. Regelaltersrente	245
(1) § 3 Nr. 28 EStG		2. Altersrente für langjährig Versicherte	246
(a) Rechtsgrundlage	180		
(b) Erfasster Bereich	181	3. Übrige Altersrenten	252
(aa) Altersteilzeitvereinbarung	182	4. Rente wegen Erwerbsminderung	253
		a) Rente wegen voller Erwerbsminderung in voller Höhe	254
(bb) Sonstige Ausgleichszahlungen	184		
(c) Begrenzung der Steuerfreistellung	187	b) Hinzuverdienstgrenze bei der Rente wegen voller Erwerbsminderung und der Rente wegen teilweiser Erwerbsminderung	256
(2) § 3 Nr. 62 EStG			
(a) Rechtsgrundlage	188		
(b) Erfasster Bereich	189	c) Überschreiten der Hinzuverdienstgrenze	261
(3) Arbeitsrechtliche Verknüpfung	191	5. Altersrente als Teilrente	263

Schrifttum:

Bauer, Arbeitsrechtliche Aufhebungsverträge, 8. Aufl. 2007; *Baumeister/Merten,* Rente ab 67 – Neue Altersgrenzen in der gesetzlichen und zusätzlichen Altersvorsorge, DB 2007, 1306; *Birk,* Die Befristung von Altersteilzeitverträgen auf einen vorgezogenen Renteneintritt, NZA 2007, 244; *Figge,* Änderungen in der Rentenversicherung durch das Rentenversicherungs-Nachhaltigkeitsgesetz, DB 2004, 1990; *Hanau,* Bekannte und unbekannte Folgen der „Rente mit 67", NZA 2011, 537; *Hümmerich,* Aufhebungsvertrag und Abwicklungsvertrag, 2. Aufl. 2003; *Igl/Welti,* Sozialrecht, 8. Aufl. 2007; *Kreikebohm,* SGB VI, Kommentar, 4. Aufl. 2013; *Langohr-Pla-*

to, Die Abfindung betrieblicher Versorgungsansprüche unter besonderer Berücksichtigung von GmbH-Gesellschafter-Geschäftsführer, INF 2001, 257; *Pelikan*, Rentenversicherung SGB VI, 10. Aufl. 2002; *Rolfs*, Auswirkungen der „Rente mit 67" auf betriebliche Versorgungssysteme, NZA 2011, 540; *Schindele*, Die Rente mit 63, ArbRAktuell 2014, 379; *Schrader*, Aufhebungsverträge und Ausgleichszahlungen, NZA 2003, 593; *Schrader*, Rentenversicherungsrechtliche und steuerliche Vorteile durch Ausgleichszahlungen nach § 187a SGB VI, ArbRB 2004, 283; *Schrader*, Rechtsfallen in Arbeitsverträgen, 2001; *Schrader/Straube*, Die Anhebung der Regelaltersrente, NJW 2008, 1025; *Schrader/Straube*, Die Altersrente für (besonders) langjährig Versicherte, ZFSH/SGB 2007, 707; *Schulin*, Rentenversicherungsrecht, 1999; *Weber/Ehrich/Burmester/Fröhlich*, Handbuch der arbeitsrechtlichen Aufhebungsverträge, 4. Aufl. 2004.

I. Wechsel und Wandel im Rentenrecht

Die hohe Belastung der Sozialkassen durch die Sozialversicherung führt dazu, dass das Rentenversicherungsrecht einem stetigen Wechsel und Wandel unterworfen ist. 1

Insbesondere das **RV-Nachhaltigkeitsgesetz** vom 21.7.2004[1] hat Änderungen gebracht, wie Einschnitte bei der Bewertung von Anrechnungszeiten, eine Änderung der Rentenanpassungsformel u.Ä.

Durch das Gesetz zur Anpassung der Regelaltersrente an die demographische Entwicklung und zur Stärkung der Finanzierungsgrundlagen der gesetzlichen Rentenversicherung (**RV-Altersgrenzenanpassungsgesetz**) vom 30.4.2007[2] wurden im Rentenversicherungsrecht weitere weitreichende politische Maßnahmen umgesetzt[3]. In diesem Zusammenhang wurde insbesondere auch die Regelaltersgrenze von 2012 an, beginnend mit dem Jahrgang 1947 bis zum Jahr 2029, schrittweise auf 67 Jahre angehoben.

Mit dem Gesetz über Leistungsverbesserungen in der gesetzlichen Rentenversicherung (**RV-Leistungsverbesserungsgesetz**) vom 23.6.2014[4] wurden jüngst mehrere von den Regierungsparteien im Koalitionsvertrag getroffene Vereinbarungen umgesetzt. In diesem Zuge wurde insbesondere die abschlagsfreie Altersrente für besonders langjährig Versicherte für vor 1953 geborene Versicherte von der Vollendung des 65. Lebensjahres auf das vollendete 63. Lebensjahr vorgezogen.

Die heute gültigen Rentenarten stellen sich nach alledem wie folgt dar:

1. Regelaltersrente

Die **Regelaltersgrenze** für den Bezug der Regelaltersrente ist von 2012 an beginnend mit dem Jahrgang 1947 bis zum Jahr 2029 schrittweise auf 67 Jahre angehoben und damit aufgeschoben worden. Die Stufen der Anhebung betragen zunächst einen Monat pro Jahr (65 bis 66) und dann zwei Monate pro Jahr (66 bis 67). Für die Geburtsjahrgänge ab 1964 gilt die Regelaltersgrenze 67 Jahre[5]. Bis einschließlich 1963 Geborene erreichen die Regelaltersgrenze entsprechend früher. 2

2. Altersrente für besonders langjährig Versicherte mit 45 Pflichtbeitragsjahren

Mit Beginn der stufenweisen Anhebung der Regelaltersgrenze zum 1.1.2012 wurde für besonders langjährig Versicherte eine **neue Altersrente**[6] eingeführt. Anspruch auf ei- 3

---

1 Vgl. BGBl. I 2004, 1791 ff.
2 BGBl. I 2007, 554 ff.
3 Vgl. hierzu im Einzelnen *Baumeister/Merten*, DB 2007, 1306 ff.
4 BGBl. I 2014, 787 ff.
5 Vgl. *Hanau*, NZA 2011, 537; *Rolfs*, NZA 2011, 540.
6 Vgl. *Hanau*, NZA 2011, 537; *Rolfs*, NZA 2011, 540.

nen abschlagsfreien Renteneintritt nach Vollendung des 65. Lebensjahres haben Versicherte, die mindestens 45 Jahre mit Pflichtbeiträgen aus Beschäftigung, Erwerbstätigkeit und Pflege sowie Kindererziehungs-/Berücksichtigungszeiten bis zum 3./10. Lebensjahr des Kindes erreichen. Die Altersrente für besonders langjährig Versicherte kann nicht vorzeitig in Anspruch genommen werden.

Mit dem RV-Leistungsverbesserungsgesetz vom 23.6.2014[1] wurde die Altersrente für besonders langjährig Versicherte überarbeitet. Seit dem 1.7.2014 können Arbeitnehmerinnen und Arbeitnehmer, die besonders lange gearbeitet und mindestens 45 Jahre Beitragszeiten aus Beschäftigung, selbständiger Tätigkeit, Pflege und Zeiten der Kindererziehung bis zum 10. Lebensjahr des Kindes vorweisen können, frühestens ab dem 63. Lebensjahr abschlagsfrei in Altersrente gehen. Im Zusammenhang mit dieser Sonderregelung für besonders langjährig Versicherte ist ein stufenweiser Anstieg des Eintrittsalters in diese Rentenart auf die Altersgrenze von 65 Jahren festgelegt worden: Vor 1953 geborene Versicherte können die Altersrente abschlagsfrei ab 63 beziehen, für Versicherte ab dem Geburtsjahrgang 1953 wird das Eintrittsalter stufenweise in zwei Monatsschritten auf 65 angehoben. Mit dem Geburtsjahr 1964 ist die Anhebung der Altersgrenze auf 65 Jahre abgeschlossen.[2]

3. Altersrente für langjährig Versicherte mit 35 Versicherungsjahren

4 Im Zuge der Anpassung von Altersgrenzen für vorzeitige Altersrenten an die Regelaltersgrenze 67 Jahre ist die Altersgrenze für eine abschlagsfreie Altersrente für **langjährig Versicherte** stufenweise von 65 auf 67 Jahre angehoben worden. Die vorzeitige Inanspruchnahme dieser Altersrente soll frühestens mit 63 Jahren möglich sein[3]. Die Inanspruchnahme dieser vorgezogenen Altersrente ab 63 Jahren ist mit einem Rentenabschlag von 14,4 % verbunden.

4. Altersrente für schwerbehinderte Menschen mit 35 Versicherungsjahren

5 Die Altersgrenze für eine abschlagsfreie Altersrente für **schwerbehinderte Menschen** ist stufenweise von 63 auf 65 Jahre angehoben worden. Die Altersgrenze für die früheste vorzeitige Inanspruchnahme dieser Rente wurde von 60 auf 62 Jahre angehoben[4]. Damit verbleibt es bei einem maximalen Abschlag in Höhe von 10,8 % bei einem frühestmöglichen Rentenbezug drei Jahre vor der Altersgrenze für eine abschlagsfreie Altersrente für schwerbehinderte Menschen.

5. Altersrente für langjährig unter Tage beschäftigte Bergleute

6 Die Altersgrenze für langjährig (25 Jahre) unter Tage beschäftigte **Bergleute** wurde von 60 auf 62 Jahre angehoben (vgl. § 40 SGB VI).

6. Altersrente für Frauen

7 Anpassungsregelungen waren wegen des Wegfalls dieser Rentenart ab 2012 entbehrlich. Die **Altersrente für Frauen** ab dem 60. Lebensjahr kann nach geltendem Recht nur noch von den Geburtsjahrgängen bis 1951 in Anspruch genommen werden (vgl. § 237a SGB VI).

---

1 BGBl. I 2014, 787 ff.
2 Vgl. *Schindele*, ArbR Aktuell 2014, 379.
3 Vgl. *Hanau*, NZA 2011, 537.
4 Vgl. Kreikebohm/*Dankelmann*, § 37 SGB VI Rz. 1.

7. Altersrente wegen Arbeitslosigkeit oder nach Altersteilzeitarbeit

Anpassungsregelungen waren wegen des Wegfalls dieser Rentenart entbehrlich. Diese **8** Altersrente gibt es nur noch für Versicherte der Geburtsjahrgänge bis 1951. Die Geburtsjahrgänge ab 1949 können diese Rente frühestens mit 63 Jahren beanspruchen (vgl. § 237 SGB VI).

8. Rente wegen verminderter Erwerbsfähigkeit

Das Referenzalter für die Inanspruchnahme einer Rente wegen **verminderter Erwerbs-** **9** **fähigkeit** oder einer **Hinterbliebenenrente** wurde auf 65 Jahre angehoben. Für erwerbsgeminderte Versicherte mit einer durchgängigen Erwerbsbiographie bleibt es beim Referenzalter 63 Jahre. Danach können 63-jährige Versicherte mit 35 Beitragsjahren bis zum Jahr 2023 weiter abschlagsfrei eine Erwerbsminderungsrente beziehen. Ab dem Jahr 2024 gilt dies nur noch für 63-jährige erwerbsgeminderte Versicherte, die 40 Beitragsjahre erreicht haben. Bei den Beitragsjahren werden dieselben Zeiten berücksichtigt wie bei der Altersrente für besonders langjährig Versicherte mit 45 Pflichtbeitragszeiten.

9. Vertrauensschutz

Vertrauensschutz ist grundsätzlich dadurch gegeben, dass die Anhebung erst im Jahre **10** 2012 begonnen hat und in moderaten Schritten erfolgt. Mit einer Vorlaufzeit von fünf Jahren sollte Arbeitnehmern und Arbeitgebern genügend Zeit eingeräumt werden, um ihre Planungen anzupassen.

Besonderen Vertrauensschutz bei der Anhebung der Altersgrenzen für die Altersrenten haben Angehörige der Geburtsjahrgänge zwischen 1948 bis 1954, wenn sie bereits vor dem 1.1.2007 verbindlich Altersteilzeit vereinbart haben. Im Bergbau haben Versicherte, die nach 1947 und vor 1964 geboren wurden und Anpassungsgeld für entlassene Arbeitnehmer des Bergbaus bezogen haben, besonderen Vertrauensschutz.

Ferner sollen Arbeitnehmerinnen und Arbeitnehmer, deren Arbeitsverhältnis derartig befristet ist, dass die Beendigung des Arbeitsverhältnisses ohne Kündigung zu einem Zeitpunkt vorgesehen ist, zu dem die Arbeitnehmerin/der Arbeitnehmer vor Erreichen der Regelaltersgrenze eine Rente wegen Alters beantragen kann, entsprechend den Anhebungsschritten bis zum Alter 67 weiterarbeiten können. In diesem Zusammenhang ist eine Änderung des § 41 SGB VI erfolgt. Es wird nicht mehr auf das Alter 65, sondern allgemein auf das Erreichen der Regelaltersrente abgestellt.

10. Übertragung auf die Alterssicherung der Landwirte

Die für die gesetzliche Rentenversicherung vorgesehenen Regelungen zur Anhebung **11** der Altersgrenzen wurden wirkungsgleich auf die **Alterssicherung der Landwirte** übertragen. Es gibt jedoch eine Ausnahme. In der Alterssicherung der Landwirte ist eine neue vorzeitige Altersrente ab 65 – mit Abschlägen – eingeführt worden. Abschlagsfrei können diese Versicherten ab dem 65. Lebensjahr in Rente gehen, wenn sie vor 1947 geboren wurden.

Versicherte der gesetzlichen Rentenversicherung haben – anders als Versicherte der Alterssicherung der Landwirte – bereits heute (und auch in Zukunft) mehrere Möglichkeiten des vorzeitigen Bezugs einer Altersrente. Eine Angleichung dieser Rentenarten ist aber insoweit erfolgt, als mit dem Gesetz über Leistungsverbesserungen in der gesetzlichen Rentenversicherung (**RV-Leistungsverbesserungsgesetz**) vom 23.6.2014[1] auch in

---
1 BGBl. I 2014, 787 ff.

das Gesetz über die Alterssicherung der Landwirte eine Regelung zur vorzeitigen Altersrente für langjährig Versicherte und in diesem Zusammenhang eine abschlagsfreie Altersrente ab 63 für die vor 1953 geborenen Versicherten eingeführt worden ist (vgl. § 87c des Gesetzes über die Alterssicherung der Landwirte).

11. Tabellarische Gegenüberstellung der Änderungen durch das RV-Altersgrenzenanpassungsgesetz und RV-Leistungsverbesserungsgesetz

12 Die zahlreichen und umfangreichen Änderungen, die in das Rentenversicherungssystem eingearbeitet worden sind, lassen sich tabellarisch wie folgt darstellen:

Rentenarten	Bisheriges Recht		Rechtslage nach RV-Altersgrenzenanpassungsgesetz und RV-Leistungsverbesserungsgesetz			
1. Regelaltersrente		65	+	2	=	67
2. Altersrente für besonders langjährige Versicherte mit 45 Pflichtbeitragsjahren	abschlagsfrei				=	65
3. Altersrente für langjährig Versicherte mit 35 Versicherungsjahren	mit Abschlag:	63			=	63*
	abschlagsfrei:	65	+	2	=	67
4. Altersrente für schwerbehinderte Menschen mit 35 Versicherungsjahren	frühestmöglich:	60	+	2	=	62
	abschlagsfrei:	63	+	2	=	65
5. Altersrente für langjährig unter Tage beschäftigte Bergleute		60	+	2	=	62
Knappschaftsausgleichsleistung		55			=	55
6. Altersrente für Frauen (für Versicherte der Jahrgänge bis 1951)	mit Abschlag:	60			=	60*
	abschlagsfrei:	65			=	65*
7. Altersrente wegen Arbeitslosigkeit oder nach Altersteilzeit (für Versicherte der Jahrgänge bis 1951)	mit Abschlag:	63			=	63*
	abschlagsfrei:	65			=	65*
8. Regelaltersrente in der Alterssicherung für Landwirte	mit Abschlag:					65
	abschlagsfrei:	65	+	2	=	67

Rentenarten		Bisheriges Recht		Rechtslage nach RV-Altersgrenzen-anpassungsgesetz und RV-Leistungsverbesserungsgesetz			
9.	Rente wegen verminderter Erwerbsfähigkeit	mit Abschlag:	60	+	2	=	62
		abschlagsfrei:	63	+	2	=	65
	bis 2023: Rente wegen verminderter Erwerbsfähigkeit mit 35 Pflichtbeitragsjahren; ab 2024: Rente wegen verminderter Erwerbsfähigkeit mit 40 Pflichtbeitragsjahren.	abschlagsfrei:	63*				
10.	Rente für Bergleute wegen bergbaulicher Berufsunfähigkeit	mit Abschlag:	62	+	2	=	64
		abschlagsfrei:	63	+	2	=	65
11.	Große Witwen- und Witwerrente		45	+	2	=	47

* unverändert

12. Folgeänderungen

Diese Änderungen wurden auch in die sonstigen Sozialversicherungszweige (Unfallversicherung) und in das Altersteilzeitgesetz übernommen. Die Bundesregierung ist verpflichtet, vom Jahre 2010 an alle vier Jahre über die Entwicklung der Beschäftigung älterer Arbeitnehmer zu berichten und eine Einschätzung darüber abzugeben, ob die Anhebung der Regelaltersgrenze **unter** Berücksichtigung der Entwicklung der **Arbeitsmarktlage** sowie der **wirtschaftlichen** und **sozialen Situation** älterer Arbeitnehmer vertretbar erscheint und die getroffenen gesetzlichen Regelungen bestehen bleiben können (vgl. § 154 Abs. 4 SGB VI). Die Bundesregierung prüft, ob der **Beitragssatz** gesenkt werden kann. Die Anhebung der Regelaltersgrenze in der gesetzlichen Rentenversicherung wurde auf sonstige Systeme der zusätzlichen Altersversorgung übertragen (Riesterförderung, staatliche Förderung der betrieblichen Altersversorgung etc.)[1].

13. Ausblick

Es steht zu erwarten, dass aufgrund der **demographischen Entwicklung** in der Bundesrepublik Deutschland weitere Änderungen zum Rentenrecht erfolgen werden. Das Rentenrecht unterliegt dem stetigen gesetzgeberischen Wandel. Bei den einzelnen Rentenarten wird dies besonders deutlich. Anhand der Übergangs- und Vertrauensschutzvorschriften lässt sich verfolgen, wie Altersgrenzen bzw. Grenzen für die vorzeitige Inanspruchnahme mal sinken, mal steigen und wie sich diese Entwicklung im Einzelnen auf die Abschläge auswirkt.

Von diesem Wandel des Rentenversicherungsrechtes ist auch das Arbeitsrecht betroffen. So gibt es zwischen Rentenversicherungsrecht und Arbeitsrecht insbesondere bei der Beendigung von Arbeitsverhältnissen älterer Arbeitnehmer erhebliche Schnittmengen.

---

1 Vgl. *Baumeister/Merten*, DB 2007, 1306.

II. Überblick

15 Zwischen dem öffentlich-rechtlich organisierten **Alterssicherungssystem** der gesetzlichen Rentenversicherung und dem Arbeitsrecht als einem Ausschnitt der Privatrechtsordnung gibt es in verschiedener Hinsicht **Berührungspunkte:**

- Die gesetzliche Rentenversicherung erfasst vornehmlich abhängig Beschäftigte und damit im Wesentlichen Arbeitnehmer als **Pflichtversicherte** und gewährt dieser Personengruppe Schutz gegen die Risiken Invalidität, Alter und Tod, bei deren Verwirklichung die Arbeitskraft nicht mehr verwertet werden kann und deshalb in der Regel kein Einkommen mehr vorhanden ist (zum Arbeitnehmerbegriff vgl. Teil 1 A Rz. 18 ff.).
- Gesetzliche Rentenversicherung und Arbeitsrecht sind durch das arbeitsrechtliche Alterssicherungssystem der **betrieblichen Altersversorgung** verbunden. Insoweit besteht eine Verknüpfung durch die mögliche Vereinbarung der Anrechenbarkeit von Renten aus der gesetzlichen Rentenversicherung auf Versorgungsbezüge aus einer betrieblichen Altersversorgung (vgl. im Einzelnen Teil 2 E Rz. 422) sowie durch die dem Arbeitnehmer durch § 6 BetrAVG gegebene Möglichkeit, schon vor Erreichen der Regelaltersrente betriebliches Ruhegeld in Anspruch zu nehmen, wenn gleichzeitig die Voraussetzungen für den Bezug einer Rente aus der gesetzlichen Rentenversicherung vor Erreichen der Regelaltersrente erfüllt sind (vgl. im Einzelnen Teil 2 E Rz. 425 ff.).
- In ihrer – abgrenzend zur Invaliditäts- und Hinterbliebenenversicherung verstandenen – Bedeutung als System der Alterssicherung[1] weist die Rentenversicherung insoweit einen arbeitsrechtlichen Bezug auf, als dass die **Dauer des Arbeitsverhältnisses** und damit die Dauer des Arbeitslebens Auswirkungen auf das Entstehen und die Höhe von gesetzlichen Rentenansprüchen hat. Arbeitsrechtliche Gestaltungen zur Beendigung eines Arbeitsverhältnisses wirken sich in der Regel auf rentenversicherungsrechtliche Ansprüche aus. Insoweit geht es um den Zusammenhang zwischen Rentenversicherung und Arbeitsrecht unter dem Gesichtspunkt einer rentenversicherungsrechtlichen „Förderung" der Beendigung des Arbeitslebens durch entsprechende arbeitsrechtliche Gestaltung. Denn die Fragen, ob und in welcher Höhe Rentenversicherungsansprüche bestehen, oder ob und in welcher Höhe rentenversicherungsrechtliche Nachteile durch das vorzeitige Ausscheiden aus dem Arbeitsverhältnis ausgeglichen werden, sind gerade aus Arbeitnehmersicht erhebliche Gesichtspunkte und Überlegungen beim Abschluss einer Vereinbarung zur Beendigung des Arbeitsverhältnisses.

16 Im Folgenden geht es primär um die **rentenrechtlichen Auswirkungen** der (vorzeitigen) Beendigung des Arbeitsverhältnisses. Denn zur Beendigung des Arbeitsverhältnisses – auch eines älteren Arbeitnehmers – bedarf es eines Beendigungsaktes[2], sei es der Abschluss eines Aufhebungsvertrages, die arbeitgeberseitige Kündigung oder die Eigenkündigung des älteren Arbeitnehmers. In allen Fällen, insbesondere aber beim Abschluss eines Aufhebungsvertrages, sind die rentenrechtlichen Auswirkungen bei Beendigung des Arbeitsverhältnisses in höchstem Maße relevant.

Für den Arbeitgeber sind die rentenrechtlichen Auswirkungen auch in anderer Beziehung von entscheidender Bedeutung: Das BAG hat entschieden, dass Auskünfte des Arbeitgebers zur gesetzlichen Rentenversicherungspflicht Schadensersatzansprüche

---

[1] Unter Alterssicherung in diesem Sinne ist zu verstehen, dass im Falle des Erreichens bestimmter Altersgrenzen sowie der Erfüllung weiterer persönlicher und versicherungsrechtlicher Voraussetzungen Rentenleistungen als Einkommensersatz geleistet werden.
[2] Zur Zulässigkeit von Altersvereinzelklauseln in Tarifverträgen, Betriebsvereinbarungen und Einzelarbeitsverträgen, nach denen die Arbeitsverhältnisse älterer Mitarbeiter bei einem bestimmten Alter enden, vgl. Teil 1 E Rz. 80 ff. mwN; *Schrader*, Rechtsfallen in Arbeitsverträgen, Rz. 153 ff.; *Schaub/Schrader/Straube/Vogelsang*, A. Rz. 176 ff.

begründen können, wenn sie sich als unzutreffend erweisen. So soll bspw. in dem Angebot eines Arbeitgebers auf Abschluss eines Altersteilzeitarbeitsverhältnisses dem Arbeitnehmer gegenüber die Erklärung liegen, er könne bei Annahme dieses Angebotes einen Anspruch auf vorzeitige Altersrente wegen Altersteilzeit erwerben. Wurde der Arbeitnehmer durch die **objektiv** falsche Erklärung seines Arbeitgebers über die Möglichkeit der Inanspruchnahme einer vorzeitigen Altersrente nach Altersteilzeit zum Abschluss einer „**Altersteilzeitvereinbarung**" veranlasst, soll er verlangen können, so behandelt zu werden, als ob die „Altersteilzeitvereinbarung" nicht zustande wäre[1]. Damit wird deutlich, dass sich der Arbeitgeber, wenn er Auskünfte erteilt, der rentenrechtlichen Auswirkungen seiner Erklärung bewusst sein muss.

III. Rentenauskünfte

Bei den Verhandlungen um den Abschluss einer Vereinbarung zur Beendigung des Arbeitsverhältnisses wird es für den Arbeitnehmer primär darum gehen, eine für ihn möglichst optimale finanzielle Lösung herbeizuführen. Während sich bei der Trennung von Arbeitnehmern in jüngeren Jahren die Abfindung in der Regel nach den zurückgelegten Beschäftigungsjahren bemisst, orientiert sich die Abfindung bei älteren Arbeitnehmern häufig an den **wirtschaftlichen Nachteilen**, die diese Arbeitnehmer in der Zeit zwischen der Beendigung des Arbeitsverhältnisses und dem frühestmöglichen Zeitpunkt des Bezuges von Altersruhegeld aus der gesetzlichen Rentenversicherung erleiden[2]. Zu den wirtschaftlichen Nachteilen gehören insbesondere diejenigen, die wegen des vorzeitigen Ausscheidens aus dem Arbeitsverhältnis vor Erreichung der gesetzlichen Altersgrenze im Rahmen der gesetzlichen Rentenversicherung eintreten.

17

1. Renteninformation und Rentenauskunft

Die Berechnung eines **Rentenanspruches** eines Arbeitnehmers ist wegen ihrer Komplexität in der Regel weder vom Arbeitnehmer selbst noch vom anwaltlichen Berater zu leisten. Das SGB VI, in dem die gesetzliche Rentenversicherung kodifiziert ist, hilft weiter:

18

Nach § 109 Abs. 1, 4 SGB VI erhalten Versicherte von Amts wegen eine **Renteninformation** über die Höhe der Rentenanwartschaft:
– für die Regelaltersrente sowie
– für die Rente wegen verminderter Erwerbsfähigkeit.

19

Auf Antrag erhält der Versicherte nach § 109 Abs. 5 SGB VI Auskunft über die auf die Ehezeit entfallene Rentenanwartschaft. Über die Höhe der Beitragszahlung, die zum Ausgleich einer **Rentenminderung** bei **vorzeitiger Inanspruchnahme** einer Rente wegen Alters erforderlich ist, und über die ihr zugrunde liegende Altersrente wird auf Antrag mit Hilfe der sog. Rentenauskunft Auskunft erteilt.

Nach Vollendung des 55. Lebensjahres wird die **Renteninformation** durch eine alle drei Jahre zu erstellende **Rentenauskunft** ersetzt (§ 109 Abs. 1 Satz 2, Abs. 4 SGB VI).

a) Vollendung des 27. und 55. Lebensjahres

Nach § 109 Abs. 1 Satz 1 SGB VI erhalten Versicherte, die das **27. Lebensjahr** vollendet haben, **von Amts wegen** eine Information über die Höhe der Rentenanwart-

20

---

1 Vgl. BAG 10.2.2004 – 9 AZR 401/02, NZA 2004, 607.
2 Vgl. *Weber/Ehrich/Burmester/Fröhlich*, 4. Aufl., Teil 4 Rz. 447; *Hümmerich*, Aufhebungsvertrag und Abwicklungsvertrag, § 6 Rz. 2.

schaften, die sie ohne weitere rentenrechtliche Zeiten als Regelaltersrente erhalten würden. Dieser Berechnung werden nur die bis zum Zeitpunkt der Auskunftserteilung zurückgelegten rentenrechtlichen Zeiten zugrunde gelegt[1]. Ferner enthält die Renteninformation eine **Prognose** über die Höhe der zu erwartenden Regelaltersrente (§ 109 Abs. 3 Nr. 3 SGB VI). Diese Auskunft kann von Amts wegen oder auf Antrag auch jüngeren Versicherten erteilt werden oder in kürzeren Abständen erfolgen, wenn ein berechtigtes Interesse besteht (§ 109 Abs. 1 Satz 3 SGB VI).

21 Neben der Prognose über die Höhe der zu erwartenden **Regelaltersrente** (§ 109 Abs. 3 Nr. 3 SGB VI) enthält die **Renteninformation** Angaben über die Grundlage der Rentenberechnung (§ 109 Abs. 3 Nr. 1 SGB VI), Angaben über die Höhe einer Rente wegen verminderter Erwerbsfähigkeit, die zu zahlen wäre, würde der Leistungsfall der vollen Erwerbsminderung vorliegen (§ 109 Abs. 3 Nr. 2 SGB VI), eine Information über die Auswirkungen künftiger Rentenanpassungen (§ 109 Abs. 3 Nr. 4 SGB VI) sowie eine Übersicht über die Höhe der Beiträge, die für Beitragszeiten vom Versicherten, dem Arbeitgeber oder von öffentlichen Kassen gezahlt worden sind (§ 109 Abs. 3 Nr. 5 SGB VI).

22 Die Renteninformation wird nach Vollendung des **55. Lebensjahres** durch eine alle drei Jahre zu erteilende **Rentenauskunft** ersetzt (§ 109 Abs. 1 Satz 2 SGB VI). Diese Rentenauskunft enthält insbesondere eine Übersicht über die im Versicherungskonto gespeicherten rentenrechtlichen Zeiten (§ 109 Abs. 4 Nr. 1 SGB VI), eine Darstellung über die Ermittlung der persönlichen Entgeltpunkte mit der Angabe ihres derzeitigen Wertes und dem Hinweis, dass sich die Berechnung der Entgeltpunkte aus beitragsfreien und beitragsgeminderten Zeiten nach der weiteren Versicherungsbiographie richtet (§ 109 Abs. 4 Nr. 2 SGB VI), Angaben über die Höhe der Rente, die auf der Grundlage des geltenden Rechtes und der im Versicherungskonto gespeicherten rentenrechtlichen Zeiten ohne den Erwerb weiterer Beitragszeiten bei verminderter Erwerbsfähigkeit als Rente wegen voller Erwerbsminderung, bei Tod als Witwen- oder Witwerrente, nach Erreichen der Regelaltersgrenze als Regelaltersrente zu zahlen wäre (§ 109 Abs. 4 Nr. 3 SGB VI), sowie allgemeine Hinweise zur Erfüllung der persönlichen und versicherungsrechtlichen Voraussetzungen für einen Rentenanspruch (§ 109 Abs. 4 Nr. 5 SGB VI).

b) Vorzeitige Inanspruchnahme einer Altersrente

23 Nach § 109 Abs. 4 Nr. 4 SGB VI können Versicherte einen Antrag auf Rentenauskunft (§ 109 Abs. 1 Satz 2 SGB VI) über die Rentenhöhe und über die Höhe der Beitragszahlung, die zum **Ausgleich** von **Abschlägen** bei **vorzeitiger Inanspruchnahme** einer Altersrente erforderlich sind, und über die ihr zugrunde liegende Altersrente stellen.

24 Die Rentenversicherungsträger können eine solche Auskunft nach § 109 Abs. 4 Nr. 4 letzter Halbs. SGB VI dann verweigern, wenn die Erfüllung der versicherungsrechtlichen Voraussetzungen für eine vorzeitige Altersrente **offensichtlich** ausgeschlossen ist. Da der Versicherte bei seinem Auskunftsbegehren angeben muss, welche Altersrente er vorzeitig beanspruchen will, müssen alle versicherungsrechtlichen Voraussetzungen zum beabsichtigten Rentenbeginn erfüllt werden können. Nur wenn nicht alle versicherungsrechtlichen Voraussetzungen vorliegen (die Wartezeit ist bspw. nicht erfüllt), kann die Auskunft nach § 109 Abs. 4 Nr. 4 letzter Halbs. SGB VI abgelehnt werden[2].

---

1 Vgl. *Pelikan*, Rentenversicherung SGB VI, S. 98.
2 Vgl. KassKomm/*Gürtner*, § 109 SGB VI Rz. 22.

c) Verminderung der Erwerbsfähigkeit

Nach § 109 Abs. 1 Satz 3 iVm. Abs. 4 Nr. 3 lit. a und b SGB VI erhalten Versicherte bei Bestand eines berechtigten Interesses und auf Antrag auf der Grundlage geltenden Rechts und der im Versicherungskonto gespeicherten rentenrechtlichen Zeiten ohne den Erwerb weiterer Beitragszeiten **Auskunft** über die Höhe der Anwartschaft der Rente wegen **verminderter Erwerbsfähigkeit** oder im Falle des Todes; ggf. inklusive einer **Zurechnungszeit** bei Rentenneuzugängen bis zum 30.6.2014 bis zum 55. bzw. 60. Lebensjahr und bei Rentenneuzugängen ab dem 1.7.2014 bis zum 62. Lebensjahr[1]. Durch das RV-Leistungsverbesserungsgesetz vom 23.6.2014[2] wurde die Zurechnungszeit bei Rentenneuzugängen ab dem 1.7.2014 um zwei Jahre verlängert. Dh., Erwerbsgeminderte werden so gestellt, als ob sie mit ihrem bisherigen durchschnittlichen Einkommen bis zum 62. statt wie bisher bis zum 60. Lebensjahr weitergearbeitet hätten.

25

Ein **berechtigtes Interesse** an einer Rentenauskunft liegt in der Regel dann vor, wenn die Aufnahme in die freiwillige Versicherung oder die Antragspflichtversicherung von nicht mehr versicherungspflichtigen Selbständigen beantragt wird[3].

26

d) Form und Verbindlichkeit der Auskünfte

Renteninformationen und Rentenauskünfte sind **schriftlich** zu erteilen (§ 109 Abs. 1 und 2 SGB VI); sie sind **nicht rechtsverbindlich** (§ 109 Abs. 2 SGB VI). Damit wird ausdrücklich klargestellt, dass es sich bei der Renteninformation und Rentenauskunft nach § 109 SGB VI nicht um einen Verwaltungsakt iSd. § 31 SGB X handelt[4]. Die Renteninformation und Rentenauskunft sind mit dem Hinweis zu versehen, dass sie auf der Grundlage des geltenden Rechts und der im Versicherungskonto gespeicherten rentenrechtlichen Zeiten erstellt sind und damit unter dem Vorbehalt künftiger Rechtsänderungen sowie der Richtigkeit und Vollständigkeit der im Versicherungskonto gespeicherten rentenrechtlichen Zeiten stehen. Eine Verbindlichkeit der Renteninformation und Rentenauskunft kann sich dennoch in zweierlei Hinsicht ergeben:

27

aa) Versicherungszeiten

Die Erstellung der Renteninformation und Rentenauskunft erfolgt auf der Grundlage der jeweils im Versicherungskonto (§ 149 SGB VI) gespeicherten rentenrechtlichen Zeiten[5]. Die im Versicherungskonto gespeicherten Daten sollen vollständig und geklärt sein (§ 149 Abs. 2 SGB VI)[6]. Ist das Versicherungskonto noch nicht geklärt, ist vor Erteilung der Auskunft ein Kontenklärungsverfahren durchzuführen und es sind die länger als sechs Kalenderjahre zurückliegenden **Versicherungszeiten** gem. § 149 Abs. 5 SGB VI in einem sog. Feststellungsbescheid verbindlich festzustellen. Zu beachten ist, dass der Feststellungsbescheid nur die Versicherungszeiten, nicht jedoch ihre Anrechnung und Bewertung, verbindlich feststellt[7].

28

---

1 Um Versicherten, die in jungen Jahren vermindert erwerbsfähig werden, eine ausreichende Rente zu sichern, werden ihnen Zurechnungszeiten angerechnet. Zurechnungszeit ist die Zeit vom Eintritt der Erwerbsminderung bis zur Vollendung des 62. Lebensjahres (§ 59 SGB VI).
2 BGBl. I 2014, 787 ff.
3 Vgl. KassKomm/*Gürtner*, § 109 SGB VI Rz. 6.
4 Vgl. BSG 12.11.1980 – 1 RA 65/79, BSGE 50, 294 (296); 31.5.1988 – 1 BH (A) 15/87, nv.
5 Vgl. Kreikebohm/*Schmidt*, § 109 SGB VI Rz. 12.
6 Vgl. Kreikebohm/*Kühn*, § 149 SGB VI Rz. 5.
7 Vgl. Kreikebohm/*Kühn*, § 149 SGB VI Rz. 10.

29 Aus dieser Verknüpfung von Auskunft und Feststellungsbescheid kann sich im Einzelfall eine **faktische Bindung** des Rentenversicherungsträgers an die erteilte Rentenauskunft ergeben. Wenn der rechtswidrige Feststellungsbescheid wegen des bestehenden Vertrauensschutzes des Versicherten nicht mehr gem. § 45 SGB X zurückgenommen werden kann, hat der Versicherte einen Anspruch darauf, dass die Rente im Leistungsverfahren aufgrund der durch (rechtswidrigen, aber wirksamen) Feststellungsbescheid anerkannten Zeiten berechnet wird[1]. Eine solche – ausnahmsweise – bestehende Bindung kann dann anzunehmen sein, wenn sich der Bescheid als verbindliche Feststellung bestimmter Daten darstellt und der Versicherte auf die Feststellung vertrauen darf. Dies ist zB gegeben, wenn den Umständen des Einzelfalles der Wille des Rentenversicherungsträgers zu entnehmen ist, dem Versicherten verbindliche Klarheit über einen strittigen Punkt zu verschaffen. Ein Feststellungswille ist insbesondere dann anzunehmen, wenn das Vorliegen bestimmter Zeiten unter den Beteiligten streitig war, der Rentenversicherungsträger den Sachverhalt ersichtlich unter Berücksichtigung des Vorbringens des Versicherten gewürdigt sowie von diesem vorgelegte Beweismittel geprüft hat und zu einem für den Versicherten günstigen Ergebnis gekommen ist[2]. Der Versicherte hat jedoch keinen Anspruch darauf, dass die Rente aufgrund einer anderen als der geltenden Gesetzeslage berechnet wird[3]. Es wird also nur die Berechnungsgrundlage, nicht jedoch die Berechnung selbst geschützt. Die Rente wird dann jedoch so lange von der jährlichen Rentenanpassung ausgenommen, bis der angepasste Rentenbetrag der eigentlich zu zahlenden Rente den unter Berücksichtigung der bestehenden Bestandskraft zu zahlenden Rentenbetrag erreicht (§ 48 Abs. 3 SGB X).

bb) Rentenhöhe

30 Nach ständiger Rechtsprechung des BSG kann sich eine Haftung des Rentenversicherungsträgers für eine unrichtig erteilte Auskunft ergeben, sofern sich der Versicherte auf **Vertrauensschutz** berufen kann. Der Versicherungsträger ist verpflichtet, Auskünfte vollständig und richtig zu erteilen, so dass der Versicherte sich grundsätzlich auf die Richtigkeit der Auskunft verlassen darf. Der Vertrauensschutz wird jedoch durch den **Grundsatz der Gesetzmäßigkeit** der Verwaltung begrenzt. Die Erteilung einer unrichtigen Auskunft kann nicht dazu führen, dass die Verwaltung später entsprechend der unrichtigen Auskunft gesetzwidrig handelt. Der Rentenversicherungsträger ist vielmehr verpflichtet, gesetzmäßig zu verfahren. Insbesondere kann dem Adressaten einer unrichtigen Auskunft durch diese kein Vorteil erwachsen, den er durch eine richtige Auskunft nicht erlangt hätte. Der Versicherte kann deshalb grundsätzlich nur begehren, so gestellt zu werden, wie er stehen würde, wenn ihm die Auskunft richtig erteilt worden wäre (sog. sozialrechtlicher Herstellungsanspruch)[4]. Das schutzwürdige Vertrauen auf eine richtige Auskunft verschafft keinen Anspruch auf „Erfüllung" einer unrichtigen rechtswidrigen Auskunft. Der Versicherte kann lediglich einen **Vertrauensschaden** geltend machen, den er aufgrund von im Zusammenhang mit der Auskunft getroffenen Dispositionen erlitten hat[5].

e) Zweckmäßigkeit der Rentenauskunft

31 Diese **Renteninformationen und Rentenauskünfte** sind Arbeitnehmern und anwaltlichen Beratern eine effektive Hilfe zur Ermittlung der wirtschaftlichen Nachteile, die ein Arbeitnehmer dadurch erleidet, dass er bspw. vor Erreichen der Regelalters-

---

1 Vgl. BSG 31.1.1980 – 11 RA 2/79, BSGE 49, 258 (262).
2 Vgl. BSG 31.1.1980 – 11 RA 2/79, BSGE 49, 258 (261).
3 Vgl. KassKomm/*Gürtner*, § 109 SGB VI Rz. 7.
4 Vgl. BSG 23.6.1977 – 8 RU 36/77, BSGE 44, 114 (121).
5 Vgl. BSG 12.11.1980 – 1 RA 65/79, BSGE 50, 294 (297); 31.5.1988 – 1 BA(A) 15/87, nv.

rente aus dem Arbeitsverhältnis ausscheidet und damit rechnen muss, nach dem Bezug von Arbeitslosengeld eine vorgezogene Altersrente zu beziehen. Die sich daraus ergebenden wirtschaftlichen Überlegungen können in die Verhandlungen um den Abschluss einer einvernehmlichen Ausscheidensregelung mit einfließen. Die Auskunft ist deshalb für Versicherte relevant, die das 55. Lebensjahr vollendet haben und eine Auskunft über die Höhe der Beitragszahlung anfordern, die zum Ausgleich von Abschlägen erforderlich ist, wenn sie eine Altersrente vorzeitig in Anspruch nehmen. Denn § 187a SGB VI gibt die Möglichkeit, steuerbegünstigt im Wege einer Einmalzahlung derartige Rentennachteile auszugleichen (vgl. Rz. 158 ff.). Daher sollte eine Rentenauskunft vor Abschluss eines Aufhebungs- und Abwicklungsvertrages eingeholt werden[1].

2. Zuständiger Rentenversicherungsträger

a) Sachliche Zuständigkeit

Sachlich zuständig für die Auskünfte sind nachfolgende **Rentenversicherungsträger** (§§ 125, 126, 132 SGB VI): 32
– In der allgemeinen Rentenversicherung die Regionalträger, die Deutsche Rentenversicherung Bund und die Deutsche Rentenversicherung Knappschaft-Bahn-See und
– in der knappschaftlichen Rentenversicherung die Deutsche Rentenversicherung Knappschaft-Bahn-See.

Zuständig für Versicherte ist gem. § 127 Abs. 1 SGB VI der Träger der Rentenversicherung, der durch die Datenstelle der Träger der Rentenversicherung bei der Vergabe der Versicherungsnummer festgelegt worden ist. Für die Zuständigkeit der Deutschen Rentenversicherung Knappschaft-Bahn-See enthalten die §§ 129, 130, 133–137 SGB IV zudem Sonderregelungen. 33

b) Örtliche Zuständigkeit

Die örtliche Zuständigkeit der Regionalträger bestimmt sich – soweit nicht nach über- und zwischenstaatlichem Recht etwas anderes bestimmt ist – nach folgender Reihenfolge: 34
– Wohnsitz,
– gewöhnlicher Aufenthalt,
– Beschäftigungsort,
– Tätigkeitsort

der Versicherten oder Hinterbliebenen im Inland. Für die örtliche Zuständigkeit ist der Zeitpunkt der Antragstellung maßgebend (§ 128 Abs. 1 Satz 2 SGB VI). Findet sich kein nach den vorgenannten Kriterien maßgebender Ort im Inland, ist zunächst der Regionalträger zuständig, der zuletzt gemessen an den o.g. Kriterien zuständig gewesen wäre (§ 128 Abs. 2 SGB VI). Findet sich kein zuständiger Versicherungsträger, ist die Deutsche Rentenversicherung Rheinland zuständig (§ 128 Abs. 4 SGB VI).

c) Rentenversicherungsträger

Die Rentenversicherungsträger, bei denen auch Broschüren zu verschiedenen rentenrechtlichen Fragen angefordert werden können, sind: 35

---

1 Vgl. *Hümmerich*, § 6 Rz. 3.

Deutsche Rentenversicherung Baden-Württemberg	www.deutsche-rentenversicherung-bw.de
Deutsche Rentenversicherung Berlin-Brandenburg	www.deutsche-rentenversicherung-berlin-brandenburg.de
Deutsche Rentenversicherung Braunschweig-Hannover	www.deutsche-rentenversicherung-braunschweig-hannover.de
Deutsche Rentenversicherung Hessen	www.deutsche-rentenversicherung-hessen.de
Deutsche Rentenversicherung Bayern Süd	www.deutsche-rentenversicherung-bayernsued.de
Deutsche Rentenversicherung Nordbayern	www.deutsche-rentenversicherung-nordbayern.de
Deutsche Rentenversicherung Oldenburg-Bremen	www.deutsche-rentenversicherung-oldenburg-bremen.de
Deutsche Rentenversicherung Rheinland-Pfalz	www.deutsche-rentenversicherung-rlp.de
Deutsche Rentenversicherung Rheinland	www.deutsche-rentenversicherung-rheinland.de
Deutsche Rentenversicherung Saarland	www.deutsche-rentenversicherung-saarland.de
Deutsche Rentenversicherung Mitteldeutschland	www.deutsche-rentenversicherung-mitteldeutschland.de
Deutsche Rentenversicherung Nord	www.deutsche-rentenversicherung-nord.de
Deutsche Rentenversicherung Schwaben	www.deutsche-rentenversicherung-schwaben.de
Deutsche Rentenversicherung Westfalen	www.deutsche-rentenversicherung-westfalen.de
Deutsche Rentenversicherung Bund	www.deutsche-rentenversicherung-bund.de
Deutsche Rentenversicherung Knappschaft-Bahn-See	www.deutsche-rentenversicherung-knappschaft-bahn-see.de

36 ⮕ **Hinweis:** Gerade bei älteren Arbeitnehmern ist es zu empfehlen, die Renteninformationen bzw. Rentenauskünfte beim zuständigen Rentenversicherungsträger einzuholen, um festzustellen, ob sich wirtschaftliche Nachteile ergeben, die in die **Verhandlungen** um die Beendigung des Arbeitsverhältnisses eingeführt werden können und diese beeinflussen. Ferner ergibt sich eine Gestaltungsmöglichkeit für die Vereinbarung zur Beendigung des Arbeitsverhältnisses, indem zum **Ausgleich von Rentennachteilen** bei vorzeitiger Inanspruchnahme einer Rente wegen Alters Einmalzahlungen an den zuständigen Rentenversicherungsträger erbracht werden (§ 187a SGB VI) (vgl. Rz. 158 ff.).

IV. Renten wegen Alters

37 Als Renten wegen Alters werden gewährt:
- die Regelaltersrente,
- die Altersrente für langjährig Versicherte,

- die Altersrente für besonders langjährig Versicherte,
- die Altersrente für schwerbehinderte Menschen,
- die Altersrente wegen Arbeitslosigkeit oder nach Altersteilzeitarbeit sowie
- die Altersrente für Frauen.

Diese Rentenarten laufen teilweise aus, zT gibt es nicht leicht verständliche Vertrauensschutz- und Übergangsregelungen. Ein **Wechsel** zwischen den unterschiedlichen Renten wegen Alters ist nicht möglich (§ 34 Abs. 4 Nr. 3 SGB VI). Ebenso ist ein Wechsel von einer Rente wegen Alters in eine Rente wegen verminderter Erwerbsfähigkeit oder Erziehungsrente ausgeschlossen (§ 34 Abs. 4 Nr. 1 und Nr. 2 SGB VI). Nach dem Wegfall einer Rente wegen Alters, zB wegen Überschreitens der Hinzuverdienstgrenze, kann eine andere Rente wegen Alters, eine Rente wegen verminderter Erwerbsfähigkeit oder eine Erziehungsrente in Anspruch genommen werden, da es sich hierbei nicht um einen Wechsel der Rente handelt[1]. 38

1. Regelaltersrente

a) Rechtsgrundlage

Die Regelaltersrente ist in § 35 SGB VI normiert. Versicherte haben Anspruch auf Regelaltersrente, wenn sie die Regelaltersgrenze (Vollendung des 67. Lebensjahres) erreicht und die allgemeine Wartezeit erfüllt haben. 39

b) Voraussetzungen

aa) Vollendung des 67. Lebensjahres

Für die **Berechnung des genauen Zeitpunktes** gelten die §§ 187 Abs. 2, 188 Abs. 2 BGB, die über § 26 Abs. 1 SGB X Anwendung finden[2]. 40

Ist der Beginn eines Tages der für den Anfang einer **Frist** maßgebende Zeitpunkt, so wird nach § 187 Abs. 2 BGB dieser Tag bei der Berechnung der Frist mitgerechnet. Entsprechendes gilt vom Tage der Geburt bei der Berechnung des Lebensalters. Die Frist endet im Fall des § 187 Abs. 2 BGB mit dem Ablauf des Tages, welcher dem Tag vorangeht, der durch seine Zahl dem Anfangstag der Frist entspricht (§ 188 Abs. 2 BGB). Das bedeutet, dass die Vollendung eines Lebensjahres auf den Tag vor dem Geburtstag zu datieren ist. 41

Beispiel:
Ein Arbeitnehmer, der am 1.2.1964 geboren ist, vollendet sein 67. Lebensjahr bereits am 31.1. 2031 und erhält – sofern die Voraussetzungen im Übrigen vorliegen – ab dem 1.2.2031 die Regelaltersrente nach § 35 SGB VI.

Die Altersgrenze des § 35 Nr. 1 SGB VI von 67 Jahren ist nur eine **Mindestaltersgrenze**. Der Arbeitnehmer ist nicht gehindert, den Rentenantrag erst später zu stellen[3]. 42

Beispiel:
Ein Arbeitnehmer ist bis zu seinem 63. Lebensjahr selbständig tätig. Anschließend arbeitet er als Arbeitnehmer. Mit Vollendung des 67. Lebensjahres hat er die allgemeine Wartezeit noch nicht erfüllt, kann aber den Rentenantrag später stellen, um über sein 67. Lebensjahr hinaus Beiträge zu zahlen, und damit zur Erfüllung der Wartezeit beitragen.

---

1 Vgl. Änderungsantrag der Fraktion der SPD und Bündnis 90/Die Grünen zum Entwurf eines Gesetzes zur Sicherung der nachhaltigen Finanzierungsgrundlagen der gesetzlichen Rentenversicherung (RV-Nachhaltigkeitsgesetz), BT-Drucks. 15/2149.
2 Vgl. KassKomm/*Gürtner*, § 35 SGB VI Rz. 4.
3 Vgl. *Kreikebohm/Dankelmann*, SGB VI, § 35 Rz. 8; *Igl/Welti*, Sozialrecht, § 34 Rz. 49.

bb) Wartezeit

43 Die **allgemeine Wartezeit** gem. § 35 Nr. 2 SGB VI beträgt **fünf Jahre** (§ 50 Abs. 1 SGB VI). Auf die allgemeine Wartezeit von fünf Jahren werden **Beitragszeiten** und **Ersatzzeiten** angerechnet (§ 51 Abs. 1 und 4 SGB VI).

(1) Beitragszeiten

44 Beitragszeiten sind Zeiten, für die **Pflichtbeiträge** oder **freiwillige Beiträge** zur Rentenversicherung gezahlt sind oder als gezahlt gelten (§ 55 SGB VI). Solche Beitragszeiten sind bspw.:

(a) Arbeitsverhältnis

45 Der „klassische" Fall, in dem Pflichtbeiträge gezahlt werden, sind diejenigen Zeiten, in denen wegen Versicherungspflicht (zB im Arbeitsverhältnis, § 1 Satz 1 Nr. 1 SGB VI) Beiträge von den versicherungspflichtigen Einnahmen (§§ 161 ff. SGB VI) entrichtet worden sind.

Beispiel:

Ein Arbeitnehmer, der mindestens fünf Jahre in einer beitragspflichtigen Beschäftigung tätig war, hat die allgemeine Wartezeit erfüllt.

(b) Kindererziehungszeiten

46 Kindererziehungszeiten sind Pflichtbeitragszeiten, für die die Beiträge als gezahlt gelten oder seit dem 1.6.1999 vom Bund an die Rentenversicherung tatsächlich gezahlt werden (vgl. § 177 SGB VI). Für Geburten ab dem 1.1.1992 werden der oder dem Erziehenden die ersten drei Jahre nach der Geburt des Kindes als Kindererziehungszeit angerechnet (§ 56 Abs. 1 SGB VI). Für Geburten vor dem 1.1.1992 konnte bislang ein Jahr Kindererziehungszeit berücksichtigt werden. Durch das RV-Leistungsverbesserungsgesetz vom 23.6.2014[1] wurde nunmehr eingeführt, dass vom 1.7.2014 an für alle Mütter und Väter, deren Kinder vor 1992 geboren wurden, ein weiteres Jahr mit Kindererziehungszeiten angerechnet wird (§ 249 Abs. 1 SGB VI). Damit sind jeweils die ersten 36 bzw. 24 Kalendermonate nach dem Geburtsmonat als Pflichtbeitrag belegt (§§ 56 Abs. 5 Satz 1, 249 Abs. 1 SGB VI).

Beispiel:

Eine Arbeitnehmerin hat nach drei Jahren beitragspflichtiger Beschäftigung ein Kind bekommen und nach der Entbindung, welche im Jahre 2000 erfolgte, drei Jahre Elternzeit genommen. Die Zeiten der Elternzeit werden als Kindererziehungszeit nach § 56 SGB VI auf die allgemeine Wartezeit angerechnet, so dass die Arbeitnehmerin insgesamt mit ihrer beitragspflichtigen Beschäftigung und der Kindererziehungszeit die allgemeine Wartezeit erfüllt.

47 Bei **Mehrlingsgeburten** wird die Zeit doppelt (oder auch dreifach oder mehrfach, abhängig von der Anzahl der Kinder) berücksichtigt (§ 56 Abs. 5 Satz 2 SGB VI). Liegen Kindererziehungszeiten neben Beitragszeiten (weil bspw. die Arbeitnehmerin/der Arbeitnehmer während der Elternzeit eine – zulässige – beitragspflichtige Teilzeitbeschäftigung ausübt (vgl. § 15 Abs. 4 BEEG), werden die Kindererziehungszeiten zusätzlich bis zum Erreichen des Höchstwertes nach Anlage 2b zum SGB VI berücksichtigt (§ 70 Abs. 2 Satz 2 SGB VI)[2].

---

1 BGBl. I 2014, 787 ff.
2 Vgl. *Schulin*, Rentenversicherungsrecht, § 30 Rz. 90b.

(c) Geringfügig Beschäftigte

48 Eine geringfügige Beschäftigung oder Tätigkeit liegt vor, wenn das Arbeitsentgelt die festgeschriebene **Entgeltgrenze** von monatlich 450 Euro regelmäßig nicht übersteigt (§ 8 Abs. 1 Nr. 1 SGB IV)[1]. Als geringfügig gelten auch die sog. **kurzfristigen Beschäftigungen**, die innerhalb eines Kalenderjahres seit dem Beginn auf längstens zwei Monate oder 50 Arbeitstage nach ihrer Eigenart begrenzt zu sein pflegen oder im Voraus vertraglich begrenzt sind (§ 8 Abs. 1 Nr. 2 SGB IV). Bei solchen Beschäftigungen ist es unerheblich, wie hoch der Verdienst ist. Dies gilt jedoch nicht für eine geringfügige Beschäftigung, die **berufsmäßig** ausgeübt wird. In derartigen Fällen ist die Entgeltgrenze von 450 Euro einzuhalten.

49 Die Regelung von § 8 SGB IV gilt auch bei einer ausschließlichen Beschäftigung in Privathaushalten (§ 8a Satz 1 SGB IV). Eine geringfügige Beschäftigung im **Privathaushalt** liegt vor, wenn diese durch einen privaten Haushalt begründet ist und die Tätigkeit sonst gewöhnlich durch Mitglieder des privaten Haushaltes erledigt wird.

50 Besonderheiten gelten für Arbeitnehmer, deren Arbeitsentgelt aus einer Beschäftigung 450 Euro übersteigt (also ab 450,01 Euro) und 850 Euro nicht überschreitet, sog. **Gleitzone** (§ 20 Abs. 2 SGB IV).

51 Geringfügig Beschäftigte waren grundsätzlich bis zum 31.12.2012 versicherungsfrei (vgl. § 5 Abs. 2 Nr. 1 SGB VI aF). Nunmehr gilt im Rahmen der Gesetzesänderung zum 1.1.2013[2] Folgendes: Versicherungsfrei bleiben kurzfristig Beschäftigte gem. § 8 Abs. 1 Nr. 2 SGB IV (vgl. § 5 Abs. 2 Nr. 1 SGB VI). Geringfügig entlohnte Beschäftigte gem. § 8 Abs. 1 Nr. 1 SGB IV werden zukünftig in die **Versicherungspflicht der gesetzlichen Rentenversicherung** einbezogen (vgl. die Übergangsregelungen in §§ 229 ff. SGB VI). Gem. § 6 Abs. 1b SGB VI besteht für derartig geringfügig Beschäftigte die Möglichkeit, sich auf Antrag von der Versicherungspflicht befreien zu lassen. Im Falle der Befreiung bleibt es bei der Abführung eines Pauschalbetrages iHv. 15 % durch den Arbeitgeber (§ 172 Abs. 3 Satz 1 SGB VI) bzw. für Beschäftigte in Privathaushalten (§ 8a Satz 1 SGB IV) iHv. 5 % (§ 172 Abs. 3a SGB VI). Bei Beschäftigten im Rahmen der Gleitzone findet auch in Zukunft ein gleitender Anstieg des Rentenbeitrages statt, und zwar gemäß der gesetzlich in § 163 Abs. 10 SGB VI definierten Formel. Vereinfachend: Je höher der erzielte Verdienst aus der Beschäftigung im Rahmen der Gleitzone ist, umso höher sind die Beiträge zur Rentenversicherung. Die Höhe der Beiträge im Einzelnen ist damit abhängig vom erzielten Verdienst. Beschäftigungsverhältnisse im Rahmen der Gleitzone sind und bleiben versicherungspflichtig. Der Arbeitnehmer erwirbt somit bei der Beschäftigung in der **Gleitzone Pflichtbeitragszeiten**.

52 Das Regel-Ausnahme-Verhältnis von geringfügig Beschäftigten iSd. § 8 Abs. 1 Nr. 1 SGB IV wird letztendlich zukünftig umgekehrt. Die Versicherungspflicht in der Rentenversicherung wird zur Regel. Geringfügig Beschäftigte können dem Arbeitgeber einen schriftlichen **Befreiungsantrag** übergeben (§ 6 Abs. 1b Satz 2 SGB VI). Der Zeitpunkt der Befreiung rechnet sich grundsätzlich vom Vorliegen der Befreiungsvoraussetzungen an; die Einzelheiten sind in § 6 Abs. 4 SGB VI geregelt. Bei mehreren geringfügigen Beschäftigungen kann der Befreiungsantrag nur einheitlich gestellt werden und ist für die Dauer der Beschäftigungen bindend (§ 6 Abs. 1b Satz 4 SGB VI). Beantragt der geringfügig beschäftigte Arbeitnehmer keine Befreiung von der Versicherungspflicht, zahlt er im Falle einer geringfügig entlohnten Beschäftigung iSd. § 8 Abs. 1 Nr. 1 SGB IV zusätzlich zu dem Pauschalbetrag des Arbeitgebers iHv. 15 % (§ 172 Abs. 3 Satz 1 SGB VI) bzw. 5 % im Falle einer geringfügigen Beschäftigung iSd. § 8a Satz 1 SGB IV (§ 172 Abs. 3a SGB VI) die Differenz zu dem vollen Beitragssatz (§ 168 Abs. 1 Nr. 1b bzw. 1c SGB VI, jeweils letzter Halbs.). Die Beiträge

---
1 Gesetzesänderung zum 1.1.2013 durch Art. 1 des Gesetzes v. 5.12.2012 (BGBl. I, 2474).
2 BGBl. I 2012, 2474.

müssen jedoch so aufgestockt werden, dass sie einem Verdienst von mindestens 175 Euro entsprechen (§ 163 Abs. 8 SGB VI).

Beispiel:

Ein geringfügig Beschäftigter mit einem monatlichen Verdienst von 450 Euro muss bei einem vollen Beitragssatz von 18,9 % zusätzlich zu dem Pauschalbetrag des Arbeitgebers von 15 % noch 3,9 % vom versicherungspflichtigen Einkommen hinzuzahlen. Das bedeutet: Der Arbeitgeber hat zusätzlich zu der Vergütung von 450 Euro 67,50 Euro als Pauschalbetrag (15 % von 450 Euro) dem Versicherungsträger zu zahlen. Diesen Betrag hat der geringfügig Beschäftigte um 17,55 Euro aufzustocken (voller Beitragssatz 18,9 % abzüglich Pauschalbetrag des Arbeitgebers von 15 % ergibt 3,9 % von 450 Euro).

Zum Vergleich:

Stellt der Arbeitnehmer einen Antrag auf Befreiung von der Rentenversicherungspflicht und dringt damit durch, bleibt es bei dem vom Arbeitgeber zu leistenden Pauschalbetrag iHv. 15 % des Entgeltes aus einer hypothetischen versicherungspflichtigen Dauerbeschäftigung. Aus diesem Beitrag wird gem. § 76b SGB VI ein Zuschlag ermittelt, der die spätere Rente erhöht und aus dem sich gem. § 52 Abs. 2 SGB VI die anrechnungsfähigen Wartezeitmonate für die geringfügige versicherungsfreie Beschäftigung ergeben.

Diese Wartezeitmonate sind weder Pflicht- noch freiwillige Beiträge, sie haben allein Bedeutung für die Erfüllung der Wartezeiten. Ihre Anrechnung erfolgt daher auch nur insoweit, als die Kalendermonate der geringfügigen Beschäftigung nicht bereits aufgrund anderer rentenrechtlicher Zeiten auf die entsprechende Wartezeit anzurechnen sind. Vereinfachend bedeutet das: Die Beiträge zählen zwar mit bei den Wartezeiten, also den Mindestversicherungszeiten, die Voraussetzungen für jede Rente sind. Dies allerdings nur in einem zeitlich reduzierten Umfang. Die Monate sind aber keine vollwertigen Pflichtbeiträge und verhelfen weder zu einer Anwartschaft auf Rente wegen Erwerbsminderung noch zu einer Leistung zur medizinischen Rehabilitation[1]. Bei der Berechnung des Zuschlages wird allerdings mindernd berücksichtigt, dass die Beiträge nur nach einem Beitragssatz von 15 % (und nicht nach dem Beitragssatz von im Jahre 2014 geltenden 18,9 %) gezahlt worden sind.

Auch die Beschäftigten in der Gleitzone haben die Möglichkeit, den Rentenbeitrag aufzustocken, wenn sie dies schriftlich gegenüber dem Arbeitgeber erklären (§ 163 Abs. 10 Satz 6 SGB VI), wobei die Erklärung nur für die Zukunft und bei mehreren Beschäftigungen nur einheitlich abgegeben werden kann und für die Dauer der Beschäftigung bindend ist (§ 163 Abs. 10 Satz 7 SGB VI). Beitragspflichtige Einnahme ist dann nicht der sich aus der Formel des § 163 Abs. 10 Satz 1 SGB VI ergebende geminderte Betrag, sondern das gesamte erzielte Arbeitsentgelt aus der versicherungspflichtigen Beschäftigung. Die dementsprechend zu zahlenden höheren Beiträge tragen die Arbeitnehmer, erwerben damit aber auch eine entsprechend höhere Rentensteigerung als geringfügig Beschäftigte.

(d) Sonstige Pflichtbeitragszeiten und gleichgestellte Zeiten[2]

53 Zu den Pflichtbeitragszeiten gehören u.a. auch **Wehr-** und **Zivildienstzeiten** (§ 3 Satz 1 Nr. 2 SGB VI) und Zeiten mit **Sozialleistungsbezug**[3] (§ 3 Satz 1 Nr. 3 SGB VI). Zeiten mit Bezug von Kranken- und Verletztengeld sind bereits seit Januar 1984 Pflichtbeitragszeiten, wenn dem Versicherten vom Kranken- oder Verletztengeld Beitragsanteile abgezogen wurden und ein Leistungsträger die Beiträge mitgetragen hat (§ 247 Abs. 1 SGB VI).

54 Anrechnungsfähige Zeiten können sich aus einem **Versorgungsausgleich** und einer versicherungsfreien **geringfügigen Beschäftigung** ergeben (§ 52 SGB VI). Ferner gilt die allgemeine Wartezeit nach § 50 Abs. 1 Satz 2 Nr. 1 SGB VI auch dann als erfüllt, wenn der Versicherte bis zur Vollendung des 67. Lebensjahres eine Rente wegen ver-

---

1 Vgl. KassKomm/*Gürtner*, § 52 SGB VI Rz. 9.
2 Vgl. ausführlich *Schulin*, Rentenversicherungsrecht, § 29 Rz. 1 ff. und § 30 Rz. 1 ff. mwN.
3 Unter der Voraussetzung, dass im letzten Jahr vor dem Beginn der Sozialleistung zuletzt Versicherungspflicht, zB aufgrund einer Beschäftigung, bestand.

minderter Erwerbsfähigkeit oder eine Erziehungsrente bezogen hat. Unter den Voraussetzungen des § 53 SGB VI kann die allgemeine Wartezeit vorzeitig erfüllt sein (bspw. im Falle eines Arbeitsunfalles).

Die allgemeine Wartezeit kann ferner durch Beitragszeiten im Beitrittsgebiet und im Saarland erfüllt sein (§ 248 SGB VI). Ferner gibt es eine Reihe von Sonderregelungen betreffend Beitragszeiten aufgrund von **Reichsversicherungsgesetzen** oder nach dem **Fremdrentengesetz**, auf die an dieser Stelle nur hingewiesen werden kann[1]. 55

Die Aufzählung ist nicht abschließend. Anhand des **Versicherungsverlaufes** und der **Biographie** muss im Einzelfall geprüft werden, ob sonstige Sonderbestimmungen in Betracht kommen. 56

(2) Ersatzzeiten

Ersatzzeiten sind Zeiten nach vollendetem 14. Lebensjahr, in denen der Versicherte durch außergewöhnliche Umstände keine Beiträge leisten konnte (§§ 250, 251 SGB VI). Zu den Ersatzzeiten zählen zB folgende Zeiten: 57
- **Kriegsdienst** im Zweiten Weltkrieg, **Kriegsgefangenschaft** und **Reichsarbeitsdienst**;
- **Internierung, Verschleppung** und Festgehaltenwerden von Deutschen (insbesondere in der früheren UdSSR);
- **Freiheitsentzug** im Gebiet der ehemaligen DDR in der Zeit vom 8.5.1945 bis 30.6.1990, soweit der Versicherte rehabilitiert oder das Strafurteil aufgehoben worden ist.

Zum Teil zählen auch an diese Zeiten anschließende Krankheits- und Arbeitslosigkeitszeiten als Ersatzzeiten. Ersatzzeiten sind auf Zeiten bis zum 31.12.1991 begrenzt. Sie zählen bei allen Rentenfällen ohne weitere Voraussetzungen sowohl bei der Wartezeit als auch bei der Rentenberechnung mit[2]. 58

c) Beginn

Nach § 99 Abs. 1 SGB VI wird die Regelaltersrente vom Ersten des Kalendermonates an geleistet, zu dessen **Beginn** die Anspruchsvoraussetzungen (67. Lebensjahr, allgemeine Wartezeit[3]) erfüllt sind, wenn der Antrag bis zum Ende des dritten Kalendermonates nach Ablauf des Monates gestellt wurde, in dem die Anspruchsvoraussetzungen erfüllt sind. Bei späterer **Antragstellung** wird sie erst vom Ersten des Kalendermonates an geleistet, in dem sie beantragt wurde. 59

Beispiel:
Eine Arbeitnehmerin ist am 17.3.1964 geboren. Sie hat sieben Jahre Beitragszeiten zurückgelegt. Am 5.5.2031 beantragt sie Regelaltersrente. Die Anspruchsvoraussetzungen für die Regelaltersrente (Wartezeit von mindestens fünf Jahren und 67. Lebensjahr) sind bereits am 16.3.2031 erfüllt (= Tag der Vollendung des 67. Lebensjahres). Die Rente wird aber erst ab dem 1.4.2031 gezahlt, weil das der Monat ist, zu dessen Beginn erstmals alle Voraussetzungen vorliegen. Die Rente wird aber nur dann ab dem 1.4.2031 gezahlt, wenn der Rentenantrag innerhalb von drei vollen Kalendermonaten nach dem 16.3.2031, also bis spätestens 30.6.2031, gestellt wird. Bei späterer Antragstellung, zB am 6.7.2031, würde die Rente erst ab dem Antragsmonat Juli gezahlt.

Dies gilt grundsätzlich auch für die am Ersten eines Monates geborenen Versicherten, insoweit gelten aber Besonderheiten. Sie beenden am Tag vor dem Geburtstag das 65. Lebensjahr und haben am Ersten des Folgemonates, also dem Geburtstag, bei Vor- 60

---
1 Vgl. im Einzelnen *Schulin*, Rentenversicherungsrecht, § 30 Rz. 47 ff. und 78 ff.
2 Vgl. KassKomm/*Gürtner*, § 250 SGB VI Rz. 5.
3 Vgl. § 235 SGB VI, Übergangsregelung für bestimmte Jahrgänge, bei denen die Regelaltersgrenze noch die Vollendung des 65. Lebensjahres ist.

liegen der Voraussetzungen im Übrigen und rechtzeitiger Antragstellung, Anspruch auf Zahlung der Altersrente.

Beispiel:

Eine am 1.3.1964 geborene Arbeitnehmerin vollendet ihr 67. Lebensjahr am 28.2.2031. Sie kann daher, wenn alle weiteren Voraussetzungen erfüllt sind, bereits ab dem 1.3.2031 ihre Regelaltersrente beanspruchen.

61 ⊃ **Hinweis:** Dies ist auch bei der Anwendung der Tabellen zum SGB VI zu beachten. Bei am Ersten eines Monats geborenen Versicherten ist darauf zu achten, dass der Tabellenwert des Vormonats des eigentlichen Geburtsjahrganges angewendet wird.

62 Einstweilen frei.

d) Übergangsregelung

63 § 235 SGB VI enthält wegen der Anhebung der Regelaltersgrenze von 65 auf die Vollendung des 67. Lebensjahres eine Übergangsregelung. Danach gilt, dass es für Versicherte, die vor dem 1.1.1947 geboren sind, bei der Regelaltersrente mit Vollendung des 65. Lebensjahres verbleibt. Für die nach dem 31.12.1946, also ab dem 1.1.1947 bis zum 31.12.1963 geborenen Versicherten wird die Altersgrenze stufenweise auf das Alter 67 angehoben. Für Versicherte, die nach dem 1.1.1964 geboren sind, gilt sodann die Regelaltersgrenze von 67 Jahren. Die Anhebung lässt sich tabellarisch wie folgt darstellen (vgl. § 235 Abs. 2 Satz 2 SGB VI):

Anhebung der Altersgrenze für die Regelaltersgrenze					
Geburtsjahrgang	Erhöhung	Betroffene Monate		Rentenbeginn	
	Monate		Jahr	Jahre	Monate
Vor 1947	0			65	0
1947	1	01–12	1947	65	1
1948	2	01–12	1948	65	2
1949	3	01–12	1949	65	3
1950	4	01–12	1950	65	4
1951	5	01–12	1951	65	5
1952	6	01–12	1952	65	6
1953	7	01–12	1953	65	7
1954	8	01–12	1954	65	8
1955	9	01–12	1955	65	9
1956	10	01–12	1956	65	10
1957	11	01–12	1957	65	11
1958	12	01–12	1958	66	0
1959	14	01–12	1959	66	2
1960	16	01–12	1960	66	4
1961	18	01–12	1961	66	6
1962	20	01–12	1962	66	8
1963	22	01–12	1963	66	10
1964	24	01–12	1964	67	0

IV. Renten wegen Alters

Die Anhebung der Regelaltersgrenze wird damit ab dem Jahr 2012 für die Jahrgänge ab 1947 relevant. Für die ab dem 1.1.1964 geborenen Versicherten greift die neue Regelaltersgrenze von 67 Jahren, diese Jahrgänge können erstmals Regelaltersrente in Anspruch nehmen ab dem 1.2.2031 (s. die tabellarische Darstellung bei Rz. 85).

Die Regelaltersgrenze wird aufgrund besonderen **Vertrauensschutzes** nicht angehoben für Versicherte, die vor dem 1.1.1955 geboren sind und bereits vor dem 1.1.2007 mit dem Arbeitgeber Altersteilzeit verbindlich vereinbart haben. Eine besondere Vertrauensschutzregelung gibt es auch für Versicherte, die Anpassungsgeld für entlassene Arbeitnehmer des Bergbaus bezogen haben. Für die Versicherten mit diesem besonderen Vertrauensschutz bleibt es bei der Regelaltersrente von 65 Jahren. 64

e) Arbeitsrechtliche Verknüpfung

Die Bedeutung der Regelaltersrente für den anwaltlichen Berater ist relativ gering. Scheidet ein Arbeitnehmer mit der Möglichkeit des nahtlosen Bezuges von Regelaltersrente aus dem Arbeitsverhältnis aus, gilt es darauf zu achten, dass eine **rechtzeitige Antragstellung** erfolgt, damit der sofortige Bezug der Regelaltersrente nach Beendigung des Arbeitsverhältnisses gewährleistet ist. Darüber hinaus ist darauf zu achten, dass es nicht zu einem Ausscheiden aus dem Arbeitsverhältnis vor Erfüllung der allgemeinen Wartezeit kommt. 64a

2. Altersrente für langjährig Versicherte

Langjährig Versicherte haben ebenfalls Anspruch auf eine Altersrente. Die vorzeitige Inanspruchnahme der Altersrente für langjährig Versicherte[1] ist mit **Rentenkürzungen** verbunden. Für den anwaltlichen Berater gilt es, zahlreiche Sonder- und Übergangsregelungen zu beachten. 65

a) Rechtsgrundlage

Die Altersrente für langjährig Versicherte ist geregelt in § 36 SGB VI. Auf diese haben Versicherte Anspruch, wenn sie das 67. Lebensjahr vollendet und die Wartezeit von 35 Jahren erfüllt haben. 66

In dieser Fassung gilt § 36 SGB VI seit dem 1.1.2008. **Übergangsregelungen** unter dem Gesichtspunkt des Vertrauensschutzes enthält § 236 SGB VI. 67

Der Gesetzgeber hat durch das RV-Altersgrenzenanpassungsgesetz vom 30.4.2007[2] die Rechtslage bei der Altersrente für langjährig Versicherte insoweit vollkommen geändert, als dass die frühere Übergangsregelung, die eine Absenkung der Altersgrenze für die vorzeitige Inanspruchnahme bei entsprechender Rentenkürzung vorsah, gestrichen wurde[3]. Der Gesetzgeber wollte dadurch erreichen, dass die Altersrente für langjährig Versicherte mit der Anhebung der Altersgrenze für die Regelaltersrente homogen läuft. In Hinblick auf die Arbeitnehmer, die auf die nunmehr gestrichene Rechtslage Dispositionen getroffen haben, wurden besondere Vertrauensschutzregelungen getroffen. Die früheren Übergangsregelungen für die Jahrgänge vor 1937 bis einschließlich Dezember 1938 sind durch Zeitablauf gegenstandslos[4] und konsequenterweise gestrichen worden. 68

---

1 Vgl. auch *Schrader/Straube*, Die Altersrente für (besonders) langjährig Versicherte, ZFSH/SGB 2007, 707 ff.
2 BGBl. I. 2007, 554 ff.
3 Vgl. zur früheren Übergangsregelung ausführlich 4. Aufl., Teil 7 C Rz. 72 ff.
4 Vgl. 4. Aufl., Teil 7 C Rz. 72.

b) Voraussetzungen

aa) Vollendung eines bestimmten Lebensalters

69 Grundvoraussetzung ist zunächst die Vollendung des 67. Lebensjahres, die vorzeitige Inanspruchnahme ist nach Vollendung des 63. Lebensjahres möglich. Zu beachten sind die Übergangsregelung und die sich daraus ergebenden unterschiedlichen Altersgrenzen, bis die endgültigen Stufen (Vollendung des 67. Lebensjahres bzw. vorzeitige Inanspruchnahme bei Vollendung des 63. Lebensjahres) erreicht sind. Die Berechnung des Alters folgt entsprechend den bei der Regelaltersrente (vgl. Rz. 40 ff.) bereits dargelegten Grundsätzen.

bb) Wartezeit

70 Der Versicherte muss eine Wartezeit von 35 Jahren erfüllt haben. Für die Erfüllung dieser Wartezeit werden grundsätzlich alle zurückgelegten rentenrechtlichen Zeiten berücksichtigt (§ 51 Abs. 3 SGB VI iVm. § 54 SGB VI)[1]. Zunächst zählen hierzu somit die Beitrags- (vgl. Rz. 44 ff.) und Ersatzzeiten (vgl. Rz. 57 f.). Berücksichtigt werden aber auch Anrechnungs- und Berücksichtigungszeiten.

(1) Anrechnungszeiten

71 Anrechnungszeiten sind Zeiten, in denen der Versicherte aus bestimmten persönlichen Gründen keine Beiträge zahlen kann (§§ 58, 252–253 SGB VI). Anrechnungszeiten dienen grundsätzlich demselben Zweck wie die Ersatzzeiten: Der einzelne Versicherte soll in seiner Versicherungsbiographie und damit letztendlich auch bei seiner sozialen Sicherung nicht dadurch benachteiligt werden, dass er durch bestimmte – in den vorgenannten Normen näher beschriebene und festgelegte – Umstände unverschuldet an der Zahlung von Pflichtbeiträgen zur gesetzlichen Rentenversicherung gehindert war[2].

72 Die zum **Beitragsausfall** führenden Gründe sind – wie bei den Ersatzzeiten auch – nicht vom Versicherten zu vertreten. Allerdings ist ihre Ursache nicht in äußeren historischen Umständen (Sonderleistungen und Sonderopfer für die Allgemeinheit wie zB Kriegsdienst und Vertreibung), sondern regelmäßig im persönlichen Bereich (zB Ausbildung, Arbeitsunfähigkeit und Arbeitslosigkeit) zu suchen[3]. Zu den Anrechnungszeiten zählen u.a. folgende Zeiten:

– **Krankheit** (Arbeitsunfähigkeit), Leistungen zur **Rehabilitation** (medizinische Heilbehandlung oder Berufsförderung) – außer bei Entgeltfortzahlung –, wenn dadurch eine versicherte Beschäftigung, selbständige Tätigkeit oder ein versicherter Wehr- oder Zivildienst unterbrochen wird;

– **Krankheit** nach dem vollendeten 17. und vor dem vollendeten 25. Lebensjahr, wenn sie mindestens einen Kalendermonat umfasst und nicht bereits mit anderen rentenrechtlichen Zeiten belegt ist;

– **Mutterschutzfristen**, wenn dadurch eine versicherte Beschäftigung, selbständige Tätigkeit oder ein versicherter Wehr- oder Zivildienst unterbrochen wird;

– **Arbeitslosigkeit**, wenn dadurch eine versicherte Beschäftigung, selbständige Tätigkeit oder ein versicherter Wehr- oder Zivildienst unterbrochen wird;

---

1 Zu den berücksichtigungsfähigen Zeiten im Einzelnen vgl. *Gitter/Schmitt*, § 25 Rz. 1–12 mwN.
2 Vgl. BSG 15.6.1976 – 11 Ra 98/75, BSGE 42, 86; 9.12.1975 – Gs 1/75, BSGE 41, 41; 27.4.1973 – 5 RKn 49/71, SozR Nr. 55 zu § 1259 RVO.
3 Vgl. *Schulin*, Rentenversicherungsrecht, § 30 Rz. 185.

IV. Renten wegen Alters

- Zeiten der **Meldung beim Arbeitsamt als Ausbildungssuchender** von mindestens einem Kalendermonat, soweit die Zeiten nicht mit anderen rentenrechtlichen Zeiten belegt sind, wenn dadurch eine versicherte Beschäftigung, selbständige Tätigkeit oder ein versicherter Wehr- oder Zivildienst unterbrochen wird;
- ab dem 17. Lebensjahr: Zeiten einer **schulischen Ausbildung** bis zu acht Jahren;
- **Rentenbezugszeiten** vor dem 55. Lebensjahr bzw. die in einer früheren/bisherigen Rente enthaltene Zurechnungszeit[1].

Einer Unterbrechung bedarf es bei einem Rentenbeginn ab 1.1.2002 nicht beim Vorliegen von Zeiten nach Vollendung des 17. und vor Vollendung des 25. Lebensjahres (§ 58 Abs. 2 Satz 1 SGB VI).

Beispiel:

Ein Arbeitnehmer hat nach Vollendung des 17. Lebensjahres eine Schul- und Hochschulausbildung von zwölf Jahren getätigt. Von diesen zwölf Jahren werden nach § 58 Abs. 1 Nr. 4 SGB VI acht Jahre als Anrechnungszeit auf die Wartezeit angerechnet.

(2) Berücksichtigungszeiten

Berücksichtigungszeiten sind Zeiten der **Kindererziehung** und der nicht erwerbsmäßigen **häuslichen Pflege** eines Pflegebedürftigen (§§ 57, 249, 249a und 249b SGB VI). Durch diese Regelungen sollen familienbezogene Elemente in der Rentenversicherung ausgebaut und die Versicherungsbedingungen ehrenamtlicher Pflegepersonen verbessert werden.

Als Berücksichtigungszeit wegen **Kindererziehung** zählt die Zeit vom Tag der Geburt bis zur Vollendung des 10. Lebensjahres eines Kindes. Bei gleichzeitiger Erziehung mehrerer Kinder unter 10 Jahren endet die Berücksichtigungszeit 10 Jahre nach der Geburt des jüngsten Kindes. Als Berücksichtigungszeit wegen Pflege wurde auf Antrag die in der Zeit vom 1.1.1992 bis zum 31.3.1995 erbrachte Zeit der nicht erwerbsmäßigen häuslichen Pflege eines erheblich Pflegebedürftigen angerechnet (§ 249b SGB VI). Seit dem 1.4.1995 erwerben die nicht erwerbsmäßigen Pflegepersonen grundsätzlich Pflichtbeitragszeiten in der gesetzlichen Rentenversicherung (§ 3 Satz 1 Nr. 1a SGB VI). Hierdurch sollen Nachteile abgemildert werden, die sich sonst durch die Lücken in der Erwerbsbiographie wegen Kindererziehung und ehrenamtlicher Pflege ergeben.

Eine Berücksichtigungszeit wegen Kindererziehung kann neben einer mehr als geringfügigen **selbständigen Tätigkeit** nur dann angerechnet werden, wenn für die selbständige Tätigkeit Pflichtbeiträge gezahlt worden sind (§ 57 Satz 2 SGB VI).

Berücksichtigungszeiten allein begründen grundsätzlich weder einen Rentenanspruch noch erhöhen sie direkt die Rente. Nur im Zusammenhang mit sonstigen Regelungen machen sie sich positiv bemerkbar, zB

---

1 Die Zurechnungszeit gleicht die nur geringere Versicherungsdauer bei denjenigen aus, die bereits in jungen Jahren in ihrer Erwerbsfähigkeit gemindert sind. Eine Zurechnungszeit enthalten die Rente wegen verminderter Erwerbsfähigkeit, die Erziehungsrente sowie die Hinterbliebenenrente. Sie beginnt bei Renten wegen verminderter Erwerbsfähigkeit mit dem Eintritt der Erwerbsminderung (bei Erziehungsrenten mit dem Rentenbeginn) bzw. bei Hinterbliebenenrenten mit dem Todestag. Für Rentenzugänge bis zum 30.6.2014 endet die Zurechnungszeit mit der Vollendung des 60. Lebensjahres. Durch das RV-Leistungsverbesserungsgesetz vom 23.6.2014 wurde die Zurechnungszeit bei Rentenneuzugängen ab dem 1.7.2014 um zwei Jahre verlängert. Für Rentenneuzugänge ab dem 1.7.2014 endet sie damit mit dem 62. Lebensjahr (§ 59 Abs. 2 Satz 2 SGB VI). Dh., Erwerbsgeminderte werden so gestellt, als ob sie mit ihrem bisherigen durchschnittlichen Einkommen bis zum 62. statt wie bisher bis zum 60. Geburtstag weitergearbeitet hätten.

- können sie die **Anwartschaft** auf eine Rente wegen Erwerbsminderung aufrechterhalten (§ 43 Abs. 4 Nr. 2 SGB VI),
- werden sie auf die **Wartezeit** von 35 Jahren für die Altersrente für langjährig Versicherte angerechnet (§ 51 Abs. 3 SGB VI iVm. § 54 Abs. 1 Nr. 3 SGB VI) und
- können sie sich bei der Bewertung der beitragsfreien Zeiten (Ersatzzeiten, Anrechnungszeiten, Zurechnungszeit) **rentensteigernd** auswirken (§§ 71 Abs. 3, 72, 73 SGB VI).

Beispiel:

Eine Arbeitnehmerin, die nach der Geburt eines Kindes aus dem Arbeitsverhältnis ausscheidet und als nicht Berufstätige sich um die Betreuung ihres Kindes kümmert, erwirbt eine Berücksichtigungszeit von 10 Jahren, die auf die Wartezeit von 35 Versicherungsjahren für die Altersrente für langjährig Versicherte angerechnet wird.

78   Seit dem 1.1.2002 können sich gem. § 70 Abs. 3a SGB VI jedoch weitergehende Vorteile aus der Anerkennung von Berücksichtigungszeiten ergeben. Diese Vorschrift bezieht sich sowohl auf Berücksichtigungszeiten wegen der Erziehung eines Kindes als auch auf Berücksichtigungszeiten wegen **nicht erwerbsmäßiger Pflege** eines pflegebedürftigen Kindes ab dem 1.1.1992. Voraussetzung für die zusätzliche Berücksichtigung von Entgeltpunkten ist, dass mindestens 25 Jahre mit rentenrechtlichen Zeiten (§ 54 SGB VI) belegt sind. Ist das der Fall, erhalten Pflichtbeitragszeiten, die neben einer Berücksichtigungszeit liegen, zusätzliche Entgeltpunkte nach § 70 Abs. 3a Satz 2 lit. a SGB VI. Werden nebeneinander mehrere Kinder erzogen oder gepflegt, für die jeweils eine Berücksichtigungszeit anzuerkennen ist, werden zusätzliche Entgeltpunkte nach § 70 Abs. 3a Satz 2 lit. b SGB VI gutgeschrieben. Die Zeiten, für die Entgeltpunkte gutgeschrieben wurden, gelten gem. § 55 Abs. 1 Satz 3 SGB VI als Beitragszeit und nicht mehr als Berücksichtigungszeit. Sie sind damit nicht nur auf die Wartezeit von 35 Jahren, sondern auf **alle** Wartezeiten, also auch solche, die durch „echte" Beitragszeiten belegt sein müssen, anrechenbar[1].

c) Beginn

79   Für den Rentenbeginn gelten die bei der Regelaltersrente bereits skizzierten Regelungen (vgl. Rz. 59 ff.).

d) Rentenkürzung

80   Die Inanspruchnahme der Altersrente für langjährig Versicherte ist mit einer Rentenkürzung verbunden. Diese beträgt 0,3 % pro Monat des vorzeitigen Rentenbezuges, den der Arbeitnehmer vor der für ihn geltenden Altersgrenze in Rente geht.

Beispiel:

Die Jahrgänge ab 1949 können die Altersrente mit 63 Lebensjahren in Anspruch nehmen, allerdings mit einem Abschlag von 0,3 %, der zwischen dem 63. Lebensjahr und der tatsächlich geltenden Altersgrenze, die stufenweise ansteigt, gilt. Für die Jahrgänge ab 1950 gilt bspw. eine Altersgrenze von 65 Jahren und vier Monaten. Zwischen der Vollendung des 63. Lebensjahres und dieser regulären aufgrund der Übergangsregelung geltenden Altersgrenze liegen 28 Monate. Die Rentenkürzung beträgt somit 28 × 0,3 %, also 8,4 %.

81   Der Kürzungsfaktor ist gesetzlich geregelt in § 77 Abs. 2 SGB VI. Nach der Praxis der Rentenversicherungsträger ist der verminderte Zugangsfaktor für die gesamte Zeit des Rentenbezuges zu berücksichtigen[2]. Das Bundesverfassungsgericht hat die Praxis

---

1   Vgl. hierzu weitergehend KomGRV, § 70 SGB VI Rz. 6.
2   Vgl. *Bauer/Krieger/Arnold*, Arbeitsrechtliche Aufhebungsverträge, H Rz. 150; *Weber/Ehrich/Burmester/Fröhlich*, 4. Aufl., Teil 4 Rz. 398; *Hümmerich*, § 6 Rz. 3.

im Kalenderjahr 2008 bestätigt. Nach dem Bundesverfassungsgericht belastet die dauerhafte Kürzung der Entgeltpunkte die Bezieher einer vorzeitigen Altersrente nicht übermäßig, sie sei verhältnismäßig im engeren Sinn. Der Abschlag sei in seiner Höhe zur Herstellung der Kostenneutralität angemessen, zudem seien der Rentenminderung die Vorteile eines früheren Ruhestandes entgegenzuhalten[1].

e) Anhebung der Altersgrenzen

§ 236 Abs. 1 SGB VI (Altersrente für langjährig Versicherte mit einem bestimmten Alter) regelt die **stufenweise Anhebung** der Altersgrenze vom 63. auf das 67. Lebensjahr für Versicherte, die nach dem 31.12.1948 und vor dem 1.1.1964 geboren sind. Für die Jahrgänge ab dem 1.1.1964 gilt die Altersgrenze von 67 Jahren, bei vorzeitiger Inanspruchnahme die Altersgrenze des 63. Lebensjahres (§ 36 SGB VI). Die Altersrente kann mit Abschlag (0,3 % pro Monat der vorzeitigen Inanspruchnahme) ab dem 63. Lebensjahr in Anspruch genommen werden, so dass sich in der letzten Stufe (Geburtsjahrgang Dezember 1963) ein maximaler Abschlag von 14,4 % ergibt. Für die Geburtsjahrgänge Januar 1949 bis Dezember 1963 verbleibt es bei der Möglichkeit der vorzeitigen Inanspruchnahme der Altersrente mit Vollendung des 63. Lebensjahres bei einem Abschlag von 0,3 % für jeden Monat der vorzeitigen Inanspruchnahme zwischen Vollendung des 63. Lebensjahres und der Altersgrenze.

82

Die Berücksichtigung der Rentenkürzung erfolgt durch die Minderung des **Zugangsfaktors** (§ 77 Abs. 2 SGB VI; zur verfassungsrechtlichen Problematik vgl. Rz. 81 mwN).

83

Mit Vollendung der stufenweisen Anhebung der Altersgrenzen für die Inanspruchnahme der jeweiligen Altersrenten wird es nur noch **vier reguläre Altersgrenzen** geben:

84

– das 67. Lebensjahr für die Regelaltersrente,
– das 65. Lebensjahr für die Altersrente für schwerbehinderte Menschen,
– das 67. Lebensjahr für die Altersrente für langjährig Versicherte mit vorzeitiger Inanspruchnahmemöglichkeit und
– das 65. Lebensjahr für die Altersrente für besonders langjährig Versicherte ohne vorzeitige Inanspruchnahme.

f) Übergangsregelungen

Da die Anhebung der Altersgrenze bzw. die Absenkung des Alters für die Inanspruchnahme der Altersrente für langjährig Versicherte stufenweise erfolgt, gibt es Übergangsregelungen. Tabellarisch lässt sich die **Anhebung der Altersgrenze** bei der Altersrente für langjährig Versicherte **ohne besonderen Vertrauensschutz** unter Einschluss der Rentenminderung wie folgt darstellen:

85

---

1 Vgl. BVerfG 11.11.2008 – 1 BvL 3/05 u.a.

Anhebung der Altersgrenze bei der Altersrente für langjährig Versicherte – ohne besonderen Vertrauensschutz –									
Geburts-datum	Anhe-bung um	Rentenbeginn			Vorzeitige Inanspruchnahme möglich ab				dauerhafte Renten-minderung
		Zeitpunkt		Alter		Zeitpunkt		Alter	
	Monat	Monat	Jahr	Jahre	Monate	Monat	Jahr	Jahre	Monate	in %
1949										
Januar	1	2	2014	65	1	2	2012	63	0	7,5
Februar	2	5	2014	65	2	3	2012	63	0	7,8
März	3	7	2014	65	3	4	2012	63	0	8,1
April	3	8	2014	65	3	5	2012	63	0	8,1
Mai	3	9	2014	65	3	6	2012	63	0	8,1
Juni	3	10	2014	65	3	7	2012	63	0	8,1
Juli	3	11	2014	65	3	8	2012	63	0	8,1
August	3	12	2014	65	3	9	2012	63	0	8,1
September	3	1	2015	65	3	10	2012	63	0	8,1
Oktober	3	2	2015	65	3	11	2012	63	0	8,1
November	3	3	2015	65	3	12	2012	63	0	8,1
Dezember	3	4	2015	65	3	1	2003	63	0	8,1
1950										
Januar	4	6	2015	65	4	2	2013	63	0	8,4
Februar	4	7	2015	65	4	3	2013	63	0	8,4
März	4	8	2015	65	4	4	2013	63	0	8,4
April	4	9	2015	65	4	5	2013	63	0	8,4
Mai	4	10	2015	65	4	6	2013	63	0	8,4
Juni	4	11	2015	65	4	7	2013	63	0	8,4
Juli	4	12	2015	65	4	8	2013	63	0	8,4
August	4	1	2016	65	4	9	2013	63	0	8,4
September	4	2	2016	65	4	10	2013	63	0	8,4
Oktober	4	3	2016	65	4	11	2013	63	0	8,4
November	4	4	2016	65	4	12	2013	63	0	8,4
Dezember	4	5	2016	65	4	1	2014	63	0	8,4
1951										
Januar	5	7	2016	65	5	2	2014	63	0	8,7
Februar	5	8	2016	65	5	3	2014	63	0	8,7
März	5	9	2016	65	5	4	2014	63	0	8,7
April	5	10	2016	65	5	5	2014	63	0	8,7
Mai	5	11	2016	65	5	6	2014	63	0	8,7
Juni	5	12	2016	65	5	7	2014	63	0	8,7
Juli	5	1	2017	65	5	8	2014	63	0	8,7
August	5	2	2017	65	5	9	2014	63	0	8,7
September	5	3	2017	65	5	10	2014	63	0	8,7
Oktober	5	4	2017	65	5	11	2014	63	0	8,7
November	5	5	2017	65	5	12	2014	63	0	8,7
Dezember	5	6	2017	65	5	1	2015	63	0	8,7
1952										
Januar	6	8	2017	65	6	2	2015	63	0	9,0
Februar	6	9	2017	65	6	3	2015	63	0	9,0
März	6	10	2017	65	6	4	2015	63	0	9,0
April	6	11	2017	65	6	5	2015	63	0	9,0
Mai	6	12	2017	65	6	6	2015	63	0	9,0
Juni	6	1	2018	65	6	7	2015	63	0	9,0

IV. Renten wegen Alters   Rz. 85 Teil 7 C

Anhebung der Altersgrenze bei der Altersrente für langjährig Versicherte
– ohne besonderen Vertrauensschutz –

Geburts-datum	Anhe-bung um	Rentenbeginn				Vorzeitige Inanspruchnahme möglich ab				dauerhafte Renten-minderung
		Zeitpunkt		Alter		Zeitpunkt		Alter		
	Monat	Monat	Jahr	Jahre	Monate	Monat	Jahr	Jahre	Monate	in %
Juli	6	2	2018	65	6	8	2015	63	0	9,0
August	6	3	2018	65	6	9	2015	63	0	9,0
September	6	4	2018	65	6	10	2015	63	0	9,0
Oktober	6	5	2018	65	6	11	2015	63	0	9,0
November	6	6	2018	65	6	12	2015	63	0	9,0
Dezember	6	7	2018	65	6	1	2016	63	0	9,0
1953										
Januar	7	9	2018	65	7	2	2016	63	0	9,3
Februar	7	10	2018	65	7	3	2016	63	0	9,3
März	7	11	2018	65	7	4	2016	63	0	9,3
April	7	12	2018	65	7	5	2016	63	0	9,3
Mai	7	1	2019	65	7	6	2016	63	0	9,3
Juni	7	2	2019	65	7	7	2016	63	0	9,3
Juli	7	3	2019	65	7	8	2016	63	0	9,3
August	7	4	2019	65	7	9	2016	63	0	9,3
September	7	5	2019	65	7	10	2016	63	0	9,3
Oktober	7	6	2019	65	7	11	2016	63	0	9,3
November	7	7	2019	65	7	12	2016	63	0	9,3
Dezember	7	8	2019	65	7	1	2017	63	0	9,3
1954										
Januar	8	10	2019	65	8	2	2017	63	0	9,6
Februar	8	11	2019	65	8	3	2017	63	0	9,6
März	8	12	2019	65	8	4	2017	63	0	9,6
April	8	1	2020	65	8	5	2017	63	0	9,6
Mai	8	2	2020	65	8	6	2017	63	0	9,6
Juni	8	3	2020	65	8	7	2007	63	0	9,6
Juli	8	4	2020	65	8	8	2017	63	0	9,6
August	8	5	2020	65	8	9	2017	63	0	9,6
September	8	6	2020	65	8	10	2017	63	0	9,6
Oktober	8	7	2020	65	8	11	2017	63	0	9,6
November	8	8	2020	65	8	12	2017	63	0	9,6
Dezember	8	9	2020	65	8	1	2018	63	0	9,6
1955										
Januar	9	11	2020	65	9	2	2018	63	0	9,9
Februar	9	12	2020	65	9	3	2018	63	0	9,9
März	9	1	2021	65	9	4	2018	63	0	9,9
April	9	2	2021	65	9	5	2018	63	0	9,9
Mai	9	3	2021	65	9	6	2018	63	0	9,9
Juni	9	4	2021	65	9	7	2018	63	0	9,9
Juli	9	5	2021	65	9	8	2018	63	0	9,9
August	9	6	2021	65	9	9	2018	63	0	9,9
September	9	7	2021	65	9	10	2018	63	0	9,9
Oktober	9	8	2021	65	9	11	2018	63	0	9,9
November	9	9	2021	65	9	12	2018	63	0	9,9
Dezember	9	10	2021	65	9	1	2019	63	0	9,9

Anhebung der Altersgrenze bei der Altersrente für langjährig Versicherte
– ohne besonderen Vertrauensschutz –

Geburts-datum	Anhe-bung um	Rentenbeginn				Vorzeitige Inanspruchnahme möglich ab				dauerhafte Renten-minderung
		Zeitpunkt		Alter		Zeitpunkt		Alter		
	Monat	Monat	Jahr	Jahre	Monate	Monat	Jahr	Jahre	Monate	in %
1956										
Januar	10	12	2021	65	10	2	2019	63	0	10,2
Februar	10	1	2022	65	10	3	2019	63	0	10,2
März	10	2	2022	65	10	4	2019	63	0	10,2
April	10	3	2022	65	10	5	2019	63	0	10,2
Mai	10	4	2022	65	10	6	2019	63	0	10,2
Juni	10	5	2022	65	10	7	2019	63	0	10,2
Juli	10	6	2022	65	10	8	2019	63	0	10,2
August	10	7	2022	65	10	9	2019	63	0	10,2
September	10	8	2022	65	10	10	2019	63	0	10,2
Oktober	10	9	2022	65	10	11	2019	63	0	10,2
November	10	10	2022	65	10	12	2019	63	0	10,2
Dezember	10	11	2022	65	10	1	2020	63	0	10,2
1957										
Januar	11	1	2023	65	11	2	2020	63	0	10,5
Februar	11	2	2023	65	11	3	2020	63	0	10,5
März	11	3	2023	65	11	4	2020	63	0	10,5
April	11	4	2023	65	11	5	2020	63	0	10,5
Mai	11	5	2023	65	11	6	2020	63	0	10,5
Juni	11	6	2023	65	11	7	2020	63	0	10,5
Juli	11	7	2023	65	11	8	2020	63	0	10,5
August	11	8	2023	65	11	9	2020	63	0	10,5
September	11	9	2023	65	11	10	2020	63	0	10,5
Oktober	11	10	2023	65	11	11	2020	63	0	10,5
November	11	11	2023	65	11	12	2020	63	0	10,5
Dezember	11	12	2023	65	11	1	2021	63	0	10,5
1958										
Januar	12	2	2024	66	0	2	2021	63	0	10,8
Februar	12	3	2024	66	0	3	2021	63	0	10,8
März	12	4	2024	66	0	4	2021	63	0	10,8
April	12	5	2024	66	0	5	2021	63	0	10,8
Mai	12	6	2024	66	0	6	2021	63	0	10,8
Juni	12	7	2024	66	0	7	2021	63	0	10,8
Juli	12	8	2024	66	0	8	2021	63	0	10,8
August	12	9	2024	66	0	9	2021	63	0	10,8
September	12	10	2024	66	0	10	2021	63	0	10,8
Oktober	12	11	2024	66	0	11	2021	63	0	10,8
November	12	12	2024	66	0	12	2021	63	0	10,8
Dezember	12	1	2025	66	0	1	2022	63	0	10,8
1959										
Januar	14	4	2025	66	2	2	2022	63	0	11,4
Februar	14	5	2025	66	2	3	2022	63	0	11,4
März	14	6	2025	66	2	4	2022	63	0	11,4
April	14	7	2025	66	2	5	2022	63	0	11,4
Mai	14	8	2025	66	2	6	2022	63	0	11,4
Juni	14	9	2025	66	2	7	2022	63	0	11,4

IV. Renten wegen Alters

Anhebung der Altersgrenze bei der Altersrente für langjährig Versicherte
– ohne besonderen Vertrauensschutz –

Geburts-datum	Anhe-bung um	Rentenbeginn				Vorzeitige Inanspruchnahme möglich ab				dauerhafte Renten-minderung
		Zeitpunkt		Alter		Zeitpunkt		Alter		
	Monat	Monat	Jahr	Jahre	Monate	Monat	Jahr	Jahre	Monate	in %
Juli	14	10	2025	66	2	8	2022	63	0	11,4
August	14	11	2025	66	2	9	2022	63	0	11,4
September	14	12	2025	66	2	10	2022	63	0	11,4
Oktober	14	1	2026	66	2	11	2022	63	0	11,4
November	14	2	2026	66	2	12	2022	63	0	11,4
Dezember	14	3	2026	66	2	1	2023	63	0	11,4
1960										
Januar	16	6	2026	66	4	2	2023	63	0	12,0
Februar	16	7	2026	66	4	3	2023	63	0	12,0
März	16	8	2026	66	4	4	2023	63	0	12,0
April	16	9	2026	66	4	5	2023	63	0	12,0
Mai	16	10	2026	66	4	6	2023	63	0	12,0
Juni	16	11	2026	66	4	7	2023	63	0	12,0
Juli	16	12	2026	66	4	8	2023	63	0	12,0
August	16	1	2027	66	4	9	2023	63	0	12,0
September	16	2	2027	66	4	10	2023	63	0	12,0
Oktober	16	3	2027	66	4	11	2023	63	0	12,0
November	16	4	2027	66	4	12	2023	63	0	12,0
Dezember	16	5	2027	66	4	1	2024	63	0	12,0
1961										
Januar	18	8	2027	66	6	2	2024	63	0	12,6
Februar	18	9	2027	66	6	3	2024	63	0	12,6
März	18	10	2027	66	6	4	2024	63	0	12,6
April	18	11	2027	66	6	5	2024	63	0	12,6
Mai	18	12	2027	66	6	6	2024	63	0	12,6
Juni	18	1	2028	66	6	7	2024	63	0	12,6
Juli	18	2	2028	66	6	8	2024	63	0	12,6
August	18	3	2028	66	6	9	2024	63	0	12,6
September	18	4	2028	66	6	10	2024	63	0	12,6
Oktober	18	5	2028	66	6	11	2024	63	0	12,6
November	18	6	2028	66	6	12	2024	63	0	12,6
Dezember	18	7	2028	66	6	1	2025	63	0	12,6
1962										
Januar	20	10	2028	66	8	2	2025	63	0	13,2
Februar	20	11	2028	66	8	3	2025	63	0	13,2
März	20	12	2028	66	8	4	2025	63	0	13,2
April	20	1	2029	66	8	5	2025	63	0	13,2
Mai	20	2	2029	66	8	6	2025	63	0	13,2
Juni	20	3	2029	66	8	7	2025	63	0	13,2
Juli	20	4	2029	66	8	8	2025	63	0	13,2
August	20	5	2029	66	8	9	2025	63	0	13,2
September	20	6	2029	66	8	10	2025	63	0	13,2
Oktober	20	7	2029	66	8	11	2025	63	0	13,2
November	20	8	2029	66	8	12	2025	63	0	13,2
Dezember	20	9	2029	66	8	1	2026	63	0	13,2

Anhebung der Altersgrenze bei der Altersrente für langjährig Versicherte – ohne besonderen Vertrauensschutz –								
Geburts-datum	Anhe-bung um	Rentenbeginn			Vorzeitige Inanspruchnahme möglich ab				dauerhafte Renten-minderung
		Zeitpunkt		Alter		Zeitpunkt		Alter	
	Monat	Monat	Jahr	Jahre	Monate	Monat	Jahr	Jahre Monate	in %
1963									
Januar	22	12	2029	66	10	2	2026	63 0	13,8
Februar	22	1	2030	66	10	3	2026	63 0	13,8
März	22	2	2030	66	10	4	2026	63 0	13,8
April	22	3	2030	66	10	5	2026	63 0	13,8
Mai	22	4	2030	66	10	6	2026	63 0	13,8
Juni	22	5	2030	66	10	7	2026	63 0	13,8
Juli	22	6	2030	66	10	8	2026	63 0	13,8
August	22	7	2030	66	10	9	2026	63 0	13,8
September	22	8	2030	66	10	10	2026	63 0	13,8
Oktober	22	9	2030	66	10	11	2026	63 0	13,8
November	22	10	2030	66	10	12	2026	63 0	13,8
Dezember	22	11	2030	66	10	1	2027	63 0	13,8
ab 1964	24	ab 2	2031	67	0	ab 2	2027	63 0	14,4

86 Die **Übergangsregelung** für die Jahrgänge 1947 bis einschließlich 1963 führt dazu, dass die vorzeitige Inanspruchnahme ab Alter 63 möglich bleibt. Durch die Anhebung der regulären Altersgrenze bei vorzeitiger Inanspruchnahme tritt allerdings eine höhere dauerhafte Rentenminderung ein.

Beispiel:

Ein Arbeitnehmer wurde am 5.7.1950 geboren. Will der Arbeitnehmer das Arbeitsverhältnis mit Vollendung des 63. Lebensjahres, dh. im Juli 2013, beenden, so muss er sich im Hinblick auf seine Altersrente entscheiden, ob er die Altersrente für langjährig Versicherte in gekürzter oder ungekürzter Höhe in Anspruch nehmen will. Will er die Altersrente für langjährig Versicherte in ungekürzter Höhe in Anspruch nehmen, so kann er dies ab dem 1.12.2015 im Alter von 65 Jahren und vier Monaten. Will er hingegen unmittelbar nach Erreichen des 63. Lebensjahres, dh. ab dem 1.8.2013, Altersrente für langjährig Versicherte beziehen, so wird seine Rente entsprechend der obigen Tabelle um 8,4 % gekürzt. Das bedeutet, der frühestmögliche Bezug der Altersrente ist mit Vollendung des 63. Lebensjahres (rentenrechtlich ab dem 1.8. 2013) möglich, allerdings mit einer dauerhaften Rentenkürzung von 8,4 %. Ab dem 1.12. 2015 ist der ungekürzte Bezug der Altersrente möglich.

Scheidet der Arbeitnehmer zu einem dazwischenliegenden Zeitpunkt aus dem Arbeitsverhältnis aus, also nach Vollendung des 63. Lebensjahres und vor Vollendung des 65. Lebensjahres zuzüglich vier Monaten, hat er selbstverständlich ebenfalls die Möglichkeit, die Altersrente für langjährig Versicherte vorzeitig in Anspruch zu nehmen. Allerdings wird für jeden Monat der vorzeitigen Inanspruchnahme die Rente um 0,3 % gekürzt, die Rentenminderung wird aber insgesamt geringer ausfallen als die maximal mögliche von 8,4 %. Scheidet der Arbeitnehmer zum 31.7.2014 aus dem Arbeitsverhältnis aus und bezieht er ab dem 1.8.2014 Altersrente für langjährig Versicherte, wird die Rentenkürzung nur 4,8 % betragen (maßgebliches Rentenalter ist 65 Jahre und vier Monate, dh. ungekürzte Rente ab dem 1.12.2015, 16 Monate vorheriger Rentenbezug, da Rentenbezug ab dem 1.8.2014, Rentenkürzung 16 × 0,3 %). Diese Kürzung muss der Arbeitnehmer nun aber dauerhaft hinnehmen.

Die Übergangsregelung betrifft Versicherte, die seit Januar 1964 geboren sind: Diese können beginnend ab Februar 2031 regulär Altersrente mit Vollendung des 67. Lebensjahres, gekürzt ab Vollendung des 63. Lebensjahres, also ab Februar 2027, mit einer dauerhaften Rentenminderung von 14,4 % in Anspruch nehmen.

g) Besondere Vertrauensschutzregelung

Besonderen **Vertrauensschutz** genießen Versicherte, die vor dem 1.1.1955 geboren 87
sind und bereits vor dem 1.1.2007 mit ihrem Arbeitgeber Altersteilzeit verbindlich
vereinbart haben. Besonderen Vertrauensschutz haben darüber hinaus Versicherte,
die Anpassungsgeld für entlassene Arbeitnehmer des Bergbaus bezogen haben. Diese
Regelung betrifft den Personenkreis, der aus strukturpolitischen Gründen aus dem
Bergbau ausscheidet. Für Versicherte, die besonderen Vertrauensschutz genießen,
wird die Altersgrenze von 65 Jahren nicht angehoben, allerdings sinkt die Altersgrenze
für die vorzeitige Inanspruchnahme von 63 auf 62 Jahre. Insoweit soll es zugunsten
der Arbeitnehmer bei der früheren Rechtslage bleiben, weil sie im Vertrauen
auf diese **Dispositionen** getroffen haben.

Tabellarisch lässt sich die besondere Vertrauensschutzregelung bei der Altersgrenze 88
der Altersrente für langjährig Versicherte wie folgt darstellen:

Anhebung der Altersgrenze bei der Altersrente für langjährig Versicherte – mit besonderem Vertrauensschutz –								
Geburtsdatum	Anhebung um	Rentenbeginn			Vorzeitige Inanspruchnahme möglich ab			dauerhafte Rentenminderung
		Zeitpunkt		Alter		Zeitpunkt		Alter	
	Monat	Monat	Jahr	Jahre	Monate	Monat	Jahr	Jahre	Monate	in %
1948									
Januar		2	2013	65	0	1	2011	62	11	7,5
Februar		3	2013	65	0	2	2011	62	11	7,5
März		4	2013	65	0	2	2011	62	10	7,8
April		5	2013	65	0	3	2011	62	10	7,8
Mai		6	2013	65	0	3	2011	62	9	8,1
Juni		7	2013	65	0	4	2011	62	9	8,1
Juli		8	2013	65	0	4	2011	62	8	8,4
August		9	2013	65	0	5	2011	62	8	8,4
September		10	2013	65	0	5	2011	62	7	8,7
Oktober		11	2013	65	0	6	2011	62	7	8,7
November		12	2013	65	0	6	2011	62	6	9,0
Dezember		1	2014	65	0	7	2011	62	6	9,0
1949									
Januar		2	2014	65	0	7	2011	62	5	9,3
Februar		3	2014	65	0	8	2011	62	5	9,3
März		4	2014	65	0	8	2011	62	4	9,6
April		5	2014	65	0	9	2011	62	4	9,6
Mai		6	2014	65	0	9	2011	62	3	9,9
Juni		7	2014	65	0	10	2011	62	3	9,9
Juli		8	2014	65	0	10	2011	62	2	10,2
August		9	2014	65	0	11	2011	62	2	10,2
September		10	2014	65	0	11	2011	62	1	10,5
Oktober		11	2014	65	0	12	2011	62	1	10,5
November		12	2014	65	0	12	2011	62	0	10,8
Dezember		1	2015	65	0	1	2012	62	0	10,8
1950 und später				65	0			62	0	10,8

89 **Beispiel:**

Unterliegt ein Arbeitnehmer den Tatbestandsvoraussetzungen der Übergangsregelung, würde er sich rentenrechtlich erheblich besserstellen: Ein Arbeitnehmer ist am 5.3.1949 geboren. Regelaltersrente kann er ab dem 1.4.2014 in Anspruch nehmen. Die Altersrente für langjährig Versicherte kann er ab einem Lebensalter von 62 Jahren und 4 Monaten, also ab dem 1.8.2011, beziehen. Für diesen Fall wird seine Rente dauerhaft um 9,6 % nach obiger Tabelle gekürzt (Inanspruchnahme der Rente 32 Monate vor Vollendung des 65. Lebensjahres × 0,3 %). Scheidet der Arbeitnehmer allerdings erst zum 31.12.2012 aus dem Arbeitsverhältnis aus und bezieht er erst zum 1.1.2013 Altersrente für langjährig Versicherte, so reduziert sich sein Abschlag im Hinblick auf den späteren Renteneintritt um 5,1 % (17 × 0,3 %), so dass lediglich eine Rentenkürzung von 4,5 % verbleibt (15 Monate, die zwischen dem Beginn der Altersrente für langjährig Versicherte und dem Eintritt der Regelaltersrente mit Vollendung des 65. Lebensjahres liegen, × 0,3 %).

h) Arbeitsrechtliche Verknüpfung

90 Die Möglichkeit des Bezuges einer Altersrente für langjährig Versicherte hat für den anwaltlichen Berater im Arbeitsrecht sehr hohe Bedeutung. Steht fest, welche finanziellen Nachteile für ältere Arbeitnehmer im Falle der vorzeitigen Beendigung des Arbeitsverhältnisses und der – möglichen – Inanspruchnahme der Altersrente für langjährig Versicherte entstehen, können diese Überlegungen im Gespräch um eine einvernehmliche Ausscheidensregelung mit eingeführt werden und die **Verhandlungsposition** definieren. Darüber hinaus kann die Möglichkeit, eine Altersrente als langjährig Versicherter beziehen zu können, und die Kenntnis der Rentenhöhe die Entscheidung darüber, ob ein Aufhebungsvertrag überhaupt abgeschlossen werden soll, nicht unmaßgeblich beeinflussen. Dies gilt zB sowohl für eine eventuelle Abfindungshöhe und Ausgleichszahlung als auch für das Beendigungsdatum sowie für die Frage, ob eine Beendigung des Arbeitsverhältnisses für den Arbeitnehmer unter Beachtung der zu erwartenden – geringeren – Rentenzahlung oder -nachteile überhaupt „finanzierbar" ist, ob also eine Beendigung für ihn überhaupt in Betracht kommt. Auch aus Arbeitgebersicht kann es wiederum angezeigt sein, Arbeitnehmer mit einer relativ langen Betriebszugehörigkeit statt einer sehr hohen Abfindung, die sich an der Betriebszugehörigkeit orientiert, eher ein Angebot zu unterbreiten, das zu erwartende Rentennachteile ausgleicht und den Arbeitnehmer – mehr oder weniger – **finanziell schadlos** stellt[1].

3. Altersrente für besonders langjährig Versicherte

91 Durch das RV-Altersgrenzenanpassungsgesetz[2] ist die Altersrente für **besonders langjährig Versicherte** neu in das SGB VI aufgenommen worden.

Mit dem RV-Leistungsverbesserungsgesetz[3] wurde die Altersrente für besonders langjährig Versicherte überarbeitet. Danach gilt Folgendes:

a) Rechtsgrundlage

92 Nach § 38 SGB VI in der seit dem 1.1.2012 geltenden Fassung haben Versicherte einen Anspruch auf Altersrente für besonders langjährig Versicherte, wenn sie das 65. Lebensjahr vollendet und die Wartezeit von 45 Jahren erfüllt haben.

---

1 Zur Verhandlungsführung vgl. im Einzelnen *Bauer/Krieger/Arnold*, Arbeitsrechtliche Aufhebungsverträge, C. Rz. 2 f.; *Hümmerich*, § 6 Rz. 2.
2 Vgl. Gesetzesentwurf, BR-Drucks. 2/07, 86 sowie die Umsetzung in BGBl. I, 555.
3 Vgl. BGBl. I 2014, 787 ff.

Mit Beginn der stufenweisen Anhebung der Regelaltersrente seit dem 1.1.2012 wurde für besonders langjährig Versicherte eine neue Altersrente eingeführt. § 38 SGB VI trat erst zum 1.1.2012 in Kraft. Ziel der Rente ist es, nach Anhebung der Altersgrenze Versicherten, die mindestens **45 Jahre mit Pflichtbeiträgen** für eine versicherte Beschäftigung, selbständige Tätigkeit oder Pflege sowie mit Zeiten der Kindererziehung bis zum 10. Lebensjahr des Kindes erreichen, zu ermöglichen, weiterhin mit 65 Jahren abschlagsfrei in Rente zu gehen[1]. Eine vorzeitige Inanspruchnahme der Rente ist gesetzlich nicht vorgesehen und vom Gesetzgeber nicht gewollt[2]. 93

Mit dem RV-Leistungsverbesserungsgesetz[3] wurde die Altersrente für besonders langjährig Versicherte dahingehend überarbeitet, dass ab dem 1.7.2014 besonders langjährig Versicherte, die vor dem 1.1.1953 geboren sind und mindestens 45 Jahre in der gesetzlichen Rentenversicherung versichert waren, schon mit 63 Jahren ohne Abschläge in Rente gehen können. Ab Jahrgang 1953 steigt diese Altersgrenze für die abschlagsfreie Rente wieder schrittweise an. Für alle 1964 oder später Geborenen liegt sie wieder wie bislang bei 65 Jahren (§ 236b SGB VI) (vgl. Rz. 100a).

b) Voraussetzungen

aa) Vollendung des 65. Lebensjahres

Für die **Berechnung** des genauen Zeitpunktes gelten die §§ 187 Abs. 2, 188 Abs. 2 BGB, die über § 26 Abs. 1 SGB X Anwendung finden[4]. Die Berechnung des Alters folgt entsprechend den bei der Regelaltersrente (vgl. Rz. 40 ff.) dargelegten Grundsätzen. 94

bb) Wartezeit

Der Versicherte muss eine Wartezeit von 45 Jahren erfüllt haben. Nach § 51 Abs. 3a SGB VI werden auf die Wartezeit von 45 Jahren Kalendermonate angerechnet mit 95

- Pflichtbeiträgen für eine versicherte Beschäftigung oder Tätigkeit,
- Berücksichtigungszeiten,
- Zeiten des Bezugs von
  - Entgeltersatzleistungen der Arbeitsförderung,
  - Leistungen bei Krankheit und
  - Übergangsgeld,

  soweit sie Pflichtbeitragszeiten oder Anrechnungszeiten sind; dabei werden Zeiten des Bezugs von Entgeltersatzleistungen der Arbeitsförderung in den letzten zwei Jahren vor Rentenbeginn nicht berücksichtigt, es sei denn, deren Bezug ist durch eine Insolvenz oder vollständige Geschäftsaufgabe des Arbeitgebers bedingt, und

- Freiwilligenbeiträgen, wenn mindestens 18 Jahre mit Pflichtbeitragszeiten für eine versicherte Beschäftigung oder Tätigkeit vorhanden sind; dabei werden Zeiten freiwilliger Beitragszahlung in den letzten zwei Jahren vor Rentenbeginn nicht berücksichtigt, wenn gleichzeitig Anrechnungszeiten wegen Arbeitslosigkeit vorliegen.

Kalendermonate, die durch Versorgungsausgleich oder Rentensplitting ermittelt werden, werden nicht angerechnet. Im Einzelnen werden damit folgende Zeiten auf die Wartezeit angerechnet:

---

1 Vgl. Gesetzesentwurf, BR-Drucks. 2/07, 86.
2 Vgl. Gesetzesentwurf, BR-Drucks. 2/07, 86.
3 Vgl. BGBl. I 2014, 787 ff.
4 Vgl. KassKomm/*Gürtner*, § 35 SGB VI Rz. 4.

(1) Pflichtbeitragszeiten

96 Pflichtbeitragszeiten sind solche, für die Pflichtbeiträge entrichtet worden sind (§ 55 Abs. 1 Alt. 1 SGB VI). In Betracht kommen Pflichtbeiträge im Arbeitsverhältnis (vgl. Rz. 45), Kindererziehungszeiten (vgl. Rz. 46f.), Zeiten mit einer geringfügigen Beschäftigung (vgl. Rz. 48ff.) sowie sonstige Pflichtbeitragszeiten und gleichgestellte Zeiten (vgl. Rz. 53ff.).

(2) Berücksichtigungszeiten

96a Berücksichtigungszeiten sind Zeiten der Kindererziehung und der nicht erwerbsmäßigen häuslichen Pflege eines Pflegebedürftigen (§§ 57, 249, 249a und 249b SGB VI). Durch diese Regelungen sollen familienbezogene Elemente in der Rentenversicherung ausgebaut und die Versicherungsbedingungen ehrenamtlicher Pflegepersonen verbessert werden (vgl. Rz. 74ff.).

(3) Entgeltersatzleistungen

96b Auf die Wartezeit werden auch angerechnet Zeiten des Bezugs von Entgeltersatzleistungen der Arbeitsförderung (Arbeitslosengeld, Teilarbeitslosengeld). In den letzten zwei Jahren vor Rentenbeginn allerdings nur dann, wenn der Bezug von Entgeltersatzleistungen durch eine Insolvenz oder vollständige Geschäftsaufgabe des Arbeitgebers bedingt ist. Weiter sind Zeiten des Bezugs von Leistungen bei Krankheit (zB Krankengeld, Verletztengeld) und von Übergangsgeld zu berücksichtigen.

Anders als bisher sollen zu den Anrechnungszeiten damit auch Zeiten des Bezugs von Arbeitslosengeld zählen. Dadurch sollen besondere Härten aufgrund kurzzeitiger Unterbrechungen in der Erwerbsbiographie vermieden werden[1].

(4) Freiwillige Beiträge

96c Freiwillige Beiträge (§ 55 Abs. 1 Satz 1 SGB VI) werden dann angerechnet, wenn mindestens 18 Jahre mit Pflichtbeiträgen aus Beschäftigung oder selbständiger Tätigkeit vorhanden sind. Dabei werden Zeiten freiwilliger Beitragszahlungen in den letzten zwei Jahren vor Rentenbeginn nicht berücksichtigt, wenn gleichzeitig Anrechnungszeiten wegen Arbeitslosigkeit vorliegen.

(5) Ersatzzeiten

97 Wie bei allen anderen Wartezeiten werden für die Wartezeit von 45 Jahren auch **Ersatzzeiten** berücksichtigt (§ 51 Abs. 4 SGB VI). Zur Definition der Ersatzzeiten vgl. Rz. 57f.

98 Nicht berücksichtigt werden Anrechnungszeiten wegen eines Schul-, Fachschul- oder Hochschulbesuchs, Zeiten des Bezugs von Arbeitslosenhilfe oder Arbeitslosengeld II, Zurechnungszeiten und zusätzliche Wartezeitmonate aufgrund eines Versorgungsausgleichs oder Rentensplittings.

c) Beginn

99 Nach § 99 Abs. 1 SGB VI wird die Regelaltersrente vom Ersten des Kalendermonats an geleistet, zu dessen Beginn die Anspruchsvoraussetzungen erfüllt sind, wenn der Antrag bis zum Ende des dritten Kalendermonats nach Ablauf des Monats gestellt

---

[1] Vgl. Gesetzesentwurf, BR-Drucks. 25/14, 16.

IV. Renten wegen Alters

wurde, in dem die Anspruchsvoraussetzungen erfüllt sind. Bei späterer Antragstellung wird sie erst vom Ersten des Kalendermonats an geleistet, in dem sie beantragt wurde.

Beispiel:

Eine Arbeitnehmerin ist am 17.3.1964 geboren. Sie hat 45 Jahre Pflichtbeitrags- und Ersatzzeiten zurückgelegt. Am 5.5.2029 beantragt sie die Altersrente für besonders langjährig Versicherte. Die Anspruchsvoraussetzungen für diese Rente hat sie erfüllt (Pflichtbeitrags- und Ersatzzeiten von mindestens 45 Jahren und Vollendung des 65. Lebensjahres). Diese Voraussetzungen liegen bereits am 16.3.2029 vor (= Tag der Vollendung des 65. Lebensjahres). Die Rente wird aber erst ab dem 1.4.2029 gezahlt, weil dies der Monat ist, zu dessen Beginn erstmals alle Voraussetzungen vorliegen. Die Rente wird aber nur dann ab dem 1.4.2029 gezahlt, wenn der Rentenantrag innerhalb von drei vollen Kalendermonaten nach dem 16.3.2029, also bis spätestens zum 30.6.2029, gestellt wird. Bei späterer Antragstellung, zB am 6.7.2029, würde die Rente erst ab dem Antragsmonat Juli gezahlt.

Beim Rentenbeginn gelten Besonderheiten für die am Ersten eines Monats Geborenen (vgl. Rz. 60).

d) Übergangsregelung

§ 236b SGB VI enthält eine Übergangsregelung. Danach gilt, dass Versicherte, die vor dem 1.1.1953 geboren sind und mindestens 45 Jahre in der gesetzlichen Rentenversicherung versichert waren, einen Anspruch auf Altersrente für besonders langjährig Versicherte bereits nach Vollendung des 63. Lebensjahres haben. Für die nach dem 31.12.1952 geborenen Versicherten wird die Altersgrenze stufenweise auf das Alter 65 angehoben. Für Versicherte, die nach dem 31.12.1963 geboren sind, gilt sodann die Altersgrenze von 65 Jahren. Die Anhebung lässt sich tabellarisch wie folgt darstellen (vgl. § 236b Abs. 2 Satz 2 SGB VI):

Versicherte Geburtsjahr	Anhebung um ... Monate	auf Alter	
		Jahr	Monat
1953	2	63	2
1954	4	63	4
1955	6	63	6
1956	8	63	8
1957	10	63	10
1958	12	64	0
1959	14	64	2
1960	16	64	4
1961	18	64	6
1962	20	64	8
1963	22	64	10

e) Arbeitsrechtliche Verknüpfung

Die Bedeutung der Altersrente für besonders langjährig Versicherte wird mit Anhebung der Altersgrenze vom 65. auf das 67. Lebensjahr steigen. Der Gesetzgeber will Arbeitnehmern, die „besonders lange" gearbeitet haben, die Möglichkeit geben, spätestens mit dem Alter 65, ungekürzt Altersrente beziehen zu können. Entscheidend hierfür ist eine „besonders lange Tätigkeit", die der Gesetzgeber bei Pflichtversicherungs- und Ersatzzeiten von mindestens 45 Jahren als gegeben ansieht. Für Arbeitnehmer, die diese Tatbestandsvoraussetzungen erfüllen, kann daher diese Rentenart sehr interessant werden.

4. Altersrente für schwerbehinderte Menschen

102 Schwerbehinderte Menschen haben die Möglichkeit, vorzeitig im Verhältnis zu anderen Arbeitnehmern zum Teil gekürzt, zum Teil ungekürzt Altersrente in Anspruch zu nehmen. Schwierigkeiten bereitet die Altersrente für schwerbehinderte Menschen deshalb, weil es eine Vielzahl von unterschiedlichen Gesetzesfassungen und Übergangsvorschriften gibt.

a) Rechtsgrundlage

103 Die Altersrente für schwerbehinderte Menschen ist in § 37 SGB VI geregelt. Nach § 37 SGB VI haben Versicherte einen Anspruch auf Altersrente für schwerbehinderte Menschen, wenn sie das 65. Lebensjahr vollendet haben, bei Beginn der Altersrente als schwerbehinderte Menschen (§ 2 Abs. 2 SGB IX) anerkannt sind und die Wartezeit von 35 Jahren erfüllt haben.

104 **Übergangsregelungen**[1] enthält § 236a SGB VI.

b) Voraussetzungen

aa) Vollendung des 65. Lebensjahres

105 Die Altersrente für schwerbehinderte Menschen kann von Versicherten, die das **65. Lebensjahr** vollendet haben, ohne Abschlag in Anspruch genommen werden. Die Versicherten können diese Altersrente ab Vollendung des 62. Lebensjahres in Anspruch nehmen, dabei treten allerdings Rentenkürzungen ein. Für die Berechnung des Lebensalters gelten keine Besonderheiten (vgl. Rz. 40 ff.).

bb) Anerkennung der Schwerbehinderung

106 Zusätzliche **persönliche Voraussetzung** ist die **Schwerbehinderung**. Als Schwerbehinderte sind dabei, wie sich aus der Verweisung auf § 2 Abs. 2 SGB IX ergibt, Personen mit einem Grad der Behinderung von mindestens 50 anzusehen, sofern sie ihren Wohnsitz, ihren gewöhnlichen Aufenthalt oder ihre Beschäftigung regelmäßig im Geltungsbereich des Gesetzes haben. Soweit die Anerkennung der Behinderung nach dem Bundesversorgungsgesetz erfolgte, kann auch eine Erhöhung des Grades der Minderung der Erwerbsfähigkeit wegen besonderer beruflicher Betroffenheit nach § 30 Abs. 2 Bundesversorgungsgesetz berücksichtigt werden. Keine schwerbehinderten Menschen iSv. § 37 SGB VI sind dagegen Personen, die gem. § 2 Abs. 3 SGB IX schwerbehinderten Menschen gleichgestellt worden sind. Dieser Personenkreis ist zwar mit geringfügigen Abweichungen im Rahmen des SGB IX (Rehabilitation und Teilhabe behinderter Menschen) schwerbehinderten Menschen gleichgestellt, nicht jedoch im Rahmen des SGB VI[2].

107 Die Schwerbehinderung muss für den Zeitpunkt des **Beginns der Altersrente** anerkannt sein. Entfällt die Schwerbehinderung während des Bezuges der Altersrente, be-

---

[1] Vgl. auch *Birk*, Die Befristung von Altersteilzeitverträgen auf einen vorgezogenen Renteneintritt, NZA 2007, 244 ff. (245).
[2] Vgl. KassKomm/*Gürtner*, § 37 SGB VI Rz. 5; *Gitter/Schmitt*, § 25 Rz. 83.

steht der Anspruch auf die Altersrente dennoch weiter[1]. Etwas anderes gilt aber, wenn der Rentenanspruch wegen des Überschreitens der Hinzuverdienstgrenzen (§ 34 SGB VI) (vgl. Rz. 244 ff.) wegfällt. Wird die Rente nach dieser Unterbrechung erneut beantragt, muss zu Beginn dieser Rente die Schwerbehinderung vorliegen.

Die Schwerbehinderung ist nachzuweisen. Als **Nachweis** dient regelmäßig der Schwerbehindertenausweis. Sollte die Feststellung der Schwerbehinderteneigenschaft zwar beantragt, das anhängige Feststellungsverfahren aber noch nicht abgeschlossen sein, steht dies einer Antragstellung auf Altersrente nicht entgegen. Es genügt die rückwirkende Anerkennung für die Zeit des Rentenbeginns durch das Versorgungsamt (§ 69 SGB IX)[2]. Die Anerkennung ist für den Rentenversicherungsträger bindend[3].   108

Nach Auslaufen der Übergangs- und Vertrauensschutzregelung entfallen die früheren Tatbestandsalternativen der Berufs- und Erwerbsunfähigkeit ersatzlos[4].   109

cc) Wartezeit

Die Wartezeit beträgt nach § 37 Nr. 3 SGB VI ebenso wie bei den Übergangs- und Vertrauensschutzregelungen nach § 236a SGB VI 35 Jahre. Ebenso wie bei der Altersrente für langjährig Beschäftigte werden alle zurückgelegten rentenrechtlichen Zeiten (Beitragszeiten, Ersatzzeiten, Anrechnungszeiten, Berücksichtigungszeiten) berücksichtigt (vgl. Rz. 44 ff., 57 f., 71 ff., 74 ff.).   110

c) Beginn

Für den **Rentenbeginn** gelten die bei der Regelaltersrente bereits skizzierten Regelungen (vgl. Rz. 59 f.).   111

d) Rentenminderung bei vorzeitiger Inanspruchnahme

Liegen die tatbestandlichen Voraussetzungen vor, kann der schwerbehinderte Mensch ab Vollendung des 65. Lebensjahres ungekürzt Altersrente und ab dem 62. Lebensjahr gekürzt Altersrente in Anspruch nehmen. In diesem Fall muss jedoch eine **dauerhafte Rentenminderung** von 0,3 % für jeden Monat des vorzeitigen Rentenbezuges in Kauf genommen werden (§ 77 Abs. 2 Nr. 2a SGB VI); s. Rz. 81 mwN.   112

Beispiel:

Ein Arbeitnehmer ist am 17.3.1964 geboren. Er vollendet das 65. Lebensjahr am 16.3.2029. Ab dem 1.4.2029 könnte er bei Vorliegen der Voraussetzungen der Altersrente für schwerbehinderte Menschen diese Altersrente ungekürzt in Anspruch nehmen. Das 62. Lebensjahr vollendet er am 16.3.2026, so dass er ab dem 1.4.2026 ebenfalls die Altersrente für schwerbehinderte Menschen bei Vorliegen der Voraussetzungen im Übrigen beanspruchen könnte. Allerdings findet für jeden Monat der vorzeitigen Inanspruchnahme eine Rentenkürzung von 0,3 %, also insgesamt 10,8 % (36 Monate à 0,3 %) statt. Konkret: Der Arbeitnehmer nimmt die Altersrente für schwerbehinderte Menschen ab dem 1.4.2027 in Anspruch. Er nimmt sie damit 24 Monate vor dem regulären ungekürzten Renteneintritt in Anspruch. Aufgrund der 24 Monate tritt eine dauerhafte Kürzung von 7,2 % (24 × 0,3 %) ein. Allerdings gilt es eine Vielzahl von Übergangsregelungen zu beachten.

---

1 Vgl. *Schulin*, Rentenversicherungsrecht, § 27 Rz. 38 mwN.
2 Vgl. KassKomm/*Gürtner*, § 37 SGB VI Rz. 5.
3 Vgl. *Schulin*, Rentenversicherungsrecht, § 27 Rz. 33.
4 Vgl. *Schulin*, Rentenversicherungsrecht, § 27 Rz. 40a mwN.

e) Übergangsregelung 1: Anhebung der Altersgrenzen

113 Nach der **Übergangsregelung** wird die vorgenannt aufgeführte Rechtslage relevant für die Versicherten, die seit dem 1.1.1964 geboren sind. Für die Versicherten, die zwischen dem 1.1.1952 und dem 31.12.1963 geboren sind, gibt es, wenn die Voraussetzungen im Übrigen erfüllt sind, abgestufte Grenzen für die reguläre Altersrente für schwerbehinderte Menschen und deren vorzeitige Inanspruchnahme. Die Übergangsregelung ist daher für die Zwischenjahrgänge relevant (vgl. § 236a Abs. 1, 2 Satz 2 SGB VI). Die Anhebung lässt sich tabellarisch wie folgt darstellen:

Anhebung der Altersgrenze bei der Altersrente für schwerbehinderte Menschen									
Geburtsdatum	Anhebung um	Rentenbeginn				Vorzeitige Inanspruchnahme möglich ab			dauerhafte Rentenminderung
		Zeitpunkt		Alter		Zeitpunkt		Alter	
	Monat	Monat	Jahr	Jahre	Monate	Monat	Jahr	Jahre	Monate	in %
vor 1952				63	0			60	0	10,8
1952										
Januar	1	3	2015	63	1	3	2012	60	1	10,8
Februar	2	5	2015	63	2	5	2012	60	2	10,8
März	3	7	2015	63	3	7	2012	60	3	10,8
April	4	9	2015	63	4	9	2012	60	4	10,8
Mai	5	11	2015	63	5	11	2012	60	6	10,8
Juni	6	1	2016	63	6	1	2013	60	6	10,8
Juli	6	2	2016	63	6	2	2013	60	6	10,8
August	6	3	2016	63	6	3	2013	60	6	10,8
September	6	4	2016	63	6	4	2013	60	6	10,8
Oktober	6	5	2016	63	6	5	2013	60	6	10,8
November	6	6	2016	63	6	6	2013	60	6	10,8
Dezember	6	7	2016	63	6	7	2013	60	6	10,8
1953										
Januar	7	9	2016	63	7	9	2013	60	7	10,8
Februar	7	10	2016	63	7	10	2013	60	7	10,8
März	7	11	2016	63	7	11	2013	60	7	10,8
April	7	12	2016	63	7	12	2013	60	7	10,8
Mai	7	1	2017	63	7	1	2014	60	7	10,8
Juni	7	2	2017	63	7	2	2014	60	7	10,8
Juli	7	3	2017	63	7	3	2014	60	7	10,8
August	7	4	2017	63	7	4	2014	60	7	10,8
September	7	5	2017	63	7	5	2014	60	7	10,8
Oktober	7	6	2017	63	7	6	2014	60	7	10,8
November	7	7	2017	63	7	7	2014	60	7	10,8
Dezember	7	8	2017	63	7	8	2014	60	7	10,8
1954										
Januar	8	10	2017	63	8	10	2014	60	8	10,8
Februar	8	11	2017	63	8	11	2014	60	8	10,8
März	8	12	2017	63	8	12	2014	60	8	10,8
April	8	1	2018	63	8	1	2015	60	8	10,8
Mai	8	2	2018	63	8	2	2015	60	8	10,8
Juni	8	3	2018	63	8	3	2015	60	8	10,8
Juli	8	4	2018	63	8	4	2015	60	8	10,8
August	8	5	2018	63	8	5	2015	60	8	10,8
September	8	6	2018	63	8	6	2015	60	8	10,8
Oktober	8	7	2018	63	8	7	2015	60	8	10,8

IV. Renten wegen Alters   Rz. 113 Teil 7 C

Anhebung der Altersgrenze bei der Altersrente für schwerbehinderte Menschen

Geburts-datum	Anhe-bung um	Rentenbeginn				Vorzeitige Inanspruchnahme möglich ab				dauerhafte Renten-minderung
		Zeitpunkt		Alter		Zeitpunkt		Alter		
	Monat	Monat	Jahr	Jahre	Monate	Monat	Jahr	Jahre	Monate	in %
November	8	8	2018	63	8	8	2015	60	8	10,8
Dezember	8	9	2018	63	8	9	2015	60	8	10,8
1955										
Januar	9	11	2018	63	9	11	2015	60	9	10,8
Februar	9	12	2018	63	9	12	2015	60	9	10,8
März	9	1	2019	63	9	1	2016	60	9	10,8
April	9	2	2019	63	9	2	2016	60	9	10,8
Mai	9	3	2019	63	9	3	2016	60	9	10,8
Juni	9	4	2019	63	9	4	2016	60	9	10,8
Juli	9	5	2019	63	9	5	2016	60	9	10,8
August	9	6	2019	63	9	6	2016	60	9	10,8
September	9	7	2019	63	9	7	2016	60	9	10,8
Oktober	9	8	2019	63	9	8	2016	60	9	10,8
November	9	9	2019	63	9	9	2016	60	9	10,8
Dezember	9	10	2019	63	9	10	2016	60	9	10,8
1956										
Januar	10	12	2019	63	10	12	2016	60	10	10,8
Februar	10	1	2020	63	10	1	2017	60	10	10,8
März	10	2	2020	63	10	2	2017	60	10	10,8
April	10	3	2020	63	10	3	2017	60	10	10,8
Mai	10	4	2020	63	10	4	2017	60	10	10,8
Juni	10	5	2020	63	10	5	2017	60	10	10,8
Juli	10	6	2020	63	10	6	2017	60	10	10,8
August	10	7	2020	63	10	7	2017	60	10	10,8
September	10	8	2020	63	10	8	2017	60	10	10,8
Oktober	10	9	2020	63	10	9	2017	60	10	10,8
November	10	10	2020	63	10	10	2017	60	10	10,8
Dezember	10	11	2020	63	10	11	2017	60	10	10,8
1957										
Januar	11	1	2021	63	11	1	2018	60	11	10,8
Februar	11	2	2021	63	11	2	2018	60	11	10,8
März	11	3	2021	63	11	3	2018	60	11	10,8
April	11	4	2021	63	11	4	2018	60	11	10,8
Mai	11	5	2021	63	11	5	2018	60	11	10,8
Juni	11	6	2021	63	11	6	2018	60	11	10,8
Juli	11	7	2021	63	11	7	2018	60	11	10,8
August	11	8	2021	63	11	8	2018	60	11	10,8
September	11	9	2021	63	11	9	2018	60	11	10,8
Oktober	11	10	2021	63	11	10	2018	60	11	10,8
November	11	11	2021	63	11	11	2018	60	11	10,8
Dezember	11	12	2021	63	11	12	2018	60	11	10,8
1958										
Januar	12	2	2022	64	0	2	2019	61	0	10,8
Februar	12	3	2022	64	0	3	2019	61	0	10,8
März	12	4	2022	64	0	4	2019	61	0	10,8
April	12	5	2022	64	0	5	2019	61	0	10,8

Geburts-datum	Anhebung der Altersgrenze bei der Altersrente für schwerbehinderte Menschen								
	Anhe-bung um	Rentenbeginn			Vorzeitige Inanspruchnahme möglich ab				dauerhafte Renten-minderung
		Zeitpunkt		Alter		Zeitpunkt		Alter		
	Monat	Monat	Jahr	Jahre	Monate	Monat	Jahr	Jahre	Monate	in %
Mai	12	6	2022	64	0	6	2019	61	0	10,8
Juni	12	7	2022	64	0	7	2019	61	0	10,8
Juli	12	8	2022	64	0	8	2019	61	0	10,8
August	12	9	2022	64	0	9	2019	61	0	10,8
September	12	10	2022	64	0	10	2019	61	0	10,8
Oktober	12	11	2022	64	0	11	2019	61	0	10,8
November	12	12	2022	64	0	12	2019	61	0	10,8
Dezember	12	1	2023	64	0	1	2020	61	0	10,8
1959										
Januar	14	4	2023	64	2	4	2020	61	2	10,8
Februar	14	5	2023	64	2	5	2020	61	2	10,8
März	14	6	2023	64	2	6	2020	61	2	10,8
April	14	7	2023	64	2	7	2020	61	2	10,8
Mai	14	8	2023	64	2	8	2020	61	2	10,8
Juni	14	9	2023	64	2	9	2020	61	2	10,8
Juli	14	10	2023	64	2	10	2020	61	2	10,8
August	14	11	2023	64	2	11	2020	61	2	10,8
September	14	12	2023	64	2	12	2020	61	2	10,8
Oktober	14	1	2024	64	2	1	2021	61	2	10,8
November	14	2	2024	64	2	2	2021	61	2	10,8
Dezember	14	3	2024	64	2	3	2021	61	2	10,8
1960										
Januar	16	6	2024	64	4	6	2021	61	4	10,8
Februar	16	7	2024	64	4	7	2021	61	4	10,8
März	16	8	2024	64	4	8	2021	61	4	10,8
April	16	9	2024	64	4	8	2021	61	4	10,8
Mai	16	10	2024	64	4	10	2021	61	4	10,8
Juni	16	11	2024	64	4	11	2021	61	4	10,8
Juli	16	12	2024	64	4	12	2021	61	4	10,8
August	16	1	2025	64	4	1	2022	61	4	10,8
September	16	2	2025	64	4	2	2022	61	4	10,8
Oktober	16	3	2025	64	4	3	2022	61	4	10,8
November	16	4	2025	64	4	4	2022	61	4	10,8
Dezember	16	5	2025	64	4	5	2022	61	4	10,8
1961										
Januar	18	8	2025	64	6	8	2022	61	6	10,8
Februar	18	9	2025	64	6	9	2022	61	6	10,8
März	18	10	2025	64	6	10	2022	61	6	10,8
April	18	11	2025	64	6	11	2022	61	6	10,8
Mai	18	12	2025	64	6	12	2022	61	6	10,8
Juni	18	1	2026	64	6	1	2023	61	6	10,8
Juli	18	2	2026	64	6	2	2023	61	6	10,8
August	18	3	2026	64	6	3	2023	61	6	10,8
September	18	4	2026	64	6	4	2023	61	6	10,8
Oktober	18	5	2026	64	6	5	2023	61	6	10,8
November	18	6	2026	64	6	6	2023	61	6	10,8

IV. Renten wegen Alters   Rz. 113 Teil 7 C

Geburts-datum	Anhebung der Altersgrenze bei der Altersrente für schwerbehinderte Menschen							
	Anhe-bung um	Rentenbeginn				Vorzeitige Inanspruchnahme möglich ab				dauerhafte Renten-minderung
		Zeitpunkt		Alter		Zeitpunkt		Alter		
	Monat	Monat	Jahr	Jahre	Monate	Monat	Jahr	Jahre	Monate	in %
Dezember	18	7	2026	64	6	7	2023	61	6	10,8
1962										
Januar	20	10	2026	64	8	10	2023	61	8	10,8
Februar	20	11	2026	64	8	11	2023	61	8	10,8
März	20	12	2026	64	8	12	2023	61	8	10,8
April	20	1	2027	64	8	1	2024	61	8	10,8
Mai	20	2	2027	64	8	2	2024	61	8	10,8
Juni	20	3	2027	64	8	3	2024	61	8	10,8
Juli	20	4	2027	64	8	4	2024	61	8	10,8
August	20	5	2027	64	8	5	2024	61	8	10,8
September	20	6	2027	64	8	6	2024	61	8	10,8
Oktober	20	7	2027	64	8	7	2024	61	8	10,8
November	20	8	2027	64	8	8	2024	61	8	10,8
Dezember	20	9	2027	64	8	9	2024	61	8	10,8
1963										
Januar	22	12	2027	64	10	12	2024	61	10	10,8
Februar	22	1	2028	64	10	1	2025	61	10	10,8
März	22	2	2028	64	10	2	2025	61	10	10,8
April	22	3	2028	64	10	3	2025	61	10	10,8
Mai	22	4	2028	64	10	4	2025	61	10	10,8
Juni	22	5	2028	64	10	5	2025	61	10	10,8
Juli	22	6	2028	64	10	6	2025	61	10	10,8
August	22	7	2028	64	10	7	2025	61	10	10,8
September	22	8	2028	64	10	8	2025	61	10	10,8
Oktober	22	9	2028	64	10	9	2025	61	10	10,8
November	22	10	2028	64	10	10	2025	61	10	10,8
Dezember	22	11	2028	64	10	11	2025	61	10	10,8
1964	24	ab 2	2029	65	0	ab 2	2026	62	0	10,8

Die Übergangsregelung betrifft damit die Jahrgänge, die nach dem 31.12.1951 bis spätestens 31.12.1963 geboren sind.

Beispiel 1:

Ein Arbeitnehmer ist am 15.3.1956 geboren. Für ihn gilt eine maßgebliche Altersgrenze von 63 Jahren und 10 Monaten, so dass er ungekürzt die Altersrente für schwerbehinderte Menschen bei Vorliegen der Voraussetzungen im Übrigen ab dem 1.2.2020 in Anspruch nehmen könnte. Gekürzt könnte er sie mit einer maximalen Rentenminderung von 10,8 % erstmalig ab dem 1.2.2017 beziehen, die Altersgrenze für die vorzeitige Inanspruchnahme liegt für ihn insoweit bei 60 Jahren und 10 Monaten. Auch hier gilt: Eine spätere Inanspruchnahme reduziert die dauerhafte Rentenminderung.

Beispiel 2 (vgl. Rz. 112):

Ein Arbeitnehmer ist am 17.3.1964 geboren. Für ihn gilt eine maßgebliche Altersgrenze von 65 Jahren für die reguläre Altersrente für schwerbehinderte Menschen, die Altersgrenze für die vorzeitige Inanspruchnahme liegt bei 62 Jahren. Der Arbeitnehmer könnte daher regulär ab dem 1.4.2029 ungekürzt die Altersrente für schwerbehinderte Menschen bei Vorliegen der Voraussetzungen im Übrigen in Anspruch nehmen, gekürzt mit einer Rentenminderung von

10,8 % ab dem 1.4.2026. Auch hier gilt: Eine spätere vorzeitige Inanspruchnahme der Altersrente führt zu einer Reduzierung der Rentenminderung.

f) Übergangsregelung 2: Geburtsjahrgänge vor dem 1.1.1952

114   Nach § 236a Abs. 2 Satz 1 SGB VI erhalten Versicherte, die **vor dem 1.1.1952 geboren** sind, ihre Altersrente ungekürzt nach Vollendung des 63. Lebensjahres, für sie ist die vorzeitige Inanspruchnahme nach Vollendung des 60. Lebensjahres möglich. Die Voraussetzungen der Altersrente für schwerbehinderte Menschen (Schwerbehinderung, Wartezeit) müssen selbstverständlich vorliegen. Hinsichtlich der Berechnung und der Rentenminderung wird auf vorstehende Ausführungen verwiesen.

Beispiel:

Ein Arbeitnehmer, bei dem die Voraussetzungen der Altersrente für schwerbehinderte Menschen im Übrigen vorliegen, ist am 15.3.1951 geboren. Er hat die Möglichkeit, mit Vollendung des 63. Lebensjahres ungekürzt die Altersrente für schwerbehinderte Menschen zu beziehen. Das 63. Lebensjahr ist am 14.3.2014 vollendet. Damit könnte er ungekürzt die Altersrente für schwerbehinderte Menschen ab dem 1.4.2014 beziehen. Er kann sie allerdings auch schon mit einer Rentenminderung ab Vollendung des 60. Lebensjahres (14.3.2011) ab dem 1.4.2011 in Anspruch nehmen, die Rentenkürzung würde 10,8 % betragen. Für jeden Monat der späteren Inanspruchnahme der Renten würde sich die Kürzung um jeweils 0,3 % reduzieren: Nimmt der Arbeitnehmer bspw. die Altersrente für schwerbehinderte Menschen ab dem 1.4.2012, also 24 Monate vor dem regulären Renteneintritt, in Anspruch, beträgt die Kürzung 7,2 % (24 Monate × 0,3 %).

g) Besonderer Vertrauensschutz bei Altersteilzeitvereinbarung

115   Besonderen Vertrauensschutz haben Versicherte (§ 236a Abs. 2 Satz 3 SGB VI), die vor dem 1.1.1955 geboren sind und bereits vor dem 1.1.2007 mit ihrem Arbeitgeber **Altersteilzeit** verbindlich vereinbart haben. Besonderen Vertrauensschutz haben auch Versicherte, die **Anpassungsgeld** für entlassene Arbeitnehmer des Bergbaus bezogen haben. Diese Regelung betrifft Personen, die aus strukturpolitischen Gründen aus dem Bergbau ausscheiden. Voraussetzung dieser besonderen Vertrauensschutzregelung ist eine Anerkennung als Schwerbehinderter iSv. § 2 Abs. 2 SGB IX am 1.1.2007. Für diesen Personenkreis werden die Altersgrenzen nicht angehoben, dh. es besteht die Möglichkeit, mit Vollendung des 63. Lebensjahres ungekürzt die Altersrente für schwerbehinderte Menschen in Anspruch zu nehmen. Die gekürzte Inanspruchnahme besteht ab Vollendung des 60. Lebensjahres, auch hier beträgt die maximale Rentenminderung 10,8 %. Wegen der Berechnung wird auf obige Beispiele verwiesen.

h) Besonderer Vertrauensschutz für vor dem 1.1.1951 geborene Versicherte

116   Bei den Versicherten, die **vor dem 1.1.1951 geboren** sind, die das 63. Lebensjahr vollendet und die Wartezeit von 35 Jahren erfüllt haben, besteht die Möglichkeit des Bezuges von Altersrente für schwerbehinderte Menschen, wenn sie entweder als schwerbehinderte Menschen anerkannt, **berufsunfähig oder erwerbsunfähig** nach dem am 31.12.2000 geltenden Recht sind bzw. waren (§ 236a Abs. 3 SGB VI).

117   ⊃ **Hinweis:** Geburtsjahrgänge 1951 und jünger können die Altersrente für schwerbehinderte Menschen nur noch bei vorliegender Schwerbehinderung beanspruchen. Für nach dem 31.12.1950 geborene Versicherte reicht das Vorliegen von Berufs- oder Erwerbsunfähigkeit für einen Anspruch auf diese Altersrente nicht (mehr) aus.

i) Besonderer Vertrauensschutz für vor dem 17.11.1950 geborene Versicherte

Eine weitere Vertrauensschutzregelung findet sich in § 236a Abs. 4 SGB VI: Die Altersgrenze von 60 Jahren für die vorzeitige Inanspruchnahme der Altersrente für schwerbehinderte Menschen wird nicht angehoben für Versicherte, die **bis zum 16.11.1950 geboren** und am 16.11.2000 schwerbehindert iSv. § 2 Abs. 2 SGB IX, berufsunfähig oder erwerbsunfähig nach dem am 31.12.2000 geltenden Recht waren und das 60. Lebensjahr vollendet sowie die Wartezeit von 35 Jahren erfüllt haben. Erfüllt ein schwerbehinderter Arbeitnehmer eine dieser beiden Voraussetzungen, so kann er nach wie vor ab Vollendung des 60. Lebensjahres die **ungekürzte Altersrente** beziehen.

Beispiel:

Ein Arbeitnehmer ist am 3.10.1949 geboren. Auf seinen Antrag hin wird im Jahre 1995 ein Grad der Behinderung von 60 festgestellt. Da der Arbeitnehmer vor dem 16.11.1950 geboren ist und seine Schwerbehinderung für einen Zeitpunkt bis zum 16.11.2000 festgestellt wurde, hat er die Möglichkeit, mit Vollendung des 60. Lebensjahres ungekürzt Altersrente für schwerbehinderte Menschen zu beziehen. Das bedeutet, dass er ab dem 1.12.2009 diese Rente ohne Abschläge beziehen kann.

j) Arbeitsrechtliche Verknüpfung

Auch hier gilt, dass die Möglichkeit der (vorgezogenen) Altersrente für schwerbehinderte Menschen ein nicht unmaßgeblicher Gesichtspunkt für die Willensbildung und **Verhandlungsposition** beim Abschluss von Vereinbarungen über die Beendigung des Arbeitsverhältnisses sein kann. Für den anwaltlichen Berater gilt es insbesondere herauszuarbeiten, welche konkrete Altersgrenze für den individuellen Arbeitnehmer gilt, weil diese wiederum Auswirkungen auf die Höhe der Abschläge hat. Die Möglichkeit, ab Vollendung des 63. Lebensjahres ggf. ungekürzt Altersrente für schwerbehinderte Menschen beziehen zu können, ist für den Arbeitnehmer wirtschaftlich natürlich günstiger als der reguläre Beginn der Altersrente für schwerbehinderte Menschen ab Vollendung des 65. Lebensjahres oder der Eintritt der regulären Altersrente mit Vollendung des 67. Lebensjahres. Unabhängig vom besonderen Kündigungsschutz eines schwerbehinderten Menschen und den sonstigen Sonderregelungen (vgl. dazu Teil 3 H Rz. 33 ff.) bietet daher eine anerkannte und festgestellte Schwerbehinderung **rentenrechtlich** nach wie vor Vorteile.

5. Altersrente wegen Arbeitslosigkeit oder nach Altersteilzeitarbeit

Die Altersrente wegen Arbeitslosigkeit oder nach Altersteilzeitarbeit wurde durch das Rentenreformgesetz 1999 **ersatzlos aufgehoben**. Für eine **Übergangszeit** sieht § 237 SGB VI eine Altersrente wegen Arbeitslosigkeit oder nach Altersteilzeitarbeit nur noch für Versicherte vor, die bis zum 31.12.1951 geboren sind. Die später geborenen Versicherten werden auf die Altersrente für langjährig Versicherte verwiesen. Ab 2012 werden besondere Altersrenten für Arbeitslose oder nach Altersteilzeitarbeit nicht mehr geleistet[1].

Es existiert nur noch die Möglichkeit,
- Regelaltersrente ab Vollendung des 67. Lebensjahres,
- Regelaltersrente für langjährig Versicherte mit Vollendung des 67. Lebensjahres bei Möglichkeit der vorzeitigen Inanspruchnahme ab Vollendung des 63. Lebensjahres bei Rentenminderung,
- Altersrente für besonders langjährig Versicherte mit Vollendung des 65. Lebensjahres ohne vorzeitige Inanspruchnahmemöglichkeit sowie

---

1 Vgl. BT-Drucks. 13/8011, 53.

– Altersrente für schwerbehinderte Menschen mit Vollendung des 65. Lebensjahres bei vorzeitiger Inanspruchnahmemöglichkeit ab Vollendung des 62. Lebensjahres mit Rentenminderung

zu beziehen. Der vorzeitige Bezug wäre, wenn er in Betracht kommt, mit Abschlägen verbunden[1].

121–147 Einstweilen frei.

6. Altersrente für Frauen

148 Ebenfalls ein „Auslaufmodell" ist die **Altersrente für Frauen**. Hinsichtlich der Anspruchsvoraussetzungen sowie Übergangs- und Vertrauensschutzregelungen ist diese letztendlich ähnlich strukturiert wie die Altersrente wegen Arbeitslosigkeit oder nach Altersteilzeitarbeit. Die Altersrente für Frauen ab dem 60. Lebensjahr kann nur noch von Geburtsjahrgängen bis 1951 in Anspruch genommen werden. Ab 2012 wird damit eine Altersrente für Frauen nicht mehr geleistet[2].

149–157 Einstweilen frei.

7. Ausgleichszahlungen

158 Die Altersrenten sind im Falle der vorzeitigen Inanspruchnahme stets pro Monat der vorzeitigen Inanspruchnahme um 0,3 % zu kürzen. Zur Vermeidung von Nachteilen in der Rentenversicherung räumt § 187a SGB VI dem Arbeitnehmer das Recht ein, bis zum Erreichen der Regelaltersgrenze auf sein Konto der gesetzlichen Rentenversicherung Beiträge einzubezahlen, um die mit der vorzeitigen Inanspruchnahme einer Altersrente verbundenen Rentenminderungen **auszugleichen**[3].

a) Auskunftsanspruch

159 Um die **Höhe dieses Betrages** festzustellen, der zum – ggf. auch nur teilweisen – Ausgleich der Rentenminderung notwendig ist, muss der Rentenversicherungsträger zunächst eine besondere **Rentenauskunft** über die voraussichtliche Minderung der Altersrente erteilen, die auf Antrag erstellt wird (§ 109 Abs. 4 Nr. 4 SGB VI) (vgl. Rz. 19 ff.). Die besondere Rentenauskunft enthält folgende Angaben:
– den voraussichtlichen Betrag der Altersrente, abgestellt auf den beabsichtigten – vorzeitigen – Rentenbeginn,
– die Rentenminderung, die durch die vorzeitige Inanspruchnahme entsteht, sowie
– den Beitrag, der zum Ausgleich dieser Minderung erforderlich ist.

160 Die Berechnung des Beitrags zum Ausgleich der Minderung erfolgt auf der Basis der maßgeblichen Berechnungsgrößen, die zum Zeitpunkt der Antragstellung für die besondere Rentenauskunft gelten. Die so errechneten Beiträge bleiben maßgebend, wenn sie innerhalb von drei Monaten nach Erhalt der besonderen Rentenauskunft gezahlt werden. Dies gilt nur dann nicht, wenn der Beitragsaufwand im Zeitpunkt der Beitragszahlung **niedriger** als der in der besonderen Rentenauskunft errechnete **Beitragsaufwand** ist; die Beiträge sind nicht für einen zwischenzeitlich eingetretenen Leistungsfall zu berücksichtigen[4].

---

1 Zu Einzelheiten zu den Altfällen, dh. Altersrente wegen Arbeitslosigkeit oder nach Altersteilzeitarbeit, s. die Voraufl., Teil 7 C Rz. 121 ff.
2 Zu den Einzelheiten zum Bezug einer Altersrente für Frauen s. die Voraufl., Teil 7 C Rz. 149 ff.
3 Vgl. *Bauer/Krieger/Arnold*, Arbeitsrechtliche Aufhebungsverträge, H. Rz. 150; *Schrader*, NZA 2003, 593 ff. (596); *Schrader*, ArbRB 2004, 283 ff. (285).
4 Vgl. KomGRV, § 187a SGB VI Rz. 4.3.

161 Für die **Zahlung der Beiträge** wird in § 187a Abs. 3 Satz 1 SGB VI auf die Regelungen bei Zahlungen von Beiträgen im Rahmen des Versorgungsausgleichs verwiesen. Aus der entsprechenden Anwendung des § 187 Abs. 5 SGB VI ergibt sich, dass die zum Ausgleich einer Rentenminderung gezahlten Beiträge als im Zeitpunkt der Antragstellung auf Erteilung einer Auskunft nach § 109 Abs. 4 Nr. 4 SGB VI gezahlt gelten, wenn sie innerhalb von drei Kalendermonaten nach Erteilung der Auskunft erbracht werden. Wird diese Frist versäumt, sind für die Ermittlung des Beitragsaufwands die Berechnungsgrößen zu berücksichtigen, die im Zeitpunkt der Zahlung gelten. Dies gilt jedoch nicht, wenn der Beitragsaufwand im Zeitpunkt der Zahlung niedriger ist als der in der Auskunft ermittelte Betrag. In diesen Fällen ist der niedrigere Beitragsaufwand maßgeblich[1]. **Teilzahlungen** sind möglich (§ 187a Abs. 3 Satz 2 SGB VI).

162 Die Auskunft nach § 109 Abs. 4 Nr. 4 SGB VI ist weder Verwaltungsakt iSv. § 31 SGB X noch Zusicherung iSv. §§ 31, 34 SGB X (vgl. Rz. 27). Dennoch ist sie nicht gänzlich unverbindlich. Die einmal in der Auskunft erteilte höchstmögliche Minderung an persönlichen Entgeltpunkten soll grundsätzlich auch bei veränderten Verhältnissen maßgebend bleiben. Dass der Rentenversicherungsträger bei sich ändernden Verhältnissen keine neue Auskunft erteilen muss, schließt jedoch nicht aus, dass der Versicherte im Hinblick auf veränderte Verhältnisse eine neue Rentenauskunft beantragen kann[2].

163 Die Beiträge, die zum Ausgleich der Minderung eingezahlt werden, sind weder freiwillige Beiträge noch Pflichtbeiträge, so dass sie weder für die Wartezeit noch für sonstige versicherungsrechtliche Voraussetzungen berücksichtigt werden können.

164 Die Auswirkungen der Zahlung auf den Rentenbezug ergeben sich aus § 76a SGB VI. Zu beachten ist hierbei, dass ein Zuschlag an **Entgeltpunkten** nur dann berücksichtigt wird, wenn die Beiträge bis zu einem Zeitpunkt gezahlt werden, bis zu dem Entgeltpunkte für freiwillige Beiträge zu ermitteln sind (§ 76a Abs. 3 SGB VI). Diese Regelung bezieht sich auf § 75 SGB VI. Danach sind Entgeltpunkte für freiwillige Beiträge bei einer Rente wegen verminderter Erwerbsfähigkeit nur dann zu ermitteln, wenn sie vor dem Eintritt der maßgebenden Minderung der Erwerbsfähigkeit gezahlt worden sind. Dies bedeutet, dass ein Zuschlag an Entgeltpunkten nach § 76a SGB VI nur berücksichtigt wird, wenn die Beiträge vor dem Eintritt des Leistungsfalles bzw. bei Altersrenten vor dem Rentenbeginn gezahlt worden sind[3].

165 Auch wenn die Rentenauskunft erteilt wird, gibt es keinerlei **Verpflichtung**, die entsprechenden Beiträge tatsächlich zahlen zu müssen oder die Rente wegen Alters vorzeitig in Anspruch zu nehmen[4]. Sind Beiträge jedoch rechtswirksam gezahlt worden, kommt eine Erstattung der gezahlten Beiträge grundsätzlich nicht mehr in Betracht (§ 187a Abs. 3 Satz 3 SGB VI). Eine Erstattung kommt selbst dann nicht mehr in Betracht, wenn der Versicherte seine Erklärung, eine vorzeitige Altersrente zu beanspruchen, zurücknimmt oder die Altersrente tatsächlich nicht vorzeitig beansprucht[5]. Vielmehr ist der Zuschlag an Entgeltpunkten nach § 76a SGB VI sowohl bei der nicht vorzeitig in Anspruch genommenen Teil- bzw. Vollrente wegen Alters als auch bei den anderen Rentenleistungen (Rente wegen Erwerbsminderung, Erziehungsrenten, Hinterbliebenenrenten) zu berücksichtigen[6].

b) Rechtsgrundlage

166 Rechtsgrundlage des Ausgleichs von Rentenminderungen bei vorzeitiger Inanspruchnahme einer Rente wegen Alters durch Zahlung von Beiträgen ist § 187a SGB VI. Da-

---

1 Vgl. KomGRV, § 187a SGB VI Rz. 4.3.
2 Vgl. KomGRV, § 187a SGB VI Rz. 11.
3 Vgl. KomGRV, § 187a SGB VI Rz. 12.
4 Vgl. KassKomm/*Gürtner*, § 187a SGB VI Rz. 6.
5 Vgl. KomGRV, § 187a SGB VI Rz. 8.
6 Vgl. Rentenversicherungsträger-Broschüre zum SGB VI, § 76a Rz. 3.1.

nach können bis zum Erreichen der Regelaltersgrenze Rentenminderungen durch die vorzeitige Inanspruchnahme einer Rente wegen Alters durch Zahlung von Beiträgen ausgeglichen werden. Die Möglichkeit der zusätzlichen Beitragszahlung gilt für **alle** Fälle der vorzeitigen Inanspruchnahme einer Rente wegen Alters[1].

167, 168   Einstweilen frei.

c) Höhe

169   Der **Aufwand** zur Zahlung von Beiträgen wegen vorzeitiger Inanspruchnahme einer Altersrente bei angehobener Altersgrenze bemisst sich an der Höhe der erworbenen Rentenanwartschaften und an der Anzahl von Monaten, die die Rente vorzeitig in Anspruch genommen werden soll. Das bedeutet, dass sich der Einzahlungsbetrag individuell gestaltet und daher bei jedem Versicherten unterschiedlich hoch ist. Im Einzelfall sind daher stets die Angaben aus der besonderen Rentenauskunft maßgeblich.

170   Nachfolgende Tabellen[2] sollen **Berechnungsbeispiele**[3] für den Ausgleich von Rentenabschlägen bei vorzeitiger Inanspruchnahme der Altersrenten geben. Die Berechnungen, insbesondere die Ausgleichsbeträge, sind auf der Grundlage des in dem Zeitraum vom 1.7.2013 bis zum 30.6.2014 gültigen Rentenwertes iHv. 28,14 Euro West erfolgt.

171   **aa) Rentenminderungen bei vorzeitigem Bezug einer Altersrente im Kalenderjahr 2014**

Mtl. Rente ohne Minderung	100 Euro	200 Euro	300 Euro	400 Euro	500 Euro
Monate vorzeitigen Rentenbezuges (ZF)	und entsprechend geminderte Rente (Euro)				
1 (0,997)	99,70	199,40	299,10	398,80	498,50
2 (0,994)	99,40	198,80	298,20	397,60	497,00
3 (0,991)	99,10	198,20	297,30	396,40	495,50
4 (0,988)	98,80	197,60	296,40	395,20	494,00
5 (0,985)	98,50	197,00	295,50	394,00	492,50
6 (0,982)	98,20	196,40	294,60	392,80	491,00
7 (0,979)	97,90	195,80	293,70	391,60	489,50
8 (0,976)	97,60	195,20	292,80	390,40	488,00
9 (0,973)	97,30	194,60	291,90	389,20	486,50
10 (0,970)	97,00	194,00	291,00	388,00	485,00
11 (0,967)	96,70	193,40	290,10	386,80	483,50
12 (0,964)	96,40	192,80	289,20	385,60	482,00
24 (0,928)	92,80	185,60	278,40	371,20	464,00
36 (0,892)	89,20	178,40	267,60	356,80	446,00
48 (0,856)	85,60	171,20	256,80	342,40	428,00
60 (0,820)	82,00	164,00	246,00	328,00	410,00

---

1 Vgl. BT-Drucks. 13/4336, 23.
2 Quelle: KomGRV Anlage zu § 187a SGB VI (Rundungsdifferenzen möglich).
3 Rundungsdifferenzen möglich.

IV. Renten wegen Alters

Mtl. Rente ohne Minderung		600 Euro	700 Euro	800 Euro	900 Euro	1 000 Euro
Monate vorzeitigen Rentenbezuges (ZF)		und entsprechend geminderte Rente (Euro)				
1	(0,997)	598,20	697,90	797,60	897,30	997,00
2	(0,994)	596,40	695,80	795,20	894,60	994,00
3	(0,991)	594,60	693,70	792,80	891,90	991,00
4	(0,988)	592,80	691,60	790,40	889,20	988,00
5	(0,985)	591,00	689,50	788,00	886,50	985,00
6	(0,982)	589,20	687,40	785,60	883,80	982,00
7	(0,979)	587,40	685,30	783,20	881,10	979,00
8	(0,976)	585,60	683,20	780,80	878,40	976,00
9	(0,973)	583,80	681,10	778,40	875,70	973,00
10	(0,970)	582,00	679,00	776,00	873,00	970,00
11	(0,967)	580,20	676,90	773,60	870,30	967,00
12	(0,964)	578,40	674,80	771,20	867,60	964,00
24	(0,928)	556,80	649,60	742,40	835,20	928,00
36	(0,892)	535,20	624,40	713,60	802,80	892,00
48	(0,856)	513,60	599,20	684,80	770,40	856,00
60	(0,820)	492,00	574,00	656,00	738,00	820,00

bb) Beiträge zum Ausgleich der Rentenminderung auf der Grundlage des Rentenwertes von 28,14 Euro

172

Mtl. Rente ohne Minderung		100 Euro (3,5537 EP)	200 Euro (7,1073 EP)	300 Euro (10,6610 EP)	400 Euro (14,2146 EP)	500 Euro (17,7683 EP)
Monate vorzeitigen Rentenbezuges (ZF)		und entsprechende Beiträge (Euro) zum Ausgleich der Minderung				
1	(0,997)	70,70	140,74	211,45	281,49	352,20
2	(0,994)	141,17	282,34	424,18	565,34	706,52
3	(0,991)	212,73	425,46	637,53	850,25	1 062,99
4	(0,988)	284,06	568,78	852,83	1 137,56	1 421,62
5	(0,985)	356,49	712,97	1 069,46	1 425,95	1 782,43
6	(0,982)	429,36	858,04	1 287,40	1 716,76	2 145,45
7	(0,979)	502,00	1 004,68	1 506,69	2 008,69	2 510,69
8	(0,976)	575,77	1 151,55	1 727,32	2 303,09	2 878,19
9	(0,973)	649,32	1 299,31	1 948,63	2 598,62	3 247,94
10	(0,970)	724,00	1 448,00	2 171,99	2 895,99	3 619,99
11	(0,967)	799,14	1 597,60	2 396,74	3 195,88	3 995,03
12	(0,964)	874,07	1 748,82	2 622,88	3 496,96	4 371,71

Mtl. Rente ohne Minderung	100 Euro (3,5537 EP)	200 Euro (7,1073 EP)	300 Euro (10,6610 EP)	400 Euro (14,2146 EP)	500 Euro (17,7683 EP)
Monate vorzeitigen Rentenbezuges (ZF)	und entsprechende Beiträge (Euro) zum Ausgleich der Minderung					
24	(0,928)	1 816,66	3 632,62	5 449,28	7 265,94	9 081,89
36	(0,892)	2 834,60	5 669,20	8 503,80	11 338,41	14 173,00
48	(0,856)	3 938,17	7 877,09	11 815,26	15 753,41	19 691,58
60	(0,820)	5 139,43	10 278,04	15 417,46	20 556,09	25 695,50

Mtl. Rente ohne Minderung	600 Euro (21,3220 EP)	700 Euro (24,8756 EP)	800 Euro (28,4239 EP)	900 Euro (31,9829 EP)	1 000 Euro (35,5366 EP)
Monate vorzeitigen Rentenbezuges (ZF)	und entsprechende Beiträge zum Ausgleich der Minderung (Euro)					
1	(0,997)	422,90	492,94	563,64	633,69	704,39
2	(0,994)	847,69	989,52	1 130,69	1 271,86	1 413,04
3	(0,991)	1 275,71	1 488,45	1 701,17	1 913,24	2 125,96
4	(0,988)	1 706,34	1 990,39	2 275,12	2 559,17	2 843,23
5	(0,985)	2 138,91	2 495,40	2 851,89	3 208,38	3 564,86
6	(0,982)	2 574,81	3 004,16	3 432,86	3 862,22	4 291,58
7	(0,979)	3 013,37	3 515,38	4 017,39	4 519,39	5 022,06
8	(0,976)	3 453,97	4 029,73	4 605,50	5 181,28	5 757,05
9	(0,973)	3 897,94	4 547,26	5 197,26	5 846,57	6 496,57
10	(0,970)	4 344,67	5 068,66	5 792,66	6 516,66	7 240,66
11	(0,967)	4 793,49	5 592,63	6 391,77	7 190,23	7 989,37
12	(0,964)	5 245,78	6 119,84	6 994,60	7 868,66	8 742,73
24	(0,928)	10 898,56	12 714,50	14 531,16	16 347,82	18 163,78
36	(0,892)	17 007,60	19 842,21	22 676,80	25 511,41	28 346,01
48	(0,856)	23 630,50	27 568,67	31 506,82	35 444,99	39 383,91
60	(0,820)	30 834,93	35 973,55	41 112,96	46 251,59	51 391,01

Die Zahlenangaben in den vorstehenden Tabellen beruhen auf dem Rentenwert iHv. 28,14 Euro West. Die Tabellen machen die Rentenminderungen und Ausgleichszahlungen deutlich: Hat ein Arbeitnehmer aufgrund seiner persönlichen Rentenverhältnisse einen Rentenanspruch von 1 000 Euro und nimmt er die Rente 60 Monate vor dem regulären Renteneintritt in Anspruch, reduziert sich die Rente auf 820 Euro (1 000 Euro gekürzt um 18 %, die 18 % ergeben sich aus 60 Monaten der vorzeitigen Inanspruchnahme multipliziert mit dem Kürzungsfaktor 0,3). Diese Rentenminderung durch eine Einmalzahlung auszugleichen, würde einen Betrag iHv. 51 391,01 Euro brutto erfordern.

IV. Renten wegen Alters　　　　　　　　　　　　　　　　　　　　　　Rz. 177　Teil 7 C

d) Sozialrechtliche Auswirkungen

§ 187a SGB VI wirkt sich sozialrechtlich beim **Ruhen des Anspruches auf Arbeits-** 173
losengeld wegen Verkürzung der ordentlichen Kündigungsfrist und Zahlung einer Abfindung nach § 158 SGB III aus (zu den Voraussetzungen des Ruhenstatbestandes nach § 158 SGB III vgl. Teil 7 A Rz. 56 ff.). Leistungen, die der Arbeitgeber für den Arbeitslosen, dessen Arbeitsverhältnis frühestens mit Vollendung des 55. Lebensjahres beendet wird, unmittelbar für dessen Rentenversicherung nach § 187a Abs. 1 SGB VI aufwendet, bleiben bei der Berechnung des Ruhenszeitraumes unberücksichtigt (§ 158 Abs. 1 Satz 6 SGB III).

Führt der Arbeitgeber somit Teile einer Abfindung (Entlassungsentschädigung) für 174
den vorgenannten Zweck an den Rentenversicherungsträger ab, tritt insoweit ein Ruhen nach § 158 SGB III nicht ein. Da die Zahlung **unmittelbar** durch den Arbeitgeber an den Rentenversicherungsträger erfolgen muss, genügt eine bloße Zweckbestimmung gegenüber dem Arbeitslosen nicht[1]. Um jeglichen Streit darüber zu vermeiden, welcher Teil der Abfindung für eine Ausgleichszahlung nach § 187a SGB VI zu verwenden ist und welche Leistung der Arbeitgeber unmittelbar an den Rentenversicherungsträger zu erbringen hat, sollte dieses in einer Ausscheidensvereinbarung ausdrücklich klargestellt werden.

Eine Klausel könnte wie folgt formuliert werden:　　　　　　　　　　　　　　175

Formulierungsbeispiel:

Der Arbeitgeber verpflichtet sich, von der in Ziffer … vereinbarten Abfindungszahlung und dem sich daraus ergebenden Nettobetrag einen Betrag in Höhe von … Euro an den für den Arbeitnehmer zuständigen Rentenversicherungsträger bis zum … zu zahlen[2].

Voraussetzung ist nach dem Gesetzeswortlaut, dass das Arbeitsverhältnis frühestens 176
mit Vollendung des 55. Lebensjahres des Arbeitnehmers beendet wird. Ferner ist Voraussetzung, dass der Arbeitnehmer nach dem Ausscheiden eine vorgezogene Altersrente in Anspruch nehmen möchte. Gerade bei älteren Arbeitnehmern kann bei der Beendigung des Arbeitsverhältnisses darüber nachgedacht werden, einen Aufhebungsvertrag ohne Einhaltung der Kündigungsfrist abzuschließen, wenn diese Arbeitnehmer die Möglichkeit haben, nahtlos vorgezogenes Altersruhegeld zu beziehen und wenn für Rentennachteile eine entsprechende Ausgleichszahlung nach § 187a SGB VI vereinbart wird. Bei denjenigen Arbeitnehmern, die erst nach dem Bezug von Arbeitslosengeld vorgezogenes Altersruhegeld in Anspruch nehmen, muss bedacht werden, dass die Nichtanrechnung des für die Ausgleichszahlung bestimmten Teils der Abfindung nichts daran ändert, dass wegen der Nichteinhaltung der Kündigungsfrist in der Regel ein Ruhenstatbestand nach § 158 SGB III verwirkt ist (vgl. Teil 7 A Rz. 56; zu den Rechtsfolgen eines Ruhenstatbestandes vgl. Teil 7 A Rz. 71 ff.).

e) Steuerliche Auswirkungen

Die Entscheidung darüber, ob eine Nachzahlung nach § 187a SGB VI erfolgt oder 177
nicht, wird letztendlich regelmäßig von der Frage der **steuerlichen Behandlung** abhängen.

---

1 Vgl. GK-SGB III/*Masuch*, § 143a SGB III Rz. 61; Hauck/Noftz/*Valgolio*, § 143a SGB III Rz. 87 ff.
2 Vgl. Hauck/Noftz/*Valgilio*, § 143a SGB III Rz. 87 ff.; *Schrader*, ArbRB 2004, 283 ff. (284).

aa) Steuerliche Behandlung der Abfindung

178 Eine **Abfindung** war nach § 3 Nr. 9 EStG aF bis zu bestimmten Grenzen steuerfrei, darüber hinaus steuerlich begünstigt[1]. Diese steuerliche Begünstigung ist mit Wirkung zum 1.1.2006 weggefallen (vgl. Teil 3 C Rz. 34)[2]. Für einen bestimmten Personenkreis gewährte die Übergangsregelung des § 52 Abs. 4a EStG aF weiterhin die steuerliche Begünstigung des § 3 Nr. 9 EStG aF. Nach § 52 Abs. 4a EStG aF war § 3 Nr. 9 EStG aF weiterhin anzuwenden für vor dem 1.1.2006 entstandene Ansprüche der Arbeitnehmer auf Abfindung oder für Abfindungen wegen einer vor dem 1.1.2006 getroffenen Gerichtsentscheidung oder einer am 31.12.2005 anhängigen Klage, soweit die Abfindungen dem Arbeitnehmer vor dem 1.1.2008 zuflossen.

Mit Ablauf der Übergangsfrist zur abgeschafften Freibetragsregelung des § 3 Nr. 9 EStG zum 1.1.2008 ist eine Steuerbegünstigung von Abfindungen bei Vorliegen der Voraussetzungen nunmehr als steuerbegünstigte Entschädigung nach § 24 Nr. 1 iVm. § 34 Abs. 1 und 2 Nr. 2 EStG oder steuerbegünstigte Vergütung für eine mehrjährige Tätigkeit (§ 34 Abs. 1 und 2 Nr. 4 EStG) möglich[3].

Natürlich kann aus einer solchen vereinbarten Abfindung ein Teilbetrag zum Ausgleich von Rentenversicherungsnachteilen an den Rentenversicherungsträger gezahlt werden. „Interessant" für die Gestaltung bei Aufhebungsverträgen sind die Ausgleichsbeträge nach § 187a SGB VI letztendlich aber erst dann, wenn sie teilweise steuerfrei oder zumindest steuerlich begünstigt wären.

bb) Beiträge an die Rentenversicherung

179 Beiträge des Begünstigten an die Rentenversicherung sind **Sonderausgaben** nach § 10 Abs. 1 Nr. 2 EStG[4]. Der Abzug beschränkt sich auf eigene Aufwendungen des Arbeitnehmers, also den von ihm getragen Arbeitnehmeranteil, bzw. den vom Arbeitgeber übernommenen Arbeitnehmeranteil, wenn die Übernahme Arbeitslohn darstellt. Denn im zuletzt genannten Fall wird der Arbeitnehmeranteil aus versteuertem Einkommen des Arbeitnehmers erbracht[5]. Wegen der beschränkten Abzugsmöglichkeit von Sonderausgaben und der hohen Kosten, die mit einer Ausgleichszahlung nach § 187a SGB VI verbunden sind, spielt die Abzugsfähigkeit als Sonderausgabe in der Praxis keine Rolle. Eine Steuerfreiheit ist nur in Ausnahmefällen vorgesehen.

(1) § 3 Nr. 28 EStG

(a) Rechtsgrundlage

180 In bestimmten Fällen besteht die Möglichkeit der Steuerfreiheit nach § 3 Nr. 28 EStG.

(b) Erfasster Bereich

181 Nicht eindeutig ist, welcher Bereich von Ausgleichszahlungen nach § 187a SGB VI von dieser Vorschrift erfasst wird.

---

1 Vgl. HK/*Neef*, Anh. §§ 9, 10 Rz. 21 ff.; *Bauer*, Arbeitsrechtliche Aufhebungsverträge, 8. Aufl. 2007, VII Rz. 2 ff. mzN; *Weber/Ehrich/Burmester/Fröhlich*, 4. Aufl., Teil 1 Rz. 425 ff. mzN.
2 Vgl. Gesetz zum Einstieg in ein steuerliches Sofortprogramm v. 22.12.2005, BGBl. I, 3682.
3 Zur Versteuerung von Abfindungen vgl. *Bauer/Krieger/Arnold*, Arbeitsrechtliche Aufhebungsverträge, G Rz. 31 ff.; Küttner/*Seidel*, Personalbuch 2014, Abfindung Rz. 41.
4 Vgl. Schmidt/*Heinicke*, § 3 EStG – Rentenversicherungsleistungen; Küttner/*Thomas*, Personalbuch 2014, Rentenversicherungsbeiträge Rz. 2 ff.
5 Vgl. Küttner/*Thomas*, Personalbuch 2014, Rentenversicherungsbeiträge Rz. 2.

IV. Renten wegen Alters

(aa) Altersteilzeitvereinbarung

Klar und eindeutig ist zunächst, dass bestimmte Leistungen nach dem **Altersteilzeitgesetz** steuerfrei sind. Hierzu heißt es in der **Lohnsteuerrichtlinie** zu § 3 Nr. 28 EStG[1]:

„(1) Aufstockungsbeträge und zusätzliche Beiträge zur gesetzlichen Rentenversicherung im Sinne des § 3 Abs. 1 Nr. 1 sowie Aufwendungen im Sinne des § 4 Abs. 2 ATZG sind steuerfrei, wenn die Voraussetzungen des § 2 ATZG, zB Vollendung des 55. Lebensjahres, Verringerung der tariflichen regelmäßigen wöchentlichen Arbeitszeit auf die Hälfte, vorliegen. Die Vereinbarung über die Arbeitszeitverminderung muss sich zumindest auf die Zeit erstrecken, bis der Arbeitnehmer eine Rente wegen Alters beanspruchen kann. Dafür ist nicht erforderlich, dass diese Rente ungemindert ist. Der frühestmögliche Zeitpunkt, zu dem eine Altersrente in Anspruch genommen werden kann, ist die Vollendung des 60. Lebensjahrs. Die Steuerfreiheit kommt nicht mehr in Betracht mit Ablauf des Kalendermonats, in dem der Arbeitnehmer die Altersteilzeitarbeit beendet oder die für ihn geltende gesetzliche Altersgrenze für die Regelaltersgrenze erreicht hat (§ 5 Abs. 1 Nr. 1 ATZG).

(2) Die Leistungen sind auch dann steuerfrei, wenn der Förderanspruch des Arbeitgebers an die Bundesagentur für Arbeit nach § 5 Abs. 1 Nr. 2 und 3, Abs. 2 bis 4 ATZG erlischt, nicht besteht oder ruht, zB wenn der frei gewordene Voll- oder Teilarbeitsplatz nicht wieder besetzt wird. Die Leistungen sind auch dann steuerfrei, wenn mit der Altersteilzeit erst nach dem 31.12.2009 begonnen wurde und diese nicht durch die Bundesagentur für Arbeit nach § 4 ATZG gefördert wird (§ 1 Abs. 3 Satz 2 ATZG). Durch eine vorzeitige Beendigung der Altersteilzeit (Störfall) ändert sich der Charakter der bis dahin erbrachten Arbeitgeberleistungen nicht, weil das Altersteilzeitgesetz keine Rückzahlung vorsieht. Die Steuerfreiheit der Aufstockungsbeträge bleibt daher bis zum Eintritt des Störfalls erhalten.

(3) Aufstockungsbeträge und zusätzliche Beiträge zur gesetzlichen Rentenversicherung sind steuerfrei, auch soweit sie über die im Altersteilzeitgesetz genannten Mindestbeträge hinausgehen. Dies gilt nur, soweit die Aufstockungsbeträge zusammen mit dem während der Altersteilzeit bezogenen Nettoarbeitslohn monatlich 100 % des maßgebenden Arbeitslohns nicht übersteigen. Maßgebend ist bei laufendem Arbeitslohn der Nettoarbeitslohn, den der Arbeitnehmer im jeweiligen Lohnzahlungszeitraum ohne Altersteilzeit üblicherweise erhalten hätte; bei sonstigen Bezügen ist auf den unter Berücksichtigung des nach R 39b. 6 ermittelten voraussichtlichen Jahresnettoarbeitslohn unter Einbeziehung der sonstigen Bezüge bei einer unterstellten Vollzeitbeschäftigung abzustellen. Unangemessene Erhöhungen vor oder während der Altersteilzeit sind dabei nicht zu berücksichtigen. Aufstockungsbeträge, die in Form von Sachbezügen gewährt werden, sind steuerfrei, wenn die Aufstockung betragsmäßig in Geld festgelegt und außerdem vereinbart ist, dass der Arbeitgeber anstelle der Geldleistung Sachbezüge erbringen darf."

Nach der Lohnsteuerrichtlinie ist insoweit zumindest klar, dass Ausgleichszahlungen nach § 187a SGB VI, die im Zusammenhang mit einem Altersteilzeitvertrag geleistet werden, steuerfrei iSv. § 3 Nr. 28 EStG sind[2].

(bb) Sonstige Ausgleichszahlungen

Nicht klar ist aber, ob **sonstige vereinbarte Ausgleichsbeträge** nach § 187a SGB VI unter diese Steuerfreiheit fallen. Die **Gesetzesmaterialien** enthalten keinerlei konkrete Aussage zur Reichweite der Norm.

Aus der Gesetzesformulierung und der Benennung von mehreren Voraussetzungen der Steuerfreiheit in § 3 Nr. 28 EStG alternativ und nicht kumulativ, aber auch aus der Beschlussempfehlung und dem Bericht des Ausschusses für Arbeit und Sozialordnung lässt sich entnehmen, dass Ausgleichszahlungen nach § 187a SGB VI nicht nur in Verbindung mit einer Altersteilzeitvereinbarung, sondern auch im Rahmen einer

---

1 Vgl. Lohnsteuerrichtlinien 2013, R 3.28. Leistungen nach dem Altersteilzeitgesetz (ATZG), (§ 3 Nr. 28 EStG).
2 Beispielsberechnungen finden sich ausführlich in der Lohnsteuerrichtlinie 2005 unter LStH 18.

sonstigen Ausscheidensregelung von der Steuerfreiheit nach § 3 Nr. 28 EStG erfasst sind. Dafür spricht im Ergebnis auch ein Schreiben des **Bundesfinanzministeriums** vom 18.12.1998, in dem zu Zweifelsfragen bzgl. der ertragssteuerlichen Behandlung von Entlassungsentschädigungen Stellung genommen wird[1]. Unter Ziffer VI laufende Nummer 29 und 30 zu vom Arbeitgeber freiwillig übernommenen Rentenversicherungsbeiträgen iSd. § 187a SGB VI heißt es wörtlich:

„29 Durch eine Ergänzung des § 3 Nr. 28 EStG ist ab dem Kalenderjahr 1997 eine Steuerbefreiung eingeführt worden in Höhe der Hälfte der vom Arbeitgeber freiwillig übernommenen Rentenversicherungsbeiträge im Sinne des § 187a SGB VI, durch die Rentenminderungen bei vorzeitiger Inanspruchnahme der Altersrente gemildert oder vermieden werden können. Die Berechtigung zur Zahlung dieser Beiträge und damit die Steuerfreistellung setzen voraus, dass der Versicherte erklärt, eine solche Rente zu beanspruchen. Die Steuerfreistellung ist auf die Hälfte der insgesamt geleisteten zusätzlichen Rentenversicherungsbeiträge begrenzt, da Pflichtbeiträge des Arbeitgebers zur gesetzlichen Rentenversicherung nur in Höhe des halben Gesamtbeitrages steuerfrei sind. Für den verbleibenden steuerpflichtigen Teil der Rentenversicherung gilt § 3 Nr. 9 EStG.

30 Die vom Arbeitgeber zusätzlich geleisteten Rentenversicherungsbeiträge nach § 187a SGB VI einschließlich darauf entfallender, ggf. vom Arbeitgeber getragener, Steuerabzugsbeträge sind als Teil der Entschädigung im Sinne des § 24 Nr. 1 EStG, die im Zusammenhang mit der Auflösung eines Dienstverhältnisses geleistet wird, zu behandeln. Leistet der Arbeitgeber diese Beiträge in Teilbeträgen, ist dies für die Frage der Zusammenballung unbeachtlich. Die dem Arbeitnehmer darüber hinaus zugeflossene Entschädigung (Einmalbetrag) kann daher aus Billigkeitsgründen auf Antrag unter den übrigen Voraussetzungen begünstigt besteuert werden."

186 Daraus ergibt sich insgesamt, dass nicht nur Ausgleichszahlungen nach § 187a SGB VI im Zusammenhang mit Altersteilzeitvereinbarungen, sondern auch mit sonstigen Regelungen zur Beendigung des Arbeitsverhältnisses nach § 3 Nr. 28 EStG (teilweise) steuerfrei sind[2].

(c) Begrenzung der Steuerfreistellung

187 Die **Steuerfreistellung** ist auf **die Hälfte** der insgesamt geleisteten zusätzlichen Rentenversicherungsbeiträge begrenzt. Für den verbleibenden steuerpflichtigen Teil der Rentenversicherungsbeiträge gilt § 22 EStG, sofern die dort genannten Voraussetzungen vorliegen. Dies folgt bereits aus dem insoweit klaren und eindeutigen Gesetzeswortlaut.

Der steuerpflichtige Rentenanteil für alle Renten mit Beginn bis 2005 beträgt 50 %. Ab dem Jahr 2005 steigt der steuerpflichtige Rentenanteil in Schritten von 2 %-Punkten von 50 % im Jahr 2005 auf 80 % im Jahr 2020 und in Schritten von einem 1 %-Punkt ab dem Jahr 2021 bis 100 % im Jahr 2040 an. Der steuerpflichtige Rentenanteil beträgt somit 50 % bei Rentenbeginn im Jahr 2005, 52 % bei Rentenbeginn im Jahr 2006 usw. und schließlich 100 % bei Rentenbeginn ab 2040.

Die vom Arbeitgeber zusätzlich geleisteten Rentenversicherungsbeiträge nach § 187a SGB VI einschließlich darauf anfallender, ggf. vom Arbeitgeber getragener Steuerabzugsbeträge sind als Teil der Entschädigung iSd. § 24 Nr. 1 EStG, die im Zusammenhang mit der Auflösung eines Dienstverhältnisses geleistet wird, zu behandeln. Leistet der Arbeitgeber diese Beiträge in Teilbeträgen, ist dies für die Frage der Zusam-

---

[1] Vgl. BMF v. 18.12.1998 – IV A 5 - S 2290 - 15/98.
[2] Gleiches bestätigte dem Verfasser das Finanzamt Hannover-Nord mit Schreiben v. 27.7.2001 – 25 Dp 342 – auf eine entsprechende Anfrage. Mit Schreiben v. 25.9.2001 – IV C 5 - S 2333 - 16/01 – teilte das BMF mit, dass § 3 Nr. 28 EStG für sämtliche nach § 187a SGB VI in Betracht kommende Beträge eingreife, dh. nicht nur für Altersteilzeitregelungen. Diese Auffassung hat das BMF in einem Rundschreiben an die obersten Finanzbehörden der Länder offiziell kundgetan und bestätigt (Rundschreiben v. 24.5.2004 – V A 5 - S 2290 - 20/04).

menballung unbeachtlich[1]. Die vom Arbeitnehmer darüber hinaus zugeflossene Entschädigung (Einmalbetrag) kann aus Billigkeitsgründen auf Antrag unter den übrigen Voraussetzungen begünstigt werden[2].

(2) § 3 Nr. 62 EStG

(a) Rechtsgrundlage

Steuerfrei sind auch Zahlungen im Zusammenhang mit § 3 Nr. 62 EStG. 188

(b) Erfasster Bereich

Gesetzliche Pflichtbeiträge iSv. § 3 Nr. 62 Satz 1 EStG sind insbesondere Arbeitgeberbeiträge zur gesetzlichen Sozialversicherung des Arbeitnehmers (Renten-, Kranken- und Pflegeversicherung sowie Beiträge an die Bundesagentur für Arbeit)[3]. Mit diesen Beiträgen erfüllt der Arbeitgeber eine ihm gesetzlich auferlegte Schuld. § 3 Nr. 62 Satz 1 EStG kommt deshalb nur deklaratorischer Charakter zu, da es sich begrifflich nicht um Arbeitslohn des Arbeitnehmers handelt. Gleichgestellte Beitragsleistungen des Arbeitgebers sind nach § 3 Nr. 62 Satz 2–4 EStG ebenfalls steuerfrei. Der Arbeitnehmer kann unter bestimmten Voraussetzungen von der gesetzlichen Rentenversicherung befreit werden. Für diese Fälle sind bestimmte Zuschüsse des Arbeitgebers im Rahmen des § 3 Nr. 62 EStG steuerfrei. Freigestellt sind Beiträge des Arbeitgebers für Aufwendungen des Arbeitnehmers für eine Lebensversicherung (Satz 2 Nr. a), für die freiwillige Weiterversicherung in einer gesetzlichen Rentenversicherung (Satz 2 Nr. b), für eine öffentlich-rechtliche Versicherungs- oder Versorgungseinrichtung seiner Berufsgruppe (Satz 2 Nr. c) sowie seit 1997 auch Arbeitgeberbeitragszahlungen für höhere Rentenversicherungsleistungen bei vorzeitiger Inanspruchnahme einer Altersrente (§ 3 Nr. 28 EStG, s. Rz. 180 ff.). 189

Die **Steuerfreiheit** umfasst die Pflichtbeiträge des Arbeitgebers. Da der Arbeitgeber die Beiträge zur gesetzlichen Sozialversicherung – und damit auch zur Rentenversicherung – hälftig zu tragen hat[4], folgt daraus systemkonform, dass auch für die **freiwillig** vereinbarten Ausgleichszahlungen nach § 187a SGB VI nur eine hälftige Steuerfreiheit im Rahmen des § 3 Nr. 62 EStG besteht. 190

(3) Arbeitsrechtliche Verknüpfung

Die Möglichkeit, Ausgleichsbeiträge nach § 187a SGB VI an die Rentenversicherung zahlen zu können mit der Folge, dass die geleisteten Zahlungen des Arbeitgebers in Teilen steuerbefreit sind, eröffnet einen sehr **großen praktischen Gestaltungsspielraum** beim Abschluss von Vereinbarungen zur Beendigung von Arbeitsverhältnissen. Da die eingeschränkte Steuerfreiheit von „normalen" Abfindungen zum 1.1.2006 – abgesehen von der Möglichkeit des Eingreifens der Übergangsregelung des § 52 Abs. 4a EStG aF – weggefallen ist, bleibt durch die Möglichkeit der Vereinbarung einer Ausgleichszahlung nach § 187a SGB VI Gestaltungsspielraum für steuerfreie Zahlungen, die dem Arbeitnehmer bei der Auszahlung der Rente zu Gute kommen, sich letztendlich aber auch steuerrechtlich auswirken. Bislang unterlagen die Renten aus der gesetzlichen Rentenversicherung der Einkommensteuer nicht mit ihrem vollen Betrag, sondern nur mit dem sog. Ertragsanteil[5]. In seinem Urteil vom 6.3.2002 hat 191

---

1 Vgl. *Bauer/Krieger/Arnold*, Arbeitsrechtliche Aufhebungsverträge, G. Rz. 55.
2 Vgl. Rundschreiben des BMF v. 24.5.2004 – V A 5 - S 2290 - 20/04.
3 Vgl. *Schmidt/Heinicke*, § 3 EStG – Zukunftssicherungsleistungen.
4 Vgl. §§ 28d SGB IV, 249 Abs. 1 SGB V, 58 Abs. 1 SGB XI, 346 Abs. 1 SGB III, 168 SGB VI.
5 Vgl. *Pelikan*, Rentenversicherung SGB VI, S. 264.

das BVerfG[1] entschieden, dass die unterschiedliche Besteuerung von Beamtenpensionen und Renten aus der gesetzlichen Rentenversicherung mit dem Gleichheitsgrundsatz (Art. 3 GG) unvereinbar ist. Der Gesetzgeber hat mit dem Erlass des Alterseinkünftegesetzes[2] den Einstieg in die sog. nachgelagerte Besteuerung bei den Renten aus der gesetzlichen Rentenversicherung ab dem 1.1.2005 beschlossen. Das bedeutet: Beiträge für den Aufbau einer Altersversorgung werden steuerlich freigestellt, Alterseinkünfte versteuert.

192 Es ist allerdings festzustellen, dass in der Praxis von der Möglichkeit, in Vereinbarungen über die Beendigung von Arbeitsverhältnissen Ausgleichszahlungen nach § 187a SGB VI aufzunehmen, wenig Gebrauch gemacht wird. Dies hängt damit zusammen, dass Ausgleichszahlungen „teuer" sind (vgl. Rz. 169 ff.). Immerhin kosten bspw. die Beiträge zum Ausgleich eines monatlichen Rentenabschlages von 100 Euro bereits rund 24 000 Euro[3].

V. Renten wegen verminderter Erwerbsfähigkeit

193 Als Renten wegen verminderter Erwerbsfähigkeit werden primär gewährt
– die Renten wegen **teilweiser Erwerbsminderung** und
– die Rente wegen **voller Erwerbsminderung**[4].

194 Hinzu kommen die Renten wegen **Berufsunfähigkeit** und **Erwerbsunfähigkeit**. Letztere werden allerdings nur noch aus Gründen des Vertrauensschutzes Personen gewährt, denen bereits im Jahre 2000 eine entsprechende Rente zuerkannt worden war (vgl. §§ 300, 302b SGB VI)[5]. Auf eine nähere Darstellung dieser Renten wird daher verzichtet.

1. Rente wegen Erwerbsminderung

a) Rechtsgrundlage

195 Die Rente wegen Erwerbsminderung ist geregelt in § 43 SGB VI. Danach haben Versicherte bis zum Erreichen der Regelaltersgrenze einen Anspruch auf **Rente wegen teilweiser Erwerbsminderung**, wenn sie teilweise erwerbsgemindert sind, in den letzten fünf Jahren vor Eintritt der Erwerbsminderung drei Jahre Pflichtbeiträge für eine versicherte Beschäftigung oder Tätigkeit haben und vor Eintritt der Erwerbsminderung die allgemeine Wartezeit erfüllt haben.

Bis zum Erreichen der Regelaltersgrenze haben Versicherte einen Anspruch auf **Rente wegen voller Erwerbsminderung**, wenn sie voll erwerbsgemindert sind, in den letzten fünf Jahren vor Eintritt der Erwerbsminderung drei Jahre Pflichtbeiträge für eine versicherte Beschäftigung oder Tätigkeit haben und vor Eintritt der Erwerbsminderung die allgemeine Wartezeit erfüllt haben.

196 Relativ versteckt und diffizil sind die Änderungen bei der Rente wegen Erwerbsminderung, die durch das RV-Altersgrenzenanpassungsgesetz[6] erfolgt sind: Das Referenzalter für die Inanspruchnahme einer Rente wegen verminderter Erwerbsfähigkeit wird

---

1 Vgl. BVerfG 6.3.2002 – 2 BvL 17/99, BVerfGE 105, 74 f.
2 BGBl. I 2004, 1427.
3 Vgl. zu Alternativen bspw. *Schrader*, NZA 2003, 593 ff. (597).
4 Hinzu kommt die Rente für Bergleute gem. § 45 SGB VI, die aber für den Praktiker weniger Bedeutung hat und auf deren Darstellung aus diesem Grunde verzichtet und auf die einschlägige Fachliteratur verwiesen wird.
5 Vgl. *Gitter/Schmitt*, § 25 Rz. 25.
6 Vgl. BR-Drucks. 2/07 sowie die Umsetzung in BGBl. I 2007, 554 ff.

auf 65 Jahre angehoben. Für erwerbsgeminderte Versicherte mit einer durchgängigen Erwerbsbiographie soll es beim Referenzalter 63 Jahre bleiben. Danach können 63-jährige Versicherte mit 35 Beitragsjahren bis zum Jahr 2023 weiter abschlagsfrei eine Erwerbsminderungsrente beziehen. Ab dem Jahr 2024 soll dies nur noch für 63-jährige erwerbsgeminderte Versicherte, die 40 Beitragsjahre erreicht haben, gelten. Bei den Beitragsjahren sollen dieselben Zeiten berücksichtigt werden wie bei der Altersrente für besonders langjährig Versicherte mit 45 Pflichtbeitragsjahren.

b) Voraussetzungen

aa) Erwerbsminderung

Es muss eine teilweise oder volle Erwerbsminderung vorliegen. 197

(1) Teilweise Erwerbsminderung

Der Versicherungsfall der **teilweisen Erwerbsminderung** ist gegeben, wenn ein Versicherter wegen Krankheit oder Behinderung auf nicht absehbare Zeit außerstande ist, unter den üblichen Bedingungen des Arbeitsmarktes **mindestens sechs Stunden täglich** erwerbstätig zu sein (§ 43 Abs. 1 Satz 2 SGB VI)[1]. 198

Maßstab für die Feststellung des Leistungsvermögens ist grundsätzlich die Erwerbsfähigkeit des Versicherten auf dem allgemeinen Arbeitsmarkt, dh. **in jeder denkbaren Tätigkeit**, die es auf dem Arbeitsmarkt gibt. Die **subjektive Zumutbarkeit** der Tätigkeit unter dem Gesichtspunkt der Ausbildung und des Status der bisherigen beruflichen Tätigkeit ist ohne Bedeutung[2]. Zu berücksichtigen sind allein die körperliche und geistige Leistungsfähigkeit sowie eventuelle zusätzliche Einschränkungen, die sich aus einer ärztlichen Begutachtung ergeben können[3]. 199

Kurz gesagt: Wer noch mindestens sechs Stunden täglich im Rahmen einer Fünf-Tage-Woche arbeiten kann, gleichgültig in welcher Art von Beschäftigung, erhält keinerlei Ausgleich für sein gemindertes Arbeitseinkommen[4]. 200

Eine **Ausnahme** hiervon besteht jedoch bei einem Leistungsvermögen von **mehr als drei und weniger als sechs Stunden**. Hier ist als weiteres Kriterium die Arbeitsmarktlage zu berücksichtigen. In der Gesetzesbegründung heißt es dazu: 201

„Versicherte, die noch mindestens drei, aber nicht mehr als sechs Stunden täglich arbeiten, das verbliebene Restleistungsvermögen wegen Arbeitslosigkeit aber nicht in Erwerbseinkommen umsetzen können, erhalten eine volle Erwerbsminderungsrente."[5]

Dh., wenn für einen Arbeitnehmer mit einem Restleistungsvermögen von mehr als drei bis weniger als sechs Stunden täglich der **Arbeitsmarkt** als **verschlossen** gilt, erhält er nicht nur eine Rente wegen teilweiser Erwerbsminderung, sondern eine Rente wegen voller Erwerbsminderung. Der Arbeitsmarkt gilt als verschlossen, wenn für den Versicherten aufgrund seiner konkreten Einschränkungen keine geeigneten Teilzeitarbeitsplätze vorhanden sind oder bei den in Betracht kommenden Arbeitgebern wegen der Art der Erkrankung sachlich gerechtfertigte Vorbehalte gegen eine Anstellung bestehen[6]. Damit wird die vom BSG entwickelte Rechtsprechung zur sog. kon- 202

---

1 Vgl. *Schulin*, Rentenversicherungsrecht, § 26 Rz. 36.
2 Vgl. *Gitter/Schmitt*, § 25 Rz. 28.
3 Vgl. eingehend zur Frage des Vorliegens schwerer spezifischer Leistungsbehinderungen oder der Summierung gewöhnlicher Leistungseinschränkungen KomGRV, § 43 SGB VI Rz. 7.
4 Vgl. *Schulin*, Rentenversicherungsrecht, § 26 Rz. 36.
5 BT-Drucks. 14/4230, 25 f.
6 Vgl. BSG 9.5.2012 – B 5 R 68/11 R, nv.; 10.12.1976 – GS 2/75, 3/75, 4/75 sowie 3/76, BSGE 43, 75 ff.; 8.11.1995 – 13/4 RA 93/94, BSGE 77, 43.

kreten Betrachtungsweise fortgesetzt[1]. In der Praxis wird eine individuelle Prüfung des Teilzeitarbeitsmarktes idR nicht erfolgen. Vielmehr wird davon ausgegangen, dass der Teilzeitarbeitsmarkt verschlossen ist, wenn der Versicherte keine Beschäftigung in mehr als geringfügigem Umfang ausübt[2]. Zu beachten ist hierbei, dass eine Rente wegen Erwerbsminderung, die nur aufgrund der Arbeitsmarktlage gewährt wird, immer als Zeitrente zu zahlen ist (§ 102 Abs. 2 Satz 1 und 5 SGB VI). Dies hat zur Folge, dass die Rente gem. § 101 Abs. 1 SGB VI erst mit Beginn des siebten Kalendermonats nach Eintritt der Erwerbsminderung gewährt wird.

Beispiel:

Einem epileptischen Versicherten kann Erwerbsunfähigkeitsrente wegen Verschlossenheit des allgemeinen Arbeitsmarktes zustehen, wenn für sein Restleistungsvermögen geeignete Arbeitsplätze zwar vorhanden und allgemein zugänglich sind, jedoch bei den in Frage kommenden Arbeitgebern erhebliche, sachlich gerechtfertigte Vorbehalte gegen die Einstellung vergleichbarer Anfallsleidender bestehen[3].

203 Das BSG hat dazu unter der Geltung des alten Rechtes die Auffassung vertreten, der Arbeitsmarkt sei als verschlossen anzusehen, wenn dem Versicherten innerhalb eines Jahres nach der Rentenantragstellung kein zumutbarer (Teilzeit-)Arbeitsplatz angeboten wird, den er täglich von seiner Wohnung aus erreichen kann, und er einen solchen auch nicht inne hat[4]. Diese Rechtsprechung dürfte auf das neue Recht zu übertragen sein[5].

204 Ebenfalls zu übertragen sein dürfte die vom BSG zur Erwerbsunfähigkeitsrente entwickelte Rechtsprechung, wonach im Einzelfall eine Verweisung auf sozial besonders gering bewertete Tätigkeiten ausgeschlossen sein kann[6]. Diese Einschränkung, die dem Wortlaut des Gesetzes nicht zu entnehmen ist, ergibt sich aus dem die Rechtsbeziehungen zwischen den Versicherten und den Versicherungsträgern beherrschenden Grundsatz von Treu und Glauben[7]. Das **Leistungsvermögen** des Versicherten ist allein anhand seiner **zeitlichen Einsatzfähigkeit** zu beurteilen, wobei der Gesetzgeber auf die Stundenzahl abgestellt hat, um einen für alle Versicherten einheitlichen Maßstab zugrunde legen zu können. Bei der Beurteilung ist die Frage zugrunde zu legen, ob der Versicherte noch in der Lage ist, auf dem allgemeinen Arbeitsmarkt unter den dort üblichen Bedingungen regelmäßig im Rahmen der Fünf-Tage-Woche mindestens sechs Stunden täglich zu arbeiten[8]. Wer unter den üblichen Bedingungen des allgemeinen Arbeitsmarktes mindestens sechs Stunden täglich erwerbstätig sein kann, ist ohne Rücksicht auf die Arbeitsmarktlage nicht als erwerbsgemindert anzusehen (§ 43 Abs. 3 SGB VI).

205 Bei der Rente wegen **teilweiser Erwerbsminderung** ist zu beachten, dass der **Rentenartfaktor** (§ 67 SGB VI) nur 0,5 beträgt, was bei der Rentenberechnung zu einer Halbierung der Rentenhöhe führt.

(2) Volle Erwerbsminderung

206 Der Versicherungsfall der vollen Erwerbsminderung ist idR dann gegeben, wenn ein Versicherter wegen Krankheit oder Behinderung auf nicht absehbare Zeit außerstande

---

1 Vgl. BSG 9.5.2012 – B 5 R 68/11 R, nv.; 10.12.1976 – GS 2/75, 3/75, 4/75 sowie 3/76, BSGE 43, 75 ff.
2 Vgl. KomGRV, § 43 SGB VI Rz. 13.
3 Vgl. BSG 8.11.1995 – 13/4 RA 93/94, BSGE 77, 43.
4 Vgl. BSG 10.12.1976 – GS 2/75, 3/75, 4/75 sowie 3/76, BSGE 43, 75 ff.
5 Vgl. *Gitter/Schmitt*, § 25 Rz. 29.
6 Vgl. KassKomm/*Gürtner*, § 43 SGB VI Rz. 54.
7 Vgl. BSG 28.5.1963 – 12/4 RJ 142/61, BSGE 19, 147.
8 Vgl. BT-Drucks. 14/4230, 25.

V. Renten wegen verminderter Erwerbsfähigkeit

ist, unter den üblichen Bedingungen des Arbeitsmarktes **mindestens drei Stunden** täglich erwerbstätig zu sein (§ 43 Abs. 2 Satz 2 SGB VI).

Darüber hinaus gelten als voll erwerbsgemindert Versicherte nach § 1 Satz 1 Nr. 2 SGB VI, insbesondere Behinderte, die in anerkannten Werkstätten für Behinderte tätig sind und die wegen der Art oder Schwere ihrer Behinderung nicht auf dem allgemeinen Arbeitsmarkt tätig sein können. Gleiches gilt für Versicherte, die bereits vor Erfüllung der allgemeinen Wartezeit voll erwerbsgemindert waren, in der Zeit einer nicht erfolgreichen Eingliederung in den allgemeinen Arbeitsmarkt (§ 43 Abs. 2 Satz 3 Nr. 2 SGB VI). 207

Maßstab für die Feststellung des Leistungsvermögens ist wiederum die Erwerbsfähigkeit des Versicherten auf dem allgemeinen Arbeitsmarkt, dh. in **jeder denkbaren Tätigkeit**, die es auf dem Arbeitsmarkt gibt. 208

Einer Prüfung der Arbeitsmarktlage bedarf es nicht, da im Fall eines unter dreistündigen Restleistungsvermögens ohnehin eine volle Erwerbsminderung gegeben ist[1]. 209

Der **Rentenartfaktor** (§ 67 SGB VI) beträgt bei der Rente wegen voller Erwerbsminderung 1,0. 210

bb) Vorversicherungszeit

Die Vorversicherungszeit ist grundsätzlich erfüllt, wenn der Versicherte in den letzten fünf Jahren vor Eintritt der Erwerbsminderung drei Jahre **Pflichtbeiträge** für eine versicherte Beschäftigung oder Tätigkeit[2] geleistet hat (§ 43 Abs. 1 Satz 1 Nr. 2, Abs. 2 Satz 1 Nr. 2 SGB VI). Der Zeitraum von fünf Jahren kann sich dabei unter anderem um Anrechnungszeiten, Zeiten des Bezuges einer Rente wegen verminderter Erwerbsfähigkeit, Berücksichtigungszeiten und Zeiten einer schulischen Ausbildung nach Vollendung des 17. Lebensjahres **verlängern** (§ 43 Abs. 4 SGB VI). Die Erfüllung der Pflichtbeitragszeit von drei Jahren ist ausnahmsweise nicht erforderlich, wenn die Minderung der Erwerbsfähigkeit aufgrund eines Tatbestandes eingetreten ist, durch den die allgemeine Wartezeit vorzeitig erfüllt ist (§ 43 Abs. 5 iVm. § 53 SGB VI). 211

Beispiele für diese Fälle (§ 53 SGB VI):

1. Die Voraussetzung für die vorzeitige Wartezeiterfüllung liegt bspw. beim Versicherten vor, der wegen einer Zivildienstbeschädigung als Zivildienstleistender oder wegen einer Wehrdienstbeschädigung als Wehrdienstleistender bzw. Soldat auf Zeit vermindert erwerbsfähig geworden ist.
2. Ist der Versicherte wegen eines Arbeitsunfalles oder einer Berufskrankheit vermindert erwerbsfähig geworden, ist die Wartezeit vorzeitig erfüllt, wenn er im Zeitpunkt des Leistungsfalles versicherungspflichtig war oder in den letzten zwei Jahren davor mindestens ein Jahr mit Pflichtbeiträgen für eine versicherte Beschäftigung oder Tätigkeit hat.
3. Die Wartezeit für eine Rente wegen voller Erwerbsminderung ist auch dann vorzeitig erfüllt, wenn der Versicherte vor Ablauf von sechs Jahren nach Beendigung einer Ausbildung voll erwerbsgemindert geworden ist und in den letzten zwei Jahren vor dem Eintritt des Leistungsfalles mindestens ein Jahr Pflichtbeiträge für eine versicherte Beschäftigung oder Tätigkeit hat. Der Zeitraum von zwei Jahren vor Eintritt der vollen Erwerbsminderung verlängert sich um Zeiten einer schulischen Ausbildung nach Vollendung des 17. Lebensjahres bis zu sieben Jahren.

---

1 Vgl. KomGRV, § 43 Rz. 4.
2 Dabei handelt es sich um eine nachträglich eingeführte Einschränkung des Begriffes Pflichtbeitragszeit, die erforderlich geworden war, um eine Ungleichbehandlung zwischen Deutschen und manchen EU-Ausländern auszuräumen, die entstanden war, weil bspw. in einigen Mitgliedstaaten zurückgelegte reine Wohnzeiten wie versicherungspflichtige Beschäftigungszeiten zu behandeln sind.

212 Zu beachten ist, dass für die vorzeitige Wartezeiterfüllung zumindest **ein Beitrag** zur gesetzlichen Rentenversicherung vorhanden sein muss, da sich § 53 SGB VI nur auf „Versicherte" bezieht.

cc) Allgemeine Wartezeit

213 Eine Rente aus der gesetzlichen Rentenversicherung kann nur gezahlt werden, wenn der Versicherte ihr eine bestimmte Zeit angehört. Diese **Mindestversicherungszeit**, die ein Versicherter in der gesetzlichen Rentenversicherung zurückgelegt haben muss, nennt man **Wartezeit**. Für den Anspruch auf eine Rente wegen Erwerbsminderung ist die Erfüllung der allgemeinen Wartezeit von fünf Jahren (§ 50 Abs. 1 Satz 1 Nr. 2 SGB VI) erforderlich. Auf diese allgemeine Wartezeit werden Beitragszeiten (vgl. Rz. 44 ff.) und Ersatzzeiten (vgl. Rz. 57 f.) angerechnet (§ 51 Abs. 1 und 4 SGB VI).

c) Beginn

214 Für den **Rentenbeginn** gelten die bei der Regelaltersrente bereits skizzierten Regelungen (vgl. Rz. 59 ff.). Zu beachten ist jedoch, dass die Bewilligung von Renten wegen Erwerbsminderung gem. § 102 Abs. 2 SGB VI grundsätzlich als Zeitrente erfolgt, so dass sie erst mit Beginn des siebten Kalendermonats nach Eintritt des Leistungsfalles gewährt werden (§ 101 Abs. 1 SGB VI). Eine Dauerrente kommt nur ausnahmsweise in Betracht, wenn auf sie ein Anspruch unabhängig von der Arbeitsmarktlage besteht und unwahrscheinlich ist, dass die Minderung der Erwerbsfähigkeit behoben werden kann (§ 102 Abs. 2 Satz 5 SGB VI). Eine Zeitrente kann verlängert werden, es verbleibt sodann bei dem ursprünglichen Rentenbeginn, Verlängerungen erfolgen für längstens drei Jahre nach dem Ablauf der vorherigen Frist (§ 102 Abs. 2 Satz 3 und 4 SGB VI). Wird unmittelbar im Anschluss an eine auf Zeit geleistete Rente diese Rente unbefristet geleistet, verbleibt es bei dem ursprünglichen Rentenbeginn (§ 102 Abs. 2 Satz 6 SGB VI).

d) Rentenkürzung

215 Auch bei der Inanspruchnahme einer Rente wegen voller oder teilweiser Erwerbsminderung ist ein **Abschlag** hinzunehmen. Allerdings ist der Weg ein anderer, da die Rentenminderung über die Ermittlung der **Zugangsfaktoren** läuft.

aa) Höhe des Abschlages

216 Der **Abschlag** beträgt 0,3 % pro Monat, den die Rente vor Vollendung des 65. Lebensjahres in Anspruch genommen wird (§ 77 Abs. 2 Satz 1 Nr. 3 SGB VI). Dabei ist bei der Ermittlung des Abschlages für Versicherte, die vor Vollendung des 62. Lebensjahres vermindert erwerbsfähig geworden sind, statt auf ihr tatsächliches Lebensalter auf das 62. Lebensjahr abzustellen (§ 77 Abs. 2 Satz 2 SGB VI). Dies führt dazu, dass sich ein maximaler Abschlag von 10,8 % (36 Monate × 0,3 %) ergibt.

bb) Berücksichtigung in Rentenberechnung

217 In der **Rentenberechnung** wird der Abschlag durch eine Minderung des **Zugangsfaktors** berücksichtigt. Der Zugangsfaktor beträgt für alle Renten, die nicht vorzeitig in Anspruch genommen werden, 1,0. Für jeden Monat der Inanspruchnahme vor dem 65. Lebensjahr mindert sich der Zugangsfaktor um 0,003. Bei einem Abschlag von 10,8 % beträgt der Zugangsfaktor folglich nur noch 0,892 (1,0 − 36 × 0,003).

V. Renten wegen verminderter Erwerbsfähigkeit

Hinweis: Das BSG hat in einer Entscheidung im Jahr 2006[1], betreffend die Rechtslage vor dem RV-Altersgrenzenanpassungsgesetz, festgestellt, dass die **Kürzung des Zugangsfaktors** (§ 77 SGB VI) für Zeiten des Bezuges einer Rente wegen Erwerbsminderung vor Vollendung des 60. Lebensjahres **gesetzes- und verfassungswidrig** ist. Eine Minderung der vom Versicherten erworbenen Entgeltpunkte bedürfe einer verfassungsgemäßen gesetzlichen Grundlage. Für die Kürzung der erworbenen Entgeltpunkte durch Abschmelzung des Zugangsfaktors biete § 77 SGB VI für Zeiten des Bezuges einer Rente wegen Erwerbsminderung vor Vollendung des 60. Lebensjahres indes keine hinreichende Grundlage. Zur Begründung führt das BSG aus, dass der Gesetzgeber des Gesetzes zur Reform der Renten wegen verminderter Erwerbsfähigkeit mit der Einbeziehung der Erwerbsminderungsrenten in das Kürzungssystem des § 77 SGB VI lediglich eine Anpassung an die Altersrenten habe erreichen wollen, um ein Ausweichen in eine abschlagsfreie Erwerbsminderungsrente zu verhindern. Ein solches Ausweichen komme aber frühestens für Rentenbezugszeiten nach Vollendung des 60. Lebensjahres in Betracht. Zudem finde die Minderung des Zugangsfaktors vor Vollendung des 60. Lebensjahres im Gesetz keine Stütze.

Das BSG hat in einer neueren Entscheidung[2] gegenteilig entschieden und die Möglichkeit einer **Minderung des Zugangsfaktors bejaht**. Das BSG versteht § 77 Abs. 2 Satz 2 SGB VI als Berechnungsregel zur Umsetzung der allgemeinen Grundsätze zur Rentenhöhe iSd. § 63 Abs. 5 iVm. § 64 Nr. 1 SGB VI. Der Zugangsfaktor sei daher bei einer Inanspruchnahme von Renten wegen verminderter Erwerbsfähigkeit vor Vollendung des 60. Lebensjahres um maximal 0,108 zu mindern und somit auf mindestens 0,892 festzulegen. Hierfür sprächen sowohl Wortlaut und systematische Stellung des § 77 SGB VI als auch Sinn und Zweck, systematischer Gesamtzusammenhang und Entstehungsgeschichte der Norm.

Es bleibt abzuwarten, wie die Rentenversicherungsträger und der Gesetzgeber auf die beiden gegensätzlichen Urteile reagieren, die in ihrer Bedeutung auch relevant für die jetzige Rechtslage sind. Der anwaltliche Berater sollte seinen Mandanten unter Verweis auf die sich widersprechenden Urteile derzeit noch dazu raten, gegen eine entsprechende Kürzung seiner Rente für Bezugszeiten vor Vollendung des 60. Lebensjahres bzw. 62. Lebensjahres nach neuerer Rechtslage mittels Widerspruch und Klage vorzugehen.

cc) Übergangsregelung

§ 264d SGB VI enthält eine Übergangsregelung. Beginnt eine Rente wegen verminderter Erwerbsfähigkeit vor dem 1.1.2024 oder ist bei einer Rente wegen Todes der Versicherte vor dem 1.1.2024 verstorben, ist bei der Ermittlung des Zugangsfaktors anstelle der Vollendung des 65. Lebensjahres und des 62. Lebensjahres jeweils das in der nachfolgenden Tabelle aufgeführte Lebensalter maßgebend:

Bei Beginn der Rente oder bei Tod des Versicherten im		tritt an die Stelle des Lebensalters			
		65 Jahre das Lebensalter		62 Jahre das Lebensalter	
Jahr	Monat	Jahre	Monat	Jahre	Monat
vor 2012		63	0	60	0
2012	Januar	63	1	60	1
2012	Februar	63	2	60	2
2012	März	63	3	60	3
2012	April	63	4	60	4
2012	Mai	63	5	60	5
2012	Juni bis Dezember	63	6	60	6

---

1 Vgl. BSG 16.5.2006 – B 4 RA 22/05 R, SuP 2007, 176.
2 Vgl. BSG 25.11.2008 – B 5 R 112/08 R, BSGE 101, 193; bestätigt durch BSG 28.9.2011 – B 5 R 18/11 R, NZS 2012, 187 für die bis zum 31.12.2007 geltende Rechtslage.

Bei Beginn der Rente oder bei Tod des Versicherten im		tritt an die Stelle des Lebensalters			
		65 Jahre das Lebensalter		62 Jahre das Lebensalter	
Jahr	Monat	Jahre	Monat	Jahre	Monat
2013		63	7	60	7
2014		63	8	60	8
2015		63	9	60	9
2016		63	10	60	10
2017		63	11	60	11
2018		64	0	61	0
2019		64	2	61	2
2020		64	4	61	4
2021		64	6	61	6
2022		64	8	61	8
2023		64	10	61	10

Das bedeutet praktisch, dass man für den relevanten Fall der Rente wegen Erwerbsminderung für die Zeit ab dem Jahre 2012 das Jahr bzw. den Monat des Rentenbeginns betrachtet. Daraus ergibt sich das maßgebliche Alter, ab dem ohne Kürzung die Rente wegen Erwerbsminderung bezogen werden kann (bspw. bei Rentenbeginn im Jahr 2014 die Vollendung des 63. Lebensjahres und acht Monate) sowie die Möglichkeit der vorzeitigen Inanspruchnahme (60 Jahre und acht Monate). Die Höhe der Rentenkürzung ändert sich letztendlich nicht, da der Abstand zwischen der ungekürzten Inanspruchnahme und der erstmaligen gekürzten Inanspruchnahme jeweils drei Jahre bleibt, so dass der maximale Abschlag 10,8 % beträgt. Die Bestimmung regelt letztendlich die stufenweise Heraufsetzung der Altersgrenze von 63 auf 65 Jahre für die ungekürzte Inanspruchnahme und von 60 auf 62 Jahre für die vorzeitige Inanspruchnahme mit dauerhafter Rentenminderung.

dd) Ausnahme: Durchgängige Erwerbsbiographie

220 Gem. § 77 Abs. 4 SGB VI soll die Anhebung der Altersgrenze nicht gelten für Arbeitnehmer mit einer durchgehenden Erwerbsbiographie.

221 **Intention** des Gesetzgebers war es, die Regelung konform mit der Altersrente für langjährig Versicherte zu gestalten, die nach 45 Pflichtbeitragsjahren abschlagsfrei die Altersrente für besonders langjährig Versicherte in Anspruch nehmen können[1]. Das bedeutet: Die Altersgrenze wird insgesamt für alle Arbeitnehmer für eine Rente wegen verminderter Erwerbsfähigkeit angehoben, mit Ausnahme derjenigen Arbeitnehmer, die eine durchgehende Erwerbsbiographie haben, dh., bei denen rentenrechtlich erhebliche Zeiten von 40 Jahren vorliegen.

Für diejenigen Arbeitnehmer, die unter die Übergangsregelung (§ 264d SGB VI) fallen, gilt, dass anstatt von 40 Jahren eine durchgängige Erwerbsbiographie von 35 Jahren ausreicht. Für die Arbeitnehmer, die nicht mehr unter diese Übergangsregelung fallen, werden die 40 Jahre durchgängige Erwerbsbiographie relevant werden.

---

1 Vgl. BR-Drucks. 2/07, 91 f.

e) Anrechenbare Zeiten

Bei der Berechnung der Rente spielen alle **rentenrechtlich relevanten Zeiten** eine Rolle. Hier geht es nicht um die Erfüllung einer Wartezeit, sondern um die konkrete Rentenberechnung und die Frage, inwieweit sich Beitrags- oder Ersatzzeiten bei der Berechnung der Rente im Einzelnen auswirken. Wegen der Berechnung der Rente darf auf die einschlägige Fachliteratur verwiesen werden[1]. Vereinfachend gesagt hängt die Höhe der Rente vom Arbeitsentgelt und der Dauer der versicherten Tätigkeit ab. Bei der Rentenformel wirken sich die persönlichen Entgeltpunkte und damit auch die Beitragszeiten unterschiedlich aus.

222

Relevant für die Rente wegen verminderter Erwerbsfähigkeit ist, dass es **Zurechnungszeiten** (§ 59 SGB VI) gibt. Eine Zurechnungszeit ist die Zeit, die dem Versicherten als Ausgleich für sein vorzeitiges Ausscheiden aus dem Erwerbsleben hinzugerechnet wird, um die Lücke bis zum 60. bzw. 62. Lebensjahr zu schließen. Sie beginnt bei Renten wegen Erwerbsminderung mit dem Eintritt des Leistungsfalles (§ 59 Abs. 2 Satz 1 Nr. 1 SGB VI). Die Zurechnungszeit ist eine beitragsfreie Zeit (§ 54 Abs. 4 SGB VI), der im Rahmen der Gesamtleistungsbewertung (§§ 71 Abs. 1, 72, 73 SGB VI) Entgeltpunkte zugeordnet werden. Bis zum 31.12.2000 wurde eine Zurechnungszeit bis zum 55. Lebensjahr in vollem Umfang und bis zum 60. Lebensjahr zu einem Drittel berücksichtigt. Vom 1.1.2002 an wurde die Zurechnungszeit bis zum 60. Lebensjahr in vollem Umfang berücksichtigt. Durch das RV-Altersgrenzenanpassungsgesetz[2] wurden die Zurechnungszeiten nicht geändert und bspw. auf das 62. Lebensjahr (zukünftiger Zeitpunkt für die vorzeitige Inanspruchnahme) angepasst, so dass es, was die Zurechnungszeit betraf, dabeiblieb, dass diese mit Vollendung des 60. Lebensjahres endete. Erst durch das RV-Leistungsverbesserungsgesetz[3] wurde diese Zurechnungszeit bei Rentenneuzugängen ab 1.7.2014 um zwei Jahre verlängert. Sie endet insoweit mit dem 62. Lebensjahr. Dh. Erwerbsgeminderte werden so gestellt, als ob sie mit ihrem bisherigen durchschnittlichen Einkommen bis zum 62. statt wie bisher bis zum 60. Geburtstag weitergearbeitet hätten. Weiter fallen nach § 73 Satz 1 SGB VI die letzten vier Jahre vor Eintritt der Erwerbsminderung künftig aus der Bewertung heraus, wenn das für den Versicherten günstiger ist. Dh.: Einkommenseinbußen in den letzten vier Jahren vor Eintritt der Erwerbsminderung – zB durch den Wegfall von Überstunden, den Wechsel in Teilzeit oder durch Krankheitszeiten – wirken sich künftig nicht mehr negativ auf die Rentenhöhe aus.

223

Vereinfachend gesagt bedeutet dies: Bei Inanspruchnahme einer Rente wegen voller Erwerbsminderung vor dem 65. Lebensjahr sind **Rentenabschläge** hinzunehmen. Für jeden Kalendermonat, für den die Rente wegen voller Erwerbsminderung vor Vollendung des 65. Lebensjahres beansprucht wird, beträgt der Rentenabschlag 0,3 %, höchstens jedoch 10,8 %. Der Rentenabschlag wurde aus Vertrauensschutzgründen schrittweise eingefügt (§ 264d SGB VI). Es bleibt abzuwarten, ob die Rentenversicherungsträger diese Praxis für Rentenbezugszeiten vor dem 60. bzw. 62. Lebensjahr nach neuer Rechtslage aufrechterhalten (vgl. vorstehend Rz. 218 f.).

224

Der Gesetzgeber jedenfalls hat die Entscheidung des BSG aus dem Jahr 2006 zur Kenntnis genommen, nimmt die Kürzungen entgegen der Entscheidung des BSG aber dennoch ausdrücklich vor[4].

225

Die Rente wegen verminderter Erwerbsfähigkeit kann ungekürzt bereits ab Alter 63 und mit Rentenkürzungen ab Alter 60 in Anspruch genommen werden, wenn 40 Jahre Beitragszeiten zusammenkommen. Als Beitragszeiten sind dabei solche

---

1 Vgl. bspw. *Gitter/Schmitt*, § 25 Rz. 92 ff.
2 Vgl. BGBl. I 2007, 554 ff.
3 Vgl. BGBl. I 2014, 787 ff.
4 Vgl. Gesetzentwurf, BR-Drucks. 2/07, 91.

iSv. § 51 Abs. 3a und 4 SGB VI, dh. **Pflichtbeiträge** (vgl. Rz. 44 ff.) und **Ersatzzeiten** (vgl. Rz. 57 f.), allerdings ausgenommen Zeiten des Bezuges von Arbeitslosenhilfe und **Arbeitslosengeld II** (vgl. Rz. 98), **Berücksichtigungszeiten** (vgl. Rz. 74 ff.) sowie unter bestimmten Umständen **versicherungsfreie geringfügige Beschäftigung** (vgl. Rz. 48 ff.) zu berücksichtigen.

226 Die gesetzliche Neuregelung und die Übergangsregelungen greifen erst für Renten wegen verminderter Erwerbsfähigkeit **ab dem Jahre 2012**. Bis dahin verbleibt es bei der bisherigen Regelung, dh. die ungekürzte Rente wegen Erwerbsminderung kann mit Vollendung des 63. Lebensjahres, gekürzt ab, evtl. vor (vgl. Rz. 218) Vollendung des 60. Lebensjahres mit Rentenabschlägen in Anspruch genommen werden. Bis dahin greifen auch die Zurechnungszeiten bis zur Vollendung des 60. Lebensjahres voll ein. Dies bedeutet zusammenfassend und vereinfachend gesagt, dass die Rente wegen voller Erwerbsminderung aus allen bis zum Eintritt der vollen Erwerbsminderung zurückgelegten Zeiten berechnet wird. Tritt die volle Erwerbsminderung vor dem 60. Lebensjahr ein, kommt zu den zurückgelegten Zeiten noch eine Zurechnungszeit hinzu. Die Zeit vom Eintritt der Erwerbsminderung bis zum 60. Lebensjahr wird demzufolge mit einer sog. Zurechnungszeit belegt. Diese Zurechnungszeit wird bei Rentenneuzugängen ab dem 1.7.2014 um zwei Jahre verlängert. Sie endet also mit dem 62. Lebensjahr. Die Bewertung der Zurechnungszeit als beitragsfreie Zeit richtet sich nach den §§ 71 ff. SGB VI. Vereinfacht bedeutet dies, dass der Versicherte so gestellt wird, als hätte er in dieser Zeit eine Anwartschaft in der Höhe erworben, die dem Durchschnitt seiner tatsächlich erworbenen Anwartschaften seit Eintritt in die gesetzliche Rentenversicherung entspricht.

Beispiel:

Ein Versicherter wurde am 9.8.1950 geboren. Er vollendet das 65. Lebensjahr am 8.8.2015, der Beginn der Rente wäre ab dem 1.9.2015 gegeben. Er ist vom 28.6.2006 bis 31.12.2009 vermindert erwerbsfähig. Die sonstigen versicherungsrechtlichen Voraussetzungen sind erfüllt, so dass die Zeitrente (§ 102 Abs. 2 Satz 1 SGB VI) am 1.1.2007 beginnt (§ 99 Abs. 1 iVm. § 101 Abs. 1 SGB VI). Die Rente wegen verminderter Erwerbsfähigkeit wird vor Vollendung des 62. Lebensjahres in Anspruch genommen. Für die Bestimmung des Zugangsfaktors ist die Vollendung des 62. Lebensjahres relevant, wenn eine Rente wegen verminderter Erwerbsfähigkeit vor Vollendung des 62. Lebensjahres beginnt (§ 77 Abs. 2 Satz 2 SGB VI). Die Inanspruchnahme liegt mehr als 36 Monate vor Vollendung des 65. Lebensjahres, so dass die maximal mögliche Kürzung von 0,3 % für jeden Monat der vorzeitigen Inanspruchnahme eintritt. Der Zugangsfaktor, der bei einer Rente wegen voller Erwerbsminderung 1 und bei einer Rente wegen teilweiser Erwerbsminderung 0,5 beträgt, beträgt nur noch 0,892 (1 − 36 × 0,003 bzw. 0,5 − 36 × 0,003). Die Zurechnungszeit zwischen dem 55. und 60. Lebensjahr wird voll berücksichtigt.

227 Schließt sich an die **befristete Rente** wegen verminderter Erwerbsfähigkeit eine weitere befristete Rente wegen verminderter Erwerbsfähigkeit an, bleibt für die weitere befristete Rente wegen verminderter Erwerbsunfähigkeit der „alte" Zugangsfaktor für die Summe der Entgeltpunkte der früheren Rente maßgebend (§ 77 Abs. 3 Satz 1 SGB VI). Das bedeutet, dass auch weiterhin der Faktor 0,892 maßgebend ist. Dies gilt auch für die reguläre Altersrente, wenn die verminderte Erwerbsfähigkeit bis zum Eintritt des regulären Rentenalters fortdauert.

228 Fällt allerdings die Rente wegen verminderter Erwerbsfähigkeit vor Eintritt des regulären Rentenalters weg, gilt nach § 77 Abs. 3 Satz 3 SGB VI, dass der frühere Zugangsfaktor für Entgeltpunkte, die bereits Grundlage persönlicher Entgeltpunkte waren, nicht maßgebend ist, wenn die Entgeltpunkte nicht (mehr) vorzeitig beansprucht werden. Bei einer Rente wegen verminderter Erwerbsfähigkeit erhöht sich der Zugangsfaktor für jeden Kalendermonat nach Ablauf der Vollendung des 62. Lebensjahres bis zum Ende des Kalendermonats der Vollendung des 65. Lebensjahres, für die die Rente wegen Erwerbsfähigkeit nicht in Anspruch genommen wird. In dem obi-

gen Beispielsfall bedeutet das: Wird nach der befristeten Rente wegen verminderter Erwerbsfähigkeit keine weitere Rente wegen verminderter Erwerbsfähigkeit mehr in Anspruch genommen, betrüge der Zugangsfaktor bei Renteneintritt am 1.9.2015 wieder 1 (keine Inanspruchnahme zwischen Vollendung des 62. und Vollendung des 65. Lebensjahres/Erhöhung des Zugangsfaktors von 0,892 um 36 × 0,003).

Beachte beim vorliegenden Beispiel:

Für Renten wegen (verminderter) Erwerbsunfähigkeit ist die stufenweise Erhöhung der Altersgrenzen für Renten beginnend ab dem Jahre 2012 zu beachten, die Altersgrenze wird abschlagsfrei auf das 65. Lebensjahr und gekürzt mit Abschlägen auf das 62. Lebensjahr erhöht (vgl. Rz. 215 ff.).

f) Vertrauensschutzregelung

Versicherte, die vor dem 2.1.1961 geboren sind, haben nicht nur dann Anspruch auf die Gewährung einer Rente wegen teilweiser Erwerbsminderung, wenn sie gem. § 43 Abs. 1 SGB VI objektiv nicht mehr in der Lage sind, auf dem allgemeinen Arbeitsmarkt täglich mindestens sechs Stunden erwerbstätig zu sein, sondern auch dann, wenn sie berufsunfähig sind und die versicherungsrechtlichen Voraussetzungen erfüllen (§ 240 Abs. 1 SGB VI; sog. Rente wegen teilweiser Erwerbsminderung bei Berufsunfähigkeit; zur Definition der Berufsunfähigkeit vgl. Teil 2 E Rz. 56). 229

Verkürzt ausgedrückt bedeutet **Berufsunfähigkeit**, dass der bisherige versicherungspflichtige Beruf wegen Krankheit oder Behinderung im Vergleich zu einem ähnlichen ausgebildeten Gesunden nur noch weniger als sechs Stunden täglich ausgeübt werden kann. Vor der Entscheidung über den Rentenantrag wird allerdings noch geprüft, ob die gesundheitliche Leistungsfähigkeit sowie die fachlichen Kenntnisse und Fähigkeiten ausreichen, um eine zumutbare andere Tätigkeit (sog. **Verweisungstätigkeit**) mindestens sechs Stunden täglich zu verrichten. **Zumutbar** ist auch eine Tätigkeit, die gegenüber dem bisherigen versicherungspflichtigen Beruf nur geringfügig niedrigere Anforderungen stellt. Eine Tätigkeit, für die im Rahmen einer beruflichen Rehabilitation eine Ausbildung oder Umschulung absolviert wurde, ist stets zumutbar. Erst wenn im bisherigen Beruf noch eine in diesem Sinne zumutbare andere Tätigkeit mindestens sechs Stunden täglich nicht mehr ausgeübt werden kann, liegt Berufsunfähigkeit vor[1]. 230

Ist nicht nur im bisherigen Beruf, sondern überhaupt kein Leistungsvermögen von mehr als sechs Stunden täglich vorhanden, greifen die oben aufgeführten Regelungen über die Rente wegen verminderter Erwerbsfähigkeit. 231

g) Arbeitsrechtliche Verknüpfung

Für den Versicherten hat die Rente wegen teilweiser Minderung der Erwerbsfähigkeit eine sehr hohe Bedeutung. Für den arbeitsrechtlichen Praktiker wird die Bedeutung eher im Bereich des Kündigungsschutzes liegen: Wenn ein Arbeitnehmer erwerbsgemindert ist, wird der Arbeitgeber häufig versuchen, das Arbeitsverhältnis aus personenbedingten Gründen zu beenden (vgl. dazu Teil 3 E Rz. 80 ff.). Die **soziale Absicherung** des Arbeitnehmers besteht insoweit in der Möglichkeit, wegen der Erwerbsminderung eine Rente in Anspruch zu nehmen. 232

---

1 Zur Berufsunfähigkeit im Einzelnen vgl. ausführlich *Schulin*, Rentenversicherungsrecht, § 23 Rz. 16 ff. mwN.

2. Rente wegen Berufs- oder Erwerbsunfähigkeit

233 Mit der Einführung der Rente wegen voller oder teilweiser Erwerbsminderung haben sich die Renten für **Berufs-** und **Erwerbsunfähigkeit** „erledigt". Die früheren Regelungen zur Rente wegen Berufsunfähigkeit (§ 43 SGB VI aF) und zur Rente wegen Erwerbsunfähigkeit (§ 44 SGB VI aF) wurden durch Gesetz vom 24.3.1999[1] aufgehoben. Für Versicherungsfälle mit einem Rentenbeginn ab dem 1.1.2001 gilt somit, dass ein Anspruch auf eine Rente wegen verminderter Erwerbsfähigkeit nur nach der oben in Rz. 195 f. skizzierten Vorschrift des § 43 SGB VI besteht.

VI. Sonderfälle

234 Neben den genannten Renten gibt es einige Sonderfälle, die nur einen eingeschränkten kleinen Arbeitnehmerkreis betreffen und für die Praxis weniger Bedeutung haben und auf deren Darstellung daher verzichtet wird. Hingewiesen sei auf die
– Rente für Bergleute (§ 45 SGB VI)
– Alterssicherung für Landwirte (geregelt im Gesetz über die Alterssicherung der Landwirte (ALG) vom 29.7.1994[2])
– Sonderregelungen für Künstler und Publizisten (geregelt im Gesetz über die Sozialversicherung der selbständigen Künstler und Publizisten (Künstlersozialversicherungsgesetz – KSVG) vom 27.7.1981[3])

VII. Teilrente

235 Arbeitsrechtlich höchst bedeutsam ist, dass Versicherte eine Altersrente nicht nur als Vollrente, sondern auch als Teilrente beanspruchen können.

1. Rechtsgrundlage

236 Die Möglichkeit der Teilrente ist in § 42 SGB VI geregelt.

2. Voraussetzungen

237 Versicherte[4] können **wählen**, ob sie ihre Altersrente als Vollrente oder als Teilrente in Anspruch nehmen. Bedeutsam ist diese Möglichkeit für Altersrentner vor Vollendung des 67. Lebensjahres, weil der Altersrentner für Zeiten danach ohne Auswirkung auf die Altersgrenze unbegrenzt hinzuverdienen darf (vgl. Rz. 245).

238 Die Zahlung einer Teilrente ist (wahlweise) möglich im **Umfang** von einem Drittel, der Hälfte oder zwei Dritteln der Vollrente.

Beispiel:
Wäre die Vollrente bspw. monatlich 1 000 Euro hoch, so würden die Teilrenten 666,67 Euro (⅔), 500 Euro (½) und 333,33 Euro (⅓) monatlich betragen. Je weniger der Versicherte von sei-

---
1 BGBl. I 1999, 388.
2 BGBl. I 1994, 1890, zuletzt geändert durch Art. 8 des Gesetzes vom 21.7.2014, BGBl. I 2014, 1133.
3 BGBl. I 1981, 705.
4 Vom Teilrentenbezug sind die Versicherten ausgeschlossen, die bereits vor dem 1.1.1992 eine Versichertenrente bezogen haben und vor dem 2.12.1926 geboren sind. Gleiches gilt für Personen, die vor dem 1.1.1992 Anspruch auf eine nach früherem DDR-Recht berechnete Altersrente vor Vollendung des 65. Lebensjahres hatten. Diese Personen können die Altersrente nur als Vollrente beanspruchen (§§ 302 Abs. 1 und 2 SGB VI).

3. Sinn und Zweck der Teilrente

Der **Sinn** der Teilrente liegt darin, dass der zB 64-jährige Versicherte seine bisherige Erwerbstätigkeit nicht völlig aufgibt, sondern nur entsprechend der **Hinzuverdienstgrenze** (vgl. Rz. 263 ff.) einschränkt und dafür bereits einen Teil der zustehenden Altersrente erhält. Den älteren Versicherten soll so ein **gleitender Übergang** vom Erwerbsleben in den Ruhestand ermöglicht werden. 239

Teilrentner sind im Gegensatz zu Vollrentnern bei Ausübung einer Beschäftigung nicht versicherungsfrei. Wenn sie also neben ihrer Teilrente **rentenversicherungspflichtig** arbeiten, erwerben sie **zusätzliche Pflichtbeitragszeiten**, die die spätere Vollrente erhöhen. Der Wechsel von einer Teilrente zur Vollrente und umgekehrt sowie von einer Teilrente zur anderen ist auf **Antrag** jederzeit möglich. 240

4. Arbeitsrechtliche Verknüpfung

Da Sinn und Zweck der Teilrente ein gleitender Übergang aus dem Berufsleben in den Ruhestand ist, stellt sich aus arbeitsrechtlicher Sicht die Frage, inwieweit ein Arbeitnehmer, der die Voraussetzungen einer Teilrente erfüllt, von seinem Arbeitgeber fordern kann, dass dieser ihm nunmehr eine **Teilzeitbeschäftigung** im Rahmen der für Teilrenten geltenden Höchstverdienstgrenzen anbietet. 241

Arbeitsrechtlich ist insoweit das TzBfG einschlägig. Ziel des Gesetzes ist es u.a. nach § 1 TzBfG, **Teilzeitarbeit** zu fördern[1]. Kommt es zu keiner Einigung zwischen Arbeitgeber und Arbeitnehmer über die Herabsetzung der Arbeitszeit, ist der Arbeitnehmer darauf zu verweisen, vor den Arbeitsgerichten die Zustimmung des Arbeitgebers zu erstreiten, die mit Rechtskraft eines stattgebenden Urteils nach § 894 ZPO ersetzt wird[2]. Das Teilzeit- und Befristungsgesetz geht insoweit weiter als § 42 Abs. 3 SGB VI, der den Versicherten, die an einer Teilrente interessiert sind, lediglich einen Anspruch darauf gibt, dass der Arbeitgeber mit ihnen die Möglichkeiten für eine Einschränkung der Arbeitsleistung, dh. eine Teilzeitbeschäftigung, erörtert. 242

Ein Anspruch auf Teilrente und die Möglichkeit einer Teilzeitbeschäftigung nach dem TzBfG sind daher miteinander **verknüpft**. Denn die Möglichkeit der Inanspruchnahme einer Teilrente macht nur dann Sinn, wenn arbeitsrechtlich die Möglichkeit der Durchsetzung einer Teilzeitbeschäftigung besteht. Insoweit hat das TzBfG gerade Bedeutung für ältere Arbeitnehmer. 243

VIII. Hinzuverdienstgrenzen

Steht fest, dass ein Versicherter einen Anspruch auf Rente wegen Alters hat, kann dieser ganz oder teilweise wieder entfallen, wenn bestimmte Hinzuverdienstgrenzen überschritten sind. 244

---

1 Zum Rechtsanspruch auf Teilzeitarbeit nach dem TzBfG vgl. ausführlich Teil 3 B; zu den Möglichkeiten bei der Vertragsgestaltung vgl. *Schrader*, Rechtsfällen in Arbeitsverträgen, Rz. 904 ff.
2 Vgl. *Schrader*, Rechtsfällen in Arbeitsverträgen, Rz. 897 mwN; Schaub/*Linck*, § 43 Rz. 149 mwN; Küttner/*Reinecke*, Teilzeitbeschäftigung Rz. 49 mwN.

1. Regelaltersrente

245 Hinzuverdienstgrenzen bestehen bei der Inanspruchnahme der Regelaltersrente gem. § 35 SGB VI nicht. Neben der **Regelaltersrente** kann **unbegrenzt** hinzuverdient werden.

2. Altersrente für langjährig Versicherte

246 Bis zum Erreichen der Regelaltersgrenze bestehen **Hinzuverdienstgrenzen**, die Berechnung des Grenzwertes für die Hinzuverdienstgrenze ergibt sich aus § 34 Abs. 2 und Abs. 3 SGB VI. Rentenschädlich sind nur Einkünfte, die während eines Rentenbezuges vor Erreichen der Regelaltersgrenze erarbeitet worden sind. Insoweit gilt grundsätzlich das sog. **Erarbeitungsprinzip**. Einkünfte bleiben somit unberücksichtigt, wenn sie aus einer Erwerbstätigkeit erzielt worden sind, die entweder **vor Rentenbeginn** oder **nach Ablauf des Monates** des Erreichens der Regelaltersgrenze ausgeübt worden sind.

247 Zum **Einkommen** iSv. § 34 SGB VI ist u.a. sämtliches Arbeitsentgelt aus abhängiger Beschäftigung (Vergütung, Zulagen, Urlaubs- und Weihnachtsgeld) wie auch Einkommen aus selbständiger Tätigkeit zu zählen[1].

248 Die **Hinzuverdienstgrenze** beträgt nach § 34 Abs. 3 Nr. 1 SGB VI bei einer Rente wegen Alters als **Vollrente** 450 Euro. Sie darf im Laufe eines jeden Kalenderjahres in zwei Monaten überschritten werden. Ein **Überschreiten** ist aber nur bis zur Höhe der jeweiligen Hinzuverdienstgrenze zulässig. Dh., dass das monatliche Einkommen zzgl. der weiteren Zahlungen den doppelten Betrag der jeweiligen Hinzuverdienstgrenze nicht übersteigen darf (§ 34 Abs. 2 Satz 2 SGB VI). Die Ursache des Mehrverdienstes ist unbeachtlich. Das Überschreiten der Hinzuverdienstgrenze kann daher sowohl durch Mehrarbeitsvergütung als auch durch Sonderzahlungen wie zB Urlaubs- oder Weihnachtsgeld bedingt sein[2]. Die Möglichkeit des Überschreitens kann grundsätzlich auch bereits im Monat des Rentenbeginns wahrgenommen werden, sofern dieses Überschreiten durch Abweichungen vom eigentlichen monatlichen Hinzuverdienst bewirkt wird[3]. Wird die zulässige Hinzuverdienstgrenze überschritten, besteht kein Anspruch mehr auf die Altersrente als Vollrente. Der Rentenanspruch geht aber nicht in jedem Fall in vollem Umfang verloren. Der Rentenversicherungsträger prüft vielmehr, ob die Altersrente noch als Teilrente gezahlt werden kann, da für Teilrentenbezieher höhere Hinzuverdienstgrenzen gelten (vgl. Rz. 263 ff.). Erst dann, wenn das vom Rentner erzielte Einkommen auch die für die niedrigste Teilrente (1/3-Teilrente) maßgebende individuelle Hinzuverdienstgrenze überschreitet, entfällt der Anspruch auf die Altersrente ganz, da § 34 SGB VI eine negative Anspruchsvoraussetzung darstellt[4]. Die Zahlung der Altersrente endet dann mit Ablauf des Monates, der dem Monat vorausgeht, in dem das höhere Arbeitsentgelt gezahlt wird (§ 100 Abs. 3 Satz 1 SGB VI iVm. § 48 Abs. 1 Satz 2 Nr. 3 SGB X).

Beispiel:
Ein Rentner verdient in der Zeit vom 1.1. bis 31.3.2013 450 Euro brutto monatlich. Im April 2013 erhält er zu seinem regelmäßigen Entgelt von 450 Euro brutto zusätzlich eine Sonderzahlung in Höhe von 150 Euro brutto. Im Mai 2013 verdient der Versicherte 2000 Euro monatlich. Mit dem Verdienst von 2000 Euro brutto überschreitet der Rentner alle für ihn maßgebenden Hinzuverdienstgrenzen. Das bedeutet: Der Hinzuverdienst ist für die Zeit bis einschließlich April 2013 nicht rentenschädlich. Für den Monat April 2013 ist ein Überschreiten bis zum Doppelten der Hinzuverdienstgrenzen zulässig. Der Rentenanspruch entfällt jedoch

---
1 Vgl. KassKomm/*Gürtner*, § 34 SGB VI Rz. 10 ff.; vgl. auch § 1 und 2 ArEV.
2 BSG 31.1.2002 – B 13 RJ 33/01 R, NZS 2002, 658; vgl. KomGRV, § 34 Rz. 9.
3 Vgl. KomGRV, § 34 Rz. 9.
4 Hauck/Haines/*Fichte*, § 34 SGB VI Rz. 4.

ab 1.4.2013, da der Verdienst in Höhe von 2.000 Euro alle für den Versicherten zulässigen Hinzuverdienstgrenzen überschreitet. Würde mit dem Verdienst ab 1.6.2013 jedoch noch die Hinzuverdienstgrenze für eine Teilrentenart eingehalten werden, würde die Teilrente ab 1.5.2013 gezahlt werden.

Der Wechsel zu einer niedrigeren Teilrente erfolgt **von Amts wegen** (§ 100 Abs. 1 SGB VI, § 115 Abs. 1 Satz 2 SGB VI). Die nächstniedrigere Teilrente wird vom Beginn des Monats an geleistet, in dem das höhere rentenschädliche Einkommen erzielt wird. Eine höhere Rente hingegen wird nur auf **Antrag** gewährt. Die höhere Rente wird ab dem Monat geleistet, zu dessen Beginn die Voraussetzungen für eine höhere Rente erfüllt sind, wenn sie innerhalb von drei Kalendermonaten beantragt wird (§ 100 Abs. 2 SGB VI). Bei späterer Antragstellung wird sie ab dem jeweiligen Antragsmonat gewährt. 249

Wenn der Rentenanspruch wegen des Überschreitens aller Hinzuverdienstgrenzen erloschen ist, kann, sofern eine Hinzuverdienstgrenze wieder eingehalten wird, ein neuer Rentenanspruch nur entstehen, wenn zu diesem Zeitpunkt auch alle weiteren Voraussetzungen der jeweiligen Altersrente erfüllt sind. 250

Beispiel:
Der Versicherte aus dem letzten Beispiel verdient ab dem 1.8.2013 laufend 450 Euro brutto monatlich. Die Vollrente ist wieder ab dem 1.8.2013 zu zahlen, wenn der Antrag bis zum 31.10.2013 gestellt wird.

Wird die Altersrente für langjährig Versicherte als Teilrente bezogen, gelten Besonderheiten bei der Hinzuverdienstgrenze (vgl. Rz. 263 ff. zur Höhe der jeweiligen Hinzuverdienstgrenze). 251

3. Übrige Altersrenten

Die vorstehend skizzierten Grundsätze gelten auch für die **übrigen Altersrenten**, also für die 252
– Altersrente wegen Arbeitslosigkeit oder nach Altersteilzeitarbeit,
– Altersrente für schwerbehinderte Menschen,
– Altersrente für Frauen,
– Altersrente für langjährig Versicherte sowie
– Altersrente für besonders langjährig Versicherte

als Vollrente. Werden diese Altersrenten als Teilrenten in Anspruch genommen, gelten Besonderheiten bei der Hinzuverdienstgrenze (vgl. Rz. 263 ff.).

4. Rente wegen Erwerbsminderung

Bei einer Rente wegen **verminderter Erwerbsfähigkeit** gelten die in § 96a SGB VI geregelten Hinzuverdienstgrenzen. Zu beachten ist, dass es sich bei § 96a SGB VI, im Gegensatz zu der Vorschrift des § 34 SGB VI, nicht um eine Anspruchsvoraussetzung handelt. Vielmehr regelt § 96a SGB VI lediglich den Rentenanspruch der Höhe nach[1]. 253

a) Rente wegen voller Erwerbsminderung in voller Höhe

Wer die Rente wegen voller Erwerbsminderung in voller Höhe bezieht, darf monatlich 450 Euro hinzuverdienen, wobei ein zweimaliges monatliches Überschreiten um jeweils einen Betrag bis zu 450 Euro (**doppelte Hinzuverdienstgrenze**) im Laufe eines je- 254

---
1 Vgl. KassKomm/*Gürtner*, § 96a SGB VI Rz. 2.

den Kalenderjahres außer Betracht bleibt (§ 96a Abs. 1, Abs. 2 Nr. 2 SGB VI). Hierbei ist zu beachten, dass, wie bei § 34 SGB VI, bei der Anrechnung von Arbeitsentgelt nicht nur ein zweimaliges Überschreiten bei Urlaubs- und Weihnachtsgeld, sondern bei jeglichem Mehrverdienst möglich ist[1].

255 Welche Einkünfte auf die Rente wegen **voller Erwerbsminderung** angerechnet werden, ergibt sich aus § 96a Abs. 1, Abs. 3 SGB VI. Dies sind insbesondere Arbeitsentgelt, Arbeitseinkommen und Versorgungskrankengeld sowie Übergangsgeld aus der gesetzlichen Unfallversicherung. Hierbei ist zu beachten, dass nicht die Sozialleistung, sondern das ihr zugrunde liegende monatliche Arbeitsentgelt oder Arbeitseinkommen anzurechnen ist (§ 96a Abs. 3 Satz 3 SGB VI).

Beispiel:

Ein Versicherter verdient in einem Kalenderjahr monatlich 450 Euro brutto. Er erhält im Monat Juni ein Urlaubsgeld von 150 Euro. Im Dezember erhält er ein Weihnachtsgeld von 450 Euro. Es bleibt bei der Rente wegen voller Erwerbsminderung, da kein **zweimaliges Überschreiten** um **jeweils** einen Betrag in Höhe von mehr als **450 Euro vorliegt**. Würde derselbe Versicherte im Juni des Jahres ein Urlaubsgeld in Höhe von 500 Euro und im Dezember ein Weihnachtsgeld von 800 Euro erhalten, wäre die Hinzuverdienstgrenze im Juni und im Dezember überschritten worden, so dass die Voraussetzungen für eine Rente wegen voller Erwerbsminderung ab Dezember nicht mehr vorliegen. Es kann jedoch der Bezug einer Teilrente in Betracht kommen.

b) Hinzuverdienstgrenze bei der Rente wegen voller Erwerbsminderung und der Rente wegen teilweiser Erwerbsminderung

256 Die Hinzuverdienstgrenze beträgt bei einer Rente wegen teilweiser Erwerbsminderung in voller Höhe das 0,23fache, in Höhe der Hälfte das 0,28fache bzw. bei einer Rente wegen voller Erwerbsminderung in Höhe von drei Vierteln das 0,17fache, in Höhe der Hälfte das 0,23fache sowie in Höhe eines Viertels das 0,28fache des aktuellen Rentenwertes, vervielfältigt mit der Summe der Entgeltpunkte der letzten drei Kalenderjahre vor Eintritt der jeweiligen Erwerbsminderung, wobei jedoch mindestens 1,5 Entgeltpunkte anzusetzen sind (§ 96a Abs. 2 Nr. 1 und 3 SGB VI). Es gilt somit folgende **Berechnungsformel:**

Hinzuverdienstfaktor × aktueller Rentenwert × Entgeltpunkte = individuelle Hinzuverdienstgrenze

257 Der **aktuelle Rentenwert** wird durch Rechtsverordnung jeweils zum 1.7. eines Kalenderjahres neu bekannt gegeben (§§ 68, 255a SGB VI). Er beträgt seit dem 1.7.2014 28,61 Euro in den alten bzw. 26,39 Euro in den neuen Bundesländern.

258 Die für die Ermittlung der Hinzuverdienstgrenze zu berücksichtigenden **Entgeltpunkte** ergeben sich aus den Entgeltpunkten für Beitragszeiten, beitragsfreie Zeiten und den Zuschlägen für beitragsgeminderte Zeiten der letzten drei Kalenderjahre.

259 Die Entgeltpunkte können zwar errechnet werden[2], sie ergeben sich aber auch aus der Rentenauskunft oder aus der Anlage 6 des **Rentenbescheides**. Insoweit kann auf eine isolierte eigene Berechnung verzichtet und anhand der sämtlich vorliegenden Daten die individuelle monatliche Hinzuverdienstgrenze errechnet werden.

---

1 BSG 31.1.2002 – B 13 RJ 33/01 R.
2 Auf die Darstellung der Berechnung im Einzelnen soll an dieser Stelle verzichtet und auf die einschlägige rentenrechtliche Fachliteratur verwiesen werden. Die notwendigen Werte des Durchschnittsverdienstes etc. ergeben sich im Einzelnen aus der Anlage 1 zum SGB VI und aus den Broschüren der Rentenversicherungsträger.

VIII. Hinzuverdienstgrenzen

Welche Einkünfte auf die Rente wegen teilweiser Erwerbsminderung **anzurechnen** sind, ergibt sich aus § 96a Abs. 1, Abs. 3 SGB VI. Anzurechnen sind danach insbesondere das Arbeitsentgelt, Arbeitseinkommen, Krankengeld, Übergangsgeld sowie das Arbeitslosengeld. Zu beachten ist hierbei, dass nicht die Sozialleistung, sondern das ihr zugrunde liegende monatliche Arbeitsentgelt oder Arbeitseinkommen anzurechnen ist (§ 96a Abs. 3 Satz 3 SGB VI). 260

c) Überschreiten der Hinzuverdienstgrenze

Wird die für den jeweiligen Rentenbezug zulässige individuelle Hinzuverdienstgrenze überschritten, geht allein deshalb der Anspruch auf die Rente wegen Erwerbsminderung nicht verloren. Der Rentenversicherungsträger prüft, ob ggf. noch eine höhere Hinzuverdienstgrenze eingehalten wird und die Rente in verminderter Höhe gezahlt werden kann. Ein **Wechsel** zwischen den in voller oder anteiliger Höhe zu leistenden Renten wegen Erwerbsminderung ist somit möglich. Die Rente wegen Erwerbsminderung wird nur dann nicht mehr gezahlt, wenn der vom Rentner erzielte Verdienst auch die für ihn zulässige höchste Hinzuverdienstgrenze überschreitet. Zu beachten ist, dass im Rahmen des § 96a SGB VI ein Überschreiten der Hinzuverdienstgrenze bereits im Monat des Rentenbeginns zulässig ist[1]. 261

Die Rente wegen Erwerbsminderung in veränderter Höhe wird immer vom Beginn des Monates an gezahlt, in dem auch das höhere oder niedrigere Einkommen bezogen wird. Entsprechendes gilt auch für den gänzlichen Verlust des Zahlungsanspruches auf Rente (§ 100 Abs. 1 SGB VI). 262

Beispiel:

Ein Versicherter bezieht eine Rente wegen voller Erwerbsminderung in Höhe der Hälfte. Er verdient in der Zeit vom 1.7.2012 bis 31.8.2012 monatlich 1 482,75 Euro, im Monat September 2012 monatlich 1 789,52 Euro und in der Zeit vom 1.10.2012 bis 30.11.2012 monatlich 2 045,17 Euro. Ab dem 1.12.2012 reduziert sich sein Hinzuverdienst wieder auf monatlich 1 482,75 Euro. Seine individuelle Hinzuverdienstgrenze für die Rente wegen voller Erwerbsminderung in Höhe der Hälfte beträgt 1 533,88 Euro monatlich und für die Rente in Höhe von einem Viertel 1 917,34 Euro monatlich.

Der Anspruch auf die Rente wegen voller Erwerbsminderung in Höhe der Hälfte entfällt mit dem 31.8.2012, weil das Einkommen mit Beginn des Monats September 2012 rentenschädlich ist. Die nächstniedrigere Rente in Höhe von einem Viertel wird daher ab 1.9.2012 gezahlt, also von dem Monat an, in dem das höhere Einkommen bezogen wird.

In der Zeit vom 1.10.2012 bis zum 30.11.2012 besteht kein Zahlungsanspruch auf die Rente wegen voller Erwerbsminderung, weil mit dem erzielten Einkommen auch die für die Rente in Höhe von einem Viertel zulässige Hinzuverdienstgrenze überschritten wird.

Da der Versicherte ab dem 1.12.2012 mit seinem Hinzuverdienst wieder die Hinzuverdienstgrenze für eine Rente wegen voller Erwerbsminderung in Höhe der Hälfte einhält, steht ihm die Rente in Höhe der Hälfte ab dem 1.12.2012 wieder zu.

5. Altersrente als Teilrente

Wird eine Altersrente für langjährig Versicherte, für besonders langjährig Versicherte, wegen Arbeitslosigkeit oder nach Altersteilzeitarbeit, für schwerbehinderte Menschen sowie Frauen nicht als Vollrente, sondern nur als **Teilrente** (ein Drittel, die Hälfte oder zwei Drittel der Altersvollrente, § 42 Abs. 2 SGB VI) bezogen, darf wesentlich mehr als bei der Altersvollrente hinzuverdient werden. Die Hinzuverdienstgrenze ist umso größer, je weniger von der Altersrente in Anspruch genommen wird. 263

---

1 Vgl. KomGRV, § 96a SGB VI Rz. 8.

264 Die **Hinzuverdienstgrenze** beträgt bei einer Teilrente von einem Drittel der Vollrente das 0,25fache, der Hälfte der Vollrente das 0,19fache und zwei Dritteln der Vollrente das 0,13fache des aktuellen Rentenwertes vervielfältigt mit der Summe der Entgeltpunkte der letzten drei Kalenderjahre vor Beginn der ersten Altersrente, wobei jedoch mindestens 1,5 Entgeltpunkte anzusetzen sind (§ 34 Abs. 3 SGB VI). Es gilt somit folgende **Berechnungsformel:**

Teilrentenfaktor × aktueller Rentenwert × Entgeltpunkte = individuelle Hinzuverdienstgrenze

265 Der **aktuelle Rentenwert** ist in den §§ 68, 255a SGB VI geregelt und wird durch Rechtsverordnung jeweils zum 1.7. eines Kalenderjahres neu bekannt gegeben (vgl. Rz. 257). Die Entgeltpunkte (vgl. Rz. 259) lassen sich für den konkreten Fall aus der individuellen Rentenauskunft oder der Anlage 6 zum Rentenbescheid ablesen. Anhand dessen lässt sich die Hinzuverdienstgrenze errechnen.

266 Teilrentenbezieher dürfen – wie Altersvollrentner – die für sie maßgebende Hinzuverdienstgrenze zweimal im Laufe eines jeden Kalenderjahres bis zum Doppelten der für einen Monat geltenden Hinzuverdienstgrenze überschreiten. Der Grund für den Mehrverdienst ist unbeachtlich. Das **Überschreiten der Hinzuverdienstgrenze** kann daher sowohl durch Mehrarbeitsvergütungen als auch durch Sonderzahlungen wie zB Urlaubs- oder Weihnachtsgeld bewirkt werden[1]. Wird die für die jeweils bezogene Teilrente zulässige individuelle Hinzuverdienstgrenze überschritten, geht der Anspruch auf Altersrente nicht in jedem Fall verloren. Wie auch bei der Rente wegen Erwerbsminderung (vgl. Rz. 256 ff.) ist ein **Wechsel** zwischen verschiedenen Teilrenten bzw. von der Teilrente auch wieder zur Vollrente möglich, der Rentenversicherungsträger prüft von Amts wegen, ob ggf. noch eine höhere Hinzuverdienstgrenze eingehalten und die Teilrente in verminderter Höhe gezahlt werden kann. Der Anspruch auf die Altersrente entfällt erst in vollem Umfang, wenn der vom Rentner erzielte Verdienst auch die für die niedrigste Teilrente (⅓-Teilrente) maßgebende individuelle Hinzuverdienstgrenze überschreitet. Die nächstniedrigere Teilrente wird immer vom Beginn des Monats an geleistet, in dem das höhere Einkommen bezogen wird (§ 100 Abs. 1 SGB VI).

Beispiel:

Der Versicherte bezieht eine Teilrente in Höhe der Hälfte der Vollrente. Er verdient in der Zeit vom 1.7. bis zum 31.10.2012 monatlich 1 022,58 Euro und in der Zeit ab dem 1.11.2012 monatlich 1 278,33 Euro. Seine individuelle Hinzuverdienstgrenze für diese Teilrente in Höhe der Hälfte der Vollrente beträgt 1 125,03 Euro monatlich, für die Teilrente in Höhe von einem Drittel der Vollrente 1 501,41 Euro monatlich.

Der Anspruch auf die Teilrente in Höhe der Hälfte der Vollrente entfällt mit dem 31.10.2012, weil das Einkommen ab November 2012 die für diese Teilrente zulässige Hinzuverdienstgrenze überschreitet. Die nächstniedrigere Teilrente (⅓-Teilrente) wird ab dem 1.11.2012 gezahlt, also von dem Monat an, in dem das höhere Einkommen erstmalig bezogen wurde.

267 Wird wieder weniger verdient und dadurch die individuelle Hinzuverdienstgrenze für eine höhere Teilrente bzw. die Vollrente eingehalten, muss die Zahlung der höheren Teilrente bzw. Vollrente beantragt werden. Sie wird dann von dem Monat an gezahlt, in dem der Rentner weniger verdient hat. Voraussetzung ist aber, dass der entsprechende Antrag innerhalb von drei Kalendermonaten nach dem Monat gestellt wird, in dem die Voraussetzung für die **höhere Teilrente** bzw. Vollrente wieder erfüllt ist. Andernfalls kann die höhere Teilrente bzw. Vollrente erst vom **Antragsmonat** an gezahlt werden (§ 100 Abs. 2 SGB VI).

---

1 Vgl. BSG 31.1.2002 – B 13 RJ 33/01 R, NZS 2002, 658; KomGRV, § 34 Rz. 9.

VIII. Hinzuverdienstgrenzen

Beispiel:

Der Versicherte bezieht eine Teilrente in Höhe der Hälfte der Vollrente. Er verdient in der Zeit vom 1.7. bis zum 31.10.2012 monatlich 1 022,58 Euro und in der Zeit vom 1.11.2012 bis zum 31.1.2013 monatlich 1 278,33 Euro. Ab dem 1.2.2013 verringert sich der Verdienst wieder auf laufend 1 022,58 Euro monatlich. Die individuelle Hinzuverdienstgrenze für die Teilrente in Höhe der Hälfte der Vollrente beträgt 1 125,03 Euro monatlich, für die Teilrente in Höhe von einem Drittel der Vollrente 1 501,41 Euro monatlich.

Der Anspruch auf die Teilrente in Höhe der Hälfte der Vollrente entfällt mit dem 31.10.2012, weil das Einkommen ab November 2012 die für diese Teilrente zulässige individuelle Hinzuverdienstgrenze überschreitet. Ab dem 1.11.2012 erhält der Versicherte die Teilrente in Höhe von einem Drittel der Vollrente. Ab dem 1.2.2013 steht ihm die Teilrente in Höhe der Hälfte der Vollrente zu, sofern die höhere Teilrente bis zum 30.4.2013 beantragt wird. Andernfalls hat er erst wieder Anspruch auf die höhere Teilrente ab dem Antragsmonat.

Stichwortverzeichnis

Bearbeiter: Klaus Thölken

Fett gedruckte Ziffern und Buchstaben verweisen auf den Teil,
magere Ziffern auf die Randziffern des Teils.

Abfallbeauftragter
- Sonderkündigungsschutz **3 H** 110

Abfindung
- nach § 1a KSchG *siehe* Abfindungsoption
- Abgrenzung zur betrieblichen Altersversorgung **2 E** 39, 47
- im Aufhebungsvertrag **3 C** 32 ff.
- Auflösungsantrag **5 A** 208
- Ausgleichszahlungen wegen vorzeitiger Inanspruchnahme der Rente **7 C** 178
- Fälligkeit **3 C** 33 f.
- Gleichbehandlungsgrundsatz bei Aufhebungsverträgen **3 C** 6
- Höhe **3 C** 32
- Lohnsteuer **3 C** 67 ff.
- Nachteilsausgleich *siehe dort*
- Pfändbarkeit **2 A** 670
- Ruhen des Arbeitslosengeldanspruchs **7 A** 56, 58 ff.
- Ruhen des Arbeitslosengeldanspruchs bei verkürzter Kündigungsfrist **3 C** 71 ff.
- Sozialplanabfindung *siehe dort*
- Sozialversicherungsbeiträge **3 C** 70
- Sperrzeit trotz ~ **7 A** 99 f.
- Streitwert Kündigungsschutzprozess mit ~ **5 J** 45 ff.
- Vergleich brutto = netto **5 I** 39
- bei Versorgungsanwartschaften *siehe* Abfindung von Versorgungsanwartschaften
- Zahlungsklage und Feststellungsklage auf Unwirksamkeit einer Kündigung **5 A** 6

Abfindung von Versorgungsanwartschaften **2 E** 383 ff.
- Bagatellversorgungsrechte **2 E** 391 ff.
- Beendigung des Arbeitsverhältnisses **2 E** 384 f.
- Erstattung der Rentenversicherungsbeiträge **2 E** 394
- fortbestehendes Arbeitsverhältnis **2 E** 388
- Höhe **2 E** 397
- Insolvenz **2 E** 395
- laufende Leistungen **2 E** 389 f.
- nichtige **2 E** 396
- unverfallbare in Aufhebungsvertrag **3 C** 14

Abfindungsoption **3 E** 344 ff.
- Änderungskündigung **3 A** 68a
- Einkommensteuer **3 E** 361
- Entstehung des Anspruchs **3 E** 351 f.
- von Größenordnung des § 1a KSchG abweichendes Angebot **3 E** 365 ff.
- Hinweis des Arbeitgebers **3 E** 346 ff.
- Höhe des Anspruchs **3 E** 356 ff.
- Insolvenz **3 E** 360; **3 I** 57 f.
- Klage **3 E** 359
- offensichtlich rechtswidrige Kündigung **3 E** 364
- ordentliche betriebsbedingte Kündigung **3 E** 345
- Sperrzeit **3 C** 76; **3 E** 362 ff.; **7 A** 81, 100
- Verstreichen der Klagefrist **3 E** 350
- Wegfall des Anspruchs **3 E** 353 ff.

Abkehrwille
- Kündigungsgrund **3 G** 1

Ablösungsvorbehalt
- AGB-Kontrolle **1 D** 151n

Abmahnung **3 E** 160 ff.
- Anhörung **2 A** 782; **3 E** 172
- außerordentliche Kündigung **3 F** 26
- Berechtigte **3 E** 170 f.
- Beschwerderecht **3 E** 184
- Betriebsübergang **2 G** 135
- und Ende des Arbeitsverhältnisses **3 E** 179
- Entbehrlichkeit **3 E** 161
- Entfernung aus der Personalakte **2 A** 784; **3 E** 178 ff.; **4 A** 423
- Ermahnung, Abgrenzung **3 E** 186
- erneute Pflichtverletzung **3 E** 162
- Feststellungsklage **3 E** 180
- Form **3 E** 169
- Fristen **3 E** 175 ff.
- Gegendarstellung **3 E** 182
- Hinweis- und Warnfunktion **3 E** 165 ff.
- und Kündigung **3 D** 8
- mehrere Pflichtverletzungen **3 E** 181
- Prozessvergleich **3 E** 185
- Streitwert bei Klage auf Entfernung aus der Personalakte **5 J** 78
- Unterrichtung der Betriebsrats über ~ bei Kündigung **3 J** 58
- Verhältnismäßigkeitsgrundsatz **3 E** 160
- Verwirkung **3 E** 175
- Verzicht auf Kündigung **3 E** 164a
- Widerruf **3 E** 183
- wiederholte **3 E** 168
- Zwangsvollstreckung Entfernung aus der Personalakte **5 I** 43

Abrufarbeit **2 A** 120; **3 B** 21 ff.
- AGB-Kontrolle **1 D** 95
- Arbeitnehmerüberlassung **6 D** 135
- Mindestarbeitszeit **3 B** 22
- Überstunden, Abgrenzung **6 A** 82b

Stichwortverzeichnis

Abschlussfreiheit 1 C 206 ff.
- *siehe auch* Abschlussgebote; Abschlussverbote
- Arbeitsvertrag kraft Gesetzes 1 C 210
- Ausnahmen 1 C 209 ff.
- einseitige Erklärung einer Partei 1 C 209

Abschlussgebote 1 C 219 ff.
- aus Art. 33 Abs. 2 GG 1 C 220
- aus Auswahlrichtlinien 1 C 220
- aus Betriebsvereinbarung 1 C 220
- Eingriff in Koalitionsfreiheit des Arbeitnehmers 1 C 219
- tarifliche 1 C 220
- vertragliche 1 C 220
- Wiedereinstellungsanspruch aufgrund vertraglicher ~ 1 C 221

Abschlussverbote 1 C 211 ff.
- arbeitsvertragliche 1 C 215 f.
- betriebliche Einstellungsrichtlinien 1 C 214
- gesetzliche 1 C 212
- Nichtigkeit des Arbeitsvertrages 1 C 212
- tarifvertragliche 1 C 213

Abteilungsversammlung 4 A 348 ff.

Abtretung
- Arbeitsentgelt 2 A 714 ff.
- unpfändbarer Teil 2 A 714
- Urlaubsabgeltung 2 C 158
- Urlaubsanspruch 2 C 5, 181
- Vereinbarung eines ~sverbots beim Arbeitsentgelt 2 A 715 ff.

Abwerbung 1 C 41 ff.; 2 A 233 ff.
- Definition 1 C 41
- E-Mail 1 C 48a
- Headhunter 1 C 48
- Kündigung des Abgeworbenen 1 C 59 ff.
- Kündigungsgrund 3 G 2
- durch künftigen Arbeitgeber 1 C 42
- durch Mitarbeiter 1 C 43
- Rückwerben abgeworbener Arbeitnehmer 1 C 62 f.
- Sanktionen gegen Abgeworbenen 1 C 56 ff.
- Sanktionen gegen Abwerbenden 1 C 50 ff.
- Schadensersatzansprüche gegen Abwerbenden 1 C 50 ff.
- unerlaubte Handlung 1 C 49
- Unterlassungsanspruch gegen Abwerbenden 1 C 54
- Wettbewerbswidrigkeit 1 C 44 ff.

Abwicklungsvertrag
- *siehe auch* Aufhebungsvertrag
- AGB-Kontrolle 3 C 4
- Aufhebungsvertrag, Abgrenzung 3 C 1
- Darlegungs- und Beweislast 3 C 64
- Dienstwagen 3 C 46
- Formulierungsbeispiel 3 C 47b f.
- Inhalt 3 C 30 ff.
- Karenzentschädigung 3 C 41
- und Kündigungsschutzprozess 3 C 65

- Schadensfreiheitsrabatt 3 C 46
- Schriftform 3 C 27 f.
- Sperrzeit 3 C 75 ff.; 7 A 77 ff.
- Vertragsschluss 3 C 24
- Zustandekommen 3 C 24 ff.

AG
- Arbeitgeber 1 A 138

AGB-Kontrolle 1 D 1 ff.
- Ablösungsvorbehalt 1 D 151n
- abstraktes Schuldversprechen 1 D 127
- Abweichung oder Ergänzung von Rechtsvorschriften 1 D 21 ff.
- Abwicklungsvertrag 3 C 4
- allgemeine Geschäftsbedingungen 1 D 2 f.
- allgemeine Inhaltskontrolle 1 D 106 ff.
- Altersgrenze 1 D 29
- Änderungsmöglichkeiten des Arbeitgebers 1 D 168 ff.
- Änderungsvorbehalt 1 D 75 ff.; 3 A 28 ff., 37 ff.
- anhand von Tarifverträgen, Betriebs- und Dienstvereinbarungen 1 D 153 ff.
- Anpassungs- und Änderungsklauseln 1 D 163 f.
- Anrechnungsklausel 1 D 85 ff.
- Arbeitsabruf-Klausel 1 D 95
- Arbeitszeitänderung 1 D 92 ff.
- Aufhebungsvertrag 3 C 4, 47a
- Aufrechnungsverbot 1 D 46 ff.
- Ausgleichsklausel 3 C 47a
- Ausgleichsquittung 1 D 120 f.; 3 C 22, 47a
- Ausschlussfrist 1 D 146 ff.; 2 A 603; 2 J 56 f.
- Ausschlussfrist, zweistufige 1 D 71, 146
- Befristung einzelner Arbeitsbedingungen 1 D 122 ff.; 1 E 115 ff.
- Besonderheiten des Arbeitsrechts 1 D 4 f.
- Betriebstreue bei Sonderzahlungen 2 A 474
- Betriebsvereinbarung 1 D 12 f.
- Beweislaständerungen 1 D 67 f.
- Bezugnahme auf Arbeitnehmerüberlassungstarifverträge der Christlichen Gewerkschaften und des DGB 6 D 112
- Bezugnahme auf mehrgliedrige CGZP-Tarifverträge 6 D 110 f.
- Bezugnahme auf mehrgliedrige DGB-Tarifverträge 6 D 113 f.
- Bezugnahme auf Tarifvertrag 4 C 271 f.
- Bindungsklausel bei Sonderzahlungen 2 A 465 f.
- Dauerschuldverhältnisse 1 D 65
- Dienstvereinbarung 1 D 14 f.
- Dienstwagen zur Privatnutzung 1 D 44 f.
- Dienstwagen zur Privatnutzung, Sofortentzug 1 D 77a
- Dienstwagenregelung 1 D 32b
- Doppelbefristung 1 D 32

- doppelte Schriftformklausel **1 D** 20;
  3 A 30a
- doppelte Schriftformklausel und betriebliche Übung **2 A** 891
- Einbeziehung im Voraus **1 D** 9
- Einbeziehung in den Vertrag **1 D** 6 ff.
- Empfangsbekenntnisse **1 D** 68 f.
- Entgeltabrede **2 A** 311b
- Entgeltumwandlung **2 E** 265
- ergänzende Vertragsauslegung **1 D** 166 f.
- fingierte Erklärungen **1 D** 97 ff.
- Form von Anzeigen und Erklärungen **1 D** 70 f.
- Freistellungsklausel **1 D** 107 ff.; **2 A** 754
- Freiwilligkeitsvorbehalt **1 D** 88 ff.
- Freiwilligkeitsvorbehalt und betriebliche Übung **2 A** 892 f.
- geltungserhaltende Reduktion **1 D** 158 ff., 164 f.
- Generalklausel **1 D** 101 ff.
- Geschäftsführer als Verbraucher **1 D** 38
- Haftungsausschlüsse **1 D** 61 ff.
- Individualabrede, Vorrang **1 D** 17 ff.
- Inhaltskontrolle **1 D** 39 ff.
- Jeweiligkeitsklausel **1 D** 79c f.
- Karenzentschädigung **2 F** 32a
- kirchliche Arbeitsvertragsregelungen **1 D** 16
- Kündigungsfrist, Verlängerung **1 D** 32a
- Kurzarbeit, Anordnung **1 D** 152 f.
- Kürzungsregelungen bei Sonderzahlungen **2 A** 485 ff.
- Leistungsverweigerungsrecht **1 D** 41
- Mahnung und Fristsetzung **1 D** 49
- Mankohaftung **1 D** 64
- mehrdeutige Klausel **1 D** 33
- Nachtarbeit, Ausgleichsklausel **6 A** 66c
- nachvertragliches Wettbewerbsverbot **1 D** 25 ff.; **2 F** 26b
- Nebentätigkeitsbeschränkungen **1 D** 136 ff.
- Rechtsfolgen bei Nichteinbeziehung/Unwirksamkeit **1 D** 156 ff.
- revisionsrechtliche Überprüfung **1 D** 176
- Rücktrittsvorbehalt **1 D** 73 f.
- Rückzahlungsklausel **1 D** 111 ff.
- salvatorische Klausel **1 D** 162
- Schadenspauschale **2 J** 54
- Schriftformklausel **1 D** 19 f.
- Stichtagsregelung **1 D** 119f ff.
- Tarifverträge **1 D** 11; **4 C** 84a
- Tarifwechselklauseln **2 G** 268
- Transparenzgebot bei Befristung **1 E** 116
- Transparenzkontrolle **1 D** 102 ff.
- überraschende Klauseln **1 D** 24 ff.
- Überstundenabgeltung **1 D** 151f ff.
- Überstundenklausel **1 D** 96
- Umgehungsverbot **1 D** 34
- Umsatz-/Gewinnbeteiligung **2 A** 446
- unangemessene Benachteiligung bei Befristung **1 E** 116
- Unterrichtungsfiktion bei Betriebsübergang **1 D** 99
- Verbrauchereigenschaft der Arbeitnehmer **1 D** 35 ff.
- Verjährungsfristen, Verkürzung **1 D** 144 f.
- Vermeidung des Überraschungscharakters **1 D** 32c
- Verschwiegenheit hinsichtlich eigener Vergütung **1 D** 151o
- Verschwiegenheitsvereinbarung **2 J** 24
- Versetzungsklausel **1 D** 80 ff.; **2 A** 39, 65
- Versorgungszusage, einzelvertragliche **2 E** 257 ff.
- Vertragsanpassung **1 D** 162 ff.
- Vertragsstrafe **2 J** 38 ff.
- Verweisung auf Betriebs-/Dienstvereinbarung **1 D** 128 ff.
- Verweisung auf Tarifvertrag **1 D** 30 f., 128 ff.; **2 A** 321
- Wechsel des Vertragspartners **1 D** 66
- Widerrufsvorbehalt **1 D** 76 ff.; **3 A** 28 ff.
- Zugang, Fiktion **1 D** 100
- Zurückbehaltungsrecht **1 D** 42 ff.

AGG
- *siehe* Allgemeines Gleichbehandlungsgesetz

Aids
- *siehe* HIV-Infektion

Akkordarbeit
- Arbeitsleistung **2 A** 76

Akkordlohn
- *siehe auch* Leistungsbezogene Arbeitsentgelte
- Bezugsgrößen **2 A** 402
- Einzelakkord **2 A** 407
- Geldakkord **2 A** 403
- Gruppenakkord **2 A** 407
- Mitbestimmung **4 A** 663 f.
- Schlechtleistung **2 A** 174
- Urlaubsentgelt **2 C** 108
- Vorgabezeit **2 A** 405
- Zeitakkord **2 A** 404 ff.

Aktiengesellschaft
- Aufsichtsrat **4 B** 81 ff.

Aktienoptionen 2 A 501 ff.
- Betriebsübergang **2 A** 506; **2 G** 142 f.
- Einkommensteuer **2 A** 507
- Verfallklauseln **2 A** 505
- Wartezeit **2 A** 504

Alkohol
- Abhängigkeit in Einstellungsgespräch **1 C** 70 ff.
- außerordentliche krankheitsbedingte Kündigung **3 E** 122
- bedingter Aufhebungsvertrag **3 C** 10
- Blutuntersuchungen während laufenden Arbeitsverhältnisses **1 C** 134

[Alkohol]
- Gewohnheiten in Einstellungsgespräch **1 C** 69
- Interventionsketten **2 A** 194
- Kündigung wegen Abhängigkeit **3 G** 3, 7
- Kündigung wegen ~isierung **3 G** 6
- Kündigung wegen Verstoßes gegen Verbot **2 A** 193; **3 G** 5f.
- Kündigungsgrund **3 E** 126ff.
- Offenbarungspflicht bei Abhängigkeit **1 C** 147
- personenbedingte Kündigung **3 E** 126
- Test **2 A** 778
- Verbot **2 A** 191ff.

Allgemeine Geschäftsbedingungen
- *siehe* AGB-Kontrolle

Allgemeines Gleichbehandlungsgesetz
- vor Abschluss des Arbeitsvertrages **1 C** 1
- Alter **1 F** 43
- Alter bei Sozialauswahl **3 E** 274
- Altersbefristung **1 E** 91
- Altersdifferenzklauseln bei Witwenrente **2 E** 63
- Arbeitgeberbegriff **1 F** 25
- Arbeitserlaubnis – Frage im Einstellungsgespräch **1 C** 71a
- Aufbau **1 F** 15
- Aufenthaltserlaubnis – Frage im Einstellungsgespräch **1 C** 71a
- Auskunftsbegehren des abgelehnten Bewerbers **1 F** 170b
- ausländische Staatsbürger, An-/Bewerbung **1 H** 3
- Ausschlussfristen **1 F** 165ff.
- Behinderung **1 F** 37ff.
- Behinderung/Krankheit, Abgrenzung **1 C** 80a ff.
- Belästigung **1 F** 71ff.
- Benachteiligung *siehe* Benachteiligung nach AGG
- zur Berufsausbildung Beschäftigte **1 B** 124
- Beschäftigte **1 F** 17ff.
- Beschwerderecht des Beschäftigten **1 F** 123ff.
- Betriebsrat **1 F** 174
- Betriebstreue bei betrieblicher Altersversorgung **2 E** 186
- Betriebsvereinbarung **1 F** 158
- Betriebszugehörigkeitsdauer bei Sozialplanabfindung **4 A** 939
- Darlegungs- und Beweislast **1 F** 169ff.
- Differenzierungsmerkmale **1 F** 26ff.
- Dokumentation bei Personalauswahlverfahren **1 F** 154ff.
- Drogensucht – Frage im Einstellungsgespräch **1 C** 70b
- Entgeltgleichheit **1 F** 92f.
- Entschädigung **1 F** 129, 136ff.
- Entschädigung bei diskriminierender Stellenausschreibung **1 C** 10d ff.
- ethnische Herkunft **1 F** 31ff.
- EU-Richtlinien **1 F** 2ff.
- Europarechtskonformität **1 F** 4ff.
- Folgen bei Verstoß gegen Organisationspflichten **1 F** 164
- Frage nach bestimmten Erkrankungen oder Leiden **1 F** 170a
- Geschlecht **1 F** 32
- Geschlecht – Frage im Einstellungsgespräch **1 C** 81f.
- gesetzliches Verbot nach § 134 BGB **1 C** 259
- Gesundheitszustand – Frage im Einstellungsgespräch **1 C** 80a ff.
- Gewerkschaft **1 F** 174
- GmbH-Geschäftsführer **1 F** 21ff.
- Hinweispflichten **1 F** 160
- internationale Sachverhalte **1 F** 175ff.
- Krankheiten – Frage im Einstellungsgespräch **1 C** 80a ff.
- und Kündigungsschutz **3 E** 6b
- Lebensalter als Sozialdatum bei Kündigung **3 G** 8a
- Lebensalter bei betrieblicher Altersversorgung **2 E** 221ff.
- Lebensalter bei Sozialplanabfindung **4 A** 939
- Lebensalter – Frage im Einstellungsgespräch **1 C** 83b
- Lebensalter – keine Aufhebungsverträge gegen Abfindungszahlung **3 C** 6
- Leistungsverweigerungsrecht **1 F** 127f.
- Maßnahmen gegen „Täter" **1 F** 161ff.
- Maßregelungsverbot **1 F** 143f.
- medizinische Untersuchungen **1 C** 134a
- Organisationspflichten **1 F** 145ff.
- Organmitglieder **1 F** 21ff.
- Parteizugehörigkeit – Frage im Einstellungsgespräch **1 C** 87a ff.
- Personalauswahlverfahren **1 F** 153ff.
- Personalfragebogen **1 F** 157; **4 A** 697
- persönliche Lebensverhältnisse – Frage im Einstellungsgespräch **1 C** 88f.
- persönlicher Anwendungsbereich **1 F** 16ff.
- Rasse **1 F** 28ff.
- Rechtfertigung unterschiedlicher Behandlung *siehe* Rechtfertigung nach AGG
- Rechtsfolgen **1 F** 117ff.
- Religion **1 F** 33, 35f.
- Religion – Frage im Einstellungsgespräch **1 C** 89ff.
- Schadensersatz **1 F** 129ff.
- Schadensersatz bei Vermögensschaden **1 C** 11f.
- Schutzmaßnahmen **1 F** 152ff.
- Scientology-Mitgliedschaft – Frage im Einstellungsgespräch **1 C** 91
- Selbständige **1 F** 21f., 24
- sexuelle Belästigung **1 F** 74

- sexuelle Identität **1 F** 44
- sexuelle Identität – Frage im Einstellungsgespräch **1 C** 83 f.
- Stellenausschreibung **1 C** 7 ff.; **1 F** 146 ff.
- Unwirksamkeit der benachteiligenden Maßnahme **1 F** 118 ff.
- Verhältnis zum früheren Recht **1 F** 9 f.
- Vermutung einer Benachteiligung wegen Behinderung **1 F** 170
- Weltanschauung **1 F** 34 ff.
- Zielsetzung **1 F** 1
- Zustimmungsverweigerung des Betriebsrates bei diskriminierender externer Ausschreibung **1 C** 21
- Zustimmungsverweigerung des Betriebsrates bei nicht geschlechtsneutraler interner Ausschreibung **1 C** 22

Allgemeinverbindlicherklärung 4 C 236 ff.
- Bedeutung **4 C** 236 f.
- Doppelnatur **4 C** 249
- Einschränkungsklauseln **4 C** 239
- Mängel **4 C** 248
- Nachwirkung **4 C** 240
- öffentliches Interesse **4 C** 242
- Rechtsnatur **4 C** 249
- Rechtsschutz **4 C** 249
- Reichweite **4 C** 239 f.
- sozialer Notstand **4 C** 244
- Tarifautonomiestärkungsgesetz **4 C** 236, 238
- Tarifvertrag bei Betriebsübergang **2 G** 206
- Umfang **4 C** 239 f.
- Verfahren **4 C** 245 ff.
- Voraussetzungen **4 C** 241 ff.
- wirksamer Tarifvertrag **4 C** 241
- Zuständigkeit, arbeitsgerichtliche **5 B** 117b; **5 H** 35a f.

Alter
- *siehe* Lebensalter

Altersbefristung 1 E 35 ff.
- Beschäftigungslosigkeit **1 E** 36
- kein Vorbeschäftigungsverbot **1 E** 36

Altersgrenze 1 E 80 ff.
- vor dem 65. Lebensjahr **1 E** 87
- AGG und Altersbefristung **1 E** 91
- Befristungskontrolle **1 E** 83
- bei betrieblicher Altersversorgung und AGG **1 F** 107
- Betriebsvereinbarungen **1 E** 88 ff.; **4 A** 389
- Cockpitpersonal **1 E** 87
- diskriminierende in Tarifverträgen oder Betriebsvereinbarungen **1 E** 90
- Hinausschieben der tariflichen/arbeitsvertraglichen ~ **1 E** 84
- Hinzuverdienstgrenzen **7 C** 244 ff.
- Landwirte bei Alterssicherung **7 C** 11
- Regelaltersgrenze Rentenversicherung **7 C** 2
- Schriftform **1 E** 86
- Tabelle geltendes – zukünftiges Recht bei Rentenversicherung **7 C** 12
- tarifliche **1 E** 88 ff.; **4 C** 138 f.
- Übergangsregelungen *siehe* Altersgrenze, Übergangsregelungen
- unverfallbare Versorgungsanwartschaft **2 E** 361 ff.
- Vereinbarungen und § 41 S. 2 SGB VI **1 E** 84
- Vertrauensschutz bei rentenversicherten Schwerbehinderten **7 C** 116 ff.
- Vertrauensschutz bei Rentenversicherung **7 C** 10, 64

Altersgrenze, Übergangsregelungen
- langjährige Rentenversicherung **7 C** 85 f.
- langjährige Rentenversicherung und Vertrauensschutz **7 C** 87 ff.
- rentenversicherte Schwerbehinderte **7 C** 113 f.
- Rentenversicherung **7 C** 63 f.

Altersrente 7 C 37 ff.
- Altersrente für besonders langjährig Versicherte *siehe dort*
- Altersrente für langjährig Versicherte *siehe dort*
- Altersrente für schwerbehinderte Menschen *siehe dort*
- Anrechnung auf Betriebsrente **2 E** 422 ff.
- wegen Arbeitslosigkeit oder nach Altersteilzeitarbeit **7 C** 120
- Ausgleichszahlungen *siehe dort*
- betriebliche Altersversorgung **2 E** 53 ff.
- betriebliche Altersversorgung und gesetzliche Rentenversicherung **7 C** 15
- und Dauer der Arbeitsverhältnisses **7 C** 15
- Frauen **7 C** 14
- Folgeänderungen **7 C** 13
- Gesetzesänderungen **7 C** 1 ff.
- Hinzuverdienstgrenzen *siehe dort*
- Landwirte **7 C** 11
- Regelaltersrente *siehe dort*
- Tabelle geltendes – zukünftiges Recht **7 C** 12
- verminderte Erwerbsfähigkeit **7 C** 9
- Vertrauensschutz **7 C** 10
- vorgezogene Betriebsrente **2 E** 425 ff.

Altersrente für besonders langjährig Versicherte 7 C 91 ff.
- 45 Pflichtbeitragsjahre **7 C** 3
- arbeitsrechtliche Bedeutung **7 C** 101
- Beginn **7 C** 99
- Berücksichtigungszeiten **7 C** 96a
- Entgeltersatzleistungen **7 C** 96b
- Ersatzzeiten **7 C** 97 f.
- freiwillige Beiträge **7 C** 96c
- Pflichtbeitragszeiten **7 C** 96
- Rechtsgrundlage **7 C** 92 f.
- Übergangsregelung **7 C** 100a
- Voraussetzungen **7 C** 94 ff.

3005

[Altersrente für besonders langjährig Versicherte]
- Wartezeit 7 C 95 ff.

Altersrente für langjährig Versicherte 7 C 65 ff.
- 35 Pflichtbeitragsjahre 7 C 4
- 35 Pflichtbeitragsjahre bei Schwerbehinderten 7 C 5
- Anhebung der Altersgrenzen 7 C 82 ff.
- Anrechnungszeiten 7 C 71 ff.
- Arbeitslosigkeit 7 C 72
- arbeitsrechtliche Bedeutung 7 C 90
- Ausgleichszahlungen *siehe dort*
- Beginn 7 C 79
- Beitragsausfall 7 C 72
- Bergleute mit 25 Pflichtbeitragsjahren 7 C 6
- Berücksichtigungszeiten 7 C 74 ff.
- besondere Vertrauensschutzregelung 7 C 87 ff.
- Hinzuverdienstgrenzen 7 C 246 ff.
- Kindererziehung 7 C 74 ff.
- Krankheit 7 C 72
- Kürzung der Rente 7 C 80 f.
- Rechtsgrundlage 7 C 66 ff.
- Übergangsregelungen 7 C 67, 85 f.
- Vollendung bestimmten Lebensalters 7 C 69
- Voraussetzungen 7 C 69 ff.
- Wartezeit 7 C 70 ff.

Altersrente für schwerbehinderte Menschen 7 C 102 ff.
- 35 Pflichtbeitragsjahre 7 C 5
- Anerkennung der Schwerbehinderung 7 C 107 f.
- arbeitsrechtliche Bedeutung 7 C 119
- Ausgleichszahlungen *siehe dort*
- Beginn 7 C 111
- Rechtsgrundlage 7 C 103 f.
- Rentenminderung bei vorzeitiger Inanspruchnahme 7 C 112
- Schwerbehinderung 7 C 106 ff.
- Übergangsregelung Anhebung der Altersgrenzen 7 C 113
- Übergangsregelung Geburtsjahrgänge vor dem 1.1.1952 7 C 114
- Übergangsregelungen 7 C 104
- Vertrauensschutz bei Altersteilzeitvereinbarung 7 C 115
- Vertrauensschutz für vor dem 1.1.1951 Geborene 7 C 116 f.
- Vollendung des 65. Lebensjahres 7 C 105
- Voraussetzungen 7 C 105 ff.
- Wartezeit 7 C 110

Altersteilzeit 3 B 27; 7 B 1 ff.
- ab 1.1.2010 7 B 3a f.
- Abgrenzung zur betrieblichen Altersversorgung 2 E 46
- Ablehnung 7 B 34 f.
- Änderungen 7 B 2
- Anspruch 7 B 34a
- arbeitsrechtliche Sicherung des Arbeitnehmers 7 B 48 ff.
- Aufbau des Gesetzes 7 B 3
- Aufstockungsbetrag 7 B 18 ff.
- Aufstockungsbetrag, Erstattung 7 B 35, 37
- ausgenommene Entgeltbestandteile 7 B 22
- Ausgleichszeitraum 7 B 15
- Auskunft über rentenrechtliche Auswirkungen 7 C 16
- Ausschlussgründe 7 B 38 ff.
- Befristung 7 B 57 ff.
- Befristung bis Rente nach ~arbeit 1 E 69, 92
- Bemessungsentgelt 7 B 44 ff.
- Bestandsschutz 7 B 49 ff.
- in Betracht kommende Arbeitnehmer 7 B 5
- betriebsbedingte Kündigung 3 E 198; 7 B 52 f.
- Betriebsstilllegung 7 B 52
- Betriebsübergang 2 G 124, 153; 7 B 54 ff.
- Betriebsübergang in der Insolvenz 7 B 74
- Betriebsverfassungsrecht 7 B 61 f.
- bisherige wöchentliche Arbeitszeit 7 B 8
- bisheriges Arbeitsentgelt 7 B 23
- Blockmodell 7 B 12 ff.
- Entgeltsicherung 7 B 60
- erhöhte Rentenversicherungsbeiträge 7 B 24
- erhöhte Rentenversicherungsbeiträge, Erstattung 7 B 35 ff.
- Erkrankung 7 B 65 f.
- Förderleistung, Erlöschen des Anspruchs 7 B 39
- Förderleistung, Ruhen des Anspruchs 7 B 41
- Förderleistung, keine, wenn keine Nachbesetzung 7 B 40
- Förderleistungen 7 B 3c
- fortlaufende Zahlungen 7 B 17
- freie Entscheidung des Arbeitgebers 7 B 33 f.
- Freistellung in der Arbeitsphase bei Blockmodell 7 B 42
- Grundlagen und Zweck 7 B 1
- Halbierung der Arbeitszeit 7 B 11
- Insolvenz 7 B 69 ff.
- insolvenzbedingte Kündigung 3 I 51 f.
- Insolvenzsicherung 7 B 71 f.
- Kündigungsmöglichkeit 7 B 50 ff.
- Leistungen an den Arbeitgeber 7 B 35 ff.
- Nachbesetzung 7 B 30
- Nachweispflicht 7 B 72
- personenbedingte Kündigung 7 B 53
- prozessuale Durchsetzung 7 B 34b
- Rentenversicherungsbeiträge 7 B 18, 24 f.
- sozialrechtliche Sicherung des Arbeitnehmers 7 B 43 ff.

- bis spätestens 31.12.2009 **7 B** 5a
- steuerrechtliche Aspekte **7 B** 78 ff.
- steuerrechtliche Aspekte bei Ausgleichszahlungen nach § 187a SGB VI **7 C** 182 f.
- Störfälle **7 B** 64 ff.
- Streitwert bei Klage auf Abschluss einer Vereinbarung **5 J** 65
- Unternehmensmitbestimmung **7 B** 63
- Urlaubsabgeltung **2 C** 150
- Urlaubsansprüche **7 B** 67
- Vereinbarung **7 B** 6 ff.
- Vereinbarung nach dem 14.2.1996 **7 B** 4
- Verfahrensfragen **7 B** 75 ff.
- verhaltensbedingte Kündigung **7 B** 53
- Verteilung der wöchentlichen Arbeitszeit **7 B** 10
- Vertrauensschutz bei schwerbehinderten Menschen **7 C** 115
- vorzeitige Beendigung **7 B** 47
- vorzeitige Beendigung des Arbeitsverhältnisses bei Blockmodell **7 B** 68
- Wiederbesetzung des Arbeitsplatzes **7 B** 26 ff.
- Zuschläge für erschwerte Arbeitsbedingungen **7 B** 22

Altersversorgung
- *siehe* Betriebliche Altersversorgung

Anbahnungsverhältnis
- *siehe* Vorvertragliches Schuldverhältnis

Änderungskündigung 3 A 49 ff.; **3 D** 135
- Ablehnung des Änderungsangebotes **3 A** 93; **3 E** 338c; **5 A** 150, 157
- wegen AGB **1 D** 170
- allgemeine Rechtsunwirksamkeitsgründe **3 A** 86
- Änderungsangebot **3 A** 55; **5 A** 141, 145 f.
- Änderungsangebot nach Ablauf der Vorbehaltsfrist **3 A** 135a
- Änderungsangebot nach Kündigungsausspruch **3 A** 63
- Änderungsschutzklage *siehe dort*
- Änderungsvorbehalt, Abgrenzung **3 A** 71 f.
- und Änderungsvorbehalte **3 A** 31 ff.
- Anhörung des Betriebsrats **3 A** 77 ff., 115 ff.; **3 J** 11, 67 ff.
- Annahme des Änderungsangebotes **5 A** 139 ff.
- Annahme des Änderungsangebotes ohne Vorbehalt **3 A** 147a ff.; **3 E** 338a f.; **5 A** 151
- Annahme des Änderungsangebotes unter Vorbehalt **3 E** 338d
- Annahmeerklärung **3 A** 147b
- Annahmefrist **3 A** 147c ff.
- Arbeitszeit **3 A** 103c
- Arbeitszeitverteilung **3 A** 106
- Arten **3 A** 64 ff.; **5 A** 149
- außerordentliche **3 A** 66, 109 ff.; **3 F** 48 ff.; **5 A** 149

- außerordentliche von Betriebsratsmitgliedern **3 A** 113
- als bedingte Kündigung **3 D** 140
- statt Beendigungskündigung **5 A** 140 f.
- Beendigungskündigung, Abgrenzung **3 A** 51
- Begriff **3 A** 50; **5 A** 143 ff.
- betriebliche Altersversorgung **2 E** 602 f.
- betriebsbedingte **3 A** 95, 102 ff.; **3 E** 337a ff.
- Bezugnahmeklausel bei Arbeitnehmerüberlassung **6 D** 118
- Direktionsrecht **2 A** 32; **3 E** 340a
- Direktionsrecht, Abgrenzung **3 A** 69 f.
- Eindeutigkeit der Kündigungserklärung **3 A** 83
- Entgeltkürzung **3 A** 104 ff.
- Entgeltkürzung, Darlegungs- und Beweislast **3 E** 341 ff.
- keine Erklärung des Arbeitnehmers nach Ausspruch der ~ **3 A** 147b
- formelle Anforderungen **3 E** 297 ff.
- Formulierungsbeispiel **3 A** 54
- Fristen **3 A** 85
- Geeignetheit des Änderungsangebots **5 A** 142
- gemäß § 1a KSchG **3 A** 68a
- Gratifikationen **3 A** 105
- Insolvenz **3 I** 72 ff.
- und Klagefrist nach § 4 KSchG **5 A** 153 f.
- konkludente Annahme **3 A** 130, 147b
- Konkurrenz §§ 99/102 BetrVG **3 A** 115 ff.
- Kündigung **5 A** 144
- Kündigungserklärung **3 A** 52 ff.
- leidensgerechter Arbeitsplatz **3 A** 101
- mehrere Arbeitsbedingungen **3 A** 90 ff.
- Mitbestimmung in personellen Angelegenheiten **3 A** 115 ff.
- Mitbestimmung in sozialen Angelegenheiten **3 A** 125
- Namensliste **3 E** 296
- neuer Dienstort **3 A** 103a
- Nichtbeteiligung des Betriebsrats **3 A** 124
- ordentliche **3 A** 65; **5 A** 149
- personenbedingte **3 A** 95 ff.
- Prüfungsmaßstab **3 E** 339 f.
- Prüfungsmaßstab für soziale Rechtfertigung **3 A** 89 ff.
- Reaktion auf Änderungsangebot **5 A** 141
- Reaktionsmöglichkeiten des Arbeitnehmers **3 E** 338 ff.
- Schriftform **3 A** 84 f.
- Sozialauswahl **3 A** 108 f.
- soziale Rechtfertigung **3 A** 87 ff.
- taktische Fragen **3 A** 144 ff.
- und Teilkündigung **3 A** 45
- überflüssige **3 E** 340a
- Umdeutung in Ausübung des Direktionsrechts **3 A** 63a

[Änderungskündigung]
- Umdeutung in Beendigungskündigung 3 D 116a
- Unkündbarkeit 3 A 112; 3 F 50 f., 58a
- verhaltensbedingte 3 A 95, 98 ff.
- Verminderung der Leistungsfähigkeit 3 A 96 f.
- Voraussetzungen 3 A 75 ff.
- Vorbehaltserklärung *siehe dort*
- Weisungsrecht statt außerordentlicher ~ 3 F 51
- Weiterbeschäftigung während des Kündigungsrechtsstreits 3 A 152 ff.; 5 A 173
- Weiterbeschäftigungsmöglichkeit und Beendigungskündigung 5 A 140 f.
- Widerrufsvorbehalt, Abgrenzung 3 A 71 f.
- zeitliche Abfolge von Kündigung und Änderungsangebot 3 A 57 ff.
- Zulagen 3 A 105
- Zumutbarkeit des Änderungsangebots 3 A 68b
- Zusammenhang zwischen Kündigung und Änderungsangebot 5 A 147 f.
- Zustimmungsverweigerung des Betriebsrats bei Versetzung 3 A 121

Änderungsschutzklage 5 A 138 ff.
- *siehe auch* Änderungskündigung
- Antragsformulierung 5 A 159
- Antragstellung bei erklärtem Vorbehalt 3 A 149 ff.
- Antragstellung bei fehlendem Vorbehalt 3 A 155 ff.
- Auflösungsantrag 3 A 160 f.
- Besonderheiten 3 A 148 ff.
- Obsiegen des Arbeitnehmers 5 A 160
- Streitgegenstand 5 A 158
- Streitwert bei Änderungsschutzklage *siehe dort*
- Unterliegen des Arbeitnehmers 5 A 161
- und Vorbehaltserklärung 3 A 135 ff.
- Weiterbeschäftigung auf dem bisherigen Arbeitsplatz 3 A 152 ff.

Änderungsvertrag
- Anpassung wegen Schuldrechtsreform 1 D 174 f.
- betriebliche Altersversorgung 2 E 601
- einvernehmliche Änderung 3 A 4 ff.
- Grenzen 3 A 9 ff.
- Günstigkeitsprinzip 3 A 12
- konkludentes Verhalten 3 A 6
- Nachweisgesetz 3 A 7
- Tarifbindung 3 A 10 f.
- vertragliche Einheitsregelung 3 A 13
- vertragliche Einigung 3 A 6
- Zweck 3 A 2 f.

Änderungsvorbehalt
- AGB-Kontrolle 1 D 75 ff.; 3 A 28 f., 37 ff.
- Änderungskündigung, Abgrenzung 3 A 31 ff., 71 f.
- billiges Ermessen 3 A 29

- Grenzen 3 A 31 ff.
- Übertragung eines anderen Tätigkeitsbereichs 3 A 32 ff.

Anderweitiger Verdienst
- *siehe* Anrechnung anderweitigen Verdienstes

Anfechtung
- Arbeitsvertrag *siehe* Anfechtung des Arbeitsvertrags
- Aufhebungsvertrag 3 C 14a
- Aufhebungsvertrag wegen Irrtums 3 C 57
- Aufhebungsvertrag wegen Täuschung oder Drohung 3 C 58 ff.
- außerordentliche Kündigung, Abgrenzung 3 F 5 f.
- Bestätigung des anfechtbaren Vertrages 3 C 61a
- betriebliche Übung 2 A 902
- Betriebsratswahl 4 A 124 ff.
- Eigenkündigung wegen Drohung 3 D 127
- Fristen bei Aufhebungsvertrag 3 C 61
- Kündigung, Abgrenzung 3 D 9 f.
- Tarifvertrag 4 C 97a
- Umdeutung einer Kündigung in ~serklärung 3 D 117 f.; 3 F 6
- Urlaubserteilung 2 C 76
- Vorbehaltserklärung bei Änderungskündigung 3 A 131

Anfechtung des Arbeitsvertrags
- arglistige Täuschung 1 C 156 ff.
- und außerordentliche Kündigung 1 C 276
- Einschränkung nach Treu und Glauben 1 C 274 f.
- faktisches Arbeitsverhältnis 1 C 272 ff.
- Falschbeantwortung zulässiger Fragen 1 C 156 ff.
- Irrtum 1 C 160 f.
- Person oder Eigenschaft des Bewerbers 1 C 160
- rückwirkende Nichtigkeit 1 C 272 f.
- verschwiegene Scientology-Mitgliedschaft – Muster einer ~ 1 C 159
- Wettbewerbsverbot 2 F 51a

Angebot der Arbeitsleistung 2 B 6 ff.
- nach Ablauf der Kündigungsfrist 2 B 15
- Arbeitsunfähigkeit des gekündigten Arbeitnehmers 2 B 16 ff.
- nach Ausspruch einer fristlosen Kündigung 2 B 15
- Entbehrlichkeit eines tatsächlichen oder wörtlichen Angebots 2 B 8 ff.
- nach Krankheit, Urlaub usw. 2 B 11 ff.
- während des Laufs einer Kündigungsfrist 2 B 14
- tatsächliches 2 B 6, 8 ff.
- wörtliches 2 B 7 ff.

Angestellte
- und Arbeiter bei betrieblicher Altersversorgung 2 E 215 ff.

- Art der zu leistenden Tätigkeit bei kaufmännischem ~n, Vertragsbeispiel **2 A** 24
- AT-Angestellte als leitende ~ **1 A** 90
- im Betriebsverfassungsrecht **4 A** 57
- Leitende Angestellte *siehe dort*

Anhörung des Betriebsrats bei Kündigung 3 J 1 ff.
- Abschluss des Anhörungsverfahrens **3 J** 124 ff.
- andere Beendigungsgründe **3 J** 16 ff.
- Änderungskündigung **3 A** 77 ff., 115 ff.; **3 J** 11
- Arbeitskampf **3 J** 8
- außerordentliche Kündigung **3 F** 30 a f.; **3 J** 89 f., 120 ff.
- Äußerung von Bedenken **3 J** 91 ff.
- befristeter Arbeitsvertrag **3 J** 17
- Beschluss des Betriebsrats **3 J** 78 ff.
- bewusste Fehlinformation **3 J** 133 f.
- Checkliste **3 J** 202
- Darlegungs- und Beweislast **5 A** 100 f.
- Eilfälle **3 J** 9
- ergänzende Informationen **3 J** 84 f.
- Erklärungsempfänger **3 J** 24
- Erweiterung der Mitbestimmungsrechte **3 J** 149 ff.
- Form der Unterrichtung **3 J** 28
- Formulierungsbeispiel für Schreiben an Betriebsrat **3 J** 77
- Formulierungsbeispiele für Stellungnahme des Betriebsrats **3 J** 123
- funktionsfähiger Betriebsrat **3 J** 4 ff.
- Geltungsbereich des § 102 BetrVG **3 J** 2 ff.
- Heimarbeiter **3 J** 23
- Inhalt der Unterrichtung **3 J** 29 ff.
- insolvenzbedingte Kündigungen **3 I** 53 ff.
- Interessenausgleich mit Namensliste **3 E** 310
- Kündigung durch den Arbeitgeber **3 J** 10 ff.
- Kündigung vor Dienstantritt **3 D** 37
- Kündigungsschutz betrieblicher Funktionsträger **3 J** 65
- Leiharbeitnehmer **3 J** 22
- leitende Angestellte **3 J** 20 f.
- Mängel des Anhörungsverfahrens **3 J** 127 ff.
- Mängel in Betriebsratssphäre **3 J** 131 f.
- Nachschieben von Kündigungsgründen **3 D** 25, 27; **3 F** 15; **3 J** 135 ff.
- Reaktionsmöglichkeiten des Betriebsrats **3 J** 83 ff.
- schwerbehinderte Menschen **3 H** 61 f.
- keine Stellungnahme des Betriebsrats **3 J** 87 f.
- Teilkündigung **3 J** 12
- Tendenzbetrieb **3 J** 3
- Tendenzträger **4 A** 1096 ff.
- Umdeutung einer außerordentlichen Kündigung **3 D** 115 f.; **3 F** 93; **3 J** 66
- Umdeutung einer ordentlichen Kündigung **3 D** 116
- Umfang der Unterrichtung *siehe* Unterrichtungsumfang bei Kündigung
- Unkündbarer mit Auslauffrist **3 F** 57c
- bei Vorliegen eines Interessenausgleichs **3 J** 41a
- vorsorgliche Kündigung **3 J** 13
- Widerspruch des Betriebsrats gegen Kündigung *siehe dort*
- wiederholte Kündigung **3 J** 14
- Zeitpunkt der Einleitung des Verfahrens **3 J** 25 ff.
- Zustimmung des Betriebsrats **3 J** 86
- Zustimmung bei Kündigung betrieblicher Funktionsträger **3 H** 88 ff.
- Zweifel an Bevollmächtigung oder Beauftragung zur Kündigung **3 J** 28

Anhörungsrüge 5 G 1 ff.
- Abhilfe **5 G** 27
- Antragsformulierungen **5 G** 21 ff.
- Beschlussverfahren **5 H** 245a
- Besetzung des Spruchkörpers **5 G** 24
- Einlegung **5 G** 12
- einstweilige Einstellung der Zwangsvollstreckung **5 G** 28
- durch Entscheidung beschwerte Partei **5 G** 2 f.
- Entscheidung des Gerichts **5 G** 24 ff.
- Entscheidungserheblichkeit **5 G** 20
- Form **5 G** 12
- Frist **5 G** 7 ff.
- Fristablauf **5 G** 11
- Fristbeginn **5 G** 8 ff.
- ordnungsgemäße Darlegung **5 G** 13 ff.
- Subsidiarität **5 G** 4 ff.
- Übergehen von Sachvortrag **5 G** 15 ff.
- Überraschungsentscheidung **5 G** 19
- Verletzung Hinweispflicht **5 G** 19
- Verwerfung als unzulässig **5 G** 25
- Zurückweisung **5 G** 26

Anlernvertrag
- als Verstoß gegen ein gesetzliches Verbot **1 C** 255a

Annahmeverzug des Arbeitgebers 2 B 1 ff.
- Abdingbarkeit **2 B** 3
- Angebot der Arbeitsleistung *siehe dort*
- Anrechnung anderweitigen Verdienstes *siehe dort*
- Anrechnung ersparter Aufwendungen **2 B** 55
- Arbeitnehmerüberlassung **6 D** 133
- Aussetzung des Klageverfahrens **5 C** 61
- Beendigung **2 B** 31 ff.
- berechtigte Arbeitsverweigerung **2 A** 722
- besondere Vergütungsformen **2 B** 38 f.
- böswillig unterlassener Erwerb **2 B** 56 ff.
- Einzelfälle **2 B** 33 ff.
- Entgeltklage **5 A** 255
- erfüllbares Dienstverhältnis **2 B** 4 f.

[Annahmeverzug des Arbeitgebers]
- Fahrzeugnutzung 2 B 41 ff.
- Freistellung bzw. Suspendierung des Arbeitnehmers 2 A 757; 2 B 62 ff.
- gesetzliche Grundlagen 2 B 1 ff.
- Leistungsfähigkeit des Arbeitnehmers 2 B 21 ff., 25 f.
- Leistungswilligkeit des Arbeitnehmers 2 B 21, 24 f.
- Nichtannahme der Leistung 2 B 28 ff.
- Rechtsfolgen 2 B 37 ff.
- Sachbezüge 2 B 40 ff.
- Schwangere 3 H 23
- tarifliche Ausschlussfristen 2 B 45
- Vergütungszahlung 2 B 37 ff.
- Verjährung 2 B 45
- Weiterbeschäftigungsanspruch 2 B 5

Anpassung der Betriebsrente 2 E 543 ff.
- Anpassungssysteme 2 E 544 f.
- Ausschluss 2 E 562 ff.
- Auszahlungspläne 2 E 566
- Darlegungs- und Beweislast 2 E 576 f.
- Eigenkapitalverzinsung, angemessene 2 E 570
- gesetzliche Anpassungsprüfung 2 E 546 ff.
- Insolvenz 2 E 567
- jährliche einprozentige Anhebung 2 E 563
- Konzerndurchgriff 2 E 572 ff.
- laufende Leistungen 2 E 547 ff.
- nachholende 2 E 558 ff.
- nachträgliche 2 E 560
- öffentlicher Dienst 2 E 551
- Pensions-Sicherungs-Verein 2 E 471
- Prüfungsrhythmus 2 E 552 f.
- reallohnbezogene Obergrenze 2 E 561
- Teuerungsausgleich 2 E 555 ff.
- Teuerungsausgleich aus Wertzuwachs 2 E 569 ff.
- versorgungssteigernde Verwendung von Überschussanteilen 2 E 564
- vertragliche Anpassung 2 E 544 f.
- Wettbewerbsfähigkeit, Beeinträchtigung 2 E 569
- wirtschaftliche Lage des Arbeitgebers 2 E 568 ff.

Anrechnung anderweitigen Verdienstes 2 B 46 ff.
- anderweitiger Verdienst 2 B 48 ff.
- Auskunftspflicht des Arbeitnehmers 2 B 52 ff.
- böswilliges Unterlassen 2 B 56 ff.
- Darlegungs- und Beweislast 2 B 51
- ersparte Aufwendungen 2 B 55
- Freistellung des Arbeitnehmers 2 A 758; 2 B 63 f.
- Karenzentschädigung 2 F 62 ff.

Anrechnung übertariflicher Zulagen 2 A 392 f.; 4 C 173 ff.
- AGB-Kontrolle 1 D 85 ff.
- Mitbestimmung 2 A 394; 4 A 655 ff., 1010

Anrechnung von Abfindungen auf Arbeitslosengeld
- siehe Ruhen des Anspruchs auf Arbeitslosengeld

Anschlussberufung 5 D 96 ff.
- Begründung 5 D 99
- Frist 5 D 98
- Statthaftigkeit 5 D 97
- Wirkungslosigkeit 5 D 100

Anschlussbeschwerde 5 H 229
Anschlussrechtsbeschwerde 5 H 273
Anwaltsbeiordnung 5 B 30
Anwartschaftsauskunft 2 E 274 ff., 415
- des Arbeitgebers 2 E 276 ff.
- berechtigtes Interesse 2 E 281 f.
- Durchsetzung des Anspruchs 2 E 283
- externe Versorgungsträger 2 E 279 f.
- Pensions-Sicherungs-Verein 2 E 522 f.
- Portabilität 2 E 415
- Übertragungswert 2 E 274
- Umfang 2 E 275 ff.

Anwerbung
- ausländische Arbeitnehmer 1 H 2

Anwesenheitsprämien
- AGB-Kontrolle von Kürzungsregelungen 2 A 484, 488 ff.

Anzeige gegen Arbeitgeber
- siehe Whistleblowing

Arbeiter
- und Angestellte bei betrieblicher Altersversorgung 2 E 215 ff.
- Art der zu leistenden Tätigkeit, Vertragsbeispiel 2 A 25
- im Betriebsverfassungsrecht 4 A 57

Arbeitgeber
- Beachtung der Grundsätze von Recht und Billigkeit 4 A 377 ff.
- Begriff 1 A 136 ff.
- Begriff des AGG 1 F 25
- Begriff des BetrAVG 2 E 485
- Begriff des BetrVG 4 A 51 f.
- Besitzer 2 H 2
- Beteiligter im Beschlussverfahren 5 H 72 f.
- Rechtsweg bei Streitigkeiten zwischen ~n 5 B 94
- Sacheigentum 2 H 1
- Tariffähigkeit 4 C 87 ff.
- Teilnahmerecht an Betriebsratssitzungen 4 A 143
- Verstoß gegen § 75 BetrVG, Folgen 4 A 394 ff.
- Vertretung gegenüber dem Betriebsrat 4 A 53

Arbeitgeberdarlehen 2 A 508 ff.
- Aufhebungsvertrag 3 C 46b
- Ausgleichsklausel 2 A 514
- Ausschlussfrist 2 A 514, 606
- Betriebsübergang 2 G 141

- Mitbestimmung bei Vergaberichtlinien **2 A** 516
- Rückzahlung von Aus- und Fortbildungskosten **2 A** 548
- Rückzahlungsklausel bei Kündigung **2 A** 512 ff.
- stehender Vorschuss **2 A** 510
- Verbraucherdarlehensvertrag **2 A** 511
- Vorschuss, Abgrenzung **2 A** 509 f.
- Zuständigkeit des Arbeitsgerichts **2 A** 517

Arbeitgeberhaftung
- *siehe auch* Positive Forderungsverletzung; Schadensersatz
- Ausschluss durch AGB **1 D** 61 ff.
- eingebrachte Sachen des Arbeitnehmers **2 A** 799
- Freistellung von Prozess- und Anwaltskosten **2 A** 858 ff.
- Haftungsausschluss bei Arbeitsunfall *siehe dort*
- Personenschäden *siehe* Arbeitgeberhaftung bei Personenschäden
- Privat-PKW **1 D** 63
- Sachschäden *siehe* Arbeitgeberhaftung bei Sachschäden
- Übernahme einer Kaution **2 A** 863
- Übernahme von Geldstrafen/-bußen **2 A** 861 f.
- Unterlassen von Hinweisen bei Aufhebungsvertrag **3 C** 51c f.
- verschuldensunabhängige *siehe* Arbeitgeberhaftung, verschuldensunabhängige
- Zeugnis, verspätetes, unrichtiges, nicht ausgestelltes **3 K** 75 ff.

Arbeitgeberhaftung bei Personenschäden 2 A 821 ff.
- Aufwendungsersatz-Vorschriften analog **2 A** 826
- Betriebswege **2 A** 831
- Exkulpation **2 A** 823
- Haftungsausschluss bei Arbeitsunfall *siehe dort*
- Nebenpflichtverletzung **2 A** 824
- Rechtsweg **2 A** 836
- Umfang **2 A** 825
- unerlaubte Handlung **2 A** 822 f.
- Wegeunfälle **2 A** 830; **2 I** 102

Arbeitgeberhaftung bei Sachschäden 2 A 837 ff.
- deliktische Haftung **2 A** 837 ff.
- Fahrzeugschäden **2 A** 840
- Mitverschulden des Arbeitnehmers **2 A** 842
- verschuldensunabhängige *siehe* Arbeitgeberhaftung, verschuldensunabhängige
- vertragliche Haftung **2 A** 837, 841

Arbeitgeberhaftung, verschuldensunabhängige 2 A 843 ff.
- betrieblicher Betätigungsbereich **2 A** 844

- dienstlich genutztes Privatfahrzeug **2 A** 845 f.
- Gefährdungshaftung **2 A** 844
- Haftungsausschluss, einseitiger **2 A** 848
- Haftungsausschluss, vereinbarter **2 A** 849
- Mitverschulden des Arbeitnehmers **2 A** 847
- Sachschäden **2 A** 843
- Wertersatz **2 A** 843

Arbeitgeberverbände 4 C 30 f.
- *siehe auch* Koalition
- Austritt **2 G** 207 ff.; **4 C** 210 f.
- BDA **4 C** 30
- Befugnisse nach BetrVG **4 A** 71
- Begriff iSd. BetrVG **4 A** 70
- OT-Mitgliedschaft **4 C** 9a
- Parteifähigkeit **5 B** 19
- Schlichtungsstelle **4 C** 35
- Tariffähigkeit **4 C** 87 ff.
- Vertretung im Beschlussverfahren **5 H** 102
- Vertretung im Beschwerdeverfahren **5 H** 219

Arbeitgeberwechsel
- Arbeitsaufnahme während der Urlaubszeit **2 C** 139
- Betriebsübergang *siehe dort*
- Urlaubsanspruch **2 C** 132 ff.

Arbeitnehmer
- Arbeitnehmerbegriff *siehe dort*
- Besitz **2 H** 3
- Beteiligter im Beschlussverfahren **5 H** 74 ff., 87
- Geltung des BetrAVG **2 E** 580 f.
- Individualrechte nach BetrVG *siehe dort*
- im öffentlichen Dienst **1 A** 127 f.

Arbeitnehmerähnliche Personen 1 A 60 ff.
- Berufsgruppen **1 A** 61
- Betriebsübergang **2 G** 118
- Einfirmenvertreter **1 A** 78
- Freie Mitarbeiter *siehe dort*
- Geltung des BetrAVG **2 E** 582 ff.
- Heimarbeiter *siehe dort*
- Kündigungsfristen **3 D** 149
- Selbständige **1 A** 65
- Tarifverträge **1 A** 62 f.
- Urlaub **2 C** 217 ff.
- wirtschaftliche Abhängigkeit **1 A** 60
- Zeugnisanspruch **3 K** 16

Arbeitnehmerbegriff 1 A 18 ff.
- Arbeitsbeschaffungsmaßnahmen **1 A** 83
- Ärzte **1 A** 85
- Außendienstmitarbeiter **1 A** 74
- Auszubildende **1 A** 79 ff.; **1 B** 116; **4 A** 58 ff.
- Bedeutung der Abgrenzung **1 A** 19
- Beschäftigung zur Heilung, Wiedereingewöhnung, Besserung, Erziehung **4 A** 67
- im BetrVG **4 A** 54 ff.
- Checkliste **1 A** 40

3011

[Arbeitnehmerbegriff]
- fachliche Weisungsungebundenheit 1 A 37
- Familienangehörige 3 E 22 ff.
- Familienangehörige und BetrVG 4 A 68
- fehlende Definition 1 A 20 ff.
- Franchisenehmer 1 B 108 ff.; 3 E 27 ff.
- freie Arbeitszeitgestaltung 1 A 35 ff.
- freie Mitarbeiter, Abgrenzung 1 A 18 ff., 23 ff., 40, 59; 3 E 31 ff.
- Gesellschafter 1 A 129; 3 E 20
- GmbH-Geschäftsführer 1 A 51, 130 f.
- Grad der persönlichen Abhängigkeit 1 A 34 ff.
- Grenzfälle 1 A 38
- Handelsvertreter, Abgrenzung 3 E 34 ff.
- Heimarbeiter *siehe dort*
- Kommanditisten 3 E 21
- Kündigungsschutzgesetz 3 E 8 ff.
- Leistung von Arbeit 1 A 31 f.
- Musikschullehrer 1 A 46 ff.
- Parteiwille 1 A 23 ff.
- Praktikantenverhältnis 1 A 84
- privatrechtlicher Vertrag 1 A 33
- Rechtsanwälte 1 A 49 f.
- Rotes-Kreuz-Schwestern 1 A 135; 4 A 66
- Rundfunk- und Fernsehmitarbeiter 1 A 41 ff.; 3 E 31 ff.
- Scheinselbständigkeit *siehe dort*
- Telearbeit 1 A 71 ff.
- verwandte Tätigkeiten, Abgrenzung 1 A 58 ff.
- Volkshochschuldozenten 1 A 46 ff.
- Weisungsrecht des Arbeitgebers 1 A 35
- zeitliche Inanspruchnahme 1 A 43

Arbeitnehmerentsendung 6 E 1, 3 ff.
- aktuelle Tarifverträge 6 E 31
- Allgemeinverbindlicherklärung 6 E 6
- Arbeitsbedingungen 2 A 316
- Aufzeichnungspflichten 6 E 39
- ausländischer Arbeitgeber 6 E 23 ff.
- Ausschluss von öffentlichen Aufträgen 6 E 46
- bestimmte Mindestarbeitsbedingungen 6 E 13
- bundesweiter Tarifvertrag 6 E 5
- einbezogene Branchen 6 E 14 ff.
- Geldbuße 6 E 42 ff.
- Generalunternehmer, Haftung 6 E 35 ff.
- Günstigkeitsprinzip 6 E 25
- Höhe des Arbeitsentgelts 2 A 316
- inländischer Arbeitgeber 6 E 19 ff.
- internationales Arbeitsrecht 1 G 41 ff.
- Katalogbranchen 6 E 14 ff.
- Meldepflichten 6 E 38
- Mitteilungspflichten 6 E 38
- Pflegebranche 6 E 47 ff.
- Rechtsverordnung 6 E 7 f.
- Regelungen für alle Wirtschaftszweige 6 E 51 f.
- Sozialkassen 6 E 29
- Überwachung 6 E 40 f.
- Verleiher 6 E 27 f.
- Zielsetzung 6 E 4
- Zuständigkeit der Arbeitsgerichte 6 E 53 ff.
- zwingende Anwendung des Tarifvertrags 6 E 18 ff.

Arbeitnehmererfindung 2 H 12 ff.
- Anmeldung für Schutzrecht 2 H 23 ff.
- Aufgabe von Schutzrechten 2 H 38 ff.
- Auslandsanmeldung 2 H 31 ff.
- Diensterfindung 2 H 19 ff.
- Erfindervergütung *siehe dort*
- Fertigstellung 2 H 17 f.
- freie Erfindungen 2 H 55 ff.
- Geltungsbereich des ArbNErfG 2 H 13 ff.
- Hochschule 2 H 60 ff.
- Immaterialgüterrechte 2 H 5 ff.
- Inanspruchnahme 2 H 21, 30
- Leiharbeitnehmer 6 D 149
- Meldepflicht 2 H 20
- patent- oder gebrauchsmusterfähige Erfindung 2 H 14
- Rechtsweg bei Streitigkeiten 5 B 96
- Streitigkeiten 2 H 77 f.
- Verbesserungsvorschläge 2 H 61 ff.
- Verfügungen 2 H 22

Arbeitnehmerhaftung 2 I 1 ff.
- Abdingbarkeit der Haftungsbeschränkung 2 I 35 f.
- Außenhaftung 2 I 64 ff.
- Begründung für Haftungsbeschränkung 2 I 27
- Beteiligung Dritter 2 I 48
- Beweislast 2 I 45 ff.
- Dreiteilung 2 I 19, 22 ff.
- Entwicklung der Rechtsprechung 2 I 19 ff.
- Erfüllungsgehilfen des Arbeitgebers 2 I 39
- Ersatz-/Freistellungsanspruch gegen Arbeitgeber bei Drittschaden 2 I 68 ff.
- Fahrlässigkeit 2 I 14 ff.
- Fälligkeit des Freistellungsanspruchs 2 I 69
- gefahrgeneigte Arbeit 2 I 20 f.
- Gesamtschuldnerschaft 2 I 71 f.
- Haftungsausschluss bei Arbeitsunfall *siehe dort*
- Haftungsbeschränkung 2 I 18 ff.
- Haftungsquote 2 I 28 ff.
- Insolvenz des Arbeitgebers 2 I 70
- Kausalität 2 I 2
- Leasinggeber 2 I 65
- Leiharbeitnehmer 6 D 151
- Mankohaftung *siehe dort*
- Minder- oder Schlechtleistung 2 I 13
- Mitverschulden des Arbeitgebers 2 I 38 ff.
- öffentlicher Dienst 2 I 37
- Pfändung des Freistellungsanspruchs des Arbeitnehmers 2 I 73

- Schadensbegriff **2 I** 3 ff.
- Schadensteilung, Abwägungskriterien **2 I** 28 ff.
- summenmäßige Beschränkung **2 I** 26
- Verschulden **2 I** 14 ff.
- Versicherungen **2 I** 31 f.

Arbeitnehmerschutz
- *siehe* Arbeitsschutz

Arbeitnehmerüberlassung 1 B 77; **6 D** 1 ff.
- Abrufarbeit **6 D** 135
- Abtretung des Anspruchs auf Arbeitsleistung **2 A** 12
- AEntG **6 E** 27 f.
- Änderungskündigung für Bezugnahmeklausel **6 D** 118
- Anhörung des Betriebsrats bei Kündigung **3 J** 22
- Annahmeverzug des Verleihers **6 D** 133
- Anschlussverbot **6 D** 56 f.
- Arbeitgeber desselben Wirtschaftszweiges zur Vermeidung von Kurzarbeit oder Überlassung **6 D** 31
- Arbeitsbedingungen, vergleichbare **6 D** 72 f.
- Arbeitsentgelt, Gleichbehandlung **6 D** 75 f.
- Arbeitsgemeinschaft **6 D** 30
- Arbeitskampf **6 D** 65 f.
- Arbeitsschutz **6 D** 148
- Arbeitsunfall **6 D** 148
- Arbeitsvermittlung **6 D** 19
- Arbeitszeitaufzeichnung **6 D** 128
- Auflagen der Erlaubnisbehörde **6 D** 136
- Ausgleichsquittung und Equal pay-Ansprüche **6 D** 98 f.
- Auskunftsanspruch **6 D** 120 ff.
- in das Ausland **6 D** 35
- ausländischer Verleiher **6 D** 26
- Ausschlussklauseln bei Lohnforderungen gegenüber Entleiher **2 A** 610
- Ausschlussklauseln, kurze und DGB-Tarifverträge **6 D** 115
- Ausschlussklauseln und CGZP-Tarifverträge **6 D** 83 ff.
- außerhalb wirtschaftlicher Tätigkeit **6 D** 224
- Baugewerbe **6 D** 28
- befristeter Arbeitsvertrag **1 E** 7
- Befristungen **6 D** 53 ff.
- Befristungsgrund **6 D** 57 ff.
- Begriff **6 D** 1 ff.
- Beteiligungsrechte bei Arbeitnehmerüberlassung *siehe dort*
- betriebsbedingte Kündigung **6 D** 140 ff.
- Betriebsratswahl **4 A** 85
- Betriebsübergang **2 G** 31, 121 ff.
- Betriebsübergang bei Betrieb der Zeitarbeit **6 D** 170 f.
- betriebsverfassungsrechtliche Zuordnung der Leiharbeitnehmer **4 A** 56; **6 D** 199 ff.
- Bewachungsunternehmen **6 D** 41 f.
- Bezugnahme auf CGZP-Tarifvertrag **6 D** 83 ff.
- Bezugnahmeklausel und Mischbetriebe **6 D** 79a
- Bezugnahmeklausel und Nachwirkung **6 D** 79a
- bislang legale ~ **6 D** 3a
- CGZP **6 D** 81 ff.
- Dauerverleih **6 D** 5 ff.
- dienstvertraglicher Fremdpersonaleinsatz, Abgrenzung **6 D** 178 ff.
- Direktionsrecht des Entleihers **6 D** 146
- Drehtürklausel **6 D** 119
- Dreiecksverhältnis **1 B** 77
- EG-/EU-Recht **6 D** 22 f.
- equal pay/equal treatment **6 D** 67 ff.
- Erfindung **6 D** 149
- ohne Erlaubnis *siehe* Arbeitnehmerüberlassung ohne Erlaubnis
- Erlaubnisvorbehalt **6 D** 24 ff.
- Fahrtkostenerstattung **6 D** 129 ff.
- Gemeinschaftsbetrieb mehrerer Unternehmen **6 D** 44
- Gemeinschaftseinrichtungen **6 D** 74
- Gesamthafenbetriebe **6 D** 38
- Gleichbehandlung **6 D** 67 ff.
- Gleichbehandlung, Darlegungs- und Beweislast **6 D** 68 ff.
- grenzüberschreitende **6 D** 25 f.
- Gütertransport mit bemanntem Kfz **6 D** 40
- Haftung des Leiharbeitnehmers gegenüber Entleiher **6 D** 151
- illegale *siehe* Arbeitnehmerüberlassung ohne Erlaubnis
- Informationspflicht über freie Arbeitsplätze **6 D** 152 ff.
- keine Fiktion eines Arbeitsverhältnisses bei nicht vorübergehender ~ **6 D** 14 f.
- Kfz-Vermietung mit Fahrer **6 D** 39
- Kollegenhilfe **6 D** 36
- konzerninterne **6 D** 3, 32 ff.
- konzerninterne ~ auf Dauer **6 D** 169
- Kündigungsbefugnis bei Konzernleihe **3 D** 5
- Kündigungsfristen **3 D** 150; **6 D** 132
- Kündigungsschutz **6 D** 139 ff.
- Leiharbeitsvertrag **6 D** 46 f.
- Lohnsteuerrecht **6 D** 176 f.
- Lohnuntergrenze **6 D** 125 f.
- Maschinenüberlassung mit Bedienungspersonal, Abgrenzung **6 D** 198
- mehrgliedrige Tarifverträge **6 D** 109 ff.
- Merkblatt **6 D** 52
- Mindestarbeitsbedingungen **6 D** 48a f.
- Mitbestimmung in sozialen Angelegenheiten **4 A** 510
- nachvertragliches Tätigkeits- und Einstellungsverbot **6 D** 60

[Arbeitnehmerüberlassung]
- Nichteinsetzbarkeit und Plusstunden aus Arbeitszeitkonto **6 D** 134
- Ordnungswidrigkeiten **6 D** 172
- Personalführungsgesellschaften **6 D** 45
- Personalgestellung im öffentlichen Dienst **6 D** 3b, 7
- personenbedingte Kündigung **6 D** 144
- Privilegierung **6 D** 34
- Rechtsbeziehungen zwischen Leiharbeitnehmer und Entleiher **6 D** 145 ff.
- Rechtsfolgen einer nicht vorübergehenden ~ **6 D** 13 ff.
- Rechtsquellen **6 D** 20 ff.
- Rechtsweg **6 D** 156
- Sachgruppenvergleich **6 D** 78
- Schriftform des Vertrags **6 D** 29
- sondergesetzliche Ausnahmeregelungen **6 D** 37 ff.
- sonstige Vertragsformen **6 D** 18
- Sozialauswahl **6 D** 142 f.
- Sozialauswahl im Verleiherbetrieb **3 E** 261b
- Sozialversicherungsbeiträge **6 D** 174 f.
- Sozialversicherungsbeiträge und Unwirksamkeit der CGZP-Tarifverträge **6 D** 100 ff.
- als spezieller Befristungsgrund **6 D** 59
- Straftaten **6 D** 173
- Synchronisationsverbot und befristeter Arbeitsvertrag **1 E** 7
- Tarifdispositivität, Grenzen **6 D** 79a
- tarifliche Abweichungen von Gleichbehandlung **6 D** 79 ff.
- Tariföffnungsklausel zur Befristung **6 D** 55
- Tarifverträge **6 D** 48 f.
- Tarifverträge Christlicher Gewerkschaften **6 D** 80 ff.
- Tarifverträge mit partiellen Regelungen und equal pay **6 D** 117
- technischer Verbesserungsvorschlag **6 D** 149
- Teilzeitbegehren **6 D** 50
- Treuepflicht **6 D** 150
- Unternehmensmitbestimmung, Schwellenwert **6 D** 204
- Urlaub, Gleichbehandlung **6 D** 77
- Urlaubsentgelt **2 C** 108a
- Vergleichbarkeit mit Stammarbeitnehmern **6 D** 71
- verhaltensbedingte Kündigung **6 D** 144
- Verjährung bei Equal pay-Ansprüchen **6 D** 95 ff.
- Vermittlungsprovision **6 D** 61 ff.
- vorübergehend **6 D** 4 ff.
- Wartezeit, Anrechnung **6 D** 137 f.
- werkvertraglicher Fremdpersonaleinsatz, Abgrenzung **6 D** 178 ff.
- wesentliche Arbeitsbedingungen **6 D** 73
- wirtschaftliche Tätigkeit **6 D** 3
- Zeugnisanspruch **3 K** 13
- Zugang zu Gemeinschaftseinrichtungen und -diensten **6 D** 155
- zwingende Arbeitsbedingungen bei Tarifvertrag **6 D** 124

Arbeitnehmerüberlassung ohne Erlaubnis **6 D** 157 ff.
- Dauer des fingierten Arbeitsverhältnisses **6 D** 160
- dienstvertraglicher Fremdpersonaleinsatz, Abgrenzung **6 D** 178 ff.
- Ersatzanspruch gegen Verleiher **6 D** 162
- fehlende Erlaubnis **6 D** 157 ff.
- Fiktion eines Arbeitsverhältnisses mit Entleiher **6 D** 157 ff., 164 f.
- gewerbliche Arbeitnehmerüberlassung ohne Erlaubnis **6 D** 157 ff.
- Inhalt des fingierten Arbeitsverhältnisses **6 D** 159
- Lohnsteuerrecht **6 D** 177
- Scheindienstvertrag **6 D** 196 f.
- Scheinwerkvertrag **6 D** 196 f.
- Sozialversicherungsbeiträge **6 D** 175
- spätere Erlaubniserteilung **6 D** 158
- unerlaubte Arbeitsvermittlung **6 D** 163 ff.
- Vergütungsanspruch **6 D** 159
- Vermutung der Arbeitsvermittlung **6 D** 163 ff.
- Verwirkung **6 D** 161
- werkvertraglicher Fremdpersonaleinsatz, Abgrenzung **6 D** 178 ff.
- Widerspruch gegen Fiktion eines Arbeitsverhältnisses **6 D** 166

Arbeitsbefreiung
- *siehe* Freistellung

Arbeitsberechtigung
- Kroaten **1 H** 13 ff.

Arbeitsbereitschaft **6 A** 24a
- Verlängerung der höchstzulässigen Arbeitszeit **6 A** 72, 77a

Arbeitsbeschaffungsmaßnahme
- Arbeitnehmereigenschaft **1 A** 83

Arbeitsbescheinigung **7 A** 119 ff.
- Ausfüllen **7 A** 121
- Klage **7 A** 120
- Rechtsweg bei Streitigkeiten **5 B** 83
- als Zeugnis **3 K** 31

Arbeitsentgelt
- Abgrenzungen **2 A** 306 f.
- Abrechnung **2 A** 641 ff.
- Abrechnung, Streitwert **5 J** 80
- AGB-Kontrolle der Abrede **2 A** 311b
- Akkordlohn *siehe dort*
- Änderung der Abrede **2 A** 314
- Annahmeverzug des Arbeitgebers **2 B** 37
- Anrechnung übertariflicher Zulagen *siehe dort*
- Anspruch aufgrund Gesetzes **2 A** 334 ff.
- Arbeitskampf **2 B** 76 ff.

Stichwortverzeichnis

- Arbeitsverhinderung aus persönlichen Gründen *siehe dort*
- Arbeitsvertrag **2 A** 309 ff.
- Aufrechnung **2 A** 588
- Ausfallrisiko **2 A** 574
- Auskunftsverpflichtung wegen Karenzentschädigung **2 F** 56 ff.
- außerordentliche Eigenkündigung wegen Rückständen **3 F** 67
- Bank- und Versicherungsmitarbeiter **2 A** 311c
- begrenzte Effektivklauseln **4 C** 181
- Begriffe **2 A** 305
- Berechnung und Zahlung **2 A** 579 ff.
- Bereitschaftsdienst **6 A** 23a
- Beteiligungsrechte des Sprecherausschusses **4 A** 1142 ff.
- Betreuung eines erkrankten Kindes **2 B** 99
- Betriebsveräußerung durch Insolvenzverwalter **2 A** 731
- bisheriges ~ bei Altersteilzeit **7 B** 23
- Bruttovergütung **2 A** 581
- Differenzierungsklauseln **4 C** 184a
- Effektivgarantieklauseln **4 C** 180
- Eingruppierung *siehe dort*
- Einkommensteuer *siehe dort*
- Einsichtsrecht des Betriebsrats in Bruttoentgeltlisten **4 A** 468 ff.
- einstweilige Verfügung auf Zahlung **5 I** 82
- Entgeltfortzahlung *siehe dort*
- Entgeltgleichheit und AGG **1 F** 92 f.
- Entgeltklage *siehe dort*
- Erfüllung des Anspruchs **2 A** 579
- Erläuterung der Berechnung und Zusammensetzung **4 A** 406 ff.
- Fälligkeit **2 A** 572 f.
- Festvergütung **2 A** 339 f.
- Flexibilisierung **2 A** 561 f.
- Frage nach früherem ~ in Einstellungsgespräch **1 C** 106
- freigestellte Betriebsratsmitglieder gemäß § 37 Abs. 2 BetrVG **4 A** 172 ff.
- freigestellte Betriebsratsmitglieder gemäß § 37 Abs. 3 BetrVG **4 A** 180
- freigestellte Betriebsratsmitglieder gemäß § 38 BetrVG **4 A** 161 f.
- Gleichbehandlung **2 A** 326 ff.
- Gleichbehandlung Teilzeitbeschäftigter **3 B** 7
- Höhe des Arbeitsentgelts *siehe dort*
- illegale Arbeitnehmerüberlassung **6 D** 159
- Insolvenz **2 A** 725 ff.
- Klage *siehe Entgeltklage*
- Kürzung durch Änderungskündigung **3 A** 104 ff.; **3 E** 341 ff.
- Kürzung wegen Vertragsstrafe **2 J** 19
- Kurzzeitpflege **2 D** 60
- Leiharbeitnehmer, Gleichbehandlung **6 D** 75 f.
- Leistungsbezogene Arbeitsentgelte *siehe dort*
- Lohnpfändung *siehe dort*
- Masseunzulänglichkeit **2 A** 729
- als Masseverbindlichkeit **2 A** 728
- Mindestlohn *siehe dort*
- Mitbestimmung bei betrieblicher Lohngestaltung **4 A** 645 ff.
- Mitbestimmung hinsichtlich Zeit, Ort, Art der Auszahlung **4 A** 607 ff.
- monatliches Fixum **2 A** 340
- Naturallohn *siehe dort*
- trotz Nichtleistung von Arbeit **2 A** 576 ff.
- Personalrabatte *siehe dort*
- Pflegezeit **2 D** 79
- Prämien *siehe dort*
- Provision *siehe dort*
- Rechtsgrundlagen **2 A** 308 ff.
- Rückzahlung brutto oder netto **2 A** 651
- Rückzahlung wegen Nebenpflichtverletzung **2 A** 652
- Rückzahlungsvereinbarung für Fall der Überzahlung **2 A** 650
- Ruhen des Arbeitslosengeldanspruchs **7 A** 44
- Sachbezüge *siehe dort*
- Schlechtleistung **2 A** 173 ff.
- schwerbehinderte Menschen, Bemessung des ~s **6 C** 56
- Sozialversicherungsbeiträge **2 A** 583 ff.
- Spannensicherungsklauseln **4 C** 184a
- bei Streik **4 C** 58 f.
- Streitwert bei Kündigungsschutzklage **5 J** 3 ff.
- Streitwert bei Kündigungsschutzklage mit Vergütungsanspruch **5 J** 40 ff.
- Streitwert bei Kündigungsschutzklage und Mehrvergleich über ~ **5 J** 83
- Streitwert bei wiederkehrenden Leistungen **5 J** 66 ff.
- Stundenlohn **2 A** 339
- Tarifvertrag **4 C** 127 f.
- bei Teilnahme an Betriebsversammlung **4 A** 342 ff.
- Überstunden *siehe dort*
- Überzahlung **2 A** 612, 644 ff.
- übliche Vergütung **1 C** 207; **2 A** 334 ff.
- Unmöglichkeit **2 A** 576
- Urlaubsentgelt *siehe dort*
- Verdienstsicherungsklauseln **4 C** 182
- Verjährung **2 A** 590 f.
- Verjährung und Kündigungsschutzklage **2 A** 615
- Verrechnungsklauseln **4 C** 184
- Verschwiegenheit hinsichtlich eigenen ~s, AGB-Kontrolle **1 D** 151o
- Verzicht **2 A** 589
- Verzug **2 A** 575
- Verzugszinsen **2 A** 575
- vorläufiger Insolvenzverwalter **2 A** 727

3015

[Arbeitsentgelt]
- Vorschuss **2 A** 509
- Zahlungspflicht des Arbeitgebers **2 A** 304 ff.
- Zulagen *siehe dort*
- Zurückbehaltungsrecht des Arbeitgebers **2 A** 724
- Zwangsvollstreckung des Abrechnungsanspruchs **5 I** 49

Arbeitsergebnis 2 A 74 ff.
- individuelle Möglichkeiten **2 A** 76
- Intensität **2 A** 77
- Qualität **2 A** 79 f.
- Quantität **2 A** 74 f.

Arbeitserlaubnis
- *siehe auch* Aufenthaltstitel
- fehlende als Kündigungsgrund **3 E** 131
- Frage in Einstellungsgespräch **1 C** 71 f.
- Kroaten **1 H** 13 ff.

Arbeitsförderungsrecht
- Neuregelungen **7 A** 1
- Systematik **7 A** 2

Arbeitsgenehmigung
- *siehe* Aufenthaltstitel

Arbeitsgerichtliches Beschlussverfahren
- *siehe* Beschlussverfahren

Arbeitsgruppe 4 A 138

Arbeitskampf 4 C 33 ff.
- Abgrenzung zu anderen Rechtsinstituten **4 C** 43
- Anhörung des Betriebsrats bei Kündigung **3 J** 8
- Arbeitnehmerüberlassung **6 D** 65 f.
- Arbeitsentgelt **4 C** 58 f.
- Arbeitslosengeld **4 C** 58, 67
- Arbeitsunfähigkeit **4 C** 59
- außerordentliche Kündigung bei rechtswidrigem Streik **4 C** 68
- Aussperrung *siehe dort*
- Betriebsblockade **4 C** 50
- Boykott **4 C** 41
- Demonstrationsstreik **4 C** 47
- einstweilige Verfügung **5 I** 94 ff.
- Erhaltungsarbeiten **2 A** 47; **4 C** 61 f.
- Feiertagsvergütung **4 C** 59
- Fernwirkungen **2 B** 77
- Flashmob **4 C** 44
- Formen des Streiks **4 C** 41 f.
- Friedenspflicht **4 C** 49, 153 ff.
- Geltendmachung des Urlaubs **2 C** 167
- Kampfziele, zulässige/unzulässige **4 C** 46 ff.
- kirchliche Mitarbeiter **4 C** 39
- Krankenversicherung **4 C** 65
- Kündigung wegen Streikteilnahme **3 G** 11; **4 C** 68
- Maßnahmen des ~es **4 C** 39 ff.
- Mitbestimmung bei Anordnung von Kurzarbeit/Überstunden **4 A** 606
- Mutterschutzlohn/Mutterschaftsgeld **4 C** 59
- Notdienst **2 A** 47; **4 C** 61 f.
- Parteien **4 C** 40
- Rechtmäßigkeit des Streiks **4 C** 44 ff.
- Rechtsfolgen rechtmäßiger Arbeitskämpfe **4 C** 57 ff.
- Rechtsfolgen rechtswidriger Arbeitskämpfe **4 C** 68 ff.
- Rechtsweg bei Streitigkeiten **5 B** 61 f.
- rechtswidriger Streik **4 C** 52
- Rentenversicherung **4 C** 63
- Schadensersatzpflicht bei unzulässiger Aussperrung **4 C** 71
- Schadensersatzpflicht der Gewerkschaft **4 C** 48, 71
- Schadensersatzpflicht rechtswidrig Streikender **4 C** 70
- Schlichtung **4 C** 34 ff.
- Schlichtungsvereinbarung **4 C** 35, 38
- Schwerpunktstreik **4 C** 42
- Sozialhilfe **4 C** 66
- staatliche Schlichtung **4 C** 36
- Streikarbeiten und Direktionsrecht **2 A** 46 ff.
- Streikaufruf **4 C** 51
- Streikbrecherprämie **2 A** 390
- Streikunterstützung **4 C** 58
- Suspendierung Arbeitswilliger **2 B** 79
- Suspendierung der Hauptpflichten **4 C** 57
- Sympathiestreik **4 C** 47 f.
- Tarifsozialpläne **4 A** 857
- Tarifzuständigkeit **4 C** 45
- Teilnahme eines Betriebsratsmitglieds **4 A** 361 ff.; **4 C** 46
- Unfallversicherung **4 C** 64
- Unterstützungsstreik **4 C** 49
- Urlaub **4 C** 59
- Urlaubsentgelt **2 C** 120; **4 C** 59
- Verbot zwischen Arbeitgeber und Betriebsrat **4 A** 360 ff.
- Verfahrensablauf vor Streikbeginn **4 C** 44
- Vergütungsrisiko **2 B** 76 ff.
- Verhältnismäßigkeitsprinzip **4 C** 50
- Vollstreik **4 C** 42
- wilder Streik **4 C** 44

Arbeitskleidung 2 A 189 f.

Arbeitsleistung
- *siehe* Arbeitspflicht

Arbeitslohn
- *siehe* Arbeitsentgelt

Arbeitslosengeld 7 A 3 ff.
- Anspruchsvoraussetzungen **7 A** 5 ff.
- Anwartschaftszeit **7 A** 20 ff.
- Anwendungsbereich **7 A** 3 f.
- Arbeitskampf **4 C** 58, 67
- Arbeitslosigkeit, Begriff **7 A** 6 ff.
- Arbeitslosmeldung **7 A** 17 ff.
- Bemessungsentgelt **7 A** 33 ff.
- Bemessungszeitraum **7 A** 32

– Beschäftigungsverhältnis, Begriff **7 A** 7 ff.
– Eigenbemühungen **7 A** 12
– Eingliederungsvereinbarung **7 A** 12
– Entgeltklage **5 A** 250 ff.
– Höhe **7 A** 31 ff.
– Krankenversicherung **7 A** 39 ff.
– kurzfristige Beschäftigungsverhältnisse **7 A** 21
– Leistungsdauer **7 A** 24 ff.
– Leistungsfähigkeit **7 A** 16
– Nebeneinkommen **7 A** 38
– objektive Verfügbarkeit für Arbeitsvermittlung **7 A** 13
– Rentenversicherung **7 A** 43
– Ruhen des Anspruchs auf Arbeitslosengeld *siehe dort*
– Sperrzeit *siehe dort*
– Steuerklassenwechsel **7 A** 36
– subjektive Verfügbarkeit für Arbeitsvermittlung **7 A** 15 f.
– Teil-~ **7 A** 122 ff.
– Übergangsgeld-Zeiten **7 A** 23
– Urlaubsabgeltung **2 C** 291 ff.
– Verfügbarkeit für Arbeitsvermittlung **7 A** 13 ff.
Arbeitslosenversicherung
– geringfügig Beschäftigte **1 B** 101a
Arbeitslosmeldung
– Antrag auf ALG I **7 A** 18
– persönliche **7 A** 17
– Unterbrechung der Arbeitslosigkeit **7 A** 19
Arbeitsort 2 A 63 ff.
– Betriebsverlegung **2 A** 71
– billiges Ermessen bei Veränderung **2 A** 70
– Gerichtsstand des Erfüllungsortes **2 A** 72
– Umstände des Vertrages **2 A** 64
– Versetzungsklausel **2 A** 65
– Vertragsbeispiel **2 A** 68
Arbeitspapiere 1 C 284
– einstweilige Verfügung auf Herausgabe **5 I** 83
– Rechtsweg bei Streitigkeiten **5 B** 82 f.
– Streitwert bei Herausgabeklage **5 J** 79
– Streitwert bei Kündigungsschutzklage und Mehrvergleich über ~ **5 J** 88
– Übergabe an Arbeitgeber **1 C** 286 ff.
– Zwangsvollstreckung der Herausgabe **5 I** 40
Arbeitspausen
– *siehe* Ruhepausen
Arbeitspflicht 2 A 5 ff.
– Angebot der Arbeitsleistung *siehe dort*
– Arbeitsergebnis *siehe dort*
– Arbeitsversäumnis *siehe dort*
– Arbeitsverweigerung *siehe dort*
– Art der zu leistenden Tätigkeit *siehe dort*
– Direktionsrecht *siehe dort*
– einstweilige Verfügung **2 A** 156; **5 I** 85 f.
– Freistellung *siehe dort*

– Gewissenskonflikte **2 A** 50 ff.
– Gläubiger der Arbeitsleistung **2 A** 10 ff.
– Leistungsverweigerungsrecht des Arbeitnehmers **2 A** 54 f., 719 ff.
– Nichtleistung der Arbeit *siehe dort*
– Ort der Arbeitsleistung *siehe* Arbeitsort
– persönliche Verpflichtung **2 A** 6 ff.
– Schlechtleistung *siehe dort*
– Unmöglichkeit **2 A** 576
– Zuspätkommen *siehe* Arbeitsversäumnis
Arbeitsplatzgestaltung
– *siehe* Beteiligungsrechte bei Gestaltung von Arbeitsplatz und -umgebung
Arbeitsplatzschutz für Wehrdienstleistende 3 H 111 ff.
– außerordentliche Kündigung **3 H** 115 f.
– Geltungsbereich **3 H** 112 f.
– Klagefrist **3 H** 117
– ordentliche Kündigung **3 H** 114
Arbeitsplatzteilung
– *siehe* Job-Sharing
Arbeitsrechtlicher Gleichbehandlungsgrundsatz
– *siehe* Gleichbehandlung
Arbeitsschutz 6 B 1 ff.
– Arbeitgeberpflicht **2 A** 773 ff.
– Arbeitsmittelsicherheit **6 B** 18 ff.
– Arbeitsstättenverordnung **6 B** 14 f.
– Aufgaben der Beschäftigten **6 B** 12
– Aufgaben der öffentlichen Behörden **6 B** 13
– Aufgaben des Arbeitgebers **6 B** 11
– Ausschuss **6 B** 33
– Befreiung von Aufgaben **6 B** 34
– betrieblicher **6 B** 16 ff.
– Betriebsärzte *siehe dort*
– Doppelnatur **2 A** 775
– duales System **6 B** 5 f.
– EU-Rahmenrichtlinie **6 B** 1
– Fachkräfte für Arbeitssicherheit *siehe dort*
– Förderung durch Betriebsrat **4 A** 455
– Geltungsbereich des ArbSchG **6 B** 9
– Gerätesicherheit **6 B** 18 ff.
– gesetzlicher **6 B** 9 ff.
– Kernpunkte des ArbSchG **6 B** 4
– Kündigung wegen Verstoßes gegen Vorschriften **3 G** 12
– Leiharbeitnehmer **6 D** 148
– Mitbestimmung bei Gesundheitsschutz und Unfallverhütung **4 A** 629 ff.
– Mitbestimmung bei Verstoß gegen Unfallverhütungsvorschrift **4 A** 798
– Nichtraucherschutz **6 B** 15
– privatrechtlicher **6 B** 17
– Produktsicherheitsgesetz **6 B** 18 ff.
– Reflexwirkung der öffentlich-rechtlichen Vorschriften **6 B** 7
– Sicherheitsbeauftragte **6 B** 24, 32

[Arbeitsschutz]
- Überwachung und Kontrolle durch Staat und Unfallversicherungsträger **6 B** 35
- Unfallverhütungsbestimmungen **6 B** 16
- Verschulden des Arbeitnehmers bei Verstößen **2 B** 117
- vertragliche Verpflichtung zur Einhaltung **6 B** 34
- Vorschriften, Übersicht **6 B** 3
- Zielsetzung des ArbSchG **6 B** 10

Arbeitssicherheit
- siehe Arbeitsschutz

Arbeitssuchend-Meldung 7 A 116 ff.
- befristeter Arbeitsvertrag **1 E** 140a
- Hinweispflicht des Arbeitgebers **3 C** 51a
- Sperrzeit wegen Verletzung der Meldepflicht **7 A** 115 ff.

Arbeitsunfähigkeit
- siehe Krankheit

Arbeitsunfähigkeitsbescheinigung 2 B 157 ff.
- Auslandserkrankung **2 B** 170 f.
- Darlegungs- und Beweislast **5 A** 97
- Folgebescheinigung **2 A** 217; **2 B** 159
- frühere Vorlage **2 B** 158
- Nichtvorlage als Kündigungsgrund **2 B** 161; **3 G** 44
- Verletzung der Pflicht zur Vorlage **2 B** 160 ff.
- Vertragsbeispiel Vorlage ~ **2 A** 216
- Vorlagetag **2 B** 157
- Zweifel **2 B** 172 ff., 183
- Zweifel bei Auslandserkrankung **2 B** 185 ff.

Arbeitsunfall
- Entgeltfortzahlung **2 A** 835
- Haftungsausschluss bei Arbeitsunfall siehe dort

Arbeitsverhinderung aus persönlichen Gründen 2 B 81 ff.
- siehe auch Freistellung
- Anzeige der Verhinderung **2 B** 92
- Betreuung eines erkrankten Kindes **2 A** 125; **2 B** 98 ff.
- Dauer der Verhinderung **2 B** 87
- Einzelfälle **2 B** 89 ff.
- Entgeltfortzahlung **2 B** 93
- Entgeltfortzahlung, Abdingbarkeit **2 B** 95 ff.
- während des Erholungsurlaubs **2 C** 99
- Gefahrtragungsregel **2 B** 85
- objektives Leistungshindernis **2 B** 83
- Pflegezeit **2 A** 126
- Schuldlosigkeit **2 B** 88
- subjektives Leistungshindernis **2 B** 82
- Unvermeidbarkeit **2 B** 86

Arbeitsvermittlung
- und Arbeitnehmerüberlassung **6 D** 19
- Vermutung bei Arbeitnehmerüberlassung **6 D** 163 ff.

Arbeitsversäumnis
- Entgeltfortzahlung an Feiertagen bei unentschuldigtem Fernbleiben **2 B** 217 ff.
- Kündigungsgrund **3 G** 13

Arbeitsvertrag
- Abschlussfreiheit *siehe dort*
- Abschlussgebote *siehe dort*
- Abschlussverbote *siehe dort*
- AGB-Kontrolle *siehe dort*
- Änderungsvertrag *siehe dort*
- Anfechtung des Arbeitsvertrags *siehe dort*
- Art der zu leistenden Tätigkeit *siehe dort*
- Auflösend bedingter Arbeitsvertrag *siehe dort*
- Ausländer, der deutschen Sprache nicht mächtiger **1 C** 206
- Bezugnahme auf Tarifvertrag *siehe dort*
- Dauerarbeitsverhältnis **1 B** 1 ff.
- Dauerschuldverhältnis **2 A** 2
- durch einseitige Erklärung einer Partei **1 C** 209
- Einzelzusage betrieblicher Altersversorgung **2 E** 158 ff.
- Formfreiheit, grundsätzliche **1 C** 232
- kraft Gesetzes **1 C** 210
- Günstigkeitsprinzip **4 A** 554 ff.
- Koalitionsfreiheit einschränkende Klauseln **4 C** 13
- Lebenszeit-~ **1 B** 3 ff.
- Leiharbeitsvertrag **6 D** 46 f.
- Mitbestimmung bei Formularverträgen **4 A** 699
- Nachweisgesetz *siehe dort*
- Nichtigkeit/Teilnichtigkeit des Arbeitsvertrags *siehe dort*
- personenrechtliches Gemeinschaftsverhältnis **2 A** 3
- Rechtscharakter **2 A** 1 ff.
- tarifliche Abschlussnormen **4 C** 131 ff.
- Treu und Glauben **2 A** 4
- unbefristeter **1 B** 2
- Vertragliche Einheitsregelung *siehe dort*
- verwandte Verträge, Abgrenzung **1 B** 103 ff.
- Verweisung auf Tarifvertrag *siehe Bezugnahme auf Tarifvertrag*
- Vorbeschäftigungsklausel: derselbe Arbeitgeber **1 E** 19
- Vorvertragliches Schuldverhältnis *siehe dort*

Arbeitsvertragsgesetz
- Entwürfe **1 A** 4 ff.

Arbeitsvertragsstatut
- siehe Internationales Arbeitsrecht

Arbeitsverweigerung
- Beharrlichkeit **3 G** 17
- Darlegungs- und Beweislast **5 A** 95
- Darlegungs- und Beweislast bei Rechtsirrtum **5 A** 99
- Gewissenskonflikte **2 A** 50 ff.

- Gewissenskonflikte, Kündigung **3 E** 139
- Glaubensgründe, Kündigung **3 E** 139
- Kündigungsgrund **3 G** 14 ff.
- als Leistungsverweigerungsrecht **2 A** 719 ff.
- objektive Rechtslage **3 G** 14a
- Überstundenverweigerung **3 G** 14b
- Unzumutbarkeit der Erfüllung der Arbeitspflicht **3 G** 16

Arbeitszeit 2 A 81 ff.
- Abweichungsbefugnisse der Tarifvertragsparteien **6 A** 69 ff.
- AGB-Kontrolle **1 D** 92 ff.
- Änderungskündigung **3 A** 103c
- Änderungskündigung hinsichtlich Verteilung **3 A** 106
- Arbeitsbereitschaft **6 A** 24a
- Arbeitszeitrecht *siehe dort*
- Aufzeichnung bei Arbeitnehmerüberlassung **6 D** 128
- Auskunftsansprüche des Betriebsrats **6 A** 114a
- Beendigung **2 A** 108
- Beginn **2 A** 106; **6 A** 21
- Begriff **2 A** 81; **6 A** 20 ff.
- Bereitschaftsdienst **6 A** 23a
- Dauer der Arbeitszeit *siehe dort*
- Dienstreisen **6 A** 23
- Einwilligung zur Verlängerung **6 A** 80a
- Ende **6 A** 21
- Höchstgrenze **2 A** 231
- Jugendliche **6 C** 5
- Lage der Arbeitszeit *siehe dort*
- Mitbestimmung *siehe Beteiligungsrechte bei der Arbeitszeit*
- regelmäßige ~ bei Entgeltfortzahlung im Krankheitsfall **2 B** 141
- Rufbereitschaft **6 A** 24
- Tarifvertrag **4 C** 129
- Tendenzträger **4 A** 1090
- Überstunden *siehe dort*
- Verlängerung der höchstzulässigen ~ bei Arbeitsbereitschaft/Bereitschaftsdienst **6 A** 72, 77a
- Verlängerung der werktäglichen ~ ohne Ausgleich **6 A** 74
- Verlängerung durch Tarifvertrag **6 A** 69a ff.
- Vorverlegung des Beginns **2 A** 107
- Wegezeit **6 A** 22
- Widerruf der Einwilligung zur Verlängerung **6 A** 80a

Arbeitszeitkonto 2 A 118 f.; **6 A** 36a
- Arbeitnehmerüberlassung **6 D** 127
- Arbeitnehmerüberlassung, Nichteinsetzbarkeit und Plusstunden **6 D** 134
- Freistellung zum Ausgleich von Guthaben **2 A** 761
- Mindestlohn **6 E** 100 ff.
- Vertragsbeispiel **2 A** 119

Arbeitszeitrecht 6 A 1 ff.
- 10-Stunden-Obergrenze **6 A** 29
- Arbeitnehmer und ArbZG **6 A** 5
- Arbeitszeitbegriff **6 A** 20 ff.
- Arbeitszeiterfassung **6 A** 114
- Arbeitszeitnachweise **6 A** 113
- ArbZG **6 A** 1 ff.
- Ausgleichszeitraum bei flexibler Arbeitszeit **6 A** 31 ff.
- Aushangpflichten **6 A** 112, 116
- Bußgeldtatbestände **6 A** 118 ff.
- Einwilligung zur Arbeitszeitverlängerung **6 A** 80a
- EU-Recht **6 A** 1 ff.
- Freiberufler, Verbände usw., Abweichung von Grundregeln **6 A** 80
- gefährliche Arbeiten **6 A** 81
- Kirchen, Abweichung von Grundregeln **6 A** 79
- mehrere Arbeitgeber **6 A** 115, 24b
- Nacht- und Schichtarbeit *siehe dort*
- öffentlich-rechtliches **6 A** 4 ff.
- öffentlich-rechtliches Dienstverhältnis **6 A** 8
- persönlicher Geltungsbereich des ArbZG **6 A** 7 ff.
- räumlicher Geltungsbereich des ArbZG **6 A** 17
- Ruhepausen *siehe dort*
- Ruhezeit *siehe dort*
- sachlicher Geltungsbereich des ArbZG **6 A** 18 f.
- Sonn- und Feiertagsarbeit *siehe dort*
- Straftatbestände **6 A** 121 ff.
- Vereinbarung, ArbZG-widrige **6 A** 6
- Verlängerung der höchstzulässigen Arbeitszeit bei Arbeitsbereitschaft **6 A** 72, 77a
- Verlängerung der höchstzulässigen Arbeitszeit bei Bereitschaftsdienst **6 A** 72, 77a
- Verlängerung der werktäglichen Arbeitszeit ohne Ausgleich **6 A** 74
- werktägliche Arbeitszeit **6 A** 26 ff.
- Widerruf der Einwilligung zur Arbeitszeitverlängerung **6 A** 80a
- zuständige Behörden **6 A** 117
- Zweck des ArbZG **6 A** 3

Arbeitszeugnis
- *siehe Zeugnis*

Arrest 5 I 67 ff.
- Gehörsrüge **5 I** 69
- Geldforderung **5 I** 71 ff.
- Verfahren **5 I** 68 ff.
- Zuständigkeit **5 I** 68

Art der zu leistenden Tätigkeit 2 A 13 ff.
- *siehe auch Versetzung*
- Änderungsvorbehalte **3 A** 32 ff.
- im Arbeitsvertrag **2 A** 17 ff.
- Arzt, Vertragsbeispiel **2 A** 19

3019

[Art der zu leistenden Tätigkeit]
- bestimmte Tätigkeit **2 A** 26
- bestimmter Arbeitsplatz **2 A** 26
- Chefarzt, Vertragsbeispiel **2 A** 18
- Direktionsrecht **3 A** 32 ff.
- gewerblicher Arbeitnehmer, Vertragsbeispiel **2 A** 25
- kaufmännischer Angestellter, Vertragsbeispiel **2 A** 24
- Konkretisierung **3 A** 34 ff.
- Leistungsverweigerungsrecht **2 A** 13 f.
- leitender Angestellter, Vertragsbeispiel **2 A** 20 ff.
- NachwG **2 A** 27
- Übertragung eines anderen Tätigkeitsbereichs **3 A** 32 ff.
- Verkaufsreisender, Vertragsbeispiel **2 A** 23

Arzt
- *siehe auch* Chefarzt
- Arbeitnehmereigenschaft **1 A** 85
- Art der zu leistenden Tätigkeit, Vertragsbeispiel **2 A** 19
- Assistenzarzt **1 A** 85
- im Praktikum **1 A** 85
- in der Weiterbildung **1 E** 217 f.

Ärztliche Untersuchung
- während des bestehenden Arbeitsverhältnisses **2 A** 202
- Einstellung **1 C** 132 ff.
- Einstellung und AGG **1 C** 134a
- Muster für Einverständniserklärung **1 C** 138
- Nachtarbeitnehmer **6 A** 58 f.

Assessment-Center 1 C 136
- Mitbestimmung **4 A** 701, 752

Assistenzarzt 1 A 85

AT-Angestellte
- leitende Angestellte **1 A** 90
- Mitbestimmung bei übertariflicher Eingruppierung **2 A** 367

Aufenthaltserlaubnis 1 H 30 ff.
- Arbeitsmarktprüfung **1 H** 38 f.
- Beschäftigungszweck **1 H** 32 ff.
- Blaue Karte **1 H** 45 ff.
- Forschung, Zweck **1 H** 44
- Frage in Einstellungsgespräch nach ~ **1 C** 71 f.
- Nichtverlängerung als Kündigungsgrund **3 E** 132
- keine qualifizierte Berufsausbildung **1 H** 41
- qualifizierte Berufsausbildung **1 H** 42
- qualifizierte Geduldete **1 H** 43
- Schweizer **1 H** 19
- Türken **1 H** 56 ff.
- zustimmungsfreie Beschäftigung **1 H** 34 ff.
- zustimmungspflichtige Beschäftigung **1 H** 36 ff.
- Zustimmungsverfahren **1 H** 37

Aufenthaltstitel
- allgemeine Erteilungsvoraussetzungen **1 H** 23 ff.
- Arbeitgeberpflichten bei Beschäftigung **1 H** 62 f.
- Aufenthaltserlaubnis **1 H** 30 ff.
- Daueraufenthalt-EG **1 H** 54
- Drittstaaten **1 H** 20 ff.
- Erteilung **1 H** 22
- Erwerbstätigkeit **1 H** 21
- EU-Staatsangehörige, kein ~ **1 H** 9 ff.
- fehlender als Kündigungsgrund **3 G** 19a
- Kroaten **1 H** 13 ff.
- Niederlassungserlaubnis **1 H** 49 ff.
- Regelvoraussetzungen **1 H** 24
- Schweizer **1 H** 19
- Visum **1 H** 25 ff.
- zwingende Erteilungsvoraussetzungen **1 H** 25

Aufhebungsvertrag 3 C 1 ff.
- *siehe auch* Abwicklungsvertrag; Ausgleichsklausel
- Abfindungen **3 C** 32 ff., 67 ff., 70 ff.
- Abgeltung einer unverfallbaren Versorgungsanwartschaft **3 C** 14
- Abwicklungsvertrag, Abgrenzung **3 C** 1
- AGB-Kontrolle **3 C** 4, 47a
- allgemeine Erledigungsklausel **3 C** 19
- Anfechtung **3 C** 14a
- Anfechtung wegen Irrtums **3 C** 57
- Anfechtung wegen Täuschung oder Drohung **3 C** 58 ff.
- Arbeitgeberdarlehen **3 C** 46b
- arbeitsrechtliche Folgen **3 C** 66
- und Ausgleichsquittung **3 C** 22
- Ausgleichszahlungen gemäß § 187a SGB VI **3 C** 46c
- Auslauffrist, längere **3 C** 2b
- außergerichtlicher **3 C** 15 ff.
- bedingter **3 C** 8 ff.
- Beendigungsvereinbarung **3 C** 1
- Begriff **3 C** 1
- Berufsausbildungsverhältnis **1 B** 136
- zur Beseitigung des Wettbewerbsverbots **2 F** 44
- betriebliche Altersversorgung **3 C** 45
- Betriebsänderung **3 C** 86 f.
- Betriebsübergang **2 G** 323 f.; **3 C** 88
- Billigkeitskontrolle **3 C** 4
- Darlegungs- und Beweislast **3 C** 64
- Dienstwagen **3 C** 46
- dreiseitiger Vertrag nach Insolvenzeröffnung **3 C** 60
- Drohung mit fristloser Kündigung **3 C** 59
- Drohung mit ordentlicher Kündigung **3 C** 60
- Entgeltfortzahlung im Krankheitsfall **2 B** 190
- Erlassvertrag, Abgrenzung **3 C** 19

- Feststellungsklage bei Anfechtung 5 A 130 f.
- Formulierungsbeispiel 3 C 47b f.
- Freistellung 3 C 35 f.
- Geschäftsführer-Dienstvertrag als formwirksamer ~ 3 C 29a
- Gleichbehandlungsgrundsatz 3 C 6
- als Haustürgeschäft 3 C 52a
- Hinweispflichten des Arbeitgebers 2 A 808; 3 C 49 f.
- Inhalt 3 C 30 ff.
- Inhaltskontrolle 3 C 4
- Karenzentschädigung 3 C 41
- Klageart 3 C 63
- Kündigung, Abgrenzung 3 C 17 f.; 3 D 10
- Kündigungsschutz nach MuSchG 3 H 21
- und Kündigungsschutzprozess 3 C 65
- Massenaufhebungsverträge 3 C 3
- Minderjährige 3 C 2a
- Nachbesserungsklausel 4 A 944
- Nachkündigung bei Insolvenz 3 I 33
- Nachteilsausgleich 4 A 981
- als nachträgliche Befristung 1 E 107a
- nachträgliche Zulassung der Kündigungsschutzklage bei Vergleich 3 C 16c f.
- nachvertragliches Wettbewerbsverbot 2 F 20, 40; 3 C 40 f.
- negatives Schuldanerkenntnis 3 C 19
- nicht erfüllter Prozessvergleich 3 C 16d
- öffentlicher Dienst in Nordrhein-Westfalen 3 C 2c
- Prozessvergleich 3 C 15, 16b
- Rechtsanwaltskosten 3 C 46f
- Restitutionsklage 3 C 16b
- Rückdatierung 3 C 11
- Rücktritt 3 C 52
- rückwirkender 3 C 5
- Schadensfreiheitsrabatt 3 C 46
- Schriftform 3 C 25 f., 28 ff.
- schwerbehinderte Menschen 3 C 2c
- Sittenwidrigkeit 3 C 11 f.
- Sozialplanabfindung 4 A 943 f.
- sozialversicherungsrechtliche Folgen 3 C 69b ff.
- sozialversicherungsrechtliche Folgen bei Freistellung 3 C 35a
- Sperrzeit 3 C 75 ff.; 7 A 76, 98
- steuerrechtliche Folgen 3 C 67 f.
- Tarifvertrag, Aufhebung 4 C 112
- Teilnichtigkeit 3 C 13 f.
- Treuepflicht 2 A 185
- Umdeutung einer Kündigung in Angebot auf Abschluss eines ~s 3 D 120
- Urlaubsabgeltung 3 C 36 ff.
- Urlaubsabgeltung und Freistellung 3 C 35 f.
- Urlaubsanspruch 2 C 275; 3 C 36 ff.
- Verschwiegenheitspflicht 3 C 46d
- Versicherungsfall bei Rechtsschutzversicherung 5 J 161
- Verstoß gegen gesetzliches Verbot 3 C 7
- Vertragsfreiheit 3 C 2 ff.
- Vertragsschluss 3 C 24
- Verwirkung 3 C 63
- Wegfall der Geschäftsgrundlage bei Vergleich 3 C 16b
- Widerruf 3 C 52a
- Widerrufsbelehrung 3 C 51b
- Widerrufsvorbehalt aufgrund Tarifvertrags 3 C 53
- Wiedereinstellungsanspruch nach ~ 3 E 323
- Wiedereinstellungszusage 3 C 46e
- Zeitdruck 3 C 58
- Zeitpunkt der Beendigung 3 C 31
- Zeugniserteilung 3 C 42 ff.
- Zustandekommen 3 C 24 ff.
- Zuständigkeit der Arbeitsgerichte 3 C 62
- Zwischenverdienst 3 C 35 f.

Auflösend bedingter Arbeitsvertrag 1 E 134 ff.
- Beendigung des Arbeitsverhältnisses 1 E 138 ff.
- Erwerbsminderung 1 E 96
- gesetzliche Regelung 1 E 135
- Klagefrist 1 E 137, 176 ff.; 5 A 110
- Mitteilung des Arbeitgebers 1 E 138 ff.
- Probearbeitsverhältnis 1 E 60 f.
- sachlicher Grund 1 E 136
- unwirksame auflösende Bedingung 1 E 145 ff.
- Verlängerung/Fortsetzung 1 E 141 ff.
- zeitbefristeter Arbeitsvertrag, Abgrenzung 1 E 134

Auflösung des Betriebsrats 4 A 243 ff.
- grobe Pflichtverletzung 4 A 247 ff.
- Verfahren 4 A 244 ff.

Auflösungsantrag
- des Arbeitgebers siehe Auflösungsantrag des Arbeitgebers
- des Arbeitnehmers siehe Auflösungsantrag des Arbeitnehmers
- beiderseitiger 5 A 234

Auflösungsantrag des Arbeitgebers 5 A 206 ff.
- Abfindung 5 A 208
- Antragsformulierung 5 A 233
- außerordentliche Kündigung 5 A 226
- außerordentliche Kündigung bei Unkündbarkeit 3 F 64a
- Darlegungs- und Beweislast 5 A 232
- Gefährdung weiterer Zusammenarbeit 5 A 227 ff.
- Geschäftsführer, Betriebsleiter u.ä. leitende Angestellte 5 A 228
- Kündigungsschutz betrieblicher Funktionsträger 3 H 67a
- Sozialwidrigkeit 5 A 225
- verfahrensrechtliche Voraussetzungen 5 A 224

Stichwortverzeichnis

Auflösungsantrag des Arbeitnehmers 5 A 206 ff.
- Abfindung 5 A 208
- Änderungsschutzklage 3 A 160 f.
- Antragsrücknahme 5 A 223
- außerordentliche Kündigung 5 A 214
- Beendigungskündigung 5 A 213
- und Betriebsübergang 2 G 355
- Kündigungsrücknahme 5 A 222
- nach Kündigungsrücknahme 3 D 131
- sittenwidrige Kündigung 5 A 211
- Unwirksamkeit der Kündigung 5 A 210 ff.
- Unzumutbarkeit der Fortsetzung des Arbeitsverhältnisses 5 A 215 ff.
- Verfahrensfragen 5 A 219 ff.
- verfahrensrechtliche Voraussetzungen 5 A 209

Auflösungsurteil
- nachvertragliches Wettbewerbsverbot 2 F 43

Auflösungsvertrag
- siehe Aufhebungsvertrag

Aufrechnung
- Arbeitsentgelt 2 A 588
- Ausschlussfrist 2 A 623
- betriebliche Altersversorgung 2 E 295
- Urlaubsentgelt 2 C 185
- Verbot in AGB 1 D 46 ff.

Aufsichtsrat
- Abberufung, Übersicht 4 B 68
- Amtsdauer 4 B 66 ff.
- Anfechtbarkeit von Wahlen 4 B 59 ff.
- Anstellungsverträge 4 B 77
- Anteilseigner, Wahl 4 B 41
- Arbeitnehmervertreter nach DrittelbG, Wahl 4 B 50 ff.
- Arbeitnehmervertreter nach MitbestG, Wahl 4 B 42 ff.
- Arbeitnehmervertreter nach Montan-MitbestG, Wahl 4 B 48 f.
- Arbeitsdirektor 4 B 73, 75
- Aufgaben des Vorsitzenden, Stellvertreters 4 B 100 f.
- Aufgaben, Übersicht 4 B 96
- Ausschüsse 4 B 114 ff.
- Bekanntmachungen 4 B 130
- Beschlussfassung nach MitbestG 4 B 102 ff.
- Beschlussfassung nach Montan-MitbestG, DrittelbG 4 B 111 ff.
- Bestellung der Vertretungsorgane 4 B 69 ff.
- Corporate Governance Kodex 4 B 81
- Ersatzmitglieder 4 B 54
- Europäische Gesellschaft 4 B 151 ff.
- Frist bei Wahlanfechtung 5 H 119
- gerichtliche Bestellung von Mitgliedern 4 B 65
- Gleichbehandlung 4 B 119
- Gruppeninteressen 4 B 122
- Haftung der Mitglieder 4 B 124 ff.
- innere Ordnung 4 B 97 ff.
- Interessenkonflikte 4 B 121
- Mitgliederzahl 4 B 35 ff.
- neutrales Mitglied nach DrittelbG 4 B 53
- Nichtigkeit von Wahlen 4 B 58
- persönliche Voraussetzungen 4 B 39
- Pflichten des Mitglieds 4 B 117, 121 ff.
- Rechte des Mitglieds 4 B 117 ff.
- Schutz der Arbeitnehmervertreter 4 B 127 f.
- Streitigkeiten 4 B 129
- Streitigkeiten bei Wahlen 4 B 57 ff.
- Überwachung der gesetzlichen Vertreter 4 B 80 ff.
- Überwachung nach DrittelbG 4 B 95
- Überwachung nach MitbestG 4 B 81 ff.
- Überwachung nach Montan-MitbestG 4 B 94
- Vergütung 4 B 120
- Verschwiegenheit 4 B 123
- Vertretung der Gesellschaft 4 B 78 f.
- Wahl des Vorsitzenden, Stellvertreters 4 B 98 f.
- Wahl, Übersicht 4 B 64
- Wahlkosten 4 B 56
- Wahlschutz 4 B 55
- Wahlverfahren 4 B 41 ff.
- Widerruf der Bestellung der Vertretungsorgane 4 B 76

Auftrag 1 B 107

Aufwandsentschädigung
- Annahmeverzug des Arbeitgebers 2 B 39
- Karenzentschädigung 2 F 61a
- Pfändbarkeit 2 A 673

Aufwendungsersatz 2 A 850 ff.
- Annahmeverzug des Arbeitgebers 2 B 39
- Arbeitsentgelt, Abgrenzung 2 A 306
- Entgeltfortzahlung 2 A 856
- Formulierungsbeispiele 2 A 854
- Geldstrafen 2 A 861 f.
- Höhe 2 A 852
- Karenzentschädigung 2 F 61a
- Lohnsteuerpflicht 2 A 853
- Personenschäden, fehlendes Arbeitgeberverschulden 2 A 826
- Prozesskosten 2 A 858 ff.
- Rechtsgrundlagen 2 A 851
- Sozialversicherungsbeiträge 2 A 853
- Spesen, Mitbestimmung 4 A 653
- Spesenbetrug als Kündigungsgrund 3 G 52
- Übernahme einer Kaution 2 A 863
- Urlaubsentgelt 2 C 105
- Vorschuss 2 A 855

Aus-, Fort- und Weiterbildungskosten 2 A 540
- Bildungsurlaub siehe dort
- Rückzahlung von Aus- und Fortbildungskosten siehe dort
- unbedingte Kostenbeteiligung 2 A 555

– unterdurchschnittliches Arbeitsentgelt während Schulung **2 A** 553
Ausbildung
– *siehe* Berufsausbildungsverhältnis
Ausbildungskosten
– *siehe* Aus-, Fort- und Weiterbildungskosten
Ausbildungsvergütung 1 B 132 ff.
– Angemessenheit **2 A** 312
– Arbeitsentgelt, Abgrenzung **2 A** 307
– Tarifvertrag **4 C** 128
Ausgleichsklausel
– AGB-Kontrolle **3 C** 47a
– Arbeitgeberdarlehen **2 A** 514
– und Ausgleichsquittung **3 C** 20
– betriebliche Altersversorgung **2 E** 273
– Karenzentschädigung **2 F** 68
– nachvertragliches Wettbewerbsverbot **2 F** 45
– Urlaubsabgeltung **2 C** 159
– Zeugnisanspruch **3 K** 70
Ausgleichsquittung 3 C 20 ff.
– AGB-Kontrolle **1 D** 120 f.; **3 C** 47a
– Equal pay-Ansprüche bei Arbeitnehmerüberlassung **6 D** 98 f.
– Urlaub **2 C** 274
– Verzicht auf tarifliche Ansprüche **4 C** 188
– Zeugnisanspruch **3 K** 70
Ausgleichsverfahren 2 B 197 ff.
– erstattungsfähige Aufwendungen **2 B** 200
– freiwilliges **2 B** 201
– Kleinbetriebe **2 B** 198 f.
Ausgleichszahlungen 7 C 158 ff.
– Abfindung **7 C** 178
– Altersteilzeitvereinbarung **7 C** 182 f.
– Ausgleichsbeiträge **7 C** 172
– Auskunftsanspruch **7 C** 159 ff.
– Begrenzung der Steuerfreistellung **7 C** 187
– Höhe **7 C** 169 ff.
– Pflichtbeiträge, Steuerfreiheit **7 C** 188 ff.
– Rechtsgrundlage **7 C** 166
– Rentenminderungen **7 C** 171
– Ruhen des Anspruchs auf Arbeitslosengeld **7 C** 173 ff.
– sozialrechtliche Auswirkungen **7 C** 173 ff.
– Steuerfreiheit sonstiger ~ **7 C** 184 ff.
– steuerliche Auswirkungen **7 C** 177 ff.
Aushangpflichten 2 A 807
– ArbZG-Abdruck **6 A** 112, 116
Aushilfsarbeitsverhältnis 1 B 68 ff.
– Beendigung **1 B** 73 ff.
– Berücksichtigung bei Betriebsgröße **1 B** 71
– Dauer **1 B** 70 ff.
– Dauerarbeitsverhältnis **1 B** 73 ff.
– Fortsetzung **1 B** 73 ff.
– Kündigungsfrist **1 B** 70, 72; **3 D** 173 ff.
– sachlicher Befristungsgrund **1 E** 39 ff.
– Unterbrechungen **1 B** 76
– vorübergehender Arbeitskräftebedarf **1 B** 68

– Wesen **1 B** 69
– Zeugnisanspruch **3 K** 12
Auskunftsanspruch des Betriebsrats
– *siehe* Unterrichtungsanspruch des Betriebsrats
Ausländerfeindliche Äußerungen
– Kündigungsgrund **3 G** 43
Ausländische Staatsangehörige
– *siehe auch* Aufenthaltstitel
– Arbeitgeberpflichten bei Beschäftigung **1 H** 62 f.
– Asylbewerber und Arbeitsmarkt **1 H** 55
– Drittstaaten **1 H** 20 ff.
– EU-Mitgliedsstaaten **1 H** 9 ff.
– Freizügigkeitsrecht **1 H** 10 ff.
– Kroatien und Arbeitnehmerfreizügigkeit **1 H** 13 ff.
– Schweizer **1 H** 19
– Türken **1 H** 56 ff.
Auslandserkrankung 2 B 163 ff.
– Anzeige gegenüber Krankenkasse **2 B** 167 f.
– Anzeigepflichten **2 B** 164 ff.
– Arbeitsunfähigkeitsbescheinigung **2 B** 170 f.
– Mitteilungspflichten **2 B** 164 ff.
– Nachweispflichten **2 B** 170 f.
– Rückkehr ins Inland **2 B** 169
– Urlaubsanschrift **2 B** 165 f.
– Zweifel an der Arbeitsunfähigkeit **2 B** 185 ff.
Ausschlussfrist 2 A 601, 603 ff.; **2 J** 55 ff.
– Ablehnungserklärung **2 A** 618
– AGB-Kontrolle **1 D** 146 ff.; **2 A** 603; **2 J** 56 f.
– nach AGG **1 F** 165 ff.
– Anfechtung der Betriebsratswahl **4 A** 127
– Aufrechnung **2 A** 623
– bei außerordentlicher Kündigung *siehe* Ausschlussfrist bei außerordentlicher Kündigung
– Beginn **2 A** 609 ff.
– Betriebsübergang **2 A** 610
– Bezugnahme auf CGZP-Tarifvertrag **6 D** 83 ff.
– Blue-Pencil-Test **1 D** 148
– CGZP-Tarifverträge **6 D** 83 ff.
– einstufige, AGB-Kontrolle **1 D** 147
– Forderungsanmeldung bei Insolvenz als Geltendmachung **2 A** 616
– Forderungsübergang **2 A** 607 f.
– Form der Geltendmachung des Anspruchs **2 A** 613 f.
– Formulierungsvorschlag **1 D** 151e
– geltendmachende Person bei Anspruch **2 A** 622
– Geltendmachung des Anspruchs **2 A** 613 ff.
– Geltendmachung des Anspruchs vor Fälligkeit **2 A** 619

[Ausschlussfrist]
- gerichtliche Geltendmachung des Anspruchs **2 A** 620 f.
- Höhe der Forderung **2 A** 624
- Inhalt der Geltendmachung **2 A** 624
- kenntnisunabhängige kurze ~, AGB-Kontrolle **1 D** 149
- Kündigungsschutzklage als Geltendmachung **2 A** 614; **5 A** 8
- Kündigungsschutzverfahren **2 A** 610
- Lohnforderungen gegenüber Entleiher **2 A** 610
- Mindestlohn **6 E** 112 ff.
- neben dem Arbeitsvertrag stehende Verträge **2 A** 606
- Reichweite **2 A** 604 ff.
- Schadensersatz **2 A** 611
- tarifliche *siehe* Ausschlussfrist, tarifliche
- unzulässige Rechtsausübung **2 A** 625
- Vertragsbeispiel **2 A** 626
- Vertragsstrafe, Abgrenzung **2 J** 55
- keine Vorsatzhaftung, AGB-Kontrolle **1 D** 151a f.
- wesentliche Vertragsbedingung nach NachwG **2 A** 626
- Zeugnisanspruch **3 K** 73
- zweistufige **2 A** 617; **2 J** 56 f.
- zweistufige, AGB-Kontrolle **1 D** 71, 146

Ausschlussfrist bei außerordentlicher Kündigung 3 F 71 ff.
- Änderungskündigung **3 A** 114
- Anhörung des Kündigungsgegners **3 F** 81 f.
- Auslauffrist bei Unkündbarkeit **3 F** 57e
- Beginn **3 F** 74 ff.
- Berufsausbildungsverhältnis **1 B** 145
- Darlegungs- und Beweislast **3 F** 73
- Dauergründe **3 F** 75
- fortwirkende Tatbestände **3 F** 76
- häufige Kurzerkrankungen **3 F** 75
- Hemmung **3 F** 80 f.
- Kenntnis des Kündigungsberechtigten **3 F** 77
- Kenntnis eines Dritten **3 F** 78
- Kündigung betrieblicher Funktionsträger **3 F** 84 ff.; **3 H** 87; **3 J** 184
- Kündigung wegen Straftat **3 F** 83
- materiell-rechtliche Ausschlussfrist **3 F** 71
- Verdachtskündigung **3 F** 82
- und Zugang der Kündigungserklärung **3 D** 84

Ausschlussfrist, tarifliche 2 A 601 f., 604 ff.; **4 C** 218 ff.
- Abgrenzung zu anderen Fristen **4 C** 228
- Ablehnungserklärung **2 A** 618
- Abmahnung **3 E** 177
- absolute Rechte **4 C** 223
- Annahmeverzug des Arbeitgebers **2 B** 45
- Arbeitgeberdarlehen **2 A** 514
- Arbeitnehmerüberlassungs-Tarifverträge und EU-Recht **6 D** 116
- neben dem Arbeitsvertrag stehende Verträge **2 A** 606
- Arten der Geltendmachung des Anspruchs **4 C** 231 ff.
- Aufrechnung **2 A** 623
- Auslegung **4 C** 227
- Beginn **2 A** 609 ff.
- beidseitige **4 C** 225
- betriebliche Altersversorgung **2 E** 299
- Betriebsübergang **2 A** 610
- DGB-Arbeitnehmerüberlassungs-Tarifverträge und kurze ~ **6 D** 115
- Eingruppierung **2 A** 368
- einseitige **4 C** 225
- Einwendung **4 C** 219
- Forderungsanmeldung bei Insolvenz als Geltendmachung **2 A** 616
- Forderungsübergang **2 A** 607 f.
- Form der Geltendmachung des Anspruchs **2 A** 613 f.
- Fristablauf **4 C** 234 f.
- Fristbeginn **4 C** 229
- geltendmachende Person bei Anspruch **2 A** 622
- Geltendmachung des Anspruchs **2 A** 613 ff.; **4 C** 230 ff.
- Geltendmachung des Anspruchs vor Fälligkeit **2 A** 619
- gerichtliche Geltendmachung des Anspruchs **2 A** 620 f.; **4 C** 231 f.
- Hemmung durch Anrufung des Schlichtungsausschusses **5 C** 70
- Höhe der Forderung **2 A** 624
- Inhalt der Geltendmachung **2 A** 624
- Karenzentschädigung **2 F** 67
- Kenntnis **4 C** 229
- Kündigungsschutzklage als Geltendmachung **2 A** 614
- Kündigungsschutzverfahren **2 A** 610
- Lohnforderungen gegenüber Entleiher **2 A** 610
- Reichweite **2 A** 604 ff.
- Schadensersatz **2 A** 611
- Schadensersatzansprüche statt Urlaub/Urlaubsabgeltung **2 C** 272
- Überzahlung **2 A** 612
- Umfang **4 C** 220 ff.
- unzulässige Rechtsausübung **2 A** 625
- Urlaub **2 C** 263 ff.
- Urlaubsabgeltung **2 C** 263 ff.
- Urlaubsentgelt **2 C** 271
- Urlaubsgeld **2 C** 271
- Zeugnisanspruch **3 K** 71 ff.
- Zulässigkeit **4 C** 226
- Zweck **4 C** 227
- zweistufige **2 A** 617

Außendienstmitarbeiter
- Feiertag **2 B** 206

- und Innendienstmitarbeiter bei betrieblicher Altersversorgung 2 E 220
- Kundenschutzklausel 2 F 8
- Provision *siehe dort*

Außerdienstliches Verhalten 2 A 219 ff.
- Genesungsverzögerung 2 A 221; 3 G 39
- kirchliche Mitarbeiter 3 G 18b
- kirchliche Mitarbeiter, Eheschließung 3 G 26
- kirchliche Mitarbeiter, Loyalitätsverstoß 3 G 32
- Kündigungsgrund 3 G 18 f.
- Lohnpfändungen 3 G 42
- politische Betätigung 3 G 46 f.
- schadensgeneigte Freizeitgestaltung 2 A 220
- soziale Netzwerke, Anweisung zur Anmeldung 2 A 221a

Außerordentliche Kündigung 3 F 1 ff.
- abgeworbener Arbeitnehmer 1 C 60
- Abmahnung 3 F 26
- andere Beendigungstatbestände, Abgrenzung 3 F 5 ff.
- „an sich", Geeignetheit 3 F 22
- als Änderungskündigung 3 A 66, 109 ff.; 3 F 48 ff.; 5 A 149
- und Anfechtung des Arbeitsvertrags 1 C 276
- Anfechtungsfristen 3 C 61
- Angebot der Arbeitsleistung 2 B 15
- Anhörung des Arbeitnehmers 3 F 12
- Anhörung des Betriebsrats 3 J 62 ff., 89 f., 120 ff.
- Anhörung des Betriebsrats bei Umdeutung 3 D 115 f.; 3 J 66
- Annahmeverzug nach Ende einer Arbeitsunfähigkeit 2 B 16 ff.
- Auslauffrist 3 F 3
- Ausschlussfrist bei außerordentlicher Kündigung *siehe dort*
- befristeter Arbeitsvertrag 1 E 154
- Berufsausbildungsverhältnis 1 B 140 ff.; 3 H 121 f.
- Beteiligung von Betriebs- und Personalrat 3 F 30a f.
- betrieblicher Funktionsträger 3 F 62 ff.; 3 H 82 ff.; 3 J 176 ff.
- betriebsbedingte Kündigung 3 E 234
- Beurteilungszeitpunkt 3 F 13
- Beweisverwertungsverbot 3 F 17c
- Darlegungs- und Beweislast 3 F 17a f.
- Druckkündigung *siehe dort*
- Eigenkündigung 3 F 65 ff.
- Eigenkündigung und Wettbewerbsverbot 2 F 39 f.
- häufige Kurzerkrankungen 3 F 60
- Interessenabwägung 3 F 24
- konkrete Beeinträchtigung des Arbeitsverhältnisses 3 F 23
- Krankheit 3 E 120 ff.; 3 F 60

- Kurzerkrankungen 3 E 121
- Minderung der Vergütung 3 F 94 ff.
- Mitteilung der Kündigungsgründe 3 D 24; 3 F 92
- Nachschieben von Kündigungsgründen 3 F 14 f.
- negative Prognose 3 F 25 f.
- Nichtleistung der Arbeit 2 A 163
- ordentliche Kündigung, Abgrenzung 3 D 133 f.
- ordentliche Unkündbarkeit 3 F 4, 57 ff.
- ordentliche Unkündbarkeit bei Krankheit 3 F 60
- Prognoseprinzip 3 F 25 f.
- Prüfungsreihenfolge des BAG 3 F 19 f.
- Reaktionen des Arbeitnehmers 5 A 150 ff.
- Schadensersatz nach § 628 Abs. 2 BGB 3 F 99 ff.
- Sozialplanabfindung 4 A 945
- Streikteilnahme 4 C 68
- tarifliche Beendigungsnormen 4 C 135
- Umdeutung im Kündigungsschutzprozess 3 D 122 ff.
- Umdeutung in Änderungskündigung 3 D 116a
- Umdeutung in Anfechtungserklärung 3 D 117; 3 F 6
- Umdeutung in Angebot auf Abschluss eines Aufhebungsvertrags 3 D 120
- Umdeutung in ordentliche Kündigung 3 D 111 ff.; 3 F 93
- und Urlaubsanspruch 2 C 84 ff.
- Verdachtskündigung *siehe dort*
- Verhältnis zur ordentlichen Kündigung 3 F 29 f.
- Verhältnismäßigkeit 3 F 27
- Verschulden 3 F 28 f.
- Verschwiegenheitspflicht 2 A 259
- Versetzung statt außerordentlicher Kündigung 5 A 98
- Verzicht 3 F 16
- Vorbehalt gemäß § 2 KSchG bei außerordentlicher Änderungskündigung 3 F 55 f.
- bei Wehr- oder Zivildienst 3 H 115 f.
- und Wettbewerbsverbot 2 F 41
- wichtiger Grund 3 F 18 ff.
- Zumutbarkeit 3 F 24

Aussetzung des Verfahrens 5 C 56 ff.
- wegen anderweitigen Vorabentscheidungsverfahrens 5 C 63
- Annahmeverzugslohn 5 C 61
- nachträgliche Zulassung der Kündigungsschutzklage 5 C 60
- Weiterbeschäftigungsanspruch 5 C 62

Aussperrung
- *siehe auch* Arbeitskampf
- Abwehraussperrung 4 C 55 f.
- Angriffsaussperrung 4 C 54
- einstweilige Verfügung 5 I 95

[Aussperrung]
- Einzelaussperrung **4 C** 53
- Erklärung **4 C** 53
- Rechtmäßigkeit **4 C** 53 ff.
- Übermaßverbot **4 C** 56
- Verbandsaussperrung **4 C** 53
- Verhältnismäßigkeit **4 C** 56

Austauschkündigung 3 E 200; **3 G** 19

Auswahlrichtlinien 3 E 290 ff.
- Begriff **4 A** 705 f.
- als Beschäftigungsverbot **1 C** 214
- Betriebe mit bis zu 500 Arbeitnehmern **4 A** 708
- Betriebe mit mehr als 500 Arbeitnehmern **4 A** 709
- Betriebsratswiderspruch wegen Verstoßes **3 J** 108 ff.; **4 A** 809 ff.
- Betriebsvereinbarung **1 C** 29
- Einstellungsgebote **1 C** 220
- fachliche und persönliche Voraussetzungen **4 A** 710
- Mitbestimmung **3 E** 293; **4 A** 704 ff.
- Punktesystem **3 E** 291 ff.
- Rechtsstreitigkeiten **4 A** 711

Auszehrungsverbot 2 E 417 ff.

Auszubildende
- *siehe auch* Berufsausbildungsverhältnis
- Arbeitnehmer iSd. BetrVG **4 A** 58 ff.
- Arbeitnehmereigenschaft **1 A** 79 ff.; **1 B** 116
- befristeter Arbeitsvertrag nach Ausbildungsende **1 E** 8
- Berechtigung zur Betriebsratswahl **1 A** 80
- Beschlussverfahren bei Streitigkeiten der besonderen Interessenvertretungen **5 H** 30d
- Geltung des ArbZG **6 A** 9
- Pflichten **1 B** 131
- Rechtsweg bei Streitigkeiten der besonderen Interessenvertretungen **5 B** 113
- schwerbehinderte Menschen **3 H** 37
- Streikrecht **4 C** 40

Background Checks 1 C 128 ff.
- finanzielle und wirtschaftliche Verhältnisse **1 C** 129 f.
- durch Führungszeugnis **1 C** 130 f.
- Internetrecherche **1 C** 131 ff.

Baugewerbe
- Arbeitnehmerüberlassung **6 D** 28
- Urlaub **2 C** 229 ff.

Beamte 1 A 126

Beauftragte für biologische Sicherheit
- Sonderkündigungsschutz **3 H** 110b

Bedienungsgelder 2 A 537 f.

Bedingung
- Aufhebungsvertrag **3 C** 8 ff.
- Auflösend bedingter Arbeitsvertrag *siehe dort*
- auflösende bei nachvertraglichem Wettbewerbsverbot **2 F** 49
- auflösende bei Tarifvertrag **4 C** 113
- Befristeter Arbeitsvertrag *siehe dort*
- Berufsausbildungsverhältnis **3 C** 9
- Eintritt der auflösenden ~ **1 E** 110 f.
- Kündigung **3 D** 138 ff.
- Kündigung, Abgrenzung zur auflösenden ~ **3 D** 11

Beendigungsvereinbarung
- *siehe* Abwicklungsvertrag; Aufhebungsvertrag

Befristeter Arbeitsvertrag 1 E 1 ff.
- *siehe auch* Auflösend bedingter Arbeitsvertrag
- abweichende Vereinbarungen **1 E** 130 ff.
- abweichende Vorschriften **1 E** 191 ff.
- Altersbefristung **1 E** 35 ff.
- Altersgrenze *siehe dort*
- Altersteilzeit **7 B** 57 ff.
- Angabe des Befristungsgrundes **1 E** 124 ff.
- Anhörung des Betriebsrats bei Kündigung **3 J** 17
- Arbeitnehmerüberlassung **6 D** 53 ff.
- Arbeitsbeschaffungsmaßnahme *siehe dort*
- Arbeitslosmeldung **1 E** 140a
- Art des Arbeitsverhältnisses **3 J** 19
- Ärzte in der Weiterbildung **1 E** 217 f.
- Aufhebungsvertrag als nachträgliche Befristung **1 E** 107a
- Aus- und Weiterbildungspflicht **1 E** 167
- außerordentliche Kündigung **1 E** 154
- Auszubildende im Anschluss an Berufsausbildung **1 E** 8
- Bedingungseintritt **1 E** 110 f.
- Beendigung **1 E** 138 ff.
- Befristung einzelner Vertragsbedingungen **1 E** 115 ff.
- Befristung einzelner Vertragsbedingungen, AGB-Kontrolle **1 D** 122 ff.
- Befristung mit Sachgrund *siehe dort*
- Befristung ohne Sachgrund *siehe dort*
- Benachteiligungsverbot **1 E** 168
- betriebliche Altersversorgung **2 E** 187 f.
- betrieblicher Geltungsbereich des TzBfG **1 E** 11
- Betriebsratsmitglied **1 E** 9
- Betriebsübergang **2 G** 333 f.
- betroffene Arbeitnehmer **1 E** 6 ff.
- Beurteilungszeitpunkt für Wirksamkeit einer Befristung **1 E** 12
- Darlegungs- und Beweislast **1 E** 184 ff.; **5 A** 118 ff.
- Darlegungs- und Beweislast bei Kettenbefristungen **1 E** 188
- Dauer der Befristung **1 E** 108 ff.
- Definition **1 E** 4
- Diskriminierungsverbot **1 E** 169 ff.
- Doppelbefristung als überraschende Klausel **1 D** 32

Stichwortverzeichnis

- Entfristungsklage *siehe dort*
- gesetzliche Grundlagen **1 E** 1 ff.
- Hochschule *siehe* Befristungen im Hochschulbereich
- Information der Arbeitnehmervertretung durch Arbeitgeber **1 E** 162
- Informationspflicht über unbefristete Arbeitsplätze **1 E** 164
- Insolvenz **3 I** 23
- Insolvenz, Nachkündigung **3 I** 32
- institutioneller Rechtsmissbrauch, Darlegungs- und Beweislast **5 A** 120
- Jugend- und Auszubildendenvertreter im Anschluss an Berufsausbildung **1 E** 9
- Kettenbefristungen **1 E** 112 ff.
- kirchliche Arbeitsrechtsregelungen **1 E** 131a
- Klage **1 E** 174 ff.
- Klagefrist bei Nichtverlängerungsanzeige/ Beendigungsmitteilung **1 E** 182
- Kleinbetriebe **1 E** 11
- Kündigung **1 E** 148 ff.
- Kündigungsschutz **1 E** 158
- Kündigungsschutz nach MuSchG **3 H** 22
- Kündigungsschutz schwerbehinderter Menschen **3 H** 40
- Kurzübersicht **1 E** 13
- Lebenszeit-Arbeitsvertrag, Kündigung **1 E** 156
- Leiharbeitsverhältnisse **1 E** 7
- Mitbestimmung **1 E** 159 ff.
- Mitbestimmung bei Einstellung **4 A** 745
- nachgeholte Befristungsabrede **1 E** 123a
- nachträgliche Befristung **1 E** 107
- Probearbeitsverhältnis *siehe dort*
- Rechtsfolgen wirksamer Befristung **1 E** 138 ff.
- Rückzahlung von Aus- und Fortbildungskosten **2 A** 552
- Sachgrund *siehe* Befristung mit Sachgrund
- Saisonarbeitskräfte bei betrieblicher Altersversorgung **2 E** 207
- Schriftform **1 C** 243 f.; **1 E** 119 ff.
- Schriftform, fehlende **1 E** 127 ff.
- Schwangerschaftsfrage **1 C** 97
- Sonderfälle **1 E** 191 ff.
- Sonderkündigungsrecht bei Frist über 5 Jahren **1 B** 6
- Sperrzeit bei Arbeitsplatzwechsel mit Befristung **7 A** 105
- Sperrzeit bei Beendigung **7 A** 82
- spezielle Regelungen **1 E** 5
- Synchronisationsverbot und Arbeitnehmerüberlassung **1 E** 7
- tarifliche Vereinbarungen **1 E** 133; **4 C** 140
- TzBfG **1 E** 2 ff.
- unwirksame Befristung **1 E** 145 ff.
- Verlängerung/Fortsetzung **1 E** 141 ff.
- Vertretung wegen Kurzzeitpflege **1 E** 199 ff.; **2 D** 81 ff.
- Vertretung wegen Mutterschutzes/Elternzeit **1 E** 192 ff.
- Vertretung wegen Pflege eines nahen Angehörigen **1 E** 199 ff.; **2 D** 81 ff.
- Vertretung wegen Pflegezeit **1 E** 199 ff.; **2 D** 81 ff.
- Vertretungsbefristung *siehe dort*
- vorläufige Weiterbeschäftigung bei unwirksamer Befristung **1 E** 190
- Weiterbeschäftigung **1 E** 165 f.
- Wiedereinstellungsanspruch **3 E** 324
- zeitlicher Geltungsbereich des TzBfG **1 E** 10
- Zweckbefristung **1 E** 110 f.

Befristung mit Sachgrund **1 E** 38 ff.
- Altersgrenze *siehe dort*
- Angabe des Grundes **1 E** 124 ff.
- Anschluss an Ausbildung/Studium **1 E** 42 ff.
- Aufhebungsvertrag als nachträgliche Befristung **1 E** 107a
- Aus- oder Weiterbildung **1 E** 101a
- Beispielsfälle **1 E** 38a ff.
- Berufssportler **1 E** 57
- Betriebsübergang als Sachgrund **2 G** 333
- Bühnensolisten **1 E** 56
- Darlegungs- und Beweislast **5 A** 119 f.
- Darlegungs- und Beweislast bei Prognose **1 E** 186
- Drittmittelbewilligung **1 E** 98
- Eigenart der Arbeitsleistung **1 E** 55 ff.
- Erprobung **1 E** 58 ff.
- gerichtlicher Vergleich **1 E** 77 f.
- Gründe außerhalb des TzBfG **1 E** 79 f.
- haushaltsrechtliche Gründe **1 E** 73 ff.
- Leiharbeitsverhältnis **6 D** 57 ff.
- nachträgliche Befristung **1 E** 107
- Nebenbeschäftigung **1 E** 70
- nicht erforderliche Sachgrundnennung im Arbeitsvertrag **1 E** 125
- nochmalige Befristung eines Probearbeitsverhältnisses **1 E** 59a
- öffentlicher Dienst **1 E** 104 ff.
- Person des Arbeitnehmers **1 E** 68 ff.
- personelle Kontinuität des Betriebsrats **1 E** 102
- Projekt **1 E** 39a
- Prozessbeschäftigung **1 E** 103a f.
- bis Rente nach Altersteilzeit **1 E** 69, 92
- Rundfunkmitarbeiter **1 E** 55
- Typologie **1 E** 79
- Überbrückung **1 E** 68
- übergangsweise Beschäftigung **1 E** 101
- Übernahme nach Erprobung **1 E** 62
- Verschleiß **1 E** 103
- Vertretungsbefristung *siehe dort*
- vorgeschaltete Probezeit, Abgrenzung **1 E** 64 ff.

[Befristung mit Sachgrund]
- vorübergehender Bedarf **1 E** 39 ff.
- Werkstudenten **1 E** 43
- wissenschaftliche Mitarbeiter einer Parlamentsfraktion **1 E** 57
- Wunsch des Arbeitnehmers **1 E** 72
- zulässige Dauer eines Probearbeitsverhältnisses **1 E** 59

Befristung ohne Sachgrund 1 E 14 ff.
- im Anschluss an Erprobung **1 E** 63
- Anschlussverbot **1 E** 15 ff.
- Anzahl **1 E** 14
- Befristungen im Hochschulbereich *siehe dort*
- Darlegungs- und Beweislast **1 E** 185, 189; **5 A** 121
- Dauer **1 E** 14
- Erprobung **1 E** 63
- Informationspflicht **1 E** 23
- Kettenbefristungen **1 E** 17
- kirchliche Arbeitsrechtsregelungen **1 E** 26a
- Kündigungsschutz **1 E** 24
- trotz Nennung eines Sachgrundes im Arbeitsvertrag **1 E** 125
- Neueinstellung **1 E** 15 ff.
- Neugründungen **1 E** 29 ff.
- tarifvertragliche Abweichungen **1 E** 26 ff.
- Verlängerung **1 E** 20 f.
- Verlängerungsklausel **1 E** 21
- Vorbeschäftigungsfrage **1 C** 74; **1 E** 19
- Vorbeschäftigungsklausel: derselbe Arbeitgeber **1 E** 19
- Vorbeschäftigungsverbot **1 E** 15 ff.

Befristungen im Hochschulbereich 1 E 200 ff.
- Abweichungen vom WissZeitVG **1 E** 215
- Anrechnung von Arbeitsverhältnissen **1 E** 207
- betroffene Mitarbeiter **1 E** 203
- Dauer **1 E** 204 ff.
- Drittmittelfinanzierung **1 E** 211
- Geltungsbereich **1 E** 202
- Hochschullehrer **1 E** 203
- Kinderbetreuung **1 E** 210
- Kündigungsmöglichkeit **1 E** 216
- künstlerisches Personal **1 E** 203
- Leitungspersonal **1 E** 203
- Lektoren **1 E** 203
- Mitarbeiter ohne Promotion **1 E** 204 f.
- Nichtanrechnungszeiten **1 E** 209
- Postdocphase **1 E** 205
- Privatdienstverträge **1 E** 203
- rechtliche Situation **1 E** 201
- Spezialregelungen **1 E** 201
- tarifvertragliche Abweichungen **1 E** 212
- Verlängerungen **1 E** 208 ff.
- wissenschaftliches Personal **1 E** 203
- Zitiergebot **1 E** 213

Befristungskontrollklage
- *siehe* Entfristungsklage

Behinderung
- Abgrenzung zur Krankheit, Diskriminierung **1 C** 80a ff.
- Begriff **6 C** 40
- Direktionsrecht, Grenzen **2 A** 36
- EuGH-Definition **1 F** 38
- und Krankheit **1 F** 41 ff.; **3 H** 37a
- Merkmal des AGG **1 F** 37 ff.
- Sozialauswahl **3 E** 280 f.
- symptomlose HIV-Infektion **1 F** 42c

Beihilfe zum Krankengeld
- Abgrenzung zur betrieblichen Altersversorgung **2 E** 40

Beiordnung eines Rechtsanwalts
- *siehe* Anwaltsbeiordnung

Bekanntmachungspflichten 2 A 807
- Tarifvertrag **4 C** 98 ff.

Belästigung nach AGG 1 F 71 ff.

Belegschaftsaktie 2 A 500

Beleidigung
- Kündigungsgrund **3 G** 43

Benachteiligung nach AGG
- Anweisung zur Benachteiligung **1 F** 75 ff.
- Beschwerderecht **1 F** 123 ff.
- betriebliche Altersversorgung **2 E** 267
- Formen **1 F** 45 ff.
- krankheitsbedingte Kündigung **3 E** 129a ff.
- Kündigung wegen Schlechtleistung **3 G** 48a
- mittelbare **1 F** 56 ff.
- Mobbing **2 A** 790
- sachliche Rechtfertigung für mittelbare **1 F** 67 ff.
- Sprachkenntnisse, mangelnde **3 E** 143
- statistischer Vergleich **1 F** 63
- Testing-Verfahren **1 C** 10
- unmittelbare **1 F** 47 ff.
- Unwirksamkeit der benachteiligenden Maßnahme **1 F** 118 ff.
- Voraussetzungen einer mittelbaren **1 F** 57 ff.

Benachteiligungsverbot
- *siehe* Allgemeines Gleichbehandlungsgesetz; Gleichbehandlung

Bereicherungsanspruch
- Entreicherung **2 A** 648 f.
- Kenntnis fehlender Verpflichtung **2 A** 647
- überzahltes Entgelt **2 A** 644, 646 ff.
- überzahltes Urlaubsentgelt **2 C** 121

Bereitschaftsdienst 6 A 2
- als Arbeitszeit **6 A** 23a, 69a
- Urlaubsentgelt **2 C** 103
- Vergütung **6 A** 23a
- Verlängerung der höchstzulässigen Arbeitszeit **6 A** 72, 77a

Bergmannversorgungsscheininhaber
- Sonderkündigungsschutz **3 H** 129

Berufsausbildungsverhältnis
- *siehe auch* Auszubildende; Jugendarbeitsschutz
- Abschluss des Vertrags **1 B** 119
- Abschlussprüfung **1 B** 135
- Anerkennung der Ausbildungsberufe **1 B** 115, 117a
- Angabe des Kündigungsgrundes **1 B** 141; **3 H** 123
- Anmeldung **1 B** 126
- Anschlussarbeitsvertrag **1 B** 127
- Aufhebungsvertrag **1 B** 136
- Ausbildungsvergütung **1 B** 132 ff.
- Ausbildungsziele **1 B** 117
- Ausschlussfrist bei außerordentlicher Kündigung **1 B** 145
- außerordentliche Kündigung **1 B** 140 ff.; **3 H** 121 f.
- bedingter Aufhebungsvertrag bei schlechten Noten **3 C** 9
- Beendigung **1 B** 134 ff.
- Berufsschulunterricht **1 B** 129
- Dauer **1 B** 121
- eigenständiges Vertragsverhältnis **1 B** 116
- einstweilige Verfügung auf Weiterbeschäftigung **5 I** 92a
- Entschädigung für Berufsausbildung **1 B** 128
- Inhalt des Vertrags **1 B** 120 ff.
- Jugendvertreter, Weiterbeschäftigung **4 A** 305 ff.; **5 I** 90a
- Klagefrist **5 A** 22
- Kollektivvereinbarungen **1 B** 123
- Kündigung bei Minderjährigen **1 B** 146
- Kündigung nach der Probezeit **1 B** 140 ff.; **3 H** 121 f.
- Kündigung vor Beginn der Probezeit **1 B** 137
- Kündigung vor Dienstantritt **3 D** 36
- Kündigung während der Probezeit **1 B** 138 f.; **3 H** 120
- Kündigungsfristen **3 D** 150
- Kündigungsschutz **3 H** 119 ff.
- Kündigungsschutz bei Insolvenz **3 I** 59, 64
- und Kündigungsschutzgesetz **3 H** 125
- Musterausbildungsverträge **1 B** 125
- öffentlich-rechtliches Dienstverhältnis **1 B** 114
- Pflichten des Ausbildenden **1 B** 129 f.
- Praktikantenverhältnis **1 A** 84
- Probezeit, Dauer **1 B** 122
- Prüfungsschema Kündigung **1 B** 149
- Rückzahlungsklauseln **2 A** 556
- Schadensersatz **1 B** 128
- Schadensersatz bei außerordentlicher Kündigung **1 B** 147
- Schlichtungsverfahren **1 B** 148; **3 H** 124 f.; **5 C** 64 ff.
- Schriftform der Kündigung **3 H** 123
- Schriftform des Vertrags **1 B** 120
- spezialgesetzliche Regelungen **1 B** 114
- Stufenausbildung **1 B** 117a
- Urlaubsabgeltung **2 C** 146
- Vertrag **1 B** 118 ff.
- Vertragsstrafe **1 B** 128
- Wettbewerbsverbot **2 F** 4
- wichtiger Kündigungsgrund **1 B** 142 ff.
- Wiederholungsprüfung **1 B** 135
- Zeugnis **1 B** 130

Berufsbildung 1 B 112 f.
- Abgrenzung zwischen § 81 und § 98 BetrVG **4 A** 402 f.
- AGG, Anwendbarkeit **1 B** 124
- außerbetriebliche **4 A** 722
- Berufsausbildungsverhältnis *siehe dort*
- Beteiligungsrechte im Bereich der Berufsbildung *siehe dort*
- betriebliche **4 A** 721
- duales System **1 B** 113
- Fortbildung, berufliche *siehe dort*
- Umschulung *siehe dort*

Berufskrankheit
- Entgeltfortzahlung **2 A** 835

Berufsschüler
- Jugendarbeitsschutz **6 C** 9
- Urlaub **2 C** 206

Berufsunfähigkeit 7 C 233
- *siehe auch* Erwerbsminderung
- Vertrauensschutzregelung **7 C** 229 f.
- auf Zeit und Kündigungsschutz schwerbehinderter Menschen **3 H** 63

Berufung 5 D 1 ff.
- arbeitsgerichtlicher Verfahrensmangel **5 D** 103
- Berufungsbeantwortung **5 D** 78 ff.
- Berufungsbegründung *siehe dort*
- Berufungsfrist *siehe dort*
- Berufungsschrift *siehe dort*
- Beschwer des ~klägers **5 D** 21
- Beschwerdewert **5 D** 11 ff.
- Bestandsschutzstreitigkeiten **5 D** 18
- Endurteil oder gleichgestellte Entscheidung **5 D** 20
- falsche Verkündung der (Nicht-)Zulassung **5 D** 7 ff.
- fehlerhafte Rechtsmittelbelehrung **5 D** 27
- Kündigungsschutzklage bei Betriebsübergang **2 G** 358 f.
- Mehrfach-~ **5 D** 48 ff.
- neuerliche Beweisaufnahme **5 D** 87 ff.
- offensichtlich unrichtige Streitwertfestsetzung **5 D** 13
- Rechtsanwaltsvergütung **5 J** 151
- Rechtsmittel gegen Verwerfung **5 D** 92 f.
- Rücknahme **5 D** 94 f.
- sofortige Beschwerde bei verspäteter Urteilsabsetzung **5 F** 45 ff.
- sofortige Beschwerde statt ~ **5 D** 1
- Statthaftigkeit **5 D** 2 ff.
- unzulässige **5 D** 90

[Berufung]
- Urteil des Landesarbeitsgerichts 5 D 101 ff.
- Urteilszustellung außerhalb von 5 Monaten nach Verkündung 5 D 28 f.
- Veränderung des Beschwerdewerts 5 D 14 f.
- Verwerfung 5 D 90 ff.
- Zulassung 5 D 3 ff.
- Zulassung neuer Angriffs- und Verteidigungsmittel *siehe dort*
- Zulassungsentscheidung 5 D 5 ff.
- Zulassungsvoraussetzungen 5 D 4
- Zweites Versäumnisurteil 5 D 19

Berufungsbeantwortung 5 D 78 ff.
Berufungsbegründung 5 D 46 ff.
- Antragspflicht 5 D 43
- Begründungszwang 5 D 66 ff.
- eigenhändige Unterzeichnung 5 D 37 ff.
- Frist 5 D 46 ff.
- Fristverlängerung 5 D 60 ff.
- Inhalt 5 D 66 ff.
- Mehrfachberufung 5 D 48 ff.
- neuer Tatsachenvortrag 5 D 68 ff.
- unterschiedliche rechtliche Erwägungen des Gerichts 5 D 71
- unterschiedliche Streitgegenstände 5 D 72 f.
- Unterzeichnung 5 D 76 f.
- Wiedereinsetzung 5 D 51 ff.

Berufungsfrist 5 D 22 ff.
- Ablauf 5 D 26 ff.
- Beginn 5 D 23 ff.
- fehlerhafte Rechtsmittelbelehrung 5 D 27
- richtige Rechtsmittelbelehrung 5 D 26
- bei Urteilsberichtigung 5 D 30 f.
- Urteilszustellung außerhalb von 5 Monaten nach Verkündung 5 D 28 f.

Berufungsschrift 5 D 32 ff.
- Adressierung, falsche 5 D 35 f.
- Antragsformulierung 5 D 44 f.
- Bezeichnung des anzufechtenden Urteils 5 D 33 f.
- Computerfax 5 D 42
- eigenhändige Unterzeichnung 5 D 37 ff.
- elektronische Form 5 D 41
- Telefax 5 D 40

Beschäftigungs- und Qualifizierungsgesellschaft
- Betriebsübergang 2 G 325 ff.
- Transferkurzarbeitergeld 7 A 148, 152

Beschäftigungspflicht 2 A 741 ff.
- allgemeiner Beschäftigungsanspruch 2 A 741
- allgemeiner Weiterbeschäftigungsanspruch 5 A 178 f.
- einstweilige Verfügung auf tatsächliche Beschäftigung 5 I 84
- Entfallen bei Freistellung 2 A 749
- Freistellung 2 A 747 ff.
- Kurzarbeit 2 A 763 ff.
- Rahmen 2 A 742
- unberechtigte Freistellung 2 A 750 ff.
- Versetzung 2 A 767 ff.
- Zwangsvollstreckung des Beschäftigungsanspruchs 2 A 752; 5 I 48

Beschäftigungssicherung
- Vorschläge des Betriebsrats 4 A 681 f.

Beschäftigungsverbote 1 C 211, 217 f.
- Kündigungsgrund 3 G 19a
- Rechtsfolge bei Verstoß 1 C 218
- Schwangere 2 A 129; 6 C 28 ff.
- Sonn- und Feiertagsarbeit 6 A 83
- Tarifvertrag 4 C 134

Beschäftigungsverhältnis
- Begriff 7 A 7 ff.
- beitragsrechtlicher Begriff 7 A 9
- einvernehmliche unwiderrufliche Freistellung 7 A 9 f.
- leistungsrechtlicher Begriff 7 A 7
- unwiderrufliche Freistellung und versicherungspflichtiges ~ 2 A 762

Beschlussverfahren 5 H 1 ff.
- Allgemeinverbindlicherklärung, Wirksamkeit 4 C 249
- Anerkenntnis 5 H 176
- Anfechtung Betriebsratswahl 4 A 124 ff.
- Anfechtung Betriebsratswahl, Formulierungsbeispiel 5 H 17
- Anhörung der Beteiligten 5 H 149 ff.
- Anhörungsrüge 5 H 245a
- Ansprüche nach § 37 BetrVG 5 H 16
- Antrag 5 H 108 ff.
- Antrag nach § 78a Abs. 4 BetrVG 5 H 16
- Antragsänderung 5 H 155 ff.
- Antragsarten 5 H 120 ff.
- Antragsbefugnis 5 H 111 ff.
- Antragshäufung 5 H 127 f.
- Antragsinhalt 5 H 110
- Antragsrücknahme 5 H 166 ff.
- Anwendbarkeit der Vorschriften über das Urteilsverfahren und der ZPO 5 H 4
- Anwendungsfälle 5 H 5 ff.
- Aufhebung personeller Maßnahmen wegen Nichtbeachtung des Mitbestimmungsrechts 4 A 843 ff.
- Ausbleiben eines Beteiligten 5 H 153
- Auslegung des Antrags 5 H 133
- außergerichtliche Kosten 5 H 104, 192
- Beendigung des Verfahrens 5 H 165 ff.
- Beschluss 5 H 186 ff.
- Beschwerde gegen Beschlüsse und Verfügungen 5 H 160 ff.
- Beschwerde im Beschlussverfahren *siehe dort*
- besondere Interessenvertretungen für Auszubildende 5 H 30d
- Besonderheiten 5 H 4
- Bestellungsverfahren Einigungsstelle 4 A 997; 5 H 38 ff.

Stichwortverzeichnis

- Bestimmtheitsgrundsatz **5 H** 129 ff.
- Beteiligte *siehe dort*
- Beteiligtenfähigkeit *siehe dort*
- Betriebsänderung **4 A** 973
- betriebsverfassungsrechtliche Angelegenheiten **5 H** 8 ff., 14 ff.
- Beweiserhebung **5 H** 147 f.
- Einigungsstellenspruch **4 A** 1028 ff.
- Einigungsstellenspruch, Überprüfung **5 H** 47 ff.
- Einstweilige Verfügung im Beschlussverfahren *siehe dort*
- Entgeltersatzansprüche von Betriebsratsmitgliedern **5 H** 19
- Entscheidung über Verfahrensart **5 H** 6 f.
- Erledigungserklärung **5 H** 177 ff.
- Europäische Betriebsräte **5 H** 30c
- fehlerhafte Beteiligung **5 H** 95 ff.
- Feststellungsantrag **5 H** 123 ff.
- Fristen für Verfahrenseinleitung **5 H** 115 ff.
- Gegenstandswert im Beschlussverfahren *siehe dort*
- Gerichtsgebührenfreiheit **5 H** 191
- Gerichtsstand, Besonderheiten **5 B** 164 ff.
- Gestaltungsantrag **5 H** 126
- Geständnisse **5 H** 142
- Globalantrag **5 H** 132
- Güteverfahren **5 H** 149
- Individualansprüche aus dem BetrVG **5 H** 18 ff.
- nach InsO **5 H** 50 ff.
- Kirchen und kirchliche Einrichtungen **5 H** 11
- kollektivrechtliche Streitigkeiten **5 H** 5
- Kosten **5 H** 103 ff.; **5 J** 92 ff.
- über Kosten der Einigungsstelle **5 H** 46
- über Kosten des Betriebsrats **4 A** 230 f.; **5 H** 16
- Lage der Betriebs **5 H** 57 f.
- Leistungsantrag **5 H** 121 f.
- Mitwirkungspflicht **5 H** 141
- mündliche Verhandlung **5 H** 150 ff.
- namentliche Benennung von Gewerkschaftsmitgliedern **5 H** 131a
- offensichtliche Unzuständigkeit der Einigungsstelle **5 H** 41
- örtliche Zuständigkeit **5 H** 54 ff.
- Personalabbau durch Insolvenzverwalter **5 H** 53
- personalvertretungsrechtliche Streitigkeiten **5 H** 13
- Popularklage **5 H** 113
- Prozessfähigkeit im ~ **5 B** 26
- Prozessstandschaft **5 H** 114
- Rechtsanwaltsvergütung **5 J** 160
- Rechtsbeschwerde *siehe dort*
- Rechtskraft der Beschlüsse **5 H** 190a
- Rechtsnatur **5 H** 2 f.
- Rechtsschutzinteresse **5 H** 134 ff.
- Rechtsweg im Beschlussverfahren *siehe dort*
- sachdienliche Anträge **5 H** 130
- Sachmittel des Betriebsrats **4 A** 230 f.; **5 H** 16
- Schadensersatzansprüche **5 H** 20
- schriftliches Verfahren **5 H** 154
- Schwerbehindertenvertretung **5 H** 30b
- Sitz des Unternehmens **5 H** 59 ff.
- Sozialplan, Anfechtung **4 A** 959 ff.
- SprAuG, Angelegenheiten **5 H** 21 f.
- Sprecher bei Bundesfreiwilligendienst **5 H** 30e
- Stationierungsstreitkräfte **5 H** 10
- Streitigkeiten bei Arbeitnehmerbeteiligung in der Europäischen Genossenschaft **5 H** 30g
- Streitigkeiten bei Arbeitnehmerbeteiligung in Europäischer Gesellschaft **5 H** 30f
- Streitigkeiten im Zusammenhang mit Einigungsstelle **5 H** 36 ff.
- Streitigkeiten über Mitbestimmung bei grenzüberschreitender Verschmelzung **5 H** 30h
- Streitwert **5 H** 193 f.
- Tariffähigkeit **4 C** 95; **5 H** 31 ff.
- Tarifzuständigkeit **4 C** 95; **5 H** 35
- Tendenzbetrieb/Tendenzeigenschaft **4 A** 1107
- Unternehmensmitbestimmungsgesetze, Angelegenheiten **5 H** 23 ff.
- Untersuchungsgrundsatz **5 H** 139 ff.
- Urteilsverfahren, Abgrenzung **5 B** 1 f.; **5 H** 1, 18 ff.
- Vergleich **5 H** 172 ff.
- Vergütungsansprüche der Einigungsstellenmitglieder **4 A** 1048
- verspätetes Vorbringen **5 H** 143 ff.
- Vertretung **5 H** 99 ff.
- Verzicht **5 H** 171
- Vorabentscheidungsverfahren über Bestehen von Mitbestimmungsrechten **5 H** 44 f.
- vorläufige personelle Maßnahme **1 C** 24 ff.; **4 A** 839 ff.
- Werkstatträte **5 H** 30a
- Zustimmung zur Durchführung einer Betriebsänderung **5 H** 51 f.
- Zustimmungsersetzungsverfahren **5 H** 15
- Zutrittsrecht Gewerkschaftsvertreter **5 H** 16
- Zwangsvollstreckung **5 I** 57 ff.

Beschwerde im Beschlussverfahren 5 H 211 ff.
- gegen alle instanzbeendenden Beschlüsse **5 H** 216
- Anschlussbeschwerde **5 H** 229
- Antrag **5 H** 224
- Antragsänderung **5 H** 228

Stichwortverzeichnis

[Beschwerde im Beschlussverfahren]
- Antragsrücknahme 5 H 227
- Begründung 5 H 222 ff.
- Beschluss 5 H 241 ff.
- Beschwer 5 H 218
- Beschwerdebefugnis 5 H 217
- Beschwerdeschrift 5 H 220
- Devolutivwirkung 5 H 213
- Erledigung der Hauptsache 5 H 235
- Frist 5 H 221
- Rechtsbeschwerde *siehe dort*
- Rechtsmittelbelehrung 5 H 245
- Rücknahme 5 H 230 ff.
- Suspensivwirkung 5 H 212
- Vergleich 5 H 235
- Verkündung des Beschlusses 5 H 243
- verspätetes Vorbringen 5 H 225
- Vertretung 5 H 219
- Verweisung auf das Berufungsverfahren 5 H 214 f.
- Verwerfung als unzulässig 5 H 236 ff.
- Verzicht 5 H 233 f.
- vorläufige Vollstreckbarkeit 5 I 62

Beschwerderecht (AGG) 1 F 123 ff.
Beschwerderecht (BetrVG) 4 A 424 ff.
- beim Arbeitgeber 4 A 424 ff.
- beim Betriebsrat 4 A 430 ff.

Beschwerdewert 5 D 11 ff.
- Begriff 5 D 11 f.
- Bestandsschutzstreitigkeiten 5 D 18
- und Streitwert 5 D 11 f.
- Veränderung 5 D 14 ff.

Besitz
- Arbeitgeber 2 H 2
- Arbeitnehmer 2 H 3

Besonderes Verhandlungsgremium 4 A 44
Beteiligte 5 H 62 ff.
- Anhörung 5 H 149 ff.
- Antragsgegner 5 H 63
- Antragsteller 5 H 68 f.
- Arbeitgeber 5 H 72 f.
- Arbeitnehmer 5 H 74 ff., 87
- Beschäftigtengruppe 5 H 89
- beteiligte Stellen 5 H 77 ff.
- Betriebsrat 5 H 78 ff.
- Betriebsratsmitglied als Organmitglied 5 H 86
- Betriebsratsmitglieder 5 H 79
- Einigungsstelle 5 H 90
- fehlerhafte Beteiligung 5 H 95 ff.
- Fernbleiben von der Verhandlung 5 H 153
- Gewerkschaft 5 H 91 ff.
- Jugend- und Auszubildendenvertretung 5 H 82
- Konzernbetriebsrat 5 H 81
- Schwerbehindertenvertretung 5 H 83
- Sprecherausschuss 5 H 85
- übrige ~ 5 H 70 ff.
- zu Unrecht ~ 5 H 98
- Wahlbewerber 5 H 88
- Wahlvorstand 5 H 84

Beteiligtenfähigkeit 5 B 21 ff.; 5 H 65 f.
- Gewerkschaft 5 H 91 ff.
- nicht beteiligtenfähige Stellen 5 H 94
- Personen 5 B 22
- Stellen 5 B 22
- Stellen bei Streit über Allgemeinverbindlichkeit 5 B 28

Beteiligungsrechte bei Arbeitnehmerüberlassung 4 A 747, 779
- Eingruppierung 6 D 223
- vor dem Einsatz von Leiharbeitnehmern 6 D 205
- während des Einsatzes von Leiharbeitnehmern durch Entleiherbetriebsrat 6 D 221 f.
- während des Einsatzes von Leiharbeitnehmern durch Verleiherbetriebsrat 6 D 223
- illegale Arbeitnehmerüberlassung 6 D 225
- keine wirtschaftliche Angelegenheit 6 D 219
- kirchliche Einrichtung 6 D 220
- in sozialen Angelegenheiten 4 A 510
- Unterrichtungspflichten im Entleiherbetrieb 6 D 207
- Unterrichtungsumfang 4 A 510
- Widerspruch, bei Gleichbehandlungsverstoß 6 D 210
- Widerspruch, weil „auf Dauer" 6 D 208 f.
- Widerspruch, weil keine innerbetriebliche Stellenausschreibung 6 D 211 f.
- Widerspruch, weil keine Prüfung der Einstellung Schwerbehinderter 6 D 214
- zeitlich befristete Zustimmung 6 D 216
- Zustimmungsersetzungsverfahren 6 D 218

Beteiligungsrechte bei betrieblicher Altersversorgung 2 E 230 ff.; 4 A 653
- Änderungen von Versorgungswerken 2 E 618 f.
- Betriebsvereinbarung 2 E 151 ff.
- Entgeltumwandlung 2 E 246 ff.
- Gesamtbetriebsrat 2 E 233
- Grundentscheidung, mitbestimmungsfreie 2 E 232
- Nichtbeachtung 2 E 249
- Sozialeinrichtungen 2 E 238 ff.
- Teilmitbestimmung 2 E 234
- unmittelbare Zusagen 2 E 235 ff.

Beteiligungsrechte bei betrieblicher Lohngestaltung 4 A 645 ff.
- Anrechnung übertariflicher Zulagen 2 A 394; 4 A 655 ff., 1010
- betriebliche Altersversorgung als Lohn 4 A 653
- Einigungsstelle, Zuständigkeit 4 A 1008 ff.

Stichwortverzeichnis

- einseitig angeordnete Maßnahmen **4 A** 649
- Entlohnungsgrundsätze **4 A** 660 f.
- Entlohnungsmethoden **4 A** 662
- freiwillige Leistungen **4 A** 654
- Initiativrecht **4 A** 648
- Lohn, Begriff **4 A** 650 ff.
- Lohnhöhe **4 A** 647
- Spesen **2 A** 857; **4 A** 653
- Tendenzträger **4 A** 1092
- durch Verleiherbetriebsrat **6 D** 223
- Zulagen und Zuschläge **2 A** 394 f.

Beteiligungsrechte bei Betriebsänderungen 4 A 856 ff.
- Betriebsänderung **4 A** 872 ff.
- Betriebsspaltung **2 G** 311 ff.
- Betriebsstilllegung **4 A** 873 ff.
- Betriebsübergang **2 G** 311 ff.
- Betriebsverlegung **4 A** 874
- Einschränkung des Betriebes **4 A** 879
- erheblicher Teil der Belegschaft **4 A** 870
- Existenz eines Betriebsrats **4 A** 861 f.
- grundlegende Änderungen der Betriebsorganisation usw. **4 A** 894 ff.
- Interessenausgleich *siehe dort*
- konzernangehörige kleinere Unternehmen **4 A** 859
- Nachteilsausgleich *siehe dort*
- neue Arbeitsmethoden und Fertigungsverfahren **4 A** 898
- Personalreduzierung **4 A** 880 ff.
- Restmandat **4 A** 95, 862
- Sozialplan *siehe dort*
- Spaltung von Betrieben **4 A** 893
- Sprecherausschuss **4 A** 1160 f.
- Stilllegung eines wesentlichen Betriebsteils **4 A** 877
- Tarifsozialpläne **4 A** 857
- Übergangsmandat **4 A** 93 f., 862
- Unternehmen **4 A** 858
- Unternehmensgröße als Anknüpfungspunkt **4 A** 858 ff.
- Unterstützung durch Berater **4 A** 903 ff.
- Vergütung des Beraters **4 A** 908
- Verlegung des Betriebes/eines wesentlichen Betriebsteils **4 A** 890 f.
- wesentlicher Nachteil **4 A** 865 ff.
- Zusammenschluss von Betrieben **4 A** 892
- Zuständigkeit des Betriebsrats **4 A** 863 f.
- Zuständigkeit des Gesamtbetriebsrats **4 A** 863 f.

Beteiligungsrechte bei der Arbeitszeit 2 A 111; **4 A** 581 ff.; **6 A** 31
- Ausgleich für Nachtarbeitnehmer **6 A** 66
- Auskunftsansprüche **6 A** 114a
- Beginn der Arbeitszeit **4 A** 582 f.
- Bereitschaftsdienst/Arbeitsbereitschaft **6 A** 23a
- Dauer der Arbeitszeit **4 A** 582 f.
- Elternzeit und Teilzeitarbeit **2 D** 20
- Ende der Arbeitszeit **4 A** 582 f.
- Kurzarbeit **4 A** 600 ff.
- Kurzarbeit im Arbeitskampf **4 A** 606
- Mehrarbeit **4 A** 596
- Pausen **4 A** 585; **6 A** 44
- Sonn- und Feiertagsarbeit **6 A** 106
- Teilzeitverlangen des Arbeitnehmers **3 B** 72 ff.
- Tendenzträger **4 A** 1090 f.
- Überstunden im Arbeitskampf **4 A** 606
- Überstundenanordnung **4 A** 594 ff.
- Verteilung auf einzelne Wochentage **4 A** 586 f.
- vorübergehende Verkürzung oder Verlängerung **4 A** 588 ff.

Beteiligungsrechte bei Gestaltung von Arbeitsplatz und -umgebung 4 A 488 ff.
- Arbeitsplatz, Ausgestaltung **4 A** 494
- Arbeitsschutz **6 B** 36
- Arbeitsverfahren, -abläufe **4 A** 493
- Baumaßnahmen **4 A** 490
- besondere Belastung **4 A** 501 ff.
- Inhalt der Unterrichtung **4 A** 495 ff.
- Maßnahmen gegen besondere Belastungen **4 A** 505 ff.
- nicht rechtzeitige Unterrichtung **4 A** 499 f.
- technische Anlagen **4 A** 491 f.
- Zeitpunkt der Unterrichtung **4 A** 495 ff.

Beteiligungsrechte bei personellen Einzelmaßnahmen 4 A 739 ff.
- Anhörung des Betriebsrats bei Kündigung *siehe dort*
- Arbeitsort, Änderung **4 A** 755 f.
- Arbeitszeit, Änderung der Lage **4 A** 760
- Assessment-Center **4 A** 752
- Aufgabenentzug **4 A** 758
- Aufhebung personeller Maßnahmen wegen Nichtbeachtung der ~ **4 A** 843 ff.
- Ausbildung **4 A** 751
- Auswahlrichtlinie, Verstoß **4 A** 809 ff.
- befristete Arbeitsverträge **1 E** 159 ff.
- befristete Aufstockung der Arbeitszeit **1 E** 159
- behördliche Anordnungen, Verstoß **4 A** 808
- Benachteiligung anderer Arbeitnehmer **4 A** 812 ff.
- Benachteiligung des betroffenen Arbeitnehmers **4 A** 816 f.
- Betrieb bis 500 Arbeitnehmer **4 A** 708
- Bewerbungsunterlagen **4 A** 774 f.
- ehrenamtliche Rettungssanitäter **4 A** 749
- Eingruppierung **2 A** 358 ff.; **4 A** 762 ff.
- Eingruppierung ohne Zustimmung **2 A** 364 f.
- Eingruppierung, Musterschreiben **4 A** 852
- Einstellung **4 A** 744 ff.
- Einstellung, Checkliste **4 A** 851

[Beteiligungsrechte bei personellen Einzelmaßnahmen]
- Einstellung eines Externen trotz unterlassener Stellenausschreibung 4 A 689
- Einstellung mit befristetem Arbeitsvertrag 4 A 745
- Einstellung, Musterschreiben 4 A 854
- Einstellungsmöglichkeit für schwerbehinderte Menschen 4 A 794
- einstweilige Unterlassungsverfügung des Betriebsrats 5 H 200a
- Form der Unterrichtung 4 A 773
- freie Mitarbeiter, Beschäftigung 4 A 748
- Freistellung während Kündigungsfrist 4 A 759
- Fremdarbeitnehmer aufgrund Dienst-/Werkvertrags ihres Vertragsarbeitgebers 4 A 750; 6 D 206
- Gegenstandswert im Beschlussverfahren 5 J 113 ff.
- Geheimhaltungspflicht 4 A 743
- Inhalt der Zustimmungsverweigerung 4 A 789 f.
- korrigierende Rück- oder Höhergruppierung 2 A 361
- Leiharbeitnehmer, Beschäftigung 4 A 747, 779
- Missachtung diskriminierungsfreier externer Ausschreibung nach AGG 1 C 21
- Personalberater, Bewerberauswahl 4 A 775
- Rechtsfolge der wirksamen Zustimmungsverweigerung 4 A 825 ff.
- Schwellenwert 4 A 742
- Störung des Betriebsfriedens 4 A 822 ff.
- Tarifvertrag, Verstoß 4 A 799 ff.
- Tendenzträger 4 A 1081, 1093 ff.
- Übergehen eines befristet Beschäftigten bei unbefristeter Neueinstellung 1 E 163
- übertarifliche Angestellte 2 A 367
- übertarifliche Angestellte, Eingruppierung 4 A 765
- Umfang der Unterrichtung 4 A 774 ff.
- Umgruppierung 3 A 116 ff., 123; 4 A 766 ff.
- Umgruppierung ohne Zustimmung 2 A 364 ff.
- Umsetzung 2 A 69
- Umsetzung eines Nachtarbeitnehmers auf Tagarbeitsplatz 6 A 65
- Unfallverhütungsvorschrift, Verstoß 4 A 798
- unterbliebene Ausschreibung als Teilzeitarbeitsplatz 1 C 23
- unterbliebene geschlechtsneutrale Stellenausschreibung 1 C 22
- unterbliebene innerbetriebliche Stellenausschreibung 1 C 18 ff.; 4 A 818 ff.
- Unterrichtungsumfang bei Kündigung *siehe dort*
- Verletzung der Informationspflicht 4 A 780
- Versetzung 2 A 69; 3 A 116 ff.; 4 A 266, 754 ff.
- Versetzung in anderen Betrieb des Unternehmens 4 A 761
- Versetzung, Musterschreiben 4 A 853
- Verstoß gegen Auswahlrichtlinie 4 A 707
- Verstoß gegen Betriebsvereinbarung 4 A 806
- Verstoß gegen gerichtliche Entscheidung 4 A 807
- Verstoß gegen Gesetz und Verordnung 4 A 792 ff.
- Vorlage von Unterlagen 4 A 777
- Vorläufige personelle Maßnahme *siehe dort*
- Vorstellungsgespräche 4 A 778
- Widerspruch wegen Nichtausschreibung als Teilzeitstelle 3 B 15
- Widerspruchsgründe 4 A 791 ff.
- Wochenfrist bei Zustimmungsverweigerung 4 A 787
- Zeitpunkt der Unterrichtung 4 A 771 f.
- Zustimmungsersetzungsverfahren 4 A 828 ff.
- Zustimmungserteilung 4 A 783
- Zustimmungsfiktion 4 A 781 f.
- Zustimmungsverweigerung 4 A 784 ff.
- Zustimmungsverweigerung bei Versetzung 3 A 121

Beteiligungsrechte beim Urlaub 2 C 190 ff.
- allgemeine Urlaubsgrundsätze 2 C 192 ff.; 4 A 611 ff.
- Betriebsferien 4 A 612
- Grenzen 2 C 201 ff.
- Urlaubsfestsetzung für einzelne Arbeitnehmer 2 C 199 f.
- Urlaubsgeld 2 C 202
- Urlaubsliste 2 C 198; 4 A 614
- Urlaubsplan 2 C 195 ff.; 4 A 614
- zeitliche Lage bei einzelnem Arbeitnehmer 4 A 615

Beteiligungsrechte des Betriebsrats
- allgemeine Aufgaben 4 A 438 ff.
- Beschäftigungsförderung/-sicherung 4 A 454
- Beteiligungsrechte bei Arbeitnehmerüberlassung *siehe dort*
- Beteiligungsrechte bei der Arbeitszeit *siehe dort*
- Beteiligungsrechte bei betrieblicher Altersversorgung *siehe dort*
- Beteiligungsrechte bei betrieblicher Lohngestaltung *siehe dort*
- Beteiligungsrechte bei Betriebsänderungen *siehe dort*
- Beteiligungsrechte bei Gestaltung von Arbeitsplatz und -umgebung *siehe dort*

- Beteiligungsrechte bei personellen Einzelmaßnahmen *siehe dort*
- Beteiligungsrechte beim Urlaub *siehe dort*
- Beteiligungsrechte im Bereich der Berufsbildung *siehe dort*
- Beteiligungsrechte in personellen Angelegenheiten *siehe dort*
- Beteiligungsrechte in sozialen Angelegenheiten *siehe dort*
- Beweismittel, mitbestimmungswidrig erlangte 5 C 49
- Datenschutz 6 F 173 ff.
- Datenschutzkontrolle 6 F 174 f.
- Durchsetzung der Gleichberechtigung 4 A 448 f.
- Eingliederung ausländischer Arbeitnehmer 4 A 453
- Entgegennahme von Anregungen 4 A 450
- Förderung der Eingliederung Schwerbehinderter 6 C 70
- Förderung der Vereinbarkeit von Familie und Erwerbstätigkeit 4 A 449
- Förderung des betrieblichen Umweltschutzes 4 A 455
- Förderung schwerbehinderter Menschen und älterer Arbeitnehmer 4 A 451
- Förderung von Arbeitsschutz 4 A 455
- Geheimhaltungspflichten des Betriebsrats *siehe dort*
- Hinzuziehung von Sachverständigen 4 A 473 ff.
- Initiativrecht des Betriebsrats *siehe dort*
- Kündigung *siehe* Anhörung des Betriebsrats bei Kündigung
- tarifvertragliche Regelungen 4 C 122, 144
- Tendenzbetrieb 4 A 1088 ff.
- Überwachungsrechte des Betriebsrats *siehe dort*
- Unterrichtungsanspruch des Betriebsrats *siehe dort*
- Vertragsstrafe bei Verletzung der ~ 2 J 47
- Zusammenarbeit mit der Jugend- und Auszubildendenvertretung 4 A 452

Beteiligungsrechte des Sprecherausschusses 4 A 1133 ff.
- allgemeine Aufgaben 4 A 1134 ff.
- Beurteilungsgrundsätze 4 A 1145 ff.
- Einstellung 4 A 1148 ff.
- Gehaltsgestaltung 4 A 1142 ff.
- Kündigung 4 A 1151 f.
- personelle Maßnahmen 4 A 1148 ff.
- personelle Veränderung 4 A 1149
- Richtlinien 4 A 1138 ff.
- Verletzung der Beteiligungsrechte 4 A 1163
- wirtschaftliche Angelegenheiten 4 A 1156 ff.

Beteiligungsrechte im Bereich der Berufsbildung 2 C 203; 4 A 712 ff.
- Abberufungsrecht hinsichtlich Ausbilder 4 A 730 ff.
- besonderes Beratungsrecht 4 A 719 ff.
- betriebliche Berufsbildungsmaßnahmen 4 A 721
- Durchführung betrieblicher Bildungsmaßnahmen 4 A 725 ff.
- Förderung der Berufsbildung 4 A 713 ff.
- Qualifizierungsmaßnahmen 4 A 724
- sonstige Bildungsmaßnahmen 4 A 737 f.
- Teilnehmerauswahl 4 A 734 ff.
- Ungeeignetheit eines Ausbilders 4 A 731 f.
- Widerspruchsrecht gegen Ausbilder 4 A 730 ff.

Beteiligungsrechte in personellen Angelegenheiten 4 A 672 ff.
- Änderungskündigung 3 A 115 ff.
- Anhörung des Betriebsrats bei Kündigung *siehe dort*
- Arbeitnehmerüberlassung *siehe* Beteiligungsrechte bei Arbeitnehmerüberlassung
- Assessment-Center 4 A 701
- Ausschreibung von Arbeitsplätzen 4 A 683 ff.
- Auswahlrichtlinien 3 E 293; 4 A 704 ff.
- Auswahlrichtlinien, Rechtsstreitigkeiten 4 A 711
- Berufsbildung *siehe* Beteiligungsrechte im Bereich der Berufsbildung
- Beschäftigungsbedingungen keine Personalplanung 4 A 675
- Beschäftigungssicherung 4 A 681 f.
- Beteiligungsrechte bei personellen Einzelmaßnahmen *siehe dort*
- Beurteilungsgrundsätze, Aufstellung 4 A 700 ff.
- Einwilligungsklausel Datennutzung 6 F 51
- Formularverträge 4 A 699
- Information über befristete Arbeitsverhältnisse 1 E 162
- innerbetriebliche Stellenausschreibung 1 C 14 ff.
- Massenentlassungen 3 J 156 ff.; 4 A 887 f.
- Mitwirkungs- und Initiativrecht bei Personalplanung 4 A 679
- Nichtbeteiligung bei Änderungskündigung 3 A 124
- Personalfragebogen 1 C 125; 4 A 691 ff.; 6 F 179 ff.
- Personalplanung 1 C 28; 4 A 672 ff.
- personelle Einzelmaßnahmen *siehe* Beteiligungsrechte bei personellen Einzelmaßnahmen
- Stellenausschreibung 4 A 683 ff.
- tarifvertragliche Regelungen 4 C 144

[Beteiligungsrechte in personellen Angelegenheiten]
– Unterrichtung und Beratung bei Personalplanung **4 A** 676 ff.

Beteiligungsrechte in sozialen Angelegenheiten 4 A 508 ff.
– Akkordsätze **4 A** 663 f.
– Änderungskündigung **3 A** 125
– Arbeitnehmerdaten **4 A** 628
– Arbeitsverhalten **4 A** 572, 575
– Arbeitszeit *siehe* Beteiligungsrechte bei der Arbeitszeit
– Auszahlung des Arbeitsentgelts, Zeit, Ort, Art **4 A** 607 ff.
– betriebliche Altersversorgung *siehe* Beteiligungsrechte bei betrieblicher Altersversorgung
– betriebliche Lohngestaltung *siehe* Beteiligungsrechte bei betrieblicher Lohngestaltung
– betriebliches Eingliederungsmanagement **4 A** 632
– Betriebsbußordnung **4 A** 577
– Bildschirm-Arbeitsplätze **4 A** 632
– Direktionsrecht **3 A** 23 ff.
– Dotierungsrahmen **4 A** 525
– einstweiliger Rechtsschutz des Betriebsrats **4 A** 570
– Erweiterungsfähigkeit des Katalogs des § 87 Abs. 1 BetrVG **4 A** 508
– erzwingbare Mitbestimmung **4 A** 509
– Ethikrichtlinien **2 A** 188; **4 A** 579
– freiwillige Mitbestimmung **4 A** 524 ff.
– Gegenstandswert im Beschlussverfahren **5 J** 116
– Gesetzesvorrang **4 A** 513 f.
– Gesundheitsschutz **4 A** 629 ff.
– grobe Pflichtverletzung **4 A** 562
– Gruppenarbeit **4 A** 668 ff.
– Initiativrecht **4 A** 527
– Initiativrecht zur Einführung technischer Kontrolleinrichtungen **4 A** 626
– Kollektivmaßnahme **4 A** 511 f.
– Krankengespräche **4 A** 578
– Kundenbetriebe **4 A** 573
– Leiharbeitnehmer **4 A** 510
– leistungsbezogene Entgelte **4 A** 663 f.
– mitbestimmungswidrige Anordnungen gegenüber einzelnen Arbeitnehmern **4 A** 557 ff.
– Ordnung des Betriebes **4 A** 571 ff.
– Ordnung des Betriebes in Tendenzbetrieben **4 A** 580
– Ordnungsverhalten **4 A** 572 ff.
– Ordnungsverhalten und Datenschutz **6 F** 178
– persönlicher Geltungsbereich **4 A** 510
– positives Konsensprinzip **4 A** 509
– Prämiensätze **4 A** 663 f.
– Regelungssperre des § 77 Abs. 3 BetrVG **4 A** 518 ff.
– Social Media-Nutzung **6 F** 153 f.
– Sozialeinrichtungen **4 A** 634 ff.
– Spesenregelungen **2 A** 857
– Streitigkeiten **4 A** 671
– Tarifvorbehalt **4 A** 513, 515 ff.
– technische Einrichtungen, Begriff **4 A** 619 f.
– Telefondatenerfassung **2 A** 198
– Tendenzbetrieb **4 A** 1089 ff.
– Überwachung der Arbeitnehmer **4 A** 622 f.
– Überwachung durch technische Einrichtungen **4 A** 617 ff.
– Überwachung durch technische Einrichtungen und Datenschutz **6 F** 176 f.
– Überwachungsmaßnahmen **2 A** 201
– Unfallverhütung **4 A** 629 f.
– Unterlassungsanspruch, allgemeiner **4 A** 566 ff.
– Unterlassungsanspruch, betriebsverfassungsrechtlicher **4 A** 562 ff.
– Urlaub *siehe* Beteiligungsrechte beim Urlaub
– Vergaberichtlinien für Arbeitgeberdarlehen **2 A** 516
– Verwertung mitbestimmungswidrig erlangter Daten **6 F** 211
– Vorschlagswesen **4 A** 665 ff.
– Werkswohnungen **4 A** 641 ff.
– Whistleblowing **6 F** 76

Beteiligungsrechte in wirtschaftlichen Angelegenheiten
– *siehe* Beteiligungsrechte bei Betriebsänderungen

BetrAVG
– am Unternehmen beteiligte Personen **2 E** 585 ff.
– am Unternehmen nicht beteiligte Personen **2 E** 584
– Arbeitnehmer **2 E** 580 f.
– arbeitnehmerähnliche Personen **2 E** 582 ff.
– Gesellschafter juristischer Personen **2 E** 589
– GmbH & Co KG **2 E** 592 f.
– Kommanditisten **2 E** 591
– Nichtanwendbarkeit, Auswirkungen **2 E** 595 ff.
– Organmitglieder juristischer Personen **2 E** 586 ff.
– persönlich haftende Gesellschafter **2 E** 590
– persönlicher Geltungsbereich **2 E** 578 ff.
– zeitweilige Nichtanwendbarkeit **2 E** 596

Betreuungsgeld 2 D 37 ff.
– Antragstellung **2 D** 42
– Rechtsweg **2 D** 44
– Verfahren **2 D** 41 ff.

- Zuständigkeiten 2 D 43
Betrieb
- Betriebsbegriff *siehe dort*
- Betriebsteil *siehe dort*
- Betriebsverlegung *siehe dort*
- Gemeinschaftsbetrieb *siehe dort*
- Kleinstbetriebe 4 A 28
- Leiharbeitnehmer, Zuordnung 6 D 199 ff.
- Streit, ob betriebsratsfähige Organisationseinheit 4 A 117

Betriebliche Altersversorgung 2 E 1 ff.
- Abfindung von Versorgungsanwartschaften *siehe dort*
- Altersdiskriminierung 2 E 221 ff.
- Altersgrenze 2 E 54 f.
- Altersgrenzen und AGG 1 F 107
- Altersrente 2 E 53 ff.
- andere Sozialleistungen, Abgrenzung 2 E 33 ff.
- Anpassung der Betriebsrente *siehe dort*
- Anrechnung anderweitiger Versorgungsbezüge 2 E 417, 422 ff.
- Anrechnung von Beschäftigungszeiten bei Betriebsübergang 2 G 163
- Anrechnung von Nachdienstzeiten 2 E 477
- Anrechnung von Vordienstzeiten 2 E 318, 328 ff., 359, 475 f.
- Anwartschaftsauskunft *siehe dort*
- Arbeiter/Angestellte, Gleichbehandlung 2 E 215 ff.
- Arbeitgeberbegriff 2 E 485
- Aufbau des BetrAVG 2 E 12
- und Aufhebungsvertrag 3 C 45
- Aufrechnung 2 E 295
- Aufrechterhaltung des Lebensstandards 2 E 34 f.
- Ausgleichsklausel 2 E 273
- Auslösung durch biologisches Ereignis 2 E 18
- Ausschlussfristen 2 E 299
- Außen-/Innendienstmitarbeiter, Gleichbehandlung 2 E 220
- Auszehrungsverbot 2 E 417 ff.
- befristetes Arbeitsverhältnis 2 E 187 f.
- Begriff 2 E 16 ff.
- Begriffserweiterung 2 E 22
- BetrAVG *siehe dort*
- Betriebsaufspaltung 2 E 293
- Betriebstreue 2 E 185
- Betriebsübergang 2 E 285 ff.; 2 G 269 ff.
- Betriebsübergang und Ruhestandsverhältnisse 2 G 120
- Betriebsvereinbarung als Rechtsgrundlage 2 E 147, 151 ff., 622 ff.
- Betriebsvereinbarung, Kündigung 4 A 540
- Deckungsmittel 2 E 6
- Direktversicherung *siehe dort*
- Direktzusage *siehe dort*
- Durchführungswege 2 E 87 ff.
- Eigenbeiträge 2 E 303
- Eigenbeitragszusage 2 E 30 ff.
- eingetragene Lebenspartnerschaft 2 E 67
- Einhaltung des Durchführungswegs 2 E 89
- Einzelzusage, Inhaltskontrolle 2 E 257 ff.
- Entgeltumwandlung *siehe dort*
- Fremdfinanzierung als Differenzierungsgrund 2 E 183
- geringfügig Beschäftigte 2 E 209 ff.
- geschlechtsbezogene Diskriminierung 2 E 190 ff., 369 ff.
- und gesetzliche Rentenversicherung 7 C 15
- Gestaltungsfreiheit 2 E 11
- Gleichbehandlung von Arbeitern und Angestellten 2 E 215 ff.
- Gleichbehandlung von Außen- und Innendienstmitarbeitern 2 E 220
- Höchstaltersgrenzen 2 E 185 f.
- Höhe *siehe* Versorgungssysteme
- Informationen und Auskünfte bei Beendigung des Arbeitsverhältnisses 2 E 268, 271 f.
- Informationen und Auskünfte während des Arbeitsverhältnisses 2 E 268 ff.
- Informationspflichten des Arbeitgebers 2 A 802
- Inhaltskontrolle bei Regelung durch Betriebsvereinbarung 2 E 253 ff.
- Inhaltskontrolle bei tarifvertraglicher Versorgung 2 E 251 f.
- Insolvenzsicherung *siehe dort*
- Invalidenrente 2 E 56 ff.
- Jeweiligkeitsklausel 2 E 639
- Konkurrenz zwischen alter und neuer betrieblicher Altersversorgung 2 G 278 ff.
- Leistungsarten 2 E 52 ff.
- Mitbestimmung *siehe* Beteiligungsrechte bei betrieblicher Altersversorgung
- nichtehelicher Partner, Versorgung 2 E 66 f.
- Notfall-Unterstützungsleistungen 2 E 42
- Pensionsfonds *siehe dort*
- Pensionskassen *siehe dort*
- Pensions-Sicherungs-Verein *siehe dort*
- Pfändbarkeit des Ruhegeldes 2 A 694
- Portabilität *siehe dort*
- Rechtsbegründungsakte 2 E 146 ff.
- Regelung mit Sprecherausschuss als Rechtsgrundlage 2 E 156
- rückwirkende Einbeziehung von Teilzeitbeschäftigten 2 E 198 ff.
- Saisonarbeitskräfte 2 E 207
- soziale Gründe für Ungleichbehandlung 2 E 182
- steuerrechtliche Vorteile 2 E 9
- Stichtagsregelung 2 E 184
- Streitwert bei laufenden Ruhegeldansprüchen 5 J 67

[Betriebliche Altersversorgung]
- tarifliche Rechtsgrundlage **2 E** 147 ff.
- Tarifvertrag als Rechtsgrundlage **2 E** 626
- Teilzeitbeschäftigte **2 E** 195 ff.
- Umwandlung in Rentnergesellschaft **2 E** 294
- Umwandlung von Unternehmen **2 E** 292 ff.
- unterschiedliche Qualifikation **2 E** 181
- Unterstützungskassen *siehe dort*
- unzulässige Ungleichbehandlung **2 E** 189 ff.
- Verfall von Versorgungsansprüchen **2 E** 296
- Verjährung **2 A** 593; **2 E** 298
- Verschaffungsanspruch **2 E** 21, 88
- verschlechternde Betriebsvereinbarung **2 E** 625
- Versorgungs- und Engeltcharakter **2 E** 10
- Versorgungsanwartschaft, Abfindung *siehe* Abfindung von Versorgungsanwartschaften
- Versorgungsanwartschaft, Berechnung *siehe dort*
- Versorgungsanwartschaft, Unverfallbarkeit *siehe dort*
- Versorgungsniveau **2 E** 7
- Versorgungssysteme *siehe dort*
- Versorgungszusage *siehe dort*
- Vertragsfreiheit **2 E** 13 f.
- Verwirkung **2 E** 297
- Vorgezogene Betriebsrente *siehe dort*
- Waisenrente **2 E** 68
- Weihnachtsgeld **2 E** 38
- Witwenrente **2 E** 61 ff.
- Witwerversorgung **2 E** 64 f.
- zeitweilig ruhendes Arbeitsverhältnis **2 E** 212 f.
- zulässige Differenzierungen **2 E** 180 ff.
- Zusatzversorgung *siehe dort*
- Zweck **2 E** 4 f.
- Zweitarbeitsverhältnis **2 E** 208

Betriebliche Übung 2 A 881 ff.
- Abänderung durch Betriebsvereinbarung **2 A** 903
- Abänderung durch gegenläufige ~ **2 A** 901
- Abgrenzung **2 A** 885 f.
- Anfechtbarkeit **2 A** 902
- Anwendung tariflicher Normen **4 C** 215, 266
- Beendigung **2 A** 900 ff.
- Betriebsübergang **2 A** 896; **2 G** 159 ff.
- Betriebsübergang und ~ hinsichtlich Gewährung von Tarifbedingungen **2 G** 247
- dogmatische Herleitung **2 A** 882 f.
- Formulierungsbeispiele **2 A** 893
- Freiwilligkeitsvorbehalt **2 A** 892 f.
- gegenläufige ~ durch nachträglichen Freiwilligkeitsvorbehalt **1 D** 99a
- Gegenstand **2 A** 884
- Gesamtzusage, Abgrenzung **2 A** 886
- Gewährung tariflicher Leistungen **2 A** 898
- Kollektivtatbestand **2 A** 890
- zu Lasten von Arbeitnehmern **2 A** 897
- Mitbestimmung bei Abweichungen **4 A** 590
- neu eintretende Arbeitnehmer **2 A** 895
- noch nicht bedachte Arbeitnehmer **2 A** 890
- Normvollzug **2 A** 889
- im öffentlichen Dienst **2 A** 899
- Schriftformklausel, einfache/doppelte **2 A** 891
- Verbindlichkeit **2 A** 888
- Versorgungszusage **2 E** 167 ff.
- Vertragstheorie **2 A** 882
- Vertrauenstheorie **2 A** 883
- Voraussetzungen **2 A** 887 ff.
- Widerrufsvorbehalt **2 A** 894

Betriebliches Eingliederungsmanagement **3 E** 83, 83b ff.; **3 G** 33a f; **6 C** 57
- Belehrung **3 E** 83e
- Datenschutz **6 F** 77 ff.
- Datenschutz und Betriebsrat **6 F** 184
- Mindestanforderungen **3 E** 83d
- Mitbestimmung **4 A** 632
- ordnungsgemäße Durchführung **3 G** 33b
- positives Ergebnis **3 E** 83c
- Schutzgesetz **3 E** 83f
- Unterlassung **3 G** 33a
- Unterrichtung des Betriebsrats bei Kündigung über durchgeführtes ~ **3 J** 55a
- Zustimmung **3 E** 83e

Betriebsänderung
- Aufhebungsvertrag **3 C** 86 f.
- Beschleunigung im Insolvenzfall **4 A** 921 f.; **5 H** 51 f.
- Beschlussverfahren bei Streitigkeiten **4 A** 973
- Beteiligungsrechte bei Betriebsänderungen *siehe dort*
- Betriebsstilllegung **4 A** 873 ff.
- und Betriebsübergang **4 A** 900 f.
- Einschränkung des Betriebes **4 A** 879
- grundlegende Änderungen der Betriebsorganisation usw. **4 A** 894 ff.
- Interessenausgleich *siehe dort*
- Nachteilsausgleich *siehe dort*
- Namensliste *siehe dort*
- neue Arbeitsmethoden und Fertigungsverfahren **4 A** 898
- Personalreduzierung **4 A** 880 ff., 964 ff.
- Sozialplan *siehe dort*
- sozialplanfreie **4 A** 964 ff.
- Spaltung von Betrieben **4 A** 893
- Tarifsozialpläne **4 A** 857
- Tendenzbetrieb **4 A** 1085 ff.
- Transferkurzarbeitergeld **7 A** 151

– Unterlassung – bis Versuch Interessenausgleich **4 A** 975; **5 H** 201 ff.
– Verlegung des Betriebes/eines wesentlichen Betriebsteils **4 A** 890 f.
– Zusammenschluss von Betrieben **4 A** 892
– Zustimmung des Arbeitsgerichts zur Durchführung **5 H** 51 f.

Betriebsärzte 6 B 25 ff.
– Aufgaben **6 B** 28 f.
– Bestellung **6 B** 27
– Sonderkündigungsschutz **3 H** 110c
– Weisungsfreiheit **6 B** 31

Betriebsausschuss 4 A 133 ff.
– Einsichtsrecht in Bruttoentgeltlisten **4 A** 471
– weitere Ausschüsse **4 A** 136 f.

Betriebsbeauftragte
– Sonderkündigungsschutz **3 H** 102 ff.

Betriebsbedingte Kündigung 3 E 192 ff.
– *siehe auch* Namensliste
– abgeworbener Arbeitnehmer **1 C** 59
– Abteilungsschließung **3 E** 197
– Altersteilzeit **3 E** 198; **7 B** 52 f.
– Änderungskündigung **3 A** 102 ff.; **3 E** 337a ff.
– Anforderungsprofil des freien Arbeitsplatzes **3 E** 250
– Anforderungsprofil, geändertes **3 E** 199
– Anhörung des Betriebsrats **3 J** 42 ff.
– Arbeitsabläufe, Umgestaltung **3 E** 225
– Auftragsmangel **3 E** 232 f.
– außerbetriebliche Gründe **3 E** 232 f.
– außerordentliche **3 E** 234
– Austauschkündigung **3 E** 200
– beabsichtigte Betriebsstilllegung und Betriebsübergang **2 G** 340 f.
– Bedarfsschlüssel im öffentlichen Dienst **3 E** 201 f.
– Belegschaftsstärke **3 E** 203
– Betriebsstilllegung **3 E** 204 ff., 207 f.; **3 G** 21
– Betriebsübergang und Erwerberkonzept **3 E** 210
– Betriebsveräußerung **3 G** 22
– Betriebsverlagerung **3 E** 206
– Bewerberüberhang bei mehreren freien Arbeitsplätzen **3 E** 245
– Darlegungs- und Beweislast hinsichtlich freier Arbeitsplätze **3 E** 320
– Darlegungs- und Beweislast hinsichtlich Wegfall des Arbeitsplatzes **3 E** 315 ff.
– dringende betriebliche Erfordernisse **3 E** 195 ff.
– Drittmittelfinanzierung **3 E** 209
– Fehlen eines geringerwertigen, freien Arbeitsplatzes **3 E** 246 ff.
– Fehlen eines gleichwertigen, freien Arbeitsplatzes **3 E** 235 ff.
– freier Arbeitsplatz **3 E** 241 ff.
– gleichwertiger Arbeitsplatz **3 E** 239 f.
– Handelsvertreter, Umstellung auf **3 E** 226
– Hierarchieebene, Wegfall **3 E** 227 f.
– Insolvenz **3 G** 31; **3 I** 34 ff.
– Interessenausgleich **3 E** 294 ff.
– internationales Arbeitsrecht **1 G** 32 ff.
– internes Qualifizierungs- und Vermittlungszentrum als „freier" Arbeitsplatz **3 E** 244a
– kw-Vermerk **3 E** 202
– Leiharbeitnehmer **6 D** 140 ff.
– Leiharbeitnehmer-Arbeitsplatz als „freier" Arbeitsplatz **3 E** 243a
– Organisationsentscheidung **3 E** 216
– Outsourcing **3 E** 217
– Personalreduzierung **3 E** 212 ff.
– Prüfungsaufbau **3 E** 193 f.
– Rationalisierung **3 E** 217
– Reaktionsmöglichkeiten auf angebotenen Arbeitsplatzes **3 E** 255
– rechtsmissbräuchliche **3 E** 218
– Reorganisation **3 E** 219 ff.
– Sozialauswahl *siehe dort*
– Stellenumwandlung im öffentlichen Dienst **3 E** 222 ff.
– Substituierung durch Leiharbeitnehmer **3 E** 211 f.
– Unkündbarkeit **3 F** 58 ff.
– Unternehmerentscheidung **3 E** 196 ff.
– Versetzung im Konzern **3 E** 237 ff.
– Versicherungsfall bei Rechtsschutzversicherung **5 J** 162
– Vorratskündigung **3 E** 229
– Wiedereinstellungsanspruch *siehe dort*
– Witterung **3 E** 230 f.
– Zumutbarkeit des geringerwertigen, freien Arbeitsplatzes **3 E** 249 f.

Betriebsbegriff 3 E 38 ff.
– allgemeiner **4 A** 1 ff.
– Betriebsübergang **2 G** 4 ff., 10 f.
– Gemeinschaftsbetrieb **3 E** 44 ff.; **4 A** 13

Betriebsbuße
– Kündigung, Abgrenzung **3 D** 12
– Mitbestimmung bei Regelung **4 A** 577
– Vertragsstrafe, Abgrenzung **2 J** 62

Betriebsferien 2 C 74
– Mitbestimmung **4 A** 612
– Urlaubsplan **2 C** 196

Betriebsfrieden
– Betriebsratswiderspruch wegen Besorgnis der Störung **4 A** 822 ff.
– Störung als Kündigungsgrund **3 G** 20
– Störung bei Ehegatten-Arbeitsverhältnis als Kündigungsgrund **3 G** 26a

Betriebsgeheimnisse
– *siehe* Verschwiegenheitspflicht

Betriebsgruppe 1 B 90

Betriebsnachfolge
– *siehe* Betriebsübergang

Betriebsordnung 2 A 188
Betriebsrat
– Amtszeit 4 A 92
– Anfechtung interner Wahlen 4 A 139
– Anhörung des Betriebsrats bei Kündigung *siehe dort*
– Arbeitsgruppe 4 A 138
– Auflösung, Streitwert 5 J 105
– Beachtung der Grundsätze von Recht und Billigkeit 4 A 377 ff.
– Befristung zur personellen Kontinuität der ~sarbeit 1 E 102
– Beteiligter im Beschlussverfahren 5 H 78 ff.
– Betriebsausschuss 4 A 133 ff.
– Betriebsratsmitglied *siehe dort*
– Betriebsratssitzung *siehe dort*
– Betriebsübergang, Kontinuität des ~s 2 G 304 ff.
– Datenschutz 6 F 8
– Datenverwendung durch ~ 6 F 183 ff.
– Folgen eines Verstoßes gegen § 75 BetrVG 4 A 394 ff.
– Freigestellte Betriebsratsmitglieder *siehe dort*
– Freistellung gemäß § 37 Abs. 2 BetrVG *siehe dort*
– Geheimhaltungspflichten des Betriebsrats *siehe dort*
– Gemeinschaftsbetrieb 4 A 19
– Gesamtbetriebsrat *siehe dort*
– Geschäftsordnung 4 A 150
– bei grobem Verstoß gegen AGG 1 F 174
– Initiativrecht des Betriebsrats *siehe dort*
– Konstituierung 4 A 132
– Konzernbetriebsrat *siehe dort*
– Kosten des Betriebsrats *siehe dort*
– Mängel in der ~ssphäre 3 J 131 f.
– Prozessfähigkeit 5 B 27
– Restmandat 4 A 95
– Schulungs- und Bildungsveranstaltungen für Betriebsratsmitglieder *siehe dort*
– Schwerbehinderte, Förderung der Eingliederung 6 C 70
– Sprechstunden 4 A 151
– Übergangsmandat 4 A 93 f.
– Unterrichtung bei Betriebsübergang 2 G 314
– Vertretung durch Vorsitzenden 4 A 140
– weitere Ausschüsse 4 A 136 f.
– Zusammenarbeit mit Sprecherausschuss 4 A 1113
– Zwangsvollstreckung 5 I 63 ff.
Betriebsräteversammlung 4 A 351
Betriebsratsmitglied
– *siehe auch* Kündigungsschutz betrieblicher Funktionsträger
– Amtspflichtverletzung 3 J 177 f.
– außerordentliche Änderungskündigung 3 A 113

– befristeter Arbeitsvertrag 1 E 9
– Befristung zur personellen Kontinuität des Betriebsratsarbeit 1 E 102
– Beteiligter im Beschlussverfahren 5 H 79, 86
– Betriebsratstätigkeit außerhalb der Arbeitszeit 4 A 176 ff.
– Elternzeit 2 D 19
– Entgeltersatzansprüche im Urteilsverfahren 5 H 19
– Fahrtkosten/Reisekosten 4 A 233 ff.
– Freigestellte Betriebsratsmitglieder *siehe dort*
– Freistellung gemäß § 37 Abs. 2 BetrVG *siehe dort*
– Kosten 4 A 232 ff.
– Kündigung eines schwerbehinderten Menschen 3 H 62
– Kündigungsschutz 3 H 72 f.
– Meinungsäußerungen 2 A 247
– Prozessführungskosten 4 A 239 ff.
– Prozessführungskosten bei Beteiligung an Zustimmungsersetzungsverfahren 4 A 242
– Schadensersatz 4 A 236
– Schadensersatz – Verfahrensart 5 H 20
– Schulungs- und Bildungsveranstaltungen für Betriebsratsmitglieder *siehe dort*
– Streikteilnahme 4 A 361 ff.; 4 C 46
– Streitwert bei Ausschluss aus dem Betriebsrat 5 J 106
– Verschwiegenheitspflicht 2 A 256
– Zeugnis, Erwähnung der Betriebsratstätigkeit 3 K 24a
Betriebsratssitzung 4 A 141 ff.
– zu beabsichtigter Kündigung 3 J 79 ff.
– Beschlussfassung 4 A 147 f.
– Einladung 4 A 141 f.
– Gewerkschaftsbeauftragter 4 A 75, 146
– Jugend- und Auszubildendenvertretung 4 A 300
– Schwerbehindertenvertretung 6 C 67
– Teilnahmeberechtigte 4 A 143 ff.
Betriebsratswahl 4 A 82 ff.
– Amtszeit 4 A 92
– Anfechtung 4 A 124 ff.
– Anfechtung – Antrag auf Einleitung eines Beschlussverfahrens 5 H 17
– Anschlusswahl eines Betriebsteils 4 A 27
– Auszubildende, Wahlberechtigung 1 A 80
– einstweilige Verfügung 4 A 121
– Frist bei Anfechtung 5 H 118
– Geschlechterquote 4 A 113
– gleichzeitige Sprecherausschusswahl 4 A 118
– Kosten 4 A 114 f.
– Leiharbeitnehmer 6 D 199 ff.
– Mehrheitswahl 4 A 108
– Nichtigkeit 4 A 122 f.
– Rechtsschutz vor der Wahl 4 A 116 ff.

Stichwortverzeichnis

- Rechtsschutz während der Wahl
  4 A 119 ff.
- Regelwahlverfahren **4 A** 103 ff.
- Sonderkündigungsschutz bei Mängeln
  3 H 73
- Streit über betriebsratsfähige Organisationseinheit **4 A** 117
- Streitwert bei Anfechtung **5 J** 102 f., 110
- überlassene Arbeitnehmer eines anderen Arbeitgebers **4 A** 85
- vereinfachtes Verfahren **4 A** 110 ff.
- Verhältniswahl **4 A** 108
- Wahlausschreiben **4 A** 103
- Wählbarkeit **4 A** 88 ff.
- Wählbarkeit trotz Kündigung **4 A** 89 f.
- Wahlberechtigung **4 A** 83 ff.
- Wahlberechtigung bei Kündigung
  4 A 86 f.
- Wahlbewerber *siehe dort*
- Wählerliste **4 A** 103
- Wahlinitiatoren *siehe dort*
- Wahlverfahren **4 A** 102 ff.
- Wahlvorgang **4 A** 109
- Wahlvorschläge **4 A** 105 ff.
- Wahlvorstand *siehe dort*
- Wahlzeitraum **4 A** 91
- Zuordnungsstreit leitende Angestellte
  4 A 118

Betriebsrisikolehre 2 A 168 f.; **2 B** 71 ff.
Betriebsstilllegung
- *siehe auch* Betriebsänderung
- alsbaldige Wiedereröffnung **2 G** 78
- Altersteilzeit **7 B** 52
- Begriff **2 G** 73
- betriebsbedingte Kündigung **3 E** 204 f., 207 f.
- Betriebsteil **2 G** 74
- Betriebsteil und Insolvenz **3 I** 46
- Betriebsübergang **2 G** 72 ff.
- Betriebsverlegung **2 G** 82
- Gewerbeabmeldung **2 G** 76
- Handelsvertreter **2 G** 81
- durch Insolvenzverwalter **3 I** 41 ff.
- Kündigung betrieblicher Funktionsträger
  3 H 95 ff.
- Kündigung wegen beabsichtigter ~ und Betriebsübergang **2 G** 340 f.
- Kündigungsgrund **3 G** 21
- Nachteilsausgleich bei Beginn **4 A** 980
- Pächter **2 G** 80
- Veräußerung **2 G** 77
- Verlagerung der Produktion und Insolvenz **3 I** 45
- Verpachtung **2 G** 77
- Wiedereinstellung bei nicht durchgeführter ~ **2 G** 85 ff.; **5 A** 239 f.

Betriebsteil 3 E 39 ff.; **4 A** 22 ff.
- Anschlusswahl **4 A** 27
- Betriebsrat bei ~übertragung **2 G** 305
- Betriebsstilllegung **2 G** 74
- Betriebsstilllegung und Insolvenz **3 I** 46
- Betriebsübergang **2 G** 125 ff.
- Betriebsübergang und ~begriff **2 G** 12 ff.
- Checkliste Zuordnung von Arbeitnehmern bei Betriebsübergang **2 G** 130
- Gewerbeabmeldung **2 G** 76
- institutionell gesicherte Leitungsmacht
  4 A 23
- mehrere ~e **4 A** 26
- Querschnittsaufgaben bei Betriebsübergang **2 G** 131
- Stilllegung eines wesentlichen ~s **4 A** 877
- weite Entfernung vom Hauptbetrieb
  4 A 24 f.
- Zuordnung von Arbeitnehmern
  2 G 125 ff.

Betriebsübergang 2 G 1 ff.
- Abmahnungen **2 G** 135
- Aktienoptionen **2 A** 506; **2 G** 142 f.
- alsbaldige Wiedereröffnung **2 G** 78
- Altersteilzeit im Blockmodell **2 G** 153; **7 B** 54 ff.
- Altersteilzeit und ~ in der Insolvenz
  7 B 74
- Altersteilzeitverhältnisse **2 G** 124
- andere Tätigkeit **2 G** 36 f.
- anderer Pächter **2 G** 102
- anderer Rechtsträger **2 G** 19 ff.
- Arbeitgeberdarlehen **2 G** 141
- arbeitnehmerähnliche Personen **2 G** 118
- Arbeitsentgelt bei Betriebsveräußerung durch Insolvenzverwalter **2 A** 731
- arbeitsvertragliche Inbezugnahme eines Tarifvertrages **2 G** 169 f.
- Aufhebungsvertrag **2 G** 323 f.; **3 C** 88
- Aufnahme geplanter Produktion **2 G** 33
- Auftragsvergabe und wesentliche Betriebsmittel **2 G** 63 ff.
- Auskunft über Anwartschaften **2 G** 271 f.
- Ausschlussfrist **2 A** 610
- Auswirkung auf Gesamtbetriebsrat
  2 G 308
- Auswirkung auf Konzernbetriebsrat
  2 G 309
- Auswirkungen auf Betriebsrat **2 G** 304 ff.
- Auswirkungen für Arbeitnehmer
  2 G 148 f.
- Auswirkungen für den Erwerber
  2 G 150 ff.
- Befristungsabrede mit Veräußerer
  2 G 333 f.
- Berufung bei Kündigungsschutzklage
  2 G 358 f.
- betriebliche Altersversorgung **2 E** 285 ff., 290; **2 G** 269 ff.
- betriebliche Altersversorgung bei Umstrukturierungen **2 G** 270
- betriebliche Übung **2 A** 896; **2 G** 159 ff.
- und Betriebsänderung **4 A** 900 f.
- Betriebsbegriff **2 G** 4 ff., 10 f.

3041

[Betriebsübergang]
- Betriebsmittel **2 G** 30
- Betriebsmittel/Arbeitsmittel, Differenzierung **2 G** 66
- betriebsmittelarm/betriebsmittelreich **2 G** 26f., 32
- Betriebsstilllegung **2 G** 72ff.
- Betriebsteilbegriff **2 G** 12ff.
- Betriebsvereinbarung bei Betriebsübergang *siehe dort*
- Betriebsverlegung **2 G** 82
- Betriebsverlegung ins Ausland **2 G** 83f.
- Betriebszugehörigkeitszeiten **2 G** 134
- Betriebszweckänderung **2 G** 38
- Bewachungsunternehmen **2 G** 56
- bisherige Belegschaft, nicht zur Verfügung stehende **2 G** 35
- Callcenter **2 G** 32
- Catering-Unternehmen **2 G** 67
- Checkliste **2 G** 8
- Checkliste Zuordnung von Arbeitnehmern **2 G** 130
- auf Dauer angelegte Einheit **2 G** 18
- Direktversicherung **2 G** 273
- einstweilige Verfügung auf Weiterbeschäftigung **5 I** 91a
- Eintritt des neuen Inhabers in bestehende Arbeitsverhältnisse **2 G** 132ff.
- erdienter Teil einer Versorgungsanwartschaft **2 G** 284ff.
- erfasste Arbeitsverhältnisse **2 G** 116ff.
- Erlassverträge über Versorgungsanwartschaften **2 G** 277
- nach Eröffnung des Insolvenzverfahrens **2 G** 152ff.
- vor Eröffnung des Insolvenzverfahrens **2 G** 155
- Erwerberkonzept und Insolvenz **3 I** 87f.
- Fortgeltung tarifvertraglicher Regelungen **4 C** 216
- freie Mitarbeiter **2 G** 118
- funktionelle Verknüpfung **2 G** 40ff.
- Funktionsnachfolge **2 G** 58ff.
- Gegenstand des Betriebs/Betriebsteils **2 G** 54ff.
- Gemeinschaftsbetrieb nach Spaltung **2 G** 312f.
- Gesamtheit von Arbeitnehmern **2 G** 31
- Gesamtrechtsnachfolge **2 G** 107, 109ff.
- Gleichbehandlung durch neuen Arbeitgeber **2 G** 161ff.
- Haftung des Erwerbers **2 G** 315ff.
- Haftung des Veräußerers **2 G** 315f., 318ff.
- Handel, Dienstleistung **2 G** 56ff.
- Handelsvertreter bei Einstellung seiner Betriebstätigkeit **2 G** 81
- Hauptbelegschaft und sächliche Mittel **2 G** 48
- hoheitliche Tätigkeit **2 G** 17
- Identität der wirtschaftlichen Einheit **2 G** 6, 24ff.
- individualrechtliche Folgen **2 G** 114ff.
- Innenverhältnis alter/neuer Arbeitgeber **2 G** 321
- Integrationsamt, Zustimmung zur Kündigung **3 H** 49a
- internationales Arbeitsrecht **1 G** 36ff.
- Kantinenbetrieb **2 G** 57
- kollektivrechtliche Folgen **2 G** 165ff.
- Kündigung aufgrund Erwerberkonzeptes **2 G** 347; **3 E** 210
- Kündigung aus anderen Gründen **2 G** 346ff.
- Kündigung wegen Betriebsübergangs *siehe dort*
- Kündigungsbefugnis **3 D** 4
- Kündigungsschutz in der Insolvenz **3 I** 85ff.
- und Kündigungsschutzverfahren **2 G** 351ff.
- Leiharbeitnehmer **2 G** 31, 121ff.
- als mitbestimmungspflichtige Betriebsänderung **2 G** 311ff.
- nachvertragliches Wettbewerbsverbot **2 F** 52ff.
- nichtiger Übernahmevertrag **2 G** 105
- noch nicht erdiente Versorgungserwartungen **2 G** 287
- Norm **2 G** 106f.
- Notar **2 G** 45
- Outsourcing **2 G** 59ff.
- Pensionskasse **2 G** 274
- Personalakten **2 G** 136
- Personalrabatt **2 G** 144
- Produktion **2 G** 55
- Provisionsansprüche **2 G** 146
- Rechtsanwälte **2 G** 45
- Rechtsfolgenvereinbarung **2 G** 108
- durch Rechtsgeschäft **2 G** 97ff.
- Rechtsgestaltung, ~ vermeidende **2 G** 366ff.
- Rechtskraft eines Urteils **2 G** 357
- Regelungsabreden **2 G** 194
- Reinigungsauftrag **2 G** 47
- Reinigungsunternehmen **2 G** 32, 62
- Rentnergesellschaft **2 E** 294
- Restmandat des Betriebsrats **2 G** 304ff.
- Rückfall auf den Verpächter **2 G** 101ff.
- Ruhestandsverhältnisse **2 G** 120
- Sonn- und Feiertagsarbeit **6 A** 103
- Streitwert Kündigungsschutzklage gegen früheren und neuen Arbeitgeber **5 J** 32f.
- Tarifvertrag bei Betriebsübergang *siehe dort*
- tatsächliche Weiterführung/Wiederaufnahme der Geschäftstätigkeit **2 G** 69f.
- Transfergesellschaft, Einschaltung **2 G** 325ff.

- Übernahme einer wirtschaftlichen Einheit **2 G** 24 ff.
- Übernahme von Arbeitnehmern **2 G** 46 ff.
- Umwandlungsgesetz **2 G** 109 ff.
- Unterbrechung der betrieblichen Tätigkeit **2 G** 71
- Unterrichtung von Wirtschaftsausschuss, Sprecherausschuss usw. **2 G** 314
- Unterrichtungspflicht bei Betriebsübergang *siehe dort*
- Unterstützungskasse **2 E** 291; **2 G** 275 f.
- Urlaubsansprüche bei Insolvenz **2 C** 189; **2 G** 154
- Urlaubsentgelt **2 C** 122
- Veräußerung **2 G** 77
- Vereinbarungen im Zusammenhang mit ~ **2 G** 322 ff.
- Vergleich **2 G** 363 ff.
- Vergütungsverzicht gegenüber Erwerber **2 G** 335
- Verpachtung **2 G** 77
- Verschwiegenheitspflicht **2 A** 260
- verselbständigungsfähiger Teilzweck **2 G** 28
- Versorgungsanwartschaften und Insolvenz **2 G** 156 ff.
- Versorgungszusage **2 E** 287 ff., 322, 326 f., 617
- Verwaltungsakt **2 G** 106
- Wartezeit beim Kündigungsschutz **3 E** 76a
- wesentliche Betriebsmittel **2 G** 63 ff.
- im Wesentlichen unveränderte Fortführung der Tätigkeit **2 G** 42
- Wettbewerbsverbot **2 G** 149
- Wettbewerbsverbot und Karenzentschädigung **2 G** 147
- Widerspruch gegen Betriebsübergang *siehe dort*
- Wiedereinstellung nach Kündigung wegen beabsichtigter Stilllegung **2 G** 85 ff.; **5 A** 239 f.
- Wiedereinstellungsanspruch **5 A** 239 f.
- wirtschaftliche Tätigkeit der Einheit **2 G** 16 f.
- Zeitarbeitsbetrieb **6 D** 170 f.
- Zeitpunkt **2 G** 112 f.
- Zeugnis nach ~ **2 G** 138; **3 K** 21
- Zuordnung von Arbeitnehmern bei mehreren Betrieben/Betriebsteilen **2 G** 125 ff.
- Zurückweisung des Antrags auf Eröffnung des Insolvenzverfahrens **2 G** 155
- Zweck des § 613a BGB **2 G** 1 ff.
- Zwischenzeugnis **2 G** 137

Betriebsübung
- *siehe* Betriebliche Übung

Betriebsvereinbarung 4 A 528 ff.
- ablösende bei betrieblicher Übung **2 A** 903
- ablösende und AGB **1 D** 169
- AGB-Kontrolle **1 D** 12 f.
- Alkoholverbot **2 A** 192
- Altersgrenze **1 E** 88 ff.; **4 A** 389
- Arbeitsentgelt **2 A** 323 ff.
- Arbeitszeit **6 A** 71
- Auswahlrichtlinien **1 C** 29
- Beendigung **4 A** 538 ff.
- Beschluss des Betriebsrats **4 A** 530
- betriebliche Altersversorgung **2 E** 147, 151 ff., 622 ff.
- betriebliche Altersversorgung, Inhaltskontrolle **2 E** 253 ff.
- Betriebsratswiderspruch wegen Verstoßes **4 A** 806
- bei Betriebsübergang *siehe* Betriebsvereinbarung bei Betriebsübergang
- Bezugnahme in Formulararbeitsvertrag **1 D** 128 f.
- Datenschutzregelung, Zulässigkeitsnorm **6 F** 52 ff.
- Durchführungsanspruch **4 A** 537
- über Einführung von Kurzarbeit **4 A** 604
- Eingriff in Versorgungsrechte **2 E** 612 ff.
- Einheitsregelung und umstrukturierende ~ **4 A** 555 f.
- Einstellungsgebote **1 C** 220
- Entgeltumwandlung **2 E** 248
- Erweiterung der Mitbestimmungsrechte bei Kündigung **3 J** 149 ff.
- im Erwerberbetrieb bei Betriebsübergang **2 G** 238 ff.
- Formvorschriften für Kündigungserklärung **3 D** 39 f.
- freiwillige **4 A** 524 ff.
- Gesamtzusage und umstrukturierende ~ **4 A** 555 f.
- gesetzliche Grundlage **4 A** 529 ff.
- Günstigkeitsprinzip **4 A** 554 ff.
- Kontrolle durch Gewerkschaft **4 C** 145
- Konzernbetriebsvereinbarung *siehe dort*
- Kündigung ~ über betriebliche Altersversorgung **2 E** 154 f.; **4 A** 540
- Kurzarbeit **2 A** 765
- nachfolgende **4 A** 539
- nachfolgende bei betrieblicher Altersversorgung **2 E** 612 ff.
- Nacht- und Schichtarbeit **6 A** 55
- Nachwirkung **4 A** 541 ff.
- rechtliche Wirkung **4 A** 535 f.
- Regelungssperre des § 77 Abs. 3 BetrVG **4 A** 518 ff., 532 ff.
- Schriftform des Arbeitsvertrags **1 C** 246
- Social Media-Nutzung **6 F** 154
- Sozialauswahl **3 E** 270
- Streitigkeiten **4 A** 551 f.
- tarifwidrige **4 A** 81
- Telekommunikationsdaten **6 F** 130
- Überwachungsrecht des Betriebsrats **4 A** 444

[Betriebsvereinbarung]
- Ungleichbehandlung **4 A** 384
- Urlaubsgeld **2 C** 202
- Vermeidung von Ungleichbehandlung nach AGG **1 F** 158
- verschlechternde ~ bei betrieblicher Altersversorgung **2 E** 625
- Whistleblowing **6 F** 76

Betriebsvereinbarung bei Betriebsübergang
- Ablauf der einjährigen Bindungsfrist **2 G** 192
- Aufgabe der Betriebsidentität **2 G** 180
- Aufrechterhaltung der Betriebsidentität **2 G** 171 f.
- Ausnahmen von der einjährigen Bindungsfrist **2 G** 186 f.
- betriebliche Altersversorgung **2 E** 290
- betriebliche oder betriebsverfassungsrechtliche Regelungen **2 G** 183
- Betriebsvereinbarung beim Erwerber **2 G** 189 ff.
- einjährig einseitig zwingende Weitergeltung **2 G** 185
- freiwillige **2 G** 184
- Gesamtbetriebsvereinbarung, kollektivrechtliche Weitergeltung **2 G** 172 ff.
- kollektivrechtliche Weitergeltung **2 G** 165 ff.
- kollektivvertragsoffene Regelung **2 G** 189 ff.
- Konkurrenz zwischen alter und neuer betrieblicher Altersversorgung **2 G** 278, 281 ff.
- Konzernbetriebsvereinbarung, kollektivrechtliche Weitergeltung **2 G** 172 f., 176
- mehrfache Betriebsübergänge **2 G** 193
- Spaltung von Unternehmen **2 G** 298 ff.
- statische Weitergeltung **2 G** 188
- Transformation in den Arbeitsvertrag **2 G** 180 ff.
- bei Umstrukturierungen **2 G** 270
- Umwandlung **2 G** 285 ff.

Betriebsverfassungsrecht 4 A 1 ff.
- absolute Differenzierungsverbote **4 A** 386 f.
- allgemeine Mitwirkungsrechte der Gewerkschaften **4 A** 80 f.
- Altersteilzeitarbeitnehmer **7 B** 61 f.
- Angehörige religiöser Orden und anderer religiöser Gemeinschaften **4 A** 66
- Arbeiter und Angestellte **4 A** 57
- Arbeitgeber, Begriff **4 A** 51 f.
- Arbeitgebervereinigung, Befugnisse **4 A** 71
- Arbeitgebervereinigung, Begriff **4 A** 70
- Arbeitnehmer, Begriff **4 A** 54 ff.
- Arbeitskampfverbot **4 A** 360 ff.
- ausländische Betriebe **4 A** 38
- Ausstrahlung bei vorübergehender Auslandstätigkeit **4 A** 40 f.
- Berufsausbildung **4 A** 58 ff.
- Beschäftigung zur Heilung, Wiedereingewöhnung, Besserung, Erziehung **4 A** 67
- Beschlussverfahren **5 H** 8 ff.
- Betriebsbegriff **4 A** 1 ff.
- Einstrahlung bei vorübergehender Inlandstätigkeit **4 A** 42
- einstweilige Verfügung im Beschlussverfahren **5 H** 197 ff.
- Elternzeit **2 D** 19
- enge Verwandte des Arbeitgebers **4 A** 68
- Folgen eines Verstoßes gegen § 75 BetrVG **4 A** 394 ff.
- Gewerkschaft, Vertretensein im Betrieb **4 A** 73
- Gewerkschaften, Begriff **4 A** 72
- Grundprinzipien der Zusammenarbeit **4 A** 352 ff.
- Grundsätze von Recht und Billigkeit **4 A** 377 ff.
- Individualrechte nach BetrVG *siehe dort*
- inländische Betriebe **4 A** 37
- internationales Arbeitsrecht **1 G** 46
- Kirchen/kirchliche Einrichtungen **4 A** 35, 1101 ff.
- Leiharbeitnehmer, Zuordnung **4 A** 56; **6 D** 199 ff.
- leitende Angestellte **4 A** 61 f.
- Luftfahrt **4 A** 34
- öffentlicher Dienst **4 A** 29 f.
- Ordensgemeinschaften der katholischen Kirche **4 A** 31
- Organmitglieder **4 A** 64
- persönlicher Geltungsbereich **4 A** 51 ff.
- räumlicher Geltungsbereich **4 A** 36 ff.
- Rechtsweg bei Streitigkeiten **5 B** 104 ff.
- Religionsgemeinschaften **4 A** 35, 1101 ff.
- sachlicher Geltungsbereich **4 A** 1 ff.
- Seeschifffahrt **4 A** 33
- Streitwertbemessung **5 J** 95 ff.
- tarifvertragliche Regelungen **4 C** 143 ff.
- Tendenzbetrieb *siehe dort*
- Vertretung des Arbeitgebers gegenüber dem Betriebsrat **4 A** 53
- vertretungs- und geschäftsführungsberechtigte Gesellschafter **4 A** 65
- Zugangsrecht der Gewerkschaft *siehe dort*

Betriebsverlegung 2 A 71
- Abgrenzung zur Stilllegung **4 A** 874
- betriebsbedingte Kündigung **3 E** 206

Betriebsversammlung 4 A 312 ff.
- Abteilungsversammlung **4 A** 348 ff.
- auf Antrag der Gewerkschaft **4 A** 321
- Arbeitgeber, Rechte und Pflichten **4 A** 322 ff.
- außerordentliche **4 A** 320
- besondere Gründe für Einberufung **4 A** 319
- Durchführung **4 A** 333
- Einberufung **4 A** 331 f.

- gesetzeswidrige Versammlung **4 A** 345
- Gewerkschaftsvertreter, Teilnahme **4 A** 347
- Hausrecht **4 A** 315
- Kosten **4 A** 341
- Mitarbeiterversammlung, Abgrenzung **4 A** 313
- regelmäßige **4 A** 316
- sozialpolitische Angelegenheiten **4 A** 336 f.
- Streitwert **5 J** 111
- tarifpolitische Angelegenheiten **4 A** 335
- Tendenzbetrieb **4 A** 326
- Themen **4 A** 334 ff.
- umweltpolitische Angelegenheiten **4 A** 339
- Vergütungsanspruch der Arbeitnehmer **4 A** 342 ff.
- weitere **4 A** 317 ff.
- wirtschaftliche Angelegenheiten **4 A** 338
- Zeitpunkt **4 A** 327 ff.

Betriebszugehörigkeitsdauer
- Sozialauswahl **3 E** 275 f.

Beurteilungsgrundsätze
- Begriff **4 A** 700
- Beteiligungsrechte des Sprecherausschusses **4 A** 1145 ff.
- Mitbestimmung des Betriebsrats **4 A** 700 ff.

Beweisaufnahme 5 C 46 ff.
- Beschlussverfahren **5 H** 147 f.
- Besonderheiten **5 C** 46
- Beweismittel, mitbestimmungswidrig erlangte **5 C** 49
- Beweisverwertungsverbot **3 F** 17c
- neuerliche ~ durch das Berufungsgericht **5 D** 87 ff.
- Parteifähigkeit **5 B** 8
- verdeckte Videoüberwachung **3 F** 17c; **5 C** 48
- Zeugenaussage über mitgehörtes Telefongespräch **5 C** 47

Bewerbung
- Absage, Muster **1 C** 166
- Aufklärungs- und Offenbarungspflichten des Arbeitgebers **1 C** 168 ff.
- Auskünfte des vorigen Arbeitgebers **1 C** 143 ff.
- Bewerbungsunterlagen *siehe dort*
- Datenschutz **6 F** 85
- Einstellung *siehe dort*
- Einstellungsgespräch *siehe dort*
- Einstellungsuntersuchungen *siehe dort*
- Freistellung zur Stellensuche *siehe dort*
- Kosten **1 C** 163
- Offenbarungspflichten des Arbeitnehmers *siehe dort*
- Schadensersatz bei Diskriminierung nach AGG **1 C** 11 f.
- Vorvertragliches Schuldverhältnis *siehe dort*
- Zusage, Muster **1 C** 167

Bewerbungsunterlagen
- an Betriebsrat **4 A** 774 f.
- Datenschutz **6 F** 85
- Foto **1 C** 10c
- Kosten **1 C** 163
- Recruitmentprozess **1 C** 10c

Bezugnahme auf Tarifvertrag 4 C 214, 250 ff.
- AGB-Kontrolle **1 D** 128 ff.; **4 C** 271 f.
- Altverträge **1 D** 133; **4 C** 261
- Arbeitnehmerüberlassung, Änderungskündigung zur Durchsetzung einer ~ **6 D** 118
- Arbeitnehmerüberlassung und ~ der Christlichen Gewerkschaften und hilfsweise auf den des DGB **6 D** 112
- Arbeitnehmerüberlassung und mehrgliedrige CGZP-Tarifverträge **6 D** 109 ff.
- Arbeitnehmerüberlassung und mehrgliedrige DGB-Tarifverträge **6 D** 113 f.
- Arbeitnehmerüberlassung und Mischbetriebe **6 D** 79a
- Arbeitnehmerüberlassung und Nachwirkung **6 D** 79a
- Arbeitsentgelt, Höhe **2 A** 318 ff.
- betriebliche Übung hinsichtlich Gewährung von Tarifbedingungen **2 G** 247
- Betriebsübergang **2 G** 169 f., 244 ff.
- CGB-Gewerkschaften/CGZP **1 D** 135a
- auf CGZP-Tarifverträge **6 D** 83 ff.
- dynamische **1 D** 132 ff.; **2 A** 318 f.
- dynamische, große **4 C** 257 f.
- dynamische, kleine **4 C** 259 ff.
- Form **4 C** 268
- Gleichstellungsabrede **1 D** 133; **2 A** 319; **4 C** 259 ff., 266
- Grenzen **4 C** 270 ff.
- Inhaltskontrolle der Tarifverträge **2 A** 321
- Kündigungsfrist **3 D** 177
- Neuverträge **1 D** 134; **4 C** 262 ff.
- ortsfremder Tarifvertrag **4 C** 251
- Rechtswirkungen **4 C** 273 ff.
- statische **1 D** 131; **4 C** 255 f.
- tarifdispositive Gesetze **4 C** 274
- Tarifvertrag **4 C** 269
- tarifvertragliche **4 C** 97
- Tarifwechselklausel **4 C** 257 f.
- überraschende Klausel **1 D** 30 f.
- Vertragsbeispiel **2 A** 320
- Wiederholung der Tarifnormen im Arbeitsvertrag **4 C** 267
- zwingendes Gesetzesrecht **4 C** 270

BGB-Gesellschaft
- Arbeitgeber **1 A** 145
- Kündigungserklärung **3 D** 51c

Bildschirm-Arbeitsplätze
– Mitbestimmung **4 A** 632
Bildungsurlaub 2 A 871 ff.; **2 C** 18 ff.
– Ablehnung durch den Arbeitgeber **2 A** 876
– berufliche Weiterbildung, Begriff **2 A** 874; **2 C** 22
– Darlegungs- und Beweislast **2 C** 26
– Dauer **2 A** 873
– Entgeltfortzahlungsanspruch **2 C** 24 f.
– als Freistellung **2 A** 132
– Genehmigung des Arbeitgebers **2 A** 875
– Gesetze der Bundesländer **2 C** 19
– Mitteilungsumfang über die Weiterbildungsveranstaltung **2 A** 877
– politische Weiterbildung, Begriff **2 A** 874; **2 C** 21
– Rechtsgrundlagen **2 C** 19
– Schadensersatz **2 C** 27
– Schulungs- und Bildungsveranstaltung *siehe dort*
– Selbstbeurlaubung **2 C** 23
– Voraussetzungen **2 C** 20 ff.
Biometrische Daten 6 F 89
Blaue Karte 1 H 45 ff.
– Niederlassungserlaubnis **1 H** 48
Bonuspunkte/-meilen 2 A 539
Böswillig unterlassener Erwerb 2 B 56 ff.
– eigene Aktivitäten des Arbeitnehmers **2 B** 58
– Tätigkeit bei einem neuen Arbeitgeber **2 B** 61
– Tätigkeit beim bisherigen Arbeitgeber **2 B** 59 f.
– Unzumutbarkeit **2 B** 57
– Zumutbarkeit der Weiterarbeit **2 B** 60
Bundesfreiwilligendienst 1 A 132
– Beschlussverfahren bei Streitigkeiten **5 H** 30e

Chefarzt 1 A 85
– Art der zu leistenden Tätigkeit, Vertragsbeispiel **2 A** 18
– Nichtgeltung des ArbZG **6 A** 10 f.
– Streitwert bei Kündigungsschutzklage **5 J** 11a
Cloud Computing
– Datenschutz **6 F** 67 ff.
Compliance
– Datenschutz **6 F** 41
Computer
– für Betriebsrat **4 A** 226
– Schulungsveranstaltungen für Betriebsratsmitglieder **4 A** 185
Computerprogramme
– Nutzungsrechte **2 H** 70
– Persönlichkeitsrechte **2 H** 76

Darlehen
– *siehe* Arbeitgeberdarlehen

Datenschutz
– Abgleich **6 F** 93 ff.
– alle personenbezogenen Daten **6 F** 16 f.
– andere Rechtsvorschrift **6 F** 28 f.
– Anwendungsbereich des Beschäftigtendatenschutzes **6 F** 15 ff.
– Arbeitnehmervertretungen **6 F** 8
– ärztliche Einstellungsuntersuchung **1 C** 132 ff.
– Assessment-Center **1 C** 136
– Aufdeckung von Straftaten **6 F** 36 ff.
– Auftragsdatenverarbeitung **6 F** 13
– Auskunft des bisherigen Arbeitgebers **1 C** 144a f.
– Auskunftsanspruch **6 F** 189 f.
– Auskunftsanspruch des Betriebsrats **4 A** 460
– Background Checks **1 C** 128 ff.
– nach Beendigung des Arbeitsverhältnisses **6 F** 87 f.
– Beendigung des Arbeitsverhältnisses, dienstliche Daten **6 F** 163 ff.
– Begriffe **6 F** 5 ff.
– Benachrichtigungsanspruch **6 F** 188
– Berichtigungsanspruch **6 F** 193 f.
– betriebliches Eingliederungsmanagement **6 F** 77 ff.
– Betriebsrat als Datenverwender **6 F** 183 ff.
– Betriebsvereinbarung als Zulässigkeitsnorm **6 F** 52 ff.
– Beweisverwertungsverbote **6 F** 210 ff.
– Bewerber **6 F** 85
– biometrische Verfahren **6 F** 89
– Checkliste Aufdeckung von Straftaten **6 F** 43
– Cloud Computing **6 F** 67 ff.
– Compliance **6 F** 41
– Computer des Betriebsrats **4 A** 226a
– Datenschutz bei Computer des Betriebsrats **4 A** 226a
– Datenschutzbeauftragter *siehe dort*
– Dienstvereinbarung als Zulässigkeitsnorm **6 F** 52 ff.
– Due Diligence **6 F** 81 ff.
– Einsichtsrecht in Personalakte **6 F** 191 f.
– Einstellungstests **1 C** 135 f.
– Einwilligung **6 F** 44 ff.
– Einwilligung in Formulararbeitsvertrag **6 F** 46 f.
– EU-Recht **6 F** 2
– Fotos und Inhalte auf der Homepage **6 F** 169 ff.
– Funktionsübertragung **6 F** 14
– Gegendarstellungsrecht in Personalakte **6 F** 199
– Gesundheitsmanagement **6 F** 77 ff.
– Gewerkschaftszugehörigkeit **1 C** 82a
– grenzüberschreitender Datentransfer **6 F** 55 ff.
– Grundsätze **6 F** 9 ff.

Stichwortverzeichnis

- Homosexualität **1 C** 83a
- immaterieller Schaden **6 F** 206
- Individualansprüche **6 F** 187 ff.
- Informationsrechte **6 F** 188 ff.
- Internet, Inanspruchnahme **2 A** 198
- Internetrecherche bei Bewerber **1 C** 131 ff.
- Kontrollrecht der Arbeitnehmervertretung **6 F** 174 f.
- Konzern **6 F** 63 ff.
- Konzernbetriebsvereinbarung **6 F** 66
- Kündigungsvorbereitung **6 F** 86
- Löschungsanspruch **6 F** 195 f.
- Maßnahmen nach § 9 BDSG **6 F** 26
- Meldepflicht **6 F** 23
- Mitbestimmung bei Arbeitnehmerdaten **4 A** 628
- Mitbestimmung bei Überwachung durch technische Einrichtungen **4 A** 617 ff.; **6 F** 176 f.
- Mitbestimmung beim Ordnungsverhalten **6 F** 178
- Mitbestimmungsrecht, Nichtbeachtung **6 F** 182
- Mitbestimmungsrechte **6 F** 173 ff.
- Ordnungswidrigkeiten **6 F** 220
- Ortungssysteme **6 F** 90 ff.
- Parteizugehörigkeit **1 C** 87c
- Personalfragebogen **1 C** 126
- personenbezogene Daten **6 F** 5
- persönlicher Anwendungsbereich **6 F** 15
- präventives Verbot mit Erlaubnisvorbehalt **6 F** 27 ff.
- räumlicher Geltungsbereich **6 F** 18
- Religionszugehörigkeit **1 C** 89b f.
- Sachvortragsverwertungsverbot **6 F** 218
- Schadensersatzansprüche **6 F** 200 ff.
- Schwerbehinderung **1 C** 99b
- Screening **6 F** 93 ff.
- Social Media *siehe dort*
- Sperrungsanspruch **6 F** 197
- Spezialvorschrift **6 F** 30 ff.
- Straftatbestände **6 F** 221
- Subsidiarität des BDSG **6 F** 2 ff.
- Tarifvertrag als Zulässigkeitsnorm **6 F** 52
- Telekommunikationsdaten *siehe dort*
- Terrorismuslisten **6 F** 96
- Übermittlung in besonderen Fallgestaltungen **6 F** 55 ff.
- Unterlassungsansprüche **6 F** 207 f.
- unternehmensinterne Ermittlungen **6 F** 98 ff.
- verantwortliche Stelle **6 F** 6
- Verhältnis von § 28 BDSG und § 32 BDSG **6 F** 30 ff.
- Vermögensverhältnisse **1 C** 105a
- Verwertung mitbestimmungswidrig erlangter Daten **6 F** 211
- Videoüberwachung *siehe dort*
- Vorabkontrolle **6 F** 24 f.
- Vorstrafen **1 C** 110
- Whistleblowing-Hotlines **6 F** 73 ff.
- Widerspruchsrecht **6 F** 198
- Zurückbehaltungsrecht **6 F** 209
- Zweck **6 F** 1

Datenschutzbeauftragter 6 F 19 ff.
- Sonderkündigungsschutz **3 H** 110g
- Teilkündigung **3 H** 102a
- Widerspruch des Betriebsrats **4 A** 794

Dauer der Arbeitszeit 2 A 96 ff.
- Ausdehnung auf 10 Stunden täglich **2 A** 98
- Direktionsrecht **2 A** 100, 102
- Flexibilisierung **2 A** 104 f.
- leitende Angestellte u.ä. **2 A** 97
- Überschreitung der tariflichen Vorgabe **2 A** 103

Dauerarbeitsverhältnis 1 B 1 ff.

Diebstahl
- Kündigungsgrund **3 G** 23 f.

Dienstbekleidung
- Einheitlichkeit **2 A** 190

Dienstbereitschaft
- *siehe* Arbeitsbereitschaft

Diensterfindung 2 H 19 ff.
- *siehe auch* Arbeitnehmererfindung

Dienstreisezeit
- Arbeitszeit **2 A** 88; **6 A** 23

Dienstvereinbarung
- AGB-Kontrolle **1 D** 14 f.
- Alkoholverbot **2 A** 192
- Arbeitsentgelt **2 A** 323
- Bezugnahme in Formulararbeitsvertrag **1 D** 128 ff.
- Datenschutzregelung, Zulässigkeitsnorm **6 F** 52 ff.

Dienstvertrag 1 B 103 f.
- Angebot der Arbeitsleistung **2 B** 10
- drittbezogener Personaleinsatz und Arbeitnehmerüberlassung **6 D** 178 ff.
- Mitbestimmung bei Einsatz eines Dienstunternehmers **4 A** 750; **6 D** 206
- Scheindienstvertrag **6 D** 196 f.

Dienstwagen, privat genutzter
- *siehe* Firmenfahrzeug, privat genutztes

Dienstzeiten
- Anrechnung bei betrieblicher Altersversorgung **2 E** 318

Diplomanden
- Mindestlohn **6 E** 78

Direktionsrecht 2 A 32 ff.
- AGB-Kontrolle bei Änderungs- und Widerrufsvorbehalt **3 A** 28 ff.
- andere Tätigkeit **2 A** 41
- Änderung der Arbeitsbedingungen **3 A** 14 ff.
- Änderung des Aufgabenbereichs **2 A** 35
- Änderungskündigung, Abgrenzung **3 A** 69 f.
- statt Änderungskündigung **2 A** 32; **3 E** 340a

Stichwortverzeichnis

[Direktionsrecht]
- Arbeitnehmerbegriff **1 A** 35
- Arbeitszeit **2 A** 100, 102, 113; **6 A** 5
- Ausführungsspielraum **2 A** 37
- statt außerordentlicher Kündigung **3 F** 51
- Ausübung **3 A** 18 ff.
- Ausübung eines Änderungs-/Widerrufs-vorbehalts **3 A** 29 ff.
- Behinderungen **2 A** 36
- Direktions- oder Versetzungsklausel **2 A** 62
- doppelte Schriftformklausel **3 A** 30a
- einstweilige Verfügung **2 A** 56
- des Entleihers bei Arbeitnehmer-überlassung **6 D** 146
- Erweiterung **2 A** 39
- Form der Ausübung **3 A** 19 ff.
- geringerwertige Tätigkeit **2 A** 41
- gesetzliche Regelung **2 A** 32
- Gewissenskonflikte des Arbeitnehmers **2 A** 50 ff.
- Gleichbehandlung **2 A** 36
- Grenzen **2 A** 36, 768
- Grenzen bei vertraglicher Vereinbarung **3 A** 26 ff.
- Grenzen von Änderungsvorbehalten **3 A** 31 ff.
- handelnde Personen **3 A** 22
- höherwertige Tätigkeit, dauernde Ausübung **2 A** 61 f.
- höherwertiger Einsatz **2 A** 43
- Konkretisierung **2 A** 60 ff.; **3 A** 34 ff.
- Kündigung, Abgrenzung **3 D** 13
- Leistungsverweigerungsrecht **2 A** 54 f.
- Maßgeblichkeit der Vergütungsgruppe **2 A** 38
- Maßgeblichkeit des Berufsbildes **2 A** 38
- Mitbestimmung **3 A** 23 ff.
- Nebenarbeiten **2 A** 44
- Notarbeiten **2 A** 45
- öffentlicher Dienst **3 A** 15
- Rechtsgrundlagen **3 A** 16 f.
- Rechtsschutz bei Änderungen des Arbeitsverhältnisses **3 A** 41 ff.
- Streikarbeiten **2 A** 46 ff.
- Überstunden **2 A** 36
- Übertragung eines anderen Tätigkeits-bereichs **3 A** 32 ff.
- umfasste Weisungen **3 A** 40b
- nicht umfasste Weisungen **3 A** 40c f.
- unterwertige Tätigkeit **2 A** 41
- Verkleinerung des Arbeitsbereichs **2 A** 40
- Verpflichtung zur Ausübung **2 A** 57 ff.
- Verpflichtung zur Zuweisung anderer Arbeit **2 A** 57 ff.
- Versetzung **2 A** 35, 767 ff.
- Versetzungsklausel **2 A** 39
- Widerruf der Prokura **2 A** 42

Direktversicherung **2 E** 93 ff.
- Abtretungen oder Beleihungen der Ansprüche **2 E** 104
- Auffüllpflicht **2 E** 375
- Begriff **2 E** 93
- Betriebsübergang **2 G** 273
- Bezugsrecht **2 E** 97 ff.
- Dreiecksverhältnis **2 E** 95
- Eigenbeitragsanteile **2 E** 94
- eingeschränkt widerrufliches Bezugs-recht **2 E** 99
- Einzel-/Gruppenversicherung **2 E** 96
- Finanzierungseffekte **2 E** 105
- gespaltenes Bezugsrecht **2 E** 101
- Insolvenzsicherung **2 E** 463
- Mitbestimmung **2 E** 235
- Pfändbarkeit von Versicherungsprämien **2 A** 701
- Streitwert bei Kündigungsschutzklage und Mehrvergleich über ~ **5 J** 88
- unwiderrufliches Bezugsrecht **2 E** 100
- versicherungsvertragliche Lösung/Ersatz-verfahren **2 E** 376 ff.
- Versorgungszusage **2 E** 102
- weiterer Versicherungsabschluss **2 E** 103
- widerrufliches Bezugsrecht **2 E** 98

Direktzusage **2 E** 90 ff.
- Konditionenkartell **2 E** 91
- Mitbestimmung **2 E** 235 f.
- Steuervorteile **2 E** 92

Diskriminierungsverbot
- *siehe auch* Allgemeines Gleichbehand-lungsgesetz; Geschlechtsbezogene Diskriminierung; Gleichbehandlung Teilzeitbeschäftigter
- Altersgrenzen in Tarifverträgen oder Betriebsvereinbarungen **1 E** 90
- befristeter Arbeitsvertrag **1 E** 169 ff.
- Betriebszugehörigkeitsdauer bei Sozial-planabfindung **4 A** 939
- Lebensalter bei Sozialplanabfindung **4 A** 939
- Teilzeitbeschäftigte **3 H** 128

Divergenz
- Zulassung **5 E** 12 ff.
- Zulassung der Rechtsbeschwerde **5 H** 252

Divergenzbeschwerde **5 F** 5 ff.
- abstrakter Rechtssatz **5 F** 7 ff.
- Beruhen auf Divergenz **5 F** 12 ff.
- Darlegungslast **5 F** 17
- Tatbestand **5 F** 7 ff.
- Zeitpunkt der divergenzfähigen Entscheidung **5 F** 15 f.

Dolmetscher
- Kosten des Betriebsrats **4 A** 213

Doppelarbeitsverhältnis
- *siehe* Mehrfachbeschäftigung

Dritthaftung
- Entgeltfortzahlung **2 B** 192 ff.

Drittmittelfinanzierung
- Befristungsgrund **1 E** 98
- Befristungsgrund im Hochschulbereich **1 E** 211
- Kündigung wegen Streichung/Kürzung **3 E** 209

Drogen
- Abhängigkeit – Frage im Einstellungsgespräch **1 C** 70 ff.
- Blutuntersuchungen während laufenden Arbeitsverhältnisses **1 C** 134
- Kontrolle der Abhängigkeit **2 A** 778
- Kündigung wegen Abhängigkeit **3 G** 7
- Kündigungsgrund **3 E** 126 ff.
- Missbrauch als Kündigungsgrund **3 G** 6a
- Offenbarungspflicht bei Abhängigkeit **1 C** 147
- Test **2 A** 778

Druckkündigung **3 F** 43 ff.; **3 G** 25
- außerordentliche Kündigung **3 F** 46c
- Begriff **3 F** 43
- betriebsbedingte **3 F** 46 ff.
- Fehlen von Kündigungsgründen **3 F** 46 ff.
- HIV-Infektion **3 F** 46b
- mildere Mittel **3 F** 46a
- Nachteil **3 F** 43a
- ordentliche Kündigung **3 F** 46c
- Schadensersatz **3 F** 47
- Voraussetzungen **3 F** 43a ff.
- Vorliegen von Kündigungsgründen **3 F** 45

EG-Recht
- *siehe* Europäisches Unionsrecht

Ehegattenarbeitsverhältnis
- *siehe* Familienrechtliche Mitarbeit

Ehrenämter
- Kündigungsgrund **3 G** 27

Eigenbeitragszusage **2 E** 30 ff.

Eigenkündigung
- *siehe auch* Eigenkündigung, außerordentliche
- Anfechtung wegen Drohung **3 D** 127
- Auszubildender **1 B** 140
- Berücksichtigung bei § 17 Abs. 1 KSchG **4 A** 883
- besonderes Recht nach MuSchG **3 H** 17 f., 20
- bei Elternzeit **3 H** 32
- Entgeltfortzahlungsanspruch bei Arbeitsunfähigkeit **2 B** 188 ff.
- gegenüber Handelsgesellschaften **3 D** 79a
- minderjähriger Auszubildender **1 B** 146; **3 D** 54
- Nachteilsausgleich **4 A** 981
- Rückzahlung von Aus- und Fortbildungskosten **2 A** 551
- und Sozialplanabfindung **4 A** 941 f.
- Sperrzeit **7 A** 74 f., 96 ff.
- bei Unkenntnis der Schwangerschaft **3 H** 19 f.
- verlängerte Kündigungsfrist **3 D** 163 f.
- Widerspruch gegen Betriebsübergang und ~ **2 G** 413

Eigenkündigung, außerordentliche **3 F** 65 ff.
- Arbeitsplatzwechsel **3 F** 70
- Insolvenz **3 F** 69
- Minderung der Vergütung **3 F** 94 ff.
- Prokurawiderruf/-verweigerung **3 F** 68
- Überleitung kraft Gesetzes **3 F** 70a
- Vergütungsrückstände **3 F** 67
- und Wettbewerbsverbot **2 F** 39 f.

Eigentum
- geistiges **2 H** 5 ff.
- Sacheigentum **2 H** 1

Eignungs-/Leistungsmangel
- Änderungskündigung **3 A** 96 f.
- Kündigungsgrund **3 G** 28
- mangelnde Sprachkenntnisse **3 G** 28
- personenbedingte Kündigung **3 E** 133 ff.

Eignungstest **1 C** 135 f.

Ein-Euro-Job
- arbeitsrechtlicher Status **1 A** 87
- Urlaub **2 C** 234 f.

Einfirmenvertreter **1 A** 77 f.

Eingetragener Verein
- Arbeitgeber **1 A** 144

Eingruppierung **2 A** 341 ff.
- abstrakte Tätigkeitsmerkmale **2 A** 348
- Arbeitsvorgang **2 A** 351b
- Aufbaufallgruppen **2 A** 349
- Begriff **4 A** 762
- bestimmter Beruf **2 A** 347
- bewusst falsche **2 A** 353
- Darlegungs- und Beweislast **2 A** 356 f.
- Feststellungsklage **2 A** 355 ff.
- Herabgruppierung **2 A** 344
- Höhergruppierung *siehe dort*
- korrigierende Rückgruppierung **2 A** 352
- Lebensaltersstufen **2 A** 351
- Leiharbeitnehmer **6 D** 223
- maßgebliches Gepräge der Gesamttätigkeit **2 A** 345
- Merkmale **2 A** 342
- Mitbestimmung **2 A** 358 ff.; **4 A** 762 ff.
- Mitbestimmung, Musterschreiben **4 A** 852
- Mitbestimmung, nichtbeachtete **4 A** 846
- objektive Merkmale **2 A** 345
- öffentlicher Dienst **2 A** 351 ff.
- Streitwert bei Klage **5 J** 71
- Streitwert im Beschlussverfahren **5 J** 113 ff.
- subjektive Merkmale **2 A** 345
- Tarifautomatik **2 A** 343
- tarifliche Ausschlussfristen **2 A** 368
- Tarifvertrag **4 C** 127
- Tätigkeitsbeispiele **2 A** 346
- Tendenzträger **4 A** 1095
- überwiegende Tätigkeit **2 A** 345
- Umgruppierung *siehe dort*

[Eingruppierung]
- Vergütungsgruppen **4 C** 204 f.
- Zeit- und Bewährungsaufstieg **2 A** 350
- ohne Zustimmung des Betriebsrats **2 A** 364 ff.
- Zustimmungsersetzungsverfahren **2 A** 363 ff.

Einigungsstelle 4 A 993 ff.
- Antrag auf Bestellung, Formulierungsbeispiel **5 H** 40
- Antrag auf Tätigwerden **4 A** 1015 ff.
- anwaltliche Vertretung des Betriebsrats **4 A** 1050
- Bedarf **4 A** 996
- Beisitzerzahl **4 A** 1001 ff.
- Beschlussfassung **4 A** 1021 ff.
- Beschlussverfahren bei Streitigkeiten **4 A** 997
- Beschwerde des Arbeitnehmers **4 A** 434 ff.
- Bestellungsverfahren **5 H** 38 ff.
- Beteiligte im Beschlussverfahren **5 H** 90
- betriebliche Lohngestaltung **4 A** 1008 ff.
- Einleitung des Verfahrens **4 A** 1015 ff.
- einstweilige Verfügung des Betriebsrats gegen Spruch **5 H** 200c
- elementare Verfahrensgrundsätze **4 A** 1017 f.
- Ermessensfehler **4 A** 933, 959
- Ermessenskontrolle des Spruchs **4 A** 1034 ff.; **5 H** 48
- Errichtung **4 A** 994 ff.
- freiwilliges Verfahren **4 A** 1005
- Frist bei Anfechtung des Spruchs **5 H** 117
- Geltendmachung der Vergütungsansprüche **4 A** 1048 f.
- gemischte Regelungstatbestände **4 A** 1008 ff.
- gerichtliche Überprüfung des Sozialplans **4 A** 959 ff.
- gerichtliche Überprüfung des Spruchs **4 A** 1028 ff.; **5 H** 47 ff.
- Kosten **4 A** 1039 ff.; **5 H** 46
- Kosten der anwaltlichen Vertretung des Betriebsrats **4 A** 217
- Maßnahmen gegen besondere Arbeitsplatzbelastungen **4 A** 507
- offensichtliche Unzuständigkeit **5 H** 41 f.
- Rahmenregelung **4 A** 1011 ff.
- rechtliches Gehör **4 A** 1020
- Rechtskontrolle des Einigungsstellenspruchs **4 A** 1029 ff.; **5 H** 47 ff.
- Regelungsermessen **4 A** 1012
- Regelungstatbestände der erzwingbaren ~ **4 A** 1006
- Rücknahme des Antrags auf Tätigwerden **4 A** 1016a
- Sozialplan **4 A** 932 f.
- Sozialplan, wirtschaftliche Vertretbarkeit **5 H** 48a
- Sozialplanabfindung **4 A** 934 ff.
- Stimmenthaltung **4 A** 1024
- Streitigkeiten **5 H** 36 ff.
- Streitwert – Besetzung der ~ **5 J** 107 ff.
- übertarifliche Zulagen bei Tariflohnerhöhung **4 A** 1010
- verbindliches Verfahren **4 A** 1005
- Verfahren **4 A** 1017 ff.
- Verfahren vor der ~ **4 A** 1014 ff.
- Vergütung betriebsfremder Beisitzer **4 A** 1042 ff.
- Vergütung des Vorsitzenden **4 A** 1042 ff.
- Vorabentscheidungsverfahren **5 H** 44 f.
- Vorsitzender **4 A** 999 ff.
- Zusammensetzung **4 A** 998
- Zuständigkeit **4 A** 1004 ff.

Einkommensteuer 2 A 581 ff.
- Abfindungen **3 C** 67 ff.
- Abfindungen gemäß § 1a KSchG **3 E** 361
- Aktienoptionen **2 A** 507
- Altersteilzeit **7 B** 78 ff.
- Arbeitnehmerüberlassung **6 D** 176 f.
- Aufwendungsersatz **2 A** 853
- Ausgleichszahlungen bei Rentenminderung **7 C** 177 f.
- Bruttolohnklage **5 A** 243 ff.
- Elterngeld **2 D** 6
- Entgeltumwandlung **2 E** 309
- Erstattung nachentrichteter ~ **2 A** 582
- Firmenfahrzeug, privat genutztes **2 A** 531 f.
- geringfügig Beschäftigte **1 B** 98, 101
- Informationspflichten des Arbeitgebers **2 A** 804
- Lohnpfändung **5 I** 38 f.
- Lohnsteuerbescheinigung **2 A** 809
- Lohnsteuerbescheinigung, Rechtsweg **5 B** 55
- Outplacement-Beratung **3 C** 69a
- Pensionsfonds **2 E** 116 ff.
- Personalrabatte **2 A** 527
- bei Rückerstattung von Entgeltüberzahlungen **2 A** 651
- Sachbezüge **2 A** 526 ff.
- Schuldner **2 A** 581
- Steuerklassen-Änderung bei Arbeitslosengeld **7 A** 36
- Urlaubsabgeltung **2 C** 288
- Urlaubsentgelt **2 C** 286
- Urlaubsgeld **2 C** 287
- Zinsvorteile Arbeitgeberdarlehen **2 A** 515

Einstellung
- Auskünfte des vorigen Arbeitgebers **1 C** 143 ff.
- ausländische Arbeitnehmer **1 H** 4 ff.
- Begriff iSd. BetrVG **4 A** 744
- Beteiligungsrechte des Sprecherausschusses **4 A** 1148 ff.
- Bewerbungsunterlagen an Betriebsrat **4 A** 774 f.
- Einstellungsgespräch *siehe dort*

- Einstellungsuntersuchungen *siehe dort*
- Mitbestimmung **4 A** 744 ff.
- Mitbestimmung, Checkliste **4 A** 851
- Mitbestimmung, Musterschreiben **4 A** 854
- Muster einer Zusage **1 C** 167
- Offenbarungspflichten des Arbeitnehmers *siehe dort*
- schwerbehinderte Menschen **1 C** 30a ff.; **6 C** 50 f.
- Streitwert im Beschlussverfahren **5 J** 113 ff.
- Tendenzträger **4 A** 1093 f.
- Übergabe von Arbeitspapieren usw. an Arbeitgeber **1 C** 286 ff.
- vorläufige personelle Maßnahme, Musterschreiben **4 A** 855
- Vorvertragliches Schuldverhältnis *siehe dort*
- Zustimmungsverweigerung des Betriebsrats bei Missachtung diskriminierungsfreier externer Ausschreibung **1 C** 21 f.
- Zustimmungsverweigerung des Betriebsrats bei unterlassener Stellenausschreibung **1 C** 18 ff.; **4 A** 689

Einstellungsfragebogen
- *siehe* Personalfragebogen

Einstellungsgespräch
- Alkoholabhängigkeit **1 C** 70 ff.
- Alkoholgewohnheiten **1 C** 69
- Anfechtung des Arbeitsvertrags *siehe dort*
- Arbeitserlaubnis **1 C** 71 f.
- Aufenthaltserlaubnis **1 C** 71 f.
- Aufklärungs- und Offenbarungspflichten des Arbeitgebers **1 C** 168 ff.
- Behinderung/Krankheit, Abgrenzung **1 C** 80a ff.
- berufliche Fähigkeiten und Kenntnisse **1 C** 72
- berufliche Verfügbarkeit **1 C** 75 f.
- beruflicher Werdegang **1 C** 73
- Beteiligung des Betriebsrats **4 A** 778
- Bewertungsformular **1 C** 120 f.
- Dokumentation wegen AGG **1 F** 155 f.
- Drogenabhängigkeit **1 C** 70 ff.
- Einladung, Muster **1 C** 165
- Einstellungsuntersuchungen *siehe dort*
- Ermittlungsverfahren, laufendes **1 C** 111
- Falschbeantwortung unzulässiger Fragen **1 C** 162
- Falschbeantwortung zulässiger Fragen **1 C** 155 ff.
- Frage nach Tarifbindung des Arbeitgebers **1 C** 175
- Fragenkatalog **1 C** 118 f.
- Fragerecht des Arbeitgebers **1 C** 66 ff.
- Fragerecht des Arbeitnehmers **1 C** 175
- Geschlecht **1 C** 81a
- Gewerkschaftszugehörigkeit **1 C** 82 ff.
- HIV-Infektion **1 C** 80
- Homosexualität **1 C** 83 f.
- Interesse, berechtigtes, billigenswertes, schutzwürdiges an Beantwortung der Frage **1 C** 67
- Kosten **1 C** 164
- Krankheiten **1 C** 77 ff.
- Lebensalter **1 C** 83b
- Name, Anschrift usw. **1 C** 84
- Nebentätigkeit **1 C** 85
- Nichtrauchereigenschaft **1 C** 86
- Offenbarungspflichten des Arbeitnehmers *siehe dort*
- Parteizugehörigkeit **1 C** 87a ff.
- Personalfragebogen *siehe dort*
- persönliche Lebensverhältnisse **1 C** 88 f.
- Religionszugehörigkeit **1 C** 89 ff.
- Schichtdienst, Bereitschaft **1 C** 76
- Schwangerschaft **1 C** 96 ff.
- Schwerbehinderteneigenschaft **1 C** 99 ff.; **6 C** 51
- Scientology-Mitgliedschaft **1 C** 90 ff.
- sexuelle Neigungen **1 C** 83 f.
- Stasi-Tätigkeit **1 C** 101 f.
- Strafverfahren, laufendes **1 C** 111
- Übersicht über Zulässigkeit des Fragerechts **1 C** 117
- Verfassungstreue **1 C** 93
- Vermögensverhältnisse **1 C** 104 ff.
- Vorbeschäftigungsfrage bei befristetem Arbeitsverhältnis **1 C** 74
- vorheriges Einkommen **1 C** 106
- Vorstrafen **1 C** 107 ff.
- wahres Geschlecht **1 C** 81
- Wehrdienst **1 C** 113 f.
- Wettbewerbsverbote **1 C** 115 f.
- Zivildienst **1 C** 113 f.

Einstellungsuntersuchungen **1 C** 132 ff.
- ärztliche Untersuchung **1 C** 132 ff.
- ärztliche Untersuchung und AGG **1 C** 134a
- Eignungstest **1 C** 135 f.
- Einverständniserklärung, Muster **1 C** 138
- Genomanalyse **1 C** 139 ff.
- graphologische Gutachten **1 C** 137
- physische Untersuchungen und Tests **1 C** 132 ff.
- psychologische **1 C** 132c

Einstweilige Verfügung **5 I** 67, 74 ff.
- allgemeiner Weiterbeschäftigungsanspruch bei Auszubildenden **5 I** 92a
- allgemeiner Weiterbeschäftigungsanspruch gegen Betriebserwerber **5 I** 91a
- allgemeiner Weiterbeschäftigungsanspruch, Geltendmachung **5 A** 193 f.; **5 I** 91 ff.
- Arbeitskampf **5 I** 94 ff.
- Arbeitsleistung **2 A** 156; **5 I** 85 f.
- gegen Ausübung Direktionsrecht **2 A** 56
- Beschäftigungsanspruch **2 A** 750 ff.; **5 I** 84

[Einstweilige Verfügung]
- im Beschlussverfahren *siehe* Einstweilige Verfügung im Beschlussverfahren
- gegen betriebsverfassungsrechtlichen Weiterbeschäftigungsanspruch **5 A** 187 ff.
- betriebsverfassungsrechtlicher Weiterbeschäftigungsanspruch, Geltendmachung **3 J** 147; **5 A** 193, 195 ff.; **5 I** 89
- einzelne Arbeitskampfmaßnahmen **5 I** 96
- Erhaltungsarbeiten bei Arbeitskampf **4 C** 62
- Gläubigerhaftung **5 I** 80 f.
- Herausgabe von Arbeitspapieren **5 I** 83
- Konkurrentenklage **5 I** 93b ff.
- Leistungsverfügung **5 I** 76
- mündliche Verhandlung **5 I** 77 f.
- nachvertragliches Wettbewerbsverbot **2 F** 73
- Notdienst bei Arbeitskampf **4 C** 62
- Regelungsverfügung **5 I** 76
- Schadensersatz bei Abwerbung **1 C** 53
- Sicherungsverfügung **5 I** 76
- Teilzeitanspruch **3 B** 80 ff.; **5 I** 93a
- Umsetzung **3 A** 42
- Unterlassung von Wettbewerb **5 I** 88
- Untersagung anderweitiger Beschäftigung **5 I** 87
- Urlaub **2 C** 177 ff.
- Urlaubsentgelt **2 C** 180
- Urlaubsgewährung **5 I** 93
- Verfahren **5 I** 74 ff.
- Verfügungsanspruch **5 I** 76
- Versetzung **3 A** 42
- Wahlanfechtung des Betriebsrats **5 H** 198
- Weiterbeschäftigung Jugendvertreter im Anschluss an die Ausbildung **5 I** 90a
- Zahlung des Arbeitsentgelts **2 A** 662 ff.; **5 I** 82
- Zeugniserteilung/-berichtigung **3 K** 59
- Zuständigkeit **5 I** 74 f.

Einstweilige Verfügung im Beschlussverfahren 5 H 195 ff.
- allgemeiner Unterlassungsanspruch des Betriebsrats **4 A** 570; **5 H** 200 ff.
- Ansprüche des Arbeitgebers, Beispiele **5 H** 199
- Ansprüche des Betriebsrats, Beispiele **5 H** 198
- des Betriebsrats auf Einhaltung des Interessenausgleichs **4 A** 974
- Betriebsratswahl **4 A** 121
- betriebsverfassungsrechtliche Ansprüche **5 H** 197 ff.
- gegen Durchführung eines Einigungsstellenspruchs **5 H** 200c
- gegen personelle Einzelmaßnahme **5 H** 200a
- Rechtsmittel **5 H** 210
- Streitwert **5 J** 123

- Unterlassung Betriebsänderung bis Versuch eines Interessenausgleichs **4 A** 975; **5 H** 201 ff.
- Untersuchungsgrundsatz **5 H** 208
- Verfügungsgrund **5 H** 206
- Zuständigkeit **5 H** 207

Elektronische Form 5 D 41
- Arbeitsvertrag **1 C** 249

Elterngeld 2 D 1 ff.
- Berechnung **2 D** 5
- Einkommensteuer **2 D** 6
- Geburt ab 1.7.2015 **2 D** 1 ff.
- Geburt vor dem 1.7.2015 **2 D** 4

Elternzeit
- Anspruchsberechtigte **2 D** 9
- Anspruchsvoraussetzungen **2 D** 8 ff.
- Arbeitsunfähigkeit **2 D** 15
- im Arbeitszeugnis **2 D** 21
- betriebliche Altersversorgung **2 E** 213
- Betriebsverfassungsrecht **2 D** 19
- Entgeltumwandlung **2 E** 310
- als Freistellung **2 A** 130
- Hochschulbereich **1 E** 210
- Kündigungsfristen **3 D** 150
- Kündigungsgrund **3 G** 28a
- Kündigungsschutz bei Elternzeit *siehe dort*
- Kürzung des Erholungsurlaubs **2 D** 22, 25
- Modalitäten **2 D** 10 ff.
- Rechtsfolgen **2 D** 14 ff.
- Resturlaub **2 D** 23
- Sonderzuwendungen **2 D** 17 f.
- Teilzeitanspruch bei Elternzeit *siehe dort*
- Teilzeittätigkeit, Fortführung **2 D** 16
- übertragener Urlaub **2 D** 24
- Urlaubsabgeltung **2 D** 24
- Urlaubsgeld **2 C** 130
- Vertretung der in ~ befindlichen Arbeitnehmer **1 E** 192 ff.

E-Mails
- *siehe auch* Telekommunikationsdaten
- Abwerbung per ~ **1 C** 48a
- Beendigung des Arbeitsverhältnisses, dienstliche Daten **6 F** 164 ff.
- Datenschutz **2 A** 198
- Kontrolle **6 F** 138 f.
- private Nutzung **2 A** 198
- private Nutzung als Kündigungsgrund **3 G** 31a
- als Schriftform **1 C** 249

Entfristungsklage 1 E 174 ff.; **5 A** 110 ff.
- und allgemeine Feststellungsklage **5 A** 117
- Antragsformulierung **5 A** 116
- Auflösungsantrag gegen Zahlung einer Abfindung **1 E** 180a
- Darlegungs- und Beweislast **1 E** 184 ff.; **5 A** 118 ff.
- kein besonderes Feststellungsinteresse **5 A** 113

- Kettenbefristungen **5 A** 111
- Klagefrist **1 E** 174 ff.; **5 A** 110 ff.
- punktuelle Streitgegenstandstheorie **5 A** 114
- Streitwert **1 E** 183a
- vorläufige Weiterbeschäftigung **1 E** 190
- Zeitpunkt **5 A** 113

Entgeltfortzahlung
- *siehe* Annahmeverzug des Arbeitgebers; Arbeitsverhinderung aus persönlichen Gründen; Entgeltfortzahlung an Feiertagen; Entgeltfortzahlung im Krankheitsfall

Entgeltfortzahlung an Feiertagen 2 B 202 ff.
- Geltungsbereich **2 B** 207
- gesetzlicher Feiertag **2 B** 205 f.
- Höhe **2 B** 211 ff.
- Kausalität **2 B** 208 ff.
- Kurzarbeit **2 B** 215
- Rechtsgrundlagen **2 B** 202 ff.
- Streik **4 C** 59
- Überstunden **2 B** 212
- unentschuldigtes Fernbleiben **2 B** 217 ff.
- Zusammenfallen mit Entgeltfortzahlung im Krankheitsfall **2 B** 149, 216

Entgeltfortzahlung im Krankheitsfall 2 B 102 ff.
- Anspruchsübergang bei Dritthaftung **2 B** 192 ff.
- Arbeitsentgelt als Berechnungsgrundlage **2 B** 143 ff.
- Arbeitsunfähigkeit *siehe* Krankheit
- Arbeitsunfähigkeitsbescheinigung *siehe dort*
- Aufhebungsvertrag **2 B** 190
- Aufwendungen **2 A** 856; **2 B** 147
- Ausgleichsverfahren **2 B** 197 f.
- Auslandserkrankung *siehe dort*
- Beginn **2 B** 121 f.
- Durchschnittsverdienst bei leistungsbezogenem Arbeitsentgelt **2 B** 148
- Eigenkündigung **2 B** 188 ff.
- Ende **2 B** 123
- Entgeltausfallprinzip **2 B** 139
- Feiertagsentgelt **2 B** 149
- Fortsetzungskrankheit *siehe dort*
- Gratifikationen **2 B** 145
- Höhe **2 B** 138 ff.
- Kleinbetriebe **2 B** 197 ff.
- Krankheit *siehe dort*
- Kündigung aus Anlass der Arbeitsunfähigkeit **2 B** 188 ff.
- Kurzarbeit **2 B** 149
- Kürzungsmöglichkeit bei Sondervergütungen **2 B** 150 ff.
- Leistungsverweigerungsrecht bei Dritthaftung **2 B** 194 f.
- Pfändbarkeit **2 A** 675
- Rechtsgrundlagen **2 B** 102 ff.
- regelmäßige Arbeitszeit **2 B** 141
- Rehabilitationsmaßnahme **2 B** 119 f.
- Schwangerschaftsabbruch **2 B** 118
- Sechswochenzeitraum **2 B** 124 f.
- Sterilisation **2 B** 118
- Streik **4 C** 59
- Tarifverträge **2 B** 140
- Trinkgeld **2 B** 144
- Überstunden **2 A** 373; **2 B** 142
- Umlageverfahren **6 C** 34 ff.
- Voraussetzungen **2 B** 105 ff.
- Vorsorgemaßnahme **2 B** 119 f.
- Wartezeit **2 B** 106, 121 f.
- Zusammenfallen mit Entgeltfortzahlung an Feiertagen **2 B** 149, 216

Entgeltklage 5 A 242 ff.
- Annahmeverzug des Arbeitgebers **5 A** 255
- Antrag bei erfolgten Netto-Teilleistungen **5 A** 244 f.
- Arbeitslosengeld **5 A** 250 ff.
- Bruttobetrag **2 A** 586; **5 A** 243 ff.
- Krankenversicherungsbeitrag bei Obsiegen **5 A** 254
- und Kündigungsschutzklage **5 A** 250
- Lohnsteuer- und Beitragsabführung **5 A** 243 f.
- Lohnsteuer- und Beitragsabführung bei Zwangsvollstreckung **5 I** 38 f.
- Mindestlohn **6 E** 115
- Nettobetrag **5 A** 258 f.
- Überstundenvergütung **2 A** 377; **5 A** 256 f.
- Urlaubsgeld, -entgelt, -abgeltung **5 A** 264 ff.
- Zinsen **5 A** 248 f.
- auf zukünftige Leistung **5 A** 260 ff.
- Zwangsvollstreckung brutto/netto **5 A** 246 f.

Entgeltumwandlung 2 E 28 f., 304 ff.
- AGB-Kontrolle **2 E** 265
- Anwartschaft bei Ausscheiden **2 E** 381
- Betriebsvereinbarung **2 E** 248
- Durchführungswege **2 E** 307
- gezillmerte Tarife **2 E** 266
- Inhaltskontrolle der Vereinbarungen **2 E** 263 f.
- Mitbestimmung **2 E** 246 ff.
- steuerliche Förderung **2 E** 308 ff.
- Stornoabschläge **2 E** 266
- Umfang **2 E** 306
- Unverfallbarkeit **2 E** 331, 478 f.
- Wertgleichheit **2 E** 263 f.
- zeitweilig ruhendes Arbeitsverhältnis **2 E** 310

Entschädigung eines Bewerbers 1 C 10c ff.
- Ausschlussfristen nach AGG **1 F** 165 ff.
- Kriterien der Bemessung **1 C** 11
- Obergrenze **1 C** 10e
- Rechtsmissbrauch **1 C** 12

Entsendung von Arbeitnehmers
- *siehe* Arbeitnehmerentsendung

Entwicklungshelfer 1 A 134
– Rechtsweg bei Streitigkeiten **5 B** 90
Erfindervergütung 2 H 47 ff.
– Pfändbarkeit **2 A** 676
– Streitigkeiten **2 H** 77 f.
Erholungsurlaub
– *siehe* Urlaub
Erkrankung
– *siehe* Krankheit
Erlassvertrag
– und Aufhebungsvertrag **3 C** 19
– Sozialplanabfindung **4 A** 951
– über Versorgungsanwartschaft vor Betriebsübergang **2 G** 277
Erledigung der Hauptsache
– Beschlussverfahren **5 H** 177 ff.
– Beschwerdeverfahren **5 H** 235
– Rechtsbeschwerde **5 H** 278
Ermahnung
– Abmahnung, Abgrenzung **3 E** 186
Ermittlungsverfahren
– Frage in Einstellungsgespräch **1 C** 111
Ersatzmitglieder
– *siehe auch* Kündigungsschutz betrieblicher Funktionsträger
– Kündigungsschutz **3 H** 66, 74
– Kündigungsschutz, Beginn **3 J** 171
– Schulungsveranstaltungen **4 A** 188
Ertragsbeteiligung
– *siehe* Umsatz-/Gewinnbeteiligung
Erwerbsminderung 7 C 197 ff.
– Arbeitsmarkt verschlossen **7 C** 202 f.
– Beendigung des Arbeitsverhältnisses **1 E** 96
– betriebliche Altersversorgung **2 E** 56 f.
– Leistungsvermögen **7 C** 198 ff.
– Rentenauskünfte **7 C** 25 f.
– teilweise **1 E** 96 f.; **7 C** 198 ff.
– Teilzeitbeschäftigung **1 E** 96b
– volle **7 C** 206 ff.
Erwerbsminderungsrente 7 C 193 ff.
– Abschlag **7 C** 215 ff.
– allgemeine Wartezeit **7 C** 213
– Altersgrenze **7 C** 9
– anrechenbare Zeiten **7 C** 222 ff.
– arbeitsrechtliche Bedeutung **7 C** 232
– Ausgleichszahlungen *siehe dort*
– befristete Rente **7 C** 227
– Beginn **7 C** 214
– durchgängige Erwerbsbiografie **7 C** 220 f.
– Erwerbsminderung *siehe dort*
– Hinzuverdienstgrenzen **7 C** 253 ff.
– Hinzuverdienstgrenzen bei teilweiser Erwerbsminderung **7 C** 256 ff.
– Hinzuverdienstgrenzen bei voller Erwerbsminderung **7 C** 254 f.
– Rechtsgrundlage **7 C** 195 f.
– Rentenkürzung **7 C** 215 ff.
– Übergangsregelung **7 C** 219
– Vertrauensschutzregelung **7 C** 229 ff.

– Voraussetzungen **7 C** 197 ff.
– Vorversicherungszeit **7 C** 211 f.
– Zugangsfaktor, Minderung **7 C** 217 ff.
– Zurechnungszeit **7 C** 223 ff.
Erwerbsunfähigkeit 7 C 233
– *siehe auch* Erwerbsminderung
– auf Zeit und Kündigungsschutz schwerbehinderter Menschen **3 H** 63
Erziehungsurlaub
– *siehe* Elternzeit
Ethikrichtlinien 4 A 579
– Mitbestimmung **2 A** 188
Ethnische Herkunft
– Merkmal des AGG **1 F** 31 ff.
Europäische Betriebsräte 4 A 43 ff.
– besonderer Auskunftsanspruch **4 A** 43
– besonderer Kündigungsschutz **3 H** 65a
– besonderes Verhandlungsgremium **4 A** 44
– EBRG **4 A** 43 ff.
– kraft Gesetzes **4 A** 46
– Grundsatz der Gestaltungsfreiheit **4 A** 45
– inländische Arbeitnehmervertreter **4 A** 50
– Rechtsweg bei Streitigkeiten **5 B** 112
– Streitigkeiten **5 H** 30c
– kraft Vereinbarung **4 A** 45
Europäische Genossenschaft
– *siehe* Mitbestimmung in der Europäischen Genossenschaft
Europäische Gesellschaft
– *siehe* Mitbestimmung in der Europäischen Gesellschaft
Europäisches Unionsrecht
– AEUV **1 A** 14
– AGG und EG-Richtlinien **1 F** 2 ff.
– Arbeitnehmerfreizügigkeit **1 H** 10 ff.
– Arbeitnehmerüberlassung **6 D** 22 f.
– Arbeitsschutz-Rahmenrichtlinie **6 B** 1
– Arbeitszeitrecht **6 A** 1 ff.
– Ausschlussfristen, kurze bei Arbeitnehmerüberlassung **6 D** 116
– Bereitschaftsdienst **6 A** 23a
– Betriebsübergang **2 G** 2
– Datenschutz **6 F** 2
– EuGH-Rechtsprechung **1 A** 17
– EU-Richtlinien **1 A** 16
– Europäische Betriebsräte *siehe dort*
– EU-Verordnungen **1 A** 15
– Gerichtsstandsvereinbarungen **5 B** 162
– Gleichbehandlung der Frauen im Berufsleben **6 C** 19
– internationale Zuständigkeit **5 B** 172 ff.
– Kroatien und Arbeitnehmerfreizügigkeit **1 H** 13 ff.
– Mitbestimmung in der Europäischen Genossenschaft *siehe dort*
– Mitbestimmung in der Europäischen Gesellschaft *siehe dort*
– Mittelbare Diskriminierung *siehe dort*
– Nachweis einer Arbeitsunfähigkeit **2 B** 171, 186 f.

- Neufassung der Arbeitszeit-Richtlinie **6 A** 2a
- Rechtsquelle **1 A** 13 ff.
- rückwirkende Einbeziehung Teilzeitbeschäftigter in betriebliche Altersversorgung **2 E** 201 f.
- Schwangerschaftsfrage **1 C** 97
- Urlaubsabgeltung und tarifliche Ausschlussfristen **2 C** 267
- Urlaubsabgeltung wegen Krankheit **2 C** 152 ff.
- Wanderarbeitnehmer **6 D** 23

Fachkräfte für Arbeitssicherheit 6 B 25 ff.
- Aufgaben **6 B** 30
- Bestellung **6 B** 27
- Sonderkündigungsschutz **3 H** 110e
- Weisungsfreiheit **6 B** 31

Fahrerlaubnis
- Entzug als Kündigungsgrund **3 G** 29

Fahrlässigkeit
- Arbeitnehmerhaftung **2 I** 14 ff.
- grobe **2 I** 16 f.
- leichteste **2 I** 16 f.

Faktisches Arbeitsverhältnis 1 C 271 ff.
- Abgrenzung zu anderen Fallgruppen **1 C** 277 ff.
- Anfechtung des Arbeitsverhältnisses **1 C** 272 ff.

Fälligkeit
- Abfindungsoption **3 E** 351 f.
- Abfindungsvereinbarung **3 C** 33 f.
- Arbeitsentgelt **2 A** 572 f.
- Mindestlohn **6 E** 99
- Provisionsanspruch **2 A** 425
- Sonderzahlungen **2 A** 573

Familienpflegezeit 2 A 126a; **2 D** 86 ff.
- Ankündigungsverpflichtungen **2 D** 91
- Begriff **2 D** 89
- Beschäftigtenzahl **2 D** 92
- Ende **2 D** 106
- Gesamtdauer **2 D** 90
- gesetzliche Vorgaben der Inanspruchnahme **2 D** 94 ff.
- Inanspruchnahme **2 D** 92 ff.
- und Pflegezeit **2 D** 95 ff.
- Sonderkündigungsschutz **2 D** 105; **3 H** 141 ff.
- staatliche Förderung **2 D** 99 ff.
- Teilzeitanspruch **3 B** 38
- Verpflichtung zur Vereinbarung **2 D** 93
- zinsloses Bundesdarlehen **2 D** 86, 99 ff.

Familienrechtliche Mitarbeit
- Arbeitnehmereigenschaft iSd. BetrVG **4 A** 68
- Arbeitsverhältnis **1 B** 111; **3 E** 22 ff.
- Zerrüttung der Ehe als Kündigungsgrund **3 E** 144; **3 G** 26a

Fax
- Berufungsschrift per Computerfax **5 D** 42
- Berufungsschrift per Telefax **5 D** 40
- als Schriftform **1 C** 248

Feiertag 2 B 205 f.

Feiertagsarbeit
- siehe Entgeltfortzahlung an Feiertagen; Sonn- und Feiertagsarbeit

Feiertagsentgelt
- siehe Entgeltfortzahlung an Feiertagen

Fernbleiben, unentschuldigtes
- Arbeitsversäumnis siehe dort
- Darlegungs- und Beweislast **5 A** 97
- Entgeltfortzahlung an Feiertagen **2 B** 217 ff.
- Vertragsstrafe **2 J** 50

Feststellungsklage 5 A 122 ff.
- Abmahnung **3 E** 180
- allgemeine ~ auf Fortbestand des Arbeitsverhältnisses **5 A** 11 f.
- Änderungsschutzklage **3 A** 150 f.
- Antrag **5 A** 125
- arbeitgeberseitige **5 A** 129
- Aufhebungsvertrag, Anfechtung **5 A** 130 f.
- Auslegung einer Tarifnorm **4 C** 84
- außerordentliche Eigenkündigung **3 F** 66
- Befristung einzelner Arbeitsvertragsbedingungen **5 A** 112
- Darlegungs- und Beweislast **5 A** 137
- Entfristungsklage **5 A** 117
- Feststellungsinteresse **5 A** 132 f.
- Höhergruppierung **2 A** 355 f.
- und Klagefrist **5 A** 124
- Kündigung wegen Betriebsübergangs **2 G** 351 ff.
- Kündigungsfrist, zu kurze **5 A** 126
- und Kündigungsschutzklage **5 A** 123
- Kündigungsschutzklage als ~ **5 A** 5
- Mängel der Willenserklärung **5 A** 126
- nachträglich gestellter Antrag **5 A** 127
- nachvertragliches Wettbewerbsverbot **2 F** 72
- nachvertragliches Wettbewerbsverbot, Unverbindlichkeit **2 F** 27
- Schriftformverstoß bei Kündigung **5 A** 126
- Streitwert **5 J** 72 f.
- Streitwert bei allgemeiner ~ auf Fortbestand des Arbeitsverhältnisses **5 J** 38
- Umsetzung **3 A** 41 ff.
- Urlaub **2 C** 163
- Verbindung mit Klage nach § 4 KSchG **5 A** 13, 15
- Verwirkung **5 A** 134 ff.

Firmenfahrzeug, privat genutztes 2 A 529 ff.
- AGB-Kontrolle **1 D** 44 f.
- AGB-Kontrolle, sofortige Entzug der Privatnutzung **1 D** 77a
- Annahmeverzug des Arbeitgebers **2 B** 41 f.
- Beendigung des Arbeitsverhältnisses **2 A** 533 ff.
- Einkommensteuer **2 A** 531 f.

[Firmenfahrzeug, privat genutztes]
- Eintritt in Leasingvertrag **2 A** 535
- Karenzentschädigung **2 F** 59
- Nutzungsentschädigung **2 A** 534; **2 B** 41 f.
- Schadensersatz **2 A** 534
- Schadensfreiheitsrabatt **3 C** 46
- Streitwert bei Klage auf Herausgabe/ Zurverfügungstellung **5 J** 81
- Streitwert bei Kündigungsschutzklage und Mehrvergleich über ~ **5 J** 86a
- Übereignung aufgrund Aufhebungs-/ Abwicklungsvertrags **3 C** 46
- Vertragsbeispiel **2 A** 532
- Widerruf der Privatnutzung **2 A** 530

Firmentarifvertrag 4 C 89
- Betriebsübergang, kollektivrechtliche Weitergeltung **2 G** 167
- Kündigung des ~s und Betriebsübergang **2 G** 226 ff.

Flashmob 4 C 44

Flexibilisierung der Arbeitszeit 2 A 104 f., 116 ff.
- Arbeitnehmerüberlassung und Arbeitszeitkonto **6 D** 127
- Arbeitszeitkonto **2 A** 118 f.
- Ausgleichszeitraum und § 3 ArbZG **6 A** 31 ff.
- Bandbreitenregelung **2 A** 101
- Gleitende Arbeitszeit *siehe dort*
- Kapovaz **2 A** 120
- Negativsaldo **2 A** 118
- Urlaubsberechnung **2 C** 98
- variable Wochenarbeitszeit **2 A** 118
- Vertrauensarbeitszeit **2 A** 119

Fluglizenz
- Entzug als Kündigungsgrund **3 G** 29

Flugzeugpiloten
- Altersgrenzen **1 E** 87

Forderungsübergang
- Ausschlussfrist **2 A** 607 f.
- Bundesagentur für Arbeit **2 A** 608
- Pensions-Sicherungs-Verein **2 E** 529 f.

Formularverträge
- *siehe* AGB-Kontrolle

Fortbildung, berufliche 1 B 112
- Unterstützung durch Arbeitgeber **2 A** 810

Fortbildungskosten
- *siehe* Aus-, Fort- und Weiterbildungskosten

Fortsetzungskrankheit 2 B 126 ff.
- Berechnungsbeispiele **2 B** 137
- Beweislast **2 B** 134
- Grundleiden **2 B** 127
- Sechsmonatsregelung **2 B** 136
- Zwölfmonatszeitraum **2 B** 135

Fragerecht
- *siehe* Einstellungsgespräch

Franchisenehmer
- Arbeitsverhältnis **3 E** 27 ff.

Franchisevertrag 1 B 108 ff.
- persönliche Abhängigkeit **1 B** 108
- Rechtsformmissbrauch **1 B** 110

Frauenarbeitsschutz 6 C 16 ff.
- *siehe auch* Geschlechtsbezogene Diskriminierung; Gleichbehandlung
- Bundesgleichstellungsgesetz **6 C** 21
- Frauenförderung *siehe dort*
- öffentlich-rechtlicher **6 C** 21 ff.

Frauenbeauftragte
- Sonderkündigungsschutz **3 H** 110h

Frauenförderung
- *siehe auch* Geschlechtsbezogene Diskriminierung; Gleichbehandlung
- durch den Betriebsrat **4 A** 448 f.
- Geschlechterquote bei Betriebsratswahl **4 A** 113
- Gremien **6 C** 22

Freie Entfaltung der Persönlichkeit
- *siehe* Persönlichkeitsrecht des Arbeitnehmers

Freie Mitarbeiter
- Abgrenzung zum Arbeitnehmer **1 A** 18 ff., 23 ff., 40, 59; **3 E** 30 ff.
- Betriebsübergang **2 G** 118
- Checkliste **1 A** 40
- Dienstvertrag **1 B** 104
- Lehrer **1 A** 46 ff.
- Mitbestimmung bei Beschäftigung im Betrieb **4 A** 748
- Rechtsanwälte **1 A** 49 f.
- Rundfunk- und Fernsehmitarbeiter **1 A** 41 ff.
- Telearbeit **1 A** 71 ff.
- Unterrichtungsanspruch des Betriebsrats **4 A** 463
- Volkshochschuldozenten **1 A** 46 ff.
- Wettbewerbsverbot **2 F** 5
- Zeugnisanspruch **3 K** 17

Freigestellte Betriebsratsmitglieder 4 A 153 ff.
- Anwesenheitspflicht **4 A** 159
- Arbeitsentgelt **4 A** 161 f.
- außerbetriebliche Tätigkeit **4 A** 160
- und Freistellung nach § 37 Abs. 2 BetrVG **4 A** 158
- Gesamtbetriebsrat **4 A** 163
- Schwellenwerte **4 A** 153
- Teilfreistellung **4 A** 154
- Wahl **4 A** 155

Freischichtenmodell 2 A 104 f.

Freistellung 2 A 123 ff., 747 ff.
- *siehe auch* Arbeitsverhinderung aus persönlichen Gründen; Freigestellte Betriebsratsmitglieder; Freistellung gemäß § 37 Abs. 2 BetrVG; Sonderurlaub
- AGB-Kontrolle von ~sklauseln **1 D** 107 ff.; **2 A** 754
- Anrechnung anderweitigen Verdienstes **2 A** 758; **2 B** 63 f.

- aus Arbeitnehmerinteresse **2 A** 134
- in der Arbeitsphase bei Blockmodell **7 B** 42
- Arbeitsunfähigkeit, über 6 Wochen hinausgehende **2 A** 131
- Arbeitswillige im Arbeitskampf **2 B** 79
- im Aufhebungsvertrag **3 C** 35 f.
- zum Ausgleich für Betriebsratstätigkeit außerhalb der Arbeitszeit **4 A** 176 ff.
- Ausgleich von Arbeitszeitguthaben **2 A** 761
- Ausgleich von Freizeitausgleichsansprüchen **2 A** 761
- außerordentliche Kündigung, Abgrenzung **3 F** 10
- Betreuung eines erkrankten Kindes **2 A** 125; **2 B** 98 ff.
- Bundestagsbewerber **2 A** 127
- Durchsetzung des Beschäftigungsanspruchs **2 A** 750 ff.
- einseitige **2 A** 748 ff.
- einvernehmliche **2 A** 133, 753 ff.
- einvernehmliche unwiderrufliche ~ und Beschäftigungsverhältnis **7 A** 9 f.
- Entfallen der Beschäftigungspflicht **2 A** 749
- Entgeltumwandlung **2 E** 310
- Erfüllung offener Urlaubsansprüche **2 A** 759 f.
- Erkrankung während der ~ **2 A** 141
- Formulierungsbeispiel **2 A** 761
- Freistellungsvorbehalt **2 A** 754
- bei gekündigtem Arbeitsverhältnis **2 C** 86 ff.
- Jugend- und Auszubildendenvertretung **4 A** 311
- Klauselbeispiel **2 A** 755
- Kündigung, Abgrenzung **3 D** 14
- Kündigung während der ~ **2 A** 143
- Kurzarbeit **2 A** 135
- Mitbestimmung bei ~ bei gekündigtem Arbeitsverhältnis **4 A** 759
- Pflegezeit mit teilweiser ~ **2 D** 66 ff.
- Pflegezeit mit vollständiger ~ **2 D** 65
- Schwangere **2 A** 129
- Schwerbehindertenvertretung **6 C** 63
- Sozialversicherung bei ~ aufgrund Wertguthaben **4 A** 104
- sozialversicherungsrechtliche Folgen bei Aufhebungsvertrag **3 C** 35a
- Sprecherausschussmitglied **4 A** 1129 f.
- Stellensuche *siehe* Freistellung zur Stellensuche
- Streitwert bei Kündigungsschutzklage und Mehrvergleich über ~ **5 J** 84 ff.
- Suspendierung der Hauptleistungspflichten **2 A** 139 f.
- Umdeutung einer Kündigung in Suspendierungserklärung **3 D** 119
- unwiderrufliche ~ und versicherungspflichtiges Beschäftigungsverhältnis **2 A** 762
- Vergütungszahlung wegen Annahmeverzugs des Arbeitgebers **2 A** 757; **2 B** 62 ff.
- vorzeitige Beendigung **2 A** 142
- Wehrdienst **2 A** 128
- Wettbewerbsverbot **3 C** 35
- Zivildienst **2 A** 128

Freistellung gemäß § 37 Abs. 2 BetrVG **4 A** 164 ff.
- Abmeldung **4 A** 169 f.
- Arbeitsentgelt **4 A** 172 ff.
- Arbeitspensum **4 A** 166
- Betriebsratstätigkeit außerhalb der Arbeitszeit **4 A** 176 ff.
- Erforderlichkeit der Betriebsratstätigkeit **4 A** 165 ff.
- Gesamtbetriebsrat **4 A** 163
- Rückmeldung **4 A** 171
- Umfang **4 A** 167 f.

Freistellung zur Stellensuche **1 C** 31 ff.; **2 C** 12
- angemessene Freizeitgewährung **1 C** 35
- Anspruchsvoraussetzungen **1 C** 32 ff.
- dauerndes Dienstverhältnis **1 C** 32
- Entgeltfortzahlung **1 C** 36 ff.
- Kündigung **1 C** 33
- Rechtsfolgen **1 C** 35 ff.
- Verweigerung **1 C** 40

Freiwilliges soziales Jahr **1 A** 82, 134
- Rechtsweg **5 B** 90

Freiwilligkeitsvorbehalt
- AGB-Kontrolle **1 D** 88 ff.
- AGB-Kontrolle und betriebliche Übung **2 A** 892 f.
- Altverträge **1 D** 90a
- betriebliche Übung **2 A** 892 f.
- gegenläufige betriebliche Übung durch nachträglichen ~ **1 D** 99 f.
- Kürzung von Gratifikationen **2 A** 490
- Widerrufsvorbehalt, Abgrenzung **1 D** 89 f.
- Zielvereinbarung **2 A** 431

Friedenspflicht
- Betriebsrat und Arbeitgeber **4 A** 364 ff.
- Sprecherausschuss und Arbeitgeber **4 A** 1116
- tarifvertragliche **4 C** 49, 153 ff.

Fristen
- Abmahnung **3 E** 175 ff.
- Anhörungsrüge **5 G** 7 ff.
- Anschlussberufung **5 D** 98
- bei Antrag auf nachträgliche Klagezulassung **5 A** 60 ff.
- Antragserhebung im Beschlussverfahren **5 H** 115 ff.
- Ausschlussfrist bei außerordentlicher Kündigung *siehe dort*
- Ausschlussfrist, tarifliche *siehe dort*

[Fristen]
- Berufungsbegründung **5 D** 46 ff.
- Berufungsfrist *siehe dort*
- Beschwerde im Beschlussverfahren **5 H** 221
- Klagefrist *siehe dort*
- Mitteilung der Schwangerschaft **3 H** 6 ff.
- Rechtsanwalt **5 D** 53 ff.; **5 E** 31
- Rechtsbeschwerde im Beschlussverfahren **5 H** 264
- Revision **5 E** 25 f.
- Urteilsabsetzung **5 C** 52 f.
- Verlängerung für Berufungsbegründung **5 D** 60 ff.
- Widerspruch des Betriebsrats gegen Kündigung **3 J** 96
- Widerspruch gegen Betriebsübergang **2 G** 408 ff.
- Wiedereinstellungsanspruch, Geltendmachung **3 E** 330

Fristlose Kündigung
- *siehe* Außerordentliche Kündigung

Führungszeugnis
- Bewerber **1 C** 130 f.

Funktionsnachfolge
- Abgrenzung zum Betriebsübergang **2 G** 58 ff.

Fürsorgepflicht
- *siehe* Nebenpflichten des Arbeitgebers

Geburtsbeihilfen
- Pfändbarkeit **2 A** 681

Gefahrenzulage
- Pfändbarkeit **2 A** 677

Gefahrgeneigte Arbeit
- Arbeitnehmerhaftung **2 I** 20 f.

Gegendarstellung 2 A 783; **3 E** 182

Gegenstandswert im Beschlussverfahren 5 H 194; **5 J** 93 ff.
- Ausschluss eines Betriebsratsmitglieds **5 J** 106
- Betriebsratsauflösung **5 J** 105
- Betriebsratswahl, Anfechtung **5 J** 102 f., 110
- betriebsverfassungsrechtliche Streitigkeiten **5 J** 95 ff.
- Betriebsversammlung, Durchführung/Untersagung **5 J** 111
- Einigungsstellenbesetzung **5 J** 107 ff.
- einstweilige Verfügung **5 J** 123
- leitender Angestellter, Statusverfahren **5 J** 120
- Mitbestimmungsrechte **5 J** 116
- personelle Einzelmaßnahmen **5 J** 113 ff.
- Regelwert oder Hilfswert **5 J** 100 f.
- Sachmittel **5 J** 117
- Sachverständigenhinzuziehung nach § 80 Abs. 3 BetrVG **5 J** 118
- Schulung des Betriebsrats **5 J** 119
- Sozialplan, Anfechtung **5 J** 104
- vermögensrechtliche Streitigkeit **5 J** 94
- vermögensrechtliche/nichtvermögensrechtliche Streitigkeit **5 J** 95 ff.
- Wirtschaftsausschuss, Einrichtung **5 J** 112
- Zustimmungsersetzungsverfahren **5 J** 115, 121
- Zutrittsrecht Gewerkschaft **5 J** 122

Gehalt
- *siehe* Arbeitsentgelt

Geheimhaltungspflicht
- *siehe* Verschwiegenheitspflicht

Geheimhaltungspflichten des Betriebsrats 2 A 256; **4 A** 481 ff.
- über personelle Maßnahmen **4 A** 743
- Umfang **4 A** 482 f.
- verpflichteter Personenkreis **4 A** 482
- Verstoß **4 A** 486 f.

Geldstrafen/-bußen
- Übernahme durch den Arbeitgeber **2 A** 861 f.

Geltungsbereich der Tarifnormen 4 C 192 ff.
- ablösender Tarifvertrag **4 C** 195 f.
- betrieblicher **4 C** 201 ff.
- und Betriebsübergang **2 G** 205 f.
- fachlicher **4 C** 204 f.
- Mischbetriebe **4 C** 203
- persönlicher **4 C** 199 f.
- räumlicher **4 C** 193 f.
- Vereinbarung der Rückwirkung **4 C** 197 f.
- verschlechternde Rückwirkung **4 C** 198
- zeitlicher **4 C** 195 f.

Gemeinnützige und zusätzliche Arbeit 1 A 134

Gemeinschaftsbetrieb 3 E 44 ff.; **4 A** 13 ff.
- Arbeitnehmerüberlassung **6 D** 44
- Auflösung **3 E** 46
- Beherrschung eines Konzernunternehmens **4 A** 17
- Betriebsmittel **4 A** 16
- Betriebsrat **4 A** 19
- einheitliche Organisation **4 A** 14
- internationales Arbeitsrecht **1 G** 33
- Kündigungsschutzverfahren und betriebsverfassungsrechtliches Abgrenzungsverfahren **3 E** 47
- mehrere Unternehmen **4 A** 15
- Sozialauswahl **3 E** 259
- Sozialauswahl bei Insolvenz **3 I** 49 ff.
- Spaltung **4 A** 18
- Spaltung und Mitbestimmung **2 G** 312 f.
- Vermutung **4 A** 15 ff.

Genomanalyse 1 C 139 ff.
- Benachteiligungsverbot **1 C** 142
- grundsätzliches Verbot **1 C** 141a

Genossenschaft
- Arbeitgeber **1 A** 143
- Aufsichtsrat **4 B** 93

- Mitbestimmung in der Europäischen Genossenschaft *siehe dort*

Gerichtskosten 5 J 134 ff.
- Berufungs-, Revisionsverfahren, Beschwerden 5 J 136
- Erstattungsanspruch gegen den Arbeitgeber 2 A 858 ff.
- erste Instanz 5 J 135

Gerichtsstand 5 B 5, 144 ff.
- allgemeiner 5 B 148
- Arbeitsort 5 B 150
- Aufenthaltsort 5 B 152
- Beschlussverfahren 5 B 164 ff.; 5 H 54 ff.
- Erfüllungsort 2 A 72; 5 B 154 ff.
- gewerbliche Niederlassung 5 B 153
- internationale Zuständigkeit 5 B 167 ff.; 5 H 56 a
- Kündigungsschutzklage 5 A 54 f.
- mehrere Gerichtsstände 5 B 146
- nachvertragliches Wettbewerbsverbot 2 F 74 a
- Parteifähigkeit 5 B 5
- Pensions-Sicherungs-Verein 2 E 461
- rügeloses Verhandeln 5 B 163
- unerlaubte Handlung 5 B 158
- Vereinbarung 5 B 160 ff.
- Vereinbarung internationaler Zuständigkeit 5 B 171
- Vereinbarung nach EG-Recht 5 B 162
- Verfahren 5 B 147
- Widerklage 5 B 159

Geringfügig Beschäftigte 1 B 95 ff.; 6 E 67
- Arbeitslosenversicherung 1 B 101 a
- Ausschluss von betrieblicher Altersversorgung 2 E 209 ff.
- Entgeltgeringfügigkeit 1 B 96
- Gleitzone 1 B 100; 7 C 50
- Pauschalabgaben 1 B 97
- Pauschalbesteuerung 1 B 98
- Privathaushalte 1 B 101; 7 C 49
- Rentenversicherung 7 C 48 ff.
- Teilzeitarbeitsverhältnis *siehe dort*
- Urlaubsberechnung 2 C 96
- Zeitgeringfügigkeit 1 B 96
- Zusammentreffen mehrerer (geringfügiger) Beschäftigungsverhältnisse 1 B 99

Gesamtbetriebsrat 4 A 250 ff.
- Amtszeit 4 A 256
- kraft Auftrags 4 A 264
- Beispiele für Zuständigkeit 4 A 265
- Beschlussfassung 4 A 260
- betriebliche Altersversorgung 2 E 233
- Betriebsänderung 4 A 863 f.
- Betriebsräteversammlung 4 A 259
- betriebsratslose Betriebe 4 A 263
- Betriebsübergang 2 G 308
- Entsendung von Betriebsratsmitgliedern 4 A 252
- Freistellung 4 A 163
- Geschäftsführung 4 A 257
- Interessenausgleichsverhandlungen 4 A 930
- Kompetenzabgrenzung zu Einzelbetriebsräten 4 A 262 f.
- Mitgliederzahl 4 A 254 f.
- Sozialplanverhandlungen 4 A 930
- Stimmengewichtung 4 A 258
- Versetzungen in anderen Betrieb des Arbeitgebers 4 A 266
- Wahlverstöße 4 A 253
- Zusammensetzung 4 A 251 ff.
- Zuständigkeit 4 A 261 f.

Gesamtbetriebsvereinbarung
- Betriebsübergang, kollektivrechtliche Weitergeltung 2 G 172 ff.

Gesamtrechtsnachfolge
- Betriebsübergang 2 G 107, 109 ff.
- Umwandlung von Unternehmen *siehe dort*
- Versorgungszusage 2 E 322

Gesamtsprecherausschuss 4 A 1164 f.

Gesamtversorgung 2 E 84 ff.
- Ablösung 2 E 642 f.
- Anrechnungssysteme 2 E 85
- Äquivalenzstörung 2 E 611

Gesamtzusage 2 E 164 ff.
- Arbeitsentgelt 2 A 309
- Bedeutung 2 E 166
- betriebliche Übung, Abgrenzung 2 A 886
- umstrukturierende Betriebsvereinbarung 4 A 555 f.

Geschäftsbesorgungsvertrag, entgeltlicher 1 B 107

Geschäftsfähigkeit 1 C 222 ff.
- Ermächtigung zum Abschluss eines Arbeitsvertrags 1 C 226 f.
- Ermächtigung zum selbständigen Betrieb eines Geschäfts 1 C 224 f.
- Klagefrist bei geschäftsunfähigem Arbeitgeber 5 A 25

Geschäftsführer
- *siehe* GmbH-Geschäftsführer

Geschäftsgeheimnisse
- *siehe* Verschwiegenheitspflicht

Geschäftsunterlagen
- Herausgabe nach Beendigung des Arbeitsverhältnisses 2 A 264

Geschenkannahme 2 A 239

Geschlecht
- Merkmal des AGG 1 F 32
- Rechtfertigung nach AGG 1 F 86 ff.

Geschlechtsbezogene Diskriminierung 6 C 17 ff.
- betriebliche Altersversorgung 2 E 369 ff.
- Einstellungsgespräch 1 C 81 f.
- Entschädigung eines Bewerbers *siehe dort*
- Frage nach dem wahren Geschlecht 1 C 81

[Geschlechtsbezogene Diskriminierung]
- Kürzung von Gratifikationen bei Fehlzeiten wegen Schwangerschaft und Mutterschaft **2 A** 483
- Mittelbare Diskriminierung *siehe dort*
- Teilzeitbeschäftigte **1 B** 93
- Versorgungsregelung **2 E** 190 ff.

Geschlechtsumwandlung
- Kündigungsgrund **3 E** 138

Gesellschafter
- Arbeitnehmereigenschaft **1 A** 129
- Geltung des BetrAVG **2 E** 586 ff.
- KSchG **3 E** 20
- Kündigung, wenn zugleich Arbeitnehmer **3 D** 52

Gesellschaftsvertrag 1 B 106

Gesetzliches Verbot
- Arbeitsvertrag **1 C** 252 ff.
- Aufhebungsvertrag **3 C** 7
- Restwirksamkeit des Arbeitsvertrags **1 C** 256

Gewässerschutzbeauftragter
- Sonderkündigungsschutz **3 H** 108 f.

Gewerkschaften 4 C 23 ff.
- allgemeine betriebsverfassungsrechtliche Mitwirkungsrechte **4 A** 80 f.
- Aufbau **4 C** 28
- Aufsichtsrat, Wahl **4 B** 49
- Begriff iSd. BetrVG **4 A** 72
- Berufsverbandsprinzip **4 C** 24
- Betätigung in ~ **2 A** 248
- Beteiligte im Beschlussverfahren **5 H** 91 ff.
- Betriebsversammlung auf Antrag **4 A** 321
- CGZP **6 D** 81 ff.
- Christliche ~ **4 C** 4
- Christliche ~ und Tarifverträge Leiharbeit **6 D** 80 ff.
- DGB **4 C** 28
- Frage in Einstellungsgespräch **1 C** 82 ff.
- bei grobem Verstoß gegen AGG **1 F** 174
- Industrieverbandsprinzip **4 C** 24
- Koalition *siehe dort*
- Koalitionsfreiheit *siehe dort*
- leitende Angestellte **4 C** 26
- negative Koalitionsfreiheit **4 C** 12
- nicht rechtsfähiger Verein **4 C** 5
- Parteifähigkeit **5 B** 16 ff.
- Richtungsgewerkschaften **4 C** 7
- Schadensersatzpflicht bei rechtswidrigem Arbeitskampf **4 C** 71
- Schlichtungsstelle **4 C** 35
- Sparten-~ **4 C** 27
- Tariffähigkeit **4 C** 87 f.
- Tarifverhandlungen **4 C** 29
- Teilnahme an Betriebsratssitzung **4 A** 75, 146
- Teilnahme an Betriebsversammlung **4 A** 347
- Unterlassungsanspruch bei tarifwidrigen betrieblichen Regelungen **4 A** 81
- Vertretensein im Betrieb **4 A** 73
- Vertretung im Beschlussverfahren **5 H** 102
- Vertretung im Beschwerdeverfahren **5 H** 219
- Werbung und Information im Betrieb **4 A** 78 f.; **4 C** 22
- Zugangsrecht der Gewerkschaft *siehe dort*

Gewinnbeteiligung
- *siehe* Umsatz-/Gewinnbeteiligung

Gewinnerzielungsabsicht
- Berichterstattung und Meinungsäußerung **4 A** 1080
- erzieherische Bestimmung **4 A** 1070
- karitativer Bestimmung **4 A** 1065
- künstlerische Bestimmung **4 A** 1076
- wissenschaftliche Bestimmung **4 A** 1073

Gewissensentscheidungen 2 A 50 ff.
- personenbedingte Kündigung **3 E** 139

Gleichbehandlung
- *siehe auch* Allgemeines Gleichbehandlungsgesetz
- Abfindungen **3 C** 6
- absolute Differenzierungsverbote des BetrVG **4 A** 386 f.
- älterer Arbeitnehmer im Betrieb **4 A** 388 f.
- Anrechnung übertariflicher Zulagen **4 C** 176, 178
- Arbeitsentgelt **2 A** 326 ff.
- Aufsichtsratsmitglieder **4 B** 119
- befristeter Arbeitsvertrag **1 E** 168 ff.
- betriebsbezogen **4 A** 385
- bei Betriebsübergang durch Erwerber **2 G** 161 ff.
- betriebsverfassungsrechtlicher ~sgrundsatz **4 A** 383 ff.
- Darlegungs- und Beweislast bei Ungleichbehandlung wegen Tarifvertrag **4 C** 137
- Direktionsrecht **2 A** 36
- Diskriminierung *siehe* Mittelbare Diskriminierung; Geschlechtsbezogene Diskriminierung
- Frauenförderung *siehe dort*
- Geschlechtsbezogene Diskriminierung *siehe dort*
- Gleichbehandlung weiblicher und männlicher Arbeitnehmer **6 C** 17 ff.
- als Grundlage einer Versorgungszusage **2 E** 174 ff.
- Höhe des Arbeitsentgelts **2 A** 313
- Kündigungsfristen in Tarifverträgen **4 C** 136
- Leiharbeitnehmer **6 D** 65 ff.
- Leiharbeitnehmer: Zugang zu Gemeinschaftseinrichtungen und -diensten **6 D** 155
- schwerbehinderte Menschen **6 C** 52
- Sozialplanabfindung **4 A** 939 f.

- Stellenausschreibung *siehe dort*
- Teilzeitbeschäftigte *siehe* Gleichbehandlung Teilzeitbeschäftigter
- Überwachung durch Betriebsrat **4 A** 461
- Zeiten vor vollendetem 25. Lebensjahr **3 D** 148

Gleichbehandlung Teilzeitbeschäftigter
- Arbeitsentgelt **3 B** 7
- Benachteiligungsverbot **3 B** 13
- betriebliche Altersversorgung **2 E** 195 ff.
- Diskriminierungsverbot **3 B** 5 ff.
- Erschwerniszuschläge **3 B** 7
- Funktionszulagen **3 B** 7
- Gratifikationen **3 B** 7
- Günstigkeitsvergleich **3 B** 9
- Kausalzusammenhang **3 B** 8
- Lehrer **3 B** 7
- pro-rata-temporis-Grundsatz **3 B** 6 f.
- Prüfungsreihenfolge bei möglichem Verstoß **3 B** 12
- Sachmittel **3 B** 7
- Schadensersatz **3 B** 10
- Sozialplanabfindung **3 B** 7
- Überstundenzuschläge **3 B** 7
- übliche Vergütung bei Verstoß **3 B** 11
- Urlaub **3 B** 7
- Zusatzurlaub bei gesundheitsschädlichen Tätigkeiten **3 B** 7
- Zusatzversorgung im öffentlichen Dienst **2 E** 203 ff.
- Zuschläge **3 B** 7

Gleichberechtigung
- *siehe* Frauenförderung; Geschlechtsbezogene Diskriminierung; Gleichbehandlung

Gleichstellungsbeauftragte
- Sonderkündigungsschutz **3 H** 110h

Gleichwohlgewährung 7 A 47, 68
- Anspruchsdauer, Minderung **7 A** 54
- Anspruchsübergang **7 A** 49
- Überleitungsanzeige **7 A** 51

Gleitende Arbeitszeit 2 A 117
- Ausgleichszeitraum und § 3 ArbZG **6 A** 31 ff.
- Sonderurlaub **2 C** 10
- Überstunden **2 A** 376

GmbH
- Arbeitgeber **1 A** 140
- Aufsichtsrat **4 B** 91 f.
- Kündigungserklärung **3 D** 51 f.
- Unternehmensmitbestimmung nach MitbestG bei ~ & Co. KG **4 B** 31

GmbH-Geschäftsführer
- Anwendung des AGG **1 F** 21 ff.
- Arbeitnehmereigenschaft **1 A** 51, 130 f.
- Arbeitnehmererfindung **2 H** 16
- Auflösungsantrag des Arbeitgebers **5 A** 228
- BetrAVG **2 E** 584
- Doppelstellung **3 E** 14 f.
- freies Dienstverhältnis **3 E** 13 ff.
- Haftung **2 I** 25
- Kündigungserklärung **3 D** 51
- Kündigungsschutzgesetz **3 E** 13 ff.
- nachvertragliches Wettbewerbsverbot **2 F** 6
- Rechtsweg bei Bestandsschutzstreitigkeit **5 B** 77
- Rentenversicherungspflicht bei Scheinselbständigkeit **1 A** 57
- ruhendes Arbeitsverhältnis **3 E** 17
- Streitwert bei Bestandsschutzklage **5 J** 61 f.
- als Verbraucher **1 D** 38
- Weiterbeschäftigung und Ende der Organstellung **3 E** 15
- Zeugnisanspruch **3 K** 14

Graphologische Gutachten 1 C 137
- Einverständniserklärung, Muster **1 C** 138

Gratifikation 2 A 452 ff.
- Änderungskündigung **3 A** 105
- Annahmeverzug des Arbeitgebers **2 B** 38
- Anspruchsgrundlagen **2 A** 452
- Arbeitsunfähigkeitszeiten **2 A** 478 ff.
- Ausscheiden vor Stichtag **2 A** 475
- Beendigungsgründe in Arbeitgebersphäre **2 A** 473
- Betriebstreue **2 A** 458
- Betriebstreue, AGB-Kontrolle **2 A** 474
- Bindungsdauer bei Rückzahlungsklauseln **2 A** 468 ff.
- Bindungsklauseln **2 A** 465
- Elternzeit **2 D** 17 f.
- Entgeltfortzahlung im Krankheitsfall **2 B** 145
- Fälligkeit **2 A** 573
- fehlende Arbeitsleistung **2 A** 476 ff.
- Gegenleistung zur Arbeitsleistung **2 A** 457, 460 ff.
- Gleichbehandlung Teilzeitbeschäftigter **3 B** 7
- Insolvenzgeld **7 A** 165
- Kürzung von Gratifikationen *siehe dort*
- laufendes Entgelt, Abgrenzung **2 A** 453
- Mindestlohn **2 A** 456; **6 E** 93
- Mischcharakter **2 A** 465 f.
- Pfändbarkeit der Weihnachtsgratifikation **2 A** 702
- Rechtmäßigkeitskontrolle von Vereinbarungen **2 A** 455 f.
- Rückzahlungsklauseln **1 D** 119 ff.; **2 A** 463 ff.
- Stichtagsklauseln **2 A** 463 ff., 471 f.
- Streitwert bei Bestandsstreitigkeit **5 J** 9
- ohne weitere Anspruchsvoraussetzungen **2 A** 460 ff.
- Zulagen, Abgrenzung **2 A** 389

Grundsatzbeschwerde 5 F 3 f.
Gruppenarbeitsverhältnis 1 B 87 ff.
– Betriebsgruppe, Abgrenzung zur Eigengruppe 1 B 90
– Eigengruppe 1 B 90
– gemeinschaftliche Ansprüche 1 B 89
– Mitbestimmung 4 A 668 ff.
Günstigkeitsprinzip 4 A 554 ff.; 4 C 171 f.
– Arbeitnehmer-Entsendegesetz 6 E 25
– als Grenze bei einvernehmlicher Änderung des Arbeitsvertrags 3 A 12
– transformierter Tarifvertrag bei Betriebsübergang 2 G 221
– Vergleich 4 C 172
Güteverhandlung 5 C 4, 24 ff.
– Alleinentscheidung auf Antrag beider Parteien 5 C 39
– Anerkenntnis 5 C 37
– Beschlussverfahren 5 H 149
– Ergebnis 5 C 32 ff.
– gerichtliche Geständnisse 5 C 30
– Klagerücknahme 5 C 37
– Mediation 5 C 31
– Säumnis 5 C 38
– Verfahren 5 C 27 ff.
– Verzicht 5 C 37
– weitere Verhandlung 5 C 36 ff.
– Zulässigkeitsrügen 5 C 29

Haft
– Kündigungsgrund 3 E 140 f.; 3 G 30 f.
– Offenbarungspflicht bei bevorstehender ~ 1 C 152
Haftung
– siehe Arbeitgeberhaftung; Arbeitnehmerhaftung; Haftungsausschluss bei Arbeitsunfall; Schadensersatz
Haftungsausschluss bei Arbeitsunfall 2 A 827 ff.; 2 I 74 ff.
– Arbeitsunfall 2 A 828 ff.; 2 I 78 ff.
– betriebliche Tätigkeit 2 I 85 ff.
– Betriebszugehörigkeit 2 I 85 ff.
– Bindung der Zivilgerichte 2 I 106 f.
– dienstliche Fahrten 2 I 103
– eigenwirtschaftliche Tätigkeit 2 I 83 f., 97 ff.
– gemeinsame Betriebsstätte 2 I 91 f.
– Haftungsausschluss 2 A 827
– mehrere Schädiger 2 I 112 ff.
– Regress der Sozialversicherung 2 I 108 ff.
– selbständiges Unternehmen auf gemeinsamer Betriebsstätte 2 A 834
– Verursachung 2 I 100
– Verursachung durch betriebliche Tätigkeit 2 I 95 ff.
– Vorsatztaten 2 I 101
– Wegeunfall 2 I 102 ff.
Handelsvertreter 1 A 74 ff.
– Abgrenzung der Ausgleichsansprüche zur betrieblichen Altersversorgung 2 E 48

– Abgrenzung zum (angestellten) Außendienstmitarbeiter 1 A 74 ff.
– Abgrenzung zum Arbeitnehmer 3 E 34 ff.
– Einfirmenvertreter 1 A 77 f.
– Zeugnisanspruch 3 K 15
Hausangestellte/-gehilfen
– Kündigungsfristen 3 D 150
Hausgewerbetreibende
– Heimarbeiter 1 A 67
Haustarifvertrag
– siehe Firmentarifvertrag
Haustürgeschäft
– Beendigungsvereinbarung 3 C 52a
Headhunter
– Abwerbung 1 C 48
Heimarbeiter 1 A 66 ff.
– Anhörung des Betriebsrats bei Kündigung 3 J 23
– Arbeitnehmer, Abgrenzung 1 A 60 ff.
– Arbeitnehmer iSd. ArbGG 5 B 68
– Arbeitnehmer iSd. BetrVG 4 A 54
– freier Mitarbeiter, Abgrenzung 1 A 68 f.
– Geltung von Tarifverträgen 4 C 199
– gesetzliche Regelungen 1 A 70
– Kündigungsfristen 3 D 150
– Kündigungsschutz nach MuSchG 3 H 2
– Pfändbarkeit der Vergütungen 2 A 680
– Telearbeit 1 A 71 ff.
– Urlaub 2 C 35, 208 ff.
– Urlaubsentgelt 2 C 208 ff.
– Zusatzurlaub bei schwerbehinderten Menschen 2 C 228
Heiratsbeihilfen
– Pfändbarkeit 2 A 681
Hinterbliebenenversorgung
– Anrechnung auf Betriebsrente 2 E 424
– Berechnung bei betrieblicher Altersversorgung 2 E 347 ff.
– betriebliche Altersversorgung 2 E 59 ff.
– eingetragene Lebenspartnerschaft 2 E 67
– geringfügige Verschlechterungen 2 E 60
– nichtehelicher Partner, Versorgung 2 E 66 f.
– vorzeitiges Ausscheiden mit unverfallbarer Versorgungsanwartschaft 2 E 449
– Waisenrente 2 E 68
– Witwenrente 2 E 61 ff.
– Witwerversorgung 2 E 64 f.
Hinweispflichten des Arbeitgebers 2 A 800 ff.
– nach AGG 1 F 160
– bei Aufhebungsvertrag 2 A 808; 3 C 49 ff.
– Besteuerung des Arbeitsentgelts 2 A 804
– nach BetrVG 2 A 806
– Entleiher 6 D 120 ff.
– Entleiher über freie Arbeitsplätze 6 D 152 ff.
– auf Pflicht zur Arbeitslosmeldung 3 C 51a
– Regressgefahr bei Aufhebungsvertrag 3 C 51c f.

- Widerrufsbelehrung bei Aufhebungsvertrag **3 C** 51b

Hinzuverdienstgrenzen 7 C 244 ff.
- Altersrente für langjährig Versicherte **7 C** 246 ff.
- Erwerbsminderungsrente **7 C** 253 ff.
- Höhe **7 C** 248
- Regelaltersrente **7 C** 245
- Teilrente **7 C** 263 ff.
- Überschreiten der ~ bei Erwerbsminderungsrente **7 C** 261 f.

HIV-Infektion
- Druckkündigung **3 F** 46b
- Frage in Einstellungsgespräch **1 C** 80
- Kündigungsgrund **3 E** 129
- symptomloser Infekt als Behinderung **1 F** 42c

Hochschulen
- Arbeitnehmererfindungen **2 H** 60 ff.
- Befristungen im Hochschulbereich *siehe dort*
- betriebliche Altersversorgung, Herausnahme Hochschullehrer **2 E** 206

Höhe des Arbeitsentgelts
- AEntG **2 A** 316
- Arbeitsvertrag **2 A** 309 ff.
- aufgrund arbeitsvertraglicher Inbezugnahme **2 A** 318 ff.
- Bruttovergütung **2 A** 581
- Gleichbehandlung **2 A** 313
- Mindestlohn *siehe dort*
- Nettolohnvereinbarung **2 A** 584
- Schwarzgeldabrede **2 A** 584
- übliche Vergütung **2 A** 334 ff.

Höhergruppierung 2 A 344
- Darlegungs- und Beweislast **2 A** 356
- Feststellungsklage **2 A** 355 ff.

Immaterialgüterrechte 2 H 5 ff.
Immissionsschutzbeauftragter
- Sonderkündigungsschutz **3 H** 103 ff.

Individualrechte nach BetrVG 4 A 397 ff.
- Anhörungs- und Erörterungsrecht des Arbeitnehmers **4 A** 404 ff.
- Beschwerde wegen Abmahnung **3 E** 184
- Beschwerderecht **4 A** 424 ff.
- Einsichtsrecht in Personalakte **4 A** 412 ff.
- Hinzuziehung eines Betriebsratsmitglieds zu Gespräch **4 A** 410
- Unterrichtungs- und Erörterungspflicht des Arbeitgebers **4 A** 397 ff.

Industrieverbandsprinzip 4 C 1, 24
- und Tarifkonkurrenz **4 C** 283

Informationspflichten des Arbeitgebers
- *siehe* Hinweispflichten des Arbeitgebers

Informationspflichten des Arbeitnehmers 2 A 212 ff.
- Anzeige von Kollegen **2 A** 213
- drohende Schäden/Gefahren **2 A** 212
- Folgen einer Verletzung der ~ **2 A** 218

- Mitteilung einer Arbeitsverhinderung **2 A** 215 ff.
- persönliche Umstände **2 A** 214
- Überwachung von Kollegen **2 A** 213

Initiativrecht des Betriebsrats 4 A 447, 527
- Einführung technischer Kontrolleinrichtungen **4 A** 626

Initiatoren einer Betriebsratswahl
- *siehe* Wahlinitiatoren

Insolvenz
- Abfindung gemäß § 1a KSchG **3 E** 360
- Altersteilzeit **7 B** 69 ff.
- Arbeitnehmerhaftung **2 I** 70
- Arbeitsentgelt **2 A** 725 ff.
- Arbeitsentgelt bei Betriebsübergang **2 A** 731
- Ausschlussfrist **2 A** 616
- außerordentliche Eigenkündigung **3 F** 69
- Beschlussverfahren nach InsO **5 H** 50 ff.
- und betriebliche Altersversorgung *siehe* Insolvenzsicherung
- Betriebsänderung ohne Einigungsstellenverfahren **4 A** 922; **5 H** 51 f.
- Betriebsübergang **2 G** 152 ff.
- Betriebsübergang und Altersteilzeit **7 B** 74
- Entgeltansprüche nach Eröffnung des Insolvenzverfahrens **2 A** 728
- Insolvenzverwalter *siehe dort*
- Interessenausgleich **2 G** 343; **4 A** 920 ff.
- Karenzentschädigung **2 F** 70
- Kündigung eines befristeten Arbeitsvertrags **1 E** 153
- Kündigungserleichterungen bei Betriebsänderung **4 A** 923 ff.; **5 H** 53
- Kündigungsfristen **3 D** 150
- Kündigungsgrund **3 G** 31
- Kündigungsschutz in der Insolvenz *siehe dort*
- nachvertragliches Wettbewerbsverbot **2 F** 47 f.
- Pensions-Sicherungs-Verein *siehe dort*
- Schadensersatz nach § 628 Abs. 2 BGB **3 F** 105
- Sozialplan **4 A** 970 ff.
- Urlaubsabgeltung **2 C** 186 f.
- Urlaubsanspruch **2 C** 186 ff.
- Urlaubsentgelt **2 C** 186 ff.
- Urlaubsgeld **2 C** 186 f.
- Versorgungsanwartschaft, während der ~ erdiente **2 E** 395
- Wiedereinstellungsanspruch nach betriebsbedingter Kündigung **5 A** 240
- Zeugnisanspruch **3 K** 20

Insolvenzgeld 2 A 732; **7 A** 158 ff.
- Anspruchsübergang **7 A** 170
- Antrag **7 A** 168
- Arbeitsentgelt **7 A** 164
- Bescheinigung **7 A** 171
- Fälligkeit von Entgeltansprüchen **7 A** 166

[Insolvenzgeld]
- Gratifikation 7 **A** 165
- Höhe 7 **A** 163
- Insolvenzereignis 7 **A** 161
- insolvenzgeldfähige Vergütungs-
  ansprüche 7 **A** 165 ff.
- Pfändbarkeit 2 **A** 683
- Verfügungen 7 **A** 169

Insolvenzsicherung 2 **E** 450 ff.
- Abweisung des Antrags auf Eröffnung des
  Insolvenzverfahren mangels Masse
  2 **E** 489 f.
- außergerichtlicher Liquidationsvergleich
  2 **E** 491 ff.
- außergerichtlicher Stundungs- und
  Quotenvergleich 2 **E** 505 f.
- Betriebseinstellung bei offensichtlicher
  Masselosigkeit 2 **E** 497 ff.
- Entgeltumwandlung 2 **E** 478 f.
- Eröffnung des Insolvenzverfahrens
  2 **E** 487 f.; 2 **G** 156 ff.
- geschützte Durchführungswege 2 **E** 463 ff.
- Insolvenzverfahren mit Sanierungserfolg
  2 **E** 507
- Leistungseinschränkungen 2 **E** 509 ff.
- neue Bundesländer 2 **E** 451
- Pensions-Sicherungs-Verein *siehe dort*
- Rechtsweg bei Streitigkeiten 5 **B** 88
- Sicherungsfälle 2 **E** 484 ff.
- Unternehmensfortführung 2 **E** 504 ff.
- vertragliche Sicherungen 2 **E** 541 f.
- wirtschaftliche Notlage 2 **E** 508 f.

Insolvenzverwalter
- allgemeiner Gerichtsstand 5 **B** 149
- Betriebsänderung ohne Einigungsstellen-
  verfahren 4 **A** 922; 5 **H** 51 f.
- Betriebsschließung 3 **I** 41 ff.
- Darlegungs- und Beweislast bei
  Kündigungsschutzklage 5 **A** 106
- eigenständige Kündigungsmöglichkeit
  2 **A** 730; 2 **G** 342 f.
- Gemeinschaftsbetrieb 3 **I** 49 ff.
- Kündigungsausspruch 3 **I** 81
- Kündigungsbefugnis des ~s 3 **I** 14 ff.
- Kündigungsbefugnis des vorläufigen ~s
  3 **I** 6 ff.
- Kündigungsbefugnis nach Freigabe-
  erklärung 3 **I** 18b
- Kündigungserklärung 3 **D** 55
- Kündigungserleichterungen bei Betriebs-
  änderung 4 **A** 923 ff.; 5 **H** 53
- Prozesskostenhilfe 3 **I** 84c
- Umstrukturierungen 3 **I** 36
- vorläufiger ~ und Arbeitsentgelt 2 **A** 727
- Zeugnisanspruch 3 **K** 20

Integrationsamt
- Antragsfrist 3 **H** 55 f.
- Beendigung laut Arbeits-/Tarifvertrag bei
  Erwerbsminderung 1 **E** 97

- Entscheidung bei außerordentlicher
  Kündigung 3 **F** 91a f.; 3 **H** 54 ff.
- Entscheidung bei noch nicht festgestellter
  Schwerbehinderteneigenschaft 3 **H** 49
- Entscheidung bei ordentlicher Kündigung
  3 **H** 46a ff.
- Entscheidungskriterien bei außerordent-
  licher Kündigung 3 **H** 57
- Ermessen 3 **H** 48
- Frage nach Schwerbehinderteneigenschaft
  und Antrag beim ~ 3 **H** 46a
- Verwaltungsrechtsweg hinsichtlich
  Rechtmäßigkeit des Zustimmungs-
  bescheids 3 **H** 63a
- Zustellung des Zustimmungsbescheids
  3 **H** 51 f.
- Zustimmung und Betriebsübergang
  3 **H** 49a
- Zustimmung zur ordentlichen Kündigung
  mit Bedingung 3 **H** 52
- Zustimmungsfiktion 3 **H** 58

Interessenabwägung
- außerordentliche Kündigung 3 **F** 24
- außerordentliche Kündigung betrieblicher
  Funktionsträger 3 **H** 85 f.
- außerordentliche Kündigung ordentlich
  Unkündbarer 3 **F** 57a f.
- krankheitsbedingte Kündigung 3 **E** 111 ff.;
  3 **G** 33
- verhaltensbedingte Kündigung 3 **E** 187

Interessenausgleich 4 **A** 909 ff.
- und Anhörung des Betriebsrats bei
  Kündigung 3 **J** 41a
- Anspruch des Betriebsrat auf Einhaltung
  4 **A** 974
- Checkliste 4 **A** 992
- einstweilige Verfügung auf Einhaltung
  4 **A** 974
- einstweilige Verfügung auf Unterlassung
  einer geplanten Betriebsänderung
  4 **A** 975; 5 **H** 201 ff.
- Gesamtbetriebsrat 4 **A** 930
- bei Insolvenz 2 **G** 343; 4 **A** 920 ff.
- Nachteilsausgleich *siehe dort*
- Namensliste *siehe dort*
- Regelungsgegenstände 4 **A** 909 f.
- und Sozialplan 4 **A** 928, 930
- Sozialplan, Abgrenzung 4 **A** 911
- Unterrichtung des Betriebsrats 4 **A** 913 ff.
- Verhandlungsphase 4 **A** 916 f.

Internationales Arbeitsrecht
- AGG-Regelungen 1 **F** 175 ff.
- Anknüpfungsgegenstand 1 **G** 14 ff.
- arbeitsrechtliche Kollisionsnormen
  1 **G** 11 ff.
- Aufgabe 1 **G** 4
- Aufgaben der Kollisionsnormen 1 **G** 6 ff.
- betriebsbedingte Kündigung 1 **G** 32 ff.
- Betriebsübergang 1 **G** 36 ff.
- Betriebsverfassungsrecht 1 **G** 46

- EGBGB **1 G** 12, 14 ff.
- Eingriffsnormen **1 G** 28 ff.
- einstellende Niederlassung **1 G** 20
- einvernehmliche Rechtswahl **1 G** 23 ff.
- engere Verbindung **1 G** 21 f.
- Entsendung **1 G** 41 ff.
- Erfüllungsort **1 G** 18 f.
- Gemeinschaftsbetrieb **1 G** 33
- grenzüberschreitender Sachverhalt **1 G** 1 ff.
- Günstigkeitsvergleich **1 G** 24 ff.
- Individualarbeitsverträge **1 G** 14 ff.
- internationaler Anwendungsbereich einer Norm **1 G** 5
- Kollisionsnorm **1 G** 6 ff.
- Konzern **1 G** 34
- Rom I-Verordnung **1 G** 13 ff.

Internet
- *siehe auch* Telekommunikationsdaten
- Datenschutz **2 A** 198
- Fotos und Inhalte auf der Homepage **6 F** 169 ff.
- private Nutzung **2 A** 198
- private Nutzung als Kündigungsgrund **3 G** 31a
- Recherche bei Bewerber **1 C** 131 ff.
- Überwachung **6 F** 136 f.

Invalidenrente
- Berechnung bei betriebliche Altersversorgung **2 E** 347 ff.
- betriebliche Altersversorgung **2 E** 56 ff.
- vorzeitiges Ausscheiden mit unverfallbarer Versorgungsanwartschaft **2 E** 449

Jahreswagen 2 A 518a
Jeweiligkeitsklausel 2 E 639
- AGB-Kontrolle **1 D** 79c f.

Job-Pairing 1 B 91
Job-Sharing 1 B 91; **3 B** 24 f.
- Kündigungsverbot **3 H** 127
- persönliche Leistungsverpflichtung **2 A** 9
- Urlaubsberechnung **2 C** 94

Jubiläumszuwendungen
- Pfändbarkeit **2 A** 684

Jugend- und Auszubildendenvertretung 4 A 281 ff.; **6 C** 15
- *siehe auch* Kündigungsschutz betrieblicher Funktionsträger
- allgemeines Initiativrecht **4 A** 294
- Amtszeit **4 A** 288 f.
- Anregungsrecht **4 A** 297, 450
- Aufgaben und Befugnisse **4 A** 293 ff.
- befristeter Arbeitsvertrag nach Ausbildungsende **1 E** 9
- Beteiligte im Beschlussverfahren **5 H** 82
- Betriebsrat, Zusammenarbeit mit **4 A** 452
- erhebliche Beeinträchtigung wichtiger Interessen **4 A** 299
- Freistellung **4 A** 311
- Geschäftsführung **4 A** 290 ff.

- Konzern **4 A** 283
- Kündigungsschutz **4 A** 300
- Prozessfähigkeit **5 B** 27
- Rechtsstellung der einzelnen Mitglieder **4 A** 303 ff.
- Rechtsweg bei Streitigkeiten der besonderen Interessenvertretungen **5 B** 113
- Sitzungen **4 A** 291
- Sprechstunden **4 A** 302
- Teilnahmerecht an Betriebsratssitzungen **4 A** 145, 300
- Überwachungsrecht **4 A** 296
- Unterrichtungsrecht **4 A** 298
- Wahl **4 A** 282, 284 ff.
- Weiterbeschäftigung im Anschluss an die Ausbildung **4 A** 305 ff.; **5 I** 90a
- Zusammensetzung **4 A** 285

Jugendarbeitsschutz 6 C 1 ff.
- Arbeit Jugendlicher **6 C** 5 ff.
- Arbeitszeit **6 C** 5
- Aufsichtsbehörden **6 C** 14
- Berufsschule **6 C** 9
- Beschäftigungsverbote und -beschränkungen **6 C** 10
- Freizeit **6 A** 52
- Jugend- und Auszubildendenvertretung **6 C** 15
- Kinderarbeit **6 C** 2 ff.
- Notfälle **6 C** 7
- Ruhepausen **6 C** 6
- Urlaub **6 C** 8

Jugendleiter
- Sonderurlaub **2 C** 15 f.

Jugendliche
- Geltung des ArbZG **6 A** 14
- Mindestlohn **6 E** 70
- Ruhezeit **6 A** 52
- Urlaub **2 C** 33, 204 ff.

Juristische Person
- Geltung des BetrAVG für Gesellschafter **2 E** 589 f.
- Geltung des BetrAVG für Organmitglieder **2 E** 586 ff.
- Kündigungserklärung **3 D** 51 f.
- Prozessfähigkeit **5 B** 25

Kapovaz 2 A 120
Karenzentschädigung
- AGB-Kontrolle **2 F** 32a
- Anforderungen an die Zusage **2 F** 31 f.
- Anrechnung anderweitigen oder böswillig unterlassenen Erwerbs **2 F** 62 ff.
- im Aufhebungs-/Abwicklungsvertrag **3 C** 41
- Ausgleichsklausel **2 F** 68
- Auskunftsverpflichtung **2 F** 56 ff.
- Auslagenersatz **2 F** 61a
- Auszahlungsmodalitäten **2 F** 66
- bei bedingtem Wettbewerbsverbot **2 F** 34
- Berechnung **2 F** 58 ff., 65 ff.

3065

[Karenzentschädigung]
- Betriebsübergang **2 G** 147
- feste Vergütungsbestandteile **2 F** 58a, 65a
- Höhe **2 F** 30
- Insolvenz **2 F** 70
- Leistungsstörungen **2 F** 75
- letzte Monatsvergütung **2 F** 65a
- monatlicher anderweitiger Erwerb **2 F** 65c
- nicht zu berücksichtigende Leistungen des Arbeitgebers **2 F** 61
- Pfändbarkeit **2 A** 685
- Pfändungsschutz **2 F** 69
- privat genutzter Dienstwagen **2 F** 59
- salvatorische Klausel **2 F** 32
- tarifliche Ausschlussfrist **2 F** 67
- Teilzeitbeschäftigte **2 F** 65a
- Verjährung **2 F** 67
- Verzug des Arbeitgebers **2 F** 78
- wechselnde Vergütung/Vergütungsbestandteile **2 F** 60, 65b
- Wettbewerbsverbot *siehe dort*
- Zwang zum Wohnsitzwechsel **2 F** 64

Kaufmännische Angestellte
- Wettbewerbsverbot *siehe* Wettbewerbsverbot nach HGB

Kausalität
- Arbeitnehmerhaftung **2 I** 2

Kettenbefristungen 1 E 112 ff.
- Befristung ohne Sachgrund **1 E** 17
- Entfristungsklage **5 A** 111
- langjährige Beschäftigung **1 E** 113
- Missbrauchskontrolle **1 E** 113
- ständiger Vertretungsbedarf **1 E** 113
- unselbständiger Annex **1 E** 112
- Vorbehalt **1 E** 112

KG
- Arbeitgeber **1 A** 141
- Kommanditisten als Arbeitnehmer iSd. KSchG **3 E** 21
- Kommanditisten, Geltung des BetrAVG **2 E** 591
- Komplementäre, Geltung des BetrAVG **2 E** 584
- Kündigungserklärung **3 D** 51b
- Unternehmensmitbestimmung nach MitbestG **4 B** 32
- Unternehmensmitbestimmung nach MitbestG bei GmbH & Co. KG **4 B** 31

KGaA
- Arbeitgeber **1 A** 139

Kinderarbeit 6 C 2 ff.
- über 6 Jahren **6 C** 2
- über 13 Jahren **6 C** 2
- ohne Mindestalter **6 C** 2
- Mindestlohn **6 E** 70
- Schulferien **6 C** 3

Kirchen/kirchliche Einrichtungen
- *siehe auch* Religion
- Abweichungen von Grundregeln des ArbZG **6 A** 79
- und Arbeitnehmer iSd. BetrVG **4 A** 66
- Arbeitnehmerüberlassung **6 D** 220
- befristetes Arbeitsverhältnis **1 E** 131a
- Befristung ohne Sachgrund **1 E** 26a
- Beschlussverfahren **5 H** 11
- und Betriebsverfassungsrecht **4 A** 31, 35
- Geltung des ArbZG **6 A** 13
- karitative oder erzieherische Einrichtung **4 A** 1104
- Kirchliche Mitarbeiter *siehe dort*
- Kündigungserklärung **3 D** 56a
- Mitarbeitervertretung *siehe dort*
- Mitbestimmung bei Kündigungen **3 J** 3
- Nichtanwendbarkeit des BetrVG **4 A** 1101 ff.
- Zuordnung **4 A** 1103
- Zutrittsrecht betriebsfremder Gewerkschaftsbeauftragter **4 A** 77

Kirchliche Mitarbeiter 1 A 125
- AGB-Kontrolle von Arbeitsvertragsregelungen **1 D** 16
- Arbeitsentgelt aufgrund Arbeitsvertragsregelung **2 A** 322
- außerdienstliches Verhalten **2 A** 219
- außerdienstliches Verhalten, Kündigung **3 G** 18b
- befristetes Arbeitsverhältnis **1 E** 131a
- Befristung ohne Sachgrund **1 E** 26a
- besondere Loyalitätspflichten **2 A** 211
- Kündigung wegen Eheschließung **3 G** 26
- Kündigung wegen Loyalitätsverstoßes **3 G** 32
- Meinungsäußerungen **2 A** 246
- personenbedingte Kündigung **3 E** 131a
- Streikrecht **4 C** 39

Klage 5 A 1 ff.
- Abfindung gemäß § 1a KSchG **3 E** 359
- Änderungsschutzklage *siehe dort*
- Arbeitsbescheinigung **7 A** 120
- Aufhebungsvertrag **3 C** 63
- Berichtigung eines Arbeitszeugnisses **3 K** 53 ff.
- Beschäftigungsanspruch bei Freistellung **2 A** 751
- Entfristungsklage *siehe dort*
- Entgeltklage *siehe dort*
- Entschädigung bei unterbliebener Weiterbeschäftigung **5 A** 198 ff.
- Erteilung eines Arbeitszeugnisses **3 K** 51 f.
- Festlegung des Urlaubs **2 C** 169 f.
- Feststellungsklage *siehe dort*
- gerichtliche Geltendmachung des Anspruchs bei Ausschlussfrist **2 A** 620 f.
- Kündigungsschutzklage *siehe dort*
- auf Nachteilsausgleich **4 A** 990 f.
- gegen Pensions-Sicherungs-Verein **2 E** 460 ff.
- rechtswidriger Streik **4 C** 69
- Restitutionsklage *siehe dort*

- gegen Sozialplan **4 A** 958
- und tarifliche Ausschlussfrist **4 C** 231 f.
- Teilzeitanspruch **3 B** 75 ff.
- Umsetzung **3 A** 41 ff.
- Unterlassungsklage *siehe dort*
- Unwirksamkeit einer Befristung **1 E** 174 ff.
- Urlaubsabgeltung, Muster einer ~ **2 C** 160
- Urlaubsgewährung **2 C** 161 ff.
- Verjährungshemmung **2 A** 596
- Versetzung **2 A** 767 ff.; **3 A** 41 ff.
- Weiterbeschäftigungsanspruch **5 A** 181 ff.
- Weiterbeschäftigungsanspruch, betriebsverfassungsrechtlicher **3 J** 147
- Wiedereinstellungsanspruch **3 E** 332 ff.; **5 A** 235
- Zusammenhangsklage **5 B** 97 ff.

Klagefrist **5 A** 17 ff.
- auflösend bedingter Arbeitsvertrag **1 E** 137
- Befristung einzelner Arbeitsbedingungen **5 A** 112
- Beginn bei Zugang der Kündigung **3 D** 82; **5 A** 30 ff.
- bei behördlicher Zustimmung **5 A** 41 ff.
- Berechnung **5 A** 39
- Berufsausbildungsverhältnisse **5 A** 22
- einheitliche **5 A** 23
- Entfristungsklage **5 A** 110 ff.
- und Feststellungsklage **5 A** 124
- Geschäftsunfähigkeit des Arbeitgebers **5 A** 25
- Insolvenz **3 I** 76
- Klage gegen Kündigung wegen Betriebsübergang **2 G** 352
- Kündigung durch „falschen" Arbeitgeber **5 A** 26
- Kündigung eines Wehrdienstleistenden **3 H** 117
- Kündigungsschutz nach MuSchG **3 H** 16a
- Kündigungsschutz schwerbehinderter Menschen **3 H** 63a
- zu kurze Kündigungsfrist **5 A** 27 f.
- mangelnde Schriftform, Geltendmachung **5 A** 24
- Massenentlassungen **5 A** 23
- Mediation **5 A** 18
- Nachträgliche Klagezulassung *siehe dort*
- Unwirksamkeit bei befristeten Arbeitsverträgen **1 E** 176 ff.
- Unwirksamkeit eines auflösend bedingten Arbeitsvertrags **1 E** 176 ff.; **5 A** 110
- Unwirksamkeitsgründe **5 A** 19 ff.
- Vertretungsmacht, fehlende des Kündigenden **5 A** 23a
- und Vorbehaltserklärungsfrist bei Änderungskündigung **5 A** 153 f.
- Zugang der Kündigungserklärung *siehe dort*

Kleinbetriebsklausel **3 E** 49 ff.
- befristete Arbeitsverträge **1 E** 11
- Berechnung des Schwellenwertes **3 E** 58 ff.
- Besitzstandswahrung **3 E** 59 ff.
- Beweislast **3 E** 62 ff.
- Kleinbetrieb unter Schwellenwert **3 E** 50 ff.
- Quorum **3 E** 52a
- Regelbeschäftigte **3 E** 53 ff.
- Saisonbetriebe **3 E** 56
- Schwellenwert **3 E** 52a ff.

Koalition **4 C** 1 ff.
- Arbeitgeberverbände *siehe dort*
- Arbeitskampfbereitschaft **4 C** 9
- Aufgaben **4 C** 32
- Begriff **4 C** 1 ff.
- Bekenntnis zum Abschluss von Tarifverträgen **4 C** 9
- auf Dauer angelegte Vereinigung **4 C** 3
- freiwillige Vereinigung **4 C** 2
- Gegnerfreiheit **4 C** 6
- Gewerkschaften *siehe dort*
- Koalitionsfreiheit *siehe dort*
- korporative Verfassung **4 C** 5
- Mächtigkeit **4 C** 4
- Mitgliederzahl **4 C** 4
- Rechtsweg bei Streitigkeiten konkurrierender Koalitionen **5 B** 64
- Unabhängigkeit von Staat, Parteien, Kirche **4 C** 7
- Verein **4 C** 5
- Wahrung und Förderung der Arbeits- und Wirtschaftsbedingungen **4 C** 8

Koalitionsfreiheit **4 C** 10 ff.
- behindernde/einschränkende Vertragsklauseln **4 C** 13
- Bestandsschutz **4 C** 16 ff.
- Betätigungsgarantie **4 C** 20 ff.
- Eingriff durch tatsächliche/rechtliche Maßnahmen **4 C** 14
- Einstellungsanspruch bei Eingriff in ~ des Arbeitnehmers **1 C** 219
- Gewerkschaftswerbung **4 A** 78 f.; **4 C** 22
- individuelle **4 C** 11 ff.
- Information von Gewerkschaften im Betrieb **4 A** 78 f.
- kollektive **4 C** 16 ff.
- negative **4 C** 12
- positive **4 C** 11
- Rechtsweg bei Streitigkeiten **5 B** 63
- Unterlassungsanspruch bei Beeinträchtigung **4 C** 15

Kollisionsrecht
- *siehe* Internationales Arbeitsrecht

Konditionenkartell **2 E** 91

Konkurrentenklage
- einstweilige Verfügung **5 I** 93b ff.

3067

Kontrollen des Arbeitnehmers 2 A 199 ff.
Konzern
– Arbeitgeber 1 A 136
– Arbeitnehmerüberlassung im ~ 6 D 3, 32 ff.
– Arbeitnehmerüberlassung im ~ auf Dauer 6 D 169
– Begriff iSd. BetrVG 4 A 9 ff.
– Berechnungsdurchgriff bei Anpassung der Betriebsrente 2 E 572 ff.
– Berechnungsdurchgriff bei Sozialplanabfindung 4 A 938
– Datenschutz 6 F 63 ff.
– Drehtürklausel bei Arbeitnehmerüberlassung 6 D 119
– Gemeinschaftsunternehmen 4 A 10
– Gleichbehandlung beim Arbeitsentgelt 2 A 327
– internationales Arbeitsrecht 1 G 34
– Kündigungsbefugnis bei ~leihe 3 D 5
– und MitbestG 4 B 16
– Mitbestimmung bei Betriebsänderung konzernangehöriger kleinerer Unternehmen 4 A 859
– natürliche Person als herrschendes Unternehmen 4 A 11 f.
– Schwerbehindertenvertretung 6 C 61
– Tariffähigkeit 4 C 89
– Unverfallbarkeit einer Versorgungszusage 2 E 325
– Versetzung im ~ statt Kündigung 3 E 237 ff.
– Wartezeit, Anrechnung bei Arbeitnehmerüberlassung 6 D 137 f.
– Wettbewerbsschutz, konzerndimensionaler 2 F 28
– Wirtschaftsausschuss 4 A 278
Konzernbetriebsrat 4 A 267 ff.
– Beauftragung 4 A 277
– Beteiligter im Beschlussverfahren 5 H 81
– Betriebsübergang 2 G 309
– Ende des Amtes 4 A 273
– Entsendungsrecht 4 A 272
– Errichtung 4 A 268 ff.
– Geschäftsführung 4 A 280
– Willensbildung 4 A 279 f.
– Wirtschaftsausschuss 4 A 278
– Zuständigkeit 4 A 274 ff.
Konzernbetriebsvereinbarung 4 A 276
– Betriebsübergang, kollektivrechtliche Weitergeltung 2 G 172 f., 176
– Datenschutz 6 F 66
Konzernsprecherausschuss 4 A 1166
Kopftuchtragen
– Kündigungsgrund 3 G 47a
Korrigierende Rückgruppierung 2 A 352
– Mitbestimmung 2 A 361; 4 A 767
Kosten
– Aus-, Fort- und Weiterbildungskosten *siehe dort*

– Beschlussverfahren 5 H 103 ff., 191 f.; 5 J 92 ff.
– des Betriebsrats *siehe* Kosten des Betriebsrats
– Betriebsratsmitglied 4 A 232 ff.
– Betriebsratswahl 4 A 114 f.
– Betriebsversammlung 4 A 341
– Einigungsstelle 4 A 1039 ff.
– Fahrtkosten des Leiharbeitnehmers 6 D 129 ff.
– Fahrtkosten im arbeitsgerichtlichen Verfahren 5 J 144 f.
– Gerichtskosten *siehe dort*
– Rechtsanwaltsvergütung *siehe dort*
– Schulungs- und Bildungsveranstaltungen für Betriebsratsmitglieder 4 A 203 ff., 238
Kosten des Betriebsrats 4 A 211 ff.
– anwaltliche Beratung 4 A 216
– anwaltliche Vertretung vor der Einigungsstelle 4 A 217
– Beschlussverfahren über ~ 5 H 16
– Büro 4 A 223
– Büropersonal 4 A 229
– Computer 4 A 226
– Dolmetscher 4 A 213
– Erforderlichkeit 4 A 211 f.
– Fachliteratur 4 A 224 f.
– Geschäftsführung 4 A 214
– Informations- und Kommunikationstechnik 4 A 226 ff.
– Prozessführung 4 A 218 ff.
– Prozessführung eines Betriebsratsmitglieds 4 A 239 ff.
– Rechtsanwalt im Beschlussverfahren 5 H 105 f.
– Sachaufwand 4 A 222 ff.
– Sachmittel 4 A 224 f.
– Sachverständige 4 A 215, 474
– Streitigkeiten 4 A 230 f.
– Telefon 4 A 227
Krankenbezüge
– Pfändbarkeit 2 A 686
Krankengeld
– Altersteilzeitarbeitnehmer 7 B 45
– Betreuung eines erkrankten Kindes 2 B 99
Krankenkasse
– Anzeige einer Auslandserkrankung 2 B 167 f.
– Medizinischer Dienst *siehe dort*
Krankenversicherungsbeiträge
– bei Arbeitslosigkeit 7 A 42
– geringfügig Beschäftigte 1 B 97, 99 ff.
– Obsiegen mit Entgeltklage 5 A 254
– Sperrzeit 7 A 113 f.
Krankheit
– Altersrente für langjährig Versicherte 7 C 72
– Altersteilzeit 7 B 65 f.
– Androhung einer ~ bei Nichtgewährung von Urlaub 2 C 176

Stichwortverzeichnis

- Angebot der Arbeitsleistung nach Genesung **2 B** 11 ff.
- Angebot der Arbeitsleistung nach Kündigung **2 B** 16 ff.
- Anzeigepflicht **2 B** 156
- Arbeitsunfähigkeit infolge ~ **2 B** 107
- Arbeitsunfähigkeitsbescheinigung *siehe dort*
- Ausgleichszeitraum bei flexibler Arbeitszeit **6 A** 34
- Auslandserkrankung *siehe dort*
- Begutachtung durch Medizinischen Dienst **2 B** 175 ff.
- und Behinderung **1 F** 41 ff.; **3 H** 37a
- Darlegungs- und Beweislast **5 A** 97
- Einzelfälle zum Verschulden **2 B** 114 ff.
- Elternzeit **2 D** 15
- Entgeltfortzahlung im Krankheitsfall *siehe dort*
- Entgeltumwandlung bei langandauernder ~ **2 E** 310
- Fortsetzungskrankheit *siehe dort*
- Fragen in Einstellungsgespräch **1 C** 77 ff.
- Freistellung bei über 6 Wochen hinausgehender ~ **2 A** 131
- Genesungsverzögerung **2 A** 221; **3 G** 39
- Krankheitsbedingte Kündigung *siehe dort*
- Mitbestimmungsrecht bei Krankengesprächen **4 A** 578
- Mitteilung **2 A** 215 f.
- und nachträgliche Klagezulassung **5 A** 71
- Nachweispflicht **2 A** 215 f.; **2 B** 157 ff.
- Nebenbeschäftigung während Arbeitsunfähigkeit als Kündigungsgrund **3 G** 45
- Nichtanzeige als Kündigungsgrund **2 B** 162; **3 G** 44
- Offenbarungspflicht bei Ausfallerscheinungen **1 C** 150
- während des Sonderurlaubs **2 C** 246 ff.
- Sportunfälle **2 B** 115
- stufenweise Wiedereingliederung **2 B** 108
- während einer unbezahlten Freistellung **2 A** 141
- unverschuldete **2 B** 111 ff.
- Urlaub bei langandauernder ~ **2 C** 256
- während des Urlaubs **2 C** 238 ff.
- Urlaubsabgeltung wegen ~ **2 C** 152 ff.
- Urlaubsgeld **2 C** 126, 128
- Verletzung der Anzeige- und Nachweispflicht **2 B** 160 ff.
- Verschulden des Arbeitnehmers **2 B** 112 ff.
- vorgetäuschte als Kündigungsgrund **3 G** 38
- weitere **2 B** 125
- Zugang einer Kündigungserklärung **3 D** 102
- Zweifel an der Arbeitsunfähigkeit **2 B** 172 ff.

Krankheitsbedingte Kündigung **3 E** 80 ff.; **3 G** 33 ff.
- Abwägungsfaktoren Arbeitnehmerseite **3 E** 115 ff.
- Alkoholismus **3 E** 122
- Alkoholkonsum **3 E** 126 ff.
- Anhörung des Betriebsrats **3 J** 53 ff.
- außerordentliche Kündigung **3 E** 120 ff.
- außerordentliche Kündigung ordentlich Unkündbarer **3 F** 60; **3 G** 40
- Behinderung iSd. AGG **3 E** 129a ff.
- betriebliches Eingliederungsmanagement **3 E** 83, 83b ff.; **6 C** 57
- Betriebsablaufstörungen **3 E** 104 f.
- Beurteilungszeitraum **3 E** 97
- Darlegungs- und Beweislast bei negativer Gesundheitsprognose **3 E** 98 ff.
- Darlegungs- und Beweislast für betriebliche Beeinträchtigungen **3 E** 109 f.
- dauerhafte Arbeitsunfähigkeit **3 G** 36
- Drogenkonsum **3 E** 126 ff.
- Entgeltfortzahlungsanspruch **2 B** 188 ff.
- Entgeltfortzahlungskosten **3 E** 112 ff.
- erhebliche Beeinträchtigung betrieblicher Interessen **3 E** 103 ff.; **3 G** 33
- erhebliche wirtschaftliche Belastungen **3 E** 106 f.
- häufige Kurzerkrankungen **3 E** 93 ff.; **3 G** 34
- häufige Kurzerkrankungen, außerordentliche Kündigung **3 F** 60
- HIV-Infektion **3 E** 129
- Interessenabwägung **3 E** 111 ff.; **3 G** 33
- Kausalität **3 E** 108
- krankheitsbedingte Leistungsminderung **3 G** 37
- langanhaltende Erkrankung **3 E** 90 ff.; **3 G** 35
- leidensgerechter Arbeitsplatz **3 E** 87
- Minderleistung **3 E** 118 f.
- negative Prognose **3 E** 93 ff.; **3 G** 33
- Prävention bei schwerbehinderten Menschen **3 E** 83 f.
- Prüfungsschema **3 E** 82 f.
- sichere Arbeitsunfähigkeit auf Dauer **3 E** 85 ff.
- ungewisse Wiedergenesung **3 E** 89
- Wiedereinstellungsanspruch **3 E** 125

Kundenschutzklausel **2 F** 8

Kündigung
- *siehe auch Kündigungserklärung*
- bei Altersteilzeit **7 B** 50 ff., 68
- Änderungskündigung *siehe dort*
- Angebot der Arbeitsleistung nach ~ **2 B** 8 f., 14 f.
- arbeitnehmerseitige *siehe Eigenkündigung*
- und Aufhebungsvertrag **3 C** 17 f.
- Außerordentliche Kündigung *siehe dort*
- bedingte **3 D** 138 ff.

[Kündigung]
- Beteiligungsrechte des Sprecherausschusses **4 A** 1151 f.
- Betriebsratsanhörung *siehe* Anhörung des Betriebsrats bei Kündigung
- wegen Betriebsübergangs *siehe* Kündigung wegen Betriebsübergangs
- Darlegungs- und Beweislast hinsichtlich sittenwidriger ~ **5 A** 103
- Datenschutz bei ~svorbereitung **6 F** 86
- vor Dienstantritt **3 D** 30 ff.
- und Dienstfahrzeug, Privatnutzung **2 A** 533 ff.
- Druckkündigung *siehe dort*
- Eigenkündigung *siehe dort*
- Freistellung nach ~ **2 C** 86 ff.
- Frist *siehe* Kündigungsfrist
- durch Insolvenzverwalter **2 A** 730
- mehrere ~en und ~sschutzklage **5 A** 9 f.
- minderjähriger Auszubildender **1 B** 146
- Nachkündigung in der Insolvenz **3 I** 27 f.
- Ordentliche Kündigung *siehe dort*
- Potestativbedingung **3 D** 141
- Rücknahme **3 D** 128 ff.
- Rückzahlung Arbeitgeberdarlehen **2 A** 512 ff.
- Sperrzeit bei offensichtlich rechtswidriger ~ **3 E** 364
- Streitwert bei mehreren aufeinanderfolgenden ~en **5 J** 18 ff.
- eines Tarifvertrags **4 C** 109 f.
- Teilkündigung **3 A** 44 ff.
- Umdeutung *siehe* Umdeutung der Kündigungserklärung
- während einer unbezahlten Freistellung **2 A** 143
- unternehmensschädliche Meinungsäußerungen **2 A** 249
- zur Unzeit **3 D** 29
- und Urlaubsgewährung **2 C** 79 ff.
- Verdachtskündigung *siehe dort*
- Versicherungsfall bei Rechtsschutzversicherung **5 J** 161 f.
- vorsorgliche (erneute) **3 D** 136 ff.
- vorsorgliche und Anhörung des Betriebsrats **3 J** 13
- und Wettbewerbsverbot nach HGB **2 A** 282 ff.
- wegen Wettbewerbsverbots nach HGB **2 A** 295
- wiederholte und Anhörung des Betriebsrats **3 J** 14

Kündigung vor Dienstantritt 3 D 30 ff.

Kündigung wegen Betriebsübergangs
2 G 336 ff.; **3 G** 22; **5 A** 50 ff.
- durch den bisherigen Arbeitgeber **2 G** 337 ff.
- Darlegungs- und Beweislast **2 G** 350; **5 A** 104
- Ermöglichung und Vorbereitung des Betriebsübergangs **2 G** 339
- durch den Erwerber **2 G** 344 ff.
- Erwerberkonzept **3 E** 210
- Feststellungsklage **2 G** 351 ff.
- Geltendmachung der Unwirksamkeit **2 G** 351 ff.
- durch den Insolvenzverwalter **2 G** 342 f.
- Interessenausgleich im Insolvenzverfahren **2 G** 343
- Klagefrist für Geltendmachung der Unwirksamkeit **2 G** 352
- Kündigung aus anderen Gründen **2 G** 346 ff.
- und Kündigungsschutzverfahren **2 G** 351 ff.
- Passivlegitimation im Kündigungsschutzverfahren **2 G** 354
- Stilllegungsabsicht als „sachlicher Grund" **2 G** 340 f.
- „teure" Mitarbeiter **2 G** 338
- überwiegende Ursache **2 G** 337

Kündigungseinspruch beim Betriebsrat 3 J 155

Kündigungserklärung 3 D 1 ff.
- *siehe auch* Kündigung
- Abgrenzung zu anderen Maßnahmen und Beendigungsgründen **3 D** 7 ff.
- Angabe des Kündigungsgrundes **3 D** 22 ff.
- Auslegung **3 D** 3
- Ausspruch und Entgegennahme durch den Anwalt **3 D** 72 ff.
- Bedingungsfeindlichkeit **3 D** 20
- Betriebsratsmitglied **3 D** 53
- durch Bevollmächtigten **3 D** 57 ff.
- durch bevollmächtigten Anwalt **3 D** 59 f.
- vor Dienstantritt **3 D** 30 ff.
- Einschreiben **3 D** 39a
- Empfangsvertreter **3 D** 69 f.
- Formvorschriften in Kollektivvereinbarungen **3 D** 39 ff.
- durch Gesamtvertreter **3 D** 58b
- gesetzliche Vertretung **3 D** 51 ff.
- Inhalt **3 D** 20 ff.
- Kirche **3 D** 56a
- Klage bei Zweifeln an Arbeitgeberfunktion **3 D** 6a
- Kündigungsbefugnis **3 D** 4 ff.
- Kündigungsrücknahme **3 D** 128 ff.
- zu kurze Kündigungsfrist **3 D** 20a f.
- Lesbarkeit des Namenszuges **3 D** 41
- öffentlicher Dienst **3 D** 56
- Ort **3 D** 28
- durch Personalabteilungsleiter **3 D** 58
- durch Prokurist **3 D** 58
- Prozessvollmacht **3 D** 60, 71
- Sachbearbeiter der Personalabteilung **3 D** 63
- Schriftform, fehlende und Klagefrist **5 A** 24

- Schriftformerfordernis **3 D** 38 f., 41
- Schriftsatzkündigung **3 D** 41
- und Schwangerschaft **3 D** 16
- Umdeutung der Kündigungserklärung *siehe dort*
- Unklarheiten **3 D** 20
- Unverzüglichkeit der Zurückweisung **3 D** 66
- zur Unzeit **3 D** 29
- Vertreter ohne Vertretungsmacht **3 D** 61; **5 A** 23a
- Widerruf **3 D** 128
- Zeit **3 D** 28 ff.
- Zeitpunkt der Beendigung des Arbeitsverhältnisses **3 D** 2
- Zugang der Kündigungserklärung *siehe dort*
- Zurückweisung wegen fehlenden Nachweises der Vollmacht **3 D** 62 ff.
- Zurückweisungserklärung **3 D** 68
- Zusatz „i.A." **3 D** 41

Kündigungsfrist 3 D 144 ff.
- abweichende Tarifregelungen **3 D** 178 ff.
- Altverträge **3 D** 159
- Angebot der Arbeitsleistung nach Ablauf der ~ **2 B** 15
- Angebot der Arbeitsleistung während der ~ **2 B** 14
- arbeitnehmerähnliche Personen **3 D** 149
- Arbeitnehmerüberlassung **6 D** 132
- Aushilfsarbeitsverhältnis **1 B** 70, 72; **3 D** 173 ff.
- befristetes Probearbeitsverhältnis **3 D** 168 ff.
- Berechnung **3 D** 151 ff.
- Bezugnahme auf Tarifvertrag **3 D** 177
- deklaratorische Tarifregelung **3 D** 184, 186
- Einhaltung durch beide Parteien **3 D** 145
- einzelvertragliche Verkürzung **3 D** 167 ff.
- einzelvertragliche Verlängerung **3 D** 160 ff.
- Feststellungsklage hinsichtlich zu kurzer ~ **5 A** 126
- fiktive ~en bei Ruhen des Arbeitslosengeldanspruchs **7 A** 61 f.
- Grundkündigungsfrist **3 D** 146
- Insolvenz **3 D** 150; **3 I** 19 ff.
- Klagefrist und zu kurze ~ **5 A** 27 f.
- Kleinunternehmen **3 D** 176
- konstitutive Tarifregelung **3 D** 185 f.
- Kündigung vor Dienstantritt **3 D** 32 ff.
- zu kurze ~ **3 D** 20a f.
- Mitteilung bei Betriebsratsanhörung **3 J** 33
- Probezeit **3 D** 168 ff.
- Sonderregelungen **3 D** 150
- Streitwert bei Kündigungsschutzklage und Mehrvergleich über verkürzte/verlängerte ~ **5 J** 87
- im Tarifvertrag **4 C** 136
- Umdeutung zu kurzer ~ in zutreffende längere **3 D** 120a
- Urlaubsfestlegung in der ~ **2 C** 79 ff.
- verlängerte **3 D** 147 ff.
- Verlängerung als überraschende Klausel **1 D** 32a
- Weiterbeschäftigungsanspruch nach Ablauf der ~ **2 A** 744 f.
- Zeiten vor vollendetem 25. Lebensjahr **3 D** 148
- zwingende **3 D** 157 ff.

Kündigungsgrund
- Angabe bei außerordentlicher Kündigung **3 D** 24; **3 F** 92
- Angabe in Kündigungserklärung **3 D** 22 f.
- Angabe in Kündigungserklärung laut Tarifvertrag/Betriebsvereinbarung **3 D** 39 ff.
- im Kündigungsschreiben bei Berufsausbildungsverhältnis **1 B** 141; **3 H** 123
- Nachschieben von Kündigungsgründen *siehe dort*

Kündigungsschutz bei Elternzeit 3 H 24 ff.
- besonderer Fall **3 H** 28
- Eigenkündigung **3 H** 32
- Geltungsbereich **3 H** 25
- Klagefrist, späterer Beginn wegen behördlicher Zustimmung **5 A** 41 ff.
- maßgeblicher Zeitraum **3 H** 26
- Sozialauswahl **3 E** 267
- Sperrzeit bei Kündigungshinnahme **7 A** 89
- Verhältnis zum Kündigungsschutz nach MuSchG **3 H** 24
- Verwaltungsvorschriften **3 H** 29 f.
- zulässige Kündigung in besonderen Fällen **3 H** 27 ff.
- Zulassung der Kündigung durch Verwaltungsbehörde **3 H** 29 ff.

Kündigungsschutz betrieblicher Funktionsträger 3 H 64 ff.; **3 J** 164 ff.
- Amtspflichtverletzung **3 J** 177 f.
- Anhörung des Betriebsrats **3 J** 65
- Auflösungsantrag des Arbeitgebers **3 H** 67a
- Auslauffrist bei außerordentlicher Kündigung **3 F** 63
- Ausschlussfrist bei außerordentlicher Kündigung **3 F** 84 ff.; **3 H** 87; **3 J** 184
- außerordentliche Kündigung **3 F** 62 ff.; **3 H** 82 ff.; **3 J** 176 ff.
- andere Beendigungsarten **3 J** 181 f.
- Beginn **3 H** 69 ff.; **3 J** 171 ff.
- Betriebsstilllegung **3 H** 95 ff.
- Betriebsveräußerung **3 H** 97 f.
- Dauer **3 J** 170 ff.
- Ende **3 H** 75 ff.
- Ersatzmitglieder **3 H** 66, 74
- Europäischer Betriebsrat **3 H** 65a

[Kündigungsschutz betrieblicher Funktionsträger]
- geschützter Personenkreis 3 H 65 f.; 3 J 166 ff.
- Insolvenz 3 I 59, 63
- Interessenabwägung bei außerordentlicher Kündigung 3 H 85 f.
- Jugend- und Auszubildendenvertretung 4 A 300
- kirchliche Mitarbeitervertretung 3 H 101b
- Kündigungserklärung 3 D 53
- Mängel bei Betriebsratswahl 3 H 73
- Mängel des Zustimmungsverfahrens 3 H 90
- nachwirkender Kündigungsschutz 3 H 68, 78 ff.
- SCE-Betriebsräte 3 H 65b
- Schwerbehindertenvertretung 6 C 64
- Sozialauswahl 3 E 267; 3 H 67a
- Sperrzeit bei Kündigungshinnahme 7 A 89
- Sprecherausschuss 4 A 1115
- Stilllegung einer Betriebsabteilung 3 H 101
- Umfang 3 H 67 f.
- Versetzung 3 H 67
- Versetzungsschutz 3 H 101a
- Weiterbeschäftigung in anderem Betrieb des Unternehmens bei Betriebsstilllegung 3 H 100
- wichtiger Kündigungsgrund 3 H 83 ff.
- Zustimmung des Betriebsrats 3 H 88 ff.
- Zustimmungsersetzungsverfahren nach § 103 BetrVG *siehe dort*
- Zustimmungsverfahren nach § 103 BetrVG *siehe dort*

Kündigungsschutz für Betriebsbeauftragte 3 H 102 ff.
- Teilkündigung 3 H 102a
- wirksame Bestellung 3 H 102b

Kündigungsschutz in der Insolvenz 3 I 1 ff.
- Abfindung gemäß § 1a KSchG 3 I 57 f.
- Altersteilzeit 3 I 51 f.
- Änderungskündigung 3 I 72 ff.
- Anhörung des Betriebsrats 3 I 53 ff.
- Aufhebungsvertrag, Nachkündigung 3 I 33
- befristetes Arbeitsverhältnis 3 I 23
- befristetes Arbeitsverhältnis, Nachkündigung 3 I 32
- betriebsbedingte Kündigung 3 I 34
- Betriebsschließung 3 I 41 ff.
- Betriebsübergang 3 I 85 ff.
- Gemeinschaftsbetrieb 3 I 49 ff.
- Interessenausgleich mit Namensliste 3 I 40
- Klagefrist 3 I 76
- Klagegegner 3 I 79 ff.
- Kündigungsbefugnis 3 I 5 ff.
- Kündigungsbefugnis des Insolvenzverwalters 3 I 14 ff.
- Kündigungsbefugnis des vorläufigen Insolvenzverwalters 3 I 6 ff.
- Kündigungsbefugnis nach Freigabeerklärung 3 I 18b
- Kündigungsfrist 3 I 19 ff.
- Kündigungsschutzverfahren 3 I 76
- Nachkündigung 3 I 27 ff.
- prozessuale Besonderheiten 3 I 84a ff.
- Schadensersatz 3 I 88 f.
- Sonderkündigungsschutz 3 I 59 ff.
- Standortsicherungsvereinbarung 3 I 25
- Übernahmeangebot 3 I 48
- Umstrukturierungen 3 I 36
- Umwandlung 3 I 24
- Unkündbarkeit 3 I 22, 26, 65 ff.
- Unterbrechung des Kündigungsschutzprozesses 3 I 84d ff.
- Verlagerung der Produktion als Stilllegung 3 I 45

Kündigungsschutz nach FPfZG 2 D 105; 3 H 141 ff.

Kündigungsschutz nach MuSchG 3 H 1 ff.
- Aufhebungsvertrag 3 H 21
- befristeter Arbeitsvertrag 3 H 22
- besonderer Fall 3 H 10 f.
- Eigenkündigung in Unkenntnis der Schwangerschaft 3 H 19 f.
- Entbindung 3 H 4
- Geltungsbereich 3 H 2
- Klagefrist 3 H 16a
- Klagefrist, späterer Beginn wegen behördlicher Zustimmung 5 A 41 ff.
- Kündigung vor Dienstantritt 3 D 37
- Mitteilung an den Arbeitgeber 3 H 6 ff.
- Schriftform der Kündigung 3 H 16
- Schwangerschaft 3 H 3
- Schwangerschaftsbeginn 3 H 5
- Sonder-Eigenkündigungsrecht 3 H 17 f., 20
- Sozialauswahl 3 E 267
- Sperrzeit bei Kündigungshinnahme 7 A 89
- Verhältnis zum Kündigungsschutz nach BErzGG 3 H 24
- zulässige Kündigung in besonderen Fällen 3 H 9 ff.
- Zulassung der Kündigung durch Verwaltungsbehörde 3 H 12 ff.

Kündigungsschutz nach PflegeZG 2 D 80
- Bescheinigung zur Pflegebedürftigkeit 3 H 137
- besonderer Fall 3 H 138 ff.
- kurzzeitige Verhinderung 3 H 131 ff.
- Pflegezeit 3 H 131 f., 135 ff.

Kündigungsschutz schwerbehinderter Menschen 3 H 33 ff.; 6 C 73
- Arbeitsgelegenheit zur Eingliederung 3 H 41

- ausgenommene Personengruppen 3 H 39 ff.
- Ausspruch der außerordentlichen Kündigung 3 H 59 f.
- Ausspruch der ordentlichen Kündigung 3 H 50 ff.
- befristeter Arbeitsvertrag 3 H 40
- Berufsunfähigkeit/Erwerbsunfähigkeit auf Zeit 3 H 63
- Betriebsratsanhörung 3 H 61 f.
- Geltungsbereich des SGB IX 3 H 34 ff.
- Gleichgestellte 3 H 36
- Gleichstellungsantrag 3 H 41d
- Grad der Behinderung 3 H 35
- Insolvenz 3 I 59 ff.
- Integrationsamt *siehe dort*
- kein Bescheid bei Zugang der Kündigung 3 H 41c
- Kenntnis des Arbeitgebers 3 H 42 ff.
- Klagefrist 3 H 63a
- Klagefrist, späterer Beginn wegen behördlicher Zustimmung 5 A 41 ff.
- Nachweis 3 H 41b
- Nachweis-/Antragserfordernis 3 H 41a ff.
- Präventionsverfahren 3 H 53
- schwerbehindertes Betriebsratsmitglied 3 F 91; 3 H 62
- Sozialauswahl 3 E 267
- Sperrzeit bei Kündigungshinnahme 7 A 89
- Verwirkung 3 H 42 ff.
- bei vollendetem 58. Lebensjahr 3 H 39
- Wartezeit 3 H 38
- und Zugang der Kündigungserklärung 3 D 86 f.

Kündigungsschutzgesetz
- AGG 3 E 6b
- Anwendbarkeit bei Berufsausbildungsverhältnis 3 H 125
- Arbeitnehmerbegriff 3 E 8 ff.
- betrieblicher Geltungsbereich 3 E 37 ff.
- Betriebsbegriff 3 E 38 ff.
- Betriebsteile 3 E 39 ff.
- Darlegungs- und Beweislast hinsichtlich Anwendbarkeit 5 A 87 ff.
- Familienangehörige 3 E 22 ff.
- Franchising 3 E 27 ff.
- freie Mitarbeiter 3 E 30 ff.
- Gemeinschaftsbetrieb 3 E 44 ff.
- Gemeinschaftsbetrieb nach BetrVG 3 E 47
- Geschäftsführer 3 E 13 ff.
- Gesellschafter 3 E 20
- günstigere Regelungen 3 E 5
- Handelsvertreter 3 E 34 ff.
- Kleinbetriebsklausel *siehe dort*
- Kommanditisten 3 E 21
- leitende Angestellte 3 E 11 f.
- räumlicher Anwendungsbereich 3 E 6a
- Systematik 3 E 2
- Verzicht 3 E 6
- Wartezeit beim Kündigungsschutz *siehe dort*
- Zweck 3 E 1
- zwingendes Recht 3 E 3 ff.

Kündigungsschutzklage 5 A 3 ff.
- und allgemeine Feststellungsklage 5 A 11 f., 123
- Änderungsschutzklage *siehe dort*
- Antrag 5 A 3
- Antragsmuster 5 A 15 f.
- Auflösungsantrag *siehe dort*
- Darlegungs- und Beweislast, Abstufung 5 A 96
- Darlegungs- und Beweislast hinsichtlich Anwendbarkeit des KSchG 5 A 86 ff.
- Darlegungs- und Beweislast hinsichtlich Kündigungsgründen 5 A 93 ff.
- und Entgeltklage 5 A 250
- Feststellungsantrag, nachträglich gestellter 5 A 128
- Feststellungsklage 5 A 5
- als Geltendmachung bei Ausschlussfrist 2 A 614
- als Geltendmachung des Urlaubsabgeltungsanspruchs 2 C 268
- als Geltendmachung des Urlaubsanspruchs 2 C 165
- hilfsweises Verklagen des richtigen Arbeitgebers 5 A 49
- Insolvenz 3 I 76
- und Klage auf Abfindungszahlung 5 A 6
- Klagefrist *siehe dort*
- Klagegegner bei Insolvenz 3 I 79 ff.
- Kündigung wegen Betriebsübergangs 5 A 50 ff.
- Kündigungsschutzverfahren *siehe dort*
- mehrere Kündigungen 5 A 9 f.
- Nachschieben von Unwirksamkeitsgründen 5 A 7
- Nachträgliche Klagezulassung *siehe dort*
- Parteibezeichnung *siehe dort*
- pauschale Behauptung fehlender Gründe 5 A 93 ff.
- Rechtsschutzversicherung bei ~ mit Vergütungsansprüchen 5 J 163
- Rechtsschutzversicherung bei ~ mit Weiterbeschäftigungsantrag 5 J 164
- Rechtsschutzversicherung bei außergerichtlicher Tätigkeit statt sofortiger ~ 5 J 165
- Restitutionsklage 5 A 107 ff.
- Rücknahme nach Ankündigung einer Kündigungsrücknahme 3 D 131c
- Schleppnetzantrag 3 D 73; 5 A 14, 127
- Sozialplanabfindung bei Verzicht auf ~ 4 A 950 f.
- Streitgegenstand 5 A 9
- Streitwert bei Kündigungsschutzklage *siehe dort*

[Kündigungsschutzklage]
- und tarifliche Ausschlussfrist **4 C** 231
- Unterbrechung oder Hemmung von Ausschlussfristen **5 A** 8
- Versicherungsfall bei Rechtsschutzversicherung **5 J** 161 f.
- Vorbehalt, fehlender oder nicht rechtzeitiger **3 A** 155 ff.
- Vorbehaltserklärung in Klageschrift **3 A** 134
- und Wiedereinstellungsanspruch **5 A** 235
- zuständiges Gericht **5 A** 53 ff.
- nach Zustimmungsersetzungsverfahren **3 J** 199 f.
- Zweifel an der Arbeitgeberfunktion **3 D** 6a

Kündigungsschutzverfahren
- und Abwicklungsvertrag **3 C** 65
- und Aufhebungsvertrag **3 C** 65
- Auflösungsantrag *siehe dort*
- Ausschlussfrist **2 A** 610
- Ausspruch und Entgegennahme von Kündigungen durch den Anwalt **3 D** 72 ff.
- Fälligkeitsklausel bei Sozialplanabfindung **4 A** 952
- Insolvenz **3 I** 76
- Klagefrist *siehe dort*
- und Kündigung wegen Betriebsübergangs **2 G** 351 ff.
- Kündigungsrücknahme **3 D** 131 ff.
- Kündigungsschutzklage *siehe dort*
- mitbestimmungswidrig erlangte Informationen oder Beweismittel **4 A** 558
- Nachschieben von Kündigungsgründen *siehe dort*
- neue Erkenntnisse bei Verdachtskündigung **3 F** 39
- Nichtfortsetzungserklärung *siehe dort*
- Restitutionsklage *siehe dort*
- Streitwert bei Kündigungsschutzklage *siehe dort*
- Umdeutung außerordentliche in ordentliche Kündigung **3 D** 122 ff.
- Unterbrechung bei Insolvenz **3 I** 84d ff.
- vorsorgliche (erneute) Kündigung **3 D** 136 ff.
- Weiterbeschäftigungsanspruch *siehe dort*
- nach Zustimmungsersetzungsverfahren **3 J** 199 ff.

Kur
- Entgeltfortzahlung **2 B** 119 f.
- Nichtanrechnung von Urlaub **2 C** 245
- Urlaub im Anschluss **2 C** 73
- Zugang der Kündigungserklärung **3 D** 102

Kurzarbeit 2 A 83, 763 ff.
- AGB-Kontrolle bei Anordnung **1 D** 152 f.
- Betriebsvereinbarung **2 A** 765; **4 A** 604
- Entgeltfortzahlung im Krankheitsfall **2 B** 149
- Freistellung **2 A** 135
- individualvertragliche Vereinbarung **2 A** 766
- Kurzarbeitergeld *siehe dort*
- Mitbestimmung **4 A** 600 ff.
- Mitbestimmung bei Anordnung im Arbeitskampf **4 A** 606
- Rechtsgrundlage **2 A** 764 ff.
- Regelungsabrede **4 A** 604 f.
- Tarifvertrag **2 A** 764
- Urlaubsentgelt **2 C** 114

Kurzarbeitergeld 7 A 127 ff.
- Altersteilzeitarbeitnehmer **7 B** 46
- Antrag **7 A** 144
- Anzeige **7 A** 142 f.
- betriebliche Voraussetzungen **7 A** 136
- Dauer **7 A** 139
- Entgeltfortzahlung an Feiertagen **2 B** 215
- erheblicher Arbeitsausfall **7 A** 130 ff.
- Höhe **7 A** 140 f.
- persönliche Voraussetzungen **7 A** 137 f.
- Pfändbarkeit **2 A** 687
- Sozialversicherungsbeiträge **7 A** 146 f.

Kürzung von Gratifikationen
- AGB-Kontrolle **2 A** 485 ff.
- Anwesenheit/Pünktlichkeit **2 A** 488 ff.
- Begrenzung nach EFZG **2 A** 484
- Freiwilligkeitsvorbehalt **2 A** 490
- krankheitsbedingte Fehlzeiten **2 A** 478 ff.; **2 B** 150 ff.
- Kürzungsregelung **2 B** 153 ff.
- wegen Nichtleistung **2 A** 161
- Schwangerschaft/Mutterschutz **2 A** 483
- Sondervergütungen **2 B** 151 f.
- überproportionale **2 A** 487

Kurzzeitige Verhinderung nach PflegeZG 2 D 45 ff.
- akute Pflegesituation **2 D** 54
- Anspruchsvoraussetzungen **2 D** 47 ff., 53 ff.
- Beschäftigte **2 D** 48
- Dauer **2 D** 57
- einseitiges Leistungsverweigerungsrecht **2 D** 56
- Inhalt der Anspruchs **2 D** 51
- Kündigungsschutz nach PflegeZG *siehe dort*
- Mitteilungspflicht **2 D** 58
- Nachweispflicht **2 D** 59
- nahe Angehörige **2 D** 49
- objektiv erforderliches Fernbleiben **2 D** 55
- Pflegebedürftigkeit **2 D** 50
- Pflegeunterstützungsgeld **2 D** 60
- Vergütung **2 D** 60
- Vertretung **1 E** 199 ff.; **2 D** 81 ff.
- zwingendes Recht **2 D** 46

Lage der Arbeitszeit 2 A 111 ff.
- Direktionsrecht **2 A** 113; **6 A** 5
- Flexibilisierung **2 A** 116 ff.
- Gleitende Arbeitszeit *siehe dort*

- Mitbestimmung **2 A** 111
- Vertragsbeispiel **2 A** 112

Leasingvertrag
- Eintritt in ~ bei Dienstwagen **2 A** 535

Lebensalter
- Frage in Einstellungsgespräch **1 C** 83b
- Kündigungsgrund **3 G** 8 f.
- Merkmal des AGG **1 F** 43
- Rechtfertigung nach AGG **1 F** 98 ff.
- Sozialauswahl **3 E** 273 f.

Lebensversicherungen
- betriebliche Altersversorgung, Abgrenzung **2 E** 36
- Direktversicherung **2 E** 93 ff.
- Mitbestimmung **2 E** 237

Leiharbeit
- siehe Arbeitnehmerüberlassung

Leistungsbezogene Arbeitsentgelte **2 A** 401 ff.
- Akkordlohn *siehe dort*
- Annahmeverzug des Arbeitgebers **2 B** 38
- Durchschnittsverdienst bei Entgeltfortzahlung im Krankheitsfall **2 B** 148
- Fälligkeit **2 A** 573
- und Festvergütung **2 A** 401
- Leistungszulagen **2 A** 413 f.
- Mitbestimmung **4 A** 663 f.
- Prämien *siehe dort*
- unternehmenserfolgsabhängige Entgeltbestandteile **2 A** 441 ff.
- Zielvereinbarungen *siehe dort*

Leistungsfähigkeit des Arbeitnehmers
- und Annahmeverzug des Arbeitgebers **2 B** 21 ff., 25 f.

Leistungsklage
- siehe Entgeltklage

Leistungsmangel
- siehe Eignungs-/Leistungsmangel; Schlechtleistung

Leistungsstörungen **2 A** 144 ff., 575 ff.
- Karenzentschädigung **2 F** 75
- verbotene Konkurrenztätigkeit **2 F** 75

Leistungsträger
- Sozialauswahl **3 E** 287 ff.

Leistungsverweigerungsrecht **2 A** 13 f.
- AGB-Kontrolle **1 D** 41
- Anspruchsübergang bei Dritthaftung **2 B** 194 f.
- Arbeitsleistung **2 A** 54 f., 719 ff.
- Belästigung nach AGG **1 F** 127 f.
- Kurzzeitpflege **2 D** 56
- Nachtarbeitnehmer **6 A** 64
- Nichtmitteilung der Urlaubsanschrift bei Arbeitsunfähigkeit **2 B** 166
- Nichtvorlage der Arbeitsunfähigkeitsbescheinigung **2 B** 161
- sexuelle Belästigung nach AGG **1 F** 127 f.
- Sonn- und Feiertagsarbeit **6 A** 105
- Überschreitung der Grenzen des Direktionsrechts **2 A** 54 f.
- Verletzung sonstiger Pflichten **2 A** 723

Leistungswilligkeit des Arbeitnehmers
- und Annahmeverzug des Arbeitgebers **2 B** 21, 24 f.

Leistungszulagen **2 A** 413 f.

Leitende Angestellte **1 A** 88 ff.
- Anhörung des Betriebsrats bei Kündigung **3 J** 20 f.
- Art der zu leistenden Tätigkeit, Vertragsbeispiel **2 A** 20 ff.
- AT-Angestellter **1 A** 90
- Auflösungsantrag des Arbeitgebers **5 A** 228
- außerdienstliches Verhalten **2 A** 219
- bedeutsame Aufgaben für Bestand oder Entwicklung des Unternehmens/Betriebes **1 A** 108 f.
- Berechtigung zur selbständigen Einstellung und Entlassung **1 A** 97 ff., 122 ff.
- besondere Erfahrungen und Kenntnisse **1 A** 110
- Betriebsleiter **1 A** 120 ff.
- Dauer der Arbeitszeit **2 A** 97
- Definition des BetrVG **1 A** 92 ff.
- Definition des KSchG **1 A** 120 ff.
- DrittelbG **4 B** 52
- Förderung des Unternehmenszwecks **2 A** 209
- funktionsbezogene Definition **1 A** 93 ff.
- Generalvollmacht **1 A** 102 ff.
- Geschäftsführer **1 A** 120 ff.
- Jahresarbeitsentgelt **1 A** 117
- Kündigungsschutzgesetz **3 E** 11 f.
- Legaldefinition **1 A** 91
- Nichtgeltung des ArbZG **6 A** 10 f.
- Nichtgeltung des BetrVG **4 A** 61 f.
- Prokura **1 A** 102 ff.
- Prüfungsschema **1 A** 119, 124
- Sperrzeit bei Aufhebungsvertrag **3 C** 77; **7 A** 101
- Sprecherausschuss *siehe dort*
- Streitwert bei Statusverfahren **5 J** 120
- Umgruppierung **4 A** 769
- Verbände **4 C** 26
- Versammlung **4 A** 1132
- Versetzungsklausel **2 A** 65a
- Vertragsbeispiel Überstunden/Mehrarbeit **2 A** 380
- weisungsfreie Entscheidungen/maßgebliche Beeinflussung von Entscheidungen **1 A** 111 ff.
- Zuordnungsstreit vor Wahlen **4 A** 118
- Zweifelsregel **1 A** 114 ff.

Lohn
- siehe Arbeitsentgelt

Lohnfortzahlung im Krankheitsfall
- siehe Entgeltfortzahlung im Krankheitsfall

Lohngleichheit
- siehe Gleichbehandlung

Lohnpfändung 2 A 666 ff.
– Ansprüche aus unerlaubten Handlungen 2 A 709
– Arbeitseinkommen, Begriff 2 A 667
– Auskunft des Arbeitgebers 2 A 711
– Bruttovergütung – Lohnsteuer- und Beitragsabführung 5 I 38 f.
– Erhöhung des pfändbaren Teils 2 A 710
– Ermäßigung des pfändbaren Teils 2 A 710
– Karenzentschädigung 2 F 69
– Kündigung wegen mehrerer ~en 3 G 42
– mehrere Arbeitseinkommen 5 I 37
– Nettoeinkünfte 2 A 668
– Pfändbarkeit einzelner Einkunftsarten 2 A 669 ff.; 5 I 35 ff.
– Pfändungsgrenzen 2 A 703 ff.
– Pfändungsschutz Girokonto 2 A 713
– Streitwert bei Drittschuldnerprozess 5 J 68
– Unpfändbarkeitsgrenze 2 A 705
– Unterhaltsverpflichtungen 2 A 706 ff.
– Urlaubsabgeltungsanspruch 2 C 158
– Urlaubsentgelt 2 C 182
– Urlaubsgeld 2 C 183 f.
– Vergleich brutto = netto 5 I 39
– verschleiertes Arbeitseinkommen 2 A 712
Lohnsteuer
– siehe Einkommensteuer
Lohnsteuerjahresausgleich
– Pfändbarkeit 2 A 688
Luftfahrt
– Betriebsverfassungsrecht 4 A 34

Mandantenschutzklauseln 2 F 10
Mankohaftung 2 I 49 ff.
– AGB-Kontrolle 1 D 64
– aus Auftrags- und Verwahrungsrecht 2 I 61 f.
– Beweislast 2 I 58 f.
– Haftungsbeschränkung 2 I 60
– Mankogeld 2 I 51
– Mankogeld, Pfändbarkeit 2 A 689
– Mankovereinbarung 2 I 50 ff.
– ohne Mankovereinbarung 2 I 56 ff.
– Mitverschulden des Arbeitgebers 2 I 63
Massenentlassungen 3 G 42 a f.
– Anhörung des Betriebsrats bei Kündigung 3 J 72 ff.
– Insolvenz 3 I 30a
– Klagefrist 5 A 23
– Massenaufhebungsverträge, Anzeigepflicht 3 C 3
– Unterrichtung des Betriebsrats nach § 17 Abs. 2 KSchG 3 J 156 ff.
Massenentlassungsanzeige 3 G 42 a f.; 4 A 885 ff.
– Ablaufplan 4 A 889
– vor Kündigungsausspruch 4 A 885
– Unterrichtung des Betriebsrats 4 A 887 f.

Mediation 5 C 31, 43 ff.; 5 H 1a
– Klagefrist 5 A 18
Medien
– siehe Rundfunk- und Fernsehmitarbeiter
Medizinische Vorsorge oder Rehabilitation
– siehe Kur
Medizinischer Dienst
– Arbeitsfähigkeit 2 B 181
– Verweigerung der Untersuchung 2 B 182
– Zweifel an der Arbeitsunfähigkeit 2 B 175 ff.
– Zweifelsfälle 2 B 183
Mehrarbeit 2 A 369 ff.; 6 A 82
– Arbeitsbefreiung 2 A 370
– Mitbestimmung 4 A 596
– Pfändbarkeit der Vergütung 2 A 690
– schwerbehinderte Menschen 6 A 82c; 6 C 55
– Teilzeitbeschäftigte 2 A 374 f.
– Vergütung 2 A 370 ff.
– Vergütung, Vertragsbeispiel 2 A 378
– Vertragsbeispiel leitende Angestellte 2 A 380
– Zuschläge 2 A 386 f.
Mehrfachbeschäftigung
– Arbeitszeit 6 A 24b, 115
– Ausschluss betrieblicher Altersversorgung in Zweitarbeitverhältnis 2 E 208
– Nebentätigkeit siehe dort
– Urlaub 2 C 136
Meinungsäußerung
– Beleidigung siehe dort
– freie 6 F 144
– Kündigungsgrund 2 A 249; 3 G 43 f.
– Meinungsfreiheit 2 A 243
– politische Werbung 2 A 244
– Tendenzträger 3 G 43a
– unternehmensschädliche 2 A 243 ff.
– Whistleblowing 2 A 244a
Meinungsfreiheit 2 A 243
Meldepflichten des Arbeitgebers 1 C 280 ff.
– Schadensersatz bei Unterlassen 1 C 285
Menschenrechtskonvention 1 A 17a
Minderjähriger
– Abschluss eines Arbeitsvertrages 1 C 226 ff.
– Aufhebungsvertrag 3 C 2a
– Eigenkündigung eines Auszubildenden 3 D 54
– Kündigung 1 B 146
– Prozessfähigkeit 5 B 24
– selbständiger Betrieb eines Geschäfts 1 C 224 f.
– Vormundschaftsgericht bei Arbeitsverträgen 1 C 222a
– Wettbewerbsverbot 2 F 3
Minderleistung
– krankheitsbedingte Kündigung 3 E 118 f.
– Kündigungsgrund 3 G 48 ff.

Mindestarbeitsbedingungen 6 E 1 ff.
- *siehe auch* Arbeitnehmerentsendung; Mindestlohn
- Arbeitnehmerüberlassung 6 D 48a f.

Mindestlohn 2 A 310a ff., 337; 6 E 56 ff.
- abweichende Tarifverträge repräsentativer Tarifvertragsparteien 6 E 83 f.
- Anpassung 6 E 60 f.
- Anrechenbarkeit sonstiger Arbeitgeberleistungen 6 E 92 ff.
- Arbeitnehmerüberlassung, Lohnuntergrenze 6 D 125 ff.
- Arbeitszeitkonten 6 E 100 ff.
- Aufzeichnungspflichten 6 E 117 ff.
- Ausschlussfristen 6 E 112 ff.
- Berechnung 6 E 86 ff.
- Diplomanden 6 E 78
- Durchsetzung 6 E 115 f.
- ehrenamtlich Tätige 6 E 69
- Entgeltbestandteile, anrechenbare 2 A 310b
- fachlicher Anwendungsbereich 6 E 83 ff.
- Fälligkeit 2 A 573a; 6 E 99
- Generalunternehmerhaftung 6 E 126 ff.
- Gesetz 6 E 2
- keine Arbeitsleistung 6 E 89
- Kinder und Jugendliche 6 E 70
- Langzeitarbeitslose 6 E 71
- Monatslohn 6 E 87
- personeller Anwendungsbereich 6 E 64 ff.
- Praktikanten 6 E 72 ff., 80 f.
- Provision 2 A 421a; 6 E 94
- räumlicher Anwendungsbereich 6 E 62 f.
- Rechtsverordnungen, vorgehende 6 E 85
- Sachleistungen 6 E 96
- Saisonarbeiter 6 E 67
- Sonderzahlungen 2 A 456
- Stück-/Akkordlohn 6 E 90
- Subsidiarität 6 E 58
- typengemischte Verträge 6 E 63
- Unabdingbarkeit 6 E 105 ff.
- Vergütungsbestandteile, zu berücksichtigende 6 E 91
- Verstöße, Rechtsfolgen und Sanktionen 6 E 131 f.
- Verwirkung 6 E 111
- Verzicht 6 E 108 f.
- Volontäre 6 E 79
- Zeitstunde 6 E 86
- Zeitungszusteller 6 E 68
- Ziel 6 E 57
- Zulagen/Zuschläge 6 E 97 f.
- Zwei-Monats-Betrachtung 6 E 88

Mitarbeitervertretung 3 J 3
- Arbeitnehmerüberlassung 6 D 222
- Kündigungsschutz 3 H 101b

Mitbestimmung
- *siehe* Beteiligungsrechte ...; Unternehmensmitbestimmung

Mitbestimmung in der Europäischen Genossenschaft 4 B 131, 133
- Arbeitnehmerbeteiligung 4 B 158 ff.
- Gründung 4 B 156
- Rechtsweg bei Streitigkeiten 5 B 115
- Struktur 4 B 157

Mitbestimmung in der Europäischen Gesellschaft 4 B 131, 133 ff.
- Abbruch von Verhandlungen 4 B 150
- Arbeitnehmerbeteiligung 4 B 137 ff.
- Auffangregelung für die Mitbestimmung auf Unternehmensebene 4 B 148 f.
- Aufsichtsrat 4 B 151 ff.
- Betriebsrat 4 B 137 f.
- Gründung 4 B 135
- Nichtaufnahme von Verhandlungen 4 B 150
- Rechtsweg bei Streitigkeiten 5 B 115
- Struktur 4 B 136
- Tendenzunternehmen 4 B 139
- Vereinbarungen über die Mitbestimmung auf Unternehmensebene 4 B 147
- Zustandekommen von Vereinbarungen 4 B 141 ff.

Miteigentum
- Vermögensbildung 2 A 495 ff.

Mittelbare Diskriminierung 1 F 56 ff.
- *siehe auch* Gleichbehandlung
- statistischer Vergleich 1 F 63
- Teilzeitbeschäftigte 2 E 191 f.
- Voraussetzungen 1 F 57 ff.

Mittelbares Arbeitsverhältnis 1 B 102

Mitverschulden
- bei Arbeitnehmerhaftung 2 I 38 ff.
- Erfüllungsgehilfen des Arbeitgebers 2 I 39
- bei Mankohaftung 2 I 63

Mobbing 2 A 203 ff., 790 ff.
- Ansprüche des Gemobbten 2 A 793 ff.
- Begriff 2 A 203
- Darlegungs- und Beweislast 2 A 795
- Kündigungsgrund 3 G 43b
- Meinungsverschiedenheiten 2 A 792
- Schulungsveranstaltung für Betriebsratsmitglieder 4 A 186
- umfassende Güter- und Interessenabwägung 2 A 791
- unwirksame Kündigung als ~ 2 A 203b

Mündliche Verhandlung 5 C 40 ff.
- Anstreben gütlicher Einigung 5 C 42
- Beschlussverfahren 5 H 149 ff.
- Beweisaufnahme 5 C 46 f.
- einstweilige Verfügung 5 I 77 f.
- Mediation 5 C 43 ff.
- sachliche Aufklärungspflicht 5 C 41
- Urteil 5 C 51 ff.
- Vertagung 5 C 50

Musikhören
- Verbot 2 A 197

Musikschullehrer
- Arbeitnehmereigenschaft 1 A 46 ff.

Mutterschaftsgeld 6 C 33 ff.
- Pfändbarkeit 2 A 691
- Streik 4 C 59
- Umlageverfahren 6 C 34 ff.

Mutterschaftslohn 6 C 32
- Streik 4 C 59

Mutterschutz 6 C 24 ff.
- Beschäftigungsverbote 2 A 129; 6 C 28 ff.
- vor der Entbindung 6 C 30 f.
- und Erholungsurlaub 6 C 31a, 38
- Geburt vor dem errechneten Termin 6 C 30c
- Gesundheitsschutz 6 C 27
- kein Annahmeverzug des Arbeitgebers im Ausnahmefall 3 H 23
- Kündigungsschutz nach MuSchG *siehe dort*
- Mitteilungspflichten 6 C 25 f.
- Mutterschaftsgeld *siehe dort*
- Mutterschaftslohn 6 C 32
- Mutterschaftslohn bei Streik 4 C 59
- Sonderzahlungen, keine Kürzung 2 A 483
- stillende Mütter 6 C 31
- Umlageverfahren 6 C 34 ff.
- Vertretung der in ~ befindlichen Arbeitnehmerin 1 E 192 ff.
- Wöchnerinnen 6 C 30b

Nachschieben von Kündigungsgründen 3 D 23
- bei Anhörung des Betriebsrats 3 D 25, 27; 3 F 15; 3 J 135 ff.
- bei außerordentlicher Kündigung 3 F 14 f.
- im Kündigungsschutzprozess 3 D 25 ff.; 3 J 135 ff.
- im Kündigungsschutzprozess von verhaltens- zu personenbedingten Gründen 3 J 135
- im Zustimmungsersetzungsverfahren 3 J 194

Nacht- und Schichtarbeit 6 A 53 ff.
- Abweichungen von den Grundregeln 6 A 76
- Abweichungsbefugnisse der Tarifvertragsparteien 6 A 69 ff.
- AGB-Kontrolle der Ausgleichsregelung 6 A 66c
- Angemessenheit des Ausgleichs 6 A 66b
- arbeitsmedizinische Untersuchung 6 A 58 f.
- Ausgleich für Nachtarbeitnehmer 6 A 66 ff.
- Forschungsinstitutionen 6 A 68
- Frage nach Bereitschaft zum Schichtdienst 1 C 76
- Freizeitausgleich 6 A 66 ff.
- menschengerechte Gestaltung der Arbeit 6 A 55 f.
- Nachtarbeit, Begriff 6 A 53
- Nachtarbeitnehmer, Begriff 6 A 54

- Soll-/Mussvorschrift 6 A 56
- Sonn- und Feiertagsruhe in Mehrschichtbetrieben 6 A 84
- Sozialversicherungsbeiträge für Zuschläge 6 A 66d
- Umsetzung auf Tagarbeitsplatz 6 A 60 ff.
- werktägliche Arbeitszeit für Nachtarbeiter 6 A 57
- Zuschlag für Nachtarbeitnehmer 6 A 66 ff.

Nachteilsausgleich 4 A 976 ff.
- Abfindungshöhe 4 A 986 f.
- Abfindungsklage 4 A 990 f.
- Abweichen von einem Interessenausgleich 4 A 977 f.
- Anrechnung von Sozialplanabfindungen 4 A 989
- bei Beginn der Betriebsstilllegung 4 A 980
- Betriebsänderung ohne Interessenausgleich 4 A 979 f.
- Fälligkeit der Abfindung 4 A 988
- Kündigungen 4 A 981 ff.
- sonstige wirtschaftliche Nachteile 4 A 984 f.
- Streitwert 5 J 48
- Tendenzbetrieb 4 A 1087

Nachträgliche Klagezulassung 5 A 57 ff.
- Antragsfrist 5 A 60 ff.
- Antragsmuster 5 A 77
- arglistiges Verhalten des Arbeitgebers 5 A 74
- Auslandsaufenthalt 5 A 70
- Aussetzung des Verfahrens 5 C 60
- Darlegungs- und Beweislast für Fristwahrung 5 A 63
- erstmalige Antragstellung in 2. Instanz 5 A 84
- fehlerhafte Auskunft einer zuverlässigen Stelle 5 A 66 ff.
- formelle Antragsvoraussetzungen 5 A 58 ff.
- Gründe 5 A 73
- Inhalt des Antrags 5 A 59
- Klagerücknahme wegen Vergleich 3 C 16c f.
- Krankheit 5 A 71
- materielle Voraussetzungen des Antrags 5 A 64 ff.
- nicht zuverlässige Stellen 5 A 69
- Störungen oder Fehler bei Versendung oder Übertragung 5 A 72
- Urteilsinhalt 5 A 79
- Verbundverfahren 5 A 78 ff.
- Verfahren 5 A 78 ff.
- Verschulden des Prozessbevollmächtigten 5 A 75 f.
- Verschulden von Angestellten des Rechtsanwalts 5 A 76
- Vorabentscheidung durch Zwischenurteil 5 A 82 f.

Nachvertragliches Wettbewerbsverbot
- *siehe* Wettbewerbsverbot, nachvertragliches

Nachweisgesetz 1 C 233 ff.
- Arbeitsentgelt 2 A 310
- Art der zu leistenden Tätigkeit 2 A 16, 27
- Ausschlussfristen 2 A 626
- Beweislastumkehr 1 C 236
- einvernehmliche Änderung des Arbeitsvertrags 3 A 7
- Informationspflicht des Arbeitgebers 2 A 801
- Mindestanforderungen 1 C 233
- Muster eines Arbeitsvertrages 1 C 239
- Praktikum 1 C 234
- Schadensersatzanspruch 1 C 237

Nachwirkung
- Allgemeinverbindlichkeit 4 C 240
- Betriebsvereinbarung 4 A 541 ff.
- Tarifvertrag 4 C 164 f.
- Tarifvertrag und Betriebsübergang 2 G 210, 223 ff.

Näherungsverfahren 2 E 356
Namensliste 4 A 918 f.
- Änderungskündigung 3 E 296
- Anhörung des Betriebsrats 3 E 310; 3 J 41a
- Bestandteil des Interessenausgleichs 3 E 298
- Darlegungs- und Beweislast bei Kündigungsschutzklage 3 E 307 ff.; 5 A 105
- grobe Fehlerhaftigkeit 3 E 302 ff.
- inhaltliche Anforderungen 3 E 300
- Interessenausgleich über Betriebsänderung 3 E 294 ff.
- Interessenausgleich mit Insolvenzverwalter 3 I 40
- Sozialauswahl, eingeschränkte Überprüfung 3 E 302 ff.
- Unkündbarkeit 3 F 58b
- Vermutung der Betriebsbedingtheit 3 E 301
- wesentliche Änderung der Sachlage 3 E 305 f.

Naturallohn 2 A 518, 665
- Annahmeverzug des Arbeitgebers 2 B 40 ff.
- Firmenfahrzeug, privat genutztes *siehe dort*
- Pfändbarkeit 2 A 692

Nebenintervention
- Streitwert 5 J 91a

Nebenpflichten des Arbeitgebers 2 A 771 ff.
- Abdingbarkeit 2 A 772
- Begriff 2 A 771
- Fahrzeuge der Arbeitnehmer 2 A 798
- Hinweispflichten des Arbeitgebers *siehe dort*
- Informationspflichten 2 A 800 ff.
- Mitwirkungspflichten 2 A 809 f.
- Obhuts- und Sicherungspflichten 2 A 797 ff.
- Personenschäden 2 A 824
- Persönlichkeitsrecht des Arbeitnehmers *siehe dort*
- Rechtsschutz 2 A 811
- Schutz eingebrachter Sachen 2 A 797 ff.
- Schutz von Leben und Gesundheit 2 A 773 ff.
- Schutz wirtschaftlicher Interessen 2 A 796 ff.

Nebenpflichtverletzung
- Kündigungsgrund 3 G 44a

Nebentätigkeit 2 A 222 ff.
- AGB-Kontrolle bei Beschränkung 1 D 136 ff.
- Anzeige 2 A 226 ff.
- während Arbeitslosengeldbezugs 7 A 38
- während Arbeitsunfähigkeit als Kündigungsgrund 3 G 45
- Beeinträchtigung der Belange des Betriebes 2 A 223
- bei Berufskraftfahrern 1 D 138
- Einstellung oder Einschränkung 2 A 230
- Erlaubnisvorbehalt 2 A 225
- Frage in Einstellungsgespräch 1 C 85
- generelles Verbot 2 A 224
- Höchstarbeitszeit 2 A 231
- Konkurrenztätigkeit 2 A 223
- Kündigungsgrund 3 G 45
- Mehrfachbeschäftigung *siehe dort*
- Schwarzarbeit 2 A 232
- Vertragsbeispiel Genehmigung 2 A 227
- Wettbewerbsverbot *siehe dort*

Nettolohnvereinbarung
- Entgeltklage 5 A 258 f.

Neugründungen
- Befristung ohne Sachgrund 1 E 29 ff.
- keine Sozialplanpflichtigkeit 4 A 968 f.
- Vierjahreszeitraum 1 E 30

Nichtfortsetzungserklärung
- außerordentliche Kündigung, Abgrenzung 3 F 11
- Kündigung, Abgrenzung 3 D 15
- Umdeutung Kündigung zu ~ 3 D 121

Nichtigkeit/Teilnichtigkeit des Arbeitsvertrags
- Anfechtung 1 C 272 f.
- Faktisches Arbeitsverhältnis *siehe dort*
- und Kündigungserklärung 3 D 17 f.
- Rechtsfolgen bei Nichtigkeit 1 C 270 ff.
- Restwirksamkeit 1 C 256
- Schwarzgeldabrede 1 C 255b
- Sittenwidrigkeit 1 C 261
- Verstoß gegen ein gesetzliches Verbot 1 C 252 ff.

Nichtleistung der Arbeit 2 A 150
- vom Arbeitgeber zu vertretende 2 A 166
- vom Arbeitnehmer nicht zu vertretende 2 A 165 f.

[Nichtleistung der Arbeit]
- Auflösungsschaden **2 A** 164
- außerordentliche Kündigung **2 A** 163
- einstweilige Verfügung **2 A** 156; **5 I** 85 f.
- Entschädigung bei Klage auf Arbeitsleistung **2 A** 154
- von keiner Seite zu vertretende **2 A** 167 ff.
- Klage auf Erfüllung der Arbeitsleistung **2 A** 153 f.
- Kürzung von Sonderzuwendungen **2 A** 161
- Schadensersatz **2 A** 158
- Stromausfall **2 A** 168
- Unterlassen anderweitiger Tätigkeit **2 A** 157
- Verfrühungsschaden **2 A** 159
- Vermögensschaden **2 A** 159
- Vertretenmüssen **2 A** 150 ff.
- Zwangsvollstreckung der Arbeitsleistung **5 I** 44

Nichtraucherschutz
- *siehe* Rauchen

Nichtzulassungsbeschwerde im Beschlussverfahren 5 H 254 ff.
- Divergenz **5 H** 257
- Verfahren **5 H** 258 f.

Nichtzulassungsbeschwerde im Urteilsverfahren 5 F 1 ff.
- Ablehnung **5 F** 42
- Antragsformulierungen **5 F** 37 f.
- Arten **5 F** 1 f.
- aufschiebende Wirkung **5 F** 35 f.
- Begründungsfrist **5 F** 29
- Divergenzbeschwerde *siehe dort*
- Doppelbegründung **5 F** 11
- Einlegung beim BAG **5 F** 26
- Einlegungsfrist **5 F** 26a f.
- Entscheidung des BAG **5 F** 39 ff.
- formeller Inhalt der Beschwerdeschrift **5 F** 31 ff.
- Grundsatzbeschwerde **5 F** 3 f.
- Rechtsanwaltsvergütung **5 J** 153
- Revision nach ~ **5 E** 29
- Stattgabe **5 F** 43 f.
- Verfahrensbeschwerde **5 F** 18 ff.
- und Verfassungsbeschwerde **5 F** 30

Niederlassungserlaubnis 1 H 49 ff.
- Absolventen deutscher Hochschulen **1 H** 50
- allgemeine **1 H** 49
- Blaue Karte **1 H** 48
- Daueraufenthalt-EG **1 H** 54
- Hochqualifizierte **1 H** 51 ff.

Notarbeiten
- Arbeitskampf **4 C** 61 f.
- Direktionsrecht **2 A** 45
- Treuepflicht **2 A** 208

Offenbarungspflichten des Arbeitnehmers 1 C 145 ff.
- Alkohol- oder Drogenabhängigkeit **1 C** 147
- nach Einstellung hinsichtlich Schwerbehinderteneigenschaft **1 C** 150a
- elementare Anforderungen des Arbeitsplatzes **1 C** 145 f.
- Gesundheitszustand, schlechter **1 C** 150
- Haftstrafe, bevorstehende **1 C** 152
- krankheitsbedingte Ausfallerscheinungen **1 C** 150
- Qualifikationsmängel **1 C** 149
- Schwangerschaft **1 C** 151
- Wettbewerbsverbot **1 C** 153

Öffentlicher Dienst
- Änderungskündigung bei neuem Dienstort **3 A** 103a
- Anpassung der Zusatzversorgung **2 E** 551
- Arbeitnehmer **1 A** 127 f.
- Arbeitnehmerhaftung **2 I** 37
- Aufgaben von begrenzter Dauer **1 E** 104
- Aufhebungsvertrag in Nordrhein-Westfalen **3 C** 2c
- Aushilfe **1 E** 104
- außerdienstliche Straftat, Kündigung **3 G** 54b
- außerdienstliches Verhalten **2 A** 219
- außerdienstliches Verhalten, Kündigung **3 G** 18a
- befristete Arbeitsverträge **1 E** 104 ff.
- befristete Arbeitsverträge aus haushaltsrechtlichen Gründen **1 E** 73 ff.
- Befristung ohne Sachgrund **1 E** 27
- Belohnungen und Geschenke **2 A** 238
- betriebliche Übung **2 A** 899
- betriebsbedingte Kündigung **3 E** 201 f., 222 ff.
- Betriebsverfassungsrecht, Nichtanwendbarkeit **4 A** 29 f.
- Direktionsrecht **3 A** 15
- Eigenkündigung bei Überleitung kraft Gesetzes **3 F** 70a
- Eingruppierung **2 A** 351 ff.
- Führungsposition, befristete Übertragung **1 E** 27a, 106
- fünfjährige Befristungshöchstdauer **1 E** 105
- Identifizierung mit staatlicher Ordnung **2 A** 210
- Konkurrentenklage **5 I** 93b ff.
- Kündigungserklärung **3 D** 56
- kw-Vermerk **3 E** 202
- Leitungsaufgabe befristet zur Erprobung **1 E** 105
- Meinungsäußerungen **2 A** 246
- Personalgestellung **6 D** 3b, 7
- Rufbereitschaft **6 A** 24
- Unkündbarkeit **3 F** 52 f.
- Verfassungstreue **1 C** 93

3080

OHG
- Arbeitgeber **1 A** 142
- Kündigungserklärung **3 D** 51b

Ordentliche Kündigung 3 D 1 ff.
- *siehe auch* Kündigung
- als Änderungskündigung **3 A** 65
- Anfechtung, Abgrenzung **3 D** 9 f.
- Anhörung des Betriebsrats bei Umdeutung **3 D** 116
- Aufhebungsvertrag, Abgrenzung **3 D** 10
- auflösende Bedingung, Abgrenzung **3 D** 11
- außerordentliche Kündigung, Abgrenzung **3 D** 133 f.
- befristeter Arbeitsvertrag **1 E** 148 ff.
- Befristungen im Hochschulbereich **1 E** 216
- Berufsausbildungsverhältnis während der Probezeit **1 B** 138 f.
- Betriebsbuße, Abgrenzung **3 D** 12
- vor Dienstantritt **3 D** 32
- Freistellung nach ordentlicher Kündigung **2 C** 86 ff.
- Freistellung/Suspendierung, Abgrenzung **3 D** 14
- Kündigungsfrist *siehe dort*
- Nachkündigung in der Insolvenz **3 I** 27 ff.
- und nachvertragliches Wettbewerbsverbot **2 F** 42
- nachvertragliches Wettbewerbsverbot nach Kündigungsausspruch **2 F** 20
- Nichtfortsetzungserklärung, Abgrenzung **3 D** 15
- Nichtigkeit des Arbeitsvertrags, Abgrenzung **3 D** 17 f.
- Personenbedingte Kündigung *siehe dort*
- Rücktritt, Abgrenzung **3 D** 18
- Störung der Geschäftsgrundlage, Abgrenzung **3 D** 19
- tarifliche Beendigungsnormen **4 C** 135 f.
- Umdeutung in Änderungskündigung **3 D** 116a
- Umdeutung in Anfechtungserklärung **3 D** 118
- Umdeutung in außerordentliche Kündigung **3 D** 110
- und Urlaubsgewährung **2 C** 79 ff.
- Verdachtskündigung **3 F** 33b
- Verhaltensbedingte Kündigung *siehe dort*
- Verhältnis zur außerordentlichen Kündigung **3 F** 29 f.

Ort der Arbeitsleistung
- *siehe* Arbeitsort

Örtliche Zuständigkeit
- *siehe* Gerichtsstand

Ortungssysteme
- Datenschutz **6 F** 90 ff.

OT-Mitgliedschaft 4 C 9a

Outplacement-Beratung 3 C 46
- lohnsteuerrechtliche Zurechnung **3 C** 69a

Outsourcing
- Abgrenzung zum Betriebsübergang **2 G** 59 ff.
- Kündigungsgrund **3 E** 217

Parteibezeichnung
- einzelkaufmännisches Unternehmen **5 A** 45
- gewillkürter Parteiwechsel **5 A** 48
- hilfsweises Verklagen des richtigen Arbeitgebers **5 A** 49
- Kündigungsschutzklage **5 A** 44 ff.
- Rubrumsberichtigung **5 A** 47 f.

Parteifähigkeit 5 B 3 ff.
- gemäß § 10 ArbGG **5 B** 15 ff.
- gemäß § 50 ZPO **5 B** 11 ff.
- Arbeitgeberverbände **5 B** 19
- Beweisaufnahme **5 B** 8
- Gerichtsstand **5 B** 5
- Gesellschaft in Liquidation **5 B** 13
- Gewerkschaften **5 B** 16 ff.
- Prozesshandlungen **5 B** 6
- Prozesskostenhilfe **5 B** 7
- Rechtsfähigkeit **5 B** 11
- Umfang der Rechtskraft **5 B** 9
- Vorgesellschaften **5 B** 12

Parteipolitische Betätigung
- Beeinträchtigung des Arbeitsablaufes oder Betriebsfriedens **4 A** 373
- Begriff **4 A** 368 ff.
- im Betrieb durch Arbeitgeber/Betriebsrat **4 A** 367 ff.
- Geltungsbereich **4 A** 374 f.
- Verstöße **4 A** 376

Parteizugehörigkeit
- Frage in Einstellungsgespräch **1 C** 87a ff.

Pauschalierter Schadensersatz 2 J 52 ff.
- AGB-Kontrolle **2 J** 54
- Vertragsstrafe, Abgrenzung **2 J** 53

Pausen
- *siehe* Ruhepausen

Pensionsfonds 2 E 106 ff.
- Abweichung von der versicherungsförmigen Durchführung in der Rentenphase **2 E** 110 ff.
- Aufsichtsbehörde **2 E** 121
- Auskunftserteilung, Verpflichtung **2 E** 122
- Deckungsrückstellung **2 E** 113
- Definition **2 E** 108
- Einstandspflicht des Arbeitgebers **2 E** 123 f.
- Ermittlung des unverfallbaren Versorgungsrechts **2 E** 380
- Insolvenzsicherung **2 E** 463, 465
- Mitbestimmung **2 E** 238 ff.
- Mitbestimmung bei mehreren Trägerunternehmen **2 E** 243 ff.
- Pensionspläne **2 E** 109
- Quasi-Versicherungseinrichtung **2 E** 109

[Pensionsfonds]
- Risikoverteilung **2 E** 123 f.
- Solvabilität **2 E** 120
- Steuerrecht **2 E** 116 ff.
- Übernahme von Verpflichtungen und Anwartschaften durch ~ **2 E** 115
- Übertragung bestehender Leistungszusagen auf ~ **2 E** 114
- Vermögensanlage **2 E** 119

Pensionskassen 2 E 125 ff.
- Arten **2 E** 128 f.
- Ausscheiden vor Eintritt des Versorgungsfalls **2 E** 131
- Begriff **2 E** 125
- Beitritt **2 E** 133
- Betriebsübergang **2 G** 274
- Dreiecksverhältnis **2 E** 130
- Ermittlung des unverfallbaren Versorgungsrechts **2 E** 379
- Finanzierung **2 E** 131
- Insolvenzsicherung **2 E** 463
- Mitbestimmung **2 E** 238 ff.
- Mitbestimmung bei mehreren Trägerunternehmen **2 E** 243 ff.
- Rechtsbeziehungen **2 E** 132
- Rechtsformen **2 E** 126
- Schadensersatz **2 E** 134
- Versicherungsaufsicht **2 E** 127
- Versorgungsfall **2 E** 134
- Vertriebs-~ **2 E** 129
- Vorteile für den Arbeitgeber **2 E** 135

Pensions-Sicherungs-Verein 2 E 450 ff.
- *siehe auch* Insolvenzsicherung
- Abweisung des Antrags auf Eröffnung des Insolvenzverfahren mangels Masse **2 E** 489 f.
- Anpassung laufender Leistungen **2 E** 471
- Anrechnung drittseitiger Leistungen **2 E** 514
- Anrechnung von Nachdienstzeiten **2 E** 477
- Anwartschaftsausweis **2 E** 522 f.
- Arbeitgeberbegriff **2 E** 485
- außergerichtlicher Liquidationsvergleich **2 E** 491 ff.
- außergerichtlicher Stundungs- und Quotenvergleich **2 E** 505 f.
- außergerichtlicher Vergleich **2 E** 515
- Beiträge **2 E** 533 ff.
- Beitragsaufkommen **2 E** 535
- Beitragsbescheid **2 E** 540
- Beitragspflicht **2 E** 534
- Bemessungsgrundlagen für Beiträge **2 E** 536 ff.
- Berechnung der unverfallbaren Versorgungsanwartschaft **2 E** 480
- bestätigender Insolvenzplan **2 E** 515
- Betriebseinstellung bei offensichtlicher Masselosigkeit **2 E** 497 ff.
- Doppelstellung **2 E** 456
- Eintrittspflicht für laufende Leistungen **2 E** 467 ff.
- Eintrittspflicht für unverfallbare Versorgungsanwartschaften **2 E** 472 ff.
- Entgeltumwandlung **2 E** 478 f.
- Eröffnung des Insolvenzverfahrens **2 E** 487 f.
- Finanzierungsverfahren **2 E** 531 ff.
- Forderungsübergang **2 E** 529 f.
- Gerichtsstand **2 E** 461
- geschützte Durchführungswege **2 E** 463 ff.
- gesetzliches Versicherungsverhältnis **2 E** 457
- Höchstgrenze der Ansprüche gegen den ~ **2 E** 511 ff.
- Insolvenzsicherungsfähigkeit **2 E** 539
- Insolvenzverfahren mit Sanierungserfolg **2 E** 507
- keine Anpassung von Anwartschaften **2 E** 483
- Klagen gegen ~ **2 E** 460 ff.
- Leistungsbescheid **2 E** 522 ff.
- Leistungseinschränkungen **2 E** 509 ff.
- Leistungsgewährung **2 E** 526 ff.
- Meldepflicht **2 E** 532
- Mitgliedschaft **2 E** 458
- neue Bundesländer **2 E** 451
- Organisation **2 E** 459
- Portabilität **2 E** 519
- Rechtsweg bei Streitigkeiten **5 B** 88
- Rentner **2 E** 468
- rückständige Leistungen **2 E** 470, 510
- Selbsthilfeeinrichtung **2 E** 453 ff.
- Selbstveranlagungsverfahren **2 E** 536
- Sicherungsfälle **2 E** 484 ff.
- Unternehmensfortführung **2 E** 504 ff.
- Unternehmensliquidation **2 E** 486 ff.
- Unverfallbarkeitsvoraussetzungen **2 E** 473
- Versäumung der Mitteilungspflichten **2 E** 525
- Versicherungsmissbrauch **2 E** 516 ff.
- vertragliche Abreden **2 E** 474
- Vordienstzeiten **2 E** 475 f.
- wirtschaftliche Notlage **2 E** 508 f.
- Zeitpunkt der Entstehung des Anspruchs **2 E** 469
- Zustimmung zur Übernahme von Versorgungsverpflichtungen **2 E** 405

Personalakte 2 A 780 ff.
- Abmahnung, Entfernungsanspruch **2 A** 784; **3 E** 178 ff.; **4 A** 423
- Anhörung vor Abmahnung **2 A** 782
- Aufbewahrung **4 A** 416
- Begriff **2 A** 780; **4 A** 413 f.
- Berichtigungsanspruch **2 A** 784
- Betriebsübergang **2 G** 136
- Einsichtsrecht **2 A** 785; **4 A** 412 ff.; **6 F** 191 f.

– Erklärungen des Arbeitnehmers zur ~ **4 A** 422
– Führung **4 A** 415f.
– Gegendarstellung **2 A** 783; **3 E** 182; **6 F** 199
– Hinzuziehung eines Betriebsratsmitglieds bei Einsicht **4 A** 420
– Streitwert bei Klage auf Entfernung der Abmahnung **5 J** 78
– Umfang des Einsichtsrechts **4 A** 418
– Verwahrungsfrist **2 A** 786
– Zeitpunkt der Einsicht **4 A** 417
– Zwangsvollstreckung Entfernung der Abmahnung **5 I** 43

Personalfragebogen 1 C 122ff.
– Aufbewahrung bei erfolgloser Bewerbung **4 A** 698
– Begriff **4 A** 692f.
– Datenschutz **1 C** 126
– Einklang mit AGG **1 F** 157
– Fragenkatalog für Bewerbungsgespräch **1 C** 118f.
– Mitbestimmung **1 C** 125; **4 A** 691 ff.; **6 F** 179ff.
– Muster **1 C** 127
– Schwangerschaft **1 C** 97c
– unzulässige Fragen **4 A** 696f.
– Vorbeschäftigung bei demselben Arbeitgeber **1 E** 19
– zulässige Fragen **4 A** 695

Personalplanung
– Begriff **4 A** 673f.
– Mitbestimmung **1 C** 28; **4 A** 672 ff.

Personalrabatte 2 A 518a, 519
– Betriebsübergang **2 G** 144
– Jahreswagen **2 A** 518a
– Sozialversicherungsbeiträge **2 A** 527
– Steuerpflichtigkeit **2 A** 527ff.

Personelle Einzelmaßnahmen
– siehe Beteiligungsrechte bei personellen Einzelmaßnahmen

Personenbedingte Kündigung 3 E 78ff.
– Alkohol **3 E** 126
– Altersteilzeit **7 B** 53
– Änderungskündigung **3 A** 95ff.
– Anhörung des Betriebsrats **3 J** 52 ff.
– Arbeitserlaubnis, fehlende **3 E** 131
– Aufenthaltserlaubnis, Nichtverlängerung **3 E** 132
– Begriff **3 E** 78f.
– Eignungsmängel **3 E** 133ff.
– Geschlechtsumwandlung **3 E** 138
– Glaubens- oder Gewissensgründe für Arbeitsverweigerung **3 E** 139
– kirchliche Arbeitnehmer **3 E** 131a
– Krankheitsbedingte Kündigung siehe dort
– des Leiharbeitnehmers **6 D** 144
– Ordentliche Kündigung siehe dort
– Scheidung **3 E** 144
– Sicherheitsbedenken **3 E** 145

– Sprachkenntnisse, mangelnde **3 E** 142f.
– strafbares außerdienstliches Verhalten **3 E** 134
– Strafhaft **3 E** 140f.
– Wehrdienst **3 G** 58a
– Wiedereinstellungsanspruch siehe dort

Personenschäden
– siehe Arbeitgeberhaftung bei Personenschäden

Persönliche Leistungsverpflichtung 2 A 6ff.

Persönliche Verhinderung
– siehe Arbeitsverhinderung aus persönlichen Gründen

Persönliches Erscheinen 5 C 15ff.
– Ablehnung der Zulassung eines Prozessbevollmächtigten **5 C** 23
– Ermessen **5 C** 17
– Fernbleiben trotz ordnungsgemäßer Ladung **5 C** 20 ff,
– Ladungsfrist **5 C** 16
– Ordnungsgeld **5 C** 21
– Parteien **5 C** 18
– Rechtsmittel **5 C** 19
– Verschulden bei Fernbleiben **5 C** 22

Persönlichkeitsrecht des Arbeitnehmers 2 A 776ff.
– äußeres Erscheinungsbild **2 A** 189
– Behandlung durch Vorgesetzte und Arbeitskollegen **2 A** 787ff.
– in betrieblicher Sphäre **4 A** 390ff.
– Datenschutz siehe dort
– Ehrenschutz **2 A** 789
– Einschränkungen **2 A** 776
– Meinungsverschiedenheiten **2 A** 792
– Mobbing siehe dort
– Personalakte siehe dort
– Sexuelle Belästigung siehe dort
– Überwachung des Arbeitnehmers **2 A** 777ff.
– Urheberpersönlichkeitsrechte **2 H** 75f.

Pfändbarkeit
– siehe auch Lohnpfändung
– Sachbezüge **2 A** 525

Pfändungs- und Überweisungsbeschluss 5 I 32ff.
– nach Pfändung fällige Beiträge **5 I** 34
– Sicherheitsleistung nach ATZG **5 I** 32a
– Sozialplanforderung **5 I** 34b
– Verbraucherinsolvenzverfahren **5 I** 34a
– Zustellung **5 I** 33

Pflegeunterstützungsgeld 2 D 60

Pflegezeit 2 A 126; **2 D** 45ff.
– siehe auch Kurzzeitige Verhinderung nach PflegeZG
– Ankündigungspflicht **2 D** 64
– Anspruchsvoraussetzungen **2 D** 47ff., 62f.
– Beschäftigte **2 D** 48
– Dauer **2 D** 71ff.
– und Familienpflegezeit **2 D** 95ff.

[Pflegezeit]
- häusliche Umgebung **2 D** 63
- Inhalt des Anspruchs **2 D** 61
- Kündigungsschutz nach PflegeZG *siehe dort*
- mehr als 15 Beschäftigte **2 D** 62
- Nachweispflicht **2 D** 69 f.
- nahe Angehörige **2 D** 49
- Pflegebedürftigkeit **2 D** 50
- teilweise Freistellung **2 D** 66 ff.
- Urlaub **2 D** 79
- Vergütung **2 D** 79
- Verlängerung **2 D** 75 f.
- Vertretung während ~ **1 E** 199 ff.; **2 D** 81 ff.
- vollständige Freistellung **2 D** 65
- vorzeitige Beendigung **2 D** 77 f.
- zwingendes Recht **2 D** 46

Politische Betätigung
- Kündigungsgrund **3 G** 46 f.
- Unternehmensschädlichkeit **2 A** 244

Portabilität 2 E 398 ff.
- Abbedingen durch Tarifvertrag **2 E** 399
- Anspruch **2 E** 411 f.
- Arbeitnehmerschutz **2 E** 402
- Auskunftsanspruch **2 E** 415
- keine beliebigen Dritten **2 E** 401
- laufende Versorgungsleistungen **2 E** 403
- neuer Arbeitgeber **2 E** 406 ff.
- Pensions-Sicherungs-Verein **2 E** 405, 519
- Treuhandlösung **2 E** 414
- Übertragung auf andere Rechtsträger **2 E** 404
- Übertragung des Übertragungswertes **2 E** 409 f.
- Unternehmensliquidation **2 E** 413
- Verbotsnorm **2 E** 400
- völliger Ausschluss **2 E** 404
- Zustimmung des Arbeitnehmers **2 E** 407

Positive Forderungsverletzung 2 A 149
- Schlechtleistung **2 A** 176

Postulationsfähigkeit 5 B 29
- Revisionsverfahren **5 E** 32 ff.

Praktikantenverhältnis 1 A 84, 131a
- Definition **6 E** 73, 81
- Mindestlohn **6 E** 72 ff., 80 f.
- Nachweisgesetz **1 C** 234
- Urlaub **2 C** 207
- Zeugnisanspruch **3 K** 10

Prämien 2 A 409 ff.
- Anwesenheit, AGB-Kontrolle Kürzungsregelungen **2 A** 484, 488 ff.
- Mitbestimmung **4 A** 663 f.
- Schlechtleistung **2 A** 174
- Streikbrecher **2 A** 390
- Systeme **2 A** 411
- Treue und betriebliche Altersversorgung **2 E** 50
- Verbote **2 A** 412

Präventionsverfahren 3 E 83 f.; **3 H** 53
Probearbeitsverhältnis 1 B 58; **1 E** 58 ff.
- auflösend bedingter Arbeitsvertrag **1 E** 60 f.
- Kündigung **1 E** 157
- Kündigungsfrist **3 D** 168 ff.
- nochmalige Befristung **1 E** 59a
- Probezeit *siehe dort*
- Übernahme nach Erprobung **1 E** 62
- vorgeschaltete Probezeit, Abgrenzung **1 E** 64 ff.
- Zeugnisanspruch **3 K** 12
- zulässige Dauer **1 E** 59

Probezeit
- Berufsausbildungsverhältnis **1 B** 122
- Dauer **1 E** 59
- Kündigung eines Berufsausbildungsverhältnisses nach ~ **1 B** 137, 140 ff.; **3 H** 121 f.
- Kündigung eines Berufsausbildungsverhältnisses während ~ **1 B** 137 ff.; **3 H** 120
- Kündigungsfrist **3 D** 168 ff.
- vorgeschaltete **1 E** 64 ff., 157

Prokura
- außerordentliche Eigenkündigung wegen Verweigerung/Widerrufs **3 F** 68
- leitende Angestellte **1 A** 102 ff.
- Widerruf **2 A** 42

Provision 2 A 415 ff.
- Abrechnung **2 A** 427
- Abschlussprovision **2 A** 415
- Annahmeverzug des Arbeitgebers **2 B** 38
- Berechnung **2 A** 426
- Betriebsübergang **2 G** 146
- Bezirks- und Inkassoprovision **2 A** 421
- Entstehen des Anspruchs **2 A** 423 ff.
- Fälligkeit des Anspruchs **2 A** 425
- Höhe **2 A** 421a
- kaufmännische/nicht kaufmännische Arbeitnehmer **2 A** 417
- Mindestlohn **6 E** 94
- Pfändbarkeit **2 A** 693
- Überhangprovision **2 A** 420
- übliche **2 A** 422
- Umsatzprovision **2 A** 416
- Urlaubsentgelt **2 C** 106
- Ursachenzusammenhang **2 A** 423
- Vereinbarung abweichender ~svoraussetzungen **2 A** 419
- Verjährung **2 A** 428
- Vermittlungsprovision **2 A** 415

Prozessbeschäftigung 1 E 103a f.
Prozessfähigkeit
- im Beschlussverfahren **5 B** 26
- betriebsverfassungsrechtliche Stellen **5 B** 27
- juristische Person **5 B** 25
- Minderjähriger **5 B** 24
- im Urteilsverfahren **5 B** 24 ff.

Prozesskostenhilfe 5 B 45 ff.
- Anwaltsbeiordnung *siehe dort*
- Einkommen und Vermögen 5 B 47
- Folgen der Bewilligung 5 B 48
- hinreichende Erfolgsaussicht 5 B 45
- Insolvenzverwalter 3 I 84c
- Mutwilligkeit der Rechtsverfolgung 5 B 46
- Parteifähigkeit 5 B 7
- Verweisung im PKH-Verfahren 5 B 139
- Wiedereinsetzung 5 D 51a

Prozessvergleich/Vergleich
- Abmahnung 3 E 185
- Aufhebungsvertrag 3 C 15, 16b
- als Befristungsgrund 1 E 77 f.
- Beschlussverfahren 5 H 172 ff.
- Beschwerdeverfahren 5 H 235
- Betriebsübergang 2 G 363 ff.
- brutto = netto 5 I 39
- nachvertragliches Wettbewerbsverbot 2 F 20
- nicht erfüllter ~ und Aufhebungsvertrag 3 C 16d
- Rechtsbeschwerde 5 H 278
- Rechtsschutzversicherung bei Vergleichsmehrwerten 5 J 167
- Sperrzeit und wichtiger Grund 7 A 102
- Streitwert bei Mehr-~ 5 J 82 ff.
- Urlaubsabgeltungsansprüche 2 C 278
- Urlaubsansprüche 2 C 278
- Zwangsvollstreckung 5 I 59

Prozessvollmacht
- Kündigungserklärung 3 D 60, 71

Psychologischer Test 1 C 132c
- Einverständniserklärung, Muster 1 C 138

Radiohören
- Verbot 2 A 197

Rasse
- Merkmal des AGG 1 F 28 ff.

Rauchen
- Frage in Einstellungsgespräch 1 C 86
- Hinweis in Stellenanzeige 1 C 87
- Kündigung wegen Verstoßes gegen Verbot 3 G 47
- Nichtraucherschutz 6 B 15
- Verbot 2 A 195 f.; 4 A 393

Rechtfertigung nach AGG
- Alter 1 F 98 ff.
- Altersgrenzen bei betrieblicher Altersversorgung 1 F 107
- Altersgrenzenklausel 1 F 108
- berufliche Anforderungen 1 C 10; 1 F 84 ff.
- besondere Zugangsbedingungen hinsichtlich Alter 1 F 101 f.
- Geschlecht 1 F 86 ff.
- Höchstalter 1 F 106
- Marktausrichtung 1 F 91
- Mindestanforderungen hinsichtlich Alter 1 F 104 f.
- positive Maßnahmen 1 F 116
- Regelbeispiele bei Alter 1 F 100 ff.
- Religion 1 F 94 ff.
- Sozialplan-Differenzierungen 1 F 115
- Systematik 1 F 79 ff.
- Weltanschauung 1 F 94 ff.

Rechtliches Gehör
- *siehe auch* Anhörungsrüge
- Entscheidungserheblichkeit 5 F 23 f.
- konkrete Darlegung der Verletzung 5 F 22
- Nichtzulassungsbeschwerde 5 F 18 f.
- substantiierter Vortrag der Rechtsposition 5 F 20 f.
- tatsächliches Vorliegen einer Verletzung 5 F 25

Rechtsanwalt
- Anwaltsbeiordnung *siehe dort*
- Arbeitnehmereigenschaft 1 A 49 f.
- Ausspruch und Entgegennahme von Kündigungen 3 D 72 ff.
- Fristen 5 D 53 ff.; 5 E 31
- Kündigung durch bevollmächtigten ~ 3 D 59 f.
- nachträgliche Klagezulassung und Verschulden 5 A 75 f.
- Rechtsanwaltsvergütung *siehe dort*
- Sorgfaltspflichten 5 D 54 f.
- Syndikusanwalt, Unterschrift 5 D 37
- Unterzeichnung der Berufungsbegründung 5 D 76 f.
- Unterzeichnung von Berufungsschrift und -begründung 5 D 37 ff.
- Verschulden von Angestellten und nachträgliche Klagezulassung 5 A 76
- Vertretung des Betriebsrats bei Einigungsstellenverfahren 4 A 1050
- Vertretung im Beschlussverfahren 5 H 101
- Vertretung im Beschwerdeverfahren 5 H 219

Rechtsanwaltsvergütung 5 J 149 ff.
- Ablichtungen 5 J 154
- Abwesenheitsgelder 5 J 154
- Anrufung des unzuständigen Gerichts 5 J 142 ff.
- Aufhebungsvertrag, Regelung im 3 C 46 f
- Ausschluss der Kostenerstattung für obsiegende Partei 5 J 137 ff.
- außergerichtliche Vertretung 5 J 155
- Beratung 5 J 157
- Beratung eines Betriebsrats 4 A 216
- Berufungsinstanz 5 J 151
- Beschlussverfahren 5 J 160
- Beschlussverfahrenskosten des Betriebsrats 5 H 105 f.
- Beschwerde im Urteilsverfahren 5 J 153
- Einigungsgebühr 5 J 150a
- Erfolgshonorar 5 J 158a

[Rechtsanwaltsvergütung]
- Erstattungsanspruch gegen den Arbeitgeber **2 A** 858 ff.
- Fahrtkosten **5 J** 144 f., 154
- fiktive Kosten bei Kostenteilung und Verbandsvertreter auf einer Seite **5 J** 147
- fristwahrende Berufungseinlegung **5 J** 146
- Gegenstandswert im Beschlussverfahren *siehe dort*
- Kostenerstattung für obsiegende Partei in Rechtsmittelinstanzen **5 J** 146 ff.
- Kostenerstattung für Reise zum LAG/BAG-Termin **5 J** 148
- Nichtzulassungsbeschwerde **5 J** 153
- Prozessführungskosten des Betriebsrats **4 A** 218 ff.
- Prozessführungskosten eines Betriebsratsmitglieds **4 A** 239 ff.
- Revisionsverfahren **5 J** 152
- Streitwertbeschwerde *siehe dort*
- Stundensätze **5 J** 158
- Terminsgebühr **5 J** 150
- Urteilsverfahren erster Instanz **5 J** 149
- Vergleichsmehrwert **5 J** 150b
- Vertretung des Betriebsrats vor der Einigungsstelle **4 A** 217
- Zwangsvollstreckung **5 J** 159

Rechtsbeschwerde 5 H 246 ff.
- Anschlussrechtsbeschwerde **5 H** 273
- Antragsänderung **5 H** 267
- Aufhebung des Beschwerdebeschlusses **5 H** 286
- Begründung **5 H** 266 f., 268
- Beschluss **5 H** 282 ff.
- Divergenz **5 H** 252
- Einlegung **5 H** 262 ff.
- gegen einstweilige Einstellung der Zwangsvollstreckung **5 I** 26a
- Erledigung der Hauptsache **5 H** 278
- Frist **5 H** 264
- grundsätzliche Bedeutung **5 H** 251, 255 f.
- mehrere Ansprüche **5 H** 269
- neue Tatsachen **5 H** 271
- Nichtzulassungsbeschwerde im Beschlussverfahren *siehe dort*
- Rechtsbeschwerdeschrift **5 H** 265
- gegen Rechtswegentscheidung des LAG **5 B** 134
- Rücknahme **5 H** 277
- schriftliches Verfahren **5 H** 276
- Sprungrechtsbeschwerde *siehe dort*
- Suspensivwirkung **5 H** 249
- Verfahren **5 H** 274 ff.
- verfahrensbeendende Beschlüsse **5 H** 248
- verfahrensbegleitende Beschlüsse **5 H** 248a
- Vergleich **5 H** 278
- Verletzung einer Rechtsnorm **5 H** 270, 272
- Verweisung auf das Revisionsverfahren **5 H** 260 f.
- Verwerfung als unzulässig **5 H** 279 ff.
- gegen Verwerfung der Berufung **5 D** 92
- Verwerfungsbeschluss **5 H** 280
- Zulassung **5 H** 250 ff.
- Zulassung nach Nichtzulassungsbeschwerde **5 H** 254 ff.

Rechtsfähigkeit 5 B 11
Rechtshängigkeit
- und Verweisungsbeschluss **5 B** 138

Rechtskraft
- und Betriebsübergang **2 G** 357
- Parteifähigkeit und Wirkung der ~ **5 B** 9

Rechtsmittelbelehrung 5 C 54
- Berufungsfrist bei Fehlerhaftigkeit **5 D** 27
- Beschwerde im Beschlussverfahren **5 H** 245
- als Revisionszulassung **5 E** 21
- Wiedereinsetzung bei Fehlerhaftigkeit **5 D** 58

Rechtsquellen 1 A 7 ff.
- EuGH-Rechtsprechung **1 A** 17
- EU-Recht **1 A** 13 ff.
- Kodifikationsbestrebungen **1 A** 1 ff.
- kollektivrechtliche Regelungen **1 A** 9 ff.
- Schutzgesetzgebung **1 A** 8
- supranationales Recht **1 A** 17a
- Tarifverträge **1 A** 12

Rechtsschutzversicherung
- außergerichtliche Tätigkeit statt sofortiger Kündigungsschutzklage **5 J** 165
- Kündigungsschutzprozess mit Vergütungsansprüchen **5 J** 163
- Nichteinlegung einer Beschwerde gegen fehlerhaften Streitwertbeschluss **5 J** 166
- Probleme **5 J** 161 ff.
- Vergleichsmehrwerte **5 J** 167
- Versicherungsfall bei Aufhebungsvertrag **5 J** 160
- Versicherungsfall bei Kündigung **5 J** 161 f.
- Weiterbeschäftigungsantrag **5 J** 164

Rechtsweg
- Aufsichtsrat, Streitigkeiten **4 B** 129
- Aufsichtsratswahlen, Streitigkeiten **4 B** 57
- Aut-aut-Fall **5 B** 129 f.
- im Beschlussverfahren *siehe* Rechtsweg im Beschlussverfahren
- Betriebsverfassungsrecht, Abgrenzung Beschluss- oder Urteilsverfahren **5 B** 106 ff.
- Et-et-Fall **5 B** 131
- keine gesonderte Entscheidung **5 B** 119
- Leiharbeitnehmer und Entleiher, Streitigkeiten **6 D** 156
- Rechtsbeschwerde **5 B** 134
- sachliche Zuständigkeit **5 B** 49
- Schiedsvertrag **5 B** 50
- Sic-non-Fall **5 B** 124 ff.

Stichwortverzeichnis

- sofortige Beschwerde gegen Beschluss **5 B** 132 f.
- streitiger Klägervortrag **5 B** 123 ff.
- unstreitiger Klägervortrag **5 B** 122
- Unternehmensmitbestimmungsrecht **5 B** 110
- im Urteilsverfahren *siehe* Rechtsweg im Urteilsverfahren
- Verweisung *siehe dort*
- Vorabentscheidung **5 B** 118 ff.

Rechtsweg im Beschlussverfahren **5 B** 103 ff.
- *siehe auch* Rechtsweg
- Allgemeinverbindlicherklärung **5 B** 117b; **5 H** 35a f.
- Aufsichtsratswahlen, Streitigkeiten **4 B** 57
- besondere Interessenvertretungen für Auszubildende **5 B** 113
- betriebsverfassungsrechtliche Streitigkeiten **5 B** 104 ff.
- Europäische Betriebsräte **5 B** 112
- Europäische Gesellschaft/Genossenschaft **5 B** 115
- Freiwilliger Sprecher, Streitigkeiten **5 B** 114
- Schwerbehindertenvertretung **5 B** 111
- SprAuG, Streitigkeiten **5 B** 109
- Tariffähigkeit und Tarifzuständigkeit **5 B** 116 ff.
- Unternehmensmitbestimmungsrecht **5 B** 110
- Werkstattrat **5 B** 111

Rechtsweg im Urteilsverfahren **5 B** 51 ff.
- *siehe auch* Rechtsweg
- abschließende Aufzählung **5 B** 51
- AEntG, Klage **6 E** 53 ff.
- Arbeitgeber, Streitigkeiten zwischen diesen **5 B** 94
- Arbeitgeberdarlehen **2 A** 517
- Arbeitnehmer, Streitigkeiten zwischen diesen **5 B** 92 f.
- arbeitnehmerähnliche Personen **5 B** 68 f.
- Arbeitnehmererfindungen **2 H** 77 f.; **5 B** 96
- Arbeitsbescheinigung **5 B** 83
- Arbeitskämpfe **5 B** 61 f.
- Arbeitspapiere **5 B** 82 f.
- Arbeitsverhältnis **5 B** 65
- Arbeitsverhältnis, Bestehen oder Nichtbestehen **5 B** 76 f.
- Arbeitsverhältnis, Eingehung und Nachwirkung **5 B** 78 f.
- mit dem Arbeitsverhältnis zusammenhängende Streitigkeiten **5 B** 84 f.
- Aufhebungsvertrag **3 C** 62
- Aufsichtsrat, Streitigkeiten **4 B** 129
- Behinderte in Werkstätten für Behinderte **5 B** 95

- betriebsverfassungsrechtliche Vorfragen **5 B** 106 f.
- Bundesfreiwilligendienst **5 B** 91
- bürgerliche Rechtsstreitigkeiten **5 B** 54 ff.
- Einfirmenvertreter **1 A** 77 f.
- Einzelfälle der Nicht-Zuständigkeit wegen nichtvorliegendem Arbeitsverhältnis **5 B** 70 f., 75
- Einzelfälle der Zuständigkeit betreffend Arbeitsverhältnis **5 B** 69, 72 f.
- Entwicklungshelfer **5 B** 90
- freiwilliges soziales/ökologisches Jahr **5 B** 90
- gemeinsame Einrichtungen oder Sozialeinrichtungen **5 B** 86 f.
- GmbH-Geschäftsführer, Bestandsschutz **5 B** 77
- Handelsvertreter **1 A** 76 ff.
- Heimarbeiter **5 B** 68
- Individualstreitigkeiten aus dem Arbeitsverhältnis **5 B** 65 ff.
- konkurrierende Koalitionen **5 B** 64
- Kündigungsschutzklage **5 A** 56
- Lohnsteuerbescheinigung, richtiges Ausfüllen **5 B** 55
- öffentlich-rechtliche Streitigkeiten **5 B** 55 f.
- Organmitglieder, Streitigkeiten **5 B** 101
- nicht durch Parteivereinbarung oder rügeloses Verhandeln **5 B** 53
- Rechtsnachfolger, Streitigkeiten **5 B** 102
- Sachbezüge **2 A** 536
- Schiedsvertrag **5 B** 50
- Tarifverträge **5 B** 57 ff.
- Träger der Insolvenzsicherung **5 B** 88
- unerlaubte Handlung **5 B** 80 f.
- urheberrechtliche Ansprüche **2 H** 79; **5 B** 96
- Vereinigungsfreiheit **5 B** 63
- Werkswohnungen **5 B** 74
- Zusammenhang mit betriebsverfassungsrechtlichen Normen **5 B** 108
- Zusammenhangsklagen **5 B** 97 ff.
- Zuständigkeit anderer Gerichte **5 B** 52

Regelaltersrente **7 C** 39 ff.
- arbeitsrechtliche Bedeutung **7 C** 64a
- Arbeitsverhältnis **7 C** 45
- Beginn **7 C** 59 f.
- Beitragszeiten **7 C** 44 ff.
- Ersatzzeiten **7 C** 57 f.
- Hinzuverdienstgrenzen **7 C** 245
- Kindererziehungszeiten **7 C** 46 f.
- Mindestaltersgrenze **7 C** 42
- Regelaltersgrenze **7 C** 2
- sonstige Pflichtbeitragszeiten und gleichgestellte Zeiten **7 C** 53 f.
- Übergangsregelungen Altersgrenze **7 C** 63 f.
- Vollendung des 67. Lebensjahres **7 C** 40 ff.
- Wartezeit **7 C** 43 ff.

Regelungsabrede 4 A 545 ff.
- Anwendungsbereich 4 A 549
- Beendigung 4 A 550
- Betriebsübergang 2 G 194
- Einführung von Kurzarbeit 4 A 604 f.
- Form 4 A 547 f.
- Streitigkeiten 4 A 551 ff.
- Unterlassungsanspruch der Tarifvertragsparteien 4 A 553

Religion
- Betätigung als Kündigungsgrund 3 G 47a
- Frage nach ~szugehörigkeit in Einstellungsgespräch 1 C 89 ff.
- Kopftuchtragen als Kündigungsgrund 3 G 47a
- Merkmal des AGG 1 F 33, 35 f.
- Rechtfertigung nach AGG 1 F 94 ff.

Religionsgemeinschaften
- siehe Kirchen/kirchliche Einrichtungen

Renten
- Altersrente siehe dort
- Arbeitsrecht und Alterssicherungssystem 7 C 15 f.
- Betriebsrente siehe Betriebliche Altersversorgung
- Erwerbsminderungsrente siehe dort
- Rentenauskünfte siehe dort
- Teilrente siehe dort

Rentenauskünfte 7 C 17 ff.
- Ausgleichszahlungen 7 C 159 ff.
- faktische Bindung 7 C 29
- Kontaktadressen 7 C 35
- örtliche Zuständigkeit 7 C 34
- Rentenhöhe 7 C 30
- sachliche Zuständigkeit 7 C 32 f.
- Verbindlichkeit 7 C 27 ff.
- Verminderung der Erwerbsfähigkeit 7 C 25 f.
- Versicherungszeiten 7 C 28 f.
- Vertrauensschutz 7 C 30
- Vollendung des 27. Lebensjahres 7 C 20 f.
- Vollendung des 55. Lebensjahres 7 C 22
- vorzeitige Inanspruchnahme einer Altersrente 7 C 23 f.
- Zweckmäßigkeit 7 C 31

Rentenversicherungsbeiträge
- Altersteilzeit 7 B 18, 24 f.
- bei Arbeitslosigkeit 7 A 43
- geringfügige Beschäftigung 1 B 97, 99 ff.; 7 C 48 ff.
- Sperrzeit 7 A 113

Restitutionsklage 5 A 107 ff.
- Aufhebungsvertrag 3 C 16b
- schwerbehinderte Menschen 5 A 107 f.
- Verdachtskündigung 5 A 109

Restmandat
- Beteiligungsrechte bei Betriebsänderungen 4 A 95, 862
- Betriebsübergang 2 G 304 f.

Revision 5 E 1 ff.
- abschließende Entscheidung 5 E 57 f.
- absolute ~sgründe 5 E 16, 46 f.
- AGB-Auslegung 1 D 176
- Antragsformulierungen 5 E 50 ff.
- beschränkte Zulassung 5 E 23 f.
- Bindung an die Zulassung 5 E 18
- Bindungswirkung 5 E 55
- Divergenz 5 E 12 ff.
- Entscheidung des BAG 5 E 54 ff.
- Feiertage und ~sfrist 5 E 30
- Fristen 5 E 25 f.
- grundsätzliche Bedeutung 5 E 5 ff.
- Musterprozess 5 E 11
- nach Nichtzulassungsbeschwerde 5 E 29
- Postulationsfähigkeit 5 E 32 ff.
- Rechtsanwaltsvergütung 5 J 152
- Rechtsmittelbelehrung als Zulassung 5 E 21
- Revisionsbeantwortung 5 E 48 f.
- Revisionsbegründung siehe dort
- Sprungrevision siehe dort
- Streithelfer 5 E 27
- Verletzung rechtlichen Gehörs 5 E 16
- Wiedereinsetzung wegen Versäumung der Revisionsbegründungsfrist 5 E 31
- Zulässigkeit 5 E 2 ff.
- Zulassung 5 E 3 ff.
- Zulassung im Urteil 5 E 19 ff.
- Zurückverweisung 5 E 54 f.

Revisionsbegründung 5 E 35 ff.
- absolute Revisionsgründe 5 E 46 f.
- Auseinandersetzung mit dem angefochtenen Urteil 5 E 36 f.
- mangelnde Sachaufklärung 5 E 43 f.
- mehrere selbständige Streitgegenstände 5 E 38
- Verletzung der Hinweispflicht 5 E 41 f.
- Verletzung formellen Rechts 5 E 40 ff.
- Verletzung materiellen Rechts 5 E 45
- Wiedereinsetzung 5 E 31

Risikoversicherungen
- betriebliche Altersversorgung, Abgrenzung 2 E 43

Rotes-Kreuz-Schwestern 1 A 135; 4 A 66

Rückdeckungsversicherungen
- Abgrenzung zur betrieblichen Altersversorgung 2 E 41

Rücktritt
- AGB-Kontrolle bei ~svorbehalt 1 D 73 f.
- Aufhebungsvertrag 3 C 52
- außerordentliche Kündigung, Abgrenzung 3 F 7
- Kündigungserklärung, Abgrenzung 3 D 18
- und nachvertragliches Wettbewerbsverbot 2 F 46

Rückzahlung von Aus- und Fortbildungskosten 2 A 540 ff.
- AGB-Kontrolle 1 D 111 ff.

- außerbetriebliche Verwertungsmöglichkeit **2 A** 543
- befristetes Arbeitsverhältnis **2 A** 552
- Berufsbildungsverhältnis **2 A** 556
- Bindungsdauer **2 A** 545 f.
- Bindungsdauer, Regelwerte **2 A** 546
- Darlehensvertrag **2 A** 548
- Eigenkündigung **2 A** 551
- Erstattungsfähigkeit **2 A** 549
- Höhe **2 A** 550
- nur innerbetrieblicher Nutzen **2 A** 544
- Sphäre des Arbeitnehmers **2 A** 551
- tarifvertragliche Regelung **2 A** 547
- Verhältnismäßigkeitsgrundsatz **2 A** 546

Rückzahlungsklauseln
- Arbeitgeberdarlehen **2 A** 512 ff.
- Bindungsdauer bei Gratifikationen **2 A** 468 ff.
- Fortbildung **1 D** 111 ff.
- Sonderzahlungen **1 D** 119 ff.; **2 A** 463 ff.

Rufbereitschaft 6 A 24
- Urlaubsentgelt **2 C** 103

Ruhegeld
- *siehe* Betriebliche Altersversorgung

Ruhen des Anspruchs auf Arbeitslosengeld 7 A 44 ff.
- wegen Abfindung **3 C** 71 ff.; **7 A** 56, 58 ff.
- abfindungsähnliche Leistungen **7 A** 58
- wegen Arbeitsentgelt **7 A** 44
- wegen Arbeitsentgeltanspruchs eines Arbeitslosen **3 C** 70b
- Beginn **7 A** 46, 63
- zu berücksichtigender Anteil der Abfindung usw. **7 A** 66 f.
- Dauer **7 A** 64 f.
- fiktive Kündigungsfristen **7 A** 61 f.
- Gleichwohlgewährung **7 A** 47, 68
- Lebensalter **7 A** 67
- Rechtsfolgen des Ruhens **7 A** 71 f.
- Sozialversicherungsbeiträge **7 A** 72
- wegen Urlaubsabgeltung **3 C** 70b; **7 A** 45

Ruhepausen 6 A 37 ff.
- Abweichung in Schicht- und Verkehrsbetrieben **6 A** 75
- Abweichungsbefugnisse der Tarifvertragsparteien **6 A** 69 ff.
- Begriff **6 A** 37
- Jugendliche **6 C** 6
- Kurzpausen **6 A** 40
- Lage **6 A** 42
- Länge **6 A** 38
- Mitbestimmung **4 A** 585; **6 A** 44
- Regelungen **6 A** 44
- Urlaubsentgelt, Berücksichtigung bezahlter ~ **2 C** 104

Ruhezeit 6 A 45 ff.
- Abweichungen mit Zeitausgleichs **6 A** 77
- Abweichungsbefugnisse der Tarifvertragsparteien **6 A** 69 ff.
- Begriff **6 A** 45

- Jugendliche **6 A** 52
- Krankenhaus-/Pflegebereich **6 A** 47 f.
- kurzfristige Unterbrechung durch Arbeitsleistung **6 A** 46
- Verkürzung in bestimmten Bereichen **6 A** 47, 75

Rundfunk- und Fernsehmitarbeiter
- Arbeitnehmereigenschaft **1 A** 41 ff.; **3 E** 31 ff.
- befristeter Arbeitsvertrag **1 E** 55
- Prüfungsschema zur Statusfeststellung **1 A** 45

Sachaufwand des Betriebsrats 4 A 222 ff.
- Beschlussverfahren **5 H** 16
- Büro **4 A** 223
- Büropersonal **4 A** 229
- Computer **4 A** 226
- Gegenstandswert im Beschlussverfahren **5 J** 117
- Informations- und Kommunikationstechnik **4 A** 226 ff.
- Sachmittel **4 A** 224 f.
- Streitigkeiten **4 A** 230 f.
- Telefon **4 A** 227

Sachbezüge 2 A 518 ff.
- Annahmeverzug des Arbeitgebers **2 B** 40 ff.
- Anrechnung auf Arbeitsentgelt **2 A** 523
- Arbeitsentgelt in Höhe des Pfändungsfreibetrags **2 A** 524
- betriebliche Altersversorgung, Abgrenzung **2 E** 49
- eigenbetriebliches Interesse **2 A** 520
- Firmenfahrzeug, privat genutztes *siehe dort*
- Kreditierungsverbot **2 A** 522
- Mindestlohn **6 E** 96
- Sozialversicherungsbeiträge **2 A** 526 ff.
- Steuerpflichtigkeit **2 A** 526 ff.
- Streitwert bei Bestandsstreitigkeit **5 J** 11 ff.
- Unpfändbarkeit **2 A** 525
- Urlaubsentgelt **2 C** 107
- Zuständigkeit der Arbeitsgerichte **2 A** 536

Sacheigentum 2 H 1

Sachliche Zuständigkeit
- *siehe* Rechtsweg

Sachlicher Grund
- *siehe* Befristung mit Sachgrund

Sachverständiger
- Berater, Abgrenzung **4 A** 216
- Hinzuziehung durch den Betriebsrat **4 A** 473 ff.
- Kosten des Betriebsrats **4 A** 215, 474
- Streitwert **5 J** 118

Saisonarbeitsverhältnis
- betriebliche Altersversorgung **2 E** 207
- Mindestlohn **6 E** 67

Saisonkurzarbeitergeld 7 A 157
Schaden
- Auflösungsschaden **2 A** 164
- bei Ausübung von Betriebsratstätigkeit **4 A** 236
- Begriff **2 I** 3 ff.
- ersatzfähige Schäden **2 I** 11 ff.
- rechtmäßiges Alternativverhalten **2 I** 7 f.
- Reserveursache **2 I** 5 f.
- Verfrühungsschaden **2 A** 159
- Vermögensschaden **2 I** 4
- Vorteilsausgleichung **2 I** 9 f.

Schadensersatz
- gegen Abwerbenden **1 C** 50 ff.
- nach AGG **1 F** 129 ff.
- Anspruchsübergang bei Dritthaftung **2 B** 192 ff.
- Arbeitgeberhaftung *siehe dort*
- Arbeitnehmerhaftung *siehe dort*
- Auflösungsschaden **2 A** 164
- Aufsichtsratsmitglieder **4 B** 124 ff.
- Ausschlussfrist **2 A** 611
- Ausschlussfristen nach AGG **1 F** 165 ff.
- außerordentliche Kündigung eines Berufsausbildungsverhältnisses **1 B** 147
- Berufsausbildungsverhältnis **1 B** 128
- Betriebsratsmitglied – Verfahrensart **5 H** 20
- Betriebsratstätigkeit **4 A** 236
- Bildungsurlaub, Ablehnung **2 C** 27
- Datenschutzverletzungen **6 F** 200 ff.
- Diskriminierung Teilzeitbeschäftigter **3 B** 10
- Druckkündigung **3 F** 47
- Entschädigung eines Bewerbers **1 F** 165 ff.
- Falschauskunft des bisherigen Arbeitgebers **1 C** 144b
- Firmenfahrzeug, Vorenthalten der Privatnutzung **2 A** 534
- Geheimnisverrat **2 A** 265
- Gläubigerhaftung bei einstweiliger Verfügung **5 I** 80 f.
- Kündigung durch Insolvenzverwalter **3 I** 88 f.
- Mobbing **2 A** 793 ff.
- wegen Nichtleistung **2 A** 158
- pauschalierter **2 J** 52 ff.
- Pensionskassen **2 E** 134
- Positive Forderungsverletzung *siehe dort*
- rechtswidriger Streik **4 C** 48, 70 f.
- Schlechtleistung **2 A** 176 f.
- Streitwert bei ~ wegen künftig entgehender Gehaltsbezüge **5 J** 69
- Unterlassen von Meldepflichten **1 C** 285
- Urlaub **2 C** 164, 260
- Urlaub und Ausschlussfrist **2 C** 272
- Urlaubsabgeltung und Ausschlussfrist **2 C** 272
- Verfrühungsschaden **2 A** 159

- Vermögensschaden durch Nichtleistung des Arbeitnehmers **2 A** 159
- Verstoß gegen Aushändigungsvorschrift nach NachwG **1 C** 237
- vertragswidriges Verhalten nach § 628 Abs. 2 BGB **3 F** 99 ff.
- Vorvertragliches Schuldverhältnis *siehe dort*
- Weiterbeschäftigung, unterbliebene **5 A** 198 ff.
- Wettbewerbsverstoß **2 A** 285 ff.
- Zeugniserteilung, Verweigerung **3 K** 62b

Schadensgeneigte Arbeit 2 I 20 f.
- *siehe auch* Arbeitgeberhaftung, verschuldensunabhängige; Arbeitnehmerhaftung

Schadenspauschalisierungen
- *siehe* Pauschalierter Schadensersatz

Scheingeschäft 1 C 266 ff.
Scheinselbständigkeit 1 A 52 ff.
- Franchising **3 E** 28

Schichtarbeit
- *siehe* Nacht- und Schichtarbeit

Schiedsvertrag
- gerichtliche Vollstreckbarkeitserklärung **5 I** 7
- Rechtsweg zu den Arbeitsgerichten **5 B** 50

Schiffsbesatzungen
- *siehe* Seeleute, Seeschifffahrt

Schlechtleistung 2 A 171 ff.
- *siehe auch* Eignungs-/Leistungsmangel
- Arbeitsvergütung **2 A** 173 ff.
- Begriff **2 A** 172
- keine Entgeltminderung **2 A** 175
- Kündigungsgrund **2 A** 178; **3 G** 48 ff.
- Pflichten des Arbeitnehmers **2 A** 171
- Schadensersatz **2 I** 13
- Vertragsstrafe **2 J** 17

Schlichtungsausschuss 5 C 64 ff.
- Anrufung als Prozessvoraussetzung **5 C** 66 ff.
- Berufsausbildungsverhältnis **3 H** 124 f.
- gerichtliche Vollstreckbarkeitserklärung **5 I** 7
- Hemmung von Fristen **5 C** 70
- Rechtskraft des Spruchs **5 C** 72
- Spruch **5 C** 71 ff.
- Verfahren **5 C** 69 ff.

Schmerzensgeld
- Mobbing **2 A** 793 ff.

Schmiergeldannahme 2 A 236 ff.
- Gelegenheitsgeschenke **2 A** 239
- Kündigungsgrund **3 G** 49
- Reaktionsmöglichkeiten des Arbeitgebers **2 A** 242
- Strafbarkeit **2 A** 237

Schriftform 1 C 240 ff.
- Abwicklungsvertrag **3 C** 27 f.
- AGB-Kontrolle einer doppelten ~klausel **3 A** 30a

- AGB-Kontrolle einer doppelten ~klausel und betriebliche Übung **2 A** 891
- AGB-Kontrolle einer ~klausel **1 D** 19f.
- Altersgrenze **1 E** 86
- Änderungskündigung **3 A** 84f.
- Arbeitnehmerüberlassungsvertrag **6 D** 29
- Arglisteinrede **1 C** 250f.
- Aufhebungsvertrag **3 C** 25f., 28ff.
- befristeter Arbeitsvertrag **1 E** 119ff.
- Befristungsabrede **1 C** 243f.
- Berufsausbildungsvertrag **1 B** 120
- aufgrund Betriebsvereinbarung **1 C** 246
- deklaratorische ~erfordernisse **1 C** 241
- einzelvertragliche ~erfordernisse **1 C** 247
- E-Mail **1 C** 249
- Feststellungsklage bei Verstoß **5 A** 126
- gesetzliche **3 D** 41
- Klagefrist bei Geltendmachung fehlender ~ einer Kündigung **5 A** 24
- konstitutive ~erfordernisse **1 C** 243ff.
- Kündigung eines Berufsausbildungsverhältnisses **3 H** 123
- Kündigung nach MuSchG **3 H** 16
- Kündigungserklärung **3 D** 38f., 41
- nachgeholte Befristungsabrede **1 E** 123a
- nachvertragliches Wettbewerbsverbot **2 F** 15
- Nachweisgesetz *siehe dort*
- Prozessbeschäftigung **1 E** 103b
- strengere Form als ~ laut AGB **1 D** 70f.
- tarifvertragliche ~erfordernisse **1 C** 245
- des Tarifvertrags **4 C** 96f.
- Telefax **1 C** 248
- Widerspruch des Betriebsrats gegen Kündigung **3 J** 95
- Zeugnis **3 K** 32

Schuldnerverzug 2 A 160
- AGB-Kontrolle – Mahnung, Fristsetzung **1 D** 49
- des Arbeitgebers **2 A** 575
- Karenzentschädigung **2 F** 78
- verspätete Arbeitsaufnahme **2 A** 148
- Verzugszinsen **2 A** 575

Schuldübernahme
- Versorgungszusage **2 E** 322

Schuldversprechen
- AGB-Kontrolle **1 D** 127

Schulungs- und Bildungsveranstaltung
- *siehe* Bildungsurlaub; Schulungs- und Bildungsveranstaltungen für Betriebsratsmitglieder

Schulungs- und Bildungsveranstaltungen für Betriebsratsmitglieder 2 C 29f.; **4 A** 181ff.
- nach § 37 Abs. 6 BetrVG **4 A** 182ff.
- nach § 37 Abs. 7 BetrVG **4 A** 192ff.
- Anerkennung der Veranstaltung **4 A** 196f.
- anspruchsberechtigte Teilnehmer **4 A** 198
- außerhalb der Arbeitszeit **4 A** 178
- Durchführung der Arbeitsbefreiung **4 A** 189ff.
- Entgeltfortzahlung **4 A** 201
- erforderliche Kenntnisse **4 A** 182ff.
- Festlegung der Teilnehmer **4 A** 187f., 199f.
- Geeignetheit **4 A** 193ff.
- Grundkenntnisse **4 A** 183f.
- Kostenbelege **4 A** 209
- Kostentragung **4 A** 203ff., 238
- Lehrgangskosten **4 A** 203, 208
- PC-Einsatz als Thema **4 A** 185
- Streitwert **5 J** 119
- Teilzeitbeschäftigte **4 A** 178
- Teilzeit-Betriebsratsmitglied **4 A** 202
- Themen – Einzelfälle **4 A** 186
- Vorhalte-/Generalunkosten **4 A** 206f.

Schutzkleidung 2 A 189
Schwangerschaft 3 H 3
- Eigenkündigung in Unkenntnis der ~ **3 H** 19f.
- Entgeltfortzahlung bei Abbruch **2 B** 118
- Frage in Einstellungsgespräch **1 C** 96ff.
- Kündigungsschutz nach MuSchG *siehe dort*
- Mutterschutz *siehe dort*
- Offenbarungspflicht **1 C** 151
- und ordentliche Kündigung **3 D** 16
- Sonder-Eigenkündigungsrecht **3 H** 17f., 20
- Sonderzahlungen, keine Kürzung **2 A** 483

Schwangerschaftsabbruch
- Entgeltfortzahlung **2 B** 118

Schwarzarbeit 2 A 232
Schwarzgeldabrede 2 A 584
- Nichtigkeit **1 C** 255b

Schweigepflicht
- *siehe* Verschwiegenheitspflicht

Schwerbehinderte Menschen 6 C 39ff.
- allgemeine Förderung **6 C** 57f.
- Altersrente für schwerbehinderte Menschen *siehe dort*
- Arbeitsentgelt, Bemessung **6 C** 56
- Arbeitsgelegenheit zur Eingliederung **3 H** 41
- Arbeitsplatz **6 C** 40
- arbeitsvertragliche Pflichten **6 C** 52ff.
- Aufhebungsvertrag **3 C** 2c
- Ausgleichsabgabe **6 C** 47
- Auszubildende **3 H** 37
- Barrierefreiheit **6 C** 39a
- Beendigung des Arbeitsverhältnisses **6 C** 73
- Begriffe **6 C** 40ff.
- Behindertenwerkstatt, Rechtsweg bei Streitigkeiten **5 B** 95
- Behinderung *siehe dort*
- Beschäftigungsanspruch **6 C** 48
- Beschäftigungspflicht **6 C** 46ff.

[Schwerbehinderte Menschen]
- betriebliches Eingliederungsmanagement 6 C 57
- Betriebsratswiderspruch wegen nicht geprüfter Einstellungsmöglichkeit 4 A 794
- Betriebsratswiderspruch wegen nicht geprüfter Einstellungsmöglichkeit und Arbeitnehmerüberlassung 6 D 214
- Einstellung 1 C 30a ff.; 6 C 50f.
- Entfallen der Voraussetzungen 6 C 44
- Entziehung der besonderen Hilfen 6 C 45
- Feststellung der Behinderung 6 C 43
- Förderung durch Betriebsrat 6 C 70
- Förderungspflicht 6 C 53
- Frage nach Schwerbehinderteneigenschaft 1 C 99 ff.; 3 H 46a; 6 C 51
- gesetzliche Grundlagen 6 C 39f.
- Gleichbehandlung 6 C 52
- Gleichgestellte 3 H 36; 6 C 41 f.
- Grad der Behinderung 3 H 35; 6 C 40
- Integrationsfachdienste 6 C 59
- Integrationsprojekte 6 C 60
- Integrationsvereinbarungen 6 C 72
- Kündigungsfristen 3 D 150
- Kündigungsschutz schwerbehinderter Menschen *siehe dort*
- leidensgerechter Arbeitsplatz 2 A 743
- Mehrarbeit 6 C 55
- Mehrarbeit, Freistellung 6 A 82c
- Offenbarungspflicht nach Einstellung 1 C 150a
- Präventionsverfahren 3 E 83 f.; 3 H 53
- Restitutionsklage 5 A 107 f.
- Sozialauswahl 3 E 280 f.
- Teilhabeleistungen 6 C 58
- Teilzeitbeschäftigung, Anspruch 3 B 33; 6 C 54
- Urlaub 2 C 34
- Urlaubsabgeltung 2 C 222
- Verzeichnis 6 C 49
- Werkstattrat 5 H 30a
- Werkstattrat, Rechtsweg bei Streitigkeiten 5 B 111
- Zusatzurlaub 2 C 221 ff.; 6 C 55

Schwerbehindertenvertretung 6 C 61 ff.
- *siehe auch* Kündigungsschutz betrieblicher Funktionsträger
- Anhörung 6 C 66
- Arbeits- oder Dienstbefreiung 6 C 63
- Aufgaben 6 C 65
- Beauftragter der Arbeitgebers 6 C 71
- Beteiligte im Beschlussverfahren 5 H 83
- Gesamt-~ 6 C 61
- Integrationsvereinbarungen 6 C 72
- Konzern-~ 6 C 61
- Rechtsstellung 6 C 62
- Rechtsweg bei Streitigkeiten 5 B 111
- Streitigkeiten 5 H 30b

- Teilnahmerecht an Betriebsratssitzungen 4 A 144; 6 C 67
- Unterrichtung 6 C 66
- Versammlung aller Schwerbehinderten 6 C 68

Scientology-Mitgliedschaft
- Anfechtung wegen Verschweigens – Muster 1 C 159
- Frage in Einstellungsgespräch 1 C 90 ff.
- Kündigungsgrund 3 G 49a

Screening
- Datenschutz 6 F 93 f.
- Terrorismuslisten 6 F 96

Seeleute, Seeschifffahrt
- Betriebsverfassungsrecht 4 A 33
- Kündigungsfristen 3 D 150
- Urlaub 2 C 36

Selbständigkeit 1 A 22

Selbstbeurlaubung
- Bildungsurlaub 2 C 23
- Kündigungsgrund 3 G 56
- Meinungsverschiedenheiten mit dem Arbeitgeber 2 C 171 ff.

Sexuelle Belästigung
- nach AGG 1 F 74
- Kündigungsgrund 3 G 50
- Schulungsveranstaltung für Betriebsratsmitglieder 4 A 186

Sexuelle Identität
- Frage in Einstellungsgespräch 1 C 83 f.
- Merkmal des AGG 1 F 44

Sicherheitsbeauftragte 6 B 24, 32
- Sonderkündigungsschutz 3 H 110d

Sicherheitsbedenken
- Kündigungsgrund 3 E 145; 3 G 51

Sittenwidrigkeit
- allgemeine 1 C 262
- Arbeitsvertrag 1 C 260 ff.
- Aufhebungsvertrag 3 C 11 f.
- Auflösungsantrag bei ~ der Kündigung 5 A 211
- Darlegungs- und Beweislast hinsichtlich ~ einer Kündigung 5 A 103
- Fallgruppen 1 C 262 ff.
- gute Sitten, Begriff 1 C 260
- Rechtsfolgen eines Verstoßes 1 C 261
- Wucher 1 C 263 ff.
- Zielvereinbarung 2 A 431

Social Media 6 F 140 ff.
- anlasslose Überprüfung 6 F 148
- bestimmter Personenkreis 6 F 145
- „Bring Your Own Device" 6 F 155 ff.
- Daten nach Beendigung des Arbeitsverhältnisses 6 F 163 ff.
- dienstliche Nutzung 6 F 143, 146 f.
- Fotos und Inhalte auf der Homepage 6 F 169 ff.
- freie Meinungsäußerung 6 F 144
- Guidelines 6 F 149 ff.
- Mitbestimmung bei Guidelines 6 F 153 f.

Societas Europaea
– Arbeitgeber **1 A** 137
Sofortige Beschwerde 5 D 1
– Rechtsbehelf im Zwangsvollstreckungsverfahren **5 I** 55
– Rechtswegentscheidung **5 B** 132 f.
– verspätete Absetzung des Berufungsurteils **5 F** 45 ff.
– verspätete Absetzung des Beschlusses des LAG im Beschlussverfahren **5 H** 245a
Sonderkündigungsschutz
– *siehe* Kündigungsschutz
Sonderurlaub 2 C 6 ff.
– im Anschluss an Erholungsurlaub, Muster **2 C** 17
– Erkrankung während des ~s **2 C** 246 ff.
– Jugendleiter **2 C** 15 f.
– im öffentlichen Interesse **2 C** 13 ff.
– aus persönlichen Gründen **2 C** 7 ff.
– verspätete Rückkehr **2 C** 250
Sonderzuwendungen
– *siehe* Gratifikation
Sonn- und Feiertagsarbeit 6 A 30, 83 ff.
– 48 Wochenarbeitsstunden, Überschreitung **6 A** 107a, 109a
– Abweichungsbefugnisse der Tarifvertragsparteien **6 A** 98
– Aufsichtsbehörde und Ausnahmetatbestand **6 A** 99
– Ausgleichsregelungen **6 A** 93 f.
– Ausnahmen vom Verbot **6 A** 85 ff.
– Ausnahmetatbestände **6 A** 89 ff.
– Bankgeschäfte an Feiertagen **6 A** 85a
– Beschäftigungsverbot **6 A** 83
– Betriebsübergang **6 A** 103
– Checkliste für Antragstellung **6 A** 102
– Entgeltfortzahlung an Feiertagen *siehe dort*
– Ersatzruhetag **6 A** 96 f.
– Hilfs- und Nebenarbeiten **6 A** 88
– industrielle **6 A** 90
– Mehrschichtbetriebe **6 A** 84
– Mitbestimmung **6 A** 106
– Notfälle/außergewöhnliche Fälle **6 A** 107, 108
– Sozialversicherungsbeiträge für Zuschläge **6 A** 66d
– technisch bedingte Ausnahmen vom Verbot **6 A** 90 f.
– werktäglich nicht vornehmbare Arbeiten **6 A** 87
– werktägliche Arbeitszeitgrenzen **6 A** 95
– wirtschaftspolitische Gründe **6 A** 101
Sozialauswahl 3 E 256 ff.
– Alter **3 E** 273 f.
– Änderungskündigung **3 A** 108 f.
– Anhörung des Betriebsrats bei Kündigung **3 J** 47 ff.
– Arbeitnehmerüberlassung **6 D** 142 f.

– arbeitsvertragliche Austauschbarkeit **3 E** 262 f.
– ausgewogene Personalstruktur **3 E** 289 f.
– Auswahlfehler **3 E** 311
– Auswahlrichtlinien der Betriebsparteien **3 E** 290 ff.
– betriebliche Belange, Berücksichtigung **3 E** 285 ff.
– betriebsbedingte Änderungskündigung **3 E** 342 f.
– betriebsbezogene **3 E** 257 ff.
– Betriebsratswiderspruch wegen Fehlerhaftigkeit **3 J** 103 ff.
– Betriebsvereinbarung **3 E** 270
– Darlegungs- und Beweislast **3 E** 321
– Darlegungs- und Beweislast hinsichtlich Fehlerhaftigkeit **5 A** 102
– Dauer der Betriebszugehörigkeit **3 E** 275 f.
– Doppelverdienst **3 E** 277 ff.
– eingeschränkte Überprüfung bei Namensliste **3 E** 302 f.
– Gemeinschaftsbetrieb **3 E** 259
– Gemeinschaftsbetrieb bei Insolvenz **3 I** 49 ff.
– Gewichtung der Kriterien **3 E** 284
– Kriterien **3 E** 272 ff.
– Leistungsträger **3 E** 287 ff.
– Namensliste im Interessenausgleich bei Insolvenz **3 I** 40
– Namensliste nach § 1 Abs. 5 KSchG **3 E** 294 ff.
– negative Aspekte als berechtigtes betriebliches Interesse **3 E** 288a
– positive Abgrenzung **3 E** 289b
– qualifikationsmäßige Austauschbarkeit **3 E** 261 ff.
– Schwerbehinderung/Behinderung **3 E** 280 f.
– Sonderkündigungsschutz **3 E** 267; **3 H** 67a
– sonstige Kriterien **3 E** 282 f.
– Sozialdaten *siehe dort*
– Unkündbarkeit **3 E** 268 f., 271
– Unterhaltspflicht **3 E** 277 ff.
– vergleichbarer Personenkreis **3 E** 260 ff.
– Vergleichbarkeit von Teilzeit- mit Vollzeitarbeitnehmern **3 E** 264 ff.
– im Verleiherbetrieb **3 E** 261b
– Widerspruch gegen Betriebsübergang **3 E** 312 ff.; **3 J** 50
– nach Widerspruch gegen Betriebsübergang durch alten Arbeitgeber **2 G** 431 f.
– Wiedereinstellungsanspruch **3 E** 336 f.
Sozialdaten
– *siehe auch* Sozialauswahl
– Anhörung des Betriebsrats bei Kündigung **3 J** 47, 49
– Widerspruch gegen Betriebsübergang **3 J** 50

Sozialeinrichtungen
- Begriff **4 A** 635
- Mitbestimmung **4 A** 634 ff.
- Mitbestimmung bei betrieblicher Altersversorgung **2 E** 238 ff.
- mitbestimmungsfreie **4 A** 637
- mitbestimmungspflichtige **4 A** 636
- Rechtsweg bei Streitigkeiten **5 B** 86 f.

Sozialplan 4 A 927 ff.
- Abänderung **4 A** 953 f.
- Abfindung *siehe* Sozialplanabfindung
- Checkliste **4 A** 992
- Einigungsstellenspruch **4 A** 932 f.
- Gegenstand **4 A** 927
- gerichtliche Anfechtung des Einigungsstellenspruchs **4 A** 959 ff.
- gerichtliche Überprüfung **4 A** 958 ff.
- Gesamtbetriebsrat **4 A** 930
- in der Insolvenz **4 A** 970 ff.
- und Interessenausgleich **4 A** 928, 930
- Interessenausgleich, Abgrenzung **4 A** 911
- Klage eines einzelnen Arbeitnehmers **4 A** 958
- reine Personalreduzierung **4 A** 964 ff.
- Schutz älterer Arbeitnehmer **4 A** 388
- Störung der Geschäftsgrundlage **4 A** 955 ff.
- Streitwert bei Anfechtung **5 J** 104
- Tarifsozialpläne **4 A** 857
- Tendenzbetrieb **4 A** 1085, 1087
- Unternehmensneugründung **4 A** 968 f.
- Verfahren **4 A** 928 ff.
- wirtschaftliche Vertretbarkeit bei Einigungsstellenspruch **5 H** 48 a

Sozialplanabfindung 4 A 934 ff.
- und Abfindungen aus Nachteilsausgleich **4 A** 989
- Aufhebungsvertrag **4 A** 943 f.
- Berechnungsdurchgriff auf Konzernobergesellschaft **4 A** 938
- Beschäftigungsangebot an anderem Ort **4 A** 949
- Betriebszugehörigkeitsdauer, Anknüpfung als diskriminierend **4 A** 939
- Eigenkündigung **4 A** 941 f.
- Einigungsstellenspruch **4 A** 934 ff.
- Erlassvertrag **4 A** 951
- Fälligkeitsklausel **4 A** 952
- fristlose Kündigung **4 A** 945
- Gleichbehandlung Teilzeitbeschäftigter **3 B** 7
- Gleichbehandlungsgrundsatz **4 A** 940
- Lebensalter, Anknüpfung als diskriminierend **4 A** 939
- Punktesystem **4 A** 936
- Rechtfertigung nach AGG **1 F** 115
- Schutz älterer Arbeitnehmer **4 A** 388
- Streitwert **5 J** 49
- Vererblichkeit des Anspruchs **4 A** 946

- Verzicht auf Kündigungsschutzklage **4 A** 950 f.
- zumutbares Beschäftigungsangebot **4 A** 947 ff.
- Zwangsvollstreckung in die Masse **5 I** 34 b

Sozialversicherung
- Altersteilzeitarbeitnehmer **7 B** 43
- im Arbeitskampf **4 C** 63 ff.
- des Arbeitslosen **7 A** 39 ff.
- Arbeitslosengeld *siehe dort*
- Beschäftigungsbegriff **1 A** 52
- Flexibilisierung der Arbeitszeit **2 A** 104
- Freistellung aufgrund Aufhebungsvertrag **3 C** 35 a
- Freistellung aufgrund Wertguthaben **2 A** 104
- Geringfügig Beschäftigte *siehe dort*
- Regress bei Arbeitsunfall **2 I** 108 ff.
- Regress bei mehreren Schädigern **2 I** 112 ff.
- Sozialversicherungsbeiträge *siehe dort*
- Sperrzeit **7 A** 113 f.
- bei unwiderruflicher Freistellung der Arbeitsleistung **2 A** 762

Sozialversicherungsbeiträge
- Abfindungen **3 C** 70
- Altersteilzeitarbeitnehmer **7 B** 43
- Arbeitnehmerüberlassung **6 D** 174 f.
- Arbeitsentgelt **2 A** 583 ff.
- Aufwendungsersatz **2 A** 853
- Bruttolohnklage **5 A** 243 ff.
- CGZP-Tarifverträge, unwirksame **6 D** 100 ff.
- Kurzarbeitergeld **7 A** 146 f.
- Lohnpfändung **5 I** 38 f.
- Nachtarbeit **6 A** 66 d
- Personalrabatte **2 A** 527
- Rückerstattung von Entgeltüberzahlungen **2 A** 651
- bei Ruhen des Arbeitslosengeldanspruchs **7 A** 72
- Sachbezüge **2 A** 526 ff.
- Sonn- und Feiertagsarbeit **6 A** 66 d
- Urlaubsabgeltung **2 C** 293 f.
- Urlaubsgeld **2 C** 290
- trotz Vertragsstrafe **2 J** 19

Sperrzeit 7 A 73 ff.
- Abfindung nach § 1a KSchG **3 E** 362 ff.; **7 A** 81
- Abfindungsvereinbarung **7 A** 99 f.
- Abwicklungsvertrag **3 C** 75 ff.; **7 A** 77 ff.
- Arbeitsaufgabe **7 A** 73 ff.
- Aufhebungsvertrag **3 C** 75 ff.; **7 A** 76, 98
- Ausgleichszahlungen wegen vorzeitiger Inanspruchnahme der Rente **7 C** 173 ff.
- befristetes Arbeitsverhältnis, Ende **7 A** 82
- befristetes neues Beschäftigungsverhältnis statt unbefristetem alten **7 A** 105
- Beginn **7 A** 107 f.
- Dauer **7 A** 109

- Eigenkündigung **7 A** 74 f.
- gerichtlicher Vergleich als wichtiger Grund **7 A** 102
- gesundheitliche Gründe für Lösung des Arbeitsverhältnisses **7 A** 104
- grobe Fahrlässigkeit **7 A** 93
- Hinnahme einer Kündigung **7 A** 89
- Kausalität **7 A** 91 ff.
- Krankenversicherung **7 A** 113 f.
- Kündigung mit Abfindungsangebot nach § 1a KSchG **3 C** 76
- leitende Angestellte bei Aufhebungsvertrag **3 C** 77; **7 A** 101
- Lösung des Beschäftigungsverhältnisses **7 A** 74 ff.
- Meldepflichtverletzung **7 A** 115 ff.
- Minderung der Anspruchsdauer **7 A** 110 ff.
- offensichtlich rechtswidrige Kündigung **3 E** 364
- Rechtsfolgen **7 A** 110 ff.
- Sozialversicherung **7 A** 113 f.
- verhaltensbedingte Kündigung **7 A** 86 ff.
- vertragswidriges Verhalten **7 A** 86 ff.
- wichtiger Grund für Beendigung des Arbeitsverhältnisses **7 A** 96 ff.
- Widerspruch gegen Betriebsübergang **7 A** 85

Spesen
- *siehe* Aufwendungsersatz

Spesenbetrug
- Kündigungsgrund **3 G** 52

Sprachkenntnisse, mangelnde
- Kündigung benachteiligend nach AGG **3 E** 143
- Kündigungsgrund **3 E** 142 f.

Sprecherausschuss
- Arbeitsbefreiung **4 A** 1129 f.
- Auflösung **4 A** 1126
- Begünstigungsverbot **4 A** 1114
- Behinderungsverbot **4 A** 1114
- Benachteiligungsverbot **4 A** 1114
- Beschlussverfahren bei Streitigkeiten nach dem SprAuG **5 H** 21 f.
- Beteiligter im Beschlussverfahren **5 H** 85
- Beteiligungsrechte des Sprecherausschusses *siehe dort*
- Ende der Mitgliedschaft **4 A** 1126
- Friedenspflicht **4 A** 1116
- Geltungsbereich des SprAuG **4 A** 1108 ff.
- Gesamt-~ **4 A** 1164 f.
- Konzern-~ **4 A** 1166
- Kosten und Aufwendungen **4 A** 1129
- Kündigungsschutz **4 A** 1115
- Rechtsweg bei Streitigkeiten **5 B** 109
- Richtlinien für die betriebliche Altersversorgung **2 E** 156
- Versammlung der leitenden Angestellten **4 A** 1132
- Verschwiegenheitspflicht **4 A** 1131

- vertrauensvolle Zusammenarbeit **4 A** 1112
- Vorsitzender **4 A** 1131a
- Wahl **4 A** 1117 ff.
- Zuordnungsstreit hinsichtlich leitender Angestellter vor Wahlen **4 A** 118
- Zusammenarbeit mit Betriebsrat **4 A** 1113

Sprechstunden
- des Betriebsrats **4 A** 151

Sprungrechtsbeschwerde 5 H 288 ff.
- Mängel des arbeitsgerichtlichen Verfahrens **5 H** 296
- Zulassung auf Antrag **5 H** 290 f.
- Zulassungsentscheidung **5 H** 293 f.
- Zustimmung der Beteiligten **5 H** 292

Sprungrevision 5 E 60 ff.
- Beginn der Revisionsfrist **5 E** 67 f.
- Bindung des Revisionsgerichts **5 E** 69
- formelle Voraussetzungen **5 E** 61
- materiell-rechtliche Voraussetzungen **5 E** 65 f.
- Zustimmungserklärung **5 E** 62 ff.

Stalking 2 A 203c
- Kündigungsgrund **3 G** 52a

Stasi-Tätigkeit
- Frage in Einstellungsgespräch **1 C** 101 f.

Stellenausschreibung 1 C 2 ff.
- Begriff **4 A** 685
- betriebsinterne **4 A** 686
- Entschädigung bei Diskriminierung nach AGG **1 C** 10d ff.
- Ethnie, Diskriminierung **1 C** 10b
- geschlechtsneutrale **1 C** 10b
- geschlechtsneutrale ~, Muster **1 F** 150
- Gleichbehandlung nach AGG **1 C** 7 ff.; **1 F** 146 ff.
- Inhalt **1 C** 3
- innerbetrieblich unterbliebene und Arbeitnehmerüberlassung **6 D** 211 f.
- innerbetriebliche auf Verlangen des Betriebsrats **1 C** 14 ff.
- Mitbestimmung **4 A** 683 ff.
- Modalitäten **4 A** 684
- Rechtfertigung nach AGG **1 C** 10
- Rechtsfolgen bei Diskriminierung **1 C** 10d ff.
- als Teilzeitarbeitsplatz **1 C** 13 f.; **3 B** 14 f.
- Vertrauenshaftung bei Zeitungsanzeige **1 C** 5 f.
- Zeitungsanzeige **1 C** 4 ff.
- zulässige Differenzierungen **1 C** 10a
- Zustimmungsverweigerung des Betriebsrat bei Unterbleiben **1 C** 18 ff.; **4 A** 818 ff.

Stempeluhrenmissbrauch
- Kündigungsgrund **3 G** 53

Sterbegelder
- Abgrenzung zur betrieblichen Altersversorgung **2 E** 42

Sterilisation
– Entgeltfortzahlung **2 B** 118
Steuern
– *siehe* Einkommensteuer
Stichtagsregelung
– AGB-Kontrolle **1 D** 119f ff.
– betriebliche Altersversorgung **2 E** 184
Stock Options
– *siehe* Aktienoptionen
Störfallbeauftragter
– Sonderkündigungsschutz **3 H** 107
Störung der Geschäftsgrundlage
– *siehe* Wegfall der Geschäftsgrundlage
Strafgefangene
– Arbeitnehmereigenschaft **1 A** 133
Straftat
– Ausschlussfrist bei außerordentlicher Kündigung **3 F** 83
– außerdienstliche ~ als personenbedingter Kündigungsgrund **3 E** 134
– Compliance und Datenschutz **6 F** 41
– Kündigung wegen Beleidigung **3 G** 43
– Kündigung wegen Diebstahls **3 G** 23 f.
– Kündigung wegen Spesenbetrugs **3 G** 52
– Kündigung wegen Tätlichkeiten **3 G** 55 f.
– Kündigungsgrund **3 G** 54 ff.
– Schmiergeldannahme **2 A** 237
– unternehmensinterne Ermittlungen **6 F** 98 ff.
Strafverfahren
– Frage in Einstellungsgespräch **1 C** 111
Strahlenschutzbeauftragter
– Sonderkündigungsschutz **3 H** 110a
Streik
– *siehe* Arbeitskampf
Streikbrecherprämie 2 A 390
Streitwert 5 J 1 ff.
– Abmahnung, Entfernung aus der Personalakte **5 J** 78
– Abrechnung Arbeitsentgelt **5 J** 80
– Altersteilzeitvereinbarung **5 J** 65
– Änderungsschutzklage *siehe* Streitwert bei Änderungsschutzklage
– Arbeitspapiere, Herausgabe **5 J** 79
– Beschlussverfahren **5 H** 194 f.
– und Beschwerdewert **5 D** 11 f.
– Bestandsstreitigkeiten **5 J** 3
– Bestandsstreitigkeiten von Mitgliedern eines Vertretungsorgans **5 J** 61 f.
– Dienstwagen, Herausgabe/Zurverfügungstellung **5 J** 81
– Drittschuldnerprozess **5 J** 68
– Eingruppierung **5 J** 71
– Entfristungsklage **1 E** 183a
– Feststellungsklage **5 J** 72 f.
– Gegenstandswert im Beschlussverfahren *siehe dort*
– Kündigungsschutzklage *siehe* Streitwert bei Kündigungsschutzklage
– Mehrvergleich **5 J** 82 ff.

– nachvertragliches Wettbewerbsverbot **5 J** 91
– Nebenintervention **5 J** 91a
– offensichtlich unrichtige Festsetzung **5 D** 13
– Ruhegeldansprüche **5 J** 67
– Schadensersatz wegen künftig entgehender Gehaltsbezüge **5 J** 69
– Streitwertkatalog **5 J** 2
– Teilzeitanspruch **3 B** 86; **5 J** 64
– Vergütungsdifferenz aus zurückliegenden Anspruchsjahren **5 J** 70
– Versetzung **5 J** 63
– wiederkehrende Leistungen **5 J** 66 ff.
– Zeugnis, Erteilung nach Vergleich **5 J** 77
– Zeugnis, Erteilung/Berichtigung **3 K** 60; **5 J** 74 f.
– Zwischenzeugnis **5 J** 76
Streitwert bei Änderungsschutzklage 3 A 162 ff.; **5 J** 51 ff.
– Annahme unter Vorbehalt **5 J** 52 ff.
– keine Annahme unter Vorbehalt **5 J** 51
– Sozialbild, Veränderung **3 A** 163
– Streitwertkatalog **3 A** 164; **5 J** 58
– Vergütungsdifferenz **3 A** 162
Streitwert bei Kündigungsschutzklage 5 J 3 ff.
– 13. Monatsgehalt **5 J** 10
– mit Abfindung **5 J** 45 ff.
– mit allgemeinem Feststellungsantrag **5 J** 38
– Arbeitspapiere im Mehrvergleich **5 J** 88
– Betriebsübergang und Klagehäufung **5 J** 32 f.
– Brutto-/Nettovergütung **5 J** 5
– Checkliste **5 J** 12
– Dienstwagennutzung im Mehrvergleich **5 J** 86a
– Direktversicherung im Mehrvergleich **5 J** 88
– Erledigung wegen Arbeitsverhältnis mit Drittem im Mehrvergleich **5 J** 90
– Ermittlung des Entgelts **5 J** 6 ff.
– Freistellung im Mehrvergleich **5 J** 84 ff.
– Geldbezüge, Berücksichtigung **5 J** 7 f.
– Gratifikation, Berücksichtigung **5 J** 9 f.
– und hilfsweise Abfindung aus Rationalisierungsschutzabkommen **5 J** 49
– Höchststreitwert **5 J** 14
– mehrere aufeinanderfolgende Kündigungen **5 J** 18 ff.
– mehrere Kündigungen durch mehrere Arbeitgeber **5 J** 31
– mehrere Kündigungsschutzprozesse **5 J** 27 ff.
– mit Nachteilsausgleichsanspruch **5 J** 48
– Privatliquidation **5 J** 11a
– Rahmenstreitwert **5 J** 15
– Regelstreitwert **5 J** 16
– Sachbezüge, Berücksichtigung **5 J** 11 ff.

- und Sozialplanabfindung 5 J 49
- Streitwertgrenze 5 J 13 ff.
- Streitwertkatalog 5 J 17
- Streitwertkatalog bei mehreren Kündigungen 5 J 25
- Streitwertkatalog bei Mehrvergleich 5 J 82
- mit Vergütungsanspruch 5 J 40 ff.
- Vergütungsansprüche im Mehrvergleich 5 J 83
- verkürzte/verlängerte Kündigungsfrist, Mehrvergleich 5 J 87
- Vierteljahresverdienst 5 J 4
- Weiterbeschäftigungsanspruch als uneigentlicher Hilfsantrag 5 J 36 f.
- Weiterbeschäftigungsanspruch neben Kündigungsschutzklage 5 J 34 f.
- mit Wiedereinstellungsanspruch 5 J 39
- Wiedereinstellungsvereinbarung im Mehrvergleich 5 J 89

Streitwertbeschwerde
- nach § 33 Abs. 3 RVG 5 J 124 ff.
- nach § 68 GKG 5 J 129 ff.
- Checkliste 5 J 133a
- Entscheidung des LAG 5 J 132 f.
- Ermessensüberprüfung 5 J 133
- Frist 5 J 130
- Rechtsschutzversicherung bei Nichteinlegung einer ~ 5 J 166

Stufenweise Wiedereingliederung 2 B 108
Suspendierung
- siehe Freistellung

Tantieme
- siehe Umsatz-/Gewinnbeteiligung

Tarifautonomie
- Regelungssperre des § 77 Abs. 3 BetrVG 4 A 519

Tarifbindung 4 C 206 ff.
- Anwendung von Tarifnormen aufgrund betrieblicher Übung 4 C 266
- Arbeitgeber 4 C 210
- Außenseiter, Geltung von Normen 4 C 212
- Austritt aus Arbeitgeberverband 4 C 210 f.
- betriebliche Übung hinsichtlich Anwendung von Tarifnormen 4 C 215
- Betriebsübergang 2 G 201 ff.; 4 C 216
- Bezugnahme auf Tarifvertrag siehe dort
- Einschränkung 4 C 213
- Erweiterung 4 C 213
- Frage des Arbeitnehmers 1 C 175
- Grenze bei einvernehmlicher Änderung des Arbeitsvertrags 3 A 10 f.
- Kreis der Tarifgebundenen 4 C 207 ff.
- Mitglieder der Tarifvertragsparteien 4 C 207
- Spitzenorganisationen angehörende Verbände 4 C 209

- Umwandlung eines Unternehmens 4 C 217

Tariffähigkeit 4 C 87 ff.
- Arbeitgeber 4 C 87 ff.
- Beschlussverfahren 4 C 95; 5 H 31 ff.
- CGZP 6 D 81 ff.
- Christliche Gewerkschaften 4 C 4
- einzelner Arbeitgeber 4 C 89
- Gewerkschaften 4 C 87 f.
- Konzern 4 C 89
- landesarbeitsgerichtliche Zuständigkeit 5 B 117a
- Rechtsweg bei Streitigkeiten 5 B 116 ff.
- Spitzenorganisationen 4 C 91 f.
- Wegfall 4 C 115

Tarifkonkurrenz 4 C 276 ff.
- Auslegung 4 C 278
- betriebliche/betriebsverfassungsrechtliche Fragen 4 C 281
- Industrieverbandsprinzip 4 C 283
- staatlich veranlasste 4 C 277
- tarifautonome 4 C 277
- Tarifeinheit 4 C 279
- Tarifpluralität 4 C 282
- Tarifspezialität 4 C 280

Tarifpluralität 4 C 282
Tarifrecht 4 C 72 ff.
- Ausschlussfrist, tarifliche siehe dort
- Günstigkeitsprinzip siehe dort

Tarifsozialplan 4 A 857
Tarifvertrag
- Ablehnungsgründe bei Teilzeitanspruch durch ~ 3 B 61
- ablösender 4 C 195 f.
- Abschluss 4 C 85 ff.
- Abschlussgebote 4 C 132
- Abschlussnormen 4 C 131 ff.
- Abschlussverbote 1 C 213; 4 C 133
- Abweichungsbefugnisse von den Grundregeln des ArbZG 6 A 69 ff.
- Abweichungsbefugnisse von Sonn- und Feiertagsregelungen des ArbZG 6 A 98
- AEntG 6 E 31
- AGB-Kontrolle 1 D 11; 4 C 84a
- allgemeine Arbeitsbedingungen 4 C 130
- Allgemeinverbindlicherklärung siehe dort
- Altersgrenze 1 E 88 ff.; 4 C 138 f.
- Angabe des Befristungsgrundes 1 E 125
- Anwendung von Tarifnormen aufgrund betrieblicher Übung 4 C 215, 266
- für arbeitnehmerähnliche Personen 1 A 62 f.
- Arbeitnehmerüberlassung 6 D 48 f.
- Arbeitnehmerüberlassung, Abweichungen 6 D 79 ff.
- Arbeitnehmerüberlassung und Tarifdispositivität 6 D 79a
- Arbeitnehmerüberlassung, mehrgliedrige CGZP-Tarifverträge 6 D 109 ff.
- Arbeitsbefreiungen 2 A 124

[Tarifvertrag]
- Arbeitsentgelt **4 C** 127f.
- Arbeitszeitregelungen **4 C** 129
- Arbeitszeitverlängerung **6 A** 69a f.
- Aufhebung **4 C** 112
- auflösende Bedingung **4 C** 113
- Auslegung normativer Bestimmungen **4 C** 76 ff.
- Auslegung schuldrechtlicher Bestimmungen **4 C** 82 ff.
- Auslegung – Vorgehensweise des Gerichts **4 C** 83
- Ausschlussfrist, tarifliche *siehe dort*
- Bedeutung **4 C** 72 ff.
- Beendigungsnormen **4 C** 135 ff.
- Befristungen im Arbeitsvertrag **1 E** 133; **4 C** 140
- Befristungen im Hochschulbereich **1 E** 212
- Befristungen ohne Sachgrund **1 E** 26 ff.
- Beginn **4 C** 103
- begrenzte Effektivklauseln **4 C** 181
- Bekanntmachung **4 C** 98 ff.
- Beschäftigungsverbote **4 C** 134
- Besitzstandsklauseln **4 C** 183
- Bestimmungsklauseln **4 C** 169
- zu Beteiligungsrechten des Betriebsrats **4 C** 122
- betriebliche Altersversorgung **2 E** 147 ff., 626
- betriebliche Altersversorgung, Inhaltskontrolle **2 E** 251 f.
- betriebliche Übung hinsichtlich Gewährung tariflicher Leistungen **2 A** 898
- Betriebsnormen **4 C** 141 f.
- Betriebsratswiderspruch wegen Verstoßes **4 A** 799 ff.
- bei Betriebsübergang *siehe* Tarifvertrag bei Betriebsübergang
- betriebsverfassungsrechtliche Normen **4 C** 143 ff.
- Bezugnahme auf Tarifvertrag *siehe dort*
- Darlegungs- und Beweislast bei Ungleichbehandlung **4 C** 137
- Datenschutzregelung, Zulässigkeitsnorm **6 F** 52
- Dauer der Arbeitszeit **2 A** 103
- deklaratorische Regelung **3 D** 184, 186
- Differenzierungsklauseln **4 C** 184a
- Doppelnatur **4 C** 75
- Durchführungspflicht **4 C** 157, 159
- Effektivgarantieklauseln **4 C** 180
- Einstellungsgebote **1 C** 220
- Einwirkungspflicht **4 C** 156, 159
- Einzelfallregelung **4 C** 121
- Entgeltfortzahlung im Krankheitsfall **2 B** 140
- Erweiterung der Mitbestimmungsrechte **4 C** 144
- Firmentarifvertrag *siehe dort*
- Folgen der Beendigung **4 C** 116 f.
- Formvorschriften **4 C** 131
- Formvorschriften für Kündigungserklärung **3 D** 39 ff.
- Friedensfunktion **4 C** 73
- Friedenspflicht **4 C** 153 f.
- Gegenstandslosigkeit **4 C** 114
- Geltungsbereich der Tarifnormen *siehe dort*
- gemeinsame Einrichtungen **4 C** 146 f.
- gerichtliche Inhaltskontrolle **4 C** 119
- gerichtliche Klärung von Tarifzuständigkeit/-fähigkeit **4 C** 95
- Gerichtsstandsvereinbarungen **5 B** 161
- günstigere/ungünstigere Normen **4 C** 126
- Günstigkeitsprinzip **4 C** 171 f.
- Inhalt **4 C** 118 ff.
- Inhaltsnormen **4 C** 123 ff.
- inzidente gerichtliche Wirksamkeitsprüfung **4 C** 149
- konstitutive Regelung **3 D** 185 f.
- Kündigung des ~s **4 C** 109 f.
- Kündigungen, Zulässigkeit und Modalitäten **4 C** 135 f.
- Kündigungsfristen **3 D** 178 ff.
- Kurzarbeit **2 A** 765
- Lohntarifverträge **4 C** 125
- Manteltarifverträge **4 C** 125
- Mindestlohn und abweichende Tarifverträge repräsentativer Tarifvertragsparteien **6 E** 83 f.
- Nachwirkung **4 C** 164 f.
- normative Bestimmungen **4 C** 120, 160 ff.
- Öffnungsklauseln **4 C** 168 ff.
- Ordnungsfunktion **4 C** 73
- Ordnungsprinzip **4 C** 185
- prozessuale Normen **4 C** 148
- Prüfungsschema für Ansprüche **4 C** 285
- Rahmentarifverträge **4 C** 125
- Rechtsgrundlage für Arbeitsentgelte **2 A** 315 ff.
- Rechtsnatur **4 C** 75
- Rechtsweg bei Streitigkeiten **5 B** 57 ff.
- Regelungslücke **4 C** 80 f.
- Rückwirkung **4 C** 104 ff., 197 f.
- Rückwirkung, echte **4 C** 105 f.
- Rückwirkung, unechte **4 C** 107
- Rückzahlung Aus- und Fortbildungskosten **2 A** 547
- Schriftform **4 C** 96 f.
- Schriftform des Arbeitsvertrags **1 C** 245
- Schriftformklauseln für Aufhebungsverträge **3 C** 26
- Schuldner/Gläubiger **4 C** 151
- schuldrechtliche Bestimmungen **4 C** 120, 150 ff.
- Schutzfunktion **4 C** 73
- Spannensicherungsklauseln **4 C** 184a
- Stufentarifvertrag **4 C** 195
- Tarifbindung *siehe dort*

- Tarifkonkurrenz *siehe dort*
- Tarifregister 4 C 101 f.
- Tarifsozialpläne 4 A 857
- Tarifvorbehalt 4 A 515 ff.
- Tarifzuständigkeit 4 C 94
- Teilurlaub 2 C 67
- übertarifliche Löhne/Zulagen 4 C 173 ff.
- Überwachungsrecht des Betriebsrats 4 A 443
- Unabdingbarkeit von ~snormen 4 C 163 ff.
- Unterrichtung bei Betriebsübergang 2 G 389
- Urlaub 2 C 40 f.
- Urlaub bei abweichender Arbeitszeitverteilung 2 C 95
- Urlaubsabgeltung 2 C 145
- Urlaubsentgelt 2 C 101 f.
- Urlaubsgeld 2 C 125
- urlaubsrechtliche Ansprüche und Tod des Arbeitnehmers 2 C 282
- Verdienstsicherungsklauseln 4 C 182
- Verfallfrist *siehe* Ausschlussfrist, tarifliche
- Verjährung tarifliche Ansprüche 4 C 191
- Verrechnungsklauseln 4 C 184
- Versetzungsvorbehalt 2 A 67
- Verteilfunktion 4 C 73
- Verweisung auf anderen ~ 4 C 97
- Verweisung auf ~ im Arbeitsvertrag *siehe* Bezugnahme auf Tarifvertrag
- Verwirkung tariflicher Rechte 4 C 190
- Verzicht auf tarifliche Ansprüche 4 C 186 ff.
- Wegfall der Geschäftsgrundlage 4 C 109
- Wegfall Tariffähigkeit und -zuständigkeit 4 C 115
- Widerrufsvorbehalt bei Aufhebungsverträgen 3 C 53
- Willensmängel bei Vertragsschluss 4 C 97a
- Wirkungen zugunsten Dritter 4 C 152
- Zeitablauf 4 C 111
- zwingende Wirkung von Tarifnormen 4 C 166 f.

Tarifvertrag bei Betriebsübergang 4 C 216
- Abschlussnormen 2 G 197
- Abschlussnormen und Tarifbindung 2 G 204 f.
- AGB-Kontrolle von Tarifwechselklauseln 2 G 268
- Allgemeinverbindlicherklärung 2 G 206
- Altverträge bei Bezugnahme 2 G 250 ff.
- Ausnahmen von der einjährigen Bindungsfrist 2 G 222 ff.
- Ausscheiden aus dem persönlichen Geltungsbereich 2 G 232
- Austritt aus dem Verband 2 G 207 ff.
- Beendigungsnormen und Tarifbindung 2 G 204 f.
- betriebliche Altersversorgung 2 E 290
- betriebliche Normen 2 G 198, 203
- Betriebsvereinbarung im Erwerberbetrieb 2 G 233, 238 ff.
- betriebsverfassungsrechtliche Regelungen 2 G 199, 203
- Bezugnahme auf Tarifvertrag 2 G 169 f., 244 ff.
- Dynamik bei Bezugnahme und unternehmerische Entscheidungsfreiheit 2 G 264
- fehlende Tarifgebundenheit nach Betriebsübergang 2 G 215 ff.
- Firmentarifvertrag, kollektivrechtliche Weitergeltung 2 G 167
- fortbestehende kollektive Tarifgebundenheit 2 G 212 ff.
- Geltungsbereich des Tarifvertrags 2 G 205 f.
- gemeinsame Einrichtungen 2 G 200
- Gleichstellungsabrede 2 G 249
- große dynamische Bezugnahmeklausel 2 G 265 f.
- Günstigkeitsprinzip 2 G 221
- Inhaltsnormen 2 G 195
- Inhaltsnormen und Tarifbindung 2 G 204 f.
- kleine dynamische Bezugnahmeklausel 2 G 266
- kollektivrechtliche Tarifbindung 2 G 201 ff.
- kollektivrechtliche Weitergeltung 2 G 165 ff.
- Konkurrenz zwischen alter und neuer betrieblicher Altersversorgung 2 G 279 f.
- konstitutive Ewigkeitsklausel 2 G 263, 266
- nachwirkender Tarifvertrag 2 G 210, 223 ff.
- Neuverträge bei Bezugnahme 2 G 260 ff.
- normativ wirkender Tarifvertrag im Erwerberbetrieb 2 G 233 ff.
- Spaltung von Unternehmen 2 G 298, 302 f.
- statische Bezugnahmeklausel mit Änderungsvorbehalt 2 G 267
- statische Weitergeltung 2 G 217 ff.
- Tarifgebundenheit 2 G 202 ff.
- Transformation in den Arbeitsvertrag 2 G 195 ff., 216 ff.
- Übernahmevertrag zwischen Erwerber und Arbeitnehmer 2 G 241 f.
- Umwandlung 2 G 285 ff.
- Verbandstarifvertrag, kollektivrechtliche Weitergeltung 2 G 167

Tarifvorbehalt 4 A 515 ff.
- Arbeitsentgelte und sonstige Arbeitsbedingungen 4 A 523
- Regelungssperre des § 77 Abs. 3 BetrVG 4 A 518 ff., 532 ff.

[Tarifvorbehalt]
- Tarifüblichkeit **4 A** 520
- Vorrangtheorie **4 A** 521 f.
- Zwei-Schranken-Theorie **4 A** 521 f.

Tarifzuständigkeit 4 C 94
- Arbeitskampf **4 C** 45
- Beschlussverfahren **4 C** 95; **5 H** 35
- landesarbeitsgerichtliche Zuständigkeit **5 B** 117a
- Rechtsweg bei Streitigkeiten **5 B** 116 ff.
- Wegfall **4 C** 115

Tätlichkeit
- Kündigungsgrund **3 G** 55 f.

Technischer Arbeitnehmerschutz
- *siehe* Arbeitsschutz

Technisches Hilfswerk
- Benachteiligungsverbot für Helfer **2 C** 37

Teilkündigung 3 A 44 ff.
- Anhörung des Betriebsrats bei Kündigung **3 J** 12
- ausdrückliche Vereinbarung **3 A** 48
- Betriebsbeauftragte **3 H** 102a
- Datenschutzbeauftragte **3 H** 102a
- und Widerrufsvorbehalt **3 A** 46
- zusammengesetztes Rechtsverhältnis **3 A** 47

Teilnichtigkeit des Arbeitsvertrags
- *siehe* Nichtigkeit/Teilnichtigkeit des Arbeitsvertrags

Teilrente 7 C 235 ff.
- arbeitsrechtliche Bedeutung **7 C** 241 ff.
- Hinzuverdienstgrenzen **7 C** 263 ff.
- Rechtsgrundlage **7 C** 236
- Sinn und Zweck **7 C** 239 f.
- Teilzeitbeschäftigung **7 C** 242 f.
- Umfang **7 C** 238
- Voraussetzungen **7 C** 237 ff.

Teilurlaub 2 C 56 ff.
- Berechnung des vollen Monats **2 C** 59 ff.
- Bruchteile eines Urlaubstages **2 C** 64 f.
- Kündigung **2 C** 63
- tarifvertragliche Regelungen **2 C** 67
- Übertragung **2 C** 66

Teilzeitanspruch 3 B 40 ff.
- Ablehnung **3 B** 56 ff.
- Ablehnungsgründe aus Tarifvertrag **3 B** 61
- Änderungsverlangen des Arbeitgebers **3 B** 62 ff.
- Angebot **3 B** 48a
- Antragstellung **3 B** 46 ff.
- befristete Verringerung **3 B** 48b
- betriebliche Ablehnungsgründe **3 B** 58 ff.
- Darlegungs- und Beweislast **3 B** 85
- Dreimonatsfrist **3 B** 47
- dreistufige Prüfung bei Ablehnung **3 B** 59 ff.
- einstweilige Verfügung **3 B** 80 ff.; **5 I** 93a
- Elternzeit *siehe* Teilzeitanspruch bei Elternzeit
- Erlaubnis, fehlende **6 D** 51
- erneuter Antrag **3 B** 65
- Erörterung **3 B** 53
- Familienpflegezeit **3 B** 38
- geringfügige Reduzierung **3 B** 48c
- Interessenabwägung bei Änderungsverlangen des Arbeitgebers **3 B** 62
- Konsens **3 B** 53
- Leiharbeitnehmer **6 D** 50
- Leistungsklage **3 B** 75 ff.
- mehr als 15 Arbeitnehmer **3 B** 43 ff.
- Mitbestimmung **3 B** 72 ff.
- Regelgründe bei Ablehnung **3 B** 59
- schwerbehinderte Menschen **3 B** 33; **6 C** 54
- sechsmonatiges Arbeitsverhältnis **3 B** 41 f.
- Streitwert **3 B** 86; **5 J** 64
- Teilrente **7 C** 242 f.
- Verhandlung **3 B** 53
- Verhandlungsergebnis **3 B** 54
- Verteilung der Arbeitszeit **3 B** 49 ff.
- Voraussetzungen **3 B** 41 ff.
- zeitlicher Ablaufplan **3 B** 55

Teilzeitanspruch bei Elternzeit 2 D 27 ff.
- anderer Arbeitgeber **2 D** 27
- Anspruchsverfahren **2 D** 30
- Arbeitgeber **2 D** 27
- entgegenstehende betriebliche Gründe **2 D** 30
- Klage **2 D** 34
- Konsensverfahren **2 D** 29
- Zustimmungsfiktion **2 D** 31
- zweimalige Antragstellung **2 D** 33

Teilzeitarbeitsverhältnis 1 B 92 ff.; **3 B** 1 ff.
- abweichende Vereinbarungen **3 B** 39
- und Altersteilzeit **3 B** 25 ff.
- Anwendungsbereich des TzBfG **3 B** 2 ff.
- Arbeitszeit bei mehreren Arbeitsverhältnissen **6 A** 115
- Aus- und Weiterbildung **3 B** 19
- Ausschreibung eines Arbeitsplatzes **3 B** 14 f.
- Betriebsratsschulung **4 A** 202
- Betriebsratswiderspruch wegen Nichtausschreibung als Teilzeitstelle **3 B** 15
- Diskriminierungsverbot **1 B** 93; **3 H** 128
- dringende betriebliche Gründe gegen Verlängerungsanspruch **3 B** 69
- Elternzeit **2 D** 16
- bei Erwerbsminderung **1 E** 96b
- Formen **1 B** 94
- Frauenförderung **3 B** 34
- freier Arbeitsplatz bei Verlängerungsanspruch **3 B** 68
- Geringfügig Beschäftigte *siehe dort*
- Gleichbehandlung Teilzeitbeschäftigter *siehe dort*
- Informationspflichten **3 B** 16 ff.

- Karenzentschädigung, Berechnung **2 F** 65a
- Kündigungsverbot **3 B** 20; **3 H** 126
- Mehrarbeit **2 A** 374f.
- mittelbare Diskriminierung **2 E** 191f.
- Organisationsermessen und Verlängerungsanspruch **3 B** 70f.
- Schulungs- und Bildungsveranstaltungen für Betriebsratsmitglieder außerhalb Arbeitszeit **4 A** 178
- Stellenausschreibung **1 C** 13f.
- Teilzeitanspruch *siehe dort*
- Teilzeitbeschäftigter, Begriff **1 B** 92f.
- TzBfG **1 B** 92f.
- Überstunden **2 A** 374f.
- Überstunden, Vertragsbeispiel **2 A** 375
- Urlaubsberechnung **2 C** 94, 212ff.
- Urlaubsentgelt **2 C** 112
- Urlaubsgeld **2 C** 129
- Vergleichbarkeit mit Vollzeitarbeitnehmern bei Sozialauswahl **3 E** 264ff.
- Verlängerung der Arbeitszeit **3 B** 66ff.
- Zustimmungsverweigerung des Betriebsrat bei unterbliebener Ausschreibung **1 C** 23

Telearbeitnehmer 1 A 71ff.
- Aufwendungsersatz **2 A** 850
- Betriebsrisiko **2 A** 169
- Offline-Betrieb **1 A** 73
- Online-Betrieb **1 A** 72

Telefax
- *siehe* Fax

Telefongespräche
- *siehe auch* Telekommunikationsdaten
- Datenerfassung **2 A** 198
- Mithören – Verwertung der Zeugenaussage **5 C** 47
- private als Kündigungsgrund **3 G** 31a
- Verbot privater ~ **2 A** 198

Telekommunikationsdaten 2 A 198; **6 F** 115ff.
- abgeschlossene Kommunikation **6 F** 133f.
- Archivierung **6 F** 129
- Betriebsvereinbarung **6 F** 130
- Diensteanbieter **6 F** 121ff.
- dienstliche Nutzung von Telekommunikationsdiensten **6 F** 116ff.
- Einwilligung in Kontrollen **6 F** 131
- E-Mails, Kontrolle **6 F** 138f.
- Fernmeldegeheimnis **6 F** 126ff.
- Inhaltskontrolle **6 F** 128
- Internet-Nutzung, Überwachung **6 F** 136f.
- private Nutzung von Telekommunikationsdiensten **6 F** 121ff.
- Social Media *siehe dort*
- Trennung privater/dienstlicher Nutzung **6 F** 135

Tendenzbetrieb 4 A 35, 1051ff.
- Anhörung des Betriebsrats bei Kündigung **3 J** 3
- Anwendung des organisatorischen Teils des BetrVG **4 A** 1099
- Bericht des Arbeitgebers über Lage des Betriebes auf Betriebsversammlung **4 A** 326
- Berichterstattung und Meinungsäußerung **4 A** 1078ff.
- Betriebsänderung **4 A** 1085ff.
- erzieherische Bestimmung **4 A** 1069ff.
- Europäische Gesellschaft **4 B** 139
- Freiwilligkeit der Hilfeleistung **4 A** 1066
- Gewinnerzielungsabsicht *siehe dort*
- karitative Bestimmung **4 A** 1064ff.
- koalitionspolitische Bestimmung **4 A** 1062
- konfessionelle Bestimmung **4 A** 1063
- künstlerische Bestimmung **4 A** 1075ff.
- Meinungsäußerungen **2 A** 246
- Mischunternehmen/-betriebe **4 A** 1058ff.
- und MitbestG **4 B** 16
- Mitbestimmung bei Ordnung des Betriebs **4 A** 580
- Mitbestimmung bei personellen Einzelmaßnahmen **4 A** 1093ff.
- Mitbestimmung in sozialen Angelegenheiten **4 A** 1089ff.
- Nachteilsausgleich **4 A** 1087
- politische Bestimmung **4 A** 1061
- Sozialplan **4 A** 1085, 1087
- Streitigkeiten **4 A** 1107
- Tendenzträger *siehe dort*
- Unmittelbarkeit **4 A** 1057
- Unterrichtungsanspruch des Betriebsrats **4 A** 464
- Wirtschaftsausschuss **4 A** 1084
- wissenschaftliche Bestimmung **4 A** 1072ff.

Tendenzträger 4 A 1081ff.
- Anhörung des Betriebsrats bei Kündigung **4 A** 1096ff.
- Arbeitszeitregelungen **4 A** 1090f.
- außerdienstliches Verhalten **2 A** 219
- Beteiligungsrechte des Betriebsrats **4 A** 1081
- Beteiligungsrechte bei personellen Einzelmaßnahmen **4 A** 1093ff.
- Meinungsäußerung **3 G** 43a

Territorialitätsprinzip 4 A 39

Tierschutzbeauftragte
- Sonderkündigungsschutz **3 H** 110f

Transfergesellschaft
- *siehe* Beschäftigungs- und Qualifizierungsgesellschaft

Transferkurzarbeitergeld 7 A 148ff.
- Beratungspflichten **7 A** 156
- betriebliche Voraussetzungen **7 A** 152f.
- Betriebsänderung **7 A** 151

[Transferkurzarbeitergeld]
– dauerhafter Arbeitsausfall **7 A** 150 f.
– persönliche Voraussetzungen **7 A** 154 f.

Treu und Glauben
– AGB **1 D** 172
– im Arbeitsverhältnis **2 A** 4
– Ausschlussfrist, Ablauf **2 A** 625
– Umsatz-/Gewinnbeteiligung **2 A** 445
– Verjährungseinrede **2 A** 600
– Versorgungszusage, Widerruf **2 E** 644 ff.

Treuepflicht 2 A 179 ff.
– Abwerbung von Arbeitskollegen **2 A** 233 ff.
– Außerdienstliches Verhalten *siehe dort*
– Erledigungserklärung in Auflösungsvereinbarung **2 A** 185
– Informationspflichten des Arbeitnehmers *siehe dort*
– Interessen des Arbeitnehmers **2 A** 182
– Interessenwahrnehmungspflichten **2 A** 187 ff.
– Kontrollen **2 A** 199 ff.
– Leiharbeitnehmer **6 D** 150
– Meinungsäußerung *siehe dort*
– nachwirkende **2 A** 184
– Nebenpflicht **2 A** 180
– Nebenpflichtverletzung als Kündigungsgrund **3 G** 44a
– Rechtsgrundlagen **2 A** 179, 186
– Schmiergeldannahme *siehe dort*
– Schutz des Unternehmenseigentums **2 A** 204 ff.
– Umfang **2 A** 181
– Unternehmensförderung **2 A** 207 ff.
– Verschwiegenheitspflicht *siehe dort*
– vorvertragliche **2 A** 183
– Wahrung der betrieblichen Ordnung **2 A** 187 f.
– Wahrung des Unternehmenseigentums **2 A** 187 f.

Treueprämien
– Abgrenzung zur betrieblichen Altersversorgung **2 E** 50

Trinkgelder 2 A 537 f.
– Arbeitsentgelt, Abgrenzung **2 A** 306
– Entgeltfortzahlung im Krankheitsfall **2 B** 144
– Pfändbarkeit **2 A** 697

Tronc 2 A 538

Truckverbot 2 A 521, 665

Übergangsgelder
– Abgrenzung zur betrieblichen Altersversorgung **2 E** 39, 47
– wegen berufsfördernder Maßnahmen und Arbeitslosengeld **7 A** 23

Übergangsmandat
– Beteiligungsrechte bei Betriebsänderungen **4 A** 93 f., 862

Überstunden 2 A 82, 108 ff., 369 ff.; **6 A** 82 ff.
– Abgeltungsklausel, AGB-Kontrolle **1 D** 151 f ff.
– Abrufarbeit, Abgrenzung **6 A** 82b
– AGB-Kontrolle bei ~klausel **1 D** 96
– Arbeitsbefreiung **2 A** 370
– Darlegungs- und Beweislast **6 A** 82a
– Direktionsrecht **2 A** 36
– Entgeltfortzahlung an Feiertagen **2 B** 212
– Entgeltfortzahlung im Krankheitsfall **2 B** 142
– Entgeltklage **5 A** 256 f.
– gerichtliche Durchsetzung von ~vergütung **2 A** 377
– Gleichbehandlung Teilzeitbeschäftigter bei Zuschlägen **3 B** 7
– Gleitzeitregelungen **2 A** 376
– Grenzen **2 A** 109
– Mitbestimmung **4 A** 594 ff.
– Mitbestimmung bei Anordnung im Arbeitskampf **4 A** 606
– pauschale Abgeltung **2 A** 372
– Pfändbarkeit der Vergütung **2 A** 690
– Teilzeitbeschäftigte **2 A** 374 f.
– Teilzeitbeschäftigte, Vertragsbeispiel **2 A** 375
– Urlaubsentgelt **2 C** 101
– Vergütung **2 A** 370 ff.
– Vergütung bei Krankheit **2 A** 373
– Verpflichtung **6 A** 5
– Vertragsbeispiel leitende Angestellte **2 A** 380
– Vertragsbeispiel Vergütung **2 A** 378
– Verweigerung als Kündigungsgrund **3 G** 14b
– Verwirkung des Vergütungsanspruchs **2 A** 632
– Zuschläge **2 A** 386 f.

Überversorgung
– erdiente Teile **2 E** 630
– Widerruf von Versorgungsleistungen **2 E** 609 f.

Überwachungsmaßnahmen 2 A 199 ff.
– Videoüberwachung *siehe dort*

Überwachungsrechte des Betriebsrats 4 A 439 ff.
– betriebliche Einheitsregelungen **4 A** 445
– Betriebsvereinbarung **4 A** 444
– Gesetze und Vorschriften **4 A** 440 ff.
– Grenzen **4 A** 446
– Tarifverträge **4 A** 443

Umdeutung der Kündigungserklärung 3 D 107 f.
– Änderungskündigung in Ausübung Direktionsrecht **3 A** 63a
– Änderungskündigung in Beendigungskündigung **3 D** 116a
– in Anfechtungserklärung **3 D** 117 f.; **3 F** 6

- in Angebot auf Abschluss eines Aufhebungsvertrags **3 D** 120
- Anhörung des Betriebsrats **3 D** 115 f.; **3 J** 66
- Auslauffrist bei Unkündbarkeit **3 F** 57d
- Auslegung **3 D** 108
- außerordentliche in ordentliche Kündigung **3 D** 111 ff.; **3 F** 93
- Beendigungskündigung in Änderungskündigung **3 D** 116a
- im Kündigungsschutzprozess **3 D** 122 ff.
- zu kurze Kündigungsfrist in zutreffende längere **3 D** 120a
- in Nichtfortsetzungserklärung **3 D** 121
- ordentliche in außerordentliche Kündigung **3 D** 110
- in Suspendierungserklärung **3 D** 119
- Unwirksamkeit der Kündigung **3 D** 109

Umgruppierung 2 A 344
- Mitbestimmung **2 A** 361 ff.; **3 A** 115 ff., 123; **4 A** 766 ff.
- nichtbeachtete Mitbestimmung **4 A** 846
- ohne Zustimmung des Betriebsrats **2 A** 364 ff.
- Zustimmungsersetzungsverfahren **2 A** 363 ff.

Umsatz-/Gewinnbeteiligung 2 A 441 ff.
- AGB-Kontrolle **2 A** 446
- Anknüpfungspunkte **2 A** 441
- Anspruchsgrundlage **2 A** 442
- Arbeitsleistung des Arbeitnehmers **2 A** 441
- Auskunft und Rechnungslegung **2 A** 447
- betriebliche Altersversorgung **2 E** 50 f.
- Pfändbarkeit **2 A** 678
- Rechtskontrolle der Abrede **2 A** 443
- Treu und Glauben **2 A** 445
- Urlaubsentgelt **2 C** 109
- Verknüpfung mit leistungsabhängigen Entgeltbestandteilen **2 A** 444

Umschulung 1 B 112
- Betriebsratswiderspruch wegen Möglichkeit der ~ **3 J** 115

Umwandlung von Unternehmen
- betriebliche Altersversorgung **2 E** 292 ff.
- betriebliche Altersversorgung bei Betriebsübergang **2 G** 270
- Betriebsübergang **2 G** 109 ff.
- Kündigungsbefugnis bei Aufspaltung **3 D** 6
- Kündigungsfrist bei Insolvenz **3 I** 24
- und Tarifbindung **4 C** 217
- Tarifverträge und Betriebsvereinbarungen **2 G** 285 ff.
- Unternehmensmitbestimmung **4 B** 20 f.
- Unterrichtung der betroffenen Arbeitnehmer **2 G** 397
- Unterrichtung über Betriebsübergang **2 G** 424

- Widerspruch gegen Betriebsübergang **2 G** 423 ff.

Unerlaubte Handlungen
- Arbeitgeberhaftung bei Personenschäden **2 A** 822 f.
- Gerichtsstand **5 B** 158
- Pfändbarkeit von Ansprüchen **2 A** 709
- Rechtsweg **5 B** 80 f.
- Rechtsweg bei Streitigkeiten zwischen Arbeitnehmern **5 B** 92 f.

Unfallversicherung
- betriebliche Altersversorgung bei Beitragsrückgewähr **2 E** 37

Ungerechtfertigte Bereicherung
- *siehe* Bereicherungsanspruch

Unkündbarkeit 3 F 57 ff.
- Änderungskündigung **3 A** 112; **3 F** 50 f.
- Anhörung des Betriebsrats bei Auslauffrist **3 F** 57c
- Auflösungsantrag bei außerordentlicher Kündigung **3 F** 64a
- Auslauffrist **3 F** 4, 57b
- Auslauffrist hilfsweise **3 F** 57f
- betriebsbedingte außerordentliche Kündigung **3 F** 58b
- fristlose Kündigung hilfsweise mit Auslauffrist **3 F** 57f
- Insolvenz **3 I** 22, 26, 65 ff.
- Interessenabwägung **3 F** 57a f.
- Krankheit **3 F** 60; **3 G** 40
- Namensliste **3 F** 58b
- Sozialauswahl **3 E** 268 f., 271
- Umdeutung fristlose Kündigung in außerordentliche Kündigung mit Auslauffrist **3 F** 57d
- Unzumutbarkeitsprüfung **3 F** 57a f.
- Zugang der Kündigungserklärung **3 D** 85

Unmöglichkeit 2 A 147
- anfängliche **1 C** 269; **2 A** 146
- Annahmeverzug des Arbeitgebers **2 B** 23
- vom Arbeitgeber zu vertretende **2 A** 166
- vom Arbeitnehmer nicht zu vertretende **2 A** 165 f.
- Arbeitsentgelt **2 A** 576
- Erfüllungshaftung **2 A** 150
- Nichtleistung der Arbeit *siehe dort*

Unpfändbarkeit
- *siehe* Pfändbarkeit

Unterhaltspflicht
- Sozialauswahl **3 E** 277 ff.

Unterlassungsanspruch
- allgemeiner des Betriebsrats **4 A** 566 ff.; **5 H** 200 ff.
- anderweitige Tätigkeit **2 A** 157
- betriebsverfassungsrechtlicher **4 A** 562 ff.
- Datenschutzverstoß und ~ des Betriebsrats **6 F** 182
- Datenschutzverstöße **6 F** 207 f.
- Koalitionsfreiheit, Beeinträchtigung **4 C** 15

[Unterlassungsanspruch]
- tarifwidrige betriebliche Regelungen **4 A** 81
- tarifwidrige Regelungsabrede **4 A** 553

Unterlassungsklage
- nachvertragliches Wettbewerbsverbot **2 F** 72

Unternehmen
- Begriff iSd. BetrVG **4 A** 5 ff.
- Informationspflichten über Teilzeitarbeitsplätze **3 B** 17
- Sitz bei Beschlussverfahren **5 H** 59 ff.
- Umwandlung von Unternehmen *siehe dort*

Unternehmensmitbestimmung 4 B 1 ff.
- Abspaltung, Ausgliederung **4 B** 20 f.
- Altersteilzeit **7 B** 57a
- andere Rechtsformen **4 B** 9
- Arbeitnehmerzahl, Berechnung **4 B** 25 ff.
- Aufsichtsrat *siehe dort*
- Ausweitung/Sicherung **4 B** 23
- Corporate Governance Kodex **4 B** 81
- DrittelbG **4 B** 7
- DrittelbG, Geltungsbereich **4 B** 19
- DrittelbG, Streitigkeiten **5 H** 29 f.
- ergänzende Regelungen **4 B** 14
- Europäische Privatgesellschaft **4 B** 132
- Kritik **4 B** 3
- Leiharbeitnehmer und Schwellenwert **6 D** 204
- MitbestErgG **4 B** 6
- MitbestErgG, Streitigkeiten **5 H** 27 f.
- MitbestG **4 B** 4
- MitbestG, Geltungsbereich **4 B** 15 f.
- MitbestG, Streitigkeiten **5 H** 24 ff.
- Mitbestimmung in der Europäischen Genossenschaft *siehe dort*
- Mitbestimmung in der Europäischen Gesellschaft *siehe dort*
- Mitbestimmungsgesetze **4 B** 1 ff.
- Mitbestimmungsgesetze, Geltungsbereich **4 B** 34
- Montan-MitbestG **4 B** 5
- Montan-MitbestG, Geltungsbereich **4 B** 17 f.
- Rangfolge der Gesetze **4 B** 10
- Rechtsweg bei Streitigkeiten **5 B** 110
- SEBG/SCEBG **4 B** 8
- Statusverfahren **4 B** 11 ff.
- Streitigkeiten **5 H** 23 ff.
- Verschmelzung mit Auslandsgesellschaft **4 B** 133, 163 ff.
- Zurechnung von Arbeitnehmern nach MitbestG **4 B** 26 ff.
- Zurechnung von Arbeitnehmern nach Montan-MitbestG und DrittelbG **4 B** 33
- zwingende Regelungen **4 B** 22

Unterrichtungsanspruch des Betriebsrats 4 A 456 ff.
- Einsicht in Bruttoentgeltlisten **4 A** 468 ff.

- freie Mitarbeiter **4 A** 463
- Fremdfirmeneinsatz **4 A** 463
- Generalklausel **4 A** 456
- Gleichbehandlungsgrundsatz, Einhaltung **4 A** 461
- personenbezogene Daten **4 A** 460
- sachkundige Arbeitnehmer als Auskunftspersonen **4 A** 472
- Tendenzbetrieb **4 A** 464
- Vorlage von Unterlagen **4 A** 465 ff.
- wirtschaftliche Angelegenheiten **4 A** 462

Unterrichtungspflicht bei Betriebsübergang 2 G 371 ff.
- Abschluss von Interessenausgleich und Sozialplan **2 G** 395
- AGB-Kontrolle bei Fiktion **1 D** 99
- fehlerhafte Unterrichtung **2 G** 380 ff.
- Form **2 G** 379
- geforderte Angaben **2 G** 376, 378
- Gegenstand des Betriebsübergangs **2 G** 384 f.
- Grund des Betriebsübergangs **2 G** 387
- Inhalt und Anforderungen **2 G** 384 ff.
- Kenntnisstand zum Zeitpunkt der Unterrichtung **2 G** 390
- komplexe Rechtsfragen **2 G** 393
- mittelbare wirtschaftliche Folgen **2 G** 392
- nachträgliche Unterrichtung **2 G** 396 ff.
- rechtliche, wirtschaftliche und soziale Folgen **2 G** 388 ff.
- Rechtsnatur **2 G** 380 f.
- Tarifverträge **2 G** 389
- Umwandlung **2 G** 397, 424
- unvollständige und/oder falsche Unterrichtung **2 G** 396
- Verpflichtete **2 G** 377
- wirtschaftliche Schwierigkeiten **2 G** 391
- Zeitpunkt des Betriebsübergangs **2 G** 386
- Zeitpunkt des Übergangs **2 G** 383
- Zweck **2 G** 373 f.

Unterrichtungsumfang bei Kündigung
- über Abmahnung **3 J** 58
- Änderungskündigung **3 A** 77 ff.; **3 J** 67 ff.
- außerordentliche Kündigung **3 J** 62 ff.
- betriebliches Eingliederungsmanagement **3 J** 55a
- betriebsbedingte Kündigung **3 J** 42 ff.
- Checkliste **3 J** 202
- Grundsatz der subjektiven Determinierung **3 J** 37, 52, 62
- konkrete Tatsachen **3 J** 38
- krankheitsbedingte Kündigung **3 J** 53 ff.
- gegen Kündigung sprechende Tatsachen **3 J** 40
- Kündigungsabsicht **3 J** 31 f.
- Kündigungsfrist **3 J** 33
- Kündigungsgründe **3 J** 37 ff.
- Kündigungstermin **3 J** 34 f.
- Massenkündigung **3 J** 72 ff.
- Personaldaten **3 J** 29 f.

- personenbedingte Kündigung 3 J 52 ff.
- Sozialauswahl 3 J 47 ff.
- Sozialdaten 3 J 47, 49
- Umdeutung einer außerordentlichen Kündigung 3 J 66
- Verdachtskündigung 3 F 41; 3 J 75 f.
- verhaltensbedingte Kündigung 3 J 57 ff.
- Wartezeitkündigung 3 J 39
- Widerspruch gegen Betriebsübergang 3 J 50

Unterstützungskassen 2 E 136 ff., 620
- Auftragsverhältnis 2 E 143
- Ausschluss des Rechtsanspruchs 2 E 138
- Begriff 2 E 136
- Betriebsübergang 2 E 291; 2 G 275 f.
- Einstandspflicht des Arbeitgebers 2 E 140 f.
- Finanzierungseffekt 2 E 145
- Insolvenzsicherung 2 E 463
- kongruent rückgedeckte 2 E 142
- Mitbestimmung 2 E 238 ff.
- Mitbestimmung bei mehreren Trägerunternehmen 2 E 243 ff.
- Rückdeckungsversicherung 2 E 141
- Sondervermögen 2 E 137
- Unverfallbarkeitsvoraussetzungen 2 E 144
- wirtschaftliche Notlage 2 E 139

Untersuchungsgrundsatz
- Anhaltspunkte 5 H 140
- Beschlussverfahren 5 H 139 ff.
- einstweilige Verfügung im Beschlussverfahren 5 H 208
- Fristsetzung 5 H 145
- Geständnisse 5 H 142
- Grenzen 5 H 141
- Zurückweisung verspäteten Vorbringens 5 H 143 f.

Unverfallbarkeit der Versorgungsanwartschaft
- *siehe* Versorgungsanwartschaft, Unverfallbarkeit

Unvermögen
- Erfüllungshaftung 2 A 150
- Nichtleistung der Arbeit *siehe dort*

Urheberrechte 2 H 65 ff.
- Arbeitnehmererfindung *siehe dort*
- arbeitsvertraglich geschuldete Werke 2 H 67 ff.
- arbeitsvertraglich nicht geschuldete Werke 2 H 74
- Computerprogramme 2 H 70
- Leistungsschutzrechte ausübender Künstler 2 H 72
- Nutzungsrechte 2 H 66 ff.
- Persönlichkeitsrechte 2 H 75 f.
- Rechtsweg 5 B 96
- Streitigkeiten 2 H 79
- urheberrechtsfähige Werke 2 H 65
- Vergütung 2 H 73 ff.

Urlaub 2 C 1 ff.
- Ablauf des ~sjahres 2 C 254 ff.
- Abtretung des Anspruchs 2 C 5, 181
- abweichende Arbeitszeitverteilung 2 C 95
- Altersteilzeit 7 B 67
- Androhung einer Erkrankung bei Nichtgewährung 2 C 176
- Anfechtung der ~serteilung 2 C 76
- Angebot der Arbeitsleistung nach ~ 2 B 11 f.
- im Anschluss an Kur 2 C 73
- arbeitnehmerähnliche Personen 2 C 217 ff.
- Arbeitsfähigkeit als Voraussetzung 2 C 75
- Arbeitsplatzwechsel 2 C 132 ff.
- Arbeitsunfähigkeit 2 C 238 ff.
- Arbeitsverhinderung aus persönlichen Gründen 2 C 99
- Aufhebungsvertrag 3 C 36 ff.
- Ausgleichszeitraum bei flexibler Arbeitszeit 6 A 34
- Ausschlussfrist 2 C 263 ff.
- Ausschlussklauseln 2 C 263 ff.
- Baugewerbe 2 C 229
- Begriff 2 C 1 f.
- Berechnung 2 C 92 ff.
- Bescheinigung 2 C 133
- bestimmte Arbeitnehmergruppen 2 C 33 ff.
- Bestimmung des Zeitpunkts 2 C 70
- Betriebsferien 2 C 74
- Betriebsübergang bei Insolvenz 2 C 189; 2 G 154
- Bildungsurlaub *siehe dort*
- Dauer 2 C 91 ff.
- Doppelarbeitsverhältnis bei unwirksamer Kündigung 2 C 137
- dringende betriebliche Belange 2 C 71 f.
- Ein-Euro-Jobber 2 C 234 f.
- Einschränkungen der Arbeitsleistung 2 B 12
- einstweilige Verfügung 2 C 177 ff.; 5 I 93
- einzelvertragliche Regelungen 2 C 38 f.
- und Elternzeit 2 D 22 f.
- Erfüllung 2 C 251 f.
- Erfüllung offener ~sansprüche während Freistellung 2 A 759 f.
- Erklärung 2 C 69
- Ermessensspielraum des Arbeitgebers 2 C 71 ff.
- Erwerbstätigkeit während des ~s 2 C 138 ff.
- Festlegung in der Kündigungszeit 2 C 79 ff.
- Feststellungsklage 2 C 163
- flexible Arbeitszeit 2 C 98
- Freistellung nach Kündigung 2 C 86 ff.
- geringfügig Beschäftigte 2 C 96
- Gleichbehandlung Teilzeitbeschäftigter 3 B 7

[Urlaub]
- Heimarbeiter **2 C** 208 ff.
- Insolvenz und ~anspruch **2 C** 186 ff.
- Jugendarbeitsschutz **6 C** 8
- Jugendliche **2 C** 204 ff.
- Klage hinsichtlich Festlegung **2 C** 169 f.
- Kündigung **2 C** 63
- Kündigung wegen eigenmächtiger Verlängerung **3 G** 56
- Kündigung wegen Erwerbstätigkeit **2 C** 142
- Kündigungsschutzklage und ~sanspruch **2 C** 165
- Kur **2 C** 245
- Leiharbeitnehmer, Gleichbehandlung **6 D** 77
- Leistungsklage **2 C** 161 f.
- Mehrfachbeschäftigung **2 C** 136
- mehrjähriger Prozess **2 C** 257
- Mitbestimmung *siehe* Beteiligungsrechte beim Urlaub
- und Mutterschutz **6 C** 31a, 38
- Pflegezeit **2 D** 79
- Praktikanten **2 C** 207
- Rechtsgrundlagen **2 C** 31 ff.
- Rückruf **2 C** 78
- ruhendes Arbeitsverhältnis **2 C** 53
- Schadensersatz **2 C** 164
- Selbstbeurlaubung *siehe dort*
- Sonderurlaub *siehe dort*
- Streik **4 C** 59
- tariflicher Mehrurlaub **2 C** 43
- tarifliches Vorrangprinzip **2 C** 42 ff.
- tarifvertragliche Regelungen **2 C** 40 ff.
- Teilurlaub *siehe dort*
- Teilzeitbeschäftigte **2 C** 94, 212 ff.
- Tod **2 C** 280 ff.
- Übertragung **2 C** 255
- Unterlassung verbotener Erwerbstätigkeit während des ~s **2 C** 141
- Urlaubsabgeltung *siehe dort*
- Urlaubsentgelt *siehe dort*
- Urlaubsgeld *siehe dort*
- Urlaubsjahr **2 C** 51 ff.
- Urlaubsliste **2 C** 198
- Urlaubstage in Lohnabrechnung **2 C** 166
- Vererblichkeit des Anspruchs **2 C** 4
- Verfallen **2 C** 3
- Verfallen und gerichtliche Geltendmachung **2 C** 257
- Vergleich **2 C** 278
- Verjährung **2 C** 261 f.
- Verrechnung mit zuviel gewährtem Vorjahresurlaub **2 C** 253
- Verweigerung der ~sgewährung **2 C** 260
- Verwirkung **2 C** 279
- Verzicht **2 C** 274 ff.
- Volontäre **2 C** 207
- Wartezeit **2 C** 47 ff.
- Werkstudenten **2 C** 207
- Zeitpunkt **2 C** 68 ff., 169 f.
- Zugang der Kündigungserklärung **3 D** 102; **5 A** 34
- Zusatzurlaub *siehe dort*
- Zwangsvollstreckung des ~sgewährungsanspruchs **5 I** 50

Urlaubsabgeltung
- Altersteilzeit **2 C** 150
- Arbeitslosengeld **2 C** 291 f.
- Aufhebungs-/Abwicklungsvertrag **3 C** 36 ff.
- Ausgleichsklauseln **2 C** 159
- Ausnahmeregelung **2 C** 144 ff.
- Ausschlussklauseln **2 C** 263 ff.
- Berechnung **2 C** 151
- Berufsausbildungsverhältnis **2 C** 146
- Elternzeit **2 D** 24
- Entgeltklage **5 A** 264 ff.
- Entstehen des Anspruchs **2 C** 148
- Freistellung in Aufhebungsvertrag **3 C** 35 f.
- oder Freizeitanspruch bei Arbeitgeberwechsel **2 C** 134
- Insolvenz **2 C** 186 f.
- Klage, Muster **2 C** 160
- Krankheit **2 C** 152 ff.
- Kündigungsschutzklage und ~sanspruch **2 C** 268
- nichtige Vereinbarung **2 C** 147
- Pfändbarkeit **2 C** 158
- Ruhen des Arbeitslosengeldanspruchs **3 C** 70b; **7 A** 45
- Schwerbehinderte **2 C** 222
- Sozialversicherung **2 C** 291 f.
- Steuerpflichtigkeit **2 C** 288
- tarifvertragliche Regelungen **2 C** 145
- Tod **2 C** 157, 280 f.
- Übertragungszeitraum **2 C** 154 ff.
- unbegrenztes Ansammeln von Urlaubsansprüchen **2 C** 154
- Verbot **2 C** 143
- Vererblichkeit des Anspruchs **2 C** 4
- Vergleich **2 C** 278
- Verjährung **2 C** 261 ff.
- Zusatzurlaub schwerbehinderter Menschen **2 C** 225

Urlaubsbescheinigung 2 C 133
Urlaubsentgelt
- Akkordlohn **2 C** 108
- Arbeitnehmerüberlassung **2 C** 108a
- Arbeitsausfallzeiten **2 C** 114
- Arbeitskampf **2 C** 120
- Arbeitsunfähigkeit **2 C** 243
- Aufrechnung **2 C** 185
- Aufwendungsersatz **2 C** 105
- Ausschlussklauseln **2 C** 271
- Auszahlung **2 C** 116 f.
- Baugewerbe **2 C** 230
- Berechnung **2 C** 100 ff., 110 ff.
- Bereitschaftsdienst **2 C** 103

- Betriebsübergang **2 C** 122
- einstweilige Verfügung **2 C** 180
- Entgeltklage **5 A** 264 ff.
- Gewinnbeteiligung **2 C** 109
- Heimarbeiter **2 C** 208 ff.
- Insolvenz **2 C** 186 ff.
- Kurzarbeitszeiten **2 C** 114
- Mindestanspruch übersteigender Urlaub **2 C** 101
- Pausenvergütung **2 C** 104
- Pfändbarkeit des Anspruchs **2 A** 698; **2 C** 182
- Provision **2 C** 106
- Rückforderung **2 C** 121, 283 ff.
- Rufbereitschaft **2 C** 103
- Sachbezüge **2 C** 107
- Steuerpflichtigkeit **2 C** 286
- Streik **4 C** 59
- Tantiemen **2 C** 109
- tarifvertragliche Regelungen **2 C** 101 f.
- Teilzeitbeschäftigte **2 C** 112
- Tod **2 C** 280
- Überstundenvergütung **2 A** 373; **2 C** 103
- Umfang nach EuGH **2 C** 100
- Verdienständerungen **2 C** 113
- Verjährung **2 C** 261 f.
- Verwirkung **2 C** 279
- Zulagen **2 C** 100
- Zusatzurlaub schwerbehinderter Menschen **2 C** 224
- als Zuschlag **2 C** 119

Urlaubsgeld 2 C 123 ff.
- Ausschlussklauseln **2 C** 271
- Baugewerbe **2 C** 230
- Betriebsvereinbarung **2 C** 202
- dauernde Arbeitsunfähigkeit **2 C** 126, 128
- Elternzeit **2 C** 130
- Entgeltklage **5 A** 264 ff.
- Insolvenz **2 C** 186 f.
- Mindestlohn **6 E** 93
- Muster **2 C** 127
- Pfändbarkeit **2 A** 699
- Rechtsgrundlage **2 C** 124 f.
- Sozialversicherung **2 C** 290
- Steuerpflichtigkeit **2 C** 287
- tarifvertragliche Regelung **2 C** 125
- Teilzeitbeschäftigte **2 C** 129
- Unpfändbarkeit **2 C** 184
- Zusatzurlaub schwerbehinderter Menschen **2 C** 131, 224

Urteil 5 C 51 ff.
- Absetzungsfrist **5 C** 52 f.
- Ausschluss der vorläufigen Vollstreckbarkeit **5 I** 17 f.
- des Landesarbeitsgerichts **5 D** 101 ff.
- Rechtsbehelfsbelehrung **5 C** 54
- Verkündung **5 C** 51
- vorläufige Vollstreckbarkeit im ~ **5 I** 3 ff.

Urteilsverfahren 5 C 1 ff.
- Aussetzung des Verfahrens **5 C** 56 ff.

- Beschlussverfahren, Abgrenzung **5 B** 1 f.; **5 H** 1, 18 ff.
- Besonderheiten **5 C** 6 ff.
- Besonderheiten bei Berufsausbildungsverhältnissen **5 C** 64 ff.
- Entgeltersatzansprüche von Betriebsratsmitgliedern **5 H** 19
- Güteverhandlung *siehe dort*
- Individualansprüche aus dem BetrVG **5 H** 18 ff.
- Mündliche Verhandlung *siehe dort*
- Parteifähigkeit *siehe dort*
- Persönliches Erscheinen *siehe dort*
- Rechtsanwaltsvergütung **5 J** 149 ff.
- Rechtsbehelf gegen Terminierung **5 C** 5
- Rechtsweg im Urteilsverfahren *siehe dort*
- Schadensersatzansprüche – Betriebsratsmitglieder **5 H** 20
- Terminsbestimmung **5 C** 2 ff.
- vorherige schriftliche Äußerung **5 C** 13

Verbesserungsvorschläge 2 H 61 ff.
- *siehe auch* Arbeitnehmererfindung
- Leiharbeitnehmer **6 D** 149
- Mitbestimmung **4 A** 665 ff.
- Vergütung **2 H** 64

Verbrauchereigenschaft
- Arbeitnehmer **1 D** 35 ff.
- Darlehensvertrag **2 A** 511

Verdachtskündigung 3 F 31 ff.; **3 G** 57
- Anhörung des Arbeitnehmers **3 F** 35 ff.
- Anhörung des Betriebsrates **3 F** 41; **3 J** 75 f.
- Aufklärung **3 F** 35
- Ausschlussfrist bei außerordentlicher Kündigung **3 F** 82
- Begriff **3 F** 32 ff.
- Beurteilungszeitpunkt **3 F** 38
- dringender, schwerwiegender Verdacht **3 F** 34a
- erhebliches Fehlverhalten **3 F** 34b
- Nachschieben von Gründen **3 F** 38
- neue Erkenntnisse im Prozessverlauf **3 F** 39
- neue Erkenntnisse nach Abschluss des Kündigungsschutzverfahrens **3 F** 40
- objektiver Tatverdacht **3 F** 34
- ordentliche Kündigung **3 F** 33b
- Restitutionsklage **5 A** 109
- schwere Pflichtverletzung **3 F** 33a
- Tatkündigung nach Strafurteil **3 F** 39a
- Übersicht **3 F** 42
- Voraussetzungen **3 F** 34 ff.
- Wiedereinstellungsanspruch bei Unschuld **3 F** 40 f.

Verein, eingetragener
- Arbeitgeber **1 A** 133

Verfahrensbeschwerde
- Verletzung rechtlichen Gehörs **5 F** 18 ff.

Verfallklauseln
– *siehe* Ausschlussfrist
Verfassungsbeschwerde
– und Nichtzulassungsbeschwerde **5 F** 30
Vergleich
– *siehe* Prozessvergleich/Vergleich
Vergütung
– *siehe* Arbeitsentgelt
Verhaltensbedingte Kündigung 3 E 146 ff.
– abgeworbener Arbeitnehmer **1 C** 61
– Abmahnung *siehe dort*
– Altersteilzeit **7 B** 53
– Änderungskündigung **3 A** 95, 98 ff.
– Anhörung des Arbeitnehmers **3 E** 155
– Anhörung des Betriebsrats **3 J** 57 ff.
– Begriff **3 E** 146 f.
– Darlegungs- und Beweislast **3 E** 156 ff.
– Druckkündigung *siehe dort*
– Fristen **3 E** 159
– Interessenabwägung **3 E** 187
– Leiharbeitnehmer **6 D** 144
– Prüfungsaufbau **3 E** 148 ff.
– Sperrzeit **7 A** 86 ff.
– Verdachtskündigung *siehe dort*
– Verschuldensprinzip **3 E** 153 f.
– Versicherungsfall bei Rechtsschutzversicherung **5 J** 162
– Wiedereinstellungsanspruch *siehe dort*
Verhinderung des Arbeitnehmers
– *siehe* Arbeitsverhinderung aus persönlichen Gründen
Verjährung
– 30-jährige Frist **2 A** 594
– Ablauf der Frist **2 A** 599
– AGB-Kontrolle bei Verkürzung **1 D** 144 f.
– Annahmeverzug des Arbeitgebers **2 B** 45
– Arbeitsentgelt-Anspruch **2 A** 590 ff.
– Arbeitsentgelt-Anspruch und Kündigungsschutzklage **2 A** 615
– Beginn **2 A** 591, 594
– betriebliche Altersversorgung **2 A** 593; **2 E** 298
– Eintrittsrecht bei Wettbewerbsverbot nach HGB **2 A** 294
– Equal pay-Ansprüche bei Leiharbeitnehmern **6 D** 95 ff.
– Hemmung **2 A** 596 f.
– Hemmung durch Anrufung des Schlichtungsausschusses **5 C** 70
– Karenzentschädigung **2 F** 67
– Neubeginn **2 A** 595
– Provision **2 A** 428
– regelmäßige Frist **2 A** 590
– Schadensersatzanspruch bei Wettbewerbsverbot nach HGB **2 A** 294
– Sozialversicherungsbeiträge bei Unwirksamkeit der CGZP-Tarifverträge **6 D** 105
– subjektives Kriterium **2 A** 592
– tarifliche Rechte **4 C** 191
– treuwidriges Berufen auf ~ **2 A** 600

– Urlaubsentgelt, -abgeltung **2 C** 261 ff.
– Vereinbarung **2 A** 598
– Zeugnisanspruch **3 K** 67
Verkehrsunfall
– bei Ausübung der Betriebsratstätigkeit **4 A** 236
– Erstattung der Prozess- und Anwaltskosten **2 A** 859
– Verschulden des Arbeitnehmers **2 B** 116
Vermögensbildung 2 A 491 ff.
– Belegschaftsaktie **2 A** 500
– betriebliche Altersversorgung, Abgrenzung **2 E** 42
– Miteigentum **2 A** 495 ff.
– Pfändbarkeit der Arbeitnehmersparzulage **2 A** 671
– Pfändbarkeit vermögenswirksamer Leistungen **2 A** 700
– vermögenswirksame Leistungen **2 A** 493 f.
Verpfändung
– Urlaubsabgeltungsanspruch **2 C** 158
– Urlaubsentgelt **2 C** 182
– Urlaubsgeld **2 C** 183
Versäumnisurteil
– Berufung gegen zweites ~ **5 D** 19
Verschwiegenheitspflicht
– AGB-Kontrolle **2 J** 24
– während des Arbeitsverhältnisses **2 A** 258 ff.
– Aufhebungsvertrag **3 C** 46d
– Aufsichtsratsmitglieder **4 B** 123
– berechtigtes Interesse des Arbeitgebers **2 A** 252
– Betriebsrat *siehe* Geheimhaltungspflichten des Betriebsrats
– eigene Vergütung, AGB-Kontrolle **1 D** 151o
– Erweiterung durch Vertrag **2 A** 254 f.
– Inhalt **2 A** 250 ff.
– Kündigung wegen Verstoßes **3 G** 20a f.
– nachvertragliche **2 A** 261 ff.
– nachvertragliches Wettbewerbsverbot, Abgrenzung **2 A** 263; **2 F** 9
– Rechtsfolgen des Geheimnisverrats **2 A** 265
– Sprecherausschuss **4 A** 1131
– Umfang **2 A** 250 ff.
– nach UWG **2 A** 257
– Verstoß als Kündigungsgrund **3 G** 58
– Vertragsbeispiel **2 A** 255
Versetzung
– *siehe auch* Art der zu leistenden Tätigkeit
– AGB-Kontrolle bei ~sklausel **1 D** 80 ff.
– anderweitige Tätigkeit **1 D** 81 ff.
– statt außerordentlicher Kündigung **5 A** 98
– Begriff **4 A** 754
– Direktions- oder ~sklausel **2 A** 62
– Direktionsrecht **2 A** 35, 767 ff.
– im Konzern statt Kündigung **3 E** 237 ff.

Stichwortverzeichnis

- und Kündigungsschutz betrieblicher Funktionsträger **3 H** 67
- Mitbestimmung **2 A** 69; **3 A** 115 ff.; **4 A** 266, 754 ff.
- Mitbestimmung, Musterschreiben **4 A** 853
- Mitbestimmung, nichtbeachtete **4 A** 846
- örtliche Versetzbarkeit **1 D** 80a f.
- Schutz betrieblicher Funktionsträger **3 H** 101a
- Streitwert **5 J** 63
- Streitwert im Beschlussverfahren **5 J** 113 ff.
- Tendenzträger **4 A** 1093 f.
- Umsetzung eines Nachtarbeitnehmers auf Tagarbeitsplatz **6 A** 60 ff.
- Versetzungsklausel **2 A** 65 ff.
- Versetzungsklausel als Erweiterung des Direktionsrecht **2 A** 39
- Zustimmungsverweigerung des Betriebsrats **3 A** 121

Versorgungsanwartschaft
- Abfindung von Versorgungsanwartschaften *siehe dort*
- keine Anpassung durch Pensions-Sicherungs-Verein **2 E** 483
- Auskunftspflichten des Arbeitgebers **2 E** 274 ff.
- Berechnung *siehe* Versorgungsanwartschaft, Berechnung
- Erlassverträge vor Betriebsübergang **2 G** 277
- Unverfallbarkeit *siehe* Versorgungsanwartschaft, Unverfallbarkeit

Versorgungsanwartschaft, Berechnung **2 E** 340 ff.
- Anrechnung anderweitiger Leistungen **2 E** 355 f.
- Anrechnung von Vordienstzeiten **2 E** 359
- Auffüllpflicht bei Direktversicherung **2 E** 375
- Auskunftsanspruch **2 E** 415
- Beitragszusage mit Mindestleistung **2 E** 382
- Betriebszugehörigkeit **2 E** 358 f.
- dienstzeitabhängige Versorgungszusage **2 E** 342
- Dynamik **2 E** 353
- Eintritt in den Altersruhestand **2 E** 346
- Entgeltumwandlung **2 E** 381
- Erreichen der Höchstrente **2 E** 343
- Erreichen der Regelaltersgrenze **2 E** 362
- Ersatzverfahren bei Direktversicherung **2 E** 376 ff.
- feste Altersgrenze **2 E** 363 ff.
- flexible Altersgrenze **2 E** 367 ff.
- geschlechtsbezogene Altersgrenzen **2 E** 369 ff.
- hypothetische Rente **2 E** 345
- Invaliditäts- und Hinterbliebenenleistungen **2 E** 347 ff., 449
- mögliche Betriebszugehörigkeit **2 E** 361 ff.
- möglicher Versorgungsanspruch **2 E** 344
- Nachdienstzeiten **2 E** 360
- Näherungsverfahren **2 E** 356
- Pensionsfonds **2 E** 380
- Pensionskassen **2 E** 379
- schrittweise Erhöhung der Altersgrenze **2 E** 366
- Veränderungen nach Ausscheiden des Arbeitnehmers **2 E** 350 ff.
- zeitanteilige Quotierung **2 E** 357 ff.
- zugesagter Leistungsumfang **2 E** 341 ff.

Versorgungsanwartschaft, Unverfallbarkeit **2 E** 311 ff.
- Abfindung in Aufhebungsvertrag **3 C** 14
- Anrechnung von Vordienstzeiten **2 E** 318, 328 ff., 475 f.
- Arbeitgeberwechsel **2 E** 322, 326 f.
- Auskunftsanspruch **2 E** 415
- Beendigung der Versorgungszusage **2 E** 321
- Betriebsübergang **2 E** 326 f.
- Betriebszugehörigkeit **2 E** 323 ff.
- Blankettzusage **2 E** 319
- Eintrittspflicht des Pensions-Sicherungs-Vereins **2 E** 472 ff.
- Entgeltumwandlung **2 E** 331, 478 f.
- Erteilung der Versorgungszusage **2 E** 317 ff.
- gesetzliche Voraussetzungen **2 E** 312 ff.
- Konzern **2 E** 325
- Mindestalter **2 E** 312
- Übergangsbestimmungen **2 E** 337 ff.
- Veränderung der Versorgungszusage **2 E** 320
- vertragliche Unverfallbarkeit **2 E** 336
- vorgezogene Betriebsrente **2 E** 443 ff.
- Vorruhestand **2 E** 335
- Wartezeit **2 E** 332 f.
- Wechsel in anderen EU-Mitgliedstaat **2 E** 334
- Zusagedauer **2 E** 316 ff.

Versorgungssysteme **2 E** 69 ff., 544 f.
- Anpassung der Betriebsrente *siehe dort*
- Bausteinmodelle **2 E** 76
- beitragsabhängige Zusagen **2 E** 79 ff.
- beitragsorientierte Leistungszusage **2 E** 23
- Beitragszusage mit Mindestleistung **2 E** 25 ff., 80 ff.
- Eigenbeitragszusagen **2 E** 30 ff.
- ergebnisorientierte **2 E** 83
- Gesamtversorgung **2 E** 84 ff.
- gespaltene Rentenformel **2 E** 75
- halbdynamische **2 E** 73 ff.
- Karrieredurchschnittspläne **2 E** 76
- reine Beitragszusage **2 E** 24
- Spannungsklauseln **2 E** 77

[Versorgungssysteme]
- statische 2 E 71 f.
- volldynamische Absicherung 2 E 78

Versorgungszusage 2 E 300 ff.
- Änderung *siehe* Versorgungszusagen, Abänderung
- aus Anlass eines Arbeitsverhältnisses 2 E 19
- des Arbeitgebers 2 E 20
- Arbeitgeberwechsel 2 E 322, 326 f.
- Auszehrungsverbot 2 E 417 ff.
- Beendigung des Arbeitsverhältnisses 2 E 321
- Benachteiligung nach AGG 2 E 267
- betriebliche Übung 2 E 167 ff.
- Betriebsübergang 2 E 287 ff.
- betriebsvereinbarungsoffene 2 E 616 f.
- Blankettzusage 2 E 173, 319
- Direktversicherung 2 E 102
- Einzelzusage 2 E 158 ff.
- Einzelzusage, Inhaltskontrolle 2 E 257 ff.
- Elemente 2 E 16 ff.
- Erteilung 2 E 317 ff.
- keine Formbedürftigkeit bei Einzelzusage 2 E 160
- Gesamtzusage 2 E 164 ff.
- Gleichbehandlungsgrundsatz als Rechtsgrundlage 2 E 174 ff.
- Inhaltskontrolle 2 E 250 ff.
- Inhaltskontrolle bei Betriebsvereinbarung 2 E 253 ff.
- Inhaltskontrolle bei Tarifvertrag 2 E 251 f.
- Jeweiligkeitsklausel 2 E 159
- Konditionenkartell 2 E 91
- Mitbestimmung bei unmittelbaren Zusagen 2 E 235 ff.
- mittelbare 2 E 301
- Nichtanwendbarkeit des BetrAVG 2 E 595
- Steuervorteile bei unmittelbarer ~ 2 E 92
- Ungleichbehandlung, unzulässige 2 E 189 ff.
- Unklarheiten bei Einzelzusage 2 E 161
- unmittelbare 2 E 90 ff., 301
- unmittbare und Insolvenzsicherung 2 E 463
- Veränderung 2 E 320
- vertragliche Einheitsregelung 2 E 163
- Vertragsfreiheit 2 E 416
- vorzeitige Altersleistungen 2 E 425 ff.
- Widerruf wegen Treuebruchs 2 E 644 ff.
- Widerruf aus wirtschaftlichen Gründen 2 E 605 f.
- Zeitkollisionsklausel 2 E 228 f.
- zeitweilige Nichtanwendbarkeit des BetrAVG 2 E 596
- zulässige Differenzierungen 2 E 180 ff.
- Zusammentreffen mehrerer Zusagen 2 E 224 ff.

Versorgungszusagen, Abänderung 2 E 598 ff.
- Ablösung von Gesamtversorgungssystemen 2 E 642 f.
- Änderungskündigung 2 E 602 f.
- Änderungsvereinbarung 2 E 601
- Äquivalenzstörung 2 E 611
- arbeitsvertragliche Ruhegeldzusagen 2 E 600 ff.
- atypische Fälle 2 E 637 f.
- nach Ausscheiden des Arbeitnehmers 2 E 350 ff.
- betriebsvereinbarungsoffene Versorgungszusage 2 E 616 f.
- erdiente Dynamik 2 E 631 ff.
- erdienter Teilwert 2 E 628 ff.
- Jeweiligkeitsklausel 2 E 639
- laufende Leistungen, Änderung 2 E 639 ff.
- Mitbestimmungsrecht 2 E 618 f.
- nachfolgende Betriebsvereinbarung 2 E 612 ff.
- nicht erdiente Steigerungsraten 2 E 636
- nichtwirtschaftliche Gründe 2 E 642 f.
- Treuebruch 2 E 644 ff.
- Überversorgung 2 E 609 f.
- Verfehlungen durch Ausgeschiedene 2 E 649
- Verfehlungen während des Arbeitsverhältnisses 2 E 646 ff.
- Verhältnismäßigkeitsgrundsatz 2 E 627 ff.
- Vertrauensschutz bei nachfolgender Betriebsvereinbarung 2 E 615
- Wegfall der Geschäftsgrundlage 2 E 607 ff.
- Widerruf 2 E 605 ff.
- wirtschaftliche Gründe 2 E 599 ff.
- wirtschaftliche Notlage 2 E 608

Vertagung 5 C 50

Vertragliche Einheitsregelung
- einvernehmliche Änderung des Arbeitsvertrags 3 A 13
- Überwachungsrecht des Betriebsrats 4 A 445
- umstrukturierende Betriebsvereinbarung 4 A 555 f.
- verschlechternde Betriebsvereinbarung bei betrieblicher Altersversorgung 2 E 625
- Versorgungszusage 2 E 163

Vertragsfreiheit 1 C 208 f.
- Aufhebungsvertrag 3 C 2 ff.
- betriebliche Altersversorgung 2 E 13 f., 416

Vertragsstrafe 2 J 1 ff.
- AGB-Kontrolle 2 J 38 ff.
- anerkannte Fälle 2 J 24
- angemessene Höhe 2 J 28 ff., 44a
- im Arbeitsrecht 2 J 11
- Ausschlussfrist, Abgrenzung 2 J 55
- Berufsausbildungsverhältnis 1 B 128
- Bestimmtheit, mangelnde 2 J 9
- Betriebsbuße, Abgrenzung 2 J 62

- Billigkeitskontrolle 2 J 20 ff.
- Blue-Pencil-Test 2 J 43
- ein Monatsgehalt 2 J 31
- einseitige Vereinbarung 2 J 13
- Erfüllungsgehilfe 2 J 7
- Form der Vereinbarung 2 J 18
- Formulararbeitsvertrag, Besonderheiten 2 J 40 ff.
- Formulierungsbeispiele 2 J 44a, 48 ff.
- frühzeitige Beendigung der geschuldeten Tätigkeit 2 J 48
- Geheimnisverrat 2 J 34
- Herabsetzung 2 J 36 f.
- Höhe 2 J 27 ff.
- Klauseln wie in Kollektivvereinbarungen 2 J 46
- Kundenabwerbung 2 J 34
- nachvertragliches Wettbewerbsverbot 2 J 15 f., 34 f.
- Nichtaufnahme der geschuldeten Tätigkeit 2 J 48
- Nichterfüllung 2 J 15
- pauschalierter Schadensersatz, Abgrenzung 2 J 53
- präzise Bezeichnung des Pflichtverstoßes 2 J 25 f.
- Schlechterfüllung 2 J 17
- selbständiges Strafversprechen 2 J 2, 14
- Sozialabgaben trotz Kürzung des Arbeitsentgelts 2 J 19
- Transparenz 2 J 44
- unentschuldigtes Fehlen 2 J 50
- unselbständiges Strafversprechen 2 J 3
- unverhältnismäßig hohe ~ 2 J 43a
- Verletzung der Beteiligungsrechte des Betriebsrates 2 J 47
- Verschulden 2 J 5 ff.
- Verschwiegenheitsvereinbarung 2 J 24
- Verstoß gegen Wettbewerbsverbot 2 J 49
- Verwirkung 2 J 4 ff.
- weiterer Schaden 2 J 10
- Wettbewerbsverstoß nach HGB 2 A 296
- Wettbewerbsverstoß, nachvertraglicher 2 F 76
- Zweck 2 J 8

Vertrauensvolle Zusammenarbeit 4 A 352 ff.
- allgemeines Prinzip 4 A 355
- Generalklausel 4 A 352
- mit Gewerkschaften und Arbeitgeberverbänden 4 A 69 ff.
- Sprecherausschuss 4 A 1112
- Verstöße 4 A 357 ff.

Vertretungsbefristung 1 E 48 ff.
- Abordnungsvertretung 1 E 49, 53c
- alle Umstände des Einzelfalls 1 E 48a
- Ausscheiden des Vertretenen 1 E 50
- Dauer 1 E 54
- Doppelbefristung 1 E 51
- Gesamtvertretungsbedarf 1 E 53c
- Höchstdauer 1 E 52
- mittelbare Vertretung 1 E 53, 53b
- Rückkehr des Vertretenen 1 E 49
- unmittelbare Vertretung 1 E 53 f.
- Zuordnungsvertretung 1 E 53, 53c

Verweisung 5 B 121
- offensichtlich gesetzeswidrige 5 B 136
- im PKH-Verfahren 5 B 139
- und sachliche oder örtliche Zuständigkeit 5 B 137
- streitiger Klägervortrag 5 B 123 ff.
- auf Tarifvertrag *siehe* Bezugnahme auf Tarifvertrag
- unrichtige 5 B 136
- unstreitiger Klägervortrag 5 B 122
- Wirkung 5 B 135 ff.
- Wirkungen der Rechtshängigkeit 5 B 138

Verwirkung 2 A 631 f.
- Abmahnung 3 E 175
- Aufhebungsvertrag 3 C 63
- betriebliche Altersversorgung 2 E 297
- Feststellungsklage 5 A 134 ff.
- fingiertes Arbeitsverhältnis bei illegaler Arbeitnehmerüberlassung 6 D 161
- Mindestlohn 6 E 111
- Sonderkündigungsschutz schwerbehinderter Menschen 3 H 42 ff.
- tarifliche Rechte 4 C 190
- Überstundenvergütung 2 A 632
- Umstandsmoment 2 A 631; 5 A 136
- Urlaub 2 C 279
- Urlaubsentgelt 2 C 279
- Widerspruch gegen Betriebsübergang 2 G 415 ff.
- Zeitmoment 2 A 631; 5 A 135
- Zeugnisanspruch 3 K 68

Verzicht
- Abmahnung als ~ auf Kündigung 3 E 164a
- Ansprüche aus KSchG 3 E 6
- Arbeitsentgelt 2 A 589
- außerordentliche Kündigung 3 F 16
- im Beschlussverfahren 5 H 171
- Beschwerde im Beschlussverfahren 5 H 233 f.
- Mindestlohn 6 E 108 f.
- nachvertragliches Wettbewerbsverbot 2 F 36 ff.
- tarifliche Ansprüche 4 C 186 ff.
- Urlaub 2 C 274 ff.
- auf Vergütungsanspruch gegenüber Betriebserwerber 2 G 335
- Versorgungsanwartschaft 2 E 386
- Widerspruchsrecht bei Betriebsübergang 2 G 426 ff.
- Zeugnisanspruch 3 K 69 f.

Verzug
- *siehe* Annahmeverzug des Arbeitgebers; Schuldnerverzug

Videoüberwachung 2 A 200; 6 F 104 ff.
- BAG-Entscheidungen 6 F 105

[Videoüberwachung]
- heimliche **6 F** 108 f.
- nicht öffentlich zugängliche Räume **6 F** 113 f.
- öffentlich zugängliche Räume **6 F** 106 ff.
- Verwertung verdeckter ~ **3 F** 17 c; **5 C** 48

Visum 1 H 26 ff.
- nationales **1 H** 28 f.
- Schengen-~ **1 H** 27

Volkshochschuldozenten
- Arbeitnehmereigenschaft **1 A** 46 ff.

Volontäre
- Mindestlohn **6 E** 79
- Urlaub **2 C** 207

Vorbehaltserklärung 3 A 126 ff.; **5 A** 152 ff.
- Anfechtung **3 A** 131
- außerordentliche Änderungskündigung **3 A** 141 ff.; **3 F** 55 f.; **5 A** 153
- Auswirkungen **3 A** 135 ff.
- Form **3 A** 128
- Frist **3 A** 132 ff.; **5 A** 154 f.
- nach Klageerhebung **3 A** 140
- vor Klageerhebung **3 A** 139
- in Klageschrift **3 A** 134
- konkludente Annahme **3 A** 130
- Kündigungsfrist länger als drei Wochen **3 A** 136
- ordentliche Änderungskündigung **3 A** 127 ff.
- Zustimmung des Betriebsrats zur Änderungskündigung **3 A** 122

Vordienstzeiten
- Anrechnung bei betrieblicher Altersversorgung **2 E** 318

Vorgezogene Betriebsrente 2 E 425 ff.
- Aufgabe jedweder Erwerbstätigkeit **2 E** 432
- Ausscheiden mit unverfallbarer Anwartschaft **2 E** 443 ff.
- Berechnung **2 E** 437 ff.
- drei Kürzungen **2 E** 444 ff.
- Höhe **2 E** 436 ff.
- Inanspruchnahme der gesetzlichen Altersrente **2 E** 428 ff.
- quasiratierlicher Abschlag **2 E** 440 ff.
- unechter versicherungsmathematischer Abschlag **2 E** 447 f.
- verringerte Anzahl von Steigerungsbeträgen **2 E** 438
- versicherungsmathematischer Abschlag **2 E** 439, 446 ff.
- Vollrente **2 E** 426
- Wartezeit **2 E** 431
- Wegfall der gesetzlichen Altersrente **2 E** 434 f.
- Zahlungsverlangen **2 E** 433

Vorläufige personelle Maßnahme 4 A 831 ff.
- Antrag auf Zustimmungsersetzung **4 A** 839
- dringende Erforderlichkeit **4 A** 835

- Einstellung, Musterschreiben **4 A** 855
- gerichtliches Verfahren **1 C** 24 ff.; **4 A** 839 ff.
- Tendenzträger **4 A** 1094
- Unterrichtung des Arbeitnehmers **4 A** 836 f.
- Unterrichtung des Betriebsrats **4 A** 838
- Verfahren vor dem Arbeitsgericht **4 A** 840 ff.
- Verfahrensablauf **4 A** 831 f.
- Vorliegen sachlicher Gründe **4 A** 833 f.

Vorläufige Vollstreckbarkeit 5 I 1 ff.
- Ausschluss **5 I** 8 ff.
- Ausschluss, Begründung in Urteilsgründen **5 I** 18
- Beschlüsse im Beschlussverfahren **5 I** 60 ff.
- Beschwerde im Beschlussverfahren **5 I** 62
- Einstellung der Zwangsvollstreckung **5 I** 19 ff.
- Endurteile **5 I** 3 ff.
- Glaubhaftmachung des nicht zu ersetzenden Nachteils **5 I** 15
- nicht zu ersetzender Nachteil **5 I** 8 ff.
- rechtzeitiger Antrag auf Ausschluss **5 I** 14
- Schiedsspruch/-vergleich **5 I** 7
- Urteilsformel mit Ausschluss **5 I** 17
- vollstreckungsfähiger Urteilsinhalt **5 I** 4
- Vollstreckungstitel **5 I** 3 ff.
- Vollstreckungstitel des § 794 ZPO **5 I** 6

Vorratskündigung 3 E 229

Vorruhestand
- Tarifverträge **4 C** 199
- unverfallbare Versorgungsanwartschaft **2 E** 335

Vorruhestandsgelder
- Abgrenzung zur betrieblichen Altersversorgung **2 E** 45

Vorschuss 2 A 509 f.

Vorstandsmitglied
- BetrAVG **2 E** 584
- Streitwert bei Bestandsschutzklage **5 J** 61 f.

Vorstellungsgespräch
- *siehe* Einstellungsgespräch

Vorstrafen
- Frage in Einstellungsgespräch **1 C** 107 ff.

Vorübergehende Verhinderung
- *siehe* Arbeitsverhinderung aus persönlichen Gründen

Vorvertragliches Schuldverhältnis
- Abbruch von Vertragsverhandlungen **1 C** 193 ff.
- Aufklärungs- und Offenbarungspflichten, Verletzung **1 C** 196 f.
- Beweislast **1 C** 204 f.
- Erfüllungsgehilfen **1 C** 203
- Geheimhaltungspflichten, Verletzung **1 C** 199
- Kontrahierungszwang **1 C** 202

- Obhutspflichten, Verletzung **1 C** 198
- Pflichtverletzungen **1 C** 192 ff.
- Schadensersatz **1 C** 201
- Schutzpflichten, Verletzung **1 C** 200

Wahl des Betriebsrats
- *siehe* Betriebsratswahl

Wahlanfechtung
- Ausschlussfrist **4 A** 127
- betriebsratsinterne Wahlen **4 A** 139
- Betriebsratswahl **4 A** 124 ff.
- einstweilige Verfügung des Betriebsrats **5 H** 198
- Verkennung des Betriebsbegriffs **4 A** 129

Wahlbewerber
- *siehe auch* Kündigungsschutz betrieblicher Funktionsträger
- Beteiligter im Beschlussverfahren **5 H** 88
- Kündigungsschutz **3 H** 71
- Kündigungsschutz, Beginn **3 J** 173 f.
- nachwirkender Kündigungsschutz **3 H** 80

Wahlinitiatoren
- Kündigungsschutz **3 H** 74a
- nachwirkender Kündigungsschutz **3 H** 80

Wahlvorstand 4 A 96 ff.
- *siehe auch* Kündigungsschutz betrieblicher Funktionsträger
- Bestellung **4 A** 97 ff.
- Beteiligter im Beschlussverfahren **5 H** 84
- betriebsratsloser Betrieb **4 A** 98
- gerichtliche Bestellung **4 A** 100, 116
- Kleinbetriebe **4 A** 99
- Kündigungsschutz **3 H** 70
- Kündigungsschutz, Beginn **3 J** 172, 174
- Mitgliederzahl **4 A** 96
- nachwirkender Kündigungsschutz **3 H** 79
- Zwangsvollstreckung **5 I** 63 ff.

Waisenrente
- betriebliche Altersversorgung **2 E** 68

Wartezeit
- Altersrente für besonders langjährig Versicherte **7 C** 95 ff.
- Altersrente für langjährig Versicherte **7 C** 70 ff.
- Altersrente für schwerbehinderte Menschen **7 C** 110
- Beginn des Arbeitsverhältnisses **2 C** 48
- Entgeltfortzahlung im Krankheitsfall **2 B** 106, 121 f.
- Erwerbsminderungsrente **7 C** 213
- beim Kündigungsschutz *siehe* Wartezeit beim Kündigungsschutz
- Teilurlaub vor erfüllter ~ **2 C** 49
- Urlaubsanspruch **2 C** 47 ff.
- vorgezogene Betriebsrente **2 E** 431

Wartezeit beim Kündigungsschutz 3 E 65 ff.
- Abkürzung **3 E** 69 f.
- Anrechnung bei Leiharbeitnehmern **6 D** 137 f.
- Berechnung **3 E** 65 ff.

- Betriebsübergang **3 E** 76a
- Darlegungs- und Beweislast **5 A** 87 ff.
- schwerbehinderte Menschen **3 H** 38
- Unterbrechung des Arbeitsverhältnisses **3 E** 71 ff.
- Unterrichtungsumfang des Betriebsrats **3 J** 39
- und Zugang der Kündigung **3 D** 81

Wechselschichtzulage
- Annahmeverzug des Arbeitgebers **2 B** 38

Wegeunfall 2 A 830; **2 I** 102 ff.

Wegezeit 2 A 88; **6 A** 22

Wegfall der Geschäftsgrundlage
- AGB **1 D** 171
- Äquivalenzstörung bei Gesamtversorgungszusagen **2 E** 611
- außerordentliche Kündigung, Abgrenzung **3 F** 8
- Beendigungsvergleich **3 C** 16b
- Beseitigung planwidriger Überversorgung **2 E** 609 f.
- Kündigung, Abgrenzung **3 D** 19
- Sozialplan **4 A** 955 ff.
- Tarifvertrag **4 C** 109
- Widerruf von Versorgungsleistungen **2 E** 607 ff.

Wehr- und Zivildienst
- Arbeitsplatzschutz für Wehrdienstleistende *siehe dort*
- Entgeltumwandlung **2 E** 310
- Frage in Einstellungsgespräch nach ~ **1 C** 113 f.
- Freistellung **2 A** 128
- Kündigungsgrund **3 G** 58a
- Sonderkündigungsschutz und Insolvenz **3 I** 62

Weihnachtsgratifikation
- *siehe* Gratifikation

Weisungsrecht
- *siehe* Direktionsrecht

Weiterbeschäftigung
- während des Änderungsschutzprozesses **3 A** 152 ff.; **5 A** 173
- befristet Beschäftigter **1 E** 165 f.
- betrieblicher Funktionsträger bei Betriebsstilllegung **3 H** 100
- Betriebsratswiderspruch wegen Möglichkeit der ~ **3 J** 111 ff.
- einstweilige Verfügung auf ~ gegen Betriebserwerber **5 I** 91a
- während des Entfristungsprozesses **1 E** 190
- Jugendvertreter im Anschluss an die Ausbildung **4 A** 305 ff.; **5 I** 90a

Weiterbeschäftigungsanspruch 5 A 162 ff.
- nach Ablauf der Kündigungsfrist **2 A** 744 f.
- allgemeiner **3 J** 140; **5 A** 177 ff.
- bei Änderungskündigung **3 A** 152 ff.; **5 A** 173

3113

[Weiterbeschäftigungsanspruch]
- Antrag **5 A** 183 ff.
- Aussetzung des Verfahrens **5 C** 62
- Beendigung des betriebsverfassungsrechtlichen ~s **3 J** 148
- und Beschäftigungsanspruch **5 A** 178 f.
- betriebsverfassungsrechtlicher **2 A** 746; **3 J** 138 f., 141 ff.; **5 A** 164 ff.
- Darlegungs- und Beweislast beim allgemeinen ~ **5 A** 202 f.
- Darlegungs- und Beweislast beim betriebsverfassungsrechtlichen ~ **5 A** 204 f.
- einstweilige Verfügung bei Auszubildenden **5 I** 92a
- einstweilige Verfügung gegen betriebsverfassungsrechtlichen ~ **5 I** 90; **5 A** 187 ff.
- einstweilige Verfügung zur Geltendmachung **3 J** 147; **5 A** 193 ff.; **5 I** 89, 91 ff.
- Einwendungen im Klageverfahren **5 A** 186
- Entgeltanspruch bei Annahmeverzug des Arbeitgebers **2 B** 5
- Entschädigung bei Nichtbeschäftigung **5 A** 198 ff.
- bei gekündigtem Arbeitsverhältnis **2 A** 745
- isolierte Klage **5 A** 182
- Klage **5 A** 181 ff.
- des leitenden Angestellten **4 A** 1154
- personalvertretungsrechtlicher **2 A** 746; **5 A** 175 f.
- Streitwert **5 J** 34 f.
- Streitwert bei hilfsweisem ~ **5 J** 36 f.
- unwirksame Befristung **1 E** 190
- Verlangen der Weiterbeschäftigung **5 A** 172
- Versicherungsfall bei Rechtsschutzversicherung und Weiterbeschäftigungsantrag **5 J** 164
- Zwangsvollstreckung **5 A** 196; **5 I** 51 ff.

Weiterbildungskosten
- siehe Aus-, Fort- und Weiterbildungskosten

Weltanschauung
- Merkmal des AGG **1 F** 34 ff.
- Rechtfertigung nach AGG **1 F** 94 ff.

Werkstudenten
- Befristung mit Sachgrund **1 E** 43
- Urlaub **2 C** 207

Werkswohnungen 2 A 518
- betriebliche Altersversorgung **2 E** 49
- Mitbestimmung **4 A** 641 ff.
- Rechtsweg bei Streitigkeiten **5 B** 74

Werkvertrag 1 B 105
- drittbezogener Personaleinsatz und Arbeitnehmerüberlassung **6 D** 178 ff.
- Mitbestimmung bei Einsatz eines Dienstunternehmers **6 D** 206
- Mitbestimmung bei Einsatz eines Werkunternehmers **4 A** 750
- Schein-~ **6 D** 196 f.

Wettbewerbsverbot
- während des Arbeitsverhältnisses **2 A** 266 ff.
- Betriebsübergang **2 G** 149
- einstweilige Verfügung bei Verstoß **5 I** 88
- Frage im Einstellungsgespräch **1 C** 115 f.
- Inhalt **2 A** 266
- für kaufmännische Angestellte *siehe* Wettbewerbsverbot nach HGB
- Kündigung wegen Verstoßes **3 G** 59
- nachvertragliche Verschwiegenheitspflicht **2 A** 263
- nachvertragliches *siehe* Wettbewerbsverbot, nachvertragliches
- Nebentätigkeitsverbot **2 A** 269
- Offenbarungspflicht des Bewerbers **1 C** 153
- Rechtsgrundlage **2 A** 267 ff.
- Vereinbarung für die Dauer des Arbeitsverhältnisses **2 A** 269

Wettbewerbsverbot nach HGB 2 A 267, 270 ff.
- Änderung der Unternehmenstätigkeit **2 A** 272
- Auskunftsanspruch **2 A** 293
- Beteiligung an Handels- oder Kapitalgesellschaft **2 A** 274
- Eintrittsrecht **2 A** 288 ff.
- Einwilligung zur Wettbewerbstätigkeit **2 A** 279 ff.
- Gegenstand **2 A** 271 ff.
- Geschäftstätigkeit **2 A** 276 f.
- konkrete Schädigung oder Gefährdung **2 A** 275
- Kündigung **2 A** 295
- persönlicher Geltungsbereich **2 A** 270
- Schadensersatzanspruch **2 A** 285 ff.
- Verjährung von Schadensersatzanspruch und Eintrittsrecht **2 A** 294
- vertragliche Erweiterung **2 A** 278
- Vertragsstrafe **2 A** 296
- Vorbereitung späterer Konkurrenz **2 A** 275
- zeitlicher Geltungsbereich **2 A** 282 ff.

Wettbewerbsverbot, nachvertragliches 2 F 1 ff.
- AGB-Kontrolle **2 F** 26b
- Anfechtung des Arbeitsvertrages **2 F** 51a
- Aufhebungsvertrag **2 F** 20, 44; **3 C** 40 f.
- Aufhebungsvertrag wegen Vertragsverletzung des Arbeitgebers **2 F** 40
- auflösende Bedingung **2 F** 49
- Auflösungsurteil **2 F** 43
- aufschiebend bedingtes Inkrafttreten **2 F** 19
- Ausgleichsklausel **2 F** 45
- Aushändigung der Urkunde **2 F** 16

- Auskunft über anderweitiges Einkommen **2 F** 56 ff.
- Auskunftsanspruch **2 F** 74b
- außerordentliche Eigenkündigung **2 F** 39 f.
- außerordentliche Kündigung **2 F** 41
- Auszubildende **2 F** 4
- bedingtes **2 F** 33 ff.
- berechtigtes geschäftliches Interesse **2 F** 25
- Betriebsübergang **2 F** 52 ff.; **2 G** 147, 149
- einstweilige Verfügung **2 F** 73
- Feststellungsklage **2 F** 27, 72
- freie Mitarbeiter **2 F** 5
- gegenständlicher Verbotsumfang **2 F** 21 f.
- gesellschaftsrechtliche Vereinbarungen **2 F** 6a
- indirektes durch finanzielle Nachteile **2 F** 11 f.
- Inhalt der Urkunde **2 F** 17
- Insolvenz **2 F** 47 f.
- Karenzentschädigung *siehe dort*
- Konkretisierung nach Beendigung des Arbeitsverhältnisses **2 F** 35
- konzerndimensionaler Wettbewerbsschutz **2 F** 28
- Kundenschutzklausel **2 F** 8
- Kündigung und Beendigung des Arbeitsverhältnisses **2 F** 20
- Leistungsstörungen **2 F** 75
- Mandantenschutzklauseln **2 F** 10
- Minderjährige **2 F** 3
- nachvertragliche Verschwiegenheitspflicht, Abgrenzung **2 A** 263; **2 F** 9
- Nachweis anderweitigen Einkommens **2 F** 57
- Nichtantritt des Arbeitsverhältnisses **2 F** 51
- ordentliche Kündigung **2 F** 42
- Organmitglieder **2 F** 6
- örtliche Zuständigkeit des Arbeitsgerichts **2 F** 74a
- persönlicher Geltungsbereich **2 F** 2 ff.
- Prozessvergleich **2 F** 20
- räumlicher Verbotsumfang **2 F** 23
- Rechtsgrundlage **2 F** 1
- Rechtsnatur der Wettbewerbsabrede **2 F** 14
- Rücktritt vom Vertrag **2 F** 46
- Schriftform **2 F** 15
- Schutz verbundener Unternehmen **2 F** 29
- Sperrabrede **2 F** 13
- Streitwert **5 J** 91
- tätigkeitsbezogene Verbote **2 F** 22, 55
- als überraschende Klausel **1 D** 25 ff.
- unbillige Erschwernis des Fortkommens des Arbeitnehmers **2 F** 26
- Unmöglichkeit der Konkurrenztätigkeit **2 F** 50
- Unterlassungsklage **2 F** 72
- unternehmensbezogene Verbote **2 F** 22, 55
- Vertragsstrafe **2 F** 76; **2 J** 15 f., 34 f., 49
- Verzicht des Arbeitgebers **2 F** 36 ff.
- Vorvertrag **2 F** 18
- Wettbewerbsenthaltungspflicht **2 F** 54 f.
- zeitlicher Verbotsumfang **2 F** 24
- Zuwiderhandlung bei vermuteter (Teil-) Unverbindlichkeit **2 F** 27
- Zwangsvollstreckung **2 F** 74

Whistleblowing **2 A** 244a
- Hotlines und Datenschutz **6 F** 73 ff.
- innerbetriebliche Klärung **3 G** 10
- Kündigungsgrund **3 G** 9 f.

Widerruf
- Abmahnung **3 E** 183
- Aufhebungsvertrag **3 C** 52a
- Kündigung **3 D** 128
- Prokura **2 A** 42
- Versorgungszusage aus wirtschaftlichen Gründen **2 E** 605 f.
- Versorgungszusage wegen Treuebruchs **2 E** 644 ff.
- Zeugnis **3 K** 63 ff.

Widerrufsvorbehalt
- AGB-Kontrolle **1 D** 76 ff.; **3 A** 28 ff.
- Änderungskündigung, Abgrenzung **3 A** 71 f.
- bei betrieblicher Übung **2 A** 894
- billiges Ermessen **3 A** 29
- Freiwilligkeitsvorbehalt, Abgrenzung **1 D** 89 f.
- und Teilkündigung **3 A** 46
- Zielvereinbarung **2 A** 431

Widerspruch des Betriebsrats gegen Kündigung **3 J** 94 ff.
- Begründung **3 J** 99
- fehlerhafte Sozialauswahl **3 J** 103 ff.
- Fristen **3 J** 96
- Schriftform **3 J** 95
- Umschulungs-/Fortbildungsmöglichkeit **3 J** 115
- Verstoß gegen Auswahlrichtlinien **3 J** 108 ff.
- und Weiterbeschäftigungsanspruch **5 A** 167 ff.
- Weiterbeschäftigungsmöglichkeit auf anderem Arbeitsplatz **3 J** 111 ff.
- Weiterbeschäftigungsmöglichkeit zu geänderten Bedingungen **3 J** 116 ff.

Widerspruch gegen Betriebsübergang **2 G** 400 ff.
- Betriebsratsmitglied **3 H** 97a
- gegenüber bisherigem/neuem Inhaber **2 G** 403
- böswilliges Unterlassen des Erwerbs beim neuen Arbeitgeber **2 G** 414
- Disposition über den Bestand des Arbeitsverhältnisses **2 G** 419
- und Eigenkündigung **2 G** 413

[Widerspruch gegen Betriebsübergang]
- einmonatige Widerspruchsfrist **2 G** 408 ff.
- einseitige empfangsbedürftige Willenserklärung **2 G** 406
- Folgen **2 G** 429 ff.
- kein konkludenter Verzicht auf Widerspruchsrecht **2 G** 420
- mehrere Betriebsübergänge **2 G** 404
- Restmandat des Betriebsrats bei Massen- **2 G** 306
- rückwirkende Beseitigung des Arbeitsverhältnisses mit Erwerber **2 G** 429
- Schriftform **2 G** 405
- Sozialauswahl **3 E** 312 ff.; **3 J** 50
- Sozialauswahl durch alten Arbeitgeber **2 G** 431 f.
- Sperrzeit **7 A** 85
- Umwandlungsvorgänge **2 G** 423 ff.
- Verwirkung des Rechts **2 G** 415 ff.
- Verzicht auf Widerspruchsrecht **2 G** 426 ff.
- Widerruf **2 G** 407

Wiedereinsetzung
- Begründetheit des Antrags **5 D** 53 ff.
- Berufungsbegründungsfrist **5 D** 51
- Nachholung der versäumten Prozesshandlung **5 D** 52
- Prozesskostenhilfe **5 D** 51a
- Rechtsmittelbelehrung, unrichtige **5 D** 58
- Revisionsbegründungsfrist **5 E** 31
- Sorgfaltspflichten des Rechtsanwalts **5 D** 54 f.
- ohne Verschulden **5 D** 53
- Zuständigkeit **5 D** 51b

Wiedereinstellungsanspruch 3 E 322 ff.; **5 A** 235 ff.
- anderweitige Disposition **3 E** 335
- Antrag **3 E** 331 ff.
- nach Aufhebungsvertrag **3 E** 323
- Aufhebungsvertrag mit Wiedereinstellungszusage **3 C** 46e
- beabsichtigte aber nicht durchgeführte Betriebsstilllegung **2 G** 85 f.
- Beendigung des Arbeitsverhältnisses **3 E** 323 ff.
- befristete Arbeitsverträge **1 E** 165 f.; Teil 3 E 324
- nach Betriebsübergang **5 A** 239 f.
- fehlerhafte Prognose **3 E** 326 ff.
- Frist **3 E** 330
- krankheitsbedingte Kündigung **3 E** 125
- nach Kündigung durch Insolvenzverwalter **5 A** 240
- Sozialauswahl **3 E** 336 f.
- Streitwert bei Kündigungsschutzverfahren und Mehrvergleich über ~ **5 J** 89
- Streitwert im Kündigungsschutzverfahren **5 J** 39
- tarifvertraglicher **4 C** 132
- Verdachtskündigung **3 F** 40 f.

- vertragliches Abschlussgebot **1 C** 221
- witterungsbedingte Kündigung **3 E** 231
- zeitliche Schranke **3 E** 329

Wirtschaftliche Notlage
- *siehe auch* Insolvenzsicherung
- Widerruf von Versorgungsleistungen **2 E** 608

Wirtschaftsausschuss
- Konzern **4 A** 278
- Streitwert **5 J** 112
- Tendenzbetrieb **4 A** 1084
- Unterrichtung bei Betriebsübergang **2 G** 314
- Zwangsvollstreckung **5 I** 63 ff.

Wissenschaftliche Mitarbeiter
- *siehe* Befristungen im Hochschulbereich

Witterungsbedingte Kündigung 3 E 230 f.; **3 G** 60

Witwenversorgung 2 E 61 ff.
- Altersdifferenzklauseln **2 E** 62 f.

Witwerversorgung 2 E 64 f.
- Haupternährerklausel **2 E** 65

Wucher 1 C 263 ff.; **2 A** 311 f.
- Einzelfälle **1 C** 264c
- objektives Merkmal **2 A** 311
- subjektives Merkmal **2 A** 311a
- Überbürdung des wirtschaftlichen Risikos **1 C** 264a
- unangemessen niedrige und unbillige Entlohnung **1 C** 264

Zeitungszusteller
- Mindestlohn **6 E** 68

Zeugenaussage gegen Arbeitgeber
- Kündigungsgrund **3 G** 60a

Zeugnis 3 K 1 ff.
- Anspruchsberechtigte **3 K** 9 ff.
- Arbeitsbescheinigung, Abgrenzung **3 K** 31
- Arten **3 K** 22 ff.
- und Aufhebungsvertrag **3 C** 42 ff.
- Ausgleichsquittung/-klausel **3 K** 70
- Aushändigung **3 K** 48
- Auskünfte des vorigen Arbeitgebers **1 C** 143 ff.
- Ausschlussklauseln **3 K** 71 ff.
- äußere Form **3 K** 33
- Bedeutung für Arbeitnehmer und Arbeitgeber **3 K** 4 ff.
- Berufsausbildungsverhältnis **1 B** 130
- Beschädigung **3 K** 50
- Bestandteile, Übersicht **3 K** 45
- Betriebsrats-/Personalratstätigkeit **3 K** 24a
- nach Betriebsübergang **2 G** 138; **3 K** 21
- Beurteilungsspielraum **3 K** 42
- Darlegungs- und Beweislast **3 K** 57 ff.
- einfaches **3 K** 23 f., 37 ff.
- Eingangsformel **3 K** 34
- einstweilige Verfügung **3 K** 59
- Elternzeit im ~ **2 D** 21

- Erfüllung des Anspruchs **3 K** 66
- Haftung des Arbeitgebers gegenüber Arbeitnehmer **3 K** 75 f.
- Haftung des Arbeitgebers gegenüber neuem Arbeitgeber **3 K** 77 f.
- Insolvenz des Arbeitgebers **3 K** 20
- Klage auf Ausstellung **3 K** 51 f.
- Klage auf Berichtigung **3 K** 53 ff.
- Leistung **3 K** 41
- Neuregelung des Zeugnisrechts **3 K** 2
- qualifiziertes **3 K** 25 f., 40 ff.
- Rechtsgrundlagen **3 K** 1 ff.
- Schadensersatz bei Verweigerung **3 K** 62b
- schriftliche Erteilung **3 K** 32
- sittenwidriges **3 K** 47b
- Sprache **3 K** 46 f.
- Streitwert **3 K** 60; **5 J** 74 f.
- Streitwert bei mitverglichenem ~anspruch **5 J** 77
- Streitwertkatalog **3 K** 60
- Tag der Ausstellung **3 K** 35
- Tod des Arbeitgebers **3 K** 21a
- Unterschrift **3 K** 36
- Vergleich: Entwurf des Arbeitnehmers **3 K** 62a
- Verhalten **3 K** 43 f.
- Verhaltensbeurteilung **3 K** 47a
- Verjährung des Anspruchs **3 K** 67
- Verlust **3 K** 50
- verpflichtete Personen **3 K** 18 ff.
- Verwirkung des Anspruchs **3 K** 68
- Verzicht **3 K** 69 f.
- vorläufiges **3 K** 30
- Wahrheitspflicht **3 K** 7 f.
- Widerruf **3 K** 63 ff.
- Wohlwollen **3 K** 8
- Zufriedenheitskatalog **3 K** 47
- Zurückbehaltungsrecht des Arbeitgebers **3 K** 49
- Zwangsvollstreckung **3 K** 61 ff.; **5 I** 54
- Zwischenzeugnis *siehe dort*

Zielvereinbarungen **2 A** 429 ff.
- Abrede **2 A** 430
- Änderung der Rahmenbedingungen **2 A** 434
- Festlegung des Ziels **2 A** 432
- Feststellung der Zielerreichung **2 A** 433
- Freiwilligkeitsvorbehalt **2 A** 431
- sittengerechte Vergütung **2 A** 431
- Vertragsbeispiel, Abrede **2 A** 430
- Widerrufsvorbehalt **2 A** 431

Zinsen
- auf Bruttobetrag **5 A** 248 f.

Zivildienst
- siehe Wehr- und Zivildienst

Zugang
- Fiktion aufgrund vorformulierten Arbeitsvertrags **1 D** 100
- Kündigungserklärung *siehe* Zugang der Kündigungserklärung

Zugang der Kündigungserklärung **3 D** 79 ff.
- Abwesende **3 D** 92 ff.; **5 A** 32 ff.
- Analphabet **3 D** 90
- angemessene Verteilung des Übermittlungsrisikos **3 D** 94
- Annahmeverweigerung **3 D** 104
- Anschriftenwechsel **3 D** 103
- Anwesende **3 D** 89 ff.; **5 A** 31
- Ausländer **3 D** 90
- Ausschlussfrist bei außerordentlicher Kündigung **3 D** 84
- Beginn der Klagefrist **5 A** 30 ff.
- Bote **3 D** 87a, 101
- Darlegungs- und Beweislast **3 D** 88, 106; **5 A** 40
- Einschreiben mit Rückschein **3 D** 99b
- Einwurf-Einschreiben **3 D** 99a; **5 A** 35
- Empfangsbote **3 D** 95; **5 A** 36
- und Frist für Mitteilung der Schwangerschaft **3 H** 6 ff.
- Fristberechnung **5 A** 39
- Gerichtsvollzieher **3 D** 100
- Geschäftsunfähiger **3 D** 79b
- Handelsgesellschaften bei Eigenkündigung **3 D** 79a
- Hausbriefkasten **3 D** 87
- Klagefrist **3 D** 82
- längere Abwesenheit des Arbeitnehmers **3 D** 102
- Nachweis **3 D** 80
- schriftliche Kündigung gegenüber einem Anwesenden **3 D** 91
- schwerbehinderte Menschen **3 D** 86 f.
- Übergabe an Ehegatte, Kinder usw. **5 A** 36
- Übergabe schriftlicher Kündigung **5 A** 31
- Übergabe-Einschreiben **3 D** 99; **5 A** 35
- Übermittlungsrisiko **3 D** 93 f.
- Umzug des Arbeitnehmers **3 D** 97 f.
- Unkündbarkeitsregelungen **3 D** 85
- Urlaubsreise **5 A** 34
- Vereitelung **3 D** 104 f.; **5 A** 37 f.
- Wartezeit bei Kündigungsschutz **3 D** 81
- Zweitwohnsitz **3 D** 96

Zugangsrecht der Gewerkschaft
- Beschlussverfahren **5 H** 16
- betriebsverfassungsrechtliches **4 A** 74 ff.
- kirchliche Einrichtung **4 A** 77
- koalitionsrechtliches **4 A** 77
- Streitwert **5 J** 122

Zulagen **2 A** 381 ff.
- bei Altersteilzeit **7 B** 22
- Änderungskündigung **3 A** 105
- Annahmeverzug des Arbeitgebers **2 B** 38
- Anrechnung übertariflicher Zulagen *siehe dort*
- Arbeitszuschläge **2 A** 386 f.
- Aufwandsersatzzahlungen, Abgrenzung **2 A** 389
- außertarifliche **2 A** 391
- befristete, AGB-Kontrolle **1 D** 125

[Zulagen]
- begrenzte Effektivklauseln **4 C** 181
- Effektivgarantieklauseln **4 C** 180
- Erschwerniszulagen **2 A** 385
- Gleichbehandlung Teilzeitbeschäftigter **3 B** 7
- Leistungszulagen **2 A** 413 f.
- Mehrarbeit **2 A** 386 f.
- Mindestlohn **6 E** 97 f.
- Mitbestimmung **2 A** 394 f.; **4 A** 768
- Nachtarbeit **6 A** 66 ff.
- persönliche **2 A** 382
- Sonderzahlungen, Abgrenzung **2 A** 389
- Sozialzulagen **2 A** 383
- Streikbrecherprämie **2 A** 390
- Trennungsentschädigung **2 A** 388
- Überstunden **2 A** 386 f.
- übertarifliche **2 A** 391 ff.
- Urlaubsentgelt **2 C** 100
- Verrechnungsklauseln **4 C** 184

Zulassung neuer Angriffs- und Verteidigungsmittel 5 D 82 ff.
- Verzögerung **5 D** 84 f.
- Zeitpunkt des Vorbringens **5 D** 84 ff.

Zurückbehaltungsrecht 2 A 719 ff.; **3 G** 15
- AGB-Kontrolle **1 D** 42 ff.
- des Arbeitgebers am Zeugnis **3 K** 49
- Datenschutzverstöße **6 F** 209
- ordnungswidriger Arbeitsplatz **3 G** 15
- unverschuldete Pflichtenkollision **3 G** 15

Zusammenhangsklagen 5 B 97 ff.
- Hauptklage **5 B** 98
- Parteien **5 B** 100
- rechtlicher oder wirtschaftlicher Zusammenhang **5 B** 99

Zusatzurlaub
- Abgeltung bei schwerbehinderten Menschen **2 C** 225
- gesundheitsschädliche Tätigkeiten, Gleichbehandlung Teilzeitbeschäftigter **3 B** 7
- schwerbehinderte Heimarbeiter **2 C** 228
- schwerbehinderte Menschen **2 C** 221 ff.; **6 C** 55
- Urlaubsentgelt für schwerbehinderte Menschen **2 C** 224
- Urlaubsgeld für schwerbehinderte Menschen **2 C** 131, 224
- Zwölftelungsprinzip **2 C** 223

Zusatzversorgung
- Gleichbehandlung Teilzeitbeschäftigter im öffentlichen Dienst **2 E** 203 ff.
- Hinweispflichten bei Auflösung des Arbeitsverhältnisses **3 C** 49
- Neuordnung im öffentlichen Dienst **2 E** 32

Zuschläge
- siehe Zulagen

Zuspätkommen
- Kündigungsgrund **3 G** 61

Zuständigkeit
- Arrestverfahren **5 I** 68
- einstweilige Verfügung **5 I** 74 f.
- exterritoriale Personen **5 B** 169
- funktionelle **5 B** 140 ff.
- Gerichtsstand siehe dort
- internationale **5 B** 167 ff.; **5 H** 56a
- internationale nach EG-Recht **5 B** 172 ff.
- Konsulatsangestellte **5 B** 169 f.
- örtliche siehe Gerichtsstand
- sachliche siehe Rechtsweg
- Wiedereinsetzung **5 D** 51b
- Zwangsvollstreckung **5 I** 29 f.

Zustimmungsersetzungsverfahren bei personellen Einzelmaßnahmen 4 A 828 ff.
- Beschlussverfahren **5 H** 15
- Ein-/Umgruppierung **2 A** 363 ff.
- Streitwert **5 J** 115

Zustimmungsersetzungsverfahren nach § 103 BetrVG 3 H 91 ff.; **3 J** 190 ff.
- Amtsausübung des betroffenen Betriebsratsmitglieds **3 J** 196
- Antrag **3 J** 191
- Ausscheiden währenddessen **3 H** 94a
- und Ausschlussfrist bei außerordentlicher Kündigung **3 F** 86 ff.
- Entscheidung des Gerichts **3 J** 197
- fehlender Betriebsrat **3 H** 92
- Kosten des betroffenen Betriebsratsmitglieds **4 A** 242
- Kündigungsschutzklage nach Ersetzung und Kündigung **3 J** 199 ff.
- Nachschieben von Kündigungsgründen **3 J** 194
- Rechtsstellung des Arbeitnehmers **3 J** 193
- Streitwert **5 J** 121

Zustimmungsverfahren nach § 103 BetrVG 3 J 164 ff., 183 ff.
- siehe auch Kündigungsschutz betrieblicher Funktionsträger
- Ausschlussfrist bei außerordentlicher Kündigung **3 J** 184
- Äußerungsfrist **3 J** 186
- Entscheidung über den Zustimmungsantrag **3 J** 187 ff.
- Zustimmungsersetzungsverfahren nach § 103 BetrVG siehe dort

Zuwanderungsrecht 1 H 5 ff.
- siehe auch Ausländische Staatsangehörige

Zuwendung
- siehe Gratifikation

Zwangsvollstreckung
- Abänderbarkeit des Abänderungsbeschlusses **5 I** 23
- Arbeitsleistung **2 A** 153; **5 I** 44
- Arbeitspapiere, Ausfüllung/Berichtigung **5 I** 45
- Arrest siehe dort
- Auskunftsansprüche **5 I** 46 f.
- Beschäftigungsanspruch **2 A** 752; **5 I** 48

Stichwortverzeichnis

- Beschluss über einstweilige Einstellung **5 I** 22 ff.
- im Beschlussverfahren **5 I** 57 ff.
- gegen betriebsverfassungsrechtliche Organe oder Stellen **5 I** 63 ff.
- Drittwiderspruchsklage **5 I** 27
- einstweilige Einstellung **5 I** 19 ff.
- einstweilige Einstellung bei Anhörungsrüge **5 G** 28
- Einstweilige Verfügung *siehe dort*
- Entgeltabrechnung **5 I** 49
- Entgeltklage brutto/netto **5 A** 246 f.
- Erwirkung von Handlungen **5 I** 41 ff.
- Forderungen **5 I** 32 ff.
- Herausgabe von Sachen **5 I** 40
- keine Rechtsbeschwerde bei einstweiliger Einstellung **5 I** 26a
- keine Sicherheitsleistung bei Einstellung **5 I** 24
- Lohnpfändung *siehe dort*
- nachvertragliches Wettbewerbsverbot **2 F** 74
- Ordnungsgeldfestsetzung **5 I** 66a
- Rechtsanwaltsvergütung **5 J** 159
- Rechtsbehelfe **5 I** 55 f.
- Schlichtungsausschuss, Spruch **5 C** 72
- Urlaubsgewährung **5 I** 50
- Verfahren **5 I** 28 ff., 65 ff.
- Verfahrensvergleich **5 I** 59
- Vollstreckungsgegenklage **5 I** 27
- Vollstreckungsorgane **5 I** 29 f.
- Vollstreckungstitel **5 I** 31
- Vorläufige Vollstreckbarkeit *siehe dort*
- Weiterbeschäftigungsanspruch **5 A** 196; **5 I** 51 ff.
- Zeugniserteilung/-berichtigung **3 K** 61 ff.; **5 I** 54
- Zwangsgeldfestsetzung **5 I** 53

Zweckbefristung 1 E 4, 110 f.
- Beendigung des Arbeitsverhältnisses **1 E** 138 ff.
- Klagefrist **1 E** 176 ff.
- Mitteilung des Arbeitgebers **1 E** 138 ff.
- Verlängerung/Fortsetzung **1 E** 141 ff.
- Vertretung bei Mutterschutz/Elternzeit **1 E** 193

Zwischenmeister 1 A 67

Zwischenzeugnis 3 K 27 ff.
- Betriebsübergang **2 G** 137
- Streitwert **5 J** 76
- triftiger Grund **3 K** 28